VADE MECUM 2021

JusPODIVM

compacto

VADE MECUM 2021

JusPODIVM

compacto

3ª edição

REVISTA, ATUALIZADA e AMPLIADA

EDITORA JusPODIVM

www.editorajuspodivm.com.br

E-book Nova Lei de Licitações

O e-book estará disponível 15 dias após a publicação no Diário Oficial da União. O prazo para publicação independe da Editora Juspodivm, sendo atribuição do Congresso Nacional e Presidência da República.

Para acessar o QR-Code:

Para quem usa **Android**, importante instalar um aplicativo com leitor de QRCodes, que pode ser o "QR Code Reader". Você encontrará no seguinte link:

- http://editoraj.us/baixar-qr-android

Para quem usa **IOS** (iPhone, iPad), basta instalar um aplicativo com leitor de QRCodes, que pode ser o "QR Code Reader and Scanner". Você o encontrará no seguinte link:

- http://editoraj.us/baixar-qr-ios

EDITORA *Jus*PODIVM
www.editorajuspodivm.com.br

Rua Território Rio Branco, 87 – Pituba – CEP: 41830-530 – Salvador – Bahia
Tel: (71) 3045.9051
• Contato: https://www.editorajuspodivm.com.br/sac

Capa: Ana Caquetti

Fechamento desta edição: 13.01.2021.

V123 Vade Mecum Compacto JusPodivm: 2021, 3. ed. / Salvador: Editora JusPodivm, 2021.
1952 p.

ISBN: 978-85-442-2902-6
Inclui índices.

1. Ordem dos Advogados do Brasil – Exames. 2. Direito. 3. Serviço Público – Concursos. I. Equipe Juspodivm. II. Título.

CDD 340.06081

APRESENTAÇÃO

Sempre atenta às necessidades dos seus consumidores e esmerando-se no aperfeiçoamento de suas publicações, a Editora Juspodivm, inspirada no sucesso da versão tradicional de seu Vade Mecum JusPODIVM, tem a honra de apresentar ao mercado o *Vade Mecum JusPODIVM Compacto.*

Nosso objetivo é reunir em um único produto aquilo que há de primordial para o dia a dia daqueles que militam nos mais variados ramos do Direito – como profissionais, graduandos, concurseiros e outros –, sem, no entanto, descuidar da qualidade de seu conteúdo. Dessa forma, desenvolvemos uma versão reduzida do Vade Mecum tradicional, aliando fatores como praticidade, portabilidade, celeridade com a atualidade e seriedade que você já conhece.

Sob essa perspectiva, depois de minuciosa pesquisa, promovemos a estruturação de uma obra que reúne Constituição Federal, Códigos, CLT e seus respectivos índices sistemáticos e remissivos, juntamente com os principais Estatutos e diplomas que integram a Legislação Complementar. Incluímos, ainda, Súmulas dos tribunais superiores, bem como Orientações Jurisprudenciais e Precedentes Normativos do TST.

O consulente irá se deparar com uma obra de projeto gráfico e layout modernos, facilitadores da leitura. As normas aqui contidas trazem as atualizações ocorridas no ordenamento jurídico entre o ano de 2020 e a data do fechamento desta edição, encontrando-se elas em destaque no texto.

Com o intuito de facilitar a consulta, cabeçalhos e tarjas superiores e laterais indicam a estrutura da obra, que apresenta a seguinte divisão: Constituição Federal, Códigos e CLT, Estatutos, Legislação Complementar e Súmulas.

Ressaltamos, também, que o leitor terá acesso à atualização periódica desta edição até 31.12.2021 e às normas disponibilizadas exclusivamente no conteúdo on-line, pelo site da Editora Juspodivm, estas apontadas no respectivo índice.

Esperamos que esta obra atenda às suas expectativas e lembramos, mais uma vez, sobre a nossa receptividade em relação a críticas e sugestões.

Contem conosco!

A Editora

APRESENTAÇÃO

Sempre atenta às necessidades dos seus consumidores e esmerando-se no aperfeiçoamento de suas publicações, a Editora *Juspodivm*, inspirada no sucesso da versão tradicional de seu *Vade Mecum JusPODIVM*, tem a honra de apresentar ao mercado o *Vade Mecum JusPODIVM Compacto*.

Nosso objetivo é reunir em um único produto aquilo que há de primordial para o dia a dia daqueles que militam nos mais variados ramos do Direito – como profissionais, graduandos, concurseiros e outros –, sem, no entanto, descuidar da qualidade de seu conteúdo. Dessa forma, desenvolvemos uma versão reduzida do Vade Mecum tradicional, aliando fatores como praticidade, portabilidade, celeridade com a atualidade e seriedade que você já conhece.

Sob essa perspectiva, depois de minuciosa pesquisa, promovemos a estruturação de uma obra que reúne Constituição Federal, Códigos, CLT e seus respectivos índices sistemáticos e remissivos, juntamente com os principais Estatutos e diplomas que integram a Legislação Complementar. Incluímos, ainda, Súmulas dos tribunais superiores, bem como Orientações Jurisprudenciais e Precedentes Normativos do TST.

O consulente irá se deparar com uma obra de projeto gráfico e layout modernos, facilitadores da leitura. As normas aqui contidas trazem as atualizações ocorridas no ordenamento jurídico entre o ano de 2020 e a data do fechamento desta edição, encontrando-se elas em destaque no texto.

Com o intuito de facilitar a consulta, cabeçalhos e tarjas superiores e laterais indicam a estrutura da obra, que apresenta a seguinte divisão: Constituição Federal, Códigos e CLT, Estatutos, Legislação Complementar e Súmulas.

Ressaltamos, também, que o leitor terá acesso à atualização periódica desta edição até 31.12.2021 e às normas disponibilizadas exclusivamente no conteúdo on-line, pelo site da Editora Juspodivm, estas apontadas no respectivo índice.

Esperamos que esta obra atenda às suas expectativas e lembramos mais uma vez, sobre a nossa receptividade em relação a críticas e sugestões.

Contem conosco!

A Editora

ÍNDICE GERAL

ÍNDICE GERAL

ÍNDICE DA LEGISLAÇÃO COMPLEMENTAR (Normas Organizadas Cronologicamente) 12

▪ **CONSTITUIÇÃO DA REPÚBLICA FEDERATIVA DO BRASIL**

ÍNDICE SISTEMÁTICO DA CONSTITUIÇÃO FEDERAL 28
CONSTITUIÇÃO DA REPÚBLICA FEDERATIVA DO BRASIL 31
ATO DAS DISPOSIÇÕES CONSTITUCIONAIS TRANSITÓRIAS 101
EMENDAS CONSTITUCIONAIS 118
ÍNDICE ALFABÉTICO-REMISSIVO DA CRFB/1988 E DAS DISPOSIÇÕES TRANSITÓRIAS 147

▪ **CÓDIGO CIVIL**

LEI DE INTRODUÇÃO ÀS NORMAS DO DIREITO BRASILEIRO – DECRETO-LEI N. 4.657, DE 04 DE SETEMBRO DE 1942 184
ÍNDICE SISTEMÁTICO DO CÓDIGO CIVIL 187
CÓDIGO CIVIL – LEI N. 10.406, DE 10 DE JANEIRO DE 2002 197
ÍNDICE ALFABÉTICO-REMISSIVO DO CÓDIGO CIVIL 302

▪ **CÓDIGO COMERCIAL**

ÍNDICE SISTEMÁTICO DO CÓDIGO COMERCIAL 330
CÓDIGO COMERCIAL – LEI N. 556, DE 25 DE JUNHO DE 1850 331
ÍNDICE ALFABÉTICO-REMISSIVO DO CÓDIGO COMERCIAL 351

▪ **CÓDIGO DE PROCESSO CIVIL**

ÍNDICE SISTEMÁTICO DO CÓDIGO DE PROCESSO CIVIL 356
EXPOSIÇÃO DE MOTIVOS DO CÓDIGO DE PROCESSO CIVIL – LEI N. 13.105, DE 16 DE MARÇO DE 2015 363
CÓDIGO DE PROCESSO CIVIL – LEI N. 13.105, DE 16 DE MARÇO DE 2015 370
ÍNDICE ALFABÉTICO-REMISSIVO DO CÓDIGO DE PROCESSO CIVIL 453

▪ **CÓDIGO PENAL**

ÍNDICE SISTEMÁTICO DO CÓDIGO PENAL 486
LEI DE INTRODUÇÃO AO CÓDIGO PENAL – DECRETO-LEI N. 3.914, DE 09 DE DEZEMBRO DE 1941 489
EXPOSIÇÃO DE MOTIVOS DA NOVA PARTE GERAL DO CÓDIGO PENAL – LEI N. 7.209, DE 11 DE JULHO DE 1984 491
EXPOSIÇÃO DE MOTIVOS DA PARTE ESPECIAL DO CÓDIGO PENAL 498
CÓDIGO PENAL – DECRETO-LEI N. 2.848, DE 07 DE DEZEMBRO DE 1940 507
ÍNDICE ALFABÉTICO-REMISSIVO DO CÓDIGO PENAL 543

▪ **CÓDIGO DE PROCESSO PENAL**

ÍNDICE SISTEMÁTICO DO CÓDIGO DE PROCESSO PENAL 562
LEI DE INTRODUÇÃO AO CÓDIGO DE PROCESSO PENAL – DECRETO-LEI N. 3.931, DE 11 DE DEZEMBRO DE 1941 565
EXPOSIÇÃO DE MOTIVOS DO CÓDIGO DE PROCESSO PENAL 566
CÓDIGO DE PROCESSO PENAL – DECRETO-LEI N. 3.689, DE 03 DE OUTUBRO DE 1941 571
ÍNDICE ALFABÉTICO-REMISSIVO DO CÓDIGO DE PROCESSO PENAL 629

- **CÓDIGOPENAL MILITAR**

ÍNDICE SISTEMÁTICO DO CÓDIGO PENAL MILITAR 654
CÓDIGO PENAL MILITAR – DECRETO-LEI N. 1.001, DE 21 DE OUTUBRO DE 1969 657
ÍNDICE ALFABÉTICO-REMISSIVO DO CÓDIGO PENAL MILITAR 685

- **CÓDIGO DE PROCESSOPENAL MILITAR**

ÍNDICE SISTEMÁTICO DO CÓDIGO DE PROCESSO PENAL MILITAR 690
CÓDIGO DE PROCESSO PENAL MILITAR – DECRETO-LEI N. 1.002, DE 21 DE OUTUBRO DE 1969 694
ÍNDICE ALFABÉTICO-REMISSIVO DO CÓDIGO DE PROCESSO PENAL MILITAR 742

- **CÓDIGO TRIBUTÁRIO NACIONAL**

ÍNDICE SISTEMÁTICO DO CÓDIGO TRIBUTÁRIO NACIONAL 748
CÓDIGO TRIBUTÁRIO NACIONAL – LEI N. 5.172, DE 25 DE OUTUBRO DE 1966 751
ÍNDICE ALFABÉTICO-REMISSIVO DO CÓDIGO TRIBUTÁRIO NACIONAL 772

- **CÓDIGO ELEITORAL**

ÍNDICE SISTEMÁTICO DO CÓDIGO ELEITORAL 778
CÓDIGO ELEITORAL – LEI N. 4.737, DE 15 DE JULHO DE 1965 780
ÍNDICE ALFABÉTICO-REMISSIVO DO CÓDIGO ELEITORAL 811

- **CÓDIGO DE DEFESA DO CONSUMIDOR**

ÍNDICE SISTEMÁTICO DO CÓDIGO DE DEFESA DO CONSUMIDOR 816
CÓDIGO DE DEFESA DO CONSUMIDOR – LEI N. 8.078, DE 11 DE SETEMBRO DE 1990 817
ÍNDICE ALFABÉTICO-REMISSIVO DO CÓDIGO DE DEFESA DO CONSUMIDOR 829

- **CÓDIGO DE TRÂNSITO BRASILEIRO**

ÍNDICE SISTEMÁTICO DO CÓDIGO DE TRÂNSITO BRASILEIRO 834
CÓDIGO DE TRÂNSITO BRASILEIRO – LEI N. 9.503, DE 23 DE SETEMBRO DE 1997 835
ÍNDICE ALFABÉTICO-REMISSIVO DO CÓDIGO DE TRÂNSITO BRASILEIRO 876

- **CÓDIGO FLORESTAL**

ÍNDICE SISTEMÁTICO DO CÓDIGO FLORESTAL 884
CÓDIGO FLORESTAL – LEI N. 12.651, DE 25 DE MAIO DE 2012 885
ÍNDICE ALFABÉTICO-REMISSIVO DO CÓDIGO FLORESTAL 900

- **CONSOLIDAÇÃO DAS LEIS DO TRABALHO**

ÍNDICE SISTEMÁTICO DA CONSOLIDAÇÃO DAS LEIS DO TRABALHO 904
EXPOSIÇÃO DE MOTIVOS DA CONSOLIDAÇÃO DAS LEIS DO TRABALHO 909
CONSOLIDAÇÃO DAS LEIS DO TRABALHO – DECRETO-LEI 5.452, DE 1º DE MAIO DE 1943 913
ÍNDICE ALFABÉTICO-REMISSIVO DA CONSOLIDAÇÃO DAS LEIS DO TRABALHO 991

- **ESTATUTOS**

ESTATUTO DA CRIANÇA E DO ADOLESCENTE – LEI Nº 8.069, DE 13 DE JULHO DE 1990 1004
ESTATUTO DA CIDADE – LEI Nº 10.257, DE 10 DE JULHO DE 2001 1033
ESTATUTO DO IDOSO – LEI Nº 10.741, DE 1º DE OUTUBRO DE 2003 1040
ESTATUTO DO DESARMAMENTO – LEI Nº 10.826, DE 22 DE DEZEMBRO DE 2003 1048
ESTATUTO DA MICROEMPRESA E DA EMPRESA DE PEQUENO PORTE – LEI COMPLEMENTAR Nº 123, DE 14 DE DEZEMBRO DE 2006 1054

ESTATUTO DA IGUALDADE RACIAL – LEI Nº 12.288, DE 20 DE JULHO DE 2010 1081
ESTATUTO DA JUVENTUDE – LEI Nº 12.852, DE 05 DE AGOSTO DE 2013 1086
ESTATUTO GERAL DAS GUARDAS MUNICIPAIS – LEI Nº 13.022, DE 8 DE AGOSTO DE 2014 1092
ESTATUTO DA METRÓPOLE – LEI Nº 13.089, DE 12 DE JANEIRO DE 2015 1094
ESTATUTO DA PESSOA COM DEFICIÊNCIA – LEI Nº 13.146, DE 6 DE JULHO DE 2015 1097
ESTATUTO DA PRIMEIRA INFÂNCIA – LEI Nº 13.257, DE 8 DE MARÇO DE 2016 1108
ESTATUTO JURÍDICO DA EMPRESA PÚBLICA, DA SOCIEDADE DE ECONOMIA MISTA E DE SUAS SUBSIDIÁRIAS – LEI Nº 13.303, DE 30 DE JUNHO DE 2016 1111
ESTATUTO DA ADVOCACIA E DA OAB – LEI N. 8.906, DE 04 DE JULHO DE 1994 1127
REGULAMENTO GERAL DO ESTATUTO DA ADVOCACIA E DA OAB 1137
CÓDIGO DE ÉTICA E DISCIPLINA DA OAB – RESOLUÇÃO Nº 02/2015, DO CONSELHO FEDERAL DA OAB 1154
ÍNDICE ALFABÉTICO-REMISSIVO DO CÓDIGO DE ÉTICA E DISCIPLINA DA OAB 1161

▪ **LEGISLAÇÃO COMPLEMENTAR**

LEGISLAÇÃO COMPLEMENTAR 1164

▪ **SÚMULAS**

ÍNDICE ALFABÉTICO-REMISSIVO 1834
SUPREMO TRIBUNAL FEDERAL 1855
SÚMULAS VINCULANTES 1855
SUPREMO TRIBUNAL FEDERAL 1858
SÚMULAS 1858
SUPERIOR TRIBUNAL DE JUSTIÇA 1875
SÚMULAS 1875
TRIBUNAL SUPERIOR ELEITORAL 1893
SÚMULAS 1893
TRIBUNAL SUPERIOR DO TRABALHO 1896
SÚMULAS 1896

▪ **ORIENTAÇÕES JURISPRUDENCIAIS**

ORIENTAÇÕES JURISPRUDENCIAIS DO TRIBUNAL PLENO/ÓRGÃO ESPECIAL 1918
ORIENTAÇÕES JURISPRUDENCIAIS DA SEÇÃO DE DISSÍDIOS COLETIVOS – SDC 1919
ORIENTAÇÕES JURISPRUDENCIAIS DA SUBSEÇÃO 1 TRANSITÓRIA DA SEÇÃO DE DISSÍDIOS INDIVIDUAIS 1921
ORIENTAÇÕES JURISPRUDENCIAIS DA SUBSEÇÃO 1 DA SEÇÃO DE DISSÍDIOS INDIVIDUAIS – SDI-1 1926
ORIENTAÇÕES JURISPRUDENCIAIS DA SUBSEÇÃO 2 DA SEÇÃO DE DISSÍDIOS INDIVIDUAIS – SDI-2 1942

▪ **PRECEDENTES NORMATIVOS**

PRECEDENTES NORMATIVOS 1949

ÍNDICE DA LEGISLAÇÃO COMPLEMENTAR

Normas Organizadas Cronologicamente

DECRETO Nº 22.626, DE 7 DE ABRIL DE 1933 1164

Dispõe sobre os juros nos contratos e dá outras providências.

DECRETO-LEI Nº 2.627, DE 26 DE SETEMBRO DE 1940 1164

Dispõe sobre as sociedades por ações.

DECRETO-LEI Nº 3.365, DE 21 DE JUNHO DE 1941 1166

Dispõe sobre desapropriações por utilidade pública.

DECRETO-LEI Nº 3.688, DE 3 DE OUTUBRO DE 1941 1169

Lei das Contravenções Penais

DECRETO-LEI Nº 4.597, DE 19 DE AGOSTO DE 1942 1173

Dispõe sobre a prescrição das ações contra a Fazenda Pública e dá outras providências.

LEI Nº 605, DE 5 DE JANEIRO DE 1949 1174

Repouso semanal remunerado e o pagamento de salário nos dias feriados civis e religiosos.

LEI Nº 1.060, DE 5 DE FEVEREIRO DE 1950 1175

Estabelece normas para a concessão de assistência judiciária aos necessitados.

LEI Nº 1.079, DE 10 DE ABRIL DE 1950 1175

Define os crimes de responsabilidade e regula o respectivo processo de julgamento.

LEI Nº 1.408, DE 9 DE AGOSTO DE 1951 1181

Prorroga vencimento de prazos judiciais e dá outras providências.

LEI Nº 1.521, DE 26 DE DEZEMBRO DE 1951 1181

Altera dispositivos da legislação vigente sobre crimes contra a economia popular.

LEI Nº 4.090, DE 13 DE JULHO DE 1962 1183

Institui a gratificação de Natal para os trabalhadores.

LEI Nº 4.591, DE 16 DE DEZEMBRO DE 1964 1183

Dispõe sobre o condomínio em edificações e as incorporações imobiliárias.

LEI Nº 4.717, DE 29 DE JUNHO DE 1965 1195

Regula a ação popular.

LEI Nº 5.474, DE 18 DE JULHO DE 1968 1198

Dispõe sobre as duplicatas e dá outras providências.

LEI Nº 5.478, DE 25 DE JULHO DE 1968 1200

Dispõe sobre ação de alimentos e dá outras providências.

DECRETO-LEI Nº 911, DE 1º DE OUTUBRO DE 1969 1202

Altera a redação do art. 66 da Lei nº 4.728, de 14 de julho de 1965, estabelece normas de processo sobre alienação fiduciária, e dá outras providências.

LEI Nº 5.584, DE 26 DE JUNHO DE 1970 1203

Dispõe sobre normas de direito processual do trabalho, altera dispositivo da Consolidação das Leis do Trabalho, disciplina a concessão e prestação de assistência judiciária na Justiça do Trabalho e dá outras providências.

DECRETO Nº 70.235, DE 6 DE MARÇO DE 1972 1204

Dispõe sobre o processo administrativo fiscal e dá outras providências.

LEI Nº 6.015, DE 31 DE DEZEMBRO DE 1973 1209

Dispõe sobre os Registros Públicos e dá outras providências.

LEI Nº 6.019, DE 3 DE JANEIRO DE 1974 ... 1235
Dispõe sobre o trabalho temporário nas empresas urbanas e dá outras providências.

LEI Nº 6.024, DE 13 DE MARÇO DE 1974 ... 1237
Dispõe sobre a intervenção e a liquidação extrajudicial de instituições financeiras e dá outras providências.

LEI Nº 6.099, DE 12 DE SETEMBRO DE 1974 ... 1242
Dispõe sobre o tratamento tributário das operações de arrendamento mercantil, e dá outras providências.

LEI Nº 6.194, DE 19 DE DEZEMBRO DE 1974 ... 1244
Dispõe sobre Seguro Obrigatório de Danos Pessoais causados por veículos automotores de via terrestre, ou por sua carga, a pessoas transportadas ou não.

LEI Nº 6.385, DE 7 DE DEZEMBRO DE 1976 ... 1246
Dispõe sobre o mercado de valores mobiliários e cria a Comissão de Valores Mobiliários.

LEI Nº 6.404, DE 15 DE DEZEMBRO DE 1976 ... 1252
Dispõe sobre as sociedades por ações.

LEI Nº 6.515, DE 26 DE DEZEMBRO DE 1977 ... 1290
Regula os casos de dissolução da sociedade conjugal e do casamento, seus efeitos e respectivos processos, e dá outras providências.

LEI Nº 6.830, DE 22 DE SETEMBRO DE 1980 ... 1292
Dispõe sobre a cobrança judicial da Dívida Ativa da Fazenda Pública e dá outras providências.

LEI Nº 6.938, DE 31 DE AGOSTO DE 1981 ... 1296
Dispõe sobre a Política Nacional do Meio Ambiente, seus fins e mecanismos de formulação e aplicação, e dá outras providências.

LEI Nº 7.210, DE 11 DE JULHO DE 1984 ... 1300
Institui a Lei de Execução Penal.

LEI Nº 7.347, DE 24 DE JULHO DE 1985 ... 1316
Disciplina a ação civil pública de responsabilidade por danos causados ao meio ambiente, ao consumidor, a bens e direitos de valor artístico, estético, histórico, turístico e paisagístico (vetado) e dá outras providências.

LEI Nº 7.357, DE 2 DE SETEMBRO DE 1985 ... 1318
Dispõe sobre o cheque e dá outras providências.

LEI Nº 7.492, DE 16 DE JUNHO DE 1986 ... 1321
Define os crimes contra o Sistema Financeiro Nacional e dá outras providências.

LEI Nº 7.716, DE 5 DE JANEIRO DE 1989 ... 1323
Define os crimes resultantes de preconceitos de raça ou de cor.

LEI Nº 7.783, DE 28 DE JUNHO DE 1989 ... 1324
Dispõe sobre o exercício do direito de greve, define as atividades essenciais, regula o atendimento das necessidades inadiáveis da comunidade, e dá outras providências.

LEI Nº 7.853, DE 24 DE OUTUBRO DE 1989 ... 1325
Dispõe sobre o apoio às pessoas portadoras de deficiência, sua integração social, sobre a Coordenadoria Nacional para Integração da Pessoa Portadora de Deficiência - Corde, institui a tutela jurisdicional de interesses coletivos ou difusos dessas pessoas, disciplina a atuação do Ministério Público, define crimes, e dá outras providências.

LEI Nº 7.913, DE 7 DE DEZEMBRO DE 1989 ... 1328
Dispõe sobre a ação civil pública de responsabilidade por danos causados aos investidores no mercado de valores mobiliários.

LEI Nº 7.960, DE 21 DE DEZEMBRO DE 1989 ... 1328
Dispõe sobre prisão temporária.

LEI Nº 8.009, DE 29 DE MARÇO DE 1990 ... 1329
Dispõe sobre a impenhorabilidade do bem de família.

LEI Nº 8.021, DE 12 DE ABRIL DE 1990 ... 1329
Dispõe sobre a identificação dos contribuintes para fins fiscais, e dá outras providências.

LEI Nº 8.036, DE 11 DE MAIO DE 1990 ... 1330
Dispõe sobre o Fundo de Garantia do Tempo de Serviço, e dá outras providências.

LEI Nº 8.038, DE 28 DE MAIO DE 1990 1340
Institui normas procedimentais para os processos que especifica, perante o Superior Tribunal de Justiça e o Supremo Tribunal Federal.

LEI Nº 8.072, DE 25 DE JULHO DE 1990 1342
Dispõe sobre os crimes hediondos, nos termos do art. 5º, XLIII, da Constituição Federal, e determina outras providências.

LEI Nº 8.112, DE 11 DE DEZEMBRO DE 1990 1343
Dispõe sobre o regime jurídico dos servidores públicos civis da União, das autarquias e das fundações públicas federais.

LEI Nº 8.137, DE 27 DE DEZEMBRO DE 1990 1363
Define crimes contra a ordem tributária, econômica e contra as relações de consumo, e dá outras providências.

LEI Nº 8.176, DE 8 DE FEVEREIRO DE 1991 1365
Define crimes contra a ordem econômica e cria o Sistema de Estoques de Combustíveis.

LEI Nº 8.212, DE 24 DE JULHO DE 1991 1365
Dispõe sobre a organização da Seguridade Social, institui Plano de Custeio, e dá outras providências.

LEI Nº 8.213, DE 24 DE JULHO DE 1991 1382
Dispõe sobre os Planos de Benefícios da Previdência Social e dá outras providências.

LEI Nº 8.245, DE 18 DE OUTUBRO DE 1991 1403
Dispõe sobre as locações dos imóveis urbanos e os procedimentos a elas pertinentes.

LEI Nº 8.397, DE 6 DE JANEIRO DE 1992 1410
Institui medida cautelar fiscal e dá outras providências.

LEI Nº 8.429, DE 2 DE JUNHO DE 1992 1411
Dispõe sobre as sanções aplicáveis aos agentes públicos nos casos de enriquecimento ilícito no exercício de mandato, cargo, emprego ou função na administração pública direta, indireta ou fundacional e dá outras providências.

LEI Nº 8.658, DE 26 DE MAIO DE 1993 1415
Dispõe sobre a aplicação, nos Tribunais de Justiça e nos Tribunais Regionais Federais, das normas da Lei nº 8.038, de 28 de maio de 1990, sobre ações penais originárias.

LEI Nº 8.666, DE 21 DE JUNHO DE 1993 1415
Regulamenta o artigo 37, inciso XXI, da Constituição Federal, institui normas para licitações e contratos da Administração Pública e dá outras providências.

LEI Nº 8.934, DE 18 DE NOVEMBRO DE 1994 1436
Dispõe sobre o Registro Público de Empresas Mercantis e Atividades Afins e dá outras providências.

LEI Nº 8.971, DE 29 DE DEZEMBRO DE 1994 1441
Regula o direito dos companheiros a alimentos e à sucessão.

LEI Nº 9.029, DE 13 DE ABRIL DE 1995 1441
Proíbe a exigência de atestados de gravidez e esterilização, e outras práticas discriminatórias, para efeitos admissionais ou de permanência da relação jurídica de trabalho, e dá outras providências.

LEI Nº 9.051, DE 18 DE MAIO DE 1995 1441
Dispõe sobre a expedição de certidões para a defesa de direitos e esclarecimentos de situações.

LEI Nº 9.096, DE 19 DE SETEMBRO DE 1995 1442
Dispõe sobre partidos políticos, regulamenta os arts. 17 e 14, § 3º, inciso V, da Constituição Federal.

LEI Nº 9.099, DE 26 DE SETEMBRO DE 1995 1449
Dispõe sobre os Juizados Especiais Cíveis e Criminais e dá outras providências.

LEI Nº 9.278, DE 10 DE MAIO DE 1996 1455
Regula o § 3° do art. 226 da Constituição Federal.

LEI Nº 9.279, DE 14 DE MAIO DE 1996 1455
Regula direitos e obrigações relativos à propriedade industrial.

LEI Nº 9.296, DE 24 DE JULHO DE 1996 1470
Regulamenta o inciso XII, parte final, do art. 5° da Constituição Federal.

LEI Nº 9.307, DE 23 DE SETEMBRO DE 1996 1471
Dispõe sobre a arbitragem.

LEI Nº 9.434, DE 4 DE FEVEREIRO DE 1997 1474
Dispõe sobre a remoção de órgãos, tecidos e partes do corpo humano para fins de transplante e tratamento e dá outras providências.

LEI Nº 9.455, DE 7 DE ABRIL DE 1997 1476
Define os crimes de tortura e dá outras providências.

LEI Nº 9.492, DE 10 DE SETEMBRO DE 1997 1477
Define competência, regulamenta os serviços concernentes ao protesto de títulos e outros documentos de dívida e dá outras providências.

LEI Nº 9.494, DE 10 DE SETEMBRO DE 1997 1480
Disciplina a aplicação da tutela antecipada contra a Fazenda Pública, altera a Lei nº 7.347, de 24 de julho de 1985, e dá outras providências.

LEI Nº 9.504, DE 30 DE SETEMBRO DE 1997 1481
Estabelece normas para as eleições.

LEI Nº 9.507, DE 12 DE NOVEMBRO DE 1997 1502
Regula o direito de acesso a informações e disciplina o rito processual do habeas data.

LEI Nº 9.601, DE 21 DE JANEIRO DE 1998 1504
Dispõe sobre o contrato de trabalho por prazo determinado e dá outras providências.

LEI Nº 9.605, DE 12 DE FEVEREIRO DE 1998 1504
Dispõe sobre as sanções penais e administrativas derivadas de condutas e atividades lesivas ao meio ambiente, e dá outras providências.

LEI Nº 9.608, DE 18 DE FEVEREIRO DE 1998 1511
Dispõe sobre o serviço voluntário e dá outras providências.

LEI Nº 9.609, DE 19 DE FEVEREIRO DE 1998 1511
Dispõe sobre a proteção da propriedade intelectual de programa de computador, sua comercialização no País, e dá outras providências.

LEI Nº 9.610, DE 19 DE FEVEREIRO DE 1998 1513
Altera, atualiza e consolida a legislação sobre direitos autorais e dá outras providências.

LEI Nº 9.613, DE 3 DE MARÇO DE 1998 1523
Dispõe sobre os crimes de "lavagem" ou ocultação de bens, direitos e valores; a prevenção da utilização do sistema financeiro para os ilícitos previstos nesta Lei; cria o Conselho de Controle de Atividades Financeiras – COAF, e dá outras providências.

DECRETO Nº 2.626, DE 15 DE JUNHO DE 1998 1527
Promulga o Protocolo de Medidas Cautelares, concluído em Ouro Preto, em 16 de dezembro de 1994.

LEI Nº 9.784, DE 29 DE JANEIRO DE 1999 1528
Regula o processo administrativo no âmbito da Administração Pública Federal.

LEI Nº 9.868, DE 10 DE NOVEMBRO DE 1999 1532
Dispõe sobre o processo e julgamento da ação direta de inconstitucionalidade e da ação declaratória de constitucionalidade perante o Supremo Tribunal Federal.

LEI Nº 9.882, DE 3 DE DEZEMBRO DE 1999 1535
Dispõe sobre o processo e julgamento da arguição de descumprimento de preceito fundamental, nos termos do § 1º do art. 102 da Constituição Federal.

LEI COMPLEMENTAR Nº 101, DE 4 DE MAIO DE 2000 1536
Estabelece normas de finanças públicas voltadas para a responsabilidade na gestão fiscal e dá outras providências.

LEI Nº 10.001, DE 04 DE SETEMBRO DE 2000 1548
Dispõe sobre a prioridade nos procedimentos a serem adotados pelo Ministério Público e por outros órgãos a respeito das conclusões das comissões parlamentares de inquérito.

LEI Nº 10.028, DE 19 DE OUTUBRO DE 2000 1548
Altera o Decreto-Lei nº 2.848, de 7 de dezembro de 1940 – Código Penal, a Lei nº 1.079, de 10 de abril de 1950, e o Decreto-Lei nº 201, de 27 de fevereiro de 1967.

LEI Nº 10.048, DE 8 DE NOVEMBRO DE 2000 1549
Dá prioridade de atendimento às pessoas que especifica, e dá outras providências.

LEI Nº 10.098, DE 19 DE DEZEMBRO DE 2000 1549
Estabelece normas gerais e critérios básicos para a promoção da acessibilidade das pessoas portadoras de deficiência ou com mobilidade reduzida, e dá outras providências.

LEI Nº 10.101, DE 19 DE DEZEMBRO DE 2000 1551
Dispõe sobre a participação dos trabalhadores nos lucros ou resultados da empresa e dá outras providências.

LEI COMPLEMENTAR Nº 105, DE 10 DE JANEIRO DE 2001 1553
Dispõe sobre o sigilo das operações de instituições financeiras e dá outras providências.

LEI Nº 10.259, DE 12 DE JULHO DE 2001 1555
Dispõe sobre a instituição dos Juizados Especiais Cíveis e Criminais no âmbito da Justiça Federal.

MEDIDA PROVISÓRIA Nº 2.172-32, DE 23 DE AGOSTO DE 2001 1557
Estabelece a nulidade das disposições contratuais que menciona e inverte, nas hipóteses que prevê, o ônus da prova nas ações intentadas para sua declaração.

LEI Nº 10.303, DE 31 DE OUTUBRO DE 2001 1557
Altera e acrescenta dispositivos na Lei nº 6.404, de 15 de dezembro de 1976, que dispõe sobre as Sociedades por Ações, e na Lei nº 6.385, de 7 de dezembro de 1976, que dispõe sobre o mercado de valores mobiliários e cria a Comissão de Valores Mobiliários.

LEI Nº 10.520, DE 17 DE JULHO DE 2002 1558
Institui, no âmbito da União, Estados, Distrito Federal e Municípios, nos termos do art. 37, inciso XXI, da Constituição Federal, modalidade de licitação denominada pregão, para aquisição de bens e serviços comuns, e dá outras providências.

LEI Nº 10.792, DE 1º DE DEZEMBRO DE 2003 1559
Altera a Lei nº 7.210, de 11 de junho de 1984 – Lei de Execução Penal e o Decreto-Lei 3.689, de 3 de outubro de 1941 – Código de Processo Penal e dá outras providências.

LEI Nº 11.079, DE 30 DE DEZEMBRO DE 2004 1560
Institui normas gerais para licitação e contratação de parceria público-privada no âmbito da administração pública.

LEI Nº 11.101, DE 9 DE FEVEREIRO DE 2005 1565
Regula a recuperação judicial, a extrajudicial e a falência do empresário e da sociedade empresária.

LEI Nº 11.105, DE 24 DE MARÇO DE 2005 1594
Regulamenta os incisos II, IV e V do § 1º do art. 225 da Constituição Federal, estabelece normas de segurança e mecanismos de fiscalização de atividades que envolvam organismos geneticamente modificados – OGM e seus derivados, cria o Conselho Nacional de Biossegurança – CNBS, reestrutura a Comissão Técnica Nacional de Biossegurança – CTNBio, dispõe sobre a Política Nacional de Biossegurança – PNB, revoga a Lei nº 8.974, de 5 de janeiro de 1995, e a Medida Provisória nº 2.191-9, de 23 de agosto de 2001, e os arts. 5º, 6º, 7º, 8º, 9º, 10 e 16 da Lei nº 10.814, de 15 de dezembro de 2003, e dá outras providências.

LEI Nº 11.107, DE 6 DE ABRIL DE 2005 1599
Dispõe sobre normas gerais de contratação de consórcios públicos e dá outras providências.

LEI Nº 11.340, DE 7 DE AGOSTO DE 2006 1602
Cria mecanismos para coibir a violência doméstica e familiar contra a mulher, nos termos do § 8º do art. 226 da Constituição Federal, da Convenção sobre a Eliminação de Todas as Formas de Discriminação contra as Mulheres e da Convenção Interamericana para Prevenir, Punir e Erradicar a Violência contra a Mulher; dispõe sobre a criação dos Juizados de Violência Doméstica e Familiar contra a Mulher; altera o Código de Processo Penal, o Código Penal e a Lei de Execução Penal; e dá outras providências.

LEI Nº 11.343, DE 23 DE AGOSTO DE 2006 1607
Institui o Sistema Nacional de Políticas Públicas sobre Drogas – Sisnad; prescreve medidas para prevenção do uso indevido, atenção e reinserção social de usuários e dependentes de drogas; estabelece normas para repressão à produção não autorizada e ao tráfico ilícito de drogas; define crimes e dá outras providências.

LEI Nº 11.417, DE 19 DE DEZEMBRO DE 2006 1617
Regulamenta o art. 103-A da Constituição Federal e altera a Lei nº 9.784, de 29 de janeiro de 1999, disciplinando a edição, a revisão e o cancelamento de enunciado de súmula vinculante pelo Supremo Tribunal Federal, e dá outras providências.

LEI Nº 11.419, DE 19 DE DEZEMBRO DE 2006 1617
Dispõe sobre a informatização do processo judicial; altera a Lei nº 5.869, de 11 de janeiro de 1973 – Código de Processo Civil; e dá outras providências.

LEI Nº 11.636, DE 28 DE DEZEMBRO DE 2007 1620
Dispõe sobre as custas judiciais devidas no âmbito do Superior Tribunal de Justiça.

LEI Nº 11.638, DE 28 DE DEZEMBRO DE 2007 1621
Altera e revoga dispositivos da Lei nº 6.404, de 15 de dezembro de 1976, e da Lei nº 6.385, de 7 de dezembro de 1976, e estende às sociedades de grande porte disposições relativas à elaboração e divulgação de demonstrações financeiras.

LEI Nº 11.648, DE 31 DE MARÇO DE 2008 1621
Dispõe sobre o reconhecimento formal das centrais sindicais para os fins que especifica, altera a Consolidação das Leis do Trabalho – CLT, aprovada pelo Decreto-Lei nº 5.452, de 1º de maio de 1943, e dá outras providências.

DECRETO Nº 6.488, DE 19 DE JUNHO DE 2008 1622
Regulamenta os arts. 276 e 306 da Lei nº 9.503, de 23 de setembro de 1997 – Código de Trânsito Brasileiro, disciplinando a margem de tolerância de álcool no sangue e a equivalência entre os distintos testes de alcoolemia para efeitos de crime de trânsito.

DECRETO Nº 6.489, DE 19 DE JUNHO DE 2008 1622
Regulamenta a Lei nº 11.705, de 19 de junho de 2008, no ponto em que restringe a comercialização de bebidas alcoólicas em rodovias federais.

LEI Nº 11.705, DE 19 DE JUNHO DE 2008 1623
Altera a Lei nº 9.503, de 23 de setembro de 1997, que 'institui o Código de Trânsito Brasileiro', e a Lei nº 9.294, de 15 de julho de 1996, que dispõe sobre as restrições ao uso e à propaganda de produtos fumígeros, bebidas alcoólicas, medicamentos, terapias e defensivos agrícolas, nos termos do § 4º do art. 220 da Constituição Federal, para inibir o consumo de bebida alcoólica por condutor de veículo automotor, e dá outras providências.

LEI Nº 11.770, DE 9 DE SETEMBRO DE 2008 1624
Cria o Programa Empresa Cidadã, destinado à prorrogação da licença-maternidade mediante concessão de incentivo fiscal, e altera a Lei nº 8.212, de 24 de julho de 1991.

LEI Nº 11.788, DE 25 DE SETEMBRO DE 2008 1625
Dispõe sobre o estágio de estudantes; altera a redação do art. 428 da Consolidação das Leis do Trabalho – CLT, aprovada pelo Decreto-lei nº 5.452, de 1º de maio de 1943, e a Lei nº 9.394, de 20 de dezembro de 1996; revoga as Leis nºs 6.494, de 7 de dezembro de 1977, e 8.859, de 23 de março de 1994, o parágrafo único do art. 82 da Lei nº 9.394, de 20 de dezembro de 1996, e o art. 6º da Medida Provisória nº 2.164-41, de 24 de agosto de 2001; e dá outras providências.

LEI Nº 11.804, DE 5 DE NOVEMBRO DE 2008 1627
Disciplina o direito a alimentos gravídicos e a forma como ele será exercido e dá outras providências.

LEI Nº 12.009, DE 29 DE JULHO DE 2009 1627
Regulamenta o exercício das atividades dos profissionais em transporte de passageiros, "mototaxista", em entrega de mercadorias e em serviço comunitário de rua, e "motoboy", com o uso de motocicleta, altera a Lei n. 9.503, de 23 de setembro de 1997, para dispor sobre regras de segurança dos serviços de transporte remunerado de mercadorias em motocicletas e motonetas – moto-frete –, estabelece regras gerais para a regulação deste serviço e dá outras providências.

LEI Nº 12.010, DE 3 DE AGOSTO DE 2009 1628
Dispõe sobre adoção; altera as Leis nºs 8.069, de 13 de julho de 1990 – Estatuto da Criança e do Adolescente, 8.560, de 29 de dezembro de 1992; revoga dispositivos da Lei nº 10.406, de 10 de janeiro de 2002 – Código Civil, e da Consolidação das Leis do Trabalho – CLT, aprovada pelo Decreto-Lei nº 5.452, de 1º de maio de 1943; e dá outras providências.

LEI Nº 12.016, DE 7 DE AGOSTO DE 2009 1628
Disciplina o mandado de segurança individual e coletivo e dá outras providências.

LEI Nº 12.030, DE 17 DE SETEMBRO DE 2009 1630
Dispõe sobre as perícias oficiais e dá outras providências.

LEI Nº 12.037, DE 1º DE OUTUBRO DE 2009 1630
Dispõe sobre a identificação criminal do civilmente identificado, regulamentando o art. 5º, inciso LVIII, da Constituição Federal.
Faço saber que o Congresso Nacional decreta e eu sanciono a seguinte Lei:

LEI Nº 12.153, DE 22 DE DEZEMBRO DE 2009 1632

Dispõe sobre os Juizados Especiais da Fazenda Pública no âmbito dos Estados, do Distrito Federal, dos Territórios e dos Municípios.

LEI Nº 12.232, DE 29 DE ABRIL DE 2010 1633

Dispõe sobre as normas gerais para licitação e contratação pela administração pública de serviços de publicidade prestados por intermédio de agências de propaganda e dá outras providências.

DECRETO Nº 7.203, DE 4 DE JUNHO DE 2010 1637

Dispõe sobre a vedação do nepotismo no âmbito da administração pública federal.

LEI Nº 12.291, DE 20 DE JULHO DE 2010 1637

Torna obrigatória a manutenção de exemplar do Código de Defesa do Consumidor nos estabelecimentos comerciais e de prestação de serviços.

LEI Nº 12.318, DE 26 DE AGOSTO DE 2010 1637

Dispõe sobre a alienação parental e altera o art. 236 da Lei nº 8.069, de 13 de julho de 1990.

LEI Nº 12.414, DE 9 DE JUNHO DE 2011 1638

Disciplina a formação e consulta a bancos de dados com informações de adimplemento, de pessoas naturais ou de pessoas jurídicas, para formação de histórico de crédito.

LEI Nº 12.462, DE 4 DE AGOSTO DE 2011 1641

Institui o Regime Diferenciado de Contratações Públicas – RDC; altera a Lei nº 10.683, de 28 de maio de 2003, que dispõe sobre a organização da Presidência da República e dos Ministérios, a legislação da Agência Nacional de Aviação Civil (Anac) e a legislação da Empresa Brasileira de Infraestrutura Aeroportuária (Infraero); cria a Secretaria de Aviação Civil, cargos de Ministro de Estado, cargos em comissão e cargos de Controlador de Tráfego Aéreo; autoriza a contratação de controladores de tráfego aéreo temporários; altera as Leis nºs 11.182, de 27 de setembro de 2005, 5.862, de 12 de dezembro de 1972, 8.399, de 7 de janeiro de 1992, 11.526, de 4 de outubro de 2007, 11.458, de 19 de março de 2007, e 12.350, de 20 de dezembro de 2010, e a Medida Provisória nº 2.185-35, de 24 de agosto de 2001; e revoga dispositivos da Lei nº 9.649, de 27 de maio de 1998.

LEI Nº 12.506, DE 11 DE OUTUBRO DE 2011 1649

Dispõe sobre o aviso-prévio e dá outras providências.

LEI Nº 12.527, DE 18 DE NOVEMBRO DE 2011 1649

Regula o acesso a informações previsto no inciso XXXIII do art. 5º, no inciso II do § 3º do art. 37 e no § 2º do art. 216 da Constituição Federal; altera a Lei nº 8.112, de 11 de dezembro de 1990; revoga a Lei nº 11.111, de 5 de maio de 2005, e dispositivos da Lei nº 8.159, de 8 de janeiro de 1991; e dá outras providências.

DECRETO Nº 7.627, DE 24 DE NOVEMBRO DE 2011 1655

Regulamenta a monitoração eletrônica de pessoas prevista no Decreto-lei nº 3.689, de 3 de outubro de 1941 – Código de Processo Penal, e na Lei nº 7.210, de 11 de julho de 1984 – Lei de Execução Penal.

LEI Nº 12.529, DE 30 DE NOVEMBRO DE 2011 1655

Estrutura o Sistema Brasileiro de Defesa da Concorrência; dispõe sobre a prevenção e repressão às infrações contra a ordem econômica; altera a Lei nº 8.137, de 27 de dezembro de 1990, o Decreto-Lei nº 3.689, de 3 de outubro de 1941 – Código de Processo Penal, e a Lei nº 7.347, de 24 de julho de 1985; revoga dispositivos da Lei nº 8.884, de 11 de junho de 1994, e a Lei nº 9.781, de 19 de janeiro de 1999; e dá outras providências.

LEI Nº 12.587, DE 3 DE JANEIRO DE 2012 1668

Institui as diretrizes da Política Nacional de Mobilidade Urbana; revoga dispositivos dos Decretos-leis nºs 3.326, de 3 de junho de 1941, e 5.405, de 13 de abril de 1943, da Consolidação das Leis do Trabalho (CLT), aprovada pelo Decreto-lei nº 5.452, de 1º de maio de 1943, e das Leis nºs 5.917, de 10 de setembro de 1973, e 6.261, de 14 de novembro de 1975; e dá outras providências.

LEI Nº 12.594, DE 18 DE JANEIRO DE 2012 1672

Institui o Sistema Nacional de Atendimento Socioeducativo (Sinase), regulamenta a execução das medidas socioeducativas destinadas a adolescente que pratique ato infracional; e altera as Leis nºs 8.069, de 13 de julho de 1990 (Estatuto da Criança e do Adolescente); 7.560, de 19 de dezembro de 1986, 7.998, de 11 de janeiro de 1990, 5.537, de 21 de novembro de 1968, 8.315, de 23 de dezembro de 1991, 8.706, de 14 de setembro de 1993, os Decretos-leis nºs 4.048, de 22 de janeiro de 1942, 8.621, de 10 de janeiro de 1946, e a Consolidação das Leis do Trabalho (CLT), aprovada pelo Decreto-lei nº 5.452, de 1º de maio de 1943.

LEI Nº 12.662, DE 5 DE JUNHO DE 2012 1680

Assegura validade nacional à Declaração de Nascido Vivo – DNV, regula sua expedição, altera a Lei nº 6.015, de 31 de dezembro de 1973, e dá outras providências.

LEI Nº 12.690, DE 19 DE JULHO DE 2012 1680

Dispõe sobre a organização e o funcionamento das Cooperativas de Trabalho; institui o Programa Nacional de Fomento às Cooperativas de Trabalho – PRONACOOP; e revoga o parágrafo único do art. 442 da Consolidação das Leis do Trabalho – CLT, aprovada pelo Dec.-lei nº 5.452, de 1º de maio de 1943.

LEI Nº 12.694, DE 24 DE JULHO DE 2012 1683

Dispõe sobre o processo e o julgamento colegiado em primeiro grau de jurisdição de crimes praticados por organizações criminosas; altera o Decreto-Lei nº 2.848, de 7 de dezembro de 1940 – Código Penal, o Decreto-Lei nº 3.689, de 3 de outubro de 1941 – Código de Processo Penal, e as Leis nºs 9.503, de 23 de setembro de 1997 – Código de Trânsito Brasileiro, e 10.826, de 22 de dezembro de 2003; e dá outras providências

LEI Nº 12.741, DE 8 DE DEZEMBRO DE 2012 1684

Dispõe sobre as medidas de esclarecimento ao consumidor, de que trata o § 5º do artigo 150 da Constituição Federal; altera o inciso III do art. 6º e o inciso IV do art. 106 da Lei nº 8.078, de 11 de setembro de 1990 – Código de Defesa do Consumidor.

DECRETO Nº 7.962, DE 15 DE MARÇO DE 2013 1684

Regulamenta a Lei nº 8.078, de 11 de setembro de 1990, para dispor sobre a contratação no comércio eletrônico.

LEI COMPLEMENTAR Nº 142, DE 8 DE MAIO DE 2013 1685

Regulamenta o § 1º do art. 201 da Constituição Federal, no tocante à aposentadoria da pessoa com deficiência segurada do Regime Geral de Previdência Social – RGPS.

RESOLUÇÃO CNJ Nº 175, DE 14 DE MAIO DE 2013 1686

Dispõe sobre a habilitação, celebração de casamento civil, ou de conversão de união estável em casamento, entre pessoas de mesmo sexo.

LEI Nº 12.830, DE 20 DE JUNHO DE 2013 1686

Dispõe sobre a investigação criminal conduzida pelo delegado de polícia.

LEI Nº 12.846, DE 1º DE AGOSTO DE 2013 1686

Dispõe sobre a responsabilização administrativa e civil de pessoas jurídicas pela prática de atos contra a administração pública, nacional ou estrangeira, e dá outras providências.

LEI Nº 12.847, DE 2 DE AGOSTO DE 2013 1689

Institui o Sistema Nacional de Prevenção e Combate à Tortura; cria o Comitê Nacional de Prevenção e Combate à Tortura e o Mecanismo Nacional de Prevenção e Combate à Tortura; e dá outras providências.

LEI Nº 12.850, DE 2 DE AGOSTO DE 2013 1692

Define organização criminosa e dispõe sobre a investigação criminal, os meios de obtenção da prova, infrações penais correlatas e o procedimento criminal; altera o Decreto-Lei nº 2.848, de 7 de dezembro de 1940 (Código Penal); revoga a Lei nº 9.034, de 3 de maio de 1995; e dá outras providências.

LEI Nº 12.853, DE 14 DE AGOSTO DE 2013 1696

Altera os arts. 5º, 68, 97, 98, 99 e 100, acrescenta arts. 98-A, 98-B, 98-C, 99-A, 99-B, 100-A, 100-B e 109-A e revoga o art. 94 da Lei nº 9.610, de 19 de fevereiro de 1998, para dispor sobre a gestão coletiva de direitos autorais, e dá outras providências.

LEI Nº 12.965, DE 23 DE ABRIL DE 2014 1696

Estabelece princípios, garantias, direitos e deveres para o uso da Internet no Brasil.

LEI Nº 12.984, DE 2 DE JUNHO DE 2014 1700

Define o crime de discriminação dos portadores do vírus da imunodeficiência humana (HIV) e doentes de AIDS.

PROVIMENTO CNJ Nº 37, DE 7 DE JULHO DE 2014 1700

Dispõe sobre o registro de união estável, no Livro "E", por Oficial de Registro Civil das Pessoas Naturais.

LEI Nº 13.103, DE 2 DE MARÇO DE 2015 1701

Dispõe sobre o exercício da profissão de motorista; altera a Consolidação das Leis do Trabalho – CLT, aprovada pelo Decreto-lei nº 5.452, de 1º de maio de 1943, e as Leis nºs 9.503, de 23 de setembro de 1997 – Código de Trânsito Brasileiro, e 11.442, de 5 de janeiro de 2007 (empresas e transportadores autônomos de carga), para disciplinar a jornada de trabalho e o tempo de direção do motorista profissional; altera a Lei nº 7.408, de 25 de novembro de 1985; revoga dispositivos da Lei nº 12.619, de 30 de abril de 2012; e dá outras providências.

DECRETO Nº 8.420, DE 18 DE MARÇO DE 2015 1703

Regulamenta a Lei nº 12.846, de 1º de agosto de 2013, que dispõe sobre a responsabilização administrativa de pessoas jurídicas pela prática de atos contra a administração pública, nacional ou estrangeira e dá outras providências.

LEI COMPLEMENTAR Nº 150, DE 1º DE JUNHO DE 2015 1708

Dispõe sobre o contrato de trabalho doméstico; altera as Leis nºs 8.212, de 24 de julho de 1991, 8.213, de 24 de julho de 1991, e 11.196, de 21 de novembro de 2005; revoga o inciso I do art. 3º da Lei nº 8.009, de 29 de março de 1990, o art. 36 da Lei nº 8.213, de 24 de julho de 1991, a Lei nº 5.859, de 11 de dezembro de 1972, e o inciso VII do art. 12 da Lei nº 9.250, de 26 de dezembro 1995; e dá outras providências.

LEI Nº 13.140, DE 26 DE JUNHO DE 2015 1713

Dispõe sobre a mediação entre particulares como meio de solução de controvérsias e sobre a autocomposição de conflitos no âmbito da administração pública; altera a Lei nº 9.469, de 10 de julho de 1997, e o Decreto nº 70.235, de 6 de março de 1972; e revoga o § 2º do art. 6º da Lei nº 9.469, de 10 de julho de 1997.

LEI COMPLEMENTAR Nº 151, DE 5 DE AGOSTO DE 2015 1716

Altera a Lei Complementar nº 148, de 25 de novembro de 2014; revoga as Leis nºs 10.819, de 16 de dezembro de 2003, e 11.429, de 26 de dezembro de 2006; e dá outras providências.

LEI Nº 13.165, DE 29 DE SETEMBRO DE 2015 1717

Altera as Leis nºs 9.504, de 30 de setembro de 1997, 9.096, de 19 de setembro de 1995, e 4.737, de 15 de julho de 1965 – Código Eleitoral, para reduzir os custos das campanhas eleitorais, simplificar a administração dos Partidos Políticos e incentivar a participação feminina.

LEI Nº 13.185, DE 6 DE NOVEMBRO DE 2015 1717

Institui o Programa de Combate à Intimidação Sistemática (Bullying).

LEI Nº 13.188, DE 11 DE NOVEMBRO DE 2015 1718

Dispõe sobre o direito de resposta ou retificação do ofendido em matéria divulgada, publicada ou transmitida por veículo de comunicação social.

LEI Nº 13.189, DE 19 DE NOVEMBRO DE 2015 1719

Institui o Programa Seguro-Emprego – PSE.

LEI COMPLEMENTAR Nº 152, DE 3 DE DEZEMBRO DE 2015 1722

Dispõe sobre a aposentadoria compulsória por idade, com proventos proporcionais, nos termos do inciso II do § 1º do art. 40 da Constituição Federal.

IN TST Nº 39, DE 15 DE MARÇO DE 2016 1722

Dispõe sobre as normas do Código de Processo Civil de 2015 aplicáveis e inaplicáveis ao Processo do Trabalho, de forma não exaustiva.

LEI Nº 13.260, DE 16 DE MARÇO DE 2016 1724

Regulamenta o disposto no inciso XLIII do art. 5º da Constituição Federal, disciplinando o terrorismo, tratando de disposições investigatórias e processuais e reformulando o conceito de organização terrorista; e altera as Leis nºs 7.960, de 21 de dezembro de 1989, e 12.850, de 2 de agosto de 2013.

LEI Nº 13.271, DE 15 DE ABRIL DE 2016 1725

Dispõe sobre a proibição de revista íntima de funcionárias nos locais de trabalho e trata da revista íntima em ambientes prisionais.

DECRETO Nº 8.771, DE 11 DE MAIO DE 2016 1725

Regulamenta a Lei nº 12.965, de 23 de abril de 2014, para tratar das hipóteses admitidas de discriminação de pacotes de dados na internet e de degradação de tráfego, indicar procedimentos para guarda e proteção de dados por provedores de conexão e de aplicações, apontar medidas de transparência na requisição de dados cadastrais pela administração pública e estabelecer parâmetros para fiscalização e apuração de infrações.

LEI Nº 13.300, DE 23 DE JUNHO DE 2016 1727

Disciplina o processo e o julgamento dos mandados de injunção individual e coletivo e dá outras providências.

DECRETO Nº 8.858, DE 26 DE SETEMBRO DE 2016 1728

Regulamenta o disposto no art. 199 da Lei nº 7.210, de 11 de julho de 1984 – Lei de Execução Penal.

LEI Nº 13.344, DE 6 DE OUTUBRO DE 2016 1728

Dispõe sobre prevenção e repressão ao tráfico interno e internacional de pessoas e sobre medidas de atenção às vítimas; altera a Lei nº 6.815, de 19 de agosto de 1980, o Decreto-Lei nº 3.689, de 3 de outubro de 1941 (Código de Processo Penal), e o Decreto-Lei nº

2.848, de 7 de dezembro de 1940 (Código Penal); e revoga dispositivos do Decreto-Lei nº 2.848, de 7 de dezembro de 1940 (Código Penal).

DEC. Nº 8.945, DE 27 DE DEZEMBRO DE 2016 1730
Regulamenta, no âmbito da União, a Lei nº 13.303, de 30 de junho de 2016, que dispõe sobre o estatuto jurídico da empresa pública, da sociedade de economia mista e de suas subsidiárias, no âmbito da União, dos Estados, do Distrito Federal e dos Municípios.

LEI Nº 13.445, DE 24 DE MAIO DE 2017 1739
Institui a Lei de Migração.

LEI Nº 13.455, DE 26 DE JUNHO DE 2017 1749
Dispõe sobre a diferenciação de preços de bens e serviços oferecidos ao público em função do prazo ou do instrumento de pagamento utilizado, e altera a Lei n° 10.962, de 11 de outubro de 2004.

LEI Nº 13.460, DE 26 DE JUNHO DE 2017 1749
Dispõe sobre participação, proteção e defesa dos direitos do usuário dos serviços públicos da administração pública.

LEI Nº 13.465, DE 11 DE JULHO DE 2017 1751
Dispõe sobre a regularização fundiária rural e urbana, sobre a liquidação de créditos concedidos aos assentados da reforma agrária e sobre a regularização fundiária no âmbito da Amazônia Legal; institui mecanismos para aprimorar a eficiência dos procedimentos de alienação de imóveis da União; altera as Leis nºs 8.629, de 25 de fevereiro de 1993, 13.001, de 20 de junho de 2014, 11.952, de 25 de junho de 2009, 13.340, de 28 de setembro de 2016, 8.666, de 21 de junho de 1993, 6.015, de 31 de dezembro de 1973, 12.512, de 14 de outubro de 2011, 10.406, de 10 de janeiro de 2002 (Código Civil), 13.105, de 16 de março de 2015 (Código de Processo Civil), 11.977, de 7 de julho de 2009, 9.514, de 20 de novembro de 1997, 11.124, de 16 de junho de 2005, 6.766, de 19 de dezembro de 1979, 10.257, de 10 de julho de 2001, 12.651, de 25 de maio de 2012, 13.240, de 30 de dezembro de 2015, 9.636, de 15 de maio de 1998, 8.036, de 11 de maio de 1990, 13.139, de 26 de junho de 2015, 11.483, de 31 de maio de 2007, e a 12.712, de 30 de agosto de 2012, a Medida Provisória no 2.220, de 4 de setembro de 2001, e os Decretos-leis nºs 2.398, de 21 de dezembro de 1987, 1.876, de 15 de julho de 1981, 9.760, de 5 de setembro de 1946, e 3.365, de 21 de junho de 1941; revoga dispositivos da Lei Complementar nº 76, de 6 de julho de 1993, e da Lei nº 13.347, de 10 de outubro de 2016; e dá outras providências.

PORTARIA MT Nº 349, DE 23 DE MAIO DE 2018 1763
Estabelece regras voltadas à execução da Lei nº 13.467, de 13 de julho de 2017, no âmbito das competências normativas do Ministério do Trabalho.

INSTRUÇÃO NORMATIVA Nº 41, DE 21 DE JUNHO DE 2018 1764
Dispõe sobre a aplicação das normas processuais da Consolidação das Leis do Trabalho alteradas pela Lei nº 13.467, de 13 de julho de 2017.

LEI Nº 13.709, DE 14 DE AGOSTO DE 2018 1764
Lei Geral de Proteção de Dados Pessoais (LGPD) (Ementa com redação dada pela Lei 13.853/2019)

DECRETO Nº 9.830, DE 10 DE JUNHO DE 2019 1775
Regulamenta o disposto nos art. 20 ao art. 30 do Decreto-Lei nº 4.657, de 4 de setembro de 1942, que institui a Lei de Introdução às normas do Direito brasileiro.

LEI Nº 13.869, DE 5 DE SETEMBRO DE 2019 1777
Dispõe sobre os crimes de abuso de autoridade; altera a Lei nº 7.960, de 21 de dezembro de 1989, a Lei nº 9.296, de 24 de julho de 1996, a Lei nº 8.069, de 13 de julho de 1990, e a Lei nº 8.906, de 4 de julho de 1994; e revoga a Lei nº 4.898, de 9 de dezembro de 1965, e dispositivos do Decreto-Lei nº 2.848, de 7 de dezembro de 1940 (Código Penal).

LEI Nº 13.874, DE 20 DE SETEMBRO DE 2019 1780
Institui a Declaração de Direitos de Liberdade Econômica; estabelece garantias de livre mercado; altera as Leis nºs 10.406, de 10 de janeiro de 2002 (Código Civil), 6.404, de 15 de dezembro de 1976, 11.598, de 3 de dezembro de 2007, 12.682, de 9 de julho de 2012, 6.015, de 31 de dezembro de 1973, 10.522, de 19 de julho de 2002, 8.934, de 18 de novembro 1994, o Decreto-Lei nº 9.760, de 5 de setembro de 1946 e a Consolidação das Leis do Trabalho, aprovada pelo Decreto-Lei nº 5.452, de 1º de maio de 1943; revoga a Lei Delegada nº 4, de 26 de setembro de 1962, a Lei nº 11.887, de 24 de dezembro de 2008, e dispositivos do Decreto-Lei nº 73, de 21 de novembro de 1966; e dá outras providências.

DECRETO Nº 10.024, DE 20 DE SETEMBRO DE 2019 1782
Regulamenta a licitação, na modalidade pregão, na forma eletrônica, para a aquisição de bens e a contratação de serviços comuns, incluídos os serviços comuns de engenharia, e dispõe sobre o uso da dispensa eletrônica, no âmbito da administração pública federal.

LEI Nº 13.974, DE 7 DE JANEIRO DE 2020 1789
Dispõe sobre o Conselho de Controle de Atividades Financeiras (COAF), de que trata o art. 14 da Lei nº 9.613, de 3 de março de 1998.

LEI Nº 13.979, DE 6 DE FEVEREIRO DE 2020 1790
Dispõe sobre as medidas para enfrentamento da emergência de saúde pública de importância internacional decorrente do coronavírus responsável pelo surto de 2019.

DECRETO LEGISLATIVO Nº 6, DE 2020 1794
Reconhece, para os fins do art. 65 da Lei Complementar nº 101, de 4 de maio de 2000, a ocorrência do estado de calamidade pública, nos termos da solicitação do Presidente da República encaminhada por meio da Mensagem nº 93, de 18 de março de 2020.

LEI Nº 13.988, DE 14 DE ABRIL DE 2020 1794
Dispõe sobre a transação nas hipóteses que especifica; e altera as Leis nºs 13.464, de 10 de julho de 2017, e 10.522, de 19 de julho de 2002.

LEI COMPLEMENTAR Nº 172, DE 15 DE ABRIL DE 2020 1798
Dispõe sobre a transposição e a transferência de saldos financeiros constantes dos Fundos de Saúde dos Estados, do Distrito Federal e dos Municípios, provenientes de repasses federais.

LEI Nº 13.999, DE 18 DE MAIO DE 2020 1798
Institui o Programa Nacional de Apoio às Microempresas e Empresas de Pequeno Porte (Pronampe), para o desenvolvimento e o fortalecimento dos pequenos negócios; e altera as Leis nºs 13.636, de 20 de março de 2018, 10.735, de 11 de setembro de 2003, e 9.790, de 23 de março de 1999.

LEI COMPLEMENTAR Nº 173, DE 27 DE MAIO DE 2020 1801
Estabelece o Programa Federativo de Enfrentamento ao Coronavírus SARS-CoV-2 (Covid-19), altera a Lei Complementar nº 101, de 4 de maio de 2000, e dá outras providências.

LEI Nº 14.010, DE 10 DE JUNHO DE 2020 1803
Dispõe sobre o Regime Jurídico Emergencial e Transitório das relações jurídicas de Direito Privado (RJET) no período da pandemia do coronavírus (Covid-19).

DECRETO Nº 10.411, DE 30 DE JUNHO DE 2020 1805
Regulamenta a análise de impacto regulatório, de que tratam o art. 5º da Lei nº 13.874, de 20 de setembro de 2019, e o art. 6º da Lei nº 13.848, de 25 de junho de 2019

LEI Nº 14.020, DE 6 DE JULHO DE 2020 1807
Institui o Programa Emergencial de Manutenção do Emprego e da Renda; dispõe sobre medidas complementares para enfrentamento do estado de calamidade pública reconhecido pelo Decreto Legislativo nº 6, de 20 de março de 2020, e da emergência de saúde pública de importância internacional decorrente do coronavírus, de que trata a Lei nº 13.979, de 6 de fevereiro de 2020; altera as Leis nºs 8.213, de 24 de julho de 1991, 10.101, de 19 de dezembro de 2000, 12.546, de 14 de dezembro de 2011, 10.865, de 30 de abril de 2004, e 8.177, de 1º de março de 1991; e dá outras providências.

LEI Nº 14.043, DE 19 DE AGOSTO DE 2020 1812
Institui o Programa Emergencial de Suporte a Empregos; altera as Leis nºs 9.430, de 27 de dezembro de 1996, e 13.999, de 18 de maio de 2020; e dá outras providências.

LEI COMPLEMENTAR Nº 175, DE 23 DE SETEMBRO DE 2020 1814
Dispõe sobre o padrão nacional de obrigação acessória do Imposto Sobre Serviços de Qualquer Natureza (ISSQN), de competência dos Municípios e do Distrito Federal, incidente sobre os serviços previstos nos subitens 4.22, 4.23, 5.09, 15.01 e 15.09 da lista de serviços anexa à Lei Complementar nº 116, de 31 de julho de 2003; altera dispositivos da referida Lei Complementar; prevê regra de transição para a partilha do produto da arrecadação do ISSQN entre o Município do local do estabelecimento prestador e o Município do domicílio do tomador relativamente aos serviços de que trata; e dá outras providências.

LEI Nº 14.065, DE 30 DE SETEMBRO DE 2020 1816
Autoriza pagamentos antecipados nas licitações e nos contratos realizados no âmbito da administração pública; adequa os limites de dispensa de licitação; amplia o uso do Regime Diferenciado de Contratações Públicas (RDC) durante o estado de calamidade pública reconhecido pelo Decreto Legislativo nº 6, de 20 de março de 2020; e altera a Lei nº 13.979, de 6 de fevereiro de 2020.

LEI Nº 14.069, DE 1º DE OUTUBRO DE 2020 1817
Cria o Cadastro Nacional de Pessoas Condenadas por Crime de Estupro.

RESOLUÇÃO CNJ Nº 354, DE 19 DE NOVEMBRO DE 2020 1817

Dispõe sobre o cumprimento digital de ato processual e de ordem judicial e dá outras providências.

LEI Nº 14.118, DE 12 DE JANEIRO DE 2021 1818

Institui o Programa Casa Verde e Amarela; altera as Leis nos 8.036, de 11 de maio de 1990, 8.100, de 5 de dezembro de 1990, 8.677, de 13 de julho de 1993, 11.124, de 16 de junho de 2005, 11.977, de 7 de julho de 2009, 12.024, de 27 de agosto de 2009, 13.465, de 11 de julho de 2017, e 6.766, de 19 de dezembro de 1979; e revoga a Lei nº 13.439, de 27 de abril de 2017.

LEI COMPLEMENTAR Nº 178, DE 13 DE JANEIRO DE 2021 1824

Estabelece o Programa de Acompanhamento e Transparência Fiscal e o Plano de Promoção do Equilíbrio Fiscal; altera a Lei Complementar nº 101, de 4 de maio de 2000, a Lei Complementar nº 156, de 28 de dezembro de 2016, a Lei Complementar nº 159, de 19 de maio de 2017, a Lei Complementar nº 173, de 27 de maio de 2020, a Lei nº 9.496, de 11 de setembro de 1997, a Lei nº 12.348, de 15 de dezembro de 2010, a Lei nº 12.649, de 17 de maio de 2012, e a Medida Provisória nº 2.185-35, de 24 de agosto de 2001; e dá outras providências.

LEGISLAÇÃO COMPLEMENTAR *ON-LINE*

▪ LEIS COMPLEMENTARES

LEI COMPLEMENTAR Nº 135, DE 4 DE JUNHO DE 2010

Altera a Lei Complementar no 64, de 18 de maio de 1990, que estabelece, de acordo com o § 9o do art. 14 da Constituição Federal, casos de inelegibilidade, prazos de cessação e determina outras providências, para incluir hipóteses de inelegibilidade que visam a proteger a probidade administrativa e a moralidade no exercício do mandato.

LEI COMPLEMENTAR Nº 147, DE 7 DE AGOSTO DE 2014

Altera a Lei Complementar nº 123, de 14 de dezembro de 2006, e as Leis nºs 5.889, de 8 de junho de 1973, 11.101, de 9 de fevereiro de 2005, 9.099, de 26 de setembro de 1995, 11.598, de 3 de dezembro de 2007, 8.934, de 18 de novembro de 1994, 10.406, de 10 de janeiro de 2002, e 8.666, de 21 de junho de 1993; e dá outras providências.

LEI COMPLEMENTAR Nº 148, DE 25 DE NOVEMBRO DE 2014

Altera a Lei Complementar nº 101, de 4 de maio de 2000, que estabelece normas de finanças públicas voltadas para a responsabilidade na gestão fiscal; dispõe sobre critérios de indexação dos contratos de refinanciamento da dívida celebrados entre a União, Estados, o Distrito Federal e Municípios; e dá outras providências.

LEI COMPLEMENTAR Nº 155, DE 27 DE OUTUBRO DE 2016

Altera a Lei Complementar nº 123, de 14 de dezembro de 2006, para reorganizar e simplificar a metodologia de apuração do imposto devido por optantes pelo Simples Nacional; altera as Leis nºs 9.613, de 3 de março de 1998, 12.512, de 14 de outubro de 2011, e 7.998, de 11 de janeiro de 1990; e revoga dispositivo da Lei nº 8.212, de 24 de julho de 1991.

LEI COMPLEMENTAR Nº 157, DE 29 DE DEZEMBRO DE 2016

Altera a Lei Complementar nº 116, de 31 de julho de 2003, que dispõe sobre o Imposto Sobre Serviços de Qualquer Natureza, a Lei nº 8.429, de 2 de junho de 1992 (Lei de Improbidade Administrativa), e a Lei Complementar nº 63, de 11 de janeiro de 1990, que "dispõe sobre critérios e prazos de crédito das parcelas do produto da arrecadação de impostos de competência dos Estados e de transferências por estes recebidos, pertencentes aos Municípios, e dá outras providências".

▪ DECRETOS-LEIS

DECRETO-LEI 1.608, DE 18 DE SETEMBRO DE 1939

Código de Processo Civil.

DECRETO-LEI Nº 73, DE 21 DE NOVEMBRO DE 1966

Dispõe sobre o Sistema Nacional de Seguros Privados, regula as operações de seguros e resseguros e dá outras providências.

▪ DECRETOS

DECRETO Nº 591, DE 6 DE JULHO DE 1992

Atos Internacionais. Pacto Internacional sobre Direitos Econômicos, Sociais e Culturais. Promulgação.

DECRETO Nº 6.523, DE 31 DE JULHO DE 2008

Regulamenta a Lei nº 8.078, de 11 de setembro de 1990, para fixar normas gerais sobre o Serviço de Atendimento ao Consumidor – SAC.

DECRETO Nº 8.538, DE 6 DE OUTUBRO DE 2015

Regulamenta o tratamento favorecido, diferenciado e simplificado para as microempresas, empresas de pequeno porte, agricultores familiares, produtores rurais pessoa física, microempreendedores individuais e sociedades cooperativas de consumo nas contratações públicas de bens, serviços e obras no âmbito da administração pública federal.

DECRETO Nº 8.727, DE 28 DE ABRIL DE 2016

Dispõe sobre o uso do nome social e o reconhecimento da identidade de gênero de pessoas travestis e transexuais no âmbito da administração pública federal direta, autárquica e fundacional.

DECRETO Nº 8.742, DE 4 DE MAIO DE 2016

Dispõe sobre os atos notariais e de registro civil do serviço consular brasileiro e da dispensa de legalização no Brasil das assinaturas e atos emanados das autoridades consulares brasileiras.

DECRETO Nº 9.094, DE 17 DE JULHO DE 2017

Regulamenta dispositivos da Lei nº 13.460, de 26 de junho de 2017, dispõe sobre a simplificação do atendimento prestado aos usuários dos serviços públicos, institui o Cadastro de Pessoas Físicas - CPF como instrumento suficiente e substitutivo para a apresentação de dados do cidadão no exercício de obrigações e direitos e na obtenção de benefícios, ratifica a dispensa do reconhecimento de firma e da autenticação em documentos produzidos no País e institui a Carta de Serviços ao Usuário. (Ementa com redação dada pelo Decreto nº 9.723/2019).

DECRETO Nº 9.508, DE 24 DE SETEMBRO DE 2018

Cotas para pessoas com deficiência.

DECRETO Nº 9.586, DE 27 DE NOVEMBRO DE 2018

Institui o Sistema Nacional de Políticas para as Mulheres e o Plano Nacional de Combate à Violência Doméstica.

DECRETO Nº 9.991, DE 28 DE AGOSTO DE 2019

Dispõe sobre a Política Nacional de Desenvolvimento de Pessoas da administração pública federal direta, autárquica e fundacional, e regulamenta dispositivos da Lei nº 8.112, de 11 de dezembro de 1990, quanto a licenças e afastamentos para ações de desenvolvimento.

▪ LEIS

LEI Nº 8.866, DE 11 DE ABRIL DE 1994

Dispõe sobre o depositário infiel de valor pertencente à Fazenda Pública e dá outras providências.

LEI Nº 10.446, DE 8 DE MAIO DE 2002

Dispõe sobre infrações penais de repercussão interestadual ou internacional que exigem repressão uniforme, para os fins do disposto no inciso I do § 1º do art. 144 da Constituição.

LEI Nº 10.684, DE 30 DE MAIO DE 2003

Altera a legislação tributária, dispõe sobre parcelamento de débitos junto à Secretaria da Receita Federal, à Procuradoria-Geral da Fazenda Nacional e ao Instituto Nacional do Seguro Social e dá outras providências.

LEI Nº 12.619, DE 30 DE ABRIL DE 2012

Dispõe sobre o exercício da profissão de motorista; altera a Consolidação das Leis do Trabalho – CLT, aprovada pelo Decreto-Lei nº 5.452, de 1º de maio de 1943, e as Leis nºs 9.503, de 23 de setembro de 1997, 10.233, de 5 de junho de 2001, 11.079, de 30 de dezembro de 2004, e 12.023, de 27 de agosto de 2009, para regular e disciplinar a jornada de trabalho e o tempo de direção do motorista profissional; e dá outras providências.

LEI Nº 12.790, DE 14 DE MARÇO DE 2013

Dispõe sobre a regulamentação do exercício da profissão de comerciário.

LEI Nº 12.874, DE 29 DE OUTUBRO DE 2013

Altera o art. 18 do Decreto-Lei nº 4.657, de 4 de setembro de 1942, para possibilitar às autoridades consulares brasileiras celebrarem a separação e o divórcio consensuais de brasileiros no exterior.

LEI Nº 13.010, DE 26 DE JUNHO DE 2014

Altera a Lei nº 8.069, de 13 de julho de 1990 (Estatuto da Criança e do Adolescente), para estabelecer o direito da criança e do adolescente de serem educados e cuidados sem o uso de castigos físicos ou de tratamento cruel ou degradante, e altera a Lei nº 9.394, de 20 de dezembro de 1996.

LEI Nº 13.243, DE 11 DE JANEIRO DE 2016

Dispõe sobre estímulos ao desenvolvimento científico, à pesquisa, à capacitação científica e tecnológica e à inovação e altera a Lei nº 10.973, de 2 de dezembro de 2004, a Lei nº 6.815, de 19 de agosto de 1980, a Lei nº 8.666, de 21 de junho de 1993, a Lei nº 12.462, de 4 de agosto de 2011, a Lei nº 8.745, de 9 de dezembro de 1993, a Lei nº 8.958, de 20 de dezembro de 1994, a Lei nº 8.010, de 29 de março de 1990, a Lei nº 8.032, de 12 de abril de 1990, e a Lei nº 12.772, de 28 de dezembro de 2012, nos termos da Emenda Constitucional nº 85, de 26 de fevereiro de 2015.

LEI Nº 13.363, DE 25 DE NOVEMBRO DE 2016

Altera a Lei nº 8.906, de 4 de julho de 1994, e a Lei nº 13.105, de 16 de março de 2015 (Código de Processo Civil), para estipular direitos e garantias para a advogada gestante, lactante, adotante ou que der à luz e para o advogado que se tornar pai.

LEI Nº 13.431, DE 4 DE ABRIL DE 2017

Estabelece o sistema de garantia de direitos da criança e do adolescente vítima ou testemunha de violência e altera a Lei no 8.069, de 13 de julho de 1990 (Estatuto da Criança e do Adolescente).

LEI Nº 13.432, DE 11 DE ABRIL DE 2017

Dispõe sobre o exercício da profissão de detetive particular.

LEI Nº 13.446, DE 25 DE MAIO DE 2017

Altera a Lei nº 8.036, de 11 de maio de 1990, para elevar a rentabilidade das contas vinculadas do trabalhador por meio da distribuição de lucros do Fundo de Garantia do Tempo de Serviço (FGTS) e dispor sobre possibilidade de movimentação de conta do Fundo vinculada a contrato de trabalho extinto até 31 de dezembro de 2015.

LEI Nº 13.457, DE 26 DE JUNHO DE 2017

Altera as Leis nos 8.213, de 24 de julho de 1991, que dispõe sobre os Planos de Benefícios da Previdência Social, e 11.907, de 2 de fevereiro de 2009, que dispõe sobre a reestruturação da composição remuneratória da Carreira de Perito Médico Previdenciário e da Carreira de Supervisor Médico-Pericial; e institui o Bônus Especial de Desempenho Institucional por Perícia Médica em Benefícios por Incapacidade.

LEI Nº 13.606, DE 9 DE JANEIRO DE 2018

Institui o Programa de Regularização Tributária Rural (PRR) na Secretaria da Receita Federal do Brasil e na Procuradoria-Geral da Fazenda Nacional; altera as Leis nos 8.212, de 24 de julho de 1991, 8.870, de 15 de abril de 1994, 9.528, de 10 de dezembro de 1997, 13.340, de 28 de setembro de 2016, 10.522, de 19 de julho de 2002, 9.456, de 25 de abril de 1997, 13.001, de 20 de junho de 2014, 8.427, de 27 de maio de 1992, e 11.076, de 30 de dezembro de 2004, e o Decreto-Lei nº 2.848, de 7 de dezembro de 1940 (Código Penal); e dá outras providências.

LEI Nº 13.675, DE 11 DE JUNHO DE 2018
Disciplina a organização e o funcionamento dos órgãos responsáveis pela segurança pública, nos termos do § 7º do art. 144 da Constituição Federal; cria a Política Nacional de Segurança Pública e Defesa Social (PNSPDS); institui o Sistema Único de Segurança Pública (Susp); altera a Lei Complementar nº 79, de 7 de janeiro de 1994, a Lei nº 10.201, de 14 de fevereiro de 2001, e a Lei nº 11.530, de 24 de outubro de 2007; e revoga dispositivos da Lei nº 12.681, de 4 de julho de 2012.

LEI Nº 13.819, DE 26 DE ABRIL DE 2019
Institui a Política Nacional de Prevenção da Automutilação e do Suicídio, a ser implementada pela União, em cooperação com os Estados, o Distrito Federal e os Municípios; e altera a Lei nº 9.656, de 3 de junho de 1998.

LEI Nº 13.872, DE 17 DE SETEMBRO DE 2019
Estabelece o direito de as mães amamentarem seus filhos durante a realização de concursos públicos na administração pública direta e indireta dos Poderes da União.

▪ ESTATUTO

ESTATUTO DOS REFUGIADOS – LEI Nº 9.474, DE 22 DE JULHO DE 1997
Define mecanismos para a implementação do Estatuto dos Refugiados de 1951, e determina outras providências.

▪ RESOLUÇÕES

RESOLUÇÃO CNMP Nº 23, DE 17 DE SETEMBRO DE 2007
Regulamenta os artigos 6º, inciso VII, e 7º, inciso I, da Lei Complementar nº 75/1993 e os artigos 25, inciso IV, e 26, inciso I, da Lei nº 8.625/9193, disciplinando, no âmbito do Ministério Público, a instauração e tramitação do inquérito civil.

RESOLUÇÃO CNMP Nº 36, DE 6 DE ABRIL DE 2009
Dispõe sobre o pedido e a utilização das interceptações telefônicas, no âmbito do Ministério Público, nos termos da Lei nº 9.296, de 24 de julho de 1996.

RESOLUÇÃO Nº 459, DE 5 DE OUTUBRO DE 2017
Dispõe sobre a regulamentação dos procedimentos relativos à expedição de ofícios requisitórios pelos Centros Judiciais de Solução de Conflitos e Cidadania - CEJUSCONs e pelas demais unidades de conciliação, em procedimentos pré-processuais, no âmbito da Justiça Federal de primeiro e segundo graus.

▪ PROVIMENTOS

PROVIMENTO CFOAB Nº 164, DE 21 DE SETEMBRO DE 2015
Cria o Plano Nacional de Valorização da Mulher Advogada e dá outras providências.

PROVIMENTO CFOAB Nº 166, DE 9 DE NOVEMBRO DE 2015
Dispõe sobre a advocacia pro bono.

PROVIMENTO CFOAB Nº 169, DE 2 DE DEZEMBRO DE 2015
Dispõe sobre as relações societárias entre sócios patrimoniais e de serviços, e o advogado associado previsto no art. 39 do Regulamento Geral do Estatuto da Advocacia e da Ordem dos Advogados do Brasil.

PROVIMENTO CFOAB Nº 170, DE 24 DE FEVEREIRO DE 2016
Dispõe sobre as sociedades unipessoais de advocacia.

PROVIMENTO CFOAB Nº 175, DE 6 DE DEZEMBRO DE 2016
Dispõe sobre a digitalização e guarda de autos de inscrição de advogados, estagiários e consultores em direito estrangeiro e de registro de atos de sociedades de advogados.

▪ INSTRUÇÕES NORMATIVAS TST

INSTRUÇÃO NORMATIVA TST Nº 38, DE 10 DE NOVEMBRO DE 2015
Regulamenta o procedimento do Incidente de Julgamento dos Recursos de Revista e de Embargos à SbDI-1 repetitivos.

INSTRUÇÃO NORMATIVA TST Nº 40, DE 15 DE MARÇO DE 2016
Dispõe sobre o cabimento de agravo de instrumento em caso de admissibilidade parcial de recurso de revista no Tribunal Regional do Trabalho e dá outras providências.

▪ SÚMULAS

TURMA NACIONAL DE UNIFORMIZAÇÃO DA JURISPRUDÊNCIA DOS JUIZADOS ESPECIAIS FEDERAIS

FONAJE - FÓRUM NACIONAL DOS JUIZADOS ESPECIAIS

ORDEM DOS ADVOGADOS DO BRASIL

ENUNCIADOS ADMINISTRATIVOS - STJ

SÚMULAS DO TRIBUNAL FEDERAL DE RECURSOS (EXTINTO)

CONSTITUIÇÃO DA REPÚBLICA FEDERATIVA DO BRASIL

ÍNDICE SISTEMÁTICO DA CONSTITUIÇÃO FEDERAL

PREÂMBULO

TÍTULO I – DOS PRINCÍPIOS FUNDAMENTAIS .... **arts. 1º a 4º**

TÍTULO II – DOS DIREITOS E GARANTIAS FUNDAMENTAIS .... **arts. 5º a 17**

Capítulo I – DOS DIREITOS E DEVERES INDIVIDUAIS E COLETIVOS .... art. 5º

Capítulo II – DOS DIREITOS SOCIAIS .... arts. 6º a 11

Capítulo III – DA NACIONALIDADE .... arts. 12 e 13

Capítulo IV – DOS DIREITOS POLÍTICOS .... arts. 14 a 16

Capítulo V – DOS PARTIDOS POLÍTICOS .... art. 17

TÍTULO III – DA ORGANIZAÇÃO DO ESTADO .... **arts. 18 a 43**

Capítulo I – DA ORGANIZAÇÃO POLÍTICO-ADMINISTRATIVA .... arts. 18 e 19

Capítulo II – DA UNIÃO .... arts. 20 a 24

Capítulo III – DOS ESTADOS FEDERADOS .... arts. 25 a 28

Capítulo IV – DOS MUNICÍPIOS .... arts. 29 a 31

Capítulo V – DO DISTRITO FEDERAL E DOS TERRITÓRIOS .... arts. 32 e 33

Seção I – DO DISTRITO FEDERAL .... art. 32

Seção II – DOS TERRITÓRIOS .... art. 33

Capítulo VI – DA INTERVENÇÃO .... arts. 34 a 36

Capítulo VII – DA ADMINISTRAÇÃO PÚBLICA .... arts. 37 a 43

Seção I – DISPOSIÇÕES GERAIS .... arts. 37 e 38

Seção II – DOS SERVIDORES PÚBLICOS .... arts. 39 a 41

Seção III – DOS MILITARES DOS ESTADOS, DO DISTRITO FEDERAL E DOS TERRITÓRIOS .... art. 42

Seção IV – DAS REGIÕES .... art. 43

TÍTULO IV – DA ORGANIZAÇÃO DOS PODERES .... **arts. 44 a 135**

Capítulo I – DO PODER LEGISLATIVO .... arts. 44 a 75

Seção I – DO CONGRESSO NACIONAL .... arts. 44 a 47

Seção II – DAS ATRIBUIÇÕES DO CONGRESSO NACIONAL .... arts. 48 a 50

Seção III – DA CÂMARA DOS DEPUTADOS .... art. 51

Seção IV – DO SENADO FEDERAL .... art. 52

Seção V – DOS DEPUTADOS E DOS SENADORES .... arts. 53 a 56

Seção VI – DAS REUNIÕES .... art. 57

Seção VII – DAS COMISSÕES .... art. 58

Seção VIII – DO PROCESSO LEGISLATIVO .... arts. 59 a 69

Subseção I – DISPOSIÇÃO GERAL .... art. 59

Subseção II – DA EMENDA À CONSTITUIÇÃO .... art. 60

Subseção III – DAS LEIS .... arts. 61 a 69

Seção IX – DA FISCALIZAÇÃO CONTÁBIL, FINANCEIRA E ORÇAMENTÁRIA .... arts. 70 a 75

Capítulo II – DO PODER EXECUTIVO .... arts. 76 a 91

Seção I – DO PRESIDENTE E DO VICE-PRESIDENTE DA REPÚBLICA .... arts. 76 a 83

Seção II – DAS ATRIBUIÇÕES DO PRESIDENTE DA REPÚBLICA .... art. 84

Seção III – DA RESPONSABILIDADE DO PRESIDENTE DA REPÚBLICA .... arts. 85 e 86

Seção IV – DOS MINISTROS DE ESTADO .... arts. 87 e 88
Seção V – DO CONSELHO DA REPÚBLICA E DO CONSELHO DE DEFESA NACIONAL .... arts. 89 a 91
Subseção I – DO CONSELHO DA REPÚBLICA .... arts. 89 e 90
Subseção II – DO CONSELHO DE DEFESA NACIONAL .... art. 91
Capítulo III – DO PODER JUDICIÁRIO .... arts. 92 a 126
Seção I – DISPOSIÇÕES GERAIS .... arts. 92 a 100
Seção II – DO SUPREMO TRIBUNAL FEDERAL .... arts. 101 a 103-B
Seção III – DO SUPERIOR TRIBUNAL DE JUSTIÇA .... arts. 104 e 105
Seção IV – DOS TRIBUNAIS REGIONAIS FEDERAIS E OS JUÍZES FEDERAIS .... arts. 106 a 110
Seção V – DO TRIBUNAL SUPERIOR DO TRABALHO, DOS TRIBUNAIS REGIONAIS DO TRABALHO E DOS JUÍZES DO TRABALHO .... arts. 111 a 117
Seção VI – DOS TRIBUNAIS E JUÍZES ELEITORAIS .... arts. 118 a 121
Seção VII – DOS TRIBUNAIS E JUÍZES MILITARES .... arts. 122 a 124
Seção VIII – DOS TRIBUNAIS E JUÍZES DOS ESTADOS .... arts. 125 e 126
Capítulo IV – DAS FUNÇÕES ESSENCIAIS À JUSTIÇA .... arts. 127 a 135
Seção I – DO MINISTÉRIO PÚBLICO .... arts. 127 a 130-A
Seção II – DA ADVOCACIA PÚBLICA .... arts. 131 e 132
Seção III – DA ADVOCACIA .... art. 133
Seção IV – DA DEFENSORIA PÚBLICA .... arts. 134 e 135

TÍTULO V – DA DEFESA DO ESTADO E DAS INSTITUIÇÕES DEMOCRÁTICAS .... arts. 136 a 144
Capítulo I – DO ESTADO DE DEFESA E DO ESTADO DE SÍTIO .... arts. 136 a 141
Seção I – DO ESTADO DE DEFESA .... art. 136
Seção II – DO ESTADO DE SÍTIO .... arts. 137 a 139
Seção III – DISPOSIÇÕES GERAIS .... arts. 140 e 141
Capítulo II – DAS FORÇAS ARMADAS .... arts. 142 e 143
Capítulo III – DA SEGURANÇA PÚBLICA .... art. 144

TÍTULO VI – DA TRIBUTAÇÃO E DO ORÇAMENTO .... arts. 145 a 169
Capítulo I – DO SISTEMA TRIBUTÁRIO NACIONAL .... arts. 145 a 162
Seção I – DOS PRINCÍPIOS GERAIS .... arts. 145 a 149-A
Seção II – DAS LIMITAÇÕES DO PODER DE TRIBUTAR .... arts. 150 a 152
Seção III – DOS IMPOSTOS DA UNIÃO .... arts. 153 e 154
Seção IV – DOS IMPOSTOS DOS ESTADOS E DO DISTRITO FEDERAL .... art. 155
Seção V – DOS IMPOSTOS DOS MUNICÍPIOS .... art. 156
Seção VI – DA REPARTIÇÃO DAS RECEITAS TRIBUTÁRIAS .... arts. 157 a 162
Capítulo II – DAS FINANÇAS PÚBLICAS .... arts. 163 a 169
Seção I – NORMAS GERAIS .... arts. 163 e 164
Seção II – DOS ORÇAMENTOS .... arts. 165 a 169

TÍTULO VII – DA ORDEM ECONÔMICA E FINANCEIRA .... arts. 170 a 192
Capítulo I – DOS PRINCÍPIOS GERAIS DA ATIVIDADE ECONÔMICA .... arts. 170 a 181
Capítulo II – DA POLÍTICA URBANA .... arts. 182 e 183
Capítulo III – DA POLÍTICA AGRÍCOLA E FUNDIÁRIA E DA REFORMA AGRÁRIA .... arts. 184 a 191
Capítulo IV – DO SISTEMA FINANCEIRO NACIONAL .... art. 192

ÍNDICE SISTEMÁTICO DA CONSTITUIÇÃO FEDERAL

TÍTULO VIII – DA ORDEM SOCIAL .... **arts. 193 a 232**

Capítulo I – DISPOSIÇÃO GERAL .... art. 193

Capítulo II – DA SEGURIDADE SOCIAL .... arts. 194 a 204

Seção I – DISPOSIÇÕES GERAIS .... arts. 194 e 195

Seção II – DA SAÚDE .... arts. 196 a 200

Seção III – DA PREVIDÊNCIA SOCIAL .... arts. 201 e 202

Seção IV – DA ASSISTÊNCIA SOCIAL .... arts. 203 e 204

Capítulo III – DA EDUCAÇÃO, DA CULTURA E DO DESPORTO .... arts. 205 a 217

Seção I – DA EDUCAÇÃO .... arts. 205 a 214

Seção II – DA CULTURA .... arts. 215 e 216-A

Seção III – DO DESPORTO .... art. 217

Capítulo IV – DA CIÊNCIA, TECNOLOGIA E INOVAÇÃO .... arts. 218 a 219-B

Capítulo V – DA COMUNICAÇÃO SOCIAL .... arts. 220 a 224

Capítulo VI – DO MEIO AMBIENTE .... art. 225

Capítulo VII – DA FAMÍLIA, DA CRIANÇA, DO ADOLESCENTE, DO JOVEM E DO IDOSO .... arts. 226 a 230

Capítulo VIII – DOS ÍNDIOS .... arts. 231 e 232

TÍTULO IX – DAS DISPOSIÇÕES CONSTITUCIONAIS GERAIS .... **arts. 233 a 250**

ATO DAS DISPOSIÇÕES CONSTITUCIONAIS TRANSITÓRIAS .... **arts. 1º a 114**

CONSTITUIÇÃO DA REPÚBLICA FEDERATIVA DO BRASIL

Promulgada em 05 de outubro de 1988

‣ DOU 191-A, de 05.10.1988.

PREÂMBULO

Nós, representantes do povo brasileiro, reunidos em Assembleia Nacional Constituinte para instituir um Estado Democrático, destinado a assegurar o exercício dos direitos sociais e individuais, a liberdade, a segurança, o bem-estar, o desenvolvimento, a igualdade e a justiça como valores supremos de uma sociedade fraterna, pluralista e sem preconceitos, fundada na harmonia social e comprometida, na ordem interna e internacional, com a solução pacífica das controvérsias, promulgamos, sob a proteção de Deus, a seguinte CONSTITUIÇÃO DA REPÚBLICA FEDERATIVA DO BRASIL.

TÍTULO I
DOS PRINCÍPIOS FUNDAMENTAIS

Art. 1º A República Federativa do Brasil, formada pela união indissolúvel dos Estados e Municípios e do Distrito Federal, constitui-se em Estado Democrático de Direito e tem como fundamentos:

‣ arts. 18, *caput*; e 60, § 4º, I e II, desta CF.

I - a soberania;

‣ arts. 20, VI; 21, I e III; 84, VII, VIII, XIX e XX, desta CF.

‣ arts. 36, 237, I a III, 260, 263, NCPC.

‣ arts. 780 a 790, CPP.

‣ arts. 215 a 229, RISTF.

II - a cidadania;

‣ arts. 5º, XXXIV, LIV, LXXI, LXXIII e LXXVII; e 60, § 4º, desta CF.

‣ Lei 9.265/1996 (Estabelece a gratuidade dos atos necessários ao exercício da cidadania).

‣ Lei 10.835/2004 (Institui a renda básica da cidadania).

III - a dignidade da pessoa humana;

‣ arts. 5º, XLII, XLIII, XLVIII a L; 34, VII, b; 226, § 7º, 227; e 230 desta CF.

‣ art. 8º, III, da Lei 11.340/2006 (Lei Maria da Penha).

‣ Dec. 4.171/1957 (Promulga a Convenção 29, OIT, sobre trabalho forçado ou obrigatório).

‣ Dec. 58.822/1966 (Promulga a Convenção 105, OIT, sobre abolição do trabalho forçado).

‣ Súm. Vin. 6; 11; 14; e 56, STF.

IV - os valores sociais do trabalho e da livre-iniciativa;

‣ arts. 6º a 11; e 170, desta CF.

‣ Lei 12.529/2011 (Lei Antitruste).

‣ Lei 13.874/2019 (Lei da Liberdade Econômica).

V - o pluralismo político.

‣ art. 17 desta CF.

‣ Lei 9.096/1995 (Lei dos Partidos Políticos).

Parágrafo único. Todo o poder emana do povo, que o exerce por meio de representantes eleitos ou diretamente, nos termos desta Constituição.

‣ arts. 14; 27, § 4º; 29, XIII; 60, § 4, II; e 61, § 2º, desta CF.

‣ art. 1º, Lei 9.709/1998 (Regulamenta a execução do disposto nos incisos I a III do art. 14 desta CF).

Art. 2º São Poderes da União, independentes e harmônicos entre si, o Legislativo, o Executivo e o Judiciário.

‣ art. 60, § 4º, III, desta CF.

‣ Súm. Vinc. 37, STF.

‣ Súm. 649, STF.

Art. 3º Constituem objetivos fundamentais da República Federativa do Brasil:

I - construir uma sociedade livre, justa e solidária;

‣ art. 29, 1, d, Dec. 99.710/1990 (Promulga a Convenção Sobre os Direitos das Crianças).

‣ art. 10, 1, Dec. 591/1992 (Promulga o Pacto Internacional Sobre Direitos Econômicos, Sociais e Culturais).

II - garantir o desenvolvimento nacional;

‣ arts. 23, p.u., e 174, § 1º, desta CF.

III - erradicar a pobreza e a marginalização e reduzir as desigualdades sociais e regionais;

‣ arts. 23, X; e 214 desta CF.

‣ arts. 79 a 81, ADCT.

‣ EC 31/2000 (Fundo de Combate e Erradicação da Pobreza).

‣ LC 111/2001 (Dispõe sobre o Fundo de Combate e Erradicação da Pobreza).

IV - promover o bem de todos, sem preconceitos de origem, raça, sexo, cor, idade e quaisquer outras formas de discriminação.

‣ art. 4º, VIII, desta CF.

‣ Lei 7.716/1989 (Lei do Racismo).

‣ Lei 11.340/2006 (Lei Maria da Penha).

‣ Lei 12.288/2010 (Estatuto da Igualdade Racial).

‣ Dec. 62.150/1968 (Promulga a Convenção 111, OIT, sobre discriminação em matéria de emprego e profissão).

‣ Dec. 3.956/2001 (Promulga a Convenção Interamericana para Eliminação de Todas as Formas de Discriminação Contra Pessoas Portadoras de Deficiência).

‣ Dec. 4.377/2002 (Promulga a Convenção sobre a Eliminação de Todas as Formas de Discriminação Contra a Mulher).

‣ Dec. 4.886/2003 (Dispõe sobre a Política Nacional de Promoção da Igualdade Racial - PNPIR).

‣ Dec. 9.883/2019 (Dispõe sobre o Conselho Nacional de Combate à Discriminação).

‣ ADPF 132 e ADIn 4.277 (Reconhecimento da legalidade jurídica da união civil entre pessoas do mesmo sexo, DOU, 13.05.2011).

Art. 4º A República Federativa do Brasil rege-se nas suas relações internacionais pelos seguintes princípios:

‣ arts. 21, I; e 84, VII e VIII, desta CF.

I - independência nacional;

‣ arts. 78, *caput*; e 91, § 1º, III e IV, desta CF.

‣ Lei 8.183/1991 (Dispõe sobre a organização e o funcionamento do Conselho de Defesa Nacional) e Dec. 893/1993 (Regulamento).

II - prevalência dos direitos humanos;

‣ Dec. 678/1992 (Promulga a Convenção Americana sobre Direitos Humanos - Pacto de São José da Costa Rica).

‣ Dec. 4.463/2002 (Dispõe sobre a declaração de reconhecimento da competência obrigatória da Corte Interamericana em todos os casos relativos à interpretação ou aplicação da Convenção Americana sobre Direitos Humanos).

‣ Lei 12.528/2011 (Comissão Nacional da Verdade).

‣ Dec. 8.767/2016 (Promulga a Convenção Internacional para a Proteção de Todas as Pessoas contra o Desaparecimento Forçado).

III - autodeterminação dos povos;

IV - não intervenção;

V - igualdade entre os Estados;

VI - defesa da paz;

VII - solução pacífica dos conflitos;

VIII - repúdio ao terrorismo e ao racismo;

‣ art. 5º, XLII e XLIII, desta CF.

‣ Lei 7.716/1989 (Lei do Racismo).

‣ Lei 8.072/1990 (Lei dos Crimes Hediondos).

‣ Dec. 5.639/2005 (Promulga a Convenção Interamericana contra o Terrorismo).

IX - cooperação entre os povos para o progresso da humanidade;

X - concessão de asilo político.

‣ Dec. 55.929/1965 (Promulga a Convenção sobre Asilo Territorial).

‣ Lei 9.474/1997 (Estatuto dos Refugiados, de 1951).

‣ arts. 27 a 29 da Lei 13.445/2017 (Lei de Migração).

Parágrafo único. A República Federativa do Brasil buscará a integração econômica, política, social e cultural dos povos da América Latina, visando à formação de uma comunidade latino-americana de nações.

‣ Dec. 350/1991 (Promulga o Tratado para a Constituição de um Mercado Comum - Mercosul).

‣ Dec. 992/1993 (Protocolo para solução de controvérsias - Mercosul).

TÍTULO II
DOS DIREITOS E GARANTIAS FUNDAMENTAIS

CAPÍTULO I
DOS DIREITOS E DEVERES INDIVIDUAIS E COLETIVOS

Art. 5º Todos são iguais perante a lei, sem distinção de qualquer natureza, garantindo-se aos brasileiros e aos estrangeiros residentes no país a inviolabilidade do direito à vida, à liberdade, à igualdade, à segurança e à propriedade, nos termos seguintes:

- arts. 5º, §§ 1º e 2º; 14, *caput*; 60, § 4º, IV, desta CF.
- Lei 5.709/1971 (Regula a aquisição de imóvel rural por estrangeiro residente no país ou pessoa jurídica estrangeira autorizada a funcionar no Brasil).
- Lei 12.288/2010 (Estatuto da Igualdade Racial).
- Lei 13.445/2017 (Lei de Migração).
- Súm. Vin. 6; 11; 34; 37, STF.
- Súm. 683, STF.

I - homens e mulheres são iguais em direitos e obrigações, nos termos desta Constituição;

- arts. 143, § 2º; e 226, § 5º, desta CF.
- art. 372, CLT.
- Lei 9.029/1995 (Proíbe a exigência de atestado de gravidez e esterilização, e outras práticas discriminatórias, para efeitos admissionais ou de permanência da relação jurídica de trabalho).
- Lei 12.318/2010 (Lei da Alienação Parental).
- Dec. 678/1992 (Promulga a Convenção Americana sobre Direitos Humanos - Pacto de São José da Costa Rica).
- Dec. 4.377/2002 (Promulga a Convenção sobre a Eliminação de todas as Formas de Discriminação contra a Mulher, de 1979).
- Dec. Leg. 26/1994 (Convenção sobre a eliminação de todas as formas de discriminação contra a mulher).

II - ninguém será obrigado a fazer ou deixar de fazer alguma coisa senão em virtude de lei;

- arts. 14, § 1º; 143 desta CF.
- Súm. Vinc. 37 e 44, STF.
- Súm. 636 e 686, STF.

III - ninguém será submetido a tortura nem a tratamento desumano ou degradante;

- incs. XLIII; XLVII; XLIX; LXII; LXIII; LXV; e LXVI deste artigo.
- arts. 2º e 8º, Lei 8.072/1990 (Lei dos Crimes Hediondos).
- Lei 9.455/1997 (Lei dos Crimes de Tortura).
- Lei 12.847/2013 (Institui o Sistema Nacional de Prevenção e Combate à Tortura; cria o Comitê Nacional de Prevenção e Combate à Tortura e o Mecanismo Nacional de Prevenção e Combate à Tortura).
- Dec. 40/1991 (Ratifica a Convenção Contra a Tortura e Outros Tratamentos ou Penas Cruéis).
- art. 5º, Dec. 678/1992 (Promulga a Convenção Americana sobre Direitos Humanos - Pacto de São José da Costa Rica).
- Dec. 8.154/2013 (Regulamenta o funcionamento do Sistema Nacional de Prevenção e Combate à Tortura, a composição e o funcionamento do Comitê Nacional de Prevenção e Combate à Tortura e dispõe sobre o Mecanismo Nacional de Prevenção e Combate à Tortura).
- Súm. Vinc. 11, STF.

IV - é livre a manifestação do pensamento, sendo vedado o anonimato;

- art. 220, § 1º, desta CF.
- art. 6º, XIV, e, LC 75/1993 (Lei Orgânica do Ministério Público da União).
- art. 1º, Lei 7.524/1986 (Dispõe sobre a manifestação, por militar inativo, de pensamento e opinião políticos e filosóficos).
- art. 2º, a, Lei 8.389/1991 (Institui o Conselho Nacional de Comunicação Social).

V - é assegurado o direito de resposta, proporcional ao agravo, além da indenização por dano material, moral ou à imagem;

- art. 220, § 1º, desta CF.
- art. 6º, Lei 8.159/1991 (Dispõe sobre a Política Nacional de Arquivos Públicos e Privados).
- Dec. 1.171/1994 (Aprova o código de ética profissional do servidor público civil do Poder Executivo Federal).
- Súm. 37; 227; 362; 387; 388; 403, STJ.

VI - é inviolável a liberdade de consciência e de crença, sendo assegurado o livre exercício dos cultos religiosos e garantida, na forma da lei, a proteção aos locais de culto e a suas liturgias;

- arts. 208 a 212, CP.
- art. 24, Lei 7.210/1984 (Lei de Execuções Penais).
- arts. 16, III; 124, XIV, Lei 8.069/1990 (ECA).
- art. 39, Lei 8.313/1991 (Restabelece princípios da Lei 7.505/1986 e institui o Programa Nacional de Apoio a Cultura - PRONAC).
- arts. 23 a 26, Lei 12.288/2010 (Estatuto da Igualdade Racial).
- art. 12, 1, do Anexo, Dec. 678/1992 (Promulga a Convenção Americana sobre Direitos Humanos - Pacto de São José da Costa Rica).

VII - é assegurada, nos termos da lei, a prestação de assistência religiosa nas entidades civis e militares de internação coletiva;

- Lei 6.923/1981 (Dispõe sobre o serviço de assistência religiosa nas Forças Armadas).
- art. 24, Lei 7.210/1984 (Lei de Execuções Penais).
- art. 124, XIV, Lei 8.069/1990 (ECA).
- Lei 9.982/2000 (Dispõe sobre prestação de assistência religiosa nas entidades hospitalares públicas e privadas, bem como nos estabelecimentos prisionais civis e militares).

VIII - ninguém será privado de direitos por motivo de crença religiosa ou de convicção filosófica ou política, salvo se as invocar para eximir-se de obrigação legal a todos imposta e recusar-se a cumprir prestação alternativa, fixada em lei;

- arts. 15, IV; 143, §§ 1º e 2º, desta CF.
- Lei 7.210/1984 (Lei de Execuções Penais).
- Lei 8.239/1991 (Dispõe sobre a prestação de serviço alternativo ao serviço militar obrigatório).
- Dec.-Lei 1.002/1969 (Código de Processo Penal Militar - CPPM).

IX - é livre a expressão da atividade intelectual, artística, científica e de comunicação, independentemente de censura ou licença;

- art. 220, § 2º, desta CF.
- art. 5º, d, LC 75/1993 (Lei Orgânica do Ministério Público da União).
- art. 39, Lei 8.313/1991 (Restabelece princípios da Lei 7.505/1986 e institui o Programa Nacional de Apoio a Cultura - PRONAC).
- Lei 9.456/1997 (Institui a Lei de Proteção de Cultivares).
- Lei 9.609/1998 (Dispõe sobre a proteção da propriedade intelectual de programa de computador e sua comercialização no país).
- Lei 9.610/1998 (Lei de Direitos Autorais).

X - são invioláveis a intimidade, a vida privada, a honra e a imagem das pessoas, assegurado o direito a indenização pelo dano material ou moral decorrente de sua violação;

- art. 114, VI, CF.
- arts. 186 e 927, CC.
- arts. 4º e 6º, Lei 8.159/1991 (Dispõe sobre a Política Nacional de Arquivos Públicos e Privados).
- art. 101, § 1º, Lei 11.101/2005 (Lei de Recuperação de Empresas e Falências).
- art. 11, 2, Dec. 678/1992 (Promulga a Convenção Americana sobre Direitos Humanos - Pacto de São José da Costa Rica).
- Súm. Vinc. 11, STF.
- Súm. 714, STF.
- Súm. 227; 387; 388; 403; 420, STJ.

XI - a casa é asilo inviolável do indivíduo, ninguém nela podendo penetrar sem consentimento do morador, salvo em caso de flagrante delito ou desastre, ou para prestar socorro, ou, durante o dia, por determinação judicial;

- art. 150, §§ 1º a 5º, CP.
- arts. 212 a 217, NCPC.
- art. 266, §§ 1º a 5º, CPM.
- art. 301, CPP.
- art. 11, Dec. 678/1992 (Promulga a Convenção Americana sobre Direitos Humanos - Pacto de São José da Costa Rica).

XII - é inviolável o sigilo da correspondência e das comunicações telegráficas, de dados e das comunicações telefônicas, salvo, no último caso, por ordem judicial, nas hipóteses e na forma que a lei estabelecer para fins de investigação criminal ou instrução processual penal;

- arts.136, § 1º, I, b e c; 139, III, desta CF.
- arts. 151 e 152, CP.
- art. 227, CPM.
- art. 233, CPP.
- art. 6º, XVIII, a, LC 75/1993 (Lei Orgânica do Ministério Público da União).
- arts. 55 a 57, Lei 4.117/1962 (Código Brasileiro de Telecomunicações).
- Lei 6.538/1978 (Dispõe sobre os Serviços Postais).
- art. 7º, II, Lei 8.906/1994 (Estatuto da Advocacia e a OAB).
- Lei 9.296/1996 (Lei das Interceptações Telefônicas).
- art. 11, Dec. 678/1992 (Promulga a Convenção Americana sobre Direitos Humanos - Pacto de São José da Costa Rica).
- Res. 59/2008, CNJ (Disciplina e uniformiza as rotinas visando ao aperfeiçoamento do procedimento de interceptação de comunicações telefônicas e de sistemas de informática e telemática nos órgãos jurisdicionais do Poder Judiciário).

XIII - é livre o exercício de qualquer trabalho, ofício ou profissão, atendidas as qualificações profissionais que a lei estabelecer;

- arts. 170 e 220, § 1º, desta CF.
- art. 6º, Dec. 678/1992 (Promulga a Convenção Americana sobre Direitos Humanos - Pacto de São José da Costa Rica).

XIV - é assegurado a todos o acesso à informação e resguardado o sigilo da fonte, quando necessário ao exercício profissional;

- ADPF 130 (Não recepção pela CF/1988 da Lei de Imprensa – Lei nº 5.250/1967).
- art. 220, § 1º, desta CF.
- art. 154, CP.
- art. 8º, 2º, LC 75/1993 (Lei Orgânica do Ministério Público da União).
- art. 6º, Lei 8.394/1991 (Dispõe sobre a preservação, organização e proteção dos acervos documentais privados dos Presidentes da República).

XV - é livre a locomoção no território nacional em tempo de paz, podendo qualquer pessoa, nos termos da lei, nele entrar, permanecer ou dele sair com seus bens;

- arts. 109, X; 139, desta CF.
- art. 2º, III, Lei 7.685/1988 (Dispõe sobre o registro provisório para o estrangeiro em situação ilegal em território nacional).
- art. 22, Dec. 678/1992 (Promulga a Convenção Americana sobre Direitos Humanos - Pacto de São José da Costa Rica).

XVI - todos podem reunir-se pacificamente, sem armas, em locais abertos ao público, independentemente de autorização, desde que não frustrem outra reunião anteriormente convocada para o mesmo local, sendo apenas exigido prévio aviso à autoridade competente;

- arts. 109, X; 136, § 1º, I, a; 139, IV; desta CF.
- art. 2º, III, Lei 7.685/1988 (Dispõe sobre o registro provisório para o estrangeiro em situação ilegal em território nacional).
- art. 21, Dec. 592/1992 (Promulga o Pacto Internacional sobre Direitos Civis e Políticos).
- art. 15, Anexo, Dec. 678/1992 (Promulga a Convenção Americana sobre Direitos Humanos - Pacto de São José da Costa Rica).

XVII - é plena a liberdade de associação para fins lícitos, vedada a de caráter paramilitar;

- arts. 8º; 17, § 4º; e 37, VI, desta CF.
- art. 199, CP.
- art. 117, VII, Lei 8.112/1990 (Estatuto dos Servidores Públicos Civis da União, Autarquias e Fundações Públicas Federais).

XVIII - a criação de associações e, na forma da lei, a de cooperativas independem de autorização, sendo vedada a interferência estatal em seu funcionamento;

- arts. 8º, I; e 37, VI, desta CF.
- Lei 5.764/1971 (Define a Política Nacional de Cooperativismo e institui o regime jurídico das sociedades cooperativas).
- Lei 9.867/1999 (Dispõe sobre a criação e o funcionamento de Cooperativas Sociais, visando à integração social dos cidadãos).

XIX - as associações só poderão ser compulsoriamente dissolvidas ou ter suas atividades suspensas por decisão judicial, exigindo-se, no primeiro caso, o trânsito em julgado;

XX - ninguém poderá ser compelido a associar-se ou a permanecer associado;

- art. 4º, II, a, do CDC.
- art. 117, VII, Lei 8.112/1990 (Estatuto dos Servidores Públicos Civis da União, Autarquias e Fundações Públicas Federais).
- art. 16, Dec. 678/1992 (Promulga a Convenção Americana sobre Direitos Humanos - Pacto de São José da Costa Rica).

XXI - as entidades associativas, quando expressamente autorizadas, têm legitimidade para representar seus filiados judicial ou extrajudicialmente;

- art. 82, IV, CDC.
- art. 5º, Lei 7.347/1985 (Lei da Ação Civil Pública).
- arts. 3º e 5º, I e III, Lei 7.853/1989 (Lei de Apoio às Pessoas Portadoras de Deficiência, regulamentada pelo Dec. 3.298/1999).
- art. 210, III, Lei 8.069/1990 (ECA).
- Súm. 629, STF.

XXII - é garantido o direito de propriedade;

- art. 243 desta CF.
- arts. 1.228 a 1.368, CC/2002.
- Lei 4.504/1964 (Estatuto da Terra).
- art. 2º, I, Lei 8.171/1991 (Política agrícola).
- arts. 1º; 4º; 15, Lei 8.257/1991 (Dispõe sobre a expropriação das glebas nas quais se localizem culturas ilegais de plantas psicotrópicas).

XXIII - a propriedade atenderá a sua função social;

- arts. 156, § 1º; 170, III; 182, § 2º; e 186 desta CF.
- art. 5º, LIndB.
- arts. 2º; 12; 18, a; 47, I, Lei 4.504/1964 (Estatuto da Terra).
- art. 2º, I, Lei 8.171/1991 (Lei da Política Agrícola).
- arts. 2º, § 1º; 5º, § 2º, Lei 8.629/1993 (Regulamenta dispositivos constitucionais relativos à reforma agrária).
- arts. 27 a 37, Lei 12.288/2010 (Estatuto da Igualdade Racial).
- Lei 12.529/2011 (Lei Antitruste).

XXIV - a lei estabelecerá o procedimento para desapropriação por necessidade ou utilidade pública, ou por interesse social, mediante justa e prévia indenização em dinheiro, ressalvados os casos previstos nesta Constituição;

- arts. 22, II, 182, § 2º, 184; 185, I e II, desta CF.
- art. 1.275, V, CC/2002.
- arts. 1º a 4º; 18, LC 76/1993 (Procedimento contraditório especial para o processo de desapropriação de imóvel rural por interesse social).
- Lei 4.132/1962 (Define os casos de desapropriação por interesse social).
- Lei 4.504/1964 (Estatuto da Terra).
- Lei 6.602/1978 (Desapropriação por utilidade pública).
- arts. 2º, § 1º; 5º, § 2º; e 7º, IV, Lei 8.629/1993 (Regulamenta dispositivos constitucionais relativos à reforma agrária).
- art. 10, Lei 9.074/1995 (Estabelece normas para outorga e prorrogações das concessões e permissões de serviços públicos).
- Dec.-Lei 3.365/1941 (Lei das Desapropriações).
- Dec.-Lei 1.075/1970 (Lei da imissão de posse, initio litis, em imóveis residenciais urbanos).
- Súm. 23; 111; 157; 164; 218; 345; 378; 416; 561; 618; 652, STF.
- Súm. 69; 70; 113; 114; 119; 131; 141; 354; 408 STJ.

XXV - no caso de iminente perigo público, a autoridade competente poderá usar de propriedade particular, assegurada ao proprietário indenização ulterior, se houver dano;

- Súm. 637, STJ.

XXVI - a pequena propriedade rural, assim definida em lei, desde que trabalhada pela família, não será objeto de penhora para pagamento de débitos decorrentes de sua atividade produtiva, dispondo a lei sobre os meios de financiar o seu desenvolvimento;

- art. 185 desta CF.
- arts. 4º, I, LC 76/1993 (Procedimento contraditório especial para o processo de desapropriação de imóvel rural por interesse social).
- Lei 4.504/1964 (Estatuto da Terra).
- art. 4º, § 2º, Lei 8.009/1990 (Lei da Impenhorabilidade do Bem de Família).
- art. 4º, II, e p.u., Lei 8.629/1993 (Regulamenta dispositivos constitucionais relativos à reforma agrária).
- Súm. 364, STJ.

XXVII - aos autores pertence o direito exclusivo de utilização, publicação ou reprodução de suas obras, transmissível aos herdeiros pelo tempo que a lei fixar;

- art. 184, CP.
- art. 30, Lei 8.977/1995 (Dispõe sobre o serviço de TV a cabo, regulamentado pelo Dec. n. 2.206/1997).
- Lei 9.456/1997 (Institui a Lei de Proteção de Cultivares).
- Lei 9.609/1998 (Dispõe sobre a proteção da propriedade intelectual de programa de computador e sua comercialização no país).
- Lei 9.610/1998 (Lei de Direitos autorais).
- Súm. 386, STF.

XXVIII - são assegurados, nos termos da lei:

a) a proteção às participações individuais em obras coletivas e à reprodução da imagem e voz humanas, inclusive nas atividades desportivas;

- Lei 6.533/1978 (Dispõe sobre a regulamentação das profissões de artista e técnico em espetáculos de diversões).
- Lei 9.610/1998 (Lei de Direitos Autorais).

b) o direito de fiscalização do aproveitamento econômico das obras que criarem ou de que participarem aos criadores, aos intérpretes e às respectivas representações sindicais e associativas;

XXIX - a lei assegurará aos autores de inventos industriais privilégio temporário para sua utilização, bem como proteção às criações industriais, à propriedade das marcas, aos nomes de empresas e a outros signos distintivos, tendo em vista o interesse social e o desenvolvimento tecnológico e econômico do país;

- art. 4º, IV, CDC.
- Lei 9.279/1996 (Propriedade intelectual) e Dec. 2.553/1998 (Regulamento).
- art. 48, IV, Lei 11.101/2005 (Lei de Recuperação de Empresas e Falência).

XXX - é garantido o direito de herança;

- art. 1.784 e ss., CC/2002
- art. 743, § 2º, NCPC.
- Lei 8.971/1994 (Regula os direitos dos companheiros a alimentos e à sucessão).
- Lei 9.278/1996 (Lei da União Estável).

XXXI - a sucessão de bens de estrangeiros situados no país será regulada pela lei brasileira em benefício do cônjuge ou dos filhos brasileiros, sempre que não lhes seja mais favorável a lei pessoal do *de cujus*;

- art. 10, § 1º e 2º, LInDB.

XXXII - o Estado promoverá, na forma da lei, a defesa do consumidor;

- art. 48, ADCT.
- Lei 8.078/1990 (CDC).
- art. 4º, Lei 8.137/1990 (Lei dos Crimes contra a ordem tributária, econômica e contra as relações de consumo).
- Lei 8.178/1991 (Estabelece regras sobre preços e salários).
- Lei 12.529/2011 (Lei Antitruste).

XXXIII - todos têm direito a receber dos órgãos públicos informações de seu interesse particular, ou de interesse coletivo ou geral, que serão prestadas no prazo da lei, sob pena de responsabilidade, ressalvadas aquelas cujo sigilo seja imprescindível à segurança da sociedade e do Estado;

- arts. 5º, LXXII; 37, § 3º, II, desta CF.
- Lei 12.527/2011 (Regula o acesso a informações previsto neste inciso) e Dec. 7.724/2012 (regulamento).
- Dec. 7.845/2012 (Regulamenta procedimentos para credenciamento de segurança e tratamento de informação classificada em qualquer grau de sigilo, e dispõe sobre o Núcleo de Segurança e Credenciamento).
- Súm. Vinc. 14, STF.
- Súm. 202, STJ.

XXXIV - são a todos assegurados, independentemente do pagamento de taxas:

a) o direito de petição aos Poderes Públicos em defesa de direitos ou contra ilegalidade ou abuso de poder;

- ADPF 156 e ADIn 1.976 (Ilegalidade da exigência de depósito prévio para admissibilidade de recurso administrativo).
- Súm. Vinc. 21, STF.
- Súm. 373, STJ.
- Súm. 424, TST.

b) a obtenção de certidões em repartições públicas, para defesa de direitos e esclarecimento de situações de interesse pessoal;

- art. 6º, LInDB.
- Lei 9.051/1995 (Expedição de certidões para a defesa de direitos e esclarecimento de situações).
- art. 40, Lei 11.101/2005 (Lei de Recuperação de Empresas e Falências).

XXXV - a lei não excluirá da apreciação do Poder Judiciário lesão ou ameaça a direito;

- Lei 9.307/1996 (Lei da Arbitragem).
- Súm. Vinc. 28, STF.

XXXVI - a lei não prejudicará o direito adquirido, o ato jurídico perfeito e a coisa julgada;

- art. 6º, *caput*, LInDB.
- Súm. Vinc. 1, 9 e 35, STF.
- Súm. 654;667; 678; 684, STF.
- OJ SDI-1 391, TST.

XXXVII - não haverá juízo ou tribunal de exceção;

XXXVIII - é reconhecida a instituição do júri, com a organização que lhe der a lei, assegurados:

- arts. 74, § 1º e 406 e ss., CPP.
- arts. 18 e 19, Lei 11.697/2008 (Lei da Organização Judiciária do Distrito Federal e dos Territórios).
- Súm. Vinc. 45, STF.

a) a plenitude de defesa;

- Súm. 156 e 162, STF.

b) o sigilo das votações;

c) a soberania dos veredictos;

d) a competência para o julgamento dos crimes dolosos contra a vida;

- arts. 74, § 1º; e 406 e ss., CPP.
- Súm. 603, 713 e 721, STF.

XXXIX - não há crime sem lei anterior que o defina, nem pena sem prévia cominação legal;

- art. 1º, CP.
- art. 1º, CPM.

XL - a lei penal não retroagirá, salvo para beneficiar o réu;

- art. 2º, p.u., CP.
- art. 2º, § 1º, CPM.
- art. 66, Lei 7.210/1984 (Lei de Execuções Penais).
- Súm. Vin. 3; 5; 14; 21; 24; 28, STF.
- Súm. 611 e 711, STF.

XLI - a lei punirá qualquer discriminação atentatória dos direitos e liberdades fundamentais;

- Lei 7.716/1989 (Lei do Racismo).
- Lei 9.029/1995 (Proíbe exigência de atestados de gravidez e esterilização e outras práticas discriminatórias).
- Lei 12.288/2010 (Estatuto da Igualdade Racial)
- Dec. 3.956/2001 (Promulga a Convenção Interamericana para eliminação de todas as Formas de Discriminação contra as Pessoas Portadoras de Deficiência).
- Dec. 4.377/2002 (Promulga a Convenção Sobre a Eliminação de Todas as Formas de Discriminação Contra a Mulher).
- Dec. 4.886/2003 (Institui a Política Nacional de Promoção da Igualdade Racial - PNPIR).
- Dec. 9.883/2019 (Dispõe sobre o Conselho Nacional de Combate à Discriminação).

XLII - a prática do racismo constitui crime inafiançável e imprescritível, sujeito à pena de reclusão, nos termos da lei;

- art. 323, I, CPP.
- Lei 7.716/1989 (Lei do Racismo).
- Lei 10.678/2003 (Cria a Secretaria Especial de Políticas de Promoção da Igualdade Racial, da Presidência da República).
- Lei 12.288/2010 (Estatuto da Igualdade Racial).

XLIII - a lei considerará crimes inafiançáveis e insuscetíveis de graça ou anistia a prática da tortura, o tráfico ilícito de entorpecentes e drogas afins, o terrorismo e os definidos como crimes hediondos, por eles respondendo os mandantes, os executores e os que, podendo evitá-los, se omitirem;

- Lei 8.072/1990 (Lei dos Crimes Hediondos).
- Lei 9.455/1997 (Lei dos Crimes de Tortura).
- Lei 11.343/2006 (Lei Antidrogas).
- Lei 12.847/2013 (Institui o Sistema Nacional de Prevenção e Combate à Tortura; cria o Comitê Nacional de Prevenção e Combate à Tortura e o Mecanismo Nacional de Prevenção e Combate à Tortura).
- Lei 12.850/2013 (Crime organizado).
- Lei 13.260/2016 (Lei Antiterrorismo).
- Dec. 5.639/2005 (Promulga a Convenção Interamericana contra o Terrorismo).

XLIV - constitui crime inafiançável e imprescritível a ação de grupos armados, civis ou militares, contra a ordem constitucional e o Estado Democrático;

- Lei 12.850/2013 (Crime organizado).
- Dec. 5.015/2004 (Convenção das Nações Unidas contra o Crime Organizado Transnacional).

XLV - nenhuma pena passará da pessoa do condenado, podendo a obrigação de reparar o dano e a decretação do perdimento de bens ser, nos termos da lei, estendidas aos sucessores e contra eles executadas, até o limite do valor do patrimônio transferido;

- arts. 932 e 965, CC/2002.
- arts. 32 a 59, CP.
- art. 5º, 3, Dec. 678/1992 (Promulga a Convenção Americana sobre Direitos Humanos - Pacto de São José da Costa Rica).

XLVI - a lei regulará a individualização da pena e adotará, entre outras, as seguintes:

- arts. 32 a 59, CP.
- Súm. Vinc. 26 e 56, STF.

a) privação ou restrição da liberdade;

- arts. 33 a 42, CP.

b) perda de bens;

- art. 43, II, CP.

c) multa;

- art. 49, CP.

d) prestação social alternativa;

- arts. 44 e 46, CP.

e) suspensão ou interdição de direitos.

- arts. 32 e ss. e 47, CP.

XLVII - não haverá penas:

- art. 60, § 4º, IV, desta CF.
- arts. 32 a 52, CP.
- Súm. Vinc. 26, STF.

a) de morte, salvo em caso de guerra declarada, nos termos do art. 84, XIX;

- art. 60, § 4º, IV, desta CF.
- arts. 55 a 57, CPM.
- arts. 707 e 708, CPPM.
- art. 4º, 2 a 6, Dec. 678/1992 (Promulga a Convenção Americana sobre Direitos Humanos - Pacto de São José da Costa Rica).

b) de caráter perpétuo;

Súm. 527, STJ.

c) de trabalhos forçados;

- art. 6º, 2, Dec. 678/1992 (Promulga a Convenção Americana sobre Direitos Humanos - Pacto de São José da Costa Rica).

d) de banimento;

e) cruéis.

- art. 7º, § 7º, Dec. 678/1992 (Promulga a Convenção Americana sobre Direitos Humanos - Pacto de São José da Costa Rica).
- Súm. 280; 309; 419, STJ.

XLVIII - a pena será cumprida em estabelecimentos distintos, de acordo com a natureza do delito, a idade e o sexo do apenado;

- arts. 32 a 52, CP.
- arts. 5º a 9º-A; 82 a 104, Lei 7.210/1984 (Lei de Execuções Penais).

XLIX - é assegurado aos presos o respeito à integridade física e moral;

- art. 5º, III, desta CF.
- art. 38, CP.
- art. 40, Lei 7.210/1984 (Lei de Execuções Penais).
- Lei 8.653/1993 (Dispõe sobre o transporte de presos).
- Súm. Vinc. 11, STF.
- Res. CONTRAN 626/2016 (Estabelece os requisitos de segurança para veículos de transporte de presos).

L - às presidiárias serão asseguradas condições para que possam permanecer com seus filhos durante o período de amamentação;

- art. 89, Lei 7.210/1984 (Lei de Execuções Penais).

LI - nenhum brasileiro será extraditado, salvo o naturalizado, em caso de crime comum, praticado antes da naturalização, ou de comprovado envolvimento em tráfico ilícito de entorpecentes e drogas afins, na forma da lei;

- art. 12, II, desta CF.
- Lei 13.445/2017 (Lei de Migração).
- Dec. 4.388/2002 (Estatuto de Roma do Tribunal Penal Internacional).
- Lei 11.343/2006 (Lei Antidrogas).
- Súm. 421, STF.

LII - não será concedida extradição de estrangeiro por crime político ou de opinião;

- Lei 13.445/2017 (Institui a Lei de Migração).

LIII - ninguém será processado nem sentenciado senão pela autoridade competente;

- Súm. 704, STF.

LIV - ninguém será privado da liberdade ou de seus bens sem o devido processo legal;

- Súm. Vinc. 3; 14; 35, STF.
- Súm. 704, STF.
- Súm. 255 e 347, STJ.

LV - aos litigantes, em processo judicial ou administrativo, e aos acusados em geral, são assegurados o contraditório e ampla defesa, com os meios e recursos a ela inerentes;

- Lei 8.112/1990 (Regime Jurídico dos Servidores Públicos Civis da União).
- Lei 9.784/1999 (Lei do Processo Administrativo Federal).
- Súm. Vinc. 3; 5; 14; 21; 28, STF.
- Súm. 701; 704; 705; e 712, STF.
- Súm. 347; 358; e 373, STJ.

LVI - são inadmissíveis, no processo, as provas obtidas por meios ilícitos;

- art. 369, NCPC.
- arts. 155 e ss., CPP.
- Lei 9.296/1996 (Lei das Interceptações Telefônicas).

LVII - ninguém será considerado culpado até o trânsito em julgado de sentença penal condenatória;

- Súm. 9, STJ.

LVIII - o civilmente identificado não será submetido a identificação criminal, salvo nas hipóteses previstas em lei;

- art. 6º, VIII, CPP.
- Lei 12.037/2009 (Identificação criminal).
- Súm. 568, STF.

LIX - será admitida ação privada nos crimes de ação pública, se esta não for intentada no prazo legal;

- art. 100, § 3º, CP.
- art. 29, CPP.

LX - a lei só poderá restringir a publicidade dos atos processuais quando a defesa da intimidade ou o interesse social o exigirem;

- art. 93, IX, desta CF.
- arts. 189 e 368, NCPC.
- art. 20, CPP.
- Súm. 708, STF.
- Súm. 427, TST.

LXI - ninguém será preso senão em flagrante delito ou por ordem escrita e fundamentada de autoridade judiciária competente, salvo nos casos de transgressão militar ou crime propriamente militar, definidos em lei;

- art. 93, IX, desta CF.
- art. 302, CPP.
- art. 244, CPPM.
- Súm. 9 e 280, STJ.

LXII - a prisão de qualquer pessoa e o local onde se encontre serão comunicados imediatamente ao juiz competente e à família do preso ou à pessoa por ele indicada;

- art. 136, § 3º, IV, desta CF.

LXIII - o preso será informado de seus direitos, entre os quais o de permanecer calado, sendo-lhe assegurada a assistência da família e de advogado;

- art. 289-A, § 4º, CPP.

LXIV - o preso tem direito à identificação dos responsáveis por sua prisão ou por seu interrogatório policial;

- art. 306, § 2º, CPP.

LXV - a prisão ilegal será imediatamente relaxada pela autoridade judiciária;

- art. 310, I, CPP.
- art. 224, CPPM.
- Súm. 697, STF.

LXVI - ninguém será levado à prisão ou nela mantido quando a lei admitir a liberdade provisória, com ou sem fiança;

- art. 310, III, CPP.
- arts. 270 e 271, CPPM.

LXVII - não haverá prisão civil por dívida, salvo a do responsável pelo inadimplemento voluntário e inescusável de obrigação alimentícia e a do depositário infiel;

- art. 652, CC/2002.
- arts. 528 e 911, NCPC.
- arts. 466 a 480, CPPM.
- arts. 19 e 22, Lei 5.478/1968 (Lei da Ação de Alimentos).
- Lei 8.866/1994 (Depositário infiel).
- Dec.-Lei 911/1969 (Alienação fiduciária).
- art. 7º, 7, Dec. 678/1992 (Promulga a Convenção Americana sobre Direitos Humanos - Pacto de São José da Costa Rica).
- Súm. Vinc. 25, STF.
- Súm. 280; 309; 419, STJ.

LXVIII - conceder-se-á *habeas corpus* sempre que alguém sofrer ou se achar ameaçado de sofrer violência ou coação em sua liberdade de locomoção, por ilegalidade ou abuso de poder;

- art. 142, § 2º, desta CF.
- arts. 647 a 667, CPP.
- arts. 466 a 480, CPPM.
- art. 5º, Lei 9.289/1996 (Regimento de Custas da Justiça Federal).
- Súm. 693 a 695, STF.
- OJ SDI-II 156, TST.

LXIX - conceder-se-á mandado de segurança para proteger direito líquido e certo, não amparado por *habeas corpus* ou *habeas data*, quando o responsável pela ilegalidade ou abuso de poder for autoridade pública ou agente de pessoa jurídica no exercício de atribuições do Poder Público;

- Lei 9.507/1997 (Lei do *Habeas data*).
- Lei 12.016/2009 (Lei do Mandado de Segurança individual e coletivo).
- Súm. 266; 268; 271; 510; 512; 625; 632, STF.
- Súm. 33; 414 a 418, TST.

LXX - o mandado de segurança coletivo pode ser impetrado por:

- art. 2º, Lei 8.437/1992 (Dispõe sobre a concessão de medidas cautelares contra atos do Poder Público).
- arts. 21 e 22, Lei 12.016/2009 (Lei do Mandado de Segurança individual e coletivo).
- Súm. 630, STF.

a) partido político com representação no Congresso Nacional;

b) organização sindical, entidade de classe ou associação legalmente constituída e em funcionamento há pelo menos um ano, em defesa dos interesses de seus membros ou associados;

- art. 5º, Lei 7.347/1985 (Lei da Ação Civil Pública).
- Súm. 629 e 630, STF.

LXXI - conceder-se-á mandado de injunção sempre que a falta de norma regulamentadora torne inviável o exercício dos direitos e liberdades constitucionais e das prerrogativas inerentes à nacionalidade, à soberania e à cidadania;

- Lei 9.265/1996 (Estabelece a gratuidade dos atos necessários ao exercício da cidadania).
- Lei 13.300/2016 (Mandados de injunção individual e coletivo).

LXXII - conceder-se-á *habeas data*:

- art. 5º, Lei 9.289/1996 (Regimento de Custas da Justiça Federal).
- Lei 9.507/1997 (Lei do *Habeas data*).
- Súm. 368, STJ.

a) para assegurar o conhecimento de informações relativas à pessoa do impetrante, constantes de registros ou bancos de dados de entidades governamentais ou de caráter público;

- Súm. 2, STJ.

b) para a retificação de dados, quando não se prefira fazê-lo por processo sigiloso, judicial ou administrativo.

- Súm. 368, STJ.

LXXIII - qualquer cidadão é parte legítima para propor ação popular que vise a anular ato lesivo ao patrimônio público ou de entidade de que o Estado participe, à moralidade administrativa, ao meio ambiente e ao patrimônio histórico e cultural, ficando o autor, salvo comprovada má-fé, isento de custas judiciais e do ônus da sucumbência;

- Lei 4.717/1965 (Lei da Ação Popular).
- Lei 6.938/1981 (Dispõe sobre a Política Nacional do Meio Ambiente).
- Súm. 365, STF.

LXXIV - o Estado prestará assistência jurídica integral e gratuita aos que comprovarem insuficiência de recursos;

- art. 134 desta CF.
- Lei 1.060/1950 (Lei da Assistência judiciária).
- LC 80/1994 (Lei da Defensoria Pública).
- Súm. 102, STJ.

LXXV - o Estado indenizará o condenado por erro judiciário, assim como o que ficar preso além do tempo fixado na sentença;

LXXVI - são gratuitos para os reconhecidamente pobres, na forma da lei:

- art. 30, Lei 6.015/1973 (Lei dos Registros Públicos).
- art. 45, Lei 8.935/1994 (Lei dos Serviços Notariais e de Registro).
- Lei 9.265/1996 (Estabelece a gratuidade dos atos necessários ao exercício da cidadania).
- Dec. 6.190/2007 (Isenção do pagamento de foros, taxas de ocupação e laudêmios, referentes a imóveis de propriedade da União, para as pessoas consideradas carentes ou de baixa renda).

a) o registro civil de nascimento;

- art. 46, Lei 6.015/1973 (Lei dos Registros públicos).

b) a certidão de óbito.

- arts. 77 a 88, Lei 6.015/1973 (Lei dos Registros públicos).

LXXVII - são gratuitas as ações de *habeas corpus* e *habeas data*, e, na forma da lei, os atos necessários ao exercício da cidadania;

- Lei 9.265/1996 (Estabelece a gratuidade dos atos necessários ao exercício da cidadania).
- Lei 9.507/1997 (Lei do *Habeas data*).

LXXVIII - a todos, no âmbito judicial e administrativo, são assegurados a razoável duração do processo e os meios que garantam a celeridade de sua tramitação. (Incluído pela EC 45/2004.)

§ 1º As normas definidoras dos direitos e garantias fundamentais têm aplicação imediata.

§ 2º Os direitos e garantias expressos nesta Constituição não excluem outros decorrentes do regime e dos princípios por ela adotados, ou dos tratados internacionais em que a República Federativa do Brasil seja parte.

- Súm. Vinc. 25, STF.

§ 3º Os tratados e convenções internacionais sobre direitos humanos que forem aprovados, em cada Casa do Congresso Nacional, em dois turnos, por três quintos dos votos dos respectivos membros, serão equivalentes às emendas constitucionais. (Incluído pela EC 45/2004.)

- Dec. 6.949/ 2009 (Promulga a Convenção Internacional sobre os Direitos das Pessoas com Deficiência e seu Protocolo Facultativo, assinados em Nova York, em 30.03.2007).
- Dec. Leg. 186/2008 (Aprova o texto da Convenção sobre os Direitos das Pessoas com Deficiência e de seu Protocolo Facultativo, assinados em Nova Iorque, em 30.03.2007).

§ 4º O Brasil se submete à jurisdição de Tribunal Penal Internacional a cuja criação tenha manifestado adesão. (Incluído pela EC 45/2004.)

- Dec. 4.388/2002 (Promulga o Estatuto de Roma do Tribunal Penal Internacional).

CAPÍTULO II
DOS DIREITOS SOCIAIS

Art. 6º São direitos sociais a educação, a saúde, a alimentação, o trabalho, a moradia, o transporte, o lazer, a segurança, a previdência social, a proteção à maternidade e à infância, a assistência aos desamparados, na forma desta Constituição. (Alterado pela EC 90/2015.)

- arts. 202; 208; 212, § 4º; 227, desta CF.
- Lei 10.689/2003 (Cria o Programa Nacional de Acesso à Alimentação - PNAA).
- Lei 10.836/2004 (Cria o Programa Bolsa Família, que tem por finalidade a unificação dos procedimentos da gestão e execução das ações de transferência de renda do Governo Federal, incluindo o "Bolsa-Alimentação").
- Lei 12.288/2010 (Estatuto da Igualdade Racial).
- Med. Prov. 2.206-1/2001 (Até o encerramento desta edição não havia sido convertida em Lei, cria o Programa Nacional de Renda Mínima vinculado à saúde: "Bolsa-Alimentação") e Dec. 3.934/2001 (Regulamento).
- Dec. 66.467/1970 (Promulga a Convenção 118, OIT, sobre igualdade de tratamento em previdência social).
- Dec. 3.964/2001 (Dispõe sobre o Fundo Nacional de Saúde).
- Dec. 5.209/2004 (Regulamenta a Lei 10.836/2004).
- Dec. 10.088/2019 (Consolida atos normativos editados pelo Poder Executivo Federal que dispõem sobre a promulgação de convenções e recomendações da Organização Internacional do Trabalho - OIT ratificadas pelo Brasil).
- Dec. Leg. 269/2008 (Aprova a Convenção 102, OIT, sobre normas mínimas de seguridade social).

Art. 7º São direitos dos trabalhadores urbanos e rurais, além de outros que visem à melhoria de sua condição social:

- Lei 9.799/1999 (Insere na CLT regras de acesso da mulher ao mercado de trabalho).
- arts. 38 e 39, Lei 12.288/2010 (Estatuto da Igualdade Racial).

I - relação de emprego protegida contra despedida arbitrária ou sem justa causa, nos termos de lei complementar, que preverá indenização compensatória, dentre outros direitos;

- art. 10, ADCT.

II - seguro-desemprego, em caso de desemprego involuntário;

- art. 201, IV, desta CF.
- art. 12, CLT.
- Leis 7.998/1990; 8.019/1990; 8.178/1991 e 10.779/2003 (Seguro-desemprego).
- Súm. 389, CLT.

III - fundo de garantia do tempo de serviço;

- arts. 7º; 477; 478; 492, CLT.
- Lei 8.036/1990; Dec. 99.684/1990 (Regulamento); e Lei 8.844/1994 (Dispõem sobre o FGTS).
- LC 110/2001 (Institui contribuições sociais, autoriza créditos de complementos de atualização monetária em contas vinculadas do FGTS); Dec. 3.913/2001 e 3.914/2001 (Regulamento).
- Súm. 63; 98; 206; 305; 362; 363; 426; 461, TST.
- OJs SDI-1 42; 195; 232; 302; 341; 344; 361; 362; 370; 394, TST.

IV - salário-mínimo, fixado em lei, nacionalmente unificado, capaz de atender a suas necessidades vitais básicas e às de sua família com moradia, alimentação, educação, saúde, lazer, vestuário, higiene, transporte e previdência social, com reajustes periódicos que lhe preservem o poder aquisitivo, sendo vedada sua vinculação para qualquer fim;

- art. 39, § 3º, desta CF.
- Lei 6.205/1975 (Estabelece a descaracterização do salário-mínimo como fator de correção monetária).
- Dec. 10.088/2019 (Consolida atos normativos editados pelo Poder Executivo Federal que dispõem sobre a promulgação de convenções e recomendações da Organização Internacional do Trabalho - OIT ratificadas pelo Brasil).
- Súm. Vinc. 4; 6; 15; 16, STF.
- Súm. 201, STJ.
- Súm. 356, TST.
- OJ SDI-1 272; 358; 393, TST.
- OJ SDI-2 2 e 71, TST.

V - piso salarial proporcional à extensão e à complexidade do trabalho;

- LC 103/2000 (autoriza Estados e DF a instituir o piso salarial a que se refere este artigo).
- OJ SDI-1 358, TST.

VI - irredutibilidade do salário, salvo o disposto em convenção ou acordo coletivo;

- Súm. 391, TST.
- Orientações Jurisprudenciais 358 e 396 SBDI-1, TST.

VII - garantia de salário, nunca inferior ao mínimo, para os que percebem remuneração variável;

- art. 39, § 3º, desta CF.
- Lei 8.716/1993 (Dispõe sobre a garantia de salário-mínimo).
- Lei 9.032/1995 (Dispõe sobre o valor do salário-mínimo).

VIII - décimo terceiro salário com base na remuneração integral ou no valor da aposentadoria;

- arts. 39, § 3º; e 142, § 3º, VIII, desta CF.

- Lei 4.090/1962, Lei 4.749/1965, Dec. 57.155/1965 e Dec. 63.912/1968 (Décimo terceiro salário).
- OJ SDI-1 358, TST.
- Súm. 349, STJ.

IX - remuneração do trabalho noturno superior à do diurno;

- art. 39, § 3º, desta CF.
- art. 73, §§ 1º a 5º, CLT.
- Dec. 10.088/2019 (Consolida atos normativos editados pelo Poder Executivo Federal que dispõem sobre a promulgação de convenções e recomendações da Organização Internacional do Trabalho - OIT ratificadas pelo Brasil).
- Súm. 60; 112; 140; 265; 354; 390, TST.
- OJ SDI-1 97; 259; 388, TST.

X - proteção do salário na forma da lei, constituindo crime sua retenção dolosa;

- Dec. 10.088/2019 (Consolida atos normativos editados pelo Poder Executivo Federal que dispõem sobre a promulgação de convenções e recomendações da Organização Internacional do Trabalho - OIT ratificadas pelo Brasil).

XI - participação nos lucros, ou resultados, desvinculada da remuneração, e, excepcionalmente, participação na gestão da empresa, conforme definido em lei;

- arts. 543 e 621, CLT.
- Lei 10.101/2000 (Lei da Participação nos lucros e resultados).
- Súm. 451, TST.
- OJ 325 SBDI-1, TST.
- OJ Transitória 15; 64; 73 SBDI-1, TST.

XII - salário-família pago em razão do dependente do trabalhador de baixa renda nos termos da lei; (Redação dada pela EC 20/1998.)

- arts. 39, § 3º; 142, § 3º, VIII, desta CF.
- art. 12, CLT.
- Leis 4.266/1963 e 5.559/1968 (Dispõem sobre salário-família).
- Lei 8.213/1991 (Lei dos Planos de Benefícios da Previdência Social).
- arts. 5º; 25; 30 a 32; 42; 81 a 92; 173; 217, § 6º; 218; 225; e 255, Dec. 3.048/1999 (Regulamento da Previdência Social).
- OJ 358 SBDI-1, TST.

XIII - duração do trabalho normal não superior a oito horas diárias e quarenta e quatro semanais, facultada a compensação de horários e a redução da jornada, mediante acordo ou convenção coletiva de trabalho;

- arts. 39, § 3º, desta CF.
- arts. 57 a 75; 224 a 350, CLT.
- Dec.-Lei 5.452/1943 (Aprova a Consolidação das Leis do Trabalho).
- Súm. 85 e 444, TST.
- OJs SDI-1 323; 358; 393, TST.

XIV - jornada de seis horas para o trabalho realizado em turnos ininterruptos de revezamento, salvo negociação coletiva;

- art. 58, CLT.
- Súm. 675, STF.
- Súm. 360 e 423, TST.
- OJs SDI-1 360 e 395, TST.

XV - repouso semanal remunerado, preferencialmente aos domingos;

- art. 39, §§ 2º e 3º, desta CF.
- art. 67, CLT.
- Lei 605/1949 (Lei do Repouso semanal remunerado).
- OJs SDI-1 103; 394; 410, TST.

XVI - remuneração do serviço extraordinário superior, no mínimo, em cinquenta por cento à do normal;

- art. 39, §§ 2º e 3º, desta CF.
- art. 59, § 1º, CLT.

XVII - gozo de férias anuais remuneradas com, pelo menos, um terço a mais do que o salário normal;

- art. 39, §§ 2º e 3º, desta CF.
- art. 10, II, b, ADCT.
- arts. 391 e 392, CLT.
- arts. 71 a 73, Lei 8.213/1991 (Lei dos Planos de Benefícios da Previdência Social).
- Lei 11.770/2008 (Lei do Programa Empresa cidadã) e Dec. 7.052/2009 (Regulamento)
- Dec. 4.377/2002 (Promulga a Convenção sobre a Eliminação de Todas as Formas de Discriminação Contra a Mulher).
- Dec. 10.088/2019 (Consolida atos normativos editados pelo Poder Executivo Federal que dispõem sobre a promulgação de convenções e recomendações da Organização Internacional do Trabalho - OIT ratificadas pelo Brasil).
- Súm. 7; 81; 149; 171; 328; 450, TST.

XVIII - licença à gestante, sem prejuízo do emprego e do salário, com a duração de cento e vinte dias;

- ADIn 1.946 (Exclui a licença à gestante do limite estipulado pelo art. 14 da EC 20/1998).
- art. 39, §§ 2º e 3º, desta CF.
- art. 10, II, b, ADCT.
- arts. 391 e 392, CLT.
- arts. 71 a 73, Lei 8.213/1991 (Lei dos Planos de Benefícios da Previdência Social).
- Lei 10.421/2002 (Estende à mãe adotiva licença-maternidade e salário-maternidade).
- Lei 11.770/2008 (Lei do Programa Empresa cidadã) e Dec. 7.052/2009 (Regulamento).
- Dec. 4.377/2002 (Promulga a Convenção sobre a Eliminação de Todas as Formas de Discriminação Contra a Mulher).
- Dec. 10.088/2019 (Consolida atos normativos editados pelo Poder Executivo Federal que dispõem sobre a promulgação de convenções e recomendações da Organização Internacional do Trabalho - OIT ratificadas pelo Brasil).
- Súm. 244, TST.
- OJ SDI-1 44, TST.

XIX - licença-paternidade, nos termos fixados em lei;

- art. 39, §§ 2º e 3º, desta CF.
- art. 10, § 1º, ADCT.
- Lei 13.109/2015 (Dispõe sobre a licença à gestante e à adotante, as medidas de proteção à maternidade para militares grávidas e a licença-paternidade, no âmbito das Forças Armadas).

XX - proteção do mercado de trabalho da mulher, mediante incentivos específicos, nos termos da lei;

- art. 39, §§ 2º e 3º, desta CF.
- arts. 372 a 401, CLT.
- Dec. 4.377/2002 (Promulga a Convenção sobre a Eliminação de Todas as Formas de Discriminação Contra a Mulher).
- Dec. 10.088/2019 (Consolida atos normativos editados pelo Poder Executivo Federal que dispõem sobre a promulgação de convenções e recomendações da Organização Internacional do Trabalho - OIT ratificadas pelo Brasil).

XXI - aviso prévio proporcional ao tempo de serviço, sendo no mínimo de trinta dias, nos termos da lei;

- arts. 7º; 487 a 491, CLT.
- Lei 12.506/2011 (Dispõe sobre o aviso prévio).

XXII - redução dos riscos inerentes ao trabalho, por meio de normas de saúde, higiene e segurança;

- art. 39, §§ 2º e 3º, desta CF.
- arts. 154 a 159; 192, CLT.
- Dec. 66.489/1970 (promulga a Convenção 120, OIT, sobre higiene no comércio e negócios).
- Dec. 10.088/2019 (Consolida atos normativos editados pelo Poder Executivo Federal que dispõem sobre a promulgação de convenções e recomendações da Organização Internacional do Trabalho - OIT ratificadas pelo Brasil).

XXIII - adicional de remuneração para as atividades penosas, insalubres ou perigosas, na forma da lei;

- art. 39, § 2º, desta CF.
- arts. 189 a 197, CLT.
- Súm. Vinc. 4, STF.
- OJ SDI-1 385, TST.

XXIV - aposentadoria;

- art. 154, CLT.
- arts. 42 a 58, Lei 8.213/1991 (Lei dos Planos de Benefícios da Previdência Social).
- Lei 9.477/1997 (Institui o Fundo de Aposentadoria Programa Individual - FAPI e Plano de Incentivo à Aposentadoria Programa Individual).
- Dec. 3.048/1999 (Regulamento da Previdência Social).

XXV - assistência gratuita aos filhos e dependentes desde o nascimento até 5 (cinco) anos de idade em creches e pré-escolas; (Redação dada pela EC 53/2006.)

- art. 208, IV, desta CF.

XXVI - reconhecimento das convenções e acordos coletivos de trabalho;

- arts. 611 a 625, CLT.
- Súm. 277 e 374, TST.
- OJs Transitórias SDI-1 61; 64; 72 ;73, TST.

XXVII - proteção em face da automação, na forma da lei;

- Dec. 10.088/2019 (Consolida atos normativos editados pelo Poder Executivo Federal que dispõem sobre a promulgação de convenções e recomendações da Organização Internacional do Trabalho - OIT ratificadas pelo Brasil).

XXVIII - seguro contra acidentes de trabalho, a cargo do empregador, sem excluir a indenização a que este está obrigado, quando incorrer em dolo ou culpa;

- art. 114, VI, desta CF.
- art. 154, CLT.
- Lei 6.338/1976 (Inclui ações de indenização por acidente de trabalho entre as que têm curso nas férias forenses).
- Lei 8.212/1991 (Dispõe sobre a organização da Seguridade Social e institui o Plano de Custeio).

- Lei 8.213/1991 (Lei dos Planos de Benefícios da Previdência Social).
- Lei 9.307/1997 (Lei da Arbitragem).
- art. 40, Lei 11.101/2005 (Lei de Recuperação de Empresas e Falência).
- Dec. 3.048/1999 (Regulamento da Previdência Social)
- Súm. Vinc. 22, STF.
- Súm. 378, TST.

XXIX - ação, quanto aos créditos resultantes das relações de trabalho, com prazo prescricional de cinco anos para os trabalhadores urbanos e rurais, até o limite de dois anos após a extinção do contrato de trabalho; (Redação dada pela EC 28/2000.)

- art. 10, Lei 5.889/1973 (Lei do Trabalho Rural).
- Súm. 153; 156; 206; 268; 308; 326; 327; 350, 409; 452, TST.
- OJs SDI-1 38; 76; 83; 130; 175; 242; 243; 271; 350; 375; 401; 409 TST.

a) e b) (Revogadas pela EC 28/2000.)

XXX - proibição de diferença de salários, de exercício de funções e de critério de admissão por motivo de sexo, idade, cor ou estado civil;

- art. 39, §§ 2º e 3º, desta CF.
- Lei 9.029/1995 (Proíbe a exigência de atestados de gravidez e esterilização, e outras práticas discriminatórias, para efeitos admissionais ou de permanência da relação jurídica de trabalho)
- Dec. 4.377/2002 (Promulga a Convenção sobre a Eliminação de Todas as Formas de Discriminação Contra a Mulher).
- Súm. 683, STF.
- Súm. 6 e 443, TST.
- OJ SDI-1 383, TST.
- OJ SDC 25 e 26, TST.

XXXI - proibição de qualquer discriminação no tocante a salário e critérios de admissão do trabalhador portador de deficiência;

- Dec. 3.298/1999 (Regulamenta a Lei 7.853/1989, dispõe sobre a Política Nacional para a Integração da Pessoa Portadora de Deficiência, e consolida as normas de proteção).

XXXII - proibição de distinção entre trabalho manual, técnico e intelectual ou entre os profissionais respectivos;

- Súm. 84, TST.

XXXIII - proibição de trabalho noturno, perigoso ou insalubre a menores de dezoito e de qualquer trabalho a menores de dezesseis anos, salvo na condição de aprendiz, a partir de quatorze anos; (Redação dada pela EC 20/1998.)

- art. 227, desta CF.
- arts. 192; 402 a 410; 792, CLT.
- arts. 60 a 69, Lei 8.069/1990 (ECA).
- art. 27, V; 78, XVIII, Lei 8.666/1993 (Lei de Licitações e Contratos da Administração Pública).
- art. 13, Lei 11.685/2008 (Estatuto do Garimpeiro).
- Dec. 10.088/2019 (Consolida atos normativos editados pelo Poder Executivo Federal que dispõem sobre a promulgação de convenções e recomendações da Organização Internacional do Trabalho - OIT ratificadas pelo Brasil).

XXXIV - igualdade de direitos entre o trabalhador com vínculo empregatício permanente e o trabalhador avulso.

Parágrafo único. São assegurados à categoria dos trabalhadores domésticos os direitos previstos nos incisos IV, VI, VII, VIII, X, XIII, XV, XVI, XVII, XVIII, XIX, XXI, XXII, XXIV, XXVI, XXX, XXXI e XXXIII e, atendidas as condições estabelecidas em lei e observada a simplificação do cumprimento das obrigações tributárias, principais e acessórias, decorrentes da relação de trabalho e suas peculiaridades, os previstos nos incisos I, II, III, IX, XII, XXV e XXVIII, bem como a sua integração à previdência social. (Alterado pela EC 72/2013.)

- art. 7º, CLT.
- Leis 5.859/1972 e 7.195/1984 (Dispõem sobre o empregado doméstico).
- LC 150/2015 (Dispõe sobre o contrato de trabalho doméstico).

Art. 8º É livre a associação profissional ou sindical, observado o seguinte:

- arts. 511 a 515; 524; 537; 543; 553; 558; e 570, CLT.

I - a lei não poderá exigir autorização do Estado para a fundação de sindicato, ressalvado o registro no órgão competente, vedadas ao Poder Público a interferência e a intervenção na organização sindical;

- Súm. 677, STF.
- Súm. 4, STJ.
- OJ SDC 15, TST.

II - é vedada a criação de mais de uma organização sindical, em qualquer grau, representativa de categoria profissional ou econômica, na mesma base territorial, que será definida pelos trabalhadores ou empregadores interessados, não podendo ser inferior à área de um Município;

- Súm. 677, STF.
- OJ SDC 14, TST.

III - ao sindicato cabe a defesa dos direitos e interesses coletivos ou individuais da categoria, inclusive em questões judiciais ou administrativas;

- Súm. 406, TST.
- Orientações Jurisprudenciais 359 e 365 SBDI-1, TST.
- OJ SDC 22, TST.

IV - a assembleia geral fixará a contribuição que, em se tratando de categoria profissional, será descontada em folha, para custeio do sistema confederativo da representação sindical respectiva, independentemente da contribuição prevista em lei;

- ADIn 2.522 (isenção de contribuição sindical obrigatória para advogados).
- ADIn 4.033 (isenção de contribuição patronal sindical das microempresas e EPP).
- Súm. Vinc. 40, STF.
- Súm. 666, STF.
- Súm. 396, STJ.
- OJ SDC 17, TST.
- Prec. Norm. 119, TST.

V - ninguém será obrigado a filiar-se ou a manter-se filiado a sindicato;

- art. 199, CP.
- OJ 20 SDC, TST.

VI - é obrigatória a participação dos sindicatos nas negociações coletivas de trabalho;

VII - o aposentado filiado tem direito a votar e ser votado nas organizações sindicais;

VIII - é vedada a dispensa do empregado sindicalizado a partir do registro da candidatura a cargo de direção ou representação sindical e, se eleito, ainda que suplente, até um ano após o final do mandato, salvo se cometer falta grave nos termos da lei.

- art. 543, CLT.
- Súm. 197, STF.
- Súm. 369 e 379, TST.
- OJ SDI-1 365 e 369, TST.

Parágrafo único. As disposições deste artigo aplicam-se à organização de sindicatos rurais e de colônias de pescadores, atendidas as condições que a lei estabelecer.

- Lei 11.699/2009 (Dispõe sobre as Colônias, Federações e Confederação Nacional dos Pescadores, regulamentando o parágrafo único do art. 8º da CF).

Art. 9º É assegurado o direito de greve, competindo aos trabalhadores decidir sobre a oportunidade de exercê-lo e sobre os interesses que devam por meio dele defender.

- arts. 37, VII; 114, II; 142, § 3º, IV, desta CF.
- Lei 7.783/1989 (Lei de Greve).

§ 1º A lei definirá os serviços ou atividades essenciais e disporá sobre o atendimento das necessidades inadiáveis da comunidade.

§ 2º Os abusos cometidos sujeitam os responsáveis às penas da lei.

- Súm. 316, STF.
- OJ SDC 10, TST.

Art. 10. É assegurada a participação dos trabalhadores e empregadores nos colegiados dos órgãos públicos em que seus interesses profissionais ou previdenciários sejam objeto de discussão e deliberação.

Art. 11. Nas empresas de mais de duzentos empregados, é assegurada a eleição de um representante destes com a finalidade exclusiva de promover-lhes o entendimento direto com os empregadores.

- art. 543, CLT.
- Prec. Norm. 86, TST.

CAPÍTULO III
DA NACIONALIDADE

- art. 5º, LXXI, desta CF.
- Dec. 4.246/2002 (Promulga Convenção sobre o Estatuto dos Apátridas).

Art. 12. São brasileiros:

I - natos:

a) os nascidos na República Federativa do Brasil, ainda que de pais estrangeiros, desde que estes não estejam a serviço de seu país;

b) os nascidos no estrangeiro, de pai brasileiro ou mãe brasileira, desde que qualquer deles esteja a serviço da República Federativa do Brasil;

c) os nascidos no estrangeiro de pai brasileiro ou de mãe brasileira, desde que sejam registrados em repartição brasileira competente ou venham a residir na República Federativa do Brasil e optem, em qualquer tempo, depois de atingida a maioridade, pela nacionalidade brasileira; (Redação dada pela EC 54/2007.)

- art. 95, ADCT

II - naturalizados:

- Lei 13.445/2017 (Lei de Migração).
- Dec. 3.453/2000 (Delega competência ao Ministro de Estado da Justiça para declarar perda e reaquisição da nacionalidade brasileira).

a) os que, na forma da lei, adquiram a nacionalidade brasileira, exigidas aos originários de países de língua portuguesa apenas residência por um ano ininterrupto e idoneidade moral;

b) os estrangeiros de qualquer nacionalidade, residentes na República Federativa do Brasil há mais de quinze anos ininterruptos e sem condenação penal, desde que requeiram a nacionalidade brasileira. (Redação dada pela EC Revisão 3/1994.)

§ 1º Aos portugueses com residência permanente no país, se houver reciprocidade em favor de brasileiros, serão atribuídos os direitos inerentes ao brasileiro, salvo os casos previstos nesta Constituição. (Redação dada pela EC Revisão 3/1994.)

§ 2º A lei não poderá estabelecer distinção entre brasileiros natos e naturalizados, salvo nos casos previstos nesta Constituição.

Dec. 3.927/2001 (Tratado de Amizade, Cooperação e Consulta entre Brasil e Portugal).

§ 3º São privativos de brasileiro nato os cargos:

I - de Presidente e Vice-Presidente da República;

II - de Presidente da Câmara dos Deputados;

III - de Presidente do Senado Federal;

IV - de Ministro do Supremo Tribunal Federal;

V - da carreira diplomática;

VI - de oficial das Forças Armadas;

- LC 97/1999 (Normas gerais para organização, preparo e emprego das Forças Armadas)

VII - de Ministro de Estado da Defesa. (Incluído pela EC 23/1999)

§ 4º Será declarada a perda da nacionalidade do brasileiro que:

- Dec. 3.453/2000 (Delega competência ao Ministro de Estado da Justiça para declarar perda e reaquisição da nacionalidade brasileira).

I - tiver cancelada sua naturalização, por sentença judicial, em virtude de atividade nociva ao interesse nacional;

II - adquirir outra nacionalidade, salvo nos casos: (Redação dada pela EC Revisão 3/1994.)

a) de reconhecimento de nacionalidade originária pela lei estrangeira; (Incluído pela EC Revisão 3/1994.)

b) de imposição de naturalização, pela norma estrangeira, ao brasileiro residente em estado estrangeiro, como condição para permanência em seu território ou para o exercício de direitos civis; (Incluído pela EC Revisão 3/1994.)

- Lei 818/1949 (Lei da Nacionalidade Brasileira)
- Lei 13.445/2017 (Institui a Lei de Migração).

Art. 13. A língua portuguesa é o idioma oficial da República Federativa do Brasil.

- Dec. 5.002/2004 (Declaração Constitutiva e Estatutos da Comunidade dos Países de Língua Portuguesa).
- Dec. 6.583/2008 (Promulga o Acordo Ortográfico da Língua Portuguesa).

§ 1º São símbolos da República Federativa do Brasil a bandeira, o hino, as armas e o selo nacionais.

- Lei 5.700/1971 (Estabelece a forma e apresentação dos símbolos nacionais).
- Dec. 98.068/1989 (Dispõe sobre o hasteamento da bandeira nacional nas repartições públicas federais e nos estabelecimentos de Ensino).

§ 2º Os Estados, o Distrito Federal e os Municípios poderão ter símbolos próprios.

CAPÍTULO IV
DOS DIREITOS POLÍTICOS

- art. 5º, LXXI, desta CF.
- art. 21, Declaração Universal dos Direitos Humanos.

Art. 14. A soberania popular será exercida pelo sufrágio universal e pelo voto direto e secreto, com valor igual para todos, e, nos termos da lei, mediante:

- Lei 4.737/1965 (CE).
- Lei 9.709/1998 (Regulamenta a execução do disposto nos incisos deste artigo).

I - plebiscito;

- art. 18, §§ 3º e 4º, desta CF.
- art. 2º, ADCT.

II - referendo;

III - iniciativa popular.

- art. 61, § 2º, desta CF.

§ 1º O alistamento eleitoral e o voto são:

- arts. 42 a 81; 133 a 156, CE.

I - obrigatórios para os maiores de dezoito anos;

II - facultativos para:

a) os analfabetos;

- Súm. 15, TSE.

b) os maiores de setenta anos;

c) os maiores de dezesseis e menores de dezoito anos.

§ 2º Não podem alistar-se como eleitores os estrangeiros e, durante o período do serviço militar obrigatório, os conscritos.

§ 3º São condições de elegibilidade, na forma da lei:

I - a nacionalidade brasileira;

II - o pleno exercício dos direitos políticos;

- art. 47, I, CP.

III - o alistamento eleitoral;

IV - o domicílio eleitoral na circunscrição;

V - a filiação partidária;

- Lei 9.096/1995 (Lei dos Partidos Políticos).

VI - a idade mínima de:

a) trinta e cinco anos para Presidente e Vice-Presidente da República e Senador;

b) trinta anos para Governador e Vice-Governador de Estado e do Distrito Federal;

c) vinte e um anos para Deputado Federal, Deputado Estadual ou Distrital, Prefeito, Vice-Prefeito e juiz de paz;

- Dec.-Lei 201/1967 (Responsabilidade de Prefeitos e Vereadores).

d) dezoito anos para Vereador.

- Dec.-Lei 201/1967 (Responsabilidade de Prefeitos e Vereadores).

§ 4º São inelegíveis os inalistáveis e os analfabetos.

- Súm. 15, TSE.

§ 5º O Presidente da República, os Governadores de Estado e do Distrito Federal, os Prefeitos e quem os houver sucedido, ou substituído no curso dos mandatos poderão ser reeleitos para um único período subsequente. (Redação dada pela EC 16/1997.)

§ 6º Para concorrerem a outros cargos, o Presidente da República, os Governadores de Estado e do Distrito Federal e os Prefeitos devem renunciar aos respectivos mandatos até seis meses antes do pleito.

§ 7º São inelegíveis, no território de jurisdição do titular, o cônjuge e os parentes consanguíneos ou afins, até o segundo grau ou por adoção, do Presidente da República, de Governador de Estado ou Território, do Distrito Federal, de Prefeito ou de quem os haja substituído dentro dos seis meses anteriores ao pleito, salvo se já titular de mandato eletivo e candidato à reeleição.

- Súm. Vinc. 18, STF.
- Súm. 6 e 12, TSE.

§ 8º O militar alistável é elegível, atendidas as seguintes condições:

I - se contar menos de dez anos de serviço, deverá afastar-se da atividade;

II - se contar mais de dez anos de serviço, será agregado pela autoridade superior e, se eleito, passará automaticamente, no ato da diplomação, para a inatividade.

- art. 42, § 1º, desta CF.

§ 9º Lei complementar estabelecerá outros casos de inelegibilidade e os prazos de sua cessação, a fim de proteger a probidade administrativa, a moralidade para exercício de mandato considerada a vida pregressa do candidato e a normalidade e legitimidade das eleições contra a influência do poder econômico ou o abuso do exercício de função, cargo ou emprego na administração direta ou indireta. (Redação dada pela EC Revisão 4/1994.)

- art. 37, § 4º, desta CF.
- LC 64/1990 (Estabelece, de acordo com o art. 14, § 9º, da CF, casos de inelegibilidade, prazos de cessação).
- Súm. 13, TSE.

§ 10. O mandato eletivo poderá ser impugnado ante a Justiça Eleitoral no prazo de quinze dias contados da diplomação, instruída a ação com provas de abuso do poder econômico, corrupção ou fraude.

§ 11. A ação de impugnação de mandato tramitará em segredo de justiça, respondendo o autor, na forma da lei, se temerária ou de manifesta má-fé.

Art. 15. É vedada a cassação de direitos políticos, cuja perda ou suspensão só se dará nos casos de:

- Lei 9.096/1995 (Lei dos Partidos Políticos).

I - cancelamento da naturalização por sentença transitada em julgado;

II - incapacidade civil absoluta;

III - condenação criminal transitada em julgado, enquanto durarem seus efeitos;

- art. 92, I, CP.
- Súm. 9, TSE.

IV - recusa de cumprir obrigação a todos imposta ou prestação alternativa, nos termos do art. 5º, VIII;

- art. 143 desta CF.
- Lei 8.239/1991 (Prestação de Serviço Alternativo ao Serviço Militar Obrigatório).

V - improbidade administrativa, nos termos do art. 37, § 4º.

Art. 16. A lei que alterar o processo eleitoral entrará em vigor na data de sua publicação, não se aplicando à eleição que ocorra até um ano da data de sua vigência. (Redação dada pela EC 4/1993.)

CAPÍTULO V
DOS PARTIDOS POLÍTICOS

Art. 17. É livre a criação, fusão, incorporação e extinção de partidos políticos, resguardados a soberania nacional, o regime democrático, o pluripartidarismo, os direitos fundamentais da pessoa humana e observados os seguintes preceitos:

- Lei 9.096/1995 (Lei dos Partidos Políticos).
- Lei 9.504/1997 (Lei das Eleições).

I - caráter nacional;

II - proibição de recebimento de recursos financeiros de entidade ou governo estrangeiros ou de subordinação a estes;

III - prestação de contas à Justiça Eleitoral;

IV - funcionamento parlamentar de acordo com a lei.

§ 1º. É assegurada aos partidos políticos autonomia para definir sua estrutura interna e estabelecer regras sobre escolha, formação e duração de seus órgãos permanentes e provisórios e sobre sua organização e funcionamento e para adotar os critérios de escolha e o regime de suas coligações nas eleições majoritárias, vedada a sua celebração nas eleições proporcionais, sem obrigatoriedade de vinculação entre as candidaturas em âmbito nacional, estadual, distrital ou municipal, devendo seus estatutos estabelecer normas de disciplina e fidelidade partidária. (Redação dada pela EC nº 97/2017.)

§ 2º Os partidos políticos, após adquirirem personalidade jurídica, na forma da lei civil, registrarão seus estatutos no Tribunal Superior Eleitoral.

§ 3º Somente terão direito a recursos do fundo partidário e acesso gratuito ao rádio e à televisão, na forma da lei, os partidos políticos que alternativamente: (Redação dada pela EC nº 97, de 2017)

I - obtiverem, nas eleições para a Câmara dos Deputados, no mínimo, 3% (três por cento) dos votos válidos, distribuídos em pelo menos um terço das unidades da Federação, com um mínimo de 2% (dois por cento) dos votos válidos em cada uma delas; ou (Incluído pela EC nº 97, de 2017)

II - tiverem elegido pelo menos quinze Deputados Federais distribuídos em pelo menos um terço das unidades da Federação. (Incluído pela EC nº 97, de 2017)

- art. 241, CE.

§ 4º É vedada a utilização pelos partidos políticos de organização paramilitar.

§ 5º Ao eleito por partido que não preencher os requisitos previstos no § 3º deste artigo é assegurado o mandato e facultada a filiação, sem perda do mandato, a outro partido que os tenha atingido, não sendo essa filiação considerada para fins de distribuição dos recursos do fundo partidário e de acesso gratuito ao tempo de rádio e de televisão. (Incluído pela EC nº 97, de 2017)

TÍTULO III
DA ORGANIZAÇÃO DO ESTADO

CAPÍTULO I
DA ORGANIZAÇÃO POLÍTICO-ADMINISTRATIVA

Art. 18. A organização político-administrativa da República Federativa do Brasil compreende a União, os Estados, o Distrito Federal e os Municípios, todos autônomos, nos termos desta Constituição.

§ 1º Brasília é a Capital Federal.

§ 2º Os Territórios Federais integram a União, e sua criação, transformação em Estado ou reintegração ao Estado de origem serão reguladas em lei complementar.

§ 3º Os Estados podem incorporar-se entre si, subdividir-se ou desmembrar-se para se anexarem a outros, ou formarem novos Estados ou Territórios Federais, mediante aprovação da população diretamente interessada, através de plebiscito, e do Congresso Nacional, por lei complementar.

- arts. 3º e 4º, Lei 9.709/1998 (Regulamenta a execução do disposto nos incisos I a III do art. 14 desta CF).

§ 4º A criação, a incorporação, a fusão e o desmembramento de Municípios, far-se-ão por lei estadual, dentro do período determinado por Lei Complementar Federal, e dependerão de consulta prévia, mediante plebiscito, às populações dos Municípios envolvidos, após divulgação dos Estudos de Viabilidade Municipal, apresentados e publicados na forma da lei. (Redação dada pela EC 15/1996.)

- art. 5º, Lei 9.709/1998 (Regulamenta a execução do disposto nos incisos I a III do art. 14 desta CF).
- Lei 10.521/2002 (Assegura a instalação de Municípios criados por Lei Estadual).
- art. 96, ADCT.

Art. 19. É vedado à União, aos Estados, ao Distrito Federal e aos Municípios:

I - estabelecer cultos religiosos ou igrejas, subvencioná-los, embaraçar-lhes o funcionamento ou manter com eles ou seus representantes relações de dependência ou aliança, ressalvada, na forma da lei, a colaboração de interesse público;

II - recusar fé aos documentos públicos;

III - criar distinções entre brasileiros ou preferências entre si.

- art. 325, CLT.

CAPÍTULO II
DA UNIÃO

Art. 20. São bens da União:

- art. 176, §§ 1º a 4º, desta CF.
- Art. 99, CC.
- Dec.-Lei 9.760/46 (Dispõe sobre os bens imóveis da União).

I - os que atualmente lhe pertencem e os que lhe vierem a ser atribuídos;

- Súm. 650, STF.

II - as terras devolutas indispensáveis à defesa das fronteiras, das fortificações e construções militares, das vias federais de comunicação e à preservação ambiental, definidas em lei;

- Lei 4.504/1964 (Estatuto da Terra).
- Lei 6.383/1976 (Dispõe sobre o processo discriminatório de terras devolutas da União).
- Lei 6.442/1977 (Dispõe sobre as áreas de proteção para o funcionamento das estações radiogoniométricas de alta frequência do Ministério da Marinha e de radiomonitoragem do Ministério das Comunicações).
- Lei 6.634/1979 (Dispõe sobre faixas de fronteira).
- Lei 6.938/1981 (Dispõe sobre a Política Nacional do Meio Ambiente).
- Lei 13.178/2015 (Dispõe sobre a ratificação dos registros imobiliários decorrentes de alienações e concessões de terras públicas situadas nas faixas de fronteira).
- Dec.-Lei 227/1967 (Dá nova redação ao Dec.-Lei 1.985/1940 - Código de Minas).
- Dec.-Lei 1.135/1970 (Dispõe sobre a organização, competência e funcionamento do Conselho de Segurança Nacional).
- Súm. 477, STF.

III - os lagos, rios e quaisquer correntes de água em terrenos de seu domínio, ou que banhem mais de um Estado, sirvam de limites com outros países ou se estendam a território estrangeiro ou dele provenham, bem como os terrenos marginais e as praias fluviais;

- Dec. 1.265/1994 (Aprova a Política Marítima Nacional - PMN).

IV - as ilhas fluviais e lacustres nas zonas limítrofes com outros países; as praias marítimas; as ilhas oceânicas e as costeiras, excluídas, destas, as que contenham a sede de Municípios, exceto aquelas áreas afetadas ao serviço público e a unidade ambiental federal, e as referidas no art. 26, II; (Redação dada pela EC 46/2005.)

- Dec. 1.265/1994 (Aprova a Política Marítima Nacional - PMN).

V - os recursos naturais da plataforma continental e da zona econômica exclusiva;

- Lei 8.617/1993 (Dispõe sobre o mar territorial, zona contígua, zona econômica exclusiva e plataforma continental brasileira).
- Dec. 1.265/1994 (Aprova a Política Marítima Nacional - PMN).

VI - o mar territorial;

VII - os terrenos de marinha e seus acrescidos;

- Súm. 496, STJ.

VIII - os potenciais de energia hidráulica;

IX - os recursos minerais, inclusive os do subsolo;

X - as cavidades naturais subterrâneas e os sítios arqueológicos e pré-históricos;

XI - as terras tradicionalmente ocupadas pelos índios.

- Súm. 650, STF.

§ 1º É assegurada, nos termos da lei, à União, aos Estados, ao Distrito Federal e aos Municípios a participação no resultado da exploração de petróleo ou gás natural, de recursos hídricos para fins de geração de energia elétrica e de outros recursos minerais no respectivo território, plataforma continental, mar territorial ou zona econômica exclusiva, ou compensação financeira por essa exploração. (Redação dada pela EC 102/2019).

- art. 177, desta CF.
- art. 3º, EC 86/2015 (Torna obrigatória a execução da programação orçamentária que especifica).
- Lei 7.990/1989 (Institui, para os Estados, Distrito Federal e Municípios, compensação financeira pelo resultado da exploração de petróleo ou gás natural, de recursos hídricos para fins de geração de energia elétrica, de recursos minerais em seus respectivos territórios, plataformas continental, mar territorial ou zona econômica exclusiva).
- Lei 8.001/1990 (Define os percentuais da distribuição da compensação financeira de que trata a Lei 7.990/1989).
- Lei 9.427/1996 (Institui a Agência Nacional de Energia Elétrica - ANEEL e disciplina o regime das concessões de serviços públicos de energia elétrica).
- Lei 9.478/1997 (Dispõe sobre a política energética nacional, as atividades relativas ao monopólio do petróleo e institui o Conselho Nacional de Política Energética e a Agência Nacional do Petróleo).
- Lei 9.984/2000 (Dispõe sobre a criação da Agência Nacional de Águas - ANA).
- Lei 12.858/2013 (Dispõe sobre a destinação para as áreas de educação e saúde de parcela da participação no resultado ou da compensação financeira pela exploração de petróleo e gás natural).
- Dec. 1/1991 (Regulamenta pagamento da compensação financeira instituída pela Lei 7.990/1989).
- Dec. 3.739/2001 (Dispõe sobre o cálculo da tarifa atualizada de referência para compensação financeira pela utilização de recursos hídricos, de que trata a Lei 7.990/1989, e da contribuição de reservatórios de montante para a geração de energia hidrelétrica, de que trata a Lei 8.001/1990).

§ 2º A faixa de até cento e cinquenta quilômetros de largura, ao longo das fronteiras terrestres, designada como faixa de fronteira, é considerada fundamental para defesa do território nacional, e sua ocupação e utilização serão reguladas em lei.

- Lei 6.634/1979 (Dispõe sobre a faixa de fronteira).
- Lei 11.284/2006 (Dispõe sobre a gestão de florestas públicas para a produção sustentável).
- DL 1.135/1970 (Dispõe sobre a organização, a competência e o funcionamento do Conselho de Segurança Nacional).

Art. 21. Compete à União:

I - manter relações com Estados estrangeiros e participar de organizações internacionais;

II - declarar a guerra e celebrar a paz;

III - assegurar a defesa nacional;

IV - permitir, nos casos previstos em lei complementar, que forças estrangeiras transitem pelo território nacional ou nele permaneçam temporariamente;

- LC 90/1997 (Determina os casos em que forças estrangeiras possam transitar pelo território nacional ou nele permanecer temporariamente).
- Dec. 97.464/1989 (Estabelece procedimentos para a entrada no Brasil e o sobrevoo de seu território por aeronaves civis estrangeiras, que não estejam em serviço aéreo internacional regular).

V - decretar o estado de sítio, o estado de defesa e a intervenção federal;

VI - autorizar e fiscalizar a produção e o comércio de material bélico;

VII - emitir moeda;

- Lei 13.416/2017 (Autoriza o Banco Central do Brasil a adquirir papel-moeda e moeda metálica fabricados fora do País por fornecedor estrangeiro).

VIII - administrar as reservas cambiais do país e fiscalizar as operações de natureza financeira, especialmente as de crédito, câmbio e capitalização, bem como as de seguros e de previdência privada;

- LC 108/2001 (Dispõe sobre a relação entre a União, os Estados, o Distrito Federal e os Municípios, suas autarquias, fundações, sociedades de economia mista e outras entidades públicas e suas respectivas entidades fechadas de previdência complementar).
- LC 109/2001 (Dispõe sobre o Regime de Previdência Complementar).
- Lei 4.595/1964 (Dispõe sobre a Política e as Instituições Monetárias, Bancárias e Creditícias).
- Lei 4.728/1965 (Disciplina o mercado de capitais e estabelece medidas para o seu desenvolvimento).
- Dec.-Lei 73/1966 (Dispõe sobre o Sistema Nacional de Seguros Privados, regula as operações de seguros e resseguros).

IX - elaborar e executar planos nacionais e regionais de ordenação do território e de desenvolvimento econômico e social;

- Lei 9.491/1997 (Altera procedimentos relativos ao Programa Nacional de Desestatização).

X - manter o serviço postal e o correio aéreo nacional;

- Lei 6.538/1978 (Dispõe sobre os serviços postais).

XI - explorar, diretamente ou mediante autorização, concessão ou permissão, os serviços de telecomunicações, nos termos da lei, que disporá sobre a organização dos serviços, a criação de um órgão regulador e outros aspectos institucionais; (Redação dada pela EC 8/1995.)

- art. 246, desta CF.
- Art. 2º da EC 8/1995 (Veda a regulamentação deste inciso por MP).
- Lei 8.987/1995 (Dispõe sobre o regime de concessão e permissão da prestação de serviços públicos).
- Lei 9.295/1996 (Dispõe sobre os serviços de telecomunicações e sua organização, e sobre o órgão regulador).
- Lei 9.472/1997 (Dispõe sobre a organização dos serviços de telecomunicações, a criação e funcionamento de um órgão regulador e outros aspectos institucionais).
- Dec. 2.197/1997 (Aprova o Regulamento de serviço limitado).
- Dec. 2.198/1997 (Aprova o Regulamento de serviços públicos restritos).

XII - explorar, diretamente ou mediante autorização, concessão ou permissão:

a) os serviços de radiodifusão sonora, e de sons e imagens; (Redação dada pela EC 8/1995.)

- art. 246, desta CF.
- Lei 9.472/1997 (Dispõe sobre a organização dos serviços de telecomunicações, a criação e funcionamento de um órgão regulador e outros aspectos institucionais).
- Lei 9.612/1998 (Institui o Serviço de Radiodifusão Comunitária).

b) os serviços e instalações de energia elétrica e o aproveitamento energético dos cursos de água, em articulação com os Estados onde se situam os potenciais hidroenergéticos;

- Lei 9.427/1996 (Institui a Agência Nacional de Energia Elétrica – ANEEL).
- Lei 9.648/1998 (Autoriza o Poder Executivo a promover a reestruturação das Centrais Elétricas Brasileiras – ELETROBRÁS e suas subsidiárias).
- Lei 12.111/2009 (Serviços de energia elétrica nos Sistemas Isolados).

c) a navegação aérea, aeroespacial e a infraestrutura aeroportuária;

- Lei 7.565/1986 (Código Brasileiro de Aeronáutica).
- Lei 9.994/2000 (Dispõe sobre o Programa de Desenvolvimento Científico e Tecnológico do Setor Espacial).
- Lei 12.815/2013 (Dispõe sobre a exploração direta e indireta pela União de portos e instalações portuárias e sobre as atividades desempenhadas pelos operadores portuários) e Dec. 8.033/2013 (regulamento).
- Dec. 7.624/2011 (Dispõe sobre as condições de exploração pela iniciativa privada da infraestrutura aeroportuária, por meio de concessão).

d) os serviços de transporte ferroviário e aquaviário entre portos brasileiros e fronteiras nacionais, ou que transponham os limites de Estado ou Território;

- Lei 9.277/1996 (Autoriza a União a delegar aos Municípios, Estados e DF a administração e exploração de rodovias e portos federais).
- Lei 9.432/1997 (Dispõe sobre a ordenação do transporte aquaviário).
- Lei 12.379/2011 (Dispõe sobre o Sistema Nacional de Viação – SNV).

e) os serviços de transporte rodoviário interestadual e internacional de passageiros;

f) os portos marítimos, fluviais e lacustres;

- Dec. 1.265/1994 (Aprova a Política Marítima Nacional - PMN).

XIII - organizar e manter o Poder Judiciário, o Ministério Público do Distrito Federal e dos Territórios e a Defensoria Pública dos Territórios; (Alterado pela EC 69/2012 - produção de efeitos - 120 dias da publicação oficial.)

XIV - organizar e manter a polícia civil, a polícia penal, a polícia militar e o corpo de bombeiros militar do Distrito Federal, bem como prestar assistência financeira ao Distrito Federal para a execução de serviços públicos, por meio de fundo próprio; (Redação dada pela EC 104/2019)

- art. 107, § 6º, I, ADCT.
- art. 25, EC 19/1998.
- Lei 10.633/2002 (Institui o Fundo Constitucional do Distrito Federal – FCDF, para atender o disposto neste inciso).
- Súm. Vinc. 39, STF.
- Súm. 647, STF.

XV - organizar e manter os serviços oficiais de estatística, geografia, geologia e cartografia de âmbito nacional;

- Dec.-Lei 243/1967 (Fixa as Diretrizes e Bases da Cartografia Brasileira).
- Lei 5.878/1973 (Dispõe sobre a Fundação Instituto Brasileiro de Geografia e Estatística - IBGE).
- Lei 6.183/1974 (Dispõe sobre os Sistemas Estatístico e Cartográfico Nacionais).

XVI - exercer a classificação, para efeito indicativo, de diversões públicas e de programas de rádio e televisão;

- art. 23, ADCT.

XVII - conceder anistia;

XVIII - planejar e promover a defesa permanente contra as calamidades públicas, especialmente as secas e as inundações;

- Lei 12.787/2013 (Política Nacional de Irrigação).

XIX - instituir sistema nacional de gerenciamento de recursos hídricos e definir critérios de outorga de direitos de seu uso;

- Lei 9.433/1997 (Institui a Política Nacional de Recursos Hídricos).

XX - instituir diretrizes para o desenvolvimento urbano, inclusive habitação, saneamento básico e transportes urbanos;

- Lei 5.318/1967 (Institui a Política Nacional de Saneamento).
- Lei 7.196/1984 (Institui o Plano Nacional de Moradia - PLAMO, destinado a atender as necessidades de moradia das pessoas de renda mensal regular até 5 (cinco) salários-mínimos).
- Lei 10.188/2001 (Cria o Programa de Arrendamento Residencial, institui o arrendamento residencial com opção de compra).
- Lei 10.233/2001 (Dispõe sobre a reestruturação dos transportes aquaviário e terrestre).
- Lei 11.445/2007 (Estabelece diretrizes nacionais para o saneamento básico).
- Lei 12.587/2012 (Institui as diretrizes da Política Nacional de Mobilidade Urbana).
- Lei 13.089/2015 (Estatuto da Metrópole).

XXI - estabelecer princípios e diretrizes para o sistema nacional de viação;

- Lei 12.379/2011 (Dispõe sobre o Sistema Nacional de Viação – SNV).

XXII - executar os serviços de polícia marítima, aeroportuária e de fronteiras; (Redação dada pela EC 19/1998.)

- Dec. 7.624/2011 (Dispõe sobre as condições de exploração pela iniciativa privada da infraestrutura aeroportuária, por meio de concessão).
- Súm. Vinc. 36, STF.

XXIII - explorar os serviços e instalações nucleares de qualquer natureza e exercer monopólio estatal sobre a pesquisa, a lavra, o enriquecimento e reprocessamento, a industrialização e o comércio de minérios nucleares e seus derivados, atendidos os seguintes princípios e condições:

- Lei 10.308/2001 (Dispõe sobre a seleção de locais, a construção, o licenciamento, a operação, a fiscalização, os custos, a indenização, a responsabilidade civil e as garantias referentes aos depósitos de rejeitos radioativos).
- Dec.-Lei 1.982/1982 (Dispõe sobre o exercício das atividades nucleares incluídas no monopólio da União, o controle do desenvolvimento de pesquisas no campo da energia nuclear

a) toda atividade nuclear em território nacional somente será admitida para fins pacíficos e mediante aprovação do Congresso Nacional;

b) sob regime de permissão, são autorizadas a comercialização e a utilização de radioisótopos para a pesquisa e usos médicos, agrícolas e industriais; (Redação dada pela EC 49/2006.)

c) sob regime de permissão, são autorizadas a produção, comercialização e utilização de radioisótopos de meia-vida igual ou inferior a duas horas; (Redação dada pela EC 49/2006.)

d) a responsabilidade civil por danos nucleares independe da existência de culpa; (Redação dada pela EC 49/2006.)

- Lei 6.453/1977 (Dispõe sobre a responsabilidade civil por danos nucleares e a responsabilidade criminal por atos relacionados com atividades nucleares).
- Lei 10.308/2001 (Dispõe sobre a seleção de locais, a construção, o licenciamento, a operação, a fiscalização, os custos, a indenização, a responsabilidade civil e as garantias referentes aos depósitos de rejeitos radioativos).

XXIV - organizar, manter e executar a inspeção do trabalho;

- art. 174, desta CF.

XXV - estabelecer as áreas e as condições para o exercício da atividade de garimpagem, em forma associativa.

- Lei 7.805/1989 (Cria o Regime de Permissão de Lavra Garimpeira).
- Lei 11.685/2008 (Estatuto do Garimpeiro).

Art. 22. Compete privativamente à União legislar sobre:

I - direito civil, comercial, penal, processual, eleitoral, agrário, marítimo, aeronáutico, espacial e do trabalho;

- Lei 556/1850 (CCom).
- Lei 4.504/1964 (Estatuto da Terra).
- Lei 4.737/1965 (CE).
- Lei 4.947/1966 (Estabelece normas de Direito Agrário).
- Lei 7.565/1986 (Código Brasileiro de Aeronáutica).
- Lei 10.406/2002 (CC).
- Lei 13.105/2015 (NCPC).
- Dec.-Lei 2.848/1940 (CP).
- Dec.-Lei 3.689/1941 (CPP).
- Dec.-Lei 5.452/1943 (CLT).
- Dec.-Lei 1.001/1969 (CPM).
- Dec.-Lei 1.002/1969 (CPPM).
- Dec. 1.265/1994 (Aprova a Política Marítima Nacional - PMN).
- Súm. Vinc. 46, STF.
- Súm. 722, STF.

II - desapropriação;

- arts. 184; 185, I e II, desta CF.
- arts. 1.228, § 3º; 1.275, V, CC/2002.
- LC 76/1993 (Dispõe sobre o procedimento contraditório especial, de rito sumário, para o processo de desapropriação de imóvel rural, por interesse social, para fins de reforma agrária).
- Lei 4.132/1962; Lei 8.257/1991 e Lei 8.629/1993 (Desapropriação por interesse social).
- Lei 4.504/1964 (Estatuto da Terra).
- Dec.-Lei 3.365/1941 (Lei de desapropriações).
- Dec.-Lei 1.075/1970 (Imissão de posse, initio litis, em imóveis residenciais urbanos).

III - requisições civis e militares, em caso de iminente perigo e em tempo de guerra;

IV - águas, energia, informática, telecomunicações e radiodifusão;

- Lei 4.117/1962 (Código Brasileiro de Telecomunicações).
- Lei 9.295/1996 (Dispõe sobre os serviços de telecomunicações e sua organização, e sobre o órgão regulador).
- Lei 9.472/1997 (Organização dos Serviços de Telecomunicações).
- Lei 9.984/2000 (Dispõe sobre a criação da Agência Nacional de Águas - ANA).
- Dec. 2.196/1997 (Aprova o Regulamento de serviços especiais).
- Dec. 2.197/1997 (Aprova o Regulamento de serviço limitado).
- Dec. 2.198/1997 (Aprova o Regulamento de serviços público-restritos).

V - serviço postal;

- Lei 6.538/1978 (Dispõe sobre os Serviços postais).

VI - sistema monetário e de medidas, títulos e garantias dos metais;

- Leis 9.069/1995 e 10.192/2001 (Plano Real).

VII - política de crédito, câmbio, seguros e transferência de valores;

VIII - comércio exterior e interestadual;

IX - diretrizes da política nacional de transportes;

- Decretos 4.122/2002 e 4.130/2002 (Dispõem sobre o Conselho Nacional de Integração de Políticas de Transporte).

X - regime dos portos, navegação lacustre, fluvial, marítima, aérea e aeroespacial;

- Lei 9.277/1996 (Autoriza a União a delegar aos Municípios, Estados e DF a administração e exploração de rodovias e portos federais).
- Lei 9.994/2000 (Institui o Programa de Desenvolvimento Científico e Tecnológico do Setor Espacial).
- Lei 12.815/2013 (Dispõe sobre a exploração direta e indireta pela União de portos

e instalações portuárias e sobre as atividades desempenhadas pelos operadores portuários) e Dec. 8.033/2013 (regulamento).

XI - trânsito e transporte;

- Lei 9.503/1997 (CTB).

XII - jazidas, minas, outros recursos minerais e metalurgia;

- Dec.-Lei 227/1967 (Código de Minas).

XIII - nacionalidade, cidadania e naturalização;

- Lei 13.445/2017 (Lei de Migração).

XIV - populações indígenas;

- art. 231 desta CF.
- Lei 6.001/1973 (Estatuto do índio).

XV - emigração e imigração, entrada, extradição e expulsão de estrangeiros;

- Lei 13.445/2017 (Lei de Migração).
- Dec. 9.873/2019 (Dispõe sobre o Conselho Nacional de Imigração).

XVI - organização do sistema nacional de emprego e condições para o exercício de profissões;

XVII - organização judiciária, do Ministério Público do Distrito Federal e dos Territórios e da Defensoria Pública dos Territórios, bem como organização administrativa destes; (Alterado pela EC 69/2012 - produção de efeitos - 120 dias da publicação oficial.)

XVIII - sistema estatístico, sistema cartográfico e de geologia nacionais;

XIX - sistemas de poupança, captação e garantia da poupança popular;

- Lei 8.177/1991 (Estabelece regras para a desindexação da economia).

XX - sistemas de consórcios e sorteios;

- Lei 5.768/1971 (Dispõe sobre a distribuição gratuita de prêmios, mediante sorteio, vale-brinde ou concurso).
- Lei 11.795/2008 (Dispõe sobre o Sistema de Consórcio).
- Súm. Vinc. 2, STF.

XXI – normas gerais de organização, efetivos, material bélico, garantias, convocação, mobilização, inatividades e pensões das polícias militares e dos corpos de bombeiros militares; (Redação dada pela EC 103/2019)

XXII - competência da polícia federal e das polícias rodoviária e ferroviária federais;

- Lei 9.654/1998 (Cria a carreira de Policial Rodoviário Federal).

XXIII - seguridade social;

- Lei 8.212/1991 (Dispõe sobre a organização da Seguridade Social e institui o Plano de Custeio).

XXIV - diretrizes e bases da educação nacional;

- Lei 9.394/1996 (Lei das Diretrizes e Bases da Educação Nacional).

XXV - registros públicos;

- Lei 6.015/1973 (Lei de Registros públicos).

XXVI - atividades nucleares de qualquer natureza;

- Lei 10.308/2001 (Dispõe sobre a seleção de locais, a construção, o licenciamento, a operação, a fiscalização, os custos, a indenização, a responsabilidade civil e as garantias referentes aos depósitos de rejeitos radioativos).
- Lei 12.731/2012 (Institui o Sistema de Proteção ao Programa Nuclear Brasileiro – SIPRON).

XXVII - normas gerais de licitação e contratação, em todas as modalidades, para as administrações públicas diretas, autárquicas e fundacionais da União, Estados, Distrito Federal e Municípios, obedecido o disposto no art. 37, XXI, e para as empresas públicas e sociedades de economia mista, nos termos do art. 173, § 1º, III; (Redação dada pela EC 19/1998.)

- art. 37, XXI, desta CF.
- Lei 8.666/1993 (Lei de Licitações e Contratos da Administração Pública).
- Lei 10.520/2002 (Institui a modalidade de licitação denominada pregão) e Dec. 3.555/2000 (Regulamento).
- Lei 12.462/2011 (Institui o Regime Diferenciado de Contratações Públicas - RDC) e Dec. 7.581/2011 (Regulamento).

XXVIII - defesa territorial, defesa aeroespacial, defesa marítima, defesa civil e mobilização nacional;

- Lei 12.340/2010 (Dispõe sobre as transferências de recursos da União aos órgãos e entidades dos Estados, Distrito Federal e Municípios para a execução de ações de prevenção em áreas de risco de desastres e de resposta e de recuperação em áreas atingidas por desastres e sobre o Fundo Nacional para Calamidades Públicas, Proteção e Defesa Civil).
- Dec. 7.257/2010 (Sistema Nacional de Defesa Civil - SINDEC)
- Dec. 7.294/2010 (Dispõe sobre a Política de Mobilização Nacional).

XXIX - propaganda comercial.

- Lei 8.078/1990 (CDC).

Parágrafo único. Lei Complementar poderá autorizar os Estados a legislar sobre questões específicas das matérias relacionadas neste artigo.

- LC nº 103/2000 (Autoriza os Estados e o DF a instituir o isso salarial a que se refere o art. 7º, V, desta CF).

Art. 23. É competência comum da União, dos Estados, do Distrito Federal e dos Municípios:

I - zelar pela guarda da Constituição, das leis e das instituições democráticas e conservar o patrimônio público;

II - cuidar da saúde e assistência pública, da proteção e garantia das pessoas portadoras de deficiência;

- art. 203, V, desta CF.
- (Lei de apoio às pessoas portadoras de deficiência) e Dec. 3.298/1999 (Regulamento).
- Lei 13.146/2015 (Estatuto da Pessoa com Deficiência).

III - proteger os documentos, as obras e outros bens de valor histórico, artístico e cultural, os monumentos, as paisagens naturais notáveis e os sítios arqueológicos;

- LC 140/2011 (Fixa normas para a cooperação entre a União, os Estados, o DF e os Municípios nas ações administrativas decorrentes do exercício da competência comum relativas à proteção das paisagens naturais notáveis, à proteção do meio ambiente, ao combate à poluição em qualquer de suas formas e à preservação das florestas, da fauna e da flora).
- Dec.-lei 25/1937 (Organiza a Proteção do Patrimônio Histórico e Artístico Nacional).

IV - impedir a evasão, a destruição e a descaracterização de obras de arte e de outros bens de valor histórico, artístico ou cultural;

V - proporcionar os meios de acesso à cultura, à educação, à ciência, à tecnologia, à pesquisa e à inovação; (Alterado pela EC 85/2015.)

VI - proteger o meio ambiente e combater a poluição em qualquer de suas formas;

- LC 140/2011 (Fixa normas para a cooperação entre a União, os Estados, o DF e os Municípios nas ações administrativas decorrentes do exercício da competência comum relativas à proteção das paisagens naturais notáveis, à proteção do meio ambiente, ao combate à poluição em qualquer de suas formas e à preservação das florestas, da fauna e da flora).
- Lei 6.938/1981 (Dispõe sobre a Política Nacional do Meio Ambiente).
- Lei 9.605/1998 (Lei dos Crimes ambientais).
- Lei 9.966/2000 (Dispõe sobre a prevenção, o controle e a fiscalização da poluição causada por lançamento de óleo e outras substâncias nocivas ou perigosas em águas sob jurisdição nacional).
- Lei 11.284/2006 (Dispõe sobre a gestão de florestas públicas para a produção sustentável).
- Lei 12.305/2010 (Institui a Política Nacional de Resíduos Sólidos).
- Dec. 6.514/2008 (Dispõe sobre as infrações e sanções administrativas ao meio ambiente, estabelece o processo administrativo federal para apuração destas infrações).

VII - preservar as florestas, a fauna e a flora;

- LC 140/2011 (Fixa normas para a cooperação entre a União, os Estados, o DF e os Municípios nas ações administrativas decorrentes do exercício da competência comum relativas à proteção das paisagens naturais notáveis, à proteção do meio ambiente, ao combate à poluição em qualquer de suas formas e à preservação das florestas, da fauna e da flora).
- Lei 5.197/1967 (Código de Caça).
- Lei 12.651/2012 (Código Florestal).
- Dec.-Lei 221/1967 (Código de Pesca).

VIII - fomentar a produção agropecuária e organizar o abastecimento alimentar;

IX - promover programas de construção de moradias e a melhoria das condições habitacionais e de saneamento básico;

- Lei 11.445/2007 (Estabelece diretrizes nacionais para o saneamento básico).
- Lei 13.081/2015 (Institui o Estatuto da Metrópole.)

X - combater as causas da pobreza e os fatores de marginalização, promovendo a integração social dos setores desfavorecidos;

- EC 31/2000 (Cria o Fundo de Combate e Erradicação da Pobreza).
- LC 111/2001 (Dispõe sobre o Fundo de Combate e Erradicação da Pobreza).

XI - registrar, acompanhar e fiscalizar as concessões de direitos de pesquisa e exploração de recursos hídricos e minerais em seus territórios;

- Lei 9.433/1997 (Institui a Política Nacional de Recursos Hídricos).

XII - estabelecer e implantar política de educação para a segurança do trânsito.

Parágrafo único. Leis complementares fixarão normas para a cooperação entre a União e os Estados, o Distrito Federal e os Municípios, tendo em vista o equilíbrio do desenvolvimento e do bem-estar em âmbito nacional. (Redação dada pela EC 53/2006.)

- LC 140/2011 (Fixa normas para a cooperação entre a União, os Estados, o DF e os Municípios nas ações administrativas decorrentes do exercício da competência comum relativas à proteção das paisagens naturais notáveis, à proteção do meio ambiente, ao combate à poluição em qualquer de suas formas e à preservação das florestas, da fauna e da flora).

Art. 24. Compete à União, aos Estados e ao Distrito Federal legislar concorrentemente sobre:

I - direito tributário, financeiro, penitenciário, econômico e urbanístico;

- Lei 4.320/1964 (Estabelece normas gerais de Direito Financeiro para elaboração e controle dos orçamentos e balanços da União, Estados, Municípios e DF).
- Lei 5.172/1990 (CTN).
- Lei 7.210/1984 (Lei de Execuções Penais).
- Lei 12.529/2011 (Lei Antitruste).
- Lei 13.081/2015 (Institui o Estatuto da Metrópole).
- Lei 13.874/2019 (Lei da Liberdade Econômica).

II - orçamento;

III - juntas comerciais;

- Lei 8.934/1994 (Registro público de empresas mercantis) e Dec. 1.800/1996 (Regulamento).

IV - custas dos serviços forenses;

- Lei 9.289/1996 (Dispõe sobre custas na Justiça Federal).
- Súm. 178, STJ.

V - produção e consumo;

VI - florestas, caça, pesca, fauna, conservação da natureza, defesa do solo e dos recursos naturais, proteção do meio ambiente e controle da poluição;

- Lei 5.197/1967 (Código de Caça).
- Lei 9.605/1998 (Lei dos Crimes ambientais)
- Lei 9.795/1999 (Educação ambiental). Dec. 4.281/2002 (Regulamento).
- Lei 12.651/2012 (Código Florestal).
- Dec.-Lei 221/1967 (Código de Pesca).
- Dec. 6.514/2008 (Dispõe sobre as infrações e sanções administrativas ao meio ambiente, estabelece o processo administrativo federal para apuração destas infrações).

VII - proteção ao patrimônio histórico, cultural, artístico, turístico e paisagístico;

VIII - responsabilidade por dano ao meio ambiente, ao consumidor, a bens e direitos de valor artístico, estético, histórico, turístico e paisagístico;

- LC 75/1993 (Lei Orgânica do Ministério Público da União).
- Lei 7.347/1985 (Lei da Ação Civil Pública).
- Lei 8.625/1993 (Lei Orgânica Nacional do Ministério Público).
- Dec. 1.306/1994 (Regulamenta o Fundo de Defesa de Direitos Difusos).
- Dec. 2.181/1997 (Dispõe sobre a organização do Sistema Nacional de Defesa do Consumidor – SNDC).

IX - educação, cultura, ensino, desporto, ciência, tecnologia, pesquisa, desenvolvimento e inovação; (Alterado pela EC 85/2015.)

- Lei 9.394/1996 (Lei das Diretrizes e Bases da Educação Nacional).
- Lei 9.615/1998 (Institui normas gerais sobre desportos).

X - criação, funcionamento e processo do juizado de pequenas causas;

- art. 98, I, desta CF.
- Lei 9.099/1995 (Lei dos Juizados Especiais).
- Lei 10.259/2001 (Lei dos Juizados Especiais Federais).
- art. 14 da Lei 11.340/2006 (Juizados de Violência Doméstica e Familiar contra a Mulher).
- Lei 12.153/2009 (Dispõe sobre os Juizados Especiais da Fazenda Pública).

XI - procedimentos em matéria processual;

XII - previdência social, proteção e defesa da saúde;

- Lei 8.212/1991 (Dispõe sobre a organização da Seguridade Social e institui o Plano de Custeio).
- Lei 8.213/1991 (Lei dos Planos de Benefícios da Previdência Social).
- Lei 9.273/1996 (Torna obrigatória a inclusão de dispositivo de segurança que impeça a reutilização das seringas descartáveis).
- Dec. 3.048/1999 (Regulamento da Previdência Social).
- Dec. 7.788/2012 (Regulamenta o Fundo Nacional de Assistência Social.)

XIII - assistência jurídica e Defensoria Pública;

- LC 80/1994 (Defensoria Pública).
- Lei 1.060/1950 (Lei da Assistência judiciária).

XIV - proteção e integração social das pessoas portadoras de deficiência;

- art. 203, V, desta CF.
- Lei 7.853/1989 (Lei de apoio às pessoas portadoras de deficiência) e Dec. 3.298/1999 (Regulamento).
- Lei 13.146/2015 (Estatuto da Pessoa com Deficiência).
- Dec. 6.949/2009 (Promulga a Convenção Internacional sobre os Direitos das Pessoas com Deficiência).

XV - proteção à infância e à juventude;

- Lei 8.069/1990 (ECA).
- Lei 13.257/2016 (Dispõe sobre as políticas públicas para a primeira infância).

XVI - organização, garantias, direitos e deveres das polícias civis.

§ 1º No âmbito da legislação concorrente, a competência da União limitar-se-á a estabelecer normas gerais.

§ 2º A competência da União para legislar sobre normas gerais não exclui a competência suplementar dos Estados.

§ 3º Inexistindo lei federal sobre normas gerais, os Estados exercerão a competência legislativa plena, para atender a suas peculiaridades.

§ 4º A superveniência de lei federal sobre normas gerais suspende a eficácia da lei estadual, no que lhe for contrário.

- Lei 13.874/2019 (Lei da Liberdade Econômica).

CAPÍTULO III
DOS ESTADOS FEDERADOS

Art. 25. Os Estados organizam-se e regem-se pelas Constituições e leis que adotarem, observados os princípios desta Constituição.

- Súm. 681, STF.

§ 1º São reservadas aos Estados as competências que não lhes sejam vedadas por esta Constituição.

- art. 19, desta CF.

§ 2º Cabe aos Estados explorar diretamente, ou mediante concessão, os serviços locais de gás canalizado, na forma da lei, vedada a edição de medida provisória para a sua regulamentação. (Redação dada pela EC 5/1995.)

- art. 246 desta CF.
- Lei 9.478/1997 (Dispõe sobre a política energética nacional, as atividades relativas ao monopólio do petróleo e institui o Conselho Nacional de Política Energética e a Agência Nacional do Petróleo).

§ 3º Os Estados poderão, mediante lei complementar, instituir regiões metropolitanas, aglomerações urbanas e microrregiões, constituídas por agrupamentos de municípios limítrofes, para integrar a organização, o planejamento e a execução de funções públicas de interesse comum.

- Lei 13.081/2015 (Institui o Estatuto da Metrópole).

Art. 26. Incluem-se entre os bens dos Estados:

I - as águas superficiais ou subterrâneas, fluentes, emergentes e em depósito, ressalvadas, neste caso, na forma da lei, as decorrentes de obras da União;

- Lei 9.984/2000 (Dispõe sobre a criação da Agência Nacional de Águas - ANA).
- art. 29, Dec. 24.643/1934 (Código de Águas).

II - as áreas, nas ilhas oceânicas e costeiras, que estiverem no seu domínio, excluídas aquelas sob domínio da União, Municípios ou terceiros;

- art. 20, IV, desta CF.

III - as ilhas fluviais e lacustres não pertencentes à União;

IV - as terras devolutas não compreendidas entre as da União.

Art. 27. O número de Deputados à Assembleia Legislativa corresponderá ao triplo da representação do Estado na Câmara dos Deputados e, atingido o número de trinta e seis, será acrescido de tantos quantos forem os Deputados Federais acima de doze.

- art. 32 desta CF.

§ 1º Será de quatro anos o mandato dos Deputados Estaduais, aplicando-se-lhes as regras desta Constituição sobre sistema eleitoral, inviolabilidade, imunidades, remuneração, perda de mandato, licença, impedimentos e incorporação às Forças Armadas.

§ 2º O subsídio dos Deputados Estaduais será fixado por lei de iniciativa da Assembleia Legislativa, na razão de, no máximo, setenta e cinco por cento daquele estabelecido, em espécie, para os Deputados Federais, observado o que dispõem os arts. 39, § 4º, 57, § 7º, 150, II, 153, III, e 153, § 2º, I. (Redação dada pela EC 19/1998.)

§ 3º Compete às Assembleias Legislativas dispor sobre seu regimento interno, polícia e serviços administrativos de sua secretaria, e prover os respectivos cargos.

§ 4º A lei disporá sobre a iniciativa popular no processo legislativo estadual.

‣ Lei 9.709/1998 (Regulamenta a execução do disposto nos incisos I a III do art. 14 desta CF).

Art. 28. A eleição do Governador e do Vice-Governador de Estado, para mandato de quatro anos, realizar-se-á no primeiro domingo de outubro, em primeiro turno, e no último domingo de outubro, em segundo turno, se houver, do ano anterior ao do término do mandato de seus antecessores, e a posse ocorrerá em primeiro de janeiro do ano subsequente, observado, quanto ao mais, o disposto no art. 77. (Redação dada pela EC 16/1997.)

‣ Lei 9.504/1997 (Lei das Eleições).

§ 1º Perderá o mandato o Governador que assumir outro cargo ou função na administração pública direta ou indireta, ressalvada a posse em virtude de concurso público e observado o disposto no art. 38, I, IV e V. (Renumerado do parágrafo único, pela EC 19/1998.)

‣ art. 29, XIV, desta CF.

§ 2º Os subsídios do Governador, do Vice-Governador e dos Secretários de Estado serão fixados por lei de iniciativa da Assembleia Legislativa, observado o que dispõem os arts. 37, XI, 39, § 4º, 150, II, 153, III, e 153, § 2º, I. (Incluído pela EC 19/1998.)

CAPÍTULO IV
DOS MUNICÍPIOS

‣ Art. 96, ADCT.

Art. 29. O Município reger-se-á por lei orgânica, votada em dois turnos, com o interstício mínimo de dez dias, e aprovada por dois terços dos membros da Câmara Municipal, que a promulgará, atendidos os princípios estabelecidos nesta Constituição, na Constituição do respectivo Estado e os seguintes preceitos:

‣ Súm. 525, STJ.

I - eleição do Prefeito, do Vice-Prefeito e dos Vereadores, para mandato de quatro anos, mediante pleito direto e simultâneo realizado em todo o país;

II - eleição do Prefeito e do Vice-Prefeito realizada no primeiro domingo de outubro do ano anterior ao término do mandato dos que devam suceder, aplicadas as regras do art. 77, no caso de Municípios com mais de duzentos mil eleitores; (Redação dada pela EC 16/1997.)

III - posse do Prefeito e do Vice-Prefeito no dia 1º de janeiro do ano subsequente ao da eleição;

IV - para a composição das Câmaras Municipais, será observado o limite máximo de: (Redação dada pela EC 58/2009.)

‣ ADIn 4.307 (Julgou procedente a ação para declarar a inconstitucionalidade do disposto no art. 3º, I, da EC 58/2009, *DJe* 28.10.2013).

a) 9 (nove) Vereadores, nos Municípios de até 15.000 (quinze mil) habitantes; (Redação dada pela EC 58/2009.)

b) 11 (onze) Vereadores, nos Municípios de mais de 15.000 (quinze mil) habitantes e de até 30.000 (trinta mil) habitantes; (Redação dada pela EC 58/2009.)

c) 13 (treze) Vereadores, nos Municípios com mais de 30.000 (trinta mil) habitantes e de até 50.000 (cinquenta mil) habitantes; (Redação dada pela EC 58/2009.)

d) 15 (quinze) Vereadores, nos Municípios de mais de 50.000 (cinquenta mil) habitantes e de até 80.000 (oitenta mil) habitantes; (Incluída pela EC 58/2009.)

e) 17 (dezessete) Vereadores, nos Municípios de mais de 80.000 (oitenta mil) habitantes e de até 120.000 (cento e vinte mil) habitantes; (Incluída pela EC 58/2009.)

f) 19 (dezenove) Vereadores, nos Municípios de mais de 120.000 (cento e vinte mil) habitantes e de até 160.000 (cento e sessenta mil) habitantes; (Incluída pela EC 58/2009.)

g) 21 (vinte e um) Vereadores, nos Municípios de mais de 160.000 (cento e sessenta mil) habitantes e de até 300.000 (trezentos mil) habitantes; (Incluída pela EC 58/2009.)

h) 23 (vinte e três) Vereadores, nos Municípios de mais de 300.000 (trezentos mil) habitantes e de até 450.000 (quatrocentos e cinquenta mil) habitantes; (Incluída pela EC 58/2009.)

i) 25 (vinte e cinco) Vereadores, nos Municípios de mais de 450.000 (quatrocentos e cinquenta mil) habitantes e de até 600.000 (seiscentos mil) habitantes; (Incluída pela EC 58/2009.)

j) 27 (vinte e sete) Vereadores, nos Municípios de mais de 600.000 (seiscentos mil) habitantes e de até 750.000 (setecentos e cinquenta mil) habitantes; (Incluída pela EC 58/2009.)

k) 29 (vinte e nove) Vereadores, nos Municípios de mais de 750.000 (setecentos e cinquenta mil) habitantes e de até 900.000 (novecentos mil) habitantes; (Incluída pela EC 58/2009.)

l) 31 (trinta e um) Vereadores, nos Municípios de mais de 900.000 (novecentos mil) habitantes e de até 1.050.000 (um milhão e cinquenta mil) habitantes; (Incluída pela EC 58/2009.)

m) 33 (trinta e três) Vereadores, nos Municípios de mais de 1.050.000 (um milhão e cinquenta mil) habitantes e de até 1.200.000 (um milhão e duzentos mil) habitantes; (Incluída pela EC 58/2009.)

n) 35 (trinta e cinco) Vereadores, nos Municípios de mais de 1.200.000 (um milhão e duzentos mil) habitantes e de até 1.350.000 (um milhão e trezentos e cinquenta mil) habitantes; (Incluída pela EC 58/2009.)

o) 37 (trinta e sete) Vereadores, nos Municípios de 1.350.000 (um milhão e trezentos e cinquenta mil) habitantes e de até 1.500.000 (um milhão e quinhentos mil) habitantes; (Incluída pela EC 58/2009.)

p) 39 (trinta e nove) Vereadores, nos Municípios de mais de 1.500.000 (um milhão e quinhentos mil) habitantes e de até 1.800.000 (um milhão e oitocentos mil) habitantes; (Incluída pela EC 58/2009.)

q) 41 (quarenta e um) Vereadores, nos Municípios de mais de 1.800.000 (um milhão e oitocentos mil) habitantes e de até 2.400.000 (dois milhões e quatrocentos mil) habitantes; (Incluída pela EC 58/2009.)

r) 43 (quarenta e três) Vereadores, nos Municípios de mais de 2.400.000 (dois milhões e quatrocentos mil) habitantes e de até 3.000.000 (três milhões) de habitantes; (Incluída pela EC 58/2009.)

s) 45 (quarenta e cinco) Vereadores, nos Municípios de mais de 3.000.000 (três milhões) de habitantes e de até 4.000.000 (quatro milhões) de habitantes; (Incluída pela EC 58/2009.)

t) 47 (quarenta e sete) Vereadores, nos Municípios de mais de 4.000.000 (quatro milhões) de habitantes e de até 5.000.000 (cinco milhões) de habitantes; (Incluída pela EC 58/2009.)

u) 49 (quarenta e nove) Vereadores, nos Municípios de mais de 5.000.000 (cinco milhões) de habitantes e de até 6.000.000 (seis milhões) de habitantes; (Incluída pela EC 58/2009.)

v) 51 (cinquenta e um) Vereadores, nos Municípios de mais de 6.000.000 (seis milhões) de habitantes e de até 7.000.000 (sete milhões) de habitantes; (Incluída pela EC 58/2009.)

w) 53 (cinquenta e três) Vereadores, nos Municípios de mais de 7.000.000 (sete milhões) de habitantes e de até 8.000.000 (oito milhões) de habitantes; e (Incluída pela EC 58/2009.)

x) 55 (cinquenta e cinco) Vereadores, nos Municípios de mais de 8.000.000 (oito milhões) de habitantes; (Incluída pela EC 58/2009.)

V - subsídios do Prefeito, do Vice-Prefeito e dos Secretários Municipais fixados por lei de iniciativa da Câmara Municipal, observado o que dispõem os arts. 37, XI, 39, § 4º, 150, II, 153, III, e 153, § 2º, I; (Redação dada pela EC 19/1998.)

VI - o subsídio dos Vereadores será fixado pelas respectivas Câmaras Municipais em cada legislatura para a subsequente, observado o que dispõe esta Constituição, observados os critérios estabelecidos na respectiva Lei Orgânica e os seguintes limites máximos: (Redação dada pela EC 25/2000.)

a) em Municípios de até dez mil habitantes, o subsídio máximo dos Vereadores corresponderá a vinte por cento do subsídio dos Deputados Estaduais; (Incluído pela EC 25/2000.)

b) em Municípios de dez mil e um a cinquenta mil habitantes, o subsídio máximo dos Vereadores corresponderá a trinta por cento do subsídio dos Deputados Estaduais; (Incluído pela EC 25/2000.)

c) em Municípios de cinquenta mil e um a cem mil habitantes, o subsídio máximo dos Vereadores corresponderá a quarenta por cento do subsídio dos Deputados Estaduais; (Incluído pela EC 25/2000.)

d) em Municípios de cem mil e um a trezentos mil habitantes, o subsídio máximo dos Vereadores corresponderá a cinquenta por cento do subsídio dos Deputados Estaduais; (Incluído pela EC 25/2000.)

e) em Municípios de trezentos mil e um a quinhentos mil habitantes, o subsídio máximo dos Vereadores corresponderá a sessenta por cento do subsídio dos Deputados Estaduais; (Incluído pela EC 25/2000.)

f) em Municípios de mais de quinhentos mil habitantes, o subsídio máximo dos Vereadores corresponderá a setenta e cinco por cento do subsídio dos Deputados Estaduais; (Incluído pela EC 25/2000.)

VII - o total da despesa com a remuneração dos Vereadores não poderá ultrapassar o montante de cinco por cento da receita do Município; (Incluído pela EC 1/1992.)

VIII - inviolabilidade dos Vereadores por suas opiniões, palavras e votos no exercício do mandato e na circunscrição do Município; (Renumerado do inc. VI pela EC 1/1992.)

IX - proibições e incompatibilidades, no exercício da vereança, similares, no que couber, ao disposto nesta Constituição para os membros do Congresso Nacional e na Constituição do respectivo Estado para os membros da Assembleia Legislativa; (Renumerado do inc. VII pela EC 1/1992.)

X - julgamento do Prefeito perante o Tribunal de Justiça; (Renumerado do inc. VIII pela EC 1/1992.)

- Dec.-Lei 201/1967 (Responsabilidade de prefeitos e vereadores).
- Súm. 702 e 703, STF.
- Súm. 209, STJ.

XI - organização das funções legislativas e fiscalizadoras da Câmara Municipal; (Renumerado do inc. IX pela EC 1/1992.)

- Lei 9.452/1997 (Determina que as Câmaras Municipais sejam notificadas da liberação de recursos federais).

XII - cooperação das associações representativas no planejamento municipal; (Renumerado do inc. X pela EC 1/1992.)

XIII - iniciativa popular de projetos de lei de interesse específico do Município, da cidade ou de bairros, através de manifestação de, pelo menos, cinco por cento do eleitorado; (Renumerado do inc. XI pela EC 1/1992.)

XIV - perda do mandato do Prefeito, nos termos do art. 28, parágrafo único. (Renumerado do inciso XII pela EC 1/1992.)

Art. 29-A. O total da despesa do Poder Legislativo Municipal, incluídos os subsídios dos Vereadores e excluídos os gastos com inativos, não poderá ultrapassar os seguintes percentuais, relativos ao somatório da receita tributária e das transferências previstas no § 5º do art. 153 e nos arts. 158 e 159, efetivamente realizado no exercício anterior: (Incluído pela EC 25/2000.)

I - 7% (sete por cento) para Municípios com população de até 100.000 (cem mil) habitantes; (Redação dada pela EC 58/2009.)

II - 6% (seis por cento) para Municípios com população entre 100.000 (cem mil) e 300.000 (trezentos mil) habitantes; (Redação dada pela EC 58/2009.)

III - 5% (cinco por cento) para Municípios com população entre 300.001 (trezentos mil e um) e 500.000 (quinhentos mil) habitantes; (Redação dada pela EC 58/2009.)

IV - 4,5% (quatro inteiros e cinco décimos por cento) para Municípios com população entre 500.001 (quinhentos mil e um) e 3.000.000 (três milhões) de habitantes; (Redação dada pela EC 58/2009.)

V - 4% (quatro por cento) para Municípios com população entre 3.000.001 (três milhões e um) e 8.000.000 (oito milhões) de habitantes; (Incluído pela EC 58/2009.)

VI - 3,5% (três inteiros e cinco décimos por cento) para Municípios com população acima de 8.000.001 (oito milhões e um) habitantes. (Incluído pela EC 58/2009.)

§ 1º A Câmara Municipal não gastará mais de setenta por cento de sua receita com folha de pagamento, incluído o gasto com o subsídio de seus Vereadores. (Incluído pela EC 25/2000.)

§ 2º Constitui crime de responsabilidade do Prefeito Municipal: (Incluído pela EC 25/2000.)

I - efetuar repasse que supere os limites definidos neste artigo; (Incluído pela EC 25/2000.)

II - não enviar o repasse até o dia vinte de cada mês; ou (Incluído pela EC 25/2000.)

III - enviá-lo a menor em relação à proporção fixada na Lei Orçamentária. (Incluído pela EC 25/2000.)

- LC 101/2000 (Lei de Responsabilidade Fiscal).

§ 3º Constitui crime de responsabilidade do Presidente da Câmara Municipal o desrespeito ao § 1º deste artigo. (Incluído pela EC 25/2000.)

Art. 30. Compete aos Municípios:

- Súm. Vinc. 38, STF.
- Súm. 645, STF.

I - legislar sobre assuntos de interesse local;

II - suplementar a legislação federal e a estadual no que couber;

III - instituir e arrecadar os tributos de sua competência, bem como aplicar suas rendas, sem prejuízo da obrigatoriedade de prestar contas e publicar balancetes nos prazos fixados em lei;

- art. 156 desta CF.

IV - criar, organizar e suprimir distritos, observada a legislação estadual;

- art. 96, ADCT.

V - organizar e prestar, diretamente ou sob regime de concessão ou permissão, os serviços públicos de interesse local, incluído o de transporte coletivo, que tem caráter essencial;

- art. 175, desta CF.
- Lei 8.987/1995 (Dispõe sobre o regime de concessão e permissão da prestação de serviços públicos previsto no art. 175 da Constituição Federal).

VI - manter, com a cooperação técnica e financeira da União e do Estado, programas de educação infantil e de ensino fundamental; (Redação dada pela EC 53/2006.)

VII - prestar, com a cooperação técnica e financeira da União e do Estado, serviços de atendimento à saúde da população;

VIII - promover, no que couber, adequado ordenamento territorial, mediante planejamento e controle do uso, do parcelamento e da ocupação do solo urbano;

- art. 182, desta CF.

IX - promover a proteção do patrimônio histórico-cultural local, observada a legislação e a ação fiscalizadora federal e estadual.

Art. 31. A fiscalização do Município será exercida pelo Poder Legislativo Municipal, mediante controle externo, e pelos sistemas de controle interno do Poder Executivo Municipal, na forma da lei.

§ 1º O controle externo da Câmara Municipal será exercido com o auxílio dos Tribunais de Contas dos Estados ou do Município ou dos Conselhos ou Tribunais de Contas dos Municípios, onde houver.

§ 2º O parecer prévio, emitido pelo órgão competente sobre as contas que o Prefeito deve anualmente prestar, só deixará de prevalecer por decisão de dois terços dos membros da Câmara Municipal.

§ 3º As contas dos Municípios ficarão, durante sessenta dias, anualmente, à disposição de qualquer contribuinte, para exame e apreciação, o qual poderá questionar-lhes a legitimidade, nos termos da lei.

§ 4º É vedada a criação de Tribunais, Conselhos ou órgãos de Contas Municipais.

CAPÍTULO V
DO DISTRITO FEDERAL E DOS TERRITÓRIOS

SEÇÃO I
DO DISTRITO FEDERAL

Art. 32. O Distrito Federal, vedada sua divisão em Municípios, reger-se-á por lei orgânica, votada em dois turnos com interstício mínimo de dez dias, e aprovada por dois terços da Câmara Legislativa, que a promulgará, atendidos os princípios estabelecidos nesta Constituição.

§ 1º Ao Distrito Federal são atribuídas as competências legislativas reservadas aos Estados e Municípios.

- Súm. 642, STF.

§ 2º A eleição do Governador e do Vice-Governador, observadas as regras do art. 77, e dos Deputados Distritais coincidirá com a dos Governadores e Deputados Estaduais, para mandato de igual duração.

§ 3º Aos Deputados Distritais e à Câmara Legislativa aplica-se o disposto no art. 27.

§ 4º Lei federal disporá sobre a utilização, pelo Governo do Distrito Federal, da polícia civil, da polícia penal, da polícia militar e do corpo de bombeiros militar. (Redação dada pela EC 104/2019)

- Lei 6.450/1977 (Organização básica da Polícia Militar do DF).
- Lei 7.289/1984 (Estatuto dos Policiais Militares da Polícia Militar do DF).
- Lei 7.479/1986 (Estatuto dos Bombeiros Militares do Corpo de Bombeiros do DF).
- Dec.-Lei 667/1969 (Reorganiza as Polícias Militares e os Corpos de Bombeiros Militares dos Estados, dos Território e do DF).

SEÇÃO II
DOS TERRITÓRIOS

Art. 33. A lei disporá sobre a organização administrativa e judiciária dos Territórios.

- Lei 11.697/2008 (Dispõe sobre a organização judiciária do Distrito Federal e dos Territórios).

§ 1º Os Territórios poderão ser divididos em Municípios, aos quais se aplicará, no que couber, o disposto no Capítulo IV deste Título.

§ 2º As contas do Governo do Território serão submetidas ao Congresso Nacional, com parecer prévio do Tribunal de Contas da União.

§ 3º Nos Territórios Federais com mais de cem mil habitantes, além do Governador nomeado na forma desta Constituição, haverá órgãos judiciários de primeira e segunda instância, membros do Ministério Público e defensores públicos federais; a lei disporá sobre as eleições para a Câmara Territorial e sua competência deliberativa.

CAPÍTULO VI
DA INTERVENÇÃO

Art. 34. A União não intervirá nos Estados nem no Distrito Federal, exceto para:

I - manter a integridade nacional;

- art. 1º desta CF.

II - repelir invasão estrangeira ou de uma unidade da Federação em outra;

III - pôr termo a grave comprometimento da ordem pública;

IV - garantir o livre exercício de qualquer dos Poderes nas unidades da Federação;

- art. 36, I, desta CF.
- Lei 12.562/2011 (Regulamenta o inciso III do art. 36 desta CF, para dispor sobre o processo e regulamento da representação interventiva perante o STF).

V - reorganizar as finanças da unidade da Federação que:

a) suspender o pagamento da dívida fundada por mais de dois anos consecutivos, salvo motivo de força maior;

b) deixar de entregar aos Municípios receitas tributárias fixadas nesta Constituição, dentro dos prazos estabelecidos em lei;

- art. 10, LC 63/1990 (Critérios e prazos de crédito das parcelas do produto da arrecadação de impostos de competência dos Estados e de transferências por eles recebidas pertencentes aos Municípios).

VI - prover a execução de lei federal, ordem ou decisão judicial;

- art. 36, § 3º, desta CF.
- Súm. 637, STF.

VII - assegurar a observância dos seguintes princípios constitucionais:

- art. 36, III, e § 3º, desta CF.

a) forma republicana, sistema representativo e regime democrático;

b) direitos da pessoa humana;

c) autonomia municipal;

d) prestação de contas da administração pública, direta e indireta;

e) aplicação do mínimo exigido da receita resultante de impostos estaduais, compreendida a proveniente de transferências, na manutenção e desenvolvimento do ensino e nas ações e serviços públicos de saúde. (Redação dada pela EC 29/2000.)

- art. 212, desta CF.

Art. 35. O Estado não intervirá em seus Municípios, nem a União nos Municípios localizados em Território Federal, exceto quando:

- Súm. 637, STF.

I - deixar de ser paga, sem motivo de força maior, por dois anos consecutivos, a dívida fundada;

II - não forem prestadas contas devidas, na forma da lei;

III - não tiver sido aplicado o mínimo exigido da receita municipal na manutenção e desenvolvimento do ensino e nas ações e serviços públicos de saúde; (Redação dada pela EC 29/2000.)

- art. 212, desta CF.

IV - o Tribunal de Justiça der provimento à representação para assegurar a observância de princípios indicados na Constituição Estadual, ou para prover a execução de lei, de ordem ou de decisão judicial.

Art. 36. A decretação da intervenção dependerá:

I - no caso do art. 34, IV, de solicitação do Poder Legislativo ou do Poder Executivo coacto ou impedido, ou de requisição do Supremo Tribunal Federal, se a coação for exercida contra o Poder Judiciário;

II - no caso de desobediência a ordem ou decisão judiciária, de requisição do Supremo Tribunal Federal, do Superior Tribunal de Justiça ou do Tribunal Superior Eleitoral;

- arts. 19 a 22 da Lei 8.038/1990 (Dispõem sobre o Processo de Intervenção Federal previsto neste inciso).

III - de provimento, pelo Supremo Tribunal Federal, de representação do Procurador-Geral da República, na hipótese do art. 34, VII, e no caso de recusa à execução de lei federal. (Redação dada pela EC 45/2004.)

- Lei 12.562/2011 (Regulamenta este inciso, para dispor sobre o processo e regulamento da representação interventiva perante o STF).

IV - (Revogado pela EC 45/2004.)

§ 1º O decreto de intervenção, que especificará a amplitude, o prazo e as condições de execução e que, se couber, nomeará o interventor, será submetido à apreciação do Congresso Nacional ou da Assembleia Legislativa do Estado, no prazo de vinte e quatro horas.

§ 2º Se não estiver funcionando o Congresso Nacional ou a Assembleia Legislativa, far-se-á convocação extraordinária, no mesmo prazo de vinte e quatro horas.

§ 3º Nos casos do art. 34, VI e VII, ou do art. 35, IV, dispensada a apreciação pelo Congresso Nacional ou pela Assembleia Legislativa, o decreto limitar-se-á a suspender a execução do ato impugnado, se essa medida bastar ao restabelecimento da normalidade.

§ 4º Cessados os motivos da intervenção, as autoridades afastadas de seus cargos a estes voltarão, salvo impedimento legal.

CAPÍTULO VII
DA ADMINISTRAÇÃO PÚBLICA

- Lei 8.112/1990 (Dispõe sobre o regime jurídico dos servidores públicos civis da União, Autarquias e Fundações Públicas Federais).
- Lei 9.784/1999 (Regula o processo administrativo no âmbito da Administração Pública Federal).

SEÇÃO I
DISPOSIÇÕES GERAIS

Art. 37. A administração pública direta e indireta de qualquer dos Poderes da União, dos Estados, do Distrito Federal e dos Municípios obedecerá aos princípios de legalidade, impessoalidade, moralidade, publicidade e eficiência e, também, ao seguinte: (Redação dada pela EC 19/1998.)

- art. 19, ADCT.
- Lei 8.112/1990 (Dispõe sobre o regime jurídico dos servidores públicos civis da União, Autarquias e Fundações Públicas Federais).
- Lei 8.727/1993 (Dispõe sobre o reescalonamento, pela União, de dívidas das administrações direta e indireta dos Estados, do DF e dos Municípios).
- Lei 8.730/1993 (Obrigatoriedade de declaração de bens e rendas para o exercício de cargos, empregos e funções nos Poderes Executivo, Legislativo e Judiciário).
- Súm. Vinc. 13, STF.

I - os cargos, empregos e funções públicas são acessíveis aos brasileiros que preencham os requisitos estabelecidos em lei, assim como aos estrangeiros, na forma da lei; (Redação dada pela EC 19/1998.)

- art. 7º, CLT.
- arts. 3º e 5º, Lei 8.112/1990 (Dispõe sobre o regime jurídico dos servidores públicos civis da União, Autarquias e Fundações Públicas Federais).
- Lei 8.730/1993 (Estabelece a obrigatoriedade da declaração de bens e rendas para o exercício de cargos, empregos e funções nos Poderes Executivo, Legislativo e Judiciário).

- Súm. Vin. 43 e 44, STF.
- Súm. 683; 684; 686, STF.
- Súm. 266, STJ.

II - a investidura em cargo ou emprego público depende de aprovação prévia em concurso público de provas ou de provas e títulos, de acordo com a natureza e a complexidade do cargo ou emprego, na forma prevista em lei, ressalvadas as nomeações para cargo em comissão declarado em lei de livre nomeação e exoneração; (Redação dada pela EC 19/1998.)

- art. 311-A, CP.
- art. 7º, CLT.
- art. 21 da Declaração Universal dos Direitos Humanos.
- art. 4º, I, Lei 4.717/1965 (Lei da Ação Popular).
- arts. 11 e 12, Lei 8.112/1990 (Dispõe sobre o regime jurídico dos servidores públicos civis da União, Autarquias e Fundações Públicas Federais).
- art. 11, V, Lei 8.429/1992 (Lei de Improbidade Administrativa).
- Lei 9.962/2000 (Regime de emprego público da administração direta autárquica e fundacional).
- Dec. 7.203/2010 (Vedação do nepotismo no âmbito da Administração Pública Federal).
- Súm. Vin. 43 e 44, STF.
- Súm. 685, STF.
- Súm. 331 e 363, TST.
- OJ 366 SBDI-1, TST.
- Súm. 231, TCU.

III - o prazo de validade do concurso público será de até dois anos, prorrogável uma vez, por igual período;

- art. 12, Lei 8.112/1990 (Dispõe sobre o regime jurídico dos servidores públicos civis da União, Autarquias e Fundações Públicas Federais).

IV - durante o prazo improrrogável previsto no edital de convocação, aquele aprovado em concurso público de provas ou de provas e títulos será convocado com prioridade sobre novos concursados para assumir cargo ou emprego, na carreira;

- art. 7º, CLT.

V - as funções de confiança, exercidas exclusivamente por servidores ocupantes de cargo efetivo, e os cargos em comissão, a serem preenchidos por servidores de carreira nos casos, condições e percentuais mínimos previstos em lei, destinam-se apenas às atribuições de direção, chefia e assessoramento; (Redação dada pela EC 19/1998.)

VI - é garantido ao servidor público civil o direito à livre associação sindical;

VII - o direito de greve será exercido nos termos e nos limites definidos em lei específica; (Redação dada pela EC 19/1998.)

- Dec. 1.480/1995 (Procedimentos a serem adotados em casos de paralisações dos serviços públicos federais).

VIII - a lei reservará percentual dos cargos e empregos públicos para as pessoas portadoras de deficiência e definirá os critérios de sua admissão;

- Lei 7.853/1989 (Lei de apoio às pessoas portadoras de deficiência) e Dec. 3.298/1999 (Regulamento).
- art. 5º, § 2º, Lei 8.112/1990 (Dispõe sobre o regime jurídico dos servidores públicos civis da União, Autarquias e Fundações Públicas Federais).
- Dec. 6.949/2009 (Convenção Internacional sobre os Direitos das Pessoas com Deficiência).
- Súm. 377; 552, STJ.

IX - a lei estabelecerá os casos de contratação por tempo determinado para atender a necessidade temporária de excepcional interesse público;

- Lei 8.745/1993 (Contratação de servidor público por tempo determinado para atender a necessidade temporária de excepcional interesse público).
- art. 30, Lei 10.871/2004 (Criação de carreiras e organização de cargos efetivos das autarquias especiais denominadas Agências Reguladoras).
- Med. Prov. 2.165-36/2001 (Institui o Auxílio-Transporte, dispõe sobre o pagamento dos militares e dos servidores do Poder Executivo Federal, inclusive de suas autarquias, fundações, empresas públicas e sociedades de economia mista - até o fechamento desta edição, não convertida em lei).

X - a remuneração dos servidores públicos e o subsídio de que trata o § 4º do art. 39 somente poderão ser fixados ou alterados por lei específica, observada a iniciativa privativa em cada caso, assegurada revisão geral anual, sempre na mesma data e sem distinção de índices; (Redação dada pela EC 19/1998.)

- arts. 39 § 4º; 95, III; 128, § 5º, I, c, desta CF.
- Lei 7.706/1988 (Revisão dos vencimentos, salários, soldos e proventos dos servidores civis e militares da Administração Federal Direta, Autarquias e extintos Territórios Federais e Fundações Públicas).
- Lei 8.237/1991 (Dispõe sobre a remuneração dos servidores militares federais das Forças Armadas).
- Lei 10.331/2001 (Regulamenta este inciso).
- Súm. Vinc. 37; 51, STF.
- Súm. 672; 679, STF.

XI - a remuneração e o subsídio dos ocupantes de cargos, funções e empregos públicos da administração direta, autárquica e fundacional, dos membros de qualquer dos Poderes da União, dos Estados, do Distrito Federal e dos Municípios, dos detentores de mandato eletivo e dos demais agentes políticos e os proventos, pensões ou outra espécie remuneratória, percebidos cumulativamente ou não, incluídas as vantagens pessoais ou de qualquer outra natureza, não poderão exceder o subsídio mensal, em espécie, dos Ministros do Supremo Tribunal Federal, aplicando-se como limite, nos Municípios, o subsídio do Prefeito, e nos Estados e no Distrito Federal, o subsídio mensal do Governador no âmbito do Poder Executivo, o subsídio dos Deputados Estaduais e Distritais no âmbito do Poder Legislativo e o subsídio dos Desembargadores do Tribunal de Justiça, limitado a noventa inteiros e vinte e cinco centésimos por cento do subsídio mensal, em espécie, dos Ministros do Supremo Tribunal Federal, no âmbito do Poder Judiciário, aplicável este limite aos membros do Ministério Público, aos Procuradores e aos Defensores Públicos; (Redação dada pela EC 42/2003.)

- ADIn 3.854-1 (Exclui a submissão dos membros da magistratura estadual ao subteto de remuneração, DOU 08.03.07).
- arts. 27, § 2º; 28, § 2º; 29, V e VI; 39, §§ 4º e 5º; 49, VII e VIII; 93, V; 95, III; 128, § 5º, I, c e e; 142, § 3º, VIII, desta CF.
- art. 3º, § 3º, EC 20/1998 (Reforma previdenciária).
- arts. 7º e 8º, EC 41/2003 (Dispõem sobre os proventos de aposentadoria dos servidores previstos neste inciso).
- art. 4º, EC 47/2005 (Altera esta CF para dispor sobre a previdência social).
- Lei 8.112/1990 (Dispõe sobre o regime jurídico dos servidores públicos civis da União, Autarquias e Fundações Públicas Federais).
- Lei 8.448/1992 e Lei 8.852/1994 (Dispõem sobre este inciso).
- art. 3º, Lei 10.887/2004 (Aplicação de disposições da EC 41/2003).
- Lei 13.091/2015 (Dispõe sobre o subsídio de Ministro do STF).
- Lei 13.092/2015 (Dispõe sobre o subsídio do Procurador-Geral da República).
- Lei Delegada 13/1992 (Dispõe sobre Gratificações de Atividade para os servidores civis do Poder Executivo).

XII - os vencimentos dos cargos do Poder Legislativo e do Poder Judiciário não poderão ser superiores aos pagos pelo Poder Executivo;

- art. 135 desta CF.
- art. 42, Lei 8.112/1990 (Dispõe sobre o regime jurídico dos servidores públicos civis da União, Autarquias e Fundações Públicas Federais).
- Lei 8.852/1994 (Dispõe sobre a aplicação deste inciso).

XIII - é vedada a vinculação ou equiparação de quaisquer espécies remuneratórias para o efeito de remuneração de pessoal do serviço público; (Redação dada pela EC 19/1998.)

- art. 142, § 3º, VIII, desta CF.
- Súm. Vinc. 42, STF.
- Súm. 455, TST.
- OJ SDI-1 297, TST.

XIV - os acréscimos pecuniários percebidos por servidor público não serão computados nem acumulados para fins de concessão de acréscimos ulteriores; (Redação dada pela EC 19/1998.)

- art. 142, § 3º, VIII, desta CF.

XV - o subsídio e os vencimentos dos ocupantes de cargos e empregos públicos são irredutíveis, ressalvado o disposto nos incisos XI e XIV deste artigo e nos arts. 39, § 4º, 150, II, 153, III, e 153, § 2º, I; (Redação dada pela EC 19/1998.)

- art. 142, § 3º, VIII, desta CF.

XVI - é vedada a acumulação remunerada de cargos públicos, exceto, quando houver compatibilidade de horários, observado em qualquer caso o disposto no inciso XI. (Redação dada pela EC 19/1998.)

a) a de dois cargos de professor; (Incluída pela EC 19/1998.)

b) a de um cargo de professor com outro técnico ou científico; (Incluída pela EC 19/1998.)

c) a de dois cargos ou empregos privativos de profissionais de saúde, com profissões regulamentadas; (Redação dada pela EC 34/2001.)

- arts. 118 a 120, Lei 8.112/1990 (Dispõe sobre o regime Jurídico dos servidores públicos civis da União, Autarquias e Fundações Públicas Federais)

XVII - a proibição de acumular estende-se a empregos e funções e abrange autarquias, fundações, empresas públicas, sociedades de economia mista, suas subsidiárias, e sociedades controladas, direta ou indiretamente, pelo Poder Público; (Redação dada pela EC 19/1998.)

- art. 118, § 1º, Lei 8.112/1990 (Dispõe sobre o regime jurídico dos servidores públicos civis da União, Autarquias e Fundações Públicas Federais).

XVIII - a administração fazendária e seus servidores fiscais terão, dentro de suas áreas de competência e jurisdição, precedência sobre os demais setores administrativos, na forma da lei;

XIX - somente por lei específica poderá ser criada autarquia e autorizada a instituição de empresa pública, de sociedade de economia mista e de fundação, cabendo à lei complementar, neste último caso, definir as áreas de sua atuação; (Redação dada pela EC 19/1998.)

- Lei 13.303/2016 (Dispõe sobre o estatuto jurídico da empresa pública).
- Dec. 9.660/2019 (Dispõe sobre a vinculação das entidades da administração pública federal indireta).

XX - depende de autorização legislativa, em cada caso, a criação de subsidiárias das entidades mencionadas no inciso anterior, assim como a participação de qualquer delas em empresa privada;

XXI - ressalvados os casos especificados na legislação, as obras, serviços, compras e alienações serão contratados mediante processo de licitação pública que assegure igualdade de condições a todos os concorrentes, com cláusulas que estabeleçam obrigações de pagamento, mantidas as condições efetivas da proposta, nos termos da lei, o qual somente permitirá as exigências de qualificação técnica e econômica indispensáveis à garantia do cumprimento das obrigações.

- art. 22, XXVII, desta CF.
- art. 3º, Lei 8.666/1993 (Lei de Licitações e Contratos da Administração Pública).
- Lei 8.883/1994 (Institui normas para licitações).
- Lei 9.854/1999 (Institui normas para licitações e contratos da Administração Pública).
- Lei 10.520/2002 (Institui a modalidade de licitação denominada pregão) e Dec. 3.555/2000 (Regulamento).
- Lei 12.462/2011 (Institui o Regime Diferenciado de Contratações Públicas - RDC) e Dec. 7.581/2011 (Regulamento).
- Súm. 333, STJ.
- Súm. 331 do TST.

XXII - as administrações tributárias da União, dos Estados, do Distrito Federal e dos Municípios, atividades essenciais ao funcionamento do Estado, exercidas por servidores de carreiras específicas, terão recursos prioritários para a realização de suas atividades e atuarão de forma integrada, inclusive com o compartilhamento de cadastros e de informações fiscais, na forma da lei ou convênio. (Incluído pela EC 42/2003.)

- art. 137, IV, desta CF.

§ 1º A publicidade dos atos, programas, obras, serviços e campanhas dos órgãos públicos deverá ter caráter educativo, informativo ou de orientação social, dela não podendo constar nomes, símbolos ou imagens que caracterizem promoção pessoal de autoridades ou servidores públicos.

- Art. 224, desta CF.
- Lei 8.389/1991 (Institui o Conselho de Comunicação Social, na forma do art. 224 da Constituição Federal).
- Dec. 6.555/2008 (Dispõe sobre as ações de comunicação do Poder Executivo Federal).

§ 2º A não observância do disposto nos incisos II e III implicará a nulidade do ato e a punição da autoridade responsável, nos termos da lei.

- arts. 116 a 142, Lei 8.112/1990 (Dispõe sobre o regime jurídico dos servidores públicos civis da União, Autarquias e Fundações Públicas Federais).
- Lei 8.429/1992 (Lei de Improbidade Administrativa).
- Lei 12.846/2013 (Dispõe sobre a responsabilização administrativa e civil de pessoas jurídicas pela prática de atos contra a administração pública, nacional ou estrangeira).
- Dec. 3.678/2000 (Promulga a Convenção sobre o Combate da Corrupção de Funcionários Públicos Estrangeiros em Transações Comerciais Internacionais).
- Súm. 466, STJ.
- Súm. 363, TST.

§ 3º A lei disciplinará as formas de participação do usuário na administração pública direta e indireta, regulando especialmente: (Redação dada pela EC 19/1998.)

I - as reclamações relativas à prestação dos serviços públicos em geral, asseguradas a manutenção de serviços de atendimento ao usuário e a avaliação periódica, externa e interna, da qualidade dos serviços; (Incluído pela EC 19/1998.)

II - o acesso dos usuários a registros administrativos e a informações sobre atos de governo, observado o disposto no art. 5º, X e XXXIII; (Incluído pela EC 19/1998.)

- Lei 12.527/2011 (Regula o acesso a informações previsto no inc. XXXIII do art. 5º, no inc. II do § 3º do art. 37 e no § 2º do art. 216 da CF) e Dec. 7.724/2012 (regulamento).
- Dec. 7.845/2012 (Regulamenta procedimentos para credenciamento de segurança e tratamento de informação classificada em qualquer grau de sigilo, e dispõe sobre o Núcleo de Segurança e Credenciamento).

III - a disciplina da representação contra o exercício negligente ou abusivo de cargo, emprego ou função na administração pública. (Incluído pela EC 19/1998.)

§ 4º Os atos de improbidade administrativa importarão a suspensão dos direitos políticos, a perda da função pública, a indisponibilidade dos bens e o ressarcimento ao erário, na forma e gradação previstas em lei, sem prejuízo da ação penal cabível.

- art. 15, V, desta CF.
- arts. 312 a 327, CP.
- Lei 8.026/1990 (Dispõe sobre a aplicação de pena de demissão a funcionário público).
- Lei 8.027/1990 (Dispõe sobre as normas de conduta dos servidores públicos civis da União, Autarquias e Fundações Públicas).
- Lei 8.112/1990 (Dispõe sobre o regime jurídico dos servidores públicos civis da União, Autarquias e Fundações Públicas Federais).
- art. 3º, Lei 8.137/1990 (Crimes contra a ordem tributária, econômica e contra as relações de consumo).
- Lei 8.429/1992 (Lei de Improbidade Administrativa).
- arts. 81 a 99, Lei 8.666/1993 (Lei de Licitações e Contratos da Administração Pública).
- Lei 12.846/2013 (Dispõe sobre a responsabilização administrativa e civil de pessoas jurídicas pela prática de atos contra a administração pública, nacional ou estrangeira).
- Dec.-Lei 3.240/1941 (Sujeita a sequestro os bens de pessoas indiciadas por crimes de que resulta prejuízo para Fazenda Pública).
- Dec. 4.410/2002 (Convenção Interamericana contra a Corrupção).

§ 5º A lei estabelecerá os prazos de prescrição para ilícitos praticados por qualquer agente, servidor ou não, que causem prejuízos ao erário, ressalvadas as respectivas ações de ressarcimento.

- Lei 8.112/1990 (Dispõe sobre o regime jurídico dos servidores públicos civis da União, Autarquias e Fundações Públicas Federais).
- Lei 8.429/1992 (Lei de Improbidade Administrativa).

§ 6º As pessoas jurídicas de direito público e as de direito privado prestadoras de serviços públicos responderão pelos danos que seus agentes, nessa qualidade, causarem a terceiros, assegurado o direito de regresso contra o responsável nos casos de dolo ou culpa.

- art. 43, CC/2002.
- arts. 143,155,181 e 182 do CPC.
- Lei 6.453/1977 (Dispõe sobre responsabilidade civil por danos nucleares e responsabilidade criminal por atos relacionados com atividades nucleares).

§ 7º A lei disporá sobre os requisitos e as restrições ao ocupante de cargo ou emprego da administração direta e indireta que possibilite o acesso a informações privilegiadas. (Incluído pela EC 19/1998.)

§ 8º A autonomia gerencial, orçamentária e financeira dos órgãos e entidades da administração direta e indireta poderá ser ampliada mediante contrato, a ser firmado entre seus administradores e o Poder Público, que tenha por objeto a fixação de metas de desempenho para o órgão ou entidade, cabendo à lei dispor sobre: (Incluído pela EC 19/1998.)

- Lei 13.934/2019 (Regulamenta este inciso).

I - o prazo de duração do contrato;

II - os controles e critérios de avaliação de desempenho, direitos, obrigações e responsabilidade dos dirigentes;

III - a remuneração do pessoal.

§ 9º O disposto no inciso XI aplica-se às empresas públicas e às sociedades de economia mista, e suas subsidiárias, que receberem recursos da União, dos Estados, do Distrito Federal ou dos Municípios para pagamento de despesas de pessoal ou de custeio em geral. (Incluído pela EC 19/1998.)

§ 10. É vedada a percepção simultânea de proventos de aposentadoria decorrentes do art. 40 ou dos arts. 42 e 142 com a remuneração de cargo, emprego ou função pública, ressalvados os cargos acumuláveis na forma desta Constituição, os cargos eletivos e os cargos em comissão declarados em lei de livre nomeação e exoneração.(Incluído pela EC 20/1998.)

§ 11. Não serão computadas, para efeito dos limites remuneratórios de que trata o inciso XI do *caput* deste artigo, as parcelas de caráter indenizatório previstas em lei. (Incluído pela EC 47/2005, em vigor na data de sua publicação, com efeitos retroativos à data de vigência da EC 41/2003.)

- art. 4º, EC 47/2005.

§ 12. Para os fins do disposto no inciso XI do *caput* deste artigo, fica facultado aos Estados e ao Distrito Federal fixar, em seu âmbito, mediante emenda às respectivas Constituições e Lei Orgânica, como limite único, o subsídio mensal dos Desembargadores do respectivo Tribunal de Justiça, limitado a noventa inteiros e vinte e cinco centésimos por cento do subsídio mensal dos Ministros do Supremo Tribunal Federal, não se aplicando o disposto neste parágrafo aos subsídios dos Deputados Estaduais e Distritais e dos Vereadores. (Incluído pela EC 47/2005.)

- ADIn 3.854-1 (Exclui a submissão dos membros da magistratura estadual ao subteto de remuneração, DOU 08.03.07).

§ 13. O servidor público titular de cargo efetivo poderá ser readaptado para exercício de cargo cujas atribuições e responsabilidades sejam compatíveis com a limitação que tenha sofrido em sua capacidade física ou mental, enquanto permanecer nesta condição, desde que possua a habilitação e o nível de escolaridade exigidos para o cargo de destino, mantida a remuneração do cargo de origem. (Incluído pela EC 103/2019)

§ 14. A aposentadoria concedida com a utilização de tempo de contribuição decorrente de cargo, emprego ou função pública, inclusive do Regime Geral de Previdência Social, acarretará o rompimento do vínculo que gerou o referido tempo de contribuição. (Incluído pela EC 103/2019)

§ 15. É vedada a complementação de aposentadorias de servidores públicos e de pensões por morte a seus dependentes que não seja decorrente do disposto nos §§ 14 a 16 do art. 40 ou que não seja prevista em lei que extinga regime próprio de previdência social. (Incluído pela EC 103/2019)

Art. 38. Ao servidor público da administração direta, autárquica e fundacional, no exercício de mandato eletivo, aplicam-se as seguintes disposições: (Redação dada pela EC 19/1998.)

- art. 28 desta CF.
- Lei 8.112/1990 (Dispõe sobre o regime jurídico dos servidores públicos civis da União, Autarquias e Fundações Públicas Federais).

I - tratando-se de mandato eletivo federal, estadual ou distrital, ficará afastado de seu cargo, emprego ou função;

- art. 28, § 1º, desta CF.

II - investido no mandato de Prefeito, será afastado do cargo, emprego ou função, sendo-lhe facultado optar pela sua remuneração;

III - investido no mandato de Vereador, havendo compatibilidade de horários, perceberá as vantagens de seu cargo, emprego ou função, sem prejuízo da remuneração do cargo eletivo, e, não havendo compatibilidade, será aplicada a norma do inciso anterior;

IV - em qualquer caso que exija o afastamento para o exercício de mandato eletivo, seu tempo de serviço será contado para todos os efeitos legais, exceto para promoção por merecimento;

- art. 28, § 1º, desta CF.

V - na hipótese de ser segurado de regime próprio de previdência social, permanecerá filiado a esse regime, no ente federativo de origem. (Redação dada pela EC 103/2019).

- art. 28, § 1º, desta CF.

SEÇÃO II
DOS SERVIDORES PÚBLICOS

- Redação dada pela EC 18/1998.
- Lei 8.026/1990 (Dispõe sobre a aplicação de pena de demissão a funcionário público).
- Lei 8.027/1990 (Dispõe sobre as normas de conduta dos servidores públicos civis da União, Autarquias e Fundações Públicas).
- Lei 8.112/1990 (Dispõe sobre o regime jurídico dos servidores públicos civis da União, Autarquias e Fundações Públicas Federais).
- Súm. 378, STJ.

Art. 39. A União, os Estados, o Distrito Federal e os Municípios instituirão conselho de política de administração e remuneração de pessoal, integrado por servidores designados pelos respectivos Poderes. (Redação dada pela EC 19/1998.)

- ADIn 2.135-4 (DJU, 14.08. 2007) - O STF deferiu parcialmente a Med. Caut. para suspender, com efeito ex nunc, a eficácia do *caput* deste artigo, continuando em vigor a redação original: "Art. 39. A União, os Estados, O DF e os Municípios instituirão, no âmbito de sua competência, regime jurídico único e planos de carreira para os servidores da Administração Pública Direta das Autarquias e Fundações Públicas."
- art. 24, ADCT.
- Lei 8.026/1990 (Dispõe sobre a aplicação de pena de demissão a funcionário público).
- Lei 8.027/1990 (Dispõe sobre as normas de conduta dos servidores públicos civis da União, Autarquias e Fundações Públicas).
- Lei 8.112/1990 (Dispõe sobre o regime jurídico dos servidores públicos civis da União, Autarquias e Fundações Públicas Federais).
- Súm. Vinc. 4, STF.
- Súm. 97, STJ.

§ 1º A fixação dos padrões de vencimento e dos demais componentes do sistema remuneratório observará: (Redação dada pela EC 19/1998.)

I - a natureza, o grau de responsabilidade e a complexidade dos cargos componentes de cada carreira; (Incluído pela EC 19/1998.)

II - os requisitos para a investidura; (Incluído pela EC 19/1998.)

III - as peculiaridades dos cargos. (Incluído pela EC 19/1998.)

- art. 41, § 4º, Lei 8.112/1990 (Dispõe sobre o regime jurídico dos servidores públicos civis da União, Autarquias e Fundações Públicas Federais).
- Lei 8.448/1992 (Regulamenta este parágrafo).
- Lei 8.852/1994 (Aplicação dos arts. 37, XI e XII, e 39, § 1º, desta CF).
- Lei 9.367/1996 (Fixa critérios para a progressiva unificação das tabelas de vencimentos dos servidores).
- Súm. Vinc. 4, STF.
- Súm. 97, STJ.

§ 2º A União, os Estados e o Distrito Federal manterão escolas de governo para a formação e o aperfeiçoamento dos servidores públicos, constituindo-se a participação nos cursos um dos requisitos para a promoção na carreira, facultada, para isso, a celebração de convênios ou contratos entre os entes federados. (Redação dada pela EC 19/1998.)

§ 3º Aplica-se aos servidores ocupantes de cargo público o disposto no art. 7º, IV, VII, VIII, IX, XII, XIII, XV, XVI, XVII, XVIII, XIX, XX, XXII e XXX, podendo a lei estabelecer requisitos diferenciados de admissão quando a natureza do cargo o exigir. (Incluído pela EC 19/1998.)

- Dec.-Lei 5.452/1943 (CLT).
- Súm. Vinc. 4; 15; 16, STF.
- Súm. 683 e 684, STF.

§ 4º O membro de Poder, o detentor de mandato eletivo, os Ministros de Estado e os Secretários Estaduais e Municipais serão remunerados exclusivamente por subsídio fixado em parcela única, vedado o acréscimo de qualquer gratificação, adicional, abono, prêmio, verba de representação ou outra espécie remuneratória, obedecido, em qualquer caso, o disposto no art. 37, incisos X e XI. (Incluído pela EC 19/1998.)

- arts. 27, § 2º; 28, § 2º; 29, V e VI; 37, XV; 48, XV; 49, VII e VIII; 93, V; 95, III; 128, § 5º, I, c; 135 desta CF.
- Lei 13.092/2015 (Dispõe sobre o subsídio do Procurador-Geral da República).

§ 5º Lei da União, dos Estados, do Distrito Federal e dos Municípios poderá estabelecer a relação entre a maior e a menor remuneração dos servidores públicos, obedecido, em qualquer caso, o disposto no art. 37, XI. (Incluído pela EC 19/1998.)

§ 6º Os Poderes Executivo, Legislativo e Judiciário publicarão anualmente os valores do subsídio e da remuneração dos cargos e empregos públicos. (Incluído pela EC 19/1998.)

§ 7º Lei da União, dos Estados, do Distrito Federal e dos Municípios disciplinará a aplicação de recursos orçamentários provenientes da economia com despesas correntes em cada órgão, autarquia e fundação, para aplicação no desenvolvimento de programas de qualidade e produtividade, treinamento e desenvolvimento, modernização, reaparelhamento e racionalização do serviço público, inclusive sob a forma de adicional ou prêmio de produtividade. (Incluído pela EC 19/1998.)

§ 8º A remuneração dos servidores públicos organizados em carreira poderá ser fixada nos termos do § 4º. (Incluído pela EC 19/1998.)

§ 9º É vedada a incorporação de vantagens de caráter temporário ou vinculadas ao exercício de função de confiança ou de cargo em comissão à remuneração do cargo efetivo. (Incluído pela EC 103/2019)

Art. 40. O regime próprio de previdência social dos servidores titulares de cargos efetivos terá caráter contributivo e solidário, mediante contribuição do respectivo ente federativo, de servidores ativos, de aposentados e de pensionistas, observados critérios que preservem o equilíbrio financeiro e atuarial. (Redação dada pela EC 103/2019)

- arts. 37, § 10; 73, § 3º; 93, VI, desta CF.
- arts. 4º; 10; 20; 21 da EC 103/2019 (Reforma da Previdência).

§ 1º O servidor abrangido por regime próprio de previdência social será aposentado: (Redação dada pela EC 103/2019)

- Súm. 726, STF.

I - por incapacidade permanente para o trabalho, no cargo em que estiver investido, quando insuscetível de readaptação, hipótese em que será obrigatória a realização de avaliações periódicas para verificação da continuidade das condições que ensejaram a concessão da aposentadoria, na forma de lei do respectivo ente federativo; (Redação dada pela EC 103/2019.)

II - compulsoriamente, com proventos proporcionais ao tempo de contribuição, aos 70 (setenta) anos de idade, ou aos 75 (setenta e cinco) anos de idade, na forma de lei complementar; (Alterado pela EC 88/2015.)

- art. 100 do ADCT.
- arts. 2º, § 5º; 3º, § 1º, EC 41/2003.
- LC 152/2015 (Aposentadoria compulsória por idade, com proventos proporcionais, nos termos deste inciso).

III – no âmbito da União, aos 62 (sessenta e dois) anos de idade, se mulher, e aos 65 (sessenta e cinco) anos de idade, se homem, e, no âmbito dos Estados, do Distrito Federal e dos Municípios, na idade mínima estabelecida mediante emenda às respectivas Constituições e Leis Orgânicas, observados o tempo de contribuição e os demais requisitos estabelecidos em lei complementar do respectivo ente federativo. (Redação dada pela EC 103/2019)

§ 2º Os proventos de aposentadoria não poderão ser inferiores ao valor mínimo a que se refere o § 2º do art. 201 ou superiores ao limite máximo estabelecido para o Regime Geral de Previdência Social, observado o disposto nos §§ 14 a 16. (Redação dada pela EC 103/2019)

§ 3º As regras para cálculo de proventos de aposentadoria serão disciplinadas em lei do respectivo ente federativo. (Redação dada pela EC 103/2019)

§ 4º É vedada a adoção de requisitos ou critérios diferenciados para concessão de benefícios em regime próprio de previdência social, ressalvado o disposto nos §§ 4º-A, 4º-B, 4º-C e 5º. (Redação dada pela EC 103/2019)

- Súm. Vinc. 55, STF.
- Súm. 680, STF.

§ 4º-A. Poderão ser estabelecidos por lei complementar do respectivo ente federativo idade e tempo de contribuição diferenciados para aposentadoria de servidores com deficiência, previamente submetidos a avaliação biopsicossocial realizada por equipe multiprofissional e interdisciplinar. (Incluído pela EC 103/2019)

§ 4º-B. Poderão ser estabelecidos por lei complementar do respectivo ente federativo idade e tempo de contribuição diferenciados para aposentadoria de ocupantes do cargo de agente penitenciário, de agente socioeducativo ou de policial dos órgãos de que tratam o inciso IV do *caput* do art. 51, o inciso XIII do *caput* do art. 52 e os incisos I a IV do *caput* do art. 144. (Incluído pela EC 103/2019)

§ 4º-C. Poderão ser estabelecidos por lei complementar do respectivo ente federativo idade e tempo de contribuição diferenciados para aposentadoria de servidores cujas atividades sejam exercidas com efetiva exposição a agentes químicos, físicos e biológicos prejudiciais à saúde, ou associação desses agentes, vedada a caracterização por categoria profissional ou ocupação. (Incluído pela EC 103/2019)

§ 5º Os ocupantes do cargo de professor terão idade mínima reduzida em 5 (cinco) anos em relação às idades decorrentes da aplicação do disposto no inciso III do § 1º, desde que comprovem tempo de efetivo exercício das funções de magistério na educação infantil e no ensino fundamental e médio fixado em lei complementar do respectivo ente federativo. (Redação dada pela EC 103/2019)

§ 6º Ressalvadas as aposentadorias decorrentes dos cargos acumuláveis na forma desta Constituição, é vedada a percepção de mais de uma aposentadoria à conta de regime próprio de previdência social, aplicando-se outras vedações, regras e condições para a acumulação de benefícios previdenciários estabelecidas no Regime Geral de Previdência Social. (Redação dada pela EC 103/2019)

§ 7º Observado o disposto no § 2º do art. 201, quando se tratar da única fonte de renda formal auferida pelo dependente, o benefício de pensão por morte será concedido nos termos de lei do respectivo ente federativo, a qual tratará de forma diferenciada a hipótese de morte dos servidores de que trata o § 4º-B decorrente de agressão sofrida no exercício ou em razão da função. (Redação dada pela EC 103/2019)

§ 8º É assegurado o reajustamento dos benefícios para preservar-lhes, em caráter permanente, o valor real, conforme critérios estabelecidos em lei. (Redação dada pela EC 41/2003.)

- art. 2º, § 6º, EC 41/2003.
- Súm. Vinc. 20; 34, STF.

§ 9º O tempo de contribuição federal, estadual, distrital ou municipal será contado para fins de aposentadoria, observado o disposto nos §§ 9º e 9º-A do art. 201, e o tempo de serviço correspondente será contado para fins de disponibilidade. (Redação dada pela EC 103/2019)

- art. 42, § 1º, desta CF.

§ 10. A lei não poderá estabelecer qualquer forma de contagem de tempo de contribuição fictício. (Incluído pela EC 20/1998.)

- art. 4º, EC 20/1998.

§ 11. Aplica-se o limite fixado no art. 37, XI, à soma total dos proventos de inatividade, inclusive quando decorrentes da acumulação de cargos ou empregos públicos, bem como de outras atividades sujeitas à contribuição para o regime geral de previdência social, e ao montante resultante da adição de proventos de inatividade com remuneração de cargo acumulável na forma desta Constituição, cargo em comissão declarado em lei de livre-nomeação e exoneração, e de cargo eletivo. (Incluído pela EC 20/1998.)

§ 12. Além do disposto neste artigo, serão observados, em regime próprio de previdência social, no que couber, os requisitos e critérios fixados para o Regime Geral de Previdência Social. (Redação dada pela EC 103/2019)

§ 13. Aplica-se ao agente público ocupante, exclusivamente, de cargo em comissão declarado em lei de livre nomeação e exoneração, de outro cargo temporário, inclusive mandato eletivo, ou de emprego público, o Regime Geral de Previdência Social. (Redação dada pela EC 103/2019)

§ 14. A União, os Estados, o Distrito Federal e os Municípios instituirão, por lei de iniciativa do respectivo Poder Executivo, regime de previdência complementar para servidores públicos ocupantes de cargo efetivo, observado o limite máximo dos benefícios do Regime Geral de Previdência Social para o valor das aposentadorias e das pensões em regime próprio de previdência social, ressalvado o disposto no § 16. (Redação dada pela EC 103/2019)

- art. 9º, § 6º, EC 103/2019.

§ 15. O regime de previdência complementar de que trata o § 14 oferecerá plano de benefícios somente na modalidade contribuição definida, observará o disposto no art. 202 e será efetivado por intermédio de entidade fechada de previdência complementar ou de entidade aberta de previdência complementar. (Redação dada pela EC 103/2019)

- art. 9º, § 6º, EC 103/2019.
- Lei n. 12.618/2012 (Institui o regime de previdência complementar para os servidores públicos federais titulares de cargo efetivo.)

§ 16. Somente mediante sua prévia e expressa opção, o disposto nos §§ 14 e 15 poderá ser aplicado ao servidor que tiver ingressado no serviço público até a data da publicação do ato de instituição do correspondente regime de previdência complementar. (Incluído pela EC 20/1998.)

- art. 9º, § 6º, EC 103/2019.
- Lei n. 12.618/2012 (Institui o regime de previdência complementar para os servidores públicos federais titulares de cargo efetivo.)

§ 17. Todos os valores de remuneração considerados para o cálculo do benefício previsto no § 3º serão devidamente atualizados, na forma da lei. (Incluído pela EC 41/2003.)

- art. 2º, EC 41/2003.

§ 18. Incidirá contribuição sobre os proventos de aposentadorias e pensões concedidas pelo regime de que trata este artigo que superem o limite máximo estabelecido para os benefícios do regime geral de previdência social de que trata o art. 201, com percentual igual ao estabelecido para os servidores titulares de cargos efetivos. (Incluído pela EC 41/2003.)

§ 19. Observados critérios a serem estabelecidos em lei do respectivo ente federativo, o servidor titular de cargo efetivo que tenha completado as exigências para a aposentadoria voluntária e que opte por permanecer em atividade poderá fazer jus a um abono de permanência equivalente, no máximo, ao valor da sua contribuição previdenciária, até completar a idade para aposentadoria compulsória. (Redação dada pela EC 103/2019)

§ 20. É vedada a existência de mais de um regime próprio de previdência social e de mais de um órgão ou entidade gestora desse regime em cada ente federativo, abrangidos todos os poderes, órgãos e entidades autárquicas e fundacionais, que serão responsáveis pelo seu financiamento, observados os critérios, os parâmetros e a natureza jurídica definidos na lei complementar de que trata o § 22. (Redação dada pela EC 103/2019)

§ 21. (Revogado pela EC 103/2019)

§ 22. Vedada a instituição de novos regimes próprios de previdência social, lei complementar federal estabelecerá, para os que já existam, normas gerais de organização, de funcionamento e de responsabilidade em sua gestão, dispondo, entre outros aspectos, sobre: (Incluído pela EC 103/2019)

I - requisitos para sua extinção e consequente migração para o Regime Geral de Previdência Social;

II - modelo de arrecadação, de aplicação e de utilização dos recursos;

III - fiscalização pela União e controle externo e social;

IV - definição de equilíbrio financeiro e atuarial;

V - condições para instituição do fundo com finalidade previdenciária de que trata o art. 249 e para vinculação a ele dos recursos provenientes de contribuições e dos bens, direitos e ativos de qualquer natureza;

VI - mecanismos de equacionamento do déficit atuarial;

VII - estruturação do órgão ou entidade gestora do regime, observados os princípios relacionados com governança, controle interno e transparência;

VIII - condições e hipóteses para responsabilização daqueles que desempenhem atribuições relacionadas, direta ou indiretamente, com a gestão do regime;

IX - condições para adesão a consórcio público;

X - parâmetros para apuração da base de cálculo e definição de alíquota de contribuições ordinárias e extraordinárias.

Art. 41. São estáveis após três anos de efetivo exercício os servidores nomeados para cargo de provimento efetivo em virtude de concurso público. (Redação dada pela EC 19/1998.)

- Súm. 390, TST.

§ 1º O servidor público estável só perderá o cargo: (Redação dada pela EC 19/1998.)

I - em virtude de sentença judicial transitada em julgado; (Incluído pela EC 19/1998.)

II - mediante processo administrativo em que lhe seja assegurada ampla defesa; (Incluído pela EC 19/1998.)

- Súm. 18 a 21, STF.
- OJ SDI-1, 247, TST.

III - mediante procedimento de avaliação periódica de desempenho, na forma de lei complementar, assegurada ampla defesa. (Incluído pela EC 19/1998.)

- art. 247 desta CF.

§ 2º Invalidada por sentença judicial a demissão do servidor estável, será ele reintegrado, e o eventual ocupante da vaga, se estável, reconduzido ao cargo de origem, sem direito a indenização, aproveitado em outro cargo ou posto em disponibilidade com remuneração proporcional ao tempo de serviço. (Redação dada pela EC 19/1998.)

§ 3º Extinto o cargo ou declarada a sua desnecessidade, o servidor estável ficará em disponibilidade, com remuneração proporcional ao tempo de serviço, até seu adequado aproveitamento em outro cargo. (Redação dada pela EC 19/1998.)

§ 4º Como condição para a aquisição da estabilidade, é obrigatória a avaliação especial de desempenho por comissão instituída para essa finalidade. (Incluído pela EC 19/1998.)

- art. 28, EC 19/1998.

SEÇÃO III
DOS MILITARES DOS ESTADOS, DO DISTRITO FEDERAL E DOS TERRITÓRIOS

- Redação dada pela EC 18/1998.

Art. 42. Os membros das Polícias Militares e Corpos de Bombeiros Militares, instituições organizadas com base na hierarquia e disciplina, são militares dos Estados, do Distrito Federal e dos Territórios. (Redação dada pela EC 18/1998.)

- art. 37, § 10, desta CF.
- art. 89, ADCT.
- arts.12; 24, § 1º, II; 26, EC 103/2019.
- Med. Prov. 2.215-10/2001 (Dispõe sobre a reestruturação dos militares das Forças Armadas.)

§ 1º Aplicam-se aos militares dos Estados, do Distrito Federal e dos Territórios, além do que vier a ser fixado em lei, as disposições do art. 14, § 8º; do art. 40, § 9º; e do art. 142, §§ 2º e 3º, cabendo a lei estadual específica dispor sobre as matérias do art. 142, § 3º, inciso X, sendo as patentes dos oficiais conferidas pelos respectivos governadores. (Redação dada pela EC 20/1998.)

- Súm. Vinc. 4, STF.

§ 2º Aos pensionistas dos militares dos Estados, do Distrito Federal e dos Territórios aplica-se o que for fixado em lei específica do respectivo ente estatal. (Redação dada pela EC 41/2003.)

§ 3º Aplica-se aos militares dos Estados, do Distrito Federal e dos Territórios o disposto no art. 37, inciso XVI, com prevalência da atividade militar. (Incluído pela EC 101/2019)

SEÇÃO IV
DAS REGIÕES

Art. 43. Para efeitos administrativos, a União poderá articular sua ação em um mesmo complexo geoeconômico e social, visando a seu desenvolvimento e à redução das desigualdades regionais.

- Lei 13.081/2015 (Institui o Estatuto da Metrópole.)

§ 1º Lei complementar disporá sobre:

I - as condições para integração de regiões em desenvolvimento;

II - a composição dos organismos regionais que executarão, na forma da lei, os planos regionais, integrantes dos planos nacionais de desenvolvimento econômico e social, aprovados juntamente com estes.

- LC 124/2007 (Institui a SUDAM).
- LC 125/2007 (Institui a SUDENE).
- LC 129/2009 (Institui a SUDECO).
- LC 134/2010 (Composição Conselho de Administração da SUFRAMA).

§ 2º Os incentivos regionais compreenderão, além de outros, na forma da lei:

I - igualdade de tarifas, fretes, seguros e outros itens de custos e preços de responsabilidade do Poder Público;

II - juros favorecidos para financiamento de atividades prioritárias;

III - isenções, reduções ou diferimento temporário de tributos federais devidos por pessoas físicas ou jurídicas;

IV - prioridade para o aproveitamento econômico e social dos rios e das massas de água represadas ou represáveis nas regiões de baixa renda, sujeitas a secas periódicas.

§ 3º Nas áreas a que se refere o § 2º, IV, a União incentivará a recuperação de terras áridas e cooperará com os pequenos e médios proprietários rurais para o estabelecimento, em suas glebas, de fontes de água e de pequena irrigação.

TÍTULO IV
DA ORGANIZAÇÃO DOS PODERES

‣ (Redação dada pela EC 80/2014.)

CAPÍTULO I
DO PODER LEGISLATIVO

SEÇÃO I
DO CONGRESSO NACIONAL

Art. 44. O Poder Legislativo é exercido pelo Congresso Nacional, que se compõe da Câmara dos Deputados e do Senado Federal.

Parágrafo único. Cada legislatura terá a duração de quatro anos.

Art. 45. A Câmara dos Deputados compõe-se de representantes do povo, eleitos, pelo sistema proporcional, em cada Estado, em cada Território e no Distrito Federal.

§ 1º O número total de Deputados, bem como a representação por Estado e pelo Distrito Federal, será estabelecido por lei complementar, proporcionalmente à população, procedendo-se aos ajustes necessários, no ano anterior às eleições, para que nenhuma daquelas unidades da Federação tenha menos de oito ou mais de setenta Deputados.

‣ arts. 1º e 3º, LC 78/1993 (Fixação do número de deputados).

§ 2º Cada Território elegerá quatro Deputados.

Art. 46. O Senado Federal compõe-se de representantes dos Estados e do Distrito Federal, eleitos segundo o princípio majoritário.

§ 1º Cada Estado e o Distrito Federal elegerão três Senadores, com mandato de oito anos.

§ 2º A representação de cada Estado e do Distrito Federal será renovada de quatro em quatro anos, alternadamente, por um e dois terços.

§ 3º Cada Senador será eleito com dois suplentes.

Art. 47. Salvo disposição constitucional em contrário, as deliberações de cada Casa e de suas Comissões serão tomadas por maioria dos votos, presente a maioria absoluta de seus membros.

SEÇÃO II
DAS ATRIBUIÇÕES DO CONGRESSO NACIONAL

Art. 48. Cabe ao Congresso Nacional, com a sanção do Presidente da República, não exigida esta para o especificado nos arts. 49, 51 e 52, dispor sobre todas as matérias de competência da União, especialmente sobre:

I - sistema tributário, arrecadação e distribuição de rendas;

II - plano plurianual, diretrizes orçamentárias, orçamento anual, operações de crédito, dívida pública e emissões de curso forçado;

III - fixação e modificação do efetivo das Forças Armadas;

IV - planos e programas nacionais, regionais e setoriais de desenvolvimento;

V - limites do território nacional, espaço aéreo e marítimo e bens do domínio da União;

VI - incorporação, subdivisão ou desmembramento de áreas de Territórios ou Estados, ouvidas as respectivas Assembleias Legislativas;

‣ art. 4º, Lei 9.709/1998 (Regulamenta a execução do disposto nos incisos I a III do art. 14 desta CF).

VII - transferência temporária da sede do Governo Federal;

VIII - concessão de anistia;

‣ art. 187, Lei 7.210/1984 (Lei de Execuções Penais).

IX - organização administrativa, judiciária, do Ministério Público e da Defensoria Pública da União e dos Territórios e organização judiciária e do Ministério Público do Distrito Federal; (Alterado pela EC 69/2012 - produção de efeitos - 120 dias da publicação oficial.)

X - criação, transformação e extinção de cargos, empregos e funções públicas, observado o que estabelece o art. 84, VI, *b*; (Redação dada pela EC 32/2001.)

XI - criação e extinção de Ministérios e órgãos da administração pública; (Redação dada pela EC 32/2001.)

XII - telecomunicações e radiodifusão;

‣ Lei 4.117/1962 (Código Brasileiro de Telecomunicações).

‣ Lei 9.295/1996 (Dispõe sobre os serviços de telecomunicações e sua organização, e sobre o órgão regulador).

‣ Lei 9.472/1997 (Organização dos serviços de telecomunicações, criação e funcionamento de órgão regulador e outros aspectos institucionais).

‣ Lei 9.612/1998 (Institui o serviço de radiodifusão comunitária).

XIII - matéria financeira, cambial e monetária, instituições financeiras e suas operações;

XIV - moeda, seus limites de emissão, e montante da dívida mobiliária federal.

XV - fixação do subsídio dos Ministros do Supremo Tribunal Federal, observado o que dispõem os arts. 39, § 4º; 150, II; 153, III; e 153, § 2º, I. (Redação dada pela EC 41/2003.)

‣ Lei 10.474/2002 (Dispõe sobre remuneração da magistratura da União).

‣ Lei 13.091/2015 (Dispõe sobre o subsídio de Ministro do STF).

Art. 49. É da competência exclusiva do Congresso Nacional:

‣ art. 48 desta CF.

I - resolver definitivamente sobre tratados, acordos ou atos internacionais que acarretem encargos ou compromissos gravosos ao patrimônio nacional;

II - autorizar o Presidente da República a declarar guerra, a celebrar a paz, a permitir que forças estrangeiras transitem pelo território nacional ou nele permaneçam temporariamente, ressalvados os casos previstos em lei complementar;

III - autorizar o Presidente e o Vice-Presidente da República a se ausentarem do país, quando a ausência exceder a quinze dias;

IV - aprovar o estado de defesa e a intervenção federal, autorizar o estado de sítio, ou suspender qualquer uma dessas medidas;

V - sustar os atos normativos do Poder Executivo que exorbitem do poder regulamentar ou dos limites de delegação legislativa;

VI - mudar temporariamente sua sede;

VII - fixar idêntico subsídio para os Deputados Federais e os Senadores, observado o que dispõem os arts. 37, XI, 39, § 4º, 150, II, 153, III, e 153, § 2º, I;(Redação dada pela EC 19/1998.)

VIII - fixar os subsídios do Presidente e do Vice-Presidente da República e dos Ministros de Estado, observado o que dispõem os arts. 37, XI, 39, § 4º, 150, II, 153, III, e 153, § 2º, I; (Redação dada pela EC 19/1998.)

IX - julgar anualmente as contas prestadas pelo Presidente da República e apreciar os relatórios sobre a execução dos planos de governo;

X - fiscalizar e controlar, diretamente, ou por qualquer de suas Casas, os atos do Poder Executivo, incluídos os da administração indireta;

XI - zelar pela preservação de sua competência legislativa em face da atribuição normativa dos outros Poderes;

XII - apreciar os atos de concessão e renovação de concessão de emissoras de rádio e televisão;

XIII - escolher dois terços dos membros do Tribunal de Contas da União;

‣ Dec. Leg. 6/1993 (Dispõe sobre escolha de ministros do TCU pelo Congresso Nacional).

XIV - aprovar iniciativas do Poder Executivo referentes a atividades nucleares;

XV - autorizar referendo e convocar plebiscito;

‣ arts. 1º a 12, Lei 9.709/1998 (Regulamenta a execução do disposto nos incisos I a III do art. 14 desta CF).

XVI - autorizar, em terras indígenas, a exploração e o aproveitamento de recursos hídricos e a pesquisa e lavra de riquezas minerais;

XVII - aprovar, previamente, a alienação ou concessão de terras públicas com área superior a dois mil e quinhentos hectares.

Art. 50. A Câmara dos Deputados e o Senado Federal, ou qualquer de suas Comissões, poderão convocar Ministro de Estado ou quaisquer titulares de órgãos diretamente subordinados à Presidência da República para prestarem, pessoalmente, informações sobre assunto previamente determinado, importando crime de responsabilidade a ausência sem justificação adequada. (Redação dada pela EC de Revisão 2/1994.)

§ 1º Os Ministros de Estado poderão comparecer ao Senado Federal, à Câmara dos Deputados, ou a qualquer de suas Comissões, por sua iniciativa e mediante entendimentos com a Mesa respectiva, para expor assunto de relevância de seu Ministério.

§ 2º As Mesas da Câmara dos Deputados e do Senado Federal poderão encaminhar pedidos escritos de informações a Ministros de Estado ou a qualquer das pessoas referidas no *caput* deste artigo, importando em crime de responsabilidade a recusa, ou o não atendimento, no prazo de trinta dias, bem como a prestação de informações falsas. (Redação dada pela EC Revisão 2/1994.)

SEÇÃO III
DA CÂMARA DOS DEPUTADOS

Art. 51. Compete privativamente à Câmara dos Deputados:

- art. 48 desta CF.

I - autorizar, por dois terços de seus membros, a instauração de processo contra o Presidente e o Vice-Presidente da República e os Ministros de Estado;

II - proceder à tomada de contas do Presidente da República, quando não apresentadas ao Congresso Nacional dentro de sessenta dias após a abertura da sessão legislativa;

III - elaborar seu regimento interno;

IV - dispor sobre sua organização, funcionamento, polícia, criação, transformação ou extinção dos cargos, empregos e funções de seus serviços, e a iniciativa de lei para fixação da respectiva remuneração, observados os parâmetros estabelecidos na lei de diretrizes orçamentárias; (Redação dada pela EC 19/1998.)

- art. 107, § 2º, do ADCT.
- arts. 5º; 10, § 2º, I, EC 103/2019.

V - eleger membros do Conselho da República, nos termos do art. 89, VII.

SEÇÃO IV
DO SENADO FEDERAL

Art. 52. Compete privativamente ao Senado Federal:

- art. 48 desta CF.

I - processar e julgar o Presidente e o Vice-Presidente da República nos crimes de responsabilidade, bem como os Ministros de Estado e os Comandantes da Marinha, do Exército e da Aeronáutica nos crimes da mesma natureza conexos com aqueles; (Redação dada pela EC 23/1999.)

- art. 102, I, c, desta CF.
- Lei 1.079/1950 (Define os crimes de responsabilidade e regula o respectivo processo de julgamento).

II - processar e julgar os Ministros do Supremo Tribunal Federal, os membros do Conselho Nacional de Justiça e do Conselho Nacional do Ministério Público, o Procurador-Geral da República e o Advogado-Geral da União nos crimes de responsabilidade; (Redação dada pela EC 45/2004.)

- arts. 103-B; 130-A a 132, desta CF.
- art. 5º, EC 45/2004 (Reforma do Judiciário).

III - aprovar previamente, por voto secreto, após arguição pública, a escolha de:

a) Magistrados, nos casos estabelecidos nesta Constituição;

b) Ministros do Tribunal de Contas da União indicados pelo Presidente da República;

c) Governador de Território;

d) Presidente e diretores do banco central;

e) Procurador-Geral da República;

f) titulares de outros cargos que a lei determinar;

IV - aprovar previamente, por voto secreto, após arguição em sessão secreta, a escolha dos chefes de missão diplomática de caráter permanente;

V - autorizar operações externas de natureza financeira, de interesse da União, dos Estados, do Distrito Federal, dos Territórios e dos Municípios;

VI - fixar, por proposta do Presidente da República, limites globais para o montante da dívida consolidada da União, dos Estados, do Distrito Federal e dos Municípios;

- art. 100, § 19, desta CF.
- art. 101, § 2º, III, desta CF.

VII - dispor sobre limites globais e condições para as operações de crédito externo e interno da União, dos Estados, do Distrito Federal e dos Municípios, de suas autarquias e demais entidades controladas pelo Poder Público federal;

- art. 100, § 19, desta CF.
- art. 101, § 2º, III, desta CF.

VIII - dispor sobre limites e condições para a concessão de garantia da União em operações de crédito externo e interno;

IX - estabelecer limites globais e condições para o montante da dívida mobiliária dos Estados, do Distrito Federal e dos Municípios;

X - suspender a execução, no todo ou em parte, de lei declarada inconstitucional por decisão definitiva do Supremo Tribunal Federal;

XI - aprovar, por maioria absoluta e por voto secreto, a exoneração, de ofício, do Procurador-Geral da República antes do término de seu mandato;

XII - elaborar seu regimento interno;

XIII - dispor sobre sua organização, funcionamento, polícia, criação, transformação ou extinção dos cargos, empregos e funções de seus serviços, e a iniciativa de lei para fixação da respectiva remuneração, observados os parâmetros estabelecidos na lei de diretrizes orçamentárias; (Redação dada pela EC 19/1998.)

- art. 107, § 2º, ADCT.

XIV - eleger membros do Conselho da República, nos termos do art. 89, VII;

XV - avaliar periodicamente a funcionalidade do Sistema Tributário Nacional, em sua estrutura e seus componentes, e o desempenho das administrações tributárias da União, dos Estados e do Distrito Federal e dos Municípios. (Incluído pela EC 42/2003.)

Parágrafo único. Nos casos previstos nos incisos I e II, funcionará como Presidente o do Supremo Tribunal Federal, limitando-se a condenação, que somente será proferida por dois terços dos votos do Senado Federal, à perda do cargo, com inabilitação, por oito anos, para o exercício de função pública, sem prejuízo das demais sanções judiciais cabíveis.

SEÇÃO V
DOS DEPUTADOS E DOS SENADORES

- Lei 9.504/1997 (Lei das eleições).

Art. 53. Os Deputados e Senadores são invioláveis, civil e penalmente, por quaisquer de suas opiniões, palavras e votos. (Redação dada pela EC 35/2001.)

- Súm. 245, STF.

§ 1º Os Deputados e Senadores, desde a expedição do diploma, serão submetidos a julgamento perante o Supremo Tribunal Federal. (Redação dada pela EC 35/2001.)

- art. 102, I, b, desta CF.

§ 2º Desde a expedição do diploma, os membros do Congresso Nacional não poderão ser presos, salvo em flagrante de crime inafiançável. Nesse caso, os autos serão remetidos dentro de vinte e quatro horas à Casa respectiva, para que, pelo voto da maioria de seus membros, resolva sobre a prisão. (Redação dada pela EC 35/2001.)

- art. 301, CPP.

§ 3º Recebida a denúncia contra o Senador ou Deputado, por crime ocorrido após a diplomação, o Supremo Tribunal Federal dará ciência à Casa respectiva, que, por iniciativa de partido político nela representado e pelo voto da maioria de seus membros, poderá, até a decisão final, sustar o andamento da ação. (Redação dada pela EC 35/2001.)

§ 4º O pedido de sustação será apreciado pela Casa respectiva no prazo improrrogável de quarenta e cinco dias do seu recebimento pela Mesa Diretora. (Redação dada pela EC 35/2001.)

§ 5º A sustação do processo suspende a prescrição, enquanto durar o mandato. (Redação dada pela EC 35/2001.)

§ 6º Os Deputados e Senadores não serão obrigados a testemunhar sobre informações recebidas ou prestadas em razão do exercício do mandato, nem sobre as pessoas que lhes confiaram ou deles receberam informações. (Redação dada pela EC 35/2001.)

§ 7º A incorporação às Forças Armadas de Deputados e Senadores, embora militares e ainda que em tempo de guerra, dependerá de prévia licença da Casa respectiva. (Redação dada pela EC 35/2001.)

§ 8º As imunidades de Deputados ou Senadores subsistirão durante o estado de sítio, só podendo ser suspensas mediante o voto de dois terços dos membros da Casa respectiva, nos casos de atos praticados fora do recinto do Congresso Nacional, que sejam incompatíveis com a execução da medida. (Incluído pela EC 35/2001.)

- arts. 137 a 141 desta CF.
- arts. 138 a 145, CP.

Art. 54. Os Deputados e Senadores não poderão:

I - desde a expedição do diploma:

a) firmar ou manter contrato com pessoa jurídica de direito público, autarquia, empresa pública, sociedade de economia mista ou empresa concessionária de serviço público, salvo quando o contrato obedecer a cláusulas uniformes;

- Lei 13.303/2016 (Dispõe sobre o estatuto jurídico da empresa pública).

b) aceitar ou exercer cargo, função ou emprego remunerado, inclusive os de que sejam demissíveis *ad nutum*, nas entidades constantes da alínea anterior;

II - desde a posse:

a) ser proprietários, controladores ou diretores de empresa que goze de favor decorrente de contrato com pessoa jurídica de direito público, ou nela exercer função remunerada;

b) ocupar cargo ou função de que sejam demissíveis *ad nutum*, nas entidades referidas no inciso I, *a*;

c) patrocinar causa em que seja interessada qualquer das entidades a que se refere o inciso I, *a*;

d) ser titulares de mais de um cargo ou mandato público eletivo.

Art. 55. Perderá o mandato o Deputado ou Senador:

I - que infringir qualquer das proibições estabelecidas no artigo anterior;

II - cujo procedimento for declarado incompatível com o decoro parlamentar;

III - que deixar de comparecer, em cada sessão legislativa, à terça parte das sessões ordinárias da Casa a que pertencer, salvo licença ou missão por esta autorizada;

IV - que perder ou tiver suspensos os direitos políticos;

V - quando o decretar a Justiça Eleitoral, nos casos previstos nesta Constituição;

VI - que sofrer condenação criminal em sentença transitada em julgado.

- art. 92, I, CP.

§ 1º É incompatível com o decoro parlamentar, além dos casos definidos no regimento interno, o abuso das prerrogativas asseguradas a membro do Congresso Nacional ou a percepção de vantagens indevidas.

§ 2º Nos casos dos incisos I, II e VI, a perda do mandato será decidida pela Câmara dos Deputados ou pelo Senado Federal, por maioria absoluta, mediante provocação da respectiva Mesa ou de partido político representado no Congresso Nacional, assegurada ampla defesa. (Alterado pela EC 76/2013.)

§ 3º Nos casos previstos nos incisos III a V, a perda será declarada pela Mesa da Casa respectiva, de ofício ou mediante provocação de qualquer de seus membros, ou de partido político representado no Congresso Nacional, assegurada ampla defesa.

§ 4º A renúncia de parlamentar submetido a processo que vise ou possa levar à perda do mandato, nos termos deste artigo, terá seus efeitos suspensos até as deliberações finais de que tratam os §§ 2º e 3º. (Incluído pela EC Revisão 6/1994.)

Art. 56. Não perderá o mandato o Deputado ou Senador:

I - investido no cargo de Ministro de Estado, Governador de Território, Secretário de Estado, do Distrito Federal, de Território, de Prefeitura de Capital ou chefe de missão diplomática temporária;

II - licenciado pela respectiva Casa por motivo de doença, ou para tratar, sem remuneração, de interesse particular, desde que, neste caso, o afastamento não ultrapasse cento e vinte dias por sessão legislativa.

§ 1º O suplente será convocado nos casos de vaga, de investidura em funções previstas neste artigo ou de licença superior a cento e vinte dias.

§ 2º Ocorrendo vaga e não havendo suplente, far-se-á eleição para preenchê-la se faltarem mais de quinze meses para o término do mandato.

§ 3º Na hipótese do inciso I, o Deputado ou Senador poderá optar pela remuneração do mandato.

SEÇÃO VI
DAS REUNIÕES

Art. 57. O Congresso Nacional reunir-se-á, anualmente, na Capital Federal, de 2 de fevereiro a 17 de julho e de 1º de agosto a 22 de dezembro. (Redação dada pela EC 50/2006.)

§ 1º As reuniões marcadas para essas datas serão transferidas para o primeiro dia útil subsequente, quando recaírem em sábados, domingos ou feriados.

§ 2º A sessão legislativa não será interrompida sem a aprovação do projeto de lei de diretrizes orçamentárias.

§ 3º Além de outros casos previstos nesta Constituição, a Câmara dos Deputados e o Senado Federal reunir-se-ão em sessão conjunta para:

I - inaugurar a sessão legislativa;

II - elaborar o regimento comum e regular a criação de serviços comuns às duas Casas;

III - receber o compromisso do Presidente e do Vice-Presidente da República;

IV - conhecer do veto e sobre ele deliberar.

§ 4º Cada uma das Casas reunir-se-á em sessões preparatórias, a partir de 1º de fevereiro, no primeiro ano da legislatura, para a posse de seus membros e eleição das respectivas Mesas, para mandato de 2 (dois) anos, vedada a recondução para o mesmo cargo na eleição imediatamente subsequente. (Redação dada pela EC 50/2006.)

§ 5º A Mesa do Congresso Nacional será presidida pelo Presidente do Senado Federal, e os demais cargos serão exercidos, alternadamente, pelos ocupantes de cargos equivalentes na Câmara dos Deputados e no Senado Federal.

§ 6º A convocação extraordinária do Congresso Nacional far-se-á: (Redação dada pela EC 50/2006.)

I - pelo Presidente do Senado Federal, em caso de decretação de estado de defesa ou de intervenção federal, de pedido de autorização para a decretação de estado de sítio e para o compromisso e a posse do Presidente e do Vice-Presidente da República;

II - pelo Presidente da República, pelos Presidentes da Câmara dos Deputados e do Senado Federal ou a requerimento da maioria dos membros de ambas as Casas, em caso de urgência ou interesse público relevante, em todas as hipóteses deste inciso com a aprovação da maioria absoluta de cada uma das Casas do Congresso Nacional. (Redação dada pela EC 50/2006.)

§ 7º Na sessão legislativa extraordinária, o Congresso Nacional somente deliberará sobre a matéria para a qual foi convocado, ressalvada a hipótese do § 8º deste artigo, vedado o pagamento de parcela indenizatória, em razão da convocação. (Redação dada pela EC 50/2006.)

§ 8º Havendo medidas provisórias em vigor na data de convocação extraordinária do Congresso Nacional, serão elas automaticamente incluídas na pauta da convocação. (Incluído pela EC 32/2001.)

SEÇÃO VII
DAS COMISSÕES

Art. 58. O Congresso Nacional e suas Casas terão comissões permanentes e temporárias, constituídas na forma e com as atribuições previstas no respectivo regimento ou no ato de que resultar sua criação.

§ 1º Na constituição das Mesas e de cada Comissão, é assegurada, tanto quanto possível, a representação proporcional dos partidos ou dos blocos parlamentares que participam da respectiva Casa.

§ 2º Às comissões, em razão da matéria de sua competência, cabe:

I - discutir e votar projeto de lei que dispensar, na forma do regimento, a competência do Plenário, salvo se houver recurso de um décimo dos membros da Casa;

II - realizar audiências públicas com entidades da sociedade civil;

III - convocar Ministros de Estado para prestar informações sobre assuntos inerentes a suas atribuições;

IV - receber petições, reclamações, representações ou queixas de qualquer pessoa contra atos ou omissões das autoridades ou entidades públicas;

V - solicitar depoimento de qualquer autoridade ou cidadão;

VI - apreciar programas de obras, planos nacionais, regionais e setoriais de desenvolvimento e sobre eles emitir parecer.

§ 3º As comissões parlamentares de inquérito, que terão poderes de investigação próprios das autoridades judiciais, além de outros previstos nos regimentos das respectivas Casas, serão criadas pela Câmara dos Deputados e pelo Senado Federal, em conjunto ou separadamente, mediante requerimento de um terço de seus membros, para a apuração de fato determinado e por prazo certo, sendo suas conclusões, se for o caso, encaminhadas ao Ministério Público, para que promova a responsabilidade civil ou criminal dos infratores.

- Lei 1.579/1952 (Lei das Comissões Parlamentares de Inquérito).
- Lei 10.001/2000 (Prioridade nos procedimentos a serem adotados pelo Ministério Público e outros órgãos a respeito das conclusões das Comissões Parlamentares de Inquérito).

§ 4º Durante o recesso, haverá uma Comissão representativa do Congresso Nacional, eleita por suas Casas na última sessão ordinária do período legislativo, com atribuições definidas no regimento comum, cuja composição reproduzirá, quanto possível, a proporcionalidade da representação partidária.

SEÇÃO VIII
DO PROCESSO LEGISLATIVO

SUBSEÇÃO I
DISPOSIÇÃO GERAL

Art. 59. O processo legislativo compreende a elaboração de:

I - emendas à Constituição;
II - leis complementares;
III - leis ordinárias;
IV - leis delegadas;
V - medidas provisórias;

- arts. 70; 73; 114, ADCT.

VI - decretos legislativos;

- art. 3º, Lei 9.709/1998 (Regulamenta a execução do disposto nos incisos I a III do art. 14 desta CF).

VII - resoluções.

Parágrafo único. Lei complementar disporá sobre a elaboração, redação, alteração e consolidação das leis.

- LC 95/1998 (Trata do disposto neste parágrafo) e Dec. 4.176/2002 (Regulamento).

SUBSEÇÃO II
DA EMENDA À CONSTITUIÇÃO

Art. 60. A Constituição poderá ser emendada mediante proposta:

I - de um terço, no mínimo, dos membros da Câmara dos Deputados ou do Senado Federal;
II - do Presidente da República;
III - de mais da metade das Assembleias Legislativas das unidades da Federação, manifestando-se, cada uma delas, pela maioria relativa de seus membros.

§ 1º A Constituição não poderá ser emendada na vigência de intervenção federal, de estado de defesa ou de estado de sítio.

- arts. 34 a 36; 136 a 141, desta CF.

§ 2º A proposta será discutida e votada em cada Casa do Congresso Nacional, em dois turnos, considerando-se aprovada se obtiver, em ambos, três quintos dos votos dos respectivos membros.

§ 3º A emenda à Constituição será promulgada pelas Mesas da Câmara dos Deputados e do Senado Federal, com o respectivo número de ordem.

§ 4º Não será objeto de deliberação a proposta de emenda tendente a abolir:

I - a forma federativa de Estado;

- arts. 1º e 18 desta CF.

II - o voto direto, secreto, universal e periódico;

- arts. 1º; 14; 81, § 1º, desta CF.
- Lei 9.709/1998 (Regulamenta a execução do disposto nos incisos I a III do art. 14 desta CF).

III - a separação dos Poderes;

- art. 2º desta CF.

IV - os direitos e garantias individuais.

- art. 5º desta CF.

§ 5º A matéria constante de proposta de emenda rejeitada ou havida por prejudicada não pode ser objeto de nova proposta na mesma sessão legislativa.

SUBSEÇÃO III
DAS LEIS

Art. 61. A iniciativa das leis complementares e ordinárias cabe a qualquer membro ou Comissão da Câmara dos Deputados, do Senado Federal ou do Congresso Nacional, ao Presidente da República, ao Supremo Tribunal Federal, aos Tribunais Superiores, ao Procurador-Geral da República e aos cidadãos, na forma e nos casos previstos nesta Constituição.

§ 1º São de iniciativa privativa do Presidente da República as leis que:

I - fixem ou modifiquem os efetivos das Forças Armadas;
II - disponham sobre:

a) criação de cargos, funções ou empregos públicos na administração direta e autárquica ou aumento de sua remuneração;

- Súm. 679 e 681, STF.

b) organização administrativa e judiciária, matéria tributária e orçamentária, serviços públicos e pessoal da administração dos Territórios;

c) servidores públicos da União e Territórios, seu regime jurídico, provimento de cargos, estabilidade e aposentadoria; (Redação dada pela EC 18/1998.)

d) organização do Ministério Público e da Defensoria Pública da União, bem como normas gerais para a organização do Ministério Público e da Defensoria Pública dos Estados, do Distrito Federal e dos Territórios;

e) criação e extinção de Ministérios e órgãos da administração pública, observado o disposto no art. 84, VI; (Redação dada pela EC 32/2001.)

f) militares das Forças Armadas, seu regime jurídico, provimento de cargos, promoções, estabilidade, remuneração, reforma e transferência para a reserva. (Incluída pela EC 18/1998.)

§ 2º A iniciativa popular pode ser exercida pela apresentação à Câmara dos Deputados de projeto de lei subscrito por, no mínimo, um por cento do eleitorado nacional, distribuído pelo menos por cinco Estados, com não menos de três décimos por cento dos eleitores de cada um deles.

- arts. 1º, III; 13; 14, Lei 9.709/1998 (Regulamenta a execução do disposto nos incisos I a III do art. 14 desta CF).

Art. 62. Em caso de relevância e urgência, o Presidente da República poderá adotar medidas provisórias, com força de lei, devendo submetê-las de imediato ao Congresso Nacional. (Redação dada pela EC 32/2001.)

- arts. 167, § 3º, 246 desta CF.
- art. 2º, EC 32/2001 (Determina que as Medidas Provisórias editadas em data anterior 12.09.2001 continuam em vigor até que MP ulterior as revogue ou haja deliberação definitiva do Congresso).
- Súm. Vinc. 54, STF.
- Súm. 651, STF.

§ 1º É vedada a edição de medidas provisórias sobre matéria: (Incluído pela EC 32/2001.)

I - relativa a: (Incluído pela EC 32/2001.)

a) nacionalidade, cidadania, direitos políticos, partidos políticos e direito eleitoral; (Incluído pela EC 32/2001.)

b) direito penal, processual penal e processual civil; (Incluído pela EC 32/2001.)

c) organização do Poder Judiciário e do Ministério Público, a carreira e a garantia de seus membros; (Incluído pela EC 32/2001.)

d) planos plurianuais, diretrizes orçamentárias, orçamento e créditos adicionais e suplementares, ressalvado o previsto no art. 167, § 3º; (Incluído pela EC 32/2001.)

II - que vise a detenção ou sequestro de bens, de poupança popular ou qualquer outro ativo financeiro; (Incluído pela EC 32/2001.)

III - reservada a lei complementar; (Incluído pela EC 32/2001.)

IV - já disciplinada em projeto de lei aprovado pelo Congresso Nacional e pendente de sanção ou veto do Presidente da República. (Incluído pela EC 32/2001.)

§ 2º Medida provisória que implique instituição ou majoração de impostos, exceto os previstos nos arts. 153, I, II, IV, V, e 154, II, só produzirá efeitos no exercício financeiro seguinte se houver sido convertida em lei até o último dia daquele em que foi editada. (Incluído pela EC 32/2001.)

§ 3º As medidas provisórias, ressalvado o disposto nos §§ 11 e 12 perderão eficácia, desde a edição, se não forem convertidas em lei no prazo de sessenta dias, prorrogável, nos termos do § 7º, uma vez por igual período, devendo o Congresso Nacional disciplinar, por decreto legislativo, as relações jurídicas delas decorrentes. (Incluído pela EC 32/2001.)

§ 4º O prazo a que se refere o § 3º contar-se-á da publicação da medida provisória, suspendendo-se durante os períodos de recesso do Congresso Nacional. (Incluído pela EC 32/2001.)

§ 5º A deliberação de cada uma das Casas do Congresso Nacional sobre o mérito das medidas provisórias dependerá de juízo prévio sobre o atendimento de seus pressupostos constitucionais. (Incluído pela EC 32/2001.)

§ 6º Se a medida provisória não for apreciada em até quarenta e cinco dias contados de sua publicação, entrará em regime de urgência, subsequentemente, em cada uma das Casas do Congresso Nacional, ficando sobrestadas, até que se ultime a votação, todas as demais deliberações legislativas da Casa em que estiver tramitando. (Incluído pela EC 32/2001.)

§ 7º Prorrogar-se-á uma única vez por igual período a vigência de medida provisória que, no prazo de sessenta dias, contado de sua publicação, não tiver a sua votação encerrada nas duas Casas do Congresso Nacional. (Incluído pela EC 32/2001.)

§ 8º As medidas provisórias terão sua votação iniciada na Câmara dos Deputados. (Incluído pela EC 32/2001.)

§ 9º Caberá à comissão mista de Deputados e Senadores examinar as medidas provisórias e sobre elas emitir parecer, antes de serem apreciadas, em sessão separada, pelo plenário de cada uma das Casas do Congresso Nacional. (Incluído pela EC 32/2001.)

§ 10. É vedada a reedição, na mesma sessão legislativa, de medida provisória que tenha sido rejeitada ou que tenha perdido sua eficácia por decurso de prazo. (Incluído pela EC 32/2001.)

§ 11. Não editado o decreto legislativo a que se refere o § 3º até sessenta dias após a rejeição ou perda de eficácia de medida provisória, as relações jurídicas constituídas e decorrentes de atos praticados durante sua vigência conservar-se-ão por ela regidas. (Incluído pela EC 32/2001.)

§ 12. Aprovado projeto de lei de conversão alterando o texto original da medida provisória, esta manter-se-á integralmente em vigor até que seja sancionado ou vetado o projeto. (Incluído pela EC 32/2001.)

Art. 63. Não será admitido aumento da despesa prevista:

I - nos projetos de iniciativa exclusiva do Presidente da República, ressalvado o disposto no art. 166, § 3º e § 4º;

II - nos projetos sobre organização dos serviços administrativos da Câmara dos Deputados, do Senado Federal, dos Tribunais Federais e do Ministério Público.

Art. 64. A discussão e votação dos projetos de lei de iniciativa do Presidente da República, do Supremo Tribunal Federal e dos Tribunais Superiores terão início na Câmara dos Deputados.

§ 1º O Presidente da República poderá solicitar urgência para apreciação de projetos de sua iniciativa.

§ 2º Se, no caso do § 1º, a Câmara dos Deputados e o Senado Federal não se manifestarem sobre a proposição, cada qual sucessivamente, em até quarenta e cinco dias, sobrestar-se-ão todas as demais deliberações legislativas da respectiva Casa, com exceção das que tenham prazo constitucional determinado, até que se ultime a votação. (Redação dada pela EC 32/2001.)

§ 3º A apreciação das emendas do Senado Federal pela Câmara dos Deputados far-se-á no prazo de dez dias, observado quanto ao mais o disposto no parágrafo anterior.

§ 4º Os prazos do § 2º não correm nos períodos de recesso do Congresso Nacional, nem se aplicam aos projetos de código.

Art. 65. O projeto de lei aprovado por uma Casa será revisto pela outra, em um só turno de discussão e votação, e enviado à sanção ou promulgação, se a Casa revisora o aprovar, ou arquivado, se o rejeitar.

Parágrafo único. Sendo o projeto emendado, voltará à Casa iniciadora.

Art. 66. A Casa na qual tenha sido concluída a votação enviará o projeto de lei ao Presidente da República, que, aquiescendo, o sancionará.

§ 1º Se o Presidente da República considerar o projeto, no todo ou em parte, inconstitucional ou contrário ao interesse público, vetá-lo-á total ou parcialmente, no prazo de quinze dias úteis, contados da data do recebimento, e comunicará, dentro de quarenta e oito horas, ao Presidente do Senado Federal os motivos do veto.

§ 2º O veto parcial somente abrangerá texto integral de artigo, de parágrafo, de inciso ou de alínea.

§ 3º Decorrido o prazo de quinze dias, o silêncio do Presidente da República importará sanção.

§ 4º O veto será apreciado em sessão conjunta, dentro de trinta dias a contar de seu recebimento, só podendo ser rejeitado pelo voto da maioria absoluta dos Deputados e Senadores. (Alterado pela EC 76/2013.)

§ 5º Se o veto não for mantido, será o projeto enviado, para promulgação, ao Presidente da República.

§ 6º Esgotado sem deliberação o prazo estabelecido no § 4º, o veto será colocado na ordem do dia da sessão imediata, sobrestadas as demais proposições, até sua votação final. (Redação dada pela EC 32/2001.)

§ 7º Se a lei não for promulgada dentro de quarenta e oito horas pelo Presidente da República, nos casos dos § 3º e § 5º, o Presidente do Senado a promulgará, e, se este não o fizer em igual prazo, caberá ao Vice-Presidente do Senado fazê-lo.

Art. 67. A matéria constante de projeto de lei rejeitado somente poderá constituir objeto de novo projeto, na mesma sessão legislativa, mediante proposta da maioria absoluta dos membros de qualquer das Casas do Congresso Nacional.

Art. 68. As leis delegadas serão elaboradas pelo Presidente da República, que deverá solicitar a delegação ao Congresso Nacional.

§ 1º Não serão objeto de delegação os atos de competência exclusiva do Congresso Nacional, os de competência privativa da Câmara dos Deputados ou do Senado Federal, a matéria reservada à lei complementar, nem a legislação sobre:

I - organização do Poder Judiciário e do Ministério Público, a carreira e a garantia de seus membros;

II - nacionalidade, cidadania, direitos individuais, políticos e eleitorais;

III - planos plurianuais, diretrizes orçamentárias e orçamentos.

§ 2º A delegação ao Presidente da República terá a forma de resolução do Congresso Nacional, que especificará seu conteúdo e os termos de seu exercício.

§ 3º Se a resolução determinar a apreciação do projeto pelo Congresso Nacional, este a fará em votação única, vedada qualquer emenda.

Art. 69. As leis complementares serão aprovadas por maioria absoluta.

SEÇÃO IX
DA FISCALIZAÇÃO CONTÁBIL, FINANCEIRA E ORÇAMENTÁRIA

- Dec. 3.590/2000 (Dispõe sobre o sistema de administração financeira federal).
- Dec. 3.591/2000 (Dispõe sobre o sistema de controle interno do Poder Executivo Federal).
- Dec. 6.976/2009 (Dispõe sobre o sistema de contabilidade federal).

Art. 70. A fiscalização contábil, financeira, orçamentária, operacional e patrimonial da União e das entidades da administração direta e indireta, quanto à legalidade, legitimidade, economicidade, aplicação das subvenções e renúncia de receitas, será exercida pelo Congresso Nacional, mediante controle externo, e pelo sistema de controle interno de cada Poder.

Parágrafo único. Prestará contas qualquer pessoa física ou jurídica, pública ou privada, que utilize, arrecade, guarde, gerencie ou administre dinheiros, bens e valores públicos ou pelos quais a União responda, ou que, em nome desta, assuma obrigações de natureza pecuniária. (Redação dada pela EC 19/1998.)

Art. 71. O controle externo, a cargo do Congresso Nacional, será exercido com o auxílio do Tribunal de Contas da União, ao qual compete:

- Lei 8.443/1992 (Lei Orgânica do TCU).

I - apreciar as contas prestadas anualmente pelo Presidente da República, mediante parecer prévio que deverá ser elaborado em sessenta dias a contar de seu recebimento;

II - julgar as contas dos administradores e demais responsáveis por dinheiros, bens e valores públicos da administração direta e indireta, incluídas as fundações e sociedades instituídas e mantidas pelo Poder Público federal, e as contas daqueles que derem causa a perda, extravio ou outra irregularidade de que resulte prejuízo ao erário público;

III - apreciar, para fins de registro, a legalidade dos atos de admissão de pessoal, a qualquer título, na administração direta e indireta, incluídas as fundações instituídas e mantidas pelo Poder Público, excetuadas as nomeações para cargo de provimento em comissão, bem como a das concessões de aposentadorias, reformas e pensões, ressalvadas as melhorias posteriores que não alterem o fundamento legal do ato concessório;

- Súm. Vinc. 3, STF.

IV - realizar, por iniciativa própria, da Câmara dos Deputados, do Senado Federal, de Comissão técnica ou de inquérito, inspeções e auditorias de natureza contábil, financeira, orçamentária, operacional e patrimonial, nas unidades administrativas dos Poderes Legislativo, Executivo e Judiciário, e demais entidades referidas no inciso II;

V - fiscalizar as contas nacionais das empresas supranacionais de cujo capital social a União participe, de forma direta ou indireta, nos termos do tratado constitutivo;

VI - fiscalizar a aplicação de quaisquer recursos repassados pela União mediante convênio, acordo, ajuste ou outros instrumentos congêneres, a Estado, ao Distrito Federal ou a Município;

VII - prestar as informações solicitadas pelo Congresso Nacional, por qualquer de suas Casas, ou por qualquer das respectivas Comissões, sobre a fiscalização contábil, financeira, orçamentária, operacional e patrimonial e sobre resultados de auditorias e inspeções realizadas;

VIII - aplicar aos responsáveis, em caso de ilegalidade de despesa ou irregularidade de contas, as sanções previstas em lei, que estabelecerá, entre outras cominações, multa proporcional ao dano causado ao erário;

IX - assinar prazo para que o órgão ou entidade adote as providências necessárias ao exato cumprimento da lei, se verificada ilegalidade;

X - sustar, se não atendido, a execução do ato impugnado, comunicando a decisão à Câmara dos Deputados e ao Senado Federal;

XI - representar ao Poder competente sobre irregularidades ou abusos apurados.

§ 1º No caso de contrato, o ato de sustação será adotado diretamente pelo Congresso Nacional, que solicitará, de imediato, ao Poder Executivo as medidas cabíveis.

§ 2º Se o Congresso Nacional ou o Poder Executivo, no prazo de noventa dias, não efetivar as medidas previstas no parágrafo anterior, o Tribunal decidirá a respeito.

§ 3º As decisões do Tribunal de que resulte imputação de débito ou multa terão eficácia de título executivo.

§ 4º O Tribunal encaminhará ao Congresso Nacional, trimestral e anualmente, relatório de suas atividades.

Art. 72. A Comissão mista permanente a que se refere o art. 166, § 1º, diante de indícios de despesas não autorizadas, ainda que sob a forma de investimentos não programados ou de subsídios não aprovados, poderá solicitar à autoridade governamental responsável que, no prazo de cinco dias, preste os esclarecimentos necessários.

- art. 16, § 2º, ADCT.

§ 1º Não prestados os esclarecimentos, ou considerados estes insuficientes, a Comissão solicitará ao Tribunal pronunciamento conclusivo sobre a matéria, no prazo de trinta dias.

§ 2º Entendendo o Tribunal irregular a despesa, a Comissão, se julgar que o gasto possa causar dano irreparável ou grave lesão à economia pública, proporá ao Congresso Nacional sua sustação.

Art. 73. O Tribunal de Contas da União, integrado por nove Ministros, tem sede no Distrito Federal, quadro próprio de pessoal e jurisdição em todo o território nacional, exercendo, no que couber, as atribuições previstas no art. 96.

- art. 84, XV, desta CF.
- Lei 8.443/1992 (Lei Orgânica do TCU).

§ 1º Os Ministros do Tribunal de Contas da União serão nomeados dentre brasileiros que satisfaçam os seguintes requisitos:

I - mais de trinta e cinco e menos de sessenta e cinco anos de idade;

II - idoneidade moral e reputação ilibada;

III - notórios conhecimentos jurídicos, contábeis, econômicos e financeiros ou de administração pública;

IV - mais de dez anos de exercício de função ou de efetiva atividade profissional que exija os conhecimentos mencionados no inciso anterior.

§ 2º Os Ministros do Tribunal de Contas da União serão escolhidos:

- Súm. 653, STF.

I - um terço pelo Presidente da República, com aprovação do Senado Federal, sendo dois alternadamente dentre auditores e membros do Ministério Público junto ao Tribunal, indicados em lista tríplice pelo Tribunal, segundo os critérios de antiguidade e merecimento;

II - dois terços pelo Congresso Nacional.

§ 3º Os Ministros do Tribunal de Contas da União terão as mesmas garantias, prerrogativas, impedimentos, vencimentos e vantagens dos Ministros do Superior Tribunal de Justiça, aplicando-se-lhes, quanto à aposentadoria e pensão, as normas constantes do art. 40. (Redação dada pela EC 20/1998.)

§ 4º O auditor, quando em substituição a Ministro, terá as mesmas garantias e impedimentos do titular e, quando no exercício das demais atribuições da judicatura, as de juiz de Tribunal Regional Federal.

Art. 74. Os Poderes Legislativo, Executivo e Judiciário manterão, de forma integrada, sistema de controle interno com a finalidade de:

I - avaliar o cumprimento das metas previstas no plano plurianual, a execução dos programas de governo e dos orçamentos da União;

II - comprovar a legalidade e avaliar os resultados, quanto à eficácia e eficiência, da gestão orçamentária, financeira e patrimonial nos órgãos e entidades da administração federal, bem como da aplicação de recursos públicos por entidades de direito privado;

III - exercer o controle das operações de crédito, avais e garantias, bem como dos direitos e haveres da União;

IV - apoiar o controle externo no exercício de sua missão institucional.

§ 1º Os responsáveis pelo controle interno, ao tomarem conhecimento de qualquer irregularidade ou ilegalidade, dela darão ciência ao Tribunal de Contas da União, sob pena de responsabilidade solidária.

§ 2º Qualquer cidadão, partido político, associação ou sindicato é parte legítima para, na forma da lei, denunciar irregularidades ou ilegalidades perante o Tribunal de Contas da União.

- arts. 1º, XVI; 53, Lei 8.443/1992 (Lei Orgânica do TCU).

Art. 75. As normas estabelecidas nesta seção aplicam-se, no que couber, à organização, composição e fiscalização dos Tribunais de Contas dos Estados e do Distrito Federal, bem como dos Tribunais e Conselhos de Contas dos Municípios.

- art. 31, § 4º, desta CF.
- Súm. 653, STF.

Parágrafo único. As Constituições estaduais disporão sobre os Tribunais de Contas respectivos, que serão integrados por sete Conselheiros.

CAPÍTULO II
DO PODER EXECUTIVO

SEÇÃO I
DO PRESIDENTE E DO VICE-PRESIDENTE DA REPÚBLICA

- Lei 13.844/2019 (Organização básica dos órgãos da Presidência da República e dos Ministérios).

Art. 76. O Poder Executivo é exercido pelo Presidente da República, auxiliado pelos Ministros de Estado.

- Dec. 8.851/2016 (Dispõe sobre a substituição de Ministros de Estado, do Advogado-Geral da União e do Presidente do Bacen).

Art. 77. A eleição do Presidente e do Vice-Presidente da República realizar-se-á, simultaneamente, no primeiro domingo de outubro, em primeiro turno, e no último domingo de outubro, em segundo turno, se houver, do ano anterior ao do término do mandato presidencial vigente. (Redação dada pela EC 16/1997.)

- arts. 28; 29, II; 32, § 2º, desta CF.
- Lei 9.504/1997 (Lei das Eleições).

§ 1º A eleição do Presidente da República importará a do Vice-Presidente com ele registrado.

§ 2º Será considerado eleito Presidente o candidato que, registrado por partido político, obtiver a maioria absoluta de votos, não computados os em branco e os nulos.

§ 3º Se nenhum candidato alcançar maioria absoluta na primeira votação, far-se-á nova eleição em até vinte dias após a proclamação do resultado, concorrendo os dois candidatos mais votados e considerando-se eleito aquele que obtiver a maioria dos votos válidos.

§ 4º Se, antes de realizado o segundo turno, ocorrer morte, desistência ou impedimento legal de candidato, convocar-se-á, dentre os remanescentes, o de maior votação.

§ 5º Se, na hipótese dos parágrafos anteriores, remanescer, em segundo lugar, mais de um candidato com a mesma votação, qualificar-se-á o mais idoso.

Art. 78. O Presidente e o Vice-Presidente da República tomarão posse em sessão do Congresso Nacional, prestando o compromisso de manter, defender e cumprir a Constituição, observar as leis, promover o bem geral do povo brasileiro, sustentar a união, a integridade e a independência do Brasil.

Parágrafo único. Se, decorridos dez dias da data fixada para a posse, o Presidente ou o Vice-Presidente, salvo motivo de força maior, não tiver assumido o cargo, este será declarado vago.

Art. 79. Substituirá o Presidente, no caso de impedimento, e suceder-lhe-á, no de vaga, o Vice-Presidente.

Parágrafo único. O Vice-Presidente da República, além de outras atribuições que lhe forem conferidas por lei complementar, auxiliará o Presidente, sempre que por ele convocado para missões especiais.

Art. 80. Em caso de impedimento do Presidente e do Vice-Presidente, ou vacância dos respectivos cargos, serão sucessivamente chamados ao exercício da Presidência o Presidente da Câmara dos Deputados, o do Senado Federal e o do Supremo Tribunal Federal.

Art. 81. Vagando os cargos de Presidente e Vice-Presidente da República, far-se-á eleição noventa dias depois de aberta a última vaga.

§ 1º Ocorrendo a vacância nos últimos dois anos do período presidencial, a eleição para ambos os cargos será feita trinta dias depois da última vaga, pelo Congresso Nacional, na forma da lei.

§ 2º Em qualquer dos casos, os eleitos deverão completar o período de seus antecessores.

Art. 82. O mandato do Presidente da República é de quatro anos e terá início em primeiro de janeiro do ano seguinte ao da sua eleição. (Redação dada pela EC 16/1997.)

Art. 83. O Presidente e o Vice-Presidente da República não poderão, sem licença do Congresso Nacional, ausentar-se do país por período superior a quinze dias, sob pena de perda do cargo.

SEÇÃO II
DAS ATRIBUIÇÕES DO PRESIDENTE DA REPÚBLICA

Art. 84. Compete privativamente ao Presidente da República:

- arts. 55 a 57, CPM.
- arts. 466 a 480, CPPM.

I - nomear e exonerar os Ministros de Estado;

- Dec. 8.851/2016 (Dispõe sobre a substituição de Ministros de Estado, do Advogado-Geral da União e do Presidente do Bacen).

II - exercer, com o auxílio dos Ministros de Estado, a direção superior da administração federal;

- Dec. 8.851/2016 (Dispõe sobre a substituição de Ministros de Estado, do Advogado-Geral da União e do Presidente do Bacen).

III - iniciar o processo legislativo, na forma e nos casos previstos nesta Constituição;

IV - sancionar, promulgar e fazer publicar as leis, bem como expedir decretos e regulamentos para sua fiel execução;

V - vetar projetos de lei, total ou parcialmente;

- art. 66, §§ 1º a 7º, desta CF.

VI - dispor, mediante decreto, sobre: (Redação dada pela EC 32/2001.)

- art. 61, § 1º, II, e, desta CF.

a) organização e funcionamento da administração federal, quando não implicar aumento de despesa nem criação ou extinção de órgãos públicos; (Incluída pela EC 32/2001).

b) extinção de funções ou cargos públicos, quando vagos; (Incluída pela EC 32/2001.)

- art. 48, X, desta CF.

VII - manter relações com Estados estrangeiros e acreditar seus representantes diplomáticos;

VIII - celebrar tratados, convenções e atos internacionais, sujeitos a referendo do Congresso Nacional;

IX - decretar o estado de defesa e o estado de sítio;

X - decretar e executar a intervenção federal;

XI - remeter mensagem e plano de governo ao Congresso Nacional por ocasião da abertura da sessão legislativa, expondo a situação do país e solicitando as providências que julgar necessárias;

XII - conceder indulto e comutar penas, com audiência, se necessário, dos órgãos instituídos em lei;

- Súm. 631 do STJ.

XIII - exercer o comando supremo das Forças Armadas, nomear os Comandantes da Marinha, do Exército e da Aeronáutica, promover seus oficiais-generais e nomeá-los para os cargos que lhes são privativos; (Redação dada pela EC 23/1999.)

- art. 49, I desta CF.
- LC 97/1999 (Normas gerais para organização, preparo e emprego das Forças Armadas).

XIV - nomear, após aprovação pelo Senado Federal, os Ministros do Supremo Tribunal Federal e dos Tribunais Superiores, os Governadores de Territórios, o Procurador-Geral da República, o presidente e os diretores do banco central e outros servidores, quando determinado em lei;

XV - nomear, observado o disposto no art. 73, os Ministros do Tribunal de Contas da União;

XVI - nomear os magistrados, nos casos previstos nesta Constituição, e o Advogado-Geral da União;

- arts 131 e 132 desta CF.
- Súm. 627, STF.

XVII - nomear membros do Conselho da República, nos termos do art. 89, VII;

XVIII - convocar e presidir o Conselho da República e o Conselho de Defesa Nacional;

XIX - declarar guerra, no caso de agressão estrangeira, autorizado pelo Congresso Nacional ou referendado por ele, quando ocorrida no intervalo das sessões legislativas, e, nas mesmas condições, decretar, total ou parcialmente, a mobilização nacional;

- art. 5º, XLVII, a, desta CF.
- Lei 11.631/2007 (Dispõe sobre a Mobilização Nacional e cria o Sistema Nacional de Mobilização - SINAMOB).
- Dec. 7.294/2010 (Dispõe sobre a Política de mobilização nacional).

XX - celebrar a paz, autorizado ou com o referendo do Congresso Nacional;

XXI - conferir condecorações e distinções honoríficas;

XXII - permitir, nos casos previstos em lei complementar, que forças estrangeiras transitem pelo território nacional ou nele permaneçam temporariamente;

- LC 90/1997 (Regulamenta este inciso e determina casos em que forças estrangeiras possam transitar pelo território nacional ou nele permanecer temporariamente).

XXIII - enviar ao Congresso Nacional o plano plurianual, o projeto de lei de diretrizes orçamentárias e as propostas de orçamento previstos nesta Constituição;

XXIV - prestar, anualmente, ao Congresso Nacional, dentro de sessenta dias após a abertura da sessão legislativa, as contas referentes ao exercício anterior;

XXV - prover e extinguir os cargos públicos federais, na forma da lei;

XXVI - editar medidas provisórias com força de lei, nos termos do art. 62;

XXVII - exercer outras atribuições previstas nesta Constituição.

Parágrafo único. O Presidente da República poderá delegar as atribuições mencionadas nos incisos VI, XII e XXV, primeira parte, aos Ministros de Estado, ao Procurador-Geral da República ou ao Advogado-Geral da União, que observarão os limites traçados nas respectivas delegações.

- art. 13, Lei 9.784/1999 (Regula o processo administrativo no âmbito da Administração Pública Federal).
- Dec. 8.851/2016 (Dispõe sobre a substituição de Ministros de Estado, do Advogado-Geral da União e do Presidente do Bacen).

SEÇÃO III
DA RESPONSABILIDADE DO PRESIDENTE DA REPÚBLICA

Art. 85. São crimes de responsabilidade os atos do Presidente da República que atentem contra a Constituição Federal e, especialmente, contra:

- Lei 1.079/1950 (Define os crimes de responsabilidade e regula o respectivo processo de julgamento).
- Lei 8.429/1992 (Lei de Improbidade Administrativa).

I - a existência da União;

II - o livre exercício do Poder Legislativo, do Poder Judiciário, do Ministério Público e dos Poderes constitucionais das unidades da Federação;

III - o exercício dos direitos políticos, individuais e sociais;

IV - a segurança interna do país;

- LC 90/1997 (Regulamenta este inciso e determina casos em que forças estrangeiras possam transitar pelo território nacional ou nele permanecer temporariamente).

V - a probidade na administração;

- art. 37, § 4º, desta CF.

VI - a lei orçamentária;

VII - o cumprimento das leis e das decisões judiciais.

Parágrafo único. Esses crimes serão definidos em lei especial, que estabelecerá as normas de processo e julgamento.

- Lei 1.079/1950 (Define os crimes de responsabilidade e regula o respectivo processo de julgamento).
- Súm. Vinc. 46, STF.
- Súm. 722, STF.

Art. 86. Admitida a acusação contra o Presidente da República, por dois terços da Câmara dos Deputados, será ele submetido a julgamento perante o Supremo Tribunal Federal, nas infrações penais comuns, ou perante o Senado Federal, nos crimes de responsabilidade.

§ 1º O Presidente ficará suspenso de suas funções:

I - nas infrações penais comuns, se recebida a denúncia ou queixa-crime pelo Supremo Tribunal Federal;

II - nos crimes de responsabilidade, após a instauração do processo pelo Senado Federal.

§ 2º Se, decorrido o prazo de cento e oitenta dias, o julgamento não estiver concluído, cessará o afastamento do Presidente, sem prejuízo do regular prosseguimento do processo.

§ 3º Enquanto não sobrevier sentença condenatória, nas infrações comuns, o Presidente da República não estará sujeito a prisão.

§ 4º O Presidente da República, na vigência de seu mandato, não pode ser responsabilizado por atos estranhos ao exercício de suas funções.

- Lei 1.079/1950 (Define os crimes de responsabilidade e regula o respectivo processo de julgamento).

SEÇÃO IV
DOS MINISTROS DE ESTADO

- Lei 13.844/2019 (Estabelece a organização básica dos órgãos da Presidência da República e dos Ministérios).
- Dec. 8.851/2016 (Dispõe sobre a substituição de Ministros de Estado, do Advogado-Geral da União e do Presidente do Bacen).

Art. 87. Os Ministros de Estado serão escolhidos dentre brasileiros maiores de vinte e um anos e no exercício dos direitos políticos.

Parágrafo único. Compete ao Ministro de Estado, além de outras atribuições estabelecidas nesta Constituição e na lei:

I - exercer a orientação, coordenação e supervisão dos órgãos e entidades da administração federal na área de sua competência e referendar os atos e decretos assinados pelo Presidente da República;

II - expedir instruções para a execução das leis, decretos e regulamentos;

III - apresentar ao Presidente da República relatório anual de sua gestão no Ministério;

IV - praticar os atos pertinentes às atribuições que lhe forem outorgadas ou delegadas pelo Presidente da República.

Art. 88. A lei disporá sobre a criação e extinção de Ministérios e órgãos da administração pública. (Redação dada pela EC 32/2001.)

SEÇÃO V
DO CONSELHO DA REPÚBLICA E DO CONSELHO DE DEFESA NACIONAL

SUBSEÇÃO I
DO CONSELHO DA REPÚBLICA

Art. 89. O Conselho da República é órgão superior de consulta do Presidente da República, e dele participam:

- Lei 8.041/1990 (Organização e funcionamento do Conselho da República).

I - o Vice-Presidente da República;

II - o Presidente da Câmara dos Deputados;

III - o Presidente do Senado Federal;

IV - os líderes da maioria e da minoria na Câmara dos Deputados;

V - os líderes da maioria e da minoria no Senado Federal;

VI - o Ministro da Justiça;

VII - seis cidadãos brasileiros natos, com mais de trinta e cinco anos de idade, sendo dois nomeados pelo Presidente da República, dois eleitos pelo Senado Federal e dois eleitos pela Câmara dos Deputados, todos com mandato de três anos, vedada a recondução.

- arts. 51, V; 52, XIV; 84, XVII, desta CF.

Art. 90. Compete ao Conselho da República pronunciar-se sobre:

I - intervenção federal, estado de defesa e estado de sítio;

II - as questões relevantes para a estabilidade das instituições democráticas.

§ 1º O Presidente da República poderá convocar Ministro de Estado para participar da reunião do Conselho, quando constar da pauta questão relacionada com o respectivo Ministério.

§ 2º A lei regulará a organização e o funcionamento do Conselho da República.

- Lei 8.041/1990 (Organização e funcionamento do Conselho da República).

SUBSEÇÃO II
DO CONSELHO DE DEFESA NACIONAL

- Lei 8.183/1991 (Dispõe sobre a organização e funcionamento do Conselho de Defesa Nacional).
- Dec. 893/1993 (Aprova o Regulamento do Conselho de Defesa Nacional).

Art. 91. O Conselho de Defesa Nacional é órgão de consulta do Presidente da República nos assuntos relacionados com a soberania nacional e a defesa do Estado democrático, e dele participam como membros natos:

- Lei 8.183/1991 (Dispõe sobre a organização e funcionamento do Conselho de Defesa Nacional).
- Dec. 893/1993 (Aprova o Regulamento do Conselho de Defesa Nacional).

I - o Vice-Presidente da República;

II - o Presidente da Câmara dos Deputados;

III - o Presidente do Senado Federal;

IV - o Ministro da Justiça;

V - o Ministro de Estado da Defesa; (Redação dada pela EC 23/1999.)

VI - o Ministro das Relações Exteriores;

VII - o Ministro do Planejamento.

VIII - os Comandantes da Marinha, do Exército e da Aeronáutica. (Incluído pela EC 23/1999.)

§ 1º Compete ao Conselho de Defesa Nacional:

I - opinar nas hipóteses de declaração de guerra e de celebração da paz, nos termos desta Constituição;

II - opinar sobre a decretação do estado de defesa, do estado de sítio e da intervenção federal;

III - propor os critérios e condições de utilização de áreas indispensáveis à segurança do território nacional e opinar sobre seu efetivo uso, especialmente na faixa de fronteira e nas relacionadas com a preservação e a exploração dos recursos naturais de qualquer tipo;

IV - estudar, propor e acompanhar o desenvolvimento de iniciativas necessárias a garantir a independência nacional e a defesa do Estado democrático.

§ 2º A lei regulará a organização e o funcionamento do Conselho de Defesa Nacional.

- Lei 8.183/1991 (Dispõe sobre a organização e funcionamento do Conselho de Defesa Nacional).
- Dec. 893/1993 (Aprova o Regulamento do Conselho de Defesa Nacional).

CAPÍTULO III
DO PODER JUDICIÁRIO

SEÇÃO I
DISPOSIÇÕES GERAIS

Art. 92. São órgãos do Poder Judiciário:

I - o Supremo Tribunal Federal;

I-A - o Conselho Nacional de Justiça; (Incluído pela EC 45/2004.)

- art. 103-B desta CF.
- art. 5º, EC 45/2004 (Reforma do Judiciário).

II - o Superior Tribunal de Justiça;

II-A - o Tribunal Superior do Trabalho; (Acrescentado pela EC 92/2016.)

III - os Tribunais Regionais Federais e Juízes Federais;

IV - os Tribunais e Juízes do Trabalho;

V - os Tribunais e Juízes Eleitorais;
VI - os Tribunais e Juízes Militares;
VII - os Tribunais e Juízes dos Estados e do Distrito Federal e Territórios.

§ 1º O Supremo Tribunal Federal, o Conselho Nacional de Justiça e os Tribunais Superiores têm sede na Capital Federal. (Incluído pela EC 45/2004.)

‣ art. 103-B desta CF.

§ 2º O Supremo Tribunal Federal e os Tribunais Superiores têm jurisdição em todo o território nacional. (Incluído pela EC 45/2004.)

Art. 93. Lei complementar, de iniciativa do Supremo Tribunal Federal, disporá sobre o Estatuto da Magistratura, observados os seguintes princípios:

‣ LC 35/1979 (Lei Orgânica da Magistratura Nacional).

I - ingresso na carreira, cujo cargo inicial será o de juiz substituto, mediante concurso público de provas e títulos, com a participação da Ordem dos Advogados do Brasil em todas as fases, exigindo-se do bacharel em direito, no mínimo, três anos de atividade jurídica e obedecendo-se, nas nomeações, à ordem de classificação; (Incluído pela EC 45/2004.)

II - promoção de entrância para entrância, alternadamente, por antiguidade e merecimento, atendidas as seguintes normas:

a) é obrigatória a promoção do juiz que figure por três vezes consecutivas ou cinco alternadas em lista de merecimento;

b) a promoção por merecimento pressupõe dois anos de exercício na respectiva entrância e integrar o juiz a primeira quinta parte da lista de antiguidade desta, salvo se não houver com tais requisitos quem aceite o lugar vago;

c) aferição do merecimento conforme o desempenho e pelos critérios objetivos de produtividade e presteza no exercício da jurisdição e pela frequência e aproveitamento em cursos oficiais ou reconhecidos de aperfeiçoamento; (Redação dada pela EC 45/2004.)

d) na apuração de antiguidade, o tribunal somente poderá recusar o juiz mais antigo pelo voto fundamentado de dois terços de seus membros, conforme procedimento próprio, e assegurada ampla defesa, repetindo-se a votação até fixar-se a indicação; (Redação dada pela EC 45/2004.)

e) não será promovido o juiz que, injustificadamente, retiver autos em seu poder além do prazo legal, não podendo devolvê-los ao cartório sem o devido despacho ou decisão; (Incluída pela EC 45/2004.)

III - o acesso aos tribunais de segundo grau far-se-á por antiguidade e merecimento, alternadamente, apurados na última ou única entrância; (Redação dada pela EC 45/2004.)

IV - previsão de cursos oficiais de preparação, aperfeiçoamento e promoção de magistrados, constituindo etapa obrigatória do processo de vitaliciamento a participação em curso oficial ou reconhecido por escola nacional de formação e aperfeiçoamento de magistrados; (Redação dada pela EC 45/2004.)

V - o subsídio dos Ministros dos Tribunais Superiores corresponderá a noventa e cinco por cento do subsídio mensal fixado para os Ministros do Supremo Tribunal Federal e os subsídios dos demais magistrados serão fixados em lei e escalonados, em nível federal e estadual, conforme as respectivas categorias da estrutura judiciária nacional, não podendo a diferença entre uma e outra ser superior a dez por cento ou inferior a cinco por cento, nem exceder a noventa e cinco por cento do subsídio mensal dos Ministros dos Tribunais Superiores, obedecido, em qualquer caso, o disposto nos arts. 37, XI, e 39, § 4º; (Redação dada pela EC 19/1998.)

‣ Lei 9.655/1998 (Altera o percentual de diferença entre a remuneração de cargos de ministro do STJ e dos Juízes da Justiça Federal de 1º e 2º graus).

VI - a aposentadoria dos magistrados e a pensão de seus dependentes observarão o disposto no art. 40; (Redação dada pela EC 20/1998.)

VII - o juiz titular residirá na respectiva comarca, salvo autorização do tribunal; (Redação dada pela EC 45/2004.)

VIII - o ato de remoção ou de disponibilidade do magistrado, por interesse público, fundar-se-á em decisão por voto da maioria absoluta do respectivo tribunal ou do Conselho Nacional de Justiça, assegurada ampla defesa; (Redação dada pela EC 103/2019)

‣ art. 95, II; 103-B, desta CF.

VIII-A - a remoção a pedido ou a permuta de magistrados de comarca de igual entrância atenderá, no que couber, ao disposto nas alíneas *a*, *b*, *c* e *e* do inciso II; (Incluído pela EC 45/2004.)

IX - todos os julgamentos dos órgãos do Poder Judiciário serão públicos, e fundamentadas todas as decisões, sob pena de nulidade, podendo a lei limitar a presença, em determinados atos, às próprias partes e a seus advogados, ou somente a estes, em casos nos quais a preservação do direito à intimidade do interessado no sigilo não prejudique o interesse público à informação; (Redação dada pela EC 45/2004.)

‣ Súm. 123, STJ.

‣ Súm. 459, TST.

X - as decisões administrativas dos tribunais serão motivadas e em sessão pública, sendo as disciplinares tomadas pelo voto da maioria absoluta de seus membros; (Redação dada pela EC 45/2004.)

XI - nos tribunais com número superior a vinte e cinco julgadores, poderá ser constituído órgão especial, com o mínimo de onze e o máximo de vinte e cinco membros, para o exercício das atribuições administrativas e jurisdicionais delegadas da competência do tribunal pleno, provendo-se metade das vagas por antiguidade e a outra metade por eleição pelo tribunal pleno; (Redação dada pela EC 45/2004.)

‣ art. 926, § 2º, CPC.

XII - a atividade jurisdicional será ininterrupta, sendo vedadas férias coletivas nos juízos e tribunais de segundo grau, funcionando, nos dias em que não houver expediente forense normal, juízes em plantão permanente; (Incluído pela EC 45/2004.)

‣ art. 214, CPC.

XIII - o número de juízes na unidade jurisdicional será proporcional à efetiva demanda judicial e à respectiva população; (Incluído pela EC 45/2004.)

XIV - os servidores receberão delegação para a prática de atos de administração e atos de mero expediente sem caráter decisório; (Incluído pela EC 45/2004.)

XV - a distribuição de processos será imediata, em todos os graus de jurisdição. (Incluído pela EC 45/2004.)

Art. 94. Um quinto dos lugares dos Tribunais Regionais Federais, dos Tribunais dos Estados, e do Distrito Federal e Territórios será composto de membros, do Ministério Público, com mais de dez anos de carreira, e de advogados de notório saber jurídico e de reputação ilibada, com mais de dez anos de efetiva atividade profissional, indicados em lista sêxtupla pelos órgãos de representação das respectivas classes.

‣ arts. 104, II; 115, II, desta CF.

Parágrafo único. Recebidas as indicações, o tribunal formará lista tríplice, enviando-a ao Poder Executivo, que, nos vinte dias subsequentes, escolherá um de seus integrantes para nomeação.

Art. 95. Os juízes gozam das seguintes garantias:

I - vitaliciedade, que, no primeiro grau, só será adquirida após dois anos de exercício, dependendo a perda do cargo, nesse período, de deliberação do tribunal a que o juiz estiver vinculado, e, nos demais casos, de sentença judicial transitada em julgado;

‣ Súm. 36, STF.

II - inamovibilidade, salvo por motivo de interesse público, na forma do art. 93, VIII;

III - irredutibilidade de subsídio, ressalvado o disposto nos arts. 37, X e XI, 39, § 4º, 150, II, 153, III, e 153, § 2º, I. (Redação dada pela EC 19/1998.)

Parágrafo único. Aos juízes é vedado:

I - exercer, ainda que em disponibilidade, outro cargo ou função, salvo uma de magistério;

II - receber, a qualquer título ou pretexto, custas ou participação em processo;

III - dedicar-se à atividade político-partidária.

IV - receber, a qualquer título ou pretexto, auxílios ou contribuições de pessoas físicas, entidades públicas ou privadas, ressalvadas as exceções previstas em lei; (Incluído pela EC 45/2004.)

V - exercer a advocacia no juízo ou tribunal do qual se afastou, antes de decorridos três anos do afastamento do cargo por aposentadoria ou exoneração. (Incluído pela EC 45/2004.)

› art. 128, § 6º, desta CF.

Art. 96. Compete privativamente:

› art. 4º, EC 45/2004 (Reforma do Judiciário).

I - aos tribunais:

a) eleger seus órgãos diretivos e elaborar seus regimentos internos, com observância das normas de processo e das garantias processuais das partes, dispondo sobre a competência e o funcionamento dos respectivos órgãos jurisdicionais e administrativos;

b) organizar suas secretarias e serviços auxiliares e os dos juízos que lhes forem vinculados, velando pelo exercício da atividade correicional respectiva;

c) prover, na forma prevista nesta Constituição, os cargos de juiz de carreira da respectiva jurisdição;

d) propor a criação de novas varas judiciárias;

e) prover, por concurso público de provas, ou de provas e títulos, obedecido o disposto no art. 169, parágrafo único, os cargos necessários à administração da Justiça, exceto os de confiança assim definidos em lei;

› Em função da EC 19/1998, a referência passa a ser ao art. 169, § 1º.

f) conceder licença, férias e outros afastamentos a seus membros e aos juízes e servidores que lhes forem imediatamente vinculados;

II - ao Supremo Tribunal Federal, aos Tribunais Superiores e aos Tribunais de Justiça propor ao Poder Legislativo respectivo, observado o disposto no art. 169:

a) a alteração do número de membros dos tribunais inferiores;

b) a criação e a extinção de cargos e a remuneração dos seus serviços auxiliares e dos juízos que lhes forem vinculados, bem como a fixação do subsídio de seus membros e dos juízes, inclusive dos tribunais inferiores, onde houver; (Redação dada pela EC 41/2003.)

› Lei 11.416/2006 (Carreiras dos servidores do Poder Judiciário da União).

c) a criação ou extinção dos tribunais inferiores;

d) a alteração da organização e da divisão judiciárias;

III - aos Tribunais de Justiça julgar os juízes estaduais e do Distrito Federal e Territórios, bem como os membros do Ministério Público, nos crimes comuns e de responsabilidade, ressalvada a competência da Justiça Eleitoral.

Art. 97. Somente pelo voto da maioria absoluta de seus membros ou dos membros do respectivo órgão especial poderão os tribunais declarar a inconstitucionalidade de lei ou ato normativo do Poder Público.

› Súm. Vinc. 10, STF.

Art. 98. A União, no Distrito Federal e nos Territórios, e os Estados criarão:

I - juizados especiais, providos por juízes togados, ou togados e leigos, competentes para a conciliação, o julgamento e a execução de causas cíveis de menor complexidade e infrações penais de menor potencial ofensivo, mediante os procedimentos oral e sumariíssimo, permitidos, nas hipóteses previstas em lei, a transação e o julgamento de recursos por turmas de juízes de primeiro grau;

› Lei 9.099/1995 (Lei dos Juizados Especiais).

› Lei 10.259/2001 (Lei dos Juizados Especiais Federais).

› Lei 12.053/2009 (Lei dos Juizados Especiais da Fazenda Pública).

› art. 14 da Lei 11.340/2006 (Juizados de Violência Doméstica e Familiar contra a Mulher).

› Súm. Vinc. 27 e 35, STF.

› Súm. 376, STJ.

II - justiça de paz, remunerada, composta de cidadãos eleitos pelo voto direto, universal e secreto, com mandato de quatro anos e competência para, na forma da lei, celebrar casamentos, verificar, de ofício ou em face de impugnação apresentada, o processo de habilitação e exercer atribuições conciliatórias, sem caráter jurisdicional, além de outras previstas na legislação.

› art. 30, ADCT.

§ 1º Lei federal disporá sobre a criação de juizados especiais no âmbito da Justiça Federal. (Incluído pela EC 22/1999 e renumerado pela EC 45/2004.)

› Lei 10.259/2001 (Lei dos Juizados Especiais Federais).

› Súm. 428, STJ.

§ 2º As custas e emolumentos serão destinados exclusivamente ao custeio dos serviços afetos às atividades específicas da Justiça. (Incluído pela EC 45/2004.)

Art. 99. Ao Poder Judiciário é assegurada autonomia administrativa e financeira.

§ 1º Os tribunais elaborarão suas propostas orçamentárias dentro dos limites estipulados conjuntamente com os demais Poderes na lei de diretrizes orçamentárias.

› art. 134, § 2º, desta CF.

› art. 107, § 2º, ACDT.

§ 2º O encaminhamento da proposta, ouvidos os outros tribunais interessados, compete:

› art. 134, § 2º, desta CF.

I - no âmbito da União, aos Presidentes do Supremo Tribunal Federal e dos Tribunais Superiores, com a aprovação dos respectivos tribunais;

II - no âmbito dos Estados e no do Distrito Federal e Territórios, aos Presidentes dos Tribunais de Justiça, com a aprovação dos respectivos tribunais.

§ 3º Se os órgãos referidos no § 2º não encaminharem as respectivas propostas orçamentárias dentro do prazo estabelecido na lei de diretrizes orçamentárias, o Poder Executivo considerará, para fins de consolidação da proposta orçamentária anual, os valores aprovados na lei orçamentária vigente, ajustados de acordo com os limites estipulados na forma do § 1º deste artigo. (Incluído pela EC 45/2004.)

§ 4º Se as propostas orçamentárias de que trata este artigo forem encaminhadas em desacordo com os limites estipulados na forma do § 1º, o Poder Executivo procederá aos ajustes necessários para fins de consolidação da proposta orçamentária anual. (Incluído pela EC 45/2004.)

§ 5º Durante a execução orçamentária do exercício, não poderá haver a realização de despesas ou a assunção de obrigações que extrapolem os limites estabelecidos na lei de diretrizes orçamentárias, exceto se previamente autorizadas, mediante a abertura de créditos suplementares ou especiais. (Incluído pela EC 45/2004.)

Art. 100. Os pagamentos devidos pelas Fazendas Públicas Federal, Estaduais, Distrital e Municipais, em virtude de sentença judiciária, far-se-ão exclusivamente na ordem cronológica de apresentação dos precatórios e à conta dos créditos respectivos, proibida a designação de casos ou de pessoas nas dotações orçamentárias e nos créditos adicionais abertos para este fim. (Redação dada pela EC 62/2009.)

› arts. 33; 78; 86; 87; 97, ADCT.

› art. 4º, EC 62/2009.

› art. 6º, Lei 9.469/1997 (Regula pagamentos devidos pela Fazenda Pública em virtude de sentença judiciária).

› Súm. 655, STF.

› Súm. 144 e 339, STJ.

› OJ Tribunal Pleno 12 e 13, TST.

§ 1º Os débitos de natureza alimentícia compreendem aqueles decorrentes de salários, vencimentos, proventos, pensões e suas complementações, benefícios previdenciários e indenizações por morte ou por invalidez, fundadas em responsabilidade civil, em virtude de sentença judicial transitada em julgado, e serão pagos com preferência sobre todos os demais débitos, exceto sobre aqueles referidos no § 2º deste artigo. (Redação dada pela EC 62/2009.)

› Súm. Vinc. 17; 47, STF.

§ 2º Os débitos de natureza alimentícia cujos titulares, originários ou por sucessão hereditária, tenham 60 (sessenta) anos de idade, ou sejam portadores de doença grave, ou pessoas com deficiência, assim definidos na forma da lei, serão pagos com preferência sobre todos os demais débitos, até o valor equivalente ao triplo fixado em lei para os fins do disposto no § 3º deste artigo, admitido o fracionamento para essa finalidade, sendo que o restante será pago na ordem cronológica de apresentação do precatório. (Alterado pela EC 94/2016.)

› art. 97, § 17, ADCT.

§ 3º O disposto no *caput* deste artigo relativamente à expedição de precatórios não se aplica aos pagamentos de obrigações definidas em leis como de pequeno valor que as Fazendas referidas devam fazer em virtude de sentença judicial transitada em julgado. (Redação dada pela EC 62/2009).

› art. 87, ADCT.

› Lei 10.099/2000 (Regulamenta este parágrafo).

› art. 17, § 1º, Lei 10.259/2001 (Lei dos Juizados Especiais Federais).

› art. 13, Lei 12.153/2009 (Lei dos Juizados Especiais da Fazenda Pública).

§ 4º Para os fins do disposto no § 3º, poderão ser fixados, por leis próprias, valores distintos às entidades de direito público, segundo as diferentes capacidades econômicas, sendo o mínimo igual ao valor do maior benefício do regime geral de previdência social. (Redação dada pela EC 62/2009.)

› art. 97, § 12, ADCT.

§ 5º É obrigatória a inclusão, no orçamento das entidades de direito público, de verba necessária ao pagamento de seus débitos, oriundos de sentenças transitadas em julgado, constantes de precatórios judiciários apresentados até 1º de julho, fazendo-se o pagamento até o final do exercício seguinte, quando terão seus valores atualizados monetariamente. (Redação dada pela EC 62/2009.)

› Súm. Vinc. 17, STF.

§ 6º As dotações orçamentárias e os créditos abertos serão consignados diretamente ao Poder Judiciário, cabendo ao Presidente do Tribunal que proferir a decisão exequenda determinar o pagamento integral e autorizar, a requerimento do credor e exclusivamente para os casos de preterimento de seu direito de precedência ou de não alocação orçamentária do valor necessário à satisfação do seu débito, o sequestro da quantia respectiva. (Redação dada pela EC 62/2009.)

› Súm. 733, STF.

§ 7º O Presidente do Tribunal competente que, por ato comissivo ou omissivo, retardar ou tentar frustrar a liquidação regular de precatórios incorrerá em crime de responsabilidade e responderá, também, perante o Conselho Nacional de Justiça. (Incluído pela EC 62/2009.)

› Lei 1.079/1950 (Define os crimes de responsabilidade e regula o respectivo processo de julgamento).

› Súm. Vinc. 46, STF.

§ 8º É vedada a expedição de precatórios complementares ou suplementares de valor pago, bem como o fracionamento, repartição ou quebra do valor da execução para fins de enquadramento de parcela do total ao que dispõe o § 3º deste artigo. (Incluído pela EC 62/2009.)

› art. 87, ADCT.

§ 9º No momento da expedição dos precatórios, independentemente de regulamentação, deles deverá ser abatido, a título de compensação, valor correspondente aos débitos líquidos e certos, inscritos ou não em dívida ativa e constituídos contra o credor original pela Fazenda Pública devedora, incluídas parcelas vincendas de parcelamentos, ressalvados aqueles cuja execução esteja suspensa em virtude de contestação administrativa ou judicial. (Incluído pela EC 62/2009.)

› ADIn 4.425 QO/DF e ADIn 4.357/DF (Declara inconstitucional este parágrafo).

§ 10. Antes da expedição dos precatórios, o Tribunal solicitará à Fazenda Pública devedora, para resposta em até 30 (trinta) dias, sob pena de perda do direito de abatimento, informação sobre os débitos que preencham as condições estabelecidas no § 9º, para os fins nele previstos. (Incluído pela EC 62/2009.)

› ADIn 4.425 QO/DF e ADIn 4.357/DF (Declara inconstitucional este parágrafo).

§ 11. É facultada ao credor, conforme estabelecido em lei da entidade federativa devedora, a entrega de créditos em precatórios para compra de imóveis públicos do respectivo ente federado. (Incluído pela EC 62/2009.)

§ 12. A partir da promulgação desta Emenda Constitucional, a atualização de valores de requisitórios, após sua expedição, até o efetivo pagamento, independentemente de sua natureza, será feita pelo índice oficial de remuneração básica da caderneta de poupança, e, para fins de compensação da mora, incidirão juros simples no mesmo percentual de juros incidentes sobre a caderneta de poupança, ficando excluída a incidência de juros compensatórios. (Incluído pela EC 62/2009.)

› ADIn 4.425/DF e 4.357/DF (Declara inconstitucional os trechos "independentemente de sua natureza" e "índice oficial de remuneração básica da caderneta de poupança" contidos neste parágrafo).

› OJ Tribunal Pleno 7, TST.

› OJ SDI-1 382, TST.

§ 13. O credor poderá ceder, total ou parcialmente, seus créditos em precatórios a terceiros, independentemente da concordância do devedor, não se aplicando ao cessionário o disposto nos §§ 2º e 3º. (Incluído pela EC 62/2009.)

› art. 5º, EC 62/2009 (Convalida todas as cessões de precatórios efetuados antes de sua promulgação, independentemente da concordância da entidade devedora).

› arts. 286 a 298, CC/2002.

§ 14. A cessão de precatórios somente produzirá efeitos após comunicação, por meio de petição protocolizada, ao tribunal de origem e à entidade devedora. (Incluído pela EC 62/2009.)

§ 15. Sem prejuízo do disposto neste artigo, lei complementar a esta Constituição Federal poderá estabelecer regime especial para pagamento de crédito de precatórios de Estados, Distrito Federal e Municípios, dispondo sobre vinculações à receita corrente líquida e forma e prazo de liquidação. (Incluído pela EC 62/2009.)

› art. 97, *caput*, ADCT.

› ADIn 4.425 QO/DF e ADIn 4.357/DF (Declara inconstitucional este parágrafo).

§ 16. A seu critério exclusivo e na forma de lei, a União poderá assumir débitos, oriundos de precatórios, de Estados, Distrito Federal e Municípios, refinanciando-os diretamente. (Incluído pela EC 62/2009.)

§ 17. A União, os Estados, o Distrito Federal e os Municípios aferirão mensalmente, em base anual, o comprometimento de suas respectivas receitas correntes líquidas com o pagamento de precatórios e obrigações de pequeno valor. (Acrescentado pela EC 94/2016.)

§ 18. Entende-se como receita corrente líquida, para os fins de que trata o § 17, o somatório das receitas tributárias, patrimoniais, industriais, agropecuárias, de contribuições e de serviços, de transferências correntes e outras receitas correntes, incluindo as oriundas do § 1º do art. 20 da Constituição Federal, verificado no período compreendido pelo segundo mês imediatamente anterior ao de referência e os 11 (onze) meses precedentes, excluídas as duplicidades, e deduzidas: (Acrescentado pela EC 94/2016.)

I - na União, as parcelas entregues aos Estados, ao Distrito Federal e aos Municípios por determinação constitucional; (Acrescentado pela EC 94/2016.)

II - nos Estados, as parcelas entregues aos Municípios por determinação constitucional; (Acrescentado pela EC 94/2016.)

III - na União, nos Estados, no Distrito Federal e nos Municípios, a contribuição dos servidores para custeio de seu sistema de previdência e assistência social e as receitas provenientes da compensação financeira referida no § 9º do art. 201 da Constituição Federal. (Acrescentado pela EC 94/2016.)

§ 19. Caso o montante total de débitos decorrentes de condenações judiciais em precatórios e obrigações de pequeno valor, em período de 12 (doze) meses, ultrapasse a média do comprometimento percentual da receita corrente líquida nos 5 (cinco) anos imediatamente anteriores, a parcela que exceder esse percentual poderá ser financiada, excetuada dos limites de endividamento de que tratam os incisos VI e VII do art. 52 da Constituição Federal e de quaisquer outros limites de endividamento previstos, não se aplicando a esse financiamento a vedação de vinculação de receita prevista no inciso IV do art. 167 da Constituição Federal. (Acrescentado pela EC 94/2016.)

§ 20. Caso haja precatório com valor superior a 15% (quinze por cento) do montante dos precatórios apresentados nos termos do § 5º deste artigo, 15% (quinze por cento) do valor deste precatório serão pagos até o final do exercício seguinte e o restante em parcelas iguais nos cinco exercícios subsequentes, acrescidas de juros de mora e correção monetária, ou mediante acordos diretos, perante Juízos Auxiliares de Conciliação de Precatórios, com redução máxima de 40% (quarenta por cento) do valor do crédito atualizado, desde que em relação ao crédito não penda recurso ou defesa judicial e que sejam observados os requisitos definidos na regulamentação editada pelo ente federado. (Acrescentado pela EC 94/2016.)

SEÇÃO II
DO SUPREMO TRIBUNAL FEDERAL

Art. 101. O Supremo Tribunal Federal compõe-se de onze Ministros, escolhidos dentre cidadãos com mais de trinta e cinco e menos de sessenta e cinco anos de idade, de notável saber jurídico e reputação ilibada.

- Lei 8.038/1990 (Institui normas procedimentais para os processos que especifica perante o STJ e o STF).

Parágrafo único. Os Ministros do Supremo Tribunal Federal serão nomeados pelo Presidente da República, depois de aprovada a escolha pela maioria absoluta do Senado Federal.

Art. 102. Compete ao Supremo Tribunal Federal, precipuamente, a guarda da Constituição, cabendo-lhe:

I - processar e julgar, originariamente:

a) a ação direta de inconstitucionalidade de lei ou ato normativo federal ou estadual e a ação declaratória de constitucionalidade de lei ou ato normativo federal; (Redação dada pela EC 3/1993.)

- Lei 9.868/1999 (Dispõe sobre o processo e julgamento da ação direta de inconstitucionalidade e da ação declaratória de constitucionalidade perante o STF).
- Dec. 2.346/1997 (Consolida normas de procedimentos a serem observadas pela Administração Pública Federal em razão de decisões judiciais).
- Súm. 360; 642; 735, STF.

b) nas infrações penais comuns, o Presidente da República, o Vice-Presidente, os membros do Congresso Nacional, seus próprios Ministros e o Procurador-Geral da República;

c) nas infrações penais comuns e nos crimes de responsabilidade, os Ministros de Estado e os Comandantes da Marinha, do Exército e da Aeronáutica, ressalvado o disposto no art. 52, I, os membros dos Tribunais Superiores, os do Tribunal de Contas da União e os chefes de missão diplomática de caráter permanente; (Redação dada pela EC 23/1999.)

- Lei 1.079/1950 (Define os crimes de responsabilidade e regula o respectivo processo de julgamento).
- Súm. Vinc. 46, STF.

d) o *habeas corpus*, sendo paciente qualquer das pessoas referidas nas alíneas anteriores; o mandado de segurança e o *habeas data* contra atos do Presidente da República, das Mesas da Câmara dos Deputados e do Senado Federal, do Tribunal de Contas da União, do Procurador-Geral da República e do próprio Supremo Tribunal Federal;

- Lei 9.507/1997 (Lei do *Habeas data*).
- 12.016/2009 (Lei do Mandado de Segurança individual e coletivo).
- Súm. 624 e 692, STF.

e) o litígio entre Estado estrangeiro ou organismo internacional e a União, o Estado, o Distrito Federal ou o Território;

- art. 24, CPC.

f) as causas e os conflitos entre a União e os Estados, a União e o Distrito Federal, ou entre uns e outros, inclusive as respectivas entidades da administração indireta;

g) a extradição solicitada por Estado estrangeiro;

- Súm. 367; 421; 692, STF.

h) (Revogada pela EC 45/2004.)

i) o *habeas corpus*, quando o coator for Tribunal Superior ou quando o coator ou o paciente for autoridade ou funcionário cujos atos estejam sujeitos diretamente à jurisdição do Supremo Tribunal Federal, ou se trate de crime sujeito à mesma jurisdição em uma única instância; (Redação dada pela EC 22/1999.)

- Súm. 606; 690 a 692; 731, STF.

j) a revisão criminal e a ação rescisória de seus julgados;

- arts. 966 a 975, NCPC.
- arts. 621 a 631, CPP.

l) a reclamação para a preservação de sua competência e garantia da autoridade de suas decisões;

m) a execução de sentença nas causas de sua competência originária, facultada a delegação de atribuições para a prática de atos processuais;

n) a ação em que todos os membros da magistratura sejam direta ou indiretamente interessados, e aquela em que mais da metade dos membros do tribunal de origem estejam impedidos ou sejam direta ou indiretamente interessados;

- Súm. 623 e 731, STF.

o) os conflitos de competência entre o Superior Tribunal de Justiça e quaisquer tribunais, entre Tribunais Superiores, ou entre estes e qualquer outro tribunal;

- arts. 105, I, d; 108, I, e; art. 114, V, desta CF.

p) o pedido de medida cautelar das ações diretas de inconstitucionalidade;

q) o mandado de injunção, quando a elaboração da norma regulamentadora for atribuição do Presidente da República, do Congresso Nacional, da Câmara dos Deputados, do Senado Federal, das Mesas de uma dessas Casas Legislativas, do Tribunal de Contas da União, de um dos Tribunais Superiores ou do próprio Supremo Tribunal Federal;

- Lei 13.300/2016 (Mandados de injunção individual e coletivo).

r) as ações contra o Conselho Nacional de Justiça e contra o Conselho Nacional do Ministério Público; (Incluída pela EC 45/2004.)

- arts. 103-B e 130-A desta CF.

II - julgar, em recurso ordinário:

a) o *habeas corpus*, o mandado de segurança, o *habeas data* e o mandado de injunção decididos em única instância pelos Tribunais Superiores, se denegatória a decisão;

- Lei 9.507/1997 (Lei do *Habeas data*).
- Lei 12.016/2009 (Lei do Mandado de segurança individual e coletivo)
- Lei 13.300/2016 (Mandados de injunção individual e coletivo).

b) o crime político;

III - julgar, mediante recurso extraordinário, as causas decididas em única ou última instância, quando a decisão recorrida:

- arts. 928, II; 1.029 a 1.044, NCPC.
- Lei 8.038/1990 (Normas procedimentais para os processos que especifica, perante o STJ e o STF).
- Lei 8.658/1993 (Aplicação, nos Tribunais de Justiça e nos Tribunais Regionais Federais, das normas da Lei 8.038/1990).
- Súm. 634 a 640; 727; 728; 733, STF.

a) contrariar dispositivo desta Constituição;

- Súm. 400 e 735, STF.

b) declarar a inconstitucionalidade de tratado ou lei federal;

- art. 948, NCPC.

c) julgar válida lei ou ato de governo local contestado em face desta Constituição.

d) julgar válida lei local contestada em face de lei federal. (Incluída pela EC 45/2004.)

§ 1º A arguição de descumprimento de preceito fundamental, decorrente desta Constituição, será apreciada pelo Supremo Tribunal Federal, na forma da lei. (Transformado do parágrafo único em § 1º pela EC 3/1993.)

- Lei 9.882/1999 (Dispõe sobre o processo e julgamento da Arguição de Descumprimento de Preceito Fundamental).

§ 2º As decisões definitivas de mérito, proferidas pelo Supremo Tribunal Federal, nas ações diretas de inconstitucionalidade e nas ações declaratórias de constitucionalidade produzirão eficácia contra todos e efeito vinculante, relativamente aos demais órgãos do Poder Judiciário e à administração pública direta e indireta, nas esferas federal, estadual e municipal. (Redação dada pela EC 45/2004.)

- Lei 9.868/1998 (Dispõe sobre o processo e julgamento da ação direta de inconstitucionalidade e da ação declaratória de constitucionalidade perante o STF).

§ 3º No recurso extraordinário o recorrente deverá demonstrar a repercussão geral das questões constitucionais discutidas no caso, nos termos da lei, a fim de que o Tribunal examine a admissão do recurso, somente podendo recusá-lo pela manifestação de dois terços de seus membros. (Incluída pela EC 45/2004.)

- arts. 1.035; 1.036; 1.039, NCPC.

Art. 103. Podem propor a ação direta de inconstitucionalidade e a ação declaratória de constitucionalidade: (Redação dada pela EC 45/2004.)

- arts. 2º; 12-A; 13, Lei 9.868/1999 (Dispõe sobre o processo e julgamento da ação direta de inconstitucionalidade e da ação declaratória de constitucionalidade perante o STF).

I - o Presidente da República;

II - a Mesa do Senado Federal;

III - a Mesa da Câmara dos Deputados;

IV - a Mesa de Assembleia Legislativa ou da Câmara Legislativa do Distrito Federal; (Redação dada pela EC 45/2004.)

V - o Governador de Estado ou do Distrito Federal; (Redação dada pela EC 45/2004.)

VI - o Procurador-Geral da República;

VII - o Conselho Federal da Ordem dos Advogados do Brasil;

VIII - partido político com representação no Congresso Nacional;

IX - confederação sindical ou entidade de classe de âmbito nacional.

§ 1º O Procurador-Geral da República deverá ser previamente ouvido nas ações de inconstitucionalidade e em todos os processos de competência do Supremo Tribunal Federal.

§ 2º Declarada a inconstitucionalidade por omissão de medida para tornar efetiva norma constitucional, será dada ciência ao Poder competente para a adoção das providências necessárias e, em se tratando de órgão administrativo, para fazê-lo em trinta dias.

- art. 12-H, Lei 9.868/1999 (Dispõe sobre o processo e julgamento da ação direta de inconstitucionalidade e da ação declaratória de constitucionalidade perante o STF).

§ 3º Quando o Supremo Tribunal Federal apreciar a inconstitucionalidade, em tese, de norma legal ou ato normativo, citará, previamente, o Advogado-Geral da União, que defenderá o ato ou texto impugnado.

§ 4º (Revogado pela EC 45/2004.)

Art. 103-A. O Supremo Tribunal Federal poderá, de ofício ou por provocação, mediante decisão de dois terços dos seus membros, após reiteradas decisões sobre matéria constitucional, aprovar súmula que, a partir de sua publicação na imprensa oficial, terá efeito vinculante em relação aos demais órgãos do Poder Judiciário e à administração pública direta e indireta, nas esferas federal, estadual e municipal, bem como proceder à sua revisão ou cancelamento, na forma estabelecida em lei. (Incluído pela EC 45/2004.)

- art. 8º, EC 45/2004 (Reforma do Judiciário).
- art. 927, II, NCPC.
- Lei 11.417/2006 (Regulamenta este artigo).

§ 1º A súmula terá por objetivo a validade, a interpretação e a eficácia de normas determinadas, acerca das quais haja controvérsia atual entre órgãos judiciários ou entre esses e a administração pública que acarrete grave insegurança jurídica e relevante multiplicação de processos sobre questão idêntica.

§ 2º Sem prejuízo do que vier a ser estabelecido em lei, a aprovação, revisão ou cancelamento de súmula poderá ser provocada por aqueles que podem propor a ação direta de inconstitucionalidade.

§ 3º Do ato administrativo ou decisão judicial que contrariar a súmula aplicável ou que indevidamente a aplicar, caberá reclamação ao Supremo Tribunal Federal que, julgando-a procedente, anulará o ato administrativo ou cassará a decisão judicial reclamada, e determinará que outra seja proferida com ou sem a aplicação da súmula, conforme o caso.

Art. 103-B. O Conselho Nacional de Justiça compõe-se de 15 (quinze) membros com mandato de 2 (dois) anos, admitida 1 (uma) recondução, sendo: (Redação dada pela EC 61/2009.)

- Lei 11.364/2006 (Dispõe sobre atividades de apoio ao Conselho Nacional de Justiça).

I - o Presidente do Supremo Tribunal Federal; (Redação dada pela EC 61/2009.)

II - um Ministro do Superior Tribunal de Justiça, indicado pelo respectivo tribunal; (Incluído pela EC 45/2004.)

III - um Ministro do Tribunal Superior do Trabalho, indicado pelo respectivo tribunal; (Incluído pela EC 45/2004.)

IV - um desembargador de Tribunal de Justiça, indicado pelo Supremo Tribunal Federal; (Incluído pela EC 45/2004.)

V - um juiz estadual, indicado pelo Supremo Tribunal Federal; (Incluído pela EC 45/2004.)

VI - um juiz de Tribunal Regional Federal, indicado pelo Superior Tribunal de Justiça; (Incluído pela EC 45/2004.)

VII - um juiz federal, indicado pelo Superior Tribunal de Justiça; (Incluído pela EC 45/2004.)

VIII - um juiz de Tribunal Regional do Trabalho, indicado pelo Tribunal Superior do Trabalho; (Incluído pela EC 45/2004.)

IX - um juiz do trabalho, indicado pelo Tribunal Superior do Trabalho; (Incluído pela EC 45/2004.)

X - um membro do Ministério Público da União, indicado pelo Procurador-Geral da República; (Incluído pela EC 45/2004.)

XI - um membro do Ministério Público estadual, escolhido pelo Procurador-Geral da República dentre os nomes indicados pelo órgão competente de cada instituição estadual; (Incluído pela EC 45/2004.)

XII - dois advogados, indicados pelo Conselho Federal da Ordem dos Advogados do Brasil; (Incluído pela EC 45/2004.)

XIII - dois cidadãos, de notável saber jurídico e reputação ilibada, indicados um pela Câmara dos Deputados e outro pelo Senado Federal. (Incluído pela EC 45/2004.)

§ 1º O Conselho será presidido pelo Presidente do Supremo Tribunal Federal e, nas suas ausências e impedimentos, pelo Vice-Presidente do Supremo Tribunal Federal. (Redação dada pela EC 61/2009.)

§ 2º Os demais membros do Conselho serão nomeados pelo Presidente da República, depois de aprovada a escolha pela maioria absoluta do Senado Federal. (Redação dada pela EC 61/2009.)

§ 3º Não efetuadas, no prazo legal, as indicações previstas neste artigo, caberá a escolha ao Supremo Tribunal Federal. (Incluído pela EC 45/2004.)

§ 4º Compete ao Conselho o controle da atuação administrativa e financeira do Poder Judiciário e do cumprimento dos deveres funcionais dos juízes, cabendo-lhe, além de outras atribuições que lhe forem conferidas pelo Estatuto da Magistratura: (Incluído pela EC 45/2004.)

I - zelar pela autonomia do Poder Judiciário e pelo cumprimento do Estatuto da Magistratura, podendo expedir atos regulamentares, no âmbito de sua competência, ou recomendar providências;

II - zelar pela observância do art. 37 e apreciar, de ofício ou mediante provocação, a legalidade dos atos administrativos praticados por membros ou órgãos do Poder Judiciário, podendo desconstituí-los, revê-los ou fixar prazo para que se adotem as providências necessárias ao exato cumprimento da lei, sem prejuízo da competência do Tribunal de Contas da União;

III - receber e conhecer das reclamações contra membros ou órgãos do Poder Judiciário, inclusive contra seus serviços auxiliares, serventias e órgãos prestadores de serviços notariais e de registro que atuem por delegação do poder público ou oficializados, sem prejuízo da competência disciplinar e correicional dos tribunais, podendo avocar processos disciplinares em curso, determinar a remoção ou a disponibilidade e aplicar outras sanções administrativas, assegurada ampla defesa; (Redação dada pela EC 103/2019)

IV - representar ao Ministério Público, no caso de crime contra a administração pública ou de abuso de autoridade;

V - rever, de ofício ou mediante provocação, os processos disciplinares de juízes e membros de tribunais julgados há menos de um ano;

VI - elaborar semestralmente relatório estatístico sobre processos e sentenças prolatadas, por unidade da Federação, nos diferentes órgãos do Poder Judiciário;

VII - elaborar relatório anual, propondo as providências que julgar necessárias, sobre a situação do Poder Judiciário no país e as atividades do Conselho, o qual deve integrar mensagem do Presidente do Supremo Tribunal Federal a ser remetida ao Congresso Nacional, por ocasião da abertura da sessão legislativa.

§ 5º O Ministro do Superior Tribunal de Justiça exercerá a função de Ministro-Corregedor e ficará excluído da distribuição de processos no Tribunal, competindo-lhe, além das atribuições que lhe forem conferidas pelo Estatuto da Magistratura, as seguintes: (Incluído pela EC 45/2004.)

I - receber as reclamações e denúncias, de qualquer interessado, relativas aos magistrados e aos serviços judiciários;

II - exercer funções executivas do Conselho, de inspeção e de correição geral;

III - requisitar e designar magistrados, delegando-lhes atribuições, e requisitar servidores de juízos ou tribunais, inclusive nos Estados, Distrito Federal e Territórios.

§ 6º Junto ao Conselho oficiarão o Procurador-Geral da República e o Presidente do Conselho Federal da Ordem dos Advogados do Brasil. (Incluído pela EC 45/2004.)

§ 7º A União, inclusive no Distrito Federal e nos Territórios, criará ouvidorias de justiça, competentes para receber reclamações e denúncias de qualquer interessado contra membros ou órgãos do Poder Judiciário, ou contra seus serviços auxiliares, representando diretamente ao Conselho Nacional de Justiça. (Incluído pela EC 45/2004.)

- Res. 103/2010, CNJ (Atribuições da Ouvidoria do CNJ e determina criação de ouvidorias no âmbito dos Tribunais).

SEÇÃO III
DO SUPERIOR TRIBUNAL DE JUSTIÇA

- Lei 8.038/1990 (Institui normas procedimentais para os processos que especifica perante o STJ e o STF).

Art. 104. O Superior Tribunal de Justiça compõe-se de, no mínimo, trinta e três Ministros.

Parágrafo único. Os Ministros do Superior Tribunal de Justiça serão nomeados pelo Presidente da República, dentre brasileiros com mais de trinta e cinco e menos de sessenta e cinco anos, de notável saber jurídico e reputação ilibada, depois de aprovada a escolha pela maioria absoluta do Senado Federal, sendo: (Redação dada pela EC 45/2004.)

I - um terço dentre juízes dos Tribunais Regionais Federais e um terço dentre desembargadores dos Tribunais de Justiça, indicados em lista tríplice elaborada pelo próprio Tribunal;

II - um terço, em partes iguais, dentre advogados e membros do Ministério Público Federal, Estadual, do Distrito Federal e Territórios, alternadamente, indicados na forma do art. 94.

Art. 105. Compete ao Superior Tribunal de Justiça:

I - processar e julgar, originariamente:

a) nos crimes comuns, os Governadores dos Estados e do Distrito Federal, e, nestes e nos de responsabilidade, os desembargadores dos Tribunais de Justiça dos Estados e do Distrito Federal, os membros dos Tribunais de Contas dos Estados e do Distrito Federal, os dos Tribunais Regionais Federais, dos Tribunais Regionais Eleitorais e do Trabalho, os membros dos Conselhos ou Tribunais de Contas dos Municípios e os do Ministério Público da União que oficiem perante tribunais;

- Súm. Vinc. 46, STF.

b) os mandados de segurança e os *habeas data* contra ato de Ministro de Estado, dos Comandantes da Marinha, do Exército e da Aeronáutica ou do próprio Tribunal; (Redação dada pela EC 23/1999.)

- Lei 9.507/1997 (Lei do *Habeas data*).
- Lei 12.016/2009 (Lei do Mandado de Segurança individual e coletivo).
- Súm. 41, STJ.

c) os *habeas corpus*, quando o coator ou paciente for qualquer das pessoas mencionadas na alínea *a*, ou quando o coator for tribunal sujeito à sua jurisdição, Ministro de Estado ou Comandante da Marinha, do Exército ou da Aeronáutica, ressalvada a competência da Justiça Eleitoral; (Redação dada pela EC 23/1999.)

d) os conflitos de competência entre quaisquer tribunais, ressalvado o disposto no art. 102, I, *o*, bem como entre tribunal e juízes a ele não vinculados e entre juízes vinculados a tribunais diversos;

- Súm. 22 e 428, STJ.

e) as revisões criminais e as ações rescisórias de seus julgados;

- arts. 966 a 975, NCPC.
- arts. 621 a 631, CPP.

f) a reclamação para a preservação de sua competência e garantia da autoridade de suas decisões;

g) os conflitos de atribuições entre autoridades administrativas e judiciárias da União, ou entre autoridades judiciárias de um Estado e administrativas de outro ou do Distrito Federal, ou entre as deste e da União;

h) o mandado de injunção, quando a elaboração da norma regulamentadora for atribuição de órgão, entidade ou autoridade federal, da administração direta ou indireta, excetuados os casos de competência do Supremo Tribunal Federal e dos órgãos da Justiça Militar, da Justiça Eleitoral, da Justiça do Trabalho e da Justiça Federal;

- art. 109 desta CF.
- arts. 961 e 965, NCPC.
- Lei 13.300/2016 (Mandados de injunção individual e coletivo).

i) a homologação de sentenças estrangeiras e a concessão de *exequatur* às cartas rogatórias; (Incluída pela EC 45/2004.)

- art. 109, X, desta CF.
- arts. 961 e 965, NCPC.
- Dec. 9.039/2017 (Obtenção de Provas no Estrangeiro em Matéria Civil ou Comercial).

II - julgar, em recurso ordinário:

a) os *habeas corpus* decididos em única ou última instância pelos Tribunais Regionais Federais ou pelos tribunais dos Estados, do Distrito Federal e Territórios, quando a decisão for denegatória;

b) os mandados de segurança decididos em única instância pelos Tribunais Regionais Federais ou pelos tribunais dos Estados, do Distrito Federal e Territórios, quando denegatória a decisão;

- Lei 12.016/2009 (Lei do Mandado de Segurança individual e coletivo).

c) as causas em que forem partes Estado estrangeiro ou organismo internacional, de um lado, e, do outro, Município ou pessoa residente ou domiciliada no país;

III - julgar, em recurso especial, as causas decididas, em única ou última instância, pelos Tribunais Regionais Federais ou pelos tribunais dos Estados, do Distrito Federal e Territórios, quando a decisão recorrida:

- Lei 8.038/1990 (Institui normas procedimentais para os processos que especifica perante o STJ e o STF).
- Lei 8.658/1993 (Dispõe sobre a aplicação, nos Tribunais de Justiça e nos Tribunais Regionais Federais, das normas da Lei 8.038/1990).
- Súm. 5; 7; 86; 95; 203; 207; 320; 418; 518; 568; 579, STJ.

a) contrariar tratado ou lei federal, ou negar-lhes vigência;

- Súm. 518, STJ.

b) julgar válido ato de governo local contestado em face de lei federal; (Redação dada pela EC 45/2004.)

c) der a lei federal interpretação divergente da que lhe haja atribuído outro tribunal.

- Súm. 13; 568, STJ.

Parágrafo único. Funcionarão junto ao Superior Tribunal de Justiça: (Redação dada pela EC 45/2004.)

I - a Escola Nacional de Formação e Aperfeiçoamento de Magistrados, cabendo-lhe, dentre outras funções, regulamentar os cursos oficiais para o ingresso e promoção na carreira; (Incluído pela EC 45/2004.)

II - o Conselho da Justiça Federal, cabendo-lhe exercer, na forma da lei, a supervisão administrativa e orçamentária da Justiça Federal de primeiro e segundo graus, como órgão central do sistema e com poderes correicionais, cujas decisões terão caráter vinculante. (Incluído pela EC 45/2004.)

SEÇÃO IV
DOS TRIBUNAIS REGIONAIS FEDERAIS E DOS JUÍZES FEDERAIS

Art. 106. São órgãos da Justiça Federal:

- Lei 7.727/1989 (Composição inicial dos Tribunais Regionais Federais e sua instalação, e cria os respectivos quadros de pessoal).

I - os Tribunais Regionais Federais;

II - os Juízes Federais.

Art. 107. Os Tribunais Regionais Federais compõem-se de, no mínimo, sete juízes, recrutados, quando possível, na respectiva região e nomeados pelo Presidente da República dentre brasileiros com mais de trinta e menos de sessenta e cinco anos, sendo:

I - um quinto dentre advogados com mais de dez anos de efetiva atividade profissional e membros do Ministério Público Federal com mais de dez anos de carreira;

II - os demais, mediante promoção de juízes federais com mais de cinco anos de exercício, por antiguidade e merecimento, alternadamente.

- art. 27, § 9º, ADCT.
- Lei 9.967/2000 (Reestruturações dos Tribunais Federais Regionais das cinco Regiões).

§ 1º A lei disciplinará a remoção ou a permuta de juízes dos Tribunais Regionais Federais e determinará sua jurisdição e sede. (Renumerado do parágrafo único pela EC 45/2004.)

- art. 1º, Lei 9.967/2000 (Reestruturações dos Tribunais Federais Regionais das cinco Regiões).

§ 2º Os Tribunais Regionais Federais instalarão a justiça itinerante, com a realização de audiências e demais funções da atividade jurisdicional, nos limites territoriais da respectiva jurisdição, servindo-se de equipamentos públicos e comunitários. (Incluído pela EC 45/2004.)

§ 3º Os Tribunais Regionais Federais poderão funcionar descentralizadamente, constituindo Câmaras regionais, a fim de assegurar o pleno acesso do jurisdicionado à justiça em todas as fases do processo. (Incluído pela EC 45/2004.)

Art. 108. Compete aos Tribunais Regionais Federais:

I - processar e julgar, originariamente:

a) os juízes federais da área de sua jurisdição, incluídos os da Justiça Militar e da Justiça do Trabalho, nos crimes comuns e de responsabilidade, e os membros do

Ministério Público da União, ressalvada a competência da Justiça Eleitoral;

- Súm. Vinc. 46, STF.

b) as revisões criminais e as ações rescisórias de julgados seus ou dos juízes federais da região;

- arts. 966 e 975, NCPC.
- arts. 621 a 631, CPP.

c) os mandados de segurança e os *habeas data* contra ato do próprio Tribunal ou de juiz federal;

- Lei 9.507/1997 (Lei do *Habeas data*).
- Lei 12.016/2009 (Lei do mandado de Segurança individual e coletivo).

d) os *habeas corpus*, quando a autoridade coatora for juiz federal;

e) os conflitos de competência entre juízes federais vinculados ao Tribunal;

- Súm. 3 e 428, STJ.

II - julgar, em grau de recurso, as causas decididas pelos juízes federais e pelos juízes estaduais no exercício da competência federal da área de sua jurisdição.

- Súm. 55, STJ.

Art. 109. Aos juízes federais compete processar e julgar:

- Lei 7.492/1986 (Lei dos crimes contra o sistema financeiro nacional).
- Lei 9.469/1997 (Dispõe sobre a intervenção da União nas causas em que figurarem, como autores ou réus, entes da Administração indireta).
- Lei 10.259/2001 (Lei dos Juizados Especiais Federais).
- art. 70, Lei 11.343/2006 (Lei Antidrogas).
- Súm. 504; 511; 517; 522; 557; 689, STF.
- Súm. 3; 15; 32; 42; 66; 82; 122; 147; 150; 151; 165; 173; 183; 200; 208; 224; 254; 324; 349; 365, STJ.

I - as causas em que a União, entidade autárquica ou empresa pública federal forem interessadas na condição de autoras, rés, assistentes ou oponentes, exceto as de falência, as de acidentes de trabalho e as sujeitas à Justiça Eleitoral e à Justiça do Trabalho;

- arts. 45; 51, NCPC.
- Lei 13.303/2016 (Dispõe sobre o estatuto jurídico da empresa pública).
- Súm. Vin. 22 e 27, STF.
- Súm. 15; 32; 42; 66; 82; 150; 161, 173; 183; 224; 254; 324; 365; 374; 489, STJ.

II - as causas entre Estado estrangeiro ou organismo internacional e Município ou pessoa domiciliada ou residente no país;

III - as causas fundadas em tratado ou contrato da União com Estado estrangeiro ou organismo internacional;

- Súm. 689, STF.

IV - os crimes políticos e as infrações penais praticadas em detrimento de bens, serviços ou interesse da União ou de suas entidades autárquicas ou empresas públicas, excluídas as contravenções e ressalvada a competência da Justiça Militar e da Justiça Eleitoral;

- art. 9º, CPM.
- Súm. Vinc. 36, STF.
- Súm. 38; 42; 62; 73; 91; 104; 147; 165; 208, STJ.

V - os crimes previstos em tratado ou convenção internacional, quando, iniciada a execução no país, o resultado tenha ou devesse ter ocorrido no estrangeiro, ou reciprocamente;

V-A - as causas relativas a direitos humanos a que se refere o § 5º deste artigo; (Incluído pela EC 45/2004.)

- Lei 12.528/2011 (Comissão Nacional da Verdade).

VI - os crimes contra a organização do trabalho e, nos casos determinados por lei, contra o sistema financeiro e a ordem econômico-financeira;

- arts. 197 a 207, CP.
- Lei 7.492/1986 (Lei dos crimes contra o sistema financeiro nacional).
- Lei 8.137/1990 (Lei dos crimes contra a ordem tributária, econômica e contra as relações de consumo).
- Lei 8.176/1991 (Define crimes contra a ordem econômica e cria o Sistema de Estoques de Combustíveis).

VII - os *habeas corpus*, em matéria criminal de sua competência ou quando o constrangimento provier de autoridade cujos atos não estejam diretamente sujeitos a outra jurisdição;

VIII - os mandados de segurança e os *habeas data* contra ato de autoridade federal, excetuados os casos de competência dos tribunais federais;

- Lei 9.507/1997 (Lei do *Habeas Data*).
- Lei 12.016/2009 (Lei do Mandado de Segurança individual e coletivo).

IX - os crimes cometidos a bordo de navios ou aeronaves, ressalvada a competência da Justiça Militar;

- art. 125, § 4º, desta CF.
- art. 9º, CPM.

X - os crimes de ingresso ou permanência irregular de estrangeiro, a execução de carta rogatória, após o *exequatur*, e de sentença estrangeira, após a homologação, as causas referentes à nacionalidade, inclusive a respectiva opção, e à naturalização;

- art. 105, I, i, desta CF.
- art. 965, p.u., NCPC.

XI - a disputa sobre direitos indígenas.

- Súm. 140, STJ.

§ 1º As causas em que a União for autora serão aforadas na seção judiciária onde tiver domicílio a outra parte.

§ 2º As causas intentadas contra a União poderão ser aforadas na seção judiciária em que for domiciliado o autor, naquela onde houver ocorrido o ato ou fato que deu origem à demanda ou onde esteja situada a coisa, ou, ainda, no Distrito Federal.

§ 3º Lei poderá autorizar que as causas de competência da Justiça Federal em que forem parte instituição de previdência social e segurado possam ser processadas e julgadas na justiça estadual quando a comarca do domicílio do segurado não for sede de vara federal. (Redação dada pela EC 103/2019)

- Lei 5.010/1966 (Lei de organização da Justiça Federal de 1ª Instância).
- Súm. 11; 15; 32, STJ.

§ 4º Na hipótese do parágrafo anterior, o recurso cabível será sempre para o Tribunal Regional Federal na área de jurisdição do juiz de primeiro grau.

- Súm. 32, STJ.

§ 5º Nas hipóteses de grave violação de direitos humanos, o Procurador-Geral da República, com a finalidade de assegurar o cumprimento de obrigações decorrentes de tratados internacionais de direitos humanos dos quais o Brasil seja parte, poderá suscitar, perante o Superior Tribunal de Justiça, em qualquer fase do inquérito ou processo, incidente de deslocamento de competência para a Justiça Federal. (Incluído pela EC 45/2004.)

- Lei 12.528/2011 (Comissão Nacional da Verdade).

Art. 110. Cada Estado, bem como o Distrito Federal, constituirá uma seção judiciária que terá por sede a respectiva Capital, e varas localizadas segundo o estabelecido em lei.

- Lei 5.010/1966 (Lei de organização da Justiça Federal de 1ª Instância).

Parágrafo único. Nos Territórios Federais, a jurisdição e as atribuições cometidas aos juízes federais caberão aos juízes da justiça local, na forma da lei.

- Lei 9.788/1999 (Reestruturação da Justiça Federal de 1º grau, nas cinco Regiões, com a criação de cem Varas Federais).
- Lei 11.697/2008 (Dispõe sobre a organização judiciária do Distrito Federal e dos Territórios).

SEÇÃO V
DO TRIBUNAL SUPERIOR DO TRABALHO, DOS TRIBUNAIS REGIONAIS DO TRABALHO E DOS JUÍZES DO TRABALHO

- (Alterado pela EC 92/2016.)
- art. 740 e ss., CLT.

Art. 111. São órgãos da Justiça do Trabalho:

I - o Tribunal Superior do Trabalho;

II - os Tribunais Regionais do Trabalho;

III - Juízes do Trabalho. (Redação dada pela EC 24/1999.)

§§ 1º a 3º (Revogados pela EC 45/2004.)

Art. 111-A. O Tribunal Superior do Trabalho compor-se-á de vinte e sete Ministros, escolhidos dentre brasileiros com mais de trinta e cinco anos e menos de sessenta e cinco anos, de notável saber jurídico e reputação ilibada, nomeados pelo Presidente da República após aprovação pela maioria absoluta do Senado Federal, sendo: (Alterado pela EC 92/2016.)

I - um quinto dentre advogados com mais de dez anos de efetiva atividade profissional e membros do Ministério Público do Trabalho com mais de dez anos de efetivo exercício, observado o disposto no art. 94;

II - os demais dentre juízes dos Tribunais Regionais do Trabalho, oriundos da magistratura da carreira, indicados pelo próprio Tribunal Superior.

§ 1º A lei disporá sobre a competência do Tribunal Superior do Trabalho.

§ 2º Funcionarão junto ao Tribunal Superior do Trabalho:

I - a Escola Nacional de Formação e Aperfeiçoamento de Magistrados do Trabalho, cabendo-lhe, dentre outras funções, regulamentar os cursos oficiais para o ingresso e promoção na carreira;

II - o Conselho Superior da Justiça do Trabalho, cabendo-lhe exercer, na forma da lei, a supervisão administrativa, orçamentária, financeira e patrimonial da Justiça do Trabalho de primeiro e segundo graus, como órgão central do sistema, cujas decisões terão efeito vinculante.

- art. 6º, EC 45/2004 (Reforma do Judiciário).

§ 3º Compete ao Tribunal Superior do Trabalho processar e julgar, originariamente, a reclamação para a preservação de sua competência e garantia da autoridade de suas decisões. (Acrescentado pela EC 92/2016.)

Art. 112. A lei criará varas da Justiça do Trabalho, podendo, nas comarcas não abrangidas por sua jurisdição, atribuí-la aos juízes de direito, com recurso para o respectivo Tribunal Regional do Trabalho. (Redação dada pela EC 45/2004.)

Art. 113. A lei disporá sobre a constituição, investidura, jurisdição, competência, garantias e condições de exercício dos órgãos da Justiça do Trabalho. (Redação dada pela EC 24/1999.)

- arts. 643 a 673, CLT.
- LC 35/1979 (Lei Orgânica da Magistratura Nacional).

Art. 114. Compete à Justiça do Trabalho processar e julgar: (Redação dada pela EC 45/2004.)

- art. 6º, § 2º, Lei 11.101/2005 (Lei de Recuperação de Empresas e Falência).
- Súm. Vinc. 22; 23, STF.
- Súm. 349 e 736, STF.
- Súm. 57; 97; 137; 180; 222; 349; 363, STJ.
- Súm. 300; 389; 392, TST.

I - as ações oriundas da relação de trabalho, abrangidos os entes de direito público externo e da administração pública direta e indireta da União, dos Estados, do Distrito Federal e dos Municípios; (Incluído pela EC 45/2004.)

- ADIn 3.395-6 (DJU 04.02.2005 e 10.11.2006) - O STF deferiu liminar para dar a este inciso interpretação no sentido de que o dispositivo não abrange causas instauradas entre o Poder Público e servidor que lhe seja vinculado por relação jurídico-estatutária.
- ADIn 3.684-0 (DOU 03.08.2007) - O STF deferiu medida cautelar, com eficácia ex tunc, para dar interpretação conforme ao art. 114, I, IV e IX da CF, no sentido de não atribuir à Justiça do Trabalho competência para processar e julgar ações penais.

II - as ações que envolvam exercício do direito de greve; (Incluído pela EC 45/2004.)

- art. 9º desta CF.
- Lei 7.783/1989 (Lei de Greve).
- Súm. Vinc. 23, STF.
- Súm. 189, TST.

III - as ações sobre representação sindical, entre sindicatos, entre sindicatos e trabalhadores, e entre sindicatos e empregadores; (Incluído pela EC 45/2004.)

- Lei 8.984/1995 (Estende a competência da Justiça do Trabalho).

IV - os mandados de segurança, *habeas corpus* e *habeas data*, quando o ato questionado envolver matéria sujeita à sua jurisdição; (Incluído pela EC 45/2004.)

- ADIn 3.684-0 (DOU 03.08.2007) - O STF deferiu medida cautelar, com eficácia ex tunc, para dar interpretação conforme ao art. 114, I, IV e IX da CF, no sentido de não atribuir à Justiça do Trabalho competência para processar e julgar ações penais.
- arts. 5º, LXVIII, LXIX, LXXII; 7º, XXVIII, desta CF.
- Lei 9.507/1997 (Lei do *Habeas data*).
- Lei 12.016/2009 (Lei do Mandado de Segurança individual e coletivo).

V - os conflitos de competência entre órgãos com jurisdição trabalhista, ressalvado o disposto no art. 102, I, *o*; (Incluído pela EC 45/2004.)

- arts. 803 a 811, CLT.
- Súm. 420, TST.

VI - as ações de indenização por dano moral ou patrimonial, decorrentes da relação de trabalho; (Incluído pela EC 45/2004.)

- arts. 186; 927; 949 a 951, CC.
- Súm. Vinc. 22, STF.
- Súm. 227; 362; 387, STJ.
- Súm. 392, TST.

VII - as ações relativas às penalidades administrativas impostas aos empregadores pelos órgãos de fiscalização das relações de trabalho; (Incluído pela EC 45/2004.)

- OJ SDI-2 156, TST.

VIII - a execução, de ofício, das contribuições sociais previstas no art. 195, I, *a*, e II, e seus acréscimos legais, decorrentes das sentenças que proferir; (Incluído pela EC 45/2004.)

- Súm. Vinc. 53, STF.
- Súm. 368, TST.

IX - outras controvérsias decorrentes da relação de trabalho, na forma da lei. (Incluído pela EC 45/2004.)

- ADIn 3.684-0 (DOU 03.08.2007) - O STF deferiu medida cautelar, com eficácia ex tunc, para dar interpretação conforme ao art. 114, I, IV e IX da CF, no sentido de não atribuir à Justiça do Trabalho competência para processar e julgar ações penais.
- Súm. 736, STF.
- Súm. 389, TST.

§ 1º Frustrada a negociação coletiva, as partes poderão eleger árbitros.

§ 2º Recusando-se qualquer das partes à negociação coletiva ou à arbitragem, é facultado às mesmas, de comum acordo, ajuizar dissídio coletivo de natureza econômica, podendo a Justiça do Trabalho decidir o conflito, respeitadas as disposições mínimas legais de proteção ao trabalho, bem como as convencionadas anteriormente. (Redação dada pela EC 45/2004.)

§ 3º Em caso de greve em atividade essencial, com possibilidade de lesão do interesse público, o Ministério Público do Trabalho poderá ajuizar dissídio coletivo, competindo à Justiça do Trabalho decidir o conflito. (Redação dada pela EC 45/2004.)

- art. 9º, § 1º, desta CF.
- Lei 7.783/1989 (Lei de Greve).

Art. 115. Os Tribunais Regionais do Trabalho compõem-se de, no mínimo, sete juízes, recrutados, quando possível, na respectiva região, e nomeados pelo Presidente da República dentre brasileiros com mais de trinta e menos de sessenta e cinco anos, sendo: (Redação dada pela EC 45/2004.)

- Súm. 628, STF.

I - um quinto dentre advogados com mais de dez anos de efetiva atividade profissional e membros do Ministério Público do Trabalho com mais de dez anos de efetivo exercício, observado o disposto no art. 94; (Redação dada pela EC 45/2004.)

II - os demais, mediante promoção de juízes do trabalho por antiguidade e merecimento, alternadamente. (Redação dada pela EC 45/2004.)

§ 1º Os Tribunais Regionais do Trabalho instalarão a justiça itinerante, com a realização de audiências e demais funções de atividade jurisdicional, nos limites territoriais da respectiva jurisdição, servindo-se de equipamentos públicos e comunitários. (Redação dada pela EC 45/2004.)

§ 2º Os Tribunais Regionais do Trabalho poderão funcionar descentralizadamente, constituindo Câmaras regionais, a fim de assegurar o pleno acesso do jurisdicionado à justiça em todas as fases do processo. (Redação dada pela EC 45/2004.)

Art. 116. Nas Varas do Trabalho, a jurisdição será exercida por um juiz singular. (Redação dada pela EC 24/1999.)

Parágrafo único. (Revogado pela EC 24/1999.)

Art. 117. (Revogados pela EC 24/1999.)

SEÇÃO VI
DOS TRIBUNAIS E JUÍZES ELEITORAIS

- arts. 12 a 41, CE.

Art. 118. São órgãos da Justiça Eleitoral:

I - o Tribunal Superior Eleitoral;

II - os Tribunais Regionais Eleitorais;

III - os Juízes Eleitorais;

IV - as Juntas Eleitorais.

Art. 119. O Tribunal Superior Eleitoral compor-se-á, no mínimo, de sete membros, escolhidos:

I - mediante eleição, pelo voto secreto:

a) três juízes dentre os Ministros do Supremo Tribunal Federal;

b) dois juízes dentre os Ministros do Superior Tribunal de Justiça;

II - por nomeação do Presidente da República, dois juízes dentre seis advogados de notável saber jurídico e idoneidade moral, indicados pelo Supremo Tribunal Federal.

Parágrafo único. O Tribunal Superior Eleitoral elegerá seu Presidente e o Vice-Presidente dentre os Ministros do Supremo Tribunal Federal, e o Corregedor Eleitoral dentre os Ministros do Superior Tribunal de Justiça.

Art. 120. Haverá um Tribunal Regional Eleitoral na Capital de cada Estado e no Distrito Federal.

§ 1º Os Tribunais Regionais Eleitorais compor-se-ão:

I - mediante eleição, pelo voto secreto:

a) de dois juízes dentre os desembargadores do Tribunal de Justiça;

b) de dois juízes, dentre juízes de direito, escolhidos pelo Tribunal de Justiça;

II - de um juiz do Tribunal Regional Federal com sede na Capital do Estado ou no Distrito Federal, ou, não havendo, de juiz federal, escolhido, em qualquer caso, pelo Tribunal Regional Federal respectivo;

III - por nomeação, pelo Presidente da República, de dois juízes dentre seis advogados de notável saber jurídico e idoneidade moral, indicados pelo Tribunal de Justiça.

§ 2º O Tribunal Regional Eleitoral elegerá seu Presidente e o Vice-Presidente dentre os desembargadores.

Art. 121. Lei complementar disporá sobre a organização e competência dos tribunais, dos juízes de direito e das juntas eleitorais.

- arts. 22; 23; 29; 30; 34; 40; 41, CE.
- Súm. 368, STJ.

§ 1º Os membros dos tribunais, os juízes de direito e os integrantes das juntas eleitorais, no exercício de suas funções, e no que lhes for aplicável, gozarão de plenas garantias e serão inamovíveis.

§ 2º Os juízes dos tribunais eleitorais, salvo motivo justificado, servirão por dois anos, no mínimo, e nunca por mais de dois biênios consecutivos, sendo os substitutos escolhidos na mesma ocasião e pelo mesmo processo, em número igual para cada categoria.

§ 3º São irrecorríveis as decisões do Tribunal Superior Eleitoral, salvo as que contrariarem esta Constituição e as denegatórias de *habeas corpus* ou mandado de segurança.

§ 4º Das decisões dos Tribunais Regionais Eleitorais somente caberá recurso quando:

I - forem proferidas contra disposição expressa desta Constituição ou de lei;

II - ocorrer divergência na interpretação de lei entre dois ou mais tribunais eleitorais;

III - versarem sobre inelegibilidade ou expedição de diplomas nas eleições federais ou estaduais;

- Súm. 36, TSE.

IV - anularem diplomas ou decretarem a perda de mandatos eletivos federais ou estaduais;

V - denegarem *habeas corpus*, mandado de segurança, *habeas data* ou mandado de injunção.

- Lei 13.300/2016 (Mandados de injunção individual e coletivo).
- Súm. 36, TSE.

SEÇÃO VII
DOS TRIBUNAIS E JUÍZES MILITARES

Art. 122. São órgãos da Justiça Militar:

- Lei 8.457/1992 (Organiza Justiça Militar da União e regula funcionamento de seus serviços auxiliares).
- art. 90-A, Lei 9.099/1995 (Lei dos Juizados Especiais).

I - o Superior Tribunal Militar;

II - os Tribunais e Juízes Militares instituídos por lei.

Art. 123. O Superior Tribunal Militar compor-se-á de quinze Ministros vitalícios, nomeados pelo Presidente da República, depois de aprovada a indicação pelo Senado Federal, sendo três dentre oficiais-generais da Marinha, quatro dentre oficiais-generais do Exército, três dentre oficiais-generais da Aeronáutica, todos da ativa e do posto mais elevado da carreira, e cinco dentre civis.

Parágrafo único. Os Ministros civis serão escolhidos pelo Presidente da República dentre brasileiros maiores de trinta e cinco anos, sendo:

I - três dentre advogados de notório saber jurídico e conduta ilibada, com mais de dez anos de efetiva atividade profissional;

II - dois por escolha paritária, dentre juízes auditores e membros do Ministério Público da Justiça Militar.

Art. 124. À Justiça Militar compete processar e julgar os crimes militares definidos em lei.

- Dec.-Lei 1.002/1969 (CPPM).
- art. 90-A, Lei 9.099/1995 (Lei dos Juizados Especiais).

Parágrafo único. A lei disporá sobre a organização, o funcionamento e a competência da Justiça Militar.

- Lei 8.457/1992 (Organiza a Justiça Militar da União e regula funcionamento de seus serviços auxiliares).

SEÇÃO VIII
DOS TRIBUNAIS E JUÍZES DOS ESTADOS

Art. 125. Os Estados organizarão sua Justiça, observados os princípios estabelecidos nesta Constituição.

§ 1º A competência dos tribunais será definida na Constituição do Estado, sendo a lei de organização judiciária de iniciativa do Tribunal de Justiça.

- art. 70, ADCT.
- Súm. Vinc. 45, STF.
- Súm. 721, STF.
- Súm. 238, STJ.

§ 2º Cabe aos Estados a instituição de representação de inconstitucionalidade de leis ou atos normativos estaduais ou municipais em face da Constituição Estadual, vedada a atribuição da legitimação para agir a um único órgão.

- RE 650.898/RS (Informativo 852, STF.)

§ 3º A lei estadual poderá criar, mediante proposta do Tribunal de Justiça, a Justiça Militar estadual, constituída, em primeiro grau, pelos juízes de direito e pelos Conselhos de Justiça e, em segundo grau, pelo próprio Tribunal de Justiça, ou por Tribunal de Justiça Militar nos Estados em que o efetivo militar seja superior a vinte mil integrantes. (Redação dada pela EC 45/2004.)

§ 4º Compete à Justiça Militar estadual processar e julgar os militares dos Estados, nos crimes militares definidos em lei e as ações judiciais contra atos disciplinares militares, ressalvada a competência do júri quando a vítima for civil, cabendo ao tribunal competente decidir sobre a perda do posto e da patente dos oficiais e da graduação das praças. (Redação dada pela EC 45/2004.)

- Súm. 673, STF.
- Súm. 6; 53; 90, STJ.

§ 5º Compete aos juízes de direito do juízo militar processar e julgar, singularmente, os crimes militares cometidos contra civis e as ações judiciais contra atos disciplinares militares, cabendo ao Conselho de Justiça, sob a presidência de juiz de direito, processar e julgar os demais crimes militares. (Incluído pela EC 45/2004.)

§ 6º O Tribunal de Justiça poderá funcionar descentralizadamente, constituindo Câmaras regionais, a fim de assegurar o pleno acesso do jurisdicionado à justiça em todas as fases do processo. (Incluído pela EC 45/2004.)

§ 7º O Tribunal de Justiça instalará a justiça itinerante, com a realização de audiências e demais funções da atividade jurisdicional, nos limites territoriais da respectiva jurisdição, servindo-se de equipamentos públicos e comunitários. (Incluído pela EC 45/2004.)

Art. 126. Para dirimir conflitos fundiários, o Tribunal de Justiça proporá a criação de varas especializadas, com competência exclusiva para questões agrárias. (Redação dada pela EC 45/2004.)

Parágrafo único. Sempre que necessário à eficiente prestação jurisdicional, o juiz far-se-á presente no local do litígio.

CAPÍTULO IV
DAS FUNÇÕES ESSENCIAIS À JUSTIÇA

- Redação dada pela EC 80/2014.

SEÇÃO I
DO MINISTÉRIO PÚBLICO

- LC 75/1993 (Lei Orgânica do Ministério Público da União).
- Lei 8.625/1993 (Lei Orgânica Nacional do Ministério Público).

Art. 127. O Ministério Público é instituição permanente, essencial à função jurisdicional do Estado, incumbindo-lhe a defesa da ordem jurídica, do regime democrático e dos interesses sociais e individuais indisponíveis.

- Súm. 601, STJ.

§ 1º São princípios institucionais do Ministério Público a unidade, a indivisibilidade e a independência funcional.

§ 2º Ao Ministério Público é assegurada autonomia funcional e administrativa, podendo, observado o disposto no art. 169, propor ao Poder Legislativo a criação e extinção de seus cargos e serviços auxiliares, provendo-os por concurso público de provas ou de provas e títulos, a política remuneratória e os planos de carreira; a lei disporá sobre sua organização e funcionamento. (Redação dada pela EC 19/1998.)

› Lei 13.092/2015 (Dispõe sobre o subsídio do Procurador-Geral da República).

§ 3º O Ministério Público elaborará sua proposta orçamentária dentro dos limites estabelecidos na lei de diretrizes orçamentárias.

› art. 107, § 2º, ADCT.

§ 4º Se o Ministério Público não encaminhar a respectiva proposta orçamentária dentro do prazo estabelecido na lei de diretrizes orçamentárias, o Poder Executivo considerará, para fins de consolidação da proposta orçamentária anual, os valores aprovados na lei orçamentária vigente, ajustados de acordo com os limites estipulados na forma do § 3º. (Incluído pela EC 45/2004.)

§ 5º Se a proposta orçamentária de que trata este artigo for encaminhada em desacordo com os limites estipulados na forma do § 3º, o Poder Executivo procederá aos ajustes necessários para fins de consolidação da proposta orçamentária anual. (Incluído pela EC 45/2004.)

§ 6º Durante a execução orçamentária do exercício, não poderá haver a realização de despesas ou a assunção de obrigações que extrapolem os limites estabelecidos na lei de diretrizes orçamentárias, exceto se previamente autorizadas, mediante a abertura de créditos suplementares ou especiais. (Incluído pela EC 45/2004.)

Art. 128. O Ministério Público abrange:

› LC 75/1993 (Lei Orgânica do Ministério Público da União).

I - o Ministério Público da União, que compreende:

a) o Ministério Público Federal;

b) o Ministério Público do Trabalho;

c) o Ministério Público Militar;

› Lei 12.673/2012 (Dispõe sobre a criação de cargos no quadro do Ministério Público Militar).

d) o Ministério Público do Distrito Federal e Territórios;

II - os Ministérios Públicos dos Estados.

§ 1º O Ministério Público da União tem por chefe o Procurador-Geral da República, nomeado pelo Presidente da República dentre integrantes da carreira, maiores de trinta e cinco anos, após a aprovação de seu nome pela maioria absoluta dos membros do Senado Federal, para mandato de dois anos, permitida a recondução.

§ 2º A destituição do Procurador-Geral da República, por iniciativa do Presidente da República, deverá ser precedida de autorização da maioria absoluta do Senado Federal.

§ 3º Os Ministérios Públicos dos Estados e o do Distrito Federal e Territórios formarão lista tríplice dentre integrantes da carreira, na forma da lei respectiva, para escolha de seu Procurador-Geral, que será nomeado pelo Chefe do Poder Executivo, para mandato de dois anos, permitida uma recondução.

§ 4º Os Procuradores-Gerais nos Estados e no Distrito Federal e Territórios poderão ser destituídos por deliberação da maioria absoluta do Poder Legislativo, na forma da lei complementar respectiva.

§ 5º Leis complementares da União e dos Estados, cuja iniciativa é facultada aos respectivos Procuradores-Gerais, estabelecerão a organização, as atribuições e o estatuto de cada Ministério Público, observadas, relativamente a seus membros:

I - as seguintes garantias:

a) vitaliciedade, após dois anos de exercício, não podendo perder o cargo senão por sentença judicial transitada em julgado;

b) inamovibilidade, salvo por motivo de interesse público, mediante decisão do órgão colegiado competente do Ministério Público, pelo voto da maioria absoluta de seus membros, assegurada ampla defesa; (Redação dada pela EC 45/2004.)

c) irredutibilidade de subsídio, fixado na forma do art. 39, § 4º, e ressalvado o disposto nos arts. 37, X e XI, 150, II, 153, III, 153, § 2º, I; (Redação dada pela EC 19/1998.)

› Lei 13.092/2015 (Dispõe sobre o subsídio do Procurador-Geral da República).

II - as seguintes vedações:

a) receber, a qualquer título e sob qualquer pretexto, honorários, percentagens ou custas processuais;

b) exercer a advocacia;

c) participar de sociedade comercial, na forma da lei;

d) exercer, ainda que em disponibilidade, qualquer outra função pública, salvo uma de magistério;

e) exercer atividade político-partidária; (Redação dada pela EC 45/2004.)

f) receber, a qualquer título ou pretexto, auxílios ou contribuições de pessoas físicas, entidades públicas ou privadas, ressalvadas as exceções previstas em lei. (Incluída pela EC 45/2004.)

§ 6º Aplica-se aos membros do Ministério Público o disposto no art. 95, parágrafo único, V. (Incluído pela EC 45/2004.)

Art. 129. São funções institucionais do Ministério Público:

I - promover, privativamente, a ação penal pública, na forma da lei;

› art. 100, § 1º, CP.

› art. 24, CPP.

› Lei 8.625/1993 (Lei Orgânica Nacional do Ministério Público).

› Súm. 234, STJ.

II - zelar pelo efetivo respeito dos Poderes Públicos e dos serviços de relevância pública aos direitos assegurados nesta Constituição, promovendo as medidas necessárias a sua garantia;

III - promover o inquérito civil e a ação civil pública, para a proteção do patrimônio público e social, do meio ambiente e de outros interesses difusos e coletivos;

› Lei 7.347/1985 (Lei da Ação Civil Pública).

› Súm. 643, STF.

› Súm. 329; 601, STJ.

IV - promover a ação de inconstitucionalidade ou representação para fins de intervenção da União e dos Estados, nos casos previstos nesta Constituição;

› arts. 34 a 36 desta CF.

V - defender judicialmente os direitos e interesses das populações indígenas;

› arts. 231; 232, desta CF.

VI - expedir notificações nos procedimentos administrativos de sua competência, requisitando informações e documentos para instruí-los, na forma da lei complementar respectiva;

› Súm. 234, STJ.

VII - exercer o controle externo da atividade policial, na forma da lei complementar mencionada no artigo anterior;

› arts. 3º; 9º; 10; 38, IV, LC 75/1993 (Lei Orgânica do Ministério Público da União).

VIII - requisitar diligências investigatórias e a instauração de inquérito policial, indicados os fundamentos jurídicos de suas manifestações processuais;

IX - exercer outras funções que lhe forem conferidas, desde que compatíveis com sua finalidade, sendo-lhe vedada a representação judicial e a consultoria jurídica de entidades públicas.

§ 1º A legitimação do Ministério Público para as ações civis previstas neste artigo não impede a de terceiros, nas mesmas hipóteses, segundo o disposto nesta Constituição e na lei.

› Lei 7.347/1985 (Lei da Ação Civil Pública).

§ 2º As funções do Ministério Público só podem ser exercidas por integrantes da carreira, que deverão residir na comarca da respectiva lotação, salvo autorização do chefe da instituição. (Redação dada pela EC 45/2004.)

§ 3º O ingresso na carreira do Ministério Público far-se-á mediante concurso público de provas e títulos, assegurada a participação da Ordem dos Advogados do Brasil em sua realização, exigindo-se do bacharel em direito, no mínimo, três anos de atividade jurídica e observando-se, nas nomeações, a ordem de classificação. (Redação dada pela EC 45/2004.)

§ 4º Aplica-se ao Ministério Público, no que couber, o disposto no art. 93. (Redação dada pela EC 45/2004.)

§ 5º A distribuição de processos no Ministério Público será imediata. (Incluído pela EC 45/2004.)

Art. 130. Aos membros do Ministério Público junto aos Tribunais de Contas aplicam-se as disposições desta seção pertinentes a direitos, vedações e forma de investidura.

Art. 130-A. O Conselho Nacional do Ministério Público compõe-se de quatorze membros nomeados pelo Presidente da República, depois de aprovada a escolha pela maioria absoluta do Senado Federal, para um mandato de dois anos, admitida uma recondução, sendo: (Incluído pela EC 45/2004.)

› art. 5º, EC 45/2004 (Reforma do Judiciário).

I - o Procurador-Geral da República, que o preside;

II - quatro membros do Ministério Público da União, assegurada a representação de cada uma de suas carreiras;

III - três membros do Ministério Público dos Estados;

IV - dois juízes, indicados um pelo Supremo Tribunal Federal e outro pelo Superior Tribunal de Justiça;

V - dois advogados, indicados pelo Conselho Federal da Ordem dos Advogados do Brasil;

VI - dois cidadãos de notável saber jurídico e reputação ilibada, indicados um pela Câmara dos Deputados e outro pelo Senado Federal.

§ 1º Os membros do Conselho oriundos do Ministério Público serão indicados pelos respectivos Ministérios Públicos, na forma da lei.

- Lei 11.372/2006 (Regulamenta este parágrafo).

§ 2º Compete ao Conselho Nacional do Ministério Público o controle da atuação administrativa e financeira do Ministério Público e do cumprimento dos deveres funcionais de seus membros, cabendo-lhe:

I - zelar pela autonomia funcional e administrativa do Ministério Público, podendo expedir atos regulamentares, no âmbito de sua competência, ou recomendar providências;

II - zelar pela observância do art. 37 e apreciar, de ofício ou mediante provocação, a legalidade dos atos administrativos praticados por membros ou órgãos do Ministério Público da União e dos Estados, podendo desconstituí-los, revê-los ou fixar prazo para que se adotem as providências necessárias ao exato cumprimento da lei, sem prejuízo da competência dos Tribunais de Contas;

III - receber e conhecer das reclamações contra membros ou órgãos do Ministério Público da União ou dos Estados, inclusive contra seus serviços auxiliares, sem prejuízo da competência disciplinar e correicional da instituição, podendo avocar processos disciplinares em curso, determinar a remoção ou a disponibilidade e aplicar outras sanções administrativas, assegurada ampla defesa; (Redação dada pela EC 103/2019)

IV - rever, de ofício ou mediante provocação, os processos disciplinares de membros do Ministério Público da União ou dos Estados julgados há menos de um ano;

V - elaborar relatório anual, propondo as providências que julgar necessárias sobre a situação do Ministério Público no país e as atividades do Conselho, o qual deve integrar a mensagem prevista no art. 84, XI.

§ 3º O Conselho escolherá, em votação secreta, um Corregedor nacional, dentre os membros do Ministério Público que o integram, vedada a recondução, competindo-lhe, além das atribuições que lhe forem conferidas pela lei, as seguintes:

I - receber reclamações e denúncias, de qualquer interessado, relativas aos membros do Ministério Público e dos seus serviços auxiliares;

II - exercer funções executivas do Conselho, de inspeção e correição geral;

III - requisitar e designar membros do Ministério Público, delegando-lhes atribuições, e requisitar servidores de órgãos do Ministério Público.

§ 4º O Presidente do Conselho Federal da Ordem dos Advogados do Brasil oficiará junto ao Conselho.

§ 5º Leis da União e dos Estados criarão ouvidorias do Ministério Público, competentes para receber reclamações e denúncias de qualquer interessado contra membros ou órgãos do Ministério Público, inclusive contra seus serviços auxiliares, representando diretamente ao Conselho Nacional do Ministério Público.

SEÇÃO II
DA ADVOCACIA PÚBLICA

- Redação dada pela EC 19/1998.

Art. 131. A Advocacia-Geral da União é a instituição que, diretamente ou através de órgão vinculado, representa a União, judicial e extrajudicialmente, cabendo-lhe, nos termos da lei complementar que dispuser sobre sua organização e funcionamento, as atividades de consultoria e assessoramento jurídico do Poder Executivo.

- Lei 9.028/1997 (Regulamenta art. 4º, VI, LC 73/1993).
- LC 73/1993 (Lei Orgânica da Advocacia Geral da União).
- Dec. 767/1993 (Dispõe sobre o controle interno da Advocacia Geral da União).
- Súm. 644, STF.

§ 1º A Advocacia-Geral da União tem por chefe o Advogado-Geral da União, de livre nomeação pelo Presidente da República dentre cidadãos maiores de trinta e cinco anos, de notável saber jurídico e reputação ilibada.

§ 2º O ingresso nas classes iniciais das carreiras da instituição de que trata este artigo far-se-á mediante concurso público de provas e títulos.

§ 3º Na execução da dívida ativa de natureza tributária, a representação da União cabe à Procuradoria-Geral da Fazenda Nacional, observado o disposto em lei.

- Súm. 139, STJ.

Art. 132. Os Procuradores dos Estados e do Distrito Federal, organizados em carreira, na qual o ingresso dependerá de concurso público de provas e títulos, com a participação da Ordem dos Advogados do Brasil em todas as suas fases, exercerão a representação judicial e a consultoria jurídica das respectivas unidades federadas. (Redação dada pela EC 19/1998.)

Parágrafo único. Aos procuradores referidos neste artigo é assegurada estabilidade após três anos de efetivo exercício, mediante avaliação de desempenho perante os órgãos próprios, após relatório circunstanciado das corregedorias. (Redação dada pela EC 19/1998.)

SEÇÃO III
DA ADVOCACIA

- (Alterado pela EC 80/2014)

Art. 133. O advogado é indispensável à administração da justiça, sendo inviolável por seus atos e manifestações no exercício da profissão, nos limites da lei.

- Art. 103, NCPC.
- Arts. 791 a 793, CLT.
- Lei 8.906/1994 (Estatuto da Advocacia e da OAB).
- Súm. Vinc. 14, STF.
- Súm. 219; 329; 425, TST.

SEÇÃO IV
DA DEFENSORIA PÚBLICA

- (Acrescentado pela EC 80/2014.)

Art. 134. A Defensoria Pública é instituição permanente, essencial à função jurisdicional do Estado, incumbindo-lhe, como expressão e instrumento do regime democrático, fundamentalmente, a orientação jurídica, a promoção dos direitos humanos e a defesa, em todos os graus, judicial e extrajudicial, dos direitos individuais e coletivos, de forma integral e gratuita, aos necessitados, na forma do inciso LXXIV do art. 5º desta Constituição Federal. (Alterado pela EC 80/2014.)

- art. 98, ADCT.
- LC 80/1994 (Defensoria Pública).
- Súm. Vinc. 14, STF.

§ 1º Lei complementar organizará a Defensoria Pública da União e do Distrito Federal e dos Territórios e prescreverá normas gerais para sua organização nos Estados, em cargos de carreira, providos, na classe inicial, mediante concurso público de provas e títulos, assegurada a seus integrantes a garantia da inamovibilidade e vedado o exercício da advocacia fora das atribuições institucionais. (Renumerado do parágrafo único pela EC 45/2004.)

- Súm. 421, STJ.

§ 2º Às Defensorias Públicas Estaduais são asseguradas autonomia funcional e administrativa e a iniciativa de sua proposta orçamentária dentro dos limites estabelecidos na lei de diretrizes orçamentárias e subordinação ao disposto no art. 99, § 2º. (Incluído pela EC 45/2004.)

§ 3º Aplica-se o disposto no § 2º às Defensorias Públicas da União e do Distrito Federal. (Acrescentado pela EC 74/2013.)

- art. 107, § 2º, ADCT.

§ 4º São princípios institucionais da Defensoria Pública a unidade, a indivisibilidade e a independência funcional, aplicando-se também, no que couber, o disposto no art. 93 e no inciso II do art. 96 desta Constituição Federal. (Acrescentado pela EC 80/2014.)

Art. 135. Os servidores integrantes das carreiras disciplinadas nas Seções II e III deste Capítulo serão remunerados na forma do art. 39, § 4º. (Redação dada pela EC 19/1998.)

- art. 132 desta CF.

TÍTULO V
DA DEFESA DO ESTADO E DAS INSTITUIÇÕES DEMOCRÁTICAS

CAPÍTULO I
DO ESTADO DE DEFESA E DO ESTADO DE SÍTIO

SEÇÃO I
DO ESTADO DE DEFESA

Art. 136. O Presidente da República pode, ouvidos o Conselho da República e o Conselho de Defesa Nacional, decretar estado de defesa para preservar ou prontamente restabelecer, em locais restritos e determinados, a ordem pública ou a paz social ameaçadas por grave e iminente instabilidade institucional ou atingidas por calamidades de grandes proporções na natureza.

- arts. 89 a 91 desta CF.
- Lei 8.041/1990 (Organização e funcionamento do Conselho da República).
- Lei 8.183/1991 (Dispõe sobre a organização e funcionamento do Conselho de Defesa Nacional).
- Dec. 893/1993 (Regulamento do Conselho de Defesa Nacional).

§ 1º O decreto que instituir o estado de defesa determinará o tempo de sua duração, especificará as áreas a serem abrangidas e indicará, nos termos e limites da lei, as medidas coercitivas a vigorarem, dentre as seguintes:

I - restrições aos direitos de:

a) reunião, ainda que exercida no seio das associações;

b) sigilo de correspondência;

c) sigilo de comunicação telegráfica e telefônica;

II - ocupação e uso temporário de bens e serviços públicos, na hipótese de calamidade pública, respondendo a União pelos danos e custos decorrentes.

§ 2º O tempo de duração do estado de defesa não será superior a trinta dias, podendo ser prorrogado uma vez, por igual período, se persistirem as razões que justificaram a sua decretação.

§ 3º Na vigência do estado de defesa:

I - a prisão por crime contra o Estado, determinada pelo executor da medida, será por este comunicada imediatamente ao juiz competente, que a relaxará, se não for legal, facultado ao preso requerer exame de corpo de delito à autoridade policial;

II - a comunicação será acompanhada de declaração, pela autoridade, do estado físico e mental do detido no momento de sua autuação;

III - a prisão ou detenção de qualquer pessoa não poderá ser superior a dez dias, salvo quando autorizada pelo Poder Judiciário;

IV - é vedada a incomunicabilidade do preso.

§ 4º Decretado o estado de defesa ou sua prorrogação, o Presidente da República, dentro de vinte e quatro horas, submeterá o ato com a respectiva justificação ao Congresso Nacional, que decidirá por maioria absoluta.

§ 5º Se o Congresso Nacional estiver em recesso, será convocado, extraordinariamente, no prazo de cinco dias.

§ 6º O Congresso Nacional apreciará o decreto dentro de dez dias contados de seu recebimento, devendo continuar funcionando enquanto vigorar o estado de defesa.

§ 7º Rejeitado o decreto, cessa imediatamente o estado de defesa.

SEÇÃO II
DO ESTADO DE SÍTIO

Art. 137. O Presidente da República pode, ouvidos o Conselho da República e o Conselho de Defesa Nacional, solicitar ao Congresso Nacional autorização para decretar o estado de sítio nos casos de:

I - comoção grave de repercussão nacional ou ocorrência de fatos que comprovem a ineficácia de medida tomada durante o estado de defesa;

II - declaração de estado de guerra ou resposta a agressão armada estrangeira.

Parágrafo único. O Presidente da República, ao solicitar autorização para decretar o estado de sítio ou sua prorrogação, relatará os motivos determinantes do pedido, devendo o Congresso Nacional decidir por maioria absoluta.

Art. 138. O decreto do estado de sítio indicará sua duração, as normas necessárias a sua execução e as garantias constitucionais que ficarão suspensas, e, depois de publicado, o Presidente da República designará o executor das medidas específicas e as áreas abrangidas.

§ 1º O estado de sítio, no caso do art. 137, I, não poderá ser decretado por mais de trinta dias, nem prorrogado, de cada vez, por prazo superior; no do inciso II, poderá ser decretado por todo o tempo que perdurar a guerra ou a agressão armada estrangeira.

§ 2º Solicitada autorização para decretar o estado de sítio durante o recesso parlamentar, o Presidente do Senado Federal, de imediato, convocará extraordinariamente o Congresso Nacional para se reunir dentro de cinco dias, a fim de apreciar o ato.

§ 3º O Congresso Nacional permanecerá em funcionamento até o término das medidas coercitivas.

Art. 139. Na vigência do estado de sítio decretado com fundamento no art. 137, I, só poderão ser tomadas contra as pessoas as seguintes medidas:

I - obrigação de permanência em localidade determinada;

II - detenção em edifício não destinado a acusados ou condenados por crimes comuns;

III - restrições relativas à inviolabilidade da correspondência, ao sigilo das comunicações, à prestação de informações e à liberdade de imprensa, radiodifusão e televisão, na forma da lei;

- Lei 9.296/1996 (Regulamenta o inc. XII, parte final, do art. 5º, desta CF).

IV - suspensão da liberdade de reunião;

V - busca e apreensão em domicílio;

VI - intervenção nas empresas de serviços públicos;

VII - requisição de bens.

Parágrafo único. Não se inclui nas restrições do inciso III a difusão de pronunciamentos de parlamentares efetuados em suas Casas Legislativas, desde que liberada pela respectiva Mesa.

SEÇÃO III
DISPOSIÇÕES GERAIS

Art. 140. A Mesa do Congresso Nacional, ouvidos os líderes partidários, designará Comissão composta de cinco de seus membros para acompanhar e fiscalizar a execução das medidas referentes ao estado de defesa e ao estado de sítio.

Art. 141. Cessado o estado de defesa ou o estado de sítio, cessarão também seus efeitos, sem prejuízo da responsabilidade pelos ilícitos cometidos por seus executores ou agentes.

Parágrafo único. Logo que cesse o estado de defesa ou o estado de sítio, as medidas aplicadas em sua vigência serão relatadas pelo Presidente da República, em mensagem ao Congresso Nacional, com especificação e justificação das providências adotadas, com relação nominal dos atingidos e indicação das restrições aplicadas.

CAPÍTULO II
DAS FORÇAS ARMADAS

- art. 233-A, §§ 2º e 3º, CE.
- Dec. 3.897/2001 (Dispõe sobre as diretrizes para emprego das Forças Armadas na garantia da Lei e da Ordem).

Art. 142. As Forças Armadas, constituídas pela Marinha, pelo Exército e pela Aeronáutica, são instituições nacionais permanentes e regulares, organizadas com base na hierarquia e na disciplina, sob a autoridade suprema do Presidente da República, e destinam-se à defesa da Pátria, à garantia dos poderes constitucionais e, por iniciativa de qualquer destes, da lei e da ordem.

- art. 37, X, desta CF.
- Arts. 12; 24; 26, EC 103/2019 (Reforma da Previdência).
- Art. 129, § 12, CP.
- Lei 8.071/1990 (Dispõe sobre o efetivo do Exército em tempo de paz).

§ 1º Lei complementar estabelecerá as normas gerais a serem adotadas na organização, no preparo e no emprego das Forças Armadas.

- LC 97/1999 (Dispõe sobre a organização, preparo e emprego das Forças Armadas).

§ 2º Não caberá *habeas corpus* em relação a punições disciplinares militares.

- art. 42, § 1º, desta CF.
- Dec.-Lei 1.001/1969 (CPM).
- Dec. 76.322/1975 (Regulamento disciplinar da Aeronáutica).
- Dec. 88.545/1983 (Regulamento disciplinar da Marinha).

- Dec. 4.346/2002 (Regulamento disciplinar do Exército).

§ 3º Os membros das Forças Armadas são denominados militares, aplicando-se-lhes, além das que vierem a ser fixadas em lei, as seguintes disposições: (Incluído pela EC 18/1998.)

- art. 42, § 1º, desta CF.
- Lei 9.786/1999 (Ensino do Exército Brasileiro) e Dec. 3.182/1999 (Regulamento).

I - as patentes, com prerrogativas, direitos e deveres a elas inerentes, são conferidas pelo Presidente da República e asseguradas em plenitude aos oficiais da ativa, da reserva ou reformados, sendo-lhes privativos os títulos e postos militares e, juntamente com os demais membros, o uso dos uniformes das Forças Armadas; (Incluído pela EC 18/1998.)

II - o militar em atividade que tomar posse em cargo ou emprego público civil permanente, ressalvada a hipótese prevista no art. 37, inciso XVI, alínea "c", será transferido para a reserva, nos termos da lei; (Alterado pela EC 77/2014.)

III - o militar da ativa que, de acordo com a lei, tomar posse em cargo, emprego ou função pública civil temporária, não eletiva, ainda que da administração indireta, ressalvada a hipótese prevista no art. 37, inciso XVI, alínea "c", ficará agregado ao respectivo quadro e somente poderá, enquanto permanecer nessa situação, ser promovido por antiguidade, contando-se-lhe o tempo de serviço apenas para aquela promoção e transferência para a reserva, sendo depois de dois anos de afastamento, contínuos ou não, transferido para a reserva, nos termos da lei; (Alterado pela EC 77/2014.)

IV - ao militar são proibidas a sindicalização e a greve; (Incluído pela EC 18/1998.)

V - o militar, enquanto em serviço ativo, não pode estar filiado a partidos políticos; (Incluído pela EC 18/1998.)

VI - o oficial só perderá o posto e a patente se for julgado indigno do oficialato ou com ele incompatível, por decisão de tribunal militar de caráter permanente, em tempo de paz, ou de tribunal especial, em tempo de guerra; (Incluído pela EC 18/1998.)

VII - o oficial condenado na justiça comum ou militar a pena privativa de liberdade superior a dois anos, por sentença transitada em julgado, será submetido ao julgamento previsto no inciso anterior; (Incluído pela EC 18/1998.)

VIII - aplica-se aos militares o disposto no art. 7º, incisos VIII, XII, XVII, XVIII, XIX e XXV, e no art. 37, incisos XI, XIII, XIV e XV, bem como, na forma da lei e com prevalência da atividade militar, no art. 37, inciso XVI, alínea "c"; (Alterado pela EC 77/2014.)

- Súm. Vinc. 6, STF.

IX - (Revogado pela EC 41/2003.)

X - a lei disporá sobre o ingresso nas Forças Armadas, os limites de idade, a estabilidade e outras condições de transferência do militar para a inatividade, os direitos, os deveres, a remuneração, as prerrogativas e outras situações especiais dos militares, consideradas as peculiaridades de suas atividades, inclusive aquelas cumpridas por força de compromissos internacionais e de guerra. (Incluído pela EC 18/1998.)

- arts. 40, § 20; 42, § 1º, desta CF.
- Lei 12.705/2012 (Dispõe sobre os requisitos para ingresso nos cursos de formação de militares de carreira do Exército.)
- Súm. Vinc. 4, STF.

Art. 143. O serviço militar é obrigatório nos termos da lei.

- Lei 4.375/1964 (Dispõe sobre o serviço militar) e Dec. 57.654/1966 (Regulamento).
- Lei 8.239/1991 (Regulamenta este artigo e parágrafos).

§ 1º Às Forças Armadas compete, na forma da lei, atribuir serviço alternativo aos que, em tempo de paz, após alistados, alegarem imperativo de consciência, entendendo-se como tal o decorrente de crença religiosa e de convicção filosófica ou política, para se eximirem de atividades de caráter essencialmente militar.

- Lei 8.239/1991 (Regulamenta os §§ 1º e 2º deste artigo).

§ 2º As mulheres e os eclesiásticos ficam isentos do serviço militar obrigatório em tempo de paz, sujeitos, porém, a outros encargos que a lei lhes atribuir.

- Lei 8.239/1991 (Regulamenta os §§ 1º e 2º deste artigo).
- Súm. Vinc. 6, STF.

CAPÍTULO III
DA SEGURANÇA PÚBLICA

- Lei 11.530/2007 (Programa Nacional de Segurança Pública com Cidadania – PRONASCI).
- Dec. 5.289/2004 (Dispõe sobre a organização e o funcionamento da administração pública federal, para desenvolvimento do programa de cooperação federativa denominado Força Nacional de Segurança Pública).
- Dec. 9.630/2018 (Plano Nacional de Segurança Pública e Defesa Social).

Art. 144. A segurança pública, dever do Estado, direito e responsabilidade de todos, é exercida para a preservação da ordem pública e da incolumidade das pessoas e do patrimônio, através dos seguintes órgãos:

- arts. 14-A; 133-A, CPP.
- Dec. 4.332/2002 (Dispõe sobre o planejamento, a coordenação e a execução das medidas de segurança a serem implementadas durante as viagens presidenciais em território nacional).

I - polícia federal;

- arts. 5º; 10, § 2º, I, EC 103/2019 (Reforma da Previdência).

II - polícia rodoviária federal;

- arts. 5º; 10, § 2º, I, EC 103/2019 (Reforma da Previdência).
- Dec. 1.665/1995 (Competência da Polícia Rodoviária Federal).

III - polícia ferroviária federal;

- arts. 5º; 10, § 2º, I, EC 103/2019 (Reforma da Previdência).

IV - polícias civis;

V - polícias militares e corpos de bombeiros militares.

VI - polícias penais federal, estaduais e distrital. (Incluído pela EC 104/2019)

§ 1º A polícia federal, instituída por lei como órgão permanente, organizado e mantido pela União e estruturado em carreira, destina-se a: (Redação dada pela EC 19/1998.)

I - apurar infrações penais contra a ordem política e social ou em detrimento de bens, serviços e interesses da União ou de suas entidades autárquicas e empresas públicas, assim como outras infrações cuja prática tenha repercussão interestadual ou internacional e exija repressão uniforme, segundo se dispuser em lei;

- Lei 8.137/1990 (Lei dos crimes contra a ordem tributária, econômica e contra as relações de consumo).
- Lei 10.446/2002 (infrações penais de repercussão interestadual ou internacional que exigem repressão uniforme, para os fins do disposto neste inciso).

II - prevenir e reprimir o tráfico ilícito de entorpecentes e drogas afins, o contrabando e o descaminho, sem prejuízo da ação fazendária e de outros órgãos públicos nas respectivas áreas de competência;

- Lei 11.343/2006 (Lei Antidrogas).
- art. 1º, II, Dec. 2.730/1998 (Representação pelo Auditor-Fiscal do Tesouro Nacional sobre crimes de contrabando ou descaminho).

III - exercer as funções de polícia marítima, aeroportuária e de fronteiras; (Redação dada pela EC 19/1998.)

- Súm. Vinc. 36, STF.

IV - exercer, com exclusividade, as funções de polícia judiciária da União.

§ 2º A polícia rodoviária federal, órgão permanente, organizado e mantido pela União e estruturado em carreira, destina-se, na forma da lei, ao patrulhamento ostensivo das rodovias federais. (Redação dada pela EC 19/1998.)

- Lei 9.654/1998 (Dispõe sobre a carreira de Policial Rodoviário Federal).

§ 3º A polícia ferroviária federal, órgão permanente, organizado e mantido pela União e estruturado em carreira, destina-se, na forma da lei, ao patrulhamento ostensivo das ferrovias federais. (Redação dada pela EC 19/1998.)

§ 4º Às polícias civis, dirigidas por delegados de polícia de carreira, incumbem, ressalvada a competência da União, as funções de polícia judiciária e a apuração de infrações penais, exceto as militares.

- art. 9º, CPM.
- art. 7º, CPPM.

§ 5º Às polícias militares cabem a polícia ostensiva e a preservação da ordem pública; aos corpos de bombeiros militares, além das atribuições definidas em lei, incumbe a execução de atividades de defesa civil.

- Dec.-Lei 667/1969 (Reorganiza as Polícias Militares e os Corpos de Bombeiros Militares dos Estados, dos Território e do Distrito Federal).

- Lei 13.425/2017 (Prevenção e combate a incêndio e a desastres).

§ 5º-A. Às polícias penais, vinculadas ao órgão administrador do sistema penal da unidade federativa a que pertencem, cabe a segurança dos estabelecimentos penais. (Incluído pela EC 104/2019)

§ 6º As polícias militares e os corpos de bombeiros militares, forças auxiliares e reserva do Exército subordinam-se, juntamente com as polícias civis e as polícias penais estaduais e distrital, aos Governadores dos Estados, do Distrito Federal e dos Territórios. (Redação dada pela EC 104/2019)

§ 7º A lei disciplinará a organização e o funcionamento dos órgãos responsáveis pela segurança pública, de maneira a garantir a eficiência de suas atividades.

- Lei 12.681/2012 (Institui o Sistema Nacional de Informações de Segurança Pública, Prisionais e sobre Drogas – SINESP).
- Lei 13.675/2018 (Lei do SUSP) e Dec. 9.489/2018 (regulamento).

§ 8º Os Municípios poderão constituir guardas municipais destinadas à proteção de seus bens, serviços e instalações, conforme dispuser a lei.

- Lei 13.022/2014 (Dispõe sobre o Estatuto Geral das Guardas Municipais).

§ 9º A remuneração dos servidores policiais integrantes dos órgãos relacionados neste artigo será fixada na forma do § 4º do art. 39. (Incluído pela EC 19/1998.)

§ 10. A segurança viária, exercida para a preservação da ordem pública e da incolumidade das pessoas e do seu patrimônio nas vias públicas: (Acrescentado pela EC 82/2014.)

I - compreende a educação, engenharia e fiscalização de trânsito, além de outras atividades previstas em lei, que assegurem ao cidadão o direito à mobilidade urbana eficiente; e (Acrescentado pela EC 82/2014.)

II - compete, no âmbito dos Estados, do Distrito Federal e dos Municípios, aos respectivos órgãos ou entidades executivos e seus agentes de trânsito, estruturados em Carreira, na forma da lei. (Acrescentado pela EC 82/2014.)

TÍTULO VI
DA TRIBUTAÇÃO E DO ORÇAMENTO

- Lei 5.172/1990 (CTN).

CAPÍTULO I
DO SISTEMA TRIBUTÁRIO NACIONAL

- Lei 8.137/1990 (Lei dos crimes contra a ordem tributária, econômica e contra as relações de consumo).
- Lei 8.176/19.91 (Define crimes contra a ordem econômica e cria o Sistema de Estoques de Combustíveis).
- Dec. 2.730/1998 (Dispõe sobre o encaminhamento ao Ministério Público Federal da representação Fiscal para fins penais de que trata o art. 83 da Lei 9.430/1996).

SEÇÃO I
DOS PRINCÍPIOS GERAIS

Art. 145. A União, os Estados, o Distrito Federal e os Municípios poderão instituir os seguintes tributos:

- arts. 1º a 5º, CTN.
- Súm. 667, STF.

I - impostos;

- arts. 16 a 76, CTN.

II - taxas, em razão do exercício do poder de polícia ou pela utilização, efetiva ou potencial, de serviços públicos específicos e divisíveis, prestados ao contribuinte ou postos a sua disposição;

- arts. 77 a 80, CTN.
- Lei 7.940/1989 (Dispõe sobre a taxa de Fiscalização dos mercados de títulos e valores mobiliários).
- Súm. Vinc. 19, STF.
- Súm. 665 e 670, STF.

III - contribuição de melhoria, decorrente de obras públicas.

- arts. 81 e 82, CTN.
- Dec.-Lei 195/1967 (Dispõe sobre a Contribuição de Melhoria).

§ 1º Sempre que possível, os impostos terão caráter pessoal e serão graduados segundo a capacidade econômica do contribuinte, facultado à administração tributária, especialmente para conferir efetividade a esses objetivos, identificar, respeitados os direitos individuais e nos termos da lei, o patrimônio, os rendimentos e as atividades econômicas do contribuinte.

- Lei 8.021/1990 (Identificação dos contribuintes para fins fiscais).
- Súm. 656 e 668, STF.

§ 2º As taxas não poderão ter base de cálculo própria de impostos.

- art. 77, p.u., CTN.
- Súm. Vinc. 29, STF.
- Súm. 665, STF.
- Súm. 157, STJ.

Art. 146. Cabe à lei complementar:

I - dispor sobre conflitos de competência, em matéria tributária, entre a União, os Estados, o Distrito Federal e os Municípios;

- arts. 6º a 8º, CTN.

II - regular as limitações constitucionais ao poder de tributar;

- arts. 9º a 15, CTN.

III - estabelecer normas gerais em matéria de legislação tributária, especialmente sobre:

- art. 149 desta CF.

a) definição de tributos e de suas espécies, bem como, em relação aos impostos discriminados nesta Constituição, a dos respectivos fatos geradores, bases de cálculo e contribuintes;

b) obrigação, lançamento, crédito, prescrição e decadência tributários;

- Súm. Vinc. 8, STF.

c) adequado tratamento tributário ao ato cooperativo praticado pelas sociedades cooperativas;

- Lei 12.690/2012 (Dispõe sobre a organização e o funcionamento das Cooperativas de Trabalho.)

d) definição de tratamento diferenciado e favorecido para as microempresas e para as empresas de pequeno porte, inclusive regimes especiais ou simplificados no caso do imposto previsto no art. 155, II, das contribuições previstas no art. 195, I e §§ 12 e 13, e da contribuição a que se refere o art. 239. (Incluído pela EC 42/2003.)

- art. 94, ADCT.
- LC 123/2006 (Estatuto Nacional da Microempresa e da Empresa de Pequeno Porte).
- Dec. 8.538/2015 (Regulamenta o tratamento favorecido, diferenciado e simplificado para microempresas, empresas de pequeno porte, agricultores familiares, produtores rurais pessoa física, microempreendedores individuais e sociedades cooperativas de consumo nas contratações públicas de bens, serviços e obras no âmbito da administração pública federal).

Parágrafo único. A lei complementar de que trata o inciso III, *d*, também poderá instituir um regime único de arrecadação dos impostos e contribuições da União, dos Estados, do Distrito Federal e dos Municípios, observado que: (Incluído pela EC 42/2003.)

I - será opcional para o contribuinte; (Incluído pela EC 42/2003.)

II - poderão ser estabelecidas condições de enquadramento diferenciadas por Estado; (Incluído pela EC 42/2003.)

III - o recolhimento será unificado e centralizado e a distribuição da parcela de recursos pertencentes aos respectivos entes federados será imediata, vedada qualquer retenção ou condicionamento; (Incluído pela EC 42/2003.)

- art. 107, § 6º, I, ADCT.

IV - a arrecadação, a fiscalização e a cobrança poderão ser compartilhadas pelos entes federados, adotado cadastro nacional único de contribuintes. (Incluído pela EC 42/2003.)

Art. 146-A. Lei complementar poderá estabelecer critérios especiais de tributação, com o objetivo de prevenir desequilíbrios da concorrência, sem prejuízo da competência de a União, por lei, estabelecer normas de igual objetivo. (Incluído pela EC 42/2003.)

Art. 147. Competem à União, em Território Federal, os impostos estaduais e, se o Território não for dividido em Municípios, cumulativamente, os impostos municipais; ao Distrito Federal cabem os impostos municipais.

Art. 148. A União, mediante lei complementar, poderá instituir empréstimos compulsórios:

I - para atender a despesas extraordinárias, decorrentes de calamidade pública, de guerra externa ou sua iminência;

II - no caso de investimento público de caráter urgente e de relevante interesse nacional, observado o disposto no art. 150, III, *b*.

- art. 34, § 12, ADCT.

Parágrafo único. A aplicação dos recursos provenientes de empréstimo compulsório será vinculada à despesa que fundamentou sua instituição.

Art. 149. Compete exclusivamente à União instituir contribuições sociais, de intervenção no domínio econômico e de interesse das categorias profissionais ou econômicas, como instrumento de sua atuação nas respectivas áreas, observado o disposto nos arts. 146, III, e 150, I e III, e sem prejuízo do previsto no art. 195, § 6º, relativamente às contribuições a que alude o dispositivo.

- Lei 10.336/2001 (Institui Contribuição de Intervenção no Domínio Econômico incidente sobre a importação e a comercialização de petróleo e seus derivados, gás natural e seus derivados, e álcool etílico combustível – Cide).

§ 1º A União, os Estados, o Distrito Federal e os Municípios instituirão, por meio de lei, contribuições para custeio de regime próprio de previdência social, cobradas dos servidores ativos, dos aposentados e dos pensionistas, que poderão ter alíquotas progressivas de acordo com o valor da base de contribuição ou dos proventos de aposentadoria e de pensões. (Redação dada pela EC 103/2019)

§ 1º-A. Quando houver déficit atuarial, a contribuição ordinária dos aposentados e pensionistas poderá incidir sobre o valor dos proventos de aposentadoria e de pensões que supere o salário-mínimo. (Incluído pela EC 103/2019)

§ 1º-B. Demonstrada a insuficiência da medida prevista no § 1º-A para equacionar o déficit atuarial, é facultada a instituição de contribuição extraordinária, no âmbito da União, dos servidores públicos ativos, dos aposentados e dos pensionistas. (Incluído pela EC 103/2019)

§ 1º-C. A contribuição extraordinária de que trata o § 1º-B deverá ser instituída simultaneamente com outras medidas para equacionamento do déficit e vigorará por período determinado, contado da data de sua instituição. (Incluído pela EC 103/2019)

§ 2º As contribuições sociais e de intervenção no domínio econômico de que trata o *caput* deste artigo: (Incluído pela EC 33/2001.)

I - não incidirão sobre as receitas decorrentes de exportação; (Incluído pela EC 33/2001.)

II - incidirão também sobre a importação de produtos estrangeiros ou serviços; (Redação dada pela EC 42/2003.)

- Lei 10.336/2001 (Institui Contribuição de Intervenção no Domínio Econômico incidente sobre a importação e a comercialização de petróleo e seus derivados, gás natural e seus derivados, e álcool etílico combustível – Cide).
- Lei 10.865/2004 (Dispõe sobre a Contribuição para os Programas de Integração Social e de Formação do Patrimônio do Servidor Público e a Contribuição para o Financiamento da Seguridade Social incidentes sobre a importação de bens e serviços).

III - poderão ter alíquotas: (Incluído pela EC 33/2001.)

a) *ad valorem*, tendo por base o faturamento, a receita bruta ou o valor da operação e, no caso de importação, o valor aduaneiro; (Incluído pela EC 33/2001.)

b) específica, tendo por base a unidade de medida adotada. (Incluído pela EC 33/2001.)

§ 3º A pessoa natural destinatária das operações de importação poderá ser equiparada a pessoa jurídica, na forma da lei. (Incluído pela EC 33/2001.)

§ 4º A lei definirá as hipóteses em que as contribuições incidirão uma única vez. (Incluído pela EC 33/2001.)

Art. 149-A. Os Municípios e o Distrito Federal poderão instituir contribuição, na forma das respectivas leis, para o custeio do serviço de iluminação pública, observado o disposto no art. 150, I e III. (Incluído pela EC 39/2002.)

Parágrafo único. É facultada a cobrança da contribuição a que se refere o *caput*, na fatura de consumo de energia elétrica. (Incluído pela EC 39/2002.)

SEÇÃO II
DAS LIMITAÇÕES DO PODER DE TRIBUTAR

Art. 150. Sem prejuízo de outras garantias asseguradas ao contribuinte, é vedado à União, aos Estados, ao Distrito Federal e aos Municípios:

I - exigir ou aumentar tributo sem lei que o estabeleça;

- arts. 153, § 1º, 155, § 4º, IV, c; 177, § 4º, I, b, desta CF.
- arts. 3º; 97, CTN.

II - instituir tratamento desigual entre contribuintes que se encontrem em situação equivalente, proibida qualquer distinção em razão de ocupação profissional ou função por eles exercida, independentemente da denominação jurídica dos rendimentos, títulos ou direitos;

- arts. 5º, *caput*; 153, § 2º, desta CF.
- Súm. 658, STF.

III - cobrar tributos:

a) em relação a fatos geradores ocorridos antes do início da vigência da lei que os houver instituído ou aumentado;

- arts. 9º, II; 144, CTN.

b) no mesmo exercício financeiro em que haja sido publicada a lei que os instituiu ou aumentou;

- arts. 148, II; 150, § 1º; 155, § 4º, IV; 195, § 6º, desta CF.
- Súm. Vinc. 50, STF.

c) antes de decorridos noventa dias da data em que haja sido publicada a lei que os instituiu ou aumentou, observado o disposto na alínea *b*; (Incluído pela EC 42/2003.)

- Súm. Vinc. 50, STF.

IV - utilizar tributo com efeito de confisco;

- Súm. 70 e 323, STF.

V - estabelecer limitações ao tráfego de pessoas ou bens, por meio de tributos interestaduais ou intermunicipais, ressalvada a cobrança de pedágio pela utilização de vias conservadas pelo Poder Público;

- art. 9º, III, CTN.
- Súm. 545, STF.

VI - instituir impostos sobre:

a) patrimônio, renda ou serviços, uns dos outros;

- art. 150, § 3º, desta CF.
- art. 9º, IV, a, CTN.

b) templos de qualquer culto;

- art. 9º, IV, b, CTN.
- Lei 3.193/1957 (Aplicação do disposto nesta alínea).

c) patrimônio, renda ou serviços dos partidos políticos, inclusive suas fundações, das entidades sindicais dos trabalhadores, das instituições de educação e de assistência social, sem fins lucrativos, atendidos os requisitos da lei;

- art. 9º, IV, c; 14, CTN.
- Lei 3.193/1957 (Aplicação do disposto nesta alínea).
- Súm. Vinc. 52, STF.
- Súm. 724; 730, STF.

d) livros, jornais, periódicos e o papel destinado a sua impressão.

- Lei 10.753/2003 (Institui a Política Nacional do Livro).
- Lei 11.945/2009 (Dispõe sobre o Registro Especial na Secretaria da Receita Federal do Brasil).
- Súm. Vinc. 57, STF.
- Súm. 657; 662, STF.

e) fonogramas e videofonogramas musicais produzidos no Brasil contendo obras musicais ou literomusicais de autores brasileiros e/ou obras em geral interpretadas por artistas brasileiros bem como os suportes materiais ou arquivos digitais que os contenham, salvo na etapa de replicação industrial de mídias ópticas de leitura a laser. (Acrescentado pela EC 75/2013.)

§ 1º A vedação do inciso III, *b*, não se aplica aos tributos previstos nos arts. 148, I, 153, I, II, IV e V; e 154, II; e a vedação do inciso III, *c*, não se aplica aos tributos previstos nos arts. 148, I, 153, I, II, III e V; e 154, II, nem à fixação da base de cálculo dos impostos previstos nos arts. 155, III, e 156, I. (Redação dada pela EC 42/2003.)

§ 2º A vedação do inciso VI, *a*, é extensiva às autarquias e às fundações instituídas e mantidas pelo Poder Público, no que se refere ao patrimônio, à renda e aos serviços, vinculados a suas finalidades essenciais ou às delas decorrentes.

§ 3º As vedações do inciso VI, *a*, e do parágrafo anterior não se aplicam ao patrimônio, à renda e aos serviços, relacionados com exploração de atividades econômicas regidas pelas normas aplicáveis a empreendimentos privados, ou em que haja contraprestação ou pagamento de preços ou tarifas pelo usuário, nem exonera o promitente comprador da obrigação de pagar imposto relativamente ao bem imóvel.

§ 4º As vedações expressas no inciso VI, alíneas *b* e *c*, compreendem somente o patrimônio, a renda e os serviços, relacionados com as finalidades essenciais das entidades nelas mencionadas.

§ 5º A lei determinará medidas para que os consumidores sejam esclarecidos acerca dos impostos que incidam sobre mercadorias e serviços.

- Lei 12.741/2012 (Dispõe sobre as medidas de esclarecimento ao consumidor). Dec. 8.264/2014 (Regulamento).

§ 6º Qualquer subsídio ou isenção, redução de base de cálculo, concessão de crédito presumido, anistia ou remissão, relativos a impostos, taxas ou contribuições, só poderá ser concedido mediante lei específica, federal, estadual ou municipal, que regule exclusivamente as matérias acima enumeradas ou o correspondente tributo ou contribuição, sem prejuízo do disposto no art. 155, § 2º, XII, *g*. (Redação dada pela EC 3/1993.)

- art. 175, CTN.
- art. 14, § 1º, LC 101/2000 (Lei de Responsabilidade Fiscal).

§ 7º A lei poderá atribuir a sujeito passivo de obrigação tributária a condição de responsável pelo pagamento de imposto ou contribuição, cujo fato gerador deva ocorrer posteriormente, assegurada a imediata e preferencial restituição da quantia paga, caso não se realize o fato gerador presumido. (Incluído pela EC 3/1993.)

- Art. 128, CTN.
- Art. 37, II, LC 101/2000 (Lei de Responsabilidade Fiscal).

Art. 151. É vedado à União:

- art. 10, CTN.
- Lei 9.440/1997 (Estabelece incentivos fiscais para o desenvolvimento regional).
- Lei 11.508/2007 (Regime tributário, cambial e administrativo das Zonas de Processamento de Exportação).

I - instituir tributo que não seja uniforme em todo o território nacional ou que implique distinção ou preferência em relação a Estado, ao Distrito Federal ou a Município, em detrimento de outro, admitida a concessão de incentivos fiscais destinados a promover o equilíbrio do desenvolvimento socioeconômico entre as diferentes regiões do país;

II - tributar a renda das obrigações da dívida pública dos Estados, do Distrito Federal e dos Municípios, bem como a remuneração e os proventos dos respectivos agentes públicos, em níveis superiores aos que fixar para suas obrigações e para seus agentes;

III - instituir isenções de tributos da competência dos Estados, do Distrito Federal ou dos Municípios.

- Súm. 185, STJ.

Art. 152. É vedado aos Estados, ao Distrito Federal e aos Municípios estabelecer diferença tributária entre bens e serviços, de qualquer natureza, em razão de sua procedência ou destino.

- art. 11, CTN.

SEÇÃO III
DOS IMPOSTOS DA UNIÃO

Art. 153. Compete à União instituir impostos sobre:

- art. 154, desta CF.

I - importação de produtos estrangeiros;

- arts. 62, § 2º; 145, § 1º, 154, I, desta CF.
- art. 118, I, CTN.
- Lei 7.810/1989 (Dispõe sobre o imposto de importação - redução).
- Lei 8.032/1990 (Dispõe sobre a isenção ou redução do imposto de importação).
- Lei 9.449/1997 (Reduz o imposto de importação nos produtos que especifica).

II - exportação, para o exterior, de produtos nacionais ou nacionalizados;

- art. 62, § 2º, CF.

III - renda e proventos de qualquer natureza;

- arts. 27; 28; 29; 37; 48; 49; 95; 128, desta CF.
- art. 34, § 2º, I, ADCT.
- Lei 8.166/1991 (Dispõe sobre a não incidência do Imposto de Renda sobre lucros ou dividendos distribuídos a residentes ou domiciliados no exterior, doados a instituições sem fins lucrativos).
- Lei 9.430/1996 (Dispõe sobre a legislação tributária federal, as contribuições para a seguridade social, o processo administrativo de consulta).
- Dec. 9.580/2018 (Regulamento do Imposto de Renda).

IV - produtos industrializados;

- art. 62, § 2º, desta CF.
- art. 34, § 2º, I, ADCT.
- Lei 9.363/ 1996 (Dispõe sobre a instituição de crédito presumido do Imposto sobre Produtos Industrializados, para ressarcimento do valor do PIS/PASEP e COFINS).
- Lei 9.493/1997 (Concede isenção do IPI).
- Dec. 7.619/2011(Regulamenta a concessão de crédito presumido do IPI na aquisição de resíduos sólidos).
- Dec. 8.950/2016 (Aprova a Tabela de Incidência do Imposto sobre Produtos Industrializados - TIPI).

V - operações de crédito, câmbio e seguro, ou relativas a títulos ou valores mobiliários;

- Art. 62, § 2º, desta CF.
- arts. 63 a 67, CTN.
- Lei 8.894/1994 (Imposto sobre Operações de Crédito, Câmbio e Seguro, ou relativas a Títulos e Valores Mobiliários) e Dec. 6.306/2007 (Regulamento).
- Súm. Vinc. 32, STF.
- Súm. 664, STF.

VI - propriedade territorial rural;

- arts. 23 e 24, Lei 8.847/1994 (Dispõem sobre a administração e cobrança da Taxa de Serviços Cadastrais).
- Lei 9.321/1996 (Programa Nacional de Fortalecimento da Agricultura Familiar - PRONAF).
- Lei 9.393/1996 (Imposto sobre a Propriedade Territorial Rural - ITR, sobre pagamento da dívida representada por Títulos da Dívida Agrária).
- Dec. 4.382/2002 (Regulamenta a tributação, fiscalização, arrecadação e administração do Imposto sobre a Propriedade Territorial Rural – ITR).

VII - grandes fortunas, nos termos de lei complementar.

§ 1º É facultado ao Poder Executivo, atendidas as condições e os limites estabelecidos em lei, alterar as alíquotas dos impostos enumerados nos incisos I, II, IV e V.

- art. 150, § 1º, desta CF.
- Lei 8.088/1990 (Dispõe sobre atualização do Bônus do Tesouro Nacional e dos depósitos de poupança).

§ 2º O imposto previsto no inciso III:

I - será informado pelos critérios da generalidade, da universalidade e da progressividade, na forma da lei;

II - (Revogado pela EC 20/1998.)

§ 3º O imposto previsto no inciso IV:

I - será seletivo, em função da essencialidade do produto;

II - será não cumulativo, compensando-se o que for devido em cada operação com o montante cobrado nas anteriores;

- art. 49, CTN.
- Súm. Vinc. 58, STF.

III - não incidirá sobre produtos industrializados destinados ao exterior;

IV - terá reduzido seu impacto sobre a aquisição de bens de capital pelo contribuinte do imposto, na forma da lei. (Incluído pela EC 42/2003.)

§ 4º O imposto previsto no inciso VI do *caput*: (Redação dada pela EC 42/2003.)

- Lei 8.629 (Regula e disciplina disposições relativas à reforma agrária).

I - será progressivo e terá suas alíquotas fixadas de forma a desestimular a manutenção de propriedades improdutivas; (Incluído pela EC 42/2003.)

II - não incidirá sobre pequenas glebas rurais, definidas em lei, quando as explore o proprietário que não possua outro imóvel; (Incluído pela EC 42/2003.)

III - será fiscalizado e cobrado pelos Municípios que assim optarem, na forma da lei, desde que não implique redução do imposto ou qualquer outra forma de renúncia fiscal. (Incluído pela EC 42/2003.)

- art. 158, II, desta CF.
- arts. 6º e 7º, CTN.
- Lei 11.250/2005 (Regulamenta este inciso).

§ 5º O ouro, quando definido em lei como ativo financeiro ou instrumento cambial, sujeita-se exclusivamente à incidência do imposto de que trata o inciso V do *caput* deste artigo, devido na operação de origem; a alíquota mínima será de um por cento, assegurada a transferência do montante da arrecadação nos seguintes termos:

- art. 74, § 2º, 107, § 6º, I, ADCT.
- Lei 7.766/1989 (Dispõe sobre o ouro como ativo financeiro e sobre seu tratamento tributário).

I - trinta por cento para o Estado, o Distrito Federal ou o Território, conforme a origem;

II - setenta por cento para o Município de origem.

- arts. 72, § 3º; 74, § 2º; 75; 76, §1º, ADCT.
- Lei 7.766/1989 (Dispõe sobre o ouro como ativo financeiro e sobre seu tratamento tributário).

Art. 154. A União poderá instituir:

I - mediante lei complementar, impostos não previstos no artigo anterior, desde que sejam não cumulativos e não tenham fato gerador ou base de cálculo próprios dos discriminados nesta Constituição;

- art. 195, § 4º, desta CF.

‣ arts. 74, § 2º; 75, ADCT.

II - na iminência ou no caso de guerra externa, impostos extraordinários, compreendidos ou não em sua competência tributária, os quais serão suprimidos, gradativamente, cessadas as causas de sua criação.

‣ arts. 62, § 2º; 150, § 1º, desta CF.

SEÇÃO IV
DOS IMPOSTOS DOS ESTADOS E DO DISTRITO FEDERAL

Art. 155. Compete aos Estados e ao Distrito Federal instituir impostos sobre: (Redação dada pela EC 3/1993.)

I - transmissão *causa mortis* e doação, de quaisquer bens ou direitos; (Redação dada pela EC 3/1993.)

II - operações relativas à circulação de mercadorias e sobre prestações de serviços de transporte interestadual e intermunicipal e de comunicação, ainda que as operações e as prestações se iniciem no exterior; (Redação dada pela EC 3/1993.)

‣ art. 60, § 2º, ADCT.

‣ LC 24/1975 (Dispõe sobre convênios para a concessão de isenções do imposto sobre operações relativas à circulação de mercadorias).

‣ LC 87/1996 (Lei Kandir - ICMS)

‣ Súm. 662, STF.

‣ Súm. 334; 457, STJ.

III - propriedade de veículos automotores. (Redação dada pela EC 3/1993.)

§ 1º O imposto previsto no inciso I: (Redação dada pela EC 3/1993.)

I - relativamente a bens imóveis e respectivos direitos, compete ao Estado da situação do bem, ou ao Distrito Federal

II - relativamente a bens móveis, títulos e créditos, compete ao Estado onde se processar o inventário ou arrolamento, ou tiver domicílio o doador, ou ao Distrito Federal;

III - terá competência para sua instituição regulada por lei complementar:

a) se o doador tiver domicilio ou residência no exterior;

b) se o *de cujus* possuía bens, era residente ou domiciliado ou teve o seu inventário processado no exterior;

IV - terá suas alíquotas máximas fixadas pelo Senado Federal.

§ 2º O imposto previsto no inciso II atenderá ao seguinte: (Redação dada pela EC 3/1993.)

‣ LC 24/1975 (Dispõe sobre convênios para a concessão de isenções do imposto sobre operações relativas à circulação de mercadorias).

‣ LC 101/2000 (Lei de Responsabilidade Fiscal).

‣ Dec.-Lei 406/1968 (Normas gerais de Direito Financeiro aplicáveis aos impostos sobre operações relativas à circulação de mercadorias e serviços de qualquer natureza).

I - será não cumulativo, compensando-se o que for devido em cada operação relativa à circulação de mercadorias ou prestação de serviços com o montante cobrado nas anteriores pelo mesmo ou outro Estado ou pelo Distrito Federal;

II - a isenção ou não incidência, salvo determinação em contrário da legislação:

‣ art. 155, § 2º, X, a, desta CF.

‣ LC 24/1975 (Dispõe sobre convênios para a concessão de isenções do imposto sobre operações relativas à circulação de mercadorias).

‣ LC 87/1996 (Lei Kandir - ICMS).

a) não implicará crédito para compensação com o montante devido nas operações ou prestações seguintes;

b) acarretará a anulação do crédito relativo às operações anteriores;

III - poderá ser seletivo, em função da essencialidade das mercadorias e dos serviços;

IV - resolução do Senado Federal, de iniciativa do Presidente da República ou de um terço dos Senadores, aprovada pela maioria absoluta de seus membros, estabelecerá as alíquotas aplicáveis às operações e prestações, interestaduais e de exportação;

V - é facultado ao Senado Federal:

a) estabelecer alíquotas mínimas nas operações internas, mediante resolução de iniciativa de um terço e aprovada pela maioria absoluta de seus membros;

b) fixar alíquotas máximas nas mesmas operações para resolver conflito específico que envolva interesse de Estados, mediante resolução de iniciativa da maioria absoluta e aprovada por dois terços de seus membros;

VI - salvo deliberação em contrário dos Estados e do Distrito Federal, nos termos do disposto no inciso XII, *g*, as alíquotas internas, nas operações relativas à circulação de mercadorias e nas prestações de serviços, não poderão ser inferiores às previstas para as operações interestaduais;

VII - nas operações e prestações que destinem bens e serviços a consumidor final, contribuinte ou não do imposto, localizado em outro Estado, adotar-se-á a alíquota interestadual e caberá ao Estado de localização do destinatário o imposto correspondente à diferença entre a alíquota interna do Estado destinatário e a alíquota interestadual; (Alterado pela EC 87/2015. Produção de efeitos no ano subsequente e após 90 dias de sua publicação.)

‣ art. 99, ADCT.

a) e b) (revogadas); (Alteradas pela EC 87/2015. Produção de efeitos no ano subsequente e após 90 dias de sua publicação.)

VIII - a responsabilidade pelo recolhimento do imposto correspondente à diferença entre a alíquota interna e a interestadual de que trata o inciso VII será atribuída: (Alterado pela EC 87/2015. Produção de efeitos no ano subsequente e após 90 dias de sua publicação.)

a) ao destinatário, quando este for contribuinte do imposto; (Alterada pela EC 87/2015. Produção de efeitos no ano subsequente e após 90 dias de sua publicação.)

b) ao remetente, quando o destinatário não for contribuinte do imposto; (Alterada pela EC 87/2015. Produção de efeitos no ano subsequente e após 90 dias de sua publicação.)

IX - incidirá também:

a) sobre a entrada de bem ou mercadoria importados do exterior por pessoa física ou jurídica, ainda que não seja contribuinte habitual do imposto, qualquer que seja a sua finalidade, assim como sobre o serviço prestado no exterior, cabendo o imposto ao Estado onde estiver situado o domicílio ou o estabelecimento do destinatário da mercadoria, bem ou serviço; (Redação dada pela EC 33/2001.)

‣ Súm. Vinc. 48, STF.

‣ Súm. 660 e 661, STF.

‣ Súm. 155; 198, STJ.

b) sobre o valor total da operação, quando mercadorias forem fornecidas com serviços não compreendidos na competência tributária dos Municípios;

X - não incidirá:

a) sobre operações que destinem mercadorias para o exterior, nem sobre serviços prestados a destinatários no exterior, assegurada a manutenção e o aproveitamento do montante do imposto cobrado nas operações e prestações anteriores; (Redação dada pela EC 42/2003.)

‣ Súm. 433, STJ.

b) sobre operações que destinem a outros Estados petróleo, inclusive lubrificantes, combustíveis líquidos e gasosos dele derivados, e energia elétrica;

c) sobre o ouro, nas hipóteses definidas no art. 153, § 5º;

‣ Lei 7.766/1989 (Dispõe sobre o ouro como ativo financeiro e sobre seu tratamento tributário).

d) nas prestações de serviço de comunicação nas modalidades de radiodifusão sonora e de sons e imagens de recepção livre e gratuita; (Incluído pela EC 42/2003.)

XI - não compreenderá, em sua base de cálculo, o montante do imposto sobre produtos industrializados, quando a operação, realizada entre contribuintes e relativa a produto destinado à industrialização ou à comercialização, configure fato gerador dos dois impostos;

XII - cabe à lei complementar:

‣ art. 4º, EC 42/2003 (Altera o Sistema Tributário Nacional).

a) definir seus contribuintes;

b) dispor sobre substituição tributária;

c) disciplinar o regime de compensação do imposto;

d) fixar, para efeito de sua cobrança e definição do estabelecimento responsável, o local das operações relativas à circulação de mercadorias e das prestações de serviços;

e) excluir da incidência do imposto, nas exportações para o exterior, serviços e outros produtos além dos mencionados no inciso X, *a*;

f) prever casos de manutenção de crédito, relativamente à remessa para outro Estado e exportação para o exterior, de serviços e de mercadorias;

g) regular a forma como, mediante deliberação dos Estados e do Distrito Federal, isenções, incentivos e benefícios fiscais serão concedidos e revogados.

- art. 22, p.u., LC 123/2006 (Estatuto Nacional da Microempresa e da Empresa de Pequeno Porte).

h) definir os combustíveis e lubrificantes sobre os quais o imposto incidirá uma única vez, qualquer que seja a sua finalidade, hipótese em que não se aplicará o disposto no inciso X, *b*; (Incluída pela EC 33/2001.)

i) fixar a base de cálculo, de modo que o montante do imposto a integre, também na importação do exterior de bem, mercadoria ou serviço. (Incluída pela EC 33/2001.)

- Súm. 457, STJ.

§ 3º À exceção dos impostos de que tratam o inciso II do *caput* deste artigo e o art. 153, I e II, nenhum outro imposto poderá incidir sobre operações relativas à energia elétrica, serviços de telecomunicações, derivados de petróleo, combustíveis e minerais do país. (Redação dada pela EC 33/2001.)

- Súm. 659, STF.

§ 4º Na hipótese do inciso XII, *h*, observar-se-á o seguinte: (Incluído pela EC 33/2001.)

I - nas operações com os lubrificantes e combustíveis derivados de petróleo, o imposto caberá ao Estado onde ocorrer o consumo; (Incluído pela EC 33/2001.)

II - nas operações interestaduais, entre contribuintes, com gás natural e seus derivados, e lubrificantes e combustíveis não incluídos no inciso I deste parágrafo, o imposto será repartido entre os Estados de origem e de destino, mantendo-se a mesma proporcionalidade que ocorre nas operações com as demais mercadorias; (Incluído pela EC 33/2001.)

III - nas operações interestaduais com gás natural e seus derivados, e lubrificantes e combustíveis não incluídos no inciso I deste parágrafo, destinadas a não contribuinte, o imposto caberá ao Estado de origem; (Incluído pela EC 33/2001.)

IV - as alíquotas do imposto serão definidas mediante deliberação dos Estados e Distrito Federal, nos termos do § 2º, XII, *g*, observando-se o seguinte: (Incluído pela EC 33/2001.)

a) serão uniformes em todo o território nacional, podendo ser diferenciadas por produto; (Incluído pela EC 33/2001.)

b) poderão ser específicas, por unidade de medida adotada, ou *ad valorem*, incidindo sobre o valor da operação ou sobre o preço que o produto ou seu similar alcançaria em uma venda em condições de livre-concorrência; (Incluído pela EC 33/2001.)

c) poderão ser reduzidas e restabelecidas, não se lhes aplicando o disposto no art. 150, III, *b*. (Incluído pela EC 33/2001.)

§ 5º As regras necessárias à aplicação do disposto no § 4º, inclusive as relativas à apuração e à destinação do imposto, serão estabelecidas mediante deliberação dos Estados e do Distrito Federal, nos termos do § 2º, XII, *g*. (Incluído pela EC 33/2001.)

§ 6º O imposto previsto no inciso III: (Incluído pela EC 42/2003.)

I - terá alíquotas mínimas fixadas pelo Senado Federal; (Incluído pela EC 42/2003.)

II - poderá ter alíquotas diferenciadas em função do tipo e utilização. (Incluído pela EC 42/2003.)

SEÇÃO V
DOS IMPOSTOS DOS MUNICÍPIOS

Art. 156. Compete aos Municípios instituir impostos sobre:

- art. 167, § 4º, desta CF.

I - propriedade predial e territorial urbana;

- arts. 32 a 34, CTN.
- Súm. 589, STF.
- Súm. 399, STJ.

II - transmissão *inter vivos*, a qualquer título, por ato oneroso, de bens imóveis, por natureza ou acessão física, e de direitos reais sobre imóveis, exceto os de garantia, bem como cessão de direitos a sua aquisição;

- arts. 35 a 42, CTN.
- Súm. 656, STF.

III - serviços de qualquer natureza, não compreendidos no art. 155, II, definidos em lei complementar. (Redação dada pela EC 3/1993.)

- LC 116/2003 (Lei do ISS).
- Súm. Vinc. 31, STF.
- Súm. 424, STJ.

IV - (Revogado pela EC 3/1993.)

§ 1º Sem prejuízo da progressividade no tempo a que se refere o art. 182, § 4º, inciso II, o imposto previsto no inciso I poderá: (Redação dada pela EC 29/2000.)

- arts. 182, §§ 2º e 4º; 186 desta CF.
- Súm. 589, STF.

I - ser progressivo em razão do valor do imóvel; e (Incluído pela EC 29/2000.)

II - ter alíquotas diferentes de acordo com a localização e o uso do imóvel. (Incluído pela EC 29/2000.)

- Lei 10.257/2001 (Estatuto da Cidade).

§ 2º O imposto previsto no inciso II:

I - não incide sobre a transmissão de bens ou direitos incorporados ao patrimônio de pessoa jurídica em realização de capital, nem sobre a transmissão de bens ou direitos decorrente de fusão, incorporação, cisão ou extinção de pessoa jurídica, salvo se, nesses casos, a atividade preponderante do adquirente for a compra e venda desses bens ou direitos, locação de bens imóveis ou arrendamento mercantil;

- arts. 36 e 37, CTN.

II - compete ao Município da situação do bem.

§ 3º Em relação ao imposto previsto no inciso III do *caput* deste artigo, cabe à lei complementar: (Redação dada pela EC 37/2002.)

I - fixar as suas alíquotas máximas e mínimas; (Redação dada pela EC 37/2002.)

- art. 88, ADCT.

II - excluir da sua incidência exportações de serviços para o exterior. (Incluído pela EC 3/1993.)

III - regular a forma e as condições como isenções, incentivos e benefícios fiscais serão concedidos e revogados. (Incluído pela EC 37/2002.)

- art. 88, ADCT.

§ 4º (Revogado pela EC 3/1993.)

SEÇÃO VI
DA REPARTIÇÃO DAS RECEITAS TRIBUTÁRIAS

- art. 6º, p.ú., CTN.

Art. 157. Pertencem aos Estados e ao Distrito Federal:

- art. 167, § 4º, desta CF.
- art. 107, § 6º, I, ADCT.

I - o produto da arrecadação do imposto da União sobre renda e proventos de qualquer natureza, incidente na fonte, sobre rendimentos pagos, a qualquer título, por eles, suas autarquias e pelas fundações que instituírem e mantiverem;

- art. 159, § 1º, desta CF.
- art. 76, § 1º, ADCT.
- Dec. 9.580/2018 (Regulamenta a tributação, fiscalização, arrecadação e administração do Imposto sobre a renda e proventos de qualquer natureza).
- Súm. 447, STJ.

II - vinte por cento do produto da arrecadação do imposto que a União instituir no exercício da competência que lhe é atribuída pelo art. 154, I.

- art. 72, § 3º, ADCT.

Art. 158. Pertencem aos Municípios:

- art. 167, IV, desta CF.
- LC 63/1990 (Dispõe sobre os critérios e prazos de crédito das parcelas do produto da arrecadação de impostos de competência dos Estados e de transferências por estes recebidas, pertencentes aos Municípios).

I - o produto da arrecadação do imposto da União sobre renda e proventos de qualquer natureza, incidente na fonte, sobre rendimentos pagos, a qualquer título, por eles, suas autarquias e pelas fundações que instituírem e mantiverem;

- art. 159, § 1º, desta CF.
- art. 76, § 1º; 107, § 6º, I, ADCT.
- Súm. 447, STJ.

II - cinquenta por cento do produto da arrecadação do imposto da União sobre a propriedade territorial rural, relativamente aos imóveis neles situados, cabendo a totalidade na hipótese da opção a que se refere o art. 153, § 4º, III; (Redação dada pela EC 42/2003.)

- arts. 72, § 4º; 76, § 1º; 107, § 6º, I, ADCT.
- Dec. 7.827/2012 (Regulamenta os procedimentos de condicionamento e restabelecimento das transferências de recursos provenientes das receitas de que tratam este

inciso, dispõe sobre os procedimentos de suspensão e restabelecimento das transferências voluntárias da União, nos casos de descumprimento da aplicação dos recursos em ações e serviços públicos de saúde de que trata a LC 141/2012).

- Súm. 139, STJ.

III - cinquenta por cento do produto da arrecadação do imposto do Estado sobre a propriedade de veículos automotores licenciados em seus territórios;

- art. 1º, LC 63/1990 (Dispõe sobre os critérios e prazos de crédito das parcelas do produto da arrecadação de impostos de competência dos Estados e de transferências por estes recebidas, pertencentes aos Municípios).

IV - vinte e cinco por cento do produto da arrecadação do imposto do Estado sobre operações relativas à circulação de mercadorias e sobre prestações de serviços de transporte interestadual e intermunicipal e de comunicação.

- arts. 60, § 2º; 82, § 1º, ADCT.
- art. 1º, LC 63/1990 (Dispõe sobre os critérios e prazos de crédito das parcelas do produto da arrecadação de impostos de competência dos Estados e de transferências por estes recebidas, pertencentes aos Municípios).

Parágrafo único. As parcelas de receita pertencentes aos Municípios, mencionadas no inciso IV, serão creditadas conforme os seguintes critérios:

I - 65% (sessenta e cinco por cento), no mínimo, na proporção do valor adicionado nas operações relativas à circulação de mercadorias e nas prestações de serviços, realizadas em seus territórios; (Redação dada pela EC 108/2020, com produção de efeitos financeiros a partir de 1º/1/2021)

II - até 35% (trinta e cinco por cento), de acordo com o que dispuser lei estadual, observada, obrigatoriamente, a distribuição de, no mínimo, 10 (dez) pontos percentuais com base em indicadores de melhoria nos resultados de aprendizagem e de aumento da equidade, considerado o nível socioeconômico dos educandos. (Redação dada pela EC 108/2020, com produção de efeitos financeiros a partir de 1º/1/2021)

Art. 159. A União entregará:

- art. 167, IV, desta CF.
- arts. 72, §§ 2º e 4º; 80, § 1º; 107, § 6º, ADCT.
- LC 62/1989 (Dispõe sobre as normas para cálculo, entrega e controle de liberações de recursos dos Fundos de Participação).

I - do produto da arrecadação dos impostos sobre renda e proventos de qualquer natureza e sobre produtos industrializados, 49% (quarenta e nove por cento), na seguinte forma: (Alterado pela EC 84/2014.)

- art. 60, § 2º, ADCT.
- art. 2º, EC 55/2007 (determina que as alterações inseridas neste artigo somente se aplicam sobre a arrecadação dos impostos sobre renda e proventos de qualquer natureza e sobre produtos industrializados realizada a partir de 1º.09.2007).
- art. 92, CTN.
- art. 6º, § 1º, Lei 13.254/2016 (Dispõe sobre o Regime Especial de Regularização Cambial e Tributária – RERCT).
- Dec. 7.827/2012 (Regulamenta os procedimentos de condicionamento e restabelecimento das transferências de recursos provenientes das receitas de que tratam as alíneas deste inciso).

a) vinte e um inteiros e cinco décimos por cento ao Fundo de Participação dos Estados e do Distrito Federal;

- arts. 34, § 2º, II; 60, § 2º; 73, § 1º, ADCT.
- art. 92, CTN.
- LC 62/1989 (Dispõe sobre as normas para cálculo, entrega e controle de liberações de recursos dos Fundos de Participação).

b) vinte e dois inteiros e cinco décimos por cento ao Fundo de Participação dos Municípios;

- art. 76, § 1º, ADCT.
- art. 92, CTN.
- LC 62/1989 (Dispõe sobre as normas para cálculo, entrega e controle de liberações de recursos dos Fundos de Participação).
- LC 91/1997 (Dispõe sobre a fixação dos coeficientes do Fundo de Participação dos Municípios).

c) três por cento, para aplicação em programas de financiamento ao setor produtivo das Regiões Norte, Nordeste e Centro-Oeste, através de suas instituições financeiras de caráter regional, de acordo com os planos regionais de desenvolvimento, ficando assegurada ao semiárido do Nordeste a metade dos recursos destinados à Região, na forma que a lei estabelecer;

d) um por cento ao Fundo de Participação dos Municípios, que será entregue no primeiro decêndio do mês de dezembro de cada ano; (Incluído pela EC 55/2007.)

- art. 92, CTN.
- art. 2º, EC 55/2007 (determina que as alterações inseridas neste artigo somente se aplicam sobre a arrecadação dos impostos sobre renda e proventos de qualquer natureza e sobre produtos industrializados realizada a partir de 1º.09.2007).

e) 1% (um por cento) ao Fundo de Participação dos Municípios, que será entregue no primeiro decêndio do mês de julho de cada ano; (Inserido pela EC 84/2014.)

- art. 2º, EC. 84/2014 [Para deste inciso, a União entregará ao Fundo de Participação dos Municípios o percentual de 0,5% (cinco décimos por cento) do produto da arrecadação dos impostos sobre renda e proventos de qualquer natureza e sobre produtos industrializados no primeiro exercício em que esta EC gerar efeitos financeiros, acrescentando-se 0,5% (cinco décimos por cento) a cada exercício, até que se alcance o percentual de 1% (um por cento)].

II - do produto da arrecadação do imposto sobre produtos industrializados, dez por cento aos Estados e ao Distrito Federal, proporcionalmente ao valor das respectivas exportações de produtos industrializados;

- arts. 60, 2º; 76, § 1º, ADCT.
- art. 1º, LC 63/1990 (Dispõe sobre os critérios e prazos de crédito das parcelas do produto da arrecadação de impostos de competência dos Estados e de transferências por estes recebidas, pertencentes aos Municípios).
- Lei 8.016/1990 (Dispõe sobre a entrega das quotas de participação dos Estados e DF na arrecadação do IPI).
- Dec. 7.827/2012 (Regulamenta este inciso).

III - do produto da arrecadação da contribuição de intervenção no domínio econômico prevista no art. 177, § 4º, 29% (vinte e nove por cento) para os Estados e o Distrito Federal, distribuídos na forma da lei, observada a destinação a que se refere o inciso II, *c*, do referido parágrafo. (Redação dada pela EC 44, de 2004.)

- art. 93, ADCT.

§ 1º Para efeito de cálculo da entrega a ser efetuada de acordo com o previsto no inciso I, excluir-se-á a parcela da arrecadação do imposto de renda e proventos de qualquer natureza pertencente aos Estados, ao Distrito Federal e aos Municípios, nos termos do disposto nos arts. 157, I, e 158, I.

§ 2º A nenhuma unidade federada poderá ser destinada parcela superior a vinte por cento do montante a que se refere o inciso II, devendo o eventual excedente ser distribuído entre os demais participantes, mantido, em relação a esses, o critério de partilha nele estabelecido.

- LC 61/1989 (Dispõe sobre as normas para participação dos Estados e DF no produto de arrecadação do IPI, relativo às exportações).

§ 3º Os Estados entregarão aos respectivos Municípios vinte e cinco por cento dos recursos que receberem nos termos do inciso II, observados os critérios estabelecidos no art. 158, parágrafo único, I e II.

- LC 63/1990 (Dispõe sobre os critérios e prazos de crédito das parcelas do produto da arrecadação de impostos de competência dos Estados e de transferências por estes recebidas, pertencentes aos Municípios).

§ 4º Do montante de recursos de que trata o inciso III que cabe a cada Estado, vinte e cinco por cento serão destinados aos seus Municípios, na forma da lei a que se refere o mencionado inciso. (Incluído pela EC 42/2003.)

- art. 93, ADCT.

Art. 160. É vedada a retenção ou qualquer restrição à entrega e ao emprego dos recursos atribuídos, nesta seção, aos Estados, ao Distrito Federal e aos Municípios, neles compreendidos adicionais e acréscimos relativos a impostos.

Parágrafo único. A vedação prevista neste artigo não impede a União e os Estados de condicionarem a entrega de recursos: (Redação dada pela EC 29/2000.)

I - ao pagamento de seus créditos, inclusive de suas autarquias; (Incluído pela EC 29/2000.)

II - ao cumprimento do disposto no art. 198, § 2º, incisos II e III. (Incluído pela EC 29/2000.)

Art. 161. Cabe à lei complementar:

I - definir valor adicionado para fins do disposto no art. 158, parágrafo único, I;

- LC 63/1990 (Dispõe sobre os critérios e prazos de crédito das parcelas do produto da arrecadação de impostos de competência dos Estados e de transferências por estes recebidas, pertencentes aos Municípios).

II - estabelecer normas sobre a entrega dos recursos de que trata o art. 159, especialmente sobre os critérios de rateio dos fundos previstos em seu inciso I, objetivando promover o equilíbrio socioeconômico entre Estados e entre Municípios;

- art. 34, § 2º, ADCT.
- LC 62/1989 (Dispõe sobre as normas para cálculo, entrega e controle de liberações de recursos dos Fundos de Participação).

III - dispor sobre o acompanhamento, pelos beneficiários, do cálculo das quotas e da liberação das participações previstas nos arts. 157, 158 e 159.

- LC 62/1989 (Dispõe sobre as normas para cálculo, entrega e controle de liberações de recursos dos Fundos de Participação).

Parágrafo único. O Tribunal de Contas da União efetuará o cálculo das quotas referentes aos fundos de participação a que alude o inciso II.

Art. 162. A União, os Estados, o Distrito Federal e os Municípios divulgarão, até o último dia do mês subsequente ao da arrecadação, os montantes de cada um dos tributos arrecadados, os recursos recebidos, os valores de origem tributária entregues e a entregar e a expressão numérica dos critérios de rateio.

Parágrafo único. Os dados divulgados pela União serão discriminados por Estado e por Município; os dos Estados, por Município.

CAPÍTULO II
DAS FINANÇAS PÚBLICAS

SEÇÃO I
NORMAS GERAIS

Art. 163. Lei complementar disporá sobre:

- art. 30, EC 19/1998.
- Lei 4.320/1964 (Estabelece normas gerais de Direito Financeiro para elaboração e controle dos orçamentos e balanços da União, Estados, Municípios e DF).
- Lei 6.830/1980 (Lei de Execuções Fiscais).

I - finanças públicas;

- LC 101/2000 (Lei de Responsabilidade Fiscal).

II - dívida pública externa e interna, incluída a das autarquias, fundações e demais entidades controladas pelo Poder Público;

- Lei 8.388/1991 (Estabelece diretrizes para que a União possa realizar a consolidação e reescalonamento de dívidas das Administrações direta e indireta dos Estados, DF e Municípios).

III - concessão de garantias pelas entidades públicas;

IV - emissão e resgate de títulos da dívida pública;

- art. 34, § 2º, I, ADCT.

V - fiscalização financeira da administração pública direta e indireta; (Redação dada pela EC 40/2003.)

- Lei 4.595/1964 (Sistema financeiro nacional).

VI - operações de câmbio realizadas por órgãos e entidades da União, dos Estados, do Distrito Federal e dos Municípios;

- Lei 1.807/1953 (Dispõe sobre operações de câmbio).
- Lei 4.131/1962 (Disciplina a aplicação do capital estrangeiro e as remessas de valores para o exterior).
- Dec.-Lei 9.025/1946 (Dispõe sobre operações e regulamenta retorno de capitais estrangeiros).
- Dec.-Lei 9.602/1946 (Dispõe sobre operações de câmbio).

VII - compatibilização das funções das instituições oficiais de crédito da União, resguardadas as características e condições operacionais plenas das voltadas ao desenvolvimento regional.

- art. 30, EC 19/1998 (Reforma administrativa).
- LC 101/2000 (Lei de Responsabilidade Fiscal).
- Lei 4.595/1964 (Dispõe sobre a Política e as Instituições Monetárias, Bancárias e Creditícias, e cria o Conselho Monetário Nacional).

Art. 163-A. A União, os Estados, o Distrito Federal e os Municípios disponibilizarão suas informações e dados contábeis, orçamentários e fiscais, conforme periodicidade, formato e sistema estabelecidos pelo órgão central de contabilidade da União, de forma a garantir a rastreabilidade, a comparabilidade e a publicidade dos dados coletados, os quais deverão ser divulgados em meio eletrônico de amplo acesso público. (Acrescido pela EC 108, de 2020, com produção de efeitos financeiros a partir de 1º/1/2021)

Art. 164. A competência da União para emitir moeda será exercida exclusivamente pelo banco central.

- Lei 13.416/2017 (Autoriza o Banco Central do Brasil a adquirir papel-moeda e moeda metálica fabricados fora do País por fornecedor estrangeiro).

§ 1º É vedado ao banco central conceder, direta ou indiretamente, empréstimos ao Tesouro Nacional e a qualquer órgão ou entidade que não seja instituição financeira.

§ 2º O banco central poderá comprar e vender títulos de emissão do Tesouro Nacional, com o objetivo de regular a oferta de moeda ou a taxa de juros.

§ 3º As disponibilidades de caixa da União serão depositadas no banco central; as dos Estados, do Distrito Federal, dos Municípios e dos órgãos ou entidades do Poder Público e das empresas por ele controladas, em instituições financeiras oficiais, ressalvados os casos previstos em lei.

SEÇÃO II
DOS ORÇAMENTOS

Art. 165. Leis de iniciativa do Poder Executivo estabelecerão:

I - o plano plurianual;

II - as diretrizes orçamentárias;

III - os orçamentos anuais.

§ 1º A lei que instituir o plano plurianual estabelecerá, de forma regionalizada, as diretrizes, objetivos e metas da administração pública federal para as despesas de capital e outras delas decorrentes e para as relativas aos programas de duração continuada.

§ 2º A lei de diretrizes orçamentárias compreenderá as metas e prioridades da administração pública federal, incluindo as despesas de capital para o exercício financeiro subsequente, orientará a elaboração da lei orçamentária anual, disporá sobre as alterações na legislação tributária e estabelecerá a política de aplicação das agências financeiras oficiais de fomento.

- art. 4º, LC 101/2000 (Lei de Responsabilidade Fiscal).

§ 3º O Poder Executivo publicará, até trinta dias após o encerramento de cada bimestre, relatório resumido da execução orçamentária.

- art. 5º, II, da EC 106/2020 (Institui regime extraordinário fiscal, financeiro e de contratações para enfrentamento de calamidade pública nacional decorrente de pandemia).

§ 4º Os planos e programas nacionais, regionais e setoriais previstos nesta Constituição serão elaborados em consonância com o plano plurianual e apreciados pelo Congresso Nacional.

- Lei 9.491/1997 (Altera procedimentos relativos ao Programa Nacional de Desestatização).

§ 5º A lei orçamentária anual compreenderá:

I - o orçamento fiscal referente aos Poderes da União, seus fundos, órgãos e entidades da administração direta e indireta, inclusive fundações instituídas e mantidas pelo Poder Público;

II - o orçamento de investimento das empresas em que a União, direta ou indiretamente, detenha a maioria do capital social com direito a voto;

III - o orçamento da seguridade social, abrangendo todas as entidades e órgãos a ela vinculados, da administração direta ou indireta, bem como os fundos e fundações instituídos e mantidos pelo Poder Público.

§ 6º O projeto de lei orçamentária será acompanhado de demonstrativo regionalizado do efeito, sobre as receitas e despesas, decorrente de isenções, anistias, remissões, subsídios e benefícios de natureza financeira, tributária e creditícia.

§ 7º Os orçamentos previstos no § 5º, I e II, deste artigo, compatibilizados com o plano plurianual, terão entre suas funções a de reduzir desigualdades inter-regionais, segundo critério populacional.

- art. 35, ADCT.

§ 8º A lei orçamentária anual não conterá dispositivo estranho à previsão da receita e à fixação da despesa, não se incluindo na proibição a autorização para abertura de créditos suplementares e contratação de operações de crédito, ainda que por antecipação de receita, nos termos da lei.

- art. 167, IV, desta CF.

§ 9º Cabe à lei complementar:

- art. 168, desta CF.
- art. 35, 2º, ADCT.

- Lei 4.320/1964 (Estabelece normas gerais de Direito Financeiro para elaboração e controle dos orçamentos e balanços da União, Estados, Municípios e DF).
- Dec.-Lei 200/1967 (Dispõe sobre a organização da administração federal e estabelece diretrizes para reforma administrativa).

I - dispor sobre o exercício financeiro, a vigência, os prazos, a elaboração e a organização do plano plurianual, da lei de diretrizes orçamentárias e da lei orçamentária anual;

II - estabelecer normas de gestão financeira e patrimonial da administração direta e indireta bem como condições para a instituição e funcionamento de fundos.

- arts. 35, § 2º; 71, § 1º; 81, § 3º, ADCT.
- LC 89/1997 (Dispõe sobre o Fundo para aparelhamento e operacionalização das atividades-fim da Polícia Federal - FUNAPOL).
- LC 101/2000 (Lei de Responsabilidade Fiscal).

III - dispor sobre critérios para a execução equitativa, além de procedimentos que serão adotados quando houver impedimentos legais e técnicos, cumprimento de restos a pagar e limitação das programações de caráter obrigatório, para a realização do disposto nos §§ 11 e 12 do art. 166. (Redação dada pela EC 100/2019)

§ 10. A administração tem o dever de executar as programações orçamentárias, adotando os meios e as medidas necessários, com o propósito de garantir a efetiva entrega de bens e serviços à sociedade. (Incluída pela EC 100/2019)

§ 11. O disposto no § 10 deste artigo, nos termos da lei de diretrizes orçamentárias: (Acrescido pela EC 102/2019)

I - subordina-se ao cumprimento de dispositivos constitucionais e legais que estabeleçam metas fiscais ou limites de despesas e não impede o cancelamento necessário à abertura de créditos adicionais;

II - não se aplica nos casos de impedimentos de ordem técnica devidamente justificados;

III - aplica-se exclusivamente às despesas primárias discricionárias.

§ 12. Integrará a lei de diretrizes orçamentárias, para o exercício a que se refere e, pelo menos, para os 2 (dois) exercícios subsequentes, anexo com previsão de agregados fiscais e a proporção dos recursos para investimentos que serão alocados na lei orçamentária anual para a continuidade daqueles em andamento. (Acrescido pela EC 102/2019)

§ 13. O disposto no inciso III do § 9º e nos §§ 10, 11 e 12 deste artigo aplica-se exclusivamente aos orçamentos fiscal e da seguridade social da União. (Acrescido pela EC 102/2019)

§ 14. A lei orçamentária anual poderá conter previsões de despesas para exercícios seguintes, com a especificação dos investimentos plurianuais e daqueles em andamento. (Acrescido pela EC 102/2019)

§ 15. A União organizará e manterá registro centralizado de projetos de investimento contendo, por Estado ou Distrito Federal, pelo menos, análises de viabilidade, estimativas de custos e informações sobre a execução física e financeira. (Acrescido pela EC 102/2019)

Art. 166. Os projetos de lei relativos ao plano plurianual, às diretrizes orçamentárias, ao orçamento anual e aos créditos adicionais serão apreciados pelas duas Casas do Congresso Nacional, na forma do regimento comum.

§ 1º Caberá a uma Comissão mista permanente de Senadores e Deputados:

I - examinar e emitir parecer sobre os projetos referidos neste artigo e sobre as contas apresentadas anualmente pelo Presidente da República;

II - examinar e emitir parecer sobre os planos e programas nacionais, regionais e setoriais previstos nesta Constituição e exercer o acompanhamento e a fiscalização orçamentária, sem prejuízo da atuação das demais comissões do Congresso Nacional e de suas Casas, criadas de acordo com o art. 58.

§ 2º As emendas serão apresentadas na Comissão mista, que sobre elas emitirá parecer, e apreciadas, na forma regimental, pelo Plenário das duas Casas do Congresso Nacional.

§ 3º As emendas ao projeto de lei do orçamento anual ou aos projetos que o modifiquem somente podem ser aprovadas caso:

I - sejam compatíveis com o plano plurianual e com a lei de diretrizes orçamentárias;

II - indiquem os recursos necessários, admitidos apenas os provenientes de anulação de despesa, excluídas as que incidam sobre:

a) dotações para pessoal e seus encargos;

b) serviço da dívida;

c) transferências tributárias constitucionais para Estados, Municípios e Distrito Federal; ou

III - sejam relacionadas:

a) com a correção de erros ou omissões; ou

b) com os dispositivos do texto do projeto de lei.

§ 4º As emendas ao projeto de lei de diretrizes orçamentárias não poderão ser aprovadas quando incompatíveis com o plano plurianual.

- art. 63, I, desta CF.

§ 5º O Presidente da República poderá enviar mensagem ao Congresso Nacional para propor modificação nos projetos a que se refere este artigo enquanto não iniciada a votação, na Comissão mista, da parte cuja alteração é proposta.

§ 6º Os projetos de lei do plano plurianual, das diretrizes orçamentárias e do orçamento anual serão enviados pelo Presidente da República ao Congresso Nacional, nos termos da lei complementar a que se refere o art. 165, § 9º.

§ 7º Aplicam-se aos projetos mencionados neste artigo, no que não contrariar o disposto nesta seção, as demais normas relativas ao processo legislativo.

§ 8º Os recursos que, em decorrência de veto, emenda ou rejeição do projeto de lei orçamentária anual, ficarem sem despesas correspondentes poderão ser utilizados, conforme o caso, mediante créditos especiais ou suplementares, com prévia e específica autorização legislativa.

§ 9º As emendas individuais ao projeto de lei orçamentária serão aprovadas no limite de 1,2% (um inteiro e dois décimos por cento) da receita corrente líquida prevista no projeto encaminhado pelo Poder Executivo, sendo que a metade deste percentual será destinada a ações e serviços públicos de saúde. (Acrescentado pela EC 86/2015. Produção de efeitos: a partir da execução orçamentária do exercício de 2014.)

- art. 111, ADCT.

§ 10. A execução do montante destinado a ações e serviços públicos de saúde previsto no § 9º, inclusive custeio, será computada para fins do cumprimento do inciso I do § 2º do art. 198, vedada a destinação para pagamento de pessoal ou encargos sociais. (Acrescentado pela EC 86/2015. Produção de efeitos: a partir da execução orçamentária do exercício de 2014.)

§ 11. É obrigatória a execução orçamentária e financeira das programações a que se refere o § 9º deste artigo, em montante correspondente a 1,2% (um inteiro e dois décimos por cento) da receita corrente líquida realizada no exercício anterior, conforme os critérios para a execução equitativa da programação definidos na lei complementar prevista no § 9º do art. 165. (Acrescentado pela EC 86/2015. Produção de efeitos: a partir da execução orçamentária do exercício de 2014.)

- art. 111, ADCT.

§ 12. A garantia de execução de que trata o § 11 deste artigo aplica-se também às programações incluídas por todas as emendas de iniciativa de bancada de parlamentares de Estado ou do Distrito Federal, no montante de até 1% (um por cento) da receita corrente líquida realizada no exercício anterior. (Redação dada pela EC 100/2019, publicada no DOU de 27/6/2019, produzindo efeitos a partir da execução orçamentária do exercício financeiro subsequente)

- arts. 2º e 3º da EC 100/2019 (Dispõem sobre o montante previsto neste parágrafo).

§ 13. As programações orçamentárias previstas nos §§ 11 e 12 deste artigo não serão de execução obrigatória nos casos dos impedimentos de ordem técnica. (Redação dada pela EC 100/2019, publicada no DOU de 27/6/2019, produzindo efeitos a partir da execução orçamentária do exercício financeiro subsequente)

§ 14. Para fins de cumprimento do disposto nos §§ 11 e 12 deste artigo, os órgãos de execução deverão observar, nos termos da lei de diretrizes orçamentárias, cronograma para análise e verificação de eventuais impedimentos das programações e demais procedimentos necessários à viabilização da execução dos respectivos montantes. (Redação dada pela EC 100/2019, publicada no DOU de 27/6/2019, produzindo efeitos a partir da execução orçamentária do exercício financeiro subsequente)

I a IV - (Revogados pela EC 100/2019).

§ 15. (Revogado pela EC 100/2019)

§ 16. Quando a transferência obrigatória da União para a execução da programação prevista nos §§ 11 e 12 deste artigo for destinada a Estados, ao Distrito Federal e a Municípios, independerá da adimplência do ente federativo destinatário e não integrará a base de cálculo da receita corrente líquida para fins de aplicação dos limites de despesa de pessoal de que trata o *caput* do art. 169. (Redação dada pela EC 100/2019, publicada no DOU de 27/6/2019, produzindo efeitos a partir da execução orçamentária do exercício financeiro subsequente)

§ 17. Os restos a pagar provenientes das programações orçamentárias previstas nos §§ 11 e 12 poderão ser considerados para fins de cumprimento da execução financeira até o limite de 0,6% (seis décimos por cento) da receita corrente líquida realizada no exercício anterior, para as programações das emendas individuais, e até o limite de 0,5% (cinco décimos por cento), para as programações das emendas de iniciativa de bancada de parlamentares de Estado ou do Distrito Federal. (Redação dada pela EC 100/2019, publicada no DOU de 27/6/2019, produzindo efeitos a partir da execução orçamentária do exercício financeiro subsequente)

§ 18. Se for verificado que a reestimativa da receita e da despesa poderá resultar no não cumprimento da meta de resultado fiscal estabelecida na lei de diretrizes orçamentárias, os montantes previstos nos §§ 11 e 12 deste artigo poderão ser reduzidos em até a mesma proporção da limitação incidente sobre o conjunto das demais despesas discricionárias. (Redação dada pela EC 100/2019, publicada no DOU de 27/6/2019, produzindo efeitos a partir da execução orçamentária do exercício financeiro subsequente)

§ 19. Considera-se equitativa a execução das programações de caráter obrigatório que observe critérios objetivos e imparciais e que atenda de forma igualitária e impessoal às emendas apresentadas, independentemente da autoria (Parágrafo acrescido pela EC 100/2019, publicada no DOU de 27/6/2019, produzindo efeitos a partir da execução orçamentária do exercício financeiro subsequente)

§ 20. As programações de que trata o § 12 deste artigo, quando versarem sobre o início de investimentos com duração de mais de 1 (um) exercício financeiro ou cuja execução já tenha sido iniciada, deverão ser objeto de emenda pela mesma bancada estadual, a cada exercício, até a conclusão da obra ou do empreendimento. (Parágrafo acrescido pela EC 100/2019, publicada no DOU de 27/6/2019, produzindo efeitos a partir da execução orçamentária do exercício financeiro subsequente)

Art. 166-A. As emendas individuais impositivas apresentadas ao projeto de lei orçamentária anual poderão alocar recursos a Estados, ao Distrito Federal e a Municípios por meio de: (Incluído pela EC 105/2019 – DOU 13.12.2019, em vigor em 1º de janeiro do ano subsequente ao de sua publicação)

I - transferência especial; ou

- art. 2º, EC 105/2019 (Autoriza a transferência de recursos federais a Estados, ao Distrito Federal e a Municípios mediante emendas ao projeto de lei orçamentária anual).

II - transferência com finalidade definida.

§ 1º Os recursos transferidos na forma do *caput* deste artigo não integrarão a receita do Estado, do Distrito Federal e dos Municípios para fins de repartição e para o cálculo dos limites da despesa com pessoal ativo e inativo, nos termos do § 16 do art. 166, e de endividamento do ente federado, vedada, em qualquer caso, a aplicação dos recursos a que se refere o *caput* deste artigo no pagamento de:

I - despesas com pessoal e encargos sociais relativas a ativos e inativos, e com pensionistas; e

II - encargos referentes ao serviço da dívida.

§ 2º Na transferência especial a que se refere o inciso I do *caput* deste artigo, os recursos:

I - serão repassados diretamente ao ente federado beneficiado, independentemente de celebração de convênio ou de instrumento congênere;

II - pertencerão ao ente federado no ato da efetiva transferência financeira; e

III - serão aplicadas em programações finalísticas das áreas de competência do Poder Executivo do ente federado beneficiado, observado o disposto no § 5º deste artigo.

§ 3º O ente federado beneficiado da transferência especial a que se refere o inciso I do *caput* deste artigo poderá firmar contratos de cooperação técnica para fins de subsidiar o acompanhamento da execução orçamentária na aplicação dos recursos.

§ 4º Na transferência com finalidade definida a que se refere o inciso II do *caput* deste artigo, os recursos serão:

I - vinculados à programação estabelecida na emenda parlamentar; e

II - aplicados nas áreas de competência constitucional da União.

§ 5º Pelo menos 70% (setenta por cento) das transferências especiais de que trata o inciso I do *caput* deste artigo deverão ser aplicadas em despesas de capital, observada a restrição a que se refere o inciso II do § 1º deste artigo.

Art. 167. São vedados:

I - o início de programas ou projetos não incluídos na lei orçamentária anual;

- art. 5º, LC 101/2000 (Lei de Responsabilidade Fiscal).

II - a realização de despesas ou a assunção de obrigações diretas que excedam os créditos orçamentários ou adicionais;

III - a realização de operações de créditos que excedam o montante das despesas de capital, ressalvadas as autorizadas mediante créditos suplementares ou especiais com finalidade precisa, aprovados pelo Poder Legislativo por maioria absoluta;

- art. 37, ADCT.
- art. 38, § 1º, LC 101/2000 (Lei de Responsabilidade Fiscal).
- art. 4º, EC 106/2020 (Institui regime extraordinário fiscal, financeiro e de contratações para enfrentamento de calamidade pública nacional decorrente de pandemia).

IV - a vinculação de receita de impostos a órgão, fundo ou despesa, ressalvadas a repartição do produto da arrecadação dos impostos a que se referem os arts. 158 e 159, a destinação de recursos para as ações e serviços públicos de saúde, para manutenção e desenvolvimento do ensino e para realização de atividades da administração tributária, como determinado, respectivamente, pelos arts. 198, § 2º, 212 e 37, XXII, e a prestação de garantias às operações de crédito por antecipação de receita, previstas no art. 165, § 8º, bem como o disposto no § 4º deste artigo; (Redação dada pela EC 42/2003.)

- art. 100, § 19, desta CF.
- art. 80, § 1º; 101, § 2º, III, ADCT.
- LC 101/2000 (Lei de Responsabilidade Fiscal).
- art. 2º, p.u., LC 111/2001 (Dispõe sobre o Fundo de Combate e Erradicação da Pobreza).

V - a abertura de crédito suplementar ou especial sem prévia autorização legislativa e sem indicação dos recursos correspondentes;

VI - a transposição, o remanejamento ou a transferência de recursos de uma categoria de programação para outra ou de um órgão para outro, sem prévia autorização legislativa;

VII - a concessão ou utilização de créditos ilimitados;

VIII - a utilização, sem autorização legislativa específica, de recursos dos orçamentos fiscal e da seguridade social para suprir necessidade ou cobrir déficit de empresas, fundações e fundos, inclusive dos mencionados no art. 165, § 5º;

IX - a instituição de fundos de qualquer natureza, sem prévia autorização legislativa;

X - a transferência voluntária de recursos e a concessão de empréstimos, inclusive por antecipação de receita, pelos Governos Federal e Estaduais e suas instituições financeiras, para pagamento de despesas com pessoal ativo, inativo e pensionista, dos Estados, do Distrito Federal e dos Municípios; (Incluído pela EC 19/1998.)

XI - a utilização dos recursos provenientes das contribuições sociais de que trata o art. 195, I, *a*, e II, para a realização de despesas distintas do pagamento de benefícios do regime geral de previdência social de que trata o art. 201. (Incluído pela EC 20/1998.)

XII - na forma estabelecida na lei complementar de que trata o § 22 do art. 40, a utilização de recursos de regime próprio de previdência social, incluídos os valores integrantes dos fundos previstos no art. 249, para a realização de despesas distintas do pagamento dos benefícios previdenciários do respectivo fundo vinculado àquele regime e das despesas necessárias à sua organização e ao seu funcionamento; (Incluído pela EC 103/2019)

XIII - a transferência voluntária de recursos, a concessão de avais, as garantias e as subvenções pela União e a concessão de empréstimos e de financiamentos por instituições financeiras federais aos Estados, ao Distrito Federal e aos Municípios na hipótese de descumprimento das regras gerais de organização e de funcionamento de regime próprio de previdência social. (Incluído pela EC 103/2019)

§ 1º Nenhum investimento cuja execução ultrapasse um exercício financeiro poderá ser iniciado sem prévia inclusão no plano plurianual, ou sem lei que autorize a inclusão, sob pena de crime de responsabilidade.

§ 2º Os créditos especiais e extraordinários terão vigência no exercício financeiro em que forem autorizados, salvo se o ato de autorização for promulgado nos últimos quatro meses daquele exercício, caso em que, reabertos nos limites de seus saldos, serão incorporados ao orçamento do exercício financeiro subsequente.

§ 3º A abertura de crédito extraordinário somente será admitida para atender a despesas imprevisíveis e urgentes, como as decorrentes de guerra, comoção interna ou calamidade pública, observado o disposto no art. 62.

- art. 107, § 6º, II, ADCT.

§ 4º É permitida a vinculação de receitas próprias geradas pelos impostos a que se referem os arts. 155 e 156, e dos recursos de que tratam os arts. 157, 158 e 159, I, *a* e *b*, e II, para a prestação de garantia ou contragarantia à União e para pagamento de débitos para com esta. (Incluído pela EC 3/1993.)

§ 5º A transposição, o remanejamento ou a transferência de recursos de uma categoria de programação para outra poderão ser admitidos, no âmbito das atividades de ciência, tecnologia e inovação, com o objetivo de viabilizar os resultados de projetos restritos a essas funções, mediante ato do Poder Executivo, sem necessidade da prévia autorização legislativa prevista no inciso VI deste artigo. (Acrescentado pela EC 85/2015.)

Art. 168. Os recursos correspondentes às dotações orçamentárias, compreendidos os créditos suplementares e especiais, destinados aos órgãos dos Poderes Legislativo e Judiciário, do Ministério Público e da Defensoria Pública, ser-lhes-ão entregues até o dia 20 de cada mês, em duodécimos, na forma da lei complementar a que se refere o art. 165, § 9º. (Redação dada pela EC 45/2004.)

Art. 169. A despesa com pessoal ativo e inativo da União, dos Estados, do Distrito Federal e dos Municípios não poderá exceder os limites estabelecidos em lei complementar.

- arts. 96, II; 127, § 2º, desta CF.
- arts. 18 a 23, LC 101/2000 (Lei de Responsabilidade Fiscal).

§ 1º A concessão de qualquer vantagem ou aumento de remuneração, a criação de cargos, empregos e funções ou alteração de estrutura de carreiras, bem como a admissão ou contratação de pessoal, a qualquer título, pelos órgãos e entidades da administração direta ou indireta, inclusive fundações instituídas e mantidas pelo Poder Público, só poderão ser feitas: (Renumerado do parágrafo único, pela EC 19/1998.)

- art. 96, I, e, desta CF.
- art. 2º, EC 106/2020 (Institui regime extraordinário fiscal, financeiro e de contratações para enfrentamento de calamidade pública nacional decorrente de pandemia).

I - se houver prévia dotação orçamentária suficiente para atender às projeções de despesa de pessoal e aos acréscimos dela decorrentes; (Incluído pela EC 19/1998.)

II - se houver autorização específica na lei de diretrizes orçamentárias, ressalvadas as empresas públicas e as sociedades de economia mista. (Incluído pela EC 19/1998.)

§ 2º Decorrido o prazo estabelecido na lei complementar referida neste artigo para a adaptação aos parâmetros ali previstos, serão imediatamente suspensos todos os repasses de verbas federais ou estaduais aos Estados, ao Distrito Federal e aos Municípios que não observarem os referidos limites. (Incluído pela EC 19/1998.)

§ 3º Para o cumprimento dos limites estabelecidos com base neste artigo, durante o prazo fixado na lei complementar referida no *caput*, a União, os Estados, o Distrito Federal e os Municípios adotarão as seguintes providências: (Incluído pela EC 19/1998.)

I - redução em pelo menos vinte por cento das despesas com cargos em comissão e funções de confiança; (Incluído pela EC 19/1998.)

II - exoneração dos servidores não estáveis. (Incluído pela EC 19/1998.)

- art. 33, EC 19/1998 (Reforma administrativa).

§ 4º Se as medidas adotadas com base no parágrafo anterior não forem suficientes para assegurar o cumprimento da determinação da lei complementar referida neste artigo, o servidor estável poderá perder o cargo, desde que ato normativo motivado de cada um dos Poderes especifique a atividade funcional, o órgão ou unidade administrativa objeto da redução de pessoal. (Incluído pela EC 19/1998.)

- Art. 198, § 6º, desta CF.

§ 5º O servidor que perder o cargo na forma do parágrafo anterior fará jus a indenização correspondente a um mês de remuneração por ano de serviço. (Incluído pela EC 19/1998.)

§ 6º O cargo objeto da redução prevista nos parágrafos anteriores será considerado extinto, vedada a criação de cargo, emprego ou função com atribuições iguais ou assemelhadas pelo prazo de quatro anos. (Incluído pela EC 19/1998.)

§ 7º Lei federal disporá sobre as normas gerais a serem obedecidas na efetivação do disposto no § 4º. (Incluído pela EC 19/1998.)

- art. 247 desta CF.
- Lei 9.801/1999 (Dispõe sobre normas gerais para perda de cargo público por excesso de despesa).

TÍTULO VII DA ORDEM ECONÔMICA E FINANCEIRA

CAPÍTULO I DOS PRINCÍPIOS GERAIS DA ATIVIDADE ECONÔMICA

- Lei 8.137/1990 (Lei dos crimes contra a ordem tributária, econômica e contra as relações de consumo).
- Lei 8.176/1991 (Define crimes contra a ordem econômica e cria o Sistema de Estoques de Combustíveis).
- Lei 12.529/2011 (Lei Antitruste).

Art. 170. A ordem econômica, fundada na valorização do trabalho humano e na livre-iniciativa, tem por fim assegurar a todos existência digna, conforme os ditames da justiça social, observados os seguintes princípios:

- Lei 13.874/2019 (Lei da Liberdade Econômica).
- Dec. 9.571/2018 (Estabelece as diretrizes nacionais sobre empresas e direitos humanos).

I - soberania nacional;

- art. 1º, I, desta CF.

II - propriedade privada;

- art. 5º, XXII, desta CF.
- arts. 1.228 a 1368-F, CC/2002.

III - função social da propriedade;

IV - livre concorrência;

- Lei 12.529/2011 (Lei Antitruste).
- Art. 52, Dec. 2.594/1998.
- Súm. Vinc. 49, STF.
- Súm. 646, STF.

V - defesa do consumidor;

- Lei 8.078/1990 (CDC).
- Lei 12.529/2011 (Lei Antitruste).
- Dec. 2.181/1997 (Dispõe sobre a organização do Sistema Nacional de Defesa do Consumidor – SNDC).
- Dec. 8.573/2015 (Dispõe sobre o sistema alternativo de solução de conflitos de consumo).
- Súm. Vinc. 49, STF.

VI - defesa do meio ambiente, inclusive mediante tratamento diferenciado conforme o impacto ambiental dos produtos e serviços e de seus processos de elaboração e prestação; (Redação dada pela EC 42/2003.)

- art. 5º, LXXIII, desta CF.
- Lei 7.347/1985 (Lei da Ação Civil Pública).
- Lei 9.605/1998 (Lei dos Crimes Ambientais).
- Dec. 6.514/2008 (Dispõe sobre as infrações administrativas ao meio ambiente e estabelece o processo administrativo federal para apuração destas infrações).

VII - redução das desigualdades regionais e sociais;

- art. 3º, III, desta CF.

VIII - busca do pleno emprego;

- arts. 6º e 7º, desta CF.

IX - tratamento favorecido para as empresas de pequeno porte constituídas sob as leis brasileiras e que tenham sua sede e administração no país. (Redação dada pela EC 6/1995.)

- art. 246 desta CF.
- LC 123/2006 (Estatuto Nacional da Microempresa e da Empresa de Pequeno Porte);
- Dec. 8.364/2014 (Regulamenta o Fórum Permanente das Microempresas e Empresas de Pequeno Porte).

Parágrafo único. É assegurado a todos o livre-exercício de qualquer atividade econômica, independentemente de autorização de órgãos públicos, salvo nos casos previstos em lei.

- Lei 13.874/2019 (Lei da Liberdade Econômica).
- Súm. Vinc. 49, STF.
- Súm. 646, STF.

Art. 171. (Revogado pela EC 6/1995.)

Art. 172. A lei disciplinará, com base no interesse nacional, os investimentos de capital estrangeiro, incentivará os reinvestimentos e regulará a remessa de lucros.

- Lei 4.131/1962 (Disciplina aplicação do capital estrangeiro e as remessas de valores para o exterior).
- Dec.-Lei 37/1966 (Dispõe sobre o Imposto de Importação e reorganiza os Serviços Aduaneiros).
- Dec.-Lei 94/1966 (Imposto de renda).

Art. 173. Ressalvados os casos previstos nesta Constituição, a exploração direta de atividade econômica pelo Estado só será permitida quando necessária aos imperativos da segurança nacional ou a relevante interesse coletivo, conforme definidos em lei.

- art. 5º, § 1º, Dec. 7.724/2012 (Regulamenta a Lei n. 12.527, de 18 de novembro de 2011, que dispõe sobre o acesso a informações previstos nesta CF).

§ 1º A lei estabelecerá o estatuto jurídico da empresa pública, da sociedade de economia mista e de suas subsidiárias que explorem atividade econômica de produção ou comercialização de bens ou de prestação de serviços, dispondo sobre: (Redação dada pela EC 19/1998.)

- Lei 13.303/2016 (Dispõe sobre o estatuto jurídico da empresa pública).

I - sua função social e formas de fiscalização pelo Estado e pela sociedade; (Incluído pela EC 19/1998.)

II - a sujeição ao regime jurídico próprio das empresas privadas, inclusive quanto aos direitos e obrigações civis, comerciais, trabalhistas e tributários; (Incluído pela EC 19/1998.)

- Súm. 455, TST.

III - licitação e contratação de obras, serviços, compras e alienações, observados os princípios da administração pública; (Incluído pela EC 19/1998.)

- art. 22, XXVII, desta CF.
- Súm. 333, STJ.

IV - a constituição e o funcionamento dos conselhos de administração e fiscal, com a participação de acionistas minoritários; (Incluído pela EC 19/1998.)

V - os mandatos, a avaliação de desempenho e a responsabilidade dos administradores. (Incluído pela EC 19/1998.)

§ 2º As empresas públicas e as sociedades de economia mista não poderão gozar de privilégios fiscais não extensivos às do setor privado.

§ 3º A lei regulamentará as relações da empresa pública com o Estado e a sociedade.

- Lei 13.303/2016 (Dispõe sobre o estatuto jurídico da empresa pública).

§ 4º A lei reprimirá o abuso do poder econômico que vise à dominação dos mercados, à eliminação da concorrência e ao aumento arbitrário dos lucros.

- Lei 8.137/1990 (Lei dos crimes contra a ordem tributária, econômica e contra as relações de consumo).
- Lei 8.176/1991 (Lei dos crimes contra a ordem econômica, e cria sistema de estoques de combustíveis).
- Lei 9.069/1995 (Plano Real).
- Lei 12.529/2011 (Lei Antitruste).
- Súm. Vinc. 49, STF.
- Súm. 646, STF.

§ 5º A lei, sem prejuízo da responsabilidade individual dos dirigentes da pessoa jurídica, estabelecerá a responsabilidade desta, sujeitando-a às punições compatíveis com sua natureza, nos atos praticados contra a ordem econômica e financeira e contra a economia popular.

Art. 174. Como agente normativo e regulador da atividade econômica, o Estado exercerá, na forma da lei, as funções de fiscalização, incentivo e planejamento, sendo este determinante para o setor público e indicativo para o setor privado.

- Lei 13.874/2019 (Lei da Liberdade Econômica).

§ 1º A lei estabelecerá as diretrizes e bases do planejamento do desenvolvimento nacional equilibrado, o qual incorporará e compatibilizará os planos nacionais e regionais de desenvolvimento.

§ 2º A lei apoiará e estimulará o cooperativismo e outras formas de associativismo.

- Lei 5.764/1971 (Define a Política Nacional de Cooperativismo e institui o regime jurídico das sociedades cooperativas).
- Lei 9.867/1999 (Dispõe sobre a criação e o funcionamento de Cooperativas Sociais, visando à integração social dos cidadãos).
- Lei 12.690/2012 (Dispõe sobre a organização e o funcionamento das Cooperativas de Trabalho e institui o Programa Nacional de Fomento às Cooperativas de Trabalho - PRONACOOP.)

§ 3º O Estado favorecerá a organização da atividade garimpeira em cooperativas, levando em conta a proteção do meio ambiente e a promoção econômico-social dos garimpeiros.

- Lei 11.685/2008 (Estatuto do Garimpeiro).
- Lei 12.690/2012 (Dispõe sobre a organização e o funcionamento das Cooperativas de Trabalho e institui o Programa Nacional de Fomento às Cooperativas de Trabalho - PRONACOOP.)
- Dec.-Lei 227/1967 (Código de Minas).

§ 4º As cooperativas a que se refere o parágrafo anterior terão prioridade na autorização ou concessão para pesquisa e lavra dos recursos e jazidas de minerais garimpáveis, nas áreas onde estejam atuando, e naquelas fixadas de acordo com o art. 21, XXV, na forma da lei.

Art. 175. Incumbe ao Poder Público, na forma da lei, diretamente ou sob regime de concessão ou permissão, sempre através de licitação, a prestação de serviços públicos.

- Lei 8.987/1995 (Dispõe sobre o regime de concessão e permissão da prestação de serviços públicos previsto neste artigo).
- Lei 9.074/1995 (Estabelece normas para outorga e prorrogações das concessões e permissões de serviços públicos).
- Lei 9.427/1996 (Institui a Agência Nacional de Energia Elétrica - ANEEL e disciplina o regime das concessões de serviços públicos de energia elétrica).
- Dec. 2.196/1997 (Regulamento de serviços especiais).
- Dec. 2.206/1997 (Regulamento do serviço de TV a cabo).
- Dec. 3.896/2001 (Serviços de telecomunicações).
- Súm. 407, STJ.

Parágrafo único. A lei disporá sobre:

I - o regime das empresas concessionárias e permissionárias de serviços públicos, o caráter especial de seu contrato e de sua prorrogação, bem como as condições de caducidade, fiscalização e rescisão da concessão ou permissão;

II - os direitos dos usuários;

III - política tarifária;

- Súm. 407, STJ.

IV - a obrigação de manter serviço adequado.

Art. 176. As jazidas, em lavra ou não, e demais recursos minerais e os potenciais de energia hidráulica constituem propriedade distinta da do solo, para efeito de exploração ou aproveitamento, e pertencem à União, garantida ao concessionário a propriedade do produto da lavra.

§ 1º A pesquisa e a lavra de recursos minerais e o aproveitamento dos potenciais a que se refere o *caput* deste artigo somente poderão ser efetuados mediante autorização ou concessão da União, no interesse nacional, por brasileiros ou empresa constituída sob as leis brasileiras e que tenha sua sede e administração no país, na forma da lei, que estabelecerá as condições específicas quando essas atividades se desenvolverem em faixa de fronteira ou terras indígenas. (Redação dada pela EC 6/1995.)

- art. 246 desta CF.
- Dec.-Lei 227/1967 (Código de Minas).

§ 2º É assegurada participação ao proprietário do solo nos resultados da lavra, na forma e no valor que dispuser a lei.

- Dec.-Lei 227/1967 (Código de Minas).

§ 3º A autorização de pesquisa será sempre por prazo determinado, e as autorizações e concessões previstas neste artigo não poderão ser cedidas ou transferidas, total ou parcialmente, sem prévia anuência do poder concedente.

§ 4º Não dependerá de autorização ou concessão o aproveitamento do potencial de energia renovável de capacidade reduzida.

Art. 177. Constituem monopólio da União:

- Lei 9.478/1997 (Dispõe sobre a Política Energética Nacional, atividades relativas ao monopólio do petróleo e institui o Conselho Nacional de Política Energética e a Agência Nacional de Petróleo - ANP).

I - a pesquisa e a lavra das jazidas de petróleo e gás natural e outros hidrocarbonetos fluidos;

- Lei 12.304/2010 (Autoriza o Poder Executivo a criar a Empresa Brasileira de Administração de Petróleo e Gás Natural S/A - Pré-Sal Petróleo S/A - PPSA).
- Lei 11.909/2009 (Dispõe sobre atividades relativas à exploração de gás natural).

II - a refinação do petróleo nacional ou estrangeiro;

- art. 45, ADCT.

III - a importação e exportação dos produtos e derivados básicos resultantes das atividades previstas nos incisos anteriores;

- Lei 11.909/2009 (Dispõe sobre as atividades relativas à exploração de gás natural).

IV - o transporte marítimo do petróleo bruto de origem nacional ou de derivados básicos de petróleo produzidos no país, bem assim o transporte, por meio de conduto, de petróleo bruto, seus derivados e gás natural de qualquer origem;

- Lei 11.909/2009 (Dispõe sobre as atividades relativas à exploração de gás natural).

V - a pesquisa, a lavra, o enriquecimento, o reprocessamento, a industrialização e o comércio de minérios e minerais nucleares e seus derivados, com exceção dos radioisótopos cuja produção, comercialização e utilização poderão ser autorizadas sob regime de permissão, conforme as alíneas *b* e *c* do inciso XXIII do *caput* do art. 21 desta Constituição Federal. (Redação dada pela EC 49/2006.)

§ 1º A União poderá contratar com empresas estatais ou privadas a realização das atividades previstas nos incisos I a IV deste artigo observadas as condições estabelecidas em lei. (Redação dada pela EC 9/1995.)

- Lei 12.304/2010 (Autoriza o Poder Executivo a criar a Empresa Brasileira de Administração de Petróleo e Gás Natural S/A - Pré-Sal Petróleo S/A - PPSA).

§ 2º A lei a que se refere o § 1º disporá sobre: (Incluído pela EC 9/1995.)

- Lei 9.478/1997 (Dispõe sobre a política energética nacional, atividades relativas ao monopólio do petróleo e institui o Conselho Nacional de Política Energética e a Agência Nacional de Petróleo - ANP).
- Lei 9.847/1999 (Dispõe sobre a fiscalização das atividades relativas ao abastecimento nacional de combustíveis tratadas na Lei 9.478/1997, e estabelece sanções administrativas).

I - a garantia do fornecimento dos derivados de petróleo em todo o território nacional; (Incluído pela EC 9/1995.)

II - as condições de contratação; (Incluído pela EC 9/1995.)

III - a estrutura e atribuições do órgão regulador do monopólio da União; (Incluído pela EC 9/1995.)

- Lei 9.478/1997 (Dispõe sobre a política energética nacional, atividades relativas ao monopólio do petróleo e institui o Conselho Nacional de Política Energética e a Agência Nacional de Petróleo - ANP).

§ 3º A lei disporá sobre o transporte e a utilização de materiais radioativos no território nacional. (Renumerado de § 2º para 3º pela EC 9/1995.)

§ 4º A lei que instituir contribuição de intervenção no domínio econômico relativa às atividades de importação ou comercialização de petróleo e seus derivados, gás natural e seus derivados e álcool combustível deverá atender aos seguintes requisitos: (Incluído pela EC 33/2001.)

- Lei 10.336/2001 (Institui a CIDE).

I - a alíquota da contribuição poderá ser: (Incluído pela EC 33/2001.)

- ADIn 2.925-8 (Dá interpretação conforme esta CF no sentido de que a abertura de crédito suplementar deve ser destinada às três finalidades enumeradas nas alíneas a seguir). DJ 04.03.2005.

a) diferenciada por produto ou uso; (Incluído pela EC 33/2001.)

- Lei 10.453/2002 (Dispõe sobre subvenções ao preço e ao transporte do álcool combustível e subsídios ao preço do gás liquefeito de petróleo - GLP).

b) reduzida e restabelecida por ato do Poder Executivo, não se lhe aplicando o disposto no art. 150, III, *b*; (Incluído pela EC 33/2001.)

II - os recursos arrecadados serão destinados: (Incluído pela EC 33/2001.)

a) ao pagamento de subsídios a preços ou transporte de álcool combustível, gás natural e seus derivados e derivados de petróleo; (Incluído pela EC 33/2001.)

b) ao financiamento de projetos ambientais relacionados com a indústria do petróleo e do gás; (Incluído pela EC 33/2001.)

c) ao financiamento de programas de infraestrutura de transportes. (Incluído pela EC 33/2001.)

- art. 159, III, desta CF.
- Lei 10.453/2002 (Dispõe sobre subvenções ao preço e ao transporte do álcool combustível e subsídios ao preço do gás liquefeito de petróleo - GLP).

Art. 178. A lei disporá sobre a ordenação dos transportes aéreo, aquático e terrestre, devendo, quanto à ordenação do transporte internacional, observar os acordos firmados pela União, atendido o princípio da reciprocidade. (Redação dada pela EC 7/1995.)

- art. 246 desta CF.
- Lei 7.565/1986 (Código Brasileiro de Aeronáutica).
- Lei 9.611/1998 (Dispõe sobre o Transporte Multimodal de Cargas).
- Lei 11.442/2007 (Dispõe sobre o transporte rodoviário de cargas por meio de terceiros, mediante remuneração).
- Dec.-Lei 116/1967 (Dispõe sobre operações inerentes ao transporte de mercadorias por via d'água nos portos brasileiros delimitando suas responsabilidades e tratando das faltas e avarias).

Parágrafo único. Na ordenação do transporte aquático, a lei estabelecerá as condições em que o transporte de mercadorias na cabotagem e a navegação interior poderão ser feitos por embarcações estrangeiras. (Incluído pela EC 7/1995.)

- art. 246, desta CF.
- Lei 10.233/2001 (Dispõe sobre a reestruturação dos transportes aquaviário e terrestre, cria o Conselho Nacional de Integração de Políticas de Transporte, a Agência Nacional de Transportes Terrestres, a Agência Nacional de Transportes Aquaviários e o Departamento Nacional de Infraestrutura de Transportes).
- Dec. 4.130/2002 (Aprova o regulamento e o quadro demonstrativo dos cargos comissionados e dos cargos comissionados técnicos da Agência Nacional de Transporte Terrestre - ANTT).
- Dec. 10.267/2020 (Dispõe sobre o transporte aéreo, no país, de autoridades em aeronave do Comando da Aeronáutica).

Art. 179. A União, os Estados, o Distrito Federal e os Municípios dispensarão às microempresas e às empresas de pequeno porte, assim definidas em lei, tratamento jurídico diferenciado, visando a incentivá-las pela simplificação de suas obrigações administrativas, tributárias, previdenciárias e creditícias, ou pela eliminação ou redução destas por meio de lei.

- art. 47, § 1º, ADCT.
- LC 123/2006 (Estatuto Nacional da Microempresa e da Empresa de Pequeno Porte);
- Dec. 8.538/2015 (Regulamenta o tratamento favorecido, diferenciado e simplificado para as microempresas, empresas de pequeno porte, agricultores familiares, produtores rurais pessoa física, microempreendedores individuais e sociedades cooperativas de consumo nas contratações públicas de bens, serviços e obras no âmbito da administração pública federal).

Art. 180. A União, os Estados, o Distrito Federal e os Municípios promoverão e incentivarão o turismo como fator de desenvolvimento social e econômico.

Art. 181. O atendimento de requisição de documento ou informação de natureza comercial, feita por autoridade administrativa ou judiciária estrangeira, a pessoa física ou jurídica residente ou domiciliada no país dependerá de autorização do Poder competente.

CAPÍTULO II
DA POLÍTICA URBANA

Art. 182. A política de desenvolvimento urbano, executada pelo Poder Público municipal, conforme diretrizes gerais fixadas em lei, tem por objetivo ordenar o pleno desenvolvimento das funções sociais da cidade e garantir o bem-estar de seus habitantes.

- Lei 10.257/2001 (Estatuto da Cidade).
- Lei 12.587/2012 (Institui as diretrizes da Política Nacional de Mobilidade Urbana).
- Lei 13.089/2015 (Estatuto da Metrópole).
- Lei 13.311/2016 (Utilização de área pública urbana).

§ 1º O plano diretor, aprovado pela Câmara Municipal, obrigatório para cidades com mais de vinte mil habitantes, é o instrumento básico da política de desenvolvimento e de expansão urbana.

§ 2º A propriedade urbana cumpre sua função social quando atende às exigências fundamentais de ordenação da cidade expressas no plano diretor.

- art. 186 desta CF.
- Súm. 668, STF.

§ 3º As desapropriações de imóveis urbanos serão feitas com prévia e justa indenização em dinheiro.

- art. 46, LC 101/2000 (Lei de Responsabilidade Fiscal).
- Dec.-Lei 3.365/1945 (Lei das desapropriações).
- Súm. 113 e 114, STJ.

§ 4º É facultado ao Poder Público municipal, mediante lei específica para área incluída no plano diretor, exigir, nos termos da lei federal, do proprietário do solo urbano não edificado, subutilizado ou não utilizado, que promova seu adequado aproveitamento, sob pena, sucessivamente, de:

I - parcelamento ou edificação compulsórios;

II - imposto sobre a propriedade predial e territorial urbana progressivo no tempo;

- art. 156, § 1º, desta CF.
- Súm. 668, STF.

III - desapropriação com pagamento mediante títulos da dívida pública de emissão previamente aprovada pelo Senado Federal, com prazo de resgate de até dez anos, em parcelas anuais, iguais e sucessivas, assegurados o valor real da indenização e os juros legais.

- Lei 10.257/2001 (Estatuto da Cidade).
- Dec.-Lei 3.365/1945 (Lei das desapropriações).

Art. 183. Aquele que possuir como sua área urbana de até duzentos e cinquenta metros quadrados, por cinco anos, ininterruptamente e sem oposição, utilizando-a para sua moradia ou de sua família, adquirir-lhe-á o domínio, desde que não seja proprietário de outro imóvel urbano ou rural.

- arts. 1.238 e 1.240, CC/2002.
- Lei 10.257/2001 (Estatuto da Cidade).

§ 1º O título de domínio e a concessão de uso serão conferidos ao homem ou à mulher, ou a ambos, independentemente do estado civil.

- Med. Prov. 2.220/2001 (Concessão de uso especial de que trata este parágrafo. Não convertida em lei até o fechamento desta edição).

§ 2º Esse direito não será reconhecido ao mesmo possuidor mais de uma vez.

§ 3º Os imóveis públicos não serão adquiridos por usucapião.

- Lei 10.257/2001 (Estatuto da Cidade).

CAPÍTULO III
DA POLÍTICA AGRÍCOLA E FUNDIÁRIA E DA REFORMA AGRÁRIA

- LC 93/1998 (Cria o Fundo de Terras e da Reforma Agrária - Banco da Terra) e Dec. 2.622/1998 (Regulamento).
- Lei 4.504/1964 (Estatuto da Terra).
- Lei 8.174/1991 (Princípios de Política Agrícola, estabelecendo atribuições ao Conselho Nacional de Política Agrícola (CNPA), tributação compensatória de produtos agrícolas, amparo ao pequeno produtor e regras de fixação e liberação dos estoques públicos).
- Lei 8.629/1993 (Regulamenta dispositivos constitucionais relativos à reforma agrária).
- Lei 9.126/1995 (Dispõe sobre a concessão de subvenção econômica nas operações de crédito rural).
- Lei 9.138/1995 (Dispõe sobre crédito rural).
- Lei 9.393/1996 (Dispõe sobre o Imposto sobre a Propriedade Territorial Rural - ITR).

Art. 184. Compete à União desapropriar por interesse social, para fins de reforma agrária, o imóvel rural que não esteja cumprindo sua função social, mediante prévia e justa indenização em títulos da dívida agrária, com cláusula de preservação do valor real, resgatáveis no prazo de até vinte anos, a partir do segundo ano de sua emissão, e cuja utilização será definida em lei.

- Lei 8.629/1993 (Regulamenta dispositivos constitucionais relativos à reforma agrária).

§ 1º As benfeitorias úteis e necessárias serão indenizadas em dinheiro.

§ 2º O decreto que declarar o imóvel como de interesse social, para fins de reforma agrária, autoriza a União a propor a ação de desapropriação.

§ 3º Cabe à lei complementar estabelecer procedimento contraditório especial, de rito sumário, para o processo judicial de desapropriação.

- LC 76/1993 (Lei da desapropriação de imóvel rural para fins de reforma agrária).

§ 4º O orçamento fixará anualmente o volume total de títulos da dívida agrária, assim como o montante de recursos para atender ao programa de reforma agrária no exercício.

§ 5º São isentas de impostos federais, estaduais e municipais as operações de transferência de imóveis desapropriados para fins de reforma agrária.

Art. 185. São insuscetíveis de desapropriação para fins de reforma agrária:

- Lei 8.629/1993 (Regulamenta dispositivos constitucionais relativos à reforma agrária).

I - a pequena e média propriedade rural, assim definida em lei, desde que seu proprietário não possua outra;

II - a propriedade produtiva.

Parágrafo único. A lei garantirá tratamento especial à propriedade produtiva e fixará normas para o cumprimento dos requisitos relativos à sua função social.

Art. 186. A função social é cumprida quando a propriedade rural atende, simultaneamente, segundo critérios e graus de exigência estabelecidos em lei, aos seguintes requisitos:

- Lei 8.629/1993 (Regulamenta dispositivos constitucionais relativos à reforma agrária).

I - aproveitamento racional e adequado;

II - utilização adequada dos recursos naturais disponíveis e preservação do meio ambiente;

III - observância das disposições que regulam as relações de trabalho;

IV - exploração que favoreça o bem-estar dos proprietários e dos trabalhadores.

Art. 187. A política agrícola será planejada e executada na forma da lei, com a participação efetiva do setor de produção, envolvendo produtores e trabalhadores rurais, bem como dos setores de comercialização, de armazenamento e de transportes, levando em conta, especialmente:

- Lei 8.171/1991 (Lei da Política Agrícola).
- Lei 8.174 (Dispõe sobre princípios de Política Agrícola, estabelecendo atribuições ao Conselho Nacional de Política Agrícola (CNPA), tributação compensatória de produtos agrícolas, amparo ao pequeno produtor e regras de fixação e liberação dos estoques públicos).
- Súm. 298, STJ.

I - os instrumentos creditícios e fiscais;

II - os preços compatíveis com os custos de produção e a garantia de comercialização;

III - o incentivo à pesquisa e à tecnologia;

IV - a assistência técnica e extensão rural;

V - o seguro agrícola;

VI - o cooperativismo;

VII - a eletrificação rural e irrigação;

VIII - a habitação para o trabalhador rural.

§ 1º Incluem-se no planejamento agrícola as atividades agroindustriais, agropecuárias, pesqueiras e florestais.

§ 2º Serão compatibilizadas as ações de política agrícola e de reforma agrária.

Art. 188. A destinação de terras públicas e devolutas será compatibilizada com a política agrícola e com o plano nacional de reforma agrária.

§ 1º A alienação ou a concessão, a qualquer título, de terras públicas com área superior a dois mil e quinhentos hectares a pessoa física ou jurídica, ainda que por interposta pessoa, dependerá de prévia aprovação do Congresso Nacional.

§ 2º Excetuam-se do disposto no parágrafo anterior as alienações ou as concessões de terras públicas para fins de reforma agrária.

Art. 189. Os beneficiários da distribuição de imóveis rurais pela reforma agrária receberão títulos de domínio ou de concessão de uso, inegociáveis pelo prazo de dez anos.

- Lei 8.629/1993 (Regulamenta dispositivos constitucionais relativos à reforma agrária).
- art. 6º, II, Lei 11.284/2006 (Lei de gestão de florestas públicas).

Parágrafo único. O título de domínio e a concessão de uso serão conferidos ao homem ou à mulher, ou a ambos, independentemente do estado civil, nos termos e condições previstos em lei.

- Lei 8.629/1993 (Regulamenta dispositivos constitucionais relativos à reforma agrária).

Art. 190. A lei regulará e limitará a aquisição ou o arrendamento de propriedade rural por pessoa física ou jurídica estrangeira e estabelecerá os casos que dependerão de autorização do Congresso Nacional.

- Lei 5.709/1971 (Regula a Aquisição de Imóvel Rural por Estrangeiro Residente no País ou Pessoa Jurídica Estrangeira Autorizada a Funcionar no Brasil).
- Lei 8.629/1993 (Regulamenta dispositivos constitucionais relativos à reforma agrária).

Art. 191. Aquele que, não sendo proprietário de imóvel rural ou urbano, possua como seu, por cinco anos ininterruptos, sem oposição, área de terra, em zona rural, não superior a cinquenta hectares, tornando-a produtiva por seu trabalho ou de sua família, tendo nela sua moradia, adquirir-lhe-á a propriedade.

- art. 1.239, CC/2002.
- Lei 6.969/1981 (Lei da usucapião especial).

Parágrafo único. Os imóveis públicos não serão adquiridos por usucapião.

- Súmula 619, STJ.

CAPÍTULO IV
DO SISTEMA FINANCEIRO NACIONAL

Art. 192. O sistema financeiro nacional, estruturado de forma a promover o desenvolvimento equilibrado do país e a servir aos interesses da coletividade, em todas as partes que o compõem, abrangendo as cooperativas de crédito, será regulado por leis complementares que disporão, inclusive, sobre a participação do capital estrangeiro nas instituições que o integram. (Redação dada pela EC 40/2003.)

- Incs. I a VIII e §§ 1º a 3º - (Revogados pela EC 40/2003).

TÍTULO VIII
DA ORDEM SOCIAL

CAPÍTULO I
DISPOSIÇÃO GERAL

Art. 193. A ordem social tem como base o primado do trabalho, e como objetivo o bem-estar e a justiça sociais.

Parágrafo único. O Estado exercerá a função de planejamento das políticas sociais, assegurada, na forma da lei, a participação da sociedade nos processos de formulação, de monitoramento, de controle e de avaliação dessas políticas. (Acrescido pela EC 108/2020, com produção de efeitos financeiros a partir de 1º/1/2021)

CAPÍTULO II
DA SEGURIDADE SOCIAL

- Lei 8.212/1991 (Dispõe sobre a organização da Seguridade Social e institui o Plano de Custeio).
- Lei 8.213/1991 (Lei dos Planos de Benefícios da Previdência Social).
- Lei 8.742/1993 (Lei Orgânica da Assistência Social).
- Dec. 3.048/1999 (Regulamento da Previdência Social).
- Dec. 7.788/2012 (Regulamenta o Fundo Nacional de Assistência Social).

SEÇÃO I
DISPOSIÇÕES GERAIS

Art. 194. A seguridade social compreende um conjunto integrado de ações de iniciativa dos Poderes Públicos e da sociedade, destinadas a assegurar os direitos relativos à saúde, à previdência e à assistência social.

- Lei 8.212/1991 (Dispõe sobre a organização da Seguridade Social e institui o Plano de Custeio).
- Lei 8.213/1991 (Lei dos Planos de Benefícios da Previdência Social).

Parágrafo único. Compete ao Poder Público, nos termos da lei, organizar a seguridade social, com base nos seguintes objetivos:

I - universalidade da cobertura e do atendimento;

II - uniformidade e equivalência dos benefícios e serviços às populações urbanas e rurais;

III - seletividade e distributividade na prestação dos benefícios e serviços;

IV - irredutibilidade do valor dos benefícios;

V - equidade na forma de participação no custeio;

VI - diversidade da base de financiamento, identificando-se, em rubricas contábeis específicas para cada área, as receitas e as despesas vinculadas a ações de saúde, previdência e assistência social, preservado o caráter contributivo da previdência social; (Redação dada pela EC 103/2019)

VII - caráter democrático e descentralizado da administração, mediante gestão quadripartite, com participação dos trabalhadores, dos empregadores, dos aposentados e do Governo nos órgãos colegiados. (Redação dada pela EC 20/1998)

Art. 195. A seguridade social será financiada por toda a sociedade, de forma direta e indireta, nos termos da lei, mediante recursos provenientes dos orçamentos da União, dos Estados, do Distrito Federal e dos Municípios, e das seguintes contribuições sociais:

- Art. 240, desta CF.
- art. 12, EC 20/1998 (Reforma previdenciária).
- LC 70/1991 (Institui contribuição para financiamento da Seguridade Social, eleva a alíquota da contribuição social sobre o lucro de instituições financeiras).
- Lei 7.689/1988 (Lei da contribuição social sobre o lucro das pessoas jurídicas).
- Lei 7.894/1989 (Dispõe sobre contribuições para o FINSOCIAL e PIS/PASEP).
- Lei 9.316/1996 (Altera a legislação do imposto de renda e da contribuição social sobre o lucro líquido).
- Lei 9.363/1996 (Instituição de crédito presumido do PIP para ressarcimento do valor do PIS/PASEP e COFINS, nos casos que especifica).
- Lei 9.477/1997 (Institui o Fundo de Aposentadoria Programada Individual - FAP).
- Súm. 658; 659; 688, STF.
- Súm. 423, STJ.

I - do empregador, da empresa e da entidade a ela equiparada na forma da lei, incidentes sobre: (Redação dada pela EC 20/1998.)

- Súm. 688, STF.

a) a folha de salários e demais rendimentos do trabalho pagos ou creditados, a qualquer título, à pessoa física que lhe preste serviço, mesmo sem vínculo empregatício; (Incluído pela EC 20/1998.)

- arts. 114, VIII; 167, XI, desta CF.

b) a receita ou o faturamento; (Incluído pela EC 20/1998.)

c) o lucro; (Incluído pela EC 20/1998.)

- art. 195, § 9º, desta CF.
- LC 70/1991 (Institui contribuição para financiamento da Seguridade Social, eleva a alíquota da contribuição social sobre o lucro de instituições financeiras).

II - do trabalhador e dos demais segurados da previdência social, podendo ser adotadas alíquotas progressivas de acordo com o valor do salário de contribuição, não incidindo contribuição sobre aposentadoria e pensão concedidas pelo Regime Geral de Previdência Social; (Redação dada pela EC 103/2019)

- arts. 114, VIII; 167, XI, desta CF.
- Lei 9.477/1997 (Institui o Fundo de Aposentadoria Programada Individual - FAP).

III - sobre a receita de concursos de prognósticos.

- art. 4º, Lei 7.856/1989 (Altera a tributação de fundos de aplicação de curto prazo e dispõe sobre contribuições sociais, contribuições para o FINSOCIAL e a destinação da renda de concursos de prognósticos).

IV - do importador de bens ou serviços do exterior, ou de quem a lei a ele equiparar. (Incluído pela EC 42/2003.)

- Lei 10.865/2004 (Dispõe sobre PIS/PASEP - Importação e COFINS - Importação).

§ 1º As receitas dos Estados, do Distrito Federal e dos Municípios destinadas à seguridade social constarão dos respectivos orçamentos, não integrando o orçamento da União.

§ 2º A proposta de orçamento da seguridade social será elaborada de forma integrada pelos órgãos responsáveis pela saúde, previdência social e assistência social, tendo em vista as metas e prioridades estabelecidas na lei de diretrizes orçamentárias, assegurada a cada área a gestão de seus recursos.

§ 3º A pessoa jurídica em débito com o sistema da seguridade social, como estabelecido em lei, não poderá contratar com o Poder Público nem dele receber benefícios ou incentivos fiscais ou creditícios.

- art. 3º, parágrafo único, EC 106/2020 (Institui regime extraordinário fiscal, financeiro e de contratações para enfrentamento de calamidade pública nacional decorrente de pandemia).
- Lei 8.212/1991 (Dispõe sobre a organização da Seguridade Social e institui o Plano de Custeio).

§ 4º A lei poderá instituir outras fontes destinadas a garantir a manutenção ou expansão da seguridade social, obedecido o disposto no art. 154, I.

- Lei 9.876/1999 (Dispõe sobre contribuição previdenciária do contribuinte individual e o cálculo do benefício).

§ 5º Nenhum benefício ou serviço da seguridade social poderá ser criado, majorado ou estendido sem a correspondente fonte de custeio total.

- art. 24, LC 101/2000 (Lei de Responsabilidade Fiscal).

§ 6º As contribuições sociais de que trata este artigo só poderão ser exigidas após decorridos noventa dias da data da publicação da lei que as houver instituído ou modificado, não se lhes aplicando o disposto no art. 150, III, *b*.

- arts. 74, § 4º; 75, § 1º, ADCT.
- Súm. Vinc. 50, STF.
- Súm. 669, STF.

§ 7º São isentas de contribuição para a seguridade social as entidades beneficentes de assistência social que atendam às exigências estabelecidas em lei.

- Súm. 659, STF.
- Súm. 352, STJ.

§ 8º O produtor, o parceiro, o meeiro e o arrendatário rurais e o pescador artesanal, bem como os respectivos cônjuges, que exerçam suas atividades em regime de economia familiar, sem empregados permanentes, contribuirão para a seguridade social mediante a aplicação de uma alíquota sobre o resultado da comercialização da produção e farão jus aos benefícios nos termos da lei. (Redação dada pela EC 20/1998.)

- art. 25, § 1º, EC 103/2019 (Reforma da Previdência).
- Súm. 272, STJ.

§ 9º As contribuições sociais previstas no inciso I do *caput* deste artigo poderão ter alíquotas diferenciadas em razão da atividade econômica, da utilização intensiva de mão de obra, do porte da empresa ou da condição estrutural do mercado de trabalho, sendo também autorizada a adoção de bases de cálculo diferenciadas apenas no caso das alíneas "b" e "c" do inciso I do *caput*. (Redação dada pela EC 103/2019)

- art. 30, EC 103/2019 (Reforma da Previdência).

§ 10. A lei definirá os critérios de transferência de recursos para o sistema único de saúde e ações de assistência social da União para os Estados, o Distrito Federal e os Municípios, e dos Estados para os Municípios, observada a respectiva contrapartida de recursos. (Incluído pela EC 20/1998.)

§ 11. São vedados a moratória e o parcelamento em prazo superior a 60 (sessenta) meses e, na forma de lei complementar, a remissão e a anistia das contribuições sociais de que tratam a alínea "a" do inciso I e o inciso II do *caput*. (Redação dada pela EC 103/2019)

- arts. 9º, § 9º; 31, EC 103/2019 (Reforma da Previdência).

§ 12. A lei definirá os setores de atividade econômica para os quais as contribuições incidentes na forma dos incisos I, *b*; e IV do *caput*, serão não cumulativas. (Incluído pela EC 42/2003.)

§ 13. (Revogado pela EC 103/2019)

§ 14. O segurado somente terá reconhecida como tempo de contribuição ao Regime Geral de Previdência Social a competência cuja contribuição seja igual ou superior à contribuição mínima mensal exigida para sua categoria, assegurado o agrupamento de contribuições. (Incluído pela EC 103/2019)

SEÇÃO II
DA SAÚDE

- Lei 9.790/1999 (Dispõe sobre a qualificação de pessoas jurídicas de direito privado, sem fins lucrativos, como organizações da sociedade civil de interesse público, e disciplina o termo de parceria)
- Lei 9.961/2000 (Cria a Agência Nacional de Saúde Suplementar - ANS) e Dec. 3.327/2000 (Regulamento).

Art. 196. A saúde é direito de todos e dever do Estado, garantido mediante políticas sociais e econômicas que visem à redução do risco de doença e de outros agravos e ao acesso universal e igualitário às ações e serviços para sua promoção, proteção e recuperação.

- Lei 9.273/1996 (Torna obrigatória a inclusão de dispositivo de segurança que impeça a reutilização de seringas descartáveis).
- Lei 9.313/1996 (Distribuição gratuita de medicamentos aos portadores do HIV e doentes de AIDS).
- Lei 9.797/1999 (Dispõe sobre a obrigatoriedade da cirurgia plástica reparadora da mama pela rede de unidades integrantes do Sistema Único de Saúde - SUS nos casos de mutilação decorrentes de tratamento de câncer).
- Dec. 7.616/2011 (Dispõe sobre a declaração de Emergência em Saúde Pública de Importância Nacional - ESPIN e institui a Força Nacional do Sistema Único de Saúde - FN-SUS).

Art. 197. São de relevância pública as ações e serviços de saúde, cabendo ao Poder Público dispor, nos termos da lei, sobre sua regulamentação, fiscalização e controle, devendo sua execução ser feita diretamente ou através de terceiros e, também, por pessoa física ou jurídica de direito privado.

- Lei 8.080/1990 (Dispõe sobre as condições para a promoção, proteção e recuperação da saúde, a organização e o funcionamento dos serviços correspondentes).

Art. 198. As ações e serviços públicos de saúde integram uma rede regionalizada e hierarquizada e constituem um sistema único, organizado de acordo com as seguintes diretrizes:

I - descentralização, com direção única em cada esfera de governo;

II - atendimento integral, com prioridade para as atividades preventivas, sem prejuízo dos serviços assistenciais;

III - participação da comunidade.

§ 1º O sistema único de saúde será financiado, nos termos do art. 195, com recursos do orçamento da seguridade social, da União, dos Estados, do Distrito Federal e dos Municípios, além de outras fontes. (Parágrafo único renumerado para § 1º pela EC 29/2000.)

§ 2º A União, os Estados, o Distrito Federal e os Municípios aplicarão, anualmente, em ações e serviços públicos de saúde recursos mínimos derivados da aplicação de percentuais calculados sobre: (Incluído pela EC 29/2000.)

- art. 167, IV, desta CF.

I - no caso da União, a receita corrente líquida do respectivo exercício financeiro, não podendo ser inferior a 15% (quinze por cento); (Alterado pela EC 86/2015).

- art. 110, I, ADCT.

II - no caso dos Estados e do Distrito Federal, o produto da arrecadação dos impostos a que se refere o art. 155 e dos recursos de que tratam os arts. 157 e 159, inciso I, alínea *a*, e inciso II, deduzidas as parcelas que forem transferidas aos respectivos Municípios; (Incluído pela EC 29/2000.)

III - no caso dos Municípios e do Distrito Federal, o produto da arrecadação dos impostos a que se refere o art. 156 e dos recursos de que tratam os arts. 158 e 159, inciso I, alínea *b* e § 3º. (Incluído pela EC 29/2000.)

§ 3º Lei complementar, que será reavaliada pelo menos a cada cinco anos, estabelecerá: (Incluído pela EC 29/2000.)

- LC 141/2012 (Regulamenta este parágrafo para dispor sobre os valores mínimos a serem aplicados anualmente pela União, Estados, Distrito Federal e Municípios em ações e serviços públicos de saúde; estabelece os critérios de rateio dos recursos de transferências para a saúde e as normas de fiscalização, avaliação e controle das despesas com saúde nas 3 (três) esferas de governo)

I - os percentuais de que tratam os incisos II e III do § 2º; (Alterado pela EC 86/2015. Produção de efeitos: a partir da execução orçamentária do exercício de 2014.)

II - os critérios de rateio dos recursos da União vinculados à saúde destinados aos Estados, ao Distrito Federal e aos Municípios, e dos Estados destinados a seus respectivos Municípios, objetivando a progressiva redução das disparidades regionais; (Incluído pela EC 29/2000.)

III - as normas de fiscalização, avaliação e controle das despesas com saúde nas esferas federal, estadual, distrital e municipal; (Incluído pela EC 29/2000.)

IV - (Revogado pela EC 86/2015. Produção de efeitos: a partir da execução orçamentária do exercício de 2014.)

§ 4º Os gestores locais do sistema único de saúde poderão admitir agentes comunitários de saúde e agentes de combate às endemias por meio de processo seletivo público, de acordo com a natureza e complexidade de suas atribuições e requisitos específicos para sua atuação. (Incluído pela EC 51/2006.)

- art. 2º, EC 51/2006 (Contratação de agentes comunitários de saúde e de combate às endemias).

§ 5º Lei federal disporá sobre o regime jurídico, o piso salarial profissional nacional, as diretrizes para os Planos de Carreira e a regulamentação das atividades de agente comunitário de saúde e agente de combate às endemias, competindo à União, nos termos da lei, prestar assistência financeira complementar aos Estados, ao Distrito Federal e aos Municípios, para o cumprimento do referido piso salarial. (Redação dada pela EC 63/2010.)

- Lei 11.350/2006 (Regulamenta este parágrafo).

§ 6º Além das hipóteses previstas no § 1º do art. 41 e no § 4º do art. 169 da Constituição Federal, o servidor que exerça funções equivalentes às de agente comunitário de saúde ou de agente de combate às endemias poderá perder o cargo em caso de descumprimento dos requisitos específicos, fixados em lei, para o seu exercício. (Incluído pela EC 51/2006.)

Art. 199. A assistência à saúde é livre à iniciativa privada.

- Lei 9.656/1998 (Lei dos planos e seguros privados de saúde).

§ 1º As instituições privadas poderão participar de forma complementar do sistema único de saúde, segundo diretrizes deste, mediante contrato de direito público ou convênio, tendo preferência as entidades filantrópicas e as sem fins lucrativos.

§ 2º É vedada a destinação de recursos públicos para auxílios ou subvenções às instituições privadas com fins lucrativos.

§ 3º É vedada a participação direta ou indireta de empresas ou capitais estrangeiros na assistência à saúde no país, salvo nos casos previstos em lei.

§ 4º A lei disporá sobre as condições e os requisitos que facilitem a remoção de órgãos, tecidos e substâncias humanas para fins de transplante, pesquisa e tratamento, bem como a coleta, processamento e transfusão de sangue e seus derivados, sendo vedado todo tipo de comercialização.

- Lei 8.501/1992 (Dispõe sobre a utilização de cadáver não reclamado, para fins de estudos ou pesquisas científicas).
- Lei 9.434/1997 (Lei de remoção de órgãos e tecidos) e Dec. 9.175/2017 (Regulamento).
- Lei 10.205/2001 (Regulamenta este parágrafo).
- Lei 10.972/2004 (Autoriza o Poder Executivo a criar Empresa Brasileira de Hemoderivados e Biotecnologia - HEMOBRÁS).
- Dec. 5.402/2005 (Aprova o Estatuto da HEMOBRÁS).

Art. 200. Ao sistema único de saúde compete, além de outras atribuições, nos termos da lei:

- Lei 8.080/1990 (Dispõe sobre as condições para a promoção, proteção e recuperação da saúde, a organização e o funcionamento dos serviços correspondentes).
- Lei 8.142/1990 (Dispõe sobre a participação da comunidade na gestão do Sistema Único de Saúde - SUS, e sobre as transferências intergovernamentais de recursos financeiros na área da saúde).

I - controlar e fiscalizar procedimentos, produtos e substâncias de interesse para a saúde e participar da produção de medicamentos, equipamentos, imunobiológicos, hemoderivados e outros insumos;

- Lei 9.431/1997 (Dispõe sobre a obrigatoriedade da manutenção de programa de controle de infecções hospitalares pelos hospitais do país).
- Lei 9.677/1998 (Altera dispositivos do Capítulo III do Título VIII do Código Penal, incluindo na classificação dos delitos considerados hediondos crimes contra a saúde pública).
- Lei 9.695/1998 (Acrescenta incisos ao art. 1º da Lei 8.072/1990, que dispõe sobre os crimes hediondos, e altera os arts. 2º, 5º e 10 da Lei 6.437/1977).

II - executar as ações de vigilância sanitária e epidemiológica, bem como as de saúde do trabalhador;

III - ordenar a formação de recursos humanos na área de saúde;

IV - participar da formulação da política e da execução das ações de saneamento básico;

V - incrementar, em sua área de atuação, o desenvolvimento científico e tecnológico e a inovação; (Alterado pela EC 85/2015.)

VI - fiscalizar e inspecionar alimentos, compreendido o controle de seu teor nutricional, bem como bebidas e águas para consumo humano;

VII - participar do controle e fiscalização da produção, transporte, guarda e utilização de substâncias e produtos psicoativos, tóxicos e radioativos;

VIII - colaborar na proteção do meio ambiente, nele compreendido o do trabalho.

SEÇÃO III
DA PREVIDÊNCIA SOCIAL

- Lei 8.147/1990 (Dispõe sobre a alíquota do FINSOCIAL).
- Lei 8.212/1991 (Dispõe sobre a organização da Seguridade Social e institui o Plano de Custeio).
- Lei 8.213/1991 (Lei dos Planos de Benefícios da Previdência Social).
- Lei 9.796/1999 (Dispõe sobre a compensação financeira entre o Regime Geral de Previdência Social e os regimes de previdência dos servidores da União, dos Estados, do Distrito Federal e dos Municípios, nos casos de contagem recíproca de tempo de contribuição para efeito de aposentadoria).
- Dec. 3.048/1999 (Regulamento da Previdência Social).

Art. 201. A previdência social será organizada sob a forma do Regime Geral de Previdência Social, de caráter contributivo e de filiação obrigatória, observados critérios que preservem o equilíbrio financeiro e atuarial, e atenderá, na forma da lei, a: (Redação dada pela EC 103/2019)

- arts. 40; 167, XI; 195, II, desta CF.
- arts. 15 a 17; 19 a 21; 23; 24, EC 103/2019 (Reforma da Previdência).
- Lei 8.212/1991 (Dispõe sobre a organização da Seguridade Social e institui o Plano de Custeio).
- Lei 8.213/1991 (Lei dos Planos de Benefícios da Previdência Social).
- Dec. 3.048/1999 (Regulamento da Previdência Social).

I - cobertura dos eventos de incapacidade temporária ou permanente para o trabalho e idade avançada; (Redação dada pela EC 103/2019)

II - proteção à maternidade, especialmente à gestante; (Redação dada pela EC 20/1998.)

III - proteção ao trabalhador em situação de desemprego involuntário; (Redação dada pela EC 20/1998.)

- Lei 7.998/1990 (Lei do Seguro-Desemprego).
- Lei 10.779/2003 (Dispõe sobre a concessão do seguro-desemprego, durante o período de defeso, ao pescador profissional que exerce atividade de forma artesanal). Dec 8.424/2015 (Regulamento).

IV - salário-família e auxílio-reclusão para os dependentes dos segurados de baixa renda; (Redação dada pela EC 20/1998.)

V - pensão por morte do segurado, homem ou mulher, ao cônjuge ou companheiro e dependentes, observado o disposto no § 2º. (Redação dada pela EC 20/1998.)

§ 1º É vedada a adoção de requisitos ou critérios diferenciados para concessão de benefícios, ressalvada, nos termos de lei complementar, a possibilidade de previsão de idade e tempo de contribuição distintos da regra geral para concessão de aposentadoria exclusivamente em favor dos segurados: (Redação dada pela EC 103/2019)

- LC 142/2013 (Regulamenta este parágrafo).

I - com deficiência, previamente submetidos a avaliação biopsicossocial realizada por equipe multiprofissional e interdisciplinar; (Incluído pela EC 103/2019)

- art. 22, EC 103/2019 (Reforma da Previdência).
- art. 41, Lei 13.146/2015 (Estatuto da Pessoa com Deficiência).

II - cujas atividades sejam exercidas com efetiva exposição a agentes químicos, físicos e biológicos prejudiciais à saúde, ou associação desses agentes, vedada a caracterização por categoria profissional ou ocupação. (Incluído pela EC 103/2019)

§ 2º Nenhum benefício que substitua o salário de contribuição ou o rendimento do trabalho do segurado terá valor mensal inferior ao salário-mínimo. (Redação dada pela EC 20/1998.)

§ 3º Todos os salários de contribuição considerados para o cálculo de benefício serão devidamente atualizados, na forma da lei. (Redação dada pela EC 20/1998.)

- Súm. 456, STJ.

§ 4º É assegurado o reajustamento dos benefícios para preservar-lhes, em caráter permanente, o valor real, conforme critérios definidos em lei. (Redação dada pela EC 20/1998.)

- Súm. 688, STF.

§ 5º É vedada a filiação ao regime geral de previdência social, na qualidade de segurado facultativo, de pessoa participante de regime próprio de previdência. (Redação dada pela EC 20/1998.)

§ 6º A gratificação natalina dos aposentados e pensionistas terá por base o valor dos proventos do mês de dezembro de cada ano. (Redação dada pela EC 20/1998.)

- Lei 4.090/1962; Lei 4.749/1965, Dec. 57.155/1965; Dec. 63.912/1968 (Dispõem sobre décimo terceiro salário).
- Súm. 688, STF.

§ 7º É assegurada aposentadoria no regime geral de previdência social, nos termos da lei, obedecidas as seguintes condições: (Redação dada pela EC 20/1998.)

I - 65 (sessenta e cinco) anos de idade, se homem, e 62 (sessenta e dois) anos de idade, se mulher, observado tempo mínimo de contribuição; (Redação dada pela EC 103/2019)

- arts. 18 e 19 EC 103/2019 (Reforma da Previdência).

II - 60 (sessenta) anos de idade, se homem, e 55 (cinquenta e cinco) anos de idade, se mulher, para os trabalhadores rurais e para os que exerçam suas atividades em regime de economia familiar, nestes incluídos o produtor rural, o garimpeiro e o pescador artesanal. (Redação dada pela EC 103/2019)

§ 8º O requisito de idade a que se refere o inciso I do § 7º será reduzido em 5 (cinco) anos, para o professor que comprove tempo de efetivo exercício das funções de magistério na educação infantil e no ensino fundamental e médio fixado em lei complementar. (Redação dada pela EC 103/2019)

- art. 19, § 1º, EC 103/2019 (Reforma da Previdência).
- art. 67, § 2º, Lei 9.394/1996 (Lei das Diretrizes e Bases da Educação Nacional).

§ 9º Para fins de aposentadoria, será assegurada a contagem recíproca do tempo de contribuição entre o Regime Geral de Previdência Social e os regimes próprios de previdência social, e destes entre si, observada a compensação financeira, de acordo com os critérios estabelecidos em lei. (Redação dada pela EC 103/2019)

§ 9º-A. O tempo de serviço militar exercido nas atividades de que tratam os arts. 42, 142 e 143 e o tempo de contribuição ao Regime Geral de Previdência Social ou a regime próprio de previdência social terão contagem recíproca para fins de inativação militar ou aposentadoria, e a compensação financeira será devida entre as receitas de contribuição referentes aos militares e as receitas de contribuição aos demais regimes. (Incluído pela EC 103/2019)

§ 10. Lei complementar poderá disciplinar a cobertura de benefícios não programados, inclusive os decorrentes de acidente do trabalho, a ser atendida concorrentemente pelo Regime Geral de Previdência Social e pelo setor privado. (Redação dada pela EC 103/2019)

§ 11. Os ganhos habituais do empregado, a qualquer título, serão incorporados ao salário para efeito de contribuição previdenciária e consequente repercussão em benefícios, nos casos e na forma da lei. (Redação dada pela EC 20/1998.)

- art. 3º, EC 20/1998 (Dispõe sobre a Reforma da Previdência).
- Lei 8.213/1991 (Lei dos Planos de Benefícios da Previdência Social).
- Dec. 3.048/1999 (Regulamento da Previdência Social).

§ 12. Lei instituirá sistema especial de inclusão previdenciária, com alíquotas diferenciadas, para atender aos trabalhadores de baixa renda, inclusive os que se encontram em situação de informalidade, e àqueles sem renda própria que se dediquem exclusivamente ao trabalho doméstico no âmbito de sua residência, desde que pertencentes a famílias de baixa renda. (Redação dada pela EC 103/2019)

§ 13. A aposentadoria concedida ao segurado de que trata o § 12 terá valor de 1 (um) salário-mínimo. (Redação dada pela EC 103/2019)

§ 14. É vedada a contagem de tempo de contribuição fictício para efeito de concessão dos benefícios previdenciários e de contagem recíproca. (Incluído pela EC 103/2019)

- art. 25, EC 103/2019.

§ 15. Lei complementar estabelecerá vedações, regras e condições para a acumulação de benefícios previdenciários. (Incluído pela EC 103/2019)

§ 16. Os empregados dos consórcios públicos, das empresas públicas, das sociedades de economia mista e das suas subsidiárias serão aposentados compulsoriamente, observado o cumprimento do tempo mínimo de contribuição, ao atingir a idade máxima de que trata o inciso II do § 1º do art. 40, na forma estabelecida em lei. (Incluído pela EC 103/2019)

Art. 202. O regime de previdência privada, de caráter complementar e organizado de forma autônoma em relação ao regime geral de previdência social, será facultativo, baseado na constituição de reservas que garantam o benefício contratado, e regulado por lei complementar. (Redação dada pela EC 20/1998.)

- art. 40, § 15, desta CF.
- art. 7º, EC 20/1998 (Dispõe sobre a Reforma da Previdência).
- LC 109/2001 (Lei do Regime de Previdência Complementar) e Dec. 4.206/2002 (Regulamento).
- Lei 9.656/1998 (Lei dos planos e seguros privados de saúde).
- Lei 10.185/2001 (Especialização das sociedades seguradoras em planos privados de assistência à saúde).
- Dec. 7.123/2010 (Dispõe sobre o Conselho Nacional de Previdência Complementar - CNPC e sobre a Câmara de Recursos de Previdência Complementar - CRPC).
- Súm. 149, STJ.

§ 1º A lei complementar de que trata este artigo assegurará ao participante de planos de benefícios de entidades de previdência privada o pleno acesso às informações relativas à gestão de seus respectivos planos. (Redação dada pela EC 20/1998.)

§ 2º As contribuições do empregador, os benefícios e as condições contratuais previstas nos estatutos, regulamentos e planos de benefícios das entidades de previdência privada não integram o contrato de trabalho dos participantes, assim como, à exceção dos benefícios concedidos, não integram a remuneração dos participantes, nos termos da lei. (Redação dada pela EC 20/1998.)

§ 3º É vedado o aporte de recursos a entidade de previdência privada pela União, Estados, Distrito Federal e Municípios, suas autarquias, fundações, empresas públicas, sociedades de economia mista e outras entidades públicas, salvo na qualidade de patrocinador, situação na qual, em hipótese alguma, sua contribuição normal poderá exceder a do segurado. (Incluído pela EC 20/1998.)

- art. 5º, EC 20/1998 (Dispõe sobre a Reforma da Previdência).
- LC 108/2001 (Regulamenta este parágrafo).

§ 4º Lei complementar disciplinará a relação entre a União, Estados, Distrito Federal ou Municípios, inclusive suas autarquias, fundações, sociedades de economia mista e empresas controladas direta ou indiretamente, enquanto patrocinadores de planos de benefícios previdenciários, e as entidades de previdência complementar. (Redação dada pela EC 103/2019)

- art. 40, § 14, desta CF.
- art. 33, EC 103/2019 (Reforma da Previdência).
- LC 108/2001 (Regulamenta este parágrafo).

§ 5º A lei complementar de que trata o § 4º aplicar-se-á, no que couber, às empresas privadas permissionárias ou concessionárias de prestação de serviços públicos, quando patrocinadoras de planos de benefícios em entidades de previdência complementar. (Redação dada pela EC 103/2019)

- LC 108/2001 (Regulamenta este parágrafo).

§ 6º Lei complementar estabelecerá os requisitos para a designação dos membros das diretorias das entidades fechadas de previdência complementar instituídas pelos patrocinadores de que trata o § 4º e disciplinará a inserção dos participantes nos colegiados e instâncias de decisão em que seus interesses sejam objeto de discussão e deliberação. (Redação dada pela EC 103/2019)

- LC 108/2001 (Regulamenta este parágrafo).
- LC 109/2001 (Lei do Regime de Previdência Complementar).

SEÇÃO IV
DA ASSISTÊNCIA SOCIAL

- Lei 8.742/1993 (Lei Orgânica da Previdência Social).
- Dec. 7.788/2012 (Regulamenta o Fundo Nacional de Assistência Social.)

Art. 203. A assistência social será prestada a quem dela necessitar, independentemente de contribuição à seguridade social, e tem por objetivos:

I - a proteção à família, à maternidade, à infância, à adolescência e à velhice;

II - o amparo às crianças e adolescentes carentes;

III - a promoção da integração ao mercado de trabalho;

IV - a habilitação e reabilitação das pessoas portadoras de deficiência e a promoção de sua integração à vida comunitária;

- Dec. 6.949/2009 (Promulga a Convenção Internacional sobre os direitos das pessoas com deficiência).
- Dec. 7.612/2011 (Institui o Plano Nacional dos Direitos da Pessoa com Deficiência - Plano Viver sem Limite).

V - a garantia de um salário-mínimo de benefício mensal à pessoa portadora de deficiência e ao idoso que comprovem não possuir meios de prover à própria manutenção ou de tê-la provida por sua família, conforme dispuser a lei.

- Lei 10.741/2003 (Estatuto do Idoso).

Art. 204. As ações governamentais na área da assistência social serão realizadas com recursos do orçamento da seguridade social, previstos no art. 195, além de outras fontes, e organizadas com base nas seguintes diretrizes:

I - descentralização político-administrativa, cabendo a coordenação e as normas gerais à esfera federal e a coordenação e a execução dos respectivos programas às esferas estadual e municipal, bem como a entidades beneficentes e de assistência social;

II - participação da população, por meio de organizações representativas, na formulação das políticas e no controle das ações em todos os níveis.

Parágrafo único. É facultado aos Estados e ao Distrito Federal vincular a programa de apoio à inclusão e promoção social até cinco décimos por cento de sua receita tributária líquida, vedada a aplicação desses recursos no pagamento de: (Incluído pela EC 42/2003.)

I - despesas com pessoal e encargos sociais; (Incluído pela EC 42/2003.)

II - serviço da dívida; (Incluído pela EC 42/2003.)

III - qualquer outra despesa corrente não vinculada diretamente aos investimentos ou ações apoiados. (Incluído pela EC 42/2003.)

CAPÍTULO III
DA EDUCAÇÃO, DA CULTURA E DO DESPORTO

SEÇÃO I
DA EDUCAÇÃO

- Lei 9.394/1996 (Lei das Diretrizes e Bases da Educação Nacional).
- Lei 9.424/1996 (Dispõe sobre o Fundo de Manutenção e Desenvolvimento do Ensino Fundamental e de Valorização do Magistério).
- Lei 9.790/1999 (Dispõe sobre a qualificação de pessoas jurídicas de direito privado, sem fins lucrativos, como Organizações da Sociedade Civil de Interesse Público, institui e disciplina o Termo de Parceria).
- Lei 10.219/2001 (Cria o Programa Nacional de Renda Mínima Vinculado à Educação - Bolsa Escola) e Dec. 4.313/2002 (Regulamento).
- Lei 10.558/2002 (Cria o Programa Diversidade na Universidade).
- Lei 11.096/2005 (Institui o Programa Universidade para Todos - PROUNI).
- Lei 11.788/2008 (Lei do Estágio).
- Art. 1º, Lei 12.711/2012 (Dispõe sobre o ingresso nas universidades federais e nas instituições federais de ensino técnico de nível médio).

Art. 205. A educação, direito de todos e dever do Estado e da família, será promovida e incentivada com a colaboração da sociedade, visando ao pleno desenvolvimento da pessoa, seu preparo para o exercício da cidadania e sua qualificação para o trabalho.

Art. 206. O ensino será ministrado com base nos seguintes princípios:

I - igualdade de condições para o acesso e permanência na escola;

- Lei 12.288/2010 (Estatuto da Igualdade Racial).

II - liberdade de aprender, ensinar, pesquisar e divulgar o pensamento, a arte e o saber;

III - pluralismo de ideias e de concepções pedagógicas e coexistência de instituições públicas e privadas de ensino;

IV - gratuidade do ensino público em estabelecimentos oficiais;

- art. 242 desta CF.
- Súm. Vinc. 12. STF.

V - valorização dos profissionais da educação escolar, garantidos, na forma da lei, planos de carreira, com ingresso exclusivamente por concurso público de provas e títulos, aos das redes públicas; (Redação dada pela EC 53/2006.)

- Lei 9.424/1996 (Dispõe sobre o Fundo de Manutenção e Desenvolvimento do Ensino Fundamental e de Valorização do Magistério).

VI - gestão democrática do ensino público, na forma da lei;

- Lei 9.394/1996 (Lei das Diretrizes e Bases da Educação Nacional).

VII - garantia de padrão de qualidade;

VIII - piso salarial profissional nacional para os profissionais da educação escolar pública, nos termos de lei federal. (Incluído pela EC 53/2006.)

IX - garantia do direito à educação e à aprendizagem ao longo da vida. (Acrescido pela EC 108/2020, com produção de efeitos financeiros a partir de 1º/1/2021)

Parágrafo único. A lei disporá sobre as categorias de trabalhadores considerados profissionais da educação básica e sobre a fixação de prazo para a elaboração ou adequação de seus planos de carreira, no âmbito da União, dos Estados, do Distrito Federal e dos Municípios. (Incluído pela EC 53/2006.)

Art. 207. As universidades gozam de autonomia didático-científica, administrativa e de gestão financeira e patrimonial, e obedecerão ao princípio de indissociabilidade entre ensino, pesquisa e extensão.

- Dec. 7.233/2010 (Dispõe sobre procedimentos orçamentários e financeiros relacionados à autonomia universitária).
- Dec. 9.235/2017 (Dispõe sobre o exercício das funções de regulação, supervisão e avaliação das instituições de educação superior e dos cursos superiores de graduação e de pós-graduação no sistema federal de ensino).

§ 1º É facultado às universidades admitir professores, técnicos e cientistas estrangeiros, na forma da lei. (Incluído pela EC 11/1996.)

§ 2º O disposto neste artigo aplica-se às instituições de pesquisa científica e tecnológica. (Incluído pela EC 11/1996.)

Art. 208. O dever do Estado com a educação será efetivado mediante a garantia de:

I - educação básica obrigatória e gratuita dos 4 (quatro) aos 17 (dezessete) anos de idade, assegurada inclusive sua oferta gratuita para todos os que a ela não tiveram acesso na idade própria; (Redação dada pela EC 59/2009.)

- art. 6º, EC 59/2009 (Art. 6º O disposto no inciso I do art. 208 da Constituição Federal deverá ser implementado progressivamente, até 2016, nos termos do Plano Nacional de Educação, com apoio técnico e financeiro da União).

II - progressiva universalização do ensino médio gratuito; (Redação dada pela EC 14/1996.)

III - atendimento educacional especializado aos portadores de deficiência, preferencialmente na rede regular de ensino;

- Lei 7.853/1989 (Lei de apoio às pessoas portadoras de deficiência) e Dec. 3.299/1999 (Regulamento).
- Lei 10.845/2004 (Institui o Programa de complementação ao atendimento educacional especializado às pessoas portadoras de deficiência - PAED).
- Lei 13.146/2015 (Estatuto da Pessoa Portadora de Deficiência).

IV - educação infantil, em creche e pré-escola, às crianças até 5 (cinco) anos de idade; (Redação dada pela EC 53/2006.)

- art. 7º, XXV, CF.

V - acesso aos níveis mais elevados do ensino, da pesquisa e da criação artística, segundo a capacidade de cada um;

VI - oferta de ensino noturno regular, adequado às condições do educando;

VII - atendimento ao educando, em todas as etapas da educação básica, por meio de programas suplementares de material didático escolar, transporte, alimentação e assistência à saúde. (Redação dada pela EC 59/2009.)

- arts. 6º e 212, § 4º, desta CF.

§ 1º O acesso ao ensino obrigatório e gratuito é direito público subjetivo.

§ 2º O não oferecimento do ensino obrigatório pelo Poder Público, ou sua oferta irregular, importa responsabilidade da autoridade competente.

§ 3º Compete ao Poder Público recensear os educandos no ensino fundamental, fazer-lhes a chamada e zelar, junto aos pais ou responsáveis, pela frequência à escola.

Art. 209. O ensino é livre à iniciativa privada, atendidas as seguintes condições:

I - cumprimento das normas gerais da educação nacional;

II - autorização e avaliação de qualidade pelo Poder Público.

Art. 210. Serão fixados conteúdos mínimos para o ensino fundamental, de maneira a assegurar formação básica comum e respeito aos valores culturais e artísticos, nacionais e regionais.

§ 1º O ensino religioso, de matrícula facultativa, constituirá disciplina dos horários normais das escolas públicas de ensino fundamental.

§ 2º O ensino fundamental regular será ministrado em língua portuguesa, assegurada às comunidades indígenas também a utilização de suas línguas maternas e processos próprios de aprendizagem.

Art. 211. A União, os Estados, o Distrito Federal e os Municípios organizarão em regime de colaboração seus sistemas de ensino.

- art. 60, ADCT.

§ 1º A União organizará o sistema federal de ensino e o dos Territórios, financiará as instituições de ensino públicas federais e exercerá, em matéria educacional, função redistributiva e supletiva, de forma a garantir equalização de oportunidades educacionais e padrão mínimo de qualidade do ensino mediante assistência técnica e financeira aos Estados, ao Distrito Federal e aos Municípios; (Redação dada pela EC 14/1996.)

§ 2º Os Municípios atuarão prioritariamente no ensino fundamental e na educação infantil. (Redação dada pela EC 14/1996.)

§ 3º Os Estados e o Distrito Federal atuarão prioritariamente no ensino fundamental e médio. (Incluído pela EC 14/1996.)

§ 4º Na organização de seus sistemas de ensino, a União, os Estados, o Distrito Federal e os Municípios definirão formas de colaboração, de forma a assegurar a universalização, a qualidade e a equidade do ensino obrigatório. (Redação dada pela EC 108/2020, com produção de efeitos financeiros a partir de 1º/1/2021)

§ 5º A educação básica pública atenderá prioritariamente ao ensino regular. (Incluído pela EC 53/2006.)

§ 6º A União, os Estados, o Distrito Federal e os Municípios exercerão ação redistributiva em relação a suas escolas (Acrescido pela EC 108/2020, com produção de efeitos financeiros a partir de 1º/1/2021)

§ 7º O padrão mínimo de qualidade de que trata o § 1º deste artigo considerará as condições adequadas de oferta e terá como referência o Custo Aluno Qualidade (CAQ), pactuados em regime de colaboração na forma disposta em lei complementar, conforme o parágrafo único do art. 23 desta Constituição. (Acrescido pela EC 108/2020, com produção de efeitos financeiros a partir de 1º/1/2021)

Art. 212. A União aplicará, anualmente, nunca menos de dezoito, e os Estados, o Distrito Federal e os Municípios vinte e cinco por cento, no mínimo, da receita resultante de impostos, compreendida a proveniente de transferências, na manutenção e desenvolvimento do ensino.

- arts. 34, VII, e; 35, III; 167, IV, desta CF.
- arts. 60; 72, §§ 2º e 3º, ADCT.

§ 1º A parcela da arrecadação de impostos transferida pela União aos Estados, ao Distrito Federal e aos Municípios, ou pelos Estados aos respectivos Municípios, não é considerada, para efeito do cálculo previsto neste artigo, receita do governo que a transferir.

§ 2º Para efeito do cumprimento do disposto no *caput* deste artigo, serão considerados os sistemas de ensino federal, estadual e municipal e os recursos aplicados na forma do art. 213.

§ 3º A distribuição dos recursos públicos assegurará prioridade ao atendimento das necessidades do ensino obrigatório, no que se refere a universalização, garantia de padrão de qualidade e equidade, nos termos do plano nacional de educação. (Redação dada pela EC 59/2009.)

§ 4º Os programas suplementares de alimentação e assistência à saúde previstos no art. 208, VII, serão financiados com recursos provenientes de contribuições sociais e outros recursos orçamentários.

§ 5º A educação básica pública terá como fonte adicional de financiamento a contribuição social do salário-educação, recolhida pelas empresas na forma da lei. (Redação dada pela EC 53/2006.)

- art. 76, § 2º, ADCT.
- Lei 9.766/1998 (Dispõe sobre o salário-educação).
- Dec. 6.003/2006 (Regulamenta a arrecadação, fiscalização e cobrança da contribuição social do salário-educação).
- Súm. 732, STF.

§ 6º As cotas estaduais e municipais da arrecadação da contribuição social do salário-educação serão distribuídas proporcionalmente ao número de alunos matriculados na educação básica nas respectivas redes públicas de ensino. (Incluído pela EC 53/2006.)

- art. 107, § 6º, I, ADCT.

§ 7º É vedado o uso dos recursos referidos no *caput* e nos §§ 5º e 6º deste artigo para pagamento de aposentadorias e de pensões. (Acrescido pela EC 108/2020, com produção de efeitos financeiros a partir de 1º/1/2021)

§ 8º Na hipótese de extinção ou de substituição de impostos, serão redefinidos os percentuais referidos no *caput* deste artigo e no inciso II do *caput* do art. 212-A, de modo que resultem recursos vinculados à manutenção e ao desenvolvimento do ensino, bem como os recursos subvinculados aos fundos de que trata o art. 212-A desta Constituição, em aplicações equivalentes às anteriormente praticadas. (Acrescido pela EC 108/2020, com produção de efeitos financeiros a partir de 1º/1/2021)

§ 9º A lei disporá sobre normas de fiscalização, de avaliação e de controle das despesas com educação nas esferas estadual, distrital e municipal. (Acrescido pela EC 108/2020, com produção de efeitos financeiros a partir de 1º/1/2021)

Art. 212-A. Os Estados, o Distrito Federal e os Municípios destinarão parte dos recursos a que se refere o *caput* do art. 212 desta Constituição à manutenção e ao desenvolvimento do ensino na educação básica e à remuneração condigna de seus profissionais, respeitadas as seguintes disposições: (Artigo acrescido pela EC 108/2020, com produção de efeitos financeiros a partir de 1º/1/2021)

- Lei 14.113/2020 (Lei do Fundeb).

I - a distribuição dos recursos e de responsabilidades entre o Distrito Federal, os Estados e seus Municípios é assegurada mediante a instituição, no âmbito de cada Estado e do Distrito Federal, de um Fundo de Manutenção e Desenvolvimento da Educação Básica e de Valorização dos Profissionais da Educação (Fundeb), de natureza contábil;

II - os fundos referidos no inciso I do *caput* deste artigo serão constituídos por 20% (vinte por cento) dos recursos a que se referem os incisos I, II e III do *caput* do art. 155, o inciso II do *caput* do art. 157, os incisos II, III e IV do *caput* do art. 158 e as alíneas "a" e "b" do inciso I e o inciso II do *caput* do art. 159 desta Constituição;

III - os recursos referidos no inciso II do *caput* deste artigo serão distribuídos entre cada Estado e seus Municípios, proporcionalmente ao número de alunos das diversas etapas e modalidades da educação básica presencial matriculados nas respectivas redes, nos âmbitos de atuação prioritária, conforme estabelecido nos §§ 2º e 3º do art. 211 desta Constituição, observadas as ponderações referidas na alínea "a" do inciso X do *caput* e no § 2º deste artigo;

IV - a União complementará os recursos dos fundos a que se refere o inciso II do *caput* deste artigo;

V - a complementação da União será equivalente a, no mínimo, 23% (vinte e três por cento) do total de recursos a que se refere o inciso II do *caput* deste artigo, distribuída da seguinte forma:

a) 10 (dez) pontos percentuais no âmbito de cada Estado e do Distrito Federal, sempre que o valor anual por aluno (VAAF), nos termos do inciso III do *caput* deste artigo, não alcançar o mínimo definido nacionalmente;

b) no mínimo, 10,5 (dez inteiros e cinco décimos) pontos percentuais em cada rede pública de ensino municipal, estadual ou distrital, sempre que o valor anual total por aluno (VAAT), referido no inciso VI do *caput* deste artigo, não alcançar o mínimo definido nacionalmente;

c) 2,5 (dois inteiros e cinco décimos) pontos percentuais nas redes públicas que, cumpridas condicionalidades de melhoria de gestão previstas em lei, alcançarem evolução de indicadores a serem definidos, de atendimento e melhoria da aprendizagem com redução das desigualdades, nos termos do sistema nacional de avaliação da educação básica;

VI - o VAAT será calculado, na forma da lei de que trata o inciso X do *caput* deste artigo, com base nos recursos a que se refere o inciso II do *caput* deste artigo, acrescidos de outras receitas e de transferências vinculadas à educação, observado o disposto no § 1º e consideradas as matrículas nos termos do inciso III do *caput* deste artigo;

VII - os recursos de que tratam os incisos II e IV do *caput* deste artigo serão aplicados pelos Estados e pelos Municípios exclusivamente nos respectivos âmbitos de atuação prioritária, conforme estabelecido nos §§ 2º e 3º do art. 211 desta Constituição;

VIII - a vinculação de recursos à manutenção e ao desenvolvimento do ensino estabelecida no art. 212 desta Constituição suportará, no máximo, 30% (trinta por cento) da complementação da União, considerados para os fins deste inciso os valores previstos no inciso V do *caput* deste artigo;

IX - o disposto no *caput* do art. 160 desta Constituição aplica-se aos recursos referidos nos incisos II e IV do *caput* deste artigo, e seu descumprimento pela autoridade competente importará em crime de responsabilidade;

X - a lei disporá, observadas as garantias estabelecidas nos incisos I, II, III e IV do *caput* e no § 1º do art. 208 e as metas pertinentes do plano nacional de educação, nos termos previstos no art. 214 desta Constituição, sobre:

a) a organização dos fundos referidos no inciso I do *caput* deste artigo e a distribuição proporcional de seus recursos, as diferenças e as ponderações quanto ao valor anual por aluno entre etapas, modalidades, duração da jornada e tipos de estabelecimento de ensino, observados as respectivas especificidades e os insumos necessários para a garantia de sua qualidade;

b) a forma de cálculo do VAAF decorrente do inciso III do *caput* deste artigo e do VAAT referido no inciso VI do *caput* deste artigo;

c) a forma de cálculo para distribuição prevista na alínea "c" do inciso V do *caput* deste artigo;

d) a transparência, o monitoramento, a fiscalização e o controle interno, externo e social dos fundos referidos no inciso I do *caput* deste artigo, assegurada a criação, a autonomia, a manutenção e a consolidação de conselhos de acompanhamento e controle social, admitida sua integração aos conselhos de educação;

e) o conteúdo e a periodicidade da avaliação, por parte do órgão responsável, dos efeitos redistributivos, da melhoria dos indicadores educacionais e da ampliação do atendimento;

XI - proporção não inferior a 70% (setenta por cento) de cada fundo referido no inciso I do *caput* deste artigo, excluídos os recursos de que trata a alínea "c" do inciso V do *caput* deste artigo, será destinada ao pagamento dos profissionais da educação básica em efetivo exercício, observado, em relação aos recursos previstos na alínea "b" do inciso V do *caput* deste artigo, o percentual mínimo de 15% (quinze por cento) para despesas de capital;

XII - lei específica disporá sobre o piso salarial profissional nacional para os profissionais do magistério da educação básica pública;

XIII - a utilização dos recursos a que se refere o § 5º do art. 212 desta Constituição para a complementação da União ao Fundeb, referida no inciso V do *caput* deste artigo, é vedada.

§ 1º O cálculo do VAAT, referido no inciso VI do *caput* deste artigo, deverá considerar, além dos recursos previstos no inciso II do *caput* deste artigo, pelo menos, as seguintes disponibilidades:

I - receitas de Estados, do Distrito Federal e de Municípios vinculadas à manutenção e ao desenvolvimento do ensino não integrantes dos fundos referidos no inciso I do *caput* deste artigo;

II - cotas estaduais e municipais da arrecadação do salário-educação de que trata o § 6º do art. 212 desta Constituição;

III - complementação da União transferida a Estados, ao Distrito Federal e a Municípios nos termos da alínea "a" do inciso V do *caput* deste artigo.

§ 2º Além das ponderações previstas na alínea "a" do inciso X do *caput* deste artigo, a lei definirá outras relativas ao nível socioeconômico dos educandos e aos indicadores de disponibilidade de recursos vinculados à educação e de potencial de arrecadação tributária de cada ente federado, bem como seus prazos de implementação.

§ 3º Será destinada à educação infantil a proporção de 50% (cinquenta por cento) dos recursos globais a que se refere a alínea "b" do inciso V do *caput* deste artigo, nos termos da lei.

Art. 213. Os recursos públicos serão destinados às escolas públicas, podendo ser dirigidos a escolas comunitárias, confessionais ou filantrópicas, definidas em lei, que:

- art. 212 desta CF.
- art. 61, ADCT.

I - comprovem finalidade não lucrativa e apliquem seus excedentes financeiros em educação;

II - assegurem a destinação de seu patrimônio a outra escola comunitária, filantrópica ou confessional, ou ao Poder Público, no caso de encerramento de suas atividades.

- art. 61, ADCT.

§ 1º Os recursos de que trata este artigo poderão ser destinados a bolsas de estudo para o ensino fundamental e médio, na forma da lei, para os que demonstrarem insuficiência de recursos, quando houver falta de vagas e cursos regulares da rede pública na localidade da residência do educando, ficando o Poder Público obrigado a investir prioritariamente na expansão de sua rede na localidade.

§ 2º As atividades de pesquisa, de extensão e de estímulo e fomento à inovação realizadas por universidades e/ou por instituições de educação profissional e tecnológica poderão receber apoio financeiro do Poder Público. (Alterado pela EC 85/2015.)

- Lei 8.436/1992 (Institucionaliza o Programa de crédito educativo para estudantes carentes).

Art. 214. A lei estabelecerá o plano nacional de educação, de duração decenal, com o objetivo de articular o sistema nacional de educação em regime de colaboração e definir diretrizes, objetivos, metas e estratégias de implementação para assegurar a manutenção e desenvolvimento do ensino em seus diversos níveis, etapas e modalidades por meio de ações integradas dos poderes públicos das diferentes esferas federativas que conduzam a: (Redação dada pela EC 59/2009.)

I - erradicação do analfabetismo;

II - universalização do atendimento escolar;

III - melhoria da qualidade do ensino;

IV - formação para o trabalho;

V - promoção humanística, científica e tecnológica do país;

VI - estabelecimento de meta de aplicação de recursos públicos em educação como proporção do produto interno bruto. (Incluído pela EC 59/2009.)

SEÇÃO II
DA CULTURA

Art. 215. O Estado garantirá a todos o pleno exercício dos direitos culturais e acesso às fontes da cultura nacional, e apoiará e incentivará a valorização e a difusão das manifestações culturais.

- Lei 8.313/1991 (Institui o Programa Nacional de Apoio à Cultura - PRONAC) e Dec. 5.761/2002 (Regulamento).
- Lei 8.685/1993 (Cria mecanismos de fomento à atividade audiovisual) e Dec. 6.304/2007 (Regulamento).
- art. 2º, Lei 12.840/2013 (Dispõe sobre a destinação dos bens de valor cultural, artístico ou histórico aos museus).
- Lei 13.018/2014 (Institui a Política Nacional de Cultura Viva).

§ 1º O Estado protegerá as manifestações das culturas populares, indígenas e afro-brasileiras, e das de outros grupos participantes do processo civilizatório nacional.

§ 2º A lei disporá sobre a fixação de datas comemorativas de alta significação para os diferentes segmentos étnicos nacionais.

§ 3º A lei estabelecerá o Plano Nacional de Cultura, de duração plurianual, visando ao desenvolvimento cultural do país e à integração das ações do Poder Público que conduzem à: (Incluído pela EC 48/2005.)

- Lei 12.343/2010 (Institui o Plano Nacional de Cultura - PNC e cria o Sistema Nacional de Informações e Indicadores Culturais - SNIIC).

I - defesa e valorização do patrimônio cultural brasileiro; (Incluído pela EC 48/2005.)

II - produção, promoção e difusão de bens culturais; (Incluído pela EC 48/2005.)

III - formação de pessoal qualificado para a gestão da cultura em suas múltiplas dimensões; (Incluído pela EC 48/2005.)

IV - democratização do acesso aos bens de cultura; (Incluído pela EC 48/2005.)

V - valorização da diversidade étnica e regional. (Incluído pela EC 48/2005.)

Art. 216. Constituem patrimônio cultural brasileiro os bens de natureza material e imaterial, tomados individualmente ou em conjunto, portadores de referência à identidade, à ação, à memória dos diferentes grupos formadores da sociedade brasileira, nos quais se incluem:

- art. 2º, Lei 12.840/2013 (Dispõe sobre a destinação dos bens de valor cultural, artístico ou histórico aos museus).

I - as formas de expressão;

II - os modos de criar, fazer e viver;

III - as criações científicas, artísticas e tecnológicas;

IV - as obras, objetos, documentos, edificações e demais espaços destinados às manifestações artístico-culturais;

V - os conjuntos urbanos e sítios de valor histórico, paisagístico, artístico, arqueológico, paleontológico, ecológico e científico.

- Lei 3.924/1961 (Lei dos monumentos arqueológicos e pré-históricos).
- Art. 65, § 1º, Lei 9.605/1998 (Lei dos Crimes Ambientais).

§ 1º O Poder Público, com a colaboração da comunidade, promoverá e protegerá o patrimônio cultural brasileiro, por meio de inventários, registros, vigilância, tombamento e desapropriação, e de outras formas de acautelamento e preservação.

- Lei 7.347/1985 (Lei da Ação Civil Pública).
- Lei 8.394/1991 (Dispõe sobre preservação, organização e proteção dos acervos documentais privados dos presidentes da República).
- Dec. 3.551/2000 (Institui o registro de bens culturais de natureza imaterial que constituem Patrimônio Cultural Brasileiro e cria o Programa Nacional do Patrimônio Imaterial).

§ 2º Cabem à administração pública, na forma da lei, a gestão da documentação governamental e as providências para franquear sua consulta a quantos dela necessitem.

- Lei 8.159/1991 (Dispõe sobre a Política Nacional de Arquivos Públicos e Privados).
- Lei 12.527/2011 (Regula o acesso a informações previsto neste parágrafo. Dec. 7.724/2012 (regulamento).
- Dec. 7.845/2012 (Regulamenta procedimentos para credenciamento de segurança e tratamento de informação classificada em qualquer grau de sigilo, e dispõe sobre o Núcleo de Segurança e Credenciamento).

§ 3º A lei estabelecerá incentivos para a produção e o conhecimento de bens e valores culturais.

- Lei 7.505/1986 (Dispõe sobre os benefícios fiscais na área do imposto de renda concedidas a operações de caráter cultural ou artístico).
- Lei 8.313/1991 (Institui o Programa Nacional de Apoio à Cultura - PRONAC) e Dec. 5.761/2002 (Regulamento).

§ 4º Os danos e ameaças ao patrimônio cultural serão punidos, na forma da lei.

- Lei 3.924/1961 (Lei dos monumentos arqueológicos e pré-históricos).

§ 5º Ficam tombados todos os documentos e os sítios detentores de reminiscências históricas dos antigos quilombos.

- art. 18, p.u., Lei 12.288/2010 (Estatuto da Igualdade Racial).

§ 6º É facultado aos Estados e ao Distrito Federal vincular a fundo estadual de fomento à cultura até cinco décimos por cento de sua receita tributária líquida, para o financiamento de programas e projetos culturais, vedada a aplicação desses recursos no pagamento de: (Incluído pela EC 42/2003.)

I - despesas com pessoal e encargos sociais; (Incluído pela EC 42/2003.)

II - serviço da dívida; (Incluído pela EC 42/2003.)

III - qualquer outra despesa corrente não vinculada diretamente aos investimentos ou ações apoiados. (Incluído pela EC 42/2003.)

Art. 216-A. O Sistema Nacional de Cultura, organizado em regime de colaboração, de forma descentralizada e participativa, institui um processo de gestão e promoção conjunta de políticas públicas de cultura, democráticas e permanentes, pactuadas entre os entes da Federação e a sociedade, tendo por objetivo promover o desenvolvimento humano, social e econômico com pleno exercício dos direitos culturais.

§ 1º O Sistema Nacional de Cultura fundamenta-se na política nacional de cultura e nas suas diretrizes, estabelecidas no Plano Nacional de Cultura, e rege-se pelos seguintes princípios:

I - diversidade das expressões culturais;

II - universalização do acesso aos bens e serviços culturais;

III - fomento à produção, difusão e circulação de conhecimento e bens culturais;

IV - cooperação entre os entes federados, os agentes públicos e privados atuantes na área cultural;

V - integração e interação na execução das políticas, programas, projetos e ações desenvolvidas;

VI - complementaridade nos papéis dos agentes culturais;

VII - transversalidade das políticas culturais;

VIII - autonomia dos entes federados e das instituições da sociedade civil;

IX - transparência e compartilhamento das informações;

X - democratização dos processos decisórios com participação e controle social;

XI - descentralização articulada e pactuada da gestão, dos recursos e das ações;

XII - ampliação progressiva dos recursos contidos nos orçamentos públicos para a cultura.

§ 2º Constitui a estrutura do Sistema Nacional de Cultura, nas respectivas esferas da Federação:

I - órgãos gestores da cultura;

II - conselhos de política cultural;

III - conferências de cultura;

IV - comissões intergestores;

V - planos de cultura;

VI - sistemas de financiamento à cultura;

VII - sistemas de informações e indicadores culturais;

VIII - programas de formação na área da cultura; e

IX - sistemas setoriais de cultura.

§ 3º Lei federal disporá sobre a regulamentação do Sistema Nacional de Cultura, bem como de sua articulação com os demais sistemas nacionais ou políticas setoriais de governo.

§ 4º Os Estados, o Distrito Federal e os Municípios organizarão seus respectivos sistemas de cultura em leis próprias."

- Art. 216-A e §§ acrescentados pela EC 71/2012.

SEÇÃO III
DO DESPORTO

- Lei 9.615/1998 (Institui normas gerais sobre desportos).
- Lei 10.891/2004 (Institui o Bolsa-Atleta).

Art. 217. É dever do Estado fomentar práticas desportivas formais e não formais, como direito de cada um, observados:

I - a autonomia das entidades desportivas dirigentes e associações, quanto à sua organização e funcionamento;

II - a destinação de recursos públicos para a promoção prioritária do desporto educacional e, em casos específicos, para a do desporto de alto rendimento;

III - o tratamento diferenciado para o desporto profissional e o não profissional;

IV - a proteção e o incentivo às manifestações desportivas de criação nacional.

§ 1º O Poder Judiciário só admitirá ações relativas à disciplina e às competições desportivas após esgotarem-se as instâncias da justiça desportiva, regulada em lei.

§ 2º A justiça desportiva terá o prazo máximo de sessenta dias, contados da instauração do processo, para proferir decisão final.

§ 3º O Poder Público incentivará o lazer, como forma de promoção social.

CAPÍTULO IV
DA CIÊNCIA, TECNOLOGIA E INOVAÇÃO

- Alterado pela EC 85/2015.
- Lei 9.257/1996 (Dispõe sobre o Conselho Nacional de Ciência e Tecnologia).
- Lei 10.973/2004 (Dispõe sobre incentivos à inovação e à pesquisa científica e tecnológica no ambiente produtivo). Dec. 9.283/2018 (Regulamento).

Art. 218. O Estado promoverá e incentivará o desenvolvimento científico, a pesquisa, a capacitação científica e tecnológica e a inovação. (Alterado pela EC 85/2015.)

§ 1º A pesquisa científica básica e tecnológica receberá tratamento prioritário do Estado, tendo em vista o bem público e o progresso da ciência, tecnologia e inovação. (Alterado pela EC 85/2015.)

§ 2º A pesquisa tecnológica voltar-se-á preponderantemente para a solução dos problemas brasileiros e para o desenvolvimento do sistema produtivo nacional e regional.

§ 3º O Estado apoiará a formação de recursos humanos nas áreas de ciência, pesquisa, tecnologia e inovação, inclusive por meio do apoio às atividades de extensão tecnológica, e concederá aos que delas se ocupem meios e condições especiais de trabalho. (Alterado pela EC 85/2015.)

§ 4º A lei apoiará e estimulará as empresas que invistam em pesquisa, criação de tecnologia adequada ao país, formação e aperfeiçoamento de seus recursos humanos e que pratiquem sistemas de remuneração que assegurem ao empregado, desvinculada do salário, participação nos ganhos econômicos resultantes da produtividade de seu trabalho.

§ 5º É facultado aos Estados e ao Distrito Federal vincular parcela de sua receita orçamentária a entidades públicas de fomento ao ensino e à pesquisa científica e tecnológica.

- Lei 8.248/1991 (Dispõe sobre capacitação e competitividade no setor de informática e automação).
- Lei 12.523/2011 (Institui o Programa Nacional de Acesso ao Ensino Técnico e Emprego – Pronatec).

§ 6º O Estado, na execução das atividades previstas no *caput*, estimulará a articulação entre entes, tanto públicos quanto privados, nas diversas esferas de governo. (Acrescentado pela EC 85/2015.)

§ 7º O Estado promoverá e incentivará a atuação no exterior das instituições públicas de ciência, tecnologia e inovação, com vistas à execução das atividades previstas no *caput*. (Acrescentado pela EC 85/2015.)

- art. 15, Lei 13.243/2016 (Dispõe sobre estímulos ao desenvolvimento científico, à pesquisa, à capacitação científica e tecnológica e à inovação).

Art. 219. O mercado interno integra o patrimônio nacional e será incentivado de modo a viabilizar o desenvolvimento cultural e socioeconômico, o bem-estar da população e a autonomia tecnológica do país, nos termos de lei federal.

Parágrafo único. O Estado estimulará a formação e o fortalecimento da inovação nas empresas, bem como nos demais entes, públicos ou privados, a constituição e a manutenção de parques e polos tecnológicos e de demais ambientes promotores da inovação, a atuação dos inventores independentes e a criação, absorção, difusão e transferência de tecnologia. (Acrescentado pela EC 85/2015.)

- Lei 10.973/2004 (Dispõe sobre incentivos à inovação e à pesquisa científica e tecnológica no ambiente produtivo).

Art. 219-A. A União, os Estados, o Distrito Federal e os Municípios poderão firmar instrumentos de cooperação com órgãos e entidades públicos e com entidades privadas, inclusive para o compartilhamento de recursos humanos especializados e capacidade instalada, para a execução de projetos de pesquisa, de desenvolvimento científico e tecnológico e de inovação, mediante contrapartida financeira ou não financeira assumida pelo ente beneficiário, na forma da lei. (Acrescentado pela EC 85/2015.)

Art. 219-B. O Sistema Nacional de Ciência, Tecnologia e Inovação (SNCTI) será organizado em regime de colaboração entre entes, tanto públicos quanto privados, com vistas a promover o desenvolvimento científico e tecnológico e a inovação. (Acrescentado pela EC 85/2015.)

§ 1º Lei federal disporá sobre as normas gerais do SNCTI. (Acrescentado pela EC 85/2015.)

§ 2º Os Estados, o Distrito Federal e os Municípios legislarão concorrentemente sobre suas peculiaridades. (Acrescentado pela EC 85/2015.)

CAPÍTULO V
DA COMUNICAÇÃO SOCIAL

Art. 220. A manifestação do pensamento, a criação, a expressão e a informação, sob qualquer forma, processo ou veículo, não sofrerão qualquer restrição, observado o disposto nesta Constituição.

- arts. 5º, IX, XII, XIV, XXVII a XXIX, desta CF.
- arts 36 a 38; 43; 44, CDC.
- Lei 4.117/1962 (Código Brasileiro de Telecomunicações).
- art. 1º, Lei 7.524/1986 (Manifestação, por militar inativo, de pensamento e opinião políticos ou filosóficos).
- Lei 9.472/1997 (Organização dos serviços de telecomunicações, criação e funcionamento de órgão regulador e outros aspectos institucionais).
- art. 7º, Lei 9.610/1998 (Direitos Autorais).

§ 1º Nenhuma lei conterá dispositivo que possa constituir embaraço à plena liberdade de informação jornalística em qualquer veículo de comunicação social, observado o disposto no art. 5º, IV, V, X, XIII e XIV.

- art. 45, Lei 9.504/1997 (Lei das eleições).

§ 2º É vedada toda e qualquer censura de natureza política, ideológica e artística.

§ 3º Compete à lei federal:

I - regular as diversões e espetáculos públicos, cabendo ao Poder Público informar sobre a natureza deles, as faixas etárias a que não se recomendem, locais e horários em que sua apresentação se mostre inadequada;

- art. 21, XVI, desta CF.
- arts. 74; 80; 247; 258, Lei 8.069/1990 (ECA).
- Lei 10.359/2001 (Dispõe sobre a obrigatoriedade de os novos aparelhos de TV conterem dispositivo que possibilite o bloqueio temporário de recepção de programação inadequada).

II - estabelecer os meios legais que garantam à pessoa e à família a possibilidade de se defenderem de programas ou programações de rádio e televisão que contrariem o disposto no art. 221, bem como da propaganda de produtos, práticas e serviços que possam ser nocivos à saúde e ao meio ambiente.

- arts. 9º e 10, CDC.

§ 4º A propaganda comercial de tabaco, bebidas alcoólicas, agrotóxicos, medicamentos e terapias estará sujeita a restrições legais, nos termos do inciso II do parágrafo anterior, e conterá, sempre que necessário, advertência sobre os malefícios decorrentes de seu uso.

- Lei 9.294/1996 (Dispõe sobre as restrições ao uso e à propaganda de produtos fumígenos, bebidas alcoólicas, medicamentos, terapias e defensivos agrícolas referidos neste parágrafo). Dec. 2.018/1996 (Regulamento).

§ 5º Os meios de comunicação social não podem, direta ou indiretamente, ser objeto de monopólio ou oligopólio.

§ 6º A publicação de veículo impresso de comunicação independe de licença de autoridade.

Art. 221. A produção e a programação das emissoras de rádio e televisão atenderão aos seguintes princípios:

I - preferência a finalidades educativas, artísticas, culturais e informativas;

II - promoção da cultura nacional e regional e estímulo à produção independente que objetive sua divulgação;

III - regionalização da produção cultural, artística e jornalística, conforme percentuais estabelecidos em lei;

- art. 3º, III, desta CF.

IV - respeito aos valores éticos e sociais da pessoa e da família.

- art. 8º, III, Lei 11.340/2006 (Lei Maria da Penha).

Art. 222. A propriedade de empresa jornalística e de radiodifusão sonora e de sons e imagens é privativa de brasileiros natos ou naturalizados há mais de dez anos, ou de pessoas jurídicas constituídas sob as leis brasileiras e que tenham sede no país. (Redação dada pela EC 36/2002.)

§ 1º Em qualquer caso, pelo menos setenta por cento do capital total e do capital votante das empresas jornalísticas e de radiodifusão sonora e de sons e imagens deverá pertencer, direta ou indiretamente, a brasileiros natos ou naturalizados há mais de dez anos, que exercerão obrigatoriamente a gestão das atividades e estabelecerão o conteúdo da programação. (Redação dada pela EC 36/2002.)

§ 2º A responsabilidade editorial e as atividades de seleção e direção da programação veiculada são privativas de brasileiros natos ou naturalizados há mais de dez anos, em qualquer meio de comunicação social. (Redação dada pela EC 36/2002.)

§ 3º Os meios de comunicação social eletrônica, independentemente da tecnologia utilizada para a prestação do serviço, deverão observar os princípios enunciados no art. 221, na forma de lei específica, que também garantirá a prioridade de profissionais brasileiros na execução de produções nacionais. (Incluído pela EC 36/2002.)

§ 4º Lei disciplinará a participação de capital estrangeiro nas empresas de que trata o § 1º. (Incluído pela EC 36/2002.)

- Lei 10.610/2002 (Participação de capital estrangeiro nas empresas jornalísticas e de radiodifusão sonora e de sons e imagens).

§ 5º As alterações de controle societário das empresas de que trata o § 1º serão comunicadas ao Congresso Nacional. (Incluído pela EC 36/2002.)

Art. 223. Compete ao Poder Executivo outorgar e renovar concessão, permissão e autorização para o serviço de radiodifusão sonora e de sons e imagens, observado o princípio da complementaridade dos sistemas privado, público e estatal.

- Lei 9.612/1998 (Institui o serviço de radiodifusão comunitária).
- arts. 2º; 10, Dec. 52.795/1963 (Aprova regulamento dos serviços de radiodifusão).

§ 1º O Congresso Nacional apreciará o ato no prazo do art. 64, § 2º e § 4º, a contar do recebimento da mensagem.

§ 2º A não renovação da concessão ou permissão dependerá de aprovação de, no mínimo, dois quintos do Congresso Nacional, em votação nominal.

§ 3º O ato de outorga ou renovação somente produzirá efeitos legais após deliberação do Congresso Nacional, na forma dos parágrafos anteriores.

§ 4º O cancelamento da concessão ou permissão, antes de vencido o prazo, depende de decisão judicial.

§ 5º O prazo da concessão ou permissão será de dez anos para as emissoras de rádio e de quinze para as de televisão.

Art. 224. Para os efeitos do disposto neste capítulo, o Congresso Nacional instituirá, como seu órgão auxiliar, o Conselho de Comunicação Social, na forma da lei.

- Lei 8.389/1991 (Cria o Conselho de Comunicação Social).
- Dec. 6.555/2008 (Dispõe sobre as ações de comunicação do Poder Executivo Federal).

CAPÍTULO VI
DO MEIO AMBIENTE

- Lei 7.735/1989 (Cria o IBAMA).
- Lei 9.605/1998 (Lei dos Crimes Ambientais).
- Dec. 4.339/2002 (Institui princípios e diretrizes para a implementação da Política Nacional de Biodiversidade).
- Dec. 4.411/2002 (Atuação das Forças Armadas e da Polícia Federal nas unidades de Conservação).

Art. 225. Todos têm direito ao meio ambiente ecologicamente equilibrado, bem de uso comum do povo e essencial à sadia qualidade de vida, impondo-se ao Poder Público e à coletividade o dever de defendê-lo e preservá-lo para as presentes e futuras gerações.

- Lei 7.797/1989 (Dispõe sobre o Fundo Nacional do Meio Ambiente).
- Lei 11.284/2006 (Lei de gestão de florestas públicas).

§ 1º Para assegurar a efetividade desse direito, incumbe ao Poder Público:

- Lei 9.985/2000 (Regulamenta este parágrafo).

I - preservar e restaurar os processos ecológicos essenciais e prover o manejo ecológico das espécies e ecossistemas;

- Súmula 623, STJ.

II - preservar a diversidade e a integridade do patrimônio genético do país e fiscalizar as entidades dedicadas à pesquisa e manipulação de material genético;

- Lei 11.105/2005 (Regulamenta este inciso).
- Dec. 5.705/2006 (Promulga o Protocolo de Cartagena sobre Biossegurança da Convenção sobre Diversidade Biológica).

III - definir, em todas as unidades da Federação, espaços territoriais e seus componentes a serem especialmente protegidos, sendo a alteração e a supressão permitidas somente através de lei, vedada qualquer utilização que comprometa a integridade dos atributos que justifiquem sua proteção;

IV - exigir, na forma da lei, para instalação de obra ou atividade potencialmente causadora de significativa degradação do meio ambiente, estudo prévio de impacto ambiental, a que se dará publicidade;

- Lei 11.105/2005 (Regulamenta este inciso).

V - controlar a produção, a comercialização e o emprego de técnicas, métodos e substâncias que comportem risco para a vida, a qualidade de vida e o meio ambiente;

- Lei 11.105/2005 (Regulamenta este inciso).

VI - promover a educação ambiental em todos os níveis de ensino e a conscientização pública para a preservação do meio ambiente;

- Lei 9.795/1999 (Educação Ambiental). Dec. 4.281/2002 (Regulamento).

VII - proteger a fauna e a flora, vedadas, na forma da lei, as práticas que coloquem em risco sua função ecológica, provoquem a extinção de espécies ou submetam os animais a crueldade.

- Lei 5.197/1967 (Lei de proteção à fauna).
- Lei 9.605/1998 (Lei dos crimes ambientais).
- Lei 11.794/2008 (Regulamenta este inciso, estabelecendo procedimentos para o uso científico de animais).
- Lei 12.651/2012 (Código Florestal).
- Dec.-Lei 221/1967 (Lei de proteção e estímulos à pesca).

§ 2º Aquele que explorar recursos minerais fica obrigado a recuperar o meio ambiente degradado, de acordo com solução técnica exigida pelo órgão público competente, na forma da lei.

- Dec.-Lei 227/1967 (Código de Minas).

§ 3º As condutas e atividades consideradas lesivas ao meio ambiente sujeitarão os infratores, pessoas físicas ou jurídicas, a sanções penais e administrativas, independentemente da obrigação de reparar os danos causados.

- art. 3º, *caput* e p.u., Lei 9.605/1998 (Lei dos crimes ambientais).
- Dec. 6.514/2008 (Dispõe sobre as infrações e sanções administrativas ao meio ambiente, estabelece o processo administrativo federal para apuração destas infrações).
- Súmula 629, STJ.

§ 4º A Floresta Amazônica brasileira, a Mata Atlântica, a Serra do Mar, o Pantanal Mato-Grossense e a Zona Costeira são patrimônio nacional, e sua utilização far-se-á, na forma da lei, dentro de condições que assegurem a preservação do meio ambiente, inclusive quanto ao uso dos recursos naturais.

- Lei 11.429/2006 (Proteção do Bioma Mata Atlântica).
- Lei 13.123/2015 (Regulamenta este parágrafo).
- Dec. 4.297/2002 (Regulamenta inc. II do art. 9º, Lei 6.938/1981, estabelecendo critério para o Zoneamento Ecológico-Econômico do Brasil - ZEE).

§ 5º São indisponíveis as terras devolutas ou arrecadadas pelos Estados, por ações discriminatórias, necessárias à proteção dos ecossistemas naturais.

- Lei 6.383/1976 (Processo discriminatório de terras devolutas da União).
- Lei 13.178/2015 (Processo de ratificação dos registros imobiliários decorrentes de alienações e concessões de terras públicas situadas nas faixas de fronteiras).
- Dec.-Lei 9.760/1946 (Lei dos bens imóveis da União).

§ 6º As usinas que operem com reator nuclear deverão ter sua localização definida em lei federal, sem o que não poderão ser instaladas.

- Lei 12.731/2012 (Institui Sistema de Proteção ao Programa Nuclear Brasileiro - SIPRON).

§ 7º Para fins do disposto na parte final do inciso VII do § 1º deste artigo, não se consideram cruéis as práticas desportivas que utilizem animais, desde que sejam manifestações culturais, conforme o § 1º do art. 215 desta Constituição Federal, registradas como bem de natureza imaterial integrante do patrimônio cultural brasileiro, devendo ser regulamentadas por lei específica que assegure o bem-estar dos animais envolvidos. (Acrescentado pela EC 96/2017.)

CAPÍTULO VII
DA FAMÍLIA, DA CRIANÇA, DO ADOLESCENTE, DO JOVEM E DO IDOSO

- Redação dada pela EC 65/2010.
- Lei 8.069/1990 (ECA).
- Lei 8.842/1994 (Dispõe sobre a composição, estruturação, competência e funciona-

mento do Conselho Nacional dos Direitos do Idoso - CNDI).

- Lei 10.741/2003 (Estatuto do Idoso).
- Dec. 9.921/2019 (Consolida atos normativos editados pelo Poder Executivo federal que dispõem sobre a temática da pessoa idosa).

Art. 226. A família, base da sociedade, tem especial proteção do Estado.

- arts. 1533 e 1.542, CC/2002.
- Lei 6.015/1973 (Lei de Registros Públicos).
- Lei 8.069/1990 (ECA).

§ 1º O casamento é civil e gratuita a celebração.

- arts. 1.511 a 1.570, CC/2002.
- arts. 67 a 76, Lei 6.015/1973 (Lei de Registros Públicos).

§ 2º O casamento religioso tem efeito civil, nos termos da lei.

- Lei 1.110/1950 (Dispõe sobre reconhecimento dos efeitos civis ao casamento religioso).
- arts. 71 a 75, Lei 6.015/1973 (Lei de Registros Públicos).

§ 3º Para efeito da proteção do Estado, é reconhecida a união estável entre o homem e a mulher como entidade familiar, devendo a lei facilitar sua conversão em casamento.

- ADPF 132 e ADIn 4.277 (Reconhecimento da legalidade jurídica da união civil entre pessoas do mesmo sexo, DOU, 13.05.2011).
- arts. 1.723 a 1.727, CC/2002.
- Lei 8.971/1994 (Dispõe sobre direito dos companheiros a alimentos e sucessão).
- Lei 9.278/1996 (Lei da União Estável).

§ 4º Entende-se, também, como entidade familiar a comunidade formada por qualquer dos pais e seus descendentes.

- art. 25, Lei 8.069/1990 (ECA).
- Súm. 364, STJ.

§ 5º Os direitos e deveres referentes à sociedade conjugal são exercidos igualmente pelo homem e pela mulher.

- arts. 1.565 a 1.570, CC/2002.
- arts. 2º a 8º, Lei 6.515/1977 (Lei do Divórcio).
- Súm. 364, STJ.

§ 6º O casamento civil pode ser dissolvido pelo divórcio. (Redação dada pela EC 66/2010.)

- Lei 6.515/1977 (Lei do Divórcio).

§ 7º Fundado nos princípios da dignidade da pessoa humana e da paternidade responsável, o planejamento familiar é livre-decisão do casal, competindo ao Estado propiciar recursos educacionais e científicos para o exercício desse direito, vedada qualquer forma coercitiva por parte de instituições oficiais ou privadas.

- Lei 9.263/1996 (Regulamenta este parágrafo).

§ 8º O Estado assegurará a assistência à família na pessoa de cada um dos que a integram, criando mecanismos para coibir a violência no âmbito de suas relações.

- Lei 11.340/2006 (Lei Maria da Penha).
- Dec. 8.086/2013 (Institui o Programa Mulher Segura e Protegida).
- Súm. 536, STJ.

Art. 227. É dever da família, da sociedade e do Estado assegurar à criança, ao adolescente e ao jovem, com absoluta prioridade, o direito à vida, à saúde, à alimentação, à educação, ao lazer, à profissionalização, à cultura, à dignidade, ao respeito, à liberdade e à convivência familiar e comunitária, além de colocá-los a salvo de toda forma de negligência, discriminação, exploração, violência, crueldade e opressão. (Redação dada pela EC 65/2010.)

- arts. 6º; 208; 212, § 4º, desta CF.
- Lei 8.069/1990 (ECA).
- Lei 12.288/2010 (Estatuto da Igualdade Racial).
- Lei 12.318/2010 (Lei da alienação parental).
- Lei 13.257/2016 (Dispõe sobre as políticas públicas para a primeira infância).
- Lei 13.431/2017 (Sistema de garantia de direitos da criança e do adolescente vítima ou testemunha de violência).
- Dec. 3.413/2000 (Promulga a Convenção sobre os Aspectos Civis do Sequestro Internacional de Crianças, concluída na cidade de Haia, em 25.10.1980).
- Dec. 3.951/2001 (Designa a Autoridade Central para dar cumprimento às obrigações impostas pela Convenção sobre os Aspectos Civis do Sequestro Internacional de Crianças, cria o Conselho da Autoridade Central Administrativa Federal contra o Sequestro Internacional de Crianças e institui o Programa Nacional para Cooperação no Regresso de Crianças e Adolescentes Brasileiros Sequestrados Internacionalmente).

§ 1º O Estado promoverá programas de assistência integral à saúde da criança, do adolescente e do jovem, admitida a participação de entidades não governamentais, mediante políticas específicas e obedecendo aos seguintes preceitos: (Redação dada pela EC 65/2010.)

- Lei 8.642/1993 (Dispõe sobre a instituição do Programa Nacional de Atenção Integral à Criança e ao Adolescente - PRONAICA). Dec. 1.056/1994 (Regulamento).

I - aplicação de percentual dos recursos públicos destinados à saúde na assistência materno-infantil;

II - criação de programas de prevenção e atendimento especializado para as pessoas portadoras de deficiência física, sensorial ou mental, bem como de integração social do adolescente e do jovem portador de deficiência, mediante o treinamento para o trabalho e a convivência, e a facilitação do acesso aos bens e serviços coletivos, com a eliminação de obstáculos arquitetônicos e de todas as formas de discriminação. (Redação dada pela EC 65/2010.)

- Lei 7.853/1989 (Lei de apoio às pessoas portadoras de deficiência) e Dec. 3.298/1999 (Regulamento).
- arts. 7º a 14, Lei 8.069/1990 (ECA).
- Lei 10.216/2001 (Proteção e direitos das pessoas portadoras de transtornos mentais e redireciona o modelo assistencial em saúde mental).
- Lei 13.146/2015 (Estatuto da Pessoa com Deficiência).

§ 2º A lei disporá sobre normas de construção dos logradouros e dos edifícios de uso público e de fabricação de veículos de transporte coletivo, a fim de garantir acesso adequado às pessoas portadoras de deficiência.

- art. 244, desta CF.
- art. 3º, Lei 7.853/1989 (Lei de apoio às pessoas portadoras de deficiência) e Dec. 3.298/1999 (Regulamento).

§ 3º O direito a proteção especial abrangerá os seguintes aspectos:

I - idade mínima de quatorze anos para admissão ao trabalho, observado o disposto no art. 7º, XXXIII;

- O art. 7º, XXXIII, desta CF, foi alterado pela EC 20/1998 (Fixa em 16 anos a idade mínima para o trabalho).

II - garantia de direitos previdenciários e trabalhistas;

III - garantia de acesso do trabalhador adolescente e jovem à escola; (Redação dada pela EC 65/2010.)

IV - garantia de pleno e formal conhecimento da atribuição de ato infracional, igualdade na relação processual e defesa técnica por profissional habilitado, segundo dispuser a legislação tutelar específica;

V - obediência aos princípios de brevidade, excepcionalidade e respeito à condição peculiar de pessoa em desenvolvimento, quando da aplicação de qualquer medida privativa da liberdade;

VI - estímulo do Poder Público, através de assistência jurídica, incentivos fiscais e subsídios, nos termos da lei, ao acolhimento, sob a forma de guarda, de criança ou adolescente órfão ou abandonado;

- arts. 33 a 35, Lei 8.069/1990 (ECA).

VII - programas de prevenção e atendimento especializado à criança, ao adolescente e ao jovem dependente de entorpecentes e drogas afins. (Redação dada pela EC 65/2010.)

- Lei 11.343/2006 (Lei Antidrogas).

§ 4º A lei punirá severamente o abuso, a violência e a exploração sexual da criança e do adolescente.

- arts. 111, V; 217-A a 218-B; 224, CP.
- arts. 225 a 258, Lei 8.069/1990 (ECA).

§ 5º A adoção será assistida pelo Poder Público, na forma da lei, que estabelecerá casos e condições de sua efetivação por parte de estrangeiros.

- arts. 1.618 e 1.619, CC/2002.
- arts. 39 a 52, Lei 8.069/1990 (ECA).
- Lei 12.010/2009 (Lei da Adoção).
- Dec. 3.087/1999 (Promulga a Convenção relativa à Proteção das Crianças e a Cooperação em Matéria de Adoção Internacional, concluída em Haia em 29.05.1993).

§ 6º Os filhos, havidos ou não da relação do casamento, ou por adoção, terão os mesmos direitos e qualificações, proibidas quaisquer designações discriminatórias relativas à filiação.

- art. 41, §§ 1º e 2º, Lei 8.069/1990 (ECA).
- Lei 8.560/1992 (Lei de Investigação da Paternidade).
- Lei 10.317/2001 (Dispõe sobre gratuidade no exame de DNA nos casos que especifica).
- Lei 11.804/2008 (Alimentos Gravídicos).

§ 7º No atendimento dos direitos da criança e do adolescente levar-se-á em consideração o disposto no art. 204.

§ 8º A lei estabelecerá: (Incluído pela EC 65/2010.)

I - o estatuto da juventude, destinado a regular os direitos dos jovens; (Incluído pela EC 65/2010.)

- Lei 12.852/2013 (Institui o Estatuto da Juventude e dispõe sobre os direitos dos jovens, os princípios e diretrizes das políticas públicas de juventude e o Sistema Nacional de Juventude - SINAJUVE.)
- Dec. 10.069/2019 (Dispõe sobre a composição e o funcionamento do Conselho Nacional de Juventude).

II - o plano nacional de juventude, de duração decenal, visando à articulação das várias esferas do Poder Público para a execução de políticas públicas. (Incluído pela EC 65/2010.)

Art. 228. São penalmente inimputáveis os menores de dezoito anos, sujeitos às normas da legislação especial.

- art. 27, CP.
- arts. 101; 104; 112, Lei 8.069/1990 (ECA).
- Súm. 605, STJ.

Art. 229. Os pais têm o dever de assistir, criar e educar os filhos menores, e os filhos maiores têm o dever de ajudar e amparar os pais na velhice, carência ou enfermidade.

- art. 22, Lei 8.069/1990 (ECA).

Art. 230. A família, a sociedade e o Estado têm o dever de amparar as pessoas idosas, assegurando sua participação na comunidade, defendendo sua dignidade e bem-estar e garantindo-lhes o direito à vida.

- Lei 8.842/1994 (Dispõe sobre a Política Nacional do Idoso).
- Lei 10.741/2003 (Estatuto do Idoso).
- Dec. 9.921/2019 (Consolida atos normativos editados pelo Poder Executivo federal que dispõem sobre a temática da pessoa idosa).

§ 1º Os programas de amparo aos idosos serão executados preferencialmente em seus lares.

§ 2º Aos maiores de sessenta e cinco anos é garantida a gratuidade dos transportes coletivos urbanos.

CAPÍTULO VIII
DOS ÍNDIOS

- Dec. 6.861/2009 (Dispõe sobre a Educação Escolar Indígena, define sua organização em territórios etnoeducacionais).
- Dec. 7.747/2012 (Institui a Política Nacional de Gestão Territorial e Ambiental de Terras Indígenas – PNGATI).

Art. 231. São reconhecidos aos índios sua organização social, costumes, línguas, crenças e tradições, e os direitos originários sobre as terras que tradicionalmente ocupam, competindo à União demarcá-las, proteger e fazer respeitar todos os seus bens.

- Lei 6.001/1973 (Estatuto do Índio).
- Dec. 1.775/1996 (Dispõe sobre o procedimento administrativo de demarcação de terras indígenas).
- Dec. 3.156/1999 (Dispõe sobre as condições para prestação de assistência à saúde dos povos indígenas, no âmbito do Sistema Único de Saúde).
- Dec. 4.412/2002 (Dispõe sobre a atuação das Forças Armadas e da Polícia Federal nas terras indígenas).

§ 1º São terras tradicionalmente ocupadas pelos índios as por eles habitadas em caráter permanente, as utilizadas para suas atividades produtivas, as imprescindíveis à preservação dos recursos ambientais necessários a seu bem-estar e as necessárias a sua reprodução física e cultural, segundo seus usos, costumes e tradições.

§ 2º As terras tradicionalmente ocupadas pelos índios destinam-se a sua posse permanente, cabendo-lhes o usufruto exclusivo das riquezas do solo, dos rios e dos lagos nelas existentes.

§ 3º O aproveitamento dos recursos hídricos, incluídos os potenciais energéticos, a pesquisa e a lavra das riquezas minerais em terras indígenas só podem ser efetivados com autorização do Congresso Nacional, ouvidas as comunidades afetadas, ficando-lhes assegurada participação nos resultados da lavra, na forma da lei.

§ 4º As terras de que trata este artigo são inalienáveis e indisponíveis, e os direitos sobre elas, imprescritíveis.

§ 5º É vedada a remoção dos grupos indígenas de suas terras, salvo, *ad referendum* do Congresso Nacional, em caso de catástrofe ou epidemia que ponha em risco sua população, ou no interesse da soberania do país, após deliberação do Congresso Nacional, garantido, em qualquer hipótese, o retorno imediato logo que cesse o risco.

§ 6º São nulos e extintos, não produzindo efeitos jurídicos, os atos que tenham por objeto a ocupação, o domínio e a posse das terras a que se refere este artigo, ou a exploração das riquezas naturais do solo, dos rios e dos lagos nelas existentes, ressalvado relevante interesse público da União, segundo o que dispuser lei complementar, não gerando a nulidade e a extinção direito a indenização ou a ações contra a União, salvo, na forma da lei, quanto às benfeitorias derivadas da ocupação de boa-fé.

- art. 62, Lei 6.001/1973 (Estatuto do Índio).

§ 7º Não se aplica às terras indígenas o disposto no art. 174, § 3º e § 4º.

Art. 232. Os índios, suas comunidades e organizações são partes legítimas para ingressar em juízo em defesa de seus direitos e interesses, intervindo o Ministério Público em todos os atos do processo.

TÍTULO IX
DAS DISPOSIÇÕES CONSTITUCIONAIS GERAIS

Art. 233. (Revogado pela EC 28/2000.)

Art. 234. É vedado à União, direta ou indiretamente, assumir, em decorrência da criação de Estado, encargos referentes a despesas com pessoal inativo e com encargos e amortizações da dívida interna ou externa da administração pública, inclusive da indireta.

- art. 13, § 6º, ADCT.

Art. 235. Nos dez primeiros anos da criação de Estado, serão observadas as seguintes normas básicas:

I - a Assembleia Legislativa será composta de dezessete Deputados se a população do Estado for inferior a seiscentos mil habitantes, e de vinte e quatro, se igual ou superior a esse número, até um milhão e quinhentos mil;

II - o Governo terá no máximo dez Secretarias;

III - o Tribunal de Contas terá três membros, nomeados, pelo Governador eleito, dentre brasileiros de comprovada idoneidade e notório saber;

IV - o Tribunal de Justiça terá sete Desembargadores;

V - os primeiros Desembargadores serão nomeados pelo Governador eleito, escolhidos da seguinte forma:

a) cinco dentre os magistrados com mais de trinta e cinco anos de idade, em exercício na área do novo Estado ou do Estado originário;

b) dois dentre promotores, nas mesmas condições, e advogados de comprovada idoneidade e saber jurídico, com dez anos, no mínimo, de exercício profissional, obedecido o procedimento fixado na Constituição;

VI - no caso de Estado proveniente de Território Federal, os cinco primeiros Desembargadores poderão ser escolhidos dentre juízes de direito de qualquer parte do país;

VII - em cada Comarca, o primeiro Juiz de Direito, o primeiro Promotor de Justiça e o primeiro Defensor Público serão nomeados pelo Governador eleito após concurso público de provas e títulos;

VIII - até a promulgação da Constituição Estadual, responderão pela Procuradoria-Geral, pela Advocacia-Geral e pela Defensoria-Geral do Estado advogados de notório saber, com trinta e cinco anos de idade, no mínimo, nomeados pelo Governador eleito e demissíveis *ad nutum*;

IX - se o novo Estado for resultado de transformação de Território Federal, a transferência de encargos financeiros da União para pagamento dos servidores optantes que pertenciam à Administração Federal ocorrerá da seguinte forma:

a) no sexto ano de instalação, o Estado assumirá vinte por cento dos encargos financeiros para fazer face ao pagamento dos servidores públicos, ficando ainda o restante sob a responsabilidade da União;

b) no sétimo ano, os encargos do Estado serão acrescidos de trinta por cento e, no oitavo, dos restantes cinquenta por cento;

X - as nomeações que se seguirem às primeiras, para os cargos mencionados neste artigo, serão disciplinadas na Constituição Estadual;

XI - as despesas orçamentárias com pessoal não poderão ultrapassar cinquenta por cento da receita do Estado.

Art. 236. Os serviços notariais e de registro são exercidos em caráter privado, por delegação do Poder Público.

- art. 32, ADCT.
- Lei 8.935/1994 (Lei dos Serviços Notariais e de Registro e regulamenta este artigo).

§ 1º Lei regulará as atividades, disciplinará a responsabilidade civil e criminal dos notários, dos oficiais de registro e de seus prepostos, e definirá a fiscalização de seus atos pelo Poder Judiciário.

§ 2º Lei federal estabelecerá normas gerais para fixação de emolumentos relativos aos atos praticados pelos serviços notariais e de registro.

- Lei 10.169/2000 (Regulamenta este parágrafo).

§ 3º O ingresso na atividade notarial e de registro depende de concurso público de provas e títulos, não se permitindo que qualquer serventia fique vaga, sem abertura de concurso de provimento ou de remoção, por mais de seis meses.

Art. 237. A fiscalização e o controle sobre o comércio exterior, essenciais à defesa dos interesses fazendários nacionais, serão exercidos pelo Ministério da Fazenda.

- Dec. 10.044/2019 (Dispõe sobre a Câmara de Comércio Exterior - CAMEX).

Art. 238. A lei ordenará a venda e revenda de combustíveis de petróleo, álcool carburante e outros combustíveis derivados de matérias-primas renováveis, respeitados os princípios desta Constituição.

- Lei 9.478/1997 (Dispõe sobre a política energética nacional, as atividades relativas ao monopólio do petróleo e institui o Conselho Nacional de Política Energética e a Agência Nacional do Petróleo).
- Lei 9.847/1999 (Dispõe sobre a fiscalização das atividades relativas ao abastecimento nacional de combustíveis tratadas na Lei 9.478/1997, e estabelece sanções administrativas).

Art. 239. A arrecadação decorrente das contribuições para o Programa de Integração Social, criado pela Lei Complementar nº 7, de 7 de setembro de 1970, e para o Programa de Formação do Patrimônio do Servidor Público, criado pela Lei Complementar nº 8, de 3 de dezembro de 1970, passa, a partir da promulgação desta Constituição, a financiar, nos termos que a lei dispuser, o programa do seguro desemprego, outras ações da previdência social e o abono de que trata o § 3º deste artigo. (Redação dada pela EC 103/2019)

- art. 72, §§ 2º e 3º, ADCT.
- Lei 7.998/1990 (Lei do Seguro-Desemprego).
- Lei 9.715/1998 (Dispõe sobre as contribuições para os Programas de Integração Social e de Formação do Patrimônio do Servidor Público - PIS/PASEP).

§ 1º Dos recursos mencionados no *caput*, no mínimo 28% (vinte e oito por cento) serão destinados para o financiamento de programas de desenvolvimento econômico, por meio do Banco Nacional de Desenvolvimento Econômico e Social, com critérios de remuneração que preservem o seu valor. (Redação dada pela EC 103/2019)

- Dec. 4.418/2002 (Aprova novo estatuto social do Banco Nacional de Desenvolvimento Econômico e Social - BNDES).

§ 2º Os patrimônios acumulados do Programa de Integração Social e do Programa de Formação do Patrimônio do Servidor Público são preservados, mantendo-se os critérios de saque nas situações previstas nas leis específicas, com exceção da retirada por motivo de casamento, ficando vedada a distribuição da arrecadação de que trata o *caput* deste artigo, para depósito nas contas individuais dos participantes.

§ 3º Aos empregados que percebam de empregadores que contribuem para o Programa de Integração Social ou para o Programa de Formação do Patrimônio do Servidor Público, até dois salários-mínimos de remuneração mensal, é assegurado o pagamento de um salário-mínimo anual, computado neste valor o rendimento das contas individuais, no caso daqueles que já participavam dos referidos programas, até a data da promulgação desta Constituição.

§ 4º O financiamento do seguro-desemprego receberá uma contribuição adicional da empresa cujo índice de rotatividade da força de trabalho superar o índice médio da rotatividade do setor, na forma estabelecida por lei.

- Lei 7.998/1990 (Lei do seguro-desemprego).
- Lei 8.352/1991 (Dispõe sobre as disponibilidades financeiras do Fundo de Amparo ao Trabalhador - FAT).

§ 5º Os programas de desenvolvimento econômico financiados na forma do § 1º e seus resultados serão anualmente avaliados e divulgados em meio de comunicação social eletrônico e apresentados em reunião da comissão mista permanente de que trata o § 1º do art. 166. (Incluído pela EC 103/2019)

Art. 240. Ficam ressalvadas do disposto no art. 195 as atuais contribuições compulsórias dos empregadores sobre a folha de salários, destinadas às entidades privadas de serviço social e de formação profissional vinculadas ao sistema sindical.

- art. 13, § 3º, LC 123/2006 (Estatuto Nacional da Microempresa e da Empresa de Pequeno Porte).
- Súm. 499, STJ.

Art. 241. A União, os Estados, o Distrito Federal e os Municípios disciplinarão por meio de lei os consórcios públicos e os convênios de cooperação entre os entes federados, autorizando a gestão associada de serviços públicos, bem como a transferência total ou parcial de encargos, serviços, pessoal e bens essenciais à continuidade dos serviços transferidos. (Redação dada pela EC 19/1998.)

- Lei 11.107/2005 (Regulamenta este artigo).

Art. 242. O princípio do art. 206, IV, não se aplica às instituições educacionais oficiais criadas por lei estadual ou municipal e existentes na data da promulgação desta Constituição, que não sejam total ou preponderantemente mantidas com recursos públicos.

- art. 2º, Lei 12.989/2014 (Reabre o prazo para requerimento da moratória e do parcelamento previstos no Programa de Estímulo à Reestruturação e ao Fortalecimento das Instituições de Ensino Superior - Proies).

§ 1º O ensino da História do Brasil levará em conta as contribuições das diferentes culturas e etnias para a formação do povo brasileiro.

§ 2º O Colégio Pedro II, localizado na cidade do Rio de Janeiro, será mantido na órbita federal.

Art. 243. As propriedades rurais e urbanas de qualquer região do País onde forem localizadas culturas ilegais de plantas psicotrópicas ou a exploração de trabalho escravo na forma da lei serão expropriadas e destinadas à reforma agrária e a programas de habitação popular, sem qualquer indenização ao proprietário e sem prejuízo de outras sanções previstas em lei, observado, no que couber, o disposto no art. 5º. (Alterado pela EC 81/2014.)

- Lei 8.257/1991 (Expropriação das glebas nas quais se localizem culturas ilegais de plantas psicotrópicas) e Decreto 577/1992 (Regulamento).

Parágrafo único. Todo e qualquer bem de valor econômico apreendido em decorrência do tráfico ilícito de entorpecentes e drogas afins e da exploração de trabalho escravo será confiscado e reverterá a fundo especial com destinação específica, na forma da lei. (Alterado pela EC 81/2014.)

- Lei 11.343/2006 (Lei Antidrogas).

Art. 244. A lei disporá sobre a adaptação dos logradouros, dos edifícios de uso público e dos veículos de transporte coletivo atualmente existentes a fim de garantir acesso adequado às pessoas portadoras de deficiência, conforme o disposto no art. 227, § 2º.

- Lei 7.853/1989 (Lei de Apoio às Pessoas Portadoras de Deficiência) e Dec. 3.298/1999 (Regulamento).
- Lei 8.899/1994 (Concede passe livre às pessoas portadoras de deficiência no sistema de transporte coletivo interestadual).
- Lei 10.098/2000 (Dispõe sobre normas gerais e critérios básicos para a promoção da acessibilidade das pessoas portadoras de deficiência ou com mobilidade reduzida).
- Dec. 6.949/2009 (Promulga a Convenção Internacional sobre os Direitos das Pessoas com Deficiência).

Art. 245. A lei disporá sobre as hipóteses e condições em que o Poder Público dará assistência aos herdeiros e dependentes carentes de pessoas vitimadas por crime doloso, sem prejuízo da responsabilidade civil do autor do ilícito.

- LC 79/1994 (Cria o Fundo Penitenciário Nacional - FUNPEN).

Art. 246. É vedada a adoção de medida provisória na regulamentação de artigo da Constituição cuja redação tenha sido alterada por meio de emenda promulgada entre 1º de janeiro de 1995 até a promulgação desta emenda, inclusive. (Redação dada pela EC 32/2001.)

- art. 62 desta CF.

Art. 247. As leis previstas no inciso III do § 1º do art. 41 e no § 7º do art. 169 estabelecerão critérios e garantias especiais para a perda do cargo pelo servidor público estável que, em decorrência das atribuições de seu cargo efetivo, desenvolva atividades exclusivas de Estado. (Incluído pela EC 19/1998.)

Parágrafo único. Na hipótese de insuficiência de desempenho, a perda do cargo somente ocorrerá mediante processo administrativo em que lhe sejam assegurados o contraditório e a ampla defesa. (Incluído pela EC 19/1998.)

Art. 248. Os benefícios pagos, a qualquer título, pelo órgão responsável pelo regime geral de previdência social, ainda que à conta do Tesouro Nacional, e os não sujeitos ao limite máximo de valor fixado para os benefícios concedidos por esse regime observarão os limites fixados no art. 37, XI. (Incluído pela EC 20/1998.)

Art. 249. Com o objetivo de assegurar recursos para o pagamento de proventos de aposentadoria e pensões concedidas aos respectivos servidores e seus dependentes, em adição aos recursos dos respectivos tesouros, a União, os Estados, o Distrito Federal e os Municípios poderão constituir fundos integrados pelos recursos provenientes de contribuições e por bens, direitos e ativos de qualquer natureza, mediante lei que disporá sobre a natureza e administração desses fundos. (Incluído pela EC 20/1998.)

Art. 250. Com o objetivo de assegurar recursos para o pagamento dos benefícios concedidos pelo regime geral de previdência social, em adição aos recursos de sua arrecadação, a União poderá constituir fundo integrado por bens, direitos e ativos de qualquer natureza, mediante lei que disporá sobre a natureza e administração desse fundo. (Incluído pela EC 20/1998.)

- Art. 68, LC 101/2000 (Lei de Responsabilidade Fiscal).

Brasília, 05 de outubro de 1988.

Ulysses Guimarães
Presidente
Mauro Benevides
1º Vice-Presidente
Jorge Arbage
2º Vice-Presidente

Art. 1º O Presidente da República, o Presidente do Supremo Tribunal Federal e os membros do Congresso Nacional prestarão o compromisso de manter, defender e cumprir a Constituição, no ato e na data de sua promulgação.

Art. 2º No dia 07 de setembro de 1993 o eleitorado definirá, através de plebiscito, a forma (república ou monarquia constitucional) e o sistema de governo (parlamentarismo ou presidencialismo) que devem vigorar no país.

- EC 2/1992 (Dispõe sobre o Plebiscito previsto neste artigo).
- Lei 8.624/1993 (Dispõe sobre o plebiscito que definirá forma e sistema de governo, regulamentando este artigo).

§ 1º Será assegurada gratuidade na livre divulgação dessas formas e sistemas, através dos meios de comunicação de massa cessionários de serviço público.

§ 2º O Tribunal Superior Eleitoral, promulgada a Constituição, expedirá as normas regulamentadoras deste artigo.

Art. 3º A revisão constitucional será realizada após cinco anos, contados da promulgação da Constituição, pelo voto da maioria absoluta dos membros do Congresso Nacional, em sessão unicameral.

- Emendas Constitucionais de Revisão 1 a 6/1994.

Art. 4º O mandato do atual Presidente da República terminará em 15 de março de 1990.

§ 1º A primeira eleição para Presidente da República após a promulgação da Constituição será realizada no dia 15 de novembro de 1989, não se lhe aplicando o disposto no art. 16 da Constituição.

§ 2º É assegurada a irredutibilidade da atual representação dos Estados e do Distrito Federal na Câmara dos Deputados.

§ 3º Os mandatos dos Governadores e dos Vice-Governadores eleitos em 15 de novembro de 1986 terminarão em 15 de março de 1991.

§ 4º Os mandatos dos atuais Prefeitos, Vice-Prefeitos e Vereadores terminarão no dia 1º de janeiro de 1989, com a posse dos eleitos.

Art. 5º Não se aplicam às eleições previstas para 15 de novembro de 1988 o disposto no art. 16 e as regras do art. 77 da Constituição.

§ 1º Para as eleições de 15 de novembro de 1988 será exigido domicílio eleitoral na circunscrição pelo menos durante os quatro meses anteriores ao pleito, podendo os candidatos que preencham este requisito, atendidas as demais exigências da lei, ter seu registro efetivado pela Justiça Eleitoral após a promulgação da Constituição.

§ 2º Na ausência de norma legal específica, caberá ao Tribunal Superior Eleitoral editar as normas necessárias à realização das eleições de 1988, respeitada a legislação vigente.

§ 3º Os atuais parlamentares federais e estaduais eleitos Vice-Prefeitos, se convocados a exercer a função de Prefeito, não perderão o mandato parlamentar.

§ 4º O número de vereadores por município será fixado, para a representação a ser eleita em 1988, pelo respectivo Tribunal Regional Eleitoral, respeitados os limites estipulados no art. 29, IV, da Constituição.

§ 5º Para as eleições de 15 de novembro de 1988, ressalvados os que já exercem mandato eletivo, são inelegíveis para qualquer cargo, no território de jurisdição do titular, o cônjuge e os parentes por consanguinidade ou afinidade, até o segundo grau, ou por adoção, do Presidente da República, do Governador de Estado, do Governador do Distrito Federal e do Prefeito que tenham exercido mais da metade do mandato.

Art. 6º Nos seis meses posteriores à promulgação da Constituição, parlamentares federais, reunidos em número não inferior a trinta, poderão requerer ao Tribunal Superior Eleitoral o registro de novo partido político, juntando ao requerimento o manifesto, o estatuto e o programa devidamente assinados pelos requerentes.

§ 1º O registro provisório, que será concedido de plano pelo Tribunal Superior Eleitoral, nos termos deste artigo, defere ao novo partido todos os direitos, deveres e prerrogativas dos atuais, entre eles o de participar, sob legenda própria, das eleições que vierem a ser realizadas nos doze meses seguintes a sua formação.

§ 2º O novo partido perderá automaticamente seu registro provisório se, no prazo de vinte e quatro meses, contados de sua formação, não obtiver registro definitivo no Tribunal Superior Eleitoral, na forma que a lei dispuser.

Art. 7º O Brasil propugnará pela formação de um tribunal internacional dos direitos humanos.

- Dec. 4.388/2002 (Promulga o Estatuto de Roma do Tribunal Penal Internacional).
- Dec. 4.463/2002 (Dispõe sobre a declaração de reconhecimento da competência obrigatória da Corte Interamericana em todos os casos relativos à interpretação ou aplicação da Convenção Americana sobre Direitos Humanos).

Art. 8º É concedida anistia aos que, no período de 18 de setembro de 1946 até a data da promulgação da Constituição, foram atingidos, em decorrência de motivação exclusivamente política, por atos de exceção, institucionais ou complementares, aos que foram abrangidos pelo Decreto Legislativo n. 18, de 15 de dezembro de 1961, e aos atingidos pelo Decreto-Lei n. 864, de 12 de setembro de 1969, asseguradas as promoções, na inatividade, ao cargo, emprego, posto ou graduação a que teriam direito se estivessem em serviço ativo, obedecidos os prazos de permanência em atividade previstos nas leis e regulamentos vigentes, respeitadas as características e peculiaridades das carreiras dos servidores públicos civis e militares e observados os respectivos regimes jurídicos.

- Lei 10.559/2002 (Regulamenta este artigo).
- Lei 12.528/2011 (Comissão Nacional da Verdade).
- Súm. 674 STF.

§ 1º O disposto neste artigo somente gerará efeitos financeiros a partir da promulgação da Constituição, vedada a remuneração de qualquer espécie em caráter retroativo.

§ 2º Ficam assegurados os benefícios estabelecidos neste artigo aos trabalhadores do setor privado, dirigentes e representantes sindicais que, por motivos exclusivamente políticos, tenham sido punidos, demitidos ou compelidos ao afastamento das atividades remuneradas que exerciam, bem como aos que foram impedidos de exercer atividades profissionais em virtude de pressões ostensivas ou expedientes oficiais sigilosos.

§ 3º Aos cidadãos que foram impedidos de exercer, na vida civil, atividade profissional específica, em decorrência das Portarias Reservadas do Ministério da Aeronáutica n. S-50-GM5, de 19 de junho de 1964, e n. S-285-GM5 será concedida reparação de natureza econômica, na forma que dispuser lei de iniciativa do Congresso Nacional e a entrar em vigor no prazo de doze meses a contar da promulgação da Constituição.

§ 4º Aos que, por força de atos institucionais, tenham exercido gratuitamente mandato eletivo de vereador serão computados, para efeito de aposentadoria no serviço público e previdência social, os respectivos períodos.

§ 5º A anistia concedida nos termos deste artigo aplica-se aos servidores públicos civis e aos empregados em todos os níveis de governo ou em suas fundações, empresas públicas ou empresas mistas sob controle estatal, exceto nos Ministérios militares, que tenham sido punidos ou demitidos por atividades profissionais interrompidas em virtude de decisão de seus trabalhadores, bem como em decorrência do Decreto-Lei n. 1.632, de 04 de agosto de 1978, ou por motivos exclusivamente políticos, assegurada a readmissão dos que foram atingidos a partir de 1979, observado o disposto no § 1º.

Art. 9º Os que, por motivos exclusivamente políticos, foram cassados ou tiveram seus direitos políticos suspensos no período de 15 de julho a 31 de dezembro de 1969, por ato do então Presidente da República, poderão requerer ao Supremo Tribunal Federal o reconhecimento dos direitos e vantagens interrompidos pelos atos punitivos, desde que comprovem terem sido estes eivados de vício grave.

Parágrafo único. O Supremo Tribunal Federal proferirá a decisão no prazo de cento e vinte dias, a contar do pedido do interessado.

Art. 10. Até que seja promulgada a lei complementar a que se refere o art. 7º, I, da Constituição:

I - fica limitada a proteção nele referida ao aumento, para quatro vezes, da porcentagem prevista no art. 6º, *caput* e § 1º, da Lei n. 5.107, de 13 de setembro de 1966;

- art. 18, Lei 8.036/1990 (Dispõe sobre o Fundo de Garantia do Tempo de Serviço, e dá outras providências).

II - fica vedada a dispensa arbitrária ou sem justa causa:

a) do empregado eleito para cargo de direção de comissões internas de prevenção de acidentes, desde o registro de sua candidatura até um ano após o final de seu mandato;

- Súm. 676, STF.
- Súm. 339, TST.

b) da empregada gestante, desde a confirmação da gravidez até cinco meses após o parto.

- art. 391-A, CLT.
- LC 146/2014 (Estende a estabilidade provisória prevista nesta alínea à trabalhadora gestante, nos casos de morte desta, a quem detiver a guarda de seu filho).

§ 1º Até que a lei venha a disciplinar o disposto no art. 7º, XIX, da Constituição, o prazo da licença-paternidade a que se refere o inciso é de cinco dias.

- art. 1º, II, Lei 11.770/2008 (prorroga para 15 dias a duração prevista neste parágrafo).

§ 2º Até ulterior disposição legal, a cobrança das contribuições para o custeio das atividades dos sindicatos rurais será feita juntamente com a do imposto territorial rural, pelo mesmo órgão arrecadador.

§ 3º Na primeira comprovação do cumprimento das obrigações trabalhistas pelo empregador rural, na forma do art. 233, após a promulgação da Constituição, será certificada perante a Justiça do Trabalho a regularidade do contrato e das atualizações das obrigações trabalhistas de todo o período.

- EC 28/2000 (Revoga o referido art. 233).

Art. 11. Cada Assembleia Legislativa, com poderes constituintes, elaborará a Constituição do Estado, no prazo de um ano, contado da promulgação da Constituição Federal, obedecidos os princípios desta.

Parágrafo único. Promulgada a Constituição do Estado, caberá à Câmara Municipal, no prazo de seis meses, votar a Lei Orgânica respectiva, em dois turnos de discussão e votação, respeitado o disposto na Constituição Federal e na Constituição Estadual.

Art. 12. Será criada, dentro de noventa dias da promulgação da Constituição, Comissão de Estudos Territoriais, com dez membros indicados pelo Congresso Nacional e cinco pelo Poder Executivo, com a finalidade de apresentar estudos sobre o território nacional e anteprojetos relativos a novas unidades territoriais, notadamente na Amazônia Legal e em áreas pendentes de solução.

§ 1º No prazo de um ano, a Comissão submeterá ao Congresso Nacional os resultados de seus estudos para, nos termos da Constituição, serem apreciados nos doze meses subsequentes, extinguindo-se logo após.

§ 2º Os Estados e os Municípios deverão, no prazo de três anos, a contar da promulgação da Constituição, promover, mediante acordo ou arbitramento, a demarcação de suas linhas divisórias atualmente litigiosas, podendo para isso fazer alterações e compensações de área que atendam aos acidentes naturais, critérios históricos, conveniências administrativas e comodidade das populações limítrofes.

§ 3º Havendo solicitação dos Estados e Municípios interessados, a União poderá encarregar-se dos trabalhos demarcatórios.

§ 4º Se, decorrido o prazo de três anos, a contar da promulgação da Constituição, os trabalhos demarcatórios não tiverem sido concluídos, caberá à União determinar os limites das áreas litigiosas.

§ 5º Ficam reconhecidos e homologados os atuais limites do Estado do Acre com os Estados do Amazonas e de Rondônia, conforme levantamentos cartográficos e geodésicos realizados pela Comissão Tripartite integrada por representantes dos Estados e dos serviços técnico-especializados do Instituto Brasileiro de Geografia e Estatística.

Art. 13. É criado o Estado do Tocantins, pelo desmembramento da área descrita neste artigo, dando-se sua instalação no quadragésimo sexto dia após a eleição prevista no § 3º, mas não antes de 1º de janeiro de 1989.

§ 1º O Estado do Tocantins integra a Região Norte e limita-se com o Estado de Goiás pelas divisas norte dos Municípios de São Miguel do Araguaia, Porangatu, Formoso, Minaçu, Cavalcante, Monte Alegre de Goiás e Campos Belos, conservando a leste, norte e oeste as divisas atuais de Goiás com os Estados da Bahia, Piauí, Maranhão, Pará e Mato Grosso.

§ 2º O Poder Executivo designará uma das cidades do Estado para sua Capital provisória até a aprovação da sede definitiva do governo pela Assembleia Constituinte.

§ 3º O Governador, o Vice-Governador, os Senadores, os Deputados Federais e os Deputados Estaduais serão eleitos, em um único turno, até setenta e cinco dias após a promulgação da Constituição, mas não antes de 15 de novembro de 1988, a critério do Tribunal Superior Eleitoral, obedecidas, entre outras, as seguintes normas:

I - o prazo de filiação partidária dos candidatos será encerrado setenta e cinco dias antes da data das eleições;

II - as datas das convenções regionais partidárias destinadas a deliberar sobre coligações e escolha de candidatos, de apresentação de requerimento de registro dos candidatos escolhidos e dos demais procedimentos legais serão fixadas, em calendário especial, pela Justiça Eleitoral;

III - são inelegíveis os ocupantes de cargos estaduais ou municipais que não se tenham deles afastado, em caráter definitivo, setenta e cinco dias antes da data das eleições previstas neste parágrafo;

IV - ficam mantidos os atuais diretórios regionais dos partidos políticos do Estado de Goiás, cabendo às comissões executivas nacionais designar comissões provisórias no Estado do Tocantins, nos termos e para os fins previstos na lei.

§ 4º Os mandatos do Governador, do Vice-Governador, dos Deputados Federais e Estaduais eleitos na forma do parágrafo anterior extinguir-se-ão concomitantemente aos das demais unidades da Federação; o mandato do Senador eleito menos votado extinguir-se-á nessa mesma oportunidade, e os dos outros dois, juntamente com os dos Senadores eleitos em 1986 nos demais Estados.

§ 5º A Assembleia Estadual Constituinte será instalada no quadragésimo sexto dia da eleição de seus integrantes, mas não antes de 1º de janeiro de 1989, sob a presidência do Presidente do Tribunal Regional Eleitoral do Estado de Goiás, e dará posse, na mesma data, ao Governador e ao Vice-Governador eleitos.

§ 6º Aplicam-se à criação e instalação do Estado do Tocantins, no que couber, as normas legais disciplinadoras da divisão do Estado de Mato Grosso, observado o disposto no art. 234 da Constituição.

§ 7º Fica o Estado de Goiás liberado dos débitos e encargos decorrentes de empreendimentos no território do novo Estado, e autorizada a União, a seu critério, a assumir os referidos débitos.

Art. 14. Os Territórios Federais de Roraima e do Amapá são transformados em Estados Federados, mantidos seus atuais limites geográficos.

§ 1º A instalação dos Estados dar-se-á com a posse dos governadores eleitos em 1990.

§ 2º Aplicam-se à transformação e instalação dos Estados de Roraima e Amapá as normas e critérios seguidos na criação do Estado de Rondônia, respeitado o disposto na Constituição e neste Ato.

§ 3º O Presidente da República, até quarenta e cinco dias após a promulgação da Constituição, encaminhará à apreciação do Senado Federal os nomes dos governadores dos Estados de Roraima e do Amapá que exercerão o Poder Executivo até a instalação dos novos Estados com a posse dos governadores eleitos.

§ 4º Enquanto não concretizada a transformação em Estados, nos termos deste artigo, os Territórios Federais de Roraima e do Amapá serão beneficiados pela transferência de recursos prevista nos arts. 159, I, *a*, da Constituição, e 34, § 2º, II, deste Ato.

Art. 15. Fica extinto o Território Federal de Fernando de Noronha, sendo sua área reincorporada ao Estado de Pernambuco.

Art. 16. Até que se efetive o disposto no art. 32, § 2º, da Constituição, caberá ao Presidente da República, com a aprovação do Senado Federal, indicar o Governador e o Vice-Governador do Distrito Federal.

§ 1º A competência da Câmara Legislativa do Distrito Federal, até que se instale, será exercida pelo Senado Federal.

§ 2º A fiscalização contábil, financeira, orçamentária, operacional e patrimonial do Distrito Federal, enquanto não for instalada a Câmara Legislativa, será exercida pelo Senado Federal, mediante controle externo, com o auxílio do Tribunal de Contas do Distrito Federal, observado o disposto no art. 72 da Constituição.

§ 3º Incluem-se entre os bens do Distrito Federal aqueles que lhe vierem a ser atribuídos pela União na forma da lei.

Art. 17. Os vencimentos, a remuneração, as vantagens e os adicionais, bem como os proventos de aposentadoria que estejam sendo percebidos em desacordo com a Constituição serão imediatamente reduzidos aos limites dela decorrentes, não se admitindo, neste caso, invocação de direito adquirido ou percepção de excesso a qualquer título.

- art. 9º, EC 41/2003 (Reforma Previdenciária).

§ 1º É assegurado o exercício cumulativo de dois cargos ou empregos privativos de médico que estejam sendo exercidos por médico militar na administração pública direta ou indireta.

§ 2º É assegurado o exercício cumulativo de dois cargos ou empregos privativos de profissionais de saúde que estejam sendo exercidos na administração pública direta ou indireta.

Art. 18. Ficam extintos os efeitos jurídicos de qualquer ato legislativo ou administrativo, lavrado a partir da instalação da Assembleia Nacional Constituinte, que tenha por objeto a concessão de estabilidade a servidor admitido sem concurso público, da administração direta ou indireta, inclusive das fundações instituídas e mantidas pelo Poder Público.

Art. 19. Os servidores públicos civis da União, dos Estados, do Distrito Federal e dos Municípios, da administração direta, autárquica e das fundações públicas, em exercício na data da promulgação da Constituição, há pelo menos cinco anos continuados, e que não tenham sido admitidos na forma regulada no art. 37, da Constituição, são considerados estáveis no serviço público.

§ 1º O tempo de serviço dos servidores referidos neste artigo será contado como título quando se submeterem a concurso para fins de efetivação, na forma da lei.

§ 2º O disposto neste artigo não se aplica aos ocupantes de cargos, funções e empregos de confiança ou em comissão, nem aos que a lei declare de livre-exoneração, cujo tempo de serviço não será computado para os fins do *caput* deste artigo, exceto se se tratar de servidor.

§ 3º O disposto neste artigo não se aplica aos professores de nível superior, nos termos da lei.

Art. 20. Dentro de cento e oitenta dias, proceder-se-á à revisão dos direitos dos servidores públicos inativos e pensionistas e à atualização dos proventos e pensões a eles devidos, a fim de ajustá-los ao disposto na Constituição.

- EC 41/2003 (Reforma previdenciária).
- Lei 8.112/1990 (Estatuto dos Servidores Públicos Civis da União, autarquias e fundações públicas federais).

Art. 21. Os juízes togados de investidura limitada no tempo, admitidos mediante concurso público de provas e títulos e que estejam em exercício na data da promulgação da Constituição, adquirem estabilidade, observado o estágio probatório, e passam a compor quadro em extinção, mantidas as competências, prerrogativas e restrições da legislação a que se achavam submetidos, salvo as inerentes à transitoriedade da investidura.

Parágrafo único. A aposentadoria dos juízes de que trata este artigo regular-se-á pelas normas fixadas para os demais juízes estaduais.

Art. 22. É assegurado aos defensores públicos investidos na função até a data de instalação da Assembleia Nacional Constituinte o direito de opção pela carreira, com a observância das garantias e vedações previstas no art. 134, parágrafo único, da Constituição.

- art. 134, § 1º, da CF.

Art. 23. Até que se edite a regulamentação do art. 21, XVI, da Constituição, os atuais ocupantes do cargo de censor federal continuarão exercendo funções com este compatíveis, no Departamento de Polícia Federal, observadas as disposições constitucionais.

- Lei 9.688/1998 (Extinção dos cargos de Censor Federal e o enquadramento de seus ocupantes).

Parágrafo único. A lei referida disporá sobre o aproveitamento dos Censores Federais, nos termos deste artigo.

Art. 24. A União, os Estados, o Distrito Federal e os Municípios editarão leis que estabeleçam critérios para a compatibilização de seus quadros de pessoal ao disposto no art. 39 da Constituição e à reforma administrativa dela decorrente, no prazo de dezoito meses, contados da sua promulgação.

Art. 25. Ficam revogados, a partir de cento e oitenta dias da promulgação da Constituição, sujeito este prazo a prorrogação por lei, todos os dispositivos legais que atribuam ou deleguem a órgão do Poder Executivo competência assinalada pela Constituição ao Congresso Nacional, especialmente no que tange a:

I - ação normativa;

II - alocação ou transferência de recursos de qualquer espécie.

§ 1º Os decretos-lei em tramitação no Congresso Nacional e por este não apreciados até a promulgação da Constituição terão seus efeitos regulados da seguinte forma:

I - se editados até 02 de setembro de 1988, serão apreciados pelo Congresso Nacional no prazo de até cento e oitenta dias a contar da promulgação da Constituição, não computado o recesso parlamentar;

II - decorrido o prazo definido no inciso anterior, e não havendo apreciação, os decretos-lei ali mencionados serão considerados rejeitados;

III - nas hipóteses definidas nos incisos I e II, terão plena validade os atos praticados na vigência dos respectivos decretos-lei, podendo o Congresso Nacional, se necessário, legislar sobre os efeitos deles remanescentes.

§ 2º Os decretos-lei editados entre 03 de setembro de 1988 e a promulgação da Constituição serão convertidos, nesta data, em medidas provisórias, aplicando-se-lhes as regras estabelecidas no art. 62, parágrafo único.

- art. 62, § 3º, desta CF.

Art. 26. No prazo de um ano a contar da promulgação da Constituição, o Congresso Nacional promoverá, através de Comissão mista, exame analítico e pericial dos atos e fatos geradores do endividamento externo brasileiro.

§ 1º A Comissão terá a força legal de Comissão parlamentar de inquérito para os fins de requisição e convocação, e atuará com o auxílio do Tribunal de Contas da União.

§ 2º Apurada irregularidade, o Congresso Nacional proporá ao Poder Executivo a declaração de nulidade do ato e encaminhará o processo ao Ministério Público Federal, que formalizará, no prazo de sessenta dias, a ação cabível.

Art. 27. O Superior Tribunal de Justiça será instalado sob a Presidência do Supremo Tribunal Federal.

§ 1º Até que se instale o Superior Tribunal de Justiça, o Supremo Tribunal Federal exercerá as atribuições e competências definidas na ordem constitucional precedente.

§ 2º A composição inicial do Superior Tribunal de Justiça far-se-á:

I - pelo aproveitamento dos Ministros do Tribunal Federal de Recursos;

II - pela nomeação dos Ministros que sejam necessários para completar o número estabelecido na Constituição.

§ 3º Para os efeitos do disposto na Constituição, os atuais Ministros do Tribunal Federal de Recursos serão considerados pertencentes à classe de que provieram, quando de sua nomeação.

§ 4º Instalado o Tribunal, os Ministros aposentados do Tribunal Federal de Recursos tornar-se-ão, automaticamente, Ministros aposentados do Superior Tribunal de Justiça.

§ 5º Os Ministros a que se refere o § 2º, II, serão indicados em lista tríplice pelo Tribunal Federal de Recursos, observado o disposto no art. 104, parágrafo único, da Constituição.

§ 6º Ficam criados cinco Tribunais Regionais Federais, a serem instalados no prazo de seis meses a contar da promulgação da Constituição, com a jurisdição e sede que lhes fixar o Tribunal Federal de Recursos, tendo em conta o número de processos e sua localização geográfica.

- Lei 7.727/1989 (Dispõe sobre a composição inicial dos Tribunais Federais e sua instalação, e cria os respectivos quadros de pessoal).

§ 7º Até que se instalem os Tribunais Regionais Federais, o Tribunal Federal de Recursos exercerá a competência a eles atribuída em todo o território nacional, cabendo-lhe promover sua instalação e indicar os candidatos a todos os cargos da composição inicial, mediante lista tríplice, podendo desta constar juízes federais de qualquer região, observado o disposto no § 9º.

§ 8º É vedado, a partir da promulgação da Constituição, o provimento de vagas de Ministros do Tribunal Federal de Recursos.

§ 9º Quando não houver juiz federal que conte o tempo mínimo previsto no art. 107, II, da Constituição, a promoção poderá contemplar juiz com menos de cinco anos no exercício do cargo.

§ 10. Compete à Justiça Federal julgar as ações nela propostas até a data da promulgação da Constituição, e aos Tribunais Regionais Federais bem como ao Superior Tribunal de Justiça julgar as ações rescisórias das decisões até então proferidas pela Justiça Federal, inclusive daquelas cuja matéria tenha passado à competência de outro ramo do Judiciário.

§ 11. São criados, ainda, os seguintes Tribunais Regionais Federais: o da 6ª Região, com sede em Curitiba, Estado do Paraná, e jurisdição nos Estados do Paraná, Santa Catarina e Mato Grosso do Sul; o da 7ª Região, com sede em Belo Horizonte, Estado de Minas Gerais, e jurisdição no Estado de Minas Gerais; o da 8ª Região, com sede em Salvador, Estado da Bahia, e jurisdição nos Estados da Bahia e Sergipe; e o da 9ª Região, com sede em Manaus, Estado do Amazonas, e jurisdição nos Estados do Amazonas, Acre, Rondônia e Roraima. (Acrescentado pela EC 73/2013.)

Art. 28. Os juízes federais de que trata o art. 123, § 2º, da Constituição de 1967, com a redação dada pela EC 07, de 1977, ficam investidos na titularidade de varas na Seção Judiciária para a qual tenham sido nomeados ou designados; na inexistência de vagas, proceder-se-á ao desdobramento das varas existentes.

Parágrafo único. Para efeito de promoção por antiguidade, o tempo de serviço desses juízes será computado a partir do dia de sua posse.

Art. 29. Enquanto não aprovadas as leis complementares relativas ao Ministério Público e à Advocacia-Geral da União, o Ministério Público Federal, a Procuradoria-Geral da Fazenda Nacional, as Consultorias Jurídicas dos Ministérios, as Procuradorias e Departamentos Jurídicos de autarquias federais com representação própria e os membros das Procuradorias das Universidades fundacionais públicas continuarão a exercer suas atividades na área das respectivas atribuições.

- LC 73/1993 (Lei Orgânica da Advocacia Geral da União).
- LC 75/1993 (Lei Orgânica do Ministério Público da União).
- Dec. 767/1993 (Atividades de controle interno da Advocacia Geral da União).

§ 1º O Presidente da República, no prazo de cento e vinte dias, encaminhará ao Congresso Nacional projeto de lei complementar dispondo sobre a organização e o funcionamento da Advocacia-Geral da União.

§ 2º Aos atuais Procuradores da República, nos termos da lei complementar, será facultada a opção, de forma irretratável, entre as carreiras do Ministério Público Federal e da Advocacia-Geral da União.

§ 3º Poderá optar pelo regime anterior, no que respeita às garantias e vantagens, o membro do Ministério Público admitido antes da promulgação da Constituição, observando-se, quanto às vedações, a situação jurídica na data desta.

§ 4º Os atuais integrantes do quadro suplementar dos Ministérios Públicos do Trabalho e Militar que tenham adquirido estabilidade nessas funções passam a integrar o quadro da respectiva carreira.

§ 5º Cabe à atual Procuradoria-Geral da Fazenda Nacional, diretamente ou por delegação, que pode ser ao Ministério Público Estadual, representar judicialmente a União nas causas de natureza fiscal, na área da respectiva competência, até a promulgação das leis complementares previstas neste artigo.

Art. 30. A legislação que criar a justiça de paz manterá os atuais juízes de paz até a posse dos novos titulares, assegurando-lhes os direitos e atribuições conferidos a estes, e designará o dia para a eleição prevista no art. 98, II, da Constituição.

Art. 31. Serão estatizadas as serventias do foro judicial, assim definidas em lei, respeitados os direitos dos atuais titulares.

- Lei 8.935/1994 (Lei dos Serviços Notariais e de Registro).

Art. 32. O disposto no art. 236 não se aplica aos serviços notariais e de registro que já tenham sido oficializados pelo Poder Público, respeitando-se o direito de seus servidores.

Art. 33. Ressalvados os créditos de natureza alimentar, o valor dos precatórios judiciais pendentes de pagamento na data da promulgação da Constituição, incluído o remanescente de juros e correção monetária, poderá ser pago em moeda corrente, com atualização, em prestações anuais, iguais e sucessivas, no prazo máximo de oito anos, a partir de 1º de julho de 1989, por decisão editada pelo Poder Executivo até cento e oitenta dias da promulgação da Constituição.

- art. 97, § 15, ADCT.
- Súm. 144, STJ.

Parágrafo único. Poderão as entidades devedoras, para o cumprimento do disposto neste artigo, emitir, em cada ano, no exato montante do dispêndio, títulos de dívida pública não computáveis para efeito do limite global de endividamento.

Art. 34. O sistema tributário nacional entrará em vigor a partir do primeiro dia do quinto mês seguinte ao da promulgação da Constituição, mantido, até então, o da Constituição de 1967, com a redação dada pela Emenda n. 1, de 1969, e pelas posteriores.

§ 1º Entrarão em vigor com a promulgação da Constituição os arts. 148, 149, 150, 154, I, 156, III, e 159, I, *c*, revogadas as disposições em contrário da Constituição de 1967 e das Emendas que a modificaram, especialmente de seu art. 25, III.

§ 2º O Fundo de Participação dos Estados e do Distrito Federal e o Fundo de Participação dos Municípios obedecerão às seguintes determinações:

I - a partir da promulgação da Constituição, os percentuais serão, respectivamente, de dezoito por cento e de vinte por cento, calculados sobre o produto da arrecadação dos impostos referidos no art. 153, III e IV, mantidos os atuais critérios de rateio até a entrada em vigor da lei complementar a que se refere o art. 161, II;

II - o percentual relativo ao Fundo de Participação dos Estados e do Distrito Federal será acrescido de um ponto percentual no exercício financeiro de 1989 e, a partir de 1990, inclusive, à razão de meio ponto por exercício, até 1992, inclusive, atingindo em 1993 o percentual estabelecido no art. 159, I, *a*;

III - o percentual relativo ao Fundo de Participação dos Municípios, a partir de 1989, inclusive, será elevado à razão de meio ponto percentual por exercício financeiro, até atingir o estabelecido no art. 159, I, *b*.

§ 3º Promulgada a Constituição, a União, os Estados, o Distrito Federal e os Municípios poderão editar as leis necessárias à aplicação do sistema tributário nacional nela previsto.

§ 4º As leis editadas nos termos do parágrafo anterior produzirão efeitos a partir da entrada em vigor do sistema tributário nacional previsto na Constituição.

§ 5º Vigente o novo sistema tributário nacional, fica assegurada a aplicação da legislação anterior, no que não seja incompatível com ele e com a legislação referida nos § 3º e § 4º.

§ 6º Até 31 de dezembro de 1989, o disposto no art. 150, III, *b*, não se aplica aos impostos de que tratam os arts. 155, I, *a* e *b*, e 156, II e III, que podem ser cobrados trinta dias após a publicação da lei que os tenha instituído ou aumentado.

- art. 1º, EC 3/1993.

§ 7º Até que sejam fixadas em lei complementar, as alíquotas máximas do imposto municipal sobre vendas a varejo de combustíveis líquidos e gasosos não excederão a três por cento.

§ 8º Se, no prazo de sessenta dias contados da promulgação da Constituição, não for editada a lei complementar necessária à instituição do imposto de que trata o art. 155, I, *b*, os Estados e o Distrito Federal, mediante convênio celebrado nos termos da Lei Complementar n. 24, de 07 de janeiro de 1975, fixarão normas para regular provisoriamente a matéria.

- art. 1º, EC 3/1993 alterou dispositivos da CF devendo ser entendida a referência ao art. 155, I, b, como para o art. 155, II.
- LC 24/1975 (Convênios para concessão de isenções de imposto sobre operações relativas à circulação de mercadorias).
- LC 87/1996 (Lei Kandir - ICMS).

§ 9º Até que lei complementar disponha sobre a matéria, as empresas distribuidoras de energia elétrica, na condição de contribuintes ou de substitutos tributários, serão as responsáveis, por ocasião da saída do produto de seus estabelecimentos, ainda que destinado a outra unidade da Federação, pelo pagamento do imposto sobre operações relativas à circulação de mercadorias incidente sobre energia elétrica, desde a produção ou importação até a última operação, calculado o imposto sobre o preço então praticado na operação final e assegurado seu recolhimento ao Estado ou ao Distrito Federal, conforme o local onde deva ocorrer essa operação.

§ 10. Enquanto não entrar em vigor a lei prevista no art. 159, I, c, cuja promulgação se fará até 31 de dezembro de 1989, é assegurada a aplicação dos recursos previstos naquele dispositivo da seguinte maneira:

- Lei 7.827/1989 (Regulamenta o art. 159, I, c, CF e institui o Fundo Constitucional de Financiamento do Norte - FNO, o Fundo Constitucional de Financiamento do Nordeste - FNE e o Fundo Constitucional de Financiamento do Centro-Oeste - FCO).

I - seis décimos por cento na Região Norte, através do Banco da Amazônia S.A.;

II - um inteiro e oito décimos por cento na Região Nordeste, através do Banco do Nordeste do Brasil S.A.;

III - seis décimos por cento na Região Centro-Oeste, através do Banco do Brasil S.A.

§ 11. Fica criado, nos termos da lei, o Banco de Desenvolvimento do Centro-Oeste, para dar cumprimento, na referida região, ao que determinam os arts. 159, I, *c*, e 192, § 2º, da Constituição.

- art. 2º, EC 40/2003 (Revoga o art. 192, § 2º, CF).

§ 12. A urgência prevista no art. 148, II, não prejudica a cobrança do empréstimo compulsório instituído, em benefício das Centrais Elétricas Brasileiras S.A. (Eletrobrás), pela Lei n. 4.156, de 28 de novembro de 1962, com as alterações posteriores.

Art. 35. O disposto no art. 165, § 7º, será cumprido de forma progressiva, no prazo de até dez anos, distribuindo-se os recursos entre as regiões macroeconômicas em razão proporcional à população, a partir da situação verificada no biênio 1986-87.

§ 1º Para aplicação dos critérios de que trata este artigo, excluem-se das despesas totais as relativas:

I - aos projetos considerados prioritários no plano plurianual;

II - à segurança e defesa nacional;

III - à manutenção dos órgãos federais no Distrito Federal;

IV - ao Congresso Nacional, ao Tribunal de Contas da União e ao Poder Judiciário;

V - ao serviço da dívida da administração direta e indireta da União, inclusive fundações instituídas e mantidas pelo Poder Público federal.

§ 2º Até a entrada em vigor da lei complementar a que se refere o art. 165, § 9º, I e II, serão obedecidas as seguintes normas:

I - o projeto do plano plurianual, para vigência até o final do primeiro exercício financeiro do mandato presidencial subsequente, será encaminhado até quatro meses antes do encerramento do primeiro exercício financeiro e devolvido para sanção até o encerramento da sessão legislativa;

II - o projeto de lei de diretrizes orçamentárias será encaminhado até oito meses e meio antes do encerramento do exercício financeiro e devolvido para sanção até o encerramento do primeiro período da sessão legislativa;

III - o projeto de lei orçamentária da União será encaminhado até quatro meses antes do encerramento do exercício financeiro e devolvido para sanção até o encerramento da sessão legislativa.

Art. 36. Os fundos existentes na data da promulgação da Constituição, excetuados os resultantes de isenções fiscais que passem a integrar patrimônio privado e os que interessem à defesa nacional, extinguir-se-ão, se não forem ratificados pelo Congresso Nacional no prazo de dois anos.

Art. 37. A adaptação ao que estabelece o art. 167, III, deverá processar-se no prazo de cinco anos, reduzindo-se o excesso à base de, pelo menos, um quinto por ano.

Art. 38. Até a promulgação da lei complementar referida no art. 169, a União, os Estados, o Distrito Federal e os Municípios não poderão despender com pessoal mais do que sessenta e cinco por cento do valor das respectivas receitas correntes.

Parágrafo único. A União, os Estados, o Distrito Federal e os Municípios, quando a respectiva despesa de pessoal exceder o limite previsto neste artigo, deverão retornar àquele limite, reduzindo o percentual excedente à razão de um quinto por ano.

Art. 39. Para efeito do cumprimento das disposições constitucionais que impliquem variações de despesas e receitas da União, após a promulgação da Constituição, o Poder Executivo deverá elaborar e o Poder Legislativo apreciar projeto de revisão da lei orçamentária referente ao exercício financeiro de 1989.

Parágrafo único. O Congresso Nacional deverá votar no prazo de doze meses a lei complementar prevista no art. 161, II.

Art. 40. É mantida a Zona Franca de Manaus, com suas características de área livre de comércio, de exportação e importação, e de incentivos fiscais, pelo prazo de vinte e cinco anos, a partir da promulgação da Constituição.

- arts. 92 e 92-A, ADCT.
- Dec. 205/1991 (Dispõe sobre a apresentação de guias de importação ou documento de efeito equivalente, na Zona Franca de Manaus; suspende a fixação de limites máximos globais anuais de importações).

Parágrafo único. Somente por lei federal podem ser modificados os critérios que disciplinaram ou venham a disciplinar a aprovação dos projetos na Zona Franca de Manaus.

Art. 41. Os Poderes Executivos da União, dos Estados, do Distrito Federal e dos Municípios reavaliarão todos os incentivos fiscais de natureza setorial ora em vigor, propondo aos Poderes Legislativos respectivos as medidas cabíveis.

- arts. 151, I; 155, XII, g; 195, § 3º; 227, § 3º, VI, CF.
- Lei 8.402/1992 (Restabelece os incentivos fiscais que menciona este artigo).

§ 1º Considerar-se-ão revogados após dois anos, a partir da data da promulgação da Constituição, os incentivos que não forem confirmados por lei.

§ 2º A revogação não prejudicará os direitos que já tiverem sido adquiridos, àquela data, em relação a incentivos concedidos sob condição e com prazo certo.

§ 3º Os incentivos concedidos por convênio entre Estados, celebrados nos termos do art. 23, § 6º, da Constituição de 1967, com a redação da EC 1, de 17 de outubro de 1969, também deverão ser reavaliados e reconfirmados nos prazos deste artigo.

Art. 42. Durante 40 (quarenta) anos, a União aplicará dos recursos destinados à irrigação: (Alterado pela EC 89/2015.)

I - 20% (vinte por cento) na Região Centro-Oeste;

II - 50% (cinquenta por cento) na Região Nordeste, preferencialmente no Semiárido.

Parágrafo único. Dos percentuais previstos nos incisos I e II do *caput*, no mínimo

50% (cinquenta por cento) serão destinados a projetos de irrigação que beneficiem agricultores familiares que atendam aos requisitos previstos em legislação específica. (Acrescentado pela EC 89/2015.)

Art. 43. Na data da promulgação da lei que disciplinar a pesquisa e a lavra de recursos e jazidas minerais, ou no prazo de um ano, a contar da promulgação da Constituição, tornar-se-ão sem efeito as autorizações, concessões e demais títulos atributivos de direitos minerários, caso os trabalhos de pesquisa ou de lavra não hajam sido comprovadamente iniciados nos prazos legais ou estejam inativos.

▸ Lei 7.886/1989 (Regulamenta este artigo).

Art. 44. As atuais empresas brasileiras titulares de autorização de pesquisa, concessão de lavra de recursos minerais e de aproveitamento dos potenciais de energia hidráulica em vigor terão quatro anos, a partir da promulgação da Constituição, para cumprir os requisitos do art. 176, § 1º.

§ 1º Ressalvadas as disposições de interesse nacional previstas no texto constitucional, as empresas brasileiras ficarão dispensadas do cumprimento do disposto no art. 176, § 1º, desde que, no prazo de até quatro anos da data da promulgação da Constituição, tenham o produto de sua lavra e beneficiamento destinado à industrialização no território nacional, em seus próprios estabelecimentos ou em empresa industrial controladora ou controlada.

§ 2º Ficarão também dispensadas do cumprimento do disposto no art. 176, § 1º, as empresas brasileiras titulares de concessão de energia hidráulica para uso em seu processo de industrialização.

§ 3º As empresas brasileiras referidas no § 1º somente poderão ter autorizações de pesquisa e concessões de lavra ou potenciais de energia hidráulica, desde que a energia e o produto da lavra sejam utilizados nos respectivos processos industriais.

Art. 45. Ficam excluídas do monopólio estabelecido pelo art. 177, II, da Constituição as refinarias em funcionamento no país amparadas pelo art. 43 e nas condições do art. 45 da Lei n. 2.004, de 03 de outubro de 1953.

▸ Lei 9.478/1997 (revoga a Lei 2.004/1953).

Parágrafo único. Ficam ressalvados da vedação do art. 177, § 1º, os contratos de risco feitos com a Petróleo Brasileiro S.A. (Petrobras), para pesquisa de petróleo, que estejam em vigor na data da promulgação da Constituição.

Art. 46. São sujeitos à correção monetária desde o vencimento, até seu efetivo pagamento, sem interrupção ou suspensão, os créditos junto a entidades submetidas aos regimes de intervenção ou liquidação extrajudicial, mesmo quando esses regimes sejam convertidos em falência.

Parágrafo único. O disposto neste artigo aplica-se também:

I - às operações realizadas posteriormente à decretação dos regimes referidos no *caput* deste artigo;

II - às operações de empréstimo, financiamento, refinanciamento, assistência financeira de liquidez, cessão ou sub-rogação de créditos ou cédulas hipotecárias, efetivação de garantia de depósitos do público ou de compra de obrigações passivas, inclusive as realizadas com recursos de fundos que tenham essas destinações;

III - aos créditos anteriores à promulgação da Constituição;

IV - aos créditos das entidades da administração pública anteriores à promulgação da Constituição, não liquidados até 1º de janeiro de 1988.

Art. 47. Na liquidação dos débitos, inclusive suas renegociações e composições posteriores, ainda que ajuizados, decorrentes de quaisquer empréstimos concedidos por bancos e por instituições financeiras, não existirá correção monetária desde que o empréstimo tenha sido concedido:

I - aos micro e pequenos empresários ou seus estabelecimentos no período de 28 de fevereiro de 1986 a 28 de fevereiro de 1987;

II - ao míni, pequenos e médios produtores rurais no período de 28 de fevereiro de 1986 a 31 de dezembro de 1987, desde que relativos à crédito rural.

§ 1º Consideram-se, para efeito deste artigo, microempresas as pessoas jurídicas e as firmas individuais com receitas anuais de até dez mil Obrigações do Tesouro Nacional, e pequenas empresas as pessoas jurídicas e as firmas individuais com receita anual de até vinte e cinco mil Obrigações do Tesouro Nacional.

▸ art. 179, CF.

§ 2º A classificação de míni, pequeno e médio produtor rural será feita obedecendo-se às normas de crédito rural vigentes à época do contrato.

§ 3º A isenção da correção monetária a que se refere este artigo só será concedida nos seguintes casos:

I - se a liquidação do débito inicial, acrescido de juros legais e taxas judiciais, vier a ser efetivada no prazo de noventa dias, a contar da data da promulgação da Constituição;

II - se a aplicação dos recursos não contrariar a finalidade do financiamento, cabendo o ônus da prova à instituição credora;

III - se não for demonstrado pela instituição credora que o mutuário dispõe de meios para o pagamento de seu débito, excluído desta demonstração seu estabelecimento, a casa de moradia e os instrumentos de trabalho e produção;

IV - se o financiamento inicial não ultrapassar o limite de cinco mil Obrigações do Tesouro Nacional;

V - se o beneficiário não for proprietário de mais de cinco módulos rurais.

§ 4º Os benefícios de que trata este artigo não se estendem aos débitos já quitados e aos devedores que sejam constituintes.

§ 5º No caso de operações com prazos de vencimento posteriores à data-limite de liquidação da dívida, havendo interesse do mutuário, os bancos e as instituições financeiras promoverão, por instrumento próprio, alteração nas condições contratuais originais de forma a ajustá-las ao presente benefício.

§ 6º A concessão do presente benefício por bancos comerciais privados em nenhuma hipótese acarretará ônus para o Poder Público, ainda que através de refinanciamento e repasse de recursos pelo banco central.

§ 7º No caso de repasse a agentes financeiros oficiais ou cooperativas de crédito, o ônus recairá sobre a fonte de recursos originária.

Art. 48. O Congresso Nacional, dentro de cento e vinte dias da promulgação da Constituição, elaborará código de defesa do consumidor.

▸ Lei 8.078/1990 (CDC).

Art. 49. A lei disporá sobre o instituto da enfiteuse em imóveis urbanos, sendo facultada aos foreiros, no caso de sua extinção, a remição dos aforamentos mediante aquisição do domínio direto, na conformidade do que dispuserem os respectivos contratos.

▸ Dec.-Lei 9.760/1946 (Lei dos bens imóveis da União).

§ 1º Quando não existir cláusula contratual, serão adotados os critérios e bases hoje vigentes na legislação especial dos imóveis da União.

§ 2º Os direitos dos atuais ocupantes inscritos ficam assegurados pela aplicação de outra modalidade de contrato.

▸ Lei 9.636/1998 (Regulamenta este parágrafo).

§ 3º A enfiteuse continuará sendo aplicada aos terrenos de marinha e seus acrescidos, situados na faixa de segurança, a partir da orla marítima.

▸ art. 2.038, § 2º, CC/2002.

§ 4º Remido o foro, o antigo titular do domínio direto deverá, no prazo de noventa dias, sob pena de responsabilidade, confiar à guarda do registro de imóveis competente toda a documentação a ele relativa.

Art. 50. Lei agrícola a ser promulgada no prazo de um ano disporá, nos termos da Constituição, sobre os objetivos e instrumentos de política agrícola, prioridades, planejamento de safras, comercialização, abastecimento interno, mercado externo e instituição de crédito fundiário.

▸ Lei 8.171/1991 (Lei da Política Agrícola).

Art. 51. Serão revistos pelo Congresso Nacional, através de Comissão mista, nos três anos a contar da data da promulgação da Constituição, todas as doações, vendas e concessões de terras públicas com área superior a três mil hectares, realizadas no período de 1º de janeiro de 1962 a 31 de dezembro de 1987.

§ 1º No tocante às vendas, a revisão será feita com base exclusivamente no critério de legalidade da operação.

§ 2º No caso de concessões e doações, a revisão obedecerá aos critérios de legalidade e de conveniência do interesse público.

§ 3º Nas hipóteses previstas nos parágrafos anteriores, comprovada a ilegalidade, ou havendo interesse público, as terras reverterão ao patrimônio da União, dos Estados, do Distrito Federal ou dos Municípios.

Art. 52. Até que sejam fixadas as condições do art. 192, são vedados: (Redação dada pela EC 40/2003.)

I - a instalação, no país, de novas agências de instituições financeiras domiciliadas no exterior;

II - o aumento do percentual de participação, no capital de instituições financeiras com sede no país, de pessoas físicas ou jurídicas residentes ou domiciliadas no exterior.

Parágrafo único. A vedação a que se refere este artigo não se aplica às autorizações resultantes de acordos internacionais, de reciprocidade, ou de interesse do Governo brasileiro.

Art. 53. Ao ex-combatente que tenha efetivamente participado de operações bélicas durante a Segunda Guerra Mundial, nos termos da Lei n. 5.315, de 12 de setembro de 1967, serão assegurados os seguintes direitos:

- Lei 8.059/1990 (Dispõe sobre a pensão especial devida aos ex-combatentes da Segunda Guerra Mundial e a seus dependentes).

I - aproveitamento no serviço público, sem a exigência de concurso, com estabilidade;

II - pensão especial correspondente à deixada por segundo-tenente das Forças Armadas, que poderá ser requerida a qualquer tempo, sendo inacumulável com quaisquer rendimentos recebidos dos cofres públicos, exceto os benefícios previdenciários, ressalvado o direito de opção;

III - em caso de morte, pensão à viúva ou companheira ou dependente, de forma proporcional, de valor igual à do inciso anterior;

IV - assistência médica, hospitalar e educacional gratuita, extensiva aos dependentes;

V - aposentadoria com proventos integrais aos vinte e cinco anos de serviço efetivo, em qualquer regime jurídico;

VI - prioridade na aquisição da casa própria, para os que não a possuam ou para suas viúvas ou companheiras.

Parágrafo único. A concessão da pensão especial do inciso II substitui, para todos os efeitos legais, qualquer outra pensão já concedida ao ex-combatente.

Art. 54. Os seringueiros recrutados nos termos do Decreto-Lei n. 5.813, de 14 de setembro de 1943, e amparados pelo Decreto-Lei n. 9.882, de 16 de setembro de 1946, receberão, quando carentes, pensão mensal vitalícia no valor de dois salários-mínimos.

- Lei 7.986/1989 (Concessão do benefício previsto neste artigo).

§ 1º O benefício é estendido aos seringueiros que, atendendo a apelo do Governo brasileiro, contribuíram para o esforço de guerra, trabalhando na produção de borracha, na Região Amazônica, durante a Segunda Guerra Mundial.

§ 2º Os benefícios estabelecidos neste artigo são transferíveis aos dependentes reconhecidamente carentes.

§ 3º A concessão do benefício far-se-á conforme lei a ser proposta pelo Poder Executivo dentro de cento e cinquenta dias da promulgação da Constituição.

Art. 54-A. Os seringueiros de que trata o art. 54 deste Ato das Disposições Constitucionais Transitórias receberão indenização, em parcela única, no valor de R$ 25.000,00 (vinte e cinco mil reais). (Acrescentado pela EC 78/2014. Vigência: no exercício financeiro seguinte ao de sua publicação.)

Art. 55. Até que seja aprovada a lei de diretrizes orçamentárias, trinta por cento, no mínimo, do orçamento da seguridade social, excluído o seguro-desemprego, serão destinados ao setor de saúde.

Art. 56. Até que a lei disponha sobre o art. 195, I, a arrecadação decorrente de, no mínimo, cinco dos seis décimos percentuais correspondentes à alíquota da contribuição de que trata o Decreto-Lei n. 1.940, de 25 de maio de 1982, alterada pelo Decreto-Lei n. 2.049, de 1º de agosto de 1983, pelo Decreto n. 91.236, de 08 de maio de 1985, e pela Lei n. 7.611, de 08 de julho de 1987, passa a integrar a receita da seguridade social, ressalvados, exclusivamente no exercício de 1988, os compromissos assumidos com programas e projetos em andamento.

- LC 70/1991 (Contribui para financiamento da Seguridade Social e eleva alíquota da contribuição social sobre o lucro das instituições financeiras).

Art. 57. Os débitos dos Estados e dos Municípios relativos às contribuições previdenciárias até 30 de junho de 1988 serão liquidados, com correção monetária, em cento e vinte parcelas mensais, dispensados os juros e multas sobre eles incidentes, desde que os devedores requeiram o parcelamento e iniciem seu pagamento no prazo de cento e oitenta dias a contar da promulgação da Constituição.

§ 1º O montante a ser pago em cada um dos dois primeiros anos não será inferior a cinco por cento do total do débito consolidado e atualizado, sendo o restante dividido em parcelas mensais de igual valor.

§ 2º A liquidação poderá incluir pagamentos na forma de cessão de bens e prestação de serviços, nos termos da Lei n. 7.578, de 23 de dezembro de 1986.

§ 3º Em garantia do cumprimento do parcelamento, os Estados e os Municípios consignarão, anualmente, nos respectivos orçamentos as dotações necessárias ao pagamento de seus débitos.

§ 4º Descumprida qualquer das condições estabelecidas para concessão do parcelamento, o débito será considerado vencido em sua totalidade, sobre ele incidindo juros de mora; nesta hipótese, parcela dos recursos correspondentes aos Fundos de Participação, destinada aos Estados e Municípios devedores, será bloqueada e repassada à previdência social para pagamento de seus débitos.

Art. 58. Os benefícios de prestação continuada, mantidos pela previdência social na data da promulgação da Constituição, terão seus valores revistos, a fim de que seja restabelecido o poder aquisitivo, expresso em número de salários-mínimos, que tinham na data de sua concessão, obedecendo-se a esse critério de atualização até a implantação do plano de custeio e benefícios referidos no artigo seguinte.

- Súm. 687, STF.

Parágrafo único. As prestações mensais dos benefícios atualizadas de acordo com este artigo serão devidas e pagas a partir do sétimo mês a contar da promulgação da Constituição.

Art. 59. Os projetos de lei relativos à organização da seguridade social e aos planos de custeio e de benefício serão apresentados no prazo máximo de seis meses da promulgação da Constituição ao Congresso Nacional, que terá seis meses para apreciá-los.

Parágrafo único. Aprovados pelo Congresso Nacional, os planos serão implantados progressivamente nos dezoito meses seguintes.

- Lei 8.212/1991 (Dispõe sobre a organização da Seguridade Social e institui o Plano de Custeio).
- Lei 8.213/1991 (Lei dos Planos de Benefícios da Previdência Social).

Art. 60. A complementação da União referida no inciso IV do *caput* do art. 212-A da Constituição Federal será implementada progressivamente até alcançar a proporção estabelecida no inciso V do *caput* do mesmo artigo, a partir de 1º de janeiro de 2021, nos seguintes valores mínimos:

I - 12% (doze por cento), no primeiro ano;

II - 15% (quinze por cento), no segundo ano;

III - 17% (dezessete por cento), no terceiro ano;

IV - 19% (dezenove por cento), no quarto ano;

V - 21% (vinte e um por cento), no quinto ano;

VI - 23% (vinte e três por cento), no sexto ano.

§ 1º A parcela da complementação de que trata a alínea "b" do inciso V do *caput* do art. 212-A da Constituição Federal observará, no mínimo, os seguintes valores:

I - 2 (dois) pontos percentuais, no primeiro ano;

II - 5 (cinco) pontos percentuais, no segundo ano;

III - 6,25 (seis inteiros e vinte e cinco centésimos) pontos percentuais, no terceiro ano;

IV - 7,5 (sete inteiros e cinco décimos) pontos percentuais, no quarto ano;

V - 9 (nove) pontos percentuais, no quinto ano;

VI - 10,5 (dez inteiros e cinco décimos) pontos percentuais, no sexto ano.

§ 2º A parcela da complementação de que trata a alínea "c" do inciso V do *caput* do art. 212-A da Constituição Federal observará os seguintes valores:

I - 0,75 (setenta e cinco centésimos) ponto percentual, no terceiro ano;

II - 1,5 (um inteiro e cinco décimos) ponto percentual, no quarto ano;

III - 2 (dois) pontos percentuais, no quinto ano;

IV - 2,5 (dois inteiros e cinco décimos) pontos percentuais, no sexto ano. (Artigo com redação dada pela EC 108/2020, com produção de efeitos financeiros a partir de 1º/1/2021)

- (Vide parágrafo único do art. 4º da Emenda Constitucional nº 108, de 2020)

Art. 60-A. Os critérios de distribuição da complementação da União e dos fundos a que se refere o inciso I do *caput* do art. 212-A da Constituição Federal serão revistos em seu sexto ano de vigência e, a partir dessa primeira revisão, periodicamente, a cada 10 (dez) anos. (Acrescido pela EC 108/2020, com produção de efeitos financeiros a partir de 1º/1/2021)

Art. 61. As entidades educacionais a que se refere o art. 213, bem como as fundações de ensino e pesquisa cuja criação tenha sido autorizada por lei, que preencham os requisitos dos incisos I e II do referido artigo e que, nos últimos três anos, tenham recebido recursos públicos, poderão continuar a recebê-los, salvo disposição legal em contrário.

Art. 62. A lei criará o Serviço Nacional de Aprendizagem Rural (SENAR) nos moldes da legislação relativa ao Serviço Nacional de Aprendizagem Industrial (SENAI) e ao Serviço Nacional de Aprendizagem do Comércio (SENAC), sem prejuízo das atribuições dos órgãos públicos que atuam na área.

- Lei 8.315/1991 (Dispõe sobre a criação do Serviço Nacional de Aprendizagem Rural - SENAR).

Art. 63. É criada uma Comissão composta de nove membros, sendo três do Poder Legislativo, três do Poder Judiciário e três do Poder Executivo, para promover as comemorações do centenário da proclamação da República e da promulgação da primeira Constituição republicana do país, podendo, a seu critério, desdobrar-se em tantas subcomissões quantas forem necessárias.

Parágrafo único. No desenvolvimento de suas atribuições, a Comissão promoverá estudos, debates e avaliações sobre a evolução política, social, econômica e cultural do país, podendo articular-se com os governos estaduais e municipais e com instituições públicas e privadas que desejem participar dos eventos.

Art. 64. A Imprensa Nacional e demais gráficas da União, dos Estados, do Distrito Federal e dos Municípios, da administração direta ou indireta, inclusive fundações instituídas e mantidas pelo Poder Público, promoverão edição popular do texto integral da Constituição, que será posta à disposição das escolas e dos cartórios, dos sindicatos, dos quartéis, das igrejas e de outras instituições representativas da comunidade, gratuitamente, de modo que cada cidadão brasileiro possa receber do Estado um exemplar da Constituição do Brasil.

Art. 65. O Poder Legislativo regulamentará, no prazo de doze meses, o art. 220, § 4º.

Art. 66. São mantidas as concessões de serviços públicos de telecomunicações atualmente em vigor, nos termos da lei.

- Lei 9.472/1997 (Dispõe sobre a organização dos serviços de telecomunicações, criação e funcionamento de um órgão regulador e outros aspectos institucionais).

Art. 67. A União concluirá a demarcação das terras indígenas no prazo de cinco anos a partir da promulgação da Constituição.

Art. 68. Aos remanescentes das comunidades dos quilombos que estejam ocupando suas terras é reconhecida a propriedade definitiva, devendo o Estado emitir-lhes os títulos respectivos.

- Dec. 4.887/2003 (Regulamenta procedimento para identificação, reconhecimento, delimitação, demarcação e titulação das terras ocupadas por remanescentes das comunidades dos quilombos de que trata este artigo).
- Dec. 6.040/2007 (Institui a Política Nacional de Desenvolvimento Sustentável dos Povos e Comunidades Tradicionais).

Art. 69. Será permitido aos Estados manter consultorias jurídicas separadas de suas Procuradorias-Gerais ou Advocacias-Gerais, desde que, na data da promulgação da Constituição, tenham órgãos distintos para as respectivas funções.

Art. 70. Fica mantida atual competência dos tribunais estaduais até a mesma seja definida na Constituição do Estado, nos termos do art. 125, § 1º, da Constituição.

- art. 4º, EC 45/2004 (Reforma do Judiciário).

Art. 71. É instituído, nos exercícios financeiros de 1994 e 1995, bem assim nos períodos de 1º.01.1996 a 30.06.1997 e 1º.07.1997 a 31.12.1999, o Fundo Social de Emergência, com o objetivo de saneamento financeiro da Fazenda Pública Federal e de estabilização econômica, cujos recursos serão aplicados prioritariamente no custeio das ações dos sistemas de saúde e educação, incluindo a complementação de recursos de que trata o § 3º do art. 60 do Ato das Disposições Constitucionais Transitórias, benefícios previdenciários e auxílios assistenciais de prestação continuada, inclusive liquidação de passivo previdenciário, e despesas orçamentárias associadas a programas de relevante interesse econômico e social. (Redação dada pela EC 17/1997.)

§ 1º Ao Fundo criado por este artigo não se aplica o disposto na parte final do inciso II do § 9º do art. 165 da Constituição. (Renumerado do parágrafo único pela EC 10/1996.)

§ 2º O Fundo criado por este artigo passa a ser denominado Fundo de Estabilização Fiscal a partir do início do exercício financeiro de 1996. (Incluído pela EC 10/1996.)

§ 3º O Poder Executivo publicará demonstrativo da execução orçamentária, de periodicidade bimestral, no qual se discriminarão as fontes e usos do Fundo criado por este artigo. (Incluído pela EC 10/1996.)

Art. 72. Integram o Fundo Social de Emergência: (Incluído pela EC Revisão 1/1994.)

I - o produto da arrecadação do imposto sobre renda e proventos de qualquer natureza incidente na fonte sobre pagamentos efetuados, a qualquer título, pela União, inclusive suas autarquias e fundações; (Incluído pela EC Revisão 1/1994.)

II - a parcela do produto da arrecadação do imposto sobre renda e proventos de qualquer natureza e do imposto sobre operações de crédito, câmbio e seguro, ou relativas a títulos e valores mobiliários, decorrente das alterações produzidas pela Lei n. 8.894, de 21 de junho de 1994, e pelas Leis n. 8.849 e 8.848, ambas de 28 de janeiro de 1994, e modificações posteriores; (Redação dada pela EC 10/1996.)

III - a parcela do produto da arrecadação resultante da elevação da alíquota da contribuição social sobre o lucro dos contribuintes a que se refere o § 1º do art. 22 da Lei n. 8.212, de 24 de julho de 1991, a qual, nos exercícios financeiros de 1994 e 1995, bem assim no período de 1º de janeiro de 1996 a 30 de junho de 1997, passa a ser de trinta por cento, sujeita a alteração por lei ordinária, mantidas as demais normas da Lei n. 7.689, de 15 de dezembro de 1988; (Redação dada pela EC 10/1996.)

IV - vinte por cento do produto da arrecadação de todos os impostos e contribuições da União, já instituídos ou a serem criados, excetuado o previsto nos incisos I, II e III, observado o disposto nos §§ 3º e 4º; (Redação dada pela EC 10/1996.)

V - a parcela do produto da arrecadação da contribuição de que trata a Lei Complementar n. 7, de 07 de setembro de 1970, devida pelas pessoas jurídicas a que se refere o inciso III deste artigo, a qual será calculada, nos exercícios financeiros de 1994 a 1995, bem assim nos períodos de 1º de janeiro de 1996 a 30 de junho de 1997 e de 1º de julho de 1997 a 31 de dezembro de 1999, mediante a aplicação da alíquota de setenta e cinco centésimos por cento, sujeita a alteração por lei ordinária posterior, sobre a receita bruta operacional, como definida na legislação do imposto sobre renda e proventos de qualquer natureza. (Redação dada pela EC 17/1997.)

VI - outras receitas previstas em lei específica. (Incluído pela EC Revisão 1/1994.)

§ 1º As alíquotas e a base de cálculo previstas nos incisos III e V aplicar-se-ão a partir do primeiro dia do mês seguinte aos noventa dias posteriores à promulgação desta Emenda. (Incluído pela EC Revisão 1/1994.)

§ 2º As parcelas de que tratam os incisos I, II, III e V serão previamente deduzidas da base de cálculo de qualquer vinculação ou participação constitucional ou legal, não se lhes aplicando o disposto nos artigos 159, 212 e 239 da Constituição. (Redação dada pela EC 10/1996.)

§ 3º A parcela de que trata o inciso IV será previamente deduzida da base de cálculo das vinculações ou participações constitucionais previstas nos artigos 153, § 5º, 157, II, 212 e 239 da Constituição. (Redação dada pela EC 10/1996.)

§ 4º O disposto no parágrafo anterior não se aplica aos recursos previstos nos Artigos 158, II e 159 da Constituição. (Redação dada pela EC 10/1996.)

§ 5º A parcela dos recursos provenientes do imposto sobre renda e proventos de qualquer natureza, destinada ao Fundo Social de Emergência, nos termos do inciso II deste artigo, não poderá exceder a cinco inteiros e seis décimos por cento do total do produto da sua arrecadação. (Redação dada pela EC 10/1996.)

Art. 73. Na regulação do Fundo Social de Emergência não poderá ser utilizado o instrumento previsto no inciso V do art. 59 da Constituição. (Incluído pela EC Revisão 1/1994.)

- art. 71, ADCT.

Art. 74. A União poderá instituir contribuição provisória sobre movimentação ou transmissão de valores e de créditos e direitos de natureza financeira. (Incluído pela EC 12/1996.)

- art. 84, ADCT.

§ 1º A alíquota da contribuição de que trata este artigo não excederá a vinte e cinco centésimos por cento, facultado ao Poder Executivo reduzi-la ou restabelecê-la, total ou parcialmente, nas condições e limites fixados em lei. (Incluído pela EC 12/1996.)

- Alíquota alterada pela EC 21/1999.

§ 2º A contribuição de que trata este artigo não se aplica o disposto nos arts. 153, § 5º, e 154, I, da Constituição. (Incluído pela EC 12/1996.)

§ 3º O produto da arrecadação da contribuição de que trata este artigo será destinado integralmente ao Fundo Nacional de Saúde, para financiamento das ações e serviços de saúde. (Incluído pela EC 12/1996.)

§ 4º A contribuição de que trata este artigo terá sua exigibilidade subordinada ao disposto no art. 195, § 6º, da Constituição, e não poderá ser cobrada por prazo superior a dois anos. (Incluído pela EC 12/1996.)

- arts. 75 e 84, ADCT.

Art. 75. É prorrogada, por trinta e seis meses, a cobrança da contribuição provisória sobre movimentação ou transmissão de valores e de créditos e direitos de natureza financeira de que trata o art. 74, instituída pela Lei n. 9.311, de 24 de outubro de 1996, modificada pela Lei n. 9.539, de 12 de dezembro de 1997, cuja vigência é também prorrogada por idêntico prazo. (Incluído pela EC 21/1999.)

- arts. 80, I; 84, ADCT.

§ 1º Observado o disposto no § 6º do art. 195 da Constituição Federal, a alíquota da contribuição será de trinta e oito centésimos por cento, nos primeiros doze meses, e de trinta centésimos, nos meses subsequentes, facultado ao Poder Executivo reduzi-la total ou parcialmente, nos limites aqui definidos. (Incluído pela EC 21/1999.)

§ 2º O resultado do aumento da arrecadação, decorrente da alteração da alíquota, nos exercícios financeiros de 1999, 2000 e 2001, será destinado ao custeio da previdência social. (Incluído pela EC 21/1999.)

§ 3º É a União autorizada a emitir títulos da dívida pública interna, cujos recursos serão destinados ao custeio da saúde e da previdência social, em montante equivalente ao produto da arrecadação da contribuição, prevista e não realizada em 1999. (Incluído pela EC 21/1999.)

- ADIn 2.031-5 (DOU 05.11.2003) - O STF, por maioria de votos, julgou parcialmente procedente a ADIn para declarar a inconstitucionalidade deste parágrafo.
- LC 111/2001 (Dispõe sobre o Fundo de Combate e Erradicação da Pobreza).

Art. 76. São desvinculados de órgão, fundo ou despesa, até 31 de dezembro de 2023, 30% (trinta por cento) da arrecadação da União relativa às contribuições sociais, sem prejuízo do pagamento das despesas do Regime Geral da Previdência Social, às contribuições de intervenção no domínio econômico e às taxas, já instituídas ou que vierem a ser criadas até a referida data. (Alterado pela EC 93/2016.)

§ 1º (Revogado). (Alterado pela EC 93/2016.)

§ 2º Excetua-se da desvinculação de que trata o *caput* a arrecadação da contribuição social do salário-educação a que se refere o § 5º do art. 212 da Constituição Federal. (Redação dada pela EC 68/2011).

§ 3º (Revogado). (Alterado pela EC 93/2016.)

§ 4º A desvinculação de que trata o *caput* não se aplica às receitas das contribuições sociais destinadas ao custeio da seguridade social (Incluído pela EC 103/2019)

Art. 76-A. São desvinculados de órgão, fundo ou despesa, até 31 de dezembro de 2023, 30% (trinta por cento) das receitas dos Estados e do Distrito Federal relativas a impostos, taxas e multas, já instituídos ou que vierem a ser criados até a referida data, seus adicionais e respectivos acréscimos legais, e outras receitas correntes. (Acrescentado pela EC 93/2016.)

Parágrafo único. Excetuam-se da desvinculação de que trata o *caput*: (Acrescentado pela EC 93/2016.)

I - recursos destinados ao financiamento das ações e serviços públicos de saúde e à manutenção e desenvolvimento do ensino de que tratam, respectivamente, os incisos II e III do § 2º do art. 198 e o art. 212 da Constituição Federal; (Acrescentado pela EC 93/2016.)

II - receitas que pertencem aos Municípios decorrentes de transferências previstas na Constituição Federal; (Acrescentado pela EC 93/2016.)

III - receitas de contribuições previdenciárias e de assistência à saúde dos servidores; (Acrescentado pela EC 93/2016.)

IV - demais transferências obrigatórias e voluntárias entre entes da Federação com destinação especificada em lei; (Acrescentado pela EC 93/2016.)

V - fundos instituídos pelo Poder Judiciário, pelos Tribunais de Contas, pelo Ministério Público, pelas Defensorias Públicas e pelas Procuradorias-Gerais dos Estados e do Distrito Federal. (Acrescentado pela EC 93/2016.)

Art. 76-B. São desvinculados de órgão, fundo ou despesa, até 31 de dezembro de 2023, 30% (trinta por cento) das receitas dos Municípios relativas a impostos, taxas e multas, já instituídos ou que vierem a ser criados até a referida data, seus adicionais e respectivos acréscimos legais, e outras receitas correntes. (Acrescentado pela EC 93/2016.)

Parágrafo único. Excetuam-se da desvinculação de que trata o *caput*: (Acrescentado pela EC 93/2016.)

I - recursos destinados ao financiamento das ações e serviços públicos de saúde e à manutenção e desenvolvimento do ensino de que tratam, respectivamente, os incisos II e III do § 2º do art. 198 e o art. 212 da Constituição Federal; (Acrescentado pela EC 93/2016.)

II - receitas de contribuições previdenciárias e de assistência à saúde dos servidores; (Acrescentado pela EC 93/2016.)

III - transferências obrigatórias e voluntárias entre entes da Federação com destinação especificada em lei; (Acrescentado pela EC 93/2016.)

IV - fundos instituídos pelo Tribunal de Contas do Município. (Acrescentado pela EC 93/2016.)

Art. 77. Até o exercício financeiro de 2004, os recursos mínimos aplicados nas ações e serviços públicos de saúde serão equivalentes: (Incluído pela EC 29/2000.)

I - no caso da União: (Incluído pela EC 29/2000.)

a) no ano 2000, o montante empenhado em ações e serviços públicos de saúde no exercício financeiro de 1999 acrescido de, no mínimo, cinco por cento; (Incluído pela EC 29/2000.)

b) do ano 2001 ao ano 2004, o valor apurado no ano anterior, corrigido pela variação nominal do Produto Interno Bruto - PIB; (Incluído pela EC 29/2000.)

II - no caso dos Estados e do Distrito Federal, doze por cento do produto da arrecadação dos impostos a que se refere o art. 155 e dos recursos de que tratam os arts. 157 e 159, inciso I, alínea *a*, e inciso II, deduzidas as parcelas que forem transferidas aos respectivos Municípios; e (Incluído pela EC 29/2000.)

III - no caso dos Municípios e do Distrito Federal, quinze por cento do produto da arrecadação dos impostos a que se refere o art. 156 e dos recursos de que tratam os arts. 158 e 159, inciso I, alínea *b* e § 3º. (Incluído pela EC 29/2000.)

§ 1º Os Estados, o Distrito Federal e os Municípios que apliquem percentuais inferiores aos fixados nos incisos II e III deverão elevá-los gradualmente, até o exercício financeiro de 2004, reduzida a diferença à razão de, pelo menos, um quinto por ano, sendo que, a partir de 2000, a aplicação será de pelo menos sete por cento. (Incluído pela EC 29/2000.)

§ 2º Dos recursos da União apurados nos termos deste artigo, quinze por cento, no mínimo, serão aplicados nos Municípios, segundo o critério populacional, em ações e serviços básicos de saúde, na forma da lei. (Incluído pela EC 29/2000.)

§ 3º Os recursos dos Estados, do Distrito Federal e dos Municípios destinados às ações e serviços públicos de saúde e os transferidos pela União para a mesma finalidade serão aplicados por meio de Fundo de Saúde que será acompanhado e fiscalizado por Conselho de Saúde, sem prejuízo do disposto no art. 74 da Constituição Federal. (Incluído pela EC 29/2000.)

§ 4º Na ausência da lei complementar a que se refere o art. 198, § 3º, a partir do exercício financeiro de 2005, aplicar-se-á à União, aos Estados, ao Distrito Federal e aos Municípios o disposto neste artigo. (Incluído pela EC 29/2000.)

Art. 78. Ressalvados os créditos definidos em lei como de pequeno valor, os de natureza alimentícia, os de que trata o art. 33 deste Ato das Disposições Constitucionais Transitórias e suas complementações e os que já tiverem os seus respectivos recursos liberados ou depositados em juízo, os precatórios pendentes na data de promulgação desta Emenda e os que decorram de ações iniciais ajuizadas até 31 de dezembro de 1999 serão liquidados pelo seu valor real, em moeda corrente, acrescido de juros legais, em prestações anuais, iguais e sucessivas, no prazo máximo de dez anos, permitida a cessão dos créditos. (Incluído pela EC 30/2000.)

- ADIn 2.356 e 2.362 (O STF, por maioria de votos, deferiu as medidas cautelares para suspender a eficácia do art. 2º, EC 30/2000, que acrescentou este artigo). DOU, 07.12.2010.
- arts. 86; 87; 97, § 15, ADCT.

§ 1º É permitida a decomposição de parcelas, a critério do credor. (Incluído pela EC 30/2000.)

§ 2º As prestações anuais a que se refere o *caput* deste artigo terão, se não liquidadas até o final do exercício a que se referem, poder liberatório do pagamento de tributos da entidade devedora. (Incluído pela EC 30/2000.)

- art. 6º, EC 62/2009 (Ficam também convalidadas todas as compensações de precatórios com tributos vencidos até 31.10.2009 da entidade devedora, efetuadas na forma do disposto no art. 78, § 2º, do ADCT, realizadas antes da promulgação desta Emenda Constitucional).

§ 3º O prazo referido no *caput* deste artigo fica reduzido para dois anos, nos casos de precatórios judiciais originários de desapropriação de imóvel residencial do credor, desde que comprovadamente único à época da imissão na posse. (Incluído pela EC 30/2000.)

§ 4º O Presidente do Tribunal competente deverá, vencido o prazo ou em caso de omissão no orçamento, ou preterição ao direito de precedência, a requerimento do credor, requisitar ou determinar o sequestro de recursos financeiros da entidade executada, suficientes à satisfação da prestação. (Incluído pela EC 30/2000.)

Art. 79. É instituído, para vigorar até o ano de 2010, no âmbito do Poder Executivo Federal, o Fundo de Combate e Erradicação da Pobreza, a ser regulado por lei complementar com o objetivo de viabilizar a todos os brasileiros acesso a níveis dignos de subsistência, cujos recursos serão aplicados em ações suplementares de nutrição, habitação, educação, saúde, reforço de renda familiar e outros programas de relevante interesse social voltados para melhoria da qualidade de vida. (Incluído pela EC 31/2000.)

- art. 4º, EC 42/2003 (Altera o Sistema Tributário Nacional).
- EC 67/2010 (Prorroga, por tempo indeterminado o prazo de vigência do Fundo de Combate e Erradicação da Pobreza).
- LC 111/2001 (Dispõe sobre o Fundo de Combate e Erradicação da Pobreza).

Parágrafo único. O Fundo previsto neste artigo terá Conselho Consultivo e de Acompanhamento que conte com a participação de representantes da sociedade civil, nos termos da lei. (Incluído pela EC 31/2000.)

Art. 80. Compõem o Fundo de Combate e Erradicação da Pobreza: (Incluído pela EC 31/2000.)

- LC 111/2001 (Dispõe sobre o Fundo de Combate e Erradicação da Pobreza).

I - a parcela do produto da arrecadação correspondente a um adicional de oito centésimos por cento, aplicável de 18 de junho de 2000 a 17 de junho de 2002, na alíquota da contribuição social de que trata o art. 75 do Ato das Disposições Constitucionais Transitórias; (Incluído pela EC 31/2000.)

- art. 84, ADCT.

II - a parcela do produto da arrecadação correspondente a um adicional de cinco pontos percentuais na alíquota do Imposto sobre Produtos Industrializados - IPI, ou do imposto que vier a substituí-lo, incidente sobre produtos supérfluos e aplicável até a extinção do Fundo; (Incluído pela EC 31/2000.)

- art. 83, ADCT.

III - o produto da arrecadação do imposto de que trata o art. 153, inciso VII, da Constituição; (Incluído pela EC 31/2000.)

IV - dotações orçamentárias; (Incluído pela EC 31/2000.)

V - doações, de qualquer natureza, de pessoas físicas ou jurídicas do país ou do exterior; (Incluído pela EC 31/2000.)

VI - outras receitas, a serem definidas na regulamentação do referido Fundo. (Incluído pela EC 31/2000.)

§ 1º Aos recursos integrantes do Fundo de que trata este artigo não se aplica o disposto nos arts. 159 e 167, inciso IV, da Constituição, assim como qualquer desvinculação de recursos orçamentários. (Incluído pela EC 31/2000.)

§ 2º A arrecadação decorrente do disposto no inciso I deste artigo, no período compreendido entre 18 de junho de 2000 e o início da vigência da lei complementar a que se refere a art. 79, será integralmente repassada ao Fundo, preservado o seu valor real, em títulos públicos federais, progressivamente resgatáveis após 18 de junho de 2002, na forma da lei. (Incluído pela EC 31/2000.)

Art. 81. É instituído Fundo constituído pelos recursos recebidos pela União em decorrência da desestatização de sociedades de economia mista ou empresas públicas por ela controladas, direta ou indiretamente, quando a operação envolver a alienação do respectivo controle acionário a pessoa ou entidade não integrante da Administração Pública, ou de participação societária remanescente após a alienação, cujos rendimentos, gerados a partir de 18 de junho de 2002, reverterão ao Fundo de Combate e Erradicação de Pobreza. (Incluído pela EC 31/2000.)

§ 1º Caso o montante anual previsto nos rendimentos transferidos ao Fundo de Combate e Erradicação da Pobreza, na forma deste artigo, não alcance o valor de quatro bilhões de reais, far-se-á complementação na forma do art. 80, inciso IV, do Ato das disposições Constitucionais Transitórias. (Incluído pela EC 31/2000.)

§ 2º Sem prejuízo do disposto no § 1º, o Poder Executivo poderá destinar ao Fundo a que se refere este artigo outras receitas decorrentes da alienação de bens da União. (Incluído pela EC 31/2000.)

§ 3º A constituição do Fundo a que se refere o *caput*, a transferência de recursos ao Fundo de Combate e Erradicação da Pobreza e as demais disposições referentes ao § 1º deste artigo serão disciplinadas em lei, não se aplicando o disposto no art. 165, § 9º, inciso II, da Constituição. (Incluído pela EC 31/2000.)

Art. 82. Os Estados, o Distrito Federal e os Municípios devem instituir Fundos de Combate à Pobreza, com os recursos de que trata este artigo e outros que vierem a destinar, devendo os referidos Fundos ser geridos por entidades que contem com a participação da sociedade civil. (Incluído pela EC 31/2000.)

§ 1º Para o financiamento dos Fundos Estaduais e Distrital, poderá ser criado adicional de até dois pontos percentuais na alíquota do Imposto sobre Circulação de Mercadorias e Serviços - ICMS, sobre os produtos e serviços supérfluos e nas condições definidas na lei complementar de que trata o art. 155, § 2º, XII, da Constituição, não se aplicando, sobre este percentual, o disposto no art. 158, IV, da Constituição. (Redação dada pela EC 42/2003.)

§ 2º Para o financiamento dos Fundos Municipais, poderá ser criado adicional de até meio ponto percentual na alíquota do Imposto sobre serviços ou do imposto que vier a substituí-lo, sobre serviços supérfluos. (Incluído pela EC 31/2000.)

Art. 83. Lei federal definirá os produtos e serviços supérfluos a que se referem os arts. 80, II, e 82, § 2º. (Redação dada pela EC 42/2003.)

Art. 84. A contribuição provisória sobre movimentação ou transmissão de valores e de créditos e direitos de natureza financeira, prevista nos arts. 74, 75 e 80, I, deste Ato das Disposições Constitucionais Transitórias, será cobrada até 31 de dezembro de 2004. (Incluído pela EC 37/2002.)

‣ art. 90, ADCT.

§ 1º Fica prorrogada, até a data referida no *caput* deste artigo, a vigência da Lei n. 9.311, de 24 de outubro de 1996, e suas alterações. (Incluído pela EC 37/2002.)

§ 2º Do produto da arrecadação da contribuição social de que trata este artigo será destinada a parcela correspondente à alíquota de: (Incluído pela EC 37/2002.)

I - vinte centésimos por cento ao Fundo Nacional de Saúde, para financiamento das ações e serviços de saúde; (Incluído pela EC 37/2002.)

II - dez centésimos por cento ao custeio da previdência social; (Incluído pela EC 37/2002.)

III - oito centésimos por cento ao Fundo de Combate e Erradicação da Pobreza, de que tratam os arts. 80 e 81 deste Ato das Disposições Constitucionais Transitórias. (Incluído pela EC 37/2002.)

§ 3º A alíquota da contribuição de que trata este artigo será de: (Incluído pela EC 37/2002.)

I - trinta e oito centésimos por cento, nos exercícios financeiros de 2002 e 2003; (Incluído pela EC 37/2002.)

‣ art. 90, § 2º, ADCT.

II - (Revogado pela EC 42/2003.)

Art. 85. A contribuição a que se refere o art. 84 deste Ato das Disposições Constitucionais Transitórias não incidirá, a partir do trigésimo dia da data de publicação desta Emenda Constitucional, nos lançamentos: (Incluído pela EC 37/2002.)

I - em contas correntes de depósito especialmente abertas e exclusivamente utilizadas para operações de: (Incluído pela EC 37/2002.)

a) câmaras e prestadoras de serviços de compensação e de liquidação de que trata o parágrafo único do art. 2º da Lei n. 10.214, de 27 de março de 2001; (Incluído pela EC 37/2002.)

b) companhias securitizadoras de que trata a Lei n. 9.514, de 20 de novembro de 1997; (Incluído pela EC 37/2002.)

c) sociedades anônimas que tenham por objeto exclusivo a aquisição de créditos oriundos de operações praticadas no mercado financeiro; (Incluído pela EC 37/2002.)

II - em contas correntes de depósito, relativos à: (Incluído pela EC 37/2002.)

a) operações de compra e venda de ações, realizadas em recintos ou sistemas de negociação de bolsas de valores e no mercado de balcão organizado; (Incluído pela EC 37/2002.)

b) contratos referenciados em ações ou índices de ações, em suas diversas modalidades, negociados em bolsas de valores, de mercadorias e de futuros; (Incluído pela EC 37/2002.)

III - em contas de investidores estrangeiros, relativos a entradas no país e a remessas para o exterior de recursos financeiros empregados, exclusivamente, em operações e contratos referidos no inciso II deste artigo. (Incluído pela EC 37/2002.)

§ 1º O Poder Executivo disciplinará o disposto neste artigo no prazo de trinta dias da data de publicação desta Emenda Constitucional. (Incluído pela EC 37/2002.)

§ 2º O disposto no inciso I deste artigo aplica-se somente às operações relacionadas em ato do Poder Executivo, dentre aquelas que constituam o objeto social das referidas entidades. (Incluído pela EC 37/2002.)

§ 3º O disposto no inciso II deste artigo aplica-se somente a operações e contratos efetuados por intermédio de instituições financeiras, sociedades corretoras de títulos e valores mobiliários, sociedades distribuidoras de títulos e valores mobiliários e sociedades corretoras de mercadorias. (Incluído pela EC 37/2002.)

Art. 86. Serão pagos conforme disposto no art. 100 da Constituição Federal, não se lhes aplicando a regra de parcelamento estabelecida no *caput* do art. 78 deste Ato das Disposições Constitucionais Transitórias, os débitos da Fazenda Federal, Estadual, Distrital ou Municipal oriundos de sentenças transitadas em julgado, que preencham, cumulativamente, as seguintes condições: (Incluído pela EC 37/2002.)

I - ter sido objeto de emissão de precatórios judiciários; (Incluído pela EC 37/2002.)

II - ter sido definidos como de pequeno valor pela lei de que trata o § 3º do art. 100 da Constituição Federal ou pelo art. 87 deste Ato das Disposições Constitucionais Transitórias; (Incluído pela EC 37/2002.)

III - estar, total ou parcialmente, pendentes de pagamento na data da publicação desta Emenda Constitucional. (Incluído pela EC 37/2002.)

§ 1º Os débitos a que se refere o *caput* deste artigo, ou os respectivos saldos, serão pagos na ordem cronológica de apresentação dos respectivos precatórios, com precedência sobre os de maior valor. (Incluído pela EC 37/2002.)

§ 2º Os débitos a que se refere o *caput* deste artigo, se ainda não tiverem sido objeto de pagamento parcial, nos termos do art. 78 deste Ato das Disposições Constitucionais Transitórias, poderão ser pagos em duas parcelas anuais, se assim dispuser a lei. (Incluído pela EC 37/2002.)

§ 3º Observada a ordem cronológica de sua apresentação, os débitos de natureza alimentícia previstos neste artigo terão precedência para pagamento sobre todos os demais. (Incluído pela EC 37/2002.)

Art. 87. Para efeito do que dispõem o § 3º do art. 100 da Constituição Federal e o art. 78 deste Ato das Disposições Constitucionais Transitórias serão considerados de pequeno valor, até que se dê a publicação oficial das respectivas leis definidoras pelos entes da Federação, observado o disposto no § 4º do art. 100 da Constituição Federal, os débitos ou obrigações consignados em precatório judiciário, que tenham valor igual ou inferior a: (Incluído pela EC 37/2002.)

I - quarenta salários-mínimos, perante a Fazenda dos Estados e do Distrito Federal; (Incluído pela EC 37/2002.)

II - trinta salários-mínimos, perante a Fazenda dos Municípios. (Incluído pela EC 37/2002.)

Parágrafo único. Se o valor da execução ultrapassar o estabelecido neste artigo, o pagamento far-se-á, sempre, por meio de precatório, sendo facultada à parte exequente a renúncia ao crédito do valor excedente, para que possa optar pelo pagamento do saldo sem o precatório, da forma prevista no § 3º do art. 100. (Incluído pela EC 37/2002.)

Art. 88. Enquanto lei complementar não disciplinar o disposto nos incisos I e III do § 3º do art. 156 da Constituição Federal, o imposto a que se refere o inciso III do *caput* do mesmo artigo: (Incluído pela EC 37/2002.)

I - terá alíquota mínima de dois por cento, exceto para os serviços a que se referem os itens 32, 33 e 34 da Lista de Serviços anexa ao Dec.-Lei n. 406, de 31 de dezembro de 1968; (Incluído pela EC 37/2002.)

II - não será objeto de concessão de isenções, incentivos e benefícios fiscais, que resulte, direta ou indiretamente, na redução da alíquota mínima estabelecida no inciso I. (Incluído pela EC 37/2002.)

Art. 89. Os integrantes da carreira policial militar e os servidores municipais do ex-Território Federal de Rondônia que, comprovadamente, se encontravam no exercício regular de suas funções prestando serviço àquele ex-Território na data em que foi transformado em Estado, bem como os servidores e os policiais militares alcançados pelo disposto no art. 36 da Lei Complementar n. 41, de 22 de dezembro de 1981, e aqueles admitidos regularmente nos quadros do Estado de Rondônia até a data de posse do primeiro Governador eleito, em 15 de março de

1987, constituirão, mediante opção, quadro em extinção da administração federal, assegurados os direitos e as vantagens a eles inerentes, vedado o pagamento, a qualquer título, de diferenças remuneratórias. (Redação dada pela EC 60/2009.)

- art. 1º, EC 60/2009 (Veda o pagamento, a qualquer título em virtude da alteração pela referida emenda de ressarcimentos ou indenizações, de qualquer espécie, referentes à períodos anteriores à data de sua publicação).
- EC 79/2014 (Altera o art. 31 da EC 19/1998, para prever a inclusão, em quadro em extinção da Administração Federal, de servidores e policiais militares admitidos pelos Estados do Amapá e de Roraima, na fase de instalação dessas unidades federadas, e dá outras providências.)

§ 1º Os membros da Polícia Militar continuarão prestando serviços ao Estado de Rondônia, na condição de cedidos, submetidos às corporações da Polícia Militar, observadas as atribuições de função compatíveis com o grau hierárquico. (Incluído pela EC 60/2009.)

§ 2º Os servidores a que se refere o *caput* continuarão prestando serviços ao Estado de Rondônia na condição de cedidos, até seu aproveitamento em órgão ou entidade da administração federal direta, autárquica ou fundacional. (Incluído pela EC 60/2009.)

Art. 90. O prazo previsto no *caput* do art. 84 deste Ato das Disposições Constitucionais Transitórias fica prorrogado até 31 de dezembro de 2007. (Incluído pela EC 42/2003.)

§ 1º Fica prorrogada, até a data referida no *caput* deste artigo, a vigência da Lei n. 9.311, de 24 de outubro de 1996, e suas alterações. (Incluído pela EC 42/2003.)

§ 2º Até a data referida no *caput* deste artigo, a alíquota da contribuição de que trata o art. 84 deste Ato das Disposições Constitucionais Transitórias será de trinta e oito centésimos por cento. (Incluído pela EC 42/2003.)

Art. 91. A União entregará aos Estados e ao Distrito Federal o montante definido em lei complementar, de acordo com critérios, prazos e condições nela determinados, podendo considerar as exportações para o exterior de produtos primários e semielaborados, a relação entre as exportações e as importações, os créditos decorrentes de aquisições destinadas ao ativo permanente e a efetiva manutenção e aproveitamento do crédito do imposto a que se refere o art. 155, § 2º, X, *a*. (Incluído pela EC 42/2003.)

§ 1º Do montante de recursos que cabe a cada Estado, setenta e cinco por cento pertencem ao próprio Estado, e vinte e cinco por cento, aos seus Municípios, distribuídos segundo os critérios a que se refere o art. 158, parágrafo único, da Constituição. (Incluído pela EC 42/2003.)

§ 2º A entrega de recursos prevista neste artigo perdurará, conforme definido em lei complementar, até que o imposto a que se refere o art. 155, II, tenha o produto de sua arrecadação destinado predominantemente, em proporção não inferior a oitenta por cento, ao Estado onde ocorrer o consumo das mercadorias, bens ou serviços. (Incluído pela EC 42/2003.)

§ 3º Enquanto não for editada a lei complementar de que trata o *caput*, em substituição ao sistema de entrega de recursos nele previsto, permanecerá vigente o sistema de entrega de recursos previsto no art. 31 e Anexo da Lei Complementar n. 87, de 13 de setembro de 1996, com a redação dada pela Lei Complementar n. 115, de 26 de dezembro de 2002. (Incluído pela EC 42/2003.)

§ 4º Os Estados e o Distrito Federal deverão apresentar à União, nos termos das instruções baixadas pelo Ministério da Fazenda, as informações relativas ao imposto de que trata o art. 155, II, declaradas pelos contribuintes que realizarem operações ou prestações com destino ao exterior. (Incluído pela EC 42/2003.)

Art. 92. São acrescidos dez anos ao prazo fixado no art. 40 deste Ato das Disposições Constitucionais Transitórias. (Incluído pela EC 42/2003.)

Art. 92-A. São acrescidos 50 (cinquenta) anos ao prazo fixado pelo art. 92 deste Ato das Disposições Constitucionais Transitórias. (Acrescentado pela EC 83/2014.)

Art. 93. A vigência do disposto no art. 159, III, e § 4º, iniciará somente após a edição da lei de que trata o referido inciso III. (Incluído pela EC 42/2003.)

Art. 94. Os regimes especiais de tributação para microempresas e empresas de pequeno porte próprios da União, dos Estados, do Distrito Federal e dos Municípios cessarão a partir da entrada em vigor do regime previsto no art. 146, III, *d*, da Constituição. (Incluído pela EC 42/2003.)

- LC 123/2006 (Estatuto Nacional da Microempresa e da Empresa de Pequeno Porte).
- Dec. 8.538/2015 (Regulamenta o tratamento favorecido, diferenciado e simplificado para as microempresas, empresas de pequeno porte, agricultores familiares, produtores rurais pessoa física, microempreendedores individuais e sociedades cooperativas nas contratações públicas de bens, serviços e obras no âmbito da administração pública federal).

Art. 95. Os nascidos no estrangeiro entre 07 de junho de 1994 e a data da promulgação desta Emenda Constitucional, filhos de pai brasileiro ou mãe brasileira, poderão ser registrados em repartição diplomática ou consular brasileira competente ou em ofício de registro, se vierem a residir na República Federativa do Brasil. (Incluído pela EC 54/2007.)

- art. 12 desta CF.

Art. 96. Ficam convalidados os atos de criação, fusão, incorporação e desmembramento de Municípios, cuja lei tenha sido publicada até 31 de dezembro de 2006, atendidos os requisitos estabelecidos na legislação do respectivo Estado à época de sua criação. (Incluído pela EC 57/2008.)

Art. 97. Até que seja editada a lei complementar de que trata o § 15 do art. 100 da Constituição Federal, os Estados, o Distrito Federal e os Municípios que, na data de publicação desta Emenda Constitucional, estejam em mora na quitação de precatórios vencidos, relativos às suas administrações direta e indireta, inclusive os emitidos durante o período de vigência do regime especial instituído por este artigo, farão esses pagamentos de acordo com as normas a seguir estabelecidas, sendo inaplicável o disposto no art. 100 desta Constituição Federal, exceto em seus §§ 2º, 3º, 9º, 10, 11, 12, 13 e 14, e sem prejuízo dos acordos de juízos conciliatórios já formalizados na data de promulgação desta Emenda Constitucional. (Incluído pela EC 62/2009.)

- art. 3º, EC 62/2009 (Estabelece que a implantação do regime de pagamento criado por este artigo deverá ocorrer no prazo de 90 dias, contados da data de sua publicação - DOU, 10.12.2009).
- ADIn 4.425 (O STF julgou procedente a ação para declarar a inconstitucionalidade deste artigo). DJE 19-12-2013.

§ 1º Os Estados, o Distrito Federal e os Municípios sujeitos ao regime especial de que trata este artigo optarão, por meio de ato do Poder Executivo: (Incluído pela EC 62/2009.)

- art. 4º, EC 62/2009 (Estabelece os casos em que a entidade financeira voltará a observar somente o disposto no art. 100, CF).

I - pelo depósito em conta especial do valor referido pelo § 2º deste artigo; ou (Incluído pela EC 62/2009.)

II - pela adoção do regime especial pelo prazo de até 15 (quinze) anos, caso em que o percentual a ser depositado na conta especial a que se refere o § 2º deste artigo corresponderá, anualmente, ao saldo total dos precatórios devidos, acrescido do índice oficial de remuneração básica da caderneta de poupança e de juros simples no mesmo percentual de juros incidentes sobre a caderneta de poupança para fins de compensação da mora, excluída a incidência de juros compensatórios, diminuído das amortizações e dividido pelo número de anos restantes no regime especial de pagamento. (Incluído pela EC 62/2009.)

§ 2º Para saldar os precatórios, vencidos e a vencer, pelo regime especial, os Estados, o Distrito Federal e os Municípios devedores depositarão mensalmente, em conta especial criada para tal fim, 1/12 (um doze avos) do valor calculado percentualmente sobre as respectivas receitas correntes líquidas, apuradas no segundo mês anterior ao mês de pagamento, sendo que esse percentual, calculado no momento de opção pelo regime e mantido fixo até o final do prazo a que se refere o § 14 deste artigo, será: (Incluído pela EC 62/2009.)

I - para os Estados e para o Distrito Federal: (Incluído pela EC 62/2009.)

a) de, no mínimo, 1,5% (um inteiro e cinco décimos por cento), para os Estados das regiões Norte, Nordeste e Centro-Oeste, além do Distrito Federal, ou cujo estoque de precatórios pendentes das suas administrações direta e indireta corresponder a até 35% (trinta e cinco por cento) do total da receita corrente líquida; (Incluído pela EC 62/2009.)

b) de, no mínimo, 2% (dois por cento), para os Estados das regiões Sul e Sudeste, cujo estoque de precatórios pendentes das suas administrações direta e indireta corresponder a mais de 35% (trinta e cinco por cento) da receita corrente líquida; (Incluído pela EC 62/2009.)

II - para Municípios: (Incluído pela EC 62/2009.)

a) de, no mínimo, 1% (um por cento), para Municípios das regiões Norte, Nordeste e Centro-Oeste, ou cujo estoque de precatórios pendentes das suas administrações direta e indireta corresponder a até 35% (trinta e cinco por cento) da receita corrente líquida; (Incluído pela EC 62/2009.)

b) de, no mínimo, 1,5% (um inteiro e cinco décimos por cento), para Municípios das regiões Sul e Sudeste, cujo estoque de precatórios pendentes das suas administrações direta e indireta corresponder a mais de 35% (trinta e cinco por cento) da receita corrente líquida. (Incluído pela EC 62/2009.)

§ 3º Entende-se como receita corrente líquida, para os fins de que trata este artigo, o somatório das receitas tributárias, patrimoniais, industriais, agropecuárias, de contribuições e de serviços, transferências correntes e outras receitas correntes, incluindo as oriundas do § 1º do art. 20 da Constituição Federal, verificado no período compreendido pelo mês de referência e os 11 (onze) meses anteriores, excluídas as duplicidades, e deduzidas: (Incluído pela EC 62/2009.)

I - nos Estados, as parcelas entregues aos Municípios por determinação constitucional; (Incluído pela EC 62/2009.)

II - nos Estados, no Distrito Federal e nos Municípios, a contribuição dos servidores para custeio do seu sistema de previdência e assistência social e as receitas provenientes da compensação financeira referida no § 9º do art. 201 da Constituição Federal. (Incluído pela EC 62/2009.)

§ 4º As contas especiais de que tratam os §§ 1º e 2º serão administradas pelo Tribunal de Justiça local, para pagamento de precatórios expedidos pelos tribunais. (Incluído pela EC 62/2009.)

§ 5º Os recursos depositados nas contas especiais de que tratam os §§ 1º e 2º deste artigo não poderão retornar para Estados, Distrito Federal e Municípios devedores. (Incluído pela EC 62/2009.)

§ 6º Pelo menos 50% (cinquenta por cento) dos recursos de que tratam os §§ 1º e 2º deste artigo serão utilizados para pagamento de precatórios em ordem cronológica de apresentação, respeitadas as preferências definidas no § 1º, para os requisitórios do mesmo ano e no § 2º do art. 100, para requisitórios de todos os anos. (Incluído pela EC 62/2009.)

§ 7º Nos casos em que não se possa estabelecer a precedência cronológica entre 2 (dois) precatórios, pagar-se-á primeiramente o precatório de menor valor. (Incluído pela EC 62/2009.)

§ 8º A aplicação dos recursos restantes dependerá de opção a ser exercida por Estados, Distrito Federal e Municípios devedores, por ato do Poder Executivo, obedecendo à seguinte forma, que poderá ser aplicada isoladamente ou simultaneamente: (Incluído pela EC 62/2009.)

I - destinados ao pagamento dos precatórios por meio do leilão; (Incluído pela EC 62/2009.)

II - destinados a pagamento a vista de precatórios não quitados na forma do § 6º e do inciso I, em ordem única e crescente de valor por precatório; (Incluído pela EC 62/2009.)

III - destinados a pagamento por acordo direto com os credores, na forma estabelecida por lei própria da entidade devedora, que poderá prever criação e forma de funcionamento de câmara de conciliação. (Incluído pela EC 62/2009.)

§ 9º Os leilões de que trata o inciso I do § 8º deste artigo: (Incluído pela EC 62/2009.)

I - serão realizados por meio de sistema eletrônico administrado por entidade autorizada pela Comissão de Valores Mobiliários ou pelo Banco Central do Brasil; (Incluído pela EC 62/2009.)

II - admitirão a habilitação de precatórios, ou parcela de cada precatório indicada pelo seu detentor, em relação aos quais não esteja pendente, no âmbito do Poder Judiciário, recurso ou impugnação de qualquer natureza, permitida por iniciativa do Poder Executivo a compensação com débitos líquidos e certos, inscritos ou não em dívida ativa e constituídos contra devedor originário pela Fazenda Pública devedora até a data da expedição do precatório, ressalvados aqueles cuja exigibilidade esteja suspensa nos termos da legislação, ou que já tenham sido objeto de abatimento nos termos do § 9º do art. 100 da Constituição Federal; (Incluído pela EC 62/2009.)

III - ocorrerão por meio de oferta pública a todos os credores habilitados pelo respectivo ente federativo devedor; (Incluído pela EC 62/2009.)

IV - considerarão automaticamente habilitado o credor que satisfaça o que consta no inciso II; (Incluído pela EC 62/2009.)

V - serão realizados tantas vezes quanto necessário em função do valor disponível; (Incluído pela EC 62/2009.)

VI - a competição por parcela do valor total ocorrerá a critério do credor, com deságio sobre o valor desta; (Incluído pela EC 62/2009.)

VII - ocorrerão na modalidade deságio, associado ao maior volume ofertado cumulado ou não com o maior percentual de deságio, pelo maior percentual de deságio, podendo ser fixado valor máximo por credor, ou por outro critério a ser definido em edital; (Incluído pela EC 62/2009.)

VIII - o mecanismo de formação de preço constará nos editais publicados para cada leilão; (Incluído pela EC 62/2009.)

IX - a quitação parcial dos precatórios será homologada pelo respectivo Tribunal que o expediu. (Incluído pela EC 62/2009.)

§ 10. No caso de não liberação tempestiva dos recursos de que tratam o inciso II do § 1º e os §§ 2º e 6º deste artigo: (Incluído pela EC 62/2009.)

I - haverá o sequestro de quantia nas contas de Estados, Distrito Federal e Municípios devedores, por ordem do Presidente do Tribunal referido no § 4º, até o limite do valor não liberado; (Incluído pela EC 62/2009.)

II - constituir-se-á, alternativamente, por ordem do Presidente do Tribunal requerido, em favor dos credores de precatórios, contra Estados, Distrito Federal e Municípios devedores, direito líquido e certo, autoaplicável e independentemente de regulamentação, à compensação automática com débitos líquidos lançados por esta contra aqueles, e, havendo saldo em favor do credor, o valor terá automaticamente poder liberatório do pagamento de tributos de Estados, Distrito Federal e Municípios devedores, até onde se compensarem; (Incluído pela EC 62/2009.)

III - o chefe do Poder Executivo responderá na forma da legislação de responsabilidade fiscal e de improbidade administrativa; (Incluído pela EC 62/2009.)

IV - enquanto perdurar a omissão, a entidade devedora: (Incluído pela EC 62/2009.)

a) não poderá contrair empréstimo externo ou interno; (Incluído pela EC 62/2009.)

b) ficará impedida de receber transferências voluntárias; (Incluído pela EC 62/2009.)

V - a União reterá os repasses relativos ao Fundo de Participação dos Estados e do Distrito Federal e ao Fundo de Participação dos Municípios, e os depositará nas contas especiais referidas no § 1º, devendo sua utilização obedecer ao que prescreve o § 5º, ambos deste artigo. (Incluído pela EC 62/2009.)

§ 11. No caso de precatórios relativos a diversos credores, em litisconsórcio, admite-se o desmembramento do valor, realizado pelo Tribunal de origem do precatório, por credor, e, por este, a habilitação do valor total a que tem direito, não se aplicando, neste caso, a regra do § 3º do art. 100 da Constituição Federal. (Incluído pela EC 62/2009.)

§ 12. Se a lei a que se refere o § 4º do art. 100 não estiver publicada em até 180 (cento e oitenta) dias, contados da data de publicação desta Emenda Constitucional, será considerado, para os fins referidos, em relação a Estados, Distrito Federal e Municípios devedores, omissos na regulamentação, o valor de: (Incluído pela EC 62/2009.)

I - 40 (quarenta) salários-mínimos para Estados e para o Distrito Federal; (Incluído pela EC 62/2009)

II - 30 (trinta) salários-mínimos para Municípios. (Incluído pela EC 62/2009)

§ 13. Enquanto Estados, Distrito Federal e Municípios devedores estiverem realizando pagamentos de precatórios pelo regime especial, não poderão sofrer sequestro de valores, exceto no caso de não liberação tempestiva dos recursos de que tratam o inciso II do § 1º e o § 2º deste artigo. (Incluído pela EC 62/2009.)

§ 14. O regime especial de pagamento de precatório previsto no inciso I do § 1º vigorará enquanto o valor dos precatórios devidos for superior ao valor dos recursos vinculados, nos termos do § 2º, ambos deste artigo, ou pelo prazo fixo de até 15 (quinze) anos, no caso da opção prevista no inciso II do § 1º. (Incluído pela EC 62/2009.)

§ 15. Os precatórios parcelados na forma do art. 33 ou do art. 78 deste Ato das Disposições Constitucionais Transitórias e ainda pendentes de pagamento ingressarão no regime especial com o valor atualizado das parcelas não pagas relativas a cada precatório, bem como o saldo dos acordos judiciais e extrajudiciais. (Incluído pela EC 62/2009.)

§ 16. A partir da promulgação desta Emenda Constitucional, a atualização de valores de requisitórios, até o efetivo pagamento, independentemente de sua natureza, será feita pelo índice oficial de remuneração básica da caderneta de poupança, e, para fins de compensação da mora, incidirão juros simples no mesmo percentual de juros incidentes sobre a caderneta de poupança, ficando excluída a incidência de juros compensatórios. (Incluído pela EC 62/2009.)

§ 17. O valor que exceder o limite previsto no § 2º do art. 100 da Constituição Federal será pago, durante a vigência do regime especial, na forma prevista nos §§ 6º e 7º ou nos incisos I, II e III do § 8º deste artigo, devendo os valores dispendidos para o atendimento do disposto no § 2º do art. 100 da Constituição Federal serem computados para efeito do § 6º deste artigo. (Incluído pela EC 62/2009.)

§ 18. Durante a vigência do regime especial a que se refere este artigo, gozarão também da preferência a que se refere o § 6º os titulares originais de precatórios que tenham completado 60 (sessenta) anos de idade até a data da promulgação desta Emenda Constitucional. (Incluído pela EC 62/2009.)

Art. 98. O número de defensores públicos na unidade jurisdicional será proporcional à efetiva demanda pelo serviço da Defensoria Pública e à respectiva população. (Acrescentado pela EC 80/2014.)

- art. 134, CF.

§ 1º No prazo de 8 (oito) anos, a União, os Estados e o Distrito Federal deverão contar com defensores públicos em todas as unidades jurisdicionais, observado o disposto no *caput* deste artigo. (Acrescentado pela EC 80/2014.)

§ 2º Durante o decurso do prazo previsto no § 1º deste artigo, a lotação dos defensores públicos ocorrerá, prioritariamente, atendendo as regiões com maiores índices de exclusão social e adensamento populacional. (Acrescentado pela EC 80/2014.)

Art. 99. Para efeito do disposto no inciso VII do § 2º do art. 155, no caso de operações e prestações que destinem bens e serviços a consumidor final não contribuinte localizado em outro Estado, o imposto correspondente à diferença entre a alíquota interna e a interestadual será partilhado entre os Estados de origem e de destino, na seguinte proporção: (Acrescentado pela EC 87/2015. Produção de efeitos no ano subsequente e após 90 dias de sua publicação.)

I - para o ano de 2015: 20% (vinte por cento) para o Estado de destino e 80% (oitenta por cento) para o Estado de origem; (Acrescentado pela EC 87/2015. Produção de efeitos no ano subsequente e após 90 dias de sua publicação.)

II - para o ano de 2016: 40% (quarenta por cento) para o Estado de destino e 60% (sessenta por cento) para o Estado de origem; (Acrescentado pela EC 87/2015. Produção de efeitos no ano subsequente e após 90 dias de sua publicação.)

III - para o ano de 2017: 60% (sessenta por cento) para o Estado de destino e 40% (quarenta por cento) para o Estado de origem; (Acrescentado pela EC 87/2015. Produção de efeitos no ano subsequente e após 90 dias de sua publicação.)

IV - para o ano de 2018: 80% (oitenta por cento) para o Estado de destino e 20% (vinte por cento) para o Estado de origem; (Acrescentado pela EC 87/2015. Produção de efeitos no ano subsequente e após 90 dias de sua publicação.)

V - a partir do ano de 2019: 100% (cem por cento) para o Estado de destino. (Acrescentado pela EC 87/2015. Produção de efeitos no ano subsequente e após 90 dias de sua publicação.)

Art. 100. Até que entre em vigor a lei complementar de que trata o inciso II do § 1º do art. 40 da Constituição Federal, os Ministros do Supremo Tribunal Federal, dos Tribunais Superiores e do Tribunal de Contas da União aposentar-se-ão, compulsoriamente, aos 75 (setenta e cinco) anos de idade, nas condições do art. 52 da Constituição Federal. (Acrescentado pela EC 88/2015.)

- ADIn 5.316 MC/DF (O STF, por maioria de votos, deferiu a medida cautelar para suspender a aplicação da expressão "Nas condições do art. 52 da CF contida neste artigo).

Art. 101. Os Estados, o Distrito Federal e os Municípios que, em 25 de março de 2015, se encontravam em mora no pagamento de seus precatórios quitarão, até 31 de dezembro de 2024, seus débitos vencidos e os que vencerão dentro desse período, atualizados pelo Índice Nacional de Preços ao Consumidor Amplo Especial (IPCA-E), ou por outro índice que venha a substituí-lo, depositando mensalmente em conta especial do Tribunal de Justiça local, sob única e exclusiva administração deste, 1/12 (um doze avos) do valor calculado percentualmente sobre suas receitas correntes líquidas apuradas no segundo mês anterior ao mês de pagamento, em percentual suficiente para a quitação de seus débitos e, ainda que variável, nunca inferior, em cada exercício, ao percentual praticado na data da entrada em vigor do regime especial a que se refere este artigo, em conformidade com plano de pagamento a ser anualmente apresentado ao Tribunal de Justiça local. (Redação dada pela EC 99, de 2017.)

§ 1º Entende-se como receita corrente líquida, para os fins de que trata este artigo, o somatório das receitas tributárias, patrimoniais, industriais, agropecuárias, de contribuições e de serviços, de transferências correntes e outras receitas correntes, incluindo as oriundas do § 1º do art. 20 da Constituição Federal, verificado no período compreendido pelo segundo mês imediatamente anterior ao de referência e os 11 (onze) meses precedentes, excluídas as duplicidades, e deduzidas: (Acrescentado pela EC 94/2016.)

I - nos Estados, as parcelas entregues aos Municípios por determinação constitucional; (Acrescentado pela EC 94/2016.)

II - nos Estados, no Distrito Federal e nos Municípios, a contribuição dos servidores para custeio de seu sistema de previdência e assistência social e as receitas provenientes da compensação financeira referida no § 9º do art. 201 da Constituição Federal. (Acrescentado pela EC 94/2016.)

§ 2º O débito de precatórios será pago com recursos orçamentários próprios provenientes das fontes de receita corrente líquida referidas no § 1º deste artigo e, adicionalmente, poderão ser utilizados recursos dos seguintes instrumentos: (Redação dada pela EC 99, de 2017)

I - até 75% (setenta e cinco por cento) dos depósitos judiciais e dos depósitos administrativos em dinheiro referentes a processos judiciais ou administrativos, tributários ou não tributários, nos quais sejam parte os Estados, o Distrito Federal ou os Municípios, e as respectivas autarquias, fundações e empresas estatais dependentes, mediante a instituição de fundo garantidor em montante equivalente a 1/3 (um terço) dos recursos levantados, constituído pela parcela restante dos depósitos judiciais e remunerado pela taxa referencial do Sistema Especial de Liquidação e de Custódia (Selic) para títulos federais, nunca inferior aos índices e critérios aplicados aos depósitos levantados; (Redação dada pela EC 99, de 2017)

II - até 30% (trinta por cento) dos demais depósitos judiciais da localidade sob jurisdição do respectivo Tribunal de Justiça, mediante a instituição de fundo garantidor em montante equivalente aos recursos levantados, constituído pela parcela restante dos depósitos judiciais e remunerado pela taxa referencial do Sistema Especial de Liquidação e de Custódia (Selic) para títulos federais, nunca inferior aos índices e critérios aplicados aos depósitos levantados, destinando-se: (Redação dada pela EC 99, de 2017)

a) no caso do Distrito Federal, 100% (cem por cento) desses recursos ao próprio Distrito Federal; (Acrescentado pela EC 94/2016.)

b) no caso dos Estados, 50% (cinquenta por cento) desses recursos ao próprio Estado e 50% (cinquenta por cento) aos respectivos Municípios, conforme a circunscrição judiciária onde estão depositados os recursos, e, se houver mais de um Município na mesma circunscrição judiciária, os recursos serão rateados entre os Municípios concorrentes, proporcionalmente às respectivas populações, utilizado como referência o último levantamento censitário ou a mais recente estimativa populacional da Fundação Instituto Brasileiro de Geografia e Estatística (IBGE); (Redação dada pela EC 99, de 2017)

III - empréstimos, excetuados para esse fim os limites de endividamento de que tratam os incisos VI e VII do *caput* do art. 52 da Constituição Federal e quaisquer outros limites de endividamento previstos em lei, não se aplicando a esses empréstimos a vedação de vinculação de receita prevista no inciso IV do *caput* do art. 167 da Constituição Federal; (Redação dada pela EC 99, de 2017)

IV - a totalidade dos depósitos em precatórios e requisições diretas de pagamento de obrigações de pequeno valor efetuados até 31 de dezembro de 2009 e ainda não levantados, com o cancelamento dos respectivos requisitórios e a baixa das obrigações, assegurada a revalidação dos requisitórios pelos juízos dos processos perante os Tribunais, a requerimento dos credores e após a oitiva da entidade devedora, mantidas a posição de ordem cronológica original e a remuneração de todo o período. (Incluído pela EC 99, de 2017)

§ 3º Os recursos adicionais previstos nos incisos I, II e IV do § 2º deste artigo serão transferidos diretamente pela instituição financeira depositária para a conta especial referida no *caput* deste artigo, sob única e exclusiva administração do Tribunal de Justiça local, e essa transferência deverá ser realizada em até sessenta dias contados a partir da entrada em vigor deste parágrafo, sob pena de responsabilização pessoal do dirigente da instituição financeira por improbidade. (Incluído pela EC 99, de 2017)

§ 4º No prazo de até seis meses contados da entrada em vigor do regime especial a que se refere este artigo, a União, diretamente, ou por intermédio das instituições financeiras oficiais sob seu controle, disponibilizará aos Estados, ao Distrito Federal e aos Municípios, bem como às respectivas autarquias, fundações e empresas estatais dependentes, linha de crédito especial para pagamento dos precatórios submetidos ao regime especial de pagamento de que trata este artigo, observadas as seguintes condições: (Incluído pela EC 99, de 2017)

I - no financiamento dos saldos remanescentes de precatórios a pagar a que se refere este parágrafo serão adotados os índices e critérios de atualização que incidem sobre o pagamento de precatórios, nos termos do § 12 do art. 100 da Constituição Federal; (Incluído pela EC 99, de 2017)

II - o financiamento dos saldos remanescentes de precatórios a pagar a que se refere este parágrafo será feito em parcelas mensais suficientes à satisfação da dívida assim constituída; (Incluído pela EC 99, de 2017)

III - o valor de cada parcela a que se refere o inciso II deste parágrafo será calculado percentualmente sobre a receita corrente líquida, respectivamente, do Estado, do Distrito Federal e do Município, no segundo mês anterior ao pagamento, em percentual equivalente à média do comprometimento percentual mensal de 2012 até o final do período referido no *caput* deste artigo, considerados para esse fim somente os recursos próprios de cada ente da Federação aplicados no pagamento de precatórios; (Incluído pela EC 99, de 2017)

IV - nos empréstimos a que se refere este parágrafo não se aplicam os limites de endividamento de que tratam os incisos VI e VII do *caput* do art. 52 da Constituição Federal e quaisquer outros limites de endividamento previstos em lei. (Incluído pela EC 99, de 2017)

Art. 102. Enquanto viger o regime especial previsto nesta Emenda Constitucional, pelo menos 50% (cinquenta por cento) dos recursos que, nos termos do art. 101 deste Ato das Disposições Constitucionais Transitórias, forem destinados ao pagamento dos precatórios em mora serão utilizados no pagamento segundo a ordem cronológica de apresentação, respeitadas as preferências dos créditos alimentares, e, nessas, as relativas à idade, ao estado de saúde e à deficiência, nos termos do § 2º do art. 100 da Constituição Federal, sobre todos os demais créditos de todos os anos. (Acrescentado pela EC 94/2016.)

§ 1º A aplicação dos recursos remanescentes, por opção a ser exercida por Estados, Distrito Federal e Municípios, por ato do respectivo Poder Executivo, observada a ordem de preferência dos credores, poderá ser destinada ao pagamento mediante acordos diretos, perante Juízos Auxiliares de Conciliação de Precatórios, com redução máxima de 40% (quarenta por cento) do valor do crédito atualizado, desde que em relação ao crédito não penda recurso ou defesa judicial e que sejam observados os requisitos definidos na regulamentação editada pelo ente federado. (Parágrafo único renumerado pela EC 99/2017.)

§ 2º. Na vigência do regime especial previsto no art. 101 deste Ato das Disposições Constitucionais Transitórias, as preferências relativas à idade, ao estado de saúde e à deficiência serão atendidas até o valor equivalente ao quíntuplo fixado em lei para os fins do disposto no § 3º do art. 100 da Constituição Federal, admitido o fracionamento para essa finalidade, e o restante será pago em ordem cronológica de apresentação do precatório. (Incluído pela EC 99, de 2017)

Art. 103. Enquanto os Estados, o Distrito Federal e os Municípios estiverem efetuando o pagamento da parcela mensal devida como previsto no *caput* do art. 101 deste Ato das Disposições Constitucionais Transitórias, nem eles, nem as respectivas autarquias, fundações e empresas estatais dependentes poderão sofrer sequestro de valores, exceto no caso de não liberação tempestiva dos recursos. (Acrescentado pela EC 94/2016.)

Parágrafo único. Na vigência do regime especial previsto no art. 101 deste Ato das Disposições Constitucionais Transitórias, ficam vedadas desapropriações pelos Estados, pelo Distrito Federal e pelos Municípios, cujos estoques de precatórios ainda pendentes de pagamento, incluídos os precatórios a pagar de suas entidades da administração indireta, sejam superiores a 70% (setenta por cento) das respectivas receitas correntes líquidas, excetuadas as desapropriações para fins de necessidade pública nas áreas de saúde, educação, segurança pública, transporte público, saneamento básico e habitação de interesse social. (Acrescentado pela EC 99/2017.)

Art. 104. Se os recursos referidos no art. 101 deste Ato das Disposições Constitucionais Transitórias para o pagamento de precatórios não forem tempestivamente liberados, no todo ou em parte: (Acrescentado pela EC 94/2016.)

I - o Presidente do Tribunal de Justiça local determinará o sequestro, até o limite do valor não liberado, das contas do ente federado inadimplente; (Acrescentado pela EC 94/2016.)

II - o chefe do Poder Executivo do ente federado inadimplente responderá, na forma da legislação de responsabilidade fiscal e de improbidade administrativa; (Acrescentado pela EC 94/2016.)

III - a União reterá os recursos referentes aos repasses ao Fundo de Participação dos Estados e do Distrito Federal e ao Fundo de Participação dos Municípios e os depositará na conta especial referida no art. 101 deste Ato das Disposições Constitucionais Transitórias, para utilização como nele previsto; (Acrescentado pela EC 94/2016.)

IV - os Estados reterão os repasses previstos no parágrafo único do art. 158 da Constituição Federal e os depositarão na conta especial referida no art. 101 deste Ato das Disposições Constitucionais Transitórias, para utilização como nele previsto. (Acrescentado pela EC 94/2016.)

Parágrafo único. Enquanto perdurar a omissão, o ente federado não poderá contrair empréstimo externo ou interno, exceto para os fins previstos no § 2º do art. 101 deste Ato das Disposições Constitucionais Transitórias, e ficará impedido de receber transferências voluntárias. (Acrescentado pela EC 94/2016.)

Art. 105. Enquanto viger o regime de pagamento de precatórios previsto no art. 101 deste Ato das Disposições Constitucionais Transitórias, é facultada aos credores de precatórios, próprios ou de terceiros, a compensação com débitos de natureza tributária ou de outra natureza que até 25 de março de 2015 tenham sido inscritos na dívida ativa dos Estados, do Distrito Federal ou dos Municípios, observados os requisitos definidos em lei própria do ente federado. (Acrescentado pela EC 94/2016.)

§ 1º Não se aplica às compensações referidas no *caput* deste artigo qualquer tipo de vinculação, como as transferências a outros entes e as destinadas à educação, à saúde e a outras finalidades. (Parágrafo único renumerado para § 1º pela EC 99/2017.)

§ 2º Os Estados, o Distrito Federal e os Municípios regulamentarão nas respectivas leis o disposto no *caput* deste artigo em até cento e vinte dias a partir de 1º de janeiro de 2018. (Acrescentado pela EC 99/2017.)

§ 3º Decorrido o prazo estabelecido no § 2º deste artigo sem a regulamentação nele prevista, ficam os credores de precatórios autorizados a exercer a faculdade a que se refere o *caput* deste artigo. (Acrescentado pela EC 99/2017.)

Art. 106. Fica instituído o Novo Regime Fiscal no âmbito dos Orçamentos Fiscal e da Seguridade Social da União, que vigorará por vinte exercícios financeiros, nos termos dos arts. 107 a 114 deste Ato das Disposições Constitucionais Transitórias. (Acrescentado pela EC 95/2016.)

Art. 107. Ficam estabelecidos, para cada exercício, limites individualizados para as despesas primárias: (Acrescentado pela EC 95/2016.)

I - do Poder Executivo; (Acrescentado pela EC 95/2016.)

II - do Supremo Tribunal Federal, do Superior Tribunal de Justiça, do Conselho Nacional de Justiça, da Justiça do Trabalho, da Justiça Federal, da Justiça Militar da União, da Justiça Eleitoral e da Justiça do Distrito Federal e Territórios, no âmbito do Poder Judiciário; (Acrescentado pela EC 95/2016.)

III - do Senado Federal, da Câmara dos Deputados e do Tribunal de Contas da União, no âmbito do Poder Legislativo; (Acrescentado pela EC 95/2016.)

IV - do Ministério Público da União e do Conselho Nacional do Ministério Público; e (Acrescentado pela EC 95/2016.)

V - da Defensoria Pública da União. (Acrescentado pela EC 95/2016.)

§ 1º Cada um dos limites a que se refere o *caput* deste artigo equivalerá:

I - para o exercício de 2017, à despesa primária paga no exercício de 2016, incluídos os restos a pagar pagos e demais operações que afetam o resultado primário, corrigida em 7,2% (sete inteiros e dois décimos por cento); e (Acrescentado pela EC 95/2016.)

II - para os exercícios posteriores, ao valor do limite referente ao exercício imediatamente anterior, corrigido pela variação do Índice Nacional de Preços ao Consumidor Amplo - IPCA, publicado pelo Instituto Brasileiro de Geografia e Estatística, ou de outro índice que vier a substituí-lo, para o período de doze meses encerrado em junho do exercício anterior a que se refere a lei orçamentária. (Acrescentado pela EC 95/2016.)

§ 2º Os limites estabelecidos na forma do inciso IV do *caput* do art. 51, do inciso XIII do *caput* do art. 52, do § 1º do art. 99, do § 3º do art. 127 e do § 3º do art. 134 da Constituição Federal não poderão ser superiores aos estabelecidos nos termos deste artigo. (Acrescentado pela EC 95/2016.)

§ 3º A mensagem que encaminhar o projeto de lei orçamentária demonstrará os valores máximos de programação compatíveis com os limites individualizados calculados na forma do § 1º deste artigo, observados os §§ 7º a 9º deste artigo. (Acrescentado pela EC 95/2016.)

§ 4º As despesas primárias autorizadas na lei orçamentária anual sujeitas aos limites de que trata este artigo não poderão exceder os valores máximos demonstrados nos termos do § 3º deste artigo. (Acrescentado pela EC 95/2016.)

§ 5º É vedada a abertura de crédito suplementar ou especial que amplie o montante total autorizado de despesa primária sujeita aos limites de que trata este artigo. (Acrescentado pela EC 95/2016.)

§ 6º Não se incluem na base de cálculo e nos limites estabelecidos neste artigo: (Acrescentado pela EC 95/2016.)

I - transferências constitucionais estabelecidas no § 1º do art. 20, no inciso III do parágrafo único do art. 146, no § 5º do art. 153, no art. 157, nos incisos I e II do *caput* do art. 158, no art. 159 e no § 6º do art. 212, as despesas referentes ao inciso XIV do *caput* do art. 21 e as complementações de que tratam os incisos IV e V do *caput* do art. 212-A, todos da Constituição Federal; (Redação dada pela EC 108/2020, com produção de efeitos financeiros a partir de 1º/1/2021)

II - créditos extraordinários a que se refere o § 3º do art. 167 da Constituição Federal; (Acrescentado pela EC 95/2016.)

III - despesas não recorrentes da Justiça Eleitoral com a realização de eleições; e (Acrescentado pela EC 95/2016.)

IV - despesas com aumento de capital de empresas estatais não dependentes. (Acrescentado pela EC 95/2016.)

V - transferências a Estados, Distrito Federal e Municípios de parte dos valores arrecadados com os leilões dos volumes excedentes ao limite a que se refere o § 2º do art. 1º da Lei nº 12.276, de 30 de junho de 2010, e a despesa decorrente da revisão do contrato de cessão onerosa de que trata a mesma Lei. (Acrescido pela EC 102/2019)

§ 7º Nos três primeiros exercícios financeiros da vigência do Novo Regime Fiscal, o Poder Executivo poderá compensar com redução equivalente na sua despesa primária, consoante os valores estabelecidos no projeto de lei orçamentária encaminhado pelo Poder Executivo no respectivo exercício, o excesso de despesas primárias em relação aos limites de que tratam os incisos II a V do *caput* deste artigo. (Acrescentado pela EC 95/2016.)

§ 8º A compensação de que trata o § 7º deste artigo não excederá a 0,25% (vinte e cinco centésimos por cento) do limite do Poder Executivo. (Acrescentado pela EC 95/2016.)

§ 9º Respeitado o somatório em cada um dos incisos de II a IV do *caput* deste artigo, a lei de diretrizes orçamentárias poderá dispor sobre a compensação entre os limites individualizados dos órgãos elencados em cada inciso. (Acrescentado pela EC 95/2016.)

§ 10. Para fins de verificação do cumprimento dos limites de que trata este artigo, serão consideradas as despesas primárias pagas, incluídos os restos a pagar pagos e demais operações que afetam o resultado primário no exercício. (Acrescentado pela EC 95/2016.)

§ 11. O pagamento de restos a pagar inscritos até 31 de dezembro de 2015 poderá ser excluído da verificação do cumprimento dos limites de que trata este artigo, até o excesso de resultado primário dos Orçamentos Fiscal e da Seguridade Social do exercício em relação à meta fixada na lei de diretrizes orçamentárias. (Acrescentado pela EC 95/2016.)

Art. 108. O Presidente da República poderá propor, a partir do décimo exercício da vigência do Novo Regime Fiscal, projeto de lei complementar para alteração do método de correção dos limites a que se refere o inciso II do § 1º do art. 107 deste Ato das Disposições Constitucionais Transitórias. (Acrescentado pela EC 95/2016.)

Parágrafo único. Será admitida apenas uma alteração do método de correção dos limites por mandato presidencial. (Acrescentado pela EC 95/2016.)

Art. 109. No caso de descumprimento de limite individualizado, aplicam-se, até o final do exercício de retorno das despesas aos respectivos limites, ao Poder Executivo ou a órgão elencado nos incisos II a V do *caput* do art. 107 deste Ato das Disposições Constitucionais Transitórias que o descumpriu, sem prejuízo de outras medidas, as seguintes vedações: (Acrescentado pela EC 95/2016.)

I - concessão, a qualquer título, de vantagem, aumento, reajuste ou adequação de remuneração de membros de Poder ou de órgão, de servidores e empregados públicos e militares, exceto dos derivados de sentença judicial transitada em julgado ou de determinação legal decorrente de atos anteriores à entrada em vigor desta Emenda Constitucional; (Acrescentado pela EC 95/2016.)

II - criação de cargo, emprego ou função que implique aumento de despesa; (Acrescentado pela EC 95/2016.)

III - alteração de estrutura de carreira que implique aumento de despesa; (Acrescentado pela EC 95/2016.)

IV - admissão ou contratação de pessoal, a qualquer título, ressalvadas as reposições de cargos de chefia e de direção que não acarretem aumento de despesa e aquelas decorrentes de vacâncias de cargos efetivos ou vitalícios; (Acrescentado pela EC 95/2016.)

V - realização de concurso público, exceto para as reposições de vacâncias previstas no inciso IV; (Acrescentado pela EC 95/2016.)

VI - criação ou majoração de auxílios, vantagens, bônus, abonos, verbas de representação ou benefícios de qualquer natureza em favor de membros de Poder, do Ministério Público ou da Defensoria Pública e de servidores e empregados públicos e militares; (Acrescentado pela EC 95/2016.)

VII - criação de despesa obrigatória; e (Acrescentado pela EC 95/2016.)

VIII - adoção de medida que implique reajuste de despesa obrigatória acima da variação da inflação, observada a preservação do poder aquisitivo referida no inciso IV do *caput* do art. 7º da Constituição Federal. (Acrescentado pela EC 95/2016.)

§ 1º As vedações previstas nos incisos I, III e VI do *caput*, quando descumprido qualquer dos limites individualizados dos órgãos elencados nos incisos II, III e IV do *caput* do art. 107 deste Ato das Disposições Constitucionais Transitórias, aplicam-se ao conjunto dos órgãos referidos em cada inciso. (Acrescentado pela EC 95/2016.)

§ 2º Adicionalmente ao disposto no *caput*, no caso de descumprimento do limite de que trata o inciso I do *caput* do art. 107 deste Ato das Disposições Constitucionais Transitórias, ficam vedadas: (Acrescentado pela EC 95/2016.)

I - a criação ou expansão de programas e linhas de financiamento, bem como a remissão, renegociação ou refinanciamento de dívidas que impliquem ampliação das despesas com subsídios e subvenções; e (Acrescentado pela EC 95/2016.)

II - a concessão ou a ampliação de incentivo ou benefício de natureza tributária. (Acrescentado pela EC 95/2016.)

§ 3º No caso de descumprimento de qualquer dos limites individualizados de que trata o *caput* do art. 107 deste Ato das Disposições Constitucionais Transitórias, fica vedada a concessão da revisão geral prevista no inciso X do *caput* do art. 37 da Constituição Federal. (Acrescentado pela EC 95/2016.)

§ 4º As vedações previstas neste artigo aplicam-se também a proposições legislativas. (Acrescentado pela EC 95/2016.)

Art. 110. Na vigência do Novo Regime Fiscal, as aplicações mínimas em ações e serviços públicos de saúde e em manutenção e desenvolvimento do ensino equivalerão: (Acrescentado pela EC 95/2016.)

I - no exercício de 2017, às aplicações mínimas calculadas nos termos do inciso I do § 2º do art. 198 e do *caput* do art. 212, da Constituição Federal; e (Acrescentado pela EC 95/2016.)

II - nos exercícios posteriores, aos valores calculados para as aplicações mínimas do exercício imediatamente anterior, corrigidos na forma estabelecida pelo inciso II do § 1º do art. 107 deste Ato das Disposições Constitucionais Transitórias. (Acrescentado pela EC 95/2016.)

Art. 111. A partir do exercício financeiro de 2018, até o último exercício de vigência do Novo Regime Fiscal, a aprovação e a execução previstas nos §§ 9º e 11 do art. 166 da Constituição Federal corresponderão ao montante de execução obrigatória para o exercício de 2017, corrigido na forma estabelecida pelo inciso II do § 1º do art. 107 deste Ato das Disposições Constitucionais Transitórias. (Acrescentado pela EC 95/2016.)

Art. 112. As disposições introduzidas pelo Novo Regime Fiscal: (Acrescentado pela EC 95/2016.)

I - não constituirão obrigação de pagamento futuro pela União ou direitos de outrem sobre o erário; e (Acrescentado pela EC 95/2016.)

II - não revogam, dispensam ou suspendem o cumprimento de dispositivos constitucionais e legais que disponham sobre metas fiscais ou limites máximos de despesas. (Acrescentado pela EC 95/2016.)

Art. 113. A proposição legislativa que crie ou altere despesa obrigatória ou renúncia de receita deverá ser acompanhada da estimativa do seu impacto orçamentário e financeiro. (Acrescentado pela EC 95/2016.)

Art. 114. A tramitação de proposição elencada no *caput* do art. 59 da Constituição Federal, ressalvada a referida no seu inciso V, quando acarretar aumento de despesa ou renúncia de receita, será suspensa por até vinte dias, a requerimento de um quinto dos membros da Casa, nos termos regimentais, para análise de sua compatibilidade com o Novo Regime Fiscal. (Acrescentado pela EC 95/2016.)

Brasília, 05 de outubro de 1988.

Ulysses Guimarães
Presidente

Mauro Benevides
1º Vice-Presidente

Jorge Arbage
2º Vice-Presidente

EMENDA CONSTITUCIONAL Nº 1, DE 31 DE MARÇO DE 1992

Dispõe sobre a remuneração dos Deputados Estaduais e dos Vereadores.

As Mesas da Câmara dos Deputados e do Senado Federal, nos termos do § 3º do art. 60 da Constituição Federal, promulgam a seguinte emenda ao texto constitucional:

Art. 1º O § 2º do art. 27 da Constituição passa a vigorar com a seguinte redação:

› Alteração incorporada ao texto da CF.

Art. 2º São acrescentados ao art. 29 da Constituição os seguintes incisos, VI e VII, renumerando-se os demais:

› Alteração incorporada ao texto da CF.

Art. 3º Esta Emenda Constitucional entra em vigor na data de sua publicação.

Brasília, 31 de março de 1992.

Mesa da Câmara dos Deputados
Deputado Ibsen Pinheiro
Presidente

Mesa do Senado Federal
Senador Mauro Benevides
Presidente

EMENDA CONSTITUCIONAL Nº 2, DE 25 DE AGOSTO DE 1992

Dispõe sobre o plebiscito previsto no art. 2º do Ato das Disposições Constitucionais Transitórias.

As Mesas da Câmara dos Deputados e do Senado Federal, nos termos do § 3º do art. 60 da Constituição Federal, promulgam a seguinte Emenda ao texto constitucional:

Artigo único. O plebiscito de que trata o art. 2º do Ato das Disposições Constitucionais Transitórias realizar-se-á no dia 21 de abril de 1993.

§ 1º. A forma e o sistema de governo definidos pelo plebiscito terão vigência em 1º de janeiro de 1995.

§ 2º. A lei poderá dispor sobre a realização do plebiscito, inclusive sobre a gratuidade da livre divulgação das formas e sistemas de governo, através dos meios de comunicação de massa concessionários ou permissionários de serviço público, assegurada igualdade de tempo e paridade de horários.

§ 3º. A norma constante do parágrafo anterior não exclui a competência do Tribunal Superior Eleitoral para expedir instruções necessárias à realização da consulta plebiscitária.

Brasília, 25 de agosto de 1992.

Mesa da Câmara dos Deputados
Deputado Ibsen Pinheiro
Presidente

Mesa do Senado Federal
Senador Mauro Benevides
Presidente

EMENDA CONSTITUCIONAL Nº 3, DE 17 DE MARÇO DE 1993

Altera dispositivos da Constituição

As Mesas da Câmara dos Deputados e do Senado Federal, nos termos do § 3º do art. 60 da Constituição Federal, promulgam a seguinte emenda ao texto constitucional:

Art. 1º Os dispositivos da Constituição Federal abaixo enumerados passam a vigorar com as seguintes alterações:

› Alteração incorporada ao texto da CF.

Art. 2º A União poderá instituir, nos termos de lei complementar, com vigência até 31 de dezembro de 1994, imposto sobre movimentação ou transmissão de valores e de créditos e direitos de natureza financeira.

§ 1º. A alíquota do imposto de que trata este artigo não excederá a vinte e cinco centésimos por cento, facultado ao Poder Executivo reduzi-la ou restabelecê-la, total ou parcialmente, nas condições e limites fixados em lei.

§ 2º. Ao imposto de que trata este artigo não se aplica o art. 150, III, b, e VI, nem o disposto no § 5º do art. 153 da Constituição.

§ 3º. O produto da arrecadação do imposto de que trata este artigo não se encontra sujeito a qualquer modalidade de repartição com outra entidade federada.

§ 4º. (Revogado pela ECR nº 1, de 01/03/94)

Art. 3º A eliminação do adicional ao imposto de renda, de competência dos Estados, decorrente desta Emenda Constitucional, somente produzirá efeitos a partir de 1º de janeiro de 1996, reduzindo-se a correspondente alíquota, pelo menos, a dois e meio por cento no exercício financeiro de 1995.

Art. 4º A eliminação do imposto sobre vendas a varejo de combustíveis líquidos e gasosos, de competência dos Municípios, decorrente desta Emenda Constitucional, somente produzirá efeitos a partir de 1º de janeiro de 1996, reduzindo-se a correspondente alíquota, pelo menos, a um e meio por cento no exercício financeiro de 1995.

Art. 5º Até 31 de dezembro de 1999, os Estados, o Distrito Federal e os Municípios somente poderão emitir títulos da dívida pública no montante necessário ao refinanciamento do principal devidamente atualizado de suas obrigações, representadas por essa espécie de títulos, ressalvado o disposto no art. 33, parágrafo único, do Ato das Disposições Constitucionais Transitórias.

Art. 6º Revogam-se o inciso IV e o § 4º do art. 156 da Constituição Federal.

Brasília, 17 de março de 1993.

Mesa da Câmara dos Deputados
Deputado Inocêncio Oliveira
Presidente

Mesa do Senado Federal
Senador Humberto Lucena
Presidente

EMENDA CONSTITUCIONAL Nº 4, DE 14 DE SETEMBRO DE 1993

Dá nova redação ao art. 16 da Constituição Federal.

As Mesas da Câmara dos Deputados e do Senado Federal, nos termos do § 3º do art. 60 da Constituição Federal, promulgam a seguinte emenda ao texto constitucional:

Artigo único. O art. 16 da Constituição Federal passa a vigorar com a seguinte redação:

› Alteração incorporada ao texto da CF.

Brasília, 14 de setembro de 1993.

Mesa da Câmara dos Deputados
Deputado Inocêncio Oliveira
Presidente

Mesa do Senado Federal
Senador Humberto Lucena
Presidente

EMENDA CONSTITUCIONAL DE REVISÃO Nº 1, DE 01 DE MARÇO DE 1994

Acrescenta os arts. 71, 72 e 73 ao Ato das Disposições Constitucionais Transitórias.

A Mesa do Congresso Nacional, nos termos do art. 60 da Constituição Federal, combinado com o art. 3º do Ato das Disposições Constitucionais Transitórias, promulga a seguinte emenda constitucional:

Art. 1º Ficam incluídos os arts. 71, 72 e 73 no Ato das Disposições Constitucionais Transitórias, com a seguinte redação:

› Alteração incorporada ao texto do ADCT.

Art. 2º Fica revogado o § 4º do art. 2º da Emenda Constitucional nº 3, de 1993.

Art. 3º Esta Emenda entra em vigor na data de sua publicação.

Brasília, 1º de março de 1994.

Humberto Lucena
Presidente

EMENDA CONSTITUCIONAL DE REVISÃO Nº 2, DE 07 DE JUNHO DE 1994

Altera o caput do art. 50 e seu § 2º, da Constituição Federal.

A Mesa do Congresso Nacional, nos termos do art. 60 da Constituição Federal, combinado com o art. 3º do Ato das Disposições Constitucionais Transitórias, promulga a seguinte emenda constitucional:

Art. 1º É acrescentada a expressão ou quaisquer titulares de órgãos diretamente subordinados à Presidência da República ao texto do art. 50 da Constituição, que passa a vigorar com a redação seguinte:

‣ Alteração incorporada ao texto da CF.

Art. 2º É acrescentada a expressão ou a qualquer das pessoas referidas no *caput* deste artigo ao § 2º do art. 50, que passa a vigorar com a redação seguinte:

‣ Alteração incorporada ao texto da CF.

Art. 3º Esta Emenda Constitucional entra em vigor na data de sua publicação.

Brasília, 7 de junho de 1994.

Humberto Lucena
Presidente

EMENDA CONSTITUCIONAL DE REVISÃO Nº 3, DE 07 DE JUNHO DE 1994

Altera a alínea "c" do inciso I, a alínea "b" do inciso II, o § 1º e o inciso II do § 4º do art. 12 da Constituição Federal.

Mesa do Congresso Nacional, nos termos do art. 60 da Constituição Federal, combinado com o art. 3º do Ato das Disposições Constitucionais Transitórias, promulga a seguinte emenda constitucional:

Art. 1º A alínea "c" do inciso I, a alínea "b" do inciso II, o § 1º e o inciso II do § 4º do art. 12 da Constituição Federal passam a vigorar com a seguinte redação:

‣ Alteração incorporada ao texto da CF.

Art. 2º Esta Emenda Constitucional entra em vigor na data de sua publicação.

Brasília, 7 de junho de 1994.

Humberto Lucena
Presidente

EMENDA CONSTITUCIONAL DE REVISÃO Nº 4, DE 07 DE JUNHO DE 1994

Altera o § 9º do art. 14 da Constituição Federal.

A Mesa do Congresso Nacional, nos termos do art. 60 da Constituição Federal, combinado com o art. 3º do Ato das Disposições Constitucionais Transitórias, promulga a seguinte emenda constitucional:

Art. 1º São acrescentadas ao § 9º do art. 14 da Constituição as expressões: a probidade administrativa, a moralidade para o exercício do mandato, considerada a vida pregressa do candidato, e, após a expressão a fim de proteger, passando o dispositivo a vigorar com a seguinte redação:

‣ Alteração incorporada ao texto da CF.

Art. 2º Esta Emenda Constitucional entra em vigor na data de sua publicação.

Brasília, 7 de junho de 1994.

Humberto Lucena
Presidente

EMENDA CONSTITUCIONAL DE REVISÃO Nº 5, DE 07 DE JUNHO DE 1994

Altera o art. 82 da Constituição Federal.

A Mesa do Congresso Nacional, nos termos do art. 60 da Constituição Federal, combinado com o art. 3º do Ato das Disposições Constitucionais Transitórias, promulga a seguinte emenda constitucional:

Art. 1º No art. 82 fica substituída a expressão cinco anos por quatro anos.

Art. 2º Esta Emenda Constitucional entra em vigor no dia 1º de janeiro de 1995.

Brasília, 7 de junho de 1994.

Humberto Lucena
Presidente

EMENDA CONSTITUCIONAL DE REVISÃO Nº 6, DE 07 DE JUNHO DE 1994

Acrescenta o § 4º ao art. 55 da Constituição Federal.

A Mesa do Congresso Nacional, nos termos do art. 60 da Constituição Federal, combinado com o art. 3º do Ato das Disposições Constitucionais Transitórias, promulga a seguinte emenda constitucional:

Art. 1º Fica acrescido, no art. 55, o § 4º, com a seguinte redação:

‣ Alteração incorporada ao texto da CF.

Art. 2º Esta Emenda Constitucional entra em vigor na data de sua publicação.

Brasília, 7 de junho de 1994.

Humberto Lucena
Presidente

EMENDA CONSTITUCIONAL Nº 5, DE 15 DE AGOSTO DE 1995

Altera o § 2º do art. 25 da Constituição Federal.

As Mesas da Câmara dos Deputados e do Senado Federal, nos termos do § 3º do art. 60 da Constituição Federal, promulgam a seguinte emenda ao texto constitucional:

Artigo único. O parágrafo 2º do art. 25 da Constituição Federal passa a vigorar com a seguinte redação:

‣ Alteração incorporada ao texto da CF.

Brasília, 15 de agosto de 1995

Mesa da Câmara dos Deputados
Deputado Luís Eduardo
Presidente

Mesa do Senado Federal
Senador José Sarney
Presidente

EMENDA CONSTITUCIONAL Nº 6, DE 15 DE AGOSTO DE 1995

Altera o inciso IX do art. 170, o art. 171 e o § 1º do art. 176 da Constituição Federal.

As Mesas da Câmara dos Deputados e do Senado Federal, nos termos do § 3º do art. 60 da Constituição Federal, promulgam a seguinte emenda ao texto constitucional:

Art. 1º O inciso IX do art. 170 e o § 1º do art. 176 da Constituição Federal passam a vigorar com a seguinte redação:

‣ Alteração incorporada ao texto da CF.

Art. 2º Fica incluído o seguinte art. 246 no Título IX – "Das Disposições Constitucionais Gerais":

‣ Alteração incorporada ao texto da CF.

Art. 3º Fica revogado o art. 171 da Constituição Federal.

Brasília, 15 de agosto de 1995

Mesa da Câmara dos Deputados
Deputado Luís Eduardo
Presidente

Mesa do Senado Federal
Senador José Sarney
Presidente

EMENDA CONSTITUCIONAL Nº 7, DE 15 DE AGOSTO DE 1995

Altera o art. 178 da Constituição Federal e dispõe sobre a adoção de Medidas Provisórias.

As Mesas da Câmara dos Deputados e do Senado Federal, nos termos do § 3º do art. 60 da Constituição Federal, promulgam a seguinte emenda ao texto constitucional:

Art. 1º O art. 178 da Constituição Federal passa a vigorar com a seguinte redação:

‣ Alteração incorporada ao texto da CF.

Art. 2º Fica incluído o seguinte art. 246 no Título IX – "Das Disposições Constitucionais Gerais":

‣ Alteração incorporada ao texto da CF.

Brasília, 15 de agosto de 1995

Mesa da Câmara dos Deputados
Deputado Luís Eduardo
Presidente

Mesa do Senado Federal
Senador José Sarney
Presidente

EMENDA CONSTITUCIONAL Nº 8, DE 15 DE AGOSTO DE 1995

Altera o inciso XI e a alínea "a" do inciso XII do art. 21 da Constituição Federal.

As Mesas da Câmara dos Deputados e do Senado Federal, nos termos do § 3º do art. 60 da Constituição Federal, promulgam a seguinte emenda ao texto constitucional:

Art. 1º O inciso XI e a alínea "a" do inciso XII do art. 21 da Constituição Federal passam a vigorar com a seguinte redação:

‣ Alteração incorporada ao texto da CF.

Art. 2º É vedada a adoção de medida provisória para regulamentar o disposto no inciso XI do art. 21 com a redação dada por esta emenda constitucional.

Brasília, 15 de agosto de 1995

Mesa da Câmara dos Deputados
Deputado Luís Eduardo
Presidente

Mesa do Senado Federal
Senador José Sarney
Presidente

EMENDA CONSTITUCIONAL Nº 9, DE 09 DE NOVEMBRO DE 1995

Dá nova redação ao art. 177 da Constituição Federal, alterando e inserindo parágrafos.

As Mesas da Câmara dos Deputados e do Senado Federal, nos termos do art. 60, § 3º, da Constituição Federal, promulgam a seguinte emenda ao texto constitucional:

Art. 1º O § 1º do art. 177 da Constituição Federal passa a vigorar com a seguinte redação:

▸ Alteração incorporada ao texto da CF.

Art. 2º Inclua-se um parágrafo, a ser enumerado como § 2º com a redação seguinte, passando o atual § 2º para § 3º, no art. 177 da Constituição Federal:

▸ Alteração incorporada ao texto da CF.

Art. 3º É vedada a adoção de medida provisória para a regulamentação da matéria prevista nos incisos I a IV e dos §§ 1º e 2º do art. 177 da Constituição Federal.

Brasília, 9 de novembro de 1995

Mesa da Câmara dos Deputados
Deputado Luís Eduardo
Presidente

Mesa do Senado Federal
Senador José Sarney
Presidente

EMENDA CONSTITUCIONAL Nº 10, DE 04 DE MARÇO DE 1996

Altera os arts. 71 e 72 do Ato das Disposições Constitucionais Transitórias, introduzidos pela Emenda Constitucional de Revisão nº 1, de 1994

As Mesas da Câmara dos Deputados e do Senado Federal, nos termos do § 3º do art. 60 da Constituição Federal, promulgam a seguinte emenda ao texto constitucional:

Art. 1º O art. 71 do Ato das Disposições Constitucionais Transitórias passa a vigorar com a seguinte redação:

▸ Alteração incorporada ao texto da CF.

Art. 2º O art. 72 do Ato das Disposições Constitucionais Transitórias passa a vigorar com a seguinte redação:

▸ Alteração incorporada ao texto da CF.

Art. 3º Esta Emenda Constitucional entra em vigor na data de sua publicação.

Brasília, 04 de março de 1996

Mesa da Câmara dos Deputados
Deputado Luís Eduardo
Presidente

Mesa do Senado Federal
Senador José Sarney
Presidente

EMENDA CONSTITUCIONAL Nº 11, DE 30 DE ABRIL DE 1996

Permite a admissão de professores, técnicos e cientistas estrangeiros pelas universidades brasileiras e concede autonomia às instituições de pesquisa científica e tecnológica.

As Mesas da Câmara dos Deputados e do Senado Federal, nos termos do § 3º do art. 60 da Constituição Federal, promulgam a seguinte emenda ao texto constitucional:

Art. 1º São acrescentados ao art. 207 da Constituição Federal dois parágrafos com a seguinte redação:

▸ Alteração incorporada ao texto da CF.

Art. 2º Esta Emenda entra em vigor na data de sua publicação.

Brasília, 30 de abril de 1996

Mesa da Câmara dos Deputados
Deputado Luís Eduardo
Presidente

Mesa do Senado Federal
Senador José Sarney
Presidente

EMENDA CONSTITUCIONAL Nº 12, DE 15 DE AGOSTO DE 1996

Outorga competência à União, para instituir contribuição provisória sobre movimentação ou transmissão de valores e de créditos e direitos de natureza financeira.

As Mesas da Câmara dos Deputados e do Senado Federal, nos termos do § 3º do art. 60 da Constituição Federal, promulgam a seguinte emenda ao texto constitucional:

Artigo único. Inclui o art. 74 no ADCT.

▸ Alteração incorporada ao texto do ADCT.

Brasília, 15 de agosto de 1996.

Mesa da Câmara dos Deputados
Deputado Luís Eduardo
Presidente

Mesa do Senado Federal
Senador José Sarney
Presidente

EMENDA CONSTITUCIONAL Nº 13, DE 21 DE AGOSTO DE 1996

Dá nova redação ao inciso II do art. 192 da Constituição Federal.

As Mesas da Câmara dos Deputados e do Senado Federal, nos termos do § 3º do art. 60 da Constituição Federal, promulgam a seguinte emenda ao texto constitucional:

Artigo único. O inciso II do art. 192 da Constituição Federal passa a vigorar com a seguinte redação:

▸ Alteração incorporada ao texto da CF.

Brasília, 21 de agosto de 1996.

Mesa da Câmara dos Deputados
Deputado Luís Eduardo
Presidente

Mesa do Senado Federal
Senador José Sarney
Presidente

EMENDA CONSTITUCIONAL Nº 14, DE 12 DE SETEMBRO DE 1996

Modifica os arts. 34, 208, 211 e 212 da Constituição Federal e dá nova redação ao art. 60 do Ato das Disposições Constitucionais Transitórias.

As Mesas da Câmara dos Deputados e do Senado Federal, nos termos do § 3º do art. 60 da Constituição Federal, promulgam a seguinte emenda ao texto constitucional:

Art. 1º É acrescentada no inciso VII do art. 34, da Constituição Federal, a alínea "e":

▸ Alteração incorporada ao texto da CF.

Art. 2º É dada nova redação aos incisos I e II do art. 208 da Constituição Federal:

▸ Alteração incorporada ao texto da CF.

Art. 3º É dada nova redação aos §§ 1º e 2º do art. 211 da Constituição Federal e nele são inseridos mais dois parágrafos:

▸ Alteração incorporada ao texto da CF.

Art. 4º É dada nova redação ao § 5º do art. 212 da Constituição Federal:

▸ Alteração incorporada ao texto da CF.

Art. 5º É alterado o art. 60 do ADCT e nele são inseridos novos parágrafos, passando o artigo a ter a seguinte redação:

▸ Alteração incorporada ao texto do ADCT.

Art. 6º Esta emenda entra em vigor a primeiro de janeiro do ano subsequente ao de sua promulgação.

Brasília, 12 de setembro de 1996.

Mesa da Câmara dos Deputados:
Deputado Luiz Eduardo
Presidente

Mesa do Senado Federal:
Senador José Sarney
Presidente

EMENDA CONSTITUCIONAL Nº 15, DE 12 DE SETEMBRO DE 1996

Dá nova redação ao § 4º do art. 18 da Constituição Federal.

As Mesas da Câmara dos Deputados e do Senado Federal, nos termos do § 3º do art. 60 da Constituição Federal, promulgam a seguinte emenda ao texto constitucional:

Artigo único. O § 4º do art. 18 da Constituição Federal passa a vigorar com a seguinte redação:

▸ Alteração incorporada ao texto da CF.

Brasília, 12 de setembro de 1996.

Mesa da Câmara dos Deputados
Deputado Luiz Eduardo
Presidente

Mesa do Senado Federal
Senador José Sarney
Presidente

EMENDA CONSTITUCIONAL Nº 16, DE 04 DE JUNHO DE 1997

Dá nova redação ao § 5º do art. 14, ao caput do art. 28, ao inciso II do art. 29, ao caput do art. 77 e ao art. 82 da Constituição Federal.

As Mesas da Câmara dos Deputados e do Senado Federal, nos termos do § 3º do art. 60 da Constituição Federal, promulgam a seguinte emenda ao texto constitucional:

Art. 1º O § 5º do art. 14, o *caput* do art. 28, o inciso II do art. 29, o *caput* do art. 77 e o art. 82 da Constituição Federal passam a vigorar com a seguinte redação:

▸ Alteração incorporada ao texto da CF.

Art. 2º Esta emenda constitucional entra em vigor na data de sua publicação.

Brasília, 4 de junho de 1997.

Mesa da Câmara dos Deputados:
Deputado Michel Temer
Presidente

Mesa do Senado Federal:
Senador Antonio Carlos Magalhães
Presidente

EMENDA CONSTITUCIONAL Nº 17, DE 22 DE NOVEMBRO DE 1997

Altera dispositivos dos arts. 71 e 72 do Ato das Disposições Constitucionais Transitórias, introduzidos pela Emenda Constitucional de Revisão nº 1, de 1994.

As mesas da Câmara dos Deputados e do Senado Federal, nos termos do par. 3. do art. 60 da Constituição Federal, promulgam a seguinte emenda ao Texto Constitucional:

Art. 1º O *caput* do art. 71 do Ato das Disposições Constitucionais Transitórias passa a vigorar com a seguinte redação:

‣ Alteração incorporada ao texto do ADCT.

Art. 2º O inciso V do art. 72 do Ato das Disposições Constitucionais Transitórias passa a vigorar com a seguinte redação

‣ Alteração incorporada ao texto do ADCT.

Art. 3º A União repassará aos Municípios, do produto da arrecadação do Imposto sobre a Renda e Proventos de qualquer natureza, tal como considerado na constituição dos fundos de que trata o art. 159, I, da Constituição, excluída a parcela referida no art. 72, I, do Ato das Disposições Constitucionais Transitórias, os seguintes percentuais:

I - um inteiro e cinquenta e seis centésimos por cento, no período de 01/07/1997 a 31/12/1997;

II - um inteiro e oitocentos e setenta e cinco milésimos por cento, no período de 01/01/1998 a 31/12/1998;

III - dois inteiros e cinco décimos por cento, no período de 01/01/1999 a 31/12/1999.

Parágrafo único. O repasse dos recursos de que trata este artigo obedecerá a mesma periodicidade e aos mesmos critérios de repartição e normas adotadas no Fundo de Participação dos Municípios, observado o disposto no art. 160 da Constituição.

Art. 4º Os efeitos do disposto nos arts. 71 e 72 do Ato das Disposições Constitucionais Transitórias, com a redação dada pelos arts. 1º e 2º desta emenda, são retroativos a 01/07/1997.

Parágrafo único. As parcelas de recursos destinados ao Fundo de Estabilização Fiscal e entregues na forma do art. 159, I, da Constituição, no período compreendido entre 01/07/1997 e a data de promulgação desta emenda, serão deduzidas das cotas subsequentes, limitada a dedução a um décimo do valor total entregue em cada mês.

Art. 5º Observado o disposto no artigo anterior, a União aplicará as disposições do art. 3º desta emenda retroativamente a 01/07/1997.

Art. 6º Esta Emenda Constitucional entra em vigor na data de sua publicação.

Brasília, 22 de novembro de 1997.

Mesa da Câmara dos Deputados
Deputado Michel Temer
Presidente

Mesa do Senado Federal
Senador Antonio Carlos Magalhães
Presidente

EMENDA CONSTITUCIONAL Nº 18, DE 5 DE FEVEREIRO DE 1998

Dispõe sobre o regime constitucional dos militares.

As mesas da Câmara dos Deputados e do Senado Federal, nos termos do § 3º. do art. 60 da Constituição federal, promulgam a seguinte emenda ao texto constitucional:

Art. 1º. O art. 37, inciso XV, da Constituição passa a vigorar com a seguinte redação:

‣ Alteração incorporada ao texto da CF.

Art. 2º. A seção II do Capítulo VII do Título III da Constituição passa a denominar-se "DOS SERVIDORES PÚBLICOS" e a Seção III do Capítulo VII do Título III da Constituição Federal passa a denominar-se "DOS MILITARES DOS ESTADOS, DO DISTRITO FEDERAL E DOS TERRITÓRIOS", dando-se ao art. 42 a seguinte redação:

‣ Alteração incorporada ao texto da CF.

Art. 3º. O inciso II do § 1º. do art. 61 da Constituição passa a vigorar com as seguintes alterações:

‣ Alteração incorporada ao texto da CF.

Art. 4º. Acrescente-se o § 3º. ao art. 142 da Constituição:

‣ Alteração incorporada ao texto da CF.

Art. 5º. Esta Emenda Constitucional entra em vigor na data de sua publicação.

Brasília, 5 de fevereiro de 1998

Mesa da Câmara dos Deputados:
Deputado Michel Temer
Presidente

Mesa do Senado Federal:
Senador Antonio Carlos Magalhães
Presidente

EMENDA CONSTITUCIONAL Nº 19, DE 04 DE JUNHO DE 1998

Modifica o regime e dispõe sobre princípios e normas da Administração Pública, servidores e agentes políticos, controle de despesas e finanças públicas e custeio de atividades a cargo do Distrito Federal, e dá outras providências.

As Mesas da Câmara dos Deputados e do Senado Federal, nos termos do § 3º do art. 60 da Constituição Federal, promulgam esta Emenda ao texto constitucional:

Art. 1º Os incisos XIV e XXII do art. 21 e XXVII do art. 22 da Constituição Federal passam a vigorar com a seguinte redação:

‣ Alteração incorporada ao texto da CF.

Art. 2º O § 2º do art. 27 e os incisos V e VI do art. 29 da Constituição Federal passam a vigorar com a seguinte redação, inserindo-se § 2º no art. 28 e renumerando-se para § 1º o atual parágrafo único:

‣ Alteração incorporada ao texto da CF.

Art. 3º O *caput*, os incisos I, II, V, VII, X, XI, XIII, XIV, XV, XVI, XVII e XIX e o § 3º do art. 37 da Constituição Federal passam a vigorar com a seguinte redação, acrescendo-se ao artigo os §§ 7º a 9º:

‣ Alteração incorporada ao texto da CF.

Art. 4º O *caput* do art. 38 da Constituição Federal passa a vigorar com a seguinte redação:

‣ Alteração incorporada ao texto da CF.

Art. 5º O art. 39 da Constituição Federal passa a vigorar com a seguinte redação:

‣ Alteração incorporada ao texto da CF.

Art. 6º O art. 41 da Constituição Federal passa a vigorar com a seguinte redação:

‣ Alteração incorporada ao texto da CF.

Art. 7º O art. 48 da Constituição Federal passa a vigorar acrescido do seguinte inciso XV:

‣ Alteração incorporada ao texto da CF.

Art. 8º Os incisos VII e VIII do art. 49 da Constituição Federal passam a vigorar com a seguinte redação:

‣ Alteração incorporada ao texto da CF.

Art. 9º O inciso IV do art. 51 da Constituição Federal passa a vigorar com a seguinte redação:

‣ Alteração incorporada ao texto da CF.

Art. 10. O inciso XIII do art. 52 da Constituição Federal passa a vigorar com a seguinte redação:

‣ Alteração incorporada ao texto da CF.

Art. 11. O § 7º do art. 57 da Constituição Federal passa a vigorar com a seguinte redação:

‣ Alteração incorporada ao texto da CF.

Art. 12. O parágrafo único do art. 70 da Constituição Federal passa a vigorar com a seguinte redação:

‣ Alteração incorporada ao texto da CF.

Art. 13. O inciso V do art. 93, o inciso III do art. 95 e a alínea b do inciso II do art. 96 da Constituição Federal passam a vigorar com a seguinte redação:

‣ Alteração incorporada ao texto da CF.

Art. 14. O § 2º do art. 127 da Constituição Federal passa a vigorar com a seguinte redação:

‣ Alteração incorporada ao texto da CF.

Art. 15. A alínea c do inciso I do § 5º do art. 128 da Constituição Federal passa a vigorar com a seguinte redação:

‣ Alteração incorporada ao texto da CF.

Art. 16. A Seção II do Capítulo IV do Título IV da Constituição Federal passa a denominar-se "DA ADVOCACIA PÚBLICA".

‣ Alteração incorporada ao texto da CF.

Art. 17. O art. 132 da Constituição Federal passa a vigorar com a seguinte redação:

‣ Alteração incorporada ao texto da CF.

Art. 18. O art. 135 da Constituição Federal passa a vigorar com a seguinte redação:

‣ Alteração incorporada ao texto da CF.

Art. 19. O § 1º e seu inciso III e os §§ 2º e 3º do art. 144 da Constituição Federal passam a vigorar com a seguinte redação, inserindo-se no artigo § 9º:

‣ Alteração incorporada ao texto da CF.

Art. 20. O *caput* do art. 167 da Constituição Federal passa a vigorar acrescido de inciso X, com a seguinte redação:

‣ Alteração incorporada ao texto da CF.

Art. 21. O art. 169 da Constituição Federal passa a vigorar com a seguinte redação:

‣ Alteração incorporada ao texto da CF.

Art. 22. O § 1º do art. 173 da Constituição Federal passa a vigorar com a seguinte redação:

› Alteração incorporada ao texto da CF.

Art. 23. O inciso V do art. 206 da Constituição Federal passa a vigorar com a seguinte redação:

› Alteração incorporada ao texto da CF.

Art. 24. O art. 241 da Constituição Federal passa a vigorar com a seguinte redação:

› Alteração incorporada ao texto da CF.

Art. 25. Até a instituição do fundo a que se refere o inciso XIV do art. 21 da Constituição Federal, compete à União manter os atuais compromissos financeiros com a prestação de serviços públicos do Distrito Federal.

Art. 26. No prazo de dois anos da promulgação desta Emenda, as entidades da administração indireta terão seus estatutos revistos quanto à respectiva natureza jurídica, tendo em conta a finalidade e as competências efetivamente executadas.

Art. 27. O Congresso Nacional, dentro de cento e vinte dias da promulgação desta Emenda, elaborará lei de defesa do usuário de serviços públicos.

Art. 28. É assegurado o prazo de dois anos de efetivo exercício para aquisição da estabilidade aos atuais servidores em estágio probatório, sem prejuízo da avaliação a que se refere o § 4º do art. 41 da Constituição Federal.

Art. 29. Os subsídios, vencimentos, remuneração, proventos da aposentadoria e pensões e quaisquer outras espécies remuneratórias adequar-se-ão, a partir da promulgação desta Emenda, aos limites decorrentes da Constituição Federal, não se admitindo a percepção de excesso a qualquer título.

Art. 30. O projeto de lei complementar a que se refere o art. 163 da Constituição Federal será apresentado pelo Poder Executivo ao Congresso Nacional no prazo máximo de cento e oitenta dias da promulgação desta Emenda.

Art. 31. A pessoa que revestiu a condição de servidor público federal da administração direta, autárquica ou fundacional, de servidor municipal ou de integrante da carreira de policial, civil ou militar, dos ex-Territórios Federais do Amapá e de Roraima e que, comprovadamente, encontrava-se no exercício de suas funções, prestando serviço à administração pública dos ex-Territórios ou de prefeituras neles localizadas, na data em que foram transformados em Estado, ou a condição de servidor ou de policial, civil ou militar, admitido pelos Estados do Amapá e de Roraima, entre a data de sua transformação em Estado e outubro de 1993, bem como a pessoa que comprove ter mantido, nesse período, relação ou vínculo funcional, de caráter efetivo ou não, ou relação ou vínculo empregatício, estatutário ou de trabalho com a administração pública dos ex-Territórios, dos Estados ou das prefeituras neles localizadas ou com empresa pública ou sociedade de economia mista que haja sido constituída pelo ex-Território ou pela União para atuar no âmbito do ex-Território Federal, inclusive as extintas, poderão integrar, mediante opção, quadro em extinção da administração pública federal. (Redação dada pela Emenda Constitucional nº 98, de 06.12.2017)

§ 1º. O enquadramento referido no *caput* deste artigo, para os servidores, para os policiais, civis ou militares, e para as pessoas que tenham revestido essa condição, entre a transformação e a instalação dos Estados em outubro de 1993, dar-se-á no cargo em que foram originariamente admitidos ou em cargo equivalente. (Redação dada pela Emenda Constitucional nº 98, de 06.12.2017)

§ 2º. Os integrantes da carreira policial militar a que se refere o *caput* continuarão prestando serviços aos respectivos Estados, na condição de cedidos, submetidos às disposições estatutárias a que estão sujeitas as corporações das respectivas Polícias Militares, observados as atribuições de função compatíveis com seu grau hierárquico e o direito às devidas promoções. (Redação dada pela Emenda Constitucional nº 79, de 27-05-2014)

§ 3º. As pessoas a que se referem este artigo prestarão serviços aos respectivos Estados ou a seus Municípios, na condição de servidores cedidos, sem ônus para o cessionário, até seu aproveitamento em órgão ou entidade da administração federal direta, autárquica ou fundacional, podendo os Estados, por conta e delegação da União, adotar os procedimentos necessários à cessão de servidores a seus Municípios. (Redação dada pela Emenda Constitucional nº 98, de 6.12.2017)

§ 4º. Para fins do disposto no *caput* deste artigo, são meios probatórios de relação ou vínculo funcional, empregatício, estatutário ou de trabalho, independentemente da existência de vínculo atual, além dos admitidos em lei: (Incluído pela Emenda Constitucional nº 98, de 06.12.2017)

I - o contrato, o convênio, o ajuste ou o ato administrativo por meio do qual a pessoa tenha revestido a condição de profissional, empregado, servidor público, prestador de serviço ou trabalhador e tenha atuado ou desenvolvido atividade laboral diretamente com o ex-Território, o Estado ou a prefeitura neles localizada, inclusive mediante a interveniência de cooperativa; (Incluído pela Emenda Constitucional nº 98, de 06.12.2017)

II - a retribuição, a remuneração ou o pagamento documentado ou formalizado, à época, mediante depósito em conta-corrente bancária ou emissão de ordem de pagamento, de recibo, de nota de empenho ou de ordem bancária em que se identifique a administração pública do ex-Território, do Estado ou de prefeitura neles localizada como fonte pagadora ou origem direta dos recursos, assim como aquele realizado à conta de recursos oriundos de fundo de participação ou de fundo especial, inclusive em proveito do pessoal integrante das tabelas especiais. (Incluído pela Emenda Constitucional nº 98, de 06.12.2017)

§ 5º. Além dos meios probatórios de que trata o § 4º deste artigo, sem prejuízo daqueles admitidos em lei, o enquadramento referido no *caput* deste artigo dependerá de a pessoa ter mantido relação ou vínculo funcional, empregatício, estatutário ou de trabalho com o ex-Território ou o Estado que o tenha sucedido por, pelo menos, noventa dias. (Incluído pela Emenda Constitucional nº 98, de 06.12.2017)

§ 6º. As pessoas a que se referem este artigo, para efeito de exercício em órgão ou entidade da administração pública estadual ou municipal dos Estados do Amapá e de Roraima, farão jus à percepção de todas as gratificações e dos demais valores que componham a estrutura remuneratória dos cargos em que tenham sido enquadradas, vedando-se reduzi-los ou suprimi-los por motivo de cessão ao Estado ou a seu Município. (Incluído pela Emenda Constitucional nº 98, de 06.12.2017)

Art. 32. A Constituição Federal passa a vigorar acrescida do seguinte artigo:

› Alteração incorporada ao texto da CF.

Art. 33. Consideram-se servidores não estáveis, para os fins do art. 169, § 3º, II, da Constituição Federal aqueles admitidos na administração direta, autárquica e fundacional sem concurso público de provas ou de provas e títulos após o dia 5 de outubro de 1983.

Art. 34. Esta Emenda Constitucional entra em vigor na data de sua promulgação.

Brasília, 4 de junho de 1998

Mesa da Câmara dos Deputados:
Deputado Michel Temer
Presidente

Mesa do Senado Federal:
Senador Antonio Carlos Magalhães
Presidente

EMENDA CONSTITUCIONAL Nº 20, DE 15 DE DEZEMBRO DE 1998

Modifica o sistema de previdência social, estabelece normas de transição e dá outras providências.

As Mesas da Câmara dos Deputados e do Senado Federal, nos termos do § 3º do art. 60 da Constituição Federal, promulgam a seguinte emenda ao texto constitucional:

Art. 1º A Constituição Federal passa a vigorar com as seguintes alterações:

› Alteração incorporada ao texto da CF.

Art. 2º A Constituição Federal, nas Disposições Constitucionais Gerais, é acrescida dos seguintes artigos:

› Alteração incorporada ao texto da CF.

Art. 3º É assegurada a concessão de aposentadoria e pensão, a qualquer tempo, aos servidores públicos e aos segurados do regime geral de previdência social, bem como aos seus dependentes, que, até a data da publicação desta Emenda, tenham cumprido os requisitos para a obtenção destes benefícios, com base nos critérios da legislação então vigente.

§ 1º. O servidor de que trata este artigo, que tenha completado as exigências para aposentadoria integral e que opte por permanecer em atividade fará jus à isenção da contribuição previdenciária até completar as exigências para aposentadoria contidas no art. 40, § 1º, III, "a", da Constituição Federal.

§ 2º. Os proventos da aposentadoria a ser concedida aos servidores públicos referidos no *caput*, em termos integrais ou proporcionais ao tempo de serviço já exercido até a data de publicação desta Emenda, bem como as pensões de seus dependentes, serão calculados de acordo com a legislação em vigor à época em que foram atendidas as prescrições nela estabelecidas para a concessão destes benefícios ou nas condições da legislação vigente.

§ 3º. São mantidos todos os direitos e garantias assegurados nas disposições constitucionais vigentes à data de publicação desta Emenda aos servidores e militares, inativos e pensionistas, aos anistiados e aos ex-combatentes, assim como àqueles que já cumpriram, até aquela data, os requisitos para usufruírem tais direitos, observado o disposto no art. 37, XI, da Constituição Federal.

Art. 4º Observado o disposto no art. 40, § 10, da Constituição Federal, o tempo de serviço considerado pela legislação vigente para efeito de aposentadoria, cumprido até que a lei discipline a matéria, será contado como tempo de contribuição.

▸ Art. 2º da EC 41/2003 (Reforma Previdenciária).

Art. 5º O disposto no art. 202, § 3º, da Constituição Federal, quanto à exigência de paridade entre a contribuição da patrocinadora e a contribuição do segurado, terá vigência no prazo de dois anos a partir da publicação desta Emenda, ou, caso ocorra antes, na data de publicação da lei complementar a que se refere o § 4º do mesmo artigo.

Art. 6º As entidades fechadas de previdência privada patrocinadas por entidades públicas, inclusive empresas públicas e sociedades de economia mista, deverão rever, no prazo de dois anos, a contar da publicação desta Emenda, seus planos de benefícios e serviços, de modo a ajustá-los atuarialmente a seus ativos, sob pena de intervenção, sendo seus dirigentes e os de suas respectivas patrocinadoras responsáveis civil e criminalmente pelo descumprimento do disposto neste artigo.

Art. 7º Os projetos das leis complementares previstas no art. 202 da Constituição Federal deverão ser apresentados ao Congresso Nacional no prazo máximo de noventa dias após a publicação desta Emenda.

Art. 8º (Revogado pela Emenda Constitucional nº 41, de 19.12.2003)

Art. 9º. (Revogado pela Emenda Constitucional nº 103, de 12.11.2019)

Art. 10. (Revogado pela Emenda Constitucional nº 41, de 19.12.2003)

Art. 11. A vedação prevista no art. 37, § 10, da Constituição Federal, não se aplica aos membros de poder e aos inativos, servidores e militares, que, até a publicação desta Emenda, tenham ingressado novamente no serviço público por concurso público de provas ou de provas e títulos, e pelas demais formas previstas na Constituição Federal, sendo-lhes proibida a percepção de mais de uma aposentadoria pelo regime de previdência a que se refere o art. 40 da Constituição Federal, aplicando-se-lhes, em qualquer hipótese, o limite de que trata o § 11 deste mesmo artigo.

Art. 12. Até que produzam efeitos as leis que irão dispor sobre as contribuições de que trata o art. 195 da Constituição Federal, são exigíveis as estabelecidas em lei, destinadas ao custeio da seguridade social e dos diversos regimes previdenciários.

Art. 13. (Revogado pela Emenda Constitucional nº 103, de 12.11.2019)

Art. 14. O limite máximo para o valor dos benefícios do regime geral de previdência social de que trata o art. 201 da Constituição Federal é fixado em R$ 1.200,00 (um mil e duzentos reais), devendo, a partir da data da publicação desta Emenda, ser reajustado de forma a preservar, em caráter permanente, seu valor real, atualizado pelos mesmos índices aplicados aos benefícios do regime geral de previdência social.

Art. 15. (Revogado pela Emenda Constitucional nº 103, de 12.11.2019)

Art. 16. Esta Emenda Constitucional entra em vigor na data de sua publicação.

Art. 17. Revoga-se o inciso II do § 2º do art. 153 da Constituição Federal.

Brasília, 15 de dezembro de 1998

Mesa da Câmara dos Deputados:
Deputado Michel Temer
Presidente

Mesa do Senado Federal:
Senador Antonio Carlos Magalhães
Presidente

EMENDA CONSTITUCIONAL Nº 21, DE 18 DE MARÇO DE 1999

Prorroga, alterando a alíquota, a contribuição provisória sobre movimentação ou transmissão de valores e de créditos e de direitos de natureza financeira, a que se refere o art. 74 do Ato das Disposições Constitucionais Transitórias.

As Mesas da Câmara dos Deputados e do Senado Federal, nos termos do § 3º do art. 60 da Constituição Federal, promulgam a seguinte emenda ao texto constitucional:

Art. 1º Fica incluído o art. 75 no Ato das Disposições Constitucionais Transitórias, com a seguinte redação:

▸ Alteração incorporada ao texto do ADCT.

Art. 2º Esta Emenda entra em vigor na data de sua publicação.

Brasília, 18 de março de 1999.

Mesa da Câmara dos Deputados:
Deputado Michel Temer
Presidente

Mesa do Senado Federal:
Senador Antonio Carlos Magalhães
Presidente

EMENDA CONSTITUCIONAL Nº 22, DE 18 DE MARÇO DE 1999

Acrescenta parágrafo único ao art. 98 e altera as alíneas "i" do inciso I do art. 102 e "c" do inciso I do art. 105 da Constituição Federal.

As Mesas da Câmara dos Deputados e do Senado Federal, nos termos do § 3º do art. 60 da Constituição Federal, promulgam a seguinte emenda ao texto constitucional:

Art. 1º É acrescentado ao art. 98 da Constituição Federal o seguinte parágrafo único:

▸ Alteração incorporada ao texto da CF.

Art. 2º A alínea "i" do inciso I do art. 102 da Constituição Federal passa a vigorar com a seguinte redação:

▸ Alteração incorporada ao texto da CF.

Art. 3º A alínea "c" do inciso I do art. 105 da Constituição Federal passa a vigorar com a seguinte redação:

▸ Alteração incorporada ao texto da CF.

Art. 4º Esta Emenda Constitucional entra em vigor na data de sua publicação.

Brasília, 18 de março de 1999.

Mesa da Câmara dos Deputados:
Deputado Michel Temer
Presidente

Mesa do Senado Federal:
Senador Antonio Carlos Magalhães
Presidente

EMENDA CONSTITUCIONAL Nº 23, DE 2 DE SETEMBRO DE 1999

Altera os arts. 12, 52, 84, 91, 102 e 105 da Constituição Federal (criação do Ministério da Defesa).

As Mesas da Câmara dos Deputados e do Senado Federal, nos termos do § 3º do art. 60 da Constituição Federal, promulgam a seguinte Emenda ao texto constitucional:

Art. 1º Os arts. 12, 52, 84, 91, 102 e 105 da Constituição Federal, passam a vigorar com as seguintes alterações:

▸ Alteração incorporada ao texto da CF.

Art. 2º Esta Emenda Constitucional entra em vigor na data de sua publicação.

Brasília, 2 de setembro de 1999.

Mesa da Câmara dos Deputados:
Deputado Michel Temer
Presidente

Mesa do Senado Federal:
Senador Antonio Carlos Magalhães
Presidente

EMENDA CONSTITUCIONAL Nº 24, DE 9 DE DEZEMBRO DE 1999

Altera dispositivos da Constituição Federal pertinentes à representação classista na Justiça do Trabalho.

As Mesas da Câmara dos Deputados e do Senado Federal, nos termos do § 3º do art. 60 da Constituição Federal, promulgam a seguinte Emenda ao texto constitucional:

Art. 1º Os arts. 111, 112, 113, 115 e 116 da Constituição Federal passam a vigorar com a seguinte redação:

› Alteração incorporada ao texto da CF.

Art. 2º É assegurado o cumprimento dos mandatos dos atuais ministros classistas temporários do Tribunal Superior do Trabalho e dos atuais juízes classistas temporários dos Tribunais Regionais do Trabalho e das Juntas de Conciliação e Julgamento.

Art. 3º Esta Emenda Constitucional entra em vigor na data de sua publicação.

Art. 4º Revoga-se o art. 117 da Constituição Federal.

Brasília, em 9 de dezembro de 1999

Mesa da Câmara dos Deputados:
Deputado Michel Temer
Presidente

Mesa do Senado Federal:
Senador Geraldo Melo
1º Vice-Presidente

EMENDA CONSTITUCIONAL Nº 25, DE 14 DE FEVEREIRO DE 2000

Altera o inciso VI do art. 29 e acrescenta o art. 29-A à Constituição Federal, que dispõem sobre limites de despesas com o Poder Legislativo Municipal.

As Mesas da Câmara dos Deputados e do Senado Federal, nos termos do § 3º do art. 60 da Constituição Federal, promulgam a seguinte Emenda ao texto constitucional:

Art. 1º O inciso VI do art. 29 da Constituição Federal passa a vigorar com a seguinte redação:

› Alteração incorporada ao texto da CF.

Art. 2º A Constituição Federal passa a vigorar acrescida do seguinte art. 29-A:

› Alteração incorporada ao texto da CF.

Art. 3º Esta Emenda Constitucional entra em vigor em 1º de janeiro de 2001.

Brasília, 14 de fevereiro de 2000.

Mesa da Câmara dos Deputados:
Deputado Michel Temer
Presidente

Mesa do Senado Federal:
Senador Antonio Carlos Magalhães
Presidente

EMENDA CONSTITUCIONAL Nº 26, DE 14 DE FEVEREIRO DE 2000

Altera a redação do art. 6º da Constituição Federal.

As Mesas da Câmara dos Deputados e do Senado Federal, nos termos do § 3º do art. 60 da Constituição Federal, promulgam a seguinte Emenda ao texto constitucional:

Art. 1º O art. 6º da Constituição Federal passa a vigorar com a seguinte redação:

› Alteração incorporada ao texto da CF.

Art. 2º Esta Emenda Constitucional entra em vigor na data de sua publicação.

Brasília, 14 de fevereiro de 2000.

Mesa da Câmara dos Deputados:
Deputado Michel Temer
Presidente

Mesa do Senado Federal:
Senador Antonio Carlos Magalhães
Presidente

EMENDA CONSTITUCIONAL Nº 27, DE 21 DE MARÇO DE 2000

Acrescenta o art. 76 ao ato das Disposições Constitucionais Transitórias, instituindo a desvinculação de arrecadação de impostos e contribuições sociais da União.

As Mesas da Câmara dos Deputados e do Senado Federal, nos termos do § 3º do art. 60 da constituição Federal, promulgam a seguinte Emenda ao texto constitucional:

Art. 1º É incluído o art. 76 ao Ato das Disposições Constitucionais Transitórias, com a seguinte redação:

› Alteração incorporada ao texto do ADCT.

Art. 2º Esta Emenda Constitucional entra em vigor na data de sua publicação.

Brasília, 21 de março de 2000.

Mesa da Câmara dos Deputados:
Deputado Michel Temer
Presidente

Mesa do Senado Federal:
Senador Antonio Carlos Magalhães
Presidente

EMENDA CONSTITUCIONAL Nº 28, DE 25 DE MAIO DE 2000

Dá nova redação ao inciso XXIX do art. 7º e revoga o art. 233 da Constituição Federal.

As Mesas da Câmara dos Deputados e do Senado Federal, nos termos do § 3º do art. 60 da Constituição Federal, promulgam a seguinte emenda ao texto constitucional:

Art. 1º O inciso XXIX do art. 7º da Constituição Federal passa a vigorar com a seguinte redação:

› Alteração incorporada ao texto da CF.

Art. 2º Revoga-se o art. 233 da Constituição Federal.

Art. 3º Esta Emenda Constitucional entra em vigor na data de sua publicação.

Brasília, em 25 de maio de 2000.

Mesa da Câmara dos Deputados:
Deputado Michel Temer
Presidente

Mesa do Senado Federal:
Senador Antonio Carlos Magalhães
Presidente

EMENDA CONSTITUCIONAL Nº 29, DE 13 DE SETEMBRO DE 2000

Altera os arts. 34, 35, 156, 160, 167 e 198 da Constituição Federal e acrescenta artigo ao Ato das Disposições Constitucionais Transitórias, para assegurar os recursos mínimos para o financiamento das ações e serviços públicos de saúde.

As Mesas da Câmara dos Deputados e do Senado Federal, nos termos do § 3º do art. 60 da Constituição Federal, promulgam a seguinte Emenda ao texto constitucional:

Art. 1º A alínea e do inciso VII do art. 34 passa a vigorar com a seguinte redação:

› Alteração incorporada ao texto da CF.

Art. 2º O inciso III do art. 35 passa a vigorar com a seguinte redação:

› Alteração incorporada ao texto da CF.

Art. 3º O § 1º do art. 156 da Constituição Federal passa a vigorar com a seguinte redação:

› Alteração incorporada ao texto da CF.

Art. 4º O parágrafo único do art. 160 passa a vigorar com a seguinte redação:

› Alteração incorporada ao texto da CF.

Art. 5º O inciso IV do art. 167 passa a vigorar com a seguinte redação:

› Alteração incorporada ao texto da CF.

Art. 6º O art. 198 passa a vigorar acrescido dos seguintes §§ 2º e 3º, numerando-se o atual parágrafo único como § 1º:

› Alteração incorporada ao texto da CF.

Art. 7º O Ato das Disposições Constitucionais Transitórias passa a vigorar acrescido do seguinte art. 77:

› Alteração incorporada ao texto do ADCT.

Art. 8º Esta Emenda Constitucional entra em vigor na data de sua publicação.

Brasília, 13 de setembro de 2000

Mesa da Câmara dos Deputados
Deputado Michel Temer
Presidente

Mesa do Senado Federal
Senador Antonio Carlos Magalhães
Presidente

EMENDA CONSTITUCIONAL Nº 30, DE 13 DE SETEMBRO DE 2000

Altera a redação do art. 100 da Constituição Federal e acrescenta o art. 78 no Ato das Disposições Constitucionais Transitórias, referente ao pagamento de precatórios judiciários.

As Mesas da Câmara dos Deputados e do Senado Federal, nos termos do § 3º do art. 60 da Constituição Federal, promulgam a seguinte Emenda ao texto constitucional:

Art. 1º O art. 100 da Constituição Federal passa a vigorar com a seguinte redação:

› Alteração incorporada ao texto da CF.

Art. 2º É acrescido, no Ato das Disposições Constitucionais Transitórias, o art. 78, com a seguinte redação:

› Alteração incorporada ao texto do ADCT.

Art. 3º Esta Emenda Constitucional entra em vigor na data de sua publicação.

Brasília, em 13 de setembro de 2000

Mesa da Câmara dos Deputados
Deputado Michel Temer
Presidente

Mesa do Senado Federal
Senador Antonio Carlos Magalhães
Presidente

EMENDA CONSTITUCIONAL Nº 31, DE 14 DE DEZEMBRO DE 2000

Altera o Ato das Disposições Constitucionais Transitórias, introduzindo artigos que criam o Fundo de Combate e Erradicação da Pobreza.

As Mesas da Câmara dos Deputados e do Senado Federal, nos termos do § 3º do art. 60 da Constituição Federal, promulgam a seguinte emenda ao texto constitucional:

Art. 1º A Constituição Federal, no Ato das Disposições Constitucionais Transitórias, é acrescida dos seguintes artigos:

› Alteração incorporada ao texto do ADCT.

Art. 2º esta Emenda Constitucional entra em vigor na data de sua publicação.

Brasília, 14 de dezembro de 2000

Mesa da Câmara dos Deputados
Deputado Michel Temer
Presidente

Mesa do Senado Federal
Senador Antonio Carlos Magalhães
Presidente

EMENDA CONSTITUCIONAL Nº 32, DE 11 DE SETEMBRO DE 2001

Altera dispositivos dos arts. 48, 57, 61, 62, 64, 66, 84, 88 e 246 da Constituição Federal, e dá outras providências.

As Mesas da Câmara dos Deputados e do Senado Federal, nos termos do § 3º do art. 60 da Constituição Federal, promulgam a seguinte Emenda ao texto constitucional:

Art. 1º Os arts. 48, 57, 61, 62, 64, 66, 84, 88 e 246 da Constituição Federal passam a vigorar com as seguintes alterações:

› Alteração incorporada ao texto da CF.

Art. 2º As medidas provisórias editadas em data anterior à da publicação desta emenda continuam em vigor até que medida provisória ulterior as revogue explicitamente ou até deliberação definitiva do Congresso Nacional.

Art. 3º Esta Emenda Constitucional entra em vigor na data de sua publicação.

Brasília, 11 de setembro de 2001

Mesa da Câmara dos Deputados
Deputado Aécio Neves
Presidente

Mesa do Senado Federal
Senador Edison Lobão
Presidente, Interino

EMENDA CONSTITUCIONAL Nº 33, DE 11 DE DEZEMBRO DE 2001

Altera os arts. 149, 155 e 177 da Constituição Federal.

As Mesas da Câmara dos Deputados e do Senado Federal, nos termos do § 3º do art. 60 da Constituição Federal, promulgam a seguinte Emenda ao texto constitucional:

Art. 1º O Art. 149 da Constituição Federal passa a vigorar acrescido dos seguintes parágrafos, renumerando-se o atual parágrafo único para § 1º:

› Alteração incorporada ao texto da CF.

Art. 2º O art. 155 da Constituição Federal passa a vigorar com as seguintes alterações:

› Alteração incorporada ao texto da CF.

Art. 3º O art. 177 da Constituição Federal passa a vigorar acrescido do seguinte parágrafo:

› Alteração incorporada ao texto da CF.

Art. 4º Enquanto não entrar em vigor a lei complementar de que trata o art. 155, § 2º, XII, h, da Constituição Federal, os Estados e o Distrito Federal, mediante convênio celebrado nos termos do § 2º, XII, g, do mesmo artigo, fixarão normas para regular provisoriamente a matéria.

Art. 5º Esta Emenda Constitucional entra em vigor na data de sua promulgação.

Brasília, 11 de dezembro de 2001

Mesa da Câmara dos Deputados
Deputado Aécio Neves
Presidente

Mesa do Senado Federal
Senador Ramez Tebet
Presidente

EMENDA CONSTITUCIONAL Nº 34, DE 13 DE DEZEMBRO DE 2001

Dá nova redação à alínea c do inciso XVI do art. 37 da Constituição Federal.

As Mesas da Câmara dos Deputados e do Senado Federal, nos termos do § 3º do art. 60 da Constituição Federal, promulgam a seguinte Emenda ao texto constitucional:

Art. 1º A alínea c do inciso XVI do art. 37 da Constituição Federal passa a vigorar com a seguinte redação:

› Alteração incorporada ao texto da CF.

Art. 2º Esta Emenda Constitucional entra em vigor na data de sua publicação.

Brasília, 13 de dezembro de 2001

Mesa da Câmara dos Deputados
Deputado Aécio Neves
Presidente

Mesa do Senado Federal
Senador Ramez Tebet
Presidente

EMENDA CONSTITUCIONAL Nº 35, DE 20 DE DEZEMBRO DE 2001

Dá nova redação ao art. 53 de Constituição Federal.

As Mesas da Câmara dos Deputados e do Senado Federal, nos termos do § 3º do art. 60 da Constituição Federal, promulgam a seguinte Emenda ao texto constitucional:

Art. 1º O art. 53 da Constituição Federal passa a vigorar com as seguintes alterações:

› Alteração incorporada ao texto da CF.

Art. 2º Esta Emenda Constitucional entra em vigor na data de sua publicação.

Brasília, 20 de dezembro de 2001

Mesa da Câmara dos Deputados
Deputado Aécio Neves
Presidente

Mesa do Senado Federal
Senador Ramez Tebet
Presidente

EMENDA CONSTITUCIONAL Nº 36, DE 28 DE MAIO DE 2002

Dá nova redação ao art. 222 da Constituição Federal, para permitir a participação de pessoas jurídicas no capital social de empresas jornalísticas e de radiodifusão sonora e de sons e imagens, nas condições que especifica.

As Mesas da Câmara dos Deputados e do Senado Federal, nos termos do § 3º do art. 60 da Constituição Federal, promulgam a seguinte Emenda ao texto constitucional:

Art. 1º O art. 222 da Constituição Federal passa a vigorar com a seguinte redação:

› Alteração incorporada ao texto da CF.

Art. 2º Esta Emenda Constitucional entra em vigor na data de sua publicação.

Brasília, 28 de maio de 2002

Mesa da Câmara dos Deputados
Deputado Aécio Neves
Presidente

Mesa do Senado Federal
Senador Ramez Tebet
Presidente

EMENDA CONSTITUCIONAL Nº 37, DE 12 DE JUNHO DE 2002

Altera os arts. 100 e 156 da Constituição Federal e acrescenta os arts. 84, 85, 86, 87 e 88 ao Ato das Disposições Constitucionais Transitórias.

As Mesas da Câmara dos Deputados e do Senado Federal, nos termos do § 3º do art. 60 da Constituição Federal, promulgam a seguinte Emenda ao texto constitucional:

Art. 1º O art. 100 da Constituição Federal passa a vigorar acrescido do seguinte § 4º, renumerando-se os subsequentes:

› Alteração incorporada ao texto da CF.

Art. 2º O § 3º do art. 156 da Constituição Federal passa a vigorar com a seguinte redação:

› Alteração incorporada ao texto da CF.

Art. 3º O Ato das Disposições Constitucionais Transitórias passa a vigorar acrescido dos seguintes arts. 84, 85, 86, 87 e 88:

› Alteração incorporada ao texto do ADCT.

Art. 4º Esta Emenda Constitucional entra em vigor na data de sua publicação.

Brasília, em 12 de junho de 2002

Mesa da Câmara dos Deputados
Deputado Aécio Neves
Presidente

Mesa do Senado Federal
Senador Ramez Tebet
Presidente

EMENDA CONSTITUCIONAL Nº 38, DE 12 DE JUNHO DE 2002

Acrescenta o art. 89 ao Ato das Disposições Constitucionais Transitórias, incorporando os Policiais Militares do extinto Território Federal de Rondônia aos Quadros da União.

As Mesas da Câmara dos Deputados e do Senado Federal, nos termos do § 3º do art. 60 da Constituição Federal, promulgam a seguinte Emenda ao texto Constitucional:

Art. 1º O Ato das Disposições Constitucionais Transitórias passa a vigorar acrescido do seguinte art. 89:

‣ Alteração incorporada ao texto do ADCT.

Art. 2º Esta Emenda Constitucional entra em vigor na data de sua publicação.

Brasília, em 12 de junho de 2002

Mesa da Câmara dos Deputados
Deputado Aécio Neves
Presidente

Mesa do Senado Federal
Senador Ramez Tebet
Presidente

EMENDA CONSTITUCIONAL Nº 39, DE 19 DE DEZEMBRO DE 2002

Acrescenta o art. 149-A à Constituição Federal (Instituindo contribuição para custeio do serviço de iluminação pública nos Municípios e no Distrito Federal).

As Mesas da Câmara dos Deputados e do Senado Federal, nos termos do § 3º do art. 60 da Constituição Federal, promulgam a seguinte Emenda ao texto Constitucional:

Art. 1º A Constituição Federal passa a vigorar acrescida do seguinte art. 149-A:

‣ Alteração incorporada ao texto da CF.

Art. 2º Esta Emenda Constitucional entra em vigor na data de sua publicação.

Brasília, em 19 de dezembro de 2002

Mesa da Câmara dos Deputados
Deputado Efraim Morais
Presidente

Mesa do Senado Federal
Senador Ramez Tebet
Presidente

EMENDA CONSTITUCIONAL Nº 40, DE 29 DE MAIO DE 2003

Altera o inciso V do art. 163 e o art. 192 da Constituição Federal, e o caput do art. 52 do Ato das Disposições Constitucionais Transitórias.

As Mesas da Câmara dos Deputados e do Senado Federal, nos termos do § 3º do art. 60 da Constituição Federal, promulgam a seguinte Emenda ao texto constitucional:

Art. 1º O inciso V do art. 163 da Constituição Federal passa a vigorar com a seguinte redação:

‣ Alteração incorporada ao texto da CF.

Art. 2º O art. 192 da Constituição Federal passa a vigorar com a seguinte redação:

‣ Alteração incorporada ao texto da CF.

Art. 3º O *caput* do art. 52 do Ato das Disposições Constitucionais Transitórias passa a vigorar com a seguinte redação:

‣ Alteração incorporada ao texto do ADCT.

Art. 4º Esta Emenda Constitucional entra em vigor na data de sua publicação.

Brasília, em 29 de maio de 2003.

Mesa da Câmara dos Deputados
Deputado João Paulo Cunha
Presidente

Mesa do Senado Federal
Senador José Sarney
Presidente

EMENDA CONSTITUCIONAL Nº 41, DE 19 DE DEZEMBRO DE 2003

Modifica os arts. 37, 40, 42, 48, 96, 149 e 201 da Constituição Federal, revoga o inciso IX do § 3º do art. 142 da Constituição Federal e dispositivos da Emenda Constitucional nº 20, de 15 de dezembro de 1998, e dá outras providências.

As Mesas da Câmara dos Deputados e do Senado Federal, nos termos do § 3º do art. 60 da Constituição Federal, promulgam a seguinte Emenda ao texto constitucional:

Art. 1º A Constituição Federal passa a vigorar com as seguintes alterações:

‣ Alteração incorporada ao texto da CF.

Art. 2º (Revogado pela Emenda Constitucional nº 103, de 12.11.2019)

Art. 3º É assegurada a concessão, a qualquer tempo, de aposentadoria aos servidores públicos, bem como pensão aos seus dependentes, que, até a data de publicação desta Emenda, tenham cumprido todos os requisitos para obtenção desses benefícios, com base nos critérios da legislação então vigente.

§ 1º. O servidor de que trata este artigo que opte por permanecer em atividade tendo completado as exigências para aposentadoria voluntária e que conte com, no mínimo, vinte e cinco anos de contribuição, se mulher, ou trinta anos de contribuição, se homem, fará jus a um abono de permanência equivalente ao valor da sua contribuição previdenciária até completar as exigências para aposentadoria compulsória contidas no art. 40, § 1º, II, da Constituição Federal.

§ 2º. Os proventos da aposentadoria a ser concedida aos servidores públicos referidos no *caput*, em termos integrais ou proporcionais ao tempo de contribuição já exercido até a data de publicação desta Emenda, bem como as pensões de seus dependentes, serão calculados de acordo com a legislação em vigor à época em que foram atendidos os requisitos nela estabelecidos para a concessão desses benefícios ou nas condições da legislação vigente.

Art. 4º Os servidores inativos e os pensionistas da União, dos Estados, do Distrito Federal e dos Municípios, incluídas suas autarquias e fundações, em gozo de benefícios na data de publicação desta Emenda, bem como os alcançados pelo disposto no seu art. 3º, contribuirão para o custeio do regime de que trata o art. 40 da Constituição Federal com percentual igual ao estabelecido para os servidores titulares de cargos efetivos.

Parágrafo único. A contribuição previdenciária a que se refere o *caput* incidirá apenas sobre a parcela dos proventos e das pensões que supere:

I - cinquenta por cento do limite máximo estabelecido para os benefícios do regime geral de previdência social de que trata o art. 201 da Constituição Federal, para os servidores inativos e os pensionistas dos Estados, do Distrito Federal e dos Municípios;

II - sessenta por cento do limite máximo estabelecido para os benefícios do regime geral de previdência social de que trata o art. 201 da Constituição Federal, para os servidores inativos e os pensionistas da União.

Art. 5º O limite máximo para o valor dos benefícios do regime geral de previdência social de que trata o art. 201 da Constituição Federal é fixado em R$ 2.400,00 (dois mil e quatrocentos reais), devendo, a partir da data de publicação desta Emenda, ser reajustado de forma a preservar, em caráter permanente, seu valor real, atualizado pelos mesmos índices aplicados aos benefícios do regime geral de previdência social.

Arts. 6º e 6º-A. (Revogados pela Emenda Constitucional nº 103, de 12.11.2019)

Art. 7º Observado o disposto no art. 37, XI, da Constituição Federal, os proventos de aposentadoria dos servidores públicos titulares de cargo efetivo e as pensões dos seus dependentes pagos pela União, Estados, Distrito Federal e Municípios, incluídas suas autarquias e fundações, em fruição na data de publicação desta Emenda, bem como os proventos de aposentadoria dos servidores e as pensões dos dependentes abrangidos pelo art. 3º desta Emenda, serão revistos na mesma proporção e na mesma data, sempre que se modificar a remuneração dos servidores em atividade, sendo também estendidos aos aposentados e pensionistas quaisquer benefícios ou vantagens posteriormente concedidos aos servidores em atividade, inclusive quando decorrentes da transformação ou reclassificação do cargo ou função em que se deu a aposentadoria ou que serviu de referência para a concessão da pensão, na forma da lei.

Art. 8º Até que seja fixado o valor do subsídio de que trata o art. 37, XI, da Constituição Federal, será considerado, para os fins do limite fixado naquele inciso, o valor da maior remuneração atribuída por lei na data de publicação desta Emenda a Ministro do Supremo Tribunal Federal, a título de vencimento, de representação mensal e da parcela recebida em razão de tempo de serviço, aplicando-se como limite, nos Municípios, o subsídio do Prefeito, e nos Estados e no Distrito Federal, o subsídio mensal do Governador no âmbito do Poder Executivo, o subsídio dos Deputados Estaduais e Distritais no âmbito do Poder Legislativo e o subsídio dos Desembargadores do Tribunal de Justiça, limitado a noventa inteiros e vinte e cinco centésimos por cento da maior remuneração mensal de Ministro do Supremo Tribunal Federal a que se refere este artigo, no âmbito do Poder Judiciário, aplicável este limite aos membros do Ministério Público, aos Procuradores e aos Defensores Públicos.

Art. 9º Aplica-se o disposto no art. 17 do Ato das Disposições Constitucionais Transitórias aos vencimentos, remunerações e subsídios dos ocupantes de cargos, funções e empregos públicos da administração direta, autárquica e fundacional, dos membros de qualquer dos Poderes da União, dos Estados, do Distrito Federal e dos Municípios, dos detentores de mandato eletivo e dos demais agentes políticos e os proventos, pensões ou outra espécie remuneratória percebidos cumulativamente ou não, incluídas as vantagens pessoais ou de qualquer outra natureza.

Art. 10. Revogam-se o inciso IX do § 3º do art. 142 da Constituição Federal, bem como os arts. 8º e 10 da Emenda Constitucional nº 20, de 15 de dezembro de 1998.

Art. 11. Esta Emenda Constitucional entra em vigor na data de sua publicação.

Brasília, em 19 de dezembro de 2003.

Mesa da Câmara dos Deputados
Deputado João Paulo Cunha
Presidente

Mesa do Senado Federal
Senador José Sarney
Presidente

EMENDA CONSTITUCIONAL Nº 42, DE 19 DE DEZEMBRO DE 2003

Altera o Sistema Tributário Nacional e dá outras providências.

As Mesas da Câmara dos Deputados e do Senado Federal, nos termos do § 3º do art. 60 da Constituição Federal, promulgam a seguinte Emenda ao texto constitucional:

Art. 1º Os artigos da Constituição a seguir enumerados passam a vigorar com as seguintes alterações:

› Alteração incorporada ao texto da CF.

Art. 2º Os artigos do Ato das Disposições Constitucionais Transitórias a seguir enumerados passam a vigorar com as seguintes alterações:

› Alteração incorporada ao texto do ADCT.

Art. 3º O Ato das Disposições Constitucionais Transitórias passa a vigorar acrescido dos seguintes artigos:

› Alteração incorporada ao texto do ADCT.

Art. 4º Os adicionais criados pelos Estados e pelo Distrito Federal até a data da promulgação desta Emenda, naquilo em que estiverem em desacordo com o previsto nesta Emenda, na Emenda Constitucional nº 31, de 14 de dezembro de 2000, ou na lei complementar de que trata o art. 155, § 2º, XII, da Constituição, terão vigência, no máximo, até o prazo previsto no art. 79 do Ato das Disposições Constitucionais Transitórias.

Art. 5º O Poder Executivo, em até sessenta dias contados da data da promulgação desta Emenda, encaminhará ao Congresso Nacional projeto de lei, sob o regime de urgência constitucional, que disciplinará os benefícios fiscais para a capacitação do setor de tecnologia da informação, que vigerão até 2019 nas condições que estiverem em vigor no ato da aprovação desta Emenda.

Art. 6º Fica revogado o inciso II do § 3º do art. 84 do Ato das Disposições Constitucionais Transitórias.

Brasília, em 19 de dezembro de 2003.

Mesa da Câmara dos Deputados
Deputado João Paulo Cunha
Presidente

Mesa do Senado Federal
Senador José Sarney
Presidente

EMENDA CONSTITUCIONAL Nº 43, DE 15 DE ABRIL DE 2004

Altera o art. 42 do Ato das Disposições Constitucionais Transitórias, prorrogando, por 10 (dez) anos, a aplicação, por parte da União, de percentuais mínimos do total dos recursos destinados à irrigação nas Regiões Centro-Oeste e Nordeste.

As Mesas da Câmara dos Deputados e do Senado Federal, nos termos do § 3º do art. 60 da Constituição Federal, promulgam a seguinte Emenda ao texto constitucional:

Art. 1º O *caput* do art. 42 do Ato das Disposições Constitucionais Transitórias passa a vigorar com a seguinte redação:

› Alteração incorporada ao texto do ADCT.

Art. 2º Esta Emenda Constitucional entra em vigor na data de sua publicação.

Mesa da Câmara dos Deputados
Deputado João Paulo Cunha
Presidente

Mesa do Senado Federal
Senador José Sarney
Presidente

EMENDA CONSTITUCIONAL Nº 44, DE 30 DE JUNHO DE 2004

Altera o Sistema Tributário Nacional e dá outras providências.

As Mesas da Câmara Dos Deputados e do Senado Federal, nos termos do § 3º do art. 60 da Constituição Federal, promulgam a seguinte Emenda ao texto constitucional:

Art. 1º O inciso III do art. 159 da Constituição passa a vigorar com a seguinte redação:

› Alteração incorporada ao texto da CF.

Art. 2º Esta Emenda à Constituição entra em vigor na data de sua publicação.

Mesa da Câmara dos Deputado
Deputado João Paulo Cunha
Presidente

Mesa do Senado Federal
Senador José Sarney
Presidente

EMENDA CONSTITUCIONAL Nº 45, DE 30 DE DEZEMBRO DE 2004

Altera dispositivos dos arts. 5º, 36, 52, 92, 93, 95, 98, 99, 102, 103, 104, 105, 107, 109, 111, 112, 114, 115, 125, 126, 127, 128, 129, 134 e 168 da Constituição Federal, e acrescenta os arts. 103-A, 103B, 111-A e 130-A, e dá outras providências.

As Mesas da Câmara Dos Deputados e do Senado Federal, nos termos do § 3º do art. 60 da Constituição Federal, promulgam a seguinte Emenda ao texto constitucional:

Art. 1º Os arts. 5º, 36, 52, 92, 93, 95, 98, 99, 102, 103, 104, 105, 107, 109, 111, 112, 114, 115, 125, 126, 127, 128, 129, 134 e 168 da Constituição Federal passam a vigorar com a seguinte redação:

› Alteração incorporada ao texto da CF.

Art. 2º A Constituição Federal passa a vigorar acrescida dos seguintes arts. 103-A, 103-B, 111-A e 130-A:

› Alteração incorporada ao texto da CF.

Art. 3º A lei criará o Fundo de Garantia das Execuções Trabalhistas, integrado pelas multas decorrentes de condenações trabalhistas e administrativas oriundas da fiscalização do trabalho, além de outras receitas.

Art. 4º Ficam extintos os tribunais de Alçada, onde houver, passando os seus membros a integrar os Tribunais de Justiça dos respectivos Estados, respeitadas a antiguidade e classe de origem.

Parágrafo único. No prazo de cento e oitenta dias, contado da promulgação desta Emenda, os Tribunais de Justiça, por ato administrativo, promoverão a integração dos membros dos tribunais extintos em seus quadros, fixando-lhes a competência e remetendo, em igual prazo, ao Poder Legislativo, proposta de alteração da organização e da divisão judiciária correspondentes, assegurados os direitos dos inativos e pensionistas e o aproveitamento dos servidores no Poder Judiciário estadual.

Art. 5º O Conselho Nacional de Justiça e o Conselho Nacional do Ministério Público serão instalados no prazo de cento e oitenta dias a contar da promulgação desta Emenda, devendo a indicação ou escolha de seus membros ser efetuada até trinta dias antes do termo final.

§ 1º. Não efetuadas as indicações e escolha dos nomes para os Conselhos Nacional de Justiça e do Ministério Público dentro do prazo fixado no *caput* deste artigo, caberá, respectivamente, ao Supremo Tribunal Federal e ao Ministério Público da União realizá-las.

§ 2º. Até que entre em vigor o Estatuto da Magistratura, o Conselho Nacional de Justiça, mediante resolução, disciplinará seu funcionamento e definirá as atribuições do Ministro-Corregedor.

Art. 6º O Conselho Superior da Justiça do Trabalho será instalado no prazo de cento e oitenta dias, cabendo ao Tribunal Superior do Trabalho regulamentar seu funcionamento por resolução, enquanto não promulgada a lei a que se refere o art. 111-A, § 2º, II.

Art. 7º O Congresso Nacional instalará, imediatamente após a promulgação desta Emenda Constitucional, comissão especial mista, destinada a elaborar, em cento e oitenta dias, os projetos de lei necessários à regulamentação da matéria nela tratada, bem como promover alterações na legislação federal objetivando tornar mais amplo o acesso à Justiça e mais célere a prestação jurisdicional.

Art. 8º As atuais súmulas do Supremo Tribunal Federal somente produzirão efeito vinculante após sua confirmação por dois terços de seus integrantes e publicação na imprensa oficial.

Art. 9º São revogados o inciso IV do art. 36; a alínea h do inciso I do art. 102; o § 4º do art. 103; e os §§ 1º a 3º do art. 111.

Art. 10. Esta Emenda Constitucional entra em vigor na data de sua publicação.

Brasília, em 30 de dezembro de 2004

Mesa da Câmara dos Deputados
Deputado João Paulo Cunha
Presidente

Mesa do Senado Federal
Senador José Sarney
Presidente

EMENDA CONSTITUCIONAL Nº 46, DE 5 DE MAIO DE 2005

Altera o inciso IV do art. 20 da Constituição Federal.

As Mesas da Câmara dos Deputados e do Senado Federal, nos termos do § 3º do art. 60 da Constituição Federal, promulgam a seguinte Emenda ao texto constitucional:

Art. 1º O inciso IV do art. 20 da Constituição Federal passa a vigorar com a seguinte redação:

› Alteração incorporada ao texto da CF.

Art. 2º Esta Emenda Constitucional entra em vigor na data de sua publicação.

Brasília, em 5 de maio de 2005

Mesa da Câmara dos Deputados
Deputado Severino Cavalcanti
Presidente

Mesa do Senado Federal
Senador Renan Calheiros
Presidente

EMENDA CONSTITUCIONAL Nº 47, DE 5 DE JULHO DE 2005

Altera os arts. 37, 40, 195 e 201 da Constituição Federal, para dispor sobre a previdência social, e dá outras providências.

As Mesas da Câmara dos Deputados e do Senado Federal, nos termos do § 3º do art. 60 da Constituição Federal, promulgam a seguinte Emenda ao texto constitucional:

Art. 1º Os arts. 37, 40, 195 e 201 da Constituição Federal passam a vigorar com a seguinte redação:

› Alteração incorporada ao texto da CF.

Art. 2º Aplica-se aos proventos de aposentadorias dos servidores públicos que se aposentarem na forma do *caput* do art. 6º da Emenda Constitucional nº 41, de 2003, o disposto no art. 7º da mesma Emenda.

Art. 3º (Revogado pela Emenda Constitucional nº 103, de 12.11.2019)

Art. 4º Enquanto não editada a lei a que se refere o § 11 do art. 37 da Constituição Federal, não será computada, para efeito dos limites remuneratórios de que trata o inciso XI do *caput* do mesmo artigo, qualquer parcela de caráter indenizatório, assim definida pela legislação em vigor na data de publicação da Emenda Constitucional nº 41, de 2003.

Art. 5º Revoga-se o parágrafo único do art. 6º da Emenda Constitucional nº 41, de 19 de dezembro de 2003.

Art. 6º Esta Emenda Constitucional entra em vigor na data de sua publicação, com efeitos retroativos à data de vigência da Emenda Constitucional nº 41, de 2003.

Brasília, em 5 de julho de 2005

Mesa da Câmara dos Deputados
Deputado Severino Cavalcanti
Presidente

Mesa do Senado Federal
Senador Renan Calheiros
Presidente

EMENDA CONSTITUCIONAL Nº 48, DE 10 DE AGOSTO DE 2005

Acrescenta o § 3º ao art. 215 da Constituição Federal, instituindo o Plano Nacional de Cultura.

As Mesas da Câmara dos Deputados e do Senado Federal, nos termos do art. 60 da Constituição Federal, promulgam a seguinte Emenda ao texto constitucional:

Art. 1º O art. 215 da Constituição Federal passa a vigorar acrescido do seguinte § 3º:

› Alteração incorporada ao texto da CF.

Art. 2º Esta Emenda Constitucional entra em vigor na data de sua publicação.

Brasília, em 10 de agosto de 2005

Mesa da Câmara dos Deputados
Deputado Severino Cavalcanti
Presidente

Mesa do Senado Federal
Senador Renan Calheiros
Presidente

EMENDA CONSTITUCIONAL Nº 49, DE 8 DE FEVEREIRO DE 2006

Altera a redação da alínea b e acrescenta alínea c ao inciso XXIII do caput do art. 21 e altera a redação do inciso V do caput do art. 177 da Constituição Federal para excluir do monopólio da União a produção, a comercialização e a utilização de radioisótopos de meia-vida curta, para usos médicos, agrícolas e industriais.

As Mesas da Câmara dos Deputados e do Senado Federal, nos termos do art. 60 da Constituição Federal, promulgam a seguinte Emenda ao texto constitucional:

Art. 1º O inciso XXIII do art. 21 da Constituição Federal passa a vigorar com a seguinte redação:

› Alteração incorporada ao texto da CF.

Art. 2º O inciso V do *caput* do art. 177 da Constituição Federal passa a vigorar com a seguinte redação:

› Alteração incorporada ao texto da CF.

Art. 3º Esta Emenda Constitucional entra em vigor na data de sua publicação.

Brasília, em 8 de fevereiro de 2006

Mesa da Câmara dos Deputados
Deputado Aldo Rebelo
Presidente

Mesa do Senado Federal
Senador Renan Calheiros
Presidente

EMENDA CONSTITUCIONAL Nº 50, DE 14 DE FEVEREIRO DE 2006

Modifica o art. 57 da Constituição Federal.

As Mesas da Câmara dos Deputados e do Senado Federal, nos termos do art. 60 da Constituição Federal, promulgam a seguinte Emenda ao texto constitucional:

Art. 1º O art. 57 da Constituição Federal passa a vigorar com a seguinte redação:

› Alteração incorporada ao texto da CF.

Art. 2º Esta Emenda Constitucional entra em vigor na data de sua publicação.

Brasília, em 14 de fevereiro de 2006

Mesa da Câmara dos Deputados
Deputado Aldo Rebelo
Presidente

Mesa do Senado Federal
Senador Renan Calheiros
Presidente

EMENDA CONSTITUCIONAL Nº 51, DE 14 DE FEVEREIRO DE 2006

Acrescenta os §§ 4º, 5º e 6º ao art. 198 da Constituição Federal.

As Mesas da Câmara dos Deputados e do Senado Federal, nos termos do art. 60 da Constituição Federal, promulgam a seguinte Emenda ao texto constitucional:

Art. 1º O art. 198 da Constituição Federal passa a vigorar acrescido dos seguintes §§ 4º, 5º e 6º:

› Alteração incorporada ao texto da CF.

Art. 2º Após a promulgação da presente Emenda Constitucional, os agentes comunitários de saúde e os agentes de combate às endemias somente poderão ser contratados diretamente pelos Estados, pelo Distrito Federal ou pelos Municípios na forma do § 4º do art. 198 da Constituição Federal, observado o limite de gasto estabelecido na Lei Complementar de que trata o art. 169 da Constituição Federal.

Parágrafo único. Os profissionais que, na data de promulgação desta Emenda e a qualquer título, desempenharem as atividades de agente comunitário de saúde ou de agente de combate às endemias, na forma da lei, ficam dispensados de se submeter ao processo seletivo público a que se refere o § 4º do art. 198 da Constituição Federal, desde que tenham sido contratados a partir de anterior processo de Seleção Pública efetuado por órgãos ou entes da administração direta ou indireta de Estado, Distrito Federal ou Município ou por outras instituições com a efetiva supervisão e autorização da administração direta dos entes da federação.

Art. 3º Esta Emenda Constitucional entra em vigor na data da sua publicação.

Brasília, em 14 de fevereiro de 2006

Mesa da Câmara dos Deputados
Deputado Aldo Rebelo
Presidente

Mesa do Senado Federal
Senador Renan Calheiros
Presidente

EMENDA CONSTITUCIONAL Nº 52, DE 8 DE MARÇO DE 2006

Dá nova redação ao § 1º do art. 17 da Constituição Federal para disciplinar as coligações eleitorais.

As Mesas da Câmara dos Deputados e do Senado Federal, nos termos do § 3º do art. 60 da Constituição Federal, promulgam a seguinte Emenda ao texto constitucional:

Art. 1º O § 1º do art. 17 da Constituição Federal passa a vigorar com a seguinte redação:

Art. 2º Esta Emenda Constitucional entra em vigor na data de sua publicação, aplicando-se às eleições que ocorrerão no ano de 2002.

Brasília, em 8 de março de 2006.

Mesa da Câmara dos Deputados
Deputado Aldo Rebelo
Presidente

Mesa do Senado Federal
Senador Renan Calheiros
Presidente

EMENDA CONSTITUCIONAL Nº 53, DE 19 DE DEZEMBRO DE 2006

Dá nova redação aos arts. 7º, 23, 30, 206, 208, 211 e 212 da Constituição Federal e ao art. 60 do Ato das Disposições Constitucionais Transitórias.

As Mesas da Câmara dos Deputados e do Senado Federal, nos termos do § 3º do art. 60 da Constituição Federal, promulgam a seguinte Emenda ao texto constitucional:

Art. 1º A Constituição Federal passa a vigorar com as seguintes alterações:

- Alteração incorporada ao texto da CF.

Art. 2º O art. 60 do Ato das Disposições Constitucionais Transitórias passa a vigorar com a seguinte redação:

- Alteração incorporada ao texto da CF.

Art. 3º Esta Emenda Constitucional entra em vigor na data de sua publicação, mantidos os efeitos do art. 60 do Ato das Disposições Constitucionais Transitórias, conforme estabelecido pela Emenda Constitucional nº 14, de 12 de setembro de 1996, até o início da vigência dos Fundos, nos termos desta Emenda Constitucional.

Brasília, em 19 de dezembro de 2006.

Mesa da Câmara dos Deputados
Deputado Aldo Rebelo
Presidente

Mesa do Senado Federal
Senador Renan Calheiros
Presidente

EMENDA CONSTITUCIONAL Nº 54, DE 20 DE SETEMBRO DE 2007

Dá nova redação à alínea c do inciso I do art. 12 da Constituição Federal e acrescenta art. 95 ao Ato das Disposições Constitucionais Transitórias, assegurando o registro nos consulados de brasileiros nascidos no estrangeiro.

As Mesas da Câmara dos Deputados e do Senado Federal, nos termos do § 3º do art. 60 da Constituição Federal, promulgam a seguinte Emenda ao texto constitucional:

Art. 1º A alínea c do inciso I do art. 12 da Constituição Federal passa a vigorar com a seguinte redação:

- Alteração incorporada ao texto da CF.

Art. 2º O Ato das Disposições Constitucionais Transitórias passa a vigorar acrescido do seguinte art. 95:

- Alteração incorporada ao texto do ADCT.

Art. 3º Esta Emenda Constitucional entra em vigor na data de sua publicação.

Brasília, em 20 de setembro de 2007

Mesa da Câmara dos Deputados
Deputado Arlindo Chinaglia
Presidente

Mesa do Senado Federal
Senador Renan Calheiros
Presidente

EMENDA CONSTITUCIONAL Nº 55, DE 20 DE SETEMBRO DE 2007

Altera o art. 159 da Constituição Federal, aumentando a entrega de recursos pela União ao Fundo de Participação dos Municípios.

As Mesas da Câmara dos Deputados e do Senado Federal, nos termos do § 3º do art. 60 da Constituição Federal, promulgam a seguinte Emenda ao texto constitucional:

Art. 1º O art. 159 da Constituição Federal passa a vigorar com as seguintes alterações:

- Alteração incorporada ao texto da CF.

Art. 2º No exercício de 2007, as alterações do art. 159 da Constituição Federal previstas nesta Emenda Constitucional somente se aplicam sobre a arrecadação dos impostos sobre renda e proventos de qualquer natureza e sobre produtos industrializados realizada a partir de 1º de setembro de 2007.

Art. 3º Esta Emenda Constitucional entra em vigor na data de sua publicação.

Mesa da Câmara dos Deputados
Deputado Arlindo Chinaglia
Presidente

Mesa do Senado Federal
Senador Renan Calheiros
Presidente

EMENDA CONSTITUCIONAL Nº 56, DE 20 DE DEZEMBRO DE 2007

Prorroga o prazo previsto no caput do art. 76 do Ato das Disposições Constitucionais Transitórias e dá outras providências.

As Mesas da Câmara dos Deputados e do Senado Federal, nos termos do § 3º do art. 60 da Constituição Federal, promulgam a seguinte Emenda ao texto constitucional:

Art. 1º O *caput* do art. 76 do Ato das Disposições Constitucionais Transitórias passa a vigorar com a seguinte redação:

- Alteração incorporada ao texto do ADCT.

Art. 2º Esta Emenda Constitucional entra em vigor na data da sua publicação.

Brasília, em 20 de dezembro de 2007.

Mesa da Câmara dos Deputados
Deputado Arlindo Chinaglia
Presidente

Mesa do Senado Federal
Senador Garibaldi Alves Filho
Presidente

EMENDA CONSTITUCIONAL Nº 57, DE 18 DE DEZEMBRO DE 2008

Acrescenta artigo ao Ato das Disposições Constitucionais Transitórias para convalidar os atos de criação, fusão, incorporação e desmembramento de Municípios.

As Mesas da Câmara dos Deputados e do Senado Federal, nos termos do § 3º do art. 60 da Constituição Federal, promulgam a seguinte Emenda ao texto constitucional:

Art. 1º O Ato das Disposições Constitucionais Transitórias passa a vigorar acrescido do seguinte art. 96:

- Alteração incorporada ao texto do ADCT.

Art. 2º Esta Emenda Constitucional entra em vigor na data de sua publicação.

Brasília, em 18 de dezembro de 2008.

Mesa da Câmara dos Deputados
Deputado Arlindo Chinaglia
Presidente

Mesa do Senado Federal
Senador Garibaldi Alves Filho
Presidente

EMENDA CONSTITUCIONAL Nº 58, DE 23 DE SETEMBRO DE 2009

Altera a redação do inciso IV do caput do art. 29 e do art. 29-A da Constituição Federal, tratando das disposições relativas à recomposição das Câmaras Municipais.

As Mesas da Câmara dos Deputados e do Senado Federal, nos termos do § 3º do art. 60 da Constituição Federal, promulgam a seguinte Emenda ao texto constitucional:

Art. 1º O inciso IV do *caput* do art. 29 da Constituição Federal passa a vigorar com a seguinte redação:

› Alteração incorporada ao texto da CF.

Art. 2º O art. 29-A da Constituição Federal passa a vigorar com a seguinte redação:

› Alteração incorporada ao texto da CF.

Art. 3º Esta Emenda Constitucional entra em vigor na data de sua promulgação, produzindo efeitos:

I - o disposto no art. 1º, a partir do processo eleitoral de 2008; e

II - o disposto no art. 2º, a partir de 1º de janeiro do ano subsequente ao da promulgação desta Emenda.

Brasília, em 23 de setembro de 2009.

Mesa da Câmara dos Deputados
Deputado Michel Temer
Presidente

Mesa do Senado Federal
Senador José Sarney
Presidente

EMENDA CONSTITUCIONAL Nº 59, DE 11 DE NOVEMBRO DE 2009

Acrescenta § 3º ao art. 76 do Ato das Disposições Constitucionais Transitórias para reduzir, anualmente, a partir do exercício de 2009, o percentual da Desvinculação das Receitas da União incidente sobre os recursos destinados à manutenção e desenvolvimento do ensino de que trata o art. 212 da Constituição Federal, dá nova redação aos incisos I e VII do art. 208, de forma a prever a obrigatoriedade do ensino de quatro a dezessete anos e ampliar a abrangência dos programas suplementares para todas as etapas da educação básica, e dá nova redação ao § 4º do art. 211 e ao § 3º do art. 212 e ao caput do art. 214, com a inserção neste dispositivo de inciso VI.

As Mesas da Câmara dos Deputados e do Senado Federal, nos termos do § 3º do art. 60 da Constituição Federal, promulgam a seguinte Emenda ao texto constitucional:

Art. 1º Os incisos I e VII do art. 208 da Constituição Federal, passam a vigorar com as seguintes alterações:

› Alteração incorporada ao texto da CF.

Art. 2º O § 4º do art. 211 da Constituição Federal passa a vigorar com a seguinte redação:

› Alteração incorporada ao texto da CF.

Art. 3º O § 3º do art. 212 da Constituição Federal passa a vigorar com a seguinte redação:

› Alteração incorporada ao texto da CF.

Art. 4º O *caput* do art. 214 da Constituição Federal passa a vigorar com a seguinte redação, acrescido do inciso VI:

› Alteração incorporada ao texto da CF.

Art. 5º O art. 76 do Ato das Disposições Constitucionais Transitórias passa a vigorar acrescido do seguinte § 3º:

› Alteração incorporada ao texto do ADCT.

Art. 6º O disposto no inciso I do art. 208 da Constituição Federal deverá ser implementado progressivamente, até 2016, nos termos do Plano Nacional de Educação, com apoio técnico e financeiro da União.

Art. 7º Esta Emenda Constitucional entra em vigor na data da sua publicação.

Brasília, em 11 de novembro de 2009.

Mesa da Câmara dos Deputados
Deputado Michel Temer
Presidente

Mesa do Senado Federal
Senador José Sarney
Presidente

EMENDA CONSTITUCIONAL Nº 60, DE 11 DE NOVEMBRO DE 2009

Altera o art. 89 do Ato das Disposições Constitucionais Transitórias para dispor sobre o quadro de servidores civis e militares do ex-Território Federal de Rondônia.

As Mesas da Câmara dos Deputados e do Senado Federal, nos termos do § 3º do art. 60 da Constituição Federal, promulgam a seguinte Emenda ao texto constitucional:

Art. 1º O art. 89 do Ato das Disposições Constitucionais Transitórias passa a vigorar com a seguinte redação, vedado o pagamento, a qualquer título, em virtude de tal alteração, de ressarcimentos ou indenizações, de qualquer espécie, referentes a períodos anteriores à data de publicação desta Emenda Constitucional:

› Alteração incorporada ao texto do ADCT.

Art. 2º Esta Emenda Constitucional entra em vigor na data de sua publicação, não produzindo efeitos retroativos.

Brasília, em 11 de novembro de 2009.

Mesa da Câmara dos Deputados
Deputado Michel Temer
Presidente

Mesa do Senado Federal
Senador José Sarney
Presidente

EMENDA CONSTITUCIONAL Nº 61, DE 11 DE NOVEMBRO DE 2009

Altera o art. 103-B da Constituição Federal, para modificar a composição do Conselho Nacional de Justiça.

As Mesas da Câmara dos Deputados e do Senado Federal, nos termos do § 3º do art. 60 da Constituição Federal, promulgam a seguinte Emenda ao texto constitucional:

Art. 1º O art. 103-B da Constituição Federal passa a vigorar com a seguinte redação:

› Alteração incorporada ao texto da CF.

Art. 2º Esta Emenda Constitucional entra em vigor na data de sua publicação.

Brasília, em 11 de novembro de 2009.

Mesa da Câmara dos Deputados
Deputado Michel Temer
Presidente

Mesa do Senado Federal
Senador José Sarney
Presidente

EMENDA CONSTITUCIONAL Nº 62, DE 9 DE DEZEMBRO DE 2009

Altera o art. 100 da Constituição Federal e acrescenta o art. 97 ao Ato das Disposições Constitucionais Transitórias, instituindo regime especial de pagamento de precatórios pelos Estados, Distrito Federal e Municípios.

As Mesas da Câmara dos Deputados e do Senado Federal, nos termos do § 3º do art. 60 da Constituição Federal, promulgam a seguinte Emenda ao texto constitucional:

Art. 1º O art. 100 da Constituição Federal passa a vigorar com a seguinte redação:

› Alteração incorporada ao texto da CF.

Art. 2º O Ato das Disposições Constitucionais Transitórias passa a vigorar acrescido do seguinte art. 97:

› Alteração incorporada ao texto do ADCT.

Art. 3º A implantação do regime de pagamento criado pelo art. 97 do Ato das Disposições Constitucionais Transitórias deverá ocorrer no prazo de até 90 (noventa dias), contados da data da publicação desta Emenda Constitucional.

Art. 4º A entidade federativa voltará a observar somente o disposto no art. 100 da Constituição Federal:

I - no caso de opção pelo sistema previsto no inciso I do § 1º do art. 97 do Ato das Disposições Constitucionais Transitórias, quando o valor dos precatórios devidos for inferior ao dos recursos destinados ao seu pagamento;

II - no caso de opção pelo sistema previsto no inciso II do § 1º do art. 97 do Ato das Disposições Constitucionais Transitórias, ao final do prazo.

Art. 5º Ficam convalidadas todas as cessões de precatórios efetuadas antes da promulgação desta Emenda Constitucional, independentemente da concordância da entidade devedora.

Art. 6º Ficam também convalidadas todas as compensações de precatórios com tributos vencidos até 31 de outubro de 2009 da entidade devedora, efetuadas na forma do disposto no § 2º do art. 78 do ADCT, realizadas antes da promulgação desta Emenda Constitucional.

Art. 7º Esta Emenda Constitucional entra em vigor na data de sua publicação.

Brasília, em 9 de dezembro de 2009.

Mesa da Câmara dos Deputados
Deputado Michel Temer
Presidente

Mesa do Senado Federal
Senador Marconi Perillo
1º Vice-Presidente, no exercício da Presidência

EMENDA CONSTITUCIONAL Nº 63, DE 4 DE FEVEREIRO DE 2010

Altera o § 5º do art. 198 da Constituição Federal para dispor sobre piso salarial profissional nacional e diretrizes para os Planos de Carreira de agentes comunitários de saúde e de agentes de combate às endemias.

As Mesas da Câmara dos Deputados e do Senado Federal, nos termos do art. 60 da Constituição Federal, promulgam a seguinte Emenda ao texto constitucional:

Art. 1º O § 5º do art. 198 da Constituição Federal passa a vigorar com a seguinte redação:

‣ Alteração incorporada ao texto da CF.

Art. 2º Esta Emenda Constitucional entra em vigor na data de sua publicação.

Brasília, em 4 de fevereiro de 2010.

Mesa da Câmara dos Deputados
Deputado Michel Temer
Presidente
Mesa do Senado Federal
Senador José Sarney
Presidente

EMENDA CONSTITUCIONAL Nº 64, DE 4 DE FEVEREIRO DE 2010

Altera o art. 6º da Constituição Federal, para introduzir a alimentação como direito social.

As Mesas da Câmara dos Deputados e do Senado Federal, nos termos do art. 60 da Constituição Federal, promulgam a seguinte Emenda ao texto constitucional:

Art. 1º O art. 6º da Constituição Federal passa a vigorar com a seguinte redação:

‣ Alteração incorporada ao texto da CF.

Art. 2º Esta Emenda Constitucional entra em vigor na data de sua publicação.

Brasília, em 4 de fevereiro de 2010.

Mesa da Câmara dos Deputados
Deputado Michel Temer
Presidente
Mesa do Senado Federal
Senador José Sarney
Presidente

EMENDA CONSTITUCIONAL Nº 65, DE 13 DE JULHO DE 2010

Altera a denominação do Capítulo VII do Título VIII da Constituição Federal e modifica o seu art. 227, para cuidar dos interesses da juventude.

As Mesas da Câmara dos Deputados e do Senado Federal, nos termos do art. 60 da Constituição Federal, promulgam a seguinte Emenda ao texto constitucional:

Art. 1º O Capítulo VII do Título VIII da Constituição Federal passa a denominar-se "Da Família, da Criança, do Adolescente, do Jovem e do Idoso".

‣ Alteração incorporada ao texto da CF.

Art. 2º O art. 227 da Constituição Federal passa a vigorar com a seguinte redação:

‣ Alteração incorporada ao texto da CF.

Art. 3º Esta Emenda Constitucional entra em vigor na data de sua publicação.

Brasília, em 13 de julho de 2010.

Mesa da Câmara dos Deputados
Deputado Michel Temer
Presidente
Mesa do Senado Federal
Senador José Sarney
Presidente

EMENDA CONSTITUCIONAL Nº 66, DE 13 DE JULHO DE 2010

Dá nova redação ao § 6º do art. 226 da Constituição Federal, que dispõe sobre a dissolubilidade do casamento civil pelo divórcio, suprimindo o requisito de prévia separação judicial por mais de 1 (um) ano ou de comprovada separação de fato por mais de 2 (dois) anos.

As Mesas da Câmara dos Deputados e do Senado Federal, nos termos do art. 60 da Constituição Federal, promulgam a seguinte Emenda ao texto constitucional:

Art. 1º O § 6º do art. 226 da Constituição Federal passa a vigorar com a seguinte redação:

‣ Alteração incorporada ao texto da CF.

Art. 2º Esta Emenda Constitucional entra em vigor na data de sua publicação.

Brasília, em 13 de julho de 2010.

Mesa da Câmara dos Deputados
Deputado Michel Temer
Presidente
Mesa do Senado Federal
Senador José Sarney
Presidente

EMENDA CONSTITUCIONAL Nº 67, DE 22 DE DEZEMBRO DE 2010

Prorroga, por tempo indeterminado, o prazo de vigência do Fundo de Combate e Erradicação da Pobreza.

As Mesas da Câmara dos Deputados e do Senado Federal, nos termos do § 3º do art. 60 da Constituição Federal, promulgam a seguinte Emenda ao texto constitucional:

Art. 1º Prorrogam-se, por tempo indeterminado, o prazo de vigência do Fundo de Combate e Erradicação da Pobreza a que se refere o *caput* do art. 79 do Ato das Disposições Constitucionais Transitórias e, igualmente, o prazo de vigência da Lei Complementar nº 111, de 6 de julho de 2001, que "Dispõe sobre o Fundo de Combate e Erradicação da Pobreza, na forma prevista nos arts. 79, 80 e 81 do Ato das Disposições Constitucionais Transitórias".

Art. 2º Esta Emenda Constitucional entra em vigor na data de sua publicação.

Brasília, em 22 de dezembro de 2010.

Mesa da Câmara dos Deputados
Deputado Marco Maia
Presidente
Mesa do Senado Federal
Senador José Sarney
Presidente

EMENDA CONSTITUCIONAL Nº 68, DE 21 DE DEZEMBRO DE 2011

Altera o art. 76 do Ato das Disposições Constitucionais Transitórias.

As Mesas da Câmara dos Deputados e do Senado Federal, nos termos do § 3º do art. 60 da Constituição Federal, promulgam a seguinte Emenda ao texto constitucional:

Art. 1º O art. 76 do Ato das Disposições Constitucionais Transitórias passa a vigorar com a seguinte redação:

‣ Alteração incorporada ao texto do ADCT.

Art. 2º Esta Emenda Constitucional entra em vigor na data da sua publicação.

Brasília, 21 de dezembro de 2011

Mesa da Câmara dos Deputados
Deputado Marco Maia
Presidente
Mesa do Senado Federal
Senador José Sarney
Presidente

EMENDA CONSTITUCIONAL Nº 69, DE 29 DE MARÇO DE 2012

Altera os arts. 21, 22 e 48 da Constituição Federal, para transferir da União para o Distrito Federal as atribuições de organizar e manter a Defensoria Pública do Distrito Federal.

As Mesas da Câmara dos Deputados e do Senado Federal, nos termos do art. 60 da Constituição Federal, promulgam a seguinte Emenda ao texto constitucional:

Art. 1º Os arts. 21, 22 e 48 da Constituição Federal passam a vigorar com a seguinte redação:

‣ Alteração incorporada ao texto da CF.

Art. 2º Sem prejuízo dos preceitos estabelecidos na Lei Orgânica do Distrito Federal, aplicam-se à Defensoria Pública do Distrito Federal os mesmos princípios e regras que, nos termos da Constituição Federal, regem as Defensorias Públicas dos Estados.

Art. 3º O Congresso Nacional e a Câmara Legislativa do Distrito Federal, imediatamente após a promulgação desta Emenda Constitucional e de acordo com suas competências, instalarão comissões especiais destinadas a elaborar, em 60 (sessenta) dias, os projetos de lei necessários à adequação da legislação infraconstitucional à matéria nela tratada.

Art. 4º Esta Emenda Constitucional entra em vigor na data de sua publicação, produzindo efeitos quanto ao disposto no art. 1º após decorridos 120 (cento e vinte) dias de sua publicação oficial.

Brasília, 29 de março de 2012.

Mesa da Câmara dos Deputados
Deputado Marco Maia
Presidente
Mesa do Senado Federal
Senador José Sarney
Presidente

EMENDA CONSTITUCIONAL Nº 70, DE 29 DE MARÇO DE 2012

Acrescenta art. 6º-A à Emenda Constitucional nº 41, de 2003, para estabelecer critérios para o cálculo e a correção dos proventos da aposentadoria por invalidez dos servidores públicos que ingressaram no serviço público até a data da publicação daquela Emenda Constitucional.

As Mesas da Câmara dos Deputados e do Senado Federal, nos termos do § 3º do art. 60 da Constituição Federal, promulgam a seguinte Emenda ao texto constitucional:

Art. 1º A Emenda Constitucional nº 41, de 19 de dezembro de 2003, passa a vigorar acrescida do seguinte art. 6º-A:

‣ Alteração incorporada ao texto da CF.

Art. 2º A União, os Estados, o Distrito Federal e os Municípios, assim como as respectivas autarquias e fundações, procederão, no prazo de 180 (cento e oitenta) dias da entrada em vigor desta Emenda Constitucional, à revisão das aposentadorias, e das pensões delas decorrentes, concedidas a partir de 1º de janeiro de 2004, com base na redação dada ao § 1º do art. 40 da Constituição Federal pela Emenda Constitucional nº 20, de 15 de dezembro de 1998, com efeitos financeiros a partir da data de promulgação desta Emenda Constitucional.

Art. 3º Esta Emenda Constitucional entra em vigor na data de sua publicação.

Brasília, 29 de março de 2012.

Mesa da Câmara dos Deputados
Deputado Marco Maia
Presidente

Mesa do Senado Federal
Senador José Sarney
Presidente

EMENDA CONSTITUCIONAL Nº 71, DE 29 DE NOVEMBRO DE 2012

Acrescenta o art. 216-A à Constituição Federal para instituir o Sistema Nacional de Cultura.

As Mesas da Câmara dos Deputados e do Senado Federal, nos termos do § 3º do art. 60 da Constituição Federal, promulgam a seguinte Emenda ao texto constitucional:

Art. 1º A Constituição Federal passa a vigorar acrescida do seguinte art. 216-A:

‣ Alteração incorporada ao texto da CF.

Art. 2º Esta Emenda Constitucional entra em vigor na data de sua publicação.

Brasília, em 29 de novembro de 2012.

Mesa da Câmara dos Deputados
Deputado Marco Maia
Presidente

Mesa do Senado Federal
Senador José Sarney
Presidente

EMENDA CONSTITUCIONAL Nº 72, DE 2 DE ABRIL DE 2013

Altera a redação do parágrafo único do art. 7º da Constituição Federal para estabelecer a igualdade de direitos trabalhistas entre os trabalhadores domésticos e os demais trabalhadores urbanos e rurais.

As Mesas da Câmara dos Deputados e do Senado Federal, nos termos do § 3º do art. 60 da Constituição Federal, promulgam a seguinte Emenda ao texto constitucional:

Artigo único. O parágrafo único do art. 7º da Constituição Federal passa a vigorar com a seguinte redação:

‣ Alteração incorporada ao texto da CF.

Brasília, em 2 de abril de 2013.

Mesa da Câmara dos Deputados
Deputado Henrique Eduardo Alves
Presidente

Mesa do Senado Federal
Senador Renan Calheiros
Presidente

EMENDA CONSTITUCIONAL Nº 73, DE 6 DE JUNHO DE 2013

Cria os Tribunais Regionais Federais da 6ª, 7ª, 8ª e 9ª Regiões.

As Mesas da Câmara dos Deputados e do Senado Federal, nos termos do § 3º do art. 60 da Constituição Federal, promulgam a seguinte Emenda ao texto constitucional:

Art. 1º O art. 27 do Ato das Disposições Constitucionais Transitórias passa a vigorar acrescido do seguinte § 11:

‣ Alteração incorporada ao texto do ADCT.

Art. 2º Os Tribunais Regionais Federais da 6ª, 7ª, 8ª e 9ª Regiões deverão ser instalados no prazo de 6 (seis) meses, a contar da promulgação desta Emenda Constitucional.

Art. 3º Esta Emenda Constitucional entra em vigor na data de sua publicação.

Brasília, em 6 de junho de 2013.

Mesa da Câmara dos Deputados
Deputado André Vargas
1º Vice-Presidente no exercício da Presidência

Mesa do Senado Federal
Senador Romero Jucá
2º Vice-Presidente no exercício da Presidência

EMENDA CONSTITUCIONAL Nº 74, DE 6 DE AGOSTO DE 2013

Altera o art. 134 da Constituição Federal.

As Mesas da Câmara dos Deputados e do Senado Federal, nos termos do § 3º do art. 60 da Constituição Federal, promulgam a seguinte Emenda ao texto constitucional:

Art. 1º O art. 134 da Constituição Federal passa a vigorar acrescido do seguinte § 3º:

‣ Alteração incorporada ao texto da CF.

Art. 2º Esta Emenda Constitucional entra em vigor na data de sua publicação.

Brasília, em 6 de agosto de 2013.

Mesa da Câmara dos Deputados
Deputado Henrique Eduardo Alves
Presidente

Mesa do Senado Federal
Senador Renan Calheiros
Presidente

EMENDA CONSTITUCIONAL Nº 75, DE 15 DE OUTUBRO DE 2013

Acrescenta a alínea e ao inciso VI do art. 150 da Constituição Federal, instituindo imunidade tributária sobre os fonogramas e videofonogramas musicais produzidos no Brasil contendo obras musicais ou literomusicais de autores brasileiros e/ou obras em geral interpretadas por artistas brasileiros bem como os suportes materiais ou arquivos digitais que os contenham.

As Mesas da Câmara dos Deputados e do Senado Federal, nos termos do § 3º do art. 60 da Constituição Federal, promulgam a seguinte Emenda ao texto constitucional:

Art. 1º O inciso VI do art. 150 da Constituição Federal passa a vigorar acrescido da seguinte alínea e:

‣ Alteração incorporada ao texto da CF.

Art. 2º Esta Emenda Constitucional entra em vigor na data de sua publicação.

Brasília, em 15 de outubro de 2013.

Mesa da Câmara dos Deputados
Deputado Henrique Eduardo Alves
Presidente

Mesa do Senado Federal
Senador Renan Calheiros
Presidente

EMENDA CONSTITUCIONAL Nº 76, DE 28 DE NOVEMBRO DE 2013

Altera o § 2º do art. 55 e o § 4º do art. 66 da Constituição Federal, para abolir a votação secreta nos casos de perda de mandato de Deputado ou Senador e de apreciação de veto.

As Mesas da Câmara dos Deputados e do Senado Federal, nos termos do § 3º do art. 60 da Constituição Federal, promulgam a seguinte Emenda ao texto constitucional:

Art. 1º Os arts. 55 e 66 da Constituição Federal passam a vigorar com as seguintes alterações:

‣ Alteração incorporada ao texto da CF.

Art. 2º Esta Emenda Constitucional entra em vigor na data de sua publicação.

Brasília, em 28 de novembro de 2013

Mesa da Câmara dos Deputados
Deputado Henrique Eduardo Alves
Presidente

Mesa do Senado Federal
Senador Renan Calheiros
Presidente

EMENDA CONSTITUCIONAL Nº 77, DE 11 DE FEVEREIRO DE 2014

Altera os incisos II, III e VIII do § 3º do art. 142 da Constituição Federal, para estender aos profissionais de saúde das Forças Armadas a possibilidade de cumulação de cargo a que se refere o art. 37, inciso XVI, alínea "c".

As Mesas da Câmara dos Deputados e do Senado Federal, nos termos do § 3º do art. 60 da Constituição Federal, promulgam a seguinte Emenda ao texto constitucional:

Artigo único. Os incisos II, III e VIII do § 3º do art. 142 da Constituição Federal passam a vigorar com as seguintes alterações:

‣ Alteração incorporada ao texto da CF.

Brasília, em 11 de fevereiro de 2014.

Mesa da Câmara dos Deputados
Deputado Henrique Eduardo Alves
Presidente

Mesa do Senado Federal
Senador Renan Calheiros
Presidente

EMENDA CONSTITUCIONAL Nº 78, DE 14 DE MAIO DE 2014

Acrescenta art. 54-A ao Ato das Disposições Constitucionais Transitórias, para dispor sobre indenização devida aos seringueiros de que trata o art. 54 desse Ato.

As Mesas da Câmara dos Deputados e do Senado Federal, nos termos do § 3º do art. 60 da Constituição Federal, promulgam a seguinte Emenda ao texto constitucional:

Art. 1º O Ato das Disposições Constitucionais Transitórias passa a vigorar acrescido do seguinte art. 54-A:

‣ Alteração incorporada ao texto da CF.

Art. 3º Esta Emenda Constitucional entra em vigor no exercício financeiro seguinte ao de sua publicação.

Brasília, em 14 de maio de 2014.

Mesa da Câmara dos Deputados
Deputado Henrique Eduardo Alves
Presidente
Mesa do Senado Federal
Senador Renan Calheiros
Presidente

EMENDA CONSTITUCIONAL Nº 79, DE 27 DE MAIO DE 2014

Altera o art. 31 da Emenda Constitucional nº 19, de 4 de junho de 1998, para prever a inclusão, em quadro em extinção da Administração Federal, de servidores e policiais militares admitidos pelos Estados do Amapá e de Roraima, na fase de instalação dessas unidades federadas, e dá outras providências.

As Mesas da Câmara dos Deputados e do Senado Federal, nos termos do § 3º do art. 60 da Constituição Federal, promulgam a seguinte Emenda ao texto constitucional:

Art. 1º O art. 31 da Emenda Constitucional nº 19, de 4 de junho de 1998, passa a vigorar com a seguinte redação:

‣ Alteração incorporada ao texto da CF.

Art. 2º Para fins do enquadramento disposto no *caput* do art. 31 da Emenda Constitucional nº 19, de 4 de junho de 1998, e no *caput* do art. 89 do Ato das Disposições Constitucionais Transitórias, é reconhecido o vínculo funcional, com a União, dos servidores regularmente admitidos nos quadros dos Municípios integrantes dos ex-Territórios do Amapá, de Roraima e de Rondônia em efetivo exercício na data de transformação desses ex-Territórios em Estados.

Art. 3º Os servidores dos ex-Territórios do Amapá, de Roraima e de Rondônia incorporados a quadro em extinção da União serão enquadrados em cargos de atribuições equivalentes ou assemelhadas, integrantes de planos de cargos e carreiras da União, no nível de progressão alcançado, assegurados os direitos, vantagens e padrões remuneratórios a eles inerentes.

Art. 4º Cabe à União, no prazo máximo de 180 (cento e oitenta) dias, contado a partir da data de publicação desta Emenda Constitucional, regulamentar o enquadramento de servidores estabelecido no art. 31 da Emenda Constitucional nº 19, de 4 de junho de 1998, e no art. 89 do Ato das Disposições Constitucionais Transitórias.

Parágrafo único. No caso de a União não regulamentar o enquadramento previsto no *caput*, o optante tem direito ao pagamento retroativo das diferenças remuneratórias desde a data do encerramento do prazo para a regulamentação referida neste artigo.

Art. 5º A opção para incorporação em quadro em extinção da União, conforme disposto no art. 31 da Emenda Constitucional nº 19, de 4 de junho de 1998, e no art. 89 do Ato das Disposições Constitucionais Transitórias, deverá ser formalizada pelos servidores e policiais militares interessados perante a administração, no prazo máximo de 180 (cento e oitenta) dias, contado a partir da regulamentação prevista no Art. 4º

Art. 6º Os servidores admitidos regularmente que comprovadamente se encontravam no exercício de funções policiais nas Secretarias de Segurança Pública dos ex-Territórios do Amapá, de Roraima e de Rondônia na data em que foram transformados em Estados serão enquadrados no quadro da Polícia Civil dos ex-Territórios, no prazo de 180 (cento e oitenta) dias, assegurados os direitos, vantagens e padrões remuneratórios a eles inerentes.

Art. 7º Aos servidores admitidos regularmente pela União nas Carreiras do Grupo Tributação, Arrecadação e Fiscalização de que trata a Lei nº 6.550, de 5 de julho de 1978, cedidos aos Estados do Amapá, de Roraima e de Rondônia são assegurados os mesmos direitos remuneratórios auferidos pelos integrantes das Carreiras correspondentes do Grupo Tributação, Arrecadação e Fiscalização da União de que trata a Lei nº 5.645, de 10 de dezembro de 1970.

Art. 8º Os proventos das aposentadorias, pensões, reformas e reservas remuneradas, originadas no período de outubro de 1988 a outubro de 1993, passam a ser mantidos pela União a partir da data de publicação desta Emenda Constitucional, vedado o pagamento, a qualquer título, de valores referentes a períodos anteriores a sua publicação.

Art. 9º É vedado o pagamento, a qualquer título, em virtude das alterações promovidas por esta Emenda Constitucional, de remunerações, proventos, pensões ou indenizações referentes a períodos anteriores à data do enquadramento, salvo o disposto no parágrafo único do Art. 4º

Art. 10. Esta Emenda Constitucional entra em vigor na data de sua publicação.

Brasília, em 27 de maio de 2014

Mesa da Câmara dos Deputados
Deputado Henrique Eduardo Alves
Presidente
Mesa do Senado Federal
Senador Renan Calheiros
Presidente

EMENDA CONSTITUCIONAL Nº 80, DE 4 DE JUNHO DE 2014

Altera o Capítulo IV – Das Funções Essenciais à Justiça, do Título IV – Da Organização dos Poderes, e acrescenta artigo ao Ato das Disposições Constitucionais Transitórias da Constituição Federal.

As Mesas da Câmara dos Deputados e do Senado Federal, nos termos do § 3º do art. 60 da Constituição Federal, promulgam a seguinte Emenda ao texto constitucional:

Art. 1º O Capítulo IV – Das Funções Essenciais à Justiça, do Título IV – Da Organização dos Poderes, passa a vigorar com as seguintes alterações:

‣ Alteração incorporada ao texto da CF.

Art. 2º O Ato das Disposições Constitucionais Transitórias passa a vigorar acrescido do seguinte art. 98:

‣ Alteração incorporada ao texto da CF.

Art. 3º Esta Emenda Constitucional entra em vigor na data de sua publicação.

Brasília, em 4 de junho de 2014

Mesa da Câmara dos Deputados
Deputado Henrique Eduardo Alves
Presidente
Mesa do Senado Federal
Senador Renan Calheiros
Presidente

EMENDA CONSTITUCIONAL Nº 81, DE 5 DE JUNHO DE 2014

Dá nova redação ao art. 243 da Constituição Federal.

As Mesas da Câmara dos Deputados e do Senado Federal, nos termos do § 3º do art. 60 da Constituição Federal, promulgam a seguinte Emenda ao texto constitucional:

Art. 1º O art. 243 da Constituição Federal passa a vigorar com a seguinte redação:

‣ Alteração incorporada ao texto da CF.

Art. 2º Esta Emenda Constitucional entra em vigor na data de sua publicação.

Brasília, em 5 de junho de 2014

Mesa da Câmara dos Deputados
Deputado Henrique Eduardo Alves
Presidente
Mesa do Senado Federal
Senador Renan Calheiros
Presidente

EMENDA CONSTITUCIONAL Nº 82, DE 16 DE JULHO DE 2014

Inclui o § 10 ao art. 144 da Constituição Federal, para disciplinar a segurança viária no âmbito dos Estados, do Distrito Federal e dos Municípios.

As Mesas da Câmara dos deputados e do Senado Federal, nos termos do § 3º do art. 60 da Constituição Federal, promulgam a seguinte Emenda ao texto constitucional:

Art. 1º O art. 144 da Constituição Federal passa a vigorar acrescido do seguinte § 10:

‣ Alteração incorporada ao texto da CF.

Art. 2º Esta Emenda Constitucional entra em vigor na data de sua publicação.

Brasília, em 16 de julho de 2014

Mesa da Câmara dos Deputados
Deputado Henrique Eduardo Alves
Presidente
Mesa do Senado Federal
Senador Renan Calheiros
Presidente

EMENDA CONSTITUCIONAL Nº 83, DE 5 DE AGOSTO DE 2014

Acrescenta o art. 92-A ao Ato das Disposições Constitucionais Transitórias – ADCT.

As Mesas da Câmara dos Deputados e do Senado Federal, nos termos do § 3º do art. 60 da Constituição Federal, promulgam a seguinte Emenda ao texto constitucional:

Art. 1º O Ato das Disposições Constitucionais Transitórias passa a vigorar acrescido do seguinte art. 92-A:

› Alteração incorporada ao texto da CF.

Art. 2º Esta Emenda Constitucional entra em vigor na data de sua publicação.

Brasília, em 5 de agosto de 2014.

Mesa da Câmara dos Deputados
Deputado Henrique Eduardo Alves
Presidente
Mesa do Senado Federal
Senador Renan Calheiros
Presidente

EMENDA CONSTITUCIONAL Nº 84, DE 2 DE DEZEMBRO DE 2014

Altera o art. 159 da Constituição Federal para aumentar a entrega de recursos pela União para o Fundo de Participação dos Municípios.

As Mesas da Câmara dos Deputados e do Senado Federal, nos termos do § 3º do art. 60 da Constituição Federal, promulgam a seguinte Emenda ao texto constitucional:

Art. 1º O art. 159 da Constituição Federal passa a vigorar com a seguinte redação:

› Alteração incorporada ao texto da CF.

Art. 2º Para os fins do disposto na alínea "e" do inciso I do *caput* do art. 159 da Constituição Federal, a União entregará ao Fundo de Participação dos Municípios o percentual de 0,5% (cinco décimos por cento) do produto da arrecadação dos impostos sobre renda e proventos de qualquer natureza e sobre produtos industrializados no primeiro exercício em que esta Emenda Constitucional gerar efeitos financeiros, acrescentando-se 0,5% (cinco décimos por cento) a cada exercício, até que se alcance o percentual de 1% (um por cento).

Art. 3º Esta Emenda Constitucional entra em vigor na data de sua publicação, com efeitos financeiros a partir de 1º de janeiro do exercício subsequente.

Brasília, em 2 de dezembro de 2014.

Mesa da Câmara dos Deputados
Deputado Henrique Eduardo Alves
Presidente
Mesa do Senado Federal
Senador Renan Calheiros
Presidente

EMENDA CONSTITUCIONAL Nº 85, DE 26 DE FEVEREIRO DE 2015

Altera e adiciona dispositivos na Constituição Federal para atualizar o tratamento das atividades de ciência, tecnologia e inovação.

As Mesas da Câmara dos Deputados e do Senado Federal, nos termos do § 3º do art. 60 da Constituição Federal, promulgam a seguinte Emenda ao texto constitucional:

Art. 1º A Constituição Federal passa a vigorar com as seguintes alterações:

› Alteração incorporada ao texto da CF.

Art. 2º O Capítulo IV do Título VIII da Constituição Federal passa a vigorar acrescido dos seguintes arts. 219-A e 219-B:

› Alteração incorporada ao texto da CF.

Art. 3º Esta Emenda Constitucional entra em vigor na data de sua publicação.

Brasília, em 26 de fevereiro de 2015.

Mesa da Câmara dos Deputado
Deputado Eduardo Cunha
Presidente
Mesa do Senado Federal
Senador Renan Calheiros
Presidente

EMENDA CONSTITUCIONAL Nº 86, DE 17 DE MARÇO DE 2015

Altera os arts. 165, 166 e 198 da Constituição Federal, para tornar obrigatória a execução da programação orçamentária que especifica.

As Mesas da Câmara dos Deputados e do Senado Federal, nos termos do § 3º do art. 60 da Constituição Federal, promulgam a seguinte Emenda ao texto constitucional:

Art. 1º Os arts. 165, 166 e 198 da Constituição Federal passam a vigorar com as seguintes alterações:

› Alteração incorporada ao texto da CF.

Art. 2º O disposto no inciso I do § 2º do art. 198 da Constituição Federal será cumprido progressivamente, garantidos, no mínimo:

I - 13,2% (treze inteiros e dois décimos por cento) da receita corrente líquida no primeiro exercício financeiro subsequente ao da promulgação desta Emenda Constitucional;

II - 13,7% (treze inteiros e sete décimos por cento) da receita corrente líquida no segundo exercício financeiro subsequente ao da promulgação desta Emenda Constitucional;

III - 14,1% (quatorze inteiros e um décimo por cento) da receita corrente líquida no terceiro exercício financeiro subsequente ao da promulgação desta Emenda Constitucional;

IV - 14,5% (quatorze inteiros e cinco décimos por cento) da receita corrente líquida no quarto exercício financeiro subsequente ao da promulgação desta Emenda Constitucional;

V - 15% (quinze por cento) da receita corrente líquida no quinto exercício financeiro subsequente ao da promulgação desta Emenda Constitucional.

Art. 3º As despesas com ações e serviços públicos de saúde custeados com a parcela da União oriunda da participação no resultado ou da compensação financeira pela exploração de petróleo e gás natural, de que trata o § 1º do art. 20 da Constituição Federal, serão computadas para fins de cumprimento do disposto no inciso I do § 2º do art. 198 da Constituição Federal.

Art. 4º Esta Emenda Constitucional entra em vigor na data de sua publicação e produzirá efeitos a partir da execução orçamentária do exercício de 2014.

Art. 5º Fica revogado o inciso IV do § 3º do art. 198 da Constituição Federal.

Brasília, em 17 de março de 2015.

Mesa da Câmara dos Deputado
Deputado Eduardo Cunha
Presidente
Mesa do Senado Federal
Senador Renan Calheiros
Presidente

EMENDA CONSTITUCIONAL Nº 87, DE 16 DE ABRIL DE 2015

Altera o § 2º do art. 155 da Constituição Federal e inclui o art. 99 no Ato das Disposições Constitucionais Transitórias, para tratar da sistemática de cobrança do imposto sobre operações relativas à circulação de mercadorias e sobre prestações de serviços de transporte interestadual e intermunicipal e de comunicação incidente sobre as operações e prestações que destinem bens e serviços a consumidor final, contribuinte ou não do imposto, localizado em outro Estado.

As Mesas da Câmara dos Deputados e do Senado Federal, nos termos do § 3º do art. 60 da Constituição Federal, promulgam a seguinte Emenda ao texto constitucional:

Art. 1º Os incisos VII e VIII do § 2º do art. 155 da Constituição Federal passam a vigorar com as seguintes alterações:

› Alteração incorporada ao texto da CF.

Art. 2º O Ato das Disposições Constitucionais Transitórias passa a vigorar acrescido do seguinte art. 99:

› Alteração incorporada ao texto do ADCT.

Art. 3º Esta Emenda Constitucional entra em vigor na data de sua publicação, produzindo efeitos no ano subsequente e após 90 (noventa) dias desta.

Brasília, em 16 de abril de 2015.

Mesa da Câmara dos Deputado
Deputado Eduardo Cunha
Presidente
Mesa do Senado Federal
Senador Renan Calheiros
Presidente

EMENDA CONSTITUCIONAL Nº 88, DE 7 DE MAIO DE 2015

Altera o art. 40 da Constituição Federal, relativamente ao limite de idade para a aposentadoria compulsória do servidor público em geral, e acrescenta dispositivo ao Ato das Disposições Constitucionais Transitórias.

As Mesas da Câmara dos Deputados e do Senado Federal, nos termos do § 3º do art. 60 da Constituição Federal, promulgam a seguinte Emenda ao texto constitucional:

Art. 1º O art. 40 da Constituição Federal passa a vigorar com a seguinte alteração:

▸ Alteração incorporada ao texto da CF.

Art. 2º O Ato das Disposições Constitucionais Transitórias passa a vigorar acrescido do seguinte art. 100:

▸ Alteração incorporada ao texto do ADCT.

Art. 3º Esta Emenda Constitucional entra em vigor na data de sua publicação.

Brasília, em 7 de maio de 2015.

Mesa da Câmara dos Deputado
Deputado Eduardo Cunha
Presidente

Mesa do Senado Federal
Senador Renan Calheiros
Presidente

EMENDA CONSTITUCIONAL Nº 89, DE 15 DE SETEMBRO DE 2015

Dá nova redação ao art. 42 do Ato das Disposições Constitucionais Transitórias, ampliando o prazo em que a União deverá destinar às Regiões Centro-Oeste e Nordeste percentuais mínimos dos recursos destinados à irrigação.

As Mesas da Câmara dos Deputados e do Senado Federal, nos termos do art. 60 da Constituição Federal, promulgam a seguinte Emenda ao texto constitucional:

Art. 1º O art. 42 do Ato das Disposições Constitucionais Transitórias passa a vigorar com a seguinte redação:

▸ Alterações incorporadas ao texto do ADCT.

Art. 2º Esta Emenda Constitucional entra em vigor na data de sua publicação.

Brasília, em 15 de setembro de 2015.

Mesa da Câmara dos Deputados
Deputado Eduardo Cunha
Presidente

Mesa do Senado Federal
Senador Renan Calheiros
Presidente

EMENDA CONSTITUCIONAL Nº 90, DE 15 DE SETEMBRO DE 2015

Dá nova redação ao art. 6º da Constituição Federal, para introduzir o transporte como direito social.

As Mesas da Câmara dos Deputados e do Senado Federal, nos termos do art. 60 da Constituição Federal, promulgam a seguinte Emenda ao texto constitucional:

Artigo único. O art. 6º da Constituição Federal de 1988 passa a vigorar com a seguinte redação:

▸ Alteração já incorporadas ao texto da CF.

Brasília, em 15 de setembro de 2015.

Mesa da Câmara dos Deputados
Deputado Eduardo Cunha
Presidente

Mesa do Senado Federal
Senador Renan Calheiros
Presidente

EMENDA CONSTITUCIONAL Nº 91, DE 18 DE FEVEREIRO DE 2016

Altera a Constituição Federal para estabelecer a possibilidade, excepcional e em período determinado, de desfiliação partidária, sem prejuízo do mandato.

As Mesas da Câmara dos Deputados e do Senado Federal, nos termos do § 3º do art. 60 da Constituição Federal, promulgam a seguinte Emenda ao texto constitucional:

Art. 1º É facultado ao detentor de mandato eletivo desligar-se do partido pelo qual foi eleito nos trinta dias seguintes à promulgação desta Emenda Constitucional, sem prejuízo do mandato, não sendo essa desfiliação considerada para fins de distribuição dos recursos do Fundo Partidário e de acesso gratuito ao tempo de rádio e televisão.

Art. 2º Esta Emenda Constitucional entra em vigor na data de sua publicação.

Brasília, em 18 de fevereiro de 2016.

Mesa da Câmara dos Deputados
Deputado Eduardo Cunha
Presidente

Mesa do Senado Federal
Senador Renan Calheiros
Presidente

EMENDA CONSTITUCIONAL Nº 92, DE 12 DE JULHO DE 2016

Altera os arts. 92 e 111-A da Constituição Federal, para explicitar o Tribunal Superior do Trabalho como órgão do Poder Judiciário, alterar os requisitos para o provimento dos cargos de Ministros daquele Tribunal e modificar-lhe a competência.

As Mesas da Câmara dos Deputados e do Senado Federal, nos termos do § 3º – do art. 60 da Constituição Federal, promulgam a seguinte Emenda ao texto constitucional:

Art. 1º Os arts. 92 e 111-A da Constituição Federal passam a vigorar com as seguintes alterações:

▸ Alterações incorporadas ao texto da CF.

Art. 2º Esta Emenda Constitucional entra em vigor na data de sua publicação.

Brasília, em 12 de julho de 2016

Mesa da Câmara dos Deputados
Deputado Waldir Maranhão
1º Vice-Presidente, no exercício da Presidência

Mesa do Senado Federal
Senador Renan Calheiros
Presidente

EMENDA CONSTITUCIONAL Nº 93, DE 8 DE SETEMBRO DE 2016

Altera o Ato das Disposições Constitucionais Transitórias para prorrogar a desvinculação de receitas da União e estabelecer a desvinculação de receitas dos Estados, Distrito Federal e Municípios.

As Mesas da Câmara dos Deputados e do Senado Federal, nos termos do § 3º do art. 60 da Constituição Federal, promulgam a seguinte Emenda ao texto constitucional:

Art. 1º O art. 76 do Ato das Disposições Constitucionais Transitórias passa a vigorar com a seguinte redação:

▸ Alterações incorporadas ao texto do referido Ato.

Art. 2º O Ato das Disposições Constitucionais Transitórias passa a vigorar acrescido dos seguintes arts. 76-A e 76-B:

▸ Alterações incorporadas ao texto do referido Ato.

Art. 3º Esta Emenda Constitucional entra em vigor na data de sua publicação, produzindo efeitos a partir de 1º de janeiro de 2016.

Brasília, em 8 de setembro de 2016.

Mesa da Câmara dos Deputados
Deputado Rodrigo Maia
Presidente

Mesa do Senado Federal
Senador Renan Calheiros
Presidente

EMENDA CONSTITUCIONAL Nº 94, DE 15 DE DEZEMBRO DE 2016

Altera o art. 100 da Constituição Federal, para dispor sobre o regime de pagamento de débitos públicos decorrentes de condenações judiciais; e acrescenta dispositivos ao Ato das Disposições Constitucionais Transitórias, para instituir regime especial de pagamento para os casos em mora.

As Mesas da Câmara dos Deputados e do Senado Federal, nos termos do § 3º do art. 60 da Constituição Federal, promulgam a seguinte Emenda ao texto constitucional:

Art. 1º O art. 100 da Constituição Federal passa a vigorar com a seguinte redação:

▸ Alterações incorporadas ao texto da CF.

Art. 2º O Ato das Disposições Constitucionais Transitórias passa a vigorar acrescido dos seguintes arts. 101 a 105:

▸ Alterações incorporadas ao texto do ADCT.

Art. 3º Esta Emenda Constitucional entra em vigor na data de sua publicação.

Brasília, em 15 de dezembro de 2016.

Mesa da Câmara dos Deputados
Deputado Rodrigo Maia
Presidente

Mesa do Senado Federal
Senador Renan Calheiros
Presidente

EMENDA CONSTITUCIONAL Nº 95, DE 15 DE DEZEMBRO DE 2016

Altera o Ato das Disposições Constitucionais Transitórias, para instituir o Novo Regime Fiscal, e dá outras providências.

As Mesas da Câmara dos Deputados e do Senado Federal, nos termos do § 3º do art. 60 da Constituição Federal, promulgam a seguinte Emenda ao texto constitucional:

Art. 1º O Ato das Disposições Constitucionais Transitórias passa a vigorar acrescido dos seguintes arts. 106, 107, 108, 109, 110, 111, 112, 113 e 114:

› Alterações incorporadas ao texto do ADCT.

Art. 2º Esta Emenda Constitucional entra em vigor na data de sua promulgação.

Art. 3º Fica revogado o art. 2º da Emenda Constitucional nº 86, de 17 de março de 2015.

Brasília, em 15 de dezembro de 2016.

Mesa da Câmara dos Deputados
Deputado Rodrigo Maia
Presidente
Mesa do Senado Federal
Senador Renan Calheiros
Presidente

EMENDA CONSTITUCIONAL Nº 96, DE 6 DE JUNHO DE 2017

Acrescenta § 7º ao art. 225 da Constituição Federal para determinar que práticas desportivas que utilizem animais não são consideradas cruéis, nas condições que especifica.

As Mesas da Câmara dos Deputados e do Senado Federal, nos termos do § 3º do art. 60 da Constituição Federal, promulgam a seguinte Emenda ao texto constitucional:

Art. 1º O art. 225 da Constituição Federal passa a vigorar acrescido do seguinte § 7º:

› Alteração incorporada ao texto da CF.

Art. 2º Esta Emenda Constitucional entra em vigor na data de sua publicação.

Brasília, em 6 de junho de 2017.

Mesa da Câmara dos Deputados
Deputado Rodrigo Maia
Presidente
Mesa do Senado Federal
Senador Eunício Oliveira
Presidente

EMENDA CONSTITUCIONAL Nº 97, DE 4 DE OUTUBRO DE 2017

Altera a Constituição Federal para vedar as coligações partidárias nas eleições proporcionais, estabelecer normas sobre acesso dos partidos políticos aos recursos do fundo partidário e ao tempo de propaganda gratuito no rádio e na televisão e dispor sobre regras de transição

As Mesas da Câmara dos Deputados e do Senado Federal, nos termos do § 3º do art. 60 da Constituição Federal, promulgam a seguinte Emenda ao texto constitucional:

Art. 1º A Constituição Federal passa a vigorar com as seguintes alterações:

› Alterações incorporadas ao texto da CF.

Art. 2º A vedação à celebração de coligações nas eleições proporcionais, prevista no § 1º do art. 17 da Constituição Federal, aplicar-se-á a partir das eleições de 2020.

Art. 3º O disposto no § 3º do art. 17 da Constituição Federal quanto ao acesso dos partidos políticos aos recursos do fundo partidário e à propaganda gratuita no rádio e na televisão aplicar-se-á a partir das eleições de 2030.

Parágrafo único. Terão acesso aos recursos do fundo partidário e à propaganda gratuita no rádio e na televisão os partidos políticos que:

I - na legislatura seguinte às eleições de 2018:

a) obtiverem, nas eleições para a Câmara dos Deputados, no mínimo, 1,5% (um e meio por cento) dos votos válidos, distribuídos em pelo menos um terço das unidades da Federação, com um mínimo de 1% (um por cento) dos votos válidos em cada uma delas; ou

b) tiverem elegido pelo menos nove Deputados Federais distribuídos em pelo menos um terço das unidades da Federação;

II - na legislatura seguinte às eleições de 2022:

a) obtiverem, nas eleições para a Câmara dos Deputados, no mínimo, 2% (dois por cento) dos votos válidos, distribuídos em pelo menos um terço das unidades da Federação, com um mínimo de 1% (um por cento) dos votos válidos em cada uma delas; ou

b) tiverem elegido pelo menos onze Deputados Federais distribuídos em pelo menos um terço das unidades da Federação;

III - na legislatura seguinte às eleições de 2026:

a) obtiverem, nas eleições para a Câmara dos Deputados, no mínimo, 2,5% (dois e meio por cento) dos votos válidos, distribuídos em pelo menos um terço das unidades da Federação, com um mínimo de 1,5% (um e meio por cento) dos votos válidos em cada uma delas; ou

b) tiverem elegido pelo menos treze Deputados Federais distribuídos em pelo menos um terço das unidades da Federação.

Art. 4º Esta Emenda Constitucional entra em vigor na data de sua publicação.

Brasília, em 4 de outubro de 2017.

Mesa da Câmara dos Deputados
Deputado Rodrigo Maia
Mesa do Senado Federal
Senador Eunício Oliveira
Presidente

EMENDA CONSTITUCIONAL Nº 98, DE 6 DE DEZEMBRO DE 2017

Altera o art. 31 da Emenda Constitucional nº 19, de 4 de junho de 1998, para prever a inclusão, em quadro em extinção da administração pública federal, de servidor público, de integrante da carreira de policial, civil ou militar, e de pessoa que haja mantido relação ou vínculo funcional, empregatício, estatutário ou de trabalho com a administração pública dos ex-Territórios ou dos Estados do Amapá ou de Roraima, inclusive suas prefeituras, na fase de instalação dessas unidades federadas, e dá outras providências.

As Mesas da Câmara dos Deputados e do Senado Federal, nos termos do § 3º do art. 60 da Constituição Federal, promulgam a seguinte Emenda ao texto constitucional:

Art. 1º O art. 31 da Emenda Constitucional nº 19, de 4 de junho de 1998, passa a vigorar com as seguintes alterações:

› Alterações incorporadas ao texto da referida EC.

Art. 2º Cabe à União, no prazo máximo de noventa dias, contado a partir da data de publicação desta Emenda Constitucional, regulamentar o disposto no art. 31 da Emenda Constitucional nº 19, de 4 de junho de 1998, a fim de que se exerça o direito de opção nele previsto.

§ 1º Descumprido o prazo de que trata o *caput* deste artigo, a pessoa a quem assista o direito de opção fará jus ao pagamento de eventuais acréscimos remuneratórios, desde a data de encerramento desse prazo, caso se confirme o seu enquadramento.

§ 2º É vedado o pagamento, a qualquer título, de acréscimo remuneratório, ressarcimento, auxílio, salário, retribuição ou valor em virtude de ato ou fato anterior à data de enquadramento da pessoa optante, ressalvado o pagamento de que trata o § 1º deste artigo.

Art. 3º O direito à opção, nos termos previstos no art. 31 da Emenda Constitucional nº 19, de 4 de junho de 1998, deverá ser exercido no prazo de até trinta dias, contado a partir da data de regulamentação desta Emenda Constitucional.

§ 1º São convalidados todos os direitos já exercidos até a data de regulamentação desta Emenda Constitucional, inclusive nos casos em que, feita a opção, o enquadramento ainda não houver sido efetivado, aplicando-se-lhes, para todos os fins, inclusive o de enquadramento, a legislação vigente à época em que houver sido feita a opção ou, sendo mais benéficas ou favoráveis ao optante, as normas previstas nesta Emenda Constitucional e em seu regulamento.

§ 2º Entre a data de promulgação desta Emenda Constitucional e a de publicação de seu regulamento, o exercício do direito de opção será feito com base nas disposições contidas na Emenda Constitucional nº 79, de 27 de maio de 2014, e em suas normas regulamentares, sem prejuízo do disposto no § 1º deste artigo.

Art. 4º É reconhecido o vínculo funcional com a União dos servidores do ex-Território do Amapá, a que se refere a Portaria nº 4.481, de 19 de dezembro de 1995, do Ministério da Administração Federal e Reforma do Estado, publicada no Diário Oficial da União de 21 de dezembro de 1995, convalidando-se os atos de gestão, de admissão, aposentadoria, pensão, progressão, movimentação e redistribuição relativos a esses servidores, desde que não tenham sido excluídos dos quadros da União por decisão do Tribunal de Contas da União, da qual não caiba mais recurso judicial.

Art. 5º O disposto no art. 7º da Emenda Constitucional nº 79, de 27 de maio de 2014, aplica-se aos servidores que, em iguais condições, hajam sido admitidos pelos Estados de Rondônia até 1987, e do Amapá e de Roraima até outubro de 1993.

Art. 6º O disposto no art. 6º da Emenda Constitucional nº 79, de 27 de maio de 2014, aplica-se aos servidores que, admitidos e lotados pelas Secretarias de Segurança Pública dos Estados de Rondônia até 1987, e do Amapá e de Roraima até outubro de 1993, exerciam função policial.

Art. 7º As disposições desta Emenda Constitucional aplicam-se aos aposentados e pensionistas, civis e militares, vinculados aos respectivos regimes próprios de previdência, vedado o pagamento, a qualquer título, de valores referentes a períodos anteriores à sua publicação.

Parágrafo único. Haverá compensação financeira entre os regimes próprios de previdência por ocasião da aposentação ou da inclusão de aposentados e pensionistas em quadro em extinção da União, observado o disposto no § 9º do art. 201 da Constituição Federal.

Art. 8º Esta Emenda Constitucional entra em vigor na data de sua publicação.

Mesa da Câmara dos Deputados
Deputado Rodrigo Maia
Presidente
Mesa do Senado Federal
Senador Eunício Oliveira
Presidente

EMENDA CONSTITUCIONAL Nº 99, DE 14 DE DEZEMBRO DE 2017

Altera o art. 101 do Ato das Disposições Constitucionais Transitórias, para instituir novo regime especial de pagamento de precatórios, e os arts. 102, 103 e 105 do Ato das Disposições Constitucionais Transitórias.

As Mesas da Câmara dos Deputados e do Senado Federal, nos termos do § 3º do art. 60 da Constituição Federal, promulgam a seguinte Emenda ao texto constitucional:

Art. 1º O art. 101 do Ato das Disposições Constitucionais Transitórias passa a vigorar com as seguintes alterações:

‣ Alterações incorporadas ao texto do ADCT.

Art. 2º O art. 102 do Ato das Disposições Constitucionais Transitórias passa a vigorar acrescido do seguinte § 2º, numerando-se o atual parágrafo único como § 1º:

‣ Alterações incorporadas ao texto do ADCT.

Art. 3º O art. 103 do Ato das Disposições Constitucionais Transitórias passa a vigorar acrescido do seguinte parágrafo único:

‣ Alteração incorporada ao texto do ADCT.

Art. 4º O art. 105 do Ato das Disposições Constitucionais Transitórias passa a vigorar acrescido dos seguintes §§ 2º e 3º, numerando-se o atual parágrafo único como § 1º:

‣ Alteração incorporada ao texto do ADCT.

Art. 5º Esta Emenda Constitucional entra em vigor na data de sua publicação.

Mesa da Câmara dos Deputados
Deputado Rodrigo Maia
Presidente
Mesa do Senado Federal
Senador Eunício Oliveira
Presidente

EMENDA CONSTITUCIONAL Nº 100, DE 26 DE JUNHO DE 2019

Altera os arts. 165 e 166 da Constituição Federal para tornar obrigatória a execução da programação orçamentária proveniente de emendas de bancada de parlamentares de Estado ou do Distrito Federal.

Art. 1º Os arts. 165 e 166 da Constituição Federal passam a vigorar com as seguintes alterações:

‣ Alterações incorporadas ao texto da CF.

Art. 2º O montante previsto no § 12 do art. 166 da Constituição Federal será de 0,8% (oito décimos por cento) no exercício subsequente ao da promulgação desta Emenda Constitucional.

Art. 3º A partir do 3º (terceiro) ano posterior à promulgação desta Emenda Constitucional até o último exercício de vigência do regime previsto na Emenda Constitucional nº 95, de 15 de dezembro de 2016, a execução prevista no § 12 do art. 166 da Constituição Federal corresponderá ao montante de execução obrigatória para o exercício anterior, corrigido na forma estabelecida no inciso II do § 1º do art. 107 do Ato das Disposições Constitucionais Transitórias

Art. 4º Esta Emenda Constitucional entra em vigor na data de sua publicação e produzirá efeitos a partir da execução orçamentária do exercício financeiro subsequente.

Mesa da Câmara dos Deputados
Deputado Rodrigo Maia
Presidente
Mesa do Senado Federal
Senador Davi Alcolumbre
Presidente

EMENDA CONSTITUCIONAL Nº 101, DE 03 DE JULHO DE 2019

Acrescenta § 3º ao art. 42 da Constituição Federal para estender aos militares dos Estados, do Distrito Federal e dos Territórios o direito à acumulação de cargos públicos prevista no art. 37, inciso XVI.

Art. 1º O art. 42 da Constituição Federal passa a vigorar acrescido do seguinte § 3º:

‣ Alterações incorporadas ao texto da CF.

Art. 2º Esta Emenda Constitucional entra em vigor na data de sua publicação.

Brasília, em 03 de julho de 2019
Mesa da Câmara dos Deputados
Deputado Rodrigo Maia
Presidente
Mesa do Senado Federal
Senador Davi Alcolumbre
Presidente

EMENDA CONSTITUCIONAL Nº 102, DE 27 DE SETEMBRO DE 2019

Dá nova redação ao art. 20 da Constituição Federal e altera o art. 165 da Constituição Federal e o art. 107 do Ato das Disposições Constitucionais Transitórias.

As Mesas da Câmara dos Deputados e do Senado Federal, nos termos do § 3º do art. 60 da Constituição Federal, promulgam a seguinte Emenda ao texto constitucional:

Art. 1º O § 1º do art. 20 da Constituição Federal passa a vigorar com a seguinte redação:

‣ Alterações incorporadas ao texto da CF.

Art. 2º O art. 165 da Constituição Federal passa a vigorar com a seguinte redação:

‣ Alterações incorporadas ao texto da CF.

Art. 3º O art. 107 do Ato das Disposições Constitucionais Transitórias passa a vigorar com a seguinte redação:

‣ Alteração incorporada ao texto do ADCT.

Art. 4º Esta Emenda Constitucional entra em vigor na data de sua publicação e produzirá efeitos a partir da execução orçamentária do exercício financeiro subsequente, excetuada a alteração ao Ato das Disposições Constitucionais Transitórias, que terá eficácia no mesmo exercício de sua publicação.

Mesa da Câmara dos Deputados
Deputado Rodrigo Maia
Presidente
Mesa do Senado Federal
Senador Davi Alcolumbre
Presidente

EMENDA CONSTITUCIONAL Nº 103, DE 12 DE NOVEMBRO DE 2019

Altera o sistema de previdência social e estabelece regras de transição e disposições transitórias.

As Mesas da Câmara dos Deputados e do Senado Federal, nos termos do § 3º do art. 60 da Constituição Federal, promulgam a seguinte Emenda ao texto constitucional:

Art. 1º A Constituição Federal passa a vigorar com as seguintes alterações:

‣ Alteração incorporada ao texto da CF.

Art. 2º O art. 76 do Ato das Disposições Constitucionais Transitórias passa a vigorar com a seguinte redação:

‣ Alteração incorporada ao texto do ADCT.

Art. 3º A concessão de aposentadoria ao servidor público federal vinculado a regime próprio de previdência social e ao segurado do Regime Geral de Previdência Social e de pensão por morte aos respectivos dependentes será assegurada, a qualquer tempo, desde que tenham sido cumpridos os requisitos para obtenção desses benefícios até a data de entrada em vigor desta Emenda Constitucional, observados os critérios da legislação vigente na data em que foram atendidos os requisitos para a concessão da aposentadoria ou da pensão por morte.

§ 1º Os proventos de aposentadoria devidos ao servidor público a que se refere o *caput* e as pensões por morte devidas aos seus dependentes serão calculados e reajustados de acordo com a legislação em vigor à época em que foram atendidos os requisitos nela estabelecidos para a concessão desses benefícios.

§ 2º Os proventos de aposentadoria devidos ao segurado a que se refere o *caput* e as pensões por morte devidas aos seus dependentes serão apurados de acordo com a legislação em vigor à época em que foram atendidos os requisitos nela estabelecidos para a concessão desses benefícios.

§ 3º Até que entre em vigor lei federal de que trata o § 19 do art. 40 da Constituição Federal, o servidor de que trata o *caput* que tenha cumprido os requisitos para aposentadoria voluntária com base no disposto na alínea "a" do inciso III do § 1º do art. 40 da Constituição Federal, na redação vigente até a data de entrada em vigor desta Emenda Constitucional, no art. 2º, no § 1º do art. 3º ou no art. 6º da Emenda Constitucional nº 41, de 19 de dezembro de 2003, ou no art. 3º da Emenda Constitucional nº 47, de 5 de julho de 2005, que optar por permanecer em atividade fará jus a um abono de permanência equivalente ao valor da sua contribuição previdenciária, até completar a idade para aposentadoria compulsória.

Art. 4º O servidor público federal que tenha ingressado no serviço público em cargo efetivo até a data de entrada em vigor desta Emenda Constitucional poderá aposentar-se voluntariamente quando preencher, cumulativamente, os seguintes requisitos:

I - 56 (cinquenta e seis) anos de idade, se mulher, e 61 (sessenta e um) anos de idade, se homem, observado o disposto no § 1º;

II - 30 (trinta) anos de contribuição, se mulher, e 35 (trinta e cinco) anos de contribuição, se homem;

III - 20 (vinte) anos de efetivo exercício no serviço público;

IV - 5 (cinco) anos no cargo efetivo em que se der a aposentadoria; e

V - somatório da idade e do tempo de contribuição, incluídas as frações, equivalente a 86 (oitenta e seis) pontos, se mulher, e 96 (noventa e seis) pontos, se homem, observado o disposto nos §§ 2º e 3º.

§ 1º A partir de 1º de janeiro de 2022, a idade mínima a que se refere o inciso I do *caput* será de 57 (cinquenta e sete) anos de idade, se mulher, e 62 (sessenta e dois) anos de idade, se homem.

§ 2º A partir de 1º de janeiro de 2020, a pontuação a que se refere o inciso V do *caput* será acrescida a cada ano de 1 (um) ponto, até atingir o limite de 100 (cem) pontos, se mulher, e de 105 (cento e cinco) pontos, se homem.

§ 3º A idade e o tempo de contribuição serão apurados em dias para o cálculo do somatório de pontos a que se referem o inciso V do *caput* e o § 2º.

§ 4º Para o titular do cargo de professor que comprovar exclusivamente tempo de efetivo exercício das funções de magistério na educação infantil e no ensino fundamental e médio, os requisitos de idade e de tempo de contribuição de que tratam os incisos I e II do *caput* serão:

I - 51 (cinquenta e um) anos de idade, se mulher, e 56 (cinquenta e seis) anos de idade, se homem;

II - 25 (vinte e cinco) anos de contribuição, se mulher, e 30 (trinta) anos de contribuição, se homem; e

III - 52 (cinquenta e dois) anos de idade, se mulher, e 57 (cinquenta e sete) anos de idade, se homem, a partir de 1º de janeiro de 2022.

§ 5º O somatório da idade e do tempo de contribuição de que trata o inciso V do *caput* para as pessoas a que se refere o § 4º, incluídas as frações, será de 81 (oitenta e um) pontos, se mulher, e 91 (noventa e um) pontos, se homem, aos quais serão acrescidos, a partir de 1º de janeiro de 2020, 1 (um) ponto a cada ano, até atingir o limite de 92 (noventa e dois) pontos, se mulher, e de 100 (cem) pontos, se homem.

§ 6º Os proventos das aposentadorias concedidas nos termos do disposto neste artigo corresponderão:

I - à totalidade da remuneração do servidor público no cargo efetivo em que se der a aposentadoria, observado o disposto no § 8º, para o servidor público que tenha ingressado no serviço público em cargo efetivo até 31 de dezembro de 2003 e que não tenha feito a opção de que trata o § 16 do art. 40 da Constituição Federal, desde que tenha, no mínimo, 62 (sessenta e dois) anos de idade, se mulher, e 65 (sessenta e cinco) anos de idade, se homem, ou, para os titulares do cargo de professor de que trata o § 4º, 57 (cinquenta e sete) anos de idade, se mulher, e 60 (sessenta) anos de idade, se homem;

II - ao valor apurado na forma da lei, para o servidor público não contemplado no inciso I.

§ 7º Os proventos das aposentadorias concedidas nos termos do disposto neste artigo não serão inferiores ao valor a que se refere o § 2º do art. 201 da Constituição Federal e serão reajustados:

I - de acordo com o disposto no art. 7º da Emenda Constitucional nº 41, de 19 de dezembro de 2003, se cumpridos os requisitos previstos no inciso I do § 6º; ou

II - nos termos estabelecidos para o Regime Geral de Previdência Social, na hipótese prevista no inciso II do § 6º.

§ 8º Considera-se remuneração do servidor público no cargo efetivo, para fins de cálculo dos proventos de aposentadoria com fundamento no disposto no inciso I do § 6º ou no inciso I do § 2º do art. 20, o valor constituído pelo subsídio, pelo vencimento e pelas vantagens pecuniárias permanentes do cargo, estabelecidos em lei, acrescidos dos adicionais de caráter individual e das vantagens pessoais permanentes, observados os seguintes critérios:

I - se o cargo estiver sujeito a variações na carga horária, o valor das rubricas que refletem essa variação integrará o cálculo do valor da remuneração do servidor público no cargo efetivo em que se deu a aposentadoria, considerando-se a média aritmética simples dessa carga horária proporcional ao número de anos completos de recebimento e contribuição, contínuos ou intercalados, em relação ao tempo total exigido para a aposentadoria;

II - se as vantagens pecuniárias permanentes forem variáveis por estarem vinculadas a indicadores de desempenho, produtividade ou situação similar, o valor dessas vantagens integrará o cálculo da remuneração do servidor público no cargo efetivo mediante a aplicação, sobre o valor atual de referência das vantagens pecuniárias permanentes variáveis, da média aritmética simples do indicador, proporcional ao número de anos completos de recebimento e de respectiva contribuição, contínuos ou intercalados, em relação ao tempo total exigido para a aposentadoria ou, se inferior, ao tempo total de percepção da vantagem.

§ 9º Aplicam-se às aposentadorias dos servidores dos Estados, do Distrito Federal e dos Municípios as normas constitucionais e infraconstitucionais anteriores à data de entrada em vigor desta Emenda Constitucional, enquanto não promovidas alterações na legislação interna relacionada ao respectivo regime próprio de previdência social.

§ 10. Estende-se o disposto no § 9º às normas sobre aposentadoria de servidores públicos incompatíveis com a redação atribuída por esta Emenda Constitucional aos §§ 4º, 4º-A, 4º-B e 4º-C do art. 40 da Constituição Federal.

Art. 5º O policial civil do órgão a que se refere o inciso XIV do *caput* do art. 21 da Constituição Federal, o policial dos órgãos a que se referem o inciso IV do *caput* do art. 51, o inciso XIII do *caput* do art. 52 e os incisos I a III do *caput* do art. 144 da Constituição Federal e o ocupante de cargo de agente federal penitenciário ou socioeducativo que tenham ingressado na respectiva carreira até a data de entrada em vigor desta Emenda Constitucional poderão aposentar-se, na forma da Lei Complementar nº 51, de 20 de dezembro de 1985, observada a idade mínima de 55 (cinquenta e cinco) anos para ambos os sexos ou o disposto no § 3º.

§ 1º Serão considerados tempo de exercício em cargo de natureza estritamente policial, para os fins do inciso II do art. 1º da Lei Complementar nº 51, de 20 de dezembro de 1985, o tempo de atividade militar nas Forças Armadas, nas polícias militares e nos corpos de bombeiros militares e o tempo de atividade como agente penitenciário ou socioeducativo.

§ 2º Aplicam-se às aposentadorias dos servidores dos Estados de que trata o § 4º-B do art. 40 da Constituição Federal as normas constitucionais e infraconstitucionais anteriores à data de entrada em vigor desta Emenda Constitucional, enquanto não promovidas alterações na legislação interna relacionada ao respectivo regime próprio de previdência social.

§ 3º Os servidores de que trata o *caput* poderão aposentar-se aos 52 (cinquenta e dois) anos de idade, se mulher, e aos 53 (cinquenta e três) anos de idade, se homem, desde que cumprido período adicional de contribuição correspondente ao tempo que, na data de entrada em vigor desta Emenda Constitucional, faltaria para atingir o tempo de contribuição previsto na Lei Complementar nº 51, de 20 de dezembro de 1985.

Art. 6º O disposto no § 14 do art. 37 da Constituição Federal não se aplica a aposentadorias concedidas pelo Regime Geral de Previdência Social até a data de entrada em vigor desta Emenda Constitucional.

Art. 7º O disposto no § 15 do art. 37 da Constituição Federal não se aplica a complementações de aposentadorias e pensões concedidas até a data de entrada em vigor desta Emenda Constitucional.

Art. 8º Até que entre em vigor lei federal de que trata o § 19 do art. 40 da Constituição Federal, o servidor público federal que cumprir as exigências para a concessão da aposentadoria voluntária nos termos do disposto nos arts. 4º, 5º, 20, 21 e 22 e que optar por permanecer em atividade fará jus a um abono de permanência equivalente ao valor da sua contribuição previdenciária, até completar a idade para aposentadoria compulsória.

Art. 9º Até que entre em vigor lei complementar que discipline o § 22 do art. 40 da Constituição Federal, aplicam-se aos regimes próprios de previdência social o disposto na Lei nº 9.717, de 27 de novembro de 1998, e o disposto neste artigo.

§ 1º O equilíbrio financeiro e atuarial do regime próprio de previdência social deverá ser comprovado por meio de garantia de equivalência, a valor presente, entre o fluxo das receitas estimadas e das despesas projetadas, apuradas atuarialmente, que, juntamente com os bens, direitos e ativos vinculados, comparados às obrigações assumidas, evidenciem a solvência e a liquidez do plano de benefícios.

§ 2º O rol de benefícios dos regimes próprios de previdência social fica limitado às aposentadorias e à pensão por morte.

§ 3º Os afastamentos por incapacidade temporária para o trabalho e o salário-maternidade serão pagos diretamente pelo ente federativo e não correrão à conta do regime próprio de previdência social ao qual o servidor se vincula.

§ 4º Os Estados, o Distrito Federal e os Municípios não poderão estabelecer alíquota inferior à da contribuição dos servidores da União, exceto se demonstrado que o respectivo regime próprio de previdência social não possui deficit atuarial a ser equacionado, hipótese em que a alíquota não poderá ser inferior às alíquotas aplicáveis ao Regime Geral de Previdência Social.

§ 5º Para fins do disposto no § 4º, não será considerada como ausência de deficit a implementação de segregação da massa de segurados ou a previsão em lei de plano de equacionamento de deficit.

§ 6º A instituição do regime de previdência complementar na forma dos §§ 14 a 16 do art. 40 da Constituição Federal e a adequação do órgão ou entidade gestora do regime próprio de previdência social ao § 20 do art. 40 da Constituição Federal deverão ocorrer no prazo máximo de 2 (dois) anos da data de entrada em vigor desta Emenda Constitucional.

§ 7º Os recursos de regime próprio de previdência social poderão ser aplicados na concessão de empréstimos a seus segurados, na modalidade de consignados, observada regulamentação específica estabelecida pelo Conselho Monetário Nacional.

§ 8º Por meio de lei, poderá ser instituída contribuição extraordinária pelo prazo máximo de 20 (vinte) anos, nos termos dos §§ 1º-B e 1º-C do art. 149 da Constituição Federal.

§ 9º O parcelamento ou a moratória de débitos dos entes federativos com seus regimes próprios de previdência social fica limitado ao prazo a que se refere o § 11 do art. 195 da Constituição.

Art. 10. Até que entre em vigor lei federal que discipline os benefícios do regime próprio de previdência social dos servidores da União, aplica-se o disposto neste artigo.

§ 1º Os servidores públicos federais serão aposentados:

I - voluntariamente, observados, cumulativamente, os seguintes requisitos:

a) 62 (sessenta e dois) anos de idade, se mulher, e 65 (sessenta e cinco) anos de idade, se homem; e

b) 25 (vinte e cinco) anos de contribuição, desde que cumprido o tempo mínimo de 10 (dez) anos de efetivo exercício no serviço público e de 5 (cinco) anos no cargo efetivo em que for concedida a aposentadoria;

II - por incapacidade permanente para o trabalho, no cargo em que estiverem investidos, quando insuscetíveis de readaptação, hipótese em que será obrigatória a realização de avaliações periódicas para verificação da continuidade das condições que ensejaram a concessão da aposentadoria; ou

III - compulsoriamente, na forma do disposto no inciso II do § 1º do art. 40 da Constituição Federal.

§ 2º Os servidores públicos federais com direito a idade mínima ou tempo de contribuição distintos da regra geral para concessão de aposentadoria na forma dos §§ 4º-B, 4º-C e 5º do art. 40 da Constituição Federal poderão aposentar-se, observados os seguintes requisitos:

I - o policial civil do órgão a que se refere o inciso XIV do *caput* do art. 21 da Constituição Federal, o policial dos órgãos a que se referem o inciso IV do *caput* do art. 51, o inciso XIII do *caput* do art. 52 e os incisos I a III do *caput* do art. 144 da Constituição Federal e o ocupante de cargo de agente federal penitenciário ou socioeducativo, aos 55 (cinquenta e cinco) anos de idade, com 30 (trinta) anos de contribuição e 25 (vinte e cinco) anos de efetivo exercício em cargo dessas carreiras, para ambos os sexos;

II - o servidor público federal cujas atividades sejam exercidas com efetiva exposição a agentes químicos, físicos e biológicos prejudiciais à saúde, ou associação desses agentes, vedada a caracterização por categoria profissional ou ocupação, aos 60 (sessenta) anos de idade, com 25 (vinte e cinco) anos de efetiva exposição e contribuição, 10 (dez) anos de efetivo exercício de serviço público e 5 (cinco) anos no cargo efetivo em que for concedida a aposentadoria;

III - o titular do cargo federal de professor, aos 60 (sessenta) anos de idade, se homem, aos 57 (cinquenta e sete) anos, se mulher, com 25 (vinte e cinco) anos de contribuição exclusivamente em efetivo exercício das funções de magistério na educação infantil e no ensino fundamental e médio, 10 (dez) anos de efetivo exercício de serviço público e 5 (cinco) anos no cargo efetivo em que for concedida a aposentadoria, para ambos os sexos.

§ 3º A aposentadoria a que se refere o § 4º-C do art. 40 da Constituição Federal observará adicionalmente as condições e os requisitos estabelecidos para o Regime Geral de Previdência Social, naquilo em que não conflitarem com as regras específicas aplicáveis ao regime próprio de previdência social da União, vedada a conversão de tempo especial em comum.

§ 4º Os proventos das aposentadorias concedidas nos termos do disposto neste artigo serão apurados na forma da lei.

§ 5º Até que entre em vigor lei federal de que trata o § 19 do art. 40 da Constituição Federal, o servidor federal que cumprir as exigências para a concessão da aposentadoria voluntária nos termos do disposto neste artigo e que optar por permanecer em atividade fará jus a um abono de permanência equivalente ao valor da sua contribuição previdenciária, até completar a idade para aposentadoria compulsória.

§ 6º A pensão por morte devida aos dependentes do policial civil do órgão a que se refere o inciso XIV do *caput* do art. 21 da Constituição Federal, do policial dos órgãos a que se referem o inciso IV do *caput* do art. 51, o inciso XIII do *caput* do art. 52 e os incisos I a III do *caput* do art. 144 da Constituição Federal e dos ocupantes dos cargos de agente federal penitenciário ou socioeducativo decorrente de agressão sofrida no exercício ou em razão da função será vitalícia para o cônjuge ou companheiro e equivalente à remuneração do cargo.

§ 7º Aplicam-se às aposentadorias dos servidores dos Estados, do Distrito Federal e dos Municípios as normas constitucionais e infraconstitucionais anteriores à data de entrada em vigor desta Emenda Constitucional, enquanto não promovidas alterações na legislação interna relacionada ao respectivo regime próprio de previdência social.

Art. 11. Até que entre em vigor lei que altere a alíquota da contribuição previdenciária de que tratam os arts. 4º, 5º e 6º da Lei nº 10.887, de 18 de junho de 2004, esta será de 14% (quatorze por cento).

§ 1º A alíquota prevista no *caput* será reduzida ou majorada, considerado o valor da base de contribuição ou do benefício recebido, de acordo com os seguintes parâmetros:

I - até 1 (um) salário-mínimo, redução de seis inteiros e cinco décimos pontos percentuais;

II - acima de 1 (um) salário-mínimo até R$ 2.000,00 (dois mil reais), redução de cinco pontos percentuais;

III - de R$ 2.000,01 (dois mil reais e um centavo) até R$ 3.000,00 (três mil reais), redução de dois pontos percentuais;

IV - de R$ 3.000,01 (três mil reais e um centavo) até R$ 5.839,45 (cinco mil, oitocentos e trinta e nove reais e quarenta e cinco centavos), sem redução ou acréscimo;

V - de R$ 5.839,46 (cinco mil, oitocentos e trinta e nove reais e quarenta e seis centavos) até R$ 10.000,00 (dez mil reais), acréscimo de meio ponto percentual;

VI - de R$ 10.000,01 (dez mil reais e um centavo) até R$ 20.000,00 (vinte mil reais), acréscimo de dois inteiros e cinco décimos pontos percentuais;

VII - de R$ 20.000,01 (vinte mil reais e um centavo) até R$ 39.000,00 (trinta e nove mil reais), acréscimo de cinco pontos percentuais; e

VIII - acima de R$ 39.000,00 (trinta e nove mil reais), acréscimo de oito pontos percentuais.

§ 2º A alíquota, reduzida ou majorada nos termos do disposto no § 1º, será aplicada de forma progressiva sobre a base de contribuição do servidor ativo, incidindo cada alíquota sobre a faixa de valores compreendida nos respectivos limites.

§ 3º Os valores previstos no § 1º serão reajustados, a partir da data de entrada em vigor desta Emenda Constitucional, na mesma data e com o mesmo índice em que se der o reajuste dos benefícios do Regime Geral de Previdência Social, ressalvados aqueles vinculados ao salário-mínimo, aos quais se aplica a legislação específica.

§ 4º A alíquota de contribuição de que trata o *caput*, com a redução ou a majoração decorrentes do disposto no § 1º, será devida pelos aposentados e pensionistas de quaisquer dos Poderes da União, incluídas suas entidades autárquicas e suas fundações, e incidirá sobre o valor da parcela dos proventos de aposentadoria e de pensões que supere o limite máximo estabelecido para os benefícios do Regime Geral de Previdência Social, hipótese em que será considerada a totalidade do valor do benefício para fins de definição das alíquotas aplicáveis.

Art. 12. A União instituirá sistema integrado de dados relativos às remunerações, proventos e pensões dos segurados dos regimes de previdência de que tratam os arts. 40, 201 e 202 da Constituição Federal, aos benefícios dos programas de assistência social de que trata o art. 203 da Constituição Federal e às remunerações, proventos de inatividade e pensão por morte decorrentes das atividades militares de que tratam os arts. 42 e 142 da Constituição Federal, em interação com outras bases de dados, ferramentas e plataformas, para o fortalecimento de sua gestão, governança e transparência e o cumprimento das disposições estabelecidas nos incisos XI e XVI do art. 37 da Constituição Federal.

§ 1º A União, os Estados, o Distrito Federal e os Municípios e os órgãos e entidades gestoras dos regimes, dos sistemas e dos programas a que se refere o *caput* disponibilizarão as informações necessárias para a estruturação do sistema integrado de dados e terão acesso ao compartilhamento das referidas informações, na forma da legislação.

§ 2º É vedada a transmissão das informações de que trata este artigo a qualquer pessoa física ou jurídica para a prática de atividade não relacionada à fiscalização dos regimes, dos sistemas e dos programas a que se refere o *caput*.

Art. 13. Não se aplica o disposto no § 9º do art. 39 da Constituição Federal a parcelas remuneratórias decorrentes de incorporação de vantagens de caráter temporário ou vinculadas ao exercício de função de confiança ou de cargo em comissão efetivada até a data de entrada em vigor desta Emenda Constitucional.

Art. 14. Vedadas a adesão de novos segurados e a instituição de novos regimes dessa natureza, os atuais segurados de regime de previdência aplicável a titulares de mandato eletivo da União, dos Estados, do Distrito Federal e dos Municípios poderão, por meio de opção expressa formalizada no prazo de 180 (cento e oitenta) dias, contado da data de entrada em vigor desta Emenda Constitucional, retirar-se dos regimes previdenciários aos quais se encontrem vinculados.

§ 1º Os segurados, atuais e anteriores, do regime de previdência de que trata a Lei nº 9.506, de 30 de outubro de 1997, que fizerem a opção de permanecer nesse regime previdenciário deverão cumprir período adicional correspondente a 30% (trinta por cento) do tempo de contribuição que faltaria para aquisição do direito à aposentadoria na data de entrada em vigor desta Emenda Constitucional e somente poderão aposentar-se a partir dos 62 (sessenta e dois) anos de idade, se mulher, e 65 (sessenta e cinco) anos de idade, se homem.

§ 2º Se for exercida a opção prevista no *caput*, será assegurada a contagem do tempo de contribuição vertido para o regime de previdência ao qual o segurado se encontrava vinculado, nos termos do disposto no § 9º do art. 201 da Constituição Federal.

§ 3º A concessão de aposentadoria aos titulares de mandato eletivo e de pensão por morte aos dependentes de titular de mandato eletivo falecido será assegurada, a qualquer tempo, desde que cumpridos os requisitos para obtenção desses benefícios até a data de entrada em vigor desta Emenda Constitucional, observados os critérios da legislação vigente na data em que foram atendidos os requisitos para a concessão da aposentadoria ou da pensão por morte.

§ 4º Observado o disposto nos §§ 9º e 9º-A do art. 201 da Constituição Federal, o tempo de contribuição a regime próprio de previdência social e ao Regime Geral de Previdência Social, assim como o tempo de contribuição decorrente das atividades militares de que tratam os arts. 42 e 142 da Constituição Federal, que tenha sido considerado para a concessão de benefício pelos regimes a que se refere o *caput* não poderá ser utilizado para obtenção de benefício naqueles regimes.

§ 5º Lei específica do Estado, do Distrito Federal ou do Município deverá disciplinar a regra de transição a ser aplicada aos segurados que, na forma do *caput*, fizerem a opção de permanecer no regime previdenciário de que trata este artigo.

Art. 15. Ao segurado filiado ao Regime Geral de Previdência Social até a data de entrada em vigor desta Emenda Constitucional, fica assegurado o direito à aposentadoria quando forem preenchidos, cumulativamente, os seguintes requisitos:

I - 30 (trinta) anos de contribuição, se mulher, e 35 (trinta e cinco) anos de contribuição, se homem; e

II - somatório da idade e do tempo de contribuição, incluídas as frações, equivalente a 86 (oitenta e seis) pontos, se mulher, e 96 (noventa e seis) pontos, se homem, observado o disposto nos §§ 1º e 2º.

§ 1º A partir de 1º de janeiro de 2020, a pontuação a que se refere o inciso II do *caput* será acrescida a cada ano de 1 (um) ponto, até atingir o limite de 100 (cem) pontos, se mulher, e de 105 (cento e cinco) pontos, se homem.

§ 2º A idade e o tempo de contribuição serão apurados em dias para o cálculo do somatório de pontos a que se referem o inciso II do *caput* e o § 1º.

§ 3º Para o professor que comprovar exclusivamente 25 (vinte e cinco) anos de contribuição, se mulher, e 30 (trinta) anos de contribuição, se homem, em efetivo exercício das funções de magistério na educação infantil e no ensino fundamental e médio, o somatório da idade e do tempo de contribuição, incluídas as frações, será equivalente a 81 (oitenta e um) pontos, se mulher, e 91 (noventa e um) pontos, se homem, aos quais serão acrescidos, a partir de 1º de janeiro de 2020, 1 (um) ponto a cada ano para o homem e para a mulher, até atingir o limite de 92 (noventa e dois) pontos, se mulher, e 100 (cem) pontos, se homem.

§ 4º O valor da aposentadoria concedida nos termos do disposto neste artigo será apurado na forma da lei.

Art. 16. Ao segurado filiado ao Regime Geral de Previdência Social até a data de entrada em vigor desta Emenda Constitucional fica assegurado o direito à aposentadoria quando preencher, cumulativamente, os seguintes requisitos:

I - 30 (trinta) anos de contribuição, se mulher, e 35 (trinta e cinco) anos de contribuição, se homem; e

II - idade de 56 (cinquenta e seis) anos, se mulher, e 61 (sessenta e um) anos, se homem.

§ 1º A partir de 1º de janeiro de 2020, a idade a que se refere o inciso II do *caput* será acrescida de 6 (seis) meses a cada ano, até atingir 62 (sessenta e dois) anos de idade, se mulher, e 65 (sessenta e cinco) anos de idade, se homem.

§ 2º Para o professor que comprovar exclusivamente tempo de efetivo exercício das funções de magistério na educação infantil e no ensino fundamental e médio, o tempo de contribuição e a idade de que tratam os incisos I e II do *caput* deste artigo serão reduzidos em 5 (cinco) anos, sendo, a partir de 1º de janeiro de 2020, acrescidos 6 (seis) meses, a cada ano, às idades previstas no inciso II do *caput*, até atingirem 57 (cinquenta e sete) anos, se mulher, e 60 (sessenta) anos, se homem.

§ 3º O valor da aposentadoria concedida nos termos do disposto neste artigo será apurado na forma da lei.

Art. 17. Ao segurado filiado ao Regime Geral de Previdência Social até a data de entrada em vigor desta Emenda Constitucional e que na referida data contar com mais de 28 (vinte e oito) anos de contribuição, se mulher, e 33 (trinta e três) anos de contribuição, se homem, fica assegurado o direito à aposentadoria quando preencher, cumulativamente, os seguintes requisitos:

I - 30 (trinta) anos de contribuição, se mulher, e 35 (trinta e cinco) anos de contribuição, se homem; e

II - cumprimento de período adicional correspondente a 50% (cinquenta por cento) do tempo que, na data de entrada em vigor desta Emenda Constitucional, faltaria para atingir 30 (trinta) anos de contribuição, se mulher, e 35 (trinta e cinco) anos de contribuição, se homem.

Parágrafo único. O benefício concedido nos termos deste artigo terá seu valor apurado de acordo com a média aritmética simples dos salários de contribuição e das remunerações calculada na forma da lei, multiplicada pelo fator previdenciário, calculado na forma do disposto nos §§ 7º a 9º do art. 29 da Lei nº 8.213, de 24 de julho de 1991.

Art. 18. O segurado de que trata o inciso I do § 7º do art. 201 da Constituição Federal filiado ao Regime Geral de Previdência Social até a data de entrada em vigor desta Emenda Constitucional poderá aposentar-se quando preencher, cumulativamente, os seguintes requisitos:

I - 60 (sessenta) anos de idade, se mulher, e 65 (sessenta e cinco) anos de idade, se homem; e

II - 15 (quinze) anos de contribuição, para ambos os sexos.

§ 1º A partir de 1º de janeiro de 2020, a idade de 60 (sessenta) anos da mulher, prevista no inciso I do *caput*, será acrescida em 6 (seis) meses a cada ano, até atingir 62 (sessenta e dois) anos de idade.

§ 2º O valor da aposentadoria de que trata este artigo será apurado na forma da lei.

Art. 19. Até que lei disponha sobre o tempo de contribuição a que se refere o inciso I do § 7º do art. 201 da Constituição Federal, o segurado filiado ao Regime Geral de Previdência Social após a data de entrada em vigor desta Emenda Constitucional será aposentado aos 62 (sessenta e dois) anos de idade, se mulher, 65 (sessenta e cinco) anos de idade, se homem, com 15 (quinze) anos de tempo de contribuição, se mulher, e 20 (vinte) anos de tempo de contribuição, se homem.

§ 1º Até que lei complementar disponha sobre a redução de idade mínima ou tempo de contribuição prevista nos §§ 1º e 8º do art. 201 da Constituição Federal, será concedida aposentadoria:

I - aos segurados que comprovem o exercício de atividades com efetiva exposição a agentes químicos, físicos e biológicos prejudiciais à saúde, ou associação desses agentes, vedada a caracterização por categoria profissional ou ocupação, durante, no mínimo, 15 (quinze), 20 (vinte) ou 25 (vinte e cinco) anos, nos termos do disposto nos arts. 57 e 58 da Lei nº 8.213, de 24 de julho de 1991, quando cumpridos:

a) 55 (cinquenta e cinco) anos de idade, quando se tratar de atividade especial de 15 (quinze) anos de contribuição;

b) 58 (cinquenta e oito) anos de idade, quando se tratar de atividade especial de 20 (vinte) anos de contribuição; ou

c) 60 (sessenta) anos de idade, quando se tratar de atividade especial de 25 (vinte e cinco) anos de contribuição;

II - ao professor que comprove 25 (vinte e cinco) anos de contribuição exclusivamente em efetivo exercício das funções de magistério na educação infantil e no ensino fundamental e médio e tenha 57 (cinquenta e sete) anos de idade, se mulher, e 60 (sessenta) anos de idade, se homem.

§ 2º O valor das aposentadorias de que trata este artigo será apurado na forma da lei.

Art. 20. O segurado ou o servidor público federal que se tenha filiado ao Regime Geral de Previdência Social ou ingressado no serviço público em cargo efetivo até a data de entrada em vigor desta Emenda Constitucional poderá aposentar-se voluntariamente quando preencher, cumulativamente, os seguintes requisitos:

I - 57 (cinquenta e sete) anos de idade, se mulher, e 60 (sessenta) anos de idade, se homem;

II - 30 (trinta) anos de contribuição, se mulher, e 35 (trinta e cinco) anos de contribuição, se homem;

III - para os servidores públicos, 20 (vinte) anos de efetivo exercício no serviço público e 5 (cinco) anos no cargo efetivo em que se der a aposentadoria;

IV - período adicional de contribuição correspondente ao tempo que, na data de entrada em vigor desta Emenda Constitucional, faltaria para atingir o tempo mínimo de contribuição referido no inciso II.

§ 1º Para o professor que comprovar exclusivamente tempo de efetivo exercício das funções de magistério na educação infantil e no ensino fundamental e médio serão reduzidos, para ambos os sexos, os requisitos de idade e de tempo de contribuição em 5 (cinco) anos.

§ 2º O valor das aposentadorias concedidas nos termos do disposto neste artigo corresponderá:

I - em relação ao servidor público que tenha ingressado no serviço público em cargo efetivo até 31 de dezembro de 2003 e que não tenha feito a opção de que trata o § 16 do art. 40 da Constituição Federal, à totalidade da remuneração no cargo efetivo em que se der a aposentadoria, observado o disposto no § 8º do art. 4º; e

II - em relação aos demais servidores públicos e aos segurados do Regime Geral de Previdência Social, ao valor apurado na forma da lei.

§ 3º O valor das aposentadorias concedidas nos termos do disposto neste artigo não será inferior ao valor a que se refere o § 2º do art. 201 da Constituição Federal e será reajustado:

I - de acordo com o disposto no art. 7º da Emenda Constitucional nº 41, de 19 de dezembro de 2003, se cumpridos os requisitos previstos no inciso I do § 2º;

II - nos termos estabelecidos para o Regime Geral de Previdência Social, na hipótese prevista no inciso II do § 2º.

§ 4º Aplicam-se às aposentadorias dos servidores dos Estados, do Distrito Federal e dos Municípios as normas constitucionais e infraconstitucionais anteriores à data de entrada em vigor desta Emenda Constitucional, enquanto não promovidas alterações na legislação interna relacionada ao respectivo regime próprio de previdência social.

Art. 21. O segurado ou o servidor público federal que se tenha filiado ao Regime Geral de Previdência Social ou ingressado no serviço público em cargo efetivo até a data de entrada em vigor desta Emenda Constitucional cujas atividades tenham sido exercidas com efetiva exposição a agentes químicos, físicos e biológicos prejudiciais à saúde, ou associação desses agentes, vedada a caracterização por categoria profissional ou ocupação, desde que cumpridos, no caso do servidor, o tempo mínimo de 20 (vinte) anos de efetivo exercício no serviço público e de 5 (cinco) anos no cargo efetivo em que for concedida a aposentadoria, na forma dos arts. 57 e 58 da Lei nº 8.213, de 24 de julho de 1991, poderão aposentar-se quando o total da soma resultante da sua idade e do tempo de contribuição e o tempo de efetiva exposição forem, respectivamente, de:

I - 66 (sessenta e seis) pontos e 15 (quinze) anos de efetiva exposição;

II - 76 (setenta e seis) pontos e 20 (vinte) anos de efetiva exposição; e

III - 86 (oitenta e seis) pontos e 25 (vinte e cinco) anos de efetiva exposição.

§ 1º A idade e o tempo de contribuição serão apurados em dias para o cálculo do somatório de pontos a que se refere o *caput*.

§ 2º O valor da aposentadoria de que trata este artigo será apurado na forma da lei.

§ 3º Aplicam-se às aposentadorias dos servidores dos Estados, do Distrito Federal e dos Municípios cujas atividades sejam exercidas com efetiva exposição a agentes químicos, físicos e biológicos prejudiciais à saúde, ou associação desses agentes, vedada a caracterização por categoria profissional ou ocupação, na forma do § 4º-C do art. 40 da Constituição Federal, as normas constitucionais e infraconstitucionais anteriores à data de entrada em vigor desta Emenda Constitucional, enquanto não promovidas alterações na legislação interna relacionada ao respectivo regime próprio de previdência social.

Art. 22. Até que lei discipline o § 4º-A do art. 40 e o inciso I do § 1º do art. 201 da Constituição Federal, a aposentadoria da pessoa com deficiência segurada do Regime Geral de Previdência Social ou do servidor público federal com deficiência vinculado a regime próprio de previdência social, desde que cumpridos, no caso do servidor, o tempo mínimo de 10 (dez) anos de efetivo exercício no serviço público e de 5 (cinco) anos no cargo efetivo em que for concedida a aposentadoria, será concedida na forma da Lei Complementar nº 142, de 8 de maio de 2013, inclusive quanto aos critérios de cálculo dos benefícios.

Parágrafo único. Aplicam-se às aposentadorias dos servidores com deficiência dos Estados, do Distrito Federal e dos Municípios as normas constitucionais e infraconstitucionais anteriores à data de entrada em vigor desta Emenda Constitucional, enquanto não promovidas alterações na legislação interna relacionada ao respectivo regime próprio de previdência social.

Art. 23. A pensão por morte concedida a dependente de segurado do Regime Geral de Previdência Social ou de servidor público federal será equivalente a uma cota familiar de 50% (cinquenta por cento) do valor da aposentadoria recebida pelo segurado ou servidor ou daquela a que teria direito se fosse aposentado por incapacidade permanente na data do óbito, acrescida de cotas de 10 (dez) pontos percentuais por dependente, até o máximo de 100% (cem por cento).

§ 1º As cotas por dependente cessarão com a perda dessa qualidade e não serão reversíveis aos demais dependentes, preservado o valor de 100% (cem por cento) da pensão por morte quando o número de dependentes remanescente for igual ou superior a 5 (cinco).

§ 2º Na hipótese de existir dependente inválido ou com deficiência intelectual, mental ou grave, o valor da pensão por morte de que trata o *caput* será equivalente a:

I - 100% (cem por cento) da aposentadoria recebida pelo segurado ou servidor ou daquela a que teria direito se fosse aposentado por incapacidade permanente na data do óbito, até o limite máximo de benefícios do Regime Geral de Previdência Social; e

II - uma cota familiar de 50% (cinquenta por cento) acrescida de cotas de 10 (dez) pontos percentuais por dependente, até o máximo de 100% (cem por cento), para o valor que supere o limite máximo de benefícios do Regime Geral de Previdência Social.

§ 3º Quando não houver mais dependente inválido ou com deficiência intelectual, mental ou grave, o valor da pensão será recalculado na forma do disposto no *caput* e no § 1º.

§ 4º O tempo de duração da pensão por morte e das cotas individuais por dependente até a perda dessa qualidade, o rol de dependentes e sua qualificação e as condições necessárias para enquadramento serão aqueles estabelecidos na Lei nº 8.213, de 24 de julho de 1991.

§ 5º Para o dependente inválido ou com deficiência intelectual, mental ou grave, sua condição pode ser reconhecida previamente ao óbito do segurado, por meio de avaliação biopsicossocial realizada por equipe multiprofissional e interdisciplinar, observada revisão periódica na forma da legislação.

§ 6º Equiparam-se a filho, para fins de recebimento da pensão por morte, exclusivamente o enteado e o menor tutelado, desde que comprovada a dependência econômica.

§ 7º As regras sobre pensão previstas neste artigo e na legislação vigente na data de entrada em vigor desta Emenda Constitucional poderão ser alteradas na forma da lei para o Regime Geral de Previdência Social e para o regime próprio de previdência social da União.

§ 8º Aplicam-se às pensões concedidas aos dependentes de servidores dos Estados, do Distrito Federal e dos Municípios as normas constitucionais e infraconstitucionais anteriores à data de entrada em vigor desta Emenda Constitucional, enquanto não promovidas alterações na legislação interna relacionada ao respectivo regime próprio de previdência social.

Art. 24. É vedada a acumulação de mais de uma pensão por morte deixada por cônjuge ou companheiro, no âmbito do mesmo regime de previdência social, ressalvadas as pensões do mesmo instituidor decorrentes do exercício de cargos acumuláveis na forma do art. 37 da Constituição Federal.

§ 1º Será admitida, nos termos do § 2º, a acumulação de:

I - pensão por morte deixada por cônjuge ou companheiro de um regime de previdência social com pensão por morte concedida por outro regime de previdência social ou com pensões decorrentes das atividades militares de que tratam os arts. 42 e 142 da Constituição Federal;

II - pensão por morte deixada por cônjuge ou companheiro de um regime de previdência social com aposentadoria concedida no âmbito do Regime Geral de Previdência Social ou de regime próprio de previdência social ou com proventos de inatividade decorrentes das atividades militares de que tratam os arts. 42 e 142 da Constituição Federal; ou

III - pensões decorrentes das atividades militares de que tratam os arts. 42 e 142 da Constituição Federal com aposentadoria concedida no âmbito do Regime Geral de Previdência Social ou de regime próprio de previdência social.

§ 2º Nas hipóteses das acumulações previstas no § 1º, é assegurada a percepção do valor integral do benefício mais vantajoso e de uma parte de cada um dos demais benefícios, apurada cumulativamente de acordo com as seguintes faixas:

I - 60% (sessenta por cento) do valor que exceder 1 (um) salário-mínimo, até o limite de 2 (dois) salários-mínimos;

II - 40% (quarenta por cento) do valor que exceder 2 (dois) salários-mínimos, até o limite de 3 (três) salários-mínimos;

III - 20% (vinte por cento) do valor que exceder 3 (três) salários-mínimos, até o limite de 4 (quatro) salários-mínimos; e

IV - 10% (dez por cento) do valor que exceder 4 (quatro) salários-mínimos.

§ 3º A aplicação do disposto no § 2º poderá ser revista a qualquer tempo, a pedido do interessado, em razão de alteração de algum dos benefícios.

§ 4º As restrições previstas neste artigo não serão aplicadas se o direito aos benefícios houver sido adquirido antes da data de entrada em vigor desta Emenda Constitucional.

§ 5º As regras sobre acumulação previstas neste artigo e na legislação vigente na data de entrada em vigor desta Emenda Constitucional poderão ser alteradas na forma do § 6º do art. 40 e do § 15 do art. 201 da Constituição Federal.

Art. 25. Será assegurada a contagem de tempo de contribuição fictício no Regime Geral de Previdência Social decorrente de hipóteses descritas na legislação vigente até a data de entrada em vigor desta Emenda Constitucional para fins de concessão de aposentadoria, observando-se, a partir da sua entrada em vigor, o disposto no § 14 do art. 201 da Constituição Federal.

§ 1º Para fins de comprovação de atividade rural exercida até a data de entrada em vigor desta Emenda Constitucional, o prazo de que tratam os §§ 1º e 2º do art. 38-B da Lei nº 8.213, de 24 de julho de 1991, será prorrogado até a data em que o Cadastro Nacional de Informações Sociais (CNIS) atingir a cobertura mínima de 50% (cinquenta por cento) dos trabalhadores de que trata o § 8º do art. 195 da Constituição Federal, apurada conforme quantitativo da Pesquisa Nacional por Amostra de Domicílios Contínua (Pnad).

§ 2º Será reconhecida a conversão de tempo especial em comum, na forma prevista na Lei nº 8.213, de 24 de julho de 1991, ao segurado do Regime Geral de Previdência Social que comprovar tempo de efetivo exercício de atividade sujeita a condições especiais que efetivamente prejudiquem a saúde, cumprido até a data de entrada em vigor desta Emenda Constitucional, vedada a conversão para o tempo cumprido após esta data.

§ 3º Considera-se nula a aposentadoria que tenha sido concedida ou que venha a ser concedida por regime próprio de previdência social com contagem recíproca do Regime Geral de Previdência Social mediante o cômputo de tempo de serviço sem o recolhimento da respectiva contribuição ou da correspondente indenização pelo segurado obrigatório responsável, à época do exercício da atividade, pelo recolhimento de suas próprias contribuições previdenciárias.

Art. 26. Até que lei discipline o cálculo dos benefícios do regime próprio de previdência social da União e do Regime Geral de Previdência Social, será utilizada a média aritmética simples dos salários de contribuição e das remunerações adotados como base para contribuições a regime próprio de previdência social e ao Regime Geral de Previdência Social, ou como base para contribuições decorrentes das atividades militares de que tratam os arts. 42 e 142 da Constituição Federal, atualizados monetariamente, correspondentes a 100% (cem por cento) do período contributivo desde a competência julho de 1994 ou desde o início da contribuição, se posterior àquela competência.

§ 1º A média a que se refere o *caput* será limitada ao valor máximo do salário de contribuição do Regime Geral de Previdência Social para os segurados desse regime e para o servidor que ingressou no serviço público em cargo efetivo após a implantação do regime de previdência complementar ou que tenha exercido a opção correspondente, nos termos do disposto nos §§ 14 a 16 do art. 40 da Constituição Federal.

§ 2º O valor do benefício de aposentadoria corresponderá a 60% (sessenta por cento) da média aritmética definida na forma prevista no *caput* e no § 1º, com acréscimo de 2 (dois) pontos percentuais para cada ano de contribuição que exceder o tempo de 20 (vinte) anos de contribuição nos casos:

I - do inciso II do § 6º do art. 4º, do § 4º do art. 15, do § 3º do art. 16 e do § 2º do art. 18;

II - do § 4º do art. 10, ressalvado o disposto no inciso II do § 3º e no § 4º deste artigo;

III - de aposentadoria por incapacidade permanente aos segurados do Regime Geral de Previdência Social, ressalvado o disposto no inciso II do § 3º deste artigo; e

IV - do § 2º do art. 19 e do § 2º do art. 21, ressalvado o disposto no § 5º deste artigo.

§ 3º O valor do benefício de aposentadoria corresponderá a 100% (cem por cento) da média aritmética definida na forma prevista no *caput* e no § 1º:

I - no caso do inciso II do § 2º do art. 20;

II - no caso de aposentadoria por incapacidade permanente, quando decorrer de acidente de trabalho, de doença profissional e de doença do trabalho.

§ 4º O valor do benefício da aposentadoria de que trata o inciso III do § 1º do art. 10 corresponderá ao resultado do tempo de contribuição dividido por 20 (vinte) anos, limitado a um inteiro, multiplicado pelo valor apurado na forma do *caput* do § 2º deste artigo, ressalvado o caso de cumprimento de critérios de acesso para aposentadoria voluntária que resulte em situação mais favorável.

§ 5º O acréscimo a que se refere o *caput* do § 2º será aplicado para cada ano que exceder 15 (quinze) anos de tempo de contribuição para os segurados de que tratam a alínea "a" do inciso I do § 1º do art. 19 e o inciso I do art. 21 e para as mulheres filiadas ao Regime Geral de Previdência Social.

§ 6º Poderão ser excluídas da média as contribuições que resultem em redução do valor do benefício, desde que mantido o tempo mínimo de contribuição exigido, vedada a utilização do tempo excluído para qualquer finalidade, inclusive para o acréscimo a que se referem os §§ 2º e 5º, para a averbação em outro regime previdenciário ou para a obtenção dos proventos de inatividade das atividades de que tratam os arts. 42 e 142 da Constituição Federal.

§ 7º Os benefícios calculados nos termos do disposto neste artigo serão reajustados nos termos estabelecidos para o Regime Geral de Previdência Social.

Art. 27. Até que lei discipline o acesso ao salário-família e ao auxílio-reclusão de que trata o inciso IV do art. 201 da Constituição Federal, esses benefícios serão concedidos apenas àqueles que tenham renda bruta mensal igual ou inferior a R$ 1.364,43 (mil, trezentos e sessenta e quatro reais e quarenta e três centavos), que serão corrigidos pelos mesmos índices aplicados aos benefícios do Regime Geral de Previdência Social.

§ 1º Até que lei discipline o valor do auxílio-reclusão, de que trata o inciso IV do art. 201 da Constituição Federal, seu cálculo será realizado na forma daquele aplicável à pensão por morte, não podendo exceder o valor de 1 (um) salário-mínimo.

§ 2º Até que lei discipline o valor do salário-família, de que trata o inciso IV do art. 201 da Constituição Federal, seu valor será de R$ 46,54 (quarenta e seis reais e cinquenta e quatro centavos).

Art. 28. Até que lei altere as alíquotas da contribuição de que trata a Lei nº 8.212, de 24 de julho de 1991, devidas pelo segurado empregado, inclusive o doméstico, e pelo trabalhador avulso, estas serão de:

I - até 1 (um) salário-mínimo, 7,5% (sete inteiros e cinco décimos por cento);

II - acima de 1 (um) salário-mínimo até R$ 2.000,00 (dois mil reais), 9% (nove por cento);

III - de R$ 2.000,01 (dois mil reais e um centavo) até R$ 3.000,00 (três mil reais), 12% (doze por cento); e

IV - de R$ 3.000,01 (três mil reais e um centavo) até o limite do salário de contribuição, 14% (quatorze por cento).

§ 1º As alíquotas previstas no *caput* serão aplicadas de forma progressiva sobre o salário de contribuição do segurado, incidindo cada alíquota sobre a faixa de valores compreendida nos respectivos limites.

§ 2º Os valores previstos no *caput* serão reajustados, a partir da data de entrada em vigor desta Emenda Constitucional, na mesma data e com o mesmo índice em que se der o reajuste dos benefícios do Regime Geral de Previdência Social, ressalvados aqueles vinculados ao salário-mínimo, aos quais se aplica a legislação específica.

Art. 29. Até que entre em vigor lei que disponha sobre o § 14 do art. 195 da Constituição Federal, o segurado que, no somatório de remunerações auferidas no período de 1 (um) mês, receber remuneração inferior ao limite mínimo mensal do salário de contribuição poderá:

I - complementar a sua contribuição, de forma a alcançar o limite mínimo exigido;

II - utilizar o valor da contribuição que exceder o limite mínimo de contribuição de uma competência em outra; ou

III - agrupar contribuições inferiores ao limite mínimo de diferentes competências, para aproveitamento em contribuições mínimas mensais.

Parágrafo único. Os ajustes de complementação ou agrupamento de contribuições previstos nos incisos I, II e III do *caput* somente poderão ser feitos ao longo do mesmo ano civil.

Art. 30. A vedação de diferenciação ou substituição de base de cálculo decorrente do disposto no § 9º do art. 195 da Constituição Federal não se aplica a contribuições que substituam a contribuição de que trata a alínea "a" do inciso I do *caput* do art. 195 da Constituição Federal instituídas antes da data de entrada em vigor desta Emenda Constitucional.

Art. 31. O disposto no § 11 do art. 195 da Constituição Federal não se aplica aos parcelamentos previstos na legislação vigente até a data de entrada em vigor desta Emenda Constitucional, sendo vedadas a reabertura ou a prorrogação de prazo para adesão.

Art. 32. Até que entre em vigor lei que disponha sobre a alíquota da contribuição de que trata a Lei nº 7.689, de 15 de dezembro de 1988, esta será de 20% (vinte por cento) no caso das pessoas jurídicas referidas no inciso I do § 1º do art. 1º da Lei Complementar nº 105, de 10 de janeiro de 2001.

Art. 33. Até que seja disciplinada a relação entre a União, os Estados, o Distrito Federal e os Municípios e entidades abertas de previdência complementar na forma do disposto nos §§ 4º e 5º do art. 202 da Constituição Federal, somente entidades fechadas de previdência complementar estão autorizadas a administrar planos de benefícios patrocinados pela União, Estados, Distrito Federal ou Municípios, inclusive suas autarquias, fundações, sociedades de economia mista e empresas controladas direta ou indiretamente.

Art. 34. Na hipótese de extinção por lei de regime previdenciário e migração dos respectivos segurados para o Regime Geral de Previdência Social, serão observados, até que lei federal disponha sobre a matéria, os seguintes requisitos pelo ente federativo:

I - assunção integral da responsabilidade pelo pagamento dos benefícios concedidos durante a vigência do regime extinto, bem como daqueles cujos requisitos já tenham sido implementados antes da sua extinção;

II - previsão de mecanismo de ressarcimento ou de complementação de benefícios aos que tenham contribuído acima do limite máximo do Regime Geral de Previdência Social;

III - vinculação das reservas existentes no momento da extinção, exclusivamente:

a) ao pagamento dos benefícios concedidos e a conceder, ao ressarcimento de contribuições ou à complementação de benefícios, na forma dos incisos I e II; e

b) à compensação financeira com o Regime Geral de Previdência Social.

Parágrafo único. A existência de superavit atuarial não constitui óbice à extinção de regime próprio de previdência social e à consequente migração para o Regime Geral de Previdência Social.

Art. 35. Revogam-se:

I - os seguintes dispositivos da Constituição Federal:

a) o § 21 do art. 40;

b) o § 13 do art. 195;

II - os arts. 9º, 13 e 15 da Emenda Constitucional nº 20, de 15 de dezembro de 1998;

III - os arts. 2º, 6º e 6º-A da Emenda Constitucional nº 41, de 19 de dezembro de 2003;

IV - o art. 3º da Emenda Constitucional nº 47, de 5 de julho de 2005.

Art. 36. Esta Emenda Constitucional entra em vigor:

I - no primeiro dia do quarto mês subsequente ao da data de publicação desta Emenda Constitucional, quanto ao disposto nos arts. 11, 28 e 32;

II - para os regimes próprios de previdência social dos Estados, do Distrito Federal e dos Municípios, quanto à alteração promovida pelo art. 1º desta Emenda Constitucional no art. 149 da Constituição Federal e às revogações previstas na alínea "a" do inciso I e nos incisos III e IV do art. 35, na data de publicação de lei de iniciativa privativa do respectivo Poder Executivo que as referende integralmente;

III - nos demais casos, na data de sua publicação.

Parágrafo único. A lei de que trata o inciso II do *caput* não produzirá efeitos anteriores à data de sua publicação.

Brasília, em 12 de novembro de 2019
Mesa da Câmara dos Deputados
Deputado Rodrigo Maia
Presidente
Mesa do Senado Federal
Senador Davi Alcolumbre
Presidente

EMENDA CONSTITUCIONAL Nº 104, DE 4 DE DEZEMBRO DE 2019

Altera o inciso XIV do caput do art. 21, o § 4º do art. 32 e o art. 144 da Constituição Federal, para criar as polícias penais federal, estaduais e distrital.

As Mesas da Câmara dos Deputados e do Senado Federal, nos termos do § 3º do art. 60 da Constituição Federal, promulgam a seguinte Emenda ao texto constitucional:

Art. 1º O inciso XIV do *caput* do art. 21 da Constituição Federal passa a vigorar com a seguinte redação:

▸ Alteração incorporada ao texto da CF.

Art. 2º O § 4º do art. 32 da Constituição Federal passa a vigorar com a seguinte redação:

▸ Alteração incorporada ao texto da CF.

Art. 3º O art. 144 da Constituição Federal passa a vigorar com as seguintes alterações:

▸ Alteração incorporada ao texto da CF.

Art. 4º O preenchimento do quadro de servidores das polícias penais será feito, exclusivamente, por meio de concurso público e por meio da transformação dos cargos isolados, dos cargos de carreira dos atuais agentes penitenciários e dos cargos públicos equivalentes.

Art. 5º Esta Emenda Constitucional entra em vigor na data de sua publicação.

Brasília, em 4 de dezembro de 2019
Mesa da Câmara dos Deputados
Deputado Rodrigo Maia
Presidente
Mesa do Senado Federal
Senador Davi Alcolumbre
Presidente

EMENDA CONSTITUCIONAL Nº 105, DE 12 DE DEZEMBRO DE 2019

Acrescenta o art. 166-A à Constituição Federal, para autorizar a transferência de recursos federais a Estados, ao Distrito Federal e a Municípios mediante emendas ao projeto de lei orçamentária anual.

As Mesas da Câmara dos Deputados e do Senado Federal, nos termos do § 3º do art. 60 da Constituição Federal, promulgam a seguinte Emenda ao texto constitucional:

Art. 1º A Constituição Federal passa a vigorar acrescida do seguinte art. 166-A:

▸ Alteração incorporada ao texto da CF.

Art. 2º No primeiro semestre do exercício financeiro subsequente ao da publicação desta Emenda Constitucional, fica assegurada a transferência financeira em montante mínimo equivalente a 60% (sessenta por cento) dos recursos de que trata o inciso I do *caput* do art. 166-A da Constituição Federal.

Art. 3º Esta Emenda Constitucional entra em vigor em 1º de janeiro do ano subsequente ao de sua publicação.

Brasília, em 12 de dezembro de 2019
Mesa da Câmara dos Deputados
Deputado Rodrigo Maia
Presidente
Mesa do Senado Federal
Senador Davi Alcolumbre
Presidente

EMENDA CONSTITUCIONAL Nº 106, DE 7 DE MAIO DE 2020

Institui regime extraordinário fiscal, financeiro e de contratações para enfrentamento de calamidade pública nacional decorrente de pandemia.

As Mesas da Câmara dos Deputados e do Senado Federal, nos termos do § 3º do art. 60 da Constituição Federal, promulgam a seguinte Emenda ao texto constitucional:

Art. 1º Durante a vigência de estado de calamidade pública nacional reconhecido pelo Congresso Nacional em razão de emergência de saúde pública de importância internacional decorrente de pandemia, a União adotará regime extraordinário fiscal, financeiro e de contratações para atender às necessidades dele decorrentes, somente naquilo em que a urgência for incompatível com o regime regular, nos termos definidos nesta Emenda Constitucional.

Art. 2º Com o propósito exclusivo de enfrentamento do contexto da calamidade e de seus efeitos sociais e econômicos, no seu período de duração, o Poder Executivo federal, no âmbito de suas competências, poderá adotar processos simplificados de contratação de pessoal, em caráter temporário e emergencial, e de obras, serviços e compras que assegurem, quando possível, competição e igualdade de condições a todos os concorrentes, dispensada a observância do § 1º do art. 169 da Constituição Federal na contratação de que trata o inciso IX do *caput* do art. 37 da Constituição Federal, limitada a dispensa às situações de que trata o referido inciso, sem prejuízo da tutela dos órgãos de controle.

Parágrafo único. Nas hipóteses de distribuição de equipamentos e insumos de saúde imprescindíveis ao enfrentamento da calamidade, a União adotará critérios objetivos, devidamente publicados, para a respectiva destinação a Estados e a Municípios.

Art. 3º Desde que não impliquem despesa permanente, as proposições legislativas e os atos do Poder Executivo com propósito exclusivo de enfrentar a calamidade e suas consequências sociais e econômicas, com vigência e efeitos restritos à sua duração, ficam dispensados da observância das limitações legais quanto à criação, à expansão ou ao aperfeiçoamento de ação governamental que acarrete aumento de despesa e à concessão ou à ampliação de incentivo ou benefício de natureza tributária da qual decorra renúncia de receita.

Parágrafo único. Durante a vigência da calamidade pública nacional de que trata o art. 1º desta Emenda Constitucional, não se aplica o disposto no § 3º do art. 195 da Constituição Federal.

Art. 4º Será dispensada, durante a integralidade do exercício financeiro em que vigore a calamidade pública nacional de que trata o art. 1º desta Emenda Constitucional, a observância do inciso III do *caput* do art. 167 da Constituição Federal.

Parágrafo único. O Ministério da Economia publicará, a cada 30 (trinta) dias, relatório com os valores e o custo das operações de crédito realizadas no período de vigência do estado de calamidade pública nacional de que trata o art. 1º desta Emenda Constitucional.

Art. 5º As autorizações de despesas relacionadas ao enfrentamento da calamidade pública nacional de que trata o art. 1º desta Emenda Constitucional e de seus efeitos sociais e econômicos deverão:

- Decreto nº 10.579, de 2020 (Estabelece regras para a inscrição de restos a pagar das despesas de que trata este artigo).

I - constar de programações orçamentárias específicas ou contar com marcadores que as identifiquem; e

II - ser separadamente avaliadas na prestação de contas do Presidente da República e evidenciadas, até 30 (trinta) dias após o encerramento de cada bimestre, no relatório a que se refere o § 3º do art. 165 da Constituição Federal.

Parágrafo único. Decreto do Presidente da República, editado até 15 (quinze) dias após a entrada em vigor desta Emenda Constitucional, disporá sobre a forma de identificação das autorizações de que trata o *caput* deste artigo, incluídas as anteriores à vigência desta Emenda Constitucional.

Art. 6º Durante a vigência da calamidade pública nacional de que trata o art. 1º desta Emenda Constitucional, os recursos decorrentes de operações de crédito realizadas para o refinanciamento da dívida mobiliária poderão ser utilizados também para o pagamento de seus juros e encargos.

Art. 7º O Banco Central do Brasil, limitado ao enfrentamento da calamidade pública nacional de que trata o art. 1º desta Emenda Constitucional, e com vigência e efeitos restritos ao período de sua duração, fica autorizado a comprar e a vender:

I - títulos de emissão do Tesouro Nacional, nos mercados secundários local e internacional; e

II - os ativos, em mercados secundários nacionais no âmbito de mercados financeiros, de capitais e de pagamentos, desde que, no momento da compra, tenham classificação em categoria de risco de crédito no mercado local equivalente a BB- ou superior, conferida por pelo menos 1 (uma) das 3 (três) maiores agências internacionais de classificação de risco, e preço de referência publicado por entidade do mercado financeiro acreditada pelo Banco Central do Brasil.

§ 1º Respeitadas as condições previstas no inciso II do *caput* deste artigo, será dada preferência à aquisição de títulos emitidos por microempresas e por pequenas e médias empresas.

§ 2º O Banco Central do Brasil fará publicar diariamente as operações realizadas, de forma individualizada, com todas as respectivas informações, inclusive as condições financeiras e econômicas das operações, como taxas de juros pactuadas, valores envolvidos e prazos.

§ 3º O Presidente do Banco Central do Brasil prestará contas ao Congresso Nacional, a cada 30 (trinta) dias, do conjunto das operações previstas neste artigo, sem prejuízo do previsto no § 2º deste artigo.

§ 4º A alienação de ativos adquiridos pelo Banco Central do Brasil, na forma deste artigo, poderá dar-se em data posterior à vigência do estado de calamidade pública nacional de que trata o art. 1º desta Emenda Constitucional, se assim justificar o interesse público.

Art. 8º Durante a vigência desta Emenda Constitucional, o Banco Central do Brasil editará regulamentação sobre exigências de contrapartidas ao comprar ativos de instituições financeiras em conformidade com a previsão do inciso II do *caput* do art. 7º desta Emenda Constitucional, em especial a vedação de:

I - pagar juros sobre o capital próprio e dividendos acima do mínimo obrigatório estabelecido em lei ou no estatuto social vigente na data de entrada em vigor desta Emenda Constitucional;

II - aumentar a remuneração, fixa ou variável, de diretores e membros do conselho de administração, no caso das sociedades anônimas, e dos administradores, no caso de sociedades limitadas.

Parágrafo único. A remuneração variável referida no inciso II do *caput* deste artigo inclui bônus, participação nos lucros e quaisquer parcelas de remuneração diferidas e outros incentivos remuneratórios associados ao desempenho.

Art. 9º Em caso de irregularidade ou de descumprimento dos limites desta Emenda Constitucional, o Congresso Nacional poderá sustar, por decreto legislativo, qualquer decisão de órgão ou entidade do Poder Executivo relacionada às medidas autorizadas por esta Emenda Constitucional.

Art. 10. Ficam convalidados os atos de gestão praticados a partir de 20 de março de 2020, desde que compatíveis com o teor desta Emenda Constitucional.

Art. 11. Esta Emenda Constitucional entra em vigor na data de sua publicação e ficará automaticamente revogada na data do encerramento do estado de calamidade pública reconhecido pelo Congresso Nacional.

Brasília, em 7 de maio de 2020
Mesa da Câmara dos Deputados
Deputado Rodrigo Maia
Presidente
Mesa do Senado Federal
Senador Davi Alcolumbre
Presidente

EMENDA CONSTITUCIONAL Nº 107, DE 2 DE JULHO DE 2020

Adia, em razão da pandemia da Covid-19, as eleições municipais de outubro de 2020 e os prazos eleitorais respectivos

As Mesas da Câmara dos Deputados e do Senado Federal, nos termos do § 3º do art. 60 da Constituição Federal, promulgam a seguinte Emenda ao texto constitucional:

Art. 1º As eleições municipais previstas para outubro de 2020 realizar-se-ão no dia 15 de novembro, em primeiro turno, e no dia 29 de novembro de 2020, em segundo turno, onde houver, observado o disposto no § 4º deste artigo.

§ 1º Ficam estabelecidas, para as eleições de que trata o *caput* deste artigo, as seguintes datas:

I - a partir de 11 de agosto, para a vedação às emissoras para transmitir programa apresentado ou comentado por pré-candidato, conforme previsto no § 1º do art. 45 da Lei nº 9.504, de 30 de setembro de 1997;

II - entre 31 de agosto e 16 de setembro, para a realização das convenções para escolha dos candidatos pelos partidos e a deliberação sobre coligações, a que se refere o *caput* do art. 8º da Lei nº 9.504, de 30 de setembro de 1997;

III - até 26 de setembro, para que os partidos e coligações solicitem à Justiça Eleitoral o registro de seus candidatos, conforme disposto no *caput* do art. 11 da Lei nº 9.504, de 30 de setembro de 1997, e no *caput* do art. 93 da Lei nº 4.737, de 15 de julho de 1965;

IV - após 26 de setembro, para o início da propaganda eleitoral, inclusive na internet, conforme disposto nos arts. 36 e 57-A da Lei nº 9.504, de 30 de setembro de 1997, e no *caput do art. 240 da Lei nº 4.737, de 15 de julho de 1965*;

V - a partir de 26 de setembro, para que a Justiça Eleitoral convoque os partidos e a representação das emissoras de rádio e de televisão para elaborarem plano de mídia, conforme disposto no art. 52 da Lei nº 9.504, de 30 de setembro de 1997;

VI - 27 de outubro, para que os partidos políticos, as coligações e os candidatos, obrigatoriamente, divulguem o relatório que discrimina as transferências do Fundo Partidário e do Fundo Especial de Financiamento de Campanha, os recursos em dinheiro e os estimáveis em dinheiro recebidos, bem como os gastos realizados, conforme disposto no inciso II do § 4º do art. 28 da Lei nº 9.504, de 30 de setembro de 1997;

VII - até 15 de dezembro, para o encaminhamento à Justiça Eleitoral do conjunto das prestações de contas de campanha dos candidatos e dos partidos políticos, relativamente ao primeiro e, onde houver, ao segundo turno das eleições, conforme disposto nos incisos III e IV do *caput* do art. 29 da Lei nº 9.504, de 30 de setembro de 1997.

§ 2º Os demais prazos fixados na Lei nº 9.504, de 30 de setembro de 1997, e na Lei nº 4.737, de 15 de julho de 1965, que não tenham transcorrido na data da publicação desta Emenda Constitucional e tenham como referência a data do pleito serão computados considerando-se a nova data das eleições de 2020.

§ 3º Nas eleições de que trata este artigo serão observadas as seguintes disposições:

I - o prazo previsto no § 1º do art. 30 da Lei nº 9.504, de 30 de setembro de 1997, não será aplicado, e a decisão que julgar as contas dos candidatos eleitos deverá ser publicada até o dia 12 de fevereiro de 2021;

II - o prazo para a propositura da representação de que trata o art. 30-A da Lei nº 9.504, de 30 de setembro de 1997, será até o dia 1º de março de 2021;

III - os partidos políticos ficarão autorizados a realizar, por meio virtual, independentemente de qualquer disposição estatutária, convenções ou reuniões para a escolha de candidatos e a formalização de coligações, bem como para a definição dos critérios de distribuição dos recursos do Fundo Especial de Financiamento de Campanha, de que trata o art. 16-C da Lei nº 9.504, de 30 de setembro de 1997;

IV - os prazos para desincompatibilização que, na data da publicação desta Emenda Constitucional, estiverem:

a) a vencer: serão computados considerando-se a nova data de realização das eleições de 2020;

b) vencidos: serão considerados preclusos, vedada a sua reabertura;

V - a diplomação dos candidatos eleitos ocorrerá em todo o País até o dia 18 de dezembro, salvo a situação prevista no § 4º deste artigo;

VI - os atos de propaganda eleitoral não poderão ser limitados pela legislação municipal ou pela Justiça Eleitoral, salvo se a decisão estiver fundamentada em prévio parecer técnico emitido por autoridade sanitária estadual ou nacional;

VII - em relação à conduta vedada prevista no inciso VII do *caput* do art. 73 da Lei nº 9.504, de 30 de setembro de 1997, os gastos liquidados com publicidade institucional realizada até 15 de agosto de 2020 não poderão exceder a média dos gastos dos 2 (dois) primeiros quadrimestres dos 3 (três) últimos anos que antecedem ao pleito, salvo em caso de grave e urgente necessidade pública, assim reconhecida pela Justiça Eleitoral;

VIII - no segundo semestre de 2020, poderá ser realizada a publicidade institucional de atos e campanhas dos órgãos públicos municipais e de suas respectivas entidades da administração indireta destinados ao enfrentamento à pandemia da Covid-19 e à orientação da população quanto a serviços públicos e a outros temas afetados pela pandemia, resguardada a possibilidade de apuração de eventual conduta abusiva nos termos do art. 22 da Lei Complementar nº 64, de 18 de maio de 1990.

§ 4º No caso de as condições sanitárias de um Estado ou Município não permitirem a realização das eleições nas datas previstas no *caput* deste artigo, o Congresso Nacional, por provocação do Tribunal Superior Eleitoral, instruída com manifestação da autoridade sanitária nacional, e após parecer da Comissão Mista de que trata o art. 2º do Decreto Legislativo nº 6, de 20 de março de 2020, poderá editar decreto legislativo a fim de designar novas datas para a realização do pleito, observada como data-limite o dia 27 de dezembro de 2020, e caberá ao Tribunal Superior Eleitoral dispor sobre as medidas necessárias à conclusão do processo eleitoral.

§ 5º O Tribunal Superior Eleitoral fica autorizado a promover ajustes nas normas referentes a:

I - prazos para fiscalização e acompanhamento dos programas de computador utilizados nas urnas eletrônicas para os processos de votação, apuração e totalização, bem como de todas as fases do processo de votação, apuração das eleições e processamento eletrônico da totalização dos resultados, para adequá-los ao novo calendário eleitoral;

II - recepção de votos, justificativas, auditoria e fiscalização no dia da eleição, inclusive no tocante ao horário de funcionamento das seções eleitorais e à distribuição dos eleitores no período, de forma a propiciar a melhor segurança sanitária possível a todos os participantes do processo eleitoral.

Art. 2º Não se aplica o art. 16 da Constituição Federal ao disposto nesta Emenda Constitucional.

Art. 3º Esta Emenda Constitucional entra em vigor na data de sua publicação.

Brasília, em 2 de julho de 2020

EMENDA CONSTITUCIONAL Nº 108, DE 26 DE AGOSTO DE 2020

Altera a Constituição Federal para estabelecer critérios de distribuição da cota municipal do Imposto sobre Operações Relativas à Circulação de Mercadorias e sobre Prestações de Serviços de Transporte Interestadual e Intermunicipal e de Comunicação (ICMS), para disciplinar a disponibilização de dados contábeis pelos entes federados, para tratar do planejamento na ordem social e para dispor sobre o Fundo de Manutenção e Desenvolvimento da Educação Básica e de Valorização dos Profissionais da Educação (Fundeb); altera o Ato das Disposições Constitucionais Transitórias; e dá outras providências.

As Mesas da Câmara dos Deputados e do Senado Federal, nos termos do § 3º do art. 60 da Constituição Federal, promulgam a seguinte Emenda ao texto constitucional:

Art. 1º A Constituição Federal passa a vigorar com as seguintes alterações:

‣ Alteração incorporada ao texto da CF

Art. 2º O Ato das Disposições Constitucionais Transitórias passa a vigorar com as seguintes alterações:

‣ Alteração incorporada ao texto do ADCT.

Art. 3º Os Estados terão prazo de 2 (dois) anos, contado da data da promulgação desta Emenda Constitucional, para aprovar lei estadual prevista no inciso II do parágrafo único do art. 158 da Constituição Federal.

Art. 4º Esta Emenda Constitucional entra em vigor na data de sua publicação e produzirá efeitos financeiros a partir de 1º de janeiro de 2021.

Parágrafo único. Ficam mantidos os efeitos do art. 60 do Ato das Disposições Constitucionais Transitórias, conforme estabelecido pela Emenda Constitucional nº 53, de 19 de dezembro de 2006, até o início dos efeitos financeiros desta Emenda Constitucional.

Brasília, em 26 de agosto de 2020
Mesa da Câmara dos Deputados
Deputado Rodrigo Maia
Presidente
Mesa do Senado Federal
Senador Davi Alcolumbre
Presidente

ÍNDICE ALFABÉTICO-REMISSIVO DA CRFB/1988 E DAS DISPOSIÇÕES TRANSITÓRIAS

- A -

ABUSO
- direito de greve: art. 9º, § 2º
- exercício de função: art. 14, § 9º, in fine
- prerrogativas: art. 55, § 1º

ABUSO DE PODER
- econômico: art. 173, § 4º.
- exercício de função: art. 14, § 9º
- *habeas corpus*: art. 5º, LXVIII
- mandado de segurança: art. 5º, LXIX

AÇÃO
- *habeas corpus*: art. 5º, LXXVII
- *habeas data*: art. 5º, LXXVII
- impugnação de mandato eletivo: art. 14, §§ 10 e 11

AÇÃO CIVIL PÚBLICA
- art. 129, III e § 1º

AÇÃO DECLARATÓRIA DE CONSTITUCIONALIDADE – ADECON
- eficácia e efeito: art. 102, § 2º
- legitimados: art. 103, *caput*
- processo e julgamento: art. 102, I, *a*

AÇÃO DIRETA DE INCONSTITUCIONALIDADE – ADIN
- citação do Advogado-Geral da União: art. 103, § 3º
- competência: art. 102, I, *a*
- eficácia e efeito: art. 102, § 2º
- legitimados: art. 103, *caput*
- oitiva do Procurador-Geral da República: art. 103, § 1º
- omissão de medida: art. 103, § 20
- processo e julgamento: art. 102, I, *a*
- recurso extraordinário: art. 102, III
- suspensão da execução de lei: art. 52, X

AÇÃO PENAL
- art. 37, § 4º
- privada: art. 5º, LIX
- pública: art. 129, I

AÇÃO POPULAR
- art. 5º, LXXIII

AÇÃO PÚBLICA
- art. 5º, LIX

AÇÃO RESCISÓRIA
- competência do STF: art. 102, I, *i*
- competência do STJ: art. 105, I, *e*
- competência do TRF: art. 108, I, *b*
- decisões antes da promulgação da Constituição: art. 27, § 10, ADCT

ACESSO
- cultura, à educação e à ciência: art. 23, V
- informação: art. 5º, XIV

ACIDENTES DE TRABALHO
- previdência social: art. 201, I e § 10
- seguro: art. 7º, XXVIII

ACORDOS
- coletivos de trabalho: art. 7º, XXVI
- internacionais: art. 49, I

ADICIONAIS
- art. 17, ADCT
- de remuneração: art. 7º, XXIII

ADMINISTRAÇÃO PÚBLICA
- arts. 37 a 43
- ação popular: art. 5º, LXXIII
- acumulação de cargos ou empregos: art. 37, XVI, c; ADCT, art. 17, §§ 1º e 2º
- administração fazendária: arts. 37, XVIII; 144, § 1º
- admissão sem concurso: art. 71, III
- aposentadoria: art. 40, § 1º
- apreciação da legalidade: ADCT, art. 19
- atos, fiscalização e controle: art. 49, X
- aumento de despesas: art. 63, I
- cargos em comissão: art. 37, II e V
- cargos, empregos e funções: arts. 37, I, II, IV; 61, § 1º, II, a
- competência privativa do Presidente da República: art. 84, VI
- contratos e licitação: arts. 22, XXVII; 37, XXI
- controle externo e interno: art. 70
- controle externo: art. 71
- controle interno: art. 74, II
- criação, estruturação e atribuições de Ministérios e outros órgãos: arts. 48, X; 61, § 1º, II, e; 84, VI
- despesas com pessoal: art. 169; ADCT, art. 38, par. ún.
- despesas excedentes: art. 167, II
- disposições gerais: art. 38
- entidades sob intervenção ou liquidação extrajudicial: ADCT, art. 46
- finanças: art. 163, I
- funções de confiança: art. 37, V e XVII
- gestão e consulta da documentação governamental: art. 216, § 2º
- gestão financeira e patrimonial: art. 165, § 9º; ADCT, art. 35, § 2º
- improbidade: art. 37, § 4º
- inclusão plano plurianual: art. 167, § 1º
- informações privilegiadas: art. 37, § 7º
- inspeções e auditorias: art. 71, IV
- investimento e seguridade social: arts. 165, § 5º; 167, VIII
- licitação para serviços públicos: art. 175, *caput*
- limites remuneratórios do servidor público aos Estados e ao DF: art. 37, § 12
- limites remuneratórios do servidor público: art. 37, § 11
- orçamento fiscal: arts. 165, § 5º; 167, VIII
- prescrição dos atos ilícitos contra o erário: art. 37, § 5º
- prestação de contas de pessoa física ou entidade pública: art. 70, par. ún.
- princípios: art. 37
- publicidade dos órgãos: art. 37, § 1º
- regime e planos de carreira: art. 39, *caput*; ADCT, art. 24
- remuneração e subsídio servidor público: art. 37, XI
- taxas dos serviços públicos: art. 145, II
- vencimentos do pessoal da administração direta: art. 39, § 1º

ADMINISTRAÇÃO PÚBLICA FEDERAL
- competência do Ministro de Estado: art. 87, par. ún.
- metas e prioridades: art. 165, § 2º
- plano plurianual: art. 165, § 1º

ADOÇÃO
- art. 227, §§ 5º e 6º

ADOLESCENTE
- art. 227
- assistência social: art. 203, I e II
- imputabilidade penal: art. 228
- proteção: art. 24, XV

ADVOCACIA-GERAL DA UNIÃO
- carreira: art. 131, § 2º
- citação da ação de inconstitucionalidade: art. 103, § 3º
- crimes de responsabilidade: art. 52, II e par ún.
- nomeação: arts. 84, XVI; 131, § 1º
- organização e funcionamento: art. 29, § 1º do ADCT
- Procuradores da República: art. Art. 29, § 2º do ADCT
- requisitos: art. 131, § 1º

ADVOGADO
- assistência ao preso: art. 5º, LXIII
- composição no STJ: art. 104, par. ún., II
- composição no STM: art. 123, par. ún., I
- composição nos TREs: art. 120, § 1º, III
- composição nos TRFs: arts. 94 e 107, I
- composição no TSE: art. 119, 11
- composição no TST: art. 111-A, I
- composição Tribunais do DF, dos Estados e dos Territórios: art. 94
- indispensabilidade e inviolabilidade: art. 133
- inviolabilidade dos atos e manifestações: art. 133
- necessidade na administração da Justiça: art. 133
- proposição de ADIN e ADECON pela OAB: art. 103, VII
- quinto constitucional: art. 94; 107, I; 111-A, I e 115, I
- terço constitucional: art. 104, par. ún., II
- vencimentos e vantagens: art. 135

ADVOGADO GERAL DA UNIÃO
- citação pelo STF: art. 103, § 3º
- crimes de responsabilidade: art. 52, II
- estabilidade: art. 132, par. ún.
- ingresso na carreira: art. 131, § 2º
- nomeação: arts. 84, XVI, e 131, § 1º

AEROPORTOS:
- art. 21, XII, c

AGÊNCIAS FINANCEIRAS
- oficiais de fomento: art. 165, § 2º

ÁGUAS
- bem dos Estados: art. 26, I a III
- competência privativa da União: art. 22, IV
- fiscalização: art. 200, VI

ALIENAÇÕES
- art. 37, XXI

ALIMENTOS
- abastecimento: art. 23, VIII
- direito social; art. 6º
- fiscalização: art. 200, VI
- precatórios: art. 100, *caput*, e §§ 111. e 211.
- prisão civil: art. 5º, LXVII
- programas suplementares: art. 212, § 4º

ALISTAMENTO ELEITORAL
- elegibilidade: art. 14, § 3º, III
- inalistabilidade: art. 14, § 2º
- obrigatório ou facultativo: art. 14, § 1º, I e II, par. ún.

AMEAÇA À DIREITO
- art. 5º, XXXV

AMÉRICA LATINA
- art. 14, § 1º

AMPLA DEFESA
- art. 5º, LV

ANALFABETO
- analfabetismo: art. 60, § 6º da ADCT
- erradicação do analfabetismo: art. 214, I
- inelegibilidade: art. 14, § 4º
- voto: art. 14, § 1º, II, *a*

ANIMAL
- prática desportiva; manifestação cultural: art. 225, § 7º

ANISTIA
- atribuição do Congresso Nacional: art. 48, VIII
- competência da União: art. 21, XVII
- dirigentes e representantes sindicais: art. 8º, § 2º, ADCT
- efeitos financeiros: art. 8º, § 1º, ADCT
- previdenciária e fiscal: art. 150, § 6º
- servidores públicos civis: art. 8º, § 5º, ADCT
- STF: art. 9º, ADCT
- trabalhadores do setor privado: art. 8º, § 2º, ADCT

ANONIMATO
- art. 5º, IV

APOSENTADORIA
- abono de permanência: art. 40, § 19
- cálculo do benefício: art. 201
- contagem de tempo: art. 8º, § 4º, ADCT.
- de sindicalizado: art. 8º, VII
- gratificação natalina de aposentados e pensionistas: art. 201, § 6º
- invalidez permanente; servidor público: art. 40, § 1º, I
- juízes togados: art. 21, par. ún., ADCT
- magistrados: art. 93, VI e VIII
- mandato gratuito: art. 8º, § 4º, ADCT.
- proventos integrais de ex-combatentes: art. 53, V, ADCT
- proventos: art. 17, *caput*, ADCT
- requisitos e critérios diferenciados dos servidores públicos: art. 40, § 4º
- requisitos e critérios diferenciados: art. 201, § 1º
- serviço doméstico de trabalhadores de baixa renda e sem renda própria: art. 201, § 12
- servidor público: art. 40
- tempo de serviço dos professores: arts. 40, § 5º; 201, § 8º
- trabalhadores urbanos e rurais: arts. 7º, XXIV e 201
- vedação da percepção simultânea de proventos: art. 37, § 10

ARGUIÇÃO DE DESCUMPRIMENTO DE PRECEITO FUNDAMENTAL – ADPF
- art. 102, § 1º

ARMAS NACIONAIS
- art. 13, § 1º

ARRENDATÁRIO RURAL
- art. 195, § 8º

ASILO POLÍTICO
- concessão: art. 4º, X

ASSEMBLEIA CONSTITUINTE ESTADUAL
- Constituição Estadual: art. 11, ADCT
- Tocantins: art. 13, §§ 2º e 5º, ADCT

ASSEMBLEIA LEGISLATIVA
- competência: art. 27, § 3º
- composição: art. 27, *caput*
- Constituição Estadual: art. 11, *caput*, ADCT
- criação de Estado: art. 235, I
- desmembramento, incorporação e subdivisão dos Estados: art. 48, VI
- emendas à CF: art. 60, III
- iniciativa popular: art. 27, § 4º
- intervenção estadual: art. 36, §§ 1º a 3º
- legitimidade de ação declaratória de constitucionalidade: art. 103, IV
- legitimidade de ação direta de inconstitucionalidade: art. 103, IV
- polícia: art. 27, § 3º
- provimento de cargos: art. 27, § 3º
- provimento de cargos: art. 27, § 3º
- Regimento Interno: art. 27, § 3º
- serviços administrativos: art. 27, § 3º

ASSISTÊNCIA
- adolescentes: art. 227, § 4º
- contribuição dos Municípios: art. 149, §§ 1º a 4º
- contribuições sociais: art. 149
- gratuita e integral: art. 5º, LXXIV
- guarda do menor: art. 227, § 3º, VI
- *habeas corpus* e *habeas data*: art. 5º, LXXVII
- infância: art., 227, § 7º
- legislação concorrente: art. 24, XIII
- limitação do poder de tributar das instituições sem fins lucrativos: art. 150, VI, c, § 4º
- objetivos da assistência social: art. 203
- pública: arts. 23, II e 245
- recursos, organização e diretrizes da assistência social: art. 204
- religiosa: art. 5º, VII

ASSOCIAÇÃO
- apoio e estímulo: art. 174, § 2º
- colônias de pescadores: art. 8º, par. ún.
- criação: art. 5º, XVIII
- desportiva: art. 217, I
- dissolução compulsória ou suspensão das atividades: art. 5º, XIX
- fiscalização: art. 5º, XXVIII, *b*
- funcionamento: art. 5º, XVIII
- garimpeiro: arts. 21, XXV; 174, § 3º
- liberdade: art. 5º, XVII e XX
- mandado de segurança coletivo: art., 5º, LXX, *b*
- representação: art. 5º, XXI
- sindical do servidor público: art. 37, VI

ATIVIDADES
- desportivas: art. 5º, XXVIII, *a, in fine*
- econômicas: arts. 170 a 181
- essenciais: art. 9º, § 1º
- exclusivas do Estado: art. 247
- insalubres: art. 7º, XXIII
- intelectuais: art. 5º, IX
- nocivas: art. 12, § 4º, I
- notariais: art. 236
- nucleares: arts. 21, XXIII, 22, XXVI, 49, XIV, 177, V, e 225, § 6º
- penosas: art. 72, XXIII
- perigosas: art. 70., XXIII

ATIVIDADES NUCLEARES
- aprovação de iniciativa do Poder Executivo: art. 49, XIV
- aprovação: art. 21, XXIII, *a*
- exploração: art. 21, XXIII
- finalidade: art. 21, XXIII, *a*
- iniciativa: art. 49, XIV
- minérios e minerais nucleares: art. 177, V
- responsabilidade civil: art. 21, XXIII, *d*
- usina nuclear: art. 225, § 6º
- utilização de radioisótopos de meia-vida igual ou inferior a duas horas: art. 21, XXIII, c
- utilização radioisótopos: art. 21, XXIII, *b*

ATO
- administrativo: art. 103-A, § 3º
- exceção: art. 8º, ADCT
- governo local: art. 105, III, *b*
- internacional: arts. 49, I, e 84, VIII
- jurídico perfeito: art. 5º, XXXVI
- mero expediente: art. 93, XIV
- normativo: arts. 49, V, e 102, I, a
- processual: art. 5º, LX
- remoção: art. 93, VIII e VIII-A

AUTARQUIA
- art. 37, XIX
- autorização legislativa: art. 37, XX
- estatuto jurídico: art. 173, § 1º

AUTONOMIA
- das universidades: art. 207
- estados federados: arts. 18 e 25
- partido político: art. 17, § 1º

AUTOR
- art. 5º, XXVII a XXIX

AVISO PRÉVIO
- art. 7º, XXI

– B –

BANCO CENTRAL DO BRASIL
- aprovação e nomeação do presidente e diretores: arts. 52, III, d; 84, XIV
- compra e venda de títulos do Tesouro Nacional: art. 164, § 2º
- depósito de disponibilidade de caixa da União: art. 164, § 3º
- emissão da moeda: art. 164, *caput*
- vedação de empréstimos a instituição financeira ou ao Tesouro: art. 164, § 1º

BANDEIRA NACIONAL
- art. 13, § 1º

BANIMENTO
- art. 5º, XLVII, *d*

BEBIDAS
- alcoólicas: art. 200, § 4º
- consumo: art. 200, VI

BEM-ESTAR
- equilíbrio: art. 23, par. ún.
- social: art. 193

BENEFÍCIOS PREVIDENCIÁRIOS
- arts. 201 e 202
- contribuintes: art. 201
- fundos: art. 250
- irredutibilidade de seu valor: art. 194, par. ún., IV
- limites: art. 248

BENFEITORIAS
- art. 184, § 1º

BENS
- calamidade pública: art. 136, § 1º, II
- competência para legislar sobre a responsabilidade por dano: art. 24, VIII
- confisco no tráfico de drogas: art. 243, par. ún.
- da União: arts. 20, *caput* e 176, *caput*
- Distrito Federal: art. 16, § 3º, ADCT
- domínio da União: art. 48, V
- estado de sítio: art. 139, VII
- Estado-Membro: art. 26
- estrangeiros situados no Brasil: art. 5º, XXXI
- faixa de fronteira: art. 20, § 2º
- imposto sobre transmissão intervivos: art. 156, II. § 2º; ADCT, art. 34, § 6º
- impostos sobre transmissão causa *mortis* e doação: art. 155, I e § 1º; ADCT, art. 34, § 6º
- improbidade administrativa: art. 37, § 4º
- indisponibilidade: art. 37, § 4º
- limitação móveis e imóveis: arts. 155, § 1º, I e II, e 156, II e § 2º
- limitação por meio de tributos: art. 150, V; ADCT, art 34, § 1º
- ocupações e uso temporário: art. 136, § 1º, II
- perda: art. 5º, XLV e XLVI, *b*
- perdimento: art. 5º, XLV e XLVI
- privação: art. 5º, LIV
- requisição: art. 139, VII
- União: arts. 20, 48, V e 176, *caput*
- valor artístico, cultural e histórico; proteção: art. 23, III e IV
- valor artístico: arts. 23, III e IV; 24, VIII

BOMBEIROS
- art. 21, XIV

BRASILEIRO
- adoção por estrangeiros: art. 227, § 5º
- adoção por estrangeiros: art. 227, § 5º
- atividades de seleção e direção em empresa jornalística e de radiodifusão sonora: art. 222, § 2º
- cancelamento de naturalização: art. 15, I
- cargos privativos de brasileiros natos: arts. 12, § 3º; 87; 89, VII
- cargos privativos: art. 12, § 3º
- cargos, empregos e funções públicas: art. 37, I
- cargos, empregos e funções públicos: art. 37, I, II e IV
- Conselho da República: art. 89, VII
- direito à vida, à liberdade, à segurança e à propriedade: art. 5º, *caput*
- direitos fundamentais: art. 5º
- empresas jornalísticas e de radiodifusão: art. 222, *caput*
- energia hidráulica: art. 176, § 1º
- equiparação de naturalizado a brasileiro nato: art. 12, § 2º
- extradição do naturalizado: art. 5º, LI
- extradição: art. 5º, LI
- Ministro de Estado: art. 87
- nascido no estrangeiro e registrado em repartição diplomática ou consular brasileira: art. 95, ADCT
- nascidos no estrangeiro: art. 12, I, *b* e *c*
- nato: art. 12, I
- naturalizado: art. 12, II
- participação no Conselho da República: art. 89, VII
- perda da nacionalidade: art. 12, § 4º
- vedação: art. 19, III

BRASÍLIA:
- art. 18, § 1º

– C –

CALAMIDADE
- competência da União: art. 21, XVIII
- empréstimo compulsório: art. 148, I; ADCT, art. 34, § 1º
- estado de defesa: art. 136, § 1º, II
- planejamento e promoção da defesa: art. 21, XVIII
- pública decorrente de pandemia: EC 106/2020

CÂMARA DOS DEPUTADOS
- apreciação das emendas do Senado Federal: art. 64, § 3º
- atribuições: art. 58, § 2º
- cargo privativo de brasileiro nato: art. 12, § 3º, II
- comissão parlamentar de inquérito: art. 58, § 3º
- comissão permanente: art. 58, *caput*
- comissão temporária: art. 58, *caput*
- comparecimento espontâneo do Ministro de Estado: art. 50
- competência exclusiva: art. 51, IV
- competência privativa: art. 51, *caput*
- composição: art. 45
- convocação extraordinária do Congresso Nacional: art. 57, § 6º
- criação, transformação, extinção e remuneração: art. 51, IV
- crime comum e de responsabilidade do Presidente da República: art. 86
- deliberações: art. 47
- eleição de membros do Conselho da República: art. 51, V
- emendas à Constituição: art. 60, I
- estado de sítio; suspensão da imunidade parlamentar: art. 53, § 7º
- exercício da Presidência da República: art. 80
- funcionamento: art. 51, § 4º
- iniciativa das leis complementares e ordinárias: art. 61, *caput*
- iniciativa legislativa popular: art. 61, § 2º
- irredutibilidade de representação do Distrito Federal: art. 40, § 2º, ADCT
- irredutibilidade de representação do Estado-membro: ADCT, art. 4º, § 2º
- legislatura: art. 44, par. ún.
- líderes partidários do Conselho da República: art. 89, IV
- membro do Conselho da República: art. 89, II
- membro nato do Conselho de Defesa Nacional: art. 91, II
- Mesa para ADIN: art. 103, III
- Mesa para *habeas data*, mandado de injunção, mandado de segurança: art. 102, I, *d*
- Mesa para pedido de informação a Ministro de Estado: art. 50, § 2º
- organização: art. 51, IV
- órgão do Congresso Nacional: art. 44, *caput*
- polícia: art. 51, IV
- projeto sobre serviços administrativos: art. 63, II
- Regimento Interno: art. 51, III
- representação proporcional dos partidos nas comissões: art. 58, § 1º
- representação proporcional dos partidos: art. 58, § 1º
- sessão conjunta: art. 57, § 3º
- sistema eleitoral: art. 45, *caput*
- solicitação de urgência de projeto de lei: art. 64, §§ 2º e 4º
- vedação de delegação da competência privativa: art. 68, § 1º

CÂMARA LEGISLATIVA DO DISTRITO FEDERAL
- composição: art. 32, *caput*
- legitimidade para ADC e ADIN: art. 103, IV

CÂMARA MUNICIPAL
- aprovação do Plano Diretor da Política de Desenvolvimento e Expansão Urbana: art. 182, § 1º
- competência: art. 29, V
- composição: art. 29, IV
- controle externo: art. 31, §§ 1º e 2º

- fiscalização financeira e orçamentária dos Municípios: art. 31, *caput*
- fixação dos subsídios do Prefeito, Vice-Prefeito e Secretários Municipais: art. 29, V
- funções legislativas e fiscalizadoras: art. 29, IX
- lei orgânica: art. 29; ADCT, art. 11, par. ún.
- número de Vereadores: art. 29, IV; ADCT, art. 5º, § 4º
- política de desenvolvimento urbano: art. 182, § 1º
- *quorum*: art. 29, *caput*
- subsídios dos Vereadores: art. 29, VI
- subsídios: art. 29, V

CÂMBIO
- competência da União: art. 21, VIII
- competência do Congresso Nacional: art. 48, XIII
- competência privativa da União: art. 22, VII
- disposições em lei complementar: art. 163, VI

CAPITAL
- estrangeiro: arts. 172, 199, § 3º e 222, §§ 1º e 4º
- Federal: art. 118, § 1º

CARGOS PÚBLICOS
- acesso e investidura: art. 37, I, II e IV, § 2º
- acumulação: art. 37, XVI e XVII e do ADCT, art. 17, §§ 1º e 2º
- avaliação de desempenho: art. 41
- cargos em comissão e funções de confiança: art. 37, V; ADCT, art. 19, § 2º
- comissão: art. 37, V
- competência para provimento e extinção: art. 84, XXV
- contratação por tempo determinado: art. 37, IX
- criação e remuneração: art. 61, § 1º, II, a
- estabilidade: art. 41
- nulidade dos atos de nomeação: art. 37, § 2º
- perda de critérios e garantias especiais: art. 247, *caput*
- perda de insuficiência de desempenho: art. 247, par. ún.
- perda e reintegração: art. 41
- Poder Judiciário: art. 96, I, c e e
- provimento e criação nos Estados: art. 235
- remuneração: art. 37, XVI
- reserva para deficiente: art. 37, VIII
- subsídios: art. 37, X e XI
- transformação e extinção: arts. 48, X; 96, 11, b

CARTA ROGATÓRIA
- arts. 105, I, i; 109, X

CARTEL
- art. 173, § 4º

CARTÓRIOS
- art. 236

CASA
- art. 5º, XI

CASAMENTO
- dissolução: art. 226, § 6º
- gratuidade da celebração: art. 226, § 1º
- igualdade de direitos entre o homem e a mulher na sociedade conjugal: art. 226, § 5º
- religioso com efeito civil: art. 226, § 2º
- união estável: art. 226, § 3º

CASSAÇÃO DE DIREITOS POLÍTICOS
- art. 15; e art. 9º do ADCT

CENSURA
- atividade intelectual, artística, científica e de comunicação: art. 5º, IX
- funções: art. 23, ADCT
- vedações para a natureza política e ideológica: art. 220, § 2º

CERTIDÃO
- de óbito: art. 5º, LXXVI, *b*
- repartição pública: art. 5º, XXXIV, *b*

CIDADANIA (CIDADÃO)
- atos necessários ao exercício: art. 5º, LXXVII
- direito a um exemplar da CF: art. 64, ADCT
- direito de denúncia: art. 74, § 2º
- fundamento: art. 1º, II
- gratuidade dos atos aos pobres: art. 5º, XXXIV
- iniciativa de leis: art. 61, *caput*, § 2º
- legislação: arts. 22, XIII; 68, § 1º, II
- prerrogativas para o mandado de injunção: art. 5º, LXXI

CIÊNCIA E TECNOLOGIA
- acesso à ciência: art. 23, V
- arts. 218 e 219
- autonomia tecnológica: art. 219
- desenvolvimento científico, pesquisa e capacitação tecnológica: art. 218
- formação dos recursos humanos: art. 218, §§ 3º e 4º
- incentivo à pesquisa e à tecnologia: art. 187, III
- investimentos; incentivo e proteção: art. 218, § 4º
- patrimônio cultural brasileiro: art. 216, III
- pesquisa: art. 218, § 5º
- sistema único de saúde: art. 200, V

CÓDIGO DE DEFESA DO CONSUMIDOR
- art. 5º, XXXII; e art. 48 do ADCT

COISA JULGADA
- art. 5º, XXXVI

COLIGAÇÕES ELEITORAIS
- art. 17, § 1º

COMANDANTE DA MARINHA, EXÉRCITO E AERONÁUTICA
- crimes conexos: art. 52, I
- crimes de responsabilidade: art. 102, I, c
- mandado de segurança, *habeas corpus* e *habeas data*: art. 105, I, b e c
- membros natos do Conselho de Defesa Nacional: art. 91, VIII

COMBUSTÍVEIS
- imposto municipal: art. 34, § 7º do ADCT
- líquidos e gasosos; impostos; instituição e normas: art. 155, 11 e §§ 3º e 4º; ADCT, art. 34, §§ 1º, 6º e 7º
- tributos: art. 144, XII, *h* e §§ 3º e 5º
- venda e revenda; regulamentação: art. 238

COMÉRCIO
- competência privativa da União para o comércio exterior e interestadual: art. 22, VIII
- fiscalização e controle pelo Ministério da Fazenda: art. 237
- importação e exportação de petróleo e gás natural: art. 177, III e § 4º
- importação e exportação de Zona Franca de Manaus: art. 40, ADCT
- minérios e minerais nucleares: art. 177, V
- órgãos humanos: art. 199, § 4º
- preços e garantia de comercialização: art. 187, II

COMISSÃO DE ESTUDOS TERRITORIAIS
- criação; composição e finalidade: ADCT, art. 12

COMISSÃO ESPECIAL
- mista: art. 7º da EC nº 45/04 e art. 72 e 166, §§ 1º a 5º, ADCT

COMISSÃO INTERNA DE PREVENÇÃO DE ACIDENTES
- art. 10, II, *a*, ADCT

COMISSÃO PARLAMENTAR DE INQUÉRITO – CPI
- art. 58, § 3º
- competência: art. 58, § 3º
- criação: art. 58, *caput* e § 1º
- mista: arts. 26 e 51, ADCT
- Tribunal de Contas da União: art. 58, § 4º
- mista permanente orçamentária: arts. 72 e 166, §§ 1ª a 5ª

COMPENSAÇÃO DE JORNADAS
- art. 7º, XIII

COMPETÊNCIA
- classificação indicativa de diversões públicas: art. 21, XVI
- comum para abastecimento alimentar: art. 23, VIII
- comum: art. 23
- concorrente pela caça: art. 24, VI
- concorrente pelo direito econômico: art. 24,
- concorrente pelo direito financeiro: art. 24, I
- concorrente pelo direito penitenciário: art. 24, I
- concorrente pelo direito tributário: art. 24, I
- concorrente pelo direito urbanístico: art. 24, I
- concorrente: art. 24
- Congresso Nacional: arts. 48 e 49
- Conselho da República: art. 90
- Conselho de Defesa Nacional: art. 91
- Conselho Nacional de Justiça: art. 103-B, § 4º
- Conselho Nacional do Ministério Público: art. 130-A, § 2º
- DF: art. 32, § 1º
- direito aeronáutico: art. 22, I
- direito agrário: art. 22, I
- direito civil: art. 22, I
- direito comercial, eleitoral e espacial: art. 22, I
- direito do trabalho: art. 22, I
- direito marítimo: art. 22, I
- direito penal: art. 22, I
- direito processual: art. 22, I
- documento histórico: art. 23, III
- geologia: art. 22, VIII
- informática: art. 22, IV

- juizado de pequenas causas: art. 24, X
- Juízes federais: art. 109
- Júri: art. 5º, XXXVIII, d
- Justiça do Trabalho: art. 114
- Justiça Federal: art. 27, § 10, ADCT
- Justiça Militar estadual: art. 125, § 4º
- Justiça Militar: art. 124
- Municípios: art. 30
- organização e manutenção de serviços de estatística: art. 21, XV
- organização e manutenção de serviços oficiais: art. 21, XV
- privativa da Câmara dos Deputados: art. 51
- privativa da União: art. 22
- privativa do Presidente da República: art. 84
- privativa do Senado Federal: art. 52
- privativa dos Tribunais: art. 96
- radiodifusão: art. 22, IV
- requisição de documento comercial: art. 181
- sistema de consórcios: art. 22, XX
- sistema de medidas: art. 22, VI
- sistema estatístico nacional: art. 22, XVIII
- sistema monetário: art. 22, VI
- sorteios; União: art. 22, XX
- STF: art. 102; art. 27, § 10, ADCT
- STJ: art. 105
- TCU: art. 71
- TRE: art. 121
- TRF: art. 108
- Tribunais Estaduais: art. t 25, § 1º; art. 70, ADCT
- Tribunais Federais: art. 27, § 10, ADCT
- União: arts. 21 e 184

COMUNICAÇÃO SOCIAL
- autorização de publicação impressa: art. 220, § 6º
- diversões e espetáculos públicos: art. 220, § 3º, I
- empresa jornalística e de radiodifusão e alterações de controle societário: art. 222, § 5º
- empresa jornalística e de radiodifusão sonora e de sons e imagens: art. 222
- empresa jornalística e de radiodifusão: art. 222, § 3º
- informação jornalística e vedação legal a restrições: art. 220, §§ 1º e 2º
- informação jornalística: art. 220, § 1º
- liberdade: art. 220, *caput*
- manifestação do pensamento, da criação e expressão: art. 220, *caput* e §§ 1º e 2º
- meio de comunicação social: art. 220, § 5º
- monopólio ou oligopólio: art. 220, § 5º
- programa comercial e regulamentação: art. 220, § 4º; ADCT, art. 65
- propaganda comercial e a restrições legais: art. 220, § 4º; ADCT, art. 65
- serviços de radiodifusão sonora e de sons e imagens: art. 223
- vedação: art. 220, § 2º

CONCESSÃO DE EMISSORAS DE RÁDIO E TELEVISÃO
- arts. 49, XII, e 223

CONCURSO PÚBLICO
- convocação dos aprovados: art. 37, IV
- ingresso no serviço notarial e de registro: art. 236, § 3º
- investidura: art. 37, II, III, IV e § 2º
- magistrado: art. 21, *caput*, ADCT
- Prazo de validade: art. 37, III
- profissionais da educação escolar: art. 206, V
- provimento no Poder Judiciário: art. 96, I, e

CONCURSOS DE PROGNÓSTICOS
- art. 195, III

CONDENAÇÃO CRIMINAL
- art. 15, III

CONFEDERAÇÃO SINDICAL
- art. 103, IX

CONFISCO
- arts. 150, IV e 243, par. ún

CONFLITO
- art. 105,1, 9
- competência: arts. 102, I, *o*, 105, I, *d* e 108,1, e
- fundiários: art. 126
- solução pacifica: art. 4', VII

CONGRESSO NACIONAL
- arts. 44 a 50
- atuação da comissão mista: art. 26, ADCT
- comissões permanentes: art. 58
- competência assinalada pela CF: art. 25, II, ADCT
- compromisso de seus membros: art. 111, ADCT
- despesas não autorizadas da Comissão mista: art. 72, ADCT
- estudos territoriais: art. 12, ADCT
- prazo: art. 36, ADCT
- recesso: art. 64, § 4º
- terras públicas: art. 51, ADCT

CONSELHO
- da Justiça Federal: art. 105, par. ún., II
- de comunicação social: art. 224
- de contas do município: art. 75, *caput*

CONSELHO DA REPÚBLICA
- cargo privativo: art. 89, VII
- competência: art. 90, *caput*
- convocação e presidência: art. 84, XVIII
- eleição dos membros pela Câmara dos Deputados: art. 51, V
- estabilidade: art. 90, II
- estado de defesa: arts. 90, I; 136, *caput*
- estado de sítio: arts. 90, I; 137, *caput*
- instituições democráticas: art. 90, II
- intervenção federal: art. 90, I
- membros: art. 89
- Ministros de Estado: art. 90, § 1º
- organização: art. 89, *caput*

CONSELHO DE DEFESA NACIONAL
- competência: art. 91, § 1º
- convocação e presidência: art. 84, XVIII
- estado de defesa: art. 91, § 1º, II
- estado de sítio: art. 137, *caput*
- função: art. 91, *caput*
- intervenção federal: art. 91, § 1º, II
- membros: art. 91
- organização e funcionamento: art. 91, § 2º

CONSELHO FEDERAL DA OAB
- legitimado na ADC e na ADIN: art. 103, VII

CONSELHO NACIONAL DE JUSTIÇA
- ações contra o órgão: art. 102, I, *r*
- aprovação e nomeação de seus membros: art. 103-B, § 2º
- competência: art. 103-B, § 4º
- composição: art. 103-B
- corregedoria: art. 103-B, § 5º
- indicações de seus membros fora do prazo: art. 103-B, § 3º
- órgão do Poder Judiciário: art. 92, I-A
- ouvidoria de justiça: art. 103-B, § 7º
- Presidente do Conselho: art. 103-B, § 1º
- sede: art. 92, § 1º

CONSELHO NACIONAL DO MINISTÉRIO PÚBLICO
- ações contra o órgão: art. 102, I, r
- competência: art. 130-A, § 2º
- composição: art. 130-A
- corregedor nacional: art. 130-A, § 3º
- ouvidorias, criação e competência da União e dos Estados: art. 130-A, § 5º

CONSELHO SUPERIOR DA JUSTIÇA DO TRABALHO
- art. 111-A, § 2º, II
- prazo de instalação: art. 6º da EC 45/04

CONSÓRCIOS
- art. 22, XX
- Públicos: art. 241

CONSTITUCIONALIDADE
- ADC: art. 102, I, a

CONSTITUIÇÃO ESTADUAL
- Elaboração: art. 11, ADCT
- provimento de cargos e criação de Estado: art. 235, X
- Tribunais de Contas Estaduais: art. 75, par. ún.

CONSTITUIÇÃO FEDERAL
- decretos leis: art. 25, §§ 1º e 2º, ADCT
- edição popular do texto: art. 64, ADCT
- emendas: art. 60
- Estados: art. 25
- guarda: arts. 23, I e 102
- julgamento da decisão judicial contrária: art., 102, III, a
- manutenção, defesa e cumprimento: art. 1º, ADCT
- revisão: art. 3º, ADCT
- revogação de dispositivos legais: art. 25, *caput*, ADCT

CONSUMIDOR
- competência legislativa concorrente: art. 24, VIII
- defesa: arts. 5º, XXXII e 170, V
- elaboração do CDC: art. 48, ADCT
- incidência de impostos em mercadorias e serviços: art. 150, § 5º

CONTRABANDO
- art. 144, § 1º, II

CONTRADITÓRIO
- art. 5º, LV

CONTRATAÇÃO
- licitação: art. 37, XXI
- regras gerais: art. 22, XXVII
- servidores por prazo determinado: art. 37, IX

CONTRIBUIÇÃO
- beneficiário portador de doença incapacitante na previdência social: art. 40, § 21
- custeio da iluminação pública: art. 149-A
- destinação da contribuição compulsória: art. 240
- interesse das categorias profissionais ou econômicas: art. 149
- intervenção sobre o domínio econômico: arts. 149, 159, III e 177, § 4º
- melhoria: art. 145, *caput*, III
- previdência social: art. 201
- rompimento do vínculo do tempo de contribuição: art. 37, § 14º
- sobre a movimentação ou transmissão de créditos: arts. 74, 75, 80, I, 84 e 85 do ADCT
- social: arts. 149; 195; 114, § 3º e no ADCT, arts. 34, § 1º e 76
- salário-educação: art. 212, § 5º; art. 76, § 2º
- subsídio: art. 150, § 6º

CONTRIBUIÇÃO PROVISÓRIA SOBRE MOVIMENTAÇÃO FINANCEIRA – CPMF
- alíquota: art. 84, § 3º do ADCT
- destinação: art. 84, § 2º do ADCT
- não incidência: art. 85, *caput* e §§ 2º e 3º do ADCT
- prazo para regulamentação pelo Poder Executivo: art. 85, § 1º do ADCT
- prorrogação da cobrança: arts. 75; 84, *caput* e § 1º do ADCT

CONTRIBUINTE
- capacidade econômica: art. 145, § 1º
- características: art. 145, § 1º
- definição: art. 155, § 2º, XII, *a*
- ICMS: art. 155, § 2º, XII, *a*
- Municípios: art. 31, § 3º
- proibição do tratamento desigual: art. 150, II e art. 34, § 1º do ADCT
- taxas: art. 145, II

CONTROLE EXTERNO
- apoio: art. 74, IV
- competência: art. 71
- Município: art. 31

CONTROLE INTERNO
- denúncia ao TCU: art. 74, §§ 1º e 2º
- finalidade: art. 74
- Município: art. 31

CONVENÇÃO COLETIVA DO TRABALHO
- Art. 7º, XXVI

CONVENÇÕES INTERNACIONAIS
- celebração e referendo: art. 84, VIII
- processo e julgamento dos crimes: art. 109, V
- direitos humanos: art. 5º, § 3º

CONVÊNIOS DE COOPERAÇÃO
- art. 241

COOPERATIVAS E COOPERATISMO
- apoio e estímulo: art. 174, § 2º
- atividade garimpeira: arts. 21, XXV; 174, §§ 3º e 4º
- crédito: art. 192
- criação e funcionamento das cooperativas: art. 5º, XVIII
- política agrícola: art. 187, VI

CORPO DE BOMBEIROS
- competência: arts. 22, XXI e 144, § 5º
- Distrito Federal: art. 21, XIV e 32, § 4º
- organização: art. 42
- órgãos: art. 144, V
- subordinação: art. 144, § 6º
- União: art. 22, XXI

CORREÇÃO MONETARIA
- arts. 46 e 47 do ADCT

CORREIO AÉREO NACIONAL
- art. 21, X

CORRESPONDÊNCIA
- inviolabilidade: arts. 139, III; 136, § 1º, I, *b*
- sigilo: art. 5º, XII

CRECHES
- arts. 7º, XXV e 208, IV

CRÉDITOS
- abertura critérios de créditos suplementares: arts. 165, § 8º; 167, V
- abertura e vigência dos créditos especiais: art. 167, V e § 2º
- adicionais: art. 166, *caput*
- classificação dos produtores rurais: art. 47, § 2º do ADCT
- competência privativa da União: art. 22, VII
- contratação: arts. 165, § 8º; 167, IV
- correção monetária dos créditos extrajudiciais: art. 46 do ADCT
- despesas de capital excedentes: art. 167, III e art. 37 do ADCT
- externo e interno: art. 52, VII e VIII
- extraordinário: art. 167, §§ 2º e 3º
- fiscalização de operações: art. 21, VIII
- instituições oficiais da União: art. 163, VII
- pequenos e médios produtores rurais: art. 47 do ADCT
- política agrícola: art. 187, I
- proibição: art. 167, VII
- sistema de controle interno: art. 74, III
- sistema financeiro nacional: art. 192
- utilização e transposição de créditos suplementares: arts. 166, § 8º e 168
- utilização e transposição dos créditos especiais: arts. 166, § 8º; 168

CRIAÇÃO
- de Estados: arts. 234 e 235
- Industrial: arts. 5º, XXIX

CRIANÇA E ADOLESCENTE
- abuso, violência e exploração sexuais: art. 227, § 4º
- amparo: art. 203, II
- assistência social: arts. 203, I e II; 227, § 7º
- dependentes de droga: art. 227, § 3º, VII
- direitos sociais: art. 6º
- direitos: art. 227, *caput*
- estatuto da juventude: art. 227, § 8º, I
- garantias para os autores de infrações penais: art. 227, § 3º, IV
- imputabilidade penal: art. 228
- medida privativa de liberdade: art. 227, § 3º, V
- órfãos e abandonados: art. 227, § 3º, VI
- plano nacional de juventude: art. 227, § 8º, II
- proteção especial: art. 227, § 3º
- proteção: arts. 24, XV e 203, I
- restrições: art. 227, *caput*
- saúde: art. 227, § 1º

CRIMES
- "colarinho-branco": art. 109, VI
- a bordo de navio ou aeronave: art. 109, IX
- ação penal privada subsidiária da pública: art. 5º, LIX
- contra a ordem constitucional e o Estado Democrático: art. 5º, XLIV
- contra a organização do trabalho e a ordem econômico-financeira: art. 5º, XLIV
- contra o Estado: art. 136, § 3º, I
- contra o sistema financeiro e a ordem econômico-financeira: art. 109, VI
- de responsabilidade do Procurador-Geral da República: art. 52, II
- Deputado Federal: art. 53, § 3º
- doloso contra a vida: art. 5º, XLIII
- Governadores: art. 105, I, *a*
- ingresso ou permanência irregular de estrangeiro: art. 109, X
- membros do Ministério Público da União: art. 108, I, a
- militar: arts. 124; 125, § 4º
- organizado: art. 5º, XLIV
- político: art. 5º, LII, 102, II, *b* e 109, IV
- Presidente da República: art. 86
- prisão do militar: art. 5º, LXI
- racismo: art. 5º, XLII
- responsabilidade do Advogado-Geral da União: art. 52, II
- responsabilidade do comandante da Marinha, do Exército e da Aeronáutica: art. 52, I
- responsabilidade do Presidente da República: arts. 52, I, 85 e 86
- responsabilidade do Presidente do Tribunal em retardar ou frustrar liquidação de precatório: art. 100, § 7º
- responsabilidade dos desembargadores; membros dos Tribunais de Contas, TRFs, TREs, TRTs, dos Conselhos ou Tribunais de Contas dos Municípios: art. 105, I, a
- responsabilidade dos Juízes Federais: art. 108, I, a
- responsabilidade dos membro do Ministério Público da União: arts. 105, I, a; 108, I, a
- responsabilidade dos Ministro de Estado: arts. 50, § 2º e 52, I
- responsabilidade dos Ministros do STF: art. 52, II
- retenção dolosa de salário: art. 7º, X
- revisão criminal e ação rescisória: arts. 102, I, *j*; 105, I, e e 108, I, *b*
- Senador: art. 53, § 4º
- usura: art. 192

CULTO RELIGIOSO
- interferência governamental: art. 19, I
- liberdade de exercício: art. 5º, VI
- proibição de impostos: art. 150, VI, b e § 4º e art. 34, § 1º do ADCT

CULTURA
- ação popular: art. 5º, LXXIII
- acesso: art. 23, V
- cavidades naturais e sítios arqueológicos: art. 20, X
- competência para proteger: art. 23, III e IV
- danos e ameaças: art. 216, § 4º
- datas comemorativas: art., 215, § 2º
- exercício: art., 215, *caput*
- incentivo: art. 216, § 3º
- indígenas e afro-brasileiras: art. 215, § 1º
- legislação: art. 24, IX
- patrimônio histórico-cultural: art. 30, IX
- patrimônio nacional: art. 49, I, 219 e 225, § 4º
- patrimônio público: art. 23, I e 129, III
- Plano Nacional: art. 215, § 3º
- promoção e proteção pelo Poder Público: art. 216, § 1º
- proteção ou responsabilidade por dano: art., 24, VII, VIII e IX
- quilombos e tombamento: art. 216, § 5º
- Sistema Nacional: art. 216-A

CURSOS
- Escola Nacional de Formação e Aperfeiçoamento: art. 105, par. ún., I
- Magistratura: art. 93, IV

CUSTAS E EMOLUMENTOS
- ação popular: art. 5º, LXXIII
- competência: art. 24, IV
- destinação: art. 98, § 2º
- isenção: art. 5º, LXXIII, *in fine*
- proibição: art. 95, par. ún.
- serviços forenses: art. 24, IV

– D –

DANO
- material, moral ou à imagem: art. 5º, V e X
- meio ambiente: art. 225, § 3º
- nuclear: art. 21, XXIII, *d*
- patrimônio cultural; punição: art. 216, § 4º
- reparação econômica: art. 80, § 3º do ADCT
- reparação: art. 5º, XLV
- responsabilização da pessoa jurídica: art. 37, § 6º

DÉBITOS
- Fazenda Federal, Estadual ou Municipal: art. 100
- natureza alimentícia: art. 100, §§ 1º e 2º
- previdenciários de Estados e Municípios: art. 57 do ADCT
- seguridade social: art. 195, § 3º

DÉCIMO TERCEIRO SALÁRIO
- arts. 7º, VIII, e 201, § 6º

DECISÃO JUDICIAL
- arts. 5º, LXII, 34, VI, 35, VI e 36, II e § 3º

DECLARAÇÃO DE GUERRA
- art. 21, II

DECORO PARLAMENTAR
- art. 55, II, §§ 1º e 2º

DECRETO
- competência do Presidente da República: art. 84, VI
- Decreto-lei: art. 25, §§ 1º e 2º do ADCT
- estado de defesa: art. 136, § 1º
- estado de sítio: art. 138, *caput*
- expedição: art. 84, IV
- legislação: art. 59, IV

DEFENSORIA PÚBLICA
- arts. 134 e 135
- autonomia funcional e administrativa dos Estados: art. 134, § 2º
- competência: art. 24, XIII
- definição, atribuição e organização: art. 134
- dotação orçamentária: art. 168
- isonomia salarial: art. 135
- legislação concorrente: art. 24, XIII
- membros: art. 22 do ADCT
- opção pela carreira: art., 135; ADCT, art. 22
- organização administrativa e judiciária: art. 48, IX
- organização: arts. 61, § 1º,11, d; 134, § 1º
- remuneração: art. 135
- Territórios: arts. 21, XIII; 22, XVII; 48, IX; 61, § 1º, II, d; 134, § 1º
- União: arts. 48, IX; 61, § 1º, II, d; 134, § 1º
- vantagens: art. 135

DEFESA
- aeroespacial e marítima: art. 22, XXVIII
- ampla: art. 5º, LV
- civil: art. 144, § 5º
- defesa do Estado e das instituições democráticas: arts. 136 a 144
- instrumentos: art. 5º, LXVIII a LXXIII
- Ministro de Estado da Defesa: art. 12, VII
- nacional: art. 21, III
- Pátria: art. 142, *caput*
- petição e obtenção de certidões: art. 5º, XXXIV
- Solo: art. 24, VI
- Territorial: art. 22, XXVIII

DEFICIENTE
- acesso a edifícios públicos e transportes coletivos: art. 227, § 2º
- adaptação de logradouros e veículos de transporte coletivo: art. 244
- cargos e empregos públicos: art. 37, VIII
- criação de programas de prevenção e atendimento: art. 227, § 1º, 11
- discriminação: art. 7º, XXXI
- educação: art. 208, 111
- habilitação e reabilitação: art. 203, IV e V
- integração social: art. 227, § 10, II
- proteção e garantia: art. 23, II
- proteção e integração social: art. 24, XIV
- salário mínimo garantido: art. 203, V

DELEGAÇÃO LEGISLATIVA
- leis delegadas: art. 68, *caput* e § 2º
- revogação: art. 25 do ADCT
- vedação: art. 68, § 1º

DELEGADOS DE POLICIA
- art. 144, § 4º

DEMARCAÇÃO DE TERRAS
- art. 12 do ADCT

DENÚNCIA DE IRREGULARIDADES
- art. 74, § 2º

DEPARTAMENTO DE POLICIA FEDERAL
- art. 54, § 2º do ADCT

DEPOSITÁRIO INFIEL
- prisão civil: inadimplência: art. 5º, LXVII

DEPUTADO DISTRITAL
- elegibilidade: art. 14, § 3º, VI, c
- eleição: art. 32, § 2º
- mandato eletivo: art. 32, § 2º
- número: art. 32, § 3º

DEPUTADO ESTADUAL
- elegibilidade: art. 14, § 3º, VI, C
- estado de sítio: art. 139, par. ún.
- Estado de Tocantins: art. 13, §§ 3º e 4º do ADCT
- legislatura: art. 44, par. ún.
- número: art. 27, *caput*
- Prefeito: art. 50, § 3º do ADCT
- regras aplicáveis ao mandato eletivo: art. 27, § 1º
- remuneração e subsídios: art. 27, §§ 1º e 2º
- servidor público civil: art. 38, I

DEPUTADO FEDERAL
- ausência na sessão legislativa: art. 55, III
- crimes inafiançáveis: art. 53, § 2º
- decoro parlamentar: art. 55, II e § 1º
- elegibilidade: art. 14, § 3º, VI, *c*
- estado de sítio: arts. 53, § 8º e 139, par. ún.
- exercício de funções executivas: art. 56, I e § 3º
- flagrante de crime inafiançável: art. 53, § 2º
- *habeas corpus*: art. 102, I, *d*
- impedimentos: art. 54
- imunidades no estado de sítio: art. 53, § 8º
- imunidades: art. 53
- incorporação às Forças Armadas: art. 53, § 7º
- infrações penais comuns: art. 102, I, b
- inviolabilidade: art. 53, *caput*
- legislatura: art. 44, par. ún.
- licença: art. 56, II
- perda do mandato: arts. 55 e 56
- Prefeito: art. 50, § 3º do ADCT
- remuneração: art. 49, VII
- servidor público civil: art. 38, I
- sistema eleitoral: art. 45, *caput*
- subsídios: art. 49, VII
- suplência: art. 56, § 1º
- testemunho: art. 53, § 6º
- Tocantins: art. 13, §§ 3º e 4º do ADCT
- vacância: art. 56, § 2º

DESAPROPRIAÇÃO
- competência: art. 22, II
- imóvel rural: art. 184
- indenização com pagamento em dinheiro de imóvel urbano: art. 182, § 3º
- indenização com pagamento em títulos da dívida pública de imóveis urbanos: art. 182, § 4º, III
- plantas psicotrópicas: art. 243
- utilidade pública ou interesse social: art. 5º, XXIV

DESCAMINHO
- art. 144, § 1º, II

DESCUMPRIMENTO DE PRECEITO FUNDAMENTAL
- art. 102, § 1º

DESEMPREGO INVOLUNTÁRIO
- arts. 7º, II e 201, III

DESENVOLVIMENTO CIENTIFICO E TECNOLÓGICO
- concessão de incentivos: art. 218, § 4º
- condições especiais de trabalho: art. 218, § 3º
- Estado: art. 218, *caput*
- formação de Recursos Humanos pelo Estado: art. 218, § 3º
- formação, aperfeiçoamento e remuneração: art. 218, § 4º
- mercado interno: art. 219

DESENVOLVIMENTO CULTURAL E SOCIOECONÔMICO
- art. 219

DESENVOLVIMENTO ECONÔMICO E SOCIAL
- art. 21, IX

DESENVOLVIMENTO EQUILIBRADO
- art. 23, par. ún.

DESENVOLVIMENTO NACIONAL
- arts. 3º, II, 48, IV, 58, § 2º, VI, e 174, § 1º

DESENVOLVIMENTO REGIONAL
- arts. 43 e 151, I

DESENVOLVIMENTO URBANO
- art. 21, XX

DESIGUALDADES SOCIAIS E REGIONAIS
- arts. 3º, III e 170, VII

DESPESAS PÚBLICAS
- autorização: art. 72
- concessão de empréstimos: art. 167, X
- criação de cargos e concessão de vantagens: art. 169, § 1º
- extraordinárias: art. 148, I e do ADCT, art. 34, § 1º
- ilegalidade: art. 71, VIII a XI e §§ 1º a 3º
- inadmissibilidade de aumento: art. 63
- pagamento de pessoal: art. 167, X
- pessoais: art. 169; ADCT, art. 38
- Poder Legislativo Municipal: art. 29-A
- redução das despesas com pessoal: art. 169, § 3º
- repasse de verbas: art. 169, § 2º
- transferência voluntária de recursos: art. 167, X

DESPORTO
- art. 217
- competições desportivas: art. 217, § 1º
- legislação: art. 24, IX
- reprodução da imagem e voz humanas: art. 5º, XXVIII, *a*

DESVINCULAÇÃO DAS RECEITAS ORÇAMENTÁRIAS
- art. 76, ADCT

DEVERES INDIVIDUAIS E COLETIVOS
- art. 5º

DIGNIDADE DA PESSOA HUMANA
- art. 1º, III

DIPLOMATA
- cargo privativo de brasileiro nato: art. 12, § 3º, V
- chefe de missão diplomática: art. 52, IV
- infração penal comum e crime de responsabilidade: art. 102, I, *c*

DIREITO
- acesso às informações pessoais e coletivas: art. 5º, XXXIII
- adquirido: art. 5º, XXXVI
- autoral: art. 5º, XVII, XVIII, XXVII, XXVIII e XXIX
- certidões nas repartições públicas: art. 5º, XXXIV
- dignidade da pessoa humana: art. 1º, III
- do trabalho: art. 22, I
- financeiro: art. 24, I
- herança: art. 5º, XXX
- honra pessoal: art. 5º, X
- imagem pessoal: art. 5º, X
- impenhorabilidade da pequena propriedade rural: art. 5º, XXVI
- intimidade: art. 5º, X
- lesão ou ameaça: art. 5º, XXXV
- liberdade: art. 5º, *caput*
- limitação por meio de tributos: art. 150, V; ADCT, art. 34, § 1º
- marítimo: art. 22, I
- participação nos colegiados de órgãos públicos: art. 10
- penal: art. 22, I
- penitenciário: art. 24, I
- petição: art. 5º, XXXIV
- prática de culto religioso: art. 5º, VI
- presidiárias: art. 5º, L
- presos: art. 5º, XLVIII, XLIX, LXIII e LXIV
- processual: art. 22, I
- propriedade: art. 5º, *caput* e XXII
- resposta: art. 5º, V
- reunião e associação: arts. 5º, XVI, XVII, XVIII, XIX, XX e XXI; 136, § 1º, I, a
- reunião: art. 5º, XVI
- segurança: art. 5º, *caput*
- suspensão ou interdição: art. 5º, XLVI, e
- trabalhador representante dos empregados junto às empresas: art. 11
- tributário: art. 24, I
- urbanístico: art. 24, I
- vida privada: art. 5º, X
- vida: art. 5º, *caput*

DIREITOS E DEVERES INDIVIDUAIS E COLETIVOS
- ação de grupos armados: art. 5º, XLIV
- ação de inconstitucionalidade: art. 103
- ação penal: art. 5º, LIX
- ação popular: art. 5º, LXXIII
- acesso à informação: art. 5º, XIV
- ameaça: art. 5º, XXXV
- anterioridade da lei: art. 5º, XL
- aplicação imediata: art. 5º, § 1º
- assistência judiciária: art. 5º, LXXIV
- assistência religiosa: art. 5º, VII
- ato jurídico perfeito: art. 5º, XXXVI
- autoridade competente nos processos: art. 5º, LIII
- banimento: art. 5º, XLVII, d
- coisa julgada: art. 5º, XXXVI
- contraditório: art. 5º, LV
- crimes hediondos: art. 5º, XLIII
- defesa do consumidor: art. 5º, XXXII
- desapropriação: art. 5º, XXIV
- discriminação atentatória: art. 5º, XLI
- erro judiciário: art. 5º, LXXV
- extradição de brasileiro: art. 5º, LI
- extradição de estrangeiro: art. 5º, LII
- função social da propriedade: art. 5º, XXIII
- garantias: art. 5º
- gratuidade dos atos aos pobres: art. 5º, LXXVI
- *habeas corpus*: art. 5º, LXVIII e LXXVII
- *habeas data*: art. 5º, LXXII e LXXVII
- identificação criminal: art. 5º, LVIII
- igualdade entre homens e mulheres: art. 5º, I
- igualdade perante a lei: art. 5º, *caput*
- inviolabilidade de comunicações telefônicas, telegráficas e de dados: arts. 5º, XII; 136, § 1º, I, c
- inviolabilidade do domicílio: art. 5º, XI
- inviolabilidade do sigilo de correspondência: arts. 5º, XII; 136, § 1º, I, b
- irretroatividade da lei penal: art. 5º, XL
- juízo ou tribunal de exceção: art. 5º, XXXVII
- júri: art. 5º, XXXVIII
- lesão: art. 5º, XXXV
- liberdade de associação: art. 5º, XVIII, XIX e XX
- liberdade de comunicação: art. 5º, IX
- liberdade de consciência e de crença: art. 5º, VI
- liberdade de expressão artística: art. 5º, IX
- liberdade de expressão científica e intelectual: art. 5º, IX
- liberdade de locomoção: art. 5º, XV
- liberdade de manifestação de convicções filosóficas e crença: art. 5º, VIII
- liberdade de manifestação de pensamento: art. 5º, IV
- liberdade de manifestação e convicções políticas: art. 5º, VIII
- liberdade de reunião: art. 5º, XVI
- liberdade de trabalho, ofício e profissão: art. 5º, XIII
- liberdade provisória: art. 5º, LXVI
- mandado de injunção: art. 5º, LXXI
- mandado de segurança coletivo: art. 5º, LXX
- mandado de segurança: art. 5º, LXIX
- marcas e patentes: art. 5º, XXIX
- ocupação temporária da propriedade: art. 5º, XXV
- pena de morte: art. 5º, XLVII, *a*
- pena: art. 5º, XLV, XLVI e LXXV
- penas cruéis: art. 5º, XLVII, e
- perdimento de bens e privação da liberdade: art. 5º, LIV
- presunção de inocência: art. 5º, LVII
- prisão ilegal: art. 5º, LXV
- prisão perpétua: art. 5º, XLVII, *b*
- prisão: art. 5º, LXI, LXII, LXV, LXVI e LXVII

- processo administrativo: art. 5º, LV
- prova: art. 5º, LVI
- publicidade dos atos processuais: art. 5º, LX
- racismo: art. 5º, XLII
- reserva legal: art. 5º, II e XXXIX
- sentença: art. 5º, LIII
- sucessão dos bens de estrangeiros: art. 5º, XXXI
- terrorismo: art. 5º, XLIII
- tortura: art. 5º, III
- trabalhos forçados: art. 5º, XLVII, c
- tráfico de drogas: art. 5º, XLIII e LI
- tratados internacionais: art. 5º, § 2º
- tratamento desumano ou degradante: art. 5º, III
- vedação a delegação legislativa: art. 68, § 1º, II

DIREITOS E GARANTIAS FUNDAMENTAIS
- aplicação imediata das normas: art. 5º, § 1º
- arts. 5º a 17
- direitos e deveres individuais e coletivos: art. 5º
- direitos políticos: arts. 14 a 16
- direitos sociais: arts. 6º a 11
- nacionalidade: arts. 12 e 13
- partidos políticos: art. 17

DIREITOS HUMANOS
- competência: art. 109, V-A
- equivalência à emenda constitucional: art. 5º, § 3º
- grave violação: art. 109, § 5º
- prevalência: art. 4º, II
- Tribunal Internacional: ADCT, art. 7º

DIREITOS POLÍTICOS
- cassação, perda ou suspensão: art. 15
- improbidade: art. 37, § 4º
- restabelecimento: art. 9º do ADCT
- soberania popular: art. 14, *caput*
- suspensão: art. 37, § 4º
- vedação à delegação legislativa: art. 68, § 1º, II

DIREITOS SOCIAIS
- arts. 6º e 7º

DIRETRIZES E BASES DA EDUCAÇAO NACIONAL
- art. 22, XXIV

DIRETRIZES ORÇAMENTÁRIAS
- atribuição ao Congresso Nacional: art. 48, 11
- projetos de lei: art. 166
- seguridade social: art. 195, § 2º
- União: art. 35, § 2º, II do ADCT

DISCIPLINA PARTIDÁRIA
- art. 17, § 1º, *in fine*

DISCRIMINAÇÃO
- punição: art. 5º, XLI
- vedação: art. 3º, IV

DISPENSA DE EMPREGADO SINDICALIZADO
- art. 8º, VIII

DISPENSA SEM JUSTA CAUSA
- empregada gestante: art. 10, 11, *b*, ADCT
- empregado eleito para cargo de CIPA: art. 10, II, *a* do ADCT
- proibição: art. 10, II do ADCT
- proteção contra: art. 7º, I

DISPOSIÇÕES CONSTITUCIONAIS GERAIS
- arts. 234 a 250

DISSÍDIOS COLETIVOS E INDIVIDUAIS
- art. 114

DISTINÇÕES HONORÍFICAS
- art. 84, XXI

DISTRITO FEDERAL
- aplicação de receita de impostos para o ensino: art. 212
- autonomia administrativa, financeira, legislativa e política: arts. 18, *caput* e 32, *caput*
- bens: art. 16, § 3º do ADCT
- Câmara dos Deputados e irredutibilidade de sua representação: art. 4º, § 2º do ADCT
- Câmara Legislativa: arts. 16, § 1º e 32, *caput*, § 3º
- causas e conflitos com a União, os Estados e respectivas entidades da administração indireta: art. 102, I, *f*
- competência legislativa: art. 32, § 1º
- competência tributária: arts. 145, *caput*, 150, V e 155, *caput*
- consultoria jurídica: art. 132
- contribuição para o custeio do sistema: art. 149, §§ 1º a 4º
- contribuição para o custeio do sistema: art. 149, §§ 2º a 4º
- Corpo de Bombeiros: art. 32, § 4º
- crédito externo e interno: art. 52, VII
- despesa com pessoal: art. 169; ADCT, art. 38
- destinação de receita orçamentária para o ensino: art. 218, § 5º
- disponibilidades de caixa depósito em instituições financeiras oficiais: art. 164, § 3º
- dívida mobiliária: art. 52, IX
- divisão em Municípios: art. 32, *caput*
- edição de leis para aplicação do Sistema Tributário Federal: art. 34, § 3º do ADCT
- eleição do Governador e Vice-Governador: art. 32, § 2º
- empresa de pequeno porte: art. 179
- fiscalização financeira, orçamentária, operacional e patrimonial: art. 75, *caput* e art. 16, § 2º do ADCT
- fundo de participação; determinação: ADCT, art. 34, § 2º
- impostos da União: arts. 153, § 5º, I; 157; 159, I a 11, §§ 1º e 2º; 161; ADCT, art. 34, § 2º
- impostos municipais: art. 147
- impostos: art. 155
- indicação e aprovação do Governador: art. 16 do ADCT
- instituições de assistência social e de educação sem fins lucrativos: art. 150, VI, c, § 4º
- intervenção da União: art. 34
- Lei Orgânica: art. 32
- limitações ao poder de tributar: art. 150, §§ 2º e 3º
- limitações ao poder de tributar: art. 150, VI, c, § 4º
- limitações ao poder de tributar: art. 152
- litígio com Estado estrangeiro ou Organismo Internacional: art. 102, I, e
- mar territorial: art. 20, § 1º
- microempresa: art. 179
- Ministério Público: arts. 22, XVII; 48, IX
- orçamento: art. 204, *caput*
- partidos políticos: art. 150, VI, c, § 4º
- patrimônio, renda ou serviços de entes públicos: art. 150, VI, a
- pesquisa científica e tecnológica: art. 218, § 5º
- plataforma continental: art. 20, § 1º
- polícia civil e militar: arts. 24, XVI e 32, § 4º
- precatório: art. 100, *caput*; ADCT, art. 97
- princípios da Administração Pública: art. 37, *caput*
- Procurador-Geral: art. 128, §§ 3º e 4º
- quadro de pessoal: ADCT, art. 24
- reavaliação de incentivos fiscais: art. 41 do ADCT
- recursos hídricos: art. 20, § 1º
- recursos minerais: art. 20, § 1º
- reforma administrativa: art. 24 do ADCT
- repartição de receita tributária: arts. 157 e 162
- repartição de receitas tributárias da União: arts. 153, § 5º, I; 157; 159, I a II, §§ 1º e 2º; 161; ADCT, art. 34, § 2º
- representação judicial: art. 132
- símbolos: art. 13, § 2º
- sindicatos: art. 150, VI, c, § 4º
- sistema de ensino: art. 211, *caput*
- Sistema Único de Saúde: art. 198, § 1º
- templos de qualquer culto: art. 150, VI, b, § 4º
- tributação: art. 150
- turismo: art. 180
- vedação à retenção ou restrição de repartição das receitas tributárias: art. 160
- vedações: art. 19
- vedada a retenção de impostos: art. 160
- Vice-Governador: art. 16 do ADCT

DIVERSÕES E ESPETÁCULOS PÚBLICOS
- classificação: art. 21, XVI
- lei federal: art. 220, § 3', I

DÍVIDA MOBILIÁRIA
- atribuição ao Congresso Nacional: art. 48, XIV
- limites globais: art. 52, IX

DÍVIDA PÚBLICA
- agrária: art. 184, *caput* e § 4º
- competência: art. 48, II
- consolidada: art. 52, VI
- Estados, Distrito Federal e Municípios: arts. 34, V, *a*; 35, I e 151, II
- externa brasileira: art. 26 do ADCT
- externa e interna: arts. 163, II e 234; e art. 13, § 6º do ADCT
- mobiliária federal: art. 52, IX
- remuneração e proventos dos agentes públicos: art. 151, II
- títulos, emissão e resgate: art. 163, IV

DIVÓRCIO
- art. 226, § 6º

DOAÇÃO
- art. 155, I

DOCUMENTOS
- proteção: art. 23, III
- públicos: art. 19, II
- requisição por autoridade estrangeira: art. 181

DOENÇA
- art. 201, I

DOMICÍLIO
- asilo inviolável do indivíduo: art. 5º, XI
- busca e apreensão: art. 139, V
- eleitoral: art. 14, § 3º, IV e do ADCT, art. 50, § 1º

DOTAÇÕES ORÇAMENTÁRIAS
- art. 168

DROGAS
- bens apreendidos: art. 243, par. ún.
- extradição: art. 511, II
- tráfico ilícito: art. 5º, XLIII

- E -

ECONOMIA POPULAR
- art. 173, § 5º

EDUCAÇÃO
- ação redistributiva: art. 211, § 6º
- acesso: art. 23, V
- alimentação: art. 212, § 4º
- ambiental: art. 225, § 1º, VI
- analfabetismo: art. 214, I
- art. 205 a 214
- atendimento especializado: art. 208, III
- básica pública: art. 211, § 5º e 212, § 5º
- básica: art. 206, par. ún e 208, I e VII
- dever do Estado e da família: arts. 205 e 208
- direito social: art. 6º
- direito: art. 205
- escolas comunitárias: art. 213, I, II e art. 61 do ADCT
- escolas públicas: art. 213, *caput*
- ex-combatentes: art. 53, IV do ADCT
- garantia: art. 208
- infantil e ensino fundamental: art. 30, VI
- instituições oficiais: art. 242
- instituições sem fins lucrativos: art. 150, VI, c, § 4º
- legislação: art. 22, XXIV
- legislação: art. 24, IX
- melhoria da qualidade de ensino: art. 60, § 1º do ADCT
- objetivos: art. 205
- piso salarial profissional nacional: art. 206, VIII
- plano nacional: art. 212, § 3º
- princípios: art. 206
- recursos públicos: arts. 212, 212-A; 213; ADCT, arts. 60; 60-A; 61
- salário-educação: art. 212, §§ 5º a 7º
- Serviço Nacional de Aprendizagem Rural: ADCT, art. 62
- sistema de ensino: art. 211, *caput* e § 1º
- trabalhador adolescente e jovem: art. 227, § 3º, III
- universidade: art. 207, *caput*

EFICIÊNCIA
- art. 37, *caput*

ELEGIBILIDADE
- art. 14, § 1º

ELEIÇÃO
- abuso do exercício de função, cargo ou emprego público: art. 14, § 9º
- adiamento em razão de pandemia: EC 107/2020
- alistabilidade: art. 14, § 2º
- alistamento eleitoral: art. 14, § 1º
- Câmara Territorial: art. 33, § 3º
- condições de elegibilidade: art. 14, §§ 3º a 8º
- Deputado Distrital: art. 32, § 2º
- Deputado Federal: art. 45
- elegibilidade: art. 14, §§ 3º a 8º e ADCT art. 50, § 5º
- exigibilidade: art. 5º, § 1º do ADCT
- Governador e Vice-governador do Distrito Federal: art. 32, § 2º
- Governador, Vice-Governador, Senadores, Deputados Federais, Deputados Estaduais: art. 13, § 3º do ADCT
- inalistabilidade: art. 14, §§ 2º e 4º
- inaplicabilidades: art. 5º do ADCT
- inelegibilidade: art. 5º, § 5º do ADCT
- inelegíveis: art. 14, §§ 411, 711 e 911
- normas especificas: art. 5º do ADCT
- poder econômico: art. 14, § 9º
- Prefeito e Vice-Prefeito: art. 29, I e II
- Presidente e Vice-Presidente da República: art. 77 e o art. 4º, § 1º do ADCT
- processo e alteração: art. 16
- Senador: art. 46
- Vereador: art. 29, I
- voto direito e secreto: art. 14, *caput*

ELEITOR
- alistamento eleitoral: art. 14, § 1º
- inalistáveis: art. 14, § 2º
- militar: art. 14, § 8º

EMBARCAÇÕES ESTRANGEIRAS
- art. 178, par. ún.

EMENDAS À CONSTITUIÇÃO
- aprovação: art. 60, § 2º
- deliberação: art. 60, §§ 4º e 5º
- direitos e garantias individuais: art. 60, § 4º, IV
- elaboração: arts. 59, I; 60, *caput*
- estado de defesa e de sítio: art. 60, § 1º
- federação: art. 60, § 4º, I
- intervenção federal: art. 60, § 1º
- promulgação: art. 60, § 3º
- proposição: art. 60, *caput*
- rejeição: art. 60, § 5º
- separação dos Poderes: art. 60, § 4º, III
- sistema eleitoral: art. 60, § 4º, II
- vedação: art. 60, § 4º
- votação e requisito de aprovação: art. 60, § 2º

EMIGRAÇÃO
- art. 22, XV

EMISSÃO DE MOEDA
- Banco Central: art. 164, *caput*
- competência da União: art. 21, VII
- limites: art. 48, XIV

EMISSÕES DE CURSO FORÇADO
- art. 48, II

EMISSORAS DE RÁDIO E TELEVISÃO
- arts. 49, XII e 223, § 5º

EMOLUMENTOS DE SERVIÇOS NOTARIAIS
- art. 236, § 2º

EMPREGADORES
- participação nos colegiados dos órgãos públicos: art. 10
- rurais: art. 10, § 3º do ADCT

EMPREGO
- acesso e investidura em emprego público: art. 37, I, II e IV e § 2º
- acumulação de emprego público: art. 37, XVII e art. 17, §§ 1º e 2º do ADCT
- criação e remuneração em emprego público: art. 61, § 1º, II, a
- gestante: art. 7º, XVIII e no art. 10, 11, b, ADCT
- pleno: art. 170, VIII
- princípio da ordem econômica: art. 170, VIII
- proteção: art. 7º e do art. 10 do ADCT
- sistema nacional: art. 22, XVI

EMPREGOS PÚBLICOS
- acumulação: art. 37, XVI e XVII e art. 17, §§ 1º e 2º, ADCT
- concurso: art. 37, I a IV e § 2º
- criação: arts. 48, X, e 61, § 1º, II, *a*
- deficiência física: art. 37, VIII
- subsídios: art. 37, X e XI

EMPRESA
- acima de 200 empregados: art. 11
- apoio e estimulo: art. 218, § 4º
- energia hidráulica e jazidas: art. 176, § 1º
- exploração de recursos minerais e de energia hidráulica: art. 44 do ADCT
- concessionária e permissionária de serviços públicos: arts. 21, XI e XII e 175
- concessionárias e permissionárias: art. 175, par. ún., I
- depósito em instituições financeiras oficiais: art. 164, § 3º
- anistia: ADCT, art. 8º, § 5º
- licitação e contratação: art. 22, XXVII
- orçamento: art. 165, §§ 5º e 7º; ADCT, art. 35, § 1º
- serviço de gás canalizado; exploração: art. 25, § 2º
- gestão: art. 7º, XI
- investimento em pesquisa e tecnologia: art. 218, § 4º
- jornalística: art. 222
- lucros e gestão: art. 7º, XI
- micro e pequena: arts. 170, IX e 179 e art. 47, do ADCT
- pequeno porte e microempresas: arts. 146, 111, *d* e par. ún., 170, IX e 179
- PIS/PASEP: art. 239

EMPRESA JORNALÍSTICA E DE RADIODIFUSÃO
- art. 222

EMPRESA PÚBLICA
- acumulação de empregos e funções: art. 27, XVII; ADCT, art. 17, §§ 1º e 2º
- apuração de infrações, bens, serviços e interesses: art. 144, § 1º, I
- compras e alienações: art. 37, XXI
- criação: art. 37, XIX e XX
- criação e autorização: art. 37, XIX

- despesa com pessoal: art. 169, par. ún. II; ADCT, art. 38
- disponibilidade de caixa: art. 164, § 3º
- exploração de atividade econômica: art. 173
- federais: art. 109, I
- infrações penais: art. 144, § 1º, I
- juízes federais: art. 109, I
- licitação: art. 22, XXVII
- orçamento de investimento: art. 165, § 5º, II
- privilégios fiscais: art. 173, § 2º
- radiodifusão sonora e de sons e imagens: art. 222
- regime jurídico: art. 173, § 1º
- relações com o Estado e a sociedade: art. 173, § 3º
- representação de empregados: art. 11
- servidor público ou empregado: ADCT, art. 8º, § 5º
- sindicato: art. 240
- subsidiárias: art. 37, XX
- supranacionais: art. 71, V

EMPRESAS ESTATAIS
- exploração: art. 21, XI
- orçamento de investimento: art. 165, § 5º, II

EMPRÉSTIMO AO TESOURO NACIONAL
- art. 164, § 1º

EMPRÉSTIMO COMPULSÓRIO
- art. 148, par. ún.
- Eletrobrás: art. 34, § 12, ADCT
- instituição e finalidades: art. 148
- vigência imediata: art. 34, § 1º, ADCT

ENERGIA
- competência privativa: art. 22, IV
- competência: art. 22, XXVI
- potenciais energéticos: art. 231, § 3º

ENERGIA ELÉTRICA
- exploração, autorização, concessão e permissão: art. 21, XII, b
- incidência de tributo: art. 155, § 3º
- participação dos entes federativos: art. 20, § 1º
- responsabilidade pelo pagamento do ICMS: art. 34, § 9º do ADCT

ENERGIA HIDRÁULICA
- autorização, concessão e exploração: art. 176, § 1º
- empresas brasileiras exploradoras: art. 44, ADCT
- exploração ou aproveitamento industrial: art. 176, *caput*

ENERGIA NUCLEAR
- competência: art. 49, XIV
- localização da usina nuclear: art. 225, § 6º

ENFITEUSE
- art. 49 do ADCT

ENSINO
- acesso: arts. 206, I; 208, V e § 1º
- alimentação e assistência à saúde: art. 212, § 40
- aplicação de recursos: art. 212
- atendimento prioritário: art. 211, § 5º
- atividades universitárias de pesquisa e extensão: art. 213, § 2º
- bolsas de estudo: art. 213, § 1º
- comunidades indígenas: art. 210, § 2º
- conteúdo mínimo: art. 210, *caput*
- destinação de receitas orçamentárias: art. 218, § 5º
- direitos e deveres: art. 205
- fomento: art. 218, § 5º
- fundamental: art. 208, §§ 2º e 3º
- gratuidade do ensino médio: art. 208, II
- História do Brasil: art. 242, § 1º
- legislação: art. 24, IX
- matrícula facultativa para ensino religioso: art. 210, § 10
- Municípios: art. 211, § 2º
- noturno regular: art. 208, VI
- obrigatório: art. 208, § 2º
- percentuais aplicados pela União: art. 212
- português: art. 210, § 2º
- princípios: art. 206
- privado: art. 209
- programas de ensino fundamental: art. 30, VI
- público: art. 242
- qualidade: arts. 206, V; 214, III
- religioso em escolas públicas: art. 210, § 1º
- sistema: art. 211, *caput*
- superior: art. 207
- valor por aluno em ensino fundamental: ADCT, art. 60, §§ 2º e 3º

ENTIDADE
- de classe: art. 5º, LXX, *b*
- educacional: art. 61 do ADCT
- familiar: art. 226, §§ 3º e 4º

ENTORPECENTES E DROGAS AFINS
- confisco: art. 243, par. ún.
- dependentes: art. 227, § 3º, VII
- plantas psicotrópicas: art. 243
- prevenção e repressão ao tráfico: art. 144, § 1º, II
- tráfico ilícito: art. 5º, XLIII e LI

ERRADICAÇÃO DA POBREZA
- art. 3º, III

ERRO JUDICIÁRIO
- art. 5º, LXXV

ESCUSA DE CONSCIÊNCIA
- direitos políticos: art. 15, IV
- inadmissibilidade: art. 5º, VIII

ESPAÇO AEREO E MARITIMO
- limites: art. 48

ESPETACULOS PÚBLICOS
- art. 220, § 3º', I

ESTABILIDADE
- art. 41
- juízes togados: art. 21 do ADCT
- Ministério Público do Trabalho e Militar: art. 29, § 4º do ADCT
- perda do cargo: art. 247, *caput*
- servidor sem concurso público: art. 18 do ADCT
- servidores: art. 37 e do art. 19 do ADCT

ESTADO
- Administração Pública: art. 37, *caput*
- Advogado-Geral: art. 235, VIII
- agente normativo e regulador da atividade econômica: art. 174, *caput*
- anexação: art. 18, § 3º
- aplicação de receita de impostos: art. 212
- áreas ecológicas: art. 225, § 1º, III
- arrecadação de imposto da União: arts. 153, § 5º; I; 157; 159; I a II, §§ 1º e 2º; 161; ADCT, art. 34, § 2º
- autonomia: art. 18, *caput*
- bens: art. 26
- causas e conflitos com a União: art. 102, I, *f*
- competência legislativa supletiva: art. 24, § 2º
- competência supletiva: art. 22, par. ún.
- competência tributária: art. 155, II e § 3º
- competência tributária: arts. 145, 150, V e 155
- competência: arts. 25, § 1º e 98
- consultoria jurídica: art. 132 e do ADCT, art. 69
- contribuição para o custeio do sistema: art. 149, § 1º
- contribuições previdenciárias: ADCT, art. 57
- crédito externo e interno: art. 52. VII
- criação da Justiça de Paz: art. 98, II
- criação de Juizados Especiais: art. 98, I
- criação: arts. 18, § 3º; 234 e 235
- demarcação das terras em litígio: ADCT, art. 12, § 2º
- desmembramento: arts. 18, § 3º; 48, VI
- despesas com pessoal: art. 169 e do ADCT, art. 38
- destinação de receita orçamentária: art. 218, § 5º
- destinação de receita orçamentária: art. 218, § 5º
- diferença entre bens e serviços: art. 152
- disponibilidades de caixa-depósito: art. 164, § 3º
- distribuição aos Municípios: arts. 158; III e IV e par. ún. 159, § 3º; 160
- dívida mobiliária: art. 52, IX
- dívida pública: art. 52, VI
- documentos públicos: art. 19, II
- edição de leis para aplicação do Sistema Tributário Nacional: ADCT, art. 34, § 3º
- empresa de pequeno porte: art. 179
- exploração direta de atividade econômica: art. 173
- financiamento do Sistema Único de Saúde: art. 198, § 1º
- fiscalização financeira, orçamentária, operacional e patrimonial: art. 75, *caput*
- fundo de participação: ADCT, art. 34, § 2º
- gás canalizado: art. 25, § 2º
- incentivos fiscais: art. 41 do ADCT
- incorporação, subdivisão e desmembramento: art. 18, § 3º
- incorporação: arts. 18, § 3º; 48, VI
- iniciativa popular: art. 27, § 4º
- instituição de aglomerações urbanas, microrregiões e Regiões Metropolitanas: art. 25, § 3º
- instituição e normas: art. 155
- instituições de assistência social e educação sem

fins lucrativos: art. 150, VI, *c*, e § 4º
- intervenção nos Municípios: art. 35
- irredutibilidade de sua representação: art. 4º, § 2º do ADCT
- limitações ao poder de tributar: art. 150, §§ 2º e 3º
- limites da tributação: art. 150
- litígio com Estado estrangeiro ou organismo internacional: art. 102, I, *e*
- mar territorial: art. 20, § 1º
- microempresa: art. 179
- objetivos fundamentais: arts. 20; 3º
- organização: art. 25, *caput*
- partidos políticos: art. 150, VI, *c*, e § 4º
- plataforma continental: art. 20, § 1º
- polícia civil: art. 24, XVI
- precatório: art. 100, *caput* e do ADCT, art. 97
- Procurador-Geral do Estado: arts. 128, §§ 3º e 4º; 235, VIII
- públicos: art. 150, VI, *a*
- quadro de pessoal: ADCT, art. 24
- receita tributária: arts. 157 e 162
- recursos hídricos e minerais: art. 20, § 1º
- recursos para a assistência social: art. 204, *caput*
- reforma administrativa: art. 24 do ADCT
- reintegração de Território: art. 18, § 2º
- representação judicial: art. 132
- símbolos: art. 13, § 2º
- sistema de ensino: art. 211, *caput*
- sociedade de economia mista: art. 37, XX
- subdivisão: arts. 18, § 3º; 48, VI
- superveniência da Lei Federal: art. 24, § 4º
- suspensão da Lei Estadual: art. 24, § 4º
- turismo: art. 180
- vedação a retenção ou restrição: art. 160
- vedações: art. 19
- vedada a retenção: art. 160

ESTADO DE DEFESA
- apreciação: arts. 136, §§ 4º e 6º e 141, par. ún.
- aprovação: art. 49, IV
- calamidade pública: art. 136, § 1º, II
- cessação: art. 141
- comunicação telegráfica e telefônica: art. 136, § 1º, I, *c*
- Conselho da República: arts. 90, I e 136, *caput*
- Conselho de Defesa Nacional: arts. 91, § 1º, II; 136, *caput*
- decretação ou prorrogação: arts. 21, V; 84, IX; 136, *caput* e §§ 2º e 4º
- designação de Comissão: art. 140
- direito de reunião e associação: art. 136, § 1º, I, *a*
- duração: art. 136, §§ 1º e 2º
- emendas à Constituição: art. 60, § 1º
- especificação: art. 136, § 1º
- estado de sítio: arts. 137, I; 139
- executor: arts. 136, § 3º; 141, *caput*
- finalidade: art. 136, *caput*
- fundamentos: art. 136
- medidas coercitivas: arts. 136, §§ 1º e 3º; 140
- ocupação e uso temporário de bens e serviços públicos e privados: art. 136, § 1º, II
- prisão: art. 136, § 3º
- prorrogação: art. 136, §§ 2º e 4º
- recesso: art. 136, § 5º
- rejeição: art. 136, § 7º
- responsabilidade da União: art. 136, § 1º, II
- responsabilidade dos agentes: art. 141, *caput*
- sigilo de correspondência: art. 136, § 1º, I, *b*
- suspensão: art. 49, IV

ESTADO DEMOCRÁTICO DE DIREITO
- art. 1º, *caput*

ESTADO ESTRANGEIRO
- cartas rogatórias: art. 105, I, *i* e 109, X
- causas com a União: art. 109, III
- causas com Município ou pessoa residente no País: arts. 105, III, *c*; 109, II
- competência da União: art. 21, I
- competência privativa do Presidente da República: art. 84, VII
- extradição: art. 102, I,
- litígio: art. 102, I, *e*
- relações: art. 21, I e 84, VII

ESTADOS FEDERADOS
- arts. 25 a 28
- aplicação de receita no ensino: art. 212
- aposentadorias e pensões: art. 249
- Assembleias Legislativas: art. 27, § 3º
- autonomia: arts. 18 e 25
- bens: art. 26
- competência comum: art. 23
- competência legislativa concorrente: art. 24
- competência legislativa plena: art. 24, §§ 3' e 4'
- competência legislativa supletiva: art. 24, § 2'
- competência residual: art. 25, § 1º
- conflitos com a União: art. 102, I, *f*
- conflitos fundiários: art. 126
- consultoria jurídica: art. 132
- criação da Justiça de Paz: art. 98, II
- criação de Juizados Especiais: art. 98, I
- criação: arts. 18, § 3º e 235
- Deputados Estaduais: art. 27
- desmembramento: arts. 18, § 3º e 48, VI
- despesa: art. 169 e o art. 38, ADCT
- determinações do Fundo de Participação: art. 34, § 2º do ADCT
- disponibilidades de caixa: art. 164, § 3º
- dívida consolidada: art. 52, VI
- dívida mobiliária: art. 52, IX
- eleição para Governador: art. 28
- empresas de pequeno porte: art. 179
- encargos com pessoal inativo: art. 234
- exploração de petróleo ou gás natural: art. 20, § 1º
- fiscalização: art. 75, *caput*
- fundos de aposentadorias e pensões: art. 249
- gás canalizado: art. 25, § 2º
- impostos: arts. 155 e 160
- incentivos fiscais: art. 41, ADCT
- inconstitucionalidade de leis: art. 125, § 2º
- incorporação: arts. 18, § 3º e 48, VI
- iniciativa popular: art. 27, § 4º
- intervenção da União: art. 34
- intervenção nos Municípios: art. 35
- Justiça Militar estadual: art. 125, §§ 3º e 4º
- limitações: art. 19
- litígio com Estado estrangeiro ou organismo internacional: art. 102, I, *e*
- microrregiões: art. 25, § 3º
- Ministério Público: art. 128, II
- normas básicas: art. 235
- operações de crédito externo e interno: art. 52, VII
- organização judiciária: art. 125
- pagamento de precatórios: art. 100
- perda do mandato do Governador: art. 28, §§ 1º e 2º
- pesquisa científica e tecnológica: art. 218, § 5º
- posse do Governador: art. 28, *caput*
- princípios da administração pública: art. 37, *caput*
- questões específicas da competência legislativa: art. 22, par. ún.
- receitas tributárias: arts. 153, § 5º, I, 157, 158, III, IV, e par. ún., e 159 a 162
- reforma administrativa: art. 24, ADCT
- regime previdenciário: art. 149, § 1º
- regiões metropolitanas: art. 25, § 3º
- reintegração: art. 18, § 2º
- representação da Câmara dos Deputados: art. 4º, § 2º do ADCT
- representação no Senado Federal: art. 46
- requisitos: arts. 18, § 3º e 48, VI
- símbolos: art. 13, § 2º
- sistema de ensino: art. 211
- Sistema Tributário Nacional: art. 34, § 3º do ADCT
- Sistema Único de Saúde: art. 198, §§ 1º a 3º
- terras em litígio: art. 12, § 2º do ADCT
- tratamento diferenciado para as microempresas: art. 179
- tribunais: art. 125, § 1º
- tributos: arts. 145, 150 e 152
- turismo: art. 180
- vinculação de receita orçamentária no ensino: art. 218, § 5º

ESTATUTO
- juventude: art. 227, § 8º, I
- magistratura: art. 93
- partido político: art. 17, § 2º

ESTRANGEIRO
- adoção de brasileiros: art. 227, § 5º
- bens: art. 5º, XXXI
- crime político ou de opinião: art. 5º, LII
- extradição: art. 5º, LII
- filhos de pai brasileiro ou mãe brasileira: art. 95, ADCT
- inalistável: art. 14, § 2º
- ingresso ou permanência irregular: art. 109, X
- legislação e competência: art. 22, XV
- nacionalidade e naturalização: art. 109, X
- naturalização: arts. 12, II, *b* e 22, XIII
- pessoa física: art. 190
- pessoa jurídica: art. 190
- propriedade rural: art. 190
- residente no País: art. 5º, *caput*

- sucessão: art. 5º, XXXI

EX-COMBATENTE
- art. 53 do ADCT

EXERCÍCLO PROFISSIONAL
- art. 5º, XIV

EXPORTAÇÃO
- art. 153, II

EXPULSÃO DE ESTRANGEIROS
- art. 22, XV

EXTRADIÇÃO
- brasileiro: art. 5º, LI
- competência originária do STF: art. 102, I, *g*
- competência privativa: art. 22, XV
- estrangeiro: art. 5º, LII
- requisitada por Estado estrangeiro; processo e julgamento: art. 102, I, b

- F -

FAMÍLIA
- adoção: art. 227, § 5º
- amparo dos filhos maiores: art. 229
- arts. 226 a 230
- assistência social: art. 203, I
- assistências aos filhos menores: art. 229
- caracterização: art. 226, §§ 3º, 4º e 6º
- casamento: art. 226, §§ 1º e 2º
- deveres: art. 229 e 230
- direitos a filiação: art. 227, § 6º
- entidade familiar: art. 226, §§ 3º e 4º
- planejamento familiar: art. 226, § 7º
- proteção do Estado: art. 226, *caput* e § 8º
- proteção: art. 226, *caput* e § 3º
- sociedade conjugal: art. 226, § 5º
- união estável: art. 226, § 3º
- violência: art. 226, § 8º

FAUNA
- competência concorrente: art. 24, VI
- competência comum: art. 23, VII
- proteção: art. 225, § 1º, VII

FAZENDA NACIONAL
- débitos oriundos de sentenças transitadas em julgado: art. 86 do ADCT
- ordem cronológica: art. 86, §§ 1º a 3º do ADCT
- precatórios judiciais pendentes: art. 100 e do arts. 33 e 97 ADCT

FIANÇA
- art. 5º, LXVI

FILIAÇÃO PARTIDÁRIA
- arts. 14, § 3º, V e 142, § 3º, V e 142, § 3º, VI

FINANÇAS PÚBLICAS
- acesso a informações e dados contábeis, orçamentários e fiscais: art. 163-A
- gestão: art. 165, § 9º, 11 e do ADCT, art. 35, § 2º
- normas gerais: arts. 163; 164
- vedações: art. 167

FLAGRANTE DELITO
- crime inafiançável: art. 53, § 2º
- inviolabilidade da casa: art. 5º, XI
- prisão: art. 5º, LXI

FLORA
- preservação: art. 23, VII
- proteção: art. 225, § 1º, VII

FLORESTA
- Amazônica: art. 225, § 4º
- competência concorrente: art. 24, VI
- competência comum: art. 23, VII

FORÇAS ARMADAS
- comando superior: arts. 84, XIII e 142, *caput*
- composição e destinação: art. 142
- emprego: art. 142, § 1º
- fixação e modificação: art. 48
- funções: art. 142, *caput*
- *habeas corpus*: art. 142, § 2º
- incorporação: arts. 27; 53, § 7º
- legislação: art. 61, § 1º, I
- nomeação dos Comandantes da Marinha, do Exército e da Aeronáutica: art. 84, XIII
- oficiais: art. 12, § 3º, VI
- organização: art. 142, § 1º
- preparo: art. 142, § 1º
- princípios: art. 142, *caput*
- Senador: art. 53, § 7º

FORÇAS ESTRANGEIRAS
- arts. 21, IV; 49, II e 84, XXII

FRONTEIRAS
- nacionais: art. 21, XII, *d*
- ocupação e utilização: arts. 20, § 2º e 91, § 1º
- lavra e aproveitamento de energia hidráulica: art. 176, § 1º

FUNÇÃO SOCIAL
- desapropriação: art. 184, § 1º
- política urbana: art. 182
- propriedade produtiva: art. 185, par. ún.
- propriedade urbana: art. 182, § 2º
- propriedade: art. 5º, XXIII

FUNÇÕES ESSENCIAIS À JUSTIÇA
- arts. 127 a 135

FUNDAÇÃO
- anistia de servidor: ADCT, art. 8º, § 5º
- autorização legislativa: art. 37, XX
- criação: art. 37, XIX
- despesa com pessoal: art. 169, § 1º e ADCT, art. 38
- dívida pública interna e externa: art. 163, II
- estabilidade de servidor: ADCT, arts. 18; 19
- impostos sobre patrimônio: art. 150, § 2º
- inspeções e auditorias: art. 7º, II, III e IV
- licitação e contratação: art. 22, XXVII
- subsidiárias: art. 37, XX

FUNDO
- de combate e erradicação da pobreza: arts. 79 a 83 do ADCT
- de garantia por tempo de serviço: art. 7º, III
- de participação: arts. 159, I, a e b; 161, II, III e par. ún. ADCT, arts. 34, § 2º; 39
- integrado: art. 250
- nacional de saúde: art. Art. 74, § 3º do ADCT
- partidário: art. 17, § 3º
- social de emergência: arts. 72 a 73 do ADCT

- G -

GARANTIAS
- Magistratura: arts. 95 e 121, § 1º
- Fundamentais: art. 5º, § 1º

GARIMPO
- autorização e concessão para pesquisa e lavra: art. 174, §§ 3º e 4º
- organização em cooperativas: art. 174, §§ 3º e 4º
- promoção econômico-social: art. 174, §§ 3º e 4º

GÁS
- canalizado: art. 25, § 2º
- importação e exportação: art. 177, I, III e IV
- pesquisa e lavra: art. 177, I, e § 1º
- resultado da exploração: art. 20, § 1º
- transporte por meio de condutos: art. 177, IV
- transporte: art. 177, IV

GESTANTE
- dispensa sem justa causa: art. 10, II, *b*, ADCT
- duração: art. 70, XVIII
- previdência social: art. 201, II

GOVERNADOR
- condições de elegibilidade: art. 14, §§ 5º a 8º
- crimes comuns: art. 105, I, *a*
- Distrito Federal; eleição: arts. 13, §§ 3º, 4º e 5º; 16 e 32, § 2º
- elegibilidade: art. 14, § 3º, VI, *b*
- Estados: art. 28
- *habeas corpus*: art. 105, I, *e*
- Idade Mínima: art. 14, § 3º, VI, *b*
- inelegibilidade de cônjuge: art. 14, § 7º; ADCT, art. 50, § 5º
- inelegibilidade de parentes até segundo grau: arts. 14, § 7º; 24; ADCT, art. 5º, § 5º
- legitimidade da ADC e ADIN: art. 103, V
- mandato eletivo: art. 28 e 38, I, IV e V
- nomeação pelo Presidente da República: art. 84, XIV
- perda de mandato: art. 28, § 1º
- posse: art. 20
- reeleição: arts. 14, § 5º e 24
- Senado Federal: arts. 52, III, *c* e 84, XIV
- servidor público civil: art. 38, I
- sufrágio universal: art. 28
- Território: arts. 52, III, *c* e 84, XIV
- voto secreto: art. 28

GRATIFICAÇÃO NATALLNA
- arts. 7º, VIII, e 201, § 6º

GREVE
- abuso: art. 9º, § 2º
- ações relativas a esse direito; competência: art. 114, II
- atividade essencial: art. 114, § 3º
- garantia: art. 9º, *caput*
- serviços essenciais à comunidade: art. 90, § 1º
- serviços públicos civis: arts. 9º, *caput*; 37, VII
- servidor público militar: art. 144, § 8º

GRUPO ARMADO
- art. 5º, XLIV

GUARDA DA CONSTITUIÇÃO
- art. 23, I

GUARDA MUNICIPAL
- art. 144, § 8º

GUERRA
- autorização: art. 49, II
- competência privativa da União: art. 22, III
- competência tributária da União: art. 154, II
- competência: art. 21, II
- Conselho de Defesa Nacional: art. 91, § 1º
- estado de sítio: art. 137, II
- impostos extraordinários: art. 154, II
- pena de morte: art. 5º, XLVII, a
- requisições civis e militares: art. 22, III

- H -

HABEAS CORPUS
- competência da Justiça do Trabalho: art. 114, IV
- competência do STF: art. 102, I, *d*, *i* e II, *a*
- competência do STJ: art. 105, I, c
- competência dos TRFs e seus juízes: arts. 108, I, d; 109, VII
- concessão: art. 5º, LXVIII
- decisão denegatória proferida por TRE: art. 12, § 4º, V
- gratuidade: art. 5º, LXXVII
- mandado de segurança: art. 5º, LXIX
- punição disciplinar militar: art. 142, § 2º

HABEAS DATA
- competência da Justiça do Trabalho: art. 114, IV
- competência do STF: art. 102, I, d
- competência do STF: art. 102, II, *a*
- competência do STJ: art. 105, I, b
- competência dos TRFs e seus juízes: arts. 108, I, c; 109, VII
- concessão: art. 5º, LXXII
- decisão denegatória do TRE: art. 121, § 411, V
- gratuidade: art. 5º, LXXVIII
- mandado de segurança: art. 5º, LXIX
- preventivo: art. 5º, LXXII, *a*

HABITAÇÃO
- competência: arts. 21, XX e 23, IX
- programas: art. 23, IX
- trabalhador rural: art. 187, VII

HERANÇA
- bens de estrangeiros situados no Brasil: art. 5º, XXXI
- direito: art. 5º, XXVII e XXX

HERDEIROS
- direitos autorais: art. 5º, XXVII
- vítimas de crime doloso: art. 245

HIGIENE E SEGURANÇA DO TRABALHO
- art. 7º, XXII

HONRA
- art. 5º, X

- I -

IDENTIFICAÇÃO CRIMINAL
- art. 5º, LVIII

IDIOMA
- art. 13, *caput*

IDOSO
- alistamento eleitoral e voto facultativo: art. 14, § 1º, b
- amparo: art. 229
- assistência social: art. 203
- assistência: arts. 203, I; 229 e 230
- direitos: art. 230
- programas de amparo: art. 230, § 1º
- proteção: art. 203, I
- salário mínimo: art. 203, V
- transporte urbano gratuito: art. 230, § 2º

IGREJA
- art. 19, I

IGUALDADE
- escola: art. 206, I
- homens e mulheres: art. 5º, I
- lei: art. 5º, *caput*
- regional e social: arts. 3º, 111, 43 e 170, VII
- relações internacionais: art. 4º, V
- trabalhadores: art. 7º, XXX, XXXI, XXXII e XXXIV

ILEGALIDADE OU ABUSO DE PODER
- art. 5º, LXVIII

ILHAS
- fluviais e lacustres: arts. 20, IV e 26, III
- oceânicas e costeiras: art. 20, IV e 26 II

ILUMINAÇÃO PÚBLICA
- art. 149-A

IMAGEM DAS PESSOAS
- inviolabilidade: art. 5º, X
- reprodução: art. 5º, XXVIII, *a*

IMIGRAÇÃO
- art. 22, XV

IMÓVEL
- públicos: arts. 183, § 3º e 191, par. ún.
- rural: arts. 184 e 189
- urbanos: art. 182, §§ 3º, 4º, III e o art. 49 do ADCT

IMPORTAÇÃO
- arts. 150, § 1º; 153, I

IMPOSTO
- alíquota: art. 86, ADCT
- anistia ou remissão: art. 150, § 6º
- capacidade contributiva: art. 145, § 1º
- caráter pessoal: art. 145, § 1º
- classificação: art. 145, I
- crédito presumido: art. 150, § 6º
- criação; vigência imediata: art. 34, § 1º
- Estado e Distrito Federal: arts. 147 e 155
- extraordinário: arts. 150, § 1º e 154, II
- imitações: arts. 150 a 152
- imunidades: art. 150, IV
- instituição: art. 145, *caput*
- mercadorias e serviços: art. 150, § 5º
- Município: art. 156 e o art. 34, § 1º do ADCT
- poder de tributar: arts. 150 a 152
- reforma agrária: art. 184, § 5º
- repartição das receitas tributárias: arts. 157 a 162
- telecomunicações: art. 155, § 3º
- União: arts. 153 e 154

IMPOSTO DE TRANSMISSÃO *CAUSA MORTIS*
- alíquotas: art. 155, § 1º, IV
- competência: art. 155, § 1º
- instituição e normas: art. 155, I, *a* e § 1º; ADCT, art. 34, § 6º

IMPOSTO DE TRANSMISSÃO *INTER VIVOS*
- art. 156, 11 e § 2º e do ADCT, art. 34, § 6º

IMPOSTO EXTRAORDINÁRIO
- arts. 150, § 1º e 154, II

IMPOSTO SOBRE A RENDA E PROVENTOS DE QUALQUER NATUREZA
- distribuição pela União: art. 159, I e § 1º
- favorecidos: arts. 157, I e 158, I

IMPOSTO SOBRE CIRCULAÇÃO DE MERCADORIAS E SERVIÇOS
- condições: art. 155, § 2º
- energia elétrica, telecomunicações, derivados de petróleo: art. 155, § 2º, XII, h, e §§ 3º a 5º
- entrada de bem ou mercadorias importados: art. 155, § 2º, IX, a, e XII, i
- instituição e normas: art. 155, I e § 2º e do ADCT, art. 34, §§ 6º, 8º e 9º
- instituição: art. 155, II
- operações que destinam mercadorias para o exterior: art. 155, § 2º, X, *a*
- ouro, como ativo financeiro ou instrumento cambial: art. 155, § 2º, X, e
- prestação de serviço de comunicação: art. 155, § 2º, X, d
- serviços prestados a destinatários no exterior: art. 155, § 2º, X, a
- valor adicionado: art. 161, I

IMPOSTO SOBRE COMBUSTÍVEIS LÍQUIDOS E GASOSOS
- art. 155, §§ 3º a 5º

IMPOSTO SOBRE DIREITOS REAIS EM IMÓVEIS
- art. 156, II

IMPOSTO SOBRE DOAÇÕES
- art. 155,1, e § 1º

IMPOSTO SOBRE EXPORTAÇÃO
- alíquotas: art. 153, § 1º
- competência: art. 153, II
- instituição e cobrança: arts. 150, § 1º; 153, II
- limitações ao poder de tributar: art. 150, § 1º

IMPOSTO SOBRE GRANDES FORTUNAS
- art. 153, *caput* e VII

IMPOSTO SOBRE IMPORTAÇÃO
- alíquotas: art. 153, § 1º
- instituição e cobrança: arts. 150, § 1º e 153, I
- limitações ao poder de tributar: art. 150, § 1º.

IMPOSTO SOBRE LUBRIFICANTES
- art. 155, §§ 3º a 5º

IMPOSTO SOBRE MINERAIS
- art. 155, § 3º

IMPOSTO SOBRE OPERAÇÕES DE CRÉDITO, CAMBIO E SEGURO, OU RELATIVAS A TÍTULOS OU VALORES MOBILIÁRIOS
- alíquotas: art. 153, § 1º
- competência: art. 153, V e § 5º
- instituição, cobrança e repartição: arts. 150, § 1º; 153, V, § 5º e do art. 34, § 1º do ADCT
- limitações ao poder de tributar: art. 150, § 1º
- ouro: art. 153, § 5º

IMPOSTO SOBRE OPERAÇÕES RELATIVAS À CIRCULAÇÃO DE MERCADORIAS E SOBRE PRESTAÇÕES DE SERVIÇOS DE TRANSPORTE INTERESTADUAL E INTERMUNICIPAL E DE COMUNICAÇÃO
- art. 155, II, e §§ 2º a 5º

IMPOSTO SOBRE PRESTAÇÃO DE SERVIÇOS
- art. 155, II

IMPOSTO SOBRE PRODUTOS INDUSTRIALIZADOS
- alíquotas: art. 153, § 1º
- competência: art. 153, IV e § 3º
- distribuição pela União: art. 159, I e II e §§ 1º a 3º
- instituição e normas: arts. 150, § 1º; 153, *caput*, IV, e § 3º e do ADCT, art. 34, §§ 1º e 2º, I
- redução de impacto: art. 153, § 3º, IV
- repartição das receitas tributárias: art. 159

IMPOSTO SOBRE PROPRIEDADE DE VEÍCULOS AUTO MOTORES
- alíquotas: art. 155, § 6º, I
- alíquotas diferenciadas: art. 155, § 6º, II
- instituição: art. 155, III

IMPOSTO SOBRE PROPRIEDADE PREDIAL E TERRITORIAL URBANA
- instituição: art. 156, I e § 1º
- progressividade: art. 182, § 4º

IMPOSTO SOBRE PROPRIEDADE TERRITORIAL RURAL
- art. 153, VI e § 4º
- fiscalização e cobrança: art. 153, § 4º, III
- não incidência: art. 153, § 4º, II
- progressividade: art. 153, § 4º, I

IMPOSTO SOBRE SERVIÇOS DE QUALQUER NATUREZA
- competência: art. 156, III, § 3º e do art. 88 do ADCT

IMPOSTOS DA UNIÃO
- arts. 153; 154

IMPOSTOS DOS ESTADOS E DISTRITO FEDERAL
- art. 155, §§ 1º a 3º

IMPOSTOS DOS MUNICÍPIOS
- art. 156

IMPOSTOS ESTADUAIS
- art. 155
- competência: art. 147

IMPROBIDADE ADMINISTRATIVA
- arts. 15, V, e 37, § 4º

IMUNIDADE PARLAMENTAR
- art. 53

IMUNIDADE TRIBUTÁRIA
- art. 150, VI
- ente federativo: art. 150, VI, *a*
- entidades sindicais: art. 150, VI, *c*
- fonogramas e videofonogramas musicais: art. 150, VI, *e*
- fundações: art. 150, VI, *c*
- instituição de assistência social sem fins lucrativos: art. 150, VI, *c*
- instituição de ensino sem fins lucrativos: art. 150, VI, *c*
- livros, jornais e periódicos; papel: art. 150, VI, *d*
- partidos políticos: arts. 150, VI, *c*
- templos: art. 150, VI, *b*

INAMOVIBILIDADE
- Defensoria Pública: art. 134. § 1º
- magistrados: art. 95, II
- Ministério Público: art. 128, § 5º, I, *b*

INCENTIVOS FISCAIS
- convênio entre Estados: art. 41, § 3º do ADCT
- desenvolvimento socioeconômico regional: art. 151, I
- revogação sem prejuízo dos direitos adquiridos: art. 41, §§ 1º e 2º do ADCT
- setoriais: art. 41, *caput* do ADCT

INCENTIVOS REGIONAIS
- atividades prioritárias: art. 43, § 2º, II
- tarifas, fretes, seguros: art. 43, § 2º, I
- tributos federais: art. 43, § 2º, III

INCONSTITUCIONALIDADE
- declaração pelos Tribunais: art. 97
- legitimidade: arts. 103 e 129, IV
- processo e julgamento: art. 102, I, *a*
- recurso extraordinário: art. 102, III
- representação: art. 125, § 2º
- suspensão da execução: art. 52, X

INDENIZAÇÃO
- acidente de trabalho: art. 7º, XXVIII
- dano material, moral ou à imagem: art. 5º, V e X
- danos à propriedade particular: art. 5º, XXV
- desapropriação rural: arts. 182, § 4º, III e 184, § 1º
- despedida arbitrária ou sem justa causa: art. 7º, I
- erro judiciário: art. 5º, LXXV
- imóvel urbano: art. 182, § 3º
- título da dívida agrária de imóvel rural: art. 184, *caput*
- título da dívida pública de imóvel urbano: art. 182, § 4º, III

ÍNDIOS
- atos de ocupação: art. 231, § 6º
- bens da União: art. 20, XI
- bens: art. 231, *caput*
- capacidade processual: art. 232
- costumes, língua, crenças, organização social e tradições: art. 231
- demarcação e proteção: art. 231, *caput*
- direito de participação no resultado da lavra: art. 231, § 3º
- direitos originários: art. 231, *caput*
- ensino: art. 210, § 2º
- exploração das riquezas naturais do solo: art. 231, § 6º
- exploração dos recursos hídricos: art. 231, § 3º
- garimpagem em terra indígena: art. 231, § 7º
- intervenção em processo: art. 232
- Ministério Público: art. 129, V
- ocupação, domínio e posse de terra indígena: art. 231, § 6º
- processo e julgamento: art. 109, XI
- remoção das terras: art. 231, § 5º
- terras tradicionalmente ocupadas: arts. 231, § 1º a 5º

INDULTO
- art. 84, XII

INELEGIBILIDADE
- analfabetos: art. 14, § 4º
- casos: art. 14, § 90
- inalistáveis: art. 14, § 4II
- parentes dos ocupantes de cargos políticos: art. 14, § 7º

INFÂNCIA
- direitos sociais: art. 6º
- competência concorrente: art. 24, XV
- proteção: art. 203, I

INFORMAÇÃO
- acesso: art. 5º, XIV
- comercial: art. 181
- estado de sítio: art. 139, III
- fiscais: art. 37, XXII
- *habeas data*: art. 5º, LXXII e XXXIII
- interesse particular: art. 5º, XXXIII
- Tribunal de Contas da União: art. 71, VII
- vedação: art. 220, *caput* e § 1º

INFORMÁTICA
- art. 22, IV

INFRAÇÕES PENAIS
- polícia civil: art. 144, § 4º
- polícia federal: art. 144, § 1º,1
- Presidente da República: art. 86
- competência STF: art. 102,1, *b* e *c*
- juízes federais: art. 109, IV

INICIATIVA
- Emendas à Constituição: art. 60, *caput*
- Leis Complementares: art. 61
- Leis Ordinárias: art. 61
- popular: arts. 27, § 4º, 29, XIII e 61, *caput*, § 2º
- privada: arts. 199 e 209
- privativa do Presidente da República: arts. 61, § 1º, 63, I e 64

INIMPUTABILIDADE PENAL
- art. 228

INQUÉRITO
- civil: art. 129, III
- policial: art. 129, VIII

INSALUBRIDADE
- art. 7º, XXIII

INSPEÇÃO DO TRABALHO
- art. 21, XXIV

INSTALAÇÕES NUCLEARES
- art. 21, XXIII

INSTITUIÇÕES DEMOCRÁTICAS
- estabilidade: art. 90, II
- guarda: art. 23, I

INSTITUIÇÕES FINANCEIRAS
- agências financeiras oficiais: art. 165, § 2º
- agente depositário: art. 164, § 3º
- atribuição: art. 48. XIII
- aumento no capital: art. 52, II do ADCT
- competência do Congresso Nacional: art. 48, XIII
- concessão de empréstimos: art. 47 do ADCT
- domiciliada no exterior: art. 52, I e par. ún. do ADCT
- domiciliadas no exterior: art. 52, I do ADCT
- empréstimos concedidos: art. 47 do ADCT
- fiscalização: art. 163, V
- fiscalização: art. 163, V
- funcionamento e atribuições: art. 192
- oficiais: art. 164, § 3º
- proibição: art. 52, II do ADCT
- vedação: art. 52, par. ún. do ADCT

INTEGRAÇÃO
- povos da América Latina: art. 4º, par. ún.
- social: art. 23, X

INTERVENÇÃO
- internacional: art. 4º, IV
- no domínio econômico: arts. 173, 174 e 177, § 4º

INTERVENÇÃO ESTADUAL
- art. 35

INTERVENÇÃO FEDERAL
- arts. 34 a 36
- apreciação do decreto: art. 36, §§ 1º a 3º
- aprovação ou suspensão: art. 49, IV
- cessação: art. 36, § 4º
- decretação: arts. 21, V; 36; 84, X
- emendas à Constituição: art. 60, § 1º
- Estados e Distrito Federal: art. 34
- execução: art. 84, X
- motivos: art. 34
- Municípios localizados em território federal: art. 35
- opinião: art. 91, § 1º, II
- pronunciamento: art. 90, I
- requisitos: art. 36
- suspensão: art. 49, IV

INTIMIDADE
- art. 5º, X

INVALIDEZ
- art. 201, I

INVENTOS INDUSTRIAIS
- art. 5º, XXIX

INVESTIMENTOS DE CAPITAL ESTRANGEIRO
- art. 172

INVIOLABILIDADE
- advogados: art. 133
- Deputados e Senadores: art. 53, *caput*
- direitos à vida, à honra e à imagem das pessoas: art. 5º, X
- domicílio: art. 5º, XI
- sigilo de correspondência, comunicações telefônicas, telegráficas e de dados: arts. 5º, XII; 136, § 1º, I, b e c e 139, III
- Vereadores: art. 29, VIII

IRREDUTIBILIDADE
- Câmara dos Deputados: art. 4º, § 2º do ADCT
- salários: art. 72, VI
- subsídios: arts. 37, XV, 95, III, e 128, § 5º, I, *c*

ISENÇÕES DE CONTRIBUIÇÕES A SEGURIDADE SOCIAL
- art. 195, § 7º

ISENÇÕES FISCAIS
- concessão: art. 150, § 6º
- incentivos: art. 43, § 2º
- limitações: art. 151, III
- Municipais: art. 156, § 3º, III

ISONOMIA
- art. 5º, *caput*

– J –

JAZIDAS
- autorização, concessão e exploração por brasileiros e empresa brasileira de capital nacional: art. 176, § 1º
- autorização, concessão e exploração: art. 43 do ADCT
- competência legislativa: art. 22, XII
- contribuição sobre o domínio econômico: art. 177, § 4º
- direito à propriedade do produto: art. 176, *caput*
- direito de participação do proprietário: art. 176, § 2º
- exploração ou aproveitamento: art. 176, *caput*
- exploração por empresas brasileiras: art. 44 do ADCT
- minerais garimpáveis: art. 174, § 3º
- petróleo e gás natural: art. 177, I
- propriedade: art. 176, *caput*

JORNADA DE TRABALHO
- hora extra: art. 7º, XVI
- horário de trabalho: art. 7º, XIII

JUIZ
- ação de interesse dos membros da magistratura: art. 102, I, n
- acesso aos tribunais: art. 93, III
- aposentadoria: art. 93, VI e VIII
- aprovação: art. 52, III, *a*
- competência do juiz federal: art. 109, *caput*
- competência privativa do Presidente da República: art. 84, XVI
- competência privativa do Senado Federal: art. 52, III, a
- composição do TRF: art. 107 e do art. 27, §§ 7º e 9º do ADCT
- crimes comuns e de responsabilidade: art. 96, III
- cursos oficiais de preparação e aperfeiçoamento: art. 93, IV
- disponibilidade: art. 93, VIII
- eleitoral: arts. 118 a 121
- estadual: arts. 125 e 126
- federal: arts. 106 a 110
- garantia: arts. 95 e 121, § 1º
- garantias: art. 95, *caput*
- inamovibilidade: arts. 93, VIII e VIII-A e 95, II
- ingresso na carreira: art. 93, I
- justiça milita: art. 108, I, *a*
- militar: arts. 122 a 124
- nomeação, remoção ou permuta do TRF: art. 107, § 1º
- nomeação: arts. 84, XVI e 93, I
- órgão da Justiça do Trabalho: art. 111, III
- órgão do Poder Judiciário: art. 92, IV
- participação da OAB em concurso público: art. 93, I
- paz: art. 14, § 3º, VI, *c*
- pensão: art. 93, VI
- princípios do Estatuto da Magistratura: art. 93
- proibições: art. 95, par. ún.
- promoções: art. 93, II
- provimento de cargo: art. 96, I, e
- remoção: art. 93, VIII e VIII-A
- subsídios: arts. 93, V; 95, III
- substituto aos titularidade das varas: art. 28 do ADCT
- Territórios Federais: art. 110, par. ún.
- titular: art. 93, VII
- togado: art. 21 do ADCT
- trabalho: art. 111 a 116
- Varas do Trabalho: art. 116
- vedações: art. 95, par. ún.
- vitaliciedade: art. 95, I

JUIZADOS ESPECIAIS
- criação: art. 98, I
- federais: art., 98, § 1º

JUÍZO DE EXCEÇÃO
- art. 5º, XXXVII

JUNTAS COMERCIAIS
- art. 24, III

JÚRI
- art. 5º, XXXVIII

JURISDIÇÃO
- art. 93, XII

JUROS
- financiamento: art. 43, § 2º, II
- controle: art. 164, § 2º

JUS SANGUINIS
- art. 12, I, *b* e *c*

JUS SOLI
- art. 12, I, *a*

JUSTIÇA DE PAZ
- criação e competência: art. 98, II
- direitos e atribuições dos juízes de paz: art. 30 do ADCT
- elegibilidade dos juízes de paz: art. 14, § 3º, VI, *c*

JUSTIÇA DO TRABALHO
- competência: art. 114
- Conselho Superior: art. 111-A, § 2º, II
- criação de varas: art. 112
- dissídios coletivos: art. 114, § 2º
- estabilidade e aposentadoria: art. 21 do ADCT
- garantias e exercício: art. 113
- órgãos: art. 111, *caput*
- Tribunal regional do Trabalho: art. 115
- Tribunal Superior do Trabalho: art. 111-A

JUSTIÇA ELEITORAL
- causas entre organismo internacional e residente ou domiciliado no País: art. 109, II
- competência e organização: art. 121, *caput*
- crimes comuns e de responsabilidade: art. 105, I, a

- crimes comuns e de responsabilidade: art. 96, III
- eleição, escolha, nomeação do juiz do TRE: art. 120, § 1º
- eleição, nomeação de ministros do TSE: art. 119
- juiz da Junta Eleitoral: art. 121, § 1º
- juiz substituto do Tribunal Eleitoral: art. 121, § 2º
- mandato, garantias, inamovibilidade de juiz do TRE: art. 121, §§ 1º e 2º
- Ministro do TSE: art. 102, I, c
- órgão do Poder Judiciário: art. 92, V
- órgãos: art. 118
- subsídios: art. 93, V
- Tribunal Regional Eleitoral: art. 120
- Tribunal Superior Eleitoral: art. 119

JUSTIÇA ESTADUAL
- acesso aos tribunais de segundo grau: art. 93, III
- causas em que for parte instituição de previdência social e segurado: art. 109, § 3º
- competência dos tribunais: art. 125, § 1º
- crimes comuns e de responsabilidade: art. 105, I, a
- juiz de direito: art. 92, VII, 96, III e 112
- juizado de pequenas causas: arts. 24, X e 98, I
- juizado especial: art. 98, I
- justiça de paz: art. 98, II e o art. 30 do ADCT
- justiça militar estadual: art. 125, §§ 3º a 5º
- legitimidade ativa da União: art. 109, § 1º
- lei de organização judiciária: art. 125, § 1º
- localização das varas: art. 110, *caput*
- organização: art. 125, *caput*
- representação de inconstitucionalidade de leis ou atos normativos estaduais ou municipais: art. 125, § 2º
- Seção Judiciária: art. 110, *caput*
- Tribunal de Justiça: art. 125
- varas especializadas para questões agrárias: art. 126

JUSTIÇA FEDERAL
- ações propostas até a promulgação da Constituição: ADCT, art. 27, § 1º
- competência do juiz federal: art. 109, *caput*
- competência do TRF: art. 108
- competência: art. 109, *caput*
- juiz federal: art. 106, II
- Juizados Especiais: art. 98, § 1º
- Ministros do TRF: art. 27 do ADCT
- nomeação dos juízes: art. 84, XVI
- órgão do Poder Judiciário: art. 92, III
- órgãos: art. 106
- promoção do juiz federal: art. 27, § 9º do ADCT
- Territórios: art. 110, par. ún.
- titularidade do juiz federal: art. 28 do ADCT
- Tribunal Regional Federal: art. 107

JUSTIÇA GRATUITA
- art. 5º, LXXIV

JUSTIÇA MILITAR
- competência: art. 124
- composição, nomeação do Superior Tribunal Militar: art. 123, *caput*
- crimes comuns e de responsabilidade do Ministro do Superior Tribunal Militar: art. 102, I, c
- *habeas corpus*: art. 102, I, d
- juiz militar: art. 122, II
- justiça militar estadual: art. 125, §§ 3º a 5º
- Ministros civis do Superior Tribunal Militar: art. 123, par. ún.
- órgão do Poder Judiciário: art. 92, VI
- órgãos: art. 122
- Superior Tribunal Militar: art. 122
- Tribunal Militar: art. 122

JUVENTUDE
- estatuto: art. 227, § 8º, I
- plano nacional: art. 227, § 8º, II

\- L -

LAGOS
- art. 20, III

LAZER
- direitos sociais: arts. 6º; 7º, IV
- incentivo: art. 217, § 3º

LEI
- arts. 61 a 69
- agrícola: art. 50 do ADCT
- constitucional: art. 52, X
- diretrizes orçamentária: art. 165, II e § 2º
- elaboração, redação, alteração e consolidação: art. 59, par. ún.
- estadual: arts. 24, §§ 3º e 4º e 102, I, a
- federal: art. 102, I, a
- guarda: art. 23, I
- orçamentária anual: art. 35 do ADCT
- ordinária: art. 59, III
- promulgação pelo Presidente do Senado Federal: art. 66, § 7º
- promulgação: arts. 66, § 5º; 84, IV
- publicação: art. 84, IV
- sanção: art. 84, IV

LEI COMPLEMENTAR
- incorporação estados federados: art. 18, § 3º
- iniciativa: art. 61, *caput*
- matéria reservada: art. 68, § 1º
- normas de cooperação: art. 23, par. ún.
- processo legislativo: art. 59, II
- quórum: art. 69

LEI DELEGADA
- processo de elaboração: art. 68
- processo legislativo: art. 59, IV

LEI ORDINÁRIA
- art. 59, III
- iniciativa: art. 61, *caput*

LEI ORGÂNICA DO DISTRITO FEDERAL
- aprovação: art. 32, *caput*

LEI ORGÂNICA DOS MUNICÍPIOS
- aprovação: art. 29, *caput*
- elaboração e votação: art. 11, par. ún. do ADCT

LEI PENAL
- anterioridade: art. 5º, XXXIX
- irretroatividade: art. 5º, XL

LESÃO
- ou ameaça à direito: art. 5º, XXXV
- ao meio ambiente: art. 225, § 3º

LIBERDADE
- ação: art. 5º, II
- acesso à informação: art. 5º, XIV
- associação: arts. 5º, XVII, XX e 8º
- consciência de crença e de culto religioso: art. 5º, VI
- convicção filosófica ou política; vedação de privação de direitos; exceção: art. 5º, VIII
- ensinar: art. 206, II
- exercício de trabalho, ofício ou profissão: art. 5º, XIII
- expressão da atividade intelectual, artística, científica e de comunicação: arts. 5º, IX e 206, II
- imprensa, radiodifusão e televisão: art. 139, III
- iniciativa: art. 1º, IV
- inviolabilidade de cultos religiosos: art. 5º, VI
- manifestação do pensamento: arts. 5º, IV e 206, II
- ofício: art. 5º, XIII
- privação ou restrição: art. 5º, XLVI, a, e LIV
- proibição de censura: art. 220
- provisória: art. 5º, LXVI
- punição para discriminação aos direitos e liberdades fundamentais: art. 5º, XLI
- restrições a locomoção: arts. 5º, XV, LXVIII e 139, I
- reunião: arts. 5º, XVI; 136, § 1º, I, a e 139, IV
- serviço militar: art. 143, § 1º
- sindical: art. 8º

LICENÇA
- gestante: arts. 7º, XVIII e 39, § 3º
- paternidade: arts. 70, XIX e 39, § 3º

LICITAÇÃO
- arts. 22, XXVII, 37, XXI; 175, *caput*
- obras, serviços, compras e alienações públicas: art. 37, XXI
- princípio da administração pública: art. 173, § 1º, III

LIMITE TERRITORIAL
- demarcações de Estados e Municípios: art. 12, § 2º do ADCT
- ilhas fluviais e lacustres: art. 20, IV
- lagos e rios: art. 20, III
- outros países: art. 20, III e IV
- território nacional: art. 48, V

LIMITES AO PODER DE TRIBUTAR
- entes federativos: art. 150
- Estados, DF e Municípios: art. 152
- inaplicabilidade: art. 34, § 6º do ADCT
- União: art. 151

LÍNGUA
- ensino fundamental: art. 210, § 2º
- indígena: art. 210, § 2º
- nacional: art. 13, *caput*

LIVRE CONCORRÊNCIA
- art. 170, IV

LIVRE-INICIATIVA
- art. 1º, IV

LIVROS
- art. 150, VI, d

LOCAIS DE CULTO
- art. 5º, VI

LOCOMOÇÃO
- arts. 5º, XV e LXVIII, e 139, I

LOTERIAS
- art. 195, III

LUBRIFICANTES
- art. 155, §§ 3º a 5º

LUCROS
- art. 7º, X

– M –

MAGISTRATURA
- acesso aos Tribunais: art. 93, III
- aposentadoria: arts. 40; 93, VI e VIII
- aprovação da escolha: art. 52, III, a
- atividade jurisdicional: art. 93, XII
- disponibilidade: art. 93, VIII
- Estatuto: art. 93, *caput*
- férias forenses: art. 93, XII
- garantias: art. 95
- ingresso: art. 93, I
- juiz titular: art. 93, VII
- preparação e aperfeiçoamento: art. 93, IV
- promoção de entrância para entrância: art. 93, II
- promoção de tribunais de segundo grau: art. 93, III
- quantidade por unidade jurisdicional: art. 93, XIII
- remoção: art. 93, VIII e VIII-A
- Tribunal Pleno: art. 93, XI
- vedação: art. 95, par. ún.
- vencimentos; subsídios: art. 93, V

MANDADO DE INJUNÇÃO
- atribuição: art. 105, I, h
- concessão: art. 5º, LXXI
- norma regulamentadora de atribuição específica: art. 102, I, *q*
- julgamento em recurso ordinário: art. 102, II, *a*
- processo e julgamento do STF: art. 102, I, *q*
- processo e julgamento do STJ: art. 105, I, *h*
- recurso de suas decisões do TRE: art. 121, § 4º, V

MANDADO DE SEGURANÇA
- ato de autoridade federal: art. 109, VIII
- ato de Ministro de Estado, dos Comandantes da Marinha, Exército e Aeronáutica e do STJ: art. 105, I, b
- ato do Presidente da República, das Mesas da Câmara dos Deputados e do Senado Federal, do Tribunal de Contas da União, do Procurador-Geral da República e do STF: art. 102, I, d
- ato do TRF ou de juiz federal: art. 108, I, c
- ato em matéria trabalhista: art. 114, IV
- coletivo: art. 5º, LXX
- competência da justiça do trabalho: art. 114, IV
- competência do STF em recurso ordinário: art. 102, II, a
- competência do STJ em recurso ordinário: art. 105, II, b
- competência dos juízes federais: art. 109, VIII
- competência originária do STF: art. 102, I, d
- competência originária do STJ: art. 105, I, b
- competência originária do TRF: art. 108, I, c
- concessão: art. 5º, LXIX
- decisão denegatória do TSE: art. 121, § 3º
- decisão denegatória dos TRE: art. 121, § 4º, V
- decisão denegatória dos TRF ou dos Tribunais dos Estados, DF e Territórios: art. 105, II, *b*
- decisão denegatória dos Tribunais Superiores: art. 102, II, *a*

MANDATO ELETIVO
- Deputado Distrital: art. 32, §§ 2º e 3º
- Deputado Estadual: art. 27, § 1º
- Deputado Federal: art. 44, par. ún.
- Governador e Vice-Governador: art. 28; ADCT, art. 4º, § 3º
- Governador, Vice-Governador, Senadores, Deputados Federais e Estaduais; Estado do Tocantins: art. 13, § 4º do ADCT
- impugnação: art. 14, §§ 10 e 11
- investidura em outros cargos: art. 56, I
- Justiça Eleitoral: art. 14, §§ 10 e 11
- parlamentar licenciado: art. 56, II
- parlamentar no exercício da função de Prefeito: art. 5º, § 3º do ADCT
- perda do parlamentar: art. 55
- perda por condenação criminal: art. 55, VI
- Prefeito e Vereador quando servidor público: art. 38, II e III
- Prefeito, Vice-Prefeito e Vereador: art. 29, I e II e do ADCT, art. 40, § 4º
- Prefeito: art. 29, XII
- Presidente da República: art. 4º, *caput* do ADCT
- Presidente: art. 82
- Senador: art. 8º, § 4º do ADCT
- servidor público: art. 38
- Vereador: art. 80, § 4º do ADCT

MANIFESTAÇÃO DO PENSAMENTO
- liberdade e vedação do anonimato: art. 5º, IV

MARCA INDUSTRIAL
- art. 5º, XXIX

MARGINALIZAÇÃO
- combate: art. 23, X
- erradicação: art. 3º, III

MAR TERRITORIAL
- bem da União: art. 20, VI

MATA ATLÂNTICA
- art. 225, § 4º

MATÉRIA
- competência para legislar sobre matéria processual: art. 24, XI
- conflitos de competência tributária: art. 145, § 2º

MATERIAIS RADIOATIVOS
- art. 177, § 3º

MATERIAL BÉLICO
- fiscalização: art. 21, VI
- legislação: art. 22, XXI

MATERNIDADE
- direitos sociais: art. 6º
- licença-gestante: arts. 7º, XVIII; 39, § 3º
- plano de previdência social: art. 201, 11
- proteção: art. 203, I

MEDICAMENTO
- produção: art. 200, I
- propaganda comercial: art. 220, § 4º e

MEDIDA CAUTELAR
- art. 102, art. 102, I, *p*

MEDIDAS PROVISÓRIAS
- apreciação; prazo: art. 62, § 6º
- aprovação de projeto de lei de conversão: art. 62, § 12
- Câmara dos Deputados: art. 62, § 8º
- Congresso Nacional: arts. 57, §§ 7º e 8º; 62, §§ 7º a 9º
- conversão em lei: art. 62, §§ 3º e 4º
- eficácia: art. 62, § 3º
- impostos: art. 62, § 2º
- matérias vedadas: arts. 62, § 1º; 246
- mérito: art. 62, § 5º
- prazos: art. 62, §§ 3º, 4º, 6º, 7º e 11
- Presidente da República: arts. 62, *caput*; 84, XXVI
- reedição: art. 62, § 10

MEEIRO RURAL
- art. 195, § 8º

MEIO AMBIENTE
- ato lesivo: art. 5º, LXXIII
- bem de uso comum do povo: art. 225, *caput*
- caça: art. 24, VI
- competência legislativa concorrente: art. 24, VI
- dano: art. 24, VIII
- defesa e preservação: art. 225, *caput*
- defesa: art. 170, VI
- deveres do Poder Público: art. 225, § 1º
- equilíbrio ecológico: art. 225, *caput*
- exploração: art. 225, § 2º
- fauna: art. 23, VII e 24, VI
- flora: art. 23, VII
- Floresta Amazônica: art. 225, VI, VII e § 4º
- legislação: art. 24, VI
- Mata Atlântica: art. 225, § 4º
- natureza: art. 24, VI
- pesca: art. 24, VI
- propaganda comercial nociva: art. 220, § 3º, II
- proteção: art. 23, VI
- qualidade de vida; melhoria: art. 225, *caput*
- recursos minerais: art. 225, § 2º
- recursos naturais: art. 24, VI
- reparação do dano: art. 225, § 3º
- sanções penais e administrativas: art. 225, § 3º
- Serra do Mar: art. 225, § 4º
- solo: art. 24, VI
- terras devolutas: art. 225, § 5º
- usinas nucleares: art. 225 § 6º
- zona costeira: art. 225, § 4º

MEIOS DE COMUNICAÇÃO SOCIAL
- art. 220, § 5º

MENOR
- direitos previdenciários e trabalhistas: art. 227, § 3º, II
- direitos sociais: art. 227, § 3º
- inimputabilidade penal: art. 228
- trabalho noturno: art. 7º, XXXIII
- trabalho: art. 227, § 3º, I
- violência: arts. 226, § 8º e 227, § 4º

MERCADO INTERNO
- art. 219

MESAS DO CONGRESSO
- art. 57, § 4º

MICROEMPRESA
- definição: art. 47, § 1º do ADCT
- instituição: art. 25, § 3º
- tratamento jurídico diferenciado: art. 146, III, *d* e par. ún. e 179

MICRORREGIÕES
- art. 25, § 3º

MILITAR
- aposentadorias, pensões e proventos: arts. 40, §§ 7º e 8º; 42, § 2º
- ativa: art. 142, § 3º, III
- condenação por Tribunal Militar: art. 142, § 3º, VI
- condições de elegibilidade: art. 14, § 8º
- crime propriamente militar: art. 5º, LXI
- elegibilidade: arts. 14, § 8º, e 42, § 1º
- estabilidade: arts. 42, § 1º, e 142, § 3º, X
- Estados, do Distrito Federal e dos Territórios: art. 42
- filiação a partidos políticos: art. 142, § 3º, V
- Forças armadas: arts. 61, § 2º, II, f e 142, § 3º, VII
- garantias: arts. 42, § 1º; 142, § 3º, I
- greve: art. 142, § 3º, IV
- *habeas corpus*: art. 142, § 2º
- hierarquia: art. 42, *caput*
- idade: art. 142, § 3º, X
- inatividade: art. 142, § 3º
- integrantes da carreira policial: art. 89 do ADCT
- julgado indigno: art. 142, § 3º, III
- justiça comum ou militar: art. 142, § 3º, VII
- patentes: arts. 42, § 1º e 142, § 3º, I
- perda de patentes ou posto: art. 142, § 3º, VI
- regime jurídico: art. 61, § 1º, II, f
- remuneração: arts. 39, § 4º; 144, § 9º
- reserva: art. 142, § 3º, II
- sindicalização: art. 142, § 3º, IV
- subsídio: arts. 39, § 4º, 142, § 3º, X e 144, § 9º
- transgressão: art. 5º, LXI

MINÉRIOS
- art. 23, XI
- nucleares: arts. 21, XXIII e 177, V

MINISTÉRIO DE ESTADO DA DEFESA
- cargo privativo de brasileiro nato: art. 12, § 3º, VII
- composição do Conselho de Defesa Nacional: art. 91, V

MINISTÉRIO PÚBLICO
- ação de inconstitucionalidade: art. 129, IV
- ação penal: art. 129, I
- ADIN: art. 129, IV
- atividade policial: art. 129, VII
- autonomia administrativa: art. 127, § 2º
- autonomia funcional: art. 127, § 2º
- Comissões Parlamentares de Inquérito: art. 58, § 3º
- composição do STJ: art. 104, par. ún., II
- composição do TJ: art. 94
- composição do TRF: arts. 94 e 107, I
- concurso público: art. 127, § 2º
- Conselho Nacional: art. 130-A
- crimes comuns e de responsabilidade: art. 96, III
- delegação legislativa: art. 68, § 1º, I
- despesa pública: art. 63, II
- direitos constitucionais: art. 129, II
- distribuição: art. 129, § 5º
- dotação orçamentária: art. 168
- estatuto: arts. 93, II, VI e 129, § 4º
- exercício da advocacia: arts. 95, par. ún., V, e 128, § 5º, II, b
- exercício de atividade político-partidária: art. 128, § 5º, II, e
- exercício de outra função pública: art. 128, § 5º, II, d
- exercício: art. 129, *caput* e § 2º
- finalidade: art. 127, *caput*
- funcionamento: art. 127, § 2º
- funções institucionais: art. 129
- funções: art. 129, IX
- inamovibilidade: art. 128, § 5º, I, b
- índio: art. 232
- ingresso na carreira: art. 129, § 3º
- inquérito civil: art. 129, III
- interesses difusos e coletivos: art. 129, III
- legitimação da ação civil: art. 129, § 1º
- lei complementar: art. 29 do ADCT
- membros do STJ: art. 104, par. ún., II
- membros de Tribunais: art. 94
- membros de Tribunais de Contas: art. 130
- membros do TST: art. 111-A
- notificações: art. 129, VI
- opção pelo regime anterior: art. 29, § 3º do ADCT
- organização: arts. 21, XIII, 68, § 1º, I, 127, § 2º e 128, § 5º
- órgãos: art. 128
- ouvidoria: art. 130-A, § 5º
- populações indígenas: art. 129, V
- princípios institucionais: art. 127, § 1º
- procedimentos administrativos: art. 129, VI
- Procurador-Geral da República: art. 128, § 2º
- promoção da ação civil: art. 129, III
- propostas orçamentárias: art. 127, §§ 3º a 6º
- provimento de cargos: art. 127, § 2º
- recebimento de honorários, percentagens ou custas processuais: art. 128, § 5º, II, a
- representação para intervenção dos Estados nos Municípios: art. 129, IV
- representação para intervenção federal nos Estados: art. 129, IV
- requisitos de acesso à carreira: art. 129, § 3º
- residência: art. 129, § 2º
- serviços auxiliares: art. 127, § 2º
- União: art. 128, § 1º
- vedação à participação em sociedade comercial: art. 128, § 5º, II, c
- vedação à representação judicial e à consultaria jurídica de entidades públicas: art. 129, IX, 2ª parte
- vencimentos, subsídios e irredutibilidade: art. 128, § 5º, I, c
- vitaliciedade: art. 128, § 5º, I, a

MINISTÉRIO PÚBLICO DA UNIÃO
- chefia: art. 128, § 1º
- crimes comuns e de responsabilidade: art. 105, I, *a*
- *habeas corpus*: art. 105, I, c
- organização: arts. 48, IX; 61, § 1º, II, d
- órgão do Ministério Público: art. 128, I
- processo e julgamento de crimes praticados por seus membros: art. 108, I, a
- Procurador-Geral da República: art. 128, § 1º

MINISTÉRIO PÚBLICO DO DISTRITO FEDERAL E TERRITÓRIOS
- atribuições e Estatuto: art. 128, § 5º
- legislação: art. 22, XVII
- organização e manutenção: art. 21, XIII
- organização: arts. 48, IX; 61, § 1º, II, d
- órgão do Ministério Público da União: art. 128, I, d
- Procurador-Geral: art. 128, §§ 3º e 4º

MINISTÉRIO PÚBLICO DOS ESTADOS
- atribuições e Estatuto: art. 128, § 5º
- organização: art. 61, § 10, II, d
- órgão do Ministério Público: art. 128, II
- Procurador-Geral do Estado: art. 128, §§ 3º e 4º
- Tribunal de Contas dos Estados: art. 130

MINISTÉRIO PÚBLICO DOS TERRITÓRIOS
- atribuições e Estatuto: art. 128, § 5º
- organização: arts. 48, IX; 61, § 1º, II, d
- legislação: art. 22, XVII
- organização e manutenção: art. 21, XIII
- órgãos do Ministério Público da União: art. 128, I, d
- Procurador-Geral: art. 128, §§ 3º e 4º

MINISTÉRIO PÚBLICO DO TRABALHO
- atribuições e Estatuto: art. 128, § 5º
- estabilidade: art. 29, § 4º do ADCT
- órgão do Ministério Público da União: art. 128, I, b
- composição do TRT: art. 115, par. ún., II
- composição do TST: art. 111-A, I

MINISTÉRIO PÚBLICO FEDERAL
- atribuições e Estatuto: art. 128, § 5º
- órgão: art. 128, I, a
- Procurador da República: art. 29, § 2º do ADCT
- Tribunal de Contas da União: art. 130

MINISTÉRIO PÚBLICO MILITAR
- atribuições e Estatuto: art. 128, § 5º
- estabilidade: art. 29, § 4º do ADCT

MINISTÉRIOS
- criação e extinção: arts. 48, XI, 61, § 1º, II, e e 88
- defesa: arts. 52, I, 84, XIII e 91, I a VIII

MINISTRO DA JUSTIÇA

- Conselho da República: art. 89, VI

MINISTRO DE ESTADO

- auxílio ao Presidente da República: art. 76
- auxílio ao Presidente da República: art. 84, II
- comparecimento à Câmara dos Deputados: art. 50, *caput*, § 1º
- competência: art. 87, par. ún.
- crimes de responsabilidade conexos com os do Presidente e Vice-Presidente da República: art. 52, I
- crimes de responsabilidade: arts. 87, par. ún., II e 102, I, c
- decretos: art. 87, par. ún., II
- delegação de atribuições pelo Presidente da República: art. 84, par. ún.
- entidades da administração federal: art. 87, par. ún., I
- escolha: art. 87, *caput*
- execução das leis: art. 87, par. ún., II
- execução dos regulamentos: art. 87, par. ún. II
- *habeas corpus*: art. 102, I, d
- *habeas data*: art. 105, I, b
- infrações penais comuns: art. 102, I, b
- instauração de processos: art. 51, I
- mandado de injunção: art. 105, I, h
- mandado de segurança: art. 105, I, b
- nomeação e exoneração: art. 84, I
- pedidos de informação: art. 50
- referendo de atos e decretos pelo Presidente da República: art. 87, par. ún., I
- relatório anual: art. 87, par. ún., III
- remuneração: art. 49, VIII
- convocação do Conselho da República: art. 90, § 1º

MISSÃO DIPLOMÁTICA

- aprovação pelo Senado Federal: art. 52, IV
- crimes comuns e de responsabilidade: art. 102, I, c

MOEDA

- emissão: art. 48, XIV
- competência da União: art. 164
- limites: art. 48, XIV

MONOPÓLIO

- art. 173, § 4º

MONUMENTOS

- art. 23, III

MORADIAS

- art. 23, IX

MORALIDADE ADMINISTRATIVA

- arts. 5º, LXXIII, e 37, *caput*

MULHER

- igualdade em direitos: art. 5º, I
- mercado de trabalho: art. 7º, XX
- serviço militar obrigatório art. 143, § 2º

MULTA

- art. 5º, XLVI, c

MUNICÍPIO

- aplicação do Sistema Tributário Nacional: art. 34, § 3º do ADCT
- autarquias e fundações e mantidas pelo Poder Público: art. 150, §§ 2º e 3º
- autonomia: art. 18, *caput*
- Câmara Municipal: arts. 29, IV, V, IX e 31, *caput*, § 1º
- compatibilização quadro de pessoal: art. 24 do ADCT
- competência tributária: arts. 30, 111; 145, *caput*; 156
- competência: art. 30
- Conselho de Contas: art. 31, § 4º
- contribuições previdenciárias: art. 57 do ADCT
- convalidação: art. 96 do ADCT
- crédito externo e interno: art. 52, VII
- criação: art. 18, § 4º
- custeio: art. 149, §§ 1º a 4º
- desmembramento: art. 18, § 4º
- despesas com pessoal: art. 169 e do ADCT, art. 38
- diferença de bens: art. 152
- disponibilidade de caixa: art. 164, § 3º
- distinção entre brasileiros: art. 19, III
- Distrito Federal: art. 32, *caput*
- distrito, criação, organização e supressão: art. 30, IV
- dívida mobiliária: art. 52, IX
- dívida pública: art. 52, VI
- documento público: art. 19, II
- educação infantil: art. 30, VI
- empresa de pequeno porte: art. 179
- ensino fundamental: art. 30, VI
- ensino: art. 212
- Estado-membro: art. 12, § 2º do ADCT
- exploração do mar territorial: art. 20, § 1º
- financiamento do Sistema Único de Saúde: art. 198, § 1º
- fiscalização contábil, financeira e orçamentária: arts. 31, § 3º e 75, *caput*
- fiscalização financeira: art. 31, *caput*
- fiscalização orçamentária: art. 31, *caput*
- fixação de alíquotas do ICMS: art. 156, § 3º, I e do ADCT, art. 88
- fusão: art. 18, § 4º
- guardas municipais: art. 144, § 8º
- impostos: arts. 156, 158 e 160
- imposto sobre transmissão inter vivos: art. 156, II e § 2º
- imposto sobre transmissão intervivos: art. 156, § 2º, I
- incentivos e benefícios fiscais: art., 156, § 3º, III e do ADCT, art. 88
- incentivos fiscais: ADCT, art. 41
- incorporação: art. 18, § 4º
- iniciativa das leis: art. 29, XI
- instituição e arrecadação dos tributos: art. 30, III
- instituições de assistência social sem fins lucrativos: art. 150, VI, c e § 4º
- instituições de educação sem fins lucrativos: art. 150, VI, c e § 4º
- interesse local: art. 30, I
- IPTU: art. 156, § 1º
- IPTU: art. 156, I
- legislação federal: art. 30, II
- Lei Orgânica: art. 29, *caput* e do ADCT, art. 11, par. ún.
- limites a tributação: art. 150
- livros, jornais e periódicos: art. 150, VI, d
- microempresa: art. 179
- órgãos de Contas: art. 31, § 4º
- participação das receitas tributárias: art. 160
- partidos políticos: art. 150, VI, c e § 4º
- patrimônio histórico-cultural: art. 30, IX
- patrimônio, renda ou serviços de entes públicos: art. 150, VI, a
- planejamento de cooperação das associações representativas de bairro: art. 29, X
- plataforma continental: art. 20, § 1º
- precatório: art. 100, *caput* e do ADCT, art. 97
- prestação de contas: art. 30, III
- previdência social: art. 149, §§ 1º a 4º
- princípios: art. 37, *caput*
- recursos hídricos e minerais: art. 20, § 1º
- recursos para a assistência social: art. 204, *caput*
- reforma administrativa: art. 24 do ADCT
- religião: art. 19, I
- repartição da receita tributária: arts. 158 e 162
- serviço público de interesse local: art. 30, V
- serviços de atendimento à saúde: art. 30, VII
- símbolos: art. 13, § 2º
- sindicatos: art. 150, VI, c e § 4º
- sistema de ensino: art. 211, *caput* e § 2º
- solo urbano: art. 30, VIII
- suplementação da legislação federal e estadual: art. 30, II
- templos: art. 150, VI, b e § 4º
- transporte coletivo de caráter essencial: art. 30, V
- Tribunais de Contas: art. 31, § 4º
- turismo: art. 180
- vedação ao limite de tráfego: art. 150, V
- vedações: art. 19

– N –

NACIONALIDADE

- arts. 12 e 13
- brasileiros natos: art. 12, I
- brasileiros naturalizados: art. 12, II
- cargos privativos de brasileiro nato: art. 12, § 3º
- causas referentes: art. 109, X
- competência privativa: art. 22, XIII
- delegação legislativa: art. 68, § 1º, II
- distinção entre brasileiros natos e naturalizados: art. 12, § 2º
- foro competente: art. 109, X
- opção: art. 12, I, c
- perda: art. 12, § 4º
- portugueses: art. 12, II, a, e § 1º

NÃO INTERVENÇÃO

- art. 4º, IV

NASCIMENTO

- estrangeiro: art. 95 do ADCT
- registro civil: art. 5º, LXXVI, *a*

NATURALIZAÇÃO

- cancelamento; efeito: art. 12, § 4º, I
- direitos políticos: art. 15, I
- foro competente: art. 109, X
- legislação: art. 22, XIII
- perda da nacionalidade: art. 12, § 4º, II

NAVEGAÇÃO

- aérea e aeroespacial: arts. 21, XII, c e 22, X
- cabotagem: art. 178, par. ún.

- cabotagem; embarcações nacionais: art. 178
- fluvial: art. 22, X
- lacustre: art. 22, X
- marítima: art. 22, X

NEGOCIAÇÕES COLETIVAS DE TRABALHO
- art. 8º, VI

NOTÁRIOS
- carreira: art. 236
- concurso público: art. 236, § 3º
- fiscalização dos atos do Poder Público: art. 236, § 1º
- responsabilidade civil e criminal: art. 236, § 1º

– O –

ÓBITO
- art. 5º, LXXVI, b

OBJETIVOS FUNDAMENTAIS DO ESTADO BRASILEIRO
- art. 3º

OBRAS
- coletivas: art. 5º, XXVIII, a
- criadores e intérpretes: art. 5º, XXVIII
- degradação do meio ambiente: art. 225, § 1º, IV
- direitos do autor e herdeiros: art. 5º, XXVII
- participação individual: art. 5º, XXVII
- patrimônio cultural brasileiro: art. 216, IV
- públicas: art. 37, XXI
- valor histórico, artístico e cultural: art. 23, III e IV

OBRIGAÇÃO ALIMENTÍCIA
- art. 5º, LXVII

OFICIAIS DE REGISTRO
- concurso público: art. 236, § 3º
- fiscalização dos atos: art. 236, § 1º
- responsabilidade civil e criminal: art. 236, § 1º
- vedação: art. 173, § 4º

OFICIAL
- forças armadas: art. 12, § 3º, VI
- general: art. 84, XIII
- registro: art. 236

OLIGOPÓLIO
- art. 220, § 5º

OPERAÇÃO FINANCEIRA
- externas: art. 52, V
- fiscalização: art. 21, VIII

OPERAÇÕES DE CRÉDITO
- adaptação: art. 37 do ADCT
- atribuição do Congresso Nacional: art. 48, II
- controle: art. 74, III
- externo e interno: art. 52, VII e VIII

ORÇAMENTO PÚBLICO
- arts. 165 a 169
- fundos anuais: art. 165, § 5º, I e III
- Congresso Nacional: art. 48, II
- créditos especiais e extraordinários: art. 167, § 2º
- créditos extraordinários: art. 167, § 3º
- delegação legislativa: art. 68, § 1º, III
- envio das diretrizes orçamentárias: art. 84, XXIII
- instituição e funcionamento: arts. 165, § 9º; 167, IX e do ADCT, art. 35, § 2º
- lei anual: art. 35, *caput* do ADCT
- adequação do plano plurianual: art. 165, § 4º
- Congresso Nacional no plano plurianual: art. 48, II
- crimes de responsabilidade no plano plurianual: art. 167, § 1º
- delegação legislativa do plano plurianual: art. 68, § 1º, III
- plano plurianual; lei: art. 165, § 1º
- envio do plano plurianual ao Congresso Nacional: art. 84, XXIII
- apreciação de emendas pelo Congresso Nacional: art. 166, § 2º
- apreciação pela Comissão Mista Permanente de Senadores e Deputados: art. 166, § 1º
- apreciação pelo Congresso Nacional no projeto de lei: art. 166, *caput*
- apresentação de emendas aos projetos de lei: art. 166, § 2º
- modificação do projeto de lei: art. 166, § 5º
- processo legislativo nos projetos de lei: art. 166, § 7º
- regulamentação do plano plurianual: art. 165, § 9º
- Poder Executivo: art. 165, III
- envio da proposta pelo Presidente da República: art. 84, XXIII
- elaboração e proposta da seguridade social: art. 195, § 2º
- títulos da dívida agrária: art. 184, § 4º
- vedações: art. 167 e do art. 37 do ADCT

ORDEM DOS ADVOGADOS DO BRASIL
- legitimidade do Conselho Federal nas ações de constitucionalidade: art. 103, VII

ORDEM ECONÔMICA
- direito ao exercício: art. 170, par. ún.
- documento ou informação de natureza comercial: art. 181
- empresa de pequeno porte: art. 179
- empresas nacionais de pequeno porte: art. 170, IX
- fundamentos: art. 170, *caput*
- livre concorrência: art. 170, IV
- microempresa: art. 179
- pleno emprego: art. 170, VIII
- princípios: art. 170
- relação da empresa pública com o Estado e a Sociedade: art. 173, § 3º
- responsabilidade individual e da pessoa jurídica: art. 173, § 5º

ORDEM JUDICIAL
- art. 5º, XIII

ORDEM SOCIAL
- arts. 192 a 232
- assistência social: arts. 203 e 204
- ciência e tecnologia: arts. 218 e 219
- comunicação social: arts. 220 a 224
- cultura: arts. 215 e 216
- desporto: art. 217
- educação: arts. 205 a 214
- família, criança, adolescente e idoso: arts. 226 a 230
- fundamentos: art. 193
- idosos: art. 230
- índios: arts. 231 e 232
- meio ambiente: art. 225
- objetivos: art. 193
- políticas sociais: art. 193, parágrafo único
- previdência social: arts. 201 e 202
- saúde: arts. 196 a 200
- seguridade social: arts. 194 a 204

ORGANISMOS REGIONAIS
- art. 43, § 1º, II

ORGANIZAÇÃO
- do trabalho: arts. 10 e 11
- judiciária: art. 22, XVII
- internacional: art. 21, I
- político-administrativa do estado brasileiro: art. 18
- sindical: art. 8º, I, II e 51, LXX, *b*

ÓRGÃOS PÚBLICOS
- publicidade dos atos: art. 37, § 1º
- disponibilidade de caixa: art. 164, § 3º
- inspeção e auditoria: art. 71, IV

OURO
- art. 153, § 5º

– P –

PAGAMENTO
- precatórios judiciais: art. 33
- pais: art. 230

PAISAGENS NATURAIS
- art. 23, III

PANTANAL MATO-GROSSENSE
- art. 225, § 4º

PAPEL
- art. 150, VI, *d*

PARENTES DE OCUPANTES DE CARGOS E POLÍTICOS
- art. 14, § 7º

PARLAMENTARISMO
- art. 2º do ADCT

PARTICIPAÇÃO NOS LUCROS
- art. 7º, XI

PARTIDO POLÍTICO
- acesso gratuito ao rádio e à televisão: art. 17, § 3º
- ADC e ADIN: art. 103, VIII
- autonomia: art. 17, § 1º
- caráter nacional: art. 17, I
- coligações eleitorais: art. 17, § 1º
- criação: art. 17, *caput* e do ADCT, art. 6º
- direitos fundamentais da pessoa humana: art. 17, *caput*
- estatuto: art. 17, § 10 e do ADCT, art. 6º
- extinção: art. 17, *caput*
- funcionamento parlamentar: art. 17, IV
- fusão: art. 17, *caput*
- incorporação: art. 17, *caput*
- limitações ao poder de tributar: art. 150, VI, c, § 4º
- manifesto: art. 6º do ADCT
- organização e funcionamento: art. 17, § 1º
- perda do registro provisório: art. 60, § 2º do ADCT
- personalidade jurídica: art. 17, § 2º
- pluripartidarismo: art. 17, *caput*
- programa: art. 6º do ADCT
- recursos: art. 17, § 3º

- regime democrático: art. 17, *caput*
- registro provisório e concessão pelo TSE: art. 6º, § 1º do ADCT
- registro: art. 17, § 2º e do art. 6º do ADCT
- requisitos: art. 17, *caput*
- soberania nacional: art. 17, *caput*
- TSE: art. 6º, *caput* do ADCT
- vedação de subordinação à entidade ou governo também no estrangeiro: art. 17, II
- vedação de utilização de organização paramilitar: art. 17, § 4º

PATERNIDADE
- art. 7º, XIX

PATRIMÔNIO
- art. 150, VI, *c*
- ação popular: art. 5º, LXXIII
- patrimônio cultural brasileiro: art. 216
- patrimônio histórico e cultural: art. 5º, LXXIII
- patrimônio histórico, artístico, cultural e arqueológico: art. 23, III e IV
- patrimônio histórico, cultural, artístico, turístico e paisagístico: art. 24, VII e VIII
- público: art. 23, I

PATRIMÔNIO NACIONAL
- atos gravosos: art. 49, I
- encargos ou compromissos gravosos: art. 49, I
- Floresta Amazônica, Mata Atlântica, Serra do Mar, Pantanal Mato-Grossense, Zona Costeira: art. 225, § 4º
- mercado interno: art. 219

PAZ
- autorização do Congresso Nacional: art. 49, II
- defesa de paz: art. 4º, VI
- opinião do Conselho de Defesa Nacional: art. 91, § 1º, I
- Presidente da República: art. 84, XX
- União: art. 21, II

PENA
- comutação: art. 84, XII
- cruéis: art. 5º, XLVII, *e*
- espécies adotadas: art. 5º, XLVI
- espécies inadmissíveis: art. 5º, XLVII
- estabelecimento: art. 5º, XLVIII
- individualização: art. 5º, XLVI e XLVII
- morte: art. 5º, XLVII, *a*
- reclusão: art. 5º, XLII
- suspensão ou interdição de direitos: art. 5º, XLVI, *e*
- tipos: art. 5º, XLVI

PENSÃO
- benefícios transferíveis para o seringueiro: art. 54, § 2º do ADCT
- especial para ex-combatente da 2º Guerra Mundial: art. 53 do ADCT
- gratificação natalina: art. 201, § 6º
- mensal vitalícia do seringueiros: art. 54, § 3º do ADCT
- militares: art. 42, § 2º
- morte do segurado: art. 201, V
- revisão dos direitos: art. 20
- seringueiros que contribuíram durante a 2º Guerra Mundial: art. 54, § 1º do ADCT
- servidor público: art. 40, §§ 2º, 7º, 8º e 14

PERICULOSIDADE
- art. 7º, XXIII

PESCA
- art. 24, VI

PESCADOR
- artesanal: art. 195, § 8º
- colônias: art. 8º, par. ún.

PESQUISA
- de recursos hídricos: art. 23, XI
- capacitação tecnológica: art. 218

PETRÓLEO
- exploração e participação nos resultados: art. 20, § 1º
- importação e exportação: art. 177, III
- jazidas: art. 177, I
- monopólio: art. 45 do ADCT
- pesquisa e lavra: art. 177, I
- PETROBRAS: art. 45, par. ún. do ADCT
- refinação: art. 177, II
- transporte marítimo ou por meio de conduto: art. 177, IV
- venda e revenda: art. 238

PISO SALARIAL
- art. 7º, V

PLANEJAMENTO
- agrícola: art. 187, § 1º
- do desenvolvimento nacional: arts. 21, IX, 48, IV e 174, § 1º
- familiar: art. 226, § 7º
- nacional de desenvolvimento econômico e social: art. 43, § 1º, II
- nacional de educação: arts. 205, *caput*, 212, § 3º, 214

PLANO
- de custeio e de benefício: art. 59
- diretor: art. 182, § 1º
- nacional de educação: arts. 212, § 3º e 214
- plunianual: arts. 48, II, 84, XXIII 165, I, §§ 1º e 9º, I e 166 e art. 35, § 1º do ADCT
- previdência social: art. 201

PLANTAS PSICOTRÓPICAS
- art. 243, *caput*

PLEBISCITO
- anexação de estados federados: art. 18
- autorização: art. 49, XV
- competência do Congresso Nacional: art. 49, XV
- criação, incorporação, fusão e desmembramento de municípios: art. 18, § 4º
- exercício da soberania: art. 14, I
- incorporação, subdivisão ou desmembramento de estados federa dos: art. 18, § 3º
- regime de governo: art. 2º do ADCT

PLURALISMO POLÍTICO
- art. 1º, V

PLURIPARTIDARISMO
- art. 17, *caput*

POBREZA
- combate às causas: art. 23, X
- erradicação: art. 3º, III
- Fundo de Combate e Erradicação da Pobreza: arts. 79 a 83 do ADCT

PODER DE TRIBUTAR
- arts. 150 a 152

PODER ECONÔMICO
- art. 14, § 9º

PODER EXECUTIVO
- arts. 2º e 76 a 91
- alteração de alíquotas: art. 153, § 1º
- atividades nucleares: art. 49, XIV
- auxílio dos Ministros de Estado: art. 76
- delegação legislativa: art. 25 do ADCT
- exercício e prestação de contas na fiscalização contábil, financeira e orçamentária da União: art. 70
- finalidade da fiscalização contábil, financeira e orçamentária da União: art. 74
- fiscalização e controle: art. 49, X
- radiodifusão sonora e de sons e imagens; outorga, concessão, permissão e autorização: art. 223, *caput*
- sustação pelo Congresso Nacional: art. 49, V
- vencimentos dos membros: arts. 37, XII; 39, § 1º

PODER JUDICIÁRIO
- arts. 2º e 92 a 126
- ações desportivas: art. 217, § 1º
- atos notariais: art. 236, § 1º
- autonomia administrativa e financeira: art. 99, *caput*
- competência privativa dos tribunais: art. 96
- conflitos fundiários: art. 126
- controle interno: art. 74
- delegação legislativa: art. 68, § 1º
- direito individual: art. 5º, XXXV
- dotação orçamentária: art. 168
- fiscalização contábil, financeira e orçamentária da União: arts. 70 e 74, *caput*
- fiscalização dos atos notariais: art. 236, § 1º
- órgãos: art. 92, 93, IX e 169
- radiodifusão sonora e de sons e imagens: art. 223, § 4º
- vencimentos: arts. 37, XII; 39, § 1º

PODER LEGISLATIVO
- arts. 2º e 44 a 75
- acompanhamento e fiscalização pela comissão mista permanente de Senadores e Deputados no orçamento anual: art. 166, § 1º, II
- Advocacia-Geral da União: ADCT, art. 29, § 1º
- anistia: art. 48, VIII
- apreciação de emendas ao projeto de lei orçamento anual: art. 166, § 2º
- apreciação de planos e programas nacionais, regionais e setoriais previstos na Constituição: art. 165, § 4º
- apreciação de projeto de lei pela Comissão mista permanente no orçamento anual: art. 166, § 1º
- apreciação do estado de sítio: arts. 137, par. ún.; 138, § 2º; 141, par. ún.
- apreciação do orçamento anual: art. 166, *caput*
- apreciação do plano plurianual de emendas ao projeto de lei: art. 166, § 2º
- apreciação do plano plurianual de projeto de lei pela Comissão mista permanente de Senadores e Deputados: art. 166, § 1º

- apreciação dos atos do Poder Executivo de radiodifusão sonora e de sons e imagens: art. 223, § 1º
- apreciação dos estudos da Comissão de Estudos Territoriais: art. 12, § 1º do ADCT
- apreciação medidas provisórias: arts. 57, §§ 7º e 8º; 62, *caput*
- apreciação no plano plurianual: art. 166, *caput*
- apropriação de estado de defesa: arts. 136, §§ 4º e 6º; 141, par. ún.
- aprovação da intervenção federal: art. 49, IV
- aprovação de incorporação, subdivisão ou desmembramento de áreas: art. 48, VI
- aprovação de incorporação, subdivisão ou desmembramento de áreas: art. 48, VI
- aprovação de iniciativas do Poder Executivo: art. 49, XIV
- aprovação de planos: art. 5º do ADCT
- aprovação de serviços e instalações nucleares: art. 21, XXIII, a
- aprovação do estado de defesa: art. 49, IV
- aprovação do estado de sítio: art. 49, IV
- aprovação prévia de alienação ou concessão de Terras Públicas: arts. 49, XVII; 188, § 1º
- arrecadação e distribuição: art. 48, I
- atos, convenções e tratados internacionais: arts. 49, I; 84, VIII
- atribuições de comissões: art. 58, § 2º
- atribuições: art. 48
- autorização de plebiscito: art. 49, XV
- autorização de referendo: art. 49, XV
- autorização e referendo na mobilização nacional: art. 84, XIX
- autorização para aquisição ou arrendamento de propriedade rural: art. 190
- autorização para aquisição ou arrendamento por estrangeiro em propriedade rural: art. 190
- bens da União: art. 48, V
- Comissão de Estudos Territoriais: art. 12, § 1º do ADCT
- comissão do estado de defesa: art. 140
- Comissão do estado de sítio: art. 140
- comissão mista: art. 26 do ADCT
- comissão permanente e temporária: art. 58, *caput*
- comissão representativa: art. 58, § 4º
- competência exclusiva: art. 49, *caput* e 68, § 1º
- competência legislativa: art. 49, XI
- competência tributária residual da União: art. 154, I
- composição: art. 44, *caput*
- concessão e renovação de emissoras de rádio e televisão: art. 49, XII
- Conselho de Comunicação Social: art. 224
- convocação extraordinária estado de defesa: art. 136, § 5º
- convocação extraordinária pelo Presidente do Senado no estado de sítio: art. 138, § 2º
- convocação extraordinária: arts. 57, § 6º; 58, § 4º; 62, *caput*; 136, § 5º
- criação de Juizado de Pequenas Causas: art. 98, I
- criação, estruturação e atribuições de órgãos da Administração Pública: art. 48, XI
- criação, estruturação e atribuições dos Ministérios: art. 48, XI
- decreto-lei; promulgação da Constituição: art. 25, § 1º do ADCT
- Defensoria Pública da União e dos Territórios: art. 48, IX
- delegação legislativa: art. 68, § 2º
- diretrizes orçamentárias: art. 166
- dispositivos legais à época da promulgação da Constituição: art. 25 do ADCT
- dívida externa brasileira; art. 26 do ADCT
- dívida mobiliária federal: art. 48, XIV
- dívida pública: art. 48, II
- dotação orçamentária de órgãos: art. 169
- dotação orçamentária: art. 168
- emissão de curso forçado: art. 48, II
- envio de projeto de lei no orçamento anual: art. 166, § 6º
- escolha dos Membros do TCU: art. 49, XIII
- escolha dos Ministros do TCU: art. 73, § 2º
- espaço aéreo: art. 48, V
- espaço marítimo: art. 48, V
- exercício pelo Congresso Nacional: art. 44, *caput*
- fiscalização contábil, financeira e orçamentária da União: art. 70, *caput* e 74, *caput*
- fiscalização e controle dos atos da Administração Pública: art. 49, X
- fiscalização e controle dos atos do Poder Executivo: arts. 49, X e 59
- fiscalização financeira, orçamentária, operacional e patrimonial da União: arts. 70 a 72
- fixação de remuneração dos Ministro de Estado: art. 49, VIII
- Forças Armadas; fixação e modificação do efetivo: art. 48, III
- funcionamento do estado de sítio: art. 138, § 3º
- funcionamento: art. 57, *caput*
- leis delegadas: art. 68
- limites do território nacional
- Mesa: art. 57, § 5º
- operações de crédito: art. 48, II
- orçamento anual: art. 48, II
- organização do Ministério Público da União: art. 48, IX
- organização do Ministério Público do Distrito Federal: art. 48, IX
- organização do Ministério Público dos Territórios: art. 48, IX
- plano nacional de desenvolvimento: art. 48, IV
- plano plurianual: art. 48, II
- prazo para envio da decretação ou prorrogação do estado de defesa: art. 136, § 4º
- prestação de informações do TCU: art. 71, VII
- programa nacional, regional e setorial de desenvolvimento: art. 48, IV
- ratificação de fundos públicos: art. 36 do ADCT
- recesso: art. 58, § 4º
- Regimento Interno: art. 57, § 3º, II
- rejeição do estado de defesa: art. 136, § 7º
- remoção de índios das terras tradicionalmente ocupadas: art. 231, § 5º
- renovação da concessão e da permissão de radiodifusão sonora e de sons e imagens: art. 223, §§ 2º e 3º
- representação proporcional dos partidos: art. 58, § 1º
- representação proporcional dos partidos: art. 58, § 1º
- revisão constitucional: art. 3º do ADCT
- revisão de doações, vendas e concessões de terras públicas: art. 51 do ADCT
- Senadores: art. 49, VII
- sessão extraordinária: art. 57, §§ 7º e 8º
- sessão legislativa: art. 57, § 2º
- sistema tributário: art. 48, I
- subsídios Deputado Federal: art. 49, VII
- sustação de atos normativos: art. 49, V
- sustação dos atos normativos do Poder Executivo: art. 49, V
- telecomunicações: art. 48, XII
- terras indígenas: arts. 49, XVI e 231, § 3º
- Territórios: art. 33, § 2º
- transferência temporária da sede do Governo Federal: art. 48, VII
- transferência temporária da sede: art. 49, VI
- Tribunais Superiores: art. 64, *caput*
- vencimentos: arts. 37, XII; 39, § 8º
- Vice-Presidente da República: arts. 49, III e VIII e 83

POLÍCIA AEROPORTUÁRIA
- exercício da função pela polícia federal: art. 144, § 1º, III
- competência da União: art. 21, XXII

POLÍCIA CIVIL
- competência: art. 144, § 4º
- competência legislativa da União, Estados e Distrito Federal: art. 24, XVI
- Distrito Federal: art. 21, XIV
- órgãos: art. 144, IV

POLÍCIA DE FRONTEIRA
- exercício da função pela polícia federal: art. 144, § 1º, III
- serviços; competência da União: art. 21, XXII

POLÍCIA FEDERAL
- art. 144, I
- competência: art. 144, § 1º
- competência legislativa: art. 22, XII
- organização e manutenção: art. 21, XIV

POLÍCIA FERROVIÁRIA FEDERAL
- arts. 22, XXII e 144, § 3º

POLÍCIA MARÍTIMA
- arts. 21, XXII e 144, § 1º, III

POLÍCIA MILITAR
- competência: art. 144, § 5º
- competência legislativa da União: art. 22, XXI
- Distrito Federal: art. 21, XIV
- integrantes da carreira, ex-Território Federal de Rondônia: art. 89 do ADCT
- órgãos: art. 144, V

POLÍCIA PENAL
- art. 144, IV
- competência: art. 144, §5º-A.
- Distrito Federal: art. 32, §4º

- organização e manutenção: art. 21, XIV
- subordinação: art. 144, §6º

POLÍCIA RODOVIÁRIA FEDERAL
- art. 144, II
- competência: art. 144, § 2º
- competência legislativa da União: art. 22, XXII

POLÍTICA AGRÍCOLA
- assistência técnica e extensão rural: art. 187, IV
- atividades agroindustriais, agropecuárias, pesqueira e florestais: art. 187, § 1º
- compatibilização com a reforma agrária: art. 187, § 2º
- compatibilização da reforma agrária: art. 187, § 2º
- desapropriação da reforma agrária: arts. 184; 185; 186
- destinação das terras públicas e devolutas: art. 188
- distribuição de imóveis rurais da reforma agrária: art. 189
- irrigação e aplicação de recursos: ADCT, art. 42
- irrigação: art. 187, VII
- objetivos e instrumentos: ADCT, art. 50
- ocupação produtiva de imóvel rural: art. 191
- planejamento de atividades incluídas: art. 187, § 1º
- planejamento e execução: art. 187
- produção agropecuária e abastecimento alimentar: art. 23, VIII
- regulamentação legal: art. 50 do ADCT

POLÍTICA DE DESENVOLVIMENTO URBANO
- desapropriações: art., 182, § 3º
- execução, diretrizes, objetivos dos Município: art. 182
- função social da propriedade: art. 182, § 2º
- penalidades: art. 182, § 4º
- plano diretor: art. 182, § 1º

POLÍTICA NACIONAL DE TRANSPORTES
- art. 22, IX

POLÍTICA URBANA
- arts. 182 e 183

POLUIÇÃO
- combate: art. 23, VI
- controle: art. 24, VI

PORTADOR DE NECESSIDADES ESPECIAIS
- adaptação dos logradouros e edifícios de uso público: art. 244
- assistência social: art. 203, IV e V
- ensino especializado: art. 208, III
- facilidade de locomoção e acesso: arts. 227, § 2º e 244
- igualdade de direitos no trabalho: art. 7º, XXXI
- prevenção, atendimento especializado e integração: art. 227, § 1º, II
- proteção e integração social: art. 24, XIV
- proteção: art. 23, II
- servidor público: art. 37, VIII

PORTOS
- arts. 21, XII, *f*, e 22, X

PORTUGUESES
- direitos: art. 12, § 1º

POUPANÇA
- captação e garantia: art. 22, XIX
- União: art. 22, XIX

POVO
- art. 1º, par. ún.

PRAIAS
- fluviais: art. 20, III
- marítimas: art. 20, IV

PRECATÓRIOS
- alimentos: art. 100, §§ 1º e 2º
- art. 100 e o art. 97 do ADCT
- atualização e valores de requisitórios: art. 100, § 12
- cessão: art. 100, §§ 13 e 14
- complementar ou suplementar: art. 100, § 8º
- condições de pagamento: art. 86 do ADCT
- expedição e compensação: art. 100, § 9º
- ordem de pagamento: art. 86, §§ 1º a 3º do ADCT
- pagamento de obrigações de pequeno valor: art. 100, § 3º e o art. 87 do ADCT
- União: art. 100, § 16

PRECONCEITO
- art. 3º, IV

PREFEITO
- condições de elegibilidade: art. 14, §§ 5º e 6º
- cônjuge e parentes: art. 5º, § 5º do ADCT
- Deputado Estadual: art. 5º, § 3º do ADCT
- Deputado Federal: art. 5º, § 3º do ADCT
- duração do mandato eletivo: art. 29, II e III
- elegibilidade: art. 14, § 3º, VI, c
- eleição direta: art. 29, I, II e III
- eleição nº 2º turno: art. 29, II e III
- eleição: art. 29, II e III
- idade mínima: art. 14, § 3º, VI, c
- imposto: art. 29, V
- inelegibilidade de cônjuge: art. 14, § 7º
- inelegibilidade de parentes até o segundo grau: art. 14, § 7º
- julgamento: art. 29, X
- mandato eletivo de servidor público: arts. 28 e 38
- mandato: ADCT, art. 4º, § 4º
- perda de mandato: art. 28, § 1º
- posse: art. 29, II e III
- reeleição: art. 14, § 5º
- remuneração e subsídios: art. 29, V
- sufrágio universal: art. 29, II e III
- término do mandato: ADCT, art. 4º, § 4º do ADCT
- voto: art. 29, II e III

PRESCRIÇÃO DAS AÇÕES TRABALHISTAS
- art. 7º, XXIX

PRESIDENCIALISMO
- prazo para o plebiscito: art. 20 do ADCT

PRESIDENTE DA REPÚBLICA
- ADIN: art. 103, I
- Administração Federal; direção: art. 84, II, VI, *a* e *b*
- Advocacia-Geral da União: art. 131, § 1º e o art. 29, § 1º do ADCT
- afastamento: art. 86, § 2º
- atribuições: art. 84, XXVII
- aumento da remuneração do servidor público: art. 61, § 1º, II, c
- autorização para se ausentar do País: art. 49, III
- cargo privativo de brasileiro nato: art. 12, § 3º, I
- celebração de atos, convenções e tratados internacionais: art. 84, VIII
- celebração de paz: art. 84, XX
- cessação do estado de defesa: art. 141, par. ún.
- cessação do estado de sítio: art. 141, par. ún.
- competências: art. 84, *caput*
- comutação de pena: art. 84, XII
- concessão de indulto: art. 84, XII
- condecoração e distinções honoríficas: art. 84, XXI
- condições de elegibilidade: art. 14, §§ 5º e 6º
- Congresso Nacional: art. 57, § 6º, I e II
- Conselho da República: arts. 84, XVIII e 89
- Conselho de Defesa Nacional: art. 91, *caput*
- Conselho Nacional de Justiça: art. 103-B, § 2º
- Constituição: art. 1º do ADCT
- criação de cargo, emprego ou função do servidor público: art. 61, § 1º, II, a
- crimes de responsabilidade: arts. 52, I, par. ún., 85, 86, *caput*, § 1º, II
- declaração de guerra: art. 84, XIX
- decretação de intervenção federal: art. 84, X
- decretação do estado de defesa: arts. 136, *caput*; 84, IX
- decretação do estado de sítio: arts. 84, IX; 137, *caput*
- decretação ou prorrogação do estado de defesa: art. 136, § 4º
- decretação ou prorrogação do estado de sítio: art. 137, par. ún.
- defensoria pública: art. 61, § 1º, II, d
- delegação legislativa: art. 68, § 2º
- despesa pública: art. 63, I
- efetivo das Forças Armadas: art. 61, § 1º, I
- elegibilidade de cônjuge e parentes: art. 5º, § 5º do ADCT
- elegibilidade: art. 14, § 3º, VI, a
- eleição: art. 77
- emendas à Constituição: art. 60, II
- executor no estado de sítio: art. 138, *caput*
- exercício do cargo em sua ausência: art. 83
- expedição de decretos: art. 84, IV
- expedição de regulamento: art. 84, IV
- Forças Armadas: art. 84, XIII
- forças estrangeiras: art. 84, XXII
- Governador de Território: art. 84, XIV
- *habeas corpus*: art. 102, I, d
- idade mínima: art. 14, § 3º, VI, a
- impedimento para o exercício da presidência: art. 80
- impedimentos e sucessão: art. 80
- inelegibilidade: art. 14, § 7º
- infrações penais comuns: arts. 86, 102, I, *b*
- iniciativa das leis: art. 64, *caput*
- iniciativa das leis: arts. 61, § 1º, II; 84, III
- iniciativa de leis complementares e ordinárias: art. 61, *caput*

- instauração de processo contra: art. 51, I
- instauração de processo: art. 5º, I
- leis de diretrizes orçamentárias: arts. 165 e 166, § 5º
- licença do Congresso Nacional: art. 83
- mandado de injunção: art. 102, I, q
- mandado de segurança: art. 102, I, d
- mandato eletivo: art. 82
- medidas provisórias: arts. 62, *caput* e 84, XXVI
- mobilização nacional: art. 84, XIX
- nomeação de Juízes do TRE: arts. 107, *caput*; 120, III
- nomeação de Juízes do TRT: art. 115, *caput*
- nomeação de Juízes dos Tribunais Federais: art. 84, XVI
- nomeação de presidente e diretores do Banco Central do Brasil: art. 84, XIV
- nomeação dos Ministros do STF: art. 101, par. ún.
- oficiais-generais das três armas: art. 84, XIII
- perda de cargo: art. 83
- plano de governo: art. 84, XI
- plano plurianual: art., 84, XXIII e 166, § 5º
- Poder Executivo: art. 76
- posse: arts. 57, § 3º, III, § 6º e 78
- preenchimento e extinção cargos públicos federais: art. 84, XXV, par. ún.
- prestação de contas: arts. 49, IX e 166, § 1º, I
- prestação de contas: arts. 51, II, 71, I e 84, XXIV
- prisão: art. 86, § 3º
- projeto de lei: arts. 64, § 1º, 66, § 1º, 84, XXIII
- promulgação da lei: art. 66, §§ 5º e 7º
- propostas de orçamento: art. 84, XXIII
- reeleição: arts. 14, § 5º; 82
- relações internacionais: art. 84, VII
- remuneração e subsídios: art. 49, VIII
- representante diplomático estrangeiro: art. 84, VII
- responsabilidade: art. 86, § 4º
- sanção tácita: art. 66, § 3º
- sanção, promulgação e expedição das leis: art. 84, IV
- sanção: arts. 48, *caput* e 66, *caput*
- servidor público civil: art. 38, I
- servidor público da União: art. 61, § 1º, II, c
- servidor público dos Territórios: art. 61, § 1º, II, c
- substituição pelo Vice-Presidente da República: art. 79, *caput*
- Superior Tribunal Militar: art. 123
- suspensão de funções: art. 86, § 1º
- término do mandato: art. 4º, *caput* do ADCT
- Territórios: art. 61, § 1º, II, b
- vacância de cargo: arts. 78, par. ún., 80 e 81
- vacância do cargo: arts. 78, par. ún., 80 e 81
- veto parcial: art. 66, § 2º
- Vice-Presidente da República: arts. 77, § 1º e 79, par. ún.

PREVIDÊNCIA PRIVADA

- art. 202

PREVIDÊNCIA SOCIAL

- alíquotas e carência inferiores às vigentes: art. 201, § 13
- anistia: arts. 150, § 6º e 195, § 1º
- aposentadoria: art. 201
- arts. 201 e 202
- benefícios: arts. 201, 248 a 250 e o art. 58 do ADCT
- cobertura: art. 201, I
- competência legislativa concorrente: art. 24, XII
- contribuição: art. 201, *caput*
- direitos sociais: art. 6º
- Distrito Federal: art. 149, § 1º
- Estado-membro: art. 57 do ADCT
- Estados: art. 149, §§ 1º a 4º
- ganhos habituais do empregado: art. 201, § 11
- gestante: art. 201, II
- manutenção de dependentes de segurados de baixa renda: art. 201, IV
- maternidade: art. 201, II
- Município: arts. 149, §§ 1º a 4º e 57 do ADCT
- pensão e gratificação natalina: art. 201, § 6º
- pensão por morte ao cônjuge ou companheiro: art. 201, V
- pescador artesanal: art. 195, § 8º
- produtor rural: art. 195, § 8º
- proteção ao desemprego involuntário: art. 201, III
- recursos: arts. 248 a 250
- sistema especial de inclusão previdenciária: art. 201, § 12

PRINCÍPIO

- contraditório e da ampla defesa: art. 5º, LV
- devido processo legal: art. 5º, LIII e LIV
- dignidade da pessoa humana: art. 1º, III
- eficiência: art. 37, *caput*
- igualdade: art. 5º, I
- impessoalidade: art. 37, *caput*
- legalidade: arts. 5º, II, e 37, *caput*
- moralidade: art. 37, *caput*
- publicidade: art. 37, *caput*

PRISÃO

- civil: art. 5º, LXVII
- comunicação: art. 5º, LXII
- durante o estado de defesa: art. 136, § 3º, III
- flagrante delito: art. 5º, LXI
- ilegal: art. 5º, LXV
- perpétua: art. 5º, XLVII, b

PRIVILÉGIO DE INVENTOS INDUSTRIAIS

- art. 5º, XXIX

PROCESSO

- autoridade competente: art. 5º, LIII
- celeridade na tramitação: art. 5º, LXXVIII
- competência concorrente: art. 24, XI
- distribuição imediata: arts. 93, XV, e 129, § 5º
- distribuição: art. 93, XV
- eleitoral: art. 16
- inadmissibilidade de provas ilícitas: art. 5º, LVI
- judicial ou administrativo: art. 5º, LV
- julgamento de militares do Estado: art. 125, §§ 4º e 5º
- legislativo: arts. 59 a 69 e 84, III
- necessidade: art. 5º, IIV
- razoável duração: art. 5º, LXXVIII

PROCLAMAÇÃO DA REPÚBLICA

- art. 63 do ADCT

PROCURADOR-GERAL DA FAZENDA NACIONAL

- execução da dívida ativa: art. 131, § 3º
- União: art. 29, § 5º do ADCT

PROCURADOR-GERAL DA REPÚBLICA

- ADIN: art. 103, § 1º
- aprovação pelo Senado Federal: art. 84, XIV
- aprovação: art. 52, III, e
- crimes de responsabilidade: art. 52
- delegação de atribuições: art. 84, par. ún.
- destinação: art. 128, § 2º
- direitos humanos: art. 109, § 5º
- exoneração de ofício: art. 52, XI
- *habeas corpus* e *habeas data*: art. 102, I, d
- infrações penais comuns: art. 102, I, b
- legitimidade para ADC e ADIN: art. 103, VI
- mandado de segurança: art. 102, I, d
- mandato e nomeação: art. 128, § 1º
- nomeação e destituição: arts. 84, XIV; 128, §§ 1º e 2º
- opção de carreira: art. 29, § 2º do ADCT
- recondução: art. 128, § 1º

PROCURADOR-GERAL DO DISTRITO FEDERAL E DOS ESTADOS

- destituição: art., 128, § 4º
- estabilidade; avaliação de desempenho: art. 132, par. ún.
- organização em carreira: art. 132, *caput*

PROCURADORES DOS ESTADOS E DO DISTRITO FEDERAL

- art. 132

PRODUÇÃO

- agropecuária: art. 23, VIII
- e consumo: art. 24, V

PRODUTOR

- seguridade social: art. 195, § 8º
- rurais: art. 47, § 2º do ADCT

PRODUTOS

- estrangeiros e seus impostos: art. 153, I
- industrializados e seus impostos: art. 153, IV, e § 3º, III
- nacionais e seus impostos: art. 153, II

PROFESSOR

- aposentadoria: art. 201, § 8º
- facultado às universidades admitir estrangeiros: art. 207, § 1º
- nível superior: art. 19, § 2º do ADCT

PROFISSÕES

- competência privativa: art. 22, XVI
- livre exercício: art. 5º, XIII

PROGRAMA

- formação do patrimônio do servidor público: art. 239, *caput*, e § 3º
- integração social: art. 239
- nacionais, regionais e setoriais: arts. 48, IV e 165, § 4º

PROGRAMA DE FORMAÇÃO DO PATRIMÔNIO DO SERVIDOR PÚBLICO

- abono: art. 239, § 3º

- seguro-desemprego; financiamento: art. 239

PROGRAMA DE INTEGRAÇÃO SOCIAL
- abono: art. 239, § 3º
- seguro-desemprego; financiamento: art. 239

PROGRAMAÇÃO DO RÁDIO E DA TELEVISÃO
- arts. 21, XVI, e 221

PROJETO DE LEI
- disposição: art. 65, *caput*
- emendas: art. 65, par. ún.
- rejeição e novo projeto: art. 67
- sanção tácita: art. 66, § 3º
- sanção: arts. 65, *caput* e 66, *caput*
- veto: arts. 66; 84, V
- votação: arts. 65, *caput*, 66, *caput*, §§ 4º e 6º

PROPRIEDADE
- comunidades remanescentes dos quilombos; concessão definitiva: art. 68 do ADCT
- direitos e garantias: art. 5º, XXII
- função social: art. 170, III
- ocupação temporária: art. 5º, XXV
- particular: art. 5º, XXV
- predial e territorial urbana: art. 156, I
- privada: art. 170, II
- produtiva: art. 185, par. ún.
- veículos automotores: art. 155, III

PROPRIEDADE PRIVADA
- art. 170, II

PROPRIEDADE RURAL
- aquisição ou arrendamento por estrangeiro: art. 190
- aquisição por pessoa estrangeira: art. 190
- desapropriação para fins de reforma agrária: art. 185
- desapropriação por interesse social: art. 184
- desapropriação: arts. 184, § 3º e 185, I e II
- função social: arts. 184 e 186
- função social: arts. 184; 186
- interesse social: art. 184, § 2º
- média: art. 185, I
- penhora: art. 5º, XX
- penhora: art. 52, XXVI
- pequena: art. 5º, XXVI
- usucapião: art. 191

PROPRIEDADE URBANA
- aproveitamento: art. 182, § 4º
- concessão de uso: art. 183, § 1º
- desapropriação: art. 182, § 4º, III
- edificação compulsória: art. 182, § 4º, I
- função social: art. 182, § 2º
- imposto progressivo: art. 182, § 4º, II
- parcelamento compulsório: art. 182, § 4º, I
- título de domínio: art. 183, § 1º
- usucapião: art. 183

PROTEÇÃO
- infância: art. 6º
- maternidade: arts. 6º e 201, II
- meio ambiente: arts. 24, VI, e 170, VI
- mercado de trabalho da mulher: art. 7º, XX
- saúde: art. 24, XII

PROVAS OBTIDAS POR MEIOS ILÍCITOS
- art. 5º, LVI

PROVENTOS
- cálculo: art. 40, §§ 1º e 3º
- critérios e requisitos diferenciados: art. 40, § 4º
- impossibilidade de cumulação: arts. 37, § 10, e 40, § 6º
- limites: art. 40, § 2º

PUBLICIDADE DE ATOS PROCESSUAIS
- art. 5º, LX

– Q –

QUILOMBOS
- propriedade de seus remanescentes: art. 68 do ADCT
- tombamento: art. 216, § 5º

QUINTO CONSTITUCIONAL
- arts. 94, 107, I e 111-A, I

– R –

RAÇA
- art. 3º, IV

RACISMO
- crime inafiançável e imprescritível: art. 5º, XLII
- repúdio: art. 4º, VIII

RADIODIFUSÃO SONORA E DE SONS E IMAGENS
- apreciação dos atos do Poder Executivo: art. 223, § 1º
- concessão e permissão: art. 223, §§ 4º e 5º
- concessão: art. 49, XII
- empresa: art. 222
- outorga, concessão, permissão e autorização: art. 223, *caput*
- produção e programação: art. 221
- renovação da concessão e permissão: art. 223, §§ 2º e 3º

RECEITAS TRIBUTÁRIAS
- divulgação: art. 162
- entrega pela União: art. 159 e o art. 34, § 1º do ADCT
- Estado e Distrito Federal: art. 157
- Município: art. 158
- regulamentação: art. 161, I
- repartição: arts. 157 a 162

RECLAMAÇÃO
- STJ: art. 105, I, f
- STF: art. 102, I, f

RECURSO ESPECIAL
- art. 105, III

RECURSO EXTRAORDINÁRIO
- art. 102, III

RECURSO ORDINÁRIO
- STJ: art. 105, II
- STF: art. 102, II

RECURSOS HÍDRICOS
- fiscalização: art. 23, XI
- participação no resultado da exploração: art. 20, § 1º
- sistema nacional de gerenciamento; competência da União: art. 21, XIX

RECURSOS MINERAIS
- bens da União: art. 20, IX
- defesa; competência legislativa concorrente: art. 24, VI
- exploração de aproveitamento industrial: art. 176, *caput*
- exploração de terras indígenas: art. 49, XVI
- exploração: art. 225, § 2º
- fiscalização: art. 23, XI
- legislação: art. 22, XII
- meio ambiente: art. 225, § 2º
- participação no resultado da exploração: art. 20, § III
- pesquisa e lavra: art. 176, §§ 1º e 3º e art. 43 do ADCT

RECURSOS NATURAIS
- bens da União: art. 20, V
- defesa: art. 24, VI

REDUÇÃO
- jornada de trabalho: art. 7º, XIII
- riscos inerentes ao trabalho: art. 7º, XXII

REELEIÇÃO
- art. 14, § 5º

REFERENDO
- autorização: art. 49, XV
- soberania: art. 14, II

REFINAÇÃO DE PETRÓLEO
- art. 177, II

REFINARIAS
- art. 45 do ADCT

REFORMA ADMINISTRATIVA
- disposição: art. 24 do ADCT

REFORMA AGRÁRIA
- alienação e concessão: art. 188, § 2º
- beneficiários: art. 189
- compatibilização com a política agrícola: art. 187, § 2º
- criação de varas especializadas: art. 126
- desapropriação: arts. 184, § 3º e 185, I e II
- imóvel rural: arts. 184 e 185
- isenção tributária de imóveis desapropriados: art. 184, § 5º
- orçamento público: art. 184, § 4º
- pequenos e médios imóveis rurais: art. 185, I
- propriedade produtiva: art. 185, II
- terras públicas: art. 188, § 1º
- títulos da dívida agrária: art. 184, § 4º

REGIME
- democrático: art. 17, *caput*
- portos: art. 22, X

REGIÕES
- criação e finalidades: art. 43
- metropolitanas: art. 25, § 3º

REGISTRO
- civil de nascimento: art. 5º, LXXVI, a
- filhos nascidos no estrangeiro: art. 90 do ADCT
- público: art. 22, XXV

RELAÇÕES EXTERIORES
- art. 21, I

RELAÇÕES INTERNACIONAIS DO BRASIL
- art. 4º

RELAXAMENTO DE PRISÃO ILEGAL
- art. 5º, LXV

RELIGIÃO
- art. 210, § 1º

REMISSÃO FISCAL
- art. 150, § 6º

REMUNERAÇÃO
- deputados estaduais: art. 27, §§ 1º e 2º
- deputados federais e senadores: art. 49, VII
- percebida em desacordo com a CF: art. 17 do ADCT
- Presidente e vice-Presidente da República: art. 49, VIII
- serviço extraordinário: art. 7º, XVI
- servidores públicos: art. 37, X a XV
- trabalho noturno: art. 7º, IX
- variável: art. 7º, VII

RENDAS
- art. 48, I

RENÚNCIA A CARGOS POLÍTICOS
- art. 14, § 6º

REPARAÇÃO DE DANO
- art. 5º, XLV

REPARTIÇÃO DAS RECEITAS TRIBUTÁRIAS
- arts. 157 a 162

REPOUSO SEMANAL REMUNERADO
- art. 7º, XV

REPRESENTANTES DO POVO
- art. 1º, par. ún.

REPÚBLICA FEDERATIVA DO BRASIL
- art. 1º, *caput*
- objetivos fundamentais: art. 3º
- organização político-administrativa: art. 18, *caput*
- relações internacionais: art. 4º, *caput*

RESERVAS CAMBIAIS DO PAIS
- art. 21, VIII

RESIDÊNCIA
- arts. 6º e 93, VII

RESOLUÇÕES
- art. 59, VII

RESPONSABILIDADE
- civil por danos nucleares: art. 21, XXIII, c
- pessoa jurídica: art. 173, § 5II

RETENÇÃO DOLOSA DE SALÁRIOS
- art. 7º, X

RETIFICAÇÃO DE DADOS
- art. 5º, LXXII, b

RETROATIVIDADE DA LEI PENAL
- art. 5º, XL

REUNIÕES
- congresso nacional: art. 57
- pacíficas e sem armas: art. 5II, XVI

REVISÃO CONSTITUCIONAL
- Congresso Nacional: art. 3º do ADCT
- prazo do plebiscito: art. 2º do ADCT
- Tribunal Superior Eleitoral: art. 2º, § 2º do ADCT

REVISÃO CRIMINAL
- competência do STJ: art. 105,1, e
- competência do STF: art. 102, I, i
- competência do TRF: art. 108, I, b

RIOS
- art. 20, III

RIQUEZAS MINERAIS
- art. 49, XVI

RISCOS DO TRABALHO
- art. 7º, XXII

- S -

SALÁRIO
- de contribuição: art. 201, § 3º.
- décimo terceiro: art. 7º, VIII
- discriminação: art. 7º, XXXI
- educação: art. 212, §§ 5º e 6º
- família: art. 7º, XII
- garantia do salário mínimo: art. 72, VII
- irredutibilidade: art. 7º, VI
- mínimo anual: art. 239, § 3II
- proibição à desigualdade: art. 7º, XXX
- proteção: art. 7º, X
- vinculação do salário mínimo: art. 71J., IV

SANEAMENTO BÁSICO
- competência do SUS: art. 200, IV
- diretrizes: art. 21, XX
- promoção: art. 23, IX

SANGUE
- comércio: art. 199, § 4º

SAÚDE PÚBLICA
- aplicação de impostos e receita municipal: arts. 34, VII; 35, III; ADCT, art. 77
- coleta de sangue: art. 199, § 4º
- comércio de órgãos humanos: art. 199, § 4º
- comércio de sangue: art. 199, § 4º
- dever do Estado: art. 196
- direito da criança e do adolescente: art. 227, § 1º
- direito de todos: art. 196
- direitos sociais: art. 6º
- execução por pessoa física ou jurídica de direito privado: art. 197
- fiscalização de alimentos, bebidas e águas: art. 200, VI
- fiscalização do Poder Público: art. 197
- fiscalização e controle: art. 197
- liberdade à iniciativa privada: art. 199, *caput*
- liberdade à iniciativa privada: art. 199, *caput*
- orçamento: art. 55 do ADCT
- participação no Sistema Único de Saúde: art. 199, § 1º
- propaganda comercial nociva: art. 220, § 3º, II
- proteção e defesa: art. 24, XII
- serviços de atendimento municipais: art. 30, VII
- transplante de órgãos, tecidos e substâncias humanas: art. 199, § 4º
- União: art. 23, II
- vedação da exploração direta ou indireta da assistência por empresas ou capitais estrangeiros: art. 99, § 3º
- vedação de recursos públicos: art. 199, § 2º

SECRETARIAS
- art. 235, II

SEDE DO GOVERNO FEDERAL
- art. 48, VII

SEGREDO DE JUSTIÇA
- art. 14, § 11

SEGURANÇA
- direito social: arts. 6º e 7º, XXII
- trabalho: art. 7º, XXII

SEGURANÇA PÚBLICA
- atribuições: art. 144, I a V, §§ 1º a 5º
- corpos de bombeiros: art. 144, §§ 5º e 6º
- dever do Estado: art. 144, *caput*
- direito e responsabilidade de todos: art. 144, *caput*
- direito social: art. 6º
- finalidade: art. 144, *caput*
- forças auxiliares e reserva do Exército: art. 144, § 6º
- guardas municipais: art. 144, § 8º
- objetivos: art. 144, *caput*
- organização e funcionamento: art. 144, § 7º
- organização e funcionamento: art. 144, § 7º
- órgãos: art. 144, I a V, e § 7º
- polícia civil: art. 144, §§ 5º e 6º
- polícia federal: art. 144, § 1º
- polícia ferroviária federal: art. 144, § 3º
- polícia militar: art. 144, §§ 5º e 6º
- polícia rodoviária federal: art. 144, § 2º

SEGURIDADE SOCIAL
- arts. 194 a 204
- alíquotas diferenciadas em razão da atividade econômica: art. 195, § 9º
- aprovação de planos: art. 59 do ADCT
- arrecadação: art. 56 do ADCT
- benefícios às populações urbanas e rurais: art. 194, par. ún., II
- benefícios: art. 248
- contribuição social de importador de bens ou serviços do exterior: art. 195, IV
- contribuições: art. 195, § 6º
- custeio: art. 194, par. ún., V
- débito por pessoa jurídica: art. 195, § 3º
- definição e finalidade: art. 194, *caput*
- financiamento de contribuições sociais: art., 195, I, II e III
- financiamento: art. 194, par. ún., VI
- fontes de custeio: art. 195, § 5º
- fontes de custeio: art. 195, § 5º
- gestão administrativa e quadripartite: art. 194, par. ún., VII
- irredutibilidade do valor: art. 194, par. ún., IV
- isenção de contribuição: art. 195, § 7º
- legislação: art. 22, XXIII
- objetivos: art. 194, par. ún.
- orçamento: art. 195, § 2º
- organização: art. 194, par. ún.
- outras fontes e seu financiamento: art. 195, § 4º
- pessoa jurídica em débito: art. 195, § 3º
- planos de custeio e benefício: art. 59 do ADCT
- receitas dos Estados, Distrito Federal e Municípios: art. 195, § 1º
- recursos da União, dos Estados, do Distrito Federal e dos Municípios: art. 195

- recursos para a assistência social: art. 204, *caput*
- recursos: arts. 249 e 250
- regulamentação legal da organização: art. 59 do ADCT
- ressalva do financiamento: art. 240
- seletividade e distributividade: art. 194, par. ún., III
- seletividade e distributividade: art. 194, par. ún., III
- serviços às populações urbanas e rurais: art. 194, par. ún., II
- transferência de recursos: art. 195, § 10
- universalidade da cobertura e do atendimento: art. 194, par. ún., I
- vedação da utilização dos recursos provenientes para despesas distintas: art. 167, XI
- vedação de concessão de remissão ou anistia: art. 195, § 11

SEGURO
- acidentes do trabalho: art. 7º, XXVIII
- desemprego: arts. 7º, II, e 239, *caput*, e § 4º
- fiscalização: art. 21, VIII
- legislação: art. 22, VII

SELO NACIONAL
- art. 13, § 1º

SENADO FEDERAL
- apreciação pela Câmara dos Deputados: art. 64, § 3º
- aprovação do Governador de Território: arts. 52, III, c e 84, XIV
- aprovação dos chefes de missão diplomática de caráter permanente: art. 52, IV
- aprovação dos membros do Conselho Nacional de Justiça: art. 103-B, § 2º
- atribuição das comissões: art. 58, § 2º
- Banco Central do Brasil: arts. 52, III, d; 84, XIV
- comissão permanente e temporária: art. 58, *caput*
- comissões; representação proporcional dos partidos: art. 58, § 1º
- comparecimento do Ministro de Estado: art. 50, § 2º
- competência privativa: art. 52 e 68, § 1º
- composição: art. 46, *caput*
- convocação do Ministro de Estado: art. 50, *caput*
- convocação extraordinária do Congresso Nacional: art. 57, § 6º, I e II
- CPI: art. 58, § 3º
- crédito externo e interno; disposições sobre limites globais: art. 52, VII e VIII
- criação, transformação, extinção e remuneração de cargos: art. 52, XIII
- criação, transformação, extinção e remuneração de emprego: art. 52, XIII
- crimes de responsabilidade: art. 86
- despesa pública: art. 63, II
- dívida mobiliária do Distrito Federal, estadual e municipal: art. 52, IX
- emendas à Constituição: art. 60, I
- estado de sítio: arts. 53, § 8º e 138, § 2º
- fixação de limites globais: art. 52, VI
- impostos, alíquotas e fixação: art. 155, § 1º, IV e § 2º, V
- inconstitucionalidade de lei e suspensão de execução: arts. 52, X; 103, § 3º
- informação do Ministro de Estado: art. 50, § 2º
- iniciativa de leis complementares e ordinárias: art. 61, *caput*
- legislatura: art. 44, par. ún.
- líderes do Conselho da República: art. 89, V
- magistrados: art. 52, III, a
- Mesa na ADC: art. 103, II
- Mesa na ADIN: art. 103, II
- Mesa no *habeas data*: art. 102, I, d
- Mesa no mandado de injunção: art. 102, I, g
- Mesa no mandado de segurança: art. 102, I, d
- operações externas de natureza financeira: art. 52, V
- organização: art. 52, XIII
- órgão do Congresso Nacional: art. 44, *caput*
- pedidos de informação a Ministro de Estado: art. 50, § 2º
- prazo de apreciação de solicitação de urgência de projeto de lei: art. 64, §§ 2º e 4º
- Presidente: arts. 12, § 3º, 66, § 7º, 80, 89, III e 91, III
- quórum: art. 47
- Regimento Interno: art. 52, XII
- representação proporcional dos partidos: art. 58, § 1º
- sessão conjunta: art. 57, § 3º
- sistema eleitoral: art. 46, *caput*

SENADOR
- decoro parlamentar: art. 55, II, § 1º
- difusão de pronunciamento do estado de sítio: art. 139, par. ún.
- exercício de funções executivas: art. 56, I, § 3º
- flagrante de crime inafiançável: art. 53, § 2º
- *habeas corpus*: art. 102, I. d
- idade mínima: art. 14, § 3º, VI, a
- impedimentos: art. 54
- impostos: art. 49, VII
- imunidades no estado de sítio: art. 53, § 8º
- imunidades: art. 53
- incorporação às Forças Armadas: art. 53, § 8º
- infrações penais comuns: art. 102, I, b
- inviolabilidade: art. 53, *caput*
- legislatura: art. 44, par. ún.
- licença: art. 56, II
- mandato eletivo: art. 46, §§ 1º e 2º
- perda de mandato: arts. 55, IV e 56
- remuneração e subsídios: art. 49, VII
- sessão legislativa: art. 55, III
- sistema eleitoral: art. 46, *caput*
- suplência: arts. 46, § 30 e 56, § 1º
- suspensão da imunidade parlamentar do estado de sítio: art. 53, § 8º
- testemunho: art. 53, § 6º
- vacância: art. 56, § 2º

SENTENÇA
- autoridade competente: art. 5º, LIII
- estrangeira; homologação; processo e julgamento: art. 105, I, i
- execução; processo e julgamento: art. 102, I, m
- judicial; servidor público civil; perda e reintegração no cargo: art. 41, §§ 1º e 2º
- penal condenatória: art. 5º, LVII

SEPARAÇÃO DE FATO
- art. 226, § 6º

SEPARAÇÃO DOS PODERES
- emendas à Constituição: art. 60, § 4º, III

SEPARAÇÃO JUDICIAL
- art. 226, § 6º

SERINGUEIROS
- art. 54 do ADCT

SERVIÇO
- dever do Poder Público: art. 175
- energia elétrica: art. 21, XII, b
- essenciais: arts. 9º, § 1º, e 30, V
- forenses: art. 24, IV
- gás canalizado: art. 25, § 2º
- interesse local: art. 30, V
- licitação: art. 37, XXI
- navegação aérea: art. 21, XII, c
- notariais e de registro: art. 236
- nucleares: art. 21, XXIII
- oficiais de estatística: art. 21, XV
- postal: arts. 21, X, e 22, V
- radiodifusão: arts. 21, XII, a, e 223
- reclamações: art. 37, § 3º, I
- registro: art. 236 e §§ 1º a 3º
- saúde: art. 197
- telecomunicações: art. 21, XI
- transporte ferroviário, aquaviário e rodoviário: art. 21, XII, *d* e *e*

SERVIÇO EXTRAORDINÁRIO
- art. 7º, XVI

SERVIÇO MILITAR OBRIGATÓRIO
- condições: art. 143
- direito de eximir-se: art. 143, § 1º
- eclesiásticos: art. 143, § 2º
- imperativo de consciência: art. 143, § 1º
- isenção: art. 143, § 2º
- mulheres: art. 143, § 2º
- tempo de paz: art. 143, § 1º

SERVIÇO NACIONAL DE APRENDIZAGEM RURAL
- art. 62 do ADCT

SERVIÇO POSTAL
- art. 21, X

SERVIÇOS DE TELECOMUNICAÇÕES
- exploração, autorização, concessão e permissão: art. 21, XII, a
- exploração direta ou concessão: art. 21, XI

SERVIÇOS NOTARIAIS E DE REGISTRO
- ingresso: art. 236, § 3º
- emolumentos: art. 236, § 2º
- responsabilidade civil e criminal: art. 236, 1º

SERVIÇOS PÚBLICOS
- convênios de cooperação: art. 241
- direitos dos usuários: art. 175, par. ún., II
- empresas concessionárias e permissionárias: art. 175, par. ún., I
- exploração direta ou concessão: art. 21, XI
- licitação: art. 37, XXI
- manutenção: art. 175, par. ún., IV

- ordenação legal: art. 175, par. ún.
- organização: art. 30, V
- política tarifária: art. 175, par. ún., III
- prestação de serviços: art. 30, V
- prestação, concessão e permissão: art. 175, *caput*
- reclamações: art. 37, § 3º

SERVIDOR PÚBLICO
- arts. 39 a 41
- acesso a informações privilegiadas: art. 37, § 7º
- acréscimos pecuniários: art. 37, XIV
- acumulação remunerada de cargos: art. 37, XVI e XVII
- adicional noturno: art. 39, § 3º
- adicional por serviço extraordinário: art. 39, § 3º
- administração fazendária: art. 37, XVIII
- anistia: art. 8º, § 5º do ADCT
- aposentadoria: art. 40
- associação sindical: art. 37, VI
- ato de improbidade administrativa: art. 37, § 4º
- atualização do benefício: art. 37, § 17
- avaliação especial de desempenho: art. 41, § 4º
- cargo efetivo: art. 37, V
- cargo em comissão: art. 40, § 13
- concorrência; prevenção de desequilíbrio: art. 146-A
- contratação por tempo determinado: art. 37, IX
- décimo terceiro salário: art. 39, § 3º
- desnecessidade de cargo: art. 41, § 3º
- direito: art. 39, § 3º
- discriminação: art. 39, § 3º
- disponibilidade remunerada: art. 41, § 3º
- estabilidade: art. 41 e o art. 19 do ADCT
- exercício de mandato eletivo: art. 38
- extinção de cargo: art. 41, § 3º
- férias e adicional: art. 39, § 3º
- formação e aperfeiçoamento: art. 39, § 2º
- funções de confiança: art. 37, V
- greve: art. 37, VII
- jornada de trabalho: art. 39, § 3º
- licença à gestante: art. 39, § 3º
- licença-paternidade: art. 39, § 3º
- licenças e férias nos Tribunais: art. 96, I, f
- microempresas: art. 146, III, *d* e par. ún.
- o ato ilícito: art. 37, § 5º
- pensão por morte: art. 40, §§ 7º e 8"
- perda do cargo: arts. 41, § 1º, 169, § 4º, e 247
- recursos orçamentários: art. 39, § 7II
- redução dos riscos do trabalho: art. 39, § 3º
- regime de previdência complementar: art. 40, §§ 14, 15 e 16
- regime de previdência de caráter contributivo: arts. 40 e 249
- reintegração: art. 41, § 22
- remuneração: art. 37, X a XIII
- repouso semanal remunerado: art. 39, § 3º
- salário mínimo: art. 39, § 3º
- salário-família: art. 39, § 3º
- subsídios e vencimentos: art. 37, XV
- subsídios: art. 37, XI
- tempo de contribuição e de serviço: art. 40, § 9º
- tempo de serviço: art. 4º da EC 20/98
- União e Territórios: art. 61, § 1º, II, c
- vencimento e sistema remuneratório: arts. 37, XI, XII e XIV, e 39, §§ 1º, 4º, 5º e 8º

SESSÃO LEGISLATIVA DO CONGRESSO NACIONAL
- art. 57

SEXO
- art. 3º, IV

SIGILO
- imprensa: art. 139, III
- informações: art. 5º, XIV e XXVIII
- inviolabilidade de correspondência: arts. 5º, XII; 136, § 1º, I, b
- inviolabilidade e restrições de comunicação telegráfica, telefônica, de dados e correspondência; sigilo: arts. 5º, XII; 136, § 1º, I, b e c
- restrições: art. 139, III
- votações: art. 5º, XXXVIII, b

SIGNOS
- art. 5º, XXIX

SÍMBOLOS NACIONAIS
- art. 13, §§ 1º e 2º

SINDICATO
- aposentado: art. 8º, VII
- categoria econômica: art. 5º, II
- categoria profissional: art. 8º, II
- contribuição sindical: art. 8º, IV
- direção ou representação sindical: art. 8º, VIII
- direitos e interesses da categoria: art. 5º, III
- filiação: art. 8º, V
- fundação: art. 8º, I
- interferência ou intervenção: art. 5º, I
- limitações ao poder de tributar: art. 150, VI, c, e § 4º
- negociação coletiva: art. 8º, VI
- rural: art. 8º e o art. 10, § 2º do ADCT

SISTEMA
- cartográfico: arts. 21, XV e 22, XVIII
- de governo: art. 2º do ADCT
- de medidas: art. 22, VI
- estatístico: art. 22, XVIII
- federal de ensino: art. 22, VI
- financeiro nacional: art. 192 e o art. 52, I e II do ADCT
- monetário e de medidas: art. 22, VI
- nacional de cultura: art. 216-A
- nacional de emprego: art. 22, XVI
- nacional de viação: art. 21, XXI

SISTEMA TRIBUTÁRIO NACIONAL
- administração tributária: art. 37, XXII
- Atribuição do Congresso Nacional: art. 48, I
- avaliação periódica: art. 52, XV
- impostos da União: arts. 153 e 154
- impostos dos Estados federados e do Distrito Federal: art. 155
- impostos municipais: art. 156
- limitações do poder de tributar: arts. 150 a 152
- princípios gerais: arts. 145 a 149
- repartição das receitas tributárias: arts. 157 a 162
- Senado Federal: art. 52, XV
- vigência: art. 34 do ADCT
- vigência: art. 34 do ADCT

SISTEMA ÚNICO DE SAÚDE
- admissão de agentes comunitários de saúde: art. 198, § 4º
- agentes comunitários de saúde: art. 198, § 5º
- art. 198 a 200
- atividades preventivas: art. 198, II
- atribuições: art. 200
- controle de produtos psicoativos, tóxicos e radioativos: art. 200, VII
- controle e fiscalização de procedimentos, produtos e substâncias: art. 200, I
- direção única em cada nível de governo: art. 198, I
- diretrizes: art. 198
- entidades filantrópicas e sem fins lucrativos: art. 199, § 1º
- financiamento: art. 198, § 1º
- fiscalização e inspeção de alimentos: art. 200, VI
- formação de recursos humanos: art. 200, III
- incremento do desenvolvimento científico e tecnológico: art. 200, V
- orçamento: art. 198, § 1º
- participação da comunidade: art. 198, III
- participação supletiva da iniciativa privada: art. 199, § 1º
- proteção ao meio ambiente: art. 200, VIII
- proteção ao trabalho: art. 200, VIII
- saneamento básico: art. 200, IV
- vigilância sanitária, epidemiológica e de saúde do trabalhador: art. 200, II

SOBERANIA
- art. 1º, I
- dos veredictos do Júri: art. 5º, XXXVIII, c
- nacional: arts. 1º, I, 17, *caput* e 170, I
- popular: art. 14, *caput*

SOCIEDADE CONJUGAL
- art. 226, § 5º

SOCIEDADE DE ECONOMIA MISTA
- criação: art. 37, XIX
- criação de subsidiária: art. 37, XX
- exploração de atividade econômica; estatuto jurídico: art. 173, § 1º
- privilégios fiscais: art. 173, § 2º

SOCIEDADE LIVRE, JUSTA E SOLIDÁRIA
- art. 3º, I

SOCORRO
- art. 5º, XI

SOLO
- defesa: art. 24, VI
- urbano: art. 30, VIII

SOLUÇÃO PACÍFICA DOS CONFLITOS
- art. 4º, VII

SORTEIOS
- art. 22, XX

SUBSÍDIOS
- Deputado Estadual: art. 27, § 2º
- Governador: art. 28, § 2º
- Ministro de Estado: art. 39, § 4º
- Ministro do STF: art. 48, XV
- Ministros dos Tribunais Superiores: art. 93, V
- Prefeito: art. 29, V
- Secretário de Estado: art. 28, § 2º
- Secretário Municipal: art. 29, V
- Vereadores: art. 29, VI
- Vice-Governador: art. 28, § 2º
- Vice-Prefeito: art. 29, V

SUCESSÃO DE BENS DE ESTRANGEIROS
- art. 5º, XXXI

SUCUMBÊNCIA
- art. 5º, LXXIII, *in fine*

SUFRÁGIO UNIVERSAL
- art. 14, *caput*

SÚMULA VINCULANTE
- aplicação indevida ou contrariedade à sua aplicação: art. 103-A, § 3º
- finalidade: art. 103-A, § 1º
- legitimados a propor ação direta de inconstitucionalidade: art. 103-A, § 2º
- requisitos para edição pelo STF: art. 103-A

SUPERIOR TRIBUNAL DE JUSTIÇA
- ação rescisória: art. 105, I, e
- aposentadoria do Ministro: art. 27, § 4º do ADCT
- aprovação de nomeação pelo Senado Federal dos Ministros: arts. 84, XIV; 104, par. ún.
- competência originária: art. 105, I
- competência privativa de propostas ao Legislativo: art. 96, II
- competência privativa: art. 96, I
- competência: art. 105
- composição: art. 104
- conflito de atribuições: art. 105, I, g
- conflito de jurisdição entre Tribunais: art. 105, I, d
- Conselho da Justiça Federal: art. 105, par. ún., II
- crimes comuns: art. 105, I, a
- crimes de responsabilidade dos Ministros: art. 102, I, c
- crimes de responsabilidade: art. 105, I, a
- despesa pública nos projetos sobre serviços administrativos: art. 63, II
- discussão e votação da iniciativa das leis: art. 64, *caput*
- dissídio jurisprudencial: art. 105, III, c
- elaboração do Regimento Interno: art. 96, I, a
- eleição de órgãos diretivos: art. 96, I, a
- Escola Nacional de Formação e Aperfeiçoamento de Magistrados: art. 105, par. ún., I
- *exequatur*: art. 105, I, i
- *habeas corpus*: art. 102, I, d
- *habeas corpus*: art. 105, I, c, e II, a
- *habeas data*: arts. 102, I, d; 105, I, b
- indicação: art. 27, § 5º do ADCT
- infrações penais comuns: art. 102, I, c
- infrações penais de responsabilidade: art. 102, I, c
- instalação: art. 27, § 1º do ADCT
- jurisdição: art. 92, par. ún.
- lei federal: art. 105, III, c
- lei ou ato de governo local contestado em face de lei federal: art. 105, III, b
- leis complementares e ordinárias: art. 61, *caput*
- licença, férias e afastamento: art. 96, I, f
- mandado de injunção: art. 105, I, h
- mandado de segurança: arts. 102, I, d; 105, I, b e II, b
- Ministro do TFR: art. 27, § 2º do ADCT
- Ministro: art. 119, par. ún. e art. 27, § 2º do ADCT
- motivação das decisões administrativas: art. 93, X
- nomeação pelo Presidente da República: arts. 84, XIV; 104, par. ún.
- organização da secretaria e dos serviços auxiliares: art. 96, I, b
- órgão do Poder Judiciário: art. 92, II
- órgãos diretivos: art. 96, I, a
- órgãos jurisdicionais e administrativos: art. 96, I, a
- processo e julgamento: art. 105, II, c
- propostas orçamentárias: art. 99, §§ 1º e 2º
- provimento de cargos necessários à administração da Justiça: art. 96, I, e
- reclamação para garantia da autoridade de suas decisões e preservação de sua competência; processo e julgamento: art. 105, I, f
- recurso especial: art. 105, III
- recurso ordinário: art. 105, II
- requisitos: art. 104, par. ún.
- revisão criminal de seus julgados: art. 105, I, e
- sede: art. 92, par. ún.
- sentença estrangeira: art. 105, I, i
- terço de desembargadores do Tribunal de Justiça: art. 104, par. ún.
- tratado ou lei federal: art. 105, III, a

SUPERIOR TRIBUNAL MILITAR
- art. 122, I
- competência privativa: art. 96, I e II
- composição: art. 123
- iniciativa de leis: art. 61, *caput*
- jurisdição: art. 92, § 2º
- Ministros militares e civis: art. 123
- nomeação dos Ministros: arts. 84, XIV, e 123
- processo e julgamento dos Ministros: art. 102, I, c, d e i
- organização e funcionamento: art. 124
- órgão da Justiça Militar: art. 122, I
- projetos de lei de iniciativa: art. 64, *caput*
- sede: art. 92, § 1º

SUPREMO TRIBUNAL FEDERAL
- ADIN: art. 102, I, q
- ação originária: art. 102, I
- ação rescisória de seus julgados: art. 102, I, j
- efeito vinculante da ADIN e ADC: art. 102, § 2º
- anistia: art. 9º do ADCT
- arguição de descumprimento de preceito constitucional: art. 102, par. ún.
- ato de governo que contrarie a Constituição: art. 102, III, c
- causas e conflitos entre a União, os Estados, o Distrito Federal e respectivas entidades da administração indireta: art. 102, I, f
- competência: art. 102
- competência originária: art. 102, I, m
- competência privativa: art. 96
- competência privativa de propostas ao Legislativo: art. 96, II
- composição: art. 101, *caput*
- conflitos de jurisdição: art. 102, I, o
- presidência do Conselho Nacional de Justiça: art. 103-B, § 1º
- Constituição: art. 102, III, a
- crimes comuns: art. 102, I, c
- crimes de responsabilidade de seus Ministros: art. 52, par. ún.
- crimes de responsabilidade: art. 102, I, c
- crimes políticos: art. 102, II, b
- decisões administrativas: art. 93, X
- despesa pública: art. 63, II
- Estatuto da Magistratura: art. 93, *caput*
- extradição requisitada por Estado estrangeiro: art. 102, I, g
- *habeas corpus*: art. 102, I, *d, i* e II, *a*
- *habeas data*: art. 102, I, *d, n* e II, *a*
- impedimento ou interesse: art. 102, I, n
- inconstitucionalidade de ato normativo estadual e federal: art. 102, I, o
- inconstitucionalidade de lei estadual: art. 102, I, o
- inconstitucionalidade de lei federal: art. 102, III, b
- inconstitucionalidade de tratado ou lei federal: art. 102, III, b
- inconstitucionalidade em tese: art. 103, § 3º
- inconstitucionalidade por omissão de medida para tornar efetiva norma constitucional: art. 103, § 2º
- infrações penais comuns: art. 102, I, *b* e *c*
- intervenção: art. 36
- jurisdição: art. 92, § 2º
- lei local: art. 102, III, c
- leis complementares e ordinárias: art. 61, *caput*
- discussão e votação das leis: art. 64, *caput*
- concessão de licença, férias e afastamentos: art. 96, I, f
- litígio entre Estado estrangeiro ou organismo internacional e a União, o Estado, o Distrito Federal ou o Território: art. 102, I, e
- mandado de injunção: art. 102, I, d, q e II, a
- membros da magistratura: art. 102, I, n
- cargo privativo de brasileiro nato: art. 12, § 3º, IV
- crimes de responsabilidade dos ministros: art. 52, II
- nomeação dos Ministro: art. 101, par. ún.
- nomeação pelo Presidente da República: art. 84, XIV
- requisitos para ser Ministros: art. 101, *caput*
- aprovação dos Ministros pelo Senado Federal: arts. 84, XIV; 101, par. ún.
- órgão do Poder Judiciário: art. 92, I
- órgãos diretivos: art. 96, I, a
- órgãos jurisdicionais e administrativos: art. 96, I, a
- compromisso de manter, defender e cumprir a Constituição: art. 1º do ADCT

- exercício da Presidência da República: art. 80
- propostas orçamentárias: art. 99, §§ 1º e 2º
- provimento de cargos necessários à administração da Justiça: art. 96, I, e
- reclamações: art. 102, I, l
- recurso extraordinário: art. 102, III e § 3º
- recurso ordinário: art. 102, II
- elaboração do Regimento Interno: art. 96, I, a
- revisão criminal de seus julgados; processo e julgamento: art. 102, I, j
- organização da secretaria e serviços auxiliares: art. 96, I, b
- sede: art. 92, § 1º
- súmula vinculante: art. 103-A
- STJ: art. 27, *caput* e § 1º
- Tribunal Superior: art. 102, I, i

SUSPENSÃO DE DIREITOS
- art. 5º, XLVI, e
- políticos: art. 15

- T -

TAXAS
- art. 145, II
- base de cálculo: art. 145, § 2º
- inexigibilidade: art. 5º, XXXIV, a
- instituição: art. 145, II e § 2º
- subsídio: art. 150, § 6º

TELECOMUNICAÇÕES
- competência do Congresso Nacional: art. 48, XII
- competência privativa da União: art. 22, IV
- concessão e renovação: arts. 49, XII; 223, § 5º
- concessão: art. 66 do ADCT
- liberdade: art. 139, III
- produção e programação; princípios: arts. 220, § 3º, II; 221
- programas de rádio e televisão: art. 21, XVI
- serviços e exploração: art. 21, XI e XII, a

TELEVISÃO
- concessão: art. 48, XII
- partidos políticos: art. 17, § 3º
- produção e programação: arts. 220, § 3º, II e 221

TEMPLOS DE QUALQUER CULTO
- art. 150, VI, *b*

TERAPIAS
- arts. 65 e 220, § 4º

TERRAS DEVOLUTAS
- art. 20, II
- destinação: art. 188
- meio ambiente: art. 225, § 5º

TERRAS INDÍGENAS
- demarcação: art. 67 do ADCT
- riquezas minerais: art. 49, XVI

TERRAS PÚBLICAS
- alienação: arts. 49, XVII; 188, § 1º
- concessão: arts. 49, XVII; 188, § 1º
- destinação: art. 182
- devolutas: arts. 20, II, 26, IV, 188 e 225, § 5º
- doação, venda e concessão: art. 51 do ADCT
- ocupação pelos quilombos: art. 68 do ADCT
- reforma agrária: art. 188, §§ 1º e 2º
- reversão ao patrimônio da União, Estados, Distrito Federal ou Municípios: art. 51, § 3º do ADCT
- venda, doação e concessão; revisão pelo Congresso Nacional: art. 51 do ADCT

TERRENOS DE MARINHA
- bens da União: art. 20, VII
- enfiteuse: art. 49, § 3º do ADCT

TERRENOS MARGINAIS
- art. 20, III

TERRITÓRIO
- Amapá: art. 14 do ADCT
- competência tributária: art. 34, § 9º do ADCT
- criação: art. 18, §§ 2º e 3º
- defensoria pública: art. 33, § 3º
- desmembramento: art. 48, VI
- divisão em Municípios: art. 33, § 1º
- eleição de Deputados: art. 45, § 2º
- federais: arts. 15, 18, § 2º, 33, 48, VI, 45, § 2º, 52, III, c, 84 e 147 e dos arts. 14 e 15 do ADCT
- Fernando de Noronha: art. 15 do ADCT
- financiamento do SUS: art. 198, § 1º
- Governador: art. 33, § 3º
- impostos estaduais e municipais: art. 147
- incorporação: art. 48, VI
- litígio com Estado estrangeiro ou organismo internacional: art. 102, I, e
- matéria tributária e orçamentária: art. 61, § 1º, II, b
- Ministério Público: art. 33, § 3º
- Nacional: art. 48, VI e o art. 12 do ADCT
- orçamento: art. 204, *caput*
- organização administrativa: arts. 33, *caput*; 61, § 1º, II, b
- organização judiciária: art. 33
- pessoal administrativo: art. 61, § 1º, II, b
- prestação de contas: art. 33, § 2º
- reintegração ao Estado de origem: art. 18, § 2º
- Roraima: ADCT, art. 14
- serviços públicos: art. 61, § 1º, II, b e c
- símbolos: art. 13, § 2º
- sistema de ensino: art. 211, § 1º
- subdivisão: art. 48, VI
- transformação em Estado: art. 18, § 2º

TERRORISMO
- direitos e deveres individuais e coletivos: art. 5º, XLIII
- inafiançável: art. 5º, XLIII
- repúdio: art. 4º, VIII

TESOURO NACIONAL
- emissão de títulos: art. 164, § 2º
- empréstimos: art. 164, § 1º

TÍTULO DE DOMÍNIO
- área urbana: art. 183, *caput* e § 1º
- imóvel rural: art. 189

TÍTULOS
- competência privativa: art. 22, VI
- crédito: art. 155, § 1º, II
- dívida agrária: art. 184
- dívida pública: arts. 163, IV e 182, § 4º, III
- domínio ou de concessão de uso: arts. 183, § 1º e 189
- emitidos pelo Tesouro Nacional: art. 164, § 2º
- incidência de impostos: art. 155, I, e § 1º, II

TÍTULOS DA DÍVIDA AGRÁRIA
- emissão: art. 184
- orçamento público: art. 184, § 4º
- resgate: art. 184

TÍTULOS DA DÍVIDA PÚBLICA
- art. 182, § 4º, III

TOMBAMENTO
- art. 216, § 5º

TORTURA
- crime inafiançável: art. 5º, XLIII
- direitos e deveres individuais e coletivos: art. 5º, III
- proibição: art. 5º, III

TÓXICOS
- art. 200, VII

TRABALHADOR DOMÉSTICO
- art. 7º, par. ún.

TRABALHADOR RURAL
- acordos coletivos de trabalho: art. 7º, XXVI
- adicional de remuneração: art. 7º, XXIII
- admissão: art. 7º, XXX
- aposentadoria: art. 7º, XXIV
- assistência gratuita aos filhos e dependentes: art. 7º, XXV
- automação: art. 7º, XXVII
- aviso prévio: art. 7º, XXI
- condição social: art. 7º, *caput*
- contrato de trabalho: art. 7º, XXIX
- convenções coletivas de trabalho: art. 7º, XXVI
- décimo terceiro salário: art. 7º, VIII
- deficiente físico: art. 7º, XXXI
- direitos: art. 7º
- empregador; cumprimento das obrigações trabalhistas: art. 1º, § 3º do ADCT
- férias: art. 7º, XVII
- FGTS: art. 7º, III
- garantia de salário: art. 7º, VII
- irredutibilidade de salário ou vencimento: art. 7º, VI
- jornada de trabalho: art. 7º, XIII
- jornada máxima de trabalho: art. 7º, XIV
- licença remunerada à gestante: art. 7º, XVIII
- licença-paternidade: art. 7º, XIX; ADCT, art. 10, § 1º
- menor aprendiz: art. 7º, XXXIII
- participação nos lucros: art. 7º, XI
- piso salarial: art. 7º, V
- proibição de diferença salarial: art. 7º, XXX
- proteção do mercado de trabalho para a mulher: art. 7º, XX
- proteção salarial: art. 7º, X
- redução de riscos do trabalho: art. 7º, XXII
- relação de emprego: art. 7º, I; ADCT, art. 10
- remuneração do trabalho noturno: art. 7º, IX
- repouso semanal remunerado: art. 7º, XV
- salário mínimo: art. 7º, IV
- salário-família: art. 7º, XII

- seguro contra acidentes do trabalho: art. 7º, XXVIII
- seguro-desemprego: art. 7º, II
- serviço extraordinário: art. 7º, XVI
- trabalhador com vínculo permanente: art. 7º, XXXIV
- trabalho insalubre do menor: art. 7º, XXXIII
- trabalho manual, técnico e intelectual: art. 7º, XXXII
- trabalho noturno do menor: art. 7º, XXXIII
- trabalho perigoso do menor: art. 7º, XXXIII

TRABALHADOR URBANO
- acordos coletivos de trabalho: art. 7º, XXVI
- adicional de remuneração: art. 7º, XXIII
- admissão: art. 7º, XXX
- aposentadoria: art. 7º, XXIV
- assistência gratuita aos filhos e dependentes: art. 7º, XXV
- associação profissional ou sindical: art. 8º
- automação: art. 7º, XXVII
- aviso prévio: art. 7º, XXI
- condição social: art. 7º, *caput*
- convenções coletivas de trabalho: art. 7º, XXVI
- décimo terceiro salário: art. 7º, VIII
- deficiente físico: art. 7º, XXXI
- direitos: art. 7º
- entendimento direto com o empregador: art. 11
- férias: art. 7º, XVII
- FGTS: art. 7º, III
- garantia de salário: art. 7º, VII
- igualdade com trabalhador avulso: art. 7º, XXXIV
- irredutibilidade de salário ou vencimento: art. 7º, VI
- jornada de trabalho: art. 7º, XIII
- jornada máxima de trabalho: art. 7º, XIV
- licença remunerada à gestante: art. 7º, XVIII
- licença-paternidade: art. 7º, XIX; ADCT, art. 10, § 1º
- menor aprendiz: art. 7º, XXXIII
- participação nos colegiados de órgãos públicos: art. 10
- participação nos lucros: art. 7º, XI
- piso salarial: art. 7º, V
- prescrição: art. 7º, XXIX
- proibição de diferença: art. 7º, XXX
- proteção do mercado de trabalho: art. 7º, XX
- proteção: art. 7º, X
- relação de emprego: art. 7º, I; ADCT, art. 10
- remuneração do trabalho noturno: art. 7º, IX
- repouso semanal remunerado: art. 7º, XV
- riscos do trabalho: art. 7º, XXII
- salário mínimo: art. 7º, IV
- salário-família: art. 7º, XII
- seguro contra acidentes do trabalho: art. 7º, XXVIII
- seguro-desemprego: art. 7º, II
- serviço extraordinário: art. 7º, XVI
- trabalho insalubre, noturno e perigoso do menor: art. 7º, XXXIII
- trabalho manual, técnico e intelectual: art. 7º, XXXII

TRABALHO
- avulso: art. 7º, XXXVI
- direito social: art. 6ll.
- duração: art. 7º, XIII
- forçado: art. 5º, XLVII, c
- inspeção: art. 21, XXIV
- intelectual: art. 7º, XXXII
- livre exercício: art. 512, XIII
- manual: art. 7º XXXII
- noturno, perigoso ou insalubre: art. 70, XXXIII
- primado; objetivo da ordem social: art. 193
- técnico; distinção proibitiva: art. 7º XXXII
- turnos ininterruptos de revezamento: art. 70., XIV
- valores sociais: art. 1º, IV

TRÁFICO DE DROGAS
- art. 5º, XLIII
- crime inafiançável: art. 5º, XLIII
- extradição de brasileiro naturalizado: art. 5º, LI
- prevenção e repressão: art. 144, II

TRANSGRESSÃO MILITAR
- art. 5º, LXI

TRÂNSITO
- forças estrangeiras no território nacional: art. 21, IV
- legislação; competência privativa: art. 22, XI
- segurança; competência: art. 23, XII

TRANSPORTE
- acesso adequado: arts. 227, § 2º; 244
- aquaviário e ferroviário: art. 21, XI, d
- competência privativa da União: art. 22, XI
- concessão e permissão: art. 30, V
- embarcações estrangeiras: art. 178, par. ún.
- interestadual e intermunicipal: art. 155, 11, § 2º e do ADCT, art. 34, §§ 6º e 8º
- internacional: art. 178, *caput*
- marítimo: art. 178
- ordenação legal: art. 178
- petróleo e gás natural: art. 177, IV
- política nacional: art. 22, IX
- rodoviário de passageiros: art. 21, XII, e
- serviço público de caráter essencial: art. 30, V
- sistema nacional de viação: art. 21, XXI
- terrestre: art. 178
- urbano: art. 21, XX e 230, § 2º

TRATADOS INTERNACIONAIS
- crimes: art. 109, V
- direitos e garantias: art. 50, § 2º
- direitos humanos: art. 5°, § 3º
- Presidente da República: art. 84, VIII
- referendo: art. 49, I

TRIBUNAIS
- competência privativa: art. 96, I
- conflitos de competência: arts. 102, I; 105, I, d
- decisões administrativas: art. 93, X
- declaração de inconstitucionalidade de lei ou ato normativo: art. 97
- órgão especial: art. 93, XI
- segundo grau: art. 93, III

TRIBUNAIS SUPERIORES
- competência privativa: art. 96, II
- conflitos de competência: arts. 102, I; 105, I, d
- *habeas corpus*: art. 102, I, d e I, e II, a
- *habeas data*: art. 102, II, a
- jurisdição: art. 92, § 2º
- mandado de injunção: art. 102, I, q
- mandado de segurança: art. 102, II, a
- membros: art. 102, I, c
- órgão especial: art. 93, XI
- propostas orçamentárias: art. 99, §§ 1º e 2º
- sede: art. 92, § 1º

TRIBUNAL DE CONTAS DA UNIÃO
- administrador público; prestação de contas: art. 71, II
- aposentadoria de Ministro: art. 73, § 3º
- aprovação de Ministro: arts. 52, III, b; 73, § 2º, I; 84, XV
- auditores: art. 73, § 4º
- competência: arts. 71, 73, *caput* e 96
- composição: art. 73, *caput*
- convênio federal: art. 71, VI
- crimes de responsabilidade de Ministro e de Comandantes da Marinha, do Exército e da Aeronáutica: art. 102, I, c
- decisões: art. 71, § 3º
- escolha de Ministros: art. 73, §§ 2º e 3º
- fiscalização contábil, financeira e orçamentária: art. 71
- fixação de prazo para doação de providências ao exato cumprimento da lei: art. 71, IX
- *habeas corpus*: art. 102, I, d
- *habeas data*: art. 102, I, d
- impedimentos de Ministros: art. 73, § 3º
- indicação do Presidente da República: arts. 52, III, b; 73, § 2º, I
- infrações penais comuns de Ministros: art. 102, I, d
- jurisdição: art. 73, *caput*
- mandado de injunção: art. 102, I, q
- mandado de segurança: art. 102, I, d
- membros: art. 49, XII
- Ministério Público: art. 130
- nomeação pelo Presidente da República: arts. 73, § 1º, e 84, XV
- prerrogativas e garantias dos Ministros: art. 73, § 3º
- prestação de contas dos Territórios: art. 33, § 2º
- prestação de informações: arts. 71, VII; 77
- relatório de atividades: art. 71, § 4º
- representação: art. 71, XI
- requisitos: art. 73, § 2º
- sanção: art. 71, VIII
- sede: art. 73, *caput*
- sustação de contrato: art. 71, §§ 1º e 2º
- sustação de execução de ato impugnado: art. 71, X
- vencimentos: art. 73, § 3º

TRIBUNAL DE CONTAS DO DISTRITO FEDERAL E DOS ESTADOS
- crimes comuns e responsabilidade: art. 105, I, a
- organização e fiscalização: art. 75, *caput*

TRIBUNAL DE CONTAS DO MUNICÍPIO
- art. 75, *caput*

TRIBUNAL DE EXCEÇÃO
- art. 5º, XXXVII

TRIBUNAL DE JUSTIÇA
- art. 92, VII

- competência privativa de propostas ao Legislativo: art. 96, II
- competência: art. 125, § 1º e o art. 70 do ADCT
- conflitos fundiários: art. 126
- descentralização: art. 125, § 6º
- designação de juízes de entrância especial para questões agrárias: art. 126, *caput*
- elaboração do Regimento Interno: art. 96, I, a
- eleição dos órgãos diretivos: art. 96, I. a
- instalação de justiça itinerante: art. 125, § 7º
- julgamento de juiz estadual: art. 96, III
- julgamento de membro do Ministério Público: art. 96, III
- lei de criação da Justiça Militar Estadual: art. 125, § 3º
- lei de organização judiciária: art. 125, § 1º
- licença, férias e afastamento: art. 96, I, f
- motivação das decisões administrativas: art. 93, X
- organização de secretaria e serviços auxiliares: art. 96, I, b
- órgãos jurisdicionais e administrativos: art. 96, I, a
- propostas orçamentárias: art. 99, §§ 1º e 2º
- provimento de cargos necessários à administração da Justiça: art. 96, I, e
- quinto de advogados: art. 94
- quinto do Ministério Público: art. 94

TRIBUNAL INTERNACIONAL DE DIREITOS HUMANOS
- art. 7º do ADCT

TRIBUNAL MILITAR
- art. 122, II
- competência: art. 96, I
- elaboração do Regimento Interno: art. 96, I, a
- eleição dos órgãos diretivos: art. 96, I, a
- licença, férias e afastamento: art. 96, I. f
- motivação das decisões administrativas: art. 93, X
- organização de secretaria e órgãos auxiliares: art. 96, I, b
- órgão do Poder Judiciário: art. 92, VI
- órgãos jurisdicionais e administrativos: art. 96, I, a
- propostas orçamentárias: art. 99
- provimento de cargos necessários à administração da Justiça: art. 96, I, e

TRIBUNAL PENAL INTERNACIONAL
- jurisdição; submissão do Brasil: art. 5º, § 4º

TRIBUNAL REGIONAL DO TRABALHO
- art. 111, II
- competência privativa: art. 96, I
- competência: art. 113
- composição: art. 115, *caput*
- constituição: art. 113
- descentralização: art. 115, § 2º
- despesa pública nos projetos sobre serviços administrativos: art. 63, II
- elaboração do Regimento Interno: art. 96, I, a
- eleição dos órgãos: art. 96, I, a
- garantias e condições de exercício: art. 113
- instalação da justiça itinerante: art. 115, § 1º
- investidura: art. 113
- juiz; crime comum e de responsabilidade: art. 105, I, a
- jurisdição: art. 113
- licença, férias e afastamento: art. 96, I, f
- magistrados: art. 115, par. ún.
- motivação das decisões administrativas: art. 93, X
- organização da secretaria e órgãos auxiliares: art. 96, I, b
- órgão do Poder Judiciário: art. 92, IV
- órgãos jurisdicionais e administrativos: art. 96, I. a
- proporcionalidade: art. 115, *caput*
- propostas orçamentárias: art. 99, §§ 1º e 2º
- provimento de cargos necessários à administração da Justiça: art. 96, I, e

TRIBUNAL REGIONAL ELEITORAL
- arts. 118, II; 120
- anulação de diplomas: art. 121, § 4º, IV
- competência privativa: art. 96, I
- composição: art. 120, *caput*
- decisões contrárias à lei: art. 121, § 4º, I
- despesa pública nos projetos sobre serviços administrativos: art. 63, II
- dissídio jurisprudencial: art. 121, § 4º, II
- elaboração do Regimento Interno: art. 96, I, a
- eleição do Presidente e Vice-Presidente: art. 120, § 2º
- eleição dos órgãos diretivos: art. 96, I, a
- expedição de diplomas: art. 121, § 4º, III
- fixação do número de vereadores: ADCT, art. 5º, § 4º
- *habeas corpus*: arts. 121, § 4º, V
- *habeas data*: art. 121, § 4º, V
- inelegibilidade: art. 121, § 4º, III
- licença, férias e afastamento: art. 96, I, f
- localização: art. 120, *caput*
- mandado de injunção: arts. 121; 185, § 4º, V
- mandado de segurança: art. 126, § 4º, V
- motivação das decisões administrativas: art. 93, X
- organização da secretaria e órgãos auxiliares: art. 96, I, b
- órgãos jurisdicionais e administrativos: arts. 94; 96, I. a
- perda de mandato: art. 121, § 4º, IV
- propostas orçamentárias: art. 99, §§ 1º e 2º
- provimento de cargos necessários à administração da Justiça: art. 96, I, e
- recursos de decisões contrárias à Constituição: art. 121, § 4º, I
- recursos: art. 121, § 4º

TRIBUNAL REGIONAL FEDERAL
- art. 106 a 108
- competência anterior à sua instalação: art. 27, § 7º do ADCT
- competência originária: art. 108, I
- competência privativa: art. 96, I
- competência: art. 108
- composição: art. 107
- criação: art. 27, §§ 6º e II do ADCT
- descentralização: art. 107, § 3º
- despesa pública nos projetos sobre serviços administrativos: art. 63, II
- elaboração do Regimento Interno: art. 96, I, a
- eleição dos órgãos diretivos: art. 96, I, a
- escolha de juiz do TRE: art. 120, II
- instalação justiça itinerante: art. 107, § 2º
- instalação: art. 27, § 6º do ADCT
- licença, férias e afastamento: art. 96, I, f
- motivação das decisões administrativas: art. 93, X
- nomeação de juízes: art. 107, *caput*
- organização da secretaria e órgãos auxiliares: art. 96, I, b
- órgão do Poder Judiciário: art. 92, III
- órgãos jurisdicionais e administrativos: art. 96, I. a
- permuta de juízes: art. 107, § 1º
- propostas orçamentárias: art. 99
- provimento de cargos necessários à administração da Justiça: art. 96, I, e
- quinto de advogados: arts. 94; 107, I
- recursos: art. 108, II
- remoção de juízes: art. 107, § 1º
- sede: art. 27, § 6º do ADCT

TRIBUNAL SUPERIOR DO TRABALHO
- advogado: art. 111, I
- aprovação pelo Senado Federal de Ministro: art. 84, XIV
- competência privativa de propostas ao Legislativo: art. 96, II
- competência privativa: art. 96, I
- competência: arts. 111-A e 113
- composição: art. 111-A
- Conselho Superior da Justiça do Trabalho: art. 111-A, § 2º, II
- constituição: art. 113
- despesa pública nos projetos sobre serviços administrativos: art. 63, II
- discussão e votação da iniciativa de leis: art. 64, *caput*
- elaboração do Regimento Interno: art. 96, I, a
- eleição dos órgãos: art. 96, I. a
- Escola Nacional de Formação e Aperfeiçoamento de Magistrados do Trabalho: art. 111-A, § 2º
- garantias e condições de exercício: art. 113
- iniciativa das leis complementares e ordinárias: art. 61, *caput*
- investidura: art. 113
- jurisdição: arts. 92, par. ún.; 113
- licença, férias e afastamento: art. 96, I, f
- membro do Ministério Público: art. 111-A, I
- motivação das decisões administrativas: art. 93, X
- nomeação pelo Presidente da República de Ministro: art. 84, XIV
- nomeação, registros, aprovação: art. 111-A
- órgão do Poder Judiciário: art. 92, IV
- órgãos jurisdicionais e administrativos: art. 96, I, a

- propostas orçamentárias: art. 99, §§ 1º e 2º
- provimento de cargos necessários à administração da Justiça: art. 96, I, e
- secretaria e órgãos auxiliares; organização: art. 96, I, b
- sede: art. 92, par. ún.

TRIBUNAL SUPERIOR ELEITORAL

- art. 118, I
- aprovação pelo Senado Federal de Ministro: art. 84, XIV
- competência privativa de propostas ao Legislativo: art. 96, II
- competência privativa: art. 96, I
- composição: art. 119
- Corregedor Eleitoral: art. 119, par. ún.
- decisões administrativas: art. 93, X
- decisões: art. 121, § 3º
- despesa pública nos projetos sobre serviços administrativos: art. 63, II
- discussão e votação de projetos de lei de sua iniciativa: art. 64, *caput*
- eleição dos órgãos diretivos: art. 96, I, a
- *habeas corpus*: art. 121, § 3º
- jurisdição: art. 92, par. ún.
- leis complementares e ordinárias: art. 61, *caput*
- licença, férias e afastamento: art. 96, I, f
- mandado de segurança: art. 121, § 3º
- nomeação pelo Presidente da República de Ministro: art. 84, XIV
- organização da secretaria e órgãos auxiliares: art. 96, I, b
- órgãos jurisdicionais e administrativos: art. 96, I, a
- partidos políticos: art. 6º, *caput* do ADCT
- partidos políticos; concessão de registro: art. 60, § 1º do ADCT
- Presidente: art. 119, par. ún.
- propostas orçamentárias: art. 99, §§ 1º e 2º
- provimento de cargos necessários à administração da Justiça: art. 96, I, e
- Regimento Interno: art. 96, I, a
- revisão constitucional: art. 20, § 2º do ADCT
- sede: art. 92, par. ún.
- Vice-Presidente: art. 119, par. ún.

TRIBUTOS

- anistia: art. 150, § 6º
- aplicação de receita de impostos no ensino: art. 212
- aplicação de recursos: art. 34, § 10 do ADCT
- arrecadação e distribuição aos Municípios: arts. 158, III, IV e par. ún.; 159, § 3º; 161, I
- capacidade econômica do contribuinte: art. 145, § 1º
- características: art. 145, § 1º
- combustíveis líquidos e gasosos: art. 155, § 3º
- competência tributária da União: arts. 153; 154
- competência tributária dos Estados e do Distrito Federal: art. 155
- competência tributária dos Municípios: art. 156
- competência: art. 145, *caput*
- confisco: art. 150, IV
- contribuições sociais e de intervenção sobre o domínio econômico; art. 149, § 2º, II
- critérios especiais de tributação: art. 146-A
- desenvolvimento regional: art. 34, § 10 do ADCT
- destinação aos Municípios: art. 159, § 4º
- desvinculação da arrecadação: art. 76 do ADCT
- diferença de bens: art. 152
- Distrito Federal: art. 147
- Eletrobrás: art. 34, § 12 do ADCT
- empresa de pequeno porte: art. 146, III, d
- energia elétrica: art. 155, § 3º
- estaduais e municipais dos Territórios: art. 147
- extraordinários: art. 154, II
- fato gerador: art. 150, III, a
- garantias do contribuinte: art. 150
- instituição: art. 145
- lei complementar: art. 146
- limitação ao poder de tributar: art. 150
- limitações: art. 150
- limite de tráfego: art. 150, V
- lubrificantes: art. 155, § 3º
- mercadorias e serviços: art. 150, § 5º
- microempresa: art. 146, III, d
- minerais: art. 155, § 3º
- Municípios: art. 156 e do art. 34, § 6º ADCT
- patrimônio, renda ou serviços; proibição e exceções: art. 150, VI, *d* e *e*, e §§ 2º, 3º e 4º; ADCT, art. 34, § 1º
- princípio da anualidade: art. 150, III, b e ADCT, art. 34, § 6º
- princípio da igualdade: art. 150, II
- princípio da legalidade: art. 150, I
- princípio da uniformidade: art. 151, I
- receita tributária: art. 158
- reforma agrária: art. 184, § 5º
- regime único de arrecadação de impostos: art. 146, par. ún.
- repartição do produto da arrecadação entre Estados e Distrito Federal: art. 159, III
- responsabilidade pelo pagamento: art. 34, § 9º do ADCT

TURISMO

- art. 180

- U -

UNIÃO

- arts. 20 a 24
- águas: art. 22, IV
- anistia fiscal: art. 150, § 6º
- anistia previdenciária: art. 150, § 6º
- aplicação de receita de impostos: art. 212
- aproveitamento energético dos cursos de água: art. 21, XII, b
- assessoramento jurídico: art. 131, *caput*
- atividades nucleares: art. 22, XXVI
- autarquias e fundações instituídas e mantidas pelo Poder Público: art. 150, §§ 2º e 3º
- autonomia: art. 18, *caput*
- bens: art. 20
- brasileiro: art. 19, III
- calamidade pública: art. 21, XVIII
- câmbio e competência legislativa: art. 22, VII
- câmbio e fiscalização: art. 21, VIII
- capitalização e fiscalização: art. 21, VIII
- causas e conflitos com os Estados, o Distrito Federal e respectivas entidades da administração indireta; processo e julgamento: art. 102, I, f
- causas fundadas em tratado ou contrato com Estado estrangeiro ou organismo internacional: art. 109, III
- celebração de paz: art. 21, II
- cidadania: art. 22, XIII
- classificação das diversões públicas: art. 21, XVI
- classificação dos programas de rádio e televisão: art. 21, XVI
- comércio exterior e interestadual: arts. 22, VIII; 33
- competência legislativa privativa: art. 22
- competência legislativa supletiva dos Estados: art. 24, § 2º
- competência para emissão da moeda: art. 164
- competência tributária residual: art. 154
- competência tributária: arts. 145, 150 e 153
- competência: arts. 21, *caput* e 22, *caput*
- concessão de garantia e fixação: art. 52, VII
- concessão: art. 21, XVII
- consórcios: art. 22, XX
- consultoria jurídica: art. 131, *caput*
- contrato administrativo: art. 22, XXVII
- contribuição social: art. 149, §§ 1º a 4º
- corpo de bombeiros militar do Distrito Federal: art. 21, XIV
- corpo de bombeiros militar dos Territórios: art. 21, XIX
- corpo de bombeiros militar: art. 22, XXI
- Correio Aéreo Nacional: art. 21, X
- crédito e fiscalização: art. 21, VIII
- débitos oriundos de precatórios: art. 100, § 16
- declaração de guerra: art. 21, II
- decretação do estado de sítio: art. 21, V
- decretação estado de defesa: art. 21, V
- Defensoria Pública do Distrito Federal: art. 22, XVI
- Defensoria Pública dos Territórios: arts. 21, XIII e 22, XVII
- defesa aeroespacial: art. 22, XXVIII
- defesa civil: art. 22, XXVIII
- defesa marítima: art. 22, XXVIII
- defesa nacional: art. 21, III
- defesa territorial: art. 22, XXVIII
- demarcação das terras em litígio com os Estados-membros: ADCT, art. 12, §§ 3º e 4º
- demarcação das terras em litígio com os Municípios: art. 12, §§ 3º e 4º do ADCT
- demarcação de terra indígena: art. 231, *caput*
- desapropriação: art. 22, II
- despesas com pessoal: art. 169 e do ADCT, art. 38
- direito aeronáutico: art. 22, I
- direito agrário: art. 22, I
- direito civil: art. 22, I
- direito comercial: art. 22, I
- direito do trabalho: art. 22, I
- direito eleitoral: art. 22, I
- direito espacial: art. 22, I
- direito marítimo: art. 22, I
- direito penal: art. 22, I
- direito processual: art. 22, I
- disponibilidades de caixa: art. 164, § 3º
- Distrito Federal: art. 22, XVII

- dívida pública dos Estados, do Distrito Federal e dos Municípios: art. 151, II
- documento público: art. 19, II
- edição de leis para aplicação do sistema tributário nacional: art. 34, § 3º do ADCT
- educação: art. 22, XXIV
- emigração: art. 22, XV
- emissão de moeda: art. 21, VII
- empresa de pequeno porte: art. 179
- empréstimo compulsório: art. 148
- energia elétrica: art. 21, XII, b
- energia: art. 22, IV
- Estado-membro: art. 234
- estrangeiro: art. 22, XV
- execução da dívida ativa tributária; representação pela Procuradoria-Geral da Fazenda Nacional: art. 131, § 3º
- exploração de serviços e instalações nucleares: art. 21, XXIII
- exploração direta de concessão de serviços de telecomunicações: art. 21, XI
- exploração direta de concessão de serviços de transmissão de dados: art. 21, XI
- exploração direta ou concessão de serviços telefônicos e telegráficos: art. 21, XI
- exploração, autorização, concessão e permissão dos serviços de telecomunicações: art. 21, XII, a
- fins pacíficos de serviços e instalações nucleares: art. 21, XXIII, a
- fiscalização contábil, financeira e orçamentária: arts. 70 a 74
- fixação de limites globais pelo Senado Federal: art. 52, VI
- fixação de limites pelo Senado Federal: art. 52, VII
- garimpagem: art. 21, XXV
- gás natural: art. 177, I, III e IV
- habitação, saneamento básico e transportes urbanos: art. 21, XX
- hidrocarbonetos fluidos: art. 177, I e III
- imigração: art. 22, XV
- imposto estadual: art. 147
- imposto extraordinário em caso de guerra: art. 154, II
- impostos arrecadados: arts. 153, § 5º; 157; 158, I e II; 159
- impostos estaduais e municipais: art. 147
- incentivos fiscais: art. 41 do ADCT
- informática: art. 22, IV
- infrações penais praticadas em detrimento de seus bens, serviços ou interesses: art. 109, IV
- infraestrutura aeroportuária: art. 21, XII, f
- instituição de impostos: art. 153
- instituições de assistência social sem fins lucrativos: art. 150, VI, § 4º
- instituições de educação sem fins lucrativos: art. 150, VI, § 4º
- intervenção federal: art. 21, V
- intervenção nos Estados e Distrito Federal: arts. 34 e 36
- isenção de tributos estaduais, do Distrito Federal e municipais; limitações ao poder de tributar: art. 151, III
- jazidas de petróleo: art. 177, I
- jazidas: art. 22, XII
- Juizados Especiais no Distrito Federal e nos Territórios: art. 98, I
- Justiça de Paz no Distrito Federal e nos Territórios: art. 98, II
- lavra: art. 176, § 3º
- licitação: art. 22, XXVII
- limitações ao poder de tributar: art. 151, II
- limites da tributação: arts. 150; 151
- litígio com Estado estrangeiro ou organismo internacional: art. 102, I, e
- livros, jornais, periódicos e o papel destinado à sua impressão: art. 150, VI, d
- massas de água: art. 43, § 2º, IV
- material bélico: art. 21, VI
- metais: art. 22, VI
- metalurgia: art. 22, XII
- microempresa: art. 179
- minas: art. 22, XII
- minérios nucleares e seus derivados: art. 21, *caput* e XXIII
- Ministério Público do Distrito Federal: arts. 21, XIII e 22, XVII
- Ministério Público dos Territórios: arts. 21, XIII e 22, VII
- mobilização nacional: art. 22, XXVIII
- monopólio da importação e exportação: art. 177, II
- monopólio da pesquisa, lavra, enriquecimento, reprocessamento, industrialização e comércio de minérios e minerais nucleares e derivados: art. 177, V
- monopólio da refinação: art. 177, II
- monopólio do transporte marítimo: art. 177, IV
- monopólio do transporte por meio do conduto: art. 177, IV
- monopólio: art. 177
- monopólio: art. 177, § 1º
- nacionalidade: art. 22, XIII
- navegação aérea: art. 22, X
- navegação aeroespacial: arts. 21, XII, c e 22, X
- navegação fluvial, lacustre e marítima: art. 22, X
- orçamento e recursos para a assistência social: art. 204, *caput*
- organização e manutenção de serviços oficiais de estatística, geografia, geologia e cartografia: art. 21, XV
- organização judiciária: art. 22, XVII
- organização, manutenção e execução da inspeção do trabalho: art. 21, XXIX
- organizações internacionais: art. 21, I
- partidos políticos: art. 150, VI, c, e § 4º
- patrimônio, renda ou serviços de entes públicos: art. 150, VI, a
- permissão de trânsito e permanência: art. 21, IV
- plano nacional e regional de desenvolvimento econômico e social: art. 21, IX
- Poder Judiciário: arts. 21, XIII; 22, XVII
- Poderes: art. 2º
- política de crédito: art. 22, VII
- populações indígenas: art. 22, XIV
- portos fluviais, lacustres e marítimos; exploração, autorização, concessão e permissão: art. 21, XII, f
- portos: art. 22, X
- poupança: art. 22, XIV
- precatório: art. 100, *caput* e o art. 97 do ADCT
- previdência privada: art. 21, VIII
- princípio da uniformidade tributária: art. 150, I
- princípios: art. 37, *caput*
- Procuradoria-Geral da Fazenda Nacional: art. 29, § 5º do ADCT
- profissões: art. 22, XVI
- promoção e incentivo do turismo: art. 180
- proteção dos bens dos índios: art. 231, *caput*
- quadro de pessoal: ADCT, art. 24
- radiodifusão: art. 22, IV
- receita tributária: art. 159
- recursos minerais: art. 22, XII
- registro público: art. 22, XXV
- relações com Estados estrangeiros: art. 21, I
- religião: art. 19, I
- repartição das receitas tributárias: art. 160
- representações judiciais e extrajudicial: art. 131, *caput*
- requisições civis e militares: art. 22, III
- reservas cambiais: art. 21, VIII
- responsabilidade civil por danos nucleares: art. 21, XXIII, d
- rios: art. 43, § 2º, IV
- seguridade social: art. 22, XXIII
- seguros: art. 22, VII e VIII
- serviço postal: arts. 21, X e 22, V
- serviços de radiodifusão sonora e de sons e imagens; exploração, autorização, concessão e permissão: art. 21, XII, a
- servidor público: art. 61, § 1º, II, c
- sindicatos; limitações ao poder de tributar: art. 150, VI, § 4º
- sistema cartográfico e geologia nacional: art. 22, XVIII
- sistema de ensino: art. 211, *caput*
- sistema estatístico nacional: art. 22, XVIII
- sistema nacional de emprego: art. 22, XVI
- sistema nacional de recursos hídricos: art. 21, XIX
- sistema nacional de transporte e viação: art. 21, XXI
- sistemas de medidas e monetário: art. 22, VI
- sorteios: art. 22, XX
- superveniência de lei federal em lei estadual: art. 24, § 4º
- telecomunicações: art. 22, IV
- templos de qualquer culto: art. 150, VI, b, e § 4º
- território: art. 18, § 2º
- trânsito e transporte: art. 22, XI
- transporte aquaviário, ferroviário, rodoviário: art. 21, XII, d e e
- utilização de radioisótopos de serviços e instalações nucleares: art. 21, XXIII, b
- valores: art. 22, VII
- vedações: art. 19

UNIÃO ESTÁVEL
- art. 226, § 3º

UNIVERSIDADES
- art. 207

USINAS NUCLEARES
- art. 225, § 6º

USUCAPIÃO
- imóveis públicos: arts. 183, § 3º, e 191, par. ún.
- imóvel rural: art. 191
- imóvel urbano: art. 183

– V –

VALORES
- art. 22, VII

VALORES SOCIAIS DO TRABALHO
- art. 1º, *caput*, IV

VARAS JUDICIÁRIAS
- criação: art. 96, I, d

VENCIMENTOS
- cargos do Poder Legislativo e do Poder Judiciário: art. 37, XII
- irredutibilidade: art. 37, XV
- percebidos em desacordo com a CF: art. 17, ADCT

VEREADOR
- ato institucional: ADCT. art. 8º, § 4º
- duração do mandato eletivo: art. 29, I
- estado de sítio: art. 139, par. ún.
- idade mínima: art. 14, § 3º, VI, c
- impedimentos: art. 29, IX
- imposto: art. 29, V
- incompatibilidades: art. 29, IX
- inviolabilidade: art. 29, VIII
- remuneração e subsídios: art. 29, VI e VII
- servidor público civil: art. 38, III

VEREDICTOS
- art. 5º, XXXVIII, *c*

VERTICALIZAÇÃO
- art. 17, § 1º

VETO
- características: art. 66, §§ 1º a 5º
- competência: art. 84, V
- deliberação pelo Congresso Nacional: art. 57, § 3º, IV

VIAÇÃO
- art. 21, XXI

VICE-GOVERNADOR DE ESTADO
- eleição: art. 28, *caput*
- idade mínima: art. 14, § 3º, VI, b
- mandatos: art. 4º, § 3º do ADCT
- posse: art. 28, *caput*

VICE-GOVERNADOR DO DISTRITO FEDERAL
- art. 32, § 2º

VICE-PREFEITO
- eleição: art. 29, I e II
- idade mínima: art. 14, § 3º, VI, c
- inelegibilidade de cônjuge e parentes até o segundo grau: art. 14, § 7º
- mandatos: art. 4º, § 4º, ADCT
- posse: art. 29, III
- reeleição: art. 14, § 5º
- subsídios: art. 29, V

VICE-PRESIDENTE DA REPÚBLICA
- atribuições: art. 79, par. ún.
- ausência do País superior a 15 dias: arts. 49, III, e 83
- cargo privativo de brasileiro nato: art. 12, § 3º, I
- crimes de responsabilidade: art. 52, I, e par. ún.
- eleição: art. 77, *caput*, e § 1º
- idade mínima: art. 14, § 3º, VI, a
- impedimento: art. 80
- inelegibilidade de cônjuge e parentes até o segundo grau: art. 14, § 7º
- infrações penais comuns: art. 102, I, b
- missões especiais: art. 79, par. ún.
- posse: art. 78
- processos: art. 51, I
- subsídios: art. 49, VIII
- substituição ou sucessão do Presidente: art. 79
- vacância do cargo: arts. 78, par. ún., 80 e 81

VIDA
- direito: art. 5º, *caput*
- privada: art. 5º, X

VIOLÊNCIA FAMILIAR
- art. 226, § 8º

VITALICIEDADE
- arts. 95, I, e 128, § 5º, I, a

VÍTIMAS DE CRIMES DOLOSOS
- art. 245

VOTAÇÕES NO JÚRI
- art. 5º, XXXVIII, b

VOTO
- direto e secreto: art. 14, I a III
- direto, secreto, universal e periódico: art. 60, § 4º, II
- facultativo: art. 14, § 1º, II
- obrigatório: art. 14, § 1º, I
- soberania popular; manifestação: art. 14, I a III

– Z –

ZONA
- costeira: art. 225, § 4º
- econômica: art. 20
- Franca de Manaus: art. 40 do ADCT

CÓDIGO CIVIL

LEI DE INTRODUÇÃO ÀS NORMAS DO DIREITO BRASILEIRO

DECRETO-LEI N. 4.657, DE 04 DE SETEMBRO DE 1942

Lei de Introdução às normas do Direito Brasileiro

- Antiga Lei de Introdução ao Código Civil (LICC). Ementa com redação dada pela Lei 12.376/2010.
- DOU, 09.09.1942.

O Presidente da República, usando da atribuição que lhe confere o artigo 180 da Constituição, decreta:

Art. 1º Salvo disposição contrária, a lei começa a vigorar em todo o país quarenta e cinco dias depois de oficialmente publicada.

- art. 62, §§ 3º; 4º; 6º; 7º, CF.
- arts. 101 a 104, CTN.
- art. 8º, LC 95/1998 (Dispõe sobre a elaboração, a redação, a alteração e a consolidação das leis).

§ 1º Nos Estados, estrangeiros, a obrigatoriedade da lei brasileira, quando admitida, se inicia três meses depois de oficialmente publicada.

§ 2º (Revogado pela Lei 12.036/2009.)

§ 3º Se, antes de entrar a lei em vigor, ocorrer nova publicação de seu texto, destinada a correção, o prazo deste artigo e dos parágrafos anteriores começará a correr da nova publicação.

§ 4º As correções a texto de lei já em vigor consideram-se lei nova.

Art. 2º Não se destinando à vigência temporária, a lei terá vigor até que outra a modifique ou revogue.

§ 1º A lei posterior revoga a anterior quando expressamente o declare, quando seja com ela incompatível ou quando regule inteiramente a matéria de que tratava a lei anterior.

§ 2º A lei nova, que estabeleça disposições gerais ou especiais a par das já existentes, não revoga nem modifica a lei anterior.

§ 3º Salvo disposição em contrário, a lei revogada não se restaura por ter a lei revogadora perdido a vigência.

Art. 3º Ninguém se escusa de cumprir a lei, alegando que não a conhece.

Art. 4º Quando a lei for omissa, o juiz decidirá o caso de acordo com a analogia, os costumes e os princípios gerais de direito.

- arts. 140, 375 e 723, NCPC.
- arts. 100; 101; 107 a 111, CTN.
- art. 8º, CLT.
- art. 2º, Lei 9.307/1996 (Lei da Arbitragem).

Art. 5º Na aplicação da lei, o juiz atenderá aos fins sociais a que ela se dirige e às exigências do bem comum.

- art. 5º, LIV, CF.

Art. 6º A Lei em vigor terá efeito imediato e geral, respeitados o ato jurídico perfeito, o direito adquirido e a coisa julgada. (Redação dada pela Lei 3.238/1957.)

- art. 5º, XXXVI, CF.
- arts. 1.577; 1.787, CC/2002.
- Súm. Vinc. 1, STF.

§ 1º Reputa-se ato jurídico perfeito o já consumado segundo a lei vigente ao tempo em que se efetuou. (Parágrafo incluído pela Lei 3.238/1957.)

§ 2º Consideram-se adquiridos assim os direitos que o seu titular, ou alguém por ele, possa exercer, como aqueles cujo começo do exercício tenha termo pré-fixo, ou condição preestabelecida inalterável, a arbítrio de outrem. (Parágrafo incluído pela Lei 3.238/1957.)

- arts. 121; 126 a 128; 131; 135, CC/2002.

§ 3º Chama-se coisa julgada ou caso julgado a decisão judicial de que já não caiba recurso. (Parágrafo incluído pela Lei 3.238/1957.)

- art. 5º, XXXVI, CF.
- arts. 337, § 1º; 502, NCPC.

Art. 7º A lei do país em que domiciliada a pessoa determina as regras sobre o começo e o fim da personalidade, o nome, a capacidade e os direitos de família.

- arts. 1º a 10; 22 a 39; 70 a 78; 1.511 a 1.638, CC/2002.
- arts. 55 a 58, Lei 6.015/1973 (Lei de Registros Públicos).
- art. 71, Lei 13.445/2017 (Lei de Migração).

§ 1º Realizando-se o casamento no Brasil, será aplicada a lei brasileira quanto aos impedimentos dirimentes e às formalidades da celebração.

- art. 1.511 e ss., CC/2002.
- arts. 8º e 9º, Lei 1.110/1950 (Dispõe sobre o reconhecimento dos efeitos civis do casamento religioso).

§ 2º O casamento de estrangeiros poderá celebrar-se perante autoridades diplomáticas ou consulares do país de ambos os nubentes. (Redação dada pela Lei 3.238/1957.)

- art. 1.544, CC/2002.

§ 3º Tendo os nubentes domicílio diverso, regerá os casos de invalidade do matrimônio a lei do primeiro domicílio conjugal.

- arts. 1.548 a 1.564, CC/2002.

§ 4º O regime de bens, legal ou convencional, obedece à lei do país em que tiverem os nubentes domicílio, e, se este for diverso, a do primeiro domicílio conjugal.

- arts. 1.658 a 1.666, CC/2002.

§ 5º O estrangeiro casado que se naturalizar brasileiro pode, mediante expressa anuência de seu cônjuge, requerer ao juiz, no ato de entrega do decreto de naturalização, se apostile ao mesmo a adoção do regime de comunhão parcial de bens, respeitados os direitos de terceiros e dada esta adoção ao competente registro. (Redação dada pela Lei 6.515/1977.)

- arts. 1.658 a 1.666, CC/2002.

§ 6º O divórcio realizado no estrangeiro, se um ou ambos os cônjuges forem brasileiros, só será reconhecido no Brasil depois de 1 (um) ano da data da sentença, salvo se houver sido antecedida de separação judicial por igual prazo, caso em que a homologação produzirá efeito imediato, obedecidas as condições estabelecidas para a eficácia das sentenças estrangeiras no país. O Superior Tribunal de Justiça, na forma de seu regimento interno, poderá reexaminar, a requerimento do interessado, decisões já proferidas em pedidos de homologação de sentenças estrangeiras de divórcio de brasileiros, a fim de que passem a produzir todos os efeitos legais. (Redação dada pela Lei 12.036/2009.)

- art. 226, § 6º, CF.
- art. 961, § 5º, NCPC.

§ 7º Salvo o caso de abandono, o domicílio do chefe da família estende-se ao outro cônjuge e aos filhos não emancipados, e o do tutor ou curador aos incapazes sob sua guarda.

- arts. 226, § 5º; e 227, § 6º, CF.
- arts. 3º; 4º; e 76, p.u., CC/2002.

§ 8º Quando a pessoa não tiver domicílio, considerar-se-á domiciliada no lugar de sua residência ou naquele em que se encontre.

- arts. 70 a 78, CC/2002.
- art. 46, § 3º, NCPC.

Art. 8º Para qualificar os bens e regular as relações a eles concernentes, aplicar-se-á a lei do país em que estiverem situados.

- Lei 8.617/1993 (Dispõe sobre o mar territorial, a zona contígua, a zona econômica exclusiva e a plataforma continental brasileiros).

§ 1º Aplicar-se-á a lei do país em que for domiciliado o proprietário, quanto aos bens móveis que ele trouxer ou se destinarem a transporte para outros lugares.

§ 2º O penhor regula-se pela lei do domicílio que tiver a pessoa, em cuja posse se encontre a coisa apenhada.

- arts. 1.431 a 1.472, CC/2002.

Art. 9º Para qualificar e reger as obrigações, aplicar-se-á a lei do país em que se constituírem.

§ 1º Destinando-se a obrigação a ser executada no Brasil e dependendo de forma essencial, será esta observada, admitidas as peculiaridades da lei estrangeira quanto aos requisitos extrínsecos do ato.

§ 2º A obrigação resultante do contrato reputa-se constituída no lugar em que residir o proponente.

› art. 435, CC/2002.

Art. 10. A sucessão por morte ou por ausência obedece à lei do país em que domiciliado o defunto ou o desaparecido, qualquer que seja a natureza e a situação dos bens.

› arts. 26 a 39; 1.784 e ss., CC/2002.

§ 1º A sucessão de bens de estrangeiros, situados no país, será regulada pela lei brasileira em benefício do cônjuge ou dos filhos brasileiros, ou de quem os represente, sempre que não lhes seja mais favorável à lei pessoal do *de cujus*. (Redação dada pela Lei 9.047/1995.)

› art. 5º, XXXI, CF.

› arts. 1.851 a 1.856, CC/2002.

› art. 17, Dec.-Lei 3.200/1941 (Dispõe sobre a organização e proteção da família).

§ 2º A lei do domicílio do herdeiro ou legatário regula a capacidade para suceder.

› art. 5º, XXX e XXXI, CF.

› arts. 1.798 a 1.803, CC/2002.

Art. 11. As organizações destinadas a fins de interesse coletivo, como as sociedades e as fundações, obedecem à lei do Estado em que se constituírem.

› arts. 40 a 69; 981 e ss., CC/2002.

› art. 75, § 3º, NCPC.

§ 1º Não poderão, entretanto ter no Brasil filiais, agências ou estabelecimentos antes de serem os atos constitutivos aprovados pelo Governo brasileiro, ficando sujeitas à lei brasileira.

› art. 170, p.u., CF.

› art. 1.134 a 1.141 CC/2002.

› arts. 21 e 75, NCPC.

› art. 32, II, Lei 8.934/1994 (Dispõe sobre o Registro Público de Empresas Mercantis e Atividades Afins).

§ 2º Os Governos estrangeiros, bem como as organizações de qualquer natureza, que eles tenham constituído, dirijam ou hajam investido de funções públicas, não poderão adquirir no Brasil bens imóveis ou suscetíveis de desapropriação.

§ 3º Os Governos estrangeiros podem adquirir a propriedade dos prédios necessários à sede dos representantes diplomáticos ou dos agentes consulares.

› Lei 4.331/1964 (Dispõe sobre a aquisição, por Governos estrangeiros, no Distrito Federal, de imóveis necessários à residência dos agentes diplomáticos das respectivas Missões Diplomáticas).

Art. 12. É competente a autoridade judiciária brasileira, quando for o réu domiciliado no Brasil ou aqui tiver de ser cumprida a obrigação.

› arts. 21 a 25, NCPC.

§ 1º Só à autoridade judiciária brasileira compete conhecer das ações relativas a imóveis situados no Brasil.

§ 2º A autoridade judiciária brasileira cumprirá, concedido o exequatur e segundo a forma estabelecida pele lei brasileira, as diligências deprecadas por autoridade estrangeira competente, observando a lei desta, quanto ao objeto das diligências.

› Com a EC 45/2004 a concessão de *exequatur* às cartas rogatórias passou a ser da competência do STJ (art. 105, I, i, CF).

› arts. 105, I, i; e 109, X, CF.

› arts. 21; 23; 36; 46; 47; 256; 268; 377, NCPC.

Art. 13. A prova dos fatos ocorridos em país estrangeiro rege-se pela lei que nele vigorar, quanto ao ônus e aos meios de produzir-se, não admitindo os tribunais brasileiros provas que a lei brasileira desconheça.

› arts. 212 a 232, CC/2002.

› arts. 369 a 380, NCPC.

› art. 32, Lei 6.015/1973 (Lei de Registros Públicos).

Art. 14. Não conhecendo a lei estrangeira, poderá o juiz exigir de quem a invoca prova do texto e da vigência.

› art. 376, NCPC.

Art. 15. Será executada no Brasil a sentença proferida no estrangeiro, que reúna os seguintes requisitos:

› arts. 36; 268; 960 a 965, NCPC.

a) haver sido proferida por juiz competente;

› Súm. 381, STF.

b) terem sido as partes citadas ou haver-se legalmente verificado à revelia;

c) ter passado em julgado e estar revestida das formalidades necessárias para a execução no lugar em que foi proferida;

› Súm. 420, STF.

d) estar traduzida por intérprete autorizado;

e) ter sido homologada pelo Supremo Tribunal Federal.

› Com a EC 45/2004 a concessão de *exequatur* às cartas rogatórias passou a ser da competência do STJ (art. 105, I, i, CF).

› art. 961, NCPC.

› art. 9º, CP.

› arts. 787 a 790, CPP.

Parágrafo único. (Revogado pela Lei 12.036/2009.)

Art. 16. Quando, nos termos dos artigos precedentes, se houver de aplicar a lei estrangeira, ter-se-á em vista a disposição desta, sem considerar-se qualquer remissão por ela feita a outra lei.

Art. 17. As leis, atos e sentenças de outro país, bem como quaisquer declarações de vontade, não terão eficácia no Brasil, quando ofenderem a soberania nacional, a ordem pública e os bons costumes.

› art. 781, CPP.

Art. 18. Tratando-se de brasileiros, são competentes as autoridades consulares brasileiras para lhes celebrar o casamento e os mais atos de Registro Civil e de tabelionato, inclusive o registro de nascimento e de óbito dos filhos de brasileiro ou brasileira nascido no país da sede do Consulado. (Redação dada pela Lei 3.238/1957.)

› art. 12, I, c, CF.

› art. 32, Lei 6.015/1973 (Lei de Registros Públicos).

§ 1º As autoridades consulares brasileiras também poderão celebrar a separação consensual e o divórcio consensual de brasileiros, não havendo filhos menores ou incapazes do casal e observados os requisitos legais quanto aos prazos, devendo constar da respectiva escritura pública as disposições relativas à descrição e à partilha dos bens comuns e à pensão alimentícia e, ainda, ao acordo quanto à retomada pelo cônjuge de seu nome de solteiro ou à manutenção do nome adotado quando se deu o casamento. (Acrescentado pela Lei 12.874/2013. Vigência: 120 dias de sua publicação oficial.)

§ 2º É indispensável a assistência de advogado, devidamente constituído, que se dará mediante a subscrição de petição, juntamente com ambas as partes, ou com apenas uma delas, caso a outra constitua advogado próprio, não se fazendo necessário que a assinatura do advogado conste da escritura pública. (Acrescentado pela Lei 12.874/2013. Vigência: 120 dias de sua publicação oficial.)

Art. 19. Reputam-se válidos todos os atos indicados no artigo anterior e celebrados pelos cônsules brasileiros na vigência do Decreto-Lei n. 4.657, de 04 de setembro de 1942, desde que satisfaçam todos os requisitos legais. (Incluído pela Lei 3.238/1957.)

Parágrafo único. No caso em que a celebração desses atos tiver sido recusada pelas autoridades consulares, com fundamento no artigo 18 do mesmo Decreto-Lei, ao interessado é facultado renovar o pedido dentro em 90 (noventa) dias contados da data da publicação desta lei. (Incluído pela Lei 3.238/1957.)

Art. 20. Nas esferas administrativa, controladora e judicial, não se decidirá com base em valores jurídicos abstratos sem que sejam consideradas as consequências práticas da decisão. (Incluído pela Lei 13.655/2018)

› Dec. 9.830/2019: regulamenta este artigo.

Parágrafo único. A motivação demonstrará a necessidade e a adequação da medida imposta ou da invalidação de ato, contrato, ajuste, processo ou norma administrativa, inclusive em face das possíveis alternativas. (Incluído pela Lei 13.655/2018)

Art. 21. A decisão que, nas esferas administrativa, controladora ou judicial, decretar a invalidação de ato, contrato, ajuste, processo ou norma administrativa deverá indicar de modo expresso suas consequências jurídicas e administrativas. (Incluído pela Lei 13.655/2018)

› Dec. 9.830/2019: regulamenta este artigo.

Parágrafo único. A decisão a que se refere o *caput* deste artigo deverá, quando for o caso, indicar as condições para que a regularização ocorra de modo proporcional e equânime e sem prejuízo aos interesses gerais, não se podendo impor aos sujeitos atingidos ônus ou perdas que, em função das peculiaridades do caso, sejam anormais ou excessivos. (Incluído pela Lei 13.655/2018)

Art. 22. Na interpretação de normas sobre gestão pública, serão considerados os obstáculos e as dificuldades reais do gestor e as exigências das políticas públicas a seu cargo, sem prejuízo dos direitos dos administrados.

‣ Dec. 9.830/2019: regulamenta este artigo.

§ 1º Em decisão sobre regularidade de conduta ou validade de ato, contrato, ajuste, processo ou norma administrativa, serão consideradas as circunstâncias práticas que houverem imposto, limitado ou condicionado a ação do agente. (Incluído pela Lei 13.655/2018)

§ 2º Na aplicação de sanções, serão consideradas a natureza e a gravidade da infração cometida, os danos que dela provierem para a administração pública, as circunstâncias agravantes ou atenuantes e os antecedentes do agente. (Incluído pela Lei 13.655/2018)

§ 3º As sanções aplicadas ao agente serão levadas em conta na dosimetria das demais sanções de mesma natureza e relativas ao mesmo fato. (Incluído pela Lei 13.655/2018)

Art. 23. A decisão administrativa, controladora ou judicial que estabelecer interpretação ou orientação nova sobre norma de conteúdo indeterminado, impondo novo dever ou novo condicionamento de direito, deverá prever regime de transição quando indispensável para que o novo dever ou condicionamento de direito seja cumprido de modo proporcional, equânime e eficiente e sem prejuízo aos interesses gerais.

‣ Dec. 9.830/2019: regulamenta este artigo.

Parágrafo único. (Vetado). (Incluído pela Lei 13.655/2018).

Art. 24. A revisão, nas esferas administrativa, controladora ou judicial, quanto à validade de ato, contrato, ajuste, processo ou norma administrativa cuja produção já se houver completado levará em conta as orientações gerais da época, sendo vedado que, com base em mudança posterior de orientação geral, se declarem inválidas situações plenamente constituídas. (Incluído pela Lei 13.655/2018)

‣ Dec. 9.830/2019: regulamenta este artigo.

Parágrafo único. Consideram-se orientações gerais as interpretações e especificações contidas em atos públicos de caráter geral ou em jurisprudência judicial ou administrativa majoritária, e ainda as adotadas por prática administrativa reiterada e de amplo conhecimento público. (Incluído pela Lei 13.655/2018)

Art. 25. (Vetado). (Incluído pela Lei 13.655/2018)

Art. 26. Para eliminar irregularidade, incerteza jurídica ou situação contenciosa na aplicação do direito público, inclusive no caso de expedição de licença, a autoridade administrativa poderá, após oitiva do órgão jurídico e, quando for o caso, após realização de consulta pública, e presentes razões de relevante interesse geral, celebrar compromisso com os interessados, observada a legislação aplicável, o qual só produzirá efeitos a partir de sua publicação oficial. (Incluído pela Lei 13.655/2018)

‣ Dec. 9.830/2019: regulamenta este artigo.

§ 1º O compromisso referido no *caput* deste artigo: (Incluído pela Lei 13.655/2018)

I - buscará solução jurídica proporcional, equânime, eficiente e compatível com os interesses gerais; (Incluído pela Lei 13.655/2018)

II - (Vetado); (Incluído pela Lei 13.655/2018)

III - não poderá conferir desoneração permanente de dever ou condicionamento de direito reconhecidos por orientação geral; (Incluído pela Lei 13.655/2018)

IV - deverá prever com clareza as obrigações das partes, o prazo para seu cumprimento e as sanções aplicáveis em caso de descumprimento. (Incluído pela Lei 13.655/2018)

§ 2º (Vetado). (Incluído pela Lei 13.655/2018)

Art. 27. A decisão do processo, nas esferas administrativa, controladora ou judicial, poderá impor compensação por benefícios indevidos ou prejuízos anormais ou injustos resultantes do processo ou da conduta dos envolvidos. (Incluído pela Lei 13.655/2018)

‣ Dec. 9.830/2019: regulamenta este artigo.

§ 1º A decisão sobre a compensação será motivada, ouvidas previamente as partes sobre seu cabimento, sua forma e, se for o caso, seu valor. (Incluído pela Lei 13.655/2018)

§ 2º Para prevenir ou regular a compensação, poderá ser celebrado compromisso processual entre os envolvidos. (Incluído pela Lei 13.655/2018)

Art. 28. O agente público responderá pessoalmente por suas decisões ou opiniões técnicas em caso de dolo ou erro grosseiro. (Incluído pela Lei 13.655/2018)

‣ Dec. 9.830/2019: regulamenta este artigo.

§§ 1º a 3º (Vetados). (Incluído pela Lei 13.655/2018)

Art. 29. Em qualquer órgão ou Poder, a edição de atos normativos por autoridade administrativa, salvo os de mera organização interna, poderá ser precedida de consulta pública para manifestação de interessados, preferencialmente por meio eletrônico, a qual será considerada na decisão. (Incluído pela Lei 13.655/2018).

‣ Dec. 9.830/2019: regulamenta este artigo.

§ 1º A convocação conterá a minuta do ato normativo e fixará o prazo e demais condições da consulta pública, observadas as normas legais e regulamentares específicas, se houver.

§ 2º (VETADO).

Art. 30. As autoridades públicas devem atuar para aumentar a segurança jurídica na aplicação das normas, inclusive por meio de regulamentos, súmulas administrativas e respostas a consultas. (Incluído pela Lei 13.655/2018)

‣ Dec. 9.830/2019: regulamenta este artigo.

Parágrafo único. Os instrumentos previstos no *caput* deste artigo terão caráter vinculante em relação ao órgão ou entidade a que se destinam, até ulterior revisão. (Incluído pela Lei 13.655/2018)

Rio de Janeiro, 04 de setembro de 1942, 121º da Independência e 54º da República.

Getúlio Vargas
Alexandre Marcondes Filho
Oswaldo Aranha

LEI N. 12.376, DE 30 DE DEZEMBRO DE 2010

Altera a ementa do Decreto-Lei n. 4.657, de 04 de setembro de 1942.

‣ DOU, 31.12.2010.

O Presidente da República Faço saber que o Congresso Nacional decreta e eu sanciono a seguinte Lei:

Art. 1º Esta Lei altera a ementa do Decreto-Lei n. 4.657, de 04 de setembro de 1942, ampliando o seu campo de aplicação.

Art. 2º A ementa do Decreto-Lei n. 4.657, de 04 de setembro de 1942, passa a vigorar com a seguinte redação:

"Lei de Introdução às normas do Direito Brasileiro."

Art. 3º Esta Lei entra em vigor na data de sua publicação.

Brasília, 30 de dezembro de 2010; 189º da Independência e 122º da República.

Luiz Inácio Lula da Silva

ÍNDICE SISTEMÁTICO DO CÓDIGO CIVIL

PARTE GERAL

LIVRO I – DAS PESSOAS ... arts. 1º a 78

TÍTULO I – DAS PESSOAS NATURAIS ... arts. 1º a 39

Capítulo I – Da Personalidade e da Capacidade ... arts. 1º a 10

Capítulo II – Dos Direitos da Personalidade ... arts. 11 a 21

Capítulo III – Da Ausência ... arts. 22 a 39

Seção I – Da Curadoria dos Bens do Ausente ... arts. 22 a 25

Seção II – Da Sucessão Provisória ... arts. 26 a 36

Seção III – Da Sucessão Definitiva ... arts. 37 a 39

TÍTULO II – DAS PESSOAS JURÍDICAS ... arts. 40 a 69

Capítulo I – Disposições Gerais ... arts. 40 a 52

Capítulo II – Das Associações ... arts. 53 a 61

Capítulo III – Das Fundações ... arts. 62 a 69

TÍTULO III – DO DOMICÍLIO ... arts. 70 a 78

LIVRO II – DOS BENS ... arts. 79 a 103

TÍTULO ÚNICO – DAS DIFERENTES CLASSES DE BENS ... arts. 79 a 103

Capítulo I – Dos Bens Considerados em Si Mesmos ... arts. 79 a 91

Seção I – Dos Bens Imóveis ... arts. 79 a 81

Seção II – Dos Bens Móveis ... arts. 82 a 84

Seção III – Dos Bens Fungíveis e Consumíveis ... arts. 85 e 86

Seção IV – Dos Bens Divisíveis ... arts. 87 e 88

Seção V – Dos Bens Singulares e Coletivos ... arts. 89 a 91

Capítulo II – Dos Bens Reciprocamente Considerados ... arts. 92 a 97

Capítulo III – Dos Bens Públicos ... arts. 98 a 103

LIVRO III – DOS FATOS JURÍDICOS ... arts. 104 a 211

TÍTULO I – DO NEGÓCIO JURÍDICO ... arts. 104 a 184

Capítulo I – Disposições Gerais ... arts. 104 a 114

Capítulo II – Da Representação ... arts. 115 a 120

Capítulo III – Da Condição, do Termo e do Encargo ... arts. 121 a 137

Capítulo IV – Dos Defeitos do Negócio Jurídico ... arts. 138 a 165

Seção I – Do Erro ou Ignorância ... arts. 138 a 144

Seção II – Do Dolo ... arts. 145 a 150

Seção III – Da Coação ... arts. 151 a 155

Seção IV – Do Estado de Perigo ... art. 156

Seção V – Da Lesão ... art. 157

Seção VI – Da Fraude Contra Credores ... arts. 158 a 165

Capítulo V – Da Invalidade do Negócio Jurídico ... arts. 166 a 184

ÍNDICE SISTEMÁTICO DO CÓDIGO CIVIL

TÍTULO II – DOS ATOS JURÍDICOS LÍCITOS .... **art. 185**

TÍTULO III – DOS ATOS ILÍCITOS .... **arts. 186 a 188**

TÍTULO IV – DA PRESCRIÇÃO E DA DECADÊNCIA .... **arts. 189 a 211**

Capítulo I – Da Prescrição .... arts. 189 a 206

Seção I – Disposições Gerais .... arts. 189 a 196

Seção II – Das Causas que Impedem ou Suspendem a Prescrição .... arts. 197 a 201

Seção III – Das Causas que Interrompem a Prescrição .... arts. 202 a 204

Seção IV – Dos Prazos da Prescrição .... arts. 205 e 206

Capítulo II – Da Decadência .... arts. 207 a 211

TÍTULO V – DA PROVA .... **arts. 212 a 232**

PARTE ESPECIAL

LIVRO I – DO DIREITO DAS OBRIGAÇÕES .... **arts. 233 a 965**

TÍTULO I – DAS MODALIDADES DAS OBRIGAÇÕES .... **arts. 233 a 285**

Capítulo I – Das Obrigações De Dar .... arts. 233 a 246

Seção I – Das Obrigações de Dar Coisa Certa .... arts. 233 a 242

Seção II – Das Obrigações de Dar Coisa Incerta .... arts. 243 a 246

Capítulo II – Das Obrigações de Fazer .... arts. 247 a 249

Capítulo III – Das Obrigações de Não Fazer .... arts. 250 e 251

Capítulo IV – Das Obrigações Alternativas .... arts. 252 a 256

Capítulo V – Das Obrigações Divisíveis e Indivisíveis .... arts. 257 a 263

Capítulo VI – Das Obrigações Solidárias .... arts. 264 a 285

Seção I – Disposições Gerais .... arts. 264 a 266

Seção II – Da Solidariedade Ativa .... arts. 267 a 274

Seção III – Da Solidariedade Passiva .... arts. 275 a 285

TÍTULO II – DA TRANSMISSÃO DAS OBRIGAÇÕES .... **arts. 286 a 303**

Capítulo I – Da Cessão de Crédito .... arts. 286 a 298

Capítulo II – Da Assunção de Dívida .... arts. 299 a 303

TÍTULO III – DO ADIMPLEMENTO E EXTINÇÃO DAS OBRIGAÇÕES .... **arts. 304 a 388**

Capítulo I – Do Pagamento .... arts. 304 a 333

Seção I – De Quem Deve Pagar .... arts. 304 a 307

Seção II – Daqueles a Quem se Deve Pagar .... arts. 308 a 312

Seção III – Do Objeto do Pagamento e Sua Prova .... arts. 313 a 326

Seção IV – Do Lugar do Pagamento .... arts. 327 a 330

Seção V – Do Tempo do Pagamento .... arts. 331 a 333

Capítulo II – Do Pagamento em Consignação .... arts. 334 e 345

Capítulo III – Do Pagamento com Sub-Rogação .... arts. 346 a 351

Capítulo IV – Da Imputação do Pagamento .... arts. 352 a 355

Capítulo V – Da Dação em Pagamento .... arts. 356 a 359

Capítulo VI – Da Novação .... arts. 360 a 367

Capítulo VII – Da Compensação .... arts. 368 a 380

Capítulo VIII – Da Confusão .... arts. 381 a 384

Capítulo IX – Da Remissão das Dívidas .... arts. 385 a 388

TÍTULO IV – DO INADIMPLEMENTO DAS OBRIGAÇÕES .... arts. 389 a 420
Capítulo I – Disposições Gerais .... arts. 389 a 393
Capítulo II – Da Mora .... arts. 394 a 401
Capítulo III – Das Perdas e Danos .... arts. 402 a 405
Capítulo IV – Dos Juros Legais .... arts. 406 e 407
Capítulo V – Da Cláusula Penal .... arts. 408 a 416
Capítulo VI – Das Arras ou Sinal .... arts. 417 a 420

TÍTULO V – DOS CONTRATOS EM GERAL .... arts. 421 a 480
Capítulo I – Disposições Gerais .... arts. 421 a 471
Seção I – Preliminares .... arts. 421 a 426
Seção II – Da Formação dos Contratos .... arts. 427 a 435
Seção III – Da Estipulação em Favor de Terceiro .... arts. 436 a 438
Seção IV – Da Promessa de Fato de Terceiro .... arts. 439 e 440
Seção V – Dos Vícios Redibitórios .... arts. 441 a 446
Seção VI – Da Evicção .... arts. 447 a 457
Seção VII – Dos Contratos Aleatórios .... arts. 458 a 461
Seção VIII – Do Contrato Preliminar .... arts. 462 a 466
Seção IX – Do Contrato com Pessoa a Declarar .... arts. 467 a 471
Capítulo II – Da Extinção do Contrato .... arts. 472 a 480-B
Seção I – Do Distrato .... arts. 472 e 473
Seção II – Da Cláusula Resolutiva .... arts. 474 e 475
Seção III – Da Exceção de Contrato não Cumprido .... arts. 476 e 477
Seção IV – Da Resolução por Onerosidade Excessiva .... arts. 478 a 480

TÍTULO VI – DAS VÁRIAS ESPÉCIES DE CONTRATO .... arts. 481 a 853
Capítulo I – Da Compra e Venda .... arts. 481 a 532
Seção I – Disposições Gerais .... arts. 481 a 504
Seção II – Das Cláusulas Especiais à Compra e Venda .... arts. 505 a 532
Subseção I – Da Retrovenda .... arts. 505 a 508
Subseção II – Da Venda a Contento e da Sujeita a Prova .... arts. 509 a 512
Subseção III – Da Preempção ou Preferência .... arts. 513 a 520
Subseção IV – Da Venda com Reserva de Domínio .... arts. 521 a 528
Subseção V – Da Venda Sobre Documentos .... arts. 529 a 532
Capítulo II – Da Troca ou Permuta .... art. 533
Capítulo III – Do Contrato Estimatório .... arts. 534 a 537
Capítulo IV – Da Doação .... arts. 538 a 564
Seção I – Disposições Gerais .... arts. 538 a 554
Seção II – Da Revogação da Doação .... arts. 555 a 564
Capítulo V – Da Locação de Coisas .... arts. 565 a 578
Capítulo VI – Do Empréstimo .... arts. 579 a 592
Seção I – Do Comodato .... arts. 579 a 585
Seção II – Do Mútuo .... arts. 586 a 592
Capítulo VII – Da Prestação de Serviço .... arts. 593 a 609
Capítulo VIII – Da Empreitada .... arts. 610 a 626

Capítulo IX – Do Depósito .... arts. 627 a 652

Seção I – Do Depósito Voluntário .... arts. 627 a 646

Seção II – Do Depósito Necessário .... arts. 647 a 652

Capítulo X – Do Mandato .... arts. 653 a 692

Seção I – Disposições Gerais .... arts. 653 a 666

Seção II – Das Obrigações do Mandatário .... arts. 667 a 674

Seção III – Das Obrigações do Mandante .... arts. 675 a 681

Seção IV – Da Extinção do Mandato .... arts. 682 a 691

Seção V – Do Mandato Judicial .... art. 692

Capítulo XI – Da Comissão .... arts. 693 a 709

Capítulo XII – Da Agência e Distribuição .... arts. 710 a 721

Capítulo XIII – Da Corretagem .... arts. 722 a 729

Capítulo XIV – Do Transporte .... arts. 730 a 756

Seção I – Disposições Gerais .... arts. 730 a 733

Seção II – Do Transporte de Pessoas .... arts. 734 a 742

Seção III – Do Transporte de Coisas .... arts. 743 a 756

Capítulo XV – Do Seguro .... arts. 757 a 802

Seção I – Disposições Gerais .... arts. 757 a 777

Seção II – Do Seguro de Dano .... arts. 778 a 788

Seção III – Do Seguro de Pessoa .... arts. 789 a 802

Capítulo XVI – Da Constituição de Renda .... arts. 803 a 813

Capítulo XVII – Do Jogo e da Aposta .... arts. 814 a 817

Capítulo XVIII – Da Fiança .... arts. 818 a 839

Seção I – Disposições Gerais .... arts. 818 a 826

Seção II – Dos Efeitos da Fiança .... arts. 827 a 836

Seção III – Da Extinção da Fiança .... arts. 837 a 839

Capítulo XIX – Da Transação .... arts. 840 a 850

Capítulo XX – Do Compromisso .... arts. 851 a 853

TÍTULO VII – DOS ATOS UNILATERAIS .... arts. 854 a 886

Capítulo I – Da Promessa de Recompensa .... arts. 854 a 860

Capítulo II – Da Gestão de Negócios .... arts. 861 a 875

Capítulo III – Do Pagamento Indevido .... arts. 876 a 883

Capítulo IV – Do Enriquecimento Sem Causa .... arts. 884 a 886

TÍTULO VIII – DOS TÍTULOS DE CRÉDITO .... arts. 887 a 926

Capítulo I – Disposições Gerais .... arts. 887 a 903

Capítulo II – Do Título ao Portador .... arts. 904 a 909

Capítulo III – Do Título À Ordem .... arts. 910 a 920

Capítulo IV – Do Título Nominativo .... arts. 921 a 926

TÍTULO IX – DA RESPONSABILIDADE CIVIL .... arts. 927 a 954

Capítulo I – Da Obrigação de Indenizar .... arts. 927 a 943

Capítulo II – Da Indenização .... arts. 944 a 954

TÍTULO X – DAS PREFERÊNCIAS E PRIVILÉGIOS CREDITÓRIOS .... arts. 955 a 965

LIVRO II – DO DIREITO DE EMPRESA .... arts. 966 a 1.195

TÍTULO I – DO EMPRESÁRIO .... **arts. 966 a 980**

Capítulo I – Da Caracterização e da Inscrição .... arts. 966 a 971

Capítulo II – Da Capacidade .... arts. 972 a 980

TÍTULO I-A – Da Empresa Individual de Responsabilidade Limitada .... **art. 980-A**

TÍTULO II – DA SOCIEDADE .... **arts. 981 a 1.141**

Capítulo Único – Disposições Gerais .... arts. 981 a 985

SUBTÍTULO I – DA SOCIEDADE NÃO PERSONIFICADA .... **arts. 986 a 996**

Capítulo I – Da Sociedade em Comum .... arts. 986 a 990

Capítulo II – Da Sociedade em Conta de Participação .... arts. 991 a 996

SUBTÍTULO II – DA SOCIEDADE PERSONIFICADA .... **arts. 997 a 1.141**

Capítulo I – Da Sociedade Simples .... arts. 997 a 1.038

Seção I – Do Contrato Social .... arts. 997 a 1.000

Seção II – Dos Direitos e Obrigações dos Sócios .... arts. 1.001 a 1.009

Seção III – Da Administração .... arts. 1.010 a 1.021

Seção IV – Das Relações com Terceiros .... arts. 1.022 a 1.027

Seção V – Da Resolução da Sociedade em Relação a um Sócio .... arts. 1.028 a 1.032

Seção VI – Da Dissolução .... arts. 1.033 a 1.038

Capítulo II – Da Sociedade em Nome Coletivo .... arts. 1.039 a 1.044

Capítulo III – Da Sociedade em Comandita Simples .... arts. 1.045 a 1.051

Capítulo IV – Da Sociedade Limitada .... arts. 1.052 a 1.087

Seção I – Disposições Preliminares .... arts. 1.052 a 1.054

Seção II – Das Quotas .... arts. 1.055 a 1.059

Seção III – Da Administração .... arts. 1.060 a 1.065

Seção IV – Do Conselho Fiscal .... arts. 1.066 a 1.070

Seção V – Das Deliberações dos Sócios .... arts. 1.071 a 1.080-A

Seção VI – Do Aumento e da Redução do Capital .... arts. 1.081 a 1.084

Seção VII – Da Resolução da Sociedade em Relação a Sócios Minoritários .... arts. 1.085 a 1.086

Seção VIII – Da Dissolução .... art. 1.087

Capítulo V – Da Sociedade Anônima .... art. 1.088 a 1.089

Seção Única – Da Caracterização .... arts. 1.088 a 1.089

Capítulo VI – Da Sociedade em Comandita por Ações .... arts. 1.090 a 1.092

Capítulo VII – Da Sociedade Cooperativa .... arts. 1.093 a 1.096

Capítulo VIII – Das Sociedades Coligadas .... arts. 1.097 a 1.101

Capítulo IX – Da Liquidação da Sociedade .... arts. 1.102 a 1.112

Capítulo X – Da Transformação, da Incorporação, da Fusão e da Cisão das Sociedades .... arts. 1.113 a 1.122

Capítulo XI – Da Sociedade Dependente de Autorização .... arts. 1.123 a 1.141

Seção I – Disposições Gerais .... arts. 1.123 a 1.125

Seção II – Da Sociedade Nacional .... arts. 1.126 a 1.133

Seção III – Da Sociedade Estrangeira .... arts. 1.134 a 1. 141

TÍTULO III – DO ESTABELECIMENTO .... **arts. 1.142 a 1.149**

Capítulo Único – Disposições Gerais .... arts.1.142 a 1.149

TÍTULO IV – DOS INSTITUTOS COMPLEMENTARES .... **arts. 1.150 a 1.195**

Capítulo I – Do Registro .... arts. 1.150 a 1.154

Capítulo II – Do Nome Empresarial .... arts. 1.155 a 1.168

Capítulo III – Dos Prepostos .... arts. 1.169 a 1.178

Seção I – Disposições Gerais .... arts. 1.169 a 1.171

Seção II – Do Gerente .... arts. 1.172 a 1.176

Seção III – Do Contabilista e outros Auxiliares .... arts. 1.177 e 1.178

Capítulo IV – Da Escrituração .... arts. 1.179 a 1.195

LIVRO III – DO DIREITO DAS COISAS .... arts. 1.196 a 1.510

TÍTULO I – DA POSSE .... arts. 1.196 a 1.224

Capítulo I – Da Posse e sua Classificação .... arts. 1.196 a 1.203

Capítulo II – Da Aquisição da Posse .... arts. 1.204 a 1.209

Capítulo III – Dos Efeitos da Posse .... arts. 1.210 a 1.222

Capítulo IV – Da Perda da Posse .... arts. 1.223 e 1.224

TÍTULO II – DOS DIREITOS REAIS .... arts. 1.225 a 1.227

Capítulo Único – Disposições Gerais .... arts. 1.225 a 1.227

TÍTULO III – DA PROPRIEDADE .... arts. 1.228 a 1.368-E

Capítulo I – Da Propriedade em Geral .... arts. 1.228 a 1.237

Seção I – Disposições Preliminares .... arts. 1.228 a 1.232

Seção II – Da Descoberta .... arts. 1.233 a 1.237

Capítulo II – Da Aquisição da Propriedade Imóvel .... arts. 1.238 a 1.259

Seção I – Da Usucapião .... arts. 1.238 a 1.244

Seção II – Da Aquisição pelo Registro do Título .... arts. 1.245 a 1.247

Seção III – Da Aquisição por Acessão .... arts. 1.248 a 1.259

Subseção I – Das Ilhas .... art. 1.249

Subseção II – Da Aluvião .... art. 1.250

Subseção III – Da Avulsão .... art. 1.251

Subseção IV – Do Álveo Abandonado .... art. 1.252

Subseção V – Das Construções e Plantações .... arts. 1.253 a 1.259

Capítulo III – Da Aquisição da Propriedade Móvel .... arts. 1.260 a 1.274

Seção I – Da Usucapião .... arts. 1.260 a 1.262

Seção II – Da Ocupação .... art. 1.263

Seção III – Do Achado do Tesouro .... arts. 1.264 a 1.266

Seção IV – Da Tradição .... arts. 1.267 e 1.268

Seção V – Da Especificação .... arts. 1.269 a 1.271

Seção VI – Da Confusão, da Comissão e da Adjunção .... arts. 1.272 a 1.274

Capítulo IV – Da Perda da Propriedade .... arts. 1.275 a 1.276

Capítulo V – Dos Direitos de Vizinhança .... arts. 1.277 a 1.313

Seção I – Do Uso Anormal da Propriedade .... arts. 1.277 a 1.281

Seção II – Das Árvores Limítrofes .... arts. 1.282 a 1.284

Seção III – Da Passagem Forçada .... art. 1.285

Seção IV – Da Passagem de Cabos e Tubulações .... arts. 1.286 e 1.287

Seção V – Das Águas .... arts. 1.288 a 1.296

Seção VI – Dos Limites entre Prédios e do Direito de Tapagem .... arts. 1.297 e 1.298

Seção VII – Do Direito de Construir ... arts. 1.299 a 1.313
Capítulo VI – Do Condomínio Geral ... arts. 1.314 a 1.330
Seção I – Do Condomínio Voluntário ... arts. 1.314 a 1.326
Subseção I – Dos Direitos e Deveres dos Condôminos ... arts. 1.314 a 1.322
Subseção II – Da Administração do Condomínio ... arts. 1.323 a 1.326
Seção II – Do Condomínio Necessário ... arts. 1.327 a 1.330
Capítulo VII – Do Condomínio Edilício ... arts. 1.331 a 1.358-A
Seção I – Disposições Gerais ... arts. 1.331 a 1.346
Seção II – Da Administração do Condomínio ... arts. 1.347 a 1.356
Seção III – Da Extinção do Condomínio ... arts. 1.357 e 1.358
Seção IV – Do Condomínio de Lotes ... art. 1.358-A
Capítulo VII-A – Do Condomínio em Multipropriedade ... arts. 1.358-B a 1.358-U
Seção I – Disposições Gerais ... arts. 1.358-B a 1.358-E
Seção II – Da Instituição da Multipropriedade ... arts. 1.378-F a 1.378-H
Seção III – Dos Direitos e das Obrigações do Multiproprietário ... arts. 1.358-I a 1.358-K
Seção IV – Da Transferência da Multipropriedade ... art. 1.358-L
Seção V – Da Administração da Multipropriedade ... arts. 1.358-M a 1.358-N
Seção VI – Disposições Específicas Relativas às Unidades Autônomas de Condomínios Edilícios ... arts. 1.358-O a 1.358-U
Capítulo VIII – Da Propriedade Resolúvel ... arts. 1.359 e 1.360
Capítulo IX – Da Propriedade Fiduciária ... arts. 1.361 a 1.368-B
Capítulo X – Do Fundo de Investimento ... arts. 1.368-C a 1.368-F

TÍTULO IV – DA SUPERFÍCIE ... arts. 1.369 a 1.377

TÍTULO V – DAS SERVIDÕES ... arts. 1.378 a 1.389
Capítulo I – Da Constituição das Servidões ... arts. 1.378 e 1.379
Capítulo II – Do Exercício das Servidões ... arts. 1.380 a 1.386
Capítulo III – Da Extinção das Servidões ... arts. 1.387 a 1.389

TÍTULO VI – DO USUFRUTO ... arts. 1.390 a 1.411
Capítulo I – Disposições Gerais ... arts. 1.390 a 1.393
Capítulo II – Dos Direitos do Usufrutuário ... arts. 1.394 a 1.399
Capítulo III – Dos Deveres do Usufrutuário ... arts. 1.400 a 1.409
Capítulo IV – Da Extinção do Usufruto ... arts. 1.410 a 1.411

TÍTULO VII – DO USO ... arts. 1.412 e 1.413

TÍTULO VIII – DA HABITAÇÃO ... arts. 1.414 a 1.416

TÍTULO IX – DO DIREITO DO PROMITENTE COMPRADOR ... arts. 1.417 e 1.418

TÍTULO X – DO PENHOR, DA HIPOTECA E DA ANTICRESE ... arts. 1.419 a 1.510
Capítulo I – Disposições Gerais ... arts. 1.419 a 1.430
Capítulo II – Do Penhor ... arts. 1.431 a 1.472
Seção I – Da Constituição do Penhor ... arts. 1.431 e 1.432
Seção II – Dos Direitos do Credor Pignoratício ... arts. 1.433 e 1.434
Seção III – Das Obrigações do Credor Pignoratício ... art. 1.435
Seção IV – Da Extinção do Penhor ... arts. 1.436 e 1.437

Seção V – Do Penhor Rural .... arts. 1.438 a 1.446
Subseção I – Disposições Gerais .... arts. 1.438 a 1.441
Subseção II – Do Penhor Agrícola .... arts. 1.442 e 1.443
Subseção III – Do Penhor Pecuário .... arts. 1.444 a 1.446
Seção VI – Do Penhor Industrial e Mercantil .... arts. 1.447 a 1.450
Seção VII – Do Penhor de Direitos e Títulos de Crédito .... arts. 1.451 a 1.460
Seção VIII – Do Penhor de Veículos .... arts. 1.461 a 1.466
Seção IX – Do Penhor Legal .... arts. 1.467 a 1.472
Capítulo III – Da Hipoteca .... arts. 1.473 a 1.505
Seção I – Disposições Gerais .... arts. 1.473 a 1.488
Seção II – Da Hipoteca Legal .... arts. 1.489 a 1.491
Seção III – Do Registro da Hipoteca .... arts. 1.492 a 1.498
Seção IV – Da Extinção da Hipoteca .... arts. 1.499 a 1.501
Seção V – Da Hipoteca de Vias Férreas .... arts. 1.502 a 1.505
Capítulo IV – Da Anticrese .... arts. 1.506 a 1.510

TÍTULO XI - DA LAJE .... arts. 1.510-A a 1.510-E

LIVRO IV – DO DIREITO DE FAMÍLIA .... arts. 1.511 a 1.783-A

TÍTULO I – DO DIREITO PESSOAL .... arts. 1.511 a 1.638

SUBTÍTULO I – DO CASAMENTO .... arts. 1.511 a 1.590
Capítulo I – Disposições Gerais .... arts. 1.511 a 1.516
Capítulo II – Da Capacidade para o casamento .... arts. 1.517 a 1.520
Capítulo III – Dos Impedimentos .... arts. 1.521 e 1.522
Capítulo IV – Das causas suspensivas .... arts. 1.523 e 1.524
Capítulo V – Do Processo de Habilitação para o casamento .... arts. 1.525 a 1.532
Capítulo VI – Da Celebração do Casamento .... arts. 1.533 a 1.542
Capítulo VII – Das Provas do Casamento .... arts. 1.543 a 1.547
Capítulo VIII – Da Invalidade do Casamento .... arts. 1.548 a 1.564
Capítulo IX – Da Eficácia do Casamento .... arts. 1.565 a 1.570
Capítulo X – Da Dissolução da Sociedade e do vínculo Conjugal .... arts. 1.571 a 1.582
Capítulo XI – Da Proteção da Pessoa dos Filhos .... arts. 1.583 a 1.590

SUBTÍTULO II – DAS RELAÇÕES DE PARENTESCO .... arts. 1.591 a 1.638
Capítulo I – Disposições Gerais .... arts. 1.591 a 1.595
Capítulo II – Da Filiação .... arts. 1.596 a 1.606
Capítulo III – Do Reconhecimento dos Filhos .... arts. 1.607 a 1.617
Capítulo IV – Da Adoção .... arts. 1.618 a 1.629
Capítulo V – Do Poder Familiar .... arts. 1.630 a 1.638
Seção I – Disposições Gerais .... arts. 1.630 a 1.633
Seção II – Do Exercício do Poder Familiar .... art. 1.634
Seção III – Da Suspensão e Extinção do Poder Familiar .... arts. 1.635 a 1.638

TÍTULO II – DO DIREITO PATRIMONIAL .... arts. 1.639 a 1.722

SUBTÍTULO I – DO REGIME DE BENS ENTRE OS CÔNJUGES .... arts. 1.639 a 1.688
Capítulo I – Disposições Gerais .... arts. 1.639 a 1.652

Capítulo II – Do Pacto Antenupcial .... arts. 1.653 a 1.657
Capítulo III – Do Regime de Comunhão Parcial .... arts. 1.658 a 1.666
Capítulo IV – Do Regime de Comunhão Universal .... arts. 1.667 a 1.671
Capítulo V – Do Regime de Participação Final nos Aquestos .... arts. 1.672 a 1.686
Capítulo VI – Do Regime de Separação de Bens .... arts. 1.687 e 1.688

SUBTÍTULO II – DO USUFRUTO E DA ADMINISTRAÇÃO DOS BENS DE FILHOS MENORES .... arts. 1.689 a 1.693

SUBTÍTULO III – DOS ALIMENTOS .... arts. 1.694 a 1.710

SUBTÍTULO IV – DO BEM DE FAMÍLIA .... arts. 1.711 a 1.722

TÍTULO III – DA UNIÃO ESTÁVEL .... arts. 1.723 a 1.727

TÍTULO IV – DA TUTELA, DA CURATELA E DA TOMADA DE DECISÃO APOIADA .... arts. 1.728 a 1.783-A
Capítulo I – Da Tutela .... arts. 1.728 a 1.766
Seção I – Dos Tutores .... arts. 1.728 a 1.734
Seção II – Dos Incapazes de Exercer a Tutela .... art. 1.735
Seção III – Da Escusa dos Tutores .... arts. 1.736 a 1.739
Seção IV – Do Exercício da Tutela .... arts. 1.740 a 1.752
Seção V – Dos Bens do Tutelado .... arts. 1.753 e 1.754
Seção VI – Da Prestação de Contas .... arts. 1.755 a 1.762
Seção VII – Da Cessação da Tutela .... arts. 1.763 a 1.766
Capítulo II – Da Curatela .... arts. 1.767 a 1.783
Seção I – Dos Interditos .... arts. 1.767 a 1.778
Seção II – Da Curatela do Nascituro e do Enfermo ou Portador de Deficiência Física .... arts. 1.779 e 1.780
Seção III – Do Exercício da Curatela .... arts. 1.781 a 1.783
Capítulo III – Da Tomada da Decisão Apoiada .... art. 1.783-A

LIVRO V – DO DIREITO DAS SUCESSÕES .... arts. 1.784 a 2.027

TÍTULO I – DA SUCESSÃO EM GERAL .... arts. 1.784 a 1.828
Capítulo I – Disposições Gerais .... arts. 1.784 a 1.790
Capítulo II – Da Herança e de sua Administração .... arts. 1.791 a 1.797
Capítulo III – Da Vocação Hereditária .... arts. 1.798 a 1.803
Capítulo IV – Da Aceitação e Renúncia da Herança .... arts. 1.804 a 1.813
Capítulo V – Dos Excluídos da Sucessão .... arts. 1.814 a 1.818
Capítulo VI – Da Herança Jacente .... arts. 1.819 a 1.823
Capítulo VII – Da petição de herança .... arts. 1.824 a 1.828

TÍTULO II – DA SUCESSÃO LEGÍTIMA .... arts. 1.829 a 1.856
Capítulo I – Da Ordem da Vocação Hereditária .... arts. 1.829 a 1.844
Capítulo II – Dos Herdeiros Necessários .... arts. 1.845 a 1.850
Capítulo III – Do Direito de Representação .... arts. 1.851 a 1.856

TÍTULO III – DA SUCESSÃO TESTAMENTÁRIA .... arts. 1.857 a 1.990
Capítulo I – Do Testamento em Geral .... arts. 1.857 a 1.859
Capítulo II – Da Capacidade de Testar .... arts. 1.860 e 1.861
Capítulo III – Das formas ordinárias do testamento .... arts. 1.862 a 1.880

Seção I – Disposições Gerais .... arts. 1.862 e 1.863
Seção II – Do Testamento Público .... arts. 1.864 a 1.867
Seção III – Do Testamento Cerrado .... arts. 1.868 a 1.875
Seção IV – Do Testamento Particular .... arts. 1.876 a 1.880
Capítulo IV – Dos Codicilos .... arts. 1.881 a 1.885
Capítulo V – Dos Testamentos Especiais .... arts. 1.886 a 1.896
Seção I – Disposições Gerais .... arts. 1.886 e 1.887
Seção II – Do Testamento Marítimo e do Testamento Aeronáutico .... arts. 1.888 a 1.892
Seção III – Do Testamento Militar .... arts. 1.893 a 1.896
Capítulo VI – Das Disposições Testamentárias .... arts. 1.897 a 1.911
Capítulo VII – Dos Legados .... arts. 1.912 a 1.940
Seção I – Disposições Gerais .... arts. 1.912 a 1.922
Seção II – Dos Efeitos do Legado e do seu Pagamento .... arts. 1.923 a 1.938
Seção III – Da Caducidade dos Legados .... arts. 1.939 e 1.940
Capítulo VIII – Do Direito de Acrescer entre Herdeiros e Legatários .... arts. 1.941 a 1.946
Capítulo IX – Das Substituições .... arts. 1.947 a 1.960
Seção I – Da Substituição Vulgar e da Recíproca .... arts. 1.947 a 1.950
Seção II – Da Substituição Fideicomissária .... arts. 1.951 a 1.960
Capítulo X – Da Deserdação .... arts. 1.961 a 1.965
Capítulo XI – Da Redução das Disposições Testamentárias .... arts. 1.966 a 1.968
Capítulo XII – Da Revogação do Testamento .... arts. 1.969 a 1.972
Capítulo XIII – Do Rompimento do Testamento .... arts. 1.973 a 1.975
Capítulo XIV – Do Testamenteiro .... arts. 1.976 a 1.990

TÍTULO IV – DO INVENTÁRIO E DA PARTILHA .... arts. 1.991 a 2.027

Capítulo I – Do Inventário .... art. 1.991
Capítulo II – Dos Sonegados .... arts. 1.992 a 1.996
Capítulo III – Do Pagamento das Dívidas .... arts. 1.997 a 2.001
Capítulo IV – Da Colação .... arts. 2.002 a 2.012
Capítulo V – Da Partilha .... arts. 2.013 a 2.022
Capítulo VI – Da Garantia dos Quinhões Hereditários .... arts. 2.023 a 2.026
Capítulo VII – Da Anulação da Partilha .... art. 2.027

LIVRO COMPLEMENTAR – DAS DISPOSIÇÕES FINAIS E TRANSITÓRIAS .... arts. 2.028 a 2.046

LEI N. 10.406, DE 10 DE JANEIRO DE 2002

Institui o Código Civil.

- DOU, 11.01.2002.

O PRESIDENTE DA REPÚBLICA. Faço saber que o Congresso Nacional decreta e eu sanciono a seguinte Lei:

PARTE GERAL

LIVRO I DAS PESSOAS

TÍTULO I DAS PESSOAS NATURAIS

CAPÍTULO I DA PERSONALIDADE E DA CAPACIDADE

Art. 1º Toda pessoa é capaz de direitos e deveres na ordem civil.

- arts. 3º a 5º; 11 a 21; e 972 a 980 deste Código.
- art. 70, NCPC.
- art. 7º, *caput*, LInDB.

Art. 2º A personalidade civil da pessoa começa do nascimento com vida; mas a lei põe a salvo, desde a concepção, os direitos do nascituro.

- arts. 5º; 115 a 120; 166, I; 542; 1.609, p.u.; 1.690, *caput*; 1.779; 1.798; 1.799, I; 1.800; e 1.952 deste Código.
- art. 7º, *caput*, LInDB.
- arts. 124 a 128, CP.
- arts. 50; 71; 178; 896, NCPC.
- arts. 7º a 14; 228; 229, Lei 8.069/1990 (ECA).
- arts. 50 a 66, Lei 6.015/1973 (Lei de Registros Públicos).
- Enunciados 1 e 2 das Jornadas de Direito Civil.

Art. 3º São absolutamente incapazes de exercer pessoalmente os atos da vida civil os menores de 16 (dezesseis) anos. (Alterado pela Lei 13.146/2015.)

- arts. 5º; 22 a 25; 76; 105; 115 a 120; 166, I; 198, I; 471; 543; 1.634, V; 1.781 deste Código.
- arts. 71; 72; 447; 698; 896, NCPC.
- Enunciado 138 das Jornadas de Direito Civil.

I a III - (Revogados pela Lei 13.146/2015.)

Art. 4º São incapazes, relativamente a certos atos ou à maneira de os exercer: (Alterado pela Lei 13.146/2015.)

- arts. 71; 72; 74; 447, NCPC.
- arts. 34; 50, p.u.; 52, CPP.
- art. 142, Lei 8.069/1990 (ECA).

I - os maiores de dezesseis e menores de dezoito anos;

- arts. 5º, p.u.; 180; 666; 1.634, V; 1.690; 1.747, I; 1.774 deste Código.
- art. 793, CLT.
- art. 73, Lei 4.375/1964 (Lei do Serviço Militar).

II - os ébrios habituais e os viciados em tóxico; (Alterado pela Lei 13.146/2015.)

- art. 1.767, I a III, deste Código.

III - aqueles que, por causa transitória ou permanente, não puderem exprimir sua vontade; (Alterado pela Lei 13.146/2015.)

- arts. 1.767; 1.777 deste Código.

IV - os pródigos.

- arts. 104; 171; 1.767, V, 1.777 deste Código.
- arts. 71; 72; 447, NCPC.

Parágrafo único. A capacidade dos indígenas será regulada por legislação especial. (Alterado pela Lei 13.146/2015.)

- arts. 231 e 232, CF.
- Lei 6.001/1973 (Estatuto do Índio).
- art. 50, § 2º, Lei 6.015/1973 (Lei de Registros Públicos).

Art. 5º A menoridade cessa aos dezoito anos completos, quando a pessoa fica habilitada à prática de todos os atos da vida civil.

- arts. 666; 1.517; 1.860. p.u., deste Código.
- arts. 27; 65; 115, CP.
- arts. 15; 34; 50; 52; 262; e 564, III, c, CPP.
- arts. 1º e 13, Lei 9.307/1996 (Lei da Arbitragem).
- Enunciados 3 e 397 das Jornadas de Direito Civil.

Parágrafo único. Cessará, para os menores, a incapacidade:

- art. 73, Lei 4.375/1964 (Lei do Serviço Militar).

I - pela concessão dos pais, ou de um deles na falta do outro, mediante instrumento público, independentemente de homologação judicial, ou por sentença do juiz, ouvido o tutor, se o menor tiver dezesseis anos completos;

- arts. 9º, II; 1.635, II, deste Código.
- art. 725, NCPC.
- art. 148, p.u., e, Lei 8.069/1990 (ECA).
- Enunciado 530 das Jornadas de Direito Civil.

II - pelo casamento;

- art. 1.115 e ss. deste Código.

III - pelo exercício de emprego público efetivo;

- art. 5º, V, Lei 8.112/1990 (Dispõe sobre o regime jurídico único dos servidores públicos civis da União).

IV - pela colação de grau em curso de ensino superior;

V - pelo estabelecimento civil ou comercial, ou pela existência de relação de emprego, desde que, em função deles, o menor com dezesseis anos completos tenha economia própria.

- art. 7º, XXXIII, CF.
- arts. 966; 972; 1.635; 1.763; 1.778 deste Código.
- art. 3º, CLT.

Art. 6º A existência da pessoa natural termina com a morte; presume-se esta, quanto aos ausentes, nos casos em que a lei autoriza a abertura de sucessão definitiva.

- arts. 22 a 39 deste Código.
- arts. 744 e 745, NCPC.
- art. 107, I, CP.
- art. 62, CPP.
- arts. 77 a 88; Lei 6.015/1973 (Lei de Registros Públicos).
- Súm. 331, STF.

Art. 7º Pode ser declarada a morte presumida, sem decretação de ausência:

- arts. 22 a 39 deste Código.
- art. 88, Lei 6.015/1973 (Lei de Registros Públicos).
- Lei 9.140/1995 (Reconhece como mortas pessoas desaparecidas entre 1961 e 1979).

I - se for extremamente provável a morte de quem estava em perigo de vida;

II - se alguém, desaparecido em campanha ou feito prisioneiro, não for encontrado até dois anos após o término da guerra.

Parágrafo único. A declaração da morte presumida, nesses casos, somente poderá ser requerida depois de esgotadas as buscas e averiguações, devendo a sentença fixar a data provável do falecimento.

Art. 8º Se dois ou mais indivíduos falecerem na mesma ocasião, não se podendo averiguar se algum dos comorientes precedeu aos outros, presumir-se-ão simultaneamente mortos.

Art. 9º Serão registrados em registro público:

I - os nascimentos, casamentos e óbitos;

- arts. 1.516; 1.543 a 1.546; 1.604 deste Código.
- art. 18, LInDB.
- arts. 241 a 243, CP.
- arts. 12 e 13, Lei 6.001/1973 (Estatuto do Índio).
- arts. 29 a 32; 50 a 66; 70; 75; 77 a 88, Lei 6.015/1973 (Lei de Registros Públicos).

II - a emancipação por outorga dos pais ou por sentença do juiz;

- art. 5º, p.u., I, deste Código.
- art. 725, NCPC.
- arts. 13, § 2º; 29, IV; e 89 a 91, Lei 6.015/1973 (Lei de Registros Públicos).

III - a interdição por incapacidade absoluta ou relativa;

- arts. 1.767 e ss. deste Código.
- arts. 29, V; 93, Lei 6.015/1973 (Lei de Registros Públicos).

IV - a sentença declaratória de ausência e de morte presumida.

- arts. 7º; e 22 a 39 deste Código.
- arts. 29, VI, Lei 6.015/1973 (Lei de Registros Públicos).

Art. 10. Far-se-á averbação em registro público:

- Enunciados 272 e 273 das Jornadas de Direito Civil.

I - das sentenças que decretarem a nulidade ou anulação do casamento, o divórcio, a separação judicial e o restabelecimento da sociedade conjugal;

- art. 1.571, II a IV, deste Código.
- arts. 29, § 1º, I; 100; e 101, Lei 6.015/1973 (Lei de Registros Públicos).

II - dos atos judiciais ou extrajudiciais que declararem ou reconhecerem a filiação;

- arts. 1.607 a 1.617 deste Código.
- arts. 26 e 27, Lei 8.069/1990 (ECA).
- art. 1º, Lei 8.560/1992 (Regula a investigação de paternidade dos filhos havidos fora do casamento).

III - (Revogado pela Lei 12.010/2009.)

CAPÍTULO II
DOS DIREITOS DA PERSONALIDADE

Art. 11. Com exceção dos casos previstos em lei, os direitos da personalidade são intransmissíveis e irrenunciáveis, não podendo o seu exercício sofrer limitação voluntária.

- arts. 5º, V, VI, IX, X e XII, CF.
- art. 52 deste Código.
- arts. 8º a 28, Lei 10.741/2003 (Estatuto do Idoso).
- Enunciados 4; 139; 274; 531; 532 das Jornadas de Direito Civil.

Art. 12. Pode-se exigir que cesse a ameaça, ou a lesão, a direito da personalidade, e reclamar perdas e danos, sem prejuízo de outras sanções previstas em lei.

- arts. 5º, X, LXVIII, LXIX e LXXI; 142, § 2º, CF.
- arts. 20; 186; 402 a 405; 927; 935; 944 a 954, deste Código.
- arts. 189; 294; 300; 368, NCPC.
- arts. 150 a 154-B; 208, CP.
- arts. 282 a 284; 647; 648, CPP.
- Súm. 37, STJ.
- Enunciados 5, 140; 275; 613, das Jornadas de Direito Civil.

Parágrafo único. Em se tratando de morto, terá legitimação para requerer a medida prevista neste artigo o cônjuge sobrevivente, ou qualquer parente em linha reta, ou colateral até o quarto grau.

- arts. 20, p.u.; 943; 1.591; 1.592 deste Código.
- art. 6º, VI, CDC.
- art. 138, § 2º, CP.
- Enunciados 275, 398 a 400 das Jornadas de Direito Civil.

Art. 13. Salvo por exigência médica, é defeso o ato de disposição do próprio corpo, quando importar diminuição permanente da integridade física, ou contrariar os bons costumes.

- Enunciados 6, 276, 401 e 532 das Jornadas de Direito Civil.

Parágrafo único. O ato previsto neste artigo será admitido para fins de transplante, na forma estabelecida em lei especial.

- art. 199, § 4º, CF.
- art. 9º, Lei 9.434/1997 (Dispõe sobre a remoção de órgãos, tecidos e partes do corpo humano para fins de transplante e tratamento). Dec. 9.175/2017 (Regulamento).

Art. 14. É válida, com objetivo científico, ou altruístico, a disposição gratuita do próprio corpo, no todo ou em parte, para depois da morte.

- art. 199, § 4º, CF.
- Lei 8.501/1992 (Dispõe sobre a utilização de cadáver não reclamado para fins de estudos ou pesquisas científicas).
- art. 1º, Lei 9.434/1997 (Dispõe sobre a remoção de órgãos, tecidos e partes do corpo humano para fins de transplante e tratamento). Dec. 9.175/2017 (Regulamento).
- Enunciado 277 das Jornadas de Direito Civil.

Parágrafo único. O ato de disposição pode ser livremente revogado a qualquer tempo.

- art. 9º, § 5º, Lei 9.434/1997 (Dispõe sobre a remoção de órgãos, tecidos e partes do corpo humano para fins de transplante e tratamento).
- Enunciado 402 das Jornadas de Direito Civil.

Art. 15. Ninguém pode ser constrangido a submeter-se, com risco de vida, a tratamento médico ou a intervenção cirúrgica.

- art. 5º, II e III, CF.
- Enunciados 403 e 533 das Jornadas de Direito Civil.

Art. 16. Toda pessoa tem direito ao nome, nele compreendidos o prenome e o sobrenome.

- art. 227, § 6º, CF.
- arts. 1.565, § 1º; 1.571, § 2º; 1.578 deste Código.
- arts. 55, 4º; 57; 59; e 60, Lei 6.015/1973 (Lei de Registros Públicos).

Art. 17. O nome da pessoa não pode ser empregado por outrem em publicações ou representações que a exponham ao desprezo público, ainda quando não haja intenção difamatória.

- Súm. 221, STJ.

Art. 18. Sem autorização, não se pode usar o nome alheio em propaganda comercial.

- Enunciado 278 das Jornadas de Direito Civil.

Art. 19. O pseudônimo adotado para atividades lícitas goza da proteção que se dá ao nome.

- art. 58, p.ú., Lei 6.015/1973 (Lei de Registros Públicos).
- arts. 12; 24, II, Lei 9.610/1998 (Lei de Direitos Autorais).

Art. 20. Salvo se autorizadas, ou se necessárias à administração da justiça ou à manutenção da ordem pública, a divulgação de escritos, a transmissão da palavra, ou a publicação, a exposição ou a utilização da imagem de uma pessoa poderão ser proibidas, a seu requerimento e sem prejuízo da indenização que couber, se lhe atingirem a honra, a boa fama ou a respeitabilidade, ou se destinarem a fins comerciais.

- ADIn 4.815 (O STF, por unanimidade, julgou procedente a ação para dar interpretação conforme a CF a este artigo, sem redução de texto, para, em consonância com os direitos fundamentais a liberdade de pensamento e de sua expressão, de criação artística, produção científica, declarar inexigível o consentimento de pessoa biografada relativamente a obras biográficas literárias ou audiovisuais, sendo por igual desnecessária autorização de pessoas retratadas como coadjuvantes [ou de seus familiares, em caso de pessoas falecidas]). *DOU* de 26.06.2015.
- art. 5º, V e X, CF.
- arts. 12; 186 a 188; 927 e ss.; 953 deste Código.
- arts. 143 e 247, Lei 8.069/1990 (ECA).
- Súm. 221 e 403, STJ.
- Enunciados 5, 275 e 279 das Jornadas de Direito Civil.

Parágrafo único. Em se tratando de morto ou de ausente, são partes legítimas para requerer essa proteção o cônjuge, os ascendentes ou os descendentes.

- arts. 12, p.u.; 22 a 25; e 943 deste Código.
- Enunciados 399 e 400 das Jornadas de Direito Civil.

Art. 21. A vida privada da pessoa natural é inviolável, e o juiz, a requerimento do interessado, adotará as providências necessárias para impedir ou fazer cessar ato contrário a esta norma.

- ADIn 4.815 (O STF, por unanimidade, julgou procedente a ação para dar interpretação conforme a CF a este artigo, sem redução de texto, para, em consonância com os direitos fundamentais a liberdade de pensamento e de sua expressão, de criação artística, produção científica, declarar inexigível o consentimento de pessoa biografada relativamente a obras biográficas literárias ou audiovisuais, sendo por igual desnecessária autorização de pessoas retratadas como coadjuvantes [ou de seus familiares, em caso de pessoas falecidas]). DOU de 26.06.2015.
- arts. 5º, X, CF.
- art. 1.513 deste Código.
- Enunciados 404 e 405 das Jornadas de Direito Civil.

CAPÍTULO III
DA AUSÊNCIA

- art. 9º, IV, deste Código.
- arts. 49; 242, § 1º; 671, I, NCPC.
- art. 94; 104; 107, § 1º, Lei 6.015/1973 (Lei de Registro Público).

SEÇÃO I
DA CURADORIA DOS BENS DO AUSENTE

Art. 22. Desaparecendo uma pessoa do seu domicílio sem dela haver notícia, se não houver deixado representante ou procurador a quem caiba administrar-lhe os bens, o juiz, a requerimento de qualquer interessado ou do Ministério Público, declarará a ausência, e nomear-lhe-á curador.

- arts. 71; 76; 626; 744; 745, NCPC.
- arts. 29, VI; 94, Lei 6.015/1973 (Lei de Registros Públicos).
- art. 94, III, f, Lei 11.101/2005 (Lei de Recuperação de Empresas e Falência).

Art. 23. Também se declarará a ausência, e se nomeará curador, quando o ausente deixar mandatário que não queira ou não possa exercer ou continuar o mandato, ou se os seus poderes forem insuficientes.

- arts. 653 e 682 deste Código.
- art. 744, NCPC.

Art. 24. O juiz que nomear o curador fixar-lhe-á os poderes e obrigações, conforme as circunstâncias, observando, no que for aplicável, o disposto a respeito dos tutores e curadores.

- arts. 1.728 a 1.783 deste Código.
- arts. 739, 759 e 760, NCPC.

Art. 25. O cônjuge do ausente, sempre que não esteja separado judicialmente, ou de fato por mais de dois anos antes da declaração da ausência, será o seu legítimo curador.

- arts. 1.570; 1.651; 1.775; e 1.783 deste Código.
- Enunciado 97 das Jornadas de Direito Civil.

§ 1º Em falta do cônjuge, a curadoria dos bens do ausente incumbe aos pais ou aos descendentes, nesta ordem, não havendo impedimento que os iniba de exercer o cargo.

§ 2º Entre os descendentes, os mais próximos precedem os mais remotos.

§ 3º Na falta das pessoas mencionadas, compete ao juiz a escolha do curador.

- art. 744, NCPC.

SEÇÃO II
DA SUCESSÃO PROVISÓRIA

Art. 26. Decorrido um ano da arrecadação dos bens do ausente, ou se ele deixou representante ou procurador, em se passando três anos, poderão os interessados requerer que se declare a ausência e se abra provisoriamente a sucessão.

- art. 5º, XXXI, CF.
- art. 28, § 1º, deste Código.
- arts. 744 e 745, NCPC.
- art. 105, p.u., Lei 6.015/1973 (Lei de Registros Públicos).

Art. 27. Para o efeito previsto no artigo anterior, somente se consideram interessados:

I - o cônjuge não separado judicialmente;

- art. 733, NCPC.

II - os herdeiros presumidos, legítimos ou testamentários;

III - os que tiverem sobre os bens do ausente direito dependente de sua morte;

- art. 1.951 deste Código.

IV - os credores de obrigações vencidas e não pagas.

Art. 28. A sentença que determinar a abertura da sucessão provisória só produzirá efeito cento e oitenta dias depois de publicada pela imprensa; mas, logo que passe em julgado, proceder-se-á à abertura do testamento, se houver, e ao inventário e partilha dos bens, como se o ausente fosse falecido.

- art. 104, p.u., Lei 6.015/1973 (Lei de Registros Públicos).

§ 1º Findo o prazo a que se refere o art. 26, e não havendo interessados na sucessão provisória, cumpre ao Ministério Público requerê-la ao juízo competente.

§ 2º Não comparecendo herdeiro ou interessado para requerer o inventário até trinta dias depois de passar em julgado a sentença que mandar abrir a sucessão provisória, proceder-se-á à arrecadação dos bens do ausente pela forma estabelecida nos arts. 1.819 a 1.823.

Art. 29. Antes da partilha, o juiz, quando julgar conveniente, ordenará a conversão dos bens móveis, sujeitos a deterioração ou a extravio, em imóveis ou em títulos garantidos pela União.

- art. 33 deste Código.
- art. 730, NCPC.

Art. 30. Os herdeiros, para se imitirem na posse dos bens do ausente, darão garantias da restituição deles, mediante penhores ou hipotecas equivalentes aos quinhões respectivos.

§ 1º Aquele que tiver direito à posse provisória, mas não puder prestar a garantia exigida neste artigo, será excluído, mantendo-se os bens que lhe deviam caber sob a administração do curador, ou de outro herdeiro designado pelo juiz, e que preste essa garantia.

- art. 34 deste Código.

§ 2º Os ascendentes, os descendentes e o cônjuge, uma vez provada a sua qualidade de herdeiros, poderão, independentemente de garantia, entrar na posse dos bens do ausente.

Art. 31. Os imóveis do ausente só se poderão alienar, não sendo por desapropriação, ou hipotecar, quando o ordene o juiz, para lhes evitar a ruína.

Art. 32. Empossados nos bens, os sucessores provisórios ficarão representando ativa e passivamente o ausente, de modo que contra eles correrão as ações pendentes e as que de futuro àquele forem movidas.

Art. 33. O descendente, ascendente ou cônjuge que for sucessor provisório do ausente, fará seus todos os frutos e rendimentos dos bens que a este couberem; os outros sucessores, porém, deverão capitalizar metade desses frutos e rendimentos, segundo o disposto no art. 29, de acordo com o representante do Ministério Público, e prestar anualmente contas ao juiz competente.

Parágrafo único. Se o ausente aparecer, e ficar provado que a ausência foi voluntária e injustificada, perderá ele, em favor do sucessor, sua parte nos frutos e rendimentos.

Art. 34. O excluído, segundo o art. 30, da posse provisória poderá, justificando falta de meios, requerer lhe seja entregue metade dos rendimentos do quinhão que lhe tocaria.

Art. 35. Se durante a posse provisória se provar a época exata do falecimento do ausente, considerar-se-á, nessa data, aberta a sucessão em favor dos herdeiros, que o eram àquele tempo.

- art. 1.784 deste Código.
- art. 745, NCPC.

Art. 36. Se o ausente aparecer, ou se lhe provar a existência, depois de estabelecida a posse provisória, cessarão para logo as vantagens dos sucessores nela imitidos, ficando, todavia, obrigados a tomar as medidas assecuratórias precisas, até a entrega dos bens a seu dono.

SEÇÃO III
DA SUCESSÃO DEFINITIVA

Art. 37. Dez anos depois de passada em julgado a sentença que concede a abertura da sucessão provisória, poderão os interessados requerer a sucessão definitiva e o levantamento das cauções prestadas.

- art. 6º deste Código.
- arts. 745, § 3º, NCPC.
- Súm. 331, STF.

Art. 38. Pode-se requerer a sucessão definitiva, também, provando-se que o ausente conta oitenta anos de idade, e que de cinco datam as últimas notícias dele.

- art. 6º deste Código.
- arts. 745, § 3º, NCPC.

Art. 39. Regressando o ausente nos dez anos seguintes à abertura da sucessão definitiva, ou algum de seus descendentes ou ascendentes, aquele ou estes haverão só os bens existentes no estado em que se acharem, os sub-rogados em seu lugar, ou o preço que os herdeiros e demais interessados houverem recebido pelos bens alienados depois daquele tempo.

- arts. 745, § 4º, NCPC.
- Enunciado 614 das Jornadas de Direito Civil.

Parágrafo único. Se, nos dez anos a que se refere este artigo, o ausente não regressar, e nenhum interessado promover a sucessão definitiva, os bens arrecadados passarão ao domínio do Município ou do Distrito Federal, se localizados nas respectivas circunscrições, incorporando-se ao domínio da União, quando situados em território federal.

- arts. 1.822 e 1.844 deste Código.
- arts. 744 e ss., NCPC.

TÍTULO II
DAS PESSOAS JURÍDICAS

CAPÍTULO I
DISPOSIÇÕES GERAIS

Art. 40. As pessoas jurídicas são de direito público, interno ou externo, e de direito privado.

Art. 41. São pessoas jurídicas de direito público interno:

I - a União;

II - os Estados, o Distrito Federal e os Territórios;

III - os Municípios;

IV - as autarquias, inclusive as associações públicas; (Redação dada pela Lei 11.107/2005.)

- art. 37, XIX, CF.
- art. 20, Lei 4.717/1965 (Lei da Ação Popular).
- art. 5º, I, Dec.-Lei 200/1967 (Dispõe sobre a organização da administração federal).

V - as demais entidades de caráter público criadas por lei.

Parágrafo único. Salvo disposição em contrário, as pessoas jurídicas de direito público, a que se tenha dado estrutura de direito privado, regem-se, no que couber, quanto ao seu funcionamento, pelas normas deste Código.

- art. 75, NCPC.

› art. 5º, Dec.-Lei 200/1967 (Dispõe sobre organização da Administração Federal).

Art. 42. São pessoas jurídicas de direito público externo os Estados estrangeiros e todas as pessoas que forem regidas pelo direito internacional público.

Art. 43. As pessoas jurídicas de direito público interno são civilmente responsáveis por atos dos seus agentes que nessa qualidade causem danos a terceiros, ressalvado direito regressivo contra os causadores do dano, se houver, por parte destes, culpa ou dolo.

› arts. 37, § 6º; e 173, § 5º, CF.
› arts. 186 a 188; e 927 a 954 deste Código.
› art. 125, NCPC.
› Lei 4.619/1965 (Dispõe sobre a ação regressiva da União contra seus agentes).
› arts. 121 a 126, Lei 8.112/1990 (Dispõe sobre o regime jurídico dos servidores públicos civis da União, das autarquias e das fundações públicas federais).

Art. 44. São pessoas jurídicas de direito privado:

› arts. 2.031 a 2.034 deste Código.
› Enunciados 142 a 144, 280 e 469 das Jornadas de Direito Civil.

I - as associações;

› art. 5º, XVII e XXI, CF.
› arts. 53 a 61; 2.031; 2.033; 2.034 deste Código.

II - as sociedades;

› arts. 981 a 1.141; 2.031; 2.033; 2.034 deste Código.

III - as fundações.

› arts. 62 a 69; 2.031; 2.032; 2.034 deste Código.
› art. 11, LInDB.
› Lei 9.790/1999 (Dispõe sobre a qualificação de pessoas jurídicas de direito privado, sem fins lucrativos, como Organizações da Sociedade Civil de Interesse Público e institui e disciplina o Termo de Parceria). Dec. 3.100/1999 (Regulamento).

IV - as organizações religiosas; (Incluído pela Lei 10.825/2003.)

› art. 19, I, CF.

V - os partidos políticos. (Incluído pela Lei 10.825/2003.)

› art. 17, CF.

VI - as empresas individuais de responsabilidade limitada. (Incluído pela Lei 12.441/2011 - com vigência em 180 dias.)

§ 1º São livres a criação, a organização, a estruturação interna e o funcionamento das organizações religiosas, sendo vedado ao Poder Público negar-lhes reconhecimento ou registro dos atos constitutivos e necessários ao seu funcionamento. (Incluído pela Lei 10.825/2003.)

§ 2º As disposições concernentes às associações aplicam-se subsidiariamente às sociedades que são objeto do Livro II da Parte Especial deste Código. (Incluído pela Lei 10.825/2003.)

§ 3º Os partidos políticos serão organizados e funcionarão conforme o disposto em lei específica. (Incluído pela Lei 10.825/2003.)

› Lei 9.096/1995 (Dispõe sobre os partidos políticos).

Art. 45. Começa a existência legal das pessoas jurídicas de direito privado com a inscrição do ato constitutivo no respectivo registro, precedida, quando necessário, de autorização ou aprovação do Poder Executivo, averbando-se no registro todas as alterações por que passar o ato constitutivo.

› arts. 967; 985; 986; 998; 1.000; 1.150 a 1.154 deste Código.
› arts. 114 a 126, Lei 6.015/1973 (Lei de Registros Públicos).
› arts. 1º, § 2º; e 15, § 1º, Lei 8.906/1994 (EAOAB).
› Lei 8.934/1994 (Dispõe sobre o registro público de empresas mercantis e atividades afins).

Parágrafo único. Decai em três anos o direito de anular a constituição das pessoas jurídicas de direito privado, por defeito do ato respectivo, contado o prazo da publicação de sua inscrição no registro.

Art. 46. O registro declarará:

› arts. 998; 1.000; 1.033; e 1.150 deste Código.
› arts. 120 e 121, Lei 6.015/1973 (Lei de Registros Públicos).

I - a denominação, os fins, a sede, o tempo de duração e o fundo social, quando houver;

II - o nome e a individualização dos fundadores ou instituidores, e dos diretores;

III - o modo por que se administra e representa, ativa e passivamente, judicial e extrajudicialmente;

› art. 1.013 deste Código.
› art. 75, NCPC.

IV - se o ato constitutivo é reformável no tocante à administração, e de que modo;

V - se os membros respondem, ou não, subsidiariamente, pelas obrigações sociais;

VI - as condições de extinção da pessoa jurídica e o destino do seu patrimônio, nesse caso.

› arts. 1.028 a 1.038 deste Código.

Art. 47. Obrigam a pessoa jurídica os atos dos administradores, exercidos nos limites de seus poderes definidos no ato constitutivo.

› arts. 43; 989; 990; 997, VI; e 1.010 a 1.021 deste Código.
› art. 37, CPP.
› Enunciado 145 das Jornadas de Direito Civil.

Art. 48. Se a pessoa jurídica tiver administração coletiva, as decisões se tomarão pela maioria de votos dos presentes, salvo se o ato constitutivo dispuser de modo diverso.

› arts. 1.010 e 1.014 deste Código.

Parágrafo único. Decai em três anos o direito de anular as decisões a que se refere este artigo, quando violarem a lei ou estatuto, ou forem eivadas de erro, dolo, simulação ou fraude.

› arts. 138 a 150; 158 a 165; 167; 171, II, deste Código.

Art. 49. Se a administração da pessoa jurídica vier a faltar, o juiz, a requerimento de qualquer interessado, nomear-lhe-á administrador provisório.

Art. 49-A. A pessoa jurídica não se confunde com os seus sócios, associados, instituidores ou administradores. (Acrescido pela Lei 13.874/2019)

Parágrafo único. A autonomia patrimonial das pessoas jurídicas é um instrumento lícito de alocação e segregação de riscos, estabelecido pela lei com a finalidade de estimular empreendimentos, para a geração de empregos, tributo, renda e inovação em benefício de todos.

Art. 50. Em caso de abuso da personalidade jurídica, caracterizado pelo desvio de finalidade ou pela confusão patrimonial, pode o juiz, a requerimento da parte, ou do Ministério Público quando lhe couber intervir no processo, desconsiderá-la para que os efeitos de certas e determinadas relações de obrigações sejam estendidos aos bens particulares de administradores ou de sócios da pessoa jurídica beneficiados direta ou indiretamente pelo abuso. (Redação dada pela Lei 13.874/2019)

› art. 1.080 deste Código.
› art. 28, CDC.
› arts. 133 a 137; 795, NCPC.
› art. 135, CTN.
› art. 2º, § 2º, CLT.
› art. 82-A, p.u., Lei 11.101/2005 (Lei de Falências).
› art. 34, Lei 12.529/2011 (Lei Antitruste).
› Enunciados 7; 51; 146; 281 a 285; 406; 487 das Jornadas de Direito Civil.

§ 1º Para os fins do disposto neste artigo, desvio de finalidade é a utilização da pessoa jurídica com o propósito de lesar credores e para a prática de atos ilícitos de qualquer natureza. (Redação dada pela Lei 13.874/2019)

§ 2º Entende-se por confusão patrimonial a ausência de separação de fato entre os patrimônios, caracterizada por: (Acrescido pela Lei 13.874/2019)

I - cumprimento repetitivo pela sociedade de obrigações do sócio ou do administrador ou vice-versa;

II - transferência de ativos ou de passivos sem efetivas contraprestações, exceto os de valor proporcionalmente insignificante; e

III - outros atos de descumprimento da autonomia patrimonial.

§ 3º O disposto no *caput* e nos §§ 1º e 2º deste artigo também se aplica à extensão das obrigações de sócios ou de administradores à pessoa jurídica. (Acrescido pela Lei 13.874/2019)

§ 4º A mera existência de grupo econômico sem a presença dos requisitos de que trata o *caput* deste artigo não autoriza a desconsideração da personalidade da pessoa jurídica. (Acrescido pela Lei 13.874/2019)

§ 5º Não constitui desvio de finalidade a mera expansão ou a alteração da finalidade original da atividade econômica específica da pessoa jurídica. (Acrescido pela Lei 13.874/2019)

Art. 51. Nos casos de dissolução da pessoa jurídica ou cassada a autorização para seu funcionamento, ela subsistirá para os fins de liquidação, até que esta se conclua.

- arts. 1.033 a 1.038; 1.102 a 1.112; 1.125 deste Código.
- Súm. 435, STJ.

§ 1º Far-se-á, no registro onde a pessoa jurídica estiver inscrita, a averbação de sua dissolução.

§ 2º As disposições para a liquidação das sociedades aplicam-se, no que couber, às demais pessoas jurídicas de direito privado.

§ 3º Encerrada a liquidação, promover-se-á o cancelamento da inscrição da pessoa jurídica.

Art. 52. Aplica-se às pessoas jurídicas, no que couber, a proteção dos direitos da personalidade.

- art. 5º, V e X, CF.
- arts. 11 a 21 deste Código.
- Súm. 227, STJ.
- Enunciado 286 das Jornadas de Direito Civil.

CAPÍTULO II
DAS ASSOCIAÇÕES

Art. 53. Constituem-se as associações pela união de pessoas que se organizem para fins não econômicos.

- arts. 5º, XVII a XXI; 8º; 17; e 174, CF.
- arts. 40 a 52; 75; 2.031; e 2.033 deste Código.
- Enunciados 534; 615 das Jornadas de Direito Civil.

Parágrafo único. Não há, entre os associados, direitos e obrigações recíprocos.

Art. 54. Sob pena de nulidade, o estatuto das associações conterá:

- art. 5º, XVII a XXI, CF.

I - a denominação, os fins e a sede da associação;
II - os requisitos para a admissão, demissão e exclusão dos associados;
III - os direitos e deveres dos associados;
IV - as fontes de recursos para sua manutenção;
V - o modo de constituição e de funcionamento dos órgãos deliberativos; (Redação dada pela Lei 11.127/2005.)
VI - as condições para a alteração das disposições estatutárias e para a dissolução;
VII - a forma de gestão administrativa e de aprovação das respectivas contas. (Incluído pela Lei 11.127/2005.)

Art. 55. Os associados devem ter iguais direitos, mas o estatuto poderá instituir categorias com vantagens especiais.

Art. 56. A qualidade de associado é intransmissível, se o estatuto não dispuser o contrário.

Parágrafo único. Se o associado for titular de quota ou fração ideal do patrimônio da associação, a transferência daquela não importará, *de per si*, na atribuição da qualidade de associado ao adquirente ou ao herdeiro, salvo disposição diversa do estatuto.

- art. 61 deste Código.

Art. 57. A exclusão do associado só é admissível havendo justa causa, assim reconhecida em procedimento que assegure direito de defesa e de recurso, nos termos previstos no estatuto. (Redação dada pela Lei 11.127/2005.)

- Enunciado 280 das Jornadas de Direito Civil.

Parágrafo único. (Revogado pela Lei 11.127/2005.)

Art. 58. Nenhum associado poderá ser impedido de exercer direito ou função que lhe tenha sido legitimamente conferido, a não ser nos casos e pela forma previstos na lei ou no estatuto.

Art. 59. Compete privativamente à assembleia geral: (Redação dada pela Lei 11.127/2005.)

I - destituir os administradores; (Redação dada pela Lei 11.127/2005.)
II - alterar o estatuto. (Redação dada pela Lei 11.127/2005.)

Parágrafo único. Para as deliberações a que se referem os incisos I e II deste artigo é exigido deliberação da assembleia especialmente convocada para esse fim, cujo *quorum* será o estabelecido no estatuto, bem como os critérios de eleição dos administradores. (Redação dada pela Lei 11.127/2005.)

Art. 60. A convocação dos órgãos deliberativos far-se-á na forma do estatuto, garantido a 1/5 (um quinto) dos associados o direito de promovê-la. (Redação dada pela Lei 11.127/2005.)

- Enunciado 280 das Jornadas de Direito Civil.

Art. 61. Dissolvida a associação, o remanescente do seu patrimônio líquido, depois de deduzidas, se for o caso, as quotas ou frações ideais referidas no parágrafo único do art. 56, será destinado à entidade de fins não econômicos designada no estatuto, ou, omisso este, por deliberação dos associados, à instituição municipal, estadual ou federal, de fins idênticos ou semelhantes.

- art. 5º, XIX, CF.
- Enunciado 407 das Jornadas de Direito Civil.

§ 1º Por cláusula do estatuto ou, no seu silêncio, por deliberação dos associados, podem estes, antes da destinação do remanescente referida neste artigo, receber em restituição, atualizado o respectivo valor, as contribuições que tiverem prestado ao patrimônio da associação.

§ 2º Não existindo no Município, no Estado, no Distrito Federal ou no Território, em que a associação tiver sede, instituição nas condições indicadas neste artigo, o que remanescer do seu patrimônio se devolverá à Fazenda do Estado, do Distrito Federal ou da União.

CAPÍTULO III
DAS FUNDAÇÕES

- arts. 44, III; 1.155, p.u.; e 1.799, III, 2.031 a 2.034, deste Código.

Art. 62. Para criar uma fundação, o seu instituidor fará, por escritura pública ou testamento, dotação especial de bens livres, especificando o fim a que se destina, e declarando, se quiser, a maneira de administrá-la.

- art. 11, LInDB.
- arts. 764 e 765, NCPC.
- arts. 114, I; 119, p.u.; e 120, Lei 6.015/1973 (Lei de Registros Públicos).

Parágrafo único. A fundação somente poderá constituir-se para fins de: (Alterado pela Lei 13.151/2015.)

- Enunciados 8 e 9 das Jornadas de Direito Civil.

I - assistência social; (Alterado pela Lei 13.151/2015.)
II - cultura, defesa e conservação do patrimônio histórico e artístico; (Alterado pela Lei 13.151/2015.)
III - educação; (Alterado pela Lei 13.151/2015.)
IV - saúde; (Alterado pela Lei 13.151/2015.)
V - segurança alimentar e nutricional; (Alterado pela Lei 13.151/2015.)
VI - defesa, preservação e conservação do meio ambiente e promoção do desenvolvimento sustentável; (Alterado pela Lei 13.151/2015.)

- Dec. 8.892/2016 (Cria a Comissão Nacional para os Objetivos de Desenvolvimento Sustentável).

VII - pesquisa científica, desenvolvimento de tecnologias alternativas, modernização de sistemas de gestão, produção e divulgação de informações e conhecimentos técnicos e científicos; (Alterado pela Lei 13.151/2015.)
VIII - promoção da ética, da cidadania, da democracia e dos direitos humanos; (Alterado pela Lei 13.151/2015.)
IX - atividades religiosas; e (Alterado pela Lei 13.151/2015.)
X - (Vetado pela Lei 13.151/2015.)

- art. 2.032 deste Código.
- Lei 8.958/1994 (Dispõe sobre as relações entre as instituições federais de ensino superior e de pesquisa científica e tecnológica e as fundações de apoio).

Art. 63. Quando insuficientes para constituir a fundação, os bens a ela destinados serão, se de outro modo não dispuser o instituidor, incorporados em outra fundação que se proponha a fim igual ou semelhante.

Art. 64. Constituída a fundação por negócio jurídico entre vivos, o instituidor é obrigado a transferir-lhe a propriedade, ou outro direito real, sobre os bens dotados, e, se não o fizer, serão registrados, em nome dela, por mandado judicial.

Art. 65. Aqueles a quem o instituidor cometer a aplicação do patrimônio, em tendo ciência do encargo, formularão logo, de acordo com as suas bases (art. 62), o estatuto da fundação projetada, submetendo-o, em seguida, à aprovação da autoridade competente, com recurso ao juiz.

- arts. 764 e 765, NCPC.

Parágrafo único. Se o estatuto não for elaborado no prazo assinado pelo instituidor, ou, não havendo prazo, em cento e oitenta dias, a incumbência caberá ao Ministério Público.

Art. 66. Velará pelas fundações o Ministério Público do Estado onde situadas.

- art. 765, NCPC.

- art. 25, IV, b, Lei 8.625/1993 (Lei Orgânica Nacional do Ministério Público).
- art. 72, LC 109/2001 (Dispõe sobre o Regime de Previdência Complementar)
- Enunciado 147 das Jornadas de Direito Civil.

§ 1º Se funcionarem no Distrito Federal ou em Território, caberá o encargo ao Ministério Público do Distrito Federal e Territórios. (Alterado pela Lei 13.151/2015.)

- Enunciado 10 das Jornadas de Direito Civil.

§ 2º Se estenderem a atividade por mais de um Estado, caberá o encargo, em cada um deles, ao respectivo Ministério Público.

Art. 67. Para que se possa alterar o estatuto da fundação é mister que a reforma:

I - seja deliberada por dois terços dos competentes para gerir e representar a fundação;
II - não contrarie ou desvirtue o fim desta;
III - seja aprovada pelo órgão do Ministério Público no prazo máximo de 45 (quarenta e cinco) dias, findo o qual ou no caso de o Ministério Público a denegar, poderá o juiz supri-la, a requerimento do interessado. (Alterado pela Lei 13.151/2015.)

- art. 764, § 2º, NCPC.

Art. 68. Quando a alteração não houver sido aprovada por votação unânime, os administradores da fundação, ao submeterem o estatuto ao órgão do Ministério Público, requererão que se dê ciência à minoria vencida para impugná-la, se quiser, em dez dias.

Art. 69. Tornando-se ilícita, impossível ou inútil a finalidade a que visa a fundação, ou vencido o prazo de sua existência, o órgão do Ministério Público, ou qualquer interessado, lhe promoverá a extinção, incorporando-se o seu patrimônio, salvo disposição em contrário no ato constitutivo, ou no estatuto, em outra fundação, designada pelo juiz, que se proponha a fim igual ou semelhante.

- art. 765, NCPC.

TÍTULO III
DO DOMICÍLIO

Art. 70. O domicílio da pessoa natural é o lugar onde ela estabelece a sua residência com ânimo definitivo.

- art. 5º, XI, CF.
- arts. 327; 1.566, II; 1.569; e 1.711 deste Código.
- arts. 7º; 10; e 12, LInDB.
- arts. 46 a 53; 63, NCPC.
- arts. 127 e 159, CTN.
- Enunciado 408 das Jornadas de Direito Civil.

Art. 71. Se, porém, a pessoa natural tiver diversas residências, onde, alternadamente, viva, considerar-se-á domicílio seu qualquer delas.

- art. 46, § 1º, NCPC.
- Súm. 483, STF.

Art. 72. É também domicílio da pessoa natural, quanto às relações concernentes à profissão, o lugar onde esta é exercida.

- art. 10, § 1º, Lei 8.906/1994 (EAOAB).

Parágrafo único. Se a pessoa exercitar profissão em lugares diversos, cada um deles constituirá domicílio para as relações que lhe derem.

Art. 73. Ter-se-á por domicílio da pessoa natural, que não tenha residência habitual, o lugar onde for encontrada.

- art. 7º, § 8º, LInDB.
- art. 46, § 1º, NCPC.

Art. 74. Muda-se o domicílio, transferindo a residência, com a intenção manifesta de o mudar.

Parágrafo único. A prova da intenção resultará do que declarar a pessoa às municipalidades dos lugares, que deixa, e para onde vai, ou, se tais declarações não fizer, da própria mudança, com as circunstâncias que a acompanharem.

Art. 75. Quanto às pessoas jurídicas, o domicílio é:

I - da União, o Distrito Federal;
II - dos Estados e Territórios, as respectivas capitais;
III - do Município, o lugar onde funcione a administração municipal;
IV - das demais pessoas jurídicas, o lugar onde funcionarem as respectivas diretorias e administrações, ou onde elegerem domicílio especial no seu estatuto ou atos constitutivos.

- art. 109, §§ 1º a 4º, CF.
- art. 53, NCPC.

§ 1º Tendo a pessoa jurídica diversos estabelecimentos em lugares diferentes, cada um deles será considerado domicílio para os atos nele praticados.

- art. 53, III, b, NCPC.
- Súm. 363, STF.

§ 2º Se a administração, ou diretoria, tiver a sede no estrangeiro, haver-se-á por domicílio da pessoa jurídica, no tocante às obrigações contraídas por cada uma das suas agências, o lugar do estabelecimento, sito no Brasil, a que ela corresponder.

- art. 21, NCPC.

Art. 76. Têm domicílio necessário o incapaz, o servidor público, o militar, o marítimo e o preso.

Parágrafo único. O domicílio do incapaz é o do seu representante ou assistente; o do servidor público, o lugar em que exercer permanentemente suas funções; o do militar, onde servir, e, sendo da Marinha ou da Aeronáutica, a sede do comando a que se encontrar imediatamente subordinado; o do marítimo, onde o navio estiver matriculado; e o do preso, o lugar em que cumprir a sentença.

- arts. 3º e 4º deste Código.
- art. 7º, § 7º, LInDB.
- art. 50, NCPC.

Art. 77. O agente diplomático do Brasil, que, citado no estrangeiro, alegar extraterritorialidade sem designar onde tem, no país, o seu domicílio, poderá ser demandado no Distrito Federal ou no último ponto do território brasileiro onde o teve.

Art. 78. Nos contratos escritos, poderão os contratantes especificar domicílio onde se exercitem e cumpram os direitos e obrigações deles resultantes.

- art. 327 deste Código.
- arts. 47, 62 e 63, NCPC.
- art. 1º, Dec.-Lei 4.597/1942 (Dispõe sobre as prescrições de ações contra a Fazenda Pública).
- Súm. 335, STF.

LIVRO II
DOS BENS

TÍTULO ÚNICO
DAS DIFERENTES CLASSES DE BENS

CAPÍTULO I
DOS BENS CONSIDERADOS EM SI MESMOS

SEÇÃO I
DOS BENS IMÓVEIS

Art. 79. São bens imóveis o solo e tudo quanto se lhe incorporar natural ou artificialmente.

- arts. 20, VIII a X; e 176, CF.
- arts. 92 a 97; 1.229; 1.230; e 1.248 a 1.259 deste Código.
- art. 145, Dec. 24.643/1934 (Código de Águas).
- Súm. 329, STF.
- Súm. 238, STJ.
- Enunciado 11 das Jornadas de Direito Civil.

Art. 80. Consideram-se imóveis para os efeitos legais:

I - os direitos reais sobre imóveis e as ações que os asseguram;

- arts. 1.225 e 1.227 deste Código.

II - o direito à sucessão aberta.

- art. 5º, XXX e XXXI, CF.
- arts. 1.784 e 1.804 deste Código.

Art. 81. Não perdem o caráter de imóveis:

I - as edificações que, separadas do solo, mas conservando a sua unidade, forem removidas para outro local;
II - os materiais provisoriamente separados de um prédio, para nele se reempregarem.

- art. 84 deste Código.

SEÇÃO II
DOS BENS MÓVEIS

Art. 82. São móveis os bens suscetíveis de movimento próprio, ou de remoção por força alheia, sem alteração da substância ou da destinação econômico-social.

- arts. 1.267 e 1.268 deste Código.

Art. 83. Consideram-se móveis para os efeitos legais:

I - as energias que tenham valor econômico;

- art. 155, § 3º, CP.

II - os direitos reais sobre objetos móveis e as ações correspondentes;

- arts. 1.225 e 1.226 deste Código.

III - os direitos pessoais de caráter patrimonial e respectivas ações.

- art. 233; 965 deste Código.
- art. 5º, Lei 9.279/1996 (Dispõe sobre a propriedade industrial).
- art. 3º, Lei 9.610/1998 (Lei de Direitos Autorais).

Art. 84. Os materiais destinados a alguma construção, enquanto não forem empregados, conservam sua qualidade de móveis; readquirem essa qualidade os provenientes da demolição de algum prédio.

▸ art. 81, II, deste Código.

SEÇÃO III
DOS BENS FUNGÍVEIS E CONSUMÍVEIS

Art. 85. São fungíveis os móveis que podem substituir-se por outros da mesma espécie, qualidade e quantidade.

▸ arts. 243; 247; 307, p.u.; 369; 579; 586; 645 deste Código.

Art. 86. São consumíveis os bens móveis cujo uso importa destruição imediata da própria substância, sendo também considerados tais os destinados à alienação.

▸ art. 1.392, § 1º, deste Código.

SEÇÃO IV
DOS BENS DIVISÍVEIS

Art. 87. Bens divisíveis são os que se podem fracionar sem alteração na sua substância, diminuição considerável de valor, ou prejuízo do uso a que se destinam.

▸ arts. 257 a 263; 314; 415 deste Código.

Art. 88. Os bens naturalmente divisíveis podem tornar-se indivisíveis por determinação da lei ou por vontade das partes.

▸ arts. 263; 504; 844; 1.320; 1.386; e 1.791 deste Código.

▸ art. 65, Lei 4.504/1964 (Estatuto da Terra).

SEÇÃO V
DOS BENS SINGULARES E COLETIVOS

Art. 89. São singulares os bens que, embora reunidos, se consideram *de per si*, independentemente dos demais.

Art. 90. Constitui universalidade de fato a pluralidade de bens singulares que, pertinentes à mesma pessoa, tenham destinação unitária.

▸ Enunciado 288 das Jornadas de Direito Civil.

Parágrafo único. Os bens que formam essa universalidade podem ser objeto de relações jurídicas próprias.

Art. 91. Constitui universalidade de direito o complexo de relações jurídicas, de uma pessoa, dotadas de valor econômico.

▸ Enunciado 288 das Jornadas de Direito Civil.

CAPÍTULO II
DOS BENS RECIPROCAMENTE CONSIDERADOS

Art. 92. Principal é o bem que existe sobre si, abstrata ou concretamente; acessório, aquele cuja existência supõe a do principal.

▸ arts. 184; 233; 287; 364; 822; e 1.209 deste Código.

Art. 93. São pertenças os bens que, não constituindo partes integrantes, se destinam, de modo duradouro, ao uso, ao serviço ou ao aformoseamento de outro.

▸ Enunciado 535 das Jornadas de Direito Civil.

Art. 94. Os negócios jurídicos que dizem respeito ao bem principal não abrangem as pertenças, salvo se o contrário resultar da lei, da manifestação de vontade, ou das circunstâncias do caso.

Art. 95. Apesar de ainda não separados do bem principal, os frutos e produtos podem ser objeto de negócio jurídico.

▸ arts. 237; e 1.214 a 1.216; 1.232 deste Código.

Art. 96. As benfeitorias podem ser voluptuárias, úteis ou necessárias.

▸ arts. 453; 578; 1.219 a 1.222; 1.922, p.u., deste Código.

▸ art. 24, Dec. 59.566/1966 (Regulamenta a Lei 4.504/1964).

§ 1º São voluptuárias as de mero deleite ou recreio, que não aumentam o uso habitual do bem, ainda que o tornem mais agradável ou sejam de elevado valor.

§ 2º São úteis as que aumentam ou facilitam o uso do bem.

§ 3º São necessárias as que têm por fim conservar o bem ou evitar que se deteriore.

Art. 97. Não se consideram benfeitorias os melhoramentos ou acréscimos sobrevindos ao bem sem a intervenção do proprietário, possuidor ou detentor.

▸ art. 1.248 a 1.252 deste Código.

CAPÍTULO III
DOS BENS PÚBLICOS

Art. 98. São públicos os bens do domínio nacional pertencentes às pessoas jurídicas de direito público interno; todos os outros são particulares, seja qual for a pessoa a que pertencerem.

▸ arts. 5º, LXXIII; 20; 26; e 176, *caput*, CF.

▸ art. 16, § 3º, ADCT.

▸ Dec.-Lei 9.760/1946 (Dispõe sobre os bens imóveis da União).

▸ art. 1º, Lei 4.717/1965 (Lei da Ação Popular).

▸ Súm. 340, STF.

▸ Enunciado 287 das Jornadas de Direito Civil.

Art. 99. São bens públicos:

▸ Súm. 477, STF.

▸ Súm. 496, STJ.

I - os de uso comum do povo, tais como rios, mares, estradas, ruas e praças;

▸ Dec. 24.643/1934 (Código de Águas).

II - os de uso especial, tais como edifícios ou terrenos destinados a serviço ou estabelecimento da administração federal, estadual, territorial ou municipal, inclusive os de suas autarquias;

III - os dominicais, que constituem o patrimônio das pessoas jurídicas de direito público, como objeto de direito pessoal, ou real, de cada uma dessas entidades.

▸ arts. 183, § 3º; e 191, p.u., CF.

▸ Dec.-Lei 25/1937 (Organiza a proteção do patrimônio histórico e artístico nacional).

▸ art. 200, Dec.-Lei 9.760/1946 (Dispõe sobre os bens imóveis da União).

▸ Súm. 340, STF.

▸ Súm. 496, STJ.

Parágrafo único. Não dispondo a lei em contrário, consideram-se dominicais os bens pertencentes às pessoas jurídicas de direito público a que se tenha dado estrutura de direito privado.

Art. 100. Os bens públicos de uso comum do povo e os de uso especial são inalienáveis, enquanto conservarem a sua qualificação, na forma que a lei determinar.

▸ arts. 183, § 3º; e 191, p.u., CF.

▸ art. 23, Lei 9.636/1998 (Dispõe sobre a regularização, administração, aforamento e alienação de bens imóveis de domínio da União). Dec. 3.725/2001 (Regulamento).

▸ Súm. 340, STF.

▸ Súm. 496, STJ.

Art. 101. Os bens públicos dominicais podem ser alienados, observadas as exigências da lei.

Art. 102. Os bens públicos não estão sujeitos à usucapião.

▸ arts. 183, § 3º; e 191, p.u., CF.

▸ arts. 1.238 a 1.244 deste Código.

▸ art. 200, Dec.-Lei 9.760/1946 (Dispõe sobre os bens imóveis da União).

▸ Súm. 340, STF.

▸ Súm. 496, STJ.

Art. 103. O uso comum dos bens públicos pode ser gratuito ou retribuído, conforme for estabelecido legalmente pela entidade a cuja administração pertencerem.

LIVRO III
DOS FATOS JURÍDICOS

TÍTULO I
DO NEGÓCIO JURÍDICO

CAPÍTULO I
DISPOSIÇÕES GERAIS

Art. 104. A validade do negócio jurídico requer:

▸ arts. 166; 167; 171 a 184; e 2.035 deste Código.

I - agente capaz;

▸ arts. 1º; 3º a 5º; 105; 166, I; e 171, I, deste Código.

II - objeto lícito, possível, determinado ou determinável;

▸ arts. 106 e 166, II e III, deste Código.

III - forma prescrita ou não defesa em lei.

▸ arts. 166, IV; 184; 421 deste Código.

▸ arts. 6º, V; 51, CDC.

Art. 105. A incapacidade relativa de uma das partes não pode ser invocada pela outra em benefício próprio, nem aproveita aos cointeressados capazes, salvo se, neste caso, for indivisível o objeto do direito ou da obrigação comum.

▸ arts. 4º; 87; 88; 171, I; 180; 257 a 263; 314 deste Código.

Art. 106. A impossibilidade inicial do objeto não invalida o negócio jurídico se for relativa, ou se cessar antes de realizada a condição a que ele estiver subordinado.

▸ arts. 104, II; 121 a 137 deste Código.

Art. 107. A validade da declaração de vontade não dependerá de forma especial, senão quando a lei expressamente a exigir.

▸ arts. 104, III; 108; 109; 183; 184; e 212 deste Código.

Art. 108. Não dispondo a lei em contrário, a escritura pública é essencial à validade dos negócios jurídicos que visem à constituição, transferência, modificação ou renúncia de direitos reais sobre imóveis de valor superior a trinta vezes o maior salário-mínimo vigente no país.

▸ arts. 114; 215; 1.225; 1.227; 1.245; 1.275; 1.640, p.u.; 1.653; e 1.711 deste Código.

▸ art. 406, NCPC.

- art. 26, Lei 6.766/1979 (Dispõe sobre o parcelamento do solo urbano).
- Enunciado 289 das Jornadas de Direito Civil.

Art. 109. No negócio jurídico celebrado com a cláusula de não valer sem instrumento público, este é da substância do ato.

Art. 110. A manifestação de vontade subsiste ainda que o seu autor haja feito a reserva mental de não querer o que manifestou, salvo se dela o destinatário tinha conhecimento.

Art. 111. O silêncio importa anuência, quando as circunstâncias ou os usos o autorizarem, e não for necessária a declaração de vontade expressa.

- arts. 147; 326; 432; 539; 659; 1.807 deste Código.
- art. 539, § 2º, NCPC.

Art. 112. Nas declarações de vontade se atenderá mais à intenção nelas consubstanciada do que ao sentido literal da linguagem.

- arts. 114; 133; 819 e 1.899 deste Código.
- arts. 47; 51, CDC.
- art. 4º, Lei 9.610/1998 (Lei de Direitos Autorais).
- Enunciado 421 das Jornadas de Direito Civil.

Art. 113. Os negócios jurídicos devem ser interpretados conforme a boa-fé e os usos do lugar de sua celebração.

- arts. 164; 422; 423; 435; 1.201; 1.202 deste Código.
- art. 4º, III; 51, IV, CDC.
- Enunciados 409 e 421 das Jornadas de Direito Civil.

§ 1º A interpretação do negócio jurídico deve lhe atribuir o sentido que: (Acrescido pela Lei 13.874/2019)

I - for confirmado pelo comportamento das partes posterior à celebração do negócio;

II - corresponder aos usos, costumes e práticas do mercado relativas ao tipo de negócio;

III - corresponder à boa-fé;

IV - for mais benéfico à parte que não redigiu o dispositivo, se identificável; e

V - corresponder a qual seria a razoável negociação das partes sobre a questão discutida, inferida das demais disposições do negócio e da racionalidade econômica das partes, consideradas as informações disponíveis no momento de sua celebração.

§ 2º As partes poderão livremente pactuar regras de interpretação, de preenchimento de lacunas e de integração dos negócios jurídicos diversas daquelas previstas em lei. (Acrescido pela Lei 13.874/2019)

Art. 114. Os negócios jurídicos benéficos e a renúncia interpretam-se estritamente.

- arts. 112; 191; 392; 424; 538; 819; 828, I; 1.275, II; 1.410, I; 1.425, III; e 1.806 deste Código.
- art. 4º, Lei 9.610/1998 (Lei de Direitos Autorais).

CAPÍTULO II
DA REPRESENTAÇÃO

Art. 115. Os poderes de representação conferem-se por lei ou pelo interessado.

- arts. 120; 653 a 692; 1.542, § 2º; 1.634, V; 1.690; 1.747, I; 1.774 deste Código.
- art. 75, NCPC.

Art. 116. A manifestação de vontade pelo representante, nos limites de seus poderes, produz efeitos em relação ao representado.

- art. 213, p.u. deste Código.

Art. 117. Salvo se o permitir a lei ou o representado, é anulável o negócio jurídico que o representante, no seu interesse ou por conta de outrem, celebrar consigo mesmo.

- arts. 138; 171; 184; 685 deste Código.

Parágrafo único. Para esse efeito, tem-se como celebrado pelo representante o negócio realizado por aquele em quem os poderes houverem sido subestabelecidos.

Art. 118. O representante é obrigado a provar às pessoas, com quem tratar em nome do representado, a sua qualidade e a extensão de seus poderes, sob pena de, não o fazendo, responder pelos atos que a estes excederem.

- arts. 653; 665; 673; 679 deste Código.

Art. 119. É anulável o negócio concluído pelo representante em conflito de interesses com o representado, se tal fato era ou devia ser do conhecimento de quem com aquele tratou.

- arts. 138 a 184 deste Código.

Parágrafo único. É de cento e oitenta dias, a contar da conclusão do negócio ou da cessação da incapacidade, o prazo de decadência para pleitear-se a anulação prevista neste artigo.

- arts. 3º a 5º deste Código.

Art. 120. Os requisitos e os efeitos da representação legal são os estabelecidos nas normas respectivas; os da representação voluntária são os da Parte Especial deste Código.

- arts. 115; 653 a 692; 1.634, V; 1.690; e 1.747, I, deste Código.

CAPÍTULO III
DA CONDIÇÃO, DO TERMO E DO ENCARGO

Art. 121. Considera-se condição a cláusula que, derivando exclusivamente da vontade das partes, subordina o efeito do negócio jurídico a evento futuro e incerto.

- arts. 125 a 127; 1.359 deste Código.

Art. 122. São lícitas, em geral, todas as condições não contrárias à lei, à ordem pública ou aos bons costumes; entre as condições defesas se incluem as que privarem de todo efeito o negócio jurídico, ou o sujeitarem ao puro arbítrio de uma das partes.

- arts. 332 e 489 deste Código.
- art. 51, IX a XI e XIII, CDC.
- Súm. 60; 530; 543, STJ.

Art. 123. Invalidam os negócios jurídicos que lhes são subordinados:

- art. 137 deste Código.

I - as condições física ou juridicamente impossíveis, quando suspensivas;

- arts. 106 e 166, II, deste Código.

II - as condições ilícitas, ou de fazer coisa ilícita;

- arts. 122; 166, II e III, deste Código.

III - as condições incompreensíveis ou contraditórias.

Art. 124. Têm-se por inexistentes as condições impossíveis, quando resolutivas, e as de não fazer coisa impossível.

Art. 125. Subordinando-se a eficácia do negócio jurídico à condição suspensiva, enquanto esta se não verificar, não se terá adquirido o direito, a que ele visa.

- arts. 121; 131; 135; 199, I; 234; 332; 509; e 1.924 deste Código.
- art. 6º, § 2º, LIndB.

Art. 126. Se alguém dispuser de uma coisa sob condição suspensiva, e, pendente esta, fizer quanto àquela novas disposições, estas não terão valor, realizada a condição, se com ela forem incompatíveis.

Art. 127. Se for resolutiva a condição, enquanto esta se não realizar, vigorará o negócio jurídico, podendo exercer-se desde a conclusão deste o direito por ele estabelecido.

Art. 128. Sobrevindo a condição resolutiva, extingue-se, para todos os efeitos, o direito a que ela se opõe; mas, se aposta a um negócio de execução continuada ou periódica, a sua realização, salvo disposição em contrário, não tem eficácia quanto aos atos já praticados, desde que compatíveis com a natureza da condição pendente e conforme aos ditames de boa-fé.

- arts. 135; 1.359; 1.360 deste Código.

Art. 129. Reputa-se verificada, quanto aos efeitos jurídicos, a condição cujo implemento for maliciosamente obstado pela parte a quem desfavorecer, considerando-se, ao contrário, não verificada a condição maliciosamente levada a efeito por aquele a quem aproveita o seu implemento.

Art. 130. Ao titular do direito eventual, nos casos de condição suspensiva ou resolutiva, é permitido praticar os atos destinados a conservá-lo.

- art. 6º, § 2º, LInDB.

Art. 131. O termo inicial suspende o exercício, mas não a aquisição do direito.

- arts. 125; 135; 1.924 deste Código.
- art. 6º, § 2º, Lei 4.657/1942 (Lei de Introdução às normas do Direito Brasileiro – LIn-DB, antiga LICC).

Art. 132. Salvo disposição legal ou convencional em contrário, computam-se os prazos, excluído o dia do começo, e incluído o do vencimento.

- arts. 216; 219; 224, NCPC.
- art. 775, CLT.
- art. 10, CP.
- art. 798, CPP.
- art. 210, CTN.

§ 1º Se o dia do vencimento cair em feriado, considerar-se-á prorrogado o prazo até o seguinte dia útil.

- arts. 214 e 216, NCPC.
- art. 798, § 3º, CPP.

› Leis 662/1949, 6.802/1980, e 7.466/1986 (Dispõem sobre feriados nacionais).

§ 2º Meado considera-se, em qualquer mês, o seu décimo quinto dia.

§ 3º Os prazos de meses e anos expiram no dia de igual número do de início, ou no imediato, se faltar exata correspondência.

§ 4º Os prazos fixados por hora contar-se-ão de minuto a minuto.

Art. 133. Nos testamentos, presume-se o prazo em favor do herdeiro, e, nos contratos, em proveito do devedor, salvo, quanto a esses, se do teor do instrumento, ou das circunstâncias, resultar que se estabeleceu a benefício do credor, ou de ambos os contratantes.

› arts. 112; 1.857 e ss.; 1.899 deste Código.

Art. 134. Os negócios jurídicos entre vivos, sem prazo, são exequíveis desde logo, salvo se a execução tiver de ser feita em lugar diverso ou depender de tempo.

› arts. 331; 474; 592; 939; e 1.359 deste Código.

Art. 135. Ao termo inicial e final aplicam-se, no que couber, as disposições relativas à condição suspensiva e resolutiva.

› arts. 123 a 130 deste Código.

Art. 136. O encargo não suspende a aquisição nem o exercício do direito, salvo quando expressamente imposto no negócio jurídico, pelo disponente, como condição suspensiva.

Art. 137. Considera-se não escrito o encargo ilícito ou impossível, salvo se constituir o motivo determinante da liberalidade, caso em que se invalida o negócio jurídico.

CAPÍTULO IV DOS DEFEITOS DO NEGÓCIO JURÍDICO

SEÇÃO I DO ERRO OU IGNORÂNCIA

Art. 138. São anuláveis os negócios jurídicos, quando as declarações de vontade emanarem de erro substancial que poderia ser percebido por pessoa de diligência normal, em face das circunstâncias do negócio.

› arts. 48; 171, II; 177; 178, II; 849; 877; 1.559; 1.812; 1.909; e 2.027 deste Código.

› arts. 393, 446 e 966, NCPC.

› Enunciado 12 das Jornadas de Direito Civil.

Art. 139. O erro é substancial quando:

I - interessa à natureza do negócio, ao objeto principal da declaração, ou a alguma das qualidades a ele essenciais;

II - concerne à identidade ou à qualidade essencial da pessoa a quem se refira a declaração de vontade, desde que tenha influído nesta de modo relevante;

› arts. 1.556; 1.557; 1.559; 1.560, III; 1.903 deste Código.

III - sendo de direito e não implicando recusa à aplicação da lei, for o motivo único ou principal do negócio jurídico.

Art. 140. O falso motivo só vicia a declaração de vontade quando expresso como razão determinante.

Art. 141. A transmissão errônea da vontade por meios interpostos é anulável nos mesmos casos em que o é a declaração direta.

Art. 142. O erro de indicação da pessoa ou da coisa, a que se referir a declaração de vontade, não viciará o negócio quando, por seu contexto e pelas circunstâncias, se puder identificar a coisa ou pessoa cogitada.

› art. 1.903 deste Código.

Art. 143. O erro de cálculo apenas autoriza a retificação da declaração de vontade.

Art. 144. O erro não prejudica a validade do negócio jurídico quando a pessoa, a quem a manifestação de vontade se dirige, se oferecer para executá-la na conformidade da vontade real do manifestante.

SEÇÃO II DO DOLO

Art. 145. São os negócios jurídicos anuláveis por dolo quando este for a sua causa.

› arts. 171, II; 177; 178, II; 180; 849; 1.812; 1.909; 2.027 deste Código.

› arts. 393, 446 e 966, NCPC.

Art. 146. O dolo acidental só obriga à satisfação das perdas e danos, e é acidental quando, a seu despeito, o negócio seria realizado, embora por outro modo.

Art. 147. Nos negócios jurídicos bilaterais, o silêncio intencional de uma das partes a respeito de fato ou qualidade que a outra parte haja ignorado, constitui omissão dolosa, provando-se que sem ela o negócio não se teria celebrado.

› arts. 441 a 446; 766; 773 deste Código.

› art. 678-2, CCom.

Art. 148. Pode também ser anulado o negócio jurídico por dolo de terceiro, se a parte a quem aproveite dele tivesse ou devesse ter conhecimento; em caso contrário, ainda que subsista o negócio jurídico, o terceiro responderá por todas as perdas e danos da parte a quem ludibriou.

› arts. 402 a 405 deste Código.

Art. 149. O dolo do representante legal de uma das partes só obriga o representado a responder civilmente até a importância do proveito que teve; se, porém, o dolo for do representante convencional, o representado responderá solidariamente com ele por perdas e danos.

› arts. 120; 275 a 285; 402 a 405; e 932 deste Código.

Art. 150. Se ambas as partes procederem com dolo, nenhuma pode alegá-lo para anular o negócio, ou reclamar indenização.

SEÇÃO III DA COAÇÃO

Art. 151. A coação, para viciar a declaração da vontade, há de ser tal que incuta ao paciente fundado temor de dano iminente e considerável à sua pessoa, à sua família, ou aos seus bens.

› arts. 171, II; 177; 178, I; 849; 1.558; 1.559; 1.812; 1.909; 2.027 deste Código.

› art. 146, CP.

› arts. 393, 446; 966, NCPC.

Parágrafo único. Se disser respeito a pessoa não pertencente à família do paciente, o juiz, com base nas circunstâncias, decidirá se houve coação.

Art. 152. No apreciar a coação, ter-se-ão em conta o sexo, a idade, a condição, a saúde, o temperamento do paciente e todas as demais circunstâncias que possam influir na gravidade dela.

Art. 153. Não se considera coação a ameaça do exercício normal de um direito, nem o simples temor reverencial.

Art. 154. Vicia o negócio jurídico a coação exercida por terceiro, se dela tivesse ou devesse ter conhecimento a parte a que aproveite, e esta responderá solidariamente com aquele por perdas e danos.

› arts. 275 a 285; e 402 a 405 deste Código.

Art. 155. Subsistirá o negócio jurídico se a coação decorrer de terceiro, sem que a parte a que aproveite dela tivesse ou devesse ter conhecimento; mas o autor da coação responderá por todas as perdas e danos que houver causado ao coacto.

› arts. 402 a 405 deste Código.

SEÇÃO IV DO ESTADO DE PERIGO

Art. 156. Configura-se o estado de perigo quando alguém, premido da necessidade de salvar-se, ou a pessoa de sua família, de grave dano conhecido pela outra parte, assume obrigação excessivamente onerosa.

› art. 171, II, deste Código.

› art. 24; 135-A, CP.

› Enunciado 148 das Jornadas de Direito Civil.

Parágrafo único. Tratando-se de pessoa não pertencente à família do declarante, o juiz decidirá segundo as circunstâncias.

› arts. 171, II; 178, II; 1.591 a 1.595 deste Código.

SEÇÃO V DA LESÃO

Art. 157. Ocorre a lesão quando uma pessoa, sob premente necessidade, ou por inexperiência, se obriga a prestação manifestamente desproporcional ao valor da prestação oposta.

› arts. 171, II; 178, II, deste Código.

› arts. 39, V; 51, IV, CDC.

› Enunciados 150, 290, 291 e 410 das Jornadas de Direito Civil.

§ 1º Aprecia-se a desproporção das prestações segundo os valores vigentes ao tempo em que foi celebrado o negócio jurídico.

§ 2º Não se decretará a anulação do negócio, se for oferecido suplemento suficiente, ou se a parte favorecida concordar com a redução do proveito.

› arts. 171, II; e 317, deste Código.

› art. 6º, V; 51, IV, CDC.

› Enunciado 149 das Jornadas de Direito Civil.

SEÇÃO VI DA FRAUDE CONTRA CREDORES

Art. 158. Os negócios de transmissão gratuita de bens ou remissão de dívida, se os praticar o devedor já insolvente, ou por eles reduzido à insolvência, ainda quando o ignore, poderão ser anulados pelos credores quirografários, como lesivos dos seus direitos.

- arts. 161; 171, II; 177; 178, II, deste Código.
- Enunciado 151 das Jornadas de Direito Civil.

§ 1º Igual direito assiste aos credores cuja garantia se tornar insuficiente.

§ 2º Só os credores que já o eram ao tempo daqueles atos podem pleitear a anulação deles.

- art. 789, NCPC.
- art. 179, CP.
- art. 185, CTN.
- Súm. 195, STJ.
- art. 216, Lei 6.015/1973 (Lei de Registros Públicos).
- Enunciado 292 das Jornadas de Direito Civil.

Art. 159. Serão igualmente anuláveis os contratos onerosos do devedor insolvente, quando a insolvência for notória, ou houver motivo para ser conhecida do outro contratante.

- art. 161 deste Código.
- art. 216, Lei 6.015/1973 (Lei de Registros Públicos).
- Súm. 195, STJ.

Art. 160. Se o adquirente dos bens do devedor insolvente ainda não tiver pago o preço e este for, aproximadamente, o corrente, desobrigar-se-á depositando-o em juízo, com a citação de todos os interessados.

- art. 335 deste Código.
- arts. 539 a 549 e 1.052, NCPC.

Parágrafo único. Se inferior, o adquirente, para conservar os bens, poderá depositar o preço que lhes corresponda ao valor real.

Art. 161. A ação, nos casos dos arts. 158 e 159, poderá ser intentada contra o devedor insolvente, a pessoa que com ele celebrou a estipulação considerada fraudulenta, ou terceiros adquirentes que hajam procedido de má-fé.

- art. 178, II, deste Código.

Art. 162. O credor quirografário, que receber do devedor insolvente o pagamento da dívida ainda não vencida, ficará obrigado a repor, em proveito do acervo sobre que se tenha de efetuar o concurso de credores, aquilo que recebeu.

Art. 163. Presumem-se fraudatórias dos direitos dos outros credores as garantias de dívidas que o devedor insolvente tiver dado a algum credor.

- art. 1.419 e ss. deste Código.

Art. 164. Presumem-se, porém, de boa-fé e valem os negócios ordinários indispensáveis à manutenção de estabelecimento mercantil, rural, ou industrial, ou à subsistência do devedor e de sua família.

- arts. 113; 1.142 a 1.149, deste Código.

Art. 165. Anulados os negócios fraudulentos, a vantagem resultante reverterá em proveito do acervo sobre que se tenha de efetuar o concurso de credores.

Parágrafo único. Se esses negócios tinham por único objeto atribuir direitos preferenciais, mediante hipoteca, penhor ou anticrese, sua invalidade importará somente na anulação da preferência ajustada.

- arts. 184; 1.419 a 1.510 deste Código.

CAPÍTULO V
DA INVALIDADE DO NEGÓCIO JURÍDICO

Art. 166. É nulo o negócio jurídico quando:

- Enunciado 616 das Jornadas de Direito Civil.

I - celebrado por pessoa absolutamente incapaz;

- arts. 3º; 104, I; 105; 166, I, deste Código.

II - for ilícito, impossível ou indeterminável o seu objeto;

- arts. 123; 124 deste Código.
- art. 17, LIndB.

III - o motivo determinante, comum a ambas as partes, for ilícito;

- arts. 104, II, e 123 deste Código.

IV - não revestir a forma prescrita em lei;

- art. 104, III, deste Código.

V - for preterida alguma solenidade que a lei considere essencial para a sua validade;

VI - tiver por objetivo fraudar lei imperativa;

VII - a lei taxativamente o declarar nulo, ou proibir-lhe a prática, sem cominar sanção.

- arts. 104 a 109; 489; 497; 548; 549; 762; 795; 798, p.u.; 808; 850; 907; 912, p.u.; 1.268, § 2º; 1.365; 1.428; 1.475; 1.516, § 3º; 1.548, II; 1.730; 1.802; 1.860; 1.900; 1.912 deste Código.
- art. 9º, CLT.
- arts. 37 e 39, Lei 6.766/1979 (Dispõe sobre o parcelamento do solo urbano).
- art. 18, § 1º, Lei 7.357/1985 (Dispõe sobre cheque).

Art. 167. É nulo o negócio jurídico simulado, mas subsistirá o que se dissimulou, se válido for na substância e na forma.

- art. 96, III, Lei 11.101/2005 (Lei de Recuperação de Empresas e Falência).
- Enunciados 152; 153; 293; 294 e 578 das Jornadas de Direito Civil.

§ 1º Haverá simulação nos negócios jurídicos quando:

I - aparentarem conferir ou transmitir direitos a pessoas diversas daquelas às quais realmente se conferem, ou transmitem;

II - contiverem declaração, confissão, condição ou cláusula não verdadeira;

- art. 121 deste Código.

III - os instrumentos particulares forem antedatados, ou pós-datados.

- art. 409, NCPC.

§ 2º Ressalvam-se os direitos de terceiros de boa-fé em face dos contraentes do negócio jurídico simulado.

Art. 168. As nulidades dos artigos antecedentes podem ser alegadas por qualquer interessado, ou pelo Ministério Público, quando lhe couber intervir.

- Enunciado 294 das Jornadas de Direito Civil.

Parágrafo único. As nulidades devem ser pronunciadas pelo juiz, quando conhecer do negócio jurídico ou dos seus efeitos e as encontrar provadas, não lhe sendo permitido supri-las, ainda que a requerimento das partes.

- art. 177 deste Código.
- art. 282, NCPC.
- art. 214, Lei 6.015/1973 (Lei de Registros Públicos).

Art. 169. O negócio jurídico nulo não é suscetível de confirmação, nem convalesce pelo decurso do tempo.

- art. 367 deste Código.
- Enunciados 536 e 537 das Jornadas de Direito Civil.

Art. 170. Se, porém, o negócio jurídico nulo contiver os requisitos de outro, subsistirá este quando o fim a que visavam as partes permitir supor que o teriam querido, se houvessem previsto a nulidade.

- Súm. 530, STJ.
- Enunciado 13 das Jornadas de Direito Civil.

Art. 171. Além dos casos expressamente declarados na lei, é anulável o negócio jurídico:

- arts. 117; 119; 496; 533, II; 1.558 deste Código.

I - por incapacidade relativa do agente;

- arts. 4º; 104, I; 105; 178, III; 180; e 181 deste Código.

II - por vício resultante de erro, dolo, coação, estado de perigo, lesão ou fraude contra credores.

- arts. 138 a 165 deste Código.
- Súm. 195, STJ.

Art. 172. O negócio anulável pode ser confirmado pelas partes, salvo direito de terceiro.

- arts. 151; 367; 662; e 873 deste Código.
- Súm. 346, STF.

Art. 173. O ato de confirmação deve conter a substância do negócio celebrado e a vontade expressa de mantê-lo.

Art. 174. É escusada a confirmação expressa, quando o negócio já foi cumprido em parte pelo devedor, ciente do vício que o inquinava.

Art. 175. A confirmação expressa, ou a execução voluntária de negócio anulável, nos termos dos arts. 172 a 174, importa a extinção de todas as ações, ou exceções, de que contra ele dispusesse o devedor.

Art. 176. Quando a anulabilidade do ato resultar da falta de autorização de terceiro, será validado se este a der posteriormente.

- art. 496 deste Código.

Art. 177. A anulabilidade não tem efeito antes de julgada por sentença, nem se pronuncia de ofício; só os interessados a podem alegar, e aproveita exclusivamente aos que a alegarem, salvo o caso de solidariedade ou indivisibilidade.

- arts. 87; 88; 168; 264 a 285 deste Código.

Art. 178. É de quatro anos o prazo de decadência para pleitear-se a anulação do negócio jurídico, contado:

- arts. 207 a 211 deste Código.

I - no caso de coação, do dia em que ela cessar;

- arts. 151 a 155 deste Código.

II - no de erro, dolo, fraude contra credores, estado de perigo ou lesão, do dia em que se realizou o negócio jurídico;

- arts. 138 a 150; 145 a 150; 156 a 165 deste Código.
- art. 135-A, CP.

III - no de atos de incapazes, do dia em que cessar a incapacidade.

- arts. 3º a 5º; 104, I; e 171, I, deste Código.

Art. 179. Quando a lei dispuser que determinado ato é anulável, sem estabelecer prazo para pleitear-se a anulação, será este de dois anos, a contar da data da conclusão do ato.

- Enunciados 538 e 545 das Jornadas de Direito Civil.

Art. 180. O menor, entre dezesseis e dezoito anos, não pode, para eximir-se de uma obrigação, invocar a sua idade se dolosamente a ocultou quando inquirido pela outra parte, ou se, no ato de obrigar-se, declarou-se maior.

Art. 181. Ninguém pode reclamar o que, por uma obrigação anulada, pagou a um incapaz, se não provar que reverteu em proveito dele a importância paga.

- art. 310 deste Código.

Art. 182. Anulado o negócio jurídico, restituir-se-ão as partes ao estado em que antes dele se achavam, e, não sendo possível restituí-las, serão indenizadas com o equivalente.

- arts. 927 a 954 deste Código.
- Enunciado 537 das Jornadas de Direito Civil.

Art. 183. A invalidade do instrumento não induz a do negócio jurídico sempre que este puder provar-se por outro meio.

Art. 184. Respeitada a intenção das partes, a invalidade parcial de um negócio jurídico não o prejudicará na parte válida, se esta for separável; a invalidade da obrigação principal implica a das obrigações acessórias, mas a destas não induz a da obrigação principal.

- arts. 92 e 165, p.u., deste Código.
- art. 51, § 2º, CDC.

TÍTULO II
DOS ATOS JURÍDICOS LÍCITOS

Art. 185. Aos atos jurídicos lícitos, que não sejam negócios jurídicos, aplicam-se, no que couber, as disposições do Título anterior.

TÍTULO III
DOS ATOS ILÍCITOS

Art. 186. Aquele que, por ação ou omissão voluntária, negligência ou imprudência, violar direito e causar dano a outrem, ainda que exclusivamente moral, comete ato ilícito.

- arts. 43; 398; 476; 477; 884; 927 e ss. deste Código.
- art. 243, CE.
- arts. 81, 143, 161, 302, NCPC.
- Súm. 28; 492; 562, STF.
- Súm. 37; 43; 221; 227; 246; 281; 403; 595, STJ.
- Enunciados 159, 411, 550 e 551 das Jornadas de Direito Civil.

Art. 187. Também comete ato ilícito o titular de um direito que, ao exercê-lo, excede manifestamente os limites impostos pelo seu fim econômico ou social, pela boa-fé ou pelos bons costumes.

- arts. 927; 1.277 deste Código.
- Enunciados 37; 412; 413; 414; 539; 617 das Jornadas de Direito Civil.

Art. 188. Não constituem atos ilícitos:

I - os praticados em legítima defesa ou no exercício regular de um direito reconhecido;

- art. 930, p.u., deste Código.

II - a deterioração ou destruição da coisa alheia, ou a lesão a pessoa, a fim de remover perigo iminente.

- arts. 929 e 930 deste Código.

Parágrafo único. No caso do inciso II, o ato será legítimo somente quando as circunstâncias o tornarem absolutamente necessário, não excedendo os limites do indispensável para a remoção do perigo.

- arts. 23 a 25, CP.

TÍTULO IV
DA PRESCRIÇÃO E DA DECADÊNCIA

- art. 2.028, CC.
- Súm. Vinc. 8, STF.

CAPÍTULO I
DA PRESCRIÇÃO

- arts. 1.601 e 1.606 deste Código.

SEÇÃO I
DISPOSIÇÕES GERAIS

- Súm. 150, STF.

Art. 189. Violado o direito, nasce para o titular a pretensão, a qual se extingue, pela prescrição, nos prazos a que aludem os arts. 205 e 206.

- Enunciados 14 e 579 das Jornadas de Direito Civil.

Art. 190. A exceção prescreve no mesmo prazo em que a pretensão.

- Enunciado 415 das Jornadas de Direito Civil.

Art. 191. A renúncia da prescrição pode ser expressa ou tácita, e só valerá, sendo feita, sem prejuízo de terceiro, depois que a prescrição se consumar; tácita é a renúncia quando se presume de fatos do interessado, incompatíveis com a prescrição.

- art. 114 deste Código.
- Enunciados 295; 581 das Jornadas de Direito Civil.

Art. 192. Os prazos de prescrição não podem ser alterados por acordo das partes.

Art. 193. A prescrição pode ser alegada em qualquer grau de jurisdição, pela parte a quem aproveita.

- arts. 240, § 2º; 302, IV, 310; 487, p.ú; 535, VI, NCPC.
- Súm. 150, STF.

Art. 194. (Revogado pela Lei 11.280/2006.)

Art. 195. Os relativamente incapazes e as pessoas jurídicas têm ação contra os seus assistentes ou representantes legais, que derem causa à prescrição, ou não a alegarem oportunamente.

- arts. 4º; 43; 208 deste Código.

Art. 196. A prescrição iniciada contra uma pessoa continua a correr contra o seu sucessor.

SEÇÃO II
DAS CAUSAS QUE IMPEDEM OU SUSPENDEM A PRESCRIÇÃO

- arts. 207 e 1.244 deste Código.

Art. 197. Não corre a prescrição:

- art. 1.571, deste Código
- Enunciado 296 das Jornadas de Direito Civil.

I - entre os cônjuges, na constância da sociedade conjugal;

II - entre ascendentes e descendentes, durante o poder familiar;

- arts. 1.630 a 1.638 deste Código.

III - entre tutelados ou curatelados e seus tutores ou curadores, durante a tutela ou curatela.

- arts. 1.728 a 1.783 deste Código.

Art. 198. Também não corre a prescrição:

- Enunciado 156 das Jornadas de Direito Civil.

I - contra os incapazes de que trata o art. 3º;

- art. 208 deste Código.

II - contra os ausentes do país em serviço público da União, dos Estados ou dos Municípios;

III - contra os que se acharem servindo nas Forças Armadas, em tempo de guerra.

- art. 440, CLT.
- Lei 19/1947 (Releva de prescrição as ações que deveriam ter sido propostas durante a guerra por brasileiros nela empenhados).
- arts. 6º e 82, Lei 11.101/2005 (Lei de Recuperação de Empresas e Falência).

Art. 199. Não corre igualmente a prescrição:

I - pendendo condição suspensiva;

- arts. 125 e 126 deste Código.

II - não estando vencido o prazo;

- art. 131 deste Código.

III - pendendo ação de evicção.

- arts. 447 a 457 deste Código.
- Súm. 229, STJ.

Art. 200. Quando a ação se originar de fato que deva ser apurado no juízo criminal, não correrá a prescrição antes da respectiva sentença definitiva.

- art. 935, deste Código.
- art. 515, VI, NCPC.

Art. 201. Suspensa a prescrição em favor de um dos credores solidários, só aproveitam os outros se a obrigação for indivisível.

- arts. 257 a 263; 267 a 274; 314 deste Código.

SEÇÃO III
DAS CAUSAS QUE INTERROMPEM A PRESCRIÇÃO

Art. 202. A interrupção da prescrição, que somente poderá ocorrer uma vez, dar-se-á:

- arts. 240, NCPC.
- Enunciado 416 das Jornadas de Direito Civil.

I - por despacho do juiz, mesmo incompetente, que ordenar a citação, se o interessado a promover no prazo e na forma da lei processual;

- art. 174, parágrafo único, NCPC.
- Súm. 154, STF.
- Enunciado 417 das Jornadas de Direito Civil.

II - por protesto, nas condições do inciso antecedente;

III - por protesto cambial;

- Súm. 153, STF.

CC

IV - pela apresentação do título de crédito em juízo de inventário ou em concurso de credores;

V - por qualquer ato judicial que constitua em mora o devedor;

VI - por qualquer ato inequívoco, ainda que extrajudicial, que importe reconhecimento do direito pelo devedor.

- Súm. 154, STF.

Parágrafo único. A prescrição interrompida recomeça a correr da data do ato que a interrompeu, ou do último ato do processo para a interromper.

- art. 812, NCPC.
- Súm. 383, STF.

Art. 203. A prescrição pode ser interrompida por qualquer interessado.

- art. 193 deste Código.

Art. 204. A interrupção da prescrição por um credor não aproveita aos outros; semelhantemente, a interrupção operada contra o codevedor, ou seu herdeiro, não prejudica aos demais coobrigados.

§ 1º A interrupção por um dos credores solidários aproveita aos outros; assim como a interrupção efetuada contra o devedor solidário envolve os demais e seus herdeiros.

- arts. 264 a 285 deste Código.

§ 2º A interrupção operada contra um dos herdeiros do devedor solidário não prejudica os outros herdeiros ou devedores, senão quando se trate de obrigações e direitos indivisíveis.

- arts. 87; 88; 257 a 263 deste Código.

§ 3º A interrupção produzida contra o principal devedor prejudica o fiador.

- art. 837 deste Código.

SEÇÃO IV
DOS PRAZOS DA PRESCRIÇÃO

Art. 205. A prescrição ocorre em dez anos, quando a lei não lhe haja fixado prazo menor.

- arts. 189 e 1.601 deste Código.
- art. 26, CDC.
- arts. 11-A; 119; 440; 916, CLT.
- art. 12, Lei 6.453/1977 (Dispõe sobre a responsabilidade civil por danos nucleares e a responsabilidade criminal por atos relacionados com atividades nucleares).
- arts. 103 a 104, Lei 8.213/1991 (Dispõe sobre os Planos de Benefícios da Previdência Social).
- Súm. 146; 147; 150; 153; 154; 264; 327; 349; 383; 443; 494; 497; 592; 604, STF.
- Súm. 39; 85; 101; 106; 143; 191; 194; 210; 220; 278; 338; 412; 415; 438; 467, STJ.
- Súm. 56, TSE.

Art. 206. Prescreve:

§ 1º Em um ano:

I - a pretensão dos hospedeiros ou fornecedores de víveres destinados a consumo no próprio estabelecimento, para o pagamento da hospedagem ou dos alimentos;

II - a pretensão do segurado contra o segurador, ou a deste contra aquele, contado o prazo:

- arts. 757 a 802 do CC.
- Súm. 101, STJ.

a) para o segurado, no caso de seguro de responsabilidade civil, da data em que é citado para responder à ação de indenização proposta pelo terceiro prejudicado, ou da data que a este indeniza, com a anuência do segurador;

b) quanto aos demais seguros, da ciência do fato gerador da pretensão.

- Súm. 101 e 278, STJ.

III - a pretensão dos tabeliães, auxiliares da justiça, serventuários judiciais, árbitros e peritos, pela percepção de emolumentos, custas e honorários;

IV - a pretensão contra os peritos, pela avaliação dos bens que entraram para a formação do capital de sociedade anônima, contado da publicação da ata da assembleia que aprovar o laudo;

V - a pretensão dos credores não pagos contra os sócios ou acionistas e os liquidantes, contado o prazo da publicação da ata de encerramento da liquidação da sociedade.

§ 2º Em dois anos, a pretensão para haver prestações alimentares, a partir da data em que se vencerem.

- arts. 197, II; 198, I; 948, II; e 1.635, II e III, deste Código.
- art. 23, Lei 5.478/1968 (Dispõe sobre a ação de alimentos).

§ 3º Em três anos:

- Enunciado 418 das Jornadas de Direito Civil.

I - a pretensão relativa a aluguéis de prédios urbanos ou rústicos;

- Lei 8.245/1991 (Lei das Locações).

II - a pretensão para receber prestações vencidas de rendas temporárias ou vitalícias;

- Súm. 291; 427, STJ.

III - a pretensão para haver juros, dividendos ou quaisquer prestações acessórias, pagáveis, em períodos não maiores de um ano, com capitalização ou sem ela;

IV - a pretensão de ressarcimento de enriquecimento sem causa;

- arts. 884 a 886 deste Código.

V - a pretensão de reparação civil;

- arts. 186; 187; 402 a 405; 927 a 943 deste Código.
- Enunciados 419; 420; 580 das Jornadas de Direito Civil.

VI - a pretensão de restituição dos lucros ou dividendos recebidos de má-fé, correndo o prazo da data em que foi deliberada a distribuição;

VII - a pretensão contra as pessoas em seguida indicadas por violação da lei ou do estatuto, contado o prazo:

a) para os fundadores, da publicação dos atos constitutivos da sociedade anônima;

b) para os administradores, ou fiscais, da apresentação, aos sócios, do balanço referente ao exercício em que a violação tenha sido praticada, ou da reunião ou assembleia geral que dela deva tomar conhecimento;

c) para os liquidantes, da primeira assembleia semestral posterior à violação;

VIII - a pretensão para haver o pagamento de título de crédito, a contar do vencimento, ressalvadas as disposições de lei especial;

- art. 781, I, NCPC.

IX - a pretensão do beneficiário contra o segurador, e a do terceiro prejudicado, no caso de seguro de responsabilidade civil obrigatório.

- Súm. 405, STJ.

§ 4º Em quatro anos, a pretensão relativa à tutela, a contar da data da aprovação das contas.

- arts. 1.728 a 1.766 deste Código.

§ 5º Em cinco anos:

- art. 5º, XXIX, CF.
- art. 27, CDC.
- art. 168, CTN.
- art. 6º, Lei 7.542/1986 (Dispõe sobre a pesquisa, exploração, remoção e demolição das coisas ou bens afundados, submersos, encalhados e perdidos em águas sob jurisdição nacional, em terreno de marinha e seus acrescidos em terrenos marginais, em decorrência de sinistro, alojamento ou fortuna do mar).

I - a pretensão de cobrança de dívidas líquidas constantes de instrumento público ou particular;

- Súm. 503, STF.

II - a pretensão dos profissionais liberais em geral, procuradores judiciais, curadores e professores pelos seus honorários, contado o prazo da conclusão dos serviços, da cessação dos respectivos contratos ou mandato.

- art. 25, Lei 8.906/1994 (EAOAB).

III - a pretensão do vencedor para haver do vencido o que despendeu em juízo.

- arts. 82, § 2º; 85, NCPC.

CAPÍTULO II
DA DECADÊNCIA

Art. 207. Salvo disposição legal em contrário, não se aplicam à decadência as normas que impedem, suspendem ou interrompem a prescrição.

Art. 208. Aplica-se à decadência o disposto nos arts. 195 e 198, inciso I.

Art. 209. É nula a renúncia à decadência fixada em lei.

Art. 210. Deve o juiz, de ofício, conhecer da decadência, quando estabelecida por lei.

- arts. 302, IV; 310; 487, II, NCPC.

Art. 211. Se a decadência for convencional, a parte a quem aproveita pode alegá-la em qualquer grau de jurisdição, mas o juiz não pode suprir a alegação.

TÍTULO V
DA PROVA

Art. 212. Salvo o negócio a que se impõe forma especial, o fato jurídico pode ser provado mediante:

- arts. 107 deste Código.
- arts. 369, NCPC.
- Enunciados 297 e 298 das Jornadas de Direito Civil.

I - confissão;

› arts. 213 e 214 deste Código.
› arts. 389 a 395, NCPC.

II - documento;

› arts. 215 a 226 deste Código.
› arts. 405 a 438, NCPC.
› Lei 7.115/1983 (Dispõe sobre prova documental nos casos que indica).
› Lei 7.116/1983 (Assegura validade nacional às carteiras de identidade e regula sua expedição).

III - testemunha;

› arts. 227 a 230 deste Código.
› arts. 442 a 463, NCPC.

IV - presunção;

› art. 375, NCPC.

V - perícia.

› arts. 232 deste Código.

Art. 213. Não tem eficácia a confissão se provém de quem não é capaz de dispor do direito a que se referem os fatos confessados.

Parágrafo único. Se feita a confissão por um representante, somente é eficaz nos limites em que este pode vincular o representado.

Art. 214. A confissão é irrevogável, mas pode ser anulada se decorreu de erro de fato ou de coação.

› art. 393, NCPC.

Art. 215. A escritura pública, lavrada em notas de tabelião, é documento dotado de fé pública, fazendo prova plena.

› Enunciado 158 das Jornadas de Direito Civil.

§ 1º Salvo quando exigidos por lei outros requisitos, a escritura pública deve conter:

› Lei 7.433/1985 (Dispõe sobre os requisitos para a lavratura de escrituras públicas).

I - data e local de sua realização;

II - reconhecimento da identidade e capacidade das partes e de quantos hajam comparecido ao ato, por si, como representantes, intervenientes ou testemunhas;

III - nome, nacionalidade, estado civil, profissão, domicílio e residência das partes e demais comparecentes, com a indicação, quando necessário, do regime de bens do casamento, nome do outro cônjuge e filiação;

IV - manifestação clara da vontade das partes e dos intervenientes;

V - referência ao cumprimento das exigências legais e fiscais inerentes à legitimidade do ato;

VI - declaração de ter sido lida na presença das partes e demais comparecentes, ou de que todos a leram;

VII - assinatura das partes e dos demais comparecentes, bem como a do tabelião ou seu substituto legal, encerrando o ato.

§ 2º Se algum comparecente não puder ou não souber escrever, outra pessoa capaz assinará por ele, a seu rogo.

§ 3º A escritura será redigida na língua nacional.

§ 4º Se qualquer dos comparecentes não souber a língua nacional e o tabelião não entender o idioma em que se expressa, deverá comparecer tradutor público para servir de intérprete, ou, não o havendo na localidade, outra pessoa capaz que, a juízo do tabelião, tenha idoneidade e conhecimento bastantes.

§ 5º Se algum dos comparecentes não for conhecido do tabelião, nem puder identificar-se por documento, deverão participar do ato pelo menos duas testemunhas que o conheçam e atestem sua identidade.

Art. 216. Farão a mesma prova que os originais as certidões textuais de qualquer peça judicial, do protocolo das audiências, ou de outro qualquer livro a cargo do escrivão, sendo extraídas por ele, ou sob a sua vigilância, e por ele subscritas, assim como os traslados de autos, quando por outro escrivão consertados.

› art. 425, NCPC.
› Arts. 818 e 830, CLT.

Art. 217. Terão a mesma força probante os traslados e as certidões, extraídos por tabelião ou oficial de registro, de instrumentos ou documentos lançados em suas notas.

› art. 830, CLT.
› art. 425, NCPC.

Art. 218. Os traslados e as certidões considerar-se-ão instrumentos públicos, se os originais se houverem produzido em juízo como prova de algum ato.

› art. 162; 192; 425, NCPC.
› art. 148, Lei 6.015/1973 (Lei de Registros Públicos).

Art. 219. As declarações constantes de documentos assinados presumem-se verdadeiras em relação aos signatários.

Parágrafo único. Não tendo relação direta, porém, com as disposições principais ou com a legitimidade das partes, as declarações enunciativas não eximem os interessados em sua veracidade do ônus de prová-las.

› art. 408, NCPC.
› Lei 7.115/1983 (Dispõe sobre prova documental nos casos que indica).

Art. 220. A anuência ou a autorização de outrem, necessária à validade de um ato, provar-se-á do mesmo modo que este, e constará, sempre que se possa, do próprio instrumento.

Art. 221. O instrumento particular, feito e assinado, ou somente assinado por quem esteja na livre disposição e administração de seus bens, prova as obrigações convencionais de qualquer valor; mas os seus efeitos, bem como os da cessão, não se operam, a respeito de terceiros, antes de registrado no registro público.

› arts. 127; 156; 161, Lei 6.015/1973 (Lei de Registros Públicos).
› art. 31, Lei 6.766/1979 (Dispõe sobre o parcelamento do solo urbano).

Parágrafo único. A prova do instrumento particular pode suprir-se pelas outras de caráter legal.

› art. 408, NCPC.

Art. 222. O telegrama, quando lhe for contestada a autenticidade, faz prova mediante conferência com o original assinado.

› arts. 413 e 414, NCPC.

Art. 223. A cópia fotográfica de documento, conferida por tabelião de notas, valerá como prova de declaração da vontade, mas, impugnada sua autenticidade, deverá ser exibido o original.

› arts. 423 e 424, NCPC.

Parágrafo único. A prova não supre a ausência do título de crédito, ou do original, nos casos em que a lei ou as circunstâncias condicionarem o exercício do direito à sua exibição.

Art. 224. Os documentos redigidos em língua estrangeira serão traduzidos para o português para ter efeitos legais no país.

› arts. 162; 164; 192, NCPC.
› art. 148, Lei 6.015/1973 (Lei de Registros Públicos).

Art. 225. As reproduções fotográficas, cinematográficas, os registros fonográficos e, em geral, quaisquer outras reproduções mecânicas ou eletrônicas de fatos ou de coisas fazem prova plena destes, se a parte, contra quem forem exibidos, não lhes impugnar a exatidão.

› art. 422, NCPC.
› Enunciado 298 das Jornadas de Direito Civil.

Art. 226. Os livros e fichas dos empresários e sociedades provam contra as pessoas a que pertencem, e, em seu favor, quando, escriturados sem vício extrínseco ou intrínseco, forem confirmados por outros subsídios.

Parágrafo único. A prova resultante dos livros e fichas não é bastante nos casos em que a lei exige escritura pública, ou escrito particular revestido de requisitos especiais, e pode ser ilidida pela comprovação da falsidade ou inexatidão dos lançamentos.

› arts. 1.191 e 1.192 deste Código.

Art. 227. (Revogado pela Lei 13.105/2015.)

Parágrafo único. Qualquer que seja o valor do negócio jurídico, a prova testemunhal é admissível como subsidiária ou complementar da prova por escrito.

› arts. 444 e 445, NCPC.

Art. 228. Não podem ser admitidos como testemunhas:

› art. 206, CPP.

I - os menores de dezesseis anos;

II e III - (Revogados pela Lei 13.146/2015.)

IV - o interessado no litígio, o amigo íntimo ou o inimigo capital das partes;

V - os cônjuges, os ascendentes, os descendentes e os colaterais, até o terceiro grau de alguma das partes, por consanguinidade, ou afinidade.

› arts. 447 e 457, NCPC.
› art. 42, Lei 6.015/1973 (Lei de Registros Públicos).

§ 1º Para a prova de fatos que só elas conheçam, pode o juiz admitir o depoimento das pessoas a que se refere este artigo. (Renumerado de p.u. pela Lei 13.146/2015.)

§ 2º A pessoa com deficiência poderá testemunhar em igualdade de condições com as demais pessoas, sendo-lhe assegurados todos os recursos de tecnologia assistiva. (Acrescentado pela Lei 13.146/2015.)

› art. 80, Lei 13.146/2015 (Estatuto da Pessoa com Deficiência).

Arts. 229 e 230. (Revogados pela Lei 13.105/2015.)

Art. 231. Aquele que se nega a submeter-se a exame médico necessário não poderá aproveitar-se de sua recusa.

Art. 232. A recusa à perícia médica ordenada pelo juiz poderá suprir a prova que se pretendia obter com o exame.

› arts. 464 a 480, NCPC.

PARTE ESPECIAL
LIVRO I
DO DIREITO DAS OBRIGAÇÕES

TÍTULO I
DAS MODALIDADES DAS OBRIGAÇÕES

CAPÍTULO I
DAS OBRIGAÇÕES DE DAR

SEÇÃO I
DAS OBRIGAÇÕES DE DAR COISA CERTA

Art. 233. A obrigação de dar coisa certa abrange os acessórios dela embora não mencionados, salvo se o contrário resultar do título ou das circunstâncias do caso.

› arts. 92 a 97 deste Código.

› arts. 498, 806 a 810, NCPC.

Art. 234. Se, no caso do artigo antecedente, a coisa se perder, sem culpa do devedor, antes da tradição, ou pendente a condição suspensiva, fica resolvida a obrigação para ambas as partes; se a perda resultar de culpa do devedor, responderá este pelo equivalente e mais perdas e danos.

› arts. 125; 239; 248; 250; 256; 389; 402 a 405; 444; 458; 492; 509; 611; 1.267 deste Código.

Art. 235. Deteriorada a coisa, não sendo o devedor culpado, poderá o credor resolver a obrigação, ou aceitar a coisa, abatido de seu preço o valor que perdeu.

› art. 240 deste Código.

Art. 236. Sendo culpado o devedor, poderá o credor exigir o equivalente, ou aceitar a coisa no estado em que se acha, com direito a reclamar, em um ou em outro caso, indenização das perdas e danos.

› arts. 389; 402 a 405 deste Código.

› Enunciado 15 das Jornadas de Direito Civil.

Art. 237. Até a tradição pertence ao devedor a coisa, com os seus melhoramentos e acrescidos, pelos quais poderá exigir aumento no preço; se o credor não anuir, poderá o devedor resolver a obrigação.

› arts. 1.267 e 1.268 deste Código.

Parágrafo único. Os frutos percebidos são do devedor, cabendo ao credor os pendentes.

› arts. 1.214 a 1.216 deste Código.

Art. 238. Se a obrigação for de restituir coisa certa, e esta, sem culpa do devedor, se perder antes da tradição, sofrerá o credor a perda, e a obrigação se resolverá, ressalvados os seus direitos até o dia da perda.

› arts. 241; 502; 1.267; 1.268 deste Código.

Art. 239. Se a coisa se perder por culpa do devedor, responderá este pelo equivalente, mais perdas e danos.

› arts. 402 a 405 deste Código.

Art. 240. Se a coisa restituível se deteriorar sem culpa do devedor, recebê-la-á o credor, tal qual se ache, sem direito a indenização; se por culpa do devedor, observar-se-á o disposto no art. 239.

› arts. 394; 402 a 405 deste Código.

› Enunciado 15 das Jornadas de Direito Civil.

Art. 241. Se, no caso do art. 238, sobrevier melhoramento ou acréscimo à coisa, sem despesa ou trabalho do devedor, lucrará o credor, desobrigado de indenização.

Art. 242. Se para o melhoramento, ou aumento, empregou o devedor trabalho ou dispêndio, o caso se regulará pelas normas deste Código atinentes às benfeitorias realizadas pelo possuidor de boa-fé ou de má-fé.

› arts. 96; 1.219 a 1.222 deste Código.

Parágrafo único. Quanto aos frutos percebidos, observar-se-á, do mesmo modo, o disposto neste Código, acerca do possuidor de boa-fé ou de má-fé.

› arts. 95; 1.214 a 1.217 deste Código.

SEÇÃO II
DAS OBRIGAÇÕES DE DAR COISA INCERTA

Art. 243. A coisa incerta será indicada, ao menos, pelo gênero e pela quantidade.

› arts. 811 a 813, NCPC.

› Enunciado 160 das Jornadas de Direito Civil.

Art. 244. Nas coisas determinadas pelo gênero e pela quantidade, a escolha pertence ao devedor, se o contrário não resultar do título da obrigação; mas não poderá dar a coisa pior, nem será obrigado a prestar a melhor.

› arts. 1.929 deste Código.

Art. 245. Cientificado da escolha o credor, vigorará o disposto na Seção antecedente.

› arts. 233 a 242; 313 deste Código.

Art. 246. Antes da escolha, não poderá o devedor alegar perda ou deterioração da coisa, ainda que por força maior ou caso fortuito.

› arts. 393, p.u., deste Código.

CAPÍTULO II
DAS OBRIGAÇÕES DE FAZER

Art. 247. Incorre na obrigação de indenizar perdas e danos o devedor que recusar a prestação a ele só imposta, ou só por ele exequível.

Art. 248. Se a prestação do fato tornar-se impossível sem culpa do devedor, resolver-se-á a obrigação; se por culpa dele, responderá por perdas e danos.

› arts. 402 a 405 deste Código.

Art. 249. Se o fato puder ser executado por terceiro, será livre ao credor mandá-lo executar à custa do devedor, havendo recusa ou mora deste, sem prejuízo da indenização cabível.

› arts. 389 deste Código.

› arts. 815 a 821, NCPC.

Parágrafo único. Em caso de urgência, pode o credor, independentemente de autorização judicial, executar ou mandar executar o fato, sendo depois ressarcido.

CAPÍTULO III
DAS OBRIGAÇÕES DE NÃO FAZER

Art. 250. Extingue-se a obrigação de não fazer, desde que, sem culpa do devedor, se lhe torne impossível abster-se do ato, que se obrigou a não praticar.

› arts. 822 e 823, NCPC.

Art. 251. Praticado pelo devedor o ato, a cuja abstenção se obrigara, o credor pode exigir dele que o desfaça, sob pena de se desfazer à sua custa, ressarcindo o culpado perdas e danos.

› arts. 389; 394; 402 a 405; 881 deste Código.

› arts. 814; 822; 823, NCPC.

Parágrafo único. Em caso de urgência, poderá o credor desfazer ou mandar desfazer, independentemente de autorização judicial, sem prejuízo do ressarcimento devido.

CAPÍTULO IV
DAS OBRIGAÇÕES ALTERNATIVAS

Art. 252. Nas obrigações alternativas, a escolha cabe ao devedor, se outra coisa não se estipulou.

› arts. 342; 1.932 a 1.934 deste Código.

› arts. 534; 800, NCPC.

§ 1º Não pode o devedor obrigar o credor a receber parte em uma prestação e parte em outra.

› art. 314 deste Código.

§ 2º Quando a obrigação for de prestações periódicas, a faculdade de opção poderá ser exercida em cada período.

§ 3º No caso de pluralidade de optantes, não havendo acordo unânime entre eles, decidirá o juiz, findo o prazo por este assinado para a deliberação.

§ 4º Se o título deferir a opção a terceiro, e este não quiser, ou não puder exercê-la, caberá ao juiz a escolha se não houver acordo entre as partes.

Art. 253. Se uma das duas prestações não puder ser objeto de obrigação ou se tornada inexequível, subsistirá o débito quanto à outra.

› art. 104, II, deste Código.

Art. 254. Se, por culpa do devedor, não se puder cumprir nenhuma das prestações, não competindo ao credor a escolha, ficará aquele obrigado a pagar o valor da que por último se impossibilitou, mais as perdas e danos que o caso determinar.

› arts. 389; 402 a 405 deste Código.

Art. 255. Quando a escolha couber ao credor e uma das prestações tornar-se impossível por culpa do devedor, o credor terá direito de exigir a prestação subsistente ou o valor da outra, com perdas e danos; se, por culpa do devedor, ambas as prestações se tornarem inexequíveis, poderá o credor reclamar o valor de qualquer das duas, além da indenização por perdas e danos.

› arts. 389; 402 a 405 deste Código.

Art. 256. Se todas as prestações se tornarem impossíveis sem culpa do devedor, extinguir-se-á a obrigação.

- arts. 233; 234; 248; 393 deste Código.

CAPÍTULO V
DAS OBRIGAÇÕES DIVISÍVEIS E INDIVISÍVEIS

Art. 257. Havendo mais de um devedor ou mais de um credor em obrigação divisível, esta presume-se dividida em tantas obrigações, iguais e distintas, quantos os credores ou devedores.

- art. 265 deste Código.

Art. 258. A obrigação é indivisível quando a prestação tem por objeto uma coisa ou um fato não suscetíveis de divisão, por sua natureza, por motivo de ordem econômica, ou dada a razão determinante do negócio jurídico.

Art. 259. Se, havendo dois ou mais devedores, a prestação não for divisível, cada um será obrigado pela dívida toda.

Parágrafo único. O devedor, que paga a dívida, sub-roga-se no direito do credor em relação aos outros coobrigados.

- art. 346, III, deste Código.

Art. 260. Se a pluralidade for dos credores, poderá cada um destes exigir a dívida inteira; mas o devedor ou devedores se desobrigarão, pagando:

I - a todos conjuntamente;

II - a um, dando este caução de ratificação dos outros credores.

Art. 261. Se um só dos credores receber a prestação por inteiro, a cada um dos outros assistirá o direito de exigir dele em dinheiro a parte que lhe caiba no total.

Art. 262. Se um dos credores remitir a dívida, a obrigação não ficará extinta para com os outros; mas estes só a poderão exigir descontada a quota do credor remitente.

Parágrafo único. O mesmo critério se observará no caso de transação, novação, compensação ou confusão.

- arts. 360 a 384; 840 a 850 deste Código.

Art. 263. Perde a qualidade de indivisível a obrigação que se resolver em perdas e danos.

- arts. 271 deste Código.
- Enunciado 540 das Jornadas de Direito Civil.

§ 1º Se, para efeito do disposto neste artigo, houver culpa de todos os devedores, responderão todos por partes iguais.

§ 2º Se for de um só a culpa, ficarão exonerados os outros, respondendo só esse pelas perdas e danos.

- arts. 402 a 405 deste Código.

CAPÍTULO VI
DAS OBRIGAÇÕES SOLIDÁRIAS

SEÇÃO I
DISPOSIÇÕES GERAIS

Art. 264. Há solidariedade, quando na mesma obrigação concorre mais de um credor, ou mais de um devedor, cada um com direito, ou obrigado, à dívida toda.

- arts. 257; 942 deste Código.
- arts. 7º, p.ú.; 18, *caput*; 19, *caput*; 25, §§ 1º e 2º; 28, § 3º; e 34, CDC.
- arts. 124 e 125, CTN.
- arts. 130 e 1.005, NCPC.

Art. 265. A solidariedade não se presume; resulta da lei ou da vontade das partes.

- arts. 257 e 942 deste Código.
- arts. 7º, p.u.; 18, *caput*; 19, *caput*; 25, §§ 1º e 2º; 28, § 3º; e 34, CDC.
- arts. 124 e 125, CTN.
- Súm. 26, STJ.
- Enunciado 22 das Jornadas de Direito Civil.

Art. 266. A obrigação solidária pode ser pura e simples para um dos cocredores ou codevedores, e condicional, ou a prazo, ou pagável em lugar diferente, para o outro.

- Enunciado 347 das Jornadas de Direito Civil.

SEÇÃO II
DA SOLIDARIEDADE ATIVA

Art. 267. Cada um dos credores solidários tem direito a exigir do devedor o cumprimento da prestação por inteiro.

- arts. 260 e 261 deste Código.

Art. 268. Enquanto alguns dos credores solidários não demandarem o devedor comum, a qualquer daqueles poderá este pagar.

Art. 269. O pagamento feito a um dos credores solidários extingue a dívida até o montante do que foi pago.

Art. 270. Se um dos credores solidários falecer deixando herdeiros, cada um destes só terá direito a exigir e receber a quota do crédito que corresponder ao seu quinhão hereditário, salvo se a obrigação for indivisível.

Art. 271. Convertendo-se a prestação em perdas e danos, subsiste, para todos os efeitos, a solidariedade.

- arts. 402 a 405 deste Código.

Art. 272. O credor que tiver remitido a dívida ou recebido o pagamento responderá aos outros pela parte que lhes caiba.

- arts. 388 deste Código.

Art. 273. A um dos credores solidários não pode o devedor opor as exceções pessoais oponíveis aos outros.

Art. 274. O julgamento contrário a um dos credores solidários não atinge os demais, mas o julgamento favorável aproveita-lhes, sem prejuízo de exceção pessoal que o devedor tenha direito de invocar em relação a qualquer deles. (Alterado pela Lei 13.105/2015.)

SEÇÃO III
DA SOLIDARIEDADE PASSIVA

- art. 1.005, p.ú, NCPC.

Art. 275. O credor tem direito a exigir e receber de um ou de alguns dos devedores, parcial ou totalmente, a dívida comum; se o pagamento tiver sido parcial, todos os demais devedores continuam obrigados solidariamente pelo resto.

- art. 333, p.u., deste Código.
- arts. 130 III; 1.005, NCPC.
- Súm. 26, STJ.
- Enunciado 348 das Jornadas de Direito Civil.

Parágrafo único. Não importará renúncia da solidariedade a propositura de ação pelo credor contra um ou alguns dos devedores.

Art. 276. Se um dos devedores solidários falecer deixando herdeiros, nenhum destes será obrigado a pagar senão a quota que corresponder ao seu quinhão hereditário, salvo se a obrigação for indivisível; mas todos reunidos serão considerados como um devedor solidário em relação aos demais devedores.

- arts. 257 a 263; 314; 1.792; 1.821; 1.997 deste Código.

Art. 277. O pagamento parcial feito por um dos devedores e a remissão por ele obtida não aproveitam aos outros devedores, senão até à concorrência da quantia paga ou relevada.

- arts. 257; 385 a 388 deste Código.
- art. 125, CTN.

Art. 278. Qualquer cláusula, condição ou obrigação adicional, estipulada entre um dos devedores solidários e o credor, não poderá agravar a posição dos outros sem consentimento destes.

- arts. 107; 109; 121 a 137; 212; 215 a 221; 224; 227 a 229 deste Código.

Art. 279. Impossibilitando-se a prestação por culpa de um dos devedores solidários, subsiste para todos o encargo de pagar o equivalente; mas pelas perdas e danos só responde o culpado.

- arts. 402 a 405 deste Código.

Art. 280. Todos os devedores respondem pelos juros da mora, ainda que a ação tenha sido proposta somente contra um; mas o culpado responde aos outros pela obrigação acrescida.

- arts. 394 a 401; 406; 407 deste Código.

Art. 281. O devedor demandado pode opor ao credor as exceções que lhe forem pessoais e as comuns a todos, não lhe aproveitando as exceções pessoais a outro codevedor.

- art. 171 a 177 deste Código.

Art. 282. O credor pode renunciar à solidariedade em favor de um, de alguns ou de todos os devedores.

- arts. 385 a 388 deste Código.
- Enunciados 348, 349 e 351 das Jornadas de Direito Civil.

Parágrafo único. Se o credor exonerar da solidariedade um ou mais devedores, subsistirá a dos demais.

Art. 283. O devedor que satisfez a dívida por inteiro tem direito a exigir de cada um dos codevedores a sua quota, dividindo-se igualmente por todos a do insolvente, se o houver, presumindo-se iguais, no débito, as partes de todos os codevedores.

- arts. 346, III, deste Código.

Art. 284. No caso de rateio entre os codevedores, contribuirão também os exonerados da solidariedade pelo credor, pela parte que na obrigação incumbia ao insolvente.

- Enunciado 350 das Jornadas de Direito Civil.

Art. 285. Se a dívida solidária interessar exclusivamente a um dos devedores, responderá este por toda ela para com aquele que pagar.

TÍTULO II
DA TRANSMISSÃO DAS OBRIGAÇÕES

CAPÍTULO I
DA CESSÃO DE CRÉDITO

Art. 286. O credor pode ceder o seu crédito, se a isso não se opuser a natureza da obrigação, a lei, ou a convenção com o devedor; a cláusula proibitiva da cessão não poderá ser oposta ao cessionário de boa-fé, se não constar do instrumento da obrigação.

- arts. 347; 348; 358; 497, p.u.; 498; 1.749, II e III, deste Código.
- art. 16, Dec.-Lei 70/1966 (Autoriza o funcionamento de associações de poupança e empréstimo e institui a cédula hipotecária).

Art. 287. Salvo disposição em contrário, na cessão de um crédito abrangem-se todos os seus acessórios.

- arts. 92 e 364 deste Código.

Art. 288. É ineficaz, em relação a terceiros, a transmissão de um crédito, se não celebrar-se mediante instrumento público, ou instrumento particular revestido das solenidades do § 1º do art. 654.

- arts. 221 deste Código.
- arts. 127; I, e 129-9; Lei 6.015/1973 (Lei de Registros Públicos).
- Enunciado 618 das Jornadas de Direito Civil.

Art. 289. O cessionário de crédito hipotecário tem o direito de fazer averbar a cessão no registro do imóvel.

- art. 246, Lei 6.015/1973 (Lei de Registros Públicos).

Art. 290. A cessão do crédito não tem eficácia em relação ao devedor, senão quando a este notificada; mas por notificado se tem o devedor que, em escrito público ou particular, se declarou ciente da cessão feita.

- art. 377 deste Código.

Art. 291. Ocorrendo várias cessões do mesmo crédito, prevalece a que se completar com a tradição do título do crédito cedido.

- art. 347 deste Código.

Art. 292. Fica desobrigado o devedor que, antes de ter conhecimento da cessão, paga ao credor primitivo, ou que, no caso de mais de uma cessão notificada, paga ao cessionário que lhe apresenta, com o título de cessão, o da obrigação cedida; quando o crédito constar de escritura pública, prevalecerá a prioridade da notificação.

Art. 293. Independentemente do conhecimento da cessão pelo devedor, pode o cessionário exercer os atos conservatórios do direito cedido.

Art. 294. O devedor pode opor ao cessionário as exceções que lhe competirem, bem como as que, no momento em que veio a ter conhecimento da cessão, tinha contra o cedente.

Art. 295. Na cessão por título oneroso, o cedente, ainda que não se responsabilize, fica responsável ao cessionário pela existência do crédito ao tempo em que lhe cedeu; a mesma responsabilidade lhe cabe nas cessões por título gratuito, se tiver procedido de má-fé.

Art. 296. Salvo estipulação em contrário, o cedente não responde pela solvência do devedor.

Art. 297. O cedente, responsável ao cessionário pela solvência do devedor, não responde por mais do que daquele recebeu, com os respectivos juros; mas tem de ressarcir-lhe as despesas da cessão e as que o cessionário houver feito com a cobrança.

Art. 298. O crédito, uma vez penhorado, não pode mais ser transferido pelo credor que tiver conhecimento da penhora; mas o devedor que o pagar, não tendo notificação dela, fica exonerado, subsistindo somente contra o credor os direitos de terceiro.

- arts. 312 deste Código.
- art. 240, Lei 6.015/1973 (Lei de Registros Públicos).

CAPÍTULO II
DA ASSUNÇÃO DE DÍVIDA

Art. 299. É facultado a terceiro assumir a obrigação do devedor, com o consentimento expresso do credor, ficando exonerado o devedor primitivo, salvo se aquele, ao tempo da assunção, era insolvente e o credor o ignorava.

- Enunciado 16 das Jornadas de Direito Civil.

Parágrafo único. Qualquer das partes pode assinar prazo ao credor para que consinta na assunção da dívida, interpretando-se o seu silêncio como recusa.

- art. 111 deste Código.

Art. 300. Salvo assentimento expresso do devedor primitivo, consideram-se extintas, a partir da assunção da dívida, as garantias especiais por ele originariamente dadas ao credor.

- Enunciados 352 e 422 das Jornadas de Direito Civil.

Art. 301. Se a substituição do devedor vier a ser anulada, restaura-se o débito, com todas as suas garantias, salvo as garantias prestadas por terceiros, exceto se este conhecia o vício que inquinava a obrigação.

- Enunciado 423 das Jornadas de Direito Civil.

Art. 302. O novo devedor não pode opor ao credor as exceções pessoais que competiam ao devedor primitivo.

Art. 303. O adquirente de imóvel hipotecado pode tomar a seu cargo o pagamento do crédito garantido; se o credor, notificado, não impugnar em trinta dias a transferência do débito, entender-se-á dado o assentimento.

- arts. 1.479 deste Código.
- Enunciados 353 e 424 das Jornadas de Direito Civil.

TÍTULO III
DO ADIMPLEMENTO E EXTINÇÃO DAS OBRIGAÇÕES

CAPÍTULO I
DO PAGAMENTO

SEÇÃO I
DE QUEM DEVE PAGAR

Art. 304. Qualquer interessado na extinção da dívida pode pagá-la, usando, se o credor se opuser, dos meios conducentes à exoneração do devedor.

- arts. 334; 346, III; 394; 831 deste Código.

Parágrafo único. Igual direito cabe ao terceiro não interessado, se o fizer em nome e à conta do devedor, salvo oposição deste.

Art. 305. O terceiro não interessado, que paga a dívida em seu próprio nome, tem direito a reembolsar-se do que pagar; mas não se sub-roga nos direitos do credor.

- arts. 346, III; 347, I; 871; 872; e 880 deste Código.

Parágrafo único. Se pagar antes de vencida a dívida, só terá direito ao reembolso no vencimento.

Art. 306. O pagamento feito por terceiro, com desconhecimento ou oposição do devedor, não obriga a reembolsar aquele que pagou, se o devedor tinha meios para ilidir a ação.

Art. 307. Só terá eficácia o pagamento que importar transmissão da propriedade, quando feito por quem possa alienar o objeto em que ele consistiu.

Parágrafo único. Se se der em pagamento coisa fungível, não se poderá mais reclamar do credor que, de boa-fé, a recebeu e consumiu, ainda que o solvente não tivesse o direito de aliená-la.

- arts. 85 e 86 deste Código.

SEÇÃO II
DAQUELES A QUEM SE DEVE PAGAR

- arts. 904 a 926 deste Código.

Art. 308. O pagamento deve ser feito ao credor ou a quem de direito o represente, sob pena de só valer depois de por ele ratificado, ou tanto quanto reverter em seu proveito.

- arts. 662; 673; 873; e 905 deste Código.
- Enunciado 425 das Jornadas de Direito Civil.

Art. 309. O pagamento feito de boa-fé ao credor putativo é válido, ainda provado depois que não era credor.

Art. 310. Não vale o pagamento cientemente feito ao credor incapaz de quitar, se o devedor não provar que em benefício dele efetivamente reverteu.

- art. 181 deste Código.

Art. 311. Considera-se autorizado a receber o pagamento o portador da quitação, salvo se as circunstâncias contrariarem a presunção daí resultante.

- art. 320 deste Código.

Art. 312. Se o devedor pagar ao credor, apesar de intimado da penhora feita sobre o crédito, ou da impugnação a ele oposta por terceiros, o pagamento não valerá contra estes, que poderão constranger o devedor a pagar de novo, ficando-lhe ressalvado o regresso contra o credor.

- arts. 290; 298; 876; 1.460, p.u., deste Código.
- arts. 855; 856, NCPC.

SEÇÃO III
DO OBJETO DO PAGAMENTO E SUA PROVA

Art. 313. O credor não é obrigado a receber prestação diversa da que lhe é devida, ainda que mais valiosa.

› arts. 356 deste Código.

› art. 35, I, CDC.

› arts. 806 a 813, NCPC.

Art. 314. Ainda que a obrigação tenha por objeto prestação divisível, não pode o credor ser obrigado a receber, nem o devedor a pagar, por partes, se assim não se ajustou.

› arts. 87; 88; 257 e 258 deste Código.

› art. 22, Dec. 2.044/1908 (Define a letra de câmbio e a nota promissória).

Art. 315. As dívidas em dinheiro deverão ser pagas no vencimento, em moeda corrente e pelo valor nominal, salvo o disposto nos artigos subsequentes.

› art. 327 deste Código.

› art. 162, CTN.

› art. 9º, LIndB.

Art. 316. É lícito convencionar o aumento progressivo de prestações sucessivas.

Art. 317. Quando, por motivos imprevisíveis, sobrevier desproporção manifesta entre o valor da prestação devida e o do momento de sua execução, poderá o juiz corrigi-lo, a pedido da parte, de modo que assegure, quanto possível, o valor real da prestação.

› art. 478 deste Código.

› Enunciado 17 das Jornadas de Direito Civil.

Art. 318. São nulas as convenções de pagamento em ouro ou em moeda estrangeira, bem como para compensar a diferença entre o valor desta e o da moeda nacional, excetuados os casos previstos na legislação especial.

› Dec.-Lei 857/1969 (Consolida e altera a legislação sobre moeda de pagamento de obrigações exequíveis no Brasil).

Art. 319. O devedor que paga tem direito a quitação regular, e pode reter o pagamento, enquanto não lhe seja dada.

› art. 396 deste Código.

› art. 205, CTN.

› Enunciado 18 das Jornadas de Direito Civil.

Art. 320. A quitação, que sempre poderá ser dada por instrumento particular, designará o valor e a espécie da dívida quitada, o nome do devedor, ou quem por este pagou, o tempo e o lugar do pagamento, com a assinatura do credor, ou do seu representante.

› art. 377 deste Código.

› art. 477, CLT.

› arts. 251, Lei 6.015/1973 (Lei de Registros Públicos).

› art. 44, I, Lei 8.245/1991 (Lei das Locações).

Parágrafo único. Ainda sem os requisitos estabelecidos neste artigo valerá a quitação, se de seus termos ou das circunstâncias resultar haver sido paga a dívida.

Art. 321. Nos débitos, cuja quitação consista na devolução do título, perdido este, poderá o devedor exigir, retendo o pagamento, declaração do credor que inutilize o título desaparecido.

Art. 322. Quando o pagamento for em quotas periódicas, a quitação da última estabelece, até prova em contrário, a presunção de estarem solvidas as anteriores.

Art. 323. Sendo a quitação do capital sem reserva dos juros, estes presumem-se pagos.

Art. 324. A entrega do título ao devedor firma a presunção do pagamento.

› arts. 386 deste Código.

Parágrafo único. Ficará sem efeito a quitação assim operada se o credor provar, em sessenta dias, a falta do pagamento.

Art. 325. Presumem-se a cargo do devedor as despesas com o pagamento e a quitação; se ocorrer aumento por fato do credor, suportará este a despesa acrescida.

Art. 326. Se o pagamento se houver de fazer por medida, ou peso, entender-se-á, no silêncio das partes, que aceitaram os do lugar da execução.

SEÇÃO IV
DO LUGAR DO PAGAMENTO

Art. 327. Efetuar-se-á o pagamento no domicílio do devedor, salvo se as partes convencionarem diversamente, ou se o contrário resultar da lei, da natureza da obrigação ou das circunstâncias.

› arts. 78 deste Código.

› art. 159, CTN.

Parágrafo único. Designados dois ou mais lugares, cabe ao credor escolher entre eles.

Art. 328. Se o pagamento consistir na tradição de um imóvel, ou em prestações relativas a imóvel, far-se-á no lugar onde situado o bem.

› art. 341 deste Código.

Art. 329. Ocorrendo motivo grave para que se não efetue o pagamento no lugar determinado, poderá o devedor fazê-lo em outro, sem prejuízo para o credor.

Art. 330. O pagamento reiteradamente feito em outro local faz presumir renúncia do credor relativamente ao previsto no contrato.

SEÇÃO V
DO TEMPO DO PAGAMENTO

Art. 331. Salvo disposição legal em contrário, não tendo sido ajustada época para o pagamento, pode o credor exigi-lo imediatamente.

› arts. 134; 333; 397; 592; 939 deste Código.

› art. 52, § 2º, CDC.

› art. 160, CTN.

Art. 332. As obrigações condicionais cumprem-se na data do implemento da condição, cabendo ao credor a prova de que deste teve ciência o devedor.

› arts. 121 a 130 deste Código.

Art. 333. Ao credor assistirá o direito de cobrar a dívida antes de vencido o prazo estipulado no contrato ou marcado neste Código:

› arts. 476; 477; 590; 1.425 deste Código.

I - no caso de falência do devedor, ou de concurso de credores;

› art. 77, Lei 11.101/2005 (Lei de Recuperação de Empresas e Falência).

II - se os bens, hipotecados ou empenhados, forem penhorados em execução por outro credor;

› art. 1.425, § 2º, deste Código.

› art. 856, § 2, NCPC.

III - se cessarem, ou se se tornarem insuficientes, as garantias do débito, fidejussórias, ou reais, e o devedor, intimado, se negar a reforçá-las.

› art. 826 deste Código.

Parágrafo único. Nos casos deste artigo, se houver, no débito, solidariedade passiva, não se reputará vencido quanto aos outros devedores solventes.

› arts. 275 a 285 deste Código.

› arts. 908 e 909, NCPC.

› art. 52, § 2, CDC.

CAPÍTULO II
DO PAGAMENTO EM CONSIGNAÇÃO

› art. 164, CTN.

› arts. 539 a 549, NCPC.

› art. 29 Dec.-lei 3.365/1941 (Dispõe sobre desapropriações por utilidade pública).

Art. 334. Considera-se pagamento, e extingue a obrigação, o depósito judicial ou em estabelecimento bancário da coisa devida, nos casos e forma legais.

› art. 33, Dec.-Lei 3.365/1941 (Dispõe sobre desapropriações por utilidade pública).

Art. 335. A consignação tem lugar:

› arts. 635; 641 deste Código.

I - se o credor não puder, ou, sem justa causa, recusar receber o pagamento, ou dar quitação na devida forma;

› arts. 304; 319 320 deste Código.

II - se o credor não for, nem mandar receber a coisa no lugar, tempo e condição devidos;

› arts. 327 a 333; e 341 deste Código.

III - se o credor for incapaz de receber, for desconhecido, declarado ausente, ou residir em lugar incerto ou de acesso perigoso ou difícil;

› arts. 22 deste Código.

IV - se ocorrer dúvida sobre quem deva legitimamente receber o objeto do pagamento;

› arts. 344; 345; deste Código.

› arts. 547 e 548, NCPC.

V - se pender litígio sobre o objeto do pagamento.

› arts. 344 e 345 deste Código.

Art. 336. Para que a consignação tenha força de pagamento, será mister concorram, em relação às pessoas, ao objeto, modo e tempo, todos os requisitos sem os quais não é válido o pagamento.

› arts. 304 a 312; 315; 319 a 333 deste Código.

Art. 337. O depósito requerer-se-á no lugar do pagamento, cessando, tanto que se efetue, para o depositante, os juros da dívida e os riscos, salvo se for julgado improcedente.

› arts. 327 a 330 deste Código.

› art. 540, NCPC.

Art. 338. Enquanto o credor não declarar que aceita o depósito, ou não o impug-

CC

nar, poderá o devedor requerer o levantamento, pagando as respectivas despesas, e subsistindo a obrigação para todas as consequências de direito.

Art. 339. Julgado procedente o depósito, o devedor já não poderá levantá-lo, embora o credor consinta, senão de acordo com os outros devedores e fiadores.

Art. 340. O credor que, depois de contestar a lide ou aceitar o depósito, aquiescer no levantamento, perderá a preferência e a garantia que lhe competiam com respeito à coisa consignada, ficando para logo desobrigados os codevedores e fiadores que não tenham anuído.

Art. 341. Se a coisa devida for imóvel ou corpo certo que deva ser entregue no mesmo lugar onde está, poderá o devedor citar o credor para vir ou mandar recebê-la, sob pena de ser depositada.

- arts. 328 e 335, II, deste Código.
- art. 540, NCPC.

Art. 342. Se a escolha da coisa indeterminada competir ao credor, será ele citado para esse fim, sob cominação de perder o direito e de ser depositada a coisa que o devedor escolher; feita a escolha pelo devedor, proceder-se-á como no artigo antecedente.

- arts. 244; 252; 255; 256 deste Código.
- art. 543, NCPC.

Art. 343. As despesas com o depósito, quando julgado procedente, correrão à conta do credor, e, no caso contrário, à conta do devedor.

Art. 344. O devedor de obrigação litigiosa exonerar-se-á mediante consignação, mas, se pagar a qualquer dos pretendidos credores, tendo conhecimento do litígio, assumirá o risco do pagamento.

- art. 856, NCPC.

Art. 345. Se a dívida se vencer, pendendo litígio entre credores que se pretendem mutuamente excluir, poderá qualquer deles requerer a consignação.

CAPÍTULO III
DO PAGAMENTO COM SUB-ROGAÇÃO

Art. 346. A sub-rogação opera-se, de pleno direito, em favor:

- arts. 259, p.ú., deste Código.
- art. 13, p.u., CDC.

I - do credor que paga a dívida do devedor comum;

- arts. 304; 1.478 deste Código.

II - do adquirente do imóvel hipotecado, que paga a credor hipotecário, bem como do terceiro que efetiva o pagamento para não ser privado de direito sobre imóvel;

- arts. 1.479; 1.481, § 4º, deste Código.

III - do terceiro interessado, que paga a dívida pela qual era ou podia ser obrigado, no todo ou em parte.

- arts. 259; 283; 304; 305; 831 deste Código.
- art. 728, CCom.

Art. 347. A sub-rogação é convencional:

I - quando o credor recebe o pagamento de terceiro e expressamente lhe transfere todos os seus direitos;

- arts. 305 e 348 deste Código.

II - quando terceira pessoa empresta ao devedor a quantia precisa para solver a dívida, sob a condição expressa de ficar o mutuante sub-rogado nos direitos do credor satisfeito.

- arts. 286 a 298 deste Código.
- art. 129-9, Lei 6.015/1973 (Lei de Registros Públicos).

Art. 348. Na hipótese do inciso I do artigo antecedente, vigorará o disposto quanto à cessão do crédito.

Art. 349. A sub-rogação transfere ao novo credor todos os direitos, ações, privilégios e garantias do primitivo, em relação à dívida, contra o devedor principal e os fiadores.

- Súm. 188 e 257, STF.

Art. 350. Na sub-rogação legal o sub-rogado não poderá exercer os direitos e as ações do credor, senão até à soma que tiver desembolsado para desobrigar o devedor.

- Súm. 188 e 257, STF.

Art. 351. O credor originário, só em parte reembolsado, terá preferência ao sub-rogado, na cobrança da dívida restante, se os bens do devedor não chegarem para saldar inteiramente o que a um e outro dever.

CAPÍTULO IV
DA IMPUTAÇÃO DO PAGAMENTO

Art. 352. A pessoa obrigada por dois ou mais débitos da mesma natureza, a um só credor, tem o direito de indicar a qual deles oferece pagamento, se todos forem líquidos e vencidos.

- arts. 134; 331 a 333; 355 deste Código.
- art. 163, CTN.

Art. 353. Não tendo o devedor declarado em qual das dívidas líquidas e vencidas quer imputar o pagamento, se aceitar a quitação de uma delas, não terá direito a reclamar contra a imputação feita pelo credor, salvo provando haver ele cometido violência ou dolo.

Art. 354. Havendo capital e juros, o pagamento imputar-se-á primeiro nos juros vencidos, e depois no capital, salvo estipulação em contrário, ou se o credor passar a quitação por conta do capital.

- Súm. 464, STJ.

Art. 355. Se o devedor não fizer a indicação do art. 352, e a quitação for omissa quanto à imputação, esta se fará nas dívidas líquidas e vencidas em primeiro lugar. Se as dívidas forem todas líquidas e vencidas ao mesmo tempo, a imputação far-se-á na mais onerosa.

CAPÍTULO V
DA DAÇÃO EM PAGAMENTO

Art. 356. O credor pode consentir em receber prestação diversa da que lhe é devida.

- arts. 313; 838, III, deste Código.

Art. 357. Determinado o preço da coisa dada em pagamento, as relações entre as partes regular-se-ão pelas normas do contrato de compra e venda.

- arts. 481 e ss. deste Código.

Art. 358. Se for título de crédito a coisa dada em pagamento, a transferência importará em cessão.

- arts. 286 a 298 deste Código.

Art. 359. Se o credor for evicto da coisa recebida em pagamento, restabelecer-se-á a obrigação primitiva, ficando sem efeito a quitação dada, ressalvados os direitos de terceiros.

- arts. 447 a 457; 838, III, deste Código.

CAPÍTULO VI
DA NOVAÇÃO

Art. 360. Dá-se a novação:

I - quando o devedor contrai com o credor nova dívida para extinguir e substituir a anterior;

II - quando novo devedor sucede ao antigo, ficando este quite com o credor;

III - quando, em virtude de obrigação nova, outro credor é substituído ao antigo, ficando o devedor quite com este.

- Art. 535, VI, NCPC.

Art. 361. Não havendo ânimo de novar, expresso ou tácito, mas inequívoco, a segunda obrigação confirma simplesmente a primeira.

Art. 362. A novação por substituição do devedor pode ser efetuada independentemente de consentimento deste.

Art. 363. Se o novo devedor for insolvente, não tem o credor, que o aceitou, ação regressiva contra o primeiro, salvo se este obteve por má-fé a substituição.

- art. 955 deste Código.

Art. 364. A novação extingue os acessórios e garantias da dívida, sempre que não houver estipulação em contrário. Não aproveitará, contudo, ao credor ressalvar o penhor, a hipoteca ou a anticrese, se os bens dados em garantia pertencerem a terceiro que não foi parte na novação.

- art. 287 deste Código.

Art. 365. Operada a novação entre o credor e um dos devedores solidários, somente sobre os bens do que contrair a nova obrigação subsistem as preferências e garantias do crédito novado. Os outros devedores solidários ficam por esse fato exonerados.

- arts. 275 a 285 deste Código.

Art. 366. Importa exoneração do fiador a novação feita sem seu consenso com o devedor principal.

- arts. 835; 837; 838, I, deste Código.
- Enunciado 547 das Jornadas de Direito Civil.

Art. 367. Salvo as obrigações simplesmente anuláveis, não podem ser objeto de novação obrigações nulas ou extintas.

- arts. 166 a 184 deste Código.

CAPÍTULO VII
DA COMPENSAÇÃO

Art. 368. Se duas pessoas forem ao mesmo tempo credor e devedor uma da outra, as duas obrigações extinguem-se, até onde se compensarem.

› arts. 1.707; 1.919 deste Código.

Art. 369. A compensação efetua-se entre dívidas líquidas, vencidas e de coisas fungíveis.

› arts. 85 e 372 deste Código.

Art. 370. Embora sejam do mesmo gênero as coisas fungíveis, objeto das duas prestações, não se compensarão, verificando-se que diferem na qualidade, quando especificada no contrato.

› art. 85 deste Código.

Art. 371. O devedor somente pode compensar com o credor o que este lhe dever; mas o fiador pode compensar sua dívida com a de seu credor ao afiançado.

› arts. 376; 837 deste Código.

Art. 372. Os prazos de favor, embora consagrados pelo uso geral, não obstam a compensação.

Art. 373. A diferença de causa nas dívidas não impede a compensação, exceto:

I - se provier de esbulho, furto ou roubo;

› art. 1.210 deste Código.

› arts. 155 a 157, CP.

II - se uma se originar de comodato, depósito ou alimentos;

› arts. 579 a 585; 627 e ss.; 1.694 a 1.710 deste Código.

III - se uma for de coisa não suscetível de penhora.

› arts. 312; 839; 1.481, § 4º deste Código.

› arts. 794, 797 a 799, 824 e ss., 905, 906 e 913, NCPC.

Art. 374. (Revogado pela Lei 10.677/2003.)

Art. 375. Não haverá compensação quando as partes, por mútuo acordo, a excluírem, ou no caso de renúncia prévia de uma delas.

Art. 376. Obrigando-se por terceiro uma pessoa, não pode compensar essa dívida com a que o credor dele lhe dever.

› art. 371 deste Código.

Art. 377. O devedor que, notificado, nada opõe à cessão que o credor faz a terceiros dos seus direitos, não pode opor ao cessionário a compensação, que antes da cessão teria podido opor ao cedente. Se, porém, a cessão lhe não tiver sido notificada, poderá opor ao cessionário compensação do crédito que antes tinha contra o cedente.

› arts. 290 deste Código.

Art. 378. Quando as duas dívidas não são pagáveis no mesmo lugar, não se podem compensar sem dedução das despesas necessárias à operação.

› arts. 325 e 327 deste Código.

Art. 379. Sendo a mesma pessoa obrigada por várias dívidas compensáveis, serão observadas, no compensá-las, as regras estabelecidas quanto à imputação do pagamento.

› arts. 352 a 355 deste Código.

Art. 380. Não se admite a compensação em prejuízo de direito de terceiro. O devedor que se torne credor do seu credor, depois de penhorado o crédito deste, não pode opor ao exequente a compensação, de que contra o próprio credor disporia.

CAPÍTULO VIII DA CONFUSÃO

Art. 381. Extingue-se a obrigação, desde que na mesma pessoa se confundam as qualidades de credor e devedor.

› arts. 264 a 285 deste Código.

Art. 382. A confusão pode verificar-se a respeito de toda a dívida, ou só de parte dela.

› art. 1.436, IV; § 2º, deste Código.

Art. 383. A confusão operada na pessoa do credor ou devedor solidário só extingue a obrigação até a concorrência da respectiva parte no crédito, ou na dívida, subsistindo quanto ao mais a solidariedade.

Art. 384. Cessando a confusão, para logo se restabelece, com todos os seus acessórios, a obrigação anterior.

CAPÍTULO IX DA REMISSÃO DAS DÍVIDAS

Art. 385. A remissão da dívida, aceita pelo devedor, extingue a obrigação, mas sem prejuízo de terceiro.

› arts. 158 deste Código.

› art. 172, CTN.

Art. 386. A devolução voluntária do título da obrigação, quando por escrito particular, prova desoneração do devedor e seus coobrigados, se o credor for capaz de alienar, e o devedor capaz de adquirir.

› art. 324 deste Código.

Art. 387. A restituição voluntária do objeto empenhado prova a renúncia do credor à garantia real, não a extinção da dívida.

› art. 1.436, III, e § 1º, deste Código.

Art. 388. A remissão concedida a um dos codevedores extingue a dívida na parte a ele correspondente; de modo que, ainda reservando o credor a solidariedade contra os outros, já lhes não pode cobrar o débito sem dedução da parte remitida.

› arts. 277 a 282 deste Código.

TÍTULO IV DO INADIMPLEMENTO DAS OBRIGAÇÕES

CAPÍTULO I DISPOSIÇÕES GERAIS

Art. 389. Não cumprida a obrigação, responde o devedor por perdas e danos, mais juros e atualização monetária segundo índices oficiais regularmente estabelecidos, e honorários de advogado.

› arts. 233; 234; 394; 394; 409; 475 deste Código.

› art. 84, CDC.

› art. 52, V, Lei 9.099/1995 (Lei dos Juizados Especiais).

› arts. 22 a 26, Lei 8.906/1994 (EOAB).

› Súm. 125 e 136, STJ.

› Enunciados 161, 426 e 548 das Jornadas de Direito Civil.

Art. 390. Nas obrigações negativas o devedor é havido por inadimplente desde o dia em que executou o ato de que se devia abster.

› arts. 250 e 251 deste Código.

Art. 391. Pelo inadimplemento das obrigações respondem todos os bens do devedor.

› art. 942 deste Código.

› art. 789, NCPC.

Art. 392. Nos contratos benéficos, responde por simples culpa o contratante, a quem o contrato aproveite, e por dolo aquele a quem não favoreça. Nos contratos onerosos, responde cada uma das partes por culpa, salvo as exceções previstas em lei.

› arts. 476; 477; 582; 588; 589; 667 deste Código.

› Súm. 145, STJ.

Art. 393. O devedor não responde pelos prejuízos resultantes de caso fortuito ou força maior, se expressamente não se houver por eles responsabilizado.

› arts. 492, 582; 642; 667 deste Código.

› Enunciado 443 das Jornadas de Direito Civil.

Parágrafo único. O caso fortuito ou de força maior verifica-se no fato necessário, cujos efeitos não eram possíveis evitar ou impedir.

CAPÍTULO II DA MORA

› Súm. 380, STJ.

Art. 394. Considera-se em mora o devedor que não efetuar o pagamento e o credor que não quiser recebê-lo no tempo, lugar e forma que a lei ou a convenção estabelecer.

› arts. 327 a 333; 396 deste Código.

› Súm. 54, STJ.

Art. 395. Responde o devedor pelos prejuízos a que sua mora der causa, mais juros, atualização dos valores monetários segundo índices oficiais regularmente estabelecidos, e honorários de advogado.

› arts. 402 a 405 deste Código.

› art. 52, CDC.

› art. 161, CTN.

› arts. 22 a 26, Lei 8.906/1994 (EOAB).

› Enunciados 162 e 354 das Jornadas de Direito Civil.

Parágrafo único. Se a prestação, devido à mora, se tornar inútil ao credor, este poderá enjeitá-la, e exigir a satisfação das perdas e danos.

Art. 396. Não havendo fato ou omissão imputável ao devedor, não incorre este em mora.

› arts. 203 e 280 deste Código.

› Súm. 369, STJ.

› Enunciado 354 das Jornadas de Direito Civil.

Art. 397. O inadimplemento da obrigação, positiva e líquida, no seu termo, constitui de pleno direito em mora o devedor.

› arts. 195 deste Código.

› art. 240, NCPC.

Parágrafo único. Não havendo termo, a mora se constitui mediante interpelação judicial ou extrajudicial.

› Súm. 76, STJ.

CC

• Enunciados 427 e 619 das Jornadas de Direito Civil.

Art. 398. Nas obrigações provenientes de ato ilícito, considera-se o devedor em mora, desde que o praticou.

• arts. 186 a 188; 927 deste Código.
• Súm. 54, STJ.

Art. 399. O devedor em mora responde pela impossibilidade da prestação, embora essa impossibilidade resulte de caso fortuito ou de força maior, se estes ocorrerem durante o atraso; salvo se provar isenção de culpa, ou que o dano sobreviria ainda quando a obrigação fosse oportunamente desempenhada.

• arts. 393; 552; 562; 862 deste Código.

Art. 400. A mora do credor subtrai o devedor isento de dolo à responsabilidade pela conservação da coisa, obriga o credor a ressarcir as despesas empregadas em conservá-la, e sujeita-o a recebê-la pela estimação mais favorável ao devedor, se o seu valor oscilar entre o dia estabelecido para o pagamento e o da sua efetivação.

• arts. 492, § 2º; 611 deste Código.

Art. 401. Purga-se a mora:

• Súm. 369, STJ.

I - por parte do devedor, oferecendo este a prestação mais a importância dos prejuízos decorrentes do dia da oferta;

• Súm. 122, STF.

II - por parte do credor, oferecendo-se este a receber o pagamento e sujeitando-se aos efeitos da mora até a mesma data.

• art. 63, Lei 4.591/1964 (Dispõe sobre o condomínio em edificações e as incorporações imobiliárias).
• arts. 32; 34; 35, Dec.-Lei 70/1966 (Autoriza o funcionamento de associações de poupança e empréstimo e institui a cédula hipotecária).
• art. 3º, §§ 1º e 3º, Dec.-Lei 911/1969 (Altera a redação do art. 66, Lei 4.728/1965, estabelece normas de processo sobre alienação fiduciária).
• arts. 32; 33, Lei 6.766/1979 (Dispõe sobre o parcelamento do solo urbano).
• art. 62, Lei 8.245/1991 (Lei das Locações).

CAPÍTULO III
DAS PERDAS E DANOS

• Súm. 412 e 562, STF.
• Súm. 143, STJ.

Art. 402. Salvo as exceções expressamente previstas em lei, as perdas e danos devidas ao credor abrangem, além do que ele efetivamente perdeu, o que razoavelmente deixou de lucrar.

• arts. 416 deste Código.
• Súm. 412; 562, STF.

Art. 403. Ainda que a inexecução resulte de dolo do devedor, as perdas e danos só incluem os prejuízos efetivos e os lucros cessantes por efeito dela direto e imediato, sem prejuízo do disposto na lei processual.

Art. 404. As perdas e danos, nas obrigações de pagamento em dinheiro, serão pagas com atualização monetária segundo índices oficiais regularmente estabelecidos, abrangendo juros, custas e honorários de advogado, sem prejuízo da pena convencional.

• arts. 396; 407 deste Código.
• arts. 22 a 26, Lei 8.906/1994 (EOAB).
• Enunciado 161 das Jornadas de Direito Civil.

Parágrafo único. Provado que os juros da mora não cobrem o prejuízo, e não havendo pena convencional, pode o juiz conceder ao credor indenização suplementar.

Art. 405. Contam-se os juros de mora desde a citação inicial.

• arts. 395 deste Código.
• Súm. 54 e 426, STJ.
• Enunciados 163 e 428 das Jornadas de Direito Civil.

CAPÍTULO IV
DOS JUROS LEGAIS

• art. 322, § 1º, NCPC.
• Lei 7.089/1983 (Veda a cobrança de juros de mora sobre título cujo vencimento se dê em feriado, sábado ou domingo).

Art. 406. Quando os juros moratórios não forem convencionados, ou o forem sem taxa estipulada, ou quando provierem de determinação da lei, serão fixados segundo a taxa que estiver em vigor para a mora do pagamento de impostos devidos à Fazenda Nacional.

• arts. 591 deste Código.
• art. 52, CDC.
• Dec. 22.626/1933 (Lei da Usura).
• art. 5º, Lei 4.380/1964 (Institui a correção monetária nos contratos imobiliários de interesse social, o sistema financeiro para aquisição da casa própria e cria o Banco Nacional da Habitação - BNH, e Sociedades de Crédito Imobiliário, as Letras Imobiliárias e o Serviço Federal de Habitação e Urbanismo).
• Lei 4.414/1964 (Regula o pagamento de juros moratórios pela União, Estados, Distrito Federal, Municípios e autarquias).
• art. 63, § 9º, Lei 4.591/1964 (Dispõe sobre o condomínio em edificações e as incorporações imobiliárias).
• Lei 7.089/1983 (Veda a cobrança de juros de mora sobre título vencido em feriado, sábado e domingo).
• Súm. 618, STF.
• Súm. 530, STJ.
• Enunciados 20 e 164 das Jornadas de Direito Civil.

Art. 407. Ainda que se não alegue prejuízo, é obrigado o devedor aos juros da mora que se contarão assim às dívidas em dinheiro, como às prestações de outra natureza, uma vez que lhes esteja fixado o valor pecuniário por sentença judicial, arbitramento, ou acordo entre as partes.

• arts. 404; 677 deste Código.
• art. 124, Lei 11.101/2005 (Lei de Recuperação de Empresas e Falência).
• Lei 7.089/1983 (Veda a cobrança de juros de mora sobre título vencido em feriado, sábado e domingo).
• art. 49, IV, LC 109/2001 (Dispõe sobre o Regime de Previdência Complementar).

CAPÍTULO V
DA CLÁUSULA PENAL

Art. 408. Incorre de pleno direito o devedor na cláusula penal, desde que, culposamente, deixe de cumprir a obrigação ou se constitua em mora.

• arts. 397; 404 deste Código.
• art. 83, § 3º, Lei 11.101/2005 (Lei de Recuperação de Empresas e Falência).
• art. 49, III, LC 109/2001 (Dispõe sobre o Regime de Previdência Complementar).
• Enunciado 354 das Jornadas de Direito Civil.

Art. 409. A cláusula penal estipulada conjuntamente com a obrigação, ou em ato posterior, pode referir-se à inexecução completa da obrigação, à de alguma cláusula especial ou simplesmente à mora.

• arts. 389; 394; 397 deste Código.

Art. 410. Quando se estipular a cláusula penal para o caso de total inadimplemento da obrigação, esta converter-se-á em alternativa a benefício do credor.

Art. 411. Quando se estipular a cláusula penal para o caso de mora, ou em segurança especial de outra cláusula determinada, terá o credor o arbítrio de exigir a satisfação da pena cominada, juntamente com o desempenho da obrigação principal.

• art. 394; 404 deste Código.

Art. 412. O valor da cominação imposta na cláusula penal não pode exceder o da obrigação principal.

• art. 52, § 1º, CDC.
• art. 9º, Dec. 22.626/1933 (Lei da Usura).
• art. 12, § 3º, Lei 4.591/1964 (Dispõe sobre o condomínio em edificações e as incorporações imobiliárias).

Art. 413. A penalidade deve ser reduzida equitativamente pelo juiz se a obrigação principal tiver sido cumprida em parte, ou se o montante da penalidade for manifestamente excessivo, tendo-se em vista a natureza e a finalidade do negócio.

• arts. 51, IV; 53, CDC.
• art. 4º, Lei 8.245/1991 (Lei das Locações).
• Enunciados 165; 355 a 359; 429 das Jornadas de Direito Civil.

Art. 414. Sendo indivisível a obrigação, todos os devedores, caindo em falta um deles, incorrerão na pena; mas esta só se poderá demandar integralmente do culpado, respondendo cada um dos outros somente pela sua quota.

• arts. 257 a 263 deste Código

Parágrafo único. Aos não culpados fica reservada a ação regressiva contra aquele que deu causa à aplicação da pena.

• art. 125, NCPC.

Art. 415. Quando a obrigação for divisível, só incorre na pena o devedor ou o herdeiro do devedor que a infringir, e proporcionalmente à sua parte na obrigação.

Art. 416. Para exigir a pena convencional, não é necessário que o credor alegue prejuízo.

Parágrafo único. Ainda que o prejuízo exceda ao previsto na cláusula penal, não pode o credor exigir indenização suplementar se assim não foi convencionado.

Se o tiver sido, a pena vale como mínimo da indenização, competindo ao credor provar o prejuízo excedente.

- Enunciado 430 das Jornadas de Direito Civil.

CAPÍTULO VI
DAS ARRAS OU SINAL

Art. 417. Se, por ocasião da conclusão do contrato, uma parte der à outra, a título de arras, dinheiro ou outro bem móvel, deverão as arras, em caso de execução, ser restituídas ou computadas na prestação devida, se do mesmo gênero da principal.

Art. 418. Se a parte que deu as arras não executar o contrato, poderá a outra tê-lo por desfeito, retendo-as; se a inexecução for de quem recebeu as arras, poderá quem as deu haver o contrato por desfeito, e exigir sua devolução mais o equivalente, com atualização monetária segundo índices oficiais regularmente estabelecidos, juros e honorários de advogado.

- art. 406; 407 deste Código.
- arts. 22 a 26, Lei 8.906/1994 (EOAB).

Art. 419. A parte inocente pode pedir indenização suplementar, se provar maior prejuízo, valendo as arras como taxa mínima. Pode, também, a parte inocente exigir a execução do contrato, com as perdas e danos, valendo as arras como o mínimo da indenização.

- arts. 402 a 405 deste Código.

Art. 420. Se no contrato for estipulado o direito de arrependimento para qualquer das partes, as arras ou sinal terão função unicamente indenizatória. Neste caso, quem as deu perdê-las-á em benefício da outra parte; e quem as recebeu devolvê-las-á, mais o equivalente. Em ambos os casos não haverá direito a indenização suplementar.

- art. 463 deste Código.
- Súm. 412, STF.

TÍTULO V
DOS CONTRATOS EM GERAL

- arts. 46 a 54, CDC.

CAPÍTULO I
DISPOSIÇÕES GERAIS

SEÇÃO I
PRELIMINARES

Art. 421. A liberdade contratual será exercida nos limites da função social do contrato. (Redação dada pela Lei 13.874/2019)

- art. 113 deste Código.
- art. 51, CDC.
- art. 9º, CLT.
- Enunciados 21 a 23, 166, 167, 360, 361; 431; 582; 621 das Jornadas de Direito Civil.

Parágrafo único. Nas relações contratuais privadas, prevalecerão o princípio da intervenção mínima e a excepcionalidade da revisão contratual. (Redação dada pela Lei 13.874/2019)

Art. 421-A. Os contratos civis e empresariais presumem-se paritários e simétricos até a presença de elementos concretos que justifiquem o afastamento dessa presunção, ressalvados os regimes jurídicos previstos em leis especiais, garantido também que: (Acrescido pela Lei 13.874/2019)

I - as partes negociantes poderão estabelecer parâmetros objetivos para a interpretação das cláusulas negociais e de seus pressupostos de revisão ou de resolução;

II - a alocação de riscos definida pelas partes deve ser respeitada e observada; e

III - a revisão contratual somente ocorrerá de maneira excepcional e limitada.

Art. 422. Os contratantes são obrigados a guardar, assim na conclusão do contrato, como em sua execução, os princípios de probidade e boa-fé.

- arts. 113; 187; 765; e 1.741 deste Código.
- Enunciados 24 a 27; 166 a 170; 361 a 363; 432 e 546 das Jornadas de Direito Civil.
- Súm. 609, STJ.

Art. 423. Quando houver no contrato de adesão cláusulas ambíguas ou contraditórias, dever-se-á adotar a interpretação mais favorável ao aderente.

- art. 54, CDC.
- Enunciados 167 e 171 das Jornadas de Direito Civil.

Art. 424. Nos contratos de adesão, são nulas as cláusulas que estipulem a renúncia antecipada do aderente a direito resultante da natureza do negócio.

- arts. 166 a 184 deste Código.
- arts. 25; 51, I; XVI, CDC.
- Enunciados 167; 172; 364; 433 das Jornadas de Direito Civil.

Art. 425. É lícito às partes estipular contratos atípicos, observadas as normas gerais fixadas neste Código.

- arts. 104 e 2.035 deste Código.

Art. 426. Não pode ser objeto de contrato a herança de pessoa viva.

- arts. 166, II; 1.655 e 2.018 deste Código.

SEÇÃO II
DA FORMAÇÃO DOS CONTRATOS

Art. 427. A proposta de contrato obriga o proponente, se o contrário não resultar dos termos dela, da natureza do negócio, ou das circunstâncias do caso.

- arts. 138; 759 deste Código.
- art. 30; 35, CDC.

Art. 428. Deixa de ser obrigatória a proposta:

I - se, feita sem prazo a pessoa presente, não foi imediatamente aceita. Considera-se também presente a pessoa que contrata por telefone ou por meio de comunicação semelhante;

- art. 49, CDC.

II - se, feita sem prazo a pessoa ausente, tiver decorrido tempo suficiente para chegar a resposta ao conhecimento do proponente;

III - se, feita a pessoa ausente, não tiver sido expedida a resposta dentro do prazo dado;

IV - se, antes dela, ou simultaneamente, chegar ao conhecimento da outra parte a retratação do proponente.

Art. 429. A oferta ao público equivale a proposta quando encerra os requisitos essenciais ao contrato, salvo se o contrário resultar das circunstâncias ou dos usos.

- art. 31, CDC.

Parágrafo único. Pode revogar-se a oferta pela mesma via de sua divulgação, desde que ressalvada esta faculdade na oferta realizada.

Art. 430. Se a aceitação, por circunstância imprevista, chegar tarde ao conhecimento do proponente, este comunicá-lo-á imediatamente ao aceitante, sob pena de responder por perdas e danos.

- arts. 402 a 405 deste Código.
- art. 39, III, CDC.

Art. 431. A aceitação fora do prazo, com adições, restrições, ou modificações, importará nova proposta.

Art. 432. Se o negócio for daqueles em que não seja costume a aceitação expressa, ou o proponente a tiver dispensado, reputar-se-á concluído o contrato, não chegando a tempo a recusa.

- art. 659 deste Código
- art. 39, III e p.ú., CDC.

Art. 433. Considera-se inexistente a aceitação, se antes dela ou com ela chegar ao proponente a retratação do aceitante.

Art. 434. Os contratos entre ausentes tornam-se perfeitos desde que a aceitação é expedida, exceto:

- Enunciado 173 das Jornadas de Direito Civil.

I - no caso do artigo antecedente;

II - se o proponente se houver comprometido a esperar resposta;

III - se ela não chegar no prazo convencionado.

Art. 435. Reputar-se-á celebrado o contrato no lugar em que foi proposto.

- art. 9º, § 2º, LInDB.

SEÇÃO III
DA ESTIPULAÇÃO EM FAVOR DE TERCEIRO

Art. 436. O que estipula em favor de terceiro pode exigir o cumprimento da obrigação.

- arts. 533 deste Código.

Parágrafo único. Ao terceiro, em favor de quem se estipulou a obrigação, também é permitido exigi-la, ficando, todavia, sujeito às condições e normas do contrato, se a ele anuir, e o estipulante não o inovar nos termos do art. 438.

Art. 437. Se ao terceiro, em favor de quem se fez o contrato, se deixar o direito de reclamar-lhe a execução, não poderá o estipulante exonerar o devedor.

Art. 438. O estipulante pode reservar-se o direito de substituir o terceiro designado no contrato, independentemente da sua anuência e da do outro contratante.

- arts. 791; 792 deste Código.

Parágrafo único. A substituição pode ser feita por ato entre vivos ou por disposição de última vontade.

SEÇÃO IV
DA PROMESSA DE FATO DE TERCEIRO

Art. 439. Aquele que tiver prometido fato de terceiro responderá por perdas e danos, quando este o não executar.

‣ arts. 402 a 405 deste Código.

Parágrafo único. Tal responsabilidade não existirá se o terceiro for o cônjuge do promitente, dependendo da sua anuência o ato a ser praticado, e desde que, pelo regime do casamento, a indenização, de algum modo, venha a recair sobre os seus bens.

Art. 440. Nenhuma obrigação haverá para quem se comprometer por outrem, se este, depois de se ter obrigado, faltar à prestação.

SEÇÃO V
DOS VÍCIOS REDIBITÓRIOS

Art. 441. A coisa recebida em virtude de contrato comutativo pode ser enjeitada por vícios ou defeitos ocultos, que a tornem imprópria ao uso a que é destinada, ou lhe diminuam o valor.

‣ arts. 138; 445; 484; 500; 503; 509; 568 deste Código.

‣ arts. 18, § 1º; 20, II; 26; 27; 35, III; 41; 51, II, CDC.

‣ Enunciado 583 das Jornadas de Direito Civil.

Parágrafo único. É aplicável a disposição deste artigo às doações onerosas.

‣ arts. 136; 538 a 564 deste Código.

Art. 442. Em vez de rejeitar a coisa, redibindo o contrato (art. 441), pode o adquirente reclamar abatimento no preço.

‣ arts. 615; 616 deste Código.

‣ arts. 18, §§ 1º a 6º, CDC.

Art. 443. Se o alienante conhecia o vício ou defeito da coisa, restituirá o que recebeu com perdas e danos; se o não conhecia, tão somente restituirá o valor recebido, mais as despesas do contrato.

‣ arts. 402 a 405 deste Código.

Art. 444. A responsabilidade do alienante subsiste ainda que a coisa pereça em poder do alienatário, se perecer por vício oculto, já existente ao tempo da tradição.

Art. 445. O adquirente decai do direito de obter a redibição ou abatimento no preço no prazo de trinta dias se a coisa for móvel, e de um ano se for imóvel, contado da entrega efetiva; se já estava na posse, o prazo conta-se da alienação, reduzido à metade.

‣ arts. 441 e 442 deste Código.

‣ Enunciado 174 das Jornadas de Direito Civil.

§ 1º Quando o vício, por sua natureza, só puder ser conhecido mais tarde, o prazo contar-se-á do momento em que dele tiver ciência, até o prazo máximo de cento e oitenta dias, em se tratando de bens móveis; e de um ano, para os imóveis.

‣ Enunciado 28 das Jornadas de Direito Civil.

§ 2º Tratando-se de venda de animais, os prazos de garantia por vícios ocultos serão os estabelecidos em lei especial, ou, na falta desta, pelos usos locais, aplicando-se o disposto no parágrafo antecedente se não houver regras disciplinando a matéria.

‣ Enunciado 28 das Jornadas de Direito Civil.

Art. 446. Não correrão os prazos do artigo antecedente na constância de cláusula de garantia; mas o adquirente deve denunciar o defeito ao alienante nos trinta dias seguintes ao seu descobrimento, sob pena de decadência.

SEÇÃO VI
DA EVICÇÃO

‣ arts. 199, III; 359; 552; 845; 1.939, III; 2.024; e 2.025 deste Código.

Art. 447. Nos contratos onerosos, o alienante responde pela evicção. Subsiste esta garantia ainda que a aquisição se tenha realizado em hasta pública.

‣ arts. 199, III; 359; 552; 845; 1.939, III; e 2.024 a 2.026 deste Código.

‣ arts. 125, I; 881 e ss., NCPC.

Art. 448. Podem as partes, por cláusula expressa, reforçar, diminuir ou excluir a responsabilidade pela evicção.

Art. 449. Não obstante a cláusula que exclui a garantia contra a evicção, se esta se der, tem direito o evicto a receber o preço que pagou pela coisa evicta, se não soube do risco da evicção, ou, dele informado, não o assumiu.

Art. 450. Salvo estipulação em contrário, tem direito o evicto, além da restituição integral do preço ou das quantias que pagou:

I - à indenização dos frutos que tiver sido obrigado a restituir;

‣ art. 95 deste Código.

II - à indenização pelas despesas dos contratos e pelos prejuízos que diretamente resultarem da evicção;

III - às custas judiciais e aos honorários do advogado por ele constituído.

‣ arts. 22 a 26, Lei 8.906/1994 (EOAB).

Parágrafo único. O preço, seja a evicção total ou parcial, será o do valor da coisa, na época em que se evenceu, e proporcional ao desfalque sofrido, no caso de evicção parcial.

Art. 451. Subsiste para o alienante esta obrigação, ainda que a coisa alienada esteja deteriorada, exceto havendo dolo do adquirente.

‣ arts. 145 a 150 deste Código.

Art. 452. Se o adquirente tiver auferido vantagens das deteriorações, e não tiver sido condenado a indenizá-las, o valor das vantagens será deduzido da quantia que lhe houver de dar o alienante.

Art. 453. As benfeitorias necessárias ou úteis, não abonadas ao que sofreu a evicção, serão pagas pelo alienante.

‣ arts. 96, §§ 2º e 3º, deste Código.

Art. 454. Se as benfeitorias abonadas ao que sofreu a evicção tiverem sido feitas pelo alienante, o valor delas será levado em conta na restituição devida.

Art. 455. Se parcial, mas considerável, for a evicção, poderá o evicto optar entre a rescisão do contrato e a restituição da parte do preço correspondente ao desfalque sofrido. Se não for considerável, caberá somente direito a indenização.

‣ art. 442 deste Código.

Art. 456. (Revogado pela Lei 13.105/2015.)

Art. 457. Não pode o adquirente demandar pela evicção, se sabia que a coisa era alheia ou litigiosa.

SEÇÃO VII
DOS CONTRATOS ALEATÓRIOS

Art. 458. Se o contrato for aleatório, por dizer respeito a coisas ou fatos futuros, cujo risco de não virem a existir um dos contratantes assuma, terá o outro direito de receber integralmente o que lhe foi prometido, desde que de sua parte não tenha havido dolo ou culpa, ainda que nada do avençado venha a existir.

‣ arts. 145 a 150 deste Código.

Art. 459. Se for aleatório, por serem objeto dele coisas futuras, tomando o adquirente a si o risco de virem a existir em qualquer quantidade, terá também direito o alienante a todo o preço, desde que de sua parte não tiver concorrido culpa, ainda que a coisa venha a existir em quantidade inferior à esperada.

Parágrafo único. Mas, se da coisa nada vier a existir, alienação não haverá, e o alienante restituirá o preço recebido.

Art. 460. Se for aleatório o contrato, por se referir a coisas existentes, mas expostas a risco, assumido pelo adquirente, terá igualmente direito o alienante a todo o preço, posto que a coisa já não existisse, em parte, ou de todo, no dia do contrato.

Art. 461. A alienação aleatória a que se refere o artigo antecedente poderá ser anulada como dolosa pelo prejudicado, se provar que o outro contratante não ignorava a consumação do risco, a que no contrato se considerava exposta a coisa.

SEÇÃO VIII
DO CONTRATO PRELIMINAR

‣ Arts. 34, § 3º; 35, §§ 1º e 4º, Lei 4.591/1964 (Dispõe sobre o condomínio em edificações e as incorporações imobiliárias).

Art. 462. O contrato preliminar, exceto quanto à forma, deve conter todos os requisitos essenciais ao contrato a ser celebrado.

‣ arts. 227; 421 a 426 deste Código.

‣ Enunciado 435 das Jornadas de Direito Civil.

Art. 463. Concluído o contrato preliminar, com observância do disposto no artigo antecedente, e desde que dele não conste cláusula de arrependimento, qualquer das partes terá o direito de exigir a celebração do definitivo, assinando prazo à outra para que o efetive.

Parágrafo único. O contrato preliminar deverá ser levado ao registro competente.

‣ Lei 6.015/1973 (Lei de Registros Públicos).

‣ Enunciado 30 das Jornadas de Direito Civil.

Art. 464. Esgotado o prazo, poderá o juiz, a pedido do interessado, suprir a vontade da parte inadimplente, conferindo caráter definitivo ao contrato preliminar, salvo se a isto se opuser a natureza da obrigação.

Art. 465. Se o estipulante não der execução ao contrato preliminar, poderá a outra parte considerá-lo desfeito, e pedir perdas e danos.

‣ arts. 402 a 405 deste Código.

Art. 466. Se a promessa de contrato for unilateral, o credor, sob pena de ficar a mesma sem efeito, deverá manifestar-se no prazo nela previsto, ou, inexistindo este, no que lhe for razoavelmente assinado pelo devedor.

SEÇÃO IX
DO CONTRATO COM PESSOA A DECLARAR

Art. 467. No momento da conclusão do contrato, pode uma das partes reservar-se a faculdade de indicar a pessoa que deve adquirir os direitos e assumir as obrigações dele decorrentes.

- art. 469 deste Código.

Art. 468. Essa indicação deve ser comunicada à outra parte no prazo de cinco dias da conclusão do contrato, se outro não tiver sido estipulado.

Parágrafo único. A aceitação da pessoa nomeada não será eficaz se não se revestir da mesma forma que as partes usaram para o contrato.

- arts. 104; 470, I, deste Código.

Art. 469. A pessoa, nomeada de conformidade com os artigos antecedentes, adquire os direitos e assume as obrigações decorrentes do contrato, a partir do momento em que este foi celebrado.

Art. 470. O contrato será eficaz somente entre os contratantes originários:

I - se não houver indicação de pessoa, ou se o nomeado se recusar a aceitá-la;

- art. 468, p.ú., deste Código.

II - se a pessoa nomeada era insolvente, e a outra pessoa o desconhecia no momento da indicação.

Art. 471. Se a pessoa a nomear era incapaz ou insolvente no momento da nomeação, o contrato produzirá seus efeitos entre os contratantes originários.

- arts. 3º a 5º; 105; 171, I; 283; 284; 296 a 298 deste Código.

CAPÍTULO II
DA EXTINÇÃO DO CONTRATO

SEÇÃO I
DO DISTRATO

Art. 472. O distrato faz-se pela mesma forma exigida para o contrato.

- arts. 35; 49; 51; 53, CDC.
- art. 251, Lei 6.015/1973 (Lei de Registros Públicos).

Art. 473. A resilição unilateral, nos casos em que a lei expressa ou implicitamente o permita, opera mediante denúncia notificada à outra parte.

- arts. 682 e 688 deste Código.
- art. 6º, Lei 8.245/1991 (Lei das Locações).

Parágrafo único. Se, porém, dada a natureza do contrato, uma das partes houver feito investimentos consideráveis para a sua execução, a denúncia unilateral só produzirá efeito depois de transcorrido o prazo compatível com a natureza e o vulto dos investimentos.

SEÇÃO II
DA CLÁUSULA RESOLUTIVA

Art. 474. A cláusula resolutiva expressa opera de pleno direito; a tácita depende de interpelação judicial.

- arts. 127; 128; 476; 477 deste Código.
- Enunciado 436 das Jornadas de Direito Civil.

Art. 475. A parte lesada pelo inadimplemento pode pedir a resolução do contrato, se não preferir exigir-lhe o cumprimento, cabendo, em qualquer dos casos, indenização por perdas e danos.

- arts. 186; 389; 402 a 405; 927 deste Código.
- Enunciados 31; 361; 437; 548; 586 das Jornadas de Direito Civil.

SEÇÃO III
DA EXCEÇÃO DE CONTRATO NÃO CUMPRIDO

Art. 476. Nos contratos bilaterais, nenhum dos contratantes, antes de cumprida a sua obrigação, pode exigir o implemento da do outro.

- arts. 333; 389; 491; 495 deste Código.

Art. 477. Se, depois de concluído o contrato, sobrevier a uma das partes contratantes diminuição em seu patrimônio capaz de comprometer ou tornar duvidosa a prestação pela qual se obrigou, pode a outra recusar-se à prestação que lhe incumbe, até que aquela satisfaça a que lhe compete ou dê garantia bastante de satisfazê-la.

- arts. 333; 389; 474 a 476; 491; 495; 590; 810 deste Código.
- Enunciado 438 das Jornadas de Direito Civil.

SEÇÃO IV
DA RESOLUÇÃO POR ONEROSIDADE EXCESSIVA

Art. 478. Nos contratos de execução continuada ou diferida, se a prestação de uma das partes se tornar excessivamente onerosa, com extrema vantagem para a outra, em virtude de acontecimentos extraordinários e imprevisíveis, poderá o devedor pedir a resolução do contrato. Os efeitos da sentença que a decretar retroagirão à data da citação.

- arts. 6º, V; 51, IV e § 1º, III, CDC.
- Enunciados 175; 176; 365; 366; 439 e 440 das Jornadas de Direito Civil.

Art. 479. A resolução poderá ser evitada, oferecendo-se o réu a modificar equitativamente as condições do contrato.

- art. 6º, V; 37; 51, CDC.
- Enunciado 367 das Jornadas de Direito Civil.

Art. 480. Se no contrato as obrigações couberem a apenas uma das partes, poderá ela pleitear que a sua prestação seja reduzida, ou alterado o modo de executá-la, a fim de evitar a onerosidade excessiva.

- art. 572; 621; 625, II; 944, p.ú.; 1.286; 1.341, § 2º, deste Código.
- art. 10 Lei 8.137/1990 (Define crimes contra a ordem tributária, econômica e contra as relações de consumo).

TÍTULO VI
DAS VÁRIAS ESPÉCIES DE CONTRATO

CAPÍTULO I
DA COMPRA E VENDA

SEÇÃO I
DISPOSIÇÕES GERAIS

Art. 481. Pelo contrato de compra e venda, um dos contratantes se obriga a transferir o domínio de certa coisa, e o outro, a pagar-lhe certo preço em dinheiro.

- arts. 81; 242 a 244; 256 e 257, Lei 8.069/1990 (ECA).
- art. 129-5, Lei 6.015/1973 (Lei de Registros Públicos).
- art. 25 e ss., Lei 6.766/1979 (Dispõe sobre o parcelamento do solo urbano).
- Súm. 412; 413; e 489, STF.

Art. 482. A compra e venda, quando pura, considerar-se-á obrigatória e perfeita, desde que as partes acordarem no objeto e no preço.

- arts. 417 a 420; 485; 486 deste Código.
- Súm. 413, STF.

Art. 483. A compra e venda pode ter por objeto coisa atual ou futura. Neste caso, ficará sem efeito o contrato se esta não vier a existir, salvo se a intenção das partes era de concluir contrato aleatório.

- arts. 458 a 461 deste Código.

Art. 484. Se a venda se realizar à vista de amostras, protótipos ou modelos, entender-se-á que o vendedor assegura ter a coisa as qualidades que a elas correspondem.

- arts. 441 a 446 deste Código.

Parágrafo único. Prevalece a amostra, o protótipo ou o modelo, se houver contradição ou diferença com a maneira pela qual se descreveu a coisa no contrato.

- arts. 30 e ss., CDC.

Art. 485. A fixação do preço pode ser deixada ao arbítrio de terceiro, que os contratantes logo designarem ou prometerem designar. Se o terceiro não aceitar a incumbência, ficará sem efeito o contrato, salvo quando acordarem os contratantes designar outra pessoa.

Art. 486. Também se poderá deixar a fixação do preço à taxa de mercado ou de bolsa, em certo e determinado dia e lugar.

- art. 318 deste Código.

Art. 487. É lícito às partes fixar o preço em função de índices ou parâmetros, desde que suscetíveis de objetiva determinação.

Art. 488. Convencionada a venda sem fixação de preço ou de critérios para a sua determinação, se não houver tabelamento oficial, entende-se que as partes se sujeitaram ao preço corrente nas vendas habituais do vendedor.

Parágrafo único. Na falta de acordo, por ter havido diversidade de preço, prevalecerá o termo médio.

- Enunciado 441 das Jornadas de Direito Civil.

Art. 489. Nulo é o contrato de compra e venda, quando se deixa ao arbítrio exclusivo de uma das partes a fixação do preço.

- art. 122 deste Código.
- art. 51, X, CDC.

Art. 490. Salvo cláusula em contrário, ficarão as despesas de escritura e registro a cargo do comprador, e a cargo do vendedor as da tradição.

- arts. 533, I, deste Código.

Art. 491. Não sendo a venda a crédito, o vendedor não é obrigado a entregar a coisa antes de receber o preço.

- arts. 476 e 477 deste Código.

Art. 492. Até o momento da tradição, os riscos da coisa correm por conta do vendedor, e os do preço por conta do comprador.

- arts. 234; 246; 458; 1.267; 1.268 deste Código.

§ 1º Todavia, os casos fortuitos, ocorrentes no ato de contar, marcar ou assinalar coisas, que comumente se recebem, contando, pesando, medindo ou assinalando, e que já tiverem sido postas à disposição do comprador, correrão por conta deste.

- art. 393, p.u., deste Código.

§ 2º Correrão também por conta do comprador os riscos das referidas coisas, se estiver em mora de as receber, quando postas à sua disposição no tempo, lugar e pelo modo ajustados.

- art. 400 deste Código.

Art. 493. A tradição da coisa vendida, na falta de estipulação expressa, dar-se-á no lugar onde ela se encontrava, ao tempo da venda.

- arts. 327 a 330; 1.245; 1.267; e 1.268 deste Código.

Art. 494. Se a coisa for expedida para lugar diverso, por ordem do comprador, por sua conta correrão os riscos, uma vez entregue a quem haja de transportá-la, salvo se das instruções dele se afastar o vendedor.

- arts. 327 e 492 deste Código.

Art. 495. Não obstante o prazo ajustado para o pagamento, se antes da tradição o comprador cair em insolvência, poderá o vendedor sobrestar na entrega da coisa, até que o comprador lhe dê caução de pagar no tempo ajustado.

- arts. 476; 477 deste Código.

Art. 496. É anulável a venda de ascendente a descendente, salvo se os outros descendentes e o cônjuge do alienante expressamente houverem consentido.

- arts. 533, II; 544 deste Código.
- Súm. 494, STF.
- Enunciados 368; 545 das Jornadas de Direito Civil.

Parágrafo único. Em ambos os casos, dispensa-se o consentimento do cônjuge se o regime de bens for o da separação obrigatória.

- art. 1.641 deste Código.
- Enunciado 177 das Jornadas de Direito Civil.

Art. 497. Sob pena de nulidade, não podem ser comprados, ainda que em hasta pública:

I - pelos tutores, curadores, testamenteiros e administradores, os bens confiados à sua guarda ou administração;

- art. 1.749, I, deste Código.
- Súm. 165, STF.

II - pelos servidores públicos, em geral, os bens ou direitos da pessoa jurídica a que servirem, ou que estejam sob sua administração direta ou indireta;

III - pelos juízes, secretários de tribunais, arbitradores, peritos e outros serventuários ou auxiliares da justiça, os bens ou direitos sobre que se litigar em tribunal, juízo ou conselho, no lugar onde servirem, ou a que se estender a sua autoridade;

IV - pelos leiloeiros e seus prepostos, os bens de cuja venda estejam encarregados.

- art. 903, § 1º, deste Código.
- art. 36, b, Dec. 21.981/1932 (Regula a profissão de leiloeiro).

Parágrafo único. As proibições deste artigo estendem-se à cessão de crédito.

- arts. 286 a 298 deste Código.

Art. 498. A proibição contida no inciso III do artigo antecedente não compreende os casos de compra e venda ou cessão entre coerdeiros, ou em pagamento de dívida, ou para garantia de bens já pertencentes a pessoas designadas no referido inciso.

- arts. 286 a 298; 1.749, III, deste Código.

Art. 499. É lícita a compra e venda entre cônjuges, com relação a bens excluídos da comunhão.

- arts. 1.639, § 2º; 1.656; 1.659; 1.668; 1.674 deste Código.

Art. 500. Se, na venda de um imóvel, se estipular o preço por medida de extensão, ou se determinar a respectiva área, e esta não corresponder, em qualquer dos casos, às dimensões dadas, o comprador terá o direito de exigir o complemento da área, e, não sendo isso possível, o de reclamar a resolução do contrato ou abatimento proporcional ao preço.

- art. 73. NCPC.

§ 1º Presume-se que a referência às dimensões foi simplesmente enunciativa, quando a diferença encontrada não exceder de um vigésimo da área total enunciada, ressalvado ao comprador o direito de provar que, em tais circunstâncias, não teria realizado o negócio.

- arts. 441; 445 deste Código.
- art. 26, CDC.

§ 2º Se em vez de falta houver excesso, e o vendedor provar que tinha motivos para ignorar a medida exata da área vendida, caberá ao comprador, à sua escolha, completar o valor correspondente ao preço ou devolver o excesso.

§ 3º Não haverá complemento de área, nem devolução de excesso, se o imóvel for vendido como coisa certa e discriminada, tendo sido apenas enunciativa a referência às suas dimensões, ainda que não conste, de modo expresso, ter sido a venda *ad corpus*.

Art. 501. Decai do direito de propor as ações previstas no artigo antecedente o vendedor ou o comprador que não o fizer no prazo de um ano, a contar do registro do título.

Parágrafo único. Se houver atraso na imissão de posse no imóvel, atribuível ao alienante, a partir dela fluirá o prazo de decadência.

Art. 502. O vendedor, salvo convenção em contrário, responde por todos os débitos que gravem a coisa até o momento da tradição.

- arts. 422; 490; 492; 533 deste Código.

Art. 503. Nas coisas vendidas conjuntamente, o defeito oculto de uma não autoriza a rejeição de todas.

- arts. 441 a 446 deste Código.

Art. 504. Não pode um condômino em coisa indivisível vender a sua parte a estranhos, se outro consorte a quiser, tanto por tanto. O condômino a quem não se der conhecimento da venda poderá, depositando o preço, haver para si a parte vendida a estranhos, se o requerer no prazo de cento e oitenta dias, sob pena de decadência.

- arts. 87; 88; 1.314 deste Código.
- arts. 27 a 36, Lei 8.245/1991 (Lei das Locações).
- Enunciado 623 das Jornadas de Direito Civil.

Parágrafo único. Sendo muitos os condôminos, preferirá o que tiver benfeitorias de maior valor e, na falta de benfeitorias, o de quinhão maior. Se as partes forem iguais, haverão a parte vendida os comproprietários, que a quiserem, depositando previamente o preço.

SEÇÃO II
DAS CLÁUSULAS ESPECIAIS À COMPRA E VENDA

SUBSEÇÃO I
DA RETROVENDA

Art. 505. O vendedor de coisa imóvel pode reservar-se o direito de recobrá-la no prazo máximo de decadência de três anos, restituindo o preço recebido e reembolsando as despesas do comprador, inclusive as que, durante o período de resgate, se efetuaram com a sua autorização escrita, ou para a realização de benfeitorias necessárias.

- arts. 208; 445 deste Código.

Art. 506. Se o comprador se recusar a receber as quantias a que faz jus, o vendedor, para exercer o direito de resgate, as depositará judicialmente.

Parágrafo único. Verificada a insuficiência do depósito judicial, não será o vendedor restituído no domínio da coisa, até e enquanto não for integralmente pago o comprador.

- arts. 539 a 549 NCPC.

Art. 507. O direito de retrato, que é cessível e transmissível a herdeiros e legatários, poderá ser exercido contra o terceiro adquirente.

- arts. 286 a 298; 1.359 deste Código.

Art. 508. Se a duas ou mais pessoas couber o direito de retrato sobre o mesmo imóvel, e só uma o exercer, poderá o comprador intimar as outras para nele acordarem, prevalecendo o pacto em favor de quem haja efetuado o depósito, contanto que seja integral.

SUBSEÇÃO II
DA VENDA A CONTENTO E DA SUJEITA A PROVA

Art. 509. A venda feita a contento do comprador entende-se realizada sob condição suspensiva, ainda que a coisa lhe tenha sido entregue; e não se reputará perfeita, enquanto o adquirente não manifestar seu agrado.

▸ arts. 125; 127; 128; 234 deste Código.

Art. 510. Também a venda sujeita a prova presume-se feita sob a condição suspensiva de que a coisa tenha as qualidades asseguradas pelo vendedor e seja idônea para o fim a que se destina.

Art. 511. Em ambos os casos, as obrigações do comprador, que recebeu, sob condição suspensiva, a coisa comprada, são as de mero comodatário, enquanto não manifeste aceitá-la.

▸ arts. 579 a 585 deste Código.

Art. 512. Não havendo prazo estipulado para a declaração do comprador, o vendedor terá direito de intimá-lo, judicial ou extrajudicialmente, para que o faça em prazo improrrogável.

SUBSEÇÃO III
DA PREEMPÇÃO OU PREFERÊNCIA

Art. 513. A preempção, ou preferência, impõe ao comprador a obrigação de oferecer ao vendedor a coisa que aquele vai vender, ou dar em pagamento, para que este use de seu direito de prelação na compra, tanto por tanto.

▸ arts. 504; 516; 518; e 1.359 deste Código.

▸ arts. 27 a 34, Lei 8.245/1991 (Lei das Locações).

Parágrafo único. O prazo para exercer o direito de preferência não poderá exceder a cento e oitenta dias, se a coisa for móvel, ou a dois anos, se imóvel.

Art. 514. O vendedor pode também exercer o seu direito de prelação, intimando o comprador, quando lhe constar que este vai vender a coisa.

Art. 515. Aquele que exerce a preferência está, sob pena de a perder, obrigado a pagar, em condições iguais, o preço encontrado, ou o ajustado.

Art. 516. Inexistindo prazo estipulado, o direito de preempção caducará, se a coisa for móvel, não se exercendo nos três dias, e, se for imóvel, não se exercendo nos sessenta dias subsequentes à data em que o comprador tiver notificado o vendedor.

▸ art. 28, Lei 8.245/1991 (Lei das Locações).

Art. 517. Quando o direito de preempção for estipulado a favor de dois ou mais indivíduos em comum, só pode ser exercido em relação à coisa no seu todo. Se alguma das pessoas, a quem ele toque, perder ou não exercer o seu direito, poderão as demais utilizá-lo na forma sobredita.

Art. 518. Responderá por perdas e danos o comprador, se alienar a coisa sem ter dado ao vendedor ciência do preço e das vantagens que por ela lhe oferecem. Responderá solidariamente o adquirente, se tiver procedido de má-fé.

▸ arts. 402 a 405 deste Código.

Art. 519. Se a coisa expropriada para fins de necessidade ou utilidade pública, ou por interesse social, não tiver o destino para que se desapropriou, ou não for utilizada em obras ou serviços públicos, caberá ao expropriado direito de preferência, pelo preço atual da coisa.

▸ art. 35, Dec.-Lei 3.365/1941 (Dispõe sobre desapropriações por utilidade pública).

▸ Enunciado 592 das Jornadas de Direito Civil.

Art. 520. O direito de preferência não se pode ceder nem passa aos herdeiros.

SUBSEÇÃO IV
DA VENDA COM RESERVA DE DOMÍNIO

Art. 521. Na venda de coisa móvel, pode o vendedor reservar para si a propriedade, até que o preço esteja integralmente pago.

▸ arts. 82 a 84; 1.359 deste Código.

Art. 522. A cláusula de reserva de domínio será estipulada por escrito e depende de registro no domicílio do comprador para valer contra terceiros.

Art. 523. Não pode ser objeto de venda com reserva de domínio a coisa insuscetível de caracterização perfeita, para estremá-la de outras congêneres. Na dúvida, decide-se a favor do terceiro adquirente de boa-fé.

Art. 524. A transferência de propriedade ao comprador dá-se no momento em que o preço esteja integralmente pago. Todavia, pelos riscos da coisa responde o comprador, a partir de quando lhe foi entregue.

▸ arts. 319; 491 deste Código.

Art. 525. O vendedor somente poderá executar a cláusula de reserva de domínio após constituir o comprador em mora, mediante protesto do título ou interpelação judicial.

▸ arts. 394 a 401 deste Código.

Art. 526. Verificada a mora do comprador, poderá o vendedor mover contra ele a competente ação de cobrança das prestações vencidas e vincendas e o mais que lhe for devido; ou poderá recuperar a posse da coisa vendida.

▸ arts. 394 a 401 deste Código.

▸ Lei 9.492/1997 (Lei de Protestos de Títulos).

Art. 527. Na segunda hipótese do artigo antecedente, é facultado ao vendedor reter as prestações pagas até o necessário para cobrir a depreciação da coisa, as despesas feitas e o mais que de direito lhe for devido. O excedente será devolvido ao comprador; e o que faltar lhe será cobrado, tudo na forma da lei processual.

Art. 528. Se o vendedor receber o pagamento à vista, ou, posteriormente, mediante financiamento de instituição do mercado de capitais, a esta caberá exercer os direitos e ações decorrentes do contrato, a benefício de qualquer outro. A operação financeira e a respectiva ciência do comprador constarão do registro do contrato.

▸ Enunciado 178 das Jornadas de Direito Civil.

SUBSEÇÃO V
DA VENDA SOBRE DOCUMENTOS

Art. 529. Na venda sobre documentos, a tradição da coisa é substituída pela entrega do seu título representativo e dos outros documentos exigidos pelo contrato ou, no silêncio deste, pelos usos.

Parágrafo único. Achando-se a documentação em ordem, não pode o comprador recusar o pagamento, a pretexto de defeito de qualidade ou do estado da coisa vendida, salvo se o defeito já houver sido comprovado.

Art. 530. Não havendo estipulação em contrário, o pagamento deve ser efetuado na data e no lugar da entrega dos documentos.

▸ art. 9º da LInDB.

Art. 531. Se entre os documentos entregues ao comprador figurar apólice de seguro que cubra os riscos do transporte, correm estes à conta do comprador, salvo se, ao ser concluído o contrato, tivesse o vendedor ciência da perda ou avaria da coisa.

▸ arts. 754, p.ú.; 757 a 788 deste Código.

Art. 532. Estipulado o pagamento por intermédio de estabelecimento bancário, caberá a este efetuá-lo contra a entrega dos documentos, sem obrigação de verificar a coisa vendida, pela qual não responde.

Parágrafo único. Nesse caso, somente após a recusa do estabelecimento bancário a efetuar o pagamento, poderá o vendedor pretendê-lo, diretamente do comprador.

CAPÍTULO II
DA TROCA OU PERMUTA

Art. 533. Aplicam-se à troca as disposições referentes à compra e venda, com as seguintes modificações:

I - salvo disposição em contrário, cada um dos contratantes pagará por metade as despesas com o instrumento da troca;

▸ art. 490 deste Código.

II - é anulável a troca de valores desiguais entre ascendentes e descendentes, sem consentimento dos outros descendentes e do cônjuge do alienante.

▸ arts. 171; 179; e 496 deste Código.

▸ Súm. 494, STF.

CAPÍTULO III
DO CONTRATO ESTIMATÓRIO

Art. 534. Pelo contrato estimatório, o consignante entrega bens móveis ao consignatário, que fica autorizado a vendê-los, pagando àquele o preço ajustado, salvo se preferir, no prazo estabelecido, restituir-lhe a coisa consignada.

▸ Enunciado 32 das Jornadas de Direito Civil.

Art. 535. O consignatário não se exonera da obrigação de pagar o preço, se a restituição da coisa, em sua integridade, se tornar impossível, ainda que por fato a ele não imputável.

Art. 536. A coisa consignada não pode ser objeto de penhora ou sequestro pelos credores do consignatário, enquanto não pago integralmente o preço.

Art. 537. O consignante não pode dispor da coisa antes de lhe ser restituída ou de lhe ser comunicada a restituição.

CAPÍTULO IV
DA DOAÇÃO

SEÇÃO I
DISPOSIÇÕES GERAIS

Art. 538. Considera-se doação o contrato em que uma pessoa, por liberalidade, transfere do seu patrimônio bens ou vantagens para o de outra.

- art. 155, I, CF.
- art. 17, I, b, Lei 8.666/1993 (Regulamenta o art. 37, XXI, da Constituição Federal e institui normas para licitações e contratos da Administração Pública).
- art. 9º, Lei 9.434/1997 (Dispõe sobre a remoção de órgãos, tecidos e partes do corpo humano para fins de transplante e tratamento).
- Súm. 328, STF.
- Enunciado 549 das Jornadas de Direito Civil.

Art. 539. O doador pode fixar prazo ao donatário para declarar se aceita ou não a liberalidade. Desde que o donatário, ciente do prazo, não faça, dentro dele, a declaração, entender-se-á que aceitou, se a doação não for sujeita a encargo.

Art. 540. A doação feita em contemplação do merecimento do donatário não perde o caráter de liberalidade, como não o perde a doação remuneratória, ou a gravada, no excedente ao valor dos serviços remunerados ou ao encargo imposto.

- arts. 136; 441; 564 deste Código.

Art. 541. A doação far-se-á por escritura pública ou instrumento particular.

Parágrafo único. A doação verbal será válida, se, versando sobre bens móveis e de pequeno valor, se lhe seguir incontinenti a tradição.

- arts. 108; 1.267 deste Código.

Art. 542. A doação feita ao nascituro valerá, sendo aceita pelo seu representante legal.

- arts. 2º; 1.779 deste Código.

Art. 543. Se o donatário for absolutamente incapaz, dispensa-se a aceitação, desde que se trate de doação pura.

- arts. 3º; 4º; 1.748, II; deste Código.

Art. 544. A doação de ascendentes a descendentes, ou de um cônjuge a outro, importa adiantamento do que lhes cabe por herança.

- arts. 1.789; 1.846; 1.847; e 2.002 a 2.012; 2.022 deste Código.

Art. 545. A doação em forma de subvenção periódica ao beneficiado extingue-se morrendo o doador, salvo se este outra coisa dispuser, mas não poderá ultrapassar a vida do donatário.

Art. 546. A doação feita em contemplação de casamento futuro com certa e determinada pessoa, quer pelos nubentes entre si, quer por terceiro a um deles, a ambos, ou aos filhos que, de futuro, houverem um do outro, não pode ser impugnada por falta de aceitação, e só ficará sem efeito se o casamento não se realizar.

- art. 1.639 deste Código.

Art. 547. O doador pode estipular que os bens doados voltem ao seu patrimônio, se sobreviver ao donatário.

- art. 1.359 deste Código.

Parágrafo único. Não prevalece cláusula de reversão em favor de terceiro.

Art. 548. É nula a doação de todos os bens sem reserva de parte, ou renda suficiente para a subsistência do doador.

- art. 166, VII, deste Código.

Art. 549. Nula é também a doação quanto à parte que exceder à de que o doador, no momento da liberalidade, poderia dispor em testamento.

- arts. 166, VII; 1.789; 1.845; 1.846;2.005; 2.007; 2.008 deste Código.

Art. 550. A doação do cônjuge adúltero ao seu cúmplice pode ser anulada pelo outro cônjuge, ou por seus herdeiros necessários, até dois anos depois de dissolvida a sociedade conjugal.

- arts. 207 a 211; 793; e 1.642, V, 1.647; 1.845 a 1.850 deste Código.
- Súm. 382, STF.

Art. 551. Salvo declaração em contrário, a doação em comum a mais de uma pessoa entende-se distribuída entre elas por igual.

Parágrafo único. Se os donatários, em tal caso, forem marido e mulher, subsistirá na totalidade a doação para o cônjuge sobrevivo.

Art. 552. O doador não é obrigado a pagar juros moratórios, nem é sujeito às consequências da evicção ou do vício redibitório. Nas doações para casamento com certa e determinada pessoa, o doador ficará sujeito à evicção, salvo convenção em contrário.

- arts. 441 a 457 deste Código.

Art. 553. O donatário é obrigado a cumprir os encargos da doação, caso forem a benefício do doador, de terceiro, ou do interesse geral.

- arts. 436 a 438; 1.938 deste Código.

Parágrafo único. Se desta última espécie for o encargo, o Ministério Público poderá exigir sua execução, depois da morte do doador, se este não tiver feito.

Art. 554. A doação a entidade futura caducará se, em dois anos, esta não estiver constituída regularmente.

- arts. 45; 207 a 211 deste Código.

SEÇÃO II
DA REVOGAÇÃO DA DOAÇÃO

Art. 555. A doação pode ser revogada por ingratidão do donatário, ou por inexecução do encargo.

- arts. 557; 559 deste Código.

Art. 556. Não se pode renunciar antecipadamente o direito de revogar a liberalidade por ingratidão do donatário.

Art. 557. Podem ser revogadas por ingratidão as doações:

- Enunciado 33 das Jornadas de Direito Civil.

I - se o donatário atentou contra a vida do doador ou cometeu crime de homicídio doloso contra ele;

II - se cometeu contra ele ofensa física;

III - se o injuriou gravemente ou o caluniou;

IV - se, podendo ministrá-los, recusou ao doador os alimentos de que este necessitava.

Art. 558. Pode ocorrer também a revogação quando o ofendido, nos casos do artigo anterior, for o cônjuge, ascendente, descendente, ainda que adotivo, ou irmão do doador.

- art. 1.596 deste Código.

Art. 559. A revogação por qualquer desses motivos deverá ser pleiteada dentro de um ano, a contar de quando chegue ao conhecimento do doador o fato que a autorizar, e de ter sido o donatário o seu autor.

Art. 560. O direito de revogar a doação não se transmite aos herdeiros do doador, nem prejudica os do donatário. Mas aqueles podem prosseguir na ação iniciada pelo doador, continuando-a contra os herdeiros do donatário, se este falecer depois de ajuizada a lide.

Art. 561. No caso de homicídio doloso do doador, a ação caberá aos seus herdeiros, exceto se aquele houver perdoado.

Art. 562. A doação onerosa pode ser revogada por inexecução do encargo, se o donatário incorrer em mora. Não havendo prazo para o cumprimento, o doador poderá notificar judicialmente o donatário, assinando-lhe prazo razoável para que cumpra a obrigação assumida.

- arts. 390; 397 deste Código.
- arts. 726 a 729, NCPC.

Art. 563. A revogação por ingratidão não prejudica os direitos adquiridos por terceiros, nem obriga o donatário a restituir os frutos percebidos antes da citação válida; mas sujeita-o a pagar os posteriores, e, quando não possa restituir em espécie as coisas doadas, a indenizá-la pelo meio termo do seu valor.

- art. 1.360 deste Código.

Art. 564. Não se revogam por ingratidão:

- art. 557 deste Código.

I - as doações puramente remuneratórias;

- art. 540 deste Código.

II - as oneradas com encargo já cumprido;

III - as que se fizerem em cumprimento de obrigação natural;

- arts. 882 deste Código.

IV - as feitas para determinado casamento.

CAPÍTULO V
DA LOCAÇÃO DE COISAS

- art. .2036 deste Código.

Art. 565. Na locação de coisas, uma das partes se obriga a ceder à outra, por tempo determinado ou não, o uso e gozo de coisa não fungível, mediante certa retribuição.

- art. 85 deste Código.
- arts. 64, § 1º; 86 a 98, Dec.-Lei 9.760/1946 (Dispõe sobre os bens imóveis da União).
- art. 1º, p.u., Lei 8.245/1991 (Lei das Locações).
- Súm. 423, STJ.

Art. 566. O locador é obrigado:

I - a entregar ao locatário a coisa alugada, com suas pertenças, em estado de servir ao uso a que se destina, e a mantê-la nesse estado, pelo tempo do contrato, salvo cláusula expressa em contrário;

▸ arts. 22 a 26, Lei 8.245/1991 (Lei das Locações).

II - a garantir-lhe, durante o tempo do contrato, o uso pacífico da coisa.

▸ art. 568 deste Código.

Art. 567. Se, durante a locação, se deteriorar a coisa alugada, sem culpa do locatário, a este caberá pedir redução proporcional do aluguel, ou resolver o contrato, caso já não sirva a coisa para o fim a que se destinava.

▸ arts. 26, p.ú., Lei 8.245/1991 (Lei das Locações).

Art. 568. O locador resguardará o locatário dos embaraços e turbações de terceiros, que tenham ou pretendam ter direitos sobre a coisa alugada, e responderá pelos seus vícios, ou defeitos, anteriores à locação.

▸ arts. 441; 447; 566, II, deste Código.

▸ art. 22, IV, Lei 8.245/1991 (Lei das Locações).

Art. 569. O locatário é obrigado:

I - a servir-se da coisa alugada para os usos convencionados ou presumidos, conforme a natureza dela e as circunstâncias, bem como tratá-la com o mesmo cuidado como se sua fosse;

▸ art. 570 deste Código.

▸ art. 23, II, Lei 8.245/1991 (Lei das Locações).

II - a pagar pontualmente o aluguel nos prazos ajustados, e, em falta de ajuste, segundo o costume do lugar;

▸ art. 23, I, Lei 8.245/1991 (Lei das Locações).

III - a levar ao conhecimento do locador as turbações de terceiros, que se pretendam fundadas em direito;

▸ art. 23, IV, Lei 8.245/1991 (Lei das Locações).

IV - a restituir a coisa, finda a locação, no estado em que a recebeu, salvas as deteriorações naturais ao uso regular.

▸ arts. 575; 1.402; e 1.508 deste Código.

▸ art. 23, III, Lei 8.245/1991 (Lei das Locações).

Art. 570. Se o locatário empregar a coisa em uso diverso do ajustado, ou do a que se destina, ou se ela se danificar por abuso do locatário, poderá o locador, além de rescindir o contrato, exigir perdas e danos.

▸ arts. 402 a 405 deste Código.

▸ art. 9º, II, Lei 8.245/1991 (Lei das Locações).

Art. 571. Havendo prazo estipulado à duração do contrato, antes do vencimento não poderá o locador reaver a coisa alugada, senão ressarcindo ao locatário as perdas e danos resultantes, nem o locatário devolvê-la ao locador, senão pagando, proporcionalmente, a multa prevista no contrato.

▸ arts. 402 a 405 deste Código.

▸ art. 4º, *caput*, Lei 8.245/1991 (Lei das Locações).

Parágrafo único. O locatário gozará do direito de retenção, enquanto não for ressarcido.

▸ art. 578 deste Código.

Art. 572. Se a obrigação de pagar o aluguel pelo tempo que faltar constituir indenização excessiva, será facultado ao juiz fixá-la em bases razoáveis.

▸ art. 5º, LInDB.

Art. 573. A locação por tempo determinado cessa de pleno direito findo o prazo estipulado, independentemente de notificação ou aviso.

▸ arts. 46, *caput*; 47; 56, Lei 8.245/1991 (Lei das Locações).

Art. 574. Se, findo o prazo, o locatário continuar na posse da coisa alugada, sem oposição do locador, presumir-se-á prorrogada a locação pelo mesmo aluguel, mas sem prazo determinado.

▸ art. 56, p.u., Lei 8.245/1991 (Lei das Locações).

Art. 575. Se, notificado o locatário, não restituir a coisa, pagará, enquanto a tiver em seu poder, o aluguel que o locador arbitrar, e responderá pelo dano que ela venha a sofrer, embora proveniente de caso fortuito.

▸ arts. 703 a 706 NCPC.

Parágrafo único. Se o aluguel arbitrado for manifestamente excessivo, poderá o juiz reduzi-lo, mas tendo sempre em conta o seu caráter de penalidade.

▸ Enunciado 180 das Jornadas de Direito Civil.

Art. 576. Se a coisa for alienada durante a locação, o adquirente não ficará obrigado a respeitar o contrato, se nele não for consignada a cláusula da sua vigência no caso de alienação, e não constar de registro.

▸ arts. 129-1; e 167, I, I-3, Lei 6.015/1973 (Lei de Registros Públicos).

▸ arts. 27 a 34, Lei 8.245/1991 (Lei das Locações).

▸ Súm. 442, STF.

§ 1º O registro a que se refere este artigo será o de Títulos e Documentos do domicílio do locador, quando a coisa for móvel; e será o Registro de Imóveis da respectiva circunscrição, quando imóvel.

§ 2º Em se tratando de imóvel, e ainda no caso em que o locador não esteja obrigado a respeitar o contrato, não poderá ele despedir o locatário, senão observado o prazo de noventa dias após a notificação.

▸ art. 8º, Lei 8.245/1991 (Lei das Locações).

Art. 577. Morrendo o locador ou o locatário, transfere-se aos seus herdeiros a locação por tempo determinado.

▸ arts. 10 e 11, Lei 8.245/1991 (Lei das Locações).

Art. 578. Salvo disposição em contrário, o locatário goza do direito de retenção, no caso de benfeitorias necessárias, ou no de benfeitorias úteis, se estas houverem sido feitas com expresso consentimento do locador.

▸ arts. 96 deste Código.

▸ arts. 35 e 36, Lei 8.245/1991 (Lei das Locações).

▸ Súm. 158, STF.

CAPÍTULO VI
DO EMPRÉSTIMO

SEÇÃO I
DO COMODATO

Art. 579. O comodato é o empréstimo gratuito de coisas não fungíveis. Perfaz-se com a tradição do objeto.

▸ arts. 85; 1.267 deste Código.

Art. 580. Os tutores, curadores e em geral todos os administradores de bens alheios não poderão dar em comodato, sem autorização especial, os bens confiados à sua guarda.

▸ arts. 1.749; 1.774 deste Código.

Art. 581. Se o comodato não tiver prazo convencional, presumir-se-lhe-á o necessário para o uso concedido; não podendo o comodante, salvo necessidade imprevista e urgente, reconhecida pelo juiz, suspender o uso e gozo da coisa emprestada, antes de findo o prazo convencional, ou o que se determine pelo uso outorgado.

Art. 582. O comodatário é obrigado a conservar, como se sua própria fora, a coisa emprestada, não podendo usá-la senão de acordo com o contrato ou a natureza dela, sob pena de responder por perdas e danos. O comodatário constituído em mora, além de por ela responder, pagará, até restituí-la, o aluguel da coisa que for arbitrado pelo comodante.

▸ arts. 399; 402 a 405 deste Código.

▸ Enunciado 180 das Jornadas de Direito Civil.

Art. 583. Se, correndo risco o objeto do comodato juntamente com outros do comodatário, antepuser este a salvação dos seus abandonando o do comodante, responderá pelo dano ocorrido, ainda que se possa atribuir a caso fortuito, ou força maior.

▸ arts. 238 a 240; 393, p.u., deste Código.

Art. 584. O comodatário não poderá jamais recobrar do comodante as despesas feitas com o uso e gozo da coisa emprestada.

▸ arts. 241 e 242 deste Código.

Art. 585. Se duas ou mais pessoas forem simultaneamente comodatárias de uma coisa, ficarão solidariamente responsáveis para com o comodante.

▸ arts. 265; 275 a 285 deste Código.

SEÇÃO II
DO MÚTUO

▸ Dec. 22.626/1933 (Lei da Usura).

▸ Súm. 26; 60, STJ.

Art. 586. O mútuo é o empréstimo de coisas fungíveis. O mutuário é obrigado a restituir ao mutuante o que dele recebeu em coisa do mesmo gênero, qualidade e quantidade.

▸ arts. 85; 645 deste Código.

Art. 587. Este empréstimo transfere o domínio da coisa emprestada ao mutuário, por cuja conta correm todos os riscos dela desde a tradição.

Art. 588. O mútuo feito a pessoa menor, sem prévia autorização daquele sob cuja guarda estiver, não pode ser reavido nem do mutuário, nem de seus fiadores.

▸ arts. 180; 824, p.u., deste Código.

Art. 589. Cessa a disposição do artigo antecedente:

I - se a pessoa, de cuja autorização necessitava o mutuário para contrair o empréstimo, o ratificar posteriormente;

▸ arts. 172 e 175 deste Código.

II - se o menor, estando ausente essa pessoa, se viu obrigado a contrair o empréstimo para os seus alimentos habituais;

III - se o menor tiver bens ganhos com o seu trabalho. Mas, em tal caso, a execução do credor não lhes poderá ultrapassar as forças;

IV - se o empréstimo reverteu em benefício do menor;

V - se o menor obteve o empréstimo maliciosamente.

Art. 590. O mutuante pode exigir garantia da restituição se, antes do vencimento, o mutuário sofrer notória mudança em sua situação econômica.

- arts. 333; 447; 472; 476 477 deste Código.

Art. 591. Destinando-se o mútuo a fins econômicos, presumem-se devidos juros, os quais, sob pena de redução, não poderão exceder a taxa a que se refere o art. 406, permitida a capitalização anual.

- Súm. Vinc. 7, STF.
- Súm. 283; 472; 530; 539; 541 STJ.
- Enunciado 34 das Jornadas de Direito Civil.

Art. 592. Não se tendo convencionado expressamente, o prazo do mútuo será:

- art. 331 deste Código.

I - até a próxima colheita, se o mútuo for de produtos agrícolas, assim para o consumo como para semeadura;

II - de trinta dias, pelo menos, se for de dinheiro;

III - do espaço de tempo que declarar o mutuante, se for de qualquer outra coisa fungível.

CAPÍTULO VII
DA PRESTAÇÃO DE SERVIÇO

Art. 593. A prestação de serviço, que não estiver sujeita às leis trabalhistas ou a lei especial, reger-se-á pelas disposições deste Capítulo.

Art. 594. Toda a espécie de serviço ou trabalho lícito, material ou imaterial, pode ser contratada mediante retribuição.

- Enunciado 541 das Jornadas de Direito Civil.

Art. 595. No contrato de prestação de serviço, quando qualquer das partes não souber ler nem escrever, o instrumento poderá ser assinado a rogo e subscrito por duas testemunhas.

- art. 456, CLT.
- art. 784, II a IV, NCPC.

Art. 596. Não se tendo estipulado, nem chegado a acordo as partes, fixar-se-á por arbitramento a retribuição, segundo o costume do lugar, o tempo de serviço e sua qualidade.

- art. 460, CLT.

Art. 597. A retribuição pagar-se-á depois de prestado o serviço, se, por convenção, ou costume, não houver de ser adiantada, ou paga em prestações.

- art. 459, CLT.

Art. 598. A prestação de serviço não se poderá convencionar por mais de quatro anos, embora o contrato tenha por causa o pagamento de dívida de quem o presta, ou se destine à execução de certa e determinada obra. Neste caso, decorridos quatro anos, dar-se-á por findo o contrato, ainda que não concluída a obra.

- art. 149, CP.
- art. 445, CLT.

Art. 599. Não havendo prazo estipulado, nem se podendo inferir da natureza do contrato, ou do costume do lugar, qualquer das partes, a seu arbítrio, mediante prévio aviso, pode resolver o contrato.

Parágrafo único. Dar-se-á o aviso:

I - com antecedência de oito dias, se o salário se houver fixado por tempo de um mês, ou mais;

II - com antecipação de quatro dias, se o salário se tiver ajustado por semana, ou quinzena;

III - de véspera, quando se tenha contratado por menos de sete dias.

Art. 600. Não se conta no prazo do contrato o tempo em que o prestador de serviço, por culpa sua, deixou de servir.

- art. 453, CLT.

Art. 601. Não sendo o prestador de serviço contratado para certo e determinado trabalho, entender-se-á que se obrigou a todo e qualquer serviço compatível com as suas forças e condições.

- art. 456, CLT.

Art. 602. O prestador de serviço contratado por tempo certo, ou por obra determinada, não se pode ausentar, ou despedir, sem justa causa, antes de preenchido o tempo, ou concluída a obra.

Parágrafo único. Se se despedir sem justa causa, terá direito à retribuição vencida, mas responderá por perdas e danos. O mesmo dar-se-á se despedido por justa causa.

- arts. 443, § 1º; 480, CLT.
- LC 150/2015 (Lei do Empregado Doméstico).

Art. 603. Se o prestador de serviço for despedido sem justa causa, a outra parte será obrigada a pagar-lhe por inteiro a retribuição vencida, e por metade a que lhe tocaria de então ao termo legal do contrato.

- arts. 477 a 479, CLT.

Art. 604. Findo o contrato, o prestador de serviço tem direito a exigir da outra parte a declaração de que o contrato está findo. Igual direito lhe cabe, se for despedido sem justa causa, ou se tiver havido motivo justo para deixar o serviço.

Art. 605. Nem aquele a quem os serviços são prestados poderá transferir a outrem o direito aos serviços ajustados, nem o prestador de serviços, sem aprazimento da outra parte, dar substituto que os preste.

Art. 606. Se o serviço for prestado por quem não possua título de habilitação, ou não satisfaça requisitos outros estabelecidos em lei, não poderá quem os prestou cobrar a retribuição normalmente correspondente ao trabalho executado. Mas se deste resultar benefício para a outra parte, o juiz atribuirá a quem o prestou uma compensação razoável, desde que tenha agido com boa-fé.

Parágrafo único. Não se aplica a segunda parte deste artigo quando a proibição da prestação de serviço resultar de lei de ordem pública.

Art. 607. O contrato de prestação de serviço acaba com a morte de qualquer das partes. Termina, ainda, pelo escoamento do prazo, pela conclusão da obra, pela rescisão do contrato mediante aviso prévio, por inadimplemento de qualquer das partes ou pela impossibilidade da continuação do contrato, motivada por força maior.

Art. 608. Aquele que aliciar pessoas obrigadas em contrato escrito a prestar serviço a outrem pagará a este a importância que ao prestador de serviço, pelo ajuste desfeito, houvesse de caber durante dois anos.

- art. 207, CP.

Art. 609. A alienação do prédio agrícola, onde a prestação dos serviços se opera, não importa a rescisão do contrato, salvo ao prestador opção entre continuá-lo com o adquirente da propriedade ou com o primitivo contratante.

- art. 605 deste Código.

CAPÍTULO VIII
DA EMPREITADA

- art. 964, IV, deste Código.

Art. 610. O empreiteiro de uma obra pode contribuir para ela só com seu trabalho ou com ele e os materiais.

§ 1º A obrigação de fornecer os materiais não se presume; resulta da lei ou da vontade das partes.

§ 2º O contrato para elaboração de um projeto não implica a obrigação de executá-lo, ou de fiscalizar-lhe a execução.

Art. 611. Quando o empreiteiro fornece os materiais, correm por sua conta os riscos até o momento da entrega da obra, a contento de quem a encomendou, se este não estiver em mora de receber. Mas se estiver, por sua conta correrão os riscos.

- arts. 234; 394; 400; 615; 617 deste Código.

Art. 612. Se o empreiteiro só forneceu mão de obra, todos os riscos em que não tiver culpa correrão por conta do dono.

Art. 613. Sendo a empreitada unicamente de lavor (art. 610), se a coisa perecer antes de entregue, sem mora do dono nem culpa do empreiteiro, este perderá a retribuição, se não provar que a perda resultou de defeito dos materiais e que em tempo reclamara contra a sua quantidade ou qualidade.

Art. 614. Se a obra constar de partes distintas, ou for de natureza das que se determinam por medida, o empreiteiro terá direito a que também se verifique por medida, ou segundo as partes em que se dividir, podendo exigir o pagamento na proporção da obra executada.

§ 1º Tudo o que se pagou presume-se verificado.

§ 2º O que se mediu presume-se verificado se, em trinta dias, a contar da medição, não forem denunciados os vícios ou defeitos pelo dono da obra ou por quem estiver incumbido da sua fiscalização.

Art. 615. Concluída a obra de acordo com o ajuste, ou o costume do lugar, o dono é obrigado a recebê-la. Poderá, porém, rejeitá-la, se o empreiteiro se afastou das instruções recebidas e dos planos dados, ou das regras técnicas em trabalhos de tal natureza.

Art. 616. No caso da segunda parte do artigo antecedente, pode quem encomendou a obra, em vez de enjeitá-la, recebê-la com abatimento no preço.

› art. 442 deste Código.

Art. 617. O empreiteiro é obrigado a pagar os materiais que recebeu se, por imperícia ou negligência, os inutilizar.

› arts. 186; 927 deste Código.

Art. 618. Nos contratos de empreitada de edifícios ou outras construções consideráveis, o empreiteiro de materiais e execução responderá, durante o prazo irredutível de cinco anos, pela solidez e segurança do trabalho, assim em razão dos materiais como do solo.

Parágrafo único. Decairá do direito assegurado neste artigo o dono da obra que não propuser a ação contra o empreiteiro, nos cento e oitenta dias seguintes ao aparecimento do vício ou defeito.

› Enunciado 181 das Jornadas de Direito Civil.

Art. 619. Salvo estipulação em contrário, o empreiteiro que se incumbir de executar uma obra, segundo plano aceito por quem a encomendou, não terá direito a exigir acréscimo no preço, ainda que sejam introduzidas modificações no projeto, a não ser que estas resultem de instruções escritas do dono da obra.

› art. 478 deste Código.

Parágrafo único. Ainda que não tenha havido autorização escrita, o dono da obra é obrigado a pagar ao empreiteiro os aumentos e acréscimos, segundo o que for arbitrado, se, sempre presente à obra, por continuadas visitas, não podia ignorar o que se estava passando, e nunca protestou.

Art. 620. Se ocorrer diminuição no preço do material ou da mão de obra superior a um décimo do preço global convencionado, poderá este ser revisto, a pedido do dono da obra, para que se lhe assegure a diferença apurada.

Art. 621. Sem anuência de seu autor, não pode o proprietário da obra introduzir modificações no projeto por ele aprovado, ainda que a execução seja confiada a terceiros, a não ser que, por motivos supervenientes ou razões de ordem técnica, fique comprovada a inconveniência ou a excessiva onerosidade de execução do projeto em sua forma originária.

Parágrafo único. A proibição deste artigo não abrange alterações de pouca monta, ressalvada sempre a unidade estética da obra projetada.

Art. 622. Se a execução da obra for confiada a terceiros, a responsabilidade do autor do projeto respectivo, desde que não assuma a direção ou fiscalização daquela, ficará limitada aos danos resultantes de defeitos previstos no art. 618 e seu parágrafo único.

Art. 623. Mesmo após iniciada a construção, pode o dono da obra suspendê-la, desde que pague ao empreiteiro as despesas e lucros relativos aos serviços já feitos, mais indenização razoável, calculada em função do que ele teria ganho, se concluída a obra.

Art. 624. Suspensa a execução da empreitada sem justa causa, responde o empreiteiro por perdas e danos.

› arts. 402 a 405 deste Código.

Art. 625. Poderá o empreiteiro suspender a obra:

I - por culpa do dono, ou por motivo de força maior;

II - quando, no decorrer dos serviços, se manifestarem dificuldades imprevisíveis de execução, resultantes de causas geológicas ou hídricas, ou outras semelhantes, de modo que torne a empreitada excessivamente onerosa, e o dono da obra se opuser ao reajuste do preço inerente ao projeto por ele elaborado, observados os preços;

III - se as modificações exigidas pelo dono da obra, por seu vulto e natureza, forem desproporcionais ao projeto aprovado, ainda que o dono se disponha a arcar com o acréscimo de preço.

Art. 626. Não se extingue o contrato de empreitada pela morte de qualquer das partes, salvo se ajustado em consideração às qualidades pessoais do empreiteiro.

CAPÍTULO IX
DO DEPÓSITO

SEÇÃO I
DO DEPÓSITO VOLUNTÁRIO

Art. 627. Pelo contrato de depósito recebe o depositário um objeto móvel para guardar, até que o depositante o reclame.

› arts. 640; 645; 652 deste Código.

› Lei 2.313/1954 (Dispõe sobre prazos dos contratos de depósito regular e voluntário de bens de qualquer espécie).

› art. 1º, § 1º, Lei 2.666/1955 (Dispõe sobre o penhor de produtos agrícolas).

› Súm. Vinc. 25, STF.

Art. 628. O contrato de depósito é gratuito, exceto se houver convenção em contrário, se resultante de atividade negocial ou se o depositário o praticar por profissão.

› art. 651 deste Código.

Parágrafo único. Se o depósito for oneroso e a retribuição do depositário não constar de lei, nem resultar de ajuste, será determinada pelos usos do lugar, e, na falta destes, por arbitramento.

Art. 629. O depositário é obrigado a ter na guarda e conservação da coisa depositada o cuidado e diligência que costuma com o que lhe pertence, bem como a restituí-la, com todos os frutos e acrescidos, quando o exija o depositante.

› Súm. 179, STJ.

Art. 630. Se o depósito se entregou fechado, colado, selado, ou lacrado, nesse mesmo estado se manterá.

Art. 631. Salvo disposição em contrário, a restituição da coisa deve dar-se no lugar em que tiver de ser guardada. As despesas de restituição correm por conta do depositante.

Art. 632. Se a coisa houver sido depositada no interesse de terceiro, e o depositário tiver sido cientificado deste fato pelo depositante, não poderá ele exonerar-se restituindo a coisa a este, sem consentimento daquele.

Art. 633. Ainda que o contrato fixe prazo à restituição, o depositário entregará o depósito logo que se lhe exija, salvo se tiver o direito de retenção a que se refere o art. 644, se o objeto for judicialmente embargado, se sobre ele pender execução, notificada ao depositário, ou se houver motivo razoável de suspeitar que a coisa foi dolosamente obtida.

› arts. 634; 638 deste Código.

Art. 634. No caso do artigo antecedente, última parte, o depositário, expondo o fundamento da suspeita, requererá que se recolha o objeto ao Depósito Público.

› arts. 638 deste Código.

Art. 635. Ao depositário será facultado, outrossim, requerer depósito judicial da coisa, quando, por motivo plausível, não a possa guardar, e o depositante não queira recebê-la.

› arts. 334 a 345 deste Código.

Art. 636. O depositário, que por força maior houver perdido a coisa depositada e recebido outra em seu lugar, é obrigado a entregar a segunda ao depositante, e ceder-lhe as ações que no caso tiver contra o terceiro responsável pela restituição da primeira.

› arts. 286 a 298; 393, p.u., deste Código.

Art. 637. O herdeiro do depositário, que de boa-fé vendeu a coisa depositada, é obrigado a assistir o depositante na reivindicação, e a restituir ao comprador o preço recebido.

› arts. 447; 879; 1.792 deste Código.

Art. 638. Salvo os casos previstos nos arts. 633 e 634, não poderá o depositário furtar-se à restituição do depósito, alegando não pertencer a coisa ao depositante, ou opondo compensação, exceto se noutro depósito se fundar.

› arts. 373, II, deste Código.

Art. 639. Sendo dois ou mais depositantes, e divisível a coisa, a cada um só entregará o depositário a respectiva parte, salvo se houver entre eles solidariedade.

› arts. 87; 260; 264 a 285 deste Código.

Art. 640. Sob pena de responder por perdas e danos, não poderá o depositário, sem licença expressa do depositante, servir-se da coisa depositada, nem a dar em depósito a outrem.

› arts. 402 a 405 deste Código.

Parágrafo único. Se o depositário, devidamente autorizado, confiar a coisa em depósito a terceiro, será responsável se agiu com culpa na escolha deste.

Art. 641. Se o depositário se tornar incapaz, a pessoa que lhe assumir a administração dos bens diligenciará imediatamente restituir a coisa depositada e, não querendo ou não podendo o depositante recebê-la, recolhê-la-á ao Depósito Público ou promoverá nomeação de outro depositário.

- arts. 334; 335 deste Código.
- arts. 539 a 549 NCPC.

Art. 642. O depositário não responde pelos casos de força maior; mas, para que lhe valha a escusa, terá de prová-los.

- art. 393 deste Código.

Art. 643. O depositante é obrigado a pagar ao depositário as despesas feitas com a coisa, e os prejuízos que do depósito provierem.

Art. 644. O depositário poderá reter o depósito até que se lhe pague a retribuição devida, o líquido valor das despesas, ou dos prejuízos a que se refere o artigo anterior, provando imediatamente esses prejuízos ou essas despesas.

Parágrafo único. Se essas dívidas, despesas ou prejuízos não forem provados suficientemente, ou forem ilíquidos, o depositário poderá exigir caução idônea do depositante ou, na falta desta, a remoção da coisa para o Depósito Público, até que se liquidem.

Art. 645. O depósito de coisas fungíveis, em que o depositário se obrigue a restituir objetos do mesmo gênero, qualidade e quantidade, regular-se-á pelo disposto acerca do mútuo.

Art. 646. O depósito voluntário provar-se-á por escrito.

- art. 648 deste Código.
- art. 129-2, Lei 6.015/1973 (Lei de Registros Públicos).

SEÇÃO II
DO DEPÓSITO NECESSÁRIO

Art. 647. É depósito necessário:

I - o que se faz em desempenho de obrigação legal;

- arts. 648 deste Código.

II - o que se efetua por ocasião de alguma calamidade, como o incêndio, a inundação, o naufrágio ou o saque.

- art. 648, p.u., deste Código.

Art. 648. O depósito a que se refere o inciso I do artigo antecedente reger-se-á pela disposição da respectiva lei, e, no silêncio ou deficiência dela, pelas concernentes ao depósito voluntário.

Parágrafo único. As disposições deste artigo aplicam-se aos depósitos previstos no inciso II do artigo antecedente, podendo estes certificarem-se por qualquer meio de prova.

- arts. 627 a 646 deste Código.

Art. 649. Aos depósitos previstos no artigo antecedente é equiparado o das bagagens dos viajantes ou hóspedes nas hospedarias onde estiverem.

- arts. 650; 651; 1.467, I, deste Código.

Parágrafo único. Os hospedeiros responderão como depositários, assim como pelos furtos e roubos que perpetrarem as pessoas empregadas ou admitidas nos seus estabelecimentos.

Art. 650. Cessa, nos casos do artigo antecedente, a responsabilidade dos hospedeiros, se provarem que os fatos prejudiciais aos viajantes ou hóspedes não podiam ter sido evitados.

- art. 393 deste Código.

Art. 651. O depósito necessário não se presume gratuito. Na hipótese do art. 649, a remuneração pelo depósito está incluída no preço da hospedagem.

- art. 628 deste Código.

Art. 652. Seja o depósito voluntário ou necessário, o depositário que não o restituir quando exigido será compelido a fazê-lo mediante prisão não excedente a um ano, e ressarcir os prejuízos.

- art. 5º, LXVII, CF.
- art. 4º, §§ 1º e 2º, Lei 8.866/1994 (Dispõe sobre o depositário infiel de valor pertencente à Fazenda Pública).
- art. 7º, 7, Pacto de São José da Costa Rica.
- art. 11, Dec. 592/1992 (Promulga o Pacto Internacional sobre Direitos Civis e Políticos).
- Súm. Vinc. 25, STF.
- Súm. 304; 305; e 419, STJ.

CAPÍTULO X
DO MANDATO

SEÇÃO I
DISPOSIÇÕES GERAIS

Art. 653. Opera-se o mandato quando alguém recebe de outrem poderes para, em seu nome, praticar atos ou administrar interesses. A procuração é o instrumento do mandato.

- art. 54, II, c, CF.
- arts. 656; 660; 662; 663 deste Código.
- arts. 513, 791, CLT.
- arts. 104; 111; 112; 260, II; 287; 744, NCPC.
- art. 117 Lei 8.112/1990 (Dispõe sobre o regime jurídico único dos servidores públicos civis da União).
- arts. 5º; 22, § 5º; 25, V; 34, XIX; 40, III; 63; 65; 66; 82, Lei 8.906/1994 (EOAB).

Art. 654. Todas as pessoas capazes são aptas para dar procuração mediante instrumento particular, que valerá desde que tenha a assinatura do outorgante.

- arts. 5º; 657; 666 deste Código.

§ 1º O instrumento particular deve conter a indicação do lugar onde foi passado, a qualificação do outorgante e do outorgado, a data e o objetivo da outorga com a designação e a extensão dos poderes conferidos.

§ 2º O terceiro com quem o mandatário tratar poderá exigir que a procuração traga a firma reconhecida.

- art. 105, NCPC.
- art. 158, Lei 6.015/1973 (Lei de Registros Públicos).

Art. 655. Ainda quando se outorgue mandato por instrumento público, pode substabelecer-se mediante instrumento particular.

- Enunciado 182 das Jornadas de Direito Civil.

Art. 656. O mandato pode ser expresso ou tácito, verbal ou escrito.

- art. 1.324 deste Código.
- art. 513, CLT.
- Lei 1.134/1950 (Faculta representação perante as autoridades administrativas e a Justiça ordinária aos associados de classe que especifica).

Art. 657. A outorga do mandato está sujeita à forma exigida por lei para o ato a ser praticado. Não se admite mandato verbal quando o ato deva ser celebrado por escrito.

- arts. 108; 109; 215; 654 deste Código.

Art. 658. O mandato presume-se gratuito quando não houver sido estipulada retribuição, exceto se o seu objeto corresponder ao daqueles que o mandatário trata por ofício ou profissão lucrativa.

Parágrafo único. Se o mandato for oneroso, caberá ao mandatário a retribuição prevista em lei ou no contrato. Sendo estes omissos, será ela determinada pelos usos do lugar, ou, na falta destes, por arbitramento.

Art. 659. A aceitação do mandato pode ser tácita, e resulta do começo de execução.

Art. 660. O mandato pode ser especial a um ou mais negócios determinadamente, ou geral a todos os do mandante.

- Enunciado 183 das Jornadas de Direito Civil.

Art. 661. O mandato em termos gerais só confere poderes de administração.

§ 1º Para alienar, hipotecar, transigir ou praticar outros quaisquer atos que exorbitem da administração ordinária, depende a procuração de poderes especiais e expressos.

- art. 105, NCPC.
- Enunciado 183 das Jornadas de Direito Civil.

§ 2º O poder de transigir não importa o de firmar compromisso.

- arts. 840 a 853; 851 a 853 deste Código.
- Lei 9.307/1996 (Lei de Arbitragem).
- Lei 13.140/2015 (Lei de Mediação).

Art. 662. Os atos praticados por quem não tenha mandato, ou o tenha sem poderes suficientes, são ineficazes em relação àquele em cujo nome foram praticados, salvo se este os ratificar.

- arts. 665; 673; 679; 873 deste Código.
- art. 104, § 2º, NCPC.

Parágrafo único. A ratificação há de ser expressa, ou resultar de ato inequívoco, e retroagirá à data do ato.

- art. 105, NCPC.

Art. 663. Sempre que o mandatário estipular negócios expressamente em nome do mandante, será este o único responsável; ficará, porém, o mandatário pessoalmente obrigado, se agir no seu próprio nome, ainda que o negócio seja de conta do mandante.

Art. 664. O mandatário tem o direito de reter, do objeto da operação que lhe foi cometida, quanto baste para pagamento de tudo que lhe for devido em consequência do mandato.

‣ Enunciado 184 das Jornadas de Direito Civil.

Art. 665. O mandatário que exceder os poderes do mandato, ou proceder contra eles, será considerado mero gestor de negócios, enquanto o mandante lhe não ratificar os atos.

‣ arts. 873 a 875 deste Código.

Art. 666. O maior de dezesseis e menor de dezoito anos não emancipado pode ser mandatário, mas o mandante não tem ação contra ele senão de conformidade com as regras gerais, aplicáveis às obrigações contraídas por menores.

‣ arts. 180 a 182; 654 deste Código.

SEÇÃO II
DAS OBRIGAÇÕES DO MANDATÁRIO

Art. 667. O mandatário é obrigado a aplicar toda sua diligência habitual na execução do mandato, e a indenizar qualquer prejuízo causado por culpa sua ou daquele a quem substabelecer, sem autorização, poderes que devia exercer pessoalmente.

‣ art. 26 Lei 8.906/1994 (EOAB).

§ 1º Se, não obstante proibição do mandante, o mandatário se fizer substituir na execução do mandato, responderá ao seu constituinte pelos prejuízos ocorridos sob a gerência do substituto, embora provenientes de caso fortuito, salvo provando que o caso teria sobrevindo, ainda que não tivesse havido substabelecimento.

‣ art. 393 deste Código.

§ 2º Havendo poderes de substabelecer, só serão imputáveis ao mandatário os danos causados pelo substabelecido, se tiver agido com culpa na escolha deste ou nas instruções dadas a ele.

§ 3º Se a proibição de substabelecer constar da procuração, os atos praticados pelo substabelecido não obrigam o mandante, salvo ratificação expressa, que retroagirá à data do ato.

§ 4º Sendo omissa a procuração quanto ao substabelecimento, o procurador será responsável se o substabelecido proceder culposamente.

Art. 668. O mandatário é obrigado a dar contas de sua gerência ao mandante, transferindo-lhe as vantagens provenientes do mandato, por qualquer título que seja.

Art. 669. O mandatário não pode compensar os prejuízos a que deu causa com os proveitos que, por outro lado, tenha granjeado ao seu constituinte.

Art. 670. Pelas somas que devia entregar ao mandante ou recebeu para despesa, mas empregou em proveito seu, pagará o mandatário juros, desde o momento em que abusou.

‣ art. 677 deste Código.

Art. 671. Se o mandatário, tendo fundos ou crédito do mandante, comprar, em nome próprio, algo que deveria comprar para o mandante, por ter sido expressamente designado no mandato, terá este ação para obrigá-lo à entrega da coisa comprada.

Art. 672. Sendo dois ou mais os mandatários nomeados no mesmo instrumento, qualquer deles poderá exercer os poderes outorgados, se não forem expressamente declarados conjuntos, nem especificamente designados para atos diferentes, ou subordinados a atos sucessivos. Se os mandatários forem declarados conjuntos, não terá eficácia o ato praticado sem interferência de todos, salvo havendo ratificação, que retroagirá à data do ato.

‣ art. 265 deste Código.

Art. 673. O terceiro que, depois de conhecer os poderes do mandatário, com ele celebrar negócio jurídico exorbitante do mandato, não tem ação contra o mandatário, salvo se este lhe prometeu ratificação do mandante ou se responsabilizou pessoalmente.

‣ art. 662 deste Código.

Art. 674. Embora ciente da morte, interdição ou mudança de estado do mandante, deve o mandatário concluir o negócio já começado, se houver perigo na demora.

‣ arts. 682, II e III; 689 deste Código.

SEÇÃO III
DAS OBRIGAÇÕES DO MANDANTE

Art. 675. O mandante é obrigado a satisfazer todas as obrigações contraídas pelo mandatário, na conformidade do mandato conferido, e adiantar a importância das despesas necessárias à execução dele, quando o mandatário lho pedir.

‣ arts. 665 a 673 deste Código.

Art. 676. É obrigado o mandante a pagar ao mandatário a remuneração ajustada e as despesas da execução do mandato, ainda que o negócio não surta o esperado efeito, salvo tendo o mandatário culpa.

‣ arts. 658; e 677 a 680 deste Código.

Art. 677. As somas adiantadas pelo mandatário, para a execução do mandato, vencem juros desde a data do desembolso.

‣ art. 670 deste Código.

Art. 678. É igualmente obrigado o mandante a ressarcir ao mandatário as perdas que este sofrer com a execução do mandato, sempre que não resultem de culpa sua ou de excesso de poderes.

‣ arts. 402 a 405; 665; 673; 675 deste Código.

Art. 679. Ainda que o mandatário contrarie as instruções do mandante, se não exceder os limites do mandato, ficará o mandante obrigado para com aqueles com quem o seu procurador contratou; mas terá contra este ação pelas perdas e danos resultantes da inobservância das instruções.

Art. 680. Se o mandato for outorgado por duas ou mais pessoas, e para negócio comum, cada uma ficará solidariamente responsável ao mandatário por todos os compromissos e efeitos do mandato, salvo direito regressivo, pelas quantias que pagar, contra os outros mandantes.

‣ arts. 275 a 285 deste Código.

Art. 681. O mandatário tem sobre a coisa de que tenha a posse em virtude do mandato, direito de retenção, até se reembolsar do que no desempenho do encargo despendeu.

‣ Enunciado 184 das Jornadas de Direito Civil.

SEÇÃO IV
DA EXTINÇÃO DO MANDATO

Art. 682. Cessa o mandato:

I - pela revogação ou pela renúncia;

‣ arts. 684; 687; 688 deste Código.

‣ arts. 111; 112 NCPC.

‣ art. 5º, § 3º, Lei 8.906/1994 (EOAB).

II - pela morte ou interdição de uma das partes;

‣ arts. 674; 689 a 691 deste Código.

‣ arts. 313; 1.004, NCPC.

III - pela mudança de estado que inabilite o mandante a conferir os poderes, ou o mandatário para os exercer;

IV - pelo término do prazo ou pela conclusão do negócio.

Art. 683. Quando o mandato contiver a cláusula de irrevogabilidade e o mandante o revogar, pagará perdas e danos.

‣ arts. 402 a 405 deste Código.

Art. 684. Quando a cláusula de irrevogabilidade for condição de um negócio bilateral, ou tiver sido estipulada no exclusivo interesse do mandatário, a revogação do mandato será ineficaz.

Art. 685. Conferido o mandato com a cláusula "em causa própria", a sua revogação não terá eficácia, nem se extinguirá pela morte de qualquer das partes, ficando o mandatário dispensado de prestar contas, e podendo transferir para si os bens móveis ou imóveis objeto do mandato, obedecidas as formalidades legais.

Art. 686. A revogação do mandato, notificada somente ao mandatário, não se pode opor aos terceiros que, ignorando-a, de boa-fé com ele trataram; mas ficam salvas ao constituinte as ações que no caso lhe possam caber contra o procurador.

‣ art. 111, NCPC.

Parágrafo único. É irrevogável o mandato que contenha poderes de cumprimento ou confirmação de negócios encetados, aos quais se ache vinculado.

Art. 687. Tanto que for comunicada ao mandatário a nomeação de outro para o mesmo negócio, considerar-se-á revogado o mandato anterior.

Art. 688. A renúncia do mandato será comunicada ao mandante, que, se for prejudicado pela sua inoportunidade, ou pela falta de tempo, a fim de prover à substituição do procurador, será indenizado pelo mandatário, salvo se este provar que não podia continuar no mandato sem prejuízo considerável, e que não lhe era dado substabelecer.

‣ art. 682, I, deste Código.

‣ art. 112, NCPC.

Art. 689. São válidos, a respeito dos contratantes de boa-fé, os atos com estes ajustados em nome do mandante pelo mandatário, enquanto este ignorar a morte daquele ou a extinção do mandato, por qualquer outra causa.

‣ art. 686 deste Código.

Art. 690. Se falecer o mandatário, pendente o negócio a ele cometido, os herdeiros, tendo ciência do mandato, avisarão o mandante, e providenciarão a bem dele, como as circunstâncias exigirem.

Art. 691. Os herdeiros, no caso do artigo antecedente, devem limitar-se às medidas conservatórias, ou continuar os negócios pendentes que se não possam demorar sem perigo, regulando-se os seus serviços dentro desse limite, pelas mesmas normas a que os do mandatário estão sujeitos.

SEÇÃO V
DO MANDATO JUDICIAL

Art. 692. O mandato judicial fica subordinado às normas que lhe dizem respeito, constantes da legislação processual, e, supletivamente, às estabelecidas neste Código.

- arts. 513; 791 e 839, a, CLT.
- arts. 103 a 107; 111; 112; 287 NCPC.
- arts. 263; 266, CPP.
- art. 16, Lei 1.060/1950 (Lei de Assistência Judiciária).
- art. 5º, Lei 8.906/1994 (EAOAB).

CAPÍTULO XI
DA COMISSÃO

Art. 693. O contrato de comissão tem por objeto a aquisição ou a venda de bens pelo comissário, em seu próprio nome, à conta do comitente.

- art. 709 deste Código.

Art. 694. O comissário fica diretamente obrigado para com as pessoas com quem contratar, sem que estas tenham ação contra o comitente, nem este contra elas, salvo se o comissário ceder seus direitos a qualquer das partes.

Art. 695. O comissário é obrigado a agir de conformidade com as ordens e instruções do comitente, devendo, na falta destas, não podendo pedi-las a tempo, proceder segundo os usos em casos semelhantes.

Parágrafo único. Ter-se-ão por justificados os atos do comissário, se deles houver resultado vantagem para o comitente, e ainda no caso em que, não admitindo demora a realização do negócio, o comissário agiu de acordo com os usos.

Art. 696. No desempenho das suas incumbências o comissário é obrigado a agir com cuidado e diligência, não só para evitar qualquer prejuízo ao comitente, mas ainda para lhe proporcionar o lucro que razoavelmente se podia esperar do negócio.

Parágrafo único. Responderá o comissário, salvo motivo de força maior, por qualquer prejuízo que, por ação ou omissão, ocasionar ao comitente.

- art. 393 deste Código.

Art. 697. O comissário não responde pela insolvência das pessoas com quem tratar, exceto em caso de culpa e no do artigo seguinte.

- arts. 698; 955 deste Código.

Art. 698. Se do contrato de comissão constar a cláusula *del credere*, responderá o comissário solidariamente com as pessoas com que houver tratado em nome do comitente, caso em que, salvo estipulação em contrário, o comissário tem direito a remuneração mais elevada, para compensar o ônus assumido.

- arts. 275 a 285 deste Código.

Art. 699. Presume-se o comissário autorizado a conceder dilação do prazo para pagamento, na conformidade dos usos do lugar onde se realizar o negócio, se não houver instruções diversas do comitente.

Art. 700. Se houver instruções do comitente proibindo prorrogação de prazos para pagamento, ou se esta não for conforme os usos locais, poderá o comitente exigir que o comissário pague incontinenti ou responda pelas consequências da dilação concedida, procedendo-se de igual modo se o comissário não der ciência ao comitente dos prazos concedidos e de quem é seu beneficiário.

Art. 701. Não estipulada a remuneração devida ao comissário, será ela arbitrada segundo os usos correntes no lugar.

Art. 702. No caso de morte do comissário, ou, quando, por motivo de força maior, não puder concluir o negócio, será devida pelo comitente uma remuneração proporcional aos trabalhos realizados.

- arts. 393, p.u.; 884 a 886 deste Código.

Art. 703. Ainda que tenha dado motivo à dispensa, terá o comissário direito a ser remunerado pelos serviços úteis prestados ao comitente, ressalvado a este o direito de exigir daquele os prejuízos sofridos.

Art. 704. Salvo disposição em contrário, pode o comitente, a qualquer tempo, alterar as instruções dadas ao comissário, entendendo-se por elas regidos também os negócios pendentes.

Art. 705. Se o comissário for despedido sem justa causa, terá direito a ser remunerado pelos trabalhos prestados, bem como a ser ressarcido pelas perdas e danos resultantes de sua dispensa.

- arts. 402 a 405 deste Código.

Art. 706. O comitente e o comissário são obrigados a pagar juros um ao outro; o primeiro pelo que o comissário houver adiantado para cumprimento de suas ordens; e o segundo pela mora na entrega dos fundos que pertencerem ao comitente.

- arts. 394 a 401; 406; 407 deste Código.

Art. 707. O crédito do comissário, relativo a comissões e despesas feitas, goza de privilégio geral, no caso de falência ou insolvência do comitente.

- art. 965 deste Código.

Art. 708. Para reembolso das despesas feitas, bem como para recebimento das comissões devidas, tem o comissário direito de retenção sobre os bens e valores em seu poder em virtude da comissão.

- arts. 644 deste Código.

Art. 709. São aplicáveis à comissão, no que couber, as regras sobre mandato.

- arts. 653 a 692 deste Código.

CAPÍTULO XII
DA AGÊNCIA E DISTRIBUIÇÃO

- Lei 4.886/1965 (Regula as atividades dos representantes comerciais autônomos).

Art. 710. Pelo contrato de agência, uma pessoa assume, em caráter não eventual e sem vínculos de dependência, a obrigação de promover, à conta de outra, mediante retribuição, a realização de certos negócios, em zona determinada, caracterizando-se a distribuição quando o agente tiver à sua disposição a coisa a ser negociada.

- arts. 27; 31, Lei 4.886/1965 (Regula as atividades dos representantes comerciais autônomos).

Parágrafo único. O proponente pode conferir poderes ao agente para que este o represente na conclusão dos contratos.

Art. 711. Salvo ajuste, o proponente não pode constituir, ao mesmo tempo, mais de um agente, na mesma zona, com idêntica incumbência; nem pode o agente assumir o encargo de nela tratar de negócios do mesmo gênero, à conta de outros proponentes.

Art. 712. O agente, no desempenho que lhe foi cometido, deve agir com toda diligência, atendo-se às instruções recebidas do proponente.

- art. 29 Lei 4.886/1965 (Regula as atividades dos representantes comerciais autônomos).

Art. 713. Salvo estipulação diversa, todas as despesas com a agência ou distribuição correm a cargo do agente ou distribuidor.

Art. 714. Salvo ajuste, o agente ou distribuidor terá direito à remuneração correspondente aos negócios concluídos dentro de sua zona, ainda que sem a sua interferência.

Art. 715. O agente ou distribuidor tem direito à indenização se o proponente, sem justa causa, cessar o atendimento das propostas ou reduzi-lo tanto que se torna antieconômica a continuação do contrato.

Art. 716. A remuneração será devida ao agente também quando o negócio deixar de ser realizado por fato imputável ao proponente.

- art. 32 Lei 4.886/1965 (Regula as atividades dos representantes comerciais autônomos).

Art. 717. Ainda que dispensado por justa causa, terá o agente direito a ser remunerado pelos serviços úteis prestados ao proponente, sem embargo de haver a este perdas e danos pelos prejuízos sofridos.

- arts. 402 a 405 deste Código.
- art. 37, Lei 4.886/1965 (Regula as atividades dos representantes comerciais autônomos).

Art. 718. Se a dispensa se der sem culpa do agente, terá ele direito à remuneração até então devida, inclusive sobre os negócios pendentes, além das indenizações previstas em lei especial.

Art. 719. Se o agente não puder continuar o trabalho por motivo de força maior, terá direito à remuneração correspondente aos serviços realizados, cabendo esse direito aos herdeiros no caso de morte.

Art. 720. Se o contrato for por tempo indeterminado, qualquer das partes poderá resolvê-lo, mediante aviso prévio de noventa dias, desde que transcorrido prazo compatível com a natureza e o vulto do investimento exigido do agente.

- arts. 34; 35, Lei 4.886/1965 (Regula as atividades dos representantes comerciais autônomos).

Parágrafo único. No caso de divergência entre as partes, o juiz decidirá da razoabilidade do prazo e do valor devido.

Art. 721. Aplicam-se ao contrato de agência e distribuição, no que couber, as regras concernentes ao mandato e à comissão e as constantes de lei especial.

- arts. 653 a 709 deste Código.

CAPÍTULO XIII DA CORRETAGEM

- Lei 6.530/1978 (Regulamenta a profissão de Corretor de Imóveis). Dec. 81.871/1978 (Regulamento).

Art. 722. Pelo contrato de corretagem, uma pessoa, não ligada a outra em virtude de mandato de prestação de serviços ou por qualquer relação de dependência, obriga-se a obter para a segunda um ou mais negócios, conforme as instruções recebidas.

- arts. 653 a 692 deste Código.

Art. 723. O corretor é obrigado a executar a mediação com diligência e prudência, e a prestar ao cliente, espontaneamente, todas as informações sobre o andamento do negócio. (Redação dada pela Lei 12.236/2010.)

Parágrafo único. Sob pena de responder por perdas e danos, o corretor prestará ao cliente todos os esclarecimentos acerca da segurança ou do risco do negócio, das alterações de valores e de outros fatores que possam influir nos resultados da incumbência. (Incluído pela Lei 12.236/2010.)

Art. 724. A remuneração do corretor, se não estiver fixada em lei, nem ajustada entre as partes, será arbitrada segundo a natureza do negócio e os usos locais.

Art. 725. A remuneração é devida ao corretor uma vez que tenha conseguido o resultado previsto no contrato de mediação, ou ainda que este não se efetive em virtude de arrependimento das partes.

- art. 51, IV, CDC.

Art. 726. Iniciado e concluído o negócio diretamente entre as partes, nenhuma remuneração será devida ao corretor; mas se, por escrito, for ajustada a corretagem com exclusividade, terá o corretor direito à remuneração integral, ainda que realizado o negócio sem a sua mediação, salvo se comprovada sua inércia ou ociosidade.

Art. 727. Se, por não haver prazo determinado, o dono do negócio dispensar o corretor, e o negócio se realizar posteriormente, como fruto da sua mediação, a corretagem lhe será devida; igual solução se adotará se o negócio se realizar após a decorrência do prazo contratual, mas por efeito dos trabalhos do corretor.

Art. 728. Se o negócio se concluir com a intermediação de mais de um corretor, a remuneração será paga a todos em partes iguais, salvo ajuste em contrário.

Art. 729. Os preceitos sobre corretagem constantes deste Código não excluem a aplicação de outras normas da legislação especial.

CAPÍTULO XIV DO TRANSPORTE

- Súm. 161, STF.

SEÇÃO I DISPOSIÇÕES GERAIS

Art. 730. Pelo contrato de transporte alguém se obriga, mediante retribuição, a transportar, de um lugar para outro, pessoas ou coisas.

- art. 927, p.u., deste Código.

Art. 731. O transporte exercido em virtude de autorização, permissão ou concessão rege-se pelas normas regulamentares e pelo que for estabelecido naqueles atos, sem prejuízo do disposto neste Código.

- arts. 21, XII; 25, § 1º; 30, V; 37, § 6º; 175, CF.

Art. 732. Aos contratos de transporte, em geral, são aplicáveis, quando couber, desde que não contrariem as disposições deste Código, os preceitos constantes da legislação especial e de tratados e convenções internacionais.

- Dec. 2.681/1912 (Dispõe sobre a responsabilidade civil das estradas de ferro).
- Dec.-Lei 3.326/1941 (Dispõe sobre o transporte de malas postais). Dec.-Lei 5.405/1943 (Regulamento).
- Dec. 1.832/1966 (Aprova o Regulamento dos Transportes Aquaviários).
- Lei 9.432/1997 (Dispõe sobre a ordenação do transporte aquaviário).
- Enunciados 369 e 559 das Jornadas de Direito Civil.

Art. 733. Nos contratos de transporte cumulativo, cada transportador se obriga a cumprir o contrato relativamente ao respectivo percurso, respondendo pelos danos nele causados a pessoas e coisas.

§ 1º O dano, resultante do atraso ou da interrupção da viagem, será determinado em razão da totalidade do percurso.

§ 2º Se houver substituição de algum dos transportadores no decorrer do percurso, a responsabilidade solidária estender-se-á ao substituto.

- arts. 275 a 285; 927, p.u., deste Código.

SEÇÃO II DO TRANSPORTE DE PESSOAS

Art. 734. O transportador responde pelos danos causados às pessoas transportadas e suas bagagens, salvo motivo de força maior, sendo nula qualquer cláusula excludente da responsabilidade.

- arts. 333; 927, p.u., deste Código.
- Súm. 161, STF.

Parágrafo único. É lícito ao transportador exigir a declaração do valor da bagagem a fim de fixar o limite da indenização.

- art. 944; 950 deste Código.

Art. 735. A responsabilidade contratual do transportador por acidente com o passageiro não é elidida por culpa de terceiro, contra o qual tem ação regressiva.

- arts. 927, p.u.; 932, III; 933; 934; 942, p.u., deste Código.
- Súm. 187, STF.
- Enunciado 369 das Jornadas de Direito Civil.

Art. 736. Não se subordina às normas do contrato de transporte o feito gratuitamente, por amizade ou cortesia.

Parágrafo único. Não se considera gratuito o transporte quando, embora feito sem remuneração, o transportador auferir vantagens indiretas.

- Súm. 145, STJ.
- Enunciado 559 das Jornadas de Direito Civil.

Art. 737. O transportador está sujeito aos horários e itinerários previstos, sob pena de responder por perdas e danos, salvo motivo de força maior.

- arts. 393; 402 a 405 deste Código.

Art. 738. A pessoa transportada deve sujeitar-se às normas estabelecidas pelo transportador, constantes no bilhete ou afixadas à vista dos usuários, abstendo-se de quaisquer atos que causem incômodo ou prejuízo aos passageiros, danifiquem o veículo ou dificultem ou impeçam a execução normal do serviço.

Parágrafo único. Se o prejuízo sofrido pela pessoa transportada for atribuível à transgressão de normas e instruções regulamentares, o juiz reduzirá equitativamente a indenização, na medida em que a vítima houver concorrido para a ocorrência do dano.

- art. 945 deste Código.

Art. 739. O transportador não pode recusar passageiros, salvo os casos previstos nos regulamentos, ou se as condições de higiene ou de saúde do interessado o justificarem.

Art. 740. O passageiro tem direito a rescindir o contrato de transporte antes de iniciada a viagem, sendo-lhe devida a restituição do valor da passagem, desde que feita a comunicação ao transportador em tempo de ser renegociada.

§ 1º Ao passageiro é facultado desistir do transporte, mesmo depois de iniciada a viagem, sendo-lhe devida a restituição do valor correspondente ao trecho não utilizado, desde que provado que outra pessoa haja sido transportada em seu lugar.

§ 2º Não terá direito ao reembolso do valor da passagem o usuário que deixar de embarcar, salvo se provado que outra pessoa foi transportada em seu lugar, caso em que lhe será restituído o valor do bilhete não utilizado.

§ 3º Nas hipóteses previstas neste artigo, o transportador terá direito de reter até cinco por cento da importância a ser restituída ao passageiro, a título de multa compensatória.

Art. 741. Interrompendo-se a viagem por qualquer motivo alheio à vontade do transportador, ainda que em consequência de evento imprevisível, fica ele obrigado a concluir o transporte contratado em outro veículo da mesma categoria, ou, com a anuência do passageiro, por modalidade diferente, à sua custa, correndo também por sua conta as despesas de estada e alimentação do usuário, durante a espera de novo transporte.

Art. 742. O transportador, uma vez executado o transporte, tem direito de retenção sobre a bagagem de passageiro e outros objetos pessoais deste, para garantir-se do pagamento do valor da passagem que não tiver sido feito no início ou durante o percurso.

- art. 644 deste Código.

SEÇÃO III
DO TRANSPORTE DE COISAS

Art. 743. A coisa, entregue ao transportador, deve estar caracterizada pela sua natureza, valor, peso e quantidade, e o mais que for necessário para que não se confunda com outras, devendo o destinatário ser indicado ao menos pelo nome e endereço.

- arts. 566 e ss., CCom.

Art. 744. Ao receber a coisa, o transportador emitirá conhecimento com a menção dos dados que a identifiquem, obedecido o disposto em lei especial.

Parágrafo único. O transportador poderá exigir que o remetente lhe entregue, devidamente assinada, a relação discriminada das coisas a serem transportadas, em duas vias, uma das quais, por ele devidamente autenticada, ficará fazendo parte integrante do conhecimento.

- Art. 575, CCom.

Art. 745. Em caso de informação inexata ou falsa descrição no documento a que se refere o artigo antecedente, será o transportador indenizado pelo prejuízo que sofrer, devendo a ação respectiva ser ajuizada no prazo de cento e vinte dias, a contar daquele ato, sob pena de decadência.

Art. 746. Poderá o transportador recusar a coisa cuja embalagem seja inadequada, bem como a que possa pôr em risco a saúde das pessoas, ou danificar o veículo e outros bens.

- Lei 9.611/1998 (Dispõe sobre o transporte multimodal de cargas).

Art. 747. O transportador deverá obrigatoriamente recusar a coisa cujo transporte ou comercialização não sejam permitidos, ou que venha desacompanhada dos documentos exigidos por lei ou regulamento.

- art. 180 CP.

Art. 748. Até a entrega da coisa, pode o remetente desistir do transporte e pedi-la de volta, ou ordenar seja entregue a outro destinatário, pagando, em ambos os casos, os acréscimos de despesa decorrentes da contraordem, mais as perdas e danos que houver.

- arts. 473 deste Código.

Art. 749. O transportador conduzirá a coisa ao seu destino, tomando todas as cautelas necessárias para mantê-la em bom estado e entregá-la no prazo ajustado ou previsto.

Art. 750. A responsabilidade do transportador, limitada ao valor constante do conhecimento, começa no momento em que ele, ou seus prepostos, recebem a coisa; termina quando é entregue ao destinatário, ou depositada em juízo, se aquele não for encontrado.

- art. 927, p.u., deste Código.

Art. 751. A coisa, depositada ou guardada nos armazéns do transportador, em virtude de contrato de transporte, rege-se, no que couber, pelas disposições relativas a depósito.

- arts. 627 a 652 deste Código.
- art. 168 CP.

Art. 752. Desembarcadas as mercadorias, o transportador não é obrigado a dar aviso ao destinatário, se assim não foi convencionado, dependendo também de ajuste a entrega a domicílio, e devem constar do conhecimento de embarque as cláusulas de aviso ou de entrega a domicílio.

Art. 753. Se o transporte não puder ser feito ou sofrer longa interrupção, o transportador solicitará, incontinenti, instruções ao remetente, e zelará pela coisa, por cujo perecimento ou deterioração responderá, salvo força maior.

§ 1º Perdurando o impedimento, sem motivo imputável ao transportador e sem manifestação do remetente, poderá aquele depositar a coisa em juízo, ou vendê-la, obedecidos os preceitos legais e regulamentares, ou os usos locais, depositando o valor.

- arts. 334 a 345 deste Código.
- arts. 539 a 549, NCPC.

§ 2º Se o impedimento for responsabilidade do transportador, este poderá depositar a coisa, por sua conta e risco, mas só poderá vendê-la se perecível.

§ 3º Em ambos os casos, o transportador deve informar o remetente da efetivação do depósito ou da venda.

§ 4º Se o transportador mantiver a coisa depositada em seus próprios armazéns, continuará a responder pela sua guarda e conservação, sendo-lhe devida, porém, uma remuneração pela custódia, a qual poderá ser contratualmente ajustada ou se conformará aos usos adotados em cada sistema de transporte.

- arts. 627 a 652 deste Código.

Art. 754. As mercadorias devem ser entregues ao destinatário, ou a quem apresentar o conhecimento endossado, devendo aquele que as receber conferi-las e apresentar as reclamações que tiver, sob pena de decadência dos direitos.

- art. 744 deste Código.
- Súm. 109, STJ.

Parágrafo único. No caso de perda parcial ou de avaria não perceptível à primeira vista, o destinatário conserva a sua ação contra o transportador, desde que denuncie o dano em dez dias a contar da entrega.

Art. 755. Havendo dúvida acerca de quem seja o destinatário, o transportador deve depositar a mercadoria em juízo, se não lhe for possível obter instruções do remetente; se a demora puder ocasionar a deterioração da coisa, o transportador deverá vendê-la, depositando o saldo em juízo.

- arts. 334 a 345 deste Código.

Art. 756. No caso de transporte cumulativo, todos os transportadores respondem solidariamente pelo dano causado perante o remetente, ressalvada a apuração final da responsabilidade entre eles, de modo que o ressarcimento recaia, por inteiro, ou proporcionalmente, naquele ou naqueles em cujo percurso houver ocorrido o dano.

- arts. 275 a 285 deste Código.

CAPÍTULO XV
DO SEGURO

- art. 206, §§ 1º, II, e 3º, IX; 1.346 deste Código.
- arts. 666 a 730, CCom.
- art. 171, § 2º, V, CP.
- Súm. 105; 188; 504; 529, STF.

SEÇÃO I
DISPOSIÇÕES GERAIS

- LC 126/2007 (Dispõe sobre a política de resseguro, retrocessão e sua intermediação, as operações de cosseguro, as contratações de seguro no exterior e as operações em moeda estrangeira do setor securitário).
- Súm. 632, STJ.

Art. 757. Pelo contrato de seguro, o segurador se obriga, mediante o pagamento do prêmio, a garantir interesse legítimo do segurado, relativo a pessoa ou a coisa, contra riscos predeterminados.

- Súm. 31; 426; 465, STJ.
- Enunciados 185 e 370 das Jornadas de Direito Civil.

Parágrafo único. Somente pode ser parte, no contrato de seguro, como segurador, entidade para tal fim legalmente autorizada.

Art. 758. O contrato de seguro prova-se com a exibição da apólice ou do bilhete do seguro, e, na falta deles, por documento comprobatório do pagamento do respectivo prêmio.

- art. 227, p.u., deste Código.

Art. 759. A emissão da apólice deverá ser precedida de proposta escrita com a declaração dos elementos essenciais do interesse a ser garantido e do risco.

Art. 760. A apólice ou o bilhete de seguro serão nominativos, à ordem ou ao portador, e mencionarão os riscos assumidos, o início e o fim de sua validade, o limite da garantia e o prêmio devido, e, quando for o caso, o nome do segurado e o do beneficiário.

Parágrafo único. No seguro de pessoas, a apólice ou o bilhete não podem ser ao portador.

- arts. 785, § 2º; 791; 792 deste Código.

Art. 761. Quando o risco for assumido em cosseguro, a apólice indicará o segurador que administrará o contrato e representará os demais, para todos os seus efeitos.

Art. 762. Nulo será o contrato para garantia de risco proveniente de ato doloso do segurado, do beneficiário, ou de representante de um ou de outro.

- arts. 677; 678 CCom.

Art. 763. Não terá direito a indenização o segurado que estiver em mora no pagamento do prêmio, se ocorrer o sinistro antes de sua purgação.

- arts. 394 a 401 deste Código.
- Súm. 616, STJ.
- Enunciados 371 e 376 das Jornadas de Direito Civil.

Art. 764. Salvo disposição especial, o fato de se não ter verificado o risco, em previsão do qual se faz o seguro, não exime o segurado de pagar o prêmio.

- art. 642; 684 deste Código.

Art. 765. O segurado e o segurador são obrigados a guardar na conclusão e na execução do contrato a mais estrita boa-fé e veracidade, tanto a respeito do objeto quanto das circunstâncias e declarações a ele concernentes.

- Súm. 402; 465; 609 STJ.
- Enunciados 542; 543; 585 das Jornadas de Direito Civil.

Art. 766. Se o segurado, por si ou por seu representante, fizer declarações inexatas ou omitir circunstâncias que possam influir na aceitação da proposta ou na taxa do prêmio, perderá o direito à garantia, além de ficar obrigado ao prêmio vencido.

- Súm. 609, STJ.
- Enunciados 372; 585 das Jornadas de Direito Civil.

Parágrafo único. Se a inexatidão ou omissão nas declarações não resultar de má-fé do segurado, o segurador terá direito a resolver o contrato, ou a cobrar, mesmo após o sinistro, a diferença do prêmio.

- art. 765 deste Código.

Art. 767. No seguro à conta de outrem, o segurador pode opor ao segurado quaisquer defesas que tenha contra o estipulante, por descumprimento das normas de conclusão do contrato ou de pagamento do prêmio.

Art. 768. O segurado perderá o direito à garantia se agravar intencionalmente o risco objeto do contrato.

- arts. 757; 759; 765; e 769 deste Código.
- Súmula 620, STJ.

Art. 769. O segurado é obrigado a comunicar ao segurador, logo que saiba, todo incidente suscetível de agravar consideravelmente o risco coberto, sob pena de perder o direito à garantia, se provar que silenciou de má-fé.

§ 1º O segurador, desde que o faça nos quinze dias seguintes ao recebimento do aviso da agravação do risco sem culpa do segurado, poderá dar-lhe ciência, por escrito, de sua decisão de resolver o contrato.

§ 2º A resolução só será eficaz trinta dias após a notificação, devendo ser restituída pelo segurador a diferença do prêmio.

Art. 770. Salvo disposição em contrário, a diminuição do risco no curso do contrato não acarreta a redução do prêmio estipulado; mas, se a redução do risco for considerável, o segurado poderá exigir a revisão do prêmio, ou a resolução do contrato.

Art. 771. Sob pena de perder o direito à indenização, o segurado participará o sinistro ao segurador, logo que o saiba, e tomará as providências imediatas para minorar-lhe as consequências.

- Súm. 229, STJ.

Parágrafo único. Correm à conta do segurador, até o limite fixado no contrato, as despesas de salvamento consequente ao sinistro.

- Súm. Vinc. 32, STF.

Art. 772. A mora do segurador em pagar o sinistro obriga à atualização monetária da indenização devida segundo índices oficiais regularmente estabelecidos, sem prejuízo dos juros moratórios.

Art. 773. O segurador que, ao tempo do contrato, sabe estar passado o risco de que o segurado se pretende cobrir, e, não obstante, expede a apólice, pagará em dobro o prêmio estipulado.

Art. 774. A recondução tácita do contrato pelo mesmo prazo, mediante expressa cláusula contratual, não poderá operar mais de uma vez.

Art. 775. Os agentes autorizados do segurador presumem-se seus representantes para todos os atos relativos aos contratos que agenciarem.

Art. 776. O segurador é obrigado a pagar em dinheiro o prejuízo resultante do risco assumido, salvo se convencionada a reposição da coisa.

- arts. 206, § 1º, II, deste Código.

Art. 777. O disposto no presente Capítulo aplica-se, no que couber, aos seguros regidos por leis próprias.

- arts. 666 a 730, CCom.
- art. 5º, § 3º, Lei 9.514/1997 (Dispõe sobre o sistema de financiamento imobiliário e institui a alienação fiduciária de coisa imóvel).
- Lei 6.194/1974 (Dispõe sobre seguro obrigatório de danos pessoais causados por veículos automotores de via terrestre, ou por sua carga, a pessoas transportadas ou não).
- Lei 6.704/1979 (Dispõe sobre o seguro de crédito à exportação). Dec. 3.937/2001 (Regulamento).
- Lei 8.374/1991 (Dispõe sobre o seguro obrigatório de danos pessoais causados por embarcações ou sua carga).
- Lei 9.477/1997 (Institui o Fundo de Aposentadoria Programada Individual – FAPI e seu plano de incentivo).
- Lei 9.656/1998 (Dispõe sobre os planos e seguros privados de assistência à saúde).
- Lei 10.185/2001 (Dispõe sobre a especialização das sociedades seguradoras em planos privados de assistência à saúde).
- Dec.-Lei 2.063/1940 (Regulamenta sob novos moldes as operações de seguros privados e sua fiscalização).
- Dec.-Lei 5.384/1943 (Dispõe sobre beneficiários do seguro de vida).
- Dec.-Lei 73/1966 (Dispõe sobre o Sistema Nacional de Seguros Privados). Dec. 60.459/1967 (Regulamento).
- Dec. 59.195/1966 (Dispõe sobre a cobrança de prêmios de seguros privados).
- Dec. 59.428/1966 (Dispõe sobre a política de acesso à propriedade rural).
- Súm. 402, STJ.

SEÇÃO II
DO SEGURO DE DANO

- Súm. 257; 402; 632 STJ.

Art. 778. Nos seguros de dano, a garantia prometida não pode ultrapassar o valor do interesse segurado no momento da conclusão do contrato, sob pena do disposto no art. 766, e sem prejuízo da ação penal que no caso couber.

- art. 677, CCom.

Art. 779. O risco do seguro compreenderá todos os prejuízos resultantes ou consequentes, como sejam os estragos ocasionados para evitar o sinistro, minorar o dano ou salvar a coisa.

Art. 780. A vigência da garantia, no seguro de coisas transportadas, começa no momento em que são pelo transportador recebidas, e cessa com a sua entrega ao destinatário.

Art. 781. A indenização não pode ultrapassar o valor do interesse segurado no momento do sinistro, e, em hipótese alguma, o limite máximo da garantia fixado na apólice, salvo em caso de mora do segurador.

Art. 782. O segurado que, na vigência do contrato, pretender obter novo seguro sobre o mesmo interesse, e contra o mesmo risco junto a outro segurador, deve previamente comunicar sua intenção por escrito ao primeiro, indicando a soma por que pretende segurar-se, a fim de se comprovar a obediência ao disposto no art. 778.

- arts. 765; 778; 781; e 789 deste Código.

Art. 783. Salvo disposição em contrário, o seguro de um interesse por menos do que valha acarreta a redução proporcional da indenização, no caso de sinistro parcial.

Art. 784. Não se inclui na garantia o sinistro provocado por vício intrínseco da coisa segurada, não declarado pelo segurado.

Parágrafo único. Entende-se por vício intrínseco o defeito próprio da coisa, que se não encontra normalmente em outras da mesma espécie.

Art. 785. Salvo disposição em contrário, admite-se a transferência do contrato a terceiro com a alienação ou cessão do interesse segurado.

- art. 959, I, deste Código.

§ 1º Se o instrumento contratual é nominativo, a transferência só produz efeitos em relação ao segurador mediante aviso escrito assinado pelo cedente e pelo cessionário.

- Súm. 465, STJ.

§ 2º A apólice ou o bilhete à ordem só se transfere por endosso em preto, datado e assinado pelo endossante e pelo endossatário.

Art. 786. Paga a indenização, o segurador sub-roga-se, nos limites do valor respectivo, nos direitos e ações que competirem ao segurado contra o autor do dano.

- arts. 346 a 351; 800 deste Código.

‣ Súm. 151; 188; 257 STF.

‣ Enunciado 552 das Jornadas de Direito Civil.

§ 1º Salvo dolo, a sub-rogação não tem lugar se o dano foi causado pelo cônjuge do segurado, seus descendentes ou ascendentes, consanguíneos ou afins.

§ 2º É ineficaz qualquer ato do segurado que diminua ou extinga, em prejuízo do segurador, os direitos a que se refere este artigo.

Art. 787. No seguro de responsabilidade civil, o segurador garante o pagamento de perdas e danos devidos pelo segurado a terceiro.

‣ arts. 402 a 405 deste Código.

‣ Súm. 529, STJ.

§ 1º Tão logo saiba o segurado das consequências de ato seu, suscetível de lhe acarretar a responsabilidade incluída na garantia, comunicará o fato ao segurador.

§ 2º É defeso ao segurado reconhecer sua responsabilidade ou confessar a ação, bem como transigir com o terceiro prejudicado, ou indenizá-lo diretamente, sem anuência expressa do segurador.

‣ art. 795 deste Código.

§ 3º Intentada a ação contra o segurado, dará este ciência da lide ao segurador.

§ 4º Subsistirá a responsabilidade do segurado perante o terceiro, se o segurador for insolvente.

‣ art. 955 deste Código.

Art. 788. Nos seguros de responsabilidade legalmente obrigatórios, a indenização por sinistro será paga pelo segurador diretamente ao terceiro prejudicado.

Parágrafo único. Demandado em ação direta pela vítima do dano, o segurador não poderá opor a exceção de contrato não cumprido pelo segurado, sem promover a citação deste para integrar o contraditório.

‣ arts. 476; 477 deste Código.

SEÇÃO III
DO SEGURO DE PESSOA

‣ art. 63, p.u., LC 109/2001 (Dispõe sobre o Regime de Previdência Complementar).

‣ Súm. 632, STJ.

Art. 789. Nos seguros de pessoas, o capital segurado é livremente estipulado pelo proponente, que pode contratar mais de um seguro sobre o mesmo interesse, com o mesmo ou diversos seguradores.

Art. 790. No seguro sobre a vida de outros, o proponente é obrigado a declarar, sob pena de falsidade, o seu interesse pela preservação da vida do segurado.

Parágrafo único. Até prova em contrário, presume-se o interesse, quando o segurado é cônjuge, ascendente ou descendente do proponente.

‣ Súm. 105, STF.

‣ Súm. 61; 610, STJ.

Art. 791. Se o segurado não renunciar à faculdade, ou se o seguro não tiver como causa declarada a garantia de alguma obrigação, é lícita a substituição do beneficiário, por ato entre vivos ou de última vontade.

Parágrafo único. O segurador, que não for cientificado oportunamente da substituição, desobrigar-se-á pagando o capital segurado ao antigo beneficiário.

‣ art. 438 deste Código.

Art. 792. Na falta de indicação da pessoa ou beneficiário, ou se por qualquer motivo não prevalecer a que for feita, o capital segurado será pago por metade ao cônjuge não separado judicialmente, e o restante aos herdeiros do segurado, obedecida a ordem da vocação hereditária.

‣ arts. 1.798 a 1.803 deste Código.

‣ Dec.-Lei 5.384/1943 (Dispõe sobre os beneficiários do seguro de vida).

Parágrafo único. Na falta das pessoas indicadas neste artigo, serão beneficiários os que provarem que a morte do segurado os privou dos meios necessários à subsistência.

‣ art. 438 deste Código.

Art. 793. É válida a instituição do companheiro como beneficiário, se ao tempo do contrato o segurado era separado judicialmente, ou já se encontrava separado de fato.

‣ arts. 1.723; a 1.727 deste Código.

Art. 794. No seguro de vida ou de acidentes pessoais para o caso de morte, o capital estipulado não está sujeito às dívidas do segurado, nem se considera herança para todos os efeitos de direito.

‣ arts. 784, V e VI; 833, VI, NCPC.

Art. 795. É nula, no seguro de pessoa, qualquer transação para pagamento reduzido do capital segurado.

‣ arts. 422; 840 a 850 deste Código.

Art. 796. O prêmio, no seguro de vida, será conveniado por prazo limitado, ou por toda a vida do segurado.

Parágrafo único. Em qualquer hipótese, no seguro individual, o segurador não terá ação para cobrar o prêmio vencido, cuja falta de pagamento, nos prazos previstos, acarretará, conforme se estipular, a resolução do contrato, com a restituição da reserva já formada, ou a redução do capital garantido proporcionalmente ao prêmio pago.

Art. 797. No seguro de vida para o caso de morte, é lícito estipular-se um prazo de carência, durante o qual o segurador não responde pela ocorrência do sinistro.

Parágrafo único. No caso deste artigo o segurador é obrigado a devolver ao beneficiário o montante da reserva técnica já formada.

‣ Súm. 610, STJ.

Art. 798. O beneficiário não tem direito ao capital estipulado quando o segurado se suicida nos primeiros dois anos de vigência inicial do contrato, ou da sua recondução depois de suspenso, observado o disposto no parágrafo único do artigo antecedente.

Parágrafo único. Ressalvada a hipótese prevista neste artigo, é nula a cláusula contratual que exclui o pagamento do capital por suicídio do segurado.

‣ Súm. 105, STF.

‣ Súm. 61; 610, STJ.

Art. 799. O segurador não pode eximir-se ao pagamento do seguro, ainda que da apólice conste a restrição, se a morte ou a incapacidade do segurado provier da utilização de meio de transporte mais arriscado, da prestação de serviço militar, da prática de esporte, ou de atos de humanidade em auxílio de outrem.

Art. 800. Nos seguros de pessoas, o segurador não pode sub-rogar-se nos direitos e ações do segurado, ou do beneficiário, contra o causador do sinistro.

‣ arts. 786 deste Código.

Art. 801. O seguro de pessoas pode ser estipulado por pessoa natural ou jurídica em proveito de grupo que a ela, de qualquer modo, se vincule.

‣ Súm. 101, STJ.

‣ Enunciado 375 das Jornadas de Direito Civil.

§ 1º O estipulante não representa o segurador perante o grupo segurado, e é o único responsável, para com o segurador, pelo cumprimento de todas as obrigações contratuais.

§ 2º A modificação da apólice em vigor dependerá da anuência expressa de segurados que representem três quartos do grupo.

Art. 802. Não se compreende nas disposições desta Seção a garantia do reembolso de despesas hospitalares ou de tratamento médico, nem o custeio das despesas de luto e de funeral do segurado.

CAPÍTULO XVI
DA CONSTITUIÇÃO DE RENDA

Art. 803. Pode uma pessoa, pelo contrato de constituição de renda, obrigar-se para com outra a uma prestação periódica, a título gratuito.

‣ arts. 809 e 813 deste Código.

Art. 804. O contrato pode ser também a título oneroso, entregando-se bens móveis ou imóveis à pessoa que se obriga a satisfazer as prestações a favor do credor ou de terceiros.

‣ art. 809 deste Código.

Art. 805. Sendo o contrato a título oneroso, pode o credor, ao contratar, exigir que o rendeiro lhe preste garantia real, ou fidejussória.

Art. 806. O contrato de constituição de renda será feito a prazo certo, ou por vida, podendo ultrapassar a vida do devedor, mas não a do credor, seja ele o contratante, seja terceiro.

Art. 807. O contrato de constituição de renda requer escritura pública.

‣ art. 109 deste Código.

Art. 808. É nula a constituição de renda em favor de pessoa já falecida, ou que, nos trinta dias seguintes, vier a falecer de moléstia que já sofria, quando foi celebrado o contrato.

Art. 809. Os bens dados em compensação da renda caem, desde a tradição, no domínio da pessoa que por aquela se obrigou.

‣ art. 1.359 deste Código.

Art. 810. Se o rendeiro, ou censuário, deixar de cumprir a obrigação estipulada, poderá o credor da renda acioná-lo, tanto para que lhe pague as prestações atrasadas quanto para que lhe dê garantias das futuras, sob pena de rescisão do contrato.

‣ arts. 475 a 477 deste Código.

Art. 811. O credor adquire o direito à renda dia a dia, se a prestação não houver de ser paga adiantada, no começo de cada um dos períodos prefixos.

Art. 812. Quando a renda for constituída em benefício de duas ou mais pessoas, sem determinação da parte de cada uma, entende-se que os seus direitos são iguais; e, salvo estipulação diversa, não adquirirão os sobrevivos direito à parte dos que morrerem.

Art. 813. A renda constituída por título gratuito pode, por ato do instituidor, ficar isenta de todas as execuções pendentes e futuras.

Parágrafo único. A isenção prevista neste artigo prevalece de pleno direito em favor dos montepios e pensões alimentícias.

‣ art. 833, I, NCPC.

CAPÍTULO XVII
DO JOGO E DA APOSTA

Art. 814. As dívidas de jogo ou de aposta não obrigam a pagamento; mas não se pode recobrar a quantia, que voluntariamente se pagou, salvo se foi ganha por dolo, ou se o perdente é menor ou interdito.

‣ arts. 166, II; 816 deste Código.

§ 1º Estende-se esta disposição a qualquer contrato que encubra ou envolva reconhecimento, novação ou fiança de dívida de jogo; mas a nulidade resultante não pode ser oposta ao terceiro de boa-fé.

‣ arts. 360 a 367 deste Código.

§ 2º O preceito contido neste artigo tem aplicação, ainda que se trate de jogo não proibido, só se excetuando os jogos e apostas legalmente permitidos.

§ 3º Excetuam-se, igualmente, os prêmios oferecidos ou prometidos para o vencedor em competição de natureza esportiva, intelectual ou artística, desde que os interessados se submetam às prescrições legais e regulamentares.

Art. 815. Não se pode exigir reembolso do que se emprestou para jogo ou aposta, no ato de apostar ou jogar.

Art. 816. As disposições dos arts. 814 e 815 não se aplicam aos contratos sobre títulos de bolsa, mercadorias ou valores, em que se estipulem a liquidação exclusivamente pela diferença entre o preço ajustado e a cotação que eles tiverem no vencimento do ajuste.

Art. 817. O sorteio para dirimir questões ou dividir coisas comuns considera-se sistema de partilha ou processo de transação, conforme o caso.

‣ arts. 840 a 850; 858; 2.013 a 2.022 deste Código.

CAPÍTULO XVIII
DA FIANÇA

SEÇÃO I
DISPOSIÇÕES GERAIS

Art. 818. Pelo contrato de fiança, uma pessoa garante satisfazer ao credor uma obrigação assumida pelo devedor, caso este não a cumpra.

‣ arts. 814, § 1º; 1.642, IV; 1.647, III, deste Código.

‣ arts. 477; 481; 483; 527; 535; 548-4; 580; 595; 604; 609; 612; 784; e 785, CCom.

‣ art. 30, Dec. 21.981/1932 (Regula a profissão de leiloeiro).

‣ Dec. 91.271/1985 (Veda a concessão, por entidades estatais, da aval, fiança ou outras garantias).

‣ arts. 23, XI; 37, II e III; 40, V e X; 41; 71, V, Lei 8.245/1991 (Lei das Locações).

Art. 819. A fiança dar-se-á por escrito, e não admite interpretação extensiva.

‣ arts. 114 deste Código.

‣ Súm. 214, STJ.

Art. 819-A. (Vetado). (Incluído pela Lei 10.931/2004).

Art. 820. Pode-se estipular a fiança, ainda que sem consentimento do devedor ou contra a sua vontade.

Art. 821. As dívidas futuras podem ser objeto de fiança; mas o fiador, neste caso, não será demandado senão depois que se fizer certa e líquida a obrigação do principal devedor.

Art. 822. Não sendo limitada, a fiança compreenderá todos os acessórios da dívida principal, inclusive as despesas judiciais, desde a citação do fiador.

Art. 823. A fiança pode ser de valor inferior ao da obrigação principal e contraída em condições menos onerosas, e, quando exceder o valor da dívida, ou for mais onerosa que ela, não valerá senão até ao limite da obrigação afiançada.

‣ art. 830 deste Código.

Art. 824. As obrigações nulas não são suscetíveis de fiança, exceto se a nulidade resultar apenas de incapacidade pessoal do devedor.

‣ art. 837 deste Código.

Parágrafo único. A exceção estabelecida neste artigo não abrange o caso de mútuo feito a menor.

‣ art. 588 deste Código.

Art. 825. Quando alguém houver de oferecer fiador, o credor não pode ser obrigado a aceitá-lo se não for pessoa idônea, domiciliada no município onde tenha de prestar a fiança, e não possua bens suficientes para cumprir a obrigação.

Art. 826. Se o fiador se tornar insolvente ou incapaz, poderá o credor exigir que seja substituído.

‣ art. 333, III, deste Código.

SEÇÃO II
DOS EFEITOS DA FIANÇA

Art. 827. O fiador demandado pelo pagamento da dívida tem direito a exigir, até a contestação da lide, que sejam primeiro executados os bens do devedor.

‣ art. 839 deste Código.

‣ arts. 130; 794, NCPC.

Parágrafo único. O fiador que alegar o benefício de ordem, a que se refere este artigo, deve nomear bens do devedor, sitos no mesmo município, livres e desembargados, quantos bastem para solver o débito.

Art. 828. Não aproveita este benefício ao fiador:

‣ art. 838 deste Código.

‣ Enunciado 364 das Jornadas de Direito Civil.

I - se ele o renunciou expressamente;

II - se se obrigou como principal pagador, ou devedor solidário;

‣ arts. 264 a 285 deste Código.

III - se o devedor for insolvente ou falido.

Art. 829. A fiança conjuntamente prestada a um só débito por mais de uma pessoa importa o compromisso de solidariedade entre elas, se declaradamente não se reservarem o benefício de divisão.

‣ art. 130, NCPC.

Parágrafo único. Estipulado este benefício, cada fiador responde unicamente pela parte que, em proporção, lhe couber no pagamento.

Art. 830. Cada fiador pode fixar no contrato a parte da dívida que toma sob sua responsabilidade, caso em que não será por mais obrigado.

‣ art. 339 deste Código.

Art. 831. O fiador que pagar integralmente a dívida fica sub-rogado nos direitos do credor; mas só poderá demandar a cada um dos outros fiadores pela respectiva quota.

‣ art. 346, III, deste Código.

Parágrafo único. A parte do fiador insolvente distribuir-se-á pelos outros.

‣ art. 596, p.u., NCPC.

Art. 832. O devedor responde também perante o fiador por todas as perdas e danos que este pagar, e pelos que sofrer em razão da fiança.

‣ arts. 402 a 405 deste Código.

Art. 833. O fiador tem direito aos juros do desembolso pela taxa estipulada na obrigação principal, e, não havendo taxa convencionada, aos juros legais da mora.

‣ arts. 406 e 407 deste Código.

Art. 834. Quando o credor, sem justa causa, demorar a execução iniciada contra o devedor, poderá o fiador promover-lhe o andamento.

‣ art. 778, NCPC.

Art. 835. O fiador poderá exonerar-se da fiança que tiver assinado sem limitação de tempo, sempre que lhe convier, ficando obrigado por todos os efeitos da fiança, durante sessenta dias após a notificação do credor.

‣ arts. 366; 2.036 deste Código.

‣ art. 39, Lei 8.245/1991 (Lei das Locações).

‣ Súm. 214, STJ.

‣ Enunciado 547 das Jornadas de Direito Civil.

Art. 836. A obrigação do fiador passa aos herdeiros; mas a responsabilidade da fiança se limita ao tempo decorrido até a morte do fiador, e não pode ultrapassar as forças da herança.

▸ arts. 1.792; 1.821; 1.997 deste Código.

SEÇÃO III
DA EXTINÇÃO DA FIANÇA

Art. 837. O fiador pode opor ao credor as exceções que lhe forem pessoais, e as extintivas da obrigação que competem ao devedor principal, se não provierem simplesmente de incapacidade pessoal, salvo o caso do mútuo feito a pessoa menor.

▸ arts. 204; 366; 371; 376; 588; 824; 844 deste Código.

Art. 838. O fiador, ainda que solidário, ficará desobrigado:

▸ arts. 827 a 829 deste Código.

I - se, sem consentimento seu, o credor conceder moratória ao devedor;

II - se, por fato do credor, for impossível a sub-rogação nos seus direitos e preferências;

▸ arts. 346 a 351 deste Código.

III - se o credor, em pagamento da dívida, aceitar amigavelmente do devedor objeto diverso do que este era obrigado a lhe dar, ainda que depois venha a perdê-lo por evicção.

▸ arts. 356 a 359; 447 a 457 deste Código.

Art. 839. Se for invocado o benefício da excussão e o devedor, retardando-se a execução, cair em insolvência, ficará exonerado o fiador que o invocou, se provar que os bens por ele indicados eram, ao tempo da penhora, suficientes para a solução da dívida afiançada.

CAPÍTULO XIX
DA TRANSAÇÃO

Art. 840. É lícito aos interessados prevenirem ou terminarem o litígio mediante concessões mútuas.

▸ arts. 661 deste Código.

▸ arts. 90; 122; 487; 535; VI; 619, II; 924, III, NCPC.

▸ art. 171, CTN.

▸ Lei 9.469/1997 (Dispõe sobre a intervenção da União nas causas em que figurarem, como autores ou réus, entes da administração pública).

Art. 841. Só quanto a direitos patrimoniais de caráter privado se permite a transação.

▸ art. 846 deste Código.

▸ art. 392, NCPC.

Art. 842. A transação far-se-á por escritura pública, nas obrigações em que a lei o exige, ou por instrumento particular, nas em que ela o admite; se recair sobre direitos contestados em juízo, será feita por escritura pública, ou por termo nos autos, assinado pelos transigentes e homologado pelo juiz.

▸ arts. 107 a 109 deste Código.

▸ art. 359, NCPC.

Art. 843. A transação interpreta-se restritivamente, e por ela não se transmitem, apenas se declaram ou reconhecem direitos.

Art. 844. A transação não aproveita, nem prejudica senão aos que nela intervierem, ainda que diga respeito a coisa indivisível.

▸ arts. 257 a 263 deste Código.

▸ Enunciado 442 das Jornadas de Direito Civil.

§ 1º Se for concluída entre o credor e o devedor, desobrigará o fiador.

§ 2º Se entre um dos credores solidários e o devedor, extingue a obrigação deste para com os outros credores.

▸ arts. 267 a 274 deste Código.

▸ art. 1.005, p.u., NCPC.

§ 3º Se entre um dos devedores solidários e seu credor, extingue a dívida em relação aos codevedores.

Art. 845. Dada a evicção da coisa renunciada por um dos transigentes, ou por ele transferida à outra parte, não revive a obrigação extinta pela transação; mas ao evicto cabe o direito de reclamar perdas e danos.

▸ arts. 402 a 405; 447 a 457 deste Código.

Parágrafo único. Se um dos transigentes adquirir, depois da transação, novo direito sobre a coisa renunciada ou transferida, a transação feita não o inibirá de exercê-lo.

Art. 846. A transação concernente a obrigações resultantes de delito não extingue a ação penal pública.

Art. 847. É admissível, na transação, a pena convencional.

▸ arts. 408 a 416 deste Código.

Art. 848. Sendo nula qualquer das cláusulas da transação, nula será esta.

▸ arts. 166 a 170 deste Código.

Parágrafo único. Quando a transação versar sobre diversos direitos contestados, independentes entre si, o fato de não prevalecer em relação a um não prejudicará os demais.

Art. 849. A transação só se anula por dolo, coação, ou erro essencial quanto à pessoa ou coisa controversa.

▸ arts. 138; 139, III; 155; 171 deste Código.

Parágrafo único. A transação não se anula por erro de direito a respeito das questões que foram objeto de controvérsia entre as partes.

Art. 850. É nula a transação a respeito do litígio decidido por sentença passada em julgado, se dela não tinha ciência algum dos transatores, ou quando, por título ulteriormente descoberto, se verificar que nenhum deles tinha direito sobre o objeto da transação.

CAPÍTULO XX
DO COMPROMISSO

▸ arts. 42; 337, § 5º; 485, VII; 1.012, § 1º, IV, NCPC.

▸ Lei 9.307/1996 (Lei da Arbitragem).

Art. 851. É admitido compromisso, judicial ou extrajudicial, para resolver litígios entre pessoas que podem contratar.

▸ art. 661, § 2º, deste Código.

▸ art. 9º, Lei 9.307/1996 (Lei da Arbitragem).

Art. 852. É vedado compromisso para solução de questões de estado, de direito pessoal de família e de outras que não tenham caráter estritamente patrimonial.

▸ arts. 661 e 841 deste Código.

▸ art. 9º, Lei 9.307/1996 (Lei da Arbitragem).

Art. 853. Admite-se nos contratos a cláusula compromissória, para resolver divergências mediante juízo arbitral, na forma estabelecida em lei especial.

▸ arts. 3º a 12, Lei 9.307/1996 (Lei da Arbitragem).

TÍTULO VII
DOS ATOS UNILATERAIS

CAPÍTULO I
DA PROMESSA DE RECOMPENSA

Art. 854. Aquele que, por anúncios públicos, se comprometer a recompensar, ou gratificar, a quem preencha certa condição, ou desempenhe certo serviço, contrai obrigação de cumprir o prometido.

▸ art. 427 deste Código.

▸ Lei 5.768/1971 (Dispõe sobre a distribuição gratuita de prêmios, mediante sorteio, vale brinde ou concurso).

▸ Súm. 15 STF.

Art. 855. Quem quer que, nos termos do artigo antecedente, fizer o serviço, ou satisfizer a condição, ainda que não pelo interesse da promessa, poderá exigir a recompensa estipulada.

▸ art. 121 deste Código.

Art. 856. Antes de prestado o serviço ou preenchida a condição, pode o promitente revogar a promessa, contanto que o faça com a mesma publicidade; se houver assinado prazo à execução da tarefa, entender-se-á que renuncia o arbítrio de retirar, durante ele, a oferta.

▸ art. 859 deste Código.

Parágrafo único. O candidato de boa-fé, que houver feito despesas, terá direito a reembolso.

▸ art. 422 deste Código.

Art. 857. Se o ato contemplado na promessa for praticado por mais de um indivíduo, terá direito à recompensa o que primeiro o executou.

▸ art. 817 deste Código.

Art. 858. Sendo simultânea a execução, a cada um tocará quinhão igual na recompensa; se esta não for divisível, conferir-se-á por sorteio, e o que obtiver a coisa dará ao outro o valor de seu quinhão.

Art. 859. Nos concursos que se abrirem com promessa pública de recompensa, é condição essencial, para valerem, a fixação de um prazo, observadas também as disposições dos parágrafos seguintes.

▸ art. 856 deste Código

§ 1º A decisão da pessoa nomeada, nos anúncios, como juiz, obriga os interessados.

§ 2º Em falta de pessoa designada para julgar o mérito dos trabalhos que se apresentarem, entender-se-á que o promitente se reservou essa função.

§ 3º Se os trabalhos tiverem mérito igual, proceder-se-á de acordo com os arts. 857 e 858.

Art. 860. As obras premiadas, nos concursos de que trata o artigo antecedente, só ficarão pertencendo ao promitente, se assim for estipulado na publicação da promessa.

CAPÍTULO II
DA GESTÃO DE NEGÓCIOS

Art. 861. Aquele que, sem autorização do interessado, intervém na gestão de negócio alheio, dirigi-lo-á segundo o interesse e a vontade presumível de seu dono, ficando responsável a este e às pessoas com que tratar.

- arts. 665; 866; 869 deste Código.
- arts. 53, IV; 121, p.u., NCPC.

Art. 862. Se a gestão foi iniciada contra a vontade manifesta ou presumível do interessado, responderá o gestor até pelos casos fortuitos, não provando que teriam sobrevindo, ainda quando se houvesse abatido.

- Texto conforme publicação oficial. A leitura correta parece ser "abstido" e não "abatido".
- arts. 868; 874 deste Código.

Art. 863. No caso do artigo antecedente, se os prejuízos da gestão excederem o seu proveito, poderá o dono do negócio exigir que o gestor restitua as coisas ao estado anterior, ou o indenize da diferença.

- arts. 870 e 874 deste Código.

Art. 864. Tanto que se possa, comunicará o gestor ao dono do negócio a gestão que assumiu, aguardando-lhe a resposta, se da espera não resultar perigo.

Art. 865. Enquanto o dono não providenciar, velará o gestor pelo negócio, até o levar a cabo, esperando, se aquele falecer durante a gestão, as instruções dos herdeiros, sem se descuidar, entretanto, das medidas que o caso reclame.

- art. 674 deste Código

Art. 866. O gestor envidará toda sua diligência habitual na administração do negócio, ressarcindo ao dono o prejuízo resultante de qualquer culpa na gestão.

- arts. 667; 862; 868 deste Código.

Art. 867. Se o gestor se fizer substituir por outrem, responderá pelas faltas do substituto, ainda que seja pessoa idônea, sem prejuízo da ação que a ele, ou ao dono do negócio, contra ela possa caber.

- arts. 275 a 285; 667 deste Código.

Parágrafo único. Havendo mais de um gestor, solidária será a sua responsabilidade.

- art. 672 deste Código.

Art. 868. O gestor responde pelo caso fortuito quando fizer operações arriscadas, ainda que o dono costumasse fazê-las, ou quando preterir interesse deste em proveito de interesses seus.

- art. 393 deste Código.

Parágrafo único. Querendo o dono aproveitar-se da gestão, será obrigado a indenizar o gestor das despesas necessárias, que tiver feito, e dos prejuízos que, por motivo da gestão, houver sofrido.

Art. 869. Se o negócio for utilmente administrado, cumprirá ao dono as obrigações contraídas em seu nome, reembolsando ao gestor as despesas necessárias ou úteis que houver feito, com os juros legais, desde o desembolso, respondendo ainda pelos prejuízos que este houver sofrido por causa da gestão.

- arts. 305; 406; 407; 861; 868, p.u.; 870; 873 deste Código.

§ 1º A utilidade, ou necessidade, da despesa, apreciar-se-á não pelo resultado obtido, mas segundo as circunstâncias da ocasião em que se fizerem.

§ 2º Vigora o disposto neste artigo, ainda quando o gestor, em erro quanto ao dono do negócio, der a outra pessoa as contas da gestão.

Art. 870. Aplica-se a disposição do artigo antecedente, quando a gestão se proponha a acudir a prejuízos iminentes, ou redunde em proveito do dono do negócio ou da coisa; mas a indenização ao gestor não excederá, em importância, as vantagens obtidas com a gestão.

Art. 871. Quando alguém, na ausência do indivíduo obrigado a alimentos, por ele os prestar a quem se devem, poder-lhes-á reaver do devedor a importância, ainda que este não ratifique o ato.

- arts. 305; 872; 1.694 a 1.710 deste Código.

Art. 872. Nas despesas do enterro, proporcionadas aos usos locais e à condição do falecido, feitas por terceiro, podem ser cobradas da pessoa que teria a obrigação de alimentar a que veio a falecer, ainda mesmo que esta não tenha deixado bens.

Parágrafo único. Cessa o disposto neste artigo e no antecedente em se provando que o gestor fez essas despesas com o simples intento de bem-fazer.

Art. 873. A ratificação pura e simples do dono do negócio retroage ao dia do começo da gestão, e produz todos os efeitos do mandato.

- arts. 172; 653 a 692 deste Código.

Art. 874. Se o dono do negócio, ou da coisa, desaprovar a gestão, considerando-a contrária aos seus interesses, vigorará o disposto nos arts. 862 e 863, salvo o estabelecido nos arts. 869 e 870.

Art. 875. Se os negócios alheios forem conexos ao do gestor, de tal arte que se não possam gerir separadamente, haver-se-á o gestor por sócio daquele cujos interesses agenciar de envolta com os seus.

Parágrafo único. No caso deste artigo, aquele em cujo benefício interveio o gestor só é obrigado na razão das vantagens que lograr.

CAPÍTULO III
DO PAGAMENTO INDEVIDO

Art. 876. Todo aquele que recebeu o que lhe não era devido fica obrigado a restituir; obrigação que incumbe àquele que recebe dívida condicional antes de cumprida a condição.

- arts. 125; 880 deste Código.
- arts. 165 a 169, CTN.
- Súm. 71; 546, STF.

Art. 877. Àquele que voluntariamente pagou o indevido incumbe a prova de tê-lo feito por erro.

- Súm. 322, STJ.

Art. 878. Aos frutos, acessões, benfeitorias e deteriorações sobrevindas à coisa dada em pagamento indevido, aplica-se o disposto neste Código sobre o possuidor de boa-fé ou de má-fé, conforme o caso.

- arts. 1.214 a 1.222 deste Código.

Art. 879. Se aquele que indevidamente recebeu um imóvel o tiver alienado em boa-fé, por título oneroso, responde somente pela quantia recebida; mas, se agiu de má-fé, além do valor do imóvel, responde por perdas e danos.

- arts. 402 a 405 deste Código.

Parágrafo único. Se o imóvel foi alienado por título gratuito, ou se, alienado por título oneroso, o terceiro adquirente agiu de má-fé, cabe ao que pagou por erro o direito de reivindicação.

Art. 880. Fica isento de restituir pagamento indevido aquele que, recebendo-o como parte de dívida verdadeira, inutilizou o título, deixou prescrever a pretensão ou abriu mão das garantias que asseguravam seu direito; mas aquele que pagou dispõe de ação regressiva contra o verdadeiro devedor e seu fiador.

- art. 305 deste Código.

Art. 881. Se o pagamento indevido tiver consistido no desempenho de obrigação de fazer ou para eximir-se da obrigação de não fazer, aquele que recebeu a prestação fica na obrigação de indenizar o que a cumpriu, na medida do lucro obtido.

Art. 882. Não se pode repetir o que se pagou para solver dívida prescrita, ou cumprir obrigação judicialmente inexigível.

- arts. 564, III; 814 deste Código.

Art. 883. Não terá direito à repetição aquele que deu alguma coisa para obter fim ilícito, imoral, ou proibido por lei.

Parágrafo único. No caso deste artigo, o que se deu reverterá em favor de estabelecimento local de beneficência, a critério do juiz.

CAPÍTULO IV
DO ENRIQUECIMENTO SEM CAUSA

Art. 884. Aquele que, sem justa causa, se enriquecer à custa de outrem, será obrigado a restituir o indevidamente auferido, feita a atualização dos valores monetários.

- Enunciados 35; 188; 482; 487; 551; 620 das Jornadas de Direito Civil.

Parágrafo único. Se o enriquecimento tiver por objeto coisa determinada, quem a recebeu é obrigado a restituí-la, e, se a coisa não mais subsistir, a restituição se fará pelo valor do bem na época em que foi exigido.

- art. 206, § 3º, IV, deste Código.

Art. 885. A restituição é devida, não só quando não tenha havido causa que justifique o enriquecimento, mas também se esta deixou de existir.

Art. 886. Não caberá a restituição por enriquecimento, se a lei conferir ao lesado outros meios para se ressarcir do prejuízo sofrido.

- Enunciado 36 das Jornadas de Direito Civil.

TÍTULO VIII
DOS TÍTULOS DE CRÉDITO

- arts. 1.451 a 1.460 deste Código.
- Lei 5.474/1968 (Dispõe sobre as duplicatas).
- arts. 52 a 74, Lei 6.404/1976 (Dispõe sobre as sociedades por ações).
- Lei 7.357/1985 (Dispõe sobre o cheque).
- Lei 8.929/1994 (Institui a cédula de produto rural).
- Dec.-Lei 70/1966 (Autoriza o funcionamento de associações de poupança e empréstimo e institui a cédula hipotecária).
- Dec.-Lei 167/1967 (Dispõe sobre títulos de crédito rural).
- Dec.-Lei 413/1969 (Dispõe sobre títulos de crédito industrial).
- Dec. 2.044/1908 (Define a letra de câmbio e a nota promissória).
- Dec. 57.595/1966 (Promulga as convenções para adoção de uma lei uniforme em matéria de cheques).
- Dec. 57.663/1966 (Promulga as convenções para adoção de uma lei uniforme em matéria de letras de câmbio e notas promissórias).

CAPÍTULO I
DISPOSIÇÕES GERAIS

Art. 887. O título de crédito, documento necessário ao exercício do direito literal e autônomo nele contido, somente produz efeito quando preencha os requisitos da lei.

- arts. 206, § 3º, VIII; 889 deste Código.

Art. 888. A omissão de qualquer requisito legal, que tire ao escrito a sua validade como título de crédito, não implica a invalidade do negócio jurídico que lhe deu origem.

- arts. 166 a 184 deste Código.

Art. 889. Deve o título de crédito conter a data da emissão, a indicação precisa dos direitos que confere e a assinatura do emitente.

- arts. 1º; 2º; 75; e 76, Anexo I, Dec. 57.663/1966 (Promulga as convenções para adoção de uma lei uniforme em matéria de letras de câmbio e notas promissórias).
- art. 2º, § 1º, Lei 5.474/1968 (Dispõe sobre as duplicatas).
- arts. 1º e 2º, Lei 7.357/1985 (Dispõe sobre o cheque).
- arts. 1º; 54, Dec. 2.044/1908 (Define a letra de câmbio e a nota promissória).
- arts. 1º; 2º; 76, Dec. 57.663/1966 (Promulga as convenções para adoção de uma lei uniforme em matéria de letras de câmbio e notas promissórias).
- Enunciado 461 das Jornadas de Direito Civil.

§ 1º É à vista o título de crédito que não contenha indicação de vencimento.

- art. 331 deste Código

§ 2º Considera-se lugar de emissão e de pagamento, quando não indicado no título, o domicílio do emitente.

§ 3º O título poderá ser emitido a partir dos caracteres criados em computador ou meio técnico equivalente e que constem da escrituração do emitente, observados os requisitos mínimos previstos neste artigo.

- Enunciado 462 das Jornadas de Direito Civil.

Art. 890. Consideram-se não escritas no título a cláusula de juros, a proibitiva de endosso, a excludente de responsabilidade pelo pagamento ou por despesas, a que dispense a observância de termos e formalidade prescritas, e a que, além dos limites fixados em lei, exclua ou restrinja direitos e obrigações.

Art. 891. O título de crédito, incompleto ao tempo da emissão, deve ser preenchido de conformidade com os ajustes realizados.

- art. 16, Lei 7.357/1985 (Dispõe sobre o cheque).

Parágrafo único. O descumprimento dos ajustes previstos neste artigo pelos que deles participaram não constitui motivo de oposição ao terceiro portador, salvo se este, ao adquirir o título, tiver agido de má-fé.

Art. 892. Aquele que, sem ter poderes, ou excedendo os que tem, lança a sua assinatura em título de crédito, como mandatário ou representante de outrem, fica pessoalmente obrigado, e, pagando o título, tem ele os mesmos direitos que teria o suposto mandante ou representado.

- art. 653 e ss. deste Código.

Art. 893. A transferência do título de crédito implica a de todos os direitos que lhe são inerentes.

Art. 894. O portador de título representativo de mercadoria tem o direito de transferi-lo, de conformidade com as normas que regulam a sua circulação, ou de receber aquela independentemente de quaisquer formalidades, além da entrega do título devidamente quitado.

- arts. 319 a 321 deste Código.
- arts. 18 a 22, Dec. 1.102/1903 (Institui regras para o estabelecimento de empresas de armazéns gerais, determinando os direitos e obrigações dessas empresas).

Art. 895. Enquanto o título de crédito estiver em circulação, só ele poderá ser dado em garantia, ou ser objeto de medidas judiciais, e não, separadamente, os direitos ou mercadorias que representa.

- art. 17, Dec. 1.102/1903 (Institui regras para o estabelecimento de empresas de armazéns gerais, determinando os direitos e obrigações dessas empresas).

Art. 896. O título de crédito não pode ser reivindicado do portador que o adquiriu de boa-fé e na conformidade das normas que disciplinam a sua circulação.

- art. 39, § 2º, Dec. 2.044/1908 (Define a letra de câmbio e a nota promissória).
- art. 21, Dec. 57.595/1966 (Promulga as convenções para adoção de uma lei uniforme em matéria de cheques).
- art. 16, Anexo I, Dec. 57.663/1966 (Promulga as convenções para adoção de uma lei uniforme em matéria de letras de câmbio e notas promissórias).
- art. 24, *caput*, Lei 7.357/1985 (Dispõe sobre o cheque).

Art. 897. O pagamento de título de crédito, que contenha obrigação de pagar soma determinada, pode ser garantido por aval.

- Enunciado 463 das Jornadas de Direito Civil.

Parágrafo único. É vedado o aval parcial.

- arts. 30 a 32, Anexo I, Dec. 57.663/1966 (Promulga as convenções para adoção de uma lei uniforme em matéria de letras de câmbio e notas promissórias).
- art. 12, Lei 5.474/1968 (Dispõe sobre as duplicatas).
- arts. 29 a 31, Lei 7.357/1985 (Dispõe sobre o cheque).

Art. 898. O aval deve ser dado no verso ou no anverso do próprio título.

§ 1º Para a validade do aval, dado no anverso do título, é suficiente a simples assinatura do avalista.

§ 2º Considera-se não escrito o aval cancelado.

Art. 899. O avalista equipara-se àquele cujo nome indicar; na falta de indicação, ao emitente ou devedor final.

- art. 349 deste Código.
- Súm. 26, STJ.

§ 1º Pagando o título, tem o avalista ação de regresso contra o seu avalizado e demais coobrigados anteriores.

§ 2º Subsiste a responsabilidade do avalista, ainda que nula a obrigação daquele a quem se equipara, a menos que a nulidade decorra de vício de forma.

Art. 900. O aval posterior ao vencimento produz os mesmos efeitos do anteriormente dado.

Art. 901. Fica validamente desonerado o devedor que paga título de crédito ao legítimo portador, no vencimento, sem oposição, salvo se agiu de má-fé.

Parágrafo único. Pagando, pode o devedor exigir do credor, além da entrega do título, quitação regular.

- art. 324 deste Código.

Art. 902. Não é o credor obrigado a receber o pagamento antes do vencimento do título, e aquele que o paga, antes do vencimento, fica responsável pela validade do pagamento.

§ 1º No vencimento, não pode o credor recusar pagamento, ainda que parcial.

§ 2º No caso de pagamento parcial, em que se não opera a tradição do título, além da quitação em separado, outra deverá ser firmada no próprio título.

Art. 903. Salvo disposição diversa em lei especial, regem-se os títulos de crédito pelo disposto neste Código.

- Enunciado 464 das Jornadas de Direito Civil.

CAPÍTULO II
DO TÍTULO AO PORTADOR

- art. 2º, I e II, Lei 8.021/1990 (Dispõe sobre a identificação dos contribuintes para fins fiscais, e dá outras providências).
- art. 23, Dec.-Lei 6.259/1994 (Dispõe sobre o serviço de loterias).

Art. 904. A transferência de título ao portador se faz por simples tradição.

Art. 905. O possuidor de título ao portador tem direito à prestação nele indicada, mediante a sua simples apresentação ao devedor.

› art. 311 deste Código

Parágrafo único. A prestação é devida ainda que o título tenha entrado em circulação contra a vontade do emitente.

Art. 906. O devedor só poderá opor ao portador exceção fundada em direito pessoal, ou em nulidade de sua obrigação.

› art. 371 deste Código.

› art. 51, Dec. 2.044/1908 (Define a letra de câmbio e a nota promissória).

Art. 907. É nulo o título ao portador emitido sem autorização de lei especial.

› art. 292, CP.

Art. 908. O possuidor de título dilacerado, porém identificável, tem direito a obter do emitente a substituição do anterior, mediante a restituição do primeiro e o pagamento das despesas.

Art. 909. O proprietário, que perder ou extraviar título, ou for injustamente desapossado dele, poderá obter novo título em juízo, bem como impedir sejam pagos a outrem capital e rendimentos.

› arts. 321; 1.268 deste Código.

Parágrafo único. O pagamento, feito antes de ter ciência da ação referida neste artigo, exonera o devedor, salvo se se provar que ele tinha conhecimento do fato.

CAPÍTULO III
DO TÍTULO À ORDEM

Art. 910. O endosso deve ser lançado pelo endossante no verso ou anverso do próprio título.

§ 1º Pode o endossante designar o endossatário, e para validade do endosso, dado no verso do título, é suficiente a simples assinatura do endossante.

§ 2º A transferência por endosso completa-se com a tradição do título.

› art. 324 deste Código.

§ 3º Considera-se não escrito o endosso cancelado, total ou parcialmente.

Art. 911. Considera-se legítimo possuidor o portador do título à ordem com série regular e ininterrupta de endossos, ainda que o último seja em branco.

› art. 19, Anexo I, Dec. 57.595/1966 (Promulga as convenções para adoção de uma lei uniforme em matéria de cheques).

› art. 16, Anexo I, Dec. 57.663/1966 (Promulga as convenções para adoção de uma lei uniforme em matéria de letras de câmbio e notas promissórias).

› art. 22, *caput*, Lei 7.357/1985 (Dispõe sobre o cheque).

Parágrafo único. Aquele que paga o título está obrigado a verificar a regularidade da série de endossos, mas não a autenticidade das assinaturas.

Art. 912. Considera-se não escrita no endosso qualquer condição a que o subordine o endossante.

Parágrafo único. É nulo o endosso parcial.

Art. 913. O endossatário de endosso em branco pode mudá-lo para endosso em preto, completando-o com o seu nome ou de terceiro; pode endossar novamente o título, em branco ou em preto; ou pode transferi-lo sem novo endosso.

Art. 914. Ressalvada cláusula expressa em contrário, constante do endosso, não responde o endossante pelo cumprimento da prestação constante do título.

§ 1º Assumindo responsabilidade pelo pagamento, o endossante se torna devedor solidário.

› arts. 275 a 285 deste Código.

§ 2º Pagando o título, tem o endossante ação de regresso contra os coobrigados anteriores.

Art. 915. O devedor, além das exceções fundadas nas relações pessoais que tiver com o portador, só poderá opor a este as exceções relativas à forma do título e ao seu conteúdo literal, à falsidade da própria assinatura, a defeito de capacidade ou de representação no momento da subscrição e à falta de requisito necessário ao exercício da ação.

Art. 916. As exceções, fundadas em relação do devedor com os portadores precedentes, somente poderão ser por ele opostas ao portador se este, ao adquirir o título, tiver agido de má-fé.

Art. 917. A cláusula constitutiva de mandato, lançada no endosso, confere ao endossatário o exercício dos direitos inerentes ao título, salvo restrição expressamente estatuída.

§ 1º O endossatário de endosso-mandato só pode endossar novamente o título na qualidade de procurador, com os mesmos poderes que recebeu.

§ 2º Com a morte ou a superveniente incapacidade do endossante, não perde eficácia o endosso-mandato.

§ 3º Pode o devedor opor ao endossatário de endosso-mandato somente as exceções que tiver contra o endossante.

Art. 918. A cláusula constitutiva de penhor, lançada no endosso, confere ao endossatário o exercício dos direitos inerentes ao título.

› arts. 1.458 a 1.460 deste Código.

§ 1º O endossatário de endosso-penhor só pode endossar novamente o título na qualidade de procurador.

§ 2º Não pode o devedor opor ao endossatário de endosso-penhor as exceções que tinha contra o endossante, salvo se aquele tiver agido de má-fé.

Art. 919. A aquisição de título à ordem, por meio diverso do endosso, tem efeito de cessão civil.

› arts. 286 a 298 deste Código.

Art. 920. O endosso posterior ao vencimento produz os mesmos efeitos do anterior.

› art. 8º, § 2º, Dec. 2.044/1908 (Define a letra de câmbio e a nota promissória).

› art. 24, Anexo I, Dec. 57.595/1966 (Promulga as convenções para adoção de uma lei uniforme em matéria de cheques).

› art. 20, Anexo I, Dec. 57.663/1966 (Promulga as convenções para adoção de uma lei uniforme em matéria de letras de câmbio e notas promissórias).

CAPÍTULO IV
DO TÍTULO NOMINATIVO

Art. 921. É título nominativo o emitido em favor de pessoa cujo nome conste no registro do emitente.

Art. 922. Transfere-se o título nominativo mediante termo, em registro do emitente, assinado pelo proprietário e pelo adquirente.

Art. 923. O título nominativo também pode ser transferido por endosso que contenha o nome do endossatário.

§ 1º A transferência mediante endosso só tem eficácia perante o emitente, uma vez feita a competente averbação em seu registro, podendo o emitente exigir do endossatário que comprove a autenticidade da assinatura do endossante.

§ 2º O endossatário, legitimado por série regular e ininterrupta de endossos, tem o direito de obter a averbação no registro do emitente, comprovada a autenticidade das assinaturas de todos os endossantes.

§ 3º Caso o título original contenha o nome do primitivo proprietário, tem direito o adquirente a obter do emitente novo título, em seu nome, devendo a emissão do novo título constar no registro do emitente.

Art. 924. Ressalvada proibição legal, pode o título nominativo ser transformado em à ordem ou ao portador, a pedido do proprietário e à sua custa.

› arts. 904 a 920 deste Código.

Art. 925. Fica desonerado de responsabilidade o emitente que de boa-fé fizer a transferência pelos modos indicados nos artigos antecedentes.

Art. 926. Qualquer negócio ou medida judicial, que tenha por objeto o título, só produz efeito perante o emitente ou terceiros, uma vez feita a competente averbação no registro do emitente.

TÍTULO IX
DA RESPONSABILIDADE CIVIL

CAPÍTULO I
DA OBRIGAÇÃO DE INDENIZAR

Art. 927. Aquele que, por ato ilícito (arts. 186 e 187), causar dano a outrem, fica obrigado a repará-lo.

› arts. 934; 944 a 954 deste Código.

› art. 243, CE.

› art. 91, I, CP.

› art. 64, CPP.

› Súm. 28; 161; 229; 491; 492; e 562, STF.

› Súm. 37; 43; 130; 145; 186; 227; 388; 403; 595, STJ.

› Enunciados 38; 189; 377; 443 a 448; 551; 553; 587 a 589 das Jornadas de Direito Civil.

Parágrafo único. Haverá obrigação de reparar o dano, independentemente de culpa, nos casos especificados em lei, ou quando a atividade normalmente desenvolvida pelo autor do dano implicar, por sua natureza, risco para os direitos de outrem.

› arts. 5º, V, X; 37, § 6º, CF.

‣ Enunciados 447; 554; 555 das Jornadas de Direito Civil.

Art. 928. O incapaz responde pelos prejuízos que causar, se as pessoas por ele responsáveis não tiverem obrigação de fazê-lo ou não dispuserem de meios suficientes.

‣ arts. 3º a 5º; 932 a 934; 942 deste Código.

Parágrafo único. A indenização prevista neste artigo, que deverá ser equitativa, não terá lugar se privar do necessário o incapaz ou as pessoas que dele dependem.

‣ art. 116, Lei 8.069/1990 (ECA).

‣ Enunciado 449 das Jornadas de Direito Civil.

Art. 929. Se a pessoa lesada, ou o dono da coisa, no caso do inciso II do art. 188, não forem culpados do perigo, assistir-lhes-á direito à indenização do prejuízo que sofreram.

Art. 930. No caso do inciso II do art. 188, se o perigo ocorrer por culpa de terceiro, contra este terá o autor do dano ação regressiva para haver a importância que tiver ressarcido ao lesado.

Parágrafo único. A mesma ação competirá contra aquele em defesa de quem se causou o dano (art. 188, inciso I).

‣ art. 125, NCPC.

Art. 931. Ressalvados outros casos previstos em lei especial, os empresários individuais e as empresas respondem independentemente de culpa pelos danos causados pelos produtos postos em circulação.

‣ arts. 12; 18; 19; 23 a 25, CDC.

‣ Enunciados 42; 43; 190; 378; 562 das Jornadas de Direito Civil.

Art. 932. São também responsáveis pela reparação civil:

‣ arts. 934; 942, p.u., deste Código.

‣ Enunciado 451 das Jornadas de Direito Civil.

I - os pais, pelos filhos menores que estiverem sob sua autoridade e em sua companhia;

‣ art. 116, Lei 8.069/1990 (ECA).

‣ Enunciados 450; 590 das Jornadas de Direito Civil.

II - o tutor e o curador, pelos pupilos e curatelados que se acharem nas mesmas condições;

III - o empregador ou comitente, por seus empregados, serviçais e prepostos, no exercício do trabalho que lhes competir, ou em razão dele;

‣ art. 149 deste Código.

‣ Súm. 341, STF.

‣ Súm. 130, STJ.

‣ Enunciado 191 das Jornadas de Direito Civil.

IV - os donos de hotéis, hospedarias, casas ou estabelecimentos onde se albergue por dinheiro, mesmo para fins de educação, pelos seus hóspedes, moradores e educandos;

‣ arts. 647 a 652 deste Código.

V - os que gratuitamente houverem participado nos produtos do crime, até a concorrente quantia.

‣ art. 91, CP.

‣ art. 64, CPP.

Art. 933. As pessoas indicadas nos incisos I a V do artigo antecedente, ainda que não haja culpa de sua parte, responderão pelos atos praticados pelos terceiros ali referidos.

‣ Enunciado 451 das Jornadas de Direito Civil.

Art. 934. Aquele que ressarcir o dano causado por outrem pode reaver o que houver pago daquele por quem pagou, salvo se o causador do dano for descendente seu, absoluta ou relativamente incapaz.

‣ Súm. 187; 188, STF.

‣ Enunciado 44 das Jornadas de Direito Civil.

Art. 935. A responsabilidade civil é independente da criminal, não se podendo questionar mais sobre a existência do fato, ou sobre quem seja o seu autor, quando estas questões se acharem decididas no juízo criminal.

‣ arts. 65, CPP.

‣ Súm. 18, STJ.

‣ Enunciado 45 das Jornadas de Direito Civil.

Art. 936. O dono, ou detentor, do animal ressarcirá o dano por este causado, se não provar culpa da vítima ou força maior.

‣ arts. 393; 945; 1.297, § 3º, deste Código.

‣ art. 31, Dec.-Lei 3.688/1941 (Lei das Contravenções Penais).

‣ Enunciado 452 das Jornadas de Direito Civil.

Art. 937. O dono de edifício ou construção responde pelos danos que resultarem de sua ruína, se esta provier de falta de reparos, cuja necessidade fosse manifesta.

‣ arts. 618; 927; 929; 930; 1.280 deste Código.

Art. 938. Aquele que habitar prédio, ou parte dele, responde pelo dano proveniente das coisas que dele caírem ou forem lançadas em lugar indevido.

‣ arts. 1.331 a 1.358 deste Código.

‣ Enunciado 557 das Jornadas de Direito Civil.

Art. 939. O credor que demandar o devedor antes de vencida a dívida, fora dos casos em que a lei o permita, ficará obrigado a esperar o tempo que faltava para o vencimento, a descontar os juros correspondentes, embora estipulados, e a pagar as custas em dobro.

Art. 940. Aquele que demandar por dívida já paga, no todo ou em parte, sem ressalvar as quantias recebidas ou pedir mais do que for devido, ficará obrigado a pagar ao devedor, no primeiro caso, o dobro do que houver cobrado e, no segundo, o equivalente do que dele exigir, salvo se houver prescrição.

‣ art. 42, p.u., CDC.

‣ arts. 79 a 81 e 776, NCPC.

‣ Súm. 159, STF.

Art. 941. As penas previstas nos arts. 939 e 940 não se aplicarão quando o autor desistir da ação antes de contestada a lide, salvo ao réu o direito de haver indenização por algum prejuízo que prove ter sofrido.

‣ arts. 186; e 402 a 404 deste Código.

‣ arts. 485 e 775, NCPC.

Art. 942. Os bens do responsável pela ofensa ou violação do direito de outrem ficam sujeitos à reparação do dano causado; e, se a ofensa tiver mais de um autor, todos responderão solidariamente pela reparação.

‣ arts. 5º, V, X, LXXV; e 37, § 6º, CF.

‣ arts. 186; 927 deste Código.

‣ arts. 3º a 6º, Lei 8.429/1992 (Dispõe sobre as sanções aplicáveis aos agentes públicos nos casos de enriquecimento ilícito no exercício de mandato, cargo, emprego ou função na administração pública direta, indireta ou fundacional).

‣ Súm. 221; 246, STJ.

‣ Enunciados 453 e 558 das Jornadas de Direito Civil.

Parágrafo único. São solidariamente responsáveis com os autores os coautores e as pessoas designadas no art. 932.

‣ arts. 264 a 285; 934 deste Código.

Art. 943. O direito de exigir reparação e a obrigação de prestá-la transmitem-se com a herança.

‣ arts. 1.792; 1.821; 1.997 deste Código.

‣ Súm. 35, STF.

‣ Enunciado 454 das Jornadas de Direito Civil.

CAPÍTULO II
DA INDENIZAÇÃO

Art. 944. A indenização mede-se pela extensão do dano.

‣ arts. 186; 884; 927; 948 a 954 deste Código.

‣ Súm. 37 e 387, STJ.

‣ Enunciados 46; 380; 455 a 458; 550; 551; 629 das Jornadas de Direito Civil.

Parágrafo único. Se houver excessiva desproporção entre a gravidade da culpa e o dano, poderá o juiz reduzir, equitativamente, a indenização.

‣ art. 5º, LInDB.

‣ Súm. 491; 562, STF.

Art. 945. Se a vítima tiver concorrido culposamente para o evento danoso, a sua indenização será fixada tendo-se em conta a gravidade de sua culpa em confronto com a do autor do dano.

‣ Súm. 28, STF.

‣ Enunciados 47; 459; 630 das Jornadas de Direito Civil.

Art. 946. Se a obrigação for indeterminada, e não houver na lei ou no contrato disposição fixando a indenização devida pelo inadimplente, apurar-se-á o valor das perdas e danos na forma que a lei processual determinar.

‣ Enunciado 631 das Jornadas de Direito Civil.

Art. 947. Se o devedor não puder cumprir a prestação na espécie ajustada, substituir-se-á pelo seu valor, em moeda corrente.

‣ Enunciado 631 das Jornadas de Direito Civil.

Art. 948. No caso de homicídio, a indenização consiste, sem excluir outras reparações:

‣ Enunciado 560 das Jornadas de Direito Civil.

I - no pagamento das despesas com o tratamento da vítima, seu funeral e o luto da família;

II - na prestação de alimentos às pessoas a quem o morto os devia, levando-se em conta a duração provável da vida da vítima.

‣ arts. 1.694 a 1.710 deste Código.

‣ Súm. 490; 491; e 493, STF.

Art. 949. No caso de lesão ou outra ofensa à saúde, o ofensor indenizará o ofendido das despesas do tratamento e dos lucros cessantes até ao fim da convalescença, além de algum outro prejuízo que o ofendido prove haver sofrido.

- arts. 402; 403 deste Código.
- Enunciado 192 das Jornadas de Direito Civil.

Art. 950. Se da ofensa resultar defeito pelo qual o ofendido não possa exercer o seu ofício ou profissão, ou se lhe diminua a capacidade de trabalho, a indenização, além das despesas do tratamento e lucros cessantes até ao fim da convalescença, incluirá pensão correspondente à importância do trabalho para que se inabilitou, ou da depreciação que ele sofreu.

- Súm. 490, STF.
- Enunciados 192 e 381 das Jornadas de Direito Civil.

Parágrafo único. O prejudicado, se preferir, poderá exigir que a indenização seja arbitrada e paga de uma só vez.

- Enunciado 48 das Jornadas de Direito Civil.

Art. 951. O disposto nos arts. 948, 949 e 950 aplica-se ainda no caso de indenização devida por aquele que, no exercício de atividade profissional, por negligência, imprudência ou imperícia, causar a morte do paciente, agravar-lhe o mal, causar-lhe lesão ou inabilitá-lo para o trabalho.

- arts. 14, § 4º; e 17, CDC.
- Súm. Vinc. 22, STF.
- Súm. 341, STF.
- Súm. 37, STJ.
- Enunciado 460 das Jornadas de Direito Civil.

Art. 952. Havendo usurpação ou esbulho do alheio, além da restituição da coisa, a indenização consistirá em pagar o valor das suas deteriorações e o devido a título de lucros cessantes; faltando a coisa, dever-se-á reembolsar o seu equivalente ao prejudicado.

- arts. 402; 403; 1.210; 1.228 deste Código.
- arts. 161 e 162, CP.
- Súm. 562, STF.
- Enunciado 561 das Jornadas de Direito Civil.

Parágrafo único. Para se restituir o equivalente, quando não exista a própria coisa, estimar-se-á ela pelo seu preço ordinário e pelo de afeição, contanto que este não se avantaje àquele.

Art. 953. A indenização por injúria, difamação ou calúnia consistirá na reparação do dano que delas resulte ao ofendido.

- arts. 138 a 145, CP.

Parágrafo único. Se o ofendido não puder provar prejuízo material, caberá ao juiz fixar, equitativamente, o valor da indenização, na conformidade das circunstâncias do caso.

- arts. 49 a 52, CP.

Art. 954. A indenização por ofensa à liberdade pessoal consistirá no pagamento das perdas e danos que sobrevierem ao ofendido, e se este não puder provar prejuízo, tem aplicação o disposto no parágrafo único do artigo antecedente.

- arts. 402 a 405 deste Código.

Parágrafo único. Consideram-se ofensivos da liberdade pessoal:

- Súm. Vinc. 11, STF.

I - o cárcere privado;

- art. 148, CP.

II - a prisão por queixa ou denúncia falsa e de má-fé;

III - a prisão ilegal.

- art. 5º, LXV, CF.

TÍTULO X
DAS PREFERÊNCIAS E PRIVILÉGIOS CREDITÓRIOS

Art. 955. Procede-se à declaração de insolvência toda vez que as dívidas excedam à importância dos bens do devedor.

Art. 956. A discussão entre os credores pode versar quer sobre a preferência entre eles disputada, quer sobre a nulidade, simulação, fraude, ou falsidade das dívidas e contratos.

- arts. 158 a 165 a 167; 171 deste Código.

Art. 957. Não havendo título legal à preferência, terão os credores igual direito sobre os bens do devedor comum.

Art. 958. Os títulos legais de preferência são os privilégios e os direitos reais.

- arts. 964; 1.225 deste Código.
- arts. 186 a 193, CTN.
- art. 144; 449, § 1º, CLT.

Art. 959. Conservam seus respectivos direitos os credores, hipotecários ou privilegiados:

I - sobre o preço do seguro da coisa gravada com hipoteca ou privilégio, ou sobre a indenização devida, havendo responsável pela perda ou danificação da coisa;

- arts. 785 e 1.425, IV, deste Código.

II - sobre o valor da indenização, se a coisa obrigada a hipoteca ou privilégio for desapropriada.

- art. 1.425, V, deste Código.
- art. 30, Dec.-Lei 3.365/1941 (Dispõe sobre desapropriações por utilidade pública).

Art. 960. Nos casos a que se refere o artigo antecedente, o devedor do seguro, ou da indenização, exonera-se pagando sem oposição dos credores hipotecários ou privilegiados.

Art. 961. O crédito real prefere ao pessoal de qualquer espécie; o crédito pessoal privilegiado, ao simples; e o privilégio especial, ao geral.

- arts. 963 a 965; 1.419; 1.422; 1.506; 1.509, § 1º, deste Código.

Art. 962. Quando concorrerem aos mesmos bens, e por título igual, dois ou mais credores da mesma classe especialmente privilegiados, haverá entre eles rateio proporcional ao valor dos respectivos créditos, se o produto não bastar para o pagamento integral de todos.

- art. 908, NCPC.

Art. 963. O privilégio especial só compreende os bens sujeitos, por expressa disposição de lei, ao pagamento do crédito que ele favorece; e o geral, todos os bens não sujeitos a crédito real nem a privilégio especial.

Art. 964. Têm privilégio especial:

I - sobre a coisa arrecadada e liquidada, o credor de custas e despesas judiciais feitas com a arrecadação e liquidação;

II - sobre a coisa salvada, o credor por despesas de salvamento;

- art. 13, Lei 7.203/1984 (Dispõe sobre a assistência e salvamento de embarcação, coisa ou bem em perigo no mar, nos portos e nas vias navegáveis interiores).

III - sobre a coisa beneficiada, o credor por benfeitorias necessárias ou úteis;

- art. 96 deste Código.

IV - sobre os prédios rústicos ou urbanos, fábricas, oficinas, ou quaisquer outras construções, o credor de materiais, dinheiro, ou serviços para a sua edificação, reconstrução, ou melhoramento;

V - sobre os frutos agrícolas, o credor por sementes, instrumentos e serviços à cultura, ou à colheita;

VI - sobre as alfaias e utensílios de uso doméstico, nos prédios rústicos ou urbanos, o credor de aluguéis, quanto às prestações do ano corrente e do anterior;

VII - sobre os exemplares da obra existente na massa do editor, o autor dela, ou seus legítimos representantes, pelo crédito fundado contra aquele no contrato da edição;

- Lei 9.610/1998 (Lei de Direitos Autorais).

VIII - sobre o produto da colheita, para a qual houver concorrido com o seu trabalho, e precipuamente a quaisquer outros créditos, ainda que reais, o trabalhador agrícola, quanto à dívida dos seus salários.

- art. 1.422 deste Código.
- art. 449, § 1º, CLT.

IX - sobre os produtos do abate, o credor por animais. (Alterado pela Lei 13.176/2015.)

Art. 965. Goza de privilégio geral, na ordem seguinte, sobre os bens do devedor:

I - o crédito por despesa de seu funeral, feito segundo a condição do morto e o costume do lugar;

II - o crédito por custas judiciais, ou por despesas com a arrecadação e liquidação da massa;

III - o crédito por despesas com o luto do cônjuge sobrevivo e dos filhos do devedor falecido, se foram moderadas;

IV - o crédito por despesas com a doença de que faleceu o devedor, no semestre anterior à sua morte;

V - o crédito pelos gastos necessários à mantença do devedor falecido e sua família, no trimestre anterior ao falecimento;

VI - o crédito pelos impostos devidos à Fazenda Pública, no ano corrente e no anterior;

VII - o crédito pelos salários dos empregados do serviço doméstico do devedor, nos seus derradeiros seis meses de vida;

- arts. 1.378 a 1.389 deste Código.
- arts. 83 e ss., Lei 11.101/2005 (Lei de Recuperação de Empresas e Falência).

VIII - os demais créditos de privilégio geral.

LIVRO II
DO DIREITO DE EMPRESA

TÍTULO I
DO EMPRESÁRIO

CAPÍTULO I
DA CARACTERIZAÇÃO E DA INSCRIÇÃO

Art. 966. Considera-se empresário quem exerce profissionalmente atividade econômica organizada para a produção ou a circulação de bens ou de serviços.

- arts. 972 a 985; 2.031; e 2.037 deste Código.
- art. 3º, LC 123/2006 (Estatuto Nacional da Microempresa e da Empresa de Pequeno Porte).
- Enunciados 53, 54, 193 a 197 das Jornadas de Direito Civil.

Parágrafo único. Não se considera empresário quem exerce profissão intelectual, de natureza científica, literária ou artística, ainda com o concurso de auxiliares ou colaboradores, salvo se o exercício da profissão constituir elemento de empresa.

- arts. 1.155; 1.156 deste Código.
- arts. 5º, X, e 53, Lei 9.610/1998 (Lei de Direitos Autorais).

Art. 967. É obrigatória a inscrição do empresário no Registro Público de Empresas Mercantis da respectiva sede, antes do início de sua atividade.

- arts. 982; 985; 1.150 a 1.154 deste Código.
- arts. 32; 36 a 38, Lei 8.934/1994 (Dispõe sobre o registro público de empresas mercantis e atividades afins). Dec. 1.800/1996 (Regulamento).
- Enunciado 197 das Jornadas de Direito Civil.

Art. 968. A inscrição do empresário far-se-á mediante requerimento que contenha:

- art. 971; 984 deste Código.

I - o seu nome, nacionalidade, domicílio, estado civil e, se casado, o regime de bens;

- art. 12, CF.
- arts. 70 a 72; 75, IV, §§ 1º e 2º; 977 a 980; 1.639 e ss. deste Código.

II - a firma, com a respectiva assinatura autógrafa que poderá ser substituída pela assinatura autenticada com certificação digital ou meio equivalente que comprove a sua autenticidade, ressalvado o disposto no inciso I do § 1º do art. 4º da Lei Complementar n. 123, de 14 de dezembro de 2006; (Alterado pela LC 147/2014.)

III - o capital;

IV - o objeto e a sede da empresa.

- art. 75, IV, §§ 1º e 2º, deste Código.
- Enunciados 55; 466 das Jornadas de Direito Civil.

§ 1º Com as indicações estabelecidas neste artigo, a inscrição será tomada por termo no livro próprio do Registro Público de Empresas Mercantis, e obedecerá a número de ordem contínuo para todos os empresários inscritos.

- art. 971 deste Código.

§ 2º À margem da inscrição, e com as mesmas formalidades, serão averbadas quaisquer modificações nela ocorrentes.

- art. 971 deste Código.

§ 3º Caso venha a admitir sócios, o empresário individual poderá solicitar ao Registro Público de Empresas Mercantis a transformação de seu registro de empresário para registro de sociedade empresária, observado, no que couber, o disposto nos arts. 1.113 a 1.115 deste Código. (Incluído pela Lei Complementar 128/2008.)

§ 4º O processo de abertura, registro, alteração e baixa do microempreendedor individual de que trata o art. 18-A da Lei Complementar n. 123, de 14 de dezembro de 2006, bem como qualquer exigência para o início de seu funcionamento deverão ter trâmite especial e simplificado, preferentemente eletrônico, opcional para o empreendedor, na forma a ser disciplinada pelo Comitê para Gestão da Rede Nacional para a Simplificação do Registro e da Legalização de Empresas e Negócios - CGSIM, de que trata o inciso III do art. 2º da mesma Lei. (Incluído pela Lei 12.470/2011.)

§ 5º Para fins do disposto no § 4º, poderão ser dispensados o uso da firma, com a respectiva assinatura autógrafa, o capital, requerimentos, demais assinaturas, informações relativas à nacionalidade, estado civil e regime de bens, bem como remessa de documentos, na forma estabelecida pelo CGSIM. (Incluído pela Lei 12.470/2011.)

Art. 969. O empresário que instituir sucursal, filial ou agência, em lugar sujeito à jurisdição de outro Registro Público de Empresas Mercantis, neste deverá também inscrevê-la, com a prova da inscrição originária.

- art. 24, III, CF.
- art. 1.000 deste Código.
- arts. 37; 38, Lei 8.934/1994 (Dispõe sobre o registro público de empresas mercantis e atividades afins).
- Enunciado 55 das Jornadas de Direito Civil.

Parágrafo único. Em qualquer caso, a constituição do estabelecimento secundário deverá ser averbada no Registro Público de Empresas Mercantis da respectiva sede.

Art. 970. A lei assegurará tratamento favorecido, diferenciado e simplificado ao empresário rural e ao pequeno empresário, quanto à inscrição e aos efeitos daí decorrentes.

- arts. 170, IX, CF.
- art. 1.179, § 2º, deste Código.
- art. 1º; 68, LC 123/2006 (Estatuto Nacional da Microempresa e da Empresa de Pequeno Porte).
- Enunciado 200 das Jornadas de Direito Civil.

Art. 971. O empresário, cuja atividade rural constitua sua principal profissão, pode, observadas as formalidades de que tratam o art. 968 e seus parágrafos, requerer inscrição no Registro Público de Empresas Mercantis da respectiva sede, caso em que, depois de inscrito, ficará equiparado, para todos os efeitos, ao empresário sujeito a registro.

- arts. 984; 1.150 a 1.154 deste Código.
- Lei 4.504/1964 (Estatuto da Terra).
- Lei 5.889/1973 (Lei do Trabalho Rural). Dec. 73.626/1974 (Regulamento).
- Enunciados 201 e 202 das Jornadas de Direito Civil.

CAPÍTULO II
DA CAPACIDADE

- art. 7º, LInDB.

Art. 972. Podem exercer a atividade de empresário os que estiverem em pleno gozo da capacidade civil e não forem legalmente impedidos.

- art. 54, II, a, CF.
- art. 5º; 1.011, § 1º, deste Código.
- art. 524, CCom.
- art. 482, c, CLT.
- art. 29, Lei 6.880/1980 (Estatuto dos Militares).
- art. 117, X, Lei 8.112/1990 (Dispõe sobre o regime jurídico único dos servidores públicos civis da União).
- art. 44, III, Lei 8.625/1993 (Lei Orgânica Nacional do Ministério Público).
- arts. 102 a 181, Lei 11.101/2005 (Lei de Recuperação de Empresas e Falência).
- art. 36, a, 1, Dec. 21.981/1932 (Regula a profissão de leiloeiro).
- Dec.-Lei 341/1938 (Regula a apresentação de documentos, por estrangeiros, ao registro de comércio).
- Enunciados 197 a 199 das Jornadas de Direito Civil.

Art. 973. A pessoa legalmente impedida de exercer atividade própria de empresário, se a exercer, responderá pelas obrigações contraídas.

Art. 974. Poderá o incapaz, por meio de representante ou devidamente assistido, continuar a empresa antes exercida por ele enquanto capaz, por seus pais ou pelo autor de herança.

- arts. 3º a 5º; 976 deste Código.
- Enunciado 203 das Jornadas de Direito Civil.

§ 1º Nos casos deste artigo, precederá autorização judicial, após exame das circunstâncias e dos riscos da empresa, bem como da conveniência em continuá-la, podendo a autorização ser revogada pelo juiz, ouvidos os pais, tutores ou representantes legais do menor ou do interdito, sem prejuízo dos direitos adquiridos por terceiros.

§ 2º Não ficam sujeitos ao resultado da empresa os bens que o incapaz já possuía, ao tempo da sucessão ou da interdição, desde que estranhos ao acervo daquela, devendo tais fatos constar do alvará que conceder a autorização.

§ 3º O Registro Público de Empresas Mercantis a cargo das Juntas Comerciais deverá registrar contratos ou alterações contratuais de sociedade que envolva sócio incapaz, desde que atendidos, de forma conjunta, os seguintes pressupostos: (Incluído pela Lei 12.399/2011.)

- Enunciado 467 das Jornadas de Direito Civil.

I - o sócio incapaz não pode exercer a administração da sociedade; (Incluído pela Lei 12.399/2011.)

II - o capital social deve ser totalmente integralizado; (Incluído pela Lei 12.399/2011.)

III - o sócio relativamente incapaz deve ser assistido e o absolutamente incapaz deve ser representado por seus representantes legais. (Incluído pela Lei 12.399/2011.)

Art. 975. Se o representante ou assistente do incapaz for pessoa que, por disposição de lei, não puder exercer atividade de empresário, nomeará, com a aprovação do juiz, um ou mais gerentes.

› arts. 1.172 a 1.176 deste Código.

§ 1º Do mesmo modo será nomeado gerente em todos os casos em que o juiz entender ser conveniente.

§ 2º A aprovação do juiz não exime o representante ou assistente do menor ou do interdito da responsabilidade pelos atos dos gerentes nomeados.

Art. 976. A prova da emancipação e da autorização do incapaz, nos casos do art. 974, e a de eventual revogação desta, serão inscritas ou averbadas no Registro Público de Empresas Mercantis.

› arts. 5º; 968, § 2º, deste Código.

› arts. 32, II, e, Lei 8.934/1994 (Dispõe sobre o registro público de empresas mercantis e atividades afins).

Parágrafo único. O uso da nova firma caberá, conforme o caso, ao gerente; ou ao representante do incapaz; ou a este, quando puder ser autorizado.

› art. 974, § 1º, deste Código.

Art. 977. Faculta-se aos cônjuges contratar sociedade, entre si ou com terceiros, desde que não tenham casado no regime da comunhão universal de bens, ou no da separação obrigatória.

› arts. 1.641; 1.667 a 1.671; 1.687; e 1.688 deste Código.

› Enunciados 204 e 205 das Jornadas de Direito Civil.

Art. 978. O empresário casado pode, sem necessidade de outorga conjugal, qualquer que seja o regime de bens, alienar os imóveis que integrem o patrimônio da empresa ou gravá-los de ônus real.

› arts. 1.642 e 1.647 deste Código.

Art. 979. Além de no Registro Civil, serão arquivados e averbados, no Registro Público de Empresas Mercantis, os pactos e declarações antenupciais do empresário, o título de doação, herança, ou legado, de bens clausulados de incomunicabilidade ou inalienabilidade.

› arts. 1.653 a 1.668 deste Código.

› arts. 167, I-12 e II-1; 244; 245, Lei 6.015/1973 (Lei de Registros Públicos).

Art. 980. A sentença que decretar ou homologar a separação judicial do empresário e o ato de reconciliação não podem ser opostos a terceiros, antes de arquivados e averbados no Registro Público de Empresas Mercantis.

› arts. 1.571, III, deste Código.

› art. 167, II, n. 5, 10 e 14, Lei 6.015/1973 (Lei de Registros Públicos).

› Lei 8.934/1994 (Dispõe sobre o registro público de empresas mercantis e atividades afins). Dec. 1.800/1996 (Regulamento).

TÍTULO I-A
DA EMPRESA INDIVIDUAL DE RESPONSABILIDADE LIMITADA

› (Inserido pela Lei n. 12.441/2011 – com vigência em 180 dias.)

Art. 980-A. A empresa individual de responsabilidade limitada será constituída por uma única pessoa titular da totalidade do capital social, devidamente integralizado, que não será inferior a 100 (cem) vezes o maior salário-mínimo vigente no país.

› Enunciados 468 a 472 das Jornadas de Direito Civil.

§ 1º O nome empresarial deverá ser formado pela inclusão da expressão "EIRELI" após a firma ou a denominação social da empresa individual de responsabilidade limitada.

§ 2º A pessoa natural que constituir empresa individual de responsabilidade limitada somente poderá figurar em uma única empresa dessa modalidade.

§ 3º A empresa individual de responsabilidade limitada também poderá resultar da concentração das quotas de outra modalidade societária num único sócio, independentemente das razões que motivaram tal concentração.

§ 4º (Vetado.)

§ 5º Poderá ser atribuída à empresa individual de responsabilidade limitada constituída para a prestação de serviços de qualquer natureza a remuneração decorrente da cessão de direitos patrimoniais de autor ou de imagem, nome, marca ou voz de que seja detentor o titular da pessoa jurídica, vinculados à atividade profissional.

› Enunciado 473 das Jornadas de Direito Civil.

§ 6º Aplicam-se à empresa individual de responsabilidade limitada, no que couber, as regras previstas para as sociedades limitadas.

§ 7º Somente o patrimônio social da empresa responderá pelas dívidas da empresa individual de responsabilidade limitada, hipótese em que não se confundirá, em qualquer situação, com o patrimônio do titular que a constitui, ressalvados os casos de fraude. (Acrescido pela Lei 13.874/2019)

TÍTULO II
DA SOCIEDADE

› arts. 40 a 69; e 2.037 deste Código.

CAPÍTULO ÚNICO
DISPOSIÇÕES GERAIS

Art. 981. Celebram contrato de sociedade as pessoas que reciprocamente se obrigam a contribuir, com bens ou serviços, para o exercício de atividade econômica e a partilha, entre si, dos resultados.

› Súm. 329, STF.

› Enunciados 206, 474 e 475 das Jornadas de Direito Civil.

Parágrafo único. A atividade pode restringir-se à realização de um ou mais negócios determinados.

› arts. 991 a 996 deste Código.

Art. 982. Salvo as exceções expressas, considera-se empresária a sociedade que tem por objeto o exercício de atividade própria de empresário sujeito a registro (art. 967); e, simples, as demais.

› Enunciados 196; 207 e 476 das Jornadas de Direito Civil.

Parágrafo único. Independentemente de seu objeto, considera-se empresária a sociedade por ações; e, simples, a cooperativa.

› arts. 1.088 a 1.096 deste Código.

› Lei 5.764/1971 (Define a política nacional de cooperativismo e institui o regime jurídico das sociedades cooperativas).

› Lei 6.404/1976 (Dispõe sobre as sociedades por ações).

Art. 983. A sociedade empresária deve constituir-se segundo um dos tipos regulados nos arts. 1.039 a 1.092; a sociedade simples pode constituir-se de conformidade com um desses tipos, e, não o fazendo, subordina-se às normas que lhe são próprias.

› arts. 966; 997 a 1.038 deste Código.

› Enunciados 57; 206; 207; 382; 474; 475 e 477 das Jornadas de Direito Civil.

Parágrafo único. Ressalvam-se as disposições concernentes à sociedade em conta de participação e à cooperativa, bem como as constantes de leis especiais que, para o exercício de certas atividades, imponham a constituição da sociedade segundo determinado tipo.

› arts. 991 a 996; e 1.093 a 1.096 deste Código.

Art. 984. A sociedade que tenha por objeto o exercício de atividade própria de empresário rural e seja constituída, ou transformada, de acordo com um dos tipos de sociedade empresária, pode, com as formalidades do art. 968, requerer inscrição no Registro Público de Empresas Mercantis da sua sede, caso em que, depois de inscrita, ficará equiparada, para todos os efeitos, à sociedade empresária.

› arts. 968; 970; 971; e 982 deste Código.

› Lei 8.934/1994 (Dispõe sobre o registro público de empresas mercantis e atividades afins). Dec. 1.800/1996 (Regulamento).

› Enunciados 201; 202 das Jornadas de Direito Civil.

Parágrafo único. Embora já constituída a sociedade segundo um daqueles tipos, o pedido de inscrição se subordinará, no que for aplicável, às normas que regem a transformação.

Art. 985. A sociedade adquire personalidade jurídica com a inscrição, no registro próprio e na forma da lei, dos seus atos constitutivos (arts. 45 e 1.150).

› Enunciado 209 das Jornadas de Direito Civil.

SUBTÍTULO I
DA SOCIEDADE NÃO PERSONIFICADA

CAPÍTULO I
DA SOCIEDADE EM COMUM

Art. 986. Enquanto não inscritos os atos constitutivos, reger-se-á a sociedade, exceto por ações em organização, pelo disposto neste Capítulo, observadas, subsidiariamente e no que com ele forem compatíveis, as normas da sociedade simples.

- arts. 997 a 1.038; 1.089 deste Código.
- art. 75, § 2º, NCPC.
- Enunciados 208; 209 das Jornadas de Direito Civil.

Art. 987. Os sócios, nas relações entre si ou com terceiros, somente por escrito podem provar a existência da sociedade, mas os terceiros podem prová-la de qualquer modo.

- arts. 212, I a V, deste Código.
- art. 75, § 2º, NCPC.

Art. 988. Os bens e dívidas sociais constituem patrimônio especial, do qual os sócios são titulares em comum.

- Enunciado 210 das Jornadas de Direito Civil.

Art. 989. Os bens sociais respondem pelos atos de gestão praticados por qualquer dos sócios, salvo pacto expresso limitativo de poderes, que somente terá eficácia contra o terceiro que o conheça ou deva conhecer.

- art. 47 deste Código.
- Enunciado 211 das Jornadas de Direito Civil.

Art. 990. Todos os sócios respondem solidária e ilimitadamente pelas obrigações sociais, excluído do benefício de ordem, previsto no art. 1.024, aquele que contratou pela sociedade.

- art. 27, § 11, Lei 9.615/1998 (Lei Pelé).
- Enunciados 59 e 212 das Jornadas de Direito Civil.

CAPÍTULO II
DA SOCIEDADE EM CONTA DE PARTICIPAÇÃO

Art. 991. Na sociedade em conta de participação, a atividade constitutiva do objeto social é exercida unicamente pelo sócio ostensivo, em seu nome individual e sob sua própria e exclusiva responsabilidade, participando os demais dos resultados correspondentes.

- art. 1.162 deste Código.
- Enunciado 208 das Jornadas de Direito Civil.

Parágrafo único. Obriga-se perante terceiro tão somente o sócio ostensivo; e, exclusivamente perante este, o sócio participante, nos termos do contrato social.

Art. 992. A constituição da sociedade em conta de participação independe de qualquer formalidade e pode provar-se por todos os meios de direito.

- art. 104; 212 deste Código.
- art. 75, NCPC.

Art. 993. O contrato social produz efeito somente entre os sócios, e a eventual inscrição de seu instrumento em qualquer registro não confere personalidade jurídica à sociedade.

Parágrafo único. Sem prejuízo do direito de fiscalizar a gestão dos negócios sociais, o sócio participante não pode tomar parte nas relações do sócio ostensivo com terceiros, sob pena de responder solidariamente com este pelas obrigações em que intervier.

Art. 994. A contribuição do sócio participante constitui, com a do sócio ostensivo, patrimônio especial, objeto da conta de participação relativa aos negócios sociais.

§ 1º A especialização patrimonial somente produz efeitos em relação aos sócios.

§ 2º A falência do sócio ostensivo acarreta a dissolução da sociedade e a liquidação da respectiva conta, cujo saldo constituirá crédito quirografário.

§ 3º Falindo o sócio participante, o contrato social fica sujeito às normas que regulam os efeitos da falência nos contratos bilaterais do falido.

- arts. 82; 117, Lei 11.101/2005 (Lei de Recuperação de Empresas e Falência).

Art. 995. Salvo estipulação em contrário, o sócio ostensivo não pode admitir novo sócio sem o consentimento expresso dos demais.

Art. 996. Aplica-se à sociedade em conta de participação, subsidiariamente e no que com ela for compatível, o disposto para a sociedade simples, e a sua liquidação rege-se pelas normas relativas à prestação de contas, na forma da lei processual.

- arts. 997 a 1.038 deste Código.
- arts. 550 a 553, NCPC.

Parágrafo único. Havendo mais de um sócio ostensivo, as respectivas contas serão prestadas e julgadas no mesmo processo.

SUBTÍTULO II
DA SOCIEDADE PERSONIFICADA

CAPÍTULO I
DA SOCIEDADE SIMPLES

SEÇÃO I
DO CONTRATO SOCIAL

Art. 997. A sociedade constitui-se mediante contrato escrito, particular ou público, que, além de cláusulas estipuladas pelas partes, mencionará:

- arts. 997; 999; 1.041. 1054 deste Código.
- art. 120, Lei 6.015/1973 (Lei de Registros Públicos).
- Enunciados 214; 383; 478 das Jornadas de Direito Civil.

I - nome, nacionalidade, estado civil, profissão e residência dos sócios, se pessoas naturais, e a firma ou a denominação, nacionalidade e sede dos sócios, se jurídicas;

II - denominação, objeto, sede e prazo da sociedade;

- Enunciados 213; 466 das Jornadas de Direito Civil.

III - capital da sociedade, expresso em moeda corrente, podendo compreender qualquer espécie de bens, suscetíveis de avaliação pecuniária;

- Enunciado 478 das Jornadas de Direito Civil.

IV - a quota de cada sócio no capital social, e o modo de realizá-la;

V - as prestações a que se obriga o sócio, cuja contribuição consista em serviços;

- art. 1.006 deste Código.

VI - as pessoas naturais incumbidas da administração da sociedade e seus poderes e atribuições;

- art. 1.015, p.u., deste Código.

VII - a participação de cada sócio nos lucros e nas perdas;

- Enunciado 479 das Jornadas de Direito Civil.

VIII - se os sócios respondem, ou não, subsidiariamente, pelas obrigações sociais.

Parágrafo único. É ineficaz em relação a terceiros qualquer pacto separado, contrário ao disposto no instrumento do contrato.

Art. 998. Nos trinta dias subsequentes à sua constituição, a sociedade deverá requerer a inscrição do contrato social no Registro Civil das Pessoas Jurídicas do local de sua sede.

- arts. 45; 75, IV, deste Código.
- arts. 114 a 126 Lei 6.015/1973 (Lei de Registros Públicos).
- Enunciado 215 das Jornadas de Direito Civil.

§ 1º O pedido de inscrição será acompanhado do instrumento autenticado do contrato, e, se algum sócio nele houver sido representado por procurador, o da respectiva procuração, bem como, se for o caso, da prova de autorização da autoridade competente.

§ 2º Com todas as indicações enumeradas no artigo antecedente, será a inscrição tomada por termo no livro de registro próprio, e obedecerá a número de ordem contínua para todas as sociedades inscritas.

- art. 46 deste Código.

Art. 999. As modificações do contrato social, que tenham por objeto matéria indicada no art. 997, dependem do consentimento de todos os sócios; as demais podem ser decididas por maioria absoluta de votos, se o contrato não determinar a necessidade de deliberação unânime.

- arts. 45; 1.002; 1.003; 2.033 deste Código.

Parágrafo único. Qualquer modificação do contrato social será averbada, cumprindo-se as formalidades previstas no artigo antecedente.

Art. 1.000. A sociedade simples que instituir sucursal, filial ou agência na circunscrição de outro Registro Civil das Pessoas Jurídicas, neste deverá também inscrevê-la, com a prova da inscrição originária.

- arts. 969 e 982 deste Código.

Parágrafo único. Em qualquer caso, a constituição da sucursal, filial ou agência deverá ser averbada no Registro Civil da respectiva sede.

- art. 997 deste Código.

SEÇÃO II
DOS DIREITOS E OBRIGAÇÕES DOS SÓCIOS

Art. 1.001. As obrigações dos sócios começam imediatamente com o contrato, se este não fixar outra data, e terminam quando, liquidada a sociedade, se extinguirem as responsabilidades sociais.

- art. 795, NCPC.

Art. 1.002. O sócio não pode ser substituído no exercício das suas funções, sem o consentimento dos demais sócios, expresso em modificação do contrato social.

- art. 999 deste Código.

Art. 1.003. A cessão total ou parcial de quota, sem a correspondente modificação do contrato social com o consentimento dos demais sócios, não terá eficácia quanto a estes e à sociedade.

Parágrafo único. Até dois anos depois de averbada a modificação do contrato, responde o cedente solidariamente com o cessionário, perante a sociedade e terceiros, pelas obrigações que tinha como sócio.

- arts. 275; 999; 1.032; 1.057 deste Código.
- art. 81, Lei 11.101/2005 (Lei de Recuperação de Empresas e Falência).

Art. 1.004. Os sócios são obrigados, na forma e prazo previstos, às contribuições estabelecidas no contrato social, e aquele que deixar de fazê-lo, nos trinta dias seguintes ao da notificação pela sociedade, responderá perante esta pelo dano emergente da mora.

- arts. 394 a 401; 997, IV; 1.030 deste Código.

Parágrafo único. Verificada a mora, poderá a maioria dos demais sócios preferir, à indenização, a exclusão do sócio remisso, ou reduzir-lhe a quota ao montante já realizado, aplicando-se, em ambos os casos, o disposto no § 1º do art. 1.031.

- arts. 394 a 401; 997, IV; 1.030 deste Código.
- Enunciado 216 das Jornadas de Direito Civil.

Art. 1.005. O sócio que, a título de quota social, transmitir domínio, posse ou uso, responde pela evicção; e pela solvência do devedor, aquele que transferir crédito.

- arts. 297; 447 a 457; 1.004 deste Código.

Art. 1.006. O sócio, cuja contribuição consista em serviços, não pode, salvo convenção em contrário, empregar-se em atividade estranha à sociedade, sob pena de ser privado de seus lucros e dela excluído.

- arts. 997, V; 1.030 deste Código.
- Enunciado 206 das Jornadas de Direito Civil.

Art. 1.007. Salvo estipulação em contrário, o sócio participa dos lucros e das perdas, na proporção das respectivas quotas, mas aquele cuja contribuição consiste em serviços, somente participa dos lucros na proporção da média do valor das quotas.

- art. 997, V, VII, deste Código.
- Enunciado 206 das Jornadas de Direito Civil.

Art. 1.008. É nula a estipulação contratual que exclua qualquer sócio de participar dos lucros e das perdas.

- art. 997 deste Código.

Art. 1.009. A distribuição de lucros ilícitos ou fictícios acarreta responsabilidade solidária dos administradores que a realizarem e dos sócios que os receberem, conhecendo ou devendo conhecer-lhes a ilegitimidade.

- arts. 264 a 285 deste Código.
- Enunciados 59; 487 das Jornadas de Direito Civil.

SEÇÃO III
DA ADMINISTRAÇÃO

Art. 1.010. Quando, por lei ou pelo contrato social, competir aos sócios decidir sobre os negócios da sociedade, as deliberações serão tomadas por maioria de votos, contados segundo o valor das quotas de cada um.

- art. 1.072 deste Código.

§ 1º Para formação da maioria absoluta são necessários votos correspondentes a mais de metade do capital.

§ 2º Prevalece a decisão sufragada por maior número de sócios no caso de empate, e, se este persistir, decidirá o juiz.

§ 3º Responde por perdas e danos o sócio que, tendo em alguma operação interesse contrário ao da sociedade, participar da deliberação que a aprove graças a seu voto.

- arts. 402 a 405 deste Código.
- Enunciado 217 das Jornadas de Direito Civil.

Art. 1.011. O administrador da sociedade deverá ter, no exercício de suas funções, o cuidado e a diligência que todo homem ativo e probo costuma empregar na administração de seus próprios negócios.

- arts. 653; 691; 884 a 886 deste Código.
- Enunciado 218 das Jornadas de Direito Civil.

§ 1º Não podem ser administradores, além das pessoas impedidas por lei especial, os condenados a pena que vede, ainda que temporariamente, o acesso a cargos públicos; ou por crime falimentar, de prevaricação, peita ou suborno, concussão, peculato; ou contra a economia popular, contra o sistema financeiro nacional, contra as normas de defesa da concorrência, contra as relações de consumo, a fé pública ou a propriedade, enquanto perdurarem os efeitos da condenação.

- arts. 1.066, § 1º, deste Código.
- arts. 61 a 80, CDC.
- arts. 155 a 183; 289 a 327; 333, CP.
- arts. 1º a 11, Lei 1.521/1951 (Lei dos Crimes Contra a Economia Popular).
- arts. 2º a 23, Lei 7.492/1986 (Define os crimes contra o sistema financeiro nacional).
- art. 117, X, Lei 8.112/1990 (Dispõe sobre o regime jurídico único dos servidores públicos civis da União).
- arts. 4º a 23º, Lei 8.137/1990 (Define crimes contra a ordem tributária, econômica e contra as relações de consumo).
- art. 168 e ss., Lei 11.101/2005 (Lei de Recuperação de Empresas e Falência).

§ 2º Aplicam-se à atividade dos administradores, no que couber, as disposições concernentes ao mandato.

- arts. 653 a 691 deste Código.

Art. 1.012. O administrador, nomeado por instrumento em separado, deve averbá-lo à margem da inscrição da sociedade, e, pelos atos que praticar, antes de requerer a averbação, responde pessoal e solidariamente com a sociedade.

- arts. 275 a 285 deste Código.

Art. 1.013. A administração da sociedade, nada dispondo o contrato social, compete separadamente a cada um dos sócios.

- art. 1.060 deste Código.

§ 1º Se a administração competir separadamente a vários administradores, cada um pode impugnar operação pretendida por outro, cabendo a decisão aos sócios, por maioria de votos.

- arts. 402 a 405; 997, VI; 1.010 deste Código.

§ 2º Responde por perdas e danos perante a sociedade o administrador que realizar operações, sabendo ou devendo saber que estava agindo em desacordo com a maioria.

Art. 1.014. Nos atos de competência conjunta de vários administradores, torna-se necessário o concurso de todos, salvo nos casos urgentes, em que a omissão ou retardo das providências possa ocasionar dano irreparável ou grave.

- arts. 402 a 405; 997, VI; 1.010 deste Código.

Art. 1.015. No silêncio do contrato, os administradores podem praticar todos os atos pertinentes à gestão da sociedade; não constituindo objeto social, a oneração ou a venda de bens imóveis depende do que a maioria dos sócios decidir.

- Enunciado 219 das Jornadas de Direito Civil.

Parágrafo único. O excesso por parte dos administradores somente pode ser oposto a terceiros se ocorrer pelo menos uma das seguintes hipóteses:

I - se a limitação de poderes estiver inscrita ou averbada no registro próprio da sociedade;

II - provando-se que era conhecida do terceiro;

III - tratando-se de operação evidentemente estranha aos negócios da sociedade.

Art. 1.016. Os administradores respondem solidariamente perante a sociedade e os terceiros prejudicados, por culpa no desempenho de suas funções.

- arts. 275 a 285; 1.070 deste Código.
- arts. 789 a 795, NCPC.
- Enunciados 59, 220 e 487 das Jornadas de Direito Civil.

Art. 1.017. O administrador que, sem consentimento escrito dos sócios, aplicar créditos ou bens sociais em proveito próprio ou de terceiros, terá de restituí-los à sociedade, ou pagar o equivalente, com todos os lucros resultantes, e, se houver prejuízo, por ele também responderá.

- arts. 402 a 405 deste Código.
- Enunciado 59 das Jornadas de Direito Civil.

Parágrafo único. Fica sujeito às sanções o administrador que, tendo em qualquer operação interesse contrário ao da sociedade, tome parte na correspondente deliberação.

Art. 1.018. Ao administrador é vedado fazer-se substituir no exercício de suas funções, sendo-lhe facultado, nos limites de seus poderes, constituir mandatários da sociedade, especificados no instrumento os atos e operações que poderão praticar.

- arts. 653 a 691; 1.012 deste Código.

Art. 1.019. São irrevogáveis os poderes do sócio investido na administração por cláusula expressa do contrato social, salvo justa causa, reconhecida judicialmente, a pedido de qualquer dos sócios.

Parágrafo único. São revogáveis, a qualquer tempo, os poderes conferidos a sócio por ato separado, ou a quem não seja sócio.

- arts. 997, VI; 999 deste Código.

Art. 1.020. Os administradores são obrigados a prestar aos sócios contas justificadas de sua administração, e apresentar-lhes o inventário anualmente, bem como o balanço patrimonial e o de resultado econômico.

- arts. 1.179 a 1.195 deste Código.
- art. 31, Lei 4.595/1964 (Dispõe sobre a política e as instituições monetárias, bancárias e creditícias e cria o Conselho Monetário Nacional).
- arts. 109; 178 a 184, Lei 6.404/1976 (Dispõe sobre as sociedades por ações).
- art. 178, Lei 11.101/2005 (Lei de Recuperação de Empresas e Falência)
- Súm. 260 e 439 STF.

Art. 1.021. Salvo estipulação que determine época própria, o sócio pode, a qualquer tempo, examinar os livros e documentos, e o estado da caixa e da carteira da sociedade.

- arts. 109, III; 132, I; 142, III; e 163, I, VI e VII, Lei 6.404/1976 (Dispõe sobre as sociedades por ações).

SEÇÃO IV
DAS RELAÇÕES COM TERCEIROS

- arts. 1.015, p.u., e 1.016 deste Código.

Art. 1.022. A sociedade adquire direitos, assume obrigações e procede judicialmente, por meio de administradores com poderes especiais, ou, não os havendo, por intermédio de qualquer administrador.

- art. 75, VIII a X, deste Código.

Art. 1.023. Se os bens da sociedade não lhe cobrirem as dívidas, respondem os sócios pelo saldo, na proporção em que participem das perdas sociais, salvo cláusula de responsabilidade solidária.

- arts. 275 a 285 deste Código.
- arts. 790 e 795, NCPC.
- Enunciado 61 das Jornadas de Direito Civil.

Art. 1.024. Os bens particulares dos sócios não podem ser executados por dívidas da sociedade, senão depois de executados os bens sociais.

- art. 990 deste Código.
- arts. 790 e 795, NCPC.

Art. 1.025. O sócio, admitido em sociedade já constituída, não se exime das dívidas sociais anteriores à admissão.

- art. 1.003, p.u., deste Código.

Art. 1.026. O credor particular de sócio pode, na insuficiência de outros bens do devedor, fazer recair a execução sobre o que a este couber nos lucros da sociedade, ou na parte que lhe tocar em liquidação.

- Enunciados 387 a 389 das Jornadas de Direito Civil.

Parágrafo único. Se a sociedade não estiver dissolvida, pode o credor requerer a liquidação da quota do devedor, cujo valor, apurado na forma do art. 1.031, será depositado em dinheiro, no juízo da execução, até noventa dias após aquela liquidação.

- art. 1.030 deste Código.

Art. 1.027. Os herdeiros do cônjuge de sócio, ou o cônjuge do que se separou judicialmente, não podem exigir desde logo a parte que lhes couber na quota social, mas concorrer à divisão periódica dos lucros, até que se liquide a sociedade.

- art. 1.028, III, deste Código.

SEÇÃO V
DA RESOLUÇÃO DA SOCIEDADE EM RELAÇÃO A UM SÓCIO

- art. 5º, XX, CF.

Art. 1.028. No caso de morte de sócio, liquidar-se-á sua quota, salvo:

- arts. 997; 999; 1.032 deste Código.
- Enunciado 221 das Jornadas de Direito Civil.

I - se o contrato dispuser diferentemente;
II - se os sócios remanescentes optarem pela dissolução da sociedade;

- art. 1º, III, Dec.-Lei 368/1968.

III - se, por acordo com os herdeiros, regular-se a substituição do sócio falecido.

Art. 1.029. Além dos casos previstos na lei ou no contrato, qualquer sócio pode retirar-se da sociedade; se de prazo indeterminado, mediante notificação aos demais sócios, com antecedência mínima de sessenta dias; se de prazo determinado, provando judicialmente justa causa.

- art. 1.031 deste Código.

Parágrafo único. Nos trinta dias subsequentes à notificação, podem os demais sócios optar pela dissolução da sociedade.

Art. 1.030. Ressalvado o disposto no art. 1.004 e seu parágrafo único, pode o sócio ser excluído judicialmente, mediante iniciativa da maioria dos demais sócios, por falta grave no cumprimento de suas obrigações, ou, ainda, por incapacidade superveniente.

- arts. 1.031; 1.034; 1.085 deste Código.
- art. 6º, Lei 11.101/2005 (Lei de Recuperação de Empresas e Falência).
- Enunciados 67; 216 das Jornadas de Direito Civil.

Parágrafo único. Será de pleno direito excluído da sociedade o sócio declarado falido, ou aquele cuja quota tenha sido liquidada nos termos do parágrafo único do art. 1.026.

- art. 123, Lei 11.101/2005 (Lei de Recuperação de Empresas e Falência).
- Enunciado 481 das Jornadas de Direito Civil.

Art. 1.031. Nos casos em que a sociedade se resolver em relação a um sócio, o valor da sua quota, considerado pelo montante efetivamente realizado, liquidar-se-á, salvo disposição contratual em contrário, com base na situação patrimonial da sociedade, à data da resolução, verificada em balanço especialmente levantado.

- arts. .1.026, p.u.; 1.033 a 1.038; 1.077; 1.086 deste Código.
- Súm. 265, STF.
- Enunciados 62; 391; 482 das Jornadas de Direito Civil.

§ 1º O capital social sofrerá a correspondente redução, salvo se os demais sócios suprirem o valor da quota.

- arts. 1.004, p.u., deste Código.

§ 2º A quota liquidada será paga em dinheiro, no prazo de noventa dias, a partir da liquidação, salvo acordo, ou estipulação contratual em contrário.

Art. 1.032. A retirada, exclusão ou morte do sócio não o exime, ou a seus herdeiros, da responsabilidade pelas obrigações sociais anteriores, até dois anos após averbada a resolução da sociedade; nem nos dois primeiros casos, pelas posteriores e em igual prazo, enquanto não se requerer a averbação.

- art. 1.086 deste Código.

SEÇÃO VI
DA DISSOLUÇÃO

- art. 5º, XIX, CF.
- arts. 206 e 207, Lei 6.404/1973 (Dispõe sobre as sociedades por ações).
- Súm. 435, STJ.

Art. 1.033. Dissolve-se a sociedade quando ocorrer:

I - o vencimento do prazo de duração, salvo se, vencido este e sem oposição de sócio, não entrar a sociedade em liquidação, caso em que se prorrogará por tempo indeterminado;
II - o consenso unânime dos sócios;
III - a deliberação dos sócios, por maioria absoluta, na sociedade de prazo indeterminado;

- Enunciado 67 das Jornadas de Direito Civil.

IV - a falta de pluralidade de sócios, não reconstituída no prazo de cento e oitenta dias;
V - a extinção, na forma da lei, de autorização para funcionar.

- arts. 51; 1.037; 1.044; 1.051; 1.123 deste Código.

Parágrafo único. Não se aplica o disposto no inciso IV caso o sócio remanescente, inclusive na hipótese de concentração de todas as cotas da sociedade sob sua titularidade, requeira, no Registro Público de Empresas Mercantis, a transformação do registro da sociedade para empresário individual ou para empresa individual de responsabilidade limitada, observado, no que couber, o disposto nos arts. 1.113 a 1.115 deste Código. (Alterado pela Lei 12.441/2011 – com vigência em 180 dias.)

- art. 980-A deste Código.
- Enunciados 465; 483 das Jornadas de Direito Civil.

Art. 1.034. A sociedade pode ser dissolvida judicialmente, a requerimento de qualquer dos sócios, quando:

I - anulada a sua constituição;
II - exaurido o fim social, ou verificada a sua inexequibilidade.

Art. 1.035. O contrato pode prever outras causas de dissolução, a serem verificadas judicialmente quando contestadas.

Art. 1.036. Ocorrida a dissolução, cumpre aos administradores providenciar imediatamente a investidura do liquidante, e restringir a gestão própria aos negócios inadiáveis, vedadas novas operações, pelas quais responderão solidária e ilimitadamente.

▸ arts. 275 a 285 deste Código.

▸ Enunciado 487 das Jornadas de Direito Civil.

Parágrafo único. Dissolvida de pleno direito a sociedade, pode o sócio requerer, desde logo, a liquidação judicial.

▸ arts. 1.102 a 1.112 deste Código.

Art. 1.037. Ocorrendo a hipótese prevista no inciso V do art. 1.033, o Ministério Público, tão logo lhe comunique a autoridade competente, promoverá a liquidação judicial da sociedade, se os administradores não o tiverem feito nos trinta dias seguintes à perda da autorização, ou se o sócio não houver exercido a faculdade assegurada no parágrafo único do artigo antecedente.

Parágrafo único. Caso o Ministério Público não promova a liquidação judicial da sociedade nos quinze dias subsequentes ao recebimento da comunicação, a autoridade competente para conceder a autorização nomeará interventor com poderes para requerer a medida e administrar a sociedade até que seja nomeado o liquidante.

▸ art. 51; 1.111 a 1.113 deste Código.

Art. 1.038. Se não estiver designado no contrato social, o liquidante será eleito por deliberação dos sócios, podendo a escolha recair em pessoa estranha à sociedade.

▸ arts. 1.103 a 1.105 deste Código.

§ 1º O liquidante pode ser destituído, a todo tempo:

I - se eleito pela forma prevista neste artigo, mediante deliberação dos sócios;

II - em qualquer caso, por via judicial, a requerimento de um ou mais sócios, ocorrendo justa causa.

§ 2º A liquidação da sociedade se processa de conformidade com o disposto no Capítulo IX, deste Subtítulo.

▸ arts. 1.102 a 1.112 deste Código.

CAPÍTULO II
DA SOCIEDADE EM NOME COLETIVO

▸ art. 983; 1.046 deste Código.

▸ art. 27, § 9º, Lei 9.615/1998 (Lei Pelé)

Art. 1.039. Somente pessoas físicas podem tomar parte na sociedade em nome coletivo, respondendo todos os sócios, solidária e ilimitadamente, pelas obrigações sociais.

▸ arts. 275 a 285; 974 deste Código.

Parágrafo único. Sem prejuízo da responsabilidade perante terceiros, podem os sócios, no ato constitutivo, ou por unânime convenção posterior, limitar entre si a responsabilidade de cada um.

Art. 1.040. A sociedade em nome coletivo se rege pelas normas deste Capítulo e, no que seja omisso, pelas do Capítulo antecedente.

Art. 1.041. O contrato deve mencionar, além das indicações referidas no art. 997, a firma social.

Art. 1.042. A administração da sociedade compete exclusivamente a sócios, sendo o uso da firma, nos limites do contrato, privativo dos que tenham os necessários poderes.

Art. 1.043. O credor particular de sócio não pode, antes de dissolver-se a sociedade, pretender a liquidação da quota do devedor.

▸ Enunciado 63 das Jornadas de Direito Civil.

Parágrafo único. Poderá fazê-lo quando:

I - a sociedade houver sido prorrogada tacitamente;

II - tendo ocorrido prorrogação contratual, for acolhida judicialmente oposição do credor, levantada no prazo de noventa dias, contado da publicação do ato dilatório.

▸ Enunciado 489 das Jornadas de Direito Civil.

Art. 1.044. A sociedade se dissolve de pleno direito por qualquer das causas enumeradas no art. 1.033 e, se empresária, também pela declaração da falência.

▸ arts. 1.051; 1.087 deste Código.

▸ arts. 6º; 126, Lei 11.101/2005 (Lei de Recuperação de Empresas e Falências).

CAPÍTULO III
DA SOCIEDADE EM COMANDITA SIMPLES

▸ art. 983 deste Código.

Art. 1.045. Na sociedade em comandita simples tomam parte sócios de duas categorias: os comanditados, pessoas físicas, responsáveis solidária e ilimitadamente pelas obrigações sociais; e os comanditários, obrigados somente pelo valor de sua quota.

▸ arts. 265; 966; 974 deste Código.

Parágrafo único. O contrato deve discriminar os comanditados e os comanditários.

Art. 1.046. Aplicam-se à sociedade em comandita simples as normas da sociedade em nome coletivo, no que forem compatíveis com as deste Capítulo.

▸ arts. 1.039 a 1.044 deste Código.

Parágrafo único. Aos comanditados cabem os mesmos direitos e obrigações dos sócios da sociedade em nome coletivo.

Art. 1.047. Sem prejuízo da faculdade de participar das deliberações da sociedade e de lhe fiscalizar as operações, não pode o comanditário praticar qualquer ato de gestão, nem ter o nome na firma social, sob pena de ficar sujeito às responsabilidades de sócio comanditado.

Parágrafo único. Pode o comanditário ser constituído procurador da sociedade, para negócio determinado e com poderes especiais.

Art. 1.048. Somente após averbada a modificação do contrato, produz efeito, quanto a terceiros, a diminuição da quota do comanditário, em consequência de ter sido reduzido o capital social, sempre sem prejuízo dos credores preexistentes.

▸ art. 1.045. p.u., deste Código.

Art. 1.049. O sócio comanditário não é obrigado à reposição de lucros recebidos de boa-fé e de acordo com o balanço.

Parágrafo único. Diminuído o capital social por perdas supervenientes, não pode o comanditário receber quaisquer lucros, antes de reintegrado aquele.

Art. 1.050. No caso de morte de sócio comanditário, a sociedade, salvo disposição do contrato, continuará com os seus sucessores, que designarão quem os represente.

Art. 1.051. Dissolve-se de pleno direito a sociedade:

▸ art. 1.033 deste Código.

▸ Enunciado 489 das Jornadas de Direito Civil.

I - por qualquer das causas previstas no art. 1.044;

▸ art. 6º, Lei 11.101/2005 (Lei de Recuperação de Empresas e Falência).

II - quando por mais de cento e oitenta dias perdurar a falta de uma das categorias de sócio.

Parágrafo único. Na falta de sócio comanditado, os comanditários nomearão administrador provisório para praticar, durante o período referido no inciso II e sem assumir a condição de sócio, os atos de administração.

CAPÍTULO IV
DA SOCIEDADE LIMITADA

SEÇÃO I
DISPOSIÇÕES PRELIMINARES

▸ art. 983 deste Código.

Art. 1.052. Na sociedade limitada, a responsabilidade de cada sócio é restrita ao valor de suas quotas, mas todos respondem solidariamente pela integralização do capital social.

▸ arts. 275 a 285; 1.056, § 2º; 1.158 deste Código.

▸ Enunciado 65 das Jornadas de Direito Civil.

§ 1º A sociedade limitada pode ser constituída por 1 (uma) ou mais pessoas. (Acrescido pela Lei 13.874/2019)

§ 2º Se for unipessoal, aplicar-se-ão ao documento de constituição do sócio único, no que couber, as disposições sobre o contrato social. (Acrescido pela Lei 13.874/2019)

Art. 1.053. A sociedade limitada rege-se, nas omissões deste Capítulo, pelas normas da sociedade simples.

▸ arts. 997 a 1.038 deste Código.

▸ Enunciados 217; 222; 223 das Jornadas de Direito Civil.

Parágrafo único. O contrato social poderá prever a regência supletiva da sociedade limitada pelas normas da sociedade anônima.

▸ Lei 6.404/1976 (Dispõe sobre as sociedades por ações).

Art. 1.054. O contrato mencionará, no que couber, as indicações do art. 997, e, se for o caso, a firma social.

▸ arts. 1.064 e 1.158 deste Código.

▸ Enunciado 214 das Jornadas de Direito Civil.

SEÇÃO II
DAS QUOTAS

Art. 1.055. O capital social divide-se em quotas, iguais ou desiguais, cabendo uma ou diversas a cada sócio.

§ 1º Pela exata estimação de bens conferidos ao capital social respondem solidariamente todos os sócios, até o prazo de cinco anos da data do registro da sociedade.

› arts. 275 a 285 deste Código.

› Enunciado 224 das Jornadas de Direito Civil.

§ 2º É vedada contribuição que consista em prestação de serviços.

Art. 1.056. A quota é indivisível em relação à sociedade, salvo para efeito de transferência, caso em que se observará o disposto no artigo seguinte.

› art. 88 deste Código.

§ 1º No caso de condomínio de quota, os direitos a ela inerentes somente podem ser exercidos pelo condômino representante, ou pelo inventariante do espólio de sócio falecido.

§ 2º Sem prejuízo do disposto no art. 1.052, os condôminos de quota indivisa respondem solidariamente pelas prestações necessárias à sua integralização.

Art. 1.057. Na omissão do contrato, o sócio pode ceder sua quota, total ou parcialmente, a quem seja sócio, independentemente de audiência dos outros, ou a estranho, se não houver oposição de titulares de mais de um quarto do capital social.

› art. 1.081, § 2º, deste Código.

› Enunciados 225; 391 das Jornadas de Direito Civil.

Parágrafo único. A cessão terá eficácia quanto à sociedade e terceiros, inclusive para os fins do parágrafo único do art. 1.003, a partir da averbação do respectivo instrumento, subscrito pelos sócios anuentes.

Art. 1.058. Não integralizada a quota de sócio remisso, os outros sócios podem, sem prejuízo do disposto no art. 1.004 e seu parágrafo único, tomá-la para si ou transferi-la a terceiros, excluindo o primitivo titular e devolvendo-lhe o que houver pago, deduzidos os juros da mora, as prestações estabelecidas no contrato mais as despesas.

› Enunciado 391 das Jornadas de Direito Civil.

Art. 1.059. Os sócios serão obrigados à reposição dos lucros e das quantias retiradas, a qualquer título, ainda que autorizados pelo contrato, quando tais lucros ou quantia se distribuírem com prejuízo do capital.

SEÇÃO III
DA ADMINISTRAÇÃO

Art. 1.060. A sociedade limitada é administrada por uma ou mais pessoas designadas no contrato social ou em ato separado.

Parágrafo único. A administração atribuída no contrato a todos os sócios não se estende de pleno direito aos que posteriormente adquiram essa qualidade.

› arts. 1.010 a 1.021 deste Código.

Art. 1.061. A designação de administradores não sócios dependerá de aprovação da unanimidade dos sócios, enquanto o capital não estiver integralizado, e de 2/3 (dois terços), no mínimo, após a integralização. (Redação dada pela Lei 12.375/2010.)

› art. 1.076 deste Código.

Art. 1.062. O administrador designado em ato separado investir-se-á no cargo mediante termo de posse no livro de atas da administração.

§ 1º Se o termo não for assinado nos trinta dias seguintes à designação, esta se tornará sem efeito.

§ 2º Nos dez dias seguintes ao da investidura, deve o administrador requerer seja averbada sua nomeação no registro competente, mencionando o seu nome, nacionalidade, estado civil, residência, com exibição de documento de identidade, o ato e a data da nomeação e o prazo de gestão.

› Enunciado 66 das Jornadas de Direito Civil.

Art. 1.063. O exercício do cargo de administrador cessa pela destituição, em qualquer tempo, do titular, ou pelo término do prazo se, fixado no contrato ou em ato separado, não houver recondução.

› art. 1.076 deste Código.

§ 1º Tratando-se de sócio nomeado administrador no contrato, sua destituição somente se opera pela aprovação de titulares de quotas correspondentes a mais da metade do capital social, salvo disposição contratual diversa. (Redação dada pela Lei 13.792/2019)

§ 2º A cessação do exercício do cargo de administrador deve ser averbada no registro competente, mediante requerimento apresentado nos dez dias seguintes ao da ocorrência.

§ 3º A renúncia de administrador torna-se eficaz, em relação à sociedade, desde o momento em que esta toma conhecimento da comunicação escrita do renunciante; e, em relação a terceiros, após a averbação e publicação.

› Enunciado 489 das Jornadas de Direito Civil.

Art. 1.064. O uso da firma ou denominação social é privativo dos administradores que tenham os necessários poderes.

Art. 1.065. Ao término de cada exercício social, proceder-se-á à elaboração do inventário, do balanço patrimonial e do balanço de resultado econômico.

› arts. 1.179 a 1.195 deste Código.

SEÇÃO IV
DO CONSELHO FISCAL

› art. 206, § 3º, VII, b; 1.078 deste Código.

› arts. 161 a 165, Lei 6.404/1976 (Dispões sobre as sociedades por ações).

Art. 1.066. Sem prejuízo dos poderes da assembleia dos sócios, pode o contrato instituir conselho fiscal composto de três ou mais membros e respectivos suplentes, sócios ou não, residentes no país, eleitos na assembleia anual prevista no art. 1.078.

§ 1º Não podem fazer parte do conselho fiscal, além dos inelegíveis enumerados no § 1º do art. 1.011, os membros dos demais órgãos da sociedade ou de outra por ela controlada, os empregados de quaisquer delas ou dos respectivos administradores, o cônjuge ou parente destes até o terceiro grau.

§ 2º É assegurado aos sócios minoritários, que representarem pelo menos um quinto do capital social, o direito de eleger, separadamente, um dos membros do conselho fiscal e o respectivo suplente.

Art. 1.067. O membro ou suplente eleito, assinando termo de posse lavrado no livro de atas e pareceres do conselho fiscal, em que se mencione o seu nome, nacionalidade, estado civil, residência e a data da escolha, ficará investido nas suas funções, que exercerá, salvo cessação anterior, até a subsequente assembleia anual.

Parágrafo único. Se o termo não for assinado nos trinta dias seguintes ao da eleição, esta se tornará sem efeito.

Art. 1.068. A remuneração dos membros do conselho fiscal será fixada, anualmente, pela assembleia dos sócios que os eleger.

Art. 1.069. Além de outras atribuições determinadas na lei ou no contrato social, aos membros do conselho fiscal incumbem, individual ou conjuntamente, os deveres seguintes:

› arts. 1.065; 1.073, II; 1.078, I; 1.102 a 1.112; 1.188; 1.189 deste Código

› arts. 163, IV a VIII; 175 a 188, Lei 6.404/1976 (Dispõe sobre as sociedades por ações).

I - examinar, pelo menos trimestralmente, os livros e papéis da sociedade e o estado da caixa e da carteira, devendo os administradores ou liquidantes prestar-lhes as informações solicitadas;

II - lavrar no livro de atas e pareceres do conselho fiscal o resultado dos exames referidos no inciso I deste artigo;

III - exarar no mesmo livro e apresentar à assembleia anual dos sócios parecer sobre os negócios e as operações sociais do exercício em que servirem, tomando por base o balanço patrimonial e o de resultado econômico;

IV - denunciar os erros, fraudes ou crimes que descobrirem, sugerindo providências úteis à sociedade;

V - convocar a assembleia dos sócios se a diretoria retardar por mais de trinta dias a sua convocação anual, ou sempre que ocorram motivos graves e urgentes;

VI - praticar, durante o período da liquidação da sociedade, os atos a que se refere este artigo, tendo em vista as disposições especiais reguladoras da liquidação.

Art. 1.070. As atribuições e poderes conferidos pela lei ao conselho fiscal não podem ser outorgados a outro órgão da sociedade, e a responsabilidade de seus membros obedece à regra que define a dos administradores (art. 1.016).

Parágrafo único. O conselho fiscal poderá escolher para assisti-lo no exame dos livros, dos balanços e das contas, contabilista legalmente habilitado, mediante remuneração aprovada pela assembleia dos sócios.

SEÇÃO V
DAS DELIBERAÇÕES DOS SÓCIOS

▸ art. 121 a 137, Lei 6.404/1976 (Dispõe sobre as sociedades por ações).

Art. 1.071. Dependem da deliberação dos sócios, além de outras matérias indicadas na lei ou no contrato:

▸ Enunciado 227 das Jornadas de Direito Civil.

I - a aprovação das contas da administração;

II - a designação dos administradores, quando feita em ato separado;

▸ art. 1.076, II, deste Código.

III - a destituição dos administradores;

▸ art. 1.076, II, deste Código.

IV - o modo de sua remuneração, quando não estabelecido no contrato;

▸ art. 1.076, II, deste Código.

V - a modificação do contrato social;

▸ arts. 1.076, I, deste Código.

VI - a incorporação, a fusão e a dissolução da sociedade, ou a cessação do estado de liquidação;

▸ arts. 1.076, I, deste Código.

VII - a nomeação e destituição dos liquidantes e o julgamento das suas contas;

VIII - o pedido de concordata.

▸ arts. 1.072, § 4º; 1.076, II, deste Código.

▸ art. 48, Lei 11.101/2005 (Lei de Recuperação de Empresas e Falências).

Art. 1.072. As deliberações dos sócios, obedecido o disposto no art. 1.010, serão tomadas em reunião ou em assembleia, conforme previsto no contrato social, devendo ser convocadas pelos administradores nos casos previstos em lei ou no contrato.

▸ art. 1.152, § 3º, deste Código.

§ 1º A deliberação em assembleia será obrigatória se o número dos sócios for superior a dez.

▸ art. 1.079 deste Código.

§ 2º Dispensam-se as formalidades de convocação previstas no § 3º do art. 1.152, quando todos os sócios comparecerem ou se declararem, por escrito, cientes do local, data, hora e ordem do dia.

§ 3º A reunião ou a assembleia tornam-se dispensáveis quando todos os sócios decidirem, por escrito, sobre a matéria que seria objeto delas.

§ 4º No caso do inciso VIII do artigo antecedente, os administradores, se houver urgência e com autorização de titulares de mais da metade do capital social, podem requerer concordata preventiva.

§ 5º As deliberações tomadas de conformidade com a lei e o contrato vinculam todos os sócios, ainda que ausentes ou dissidentes.

§ 6º Aplica-se às reuniões dos sócios, nos casos omissos no contrato, o disposto na presente Seção sobre a assembleia.

Art. 1.073. A reunião ou a assembleia podem também ser convocadas:

I - por sócio, quando os administradores retardarem a convocação, por mais de sessenta dias, nos casos previstos em lei ou no contrato, ou por titulares de mais de um quinto do capital, quando não atendido, no prazo de oito dias, pedido de convocação fundamentado, com indicação das matérias a serem tratadas;

II - pelo conselho fiscal, se houver, nos casos a que se refere o inciso V do art. 1.069.

Art. 1.074. A assembleia dos sócios instala-se com a presença, em primeira convocação, de titulares de no mínimo três quartos do capital social, e, em segunda, com qualquer número.

▸ Enunciado 226 das Jornadas de Direito Civil.

§ 1º O sócio pode ser representado na assembleia por outro sócio, ou por advogado, mediante outorga de mandato com especificação dos atos autorizados, devendo o instrumento ser levado a registro, juntamente com a ata.

▸ Enunciado 484 das Jornadas de Direito Civil.

§ 2º Nenhum sócio, por si ou na condição de mandatário, pode votar matéria que lhe diga respeito diretamente.

Art. 1.075. A assembleia será presidida e secretariada por sócios escolhidos entre os presentes.

§ 1º Dos trabalhos e deliberações será lavrada, no livro de atas da assembleia, ata assinada pelos membros da mesa e por sócios participantes da reunião, quantos bastem à validade das deliberações, mas sem prejuízo dos que queiram assiná-la.

§ 2º Cópia da ata autenticada pelos administradores, ou pela mesa, será, nos vinte dias subsequentes à reunião, apresentada ao Registro Público de Empresas Mercantis para arquivamento e averbação.

▸ Lei 8.934/1994 (Dispõe sobre o registro público de empresas mercantis e atividades afins).

§ 3º Ao sócio, que a solicitar, será entregue cópia autenticada da ata.

Art. 1.076. Ressalvado o disposto no art. 1.061, as deliberações dos sócios serão tomadas: *(Redação dada pela Lei 13.792/2019)*

▸ Enunciados 227 e 485 das Jornadas de Direito Civil.

I - pelos votos correspondentes, no mínimo, a três quartos do capital social, nos casos previstos nos incisos V e VI do art. 1.071;

II - pelos votos correspondentes a mais de metade do capital social, nos casos previstos nos incisos II, III, IV e VIII do art. 1.071;

III - pela maioria de votos dos presentes, nos demais casos previstos na lei ou no contrato, se este não exigir maioria mais elevada.

Art. 1.077. Quando houver modificação do contrato, fusão da sociedade, incorporação de outra, ou dela por outra, terá o sócio que dissentiu o direito de retirar-se da sociedade, nos trinta dias subsequentes à reunião, aplicando-se, no silêncio do contrato social antes vigente, o disposto no art. 1.031.

▸ arts. 1.113 a 1.122 deste Código.

▸ Enunciado 392 das Jornadas de Direito Civil.

Art. 1.078. A assembleia dos sócios deve realizar-se ao menos uma vez por ano, nos quatro meses seguintes à ao término do exercício social, com o objetivo de:

▸ art. 132, Lei 6.404/1976 (Dispõe sobre as sociedades por ações).

▸ Enunciado 228 das Jornadas de Direito Civil.

I - tomar as contas dos administradores e deliberar sobre o balanço patrimonial e o de resultado econômico;

II - designar administradores, quando for o caso;

III - tratar de qualquer outro assunto constante da ordem do dia.

▸ art. 1.066 deste Código.

§ 1º Até trinta dias antes da data marcada para a assembleia, os documentos referidos no inciso I deste artigo devem ser postos, por escrito, e com a prova do respectivo recebimento, à disposição dos sócios que não exerçam a administração.

§ 2º Instalada a assembleia, proceder-se-á à leitura dos documentos referidos no parágrafo antecedente, os quais serão submetidos, pelo presidente, a discussão e votação, nesta não podendo tomar parte os membros da administração e, se houver, os do conselho fiscal.

§ 3º A aprovação, sem reserva, do balanço patrimonial e do de resultado econômico, salvo erro, dolo ou simulação, exonera de responsabilidade os membros da administração e, se houver, os do conselho fiscal.

▸ arts. 138 a 150; 167 deste Código.

§ 4º Extingue-se em dois anos o direito de anular a aprovação a que se refere o parágrafo antecedente.

Art. 1.079. Aplica-se às reuniões dos sócios, nos casos omissos no contrato, o estabelecido nesta Seção sobre a assembleia, obedecido o disposto no § 1º do art. 1.072.

Art. 1.080. As deliberações infringentes do contrato ou da lei tornam ilimitada a responsabilidade dos que expressamente as aprovaram.

▸ art. 50 deste Código.

▸ Enunciados 229; 487 das Jornadas de Direito Civil.

Art. 1.080-A. O sócio poderá participar e votar a distância em reunião ou em assembleia, nos termos do regulamento do órgão competente do Poder Executivo federal. (Acrescido pela Lei 14.030/2020)

Parágrafo único. A reunião ou a assembleia poderá ser realizada de forma digital, respeitados os direitos legalmente previstos de participação e de manifestação dos sócios e os demais requisitos regulamentares. (Acrescido pela Lei 14.030/2020)

SEÇÃO VI
DO AUMENTO E DA REDUÇÃO DO CAPITAL

▸ art. 1.053, p.u.; 1.076, I, deste Código.

Art. 1.081. Ressalvado o disposto em lei especial, integralizadas as quotas, pode ser o capital aumentado, com a correspondente modificação do contrato.

§ 1º Até trinta dias após a deliberação, terão os sócios preferência para participar do aumento, na proporção das quotas de que sejam titulares.

› art. 171, *caput*, Lei 6.404/1976 (Dispõe sobre as sociedades por ações).

§ 2º À cessão do direito de preferência, aplica-se o disposto no *caput* do art. 1.057.

§ 3º Decorrido o prazo da preferência, e assumida pelos sócios, ou por terceiros, a totalidade do aumento, haverá reunião ou assembleia dos sócios, para que seja aprovada a modificação do contrato.

Art. 1.082. Pode a sociedade reduzir o capital, mediante a correspondente modificação do contrato:

› art. 1.076, I, deste Código.

› art. 173, Lei 6.404/1976 (Dispõe sobre as sociedades por ações).

I - depois de integralizado, se houver perdas irreparáveis;

› art. 1.083 deste Código.

II - se excessivo em relação ao objeto da sociedade.

› art. 1.084 deste Código.

Art. 1.083. No caso do inciso I do artigo antecedente, a redução do capital será realizada com a diminuição proporcional do valor nominal das quotas, tornando-se efetiva a partir da averbação, no Registro Público de Empresas Mercantis, da ata da assembleia que a tenha aprovado.

› Lei 8.934/1994 (Dispõe sobre o registro público de empresas mercantis e atividades afins).

Art. 1.084. No caso do inciso II do art. 1.082, a redução do capital será feita restituindo-se parte do valor das quotas aos sócios, ou dispensando-se as prestações ainda devidas, com diminuição proporcional, em ambos os casos, do valor nominal das quotas.

§ 1º No prazo de noventa dias, contado da data da publicação da ata da assembleia que aprovar a redução, o credor quirografário, por título líquido anterior a essa data, poderá opor-se ao deliberado.

› Enunciado 489 das Jornadas de Direito Civil.

§ 2º A redução somente se tornará eficaz se, no prazo estabelecido no parágrafo antecedente, não for impugnada, ou se provado o pagamento da dívida ou o depósito judicial do respectivo valor.

§ 3º Satisfeitas as condições estabelecidas no parágrafo antecedente, proceder-se-á à averbação, no Registro Público de Empresas Mercantis, da ata que tenha aprovado a redução.

› Lei 8.934/1994 (Dispõe sobre o registro público de empresas mercantis e atividades afins).

SEÇÃO VII
DA RESOLUÇÃO DA SOCIEDADE EM RELAÇÃO A SÓCIOS MINORITÁRIOS

Art. 1.085. Ressalvado o disposto no art. 1.030, quando a maioria dos sócios, representativa de mais da metade do capital social, entender que um ou mais sócios estão pondo em risco a continuidade da empresa, em virtude de atos de inegável gravidade, poderá excluí-los da sociedade, mediante alteração do contrato social, desde que prevista neste a exclusão por justa causa.

› Enunciado 67 das Jornadas de Direito Civil.

Parágrafo único. Ressalvado o caso em que haja apenas dois sócios na sociedade, a exclusão de um sócio somente poderá ser determinada em reunião ou assembleia especialmente convocada para esse fim, ciente o acusado em tempo hábil para permitir seu comparecimento e o exercício do direito de defesa. (Redação dada pela Lei 13.792/2019)

Art. 1.086. Efetuado o registro da alteração contratual, aplicar-se-á o disposto nos arts. 1.031 e 1.032.

SEÇÃO VIII
DA DISSOLUÇÃO

Art. 1.087. A sociedade dissolve-se, de pleno direito, por qualquer das causas previstas no art. 1.044.

› art. 1.033 deste Código.

› art. 206, I, Lei 6.404/1976 (Dispõe sobre as sociedades por ações).

CAPÍTULO V
DA SOCIEDADE ANÔNIMA

› Lei 6.404/1976 (Dispõe sobre as sociedades por ações).

SEÇÃO ÚNICA
DA CARACTERIZAÇÃO

Art. 1.088. Na sociedade anônima ou companhia, o capital divide-se em ações, obrigando-se cada sócio ou acionista somente pelo preço de emissão das ações que subscrever ou adquirir.

› arts. 1º; 2º Lei 6.404/1976 (Dispõe sobre as sociedades por ações).

› Enunciado 68 das Jornadas de Direito Civil.

Art. 1.089. A sociedade anônima rege-se por lei especial, aplicando-se-lhe, nos casos omissos, as disposições deste Código.

› arts. 982, p.u.; 1.126, p.u.; 1.128; 1.132; 1.134; 1.160, deste Código.

› Lei 6.404/1976 (Dispõe sobre as sociedades por ações).

› Enunciados 68 e 230 das Jornadas de Direito Civil.

CAPÍTULO VI
DA SOCIEDADE EM COMANDITA POR AÇÕES

› arts. 983; 1.161 deste Código.

Art. 1.090. A sociedade em comandita por ações tem o capital dividido em ações, regendo-se pelas normas relativas à sociedade anônima, sem prejuízo das modificações constantes deste Capítulo, e opera sob firma ou denominação.

› arts. 1.161 deste Código.

› arts. 280 a 284, Lei 6.404/1976 (Dispõe sobre as sociedades por ações).

Art. 1.091. Somente o acionista tem qualidade para administrar a sociedade e, como diretor, responde subsidiária e ilimitadamente pelas obrigações da sociedade.

› art. 282, Lei 6.404/1976 (Dispõe sobre as sociedades por ações).

§ 1º Se houver mais de um diretor, serão solidariamente responsáveis, depois de esgotados os bens sociais.

› arts. 275 a 285 deste Código.

§ 2º Os diretores serão nomeados no ato constitutivo da sociedade, sem limitação de tempo, e somente poderão ser destituídos por deliberação de acionistas que representem no mínimo dois terços do capital social.

§ 3º O diretor destituído ou exonerado continua, durante dois anos, responsável pelas obrigações sociais contraídas sob sua administração.

Art. 1.092. A assembleia geral não pode, sem o consentimento dos diretores, mudar o objeto essencial da sociedade, prorrogar-lhe o prazo de duração, aumentar ou diminuir o capital social, criar debêntures ou partes beneficiárias.

› art. 283, Lei 6.404/1976 (Dispõe sobre as sociedades por ações).

CAPÍTULO VII
DA SOCIEDADE COOPERATIVA

› arts. 982, p.u.; 983, p.u., deste Código.

Art. 1.093. A sociedade cooperativa reger-se-á pelo disposto no presente Capítulo, ressalvada a legislação especial.

› arts. 174, § 2º; 187, VI; e 192, CF.

› Lei 5.764/1971 (Define a Política Nacional de Cooperativismo e institui o regime jurídico das sociedades cooperativas).

› Lei 9.867/1999 (Dispõe sobre a criação e o funcionamento de cooperativas sociais).

› LC 130/2009 (Estabelece o Sistema Nacional de Crédito Cooperativo).

› Lei 12.690/2012 (Dispõe sobre a organização e o funcionamento das Cooperativas de Trabalho e institui o Programa Nacional de Fomento às Cooperativas de Trabalho - PRONACOOP.)

› Enunciado 69 das Jornadas de Direito Civil.

Art. 1.094. São características da sociedade cooperativa:

› art. 1.096 deste Código.

› art. 4º, Lei 5.764/1971 (Define a Política Nacional de Cooperativismo e institui o regime jurídico das sociedades cooperativas).

› Enunciado 206 das Jornadas de Direito Civil.

I - variabilidade, ou dispensa do capital social;

II - concurso de sócios em número mínimo necessário a compor a administração da sociedade, sem limitação de número máximo;

› art. 6º, Lei 5.764/1971 (Define a Política Nacional de Cooperativismo e institui o regime jurídico das sociedades cooperativas).

III - limitação do valor da soma de quotas do capital social que cada sócio poderá tomar;

IV - intransferibilidade das quotas do capital a terceiros estranhos à sociedade, ainda que por herança;

V - *quorum*, para a assembleia geral funcionar e deliberar, fundado no número de sócios presentes à reunião, e não no capital social representado;

VI - direito de cada sócio a um só voto nas deliberações, tenha ou não capital a sociedade, e qualquer que seja o valor de sua participação;

VII - distribuição dos resultados, proporcionalmente ao valor das operações efetuadas pelo sócio com a sociedade, podendo ser atribuído juro fixo ao capital realizado;

VIII - indivisibilidade do fundo de reserva entre os sócios, ainda que em caso de dissolução da sociedade.

Art. 1.095. Na sociedade cooperativa, a responsabilidade dos sócios pode ser limitada ou ilimitada.

§ 1º É limitada a responsabilidade na cooperativa em que o sócio responde somente pelo valor de suas quotas e pelo prejuízo verificado nas operações sociais, guardada a proporção de sua participação nas mesmas operações.

- arts. 11; 12 Lei 5.764/1971 (Define a Política Nacional de Cooperativismo e institui o regime jurídico das sociedades cooperativas).

§ 2º É ilimitada a responsabilidade na cooperativa em que o sócio responde solidária e ilimitadamente pelas obrigações sociais.

Art. 1.096. No que a lei for omissa, aplicam-se as disposições referentes à sociedade simples, resguardadas as características estabelecidas no art. 1.094.

- arts. 997 a 1.038 deste Código.

CAPÍTULO VIII
DAS SOCIEDADES COLIGADAS

Art. 1.097. Consideram-se coligadas as sociedades que, em suas relações de capital, são controladas, filiadas, ou de simples participação, na forma dos artigos seguintes.

- arts. 243 a 264, Lei 6.404/1976 (Dispõe sobre as sociedades por ações).

Art. 1.098. É controlada:

I - a sociedade de cujo capital outra sociedade possua a maioria dos votos nas deliberações dos quotistas ou da assembleia geral e o poder de eleger a maioria dos administradores;

II - a sociedade cujo controle, referido no inciso antecedente, esteja em poder de outra, mediante ações ou quotas possuídas por sociedades ou sociedades por esta já controladas.

- arts. 116; 243, § 2º, Lei 6.404/1976 (Dispõe sobre as sociedades por ações).

Art. 1.099. Diz-se coligada ou filiada a sociedade de cujo capital outra sociedade participa com dez por cento ou mais, do capital da outra, sem controlá-la.

- art. 243, § 1º, Lei 6.404/1976 (Dispõe sobre a sociedades por ações).

Art. 1.100. É de simples participação a sociedade de cujo capital outra sociedade possua menos de dez por cento do capital com direito de voto.

Art. 1.101. Salvo disposição especial de lei, a sociedade não pode participar de outra, que seja sua sócia, por montante superior, segundo o balanço, ao das próprias reservas, excluída a reserva legal.

- art. 244, Lei 6.404/1976 (Dispõe sobre as sociedades por ações).

Parágrafo único. Aprovado o balanço em que se verifique ter sido excedido esse limite, a sociedade não poderá exercer o direito de voto correspondente às ações ou quotas em excesso, as quais devem ser alienadas nos cento e oitenta dias seguintes àquela aprovação.

CAPÍTULO IX
DA LIQUIDAÇÃO DA SOCIEDADE

- arts. 44; 1.038, § 2º; 2.033; 2.034 deste Código.

Art. 1.102. Dissolvida a sociedade e nomeado o liquidante na forma do disposto neste Livro, procede-se à sua liquidação, de conformidade com os preceitos deste Capítulo, ressalvado o disposto no ato constitutivo ou no instrumento da dissolução.

- arts. 207 a 218, Lei 6.404/1976 (Dispõe sobre as sociedades por ações).

Parágrafo único. O liquidante, que não seja administrador da sociedade, investir-se-á nas funções, averbada a sua nomeação no registro próprio.

- arts. 114 a 126 da Lei 6.015/1973 (Lei de Registros Públicos).

Art. 1.103. Constituem deveres do liquidante:

I - averbar e publicar a ata, sentença ou instrumento de dissolução da sociedade;

II - arrecadar os bens, livros e documentos da sociedade, onde quer que estejam;

III - proceder, nos quinze dias seguintes ao da sua investidura e com a assistência, sempre que possível, dos administradores, à elaboração do inventário e do balanço geral do ativo e do passivo;

IV - ultimar os negócios da sociedade, realizar o ativo, pagar o passivo e partilhar o remanescente entre os sócios ou acionistas;

V - exigir dos quotistas, quando insuficiente o ativo à solução do passivo, a integralização de suas quotas e, se for o caso, as quantias necessárias, nos limites da responsabilidade de cada um e proporcionalmente à respectiva participação nas perdas, repartindo-se, entre os sócios solventes e na mesma proporção, o devido pelo insolvente;

VI - convocar assembleia dos quotistas, a cada seis meses, para apresentar relatório e balanço do estado da liquidação, prestando conta dos atos praticados durante o semestre, ou sempre que necessário;

VII - confessar a falência da sociedade e pedir concordata, de acordo com as formalidades prescritas para o tipo de sociedade liquidanda;

- art. 97, Lei 11.101/2005 (Lei de Recuperação de Empresas e Falências).

VIII - finda a liquidação, apresentar aos sócios o relatório da liquidação e as suas contas finais;

IX - averbar a ata da reunião ou da assembleia, ou o instrumento firmado pelos sócios, que considerar encerrada a liquidação.

- art. 217 Lei 6.404/1976 (Dispõe sobre as sociedades por ações).

Parágrafo único. Em todos os atos, documentos ou publicações, o liquidante empregará a firma ou denominação social sempre seguida da cláusula "em liquidação" e de sua assinatura individual, com a declaração de sua qualidade.

Art. 1.104. As obrigações e a responsabilidade do liquidante regem-se pelos preceitos peculiares às dos administradores da sociedade liquidanda.

Art. 1.105. Compete ao liquidante representar a sociedade e praticar todos os atos necessários à sua liquidação, inclusive alienar bens móveis ou imóveis, transigir, receber e dar quitação.

- art. 211, Lei 6.404/1976 (Dispõe sobre as sociedades por ações).

Parágrafo único. Sem estar expressamente autorizado pelo contrato social, ou pelo voto da maioria dos sócios, não pode o liquidante gravar de ônus reais os móveis e imóveis, contrair empréstimos, salvo quando indispensáveis ao pagamento de obrigações inadiáveis, nem prosseguir, embora para facilitar a liquidação, na atividade social.

Art. 1.106. Respeitados os direitos dos credores preferenciais, pagará o liquidante as dívidas sociais proporcionalmente, sem distinção entre vencidas e vincendas, mas, em relação a estas, com desconto.

- arts. 955 a 965 deste Código.

Parágrafo único. Se o ativo for superior ao passivo, pode o liquidante, sob sua responsabilidade pessoal, pagar integralmente as dívidas vencidas.

Art. 1.107. Os sócios podem resolver, por maioria de votos, antes de ultimada a liquidação, mas depois de pagos os credores, que o liquidante faça rateios por antecipação da partilha, na medida em que se apurem os haveres sociais.

Art. 1.108. Pago o passivo e partilhado o remanescente, convocará o liquidante assembleia dos sócios para a prestação final de contas.

Art. 1.109. Aprovadas as contas, encerra-se a liquidação, e a sociedade se extingue, ao ser averbada no registro próprio a ata da assembleia.

Parágrafo único. O dissidente tem o prazo de trinta dias, a contar da publicação da ata, devidamente averbada, para promover a ação que couber.

- Enunciado 489 das Jornadas de Direito Civil.

Art. 1.110. Encerrada a liquidação, o credor não satisfeito só terá direito a exigir dos sócios, individualmente, o pagamento do seu crédito, até o limite da soma por eles recebida em partilha, e a propor contra o liquidante ação de perdas e danos.

- arts. 402 a 405 deste Código.

Art. 1.111. No caso de liquidação judicial, será observado o disposto na lei processual.

- arts. 139 a 160, Lei 11.101/2005 (Lei de Recuperação de Empresas e Falências).

Art. 1.112. No curso de liquidação judicial, o juiz convocará, se necessário, reunião ou assembleia para deliberar sobre os interesses da liquidação, e as presidirá, resolvendo sumariamente as questões suscitadas.

Parágrafo único. As atas das assembleias serão, em cópia autêntica, apensadas ao processo judicial.

CAPÍTULO X
DA TRANSFORMAÇÃO, DA INCORPORAÇÃO, DA FUSÃO E DA CISÃO DAS SOCIEDADES

- arts. 1.033, p.u., 2.033 deste Código.
- arts. 220 a 234, Lei 6.404/1976 (Dispõe sobre as sociedades por ações).

Art. 1.113. O ato de transformação independe de dissolução ou liquidação da sociedade, e obedecerá aos preceitos reguladores da constituição e inscrição próprios do tipo em que vai converter-se.

- art. 220, Lei 6.404/1976 (Dispõe sobre as sociedades por ações).

Art. 1.114. A transformação depende do consentimento de todos os sócios, salvo se prevista no ato constitutivo, caso em que o dissidente poderá retirar-se da sociedade, aplicando-se, no silêncio do estatuto ou do contrato social, o disposto no art. 1.031.

- art. 221, Lei 6.404/1976 (Dispõe sobre as sociedades por ações).

Art. 1.115. A transformação não modificará nem prejudicará, em qualquer caso, os direitos dos credores.

- art. 222, Lei 6.404/1976 (Dispõe sobre as sociedades por ações).

Parágrafo único. A falência da sociedade transformada somente produzirá efeitos em relação aos sócios que, no tipo anterior, a eles estariam sujeitos, se o pedirem os titulares de créditos anteriores à transformação, e somente a estes beneficiará.

- art. 222, Lei 6.404/1976 (Dispõe sobre as sociedades por ações).

Art. 1.116. Na incorporação, uma ou várias sociedades são absorvidas por outra, que lhes sucede em todos os direitos e obrigações, devendo todas aprová-la, na forma estabelecida para os respectivos tipos.

- arts. 223, § 1º, e 227, *caput*, Lei 6.404/1976 (Dispõe sobre as sociedades por ações).
- Enunciados 70; 231; 232 das Jornadas de Direito Civil.

Art. 1.117. A deliberação dos sócios da sociedade incorporada deverá aprovar as bases da operação e o projeto de reforma do ato constitutivo.

- Enunciado 232 das Jornadas de Direito Civil.

§ 1º A sociedade que houver de ser incorporada tomará conhecimento desse ato, e, se o aprovar, autorizará os administradores a praticar o necessário à incorporação, inclusive a subscrição em bens pelo valor da diferença que se verificar entre o ativo e o passivo.

§ 2º A deliberação dos sócios da sociedade incorporadora compreenderá a nomeação dos peritos para a avaliação do patrimônio líquido da sociedade, que tenha de ser incorporada.

- art. 227 Lei 6.404/1976 (Dispõe sobre as sociedades por ações).
- art. 1.076, I, deste Código.

Art. 1.118. Aprovados os atos da incorporação, a incorporadora declarará extinta a incorporada, e promoverá a respectiva averbação no registro próprio.

- art. 234 Lei 6.404/1976 (Dispõe sobre as sociedades por ações).

Art. 1.119. A fusão determina a extinção das sociedades que se unem, para formar sociedade nova, que a elas sucederá nos direitos e obrigações.

- art. 2.033 deste Código.
- art. 228, *caput*, Lei 6.404/1976 (Dispõe sobre as sociedades por ações).

Art. 1.120. A fusão será decidida, na forma estabelecida para os respectivos tipos, pelas sociedades que pretendam unir-se.

- Enunciado 232 das Jornadas de Direito Civil.

§ 1º Em reunião ou assembleia dos sócios de cada sociedade, deliberada a fusão e aprovado o projeto do ato constitutivo da nova sociedade, bem como o plano de distribuição do capital social, serão nomeados os peritos para a avaliação do patrimônio da sociedade.

§ 2º Apresentados os laudos, os administradores convocarão reunião ou assembleia dos sócios para tomar conhecimento deles, decidindo sobre a constituição definitiva da nova sociedade.

§ 3º É vedado aos sócios votar o laudo de avaliação do patrimônio da sociedade de que façam parte.

- art. 1.074, § 2º, deste Código.

Art. 1.121. Constituída a nova sociedade, aos administradores incumbe fazer inscrever, no registro próprio da sede, os atos relativos à fusão.

- art. 234, Lei 6.404/1976 (Dispõe sobre as sociedades por ações).

Art. 1.122. Até noventa dias após publicados os atos relativos à incorporação, fusão ou cisão, o credor anterior, por ela prejudicado, poderá promover judicialmente a anulação deles.

- Enunciados 231 e 489 das Jornadas de Direito Civil.

§ 1º A consignação em pagamento prejudicará a anulação pleiteada.

- arts. 539 a 549, NCPC.

§ 2º Sendo ilíquida a dívida, a sociedade poderá garantir-lhe a execução, suspendendo-se o processo de anulação.

§ 3º Ocorrendo, no prazo deste artigo, a falência da sociedade incorporadora, da sociedade nova ou da cindida, qualquer credor anterior terá direito a pedir a separação dos patrimônios, para o fim de serem os créditos pagos pelos bens das respectivas massas.

- art. 2.033 deste Código.
- art. 229, Lei 6.404/1976 (Dispõe sobre as sociedades por ações).

CAPÍTULO XI
DA SOCIEDADE DEPENDENTE DE AUTORIZAÇÃO

SEÇÃO I
DISPOSIÇÕES GERAIS

Art. 1.123. A sociedade que dependa de autorização do Poder Executivo para funcionar reger-se-á por este título, sem prejuízo do disposto em lei especial.

Parágrafo único. A competência para a autorização será sempre do Poder Executivo federal.

Art. 1.124. Na falta de prazo estipulado em lei ou em ato do Poder Público, será considerada caduca a autorização se a sociedade não entrar em funcionamento nos doze meses seguintes à respectiva publicação.

Art. 1.125. Ao Poder Executivo é facultado, a qualquer tempo, cassar a autorização concedida a sociedade nacional ou estrangeira que infringir disposição de ordem pública ou praticar atos contrários aos fins declarados no seu estatuto.

SEÇÃO II
DA SOCIEDADE NACIONAL

Art. 1.126. É nacional a sociedade organizada de conformidade com a lei brasileira e que tenha no país a sede de sua administração.

- art. 170; IX; 176, § 1º; 222; 223, CF.
- art. 75, *caput*, deste Código.

Parágrafo único. Quando a lei exigir que todos ou alguns sócios sejam brasileiros, as ações da sociedade anônima revestirão, no silêncio da lei, a forma nominativa. Qualquer que seja o tipo da sociedade, na sua sede ficará arquivada cópia autêntica do documento comprobatório da nacionalidade dos sócios.

- Lei 10.610/2002 (Dispõe sobre a participação de capital estrangeiro nas empresas jornalísticas e de radiodifusão sonora e de sons e imagens).

Art. 1.127. Não haverá mudança de nacionalidade de sociedade brasileira sem o consentimento unânime dos sócios ou acionistas.

Art. 1.128. O requerimento de autorização de sociedade nacional deve ser acompanhado de cópia do contrato, assinada por todos os sócios, ou, tratando-se de sociedade anônima, de cópia, autenticada pelos fundadores, dos documentos exigidos pela lei especial.

Parágrafo único. Se a sociedade tiver sido constituída por escritura pública, bastará juntar-se ao requerimento a respectiva certidão.

- art. 1.131 deste Código.

Art. 1.129. Ao Poder Executivo é facultado exigir que se procedam a alterações ou aditamento no contrato ou no estatuto, devendo os sócios, ou, tratando-se de sociedade anônima, os fundadores, cumprir as formalidades legais para revisão dos atos constitutivos, e juntar ao processo prova regular.

- art. 1.131 deste Código.

Art. 1.130. Ao Poder Executivo é facultado recusar a autorização, se a sociedade não atender às condições econômicas, financeiras ou jurídicas especificadas em lei.

Art. 1.131. Expedido o decreto de autorização, cumprirá à sociedade publicar os atos referidos nos arts. 1.128 e 1.129, em trinta dias, no órgão oficial da União, cujo exemplar representará prova para inscrição, no registro próprio, dos atos constitutivos da sociedade.

› art. 1.135, p.u., deste Código.

Parágrafo único. A sociedade promoverá, também no órgão oficial da União e no prazo de trinta dias, a publicação do termo de inscrição.

› art. 1.136, § 3º, deste Código.

Art. 1.132. As sociedades anônimas nacionais, que dependam de autorização do Poder Executivo para funcionar, não se constituirão sem obtê-la, quando seus fundadores pretenderem recorrer a subscrição pública para a formação do capital.

§ 1º Os fundadores deverão juntar ao requerimento cópias autênticas do projeto do estatuto e do prospecto.

§ 2º Obtida a autorização e constituída a sociedade, proceder-se-á à inscrição dos seus atos constitutivos.

› art. 63, Dec.-Lei 2.627/1940 (Dispõe sobre as sociedades por ações).

› arts. 82 a 87 Lei 6.404/1976 (Dispõe sobre as sociedades por ações).

Art. 1.133. Dependem de aprovação as modificações do contrato ou do estatuto de sociedade sujeita a autorização do Poder Executivo, salvo se decorrerem de aumento do capital social, em virtude de utilização de reservas ou reavaliação do ativo.

SEÇÃO III
DA SOCIEDADE ESTRANGEIRA

Art. 1.134. A sociedade estrangeira, qualquer que seja o seu objeto, não pode, sem autorização do Poder Executivo, funcionar no país, ainda que por estabelecimentos subordinados, podendo, todavia, ressalvados os casos expressos em lei, ser acionista de sociedade anônima brasileira.

› arts. 1.089 e 1.141 deste Código.

› arts. 11; 17, LIndB.

› art. 32, II, c, Lei 8.934/1994 (Dispõe sobre o registro público de empresas mercantis e atividades afins).

› Enunciado 486 das Jornadas de Direito Civil.

§ 1º Ao requerimento de autorização devem juntar-se:

› art. 1.135, p.u., deste Código.

I - prova de se achar a sociedade constituída conforme a lei de seu país;

II - inteiro teor do contrato ou do estatuto;

III - relação dos membros de todos os órgãos da administração da sociedade, com nome, nacionalidade, profissão, domicílio e, salvo quanto a ações ao portador, o valor da participação de cada um no capital da sociedade;

IV - cópia do ato que autorizou o funcionamento no Brasil e fixou o capital destinado às operações no território nacional;

V - prova de nomeação do representante no Brasil, com poderes expressos para aceitar as condições exigidas para a autorização;

VI - último balanço.

§ 2º Os documentos serão autenticados, de conformidade com a lei nacional da sociedade requerente, legalizados no consulado brasileiro da respectiva sede e acompanhados de tradução em vernáculo.

Art. 1.135. É facultado ao Poder Executivo, para conceder a autorização, estabelecer condições convenientes à defesa dos interesses nacionais.

Parágrafo único. Aceitas as condições, expedirá o Poder Executivo decreto de autorização, do qual constará o montante de capital destinado às operações no país, cabendo à sociedade promover a publicação dos atos referidos no art. 1.131 e no § 1º do art. 1.134.

Art. 1.136. A sociedade autorizada não pode iniciar sua atividade antes de inscrita no registro próprio do lugar em que se deva estabelecer.

§ 1º O requerimento de inscrição será instruído com exemplar da publicação exigida no parágrafo único do artigo antecedente, acompanhado de documento do depósito em dinheiro, em estabelecimento bancário oficial, do capital ali mencionado.

§ 2º Arquivados esses documentos, a inscrição será feita por termo em livro especial para as sociedades estrangeiras, com número de ordem contínuo para todas as sociedades inscritas; no termo constarão:

I - nome, objeto, duração e sede da sociedade no estrangeiro;

II - lugar da sucursal, filial ou agência, no país;

III - data e número do decreto de autorização;

IV - capital destinado às operações no país;

V - individuação do seu representante permanente.

§ 3º Inscrita a sociedade, promover-se-á a publicação determinada no parágrafo único do art. 1.131.

Art. 1.137. A sociedade estrangeira autorizada a funcionar ficará sujeita às leis e aos tribunais brasileiros, quanto aos atos ou operações praticados no Brasil.

Parágrafo único. A sociedade estrangeira funcionará no território nacional com o nome que tiver em seu país de origem, podendo acrescentar as palavras "do Brasil" ou "para o Brasil".

› arts. 21 a 24, NCPC.

› arts. 9º; 11; 12, LIndB.

Art. 1.138. A sociedade estrangeira autorizada a funcionar é obrigada a ter, permanentemente, representante no Brasil, com poderes para resolver quaisquer questões e receber citação judicial pela sociedade.

Parágrafo único. O representante somente pode agir perante terceiros depois de arquivado e averbado o instrumento de sua nomeação.

Art. 1.139. Qualquer modificação no contrato ou no estatuto dependerá da aprovação do Poder Executivo, para produzir efeitos no território nacional.

Art. 1.140. A sociedade estrangeira deve, sob pena de lhe ser cassada a autorização, reproduzir no órgão oficial da União, e do Estado, se for o caso, as publicações que, segundo a sua lei nacional, seja obrigada a fazer relativamente ao balanço patrimonial e ao de resultado econômico, bem como aos atos de sua administração.

› arts. 1.188; 1.189 deste Código.

Parágrafo único. Sob pena, também, de lhe ser cassada a autorização, a sociedade estrangeira deverá publicar o balanço patrimonial e o de resultado econômico das sucursais, filiais ou agências existentes no país.

Art. 1.141. Mediante autorização do Poder Executivo, a sociedade estrangeira admitida a funcionar no país pode nacionalizar-se, transferindo sua sede para o Brasil.

› art. 75, IV, deste Código.

› art. 11, LIndB.

§ 1º Para o fim previsto neste artigo, deverá a sociedade, por seus representantes, oferecer, com o requerimento, os documentos exigidos no art. 1.134, e ainda a prova da realização do capital, pela forma declarada no contrato, ou no estatuto, e do ato em que foi deliberada a nacionalização.

§ 2º O Poder Executivo poderá impor as condições que julgar convenientes à defesa dos interesses nacionais.

§ 3º Aceitas as condições pelo representante, proceder-se-á, após a expedição do decreto de autorização, à inscrição da sociedade e publicação do respectivo termo.

TÍTULO III
DO ESTABELECIMENTO

› Lei 12.291/2010 (Torna obrigatória a manutenção de exemplar do CDC nos estabelecimentos comerciais e de prestação de serviços).

CAPÍTULO ÚNICO
DISPOSIÇÕES GERAIS

Art. 1.142. Considera-se estabelecimento todo complexo de bens organizado, para exercício da empresa, por empresário, ou por sociedade empresária.

› Súm. 645, STF.

› Súm. 451, STJ.

› Enunciados 233 e 488 das Jornadas de Direito Civil.

Art. 1.143. Pode o estabelecimento ser objeto unitário de direitos e de negócios jurídicos, translativos ou constitutivos, que sejam compatíveis com a sua natureza.

› Enunciado 393 das Jornadas de Direito Civil.

Art. 1.144. O contrato que tenha por objeto a alienação, o usufruto ou arrendamento do estabelecimento, só produzirá efeitos quanto a terceiros depois de averbado à margem da inscrição do empresário, ou da sociedade empresária, no Registro Público de Empresas Mercantis, e de publicado na imprensa oficial.

- Lei 8.934/1994 (Dispõe sobre o registro público de empresas mercantis e atividades afins).
- Enunciado 489 das Jornadas de Direito Civil.

Art. 1.145. Se ao alienante não restarem bens suficientes para solver o seu passivo, a eficácia da alienação do estabelecimento depende do pagamento de todos os credores, ou do consentimento destes, de modo expresso ou tácito, em trinta dias a partir de sua notificação.

- arts. 66; 94;129, VI, Lei 11.101/2005 (Lei de Recuperação de Empresas e Falência).

Art. 1.146. O adquirente do estabelecimento responde pelo pagamento dos débitos anteriores à transferência, desde que regularmente contabilizados, continuando o devedor primitivo solidariamente obrigado pelo prazo de um ano, a partir, quanto aos créditos vencidos, da publicação, e, quanto aos outros, da data do vencimento.

- arts. 275 a 285 deste Código.
- art. 448, CLT.
- art. 133, CTN.
- Enunciado 489 das Jornadas de Direito Civil.

Art. 1.147. Não havendo autorização expressa, o alienante do estabelecimento não pode fazer concorrência ao adquirente, nos cinco anos subsequentes à transferência.

Parágrafo único. No caso de arrendamento ou usufruto do estabelecimento, a proibição prevista neste artigo persistirá durante o prazo do contrato.

- Enunciado 490 das Jornadas de Direito Civil.

Art. 1.148. Salvo disposição em contrário, a transferência importa a sub-rogação do adquirente nos contratos estipulados para exploração do estabelecimento, se não tiverem caráter pessoal, podendo os terceiros rescindir o contrato em noventa dias a contar da publicação da transferência, se ocorrer justa causa, ressalvada, neste caso, a responsabilidade do alienante.

- arts. 346; 1.152, § 1º, deste Código.
- art. 13, Lei 8.245/1991 (Lei das Locações).
- Enunciados 234 e 489 das Jornadas de Direito Civil.

Art. 1.149. A cessão dos créditos referentes ao estabelecimento transferido produzirá efeito em relação aos respectivos devedores, desde o momento da publicação da transferência, mas o devedor ficará exonerado se de boa-fé pagar ao cedente.

- arts. 286 a 298 deste Código.
- Enunciado 489 das Jornadas de Direito Civil.

TÍTULO IV
DOS INSTITUTOS COMPLEMENTARES

CAPÍTULO I
DO REGISTRO

- arts. 967; 985 deste Código.

Art. 1.150. O empresário e a sociedade empresária vinculam-se ao Registro Público de Empresas Mercantis a cargo das Juntas Comerciais, e a sociedade simples ao Registro Civil das Pessoas Jurídicas, o qual deverá obedecer às normas fixadas para aquele registro, se a sociedade simples adotar um dos tipos de sociedade empresária.

- arts. 45; 966 a 971; 982 a 986; 997; 998 deste Código.
- art. 114, Lei 6.015/1973 (Lei de Registros Públicos).
- arts. 15 a 17, Lei 8.906/1994 (EAOAB).
- Enunciados 55 e 209 das Jornadas de Direito Civil.

Art. 1.151. O registro dos atos sujeitos à formalidade exigida no artigo antecedente será requerido pela pessoa obrigada em lei, e, no caso de omissão ou demora, pelo sócio ou qualquer interessado.

§ 1º Os documentos necessários ao registro deverão ser apresentados no prazo de trinta dias, contado da lavratura dos atos respectivos.

- art. 36, Lei 8.934/1994 (Dispõe sobre o registro público de empresas mercantis e atividades afins).

§ 2º Requerido além do prazo previsto neste artigo, o registro somente produzirá efeito a partir da data de sua concessão.

§ 3º As pessoas obrigadas a requerer o registro responderão por perdas e danos, em caso de omissão ou demora.

- arts. 402 a 405 deste Código.

Art. 1.152. Cabe ao órgão incumbido do registro verificar a regularidade das publicações determinadas em lei, de acordo com o disposto nos parágrafos deste artigo.

§ 1º Salvo exceção expressa, as publicações ordenadas neste Livro serão feitas no órgão oficial da União ou do Estado, conforme o local da sede do empresário ou da sociedade, e em jornal de grande circulação.

§ 2º As publicações das sociedades estrangeiras serão feitas nos órgãos oficiais da União e do Estado onde tiverem sucursais, filiais ou agências.

§ 3º O anúncio de convocação da assembleia de sócios será publicado por três vezes, ao menos, devendo mediar, entre a data da primeira inserção e a da realização da assembleia, o prazo mínimo de oito dias, para a primeira convocação, e de cinco dias, para as posteriores.

- art. 1.072, § 2º, deste Código.
- art. 124, Lei 6.404/1976 (Dispõe sobre as sociedades por ações).

Art. 1.153. Cumpre à autoridade competente, antes de efetivar o registro, verificar a autenticidade e a legitimidade do signatário do requerimento, bem como fiscalizar a observância das prescrições legais concernentes ao ato ou aos documentos apresentados.

- art. 97, Lei 6.404/1976 (Dispõe sobre as sociedades por ações).
- art. 37; 40; 63, Lei 8.934/1994 (Dispõe sobre o registro público de empresas mercantis e atividades afins).

Parágrafo único. Das irregularidades encontradas deve ser notificado o requerente, que, se for o caso, poderá saná-las, obedecendo às formalidades da lei.

Art. 1.154. O ato sujeito a registro, ressalvadas disposições especiais da lei, não pode, antes do cumprimento das respectivas formalidades, ser oposto a terceiro, salvo prova de que este o conhecia.

Parágrafo único. O terceiro não pode alegar ignorância, desde que cumpridas as referidas formalidades.

CAPÍTULO II
DO NOME EMPRESARIAL

- art. 5º, XXIX, CF.
- art. 72, LC 123/2006 (Estatuto Nacional da Microempresa e da Empresa de Pequeno Porte).
- arts. 33; 34, Lei 8.934/1994 (Dispõe sobre o registro público de empresas mercantis e atividades afins).
- art. 124, V, Lei 9.279/1996 (Dispõe sobre a propriedade industrial).

Art. 1.155. Considera-se nome empresarial a firma ou a denominação adotada, de conformidade com este Capítulo, para o exercício de empresa.

- art. 72, LC 123/2006 (Estatuto Nacional da Microempresa e da Empresa de Pequeno Porte).

Parágrafo único. Equipara-se ao nome empresarial, para os efeitos da proteção da lei, a denominação das sociedades simples, associações e fundações.

- arts. 33; 34, Lei 8.934/1994 (Dispõe sobre o registro público de empresas mercantis e atividades afins).

Art. 1.156. O empresário opera sob firma constituída por seu nome, completo ou abreviado, aditando-lhe, se quiser, designação mais precisa da sua pessoa ou do gênero de atividade.

- art. 966 deste Código.
- art. 62, Dec. 1.800/1996 (Regulamenta a Lei 8.934/1994).

Art. 1.157. A sociedade em que houver sócios de responsabilidade ilimitada operará sob firma, na qual somente os nomes daqueles poderão figurar, bastando para formá-la aditar ao nome de um deles a expressão "e companhia" ou sua abreviatura.

Parágrafo único. Ficam solidária e ilimitadamente responsáveis pelas obrigações contraídas sob a firma social aqueles que, por seus nomes, figurarem na firma da sociedade de que trata este artigo.

- arts. 275 a 285 deste Código.

Art. 1.158. Pode a sociedade limitada adotar firma ou denominação, integradas pela palavra final "limitada" ou a sua abreviatura.

‣ Enunciado 71 das Jornadas de Direito Civil.

§ 1º A firma será composta com o nome de um ou mais sócios, desde que pessoas físicas, de modo indicativo da relação social.

§ 2º A denominação deve designar o objeto da sociedade, sendo permitido nela figurar o nome de um ou mais sócios.

§ 3º A omissão da palavra "limitada" determina a responsabilidade solidária e ilimitada dos administradores que assim empregarem a firma ou a denominação da sociedade.

‣ arts. 1.052 a 1.087 deste Código.

Art. 1.159. A sociedade cooperativa funciona sob denominação integrada pelo vocábulo "cooperativa".

‣ art. 5º, Lei 5.764/1971 (Define a Política Nacional de Cooperativismo e institui o regime jurídico das sociedades cooperativas).

Art. 1.160. A sociedade anônima opera sob denominação designativa do objeto social, integrada pelas expressões "sociedade anônima" ou "companhia", por extenso ou abreviadamente.

‣ arts. 1.088 e 1.089 deste Código.

‣ art. 3º, Lei 6.404/1976 (Dispõe sobre as sociedades por ações).

‣ Enunciado 71 das Jornadas de Direito Civil.

Parágrafo único. Pode constar da denominação o nome do fundador, acionista, ou pessoa que haja concorrido para o bom êxito da formação da empresa.

Art. 1.161. A sociedade em comandita por ações pode, em lugar de firma, adotar denominação designativa do objeto social, aditada da expressão "comandita por ações".

‣ arts. 1.090 a 1.092 deste Código.

‣ art. 281, Lei 6.404/1976 (Dispõe sobre as sociedades por ações).

Art. 1.162. A sociedade em conta de participação não pode ter firma ou denominação.

‣ arts. 991 a 996 deste Código.

Art. 1.163. O nome de empresário deve distinguir-se de qualquer outro já inscrito no mesmo registro.

‣ art. 3º, § 2º, Lei 6.404/1976 (Dispõe sobre as sociedades por ações).

‣ art. 35, V, Lei 8.934/1994 (Dispõe sobre o registro público de empresas mercantis e atividades afins).

‣ arts. 124, V; 195, V, Lei 9.279/1996 (Dispõe sobre a propriedade industrial).

Parágrafo único. Se o empresário tiver nome idêntico ao de outros já inscritos, deverá acrescentar designação que o distinga.

Art. 1.164. O nome empresarial não pode ser objeto de alienação.

‣ arts. 1.143; 1.144 deste Código.

‣ Enunciado 72 das Jornadas de Direito Civil.

Parágrafo único. O adquirente de estabelecimento, por ato entre vivos, pode, se o contrato o permitir, usar o nome do alienante, precedido do seu próprio, com a qualificação de sucessor.

Art. 1.165. O nome de sócio que vier a falecer, for excluído ou se retirar, não pode ser conservado na firma social.

‣ arts. 1.143; 1.144 deste Código.

Art. 1.166. A inscrição do empresário, ou dos atos constitutivos das pessoas jurídicas, ou as respectivas averbações, no registro próprio, asseguram o uso exclusivo do nome nos limites do respectivo Estado.

‣ art. 1.154, p.u., deste Código.

‣ Enunciado 491 das Jornadas de Direito Civil.

Parágrafo único. O uso previsto neste artigo estender-se-á a todo o território nacional, se registrado na forma da lei especial.

Art. 1.167. Cabe ao prejudicado, a qualquer tempo, ação para anular a inscrição do nome empresarial feita com violação da lei ou do contrato.

‣ art. 3º, § 2º, Lei 6.404/1976 (Dispõe sobre as sociedades por ações).

‣ arts. 44 a 51 Lei 8.934/1994 (Dispõe sobre o registro público de empresas mercantis e atividades afins).

Art. 1.168. A inscrição do nome empresarial será cancelada, a requerimento de qualquer interessado, quando cessar o exercício da atividade para que foi adotado, ou quando ultimar-se a liquidação da sociedade que o inscreveu.

‣ arts. 59; 60, § 1º, Lei 8.934/1994 (Dispõe sobre o registro público de empresas mercantis e atividades afins).

CAPÍTULO III
DOS PREPOSTOS

SEÇÃO I
DISPOSIÇÕES GERAIS

Art. 1.169. O preposto não pode, sem autorização escrita, fazer-se substituir no desempenho da preposição, sob pena de responder pessoalmente pelos atos do substituto e pelas obrigações por ele contraídas.

Art. 1.170. O preposto, salvo autorização expressa, não pode negociar por conta própria ou de terceiro, nem participar, embora indiretamente, de operação do mesmo gênero da que lhe foi cometida, sob pena de responder por perdas e danos e de serem retidos pelo preponente os lucros da operação.

‣ arts. 402 a 405 deste Código.

Art. 1.171. Considera-se perfeita a entrega de papéis, bens ou valores ao preposto, encarregado pelo preponente, se os recebeu sem protesto, salvo nos casos em que haja prazo para reclamação.

SEÇÃO II
DO GERENTE

Art. 1.172. Considera-se gerente o preposto permanente no exercício da empresa, na sede desta, ou em sucursal, filial ou agência.

Art. 1.173. Quando a lei não exigir poderes especiais, considera-se o gerente autorizado a praticar todos os atos necessários ao exercício dos poderes que lhe foram outorgados.

Parágrafo único. Na falta de estipulação diversa, consideram-se solidários os poderes conferidos a dois ou mais gerentes.

Art. 1.174. As limitações contidas na outorga de poderes, para serem opostas a terceiros, dependem do arquivamento e averbação do instrumento no Registro Público de Empresas Mercantis, salvo se provado serem conhecidas da pessoa que tratou com o gerente.

Parágrafo único. Para o mesmo efeito e com idêntica ressalva, deve a modificação ou revogação do mandato ser arquivada e averbada no Registro Público de Empresas Mercantis.

‣ art. 1.182 deste Código.

‣ Lei 8.934/1994 (Dispõe sobre o registro público de empresas mercantis e atividades afins).

Art. 1.175. O preponente responde com o gerente pelos atos que este pratique em seu próprio nome, mas à conta daquele.

‣ art. 34, CDC.

Art. 1.176. O gerente pode estar em juízo em nome do preponente, pelas obrigações resultantes do exercício da sua função.

‣ art. 242, § 1º, NCPC.

SEÇÃO III
DO CONTABILISTA E OUTROS AUXILIARES

Art. 1.177. Os assentos lançados nos livros ou fichas do preponente, por qualquer dos prepostos encarregados de sua escrituração, produzem, salvo se houver procedido de má-fé, os mesmos efeitos como se o fossem por aquele.

‣ Dec.-Lei 806/1969 (Dispõe sobre a profissão de atuário). Dec. 66.408/1970 (Regulamento).

Parágrafo único. No exercício de suas funções, os prepostos são pessoalmente responsáveis, perante os preponentes, pelos atos culposos; e, perante terceiros, solidariamente com o preponente, pelos atos dolosos.

‣ arts. 275 a 285 deste Código.

Art. 1.178. Os preponentes são responsáveis pelos atos de quaisquer prepostos, praticados nos seus estabelecimentos e relativos à atividade da empresa, ainda que não autorizados por escrito.

Parágrafo único. Quando tais atos forem praticados fora do estabelecimento, somente obrigarão o preponente nos limites dos poderes conferidos por escrito, cujo instrumento pode ser suprido pela certidão ou cópia autêntica do seu teor.

CAPÍTULO IV
DA ESCRITURAÇÃO

‣ Dec. 6.022/2007 (Institui o Sistema Público de Escrituração Digital – Sped).

Art. 1.179. O empresário e a sociedade empresária são obrigados a seguir um sistema de contabilidade, mecanizado ou não, com base na escrituração uniforme de seus livros, em correspondência com a documentação respectiva, e a levantar anualmente o balanço patrimonial e o de resultado econômico.

‣ art. 297, § 2º, CP.

‣ arts. 175 a 188, Lei 6.404/1976 (Dispõe sobre as sociedades por ações).

- art. 168, § 4º, Lei 11.101/2005 (Lei de Recuperação de Empresas e Falência).
- Enunciado 235 das Jornadas de Direito Civil.

§ 1º Salvo o disposto no art. 1.180, o número e a espécie de livros ficam a critério dos interessados.

§ 2º É dispensado das exigências deste artigo o pequeno empresário a que se refere o art. 970.

- art. 68, LC 123/2006 (Estatuto Nacional da Microempresa e da Empresa de Pequeno Porte).

Art. 1.180. Além dos demais livros exigidos por lei, é indispensável o Diário, que pode ser substituído por fichas no caso de escrituração mecanizada ou eletrônica.

- art. 19 Lei 5.474/1968 (Dispõe sobre as duplicatas).
- art. 100, Lei 6.404/1976 (Dispõe sobre as sociedades por ações).

Parágrafo único. A adoção de fichas não dispensa o uso de livro apropriado para o lançamento do balanço patrimonial e do de resultado econômico.

Art. 1.181. Salvo disposição especial de lei, os livros obrigatórios e, se for o caso, as fichas, antes de postos em uso, devem ser autenticados no Registro Público de Empresas Mercantis.

- art. 30, Lei 8.934/1994 (Dispõe sobre o registro público de empresas mercantis e atividades afins).

Parágrafo único. A autenticação não se fará sem que esteja inscrito o empresário, ou a sociedade empresária, que poderá fazer autenticar livros não obrigatórios.

Art. 1.182. Sem prejuízo do disposto no art. 1.174, a escrituração ficará sob a responsabilidade de contabilista legalmente habilitado, salvo se nenhum houver na localidade.

Art. 1.183. A escrituração será feita em idioma e moeda corrente nacionais e em forma contábil, por ordem cronológica de dia, mês e ano, sem intervalos em branco, nem entrelinhas, borrões, rasuras, emendas ou transportes para as margens.

- art. 226 deste Código.
- arts. 192, p.u.; 418 NCPC.
- arts. 1º e 2º, Dec.-Lei 486/1969 (Dispõe sobre escrituração e livros mercantis).

Parágrafo único. É permitido o uso de código de números ou de abreviaturas, que constem de livro próprio, regularmente autenticado.

Art. 1.184. No Diário serão lançadas, com individuação, clareza e caracterização do documento respectivo, dia a dia, por escrita direta ou reprodução, todas as operações relativas ao exercício da empresa.

§ 1º Admite-se a escrituração resumida do Diário, com totais que não excedam o período de trinta dias, relativamente a contas cujas operações sejam numerosas ou realizadas fora da sede do estabelecimento, desde que utilizados livros auxiliares regularmente autenticados, para registro individualizado, e conservados os documentos que permitam a sua perfeita verificação.

§ 2º Serão lançados no Diário o balanço patrimonial e o de resultado econômico, devendo ambos ser assinados por técnico em Ciências Contábeis legalmente habilitado e pelo empresário ou sociedade empresária.

- arts. 1.180; 1.182 deste Código.

Art. 1.185. O empresário ou sociedade empresária que adotar o sistema de fichas de lançamentos poderá substituir o livro Diário pelo livro Balancetes Diários e Balanços, observadas as mesmas formalidades extrínsecas exigidas para aquele.

Art. 1.186. O livro Balancetes Diários e Balanços será escriturado de modo que registre:

I - a posição diária de cada uma das contas ou títulos contábeis, pelo respectivo saldo, em forma de balancetes diários;

II - o balanço patrimonial e o de resultado econômico, no encerramento do exercício.

Art. 1.187. Na coleta dos elementos para o inventário serão observados os critérios de avaliação a seguir determinados:

I - os bens destinados à exploração da atividade serão avaliados pelo custo de aquisição, devendo, na avaliação dos que se desgastam ou depreciam com o uso, pela ação do tempo ou outros fatores, atender-se à desvalorização respectiva, criando-se fundos de amortização para assegurar-lhes a substituição ou a conservação do valor;

II - os valores mobiliários, matéria-prima, bens destinados à alienação, ou que constituem produtos ou artigos da indústria ou comércio da empresa, podem ser estimados pelo custo de aquisição ou de fabricação, ou pelo preço corrente, sempre que este for inferior ao preço de custo, e quando o preço corrente ou venal estiver acima do valor do custo de aquisição, ou fabricação, e os bens forem avaliados pelo preço corrente, a diferença entre este e o preço de custo não será levada em conta para a distribuição de lucros, nem para as percentagens referentes a fundos de reserva;

III - o valor das ações e dos títulos de renda fixa pode ser determinado com base na respectiva cotação da Bolsa de Valores; os não cotados e as participações não acionárias serão considerados pelo seu valor de aquisição;

IV - os créditos serão considerados de conformidade com o presumível valor de realização, não se levando em conta os prescritos ou de difícil liquidação, salvo se houver, quanto aos últimos, previsão equivalente.

Parágrafo único. Entre os valores do ativo podem figurar, desde que se preceda, anualmente, à sua amortização:

I - as despesas de instalação da sociedade, até o limite correspondente a dez por cento do capital social;

II - os juros pagos aos acionistas da sociedade anônima, no período antecedente ao início das operações sociais, à taxa não superior a doze por cento ao ano, fixada no estatuto;

III - a quantia efetivamente paga a título de aviamento de estabelecimento adquirido pelo empresário ou sociedade.

- art. 183, Lei 6.404/1976 (Dispõe sobre as sociedades por ações).

Art. 1.188. O balanço patrimonial deverá exprimir, com fidelidade e clareza, a situação real da empresa e, atendidas as peculiaridades desta, bem como as disposições das leis especiais, indicará, distintamente, o ativo e o passivo.

- art. 1.053, p.u.; 1.097 a 1.101 deste Código.
- arts. 178 a 184; 247 a 253, Lei 6.404/1976 (Dispõe sobre as sociedades por ações).
- art. 51, II, Lei 11.101/2005 (Lei de Recuperação de Empresas e Falência).

Parágrafo único. Lei especial disporá sobre as informações que acompanharão o balanço patrimonial, em caso de sociedades coligadas.

Art. 1.189. O balanço de resultado econômico, ou demonstração da conta de lucros e perdas, acompanhará o balanço patrimonial e dele constarão crédito e débito, na forma da lei especial.

- art. 176, Lei 6.404/1976 (Dispõe sobre as sociedades por ações).

Art. 1.190. Ressalvados os casos previstos em lei, nenhuma autoridade, juiz ou tribunal, sob qualquer pretexto, poderá fazer ou ordenar diligência para verificar se o empresário ou a sociedade empresária observam, ou não, em seus livros e fichas, as formalidades prescritas em lei.

- art. 226 deste Código.
- art. 195, CTN.
- art. 178, Lei 6.404/1976 (Dispõe sobre as sociedades por ações).
- art. 11, § 4º, II, Lei 11.457/2007 (Dispõe sobre a Administração Tributária Federal).

Art. 1.191. O juiz só poderá autorizar a exibição integral dos livros e papéis de escrituração quando necessária para resolver questões relativas a sucessão, comunhão ou sociedade, administração ou gestão à conta de outrem, ou em caso de falência.

- art. 226 deste Código.

§ 1º O juiz ou tribunal que conhecer de medida cautelar ou de ação pode, a requerimento ou de ofício, ordenar que os livros de qualquer das partes, ou de ambas, sejam examinados na presença do empresário ou da sociedade empresária a que pertencerem, ou de pessoas por estes nomeadas, para deles se extrair o que interessar à questão.

§ 2º Achando-se os livros em outra jurisdição, nela se fará o exame, perante o respectivo juiz.

- arts. 396 a 404, 417 a 421, NCPC.
- art. 105, Lei 6.404/1976 (Dispõe sobre as sociedades por ações).
- arts. 51, Lei 11.101/2005 (Lei de Recuperação de Empresas e Falência).
- Súm. 260; 390; 439, STF.

Art. 1.192. Recusada a apresentação dos livros, nos casos do artigo antecedente, serão apreendidos judicialmente e, no do seu § 1º, ter-se-á como verdadeiro o alegado pela parte contrária para se provar pelos livros.

› arts. 396; 399; 400, NCPC.

Parágrafo único. A confissão resultante da recusa pode ser elidida por prova documental em contrário.

Art. 1.193. As restrições estabelecidas neste Capítulo ao exame da escrituração, em parte ou por inteiro, não se aplicam às autoridades fazendárias, no exercício da fiscalização do pagamento de impostos, nos termos estritos das respectivas leis especiais.

› arts. 205 a 211 deste Código.

Art. 1.194. O empresário e a sociedade empresária são obrigados a conservar em boa guarda toda a escrituração, correspondência e mais papéis concernentes à sua atividade, enquanto não ocorrer prescrição ou decadência no tocante aos atos neles consignados.

› arts. 1.134 a 1.141 deste Código.

Art. 1.195. As disposições deste Capítulo aplicam-se às sucursais, filiais ou agências, no Brasil, do empresário ou sociedade com sede em país estrangeiro.

LIVRO III
DO DIREITO DAS COISAS

TÍTULO I
DA POSSE

CAPÍTULO I
DA POSSE E SUA CLASSIFICAÇÃO

Art. 1.196. Considera-se possuidor todo aquele que tem de fato o exercício, pleno ou não, de algum dos poderes inerentes à propriedade.

› art. 1.228 deste Código.

› arts. 554 a 568, NCPC.

› Enunciados 236; 563; 593 das Jornadas de Direito Civil.

Art. 1.197. A posse direta, de pessoa que tem a coisa em seu poder, temporariamente, em virtude de direito pessoal, ou real, não anula a indireta, de quem aquela foi havida, podendo o possuidor direto defender a sua posse contra o indireto.

› arts. 1.210, § 1º; 1.267, p.u., deste Código.

› arts. 554 a 566, NCPC.

› Enunciados 76; 502 das Jornadas de Direito Civil.

Art. 1.198. Considera-se detentor aquele que, achando-se em relação de dependência para com outro, conserva a posse em nome deste e em cumprimento de ordens ou instruções suas.

› art. 1.208 deste Código

› Enunciados 301; 493 das Jornadas de Direito Civil.

Parágrafo único. Aquele que começou a comportar-se do modo como prescreve este artigo, em relação ao bem e à outra pessoa, presume-se detentor, até que prove o contrário.

› art. 1.203 deste Código.

Art. 1.199. Se duas ou mais pessoas possuírem coisa indivisa, poderá cada uma exercer sobre ela atos possessórios, contanto que não excluam os dos outros compossuidores.

Art. 1.200. É justa a posse que não for violenta, clandestina ou precária.

› art. 1.208 deste Código.

› Enunciado 302 das Jornadas de Direito Civil.

Art. 1.201. É de boa-fé a posse, se o possuidor ignora o vício, ou o obstáculo que impede a aquisição da coisa.

› Enunciado 303 das Jornadas de Direito Civil.

Parágrafo único. O possuidor com justo título tem por si a presunção de boa-fé, salvo prova em contrário, ou quando a lei expressamente não admite esta presunção.

› arts. 307, p.u.; 1.214 a 1.220; 1.242; 1.255 a 1.257; 1.260; 1.261 deste Código.

Art. 1.202. A posse de boa-fé só perde este caráter no caso e desde o momento em que as circunstâncias façam presumir que o possuidor não ignora que possui indevidamente.

› art. 113 deste Código.

Art. 1.203. Salvo prova em contrário, entende-se manter a posse o mesmo caráter com que foi adquirida.

› arts. 1.206 a 1.207 deste Código.

› Enunciado 237 das Jornadas de Direito Civil.

CAPÍTULO II
DA AQUISIÇÃO DA POSSE

Art. 1.204. Adquire-se a posse desde o momento em que se torna possível o exercício, em nome próprio, de qualquer dos poderes inerentes à propriedade.

› arts. 116; 1.228 deste Código.

› Enunciado 301 das Jornadas de Direito Civil.

Art. 1.205. A posse pode ser adquirida:

› Enunciados 77 e 236 das Jornadas de Direito Civil.

I - pela própria pessoa que a pretende ou por seu representante;

II - por terceiro sem mandato, dependendo de ratificação.

› art. 662; 873 deste Código.

Art. 1.206. A posse transmite-se aos herdeiros ou legatários do possuidor com os mesmos caracteres.

› arts. 1.203; 1.784 deste Código.

Art. 1.207. O sucessor universal continua de direito a posse do seu antecessor; e ao sucessor singular é facultado unir sua posse à do antecessor, para os efeitos legais.

› arts. 80, II; 1.203; 1.243; e 1.784 deste Código.

› Enunciado 494 das Jornadas de Direito Civil.

Art. 1.208. Não induzem posse os atos de mera permissão ou tolerância assim como não autorizam a sua aquisição os atos violentos, ou clandestinos, senão depois de cessar a violência ou a clandestinidade.

› arts. 1.200; 1.203 deste Código.

› Súm. 619, STJ.

Art. 1.209. A posse do imóvel faz presumir, até prova contrária, a das coisas móveis que nele estiverem.

› art. 92 deste Código.

CAPÍTULO III
DOS EFEITOS DA POSSE

Art. 1.210. O possuidor tem direito a ser mantido na posse em caso de turbação, restituído no de esbulho, e segurado de violência iminente, se tiver justo receio de ser molestado.

› arts. 554 a 568, NCPC.

› Enunciados 78; 79; 238; 239 das Jornadas de Direito Civil.

§ 1º O possuidor turbado, ou esbulhado, poderá manter-se ou restituir-se por sua própria força, contanto que o faça logo; os atos de defesa, ou de desforço, não podem ir além do indispensável à manutenção, ou restituição da posse.

› art. 1.224 deste Código.

› Enunciado 495 das Jornadas de Direito Civil.

§ 2º Não obsta à manutenção ou reintegração na posse a alegação de propriedade, ou de outro direito sobre a coisa.

› arts. 557, NCPC.

› Súm. 487, STF;

› Súm. 637, STJ.

Art. 1.211. Quando mais de uma pessoa se disser possuidora, manter-se-á provisoriamente a que tiver a coisa, se não estiver manifesto que a obteve de alguma das outras por modo vicioso.

Art. 1.212. O possuidor pode intentar a ação de esbulho, ou a de indenização, contra o terceiro, que recebeu a coisa esbulhada sabendo que o era.

› arts. 554 a 568, NCPC.

› Enunciados 80; 236 das Jornadas de Direito Civil.

Art. 1.213. O disposto nos artigos antecedentes não se aplica às servidões não aparentes, salvo quando os respectivos títulos provierem do possuidor do prédio serviente, ou daqueles de quem este o houve.

› arts. 1.378 a 1.389 deste Código.

› Súm. 415, STF.

Art. 1.214. O possuidor de boa-fé tem direito, enquanto ela durar, aos frutos percebidos.

› Enunciado 302 das Jornadas de Direito Civil.

Parágrafo único. Os frutos pendentes ao tempo em que cessar a boa-fé devem ser restituídos, depois de deduzidas as despesas da produção e custeio; devem ser também restituídos os frutos colhidos com antecipação.

Art. 1.215. Os frutos naturais e industriais reputam-se colhidos e percebidos, logo que são separados; os civis reputam-se percebidos dia por dia.

Art. 1.216. O possuidor de má-fé responde por todos os frutos colhidos e percebidos, bem como pelos que, por culpa sua, deixou de perceber, desde o momento em que se constituiu de má-fé; tem direito às despesas da produção e custeio.

› Súm. 445, TST.

Art. 1.217. O possuidor de boa-fé não responde pela perda ou deterioração da coisa, a que não der causa.

› art. 1.201 deste Código.

Art. 1.218. O possuidor de má-fé responde pela perda, ou deterioração da coisa, ainda que acidentais, salvo se provar que de igual modo se teriam dado, estando ela na posse do reivindicante.

- art. 1.202 deste Código.

Art. 1.219. O possuidor de boa-fé tem direito à indenização das benfeitorias necessárias e úteis, bem como, quanto às voluptuárias, se não lhe forem pagas, a levantá-las, quando o puder sem detrimento da coisa, e poderá exercer o direito de retenção pelo valor das benfeitorias necessárias e úteis.

- arts. 96; 964, III, deste Código.
- art. 51, XVI, CDC.
- art. 34, p.u., Lei 6.766/1979 (Dispõe sobre o parcelamento do solo urbano).
- art. 35, Lei 8.245/1991 (Lei das Locações).
- Súm. 158, STF.
- Enunciado 81 das Jornadas de Direito Civil.

Art. 1.220. Ao possuidor de má-fé serão ressarcidas somente as benfeitorias necessárias; não lhe assiste o direito de retenção pela importância destas, nem o de levantar as voluptuárias.

- arts. 96; 1.202 deste Código.

Art. 1.221. As benfeitorias compensam-se com os danos, e só obrigam ao ressarcimento se ao tempo da evicção ainda existirem.

- arts. 368 a 380 deste Código.

Art. 1.222. O reivindicante, obrigado a indenizar as benfeitorias ao possuidor de má-fé, tem o direito de optar entre o seu valor atual e o seu custo; ao possuidor de boa-fé indenizará pelo valor atual.

- arts. 242; 878 deste Código.

CAPÍTULO IV
DA PERDA DA POSSE

Art. 1.223. Perde-se a posse quando cessa, embora contra a vontade do possuidor, o poder sobre o bem, ao qual se refere o art. 1.196.

- arts. 1.275; 1.389 deste Código.

Art. 1.224. Só se considera perdida a posse para quem não presenciou o esbulho, quando, tendo notícia dele, se abstém de retornar a coisa, ou, tentando recuperá-la, é violentamente repelido.

- art. 1.210, § 1º, deste Código.

TÍTULO II
DOS DIREITOS REAIS

CAPÍTULO ÚNICO
DISPOSIÇÕES GERAIS

Art. 1.225. São direitos reais:

- arts. 80; 108 deste Código.

I - a propriedade;

- arts. 1.228 a 1.368 deste Código.

II - a superfície;

- arts. 1.369 a 1.377 deste Código.

III - as servidões;

- arts. 1.378 a 1.389 deste Código.

IV - o usufruto;

- arts. 1.390 a 1.411 deste Código.

V - o uso;

- arts. 1.412; 1.413 deste Código.

VI - a habitação;

- arts. 1.414 a 1.416 deste Código.

VII - o direito do promitente comprador do imóvel;

- arts. 1.417; 1.418 deste Código.

VIII - o penhor;

- arts. 1.431 a 1.472 deste Código.

IX - a hipoteca;

- arts. 1.473 a 1.505 deste Código.

X - a anticrese;

- arts. 1.331, § 1º; 1.506 a 1.510 deste Código.

XI - a concessão de uso especial para fins de moradia; (Acrescentado pela Lei 11.481/2007.)

- Med. Prov. 2.220/2001 (Dispõe sobre a concessão de uso especial de imóvel em área urbana).

XII - a concessão de direito real de uso; e (Alterado pela Lei 13.465/2017).

XIII - a laje. (Acrescentado pela Lei 13.465/2017).

Art. 1.226. Os direitos reais sobre coisas móveis, quando constituídos, ou transmitidos por atos entre vivos, só se adquirem com a tradição.

- arts. 1.267; 1.268 deste Código.
- Súm. 585, STJ.

Art. 1.227. Os direitos reais sobre imóveis constituídos, ou transmitidos por atos entre vivos, só se adquirem com o registro no Cartório de Registro de Imóveis dos referidos títulos (arts. 1.245 a 1.247), salvo os casos expressos neste Código.

- arts. 108; 215; 1.245 a 1.247; 1.391; 1.417; 1.509 deste Código.
- arts. 167; 168, Lei 6.015/1973 (Lei de Registros Públicos).

TÍTULO III
DA PROPRIEDADE

- arts. 5º, XXII a XXVI, CF.
- art. 68, ADCT.

CAPÍTULO I
DA PROPRIEDADE EM GERAL

SEÇÃO I
DISPOSIÇÕES PRELIMINARES

Art. 1.228. O proprietário tem a faculdade de usar, gozar e dispor da coisa, e o direito de reavê-la do poder de quem quer que injustamente a possua ou detenha.

- arts. 1.228; 1.275; 1.784; 2.030 deste Código.
- arts. 91, II, CP.
- Dec.-Lei 3.240/1941 (Sujeita a sequestro os bens de pessoas indiciadas por crimes de que resulta prejuízo para a fazenda pública).
- Lei 4.504/1964 (Estatuto da Terra).
- Enunciados 82 a 84 das Jornadas de Direito Civil.

§ 1º O direito de propriedade deve ser exercido em consonância com as suas finalidades econômicas e sociais e de modo que sejam preservados, de conformidade com o estabelecido em lei especial, a flora, a fauna, as belezas naturais, o equilíbrio ecológico e o patrimônio histórico e artístico, bem como evitada a poluição do ar e das águas.

- arts. 5º, XXII e XXIII; 182, § 2º; 186; 225 CF.
- arts. 1º a 4º, Lei 10.257/2001 (Estatuto da Cidade).
- Enunciados 507 e 508 das Jornadas de Direito Civil.

§ 2º São defesos os atos que não trazem ao proprietário qualquer comodidade, ou utilidade, e sejam animados pela intenção de prejudicar outrem.

- arts. 1.277 a 1.313 deste Código.
- Enunciados 49 e 508 das Jornadas de Direito Civil.

§ 3º O proprietário pode ser privado da coisa, nos casos de desapropriação, por necessidade ou utilidade pública ou interesse social, bem como no de requisição, em caso de perigo público iminente.

- arts. 5º, XXIV; 182, §§ 3º e 4º, CF.
- art. 519 deste Código.
- Dec.-Lei 3.365/1941 (Dispõe sobre desapropriações por utilidade pública).
- art. 8º, Lei 10.257/2001 (Estatuto d Cidade).
- Enunciado 305 das Jornadas de Direito Civil

§ 4º O proprietário também pode ser privado da coisa se o imóvel reivindicado consistir em extensa área, na posse ininterrupta e de boa-fé, por mais de cinco anos, de considerável número de pessoas, e estas nela houverem realizado, em conjunto ou separadamente, obras e serviços considerados pelo juiz de interesse social e econômico relevante.

- arts. 1.238; 2.029; 2.031 deste Código.
- Enunciados 304 a 307; 309; 310; 496 das Jornadas de Direito Civil.

§ 5º No caso do parágrafo antecedente, o juiz fixará a justa indenização devida ao proprietário; pago o preço, valerá a sentença como título para o registro do imóvel em nome dos possuidores.

- Enunciados 304; 308; 496 das Jornadas de Direito Civil.

Art. 1.229. A propriedade do solo abrange a do espaço aéreo e subsolo correspondentes, em altura e profundidade úteis ao seu exercício, não podendo o proprietário opor-se a atividades que sejam realizadas, por terceiros, a uma altura ou profundidade tais, que não tenha ele interesse legítimo em impedi-las.

- arts. 21, XXV; 22, XII; 176; 177, CF.
- art. 79 deste Código.

Art. 1.230. A propriedade do solo não abrange as jazidas, minas e demais recursos minerais, os potenciais de energia hidráulica, os monumentos arqueológicos e outros bens referidos por leis especiais.

Parágrafo único. O proprietário do solo tem o direito de explorar os recursos minerais de emprego imediato na construção civil, desde que não submetidos a transformação industrial, obedecido o disposto em lei especial.

Art. 1.231. A propriedade presume-se plena e exclusiva, até prova em contrário.

- Súm. 496, STJ.
- Enunciado 503 das Jornadas de Direito Civil.

Art. 1.232. Os frutos e mais produtos da coisa pertencem, ainda quando separados, ao seu proprietário, salvo se, por preceito jurídico especial, couberem a outrem.

- arts. 95; 1.214 a 1.216; e 1.253 a 1.257 deste Código.

SEÇÃO II
DA DESCOBERTA

Art. 1.233. Quem quer que ache coisa alheia perdida há de restituí-la ao dono ou legítimo possuidor.

Parágrafo único. Não o conhecendo, o descobridor fará por encontrá-lo, e, se não o encontrar, entregará a coisa achada à autoridade competente.

Art. 1.234. Aquele que restituir a coisa achada, nos termos do artigo antecedente, terá direito a uma recompensa não inferior a cinco por cento do seu valor, e à indenização pelas despesas que houver feito com a conservação e transporte da coisa, se o dono não preferir abandoná-la.

Parágrafo único. Na determinação do montante da recompensa, considerar-se-á o esforço desenvolvido pelo descobridor para encontrar o dono, ou o legítimo possuidor, as possibilidades que teria este de encontrar a coisa e a situação econômica de ambos.

Art. 1.235. O descobridor responde pelos prejuízos causados ao proprietário ou possuidor legítimo, quando tiver procedido com dolo.

Art. 1.236. A autoridade competente dará conhecimento da descoberta através da imprensa e outros meios de informação, somente expedindo editais se o seu valor os comportar.

- art. 746, NCPC.

Art. 1.237. Decorridos sessenta dias da divulgação da notícia pela imprensa, ou do edital, não se apresentando quem comprove a propriedade sobre a coisa, será esta vendida em hasta pública e, deduzidas do preço as despesas, mais a recompensa do descobridor, pertencerá o remanescente ao Município em cuja circunscrição se deparou o objeto perdido.

- art. 746, NCPC.

Parágrafo único. Sendo de diminuto valor, poderá o Município abandonar a coisa em favor de quem a achou.

CAPÍTULO II
DA AQUISIÇÃO DA PROPRIEDADE IMÓVEL

SEÇÃO I
DA USUCAPIÃO

- arts. 183 e 191, CF.
- arts. 1.260 a 1.262; 1.379; e 1.391 deste Código.
- arts. 17 a 38, Lei 6.001/1973 (Estatuto do Índio).
- arts. 9º a 14, Lei 10.257/2001 (Estatuto da Cidade).
- Súm. 237; 263; 340; e 391, STF.
- Súm. 11, STJ.

Art. 1.238. Aquele que, por quinze anos, sem interrupção, nem oposição, possuir como seu um imóvel, adquire-lhe a propriedade, independentemente de título e boa-fé; podendo requerer ao juiz que assim o declare por sentença, a qual servirá de título para o registro no Cartório de Registro de Imóveis.

- arts. 183, §§ 1º a 3º; 191, p.u., CF.
- arts. 1.379 deste Código.
- arts. 167, I, I-28, e 226, Lei 6.015/1973 (Lei de Registros Públicos).
- Súm. 237; 263; 340; e 391, STF.
- Súm. 11; 119, STJ.
- Enunciado 564 das Jornadas de Direito Civil.

Parágrafo único. O prazo estabelecido neste artigo reduzir-se-á a dez anos se o possuidor houver estabelecido no imóvel a sua moradia habitual, ou nele realizado obras ou serviços de caráter produtivo.

- art. 2.029 deste Código.

Art. 1.239. Aquele que, não sendo proprietário de imóvel rural ou urbano, possua como sua, por cinco anos ininterruptos, sem oposição, área de terra em zona rural não superior a cinquenta hectares, tornando-a produtiva por seu trabalho ou de sua família, tendo nela sua moradia, adquirir-lhe-á a propriedade.

- Enunciados 312; 313; 594 das Jornadas de Direito Civil.

Art. 1.240. Aquele que possuir, como sua, área urbana de até duzentos e cinquenta metros quadrados, por cinco anos ininterruptamente e sem oposição, utilizando-a para sua moradia ou de sua família, adquirir-lhe-á o domínio, desde que não seja proprietário de outro imóvel urbano ou rural.

- Enunciados 85, 313; 314 das Jornadas de Direito Civil.

§ 1º O título de domínio e a concessão de uso serão conferidos ao homem ou à mulher, ou a ambos, independentemente do estado civil.

§ 2º O direito previsto no parágrafo antecedente não será reconhecido ao mesmo possuidor mais de uma vez.

- art. 183, CF.
- arts. 9º a 14, Lei 10.257/2001 (Estatuto da Cidade).

Art. 1.240-A. Aquele que exercer, por 2 (dois) anos ininterruptamente e sem oposição, posse direta, com exclusividade, sobre imóvel urbano de até 250m² (duzentos e cinquenta metros quadrados) cuja propriedade divida com ex-cônjuge ou ex-companheiro que abandonou o lar, utilizando-o para sua moradia ou de sua família, adquirir-lhe-á o domínio integral, desde que não seja proprietário de outro imóvel urbano ou rural. (Incluído pela Lei 12.424/2011.)

- Enunciados 499 a 502; 595 das Jornadas de Direito Civil.

§ 1º O direito previsto no *caput* não será reconhecido ao mesmo possuidor mais de uma vez.

§ 2º (Vetado.). (Incluído pela Lei 12.424/2011.)

Art. 1.241. Poderá o possuidor requerer ao juiz seja declarada adquirida, mediante usucapião, a propriedade imóvel.

- Enunciado 315 das Jornadas de Direito Civil.

Parágrafo único. A declaração obtida na forma deste artigo constituirá título hábil para o registro no Cartório de Registro de Imóveis.

- art. 19, NCPC.
- arts. 167, I, I-28, e 226, Lei 6.015/1973 (Lei de Registros Públicos).

Art. 1.242. Adquire também a propriedade do imóvel aquele que, contínua e incontestadamente, com justo título e boa-fé, o possuir por dez anos.

- art. 191, p.u., CF.
- art. 1.379 deste Código.
- Súm. 340, STF.
- Súm. 11, STJ.
- Enunciados 86; 564 das Jornadas de Direito Civil.

Parágrafo único. Será de cinco anos o prazo previsto neste artigo se o imóvel houver sido adquirido, onerosamente, com base no registro constante do respectivo cartório, cancelada posteriormente, desde que os possuidores nele tiverem estabelecido a sua moradia, ou realizado investimentos de interesse social e econômico.

- art. 2.029 deste Código.
- Enunciado 569 das Jornadas de Direito Civil.

Art. 1.243. O possuidor pode, para o fim de contar o tempo exigido pelos artigos antecedentes, acrescentar à sua posse a dos seus antecessores (art. 1.207), contanto que todas sejam contínuas, pacíficas e, nos casos do art. 1.242, com justo título e de boa-fé.

- art. 1.262 deste Código.
- Enunciado 317 das Jornadas de Direito Civil.

Art. 1.244. Estende-se ao possuidor o disposto quanto ao devedor acerca das causas que obstam, suspendem ou interrompem a prescrição, as quais também se aplicam à usucapião.

- arts. 197 a 204 deste Código.

SEÇÃO II
DA AQUISIÇÃO PELO REGISTRO DO TÍTULO

- art. 167, I, Lei 6.015/1973 (Lei de Registros Públicos).

Art. 1.245. Transfere-se entre vivos a propriedade mediante o registro do título translativo no Registro de Imóveis.

- arts. 1.227; 1.246; 1.247; 1.275, p.u., deste Código.
- Enunciado 87 das Jornadas de Direito Civil.

§ 1º Enquanto não se registrar o título translativo, o alienante continua a ser havido como dono do imóvel.

§ 2º Enquanto não se promover, por meio de ação própria, a decretação de invalidade do registro, e o respectivo cancelamento, o adquirente continua a ser havido como dono do imóvel.

Art. 1.246. O registro é eficaz desde o momento em que se apresentar o título ao oficial do registro, e este o prenotar no protocolo.

- arts. 182; 186; 205, Lei 6.015/1973 (Lei de Registros Públicos).

Art. 1.247. Se o teor do registro não exprimir a verdade, poderá o interessado reclamar que se retifique ou anule.

‣ Enunciado 624 das Jornadas de Direito Civil.

Parágrafo único. Cancelado o registro, poderá o proprietário reivindicar o imóvel, independentemente da boa-fé ou do título do terceiro adquirente.

‣ arts. 212; 213; 216, Lei 6.015/1973 (Lei de Registros Públicos).

SEÇÃO III
DA AQUISIÇÃO POR ACESSÃO

Art. 1.248. A acessão pode dar-se:

I - por formação de ilhas;

‣ art. 1.249 deste Código.

II - por aluvião;

‣ art. 1.250 deste Código.

III - por avulsão;

‣ art. 1.251 deste Código.

IV - por abandono de álveo;

‣ art. 1.252 deste Código

V - por plantações ou construções.

‣ arts. 1.253 a 1.259 deste Código.

SUBSEÇÃO I
DAS ILHAS

Art. 1.249. As ilhas que se formarem em correntes comuns ou particulares pertencem aos proprietários ribeirinhos fronteiros, observadas as regras seguintes:

I - as que se formarem no meio do rio consideram-se acréscimos sobrevindos aos terrenos ribeirinhos fronteiros de ambas as margens, na proporção de suas testadas, até a linha que dividir o álveo em duas partes iguais;

II - as que se formarem entre a referida linha e uma das margens consideram-se acréscimos aos terrenos ribeirinhos fronteiros desse mesmo lado;

III - as que se formarem pelo desdobramento de um novo braço do rio continuam a pertencer aos proprietários dos terrenos à custa dos quais se constituíram.

SUBSEÇÃO II
DA ALUVIÃO

‣ arts. 20, IV; 26, II e III, CF.

Art. 1.250. Os acréscimos formados, sucessiva e imperceptivelmente, por depósitos e aterros naturais ao longo das margens das correntes, ou pelo desvio das águas destas, pertencem aos donos dos terrenos marginais, sem indenização.

Parágrafo único. O terreno aluvial, que se formar em frente de prédios de proprietários diferentes, dividir-se-á entre eles, na proporção da testada de cada um sobre a antiga margem.

SUBSEÇÃO III
DA AVULSÃO

Art. 1.251. Quando, por força natural violenta, uma porção de terra se destacar de um prédio e se juntar a outro, o dono deste adquirirá a propriedade do acréscimo, se indenizar o dono do primeiro ou, sem indenização, se, em um ano, ninguém houver reclamado.

Parágrafo único. Recusando-se ao pagamento de indenização, o dono do prédio a que se juntou a porção de terra deverá aquiescer a que se remova a parte acrescida.

SUBSEÇÃO IV
DO ÁLVEO ABANDONADO

Art. 1.252. O álveo abandonado de corrente pertence aos proprietários ribeirinhos das duas margens, sem que tenham indenização os donos dos terrenos por onde as águas abrirem novo curso, entendendo-se que os prédios marginais se estendem até o meio do álveo.

SUBSEÇÃO V
DAS CONSTRUÇÕES E PLANTAÇÕES

‣ arts. 92 a 97, 1.248, V, e 1.369 deste Código.

Art. 1.253. Toda construção ou plantação existente em um terreno presume-se feita pelo proprietário e à sua custa, até que se prove o contrário.

Art. 1.254. Aquele que semeia, planta ou edifica em terreno próprio com sementes, plantas ou materiais alheios, adquire a propriedade destes; mas fica obrigado a pagar-lhes o valor, além de responder por perdas e danos, se agiu de má-fé.

‣ arts. 402 a 405; 1.214 a 1.222 deste Código.

Art. 1.255. Aquele que semeia, planta ou edifica em terreno alheio perde, em proveito do proprietário, as sementes, plantas e construções; se procede de boa-fé, terá direito a indenização.

Parágrafo único. Se a construção ou a plantação exceder consideravelmente o valor do terreno, aquele que, de boa-fé, plantou ou edificou, adquirirá a propriedade do solo, mediante pagamento da indenização fixada judicialmente, se não houver acordo.

‣ Súm. 619 STJ.

Art. 1.256. Se de ambas as partes houve má-fé, adquirirá o proprietário as sementes, plantas e construções, devendo ressarcir o valor das acessões.

Parágrafo único. Presume-se má-fé no proprietário quando o trabalho de construção, ou lavoura, se fez em sua presença e sem impugnação sua.

Art. 1.257. O disposto no artigo antecedente aplica-se ao caso de não pertencerem as sementes, plantas ou materiais a quem de boa-fé os empregou em solo alheio.

Parágrafo único. O proprietário das sementes, plantas ou materiais poderá cobrar do proprietário do solo a indenização devida, quando não puder havê-la do plantador ou construtor.

Art. 1.258. Se a construção, feita parcialmente em solo próprio, invade solo alheio em proporção não superior à vigésima parte deste, adquire o construtor de boa-fé a propriedade da parte do solo invadido, se o valor da construção exceder o dessa parte, e responde por indenização que represente, também, o valor da área perdida e a desvalorização da área remanescente.

Parágrafo único. Pagando em décuplo as perdas e danos previstos neste artigo, o construtor de má-fé adquire a propriedade da parte do solo que invadiu se em proporção à vigésima parte deste e o valor da construção exceder consideravelmente o dessa parte e não se puder demolir a porção invasora sem grave prejuízo para a construção.

‣ arts. 402 a 405 deste Código.

‣ Enunciado 318 das Jornadas de Direito Civil.

Art. 1.259. Se o construtor estiver de boa-fé, e a invasão do solo alheio exceder a vigésima parte deste, adquire a propriedade da parte do solo invadido, e responde por perdas e danos que abranjam o valor que a invasão acrescer à construção, mais o da área perdida e o da desvalorização da área remanescente; se de má-fé, é obrigado a demolir o que nele construiu, pagando as perdas e danos apurados, que serão devidos em dobro.

‣ arts. 402 a 405 deste Código.

CAPÍTULO III
DA AQUISIÇÃO DA PROPRIEDADE MÓVEL

SEÇÃO I
DA USUCAPIÃO

‣ arts. 1.238 a 1.244 deste Código.

‣ Lei 6.969/1981 (Dispõe sobre a aquisição, por usucapião especial, de imóveis rurais).

‣ Súm. 237; 263, STF.

Art. 1.260. Aquele que possuir coisa móvel como sua, contínua e incontestadamente durante três anos, com justo título e boa-fé, adquirir-lhe-á a propriedade.

‣ art. 1.208 deste Código.

‣ Súm. 340, STF.

Art. 1.261. Se a posse da coisa móvel se prolongar por cinco anos, produzirá usucapião, independentemente de título ou boa-fé.

Art. 1.262. Aplica-se à usucapião das coisas móveis o disposto nos arts. 1.243 e 1.244.

‣ arts. 1.238 a 1.242 deste Código.

‣ Lei 370/1937 (Dispõe sobre o dinheiro e objetos de valor depositados nos estabelecimentos bancários e comerciais).

‣ Lei 2.313/1954 (Dispõe sobre prazos dos contratos de depósito regular e voluntário de bens de qualquer espécie).

SEÇÃO II
DA OCUPAÇÃO

Art. 1.263. Quem se assenhorear de coisa sem dono para logo lhe adquire a propriedade, não sendo essa ocupação defesa por lei.

‣ arts. 1.233 a 1.237 deste Código.

SEÇÃO III
DO ACHADO DO TESOURO

Art. 1.264. O depósito antigo de coisas preciosas, oculto e de cujo dono não haja memória, será dividido por igual entre o proprietário do prédio e o que achar o tesouro casualmente.

‣ art. 1.392, § 3º, deste Código.

‣ art. 169, p.u., I, CP.

‣ arts. 17 a 19, Lei 3.924/1961 (Dispõe sobre os monumentos arqueológicos e pré-históricos).

‣ Lei 7.542/1986 (Dispõe sobre a pesquisa, exploração, remoção e demolição das coisas ou bens afundados, submersos, encalhados e perdidos em águas sob jurisdição nacional, em terreno de marinha e seus acrescidos em terrenos marginais, em decorrência de sinistro, alojamento ou fortuna do mar).

Art. 1.265. O tesouro pertencerá por inteiro ao proprietário do prédio, se for achado por ele, ou em pesquisa que ordenou, ou por terceiro não autorizado.

Art. 1.266. Achando-se em terreno aforado, o tesouro será dividido por igual entre o descobridor e o enfiteuta, ou será deste por inteiro quando ele mesmo seja o descobridor.

‣ art. 2.038 deste Código.

SEÇÃO IV
DA TRADIÇÃO

‣ arts. 234; 237; 238; 291; 328; 444; 490; 492; 495; 541; 579; 587; 809; 1.226; 1.431 deste Código.

Art. 1.267. A propriedade das coisas não se transfere pelos negócios jurídicos antes da tradição.

‣ Súm. 585, STJ.

Parágrafo único. Subentende-se a tradição quando o transmitente continua a possuir pelo constituto possessório; quando cede ao adquirente o direito à restituição da coisa, que se encontra em poder de terceiro; ou quando o adquirente já está na posse da coisa, por ocasião do negócio jurídico.

Art. 1.268. Feita por quem não seja proprietário, a tradição não aliena a propriedade, exceto se a coisa, oferecida ao público, em leilão ou estabelecimento comercial, for transferida em circunstâncias tais que, ao adquirente de boa-fé, como a qualquer pessoa, o alienante se afigurar dono.

§ 1º Se o adquirente estiver de boa-fé e o alienante adquirir depois a propriedade, considera-se realizada a transferência desde o momento em que ocorreu a tradição.

‣ art. 1.420, § 1º, deste Código.

§ 2º Não transfere a propriedade a tradição, quando tiver por título um negócio jurídico nulo.

‣ arts. 166 a 170 deste Código.

SEÇÃO V
DA ESPECIFICAÇÃO

Art. 1.269. Aquele que, trabalhando em matéria-prima em parte alheia, obtiver espécie nova, desta será proprietário, se não se puder restituir à forma anterior.

‣ art. 1.274 deste Código.

Art. 1.270. Se toda a matéria for alheia, e não se puder reduzir à forma precedente, será do especificador de boa-fé a espécie nova.

§ 1º Sendo praticável a redução, ou quando impraticável, se a espécie nova se obteve de má-fé, pertencerá ao dono da matéria-prima.

§ 2º Em qualquer caso, inclusive o da pintura em relação à tela, da escultura, escritura e outro qualquer trabalho gráfico em relação à matéria-prima, a espécie nova será do especificador, se o seu valor exceder consideravelmente o da matéria-prima.

Art. 1.271. Aos prejudicados, nas hipóteses dos arts. 1.269 e 1.270, se ressarcirá o dano que sofrerem, menos ao especificador de má-fé, no caso do § 1º do artigo antecedente, quando irredutível a especificação.

SEÇÃO VI
DA CONFUSÃO, DA COMISSÃO E DA ADJUNÇÃO

‣ Mantivemos "comissão" conforme publicação oficial. No CC/1916, consta "comistão".

Art. 1.272. As coisas pertencentes a diversos donos, confundidas, misturadas ou adjuntadas sem o consentimento deles, continuam a pertencer-lhes, sendo possível separá-las sem deterioração.

§ 1º Não sendo possível a separação das coisas, ou exigindo dispêndio excessivo, subsiste indiviso o todo, cabendo a cada um dos donos quinhão proporcional ao valor da coisa com que entrou para a mistura ou agregado.

§ 2º Se uma das coisas puder considerar-se principal, o dono sê-lo-á do todo, indenizando os outros.

‣ art. 92 deste Código.

Art. 1.273. Se a confusão, comissão ou adjunção se operou de má-fé, à outra parte caberá escolher entre adquirir a propriedade do todo, pagando o que não for seu, abatida a indenização que lhe for devida, ou renunciar ao que lhe pertencer, caso em que será indenizado.

‣ Mantivemos "comissão" conforme publicação oficial.

Art. 1.274. Se da união de matérias de natureza diversa se formar espécie nova, à confusão, comissão ou adjunção aplicam-se as normas dos arts. 1.272 e 1.273.

‣ Mantivemos "comissão" conforme publicação oficial.

‣ art. 1.269 deste Código.

CAPÍTULO IV
DA PERDA DA PROPRIEDADE

Art. 1.275. Além das causas consideradas neste Código, perde-se a propriedade:

I - por alienação;

II - pela renúncia;

III - por abandono;

‣ Enunciado 565 das Jornadas de Direito Civil.

IV - por perecimento da coisa;

V - por desapropriação.

‣ arts. 5º, XXIV; 22, II; 182, §§ 3º e 4º; 184 e 185, CF.

‣ art. 519 deste Código.

‣ Lei 4.132/1962 (Define os casos de desapropriação por interesse social e dispõe sobre sua aplicação).

‣ Lei 8.629/1993 (Dispõe sobre desapropriação por interesse social para fins de reforma agrária).

‣ Dec.-Lei 3.365/1941 (Dispõe sobre desapropriações por utilidade pública).

Parágrafo único. Nos casos dos incisos I e II, os efeitos da perda da propriedade imóvel serão subordinados ao registro do título transmissivo ou do ato renunciativo no Registro de Imóveis.

Art. 1.276. O imóvel urbano que o proprietário abandonar, com a intenção de não mais o conservar em seu patrimônio, e que se não encontrar na posse de outrem, poderá ser arrecadado, como bem vago, e passar, três anos depois, à propriedade do Município ou à do Distrito Federal, se se achar nas respectivas circunscrições.

‣ Enunciados 242; 316; 597 das Jornadas de Direito Civil.

§ 1º O imóvel situado na zona rural, abandonado nas mesmas circunstâncias, poderá ser arrecadado, como bem vago, e passar, três anos depois, à propriedade da União, onde quer que ele se localize.

‣ arts. 26; 98; 1.819; 1.823; 1.844 deste Código.

§ 2º Presumir-se-á de modo absoluto a intenção a que se refere este artigo, quando, cessados os atos de posse, deixar o proprietário de satisfazer os ônus fiscais.

‣ Enunciado 243 das Jornadas de Direito Civil.

CAPÍTULO V
DOS DIREITOS DE VIZINHANÇA

SEÇÃO I
DO USO ANORMAL DA PROPRIEDADE

Art. 1.277. O proprietário ou o possuidor de um prédio tem o direito de fazer cessar as interferências prejudiciais à segurança, ao sossego e à saúde dos que o habitam, provocadas pela utilização de propriedade vizinha.

‣ Enunciado 319 das Jornadas de Direito Civil.

Parágrafo único. Proíbem-se as interferências considerando-se a natureza da utilização, a localização do prédio, atendidas as normas que distribuem as edificações em zonas, e os limites ordinários de tolerância dos moradores da vizinhança.

‣ art. 1.228, § 2º, deste Código.

‣ art. 47, § 1º, NCPC.

‣ art. 19, Lei 4.591/1964 (Dispõe sobre o condomínio em edificações e as incorporações imobiliárias).

‣ art. 1º, p.u., Lei 10.257/2001 (Estatuto da Cidade).

Art. 1.278. O direito a que se refere o artigo antecedente não prevalece quando as interferências forem justificadas por interesse público, caso em que o proprietário ou o possuidor, causador delas, pagará ao vizinho indenização cabal.

Art. 1.279. Ainda que por decisão judicial devam ser toleradas as interferências, poderá o vizinho exigir a sua redução, ou eliminação, quando estas se tornarem possíveis.

Art. 1.280. O proprietário ou o possuidor tem direito a exigir do dono do prédio vizinho a demolição, ou a reparação deste, quando ameace ruína, bem como que lhe preste caução pelo dano iminente.

‣ art. 937 deste Código.

Art. 1.281. O proprietário ou o possuidor de um prédio, em que alguém tenha direito de fazer obras, pode, no caso de dano iminente, exigir do autor delas as necessárias garantias contra o prejuízo eventual.

‣ arts. 1.311 a 1.313 deste Código.

› arts. 9º, IV; 26, Lei 8.245/1991 (Lei das Locações).

SEÇÃO II
DAS ÁRVORES LIMÍTROFES

Art. 1.282. A árvore, cujo tronco estiver na linha divisória, presume-se pertencer em comum aos donos dos prédios confinantes.

› art. 1.327 deste Código.

Art. 1.283. As raízes e os ramos de árvore, que ultrapassarem a estrema do prédio, poderão ser cortados, até o plano vertical divisório, pelo proprietário do terreno invadido.

Art. 1.284. Os frutos caídos de árvore do terreno vizinho pertencem ao dono do solo onde caíram, se este for de propriedade particular.

SEÇÃO III
DA PASSAGEM FORÇADA

Art. 1.285. O dono do prédio que não tiver acesso à via pública, nascente ou porto, pode, mediante pagamento de indenização cabal, constranger o vizinho a lhe dar passagem, cujo rumo será judicialmente fixado, se necessário.

› art. 1.388, II, deste Código.

› Enunciado 88 das Jornadas de Direito Civil.

§ 1º Sofrerá o constrangimento o vizinho cujo imóvel mais natural e facilmente se prestar à passagem.

§ 2º Se ocorrer alienação parcial do prédio, de modo que uma das partes perca o acesso à via pública, nascente ou porto, o proprietário da outra deve tolerar a passagem.

§ 3º Aplica-se o disposto no parágrafo antecedente ainda quando, antes da alienação, existia passagem através de imóvel vizinho, não estando o proprietário deste constrangido, depois, a dar uma outra.

SEÇÃO IV
DA PASSAGEM DE
CABOS E TUBULAÇÕES

› Lei 8.977/1995 (Dispõe sobre o Serviço de TV a Cabo). Dec. 2.206/1997 (Regulamento).

Art. 1.286. Mediante recebimento de indenização que atenda, também, à desvalorização da área remanescente, o proprietário é obrigado a tolerar a passagem, através de seu imóvel, de cabos, tubulações e outros condutos subterrâneos de serviços de utilidade pública, em proveito de proprietários vizinhos, quando de outro modo for impossível ou excessivamente onerosa.

Parágrafo único. O proprietário prejudicado pode exigir que a instalação seja feita de modo menos gravoso ao prédio onerado, bem como, depois, seja removida, à sua custa, para outro local do imóvel.

Art. 1.287. Se as instalações oferecerem grave risco, será facultado ao proprietário do prédio onerado exigir a realização de obras de segurança.

SEÇÃO V
DAS ÁGUAS

› art. 22, IV, CF.

› arts. 1.228, § 1º, deste Código.

› art. 161, § 1º, I, CP.

› Dec. 24.643/1934 (Código de Águas).

› art. 29 a 69 Lei 9.605/1998 (Lei dos Crimes Ambientais).

Art. 1.288. O dono ou o possuidor do prédio inferior é obrigado a receber as águas que correm naturalmente do superior, não podendo realizar obras que embaracem o seu fluxo; porém, a condição natural e anterior do prédio inferior não pode ser agravada por obras feitas pelo dono ou possuidor do prédio superior.

Art. 1.289. Quando as águas, artificialmente levadas ao prédio superior, ou aí colhidas, correrem dele para o inferior, poderá o dono deste reclamar que se desviem, ou se lhe indenize o prejuízo que sofrer.

Parágrafo único. Da indenização será deduzido o valor do benefício obtido.

Art. 1.290. O proprietário de nascente, ou do solo onde caem águas pluviais, satisfeitas as necessidades de seu consumo, não pode impedir, ou desviar o curso natural das águas remanescentes pelos prédios inferiores.

Art. 1.291. O possuidor do imóvel superior não poderá poluir as águas indispensáveis às primeiras necessidades da vida dos possuidores dos imóveis inferiores; as demais, que poluir, deverá recuperar, ressarcindo os danos que estes sofrerem, se não for possível a recuperação ou o desvio do curso artificial das águas.

› Enunciado 244 das Jornadas de Direito Civil.

Art. 1.292. O proprietário tem direito de construir barragens, açudes, ou outras obras para represamento de água em seu prédio; se as águas represadas invadirem prédio alheio, será o seu proprietário indenizado pelo dano sofrido, deduzido o valor do benefício obtido.

Art. 1.293. É permitido a quem quer que seja, mediante prévia indenização aos proprietários prejudicados, construir canais, através de prédios alheios, para receber as águas a que tenha direito, indispensáveis às primeiras necessidades da vida, e, desde que não cause prejuízo considerável à agricultura e à indústria, bem como para o escoamento de águas supérfluas ou acumuladas, ou a drenagem de terrenos.

› Enunciados 245; 598 das Jornadas de Direito Civil.

§ 1º Ao proprietário prejudicado, em tal caso, também assiste direito a ressarcimento pelos danos que de futuro lhe advenham da infiltração ou irrupção das águas, bem como da deterioração das obras destinadas a canalizá-las.

§ 2º O proprietário prejudicado poderá exigir que seja subterrânea a canalização que atravessa áreas edificadas, pátios, hortas, jardins ou quintais.

§ 3º O aqueduto será construído de maneira que cause o menor prejuízo aos proprietários dos imóveis vizinhos, e a expensas do seu dono, a quem incumbem também as despesas de conservação.

Art. 1.294. Aplica-se ao direito de aqueduto o disposto nos arts. 1.286 e 1.287.

Art. 1.295. O aqueduto não impedirá que os proprietários cerquem os imóveis e construam sobre ele, sem prejuízo para a sua segurança e conservação; os proprietários dos imóveis poderão usar das águas do aqueduto para as primeiras necessidades da vida.

Art. 1.296. Havendo no aqueduto águas supérfluas, outros poderão canalizá-las, para os fins previstos no art. 1.293, mediante pagamento de indenização aos proprietários prejudicados e ao dono do aqueduto, de importância equivalente às despesas que então seriam necessárias para a condução das águas até o ponto de derivação.

Parágrafo único. Têm preferência os proprietários dos imóveis atravessados pelo aqueduto.

SEÇÃO VI
DOS LIMITES ENTRE PRÉDIOS
E DO DIREITO DE TAPAGEM

Art. 1.297. O proprietário tem direito a cercar, murar, valar ou tapar de qualquer modo o seu prédio, urbano ou rural, e pode constranger o seu confinante a proceder com ele à demarcação entre os dois prédios, a aviventar rumos apagados e a renovar marcos destruídos ou arruinados, repartindo-se proporcionalmente entre os interessados as respectivas despesas.

› arts. 1.327 a 1.330 deste Código.

› arts. 569 e ss., NCPC.

› art. 167, I, I-23, Lei 6.015/1973 (Lei de Registros Públicos).

§ 1º Os intervalos, muros, cercas e os tapumes divisórios, tais como sebes vivas, cercas de arame ou de madeira, valas ou banquetas, presumem-se, até prova em contrário, pertencer a ambos os proprietários confinantes, sendo estes obrigados, de conformidade com os costumes da localidade, a concorrer, em partes iguais, para as despesas de sua construção e conservação.

› arts. 1.327 a 1.330 deste Código.

§ 2º As sebes vivas, as árvores, ou plantas quaisquer, que servem de marco divisório, só podem ser cortadas, ou arrancadas, de comum acordo entre proprietários.

§ 3º A construção de tapumes especiais para impedir a passagem de animais de pequeno porte, ou para outro fim, pode ser exigida de quem provocou a necessidade deles, pelo proprietário, que não está obrigado a concorrer para as despesas.

Art. 1.298. Sendo confusos, os limites, em falta de outro meio, se determinarão de conformidade com a posse justa; e, não se achando ela provada, o terreno contestado se dividirá por partes iguais entre os prédios, ou, não sendo possível a divisão cômoda, se adjudicará a um deles, mediante indenização ao outro.

SEÇÃO VII
DO DIREITO DE CONSTRUIR

Art. 1.299. O proprietário pode levantar em seu terreno as construções que lhe aprouver, salvo o direito dos vizinhos e os regulamentos administrativos.

‣ arts. 1.277 a 1.298 deste Código.

Art. 1.300. O proprietário construirá de maneira que o seu prédio não despeje águas, diretamente, sobre o prédio vizinho.

‣ arts. 1.288 a 1.296 deste Código.

Art. 1.301. É defeso abrir janelas, ou fazer eirado, terraço ou varanda, a menos de metro e meio do terreno vizinho.

‣ Súm. 120 e 414, STF.

§ 1º As janelas cuja visão não incida sobre a linha divisória, bem como as perpendiculares, não poderão ser abertas a menos de setenta e cinco centímetros.

§ 2º As disposições deste artigo não abrangem as aberturas para luz ou ventilação, não maiores de dez centímetros de largura sobre vinte de comprimento e construídas a mais de dois metros de altura de cada piso.

Art. 1.302. O proprietário pode, no lapso de ano e dia após a conclusão da obra, exigir que se desfaça janela, sacada, terraço ou goteira sobre o seu prédio; escoado o prazo, não poderá, por sua vez, edificar sem atender ao disposto no artigo antecedente, nem impedir, ou dificultar, o escoamento das águas da goteira, com prejuízo para o prédio vizinho.

Parágrafo único. Em se tratando de vãos, ou aberturas para luz, seja qual for a quantidade, altura e disposição, o vizinho poderá, a todo tempo, levantar a sua edificação, ou contramuro, ainda que lhes vede a claridade.

Art. 1.303. Na zona rural, não será permitido levantar edificações a menos de três metros do terreno vizinho.

Art. 1.304. Nas cidades, vilas e povoados cuja edificação estiver adstrita a alinhamento, o dono de um terreno pode nele edificar, madeirando na parede divisória do prédio contíguo, se ela suportar a nova construção; mas terá de embolsar ao vizinho metade do valor da parede e do chão correspondentes.

Art. 1.305. O confinante, que primeiro construir, pode assentar a parede divisória até meia espessura no terreno contíguo, sem perder por isso o direito a haver meio valor dela se o vizinho a travejar, caso em que o primeiro fixará a largura e a profundidade do alicerce.

‣ art. 1.312 deste Código.

Parágrafo único. Se a parede divisória pertencer a um dos vizinhos, e não tiver capacidade para ser travejada pelo outro, não poderá este fazer-lhe alicerce ao pé sem prestar caução àquele, pelo risco a que expõe a construção anterior.

Art. 1.306. O condômino da parede-meia pode utilizá-la até ao meio da espessura, não pondo em risco a segurança ou a separação dos dois prédios, e avisando previamente o outro condômino das obras que ali tenciona fazer; não pode sem consentimento do outro fazer, na parede-meia, armários, ou obras semelhantes, correspondendo a outras, da mesma natureza, já feitas do lado oposto.

Art. 1.307. Qualquer dos confinantes pode altear a parede divisória, se necessário reconstruindo-a, para suportar o alteamento; arcará com todas as despesas, inclusive de conservação, ou com metade, se o vizinho adquirir meação também na parte aumentada.

Art. 1.308. Não é lícito encostar à parede divisória chaminés, fogões, fornos ou quaisquer aparelhos ou depósitos suscetíveis de produzir infiltrações ou interferências prejudiciais ao vizinho.

Parágrafo único. A disposição anterior não abrange as chaminés ordinárias e os fogões de cozinha.

Art. 1.309. São proibidas construções capazes de poluir, ou inutilizar, para uso ordinário, a água do poço, ou nascente alheia, a elas preexistentes.

Art. 1.310. Não é permitido fazer escavações ou quaisquer obras que tirem ao poço ou à nascente de outrem a água indispensável às suas necessidades normais.

‣ arts. 1.288 a 1.296 deste Código.

Art. 1.311. Não é permitida a execução de qualquer obra ou serviço suscetível de provocar desmoronamento ou deslocação de terra, ou que comprometa a segurança do prédio vizinho, senão após haverem sido feitas as obras acautelatórias.

‣ arts. 1.280 e 1.281 deste Código.

Parágrafo único. O proprietário do prédio vizinho tem direito a ressarcimento pelos prejuízos que sofrer, não obstante haverem sido realizadas as obras acautelatórias.

Art. 1.312. Todo aquele que violar as proibições estabelecidas nesta Seção é obrigado a demolir as construções feitas, respondendo por perdas e danos.

‣ arts. 1.280; 1.281 deste Código.

Art. 1.313. O proprietário ou ocupante do imóvel é obrigado a tolerar que o vizinho entre no prédio, mediante prévio aviso, para:

I - dele temporariamente usar, quando indispensável à reparação, construção, reconstrução ou limpeza de sua casa ou do muro divisório;

II - apoderar-se de coisas suas, inclusive animais que aí se encontrem casualmente.

§ 1º O disposto neste artigo aplica-se aos casos de limpeza ou reparação de esgotos, goteiras, aparelhos higiênicos, poços e nascentes e ao aparo de cerca viva.

§ 2º Na hipótese do inciso II, uma vez entregues as coisas buscadas pelo vizinho, poderá ser impedida a sua entrada no imóvel.

§ 3º Se do exercício do direito assegurado neste artigo provier dano, terá o prejudicado direito a ressarcimento.

CAPÍTULO VI
DO CONDOMÍNIO GERAL

‣ arts. 75, XI; 784, VIII, NCPC.

‣ Lei 4.591/1964 (Dispõe sobre o condomínio em edificações e as incorporações imobiliárias).

‣ art. 167, I; 178, III, Lei 6.015/1973 (Lei de Registros Públicos).

‣ art. 62, Lei 4.728/1965 (Disciplina o mercado de capitais e estabelece medidas para o seu desenvolvimento).

‣ arts. 22, X, p.u.; 23, X, XII, § 1º; 25; 34, Lei 8.245/1991 (Lei das Locações).

‣ art. 123, § 2º, Lei 11.101/2005 (Lei de Recuperação de Empresas e Falência).

‣ art. 16, Dec.-Lei 3.365/1941 (Dispõe sobre desapropriações por utilidade pública).

SEÇÃO I
DO CONDOMÍNIO VOLUNTÁRIO

SUBSEÇÃO I
DOS DIREITOS E DEVERES DOS CONDÔMINOS

Art. 1.314. Cada condômino pode usar da coisa conforme sua destinação, sobre ela exercer todos os direitos compatíveis com a indivisão, reivindicá-la de terceiro, defender a sua posse e alhear a respectiva parte ideal, ou gravá-la.

‣ art. 1.199 deste Código.

Parágrafo único. Nenhum dos condôminos pode alterar a destinação da coisa comum, nem dar posse, uso ou gozo dela a estranhos sem o consenso dos outros.

‣ arts. 1.331 a 1.358 deste Código.

‣ Lei 4.591/1964 (Dispõe sobre o condomínio em edificações e as incorporações imobiliárias).

‣ art. 123, § 2º, Lei 11.101/2005 (Lei de Recuperação de Empresas e Falência).

Art. 1.315. O condômino é obrigado, na proporção de sua parte, a concorrer para as despesas de conservação ou divisão da coisa, e a suportar os ônus a que estiver sujeita.

‣ art. 3º, Lei 2.757/1956 (Dispõe sobre a situação dos empregados de prédios de apartamentos residenciais).

Parágrafo único. Presumem-se iguais as partes ideais dos condôminos.

‣ arts. 1.320; 1.322 deste Código.

Art. 1.316. Pode o condômino eximir-se do pagamento das despesas e dívidas, renunciando à parte ideal.

§ 1º Se os demais condôminos assumem as despesas e as dívidas, a renúncia lhes aproveita, adquirindo a parte ideal de quem renunciou, na proporção dos pagamentos que fizerem.

§ 2º Se não há condômino que faça os pagamentos, a coisa comum será dividida.

Art. 1.317. Quando a dívida houver sido contraída por todos os condôminos, sem se discriminar a parte de cada um na obrigação, nem se estipular solidariedade, entende-se que cada qual se obrigou proporcionalmente ao seu quinhão na coisa comum.

‣ arts. 275 a 285 deste Código.

Art. 1.318. As dívidas contraídas por um dos condôminos em proveito da comunhão, e durante ela, obrigam o contratante; mas terá este ação regressiva contra os demais.

‣ art. 125, NCPC.

Art. 1.319. Cada condômino responde aos outros pelos frutos que percebeu da coisa e pelo dano que lhe causou.

- art. 1.326 deste Código.

Art. 1.320. A todo tempo será lícito ao condômino exigir a divisão da coisa comum, respondendo o quinhão de cada um pela sua parte nas despesas da divisão.

- art. 1.322 deste Código.

§ 1º Podem os condôminos acordar que fique indivisa a coisa comum por prazo não maior de cinco anos, suscetível de prorrogação ulterior.

- arts. 569 e ss., NCPC.

§ 2º Não poderá exceder de cinco anos a indivisão estabelecida pelo doador ou pelo testador.

§ 3º A requerimento de qualquer interessado e se graves razões o aconselharem, pode o juiz determinar a divisão da coisa comum antes do prazo.

Art. 1.321. Aplicam-se à divisão do condomínio, no que couber, as regras de partilha de herança (arts. 2.013 a 2.022).

Art. 1.322. Quando a coisa for indivisível, e os consortes não quiserem adjudicá-la a um só, indenizando os outros, será vendida e repartido o apurado, preferindo-se, na venda, em condições iguais de oferta, o condômino ao estranho, e entre os condôminos aquele que tiver na coisa benfeitorias mais valiosas, e, não as havendo, o de quinhão maior.

- arts. 96; 504; 2.019 deste Código.
- art. 8º, Lei 5.868/1972 (Cria o Sistema Nacional de Cadastro Rural).

Parágrafo único. Se nenhum dos condôminos tem benfeitorias na coisa comum e participam todos do condomínio em partes iguais, realizar-se-á licitação entre estranhos e, antes de adjudicada a coisa àquele que ofereceu maior lanço, proceder-se-á à licitação entre os condôminos, a fim de que a coisa seja adjudicada a quem afinal oferecer melhor lanço, preferindo, em condições iguais, o condômino ao estranho.

SUBSEÇÃO II
DA ADMINISTRAÇÃO DO CONDOMÍNIO

Art. 1.323. Deliberando a maioria sobre a administração da coisa comum, escolherá o administrador, que poderá ser estranho ao condomínio; resolvendo alugá-la, preferir-se-á, em condições iguais, o condômino ao que não o é.

- arts. 1.347 a 1.356 deste Código.
- art. 9º Lei 4.591/1964 (Dispõe sobre o condomínio em edificações e as incorporações imobiliárias).

Art. 1.324. O condômino que administrar sem oposição dos outros presume-se representante comum.

- art. 656 deste Código.

Art. 1.325. A maioria será calculada pelo valor dos quinhões.

§ 1º As deliberações serão obrigatórias, sendo tomadas por maioria absoluta.

§ 2º Não sendo possível alcançar maioria absoluta, decidirá o juiz, a requerimento de qualquer condômino, ouvidos os outros.

§ 3º Havendo dúvida quanto ao valor do quinhão, será este avaliado judicialmente.

Art. 1.326. Os frutos da coisa comum, não havendo em contrário estipulação ou disposição de última vontade, serão partilhados na proporção dos quinhões.

- arts. 1.319; 1.320, § 2º, deste Código.

SEÇÃO II
DO CONDOMÍNIO NECESSÁRIO

Art. 1.327. O condomínio por meação de paredes, cercas, muros e valas regula-se pelo disposto neste Código (arts. 1.297 e 1.298; 1.304 a 1.307).

- arts. 1.282; 1.297; 1.298; 1.304 a 1.307 deste Código.
- art. 5º Lei 4.591/1964 (Dispõe sobre o condomínio em edificações e as incorporações imobiliárias).

Art. 1.328. O proprietário que tiver direito a estremar um imóvel com paredes, cercas, muros, valas ou valados tê-lo-á igualmente a adquirir meação na parede, muro, valado ou cerca do vizinho, embolsando-lhe metade do que atualmente valer a obra e o terreno por ela ocupado (art. 1.297).

- arts. 1.297, § 1º; 1.330 deste Código.

Art. 1.329. Não convindo os dois no preço da obra, será este arbitrado por peritos, a expensas de ambos os confinantes.

Art. 1.330. Qualquer que seja o valor da meação, enquanto aquele que pretender a divisão não o pagar ou depositar, nenhum uso poderá fazer na parede, muro, vala, cerca ou qualquer outra obra divisória.

CAPÍTULO VII
DO CONDOMÍNIO EDILÍCIO

- Lei 4.591/1964 (Dispõe sobre o condomínio em edificações e as incorporações imobiliárias).

SEÇÃO I
DISPOSIÇÕES GERAIS

Art. 1.331. Pode haver, em edificações, partes que são propriedade exclusiva, e partes que são propriedade comum dos condôminos.

- Enunciados 89, 90, 91, 246; 247 e 320 das Jornadas de Direito Civil.

§ 1º As partes suscetíveis de utilização independente, tais como apartamentos, escritórios, salas, lojas, sobrelojas, com as respectivas fracções ideais no solo e nas outras partes comuns, sujeitam-se a propriedade exclusiva, podendo ser alienadas e gravadas livremente por seus proprietários, exceto os abrigos para veículos, que não poderão ser alienados ou alugados a pessoas estranhas ao condomínio, salvo autorização expressa na convenção de condomínio. (Alterado pela Lei 12.607/2012.)

§ 2º O solo, a estrutura do prédio, o telhado, a rede geral de distribuição de água, esgoto, gás e eletricidade, a calefação e refrigeração centrais e as demais partes comuns, inclusive o acesso ao logradouro público, são utilizados em comum pelos condôminos, não podendo ser alienados separadamente, ou divididos.

§ 3º A cada unidade imobiliária caberá, como parte inseparável, uma fração ideal no solo e nas outras partes comuns, que será identificada em forma decimal ou ordinária no instrumento de instituição do condomínio. (Redação dada pela Lei 10.931/2004.)

§ 4º Nenhuma unidade imobiliária pode ser privada do acesso ao logradouro público.

§ 5º O terraço de cobertura é parte comum, salvo disposição contrária da escritura de constituição do condomínio.

- art. 1.344 deste Código.

Art. 1.332. Institui-se o condomínio edilício por ato entre vivos ou testamento, registrado no Cartório de Registro de Imóveis, devendo constar daquele ato, além do disposto em lei especial:

- Enunciado 504 das Jornadas de Direito Civil.

I - a discriminação e individualização das unidades de propriedade exclusiva, estremadas uma das outras e das partes comuns;

II - a determinação da fração ideal atribuída a cada unidade, relativamente ao terreno e partes comuns;

III - o fim a que as unidades se destinam.

- art. 7º, Lei 4.591/1964 (Dispõe sobre o condomínio em edificações e as incorporações imobiliárias).
- art. 167-1, n-17, Lei 6.015/1973 (Lei de Registros Públicos).

Art. 1.333. A convenção que constitui o condomínio edilício deve ser subscrita pelos titulares de, no mínimo, dois terços das frações ideais e torna-se, desde logo, obrigatória para os titulares de direito sobre as unidades, ou para quantos sobre elas tenham posse ou detenção.

- Enunciado 504 das Jornadas de Direito Civil.

Parágrafo único. Para ser oponível contra terceiros, a convenção do condomínio deverá ser registrada no Cartório de Registro de Imóveis.

- Súm. 260, STJ.

Art. 1.334. Além das cláusulas referidas no art. 1.332 e das que os interessados houverem por bem estipular, a convenção determinará:

I - a quota proporcional e o modo de pagamento das contribuições dos condôminos para atender às despesas ordinárias e extraordinárias do condomínio;

II - sua forma de administração;

III - a competência das assembleias, forma de sua convocação e *quorum* exigido para as deliberações;

IV - as sanções a que estão sujeitos os condôminos, ou possuidores;

V - o regimento interno.

- Enunciados 248 e 504 das Jornadas de Direito Civil.

§ 1º A convenção poderá ser feita por escritura pública ou por instrumento particular.

§ 2º São equiparados aos proprietários, para os fins deste artigo, salvo disposição em contrário, os promitentes compradores e os cessionários de direitos relativos às unidades autônomas.

- arts. 286 a 298; 1.417; 1.418 deste Código.
- arts. 9º a 11 Lei 4.591/1964 (Dispõe sobre o condomínio em edificações e as incorporações imobiliárias).

Art. 1.335. São direitos do condômino:

I - usar, fruir e livremente dispor das suas unidades;

- Enunciado 566 das Jornadas de Direito Civil.

II - usar das partes comuns, conforme a sua destinação, e contanto que não exclua a utilização dos demais compossuidores;

III - votar nas deliberações da assembleia e delas participar, estando quite.

- arts. 9º a 11; 19, Lei 4.591/1964 (Dispõe sobre o condomínio em edificações e as incorporações imobiliárias).

Art. 1.336. São deveres do condômino:

I - contribuir para as despesas do condomínio na proporção das suas frações ideais, salvo disposição em contrário na convenção; (Redação dada pela Lei 10.931/2004.)

- art. 12, § 3º, Lei 4.591/1964 (Dispõe sobre o condomínio em edificações e as incorporações imobiliárias).

II - não realizar obras que comprometam a segurança da edificação;

- art. 10, III, Lei 4.591/1964 (Dispõe sobre o condomínio em edificações e as incorporações imobiliárias).

III - não alterar a forma e a cor da fachada, das partes e esquadrias externas;

- art. 10, I, II, Lei 4.591/1964 (Dispõe sobre o condomínio em edificações e as incorporações imobiliárias).

IV - dar às suas partes a mesma destinação que tem a edificação, e não as utilizar de maneira prejudicial ao sossego, salubridade e segurança dos possuidores, ou aos bons costumes.

- art. 938 deste Código.
- art. 10, III, Lei 4.591/1964 (Dispõe sobre o condomínio em edificações e as incorporações imobiliárias).

§ 1º O condômino que não pagar a sua contribuição ficará sujeito aos juros moratórios convencionados ou, não sendo previstos, os de um por cento ao mês e multa de até dois por cento sobre o débito.

- art. 2.035 deste Código.
- art. 12, § 3º, Lei 4.591/1964 (Dispõe sobre o condomínio em edificações e as incorporações imobiliárias).
- Enunciados 96; 505 das Jornadas de Direito Civil.

§ 2º O condômino que não cumprir qualquer dos deveres estabelecidos nos incisos II a IV pagará a multa prevista no ato constitutivo ou na convenção, não podendo ela ser superior a cinco vezes o valor de suas contribuições mensais, independentemente das perdas e danos que se apurarem; não havendo disposição expressa, caberá à assembleia geral, por dois terços no mínimo dos condôminos restantes, deliberar sobre a cobrança da multa.

- art. 10, § 1º, Lei 4.591/1964 (Dispõe sobre o condomínio em edificações e as incorporações imobiliárias).

Art. 1.337. O condômino, ou possuidor, que não cumpre reiteradamente com os seus deveres perante o condomínio poderá, por deliberação de três quartos dos condôminos restantes, ser constrangido a pagar multa correspondente até ao quíntuplo do valor atribuído à contribuição para as despesas condominiais, conforme a gravidade das faltas e a reiteração, independentemente das perdas e danos que se apurem.

- arts. 402 a 405 deste Código.
- Enunciados 92; 508 das Jornadas de Direito Civil.

Parágrafo único. O condômino ou possuidor que, por seu reiterado comportamento antissocial, gerar incompatibilidade de convivência com os demais condôminos ou possuidores, poderá ser constrangido a pagar multa correspondente ao décuplo do valor atribuído à contribuição para as despesas condominiais, até ulterior deliberação da assembleia.

- art. 21 Lei 4.591/1964 (Dispõe sobre o condomínio em edificações e as incorporações imobiliárias).

Art. 1.338. Resolvendo o condômino alugar área no abrigo para veículos, preferir-se-á, em condições iguais, qualquer dos condôminos a estranhos, e, entre todos, os possuidores.

- arts. 565 a 578 deste Código.
- art. 2º, §§ 1º e 2º, Lei 4.591/1964 (Dispõe sobre o condomínio em edificações e as incorporações imobiliárias).
- Súm. 449, STJ.
- Enunciado 320 das Jornadas de Direito Civil.

Art. 1.339. Os direitos de cada condômino às partes comuns são inseparáveis de sua propriedade exclusiva; são também inseparáveis das frações ideais correspondentes as unidades imobiliárias, com as suas partes acessórias.

§ 1º Nos casos deste artigo é proibido alienar ou gravar os bens em separado.

§ 2º É permitido ao condômino alienar parte acessória de sua unidade imobiliária a outro condômino, só podendo fazê-lo a terceiro se essa faculdade constar do ato constitutivo do condomínio, e se a ela não se opuser a respectiva assembleia geral.

- arts. 2º; 4º Lei 4.591/1964 (Dispõe sobre o condomínio em edificações e as incorporações imobiliárias).

Art. 1.340. As despesas relativas a partes comuns de uso exclusivo de um condômino, ou de alguns deles, incumbem a quem delas se serve.

Art. 1.341. A realização de obras no condomínio depende:

I - se voluptuárias, de voto de dois terços dos condôminos;

- art. 96, § 1º, deste Código.

II - se úteis, de voto da maioria dos condôminos.

- art. 96, § 2º, deste Código.

§ 1º As obras ou reparações necessárias podem ser realizadas, independentemente de autorização, pelo síndico, ou, em caso de omissão ou impedimento deste, por qualquer condômino.

§ 2º Se as obras ou reparos necessários forem urgentes e importarem em despesas excessivas, determinada sua realização, o síndico ou o condômino que tomou a iniciativa delas dará ciência à assembleia, que deverá ser convocada imediatamente.

§ 3º Não sendo urgentes, as obras ou reparos necessários, que importarem em despesas excessivas, somente poderão ser efetuadas após autorização da assembleia, especialmente convocada pelo síndico, ou, em caso de omissão ou impedimento deste, por qualquer dos condôminos.

§ 4º O condômino que realizar obras ou reparos necessários será reembolsado das despesas que efetuar, não tendo direito à restituição das que fizer com obras ou reparos de outra natureza, embora de interesse comum.

- art. 12, § 4º, Lei 4.591/1964 (Dispõe sobre o condomínio em edificações e as incorporações imobiliárias).

Art. 1.342. A realização de obras, em partes comuns, em acréscimo às já existentes, a fim de lhes facilitar ou aumentar a utilização, depende da aprovação de dois terços dos votos dos condôminos, não sendo permitidas construções nas partes comuns, suscetíveis de prejudicar a utilização, por qualquer dos condôminos, das partes próprias, ou comuns.

Art. 1.343. A construção de outro pavimento, ou, no solo comum, de outro edifício, destinado a conter novas unidades imobiliárias, depende da aprovação da unanimidade dos condôminos.

Art. 1.344. Ao proprietário do terraço de cobertura incumbem as despesas da sua conservação, de modo que não haja danos às unidades imobiliárias inferiores.

Art. 1.345. O adquirente de unidade responde pelos débitos do alienante, em relação ao condomínio, inclusive multas e juros moratórios.

Art. 1.346. É obrigatório o seguro de toda a edificação contra o risco de incêndio ou destruição, total ou parcial.

- art. 1.348, IX, deste Código.
- art. 13, Lei 4.591/1964 (Dispõe sobre o condomínio em edificações e as incorporações imobiliárias).

SEÇÃO II
DA ADMINISTRAÇÃO DO CONDOMÍNIO

Art. 1.347. A assembleia escolherá um síndico, que poderá não ser condômino, para administrar o condomínio, por prazo não superior a dois anos, o qual poderá renovar-se.

- arts. 22; 23, Lei 4.591/1964 (Dispõe sobre o condomínio em edificações e as incorporações imobiliárias).

Art. 1.348. Compete ao síndico:

- arts. 115 a 120 deste Código.
- arts. 22; 23 *caput*, Lei 4.591/1964 (Dispõe sobre o condomínio em edificações e as incorporações imobiliárias).

I - convocar a assembleia dos condôminos;

‣ arts. 24 a 27, Lei 4.591/1964 (Dispõe sobre o condomínio em edificações e as incorporações imobiliárias).

II - representar, ativa e passivamente, o condomínio, praticando, em juízo ou fora dele, os atos necessários à defesa dos interesses comuns;

‣ art. 75, XI, NCPC.

‣ arts. 22, § 1º, Lei 4.591/1964 (Dispõe sobre o condomínio em edificações e as incorporações imobiliárias).

III - dar imediato conhecimento à assembleia da existência de procedimento judicial ou administrativo, de interesse do condomínio;

IV - cumprir e fazer cumprir a convenção, o regimento interno e as determinações da assembleia;

V - diligenciar a conservação e a guarda das partes comuns e zelar pela prestação dos serviços que interessem aos possuidores;

VI - elaborar o orçamento da receita e da despesa relativa a cada ano;

VII - cobrar dos condôminos as suas contribuições, bem como impor e cobrar as multas devidas;

VIII - prestar contas à assembleia, anualmente e quando exigidas;

IX - realizar o seguro da edificação.

§ 1º Poderá a assembleia investir outra pessoa, em lugar do síndico, em poderes de representação.

§ 2º O síndico pode transferir a outrem, total ou parcialmente, os poderes de representação ou as funções administrativas, mediante aprovação da assembleia, salvo disposição em contrário da convenção.

Art. 1.349. A assembleia, especialmente convocada para o fim estabelecido no § 2º do artigo antecedente, poderá, pelo voto da maioria absoluta de seus membros, destituir o síndico que praticar irregularidades, não prestar contas, ou não administrar convenientemente o condomínio.

Art. 1.350. Convocará o síndico, anualmente, reunião da assembleia dos condôminos, na forma prevista na convenção, a fim de aprovar o orçamento das despesas, as contribuições dos condôminos e a prestação de contas, e eventualmente eleger-lhe o substituto e alterar o regimento interno.

‣ art. 24, Lei 4.591/1964 (Dispõe sobre o condomínio em edificações e as incorporações imobiliárias).

§ 1º Se o síndico não convocar a assembleia, um quarto dos condôminos poderá fazê-lo.

§ 2º Se a assembleia não se reunir, o juiz decidirá, a requerimento de qualquer condômino.

‣ art. 27, Lei 4.591/1964 (Dispõe sobre o condomínio em edificações e as incorporações imobiliárias).

Art. 1.351. Depende da aprovação de 2/3 (dois terços) dos votos dos condôminos a alteração da convenção; a mudança da destinação do edifício, ou da unidade imobiliária, depende da aprovação pela unanimidade dos condôminos. (Redação dada pela Lei 10.931/2004.)

‣ art. 1.333; 1.334 deste Código.

Art. 1.352. Salvo quando exigido *quorum* especial, as deliberações da assembleia serão tomadas, em primeira convocação, por maioria de votos dos condôminos presentes que representem pelo menos metade das frações ideais.

Parágrafo único. Os votos serão proporcionais às frações ideais no solo e nas outras partes comuns pertencentes a cada condômino, salvo disposição diversa da convenção de constituição do condomínio.

Art. 1.353. Em segunda convocação, a assembleia poderá deliberar por maioria dos votos dos presentes, salvo quando exigido *quorum* especial.

Art. 1.354. A assembleia não poderá deliberar se todos os condôminos não forem convocados para a reunião.

Art. 1.355. Assembleias extraordinárias poderão ser convocadas pelo síndico ou por um quarto dos condôminos.

‣ art. 25, *caput*, Lei 4.591/1964 (Dispõe sobre o condomínio em edificações e as incorporações imobiliárias).

Art. 1.356. Poderá haver no condomínio um conselho fiscal, composto de três membros, eleitos pela assembleia, por prazo não superior a dois anos, ao qual compete dar parecer sobre as contas do síndico.

‣ art. 23, Lei 4.591/1964 (Dispõe sobre o condomínio em edificações e as incorporações imobiliárias).

SEÇÃO III
DA EXTINÇÃO DO CONDOMÍNIO

Art. 1.357. Se a edificação for total ou consideravelmente destruída, ou ameace ruína, os condôminos deliberarão em assembleia sobre a reconstrução, ou venda, por votos que representem metade mais uma das frações ideais.

§ 1º Deliberada a reconstrução, poderá o condômino eximir-se do pagamento das despesas respectivas, alienando os seus direitos a outros condôminos, mediante avaliação judicial.

§ 2º Realizada a venda, em que se preferirá, em condições iguais de oferta, o condômino ao estranho, será repartido o apurado entre os condôminos, proporcionalmente ao valor das suas unidades imobiliárias.

‣ art. 14 Lei 4.591/1964 (Dispõe sobre o condomínio em edificações e as incorporações imobiliárias).

Art. 1.358. Se ocorrer desapropriação, a indenização será repartida na proporção a que se refere o § 2º do artigo antecedente.

‣ art. 1.275, V, deste Código.

‣ Enunciado 625 das Jornadas de Direito Civil.

SEÇÃO IV
DO CONDOMÍNIO DE LOTES

‣ (Acrescentado pela Lei 13.465/2017)

Art. 1.358-A. Pode haver, em terrenos, partes designadas de lotes que são propriedade exclusiva e partes que são propriedade comum dos condôminos. (Acrescentado pela Lei 13.465/2017)

§ 1º A fração ideal de cada condômino poderá ser proporcional à área do solo de cada unidade autônoma, ao respectivo potencial construtivo ou a outros critérios indicados no ato de instituição. (Acrescentado pela Lei 13.465/2017)

§ 2º Aplica-se, no que couber, ao condomínio de lotes o disposto sobre condomínio edilício neste Capítulo, respeitada a legislação urbanística. (Acrescentado pela Lei 13.465/2017)

§ 3º Para fins de incorporação imobiliária, a implantação de toda a infraestrutura ficará a cargo do empreendedor. (Acrescentado pela Lei 13.465/2017)

CAPÍTULO VII-A
DO CONDOMÍNIO EM MULTIPROPRIEDADE

‣ Incluído pela Lei 13.777/2018.

SEÇÃO I
DISPOSIÇÕES GERAIS

‣ Incluída pela Lei 13.777/2018.

Art. 1.358-B. A multipropriedade reger-se-á pelo disposto neste Capítulo e, de forma supletiva e subsidiária, pelas demais disposições deste Código e pelas disposições das Leis nºs 4.591, de 16 de dezembro de 1964, e 8.078, de 11 de setembro de 1990 (Código de Defesa do Consumidor). *(Incluído pela Lei 13.777/2018)*

Art. 1.358-C. Multipropriedade é o regime de condomínio em que cada um dos proprietários de um mesmo imóvel é titular de uma fração de tempo, à qual corresponde a faculdade de uso e gozo, com exclusividade, da totalidade do imóvel, a ser exercida pelos proprietários de forma alternada. *(Incluído pela Lei 13.777/2018)*

Parágrafo único. A multipropriedade não se extinguirá automaticamente se todas as frações de tempo forem do mesmo multiproprietário.

Art. 1.358-D. O imóvel objeto da multipropriedade: *(Incluído pela Lei 13.777/2018)*

I - é indivisível, não se sujeitando a ação de divisão ou de extinção de condomínio;

II - inclui as instalações, os equipamentos e o mobiliário destinados a seu uso e gozo.

Art. 1.358-E. Cada fração de tempo é indivisível. *(Incluído pela Lei 13.777/2018)*

§ 1º O período correspondente a cada fração de tempo será de, no mínimo, 7 (sete) dias, seguidos ou intercalados, e poderá ser:

I - fixo e determinado, no mesmo período de cada ano;

II - flutuante, caso em que a determinação do período será realizada de forma periódica, mediante procedimento objetivo que respeite, em relação a todos os multiproprietários, o princípio da isonomia, devendo ser previamente divulgado; ou

III - misto, combinando os sistemas fixo e flutuante.

§ 2º Todos os multiproprietários terão direito a uma mesma quantidade mínima de dias seguidos durante o ano, podendo haver a aquisição de frações maiores que a mínima, com o correspondente direito ao uso por períodos também maiores.

SEÇÃO II
DA INSTITUIÇÃO DA MULTIPROPRIEDADE

‣ Incluída pela Lei 13.777/2018.

Art. 1.358-F. Institui-se a multipropriedade por ato entre vivos ou testamento, registrado no competente cartório de registro de imóveis, devendo constar daquele ato a duração dos períodos correspondentes a cada fração de tempo. *(Incluído pela Lei 13.777/2018)*

Art. 1.358-G. Além das cláusulas que os multiproprietários decidirem estipular, a convenção de condomínio em multipropriedade determinará: *(Incluído pela Lei 13.777/2018)*

I - os poderes e deveres dos multiproprietários, especialmente em matéria de instalações, equipamentos e mobiliário do imóvel, de manutenção ordinária e extraordinária, de conservação e limpeza e de pagamento da contribuição condominial;

II - o número máximo de pessoas que podem ocupar simultaneamente o imóvel no período correspondente a cada fração de tempo;

III - as regras de acesso do administrador condominial ao imóvel para cumprimento do dever de manutenção, conservação e limpeza;

IV - a criação de fundo de reserva para reposição e manutenção dos equipamentos, instalações e mobiliário;

V - o regime aplicável em caso de perda ou destruição parcial ou total do imóvel, inclusive para efeitos de participação no risco ou no valor do seguro, da indenização ou da parte restante;

VI - as multas aplicáveis ao multiproprietário nas hipóteses de descumprimento de deveres.

Art. 1.358-H. O instrumento de instituição da multipropriedade ou a convenção de condomínio em multipropriedade poderá estabelecer o limite máximo de frações de tempo no mesmo imóvel que poderão ser detidas pela mesma pessoa natural ou jurídica. *(Incluído pela Lei 13.777/2018)*

Parágrafo único. Em caso de instituição da multipropriedade para posterior venda das frações de tempo a terceiros, o atendimento a eventual limite de frações de tempo por titular estabelecido no instrumento de instituição será obrigatório somente após a venda das frações.

SEÇÃO III
DOS DIREITOS E DAS OBRIGAÇÕES DO MULTIPROPRIETÁRIO

‣ Incluída pela Lei 13.777/2018.

Art. 1.358-I. São direitos do multiproprietário, além daqueles previstos no instrumento de instituição e na convenção de condomínio em multipropriedade: *(Incluído pela Lei 13.777/2018)*

I - usar e gozar, durante o período correspondente à sua fração de tempo, do imóvel e de suas instalações, equipamentos e mobiliário;

II - ceder a fração de tempo em locação ou comodato;

III - alienar a fração de tempo, por ato entre vivos ou por causa de morte, a título oneroso ou gratuito, ou onerá-la, devendo a alienação e a qualificação do sucessor, ou a oneração, ser informadas ao administrador;

IV - participar e votar, pessoalmente ou por intermédio de representante ou procurador, desde que esteja quite com as obrigações condominiais, em:

a) assembleia geral do condomínio em multipropriedade, e o voto do multiproprietário corresponderá à quota de sua fração de tempo no imóvel;

b) assembleia geral do condomínio edilício, quando for o caso, e o voto do multiproprietário corresponderá à quota de sua fração de tempo em relação à quota de poder político atribuído à unidade autônoma na respectiva convenção de condomínio edilício.

Art. 1.358-J. São obrigações do multiproprietário, além daquelas previstas no instrumento de instituição e na convenção de condomínio em multipropriedade: *(Incluído pela Lei 13.777/2018)*

I - pagar a contribuição condominial do condomínio em multipropriedade e, quando for o caso, do condomínio edilício, ainda que renuncie ao uso e gozo, total ou parcial, do imóvel, das áreas comuns ou das respectivas instalações, equipamentos e mobiliário;

II - responder por danos causados ao imóvel, às instalações, aos equipamentos e ao mobiliário por si, por qualquer de seus acompanhantes, convidados ou prepostos ou por pessoas por ele autorizadas;

III - comunicar imediatamente ao administrador os defeitos, avarias e vícios no imóvel dos quais tiver ciência durante a utilização;

IV - não modificar, alterar ou substituir o mobiliário, os equipamentos e as instalações do imóvel;

V - manter o imóvel em estado de conservação e limpeza condizente com os fins a que se destina e com a natureza da respectiva construção;

VI - usar o imóvel, bem como suas instalações, equipamentos e mobiliário, conforme seu destino e natureza;

VII - usar o imóvel exclusivamente durante o período correspondente à sua fração de tempo;

VIII - desocupar o imóvel, impreterivelmente, até o dia e hora fixados no instrumento de instituição ou na convenção de condomínio em multipropriedade, sob pena de multa diária, conforme convencionado no instrumento pertinente;

IX - permitir a realização de obras ou reparos urgentes.

§ 1º Conforme previsão que deverá constar da respectiva convenção de condomínio em multipropriedade, o multiproprietário estará sujeito a:

I - multa, no caso de descumprimento de qualquer de seus deveres;

II - multa progressiva e perda temporária do direito de utilização do imóvel no período correspondente à sua fração de tempo, no caso de descumprimento reiterado de deveres.

§ 2º A responsabilidade pelas despesas referentes a reparos no imóvel, bem como suas instalações, equipamentos e mobiliário, será:

I - de todos os multiproprietários, quando decorrentes do uso normal e do desgaste natural do imóvel;

II - exclusivamente do multiproprietário responsável pelo uso anormal, sem prejuízo de multa, quando decorrentes de uso anormal do imóvel.

§ 3º (Vetado).

§ 4º (Vetado).

§ 5º (Vetado).

Art. 1.358-K. Para os efeitos do disposto nesta Seção, são equiparados aos multiproprietários os promitentes compradores e os cessionários de direitos relativos a cada fração de tempo. *(Incluído pela Lei 13.777/2018)*

SEÇÃO IV
DA TRANSFERÊNCIA DA MULTIPROPRIEDADE

‣ Incluída pela Lei 13.777/2018.

Art. 1.358-L. A transferência do direito de multipropriedade e a sua produção de efeitos perante terceiros dar-se-ão na forma da lei civil e não dependerão da anuência ou cientificação dos demais multiproprietários. *(Incluído pela Lei 13.777/2018)*

§ 1º Não haverá direito de preferência na alienação de fração de tempo, salvo se estabelecido no instrumento de instituição ou na convenção do condomínio em multipropriedade em favor dos demais multiproprietários ou do instituidor do condomínio em multipropriedade.

§ 2º O adquirente será solidariamente responsável com o alienante pelas obrigações de que trata o § 5º do art. 1.358-J deste Código caso não obtenha a declaração de inexistência de débitos referente à fração de tempo no momento de sua aquisição.

SEÇÃO V
DA ADMINISTRAÇÃO DA MULTIPROPRIEDADE

‣ Incluída pela Lei 13.777/2018.

Art. 1.358-M. A administração do imóvel e de suas instalações, equipamentos e mobiliário será de responsabilidade da pessoa indicada no instrumento de instituição ou na convenção de condomínio em multipropriedade, ou, na falta de indicação, de pessoa escolhida em assembleia geral dos condôminos. *(Incluído pela Lei 13.777/2018)*

§ 1º O administrador exercerá, além daquelas previstas no instrumento de instituição e na convenção de condomínio em multipropriedade, as seguintes atribuições:

I - coordenação da utilização do imóvel pelos multiproprietários durante o período correspondente a suas respectivas frações de tempo;

II - determinação, no caso dos sistemas flutuante ou misto, dos períodos concretos de uso e gozo exclusivos de cada multiproprietário em cada ano;

III - manutenção, conservação e limpeza do imóvel;

IV - troca ou substituição de instalações, equipamentos ou mobiliário, inclusive:

a) determinar a necessidade da troca ou substituição;

b) providenciar os orçamentos necessários para a troca ou substituição;

c) submeter os orçamentos à aprovação pela maioria simples dos condôminos em assembleia;

V - elaboração do orçamento anual, com previsão das receitas e despesas;

VI - cobrança das quotas de custeio de responsabilidade dos multiproprietários;

VII - pagamento, por conta do condomínio edilício ou voluntário, com os fundos comuns arrecadados, de todas as despesas comuns.

§ 2º A convenção de condomínio em multipropriedade poderá regrar de forma diversa a atribuição prevista no inciso IV do § 1º deste artigo.

Art. 1.358-N. O instrumento de instituição poderá prever fração de tempo destinada à realização, no imóvel e em suas instalações, em seus equipamentos e em seu mobiliário, de reparos indispensáveis ao exercício normal do direito de multipropriedade. *(Incluído pela Lei 13.777/2018)*

§ 1º A fração de tempo de que trata o *caput* deste artigo poderá ser atribuída:

I - ao instituidor da multipropriedade; ou

II - aos multiproprietários, proporcionalmente às respectivas frações.

§ 2º Em caso de emergência, os reparos de que trata o *caput* deste artigo poderão ser feitos durante o período correspondente à fração de tempo de um dos multiproprietários.

SEÇÃO VI
DISPOSIÇÕES ESPECÍFICAS RELATIVAS ÀS UNIDADES AUTÔNOMAS DE CONDOMÍNIOS EDILÍCIOS

› Incluída pela Lei 13.777/2018.

Art. 1.358-O. O condomínio edilício poderá adotar o regime de multipropriedade em parte ou na totalidade de suas unidades autônomas, mediante: *(Incluído pela Lei 13.777/2018)*

I - previsão no instrumento de instituição; ou

II - deliberação da maioria absoluta dos condôminos.

Parágrafo único. No caso previsto no inciso I do *caput* deste artigo, a iniciativa e a responsabilidade para a instituição do regime da multipropriedade serão atribuídas às mesmas pessoas e observarão os mesmos requisitos indicados nas alíneas *a*, *b* e *c* e no § 1º do art. 31 da Lei nº 4.591, de 16 de dezembro de 1964.

Art. 1.358-P. Na hipótese do art. 1.358-O, a convenção de condomínio edilício deve prever, além das matérias elencadas nos arts. 1.332, 1.334 e, se for o caso, 1.358-G deste Código: *(Incluído pela Lei 13.777/2018)*

I - a identificação das unidades sujeitas ao regime da multipropriedade, no caso de empreendimentos mistos;

II - a indicação da duração das frações de tempo de cada unidade autônoma sujeita ao regime da multipropriedade;

III - a forma de rateio, entre os multiproprietários de uma mesma unidade autônoma, das contribuições condominiais relativas à unidade, que, salvo se disciplinada de forma diversa no instrumento de instituição ou na convenção de condomínio em multipropriedade, será proporcional à fração de tempo de cada multiproprietário;

IV - a especificação das despesas ordinárias, cujo custeio será obrigatório, independentemente do uso e gozo do imóvel e das áreas comuns;

V - os órgãos de administração da multipropriedade;

VI - a indicação, se for o caso, de que o empreendimento conta com sistema de administração de intercâmbio, na forma prevista no § 2º do art. 23 da Lei nº 11.771, de 17 de setembro de 2008, seja do período de fruição da fração de tempo, seja do local de fruição, caso em que a responsabilidade e as obrigações da companhia de intercâmbio limitam-se ao contido na documentação de sua contratação;

VII - a competência para a imposição de sanções e o respectivo procedimento, especialmente nos casos de mora no cumprimento das obrigações de custeio e nos casos de descumprimento da obrigação de desocupar o imóvel até o dia e hora previstos;

VIII - o quórum exigido para a deliberação de adjudicação da fração de tempo na hipótese de inadimplemento do respectivo multiproprietário;

IX - o quórum exigido para a deliberação de alienação, pelo condomínio edilício, da fração de tempo adjudicada em virtude do inadimplemento do respectivo multiproprietário.

Art. 1.358-Q. Na hipótese do art. 1.358-O deste Código, o regimento interno do condomínio edilício deve prever: *(Incluído pela Lei 13.777/2018)*

I - os direitos dos multiproprietários sobre as partes comuns do condomínio edilício;

II - os direitos e obrigações do administrador, inclusive quanto ao acesso ao imóvel para cumprimento do dever de manutenção, conservação e limpeza;

III - as condições e regras para uso das áreas comuns;

IV - os procedimentos a serem observados para uso e gozo dos imóveis e das instalações, equipamentos e mobiliário destinados ao regime da multipropriedade;

V - o número máximo de pessoas que podem ocupar simultaneamente o imóvel no período correspondente a cada fração de tempo;

VI - as regras de convivência entre os multiproprietários e os ocupantes de unidades autônomas não sujeitas ao regime da multipropriedade, quando se tratar de empreendimentos mistos;

VII - a forma de contribuição, destinação e gestão do fundo de reserva específico para cada imóvel, para reposição e manutenção dos equipamentos, instalações e mobiliário, sem prejuízo do fundo de reserva do condomínio edilício;

VIII - a possibilidade de realização de assembleias não presenciais, inclusive por meio eletrônico;

IX - os mecanismos de participação e representação dos titulares;

X - o funcionamento do sistema de reserva, os meios de confirmação e os requisitos a serem cumpridos pelo multiproprietário quando não exercer diretamente sua faculdade de uso;

XI - a descrição dos serviços adicionais, se existentes, e as regras para seu uso e custeio.

Parágrafo único. O regimento interno poderá ser instituído por escritura pública ou por instrumento particular.

Art. 1.358-R. O condomínio edilício em que tenha sido instituído o regime de multipropriedade em parte ou na totalidade de suas unidades autônomas terá necessariamente um administrador profissional. *(Incluído pela Lei 13.777/2018)*

§ 1º O prazo de duração do contrato de administração será livremente convencionado.

§ 2º O administrador do condomínio referido no *caput* deste artigo será também o administrador de todos os condomínios em multipropriedade de suas unidades autônomas.

§ 3º O administrador será mandatário legal de todos os multiproprietários, exclusivamente para a realização dos atos de gestão ordinária da multipropriedade, incluindo manutenção, conservação e limpeza do imóvel e de suas instalações, equipamentos e mobiliário.

§ 4º O administrador poderá modificar o regimento interno quanto aos aspectos estritamente operacionais da gestão da multipropriedade no condomínio edilício.

§ 5º O administrador pode ser ou não um prestador de serviços de hospedagem.

Art. 1.358-S. Na hipótese de inadimplemento, por parte do multiproprietário, da obrigação de custeio das despesas ordinárias ou extraordinárias, é cabível, na forma da lei processual civil, a adjudicação ao condomínio edilício da fração de tempo correspondente. *(Incluído pela Lei 13.777/2018)*

Parágrafo único. Na hipótese de o imóvel objeto da multipropriedade ser parte integrante de empreendimento em que haja sistema de locação das frações de tempo no qual os titulares possam ou sejam obrigados a locar suas frações de tempo exclusivamente por meio de uma administração única, repartindo entre si as receitas das locações independentemente da efetiva ocupação de cada unidade autônoma, poderá a convenção do condomínio edilício regrar que em caso de inadimplência:

I - o inadimplente fique proibido de utilizar o imóvel até a integral quitação da dívida;

II - a fração de tempo do inadimplente passe a integrar o *pool* da administradora;

III - a administradora do sistema de locação fique automaticamente munida de poderes e obrigada a, por conta e ordem do inadimplente, utilizar a integralidade dos valores líquidos a que o inadimplente tiver direito para amortizar suas dívidas condominiais, seja do condomínio edilício, seja do condomínio em multipropriedade, até sua integral quitação, devendo eventual saldo ser imediatamente repassado ao multiproprietário.

Art. 1.358-T. O multiproprietário somente poderá renunciar de forma translativa a seu direito de multipropriedade em favor do condomínio edilício. *(Incluído pela Lei 13.777/2018)*

Parágrafo único. A renúncia de que trata o *caput* deste artigo só é admitida se o multiproprietário estiver em dia com as contribuições condominiais, com os tributos imobiliários e, se houver, com o foro ou a taxa de ocupação.

Art. 1.358-U. As convenções dos condomínios edilícios, os memoriais de loteamentos e os instrumentos de venda dos lotes em loteamentos urbanos poderão limitar ou impedir a instituição da multipropriedade nos respectivos imóveis, vedação que somente poderá ser alterada no mínimo pela maioria absoluta dos condôminos. *(Incluído pela Lei 13.777/2018)*

CAPÍTULO VIII
DA PROPRIEDADE RESOLÚVEL

Art. 1.359. Resolvida a propriedade pelo implemento da condição ou pelo advento do termo, entendem-se também resolvidos os direitos reais concedidos na sua pendência, e o proprietário, em cujo favor se opera a resolução, pode reivindicar a coisa do poder de quem a possua ou detenha.

- arts. 127; 128; 507; 513; 547; 1.953 deste Código.

Art. 1.360. Se a propriedade se resolver por outra causa superveniente, o possuidor que a tiver adquirido por título anterior à sua resolução será considerado proprietário perfeito, restando à pessoa, em cujo benefício houve a resolução, ação contra aquele cuja propriedade se resolveu para haver a própria coisa ou o seu valor.

CAPÍTULO IX
DA PROPRIEDADE FIDUCIÁRIA

- art. 2.043 deste Código.
- Dec.-Lei 911/1969 (Altera a redação do art. 66, Lei 4.728/1965 e estabelece normas de processo sobre alienação fiduciária).
- Enunciado 506 das Jornadas de Direito Civil.

Art. 1.361. Considera-se fiduciária a propriedade resolúvel de coisa móvel infungível que o devedor, com escopo de garantia, transfere ao credor.

- arts. 22 a 33, Lei 9.514/1997 (Dispõe sobre o sistema de financiamento imobiliário e institui a alienação fiduciária de coisa imóvel).

§ 1º Constitui-se a propriedade fiduciária com o registro do contrato, celebrado por instrumento público ou particular, que lhe serve de título, no Registro de Títulos e Documentos do domicílio do devedor, ou, em se tratando de veículos, na repartição competente para o licenciamento, fazendo-se a anotação no certificado de registro.

- arts. 129-5; 130; 131, Lei 6.015/1973 (Lei de Registros Públicos).

§ 2º Com a constituição da propriedade fiduciária, dá-se o desdobramento da posse, tornando-se o devedor possuidor direto da coisa.

- art. 1.197 deste Código.

§ 3º A propriedade superveniente, adquirida pelo devedor, torna eficaz, desde o arquivamento, a transferência da propriedade fiduciária.

- Súm. 28; 92, STJ.

Art. 1.362. O contrato, que serve de título à propriedade fiduciária, conterá:

I - o total da dívida, ou sua estimativa;

II - o prazo, ou a época do pagamento;

III - a taxa de juros, se houver;

IV - a descrição da coisa objeto da transferência, com os elementos indispensáveis à sua identificação.

Art. 1.363. Antes de vencida a dívida, o devedor, a suas expensas e risco, pode usar a coisa segundo sua destinação, sendo obrigado, como depositário:

I - a empregar na guarda da coisa a diligência exigida por sua natureza;

II - a entregá-la ao credor, se a dívida não for paga no vencimento.

Art. 1.364. Vencida a dívida, e não paga, fica o credor obrigado a vender, judicial ou extrajudicialmente, a coisa a terceiros, a aplicar o preço no pagamento de seu crédito e das despesas de cobrança, e a entregar o saldo, se houver, ao devedor.

- Súm. 72; 245 STJ.

Art. 1.365. É nula a cláusula que autoriza o proprietário fiduciário a ficar com a coisa alienada em garantia, se a dívida não for paga no vencimento.

Parágrafo único. O devedor pode, com a anuência do credor, dar seu direito eventual à coisa em pagamento da dívida, após o vencimento desta.

- arts. 1.428 deste Código.

Art. 1.366. Quando, vendida a coisa, o produto não bastar para o pagamento da dívida e das despesas de cobrança, continuará o devedor obrigado pelo restante.

Art. 1.367. A propriedade fiduciária em garantia de bens móveis ou imóveis sujeita-se às disposições do Capítulo I do Título X do Livro III da Parte Especial deste Código e, no que for específico, à legislação especial pertinente, não se equiparando, para quaisquer efeitos, à propriedade plena de que trata o art. 1.231. (Alterado pela Lei 13.043/2014.)

Art. 1.368. O terceiro, interessado ou não, que pagar a dívida, se sub-rogará de pleno direito no crédito e na propriedade fiduciária.

- arts. 346 a 351 deste Código.

Art. 1.368-A. As demais espécies de propriedade fiduciária ou de titularidade fiduciária submetem-se à disciplina específica das respectivas leis especiais, somente se aplicando as disposições deste Código naquilo que não for incompatível com a legislação especial. (Incluído pela Lei 10.931/2004.)

Art. 1.368-B. A alienação fiduciária em garantia de bem móvel ou imóvel confere direito real de aquisição ao fiduciante, seu cessionário ou sucessor. (Acrescentado pela Lei 13.043/2014.)

Parágrafo único. O credor fiduciário que se tornar proprietário pleno do bem, por efeito de realização da garantia, mediante consolidação da propriedade, adjudicação, dação ou outra forma pela qual lhe tenha sido transmitida a propriedade plena, passa a responder pelo pagamento dos tributos sobre a propriedade e a posse, taxas, despesas condominiais e quaisquer outros encargos, tributários ou não, incidentes sobre o bem objeto da garantia, a partir da data em que vier a ser imitido na posse direta do bem. (Acrescentado pela Lei 13.043/2014.)

CAPÍTULO X
DO FUNDO DE INVESTIMENTO
(INCLUÍDO PELA LEI 13.874/2019)

Art. 1.368-C. O fundo de investimento é uma comunhão de recursos, constituído sob a forma de condomínio de natureza especial, destinado à aplicação em ativos financeiros, bens e direitos de qualquer natureza. (Redação dada pela Lei 13.874/2019)

§ 1º Não se aplicam ao fundo de investimento as disposições constantes dos arts. 1.314 ao 1.358-A deste Código. (Acrescido pela Lei 13.874/2019)

§ 2º Competirá à Comissão de Valores Mobiliários disciplinar o disposto no *caput* deste artigo. (Acrescido pela Lei 13.874/2019)

§ 3º O registro dos regulamentos dos fundos de investimentos na Comissão de Valores Mobiliários é condição suficiente para garantir a sua publicidade e a oponibilidade de efeitos em relação a terceiros. (Acrescido pela Lei 13.874/2019)

Art. 1.368-D. O regulamento do fundo de investimento poderá, observado o disposto na regulamentação a que se refere o § 2º do art. 1.368-C desta Lei, estabelecer: (Acrescido pela Lei 13.874/2019)

I - a limitação da responsabilidade de cada investidor ao valor de suas cotas; (Acrescido pela Lei 13.874/2019)

II - a limitação da responsabilidade, bem como parâmetros de sua aferição, dos prestadores de serviços do fundo de investimento, perante o condomínio e entre si, ao cumprimento dos deveres particulares de cada um, sem solidariedade; e (Redação dada pela Lei 13.874/2019)

III - classes de cotas com direitos e obrigações distintos, com possibilidade de constituir patrimônio segregado para cada classe. (Acrescido pela Lei 13.874/2019)

§ 1º A adoção da responsabilidade limitada por fundo de investimento constituído sem a limitação de responsabilidade somente abrangerá fatos ocorridos após a respectiva mudança em seu regulamento. (Acrescido pela Lei 13.874/2019)

§ 2º A avaliação de responsabilidade dos prestadores de serviço deverá levar sempre em consideração os riscos inerentes às aplicações nos mercados de atuação do fundo de investimento e a natureza de obrigação de meio de seus serviços. (Acrescido pela Lei 13.874/2019)

§ 3º O patrimônio segregado referido no inciso III do *caput* deste artigo só responderá por obrigações vinculadas à classe respectiva, nos termos do regulamento. (Acrescido pela Lei 13.874/2019)

Art. 1.368-E. Os fundos de investimento respondem diretamente pelas obrigações legais e contratuais por eles assumidas, e os prestadores de serviço não respondem por essas obrigações, mas respondem pelos prejuízos que causarem quando procederem com dolo ou má-fé. (Acrescido pela Lei 13.874/2019)

§ 1º Se o fundo de investimento com limitação de responsabilidade não possuir patrimônio suficiente para responder por suas dívidas, aplicam-se as regras de insolvência previstas nos arts. 955 a 965 deste Código.

§ 2º A insolvência pode ser requerida judicialmente por credores, por deliberação própria dos cotistas do fundo de investimento, nos termos de seu regulamento, ou pela Comissão de Valores Mobiliários.

Art. 1.368-F. O fundo de investimento constituído por lei específica e regulamentado pela Comissão de Valores Mobiliários deverá, no que couber, seguir as disposições deste Capítulo. (Acrescido pela Lei 13.874/2019)

TÍTULO IV
DA SUPERFÍCIE

- arts. 21 a 24 Lei 10.257/2001 (Estatuto da Cidade).

Art. 1.369. O proprietário pode conceder a outrem o direito de construir ou de plantar em seu terreno, por tempo determinado, mediante escritura pública devidamente registrada no Cartório de Registro de Imóveis.

- arts. 21, Lei 10.257/2001 (Estatuto da Cidade).
- art. 167, I-39, Lei 6.015/1973 (Lei de Registros Públicos).
- Enunciados 93; 249; 250; 321; 568 das Jornadas de Direito Civil.

Parágrafo único. O direito de superfície não autoriza obra no subsolo, salvo se for inerente ao objeto da concessão.

- arts. 21, § 1º, Lei 10.257/2001 (Estatuto da Cidade).

Art. 1.370. A concessão da superfície será gratuita ou onerosa; se onerosa, estipularão as partes se o pagamento será feito de uma só vez, ou parceladamente.

- art. 21, § 2º, Lei 10.257/2001 (Estatuto da Cidade).

Art. 1.371. O superficiário responderá pelos encargos e tributos que incidirem sobre o imóvel.

- art. 21, § 3º, Lei 10.257/2001 (Estatuto da Cidade).
- Enunciado 94 das Jornadas de Direito Civil.

Art. 1.372. O direito de superfície pode transferir-se a terceiros e, por morte do superficiário, aos seus herdeiros.

- art. 21, §§ 4º e 5º, Lei 10.257/2001 (Estatuto da Cidade).

Parágrafo único. Não poderá ser estipulado pelo concedente, a nenhum título, qualquer pagamento pela transferência.

Art. 1.373. Em caso de alienação do imóvel ou do direito de superfície, o superficiário ou o proprietário tem direito de preferência, em igualdade de condições.

- art. 22, Lei 10.257/2001 (Estatuto da Cidade).
- Enunciado 510 das Jornadas de Direito Civil.

Art. 1.374. Antes do termo final, resolver-se-á a concessão se o superficiário der ao terreno destinação diversa daquela para que foi concedida.

- art. 24, § 1º, Lei 10.257/2001 (Estatuto da Cidade).

Art. 1.375. Extinta a concessão, o proprietário passará a ter a propriedade plena sobre o terreno, construção ou plantação, independentemente de indenização, se as partes não houverem estipulado o contrário.

- art. 24, Lei 10.257/2001 (Estatuto da Cidade).

Art. 1.376. No caso de extinção do direito de superfície em consequência de desapropriação, a indenização cabe ao proprietário e ao superficiário, no valor correspondente ao direito real de cada um.

- art. 1.275, V, deste Código.
- Enunciado 322 das Jornadas de Direito Civil.

Art. 1.377. O direito de superfície, constituído por pessoa jurídica de direito público interno, rege-se por este Código, no que não for diversamente disciplinado em lei especial.

TÍTULO V
DAS SERVIDÕES

- art. 47, NCPC.
- Dec.-Lei 58/1937 Dispõe sobre o loteamento e a venda de terrenos para pagamento em prestações).
- arts. 256; 257, Lei 6.015/1973 (Lei de Registros Públicos).
- Lei 10.257/2001 (Estatuto da Cidade).
- Súm. 120; 415, STF.
- Súm. 56, STJ.

CAPÍTULO I
DA CONSTITUIÇÃO DAS SERVIDÕES

Art. 1.378. A servidão proporciona utilidade para o prédio dominante, e grava o prédio serviente, que pertence a diverso dono, e constitui-se mediante declaração expressa dos proprietários, ou por testamento, e subsequente registro no Cartório de Registro de Imóveis.

- art. 1.227 deste Código.
- art. 167, I, I-6, Lei 6.015/1973 (Lei de Registros Públicos).

Art. 1.379. O exercício incontestado e contínuo de uma servidão aparente, por dez anos, nos termos do art. 1.242, autoriza o interessado a registrá-la em seu nome no Registro de Imóveis, valendo-lhe como título a sentença que julgar consumado a usucapião.

- Enunciado 251 das Jornadas de Direito Civil.

Parágrafo único. Se o possuidor não tiver título, o prazo da usucapião será de vinte anos.

- art. 1.238 deste Código.
- Súm. 415, STF.

CAPÍTULO II
DO EXERCÍCIO DAS SERVIDÕES

Art. 1.380. O dono de uma servidão pode fazer todas as obras necessárias à sua conservação e uso, e, se a servidão pertencer a mais de um prédio, serão as despesas rateadas entre os respectivos donos.

Art. 1.381. As obras a que se refere o artigo antecedente devem ser feitas pelo dono do prédio dominante, se o contrário não dispuser expressamente o título.

Art. 1.382. Quando a obrigação incumbir ao dono do prédio serviente, este poderá exonerar-se, abandonando, total ou parcialmente, a propriedade ao dono do dominante.

Parágrafo único. Se o proprietário do prédio dominante se recusar a receber a propriedade do serviente, ou parte dela, caber-lhe-á custear as obras.

Art. 1.383. O dono do prédio serviente não poderá embaraçar de modo algum o exercício legítimo da servidão.

- art. 1.210 deste Código.

Art. 1.384. A servidão pode ser removida, de um local para outro, pelo dono do prédio serviente e à sua custa, se em nada diminuir as vantagens do prédio dominante, ou pelo dono deste e à sua custa, se houver considerável incremento da utilidade e não prejudicar o prédio serviente.

Art. 1.385. Restringir-se-á o exercício da servidão às necessidades do prédio dominante, evitando-se, quanto possível, agravar o encargo ao prédio serviente.

§ 1º Constituída para certo fim, a servidão não se pode ampliar a outro.

§ 2º Nas servidões de trânsito, a de maior inclui a de menor ônus, e a menor exclui a mais onerosa.

§ 3º Se as necessidades da cultura, ou da indústria, do prédio dominante impuserem à servidão maior largueza, o dono do serviente é obrigado a sofrê-la; mas tem direito a ser indenizado pelo excesso.

Art. 1.386. As servidões prediais são indivisíveis, e subsistem, no caso de divisão dos imóveis, em benefício de cada uma das porções do prédio dominante, e continuam a gravar cada uma das do prédio serviente, salvo se, por natureza, ou destino, só se aplicarem a certa parte de um ou de outro.

CAPÍTULO III
DA EXTINÇÃO DAS SERVIDÕES

Art. 1.387. Salvo nas desapropriações, a servidão, uma vez registrada, só se extingue, com respeito a terceiros, quando cancelada.

› arts. 256; 257, Lei 6.015/1973 (Lei de Registros Públicos).

Parágrafo único. Se o prédio dominante estiver hipotecado, e a servidão se mencionar no título hipotecário, será também preciso, para a cancelar, o consentimento do credor.

› arts. 1.473 a 1.505 deste Código.

Art. 1.388. O dono do prédio serviente tem direito, pelos meios judiciais, ao cancelamento do registro, embora o dono do prédio dominante lho impugne:

I - quando o titular houver renunciado a sua servidão;

II - quando tiver cessado, para o prédio dominante, a utilidade ou a comodidade, que determinou a constituição da servidão;

III - quando o dono do prédio serviente resgatar a servidão.

Art. 1.389. Também se extingue a servidão, ficando ao dono do prédio serviente a faculdade de fazê-la cancelar, mediante a prova da extinção:

I - pela reunião dos dois prédios no domínio da mesma pessoa;

II - pela supressão das respectivas obras por efeito de contrato, ou de outro título expresso;

III - pelo não uso, durante dez anos contínuos.

TÍTULO VI
DO USUFRUTO

› arts. 1.225, IV; 1.413; 1.689 a 1.693; 1.816; 1.921; 1.946 deste Código.

CAPÍTULO I
DISPOSIÇÕES GERAIS

Art. 1.390. O usufruto pode recair em um ou mais bens, móveis ou imóveis, em um patrimônio inteiro, ou parte deste, abrangendo-lhe, no todo ou em parte, os frutos e utilidades.

› art. 231, § 2º, CF.

› arts. 1.225, IV; 1.413; 1.416; 1.652, I; 1.169, I; 1.693; 1.816, p.u.; 1.921; 1.946; 1.952 deste Código.

Art. 1.391. O usufruto de imóveis, quando não resulte de usucapião, constituir-se-á mediante registro no Cartório de Registro de Imóveis.

› arts. 1.227; 1.652, I; 1.689, I, deste Código.

› art. 167-I, n-7, Lei 6.015/1973 (Lei de Registros Públicos).

Art. 1.392. Salvo disposição em contrário, o usufruto estende-se aos acessórios da coisa e seus acrescidos.

› arts. 92 a 97; 1.248 deste Código.

§ 1º Se, entre os acessórios e os acrescidos, houver coisas consumíveis, terá o usufrutuário o dever de restituir, findo o usufruto, as que ainda houver e, das outras, o equivalente em gênero, qualidade e quantidade, ou, não sendo possível, o seu valor, estimado ao tempo da restituição.

› arts. 85; 86; 1.248; 1.395 deste Código.

§ 2º Se há no prédio em que recai o usufruto florestas ou os recursos minerais a que se refere o art. 1.230, devem o dono e o usufrutuário prefixar-lhe a extensão do gozo e a maneira de exploração.

§ 3º Se o usufruto recai sobre universalidade ou quota-parte de bens, o usufrutuário tem direito à parte do tesouro achado por outrem, e ao preço pago pelo vizinho do prédio usufruído, para obter meação em parede, cerca, muro, vala ou valado.

› arts. 90; 1.264 a 1.266 deste Código.

Art. 1.393. Não se pode transferir o usufruto por alienação; mas o seu exercício pode ceder-se por título gratuito ou oneroso.

CAPÍTULO II
DOS DIREITOS DO USUFRUTUÁRIO

Art. 1.394. O usufrutuário tem direito à posse, uso, administração e percepção dos frutos.

› arts. 1.196; 1.197; 1.392; 1.395 a 1.398; 1.401; 1.402 deste Código.

Art. 1.395. Quando o usufruto recai em títulos de crédito, o usufrutuário tem direito a perceber os frutos e a cobrar as respectivas dívidas.

› arts. 887 a 926 deste Código.

Parágrafo único. Cobradas as dívidas, o usufrutuário aplicará, de imediato, a importância em títulos da mesma natureza, ou em títulos da dívida pública federal, com cláusula de atualização monetária segundo índices oficiais regularmente estabelecidos.

Art. 1.396. Salvo direito adquirido por outrem, o usufrutuário faz seus os frutos naturais, pendentes ao começar o usufruto, sem encargo de pagar as despesas de produção.

› art. 1.215 deste Código.

Parágrafo único. Os frutos naturais, pendentes ao tempo em que cessa o usufruto, pertencem ao dono, também sem compensação das despesas.

Art. 1.397. As crias dos animais pertencem ao usufrutuário, deduzidas quantas bastem para inteirar as cabeças de gado existentes ao começar o usufruto.

Art. 1.398. Os frutos civis, vencidos na data inicial do usufruto, pertencem ao proprietário, e ao usufrutuário os vencidos na data em que cessa o usufruto.

› art. 1.215 deste Código.

Art. 1.399. O usufrutuário pode usufruir em pessoa, ou mediante arrendamento, o prédio, mas não mudar-lhe a destinação econômica, sem expressa autorização do proprietário.

› art. 1.393 deste Código.

CAPÍTULO III
DOS DEVERES DO USUFRUTUÁRIO

Art. 1.400. O usufrutuário, antes de assumir o usufruto, inventariará, à sua custa, os bens que receber, determinando o estado em que se acham, e dará caução, fidejussória ou real, se lha exigir o dono, de velar-lhes pela conservação, e entregá-los findo o usufruto.

Parágrafo único. Não é obrigado à caução o doador que se reservar o usufruto da coisa doada.

Art. 1.401. O usufrutuário que não quiser ou não puder dar caução suficiente perderá o direito de administrar o usufruto; e, neste caso, os bens serão administrados pelo proprietário, que ficará obrigado, mediante caução, a entregar ao usufrutuário o rendimento deles, deduzidas as despesas de administração, entre as quais se incluirá a quantia fixada pelo juiz como remuneração do administrador.

Art. 1.402. O usufrutuário não é obrigado a pagar as deteriorações resultantes do exercício regular do usufruto.

› art. 569, IV, deste Código

Art. 1.403. Incumbem ao usufrutuário:

I - as despesas ordinárias de conservação dos bens no estado em que os recebeu;

› art. 23, Lei 8.245/1991 (Lei das Locações).

II - as prestações e os tributos devidos pela posse ou rendimento da coisa usufruída.

Art. 1.404. Incumbem ao dono as reparações extraordinárias e as que não forem de custo módico; mas o usufrutuário lhe pagará os juros do capital despendido com as que forem necessárias à conservação, ou aumentarem o rendimento da coisa usufruída.

› art. 22, Lei 8.245/1991 (Lei das Locações).

§ 1º Não se consideram módicas as despesas superiores a dois terços do líquido rendimento em um ano.

§ 2º Se o dono não fizer as reparações a que está obrigado, e que são indispensáveis à conservação da coisa, o usufrutuário pode realizá-las, cobrando daquele a importância despendida.

Art. 1.405. Se o usufruto recair num patrimônio, ou parte deste, será o usufrutuário obrigado aos juros da dívida que onerar o patrimônio ou a parte dele.

› arts. 89 a 91 deste Código.

Art. 1.406. O usufrutuário é obrigado a dar ciência ao dono de qualquer lesão produzida contra a posse da coisa, ou os direitos deste.

Art. 1.407. Se a coisa estiver segurada, incumbe ao usufrutuário pagar, durante o usufruto, as contribuições do seguro.

› arts. 757 a 788 deste Código.

§ 1º Se o usufrutuário fizer o seguro, ao proprietário caberá o direito dele resultante contra o segurador.

§ 2º Em qualquer hipótese, o direito do usufrutuário fica sub-rogado no valor da indenização do seguro.

Art. 1.408. Se um edifício sujeito a usufruto for destruído sem culpa do proprietário, não será este obrigado a reconstruí-lo, nem o usufruto se restabelecerá, se o proprietário reconstruir à sua custa o prédio; mas se a indenização do seguro for aplicada à reconstrução do prédio, restabelecer-se-á o usufruto.

- art. 1.275, IV, deste Código.

Art. 1.409. Também fica sub-rogada no ônus do usufruto, em lugar do prédio, a indenização paga, se ele for desapropriado, ou a importância do dano, ressarcido pelo terceiro responsável no caso de danificação ou perda.

CAPÍTULO IV
DA EXTINÇÃO DO USUFRUTO

Art. 1.410. O usufruto extingue-se, cancelando-se o registro no Cartório de Registro de Imóveis:

- art. 725, NCPC.

I - pela renúncia ou morte do usufrutuário;

- art. 1.921 deste Código.

II - pelo termo de sua duração;

III - pela extinção da pessoa jurídica, em favor de quem o usufruto foi constituído, ou, se ela perdurar, pelo decurso de trinta anos da data em que se começou a exercer;

IV - pela cessação do motivo de que se origina;

V - pela destruição da coisa, guardadas as disposições dos arts. 1.407, 1.408, 2ª parte, e 1.409;

- art. 1.392, 1º; 1.395 deste Código.

VI - pela consolidação;

VII - por culpa do usufrutuário, quando aliena, deteriora ou deixa arruinar os bens, não lhes acudindo com os reparos de conservação, ou quando, no usufruto de títulos de crédito, não dá às importâncias recebidas a aplicação prevista no parágrafo único do art. 1.395;

VIII - pelo não uso, ou não fruição, da coisa em que o usufruto recai (arts. 1.390 e 1.399).

- Enunciado 252 das Jornadas de Direito Civil.

Art. 1.411. Constituído o usufruto em favor de duas ou mais pessoas, extinguir-se-á a parte em relação a cada uma das que falecerem, salvo se, por estipulação expressa, o quinhão desses couber ao sobrevivente.

- art. 1.946 deste Código.

TÍTULO VII
DO USO

- arts. 167, I, item 7; 220, II, Lei 6.015/1973 (Lei de Registros Públicos).

Art. 1.412. O usuário usará da coisa e perceberá os seus frutos, quanto o exigirem as necessidades suas e de sua família.

§ 1º Avaliar-se-ão as necessidades pessoais do usuário conforme a sua condição social e o lugar onde viver.

§ 2º As necessidades da família do usuário compreendem as de seu cônjuge, dos filhos solteiros e das pessoas de seu serviço doméstico.

Art. 1.413. São aplicáveis ao uso, no que não for contrário à sua natureza, as disposições relativas ao usufruto.

- arts. 1.390 a 1.411 deste Código.

TÍTULO VIII
DA HABITAÇÃO

Art. 1.414. Quando o uso consistir no direito de habitar gratuitamente casa alheia, o titular deste direito não a pode alugar, nem emprestar, mas simplesmente ocupá-la com sua família.

- art. 1.831 deste Código.
- art. 167, I, item 7, Lei 6.015/1973 (Lei de Registros Públicos).
- art. 7º, p.u., Lei 9.278/1996 (Lei da União Estável).

Art. 1.415. Se o direito real de habitação for conferido a mais de uma pessoa, qualquer delas que sozinha habite a casa não terá de pagar aluguel à outra, ou às outras, mas não as pode inibir de exercerem, querendo, o direito, que também lhes compete, de habitá-la.

- arts. 1.831 deste Código.

Art. 1.416. São aplicáveis à habitação, no que não for contrário à sua natureza, as disposições relativas ao usufruto.

- arts. 1.390 a 1.411 deste Código.

TÍTULO IX
DO DIREITO DO PROMITENTE COMPRADOR

- arts. 1.225, VII, e 1.334, § 2º, deste Código.

Art. 1.417. Mediante promessa de compra e venda, em que se não pactuou arrependimento, celebrada por instrumento público ou particular, e registrada no Cartório de Registro de Imóveis, adquire o promitente comprador direito real à aquisição do imóvel.

- arts. 417 a 420, deste Código.
- Súm. 76; 84; 239, STJ.
- Enunciado 253 das Jornadas de Direito Civil.

Art. 1.418. O promitente comprador, titular de direito real, pode exigir do promitente vendedor, ou de terceiros, a quem os direitos deste forem cedidos, a outorga da escritura definitiva de compra e venda, conforme o disposto no instrumento preliminar; e, se houver recusa, requerer ao juiz a adjudicação do imóvel.

- Súm. 239, STJ.
- Enunciado 95 das Jornadas de Direito Civil.

TÍTULO X
DO PENHOR, DA HIPOTECA E DA ANTICRESE

CAPÍTULO I
DISPOSIÇÕES GERAIS

Art. 1.419. Nas dívidas garantidas por penhor, anticrese ou hipoteca, o bem dado em garantia fica sujeito, por vínculo real, ao cumprimento da obrigação.

- art. 961, deste Código.
- art. 83, II, Lei 11.101/2005 (Lei de Recuperação de Empresas e Falências).

Art. 1.420. Só aquele que pode alienar poderá empenhar, hipotecar ou dar em anticrese; só os bens que se podem alienar poderão ser dados em penhor, anticrese ou hipoteca.

- arts. 1.314; 1.647, I; 1.691; 1.717; 1.848 deste Código.

§ 1º A propriedade superveniente torna eficaz, desde o registro, as garantias reais estabelecidas por quem não era dono.

- arts. 1.268; 1.912 deste Código.

§ 2º A coisa comum a dois ou mais proprietários não pode ser dada em garantia real, na sua totalidade, sem o consentimento de todos; mas cada um pode individualmente dar em garantia real a parte que tiver.

- arts. 87 e 1.314 deste Código.

Art. 1.421. O pagamento de uma ou mais prestações da dívida não importa exoneração correspondente da garantia, ainda que esta compreenda vários bens, salvo disposição expressa no título ou na quitação.

- art. 7º, Dec. 22.626/1933 (Lei da Usura).

Art. 1.422. O credor hipotecário e o pignoratício têm o direito de excutir a coisa hipotecada ou empenhada, e preferir, no pagamento, a outros credores, observada, quanto à hipoteca, a prioridade no registro.

- arts. 958; 959; 961; e 1.493, p.u., deste Código.
- arts. 784, V, 835, § 3º, NCPC.
- art. 83, Lei 11.101/2005 (Lei de Recuperação de Empresas e Falências).

Parágrafo único. Excetuam-se da regra estabelecida neste artigo as dívidas que, em virtude de outras leis, devam ser pagas precipuamente a quaisquer outros créditos.

- art. 964 deste Código.

Art. 1.423. O credor anticrético tem direito a reter em seu poder o bem, enquanto a dívida não for paga; extingue-se esse direito decorridos quinze anos da data de sua constituição.

- arts. 1.507 a 1.510 deste Código.

Art. 1.424. Os contratos de penhor, anticrese ou hipoteca declararão, sob pena de não terem eficácia:

I - o valor do crédito, sua estimação, ou valor máximo;

II - o prazo fixado para pagamento;

III - a taxa dos juros, se houver;

IV - o bem dado em garantia com as suas especificações.

Art. 1.425. A dívida considera-se vencida:

I - se, deteriorando-se, ou depreciando-se o bem dado em segurança, desfalcar a garantia, e o devedor, intimado, não a reforçar ou substituir;

II - se o devedor cair em insolvência ou falir;

- art. 322; 333, II, deste Código.

III - se as prestações não forem pontualmente pagas, toda vez que deste modo se achar estipulado o pagamento. Neste caso, o recebimento posterior da prestação atrasada importa renúncia do credor ao seu direito de execução imediata;

IV - se perecer o bem dado em garantia, e não for substituído;

V - se se desapropriar o bem dado em garantia, hipótese na qual se depositará a parte do preço que for necessária para o pagamento integral do credor.

- arts. 959, II, e 1.275, V, deste Código.
- art. 31, Dec.-Lei 3.365/1941 (Dispõe sobre desapropriações por utilidade pública).

§ 1º Nos casos de perecimento da coisa dada em garantia, esta se sub-rogará na indenização do seguro, ou no ressarcimento do dano, em benefício do credor, a quem assistirá sobre ela preferência até seu completo reembolso.

§ 2º Nos casos dos incisos IV e V, só se vencerá a hipoteca antes do prazo estipulado, se o perecimento, ou a desapropriação, recair sobre o bem dado em garantia, e esta não abranger outras; subsistindo, no caso contrário, a dívida reduzida, com a respectiva garantia sobre os demais bens, não desapropriados ou destruídos.

Art. 1.426. Nas hipóteses do artigo anterior, de vencimento antecipado da dívida, não se compreendem os juros correspondentes ao tempo ainda não decorrido.

Art. 1.427. Salvo cláusula expressa, o terceiro que presta garantia real por dívida alheia não fica obrigado a substituí-la, ou reforçá-la, quando, sem culpa sua, se perca, deteriore, ou desvalorize.

Art. 1.428. É nula a cláusula que autoriza o credor pignoratício, anticrético ou hipotecário a ficar com o objeto da garantia, se a dívida não for paga no vencimento.

- Enunciado 626 das Jornadas de Direito Civil.

Parágrafo único. Após o vencimento, poderá o devedor dar a coisa em pagamento da dívida.

Art. 1.429. Os sucessores do devedor não podem remir parcialmente o penhor ou a hipoteca na proporção dos seus quinhões; qualquer deles, porém, pode fazê-lo no todo.

Parágrafo único. O herdeiro ou sucessor que fizer a remição fica sub-rogado nos direitos do credor pelas quotas que houver satisfeito.

Art. 1.430. Quando, excutido o penhor, ou executada a hipoteca, o produto não bastar para pagamento da dívida e despesas judiciais, continuará o devedor obrigado pessoalmente pelo restante.

- arts. 1.485, V; 1.488, § 3º, deste Código.

CAPÍTULO II
DO PENHOR

- arts. 30; 165; 333; 364; 1.225, VIII, deste Código.
- art. 8º, § 2º, LIndB.
- arts. 703 a 706; 784; 804 NCPC.

SEÇÃO I
DA CONSTITUIÇÃO DO PENHOR

Art. 1.431. Constitui-se o penhor pela transferência efetiva da posse que, em garantia do débito ao credor ou a quem o represente, faz o devedor, ou alguém por ele, de uma coisa móvel, suscetível de alienação.

- art. 1.196 deste Código.
- art. 8º, § 2º, LIndB.

Parágrafo único. No penhor rural, industrial, mercantil e de veículos, as coisas empenhadas continuam em poder do devedor, que as deve guardar e conservar.

Art. 1.432. O instrumento do penhor deverá ser levado a registro, por qualquer dos contratantes; o do penhor comum será registrado no Cartório de Títulos e Documentos.

- arts. 221; 1.438; 1.452; 1.462 deste Código.
- arts. 127, II e IV; 145; e 167, I, itens 4 e 15; 219, Lei 6.015/1973 (Lei de Registros Públicos).

SEÇÃO II
DOS DIREITOS DO CREDOR PIGNORATÍCIO

Art. 1.433. O credor pignoratício tem direito:

I - à posse da coisa empenhada;

- arts. 1.196 e ss., deste Código.

II - à retenção dela, até que o indenizem das despesas devidamente justificadas, que tiver feito, não sendo ocasionadas por culpa sua;

- arts. 319; 964, III; 1.219 deste Código.

III - ao ressarcimento do prejuízo que houver sofrido por vício da coisa empenhada;

IV - a promover a execução judicial, ou a venda amigável, se lhe permitir expressamente o contrato, ou lhe autorizar o devedor mediante procuração;

V - a apropriar-se dos frutos da coisa empenhada que se encontra em seu poder;

- art. 1.435, III, deste Código.

VI - a promover a venda antecipada, mediante prévia autorização judicial, sempre que haja receio fundado de que a coisa empenhada se perca ou deteriore, devendo o preço ser depositado. O dono da coisa empenhada pode impedir a venda antecipada, substituindo-a, ou oferecendo outra garantia real idônea.

Art. 1.434. O credor não pode ser constrangido a devolver a coisa empenhada, ou uma parte dela, antes de ser integralmente pago, podendo o juiz, a requerimento do proprietário, determinar que seja vendida apenas uma das coisas, ou parte da coisa empenhada, suficiente para o pagamento do credor.

- art. 964, III, deste Código.

SEÇÃO III
DAS OBRIGAÇÕES DO CREDOR PIGNORATÍCIO

Art. 1.435. O credor pignoratício é obrigado:

I - à custódia da coisa, como depositário, e a ressarcir ao dono a perda ou deterioração de que for culpado, podendo ser compensada na dívida, até a concorrente quantia, a importância da responsabilidade;

- arts. 368 a 380; 627 a 652, deste Código.

II - à defesa da posse da coisa empenhada e a dar ciência, ao dono dela, das circunstâncias que tornarem necessário o exercício de ação possessória;

- art. 1.210 e ss., deste Código.
- arts. 554 a 568, NCPC.

III - a imputar o valor dos frutos, de que se apropriar (art. 1.433, inciso V) nas despesas de guarda e conservação, nos juros e no capital da obrigação garantida, sucessivamente;

IV - a restituí-la, com os respectivos frutos e acessões, uma vez paga a dívida;

V - a entregar o que sobeje do preço, quando a dívida for paga, no caso do inciso IV do art. 1.433.

- arts. 1.428 e 1.436, V, deste Código.
- arts. 784, II a IV; 907, NCPC.

SEÇÃO IV
DA EXTINÇÃO DO PENHOR

Art. 1.436. Extingue-se o penhor:

I - extinguindo-se a obrigação;

- arts. 1.433; 1.434 deste Código.

II - perecendo a coisa;

III - renunciando o credor;

IV - confundindo-se na mesma pessoa as qualidades de credor e de dono da coisa;

- art. 381 deste Código.

V - dando-se a adjudicação judicial, a remissão ou a venda da coisa empenhada, feita pelo credor ou por ele autorizada.

- Consta do texto publicado no DJU a palavra "remissão" quando o correto seria "remição".
- art. 1.435, V, deste Código.

§ 1º Presume-se a renúncia do credor quando consentir na venda particular do penhor sem reserva de preço, quando restituir a sua posse ao devedor, ou quando anuir à sua substituição por outra garantia.

- art. 387 deste Código.

§ 2º Operando-se a confusão tão somente quanto a parte da dívida pignoratícia, subsistirá inteiro o penhor quanto ao resto.

- arts. 381 a 384 deste Código.

Art. 1.437. Produz efeitos a extinção do penhor depois de averbado o cancelamento do registro, à vista da respectiva prova.

- arts. 164 a 166, Lei 6.015/1973 (Lei de Registros Públicos).

SEÇÃO V
DO PENHOR RURAL

- art. 8º, § 2º, LIndB.
- Lei 492/1937 (Regula o penhor rural e a cédula pignoratícia).
- Lei 2.666/1955 (Dispõe sobre o penhor dos produtos agrícolas).
- Lei 8.929/1994 (Institui a Cédula de Produto Rural).

SUBSEÇÃO I
DISPOSIÇÕES GERAIS

Art. 1.438. Constitui-se o penhor rural mediante instrumento público ou particular, registrado no Cartório de Registro de Imóveis da circunscrição em que estiverem situadas as coisas empenhadas.

- art. 167, I, n. 4; 13; 15, Lei 6.015/1973 (Lei de Registros Públicos).

Parágrafo único. Prometendo pagar em dinheiro a dívida, que garante com penhor rural, o devedor poderá emitir, em favor do credor, cédula rural pignoratícia, na forma determinada em lei especial.

Art. 1.439. O penhor agrícola e o penhor pecuário não podem ser convencionados por prazos superiores aos das obrigações garantidas. (Alterado pela Lei 12.873/2013.)

‣ art. 61, Dec.-Lei 167/1967 (Dispõe sobre títulos de crédito rural).

§ 1º Embora vencidos os prazos, permanece a garantia, enquanto subsistirem os bens que a constituem.

§ 2º A prorrogação deve ser averbada à margem do registro respectivo, mediante requerimento do credor e do devedor.

Art. 1.440. Se o prédio estiver hipotecado, o penhor rural poderá constituir-se independentemente da anuência do credor hipotecário, mas não lhe prejudica o direito de preferência, nem restringe a extensão da hipoteca, ao ser executada.

Art. 1.441. Tem o credor direito a verificar o estado das coisas empenhadas, inspecionando-as onde se acharem, por si ou por pessoa que credenciar.

SUBSEÇÃO II
DO PENHOR AGRÍCOLA

‣ art. 1.439 deste Código.

‣ Lei 2.666/1955 (Dispõe sobre o penhor de produtos agrícolas).

‣ Lei 8.929/1994 (Institui a Cédula de Produto Rural).

Art. 1.442. Podem ser objeto de penhor:

I - máquinas e instrumentos de agricultura;

II - colheitas pendentes, ou em via de formação;

‣ art. 1.443 deste Código.

III - frutos acondicionados ou armazenados;

IV - lenha cortada e carvão vegetal;

V - animais do serviço ordinário de estabelecimento agrícola.

‣ Lei 492/1937 (Regula o penhor rural e a cédula pignoratícia).

‣ Dec.-Lei 167/1967 (Dispõe sobre títulos de crédito rural).

Art. 1.443. O penhor agrícola que recai sobre colheita pendente, ou em via de formação, abrange a imediatamente seguinte, no caso de frustrar-se ou ser insuficiente a que se deu em garantia.

Parágrafo único. Se o credor não financiar a nova safra, poderá o devedor constituir com outrem novo penhor, em quantia máxima equivalente à do primeiro; o segundo penhor terá preferência sobre o primeiro, abrangendo este apenas o excesso apurado na colheita seguinte.

SUBSEÇÃO III
DO PENHOR PECUÁRIO

Art. 1.444. Podem ser objeto de penhor os animais que integram a atividade pastoril, agrícola ou de laticínios.

‣ art. 127, IV, Lei 6.015/1973 (Lei de Registros Públicos).

Art. 1.445. O devedor não poderá alienar os animais empenhados sem prévio consentimento, por escrito, do credor.

Parágrafo único. Quando o devedor pretende alienar o gado empenhado ou, por negligência, ameace prejudicar o credor, poderá este requerer se depositem os animais sob a guarda de terceiro, ou exigir que se lhe pague a dívida de imediato.

Art. 1.446. Os animais da mesma espécie, comprados para substituir os mortos, ficam sub-rogados no penhor.

Parágrafo único. Presume-se a substituição prevista neste artigo, mas não terá eficácia contra terceiros, se não constar de menção adicional ao respectivo contrato, a qual deverá ser averbada.

SEÇÃO VI
DO PENHOR INDUSTRIAL E MERCANTIL

Art. 1.447. Podem ser objeto de penhor máquinas, aparelhos, materiais, instrumentos, instalados e em funcionamento, com os acessórios ou sem eles; animais, utilizados na indústria; sal e bens destinados à exploração das salinas; produtos de suinocultura, animais destinados à industrialização de carnes e derivados; matérias-primas e produtos industrializados.

‣ Dec. 1.102/1903 (Institui regras para o estabelecimento de empresas de armazéns gerais, determinando os direitos e obrigações dessas empresas).

‣ art. 20, Dec.-Lei 413/1969 (Dispõe sobre títulos de crédito industrial).

‣ art. 167, I-4, Lei 6.015/1973 (Lei de Registros Públicos).

Parágrafo único. Regula-se pelas disposições relativas aos armazéns gerais o penhor das mercadorias neles depositadas.

Art. 1.448. Constitui-se o penhor industrial, ou o mercantil, mediante instrumento público ou particular, registrado no Cartório de Registro de Imóveis da circunscrição onde estiverem situadas as coisas empenhadas.

‣ art. 167, I-4, Lei 6.015/1973 (Lei de Registros Públicos).

Parágrafo único. Prometendo pagar em dinheiro a dívida, que garante com penhor industrial ou mercantil, o devedor poderá emitir, em favor do credor, cédula do respectivo crédito, na forma e para os fins que a lei especial determinar.

Art. 1.449. O devedor não pode, sem o consentimento por escrito do credor, alterar as coisas empenhadas ou mudar-lhes a situação, nem delas dispor. O devedor que, anuindo o credor, alienar as coisas empenhadas, deverá repor outros bens da mesma natureza, que ficarão sub-rogados no penhor.

Art. 1.450. Tem o credor direito a verificar o estado das coisas empenhadas, inspecionando-as onde se acharem, por si ou por pessoa que credenciar.

SEÇÃO VII
DO PENHOR DE DIREITOS E TÍTULOS DE CRÉDITO

‣ arts. 887 a 926 deste Código.

‣ art. 784, NCPC.

Art. 1.451. Podem ser objeto de penhor direitos, suscetíveis de cessão, sobre coisas móveis.

‣ art. 83, II, deste Código.

Art. 1.452. Constitui-se o penhor de direito mediante instrumento público ou particular, registrado no Registro de Títulos e Documentos.

‣ arts. 127; 129, Lei 6.015/1973 (Lei de Registros Públicos)

Parágrafo único. O titular de direito empenhado deverá entregar ao credor pignoratício os documentos comprobatórios desse direito, salvo se tiver interesse legítimo em conservá-los.

Art. 1.453. O penhor de crédito não tem eficácia senão quando notificado ao devedor; por notificado tem-se o devedor que, em instrumento público ou particular, declarar-se ciente da existência do penhor.

Art. 1.454. O credor pignoratício deve praticar os atos necessários à conservação e defesa do direito empenhado e cobrar os juros e mais prestações acessórias compreendidas na garantia.

Art. 1.455. Deverá o credor pignoratício cobrar o crédito empenhado assim que se torne exigível. Se este consistir numa prestação pecuniária, depositará a importância recebida, de acordo com o devedor pignoratício, ou onde o juiz determinar; se consistir na entrega da coisa, nesta se sub-rogará o penhor.

Parágrafo único. Estando vencido o crédito pignoratício, tem o credor direito a reter, da quantia recebida, o que lhe é devido, restituindo o restante ao devedor; ou a excutir a coisa a ele entregue.

‣ arts. 1.433; 1.434 deste Código.

Art. 1.456. Se o mesmo crédito for objeto de vários penhores, só ao credor pignoratício, cujo direito prefira aos demais, o devedor deve pagar; responde por perdas e danos aos demais credores o credor preferente que, notificado por qualquer um deles, não promover oportunamente a cobrança.

‣ arts. 402 a 405 deste Código.

Art. 1.457. O titular do crédito empenhado só pode receber o pagamento com a anuência, por escrito, do credor pignoratício, caso em que o penhor se extinguirá.

‣ arts. 1.436; 1.437 deste Código.

‣ arts. 164 a 166, Lei 6.015/1973 (Lei de Registros Públicos)

Art. 1.458. O penhor, que recai sobre título de crédito, constitui-se mediante instrumento público ou particular ou endosso pignoratício, com a tradição do título ao credor, regendo-se pelas Disposições Gerais deste Título e, no que couber, pela presente Seção.

‣ arts. 127, III; 129-2, Lei 6.015/1973 (Lei de Registros Públicos)

Art. 1.459. Ao credor, em penhor de título de crédito, compete o direito de:

I - conservar a posse do título e recuperá-la de quem quer que o detenha;

II - usar dos meios judiciais convenientes para assegurar os seus direitos, e os do credor do título empenhado;

III - fazer intimar ao devedor do título que não pague ao seu credor, enquanto durar o penhor;

IV - receber a importância consubstanciada no título e os respectivos juros, se exigíveis, restituindo o título ao devedor, quando este solver a obrigação.

‣ arts. 319; 324; 1.433 deste Código.

Art. 1.460. O devedor do título empenhado que receber a intimação prevista no inciso III do artigo antecedente, ou se der por ciente do penhor, não poderá pagar ao seu credor. Se o fizer, responderá solidariamente por este, por perdas e danos, perante o credor pignoratício.

Parágrafo único. Se o credor der quitação ao devedor do título empenhado, deverá saldar imediatamente a dívida, em cuja garantia se constituiu o penhor.

› arts. 264 a 285; 402 a 405 deste Código.

SEÇÃO VIII
DO PENHOR DE VEÍCULOS

Art. 1.461. Podem ser objeto de penhor os veículos empregados em qualquer espécie de transporte ou condução.

› arts. 730 a 756 deste Código.

Art. 1.462. Constitui-se o penhor, a que se refere o artigo antecedente, mediante instrumento público ou particular, registrado no Cartório de Títulos e Documentos do domicílio do devedor, e anotado no certificado de propriedade.

› art. 129-7, Lei 6.015/1973 (Lei de Registros Públicos).

Parágrafo único. Prometendo pagar em dinheiro a dívida garantida com o penhor, poderá o devedor emitir cédula de crédito, na forma e para os fins que a lei especial determinar.

Art. 1.463. Não se fará o penhor de veículos sem que estejam previamente segurados contra furto, avaria, perecimento e danos causados a terceiros.

Art. 1.464. Tem o credor direito a verificar o estado do veículo empenhado, inspecionando-o onde se achar, por si ou por pessoa que credenciar.

Art. 1.465. A alienação, ou a mudança, do veículo empenhado sem prévia comunicação ao credor importa no vencimento antecipado do crédito pignoratício.

› arts. 333; 1.425; 1.426 deste Código.

Art. 1.466. O penhor de veículos só se pode convencionar pelo prazo máximo de dois anos, prorrogável até o limite de igual tempo, averbada a prorrogação à margem do registro respectivo.

SEÇÃO IX
DO PENHOR LEGAL

Art. 1.467. São credores pignoratícios, independentemente de convenção:

I - os hospedeiros, ou fornecedores de pousada ou alimento, sobre as bagagens, móveis, joias ou dinheiro que os seus consumidores ou fregueses tiverem consigo nas respectivas casas ou estabelecimentos, pelas despesas ou consumo que aí tiverem feito;

› arts. 932, IV; 933; 1.419 deste Código.

II - o dono do prédio rústico ou urbano, sobre os bens móveis que o rendeiro ou inquilino tiver guarnecendo o mesmo prédio, pelos aluguéis ou rendas.

› arts. 565 a 578 deste Código.

Art. 1.468. A conta das dívidas enumeradas no inciso I do artigo antecedente será extraída conforme a tabela impressa, prévia e ostensivamente exposta na casa, dos preços de hospedagem, da pensão ou dos gêneros fornecidos, sob pena de nulidade do penhor.

› art. 6º, III, CDC.

Art. 1.469. Em cada um dos casos do art. 1.467, o credor poderá tomar em garantia um ou mais objetos até o valor da dívida.

Art. 1.470. Os credores compreendidos no art. 1.467 podem fazer efetivo o penhor, antes de recorrerem à autoridade judiciária, sempre que haja perigo na demora, dando aos devedores comprovante dos bens de que se apossarem.

Art. 1.471. Tomado o penhor, requererá o credor, ato contínuo, a sua homologação judicial.

› arts. 703 a 706 NCPC.

Art. 1.472. Pode o locatário impedir a constituição do penhor mediante caução idônea.

› arts. 37 a 42, Lei 8.245/1991 (Lei das Locações).

CAPÍTULO III
DA HIPOTECA

› arts. 30; 165, p.u.; 364; 959; 1.225, IX; 1.419; 1.420; 1.422; 1.424; 1.425; 1.429; 1.430 deste Código.

› arts. 495; 674, § 2º, IV; 784, V; 799, I; 804 NCPC.

› arts. 468; 470; 564; 565; 626; 632; 633; 634-8; 658; 662 CCom.

› Dec.-Lei 70/1966 (Autoriza o funcionamento de associações de poupança e empréstimo e institui a cédula hipotecária).

SEÇÃO I
DISPOSIÇÕES GERAIS

Art. 1.473. Podem ser objeto de hipoteca:

› arts. 79 a 81; 92 deste Código.

I - os imóveis e os acessórios dos imóveis conjuntamente com eles;

› arts. 79 a 81; e 92 a 97 deste Código.

II - o domínio direto;

› art. 2.038 deste Código.

III - o domínio útil;

IV - as estradas de ferro;

› arts. 1.502 a 1.505 deste Código.

V - os recursos naturais a que se refere o art. 1.230, independentemente do solo onde se acham;

VI - os navios;

VII - as aeronaves;

VIII - o direito de uso especial para fins de moradia; (Incluído pela Lei 11.481/2007.)

IX - o direito real de uso; e (Incluído pela Lei 11.481/2007.)

X - a propriedade superficiária; e (Acrescentado pela Lei 11.481/2007.)

§ 1º A hipoteca dos navios e das aeronaves reger-se-á pelo disposto em lei especial. (Renumerado do parágrafo único pela Lei 11.481/2007.)

› arts. 138 a 152, Lei 7.565/1986 (Código Brasileiro de Aeronáutica).

§ 2º Os direitos de garantia instituídos nas hipóteses dos incisos IX e X do *caput* deste artigo ficam limitados à duração da concessão ou direito de superfície, caso tenham sido transferidos por período determinado. (Incluído pela Lei 11.481/2007.)

Art. 1.474. A hipoteca abrange todas as acessões, melhoramentos ou construções do imóvel. Subsistem os ônus reais constituídos e registrados, anteriormente à hipoteca, sobre o mesmo imóvel.

› arts. 1.248; 1.252 e ss. deste Código.

Art. 1.475. É nula a cláusula que proíbe ao proprietário alienar imóvel hipotecado.

Parágrafo único. Pode convencionar-se que vencerá o crédito hipotecário, se o imóvel for alienado.

Art. 1.476. O dono do imóvel hipotecado pode constituir outra hipoteca sobre ele, mediante novo título, em favor do mesmo ou de outro credor.

› art. 171, § 2º, II, CP.

Art. 1.477. Salvo o caso de insolvência do devedor, o credor da segunda hipoteca, embora vencida, não poderá executar o imóvel antes de vencida a primeira.

Parágrafo único. Não se considera insolvente o devedor por faltar ao pagamento das obrigações garantidas por hipotecas posteriores à primeira.

Art. 1.478. Se o devedor da obrigação garantida pela primeira hipoteca não se oferecer, no vencimento, para pagá-la, o credor da segunda pode promover-lhe a extinção, consignando a importância e citando o primeiro credor para recebê-la e o devedor para pagá-la; se este não pagar, o segundo credor, efetuando o pagamento, se sub-rogará nos direitos da hipoteca anterior, sem prejuízo dos que lhe competirem contra o devedor comum.

› art. 346, I, deste Código.

› arts. 266 a 276, Lei 6.015/1973 (Lei de Registros Públicos).

Parágrafo único. Se o primeiro credor estiver promovendo a execução da hipoteca, o credor da segunda depositará a importância do débito e as despesas judiciais.

Art. 1.479. O adquirente do imóvel hipotecado, desde que não se tenha obrigado pessoalmente a pagar as dívidas aos credores hipotecários, poderá exonerar-se da hipoteca, abandonando-lhes o imóvel.

Art. 1.480. O adquirente notificará o vendedor e os credores hipotecários, deferindo-lhes, conjuntamente, a posse do imóvel, ou o depositará em juízo.

Parágrafo único. Poderá o adquirente exercer a faculdade de abandonar o imóvel hipotecado, até as vinte e quatro horas subsequentes à citação, com que se inicia o procedimento executivo.

Art. 1.481. Dentro em trinta dias, contados do registro do título aquisitivo, tem o adquirente do imóvel hipotecado o direito de remi-lo, citando os credores hipotecários e propondo importância não inferior ao preço por que o adquiriu.

› arts. 346, II; 1.499, V, deste Código.

› arts. 266 a 276, Lei 6.015/1973 (Lei de Registros Públicos).

§ 1º Se o credor impugnar o preço da aquisição ou a importância oferecida, realizar-se-á licitação, efetuando-se a venda judicial a quem oferecer maior preço, assegurada preferência ao adquirente do imóvel.

§ 2º Não impugnado pelo credor, o preço da aquisição ou o preço proposto pelo adquirente, haver-se-á por definitivamente fixado para a remissão do imóvel, que ficará livre de hipoteca, uma vez pago ou depositado o preço.

› Consta do texto publicado no DJU a palavra "remissão", quando o correto seria "remição".

§ 3º Se o adquirente deixar de remir o imóvel, sujeitando-o a execução, ficará obrigado a ressarcir os credores hipotecários da desvalorização que, por sua culpa, o mesmo vier a sofrer, além das despesas judiciais da execução.

§ 4º Disporá de ação regressiva contra o vendedor o adquirente que ficar privado do imóvel em consequência de licitação ou penhora, o que pagar a hipoteca, o que, por causa de adjudicação ou licitação, desembolsar com o pagamento da hipoteca importância excedente à da compra e o que suportar custas e despesas judiciais.

› art. 346, II, deste Código.

Arts. 1.482. e 1.483. (Revogados pela Lei 13.105/2015.)

Art. 1.484. É lícito aos interessados fazer constar das escrituras o valor entre si ajustado dos imóveis hipotecados, o qual, devidamente atualizado, será a base para as arrematações, adjudicações e remições, dispensada a avaliação.

› art. 273, Lei 6.015/1973 (Lei de Registros Públicos).

Art. 1.485. Mediante simples averbação, requerida por ambas as partes, poderá prorrogar-se a hipoteca, até 30 (trinta) anos da data do contrato. Desde que perfaça esse prazo, só poderá subsistir o contrato de hipoteca reconstituindo-se por novo título e novo registro; e, nesse caso, lhe será mantida a precedência, que então lhe competir. (Redação dada pela Lei 10.931/2004.)

› art. 238, Lei 6.015/1973 (Lei de Registros Públicos).

Art. 1.486. Podem o credor e o devedor, no ato constitutivo da hipoteca, autorizar a emissão da correspondente cédula hipotecária, na forma e para os fins previstos em lei especial.

› Dec.-Lei 70/1966 (Autoriza o funcionamento de associações de poupança e empréstimo e institui a cédula hipotecária).

Art. 1.487. A hipoteca pode ser constituída para garantia de dívida futura ou condicionada, desde que determinado o valor máximo do crédito a ser garantido.

§ 1º Nos casos deste artigo, a execução da hipoteca dependerá de prévia e expressa concordância do devedor quanto à verificação da condição, ou ao montante da dívida.

§ 2º Havendo divergência entre o credor e o devedor, caberá àquele fazer prova de seu crédito. Reconhecido este, o devedor responderá, inclusive, por perdas e danos, em razão da superveniente desvalorização do imóvel.

› arts. 402 a 405 deste Código.

Art. 1.488. Se o imóvel, dado em garantia hipotecária, vier a ser loteado, ou se nele se constituir condomínio edilício, poderá o ônus ser dividido, gravando cada lote ou unidade autônoma, se o requererem ao juiz o credor, o devedor ou os donos, obedecida a proporção entre o valor de cada um deles e o crédito.

› arts. 1.331 a 1.358 deste Código.

§ 1º O credor só poderá se opor ao pedido de desmembramento do ônus, provando que o mesmo importa em diminuição de sua garantia.

§ 2º Salvo convenção em contrário, todas as despesas judiciais ou extrajudiciais necessárias ao desmembramento do ônus correm por conta de quem o requerer.

§ 3º O desmembramento do ônus não exonera o devedor originário da responsabilidade a que se refere o art. 1.430, salvo anuência do credor.

SEÇÃO II
DA HIPOTECA LEGAL

› arts. 1.492, p.u.; 1.497; 2.040 deste Código.

› arts. 759, §§ 1º e 2º, NCPC.

Art. 1.489. A lei confere hipoteca:

I - às pessoas de direito público interno (art. 41) sobre os imóveis pertencentes aos encarregados da cobrança, guarda ou administração dos respectivos fundos e rendas;

II - aos filhos, sobre os imóveis do pai ou da mãe que passar a outras núpcias, antes de fazer o inventário do casal anterior;

› arts. 1.523, I; 1.641, I, deste Código.

III - ao ofendido, ou aos seus herdeiros, sobre os imóveis do delinquente, para satisfação do dano causado pelo delito e pagamento das despesas judiciais;

› arts. 186 e 927 deste Código.

IV - ao coerdeiro, para garantia do seu quinhão ou torna da partilha, sobre o imóvel adjudicado ao herdeiro reponente;

› art. 2.019 deste Código.

V - ao credor sobre o imóvel arrematado, para garantia do pagamento do restante do preço da arrematação.

› art. 759, §§ 1º e 2º, NCPC.

Art. 1.490. O credor da hipoteca legal, ou quem o represente, poderá, provando a insuficiência dos imóveis especializados, exigir do devedor que seja reforçado com outros.

› art. 1.208 deste Código.

Art. 1.491. A hipoteca legal pode ser substituída por caução de títulos da dívida pública federal ou estadual, recebidos pelo valor de sua cotação mínima no ano corrente; ou por outra garantia, a critério do juiz, a requerimento do devedor.

SEÇÃO III
DO REGISTRO DA HIPOTECA

Art. 1.492. As hipotecas serão registradas no cartório do lugar do imóvel, ou no de cada um deles, se o título se referir a mais de um.

› art. 1.502 deste Código.

› arts. 13; 44, Dec.-Lei 70/1966 (Autoriza o funcionamento de associações de poupança e empréstimo e institui a cédula hipotecária).

› arts. 167, I-2, e 169, II, Lei 6.015/1973 (Lei de Registros Públicos).

Parágrafo único. Compete aos interessados, exibido o título, requerer o registro da hipoteca.

› art. 1.497 deste Código.

Art. 1.493. Os registros e averbações seguirão a ordem em que forem requeridas, verificando-se ela pela da sua numeração sucessiva no protocolo.

Parágrafo único. O número de ordem determina a prioridade, e esta a preferência entre as hipotecas.

› art. 1.422 deste Código.

› art. 186, Lei 6.015/1973 (Lei de Registros Públicos).

Art. 1.494. Não se registrarão no mesmo dia duas hipotecas, ou uma hipoteca e outro direito real, sobre o mesmo imóvel, em favor de pessoas diversas, salvo se as escrituras, do mesmo dia, indicarem a hora em que foram lavradas.

› arts. 190 a 192, Lei 6.015/1973 (Lei de Registros Públicos).

Art. 1.495. Quando se apresentar ao oficial do registro título de hipoteca que mencione a constituição de anterior, não registrada, sobrestará ele na inscrição da nova, depois de a prenotar, até trinta dias, aguardando que o interessado inscreva a precedente; esgotado o prazo, sem que se requeira a inscrição desta, a hipoteca ulterior será registrada e obterá preferência.

› art. 189, Lei 6.015/1973 (Lei de Registros Públicos).

Art. 1.496. Se tiver dúvida sobre a legalidade do registro requerido, o oficial fará, ainda assim, a prenotação do pedido. Se a dúvida, dentro em noventa dias, for julgada improcedente, o registro efetuar-se-á com o mesmo número que teria na data da prenotação; no caso contrário, cancelada esta, receberá o registro o número correspondente à data em que se tornar a requerer.

› arts. 198 a 207, Lei 6.015/1973 (Lei de Registros Públicos).

Art. 1.497. As hipotecas legais, de qualquer natureza, deverão ser registradas e especializadas.

§ 1º O registro e a especialização das hipotecas legais incumbem a quem está obrigado a prestar a garantia, mas os interessados podem promover a inscrição delas, ou solicitar ao Ministério Público que o faça.

§ 2º As pessoas, às quais incumbir o registro e a especialização das hipotecas legais, estão sujeitas a perdas e danos pela omissão.

› arts. 402 a 405 deste Código.

Art. 1.498. Vale o registro da hipoteca, enquanto a obrigação perdurar; mas a especialização, em completando vinte anos, deve ser renovada.

› arts. 167, I-2; 238, Lei 6.015/1973 (Lei de Registros Públicos).

SEÇÃO IV
DA EXTINÇÃO DA HIPOTECA

Art. 1.499. A hipoteca extingue-se:

I - pela extinção da obrigação principal;

II - pelo perecimento da coisa;

III - pela resolução da propriedade;

› art. 1.359 deste Código.

› Enunciado 509 das Jornadas de Direito Civil.

IV - pela renúncia do credor;

V - pela remição;

› arts. 1.478; 1.481; 1.484 deste Código.

VI - pela arrematação ou adjudicação.

› art. 31, Dec.-Lei 3.365/1941 (Dispõe sobre desapropriações por utilidade pública).

› art. 251, Lei 6.015/1973 (Lei de Registros Públicos).

Art. 1.500. Extingue-se ainda a hipoteca com a averbação, no Registro de Imóveis, do cancelamento do registro, à vista da respectiva prova.

› arts. 251 e 259, Lei 6.015/1973 (Lei de Registros Públicos).

Art. 1.501. Não extinguirá a hipoteca, devidamente registrada, a arrematação ou adjudicação, sem que tenham sido notificados judicialmente os respectivos credores hipotecários, que não forem de qualquer modo partes na execução.

› arts. 792; 804 NCPC.

› art. 142, Lei 11.101/2005 (Lei de Recuperação de Empresas e Falência).

SEÇÃO V
DA HIPOTECA DE VIAS FÉRREAS

› art. 1.473, IV, deste Código.

Art. 1.502. As hipotecas sobre as estradas de ferro serão registradas no Município da estação inicial da respectiva linha.

› art. 1.492 deste Código.

› art. 171, Lei 6.015/1973 (Lei de Registros Públicos).

Art. 1.503. Os credores hipotecários não podem embaraçar a exploração da linha, nem contrariar as modificações, que a administração deliberar, no leito da estrada, em suas dependências, ou no seu material.

Art. 1.504. A hipoteca será circunscrita à linha ou às linhas especificadas na escritura e ao respectivo material de exploração, no estado em que ao tempo da execução estiverem; mas os credores hipotecários poderão opor-se à venda da estrada, à de suas linhas, de seus ramais ou de parte considerável do material de exploração; bem como à fusão com outra empresa, sempre que com isso a garantia do débito enfraquecer.

Art. 1.505. Na execução das hipotecas será intimado o representante da União ou do Estado, para, dentro em quinze dias, remir a estrada de ferro hipotecada, pagando o preço da arrematação ou da adjudicação.

CAPÍTULO IV
DA ANTICRESE

› arts. 165, p.u.; 364; 1.225, X, 1.419; 1.420; 1.423; 1.424 deste Código.

› arts. 672, § 2º, IV; 784, V; 799, I, 804, NCPC.

› arts. 167, I-11; 178, I; 220, IV; 241 Lei 6.015/1973 (Lei de Registros Públicos).

Art. 1.506. Pode o devedor ou outrem por ele, com a entrega do imóvel ao credor, ceder-lhe o direito de perceber, em compensação da dívida, os frutos e rendimentos.

§ 1º É permitido estipular que os frutos e rendimentos do imóvel sejam percebidos pelo credor à conta de juros, mas se o seu valor ultrapassar a taxa máxima permitida em lei para as operações financeiras, o remanescente será imputado ao capital.

§ 2º Quando a anticrese recair sobre bem imóvel, este poderá ser hipotecado pelo devedor ao credor anticrético, ou a terceiros, assim como o imóvel hipotecado poderá ser dado em anticrese.

Art. 1.507. O credor anticrético pode administrar os bens dados em anticrese e fruir seus frutos e utilidades, mas deverá apresentar anualmente balanço, exato e fiel, de sua administração.

› art. 1.423 deste Código.

§ 1º Se o devedor anticrético não concordar com o que se contém no balanço, por ser inexato, ou ruinosa a administração, poderá impugná-lo, e, se o quiser, requerer a transformação em arrendamento, fixando o juiz o valor mensal do aluguel, o qual poderá ser corrigido anualmente.

§ 2º O credor anticrético pode, salvo pacto em sentido contrário, arrendar os bens dados em anticrese a terceiro, mantendo, até ser pago, direito de retenção do imóvel, embora o aluguel desse arrendamento não seja vinculativo para o devedor.

› art. 1.423 deste Código.

Art. 1.508. O credor anticrético responde pelas deteriorações que, por culpa sua, o imóvel vier a sofrer, e pelos frutos e rendimentos que, por sua negligência, deixar de perceber.

› art. 569, IV, deste Código.

Art. 1.509. O credor anticrético pode vindicar os seus direitos contra o adquirente dos bens, os credores quirografários e os hipotecários posteriores ao registro da anticrese.

§ 1º Se executar os bens por falta de pagamento da dívida, ou permitir que outro credor o execute, sem opor o seu direito de retenção ao exequente, não terá preferência sobre o preço.

§ 2º O credor anticrético não terá preferência sobre a indenização do seguro, quando o prédio seja destruído, nem, se forem desapropriados os bens, com relação à desapropriação.

› arts. 1.423; 1.507, deste Código.

Art. 1.510. O adquirente dos bens dados em anticrese poderá remi-los, antes do vencimento da dívida, pagando a sua totalidade à data do pedido de remição e imitir-se-á, se for o caso, na sua posse.

TÍTULO XI
DA LAJE

› (Acrescentado pela Lei 13.465/2017)

Art. 1.510-A. O proprietário de uma construção-base poderá ceder a superfície superior ou inferior de sua construção a fim de que o titular da laje mantenha unidade distinta daquela originalmente construída sobre o solo. (Acrescentado pela Lei 13.465/2017)

§ 1º O direito real de laje contempla o espaço aéreo ou o subsolo de terrenos públicos ou privados, tomados em projeção vertical, como unidade imobiliária autônoma, não contemplando as demais áreas edificadas ou não pertencentes ao proprietário da construção-base. (Acrescentado pela Lei 13.465/2017)

§ 2º O titular do direito real de laje responderá pelos encargos e tributos que incidirem sobre a sua unidade. (Acrescentado pela Lei 13.465/2017)

§ 3º Os titulares da laje, unidade imobiliária autônoma constituída em matrícula própria, poderão dela usar, gozar e dispor. (Acrescentado pela Lei 13.465/2017)

§ 4º A instituição do direito real de laje não implica a atribuição de fração ideal de terreno ao titular da laje ou a participação proporcional em áreas já edificadas.

› (Acrescentado pela Lei 13.465/2017)

§ 5º Os Municípios e o Distrito Federal poderão dispor sobre posturas edilícias e urbanísticas associadas ao direito real de laje. (Acrescentado pela Lei 13.465/2017)

§ 6º O titular da laje poderá ceder a superfície de sua construção para a instituição de um sucessivo direito real de laje, desde que haja autorização expressa dos titulares da construção-base e das demais lajes, respeitadas as posturas edilícias e urbanísticas vigentes. (Acrescentado pela Lei 13.465/2017)

Art. 1.510-B. É expressamente vedado ao titular da laje prejudicar com obras novas ou com falta de reparação a segurança, a linha arquitetônica ou o arranjo estético do edifício, observadas as posturas previstas em legislação local. (Acrescentado pela Lei 13.465/2017)

Art. 1.510-C. Sem prejuízo, no que couber, das normas aplicáveis aos condomínios edilícios, para fins do direito real de laje, as despesas necessárias à conservação e fruição das partes que sirvam a todo o edifício e ao pagamento de serviços de interesse comum serão partilhadas entre o proprietário da construção-base e o titular da laje, na proporção que venha a ser estipulada em contrato. (Acrescentado pela Lei 13.465/2017)

§ 1º São partes que servem a todo o edifício: (Acrescentado pela Lei 13.465/2017)

I - os alicerces, colunas, pilares, paredes-mestras e todas as partes restantes que constituam a estrutura do prédio; (Acrescentado pela Lei 13.465/2017)

II - o telhado ou os terraços de cobertura, ainda que destinados ao uso exclusivo do titular da laje; (Acrescentado pela Lei 13.465/2017)

III - as instalações gerais de água, esgoto, eletricidade, aquecimento, ar condicionado, gás, comunicações e semelhantes que sirvam a todo o edifício; e (Acrescentado pela Lei 13.465/2017)

IV - em geral, as coisas que sejam afetadas ao uso de todo o edifício. (Acrescentado pela Lei 13.465/2017)

§ 2º É assegurado, em qualquer caso, o direito de qualquer interessado em promover reparações urgentes na construção na forma do parágrafo único do art. 249 deste Código. (Acrescentado pela Lei 13.465/2017)

Art. 1.510-D. Em caso de alienação de qualquer das unidades sobrepostas, terão direito de preferência, em igualdade de condições com terceiros, os titulares da construção-base e da laje, nessa ordem, que serão cientificados por escrito para que se manifestem no prazo de trinta dias, salvo se o contrato dispuser de modo diverso. (Acrescentado pela Lei 13.465/2017)

§ 1º O titular da construção-base ou da laje a quem não se der conhecimento da alienação poderá, mediante depósito do respectivo preço, haver para si a parte alienada a terceiros, se o requerer no prazo decadencial de cento e oitenta dias, contado da data de alienação. (Acrescentado pela Lei 13.465/2017)

§ 2º Se houver mais de uma laje, terá preferência, sucessivamente, o titular das lajes ascendentes e o titular das lajes descendentes, assegurada a prioridade para a laje mais próxima à unidade sobreposta a ser alienada. (Acrescentado pela Lei 13.465/2017)

Art. 1.510-E. A ruína da construção-base implica extinção do direito real de laje, salvo: (Acrescentado pela Lei 13.465/2017)

I - se este tiver sido instituído sobre o subsolo; (Acrescentado pela Lei 13.465/2017)

II - se a construção-base não for reconstruída no prazo de cinco anos. (Acrescentado pela Lei 13.465/2017)

Parágrafo único. O disposto neste artigo não afasta o direito a eventual reparação civil contra o culpado pela ruína. (Acrescentado pela Lei 13.465/2017)

LIVRO IV
DO DIREITO DE FAMÍLIA

TÍTULO I
DO DIREITO PESSOAL

SUBTÍTULO I
DO CASAMENTO

- art. 9º, I, deste Código.
- arts. 7º, § 1º; 18; e 19, LIndB.
- arts. 235 a 240, CP.

CAPÍTULO I
DISPOSIÇÕES GERAIS

Art. 1.511. O casamento estabelece comunhão plena de vida, com base na igualdade de direitos e deveres dos cônjuges.

- arts. 5º, I; e 226, § 5º, CF.
- arts. 1.565 a 1.570; 1.573 deste Código.

Art. 1.512. O casamento é civil e gratuita a sua celebração.

- art. 226, § 1º, CF.

Parágrafo único. A habilitação para o casamento, o registro e a primeira certidão serão isentos de selos, emolumentos e custas, para as pessoas cuja pobreza for declarada, sob as penas da lei.

Art. 1.513. É defeso a qualquer pessoa, de direito público ou privado, interferir na comunhão de vida instituída pela família.

- art. 226, § 7º, CF.
- arts. 1.565, § 2º; 1.634; 1.639; 1.642; 1.643 deste Código.
- Lei 9.263/1996 (Trata do planejamento familiar).

Art. 1.514. O casamento se realiza no momento em que o homem e a mulher manifestam, perante o juiz, a sua vontade de estabelecer vínculo conjugal, e o juiz os declara casados.

- arts. 1.535; 1.538; 1.542 deste Código.
- Enunciado 601 das Jornadas de Direito Civil.

Art. 1.515. O casamento religioso, que atender às exigências da lei para a validade do casamento civil, equipara-se a este, desde que registrado no registro próprio, produzindo efeitos a partir da data de sua celebração.

- art. 226, § 2º, CF.
- arts. 71 a 75, Lei 6.015/1973 (Lei de Registros Públicos).

Art. 1.516. O registro do casamento religioso submete-se aos mesmos requisitos exigidos para o casamento civil.

- arts. 70 a 75, Lei 6.015/1973 (Lei de Registros Públicos).

§ 1º O registro civil do casamento religioso deverá ser promovido dentro de noventa dias de sua realização, mediante comunicação do celebrante ao ofício competente, ou por iniciativa de qualquer interessado, desde que haja sido homologada previamente a habilitação regulada neste Código. Após o referido prazo, o registro dependerá de nova habilitação.

- arts. 1.525 a 1.532 deste Código.
- arts. 67 a 75, Lei 6.015/1973 (Lei de Registros Públicos).

§ 2º O casamento religioso, celebrado sem as formalidades exigidas neste Código, terá efeitos civis se, a requerimento do casal, for registrado, a qualquer tempo, no registro civil, mediante prévia habilitação perante a autoridade competente e observado o prazo do art. 1.532.

- art. 74, Lei 6.015/1973 (Lei de Registros Públicos).

§ 3º Será nulo o registro civil do casamento religioso se, antes dele, qualquer dos consorciados houver contraído com outrem casamento civil.

- arts. 1.515; 1.521, VI, deste Código.

CAPÍTULO II
DA CAPACIDADE PARA O CASAMENTO

Art. 1.517. O homem e a mulher com dezesseis anos podem casar, exigindo-se autorização de ambos os pais, ou de seus representantes legais, enquanto não atingida a maioridade civil.

- arts. 5º, I; 226, § 5º, CF.
- arts. 5º; 1.519; 1.631; 1.634, III; 1.641; 1.690; e 1.747, I, deste Código.
- Enunciado 512 das Jornadas de Direito Civil.

Parágrafo único. Se houver divergência entre os pais, aplica-se o disposto no parágrafo único do art. 1.631.

- arts. 1.520; 1.551 a 1.553; 1.555; 1.560, § 1º; 1.641 deste Código.
- Dec. 66.605/1970 (Promulga a convenção sobre consentimento para casamento).

Art. 1.518. Até a celebração do casamento podem os pais ou tutores revogar a autorização. (Alterado pela Lei 13.146/2015.)

Art. 1.519. A denegação do consentimento, quando injusta, pode ser suprida pelo juiz.

- arts. 719, 724, 1.009, NCPC.
- art. 148, p.u., c, Lei 8.069/1990 (ECA).

Art. 1.520. Não será permitido, em qualquer caso, o casamento de quem não atingiu a idade núbil, observado o disposto no art. 1.517 deste Código. (Redação dada pela Lei 13.811/2019)

- Enunciado 329 das Jornadas de Direito Civil.

CAPÍTULO III
DOS IMPEDIMENTOS

Art. 1.521. Não podem casar:

- arts. 1.520; 1.529 e 1.723, § 1º, deste Código.
- art. 7º, § 1º, LIndB.
- arts. 236 e 237, CP.

I - os ascendentes com os descendentes, seja o parentesco natural ou civil;

- art. 1.591 deste Código.

II - os afins em linha reta;

- art. 1.595 deste Código.

III - o adotante com quem foi cônjuge do adotado e o adotado com quem o foi do adotante;

IV - os irmãos, unilaterais ou bilaterais, e demais colaterais, até o terceiro grau inclusive;

- arts. 1º a 3º, Dec.-Lei 3.200/1941 (Dispõe sobre a organização e proteção da família).
- Enunciado 98 das Jornadas de Direito Civil.

V - o adotado com o filho do adotante;

- art. 41, Lei 8.069/1990 (ECA).

VI - as pessoas casadas;

- art. 1.723, § 1º, deste Código.
- art. 235, CP.

VII - o cônjuge sobrevivente com o condenado por homicídio ou tentativa de homicídio contra o seu consorte.

Art. 1.522. Os impedimentos podem ser opostos, até o momento da celebração do casamento, por qualquer pessoa capaz.

- arts. 5º; 1.529 deste Código.
- art. 67, § 5º, Lei 6.015/1973 (Lei de Registros Públicos).

Parágrafo único. Se o juiz, ou o oficial de registro, tiver conhecimento da existência de algum impedimento, será obrigado a declará-lo.

CAPÍTULO IV
DAS CAUSAS SUSPENSIVAS

Art. 1.523. Não devem casar:

I - o viúvo ou a viúva que tiver filho do cônjuge falecido, enquanto não fizer inventário dos bens do casal e der partilha aos herdeiros;

- arts. 1.489, II; 1.641, I, deste Código.

II - a viúva, ou a mulher cujo casamento se desfez por ser nulo ou ter sido anulado, até dez meses depois do começo da viuvez, ou da dissolução da sociedade conjugal;

- arts. 1.598, 1.641, I, deste Código.

III - o divorciado, enquanto não houver sido homologada ou decidida a partilha dos bens do casal;

- arts. 1.641, I; 1.755 a 1.766; 1.781, deste Código.

IV - o tutor ou o curador e os seus descendentes, ascendentes, irmãos, cunhados ou sobrinhos, com a pessoa tutelada ou curatelada, enquanto não cessar a tutela ou curatela, e não estiverem saldadas as respectivas contas.

Parágrafo único. É permitido aos nubentes solicitar ao juiz que não lhes sejam aplicadas as causas suspensivas previstas nos incisos I, III e IV deste artigo, provando-se a inexistência de prejuízo, respectivamente, para o herdeiro, para o ex-cônjuge e para a pessoa tutelada ou curatelada; no caso do inciso II, a nubente deverá provar nascimento de filho, ou inexistência de gravidez, na fluência do prazo.

Art. 1.524. As causas suspensivas da celebração do casamento podem ser arguidas pelos parentes em linha reta de um dos nubentes, sejam consanguíneos ou afins, e pelos colaterais em segundo grau, sejam também consanguíneos ou afins.

- arts. 1.591 a 1.595 deste Código.
- Enunciado 330 das Jornadas de Direito Civil.

CAPÍTULO V
DO PROCESSO DE HABILITAÇÃO PARA O CASAMENTO

- arts. 67 a 69, Lei 6.015/1973 (Lei de Registros Públicos).

Art. 1.525. O requerimento de habilitação para o casamento será firmado por ambos os nubentes, de próprio punho, ou, a seu pedido, por procurador, e deve ser instruído com os seguintes documentos:

I - certidão de nascimento ou documento equivalente;

- arts. 1.517; 1.550, I; 1.641, II, deste Código.

II - autorização por escrito das pessoas sob cuja dependência legal estiverem, ou ato judicial que a supra;

- arts. 1.517 a 1.520; 1.550, II, deste Código.

III - declaração de duas testemunhas maiores, parentes ou não, que atestem conhecê-los e afirmem não existir impedimento que os iniba de casar;

- art. 228 deste Código.
- arts. 342 e 343, CP.

IV - declaração do estado civil, do domicílio e da residência atual dos contraentes e de seus pais, se forem conhecidos;

V - certidão de óbito do cônjuge falecido, de sentença declaratória de nulidade ou de anulação de casamento, transitada em julgado, ou do registro da sentença de divórcio.

- art. 226, §§ 1º a 4º, CF.
- art. 1.521, VI, deste Código.
- arts. 235 a 239, CP.
- arts. 7º; 18; 19, LINDB.
- arts. 67 a 70, Lei 6.015/1973 (Lei de Registros Públicos).

Art. 1.526. A habilitação será feita pessoalmente perante o oficial do Registro Civil, com a audiência do Ministério Público. (Redação dada pela Lei 12.133/2009.)

- Enunciado 120 das Jornadas de Direito Civil.

Parágrafo único. Caso haja impugnação do oficial, do Ministério Público ou de terceiro, a habilitação será submetida ao juiz. (Incluído pela Lei 12.133/2009.)

Art. 1.527. Estando em ordem a documentação, o oficial extrairá o edital, que se afixará durante quinze dias nas circunscrições do Registro Civil de ambos os nubentes, e, obrigatoriamente, se publicará na imprensa local, se houver.

- arts. 44 e 68, §§ 3º e 4º, Lei 6.015/1973 (Lei de Registros Públicos).
- Enunciado 513 das Jornadas de Direito Civil.

Parágrafo único. A autoridade competente, havendo urgência, poderá dispensar a publicação.

- arts. 43 a 67; 70, Lei 6.015/1973 (Lei de Registros Públicos).

Art. 1.528. É dever do oficial do registro esclarecer os nubentes a respeito dos fatos que podem ocasionar a invalidade do casamento, bem como sobre os diversos regimes de bens.

- arts. 1.548 a 1.564; 1.639 a 1.688 deste Código.
- art. 28, Lei 6.015/1973 (Lei de Registros Públicos).

Art. 1.529. Tanto os impedimentos quanto as causas suspensivas serão opostos em declaração escrita e assinada, instruída com as provas do fato alegado, ou com a indicação do lugar onde possam ser obtidas.

- arts. 1.521 a 1.524 deste Código.

Art. 1.530. O oficial do registro dará aos nubentes ou a seus representantes nota da oposição, indicando os fundamentos, as provas e o nome de quem a ofereceu.

Parágrafo único. Podem os nubentes requerer prazo razoável para fazer prova contrária aos fatos alegados, e promover as ações civis e criminais contra o oponente de má-fé.

- art. 67, § 5º, Lei 6.015/1973 (Lei de Registros Públicos).

Art. 1.531. Cumpridas as formalidades dos arts. 1.526 e 1.527 e verificada a inexistência de fato obstativo, o oficial do registro extrairá o certificado de habilitação.

Art. 1.532. A eficácia da habilitação será de noventa dias, a contar da data em que foi extraído o certificado.

CAPÍTULO VI
DA CELEBRAÇÃO DO CASAMENTO

Art. 1.533. Celebrar-se-á o casamento, no dia, hora e lugar previamente designados pela autoridade que houver de presidir o ato, mediante petição dos contraentes, que se mostrem habilitados com a certidão do art. 1.531.

- arts. 5º, LXXVI, a; 226, §§ 1º a 6º, CF.
- arts. 71; 73 a 75, Lei 6.015/1973 (Lei de Registros Públicos).

Art. 1.534. A solenidade realizar-se-á na sede do cartório, com toda publicidade, a portas abertas, presentes pelo menos duas testemunhas, parentes ou não dos contraentes, ou, querendo as partes e consentindo a autoridade celebrante, noutro edifício público ou particular.

- art. 1.539 deste Código.

§ 1º Quando o casamento for em edifício particular, ficará este de portas abertas durante o ato.

§ 2º Serão quatro as testemunhas na hipótese do parágrafo anterior e se algum dos contraentes não souber ou não puder escrever.

Art. 1.535. Presentes os contraentes, em pessoa ou por procurador especial, juntamente com as testemunhas e o oficial do registro, o presidente do ato, ouvida aos nubentes a afirmação de que pretendem casar por livre e espontânea vontade, declarará efetuado o casamento, nestes termos: "De acordo com a vontade que ambos acabais de afirmar perante mim, de vos receberdes por marido e mulher, eu, em nome da lei, vos declaro casados."

- arts. 1.538; 1.542 deste Código.

Art. 1.536. Do casamento, logo depois de celebrado, lavrar-se-á o assento no livro de registro. No assento, assinado pelo presidente do ato, pelos cônjuges, as testemunhas, e o oficial do registro, serão exarados:

I - os prenomes, sobrenomes, datas de nascimento, profissão, domicílio e residência atual dos cônjuges;

II - os prenomes, sobrenomes, datas de nascimento ou de morte, domicílio e residência atual dos pais;

III - o prenome e sobrenome do cônjuge precedente e a data da dissolução do casamento anterior;

IV - a data da publicação dos proclamas e da celebração do casamento;

V - a relação dos documentos apresentados ao oficial do registro;

VI - o prenome, sobrenome, profissão, domicílio e residência atual das testemunhas;

VII - o regime do casamento, com a declaração da data e do cartório em cujas notas foi lavrada a escritura antenupcial, quando o regime não for o da comunhão parcial, ou o obrigatoriamente estabelecido.

- art. 70, Lei 6.015/1973 (Lei de Registros Públicos).

Art. 1.537. O instrumento da autorização para casar transcrever-se-á integralmente na escritura antenupcial.

CC

‣ arts. 220; 1.517 a 1.520; 1.634, III; 1.653, deste Código.

Art. 1.538. A celebração do casamento será imediatamente suspensa se algum dos contraentes:

I - recusar a solene afirmação da sua vontade;

II - declarar que esta não é livre e espontânea;

III - manifestar-se arrependido.

Parágrafo único. O nubente que, por algum dos fatos mencionados neste artigo, der causa à suspensão do ato, não será admitido a retratar-se no mesmo dia.

Art. 1.539. No caso de moléstia grave de um dos nubentes, o presidente do ato irá celebrá-lo onde se encontrar o impedido, sendo urgente, ainda que à noite, perante duas testemunhas que saibam ler e escrever.

‣ arts. 1.534, §§ 1º e 2º, deste Código.

§ 1º A falta ou impedimento da autoridade competente para presidir o casamento suprir-se-á por qualquer dos seus substitutos legais, e a do oficial do Registro Civil por outro *ad hoc*, nomeado pelo presidente do ato.

§ 2º O termo avulso, lavrado pelo oficial *ad hoc*, será registrado no respectivo registro dentro em cinco dias, perante duas testemunhas, ficando arquivado.

Art. 1.540. Quando algum dos contraentes estiver em iminente risco de vida, não obtendo a presença da autoridade à qual incumba presidir o ato, nem a de seu substituto, poderá o casamento ser celebrado na presença de seis testemunhas, que com os nubentes não tenham parentesco em linha reta, ou, na colateral, até segundo grau.

‣ art. 1.527, p.u.,deste Código.

‣ art. 76, Lei 6.015/1973 (Lei de Registros Públicos).

Art. 1.541. Realizado o casamento, devem as testemunhas comparecer perante a autoridade judicial mais próxima, dentro em dez dias, pedindo que lhes tome por termo a declaração de:

I - que foram convocadas por parte do enfermo;

II - que este parecia em perigo de vida, mas em seu juízo;

III - que, em sua presença, declararam os contraentes, livre e espontaneamente, receber-se por marido e mulher.

‣ art. 76, Lei 6.015/1973 (Lei de Registros Públicos).

§ 1º Autuado o pedido e tomadas as declarações, o juiz procederá às diligências necessárias para verificar se os contraentes podiam ter-se habilitado, na forma ordinária, ouvidos os interessados que o requererem, dentro em quinze dias.

‣ art. 76, § 3º, Lei 6.015/1973 (Lei de Registros Públicos).

§ 2º Verificada a idoneidade dos cônjuges para o casamento, assim o decidirá a autoridade competente, com recurso voluntário às partes.

§ 3º Se da decisão não se tiver recorrido, ou se ela passar em julgado, apesar dos recursos interpostos, o juiz mandará registrá-la no livro do Registro dos Casamentos.

§ 4º O assento assim lavrado retrotrairá os efeitos do casamento, quanto ao estado dos cônjuges, à data da celebração.

§ 5º Serão dispensadas as formalidades deste e do artigo antecedente, se o enfermo convalescer e puder ratificar o casamento na presença da autoridade competente e do oficial do registro.

Art. 1.542. O casamento pode celebrar-se mediante procuração, por instrumento público, com poderes especiais.

§ 1º A revogação do mandato não necessita chegar ao conhecimento do mandatário; mas, celebrado o casamento sem que o mandatário ou o outro contraente tivessem ciência da revogação, responderá o mandante por perdas e danos.

‣ arts. 402 a 405; 1.550, deste Código.

§ 2º O nubente que não estiver em iminente risco de vida poderá fazer-se representar no casamento nuncupativo.

§ 3º A eficácia do mandato não ultrapassará noventa dias.

§ 4º Só por instrumento público se poderá revogar o mandato.

‣ art. 7º, § 1º, LInDB.

CAPÍTULO VII
DAS PROVAS DO CASAMENTO

Art. 1.543. O casamento celebrado no Brasil prova-se pela certidão do registro.

Parágrafo único. Justificada a falta ou perda do registro civil, é admissível qualquer outra espécie de prova.

‣ art. 7º, § 1º, LInDB.

Art. 1.544. O casamento de brasileiro, celebrado no estrangeiro, perante as respectivas autoridades ou os cônsules brasileiros, deverá ser registrado em cento e oitenta dias, a contar da volta de um ou de ambos os cônjuges ao Brasil, no cartório do respectivo domicílio, ou, em sua falta, no 1º Ofício da Capital do Estado em que passarem a residir.

‣ arts. 7º; 13; 18; 19, LInDB.

‣ art. 32, Lei 6.015/1973 (Lei de Registros Públicos).

Art. 1.545. O casamento de pessoas que, na posse do estado de casadas, não possam manifestar vontade, ou tenham falecido, não se pode contestar em prejuízo da prole comum, salvo mediante certidão do Registro Civil que prove que já era casada alguma delas quando contraiu o casamento impugnado.

Art. 1.546. Quando a prova da celebração legal do casamento resultar de processo judicial, o registro da sentença no livro do Registro Civil produzirá, tanto no que toca aos cônjuges quanto no que respeita aos filhos, todos os efeitos civis desde a data do casamento.

Art. 1.547. Na dúvida entre as provas favoráveis e contrárias, julgar-se-á pelo casamento, se os cônjuges, cujo casamento se impugna, viverem ou tiverem vivido na posse do estado de casados.

CAPÍTULO VIII
DA INVALIDADE DO CASAMENTO

Art. 1.548. É nulo o casamento contraído:

I - (Revogado pela Lei 13.146/2015.)

II - por infringência de impedimento.

‣ arts. 1.521; 1.522 deste Código.

Art. 1.549. A decretação de nulidade de casamento, pelos motivos previstos no artigo antecedente, pode ser promovida mediante ação direta, por qualquer interessado, ou pelo Ministério Público.

‣ arts. 17 e 177, NCPC.

Art. 1.550. É anulável o casamento:

‣ arts. 1.151; 1.556; 1.561 deste Código.

I - de quem não completou a idade mínima para casar;

‣ arts. 1.517; 1.520 deste Código.

II - do menor em idade núbil, quando não autorizado por seu representante legal;

‣ arts. 1.517; 1.641 deste Código.

III - por vício da vontade, nos termos dos arts. 1.556 a 1.558;

‣ art. 1.560, IV, deste Código.

IV - do incapaz de consentir ou manifestar, de modo inequívoco, o consentimento;

‣ art. 1.560, I, deste Código.

V - realizado pelo mandatário, sem que ele ou o outro contraente soubesse da revogação do mandato, e não sobrevindo coabitação entre os cônjuges;

‣ arts. 1.542; 1.560, § 2º, deste Código.

VI - por incompetência da autoridade celebrante.

‣ arts. 1.554; 1.560, II, deste Código.

§ 1º Equipara-se à revogação a invalidade do mandato judicialmente decretada. (Renumerado de p.u. pela Lei 13.146/2015.)

§ 2º A pessoa com deficiência mental ou intelectual em idade núbia poderá contrair matrimônio, expressando sua vontade diretamente ou por meio de seu responsável ou curador. (Acrescentado pela Lei 13.146/2015.)

Art. 1.551. Não se anulará, por motivo de idade, o casamento de que resultou gravidez.

‣ arts. 1.517; 1.520, deste Código.

Art. 1.552. A anulação do casamento dos menores de dezesseis anos será requerida:

I - pelo próprio cônjuge menor;

II - por seus representantes legais;

III - por seus ascendentes.

‣ art. 1.560, § 1º, deste Código.

Art. 1.553. O menor que não atingiu a idade núbil poderá, depois de completá-la, confirmar seu casamento, com a autorização de seus representantes legais, se necessária, ou com suprimento judicial.

Art. 1.554. Subsiste o casamento celebrado por aquele que, sem possuir a competência exigida na lei, exercer publicamente as funções de juiz de casamentos e, nessa qualidade, tiver registrado o ato no Registro Civil.

Art. 1.555. O casamento do menor em idade núbil, quando não autorizado por seu representante legal, só poderá ser anulado se a ação for proposta em cento e oitenta dias, por iniciativa do incapaz, ao deixar de sê-lo, de seus representantes legais ou de seus herdeiros necessários.

› art. 1.845 deste Código.

§ 1º O prazo estabelecido neste artigo será contado do dia em que cessou a incapacidade, no primeiro caso; a partir do casamento, no segundo; e, no terceiro, da morte do incapaz.

§ 2º Não se anulará o casamento quando à sua celebração houverem assistido os representantes legais do incapaz, ou tiverem, por qualquer modo, manifestado sua aprovação.

Art. 1.556. O casamento pode ser anulado por vício da vontade, se houve por parte de um dos nubentes, ao consentir, erro essencial quanto à pessoa do outro.

› art. 236, CP.

Art. 1.557. Considera-se erro essencial sobre a pessoa do outro cônjuge:

› art. 1.560, III, deste Código.

I - o que diz respeito à sua identidade, sua honra e boa fama, sendo esse erro tal que o seu conhecimento ulterior torne insuportável a vida em comum ao cônjuge enganado;

II - a ignorância de crime, anterior ao casamento, que, por sua natureza, torne insuportável a vida conjugal;

III - a ignorância, anterior ao casamento, de defeito físico irremediável que não caracterize deficiência ou de moléstia grave e transmissível, por contágio ou por herança, capaz de pôr em risco a saúde do outro cônjuge ou de sua descendência; (Alterado pela Lei 13.146/2015.)

› art. 1.559 deste Código.

IV - (Revogado pela Lei 13.146/2015.)

Art. 1.558. É anulável o casamento em virtude de coação, quando o consentimento de um ou de ambos os cônjuges houver sido captado mediante fundado temor de mal considerável e iminente para a vida, a saúde e a honra, sua ou de seus familiares.

› arts. 1.560, IV, deste Código.

Art. 1.559. Somente o cônjuge que incidiu em erro ou sofreu coação pode demandar a anulação do casamento; mas a coabitação, havendo ciência do vício, valida o ato, ressalvadas as hipóteses dos incisos III e IV do art. 1.557.

Art. 1.560. O prazo para ser intentada a ação de anulação do casamento, a contar da data da celebração, é de:

I - cento e oitenta dias, no caso do inciso IV do art. 1.550;

II - dois anos, se incompetente a autoridade celebrante;

III - três anos, nos casos dos incisos I a IV do art. 1.557;

IV - quatro anos, se houver coação.

§ 1º Extingue-se, em cento e oitenta dias, o direito de anular o casamento dos menores de dezesseis anos, contado o prazo para o menor do dia em que perfez essa idade; e da data do casamento, para seus representantes legais ou ascendentes.

§ 2º Na hipótese do inciso V do art. 1.550, o prazo para anulação do casamento é de cento e oitenta dias, a partir da data em que o mandante tiver conhecimento da celebração.

Art. 1.561. Embora anulável ou mesmo nulo, se contraído de boa-fé por ambos os cônjuges, o casamento, em relação a estes como aos filhos, produz todos os efeitos até o dia da sentença anulatória.

› arts. 1.563; 1.564, deste Código.

§ 1º Se um dos cônjuges estava de boa-fé ao celebrar o casamento, os seus efeitos civis só a ele e aos filhos aproveitarão.

§ 2º Se ambos os cônjuges estavam de má-fé ao celebrar o casamento, os seus efeitos civis só aos filhos aproveitarão.

Art. 1.562. Antes de mover a ação de nulidade do casamento, a de anulação, a de separação judicial, a de divórcio direto ou a de dissolução de união estável, poderá requerer a parte, comprovando sua necessidade, a separação de corpos, que será concedida pelo juiz com a possível brevidade.

› art. 69, p.u., Lei 9.099/1995 (Lei dos Juizados Especiais).

Art. 1.563. A sentença que decretar a nulidade do casamento retroagirá à data da sua celebração, sem prejudicar a aquisição de direitos, a título oneroso, por terceiros de boa-fé, nem a resultante de sentença transitada em julgado.

› art. 53, I, NCPC.

› art. 100, Lei 6.015/1973 (Lei de Registros Públicos).

Art. 1.564. Quando o casamento for anulado por culpa de um dos cônjuges, este incorrerá:

I - na perda de todas as vantagens havidas do cônjuge inocente;

II - na obrigação de cumprir as promessas que lhe fez no contrato antenupcial.

› arts. 1.653 a 1.657 deste Código.

CAPÍTULO IX
DA EFICÁCIA DO CASAMENTO

Art. 1.565. Pelo casamento, homem e mulher assumem mutuamente a condição de consortes, companheiros e responsáveis pelos encargos da família.

› art. 226, § 5º, CF.

› art. 1.514 deste Código.

§ 1º Qualquer dos nubentes, querendo, poderá acrescer ao seu o sobrenome do outro.

› arts. 1.571, § 2º; e 1.578 deste Código.

§ 2º O planejamento familiar é de livre decisão do casal, competindo ao Estado propiciar recursos educacionais e financeiros para o exercício desse direito, vedado qualquer tipo de coerção por parte de instituições privadas ou públicas.

› art. 226, § 7º, CF.

› art. 1.513 deste Código.

› Lei 9.263/1996 (Trata do planejamento familiar).

› Enunciado 99 das Jornadas de Direito Civil.

Art. 1.566. São deveres de ambos os cônjuges:

I - fidelidade recíproca;

› art. 1.573, I, deste Código.

II - vida em comum, no domicílio conjugal;

› arts. 1.569; 1.573, IV, deste Código.

III - mútua assistência;

› art. 244, CP.

IV - sustento, guarda e educação dos filhos;

› arts. 226, § 5º; 227; 229, CF.

› arts. 1.583 a 1.590; 1.634; 1.635, V, 1.638 deste Código.

› arts. 244 a 247, CP.

› arts.19 a 24; e 155 a 163, Lei 8.069/1990 (ECA).

V - respeito e consideração mútuos.

› arts. 1.573, III deste Código.

Art. 1.567. A direção da sociedade conjugal será exercida, em colaboração, pelo marido e pela mulher, sempre no interesse do casal e dos filhos.

Parágrafo único. Havendo divergência, qualquer dos cônjuges poderá recorrer ao juiz, que decidirá tendo em consideração aqueles interesses.

› art. 1.631, p.u., deste Código.

Art. 1.568. Os cônjuges são obrigados a concorrer, na proporção de seus bens e dos rendimentos do trabalho, para o sustento da família e a educação dos filhos, qualquer que seja o regime patrimonial.

› art. 226, § 5º, CF.

Art. 1.569. O domicílio do casal será escolhido por ambos os cônjuges, mas um e outro podem ausentar-se do domicílio conjugal para atender a encargos públicos, ao exercício de sua profissão, ou a interesses particulares relevantes.

Art. 1.570. Se qualquer dos cônjuges estiver em lugar remoto ou não sabido, encarcerado por mais de cento e oitenta dias, interditado judicialmente ou privado, episodicamente, de consciência, em virtude de enfermidade ou de acidente, o outro exercerá com exclusividade a direção da família, cabendo-lhe a administração dos bens.

› arts. 25; 1.651 deste Código.

CAPÍTULO X
DA DISSOLUÇÃO DA SOCIEDADE E DO VÍNCULO CONJUGAL

Art. 1.571. A sociedade conjugal termina:

› Enunciados 514; 571; 602 das Jornadas de Direito Civil.

I - pela morte de um dos cônjuges;

II - pela nulidade ou anulação do casamento;

› arts. 1.548; 1.564 deste Código.

III - pela separação judicial;

› arts. 980; 1.027; e 1.572 a 1.578 deste Código.

› art. 733, NCPC.

› arts. 3º a 23, Lei 6.515/1977 (Lei do Divórcio).

› A EC 66/2010 suprimiu o requisito da prévia separação judicial para a dissolução do casamento civil pelo divórcio.

IV - pelo divórcio.

› art. 226, § 6º, CF.

› arts. 1.579 a 1.582 deste Código.

› arts. 24 a 33, Lei 6.515/1977 (Lei do Divórcio).

§ 1º O casamento válido só se dissolve pela morte de um dos cônjuges ou pelo divórcio, aplicando-se a presunção estabelecida neste Código quanto ao ausente.

› arts. 6º; 22 a 39 deste Código.

§ 2º Dissolvido o casamento pelo divórcio direto ou por conversão, o cônjuge poderá manter o nome de casado; salvo, no segundo caso, dispondo em contrário a sentença de separação judicial.

› Enunciado 121 das Jornadas de Direito Civil.

Art. 1.572. Qualquer dos cônjuges poderá propor a ação de separação judicial, imputando ao outro qualquer ato que importe grave violação dos deveres do casamento e torne insuportável a vida em comum.

› A EC 66/2010 suprimiu o requisito da prévia separação judicial para a dissolução do casamento civil pelo divórcio.

› Enunciados 100, 122 e 571 das Jornadas de Direito Civil.

§ 1º A separação judicial pode também ser pedida se um dos cônjuges provar ruptura da vida em comum há mais de um ano e a impossibilidade de sua reconstituição.

§ 2º O cônjuge pode ainda pedir a separação judicial quando o outro estiver acometido de doença mental grave, manifestada após o casamento, que torne impossível a continuação da vida em comum, desde que, após uma duração de dois anos, a enfermidade tenha sido reconhecida de cura improvável.

§ 3º No caso do parágrafo 2º, reverterão ao cônjuge enfermo, que não houver pedido a separação judicial, os remanescentes dos bens que levou para o casamento, e se o regime dos bens adotado o permitir, a meação dos adquiridos na constância da sociedade conjugal.

Art. 1.573. Pode caracterizar a impossibilidade da comunhão de vida a ocorrência de algum dos seguintes motivos:

› Enunciados 254 e 571 das Jornadas de Direito Civil.

I - adultério;

› O crime de adultério foi revogado pela Lei 11.106/2005.

II - tentativa de morte;

III - sevícia ou injúria grave;

IV - abandono voluntário do lar conjugal, durante um ano contínuo;

› art. 1.566, II, deste Código.

V - condenação por crime infamante;

VI - conduta desonrosa.

› art. 1.566, V, deste Código.

Parágrafo único. O juiz poderá considerar outros fatos que tornem evidente a impossibilidade da vida em comum.

Art. 1.574. Dar-se-á a separação judicial por mútuo consentimento dos cônjuges se forem casados por mais de um ano e o manifestarem perante o juiz, sendo por ele devidamente homologada a convenção.

› A EC 66/2010 suprimiu o requisito da prévia separação judicial para a dissolução do casamento civil pelo divórcio.

› Enunciados 515 e 571 das Jornadas de Direito Civil.

Parágrafo único. O juiz pode recusar a homologação e não decretar a separação judicial se apurar que a convenção não preserva suficientemente os interesses dos filhos ou de um dos cônjuges.

› Enunciado 516 das Jornadas de Direito Civil.

Art. 1.575. A sentença de separação judicial importa a separação de corpos e a partilha de bens.

› art. 1.562 deste Código.

› A EC 66/2010 suprimiu o requisito da prévia separação judicial para a dissolução do casamento civil pelo divórcio.

› Enunciados 255 e 571 das Jornadas de Direito Civil.

Parágrafo único. A partilha de bens poderá ser feita mediante proposta dos cônjuges e homologada pelo juiz ou por este decidida.

Art. 1.576. A separação judicial põe termo aos deveres de coabitação e fidelidade recíproca e ao regime de bens.

› A EC 66/2010 suprimiu o requisito da prévia separação judicial para a dissolução do casamento civil pelo divórcio.

Parágrafo único. O procedimento judicial da separação caberá somente aos cônjuges, e, no caso de incapacidade, serão representados pelo curador, pelo ascendente ou pelo irmão.

Art. 1.577. Seja qual for a causa da separação judicial e o modo como esta se faça, é lícito aos cônjuges restabelecer, a todo tempo, a sociedade conjugal, por ato regular em juízo.

› A EC 66/2010 suprimiu o requisito da prévia separação judicial para a dissolução do casamento civil pelo divórcio.

Parágrafo único. A reconciliação em nada prejudicará o direito de terceiros, adquirido antes e durante o estado de separado, seja qual for o regime de bens.

› art. 101, Lei 6.015/1973 (Lei de Registros Públicos).

› art. 46, Lei 6.515/1977 (Lei do Divórcio).

Art. 1.578. O cônjuge declarado culpado na ação de separação judicial perde o direito de usar o sobrenome do outro, desde que expressamente requerido pelo cônjuge inocente e se a alteração não acarretar:

› A EC 66/2010 suprimiu o requisito da prévia separação judicial para a dissolução do casamento civil pelo divórcio.

› Enunciados 124 e 571 das Jornadas de Direito Civil.

I - evidente prejuízo para a sua identificação;

II - manifesta distinção entre o seu nome de família e o dos filhos havidos da união dissolvida;

III - dano grave reconhecido na decisão judicial.

§ 1º O cônjuge inocente na ação de separação judicial poderá renunciar, a qualquer momento, ao direito de usar o sobrenome do outro.

§ 2º Nos demais casos caberá a opção pela conservação do nome de casado.

Art. 1.579. O divórcio não modificará os direitos e deveres dos pais em relação aos filhos.

Parágrafo único. Novo casamento de qualquer dos pais, ou de ambos, não poderá importar restrições aos direitos e deveres previstos neste artigo.

› art. 229, CF.

› arts. 1.634; 1.636 deste Código.

› art. 22, Lei 8.069/1990 (ECA).

› art. 27, Lei 6.515/1977 (Lei do Divórcio).

Art. 1.580. Decorrido um ano do trânsito em julgado da sentença que houver decretado a separação judicial, ou da decisão concessiva da medida cautelar de separação de corpos, qualquer das partes poderá requerer sua conversão em divórcio.

› A EC 66/2010 suprimiu o requisito da prévia separação judicial para a dissolução do casamento civil pelo divórcio.

› Enunciados 517 das Jornadas de Direito Civil.

§ 1º A conversão em divórcio da separação judicial dos cônjuges será decretada por sentença, da qual não constará referência à causa que a determinou.

§ 2º O divórcio poderá ser requerido, por um ou por ambos os cônjuges, no caso de comprovada separação de fato por mais de dois anos.

Art. 1.581. O divórcio pode ser concedido sem que haja prévia partilha de bens.

› art. 731, NCPC.

› art. 31, Lei 6.515/1977 (Lei do Divórcio).

› Súm. 197, STJ.

Art. 1.582. O pedido de divórcio somente competirá aos cônjuges.

Parágrafo único. Se o cônjuge for incapaz para propor a ação ou defender-se, poderá fazê-lo o curador, o ascendente ou o irmão.

› art. 24, p.u., Lei 6.515/1977 (Lei do Divórcio).

CAPÍTULO XI
DA PROTEÇÃO DA PESSOA DOS FILHOS

› Lei 12.318/2010 (Dispõe sobre a alienação parental).

Art. 1.583. A guarda será unilateral ou compartilhada. (Redação dada pela Lei 11.698/2008.)

› arts. 9º; 16, Lei 6.515/1977 (Lei do Divórcio).

› Enunciados 603 a 607 das Jornadas de Direito Civil.

§ 1º Compreende-se por guarda unilateral a atribuída a um só dos genitores ou a alguém que o substitua (art. 1.584, § 5º) e, por guarda compartilhada a responsabilização conjunta e o exercício de direitos e deveres do pai e da mãe que não vivam sob o mesmo teto, concernentes ao poder familiar dos filhos comuns. (Incluído pela Lei 11.698/2008.)

§ 2º Na guarda compartilhada, o tempo de convívio com os filhos deve ser dividido de forma equilibrada com a mãe e com o pai, sempre tendo em vista as condições fáticas e os interesses dos filhos. (Alterado pela Lei 13.058/2014.)

I a III - (Revogados pela Lei 13.058/2014.)

§ 3º Na guarda compartilhada, a cidade considerada base de moradia dos filhos será aquela que melhor atender aos interesses dos filhos. (Alterado pela Lei 13.058/2014.)

§ 4º (Vetado.). (Incluído pela Lei 11.698/2008.)

§ 5º A guarda unilateral obriga o pai ou a mãe que não a detenha a supervisionar os interesses dos filhos, e, para possibilitar tal supervisão, qualquer dos genitores sempre será parte legítima para solicitar informações e/ou prestação de contas, objetivas ou subjetivas, em assuntos ou situações que direta ou indiretamente afetem a saúde física e psicológica e a educação de seus filhos. (Acrescentado pela Lei 13.058/2014.)

Art. 1.584. A guarda, unilateral ou compartilhada, poderá ser: (Redação dada pela Lei 11.698/2008.)

▸ Enunciados 102; 333; 334; 518 das Jornadas de Direito Civil.

I - requerida, por consenso, pelo pai e pela mãe, ou por qualquer deles, em ação autônoma de separação, de divórcio, de dissolução de união estável ou em medida cautelar; (Incluído pela Lei 11.698/2008.)

II - decretada pelo juiz, em atenção a necessidades específicas do filho, ou em razão da distribuição de tempo necessário ao convívio deste com o pai e com a mãe. (Incluído pela Lei 11.698/2008.)

§ 1º Na audiência de conciliação, o juiz informará ao pai e à mãe o significado da guarda compartilhada, a sua importância, a similitude de deveres e direitos atribuídos aos genitores e as sanções pelo descumprimento de suas cláusulas. (Incluído pela Lei 11.698/2008.)

§ 2º Quando não houver acordo entre a mãe e o pai quanto à guarda do filho, encontrando-se ambos os genitores aptos a exercer o poder familiar, será aplicada a guarda compartilhada, salvo se um dos genitores declarar ao magistrado que não deseja a guarda do menor. (Alterado pela Lei 13.058/2014.)

§ 3º Para estabelecer as atribuições do pai e da mãe e os períodos de convivência sob guarda compartilhada, o juiz, de ofício ou a requerimento do Ministério Público, poderá basear-se em orientação técnico-profissional ou de equipe interdisciplinar, que deverá visar à divisão equilibrada do tempo com o pai e com a mãe. (Alterado pela Lei 13.058/2014.)

§ 4º A alteração não autorizada ou o descumprimento imotivado de cláusula de guarda unilateral ou compartilhada poderá implicar a redução de prerrogativas atribuídas ao seu detentor. (Alterado pela Lei 13.058/2014.)

§ 5º Se o juiz verificar que o filho não deve permanecer sob a guarda do pai ou da mãe, deferirá a guarda a pessoa que revele compatibilidade com a natureza da medida, considerados, de preferência, o grau de parentesco e as relações de afinidade e afetividade. (Alterado pela Lei 13.058/2014.)

§ 6º Qualquer estabelecimento público ou privado é obrigado a prestar informações a qualquer dos genitores sobre os filhos destes, sob pena de multa de R$ 200,00 (duzentos reais) a R$ 500,00 (quinhentos reais) por dia pelo não atendimento da solicitação. (Acrescentado pela Lei 13.058/2014.)

Art. 1.585. Em sede de medida cautelar de separação de corpos, em sede de medida cautelar de guarda ou em outra sede de fixação liminar de guarda, a decisão sobre guarda de filhos, mesmo que provisória, será proferida preferencialmente após a oitiva de ambas as partes perante o juiz, salvo se a proteção aos interesses dos filhos exigir a concessão de liminar sem a oitiva da outra parte, aplicando-se as disposições do art. 1.584. (Alterado pela Lei 13.058/2014.)

▸ art. 1.562 deste Código.

▸ Arts. 294 a 305 deste Código.

Art. 1.586. Havendo motivos graves, poderá o juiz, em qualquer caso, a bem dos filhos, regular de maneira diferente da estabelecida nos artigos antecedentes a situação deles para com os pais.

Art. 1.587. No caso de invalidade do casamento, havendo filhos comuns, observar-se-á o disposto nos arts. 1.584 e 1.586.

▸ arts. 1.548 a 1.564 deste Código.

Art. 1.588. O pai ou a mãe que contrair novas núpcias não perde o direito de ter consigo os filhos, que só lhe poderão ser retirados por mandado judicial, provado que não são tratados convenientemente.

▸ arts. 1.579, p.u.; 1.636 deste Código.

▸ Enunciado 337 das Jornadas de Direito Civil.

Art. 1.589. O pai ou a mãe, em cuja guarda não estejam os filhos, poderá visitá-los e tê-los em sua companhia, segundo o que acordar com o outro cônjuge, ou for fixado pelo juiz, bem como fiscalizar sua manutenção e educação.

▸ art. 1.579 deste Código.

▸ art. 15, Lei 6.515/1977 (Lei do Divórcio).

Parágrafo único. O direito de visita estende-se a qualquer dos avós, a critério do juiz, observados os interesses da criança ou do adolescente. (Incluído pela Lei 12.398/2011.)

Art. 1.590. As disposições relativas à guarda e prestação de alimentos aos filhos menores estendem-se aos maiores incapazes.

▸ arts. 3º; 4º; 1.584 a 1.589; 1.703 deste Código.

▸ art. 16, Lei 6.515/1977 (Lei do Divórcio).

SUBTÍTULO II
DAS RELAÇÕES DE PARENTESCO

CAPÍTULO I
DISPOSIÇÕES GERAIS

Art. 1.591. São parentes em linha reta as pessoas que estão umas para com as outras na relação de ascendentes e descendentes.

▸ arts. 1.521, I; 1.723, § 1º, deste Código.

Art. 1.592. São parentes em linha colateral ou transversal, até o quarto grau, as pessoas provenientes de um só tronco, sem descenderem uma da outra.

▸ art. 1.839 deste Código.

Art. 1.593. O parentesco é natural ou civil, conforme resulte de consanguinidade ou outra origem.

▸ Enunciados 103; 256; 519 das Jornadas de Direito Civil.

Art. 1.594. Contam-se, na linha reta, os graus de parentesco pelo número de gerações, e, na colateral, também pelo número delas, subindo de um dos parentes até ao ascendente comum, e descendo até encontrar o outro parente.

Art. 1.595. Cada cônjuge ou companheiro é aliado aos parentes do outro pelo vínculo da afinidade.

§ 1º O parentesco por afinidade limita-se aos ascendentes, aos descendentes e aos irmãos do cônjuge ou companheiro.

§ 2º Na linha reta, a afinidade não se extingue com a dissolução do casamento ou da união estável.

▸ Art. 1.521, II, deste Código.

CAPÍTULO II
DA FILIAÇÃO

Art. 1.596. Os filhos, havidos ou não da relação de casamento, ou por adoção, terão os mesmos direitos e qualificações, proibidas quaisquer designações discriminatórias relativas à filiação.

▸ art. 227, § 6º, CF.

▸ art. 20, Lei 8.069/1990 (ECA).

▸ arts. 5º; 6º Lei 8.560/1992 (Regula a investigação de paternidade dos filhos havidos fora do casamento).

Art. 1.597. Presumem-se concebidos na constância do casamento os filhos:

▸ Enunciados 104; 106; 126; 257; 633 das Jornadas de Direito Civil.

I - nascidos cento e oitenta dias, pelo menos, depois de estabelecida a convivência conjugal;

II - nascidos nos trezentos dias subsequentes à dissolução da sociedade conjugal, por morte, separação judicial, nulidade e anulação do casamento;

III - havidos por fecundação artificial homóloga, mesmo que falecido o marido;

▸ Enunciados 106; 127 das Jornadas de Direito Civil.

IV - havidos, a qualquer tempo, quando se tratar de embriões excedentários, decorrentes de concepção artificial homóloga;

▸ Enunciados 107; 128 das Jornadas de Direito Civil.

V - havidos por inseminação artificial heteróloga, desde que tenha prévia autorização do marido.

- art. 227, § 6º, CF.
- art. 2º deste Código.
- Enunciados 129; 258 das Jornadas de Direito Civil.

Art. 1.598. Salvo prova em contrário, se, antes de decorrido o prazo previsto no inciso II do art. 1.523, a mulher contrair novas núpcias e lhe nascer algum filho, este se presume do primeiro marido, se nascido dentro dos trezentos dias a contar da data do falecimento deste e, do segundo, se o nascimento ocorrer após esse período e já decorrido o prazo a que se refere o inciso I do art. 1.597.

- Art. 227, § 6º, CF.

Art. 1.599. A prova da impotência do cônjuge para gerar, à época da concepção, ilide a presunção da paternidade.

Art. 1.600. Não basta o adultério da mulher, ainda que confessado, para ilidir a presunção legal da paternidade.

Art. 1.601. Cabe ao marido o direito de contestar a paternidade dos filhos nascidos de sua mulher, sendo tal ação imprescritível.

- art. 227, § 6º, CF.
- art. 27, Lei 8.069/1990 (ECA).
- arts. 102, § 1º, Lei 6.015/1973 (Lei de Registros Públicos).
- Enunciados 130; 258; 520 das Jornadas de Direito Civil.

Parágrafo único. Contestada a filiação, os herdeiros do impugnante têm direito de prosseguir na ação.

Art. 1.602. Não basta a confissão materna para excluir a paternidade.

Art. 1.603. A filiação prova-se pela certidão do termo de nascimento registrada no Registro Civil.

- arts. 50 a 66 Lei 6.015/1973 (Lei de Registros Públicos).
- Enunciado 108 das Jornadas de Direito Civil.

Art. 1.604. Ninguém pode vindicar estado contrário ao que resulta do registro de nascimento, salvo provando-se erro ou falsidade do registro.

- art. 227, § 6º, CF.
- arts. 241 a 243, CP.
- art. 114, Lei 6.015/1973 (Lei de Registros Públicos).
- arts. 19 a 22 Lei 13.445/2017 (Lei de Migração).

Art. 1.605. Na falta, ou defeito, do termo de nascimento, poderá provar-se a filiação por qualquer modo admissível em direito:

- art. 369, NCPC.
- Enunciado 109 das Jornadas de Direito Civil.

I - quando houver começo de prova por escrito, proveniente dos pais, conjunta ou separadamente;

II - quando existirem veementes presunções resultantes de fatos já certos.

- art. 227, § 6º, CF.
- arts. 212 a 232 deste Código.

Art. 1.606. A ação de prova de filiação compete ao filho, enquanto viver, passando aos herdeiros, se ele morrer menor ou incapaz.

- art. 227, § 6º, CF.
- art. 26 ECA.
- Lei 8.560/1992 (Regula a investigação de paternidade dos filhos havidos fora do casamento).
- Enunciado 570 das Jornadas de Direito Civil.

Parágrafo único. Se iniciada a ação pelo filho, os herdeiros poderão continuá-la, salvo se julgado extinto o processo.

- art. 227, § 6º, CF.
- art. 485 NCPC.

CAPÍTULO III
DO RECONHECIMENTO DOS FILHOS

Art. 1.607. O filho havido fora do casamento pode ser reconhecido pelos pais, conjunta ou separadamente.

- art. 227, § 6º, CF.
- art. 26, Lei 8.069/1990 (ECA).
- art. 59, Lei 6.015/1973 (Lei de Registros Públicos).
- Lei 8.560/1992 (Regula a investigação de paternidade dos filhos havidos fora do casamento).
- Súm. 301, STJ.
- Enunciado 570 das Jornadas de Direito Civil.

Art. 1.608. Quando a maternidade constar do termo do nascimento do filho, a mãe só poderá contestá-la provando a falsidade do termo ou das declarações nele contidas.

Art. 1.609. O reconhecimento dos filhos havidos fora do casamento é irrevogável e será feito:

I - no registro do nascimento;

II - por escritura pública ou escrito particular, a ser arquivado em cartório;

III - por testamento, ainda que incidentalmente manifestado;

IV - por manifestação direta e expressa perante o juiz, ainda que o reconhecimento não haja sido o objeto único e principal do ato que o contém.

- art. 227, § 6º, CF.
- art. 26, Lei 8.069/1990 (ECA).
- art. 1º, I a IV, Lei 8.560/1992 (Regula a investigação de paternidade dos filhos havidos fora do casamento).
- Enunciado 570 das Jornadas de Direito Civil.

Parágrafo único. O reconhecimento pode preceder o nascimento do filho ou ser posterior ao seu falecimento, se ele deixar descendentes.

- art. 26, p.u., Lei 8.069/1990 (ECA).

Art. 1.610. O reconhecimento não pode ser revogado, nem mesmo quando feito em testamento.

Art. 1.611. O filho havido fora do casamento, reconhecido por um dos cônjuges, não poderá residir no lar conjugal sem o consentimento do outro.

- art. 227, § 6º, CF.
- art. 15, Dec.-Lei 3.200/1941 (Dispõe sobre a organização e proteção da família).

Art. 1.612. O filho reconhecido, enquanto menor, ficará sob a guarda do genitor que o reconheceu, e, se ambos o reconheceram e não houver acordo, sob a de quem melhor atender aos interesses do menor.

- Arts. 226, § 5º; 227, § 6º, CF.

Art. 1.613. São ineficazes a condição e o termo apostos ao ato de reconhecimento do filho.

- arts. 121; 131; e 135 deste Código.

Art. 1.614. O filho maior não pode ser reconhecido sem o seu consentimento, e o menor pode impugnar o reconhecimento, nos quatro anos que se seguirem à maioridade, ou à emancipação.

- art. 4º, Lei 8.560/1992 (Regula a investigação de paternidade dos filhos havidos fora do casamento).

Art. 1.615. Qualquer pessoa, que justo interesse tenha, pode contestar a ação de investigação de paternidade, ou maternidade.

- Súmul 149, STF.
- Súm. 301, STJ.

Art. 1.616. A sentença que julgar procedente a ação de investigação produzirá os mesmos efeitos do reconhecimento; mas poderá ordenar que o filho se crie e eduque fora da companhia dos pais ou daquele que lhe contestou essa qualidade.

- arts. 29, § 1º, d; 109, § 4º, Lei 6.015/1973 (Lei de Registros Públicos).
- Súm. 301, STJ.

Art. 1.617. A filiação materna ou paterna pode resultar de casamento declarado nulo, ainda mesmo sem as condições do putativo.

- art. 227, § 6º, CF.
- art. 1.561 deste Código.

CAPÍTULO IV
DA ADOÇÃO

- art. 227, § 6º, CF.
- arts. 1.521, III e V; 1.593; 1.635, IV; e 1.763, II, deste Código.
- arts. 8º, § 5º; 13, parágrafo único; 20; 28; 31; 39 a 52-D; 87, VII; 102, § 4º; 148, III; 165 a 167; 170; 197-A a 197-E; 199-A; 199-C; 240, III; 258-A, p.u.; 258-B, Lei 8.069/1990 (ECA).
- Lei 12.010/2009 (Lei da Adoção).

Art. 1.618. A adoção de crianças e adolescentes será deferida na forma prevista pela Lei n. 8.069, de 13 de julho de 1990 - Estatuto da Criança e do Adolescente. (Redação dada pela Lei 12.010/2009.)

- arts. 39 a 52-D, Lei 8.069/1990 (ECA).

Parágrafo único. (Revogado pela Lei 12.010/2009.)

Art. 1.619. A adoção de maiores de 18 (dezoito) anos dependerá da assistência efetiva do Poder Público e de sentença constitutiva, aplicando-se, no que couber, as regras gerais da Lei n. 8.069, de 13 de julho de 1990 - Estatuto da Criança e do Adolescente. (Redação dada pela Lei 12.010/2009.)

Arts. 1.620 a 1.629. (Revogados pela Lei 12.010/2009.)

CAPÍTULO V
DO PODER FAMILIAR

- arts. 197, II; 1.728, II; 1.730; 1.733, § 2º; 1.763, II; 1.779, *caput*, deste Código.

SEÇÃO I
DISPOSIÇÕES GERAIS

Art. 1.630. Os filhos estão sujeitos ao poder familiar, enquanto menores.

- arts. 5º; 1.612; 1.635 deste Código.
- Enunciado 112 das Jornadas de Direito Civil.

Art. 1.631. Durante o casamento e a união estável, compete o poder familiar aos pais; na falta ou impedimento de um deles, o outro o exercerá com exclusividade.

Parágrafo único. Divergindo os pais quanto ao exercício do poder familiar, é assegurado a qualquer deles recorrer ao juiz para solução do desacordo.

- art. 1.517 deste Código.
- art. 21, Lei 8.069/1990 (ECA).

Art. 1.632. A separação judicial, o divórcio e a dissolução da união estável não alteram as relações entre pais e filhos senão quanto ao direito, que aos primeiros cabe, de terem em sua companhia os segundos.

- art.27, Lei 6.515/1977 (Lei do Divórcio).

Art. 1.633. O filho, não reconhecido pelo pai, fica sob poder familiar exclusivo da mãe; se a mãe não for conhecida ou capaz de exercê-lo, dar-se-á tutor ao menor.

- art. 226, § 5º; 227, § 6º, CF.
- art. 1.612 deste Código.
- art. 16, Dec.-Lei 3.200/1941 (Dispõe sobre a organização e proteção da família).

SEÇÃO II
DO EXERCÍCIO DO PODER FAMILIAR

Art. 1.634. Compete a ambos os pais, qualquer que seja a sua situação conjugal, o pleno exercício do poder familiar, que consiste em, quanto aos filhos: (Alterado pela Lei 13.058/2014.)

I - dirigir-lhes a criação e a educação; (Alterado pela Lei 13.058/2014.)

- art. 229, CF.
- art. 21, Lei 8.069/1990 (ECA).

II - exercer a guarda unilateral ou compartilhada nos termos do art. 1.584; (Alterado pela Lei 13.058/2014.)

- arts. 1.583 a 1.588; 1.612; 1.631 deste Código.
- arts. 33 a 35, Lei 8.069/1990 (ECA).

III - conceder-lhes ou negar-lhes consentimento para casarem; (Alterado pela Lei 13.058/2014.)

- arts. 1.517; 1.519; 1.550, II; e 1.550, II; 1.641, III, deste Código.

IV - conceder-lhes ou negar-lhes consentimento para viajarem ao exterior; (Alterado pela Lei 13.058/2014.)

- art. 1.729 deste Código.

V - conceder-lhes ou negar-lhes consentimento para mudarem sua residência permanente para outro Município; (Alterado pela Lei 13.058/2014.)

- arts. 3º e 5º deste Código.

VI - nomear-lhes tutor por testamento ou documento autêntico, se o outro dos pais não lhe sobreviver, ou o sobrevivo não puder exercer o poder familiar; (Alterado pela Lei 13.058/2014.)

- arts. 248 e 249, CP.

VII - representá-los judicial e extrajudicialmente até os 16 (dezesseis) anos, nos atos da vida civil, e assisti-los, após essa idade, nos atos em que forem partes, suprindo-lhes o consentimento; (Alterado pela Lei 13.058/2014.)

- arts. 136. 244 a 249, CP.

VIII - reclamá-los de quem ilegalmente os detenha; (Acrescentado pela Lei 13.058/2014.)

IX - exigir que lhes prestem obediência, respeito e os serviços próprios de sua idade e condição. (Acrescentado pela Lei 13.058/2014.)

SEÇÃO III
DA SUSPENSÃO E EXTINÇÃO DO PODER FAMILIAR

- Arts. 24; 148, p.u., b; 155 a 163, Lei 8.069/1990 (ECA).

Art. 1.635. Extingue-se o poder familiar:

I - pela morte dos pais ou do filho;

II - pela emancipação, nos termos do art. 5º, parágrafo único;

- Enunciado 530 das Jornadas de Direito Civil.

III - pela maioridade;

- art. 5º, deste Código.

IV - pela adoção;

V - por decisão judicial, na forma do artigo 1.638.

Art. 1.636. O pai ou a mãe que contrai novas núpcias, ou estabelece união estável, não perde, quanto aos filhos do relacionamento anterior, os direitos ao poder familiar, exercendo-os sem qualquer interferência do novo cônjuge ou companheiro.

- Enunciado 335 das Jornadas de Direito Civil.

Parágrafo único. Igual preceito ao estabelecido neste artigo aplica-se ao pai ou à mãe solteiros que casarem ou estabelecerem união estável.

- art. 1.588 deste Código.

Art. 1.637. Se o pai, ou a mãe, abusar de sua autoridade, faltando aos deveres a eles inerentes ou arruinando os bens dos filhos, cabe ao juiz, requerendo algum parente, ou o Ministério Público, adotar a medida que lhe pareça reclamada pela segurança do menor e seus haveres, até suspendendo o poder familiar, quando convenha.

- arts. 244 a 247, CP.
- arts. 24; 129, X; 130; 155 a 163, Lei 8.069/1990 (ECA).

Parágrafo único. Suspende-se igualmente o exercício do poder familiar ao pai ou à mãe condenados por sentença irrecorrível, em virtude de crime cuja pena exceda a dois anos de prisão.

- art. 92, II, CP.
- arts. 155 a 163, Lei 8.069/1990 (ECA).

Art. 1.638. Perderá por ato judicial o poder familiar o pai ou a mãe que:

I - castigar imoderadamente o filho;

II - deixar o filho em abandono;

III - praticar atos contrários à moral e aos bons costumes;

IV - incidir, reiteradamente, nas faltas previstas no artigo antecedente.

V - entregar de forma irregular o filho a terceiros para fins de adoção. (Incluído pela Lei nº 13.509, de 2017)

Parágrafo único. Perderá também por ato judicial o poder familiar aquele que: (*Parágrafo único acrescido pela Lei 13.715/2018*)

I - praticar contra outrem igualmente titular do mesmo poder familiar:

a) homicídio, feminicídio ou lesão corporal de natureza grave ou seguida de morte, quando se tratar de crime doloso envolvendo violência doméstica e familiar ou menosprezo ou discriminação à condição de mulher;

b) estupro ou outro crime contra a dignidade sexual sujeito à pena de reclusão;

II - praticar contra filho, filha ou outro descendente:

a) homicídio, feminicídio ou lesão corporal de natureza grave ou seguida de morte, quando se tratar de crime doloso envolvendo violência doméstica e familiar ou menosprezo ou discriminação à condição de mulher;

b) estupro de vulnerável ou outro crime contra a dignidade sexual sujeito à pena de reclusão.

TÍTULO II
DO DIREITO PATRIMONIAL

SUBTÍTULO I
DO REGIME DE BENS ENTRE OS CÔNJUGES

CAPÍTULO I
DISPOSIÇÕES GERAIS

Art. 1.639. É lícito aos nubentes, antes de celebrado o casamento, estipular, quanto aos seus bens, o que lhes aprouver

- art. 1.536, VII, deste Código.
- Enunciados 113; 262; 331 das Jornadas de Direito Civil.

§ 1º O regime de bens entre os cônjuges começa a vigorar desde a data do casamento.

- art. 7º, §§ 4º e 5º, LIndB.

§ 2º É admissível alteração do regime de bens, mediante autorização judicial em pedido motivado de ambos os cônjuges, apurada a procedência das razões invocadas e ressalvados os direitos de terceiros.

- Enunciados 131; 260 das Jornadas de Direito Civil.

Art. 1.640. Não havendo convenção, ou sendo ela nula ou ineficaz, vigorará, quanto aos bens entre os cônjuges, o regime da comunhão parcial.

Parágrafo único. Poderão os nubentes, no processo de habilitação, optar por qualquer dos regimes que este código regula. Quanto à forma, reduzir-se-á a termo a opção pela comunhão parcial, fazendo-se o pacto antenupcial por escritura pública, nas demais escolhas.

- arts. 1.653 a 1.657; 1.658 a 1.666 deste Código.
- Súm. 377, STF.
- Enunciados 331 das Jornadas de Direito Civil.

Art. 1.641. É obrigatório o regime da separação de bens no casamento:

- Súm. 377, STF.
- Enunciados 261; 262; 634 das Jornadas de Direito Civil.

I - das pessoas que o contraírem com inobservância das causas suspensivas da celebração do casamento;

- arts. 1.523; 1.524 deste Código.

II - da pessoa maior de 70 (setenta) anos; (Redação dada pela Lei 12.344/2010.)

- Enunciado 125 das Jornadas de Direito Civil.

III - de todos os que dependerem, para casar, de suprimento judicial.

- arts. 977; 1.517; 1.519; 1.634, III; 1.747, I; 1.774 deste Código.

Art. 1.642. Qualquer que seja o regime de bens, tanto o marido quanto a mulher podem livremente:

I - praticar todos os atos de disposição e de administração necessários ao desempenho de sua profissão, com as limitações estabelecida no inciso I do art. 1.647;

II - administrar os bens próprios;

III - desobrigar ou reivindicar os imóveis que tenham sido gravados ou alienados sem o seu consentimento ou sem suprimento judicial;

IV - demandar a rescisão dos contratos de fiança e doação, ou a invalidação do aval, realizados pelo outro cônjuge com infração do disposto nos incisos III e IV do art. 1.647;

V - reivindicar os bens comuns, móveis ou imóveis, doados ou transferidos pelo outro cônjuge ao concubino, desde que provado que os bens não foram adquiridos pelo esforço comum destes, se o casal estiver separado de fato por mais de cinco anos;

- art. 550 deste Código.

VI - praticar todos os atos que não lhes forem vedados expressamente.

Art. 1.643. Podem os cônjuges, independentemente de autorização um do outro:

I - comprar, ainda a crédito, as coisas necessárias à economia doméstica;

II - obter, por empréstimo, as quantias que a aquisição dessas coisas possa exigir.

Art. 1.644. As dívidas contraídas para os fins do artigo antecedente obrigam solidariamente ambos os cônjuges.

- arts. 275 a 285 deste Código.

Art. 1.645. As ações fundadas nos incisos III, IV e V do art. 1.642 competem ao cônjuge prejudicado e a seus herdeiros.

Art. 1.646. No caso dos incisos III e IV do art. 1.642, o terceiro, prejudicado com a sentença favorável ao autor, terá direito regressivo contra o cônjuge, que realizou o negócio jurídico, ou seus herdeiros.

- art. 125, NCPC.

Art. 1.647. Ressalvado o disposto no art. 1.648, nenhum dos cônjuges pode, sem autorização do outro, exceto no regime da separação absoluta:

- art. 13, Lei 14.118/2021 (Institui o Programa Casa Verde e Amarela).

I - alienar ou gravar de ônus real os bens imóveis;

- arts. 220; 1.642; 1.645; 1.650 deste Código.

II - pleitear, como autor ou réu, acerca desses bens ou direitos;

- arts. 13; 73, NCPC.

III - prestar fiança ou aval;

- arts. 1.642, IV; 1.645 deste Código.
- Súm. 332, STJ.
- Enunciados 114; 132 das Jornadas de Direito Civil.

IV - fazer doação, não sendo remuneratória, de bens comuns, ou dos que possam integrar futura meação.

- art. 226, § 5º, CF.
- arts. 538 a 564; 1.642, III e IV; 1.649; e 1.675 deste Código.
- art. 74, NCPC.
- art. 16, Dec.-Lei 3.365/1941 (Dispõe sobre desapropriações por utilidade pública).

Parágrafo único. São válidas as doações nupciais feitas aos filhos quando casarem ou estabelecerem economia separada.

Art. 1.648. Cabe ao juiz, nos casos do artigo antecedente, suprir a outorga, quando um dos cônjuges a denegue sem motivo justo, ou lhe seja impossível concedê-la.

- art. 74, NCPC.
- art. 13, Lei 14.118/2021 (Institui o Programa Casa Verde e Amarela).

Art. 1.649. A falta de autorização, não suprida pelo juiz, quando necessária (art. 1.647), tornará anulável o ato praticado, podendo o outro cônjuge pleitear-lhe a anulação, até dois anos depois de terminada a sociedade conjugal.

- art. 13, Lei 14.118/2021 (Institui o Programa Casa Verde e Amarela).

Parágrafo único. A aprovação torna válido o ato, desde que feita por instrumento público, ou particular, autenticado.

Art. 1.650. A decretação de invalidade dos atos praticados sem outorga, sem consentimento, ou sem suprimento do juiz, só poderá ser demandada pelo cônjuge a quem cabia concedê-la, ou por seus herdeiros.

- art. 226, § 5º, CF.
- arts. 1.642; 1.645; 1.646 deste Código.

Art. 1.651. Quando um dos cônjuges não puder exercer a administração dos bens que lhe incumbe, segundo o regime de bens, caberá ao outro:

I - gerir os bens comuns e os do consorte;

II - alienar os bens móveis comuns;

III - alienar os imóveis comuns e os móveis ou imóveis do consorte, mediante autorização judicial.

- art. 226, § 5º, CF.

Art. 1.652. O cônjuge, que estiver na posse dos bens particulares do outro, será para com este e seus herdeiros responsável:

I - como usufrutuário, se o rendimento for comum;

- arts. 1.400 a 1.409 deste Código.

II - como procurador, se tiver mandato expresso ou tácito para os administrar;

- arts. 667 a 674 deste Código.

III - como depositário, se não for usufrutuário, nem administrador.

- arts. 627 a 652 deste Código.

CAPÍTULO II
DO PACTO ANTENUPCIAL

Art. 1.653. É nulo o pacto antenupcial se não for feito por escritura pública, e ineficaz se não lhe seguir o casamento.

- arts. 1.536, VII; 1.537; 1.564, II, deste Código.
- arts. 167, I-12, II-1; 178, V, Lei 6.015/1973 (Lei de Registros Públicos).

Art. 1.654. A eficácia do pacto antenupcial, realizado por menor, fica condicionada à aprovação de seu representante legal, salvo as hipóteses de regime obrigatório de separação de bens.

Art. 1.655. É nula a convenção ou cláusula dela que contravenha disposição absoluta de lei.

- Enunciado 635 das Jornadas de Direito Civil.

Art. 1.656. No pacto antenupcial, que adotar o regime de participação final nos aquestos, poder-se-á convencionar a livre disposição dos bens imóveis, desde que particulares.

- arts. 1.672 a 1.686 deste Código.

Art. 1.657. As convenções antenupciais não terão efeito perante terceiros senão depois de registradas, em livro especial, pelo oficial do Registro de Imóveis do domicílio dos cônjuges.

- art. 979 deste Código.
- arts. 167, I, I-12, e II, II-1; 244; 245, Lei 6.015/1973 (Lei de Registros Públicos).

CAPÍTULO III
DO REGIME DE COMUNHÃO PARCIAL

Art. 1.658. No regime de comunhão parcial, comunicam-se os bens que sobrevierem ao casal, na constância do casamento, com as exceções dos artigos seguintes.

Art. 1.659. Excluem-se da comunhão:

I - os bens que cada cônjuge possuir ao casar, e os que lhe sobrevierem, na constância do casamento, por doação ou sucessão, e os sub-rogados em seu lugar;

II - os bens adquiridos com valores exclusivamente pertencentes a um dos cônjuges em sub-rogação dos bens particulares;

- art. 1.660, I, deste Código.

III - as obrigações anteriores ao casamento;

IV - as obrigações provenientes de atos ilícitos, salvo reversão em proveito do casal;

V - os bens de uso pessoal, os livros e instrumentos de profissão;

VI - os proventos do trabalho pessoal de cada cônjuge;

VII - as pensões, meios-soldos, montepios e outras rendas semelhantes.

Art. 1.660. Entram na comunhão:

I - os bens adquiridos na constância do casamento por título oneroso, ainda que só em nome de um dos cônjuges;

- art. 1.659, II, deste Código.

II - os bens adquiridos por fato eventual, com ou sem o concurso de trabalho ou despesa anterior;

III - os bens adquiridos por doação, herança ou legado, em favor de ambos os cônjuges;

IV - as benfeitorias em bens particulares de cada cônjuge;

› arts. 96; 97 deste Código.

V - os frutos dos bens comuns, ou dos particulares de cada cônjuge, percebidos na constância do casamento, ou pendentes ao tempo de cessar a comunhão.

Art. 1.661. São incomunicáveis os bens cuja aquisição tiver por título uma causa anterior ao casamento.

Art. 1.662. No regime da comunhão parcial, presumem-se adquiridos na constância do casamento os bens móveis, quando não se provar que o foram em data anterior.

Art. 1.663. A administração do patrimônio comum compete a qualquer dos cônjuges.

› art. 226, § 5º, CF.

§ 1º As dívidas contraídas no exercício da administração obrigam os bens comuns e particulares do cônjuge que os administra, e os do outro na razão do proveito que houver auferido.

§ 2º A anuência de ambos os cônjuges é necessária para os atos, a título gratuito, que impliquem cessão do uso ou gozo dos bens comuns.

§ 3º Em caso de malversação dos bens, o juiz poderá atribuir a administração a apenas um dos cônjuges.

Art. 1.664. Os bens da comunhão respondem pelas obrigações contraídas pelo marido ou pela mulher para atender aos encargos da família, às despesas de administração e às decorrentes de imposição legal.

› arts. 1.643; II, II, deste Código.

Art. 1.665. A administração e a disposição dos bens constitutivos do patrimônio particular competem ao cônjuge proprietário, salvo convenção diversa em pacto antenupcial.

› arts. 1.639; 1.642, II; 1.647, I, deste Código.

› Enunciado 340 das Jornadas de Direito Civil.

Art. 1.666. As dívidas, contraídas por qualquer dos cônjuges na administração de seus bens particulares e em benefício destes, não obrigam os bens comuns.

CAPÍTULO IV
DO REGIME DE COMUNHÃO UNIVERSAL

Art. 1.667. O regime de comunhão universal importa a comunicação de todos os bens presentes e futuros dos cônjuges e suas dívidas passivas, com as exceções do artigo seguinte.

› art. 1.640 deste Código.

Art. 1.668. São excluídos da comunhão:

I - os bens doados ou herdados com a cláusula de incomunicabilidade e os sub-rogados em seu lugar;

II - os bens gravados de fideicomisso e o direito do herdeiro fideicomissário, antes de realizada a condição suspensiva;

III - as dívidas anteriores ao casamento, salvo se provierem de despesas com seus aprestos, ou reverterem em proveito comum;

IV - as doações antenupciais feitas por um dos cônjuges ao outro com a cláusula de incomunicabilidade;

V - Os bens referidos nos incisos V a VII do art. 1.659.

Art. 1.669. A incomunicabilidade dos bens enumerados no artigo antecedente não se estende aos frutos, quando se percebam ou vençam durante o casamento.

Art. 1.670. Aplica-se ao regime da comunhão universal o disposto no Capítulo antecedente, quanto à administração dos bens.

› arts. 1.663 a 1.666 deste Código.

Art. 1.671. Extinta a comunhão, e efetuada a divisão do ativo e do passivo, cessará a responsabilidade de cada um dos cônjuges para com os credores do outro.

› arts. 1.571 a 1.582 deste Código.

CAPÍTULO V
DO REGIME DE PARTICIPAÇÃO FINAL NOS AQUESTOS

Art. 1.672. No regime de participação final nos aquestos, cada cônjuge possui patrimônio próprio, consoante disposto no artigo seguinte, e lhe cabe, à época da dissolução da sociedade conjugal, direito à metade dos bens adquiridos pelo casal, a título oneroso, na constância do casamento.

Art. 1.673. Integram o patrimônio próprio os bens que cada cônjuge possuía ao casar e os por ele adquiridos, a qualquer título, na constância do casamento.

Parágrafo único. A administração desses bens é exclusiva de cada cônjuge, que os poderá livremente alienar, se forem móveis.

› arts. 82 a 84 deste Código.

Art. 1.674. Sobrevindo a dissolução da sociedade conjugal, apurar-se-á o montante dos aquestos, excluindo-se da soma dos patrimônios próprios:

I - os bens anteriores ao casamento e os que em seu lugar se sub-rogaram;

II - os que sobrevieram a cada cônjuge por sucessão ou liberalidade;

III - as dívidas relativas a esses bens.

Parágrafo único. Salvo prova em contrário, presumem-se adquiridos durante o casamento os bens móveis.

› art. 1.680 deste Código.

Art. 1.675. Ao determinar-se o montante dos aquestos, computar-se-á o valor das doações feitas por um dos cônjuges, sem a necessária autorização do outro; nesse caso, o bem poderá ser reivindicado pelo cônjuge prejudicado ou por seus herdeiros, ou declarado no monte partilhável, por valor equivalente ao da época da dissolução.

› art. 1.647, IV, deste Código.

Art. 1.676. Incorpora-se ao monte o valor dos bens alienados em detrimento da meação, se não houver preferência do cônjuge lesado, ou de seus herdeiros, de os reivindicar.

Art. 1.677. Pelas dívidas posteriores ao casamento, contraídas por um dos cônjuges, somente este responderá, salvo prova de terem revertido, parcial ou totalmente, em benefício do outro.

Art. 1.678. Se um dos cônjuges solveu uma dívida do outro com bens do seu patrimônio, o valor do pagamento deve ser atualizado e imputado, na data da dissolução, à meação do outro cônjuge.

Art. 1.679. No caso de bens adquiridos pelo trabalho conjunto, terá cada um dos cônjuges uma quota igual no condomínio ou no crédito por aquele modo estabelecido.

Art. 1.680. As coisas móveis, em face de terceiros, presumem-se do domínio do cônjuge devedor, salvo se o bem for de uso pessoal do outro.

› arts. 82 a 84; 1.674, p.u., deste Código.

Art. 1.681. Os bens imóveis são de propriedade do cônjuge cujo nome constar no registro.

Parágrafo único. Impugnada a titularidade, caberá ao cônjuge proprietário provar a aquisição regular dos bens.

Art. 1.682. O direito à meação não é renunciável, cessível ou penhorável na vigência do regime matrimonial.

Art. 1.683. Na dissolução do regime de bens por separação judicial ou por divórcio, verificar-se-á o montante dos aquestos à data em que cessou a convivência.

Art. 1.684. Se não for possível nem conveniente a divisão de todos os bens em natureza, calcular-se-á o valor de alguns ou de todos para reposição em dinheiro ao cônjuge não proprietário.

Parágrafo único. Não se podendo realizar a reposição em dinheiro, serão avaliados e, mediante autorização judicial, alienados tantos bens quantos bastarem.

Art. 1.685. Na dissolução da sociedade conjugal por morte, verificar-se-á a meação do cônjuge sobrevivente de conformidade com os artigos antecedentes, deferindo-se a herança aos herdeiros na forma estabelecida neste Código.

› arts. 1.784 e ss. deste Código.

Art. 1.686. As dívidas de um dos cônjuges, quando superiores à sua meação, não obrigam ao outro, ou a seus herdeiros.

› art. 1.792 deste Código.

CAPÍTULO VI
DO REGIME DE SEPARAÇÃO DE BENS

Art. 1.687. Estipulada a separação de bens, estes permanecerão sob a administração exclusiva de cada um dos cônjuges, que os poderá livremente alienar ou gravar de ônus real.

› art. 1.637 deste Código.

Art. 1.688. Ambos os cônjuges são obrigados a contribuir para as despesas do casal na proporção dos rendimentos de seu trabalho e de seus bens, salvo estipulação em contrário no pacto antenupcial.

› art. 226, § 5º, CF.

SUBTÍTULO II
DO USUFRUTO E DA

ADMINISTRAÇÃO DOS BENS DE FILHOS MENORES

Art. 1.689. O pai e a mãe, enquanto no exercício do poder familiar:

I - são usufrutuários dos bens dos filhos;

II - têm a administração dos bens dos filhos menores sob sua autoridade.

- art. 1.637, *caput*, deste Código.

Art. 1.690. Compete aos pais, e na falta de um deles ao outro, com exclusividade, representar os filhos menores de dezesseis anos, bem como assisti-los até completarem a maioridade ou serem emancipados.

Parágrafo único. Os pais devem decidir em comum as questões relativas aos filhos e a seus bens; havendo divergência, poderá qualquer deles recorrer ao juiz para a solução necessária.

- art. 1.517, p.u., deste Código.
- art. 21, Lei 8.069/1990 (ECA).

Art. 1.691. Não podem os pais alienar, ou gravar de ônus real os imóveis dos filhos, nem contrair, em nome deles, obrigações que ultrapassem os limites da simples administração, salvo por necessidade ou evidente interesse da prole, mediante prévia autorização do juiz.

- art. 1.637 deste Código.

Parágrafo único. Podem pleitear a declaração de nulidade dos atos previstos neste artigo:

I - os filhos;

II - os herdeiros;

III - o representante legal.

Art. 1.692. Sempre que no exercício do poder familiar colidir o interesse dos pais com o do filho, a requerimento deste ou do Ministério Público o juiz lhe dará curador especial.

- arts. 142, p.u., e 148, p.u., f, Lei 8.069/1990 (ECA).

Art. 1.693. Excluem-se do usufruto e da administração dos pais:

I - os bens adquiridos pelo filho havido fora do casamento, antes do reconhecimento;

- arts. 5º, I; 227, § 6º, CF.

II - os valores auferidos pelo filho maior de dezesseis anos, no exercício de atividade profissional e os bens com tais recursos adquiridos;

- art. 589, III, deste Código.

III - os bens deixados ou doados ao filho, sob a condição de não serem usufruídos, ou administrados, pelos pais;

- arts. 1.816; 1.848 deste Código.

IV - os bens que aos filhos couberem na herança, quando os pais forem excluídos da sucessão.

- art. 1.816 deste Código.

SUBTÍTULO III
DOS ALIMENTOS

- arts. 373, II; 557, IV; 871; 948, II; 1.740; 1.920; e 1.928, p.u., deste Código.
- arts. 53, 189, I; 215, II; 292, III; 833; 834; 528 a 532; 911; 912; 1.012, § 1º, II, NCPC.
- art. 244, CP.
- Lei 5.478/1968 (Dispõe sobre a ação de alimentos).
- arts. 19 a 23 e 28, Lei 6.515/1977 (Lei do Divórcio).
- Lei 8.971/1994 (Dispõe sobre direito dos companheiros a alimentos e à sucessão).
- arts. 2º e 7º, Lei 9.278/1996 (Lei da União Estável).
- Lei 11.804/2008 (Disciplina o direito a alimentos gravídicos).
- Súm. 226; 379, STF.
- Súm. 1; 277; 336, STJ.

Art. 1.694. Podem os parentes, os cônjuges ou companheiros pedir uns aos outros os alimentos de que necessitem para viver de modo compatível com a sua condição social, inclusive para atender às necessidades de sua educação.

- Lei 5.478/1968 (Dispõe sobre a ação de alimentos).
- art. 1º, Lei 8.971/1994 (Dispõe sobre direito dos companheiros a alimentos e à sucessão).
- arts. 11 a 14, Lei 10.741/2003 (Estatuto do Idoso).
- Súm. 358, STJ.
- Enunciado 522 das Jornadas de Direito Civil.

§ 1º Os alimentos devem ser fixados na proporção das necessidades do reclamante e dos recursos da pessoa obrigada.

- Enunciado 573 das Jornadas de Direito Civil.

§ 2º Os alimentos serão apenas os indispensáveis à subsistência, quando a situação de necessidade resultar de culpa de quem os pleiteia.

Art. 1.695. São devidos os alimentos quando quem os pretende não tem bens suficientes, nem pode prover, pelo seu trabalho, à própria mantença, e aquele, de quem se reclamam, pode fornecê-los, sem desfalque do necessário ao seu sustento.

- Enunciados 342; 572 das Jornadas de Direito Civil.

Art. 1.696. O direito à prestação de alimentos é recíproco entre pais e filhos, e extensivo a todos os ascendentes, recaindo a obrigação nos mais próximos em grau, uns em falta de outros.

- art. 229, CF.
- art. 244, CP.
- Súm. 596, STJ.
- Enunciado 522 das Jornadas de Direito Civil.

Art. 1.697. Na falta dos ascendentes cabe a obrigação aos descendentes, guardada a ordem de sucessão e, faltando estes, aos irmãos, assim germanos como unilaterais.

Art. 1.698. Se o parente, que deve alimentos em primeiro lugar, não estiver em condições de suportar totalmente o encargo, serão chamados a concorrer os de grau imediato; sendo várias as pessoas obrigadas a prestar alimentos, todas devem concorrer na proporção dos respectivos recursos, e, intentada ação contra uma delas, poderão as demais ser chamadas a integrar a lide.

- art. 1.694, § 1º, deste Código.
- arts. 12; 14, Lei 10.741/2003 (Estatuto do Idoso).
- Súm. 596 do STJ.
- Enunciado 523 das Jornadas de Direito Civil.

Art. 1.699. Se, fixados os alimentos, sobrevier mudança na situação financeira de quem os supre, ou na de quem os recebe, poderá o interessado reclamar ao juiz, conforme as circunstâncias, exoneração, redução ou majoração do encargo.

- art. 505, I, NCPC.
- arts. 13; 15, Lei 5.478/1968 (Dispõe sobre a ação de alimentos).

Art. 1.700. A obrigação de prestar alimentos transmite-se aos herdeiros do devedor, na forma do art. 1.694.

- art. 1.997 deste Código.
- art. 23, Lei 6.515/1977 (Lei do Divórcio).
- Enunciado 343 das Jornadas de Direito Civil.

Art. 1.701. A pessoa obrigada a suprir alimentos poderá pensionar o alimentando, ou dar-lhe hospedagem e sustento, sem prejuízo do dever de prestar o necessário à sua educação, quando menor.

- art. 1.920 deste Código.
- Enunciado 344 das Jornadas de Direito Civil.

Parágrafo único. Compete ao juiz, se as circunstâncias o exigirem, fixar a forma do cumprimento da prestação.

- art. 25, Lei 5.478/1968 (Dispõe sobre a ação de alimentos).
- Enunciado 572 das Jornadas de Direito Civil.

Art. 1.702. Na separação judicial litigiosa, sendo um dos cônjuges inocente e desprovido de recursos, prestar-lhe-á o outro a pensão alimentícia que o juiz fixar, obedecidos os critérios estabelecidos no art. 1.694.

- art. 19, Lei 6.515/1977 (Lei do Divórcio).
- Enunciado 133 das Jornadas de Direito Civil.

Art. 1.703. Para a manutenção dos filhos, os cônjuges separados judicialmente contribuirão na proporção de seus recursos.

- art. 20, Lei 6.515/1977 (Lei do Divórcio).

Art. 1.704. Se um dos cônjuges separados judicialmente vier a necessitar de alimentos, será o outro obrigado a prestá-los mediante pensão a ser fixada pelo juiz, caso não tenha sido declarado culpado na ação de separação judicial.

- art. 19, Lei 6.515/1977 (Lei do Divórcio).
- Enunciado 134 das Jornadas de Direito Civil.

Parágrafo único. Se o cônjuge declarado culpado vier a necessitar de alimentos, e não tiver parentes em condições de prestá-los, nem aptidão para o trabalho, o outro cônjuge será obrigado a assegurá-los, fixando o juiz o valor indispensável à sobrevivência.

Art. 1.705. Para obter alimentos, o filho havido fora do casamento pode acionar o genitor, sendo facultado ao juiz determinar, a pedido de qualquer das partes, que a ação se processe em segredo de justiça.

- art. 227, § 6º, CF.
- art. 7º, Lei 8.560/1992 (Regula a investigação de paternidade dos filhos havidos fora do casamento).

Art. 1.706. Os alimentos provisionais serão fixados pelo juiz, nos termos da lei processual.

- arts. 528 a 533 NCPC.
- Enunciado 522 das Jornadas de Direito Civil.

Art. 1.707. Pode o credor não exercer, porém lhe é vedado renunciar o direito a alimentos, sendo o respectivo crédito insuscetível de cessão, compensação ou penhora.

- art. 206, § 2º, deste Código.
- art. 834, NCPC.
- Súm. 336, STJ.

Art. 1.708. Com o casamento, a união estável ou o concubinato do credor, cessa o dever de prestar alimentos.

- art. 29, Lei 6.515/1977 (Lei do Divórcio).

Parágrafo único. Com relação ao credor cessa, também, o direito a alimentos, se tiver procedimento indigno em relação ao devedor.

Art. 1.709. O novo casamento do cônjuge devedor não extingue a obrigação constante da sentença de divórcio.

- art. 30, Lei 6.515/1977 (Lei do Divórcio).

Art. 1.710. As prestações alimentícias, de qualquer natureza, serão atualizadas segundo índice oficial regularmente estabelecido.

SUBTÍTULO IV
DO BEM DE FAMÍLIA

- Arts. 19 a 23 do Dec.-Lei 3.200/1941 (Dispõe sobre a organização e proteção da família).
- Súm. 205; 449, STJ.

Art. 1.711. Podem os cônjuges, ou a entidade familiar, mediante escritura pública ou testamento, destinar parte de seu patrimônio para instituir bem de família, desde que não ultrapasse um terço do patrimônio líquido existente ao tempo da instituição, mantidas as regras sobre a impenhorabilidade do imóvel residencial estabelecida em lei especial.

- Lei 8.009/1990 (Dispõe sobre a impenhorabilidade do bem de família).
- Súm. 205, STJ.
- Enunciado 628 das Jornadas de Direito Civil.

Parágrafo único. O terceiro poderá igualmente instituir bem de família por testamento ou doação, dependendo a eficácia do ato da aceitação expressa de ambos os cônjuges beneficiados ou da entidade familiar beneficiada.

Art. 1.712. O bem de família consistirá em prédio residencial urbano ou rural, com suas pertenças e acessórios, destinando-se em ambos os casos a domicílio familiar, e poderá abranger valores mobiliários, cuja renda será aplicada na conservação do imóvel e no sustento da família.

- art. 92; 93 deste Código.
- art. 4º, § 2º, Lei 8.009/1990 (Dispõe sobre a impenhorabilidade do bem de família).

Art. 1.713. Os valores mobiliários, destinados aos fins previstos no artigo antecedente, não poderão exceder o valor do prédio instituído em bem de família, à época de sua instituição.

§ 1º Deverão os valores mobiliários ser devidamente individualizados no instrumento de instituição do bem de família.

§ 2º Se se tratar de títulos nominativos, a sua instituição como bem de família deverá constar dos respectivos livros de registro.

- arts. 921 a 926 deste Código.

§ 3º O instituidor poderá determinar que a administração dos valores mobiliários seja confiada a instituição financeira, bem como disciplinar a forma de pagamento da respectiva renda aos beneficiários, caso em que a responsabilidade dos administradores obedecerá às regras do contrato de depósito.

- arts. 627 a 652 deste Código.

Art. 1.714. O bem de família, quer instituído pelos cônjuges ou por terceiro, constitui-se pelo registro de seu título no Registro de Imóveis.

- arts. 167, I, I-1; e 260 a 265, Lei 6.015/1973 (Lei de Registros Públicos).

Art. 1.715. O bem de família é isento de execução por dívidas posteriores à sua instituição, salvo as que provierem de tributos relativos ao prédio, ou de despesas de condomínio.

- art. 1.711 deste Código.
- art. 833, NCPC.
- art. 108, § 4º, Lei 11.101/2005 (Lei de Recuperação de Empresas e Falência).

Parágrafo único. No caso de execução pelas dívidas referidas neste artigo, o saldo existente será aplicado em outro prédio, como bem de família, ou em títulos da dívida pública, para sustento familiar, salvo se motivos relevantes aconselharem outra solução, a critério do juiz.

Art. 1.716. A isenção de que trata o artigo antecedente durará enquanto viver um dos cônjuges, ou, na falta destes, até que os filhos completem a maioridade.

Art. 1.717. O prédio e os valores mobiliários, constituídos como bem da família, não podem ter destino diverso do previsto no art. 1.712 ou serem alienados sem o consentimento dos interessados e seus representantes legais, ouvido o Ministério Público.

- art. 1.719 deste Código.

Art. 1.718. Qualquer forma de liquidação da entidade administradora, a que se refere o § 3º do art. 1.713, não atingirá os valores a ela confiados, ordenando o juiz a sua transferência para outra instituição semelhante, obedecendo-se, no caso de falência, ao disposto sobre pedido de restituição.

- arts. 85 a 93, Lei 11.101/2005 (Lei de Recuperação de Empresas e Falência).

Art. 1.719. Comprovada a impossibilidade da manutenção do bem de família nas condições em que foi instituído, poderá o juiz, a requerimento dos interessados, extingui-lo ou autorizar a sub-rogação dos bens que o constituem em outros, ouvidos o instituidor e o Ministério Público.

Art. 1.720. Salvo disposição em contrário do ato de instituição, a administração do bem de família compete a ambos os cônjuges, resolvendo o juiz em caso de divergência.

Parágrafo único. Com o falecimento de ambos os cônjuges, a administração passará ao filho mais velho, se for maior, e, do contrário, a seu tutor.

- art. 226, § 5º, CF.
- arts. 1.728, I, e 1.741 deste Código.

Art. 1.721. A dissolução da sociedade conjugal não extingue o bem de família.

Parágrafo único. Dissolvida a sociedade conjugal pela morte de um dos cônjuges, o sobrevivente poderá pedir a extinção do bem de família, se for o único bem do casal.

- arts. 1.571 a 1.582 deste Código.

Art. 1.722. Extingue-se, igualmente, o bem de família com a morte de ambos os cônjuges e a maioridade dos filhos, desde que não sujeitos a curatela.

TÍTULO III
DA UNIÃO ESTÁVEL

- Lei 8.971/1994 (Dispõe sobre direito dos companheiros a alimentos e à sucessão).
- Lei 9.278/1996 (Lei da União Estável).

Art. 1.723. É reconhecida como entidade familiar a união estável entre o homem e a mulher, configurada na convivência pública, contínua e duradoura e estabelecida com o objetivo de constituição de família.

- ADPF 132 e ADIn 4.277 foram julgadas procedentes com eficácia *erga omnes* e efeito vinculante, conferindo interpretação conforme a CF a este artigo, a fim de declarar a aplicabilidade de regime da união estável às uniões homoafetivas.
- art. 226, § 3º, CF.
- art. 793 deste Código.
- art. 1º, Lei 9.278/1996 (Lei da União Estável).
- Enunciado 524 das Jornadas de Direito Civil.

§ 1º A união estável não se constituirá se ocorrerem os impedimentos do art. 1.521; não se aplicando a incidência do inciso VI no caso de a pessoa casada se achar separada de fato ou judicialmente.

- art. 1.727 deste Código.
- Enunciado 525 das Jornadas de Direito Civil.

§ 2º As causas suspensivas do art. 1.523 não impedirão a caracterização da união estável.

Art. 1.724. As relações pessoais entre os companheiros obedecerão aos deveres de lealdade, respeito e assistência, e de guarda, sustento e educação dos filhos.

- arts. 1.566; 1.583 a 1.590; 1.694 e ss. deste Código.
- art. 2º, Lei 9.278/1996 (Lei da União Estável).

Art. 1.725. Na união estável, salvo contrato escrito entre os companheiros, aplica-se às relações patrimoniais, no que couber, o regime da comunhão parcial de bens.

- arts. 1.641, I e II; 1.658 a 1.666 deste Código.
- art. 5º, Lei 9.278/1996 (Lei da União Estável).
- Enunciados 115 e 346 das Jornadas de Direito Civil.

Art. 1.726. A união estável poderá converter-se em casamento, mediante pedido dos companheiros ao juiz e assento no Registro Civil.

- art. 226, § 3º, CF.
- art. 1.591 deste Código.
- art. 8º, Lei 9.278/1996 (Lei da União Estável).

› Enunciados 135 e 526 das Jornadas de Direito Civil.

Art. 1.727. As relações não eventuais entre o homem e a mulher, impedidos de casar, constituem concubinato.

› art. 226, § 3º, CF.

› arts. 1.521; 1.723, § 1º, deste Código.

› art. 8º, Lei 9.278/1996 (Lei da União Estável).

TÍTULO IV
DA TUTELA, DA CURATELA E DA TOMADA DE DECISÃO APOIADA

› (Alterado pela Lei 13.146/2015.)

CAPÍTULO I
DA TUTELA

› arts. 197, III; 206, § 4º; 1.523, IV, deste Código.

› arts. 759 a 763 NCPC.

SEÇÃO I
DOS TUTORES

Art. 1.728. Os filhos menores são postos em tutela:

I - com o falecimento dos pais, ou sendo estes julgados ausentes;

› arts. 22; 1.635, I, deste Código.

II - em caso de os pais decaírem do poder familiar.

› arts. 1.636 a 1.638 deste Código.

› arts. 759 a 763, NPC

› art. 6º, VI, Lei 13.146/2015 (Estatuto da Pessoa com Deficiência).

Art. 1.729. O direito de nomear tutor compete aos pais, em conjunto.

› art. 5º, I; 226, § 5º, CF.

› art. 1.634, IV, deste Código.

Parágrafo único. A nomeação deve constar de testamento ou de qualquer outro documento autêntico.

› Enunciado 528 das Jornadas de Direito Civil.

Art. 1.730. É nula a nomeação de tutor pelo pai ou pela mãe que, ao tempo de sua morte, não tinha o poder familiar.

› art. 5º, I; 226, § 5º, CF.

Art. 1.731. Em falta de tutor nomeado pelos pais incumbe a tutela aos parentes consanguíneos do menor, por esta ordem:

I - aos ascendentes, preferindo o de grau mais próximo ao mais remoto;

II - aos colaterais até o terceiro grau, preferindo os mais próximos aos mais remotos, e, no mesmo grau, os mais velhos aos mais moços; em qualquer dos casos, o juiz escolherá entre eles o mais apto a exercer a tutela em benefício do menor.

Art. 1.732. O juiz nomeará tutor idôneo e residente no domicílio do menor:

› art. 759, NCPC.

I - na falta de tutor testamentário ou legítimo;

II - quando estes forem excluídos ou escusados da tutela;

› arts. 1.735 a 1.739; 1.764, II; e 1.766 deste Código.

III - quando removidos por não idôneos o tutor legítimo e o testamentário.

› art. 760, NCPC.

Art. 1.733. Aos irmãos órfãos dar-se-á um só tutor.

§ 1º No caso de ser nomeado mais de um tutor por disposição testamentária sem indicação de precedência, entende-se que a tutela foi cometida ao primeiro, e que os outros lhe sucederão pela ordem de nomeação, se ocorrer morte, incapacidade, escusa ou qualquer outro impedimento.

§ 2º Quem institui um menor herdeiro, ou legatário seu, poderá nomear-lhe curador especial para os bens deixados, ainda que o beneficiário se encontre sob o poder familiar, ou tutela.

Art. 1.734. As crianças e os adolescentes cujos pais forem desconhecidos, falecidos ou que tiverem sido suspensos ou destituídos do poder familiar terão tutores nomeados pelo Juiz ou serão incluídos em programa de colocação familiar, na forma prevista pela Lei n. 8.069, de 13 de julho de 1990 - Estatuto da Criança e do Adolescente. (Redação dada pela Lei 12.010/2009.)

› arts. 28 a 38; 90 a 94, Lei 8.069/1990 (ECA).

SEÇÃO II
DOS INCAPAZES DE EXERCER A TUTELA

Art. 1.735. Não podem ser tutores e serão exonerados da tutela, caso a exerçam:

I - aqueles que não tiverem a livre administração de seus bens;

II - aqueles que, no momento de lhes ser deferida a tutela, se acharem constituídos em obrigação para com o menor, ou tiverem que fazer valer direitos contra este, e aqueles cujos pais, filhos ou cônjuges tiverem demanda contra o menor;

III - os inimigos do menor, ou de seus pais, ou que tiverem sido por estes expressamente excluídos da tutela;

IV - os condenados por crime de furto, roubo, estelionato, falsidade, contra a família ou os costumes, tenham ou não cumprido pena;

› Enunciado 636 das Jornadas de Direito Civil.

V - as pessoas de mau procedimento, ou falhas em probidade, e as culpadas de abuso em tutorias anteriores;

VI - aqueles que exercerem função pública incompatível com a boa administração da tutela.

› art. 1.751 deste Código.

› arts. 759 a 763 NCPC.

SEÇÃO III
DA ESCUSA DOS TUTORES

Art. 1.736. Podem escusar-se da tutela:

I - mulheres casadas;

› Art. 5º, I, CF.

› Enunciado 136 das Jornadas de Direito Civil.

II - maiores de sessenta anos;

III - aqueles que tiverem sob sua autoridade mais de três filhos;

IV - os impossibilitados por enfermidade;

V - aqueles que habitarem longe do lugar onde se haja de exercer a tutela;

VI - aqueles que já exercerem tutela ou curatela;

VII - militares em serviço.

Art. 1.737. Quem não for parente do menor não poderá ser obrigado a aceitar a tutela, se houver no lugar parente idôneo, consanguíneo ou afim, em condições de exercê-la.

Art. 1.738. A escusa apresentar-se-á nos dez dias subsequentes à designação, sob pena de entender-se renunciado o direito de alegá-la; se o motivo escusatório ocorrer depois de aceita a tutela, os dez dias contar-se-ão do em que ele sobrevier.

› art. 760, NCPC.

Art. 1.739. Se o juiz não admitir a escusa, exercerá o nomeado a tutela, enquanto o recurso interposto não tiver provimento, e responderá desde logo pelas perdas e danos que o menor venha a sofrer.

› art. 760, NCPC.

SEÇÃO IV
DO EXERCÍCIO DA TUTELA

Art. 1.740. Incumbe ao tutor, quanto à pessoa do menor:

I - dirigir-lhe a educação, defendê-lo e prestar-lhe alimentos, conforme os seus haveres e condição;

II - reclamar do juiz que providencie, como houver por bem, quando o menor haja mister correção;

› arts. 13; 53; 55; 58, Lei 8.069/1990 (ECA).

III - adimplir os demais deveres que normalmente cabem aos pais, ouvida a opinião do menor, se este já contar doze anos de idade.

Art. 1.741. Incumbe ao tutor, sob a inspeção do juiz, administrar os bens do tutelado, em proveito deste, cumprindo seus deveres com zelo e boa-fé.

› art. 249, Lei 8.069/1990 (ECA).

Art. 1.742. Para fiscalização dos atos do tutor, pode o juiz nomear um protutor.

Art. 1.743. Se os bens e interesses administrativos exigirem conhecimentos técnicos, forem complexos, ou realizados em lugares distantes do domicílio do tutor, poderá este, mediante aprovação judicial, delegar a outras pessoas físicas ou jurídicas o exercício parcial da tutela.

Art. 1.744. A responsabilidade do juiz será:

I - direta e pessoal, quando não tiver nomeado o tutor, ou não o houver feito oportunamente;

II - subsidiária, quando não tiver exigido garantia legal do tutor, nem o removido, tanto que se tornou suspeito.

Art. 1.745. Os bens do menor serão entregues ao tutor mediante termo especificado deles e seus valores, ainda que os pais o tenham dispensado.

Parágrafo único. Se o patrimônio do menor for de valor considerável, poderá o juiz condicionar o exercício da tutela à prestação de caução bastante, podendo dispensá-la se o tutor for de reconhecida idoneidade.

› art. 2.040 deste Código.

Art. 1.746. Se o menor possuir bens, será sustentado e educado a expensas deles, arbitrando o juiz para tal fim as quantias que lhe pareçam necessárias, considerado o rendimento da fortuna do pupilo quando o pai ou a mãe não as houver fixado.

Art. 1.747. Compete mais ao tutor:

I - representar o menor, até os dezesseis anos, nos atos da vida civil, e assisti-lo, após essa idade, nos atos em que for parte;

‣ arts. 3º, I; 4º, I, deste Código.

II - receber as rendas e pensões do menor, e as quantias a ele devidas;

III - fazer-lhe as despesas de subsistência e educação, bem como as de administração, conservação e melhoramentos de seus bens;

IV - alienar os bens do menor destinados a venda;

V - promover-lhe, mediante preço conveniente, o arrendamento de bens de raiz.

Art. 1.748. Compete também ao tutor, com autorização do juiz:

I - pagar as dívidas do menor;

II - aceitar por ele heranças, legados ou doações, ainda que com encargos;

III - transigir;

IV - vender-lhe os bens móveis, cuja conservação não convier, e os imóveis nos casos em que for permitido;

V - propor em juízo as ações, ou nelas assistir o menor, e promover todas as diligências a bem deste, assim como defendê-lo nos pleitos contra ele movidos.

Parágrafo único. No caso de falta de autorização, a eficácia de ato do tutor depende da aprovação ulterior do juiz.

Art. 1.749. Ainda com a autorização judicial, não pode o tutor, sob pena de nulidade:

I - adquirir por si, ou por interposta pessoa, mediante contrato particular, bens móveis ou imóveis pertencentes ao menor;

‣ arts. 82; 83; 497, I, deste Código.

II - dispor dos bens do menor a título gratuito;

III - constituir-se cessionário de crédito ou de direito, contra o menor.

‣ art. 497, I, deste Código.

Art. 1.750. Os imóveis pertencentes aos menores sob tutela somente podem ser vendidos quando houver manifesta vantagem, mediante prévia avaliação judicial e aprovação do juiz.

‣ arts. 1.748, IV, deste Código.

‣ arts. 725; 730, NCPC.

Art. 1.751. Antes de assumir a tutela, o tutor declarará tudo o que o menor lhe deva, sob pena de não lhe poder cobrar, enquanto exerça a tutoria, salvo provando que não conhecia o débito quando a assumiu.

‣ art. 1.735, II, deste Código.

Art. 1.752. O tutor responde pelos prejuízos que, por culpa, ou dolo, causar ao tutelado; mas tem direito a ser pago pelo que realmente despender no exercício da tutela, salvo no caso do art. 1.734, e a perceber remuneração proporcional à importância dos bens administrados.

‣ arts. 402 a 405 deste Código.

§ 1º Ao protutor será arbitrada uma gratificação módica pela fiscalização efetuada.

§ 2º São solidariamente responsáveis pelos prejuízos as pessoas às quais competia fiscalizar a atividade do tutor, e as que concorreram para o dano.

SEÇÃO V
DOS BENS DO TUTELADO

Art. 1.753. Os tutores não podem conservar em seu poder dinheiro dos tutelados, além do necessário para as despesas ordinárias com o seu sustento, a sua educação e a administração de seus bens.

§ 1º Se houver necessidade, os objetos de ouro e prata, pedras preciosas e móveis serão avaliados por pessoa idônea e, após autorização judicial, alienados, e o seu produto convertido em títulos, obrigações e letras de responsabilidade direta ou indireta da União ou dos Estados, atendendo-se preferentemente à rentabilidade, e recolhidos ao estabelecimento bancário oficial ou aplicado na aquisição de imóveis, conforme for determinado pelo juiz.

§ 2º O mesmo destino previsto no parágrafo antecedente terá o dinheiro proveniente de qualquer outra procedência.

‣ arts. 725, III; 730; 840, I, NCPC.

§ 3º Os tutores respondem pela demora na aplicação dos valores acima referidos, pagando os juros legais desde o dia em que deveriam dar esse destino, o que não os exime da obrigação, que o juiz fará efetiva, da referida aplicação.

Art. 1.754. Os valores que existirem em estabelecimento bancário oficial, na forma do artigo antecedente, não se poderão retirar, senão mediante ordem do juiz, e somente:

I - para as despesas com o sustento e educação do tutelado, ou a administração de seus bens;

II - para se comprarem bens imóveis e títulos, obrigações ou letras, nas condições previstas no § 1º do artigo antecedente;

III - para se empregarem em conformidade com o disposto por quem os houver doado, ou deixado;

IV - para se entregarem aos órfãos, quando emancipados, ou maiores, ou, mortos eles, aos seus herdeiros.

SEÇÃO VI
DA PRESTAÇÃO DE CONTAS

Art. 1.755. Os tutores, embora o contrário tivessem disposto os pais dos tutelados, são obrigados a prestar contas da sua administração.

Art. 1.756. No fim de cada ano de administração, os tutores submeterão ao juiz o balanço respectivo, que, depois de aprovado, se anexará aos autos do inventário.

Art. 1.757. Os tutores prestarão contas de dois em dois anos, e também quando, por qualquer motivo, deixarem o exercício da tutela ou toda vez que o juiz achar conveniente.

Parágrafo único. As contas serão prestadas em juízo, e julgadas depois da audiência dos interessados, recolhendo o tutor imediatamente a estabelecimento bancário oficial os saldos, ou adquirindo bens imóveis, ou títulos, obrigações ou letras, na forma do § 1º do art. 1.753.

‣ art. 1.753 deste Código.

‣ arts. 550 a 553, NCPC.

Art. 1.758. Finda a tutela pela emancipação ou maioridade, a quitação do menor não produzirá efeito antes de aprovadas as contas pelo juiz, subsistindo inteira, até então, a responsabilidade do tutor.

Art. 1.759. Nos casos de morte, ausência, ou interdição do tutor, as contas serão prestadas por seus herdeiros ou representantes.

Art. 1.760. Serão levadas a crédito do tutor todas as despesas justificadas e reconhecidamente proveitosas ao menor.

‣ art. 1.752 Código.

Art. 1.761. As despesas com a prestação das contas serão pagas pelo tutelado.

Art. 1.762. O alcance do tutor, bem como o saldo contra o tutelado, são dívidas de valor e vencem juros desde o julgamento definitivo das contas.

‣ art. 398 deste Código.

SEÇÃO VII
DA CESSAÇÃO DA TUTELA

Art. 1.763. Cessa a condição de tutelado:

I - com a maioridade ou a emancipação do menor;

II - ao cair o menor sob o poder familiar, no caso de reconhecimento ou adoção.

‣ art. 227, § 6º, CF.

Art. 1.764. Cessam as funções do tutor:

I - ao expirar o termo, em que era obrigado a servir;

‣ art. 1.765 deste Código.

II - ao sobrevir escusa legítima;

‣ art. 1.736 deste Código.

III - ao ser removido.

‣ arts. 1.735 a 1.766 deste Código.

‣ art. 761 e ss., NCPC.

‣ arts. 24; 38; 164, Lei 8.069/1990 (ECA).

Art. 1.765. O tutor é obrigado a servir por espaço de dois anos.

Parágrafo único. Pode o tutor continuar no exercício da tutela, além do prazo previsto neste artigo, se o quiser e o juiz julgar conveniente ao menor.

Art. 1.766. Será destituído o tutor, quando negligente, prevaricador ou incurso em incapacidade.

‣ art. 761 e ss., NCPC.

‣ art. 164, Lei 8.069/1990 (ECA).

CAPÍTULO II
DA CURATELA

‣ arts. 22; 25; 197, III; 932, II; 1.800 deste Código.

‣ arts. 747 a 763 NCPC.

‣ arts. 94-6; 104, *caput*, Lei 6.015/1973 (Lei de Registros Públicos).

‣ art. 44, Lei 8.069/1990 (ECA).

SEÇÃO I
DOS INTERDITOS

Art. 1.767. Estão sujeitos a curatela:

‣ Enunciado 637 das Jornadas de Direito Civil.

I - aqueles que, por causa transitória ou permanente, não puderem exprimir sua vontade; (Alterado pela Lei 13.146/2015.)

‣ arts. 9º, III; 228, II, deste Código.

II - (Revogado pela Lei 13.146/2015.)

III - os ébrios habituais e os viciados em tóxico; (Alterado pela Lei 13.146/2015.)

‣ arts. 4º, II; 9º, III, deste Código.

IV - (Revogado pela Lei 13.146/2015.)

V - os pródigos.

‣ arts. 4º, IV; 9º, III; 1.782 deste Código.

Arts. 1.768 a 1.773. (Revogados pela Lei nº 13.105, de 2015)

Art. 1.774. Aplicam-se à curatela as disposições concernentes à tutela, com as modificações dos artigos seguintes.

‣ arts. 497, I; 580; 1.726 a 1.766; e 1.781 deste Código.

Art. 1.775. O cônjuge ou companheiro, não separado judicialmente ou de fato, é, de direito, curador do outro, quando interdito.

‣ arts. 1.570; 1.783 deste Código.

‣ Enunciado 638 das Jornadas de Direito Civil.

§ 1º Na falta do cônjuge ou companheiro, é curador legítimo o pai ou a mãe; na falta destes, o descendente que se demonstrar mais apto.

§ 2º Entre os descendentes, os mais próximos precedem aos mais remotos.

§ 3º Na falta das pessoas mencionadas neste artigo, compete ao juiz a escolha do curador.

Art. 1.775-A. Na nomeação de curador para a pessoa com deficiência, o juiz poderá estabelecer curatela compartilhada a mais de uma pessoa. (Acrescentado pela Lei 13.146/2015.)

Art. 1.776. (Revogado pela Lei 13.146/2015.)

Art. 1.777. As pessoas referidas no inciso I do art. 1.767 receberão todo o apoio necessário para ter preservado o direito à convivência familiar e comunitária, sendo evitado o seu recolhimento em estabelecimento que os afaste desse convívio. (Alterado pela Lei 13.146/2015.)

‣ arts. 26; 98; e 99, CP.

Art. 1.778. A autoridade do curador estende-se à pessoa e aos bens dos filhos do curatelado, observado o art. 5º.

SEÇÃO II
DA CURATELA DO NASCITURO E DO ENFERMO OU PORTADOR DE DEFICIÊNCIA FÍSICA

Art. 1.779. Dar-se-á curador ao nascituro, se o pai falecer estando grávida a mulher, e não tendo o poder familiar.

‣ art. 2º deste Código.

Parágrafo único. Se a mulher estiver interdita, seu curador será o do nascituro.

Art. 1.780. (Revogado pela Lei 13.146/2015.)

SEÇÃO III
DO EXERCÍCIO DA CURATELA

Art. 1.781. As regras a respeito do exercício da tutela aplicam-se ao da curatela, com a restrição do art. 1.772 e as desta Seção.

‣ arts. 1.728 a 1.766 deste Código.

Art. 1.782. A interdição do pródigo só o privará de, sem curador, emprestar, transigir, dar quitação, alienar, hipotecar, demandar ou ser demandado, e praticar, em geral, os atos que não sejam de mera administração.

‣ arts. 4º, IV; 1.767, V, deste Código.

Art. 1.783. Quando o curador for o cônjuge e o regime de bens do casamento for de comunhão universal, não será obrigado à prestação de contas, salvo determinação judicial.

‣ arts. 1.570; 1.651; 1.667 a 1.671 deste Código.

CAPÍTULO III
DA TOMADA DE DECISÃO APOIADA

‣ (Acrescentado pela Lei 13.146/2015.)

Art. 1.783-A. A tomada de decisão apoiada é o processo pelo qual a pessoa com deficiência elege pelo menos 2 (duas) pessoas idôneas, com as quais mantenha vínculos e que gozem de sua confiança, para prestar-lhe apoio na tomada de decisão sobre atos da vida civil, fornecendo-lhes os elementos e informações necessários para que possa exercer sua capacidade. (Acrescentado pela Lei 13.146/2015.)

‣ Enunciados 639; 640 das Jornadas de Direito Civil.

§ 1º Para formular pedido de tomada de decisão apoiada, a pessoa com deficiência e os apoiadores devem apresentar termo em que constem os limites do apoio a ser oferecido e os compromissos dos apoiadores, inclusive o prazo de vigência do acordo e o respeito à vontade, aos direitos e aos interesses da pessoa que devem apoiar. (Acrescentado pela Lei 13.146/2015.)

§ 2º O pedido de tomada de decisão apoiada será requerido pela pessoa a ser apoiada, com indicação expressa das pessoas aptas a prestarem o apoio previsto no *caput* deste artigo. (Acrescentado pela Lei 13.146/2015.)

§ 3º Antes de se pronunciar sobre o pedido de tomada de decisão apoiada, o juiz, assistido por equipe multidisciplinar, após oitiva do Ministério Público, ouvirá pessoalmente o requerente e as pessoas que lhe prestarão apoio. (Acrescentado pela Lei 13.146/2015.)

§ 4º A decisão tomada por pessoa apoiada terá validade e efeitos sobre terceiros, sem restrições, desde que esteja inserida nos limites do apoio acordado. (Acrescentado pela Lei 13.146/2015.)

§ 5º Terceiro com quem a pessoa apoiada mantenha relação negocial pode solicitar que os apoiadores contra-assinem o contrato ou acordo, especificando, por escrito, sua função em relação ao apoiado. (Acrescentado pela Lei 13.146/2015.)

§ 6º Em caso de negócio jurídico que possa trazer risco ou prejuízo relevante, havendo divergência de opiniões entre a pessoa apoiada e um dos apoiadores, deverá o juiz, ouvido o Ministério Público, decidir sobre a questão. (Acrescentado pela Lei 13.146/2015.)

§ 7º Se o apoiador agir com negligência, exercer pressão indevida ou não adimplir as obrigações assumidas, poderá a pessoa apoiada ou qualquer pessoa apresentar denúncia ao Ministério Público ou ao juiz. (Acrescentado pela Lei 13.146/2015.)

§ 8º Se procedente a denúncia, o juiz destituirá o apoiador e nomeará, ouvida a pessoa apoiada e se for de seu interesse, outra pessoa para prestação de apoio. (Acrescentado pela Lei 13.146/2015.)

§ 9º A pessoa apoiada pode, a qualquer tempo, solicitar o término de acordo firmado em processo de tomada de decisão apoiada. (Acrescentado pela Lei 13.146/2015.)

§ 10. O apoiador pode solicitar ao juiz a exclusão de sua participação do processo de tomada de decisão apoiada, sendo seu desligamento condicionado à manifestação do juiz sobre a matéria. (Acrescentado pela Lei 13.146/2015.)

§ 11. Aplicam-se à tomada de decisão apoiada, no que couber, as disposições referentes à prestação de contas na curatela. (Acrescentado pela Lei 13.146/2015.)

LIVRO V
DO DIREITO DAS SUCESSÕES

TÍTULO I
DA SUCESSÃO EM GERAL

CAPÍTULO I
DISPOSIÇÕES GERAIS

Art. 1.784. Aberta a sucessão, a herança transmite-se, desde logo, aos herdeiros legítimos e testamentários.

‣ art. 5º, XXX e XXXI, CF.

‣ arts. 426; 1.206; 1.207; 1.791; 1.829 a 1.844; 1.923 deste Código.

Art. 1.785. A sucessão abre-se no lugar do último domicílio do falecido.

‣ art. 5º, XXVII; XXX; XXXI, CF.

‣ arts. 70 a 78 deste Código.

‣ arts. 23 e 48, NCPC.

‣ art. 10, LInDB.

Art. 1.786. A sucessão dá-se por lei ou por disposição de última vontade.

‣ arts. 426; 1.857 a 1.859 deste Código.

Art. 1.787. Regula a sucessão e a legitimação para suceder a lei vigente ao tempo da abertura daquela.

‣ arts. 70 a 78 deste Código.

‣ art. 48, NCPC.

‣ art. 10, § 2º, LInDB.

Art. 1.788. Morrendo a pessoa sem testamento, transmite a herança aos herdeiros legítimos; o mesmo ocorrerá quanto aos bens que não forem compreendidos no testamento; e subsiste a sucessão legítima se o testamento caducar, ou for julgado nulo.

‣ arts. 1.829; 1.906; 1.908; 1.943; 1.944; 1.955; 1.966; 1.969 a 1.975 deste Código.

‣ Súm. 590, STF.

Art. 1.789. Havendo herdeiros necessários, o testador só poderá dispor da metade da herança.

‣ arts. 549; 1.846; 1.961; 1.973 a 1.975; 2.018 deste Código.

Art. 1.790. A companheira ou o companheiro participará da sucessão do outro, quanto aos bens adquiridos onerosamente na vigência da união estável, nas condições seguintes (v. Recurso Extraordinário nº 646.721 e Recurso Extraordinário nº 878.694):

‣ art. 1.829 deste Código.

‣ Enunciados 525; 641 das Jornadas de Direito Civil.

I - se concorrer com filhos comuns, terá direito a uma quota equivalente à que por lei for atribuída ao filho;

‣ Enunciado 266 das Jornadas de Direito Civil.

II - se concorrer com descendentes só do autor da herança, tocar-lhe-á a metade do que couber a cada um daqueles;

III - se concorrer com outros parentes sucessíveis, terá direito a um terço da herança;

IV - não havendo parentes sucessíveis, terá direito à totalidade da herança.

‣ arts. 1.829; 1.844 deste Código.

‣ art. 2º, Lei 8.971/1994 (Dispõe sobre o direito dos companheiros a alimentos e à sucessão).

CAPÍTULO II
DA HERANÇA E DE SUA ADMINISTRAÇÃO

Art. 1.791. A herança defere-se como um todo unitário, ainda que vários sejam os herdeiros.

Parágrafo único. Até a partilha, o direito dos coerdeiros, quanto à propriedade e posse da herança, será indivisível, e regular-se-á pelas normas relativas ao condomínio.

‣ arts. 88; 91; 1.199; 1.314; 2.013 a 2.022 deste Código.

Art. 1.792. O herdeiro não responde por encargos superiores às forças da herança; incumbe-lhe, porém, a prova do excesso, salvo se houver inventário que a escuse, demostrando o valor dos bens herdados.

‣ arts. 836; 1.997 deste Código.

‣ art. 796, NCPC.

Art. 1.793. O direito à sucessão aberta, bem como o quinhão de que disponha o coerdeiro, pode ser objeto de cessão por escritura pública.

§ 1º Os direitos, conferidos ao herdeiro em consequência de substituição ou de direito de acrescer, presumem-se não abrangidos pela cessão feita anteriormente.

‣ arts. 1.941 a 1.960 deste Código.

§ 2º É ineficaz a cessão, pelo coerdeiro, de seu direito hereditário sobre qualquer bem da herança considerado singularmente.

§ 3º Ineficaz é a disposição, sem prévia autorização do juiz da sucessão, por qualquer herdeiro, de bem componente do acervo hereditário, pendente a indivisibilidade.

Art. 1.794. O coerdeiro não poderá ceder a sua quota hereditária a pessoa estranha à sucessão, se outro coerdeiro a quiser, tanto por tanto.

‣ art. 504 deste Código.

Art. 1.795. O coerdeiro, a quem não se der conhecimento da cessão, poderá, depositado o preço, haver para si a quota cedida a estranho, se o requerer até cento e oitenta dias após a transmissão.

‣ art. 504 deste Código.

Parágrafo único. Sendo vários os coerdeiros a exercer a preferência, entre eles se distribuirá o quinhão cedido, na proporção das respectivas quotas hereditárias.

Art. 1.796. No prazo de trinta dias, a contar da abertura da sucessão, instaurar-se-á inventário do patrimônio hereditário, perante o juízo competente no lugar da sucessão, para fins de liquidação e, quando for o caso, de partilha da herança.

‣ arts. 7º; 10, LIndB.

‣ arts. 70 a 73 deste Código.

‣ arts. 48, 610 e ss., NCPC.

‣ Súm. 542, STF.

Art. 1.797. Até o compromisso do inventariante, a administração da herança caberá, sucessivamente:

‣ arts. 613 e ss., NCPC.

I - ao cônjuge ou companheiro, se com o outro convivia ao tempo da abertura da sucessão;

II - ao herdeiro que estiver na posse e administração dos bens, e, se houver mais de um nessas condições, ao mais velho;

III - ao testamenteiro;

‣ art. 1.977 deste Código.

IV - a pessoa de confiança do juiz, na falta ou escusa das indicadas nos incisos antecedentes, ou quando tiverem de ser afastadas por motivo grave levado ao conhecimento do juiz.

CAPÍTULO III
DA VOCAÇÃO HEREDITÁRIA

Art. 1.798. Legitimam-se a suceder as pessoas nascidas ou já concebidas no momento da abertura da sucessão.

‣ Enunciado 267 das Jornadas de Direito Civil.

Art. 1.799. Na sucessão testamentária podem ainda ser chamados a suceder:

‣ arts. 1.857 a 1.859 deste Código.

‣ Enunciado 268 das Jornadas de Direito Civil.

I - os filhos, ainda não concebidos, de pessoas indicadas pelo testador, desde que vivas estas ao abrir-se a sucessão;

‣ art. 2º deste Código.

II - as pessoas jurídicas;

‣ arts. 40 a 69 deste Código.

III - as pessoas jurídicas, cuja organização for determinada pelo testador sob a forma de fundação.

‣ arts. 62 a 69 deste Código.

Art. 1.800. No caso do inciso I do artigo antecedente, os bens da herança serão confiados, após a liquidação ou partilha, a curador nomeado pelo juiz.

§ 1º Salvo disposição testamentária em contrário, a curatela caberá à pessoa cujo filho o testador esperava ter por herdeiro, e, sucessivamente, às pessoas indicadas no art. 1.775.

§ 2º Os poderes, deveres e responsabilidades do curador, assim nomeado, regem-se pelas disposições concernentes à curatela dos incapazes, no que couber.

‣ arts. 1.740 a 1.781 deste Código.

§ 3º Nascendo com vida o herdeiro esperado, ser-lhe-á deferida a sucessão, com os frutos e rendimentos relativos à deixa, a partir da morte do testador.

§ 4º Se, decorridos dois anos após a abertura da sucessão, não for concebido o herdeiro esperado, os bens reservados, salvo disposição em contrário do testador, caberão aos herdeiros legítimos.

‣ art. 1.829 deste Código.

Art. 1.801. Não podem ser nomeados herdeiros nem legatários:

I - a pessoa que, a rogo, escreveu o testamento, nem o seu cônjuge ou companheiro, ou os seus ascendentes e irmãos;

‣ art. 1.868 deste Código.

II - as testemunhas do testamento;

III - o concubino do testador casado, salvo se este, sem culpa sua, estiver separado de fato do cônjuge há mais de cinco anos;

‣ Súm. 447, STF.

‣ Enunciado 269 das Jornadas de Direito Civil.

IV - o tabelião, civil ou militar, ou o comandante ou escrivão, perante quem se fizer, assim como o que fizer ou aprovar o testamento.

‣ arts. 1.864, I; 1.868 deste Código.

Art. 1.802. São nulas as disposições testamentárias em favor de pessoas não legitimadas a suceder, ainda quando simuladas sob a forma de contrato oneroso, ou feitas mediante interposta pessoa.

Parágrafo único. Presumem-se pessoas interpostas os ascendentes, os descendentes, os irmãos e o cônjuge ou companheiro do não legitimado a suceder.

Art. 1.803. É lícita a deixa ao filho do concubino, quando também o for do testador.

‣ art. 227, § 6º, CF.

‣ Súm. 447, STF.

CAPÍTULO IV
DA ACEITAÇÃO E RENÚNCIA DA HERANÇA

Art. 1.804. Aceita a herança, torna-se definitiva a sua transmissão ao herdeiro, desde a abertura da sucessão.

‣ art. 1.784 deste Código.

Parágrafo único. A transmissão tem-se por não verificada quando o herdeiro renuncia à herança.

Art. 1.805. A aceitação da herança, quando expressa, faz-se por declaração escrita; quando tácita, há de resultar tão somente de atos próprios da qualidade de herdeiro.

§ 1º Não exprimem aceitação de herança os atos oficiosos, como o funeral do

CC

finado, os meramente conservatórios, ou os de administração e guarda provisória.

§ 2º Não importa igualmente aceitação a cessão gratuita, pura e simples, da herança, aos demais coerdeiros.

› art. 1.810 deste Código.

Art. 1.806. A renúncia da herança deve constar expressamente de instrumento público ou termo judicial.

› arts. 80, II; 108; 166, IV; 215 deste Código.

Art. 1.807. O interessado em que o herdeiro declare se aceita, ou não, a herança, poderá, vinte dias após aberta a sucessão, requerer ao juiz prazo razoável, não maior de trinta dias, para, nele, se pronunciar o herdeiro, sob pena de se haver a herança por aceita.

Art. 1.808. Não se pode aceitar ou renunciar a herança em parte, sob condição ou a termo.

› arts. 1.912 a 1.940 deste Código.

§ 1º O herdeiro, a quem se testarem legados, pode aceitá-los, renunciando a herança; ou, aceitando-a, repudiá-los.

› arts. 121; 131; 133; 135 deste Código.

§ 2º O herdeiro, chamado, na mesma sucessão, a mais de um quinhão hereditário, sob títulos sucessórios diversos, pode livremente deliberar quanto aos quinhões que aceita e aos que renuncia.

Art. 1.809. Falecendo o herdeiro antes de declarar se aceita a herança, o poder de aceitar passa-lhe aos herdeiros, a menos que se trate de vocação adstrita a uma condição suspensiva, ainda não verificada.

› arts. 125; 1.933 deste Código.

Parágrafo único. Os chamados à sucessão do herdeiro falecido antes da aceitação, desde que concordem em receber a segunda herança, poderão aceitar ou renunciar a primeira.

Art. 1.810. Na sucessão legítima, a parte do renunciante acresce à dos outros herdeiros da mesma classe e, sendo ele o único desta, devolve-se aos da subsequente.

› arts. 1.829 a 1.856 deste Código.

› Enunciado 575 das Jornadas de Direito Civil.

Art. 1.811. Ninguém pode suceder, representando herdeiro renunciante. Se, porém, ele for o único legítimo da sua classe, ou se todos os outros da mesma classe renunciarem a herança, poderão os filhos vir à sucessão, por direito próprio, e por cabeça.

› arts. 1.835; 1.856 deste Código.

Art. 1.812. São irrevogáveis os atos de aceitação ou de renúncia da herança.

Art. 1.813. Quando o herdeiro prejudicar os seus credores, renunciando à herança, poderão eles, com autorização do juiz, aceitá-la em nome do renunciante.

§ 1º A habilitação dos credores se fará no prazo de trinta dias seguintes ao conhecimento do fato.

§ 2º Pagas as dívidas do renunciante, prevalece a renúncia quanto ao remanescente, que será devolvido aos demais herdeiros.

› arts. 158 a 165 deste Código.

› art. 129, V, Lei 11.101/2005 (Lei de Recuperação de Empresas e Falência).

CAPÍTULO V
DOS EXCLUÍDOS DA SUCESSÃO

Art. 1.814. São excluídos da sucessão os herdeiros ou legatários:

I - que houverem sido autores, coautores ou partícipes de homicídio doloso, ou tentativa deste, contra a pessoa de cuja sucessão se tratar, seu cônjuge, companheiro, ascendente ou descendente;

II - que houverem acusado caluniosamente em juízo o autor da herança ou incorrerem em crime contra a sua honra, ou de seu cônjuge ou companheiro;

III - que, por violência ou meios fraudulentos, inibirem ou obstarem o autor da herança de dispor livremente de seus bens por ato de última vontade.

› arts. 557; 935; 1.939, IV; e 1.961 a 1.965 deste Código.

Art. 1.815. A exclusão do herdeiro ou legatário, em qualquer desses casos de indignidade, será declarada por sentença.

› Enunciado 116 das Jornadas de Direito Civil.

§ 1º O direito de demandar a exclusão do herdeiro ou legatário extingue-se em quatro anos, contados da abertura da sucessão. (Primitivo parágrafo único renumerado para § 1º pela Lei 13.532, de 2017.)

§ 2º Na hipótese do inciso I do art. 1.814, o Ministério Público tem legitimidade para demandar a exclusão do herdeiro ou legatário. (Incluído pela Lei 13.532, de 2017).

Art. 1.816. São pessoais os efeitos da exclusão; os descendentes do herdeiro excluído sucedem, como se ele morto fosse antes da abertura da sucessão.

Parágrafo único. O excluído da sucessão não terá direito ao usufruto ou à administração dos bens que a seus sucessores couberem na herança, nem à sucessão eventual desses bens.

› arts. 1.689 e 1.693, IV, deste Código.

Art. 1.817. São válidas as alienações onerosas de bens hereditários a terceiros de boa-fé, e os atos de administração legalmente praticados pelo herdeiro, antes da sentença de exclusão; mas aos herdeiros subsiste, quando prejudicados, o direito de demandar-lhe perdas e danos.

› arts. 1.689; 1.693, IV, deste Código.

Parágrafo único. O excluído da sucessão é obrigado a restituir os frutos e rendimentos que dos bens da herança houver percebido, mas tem direito a ser indenizado das despesas com a conservação deles.

› art. 884 deste Código.

Art. 1.818. Aquele que incorreu em atos que determinem a exclusão da herança será admitido a suceder, se o ofendido o tiver expressamente reabilitado em testamento, ou em outro ato autêntico.

Parágrafo único. Não havendo reabilitação expressa, o indigno, contemplado em testamento do ofendido, quando o testador, ao testar, já conhecia a causa da indignidade, pode suceder no limite da disposição testamentária.

CAPÍTULO VI
DA HERANÇA JACENTE

› arts. 48; 75, VI; 738 e ss., NCPC.

Art. 1.819. Falecendo alguém sem deixar testamento nem herdeiro legítimo notoriamente conhecido, os bens da herança, depois de arrecadados, ficarão sob a guarda e administração de um curador, até a sua entrega ao sucessor devidamente habilitado ou à declaração de sua vacância.

› arts. 75, VI, NCPC.

Art. 1.820. Praticadas as diligências de arrecadação e ultimado o inventário, serão expedidos editais na forma da lei processual, e, decorrido um ano de sua primeira publicação, sem que haja herdeiro habilitado, ou penda habilitação, será a herança declarada vacante.

› art. 743, NCPC.

Art. 1.821. É assegurado aos credores o direito de pedir o pagamento das dívidas reconhecidas, nos limites das forças da herança.

› art. 741, NCPC.

Art. 1.822. A declaração de vacância da herança não prejudicará os herdeiros que legalmente se habilitarem; mas, decorridos cinco anos da abertura da sucessão, os bens arrecadados passarão ao domínio do Município ou do Distrito Federal, se localizados nas respectivas circunscrições, incorporando-se ao domínio da União quando situados em território federal.

› art. 1.884 deste Código.

Parágrafo único. Não se habilitando até a declaração de vacância, os colaterais ficarão excluídos da sucessão.

Art. 1.823. Quando todos os chamados a suceder renunciarem à herança, será esta desde logo declarada vacante.

› arts. 1.804; 1.806 deste Código.

CAPÍTULO VII
DA PETIÇÃO DE HERANÇA

Art. 1.824. O herdeiro pode, em ação de petição de herança, demandar o reconhecimento de seu direito sucessório, para obter a restituição da herança, ou de parte dela, contra quem, na qualidade de herdeiro, ou mesmo sem título, a possua.

› art. 205 deste Código.

› Súm. 149, STF.

Art. 1.825. A ação de petição de herança, ainda que exercida por um só dos herdeiros, poderá compreender todos os bens hereditários.

› art. 1.791 deste Código.

Art. 1.826. O possuidor da herança está obrigado à restituição dos bens do acervo, fixando-se-lhe a responsabilidade segundo a sua posse, observado o disposto nos arts. 1.214 a 1.222.

› art. 395 deste Código.

Parágrafo único. A partir da citação, a responsabilidade do possuidor se há de aferir pelas regras concernentes à posse de má-fé e à mora.

Art. 1.827. O herdeiro pode demandar os bens da herança, mesmo em poder de terceiros, sem prejuízo da responsabilidade do possuidor originário pelo valor dos bens alienados.

Parágrafo único. São eficazes as alienações feitas, a título oneroso, pelo herdeiro aparente a terceiro de boa-fé.

Art. 1.828. O herdeiro aparente, que de boa-fé houver pago um legado, não está obrigado a prestar o equivalente ao verdadeiro sucessor, ressalvado a este o direito de proceder contra quem o recebeu.

- art. 1.934 deste Código.

TÍTULO II
DA SUCESSÃO LEGÍTIMA

CAPÍTULO I
DA ORDEM DA VOCAÇÃO HEREDITÁRIA

- art. 2.041 deste Código.

Art. 1.829. A sucessão legítima defere-se na ordem seguinte:

- arts. 1.790; 1.845 a 1.850; 1.961 a 1.965 deste Código.

I - aos descendentes, em concorrência com o cônjuge sobrevivente, salvo se casado este com o falecido no regime da comunhão universal, ou no da separação obrigatória de bens (art. 1.640, parágrafo único); ou se, no regime da comunhão parcial, o autor da herança não houver deixado bens particulares;

- O regime de separação obrigatória de bens encontra-se no art. 1.641, e não no art. 1.640, parágrafo único.
- art. 227, § 6º, CF.
- arts. 1.641; 1.658 a 1.671; 1.685; 1.835 deste Código.
- Enunciados 270; 575; 609 das Jornadas de Direito Civil.

II - aos ascendentes, em concorrência com o cônjuge;

- art. 1.836 deste Código.
- Enunciado 525 das Jornadas de Direito Civil.

III - ao cônjuge sobrevivente;

- art. 1.838 deste Código.
- art. 2º, Lei 8.971/1994 (Dispõe sobre o direito dos companheiros a alimentos e à sucessão).

IV - aos colaterais.

- arts. 1.592; 1.839 a 1.843 deste Código.

Art. 1.830. Somente é reconhecido direito sucessório ao cônjuge sobrevivente se, ao tempo da morte do outro, não estavam separados judicialmente, nem separados de fato há mais de dois anos, salvo prova, neste caso, de que essa convivência se tornara impossível sem culpa do sobrevivente.

- Enunciado 525 das Jornadas de Direito Civil.

Art. 1.831. Ao cônjuge sobrevivente, qualquer que seja o regime de bens, será assegurado, sem prejuízo da participação que lhe caiba na herança, o direito real de habitação relativamente ao imóvel destinado à residência da família, desde que seja o único daquela natureza a inventariar.

- arts. 1.414 a 1.416 deste Código.
- art. 7º, p.u., Lei 9.278/1996 (Lei da União Estável).
- Enunciados 117 e 271 das Jornadas de Direito Civil.

Art. 1.832. Em concorrência com os descendentes (art. 1.829, inciso I) caberá ao cônjuge quinhão igual ao dos que sucederem por cabeça, não podendo a sua quota ser inferior à quarta parte da herança, se for ascendente dos herdeiros com que concorrer.

- Enunciado 527 das Jornadas de Direito Civil.

Art. 1.833. Entre os descendentes, os em grau mais próximo excluem os mais remotos, salvo o direito de representação.

- arts. 1.851 a 1.856 deste Código.

Art. 1.834. Os descendentes da mesma classe têm os mesmos direitos à sucessão de seus ascendentes.

- art. 41, Lei 8.069/1990 (ECA).

Art. 1.835. Na linha descendente, os filhos sucedem por cabeça, e os outros descendentes, por cabeça ou por estirpe, conforme se achem ou não no mesmo grau.

- arts. 1.810; 1.811; 1.816 deste Código.

Art. 1.836. Na falta de descendentes, são chamados à sucessão os ascendentes, em concorrência com o cônjuge sobrevivente.

- art. 1.829, II, deste Código.
- Enunciado 642 das Jornadas de Direito Civil.

§ 1º Na classe dos ascendentes, o grau mais próximo exclui o mais remoto, sem distinção de linhas.

- art. 1.594 deste Código.

§ 2º Havendo igualdade em grau e diversidade em linha, os ascendentes da linha paterna herdam a metade, cabendo a outra aos da linha materna.

Art. 1.837. Concorrendo com ascendente em primeiro grau, ao cônjuge tocará um terço da herança; caber-lhe-á a metade desta se houver um só ascendente, ou se maior for aquele grau.

Art. 1.838. Em falta de descendentes e ascendentes, será deferida a sucessão por inteiro ao cônjuge sobrevivente.

- art. 1.830 deste Código.
- art. 2º, Lei 8.971/1994 (Dispõe sobre o direito dos companheiros a alimentos e à sucessão).

Art. 1.839. Se não houver cônjuge sobrevivente, nas condições estabelecidas no art. 1.830, serão chamados a suceder os colaterais até o quarto grau.

Art. 1.840. Na classe dos colaterais, os mais próximos excluem os mais remotos, salvo o direito de representação concedido aos filhos de irmãos.

- arts. 1.810; 1.811; 1.816; 1.843; 1.851; 1.853 deste Código.

Art. 1.841. Concorrendo à herança do falecido irmãos bilaterais com irmãos unilaterais, cada um destes herdará metade do que cada um daqueles herdar.

Art. 1.842. Não concorrendo à herança irmão bilateral, herdarão, em partes iguais, os unilaterais.

Art. 1.843. Na falta de irmãos, herdarão os filhos destes e, não os havendo, os tios.

§ 1º Se concorrerem à herança somente filhos de irmãos falecidos, herdarão por cabeça.

- art. 1.835 deste Código.

§ 2º Se concorrem filhos de irmãos bilaterais com filhos de irmãos unilaterais, cada um destes herdará a metade do que herdar cada um daqueles.

§ 3º Se todos forem filhos de irmãos bilaterais, ou todos de irmãos unilaterais, herdarão por igual.

Art. 1.844. Não sobrevivendo cônjuge, ou companheiro, nem parente algum sucessível, ou tendo eles renunciado a herança, esta se devolve ao Município ou ao Distrito Federal, se localizada nas respectivas circunscrições, ou à União, quando situada em território federal.

- art. 1.822 deste Código.

CAPÍTULO II
DOS HERDEIROS NECESSÁRIOS

Art. 1.845. São herdeiros necessários os descendentes, os ascendentes e o cônjuge.

- arts. 549; 1.814; 1.829; 1.830; 1.847; 1.961 a 1.965; 2.018 deste Código.

Art. 1.846. Pertence aos herdeiros necessários, de pleno direito, a metade dos bens da herança, constituindo a legítima.

- arts. 544; 549; 1.789; 1.814; 1.847; 1.857, § 1º; 1.961 deste Código.

Art. 1.847. Calcula-se a legítima sobre o valor dos bens existentes na abertura da sucessão, abatidas as dívidas e as despesas do funeral, adicionando-se, em seguida, o valor dos bens sujeitos a colação.

- arts. 544; 1.998; 2.002 a 2.012 deste Código.

Art. 1.848. Salvo se houver justa causa, declarada no testamento, não pode o testador estabelecer cláusula de inalienabilidade, impenhorabilidade, e de incomunicabilidade, sobre os bens da legítima.

- art. 2.042 deste Código.

§ 1º Não é permitido ao testador estabelecer a conversão dos bens da legítima em outros de espécie diversa.

§ 2º Mediante autorização judicial e havendo justa causa, podem ser alienados os bens gravados, convertendo-se o produto em outros bens, que ficarão sub-rogados nos ônus dos primeiros.

- arts. 1.668; 1.911 deste Código.
- art. 833, NCPC.
- arts. 167, II-11; 247 da Lei 6.015/1973 (Lei de Registros Públicos).
- Súm. 49, STF.

Art. 1.849. O herdeiro necessário, a quem o testador deixar a sua parte disponível, ou algum legado, não perderá o direito à legítima.

- art. 1.789 deste Código.

Art. 1.850. Para excluir da sucessão os herdeiros colaterais, basta que o testador disponha de seu patrimônio sem os contemplar.

- art. 1.908 deste Código.

CAPÍTULO III DO DIREITO DE REPRESENTAÇÃO

Art. 1.851. Dá-se o direito de representação, quando a lei chama certos parentes do falecido a suceder em todos os direitos, em que ele sucederia, se vivo fosse.

- arts. 1.810; 1.811; 1.816; 1.854; 1.855 deste Código.
- Enunciado 610 das Jornadas de Direito Civil.

Art. 1.852. O direito de representação dá-se na linha reta descendente, mas nunca na ascendente.

- art. 1.835 deste Código.

Art. 1.853. Na linha transversal, somente se dá o direito de representação em favor dos filhos de irmãos do falecido, quando com irmãos deste concorrerem.

- arts. 1.840; 1.843 deste Código.

Art. 1.854. Os representantes só podem herdar, como tais, o que herdaria o representado, se vivo fosse.

Art. 1.855. O quinhão do representado partir-se-á por igual entre os representantes.

Art. 1.856. O renunciante à herança de uma pessoa poderá representá-la na sucessão de outra.

- arts. 1.810; 1.811 deste Código.

TÍTULO III DA SUCESSÃO TESTAMENTÁRIA

CAPÍTULO I DO TESTAMENTO EM GERAL

Art. 1.857. Toda pessoa capaz pode dispor, por testamento, da totalidade dos seus bens, ou de parte deles, para depois de sua morte.

- arts. 184; 1.881 deste Código.
- Enunciado 528 das Jornadas de Direito Civil.

§ 1º A legítima dos herdeiros necessários não poderá ser incluída no testamento.

§ 2º São válidas as disposições testamentárias de caráter não patrimonial, ainda que o testador somente a elas se tenha limitado.

- arts. 14; 791; 792; 1.609, III; 1.634, IV; 1.729, p.u.; 1.796; 1.881 deste Código.

Art. 1.858. O testamento é ato personalíssimo, podendo ser mudado a qualquer tempo.

- art. 1.969 deste Código.

Art. 1.859. Extingue-se em cinco anos o direito de impugnar a validade do testamento, contado o prazo da data do seu registro.

- art. 1.909, p.u., deste Código.

CAPÍTULO II DA CAPACIDADE DE TESTAR

Art. 1.860. Além dos incapazes, não podem testar os que, no ato de fazê-lo, não tiverem pleno discernimento.

- arts. 3º; 1.767 deste Código.

Parágrafo único. Podem testar os maiores de dezesseis anos.

Art. 1.861. A incapacidade superveniente do testador não invalida o testamento, nem o testamento do incapaz se valida com a superveniência da capacidade.

CAPÍTULO III DAS FORMAS ORDINÁRIAS DO TESTAMENTO

SEÇÃO I DISPOSIÇÕES GERAIS

Art. 1.862. São testamentos ordinários:

I - o público;

- arts. 1.864 a 1.867 deste Código.

II - o cerrado;

- arts. 1.868 a 1.875 deste Código.

III - o particular.

- art. 426 deste Código.

Art. 1.863. É proibido o testamento conjuntivo, seja simultâneo, recíproco ou correspectivo.

- arts. 1.868 a 1.880 deste Código.

SEÇÃO II DO TESTAMENTO PÚBLICO

Art. 1.864. São requisitos essenciais do testamento público:

- art. 426 deste Código.
- art. 736, NCPC.

I - ser escrito por tabelião ou por seu substituto legal em seu livro de notas, de acordo com as declarações do testador, podendo este servir-se de minuta, notas ou apontamentos;

- arts. 7º, II; 20, § 4º, Lei 8.935/1994 (Lei dos Cartórios).

II - lavrado o instrumento, ser lido em voz alta pelo tabelião ao testador e a duas testemunhas, a um só tempo; ou pelo testador, se o quiser, na presença destas e do oficial;

III - ser o instrumento, em seguida à leitura, assinado pelo testador, pelas testemunhas e pelo tabelião.

- art. 1.865 deste Código.

Parágrafo único. O testamento público pode ser escrito manualmente ou mecanicamente, bem como ser feito pela inserção da declaração de vontade em partes impressas de livro de notas, desde que rubricadas todas as páginas pelo testador, se mais de uma.

Art. 1.865. Se o testador não souber, ou não puder assinar, o tabelião ou seu substituto legal assim o declarará, assinando, neste caso, pelo testador, e, a seu rogo, uma das testemunhas instrumentárias.

Art. 1.866. O indivíduo inteiramente surdo, sabendo ler, lerá o seu testamento, e, se não o souber, designará quem o leia em seu lugar, presentes as testemunhas.

Art. 1.867. Ao cego só se permite o testamento público, que lhe será lido, em voz alta, duas vezes, uma pelo tabelião ou por seu substituto legal, e a outra por uma das testemunhas, designada pelo testador, fazendo-se de tudo circunstanciada menção no testamento.

SEÇÃO III DO TESTAMENTO CERRADO

Art. 1.868. O testamento escrito pelo testador, ou por outra pessoa, a seu rogo, e por aquele assinado, será válido se aprovado pelo tabelião ou seu substituto legal, observadas as seguintes formalidades:

- arts. 1.801, I; 1.870; 1.871 deste Código.
- arts. 735; 736, NCPC.
- art. 7º, II, Lei 8.935/1994 (Lei dos Cartórios).

I - que o testador o entregue ao tabelião em presença de duas testemunhas;

II - que o testador declare que aquele é o seu testamento e quer que seja aprovado;

III - que o tabelião lavre, desde logo, o auto de aprovação, na presença de duas testemunhas, e o leia, em seguida, ao testador e testemunhas;

IV - que o auto de aprovação seja assinado pelo tabelião, pelas testemunhas e pelo testador.

Parágrafo único. O testamento cerrado pode ser escrito mecanicamente, desde que seu subscritor numere e autentique, com a sua assinatura, todas as páginas.

Art. 1.869. O tabelião deve começar o auto de aprovação imediatamente depois da última palavra do testador, declarando, sob sua fé, que o testador lhe entregou para ser aprovado na presença das testemunhas; passando a cerrar e coser o instrumento aprovado.

Parágrafo único. Se não houver espaço na última folha do testamento, para início da aprovação, o tabelião aporá nele o seu sinal público, mencionando a circunstância no auto.

Art. 1.870. Se o tabelião tiver escrito o testamento a rogo do testador, poderá, não obstante, aprová-lo.

Art. 1.871. O testamento pode ser escrito em língua nacional ou estrangeira, pelo próprio testador, ou por outrem, a seu rogo.

Art. 1.872. Não pode dispor de seus bens em testamento cerrado quem não saiba ou não possa ler.

Art. 1.873. Pode fazer testamento cerrado o surdo-mudo, contanto que o escreva todo, e o assine de sua mão, e que, ao entregá-lo ao oficial público, ante as duas testemunhas, escreva, na face externa do papel ou do envoltório, que aquele é o seu testamento, cuja aprovação lhe pede.

Art. 1.874. Depois de aprovado e cerrado, será o testamento entregue ao testador, e o tabelião lançará, no seu livro, nota do lugar, dia, mês e ano em que o testamento foi aprovado e entregue.

- art. 1.972 deste Código.

Art. 1.875. Falecido o testador, o testamento será apresentado ao juiz, que o abrirá e o fará registrar, ordenando seja cumprido, se não achar vício externo que o torne eivado de nulidade ou suspeito de falsidade.

- art. 735, NCPC.

SEÇÃO IV DO TESTAMENTO PARTICULAR

Art. 1.876. O testamento particular pode ser escrito de próprio punho ou mediante processo mecânico.

- art. 1.880 deste Código.
- art. 737, NCPC.

§ 1º Se escrito de próprio punho, são requisitos essenciais à sua validade seja lido e assinado por quem o escreveu, na presença de pelo menos três testemunhas, que o devem subscrever.

› art. 228 deste Código.

§ 2º Se elaborado por processo mecânico, não pode conter rasuras ou espaços em branco, devendo ser assinado pelo testador, depois de o ter lido na presença de pelo menos três testemunhas, que o subscreverão.

Art. 1.877. Morto o testador, publicar-se-á em juízo o testamento, com citação dos herdeiros legítimos.

› art. 737, NCPC.

Art. 1.878. Se as testemunhas forem contestes sobre o fato da disposição, ou, ao menos, sobre a sua leitura perante elas, e se reconhecerem as próprias assinaturas, assim como a do testador, o testamento será confirmado.

› art. 297, § 2º, CP.

Parágrafo único. Se faltarem testemunhas, por morte ou ausência, e se pelo menos uma delas o reconhecer, o testamento poderá ser confirmado, se, a critério do juiz, houver prova suficiente de sua veracidade.

› art. 737, NCPC.

Art. 1.879. Em circunstâncias excepcionais declaradas na cédula, o testamento particular de próprio punho e assinado pelo testador, sem testemunhas, poderá ser confirmado, a critério do juiz.

› Enunciado 610 das Jornadas de Direito Civil.

Art. 1.880. O testamento particular pode ser escrito em língua estrangeira, contanto que as testemunhas a compreendam.

CAPÍTULO IV
DOS CODICILOS

Art. 1.881. Toda pessoa capaz de testar poderá, mediante escrito particular seu, datado e assinado, fazer disposições especiais sobre o seu enterro, sobre esmolas de pouca monta a certas e determinadas pessoas, ou, indeterminadamente, aos pobres de certo lugar, assim como legar móveis, roupas ou joias, de pouco valor, de seu uso pessoal.

› arts. 1.860; 1.998 deste Código.

Art. 1.882. Os atos a que se refere o artigo antecedente, salvo direito de terceiro, valerão como codicilos, deixe ou não testamento o autor.

Art. 1.883. Pelo modo estabelecido no art. 1.881, poder-se-ão nomear ou substituir testamenteiros.

› art. 1.976 deste Código.

Art. 1.884. Os atos previstos nos artigos antecedentes revogam-se por atos iguais, e consideram-se revogados, se, havendo testamento posterior, de qualquer natureza, este os não confirmar ou modificar.

Art. 1.885. Se estiver fechado o codicilo, abrir-se-á do mesmo modo que o testamento cerrado.

› art. 1.875 deste Código.

› arts. 735 a 737, NCPC.

CAPÍTULO V
DOS TESTAMENTOS ESPECIAIS

SEÇÃO I
DISPOSIÇÕES GERAIS

Art. 1.886. São testamentos especiais:

I - o marítimo;

II - o aeronáutico;

III - o militar.

Art. 1.887. Não se admitem outros testamentos especiais além dos contemplados neste Código.

SEÇÃO II
DO TESTAMENTO MARÍTIMO E DO TESTAMENTO AERONÁUTICO

Art. 1.888. Quem estiver em viagem, a bordo de navio nacional, de guerra ou mercante, pode testar perante o comandante, em presença de duas testemunhas, por forma que corresponda ao testamento público ou ao cerrado.

› arts. 1.864; 1.868 deste Código.

› art. 737, NCPC.

Parágrafo único. O registro do testamento será feito no diário de bordo.

Art. 1.889. Quem estiver em viagem, a bordo de aeronave militar ou comercial, pode testar perante pessoa designada pelo comandante, observado o disposto no artigo antecedente.

› art. 1.801, I, deste Código.

Art. 1.890. O testamento marítimo ou aeronáutico ficará sob a guarda do comandante, que o entregará às autoridades administrativas do primeiro porto ou aeroporto nacional, contra recibo averbado no diário de bordo.

Art. 1.891. Caducará o testamento marítimo, ou aeronáutico, se o testador não morrer na viagem, nem nos noventa dias subsequentes ao seu desembarque em terra, onde possa fazer, na forma ordinária, outro testamento.

Art. 1.892. Não valerá o testamento marítimo, ainda que feito no curso de uma viagem, se, ao tempo em que se fez, o navio estava em porto onde o testador pudesse desembarcar e testar na forma ordinária.

SEÇÃO III
DO TESTAMENTO MILITAR

Art. 1.893. O testamento dos militares e demais pessoas a serviço das Forças Armadas em campanha, dentro do país ou fora dele, assim como em praça sitiada, ou que esteja de comunicações interrompidas, poderá fazer-se, não havendo tabelião ou seu substituto legal, ante duas, ou três testemunhas, se o testador não puder, ou não souber assinar, caso em que assinará por ele uma delas.

§ 1º Se o testador pertencer a corpo ou seção de corpo destacado, o testamento será escrito pelo respectivo comandante, ainda que de graduação ou posto inferior.

§ 2º Se o testador estiver em tratamento em hospital, o testamento será escrito pelo respectivo oficial de saúde, ou pelo diretor do estabelecimento.

§ 3º Se o testador for o oficial mais graduado, o testamento será escrito por aquele que o substituir.

Art. 1.894. Se o testador souber escrever, poderá fazer o testamento de seu punho, contanto que o date e assine por extenso, e o apresente aberto ou cerrado, na presença de duas testemunhas ao auditor, ou ao oficial de patente, que lhe faça as vezes neste mister.

Parágrafo único. O auditor, ou o oficial a quem o testamento se apresente notará, em qualquer parte dele, lugar, dia, mês e ano, em que lhe for apresentado, nota esta que será assinada por ele e pelas testemunhas.

Art. 1.895. Caduca o testamento militar, desde que, depois dele, o testador esteja, noventa dias seguidos, em lugar onde possa testar na forma ordinária, salvo se esse testamento apresentar as solenidades prescritas no parágrafo único do artigo antecedente.

Art. 1.896. As pessoas designadas no art. 1.893, estando empenhadas em combate, ou feridas, podem testar oralmente, confiando a sua última vontade a duas testemunhas.

› arts. 121; 128, 1ª parte; 136; 1.733, § 2º, deste Código.

Parágrafo único. Não terá efeito o testamento se o testador não morrer na guerra ou convalescer do ferimento.

CAPÍTULO VI
DAS DISPOSIÇÕES TESTAMENTÁRIAS

Art. 1.897. A nomeação de herdeiro ou legatário pode fazer-se pura e simplesmente, sob condição, para certo fim ou modo, ou por certo motivo.

› arts. 121; 128; 136; 1.733, § 2º, deste Código.

Art. 1.898. A designação do tempo em que deva começar ou cessar o direito do herdeiro, salvo nas disposições fideicomissárias, ter-se-á por não escrita.

› arts. 1.951 a 1.960 deste Código.

Art. 1.899. Quando a cláusula testamentária for suscetível de interpretações diferentes, prevalecerá a que melhor assegure a observância da vontade do testador.

› art. 112 deste Código.

› Súm. 49, STF.

Art. 1.900. É nula a disposição:

I - que institua herdeiro ou legatário sob a condição captatória de que este disponha, também por testamento, em benefício do testador, ou de terceiro;

II - que se refira a pessoa incerta, cuja identidade não se possa averiguar;

III - que favoreça a pessoa incerta, cometendo a determinação de sua identidade a terceiro;

› art. 1.901, I, deste Código.

IV - que deixe a arbítrio do herdeiro, ou de outrem, fixar o valor do legado;

› art. 1.901, II, deste Código.

V - que favoreça as pessoas a que se referem os arts. 1.801 e 1.802.

› arts. 1.803; 1.859 deste Código.

Art. 1.901. Valerá a disposição:

I - em favor de pessoa incerta que deva ser determinada por terceiro, dentre duas ou mais pessoas mencionadas pelo testador, ou pertencentes a uma família, ou a um corpo coletivo, ou a um estabelecimento por ele designado;

II - em remuneração de serviços prestados ao testador, por ocasião da moléstia de que faleceu, ainda que fique ao arbítrio do herdeiro ou de outrem determinar o valor do legado.

Art. 1.902. A disposição geral em favor dos pobres, dos estabelecimentos particulares de caridade, ou dos de assistência pública, entender-se-á relativa aos pobres do lugar do domicílio do testador ao tempo de sua morte, ou dos estabelecimentos aí sitos, salvo se manifestamente constar que tinha em mente beneficiar os de outra localidade.

Parágrafo único. Nos casos deste artigo, as instituições particulares preferirão sempre às públicas.

Art. 1.903. O erro na designação da pessoa do herdeiro, do legatário, ou da coisa legada anula a disposição, salvo se, pelo contexto do testamento, por outros documentos, ou por fatos inequívocos, se puder identificar a pessoa ou coisa a que o testador queria referir-se.

- arts. 142; 1.899; 1.909 deste Código.

Art. 1.904. Se o testamento nomear dois ou mais herdeiros, sem discriminar a parte de cada um, partilhar-se-á por igual, entre todos, a porção disponível do testador.

- art. 1.789 deste Código.

Art. 1.905. Se o testador nomear certos herdeiros individualmente e outros coletivamente, a herança será dividida em tantas quotas quantos forem os indivíduos e os grupos designados.

Art. 1.906. Se forem determinadas as quotas de cada herdeiro, e não absorverem toda a herança, o remanescente pertencerá aos herdeiros legítimos, segundo a ordem da vocação hereditária.

- art. 1.829 deste Código.

Art. 1.907. Se forem determinados os quinhões de uns e não os de outros herdeiros, distribuir-se-á por igual a estes últimos o que restar, depois de completas as porções hereditárias dos primeiros.

Art. 1.908. Dispondo o testador que não caiba ao herdeiro instituído certo e determinado objeto, dentre os da herança, tocará ele aos herdeiros legítimos.

- art. 1.788 deste Código.

Art. 1.909. São anuláveis as disposições testamentárias inquinadas de erro, dolo ou coação.

- arts. 138 a 155 deste Código.

Parágrafo único. Extingue-se em quatro anos o direito de anular a disposição, contados de quando o interessado tiver conhecimento do vício.

- arts. 177; 178, I e II, deste Código.

Art. 1.910. A ineficácia de uma disposição testamentária importa a das outras que, sem aquela, não teriam sido determinadas pelo testador.

- art. 184 deste Código.

Art. 1.911. A cláusula de inalienabilidade, imposta aos bens por ato de liberalidade, implica impenhorabilidade e incomunicabilidade.

Parágrafo único. No caso de desapropriação de bens clausulados, ou de sua alienação, por conveniência econômica do donatário ou do herdeiro, mediante autorização judicial, o produto da venda converter-se-á em outros bens, sobre os quais incidirão as restrições apostas aos primeiros.

- art. 1.848 deste Código.
- arts. 833; 834, NCPC.
- art. 31, Dec.-Lei 3.365/1941 (Dispõe sobre desapropriações por utilidade pública).
- arts. 167, II-11, e 247, Lei 6.015/1973 (Lei de Registros Públicos)
- art. 169, § 2º, Lei 6.404/1976 (Dispõe sobre as sociedades por ações).
- art. 30, Lei 6.830/1980 (Lei de Execuções Fiscais)
- art. 108, § 4º, Lei 11.101/2005 (Lei de Recuperação de Empresas e Falência)
- Súm. 49, STF.

CAPÍTULO VII
DOS LEGADOS

SEÇÃO I
DISPOSIÇÕES GERAIS

Art. 1.912. É ineficaz o legado de coisa certa que não pertença ao testador no momento da abertura da sucessão.

- arts. 1.914; 1.939, II, deste Código.

Art. 1.913. Se o testador ordenar que o herdeiro ou legatário entregue coisa de sua propriedade a outrem, não o cumprindo ele, entender-se-á que renunciou à herança ou ao legado.

- art. 1.935 deste Código.

Art. 1.914. Se tão somente em parte a coisa legada pertencer ao testador, ou, no caso do artigo antecedente, ao herdeiro ou ao legatário, só quanto a essa parte valerá o legado.

Art. 1.915. Se o legado for de coisa que se determine pelo gênero, será o mesmo cumprido, ainda que tal coisa não exista entre os bens deixados pelo testador.

- art. 85 deste Código.

Art. 1.916. Se o testador legar coisa sua, singularizando-a, só terá eficácia o legado se, ao tempo do seu falecimento, ela se achava entre os bens da herança; se a coisa legada existir entre os bens do testador, mas em quantidade inferior à do legado, este será eficaz apenas quanto à existente.

- art. 1.939 deste Código.

Art. 1.917. O legado de coisa que deva encontrar-se em determinado lugar só terá eficácia se nele for achada, salvo se removida a título transitório.

Art. 1.918. O legado de crédito, ou de quitação de dívida, terá eficácia somente até a importância desta, ou daquele, ao tempo da morte do testador.

§ 1º Cumpre-se o legado, entregando o herdeiro ao legatário o título respectivo.

§ 2º Este legado não compreende as dívidas posteriores à data do testamento.

Art. 1.919. Não o declarando expressamente o testador, não se reputará compensação da sua dívida o legado que ele faça ao credor.

- arts. 368 a 380 deste Código.

Parágrafo único. Subsistirá integralmente o legado, se a dívida lhe foi posterior, e o testador a solveu antes de morrer.

Art. 1.920. O legado de alimentos abrange o sustento, a cura, o vestuário e a casa, enquanto o legatário viver, além da educação, se ele for menor.

- art. 1.694, § 1º, deste Código.

Art. 1.921. O legado de usufruto, sem fixação de tempo, entende-se deixado ao legatário por toda a sua vida.

- art. 1.410, I, deste Código.

Art. 1.922. Se aquele que legar um imóvel lhe ajuntar depois novas aquisições, estas, ainda que contíguas, não se compreendem no legado, salvo expressa declaração em contrário do testador.

Parágrafo único. Não se aplica o disposto neste artigo às benfeitorias necessárias, úteis ou voluptuárias feitas no prédio legado.

- art. 96 deste Código.

SEÇÃO II
DOS EFEITOS DO LEGADO E DO SEU PAGAMENTO

Art. 1.923. Desde a abertura da sucessão, pertence ao legatário a coisa certa, existente no acervo, salvo se o legado estiver sob condição suspensiva.

§ 1º Não se defere de imediato a posse da coisa, nem nela pode o legatário entrar por autoridade própria.

§ 2º O legado de coisa certa existente na herança transfere também ao legatário os frutos que produzir, desde a morte do testador, exceto se dependente de condição suspensiva, ou de termo inicial.

- arts. 121; 125; 1.784; 1.937 deste Código.

Art. 1.924. O direito de pedir o legado não se exercerá, enquanto se litigue sobre a validade do testamento, e, nos legados condicionais, ou a prazo, enquanto esteja pendente a condição ou o prazo não se vença.

Art. 1.925. O legado em dinheiro só vence juros desde o dia em que se constituir em mora a pessoa obrigada a prestá-lo.

- arts. 394 a 401 deste Código.

Art. 1.926. Se o legado consistir em renda vitalícia ou pensão periódica, esta ou aquela correrá da morte do testador.

Art. 1.927. Se o legado for de quantidades certas, em prestações periódicas, datará da morte do testador o primeiro período, e o legatário terá direito a cada prestação, uma vez encetado cada um dos períodos sucessivos, ainda que venha a falecer antes do termo dele.

Art. 1.928. Sendo periódicas as prestações, só no termo de cada período se poderão exigir.

Parágrafo único. Se as prestações forem deixadas a título de alimentos, pagar-se-ão no começo de cada período, sempre que outra coisa não tenha disposto o testador.

Art. 1.929. Se o legado consiste em coisa determinada pelo gênero, ao herdeiro tocará escolhê-la, guardando o meio-termo entre as congêneres da melhor e pior qualidade.

‣ arts. 244; 915 deste Código.

Art. 1.930. O estabelecido no artigo antecedente será observado, quando a escolha for deixada a arbítrio de terceiro; e, se este não a quiser ou não a puder exercer, ao juiz competirá fazê-la, guardado o disposto na última parte do artigo antecedente.

Art. 1.931. Se a opção foi deixada ao legatário, este poderá escolher, do gênero determinado, a melhor coisa que houver na herança; e, se nesta não existir coisa de tal gênero, dar-lhe-á de outra congênere o herdeiro, observada a disposição na última parte do art. 1.929.

Art. 1.932. No legado alternativo, presume-se deixada ao herdeiro a opção.

‣ arts. 244; 915 deste Código.

Art. 1.933. Se o herdeiro ou legatário a quem couber a opção falecer antes de exercê-la, passará este poder aos seus herdeiros.

‣ art. 1.809 deste Código.

Art. 1.934. No silêncio do testamento, o cumprimento dos legados incumbe aos herdeiros e, não os havendo, aos legatários, na proporção do que herdaram.

Parágrafo único. O encargo estabelecido neste artigo, não havendo disposição testamentária em contrário, caberá ao herdeiro ou legatário incumbido pelo testador da execução do legado; quando indicados mais de um, os onerados dividirão entre si o ônus, na proporção do que recebam da herança.

‣ art. 125, NCPC.

Art. 1.935. Se algum legado consistir em coisa pertencente a herdeiro ou legatário (art. 1.913), só a ele incumbirá cumpri-lo, com regresso contra os coerdeiros, pela quota de cada um, salvo se o contrário expressamente dispôs o testador.

Art. 1.936. As despesas e os riscos da entrega do legado correm à conta do legatário, se não dispuser diversamente o testador.

Art. 1.937. A coisa legada entregar-se-á, com seus acessórios, no lugar e estado em que se achava ao falecer o testador, passando ao legatário com todos os encargos que a onerarem.

Art. 1.938. Nos legados com encargo, aplica-se ao legatário o disposto neste Código quanto às doações de igual natureza.

‣ arts. 136; 553 deste Código.

SEÇÃO III
DA CADUCIDADE DOS LEGADOS

Art. 1.939. Caducará o legado:

I - se, depois do testamento, o testador modificar a coisa legada, ao ponto de já não ter a forma nem lhe caber a denominação que possuía;

II - se o testador, por qualquer título, alienar, no todo ou em parte, a coisa legada; nesse caso, caducará até onde ela deixou de pertencer ao testador;

‣ arts. 1.912; 1.914 deste Código.

III - se a coisa perecer ou for evicta, vivo ou morto o testador, sem culpa do herdeiro ou legatário incumbido do seu cumprimento;

‣ arts. 447 a 457 deste Código.

IV - se o legatário for excluído da sucessão, nos termos do art. 1.815;

V - se o legatário falecer antes do testador.

Art. 1.940. Se o legado for de duas ou mais coisas alternativamente, e algumas delas perecerem, subsistirá quanto às restantes; perecendo parte de uma, valerá, quanto ao seu remanescente, o legado.

‣ art. 253 deste Código.

CAPÍTULO VIII
DO DIREITO DE ACRESCER ENTRE HERDEIROS E LEGATÁRIOS

Art. 1.941. Quando vários herdeiros, pela mesma disposição testamentária, forem conjuntamente chamados à herança em quinhões não determinados, e qualquer deles não puder ou não quiser aceitá-la, a sua parte acrescerá à dos coerdeiros, salvo o direito do substituto.

‣ art. 1.947 deste Código.

Art. 1.942. O direito de acrescer competirá aos colegatários, quando nomeados conjuntamente a respeito de uma só coisa, determinada e certa, ou quando o objeto do legado não puder ser dividido sem risco de desvalorização.

‣ art. 1.929 deste Código.

Art. 1.943. Se um dos coerdeiros ou colegatários, nas condições do artigo antecedente, morrer antes do testador; se renunciar a herança ou legado, ou destes for excluído, e, se a condição sob a qual foi instituído não se verificar, acrescerá o seu quinhão, salvo o direito do substituto, à parte dos coerdeiros ou colegatários conjuntos.

‣ arts. 1.809; 1.947 deste Código.

Parágrafo único. Os coerdeiros ou colegatários, aos quais acresceu o quinhão daquele que não quis ou não pôde suceder, ficam sujeitos às obrigações ou encargos que o oneravam.

Art. 1.944. Quando não se efetua o direito de acrescer, transmite-se aos herdeiros legítimos a quota vaga do nomeado.

‣ art. 1.788 deste Código.

Parágrafo único. Não existindo o direito de acrescer entre os colegatários, a quota do que faltar acresce ao herdeiro ou ao legatário incumbido de satisfazer esse legado, ou a todos os herdeiros, na proporção dos seus quinhões, se o legado se deduziu da herança.

Art. 1.945. Não pode o beneficiário do acréscimo repudiá-lo separadamente da herança ou legado que lhe caiba, salvo se o acréscimo comportar encargos especiais impostos pelo testador; nesse caso, uma vez repudiado, reverte o acréscimo para a pessoa a favor de quem os encargos foram instituídos.

Art. 1.946. Legado um só usufruto conjuntamente a duas ou mais pessoas, a parte da que faltar acresce aos colegatários.

Parágrafo único. Se não houver conjunção entre os colegatários, ou se, apesar de conjuntos, só lhes foi legada certa parte do usufruto, consolidar-se-ão na propriedade as quotas dos que faltarem, à medida que eles forem faltando.

‣ art. 1.411 deste Código.

CAPÍTULO IX
DAS SUBSTITUIÇÕES

SEÇÃO I
DA SUBSTITUIÇÃO VULGAR E DA RECÍPROCA

Art. 1.947. O testador pode substituir outra pessoa ao herdeiro ou ao legatário nomeado, para o caso de um ou outro não querer ou não poder aceitar a herança ou o legado, presumindo-se que a substituição foi determinada para as duas alternativas, ainda que o testador só a uma se refira.

‣ art. 1.799 deste Código.

Art. 1.948. Também é lícito ao testador substituir muitas pessoas por uma só, ou vice-versa, e ainda substituir com reciprocidade ou sem ela.

Art. 1.949. O substituto fica sujeito à condição ou encargo imposto ao substituído, quando não for diversa a intenção manifestada pelo testador, ou não resultar outra coisa da natureza da condição ou do encargo.

‣ arts. 121; 136 deste Código.

Art. 1.950. Se, entre muitos coerdeiros ou legatários de partes desiguais, for estabelecida substituição recíproca, a proporção dos quinhões fixada na primeira disposição entender-se-á mantida na segunda; se, com as outras anteriormente nomeadas, for incluída mais alguma pessoa na substituição, o quinhão vago pertencerá em partes iguais aos substitutos.

SEÇÃO II
DA SUBSTITUIÇÃO FIDEICOMISSÁRIA

Art. 1.951. Pode o testador instituir herdeiros ou legatários, estabelecendo que, por ocasião de sua morte, a herança ou o legado se transmita ao fiduciário, resolvendo-se o direito deste, por sua morte, a certo tempo ou sob certa condição, em favor de outrem, que se qualifica de fideicomissário.

‣ arts. 1.668, II; 1.898 deste Código.

‣ art. 167, II-11, Lei 6.015/1973 (Lei de Registros Públicos)

‣ Enunciado 529 das Jornadas de Direito Civil.

Art. 1.952. A substituição fideicomissária somente se permite em favor dos não concebidos ao tempo da morte do testador.

Parágrafo único. Se, ao tempo da morte do testador, já houver nascido o fideicomissário, adquirirá este a propriedade dos bens fideicometidos, convertendo-se em usufruto o direito do fiduciário.

› arts. 1.390 a 1.411; 1.748; 1.799, I, deste Código.

Art. 1.953. O fiduciário tem a propriedade da herança ou legado, mas restrita e resolúvel.

› art. 1.359 deste Código.

Parágrafo único. O fiduciário é obrigado a proceder ao inventário dos bens gravados, e a prestar caução de restituí-los se o exigir o fideicomissário.

Art. 1.954. Salvo disposição em contrário do testador, se o fiduciário renunciar a herança ou o legado, defere-se ao fideicomissário o poder de aceitar.

Art. 1.955. O fideicomissário pode renunciar a herança ou o legado, e, neste caso, o fideicomisso caduca, deixando de ser resolúvel a propriedade do fiduciário, se não houver disposição contrária do testador.

Art. 1.956. Se o fideicomissário aceitar a herança ou o legado, terá direito à parte que, ao fiduciário, em qualquer tempo acrescer.

Art. 1.957. Ao sobrevir a sucessão, o fideicomissário responde pelos encargos da herança que ainda restarem.

Art. 1.958. Caduca o fideicomisso se o fideicomissário morrer antes do fiduciário, ou antes de realizar-se a condição resolutória do direito deste último; nesse caso, a propriedade consolida-se no fiduciário, nos termos do art. 1.955.

Art. 1.959. São nulos os fideicomissos além do segundo grau.

Art. 1.960. A nulidade da substituição ilegal não prejudica a instituição, que valerá sem o encargo resolutório.

CAPÍTULO X
DA DESERDAÇÃO

Art. 1.961. Os herdeiros necessários podem ser privados de sua legítima, ou deserdados, em todos os casos em que podem ser excluídos da sucessão.

› arts. 1.814 a 1.818; 1.845; 1.962; 1.963 deste Código

Art. 1.962. Além das causas mencionadas no art. 1.814, autorizam a deserdação dos descendentes por seus ascendentes:

I - ofensa física;

II - injúria grave;

III - relações ilícitas com a madrasta ou com o padrasto;

IV - desamparo do ascendente em alienação mental ou grave enfermidade.

› art. 229, CF.

Art. 1.963. Além das causas enumeradas no art. 1.814, autorizam a deserdação dos ascendentes pelos descendentes:

I - ofensa física;

II - injúria grave;

III - relações ilícitas com a mulher ou companheira do filho ou a do neto, ou com o marido ou companheiro da filha ou o da neta;

IV - desamparo do filho ou neto com deficiência mental ou grave enfermidade.

Art. 1.964. Somente com expressa declaração de causa pode a deserdação ser ordenada em testamento.

Art. 1.965. Ao herdeiro instituído, ou àquele a quem aproveite a deserdação, incumbe provar a veracidade da causa alegada pelo testador.

Parágrafo único. O direito de provar a causa da deserdação extingue-se no prazo de quatro anos, a contar da data da abertura do testamento.

› art. 1.815, p.u., deste Código.

CAPÍTULO XI
DA REDUÇÃO DAS DISPOSIÇÕES TESTAMENTÁRIAS

Art. 1.966. O remanescente pertencerá aos herdeiros legítimos, quando o testador só em parte dispuser da quota hereditária disponível.

› arts. 1.788; 1.829; 1.845 a 1.850; 1.906; 1.908 deste Código.

Art. 1.967. As disposições que excederem a parte disponível reduzir-se-ão aos limites dela, de conformidade com o disposto nos parágrafos seguintes.

› arts. 549; 1.847 deste Código.

› Enunciado 118 das Jornadas de Direito Civil.

§ 1º Em se verificando excederem as disposições testamentárias a porção disponível, serão proporcionalmente reduzidas as quotas do herdeiro ou herdeiros instituídos, até onde baste, e, não bastando, também os legados, na proporção do seu valor.

§ 2º Se o testador, prevenindo o caso, dispuser que se inteirem, de preferência, certos herdeiros e legatários, a redução far-se-á nos outros quinhões ou legados, observando-se a seu respeito a ordem estabelecida no parágrafo antecedente.

Art. 1.968. Quando consistir em prédio divisível o legado sujeito à redução, far-se-á esta dividindo-o proporcionalmente.

§ 1º Se não for possível a divisão, e o excesso do legado montar a mais de um quarto do valor do prédio, o legatário deixará inteiro na herança o imóvel legado, ficando com o direito de pedir aos herdeiros o valor que couber na parte disponível; se o excesso não for de mais de um quarto, aos herdeiros fará tornar em dinheiro o legatário, que ficará com o prédio.

§ 2º Se o legatário for ao mesmo tempo herdeiro necessário, poderá inteirar sua legítima no mesmo imóvel, de preferencia aos outros, sempre que ela e a parte subsistente do legado lhe absorverem o valor.

CAPÍTULO XII
DA REVOGAÇÃO DO TESTAMENTO

Art. 1.969. O testamento pode ser revogado pelo mesmo modo e forma como pode ser feito.

› art. 1.858 deste Código.

› art. 1º, III, Lei 8.560/1992 (Regula a investigação de paternidade dos filhos havidos fora do casamento).

Art. 1.970. A revogação do testamento pode ser total ou parcial.

Parágrafo único. Se parcial, ou se o testamento posterior não contiver cláusula revogatória expressa, o anterior subsiste em tudo que não for contrário ao posterior.

Art. 1.971. A revogação produzirá seus efeitos, ainda quando o testamento, que a encerra, vier a caducar por exclusão, incapacidade ou renúncia do herdeiro nele nomeado; não valerá, se o testamento revogatório for anulado por omissão ou infração de solenidades essenciais ou por vícios intrínsecos.

Art. 1.972. O testamento cerrado que o testador abrir ou dilacerar, ou for aberto ou dilacerado com seu consentimento, haver-se-á como revogado.

› arts. 1.868 a 1.875 deste Código.

CAPÍTULO XIII
DO ROMPIMENTO DO TESTAMENTO

Art. 1.973. Sobrevindo descendente sucessível ao testador, que não o tinha ou não o conhecia quando testou, rompe-se o testamento em todas as suas disposições, se esse descendente sobreviver ao testador.

› arts. 1.939; 1.940 deste Código.

› Enunciado 643 das Jornadas de Direito Civil.

Art. 1.974. Rompe-se também o testamento feito na ignorância de existirem outros herdeiros necessários.

Art. 1.975. Não se rompe o testamento, se o testador dispuser da sua metade, não contemplando os herdeiros necessários de cuja existência saiba, ou quando os exclua dessa parte.

› arts. 1.789; 1.845; 1.961 a 1.965 deste Código.

CAPÍTULO XIV
DO TESTAMENTEIRO

Art. 1.976. O testador pode nomear um ou mais testamenteiros, conjuntos ou separados, para lhe darem cumprimento às disposições de última vontade.

› arts. 1.883 a 1.986 deste Código.

› art. 890, NCPC.

Art. 1.977. O testador pode conceder ao testamenteiro a posse e a administração da herança, ou de parte dela, não havendo cônjuge ou herdeiros necessários.

› art. 617, NCPC.

Parágrafo único. Qualquer herdeiro pode requerer partilha imediata, ou devolução da herança, habilitando o testamenteiro com os meios necessários para o cumprimento dos legados, ou dando caução de prestá-los.

Art. 1.978. Tendo o testamenteiro a posse e a administração dos bens, incumbe-lhe requerer inventário e cumprir o testamento.

› arts. 615; 616, NCPC.

Art. 1.979. O testamenteiro nomeado, ou qualquer parte interessada, pode requerer, assim como o juiz pode ordenar, de ofício, ao detentor do testamento, que o leve a registro.

‣ arts. 1.127; 1.129 deste Código.

Art. 1.980. O testamenteiro é obrigado a cumprir as disposições testamentárias, no prazo marcado pelo testador, e a dar contas do que recebeu e despendeu, subsistindo sua responsabilidade enquanto durar a execução do testamento.

‣ art. 1.983 deste Código.

Art. 1.981. Compete ao testamenteiro, com ou sem o concurso do inventariante e dos herdeiros instituídos, defender a validade do testamento.

Art. 1.982. Além das atribuições exaradas nos artigos antecedentes, terá o testamenteiro as que lhe conferir o testador, nos limites da lei.

Art. 1.983. Não concedendo o testador prazo maior, cumprirá o testamenteiro o testamento e prestará contas em cento e oitenta dias, contados da aceitação da testamentaria.

Parágrafo único. Pode esse prazo ser prorrogado se houver motivo suficiente.

Art. 1.984. Na falta de testamenteiro nomeado pelo testador, a execução testamentária compete a um dos cônjuges, e, em falta destes, ao herdeiro nomeado pelo juiz.

‣ art. 226, § 5º, CF.

Art. 1.985. O encargo da testamentaria não se transmite aos herdeiros do testamenteiro, nem é delegável; mas o testamenteiro pode fazer-se representar em juízo e fora dele, mediante mandatário com poderes especiais.

Art. 1.986. Havendo simultaneamente mais de um testamenteiro, que tenha aceitado o cargo, poderá cada qual exercê-lo, em falta dos outros; mas todos ficam solidariamente obrigados a dar conta dos bens que lhes forem confiados, salvo se cada um tiver, pelo testamento, funções distintas, e a elas se limitar.

‣ arts. 264 a 285 deste Código.

Art. 1.987. Salvo disposição testamentária em contrário, o testamenteiro, que não seja herdeiro ou legatário, terá direito a um prêmio, que, se o testador não o houver fixado, será de um a cinco por cento, arbitrado pelo juiz, sobre a herança líquida, conforme a importância dela e maior ou menor dificuldade na execução do testamento.

Parágrafo único. O prêmio arbitrado será pago à conta da parte disponível, quando houver herdeiro necessário.

Art. 1.988. O herdeiro ou o legatário nomeado testamenteiro poderá preferir o prêmio à herança ou ao legado.

Art. 1.989. Reverterá à herança o prêmio que o testamenteiro perder, por ser removido ou por não ter cumprido o testamento.

Art. 1.990. Se o testador tiver distribuído toda a herança em legados, exercerá o testamenteiro as funções de inventariante.

‣ arts. 616, IV, NCPC.

TÍTULO IV
DO INVENTÁRIO E DA PARTILHA

CAPÍTULO I
DO INVENTÁRIO

Art. 1.991. Desde a assinatura do compromisso até a homologação da partilha, a administração da herança será exercida pelo inventariante.

‣ arts. 1.796; 1.977; 1.978; 1.981; 1.990 deste Código.

‣ arts. 617 e ss., NCPC.

CAPÍTULO II
DOS SONEGADOS

Art. 1.992. O herdeiro que sonegar bens da herança, não os descrevendo no inventário quando estejam em seu poder, ou, com o seu conhecimento, no de outrem, ou que os omitir na colação, a que os deva levar, ou que deixar de restituí-los, perderá o direito que sobre eles lhe cabia.

Art. 1.993. Além da pena cominada no artigo antecedente, se o sonegador for o próprio inventariante, remover-se-á, em se provando a sonegação, ou negando ele a existência dos bens, quando indicados.

‣ arts. 621; 622, NCPC.

Art. 1.994. A pena de sonegados só se pode requerer e impor em ação movida pelos herdeiros ou pelos credores da herança.

‣ art. 621, NCPC.

Parágrafo único. A sentença que se proferir na ação de sonegados, movida por qualquer dos herdeiros ou credores, aproveita aos demais interessados.

Art. 1.995. Se não se restituírem os bens sonegados, por já não os ter o sonegador em seu poder, pagará ele a importância dos valores que ocultou, mais as perdas e danos.

‣ arts. 402 a 405 deste Código.

Art. 1.996. Só se pode arguir de sonegação o inventariante depois de encerrada a descrição dos bens, com a declaração, por ele feita, de não existirem outros por inventariar e partir, assim como arguir o herdeiro, depois de declarar-se no inventário que não os possui.

‣ art. 621, NCPC.

CAPÍTULO III
DO PAGAMENTO DAS DÍVIDAS

‣ arts. 642 a 646, NCPC.

Art. 1.997. A herança responde pelo pagamento das dívidas do falecido; mas, feita a partilha, só respondem os herdeiros, cada qual em proporção da parte que na herança lhe coube.

‣ arts. 276; 836; 1.700; 1.792 deste Código.

‣ art. 23, Lei 6.515/1977 (Lei do Divórcio).

‣ art. 29, Lei 6.830/1980 (Lei de Execuções Fiscais).

§ 1º Quando, antes da partilha, for requerido no inventário o pagamento de dívidas constantes de documentos, revestidos de formalidades legais, constituindo prova bastante da obrigação, e houver impugnação, que não se funde na alegação de pagamento, acompanhada de prova valiosa, o juiz mandará reservar, em poder do inventariante, bens suficientes para solução do débito, sobre os quais venha a recair oportunamente a execução.

§ 2º No caso previsto no parágrafo antecedente, o credor será obrigado a iniciar a ação de cobrança no prazo de trinta dias, sob pena de se tornar de nenhum efeito a providência indicada.

‣ arts. 642 a 646, NCPC.

Art. 1.998. As despesas funerárias, haja ou não herdeiros legítimos, sairão do monte da herança; mas as de sufrágios por alma do falecido só obrigarão a herança quando ordenadas em testamento ou codicilo.

‣ arts. 965, I; 1.847 deste Código.

Art. 1.999. Sempre que houver ação regressiva de uns contra outros herdeiros, a parte do coerdeiro insolvente dividir-se-á em proporção entre os demais.

‣ art. 125, NCPC.

Art. 2.000. Os legatários e credores da herança podem exigir que do patrimônio do falecido se discrimine o do herdeiro, e, em concurso com os credores deste, ser-lhes-ão preferidos no pagamento.

Art. 2.001. Se o herdeiro for devedor ao espólio, sua dívida será partilhada igualmente entre todos, salvo se a maioria consentir que o débito seja imputado inteiramente no quinhão do devedor.

CAPÍTULO IV
DA COLAÇÃO

‣ arts. 639 a 641, NCPC.

Art. 2.002. Os descendentes que concorrerem à sucessão do ascendente comum são obrigados, para igualar as legítimas, a conferir o valor das doações que dele em vida receberam, sob pena de sonegação.

‣ arts. 544; 549; 2.010; e 2.011 deste Código.

‣ arts. 639 a 641, NCPC.

Parágrafo único. Para cálculo da legítima, o valor dos bens conferidos será computado na parte indisponível, sem aumentar a disponível.

Art. 2.003. A colação tem por fim igualar, na proporção estabelecida neste Código, as legítimas dos descendentes e do cônjuge sobrevivente, obrigando também os donatários que, ao tempo do falecimento do doador, já não possuírem os bens doados.

‣ art. 2.009 deste Código.

‣ Enunciado 644 das Jornadas de Direito Civil.

Parágrafo único. Se, computados os valores das doações feitas em adiantamento de legítima, não houver no acervo bens suficientes para igualar as legítimas dos descendentes e do cônjuge, os bens assim doados serão conferidos em espécie, ou, quando deles já não disponha o donatário, pelo seu valor ao tempo da liberalidade.

Art. 2.004. O valor de colação dos bens doados será aquele, certo ou estimativo, que lhes atribuir o ato de liberalidade.

‣ art. 639, NCPC.

‣ Enunciados 119; 644 das Jornadas de Direito Civil.

§ 1º Se do ato de doação não constar valor certo, nem houver estimação feita naquela época, os bens serão conferidos na partilha pelo que então se calcular valessem ao tempo da liberalidade.

§ 2º Só o valor dos bens doados entrará em colação; não assim o das benfeitorias acrescidas, as quais pertencerão ao herdeiro donatário, correndo também à conta deste os rendimentos ou lucros, assim como os danos e perdas que eles sofrerem.

‣ arts. 96; 402 a 405 deste Código.

Art. 2.005. São dispensadas da colação as doações que o doador determinar saiam da parte disponível, contanto que não a excedam, computado o seu valor ao tempo da doação.

Parágrafo único. Presume-se imputada na parte disponível a liberalidade feita a descendente que, ao tempo do ato, não seria chamado à sucessão na qualidade de herdeiro necessário.

Art. 2.006. A dispensa da colação pode ser outorgada pelo doador em testamento, ou no próprio título de liberalidade.

Art. 2.007. São sujeitas à redução as doações em que se apurar excesso quanto ao que o doador poderia dispor, no momento da liberalidade.

‣ arts. 549 e 1.966 a 1.968 deste Código.

§ 1º O excesso será apurado com base no valor que os bens doados tinham, no momento da liberalidade.

§ 2º A redução da liberalidade far-se-á pela restituição ao monte do excesso assim apurado; a restituição será em espécie, ou, se não mais existir o bem em poder do donatário, em dinheiro, segundo o seu valor ao tempo da abertura da sucessão, observadas, no que forem aplicáveis, as regras deste Código sobre a redução das disposições testamentárias.

§ 3º Sujeita-se a redução, nos termos do parágrafo antecedente, a parte da doação feita a herdeiros necessários que exceder a legítima e mais a quota disponível.

§ 4º Sendo várias as doações a herdeiros necessários, feitas em diferentes datas, serão elas reduzidas a partir da última, até a eliminação do excesso.

Art. 2.008. Aquele que renunciou a herança ou dela foi excluído, deve, não obstante, conferir as doações recebidas, para o fim de repor o que exceder o disponível.

‣ arts. 1.804 a 1.818 deste Código.

‣ art. 640, NCPC.

Art. 2.009. Quando os netos, representando os seus pais, sucederem aos avós, serão obrigados a trazer à colação, ainda que não o hajam herdado, o que os pais teriam de conferir.

‣ arts. 1.851; 1.852 deste Código.

Art. 2.010. Não virão à colação os gastos ordinários do ascendente com o descendente, enquanto menor, na sua educação, estudos, sustento, vestuário, tratamento nas enfermidades, enxoval, assim como as despesas de casamento, ou as feitas no interesse de sua defesa em processo-crime.

Art. 2.011. As doações remuneratórias de serviços feitos ao ascendente também não estão sujeitas a colação.

Art. 2.012. Sendo feita a doação por ambos os cônjuges, no inventário de cada um se conferirá por metade.

CAPÍTULO V
DA PARTILHA

‣ arts. 647 e ss., NCPC.

Art. 2.013. O herdeiro pode sempre requerer a partilha, ainda que o testador o proíba, cabendo igual faculdade aos seus cessionários e credores.

Art. 2.014. Pode o testador indicar os bens e valores que devem compor os quinhões hereditários, deliberando ele próprio a partilha, que prevalecerá, salvo se o valor dos bens não corresponder às quotas estabelecidas.

Art. 2.015. Se os herdeiros forem capazes, poderão fazer partilha amigável, por escritura pública, termo nos autos do inventário, ou escrito particular, homologado pelo juiz.

Art. 2.016. Será sempre judicial a partilha, se os herdeiros divergirem, assim como se algum deles for incapaz.

‣ Súm. 265, STF.

Art. 2.017. No partilhar os bens, observar-se-á, quanto ao seu valor, natureza e qualidade, a maior igualdade possível.

Art. 2.018. É válida a partilha feita por ascendente, por ato entre vivos ou de última vontade, contanto que não prejudique a legítima dos herdeiros necessários.

Art. 2.019. Os bens insuscetíveis de divisão cômoda, que não couberem na meação do cônjuge sobrevivente ou no quinhão de um só herdeiro, serão vendidos judicialmente, partilhando-se o valor apurado, a não ser que haja acordo para serem adjudicados a todos.

§ 1º Não se fará a venda judicial se o cônjuge sobrevivente ou um ou mais herdeiros requererem lhes seja adjudicado o bem, repondo aos outros, em dinheiro, a diferença, após avaliação atualizada.

§ 2º Se a adjudicação for requerida por mais de um herdeiro, observar-se-á o processo da licitação.

‣ arts. 1.322 e 1.489, IV, deste Código.

Art. 2.020. Os herdeiros em posse dos bens da herança, o cônjuge sobrevivente e o inventariante são obrigados a trazer ao acervo os frutos que perceberam, desde a abertura da sucessão; têm direito ao reembolso das despesas necessárias e úteis que fizeram, e respondem pelo dano a que, por dolo ou culpa, deram causa.

‣ art. 614, NCPC.

Art. 2.021. Quando parte da herança consistir em bens remotos do lugar do inventário, litigiosos, ou de liquidação morosa ou difícil, poderá proceder-se, no prazo legal, à partilha dos outros, reservando-se aqueles para uma ou mais sobrepartilhas, sob a guarda e a administração do mesmo ou diverso inventariante, e consentimento da maioria dos herdeiros.

‣ art. 669, NCPC.

Art. 2.022. Ficam sujeitos à sobrepartilha os bens sonegados e quaisquer outros bens da herança de que se tiver ciência após a partilha.

‣ art. 669, NCPC.

CAPÍTULO VI
DA GARANTIA DOS QUINHÕES HEREDITÁRIOS

Art. 2.023. Julgada a partilha, fica o direito de cada um dos herdeiros circunscrito aos bens do seu quinhão.

Art. 2.024. Os coerdeiros são reciprocamente obrigados a indenizar-se no caso de evicção dos bens aquinhoados.

‣ arts. 447 a 457 deste Código.

Art. 2.025. Cessa a obrigação mútua estabelecida no artigo antecedente, havendo convenção em contrário, e bem assim dando-se a evicção por culpa do evicto, ou por fato posterior à partilha.

‣ arts. 447 a 457 deste Código.

Art. 2.026. O evicto será indenizado pelos coerdeiros na proporção de suas quotas hereditárias, mas, se algum deles se achar insolvente, responderão os demais na mesma proporção, pela parte desse, menos a quota que corresponderia ao indenizado.

‣ arts. 447 a 457 deste Código.

CAPÍTULO VII
DA ANULAÇÃO DA PARTILHA

Art. 2.027. A partilha é anulável pelos vícios e defeitos que invalidam, em geral, os negócios jurídicos. (Alterado pela Lei 13.105/2015.)

‣ arts. 104 a 184; 441 a 446 deste Código.

‣ arts. 657; 966, NCPC.

Parágrafo único. Extingue-se em um ano o direito de anular a partilha.

LIVRO COMPLEMENTAR
DAS DISPOSIÇÕES FINAIS E TRANSITÓRIAS

Art. 2.028. Serão os da lei anterior os prazos, quando reduzidos por este Código, e se, na data de sua entrada em vigor, já houver transcorrido mais da metade do tempo estabelecido na lei revogada.

‣ Enunciados 50; 299; 564 das Jornadas de Direito Civil.

Art. 2.029. Até dois anos após a entrada em vigor deste Código, os prazos estabelecidos no parágrafo único do art. 1.238 e no parágrafo único do art. 1.242 serão acrescidos de dois anos, qualquer que seja o tempo transcorrido na vigência do anterior, Lei n. 3.071, de 1º de janeiro de 1916.

Art. 2.030. O acréscimo de que trata o artigo antecedente será feito nos casos a que se refere o § 4º do art. 1.228.

Art. 2.031. As associações, sociedades e fundações, constituídas na forma das leis anteriores, bem como os empresários, deverão se adaptar às disposições deste Código até 11 de janeiro de 2007. (Redação dada pela Lei 11.127/2005.)

- Lei 12.879/2013 (Dispõe sobre a gratuidade dos atos de registro, pelas associações de moradores, necessários à adaptação estatutária a este código, e para fins de enquadramento dessas entidades como Organizações da Sociedade Civil de Interesse Público.)
- Enunciados 73; 394; 395 das Jornadas de Direito Civil.

Parágrafo único. O disposto neste artigo não se aplica às organizações religiosas nem aos partidos políticos. (Incluído pela Lei 10.825/2003.)

Art. 2.032. As fundações, instituídas segundo a legislação anterior, inclusive as de fins diversos dos previstos no parágrafo único do art. 62, subordinam-se, quanto ao seu funcionamento, ao disposto neste Código.

Art. 2.033. Salvo o disposto em lei especial, as modificações dos atos constitutivos das pessoas jurídicas referidas no art. 44, bem como a sua transformação, incorporação, cisão ou fusão, regem-se desde logo por este Código.

- arts. 1.033 a 1.038; 1.102 a 1.112 deste Código.

Art. 2.034. A dissolução e a liquidação das pessoas jurídicas referidas no artigo antecedente, quando iniciadas antes da vigência deste Código, obedecerão ao disposto nas leis anteriores.

- arts. 1.033 a 1.038; e 1.102 a 1.112 deste Código.

Art. 2.035. A validade dos negócios e demais atos jurídicos, constituídos antes da entrada em vigor deste Código, obedece ao disposto nas leis anteriores, referidas no art. 2.045, mas os seus efeitos, produzidos após a vigência deste Código, aos preceitos dele se subordinam, salvo se houver sido prevista pelas partes determinada forma de execução.

- art. 5º, XXXVI, CF.
- art. 6º, LInDB.
- Enunciados 300; 396 das Jornadas de Direito Civil.

Parágrafo único. Nenhuma convenção prevalecerá se contrariar preceitos de ordem pública, tais como os estabelecidos por este Código para assegurar a função social da propriedade e dos contratos.

Art. 2.036. A locação de prédio urbano, que esteja sujeita à lei especial, por esta continua a ser regida.

- art. 835 deste Código.
- Lei 8.245/1991 (Lei das Locações).

Art. 2.037. Salvo disposição em contrário, aplicam-se aos empresários e sociedades empresárias as disposições de lei não revogadas por este Código, referentes a comerciantes, ou a sociedades comerciais, bem como a atividades mercantis.

- arts. 966 a 1.195 deste Código.

Art. 2.038. Fica proibida a constituição de enfiteuses e subenfiteuses, subordinando-se as existentes, até sua extinção, às disposições do Código Civil anterior, Lei n. 3.071, de 1º de janeiro de 1916, e leis posteriores.

§ 1º Nos aforamentos a que se refere este artigo é defeso:

I - cobrar laudêmio ou prestação análoga nas transmissões de bem aforado, sobre o valor das construções ou plantações;

II - constituir subenfiteuse.

§ 2º A enfiteuse dos terrenos de marinha e acrescidos regula-se por lei especial.

Art. 2.039. O regime de bens nos casamentos celebrados na vigência do Código Civil anterior, Lei n. 3.071, de 1º de janeiro de 1916, é o por ele estabelecido.

- Enunciado 260 das Jornadas de Direito Civil.

Art. 2.040. A hipoteca legal dos bens do tutor ou curador, inscrita em conformidade com o inciso IV do art. 827 do Código Civil anterior, Lei n. 3.071, de 1º de janeiro de 1916, poderá ser cancelada, obedecido o disposto no parágrafo único do art. 1.745 deste Código.

- arts. 759 a 763, NCPC.
- art. 37, Lei 8.069/1990 (ECA).

Art. 2.041. As disposições deste Código relativas à ordem da vocação hereditária (arts. 1.829 a 1.844) não se aplicam à sucessão aberta antes de sua vigência, prevalecendo o disposto na lei anterior (Lei n. 3.071, de 1º de janeiro de 1916.)

- arts. 1.784; 1.787; 1.829; e 1.844 deste Código.

Art. 2.042. Aplica-se o disposto no *caput* do art. 1.848, quando aberta a sucessão no prazo de um ano após a entrada em vigor deste Código, ainda que o testamento tenha sido feito na vigência do anterior, Lei n. 3.071, de 1º de janeiro de 1916; se, no prazo, o testador não aditar o testamento para declarar a justa causa de cláusula aposta à legítima, não subsistirá a restrição.

Art. 2.043. Até que por outra forma se disciplinem, continuam em vigor as disposições de natureza processual, administrativa ou penal, constantes de leis cujos preceitos de natureza civil hajam sido incorporados a este Código.

Art. 2.044. Este Código entrará em vigor 1 (um) ano após a sua publicação.

- Enunciados 137; 164 das Jornadas de Direito Civil.

Art. 2.045. Revogam-se a Lei n. 3.071, de 1º de janeiro de 1916 - Código Civil e a Parte Primeira do Código Comercial, Lei n. 556, de 25 de junho de 1850.

- art. 2.035 deste Código.
- Enunciados 74; 75; 164 das Jornadas de Direito Civil.

Art. 2.046. Todas as remissões, em diplomas legislativos, aos Códigos referidos no artigo antecedente, consideram-se feitas às disposições correspondentes deste Código.

Brasília, 10 de janeiro de 2002; 181º da Independência e 114º da República.

Fernando Henrique Cardoso

ÍNDICE ALFABÉTICO-REMISSIVO DO CÓDIGO CIVIL

– A –

ABANDONO
- álveo: art. 1.248, IV e 1.252
- coisa móvel: art. 1.263
- coisa perdida: art. 1.234
- filho: art. 1.638, II
- imóvel: arts. 1.275, III e 1.276
- menores incapazes: art. 1.734
- objeto em comodante: art. 583
- propriedade: arts. 1.275, III e 1.382

ABATIMENTO NO PREÇO
- alienação de imóvel: art. 500
- prazo: art. 445
- rejeição da coisa; exceção: art. 442
- rejeição da obra; exceção: art. 616

ABERTURA
- codicilo: art. 1.885
- concurso: art. 859
- sucessão e herança: arts. 1.784 a 1.787, 1.796, 1.807, 1.815, par. ún., 1.822 e 2.020
- sucessão provisória: arts. 28, 35 e 37
- testamento cerrado: art. 1.875

ABUSO
- ato ilícito: art. 187
- locatário; perdas e danos: art. 570
- mandatário: art. 670
- personalidade da pessoa jurídica: art. 50
- tutor: art. 1735, V

AÇÃO
- anular alienação; fraude contra os credores: art. 161
- anular atos; herança; cônjuge; herdeiros: art. 1.645
- anular casamento: art. 1.560
- anular fiança; falta de autorização do cônjuge: art. 1.649
- anular negócio jurídico: art. 178
- ausente: art. 32
- caução; credores: art. 1.459
- cobrança de despesas funerárias: art. 872
- contestar paternidade: art. 1.601
- contra devedor; solidário: art. 275
- contra representantes; incapazes: art. 195
- declaração; ausência: art. 32
- declaração; imóvel: art. 80, I
- declaração; móvel: art. 83, II
- demarcação de limites: art. 1.297
- demolição: art. 1.320
- divisão: 1.320
- embargar construção: art. 1.302
- esbulho: 1.212
- exclusão de legatário ou herdeiro: art. 1.815
- gestores contra os substitutos: art. 867
- herança: art. 1997
- herança; petição: art. 1.824 e 1.825
- hipoteca; execução: art. 1.501
- posse; manutenção: art. 1.210 e 1.211
- prescrição: art. 205 e 206, Súm. 149, 150, 151, 264, 443, 445 e 494 do STF e Súm. 39, 85, 101, 106, 119 e 143 do STJ
- *quanti minoris*: arts. 442 e 500
- *redibitória*: arts. 441 a 446
- regressiva contra o terceiro: art. 930
- regressiva contra o vendedor devedor: art. 880
- regressiva contra o vendedor: art. 1.481, § 4º
- regressiva contra pessoa jurídica de direito público: art. 43
- regressiva contra procurador: art. 686
- regressiva do condômino contra os demais: art. 1.318
- reivindicatória: art. 1.228
- reivindicatória; condômino: art. 1.314
- revogação da doação: arts. 555 a 564
- sobre direitos reais: arts. 80, I e 83, II, Súm. 329 do STF
- sonegar bens de herança: arts. 1.992 a 2.001
- suspensão da prescrição; evicção: art. 199, III

ACEITAÇÃO
- ausentes; contrato: art. 434
- contrato; proposta: arts. 430 a 434
- da testamentaria: art. 1.983
- doação para incapazes: art. 543
- doação para nascituro: art. 542
- doação: art. 546
- na herança com condições ou a termo: art. 1.808
- na herança com direito dos credores do herdeiro: art. 1.813
- na herança com prazo para declarar: art. 1.807
- na herança em caso de falecimento do herdeiro: art. 1.809
- na herança em caso de retratação: art. 1.812
- na herança em caso de tutela: art. 1.748, II
- na herança quando não ocorre: art. 1.805, §§ 1º e 2º.
- na herança: art. 1.805
- prazo da doação fixado pelo doador: art. 539
- proposta inexistente: art. 433
- proposta intempestiva: art. 431
- responsabilidade do herdeiro: art. 1.792
- seguro; proposta; omissões: art. 766
- tácita de mandato: art. 659

ACESSÃO
- arts. 1.248 a 1.259
- na aquisição: art. 1.248
- na hipoteca; abrangência: art. 1.474
- no pagamento indevido: art. 878
- no penhor: art. 1.435, IV

ACESSÓRIO(S)
- bem de família: art. 1.712
- cessada a confusão: art. 384
- definição: art. 92
- fiança: art. 822
- legado: art. 1.937
- na cessão de crédito: art. 287
- na hipoteca: arts. 1.473 e 1.474
- na obrigação: art. 233
- novação: art. 364
- penhor industrial ou mercantil: art. 1.447
- segue o principal: art. 92
- usufruto: art. 1.392

ACRESCER
- arts. 1.941 a 1.946
- casamento; nome: art. 1.565, § 1º
- construção: art. 1.259
- herança; administração: art. 1.793, § 1º

ADIANTAMETO
- legítima: art. 544

ADIÇÃO
- na herança: arts. 1.804 a 1.813 e 1.956

ADJUDICAÇÃO
- condômino: art. 1.322
- extinção; hipoteca: art. 1.499, VI
- hipoteca; falência: art. 1.483, par. ún.
- indenização: art. 1.298
- quinhão; herdeiro: art. 2.019

ADJUNÇÃO
- má-fé: art. 1.273
- quinhão: art. 1.272

ADMINISTRAÇÃO
- bens; do cônjuge: art. 1.570
- bens; do tutelado: art. 1.745, 1.747, III, 1.753, 1.755 a 1.757
- bens; herança: arts. 1.797, 1.977 e 1.978
- bens; incapaz: art. 641
- bens; pertencentes aos filhos: arts. 1.689 a 1.693
- condomínio: arts. 1.323 a 1.326
- herança jacente: art. 1.819
- pelo curador: art. 30, § 1º
- pessoa jurídica: arts. 48 e 49
- sociedade conjugal: art. 1.567
- sociedade limitada: art. 1.060 a 1.065
- sociedade simples: art. 1.010 a 1.021
- sociedade; direito de voto: art. 1.010
- usufrutuário: art. 1.394

ADMINISTRADOR
- aplicar crédito em proveito próprio: art. 1.017
- bens alheios: art. 580
- hasta pública: art. 497, I e Súm. 165 do STF
- pessoas jurídicas: art. 1.489, I
- responsabilidade: art. 1.011

ADOÇÃO
- arts. 1.618 e 1.619
- capacidade: art. 1.619
- direitos: art. 1.596
- parentesco: art. 1.593
- suspensão; poder familiar: art. 1.635, IV
- tutela: art. 1.763, II

ADQUIRENTE
- bem com hipoteca: art. 1.481
- bens; insolvente: art. 160
- coisa móvel: arts. 1.260 a 1.274
- boa-fé: art. 1.268
- restituição; coisa móvel: art. 1.267, par. un.

AFINIDADE

- configuração: art. 1.595
- dissolução: art. 1.595, § 2º
- matrimônio; impedimento: art. 1.521, II
- nulidade; casamento: art. 1.548, II

AGÊNCIA

- arts. 710 a 721
- agente: art. 712
- contrato por tempo indeterminado: art. 720
- definição: art. 710
- despesas; competência: art. 713
- força maior: art. 719
- indenização: art. 715
- mandato: art. 721
- perdas e danos: art. 717
- remuneração: arts. 714 e 716

ÁGUAS

- açude: art. 1.292
- aqueduto: arts. 1.293 a 1.296
- bens públicos: arts. 99, I e 100, Súm. 340 do STF
- indenização; artificialmente levadas: art. 1.289
- indenização; canalização: art. 1.293
- nascentes: art. 1.290
- obras poço; fonte alheios: arts. 1.309 e 1.310
- prédio inferior: art. 1.289
- prédio superior: arts. 1.288 e 1.291
- proibição de despejo no prédio vizinho art. 1.300

ALICERCE

- arts. 1.305 e 1.312

ALICIAMENTO DE PESSOAS

- art. 608

ALIENAÇÃO

- bens; comuns; cônjuges: arts. 1.647, I e 1.651, II e III
- bens; gravados de ônus: art. 1.911
- bens; hereditários: 1.817
- bens; imóveis: art. 1.275, par. ún.
- bens; menores: art. 1.691, 1.748, IV e 1.750
- bens; públicos dominicais: art. 101
- coisa alugada: art. 576
- extinção; propriedade: art. 1.275, I
- fraude; contra credores: art. 158
- propriedade agrícola: art. 609
- propriedade: art. 1.420
- usufruto: arts.1.393 e 1.410, VII

ALIMENTOS

- aumento da obrigação: art. 1.699
- compensação; outras dívidas: art. 373, II
- direito: arts. 1.694 a 1.697
- filho; fora do casamento: art. 1.705
- formas: art. 1.701
- herdeiro: art. 1.700
- impossibilidade: art. 1.698
- legado: art. 1.920
- parentes: art. 1.694
- prescrição: art. 206, § 2º
- prestação por terceiro: art. 871
- provisórios: art. 1.706
- *quantum*: art. 1.694, § 1º
- renúncia: art. 1.707
- separação: arts. 1.702 a 1.704
- tutela de menor: art. 1.740, I

ALUGUEL

- coisa emprestada: art. 582
- coisa: arts. 565 a 578
- deteriorização: art. 567
- imóvel alheio: art. 1.414
- pagamento: art. 569, II
- preferência do condômino: art. 1.323
- prescrição: art. 206, § 3º, I
- prorrogação: art. 574

ALUVIÃO

- acessão: art. 1.248, II
- divisão: art. 1.250, par. ún.
- propriedade: art. 1.250

ÁLVEO

- abandono: art. 1.252
- cessão: art. 1.248, IV

AMEAÇA

- direito; exercício regular: art. 153
- direito; personalidade: art. 12
- violência contra a posse: art. 1.210

AMOSTRAS

- venda: art. 484

ANIMAIS

- penhor: arts. 1.444 a 1.446
- ressarcimento; danos causados: art. 936
- usufruto: art. 1.397

ANTICRESE

- arts. 1.506 a 1.510
- arrendamento; imóvel: art. 1.507, § 2º
- legitimidade: arts. 1.420 e 1.506
- responsabilidade do credo: art. 1.508
- declarações essenciais: art. 1.424
- direito real: arts. 1.225, X e 1.419
- fraude; credores: art. 165, par. ún.
- imóvel; hipotecado: art. 1.506, § 2º
- novação: arts. 364 e 365
- nulidade: art. 1.428
- propriedade superveniente: art. 1.420, § 1º
- bens; remição: art. 1.510

ANUÊNCIA

- silêncio: art. 111
- terceiro: art. 220

ANULAÇÃO

- alienação: art. 460 e 461
- ato do relativamente incapazes: art. 180
- casamento; ação: art. 1.551, 1.552, 1.560 e 1.561
- casamento; certidão: art. 1.525, V
- doação; cônjuge adulto: art. 550
- falta de outorga; ato de cônjuge: art. 1.650
- resultado: art. 177
- testamento: art. 1.903 e 1.971

ANULAÇÃO DE NEGÓCIO JURÍDICO

- coação: arts. 151 e 171, II
- dolo: arts. 145 e 171, II
- erro; ignorância: arts. 138 e 171, II
- fraude; credores: arts. 158 e 171, II
- relativamente incapaz: arts. 5º e 171, I
- restituição; estado anterior: art. 182

ANÚNCIO PÚBLICO

- v. PROMESSA
- art. 854 e 855

APÓLICES

- arts. 757 a 777
- seguro: art. 760
- seguro; transmissão: art. 785
- seguro; risco: art. 773

APOSTA

- dívida: art. 814
- inexigibilidade; empréstimo: art. 815
- sorteio: art. 817

AQUEDUTO

- arts. 1.295 e 1.296

AQUISIÇÃO

- acessão: art. 1.248
- adjunção: arts. 1.272 a 1.274
- avulsão: art. 1.251
- contrato; condição resolutiva: arts. 127 e 474
- contrato; condição suspensiva: art. 125
- direito: arts. 131 e 136
- especificação: arts. 1.269 a 1.271
- posse: arts. 1.204 a 1.209
- propriedade imóvel arts. 1.238 a 1.259
- propriedade móvel: arts. 1.260 a 1.274
- tesouro: arts. 1.264 a 1.266
- testamento: arts. 1.799 a 1.800
- tradição: art. 1.267 e 1.268
- usucapião: arts. 1.238 a 1.244 e 1.260 a 1.262

ARRAS

- arrependimento: art. 420 e Súm. 412 do STF
- indenização; prova do prejuízo: art. 419
- contrato; inexecução: art. 418

ARRECADAÇÃO

- bem imóvel abandonado: art. 1.276
- bens; arrependimento: art. 420
- herança jacente: arts. 1.819 a 1.822
- herdeiro ausente: art. 25, § 3º
- rescisão; contrato: arts. 418 e 419
- sucessão provisória: art. 28, § 2º

ARREMATAÇÃO

- arts. 497, I e 1.749, I
- bem hipotecado: arts. 1.484 e 1.499, VI
- tutor; vedação: art. 1.749, I
- vedações: art. 497 e Súm. 165 do STF

ARREPENDIMENTO

- arras: art. 420 e Súm. 412 do STF
- casamento: art. 1.538, III

ÁRVORE

- limítrofe responsabilidade e propriedade: art. 1.282 e 1.283
- vizinha; frutos; propriedade: art. 1.284

ASCENDENTES

- alimentos: art. 1.696
- casamento; impedimento: art. 1.521, I
- deserdação: art. 1.962
- herdeiros necessários: art. 1.845
- impedimento; testemunha: arts. 228, V
- prescrição: art. 197, II
- sucessão definitiva: arts. 26 e 27, II
- sucessor legítimo: arts. 1.829, II e 1.836
- troca de bens: art. 533, II e Súm. 494 do STF

- venda a descendentes: art. 496 e Súm. 494 do STF

ASSISTÊNCIA
- judiciária: Súm. 450 do STF
- mútua: art. 1.566, III

ASSOCIAÇÕES
- arts. 53 a 61
- assembleia-geral: arts. 59 e 60
- associados: art. 55 e 58
- dissolução: art. 61
- estatuto: art. 54
- públicas: art. 41, IV
- regência: arts. 2.031, 2.033 e 2.034
- transmissão de quotas: art. 56, par. ún.

ASSUNÇÃO DE DÍVIDA
- arts. 299 a 303
- garantia: art. 300
- hipoteca; imóvel: art. 303
- novo devedor: art. 302
- recusa; credor: art. 299, par. ún.
- substituição: art. 301

ATO
- anulação: art. 179
- anuláveis: art. 176
- capacidade: arts. 3º a 5º
- cônjuge; sem prévia autorização: arts. 1.647 a 1.650
- conservatórios de direito cedido: art. 293
- culposos e dolosos: arts. 1.177, par. ún.
- do devedor: art. 251
- incapazes: arts. 1.634, V e 1.747, I
- lícito: art. 185
- praticados fora do estabelecimento: art. 1.178, par. ún.
- sem prazo: art. 134

ATOS ILÍCITOS
- definição e responsabilidade: art. 186 a 188
- liquidação; dano: arts. 948 a 954
- reparação; dano: art. 927

AUSÊNCIA
- arts. 22 a 25
- declaração de ausência; registro: art. 9º, IV
- filhos: art. 1.728, I
- posse; perda: art. 1.224
- presunção da morte: arts. 6º, 37 e 38
- regresso: arts. 36 e 39
- sucessão: arts. 26, 37 e 39
- venda dos bens: art. 33

AUTARQUIAS
- pessoa jurídica de direito público: art. 41, IV

AUTORIZAÇÃO JUDICIAL
- para casar: arts. 1.519, 1.520 e 1.641, III
- para sacar valores de tutelados: arts. 1.753 e 1.754
- para venda de bens de filhos: art. 1.691
- para venda de bens do tutelado: art. 1.748, IV

AVAL
- para pagamento de títulos de crédito: arts. 897 a 900
- para pessoa casada: arts. 1.642, IV e 1.647, III

AVERBAÇÃO DE REGISTRO PÚBLICO
- art. 10

AVÓS
- direito de visita: art. 1.589
- incumbência de tutela: art. 1.731

AVULSÃO
- aquisição da propriedade do imóvel: art. 1.248, III
- incorporação definitiva: art. 1.251

- B -

BAGAGENS
- depósito necessário: art. 649
- penhor: art. 1.467, I

BALANCETE
- art. 1.186

BALANÇO PATRIMONIAL
- arts. 1.188 e 1.189

BEM
- das pertenças: art. 93
- do ausente: arts. 26 e 28
- do interdito: art. 1.774
- do menor herdeiro: art. 1.733, § 2º
- do tutelado; administração: art. 1.740 a 1.752
- do tutelado; conservação pelos tutores: arts. 1.753 e 1.754
- do tutelado; prestação de contas: arts. 1.755 a 1.762
- dos filhos durante o poder familiar: arts. 1.689 a 1.693
- excluídos da comunhão: art. 1.668
- herança jacente: arts. 1.819 a 1.823
- imóvel abandonados: art. 1.276
- públicos dominicais: art. 99, par. ún.
- públicos: art. 102
- regime: art. 1.687

BEM DE FAMÍLIA
- criação: arts. 1.711 e 1.714
- definição: arts. 1.711 e 1.712
- duração: art. 1.716
- execução; isenção: art. 1.715
- extinção: art. 1.722
- finalidade; destinação: art. 1.717
- impenhorabilidade: Súm. 364 do STJ
- morte; cônjuge: arts. 1.7200, par. ún. e 1721
- separação: art. 1.721
- valores; mobiliários: art. 1.713

BEM IMÓVEL
- efeitos legais: art. 80
- partes separadas da construção: art. 81, II
- propriedade: art. 1.242
- registro: art. 1.245

BEM MÓVEL
- definição: art. 82
- deterioração: art. 29
- efeitos legais: art. 83
- materiais; demolição: art. 84

BEM PÚBLICO
- classificação: arts. 98 e 99
- inalienabilidade: art. 100

BENEFICIÁRIO
- arts. 827 a 829

BENFEITORIAIS
- bem locado: art. 578
- bens do cônjuges: art. 1.660, IV
- condômino: art. 1.322
- danos; indenização: art. 1.221
- evicção: arts. 453 e 454
- inventário: art. 2.004, § 2º
- melhoramentos; aperfeiçoamentos: art. 97
- pagamento indevido: art. 878
- posse; boa-fé: art. 1.219
- posse; má-fé: art. 1.220
- privilégio especial: art. 964, III
- privilégio; credor: art. 964, III
- reivindicação: art. 1.222
- retenção: arts. 578 e 1.219
- retrovenda
- retrovenda: art. 505
- tipos: art. 96

BOA-FÉ
- abuso de direito: art. 187
- casamento; contraído de boa-fé: art. 1.561, § 1º
- comprador: art. 1.268
- contratantes: art. 422
- dívida de jogo; terceiro que paga: art. 814, § 1º
- especificação: art. 1.270
- insolvente; terceiro que contrata: art. 164
- negócio jurídico: arts. 113 e 164
- posse: arts. 1.201 a 1.203 e 1.214 a 1.219
- presunção: arts. 164, 1.201 e 1.203
- revogação do mandato; terceiro de: art. 686
- seguro: arts. 765 e 766
- título ao portador: art. 906
- usucapião: arts. 1.242, 1.243 e 1.260
- venda; imóvel alheio: arts. 1.255, 1.258 e 1.259
- venda; imóvel indevidamente recebido: art. 879

BONS COSTUMES
- abuso de direito: art. 187
- ato contrário: art. 1.638, III.
- corpo: art. 13

- C -

CABOS
- art. 1.286

CADUCIDADE
- fideicomisso: arts. 1.955 e 1.958
- herdeiro: art. 1.943
- legado: art. 1.939 e 1.940
- testamento aeronáutico: art. 1.891
- testamento marítimo: art. 1.891
- testamento militar: art. 1.895

CALAMIDADE
- art. 647, II

CALÚNIA
- dano; indenização: art. 953, Súm. 562 do STF e Súm. 37 do STJ
- revogação de doação: art. 557, III

CANCELAMENTO
- extinção da hipoteca: art. 1.500
- extinção da servidão: arts. 1.387 a 1.389

CAPACIDADE
- civil: arts. 1º e 3º a 5º
- com o casamento: art. 1.517 a 1.520
- para fazer testamento: art. 1.860
- para suceder: art. 1.787
- por atividade de empresário: art. 972
- testamento: arts. 1.799 e 1.800

CÁRCERE PRIVADO
- art. 954, par. ún., I

CASAMENTO
- arts. 1.511 a 1.590
- anulação: ação art. 1.560
- anulação; causas: arts. 1.550, 1.556 e 1.558
- anulação; efeitos: art. 1.561
- anulável: arts. 1.550 a 1.564
- causas suspensivas: art. 1.523
- celebração: arts. 1.533 a 1.542
- celebrado no exterior: art. 1.544
- certidão; arts. 9º, I e 1.536
- comunhão parcial de bens: arts. 1.658 a 1.666
- comunhão plena de vida: art. 1.511
- comunhão universal de bens: arts. 1.667 a 1.671
- cônjuges; deveres: arts. 1.566 e 1.568
- cônjuges; igualdade; art. 1.511
- consentimento: arts. 1.517 a 1.520
- discordância dos pais: art. 1.517, par. ún.
- dissolução: art. 1.571, § 1º
- editais; dispensa; art. 1.527, par. ún.
- efeitos: art. 5º, par. ún. II
- gratuidade: art. 1.512
- habilitação: arts. 1.512, par. ún., e 1.525 a 1.532
- impedimentos: arts. 1.521 e 1.522
- incompetência: art. 1.554
- menor não autorizado: art. 1.555
- moléstia grave: arts. 1.540 e 1.541.
- nulidade: art. 1.548
- nuncupativo: arts. 1.540 a 1.542
- pacto antenupcial: arts. 1.653 a 1.657
- planejamento familiar: art. 1565, § 2º
- por procuração: art. 1.542
- proclamas: arts. 1.527 e 1.540
- prova: art. 1.543 a 1.547
- putativo: art. 1.561
- regime de bens: art. 1.639 e 1.658 a 1.688
- religioso; com efeitos civis: arts. 1.515 e 1.516
- separação: arts. 1.641 e art. 1.562
- viúvo: art. 1.523, I

CASO FORTUITO
- comprador: art. 492, § 1º
- dano; causado por animal: art. 936
- definição: art. 393, par. ún.
- depositário: art. 642
- devedor de coisa certa: art. 246
- devedor: art. 399
- em caso de comodato: art. 583
- gestor de negócios: arts. 862, 863 e 868
- hospedeiros: art. 650
- locatário: art. 575
- procurador: art. 667, § 1º

CAUÇÃO
- dano; riscos iminentes: art. 1.280
- herdeiros do ausente: arts. 30 e 37
- penhor: art. 1.472
- quitação de título: art. 1.460
- ratificação dos demais credores: art. 260, II
- risco na construção: art. 1.305, par. ún.
- usufrutuário: arts. 1.400 e 1.401

CEGOS
- testamento: arts. 228, III e 1.867

CERCAS
- área comum: art. 1.327
- direito de tapagem: arts. 1.328 a 1.330
- entre prédios: art. 1.297

CERTIDÃO
- de casamento: art. 1.525, I
- de nascimento: arts. 1.525, I e 1.604
- valor probante: arts. 216 a 218

CESSÃO
- herança; dispensa de aceitação; casos: art. 1.805, §§ 1º e 2º
- quotas social; eficácia: art. 1.003

CESSÃO DE CRÉDITOS
- arts.286 a 298
- compensação: art. 377
- dação em pagamento: art. 358
- desobrigação do devedor: art. 292
- devedor solvente: art. 296
- forma: art. 288
- hipotecário: art. 289
- permissão: art. 286
- responsabilidade: arts. 295 a 297
- sub-rogação: arts. 347 e 348

CESSIONÁRIO
- crédito hipotecário: art. 289
- herdeiro: art. 2.013

CHEQUE
- Súm. 28, 246, 521, 600 do STF e Súm. 388 do STJ

CITAÇÃO
- causa interruptiva da prescrição: art. 202, I
- herdeiros: art. 1.877

CLANDESTINO
- atos: art. 1.208

CLÁUSULA(S)
- ambígua ou contraditória: art. 423
- condições impossíveis: art. 124
- contra de compra e venda: arts. 505 a 532
- contra lei: art. 1.655
- devedores solidários: art. 278
- em causa própria: art. 685
- encargo: art. 136
- inalienabilidade: arts. 184, 848 e Súm. 49 do STF
- lícita; conceito: art. 122
- preempção: arts. 513 a 520
- resolutiva: art. 474
- retrovenda: arts. 505 a 508
- suspensiva: art. 125, 126 e 136
- vedação de alienação de imóvel hipotecado: art. 1.475
- venda a contento: arts. 509 a 512
- vício redibitório: art. 446

CLÁUSULA PENAL
- arts. 408 a 416
- definição: art. 409
- divisibilidade da obrigação: art. 415
- exigibilidade: art. 416
- indivisibilidade da obrigação: art. 414
- limitação do valor: arts. 412 e 416
- não adimplemento: art. 410
- redução: art. 413

COAÇÃO
- arts. 151 a 155
- exercício regular de direito: art. 153
- impedimento; casamento: arts. 1.550, III, 1.558 e 1.559
- negócio jurídico: art. 178, I
- reverência: art. 153
- vício do negócio jurídico: arts. 171, II e 177
- vício: arts. 151 a 155

CODICILO
- arts. 1.881 a 1.885
- abertura: art. 1.885
- hipóteses: arts. 1.881 a 1.883
- revogação: art. 1.884

CÓDIGO CIVIL
- revogação: art. 2.045
- vigência: art. 2044
- vigência; particularidades: arts. 2.029 e 2.030

COISA JULGADA
- influência do julgado criminal sobre o cível: art. 935 e Súm. 18 do STJ
- transação posterior: art. 850

COISA(S)
- arts. 1.196 a 1.510
- acessória: art. 92
- achada: arts. 1.233 a 1.235
- alienada: alheia: arts. 447 a 457
- coletiva; definição: arts. 90 e 91
- consumível: art. 86
- definições de: arts. 79 a 91
- devedor; acréscimo: art. 237
- divisível e indivisível; definições: arts. 87 e 88
- divisível em depósito: art. 639
- divisível no legado: art. 1.968
- fungível e não fungível; definição: art. 85
- fungível em depósito: art. 645
- fungível na compensação das dívidas: arts. 369 e 370
- futura: arts. 458 e 459
- invenção: arts. 1.233 a 1.237
- legada: art. 1912
- litigiosas: art. 457
- principal: arts. 92 e 94
- singulares: art. 89
- universalidade: arts. 90 e 91

COLAÇÃO
- bens dispensados: art. 2.005
- bens sonegados: art. 1.992
- dispensa: arts. 2.005 e 2.006
- doação: 2.007
- doação; pelos cônjuges: art. 2.012
- doações remuneratórias: art. 2.011
- finalidade: art. 2.003
- netos; avós: art. 2.009
- renúncia ou exclusão da herança: art. 2.008
- seguro: art. 794
- valor da doação: arts. 2.003 a 2.005

COLATERAIS
- casamento; nulidade: art. 1.548, II
- definição: art. 1.592
- graus de parentesco: art. 1.594
- impedimento casamento: arts. 1.521, IV, 1.522 e 1.524
- testemunho; impedimento: art. 228, V
- vocação hereditária: arts. 1.798 a 1.803 1.829 a 1.844

COMERCIANTE
- emancipação civil: art. 5º, par. ún., V

CC

COMISSÃO
- cláusula *del credere*: art. 698
- espécie nova: art. 1.274
- forma de aquisição de propriedade: art. 1.272
- objeto: art. 693
- operada de má-fé: art. 1.273

COMISSIONÁRIO
- cessão; direitos: art. 694
- crédito: art. 707
- despedimento: arts. 703 e 705
- dever: arts. 695 e 696
- força maior: art. 696, par. ún.
- insolvência: arts. 697 e 707
- juros: art. 706
- morte: art. 702
- obrigação: art. 694
- prazo: arts.699 e 700
- procuração: art. 709
- remuneração: art. 701
- responsabilidade: arts. 696 a 698

COMITENTE
- falência: art. 707
- mudança de instruções: art. 704
- responsabilidade por ato do preposto: art. 932, III e Súm. 341 do STF

COMODATO
- administradores: art. 580
- comodatário: arts. 582 e 585
- definição: art. 579
- despesas: art. 584
- dívida originada do: art. 373, II
- obrigações: art. 582
- prazo: art. 581
- responsabilidade: art. 585

COMORIENTES
- art. 8º

COMPANHEIROS
- direito a alimentos: art. 1.694
- dever: art. 1.724
- impedimento para o casamento: art. 1.727
- regime de bens: art. 1.725

COMPENSAÇÃO
- arts. 368 a 380
- alimentos: art. 373, II
- benfeitorias: art. 1.221
- depósito: arts. 373, II e 638
- despesas de dívidas pagáveis no mesmo lugar: art. 378
- diferença de causa: arts. 373 e 380
- direitos de terceiros: art. 300
- esbulho: art. 373, I
- exclusão por mútuo acordo: art. 375
- fiador: art. 371
- furto: art. 373, I
- hipóteses de extinção da obrigação: art. 368
- hipóteses de não cabimento: art. 373
- legado feito ao credor: art. 1.919
- mandatário: art. 669
- obrigações indivisíveis: art. 262, par. ún.
- penhora: art. 380
- por terceiro: art. 376
- prazos: art. 372
- prestações; coisas fungíveis: art. 370
- remissão; dívida solidária: art. 262, par. ún.
- roubo: art. 373, I
- várias dívidas: art. 379

COMPOSSE
- art. 1.199

COMPRA E VENDA
- *Ad mensuram e ad corpus*: art. 500
- amostras: art. 484
- arras: arts. 417 a 420
- cláusulas especiais: arts. 505 a 532
- coisa em condomínio: art. 504
- coisa; elemento do contrato: art. 481
- coisas conjuntas: art. 503
- coisas futuras: arts. 458 a 461
- comprador insolvente: art. 495
- condômino; preferência: art. 504, par. ún.
- contrato obrigatório: art. 482
- crédito: art. 497, par. ún.
- dação em pagamento: art. 357
- definição: art. 481
- despesas com a escritura e a tradição: art. 490
- entre cônjuges: art. 499
- estrada de ferro hipotecada: art. 1.504
- evicção: arts. 447 a 457
- expedição da coisa para lugar diverso: art. 494
- hasta pública: art. 497 e Súm. 165 do STF
- nulidade: art. 496
- preço; elemento do contrato: art. 481
- preço; nulidade: art. 489
- preço; riscos: arts. 492 e 494
- preço; taxa do mercado: art. 486
- preempção: arts. 513 a 520
- proibidos de comprar: arts. 497 e 498
- pura: art. 482
- retrovenda: arts. 505 a 508
- riscos: arts. 492 e 494
- venda a contento: arts. 509 a 512
- vícios redibitórios: arts. 441 a 446
- vícios redibitórios; venda em conjunto: art. 503

COMPROMISSO
- arts. 851 a 853

CONCEPÇÃO
- direito: art. 2º

CONCORRÊNCIA
- quantia revelada: art. 277
- quinhão: arts. 1.841 a 1.843

CONCUBINO
- doação: arts. 1.642, V e 1.647, IV
- doação do cônjuge adúltero: art. 550
- impedimentos: art. 1.727

CONCURSO DE CREDORES
- crédito com privilegio: art. 961
- credores hipotecários: arts. 959 e 960
- discussão: art. 956
- insolvência: art. 955
- negócio fraudulento: art. 165
- preferência: art. 2.000
- privilégios especial: arts. 963 a 965
- rateio: art. 962
- títulos de preferência: arts. 957 e 958
- vencimento antecipado da dívida: art. 333, I

CONDIÇÃO
- arts. 121 a 130
- definição: art. 121
- herdeiro ou legatário; nomeação: art. 1.897
- ilegal: arts. 122 e 1.613
- implemento: arts. 129, 332 e 1.359
- impossível: art. 124
- inadmissível: art. 1.808
- inexistente: art. 124
- obrigações condicionais: art. 332
- pendente: art. 1.924
- resolutiva: arts. 127 e 1.958
- subordina; endossante: art. 912
- superveniência; resolutiva: art. 128
- suspensiva: arts. 121 a 126 e 509 a 512
- suspensiva; começo: art. 131 e 135
- suspensiva; legados: art. 1.924

CONDOMÍNIO
- arts. 1.314 a 1.358, Súm. 260 do STJ
- administração: arts. 1.323 a 1.326
- alteração da coisa comum: art. 1.314, par. ún.
- coisa indivisível: arts. 504 e 1.322, *caput*
- despesas e dívidas: art. 1.316
- direito de preempção: art. 517
- dívida contraída pelos condôminos: art. 1.317
- divisão: art. 1.320
- frutos da coisa comum: art. 1.319
- garantia real: art. 1.420, § 2º
- indivisão convencionada: art. 1.320, § 1º
- obrigações e direitos do condômino: arts. 1.314 e 1.315
- outorga tácito: art. 1.324
- parede divisória: arts. 1.297, § 1º e 1.306
- paredes, cercas, muros e valas: arts. 1.327 a 1.330
- partes dos condôminos: art. 1.315, par. ún.
- preferência do condômino: arts. 504, 1.322 e 1.323
- *quórum* da assembleia: arts. 1.323 e 1.325
- retrovenda: art. 508
- voluntário: arts. 1.314 a 1.326

CONDOMÍNIO DE LOTES
- art. 1.358-A

CONDOMÍNIO EDILÍCIO
- arts. 1.331 a 1.346
- acesso: art. 1.331, § 4º
- administração do: art. 1.347
- alienação; acessório: art. 1.339, § 2º
- assembleia: arts. 1.350, 1.352 a 1.355
- cobertura: arts. 1.331, § 5º e 1.344
- condômino: arts. 1.335 e 1.336
- convenção ou regimento interno: arts. 1.333, 1.334 e 1.351
- débitos: art. 1.345
- definição: art. 1.331
- desapropriação: arts. 1.357 e 1.358
- despesas: art. 1.340
- extinção: arts. 1.357 e 1.358
- instituição: art. 1.332
- multa e mora: art. 1.336, § 2º
- não adimplemento: art. 1.336, § 1º
- obras: arts. 1.341 e 1.342
- partes comuns: arts. 1.331, § 2º e 1.339
- partes: art. 1.136, § 2º
- representante: art. 1.348, §§ 1º e 2º
- seguro: art. 1.346
- síndico: arts. 1.348, 1.349 e 1.356
- veículos: art. 1.338

CONDOMÍNIO EM MULTIPROPRIEDADE
- administração da multipropriedade: arts. 1.358-M a 1.358-N
- direitos e obrigações do multiproprietário: arts. 1.358-I a 1.358-K
- disposições específicas relativas às unidades autônomas de condomínios edilícios: arts. 1.358-O a 1.358-U
- disposições gerais: arts. 1.358-B a 1.358-E
- instituição da multipropriedade: arts. 1.358-F a 1.358-H
- transferência da multipropriedade: art. 1.358-L

CONFIANTE
- confusão: art. 1.298
- condomínio necessário: arts. 1.327 a 1.330
- primeiro que construiu: art. 1.305

CONFIRMAÇÃO
- Obrigações anuláveis: art. 367
- Testamento: art. 1.878

CONFISSÃO
- anulada: art. 214
- eficácia: art. 213
- materna: art. 1.602
- prova: art. 212, I

CONFUSÃO
- cessação: art. 384
- dívida: arts. 382 e 383
- donos diversos: art. 1.272
- meios para adquirir a propriedade: arts. 1.272 a 1.274
- obrigação extinta: art. 381; Súm. 421, STJ
- obrigação solidária: art. 383

CÔNJUGES
- administração dos bens: arts. 1.642, 1.646 e 1.651
- afinidade: art. 1.595
- alimentos: art. 1.694 e Súm. 226 e 379 do STF
- anulação de atos: art. 1.649
- autorização do cônjuge: art. 1.647
- casamento: art. 1.521, VII
- curador: at. 1.783
- direitos: art. 1.642
- dívida: art. 1.644
- divulgação de escritos: art. 20, par. ún.
- guarda dos filhos menores: arts. 1.583 a 1.590
- herdeiros necessários: art. 1.845
- impedimento de ser testemunhas: art. 228, V
- independentemente de autorização do cônjuge: art. 1.643
- pessoa interposta: art. 1.802
- prescrição: art. 197, I
- sociedades: art. 977
- vocação hereditária: arts. 1.829 a 1.844

CONSENTIMENTO
- casamento dos filhos: arts. 1.517 e 1.518
- descendentes, para a venda por ascendente a um deles: art. 496
- devedor, para a fiança, sem necessidade: art. 820
- filho reconhecido: art. 1.611
- prova na habilitação para o casamento: art. 1.525, II
- reconhecimento de filho: art. 1.614
- suprimento judicial para o casamento: art. 1.519
- transcrição na escritura antenupcial: art. 1.537
- venda particular do penhor: art. 1.436, § 1º

CONSIGNAÇÃO EM PAGAMENTO
- despesas: art. 343
- efeitos: art. 334
- obrigação litigiosa: arts. 344 e 345
- procedimento: arts. 337 a 342
- requisitos: art. 336

CONSTITUIÇÃO DE RENDA
- bens: art. 809
- credor: art. 811
- escritura pública: art. 807
- favor de falecido: art. 808
- gratuita: arts. 803 e 813
- onerosa: arts. 804 e 805
- prazo: art. 806

CONSTITUTO POSSESSÓRIO
- aplicação no penhor rural: art. 1.431, par. ún.
- tradição ficta: art. 1.267, par. ún.

CONSTRUÇÕES
- arts. 1.299 a 1.313
- aquedutos: arts. 1.293 a 1.296
- aquisição: art. 1.248, v
- barragens: art. 1.292
- caso de aprovação unânime: art. 1.343
- chaminés, fogões ou fornos: art. 1.308
- condomínio de parede-meia: art. 1.306
- desfazimento sobre o prédio vizinho: art. 1.302
- eirado: art. 1.301
- janelas: art. 1.301
- má-fé do construtor: art. 1.256
- materiais alheios: arts. 1.254, 1.255 e 1.257
- parede divisória: arts. 1.304 a 1.306 e 1.312
- presunção de proprietário: art. 1.253
- servidão temporária: art. 1.313
- solo alheio: art. 1.259

CONTABILISTA
- art. 1.177 e 1.178

CONTAS
- curatela: arts. 1.774 e 1.783
- fornecedores de pousada: arts. 1.467 a 1.469
- inventariante: art. 2.020
- mandatário: art. 668
- testamento: arts. 1.980 e 1.983
- tutela: arts. 1.755 a 1.762

CONTRATANTES
- benefício estabelecido no testamento: art. 133
- dívida contraída pelo condômino: art. 1.318
- especificação do domicílio: art. 78
- insolvência conhecida: art. 159

CONTRATO(S)
- aceitação: arts. 430 a 434
- adesão: art. 424
- agência e distribuição: arts. 710 a 721
- aleatórios: arts. 458 a 461
- arras: arts. 417 a 420
- atípicos: art. 425
- benefício: art. 392
- bilaterais: art. 476
- boa-fé na execução: art 4??
- cláusula resolutiva: art. 474
- cláusulas ambíguas: art. 423
- com reserva de domínio: arts. 521 a 528
- comissão: arts. 693 a 709
- comodato: arts. 579 a 585
- compra e venda: arts. 481 a 532
- compromisso: arts. 851 a 853
- constituição de renda: arts. 803 a 813
- correspondência: art. 434
- corretagem: arts. 722 a 729
- depósito: arts. 627 a 652
- disposições gerais: arts. 421 a 471
- distrato: arts. 472 e 473
- doação: arts. 538 a 564
- empreitada: arts. 610 a 626
- escritura pública: art. 215
- estimatórios: arts. 534 a 537
- evicção: arts. 447 a 457
- exceção de contrato não cumprido: arts. 476 a 477
- extinção: arts. 472 a 480
- favor de terceiros: arts. 436 a 438
- fiança: arts. 818 a 839
- forma: arts. 107 a 109
- fraude contra credores: art. 159
- função social: art. 2.035, par. ún.
- herança de pessoa viva: art. 426
- interpretação: arts. 112 a 114
- jogo e aposta: arts. 814 a 817
- locação de coisas: arts. 565 a 578
- locação de serviços: arts. 593 a 609
- lugar de celebração: art. 435
- mandato: arts. 653 a 692
- mútuo: arts. 586 a 592
- onerosidade excessiva: arts. 478 a 480
- pessoa a declarar: arts. 467 a 471
- prazo: arts. 133 e 134
- preço: arts. 462 a 466
- prestação de serviços: arts. 593 a 609
- probidade na execução: art. 422
- proposta: arts. 427 e 428
- prova testemunhal: art. 227
- resilição: art. 473
- seguro: arts. 757 a 802
- transação arts. 840 a 850
- transporte: arts. 730 a 756
- troca: art. 533
- unilaterais: art. 389
- vícios redibitórios: arts. 441 a 446

COOBRIGADOS
- prescrição: art. 204
- sub-rogação: art. 259, par. ún.

CONVENÇÕES ANTENUPCIAIS
- arts. 1.653 a 1.657

CORRETOR
- art. 722 a 729

CREDOR
- ausente: art. 335, III
- cessão de crédito: art. 286
- concurso de credores: arts. 955 a 965
- desconhecido ou incerto: art. 335, III
- despesas: art. 325
- fiador: art. 825
- herança: art. 2.000
- incapacidade: arts. 310 e 335, III
- local do pagamento: art. 327
- mora: arts. 394, 400 e 401, II
- pagamento: art. 308
- pignoratício: arts. 1.433 a 1.435
- prescrições: arts. 201 e 206, § 1º, V
- putativo: art. 309
- quirografário: art. 162
- recusa do pagamento ou quitação: art. 335, I

CC

- remitido a dívida: art. 272
- renúncia: art. 387
- solidariedade: arts. 267 a 274

CRIME
- anulação de casamento: art. 1.557, II
- liquidação das obrigações: arts. 948 a 954
- reparar o dano: art. 927
- responsabilidade civil: arts. 935 e 943
- responsabilidade dos autores e coautores: art. 942

CULPA
- ação de regresso: art. 930
- administradores de bens de herança: art. 2.020
- anulação do casamento: art. 1.564
- gestor de negócios: art. 866
- mandatário: arts. 667, 676 e 678
- obrigação de dar coisa certa: arts. 234 a 244
- obrigação de dar coisa incerta: art. 246
- obrigações alternativas: arts. 254 a 263
- obrigações indivisíveis: art. 263
- responsabilidade: art. 1.752
- usufrutuário: art. 1.410, VII
- verificação: arts. 927 a 943 e 948 a 954

CUMPRIMENTO DA OBRIGAÇÃO
- art. 1.419
- cumprimento de contrato bilateral: art. 476
- débito: art. 333, III
- direitos reais: arts. 1.419 a 1.510
- dívida alheia: art. 1.427
- fraudatória: art. 163
- mútuo: art. 590
- novação: arts. 364 e 365
- quinhões hereditários: arts. 2.023 a 2.026
- renúncia: art. 387

CURADOR
- ausente: arts. 22 a 25
- autoridade e filhos do curatelado: art. 1.778
- bens da herança: art. 1.800
- cônjuge ou companheiro: art. 1.775
- especial: art. 1.692
- herança jacente: art. 1.819
- impedimento matrimonial: art. 1.523, iv
- interdito: arts. 1.780 e 1.782
- juiz: art. 25, § 3º
- nascituro: art. 1.779
- nomeação: art. 1.775
- promoção a tratamento de interdito: art. 1.776
- responsabilidade civil: art. 932, II
- vedações: arts. 497, I e 580

CURATELA
- ausentes: arts. 22 a 25
- contas: arts. 1.774 e 1.783
- interditos: arts. 1.769 e 1.778
- limites: art. 1.772
- nascituro: art. 1.779
- normas: art. 1.781
- pródigo: art. 1.782

CUSTAS
- caso de evicção: art. 450, III
- pagamento em dobro: art. 939
- prescrição: art. 206, § 1º, III
- privilégio e preferência: arts. 964, I e 965, II

- D -

DAÇÃO EM PAGAMENTO
- arts. 356 a 359
- ausência do consentimento do fiador: art. 838, III

DANO
- ação regressiva: art. 934
- animal: art. 936
- benfeitorias: art. 1.221
- bens: art. 2.004, § 2º
- calúnia ou injúria: art. 953
- coação: arts. 154 e 155
- cobrança antecipada de dívida: art. 939
- cobrança indevida: art. 940
- culpa de terceiro: arts. 930 a 934
- culpa profissional: art. 951
- culpa: arts. 186 e 927
- destruição da coisa alheia: arts. 188, II e 929
- esbulho ou usurpação: art. 952
- especificação: art. 1.271
- ferimento: art. 949
- homicídio: art. 948
- iminente: arts. 1.280 e 1.281
- indenização: art. 946
- inexecução de obrigação: arts. 389 e 393
- infecto: art. 1.277
- lançamento ou queda de objetos: art. 938
- moral: arts. 953 e 954
- ofensa à liberdade pessoal: art. 954
- perdas e danos: arts. 402 a 405
- possuidor de boa-fé: art. 1.217
- reparação de condomínio: art. 1.319
- reparação: art. 942
- representantes de pessoas jurídicas: art. 43
- responsabilidade indireta: art. 932
- responsabilidade solidária: art. 942, par. ún.
- resultante de crime: arts. 948 e 949
- ruína de edifício ou construção: arts. 937, 1.280 e 1.281
- vizinho: art. 1.313, § 3º

DÉBITO
- cobrança: art. 388
- mesma natureza: art. 352
- quitação: art. 321
- solidariedade passiva: art. 333, par. ún.

DECADÊNCIA
- conhecimento de ofício: art. 210
- convencional: art. 211
- excludentes: art. 207
- incapazes: art. 208
- renúncia: art. 209

DECLARAÇÃO
- ausência: arts. 28 e 37
- filiação: art. 10, II
- habilitação para o casamento: art. 1.525, IV
- indignidade de herdeiro: arts. 1.815 e 1.818
- morte presumida: art. 7º, par. ún.
- segurado: arts. 765 e 766
- vacância de herança jacente: arts. 1.822 e 1.823
- vontade: arts.107, 112, 138, 141 a 155, 167, § 1º, II e 219

DEFEITOS
- construções, responsabilidade do empreiteiro: art. 618
- físicos, irremediáveis: art. 1.557, III
- negócios jurídicos: arts. 138 a 165
- ocultos: arts. 441 a 446
- resultantes de ofensa: art. 950
- venda por amostras: art. 484
- vícios redibitórios: arts. 441 a 446

DEFESA
- menor: art. 1.740, I
- posse: art. 1.210

DEFICIÊNCIA MENTAL
- incapacidade relativa: art. 4º, II
- grave enfermidade: art. 19.63

DELIBERAÇÃO
- condôminos: art. 1.337
- sócios: arts. 1.701 a 1.080-A

DEMOLIÇÃO
- art. 1.280

DEPOSITANTE
- art. 337

DEPOSITÁRIO
- despesas e prejuízos: arts. 643 e 644
- dever do herdeiro: art. 637
- direito de retenção: art. 644
- incapacidade sobrevinda: art. 641
- infiel: art. 652
- obrigações: art. 269
- responsabilidade: art. 642

DEPÓSITO
- animais: art. 1.442, par. ún.
- direito de retenção: art. 644
- dívida: arts. 373, II e 638
- judicial: art. 339
- necessário: arts. 647 a 651
- voluntário: arts. 627 a 646

DESAPROPRIAÇÃO
- bem imóvel dado em anticrese: art. 1.509, § 2º
- coisa usufruída: art. 1.409
- dada em garantia: art. 1.425, V e § 2º
- direito de prelação: art. 519
- quando ocorrer perigo iminente: art. 1.228, § 3º
- servidões: art. 1.387

DESCENDENTES
- alimentos: arts. 1.696 e 1.697
- colação de bens: arts. 496 a 2.002
- curador de bens: art. 25
- curador do ascendente: art. 1.775
- depois do testamento: art. 1.973
- deserdação: arts. 1.962 e 1.963
- direito de representação: art. 1.852
- graus de parentesco: art. 1.594
- herdeiros necessários: art. 1.845
- impedidos de servir como testemunha: art. 228, V
- impedidos de testemunhar: art. 228, V
- impedimento para contrair matrimônio: art. 1.521, I
- prescrição: art. 197, II
- sucessão do herdeiro excluído: art. 1.816
- sucessores legítimos: arts. 1.829 e 1.836
- troca de bens com ascendentes: art. 553, II
- vocação hereditária: arts. 1.829 a 1.844

DESCOBERTA
- descobridor: arts. 1.233 e 1.235

- destino da coisa: art. 1.237
- divulgação: art. 1.236
- recompensa: art. 1.234
- tesouro: arts. 1.264 a 1.266

DESERDAÇÃO
- ascendentes: arts. 1.961 e 1.963
- descendentes: arts. 1.961 e 1.962
- herdeiros necessários: art. 1.961
- ordenada em testamento: art. 1.964
- prescrição: art. 1.965, pár. ún.
- prova: art. 1.965, *caput*

DESFORÇO
- art. 1.210, § 1º

DESONERAÇÃO
- art. 386

DESPESAS
- bens em usufruto: art. 1.403
- casal: art. 1.688
- coisa depositada: arts. 643 e 644
- colação: art. 2.010
- comodato: art. 584
- concurso de credores: arts. 964, I e 965, II
- conservação da coisa: art. 400
- consignação: arts. 338 e 343
- credor pignoratício: art. 1.433, II
- doença do devedor falecido: art. 965, IV
- entrega do legado: art. 1.936
- entrega do legado: art. 1.936
- escritura e tradição: art. 490
- escritura e tradição: art. 490
- feitas pelo testamenteiro: art. 1.980
- feitas pelo testamento: art. 1.980
- funerárias; saem do monte de herança: art. 1.988
- gestão de negócios: art. 868, par. ún.
- justificadas: art. 1.760
- mantença do devedor falecido: art. 965, IV
- mantença do devedor falecido: art. 965, V
- necessárias: art. 378
- pagamento e quitação: art. 325
- prestação de contas da tutela: art. 1.761
- produção e custeio: art. 1.216
- responsabilidade do fiador: art. 822
- troca: art. 533, I

DETENTOR
- benfeitorias: art. 97
- definição: art. 1.198
- filhos menores: art. 1.634, VI
- título de crédito: art. 1.459, I

DETERIORAÇÃO
- coisa alugada: arts. 567 e 569, IV
- resolução da obrigação: arts. 235, 240 e 246
- usufruto: art. 1.402

DEVEDOR(ES)
- antes da dívida vencer: arts. 939 e 941
- caso fortuito: art. 393
- cláusula penal: art. 408
- desoneração pela novação: art. 365
- desoneração: art. 386
- despesas: art. 325
- direito à quitação: art. 319
- dívida quitada: arts. 940 e 941
- dívida solidária: art. 285
- fraude contra credores: arts. 158 a 165
- hipotecário insolvente: art. 1.483
- insolvente, na novação: art. 363
- interrupção da prescrição: art. 204
- mora: art. 394
- novação, quando ocorre: art. 360
- obrigação alternativa: arts. 252 a 256
- obrigação de dar coisa incerta: arts. 243 a 246
- obrigação de fazer: arts. 247 a 249
- obrigação divisível: art. 257
- obrigação litigiosa: arts. 344 e 345
- obrigação solidária: art. 283
- pagamento feito por outrem: art. 306
- perdas e danos: arts. 402 a 405
- prazo a seu favor: art. 133
- remissão das dívidas: arts. 385 a 388
- responsabilidade do cedente: art. 297
- solidariedade passiva: arts. 275 a 285
- substituição do devedor: art. 362
- transação: art. 844, §§ 1º e 3º
- venda de gado empenhado: art. 1.445

DIA
- art. 132

DIREITO(S)
- abuso: art. 187
- acrescer: arts. 812, 1.411, 1.810 e 1.941 a 1.946
- alimentos: arts. 1.694 a 1.710
- bens dos nubentes: art. 1.639
- coisas: arts. 1.196 a 1.510
- condôminos: arts. 1.314 a 1.322
- cônjuges: arts. 1.642 e 1.643
- construir: arts. 1.299 a 1.313
- credor: arts. 1.419 a 1.510
- depositário: art. 644
- empresa: arts. 966 a 1.195
- família: arts. 1.511 a 1.783
- imagem da pessoa: art. 20
- inviolabilidade da vida privada: art. 21
- mandatário: art. 681
- nome: art. 16
- obrigações: arts. 233 a 965
- passagem forçada: art. 1.285
- personalidade da pessoa física: arts. 11 a 21
- personalidade da pessoa jurídica: art. 52
- personalidade: arts. 11 a 21
- possuidor: arts. 1.210, 1.219 e 1.220
- promitente comprador: arts. 1.225, VII e 1.417 e 1.418
- propriedade: art. 1.228
- proprietário: art. 1.228
- reais de garantia: arts. 1.419 a 1.510
- reais sobre coisas imóveis: arts. 108 e 1.227
- reais sobre coisas móveis: art. 1.226
- reais: arts. 1.225 a 1.227
- representação: arts. 1.851 a 1.856
- retenção: arts. 319, 491, 495, 571, 578, 644, 681, 1.219, 1.423 e 1.433, II
- sucessões: arts. 1.784 a 2.027
- superfície: arts. 1.225, II e 1.369 a 1.377
- tapagem: art. 1.297
- titular da habilitação: arts. 1.414 a 1.416
- uso especial para fins de moradia: arts. 1.225, XI e 1.473, VIII
- usuário: arts. 1.412 e 1.413
- usufrutuário: arts. 1.394 a 1.399
- visita dos avós: art. 1.589, par. ún.
- vizinhança: arts. 1.277 a 1.313

DISPOSIÇÃO
- do próprio corpo: arts. 13 e 14

DISPOSIÇÕES
- captatórias: art. 1.900, I
- finais e transitórias do Código: arts. 2.028 e segs.
- testamentárias: arts. 1.897 a 1.911
- última vontade: art. 1.976

DISSOLUÇÃO
- guarda dos filhos: arts. 1.583 a 1.590
- regime de bens: art. 1.576
- sociedade e vínculo conjugal: arts. 1.571 a 1.582

DISTRATO
- arts. 472 e 473

DISTRITO FEDERAL
- domicílio da União: art. 75, I
- herança vacante: art. 1.822, *caput*
- imóvel abandonado: art. 1.276, *caput*
- personalidade jurídica: art. 41, II

DÍVIDA(S)
- adimplida por terceiro não interessado: art. 305
- antes de vencida: art. 939
- assunção: arts. 299 a 303
- condomínio: arts. 1.317 e 1.318
- cônjuges: art. 1.663, § 1º
- depois de paga: art. 940
- funeral: art. 1.998
- futuras: art. 821
- herança: arts. 1.997 a 2.001
- herdeiro: art. 2.001
- incomunicáveis: art. 1.668, III
- jogo e aposta: art. 814
- líquidas: art. 206, § 5º, I
- obrigações solidárias: arts. 264 a 285
- remissão: arts. 385 a 388
- repetição do indébito: arts. 876, 882 e 883
- vencimento antecipado: arts. 333, I, 425 e 1.426

DIVISÃO
- acordo para continuação: art. 1.320, § 1º
- casos omissos: art. 1.321
- coisa comum: arts. 1.315 e 1.320
- coisa indivisível: art. 1.322
- coisas divisíveis e indivisíveis: arts. 87 e 88
- frutos da coisa comum: art. 1.326
- imposta pelo doador: art. 1.320, § 2º
- sorteio: art. 817

DIVÓRCIO
- dissolução da sociedade: art. 1.571, IV
- dissolução do casamento: art. 1.571, § 1º
- guarda dos filhos: arts. 1.583 a 1.590
- legitimidade: art. 1.582
- nome: art. 1.571, § 2º
- registro público: art. 10, I
- sem prévia partilha de bens: art. 1.581

▸ separação de fato: art. 1.580, § 2º

DOAÇÃO
▸ aceitação pelo donatário: arts. 539, 542 e 543
▸ casamento futuro: art. 546
▸ casamento ou quando se estabelecem com economia separada: art. 1.647, par. ún.
▸ cláusula de inalienabilidade: art. 1.911
▸ cláusula de incomunicabilidade: art. 1.668, I
▸ cláusula de reversão: art. 547
▸ contemplação de merecimento do donatário: art. 540
▸ definição: art. 538
▸ descendentes: arts. 2.002 a 2.012
▸ doador: art. 552
▸ encargo: art. 553
▸ evicção: art. 552
▸ filhos: art. 544
▸ forma: art. 541
▸ gravada: art. 540
▸ homicídio doloso do autor: art. 561
▸ incapazes: art. 543
▸ inoficiosa: arts. 549 e 2.007
▸ mais de um donatário: art. 551
▸ marido e mulher entra em comunhão: art. 1.660, III
▸ marido e mulher: art. 551, par. ún.
▸ nascituro: art. 542
▸ nulidade da doação: arts. 548 e 549
▸ outorga uxória: art. 1.647, IV
▸ proibição ao tutor: art. 1.749, II
▸ remuneratória: art. 540
▸ revogação por ingratidão do donatário: arts. 557 a 564
▸ revogação: art. 555
▸ subvenção periódica: art. 545
▸ todos os bens: art. 548
▸ verbal: art. 541, par. ún.

DOCUMENTOS
▸ declaração dos signatários: art. 219
▸ língua estrangeira: art. 224
▸ livros da sociedade: art. 1.021
▸ públicos ou particulares: art. 212, II

DOENÇA MENTAL
▸ art. 1.557, IV

DOLO
▸ acidente: art. 146
▸ anulabilidade dos negócios jurídicos: arts. 145 e 171, II
▸ contratos aleatórios: art. 461
▸ efeitos em ambas as partes: art. 150
▸ menor que omite a idade: art. 180
▸ perdas e danos nas inexecuções dolosas: art. 465
▸ representantes: art. 149
▸ terceiro para anular negócio: art. 148

DOMICÍLIO
▸ especificação pelos contratantes: art. 78
▸ incapazes: art. 76
▸ local do pagamento: art. 327
▸ lugar da abertura da sucessão e do inventário: art. 1.785
▸ mais de uma residências: art. 71
▸ marítimo: art. 76
▸ militar: art. 76
▸ ministro ou agente diplomático: art. 77
▸ mudança: art. 74
▸ pessoa física: art. 70
▸ pessoa jurídica: art. 75
▸ preso: art. 76
▸ sem residência habitual: art. 73
▸ servidores públicos: art. 76

DOMÍNIO
▸ ações possessórias: art. 1.210, § 2º
▸ aquisição por usucapião de bens imóveis: arts. 1.238 a 1.244
▸ aquisição por usucapião de bens móveis: arts. 1.260 a 1.262
▸ bens dados em compensação da renda: art. 809
▸ bens públicos: arts. 98 a 103
▸ exclusivo e ilimitado: art. 1.231
▸ herança: arts. 1784 e 1.791
▸ objeto de hipoteca: art. 1.473, II
▸ perda da propriedade: arts. 1.275 e 1.276
▸ resolução pelo implemento da condição: arts. 1.359 e 1.360
▸ resolúvel: art. 1.953
▸ revalida a transferência: art. 1.268, § 1º
▸ revalida e garantia real: art. 1.420, § 1º
▸ tradição: art. 1.268
▸ transferência pelo registro: art. 1.245
▸ útil: art. 1.473, III

- E -

ÉBRIOS
▸ art. 4º, II

EDIFICAÇÃO
▸ direito: arts. 1.299 a 1.313
▸ empreiteiro: art. 618
▸ terreno alheio: arts. 1.255 e 1.257
▸ terreno próprio: art. 1.254

EDITAL DE CASAMENTO
▸ art. 1.527

EDUCAÇÃO
▸ filhos: art. 1.566

EMANCIPAÇÃO
▸ hipótese de extinção do poder familiar: art. 1.635, II
▸ inscrição no registro: art. 9º, II
▸ ocorrência: art. 5º, par. ún.
▸ quando ocorrer a extinção da tutela: art. 1.763, I

EMPREGADOR
▸ arts. 932, III e 933

EMPREGADOS PÚBLICOS
▸ domicílio: art. 76
▸ proibição para aquisição de certos bens: arts. 497 e 498
▸ responsabilidade civil: art. 932, III

EMPREITADA
▸ abatimento de preço: arts. 615 e 616
▸ acréscimo de preço: art. 619
▸ depreciação: art. 620
▸ efeitos de rescisão de contrato: art. 623
▸ fornecimento de mão de obra: art. 612
▸ fornecimento de materiais: art. 611
▸ imperícia: art. 617
▸ modalidades: art. 610
▸ mora de receber a obra: art. 611
▸ morte das partes: art. 626
▸ mudanças no projeto: art. 621
▸ obras com defeitos: 615 e 616
▸ onerosidade excessiva: art. 621
▸ partes distintas ou por medidas: art. 614
▸ perdas e danos: art. 624
▸ perecimento da coisa: art. 613
▸ prazo e garantia: art. 618
▸ responsabilidade do empreiteiro: art. 622
▸ suspensão da obra: arts. 623 e 625

EMPRESA
▸ Individual; responsabilidade limitada: art. 980-A
▸ Nome: art. 1.155
▸ Preposto: arts. 1.169 a 1.178

EMPRESÁRIO
▸ aplicação de leis mercantis: art. 2.037
▸ capacidade: arts. 972 a 980
▸ casado: art. 978
▸ definição: art. 966
▸ escrituração: arts. 1.179 a 1.195
▸ falecido: art. 1.165
▸ filial: art. 969
▸ incapaz: art. 974
▸ inscrição obrigatória: arts. 967 e 968
▸ pequeno: art. 970
▸ registro de bens incomunicáveis e inalienáveis: art. 979
▸ rural: arts. 970 e 971
▸ uso exclusivo do nome: art. 1.166

EMPRÉSTIMO
▸ jogo: art. 815
▸ pagamento com sub-rogação: art. 347, II

ENCARGO
▸ doação: arts. 441, 540, 553, 555 e 564, II
▸ feitos: art. 136
▸ legados: arts. 1.937 e 1.938
▸ substituição e fideicomisso: arts. 1.949 e 1.957

ENDOSSO
▸ título à ordem: arts. 910 a 920
▸ título nominal: art. 923 a 925

ENFERMIDADE
▸ desamparo do ascendente: art. 1.962, IV
▸ motivo de escusa de tutela: art. 1.736, IV

ENFITEUSE
▸ Constituição antes da vigência do Código: art. 2.038
▸ Constituição proibida: art. 2.038

ENRIQUECIMENTO SEM CAUSA
▸ coisa determinada: art. 884, par. ún.
▸ ressarcimento: art. 206, § 3º, IV
▸ restituição do bem quando for indevidamente auferido: arts. 884 e 885
▸ restituição: art. 886

ENTERRO
▸ codicilo: art. 1.881
▸ realizado por terceiros: art. 872

ERRO
▸ anulabilidade de negócios jurídicos: art. 138
▸ cálculo: art. 143
▸ causa de anulabilidade: arts. 138 e 171, II
▸ designação: art. 1.903
▸ direito: art. 849

- essencial de casamento: arts. 1.556 e 1.557
- essencial na transação: art. 849
- indicação da pessoa ou coisa: art. 142
- ônus da prova de quem pagou: arts. 877
- partilha: art. 2.027
- prazo decadencial: art. 178, II
- substancial: art. 139
- transmissão da vontade: art. 141
- validade do negócio jurídico: art. 144

ESBULHO
- ação contra quem recebe coisa esbulhada: art. 1.212
- efeitos: art. 1.210
- indenização: arts. 952 e 1.212
- proteção possessória: art. 1.210

ESCRITOS
- acessório: art. 1.270, § 2º
- divulgação: art. 20
- elaborados em língua estrangeira: art. 224
- presunção de veracidade: art. 219

ESCRITURAÇÃO
- arts. 1.179 a 1.195

ESCRITURA PÚBLICA
- antenupciais: arts. 1.536, VII e 1.537
- bem de família: art. 1.714
- compra e venda: art. 490
- constituição de renda: art. 807
- convenção de condomínio: art. 1.334, § 1º
- criação de fundação: art. 62
- doação: art. 541
- reconhecimento de filho: art. 1.609
- requisitos: art. 215

ESCRIVÃO
- prescrição de ação de cobrança de custas: art. 206, § 1º, III
- proibidos de comprar: art. 497, III

ESCUSA
- depositário: art. 642
- tutores: arts. 1.736 a 1.739

ESPAÇO AÉREO
- art. 1.229

ESPECIFICAÇÃO
- boa-fé: art. 1.270
- indenização: art. 1.271
- ocorrência: art. 1.269

ESTABELECIMENTO
- alienação: arts. 1.144 a 1.147
- arrendamento: art. 1.144
- definição: art. 1.142
- transferência: arts. 1.148 e 1.149
- usufruto: art. 1.144

ESTADO
- civil: art. 1.525, IV
- casado: arts. 1.545 e 1.547
- necessidade: art. 188, par. ún.
- perigo: arts. 156 e 178, II

ESTADOS
- art. 41, II

ESTADO DA UNIÃO
- bens públicos: art. 98
- domicílio da pessoa jurídica: art. 75, II

ESTADO DE PERIGO
- anulação do negócio jurídico: art. 178, II
- configura: art. 156

ESTATUTOS
- arts. 65 e 67 a 69

ESTELIONATO
- art. 1.735, IV

ESTIPULAÇÕES
- arts. 436 a 438

ESTRADAS DE FERRO
- arts. 1.473, IV e 1.502 a 1.505

ESTUPRO
- perda do poder familiar: art. 1.638, parágrafo único

EVICÇÃO
- benfeitorias: arts. 453 e 454
- bens aquinhoados na partilha: arts. 2.024 a 2.026
- coisa deteriorada: arts. 451 e 452
- contratos onerosos: art. 447
- custas judiciais: art. 450, III
- dação em pagamento: art. 359
- direitos do evicto: art. 450
- doador: art. 552
- evicção da coisa renunciada: art. 845
- evicção parcial: arts. 450, par. ún. e 455
- exclusão: art. 449
- legado: art. 1.939, II
- não demandar a evicção: art. 457
- notificação do litígio ao alienante: art. 456
- prescrição da ação: art. 199, III
- presunção de garantia: art. 447

- reforço ou diminuição: art. 448

EXCEÇÕES
- devedor com portadores precedentes: art. 916
- devedor inoponibilidade: art. 273
- devedor solidário: art. 281
- em cessão de crédito: art. 294
- emissor de título ao portador: art. 906
- fiador ao credor: art. 837

EXCUSSÃO
- hipotecada ou empenhada: art. 1.422
- penhor: art. 1.430

EXECUÇÃO
- ação executiva hipotecária: art. 1.501
- benefício de ordem: arts. 827 e 834
- dívida não vencida: arts. 939 e 941
- dívida paga: arts. 940 e 941
- hipoteca de via férrea: art. 1.505
- hipoteca ou penhor: arts. 1.422 e 1.430
- obra: art. 619
- testamentária: art. 1.984

EXERCÍCIO DE DIRETO
- ameaça não constitui coação: art. 153
- ato ilícito: art. 188, I
- incapacidade civil: arts. 3º e 4º
- limites da personalidade jurídica: art. 11

EXONERAÇÃO
- obra de prédio: art. 1.382
- prestação alimentícia: art. 1.699

EXONERAÇÃO DO DEVEDOR
- inadmissibilidade: art. 437
- obrigação litigiosa: art. 344
- pagamento de dívida: art. 304
- perda ou extravio de título: art. 909, par. ún.
- seguro: art. 960
- solidário: art. 365
- subsistência: art. 282, par. ún.

EXTINÇÃO
- associações: art. 61
- dívida: art. 387
- fiança: arts. 837 a 839
- fundações: art. 69
- hipoteca: arts. 1.499 a 1.501
- mandato: arts. 682 a 691
- novação: arts. 360 a 367
- pagamento: art. 304

- poder familiar: arts. 1.635 a 1.638
- servidão: arts. 1.387 a 1.389
- tutela: arts. 1.763 a 1.766
- usufruto: arts. 1.410 e 1.411

– F –

FALÊNCIA
- devedor hipotecário: art. 1.483
- devedor: art. 828, III
- vencimento de dívidas: art. 1.425, II

FALSIDADE
- admiti-se discussão: art. 956
- contestação da maternidade: art. 1.608
- crime com condenação: art. 1.735, IV
- registro de nascimento: art. 1.604

FALSO MOTIVO
- art. 140

FAMÍLIA
- direito: arts. 1.511 a 1.783
- domicílio: art. 1.569
- usuário: art. 1.412
- mantença: arts. 1.568 e 1.688

FATO
- possibilidade de execução: art. 249
- sigiloso: art. 229

FAZENDA PÚBLICA
- hipoteca legal: art. 1.489
- ordem de preferência: art. 965, VI

FEMINICÍDIO
- perda do poder familiar: art. 1.638, parágrafo único

FERIADOS
- art. 132, § 1º

FIADOR
- abono à solvência: art. 828
- aceitação pelo credor: art. 825
- benefício de ordem: arts. 827 e 828
- casado: arts. 1.647, iii e 1.649
- compensação de dívidas com o credor: art. 372
- desobrigado: arts. 838 e 839
- dívidas futuras: art. 821
- efeito da transação: art. 844, § 1º
- exceções que pode opor: art. 837
- execução em andamento: art. 834
- exoneração da fiança: arts. 366 e 835

- fiança conjunta: art. 829
- juros: art. 833
- licitação em execução hipotecária: art. 1.481, § 1º
- mútuo feito a menor: arts. 588 e 589
- novação: art. 366
- obrigação dos herdeiros: art. 836
- perdas sofridas: art. 832
- prescrição interrompida: art. 204, § 3º
- sub-rogação do crédito ao terceiro: art. 349
- sub-rogação nos direitos do credor: art. 831

FIANÇA

- aceitação do fiador: art. 825
- anulação: art. 1.649
- benefício de divisão: arts. 829 e 830
- benefício de ordem: arts. 827 e 828
- compensação da dívida: art. 371
- consentimento do devedor: art. 820
- defesa: art. 837
- definição: art. 818
- desobrigado o fiador: arts. 837 e 839
- dívida de jogo ou aposta: art. 814, § 1º
- dívidas futuras: art. 821
- efeito da transação: art. 844, § 1º
- efeitos: arts. 827 a 836
- execução: art. 834
- exoneração da fiança: arts. 366 e 835
- extensão aos acessórios: art. 822
- extinção: arts. 837 a 839
- forma: art. 819
- juros do desembolso: art. 833
- limite do valor: art. 823
- morte do fiador: art. 836
- mútuos feitos a menores: arts. 588, 589 e 824, par. ún.
- necessidade de autorização do cônjuge: art. 1.647, iii
- obrigações nulas: art. 824
- parcial: art. 830
- prestada em conjunto: arts. 829 a 831
- realizada sem autorização do outro cônjuge: art. 1.642, iv
- responsabilidade do fiador insolvente: art. 826

FIDEICOMISSO

- art. 1.951 a 1.960
- exclusão da comunhão de bens: art. 1.668, II

FILHO(S)

- abandono: art. 1.638, II
- adotivo: art. 1.626
- alimentos: art. 1.694
- averbação no registro público: art. 10, II
- bens dos filhos: arts. 1.689 a 1.693
- casamento: art. 1.517
- consentimento ou impugnação do reconhecimento de filiação: art. 1.614
- deserdação: art. 1.962
- fora da companhia dos pais que negou esta qualidade: art. 1.617
- guarda após a separação judicial ou divórcio: arts. 1.583 a 1.586, 1.589 e 1.590
- guarda reconhecida por sentença: art. 1.616
- herdeiros necessários: art. 1.845
- hipoteca legal: art. 1.489, II
- interesses colidentes: art. 1.692
- investigação de paternidade e maternidade: arts. 1.615 e 1.616
- irrevogabilidade do reconhecimento: arts. 1.609 e 1.610
- não admissão de condição ou termo: art. 1.613
- novas núpcias dos pais: art. 1.636
- parentesco com os ascendentes: art. 1.591
- prescrição: art. 197, II
- proteção da pessoa: arts. 1.583 a 1.590
- prova da filiação: art. 1.606
- quanto à pessoa dos filhos: art. 1.634
- reconhecimento do cônjuge: art. 1.611
- separados ou divorciados: art. 1.632
- sucessão legítima: arts. 1.829, I, e 1.835
- sujeição dos filhos: art. 1.630
- suspensão e extinção: arts. 1.635 a 1.638

FILIAÇÃO

- ação para prova: art. 1.606
- adultério: art. 1.600
- averbação do reconhecimento: art. 10, II
- condição ou termo: art. 1.613
- confissão materna: art. 1.602
- consentimento do filho: art. 1.614
- contestação: arts. 1.598 a 1.601
- designações discriminatórias: art. 1.596
- forma de reconhecimento voluntário: art. 1.609
- investigação de paternidade e maternidade: arts. 1.615 e 1.616
- irrevogabilidade do reconhecimento: arts. 1.609 e 1.610
- meio de prova: arts. 1.603 e 1.605
- oriunda de casamento nulo: art. 1.617
- presunção: art. 1.597
- registro: art. 1.604

FLORESTAS

- art. 1.392, § 2º

FORÇA MAIOR

- adquirente que não pode demandar pela evicção: art. 457
- definição: art. 393, par. ún.
- depositário: arts. 636 e 642
- inexecução de obrigações: art. 393
- responsabilidade do devedor: arts. 246, 393 e 399
- responsabilidade dos hospedeiros: art. 650

FORMA DOS NEGÓCIOS JURÍDICOS

- arts. 104 e 107 a 109 e 166, IV

FRAUDE

- anulação do negócio jurídico: art. 171, II
- concurso de credores: art. 956
- contra credores: arts. 158 a 165
- renúncia de herança: art. 1.813

FRUTOS

- anticrese: arts. 1.506 e 1.507
- árvore do vizinho: art. 1.284
- bens da herança: art. 2.020
- bens imóveis: art. 79
- bens incomunicáveis: art. 1.669
- civis: art. 1.215
- coisa dada em pagamento indevido: art. 878
- coisa legada: art. 1.923, § 2º
- coisa possuída: arts. 1.214, 1.215 e 1.232
- condomínio: arts. 1.319 e 1.326
- depósito: art. 629
- industriais: art. 1.215
- naturais: art. 1.215
- obrigações de dar coisa certa: arts. 237, par. ún. e 242, par. ún.
- penhor: art. 1.435, IV
- posse de boa-fé: art. 1.214
- posse de má-fé: art. 1.216
- proprietário: art. 1.232
- regime de comunhão parcial: art. 1.660, V
- responsabilidade do herdeiro excluído: art. 1.817, par. ún.
- revogação da doação: art. 563
- usufruto: arts. 1.396 a 1.398

FUNDAÇÕES

- bens: art. 63
- cisão: art. 2.033
- constituição de negócios jurídicos: art. 2.035
- extinção: art. 69
- fiscalização: art. 66
- fusão: art. 2.033
- incorporação: art. 2.033
- instituição anteriormente a este código: arts. 2.031 a 2.035
- instituição por testamento: art. 1.799, III
- instituição: art. 62
- pessoa jurídica de direito privado: art. 44, III
- propriedade: art. 64
- requisitos para alteração do estatuto: arts. 67 e 68
- transformação: art. 2.033

FUNERAL

- cabimento na cobrança: art. 872
- *de cujus*: art. 1.805, § 2º
- despesas abatidas: art. 1.847
- indenização: art. 948, I
- privilégio geral: art. 965, I

FURTO

- causa impeditiva: art. 373, I
- crime: art. 1.735, IV

– G –

GADO

- alienação: art. 1.445
- mesma espécie: art. 1.446
- objeto de penhor: art. 1.444
- substituição: art. 1.446

GARANTIA

- coisa comum: art. 1.420, § 2º

GERENTE

- arts. 1.172 a 1.176

GESTÃO DE NEGÓCIOS

- comunhão de interesses: art. 875
- definição: art. 861
- desaprovação: art. 874
- obrigação do dono: arts. 878 a 871
- responsabilidade do gestor: arts. 864 a 967

GOZO

- comodato: art. 581
- direito do proprietário: art. 1.228
- locação de coisas: art. 565

GRAVIDEZ

- direitos do nascituro: art. 2º
- obstáculo à anulação de casamento: art. 1.551

GUARDA
- administração dos bens: art. 1.819
- bens alheios: art. 580
- bens confiados a outrem: art. 497, I
- conservação de coisa depositada: art. 629

GURADA DOS FILHOS
- casamento inválido: art. 1.587
- direito de visita: art. 1.589
- maiores incapazes: art. 1.590
- modificação judicial: art. 1.586
- novas núpcias dos pais: art. 1.588
- separação judicial: arts. 1.583 a 1.585

- H -

HABILITAÇÃO
- casamento: arts. 1.525 a 1.532
- herdeiros: art. 1.822

HABITAÇÃO
- direito conferido a vários titulares: art. 1.415
- direito real: art. 1.225, VI
- limites ao titular: art. 1.414
- usufruto: art. 1.416

HASTA PÚBLICA
- bens de menor: arts. 1.748, IV e 1.750
- bens interditos: art. 1.774
- coisas achadas: art. 1.237
- proibição de compra de bens: art. 497

HERANÇA
- abertura da sucessão: arts. 1.784 e 1.785
- aceitação e renúncia: arts. 1.804 a 1.813
- aceitação pelo tutor: art. 1.748, II
- administração: arts. 1.791 a 1.797
- capacidade para suceder: art. 1.787
- comunhão os bens herdados: arts. 1.659, I e 1.660, III
- credores da herança: art. 2.000
- despesas funerárias: art. 1.998
- direito de preferência: arts. 1.794 e 1.795
- dívidas: arts. 1.997 a 2.001
- domínio e posse: art. 1.784
- encargos: art. 1.792
- falecimento do herdeiro: art. 1.809
- inventário e partilha: arts. 1.991 a 2.027
- jacente: arts. 1.819 e 1.823
- limite ao direito de testar: art. 1.789
- metade disponível: arts. 1.789, I, 1.846 e 1.847
- partilha: art. 2.027
- pessoa viva: art. 426
- petição de herança: arts. 1.824 a 1.828
- posse e domínio: art. 1.791
- prazo para a aceitar: art. 1.807
- renúncia: arts. 1.806 a 1.813
- testamento: art. 1.788
- universalidade: art. 91
- vacante: art. 1.820

HERDEIROS
- aceitação e renúncia: arts. 1.804 a 1.813
- cláusula de inalienabilidade: art. 1.911
- coerdeiros de partes desiguais: art. 1.950
- colação: arts. 2.002 a 2.012
- comprador: art. 520
- credor solidário: art. 270
- curador: art. 1.800
- danos: art. 943
- depositário: art. 637
- deserdação: arts. 1.961 a 1.965
- despesas com a herança: art. 2.020
- devedor ao espólio: art. 2.001
- devedor de alimentos: art. 1.700
- devedor hipotecário: art. 1.429
- devedor solidário: art. 276
- direito de acrescer: arts. 1.941 a 1.946
- direito de representação: arts. 1.851 a 1.856
- doador e donatário: arts. 560 e 561
- domínio e posse: art. 1.784
- encargos: art. 1.792
- erro na designação: art. 1.903
- evicção: arts. 2.024 a 2.026
- exclusão: arts. 1.814 a 1.818
- execução do testamento: art. 1.984
- filho do concubino: art. 1.803
- instituição: art. 1.897
- instituído conjuntamente com outros: arts. 1.904 a 1.907
- legítimos: arts. 1.829 a 1.844
- maiores: art. 2.015
- mandatários: arts. 690 e 691
- necessários: arts. 1.845 a 1.850
- nomeação em testamento: arts. 1.897 a 1.911
- ordem de vocação hereditária: arts. 1.829 e 1.844
- petição de herança: arts. 1.824 a 1.828
- posse do falecido: arts. 1.206 e 1.207
- posse dos bens da herança: art. 2.020
- prescrição: art. 204
- renúncia da herança: arts. 1.804 a 1.813
- sonegadores: arts. 1.992 a 1.995
- sucessão testamentária: art. 1.799
- testamenteiro: art. 1.985

HIPOTECA
- ação regressiva: art. 1.481, § 4º
- adquirente do imóvel: art. 1.481
- assunção da dívida: art. 303
- bens de terceiros: art. 1.427
- cancelamento de registro: art. 1.500
- cédula hipotecária: art. 1.486
- coisa comum a dois ou mais proprietários: art. 1.420, § 2º
- coisas que podem ser hipotecadas: art. 1.420
- compreensão da hipoteca: art. 1.474
- condomínio edilício: art. 1.488
- credor da segunda: art. 1.478
- direito real: arts. 1.225, IX e 1.419
- direitos de garantia: art. 1.473, § 2º
- dívida futura ou condicionada: art. 1.487
- duração da hipoteca: arts. 1.485 e 1.498
- dúvida sobre a inscrição: art. 1.496
- escritura: art. 1.424
- estrada de ferro: arts. 1.473, IV e 1.502 a 1.505
- execução de hipoteca: art. 1.501
- executado: art. 1.482
- exoneração: art. 1.479
- extinção: arts. 1.499 a 1.501
- falência do devedor: art. 1.483
- ficar com a coisa dada em garantia: art. 1.428
- fraude contra credores: art. 165, par. ún.
- indivisibilidade: art. 1.420, § 2º
- insolvência do devedor: art. 1.483, par. ún.
- insuficiência do valor dos bens: art. 1.430
- legal: arts. 1.489 a 1.491
- legitimados a hipotecar: art. 1.420
- loteamento do imóvel hipotecado: art. 1.488
- massa falida: art. 1.483
- navios e aeronaves: art. 1.473, par. ún.
- notificação ao credor: arts. 1.480 e 1.481
- notificação na venda judicial: art. 1.501
- objeto da hipoteca: art. 1.473
- oposição ao pagamento: arts. 958 a 963 e 1.422
- pagamento de prestação: art. 1.421
- prédio dominante; art. 1.387, par. ún.
- preferência ao crédito: art. 961
- prioridade na inscrição: art. 1.422
- prorrogação: art. 1.485
- reforço de garantia: art. 1.427
- reforço de hipoteca legal: art. 1.490
- registro: arts. 1.492 a 1.498
- renúncia à execução imediata: art. 1.425, III
- segunda: arts. 1.476 e 1.477
- servidão mencionada no título: art. 1.387, par. ún.
- sucessores do devedor: art. 1.429
- vencimento antecipado da dívida: arts. 333, II, 1.425 e 1.426
- venda judicial de imóvel hipotecado: art. 1.501
- vias férreas: arts. 1.502 a 1.505
- vínculo real: art. 1.419

HOMICÍDIO
- casos de indenizar: art. 948
- exclusão da sucessão: art. 1.814, I
- perda do poder familiar: art. 1.638, parágrafo único

HOMOLOGAÇÃO
- Penhor legal: art. 1.471
- Termo de transação: art. 842

HONORÁRIOS
- art. 206, § 5º, II

HOSPEDEIRO
- credor pignoratício: art. 1.467, I
- depósito de bagagens: art. 649
- prescrição: art. 206, § 1º, I

- I -

IDADE
- anulação do casamento: art. 1.552
- capacidade jurídica: arts. 3º a 5º
- casamento de menor: arts. 1.517 e 1.520
- núbil não atingida: art. 1.553
- presunção de morte do asuente: art. 38

ÍNDICE ALFABÉTICO-REMISSIVO DO CÓDIGO CIVIL

- separação obrigatória de bens: art. 1.641

IDONEIDADE
- art. 1.541, § 2º

IGNORÂNCIA
- causa de anulação de negócios jurídicos: arts. 138 a 144

ILHAS
- formação: art. 1.248, I
- propriedade: art. 1.249

IMÓVEIS
- acessão: art. 1.248
- aquisição: arts. 1.238 a 1.259
- ausentes: art. 31
- bens: arts. 79 e 80
- filhos: arts. 1.689 a 1.693
- hipotecados: art. 1.484
- objeto de hipoteca: art. 1.473, I
- perda da propriedade: arts. 1.275 e 1.276
- registro: arts. 1.245 a 1.247
- usucapião: arts. 1.238 a 1.244

IMPEDIMENTOS MATRIMONIAIS
- arts. 1.521 1.524

IMPENHORABILIDADE
- art. 373, III

IMPERÍCIA
- empreiteiro: art. 617
- exercício da atividade profissional: art. 951

IMPOSSIBILIDADE
- condições impossíveis: art. 123, I
- mora: art. 399
- objeto do contrato: art. 166, II
- prestação: arts. 234, 238, 239, 248 e 250

IMPOSTOS
- pagamento: art. 1.193
- privilégio geral: art. 965, VI

IMPOTÊNCIA
- anula o casamento: art. 1.557, III
- presunção de paternidade: art. 1.599

IMPUGNAÇÃO
- credor: art. 338
- doação: art. 546
- dono do prédio dominante: art. 1.388
- oposta por terceiro: art. 312
- pagamento de dívidas: art. 1.997, § 1º
- reconhecimento de filhos: arts. 1.614

IMPUTAÇÃO DO PAGAMENTO
- arts. 352 a 355 e 379

INALIENABILIDADE
- bem de família: art. 1.717
- bens da legítima: art. 1.848
- bens públicos art. 100
- cláusula imposta pelo testador ou doador: art. 1.911
- nome empresarial: art. 1.164

INCAPACIDADE
- absoluta: art. 3º
- anulação do negócio jurídico: art. 178, III
- adquirida por testamento: art. 1.802
- casos de cessação: art. 5º
- depositário: art. 641
- em proveito próprio: art. 105
- fiador: art. 826
- relativa: art. 4º
- relativa do agente: art. 171, I
- superveniente do testador: art. 1.861
- tutela e curatela: arts. 1.735 e 1.774

INCAPAZ(ES)
- absoluto: art. 3º
- aceitação: art. 543
- continuar a empresa: art. 974
- depositário: art. 641
- direito regressivo: art. 195
- domicílio necessário: art. 76
- não corre a prescrição: art. 198, I
- nulidade do negócio jurídico: arts. 166, I e 171, I
- pedido de divórcio: art. 1.582, par. ún.
- prazo para pleitear a nulidade do negócio jurídico: art. 178, III
- recebimento em obrigação anulada: art. 181
- responsabilidade por prejuízos causados: art. 928
- testamento: art. 1.802

INCOMUNICABILIDADE
- art. 1.848

INDENIZAÇÃO
- desapropriação do prédio: art. 1.049
- desapropriação: art. 944, par. ún.
- dolo bilateral: art. 150
- esbulho possessório: art. 1.212
- esbulho: art. 952
- exercício profissional: art. 951
- ferimento à saúde: arts. 949 e 950
- fixação: art. 944
- homicídio: art. 948
- injúria ou calúnia: art. 953
- lesão: arts. 949 e 950
- obrigação indeterminada: art. 946
- ofensa à liberdade pessoal: art. 954
- passagem forçada: arts. 1.285 e 1.286
- perigo iminente: arts. 188, II, 929 e 930
- possuidor de boa-fé: art. 1.219
- possuidor de má-fé: art. 1.216
- seguro do prédio em usufruto: art. 1.408
- sub-rogação no ônus do usufruto: art. 1.409
- uso indevido da imagem: art. 20
- vítima: art. 945

INDIGNIDADE
- arts. 1.814 a 1.818

ÍNDIOS
- art. 4º, par. ún.

INDIVISIBILIDADE
- adjudicação de bens: art. 2.019
- anulabilidade de negócio jurídico: art. 177
- coisas em condomínio: art. 1.322
- coisas que podem ser: art. 88
- herança: art. 1.791
- mais de um devedor: art. 259
- objeto do direito: art. 105
- pena aos devedores: art. 414
- perda: art. 263
- servidões prediais: art. 1.386
- solidariedade dos devedores: art. 276

INEXECUÇÃO DAS OBRIGAÇÕES
- arts. 389 a 393

INFILTRAÇÃO
- aparelhos ou depósitos suscetíveis de provocação: art. 1.308
- danos advindos: art. 1.293, § 1º

INGRATIDÃO
- arts. 555 a 564

INJÚRIA
- deserdação: arts. 1.962, II e 1.963, II
- indenização: art. 953
- revogação de doação: art. 557, III

INSOLVÊNCIA
- devedor de crédito cedido: arts. 296 a 298
- devedor solidário: arts. 283 e 284
- dívida com garantia real: art. 1.425, II
- fiador: arts. 826, 828, III, 831, par. ún. e 839
- fraude contra credores: arts. 158 a 165
- herdeiro: art. 1.999
- hipotecário: art. 1.477

INSTRUMENTO
- antedatado ou pós-datado: art. 167, § 1º, III
- aprovação de testamento cerrado: art. 1.869
- convenção de condomínio edilício: art. 1.334, § 1º
- em língua estrangeira: art. 224
- nulidade: art. 183
- particular: art. 212
- penhor: art. 1.432
- público: art. 218

INTEGRIDADE FÍSICA
- art. 13

INTERDIÇÃO
- exame judicial: art. 1.771
- limites de curatela: art. 1.772
- mandante: arts. 674 e 682, II
- pagamento em jogo: art. 814
- promoção: arts. 1.768 a 1.770
- registros públicos: art. 9º, III
- sentença declaratória: art. 1.773
- sujeição à curatela: art. 1.767

INTERDITO
- art. 814, *caput*

INTERNAÇÃO
- arts. 1.767 e 1.777

INTERPELAÇÃO
- art. 397, par. ún.

INTERPRETAÇÃO
- contratos benéficos: art. 114
- declaração de vontade: art. 112
- fiança: art. 819
- testamentos: art. 1.899
- transação: art. 843

INTERRUPÇÃO DE PRESCRIÇÃO
- arts. 202 a 204

INTIMAÇÃO
- comprador: art. 514
- duração do penhor: art. 1.459, III
- execução hipoteca: art. 1.505
- penhora de crédito: art. 312
- vencimento: art. 1.425, I

INUTILIZAÇÃO DO TÍTULO
- ação regressiva: art. 880

- desaparecido: art. 321

INVALIDADE
- negócio jurídico: arts. 123, 124 e 184
- testamento: arts. 1.861, 1.892 e 1.971

INVENTARIANTE
- gestão da herança: arts. 1.797 e 1.991
- reembolso de despesas: art. 2.020
- sobrepartilha: art. 2.021
- sonegação de bens: arts. 1.992, 1.993 e 1.995

INVENTÁRIO
- apresentação de título de crédito: art. 202, IV
- bens de ausentes: art. 28
- bens do casal: art. 1.523, I
- colações: arts. 2.002 a 2.012
- competência: art. 1.796
- contábil: art. 1.187
- pagamento das dívidas: arts. 1.997 a 2.001
- prazo: art. 1.796
- sonegação de bens: arts. 1.992 a 1.996

INVESTIGAÇÃO DE MATERNIDADE E DE PATERNIDADE
- arts. 1.615 e 1.616

IRMÃOS
- divórcio de incapaz: art. 1.582, par. ún.
- impedimento matrimonial: art. 1.521, IV
- interdição: art. 1.768, II
- obrigação alimentar: art. 1.697
- sucessão: arts. 1.839 a 1.843
- tutela legal: art. 1.731, II

IRREVOGABILIDADE
- mandato: arts. 683, 684 e 686, par. ún.
- poderes do sócio: art. 1.019

- J -

JOGO
- contratos equiparados: art. 814, § 1º
- dívidas: art. 815
- sorteio: art. 817

JOIAS
- art. 1.467, I

JUIZ
- competência: art. 317
- impedimento: art. 1.522, par. ún.
- pronuncia sobre interdição: art. 1.771
- responsabilidade pessoal e direta: art. 1.744, II
- verificação em livros da sociedade: art. 1.190

JUROS
- dívidas garantidas por bens em usufruto: art. 1.405
- feitos pelos mandatários: art. 677
- gestão de negócios: art. 869
- legados: arts. 1.925 e 1.926
- legais: arts. 406 e 407
- mora: art. 280
- moratórios: arts. 405, 407 e 552
- obrigações solidárias: arts. 264 a 285
- pagamento presumido: art. 323
- perdas e danos: art. 404
- responsabilidade do fiador: arts. 882 e 833
- responsabilidade do mandatário: art. 670
- responsabilidade do tutor: arts. 1.753, § 3º e 1.762
- responsabilidade do usufrutuário: arts. 1.404 e 1.405
- taxa: art. 591
- vencimento antecipado da dívida: art. 1.426

JUSTO TÍTULO DO POSSUIDOR
- Boa-fé presumida: art. 1.201, par. ún.
- Usucapião: arts. 1.242 e 1.260

- L -

LAJE
- arts. 1.510-A a 1.510-F

LEGADOS
- aceitação e renúncia da herança: art. 1.808
- aceitação pelo autor: art. 1.748, II
- alimentos: art. 1.920
- alternativo: arts. 1.932 e 1.933
- caducidade: arts. 1.939 e 1.940
- capacidade para adquirir: arts. 1.799 a 1.802
- clausula de inalienabilidade: art. 1.911
- clausula de incomunicabilidade: art. 1.668
- coisa alheia: art. 1.912
- coisa determinada pelo gênero ou espécie: arts. 1.929 a 1.931
- coisa móvel: art. 1.915
- coisa pertencente a herdeiro ou legatário: arts. 1.913, 1.914 e 1.935
- coisa que deva tirar-se de certo lugar: art. 1.917
- coisa singularizada: art. 1.916
- crédito ou quitação da dívida: art. 1.918
- credor: art. 1.919
- dinheiro: art. 1.925
- direito a acrescer: arts. 1.941 a 1.946
- direito do legatário: arts. 1.923 e 1.924
- encargos: art. 1.938
- entrega: arts. 1.936 e 1.937
- estabelecimentos do lugar: art. 1.902, par. ún.
- fideicomisso: arts. 1.951 a 1.960
- frutos: art. 1.923
- imóvel: art. 1.922
- instituição de vários herdeiros: art. 1.934
- juros: art. 1.925
- legado: art. 1.849
- litígio sobre a validade: art. 1.924
- órfão: arts. 1.748, II e 1.754, III
- pensão periódica: arts. 1.926 a 1.928
- pessoa incerta: arts. 1.900, II e III e 1.901, I
- pobres ou de estabelecimentos assistenciais: art. 1.902
- posse: art. 1.923, § 1º
- propriedade: art. 1.922, par. ún.
- puro e simples: arts. 1.923 e 1.924
- quando se pagam os alimentos: art. 1.928, par. ún.
- quantidades certas em prestações periódicas: arts. 1.927 e 1.928
- redução aos limites do disponível: arts. 1.966 a 1.968
- regime de comunhão parcial: art. 1.660, III
- regime de comunhão total: art. 1668
- renda vitalícia: arts. 1.926
- renúncia: arts. 1.808 e 1.913
- substituição de legatários: arts. 1.947 a 1.960
- testamenteiro: arts. 1.987 e 1.988
- todos os bens da herança: art. 1.990
- usufruto: arts. 1.921 e 1.946
- valor fixado: art. 1.900, IV

LEGATÁRIOS
- capacidade: arts. 1.799 a 1.802
- direito de acrescer: arts. 1.941 a 1.946
- erro em sua designação: art. 1.903
- escritores do testamento: art. 1.801, I
- excluídos da sucessão: arts. 1.814 a 1.818
- fideicomisso: arts. 1.951 a 1.960
- herdeiro necessário: art. 1.968, § 2º
- incapazes de adquirir: arts. 1.801 e 1.802
- nomeação: art. 1.897
- preferência em concurso de credores: art. 2.000
- renúncia: art. 1.913
- substituições: arts. 1.947 a 1.960

LEGÍTIMA
- cálculo: art. 1.847
- cláusula: art. 1.848
- colação: art. 2.003
- definição: art. 1.846
- deserdação: arts. 1.961 a 1.965
- doação: art. 544
- exclusão dos colaterais: art. 1.850
- herdeiro necessário: art. 1.846
- legatário: art. 1.849
- redução dos legados: arts. 1.967 e 1.968

LEGÍTIMA DEFESA
- indenização: art. 930, par. ún.
- não é ato ilícito: art. 188, I
- posse: art. 1.210

LEI(S)
- anteriores ao código civil: art. 2.045
- aplicação da lei anterior: art. 2.028
- disposições processuais: art. 2.043
- regulamentando a capacidade para suceder: art. 1.787

LESÃO
- direitos da personalidade: art. 12
- produzida contra a posse da coisa: art. 1.406
- quando ocorre: arts. 157 e 178, II

LICITAÇÃO
- imóvel hipotecado: art. 1.481, § 1º
- partilha da herança: art. 2.019

LIMITES ENTRE PRÉDIOS
- arts. 1.297 e 1.298

LÍNGUA ESTRANGEIRA
- art. 224

LIQUIDAÇÃO
- art. 816

LIQUIDANTE
- Sociedade: art. 1.038
- Obrigações e responsabilidades: arts. 1.104 e 1.105

LIVROS
- apresentação e exibição integral: arts. 1.191 e 1.193
- documentos da sociedade: art. 1.021
- recusa na apresentação: art. 1.192

LOCAÇÃO DE COISAS
- alienação: art. 576
- definição: art. 565
- deterioração: art. 567
- direito de retenção: arts. 571, par. ún. e 578
- emprego em uso diverso: art. 570
- obrigações do locador: arts. 566 e 568
- prédios urbanos: art. 2.036
- tempo determinado: art. 577
- transmissão ao herdeiro: art. 577

LOCAÇÃO DE PRÉDIOS
- Credor pignoratício: art. 1.467, II

LOCATÁRIO
- art. 570

LOUCOS
- art. 3º, II e III

LUCROS CESSANTES
- arts. 389, 402 e 403

LUGAR DO PAGAMENTO
- art. 320

LUTO
- Crédito por despesas com luto: art. 965, III
- Família: art. 948, I

– M –

MÁ-CONDUTA
- art. 1.735, IV e V

MADASTRA
- art. 1.962

MÃE
- contestação da maternidade: art. 1.608
- curatela de bens: arts. 25, § 1º e 1.775, § 1º
- investigação e contestação da maternidade: arts. 1.608, 1.615 e 1.616
- poder familiar: art. 1.633
- quando contrai outro casamento: art. 1.636

MÁ-FÉ
- cessão de crédito: art. 295
- confusão, comissão e adjunção: art. 1.273
- efeitos dos assentos lançados nos livros ou fichas: art. 1.177
- especificador: arts. 1.270, § 1º, e 1.271
- novação: art. 363
- pagamento de título de crédito ao portador: art. 901
- posse: arts. 1.216, 1.218 e 1.220
- presunção na garantia dada pelo devedor insolvente: art. 163
- quando há posse: arts. 1.201 e 1.203
- realizações de construções e plantações: arts. 1.254 a 1.259
- terceiro adquirente: art. 161

MAIOR
- capacidade para testamento é de 16 anos: art. 1.860, par. ún.
- idade mínima para o adotante é de 18 anos: art. 1618
- reconhecimento sem consentimento: art. 1.614
- regime de separação de bens no casamento obrigatório para os maiores de 70 anos: art. 1.641, II

MAIORIDADE
- cessação da tutela: art. 1.758 e 1.763, I
- extinção do poder familiar: art. 1.635, III
- início: art. 5º

MANDANTE
- adiantamento de despesas: art. 675
- atos que lhe são contrários: art. 679
- indenização de prejuízos ao mandatário: art. 678
- juros: art. 677
- mudança de estado civil: art. 674
- obrigações: arts. 675 a 681
- remuneração e despesas: art. 676

MANDATÁRIO
- atos contrários às instruções recebidas: art. 679
- compensação dos prejuízos: art. 669
- continuação do negócio após a morte: art. 674
- despesas e remuneração: art. 676
- direito de retenção: art. 681
- indenização: art. 667
- juros: arts. 670 e 677
- menor de 18 e maior de 16 anos: art. 666
- morte: arts. 690 e 691
- nome próprio: art. 663
- obrigações: arts. 667 a 674
- prestação de contas: art. 668
- sucessivos e solidários: art. 672

MANDATO
- casamento: art. 1.542, § 2º
- extingue o mandato: art. 682, III
- causa própria: art. 685
- como se opera: art. 653
- conclusão do negócio: art. 682, IV
- conferido a duas ou mais pessoas: art. 672
- direto de retenção: art. 681
- especial: art. 660 e 661, § 1º
- excesso de mandato: arts. 662 e 665
- excesso de poderes: art. 673
- expresso: art. 656
- extinção: arts. 682 a 691
- formas admissíveis: art. 656
- geral: arts. 660 e 661
- gestão de negócios: art. 873
- instruções: art. 679
- interdição de uma das partes: art. 682, II
- interdição do mandante: art. 674
- judicial: art. 692
- morte: art. 682, II
- mudança de estado: art. 682, III
- oneroso: art. 658
- outorga por instrumento particular: arts. 654 e 655
- poder de transigir: art. 661, § 2º
- prazo: art. 682, IV
- ratificação pelo mandante: art. 662
- tácito e verbal: arts. 656 e 659
- tácito na sociedade: art. 1.013
- verbal: art. 657

MANIFESTAÇÃO DA VONTADE
- art. 151

MANUTENÇÃO DE POSSE
- alegação de domínio: art. 1.210, § 2º
- direito do possuidor: art. 1.210
- provisória do detentor: art. 1.211

MARES
- art. 99, I

MARIDO
- autoriza para inseminação artificial: art. 1.597, V
- doação ao cônjuge sobrevivo: art. 551, par. ún.
- fecundação artificial: art. 1.597, III
- paternidade: art. 1.601
- sociedade conjugal: art. 1.567

MATERIAIS DE CONSTRUÇÃO
- bens imóveis: art. 81, II
- bens móveis: art. 84

MATERNIDADE
- contestação: art. 1.608
- investigação: arts. 1.615 e 1.616

MEAÇÃO
- doação excedente: art. 549
- herdeiro necessário: arts. 1.846 e 1.849
- parede: art. 1.392, § 3º
- redução testamentária: arts. 1.966 a 1.968

MÉDICOS
- exames periciais: art. 1.771
- honorários: art. 206, § 5º, II
- responsabilidade: art. 951

MENORES
- 16 anos: arts. 3º, I e 228, I
- abandonados: art. 1.734
- anulação no casamento: arts. 1.550, I e II, 1.552 e 1.560
- casamento: art. 1.551
- dispensa de idade para casar: art. 1.520
- dívida de jogo: art. 814
- emancipação: art. 5º, par. ún.
- entre 16 e 18 anos: arts. 4º, I, 180, 181 e 1.860, par. ún.
- mutuários: arts. 588 e 589
- pagamento feito resultante de obrigação nula: art. 181
- partilha judicial: art. 2.016
- regime obrigatório separação de bens: art. 1.641
- representação e assistência: arts. 1.634, V e 1.747, I
- responsabilidade civil dos pais e tutores: art. 932, I e II

MENORIDADE
- art. 5º

MILITAR
- causa de escusa de tutela: art. 1.736, VII
- causa suspensiva de prescrição: art. 198, III
- domicílio: art. 76
- testamento em campanha: arts. 1.893 a 1.896

MINAS
- excluem-se da propriedade do solo: art. 1.230
- hipoteca: art. 1.473, V
- usufruto: art. 1.392, § 2º

MINISTÉRIO PÚBLICO
- abuso da personalidade jurídica: art. 50
- abuso do poder familiar: art. 1.637
- bem de família: art. 1.719
- fiscalizar as fundações: arts. 65 a 69
- interdição: art. 1.769

- nomeação de curador especial: art. 1.692
- nulidades alegáveis: art. 168
- requerer nulidade de casamento: art. 1549

MOEDA
- corrente: art. 315
- estrangeira: art. 318
- substituição do cumprimento da prestação: art. 947

MONTEPIO
- exclusão da comunhão de bens: art. 1.659, VII e 1.668, V
- isenção de execuções: art. 813, par. ún.

MORA
- cláusula penal: art. 411
- comodatário: art. 582
- comprador: art. 492, § 2º
- credor e devedor: art. 394
- empreitada: arts. 611 e 613
- entrega do legado em dinheiro: art. 1.925
- juros: art. 405
- obrigação positiva e líquida: art. 397
- obrigações resultantes de delitos: art. 398
- prescrição: art. 202, V
- purgação: art. 401
- responsabilidade: arts. 395, 396 e 399

MORATÓRIA
- art. 838, I

MORTE
- abertura de sucessão: arts. 1.784, 1.785, 1.787 e 1.923
- ausente: art. 35
- comorientes: art. 8º
- legitimados para requerer perdas e danos: art. 12, par. ún.
- mandante: arts. 674 e 682, II
- mandatário: arts. 682, II, 690 e 691
- presumida: arts. 6º e 7º
- registro: art. 9º, I
- simultânea: art. 8º
- testador: art. 1.923

MULHER
- capacidade para o casamento: art. 1.517
- contrair novo casamento: art. 1.636
- poder familiar: art. 1.633
- prazos para o casamento: art. 1.523, II
- regime de bens: art. 1.641, II

MULTA
- alternativa ao benefício do credor: art. 410
- contratual: art. 409
- exigência de prejuízo: art. 416
- incidência: art. 408
- mora: arts. 409 e 411
- obrigações divisíveis: art. 415
- obrigações indivisíveis: art. 414

MUNICÍPIO
- domicílio: art. 75, III
- herança vacante: art. 1.822
- pessoa jurídica: art. 41, III
- sucessão de bens vagos: art. 39, par. ún.

MURO
- arts. 1.297, § 1º e 1.392, § 3º

MÚTUO
- definição: art. 586, *caput*
- domínio: art. 587
- garantia de restituição: art. 590
- jogo ou aposta: art. 815
- obrigação: art. 586
- prazo para pagamento: art. 592

- N -

NASCIMENTO
- início da personalidade: art. 2º
- registro público: art. 9º, I

NASCITURO
- Capacidade para adquirir por herança: arts. 1.798 e 1.799, I
- Curatela: art. 1.779
- Direitos: art. 2º
- Doação: art. 542

NAUFRÁGIO
- art. 647, II

NAVIO
- art. 1.473, VI

NEGLIGÊNCIA
- credor anticrético: art. 1.508
- culpa: art. 186
- representantes legais: art. 195
- tutor: arts. 1.752 e 1.766

NEGÓCIOS JURÍDICOS
- anuláveis parcialmente: art. 184
- anuláveis: art. 171
- boa-fé: arts. 113 e 164
- celebrados por menores: art. 180
- condições de validade: art. 104
- encargos ilícitos: art. 137
- escrituras públicas: arts. 108 e 109
- forma: arts. 107 a 109
- impossibilidade inicial: art. 106
- início dos efeitos da anulação: art. 177
- interrupção da prescrição: art. 202
- invalidade: arts. 166 a 184
- motiva falso: art. 140
- nulo: arts. 169 e 170
- objeto: art. 95
- parte incapaz: art. 105
- prazo para anulação: art. 179
- provas: arts. 212 a 232
- representação: arts. 115 a 120
- representante em conflito de interesses: art. 119
- restituição ao estado anterior: art. 182
- validade: art. 104
- vontade: art. 122

NETOS
- arts. 2.002 a 2.012

NOME
- autorização de uso: arts. 17 e 18
- cônjuge culpado: art. 1.578
- direito de personalidade: art. 16
- emprego: arts. 17 e 18
- empresarial: arts. 1.155 a 1.168
- pseudônimo: art. 19

NOME EMPRESARIAL
- anulação: art. 1.167
- cancelamento: art. 1.168
- consideração para o exercício da empresa: art. 1.155
- distinção do nome do empresário no registro: art. 1.163
- inalienabilidade: art. 1.164
- nome: arts. 1.156, 1.57 e 1.158
- sociedade anônima: art. 1.160
- sociedade cooperativa: art. 1.159
- sociedade em comandita por ações: art. 1.161
- sociedade em conta de participação: art. 1.162

NOMEAÇÃO
- bens do devedor: arts. 827 e 839
- herdeiros e legatários: arts. 1.801, 1.897 e 1.904
- testamento: arts. 1.883, 1.976 e 1.984
- tutor: arts. 1.729, 1.730 e 1.732

NOTIFICAÇÃO
- caducidade do direito de preempção: art. 516
- cessão de crédito: arts. 290 e 298

NOVAÇÃO
- dívida de jogo: art. 814, § 1º
- efeito quando a obrigação for anulável: art. 367
- exoneração: art. 366
- extinção dos acessórios: art. 364
- garantias reais: art. 364
- hipóteses: art. 360
- insolvência do novo devedor: art. 363
- obrigações indivisíveis: art. 262
- segunda: art. 361
- solidariedade passiva: art. 365
- substituição do devedor: art. 362

NUBENTE
- invalidade ao casamento: art. 1.528
- oposição ao casamento: art. 1.530
- publicação de edital de casamento: art. 1.527, par. ún.

NULIDADE
- anulação de negócio jurídico: art. 171
- declaração judicial: art. 168
- disposição testamentária: art. 1.990
- doação: arts. 548 a 550
- instrumento: art. 183
- legado: arts. 1.912 e 1.914
- negócios jurídicos: art. 166
- obrigações contraídas por menores e incapazes: arts. 180 e 181
- efeito parcial: art. 184
- partilha: art. 2.027
- relativas: arts. 171 e 177
- restituição das partes ao estado anterior: art. 182
- transação: arts. 848 a 850

- O -

ÓBITO
- art. 9º, I

OBJETO
- hipoteca: art. 1.473
- ilícito: art. 166, II
- lícito: art. 104, II
- pagamento: arts. 313 a 326
- penhor agrícola: art. 1.442

OBRIGAÇÕES
- alternativas: arts. 252 a 256
- cessão de crédito: arts. 286 a 298
- cláusula penal: arts. 408 a 416
- compensação: arts. 368 a 380
- confusão: arts. 381 a 384
- consequências da inexecução: arts. 389 a 393

- dação em pagamento: arts. 356 a 359
- dar coisa certa: arts. 233 a 242
- dar coisa incerta: arts. 243 a 246
- divisíveis e indivisíveis: arts. 257 a 263
- divisíveis: art. 314
- fazer: arts. 247 a 249
- inadimplemento: art. 391
- inexequível: art. 253
- juros legais: arts. 406 e 407
- mora: arts. 394 a 401
- não fazer: arts. 250 e 251
- naturais: art. 882
- negativas: arts. 390
- novação: arts. 360 a 367
- pagamento em consignação: arts. 334 a 345
- pagamento: arts. 304 a 333
- perdas e danos: arts. 402 a 405
- prestações sucessivas: arts. 385 a 388
- sócios: art. 1.001
- solidárias ativas: arts. 267 a 274
- solidárias passivas: arts. 275 a 285
- solidárias: arts. 264 a 266
- sub-rogação: arts. 346 a 351
- sucessivas: art. 316
- transação: arts. 840 a 850
- usufrutuário: arts. 1.400 a 1.409

OCUPAÇÃO
- Meio de aquisição da propriedade: art. 1.263

OFENSA
- Deserdação: art. 1.963, I
- Motivo para revogação de doação: art. 557, II

OFERTA
- art. 429

OFICIAL
- obrigatoriedade de declaração: art. 1.522
- público: arts. 1.864, I, 1.865 e 1.973
- saúde: art. 1.893, § 2º

OFICIAL DE REGISTRO CIVIL
- Celebração de casamento: arts. 1.533 a 1.542
- Habilitação para o casamento: arts. 1.525 a 1.532

ORGANIZAÇÕES RELIGIOSAS
- pessoa jurídica: art. 44, IV e § 1º
- prazo: art. 2.031, par. ún.

OUTORGA UXÓRIA
- suprimento judicial: art. 1.648

– P –

PACTO
- antenupcial: arts. 1.653 a 1.657
- comissório: art. 1.428

PADRASTO
- contrair novas núpcias: art. 1.588
- deserdação: art. 1.962, III

PAGAMENTO
- antes do vencimento: art. 333
- coisa fungível: art. 30, par. ún.
- compensação: arts. 334 a 345
- credor incapaz de quitar: art. 310
- credor putativo: art. 309
- credor representante: art. 308
- credor solidário: art. 269
- dação: arts. 356 a 359
- despesas: arts. 325 e 343
- dívidas do falecido: arts. 1.997 a 2.001
- espécie de moeda: art. 315
- feito após intimação de penhora: art. 312
- fraude a credores: art. 162
- imputação: arts. 352 a 355
- incapaz: art. 181
- indevido: arts. 876 a 883
- lugar: arts. 327 a 330
- medida ou peso: art. 326
- mora: arts. 394 a 401
- objeto e prova: arts. 313 a 326
- parcial: art. 1.421
- penhora sobre o crédito: art. 312
- portador de quitação: art. 311
- prestações sucessivas: art. 316
- qualquer interessado: art. 304
- quitação: arts. 310, 319, 320, 322, 324 e 325
- remissão: art. 388
- repetição do indébito: arts. 876 a 883
- sub-rogação: arts. 346 a 351
- tempo: arts. 331 a 333
- terceiro: arts. 304 a 306
- transmissão da propriedade: art. 307
- validade: art. 307

PAIS
- bens dos filhos: arts. 1.689 a 1.693
- curador legítimo: art. 1.775, § 1º
- direito à nomeação de tutor: arts. 1.729 e 1.730
- direito recíproco a alimentos: arts. 1.694 a 1.710
- direitos e deveres: arts. 1.634 e 1.689 a 1.693
- emancipação do filho: art. 5º, par. ún., I
- impedimento para ser testemunha: art. 228, V
- interdição de filhos: arts. 1.768, I e 1.769
- investigação de paternidade: arts. 1.615 e 1.616
- não ocorre a prescrição: art. 197, II
- pessoa dos filhos: art. 1.634
- poder familiar: art. 1.634
- representação e assistência dos filhos incapazes: art. 1.634, V
- responsável pela reparação civil por ato ilícito de filhos: art. 932, I
- suspensão e extinção do poder familiar: arts. 1.635 a 1.638

PAREDE
- condomínio e utilização: arts. 1.297, § 1º e 1.306
- divisória: arts. 1.304 e 1.305
- presunção de propriedade: art. 1.297, § 1º
- proibições: art. 1.308

PARENTE
- casamento: art. 1.522, III
- consanguíneo: art. 1.731
- considerações: arts. 1.591 a 1.595
- direito a alimentos: art. 1.694
- exclusão na sucessão: art. 1.850
- hipóteses suspensivas do casamento: art. 1.524
- promoção da interdição: art. 1.768, II
- tutela: art. 1.737

PARENTESCO
- adoção: art. 1.593
- contagem dos graus: art. 1.594
- impedimento para casar: arts. 1.521, i a v e 1.548, ii
- linha colateral: art. arts. 1.592 e 1.594
- linha reta: arts. 1.591, 1.594 e 1.595, § 2º
- natural: art. 1.593
- por afinidade: art. 1.595

PARTIDOS POLÍTICOS
- pessoa jurídica: art. 44, V e § 3º
- regras deste Código: art. 2.031, par. ún.

PARTILHA DE HERANÇA
- amigável: art. 2.015
- anulação: art. 2.027
- bens do ausente quando ocorrer a sucessão definitiva: arts. 37 a 39
- bens do ausente quando ocorrer a sucessão provisória: arts. 26 a 36
- colação: arts. 2.002 a 2.012
- dívida de herdeiro: art. 2.001
- divorciado: art. 1.523, III
- frutos da herança: art. 2.020
- igualdade quanto ao valor: art. 2.017
- judicial: art. 2.016
- julgamento: arts. 1.997 e 2.023 a 2.026
- pagamento de dívidas do falecido: arts. 1.997 a 1.999
- requerimento: art. 2.013
- separação judicial: art. 1.575
- sobrepartilha: art. 2.021
- testador: art. 2.014
- venda de imóvel: art. 2.019
- viúvo: art. 1.523, I

PASSAGEM FORÇADA
- art. 1.285

PATERNIDADE
- confissão materna: art. 1.602
- contestação: art. 1.601
- investigação: arts. 1.615 e 1.616
- prova: arts. 1.604 a 1.606

PATRIMÔNIO
- extinção da associação: art. 61
- extinção da fundação: art. 69
- objeto de usufruto: art. 1.390
- subsistência universal ou coletiva: art. 91
- união, Estados e Municípios: arts. 39, par. ún., 99, III e 1.822

PEDRAS PRECIOSAS
- art. 1.753, § 1º

PENA CONVENCIONAL
- Combinada com perdas e danos: arts. 404
- Convencional: arts. 408 a 416
- Transação: art. 847

PENHOR
- bens que podem ser empenhados: art. 1.420
- coisa comum: art. 1.420, § 2º
- colheita pendente: art. 1.443
- constituição: arts. 1.431 e 1.432
- contrato: art. 1.424
- credor pignoratício: arts. 1.433 e 1.434
- definição: art. 1.431
- depreciação ou deterioração: art. 1.425, I e § 1º
- desapropriação da coisa empenhada: art. 1.425, V
- direito real: arts. 1.225, VIII e 1.419

- direitos e títulos de crédito: arts. 1.451 a 1.460
- domínio superveniente: art. 1.420, § 1º
- excussão: art. 1.430
- excussão do penhor: art. 1.422
- extinção: arts. 1.436 e 1.437
- garantia prestada por terceiro: 1.427
- impontualidade: art. 1.425, III
- industrial e mercantil: arts. 1.447 a 1.450 e 1.498
- insolvência ou falência do devedor: art. 1.425, II
- juros: art. 1.426
- legal: arts. 1.467 a 1.471
- novação: arts. 364 a 1.460
- objeto: art. 1.442
- obrigações do credor pignoratício: art. 1.435
- pagamento de prestação: art. 1.421
- pecuário: arts. 1.444 a 1.446
- prazo da dívida: art. 1.425
- prazo: art. 1.439
- prédio hipotecado: art. 1.440
- preferência em concurso de credores: art. 1.422
- prejuízo do credor: art. 1.433, III
- proibição de pacto comissório: art. 1.428
- quem pode empenhar: art. 1.420, *caput*
- remissão pelos sucessores do devedor: art. 1.429
- renúncia do credor: art. 1.436, § 1º
- retenção: arts. 1.433, II e 1.434
- rural: arts. 1.438 a 1.441
- veículos: arts. 1.461 a 1.466

PENHORA
- caso de compensação: art. 373, III
- crédito: art. 312
- devedor que se torna credor: art. 380
- isenção nas rendas: art. 813
- título de crédito notificado: art. 298

PERDÃO
- arts. 385 a 388

PERDAS E DANOS
- ameaça ou lesão: art. 12
- coação exercida por terceiros: arts. 154 e 155
- contratos bilaterais: art. 475
- dolo acidental: art. 146
- evicção: art. 845
- extensão: arts. 402 a 404
- gestão de negócios: arts. 862 a 868 e 870
- inexecução dolosa: art. 403
- juros: art. 405
- lucros cessantes: arts. 402 e 403
- obrigação de dar coisa certa: arts. 234 a 236
- obrigação de fazer: arts. 247 a 249
- obrigação de não fazer: art. 251
- obrigações convencionais: art. 389
- responsabilidade do comprador: art. 518
- responsabilidade do construtor: art. 1.312
- responsabilidade do depositante: arts. 643 e 644
- responsabilidade do depositário: arts. 640, 642, 649, 650 e 652
- responsabilidade do devedor: art. 832
- responsabilidade do herdeiro sonegador: art. 1.995
- responsabilidade do mandante: art. 678
- responsabilidade do possuidor de má-fé: art. 1.218
- responsabilidade do proponente: art. 430
- responsabilidade do que constrói ou semeia de má-fé: arts. 1.254 e 1.255
- responsabilidade do tutor desde a nomeação: art. 1.739
- solidariedade ativa: art. 271
- solidariedade passiva: art. 279

PERECIMENTO
- coisa empenhada: art. 1.436, II
- imóvel: art. 1.275, IV
- por vício oculto: art. 444

PERÍCIA
- art. 212, V

PERIGO IMINENTE
- destruição da coisa alheia: art. 188, II
- satisfação do dano: arts. 929 e 930

PERITOS
- arbitramento de preço: art. 1.329
- prescrição de honorários: art. 206, § 1º, III
- proibidos de comprar: art. 497, III

PERMUTA
- art. 533

PERSONALIDADE
- abuso: art. 50
- civil: arts. 2º e 6º
- direitos da pessoa jurídica: art. 52
- direitos inerentes a pessoa física: arts. 11 a 21
- intransmissibilidade e irrenunciabilidade dos direitos à: art. 11
- jurídica: art. 50

PESSOA JURÍDICA
- abuso: art. 50
- administrador e voto: art. 48
- administrador provisório: art. 49
- associações: arts. 53 a 61
- atos dos administradores: art. 47
- direito privado: arts. 44 a 46
- direito público: arts. 41 a 43 e 75
- direitos da personalidade: art. 52
- dissolução: art. 51
- espécies: art. 40
- fundações: arts. 62 a 69
- registro: art. 46
- representação: art. 17
- sucessão testamentária: art. 1.799, II e III
- usufruto: art. 1.410, III

PESSOA NATURAL
- capacidade jurídica: art. 1º
- comoriência: art. 8º
- domicílio civil: arts. 70 a 74
- incapacidade absoluta: art. 3º
- incapacidade de menores: art. 5º, par. ún.
- incapacidade relativa: art. 4º
- morte presumida: art. 6º
- morte: art. 6º
- não pode exercer atividade empresarial: art. 973
- nascituros: art. 2º
- personalidade civil: art. 2º
- registro público: art. 9º
- sujeitas à interdição: arts. 1.767 e 1.777
- término da menoridade: art. 5º

PETIÇÃO
- contraentes: art. 1.533
- herança: arts. 1.824 a 1.828

PLANEJAMENTO FAMILIAR
- art. 1.248, V

PLANTAÇÕES
- forma de acessão: art. 1.248, V
- propriedade: art. 1.253

PODER FAMILIR
- bens dos filhos: arts. 1.689 a 1.693
- casamento e união estável: art. 1.631
- colisão de interesses: art. 1.692
- curador especial: art. 1.733, § 2º
- dissolução da união estável: art. 1.632
- filhos: art. 1.630
- hipóteses de extinção: art. 1.635
- hipóteses de perda: art. 1.638
- mãe: art. 1.633
- nomeação de tutor: art. 1.728, II
- nulidade de nomeação de tutor: art. 1.730
- perda ou suspensão: arts. 1.637 e 1.638
- pessoa dos filhos: art. 1.634
- prescrição: art. 197, II
- suspensão do: art. 1.637

POSSE
- ação de esbulho: art. 1.212
- alegação de domínio: art. 1.210, § 2º
- aquisição: arts. 1.204 a 1.209
- atos de mera permissão ou tolerância: art. 1.208
- benfeitorias: arts. 1.219 a 1.222
- bens de ausentes: arts. 30, 32 e 34
- bens do outro cônjuge: art. 1.652
- boa-fé: arts. 1.201 e 1.202
- caráter: art. 1.203
- coisa legada: art. 1.923, § 1º
- composse: art. 1.199
- constituto possessório: art. 1.267, par. ún.
- detenção: art. 1.198
- direta temporária: art. 1.197
- efeitos: arts. 1.210 a 1.222
- esbulho: art. 1.210
- estado de casado: arts. 1.545 a 1.547
- frutos colhidos e percebidos: art. 1.216
- frutos naturais: art. 1.215
- frutos pendentes: art. 1.214, par. ún.
- frutos percebidos: art. 1.214, *caput*
- herança: arts. 1.784 e 1.791
- imóvel urbano de até 250m²: art. 1.240-A
- imóvel: art. 1.209
- inerente ao domínio: arts. 1.196 e 1.228
- justa: art. 1.200
- justo título: art. 1.201, par. ún.
- manutenção: arts. 1.210 e 1.211
- nome de outrem: art. 1.198
- perda: arts. 1.223 e 1.224
- provisória do ausente: art. 35
- reintegração: art. 1.210
- reivindicação: art. 1.222
- servidão: art. 1.379
- sucessão: arts. 1.206 e 1.207
- turbação: art. 1.210
- usucapião da coisa imóvel: arts. 1.238 a 1.259

- usucapião da coisa móvel: arts. 1.260 a 1.274
- vícios da posse: arts. 1.200 e 1.208

POSSUIDOR
- com justo título: art. 1.201, par. ún.
- direito a benfeitorias: art. 1.219
- direito de frutos: art. 1.214, *caput*
- direito de manutenção e restituição: art. 1.210
- propriedade resolúvel: art. 1.360
- quem não se considera: art. 1.198
- quem se considera: art. 1.196
- responsabilidade pela deterioração da coisa: art. 1.218
- responsabilidade pela perda das coisas: art. 1.217
- ressarcimento por benfeitorias: art. 1.220
- restituição dos frutos pendentes: art. 1.214, par. ún.

PRAÇA
- bem público de uso comum: art. 99, I
- gratuito: art. 103
- inalienabilidade: art. 100

PRAZOS
- ação de anulação de casamento: art. 1.560
- aceitar a doação: art. 539
- anulação dos negócios jurídicos: art. 178 e 179
- anular casamento sem autorização: art. 1.555
- atos sem prazo: art. 134
- comodato: art. 581
- concurso com promessas de recompensa: art. 859
- contagem: art. 132
- contratos: art. 133
- cumprimento do testamento: arts. 1.980 e 1.983
- direito de preempção: art. 516
- disposições deste código em que implica redução: art. 2.028
- execução de tarefa com promessa de recompensa: art. 856
- favor, não obstam a compensação: art. 372
- fixação por hora: art. 132, § 4º
- habilitação para casamento: art. 1.532
- hipoteca: arts. 1.485 e 1.498
- locação de coisas: art. 574
- meses e anos: art. 132, § 3º
- penhor agrícola e pecuário: art. 1.439
- prescrição: arts. 205 e 206
- prestação de serviços: arts. 598 a 600
- prisão do depositário: art. 652
- quando vencer em feriado: art. 132, § 1º
- restituição do débito: art. 633
- testamentos: art. 133
- vacância da herança: arts. 1.820 e 1.822

PREÇO
- bem imóvel: art. 500
- certo: art. 481
- esbulho ou turbação alheia: art. 952
- obra: arts. 1.329 e 1.330

PRÉDIO
- construído com material alheio: arts. 1.254 e 1.257
- construído com material próprio em terreno alheio: art. 1.255
- desvirtuamento do uso: art. 1.277 a 1.281
- direito de construir: arts. 1.299 a 1.313
- direito de tapagem: art. 1.297
- direito real de habitação: arts. 1.414 a 1.416
- encravado: art. 1.285
- inferior: arts. 1.288 e 1.289
- limites: arts. 1.297 e 1.298
- presumem-se do dono do terreno: art. 1.253
- servidões prediais: arts. 1.378 a 1.389

PREEMPÇÃO
- arts. 513 a 520

PREFERÊNCIA
- compra: arts. 513 a 520
- credores em concurso: arts. 955 a 965
- favor do condômino: arts. 1.322 e 1.323
- perda pelo credor: art. 340

PREPOSTO
- arts. 1.169 a 1.171
- assentos lançados: art. 1.177
- atos relativos à atividade da empresa: art. 1.178
- limite de responsabilidade: art. 1.178, par. ún.
- responsabilidade: art. 1.177, par. ún.

PRESCRIÇÃO
- arts. 189 a 206
- alegação em qualquer instância: art. 193
- causada pelos representantes de incapazes: art. 195
- continuidade contra o herdeiro: art. 196
- contra os que não correm: arts. 197 e 198
- exceção: arts. 190 e 200
- prazos especiais: arts. 205 e 206
- prazos: art. 192
- quando se interrompe: arts. 202 e 204
- quando se suspende: arts. 197 a 201
- renúncia: art. 191

PRESTAÇÃO DE SERVIÇOS
- agrícolas: art. 609
- aviso prévio de rescisão: art. 599
- cessação: art. 607
- contrato escrito: art. 595
- despedida injusta: art. 603
- não sujeita à legislação trabalhista: art. 593
- por tempo certo: art. 602
- prazos: arts. 598 e 600
- privilégio dos domésticos: art. 965, VIII
- retribuição: arts. 596 e 597
- substituição de partes: art. 605
- trabalhos compatíveis: arts. 594 e 601
- transferência pelo prestador: art. 605

PRESUNÇÃO
- dívida solidária: art. 283
- filhos na constância do casamento: art. 1.597
- filiação em novo matrimônio: art. 1.598
- meio de prova: art. 212, IV
- morte simultânea: art. 8º
- pagamento de juros: art. 323
- pagamento pela entrega do título ao devedor: art. 324
- solidariedade das obrigações: art. 265

PRISÃO
- cônjuge: art. 1.570
- depositário voluntário ou necessário: art. 652
- injusta ou ilegal: art. 954

PROCLAMAS DE CASAMENTO
- arts. 1.525 a 1.532

PROCURAÇÃO
- Casamento: arts. 1.535 e 1.542
- Forma e requisito: arts. 654 e 655

PROCURADOR
- administração de bens: art. 1.652, II
- aquisição de posse: art. 1.205, I
- celebração de casamento: art. 1.542
- especial: art. 1.535
- honorários: art. 206, § 5º, II
- poderes especiais: art. 1.985

PRÓDIGOS
- incapacidade relativa: art. 4º, IV
- interdição: art. 9º, III
- limites de interdição: art. 1.782
- sujeição à curatela: arts. 1.767, V e 1.782

PRODUTOS
- coisas acessórias: art. 92
- frutos agrícolas: art. 964, V
- titularidade: art. 1.232

PROFESSORES
- prescrição: art. 206, § 5º, II
- responsabilidade civil: art. 932, IV

PROMESSA
- fato de terceiro: arts. 439 e 440
- recompensa: arts. 854 a 860

PROMITENTE COMPRADOR
- arrependimento não pactuado: art. 1.417
- escritura definitiva: art. 1.418

PROPOSTA
- contrato: arts. 427 e 432
- desobrigatoriedade: art. 428
- impedimento de aceitação: art. 430
- lugar em que foi proposto: art. 435
- nova: art. 431
- obrigações resultantes: art. 427
- oferta ao público: art. 429
- retratação do aceitante: arts. 433 e 434

PROPRIEDADE
- art. 1.228
- abandono: arts. 1.275, III e 1.276
- águas: arts. 1.288 a 1.296
- alienação: art. 1.275, I e par. ún.
- aluvião: arts. 1.248, II e 1.250
- álveo abandonado: arts. 1.248, IV e 1.252
- atos proibidos: art. 1.228, § 2º
- avulsão: arts. 1.248, III e 1.251
- condomínio: arts. 1.314 a 1.330
- construções e plantações: arts. 1.253 a 1.259
- construções: arts. 1.299 a 1.313
- desapropriação: arts. 1.228, § 3º, 1.275, V e 2.030
- descoberta: arts. 1.233 a 1.237
- direito real: art. 1.225, I

- direitos: art. 1.228
- domínio: art. 1.231
- espaço aéreo: art. 1.229
- fiduciária: arts. 1.361 a 1.368-A
- frutos e produtos da coisa: art. 1.232
- função social: art. 2.035, par. ún.
- ilhas: arts. 1.248, I e 1.249
- plena: art. 1.231
- prédio: art. 1.281
- resolúvel: arts. 1.359 e 1.360
- solo e subsolo: arts. 1.229 e 1.230
- superficiária: art. 1.473, X

PROPRIEDADE IMÓVEL
- aquisição: arts. 1.238 a 1.259
- direito de passagem forçada: art. 1.285
- direito de tapagem: arts. 1.297 e 1.298
- limites entre os prédios: arts. 1.297 e 1.298
- passagem de cabos e tubulações: arts. 1.286 e 1.287
- perda: arts. 1.275 e 1.276
- renúncia: art. 1.275, II
- usucapião: arts. 1.238 a 1.244

PROPRIEDADE MÓVEL
- confusão, comissão e adjunção: arts. 1.272 a 1.274
- especificação: arts. 1.269 a 1.271
- ocupação: art. 1.263
- tesouro: arts. 1.264 a 1.266
- tradição: arts. 1.267 e 1.268
- usucapião: arts. 1.260 a 1.262

PROPRIETÁRIO
- credor pignoratício: art. 1.467, II
- direito de vizinhança: art. 1.313
- direitos: arts. 1.277, 1.297, 1.304, 1.305, 1.328 e 1.420
- espécie nova na produção: arts. 1.269 e 1.271
- frutos ainda não separados: art. 1.232
- imóvel encravado: art. 1.285
- imóvel hipotecado: art. 1.475
- imóvel inferior: art. 1.288
- intervenção nas benfeitorias: art. 97
- limites no direito de construir: art. 1.299
- mudança: art. 1.399
- nascente: art. 1.290
- prejudicado com águas: art. 1.293
- propriedade resolúvel: art. 1.360
- sementes e plantas: arts. 1.255 e 1.256
- terreno invadido por raízes e ramas: art. 1.283

PROTESTO
- constituir a mora: art. 397
- interrupção de prescrição: art. 202, II e III

PROVA
- autenticidade contestada: arts. 222 e 223
- casamento: arts. 1.543 e 1.547
- certidões textuais: arts. 216 e 217
- depósito voluntário: art. 646
- emancipação: art. 976
- erro no pagamento indevido: art. 877
- exame médico necessário: art. 231
- fatos jurídicos: arts. 212 a 232
- fiança: art. 819
- livros empresariais: art. 226
- pagamento: arts. 319 e 326
- perícia médica: art. 232
- presunções não legais: art. 230
- reproduções mecânicas ou eletrônicas: art. 225
- testemunhal: arts. 227 a 230

PURGAÇÃO DA MORA
- art. 401

- Q -

QUINHÕES
- acréscimo: arts. 1.943 e 1.944
- condomínios: arts. 1.314 a 1.326
- garantia: arts. 2.023 a 2.026
- hipoteca legal: art. 1.489, II

QUITAÇÃO
- capital: art. 323
- declarações necessárias: art. 320
- despesas com a: art. 325
- devolução de título perdido: art. 321
- direito do devedor que paga: art. 319
- entrega do título: art. 324
- imputação de pagamento: arts. 352 a 355
- legado consistente na quitação de dívida: art. 1.918
- portador: art. 311
- quotas periódicas: art. 322
- título caucionado: art. 1.460
- tutor: art. 1.758

QUOTAS SOCIAIS
- transferência de domínio: art. 1.005
- valor: art. 1.031

- R -

RAIZ E RAMOS
- art. 1.283

RATEIO
- entre codevedores: arts. 283 e 284
- parte de coerdeiro insolvente: art. 1.999

RATIFICAÇÃO
- ato: art. 173
- casamento contraído por incapaz: art. 1.553
- negócio anulável: arts. 172 a 176

RECLAMAÇÃO
- credor de coisa fungível: art. 307, par. ún.
- direito do evicto: art. 845

RECLAMANTE
- arts. 1.694 e 1.699

RECOMPENSA
- direito do descobridor: art. 1.234
- promessa: arts. 854 a 860

RECONHECIMENTO
- ação de paternidade e maternidade: arts. 1.615 e 1.616
- dívida: art. 202, VI
- firma em instrumento particular: art. 221

RECURSOS NATURAIS
- arts. 1.230 e 1.473, V

RECUSA
- afirmação solene da vontade: art. 1.538, I
- doador de alimentos: art. 557, IV
- receber o pagamento: art. 335, I

REDUÇÃO
- aluguel: art. 567
- disposições testamentárias: arts. 1.966 a 1.968
- penalidade: art. 413
- *quantum* fixado a título de alimentos: art. 1.699

REEMBOLSO
- despesas necessárias em inventário: art. 2.020
- direito do mandatário: art. 681
- não se pode exigir: art. 815
- terceiro não interessado: arts. 305 e 306

REFORÇO
- exigência do credor: art. 1.490
- negativa do devedor: art. 333, III
- vencimento da dívida: art. 1.425, I

REGIME DE BENS
- alteração: art. 1.639, § 2º
- assento de casamento: art. 1.536, VIII
- casamentos celebrados na vigência do código de 1916: art. 2.039
- comunhão parcial: arts. 1.658 a 1.666
- comunhão universal: arts. 1.667 a 1.671
- obrigatório: art. 1.641
- pacto antenupcial: art. 1.640
- pacto e convenções antenupciais: arts. 1.639, 1.653, 1.655, 1.657 e 1.659
- participação final nos aquestos: arts. 1.672 a 1.686
- separação dos bens: arts. 1.687 a 1.688
- vigor: art. 1.639, § 1º

REGISTRO CIVIL
- arguição de falsidade: art. 1.604
- casamento religioso: arts. 1.515 e 1.516
- competência para cargo de juiz: art. 1.554
- documentos: arts. 9º e 1.544
- edital publicado para o casamento: art. 1.527
- gratuidade de certidão: art. 1.512
- lavratura: arts. 1.536 e 1.541, § 4º
- pessoa jurídica: arts. 45 e 46
- prova de filiação: arts. 1.603, 1.605 e 1.609
- prova: art. 1.543, par. ún.

REGISTRO DE IMÓVEIS
- alienação: art. 1.275, I e par. ún.
- aquisição de propriedade art. 1.245
- direito real: art. 1.227
- eficácia: art. 1.246
- hipoteca: art. 1.500
- hipoteca: arts. 1.492 a 1.498
- perda de propriedade: art. 1.278, II e par. ún.
- retificação de propriedade: art. 1.247
- servidões: arts. 1.387 e 1.388
- via férrea: art. 1.502

REGISTRO PÚBLICO
- atos sujeitos ao registro público das pessoas naturais: art. 9º
- ausência judicialmente declarada: art. 9º, IV

- averbação: art. 10
- bem de família: art. 1.714
- casamento: art. 9º, I
- contestação da maternidade: art. 1.608
- emancipação: art. 9º, II
- interdição: art. 9º, III
- nascimento: art. 9º, I
- óbito: art. 9º, I
- pessoas jurídicas: arts. 45 e 46
- prova da filiação: art. 1.605
- reconhecimento voluntário de filho: art. 1.609

REGRESSO
- ausente: art. 39
- contra o credor: art. 312

REINTEGRAÇÃO DE POSSE
- arts. 1.210 a 1.212

REIVINDICAÇÃO
- assistência do depositante: art. 637
- caso de propriedade resolúvel: art. 1.359
- coisa comum: art. 1.314
- porção de terra destacada por avulsão: art. 1.251

REMIÇÃO
- efeito na solidariedade passiva: art. 277
- hipoteca pela massa falida: art. 1.483
- hipoteca pelo credor da segunda: art. 1.478
- hipoteca pelo herdeiro: art. 1.429
- penhor pelo herdeiro: art. 1.429

REMISSÃO
- Dívidas: arts. 385 a 388
- Prejuízo de credores: art. 158

RENÚNCIA
- ações: art. 175
- fideicomisso: art. 1.955
- herança pelo fiduciário: art. 1.954
- herança: arts. 1.806, 1.807 e 1.810 a 1.813
- prescrição: art. 191
- propriedade imóvel: art. 1.275, II
- servidão: art. 1.388, I

REPARAÇÃO
- civil: art. 932
- dano causado: arts. 942 e 953
- prescrição: art. 206, § 3º, V
- ruína do prédio vizinho: art. 1.280

REPETIÇÃO DO PAGAMENTO INDEVIDO
- art. 878

REPOSIÇÃO
- art. 2.019

REPRESENTAÇÃO
- anulação do negócio jurídico: arts. 117 a 119
- direito: arts. 1.851 a 1.856
- efeitos: art. 120
- incapaz: art. 975
- obrigações: art. 118
- poderes: art. 115
- requisitos: art. 120

REPRESENTANTE
- administração de bens de filhos menores: art. 1.691, par. ún. III
- menores: arts. 1.552, II e 1.553
- pagamento: art. 308
- pretendente à posso: art. 1.205, I
- relativamente capazes: art. 195
- tutor: art. 1.759
- união ou estado: art. 1.505

RESCISÃO DO CONTRATO
- art. 455

RESERVA
- bens: art. 1.997, §§ 1º e 2º
- domínio: arts. 521 a 528
- usufruto: art. 1.400, par. ún.

RESIDÊNCIA
- declaração para casamento: art. 1.525, IV
- diversas: art. 71
- mudança: art. 74
- não habitual: art. 73
- pessoa natural: art. 70

RESOLUÇÃO DO DOMÍNIO
- art. 1.359

RESPONSABILIDADE CIVIL
- atos de terceiros: art. 933
- bens do responsável pela ofensa: art. 942
- concorrência da vítima no dano: art. 945
- culpa de terceiro: art. 930
- dano causado por ato ilícito: art. 927
- direito de exigir reparação: art. 943
- dono de animal: art. 936
- dono de estabelecimento de educação: art. 932, IV
- dono de hotel: art. 932, IV
- empregador: arts. 932, III e 933
- empresas: art. 931
- filhos menores: arts. 932, I e 933
- incapaz: art. 928
- independente da criminal: art. 935
- independente de culpa: art. 927, par. ún.
- obrigação de reparar o dano: art. 943
- participarem de crime: art. 932, V
- ressarcimento de dano causado por outrem: art. 934
- solidária: art. 942
- tutor e curador: arts. 932, II e 933

RESSARCIMENTO
- ação regressiva: art. 930
- benfeitorias: arts. 1.220 e 1.221
- credor pignoratício: art. 1.435, I
- danos: art. 934
- gestor: art. 866
- mandatário: art. 678

RESTABELECIMENTO
- cessação da confusão: art. 384
- edifício sujeito a usufruto: art. 1.408

RESTITUIÇÃO
- bens sonegados: art. 1.995
- caso de usurpação ou esbulho do alheio: arts. 952, 1.210, § 1º e 1.436, § 1º
- coisa certa: art. 238
- coisas doadas: art. 563
- depósito: arts. 633, 638 e 652
- mutuante: art. 586
- pagamento indevido: arts. 876 a 883
- valor das benfeitorias: arts. 454 e 455

RETENÇÃO
- benfeitorias: art. 1.219
- coisa empenhada: art. 1.433, II
- pagamento: art. 319

RETRATAÇÃO
- aceitação ou renúncia de herança: art. 1.812
- aceitação de contrato: art. 433
- consentimento para casamento: art. 1.518
- proponente de contrato: art. 428, IV

RETROTIVIDADE DE NEGÓCIO ANULÁVEL
- art. 172

RETROVENDA
- arts. 505 a 508

REVOGAÇÃO
- codicilo: art. 1.884
- legislação anterior a este código: art. 2.045
- testamentos: arts. 1.969 a 1.972

RIOS
- aluvião: art. 1.250
- álveo abandonado: art. 1.252
- bens públicos de uso comum: art. 99, I
- ilhas: art. 1.249

RISCOS
- graves: art. 1.287
- vida: art. 15

RUÍNAS
- ameaça: art. 1.280
- culpa do usufrutuário: art. 1.410, VII
- imóveis do ausente: art. 31
- responsabilidade do dono do prédio: art. 937

- S -

SALÁRIO
- art. 965, VII

SAQUE
- art. 647, II

SEGREDO PROFISISONAL
- art. 229, I

SEGURO
- agentes autorizados: art. 775
- apólices: arts. 759 e 760
- boa-fé: art. 765
- carência: art. 797
- cláusula que exclua o pagamento no caso de suicídio: art. 798, par. ún.
- coisa dada em garantia real: art. 1.425, § 1º
- coisa em usufruto: arts. 1.407 e 1.408
- coisas transportadas: art. 780
- companheiro: art. 793
- contrato sobre rico passado: art. 773
- declarações falsas: art. 766
- definição no contrato: art. 757
- despesas não abrangidas: art. 802
- diminuição do risco no curso do contrato: art. 770
- exceção de contrato não cumprido: art. 788, par. ún.
- falta de pagamento: art. 796, par. ún.
- garantia: art. 778
- indenização: art. 781
- mais de um seguro de vida sobre o mesmo objeto: art. 789
- meio de prova: art. 758
- mora do segurador: art. 776
- obrigatório: art. 788
- pagamento do seguro: arts. 795 e 799

- prazo para seguro de vida: art. 796
- prejuízos: art. 779
- prêmio: art. 770
- prescrição do segurado contra o segurador: art. 206, § 1º, II
- prescrição: art. 206, § 3º, IX
- regras gerais: art. 777
- responsabilidade civil: art. 787
- risco assumido em cosseguro: art. 761
- segurador: arts. 757
- sinistro: art. 784
- sub-rogação do segurador: arts. 786 e 800
- substituição de beneficiário: arts. 791 e 792
- transferência do contrato a terceiro: art. 785
- troca de segurador: art. 782
- valor menor que o do bem segurado: art. 783
- veracidade das informações: art. 765
- vida: art. 794

SEMEADURA EM TERRENO
- alheio: arts. 1.255 a 1.259
- próprio: art. 1.254

SEMENTE
- alheia semeada em terreno próprio: arts. 1.254 e 1.256
- alheia semeada em terreno alheio: art. 1.257

SENTENÇA
- abertura de sucessão provisória: art. 28
- ação de investigação de paternidade ou maternidade: art. 1.616
- anulação de casamento: art. 1.563
- anulação ou nulidade de casamento: art. 10, I
- conversão da separação judicial em divórcio: art. 1.580, § 1º
- declaração de ausência: art. 9º, IV
- declaratória de interdição: art. 1.773
- declaratória de nulidade de negócio jurídico: art. 177
- divórcio: art. 10, I
- julgamento da partilha: arts. 2.023 e 2.027
- usucapião de imóvel: arts. 1.238 e 1.241, par. ún.

SEPARAÇÃO DE CORPOS
- art. 1.562

SEPARAÇÃO JUDICIAL
- conversação em divórcio: art. 1.580
- deveres a que termina: art. 1.576, *caput*
- dissolução da sociedade: art. 1.571, III
- doença mental: art. 1.572, § 2º
- empresário: art. 980
- guarda dos filhos: arts. 1.583 a 1.590
- impossibilidade de vida em comum: art. 1.573
- legitimidade para ajuizá-la: art. 1.572
- litigiosa: art. 1.702
- mútuo consentimento dos cônjuges: art. 1.574
- procedimento judicial: art. 1.576, par. ún.
- restabelecimento da sociedade conjugal: art. 1.577

SERVIDÕES
- águas e aquedutos: arts. 1.288 a 1.296
- ampliação a outro fim: art. 1.385, § 1º
- aparentes: art. 1.379
- cancelamento arts. 1.387 a 1.389
- desapropriação: art. 1.387, *caput*
- extinção: arts. 1.387 a 1.389
- janela: art. 1.302
- luz: art. 1.301
- não aparentes: art. 1.213
- obras necessárias: arts. 1.380 a 1.382
- parede divisória: arts. 1.304 a 1.306 e 1.308
- passagem forçada: art. 1.285
- prediais: arts. 1.378 e 1.386
- remoção: art. 1.384
- renúncia: art. 1.388, I
- trânsito: art. 1.385, § 2º
- uso: arts. 1.383 e 1.385
- usucapião: art. 1.379, par. ún.

SERVIDOR PÚBLICO
- domicílio: art. 76
- responsabilidade civil: art. 43

SILÊNCIO
- aceitação da herança: arts. 1.805, § 1º e 1.807
- contrato: art. 1.015
- intencional: art. 147
- negócios jurídicos: art. 111
- partes: art. 326
- proprietário: art. 1.256, par. ún.
- renúncia tácita da prescrição: art. 191
- ruídos incômodos: art. 1.277

SILVÍCOLAS
- art. 4º

SIMULAÇÃO
- concurso de credores: art. 956
- legitimidade para poder demandar a nulidade: art. 168
- negócios jurídicos: art. 167, § 1º
- nulidade dos negócios jurídicos: arts. 167 e 168
- terceiros de boa-fé: art. 167, § 2º

SOBRENOME
- acréscimo: art. 1.565, § 1º
- opção pela conservação: art. 1.578, § 2º
- perda do direito de uso: art. 1.578

SOBREPARTILHA
- art. 2.022

SOBRINHOS
- arts. 1.840, 1.843 e 1.853

SOCIEDADE ANÔNIMA
- aplicação: art. 1.089
- avaliação dos bens: art. 206, § 1º, iv
- capital social: art. 1.088
- responsabilidade dos sócios: art. 1.088

SOCIEDADE CONJUGAL
- direção: art. 1.567
- dissolução: arts. 1.571 a 1.582
- filiação: art. 1.597

SOCIEDADE COOPERATIVA
- legislação aplicável: art. 1.093
- peculiaridades: art. 1.094
- sociedade simples: art. 1.096
- sócios: art. 1.095

SOCIEDADE EM COMANDITA POR AÇÕES
- administração: art. 1.091
- assembleia-geral: art. 1.092
- capital social: art. 1.090
- diretoria: art. 1.091
- legislação aplicável: art. 1.090
- nome: art. 1.090

SOCIEDADE EM COMANDITA SIMPLES
- administrador provisório: art. 1.051, par. ún.
- comanditados: arts. 1.045 e 1.046
- comanditários: arts. 1.045, 1.047 e 1.048
- dissolução: art. 1.051
- lucros percebidos de boa-fé: art. 1.049
- morte de comanditários: art. 1.050
- normas aplicáveis art. 1.046

SOCIEDADE EM COMUM
- atos constitutivos: art. 986
- atos de gestão dos sócios: art. 989
- bens e dívidas sociais: art. 988
- existência: art. 987
- sócios: art. 990

SOCIEDADE EM CONTA DE PARTICIPAÇÃO
- constituição: art. 992
- contas: art. 996, par. ún.
- contrato social: art. 993
- exercício da atividade: art. 991
- falência dos sócios: art. 994, §§ 2º e 3º
- ingresso de novo sócio: art. 995
- liquidação: art. 996
- normas aplicáveis subsidiariamente: art. 996, *caput*
- patrimônio: art. 994
- sócio ostensivo: art. 991, par. ún.
- sócio participante: arts. 991 e 993

SOCIEDADE EM NOME COLETIVO
- administração: art. 1.042
- dissolução: art. 1.044
- habilitados a ingressar: art. 1.039, *caput*
- nome: art. 1.041
- normas: art. 1.040
- sócios: art. 1.039

SOCIEDADE EMPRESÁRIA
- considerações: art. 982
- escrituração: arts. 1.179 a 1.195
- estabelecimento: arts. 1.142 a 1.449
- registro: arts. 1.150 a 1.154
- sistema de contabilização; art. 1.179

SOCIEDADE LIMITADA
- administração: arts. 1.060 a 1.065
- aumento de capital social: art. 1.081
- cessão de quota: art. 1.057
- composição do conselho fiscal: art. 1.066
- contrato social: art. 1.054
- deveres do conselho fiscal: art. 1.069
- dissolução: art. 1.087
- divisão de capital social: art. 1.055
- exclusão dos sócios: arts. 1.085 e 1.086
- exercício do conselho fiscal: art. 1.067
- normas aplicáveis: art. 1.053
- obrigações dos sócios: art. 1.059
- quota: art. 1.056
- redução do capital social: arts. 1.082 a 1.084
- remuneração do conselho fiscal: art. 1.068

CC

- responsabilidade do conselho fiscal: art. 1.070
- responsabilidade dos sócios: art. 1.052
- sócio minoritários: art. 1.085 e 1.086
- sócio remisso: art. 1.058

SOCIEDADES COLEGIADAS
- controle: art. 1.098
- definição: art. 1.097
- participação superior às propriedades reservas: art. 1.101
- sociedade de simples participação: art. 1.100
- sociedade filiada: art. 1.099

SOCIEDADE SIMPLES
- administração: art. 1.013
- administrador: art. 1.018
- cessão total ou parcial da quota: art. 1.003
- concurso de vários administradores: art. 1.014
- constituição: art. 997
- contas: art. 1.020
- conteúdo do contrato social: art. 997
- contribuição em serviços: art. 1.006
- contribuições do sócios: art. 1.004
- culpa do administrador: art. 1.016
- direito de retirada dos sócios: arts. 1.029 e 1.032
- dissolução: arts. 1.033 a 1.035
- dívidas da sociedade: arts. 1.023 e 1.024
- excesso no exercício da função de administrador: art. 1.011
- exclusão de sócio remisso: arts. 1.004, par. ún., 1.030 e 1.032
- filial: art. 1.000
- inscrição do contrato social: art. 998
- lucros e perdas; nulidade da cláusula que exclua sócio de sua participação: art. 1.008
- lucros e perdas; proporção: art. 1.007
- modificação do contrato social: art. 999
- morte de sócio: arts. 1.028 e 1.032
- obrigações dos sócios: art. 1.001
- poderes revogáveis da administração;: art. 1.019
- responsabilidade do administrador por perdas e danos: art. 1.013, § 2º
- responsabilidade do sócio por perdas e danos: art. 1.010, § 3º
- substituição de sócio sem consentimento dos demais: art. 1.002

SOLIDARIEDADE
- ação proposta contra um dos devedores: art. 275, par. ún.
- condicional: art. 266
- conversão de prestação em perdas e danos: art. 271
- definição: art. 264
- devedor insolvente: art. 284
- direito de casa credor: art. 267
- direito do credor: art. 275, *caput*
- direito do devedor que saldou a dívida integralmente: art. 283
- efeito da novação: art. 365
- efeito na confusão de dívidas: art. 383
- impossibilidade da prestação: art. 279
- morte de um dos credores: art. 270
- morte de um dos devedores: art. 276
- não se presume: art. 265
- nulidade dos negócios jurídicos: art. 177
- pagamento a qualquer dos credores: art. 268
- pagamento feito a um dos credores: art. 269
- pura, simples e condicional ou a prazo: art. 266
- recebimento total ou parcial de um dos devedores: art. 275, *caput*
- remissão da dívida: art. 288
- remissão obtida por um dos devedores: art. 277
- renúncia da solidariedade: art. 282
- resultante da lei ou da vontade das partes: art. 265

SOLO
- abrangência: art. 1.229
- considerado como bem: art. 79
- uso comum: art. 1.331

SOLVÊNCA DO DEVEDOR
- arts. 296 e 297

SONEGADOS
- ação: art. 1.994
- arguição: art. 1.996
- bens: art. 1.992
- momento de arguição da ação: art. 1.996
- pena ao herdeiro sonegador: art. 1.992
- remoção do inventariante: art. 1.993
- responsabilidade: art. 1.995
- sobrepartilha: art. 2.021

SORTEIO
- dirimir questões: art. 817
- quinhão na recompensa: art. 858

SUBENFITEUSE
- art. 2.038

SUB-ROGAÇÃO
- convencional: art. 347
- devedor que paga a dívida: art. 259, par. ún.
- efeitos do pagamento com sub-rogação: art. 350
- garantia real: art. 1.425, § 1º
- legal: art. 346
- pagamento com: arts. 346 a 351
- preferência: art. 351
- produto da alienação de bens gravados: art. 1.911, par. ún.
- usufruto: art. 1.409

SUBSISTÊNCIA
- art. 1.919, par. ún.

SUBSTABELECIMENTO
- arts. 655 e 667

SUBSTITUIÇÃO
- Fideicomissária: arts. 1.951 a 1.960
- Vulgar e recíproca: arts. 1.947 a 1.950

SUCESSÃO
- aberta na vigência do código de 1916: art. 2.041
- aberta: art. 1.793
- aceitação e renúncia da herança: arts. 1.804 a 1.813
- capacidade para adquirir por testamento: arts. 1.799 e 1.800
- capacidade para suceder: art. 1.787
- coerdeiro: arts. 1.794 e 1.795
- companheiros: art. 1.790
- concorrência com ascendentes: art. 1.837
- cônjuge sobrevivente: arts. 1.831 e 1.832
- descendentes da mesma classe: art. 1.834
- deserdação: arts. 1.961 a 1.965
- direito de acrescer: arts. 1.941 a 1.946
- direito de representação: arts. 1.851 a 1.856
- excluídos da sucessão: arts. 1.814 a 1.818
- exclusão do grau mais remoto: art. 1.833
- herança jacente: arts. 1.819 a 1.823
- herdeiros necessários: arts. 1.845 a 1.850
- herdeiros ou legatários: arts. 1.947 e 1.960
- legados: arts. 1.912 a 1.922
- legítima: arts. 1.786 e 1.829 a 1.856
- redução das disposições testamentárias: arts. 1.947 a 1.960
- testamentária: arts. 1.789 e 1.845 a 1.850
- transmissão da herança: arts. 1.784, 1.785 e 1.791
- transmissão do domínio e posse da herança: art. 1.784
- vocação hereditária: arts. 1.829 a 1.844

SUCESSOR
- provisório: art. 32
- universal: art. 1.207

SUCESSOR SURDO-MUDO
- incapacidade civil: art. 3º, III
- testamento cerrado: art. 1.873
- testamento público: art. 1.866

SUPERFÍCIE
- arts. 1.369 a 1.377

SUSPENSÃO
- celebração do casamento: art. 1.538
- poder familiar: arts. 1.635 a 1.638
- prescrição: arts. 197 a 201

SUSTENTO DOS FILHOS
- arts. 1.566, IV e 1.568

- T -

TABELIÃES
- art. 206, § 1º, III

TAPUMES
- art. 1.297

TAXA
- art. 406

TELEFONE
- art. 428, I

TENTATIVA DE MORTE
- exclusão da sucessão: art. 1.814, I
- impedimento para casamento: art. 1.521, VII

TERCEIRO(S)
- aceitação de herança: art. 1.813
- aquisição de posse: art. 1.205, II
- cessão de crédito: art. 288
- coação exercida por: arts. 154 e 155
- codicilo: art. 1.882
- contratos de penhor: art. 1.424
- dolo do terceiro: art. 148
- estipulação em favor: arts. 436 a 438
- instituição do bem de família: arts. 1.711, par. ún. e 1.714

- interessado na interrupção da prescrição: art. 203
- interrupção da prescrição: art. 203
- legado de coisa: art. 1.930
- legado sobre condição: art. 1.913
- má-fé na fraude contra credores: art. 161
- pagamento feito por terceiro: arts. 304 a 306
- partilha: art. 2.013
- posse da coisa alienada: art. 1.267
- promessa de fato de terceiro: arts. 439 e 440
- registro de convenções antenupciais: art. 1.657
- registro de instrumento particular: art. 221
- reivindicação da propriedade: art. 1.314
- renúncia da prescrição: art. 191

TERMO
- contagem dos prazos: art. 132
- inadmissível no reconhecimento de filho: art. 1.613
- inicial: art. 135
- suspensão do exercício do direito: art. 1.314

TERRAÇO
- art. 1.301

TERRENO
- aforado: art. 1.266
- alheio: art. 1.255
- bem público: art. 99, II
- marginais: art. 1.255
- posse justa: art. 1.290

TESOURO
- achado: art. 1.265
- divisão entre proprietário e quem o acha: art. 1.264
- terreno aforado: art. 1.266

TESTADOR(ES)
- analfabeto: arts. 1.872 e 1.876
- capacidade para fazer testamento: arts. 1.860 e 1.861
- cego: art. 1.867
- codicilo: art. 1.881
- deserdação: arts. 1.961 a 1.964
- disposição que tocará aos herdeiros legítimos: art. 1.908
- maiores de 16 anos: art. 1.860, par. ún.
- metade disponível: art. 1.846
- militares em campanha: arts. 1.893, 1.894 e 1.896
- não saibam ou não possam assinar o testamento: art. 1.865
- partilha da herança: art. 2.014
- revogação do testamento: arts. 1.969 a 1.972
- surdos: art. 1.866
- surdos-mudos: art. 1.873
- testamento marítimo: arts. 1.888 a 1.892
- testamento público: art. 1.867
- testamentos feitos em língua estrangeira: arts. 1.871 e 1.880

TESTAMENTEIRO
- contas do: arts. 1.980 e 1.983
- dativo: art. 1.984
- herdeiro: art. 1.984
- inventariante: art. 1.990
- mais de um: art. 1.986
- nomeação ou substituição em codicilo: art. 1.883
- nomeado pelo juiz: art. 1.984
- nomeado pelo testador: art. 1.976
- obrigações: arts. 1.980 a 1.983
- posse e administração da herança: arts. 1.977 e 1.978
- prazo para cumprir: art. 1.983
- prêmio: arts. 1.987 e 1.988
- representação por procurador: art. 1.985
- requerimento do inventário pelo testamento: art. 1.978
- simultâneos: art. 1.986
- solidariedade dos testamentos simultâneos: art. 1.986
- testamentária: art. 1.985
- validade do testamento: art. 1.981
- vintena do testamenteiro: art. 1.987

TESTAMENTO
- aeronáutico: arts. 1.888 a 1.892
- anulação: art. 1.909, par. ún.
- ato personalíssimo: art. 1.858
- capacidade para adquirir por testamento: arts. 1.799 e 1.800
- capacidade para fazer: art. 1.860
- cerrado: arts. 1.868 a 1.875
- cláusula de inalienabilidade: arts. 1.848, 1.911 e 2.042
- cláusulas do testamento: arts. 1.897 e 1.911
- cláusulas e disposições nulas: art. 1.900
- codicilos: arts. 1.881 a 1.885
- conjuntivo: art. 1.683
- deserdação: arts. 1.961 a 1.965
- direito de acrescer: arts. 1.941 a 1.946
- disposição de parte da metade disponível: art. 1.966
- disposições permitidas: art. 1.901
- em favor dos pobres: art. 1.902
- erro na designação da pessoa: art. 1.903
- especiais: arts. 1.886 a 1.896
- fideicomisso: arts. 1.951 a 1.960
- formas ordinárias: art. 1.862
- herdeiros necessários: arts. 1.846 a 1.850
- impugnação: art. 1.859
- instituição de condomínio edilício: art. 1.332
- instituição de fundações: art. 62
- interpretação das cláusulas testamentárias: art. 1.899
- legado a dois ou mais herdeiros: arts. 1.904 e 1.905
- legado alternativo: arts. 1.932 e 1.933
- legado caducidade: arts. 1.939 e 1.940
- legado com encargo: art. 1.938
- legado de alimentos: arts. 1.920 e 1.928
- legado de coisa alheia: arts. 1.912 e 1.914
- legado de coisa móvel: arts. 1.915 e 1.929 a 1.931
- legado de coisa singularizada: art. 1.916
- legado de crédito: arts. 1.918 e 1.919
- legado de prosperidade: art. 1.922
- legado de quantidades certas: arts. 1.927 e 1.928
- legado de renda vitalícia: art. 1.926
- legado de usufruto conjuntamente: art. 1.946
- legado de usufruto: art. 1.921
- legado despesas e riscos: art. 1.936
- legado efeitos e pagamento: arts. 1.923 a 1.938
- legado sob condição de entrega de coisa: art. 1.913
- marítimo: arts. 1.888 a 1.892
- metade disponível: arts. 1.846 a 1.950
- militar: arts. 1.893 a 1.896
- particular: arts. 1.876 a 1.880
- prazo estabelecidos: art. 133
- prazo para o cumprimento: art. 1.983
- público: arts. 1.864 a 1.867
- redução das disposições testamentárias: arts. 1.966 a 1.968
- registro: art. 1.979
- revogação: arts. 1.969 a 1.972
- rompimento: arts. 1.973 a 1.975
- substituição dos herdeiros e legatários: arts. 1.947 a 1.938
- substituição fideicomissária: arts. 1.951 a 1.960
- vedação: arts. 1.799 e 1.800

TESTEMUNHAS
- casamento nuncupativo: arts. 1.540 e 1.541
- casamento: arts. 1.534 a 1.536 e 1.539
- impedidas de depor: art. 228
- impedimentos: art. 1.801, II
- instrumentárias: art. 1.865
- prova dos fatos jurídicos: art. 212, III
- segredo profissional: art. 229, I
- testamento cerrado: arts. 1.868, I, III e IV e 1.873
- testamento marítimo: art. 1.888
- testamento militar: arts. 1.893, 1.894 e 1.896
- testamento particular: arts. 1.876 a 1.880
- testamento público: arts. 1.864, II e III e 1.866

TIOS
- casamento: art. 1.521, IV
- direitos hereditários: arts. 1.829, iv, 1.840 e 1.853
- exercício da tutela: art. 1.731, II

TITULAR
- direito empenhado: art. 1.452, par. ún.
- direito eventual: art. 130

TÍTULO DE CRÉDITO
- à ordem: arts. 910 a 920
- assinatura: art. 892
- aval posterior ao vencimento: art. 900
- aval: arts. 897 e 898
- avalista: art. 899
- cláusulas consideradas não escritas: art. 890
- direito do devedor: art. 321
- disposições aplicáveis: art. 903
- efeitos: art. 887
- em circulação: art. 895
- incompleto ao tempo da emissão: art. 891
- interrupção da prescrição: art. 202, III e IV
- nominativo: arts. 921 a 926
- omissão de requisitos legais no título: arts. 888 e 889
- pagamento antecipado: art. 902
- pagamento ao legítimo portador: art. 901
- penhor: arts. 1.451 a 1.460
- portador de boa-fé: arts. 904 a 909

- portador de título representativo de mercadoria: art. 894
- prescrição: art. 206, § 3º, VIII
- reivindicação: art. 896
- tradição: art. 291
- transferência: art. 893
- usufruto: art. 1.395

TOMADA DE DECISÃO APOIADA
- art. 1.783-A

TÓXICOS
- art. 4º, II

TRADIÇÃO
- bem imóvel: art. 328
- cessão de crédito: art. 291
- coisa empenhada: art. 1.431
- coisa vendida: art. 493
- constituição de direitos reais sobre coisas móveis: art. 1.226
- obrigação de dar coisa certa: art. 237
- título nulo: art. 1.268, § 2º
- transferência do domínio de coisas móveis: arts. 1.267 e 1.268

TRANSAÇÃO
- Substituição fideicomissária: arts. 1.951 a 1.960

TRANSFERÊNCIA
- direitos aos serviços ajustados: art. 605
- locação: art. 577
- sub-rogação: art. 349
- usufruto: art. 1.393
- vantagens proveniente de mandato: art. 668

TRANSMISSÃO
- art. 1.809

TRANSPLANTE
- art. 13, par. ún.

TRANSPORTE
- disposições gerais: arts. 730 a 733

TRANSPORTE DE COISAS
- aplicação de legislação especial: art. 732
- avaria: art. 754, par. ún.
- cautelas necessárias: art. 749
- cláusula de aviso: art. 752
- coisa depositada ou guardada: art. 751
- comercialização ou transporte proibidos: art. 747
- cumulativo: art. 756
- definição: art. 730
- depósito da coisa: art. 753
- desistência do remetente: art. 748
- destinatário: art. 755
- embalagem inadequada: art. 746
- entrega da coisa: art. 754
- entrega em domicílio: art. 752
- interrupção do transporte: art. 753
- necessidade de caracterização: art. 743
- perda parcial da coisa: art. 754, par. ún.
- perdas e danos: art. 748
- responsabilidade do transportador: art. 750

TRANSPORTE DE PESSOAS
- ação regressiva: art. 735
- acidente com passageiro: art. 735
- aplicação de legislação especial: art. 732
- cumulativo: art. 733
- dano por atraso ou interrupção de viagem: art. 733, § 1º
- dano: art. 738, par. ún.
- definição: art. 730
- desistência do transporte pelo passageiro: art. 740, § 1º
- direito de retenção: arts. 740, § 3º e 742
- exercido em razão de autorização: art. 731
- gratuito por amizade ou cortesia: art. 736
- interrupção da viagem: art. 741
- pessoa transportada: art. 738
- recusa de passageiro: art. 739
- reembolso do valor da passagem: art. 740
- rescisão do contrato antes do início da viagem: art. 740
- responsabilidade do transportador: arts. 734, 735 e 737
- substituição durante o percurso: art. 733, § 2º

TRANSLADO DE AUTOS
- arts. 216 a 218

TRATAMENTO
- médico: art. 15
- vítima: art. 948, I

TURBAÇÃO DE POSSE
- art. 1.210

TUTELA
- aceitação de herança: art. 1.748, II
- alcance do tutor: art. 1.762
- alienação de bens do menor: art. 1.747, IV
- arrendamento de bens: art. 1.747, V
- atos dependentes de autorização judicial: art. 1.748
- atos proibidos ao tutor: art. 1.749
- balanço anula: art. 1.756
- caução: art. 1.745, par. ún.
- contas tutor morto: art. 1.759
- curatela de bens legados: art. 1.733, § 2º
- declaração das dívidas do menor ao tutor: art. 1.751
- despesas com a tutela: arts. 1.760 e 1.761
- deveres do tutor: arts. 1.740 e 1.741
- entrega dos bens do menor mediante termo: art. 1.745
- escusas: arts. Exercício: arts. 1.740 a 1.752
- fiscalização dos atos do tutor: art. 1.742
- gratificação pela tutela: art. 1.752
- hipóteses: art. 1.728
- incapacidade para exercício: art. 1.735
- irmãos órfãos: art. 1.733
- julgamento: art. 1.757, par. ún.
- menores abandonados: art. 1.734
- nomeação pelo juiz: art. 1.732
- nomeação pelos pais: arts. 1.729 e 1.730
- obrigatoriedade de prestação: art. 1.755
- pelos parentes: art. 1.731
- prescrição: art. 206, § 4º
- produtor: art. 1.742
- recebimento de rendas e pensões: art. 1.747, II
- rendas de móveis e imóveis: arts. 1.748, IV e 1.750
- representação e assistência: arts. 1.747, I e 1.748, V
- responsabilidade do juiz na tutela: art. 1.744
- responsabilidade do tutor: art. 1.752, *caput*
- suspensão da prescrição durante a tutela: art. 197, III
- sustento e educação do tutelado: arts. 1.740, I, 1.746, 1.747, III e 1.754, I
- transação em nome do menor: art. 1.748, III

TUTOR
- atribuição: arts. 1.740, 1.747 e 1.748
- casamento com tutelado: art. 1.523, IV
- cessação da tutela: arts. 1.763 a 1.766
- destituição: art. 1.735
- deveres: arts. 1.740 e 1.741
- escusa: arts. 1.736 a 1.739
- exercício parcial da tutela: art. 1.743
- fiscalização de seus atos: art. 1.742
- incapazes de exercer a tutela: art. 1.735
- interrupção da prescrição: art. 203
- nomeação: arts. 1.728 a 1.734
- prazo em que são obrigados a servir: art. 1.765
- prescrição não corre entre tutor e tutelado: art. 197, III
- prestação de contas: arts. 1.755 a 1.762
- produtor: art. 1.742
- remoção da tutela: arts. 1.735, 1.764, III e 1.766
- representação e assistência do tutelado: arts. 1.747, I e 1.748, V
- responsabilidade do tutor: art. 195
- responsabilidade em relação aos bens dos pupilos: arts. 1.752, 1.753, § 3º e 1.762
- responsabilidade pela prescrição a que derem causa: art. 195

– U –

ÚLTIMA VONTADE
- disposição em testamento: art. 1.976
- partilha: art. 2.018

UNIÃO
- bens de ausentes: art. 39, par. ún.
- bens de ausente: art. 29, par. ún.
- herança vacante: art. 1.822
- imóvel abandonado: art. 1.276
- inexistência de herdeiros: art. 1.844
- personalidade jurídica: art. 41, I
- pessoa jurídica de direito público interno: art. 41
- pessoas jurídicas: art. 75, I

UNIÃO ESTÁVEL
- causas suspensivas: art. 1.723, § 2º
- conversão em casamento: art. 1.726
- definição: art. 1.723
- deveres entre os companheiros: art. 1.724
- impedimento matrimonial: art. 1.727
- participação na sucessão: art. 1.790
- regime de bens aplicáveis: art. 1.725

USO
- arts. 1.225, V, 1.412 e 1.413
- anormal da propriedade: arts. 1.277 e 1.280

- coisa em condomínio: art. 1.314
- comum dos bens públicos: art. 103
- direito real: art. 1.225, XII
- especial: art. 1.225, XI
- local da celebração do negócio jurídico: art. 113

USUCAPIÃO
- bens públicos; proibição: art. 102
- contagem do tempo da posse dos antecessores no prazo: art. 1.243
- contagem do tempo dos antecessores: art. 1.262
- posse área urbana de até 250m²: art. 1.240
- posse com justo título e boa-fé: art. 1.260
- posse com justo título e boa-fé: arts. 1.242 e 2.029
- posse por mais de 5 anos: art. 1.262
- posse sem título ou boa-fé: arts. 1.238 e 2.029
- prescrição: art. 1.244
- servidão predial: art. 1.379

USUFRUTO
- acessórios: art. 1.392
- bens dos filhos e poder familiar: arts. 1.689 a 1.693 e 1.816, par. ún.
- cabimento: art. 1.390
- caução: arts. 1.400 e 1.401
- cessão do exercício: art. 1.393
- coisas consumíveis: art. 1.392, § 1º
- constituído em favor de dois ou mais indivíduos: arts. 1.411 e 1.946
- deteriorações resultantes do uso normal: art. 1.402
- direito real: art. 1.225, iv
- direitos do usufrutuário: arts. 1.394 a 1.399
- extinção do usufruto: arts. 1.410 e 1.411
- florestas: art. 1.392, § 2º
- frutos civis: art. 1.398
- frutos naturais: art. 1.396
- impostos reais: art. 1.403, II
- inventário dos bens recebidos em usufruto: art. 1.400, *caput*
- legado sem fixação de tempo: art. 1.921
- lesão conta a posse da coisa: art. 1.406
- mediante arrendamento: art. 1.399
- minas: art. 1.392, § 2º
- necessidades de registro em bens imóveis: art. 1.391
- obrigações do usufrutuário: arts. 1.400 a 1.409
- prédio danificado por terceiro ou desapropriado: art. 1.409
- quase usufruto: art. 1.392, § 1º
- reparações extraordinárias: art. 1.404
- reserva de usufruto pelo donatário: art. 1.400, par. ún.
- seguro sobre a coisa em usufruto: art. 1.407
- títulos de créditos: art. 1.395
- vitalício: art. 1.921

USUFRUTUÁRIO
- caso de rendimento comum: art. 1.652, I
- deveres: arts. 1.400 a 1.409
- direitos: arts. 1.394 a 1.399

USURPAÇÃO DA COISA
- art. 952

– V –

VACÂNCIA
- arts. 1.819 a 1.823

VALIDADE
- alienações onerosas: art. 1.817
- atos dos contratantes de boa-fé: art. 689
- concurso com promessa de recompensa: art. 859
- declaração de vontade: art. 107
- escusa do depositário: art. 642
- mandato: art. 654
- pagamento: art. 310
- partilha: art. 2.018
- substituição ilegal: art. 1.960
- testamento: art. 1.981

VALOR
- desigual: art. 533, II
- devolução: art. 443
- legado: arts. 1.900 e 1.901
- pecuniário declarado por sentença judicial: art. 407
- requisito da quitação: art. 320

VANTAGEM
- auferida com deterioração: art. 452

VENCIMENTO
- antecipado de dívida: arts. 333 e 939
- dívida em litígio: art. 345
- dívidas: art. 315
- inclusão do último dia: art. 132
- legado em dinheiro: art. 1.925
- primeira penhora: art. 1.477

VENDA
- a contento: arts. 509 a 512
- de bens de menor sob tutela: art. 1.750
- de imóvel que não caiba no quinhão: art. 2.019
- gado empenhado: art. 1.445
- imóvel hipotecado: art. 1.501
- reserva de domínio: arts. 521 a 528
- sobre documentos: arts. 529 a 532

VENDEDOR
- intimação judicial do comprador: art. 512
- responsabilidade: art. 502

VESTUÁRIO
- art. 1.920

VIAJANTE
- art. 649

VIA PÚBLICA
- art. 1.285

VIAS FÉRREAS
- credor hipotecário: arts. 1.503 e 1.504
- hipoteca: art. 1.504

VÍCIOS
- coisa empenhada: art. 1.433, III
- conhecido pelo devedor: arts. 174 e 175
- intrínseco: art. 784
- locação: art. 568
- negócios jurídicos: arts. 138 a 165 e 171, II
- possibilidade de conhecimento posterior: arts. 445 e 446
- possuidor de boa-fé: art. 1.201
- redibitórios: arts. 441 a 446
- requisito essencial de invalidade: art. 2.027

VIDA
- civil: art. 5º
- comum: art. 1.566, II
- instituída pela família: art. 1.513
- preservação: art. 790
- privada: art. 21

VINTENA
- arts. 1.987 1.989

VIOLAÇÃO DE DIREITO DE OUTREM
- art. 942

VIOLÊNCIA
- atos violentos não autorizam a aquisição da posse: art. 1.208
- constitui vício: art. 1.200
- defesa do possuidor: art. 1.210, § 1º
- imputação de pagamento: art. 353
- perda do poder familiar: art. 1.638, parágrafo único
- testador: art. 1.814, III

VIÚVO(A)
- art. 1.523, I e II

VIZINHO
- águas: arts. 1.288 a 1.296
- árvores limítrofes: arts. 1.282 a 1.284
- construção: arts. 1.299 a 1.313
- limites entre os prédios: arts. 1.297 e 1.298
- passagem forçada: art. 1.285
- tapagem: art. 1.297
- uso nocivo da propriedade: arts. 1.277 a 1.281

VOCAÇÃO HEREDITÁRIA
- legitimação: art. 1.798
- ordem: arts. 1.829 a 1.844
- sucessão aberta na vigência do Código de 1916: art. 2.041

VOLUPTUÁRIAS, BENFEITORIAS
- art. 96

VONTADE
- manifestação nos negócios jurídicos: art. 110

CÓDIGO COMERCIAL

ÍNDICE SISTEMÁTICO DO CÓDIGO COMERCIAL

PARTE PRIMEIRA – DO COMÉRCIO EM GERAL (Revogados pelo Código Civil) .... **arts. 1º a 456**

PARTE SEGUNDA – DO COMÉRCIO MARÍTIMO .... **arts. 457 a 796**

TÍTULO I – DAS EMBARCAÇÕES .... **arts. 457 a 483**

TÍTULO II – DOS PROPRIETÁRIOS, COMPARTES E CAIXAS DE NAVIOS .... **arts. 484 a 495**

TÍTULO III – DOS CAPITÃES OU MESTRES DE NAVIO .... **arts. 496 a 537**

TÍTULO IV – DO PILOTO E CONTRAMESTRE .... **arts. 538 a 542**

TÍTULO V – DO AJUSTES E SOLDADAS DOS OFICIAIS E GENTE DA TRIPULAÇÃO, SEUS DIREITOS E OBRIGAÇÕES .... **arts. 543 a 565**

TÍTULO VI – DOS FRETAMENTOS .... **arts. 566 a 632**

Capítulo I – Da natureza e forma de contrato e das cartas-partidas .... arts. 566 a 574

Capítulo II – Dos conhecimentos .... arts. 575 a 589

Capítulo III – Dos direitos e obrigações do fretador e afretador .... arts. 590 a 628

Capítulo IV – Dos passageiros .... arts. 629 a 632

TÍTULO VII – DO CONTRATO DE DINHEIRO A RISCO OU CÂMBIO MARÍTIMO .... **arts. 633 a 665**

TÍTULO VIII – DOS SEGUROS MARÍTIMOS .... **arts. 666 a 730**

Capítulo I – Da natureza e forma do contrato de seguro marítimo .... arts. 666 a 684

Capítulo II – Das coisas que podem ser objeto de seguro marítimo .... arts. 685 a 691

Capítulo III – Da avaliação dos objetos seguros .... arts. 692 a 701

Capítulo IV – Do começo e fim dos riscos .... arts. 702 a 709

Capítulo V – Das obrigações recíprocas do segurador e do segurado .... arts. 710 a 730

TÍTULO IX – DO NAUFRÁGIO E SALVADOS (Revogados pela Lei nº 7.542/1986) .... **arts. 731 a 739**

TÍTULO X – DAS ARRIBADAS FORÇADAS .... **arts. 740 a 748**

TÍTULO XI – DO DANO CAUSADO POR ABALROAÇÃO .... **arts. 749 a 752**

TÍTULO XII – DO ABANDONO .... **arts. 753 a 760**

TÍTULO XIII – DAS AVARIAS .... **arts. 761 a 796**

Capítulo I – Da natureza e classificação das avarias .... arts. 761 a 771

Capítulo II – Da liquidação, repartição e contribuição de avaria grossa .... arts. 772 a 796

PARTE TERCEIRA – DAS QUEBRAS (Revogados pelo Dec.-lei nº 7.661/1945) .... **arts. 797 a 913**

TÍTULO ÚNICO – DA ADMINISTRAÇÃO DA JUSTIÇA NOS NEGÓCIOS E CAUSAS COMERCIAIS (Revogados pelo Dec.-lei nº 1.608/1939) .... **arts. 1º a 30**

LEI N. 556, DE 25 DE JUNHO DE 1850

Código Comercial

PARTE PRIMEIRA
DO COMÉRCIO EM GERAL

Arts. 1º a 456. Revogados pela Lei 10.406/2002 (Código Civil).

PARTE SEGUNDA
DO COMÉRCIO MARÍTIMO

TÍTULO I
DAS EMBARCAÇÕES

Art. 457. Somente podem gozar das prerrogativas e favores concedidos a embarcações brasileiras as que verdadeiramente pertencerem a súditos do Império, sem que algum estrangeiro nelas possua parte ou interesse.

Provando-se que alguma embarcação, registrada debaixo do nome de brasileiro, pertence no todo ou em parte a estrangeiro, ou que este tem nela algum interesse, será apreendida como perdida; e metade do seu produto aplicado para o denunciante, havendo-o, e a outra metade a favor do cofre do Tribunal do Comércio respectivo.

Os súditos brasileiros domiciliados em país estrangeiro não podem possuir embarcação brasileira; salvo se nela for comparte alguma casa comercial brasileira estabelecida no Império.

- arts. 22, I; 178, CF.
- Lei 2.180/1954 (Dispõe sobre o Tribunal Marítimo).
- Lei 7.652/1988 (Dispõe sobre o registro de propriedade marítima).
- Lei 9.432/1997 (Dispõe sobre a ordenação do transporte aquaviário).
- Lei 9.537/1997 (Dispõe sobre a segurança do tráfego aquaviário em águas sob jurisdição nacional). Dec. 2.596/1998 (Regulamento).
- Lei 9.966/2000 (Dispõe sobre a prevenção, o controle e a fiscalização da poluição causada por lançamento de óleo e outras substâncias nocivas ou perigosas em águas sob jurisdição nacional).

Art. 458. Acontecendo que alguma embarcação brasileira passe por algum título domínio de estrangeiro no todo ou em parte, não poderá navegar com a natureza de propriedade brasileira, enquanto não for alienada a súdito do Império.

- art. 11, Lei 9.537/1997 (Dispõe sobre a segurança do tráfego aquaviário em águas sob jurisdição nacional). Dec. 2.596/1998 (Regulamento).

Art. 459. É livre construir as embarcações pela forma e modo que mais conveniente parecer; nenhuma, porém, poderá aparelhar-se sem se reconhecer previamente, por vistoria feita na conformidade dos regulamentos do Governo, que se acha navegável.

O auto original da vistoria será depositado na secretaria do Tribunal do Comércio respectivo; e antes deste depósito nenhuma embarcação será admitida a registro.

Art. 460. Toda embarcação brasileira destinada à navegação do alto-mar, com exceção somente das que se empregarem exclusivamente nas pescarias das costas, deve ser registrada no Tribunal do Comércio do domicílio do seu proprietário ostensivo ou armador (artigo n. 484), e sem constar do registro não será admitida a despacho.

- art. 3º, Lei 7.652/1988 (Dispõe sobre o registro de propriedade marítima).

Art. 461. O registro deve conter:

1 - a declaração do lugar onde a embarcação foi construída, o nome do construtor e a qualidade das madeiras principais;

2 - as dimensões da embarcação em palmos e polegadas; e a sua capacidade em toneladas, comprovadas por certidão de arqueação com referência à sua data;

3 - a armação de que usa, e quantas cobertas tem;

4 - o dia em que foi lançada ao mar;

5 - o nome de cada um dos donos ou compartes e os seus respectivos domicílios;

6 - menção especificada do quinhão de cada comparte, se for de mais de um proprietário, e a época da sua respectiva aquisição, com referência à natureza e data do título, que deverá acompanhar a petição para o registro. O nome da embarcação registrada e do seu proprietário ostensivo ou armador serão publicados por anúncios nos periódicos do lugar.

- Art. 9º, p.u., Lei 7.652/1988 (Dispõe sobre o registro de propriedade marítima).

Art. 462. Se a embarcação for de construção estrangeira, além das especificações sobreditas, deverá declarar-se no registro a nação a que pertencia, o nome que tinha e o que tomou e o título por que passou a ser de propriedade brasileira; podendo omitir-se, quando não conste dos documentos, o nome do construtor.

- art. 10, Lei 7.652/1988 (Dispõe sobre o registro de propriedade marítima).

Art. 463. O proprietário armador prestará juramento por si ou por seu procurador nas mãos do presidente do tribunal, de que a sua declaração é verídica, e de que todos os proprietários da embarcação são verdadeiramente súditos brasileiros, obrigando-se por termo a não fazer uso ilegal do registro, e a entregá-lo dentro de 1 (um) ano no mesmo tribunal, no caso da embarcação ser vendida, perdida ou julgada incapaz de navegar; pena de incorrer na multa no mesmo termo declarada, que o tribunal arbitrará.

Nos lugares onde não houver Tribunal do Comércio, todas as diligências sobreditas serão praticadas perante o juiz de direito do comércio, que enviará ao tribunal competente as devidas participações, acompanhadas dos documentos respectivos.

- arts. 10 a 21, Lei 2.180/1954 (Dispõe sobre o Tribunal Marítimo).

Art. 464. Todas as vezes que qualquer embarcação mudar de proprietário ou de nome, será o seu registro apresentado no Tribunal do Comércio respectivo para as competentes anotações.

- arts. 4º; 33, Lei 7.652/1988 (Dispõe sobre o registro de propriedade marítima).

Art. 465. Sempre que a embarcação mudar de capitão, será esta alteração anotada no registro, pela autoridade que tiver a seu cargo a matrícula dos navios, no porto onde a mudança tiver lugar.

Art. 466. Toda a embarcação brasileira em viagem é obrigada a ter a bordo:

1 - o seu registro (artigo n. 460);

2 - o passaporte do navio;

3 - o rol da equipagem ou matrícula;

4 - a guia ou manifesto da Alfândega do porto brasileiro donde houver saído, feito na conformidade das leis, regulamentos e instruções fiscais;

5 - a carta de fretamento nos casos em que este tiver lugar, e os conhecimentos da carga existente a bordo, se alguma existir;

6 - os recibos das despesas dos portos donde sair, compreendidas as de pilotagem, ancoragem e mais direitos ou impostos de navegação;

7 - um exemplar do Código Comercial.

Art. 467. A matrícula deve ser feita no porto do armamento da embarcação, e conter:

1 - os nomes do navio, capitão, oficiais e gente da tripulação, com declaração de suas idades, estado, naturalidade e domicílio, e o emprego de cada um a bordo;

2 - o porto da partida e o do destino, e a torna-viagem, se esta for determinada;

3 - as soldadas ajustadas, especificando-se, se são por viagem ou ao mês, por quantia certa ou a frete, quinhão ou lucro na viagem;

4 - as quantias adiantadas, que se tiverem pago ou prometido pagar por conta das soldadas;

- art. 544 deste Código.

5 - a assinatura do capitão, e de todos os oficiais do navio e mais indivíduos da tri-

pulação que souberem escrever (artigos n. 511 e 512).

Art. 468. As alienações ou hipotecas de embarcações brasileiras destinadas à navegação do alto-mar só podem fazer-se por escritura pública, na qual se deverá inserir o teor do seu registro, com todas as anotações que nele houver (artigos n. 472 e 474); pena de nulidade.

Todos os aprestos, aparelhos e mais pertences existentes a bordo de qualquer navio ao tempo da sua venda deverão entender-se compreendidos nesta, ainda que deles se não faça expressa menção; salvo havendo no contrato convenção em contrário.

- art. 1.473, VI, CC.
- art. 13, II, Lei 2.180/1954 (Dispõe sobre o Tribunal Marítimo).
- arts. 12 a 14, Lei 7.652/1988 (Dispõe sobre o registro de propriedade marítima).
- art. 10, Lei 8.935/1994 (Lei dos Cartórios).

Art. 469. Vendendo-se algum navio em viagem, pertencem ao comprador os fretes que vencer nesta viagem; mas se na data do contrato o navio tiver chegado ao lugar do seu destino, serão do vendedor; salvo convenção em contrário.

Art. 470. No caso de venda voluntária, a propriedade da embarcação passa para o comprador com todos os seus encargos; salvo os direitos dos credores privilegiados que nela tiverem hipoteca tácita. Tais são:

- arts. 1.473 a 1.505 deste Código.

1 - os salários devidos por serviços prestados ao navio, compreendidos os de salvados e pilotagem;

- art. 627 deste Código.
- arts. 876 a 892, CLT.

2 - todos os direitos de porto e impostos de navegação;

3 - os vencimentos de depositários e despesas necessárias feitas na guarda do navio, compreendido o aluguel dos armazéns de depósito dos aprestos e aparelhos do mesmo navio;

4 - todas as despesas do custeio do navio e seus pertences, que houverem sido feitas para sua guarda e conservação depois da última viagem e durante a sua estadia no porto da venda;

5 - as soldadas do capitão, oficiais e gente da tripulação, vencidas na última viagem;

- arts. 876 a 892, CLT.

6 - o principal e prêmio das letras de risco tomadas pelo capitão sobre o casco e aparelho ou sobre os fretes (artigo n. 651) durante a última viagem, sendo o contrato celebrado e assinado antes do navio partir do porto onde tais obrigações forem contraídas;

7 - o principal e prêmio de letras de risco, tomadas sobre o casco e aparelhos, ou fretes, antes de começar a última viagem, no porto da carga (artigo n. 515);

8 - as quantias emprestadas ao capitão, ou dívidas por ele contraídas para o conserto e custeio do navio, durante a última viagem, com os respectivos prêmios de seguro, quando em virtude de tais empréstimos o capitão houver evitado firmar letras de risco (artigo n. 515);

9 - faltas na entrega da carga, prêmios de seguro sobre o navio ou fretes e avarias ordinárias, e tudo o que respeitar à última viagem somente.

- arts. 472 a 476; 479; e 627 deste Código.

Art. 471. São igualmente privilegiadas, ainda que contraídas fossem anteriormente à última viagem:

1 - as dívidas provenientes do contrato da construção do navio e juros respectivos, por tempo de 3 (três) anos, a contar do dia em que a construção ficar acabada;

2 - as despesas do conserto do navio e seus aparelhos, e juros respectivos, por tempo dos 2 (dois) últimos anos, a contar do dia em que o conserto terminou.

- arts. 472 a 476; 479 deste Código.

Art. 472. Os créditos provenientes das dívidas especificadas no artigo precedente, e nos n. 4, 6, 7 e 8 do artigo n. 470, só serão considerados como privilegiados quando tiverem sido lançados no Registro do Comércio em tempo útil (artigos n. 10 e 2) e as suas importâncias se acharem anotadas no registro da embarcação (artigo n. 468).

As mesmas dívidas, sendo contraídas fora do Império, só serão atendidas achando-se autenticadas com o Visto do respectivo cônsul.

Art. 473. Os credores contemplados nos artigo n. 470 e 471 preferem entre si pela ordem dos números em que estão colocados; as dívidas, contempladas debaixo do mesmo número e contraídas no mesmo porto, precederão entre si pela ordem em que ficam classificadas, e entrarão em concurso sendo de idêntica natureza; porém, se dívidas idênticas se fizerem por necessidade em outros portos, ou no mesmo porto a que voltar o navio, as posteriores preferirão às anteriores.

Art. 474. Em seguimento dos créditos mencionados nos artigos n. 470 e 471, são também privilegiados o preço da compra do navio não pago, e os juros respectivos, por tempo de 3 (três) anos, a contar da data do instrumento do contrato; contanto, porém, que tais créditos constem de documentos inscritos lançados no Registro do Comércio em tempo útil, e a sua importância se ache anotada no registro da embarcação.

- arts. 475; 476; 479 deste Código.

Art. 475. No caso de quebra ou insolvência do armador do navio, todos os créditos a cargo da embarcação, que se acharem nas precisas circunstâncias dos artigos n. 470, 471 e 474, preferirão sobre o preço do navio a outros credores da massa.

Art. 476. O vendedor de embarcação é obrigado a dar ao comprador uma nota por ele assinada de todos os créditos privilegiados a que a mesma embarcação possa achar-se obrigada (artigos n. 470, 471 e 474), a qual deverá ser incorporada na escritura da venda em seguimento do registro da embarcação. A falta de declaração de algum crédito privilegiado induz presunção de má-fé da parte do vendedor, contra o qual o comprador poderá intentar a ação criminal que seja competente, se for obrigado ao pagamento de algum crédito não declarado.

- art. 299 deste Código.

Art. 477. Nas vendas judiciais extingue-se toda a responsabilidade da embarcação para com todos e quaisquer credores, desde a data do termo da arrematação, e fica subsistindo somente sobre o preço, enquanto este se não levanta.

Todavia, se do registro do navio constar que este está obrigado por algum crédito privilegiado, o preço da arrematação será conservado em depósito, em tanto quanto baste para solução dos créditos privilegiados constantes do registro; e não poderá levantar-se antes de expirar o prazo da prescrição dos créditos privilegiados, ou se mostrar que estão todos pagos, ainda mesmo que o exequente seja credor privilegiado, salvo prestando fiança idônea; pena de nulidade do levantamento do depósito; competindo ao credor prejudicado ação para haver de quem indevidamente houver recebido, e de perdas e danos solidariamente contra o juiz e escrivão que tiverem passado e assinado a ordem ou mandado.

- arts. 265; 818, CC.

Art. 478. Ainda que as embarcações sejam reputadas bens móveis, contudo, nas vendas judiciais, se guardarão as regras que as leis prescrevem para as arrematações dos bens de raiz; devendo as ditas vendas, além da afixação dos editais nos lugares públicos, e particularmente nas praças do comércio, ser publicadas por três anúncios insertos, com o intervalo de 8 (oito) dias, nos jornais do lugar, que habitualmente publicarem anúncios, e, não os havendo, nos do lugar mais vizinho.

Nas mesmas vendas, as custas judiciais do processo da execução e arrematação preferem a todos os créditos privilegiados.

- art. 881 e ss., NCPC.

Art. 479. Enquanto durar a responsabilidade da embarcação por obrigações privilegiadas, pode esta ser embargada e detida, a requerimento de credores que apresentarem títulos legais (artigos n. 470, 471 e 474), em qualquer porto do Império onde se achar, estando sem carga ou não tendo recebido a bordo mais da quarta parte da que corresponder à sua lotação; o embargo, porém, não será admissível achando-se a embarcação com os despachos necessários para poder ser declarada desimpedida, qualquer que seja o estado da carga; salvo se a dívida proceder de fornecimentos feitos no mesmo porto, e para a mesma viagem.

- art. 482 deste Código.

Art. 480. Nenhuma embarcação pode ser embargada ou detida por dívida não privilegiada; salvo no porto da sua matrícula; e mesmo neste, unicamente nos casos em que os devedores são por direito obrigados a prestar caução em juízo, achando-se previamente intentadas as ações competentes.

Art. 481. Nenhuma embarcação, depois de ter recebido mais da quarta parte da carga correspondente à sua lotação, pode ser embargada ou detida por dívidas particulares do armador, exceto se estas tiverem sido contraídas para aprontar o navio para a mesma viagem, e o devedor não tiver outros bens com que possa pagar; mas, mesmo neste caso, se mandará levantar o embargo, dando os mais compartes fiança pelo valor de seus respectivos quinhões, assinando o capitão termo de voltar ao mesmo lugar finda a viagem, e prestando os interessados na expedição fiança idônea à satisfação da dívida, no caso da embarcação não voltar por qualquer incidente, ainda que seja de força maior. O capitão que deixar de cumprir o referido termo responderá pessoalmente pela dívida, salvo o caso de força maior, e a sua falta será qualificada de barataria.

‣ art. 712 deste Código.

‣ art. 393, p.u., CC.

Art. 482. Os navios estrangeiros surtos nos portos do Brasil não podem ser embargados nem detidos, ainda mesmo que se achem sem carga, por dívidas que não forem contraídas no território brasileiro em utilidade dos mesmos navios ou da sua carga; salvo provindo a dívida de letras de risco ou de câmbio sacadas em país estrangeiro no caso do artigo n. 651, e vencidas em algum lugar do Império.

‣ Dec.-Lei 666/1969 (Institui a obrigatoriedade de transporte em navio de bandeira brasileira).

Art. 483. Nenhum navio pode ser detido ou embargado, nem executado na sua totalidade por dívidas particulares de um comparte; poderá, porém, ter lugar a execução no valor do quinhão do devedor, sem prejuízo da livre navegação do mesmo navio, prestando os mais compartes fiança idônea.

‣ art. 818, CC.

TÍTULO II
DOS PROPRIETÁRIOS, COMPARTES E CAIXAS DE NAVIOS

Art. 484. Todos os cidadãos brasileiros podem adquirir e possuir embarcações brasileiras; mas a sua armação e expedição só pode girar debaixo do nome e responsabilidade de um proprietário ou comparte, armador ou caixa, que tenha as qualidades requeridas para ser comerciante (artigos n. 1 e 4).

‣ art. 460 deste Código.

Art. 485. Quando os compartes de um navio fazem dele uso comum, esta sociedade ou parceria marítima regula-se pelas disposições das sociedades comerciais (Parte I, Título XV); salvo as determinações contidas no presente Título.

‣ arts. 981 a 1.181, CC.

Art. 486. Nas parcerias ou sociedades de navios, o parecer da maioria no valor dos interesses prevalece contra o da minoria nos mesmos interesses, ainda que esta seja representada pelo maior número de sócios e aquela por um só. Os votos computam-se na proporção dos quinhões; o menor quinhão será contado por um voto; no caso de empate decidirá a sorte, se os sócios não preferirem cometer a decisão a um terceiro.

Art. 487. Achando-se um navio necessitado de conserto, e convindo neste a maioria, os sócios dissidentes, se não quiserem anuir, serão obrigados a vender os seus quinhões aos outros compartes, estimando-se o preço antes de principiar-se o conserto; se estes não quiserem comprar, proceder-se-á à venda em hasta pública.

‣ art. 730, NCPC.

Art. 488. Se o menor número entender que a embarcação necessita de conserto e a maioria se opuser, a minoria tem direito para requerer que se proceda a vistoria judicial; decidindo-se que o conserto é necessário, todos os compartes são obrigados a contribuir para ele.

Art. 489. Se algum comparte na embarcação quiser vender o seu quinhão, será obrigado a afrontar os outros parceiros; estes têm direito a preferir na compra em igualdade de condições, contanto que efetuem a entrega do preço à vista, ou o consignem em juízo no caso de contestação. Resolvendo-se a venda do navio por deliberação da maioria, a minoria pode exigir que se faça em hasta pública.

‣ art. 730, NCPC.

Art. 490. Todos os compartes têm direito de preferir no fretamento a qualquer terceiro, em igualdade de condições; concorrendo na preferência para a mesma viagem dois ou mais compartes, preferirá o que tiver maior parte de interesses na embarcação; no caso de igualdade de interesses decidirá a sorte; todavia, esta preferência não dá direito para exigir que se varie o destino da viagem acordada pela maioria.

Art. 491. Toda a parceria ou sociedade de navio é administrada por um ou mais caixas, que representa em juízo e fora dele a todos os interessados, e os responsabiliza; salvo as restrições contidas no instrumento social, ou nos poderes do seu mandato, competentemente registrados (artigo n. 10, n. 2).

Art. 492. O caixa deve ser nomeado dentre os compartes; salvo se todos convierem na nomeação de pessoa estranha à parceria; em todos os casos é necessário que o caixa tenha as qualidades exigidas no artigo n. 484.

Art. 493. Ao caixa, não havendo estipulação em contrário, pertence nomear, ajustar e despedir o capitão e mais oficiais do navio, dar todas as ordens e fazer todos os contratos relativos à administração, fretamento e viagens da embarcação; obrando sempre em conformidade do acordo da maioria e do seu mandato, debaixo de sua responsabilidade pessoal para com os compartes pelo que obrar contra o mesmo acordo, ou mandato.

Art. 494. Todos os proprietários e compartes são solidariamente responsáveis pelas dívidas que o capitão contrair para consertar, habilitar e aprovisionar o navio; sem que esta responsabilidade possa ser ilidida, alegando-se que o capitão excedeu os limites das suas faculdades, ou instruções, se os credores provarem que a quantia pedida foi empregada a benefício do navio (artigo n. 517). Os mesmos proprietários e compartes são solidariamente responsáveis pelos prejuízos que o capitão causar a terceiro por falta da diligência que é obrigado a empregar para boa guarda, acondicionamento e conservação dos efeitos recebidos a bordo (artigo n. 519). Esta responsabilidade cessa, fazendo aqueles abandono do navio e fretes vencidos e a vencer na respectiva viagem. Não é permitido o abandono ao proprietário ou comparte que for ao mesmo tempo capitão do navio.

‣ art. 265, CC.

Art. 495. O caixa é obrigado a dar aos proprietários ou compartes, no fim de cada viagem, uma conta da sua gestão, tanto relativa ao estado do navio e parceria quanto da viagem finda, acompanhada dos documentos competentes, e a pagar sem demora o saldo líquido que a cada um couber; os proprietários ou compartes são obrigados a examinar a conta do caixa logo que lhes for apresentada, e a pagar sem demora a quota respectiva aos seus quinhões. A aprovação das contas do caixa dada pela maioria dos compartes do navio não obsta a que a minoria dos sócios intente contra eles as ações que julgar competentes.

TÍTULO III
DOS CAPITÃES OU MESTRES DE NAVIO

Art. 496. Para ser capitão ou mestre de embarcação brasileira, palavras sinônimas neste Código para todos os efeitos de direito, requer-se ser cidadão brasileiro, domiciliado no Império, com capacidade civil para poder contratar validamente.

‣ art. 12, CF.

‣ art. 5º, CC.

Art. 497. O capitão é o comandante da embarcação; toda a tripulação lhe está sujeita, e é obrigada a obedecer e cumprir as suas ordens em tudo quanto for relativo ao serviço do navio.

Art. 498. O capitão tem a faculdade de impor penas correcionais aos indivíduos da tripulação que perturbarem a ordem do navio, cometerem faltas de disciplina ou deixarem de fazer o serviço que lhes competir; e até mesmo de proceder à prisão por motivo de insubordinação ou de qualquer outro crime cometido a bordo, ainda mesmo que o delinquente seja passageiro; formando os necessários processos, os quais é obrigado a entregar com os presos às autoridades com-

CCom

petentes no primeiro porto do Império aonde entrar.

‣ art. 555, 1, deste Código.

Art. 499. Pertence ao capitão escolher e ajustar a gente da equipagem e despedi-la, nos casos em que a despedida possa ter lugar (artigo n. 555), obrando de conserto com o dono ou armador, caixa ou consignatário do navio, nos lugares onde estes se acharem presentes. O capitão não pode ser obrigado a receber na equipagem indivíduo algum contra a sua vontade.

Art. 500. O capitão que seduzir ou desencaminhar marinheiro matriculado em outra embarcação será punido com a multa de cem mil-réis por cada indivíduo que desencaminhar, e obrigado a entregar o marinheiro seduzido, existindo a bordo do seu navio; e se a embarcação por esta falta deixar de fazer-se à vela, será responsável pelas estadias da demora.

Art. 501. O capitão é obrigado a ter escrituração regular de tudo quanto diz respeito à administração do navio, e à sua navegação; tendo para este fim três livros distintos, encadernados e rubricados pela autoridade a cargo de quem estiver a matrícula dos navios; pena de responder por perdas e danos que resultarem da sua falta de escrituração regular.

Art. 502. No primeiro, que se denominará Livro da Carga, assentará diariamente as entradas e saídas da carga, com declaração específica das marcas e números dos volumes, nomes dos carregadores e consignatários, portos da carga e descarga, fretes ajustados, e quaisquer outras circunstâncias ocorrentes que possam servir para futuros esclarecimentos. No mesmo livro se lançarão também os nomes dos passageiros, com declaração do lugar do seu destino, preço e condições da passagem, e a relação da sua bagagem.

Art. 503. O segundo livro será da Receita e Despesa da Embarcação; e nele, debaixo de competentes títulos, se lançará, em forma de contas-correntes, tudo quanto o capitão receber e despender respectivamente à embarcação; abrindo-se assento a cada um dos indivíduos da tripulação, com declaração de seus vencimentos, e de qualquer ônus a que se achem obrigados, e a cargo do que receberem por conta de suas soldadas.

‣ art. 544 deste Código.

Art. 504. No terceiro livro, que será denominado Diário da Navegação, se assentarão diariamente, enquanto o navio se achar em algum porto, os trabalhos que tiverem lugar a bordo, e os consertos ou reparos do navio. No mesmo livro se assentará também toda a derrota da viagem, notando-se diariamente as observações que os capitães e os pilotos são obrigados a fazer, todas as ocorrências interessantes à navegação, acontecimentos extraordinários que possam ter lugar a bordo, e com especialidade os temporais, e os danos ou avarias que o navio ou a carga possam sofrer, as deliberações que se tomarem por acordo dos oficiais da embarcação, e os competentes protestos.

‣ arts. 516, 3; 526; 539 deste Código.

Art. 505. Todos os processos testemunháveis e protestos formados a bordo, tendentes a comprovar sinistros, avarias, ou quaisquer perdas, devem ser ratificados com juramento do capitão perante a autoridade competente do primeiro lugar onde chegar; a qual deverá interrogar o mesmo capitão, oficiais, gente da equipagem (artigo n. 545, n. 7) e passageiros sobre a veracidade dos fatos e suas circunstâncias, tendo presente o Diário da Navegação, se houver sido salvo.

‣ arts. 526; 743 deste Código.

‣ arts. 766 e ss., NCPC.

Art. 506. Na véspera da partida do porto da carga, fará o capitão inventariar, em presença do piloto e contramestre, as amarras, âncoras, velames e mastreação, com declaração do estado em que se acharem. Este inventário será assinado pelo capitão, piloto e contramestre. Todas as alterações que durante a viagem sofrer qualquer dos sobreditos artigos serão anotadas no Diário da Navegação, e com as mesmas assinaturas.

Art. 507. O capitão é obrigado a permanecer a bordo desde o momento em que começa a viagem de mar até a chegada do navio a surgidouro seguro e bom porto; e a tomar os pilotos e práticos necessários em todos os lugares em que os regulamentos, o uso e prudência o exigirem; pena de responder por perdas e danos que da sua falta resultarem.

Art. 508. É proibido ao capitão abandonar a embarcação, por maior perigo que se ofereça, fora do caso de naufrágio; e julgando-se indispensável o abandono, é obrigado a empregar a maior diligência possível para salvar todos os efeitos do navio e carga, e com preferência os papéis e livros da embarcação, dinheiro e mercadorias de maior valor. Se apesar de toda a diligência os objetos tirados do navio, ou os que nele ficarem se perderem ou forem roubados sem culpa sua, o capitão não será responsável.

Art. 509. Nenhuma desculpa poderá desonerar o capitão que alterar a derrota que era obrigado a seguir, ou que praticar algum ato extraordinário de que possa provir dano ao navio ou à carga, sem ter precedido deliberação tomada em junta composta de todos os oficiais da embarcação, e na presença dos interessados do navio ou na carga, se algum se achar a bordo. Em tais deliberações, e em todas as mais que for obrigado a tomar com acordo dos oficiais do navio, o capitão tem voto de qualidade, e até mesmo poderá obrar contra o vencido, debaixo de sua responsabilidade pessoal, sempre que o julgar conveniente.

‣ arts. 539; 680; 764; 770 deste Código.

Art. 510. É proibido ao capitão entrar em porto estranho ao do seu destino; e, se ali for levado por força maior (artigo n. 740), é obrigado a sair no primeiro tempo oportuno que se oferecer; pena de responder pelas perdas e danos que da demora resultarem ao navio ou à carga (artigo n. 748).

‣ art. 393, CC.

Art. 511. O capitão que entrar em porto estrangeiro é obrigado a apresentar-se ao cônsul do Império nas primeiras 24 (vinte quatro) horas úteis, e a depositar nas suas mãos a guia ou manifesto da Alfândega, indo de algum porto do Brasil, e à matrícula; e a declarar, e fazer anotar nesta pelo mesmo cônsul, no ato da apresentação, toda e qualquer alteração que tenha ocorrido sobre o mar na tripulação do navio; e antes da saída as que ocorrerem durante a sua estada no mesmo porto.

Quando a entrada for em porto do Império, o depósito do manifesto terá lugar na Alfândega respectiva, havendo-a, e o da matrícula na repartição onde esta se costuma fazer com as sobreditas declarações.

Art. 512. Na volta da embarcação ao porto donde saiu, ou naquele onde largar o seu comando, é o capitão obrigado a apresentar a matrícula original na repartição encarregada da matrícula dos navios, dentro de 24 (vinte e quatro) horas úteis depois que der fundo, e a fazer as mesmas declarações ordenadas no artigo precedente. Passados 8 (oito) dias depois do referido tempo, prescreve qualquer ação de procedimento, que possa ter lugar contra o capitão por faltas por ele cometidas na matrícula durante a viagem.

O capitão que não apresentar todos os indivíduos matriculados, ou não fizer constar devidamente a razão da falta, será multado, pela autoridade encarregada da matrícula dos navios, em cem mil-réis por cada pessoa que apresentar de menos, com recurso para o Tribunal do Comércio competente.

‣ art. 189, CC.

Art. 513. Não se achando presentes os proprietários, seus mandatários ou consignatários, incumbe ao capitão ajustar fretamentos, segundo as instruções que tiver recebido (artigo n. 569).

Art. 514. O capitão, nos portos onde residirem os donos, seus mandatários ou consignatários, não pode, sem autorização especial destes, fazer despesa alguma extraordinária com a embarcação.

Art. 515. É permitido ao capitão em falta de fundos, durante a viagem, não se achando presente algum dos proprietários da embarcação, seus mandatários ou consignatários, e na falta deles algum interessado na carga, ou mesmo se, achando-se presentes, não providenciarem, contrair dívidas, tomar dinheiro a risco sobre o casco e pertences do navio e remanescentes dos fretes depois de pagas as soldadas, e até mesmo, na falta absoluta de outro recurso, vender mercadorias da carga, para o reparo ou provisão da embarcação; declarando nos títulos das obrigações que assinar a causa de que estas procedem (artigo n. 517).

As mercadorias da carga que em tais casos se venderem serão pagas aos carregadores pelo preço que outras de igual qualidade obtiverem no porto da descarga, ou pelo que por arbitradores se estimar no caso da venda ter compreendido todas as da mesma qualidade (artigo n. 621).

▸ arts. 633; 651; 695; 754 deste Código.

Art. 516. Para poder ter lugar alguma das providências autorizadas no artigo precedente, é indispensável:

1 - Que o capitão prove falta absoluta de fundos em seu poder pertencentes à embarcação.

2 - Que não se ache presente o proprietário da embarcação, ou mandatário seu ou consignatário, e na falta algum dos interessados na carga; ou que, estando presentes, se dirigiu a eles e não providenciaram.

3 - Que a deliberação seja tomada de acordo com os oficiais da embarcação, lavrando-se no Diário da Navegação termo da necessidade da medida tomada (artigo n. 504).

▸ arts. 651; 656, 5, deste Código.

A justificação destes requisitos será feita perante o juiz de direito do comércio do porto onde se tomar o dinheiro a risco ou se venderem as mercadorias, e por ele julgada procedente, e nos portos estrangeiros perante os cônsules do Império.

Art. 517. O capitão que, nos títulos ou instrumentos das obrigações procedentes de despesas por ele feitas para fabrico, habilitação ou abastecimento da embarcação, deixar de declarar a causa de que procedem, ficará pessoalmente obrigado para com as pessoas com quem contratar; sem prejuízo da ação que estas possam ter contra os donos do navio provando que as quantias devidas foram efetivamente aplicadas a benefício deste (artigo n. 494).

▸ arts. 515; 651 deste Código.

Art. 518. O capitão que tomar dinheiro sobre o casco do navio e seus pertences, empenhar ou vender mercadorias, fora dos casos em que por este Código lhe é permitido, e o que for convencido de fraude em suas contas, além das indenizações de perdas e danos, ficará sujeito à ação criminal que no caso couber.

▸ arts. 515; 633 deste Código.

Art. 519. O capitão é considerado verdadeiro depositário da carga e de quaisquer efeitos que receber a bordo, e como tal está obrigado à sua guarda, bom acondicionamento e conservação, e à sua pronta entrega à vista dos conhecimentos (artigo n. 586 e 587).

A responsabilidade do capitão a respeito da carga principia a correr desde o momento em que a recebe, e continua até o ato da sua entrega no lugar que se houver convencionado, ou que estiver em uso no porto da descarga.

▸ art. 494 deste Código.

Art. 520. O capitão tem direito para ser indenizado pelos donos de todas as despesas necessárias que fizer em utilidade da embarcação com fundos próprios ou alheios, contanto que não tenha excedido as suas instruções, nem as faculdades que por sua natureza são inerentes à sua qualidade de capitão.

Art. 521. É proibido ao capitão pôr carga alguma no convés da embarcação sem ordem ou consentimento por escrito dos carregadores; pena de responder pessoalmente por todo o prejuízo que daí possa resultar.

▸ art. 790 deste Código.

Art. 522. Estando a embarcação fretada por inteiro, se o capitão receber carga de terceiro, o afretador tem direito a fazê-la desembarcar.

▸ arts. 570; 596 deste Código.

Art. 523. O capitão, ou qualquer outro indivíduo da tripulação, que carregar na embarcação, ainda mesmo a pretexto de ser na sua câmara ou nos seus agasalhados, mercadoria de sua conta particular, sem consentimento por escrito do dono do navio ou dos afretadores, pode ser obrigado a pagar frete dobrado.

Art. 524. O capitão que navega em parceria a lucro comum sobre a carga não pode fazer comércio algum por sua conta particular a não haver convenção em contrário; pena de correrem por conta dele todos os riscos e perdas, e de pertencerem aos demais parceiros os lucros que houver.

Art. 525. É proibido ao capitão fazer com os carregadores ajustes públicos ou secretos que revertam em benefício seu particular, debaixo de qualquer título ou pretexto que seja; pena de correr por conta dele e dos carregadores, todo o risco que acontecer, e de pertencer ao dono do navio todo o lucro que houver.

Art. 526. É obrigação do capitão resistir por todos os meios que lhe ditar a sua prudência a toda e qualquer violência que possa intentar-se contra a embarcação, seus pertences e carga; e se for obrigado a fazer entrega de tudo ou de parte, deverá munir-se com os competentes protestos e justificações no mesmo porto, ou no primeiro onde chegar (artigos n. 504 e 505).

Art. 527. O capitão não pode reter a bordo os efeitos da carga a título de segurança do frete; mas tem direito de exigir dos donos ou consignatários, no ato da entrega da carga, que depositem ou afiancem a importância do frete, avarias grossas e despesas a seu cargo; e na falta de pronto pagamento, depósito, ou fiança, poderá requerer embargo pelos fretes, avarias e despesas sobre as mercadorias da carga, enquanto estas se acharem em poder dos donos ou consignatários, ou estejam fora das estações públicas ou dentro delas; e mesmo para requerer a sua venda imediata, se forem de fácil deterioração, ou de guarda arriscada ou dispendiosa.

A ação de embargo prescreve passados 30 (trinta) dias a contar da data do último dia da descarga.

▸ art. 764 deste Código.

▸ arts. 189; 818, CC.

Art. 528. Quando por ausência do consignatário, ou por se não apresentar o portador do conhecimento à ordem, o capitão ignorar a quem deva competentemente fazer a entrega, solicitará do juiz de direito do comércio, e onde o não houver da autoridade local a quem competir, que nomeie depositário para receber os gêneros, e pagar os fretes devidos por conta de quem pertencer.

▸ arts. 583; 585 deste Código.

Art. 529. O capitão é responsável por todas as perdas e danos que, por culpa sua, omissão ou imperícia, sobrevierem ao navio ou à carga; sem prejuízo das ações criminais a que a sua malversação ou dolo possa dar lugar (artigo n. 608).

O capitão é também civilmente responsável pelos furtos, ou quaisquer danos praticados a bordo pelos indivíduos da tripulação nos objetos da carga, enquanto esta se achar debaixo da sua responsabilidade.

▸ art. 540 deste Código.

▸ arts. 186; 188; 927, CC.

Art. 530. Serão pagas pelo capitão todas as multas que forem impostas à embarcação por falta de exata observância das leis e regulamentos das Alfândegas e polícia dos portos; e igualmente os prejuízos que resultarem de discórdias entre os indivíduos da mesma tripulação no serviço desta, se não provar que empregou todos os meios convenientes para as evitar.

▸ art. 718 deste Código.

Art. 531. O capitão que, fora do caso de inavegabilidade legalmente provada, vender o navio sem autorização especial dos donos, ficará responsável por perdas e danos, além da nulidade da venda, e do procedimento criminal que possa ter lugar.

Art. 532. O capitão que, sendo contratado para uma viagem certa, deixar de a concluir sem causa justificada, responderá aos proprietários, afretadores e carregadores pelas perdas e danos que dessa falta resultarem.

Em reciprocidade, o capitão que sem justa causa for despedido antes de finda a viagem, será pago da sua soldada por inteiro, posto à custa do proprietário ou afretador no lugar onde começou a viagem, e indenizado de quaisquer vantagens que possa ter perdido pela despedida.

Pode, porém, ser despedido antes da viagem começada, sem direito a indenização, não havendo ajuste em contrário.

Art. 533. Sendo a embarcação fretada para porto determinado, só pode o capitão negar-se a fazer a viagem, sobrevindo peste, guerra, bloqueio ou impedimento legítimo da embarcação sem limitação de tempo.

Art. 534. Acontecendo falecer algum passageiro ou indivíduo da tripulação durante a viagem, o capitão procederá a inventário de todos os bens que o falecido deixar, com assistência dos oficiais da embarcação e de duas testemunhas, que serão com preferência passageiros, pondo tudo em boa arrecadação, e logo que chegar ao porto da saída fará entrega do inventário e bens às autoridades competentes.

Art. 535. Finda a viagem, o capitão é obrigado a dar sem demora contas da sua gestão ao dono ou caixa do navio, com entrega do dinheiro que em si tiver, livros e todos os mais papéis. E o dono ou caixa é obrigado a ajustar as contas do capitão logo que as receber, e a pagar a soma que lhe for devida. Havendo contestação sobre a conta, o capitão tem direito para ser pago imediatamente das soldadas vencidas, prestando fiança de as repor, a haver lugar.

‣ art. 818, CC.

Art. 536. Sendo o capitão o único proprietário da embarcação, será simultaneamente responsável aos afretadores e carregadores por todas as obrigações impostas aos capitães e aos armadores.

Art. 537. Toda a obrigação pela qual o capitão, sendo comparte do navio, for responsável à parceria, tem privilégio sobre o quinhão e lucros que o mesmo tiver no navio e fretes.

TÍTULO IV
DO PILOTO E CONTRAMESTRE

Art. 538. A habilitação e deveres dos pilotos e contramestres são prescritos nos regulamentos de Marinha.

‣ Lei 7.573/1986 (Dispõe sobre o Ensino Profissional Marítimo).

Art. 539. O piloto, quando julgar necessário mudar de rumo, comunicará ao capitão as razões que assim o exigem; e se este se opuser, desprezando as suas observações, que em tal caso deverá renovar-lhe na presença dos mais oficiais do navio, lançará o seu protesto no Diário da Navegação (artigo n. 504), o qual deverá ser por todos assinado, e obedecerá às ordens do capitão, sobre quem recairá toda a responsabilidade.

‣ art. 509 deste Código.

Art. 540. O piloto que, por imperícia, omissão ou malícia, perder o navio ou lhe causar dano, será obrigado a ressarcir o prejuízo que sofrer o mesmo navio ou a carga; além de incorrer nas penas criminais que possam ter lugar; a responsabilidade do piloto não exclui a do capitão nos casos do artigo n. 529.

‣ art. 932, III, CC.

Art. 541. Por morte ou impedimento do capitão recai o comando do navio no piloto, e na falta ou impedimento deste no contramestre, com todas as prerrogativas, faculdades, obrigações e responsabilidades inerentes ao lugar de capitão.

Art. 542. O contramestre que, recebendo ou entregando fazendas, não exige e entrega ao capitão as ordens, recibos, ou outros quaisquer documentos justificativos do seu ato, responde por perdas e danos daí resultantes.

‣ art. 932, III, CC.

TÍTULO V
DO AJUSTE E SOLDADAS DOS OFICIAIS E GENTE DA TRIPULAÇÃO, SEUS DIREITOS E OBRIGAÇÕES

Art. 543. O capitão é obrigado a dar às pessoas da tripulação, que o exigirem, uma nota por ele assinada, em que se declare a natureza do ajuste e preço da soldada, e a lançar na mesma nota as quantias que se forem pagando por conta. As condições do ajuste entre o capitão e a gente da tripulação, na falta de outro título do contrato, provam-se pelo rol da equipagem ou matrícula; subentendendo-se sempre compreendido no ajuste o sustento da tripulação.

Não constando pela matrícula, nem por outro escrito do contrato, o tempo determinado do ajuste, entende-se sempre que foi por viagem redonda ou de ida e volta ao lugar em que teve lugar a matrícula.

‣ arts. 248 a 252, CLT.

Art. 544. Achando-se o Livro da Receita e Despesa do navio conforme a matrícula (artigo n. 467), e escriturado com regularidade (artigo n. 503), fará inteira fé para solução de quaisquer dúvidas que possam suscitar-se sobre as condições do contrato das soldadas; quanto, porém, às quantias entregues por conta, prevalecerão, em caso de dúvida, os assentos lançados nas notas de que trata o artigo precedente.

Art. 545. São obrigações dos oficiais e gente da tripulação:

1 - ir para bordo prontos para seguir viagem no tempo ajustado; pena de poderem ser despedidos;

2 - não sair do navio nem passar a noite fora sem licença do capitão; pena de perdimento de 1 (um) mês de soldada;

3 - não retirar os seus efeitos de bordo sem serem visitados pelo capitão, ou pelo seu segundo, debaixo da mesma pena;

4 - obedecer sem contradição ao capitão e mais oficiais, nas suas respectivas qualidades, e abster-se de brigas; debaixo das penas declaradas nos artigo n. 498 e 555;

5 - auxiliar o capitão, em caso de ataque do navio, ou desastre sobrevindo à embarcação ou à carga, seja qual for a natureza do sinistro; pena de perdimento das soldadas vencidas;

6 - finda a viagem, fundear e desaparelhar o navio, conduzi-lo a surgidouro seguro, e amarrá-lo, sempre que o capitão o exigir; pena de perdimento das soldadas vencidas;

7 - prestar os depoimentos necessários para ratificação dos processos testemunháveis, e protestos formados a bordo (artigo n. 505), recebendo pelos dias da demora uma indenização proporcional às soldadas que venciam; faltando a este dever não terão ação para demandar as soldadas vencidas.

‣ art. 482, CLT.

Art. 546. Os oficiais e quaisquer outros indivíduos da tripulação, que, depois de matriculados, abandonarem a viagem antes de começada, ou se ausentarem antes de acabada, podem ser compelidos com prisão ao cumprimento do contrato, a repor o que se lhes houver pago adiantado, e a servir 1 (um) mês sem receberem soldada.

‣ arts. 480; 487, CLT.

Art. 547. Se depois de matriculada a equipagem se romper a viagem no porto da matrícula por fato do dono, capitão, ou afretador, a todos os indivíduos da tripulação justos ao mês se abonará a soldada de 1 (um) mês, além da que tiverem vencido; aos que estiverem contratados por viagem abonar-se-á metade da soldada ajustada.

Se, porém, o rompimento da viagem tiver lugar depois da saída do porto da matrícula, os indivíduos justos ao mês têm direito a receber, não pelo tempo vencido, mas também pelo que seria necessário para regressarem ao porto da saída, ou para chegarem ao do destino, fazendo-se a conta por aquele que se achar mais próximo; aos contratados por viagem redonda se pagará como se a viagem se achasse terminada.

Tanto os indivíduos da equipagem justos por viagem quanto os justos ao mês têm direito a que se lhes pague a despesa da passagem do porto da despedida para aquele onde ou para onde se ajustarem, que for mais próximo. Cessa esta obrigação sempre que os indivíduos da equipagem podem encontrar soldada no porto da despedida.

Art. 548. Rompendo-se a viagem por causa de força maior, a equipagem, se a embarcação se achar no porto do ajuste, só tem direito a exigir as soldadas vencidas.

São causas de força maior:

1 - declaração de guerra, ou interdito de comércio entre o porto da saída e o porto do destino da viagem;

2 - declaração de bloqueio do porto, ou peste declarada nele existente;

3 - proibição de admissão no mesmo porto dos gêneros carregados na embarcação;

4 - detenção ou embargo da embarcação (no caso de se não admitir fiança ou não ser possível dá-la), que exceda ao tempo de 90 (noventa) dias;

5 - inavegabilidade da embarcação acontecida por sinistro.

‣ arts. 501 a 504, CLT.

Art. 549. Se o rompimento da viagem por causa de força maior acontecer achando-se a embarcação em algum porto de arribada, a equipagem contratada ao mês só tem direito a ser paga pelo tempo vencido desde a saída do porto até o dia em que for despedida, e a equipagem justa por viagem não tem direito a soldada alguma se a viagem não se conclui.

Art. 550. No caso de embargo ou detenção, os indivíduos da tripulação justos ao mês vencerão metade de suas soldadas durante o impedimento, não excedendo este de 90 (noventa) dias; findo este prazo caduca o ajuste. Aqueles, porém, que forem justos por viagem redonda são obrigados a cumprir seus contratos até o fim da viagem.

Todavia, se o proprietário da embarcação vier a receber indenização pelo embargo ou detenção, será obrigado a pagar as soldadas por inteiro aos que forem justos ao mês, e aos de viagem redonda na devida proporção.

Art. 551. Quando o proprietário, antes de começada a viagem, der à embarcação destino diferente daquele que tiver sido declarado no contrato, terá lugar novo ajuste; e os que se não ajustarem só terão direito a receber o vencido, ou a reter o que tiverem recebido adiantado.

- art. 483, CLT.

Art. 552. Se depois da chegada da embarcação ao porto do seu destino, e ultimada a descarga, o capitão, em lugar de fazer o seu retorno, fretar ou carregar a embarcação para ir a outro destino, é livre aos indivíduos da tripulação ajustarem-se de novo ou retirarem-se, não havendo no contrato estipulação em contrário.

- art. 483, CLT.

Todavia, se o capitão, fora do Império, achar a bem navegar para outro porto livre, e nele carregar ou descarregar, a tripulação não pode despedir-se, posto que a viagem se prolongue além do ajuste; recebendo os indivíduos justos por viagem um aumento de soldada na proporção da prolongação.

Art. 553. Sendo a tripulação justa a partes ou quinhão no frete, não lhe será devida indenização alguma pelo rompimento, retardação ou prolongação da viagem causada por força maior; mas se o rompimento, retardação ou prolongação provier de fato dos carregadores, terá parte nas indenizações que se concederem ao navio; fazendo-se a divisão entre os donos do navio e a gente da tripulação, na mesma proporção em que o frete deveria ser dividido.

Se o rompimento, retardação ou prolongação provier de fato do capitão ou proprietário do navio, estes serão obrigados às indenizações proporcionais respectivas. Quando a viagem for mudada para porto mais vizinho, ou abreviada por outra qualquer causa, os indivíduos da tripulação justos por viagem serão pagos por inteiro.

Art. 554. Se alguém da tripulação depois de matriculado for despedido sem justa causa, terá direito de haver a soldada contratada por inteiro, sendo redonda, e se for ao mês far-se-á a conta pelo termo médio do tempo que costuma gastar-se nas viagens para o porto do ajuste. Em tais casos o capitão não tem direito para exigir do dono do navio as indenizações que for obrigado a pagar; salvo tendo obrado com sua autorização.

Art. 555. São causas justas para a despedida:

1 - perpetração de algum crime, ou desordem grave que perturbe a ordem da embarcação, reincidência em insubordinação, falta de disciplina ou de cumprimento de deveres (artigo n. 498);

2 - embriaguez habitual;

3 - ignorância do mister para que o despedido se tiver ajustado;

4 - qualquer ocorrência que o inabilite para desempenhar as suas obrigações, com exceção do caso prevenido no artigo n. 560.

- art. 482, CLT.
- arts. 150, § 1º, II, c; 251, § 2º; 261, CP.
- arts. 32; 34, Decreto-Lei 3.688/1941 (Lei das Contravenções Penais).

Art. 556. Os oficiais e gente da tripulação podem despedir-se, antes de começada a viagem, nos casos seguintes:

1 - quando o capitão muda do destino ajustado (artigo n. 551);

2 - se depois do ajuste o Império é envolvido em guerra marítima, ou há notícias certas de peste no lugar do destino;

3 - se assoldados para ir em comboio, este não tem lugar;

4 - morrendo o capitão, ou sendo despedido.

- art. 483, CLT.

Art. 557. Nenhum indivíduo da tripulação pode intentar litígio contra o navio ou capitão, antes de terminada a viagem; todavia, achando-se o navio em bom porto, os indivíduos maltratados, ou a quem o capitão houver faltado com o devido sustento, poderão demandar a rescisão do contrato.

- art. 483, CLT.

Art. 558. Sendo a embarcação apresada, ou naufragando, a tripulação não tem direito às soldadas vencidas na viagem do sinistro, nem o dono do navio a reclamar as que tiver pago adiantadas.

Art. 559. Se a embarcação aprisionada se recuperar achando-se ainda a tripulação a bordo, será esta paga de suas soldadas por inteiro.

Salvando-se do naufrágio alguma parte do navio ou da carga, a tripulação terá direito a ser paga das soldadas vencidas na última viagem, com preferência a outra qualquer dívida anterior, até onde chegar o valor da parte do navio que se puder salvar; e não chegando esta, ou se nenhuma parte se tiver salvado, pelos fretes da carga salva.

Entende-se última viagem, o tempo decorrido desde que a embarcação principiou a receber o lastro ou carga que tiver a bordo na ocasião do apresamento, ou naufrágio.

Se a tripulação estiver justa a partes, será paga somente pelos fretes dos salvados, e em devida proporção de rateio com o capitão.

- art. 760 deste Código.

Art. 560. Não deixará de vencer a soldada ajustada qualquer indivíduo da tripulação que adoecer durante a viagem em serviço do navio, e o curativo será por conta deste; se, porém, a doença for adquirida fora do serviço do navio, cessará o vencimento da soldada enquanto ela durar, e a despesa do curativo será por conta das soldadas vencidas; e se estas não chegarem, por seus bens ou pelas soldadas que possam vir a vencer.

Art. 561. Falecendo algum indivíduo da tripulação durante a viagem, a despesa do seu enterro será paga por conta do navio; e seus herdeiros têm direito à soldada devida até o dia do falecimento, estando justo ao mês; até o porto do destino se a morte acontecer em caminho para ele, sendo o ajuste por viagem; e à de ida e volta acontecendo em torna-viagem, se o ajuste for por viagem redonda.

Art. 562. Qualquer que tenha sido o ajuste, o indivíduo da tripulação que for morto em defesa da embarcação será considerado como vivo para todos os vencimentos e quaisquer interesses que possam vir aos da sua classe, até que a mesma embarcação chegue ao porto do seu destino.

O mesmo benefício gozará o que for aprisionado em ato de defesa da embarcação, se esta chegar a salvamento.

Art. 563. Acabada a viagem, a tripulação tem ação para exigir o seu pagamento dentro de 3 (três) dias depois de ultimada a descarga, com os juros da lei no caso de mora (artigo n. 449, n. 4).

Ajustando-se os oficiais e gente da tripulação para diversas viagens, poderão, terminada cada viagem, exigir as soldadas vencidas.

Art. 564. Todos os indivíduos da equipagem têm hipoteca tácita no navio e fretes para serem pagos das soldadas vencidas na última viagem com preferência a outras dívidas menos privilegiadas; e em nenhum caso o réu será ouvido sem depositar a quantia pedida.

Entender-se-á por equipagem ou tripulação para o dito efeito, e para todos os mais dispostos neste Título, o capitão, oficiais, marinheiros e todas as mais pessoas empregadas no serviço do navio, menos as sobrecargas.

- arts. 1.473 a 1.505, CC.
- arts. 876 a 892, CLT.
- art. 759 deste Código.

Art. 565. O navio e frete respondem para com os donos da carga pelos danos que sofrerem por delitos, culpa ou omissão culposa do capitão ou gente da tripulação, perpetrados em serviço do navio; salvas as ações dos proprietários da embarcação contra o capitão, e deste contra a gente da tripulação.

O salário do capitão e as soldadas da equipagem são hipoteca especial nestas ações.

- art. 540 deste Código.
- arts. 1.473 a 1.505, CC.

TÍTULO VI
DOS FRETAMENTOS

CAPÍTULO I
DA NATUREZA E FORMA DO CONTRATO DE FRETAMENTO E DAS CARTAS-PARTIDAS

Art. 566. O contrato de fretamento de qualquer embarcação, quer seja na sua totalidade ou em parte, para uma ou mais viagens, quer seja à carga, colheita ou prancha. O que tem lugar quando o capitão recebe carga de quanto se apresentam, deve provar-se por escrito. No primeiro caso o instrumento, que se chama carta-partida ou carta de fretamento, deve ser assinado pelo fretador e afretador, e por quaisquer outras pessoas que intervenham no contrato, do qual se dará a cada uma das partes um exemplar; e no segundo, o instrumento chama-se conhecimento, e basta ser assinado pelo capitão e o carregador. Entende-se por fretador o que dá, e por afretador o que toma a embarcação a frete.

- art. 568 deste Código.
- art. 743 a 756, CC.

Art. 567. A carta-partida deve enunciar:

1 - o nome do capitão e o do navio, o porte deste, a nação a que pertence, e o porto do seu registro (artigo n. 460);

2 - o nome do fretador e o do afretador, e seus respectivos domicílios; se o fretamento for por conta de terceiro deverá também declarar-se o seu nome e domicílio;

3 - a designação da viagem, se é redonda ou ao mês, para uma ou mais viagens, e se estas são de ida e volta ou somente para ida ou volta, e finalmente se a embarcação se freta no todo ou em parte;

4 - o gênero e quantidade da carga que o navio deve receber, designada por toneladas, números, peso ou volume, e por conta de quem a mesma será conduzida para bordo, e deste para terra;

5 - o tempo da carga e descarga, portos de escala quando a haja, as estadias e sobre-estadias ou demoras, e a forma por que estas se hão de vencer e contar;

6 - o preço do frete, quanto há de pagar-se de primagem ou gratificação, e de estadias e sobre-estadias, e a forma, tempo e lugar do pagamento;

7 - se há lugares reservados no navio, além dos necessários para uso e acomodação do pessoal e material do serviço da embarcação;

- art. 570 deste Código.

8 - todas as mais estipulações em que as partes se acordarem.

Art. 568. As cartas de fretamento devem ser lançadas no Registro do Comércio, dentro de 15 (quinze) dias a contar da saída da embarcação nos lugares da residência dos Tribunais do Comércio, e nos outros, dentro do prazo que estes designarem (artigo n. 31).

- art. 967, CC.
- art. 36 e ss., Lei 8.934/1994 (Dispõe sobre o registro público de empresas mercantis e atividades afins).

Art. 569. A carta de fretamento valerá como instrumento público tendo sido feita por intervenção e com assinatura de algum corretor de navios, ou na falta de corretor por tabelião que porte por fé ter sido passada na sua presença e de duas testemunhas com ele assinadas. A carta de fretamento que não for autenticada por alguma das duas referidas formas obrigará as próprias partes mas não dará direito contra terceiro.

As cartas de fretamento assinadas pelo capitão valem ainda que este tenha excedido as faculdades das suas instruções; salvo o direito dos donos do navio por perdas e danos contra ele pelos abusos que cometer.

- art. 513 deste Código.

Art. 570. Fretando-se o navio por inteiro, entende-se que fica somente reservada a câmara do capitão, os agasalhados da equipagem e as acomodações necessárias para o material da embarcação.

- arts. 522; 596 deste Código.

Art. 571. Dissolve-se o contrato de fretamento, sem que haja lugar a exigência alguma de parte a parte:

1 - Se a saída da embarcação for impelida, antes da partida, por força maior sem limitação de tempo.

2 - Sobrevindo, antes de principiada a viagem, declaração de guerra, ou interdito de comércio com o país para onde a embarcação é destinada, em consequência do qual o navio e a carga conjuntamente não sejam considerados como propriedade neutra.

3 - Proibição de exportação de todas ou da maior parte das fazendas compreendidas na carta de fretamento do lugar donde a embarcação deva partir, ou de importação no de seu destino.

4 - Declaração de bloqueio do porto da carga ou do seu destino, antes da partida do navio.

Em todos os referidos casos as despesas da descarga serão por conta do afretador ou carregadores.

- art. 573 deste Código.
- art. 393, CC.

Art. 572. Se o interdito de comércio com o porto do destino do navio acontece durante a sua viagem, e se por este motivo o navio é obrigado a voltar com a carga, deve-se somente o frete pela ida, ainda que o navio tivesse sido fretado por ida e volta.

- art. 573 deste Código.

Art. 573. Achando-se um navio fretado em lastro para outro porto onde deva carregar, dissolve-se o contrato, se chegando a esse porto sobrevier algum dos impedimentos designados nos artigos n. 571 e 572, sem que possa ter lugar indenização alguma por nenhuma das partes, quer o impedimento venha só do navio, quer do navio e carga. Se, porém, o impedimento nascer da carga e não do navio, o afretador será obrigado a pagar metade do frete ajustado.

Art. 574. Poderá igualmente rescindir-se o contrato de fretamento a requerimento do afretador, se o capitão lhe tiver ocultado a verdadeira bandeira da embarcação; ficando este pessoalmente responsável ao mesmo afretador por todas as despesas da carga e descarga, e por perdas e danos, se o valor do navio não chegar para satisfazer o prejuízo.

CAPÍTULO II
DOS CONHECIMENTOS

- arts. 578; 586; 587, deste Código.
- art. 744, CC.

Art. 575. O conhecimento deve ser datado, e declarar:

- art. 566 deste Código.

1 - o nome do capitão, e o do carregador e consignatário (podendo omitir-se o nome deste se for à ordem), e o nome e porte do navio;

2 - a qualidade e a quantidade dos objetos da carga, suas marcas e números, anotados à margem;

3 - o lugar da partida e o do destino, com declaração das escalas, havendo-as;

4 - o preço do frete e primagem, se esta for estipulada, e o lugar e forma do pagamento;

5 - a assinatura do capitão (artigo n. 577), e a do carregador.

Art. 576. Sendo a carga tomada em virtude de carta de fretamento, o portador do conhecimento não fica responsável por alguma condição ou obrigação especial contida na mesma carta, se o conhecimento não tiver a cláusula - segundo a carta de fretamento.

- art. 566 deste Código.

Art. 577. O capitão é obrigado a assinar todas as vias de um mesmo conhecimento que o carregador exigir, devendo ser todas do mesmo teor e da mesma data, e conter o número da via. Uma via ficará em poder do capitão, as outras pertencem ao carregador.

Se o capitão for ao mesmo tempo o carregador, os conhecimentos respectivos serão assinados por duas pessoas da tripulação a ele imediatas no comando do navio, e uma via será depositada nas mãos do armador ou do consignatário.

- art. 575, 5, deste Código.

Art. 578. Os conhecimentos serão assinados e entregues dentro de 24 (vinte e quatro) horas, depois de ultimada a carga, em resgate dos recibos provisórios; pena de serem responsáveis por todos os danos que resultarem do retardamento da viagem, tanto o capitão quanto os carregadores que houverem sido remissos na entrega dos mesmos conhecimentos.

Art. 579. Seja qual for a natureza do conhecimento, não poderá o carregador variar a consignação por via de novos conhecimentos, sem que faça prévia entrega ao capitão de todas as vias que este houver assinado.

O capitão que assinar novos conhecimentos sem ter recolhido todas as vias do primeiro ficará responsável aos portadores legítimos que se apresentarem com alguma das mesmas vias.

Art. 580. Alegando-se extravio dos primeiros conhecimentos, o capitão não será obrigado a assinar segundos, sem que o carregador preste fiança à sua satisfação pelo valor da carga neles declarada.

› art. 818, CC.

Art. 581. Falecendo o capitão da embarcação antes de fazer-se à vela, ou deixando de exercer o seu ofício, os carregadores têm direito para exigir do sucessor que revalide com a sua assinatura os conhecimentos por aquele assinados, conferindo-se a carga com os mesmos conhecimentos; o capitão que os assinar sem esta conferência responderá pelas faltas; salvo se os carregadores convierem que ele declare nos conhecimentos que não conferiu a carga.

No caso de morte do capitão ou de ter sido despedido sem justa causa, serão pagas pelo dono do navio as despesas da conferência; mas se a despedida provier de fato do capitão, serão por conta deste.

Art. 582. Se as fazendas carregadas não tiverem sido entregues por número, peso ou medida, ou no caso de haver dúvida na contagem, o capitão pode declarar nos conhecimentos, que o mesmo número, peso ou medida lhe são desconhecidos; mas se o carregador não convier nesta declaração deverá proceder-se a nova contagem, correndo a despesa por conta de quem a tiver ocasionado.

Convindo o carregador na sobredita declaração, o capitão ficará somente obrigado a entregar no porto da descarga os efeitos que se acharem dentro da embarcação pertencentes ao mesmo carregador, sem que este tenha direito para exigir mais carga; salvo se provar que houve desvio da parte do capitão ou da tripulação.

Art. 583. Constando ao capitão que há diversos portadores das diferentes vias de um conhecimento das mesmas fazendas, ou tendo-se feito sequestro, arresto ou penhora nelas, é obrigado a pedir depósito judicial, por conta de quem pertencer.

Art. 584. Nenhuma penhora ou embargo de terceiro, que não for portador de alguma das vias de conhecimento, pode, fora do caso de reivindicação segundo as disposições deste Código (artigo n. 874, n. 2), privar o portador do mesmo conhecimento da faculdade de requerer o depósito ou venda judicial das fazendas no caso sobredito; salvo o direito do exequente ou de terceiro opoente sobre o preço da venda.

› art. 119, I, Lei 11.101/2005 (Lei de Falências e Recuperação de Empresas).

Art. 585. O capitão pode requerer o depósito judicial todas as vezes que os portadores de conhecimentos se não apresentarem para receber a carga imediatamente que ele der princípio à descarga, e nos casos em que o consignatário esteja ausente ou seja falecido.

› arts. 527 e 528 deste Código.

Art. 586. O conhecimento concebido nos termos enunciados no artigo n. 575 faz inteira prova entre todas as partes interessadas na carga e frete, e entre elas e os seguradores; ficando salva a estes e aos donos do navio a prova em contrário.

Art. 587. O conhecimento feito em forma regular (artigo n. 575) tem força e é acionável como escritura pública.

Sendo passado à ordem é transferível e negociável por via de endosso.

Art. 588. Contra os conhecimentos só pode opor-se falsidade, quitação, embargo, arresto ou penhora e depósito judicial, ou perdimento dos efeitos carregados por causa justificada.

Art. 589. Nenhuma ação entre o capitão e os carregadores ou seguradores será admissível em juízo se não for logo acompanhada do conhecimento original. A falta deste não pode ser suprida pelos recibos provisórios da carga; salvo provando-se que o carregador fez diligência para obtê-lo e que, fazendo-se o navio à vela sem o capitão o haver passado, interpôs competente protesto dentro dos primeiros 3 (três) dias úteis, contados da saída do navio, com intimação do armador, consignatário ou outro qualquer interessado, e na falta destes por editais; ou sendo a questão de seguros sobre sinistro acontecido no porto da carga, se provar que o mesmo sinistro aconteceu antes do conhecimento poder ser assinado.

CAPÍTULO III
DOS DIREITOS E OBRIGAÇÕES DO FRETADOR E AFRETADOR

Art. 590. O fretador é obrigado a ter o navio prestes para receber a carga, e o afretador a efetuá-la no tempo marcado no contrato.

› art. 566 deste Código.

Art. 591. Não se tendo determinado na carta de fretamento o tempo em que deve começar a carregar-se, entende-se que principia a correr desde o dia em que o capitão declarar que está pronto para receber a carga; se o tempo que deve durar a carga e a descarga não estiver fixado, ou quanto se há de pagar de primagem e estadias e sobre-estadias, e o tempo e modo do pagamento, será tudo regulado pelo uso do porto onde uma ou outra deva efetuar-se.

Art. 592. Vencido o prazo, e o das estadias e sobre-estadias que se tiverem ajustado, e, na falta de ajuste, as do uso no porto da carga, sem que o afretador tenha carregado efeitos alguns, terá o capitão a escolha, ou de resilir do contrato e exigir do afretador metade do frete ajustado e primagem com estadias e sobre-estadias, ou de empreender a viagem sem carga, e finda ela exigir dele o frete por inteiro e primagem, com as avarias que forem devidas, estadias e sobre-estadias.

› arts. 596 e 611 deste Código.

Art. 593. Quando o afretador carrega só parte da carga no tempo aprazado, o capitão, vencido o tempo das estadias e sobre-estadias, tem direito, ou de proceder a descarga por conta do mesmo afretador e pedir meio frete, ou de empreender a viagem com a parte da carga que tiver a bordo para haver o frete por inteiro no porto do seu destino, com as mais despesas declaradas no artigo antecedente.

› art. 596 deste Código.

Art. 594. Renunciando o afretador ao contrato antes de começarem a correr os dias suplementares da carga, será obrigado a pagar metade do frete e primagem.

Art. 595. Sendo o navio fretado por inteiro, o afretador pode obrigar o fretador a que faça sair o navio logo que tiver metido a bordo carga suficiente para pagamento do frete e primagem, estadias e sobre-estadias, ou prestado fiança ao pagamento. O capitão neste caso não pode tomar carga de terceiro sem consentimento por escrito do afretador, nem recusar-se à saída; salvo por falta de prontificação do navio, que, segundo as cláusulas do fretamento, não possa ser imputável ao fretador.

› art. 818, CC.

Art. 596. Tendo o fretador direito de fazer sair o navio sem carga ou só com parte dela (artigos n. 592 e 593), poderá, para segurança do frete e de outras indenizações a que haja lugar, completar a carga por outros carregadores, independente de consentimento do afretador; mas o benefício do novo frete pertencerá a este.

› art. 611 deste Código.

Art. 597. Se o fretador houver declarado na carta-partida maior capacidade daquela que o navio na realidade tiver, não excedendo da décima parte, o afretador terá opção para anular o contrato, ou exigir correspondente abatimento no frete, com indenização de perdas e danos; salvo se a declaração estiver conforme à lotação do navio.

Art. 598. O fretador pode fazer descarregar à custa do afretador os efeitos que este introduzir no navio além da carga ajustada na carta de fretamento; salvo prestando-se aquele a pagar o frete correspondente, se o navio os puder receber.

Art. 599. Os carregadores ou afretadores respondem pelos danos que resultarem, se, sem ciência e consentimento do capitão, introduzirem no navio fazendas, cuja saída ou entrada for proibida, e de qualquer outro fato ilícito que praticarem ao tempo da carga ou descarga; e, ainda que as fazendas sejam confiscadas, serão obrigados a pagar o frete e primagem por inteiro, e a avaria grossa.

› art. 764 deste Código.

Art. 600. Provando-se que o capitão consentiu na introdução das fazendas proibidas, ou que, chegando ao seu conhecimento em tempo, as não fez descarregar, ou sendo informado depois da viagem começada as não denunciar no ato da primeira visita da Alfândega que receber a bordo no porto do seu destino, ficará solidariamente obrigado para com todos os interessados por perdas e danos que resultarem ao navio ou à carga, e sem ação para haver o frete, nem indenização alguma do carregador, ainda que esta se tenha estipulado.

Art. 601. Estando o navio a frete de carga geral, não pode o capitão, depois que tiver recebido alguma parte da carga, recusar-se a receber a mais que se lhe oferecer por frete igual, não achando outro mais vantajoso; pena de poder ser compelido pelos carregadores dos efeitos recebidos a que se faça à vela com o primeiro vento favorável, e de pagar as perdas e danos que dá demora resultarem.

Art. 602. Se o capitão, quando tomar frete à colheita ou à prancha, fixar o tempo durante o qual a embarcação estará à carga, findo o tempo marcado será obrigado a partir com o primeiro vento favorável; pena de responder pelas perdas e danos que resultarem do retardamento da viagem; salvo convindo na demora a maioria dos carregadores em relação ao valor do frete.

Art. 603. Não tendo o capitão fixado o tempo da partida, é obrigado a sair com o primeiro vento favorável depois que tiver recebido mais de dois terços da carga correspondente à lotação do navio, se assim o exigir a maioria dos carregadores em relação ao valor do frete, sem que nenhum dos outros possa retirar as fazendas que tiver a bordo.

Art. 604. Se o capitão, no caso do artigo antecedente, não puder obter mais de dois terços da carga dentro de 1 (um) mês depois que houver posto o navio a frete geral, poderá sub-rogar outra embarcação para transporte da carga que tiver a bordo, contanto que seja igualmente apta para fazer a viagem, pagando a despesa da baldeação da carga, e o aumento de frete e do prêmio do seguro; será, porém, lícito aos carregadores retirar de bordo as suas fazendas, sem pagar frete, sendo por conta deles a despesa de desarrumação e descarga, restituindo os recibos provisórios ou conhecimentos, e dando fiança pelos que tiverem remetido. Se o capitão não puder achar navio, e os carregadores não quiserem descarregar, será obrigado a sair 60 (sessenta) dias depois que houver posto o navio à carga, com a que tiver a bordo.

▸ art. 818, CC.

Art. 605. Não tendo a embarcação capacidade para receber toda a carga contratada com diversos carregadores ou afretadores, terá preferência a que se achar a bordo, e depois a que tiver prioridade na data dos contratos; e se estes forem todos da mesma data haverá lugar a rateio, ficando o capitão responsável pela indenização dos danos causados.

Art. 606. Fretando-se a embarcação para ir receber carga em outro porto, logo que lá chegar, deverá o capitão apresentar-se sem demora ao consignatário, exigindo dele que lhe declare por escrito na carta de fretamento o dia, mês e ano de sua apresentação; pena de não principiar a correr o tempo do fretamento antes da sua apresentação.

Recusando o consignatário fazer na carta de fretamento a declaração requerida, deverá protestar e fazer-lhe intimar o protesto, e avisar o afretador. Se passado o tempo devido para a carga, e o da demora ou de estadias e sobre-estadias, o consignatário não tiver carregado o navio, o capitão, fazendo-o previamente intimar por via de novo protesto para efetuar a entrega da carga dentro do tempo ajustado, e não cumprindo ele, nem tendo recebido ordens do afretador, fará diligência para contratar carga por conta deste para o porto do seu destino; e com carga ou sem ela seguirá para ele, onde o afretador será obrigado a pagar-lhe o frete por inteiro com as demoras vencidas, fazendo encontro dos fretes da carga tomada por sua conta, se alguma houver tomado (artigo n. 596).

▸ arts. 202, II; 397, CC.

Art. 607. Sendo um navio embargado na partida, em viagem, ou no lugar da descarga, por fato ou negligência do afretador ou de algum dos carregadores, ficará o culpado obrigado, para com o fretador ou capitão e os mais carregadores, pelas perdas e danos que o navio ou as fazendas vierem a sofrer provenientes desse fato.

Art. 608. O capitão é responsável ao dono do navio e ao afretador e carregadores por perdas e danos, se por culpa sua o navio for embargado ou retardado na partida, durante a viagem, ou no lugar do seu destino.

▸ art. 529 deste Código.

Art. 609. Se antes de começada a viagem ou no curso dela, a saída da embarcação for impedida temporariamente por embargo ou força maior, subsistirá o contrato, sem haver lugar a indenizações de perdas e danos pelo retardamento. O carregador neste caso poderá descarregar os seus efeitos durante a demora, pagando a despesa, e prestando fiança de os tornar a carregar logo que cesse o impedimento, ou de pagar o frete por inteiro e estadias e sobre-estadias, não os reembarcando.

▸ art. 612 deste Código.

▸ art. 393, p.u.; 818, CC.

Art. 610. Se o navio não puder entrar no porto do seu destino por declaração de guerra, interdito de comércio, ou bloqueio, o capitão é obrigado a seguir imediatamente para aquele que tenha sido prevenido na sua carta de ordens. Não se achando prevenido, procurará o porto mais próximo que não estiver impedido; e daí fará os avisos competentes ao fretador e afretadores, cujas ordens deve esperar por tanto tempo quanto seja necessário para receber a resposta. Não recebendo esta, o capitão deve voltar para o porto da saída com a carga.

Art. 611. Sendo arrestado um navio no curso da viagem por ordem de uma potência, nenhum frete será devido pelo tempo da detenção sendo fretado ao mês, nem aumento de frete se for por viagem. Quando o navio for fretado para 2 (dois) ou mais portos e acontecer que em um deles se saiba ter sido declarada guerra contra a potência a que pertence o navio ou a carga, o capitão, se nem esta nem aquele forem livres, quando não possa partir em comboio ou por algum outro modo seguro, deverá ficar no porto da notícia até receber ordens do dono do navio ou do afretador. Se só o navio não for livre, o fretador pode resilir do contrato, com direito ao frete vencido, estadias e sobre-estadias e avaria grossa, pagando as despesas da descarga. Se, pelo contrário, só a carga não for livre, o afretador tem direito para rescindir o contrato, pagando a despesa da descarga, e o capitão procederá na conformidade dos artigos n. 592 e 596.

▸ art. 764 deste Código.

Art. 612. Sendo o navio obrigado a voltar ao porto da saída, ou a arribar a outro qualquer por perigo de piratas ou de inimigos, podem os carregadores ou consignatários convir na sua total descarga, pagando as despesas desta e o frete da ida por inteiro, e prestando a fiança determinada no artigo n. 609. Se o fretamento for ao mês, o frete é devido somente pelo tempo que o navio tiver sido empregado.

Art. 613. Se o capitão for obrigado a consertar a embarcação durante a viagem, o afretador, carregadores, ou consignatários, não querendo esperar pelo conserto, podem retirar as suas fazendas pagando todo o frete, estadias e sobre-estadias e avaria grossa, havendo-a, as despesas da descarga e desarrumação.

▸ art. 764 deste Código.

Art. 614. Não admitindo o navio conserto, o capitão é obrigado a fretar por sua conta, e sem poder exigir aumento algum do frete, uma ou mais embarcações para transportar a carga ou lugar do destino. Se o capitão não puder fretar outro ou outros navios dentro de 60 (sessenta) dias depois que o navio for julgado inavegável, e quando o conserto for impraticável, deverá requerer depósito judicial da carga e interpor os competentes protestos para sua ressalva; neste caso o contrato ficará resciso, e somente se deverá o frete vencido. Se, porém, os afretadores ou carregadores provarem que o navio condenado por incapaz estava inavegável quando se fez à vela, não serão obrigados a frete algum, e terão ação de perdas e danos contra o fretador. Esta prova é admissível não obstante e contra os certificados da visita da saída.

▸ arts. 645; 746; 757; 766, 5, deste Código.

Art. 615. Ajustando-se os fretes por peso, sem se designar se é líquido ou bruto, deverá entender-se que é peso bruto; compreendendo-se nele qualquer espécie de capa, caixa ou vasilha em que as fazendas se acharem acondicionadas.

Art. 616. Quando o frete for justo por número, peso ou medida, e houver condição de que a carga será entregue no portaló do navio, o capitão tem direito de requerer que os efeitos sejam contados, medidos ou pesados a bordo do mesmo navio antes da descarga; e procedendo-se a esta diligência não responderá por faltas que possam aparecer em terra; se, porém, as fazendas se descarregarem sem se contarem, medirem ou pesarem, o consignatário terá direito de verificar em terra a identidade, número, medição ou peso, e o capitão será obrigado a conformar-se com o resultado desta verificação.

Art. 617. Nos gêneros que por sua natureza são suscetíveis de aumento ou diminuição, independentemente de má arrumação ou falta de estiva, ou de defeito no vasilhame, como é, por exemplo, o sal, será por conta do dono qualquer diminuição ou aumento que os mesmos gêneros tiverem dentro do navio; e em um e outro caso deve-se frete do que se numerar, medir ou pesar no ato da descarga.

- art. 711, 7, deste Código.

Art. 618. Havendo presunção de que as fazendas foram danificadas, roubadas ou diminuídas, o capitão é obrigado, e o consignatário e quaisquer outros interessados têm direito a requerer que sejam judicialmente visitadas e examinadas, e os danos estimados a bordo antes da descarga, ou dentro em 24 (vinte e quatro) horas depois; e ainda que este procedimento seja requerido pelo capitão não prejudicará os seus meios de defesa.

Se as fazendas forem entregues sem o referido exame, os consignatários têm direito de fazer proceder a exame judicial no preciso termo de 48 (quarenta e oito) horas depois da descarga; e passado este prazo não haverá mais lugar a reclamação alguma.

Todavia, não sendo a avaria ou diminuição visível por fora, o exame judicial poderá validamente fazer-se dentro de 10 (dez) dias depois que as fazendas passarem às mãos dos consignatários, nos termos do artigo n. 211.

- art. 1.171, CC.
- Súm. 261, STF.

Art. 619. O capitão ou fretador não pode reter fazendas no navio a pretexto de falta de pagamento de frete, avaria grossa ou despesas; poderá, porém, precedendo competente protesto, requerer o depósito de fazendas equivalentes, e pedir venda delas, ficando-lhe direito salvo pelo resto contra o carregador, no caso de insuficiência do depósito.

A mesma disposição tem lugar quando o consignatário recusa receber a carga.

Nos dois referidos casos, se a avaria grossa não puder ser regulada imediatamente, é lícito ao capitão exigir o depósito judicial da soma que se arbitrar.

- art. 764 deste Código.

Art. 620. O capitão que entregar fazendas antes de receber o frete, avaria grossa e despesas, sem pôr em prática os meios do artigo precedente, ou os que lhe facultarem os leis ou usos do lugar da descarga, não terá ação para exigir o pagamento do carregador ou afretador, provando este que carregou as fazendas por conta de terceiro.

- art. 764 deste Código.

Art. 621. Pagam frete por inteiro as fazendas que se deteriorarem por avaria, ou diminuírem, por mau acondicionamento das vasilhas, caixas, capas ou outra qualquer cobertura em que forem carregadas, provando o capitão que o dano não procedeu de falta de arrumação ou de estiva (artigo n. 624).

Pagam igualmente frete por inteiro as fazendas que o capitão é obrigado a vender nas circunstâncias previstas no artigo n. 515.

O frete das fazendas alijadas para salvação comum do navio e da carga abona-se por inteiro como avaria grossa (artigo n. 764).

Art. 622. Não se deve frete das mercadorias perdidas por naufrágio ou varação, roubo de piratas ou presa de inimigo, e, tendo-se pago adiantado, repete-se; salvo convenção em contrário.

Todavia, resgatando-se o navio e fazendas, ou salvando-se do naufrágio, deve-se o frete correspondente até o lugar da presa, ou naufrágio; e será pago por inteiro se o capitão conduzir as fazendas salvas até o lugar do destino, contribuindo este ao fretador por avaria grossa no dano, ou resgate.

Art. 623. Salvando-se no mar ou nas praias, sem cooperação da tripulação, fazendas que fizeram parte da carga, e sendo depois de salvas entregues por pessoas estranhas, não se deve por elas frete algum.

Art. 624. O carregador não pode abandonar as fazendas ao frete. Todavia pode ter lugar o abandono dos líquidos, cujas vasilhas se achem vazias ou quase vazias.

- arts. 621; 711, 5, deste Código.

Art. 625. A viagem para todos os efeitos do vencimento de fretes, se outra coisa se não ajustar, começa a correr desde o momento em que a carga fica debaixo da responsabilidade do capitão.

Art. 626. Os fretes e avarias grossas têm hipoteca tácita e especial nos efeitos que fazem objeto da carga, durante 30 (trinta) dias depois da entrega, se antes desse termo não houverem passado para o domínio de terceiro.

- arts. 1.473 a 1.505, CC.

Art. 627. A dívida de fretes, primagem, estadias e sobre-estadias, avarias e despesas da carga prefere a todas as outras sobre o valor dos efeitos carregados; salvo os casos de que trata o artigo n. 470, n. 1.

Art. 628. O contrato de fretamento de um navio estrangeiro exequível no Brasil há de ser determinado e julgado pelas regras estabelecidas neste Código, quer tenha sido ajustado dentro do Império, quer em país estrangeiro.

- art. 566 deste Código.

CAPÍTULO IV
DOS PASSAGEIROS

Art. 629. O passageiro de um navio deve achar-se a bordo no dia e hora que o capitão designar, quer no porto da partida, quer em qualquer outro de escala ou arribada; pena de ser obrigado ao pagamento do preço da sua passagem por inteiro, se o navio se fizer de vela sem ele.

- arts. 46 a 54, CDC.

Art. 630. Nenhum passageiro pode transferir a terceiro, sem consentimento do capitão, o seu direito de passagem.

Resilindo o passageiro do contrato antes da viagem começada, o capitão tem direito à metade do preço da passagem; e ao pagamento por inteiro, se aquele a não quiser continuar depois de começada.

Se o passageiro falecer antes da viagem começada, deve-se só metade do preço da passagem.

Art. 631. Se a viagem for suspensa ou interrompida por causa de força maior, no porto da partida, rescinde-se o contrato, sem que nem o capitão nem o passageiro tenham direito a indenização alguma; tendo lugar a suspensão ou interrupção em outro qualquer porto de escala ou arribada, deve somente o preço correspondente à viagem feita.

Interrompendo-se a viagem depois de começada por demora de conserto do navio, o passageiro pode tornar passagem em outro, pagando o preço correspondente à viagem feita. Se quiser esperar pelo conserto, o capitão não é obrigado ao seu sustento; salvo se o passageiro não encontrar outro navio em que comodamente se possa transportar, ou o preço da nova passagem exceder o da primeira, na proporção da viagem andada.

- art. 393, p.u.; 741, CC.

Art. 632. O capitão tem hipoteca privilegiada para pagamento do preço da passagem em todos os efeitos que o passageiro tiver a bordo, e direito de os reter enquanto não for pago. O capitão só responde pelo dano sobrevindo aos efeitos que o passageiro tiver a bordo debaixo da sua imediata guarda, quando o dano provier de fato seu ou da tripulação.

- arts. 932, III; 1.473 a 1.505, CC.
- art. 14, CDC.

TÍTULO VII
DO CONTRATO DE DINHEIRO A RISCO OU CÂMBIO MARÍTIMO

- art. 764, 18, deste Código.
- arts. 1.473 a 1.505, CC.
- arts. 12 a 14, Lei 7.652/1998 (Dispõe sobre o registro da Propriedade Marítima).

Art. 633. O contrato de empréstimo a risco ou câmbio marítimo, pelo qual o dador estipula do tomador um prêmio certo e determinado por preço dos riscos de mar que toma sobre si, ficando com hipoteca especial no objeto sobre que recai o empréstimo, e sujeitando-se a perder o capital e prêmio se o dito objeto vier a perecer por efeito dos riscos tomados no tempo e lugar convencionados, só pode provar-se por instrumento público ou particular, o qual será registrado no Tribunal do Comércio dentro de 8 (oito) dias da data da escritura ou letra. Se o contrato tiver lugar em país estrangeiro por súditos brasileiros, o instrumento deverá ser autenticado com o visto do cônsul do Império, se aí o houver, e em todo o caso anotado no verso do registro da embarcação, se versar sobre o navio ou fretes. Faltando no instrumento do contrato alguma das sobreditas formalidades, ficará este subsistindo entre as próprias partes, mas não estabelecerá direitos contra terceiro.

É permitido fazer empréstimo a risco não só em dinheiro, mas também em efeitos próprios para o serviço e consumo do navio, ou que possam ser objeto de comércio; mas em tais casos a coisa emprestada deve ser estimada em valor fixo para ser paga com dinheiro.

› art. 515 deste Código.

Art. 634. O instrumento do contrato de dinheiro a risco deve declarar:

1 - A data e o lugar em que o empréstimo se faz.

2 - O capital emprestado, e o preço do risco, aquele e este especificados separadamente.

3 - O nome do dador e o do tomador, com o do navio e o do seu capitão.

4 - O objeto ou efeito sobre que recai o empréstimo.

5 - Os riscos tomados, com menção específica de cada um.

6 - Se o empréstimo tem lugar por uma ou mais viagens, qual a viagem, e por que termo.

7 - A época do pagamento por embolso, e o lugar onde deva efetuar- se.

8 - Qualquer outra cláusula em que as partes convenham, contanto que não seja oposta à natureza deste contrato, ou proibida por lei.

O instrumento em que faltar alguma das declarações enunciadas será considerado como simples crédito de dinheiro de empréstimo ao prêmio da lei, sem hipoteca nos efeitos sobre que tiver sido dada, nem privilégio algum.

› art. 637, deste Código.

Art. 635. A escritura ou letra de risco exarada à ordem tem força de letra de câmbio contra o tomador e garantes, e é transferível e exequível por via de endosso, com os mesmos direitos e pelas mesmas ações que as letras de câmbio.

O cessionário toma o lugar de endossador, tanto a respeito do capital como do prêmio e dos riscos, mas a garantia da solvabilidade do tomador é restrita ao capital; salvo condição em contrário quanto ao prêmio.

› art. 11, Dec. 57.663/1966 (Promulga as convenções para adoção de uma lei uniforme em matéria de letra de câmbio e notas promissórias).

Art. 636. Não sendo a escritura ou letra de risco passada à ordem, só pode ser transferida por cessão, com as mesmas formalidades e efeitos das cessões civis, sem outra responsabilidade da parte do cedente, que não seja a de garantir a existência da dívida.

› arts. 286 e 298, CC.

Art. 637. Se no instrumento do contrato se não tiver feito menção específica dos riscos com reserva de algum, ou deixar de se estipular o tempo, entende-se que o dador do dinheiro tomará sobre si todos aqueles riscos marítimos, e pelo mesmo tempo que geralmente costumam receber os seguradores.

Art. 638. Não se declarando na escritura ou letra de risco que o empréstimo é só por ida ou só por volta, ou por uma e outra, o pagamento, recaindo o empréstimo sobre fazendas, é exequível no lugar do destino destas, declarado nos conhecimentos ou fretamento, e se recair sobre o navio, no fim de 2 (dois) meses depois da chegada ao porto do destino, se não aparelhar de volta.

Art. 639. O empréstimo a risco pode recair:

1 - sobre o casco, fretes e pertences do navio;

2 - sobre a carga;

3 - sobre a totalidade destes objetos, conjunta ou separadamente, ou sobre uma parte determinada de cada um deles.

Art. 640. Recaindo o empréstimo a risco sobre o casco e pertences do navio, abrange na sua responsabilidade o frete da viagem respectiva.

Quando o contrato é celebrado sobre o navio e carga, o privilégio do dador é solidário sobre uma e outra coisa.

Se o empréstimo for feito sobre a carga ou sobre um objeto determinado do navio ou da carga, os seus efeitos não se estendem além desse objeto ou da carga.

Art. 641. Para o contrato surtir o seu efeito legal, é necessário que exista dentro do navio no momento do sinistro a importância da soma dada de empréstimo a risco, em fazendas ou no seu equivalente.

Art. 642. Quando o objeto sobre que se toma dinheiro a risco não chega a pôr-se efetivamente em risco por não se efetuar a viagem, rescinde se o contrato; e o dador neste caso tem direito para haver o capital com os juros da lei desde o dia da entrega do dinheiro ao tomador, sem outro algum prêmio, e goza do privilégio de preferência quanto ao capital somente.

› arts. 406; 407, CC.

Art. 643. O tomador que não carregar efeitos no valor total da soma tomada a risco é obrigado a restituir o remanescente ao dador antes da partida do navio, ou todo se nenhum empregar; e se não restituir, dá-se ação pessoal contra o tomador pela parte descoberta, ainda que a parte coberta ou empregada venha a perder-se (artigo n. 655). O mesmo terá lugar quando o dinheiro a risco for tomado para habilitar o navio, se o tomador não chegar a fazer uso dele ou da coisa estimável, em todo ou em parte.

Art. 644. Quando no instrumento de risco sobre fazendas houver a faculdade de - tocar fazer escala - ficam obrigados ao contrato, não só o dinheiro carregado em espécie para ser empregado na viagem, e as fazendas carregadas no lugar da partida, mas também as que forem carregadas em retorno por conta do tomador, sendo o contrato feito de ida e volta; e o tomador neste caso tem faculdade de trocá-las ou vendê-las e comprovar outras em todos os portos de escala.

Art. 645. Se ao tempo do sinistro parte dos efeitos objeto de risco já se achar em terra, a perda do dador será reduzida ao que tiver ficado dentro do navio; e se os efeitos salvos forem transportados em outro navio para o porto do destino originário (artigo n. 614), neste continuam os riscos do dador.

Art. 646. O dador a risco sobre efeitos carregados em navio nominativamente designado no contrato não responde pela perda desses efeitos, ainda mesmo que seja acontecida por perigo de mar, se forem transferidos ou baldeados para outro navio, salvo provando-se legalmente que a baldeação tivera lugar por força maior.

› art. 393, CC.

Art. 647. Em caso de sinistro, salvando-se alguns efeitos da carga objeto de risco, a obrigação do pagamento de dinheiro a risco fica reduzida ao valor dos mesmos objetos estimado pela forma determinada nos artigos n. 694 e segs. O dador neste caso tem direito para ser pago do principal e prêmio por esse mesmo valor até onde alcançar, deduzidas as despesas de salvados, e as soldadas vencidas nessa viagem.

Sendo o dinheiro dado sobre o navio, o privilégio do dador compreende não só os fragmentos náufragos do mesmo navio, mas também o frete adquirido pelas fazendas salvas, deduzidas as despesas de salvados, e as soldadas vencidas na viagem respectiva, não havendo dinheiro a risco ou seguro especial sobre esse frete.

› art. 688 deste Código.

Art. 648. Havendo sobre o mesmo navio ou sobre a mesma carga um contrato de risco e outro de seguro (artigo n. 650), o produto dos efeitos salvos será dividido entre o segurador e o dador a risco pelo seu capital somente na proporção de seus respectivos interesses.

Art. 649. Não precedendo ajuste em contrário, o dador conserva seus direitos íntegros contra o tomador, ainda mesmo que a perda ou dano da coisa objeto do risco provenha de alguma das causas enumeradas no artigo n. 711.

Art. 650. Quando alguns, mas não todos os riscos, ou uma parte somente do navio ou da carga se acham seguros, pode contrair-se empréstimo a risco pelos riscos ou parte não segura até à concorrência do seu valor por inteiro (artigo n. 682).

▸ arts. 648; 656, 4, deste Código.

Art. 651. As letras mercantis provenientes de dinheiro recebido pelos capitães para despesas indispensáveis do navio ou da carga nos termos dos artigos n. 515 e 516, e os prêmios do seguro correspondente, quando a sua importância houver sido realmente segurada, têm o privilégio de letras de empréstimo a risco, se contiverem declaração expressa de que o importe foi destinado para as referidas despesas; e são exequíveis, ainda mesmo que tais objetos se percam por qualquer evento posterior, provando o dador que o dinheiro foi efetivamente empregado em benefício do navio ou da carga (artigos n. 515 e 517).

▸ arts. 470, 6; 482; 695; 791 deste Código.

Art. 652. O empréstimo de dinheiro a risco sobre o navio tomado pelo capitão no lugar do domicílio do dono, sem autorização escrita deste, produz ação e privilégio somente na parte que o capitão possa ter no navio e frete; e não obriga o dono, ainda mesmo que se pretenda provar que o dinheiro foi aplicado em benefício da embarcação.

Art. 653. O empréstimo a risco sobre fazendas, contraído antes da viagem começada, deve ser mencionado nos conhecimentos e no manifesto da carga, com designação da pessoa a quem o capitão deve participar a chegada feliz no lugar do destino. Omitida aquela declaração, o consignatário, tendo aceitado letras de câmbio, ou feito adiantamento na fé dos conhecimentos, preferirá ao portador da letra de risco. Na falta de designação a quem deva participar a chegada, o capitão pode descarregar as fazendas, sem responsabilidade alguma pessoal para com o portador da letra de risco.

Art. 654. Se entre o dador a risco e o capitão se der algum conluio por cujo meio os armadores ou carregadores sofram prejuízo, será este indenizado solidariamente pelo dador e pelo capitão, contra os quais poderá intentar-se a ação criminal que competente seja.

▸ arts. 264 e ss., CC.

Art. 655. Incorre no crime de estelionato o tomador que receber dinheiro a risco por valor maior que o do objeto do risco, ou quando este não tenha sido efetivamente embarcado (artigo n. 643); e no mesmo crime incorre também o dador que, não podendo ignorar esta circunstância, a não declarar à pessoa a quem endossar a letra de risco. No primeiro caso o tomador, e no segundo o dador respondem solidariamente pela importância da letra, ainda quando tenha perecido o objeto do risco.

▸ arts. 264 e ss., CC.

▸ art. 171, CP.

Art. 656. É nulo o contrato de câmbio marítimo:

1 - Sendo o empréstimo feito a gente da tripulação.

2 - Tendo o empréstimo somente por objeto o frete a vencer, ou o lucro esperado de alguma negociação, ou um e outro simultânea e exclusivamente.

3 - Quando o dador não corre algum risco dos objetos sobre os quais se deu o dinheiro.

4 - Quando recai sobre objetos, cujos riscos já têm sido tomados por outrem do seu inteiro valor (artigo n. 650).

5 - Faltando o registro, ou as formalidades exigidas no artigo n. 516 para o caso de que aí se trata.

Em todos os referidos casos, ainda que o contrato não surta os seus efeitos legais, o tomador responde pessoalmente pelo principal mutuado e juros legais, posto que a coisa objeto do contrato tenha perecido no tempo e no lugar dos riscos.

▸ arts. 406; 407, CC.

Art. 657. O privilégio do dador a risco sobre o navio compreende proporcionalmente, não só os fragmentos náufragos do mesmo navio, mas também o frete adquirido pelas fazendas salvas, deduzidas as despesas de salvados e as soldadas devidas por essa viagem, não havendo seguro ou risco especial sobre o mesmo frete.

Art. 658. Se o contrato a risco compreender navio e carga, as fazendas conservadas são hipoteca do dador, ainda que o navio pereça; o mesmo é, vice-versa, quando o navio se salva e as fazendas se perdem.

▸ arts. 1.473 a 1.505, CC.

Art. 659. É livre aos contraentes estipular o prêmio na quantidade, e o modo de pagamento que bem lhes pareça; mas uma vez concordado, a superveniência de risco não dá direito a exigência de aumento ou diminuição de prêmio; salvo se outra coisa for acordada no contrato.

Art. 660. Não estando fixada a época do pagamento, será este reputado vencido apenas tiverem cessado os riscos. Desse dia em diante correm para o dador os juros da lei sobre o capital e prêmio no caso de mora; a qual só pode provar-se pelo protesto.

▸ Lei 9.492/1997 (Define competência, regulamenta os serviços concernentes ao protesto de títulos).

Art. 661. O portador, na falta de pagamento no termo devido, é obrigado a protestar e a praticar todos os deveres dos portadores de letras de câmbio para vencimento dos juros, e conservação do direito regressivo sobre os garantes do instrumento de risco.

▸ art. 32, Dec. 2.044/1908 (Define a letra de câmbio e a nota promissória e regula as Operações Cambiais).

▸ arts. 43 a 54, Dec. 57.663/1966 (Promulga as convenções para adoção de uma lei uniforme em matéria de letra de câmbio e notas promissórias).

Art. 662. O dador de dinheiro a risco adquire hipoteca no objeto sobre que recai o empréstimo, mas fica sujeito a perder todo o direito à soma mutuada, perecendo o objeto hipotecado no tempo e lugar, e pelos riscos convencionados; e só tem direito ao embolso do principal e prêmio por inteiro no caso de chegada a salvamento.

▸ arts. 1.473 a 1.505, CC.

Art. 663. Incumbe ao tomador provar a perda, e justificar que os feitos, objeto do empréstimo, existiam na embarcação na ocasião do sinistro.

Art. 664. Acontecendo presa ou desastre de mar ao navio ou fazendas sobre que recaiu o empréstimo a risco, o tomador tem obrigação de noticiar o acontecimento ao dador, apenas tal nova chegar ao seu conhecimento. Achando-se o tomador a esse tempo no navio, ou próximo aos objetos sobre que recaiu o empréstimo, é obrigado a empregar na sua reclamação e salvação as diligências próprias de um administrador exato; pena de responder por perdas e danos que da sua falta resultarem.

Art. 665. Quando sobre contrato de dinheiro a risco ocorra caso que se não ache prevenido neste Título, procurar-se-á a sua decisão por analogia, quanto seja compatível, no Título Dos Seguros Marítimos e vice-versa.

TÍTULO VIII
DOS SEGUROS MARÍTIMOS

CAPÍTULO I
DA NATUREZA E FORMA DO CONTRATO DE SEGURO MARÍTIMO

Art. 666. O contrato de seguro marítimo, pelo qual o segurador, tomando sobre si a fortuna e riscos do mar, se obriga a indenizar ao segurado da perda ou dano que possa sobrevir ao objeto do seguro, mediante um prêmio ou soma determinada, equivalente ao risco tomado, só pode provar-se por escrito, a cujo instrumento se chama apólice; contudo, julga-se subsistente para obrigar reciprocamente ao segurador e ao segurado desde o momento em que as partes se convierem, assinando ambas a minuta, a qual deve conter todas as declarações, cláusulas e condições da apólice.

▸ arts. 757 a 802, CC.

▸ Dec.-Lei 73/1966 (Dispõe sobre o Sistema Nacional de Seguros Privados e regula as operações de seguros e resseguros). Dec. 60.459/1967 (Regulamento).

Art. 667. A apólice de seguro deve ser assinada pelos seguradores, e conter:

1 - O nome e domicílio do segurador e o do segurado; declarando este se segura por sua conta ou por conta de terceiro, cujo nome pode omitir-se; omitindo-se o nome do segurado, o terceiro que faz o seguro em seu nome fica pessoal e solidariamente responsável.

A apólice em nenhum caso pode ser concedida ao portador.

2 - o nome, classe e bandeira do navio, e o nome do capitão; salvo não tendo o segurado certeza do navio (artigo n. 670).

3 - A natureza e qualidade do objeto seguro e o seu valor fixo ou estimado.

4 - O lugar onde as mercadorias foram, deviam ou devam ser carregadas.

5 - Os portos ou ancoradouros onde o navio deve carregar ou descarregar, e aqueles onde deva tocar por escala.

- art. 674 deste Código.

6 - O porto donde o navio partiu, devia ou deve partir; e a época da partida, quando esta houver sido positivamente ajustada.

7 - Menção especial de todos os riscos que o segurador toma sobre si.

8 - O tempo e o lugar em que os riscos devem começar e acabar.

9 - O prêmio do seguro, e o lugar, época e forma do pagamento.

10 - O tempo, lugar e forma do pagamento no caso de sinistro.

11 - Declaração de que as partes se sujeitam à decisão arbitral, quando haja contestação, se elas assim o acordarem.

- Lei 9.307/1996 (Lei de Arbitragem).

12 - A data do dia em que se concluiu o contrato, com declaração, se antes, se depois do meio-dia.

13 - É geralmente todas as outras condições em que as partes convenham.

Uma apólice pode conter dois ou mais seguros diferentes.

Art. 668. Sendo diversos os seguradores, cada um deve declarar a quantia por que se obriga, e esta declaração será datada e assinada. Na falta de declaração, a assinatura importa em responsabilidade solidária por todo o valor segurado.

Se um dos seguradores se obrigar por certa e determinada quantia, os seguradores que depois dele assinarem sem declaração da quantia por que se obrigam, ficarão responsáveis cada um por outra igual soma.

Art. 669. O seguro pode recair sobre a totalidade de um objeto ou sobre parte dele somente; e pode ser feito antes da viagem começada ou durante o curso dela, de ida e volta, ou só por ida ou só por volta, por viagem inteira ou por tempo limitado dela, e contra os riscos de viagem e transporte por mar somente, ou compreender também os riscos de transportes por canais e rios.

Art. 670. Ignorando o segurado a espécie de fazendas que hão de ser carregadas, ou não tendo certeza do navio em que o devam ser, pode efetuar validamente o seguro debaixo do nome genérico - fazendas - no primeiro caso, e - sobre um ou mais navios - no segundo; sem que o segurado seja obrigado a designar o nome do navio, uma vez que na apólice declare que o ignora, mencionando a data e assinatura da última carta de aviso ou ordens que tenha recebido.

- art. 667, 2, deste Código.

Art. 671. Efetuando-se o seguro debaixo do nome genérico de - fazendas - o segurado é obrigado a provar, no caso de sinistro, que efetivamente se embarcaram as fazendas no valor declarado na apólice; e se o seguro se tiver feito - sobre um ou mais navios - incumbe-lhe provar que as fazendas seguras foram efetivamente embarcadas no navio que sofreu o sinistro (artigo n. 716).

Art. 672. A designação geral - fazendas - não compreende moeda de qualidade alguma, nem joias, ouro ou prata, pérolas ou pedras preciosas, nem munições de guerra; em seguros desta natureza é necessário que se declare a espécie do objeto sobre que recai o seguro.

Art. 673. Suscitando-se dúvida sobre a inteligência de alguma ou algumas das condições e cláusulas da apólice, a sua decisão será determinada pelas regras seguintes:

1 - as cláusulas escritas terão mais força do que as impressas;

2 - as que forem claras, e expuserem a natureza, objeto ou fim do seguro, servirão de regra para esclarecer as obscuras, e para fixar a intenção das partes na celebração do contrato;

3 - o costume geral, observado em casos idênticos na praça onde se celebrou o contrato, prevalecerá a qualquer significação diversa que as palavras possam ter em uso vulgar;

4 - em caso de ambiguidade que exija interpretação, será esta feita segundo as regras estabelecidas no artigo n. 131.

- art. 112, CC.

Art. 674. A cláusula de fazer escala compreende a faculdade de carregar e descarregar fazendas no lugar da escala, ainda que esta condição não seja expressa na apólice (artigo n. 667, n. 5).

- art. 672 deste Código.

Art. 675. A apólice de seguro é transferível e exequível por via de endosso, substituindo o endossado ao segurado em todas as suas obrigações, direitos e ações (artigo n. 363).

- art. 760 deste Código.

Art. 676. Mudando os efeitos segurados de proprietário durante o tempo do contrato, o seguro passa para o novo dono, independentemente de transferência da apólice; salvo condição em contrário.

Art. 677. O contrato do seguro é nulo:

1 - Sendo feito por pessoa que não tenha interesse no objeto segurado.

2 - Recaindo sobre algum dos objetos proibidos no artigo n. 686.

3 - Sempre que se provar fraude ou falsidade por alguma das partes.

4 - Quando o objeto do seguro não chega a por-se efetivamente em risco.

5 - Provando-se que o navio saiu antes da época designada na apólice, ou que se demorou além dela, sem ter sido obrigado por força maior.

- art. 393, CC.

6 - Recaindo o seguro sobre objetos já segurados no seu inteiro valor, e pelos mesmos riscos. Se, porém, o primeiro seguro não abranger o valor da coisa por inteiro, ou houver sido efetuado com exceção de algum ou alguns riscos, o seguro prevalecerá na parte, e pelos riscos executados.

7 - O seguro de lucro esperado, que não fixar soma determinada sobre o valor do objeto do seguro.

8 - Sendo o seguro de mercadorias que se conduzirem em cima do convés, não se tendo feito na apólice declaração expressa desta circunstância.

- art. 790 deste Código.

9 - Sobre objetos que na data do contrato se achavam já perdidos ou salvos, havendo presunção fundada de que o segurado ou segurador podia ter notícia do evento ao tempo em que se efetuou o seguro. Existe esta presunção, provando-se por alguma forma que a notícia tinha chegado ao lugar em que se fez o seguro, ou àquele donde se expediu a ordem para ele se efetuar ao tempo da data da apólice ou da expedição dá mesma ordem, e que o segurado ou o segurador a sabia. Se, porém, a apólice contiver a cláusula - perdido ou não perdido - ou sobre boa ou má nova - cessa a presunção; salvo provando-se fraude.

- arts. 762; 765; 773 deste Código.

Art. 678. O seguro pode também anular-se:

1 - quando o segurado oculta a verdade ou diz o que não verdade;

2 - quando faz declaração errônea, calando, falsificando ou alterando fatos ou circunstâncias, ou produzindo fatos ou circunstâncias não existentes, de tal natureza e importância que, a não se terem ocultado, falsificado ou produzido, os seguradores, ou não houveram admitido o seguro, ou o teriam efetuado debaixo de prêmio maior e mais restritas condições.

- arts. 145 e ss.; 765; 766, CC.

Art. 679. No caso de fraude da parte do segurado, além da nulidade do seguro, será este condenado a pagar ao segurador o prêmio estipulado em dobro. Quando a fraude estiver da parte do segurador, será este condenado a retornar o prêmio recebido, e a pagar ao segurado outra igual quantia.

Em um e outro caso pode-se intentar ação criminal contra o fraudulento.

- arts. 766; 773, CC.
- art. 171, V, CP.
- arts. 108 a 121, Dec.-Lei 73/1966 (Dispõe sobre o Sistema Nacional de Seguros Privados e regula as operações de seguros e resseguros). Arts. 90 a 99, Dec. 60.459/1967 (Regulamento).

Art. 680. A desviação voluntária da derrota da viagem, e a alteração na ordem das escalas, que não for obrigada por urgente necessidade ou força maior, anulará o seguro pelo resto da viagem (artigo n. 509).

- art. 711 deste Código.
- art. 393, p.u., CC.

Art. 681. Se o navio tiver vários pontos de escala designados na apólice, é lícito ao segurado alterar a ordem das escalas; mas em tal caso só poderá escalar em um único porto dos especificados na mesma apólice.

Art. 682. Quando o seguro versar sobre dinheiro dado a risco, deve declarar-se na apólice, não só o nome do navio, do capitão, e do tomador do dinheiro, como outrossim fazer-se menção dos riscos que este quer segurar e o dador excetuara, ou qual o valor descoberto sobre que é permitido o seguro (artigo n. 650). Além desta declaração é necessário mencionar também na apólice a causa da dívida para que serviu o dinheiro.

- art. 633 deste Código.

Art. 683. Tendo-se efetuado sem fraude diversos seguros sobre o mesmo objeto, prevalecerá o mais antigo na data da apólice. Os seguradores cujas apólices forem posteriores são obrigados a restituir o prêmio recebido, retendo por indenização 0,5% (meio por cento) do valor segurado.

Art. 684. Em todos os casos em que o seguro se anular por fato que não resulte diretamente de força maior, o segurador adquire o prêmio por inteiro, se o objeto do seguro se tiver posto em risco; e se não se tiver posto em risco, retém 0,5% (meio por cento) do valor segurado.

Anulando-se, porém, algum seguro por viagem redonda com prêmio ligado, o segurador adquire metade (tão somente) do prêmio ajustado.

- art. 746, CC.

CAPÍTULO II
DAS COISAS QUE PODEM SER OBJETO DE SEGURO MARÍTIMO

- Lei 8.374/1991 (Dispõe sobre seguro obrigatório de danos pessoais causados por embarcações ou por sua carga).

Art. 685. Toda e qualquer coisa, todo e qualquer interesse apreciável a dinheiro, que tenha sido posto ou deva pôr-se a risco de mar, pode ser objeto de seguro marítimo, não havendo proibição em contrário.

Art. 686. É proibido o seguro:

1 - sobre coisas, cujo comércio não seja lícito pelas leis do Império, e sobre os navios nacionais ou estrangeiros que nesse comércio se empregarem;

2 - sobre a vida de alguma pessoa livre;

3 - sobre soldadas a vencer de qualquer indivíduo da tripulação.

- art. 677, 2, deste Código.
- arts. 762; 782 a 802, CC.

Art. 687. O segurador pode ressegurar por outros seguradores os mesmos objetos que ele tiver segurado, com as mesmas ou diferentes condições, e por igual, maior ou menor prêmio.

O segurado pode tornar a segurar, quando o segurador ficar insolvente, antes da notícia da terminação do risco, pedindo em juízo anulação da primeira apólice; e se a esse tempo existir risco pelo qual seja devida alguma indenização ao segurado, entrará este pela sua importância na massa do segurador falido.

- art. 11, § 4º, Dec.-Lei 73/1966 (Dispõe sobre o Sistema Nacional de Seguros Privados e regula as operações de seguros e resseguros). Dec. 60.459/1967 (Regulamento).

Art. 688. Não se declarando na apólice de seguro de dinheiro a risco, se o seguro compreende o capital e o prêmio, entende-se que compreende só o capital, o qual, no caso de sinistro, será indenizado pela forma determinada no artigo n. 647.

- art. 633 deste Código.

Art. 689. Pode segurar-se o navio, seu frete e fazendas na mesma apólice, mas neste caso há de determinar-se o valor de cada objeto distintamente; faltando esta especificação, o seguro ficará reduzido ao objeto definido na apólice somente.

- arts. 672; 755; 780 deste Código.

Art. 690. Declarando-se genericamente na apólice, que se segura o navio sem outra alguma especificação, entende-se que o seguro compreende o casco e todos os pertences da embarcação, aprestos, aparelhos, mastreação e velame, lanchas, escaleres, botes, utensílios e vitualhas ou provisões; mas em nenhum caso os fretes nem o carregamento, ainda que este seja por conta do capitão, dono, ou armador do navio.

Art. 691. As apólices de seguro por ida e volta cobrem os riscos seguros que sobrevierem durante as estadias intermédias, ainda que esta cláusula seja omissa na apólice.

- art. 703 deste Código.

CAPÍTULO III
DA AVALIAÇÃO DOS OBJETOS SEGUROS

Art. 692. O valor do objeto do seguro deve ser declarado na apólice em quantia certa, sempre que o segurado tiver dele conhecimento exato.

No seguro de navio, esta declaração é essencialmente necessária, e faltando ela o seguro julga-se improcedente. Nos seguros sobre fazendas, não tendo o segurado conhecimento exato do seu verdadeiro importe, basta que o valor se declare por estimativa.

- arts. 672; 700; 701; 780 deste Código.
- art. 83, Dec.-Lei 73/1966 (Dispõe sobre o Sistema Nacional de Seguros Privados e regula as operações de seguros e resseguros). Dec. 60.459/1967 (Regulamento).

Art. 693. O valor declarado na apólice, quer tenha a cláusula - valha mais ou valha menos -, quer a não tenha, será considerado em juízo como ajustado e admitido entre as partes para todos os efeitos do seguro. Contudo, se o segurador alegar que a coisa segura valia ao tempo do contrato um quarto menos, ou daí para cima, do preço em que o segurado a estimou, será admitido a reclamar a avaliação; incumbindo-lhe justificar a reclamação pelos meios de prova admissíveis em comércio. Para este fim, e em ajuda de outras provas, poderá o segurador obrigar o segurado à exibição dos documentos ou das razões em que se fundara para o cálculo da avaliação que dera na apólice; e se presumirá ter havido dolo da parte do segurado se ele se negar a esta exibição.

- art. 701 deste Código.

Art. 694. Não se tendo declarado na apólice o valor certo do seguro sobre fazenda, será este determinado pelo preço da compra das mesmas fazendas, aumentado com as despesas que estas tiverem feito até o embarque, e mais o prêmio do seguro e a comissão de se efetuar, quando esta se tiver pago; por forma que, no caso de perda total, o segurado seja embolsado de todo o valor posto a risco. Na apólice de seguro sobre fretes sem valor fixo, será este determinado pela carta de fretamento, ou pelos conhecimentos, e pelo manifesto, ou livro da carga, cumulativamente em ambos os casos.

- arts. 566; 647; 696; 697; 700, deste Código.

Art. 695. O valor do seguro sobre dinheiro a risco prova-se pelo contrato original, e o do seguro sobre despesas feitas com o navio ou carga durante a viagem (artigos n. 515 e 651) com as respectivas contas competentemente legalizadas.

- art. 633 deste Código.

Art. 696. O valor de mercadorias provenientes de fábricas, lavras ou fazendas do segurado, que não for determinado na apólice, será avaliado pelo preço que outras tais mercadorias poderiam obter no lugar do desembarque, sendo aí vendidas, aumentado na forma do artigo n. 694.

Art. 697. As fazendas adquiridas por troca estimam-se pelo preço que poderiam obter no mercado do lugar da descarga aquelas que por elas se trocaram, aumentado na forma do artigo n. 694.

Art. 698. A avaliação em seguros feitos sobre moeda estrangeira faz se, reduzindo-se esta ao valor da moeda corrente no Império pelo curso que o câmbio tinha na data da apólice.

- art. 83, Dec.-Lei 73/1966 (Dispõe sobre o Sistema Nacional de Seguros Privados e regula as operações de seguros e resseguros). Dec. 60.459/1967 (Regulamento).
- arts. 1º; 2º, I, Dec.-Lei 857/1969 (Consolida e altera a legislação sobre moeda de pagamento de obrigações exequíveis no Brasil).

Art. 699. O segurador em nenhum caso pode obrigar o segurado a vender os objetos do seguro para determinar o seu valor.

Art. 700. Sempre que se provar que o segurado procedeu com fraude na declaração do valor declarado na apólice, ou na que posteriormente se fizer no caso de se não ter feito no ato do contrato (artigos n. 692 e 694), o juiz, reduzindo a estimação do objeto segurado ao seu verdadeiro valor, condenará o segurado a pagar ao segurador o dobro do prêmio estipulado.

Art. 701. A cláusula inserta na apólice - valha mais ou valha menos - não releva o segurado da condenação por fraude; nem pode ser valiosa sempre que se provar que o objeto seguro valia menos de um quarto que o preço fixado na apólice (artigo n. 692 e 693).

CAPÍTULO IV
DO COMEÇO E FIM DOS RISCOS

Art. 702. Não constando da apólice do seguro o tempo em que os riscos devem começar e acabar, os riscos de seguro sobre navio principiam a correr por conta do segurador desde o momento em que a embarcação suspende a sua primeira âncora para velejar, e terminam depois que tem dado fundo e amarrado dentro do porto do seu destino, no lugar que aí for designado para descarregar, se levar carga, ou no lugar em que der fundo e amarrar, indo em lastro.

▸ arts. 760; 780, CC.

Art. 703. Segurando-se o navio por ida e volta, ou por mais de uma viagem, os riscos correm sem interrupção por conta do segurador, desde o começo da primeira viagem até o fim da última (artigo n. 691).

Art. 704. No seguro de navios por estadia em algum porto, os riscos começam a correr desde que o navio dá fundo e se amarra no mesmo porto, e findam desde o momento em que suspende a sua primeira âncora para seguir viagem.

Art. 705. Sendo o seguro sobre mercadorias, os riscos têm princípio desde o momento em que elas se começam a embarcar nos cais ou à borda d'água do lugar da carga, e só terminam depois que são postas a salvo no lugar da descarga; ainda mesmo no caso do capitão ser obrigado a descarregá-las em algum porto de escala, ou de arribada forçada.

▸ art. 740 deste Código.

Art. 706. Fazendo-se seguro sobre fazendas a transportar alternadamente por mar e terra, rios ou canais, em navios, barcos, carros ou animais, os riscos começam logo que os efeitos são entregues no lugar onde devem ser carregados, e só expiram quando são descarregados a salvamento no lugar do destino.

▸ art. 672 deste Código.

Art. 707. Os riscos de seguro sobre frete têm o seu começo desde o momento e à medida que são recebidas a bordo as fazendas que pagam frete; e acabam logo que saem para fora do portaló do navio, e à proporção que vão saindo; salvo se por ajuste ou por uso do porto o navio for obrigado a receber a carga à beira d'água, e pô-la em terra por sua conta. O risco do frete, neste caso, acompanha o risco das mercadorias.

Art. 708. A fortuna das somas mutuadas a risco principia e acaba para os seguradores na mesma época, e pela mesma forma que corre para o dador do dinheiro a risco; no caso, porém, de se não ter feito no instrumento do contrato a risco menção específica dos riscos tomados, ou se não houver estipulado o tempo, entende-se que os seguradores tomaram sobre si todos os riscos, e pelo mesmo tempo que geralmente costumam receber os dadores de dinheiro a risco.

▸ art. 633 deste Código.

Art. 709. No seguro de lucro esperado, os riscos acompanham a sorte das fazendas respectivas.

CAPÍTULO V
DAS OBRIGAÇÕES RECÍPROCAS DO SEGURADOR E DO SEGURADO

Art. 710. São a cargo do segurador todas as perdas e danos que sobrevierem ao objeto seguro por alguns dos riscos especificados na apólice.

Art. 711. O segurador não responde por danos ou avaria que aconteça por fato do segurado, ou por alguma das causas seguintes:

1 - desviação voluntária da derrota ordinária e usual da viagem;

2 - alterarão voluntária na ordem das escalas designadas na apólice; salvo a exceção estabelecida no artigo n. 680;

3 - prolongação voluntária da viagem, além do último porto atermado na apólice. Encurtando-se a viagem, o seguro surte pleno efeito, se o porto onde ela findar for de escala declarada na apólice; sem que o segurado tenha direito para exigir redução do prêmio estipulado;

4 - separação espontânea de comboio, ou de outro navio armado, tendo-se estipulado na apólice de ir em conserva dele;

5 - diminuição e derramamento do líquido (artigo n. 624);

6 - falta de estiva, ou defeituosa arrumação da carga;

▸ art. 26, Lei 12.815/2013 (Responsabilidade do operador portuário).

7 - diminuição natural de gêneros, que por sua qualidade são suscetíveis de dissolução, diminuição ou quebra em peso ou medida entre o seu embarque e o desembarque; salvo tendo estado encalhado o navio, ou tendo sido descarregadas essas fazendas por ocasião de força maior; devendo-se, em tais casos, fazer dedução da diminuição ordinária que costuma haver em gêneros de semelhante natureza (artigo n. 617);

8 - quando a mesma diminuição natural acontecer em cereais, açúcar, café, farinhas, tabaco, arroz, queijos, frutas secas ou verdes, livros ou papel e outros gêneros de semelhante natureza, se a avaria não exceder a 10% (dez por cento) do valor seguro; salvo se a embarcação tiver estado encalhada, ou as mesmas fazendas tiverem sido descarregadas por motivo de força maior, ou o contrário se houver estipulado na apólice;

9 - danificações de amarras, mastreação, velame ou outro qualquer pertence do navio, procedida do uso ordinário do seu destino;

10 - vício intrínseco, má qualidade ou mau acondicionamento do objeto seguro;

11 - avaria simples ou particular, que, incluída a despesa de documentos justificativos, não exceda de 3% (três por cento) do valor segurado;

12 - rebeldia do capitão ou da equipagem; salvo havendo estipulação em contrário declarada na apólice. Esta estipulação é nula sendo o seguro feito pelo capitão, por conta dele ou alheia, ou por terceiro por conta do capitão.

▸ arts. 649; 776 deste Código.

▸ arts. 768; 769; 784, CC.

Art. 712. Todo e qualquer ato por sua natureza criminoso praticado pelo capitão no exercício de seu emprego, ou pela tripulação, ou por um e outra conjuntamente, do qual aconteça dano grave ao navio ou à carga, em oposição à presumida vontade legal do dono do navio, é rebeldia.

Art. 713. O segurador que toma o risco de rebeldia responde pela perda ou dano procedente do ato de rebeldia do capitão ou da equipagem, ou seja por consequência imediata, ou ainda casualmente, uma vez que a perda ou dano tenha acontecido dentro do tempo dos riscos tomados, e na viagem e portos da apólice.

Art. 714. A cláusula - livre de avaria - desobriga os seguradores das avarias simples ou particulares; a cláusula - livre de todas as avarias - desonera-os também das grossas. Nenhuma destas cláusulas, porém, os isenta nos casos em que tiver lugar o abandono.

▸ arts. 753 a 760 deste Código.

Art. 715. Nos seguros feitos com a cláusula - livre de hostilidade - o segurador é livre, se os efeitos segurados perecem ou se deterioram por efeito de hostilidade. O seguro, neste caso, cessa desde que foi retardada a viagem, ou mudada a derrota por causa das hostilidades.

Art. 716. Contendo o seguro sobre fazendas a cláusula - carregadas em um ou mais navios -, o seguro surte todos os efeitos, provando-se que as fazendas seguras foram carregadas por inteiro em um só navio, ou por partes em diversas embarcações.

▸ arts. 671 e 672 deste Código.

Art. 717. Sendo necessário baldear-se a carga, depois de começada a viagem, para embarcação diferente da que tiver sido designada na apólice, por inavegabilidade ou força maior, os riscos continuam a correr por conta do segurador até o navio substituído chegar ao porto do destino, ainda mesmo que tal navio seja de diversa bandeira, não sendo esta inimiga.

▸ art. 393, CC.

Art. 718. Ainda que o segurador não responda pelos danos que resultam ao navio por falta de exata observância das leis e regulamentos das Alfândegas e polícia dos portos (artigo n. 530), esta falta não o desonera de responder pelos que daí sobrevierem à carga.

Art. 719. O segurado deve sem demora participar ao segurador, e, havendo mais de um, somente ao primeiro na ordem da subscrição, todas as notícias que receber de qualquer sinistro acontecido ao navio ou à carga. A omissão culposa do segurado a este respeito, pode ser qualificada de presunção de má-fé.

- art. 722 deste Código.
- art. 771, CC.

Art. 720. Se passado 1 (um) ano a datar da saída do navio nas viagens para qualquer porto da América, ou 2 (dois) anos para outro qualquer porto do mundo, e, tendo expirado o tempo limitado na apólice, não houver notícia alguma do navio, presume-se este perdido, e o segurado pode fazer abandono ao segurador, e exigir o pagamento da apólice; o qual, todavia, será obrigado a restituir, se o navio se não houver perdido e se vier a provar que o sinistro aconteceu depois de ter expirado o termo dos riscos.

- art. 753, 4, deste Código.

Art. 721. Nos casos de naufrágio ou varação, presa ou arresto de inimigo, o segurado é obrigado a empregar toda a diligência possível para salvar ou reclamar os objetos seguros, sem que para tais atos se faça necessária a procuração do segurador, do qual pode o segurado exigir o adiantamento do dinheiro preciso para a reclamação intentada ou que se possa intentar, sem que o mau sucesso desta prejudique ao embolso do segurado pelas despesas ocorridas.

- arts. 724; 753 a 760 deste Código.

Art. 722. Quando o segurado não pode fazer por si as devidas reclamações, por deverem ter lugar fora do Império, ou do seu domicílio, deve nomear para esse fim competente mandatário, avisando desta nomeação ao segurador (artigo n. 719). Feita a nomeação e o aviso, cessa toda a sua responsabilidade, nem responde pelos atos do seu mandatário; ficando unicamente obrigado a fazer cessão ao segurador das ações que competirem, sempre que este o exigir.

- art. 724 deste Código.

Art. 723. O segurado, no caso de presa ou aresto de inimigo, só está obrigado a seguir os termos da reclamação até a promulgação da sentença da primeira instância.

Art. 724. Nos casos dos três artigos precedentes, o segurado é obrigado a obrar de acordo com os seguradores. Não havendo tempo para os consultar, obrará como melhor entender, correndo as despesas por conta dos mesmos seguradores. Em caso de abandono admitido pelos seguradores, ou destes tomarem sobre si as diligências dos salvados ou das reclamações, cessam todas as sobreditas obrigações do capitão e do segurado.

Art. 725. O julgamento de um tribunal estrangeiro, ainda que baseado pareça em fundamentos manifestamente injustos, ou fatos notoriamente falsos ou desfigurados, não desonera o segurador, mostrando o segurado que empregou os meios ao seu alcance, e produziu as provas que lhe era possível prestar para prevenir a injustiça do julgamento.

- arts. 21 a 25; 42 a 66, NCPC.

Art. 726. Os objetos segurados que forem restituídos gratuitamente pelos apressadores voltam ao domínio de seus donos, ainda que a restituição tenha sido feita a favor do capitão ou de qualquer outra pessoa.

Art. 727. Todo o ajuste que se fizer com os apressadores no alto-mar para resgatar a coisa segura é nulo; salvo havendo para isso autorização por escrito na apólice.

Art. 728. Pagando o segurador um dano acontecido à coisa segura, ficará sub-rogado em todos os direitos e ações que ao segurado competirem contra terceiro; e o segurado não pode praticar ato algum em prejuízo do direito adquirido dos seguradores.

- arts. 346 e ss., CC.
- Súm. 188; 257, STF.

Art. 729. O prêmio do seguro é devido por inteiro, sempre que o segurado receber a indenização do sinistro.

Art. 730. O segurador é obrigado a pagar ao segurado as indenizações a que tiver direito, dentro de 15 (quinze) dias da apresentação da conta, instruída com os documentos respectivos; salvo se o prazo do pagamento tiver sido estipulado na apólice.

TÍTULO IX
DO NAUFRÁGIO E SALVADOS

Arts. 731 a 739. Revogados pela Lei 7.542/1986.

TÍTULO X
DAS ARRIBADAS FORÇADAS

Art. 740. Quando um navio entra por necessidade em algum porto ou lugar distinto dos determinados na viagem a que se propusera, diz-se que fez arribada forçada (artigo n. 510).

Art. 741. São causas justas para arribada forçada:

1 - falta de víveres ou aguada;

2 - qualquer acidente acontecido à equipagem, cargo ou navio, que impossibilite este de continuar a navegar;

3 - temor fundado de inimigo ou pirata.

Art. 742. Todavia, não será justificada a arribada:

I - se a falta de víveres ou de aguada proceder de não haver-se feito a provisão necessária segundo o costume e uso da navegação, ou de haver-se perdido e estragado por má arrumação ou descuido, ou porque o capitão vendesse alguma parte dos mesmos víveres ou aguada;

2 - nascendo a inavegabilidade do navio de mau conserto, de falta de apercebimento ou esquipação, ou de má arrumação da carga;

3 - se o temor de inimigo ou pirata não for fundado em fatos positivos que não deixem dúvida.

Art. 743. Dentro das primeiras 24 (vinte e quatro) horas úteis da entrada no porto de arribada, deve o capitão apresentar-se à autoridade competente para lhe tomar o protesto da arribada, que justificará perante a mesma autoridade (artigos n. 505 e 512).

Art. 744. As despesas ocasionadas pela arribada forçada correm por conta do fretador ou do afretador, ou de ambos, segundo for a causa que as motivou, com direito regressivo contra quem pertencer.

- arts. 763 e 764, 9 e 11, deste Código.

Art. 745. Sendo a arribada justificada, nem o dono do navio nem o capitão respondem pelos prejuízos que puderem resultar à carga; se, porém, não for justificada, um e outro serão responsáveis solidariamente até a concorrência do valor do navio e frete.

- art. 264 e ss., CC.

Art. 746. Só pode autorizar-se descarga no porto de arribada, sendo indispensavelmente necessária para conserto no navio, ou reparo de avaria da carga (artigo n. 614). O capitão, neste caso, é responsável pela boa guarda e conservação dos efeitos descarregados; salvo unicamente os casos de força maior, ou de tal natureza que não possam ser prevenidos.

A descarga será reputada legal em juízo quando tiver sido autorizada pelo juiz de direito do comércio. Nos países estrangeiros compete aos cônsules do Império dar a autorização necessária, e onde os não houver será requerida à autoridade local competente.

- art. 92, CC.

Art. 747. A carga avariada será reparada ou vendida, como parecer mais conveniente; mas em todo o caso deve preceder autorização competente.

Art. 748. O capitão não pode, debaixo de pretexto algum, diferir a partida do porto da arribada desde que cessa o motivo dela; pena de responder por perdas e danos resultantes da dilação voluntária (artigo n. 510).

TÍTULO XI
DO DANO CAUSADO POR ABALROAÇÃO

Art. 749. Sendo um navio abalroado por outro, o dano inteiro causado ao navio abalroado e à sua carga será pago por aquele que tiver causado a abalroação, se esta tiver acontecido por falta de observância do regulamento do porto, imperícia, ou negligência do capitão ou da tripulação; fazendo-se a estimação por árbitros.

- arts. 13; 14, Lei 2.180/1954 (Dispõe sobre o Tribunal Marítimo).
- Decreto Legislativo 64/1966 (Convenção para salvaguarda da vida humana no mar e regras para se evitar abalroamento).
- Lei 7.273/1984 (Dispõe sobre a Busca e Salvamento de Vida Humana em Perigo no Mar, nos Portos e nas Vias Navegáveis Interiores).

Art. 750. Todos os casos de abalroação serão decididos, na menor dilação possível, por peritos, que julgarão qual dos navios foi o causador do dano, conformando-se com as disposições do regulamento do porto, e os usos e prática do lugar. No caso dos árbitros declararem que não podem julgar com segurança qual navio foi culpado, sofrerá cada um o dano que tiver recebido.

‣ Lei 2.180/1954 (Dispõe sobre o Tribunal Marítimo).

Art. 751. Se, acontecendo a abalroação no alto-mar, o navio abalroado for obrigado a procurar porto de arribada para poder consertar, e se perder nessa derrota, a perda do navio presume-se causada pela abalroação.

Art. 752. Todas as perdas resultantes de abalroação pertencem à classe de avarias particulares ou simples; excetua-se o único caso em que o navio, para evitar dano maior de uma abalroação iminente, pica as suas amarras, e abalroa a outro para sua própria salvação (artigo n. 764). Os danos que o navio ou a carga, neste caso, sofre, são repartidos pelo navio, frete e carga por avaria grossa.

‣ art. 766 deste Código.

TÍTULO XII
DO ABANDONO

Art. 753. É lícito ao segurado fazer abandono dos objetos seguros, e pedir ao segurador a indenização de perda total nos seguintes casos:

1 - presa ou arresto por ordem de potência estrangeira, 6 (seis) meses depois de sua intimação, se o arresto durar por mais deste tempo;

2 - naufrágio, varação, ou outro qualquer sinistro de mar compreendido na apólice, de que resulte não poder o navio navegar, ou cujo conserto importe em três quartos ou mais do valor por que o navio foi segurado;

3 - perda total do objeto seguro, ou deterioração que importe pelo menos três quartos do valor da coisa segurada (artigos n. 759 e 777);

4 - falta de notícia do navio sobre que se fez o seguro, ou em que se embarcaram os efeitos seguros (artigo n. 720).

Art. 754. O segurado não é obrigado a fazer abandono; mas se o não fizer nos casos em que este Código o permite, não poderá exigir do segurador indenização maior do que teria direito a pedir se houvera acontecido perda total; exceto nos casos de letra de câmbio passada pelo capitão (artigo n. 515), de naufrágio, reclamação de presa, ou arresto de inimigo, e de abalroação.

Art. 755. O abandono só é admissível quando as perdas acontecem depois de começada a viagem.

Não pode ser parcial, deve compreender todos os objetos contidos na apólice. Todavia, se na mesma apólice se tiver segurado o navio e a carga, pode ter lugar o abandono de cada um dos dois objetos separadamente (artigo n. 689).

Art. 756. Não é admissível o abandono por título de inavegabilidade se o navio, sendo consertado, pode ser posto em estado de continuar a viagem até o lugar do destino; salvo se à vista das avaliações legais, a que se deve proceder, se vier no conhecimento de que as despesas do conserto excederiam pelo menos a três quartos do preço estimado na apólice.

Art. 757. No caso de inavegabilidade do navio, se o capitão, carregadores, ou pessoa que os represente não puderem fretar outro para transportar a carga ao seu destino dentro de 60 (sessenta) dias depois de julgada a inavegabilidade (artigo n. 614), o segurado pode fazer abandono.

Art. 758. Quando nos casos de presa constar que o navio foi retomado antes de intimado o abandono, não é este admissível; salvo se o dano sofrido por causa da presa, e a despesa com o prêmio da retomada, ou salvagem, importa em três quartos, pelo menos, do valor segurado, ou se em consequência da represa os efeitos seguros tiverem passado a domínio de terceiro.

Art. 759. O abandono do navio compreende os fretes das mercadorias que se puderem salvar, os quais serão considerados como pertencentes aos seguradores; salva a preferência que sobre os mesmos possa competir à equipagem por suas soldadas vencidas na viagem (artigo n. 564), e a outros quaisquer credores privilegiados (artigo n. 738).

Art. 760. Se os fretes se acharem seguros, os que forem devidos pelas mercadorias salvas, pertencerão aos seguradores dos mesmos fretes, deduzidas as despesas dos salvados, e as soldadas devidas à tripulação pela viagem (artigo n. 559).

TÍTULO XIII
DAS AVARIAS

CAPÍTULO I
DA NATUREZA E CLASSIFICAÇÃO DAS AVARIAS

Art. 761. Todas as despesas extraordinárias feitas a bem do navio ou da carga, conjunta ou separadamente, e todos os danos acontecidos àquele ou a esta, desde o embarque e partida até a sua volta e desembarque, são reputadas avarias.

Art. 762. Não havendo entre as partes convenção especial exarada na carta partida ou no conhecimento, as avarias hão de qualificar-se e regular-se pelas disposições deste Código.

Art. 763. As avarias são de duas espécies: avarias grossas ou comuns, e avarias simples ou particulares. A importância das primeiras é repartida proporcionalmente entre o navio, seu frete e a carga; e a das segundas é suportada, ou só pelo navio, ou só pela coisa que sofreu o dano ou deu causa à despesa.

‣ arts. 764; 765 deste Código.

Art. 764. São avarias grossas:

1 - Tudo o que se dá ao inimigo, corsário ou pirata por composição ou a título de resgate do navio e fazendas, conjunta ou separadamente.

2 - As coisas alijadas para salvação comum.

3 - Os cabos, mastros, velas e outros quaisquer aparelhos deliberadamente cortados, ou partidos por força de vela para salvação do navio e carga.

4 - As âncoras, amarras e quaisquer outras coisas abandonadas para salvamento ou benefício comum.

5 - Os danos causados pelo alijamento às fazendas restantes a bordo.

6 - Os danos feitos deliberantemente ao navio para facilitar a evacuação d'água e os danos acontecidos por esta ocasião à carga.

7 - O tratamento, curativo, sustento e indenizações da gente da tripulação ferida ou mutilada defendendo o navio.

8 - A indenização ou resgate da gente da tripulação mandada ao mar ou a terra em serviço do navio e da carga, e nessa ocasião aprisionada ou retida.

9 - As soldadas e sustento da tripulação durante arribada forçada.

10 - Os direitos de pilotagem, e outros de entrada e saída num porto de arribada forçada.

11 - Os aluguéis de armazéns em que se depositem, em porto de arribada forçada, as fazendas que não puderem continuar a bordo durante o conserto do navio.

12 - As despesas da reclamação do navio e carga feitas conjuntamente pelo capitão numa só instância, e o sustento e soldadas da gente da tripulação durante a mesma reclamação, uma vez que o navio e carga sejam relaxados e restituídos.

‣ art. 791 deste Código.

13 - Os gastos de descarga, e salários para aliviar o navio e entrar numa barra ou porto, quando o navio é obrigado a fazê-lo por borrasca, ou perseguição de inimigo, e os danos acontecidos às fazendas pela descarga e recarga do navio em perigo.

14 - Os danos acontecidos ao corpo e quilha do navio, que premeditadamente se faz varar para prevenir perda total, ou presa do inimigo.

15 - As despesas feitas para pôr a nado o navio encalhado, e toda a recompensa por serviços extraordinários feitos para prevenir a sua perda total, ou presa.

16 - As perdas ou danos sobrevindos às fazendas carregadas em barcas ou lanchas, em consequência de perigo.

17 - As soldadas e sustento da tripulação, se o navio depois da viagem começada é obrigado a suspendê-la por ordem de potência estrangeira, ou por superveniência de guerra; e isto por todo o tempo que o navio e carga forem impedidos.

18 - O prêmio do empréstimo a risco, tomado para fazer face a despesas que devam entrar na regra de avaria grossa.

19 - O prêmio do seguro das despesas de avaria grossa, e as perdas sofridas na venda da parte da carga no porto de arribada forçada para fazer face às mesmas despesas.

‣ art. 791 deste Código.

20 - As custas judiciais para regular as avarias, e fazer a repartição das avarias grossas.

21 - As despesas de uma quarentena extraordinária.

E, em geral, os danos causados deliberadamente em caso de perigo ou desastre imprevisto, e sofridos como consequência imediata destes eventos, bem como as despesas feitas em iguais circunstâncias, depois de deliberações motivadas (artigo n. 509), em bem e salvamento comum do navio e mercadorias, desde a sua carga e partida até o seu retorno e descarga.

‣ arts. 633; 672; 740 deste Código.

Art. 765. Não serão reputadas avarias grossas, posto que feitas voluntariamente e por deliberações motivadas para o bem do navio e carga, as despesas causadas por vício interno do navio, ou por falta ou negligência do capitão ou da gente da tripulação. Todas estas despesas são a cargo do capitão ou do navio (artigo n. 565).

Art. 766. São avaria simples e particulares:

1 - O dano acontecido às fazendas por borrasca, presa, naufrágio, ou encalhe fortuito, durante a viagem, e as despesas feitas para as salvar.

2 - A perda de cabos, amarras, âncoras, velas e mastros, causada por borrasca ou outro acidente do mar.

3 - As despesas de reclamação, sendo o navio e fazendas reclamadas separadamente.

4 - O conserto particular de vasilhas e as despesas feitas para conservar os efeitos avariados.

5 - O aumento de frete e despesa de carga e descarga; quando declarado o navio inavegável, as fazendas são levadas ao lugar do destino por um ou mais navios (artigo n. 614).

Em geral, as despesas feitas; e o dano sofrido só pelo navio, ou só pela carga, durante o tempo dos riscos.

Art. 767. Se em razão de baixios ou bancos de areia conhecidos o navio não puder dar à vela do lugar da partida com a carga inteira, nem chegar ao lugar do destino sem descarregar parte da carga em barcas, as despesas feitas para aligeirar o navio não são reputadas avarias, e correm por conta do navio somente, não havendo na carta-partida ou nos conhecimentos estipulação em contrário.

‣ arts. 566; 761; 763; 764 deste Código.

Art. 768. Não são igualmente reputadas avarias, mas simples despesas a cargo do navio, as despesas de pilotagem da costa e barras, e outras feitas por entrada e saída de obras ou rios; nem os direitos de licenças, visitas, tonelagem, marcas, ancoragem e outros impostos de navegação.

‣ arts. 761; 763; 764; 766 deste Código.

Art. 769. Quando for indispensável lançar-se ao mar alguma parte da carga, deve começar-se pelas mercadorias e efeitos que estiverem em cima do convés; depois serão alijadas as mais pesadas e de menos valor, e dada igualdade, as que estiverem na coberta e mais à mão; fazendo-se toda a diligência possível para tomar nota das marcas e números dos volumes alijados.

‣ art. 764, 2, deste Código.

Art. 770. Em seguimento da ata da deliberação que se houver tomado para o alijamento (artigo n. 509) se fará declaração bem especificada das fazendas lançadas ao mar; e se pelo ato do alijamento algum dano tiver resultado ao navio ou à carga remanescente, se fará também menção deste acidente.

Art. 771. As danificações que sofrerem as fazendas postas a bordo de barcos para à sua condução ordinária, ou para aligeirar o navio em caso de perigo, serão reguladas pelas disposições estabelecidas neste capítulo que lhes forem aplicáveis, segundo à diversas causas de que o dano resultar.

‣ art. 662 deste Código.

CAPÍTULO II
DA LIQUIDAÇÃO, REPARTIÇÃO E CONTRIBUIÇÃO DA AVARIA GROSSA

Art. 772. Para que o dano sofrido pelo navio ou carga possa considerar-se avaria a cargo do segurador, é necessário que ele seja examinado por dois arbitradores peritos que declarem:

1 - De que procedeu o dano.

2 - A parte da carga que se acha avariada, e por que causa, indicando as suas marcas, número ou volumes.

3 - Tratando-se do navio ou dos seus pertences, quanto valem os objetos avariados, e em quanto poderá importar o seu conserto ou reposição. Todas estas diligências, exames e vistorias serão determinadas pelo juiz de direito do respectivo distrito, e praticada com citação dos interessados, por si ou seus procuradores; podendo o juiz, no caso de ausência das partes, nomear de ofício pessoa inteligente e idônea que as represente (artigo n. 618).

As diligências, exames e vistorias sobre o casco do navio e seus pertences devem ser praticadas antes de dar-se princípio ao seu conserto, nos casos em que este possa ter lugar.

‣ Súm. 261, STF.

Art. 773. Os efeitos avariados serão sempre vendidos em público leilão a quem mais der, e pagos no ato da arrematação; e o mesmo se praticará com o navio, quando ele tenha de ser vendido segundo as disposições deste Código; em tais casos o juiz, se assim lhe parecer conveniente, ou se algum interessado o requerer, poderá determinar que o casco e cada um dos seus pertences se venda separadamente.

Art. 774. A estimação do preço para o cálculo da avaria será feita sobre a diferença entre e respectivo rendimento bruto das fazendas sãs e o das avariadas, vendidos a dinheiro no tempo da entrega; e em nenhum caso pelo seu rendimento líquido, nem por aquele que, demorada a venda ou sendo a prazo, poderiam vir a obter.

Art. 775. Se o dono ou consignatário não quiser vender a parte das mercadorias sãs, não pode ser compelido; e o preço para o cálculo será em tal caso o corrente que as mesmas fazendas, se vendidas fossem ao tempo da entrega, poderiam obter no mercado, certificado pelos preços correntes do lugar, ou, na falta destes, atestado, debaixo de juramento por dois comerciantes acreditados de fazendas do mesmo gênero.

Art. 776. O segurador não é obrigado a pagar mais de dois terços do custo do conserto das avarias que tiverem acontecido ao navio segurado por fortuna do mar, contanto que o navio fosse estimado na apólice por seu verdadeiro valor, e os consertos não excedam de três quartos desse valor no dizer de arbitradores expertos. Julgando estes, porém, que pelos consertos o valor real do navio se aumentaria além do terço da soma que custariam, o segurador pagará as despesas, abatido o excedente valor do navio.

Art. 777. Excedendo as despesas a três quartos do valor do navio, julga-se este declarado inavegável a respeito dos seguradores; os quais, neste caso, serão obrigados, não tendo havido abandono, a pagar a soma segurada, abatendo-se nesta o valor do navio danificado ou dos seus fragmentos, segundo o dizer de arbitradores espertos.

‣ art. 753, 3, deste Código.

Art. 778. Tratando-se de avaria particular das mercadorias, e achando-se estas estimadas na apólice por valor certo, o cálculo do dano será feito sobre o preço que as mercadorias avariadas alcançarem no porto da entrega e o da venda das não avariadas no mesmo lugar e tempo, sendo de igual espécie e qualidade, ou se todas chegaram avariadas, sobre o preço que outras semelhantes não avariadas alcançaram ou poderiam alcançar; e a diferença, tomada a proporção entre umas e outras, será a soma devida ao segurado.

‣ art. 766 deste Código.

Art. 779. Se o valor das mercadorias se não tiver fixado na apólice, a regra para achar-se a soma devida será a mesma do artigo precedente, contanto que primeiro se determine o valor das mercadorias não avariadas; o que se fará acrescentando às importâncias das faturas originais as despesas subsequentes (artigo n. 694). E tomada a diferença proporcional entre o preço por que se venderam as não avariadas e as avariadas, se aplicará a proporção relativa à parte das fazendas avariadas pelo seu primeiro custo e despesas.

Art. 780. Contendo a apólice a cláusula de pagar-se avaria por marcas, volumes, caixas, sacas ou espécies, cada uma das partes designadas será considerada como um seguro separado para a forma da liquidação das avarias, ainda que essa parte se ache englobada no valor total do seguro (artigo n. 689 e 692).

Art. 781. Qualquer parte da carga, sendo objeto suscetível de avaliação separada, que se perca totalmente, ou que por algum dos riscos cobertos pela respectiva apólice fique tão danificada que não valha coisa alguma, será indenizada pelo segurador com perda total, ainda que relativamente ao todo ou à carga segura seja parcial, e o valor da parte perdida ou destruída pelo dano se ache incluído, ainda que indistintamente, no total do seguro.

Art. 782. Se a apólice contiver a cláusula de pagar avarias como perda de salvados, a diferença para menos do valor fixado na apólice, que resultar da venda líquida que os gêneros avariados produzirem no lugar onde se venderam, sem atenção alguma ao produto bruto que tenham no mercado do porto do seu destino, será a estimação da avaria.

Art. 783. A regulação, repartição ou rateio das avarias grossas serão feitos por árbitros, nomeados por ambas as partes, as instâncias do capitão.

Não se querendo as partes louvar, a nomeação de árbitros será feita pelo Tribunal do Comércio respectivo, ou pelo juiz de direito do comércio a que pertencer, nos lugares distantes do domicílio do mesmo tribunal.

Se o capitão for omisso em fazer efetuar o rateio das avarias grossas, pode a diligência ser promovida por outra qualquer pessoa que seja interessada.

› arts. 764; 765 deste Código.

Art. 784. O capitão tem direito para exigir, antes de abrir as escotilhas do navio, que os consignatários da carga prestem fiança idônea ao pagamento da avaria grossa, a que suas respectivas mercadorias forem obrigadas no rateio da contribuição comum.

› arts. 764; 765 deste Código.
› art. 818, CC.

Art. 785. Recusando-se os consignatários a prestar a fiança exigida, pode o capitão requerer o depósito judicial dos efeitos obrigados à contribuição, até ser pago, ficando o preço da venda sub-rogado, para se efetuar por ele o pagamento da avaria grossa, logo que o rateio tiver lugar.

› arts. 764; 765 deste Código.
› art. 818, CC.

Art. 786. A regulação e repartição das avarias grossas deverá fazer-se no porto da entrega da carga. Todavia, quando, por dano acontecido depois da saída, o navio for obrigado a regressar ao porto da carga, as despesas necessárias para reparar os danos da avaria grossa podem ser neste ajustadas.

› arts. 764; 765 deste Código.

Art. 787. Liquidando-se as avarias grossas ou comuns no porto da entrega da carga, hão de contribuir para a sua composição:

› arts. 764; 765 deste Código.

1 - a carga, incluindo o dinheiro, prata, ouro, pedras preciosas, e todos os mais valores que se acharem a bordo;

2 - o navio e seus pertences, pela sua avaliação no porto da descarga, qualquer que seja o seu estado;

3 - os fretes, por metade do seu valor também.

Não entram para a contribuição o valor dos víveres que existirem a bordo para mantimento do navio, a bagagem do capitão, tripulação e passageiros, que for do seu uso pessoal, nem os objetos tirados do mar por mergulhadores à custa do dono.

Art. 788. Quando a liquidação se fizer no porto da carga, o valor da mesma será estimado pelas respectivas faturas, aumentando-se ao preço da compra as despesas até o embarque; e quanto ao navio e frete se observarão as regras estabelecidas no artigo antecedente.

Art. 789. Quer a liquidação se faça no porto da carga, quer no da descarga, contribuirão para as avarias grossas as importâncias que forem ressarcidas por via da respectiva contribuição.

Art. 790. Os objetos carregados sobre o convés (artigos n. 521 e 677, n. 8), e os que tiverem sido embarcados sem conhecimento assinado pelo capitão (artigo n. 599) e os que o proprietário ou seu representante, na ocasião do risco de mar, tiver mudado do lugar em que se achavam arrumados sem licença do capitão contribuem pelos respectivos valores, chegando o salvamento; mas o dono, no segundo caso, não tem direito para a indenização recíproca, ainda quando fiquem deteriorados, ou tenham sido alijados a benefício comum.

Art. 791. Salvando-se qualquer coisa em consequência de algum ato deliberado de que resultou avaria grossa, não pode quem sofreu o prejuízo causado por este ato exigir indenização alguma por contribuição dos objetos salvados, se estes por algum acidente não chegarem ao poder do dono ou consignatários, ou se, vindo ao seu poder, não tiverem valor algum; salvo os casos dos artigos n. 651 e 764, n. 12 e 19.

› arts. 764; 765 deste Código.

Art. 792. No caso de alijamento, se o navio se tiver salvado do perigo que o motivou, mas, continuando a viagem, vier a perder-se depois, as fazendas salvas do segundo perigo são obrigadas a contribuir por avaria grossa para a perda das que foram alijadas na ocasião do primeiro.

Se o navio se perder no primeiro perigo e algumas fazendas se puderem salvar, estas não contribuem para a indenização das que foram alijadas na ocasião do desastre que causou o naufrágio.

› arts. 672; 764; 765 deste Código.

Art. 793. A sentença que homologa a repartição das avarias grossas com condenação de cada um dos contribuintes tem força definitiva, e pode executar-se logo, ainda que dela se recorra.

› arts. 764; 765 deste Código.

Art. 794. Se, depois de pago o rateio, os donos recobrarem os efeitos indenizados por avaria grossa, serão obrigados a repor *pro rata* a todos os contribuintes o valor líquido dos efeitos recobrados. Não tendo sido contemplados no rateio para a indenização, não estão obrigados a entrar para a contribuição da avaria grossa com o valor dos gêneros recobrados depois da partilha em que deixaram de ser considerados.

› arts. 764; 765 deste Código.

Art. 795. Se o segurador tiver pago uma perda total, e depois vier a provar-se que ela foi só parcial, o segurado não é obrigado a restituir o dinheiro recebido; mas neste caso o segurador fica sub-rogado em todos os direitos e ações do segurado, e faz suas todas as vantagens que puderem resultar dos efeitos salvos.

Art. 796. Se, independente de qualquer liquidação ou exame, o segurador se ajustar em preço certo de indenização, obrigando-se por escrito na apólice, ou de outra qualquer forma, a pagar dentro de certo prazo, e depois se recusar ao pagamento, exigindo que o segurado prove satisfatoriamente o valor real do dano, não será este obrigado à prova, senão no único caso em que o segurador tenha em tempo reclamado o ajuste por fraude manifesta da parte do mesmo segurado.

PARTE TERCEIRA
DAS QUEBRAS

Arts. 797. a 913. Revogados pelo Decreto-Lei 7.661/1945.

› Lei 11.101/2005 (Lei de Recuperação de Empresas e Falências).

TÍTULO ÚNICO
DA ADMINISTRAÇÃO DA JUSTIÇA NOS NEGÓCIOS E CAUSAS COMERCIAIS

› A matéria é atualmente disciplinada pelo CPC.

Arts. 1º a 30. Revogados pelo Decreto-Lei 1.608/1939.

Os demais empregados do mesmo Tribunal, que não puderem ser admitidos nas Secretarias dos Tribunais do Comércio, continuarão a perceber os seus vencimentos por inteiro, enquanto não forem novamente empregados.

Mandamos, portanto, a todas as Autoridades, a quem o conhecimento e execução da referida Lei pertencer, que a cumpram, e façam cumprir, e guardar tão inteiramente, como nela se contém. O Secretário de Estado dos Negócios da Justiça a faça imprimir, publicar e correr. Dada no Palácio do Rio de Janeiro aos vinte e cinco de junho de mil oitocentos e cinquenta, vigésimo nono da Independência e do Império.

› Este texto não substitui o publicado na *CLB* de 1850, t. 11, p. 57-238.

ÍNDICE ALFABÉTICO-REMISSIVO DO CÓDIGO COMERCIAL

– A –

ABALROAÇÃO DE NAVIO
- danos: arts. 749 a 752

ABANDONO
- arts. 720 a 724, e 753 a 760
- de embarcação: art. 508
- de navio: art. 494, parte final

AÇÃO(ÕES)
- criminal contra dador a risco e capitão, por conluio: art. 654
- de capitão contra tripulante, por danos das cargas: art. 565, 2ª parte
- de dador, para restituição de soma tomada a risco: art. 643, parte final
- de embargo de capitão, quanto a fretes, avarias e despesas: art. 527, parte final
- de proprietários de embarcação contra capitão, por danos das cargas: art. 565, 2ª parte
- de tripulante de navio, para exigir seu pagamento, no término da viagem: art. 563
- entre capitão, carregadores e seguradores: art. 589

AFRETADOR
- conceito: art. 566, parte final
- direitos e obrigações: arts. 590 a 628

ALIENAÇÕES
- de embarcações brasileiras destinadas à navegação do alto-mar: art. 468

ALIJAMENTO DE CARGA
- arts. 769 e 770

APRESAMENTO
- de embarcação: arts. 558 e 559

ARMADOR
- juramento: art. 463

ARREMATAÇÃO
- de embarcação: art. 477, 2ª parte

ARRIBADA FORÇADA
- arts. 740 a 748

AVALIAÇÃO
- de objetos seguros: arts. 692 a 701

AVARIAS
- espécies: art. 763
- liquidação, repartição e contribuição: arts. 772 a 796
- natureza e classificação: arts. 761 a 771

– B –

BALDEAÇÃO
- de carga, após o início da viagem: art. 717

BRASILEIROS
- domiciliados em país estrangeiro: art. 457, 3ª parte

– C –

CAIXAS
- de navios: arts. 484 a 495
- tomada de contas do capitão: art. 535

CAPITÃES OU MESTRES DE NAVIO
- arts. 496 a 537
- conhecimento: art. 577
- conluio com dador a risco: art. 654
- danos causados pelo excesso de carga contratada: art. 605
- embargo ou retardo da partida; perdas e danos: art. 608
- impedimento de entrada da embarcação no porto de destino: art. 610
- inavegabilidade da embarcação no curso da viagem: art. 614
- nomeação e dispensa: art. 493
- obrigações: art. 507
- prestação de contas no término da viagem: art. 535
- rebeldia: art. 712
- responsabilidade por prejuízos decorrentes de discórdia da tripulação: art. 530, 2ª parte
- retardamento da viagem; responsabilidades: arts. 601 e 602

CARGA
- acidentada; causa justa para arribada forçada: art. 741, nº 2
- avariada: art. 747
- colocação no convés da embarcação, pelo capitão, sem consentimento dos carregadores: art. 521
- descarga para conserto do navio ou reparo de avaria: art. 746
- e descarga: art. 591
- lançamento parcial ao mar: art. 769
- remanescente de alijamento: art. 770

CARTAS DE FRETAMENTO OU CARTAS PARTIDAS
- natureza e forma: art. 566

CLÁUSULA(S)
- "carregadas em um ou mais navios", nos contratos de seguro marítimo: art. 716
- "livre de avaria", no contrato de seguro marítimo; desobrigação dos seguradores: art. 714
- "livre de hostilidade", no contrato de seguro marítimo; desobrigação do segurador: art. 715
- "livre de todas as avarias", no contrato de seguro marítimo; desobrigação dos seguradores: art. 714
- "valha mais ou valha menos", nos contratos de seguro marítimo: arts. 693 e 701

COMÉRCIO
- marítimo: arts. 457 a 796

COMPARTES
- de navios: arts. 484 a 495

CONHECIMENTO(S)
- arts. 575 a 589

CONTRAMESTRE DE NAVIO
- arts. 538 a 542

CONTRATO(S)
- de fretamento: art. 566
- de seguro marítimo: arts. 666 a 684

CRÉDITOS PRIVILEGIADOS
- de embarcação: art. 472

CREDOR(ES)
- privilegiados: arts. 470 a 475

– D –

DANOS
- causados à carga: art. 718
- causados em navio por abalroação: arts. 749 a 752

DEPOSITÁRIO
- de carga e efeitos recebidos a bordo de navio: art. 519
- recebimento da carga de navio, na ausência de consignatário: art. 528

DEPÓSITO JUDICIAL
- de carga de navio: arts. 583 e 584

DESCARGA
- no porto de arribada: art. 746

DÍVIDA(S)
- não privilegiada: art. 480
- particulares de armador: art. 481
- particulares de comparte de navio: art. 483

DOCUMENTOS
- obrigatórios das embarcações brasileiras em viagem: art. 466

– E –

EFEITOS
- danificados; venda: art. 773

EMBARCAÇÃO(ÕES)
- arts. 457 a 483
- armação e expedição: art. 484
- brasileiras adquiridas por estrangeiros; perda da natureza de propriedade brasileira: art. 458
- brasileiras destinadas à navegação do alto-mar: art. 468
- brasileiras; proprietários: art. 457
- estrangeiras; registro: art. 462
- mudança de proprietário; apresentação do registro para anotações: art. 464
- venda judicial; procedimento: art. 478
- nota dos créditos privilegiados: art. 476
- transmissão da propriedade: art. 470

EMBARGO
- a conhecimento de transporte de carga por embarcações: art. 588
- de embarcações com mais de quarta parte da carga: art. 481
- de embarcações estrangeiras: art. 482
- de embarcações por credores não privilegiados: art. 480

CCom

ÍNDICE ALFABÉTICO-REMISSIVO DO CÓDIGO COMERCIAL

- de embarcações por credores privilegiados: art. 479
- de navio fretado: arts. 607 e 608
- de navio por dívidas particulares de comparte: art. 483
- por fretes, avarias e despesas sobre as mercadorias da carga: art. 527

EMPRÉSTIMO DE DINHEIRO A RISCO
- arts. 633 a 665

ENDOSSO
- de apólice de seguro marítimo: art. 675
- de conhecimento à ordem: art. 587, 2ª parte
- para transferência e execução da escritura ou letra de risco à ordem: art. 635

EQUIPAGEM
- conceito: art. 564, 2ª parte

ESCALAS
- de viagens de navios: arts. 680 e 681

EXECUÇÃO
- de navios por dívidas particulares de comparte: art. 483

- F -

FALÊNCIA
- ou insolvência de armador de navio: art. 475

FAZENDAS
- adquiridas por troca: art. 697
- deterioradas por avaria, ou diminuídas por mau acondicionamento: art. 621
- entrega, pelo capitão, antes do recebimento do frete: art. 620
- presunção de danificação, roubo ou diminuição: art. 618
- salvadas em auxílio da tripulação: art. 623

FIANÇA
- de carregador para assinatura de novos conhecimentos: art. 580
- recusa de prestação: art. 785

FORÇA MAIOR
- rompimento de viagem: arts. 548 e 549

FRETADOR
- conceito: art. 566, parte final

FRETAMENTO(S)
- arts. 566 a 632

FRETES
- interdição do porto de destino do navio: art. 572
- pagamento em dobro: art. 523
- responsabilidade por danos da carga, decorrentes de delitos, culpa ou omissão do capitão ou tripulantes: art. 565
- vincendos: art. 469

- H -

HASTA PÚBLICA
- venda de navio deliberada pela maioria dos compartes: art. 489, 2ª parte
- venda de quinhões de navios: art. 487

HIPOTECA
- adquirida por dador de dinheiro a risco: art. 662
- de embarcações brasileiras destinadas à navegação do alto-mar: art. 468
- do dador a risco sobre navio e carga: art. 658
- especial: art. 565, parte final
- privilegiada, em favor do capitão, para pagamento de passagem: art. 632
- tácita de credores privilegiados; venda voluntária de embarcação: art. 470
- tácita de equipagem, na embarcação e fretes: art. 564
- tácita e especial, dos fretes e avarias grossas, sobre a carga: art. 626

- I -

INDENIZAÇÃO
- perda total de objetos seguros: art. 753
- prejuízos sofridos por armadores ou carregadores, em razão de conluio entre dador a risco e capitão: art. 654
- recíproca para o dono de objetos embarcados sem conhecimento assinado pelo capitão: art. 790, parte final

INVENTÁRIO
- de amarras, âncoras, velames e mastreação de navio: art. 506

- J -

JURAMENTO
- de capitão, na ratificação de processos testemunháveis e protestos formados a bordo: art. 505
- de proprietário armador, no recebimento de registro de embarcação brasileira: art. 463

JUROS
- legais em favor do doador a risco: art. 660

- L -

LEILÃO
- navio e efeitos avariados: art. 773

LETRAS MERCANTIS
- e prêmios do seguro respectivo: art. 651

LIVROS
- de escrituração da administração e da navegação de navio: arts. 501 a 504

- M -

MATRÍCULA
- de embarcações brasileiras para viagem: art. 467

MOEDA
- estrangeira; seguro marítimo: art. 698

MULTA(S)
- imposta a capitão de navio, pela falta de apresentação de todos os indivíduos matriculados: art. 512, 3ª parte
- impostas a embarcações: art. 530

- N -

NAUFRÁGIO
- capitão: art. 508, 2ª parte
- segurado: art. 754, parte final
- segurado e segurador: art. 721
- tripulantes: arts. 558 e 559

NULIDADE
- de ajuste com apresadores para resgate de objetos segurados: art. 727
- de contrato de seguro marítimo: art. 677
- de empréstimo de dinheiro a risco: art. 656
- de venda de navio sem autorização dos donos: art. 531

- O -

OBRIGAÇÃO(ÕES)
- recíprocas do segurador e do segurado: arts. 710 a 730

OFICIAIS
- causa justa para despedida: art. 555
- de navio: arts. 543 e 544

- P -

PARCERIA MARÍTIMA
- administração: art. 491
- normas aplicáveis: art. 485

PASSAGEIRO DE NAVIO
- arts. 629 a 632

PENA(S)
- correcional: art. 498

PENHORA
- carga de navio: arts. 583 e 584
- oposição a conhecimento de transportes: art. 588

PERDAS E DANOS
- a cargo do segurador: art. 710
- causados pela entrada de navio em porto estranho ao do seu destino: art. 510
- causados pelo contramestre, resultantes da entrega de fazendas sem anuência do capitão: art. 542
- decorrentes da venda de navio, por capitão, sem autorização dos donos: art. 531
- decorrentes de diligências não permitidas a capitão: art. 518
- decorrentes do adiamento da partida do porto de arribada: art. 748
- decorrentes do descumprimento de obrigações pelo capitão: art. 507, parte final
- de navio ou carga: art. 529
- pela falta de conclusão de viagem, por capitão de navio: art. 532
- pelo embargo de navio fretado arts. 607 e 608
- por ocultação da verdadeira bandeira da embarcação: art. 574
- procedentes de ato de rebeldia do capitão ou da equipagem: art. 713
- sofridos pelos donos de cargas transportadas em navio: art. 565

PILOTO DE NAVIO
- dano ou perda da embarcação; responsabilidades: art. 540

PRAZO(S)
- de apresentação, do capitão, à autoridade para tomada de protesto, em caso de arribada forçada: art. 743

- de pagamento de indenizações do segurado, no seguro marítimo: art. 730
- para entrega de conhecimentos: art. 578
- para exame judicial de fazendas presumivelmente danificadas, roubadas ou diminuídas a bordo: art. 618, 2ª parte
- para lançamento, no Registro do Comércio, das cartas de fretamento: art. 568
- para o capitão apresentar a matrícula original ao deixar o comando do navio: art. 512

PRESCRIÇÃO
- ação contra capitão por faltas cometidas, na matrícula, durante a viagem: art. 512, 2ª parte
- ação de embargo, do capitão, pelos fretes, avarias e despesas: art. 527, parte final

PRISÃO
- de oficiais e tripulantes para cumprimento do contrato: art. 546
- por crime cometido a bordo de navio: art. 498, 2ª parte

PROCESSOS
- testemunháveis formados a bordo de navio: art. 505

PROPRIETÁRIOS
- de navios: arts. 484 a 495

PROTESTO(S)
- de dador a risco pela mora no pagamento do capital em prêmio: art. 660, parte final
- de deliberações tomadas a bordo de navio: art. 504, parte final
- de piloto, na falta de aquiescência do capitão, para mudança de rumo da embarcação: art. 539
- formados a bordo de navios: art. 505

PROVA(S)
- seguro marítimo sobre despesas com navio ou carga: art. 695
- seguro marítimo sobre dinheiro a risco: art. 695

- R -

RECEITA E DESPESA DA EMBARCAÇÃO
- assentamento: art. 503

REGISTRO
- de embarcações: art. 464
- de embarcações brasileiras destinadas à navegação em alto-mar: arts. 460 e 461
- de embarcações de construção estrangeira: art. 462
- de embarcações; mudança de capitão: art. 465

REGISTRO DO COMÉRCIO
- lançamento de crédito para fins de privilégios: art. 472

RESPONSABILIDADE(S)
- de capitão de navio: arts. 517, 529, 530, 531, 532 e 600
- de carregadores e afretadores: art. 599
- de segurado: arts. 719, 720 e 721
- de segurador: arts. 710, 713, 717, 718 e 721

RESSEGURO
- objetos segurados: art. 687

RISCOS
- no seguro marítimo: arts. 702 a 709

- S -

SALÁRIOS
- de capitão de navio: art. 565, 2ª parte

SEGURO
- prêmios: art. 651

SEGURO MARÍTIMO
- arts. 666 a 730
- anulabilidade: art. 678
- anulação por fato que não resulte de força maior: art. 684
- apólice; conteúdo: art. 667
- coisas que não podem ser objeto: art. 686
- com designação geral "fazendas": arts. 670 a 672
- com designação geral "sobre um ou mais navios": arts. 670 e 671
- contrato: art. 666
- natureza e forma do contrato: arts. 666 a 684
- nulidade: art. 677
- prova: art. 666
- de dinheiro a risco: art. 688
- de ida e volta: art. 691
- de lucro esperado: art. 709
- de navio: art. 690
- diversidade de seguradores: art. 668
- diversidade de seguros sobre o mesmo objeto: art. 683
- efeitos segurados: art. 676
- fraude do segurado ou do segurador: art. 679
- indenizações do segurado: art. 730
- normas; aplicação subsidiária ao empréstimo de dinheiro a risco: art. 665
- objeto: arts. 685 a 691
- objeto: art. 669
- objetos seguros: arts. 692 a 701
- perda de navio: art. 720
- realizado em moeda estrangeira: art. 698
- resseguro: art. 687
- riscos: arts. 702 a 709
- segurador: art. 711
- valor do objeto: art. 692

SENTENÇA
- homologatória de repartição das avarias grossas: art. 793

SEQUESTRO
- carga de navio: arts. 583 e 584

SUB-ROGAÇÃO
- preço de venda para pagamento de avaria: art. 785
- segurador que paga dano da coisa segura: art. 728

- T -

TRIBUNAL ESTRANGEIRO
- julgamento considerado injusto: art. 725

TRIPULANTE DE NAVIO
- ajuste e soldadas: arts. 543 e 544
- conceito: art. 564, 2ª parte
- despedida, sem justa causa, após a matrícula: art. 554
- justa causa para a despedida: art. 555
- obrigações: art. 545
- rebeldia: art. 712
- rescisão do contrato: art. 557

- V -

VARAÇÃO
- mercadorias perdidas: art. 622

VENDA JUDICIAL
- de carga de navio: art. 584
- de embarcações: art. 478
- execução e arrematação; custas judiciais do processo: art. 478, 2ª parte

VÍCIOS
- intrínsecos de objetos seguros: art. 711, nº 10

VISTORIA(S)
- de embarcações novas: art. 459
- de navio ou carga: art. 772
- judicial de mercadorias presumivelmente danificadas, roubadas ou diminuídas: art. 618
- judicial para conserto de navio: art. 488

CÓDIGO DE PROCESSO CIVIL

ÍNDICE SISTEMÁTICO DO CÓDIGO DE PROCESSO CIVIL

PARTE GERAL

LIVRO I – DAS NORMAS PROCESSUAIS CIVIS .... **arts. 1º a 15**

TÍTULO ÚNICO – DAS NORMAS FUNDAMENTAIS E DA APLICAÇÃO DAS NORMAS PROCESSUAIS .... **arts. 1º a 15**

Capítulo I – Das Normas Fundamentais do Processo Civil .... arts. 1º a 12

Capítulo II – Da Aplicação das Normas Processuais .... arts. 13 a 15

LIVRO II – DA FUNÇÃO JURISDICIONAL .... **arts. 16 a 69**

TÍTULO I – DA JURISDIÇÃO E DA AÇÃO .... **arts. 16 a 20**

TÍTULO II – DOS LIMITES DA JURISDIÇÃO NACIONAL E DA COOPERAÇÃO INTERNACIONAL .... **arts. 21 a 41**

Capítulo I – Dos Limites da Jurisdição Nacional .... arts. 21 a 25

Capítulo II – Da Cooperação Internacional .... arts. 26 a 41

Seção I – Das Disposições Gerais .... arts. 26 e 27

Seção II – Do Auxílio Direto .... arts. 28 a 34

Seção III – Da Carta Rogatória .... arts. 35 e 36

Seção IV – Das Disposições Comuns às Seções Anteriores .... arts. 37 a 41

TÍTULO III – DA COMPETÊNCIA INTERNA .... **arts. 42 a 69**

Capítulo I – Da Competência .... arts. 42 a 66

Seção I – Das Disposições Gerais .... arts. 42 a 53

Seção II – Da Modificação da Competência .... arts. 54 a 63

Seção III – Da Incompetência .... arts. 64 a 66

Capítulo II – Da Cooperação Nacional .... arts. 67 a 69

LIVRO III – DOS SUJEITOS DO PROCESSO .... **arts. 70 a 187**

TÍTULO I – DAS PARTES E DOS PROCURADORES .... **arts. 70 a 112**

Capítulo I – Da Capacidade Processual .... arts. 70 a 76

Capítulo II – Dos Deveres das Partes e de seus Procuradores .... arts. 77 a 102

Seção I – Dos Deveres .... arts. 77 e 78

Seção II – Da Responsabilidade das Partes por Dano Processual .... arts. 79 a 81

Seção III – Das Despesas, dos Honorários Advocatícios e das Multas .... arts. 82 a 97

Seção IV – Da Gratuidade da Justiça .... arts. 98 a 102

Capítulo III – Dos Procuradores .... arts. 103 a 107

Capítulo IV – Da Sucessão das Partes e dos Procuradores .... arts. 108 a 112

TÍTULO II – DO LITISCONSÓRCIO .... **arts. 113 a 118**

TÍTULO III – DA INTERVENÇÃO DE TERCEIROS .... **arts. 119 a 138**

Capítulo I – Da Assistência .... arts. 119 a 124

Seção I – Das Disposições Comuns .... arts. 119 e 120

Seção II – Da Assistência Simples .... arts. 121 a 123

Seção III – Da Assistência Litisconsorcial .... art. 124

Capítulo II – Da Denunciação da Lide ..... arts. 125 a 129
Capítulo III – Do Chamamento ao Processo ..... arts. 130 a 132
Capítulo IV – Do Incidente de Desconsideração da Personalidade Jurídica ..... arts. 133 a 137
Capítulo V – Do *Amicus Curiae* ..... art. 138

TÍTULO IV – DO JUIZ E DOS AUXILIARES DA JUSTIÇA ..... arts. 139 a 175
Capítulo I – Dos Poderes, dos Deveres e da Responsabilidade do Juiz ..... arts. 139 a 143
Capítulo II – Dos Impedimentos e da Suspeição ..... arts. 144 a 148
Capítulo III – Dos Auxiliares da Justiça ..... art. 149
Seção I – Do Escrivão, do Chefe de Secretaria e do Oficial de Justiça ..... arts. 150 a 155
Seção II – Do Perito ..... arts. 156 a 158
Seção III – Do Depositário e do Administrador ..... arts. 159 a 161
Seção IV – Do Intérprete e do Tradutor ..... arts. 162 a 164
Seção V – Dos Conciliadores e Mediadores Judiciais ..... arts. 165 a 175

TÍTULO V – DO MINISTÉRIO PÚBLICO ..... arts. 176 a 181

TÍTULO VI – DA ADVOCACIA PÚBLICA ..... arts. 182 a 184

TÍTULO VII – DA DEFENSORIA PÚBLICA ..... arts. 185 a 187

LIVRO IV – DOS ATOS PROCESSUAIS ..... arts. 188 a 293

TÍTULO I – DA FORMA, DO TEMPO E DO LUGAR DOS ATOS PROCESSUAIS ..... arts. 188 a 235
Capítulo I – Da Forma dos Atos Processuais ..... arts. 188 a 211
Seção I – Dos Atos em Geral ..... arts. 188 a 192
Seção II – Da Prática Eletrônica de Atos Processuais ..... arts. 193 a 199
Seção III – Dos Atos das Partes ..... arts. 200 a 202
Seção IV – Dos Pronunciamentos do Juiz ..... arts. 203 a 205
Seção V – Dos Atos do Escrivão ou do Chefe de Secretaria ..... arts. 206 a 211
Capítulo II – Do Tempo e do Lugar dos Atos Processuais ..... arts. 212 a 217
Seção I – Do Tempo ..... arts. 212 a 216
Seção II – Do Lugar ..... art. 217
Capítulo III – Dos Prazos ..... art. 218 a 235
Seção I – Das Disposições Gerais ..... art. 218 a 232
Seção II – Da Verificação dos Prazos e das Penalidades ..... art. 233 a 235

TÍTULO II – DA COMUNICAÇÃO DOS ATOS PROCESSUAIS ..... art. 236 a 275
Capítulo I – Disposições Gerais ..... art. 236 e 237
Capítulo II – Da Citação ..... art. 238 a 259
Capítulo III – Das Cartas ..... art. 260 a 268
Capítulo IV – Das Intimações ..... art. 269 a 275

TÍTULO III – DAS NULIDADES ..... art. 276 a 283

TÍTULO IV – DA DISTRIBUIÇÃO E DO REGISTRO ..... art. 284 a 290

TÍTULO V – DO VALOR DA CAUSA ..... art. 291 a 293

LIVRO V – DA TUTELA PROVISÓRIA ..... arts. 294 a 311

TÍTULO I – DAS DISPOSIÇÕES GERAIS .... **arts. 294 a 299**

TÍTULO II – DA TUTELA DE URGÊNCIA .... **arts. 300 a 310**

Capítulo I – Disposições Gerais .... arts. 300 a 302

Capítulo II – Do Procedimento da Tutela Antecipada Requerida em Caráter Antecedente .... arts. 303 e 304

Capítulo III – Do Procedimento da Tutela Cautelar Requerida em Caráter Antecedente .... arts. 305 a 310

TÍTULO III – DA TUTELA DA EVIDÊNCIA .... **art. 311**

LIVRO VI – FORMAÇÃO, SUSPENSÃO E EXTINÇÃO DO PROCESSO .... **arts. 312 a 317**

TÍTULO I – DA FORMAÇÃO DO PROCESSO .... **art. 312**

TÍTULO II – DA SUSPENSÃO DO PROCESSO .... **arts. 313 a 315**

TÍTULO III – DA EXTINÇÃO DO PROCESSO .... **arts. 316 e 317**

PARTE ESPECIAL

LIVRO I – DO PROCESSO DE CONHECIMENTO E DO CUMPRIMENTO DE SENTENÇA .... **arts. 318 a 770**

TÍTULO I – DO PROCEDIMENTO COMUM .... **arts. 318 a 512**

Capítulo I – Das Disposições Gerais .... art. 318

Capítulo II – Da Petição Inicial .... arts. 319 a 331

Seção I – Dos Requisitos da Petição Inicial .... arts. 319 a 321

Seção II – Do Pedido .... arts. 322 a 329

Seção III – Do Indeferimento da Petição Inicial .... arts. 330 e 331

Capítulo III – Da Improcedência Liminar do Pedido .... art. 332

Capítulo IV – Conversão da Ação Individual em Ação Coletiva .... art. 333

Capítulo V – Da Audiência de Conciliação ou de Mediação .... art. 334

Capítulo VI – Da Contestação .... arts. 335 a 342

Capítulo VII – Da Reconvenção .... art. 343

Capítulo VIII – Da Revelia .... arts. 344 a 346

Capítulo IX – Das Providências Preliminares e do Saneamento .... art. 347

Seção I – Da não Incidência dos Efeitos da Revelia .... arts. 348 e 349

Seção II – Do Fato Impeditivo, Modificativo ou Extintivo do Direito do Autor .... art. 350

Seção III – Das Alegações do Réu .... arts. 351 a 353

Capítulo X – Do Julgamento Conforme o Estado do Processo .... arts. 354 a 357

Seção I – Da Extinção do Processo .... art. 354

Seção II – Do Julgamento Antecipado do Mérito .... art. 355

Seção III – Do Julgamento Antecipado Parcial do Mérito .... art. 356

Seção IV – Do Saneamento e da Organização do Processo .... art. 357

Capítulo XI – Da Audiência de Instrução e Julgamento .... arts. 358 a 368

Capítulo XII – Das Provas .... arts. 369 a 484

Seção I – Das Disposições Gerais .... arts. 369 a 380

Seção II – Da Produção Antecipada da Prova .... arts. 381 a 383

Seção III – Da Ata Notarial .... art. 384

Seção IV – Do Depoimento Pessoal .... arts. 385 a 388

Seção V – Da Confissão .... arts. 389 a 395

Seção VI – Da Exibição de Documento ou Coisa .... arts. 396 a 404
Seção VII – Da Prova Documental .... arts. 405 a 441
Subseção I – Da Força Probante dos Documentos .... arts. 405 a 429
Subseção II – Da Arguição de Falsidade .... arts. 430 a 433
Subseção III – Da Produção da Prova Documental .... arts. 434 a 438
Seção VIII – Dos Documentos Eletrônicos .... arts. 439 a 441
Seção IX – Da Prova Testemunhal .... arts. 442 a 463
Subseção I – Da Admissibilidade e do Valor da Prova Testemunhal .... arts. 442 a 449
Subseção II – Da Produção da Prova Testemunhal .... arts. 450 a 463
Seção X – Da Prova Pericial .... arts. 464 a 480
Seção XI – Da Inspeção Judicial .... arts. 481 a 484
Capítulo XIII – Da Sentença e da Coisa Julgada .... arts. 485 a 508
Seção I – Das Disposições Gerais .... arts. 485 a 488
Seção II – Dos Elementos e dos Efeitos da Sentença .... arts. 489 a 495
Seção III – Da Remessa Necessária .... art. 496
Seção IV – Do Julgamento das Ações Relativas às Prestações de Fazer, de não Fazer e de Entregar Coisa arts. 497 a 501
Seção V – Da Coisa Julgada .... arts. 502 a 508
Capítulo XIV – Da Liquidação de Sentença .... arts. 509 a 512

TÍTULO II – DO CUMPRIMENTO DA SENTENÇA .... arts. 513 a 538
Capítulo I – Das Disposições Gerais .... arts. 513 a 519
Capítulo II – Do Cumprimento Provisório da Sentença que Reconheça a Exigibilidade de Obrigação de Pagar Quantia Certa .... arts. 520 a 522
Capítulo III – Do Cumprimento Definitivo da Sentença que Reconheça a Exigibilidade de Obrigação de Pagar Quantia Certa .... arts. 523 a 527
Capítulo IV – Do Cumprimento da Sentença que Reconheça a Exigibilidade de Obrigação de Prestar Alimentos .... arts. 528 a 533
Capítulo V – Do Cumprimento da Sentença que Reconheça a Exigibilidade de Obrigação de Pagar Quantia Certa pela Fazenda Pública .... arts. 534 e 535
Capítulo VI – Do Cumprimento da Sentença que Reconheça a Exigibilidade de Obrigação de Fazer, de Não Fazer ou de Entregar Coisa .... arts. 536 a 538
Seção I – Do Cumprimento da Sentença que Reconheça a Exigibilidade de Obrigação de Fazer e de não Fazer. .arts. 536 e 537
Seção II – Do Cumprimento da Sentença que Reconheça a Exigibilidade de Obrigação de Entregar Coisa .... art. 538

TÍTULO III – DOS PROCEDIMENTOS ESPECIAIS .... arts. 539 a 770
Capítulo I – Da Ação de Consignação em Pagamento .... arts. 539 a 549
Capítulo II – Da Ação de Exigir Contas .... arts. 550 a 553
Capítulo III – Das Ações Possessórias .... arts. 554 a 568
Seção I – Das Disposições Gerais .... arts. 554 a 559
Seção II – Da Manutenção e da Reintegração de Posse .... arts. 560 a 566
Seção III – Do Interdito Proibitório .... arts. 567 e 568
Capítulo IV – Da Ação de Divisão e da Demarcação de Terras Particulares .... arts. 569 a 598
Seção I – Das Disposições Gerais .... arts. 569 a 573
Seção II – Da Demarcação .... arts. 574 a 587
Seção III – Da Divisão .... arts. 588 a 598
Capítulo V – Da Ação de Dissolução Parcial de Sociedade .... arts. 599 a 609
Capítulo VI – Do Inventário e da Partilha .... arts. 610 a 673

Seção I – Das Disposições Gerais ... arts. 610 a 614
Seção II – Da Legitimidade para Requerer o Inventário ... arts. 615 e 616
Seção III – Do Inventariante e das Primeiras Declarações ... arts. 617 a 625
Seção IV – Das Citações e das Impugnações ... artss. 626 a 629
Seção V – Da Avaliação e do Cálculo do Imposto ... arts. 630 a 638
Seção VI – Das Colações ... arts. 639 a 641
Seção VII – Do Pagamento das Dívidas ... arts. 642 a 646
Seção VIII – Da Partilha ... arts. 647 a 658
Seção IX – Do Arrolamento ... arts. 659 a 667
Seção X – Disposições Comuns a Todas as Seções ... arts. 668 a 673
Capítulo VII – Dos Embargos de Terceiro ... arts. 674 a 681
Capítulo VIII – Da Oposição ... arts. 682 a 686
Capítulo IX – Da Habilitação ... arts. 687 a 692
Capítulo X – Das Ações De Família ... arts. 693 a 699
Capítulo XI – Da Ação Monitória ... arts. 700 a 702
Capítulo XII – Da Homologação do Penhor Legal ... arts. 703 a 706
Capítulo XIII – Da Regulação de Avaria Grossa ... arts. 707 a 711
Capítulo XIV – Da Restauração de Autos ... arts. 712 a 718
Capítulo XV – Dos Procedimentos de Jurisdição Voluntária ... arts. 719 a 770
Seção I – Das Disposições Gerais ... arts. 719 a 725
Seção II – Da Notificação e da Interpelação ... arts. 726 a 729
Seção III – Da Alienação Judicial ... art. 730
Seção IV – Do Divórcio e da Separação Consensuais, da Extinção Consensual de União Estável e da Alteração do Regime de Bens do Matrimônio ... arts. 731 a 734
Seção V – Dos Testamentos e Codicilos ... arts. 735 a 737
Seção VI – Da Herança Jacente ... arts. 738 a 743
Seção VII – Dos Bens dos Ausentes ... arts. 744 e 745
Seção VIII – Das Coisas Vagas ... art. 746
Seção IX – Da Interdição ... arts. 747 a 758
Seção X – Das Disposições Comuns à Tutela e à Curatela ... arts. 759 a 763
Seção XI – Da Organização e da Fiscalização das Fundações ... arts. 764 e 765
Seção XII – Da Ratificação dos Protestos Marítimos e dos Processos Testemunháveis Formados a Bordo arts. 766 a 770

LIVRO II – DO PROCESSO DE EXECUÇÃO ... arts. 771 a 925

TÍTULO I – DA EXECUÇÃO EM GERAL ... arts. 771 a 796
Capítulo I – Das Disposições Gerais ... arts. 771 a 777
Capítulo II – Das Partes ... arts. 778 a 780
Capítulo III – Da Competência ... arts. 781 e 782
Capítulo IV – Dos Requisitos Necessários para Realizar Qualquer Execução ... arts. 783 a 796
Seção I – Do Título Executivo ... arts. 783 a 785
Seção II – Da Exigibilidade da Obrigação ... arts. 786 a 788
Capítulo V – Da Responsabilidade Patrimonial ... arts. 789 a 796

TÍTULO II – DAS DIVERSAS ESPÉCIES DE EXECUÇÃO ... arts. 797 a 913
Capítulo I – Das Disposições Gerais ... arts. 797 a 805
Capítulo II – Da Execução para a Entrega de Coisa ... arts. 806 a 813

Seção I – Da Entrega de Coisa Certa....arts. 806 a 810
Seção II – Da Entrega de Coisa Incerta....arts. 811 a 813
Capítulo III – Da Execução das Obrigações de Fazer e de Não Fazer....arts. 814 a 823
Seção I – Das Disposições Comuns....art. 814
Seção II – Da Obrigação de Fazer....arts. 815 a 821
Seção III – Da Obrigação de Não Fazer....arts. 822 e 823
Capítulo IV – Da Execução por Quantia Certa....arts. 824 a 909
Seção I – Das Disposições Gerais....arts. 824 a 826
Seção II – Da Citação do Devedor e do Arresto....arts. 827 a 830
Seção III – Da Penhora, do Depósito e da Avaliação....arts. 831 a 875
Subseção I – Do Objeto da Penhora....arts. 831 a 836
Subseção II – Da Documentação da Penhora, de seu Registro e do Depósito....arts. 837 a 844
Subseção III – Do Lugar de Realização da Penhora....arts. 845 e 846
Subseção IV – Das Modificações da Penhora....arts. 847 a 853
Subseção V – Da Penhora de Dinheiro em Depósito ou em Aplicação Financeira....art. 854
Subseção VI – Da Penhora de Créditos....arts. 855 a 860
Subseção VII – Da penhora das quotas ou ações de sociedades personificadas....art. 861
Subseção VIII – Da Penhora de Empresa, de Outros Estabelecimentos e de Semoventes....arts. 862 a 865
Subseção IX – Da Penhora de Percentual de Faturamento de Empresa....art. 866
Subseção X – Da Penhora de Frutos e Rendimentos de Coisa Móvel ou Imóvel....arts. 867 a 869
Subseção XI – Da Avaliação....arts. 870 a 875
Seção IV – Da Expropriação de Bens....arts. 876 a 903
Subseção I – Da Adjudicação....arts. 876 a 878
Subseção II – Da Alienação....arts. 879 a 903
Seção V – Da Satisfação do Crédito....arts. 904 a 909
Capítulo V – Da Execução contra a Fazenda Pública....art. 910
Capítulo VI – Da Execução de Alimentos....arts. 911 a 913

TÍTULO III – DOS EMBARGOS À EXECUÇÃO.... arts. 914 a 920

TÍTULO IV – DA SUSPENSÃO E DA EXTINÇÃO DO PROCESSO DE EXECUÇÃO.... arts. 921 a 925
Capítulo I – Da Suspensão do Processo de Execução....arts. 921 a 923
Capítulo II – Da Extinção do Processo de Execução....arts. 924 e 925

LIVRO III – DOS PROCESSOS NOS TRIBUNAIS E DOS MEIOS DE IMPUGNAÇÃO DAS DECISÕES JUDICIAIS....arts. 926 a 1.044

TÍTULO I – DA ORDEM DOS PROCESSOS E DOS PROCESSOS DE COMPETÊNCIA ORIGINÁRIA DOS TRIBUNAIS.... arts. 926 a 993
Capítulo I – Disposições Gerais....arts. 926 a 928
Capítulo II – Da Ordem dos Processos no Tribunal....arts. 929 a 946
Capítulo III – Do Incidente de Assunção de Competência....art. 947
Capítulo IV – Do Incidente de Arguição de Inconstitucionalidade....arts. 948 a 950
Capítulo V – Do Conflito de Competência....arts. 951 a 959
Capítulo VI – Da Homologação de Decisão Estrangeira e da Concessão do Exequatur à Carta Rogatória..arts. 960 a 965
Capítulo VII – Da Ação Rescisória....arts. 966 a 975
Capítulo VIII – Do Incidente de Resolução de Demandas Repetitivas....arts. 976 a 987
Capítulo IX – Da Reclamação....arts. 988 a 993

TÍTULO II – DOS RECURSOS .... **arts. 994 a 1.044**

Capítulo I – Das Disposições Gerais .... arts. 994 a 1.008

Capítulo II – Da Apelação .... arts. 1.009 a 1.014

Capítulo III – Do Agravo de Instrumento .... arts. 1.015 a 1.020

Capítulo IV – Do Agravo Interno .... art. 1.021

Capítulo V – Dos Embargos de Declaração .... arts. 1.022 a 1.026

Capítulo VI – Dos Recursos para o Supremo Tribunal Federal e para o Superior Tribunal de Justiça .... arts. 1.027 a 1.044

Seção I – Do Recurso Ordinário .... arts. 1.027 e 1.028

Seção II – Do Recurso Extraordinário e do Recurso Especial .... arts. 1.029 a 1.041

Subseção I – Das Disposições Gerais .... arts. 1.029 a 1.035

Subseção II – Do Julgamento dos Recursos Extraordinário e Especial Repetitivos .... arts. 1.036 a 1.041

Seção III – Do Agravo em Recurso Especial e "em Recurso" Extraordinário .... art. 1.042

Seção IV – Dos Embargos de Divergência .... arts. 1.043 e 1.044

LIVRO COMPLEMENTAR – DAS DISPOSIÇÕES FINAIS E TRANSITÓRIAS .... **arts. 1.045 a 1.072**

EXPOSIÇÃO DE MOTIVOS DO CÓDIGO DE PROCESSO CIVIL

LEI N. 13.105, DE 16 DE MARÇO DE 2015

Um sistema processual civil que não proporcione à sociedade o reconhecimento e a realização[1] dos direitos, ameaçados ou violados, que têm cada um dos jurisdicionados, não se harmoniza com as garantias constitucionais[2] de um Estado Democrático de Direito.[3]

Sendo ineficiente o sistema processual, todo o ordenamento jurídico passa a carecer de real efetividade. De fato, as normas de direito material se transformam em pura ilusão, sem a garantia de sua correlata realização, no mundo empírico, por meio do processo.[4]

Não há fórmulas mágicas. O Código vigente, de 1973, operou satisfatoriamente durante duas décadas. A partir dos anos noventa, entretanto, sucessivas reformas, a grande maioria delas lideradas pelos Ministros Athos Gusmão Carneiro e Sálvio de Figueiredo Teixeira, introduziram no Código revogado significativas alterações, com o objetivo de adaptar as normas processuais a mudanças na sociedade e ao funcionamento das instituições.

A expressiva maioria dessas alterações, como, por exemplo, em 1994, a inclusão no sistema do instituto da antecipação de tutela; em 1995, a alteração do regime do agravo; e, mais recentemente, as leis que alteraram a execução, foram bem recebidas pela comunidade jurídica e geraram resultados positivos, no plano da operatividade do sistema.

O enfraquecimento da coesão entre as normas processuais foi uma consequência natural do método consistente em se incluírem, aos poucos, alterações no CPC, comprometendo a sua forma sistemática. A complexidade resultante desse processo confunde-se, até certo ponto, com essa desorganização, comprometendo a celeridade e gerando questões evitáveis (= pontos que geram polêmica e atraem atenção dos magistrados) que subtraem indevidamente a atenção do operador do direito.

Nessa dimensão, a preocupação em se preservar a forma sistemática das normas processuais, longe de ser meramente acadêmica, atende, sobretudo, a uma necessidade de caráter pragmático: obter-se um grau mais intenso de funcionalidade.

Sem prejuízo da manutenção e do aperfeiçoamento dos institutos introduzidos no sistema pelas reformas ocorridas nos anos de 1992 até hoje, criou-se um Código novo, que não significa, todavia, uma ruptura com o passado, mas um passo à frente. Assim, além de conservados os institutos cujos resultados foram positivos, incluíram-se no sistema outros tantos que visam a atribuir-lhe alto grau de eficiência.

Há mudanças necessárias, porque reclamadas pela comunidade jurídica, e correspondentes a queixas recorrentes dos jurisdicionados e dos operadores do Direito, ouvidas em todo país. Na elaboração deste Anteprojeto de Código de Processo Civil, essa foi uma das linhas principais de trabalho: resolver problemas. Deixar de ver o processo como teoria descomprometida de sua natureza fundamental de método de resolução de conflitos, por meio do qual se realizam valores constitucionais.[5]

Assim, e por isso, um dos métodos de trabalho da Comissão foi o de resolver problemas, sobre cuja existência há praticamente unanimidade na comunidade jurídica. Isso ocorreu, por exemplo, no que diz respeito à complexidade do sistema recursal existente na lei revogada. Se o sistema recursal, que havia no Código revogado em sua versão originária, era consideravelmente mais simples que o anterior, depois das sucessivas reformas pontuais que ocorreram, se tornou, inegavelmente, muito mais complexo.

Não se deixou de lado, é claro, a necessidade de se construir um Código coerente e harmônico *interna corporis*, mas não se cultivou a obsessão em elaborar uma obra magistral, estética e tecnicamente perfeita, em detrimento de sua funcionalidade.

De fato, essa é uma preocupação presente, mas que já não ocupa o primeiro lugar na postura intelectual do processualista contemporâneo.

A coerência substancial há de ser vista como objetivo fundamental, todavia, e mantida em termos absolutos, no que tange à Constituição Federal da República. Afinal, é na lei ordinária e em outras normas de escalão inferior que se explicita a promessa de realização dos valores encampados pelos princípios constitucionais.

O novo Código de Processo Civil tem o potencial de gerar um processo mais célere,

1 Essencial que se faça menção a efetiva satisfação, pois, a partir da dita terceira fase metodológica do direito processual civil, o processo passou a ser visto como instrumento, que deve ser idôneo para o reconhecimento e a adequada concretização de direitos.

2 Isto é, aquelas que regem, eminentemente, as relações das partes entre si, entre elas e o juiz e, também, entre elas e terceiros, de que são exemplos a imparcialidade do juiz, o contraditório, a demanda, como ensinam CAPPELLETTI e VIGORITI (I diritti costituzionali delle parti nel processo civile italiano. Rivista di diritto processuale, II serie, v. 26, p. 604-650, Padova, Cedam, 1971, p. 605).

3 Os princípios e garantias processuais inseridos no ordenamento constitucional, por conta desse movimento de "constitucionalização do processo", não se limitam, no dizer de LUIGI PAOLO COMOGLIO, a *"reforçar do exterior uma mera 'reserva legislativa' para a regulamentação desse método [em referência ao processo como método institucional de resolução de conflitos sociais], mas impõem a esse último, e à sua disciplina, algumas condições mínimas de legalidade e retidão, cuja eficácia é potencialmente operante em qualquer fase (ou momento nevrálgico) do processo"* (Giurisdizione e processo nel quadro delle garanzie costituzionali. *Studi in onore di Luigi Montesano*, v. II, p. 87-127, Padova, Cedam, 1997, p. 92).

4 É o que explica, com a clareza que lhe é peculiar, BARBOSA MOREIRA: *"Querer que o processo seja efetivo é querer que desempenhe com eficiência o papel que lhe compete na economia do ordenamento jurídico. Visto que esse papel é instrumental em relação ao direito substantivo, também se costuma falar da instrumentalidade do processo. Uma noção conecta-se com a outra e por assim dizer a implica. Qualquer instrumento será bom na medida em que sirva de modo prestimoso à consecução dos fins da obra a que se ordena; em outras palavras, na medida em que seja efetivo. Vale dizer: será efetivo o processo que constitua instrumento eficiente de realização do direito material"* (Por um processo socialmente efetivo. *Revista de Processo*. São Paulo, v. 27, n. 105, p. 183-190, jan./mar. 2002, p. 181).

5 SÁLVIO DE FIGUEIREDO TEIXEIRA, em texto emblemático sobre a nova ordem trazida pela Constituição Federal de 1988, disse, acertadamente, que, apesar de suas vicissitudes, *"nenhum texto constitucional valorizou tanto a 'Justiça', tomada aqui a palavra não no seu conceito clássico de 'vontade constante e perpétua de dar a cada um o que é seu', mas como conjunto de instituições voltadas para a realização da paz social"* (O aprimoramento do processo civil como garantia da cidadania. In: FIGUEIREDO TEIXEIRA, Sálvio. *As garantias do cidadão na Justiça*. São Paulo: Saraiva, 1993. p. 79-92, p. 80).

mais justo,[6] porque mais rente às necessidades sociais[7] e muito menos complexo.[8]

A simplificação do sistema, além de proporcionar-lhe coesão mais visível, permite ao juiz centrar sua atenção, de modo mais intenso, no mérito da causa.

Com evidente redução da complexidade inerente ao processo de criação de um novo Código de Processo Civil, poder-se-ia dizer que os trabalhos da Comissão se orientaram precipuamente por cinco objetivos: 1) estabelecer expressa e implicitamente verdadeira sintonia fina com a Constituição Federal; 2) criar condições para que o juiz possa proferir decisão de forma mais rente à realidade fática subjacente à causa; 3) simplificar, resolvendo problemas e reduzindo a complexidade de subsistemas, como, por exemplo, o recursal; 4) dar todo o rendimento possível a cada processo em si mesmo considerado; e, 5) finalmente, sendo talvez este último objetivo parcialmente alcançado pela realização daqueles mencionados antes, imprimir maior grau de organicidade ao sistema, dando-lhe, assim, mais coesão.

Esta Exposição de Motivos obedece à ordem dos objetivos acima alistados.

1) A necessidade de que fique evidente a *harmonia da lei ordinária em relação à* Constituição Federal da República[9] fez com que se incluíssem no Código, expressamente, princípios constitucionais, na sua versão processual. Por outro lado, muitas regras foram concebidas, dando concreção a princípios constitucionais, como, por exemplo, as que preveem um procedimento, com *contraditório* e produção de provas, prévio à decisão que desconsidera da pessoa jurídica, em sua versão tradicional, ou "às avessas"[10].

Está expressamente formulada a regra no sentido de que o fato de o juiz estar diante de matéria de ordem pública não dispensa a obediência ao princípio do contraditório.

Como regra, o depósito da quantia relativa às multas, cuja função processual seja levar ao cumprimento da obrigação *in natura*, ou da ordem judicial, deve ser feito logo que estas incidem.

Não podem, todavia, ser levantadas, a não ser quando haja trânsito em julgado ou quando esteja pendente agravo de decisão denegatória de seguimento a recurso especial ou extraordinário.

Trata-se de uma forma de tornar o processo mais eficiente e efetivo, o que significa, indubitavelmente, aproximá-lo da Constituição Federal, em cujas entrelinhas se lê que o processo deve assegurar o cumprimento da lei material.

Prestigiando o princípio constitucional da publicidade das decisões, previu-se a regra inafastável de que à data de julgamento de todo recurso deve-se dar publicidade (= todos os recursos devem constar em pauta), para que as partes tenham oportunidade de tomar providências que entendam necessárias ou, pura e simplesmente, possam assistir ao julgamento.

Levou-se em conta o princípio da *razoável duração do processo*.[11] Afinal a ausência de celeridade, sob certo ângulo,[12] é ausência de justiça. A simplificação do sistema recursal, de que trataremos separadamente, leva a um processo mais ágil.

Criou-se o incidente de julgamento conjunto de demandas repetitivas, a que adiante se fará referência.

Por enquanto, é oportuno ressaltar que levam a um processo mais célere as medidas cujo objetivo seja o julgamento conjunto de demandas que gravitam em torno da mesma questão de direito, por dois ângulos: *a*) o relativo àqueles processos, em si mesmos considerados, que, serão decididos conjuntamente; *b*) no que concerne à atenuação do excesso de carga de trabalho do Poder Judiciário – já que o tempo usado para decidir aqueles processos poderá ser mais eficazmente aproveitado em todos os outros, em cujo trâmite serão evidentemente menores os ditos "tempos mortos" (= períodos em que nada acontece no processo).

Por outro lado, haver, indefinidamente, posicionamentos diferentes e incompatíveis, nos Tribunais, a respeito da mesma norma jurídica, leva a que jurisdicionados que estejam em situações idênticas, tenham de submeter-se a regras de conduta diferentes, ditadas por decisões judiciais emanadas de tribunais diversos.

Esse fenômeno fragmenta o sistema, gera intranquilidade e, por vezes, verdadeira perplexidade na sociedade.

Prestigiou-se, seguindo-se direção já abertamente seguida pelo ordenamento jurídico brasileiro, expressado na criação da Sum.la Vinculante do Supremo Tribunal Federal (STF) e do regime de julgamento conjunto de recursos especiais e extraordinários repetitivos (que foi mantido e aperfeiçoado) tendência a criar estímulos para que a jurisprudência se uniformize, à luz do que venham a decidir tribunais superiores e até de segundo grau, e se estabilize.

Essa é a função e a razão de ser dos tribunais superiores: proferir decisões que moldem o ordenamento jurídico, objetivamente considerado. A função paradigmática que devem desempenhar é inerente ao sistema.

Por isso é que esses princípios foram expressamente formulados. Veja-se, por exemplo, o que diz o novo Código, no Livro IV: *"A jurisprudência do STF e dos Tribunais Superiores deve nortear as decisões de todos os Tribunais e Juízos singulares*

---

6 Atentando para a advertência, acertada, de que não o processo, além de produzir um resultado justo, precisa ser justo em si mesmo, e portanto, na sua realização, devem ser observados aqueles *standards* previstos na Constituição Federal, que constituem desdobramento da garantia do *due process of law* (DINAMARCO, Cândido. *Instituições de direito processual civil*, v. 1. 6. ed. São Paulo: Malheiros, 2009).

7 Lembrando, com BARBOSA MOREIRA, que *"não se promove uma sociedade mais justa, ao menos primariamente, por obra do aparelho judicial. É todo o edifício, desde as fundações, que para tanto precisa ser revisto e reformado. Pelo prisma jurídico, a tarefa básica inscreve-se no plano do* direito material" (*Por um processo socialmente efetivo*, p. 181)

8 Trata-se, portanto, de mais um passo decisivo para afastar os obstáculos para o acesso à Justiça, a que comumente se alude, isto é, a duração do processo, seu alto custo e a excessiva formalidade.

9 Hoje, costuma-se dizer que o processo civil constitucionalizou-se. Fala-se em modelo constitucional do processo, expressão inspirada na obra de Italo Andolina e Giuseppe Vignera, *Il modello costituzionale del processo civile italiano: corso di lezioni* (Turim, Giapicchelli, 1990). O processo há de ser examinado, estudado e compreendido à luz da Constituição e de forma a dar o maior rendimento possível aos seus princípios fundamentais.

10 O Novo CPC prevê expressamente que, antecedida de contraditório e produção de provas, haja decisão sobre a desconsideração da pessoa jurídica, com o redirecionamento da ação, na dimensão de sua patrimonialidade, e também sobre a consideração dita inversa, nos casos em que se abusa da sociedade, para usá-la indevidamente com o fito de camuflar o patrimônio pessoal do sócio. Essa alteração está de acordo com o pensamento que, entre nós, ganhou projeção ímpar na obra de J. LAMARTINE CORRÊA DE OLIVEIRA. Com efeito, há três décadas, o brilhante civilista já advertia ser essencial o predomínio da realidade sobre a aparência, quando *"em verdade [é] uma outra pessoa que está a agir, utilizando a pessoa jurídica como escudo, e se é essa utilização da pessoa jurídica, fora de sua função, que está tornando possível o resultado contrário à lei, ao contrato, ou às coordenadas axiológicas"* (*A dupla crise da pessoa jurídica*. São Paulo: Saraiva, 1979, p. 613).

11 Que, antes de ser expressamente incorporado à Constituição Federal em vigor (art. 50, inciso LXXVIII), já havia sido contemplado em outros instrumentos normativos estrangeiros (veja-se, por exemplo, o art. 111, da Constituição da Itália) e convenções internacionais (Convenção Europeia e Pacto de San Jose da Costa Rica). Trata-se, portanto, de tendência mundial.

12 Afinal, a celeridade não é um valor que deva ser perseguido a qualquer custo. *"Para muita gente, na matéria, a rapidez constitui o valor por excelência, quiçá o único. Seria fácil invocar aqui um rol de citações de autores famosos, apostados em estigmatizar a morosidade processual. Não deixam de ter razão, sem que isso implique – nem mesmo, quero crer, no pensamento desses próprios autores – hierarquização rígida que não reconheça como imprescindível, aqui e ali, ceder o passo a outros valores. Se uma justiça lenta demais é decerto uma justiça má, daí não se segue que uma justiça muito rápida seja necessariamente uma justiça boa. O que todos devemos querer é que a prestação jurisdicional venha ser melhor do que é. Se para torná-la melhor é preciso acelerá-la, muito bem: não, contudo, a qualquer preço"* (BARBOSA MOREIRA, José Carlos. O futuro da justiça: alguns mitos. *Revista de Processo*, v. 102, p. 228-237, abr./jun. 2001, p. 232).

do país, de modo a concretizar plenamente os princípios da legalidade e da isonomia".

Evidentemente, porém, para que tenha eficácia a recomendação no sentido de que seja a jurisprudência do STF e dos Tribunais superiores, efetivamente, norte para os demais órgãos integrantes do Poder Judiciário, é necessário que aqueles Tribunais mantenham jurisprudência razoavelmente estável.

A segurança jurídica fica comprometida com a brusca e integral alteração do entendimento dos tribunais sobre questões de direito.[13]

Encampou-se, por isso, expressamente princípio no sentido de que, uma vez firmada jurisprudência em certo sentido, esta deve, como norma, ser mantida, salvo se houver relevantes razões recomendando sua alteração.

Trata-se, na verdade, de um outro viés do princípio da segurança jurídica,[14] que recomendaria que a jurisprudência, uma vez pacificada ou sumulada, tendesse a ser mais estável.[15]

De fato, a alteração do entendimento a respeito de uma tese jurídica ou do sentido de um texto de lei pode levar ao legítimo desejo de que as situações anteriormente decididas, com base no entendimento superado, sejam redecididas à luz da nova compreensão. Isto porque a alteração da jurisprudência, diferentemente da alteração da lei, produz efeitos equivalentes aos *ex tunc*. Desde que, é claro, não haja regra em sentido inverso.

Diz, expressa e explicitamente, o novo Código que: *"A mudança de entendimento sedimentado observará a necessidade de fundamentação adequada e específica, considerando o imperativo de estabilidade das relações jurídicas"*;

E, ainda, com o objetivo de prestigiar a segurança jurídica, formulou-se o seguinte princípio: *"Na hipótese de alteração da jurisprudência dominante do STF e dos Tribunais superiores, ou oriunda de julgamentos de casos repetitivos, pode haver* modulação *dos efeitos da alteração no interesse social e no da segurança jurídica"* (grifos nossos).

Esse princípio tem relevantes consequências práticas, como, por exemplo, a não rescindibilidade de sentenças transitadas em julgado baseadas na orientação abandonada pelo Tribunal. Também em nome da segurança jurídica, reduziu-se para um ano, como regra geral, o prazo decadencial dentro do qual pode ser proposta a ação rescisória.

Mas talvez as alterações mais expressivas do sistema processual ligadas ao objetivo de harmonizá-lo com o espírito da Constituição Federal, sejam as que dizem respeito a regras que induzem à uniformidade e à estabilidade da jurisprudência.

O novo Código prestigia o princípio da segurança jurídica, obviamente de índole constitucional, pois que se hospeda nas dobras do Estado Democrático de Direito e visa a proteger e a preservar as justas expectativas das pessoas.

Todas as normas jurídicas devem tender a dar efetividade às garantias constitucionais, tornando "segura" a vida dos jurisdicionados, de modo a que estes sejam poupados de "surpresas", podendo sempre prever, em alto grau, as consequências jurídicas de sua conduta.

Se, por um lado, o princípio do livre convencimento motivado é garantia de julgamentos independentes e justos, e neste sentido mereceu ser prestigiado pelo novo Código, por outro, compreendido em seu mais estendido alcance, acaba por conduzir a distorções do princípio da legalidade e à própria ideia, antes mencionada, de Estado Democrático de Direito. A dispersão excessiva da jurisprudência produz intranquilidade social e descrédito do Poder Judiciário.

Se todos têm que agir em conformidade com a lei, ter-se-ia, *ipso facto*, respeitada a isonomia. Essa relação de causalidade, todavia, fica comprometida como decorrência do desvirtuamento da liberdade que tem o juiz de decidir com base em seu entendimento sobre o sentido real da norma.

A tendência à diminuição[16] do número[17] de recursos que devem ser apreciados pelos Tribunais de segundo grau e superiores é resultado inexorável da jurisprudência mais uniforme e estável.

Proporcionar legislativamente melhores condições para operacionalizar formas de uniformização do entendimento dos Tribunais brasileiros acerca de teses jurídicas é concretizar, na vida da sociedade brasileira, o princípio constitucional da isonomia.

Criaram-se figuras, no novo CPC, para evitar a dispersão[18] excessiva da jurisprudência. Com isso, haverá condições de se atenuar o assoberbamento de trabalho no Poder Judiciário, sem comprometer a qualidade da prestação jurisdicional.

Dentre esses instrumentos, está a complementação e o reforço da eficiência do

13 Os ingleses dizem que os jurisdicionados não podem ser tratados "como cães, que só descobrem que algo é proibido quando o bastão toca seus focinhos" (BENTHAM citado por R. C. CAENEGEM, Judges, Legislators & Professors, p. 161).

14 "O homem necessita de segurança para conduzir, planificar e conformar autônoma e responsavelmente a sua vida. Por isso, desde cedo se consideravam os princípios da segurança jurídica e da proteção à confiança como elementos constitutivos do Estado de Direito. Esses dois princípios – segurança jurídica e proteção da confiança – andam estreitamente associados, a ponto de alguns autores considerarem o princípio da confiança como um subprincípio ou como uma dimensão específica da segurança jurídica. Em geral, considera-se que a segurança jurídica está conexionada com elementos objetivos da ordem jurídica – garantia de estabilidade jurídica, segurança de orientação e realização do direito – enquanto a proteção da confiança se prende mais com os componentes subjetivos da segurança, designadamente a calculabilidade e previsibilidade dos indivíduos em relação aos efeitos dos actos" (JOSÉ JOAQUIM GOMES CANOTILHO. *Direito constitucional e teoria da constituição.* Almedina, Coimbra, 2000, p. 256).

15 Os alemães usam a expressão princípio da "proteção", acima referida por Canotilho (ROBERT ALEXY e RALF DREIER, Precedent in the Federal Republic of Germany, Interpreting Precedents, A Comparative Study, Coord. NEIL MACCORMICK e ROBERT SUMMERS, Dartmouth Publishing Company, p. 19).

16 Comentando os principais vetores da reforma sofrida no processo civil alemão na última década, BARBOSA MOREIRA alude ao problema causado pelo excesso de recursos no processo civil: *"Pôr na primeira instância o centro de gravidade do processo é diretriz política muito prestigiada em tempos modernos, e numerosas iniciativas reformadoras levam-na em conta. A rigor, o ideal seria que os litígios fossem resolvidos em termos finais mediante um único julgamento. Razões conhecidas induzem as leis processuais a abrirem a porta a reexames. A multiplicação desmedida dos meios tendentes a propiciá-los, entretanto, acarreta o prolongamento indesejável do feito, aumenta-lhe o custo, favorece a chicana e, em muitos casos, gera para os tribunais superiores excessiva carga de trabalho. Convém, pois, envidar esforços para que as partes se deem por satisfeitas com a sentença e se abstenham de impugná-la"* (Breve notícia sobre a reforma do processo civil alemão. *Revista de Processo.* São Paulo, v. 28, n. 111, p. 103-112, jul./set. 2003, p. 105).

17 O número de recursos previstos na legislação processual civil é objeto de reflexão e crítica, há muitos anos, na doutrina brasileira. EGAS MONIZ DE ARAGÃO, por exemplo, em emblemático trabalho sobre o tema, já indagou de forma contundente: *"há demasiados recursos no ordenamento jurídico brasileiro? Deve-se restringir seu cabimento? São eles responsáveis pela morosidade no funcionamento do Poder Judiciário?"* Respondendo tais indagações, o autor conclui que há três recursos que *"atendem aos interesses da brevidade e certeza, interesses que devem ser ponderados – como na fórmula da composição dos medicamentos – para dar adequado remédio às necessidades do processo judicial"*: a apelação, o agravo e o extraordinário, isto é, recurso especial e recurso extraordinário (Demasiados recursos? *Revista de Processo.* São Paulo, v. 31, n. 136, p. 9-31, jun 2006, p. 18)

18 A preocupação com essa possibilidade não é recente. ALFREDO BUZAID já aludia a ela, advertindo que há uma grande diferença entre as decisões adaptadas ao contexto histórico em que proferidas e aquelas que prestigiam interpretações contraditórias da mesma disposição legal, apesar de iguais as situações concretas em que proferidas. Nesse sentido: *"Na verdade, não repugna ao jurista que os tribunais, num louvável esforço de adaptação, sujeitem a mesma regra a entendimento diverso, desde que se alterem as condições econômicas, políticas e sociais; mas repugna-lhe que sobre a mesma regra jurídica deem os tribunais interpretação diversa e até contraditória, quando as condições em que ela foi editada continuam as mesmas. O dissídio resultante de tal exegese debilita a autoridade do Poder Judiciário, ao mesmo passo que causa profunda decepção às partes que postulam perante os tribunais"* (Uniformização de Jurisprudência. *Revista da Associação dos Juízes do Rio Grande do Sul,* 34/139, jul. 1985).

regime de julgamento de recursos repetitivos, que agora abrange a possibilidade de suspensão do procedimento das demais ações, tanto no juízo de primeiro grau, quanto dos demais recursos extraordinários ou especiais, que estejam tramitando nos tribunais superiores, aguardando julgamento, desatreladamente dos afetados.

Com os mesmos objetivos, criou-se, com inspiração no direito alemão,[19] o já referido incidente de Resolução de Demandas Repetitivas, que consiste na identificação de processos que contenham a mesma questão de direito, que estejam ainda no primeiro grau de jurisdição, para decisão conjunta.[20]

O incidente de resolução de demandas repetitivas é admissível quando identificada, em primeiro grau, controvérsia com potencial de gerar multiplicação expressiva de demandas e o correlato risco da coexistência de decisões conflitantes.

É instaurado perante o Tribunal local, por iniciativa do juiz, do MP, das partes, da Defensoria Pública ou pelo próprio Relator. O juízo de admissibilidade e de mérito caberão ao tribunal pleno ou ao órgão especial, onde houver, e a extensão da eficácia da decisão acerca da tese jurídica limita-se à área de competência territorial do tribunal, salvo decisão em contrário do STF ou dos Tribunais superiores, pleiteada pelas partes, interessados, MP ou Defensoria Pública. Há a possibilidade de intervenção de *amici curiae*.

O incidente deve ser julgado no prazo de seis meses, tendo preferência sobre os demais feitos, salvo os que envolvam réu preso ou pedido de *habeas corpus*.

O recurso especial e o recurso extraordinário, eventualmente interpostos da decisão do incidente, têm efeito suspensivo e se considera presumida a repercussão geral, de questão constitucional eventualmente discutida.

Enfim, não observada a tese firmada, caberá reclamação ao tribunal competente.

As hipóteses de cabimento dos embargos de divergência agora se baseiam exclusivamente na existência de *teses contrapostas*, não importando o veículo que as tenha levado ao Supremo Tribunal Federal ou ao Superior Tribunal de Justiça. Assim, são possíveis de confronto teses contidas em recursos e ações, sejam as decisões de mérito ou relativas ao juízo de admissibilidade.

Está-se, aqui, diante de poderoso instrumento, agora tornado ainda mais eficiente, cuja finalidade é a de uniformizar a jurisprudência dos Tribunais superiores, *interna corporis*.

Sem que a jurisprudência desses Tribunais esteja internamente uniformizada, é posto abaixo o edifício cuja base é o respeito aos precedentes dos Tribunais superiores.

2) Pretendeu-se converter o processo em instrumento incluído no contexto social em que produzirá efeito o seu resultado. Deu-se ênfase à possibilidade de as partes porem fim ao conflito pela via da mediação ou da conciliação.[21] Entendeu-se que a *satisfação efetiva* das partes pode dar-se de modo mais intenso se a solução é por elas criada e não imposta pelo juiz.

Como regra, deve realizar-se audiência em que, ainda antes de ser apresentada contestação, se tentará fazer com que autor e réu cheguem a acordo. Dessa audiência, poderão participar conciliador e mediador e o réu deve comparecer, sob pena de se qualificar sua ausência injustificada como ato atentatório à dignidade da justiça. Não se chegando a acordo, terá início o prazo para a contestação.

Por outro lado, e ainda levando em conta a qualidade da satisfação das partes com a solução dada ao litígio, previu-se a possibilidade da presença do *amicus curiae*, cuja manifestação, com certeza tem aptidão de proporcionar ao juiz condições de proferir decisão mais próxima às reais necessidades das partes e mais rente à realidade do país.[22]

Criou-se regra no sentido de que a intervenção pode ser pleiteada pelo *amicus curiae* ou solicitada de ofício, como decorrência das peculiaridades da causa, em todos os graus de jurisdição.

Entendeu-se que os requisitos que impõem a manifestação do *amicus curiae* no processo, se existem, estarão presentes desde o primeiro grau de jurisdição, não se justificando que a possibilidade de sua intervenção ocorra só nos Tribunais Superiores. Evidentemente, todas as decisões devem ter a qualidade que possa proporcionar a presença do *amicus curiae*, não só a última delas.

Com objetivo semelhante, permite-se no novo CPC que os Tribunais Superiores apreciem o mérito de alguns recursos que veiculam questões relevantes, cuja solução é necessária para o aprimoramento do Direito, ainda que não estejam preenchidos requisitos de admissibilidade considerados menos importantes. Trata-se de regra afeiçoada à processualística contemporânea, que privilegia o conteúdo em detrimento da forma, em consonância com o princípio da instrumentalidade.

3) Com a finalidade de *simplificação*, criou-se,[23] v.g., a possibilidade de o réu formular pedido independentemente do expediente formal da reconvenção, que desapareceu. Extinguiram-se muitos incidentes: passa a ser matéria alegável em preliminar de contestação a incorreção do valor

19 No direito alemão a figura se chama *Musterverfahren* e gera decisão que serve de modelo (= *Muster*) para a resolução de uma quantidade expressiva de processos em que as partes estejam na mesma situação, não se tratando necessariamente, do mesmo autor nem do mesmo réu (RALF-THOMAS WITTMANN. Il "contenzioso di massa" in Germania. In: GIORGETTI ALESSANDRO e VALERIO VALLEFUOCO, Il Contenzioso di massa in Italia, in Europa e nel mondo, Milão, Giuffrè, 2008, p. 178).

20 Tais medidas refletem, sem dúvida, a tendência de coletivização do processo, assim explicada por RODOLFO DE CAMARGO MANCUSO: *"Desde o último quartel do século passado, foi tomando vulto o fenômeno da 'coletivização' dos conflitos, à medida que, paralelamente, se foi reconhecendo a inaptidão do processo civil clássico para instrumentalizar essas megacontrovérsias, próprias de uma conflitiva sociedade de massas. Isso explica a proliferação de ações de cunho coletivo, tanto na Constituição Federal (arts. 5º, XXI; LXX, 'b'; LXXIII; 129, III) como na legislação processual extravagante, empolgando segmentos sociais de largo espectro: consumidores, infância e juventude; deficientes físicos; investidores no mercado de capitais; idosos; torcedores de modalidades desportivas etc. Logo se tornou evidente (e premente) a necessidade da oferta de novos instrumentos capazes de recepcionar esses conflitos assim potencializado, seja em função do número expressivo (ou mesmo indeterminado) dos sujeitos concernentes, seja em função da indivisibilidade do objeto litigioso, que o torna insuscetível de partição e fruição por um titular exclusivo"* (*A resolução de conflitos e a função judicial no Contemporâneo Estado de Direito*. São Paulo: Revista dos Tribunais, 2009, p. 379-380).

21 A criação de condições para realização da transação é uma das tendências observadas no movimento de reforma que inspirou o processo civil alemão. Com efeito, explica BARBOSA MOREIRA que *"já anteriormente, por força de uma lei de 1999, os órgãos legislativos dos 'Lander' tinham sido autorizados, sob determinadas circunstâncias, a exigirem, como requisito de admissibilidade da ação, que se realizasse prévia tentativa de conciliação extrajudicial. Doravante, nos termos do art. 278, deve o tribunal, em princípio, levar a efeito a tentativa, ordenando o comparecimento pessoal de ambas as partes. O órgão judicial discutirá com elas a situação, poderá formular-lhes perguntas e fazer-lhes observações. Os litigantes serão ouvidos pessoalmente e terá cada qual a oportunidade de expor sua versão do litígio..."* (*Breves notícias sobre a reforma do processo civil alemão*, p. 106).

22 Predomina na doutrina a opinião de que a origem do *amicus curiae* está na Inglaterra, no processo penal, embora haja autores que afirmem haver figura assemelhada já no direito romano (CÁSSIO SCARPINELLA BUENO, *Amicus curiae no processo civil brasileiro*, Ed. Saraiva, 2006, p. 88). Historicamente, sempre atuou ao lado do juiz, e sempre foi a discricionariedade deste que determinou a intervenção desta figura, fixando os limites de sua atuação. Do direito inglês, migrou para o direito americano, em que é, atualmente, figura de relevo digno de nota (CÁSSIO SCARPINELLA BUENO, ob. cit., p. 94 e ss.).

23 Tal possibilidade, rigorosamente, já existia no CPC de 1973, especificamente no procedimento comum sumário (art. 278, parágrafo 10) e em alguns procedimentos especiais disciplinados no Livro IV, como, por exemplo, as ações possessórias (art. 922), daí por que se afirmava, em relação a estes, que uma de suas características peculiares era, justamente, a natureza dúplice da ação. Contudo, no Novo Código, o que era excepcional se tornará regra geral, em evidente benefício da economia processual e da ideia de efetividade da tutela jurisdicional.

da causa e a indevida concessão do benefício da justiça gratuita, bem como as duas espécies de incompetência. Não há mais a ação declaratória incidental nem a ação declaratória incidental de falsidade de documento, bem como o incidente de exibição de documentos. As formas de intervenção de terceiro foram modificadas e parcialmente fundidas: criou-se um só instituto, que abrange as hipóteses de denunciação da lide e de chamamento ao processo. Deve ser utilizado quando o chamado puder ser réu em ação regressiva; quando um dos devedores solidários saldar a dívida, aos demais; quando houver obrigação, por lei ou por contrato, de reparar ou garantir a reparação de dano, àquele que tem essa obrigação. A sentença dirá se terá havido a hipótese de ação regressiva, ou decidirá quanto à obrigação comum. Muitos[24] procedimentos especiais[25] foram extintos. Foram mantidos a ação de consignação em pagamento, a ação de prestação de contas, a ação de divisão e demarcação de terras particulares, inventário e partilha, embargos de terceiro, habilitação, restauração de autos, homologação de penhor legal e ações possessórias.

Extinguiram-se também as ações cautelares nominadas. Adotou-se a regra no sentido de que basta à parte a demonstração do *fumus boni iuris* e do perigo de ineficácia da prestação jurisdicional para que a providência pleiteada deva ser deferida. Disciplina-se também a tutela sumária que visa a proteger o direito evidente, independentemente de *periculum in mora*.

O Novo CPC agora deixa clara a possibilidade de concessão de tutela de urgência e de tutela à evidência. Considerou-se conveniente esclarecer de forma expressa que a resposta do Poder Judiciário deve ser rápida não só em situações em que a urgência decorre do risco de eficácia do processo e do eventual perecimento do próprio direito. Também em hipóteses em que as alegações da parte se revelam de juridicidade ostensiva deve a tutela ser antecipadamente (total ou parcialmente) concedida, independentemente de *periculum in mora*, por não haver razão relevante para a espera, até porque, via de regra, a demora do processo gera agravamento do dano.

Ambas essas espécies de tutela vêm disciplinadas na Parte Geral, tendo também desaparecido o livro das Ações Cautelares.

A tutela de urgência e da evidência podem ser requeridas antes ou no curso do procedimento em que se pleiteia a providência principal.

Não tendo havido resistência à liminar concedida, o juiz, depois da efetivação da medida, extinguirá o processo, conservando-se a eficácia da medida concedida, sem que a situação fique protegida pela coisa julgada.

Impugnada a medida, o pedido principal deve ser apresentado nos mesmos autos em que tiver sido formulado o pedido de urgência.

As opções procedimentais acima descritas exemplificam sobremaneira a concessão da tutela cautelar ou antecipatória, do ponto de vista procedimental.

Além de a incompetência, absoluta e relativa, poderem ser levantadas pelo réu em preliminar de contestação, o que também significa uma maior simplificação do sistema, a incompetência absoluta não é, no Novo CPC, hipótese de cabimento de ação rescisória.

Cria-se a faculdade de o advogado promover, pelo correio, a intimação do advogado da outra parte. Também as testemunhas devem comparecer espontaneamente, sendo excepcionalmente intimadas por carta com aviso de recebimento.

A extinção do procedimento especial "ação de usucapião" levou à criação do procedimento edital, como forma de comunicação dos atos processuais, por meio do qual, em ações deste tipo, devem-se provocar todos os interessados a intervir, se houver interesse.

O prazo para todos os recursos, com exceção dos embargos de declaração, foi uniformizado: quinze dias.

O recurso de apelação continua sendo interposto no 1º grau de jurisdição, tendo-lhe sido, todavia, retirado o juízo de admissibilidade, que é exercido apenas no 2º grau de jurisdição. Com isso, suprime-se um novo foco desnecessário de recorribilidade.

Na execução, se eliminou a distinção entre praça e leilão, assim como a necessidade de duas hastas públicas. Desde a primeira, pode o bem ser alienado por valor inferior ao da avaliação, desde que não se trate de preço vil.

Foram extintos os embargos à arrematação, tornando-se a ação anulatória o único meio de que o interessado pode valer-se para impugná-la.

Bastante simplificado foi o sistema recursal. Essa simplificação, todavia, em momento algum significou restrição ao direito de defesa. Em vez disso deu, de acordo com o objetivo tratado no item seguinte, maior rendimento a cada processo individualmente considerado.

Desapareceu o agravo retido, tendo, correlatamente, alterado-se o regime das preclusões.[26] Todas as decisões anteriores à sentença podem ser impugnadas na apelação. Ressalte-se que, na verdade, o que se modificou, nesse particular, foi exclusivamente o momento da impugnação, pois essas decisões, de que se recorria, no sistema anterior, por meio de agravo retido, só eram mesmo alteradas ou mantidas quando o agravo era julgado, como preliminar de apelação. Com o novo regime, o momento de julgamento será o mesmo; não o da impugnação.

O agravo de instrumento ficou mantido para as hipóteses de concessão, ou não, de tutela de urgência; para as interlocutórias de mérito, para as interlocutórias proferidas na execução (e no cumprimento de sentença) e para todos os demais casos a respeito dos quais houver previsão legal expressa.

Previu-se a sustentação oral em agravo de instrumento de decisão de mérito, procurando-se, com isso, alcançar resultado do processo mais rente à realidade dos fatos.

Uma das grandes alterações havidas no sistema recursal foi a supressão dos embargos infringentes.[27] Há muito, doutrina

---

24 EGAS MONIZ DE ARAGÃO, comentando a transição do Código de 1939 para o Código de 1973, já chamava a atenção para a necessidade de refletir sobre o grande número de procedimentos especiais que havia no primeiro e foi mantido, no segundo diploma. Nesse sentido: "Ninguém jamais se preocupou em investigar se é necessário ou dispensável, se é conveniente ou inconveniente oferecer aos litigantes essa pletora de procedimentos especiais; ninguém jamais se preocupou em verificar se a existência desses inúmeros procedimentos constitui obstáculo à 'efetividade do processo', valor tão decantado na atualidade; ninguém jamais se preocupou em pesquisar se a existência de tais e tantos procedimentos constitui estorvo ao bom andamento dos trabalhos forenses e se a sua substituição por outros e novos meios de resolver os mesmos problemas poderá trazer melhores resultados. Diante desse quadro é de indagar: será possível atingir os resultados verdadeiramente aspirados pela revisão do Código sem remodelar o sistema no que tange aos procedimentos especiais?" (Reforma processual: 10 anos. *Revista do Instituto dos Advogados do Paraná*. Curitiba, n. 33, p. 201-215, dez. 2004, p. 205).

25 Ainda na vigência do Código de 1973, já não se podia afirmar que a maior parte desses procedimentos era efetivamente especial. As características que, no passado, serviram para lhes qualificar desse modo, após as inúmeras alterações promovidas pela atividade de reforma da legislação processual, deixaram de lhes ser exclusivas. Vários aspectos que, antes, somente se viam nos procedimentos ditos especiais, passaram, com o tempo, a se observar também no procedimento comum. Exemplo disso é o sincretismo processual, que passou a marcar o procedimento comum desde que admitida a concessão de tutela de urgência em favor do autor, nos termos do art. 273.

26 Essa alteração contempla uma das duas soluções que a doutrina processualista coloca va em relação ao problema da recorribilidade das decisões interlocutórias. Nesse sentido: *"Duas teses podem ser adotadas com vistas ao controle das decisões proferidas pelo juiz no decorrer do processo em primeira instância: ou, a) não se proporciona recurso algum e os litigantes poderão impugná-las somente com o recurso cabível contra o julgamento final, normalmente a apelação, caso estes em que não incidirá preclusão sobre tais questões, ou, b) é proporcionado recurso contra as decisões interlocutórias (tanto faz que o recurso suba incontinente ao órgão superior ou permaneça retido nos autos do processo) e ficarão preclusas as questões nelas solucionadas caso o interessado não recorra"* (ARAGÃO, E. M. *Reforma processual: 10 anos*, p. 210-211).

27 Essa trajetória, como lembra BARBOSA MOREIRA, foi, no curso das décadas, *"complexa e sinuosa"* (Novas vicissitudes dos embargos infringentes, *Revista de Processo*. São Paulo, v. 28, n. 109, p. 113-123, jul./ago. 2004, p. 113).

da melhor qualidade vem propugnando pela necessidade de que sejam extintos[28]. Em contrapartida a essa extinção, o relator terá o dever de declarar o voto vencido, sendo este considerado como parte integrante do acórdão, inclusive para fins de prequestionamento.

Significativas foram as alterações, no que tange aos recursos para o STJ e para o STF. O Novo Código contém regra expressa, que leva ao aproveitamento do processo, de forma plena, devendo ser decididas todas as razões que podem levar ao provimento ou ao improvimento do recurso. Sendo, por exemplo, o recurso extraordinário provido para acolher uma causa de pedir, ou *a*) examinam-se todas as outras, ou, *b*) remetem-se os autos para o Tribunal de segundo grau, para que decida as demais, ou, *c*) remetem-se os autos para o primeiro grau, caso haja necessidade de produção de provas, para a decisão das demais; e, pode-se também, *d*) remeter os autos ao STJ, caso as causas de pedir restantes constituam-se em questões de direito federal.

Com os mesmos objetivos, consistentes em simplificar o processo, dando-lhe, simultaneamente, o maior rendimento possível, criou-se a regra de que não há mais extinção do processo, por decisão de inadmissão de recurso, caso o tribunal destinatário entenda que a competência seria de outro tribunal. Há, isto sim, em todas as instâncias, inclusive no plano de STJ e STF, a remessa dos autos ao tribunal competente.

Há dispositivo expresso determinando que, se os embargos de declaração são interpostos com o objetivo de prequestionar a matéria objeto do recurso principal, e não são admitidos, considera-se o prequestionamento como havido, salvo, é claro, se se tratar de recurso que pretenda a inclusão, no acórdão, da descrição de fatos.

Vê-se, pois, que as alterações do sistema recursal a que se está, aqui, aludindo, proporcionaram simplificação e levaram a efeito um outro objetivo, de que abaixo se tratará: obter-se o maior rendimento possível de cada processo.

4) O novo sistema permite que cada processo *tenha maior rendimento possível*. Assim, e por isso, estendeu-se a autoridade da coisa julgada às questões prejudiciais.

Com o objetivo de se dar maior rendimento a cada processo, individualmente considerado, e, atendendo a críticas tradicionais da doutrina,[29] deixou, a possibilidade jurídica do pedido, de ser condição da ação. A sentença que, à luz da lei revogada seria de carência da ação, à luz do Novo CPC é de improcedência e resolve definitivamente a controvérsia.

Criaram-se mecanismos para que, sendo a ação proposta com base em várias causas de pedir e sendo só uma levada em conta na decisão do 1o e do 2o grau, repetindo-se as decisões de procedência, caso o tribunal superior inverta a situação, retorne o processo ao 2o grau, para que as demais sejam apreciadas, até que, afinal, sejam todas decididas e seja, efetivamente, posto fim à controvérsia.

O mesmo ocorre se se tratar de ação julgada improcedente em 1o e em 2o grau, como resultado de acolhimento de uma razão de defesa, quando haja mais de uma.

Também visando a essa finalidade, o novo Código de Processo Civil criou, inspirado no sistema italiano[30] e francês[31], a estabilização de tutela, a que já se referiu no item anterior, que permite a manutenção da eficácia da medida de urgência, ou antecipatória de tutela, até que seja eventualmente impugnada pela parte contrária.

As partes podem, até a sentença, modificar pedido e causa de pedir, desde que não haja ofensa ao contraditório. De cada processo, por esse método, se obtém tudo o que seja possível.

Na mesma linha, tem o juiz o poder de adaptar o procedimento às peculiaridades da causa.[32]

Com a mesma finalidade, criou-se a regra, a que já se referiu, no sentido de que, entendendo o Superior Tribunal de Justiça que a questão veiculada no recurso especial seja constitucional, deve remeter o recurso do Supremo Tribunal Federal; do mesmo modo, deve o Supremo Tribunal Federal remeter o recurso ao Superior Tribunal de Justiça, se considerar que não se trata de ofensa direta à Constituição Federal, por decisão irrecorrível.

5) A Comissão trabalhou sempre tendo como pano de fundo um objetivo genérico, que foi de imprimir organicidade às regras do processo civil brasileiro, dando maior coesão ao sistema.

O Novo CPC conta, agora, com uma Parte Geral,[33] atendendo às críticas de parte ponderável da doutrina brasileira. Neste Livro I, são mencionados princípios constitucionais de especial importância para todo o processo civil, bem como regras gerais, que dizem respeito a todos os demais Livros. A Parte Geral desempenha o papel de chamar para si a solução de questões difíceis relativas às demais partes do Código, já que contém regras e princípios gerais a respeito do funcionamento do sistema.

O conteúdo da Parte Geral (Livro I) consiste no seguinte: princípios e garantias fundamentais do processo civil; aplicabilidade das normas processuais; limites da jurisdição brasileira; competência interna; normas de cooperação internacional e nacional; partes; litisconsórcio; procuradores; juiz e auxiliares da justiça; Ministério Público; atos processuais; provas; tutela de urgência e tutela da evidência; formação, suspensão e extinção do processo. O Livro II diz respeito ao processo de conhecimento, incluindo cumprimento de sentença e procedimentos especiais, contenciosos ou não. O Livro III trata do processo de execução, e o Livro IV disciplina os processos nos Tribunais e os meios de impugnação das decisões judiciais. Por fim, há as disposições finais e transitórias.

O objetivo de organizar internamente as regras e harmonizá-las entre si foi o que inspirou, por exemplo, a reunião das hipóteses em que os Tribunais ou juízes podem voltar atrás, mesmo depois de terem proferido decisão de mérito: havendo embargos de declaração, erro material, sen-

---

28 Nesse sentido, *"A existência de um voto vencido não basta por si só para justificar a criação de tal recurso; porque, por tal razão, se devia admitir um segundo recurso de embargos toda vez que houvesse mais de um voto vencido; desta forma poderia arrastar-se a verificação por largo tempo, vindo o ideal de justiça a ser sacrificado pelo desejo de aperfeiçoar a decisão"* (ALFREDO BUZAID, Ensaio para uma revisão do sistema de recursos no Código de Processo Civil. *Estudos de direito.* São Paulo: Saraiva, 1972, v. 1, p. 111).

29 CÂNDIDO DINAMARCO lembra que o próprio LIEBMAN, após formular tal condição da ação em aula inaugural em Turim, renunciou a ela depois que *"a lei italiana passou a admitir o divórcio, sendo este o exemplo mais expressivo de impossibilidade jurídica que vinha sendo utilizado em seus escritos"* (*Instituições de direito processual civil.* v. II, 6. ed. São Paulo: Malheiros, 2009, p. 309).

30 Tratam da matéria, por exemplo, COMOGLIO, Luigi; FERRI, Corrado; TARUFFO, Michele. *Lezioni sul processo civile.* 4. ed. Bologna: Il Mulino, 2006. t. I e II; PICARDI, Nicola. *Codice di procedura civile.* 4. ed. Milão: Giuffrè, 2008. t. II; GIOLA, Valerio de; RASCHELLÀ, Anna Maria. *I provvedimento d´urgenza ex art. 700 Cod. Proc. Civ.* 2. ed. Experta, 2006.

31 É conhecida a figura do *référé* francês, que consiste numa forma sumária de prestação de tutela, que gera decisão provisória, não depende necessariamente de um processo principal, não transita em julgado, mas pode prolongar a sua eficácia no tempo. Vejam-se arts. 488 e 489 do *Nouveau Code de Procédure Civile* francês.

32 No processo civil inglês, há regra expressa a respeito dos *"case management powers"*. CPR 1.4. Na doutrina, v. NEIL ANDREWS, O moderno processo civil, São Paulo, Ed. RT, 2009, item 3.14, p. 74. Nestas regras de gestão de processos, inspirou-se a Comissão autora do Anteprojeto.

33 Para EGAS MONIZ DE ARAGÃO, a ausência de uma parte geral, no Código de 1973, ao tempo em que promulgado, era compatível com a ausência de sistematização, no plano doutrinário, de uma teoria geral do processo. E advertiu o autor: *"não se recomendaria que o legislador precedesse aos doutrinadores, aconselhando a prudência que se aguarde o desenvolvimento do assunto por estes para, colhendo-lhes os frutos, atuar aquele"* (*Comentários ao Código de Processo Civil*: v. II. 7. ed. Rio de Janeiro: Forense, 1991, p. 8). O profundo amadurecimento do tema que hoje se observa na doutrina processualista brasileira justifica, nessa oportunidade, a sistematização da teoria geral do processo, no novo CPC.

do proferida decisão pelo STF ou pelo STJ com base nos artigos 543-B e 543-C do Código anterior.

Organizaram-se em dois dispositivos as causas que levam à extinção do processo, por indeferimento da inicial, sem ou com julgamento de mérito, incluindo-se neste grupo o que constava do art. 285-A do Código anterior.

Unificou-se o critério relativo ao fenômeno que gera a prevenção: o despacho que ordena a citação. A ação, por seu turno, considera-se proposta assim que protocolada a inicial.

Tendo desaparecido o Livro do Processo Cautelar e as cautelares em espécie, acabaram sobrando medidas que, em consonância com parte expressiva da doutrina brasileira, embora estivessem formalmente inseridas no Livro III, de cautelares, nada tinham. Foram, então, realocadas, junto aos procedimentos especiais.

Criou-se um livro novo, a que já se fez menção, para os processos nos Tribunais, que abrange os meios de impugnação às decisões judiciais – recursos e ações impugnativas autônomas – e institutos como, por exemplo, a homologação de sentença estrangeira.

Também com o objetivo de desfazer "nós" do sistema, deixaram-se claras as hipóteses de cabimento de ação rescisória e de ação anulatória, eliminando-se dúvidas, com soluções como, por exemplo, a de deixar sentenças homologatórias como categoria de pronunciamento impugnável pela ação anulatória, ainda que se trate de decisão de mérito, isto é, que homologa transação, reconhecimento jurídico do pedido ou renúncia à pretensão.

Com clareza e com base em doutrina autorizada,[34] disciplinou-se o litisconsórcio, separando-se, com a nitidez possível, o necessário do unitário.

Inverteram-se os termos sucessão e substituição, acolhendo-se crítica antiga e correta da doutrina.[35]

Nos momentos adequados, utilizou-se a expressão *convenção de arbitragem*, que abrange a cláusula arbitral e o compromisso arbitral, imprimindo-se, assim, o mesmo regime jurídico a ambos os fenômenos.[36]

Em conclusão, como se frisou no início desta exposição de motivos, elaborar-se um Código novo não significa "deitar abaixo as instituições do Código vigente, substituindo-as por outras, inteiramente novas".[37]

Nas alterações das leis, com exceção daquelas feitas imediatamente após períodos históricos que se pretendem deixar definitivamente para trás, não se deve fazer "taboa rasa" das conquistas alcançadas. Razão alguma há para que não se conserve ou aproveite o que há de bom no sistema que se pretende reformar.

Assim procedeu a Comissão de Juristas que reformou o sistema processual: criou saudável equilíbrio entre conservação e inovação, sem que tenha havido drástica ruptura com o presente ou com o passado.

Foram criados institutos inspirados no direito estrangeiro, como se mencionou ao longo desta Exposição de Motivos, já que, a época em que vivemos é de interpenetração das civilizações. O Novo CPC é fruto de reflexões da Comissão que o elaborou, que culminaram em escolhas racionais de caminhos considerados adequados, à luz dos cinco critérios acima referidos, à obtenção de uma sentença que resolva o conflito, com respeito aos direitos fundamentais e no menor tempo possível, realizando o interesse público da atuação da lei material.

Em suma, para a elaboração do Novo CPC, identificaram-se os avanços incorporados ao sistema processual preexistente, que deveriam ser conservados.

Estes foram organizados e se deram alguns passos à frente, para deixar expressa a adequação das novas regras à Constituição Federal da República, com um sistema mais coeso, mais ágil e capaz de gerar um processo civil mais célere e mais justo.

A Comissão

34 CÂNDIDO DINAMARCO, por exemplo, sob a égide do Código de 1973, teceu críticas à redação do art. 47, por entender que *"esse mal redigido dispositivo dá a impressão, absolutamente falsa, de que o litisconsórcio unitário seria modalidade do necessário"* (*Instituições de direito processual civil*, v. II, p. 359). No entanto, explica, com inequívoca clareza, o processualista:

"Os dois conceitos não se confundem nem se colocam em relação de gênero a espécie. A unitariedade não é espécie da necessariedade. Diz respeito ao 'regime de tratamento' dos litisconsortes, enquanto esta é a exigência de 'formação' do litisconsórcio".

35 *"O Código de Processo Civil dá a falsa ideia de que a troca de um sujeito pelo outro na condição de parte seja um fenômeno de substituição processual: o vocábulo 'substituição' e a forma verbal 'substituindo' são empregadas na rubrica em que se situa o art. 48 e em seu § 10. Essa impressão é falsa porque 'substituição processual' é a participação de um sujeito no processo, como autor ou réu, sem ser titular do interesse em conflito (art. 60). Essa locução não expressa um movimento de entrada e saída. Tal movimento é, em direito, 'sucessão' – no caso, sucessão processual"* (DINAMARCO, C. *Instituições de direito processual civil*, v. II, p. 281).

36 Sobre o tema da arbitragem, veja-se: CARMONA, Carlos Alberto. *Arbitragem e Processo um comentário à Lei n. 9.307/96*. 3. ed. São Paulo: Atlas, 2009.

37 ALFREDO BUZAID, Exposição de motivos, Lei 5.869, de 11 de janeiro de 1973.

LEI N. 13.105, DE 16 DE MARÇO DE 2015

Código de Processo Civil.

› DOU 17.3.2015.

A PRESIDENTA DA REPÚBLICA. Faço saber que o Congresso Nacional decreta e eu sanciono a seguinte Lei:

PARTE GERAL

LIVRO I
DAS NORMAS PROCESSUAIS CIVIS

TÍTULO ÚNICO
DAS NORMAS FUNDAMENTAIS E DA APLICAÇÃO DAS NORMAS PROCESSUAIS

CAPÍTULO I
DAS NORMAS FUNDAMENTAIS DO PROCESSO CIVIL

Art. 1º O processo civil será ordenado, disciplinado e interpretado conforme os valores e as normas fundamentais estabelecidos na Constituição da República Federativa do Brasil, observando-se as disposições deste Código.

› art. 5º, XXXV a XXXVII, LIII a LVI, LXVII, LXXIV e LXXVIII, CF.

Art. 2º O processo começa por iniciativa da parte e se desenvolve por impulso oficial, salvo as exceções previstas em lei.

› art. 312, CPC.

Art. 3º Não se excluirá da apreciação jurisdicional ameaça ou lesão a direito.

› art. 5º, XXXV, CF.

§ 1º É permitida a arbitragem, na forma da lei.

› Lei 9.307/1996 (Arbitragem).

› Súm. 485, STJ.

§ 2º O Estado promoverá, sempre que possível, a solução consensual dos conflitos.

§ 3º A conciliação, a mediação e outros métodos de solução consensual de conflitos deverão ser estimulados por juízes, advogados, defensores públicos e membros do Ministério Público, inclusive no curso do processo judicial.

› art. 22, I, j, Lei 11.101/2005 (Lei de Falências).

› Lei 13.140/2015 (Mediação e autocomposição).

Art. 4º As partes têm o direito de obter em prazo razoável a solução integral do mérito, incluída a atividade satisfativa.

› art. 5º, LXXVIII, CF.

Art. 5º Aquele que de qualquer forma participa do processo deve comportar-se de acordo com a boa-fé.

› arts. 26 a 41 e 67 a 69, CPC.

Art. 6º Todos os sujeitos do processo devem cooperar entre si para que se obtenha, em tempo razoável, decisão de mérito justa e efetiva.

› Res. 350/2020, CNJ. (Estabelece diretrizes e procedimentos sobre a cooperação judiciária nacional entre os órgãos do Poder Judiciário e outras instituições e entidades).

Art. 7º É assegurada às partes paridade de tratamento em relação ao exercício de direitos e faculdades processuais, aos meios de defesa, aos ônus, aos deveres e à aplicação de sanções processuais, competindo ao juiz zelar pelo efetivo contraditório.

› art. 5º, *caput* e LV, CF.

Art. 8º Ao aplicar o ordenamento jurídico, o juiz atenderá aos fins sociais e às exigências do bem comum, resguardando e promovendo a dignidade da pessoa humana e observando a proporcionalidade, a razoabilidade, a legalidade, a publicidade e a eficiência.

› arts. 35 e 49, LC 35/1979 (Lei Orgânica da Magistratura Nacional).

› art. 5º, LINDB.

Art. 9º Não se proferirá decisão contra uma das partes sem que ela seja previamente ouvida.

Parágrafo único. O disposto no *caput* não se aplica:

I - à tutela provisória de urgência;

› arts. 300 a 310, CPC.

II - às hipóteses de tutela da evidência previstas no art. 311, incisos II e III;

III - à decisão prevista no art. 701.

Art. 10. O juiz não pode decidir, em grau algum de jurisdição, com base em fundamento a respeito do qual não se tenha dado às partes oportunidade de se manifestar, ainda que se trate de matéria sobre a qual deva decidir de ofício.

Art. 11. Todos os julgamentos dos órgãos do Poder Judiciário serão públicos, e fundamentadas todas as decisões, sob pena de nulidade.

› art. 93, IX, CF.

› arts. 489, § 1º, e 1.013, § 3º, IV, CPC.

Parágrafo único. Nos casos de segredo de justiça, pode ser autorizada a presença somente das partes, de seus advogados, de defensores públicos ou do Ministério Público.

› art. 7º, XIII, Estatuto da OAB.

› Súm. Vinc. 14, STF.

Art. 12. Os juízes e os tribunais atenderão, preferencialmente, à ordem cronológica de conclusão para proferir sentença ou acórdão. (Alterado pela Lei 13.256/2016)

› art. 153, CPC.

› Res. 202/2015, CNJ.

§ 1º A lista de processos aptos a julgamento deverá estar permanentemente à disposição para consulta pública em cartório e na rede mundial de computadores.

› art. 1.046, § 5º, CPC.

§ 2º Estão excluídos da regra do *caput*:

I - as sentenças proferidas em audiência, homologatórias de acordo ou de improcedência liminar do pedido;

II - o julgamento de processos em bloco para aplicação de tese jurídica firmada em julgamento de casos repetitivos;

III - o julgamento de recursos repetitivos ou de incidente de resolução de demandas repetitivas;

IV - as decisões proferidas com base nos arts. 485 e 932;

V - o julgamento de embargos de declaração;

› Res. 587/2016, STF.

VI - o julgamento de agravo interno;

› Res. 587/2016, STF.

VII - as preferências legais e as metas estabelecidas pelo Conselho Nacional de Justiça;

VIII - os processos criminais, nos órgãos jurisdicionais que tenham competência penal;

IX - a causa que exija urgência no julgamento, assim reconhecida por decisão fundamentada.

§ 3º Após elaboração de lista própria, respeitar-se-á a ordem cronológica das conclusões entre as preferências legais.

§ 4º Após a inclusão do processo na lista de que trata o § 1º, o requerimento formulado pela parte não altera a ordem cronológica para a decisão, exceto quando implicar a reabertura da instrução ou a conversão do julgamento em diligência.

§ 5º Decidido o requerimento previsto no § 4º, o processo retornará à mesma posição em que anteriormente se encontrava na lista.

§ 6º Ocupará o primeiro lugar na lista prevista no § 1º ou, conforme o caso, no § 3º, o processo que:

I - tiver sua sentença ou acórdão anulado, salvo quando houver necessidade de realização de diligência ou de complementação da instrução;

II - se enquadrar na hipótese do art. 1.040, inciso II.

CAPÍTULO II
DA APLICAÇÃO DAS NORMAS PROCESSUAIS

Art. 13. A jurisdição civil será regida pelas normas processuais brasileiras, ressalvadas as disposições específicas previstas em tratados, convenções ou acordos internacionais de que o Brasil seja parte.

Art. 14. A norma processual não retroagirá e será aplicável imediatamente aos processos em curso, respeitados os atos processuais praticados e as situações jurídicas consolidadas sob a vigência da norma revogada.

Art. 15. Na ausência de normas que regulem processos eleitorais, trabalhistas ou administrativos, as disposições deste Código lhes serão aplicadas supletiva e subsidiariamente.

- art. 769, CLT.
- IN 39/2016, TST.

LIVRO II
DA FUNÇÃO JURISDICIONAL

TÍTULO I
DA JURISDIÇÃO E DA AÇÃO

Art. 16. A jurisdição civil é exercida pelos juízes e pelos tribunais em todo o território nacional, conforme as disposições deste Código.

- art. 5º, XXXVII, CF.
- arts. 3º a 12, CPC.

Art. 17. Para postular em juízo é necessário ter interesse e legitimidade.

- arts. 19, 109, 120, p.ún., 189, § 2º, 337, XI, 339, 485, VI, 615 e ss., 722 e 726, CPC.

Art. 18. Ninguém poderá pleitear direito alheio em nome próprio, salvo quando autorizado pelo ordenamento jurídico.

- arts. 5º, XXI e LXX, 8º, III, e 103, I a IX, CF.
- arts. 81 e 82, CDC.

Parágrafo único. Havendo substituição processual, o substituído poderá intervir como assistente litisconsorcial.

- Súm. 219, III, 286, e 406, II; e OJ-SDI1 121, 359, TST.

Art. 19. O interesse do autor pode limitar-se à declaração:

- Súm. 150 e 181, STJ.
- Súm. 82; OJ-SDI1 188, TST.

I - da existência, da inexistência ou do modo de ser de uma relação jurídica;

- Súm. 181, e 242, STJ.

II - da autenticidade ou da falsidade de documento.

Art. 20. É admissível a ação meramente declaratória, ainda que tenha ocorrido a violação do direito.

- Súm. 258, STF.

TÍTULO II
DOS LIMITES DA JURISDIÇÃO NACIONAL E DA COOPERAÇÃO INTERNACIONAL

CAPÍTULO I
DOS LIMITES DA JURISDIÇÃO NACIONAL

Art. 21. Compete à autoridade judiciária brasileira processar e julgar as ações em que:

- arts. 70 a 78, CC.

I - o réu, qualquer que seja a sua nacionalidade, estiver domiciliado no Brasil;

II - no Brasil tiver de ser cumprida a obrigação;

- art. 12, LINDB.

III - o fundamento seja fato ocorrido ou ato praticado no Brasil.

Parágrafo único. Para o fim do disposto no inciso I, considera-se domiciliada no Brasil a pessoa jurídica estrangeira que nele tiver agência, filial ou sucursal.

Art. 22. Compete, ainda, à autoridade judiciária brasileira processar e julgar as ações:

I - de alimentos, quando:

- art. 227, CF.
- art. 53, II, CPC.
- arts. 1.694 a 1.710, CC.
- Lei 5.478/1968 (Lei de alimentos).
- Súm. 1, 144, 309, STJ.

a) o credor tiver domicílio ou residência no Brasil;

b) o réu mantiver vínculos no Brasil, tais como posse ou propriedade de bens, recebimento de renda ou obtenção de benefícios econômicos;

II - decorrentes de relações de consumo, quando o consumidor tiver domicílio ou residência no Brasil;

- art. 101, I, CDC.

III - em que as partes, expressa ou tacitamente, se submeterem à jurisdição nacional.

Art. 23. Compete à autoridade judiciária brasileira, com exclusão de qualquer outra:

I - conhecer de ações relativas a imóveis situados no Brasil;

- arts. 8º e 12, § 1º, LINDB.

II - em matéria de sucessão hereditária, proceder à confirmação de testamento particular e ao inventário e à partilha de bens situados no Brasil, ainda que o autor da herança seja de nacionalidade estrangeira ou tenha domicílio fora do território nacional;

- art. 10, LINDB.

III - em divórcio, separação judicial ou dissolução de união estável, proceder à partilha de bens situados no Brasil, ainda que o titular seja de nacionalidade estrangeira ou tenha domicílio fora do território nacional.

- art. 7º, LINDB.

Art. 24. A ação proposta perante tribunal estrangeiro não induz litispendência e não obsta a que a autoridade judiciária brasileira conheça da mesma causa e das que lhe são conexas, ressalvadas as disposições em contrário de tratados internacionais e acordos bilaterais em vigor no Brasil.

- art. 102, I, e, CF.

Parágrafo único. A pendência de causa perante a jurisdição brasileira não impede a homologação de sentença judicial estrangeira quando exigida para produzir efeitos no Brasil.

Art. 25. Não compete à autoridade judiciária brasileira o processamento e o julgamento da ação quando houver cláusula de eleição de foro exclusivo estrangeiro em contrato internacional, arguida pelo réu na contestação.

§ 1º Não se aplica o disposto no *caput* às hipóteses de competência internacional exclusiva previstas neste Capítulo.

§ 2º Aplica-se à hipótese do *caput* o art. 63, §§ 1º a 4º.

CAPÍTULO II
DA COOPERAÇÃO INTERNACIONAL

SEÇÃO I
DISPOSIÇÕES GERAIS

- art. 4º, IX, CF.

Art. 26. A cooperação jurídica internacional será regida por tratado de que o Brasil faz parte e observará:

I - o respeito às garantias do devido processo legal no Estado requerente;

- art. 5º, LIV, CF.

II - a igualdade de tratamento entre nacionais e estrangeiros, residentes ou não no Brasil, em relação ao acesso à justiça e à tramitação dos processos, assegurando-se assistência judiciária aos necessitados;

- arts. 5º, LXXIV, e 134, CF.
- art. 4º, IX, Lei 13.445/2017 (Lei de Migração).

III - a publicidade processual, exceto nas hipóteses de sigilo previstas na legislação brasileira ou na do Estado requerente;

- art. 93, IX, CF.

IV - a existência de autoridade central para recepção e transmissão dos pedidos de cooperação;

V - a espontaneidade na transmissão de informações a autoridades estrangeiras.

§ 1º Na ausência de tratado, a cooperação jurídica internacional poderá realizar-se com base em reciprocidade, manifestada por via diplomática.

§ 2º Não se exigirá a reciprocidade referida no § 1º para homologação de sentença estrangeira.

§ 3º Na cooperação jurídica internacional não será admitida a prática de atos que contrariem ou que produzam resultados incompatíveis com as normas fundamentais que regem o Estado brasileiro.

§ 4º O Ministério da Justiça exercerá as funções de autoridade central na ausência de designação específica.

Art. 27. A cooperação jurídica internacional terá por objeto:

I - citação, intimação e notificação judicial e extrajudicial;

- arts. 238, 269, 726 a 729, CPC.

II - colheita de provas e obtenção de informações;

- Dec. 9.039/2017 (Obtenção de provas no estrangeiro em matéria civil ou comercial).

III - homologação e cumprimento de decisão;

- arts. 960 a 965, CPC.

IV - concessão de medida judicial de urgência;

V - assistência jurídica internacional;

VI - qualquer outra medida judicial ou extrajudicial não proibida pela lei brasileira.

SEÇÃO II
DO AUXÍLIO DIRETO

Art. 28. Cabe auxílio direto quando a medida não decorrer diretamente de decisão de autoridade jurisdicional estrangeira a ser submetida a juízo de delibação no Brasil.

Art. 29. A solicitação de auxílio direto será encaminhada pelo órgão estrangeiro interessado à autoridade central, cabendo ao Estado requerente assegurar a autenticidade e a clareza do pedido.

Art. 30. Além dos casos previstos em tratados de que o Brasil faz parte, o auxílio direto terá os seguintes objetos:

I - obtenção e prestação de informações sobre o ordenamento jurídico e sobre processos administrativos ou jurisdicionais findos ou em curso;

II - colheita de provas, salvo se a medida for adotada em processo, em curso no estrangeiro, de competência exclusiva de autoridade judiciária brasileira;

III - qualquer outra medida judicial ou extrajudicial não proibida pela lei brasileira.

Art. 31. A autoridade central brasileira comunicar-se-á diretamente com suas congêneres e, se necessário, com outros órgãos estrangeiros responsáveis pela tramitação e pela execução de pedidos de cooperação enviados e recebidos pelo Estado brasileiro, respeitadas disposições específicas constantes de tratado.

Art. 32. No caso de auxílio direto para a prática de atos que, segundo a lei brasileira, não necessitem de prestação jurisdicional, a autoridade central adotará as providências necessárias para seu cumprimento.

Art. 33. Recebido o pedido de auxílio direto passivo, a autoridade central o encaminhará à Advocacia-Geral da União, que requererá em juízo a medida solicitada.

Parágrafo único. O Ministério Público requererá em juízo a medida solicitada quando for autoridade central.

Art. 34. Compete ao juízo federal do lugar em que deva ser executada a medida apreciar pedido de auxílio direto passivo que demande prestação de atividade jurisdicional.

‣ art. 109, CF.

SEÇÃO III
DA CARTA ROGATÓRIA

Art. 35. (Vetado).

Art. 36. O procedimento da carta rogatória perante o Superior Tribunal de Justiça é de jurisdição contenciosa e deve assegurar às partes as garantias do devido processo legal.

‣ arts. 5º, LIV, 105, I, i, e 109, X, CF.

§ 1º A defesa restringir-se-á à discussão quanto ao atendimento dos requisitos para que o pronunciamento judicial estrangeiro produza efeitos no Brasil.

§ 2º Em qualquer hipótese, é vedada a revisão do mérito do pronunciamento judicial estrangeiro pela autoridade judiciária brasileira.

SEÇÃO IV
DISPOSIÇÕES COMUNS ÀS SEÇÕES ANTERIORES

Art. 37. O pedido de cooperação jurídica internacional oriundo de autoridade brasileira competente será encaminhado à autoridade central para posterior envio ao Estado requerido para lhe dar andamento.

Art. 38. O pedido de cooperação oriundo de autoridade brasileira competente e os documentos anexos que o instruem serão encaminhados à autoridade central, acompanhados de tradução para a língua oficial do Estado requerido.

Art. 39. O pedido passivo de cooperação jurídica internacional será recusado se configurar manifesta ofensa à ordem pública.

‣ art. 26, § 3º, CPC.

Art. 40. A cooperação jurídica internacional para execução de decisão estrangeira dar-se-á por meio de carta rogatória ou de ação de homologação de sentença estrangeira, de acordo com o art. 960.

‣ arts. 105, I, i, e 109, X, CF.

Art. 41. Considera-se autêntico o documento que instruir pedido de cooperação jurídica internacional, inclusive tradução para a língua portuguesa, quando encaminhado ao Estado brasileiro por meio de autoridade central ou por via diplomática, dispensando-se ajuramentação, autenticação ou qualquer procedimento de legalização.

Parágrafo único. O disposto no *caput* não impede, quando necessária, a aplicação pelo Estado brasileiro do princípio da reciprocidade de tratamento.

TÍTULO III
DA COMPETÊNCIA INTERNA

CAPÍTULO I
DA COMPETÊNCIA

SEÇÃO I
DISPOSIÇÕES GERAIS

Art. 42. As causas cíveis serão processadas e decididas pelo juiz nos limites de sua competência, ressalvado às partes o direito de instituir juízo arbitral, na forma da lei.

‣ Lei 9.307/1996 (Arbitragem).

Art. 43. Determina-se a competência no momento do registro ou da distribuição da petição inicial, sendo irrelevantes as modificações do estado de fato ou de direito ocorridas posteriormente, salvo quando suprimirem órgão judiciário ou alterarem a competência absoluta.

Art. 44. Obedecidos os limites estabelecidos pela Constituição Federal, a competência é determinada pelas normas previstas neste Código ou em legislação especial, pelas normas de organização judiciária e, ainda, no que couber, pelas constituições dos Estados.

Art. 45. Tramitando o processo perante outro juízo, os autos serão remetidos ao juízo federal competente se nele intervier a União, suas empresas públicas, entidades autárquicas e fundações, ou conselho de fiscalização de atividade profissional, na qualidade de parte ou de terceiro interveniente, exceto as ações:

‣ art. 109, I, CF.

‣ Súm. 66, 206, 224 e 254, STJ.

I - de recuperação judicial, falência, insolvência civil e acidente de trabalho;

‣ Lei 11.101/2005 (Lei de falência).

II - sujeitas à Justiça Eleitoral e à Justiça do Trabalho.

‣ arts. 114 e 121, CF.

§ 1º Os autos não serão remetidos se houver pedido cuja apreciação seja de competência do juízo perante o qual foi proposta a ação.

§ 2º Na hipótese do § 1º, o juiz, ao não admitir a cumulação de pedidos em razão da incompetência para apreciar qualquer deles, não examinará o mérito daquele em que exista interesse da União, de suas entidades autárquicas ou de suas empresas públicas.

§ 3º O juízo federal restituirá os autos ao juízo estadual sem suscitar conflito se o ente federal cuja presença ensejou a remessa for excluído do processo.

Art. 46. A ação fundada em direito pessoal ou em direito real sobre bens móveis será proposta, em regra, no foro de domicílio do réu.

‣ arts. 70 a 78, CC.

§ 1º Tendo mais de um domicílio, o réu será demandado no foro de qualquer deles.

‣ art. 71, CC.

§ 2º Sendo incerto ou desconhecido o domicílio do réu, ele poderá ser demandado onde for encontrado ou no foro de domicílio do autor.

§ 3º Quando o réu não tiver domicílio ou residência no Brasil, a ação será proposta no foro de domicílio do autor, e, se este também residir fora do Brasil, a ação será proposta em qualquer foro.

§ 4º Havendo 2 (dois) ou mais réus com diferentes domicílios, serão demandados no foro de qualquer deles, à escolha do autor.

§ 5º A execução fiscal será proposta no foro de domicílio do réu, no de sua residência ou no do lugar onde for encontrado.

‣ Lei 6.830/1980 (Execução fiscal).

Art. 47. Para as ações fundadas em direito real sobre imóveis é competente o foro de situação da coisa.

‣ art. 12, §1º, LINDB.

‣ art. 48, Lei 6.766/1979 (Parcelamento do solo urbano).

‣ art. 58, II, Lei 8.245/1991 (Lei de locação).

§ 1º O autor pode optar pelo foro de domicílio do réu ou pelo foro de eleição se o litígio não recair sobre direito de propriedade, vizinhança, servidão, divisão e demarcação de terras e de nunciação de obra nova.

§ 2º A ação possessória imobiliária será proposta no foro de situação da coisa, cujo juízo tem competência absoluta.

Art. 48. O foro de domicílio do autor da herança, no Brasil, é o competente para o inventário, a partilha, a arrecadação, o cumprimento de disposições de última vontade, a impugnação ou anulação de partilha extrajudicial e para todas as ações em que o espólio for réu, ainda que o óbito tenha ocorrido no estrangeiro.

Parágrafo único. Se o autor da herança não possuía domicílio certo, é competente:

I - o foro de situação dos bens imóveis;

II - havendo bens imóveis em foros diferentes, qualquer destes;

III - não havendo bens imóveis, o foro do local de qualquer dos bens do espólio.

Art. 49. A ação em que o ausente for réu será proposta no foro de seu último domicílio, também competente para a arrecadação, o inventário, a partilha e o cumprimento de disposições testamentárias.

Art. 50. A ação em que o incapaz for réu será proposta no foro de domicílio de seu representante ou assistente.

Art. 51. É competente o foro de domicílio do réu para as causas em que seja autora a União.

- art. 109, §§ 1º e 2º, CF.

Parágrafo único. Se a União for a demandada, a ação poderá ser proposta no foro de domicílio do autor, no de ocorrência do ato ou fato que originou a demanda, no de situação da coisa ou no Distrito Federal.

Art. 52. É competente o foro de domicílio do réu para as causas em que seja autor Estado ou o Distrito Federal.

Parágrafo único. Se Estado ou o Distrito Federal for o demandado, a ação poderá ser proposta no foro de domicílio do autor, no de ocorrência do ato ou fato que originou a demanda, no de situação da coisa ou na capital do respectivo ente federado.

Art. 53. É competente o foro:

I - para a ação de divórcio, separação, anulação de casamento e reconhecimento ou dissolução de união estável:

- art. 7º, LINDB.

a) de domicílio do guardião de filho incapaz;

- Súm. 383, STJ.

b) do último domicílio do casal, caso não haja filho incapaz;

c) de domicílio do réu, se nenhuma das partes residir no antigo domicílio do casal;

d) de domicílio da vítima de violência doméstica e familiar, nos termos da Lei nº 11.340, de 7 de agosto de 2006 (Lei Maria da Penha); (Acrescida pela Lei 13.894/2019)

II - de domicílio ou residência do alimentando, para a ação em que se pedem alimentos;

- art. 693, p.ún., CPC.
- Lei 5.478/1968 (Lei de alimentos).

III - do lugar:

- art. 75, CC.

a) onde está a sede, para a ação em que for ré pessoa jurídica;

b) onde se acha agência ou sucursal, quanto às obrigações que a pessoa jurídica contraiu;

c) onde exerce suas atividades, para a ação em que for ré sociedade ou associação sem personalidade jurídica;

d) onde a obrigação deve ser satisfeita, para a ação em que se lhe exigir o cumprimento;

- art. 327 e 328, CC.

e) de residência do idoso, para a causa que verse sobre direito previsto no respectivo estatuto;

- art. 80, Estatuto do Idoso.

f) da sede da serventia notarial ou de registro, para a ação de reparação de dano por ato praticado em razão do ofício;

IV - do lugar do ato ou fato para a ação:

a) de reparação de dano;

b) em que for réu administrador ou gestor de negócios alheios;

V - de domicílio do autor ou do local do fato, para a ação de reparação de dano sofrido em razão de delito ou acidente de veículos, inclusive aeronaves.

SEÇÃO II
DA MODIFICAÇÃO DA COMPETÊNCIA

Art. 54. A competência relativa poderá modificar-se pela conexão ou pela continência, observado o disposto nesta Seção.

Art. 55. Reputam-se conexas 2 (duas) ou mais ações quando lhes for comum o pedido ou a causa de pedir.

- Súm. 383, STJ.

§ 1º Os processos de ações conexas serão reunidos para decisão conjunta, salvo se um deles já houver sido sentenciado.

- Súm. 235, STJ.

§ 2º Aplica-se o disposto no *caput*:

I - à execução de título extrajudicial e à ação de conhecimento relativa ao mesmo ato jurídico;

II - às execuções fundadas no mesmo título executivo.

§ 3º Serão reunidos para julgamento conjunto os processos que possam gerar risco de prolação de decisões conflitantes ou contraditórias caso decididos separadamente, mesmo sem conexão entre eles.

- arts. 286, III, e 337, VIII, CPC.

Art. 56. Dá-se a continência entre 2 (duas) ou mais ações quando houver identidade quanto às partes e à causa de pedir, mas o pedido de uma, por ser mais amplo, abrange o das demais.

- Súm. 489, STJ.

Art. 57. Quando houver continência e a ação continente tiver sido proposta anteriormente, no processo relativo à ação contida será proferida sentença sem resolução de mérito, caso contrário, as ações serão necessariamente reunidas.

- art. 286, I, CPC.

Art. 58. A reunião das ações propostas em separado far-se-á no juízo prevento, onde serão decididas simultaneamente.

Art. 59. O registro ou a distribuição da petição inicial torna prevento o juízo.

- art. 6º, § 8º, Lei 11.101/2005 (Lei de falência).

Art. 60. Se o imóvel se achar situado em mais de um Estado, comarca, seção ou subseção judiciária, a competência territorial do juízo prevento estender-se-á sobre a totalidade do imóvel.

Art. 61. A ação acessória será proposta no juízo competente para a ação principal.

Art. 62. A competência determinada em razão da matéria, da pessoa ou da função é inderrogável por convenção das partes.

Art. 63. As partes podem modificar a competência em razão do valor e do território, elegendo foro onde será proposta ação oriunda de direitos e obrigações.

- art. 58, II, Lei 8.245/1991 (Lei de locação).
- Súm. 335, STF.

§ 1º A eleição de foro só produz efeito quando constar de instrumento escrito e aludir expressamente a determinado negócio jurídico.

§ 2º O foro contratual obriga os herdeiros e sucessores das partes.

§ 3º Antes da citação, a cláusula de eleição de foro, se abusiva, pode ser reputada ineficaz de ofício pelo juiz, que determinará a remessa dos autos ao juízo do foro de domicílio do réu.

§ 4º Citado, incumbe ao réu alegar a abusividade da cláusula de eleição de foro na contestação, sob pena de preclusão.

SEÇÃO III
DA INCOMPETÊNCIA

Art. 64. A incompetência, absoluta ou relativa, será alegada como questão preliminar de contestação.

§ 1º A incompetência absoluta pode ser alegada em qualquer tempo e grau de jurisdição e deve ser declarada de ofício.

§ 2º Após manifestação da parte contrária, o juiz decidirá imediatamente a alegação de incompetência.

§ 3º Caso a alegação de incompetência seja acolhida, os autos serão remetidos ao juízo competente.

§ 4º Salvo decisão judicial em sentido contrário, conservar-se-ão os efeitos de decisão proferida pelo juízo incompetente até que outra seja proferida, se for o caso, pelo juízo competente.

Art. 65. Prorrogar-se-á a competência relativa se o réu não alegar a incompetência em preliminar de contestação.

Parágrafo único. A incompetência relativa pode ser alegada pelo Ministério Público nas causas em que atuar.

Art. 66. Há conflito de competência quando:

- arts. 951 a 959, CPC.
- Súm. 3, 59, 224, 236 e 428, STJ.
- Súm. 420 e OJ-SDI2 149, TST.

I - 2 (dois) ou mais juízes se declaram competentes;

II - 2 (dois) ou mais juízes se consideram incompetentes, atribuindo um ao outro a competência;

III - entre 2 (dois) ou mais juízes surge controvérsia acerca da reunião ou separação de processos.

Parágrafo único. O juiz que não acolher a competência declinada deverá suscitar o conflito, salvo se a atribuir a outro juízo.

CAPÍTULO II
DA COOPERAÇÃO NACIONAL

Art. 67. Aos órgãos do Poder Judiciário, estadual ou federal, especializado ou comum, em todas as instâncias e graus de jurisdição, inclusive aos tribunais superiores, incumbe o dever de recíproca cooperação, por meio de seus magistrados e servidores.

- art. 6º, CPC.

Art. 68. Os juízos poderão formular entre si pedido de cooperação para prática de qualquer ato processual.

Art. 69. O pedido de cooperação jurisdicional deve ser prontamente atendido, prescinde de forma específica e pode ser executado como:

I - auxílio direto;

- art. 377, CPC.

II - reunião ou apensamento de processos;

III - prestação de informações;

IV - atos concertados entre os juízes cooperantes.

§ 1º As cartas de ordem, precatória e arbitral seguirão o regime previsto neste Código.

- arts. 237 e 260, CPC.

§ 2º Os atos concertados entre os juízes cooperantes poderão consistir, além de outros, no estabelecimento de procedimento para:

I - a prática de citação, intimação ou notificação de ato;

II - a obtenção e apresentação de provas e a coleta de depoimentos;

III - a efetivação de tutela provisória;

- arts. 294 a 311, CPC.

IV - a efetivação de medidas e providências para recuperação e preservação de empresas;

- art. 3º, Lei 11.101/2005 (Lei de falência).

V - a facilitação de habilitação de créditos na falência e na recuperação judicial;

- art. 3º, Lei 11.101/2005 (Lei de falência).

VI - a centralização de processos repetitivos;

- art. 12, § 2º, II, CPC.

VII - a execução de decisão jurisdicional.

§ 3º O pedido de cooperação judiciária pode ser realizado entre órgãos jurisdicionais de diferentes ramos do Poder Judiciário.

LIVRO III
DOS SUJEITOS DO PROCESSO

TÍTULO I
DAS PARTES E DOS PROCURADORES

CAPÍTULO I
DA CAPACIDADE PROCESSUAL

Art. 70. Toda pessoa que se encontre no exercício de seus direitos tem capacidade para estar em juízo.

- art. 8º, § 2º, Lei 9.099/1995 (Juizados Especiais Cíveis e Criminais).

Art. 71. O incapaz será representado ou assistido por seus pais, por tutor ou por curador, na forma da lei.

Art. 72. O juiz nomeará curador especial ao:

I - incapaz, se não tiver representante legal ou se os interesses deste colidirem com os daquele, enquanto durar a incapacidade;

II - réu preso revel, bem como ao réu revel citado por edital ou com hora certa, enquanto não for constituído advogado.

- art. 8º, Lei 9.099/1995 (Juizados Especiais Cíveis e Criminais).
- Súm. 196, STJ.

Parágrafo único. A curatela especial será exercida pela Defensoria Pública, nos termos da lei.

- arts. 134 e 135, CF.
- LC 80/1994 (Lei Orgânica da Defensoria Pública).

Art. 73. O cônjuge necessitará do consentimento do outro para propor ação que verse sobre direito real imobiliário, salvo quando casados sob o regime de separação absoluta de bens.

§ 1º Ambos os cônjuges serão necessariamente citados para a ação:

- art. 1.663, CC.

I - que verse sobre direito real imobiliário, salvo quando casados sob o regime de separação absoluta de bens;

II - resultante de fato que diga respeito a ambos os cônjuges ou de ato praticado por eles;

III - fundada em dívida contraída por um dos cônjuges a bem da família;

IV - que tenha por objeto o reconhecimento, a constituição ou a extinção de ônus sobre imóvel de um ou de ambos os cônjuges.

§ 2º Nas ações possessórias, a participação do cônjuge do autor ou do réu somente é indispensável nas hipóteses de composse ou de ato por ambos praticado.

§ 3º Aplica-se o disposto neste artigo à união estável comprovada nos autos.

- art. 226, § 3º, CF.

Art. 74. O consentimento previsto no art. 73 pode ser suprido judicialmente quando for negado por um dos cônjuges sem justo motivo, ou quando lhe seja impossível concedê-lo.

- art. 1.648, CC.

Parágrafo único. A falta de consentimento, quando necessário e não suprido pelo juiz, invalida o processo.

- art. 1.649, CC.

Art. 75. Serão representados em juízo, ativa e passivamente:

I - a União, pela Advocacia-Geral da União, diretamente ou mediante órgão vinculado;

- art. 131, CF.

II - o Estado e o Distrito Federal, por seus procuradores;

- art. 132, CF.

III - o Município, por seu prefeito ou procurador;

- arts. 182 e 184, CPC.

IV - a autarquia e a fundação de direito público, por quem a lei do ente federado designar;

V - a massa falida, pelo administrador judicial;

VI - a herança jacente ou vacante, por seu curador;

- arts. 1.819 a 1.823, CC.

VII - o espólio, pelo inventariante;

VIII - a pessoa jurídica, por quem os respectivos atos constitutivos designarem ou, não havendo essa designação, por seus diretores;

- arts. 46, III; e 47, CC.

IX - a sociedade e a associação irregulares e outros entes organizados sem personalidade jurídica, pela pessoa a quem couber a administração de seus bens;

X - a pessoa jurídica estrangeira, pelo gerente, representante ou administrador de sua filial, agência ou sucursal aberta ou instalada no Brasil;

- art. 21, p.ún., CPC.

XI - o condomínio, pelo administrador ou síndico.

- arts. 1.323 a 1.326 e 1.348, CC.
- art. 22, § 1º, Lei 4.591/1964 (Lei do condomínio).

§ 1º Quando o inventariante for dativo, os sucessores do falecido serão intimados no processo no qual o espólio seja parte.

§ 2º A sociedade ou associação sem personalidade jurídica não poderá opor a irregularidade de sua constituição quando demandada.

§ 3º O gerente de filial ou agência presume-se autorizado pela pessoa jurídica estrangeira a receber citação para qualquer processo.

§ 4º Os Estados e o Distrito Federal poderão ajustar compromisso recíproco para prática de ato processual por seus procuradores em favor de outro ente federado, mediante convênio firmado pelas respectivas procuradorias.

Art. 76. Verificada a incapacidade processual ou a irregularidade da representação da parte, o juiz suspenderá o processo e designará prazo razoável para que seja sanado o vício.

- arts. 111 e 337, IX, CPC.
- Súm. 456, TST.

§ 1º Descumprida a determinação, caso o processo esteja na instância originária:

I - o processo será extinto, se a providência couber ao autor;

II - o réu será considerado revel, se a providência lhe couber;

III - o terceiro será considerado revel ou excluído do processo, dependendo do polo em que se encontre.

§ 2º Descumprida a determinação em fase recursal perante tribunal de justiça, tribunal regional federal ou tribunal superior, o relator:

I - não conhecerá do recurso, se a providência couber ao recorrente;

II - determinará o desentranhamento das contrarrazões, se a providência couber ao recorrido.

CAPÍTULO II
DOS DEVERES DAS PARTES E DE SEUS PROCURADORES

SEÇÃO I
DOS DEVERES

Art. 77. Além de outros previstos neste Código, são deveres das partes, de seus procuradores e de todos aqueles que de qualquer forma participem do processo:

- art. 379, CPC.

I - expor os fatos em juízo conforme a verdade;

- art. 80, II, CPC.

II - não formular pretensão ou de apresentar defesa quando cientes de que são destituídas de fundamento;

III - não produzir provas e não praticar atos inúteis ou desnecessários à declaração ou à defesa do direito;

IV - cumprir com exatidão as decisões jurisdicionais, de natureza provisória ou final, e não criar embaraços à sua efetivação;

V - declinar, no primeiro momento que lhes couber falar nos autos, o endereço residencial ou profissional onde receberão intimações, atualizando essa informação sempre que ocorrer qualquer modificação temporária ou definitiva;

VI - não praticar inovação ilegal no estado de fato de bem ou direito litigioso.

§ 1º Nas hipóteses dos incisos IV e VI, o juiz advertirá qualquer das pessoas mencionadas no *caput* de que sua conduta poderá ser punida como ato atentatório à dignidade da justiça.

- art. 1º, Res. nº 9/2018, STJ/GP.

§ 2º A violação ao disposto nos incisos IV e VI constitui ato atentatório à dignidade da justiça, devendo o juiz, sem prejuízo das sanções criminais, civis e processuais cabíveis, aplicar ao responsável multa de até vinte por cento do valor da causa, de acordo com a gravidade da conduta.

- art. 1º, Res. nº 9/2018, STJ/GP.

§ 3º Não sendo paga no prazo a ser fixado pelo juiz, a multa prevista no § 2º será inscrita como dívida ativa da União ou do Estado após o trânsito em julgado da decisão que a fixou, e sua execução observará o procedimento da execução fiscal, revertendo-se aos fundos previstos no art. 97.

§ 4º A multa estabelecida no § 2º poderá ser fixada independentemente da incidência das previstas nos arts. 523, § 1º, e 536, § 1º.

§ 5º Quando o valor da causa for irrisório ou inestimável, a multa prevista no § 2º poderá ser fixada em até 10 (dez) vezes o valor do salário-mínimo.

§ 6º Aos advogados públicos ou privados e aos membros da Defensoria Pública e do Ministério Público não se aplica o disposto nos §§ 2º a 5º, devendo eventual responsabilidade disciplinar ser apurada pelo respectivo órgão de classe ou corregedoria, ao qual o juiz oficiará.

§ 7º Reconhecida violação ao disposto no inciso VI, o juiz determinará o restabelecimento do estado anterior, podendo, ainda, proibir a parte de falar nos autos até a purgação do atentado, sem prejuízo da aplicação do § 2º.

§ 8º O representante judicial da parte não pode ser compelido a cumprir decisão em seu lugar.

Art. 78. É vedado às partes, a seus procuradores, aos juízes, aos membros do Ministério Público e da Defensoria Pública e a qualquer pessoa que participe do processo empregar expressões ofensivas nos escritos apresentados.

§ 1º Quando expressões ou condutas ofensivas forem manifestadas oral ou presencialmente, o juiz advertirá o ofensor de que não as deve usar ou repetir, sob pena de lhe ser cassada a palavra.

§ 2º De ofício ou a requerimento do ofendido, o juiz determinará que as expressões ofensivas sejam riscadas e, a requerimento do ofendido, determinará a expedição de certidão com inteiro teor das expressões ofensivas e a colocará à disposição da parte interessada.

SEÇÃO II
DA RESPONSABILIDADE DAS PARTES POR DANO PROCESSUAL

Art. 79. Responde por perdas e danos aquele que litigar de má-fé como autor, réu ou interveniente.

- arts. 402 a 405 e 927, CC.

Art. 80. Considera-se litigante de má-fé aquele que:

- art. 32, Estatuto da OAB.

I - deduzir pretensão ou defesa contra texto expresso de lei ou fato incontroverso;

- art. 77, II, CPC.

II - alterar a verdade dos fatos;

- art. 77, I, CPC.

III - usar do processo para conseguir objetivo ilegal;

IV - opuser resistência injustificada ao andamento do processo;

V - proceder de modo temerário em qualquer incidente ou ato do processo;

VI - provocar incidente manifestamente infundado;

VII - interpuser recurso com intuito manifestamente protelatório.

Art. 81. De ofício ou a requerimento, o juiz condenará o litigante de má-fé a pagar multa, que deverá ser superior a um por cento e inferior a dez por cento do valor corrigido da causa, a indenizar a parte contrária pelos prejuízos que esta sofreu e a arcar com os honorários advocatícios e com todas as despesas que efetuou.

- art. 96, CPC.
- art. 87, p.ún., CDC.
- art. 27, Lei 9.307/1996 (Arbitragem).
- art. 17, Lei 7.347/1985 (Ação Civil Pública).
- art. 1º, Res. nº 9/2018, STJ/GP.

§ 1º Quando forem 2 (dois) ou mais os litigantes de má-fé, o juiz condenará cada um na proporção de seu respectivo interesse na causa ou solidariamente aqueles que se coligaram para lesar a parte contrária.

- arts. 275 a 285 e 942, CC.
- art. 32, p.ún., Estatuto da OAB.

§ 2º Quando o valor da causa for irrisório ou inestimável, a multa poderá ser fixada em até 10 (dez) vezes o valor do salário-mínimo.

§ 3º O valor da indenização será fixado pelo juiz ou, caso não seja possível mensurá-lo, liquidado por arbitramento ou pelo procedimento comum, nos próprios autos.

SEÇÃO III
DAS DESPESAS, DOS HONORÁRIOS ADVOCATÍCIOS E DAS MULTAS

Art. 82. Salvo as disposições concernentes à gratuidade da justiça, incumbe às partes prover as despesas dos atos que realizarem ou requererem no processo, antecipando-lhes o pagamento, desde o início até a sentença final ou, na execução, até a plena satisfação do direito reconhecido no título.

- Lei 1.060/1950 (Assistência judiciária gratuita).
- art. 4º, II, Lei 9.289/1996 (Custas na Justiça Federal).

§ 1º Incumbe ao autor adiantar as despesas relativas a ato cuja realização o juiz determinar de ofício ou a requerimento do Ministério Público, quando sua intervenção ocorrer como fiscal da ordem jurídica.

- art. 18, Lei 7.347/1985 (Ação Civil Pública).

§ 2º A sentença condenará o vencido a pagar ao vencedor as despesas que antecipou.

- Súm. 257; 389; 512; STF.
- Súm. 14; 29; 105; 111; 141; 303; 325; 326; 517 e 519, STJ.

Art. 83. O autor, brasileiro ou estrangeiro, que residir fora do Brasil ou deixar de residir no país ao longo da tramitação de processo prestará caução suficiente ao pagamento das custas e dos honorários de advogado da parte contrária nas ações que propuser, se não tiver no Brasil bens imóveis que lhes assegurem o pagamento.

- arts. 300, § 1º, e 337, XII, CPC.
- art. 97, § 2º, Lei 11.101/2005 (Lei de falência).

§ 1º Não se exigirá a caução de que trata o *caput*:

I - quando houver dispensa prevista em acordo ou tratado internacional de que o Brasil faz parte;

II - na execução fundada em título extrajudicial e no cumprimento de sentença;

III - na reconvenção.

- art. 343, CPC.

§ 2º Verificando-se no trâmite do processo que se desfalcou a garantia, poderá o interessado exigir reforço da caução, justificando seu pedido com a indicação da depreciação do bem dado em garantia e a importância do reforço que pretende obter.

Art. 84. As despesas abrangem as custas dos atos do processo, a indenização de viagem, a remuneração do assistente técnico e a diária de testemunha.

Art. 85. A sentença condenará o vencido a pagar honorários ao advogado do vencedor.

- arts. 22 e s., Estatuto da OAB.
- Súm. 105, 345, 421 e 453, STJ; 234, STF.
- OJ-SDI1 421, TST.

§ 1º São devidos honorários advocatícios na reconvenção, no cumprimento de sentença, provisório ou definitivo, na execução, resistida ou não, e nos recursos interpostos, cumulativamente.

§ 2º Os honorários serão fixados entre o mínimo de dez e o máximo de vinte por cento sobre o valor da condenação, do proveito econômico obtido ou, não sendo possível mensurá-lo, sobre o valor atualizado da causa, atendidos:

- art. 85, CPC.

I - o grau de zelo do profissional;
II - o lugar de prestação do serviço;
III - a natureza e a importância da causa;
IV - o trabalho realizado pelo advogado e o tempo exigido para o seu serviço.

§ 3º Nas causas em que a Fazenda Pública for parte, a fixação dos honorários observará os critérios estabelecidos nos incisos I a IV do § 2º e os seguintes percentuais:

- Súm. 201, STJ.

I - mínimo de dez e máximo de vinte por cento sobre o valor da condenação ou do proveito econômico obtido até 200 (duzentos) salários-mínimos;
II - mínimo de oito e máximo de dez por cento sobre o valor da condenação ou do proveito econômico obtido acima de 200 (duzentos) salários-mínimos até 2.000 (dois mil) salários-mínimos;
III - mínimo de cinco e máximo de oito por cento sobre o valor da condenação ou do proveito econômico obtido acima de 2.000 (dois mil) salários-mínimos até 20.000 (vinte mil) salários-mínimos;
IV - mínimo de três e máximo de cinco por cento sobre o valor da condenação ou do proveito econômico obtido acima de 20.000 (vinte mil) salários-mínimos até 100.000 (cem mil) salários-mínimos;
V - mínimo de um e máximo de três por cento sobre o valor da condenação ou do proveito econômico obtido acima de 100.000 (cem mil) salários-mínimos.

§ 4º Em qualquer das hipóteses do § 3º:
I - os percentuais previstos nos incisos I a V devem ser aplicados desde logo, quando for líquida a sentença;
II - não sendo líquida a sentença, a definição do percentual, nos termos previstos nos incisos I a V, somente ocorrerá quando liquidado o julgado;
III - não havendo condenação principal ou não sendo possível mensurar o proveito econômico obtido, a condenação em honorários dar-se-á sobre o valor atualizado da causa;
IV - será considerado o salário-mínimo vigente quando prolatada sentença líquida ou o que estiver em vigor na data da decisão de liquidação.

§ 5º Quando, conforme o caso, a condenação contra a Fazenda Pública ou o benefício econômico obtido pelo vencedor ou o valor da causa for superior ao valor previsto no inciso I do § 3º, a fixação do percentual de honorários deve observar a faixa inicial e, naquilo que a exceder, a faixa subsequente, e assim sucessivamente.

§ 6º Os limites e critérios previstos nos §§ 2º e 3º aplicam-se independentemente de qual seja o conteúdo da decisão, inclusive aos casos de improcedência ou de sentença sem resolução de mérito.

§ 7º Não serão devidos honorários no cumprimento de sentença contra a Fazenda Pública que enseje expedição de precatório, desde que não tenha sido impugnada.

- art. 100, CF.

§ 8º Nas causas em que for inestimável ou irrisório o proveito econômico ou, ainda, quando o valor da causa for muito baixo, o juiz fixará o valor dos honorários por apreciação equitativa, observando o disposto nos incisos do § 2º.

- Súm. 153, STJ.

§ 9º Na ação de indenização por ato ilícito contra pessoa, o percentual de honorários incidirá sobre a soma das prestações vencidas acrescida de 12 (doze) prestações vincendas.

§ 10. Nos casos de perda do objeto, os honorários serão devidos por quem deu causa ao processo.

§ 11. O tribunal, ao julgar recurso, majorará os honorários fixados anteriormente levando em conta o trabalho adicional realizado em grau recursal, observando, conforme o caso, o disposto nos §§ 2º a 6º, sendo vedado ao tribunal, no cômputo geral da fixação de honorários devidos ao advogado do vencedor, ultrapassar os respectivos limites estabelecidos nos §§ 2º e 3º para a fase de conhecimento.

§ 12. Os honorários referidos no § 11 são cumuláveis com multas e outras sanções processuais, inclusive as previstas no art. 77.

§ 13. As verbas de sucumbência arbitradas em embargos à execução rejeitados ou julgados improcedentes e em fase de cumprimento de sentença serão acrescidas no valor do débito principal, para todos os efeitos legais.

§ 14. Os honorários constituem direito do advogado e têm natureza alimentar, com os mesmos privilégios dos créditos oriundos da legislação do trabalho, sendo vedada a compensação em caso de sucumbência parcial.

- Súm. Vinc. 47, STF.

§ 15. O advogado pode requerer que o pagamento dos honorários que lhe caibam seja efetuado em favor da sociedade de advogados que integra na qualidade de sócio, aplicando-se à hipótese o disposto no § 14.

§ 16. Quando os honorários forem fixados em quantia certa, os juros moratórios incidirão a partir da data do trânsito em julgado da decisão.

§ 17. Os honorários serão devidos quando o advogado atuar em causa própria.

§ 18. Caso a decisão transitada em julgado seja omissa quanto ao direito aos honorários ou ao seu valor, é cabível ação autônoma para sua definição e cobrança.

§ 19. Os advogados públicos perceberão honorários de sucumbência, nos termos da lei.

Art. 86. Se cada litigante for, em parte, vencedor e vencido, serão proporcionalmente distribuídas entre eles as despesas.

Parágrafo único. Se um litigante sucumbir em parte mínima do pedido, o outro responderá, por inteiro, pelas despesas e pelos honorários.

Art. 87. Concorrendo diversos autores ou diversos réus, os vencidos respondem proporcionalmente pelas despesas e pelos honorários.

§ 1º A sentença deverá distribuir entre os litisconsortes, de forma expressa, a responsabilidade proporcional pelo pagamento das verbas previstas no *caput*.

§ 2º Se a distribuição de que trata o § 1º não for feita, os vencidos responderão solidariamente pelas despesas e pelos honorários.

Art. 88. Nos procedimentos de jurisdição voluntária, as despesas serão adiantadas pelo requerente e rateadas entre os interessados.

Art. 89. Nos juízos divisórios, não havendo litígio, os interessados pagarão as despesas proporcionalmente a seus quinhões.

Art. 90. Proferida sentença com fundamento em desistência, em renúncia ou em reconhecimento do pedido, as despesas e os honorários serão pagos pela parte que desistiu, renunciou ou reconheceu.

§ 1º Sendo parcial a desistência, a renúncia ou o reconhecimento, a responsabilidade pelas despesas e pelos honorários será proporcional à parcela reconhecida, à qual se renunciou ou da qual se desistiu.

§ 2º Havendo transação e nada tendo as partes disposto quanto às despesas, estas serão divididas igualmente.

§ 3º Se a transação ocorrer antes da sentença, as partes ficam dispensadas do pagamento das custas processuais remanescentes, se houver.

§ 4º Se o réu reconhecer a procedência do pedido e, simultaneamente, cumprir integralmente a prestação reconhecida, os honorários serão reduzidos pela metade.

Art. 91. As despesas dos atos processuais praticados a requerimento da Fazenda Pública, do Ministério Público ou da Defensoria Pública serão pagas ao final pelo vencido.

- art. 39, Lei 6.830/1980 (Execução Fiscal).
- Súm. 483, STJ.

§ 1º As perícias requeridas pela Fazenda Pública, pelo Ministério Público ou pela Defensoria Pública poderão ser realizadas por entidade pública ou, havendo previsão orçamentária, ter os valores adiantados por aquele que requerer a prova.

‣ Súm. 232, STJ.

§ 2º Não havendo previsão orçamentária no exercício financeiro para adiantamento dos honorários periciais, eles serão pagos no exercício seguinte ou ao final, pelo vencido, caso o processo se encerre antes do adiantamento a ser feito pelo ente público.

Art. 92. Quando, a requerimento do réu, o juiz proferir sentença sem resolver o mérito, o autor não poderá propor novamente a ação sem pagar ou depositar em cartório as despesas e os honorários a que foi condenado.

Art. 93. As despesas de atos adiados ou cuja repetição for necessária ficarão a cargo da parte, do auxiliar da justiça, do órgão do Ministério Público ou da Defensoria Pública ou do juiz que, sem justo motivo, houver dado causa ao adiamento ou à repetição.

Art. 94. Se o assistido for vencido, o assistente será condenado ao pagamento das custas em proporção à atividade que houver exercido no processo.

Art. 95. Cada parte adiantará a remuneração do assistente técnico que houver indicado, sendo a do perito adiantada pela parte que houver requerido a perícia ou rateada quando a perícia for determinada de ofício ou requerida por ambas as partes.

§ 1º O juiz poderá determinar que a parte responsável pelo pagamento dos honorários do perito deposite em juízo o valor correspondente.

§ 2º A quantia recolhida em depósito bancário à ordem do juízo será corrigida monetariamente e paga de acordo com o art. 465, § 4º.

§ 3º Quando o pagamento da perícia for de responsabilidade de beneficiário de gratuidade da justiça, ela poderá ser:

I - custeada com recursos alocados no orçamento do ente público e realizada por servidor do Poder Judiciário ou por órgão público conveniado;

II - paga com recursos alocados no orçamento da União, do Estado ou do Distrito Federal, no caso de ser realizada por particular, hipótese em que o valor será fixado conforme tabela do tribunal respectivo ou, em caso de sua omissão, do Conselho Nacional de Justiça.

§ 4º Na hipótese do § 3º, o juiz, após o trânsito em julgado da decisão final, oficiará a Fazenda Pública para que promova, contra quem tiver sido condenado ao pagamento das despesas processuais, a execução dos valores gastos com a perícia particular ou com a utilização de servidor público ou da estrutura de órgão público, observando-se, caso o responsável pelo pagamento das despesas seja beneficiário de gratuidade da justiça, o disposto no art. 98, § 2º.

§ 5º Para fins de aplicação do § 3º, é vedada a utilização de recursos do fundo de custeio da Defensoria Pública.

Art. 96. O valor das sanções impostas ao litigante de má-fé reverterá em benefício da parte contrária, e o valor das sanções impostas aos serventuários pertencerá ao Estado ou à União.

Art. 97. A União e os Estados podem criar fundos de modernização do Poder Judiciário, aos quais serão revertidos os valores das sanções pecuniárias processuais destinadas à União e aos Estados, e outras verbas previstas em lei.

SEÇÃO IV
DA GRATUIDADE DA JUSTIÇA

Art. 98. A pessoa natural ou jurídica, brasileira ou estrangeira, com insuficiência de recursos para pagar as custas, as despesas processuais e os honorários advocatícios tem direito à gratuidade da justiça, na forma da lei.

‣ Súm. 481, STJ.

‣ Súm. 463, OJ-SDI1 269 e 331, TST.

‣ Lei 1.060/1950 (Assistência judiciária gratuita).

§ 1º A gratuidade da justiça compreende:

I - as taxas ou as custas judiciais;

II - os selos postais;

III - as despesas com publicação na imprensa oficial, dispensando-se a publicação em outros meios;

IV - a indenização devida à testemunha que, quando empregada, receberá do empregador salário integral, como se em serviço estivesse;

V - as despesas com a realização de exame de código genético - DNA e de outros exames considerados essenciais;

VI - os honorários do advogado e do perito e a remuneração do intérprete ou do tradutor nomeado para apresentação de versão em português de documento redigido em língua estrangeira;

VII - o custo com a elaboração de memória de cálculo, quando exigida para instauração da execução;

VIII - os depósitos previstos em lei para interposição de recurso, para propositura de ação e para a prática de outros atos processuais inerentes ao exercício da ampla defesa e do contraditório;

IX - os emolumentos devidos a notários ou registradores em decorrência da prática de registro, averbação ou qualquer outro ato notarial necessário à efetivação de decisão judicial ou à continuidade de processo judicial no qual o benefício tenha sido concedido.

§ 2º A concessão de gratuidade não afasta a responsabilidade do beneficiário pelas despesas processuais e pelos honorários advocatícios decorrentes de sua sucumbência.

§ 3º Vencido o beneficiário, as obrigações decorrentes de sua sucumbência ficarão sob condição suspensiva de exigibilidade e somente poderão ser executadas se, nos 5 (cinco) anos subsequentes ao trânsito em julgado da decisão que as certificou, o credor demonstrar que deixou de existir a situação de insuficiência de recursos que justificou a concessão de gratuidade, extinguindo-se, passado esse prazo, tais obrigações do beneficiário.

§ 4º A concessão de gratuidade não afasta o dever de o beneficiário pagar, ao final, as multas processuais que lhe sejam impostas.

§ 5º A gratuidade poderá ser concedida em relação a algum ou a todos os atos processuais, ou consistir na redução percentual de despesas processuais que o beneficiário tiver de adiantar no curso do procedimento.

§ 6º Conforme o caso, o juiz poderá conceder direito ao parcelamento de despesas processuais que o beneficiário tiver de adiantar no curso do procedimento.

§ 7º Aplica-se o disposto no art. 95, §§ 3º a 5º, ao custeio dos emolumentos previstos no § 1º, inciso IX, do presente artigo, observada a tabela e as condições da lei estadual ou distrital respectiva.

§ 8º Na hipótese do § 1º, inciso IX, havendo dúvida fundada quanto ao preenchimento atual dos pressupostos para a concessão de gratuidade, o notário ou registrador, após praticar o ato, pode requerer, ao juízo competente para decidir questões notariais ou registrais, a revogação total ou parcial do benefício ou a sua substituição pelo parcelamento de que trata o § 6º deste artigo, caso em que o beneficiário será citado para, em 15 (quinze) dias, manifestar-se sobre esse requerimento.

Art. 99. O pedido de gratuidade da justiça pode ser formulado na petição inicial, na contestação, na petição para ingresso de terceiro no processo ou em recurso.

‣ Súm. 481, STJ.

‣ OJ-SDI1 269 e 331, TST.

§ 1º Se superveniente à primeira manifestação da parte na instância, o pedido poderá ser formulado por petição simples, nos autos do próprio processo, e não suspenderá seu curso.

§ 2º O juiz somente poderá indeferir o pedido se houver nos autos elementos que evidenciem a falta dos pressupostos legais para a concessão de gratuidade, devendo, antes de indeferir o pedido, determinar à parte a comprovação do preenchimento dos referidos pressupostos.

§ 3º Presume-se verdadeira a alegação de insuficiência deduzida exclusivamente por pessoa natural.

§ 4º A assistência do requerente por advogado particular não impede a concessão de gratuidade da justiça.

§ 5º Na hipótese do § 4º, o recurso que verse exclusivamente sobre valor de honorários de sucumbência fixados em favor do advogado de beneficiário estará sujeito a preparo, salvo se o próprio advogado demonstrar que tem direito à gratuidade.

§ 6º O direito à gratuidade da justiça é pessoal, não se estendendo a litisconsorte ou a sucessor do beneficiário, salvo requerimento e deferimento expressos.

§ 7º Requerida a concessão de gratuidade da justiça em recurso, o recorrente estará dispensado de comprovar o recolhimento do preparo, incumbindo ao relator, neste caso, apreciar o requerimento e, se indeferi-lo, fixar prazo para realização do recolhimento.

Art. 100. Deferido o pedido, a parte contrária poderá oferecer impugnação na contestação, na réplica, nas contrarrazões de recurso ou, nos casos de pedido superveniente ou formulado por terceiro, por meio de petição simples, a ser apresentada no prazo de 15 (quinze) dias, nos autos do próprio processo, sem suspensão de seu curso.

Parágrafo único. Revogado o benefício, a parte arcará com as despesas processuais que tiver deixado de adiantar e pagará, em caso de má-fé, até o décuplo de seu valor a título de multa, que será revertida em benefício da Fazenda Pública estadual ou federal e poderá ser inscrita em dívida ativa.

Art. 101. Contra a decisão que indeferir a gratuidade ou a que acolher pedido de sua revogação caberá agravo de instrumento, exceto quando a questão for resolvida na sentença, contra a qual caberá apelação.

- arts. 1.009 e 1.015, CPC.

§ 1º O recorrente estará dispensado do recolhimento de custas até decisão do relator sobre a questão, preliminarmente ao julgamento do recurso.

§ 2º Confirmada a denegação ou a revogação da gratuidade, o relator ou o órgão colegiado determinará ao recorrente o recolhimento das custas processuais, no prazo de 5 (cinco) dias, sob pena de não conhecimento do recurso.

Art. 102. Sobrevindo o trânsito em julgado de decisão que revoga a gratuidade, a parte deverá efetuar o recolhimento de todas as despesas de cujo adiantamento foi dispensada, inclusive as relativas ao recurso interposto, se houver, no prazo fixado pelo juiz, sem prejuízo de aplicação das sanções previstas em lei.

Parágrafo único. Não efetuado o recolhimento, o processo será extinto sem resolução de mérito, tratando-se do autor, e, nos demais casos, não poderá ser deferida a realização de nenhum ato ou diligência requerida pela parte enquanto não efetuado o depósito.

CAPÍTULO III
DOS PROCURADORES

Art. 103. A parte será representada em juízo por advogado regularmente inscrito na Ordem dos Advogados do Brasil.

- art. 133, CF.
- art. 791, §§ 1º e 2º, CLT.
- art. 1º, I, Estatuto da OAB.
- art. 9º, Lei 9.099/1995 (Juizados Especiais Cíveis e Criminais).

Parágrafo único. É lícito à parte postular em causa própria quando tiver habilitação legal.

Art. 104. O advogado não será admitido a postular em juízo sem procuração, salvo para evitar preclusão, decadência ou prescrição, ou para praticar ato considerado urgente.

- art. 287, p.ún., CPC.
- art. 16, Lei 1.060/1950 (Assistência judiciária gratuita).
- arts. 5º, § 1º, Estatuto da OAB.
- Súm. 644, STF.

§ 1º Nas hipóteses previstas no *caput*, o advogado deverá, independentemente de caução, exibir a procuração no prazo de 15 (quinze) dias, prorrogável por igual período por despacho do juiz.

§ 2º O ato não ratificado será considerado ineficaz relativamente àquele em cujo nome foi praticado, respondendo o advogado pelas despesas e por perdas e danos.

Art. 105. A procuração geral para o foro, outorgada por instrumento público ou particular assinado pela parte, habilita o advogado a praticar todos os atos do processo, exceto receber citação, confessar, reconhecer a procedência do pedido, transigir, desistir, renunciar ao direito sobre o qual se funda a ação, receber, dar quitação, firmar compromisso e assinar declaração de hipossuficiência econômica, que devem constar de cláusula específica.

- art. 654, CC.
- Súm. 463, TST.

§ 1º A procuração pode ser assinada digitalmente, na forma da lei.

§ 2º A procuração deverá conter o nome do advogado, seu número de inscrição na Ordem dos Advogados do Brasil e endereço completo.

§ 3º Se o outorgado integrar sociedade de advogados, a procuração também deverá conter o nome dessa, seu número de registro na Ordem dos Advogados do Brasil e endereço completo.

- art. 15, Estatuto da OAB.

§ 4º Salvo disposição expressa em sentido contrário constante do próprio instrumento, a procuração outorgada na fase de conhecimento é eficaz para todas as fases do processo, inclusive para o cumprimento de sentença.

Art. 106. Quando postular em causa própria, incumbe ao advogado:

I - declarar, na petição inicial ou na contestação, o endereço, seu número de inscrição na Ordem dos Advogados do Brasil e o nome da sociedade de advogados da qual participa, para o recebimento de intimações;

- art. 77, V, CPC.

II - comunicar ao juízo qualquer mudança de endereço.

§ 1º Se o advogado descumprir o disposto no inciso I, o juiz ordenará que se supra a omissão, no prazo de 5 (cinco) dias, antes de determinar a citação do réu, sob pena de indeferimento da petição.

§ 2º Se o advogado infringir o previsto no inciso II, serão consideradas válidas as intimações enviadas por carta registrada ou meio eletrônico ao endereço constante dos autos.

Art. 107. O advogado tem direito a:

- art. 7º, Estatuto da OAB.

I - examinar, em cartório de fórum e secretaria de tribunal, mesmo sem procuração, autos de qualquer processo, independentemente da fase de tramitação, assegurados a obtenção de cópias e o registro de anotações, salvo na hipótese de segredo de justiça, nas quais apenas o advogado constituído terá acesso aos autos;

- arts. 11, p.ún., 189, CPC.

II - requerer, como procurador, vista dos autos de qualquer processo, pelo prazo de 5 (cinco) dias;

III - retirar os autos do cartório ou da secretaria, pelo prazo legal, sempre que neles lhe couber falar por determinação do juiz, nos casos previstos em lei.

§ 1º Ao receber os autos, o advogado assinará carga em livro ou documento próprio.

§ 2º Sendo o prazo comum às partes, os procuradores poderão retirar os autos somente em conjunto ou mediante prévio ajuste, por petição nos autos.

§ 3º Na hipótese do § 2º, é lícito ao procurador retirar os autos para obtenção de cópias, pelo prazo de 2 (duas) a 6 (seis) horas, independentemente de ajuste e sem prejuízo da continuidade do prazo.

§ 4º O procurador perderá no mesmo processo o direito a que se refere o § 3º se não devolver os autos tempestivamente, salvo se o prazo for prorrogado pelo juiz.

§ 5º O disposto no inciso I do *caput* deste artigo aplica-se integralmente a processos eletrônicos. *(Inserido pela Lei 13.793/2019)*

CAPÍTULO IV
DA SUCESSÃO DAS PARTES E DOS PROCURADORES

Art. 108. No curso do processo, somente é lícita a sucessão voluntária das partes nos casos expressos em lei.

Art. 109. A alienação da coisa ou do direito litigioso por ato entre vivos, a título particular, não altera a legitimidade das partes.

§ 1º O adquirente ou cessionário não poderá ingressar em juízo, sucedendo o alienante ou cedente, sem que o consinta a parte contrária.

§ 2º O adquirente ou cessionário poderá intervir no processo como assistente litisconsorcial do alienante ou cedente.

- art. 124, CPC.

§ 3º Estendem-se os efeitos da sentença proferida entre as partes originárias ao adquirente ou cessionário.

Art. 110. Ocorrendo a morte de qualquer das partes, dar-se-á a sucessão pelo seu espólio ou pelos seus sucessores, observado o disposto no art. 313, §§ 1º e 2º.

Art. 111. A parte que revogar o mandato outorgado a seu advogado constituirá, no mesmo ato, outro que assuma o patrocínio da causa.

‣ arts. 683 a 687, CC.

Parágrafo único. Não sendo constituído novo procurador no prazo de 15 (quinze) dias, observar-se-á o disposto no art. 76.

Art. 112. O advogado poderá renunciar ao mandato a qualquer tempo, provando, na forma prevista neste Código, que comunicou a renúncia ao mandante, a fim de que este nomeie sucessor.

‣ arts. 682 e 688, CC.

§ 1º Durante os 10 (dez) dias seguintes, o advogado continuará a representar o mandante, desde que necessário para lhe evitar prejuízo.

§ 2º Dispensa-se a comunicação referida no *caput* quando a procuração tiver sido outorgada a vários advogados e a parte continuar representada por outro, apesar da renúncia.

TÍTULO II
DO LITISCONSÓRCIO

Art. 113. Duas ou mais pessoas podem litigar, no mesmo processo, em conjunto, ativa ou passivamente, quando:

I - entre elas houver comunhão de direitos ou de obrigações relativamente à lide;

II - entre as causas houver conexão pelo pedido ou pela causa de pedir;

‣ art. 5º, § 5º, Lei 7.347/1985 (Ação Civil Pública).

III - ocorrer afinidade de questões por ponto comum de fato ou de direito.

§ 1º O juiz poderá limitar o litisconsórcio facultativo quanto ao número de litigantes na fase de conhecimento, na liquidação de sentença ou na execução, quando este comprometer a rápida solução do litígio ou dificultar a defesa ou o cumprimento da sentença.

§ 2º O requerimento de limitação interrompe o prazo para manifestação ou resposta, que recomeçará da intimação da decisão que o solucionar.

Art. 114. O litisconsórcio será necessário por disposição de lei ou quando, pela natureza da relação jurídica controvertida, a eficácia da sentença depender da citação de todos que devam ser litisconsortes.

Art. 115. A sentença de mérito, quando proferida sem a integração do contraditório, será:

‣ art. 5º, LV, CF.

‣ art. 9º, CPC.

I - nula, se a decisão deveria ser uniforme em relação a todos que deveriam ter integrado o processo;

II - ineficaz, nos outros casos, apenas para os que não foram citados.

Parágrafo único. Nos casos de litisconsórcio passivo necessário, o juiz determinará ao autor que requeira a citação de todos que devam ser litisconsortes, dentro do prazo que assinar, sob pena de extinção do processo.

‣ art. 94, CDC.

‣ Súm. 631 e 701, STF.

Art. 116. O litisconsórcio será unitário quando, pela natureza da relação jurídica, o juiz tiver de decidir o mérito de modo uniforme para todos os litisconsortes.

Art. 117. Os litisconsortes serão considerados, em suas relações com a parte adversa, como litigantes distintos, exceto no litisconsórcio unitário, caso em que os atos e as omissões de um não prejudicarão os outros, mas os poderão beneficiar.

Art. 118. Cada litisconsorte tem o direito de promover o andamento do processo, e todos devem ser intimados dos respectivos atos.

‣ Súm. 641, STF.

TÍTULO III
DA INTERVENÇÃO DE TERCEIROS

CAPÍTULO I
DA ASSISTÊNCIA

SEÇÃO I
DISPOSIÇÕES COMUNS

Art. 119. Pendendo causa entre 2 (duas) ou mais pessoas, o terceiro juridicamente interessado em que a sentença seja favorável a uma delas poderá intervir no processo para assisti-la.

Parágrafo único. A assistência será admitida em qualquer procedimento e em todos os graus de jurisdição, recebendo o assistente o processo no estado em que se encontre.

Art. 120. Não havendo impugnação no prazo de 15 (quinze) dias, o pedido do assistente será deferido, salvo se for caso de rejeição liminar.

Parágrafo único. Se qualquer parte alegar que falta ao requerente interesse jurídico para intervir, o juiz decidirá o incidente, sem suspensão do processo.

SEÇÃO II
DA ASSISTÊNCIA SIMPLES

Art. 121. O assistente simples atuará como auxiliar da parte principal, exercerá os mesmos poderes e sujeitar-se-á aos mesmos ônus processuais que o assistido.

Parágrafo único. Sendo revel ou, de qualquer outro modo, omisso o assistido, o assistente será considerado seu substituto processual.

Art. 122. A assistência simples não obsta a que a parte principal reconheça a procedência do pedido, desista da ação, renuncie ao direito sobre o que se funda a ação ou transija sobre direitos controvertidos.

Art. 123. Transitada em julgado a sentença no processo em que interveio o assistente, este não poderá, em processo posterior, discutir a justiça da decisão, salvo se alegar e provar que:

I - pelo estado em que recebeu o processo ou pelas declarações e pelos atos do assistido, foi impedido de produzir provas suscetíveis de influir na sentença;

II - desconhecia a existência de alegações ou de provas das quais o assistido, por dolo ou culpa, não se valeu.

SEÇÃO III
DA ASSISTÊNCIA LITISCONSORCIAL

Art. 124. Considera-se litisconsorte da parte principal o assistente sempre que a sentença influir na relação jurídica entre ele e o adversário do assistido.

‣ arts. 113 a 118, CPC.

CAPÍTULO II
DA DENUNCIAÇÃO DA LIDE

Art. 125. É admissível a denunciação da lide, promovida por qualquer das partes:

I - ao alienante imediato, no processo relativo à coisa cujo domínio foi transferido ao denunciante, a fim de que possa exercer os direitos que da evicção lhe resultam;

II - àquele que estiver obrigado, por lei ou pelo contrato, a indenizar, em ação regressiva, o prejuízo de quem for vencido no processo.

‣ Súm. 188, STF.

§ 1º O direito regressivo será exercido por ação autônoma quando a denunciação da lide for indeferida, deixar de ser promovida ou não for permitida.

§ 2º Admite-se uma única denunciação sucessiva, promovida pelo denunciado, contra seu antecessor imediato na cadeia dominial ou quem seja responsável por indenizá-lo, não podendo o denunciado sucessivo promover nova denunciação, hipótese em que eventual direito de regresso será exercido por ação autônoma.

Art. 126. A citação do denunciado será requerida na petição inicial, se o denunciante for autor, ou na contestação, se o denunciante for réu, devendo ser realizada na forma e nos prazos previstos no art. 131.

Art. 127. Feita a denunciação pelo autor, o denunciado poderá assumir a posição de litisconsorte do denunciante e acrescentar novos argumentos à petição inicial, procedendo-se em seguida à citação do réu.

‣ arts. 113 a 118, CPC.

Art. 128. Feita a denunciação pelo réu:

I - se o denunciado contestar o pedido formulado pelo autor, o processo prosseguirá tendo, na ação principal, em litisconsórcio, denunciante e denunciado;

II - se o denunciado for revel, o denunciante pode deixar de prosseguir com sua defesa, eventualmente oferecida, e abster-se de recorrer, restringindo sua atuação à ação regressiva;

III - se o denunciado confessar os fatos alegados pelo autor na ação principal, o denunciante poderá prosseguir com sua defesa ou, aderindo a tal reconhecimento, pedir apenas a procedência da ação de regresso.

Parágrafo único. Procedente o pedido da ação principal, pode o autor, se for o caso, requerer o cumprimento da sentença também contra o denunciado, nos limites da condenação deste na ação regressiva.

Art. 129. Se o denunciante for vencido na ação principal, o juiz passará ao julgamento da denunciação da lide.

Parágrafo único. Se o denunciante for vencedor, a ação de denunciação não terá o seu pedido examinado, sem prejuízo da condenação do denunciante ao pagamento das verbas de sucumbência em favor do denunciado.

‣ Súm. 537, STJ.

CAPÍTULO III
DO CHAMAMENTO AO PROCESSO

Art. 130. É admissível o chamamento ao processo, requerido pelo réu:

I - do afiançado, na ação em que o fiador for réu;

II - dos demais fiadores, na ação proposta contra um ou alguns deles;

III - dos demais devedores solidários, quando o credor exigir de um ou de alguns o pagamento da dívida comum.

Art. 131. A citação daqueles que devam figurar em litisconsórcio passivo será requerida pelo réu na contestação e deve ser promovida no prazo de 30 (trinta) dias, sob pena de ficar sem efeito o chamamento.

‣ arts. 113 a 118 e 126, CPC.

Parágrafo único. Se o chamado residir em outra comarca, seção ou subseção judiciárias, ou em lugar incerto, o prazo será de 2 (dois) meses.

Art. 132. A sentença de procedência valerá como título executivo em favor do réu que satisfizer a dívida, a fim de que possa exigi-la, por inteiro, do devedor principal, ou, de cada um dos codevedores, a sua quota, na proporção que lhes tocar.

CAPÍTULO IV
DO INCIDENTE DE DESCONSIDERAÇÃO DA PERSONALIDADE JURÍDICA

Art. 133. O incidente de desconsideração da personalidade jurídica será instaurado a pedido da parte ou do Ministério Público, quando lhe couber intervir no processo.

‣ art. 1.062, CPC.
‣ art. 50, CC.
‣ art. 28, CDC.
‣ art. 135, CTN.
‣ art. 855-A, CLT.
‣ art. 82-A, p.u., Lei 11.101/2005 (Lei de Falências).

§ 1º O pedido de desconsideração da personalidade jurídica observará os pressupostos previstos em lei.

§ 2º Aplica-se o disposto neste Capítulo à hipótese de desconsideração inversa da personalidade jurídica.

Art. 134. O incidente de desconsideração é cabível em todas as fases do processo de conhecimento, no cumprimento de sentença e na execução fundada em título executivo extrajudicial.

§ 1º A instauração do incidente será imediatamente comunicada ao distribuidor para as anotações devidas.

§ 2º Dispensa-se a instauração do incidente se a desconsideração da personalidade jurídica for requerida na petição inicial, hipótese em que será citado o sócio ou a pessoa jurídica.

§ 3º A instauração do incidente suspenderá o processo, salvo na hipótese do § 2º.

§ 4º O requerimento deve demonstrar o preenchimento dos pressupostos legais específicos para desconsideração da personalidade jurídica.

Art. 135. Instaurado o incidente, o sócio ou a pessoa jurídica será citado para manifestar-se e requerer as provas cabíveis no prazo de 15 (quinze) dias.

Art. 136. Concluída a instrução, se necessária, o incidente será resolvido por decisão interlocutória.

Parágrafo único. Se a decisão for proferida pelo relator, cabe agravo interno.

‣ art. 1.015, IV, CPC.
‣ Res. 587/2016, STF.

Art. 137. Acolhido o pedido de desconsideração, a alienação ou a oneração de bens, havida em fraude de execução, será ineficaz em relação ao requerente.

CAPÍTULO V
DO AMICUS CURIAE

Art. 138. O juiz ou o relator, considerando a relevância da matéria, a especificidade do tema objeto da demanda ou a repercussão social da controvérsia, poderá, por decisão irrecorrível, de ofício ou a requerimento das partes ou de quem pretenda manifestar-se, solicitar ou admitir a participação de pessoa natural ou jurídica, órgão ou entidade especializada, com representatividade adequada, no prazo de 15 (quinze) dias de sua intimação.

§ 1º A intervenção de que trata o *caput* não implica alteração de competência nem autoriza a interposição de recursos, ressalvadas a oposição de embargos de declaração e a hipótese do § 3º.

§ 2º Caberá ao juiz ou ao relator, na decisão que solicitar ou admitir a intervenção, definir os poderes do *amicus curiae*.

§ 3º O *amicus curiae* pode recorrer da decisão que julgar o incidente de resolução de demandas repetitivas.

TÍTULO IV
DO JUIZ E DOS AUXILIARES DA JUSTIÇA

CAPÍTULO I
DOS PODERES, DOS DEVERES E DA RESPONSABILIDADE DO JUIZ

Art. 139. O juiz dirigirá o processo conforme as disposições deste Código, incumbindo-lhe:

I - assegurar às partes igualdade de tratamento;

‣ art. 7º, CPC.

II - velar pela duração razoável do processo;

‣ art. 5º, LXXVIII, CF.
‣ art. 35, II e III, LC 35/1979 (Lei Orgânica da Magistratura Nacional).

III - prevenir ou reprimir qualquer ato contrário à dignidade da justiça e indeferir postulações meramente protelatórias;

IV - determinar todas as medidas indutivas, coercitivas, mandamentais ou sub-rogatórias necessárias para assegurar o cumprimento de ordem judicial, inclusive nas ações que tenham por objeto prestação pecuniária;

V - promover, a qualquer tempo, a autocomposição, preferencialmente com auxílio de conciliadores e mediadores judiciais;

VI - dilatar os prazos processuais e alterar a ordem de produção dos meios de prova, adequando-os às necessidades do conflito de modo a conferir maior efetividade à tutela do direito;

VII - exercer o poder de polícia, requisitando, quando necessário, força policial, além da segurança interna dos fóruns e tribunais;

VIII - determinar, a qualquer tempo, o comparecimento pessoal das partes, para inquiri-las sobre os fatos da causa, hipótese em que não incidirá a pena de confesso;

IX - determinar o suprimento de pressupostos processuais e o saneamento de outros vícios processuais;

X - quando se deparar com diversas demandas individuais repetitivas, oficiar o Ministério Público, a Defensoria Pública e, na medida do possível, outros legitimados a que se referem o art. 5º da Lei n. 7.347, de 24 de julho de 1985, e o art. 82 da Lei n. 8.078, de 11 de setembro de 1990, para, se for o caso, promover a propositura da ação coletiva respectiva.

Parágrafo único. A dilação de prazos prevista no inciso VI somente pode ser determinada antes de encerrado o prazo regular.

Art. 140. O juiz não se exime de decidir sob a alegação de lacuna ou obscuridade do ordenamento jurídico.

‣ art. 4º, LINDB.

Parágrafo único. O juiz só decidirá por equidade nos casos previstos em lei.

Art. 141. O juiz decidirá o mérito nos limites propostos pelas partes, sendo-lhe vedado conhecer de questões não suscitadas a cujo respeito a lei exige iniciativa da parte.

‣ arts. 2º e 492, CPC.

Art. 142. Convencendo-se, pelas circunstâncias, de que autor e réu se serviram do processo para praticar ato simulado ou conseguir fim vedado por lei, o juiz proferirá decisão que impeça os objetivos das partes, aplicando, de ofício, as penalidades da litigância de má-fé.

Art. 143. O juiz responderá, civil e regressivamente, por perdas e danos quando:

‣ art. 37, § 6º, CF.

I - no exercício de suas funções, proceder com dolo ou fraude;

II - recusar, omitir ou retardar, sem justo motivo, providência que deva ordenar de ofício ou a requerimento da parte.

Parágrafo único. As hipóteses previstas no inciso II somente serão verificadas depois que a parte requerer ao juiz que determine a providência e o requerimento não for apreciado no prazo de 10 (dez) dias.

CAPÍTULO II
DOS IMPEDIMENTOS E DA SUSPEIÇÃO

Art. 144. Há impedimento do juiz, sendo-lhe vedado exercer suas funções no processo:

I - em que interveio como mandatário da parte, oficiou como perito, funcionou como membro do Ministério Público ou prestou depoimento como testemunha;

II - de que conheceu em outro grau de jurisdição, tendo proferido decisão;

- art. 277, p.ún., RISTF.
- Súm. 252, STF.

III - quando nele estiver postulando, como defensor público, advogado ou membro do Ministério Público, seu cônjuge ou companheiro, ou qualquer parente, consanguíneo ou afim, em linha reta ou colateral, até o terceiro grau, inclusive;

IV - quando for parte no processo ele próprio, seu cônjuge ou companheiro, ou parente, consanguíneo ou afim, em linha reta ou colateral, até o terceiro grau, inclusive;

V - quando for sócio ou membro de direção ou de administração de pessoa jurídica parte no processo;

VI - quando for herdeiro presuntivo, donatário ou empregador de qualquer das partes;

VII - em que figure como parte instituição de ensino com a qual tenha relação de emprego ou decorrente de contrato de prestação de serviços;

VIII - em que figure como parte cliente do escritório de advocacia de seu cônjuge, companheiro ou parente, consanguíneo ou afim, em linha reta ou colateral, até o terceiro grau, inclusive, mesmo que patrocinado por advogado de outro escritório;

IX - quando promover ação contra a parte ou seu advogado.

§ 1º Na hipótese do inciso III, o impedimento só se verifica quando o defensor público, o advogado ou o membro do Ministério Público já integrava o processo antes do início da atividade judicante do juiz.

§ 2º É vedada a criação de fato superveniente a fim de caracterizar impedimento do juiz.

§ 3º O impedimento previsto no inciso III também se verifica no caso de mandato conferido a membro de escritório de advocacia que tenha em seus quadros advogado que individualmente ostente a condição nele prevista, mesmo que não intervenha diretamente no processo.

Art. 145. Há suspeição do juiz:

I - amigo íntimo ou inimigo de qualquer das partes ou de seus advogados;

II - que receber presentes de pessoas que tiverem interesse na causa antes ou depois de iniciado o processo, que aconselhar alguma das partes acerca do objeto da causa ou que subministrar meios para atender às despesas do litígio;

III - quando qualquer das partes for sua credora ou devedora, de seu cônjuge ou companheiro ou de parentes destes, em linha reta até o terceiro grau, inclusive;

IV - interessado no julgamento do processo em favor de qualquer das partes.

§ 1º Poderá o juiz declarar-se suspeito por motivo de foro íntimo, sem necessidade de declarar suas razões.

- art. 93, IX, CF.

§ 2º Será ilegítima a alegação de suspeição quando:

I - houver sido provocada por quem a alega;

II - a parte que a alega houver praticado ato que signifique manifesta aceitação do arguido.

Art. 146. No prazo de 15 (quinze) dias, a contar do conhecimento do fato, a parte alegará o impedimento ou a suspeição, em petição específica dirigida ao juiz do processo, na qual indicará o fundamento da recusa, podendo instruí-la com documentos em que se fundar a alegação e com rol de testemunhas.

§ 1º Se reconhecer o impedimento ou a suspeição ao receber a petição, o juiz ordenará imediatamente a remessa dos autos a seu substituto legal, caso contrário, determinará a autuação em apartado da petição e, no prazo de 15 (quinze) dias, apresentará suas razões, acompanhadas de documentos e de rol de testemunhas, se houver, ordenando a remessa do incidente ao tribunal.

§ 2º Distribuído o incidente, o relator deverá declarar os seus efeitos, sendo que, se o incidente for recebido:

I - sem efeito suspensivo, o processo voltará a correr;

II - com efeito suspensivo, o processo permanecerá suspenso até o julgamento do incidente.

§ 3º Enquanto não for declarado o efeito em que é recebido o incidente ou quando este for recebido com efeito suspensivo, a tutela de urgência será requerida ao substituto legal.

§ 4º Verificando que a alegação de impedimento ou de suspeição é improcedente, o tribunal rejeitá-la-á.

§ 5º Acolhida a alegação, tratando-se de impedimento ou de manifesta suspeição, o tribunal condenará o juiz nas custas e remeterá os autos ao seu substituto legal, podendo o juiz recorrer da decisão.

§ 6º Reconhecido o impedimento ou a suspeição, o tribunal fixará o momento a partir do qual o juiz não poderia ter atuado.

§ 7º O tribunal decretará a nulidade dos atos do juiz, se praticados quando já presente o motivo de impedimento ou de suspeição.

Art. 147. Quando 2 (dois) ou mais juízes forem parentes, consanguíneos ou afins, em linha reta ou colateral, até o terceiro grau, inclusive, o primeiro que conhecer do processo impede que o outro nele atue, caso em que o segundo se escusará, remetendo os autos ao seu substituto legal.

Art. 148. Aplicam-se os motivos de impedimento e de suspeição:

I - ao membro do Ministério Público;

- art. 127 e ss., CF.
- Lei 8.625/1993 (Lei Orgânica do Ministério Público).
- LC 75/1993 (Estatuto do Ministério Público da União).

II - aos auxiliares da justiça;

- art. 9º, Prov. nº 67/2018, CNJ.

III - aos demais sujeitos imparciais do processo.

§ 1º A parte interessada deverá arguir o impedimento ou a suspeição, em petição fundamentada e devidamente instruída, na primeira oportunidade em que lhe couber falar nos autos.

§ 2º O juiz mandará processar o incidente em separado e sem suspensão do processo, ouvindo o arguido no prazo de 15 (quinze) dias e facultando a produção de prova, quando necessária.

§ 3º Nos tribunais, a arguição a que se refere o § 1º será disciplinada pelo regimento interno.

§ 4º O disposto nos §§ 1º e 2º não se aplica à arguição de impedimento ou de suspeição de testemunha.

CAPÍTULO III
DOS AUXILIARES DA JUSTIÇA

Art. 149. São auxiliares da Justiça, além de outros cujas atribuições sejam determinadas pelas normas de organização judiciária, o escrivão, o chefe de secretaria, o oficial de justiça, o perito, o depositário, o administrador, o intérprete, o tradutor, o mediador, o conciliador judicial, o partidor, o distribuidor, o contabilista e o regulador de avarias.

SEÇÃO I
DO ESCRIVÃO, DO CHEFE DE SECRETARIA E DO OFICIAL DE JUSTIÇA

Art. 150. Em cada juízo haverá um ou mais ofícios de justiça, cujas atribuições serão determinadas pelas normas de organização judiciária.

Art. 151. Em cada comarca, seção ou subseção judiciária haverá, no mínimo, tantos oficiais de justiça quantos sejam os juízos.

Art. 152. Incumbe ao escrivão ou ao chefe de secretaria:

I - redigir, na forma legal, os ofícios, os mandados, as cartas precatórias e os demais atos que pertençam ao seu ofício;

II - efetivar as ordens judiciais, realizar citações e intimações, bem como praticar todos os demais atos que lhe forem atribuídos pelas normas de organização judiciária;

III - comparecer às audiências ou, não podendo fazê-lo, designar servidor para substituí-lo;

IV - manter sob sua guarda e responsabilidade os autos, não permitindo que saiam do cartório, exceto:

a) quando tenham de seguir à conclusão do juiz;

b) com vista a procurador, à Defensoria Pública, ao Ministério Público ou à Fazenda Pública;

› art. 7º, XV e XVI, Estatuto da OAB.

c) quando devam ser remetidos ao contabilista ou ao partidor;

d) quando forem remetidos a outro juízo em razão da modificação da competência;

V - fornecer certidão de qualquer ato ou termo do processo, independentemente de despacho, observadas as disposições referentes ao segredo de justiça;

VI - praticar, de ofício, os atos meramente ordinatórios.

§ 1º O juiz titular editará ato a fim de regulamentar a atribuição prevista no inciso VI.

§ 2º No impedimento do escrivão ou chefe de secretaria, o juiz convocará substituto e, não o havendo, nomeará pessoa idônea para o ato.

Art. 153. O escrivão ou o chefe de secretaria atenderá, preferencialmente, à ordem cronológica de recebimento para publicação e efetivação dos pronunciamentos judiciais. (Alterado pela Lei 13.256/2016)

› art. 1.046, § 5º, CPC.

§ 1º A lista de processos recebidos deverá ser disponibilizada, de forma permanente, para consulta pública.

§ 2º Estão excluídos da regra do *caput*:

I - os atos urgentes, assim reconhecidos pelo juiz no pronunciamento judicial a ser efetivado;

II - as preferências legais.

§ 3º Após elaboração de lista própria, respeitar-se-ão a ordem cronológica de recebimento entre os atos urgentes e as preferências legais.

§ 4º A parte que se considerar preterida na ordem cronológica poderá reclamar, nos próprios autos, ao juiz do processo, que requisitará informações ao servidor, a serem prestadas no prazo de 2 (dois) dias.

§ 5º Constatada a preterição, o juiz determinará o imediato cumprimento do ato e a instauração de processo administrativo disciplinar contra o servidor.

Art. 154. Incumbe ao oficial de justiça:

I - fazer pessoalmente citações, prisões, penhoras, arrestos e demais diligências próprias do seu ofício, sempre que possível na presença de 2 (duas) testemunhas, certificando no mandado o ocorrido, com menção ao lugar, ao dia e à hora;

II - executar as ordens do juiz a que estiver subordinado;

III - entregar o mandado em cartório após seu cumprimento;

IV - auxiliar o juiz na manutenção da ordem;

V - efetuar avaliações, quando for o caso;

VI - certificar, em mandado, proposta de autocomposição apresentada por qualquer das partes, na ocasião de realização de ato de comunicação que lhe couber.

Parágrafo único. Certificada a proposta de autocomposição prevista no inciso VI, o juiz ordenará a intimação da parte contrária para manifestar-se, no prazo de 5 (cinco) dias, sem prejuízo do andamento regular do processo, entendendo-se o silêncio como recusa.

Art. 155. O escrivão, o chefe de secretaria e o oficial de justiça são responsáveis, civil e regressivamente, quando:

› art. 37, § 6º, CF.

I - sem justo motivo, se recusarem a cumprir no prazo os atos impostos pela lei ou pelo juiz a que estão subordinados;

II - praticarem ato nulo com dolo ou culpa.

SEÇÃO II
DO PERITO

Art. 156. O juiz será assistido por perito quando a prova do fato depender de conhecimento técnico ou científico.

§ 1º Os peritos serão nomeados entre os profissionais legalmente habilitados e os órgãos técnicos ou científicos devidamente inscritos em cadastro mantido pelo tribunal ao qual o juiz está vinculado.

§ 2º Para formação do cadastro, os tribunais devem realizar consulta pública, por meio de divulgação na rede mundial de computadores ou em jornais de grande circulação, além de consulta direta a universidades, a conselhos de classe, ao Ministério Público, à Defensoria Pública e à Ordem dos Advogados do Brasil, para a indicação de profissionais ou de órgãos técnicos interessados.

§ 3º Os tribunais realizarão avaliações e reavaliações periódicas para manutenção do cadastro, considerando a formação profissional, a atualização do conhecimento e a experiência dos peritos interessados.

§ 4º Para verificação de eventual impedimento ou motivo de suspeição, nos termos dos arts. 148 e 467, o órgão técnico ou científico nomeado para realização da perícia informará ao juiz os nomes e os dados de qualificação dos profissionais que participarão da atividade.

§ 5º Na localidade onde não houver inscrito no cadastro disponibilizado pelo tribunal, a nomeação do perito é de livre escolha pelo juiz e deverá recair sobre profissional ou órgão técnico ou científico comprovadamente detentor do conhecimento necessário à realização da perícia.

Art. 157. O perito tem o dever de cumprir o ofício no prazo que lhe designar o juiz, empregando toda sua diligência, podendo escusar-se do encargo alegando motivo legítimo.

§ 1º A escusa será apresentada no prazo de 15 (quinze) dias, contado da intimação, da suspeição ou do impedimento supervenientes, sob pena de renúncia ao direito a alegá-la.

§ 2º Será organizada lista de peritos na vara ou na secretaria, com disponibilização dos documentos exigidos para habilitação à consulta de interessados, para que a nomeação seja distribuída de modo equitativo, observadas a capacidade técnica e a área de conhecimento.

Art. 158. O perito que, por dolo ou culpa, prestar informações inverídicas responderá pelos prejuízos que causar à parte e ficará inabilitado para atuar em outras perícias no prazo de 2 (dois) a 5 (cinco) anos, independentemente das demais sanções previstas em lei, devendo o juiz comunicar o fato ao respectivo órgão de classe para adoção das medidas que entender cabíveis.

SEÇÃO III
DO DEPOSITÁRIO E DO ADMINISTRADOR

Art. 159. A guarda e a conservação de bens penhorados, arrestados, sequestrados ou arrecadados serão confiadas a depositário ou a administrador, não dispondo a lei de outro modo.

Art. 160. Por seu trabalho o depositário ou o administrador perceberá remuneração que o juiz fixará levando em conta a situação dos bens, ao tempo do serviço e às dificuldades de sua execução.

Parágrafo único. O juiz poderá nomear um ou mais prepostos por indicação do depositário ou do administrador.

Art. 161. O depositário ou o administrador responde pelos prejuízos que, por dolo ou culpa, causar à parte, perdendo a remuneração que lhe foi arbitrada, mas tem o direito a haver o que legitimamente despendeu no exercício do encargo.

› art. 168, § 1º, II, CP.

Parágrafo único. O depositário infiel responde civilmente pelos prejuízos causados, sem prejuízo de sua responsabilidade penal e da imposição de sanção por ato atentatório à dignidade da justiça.

› Súm. Vinc. 25, STF.

› Pacto de São José da Costa Rica.

SEÇÃO IV
DO INTÉRPRETE E DO TRADUTOR

Art. 162. O juiz nomeará intérprete ou tradutor quando necessário para:

I - traduzir documento redigido em língua estrangeira;

II - verter para o português as declarações das partes e das testemunhas que não conhecerem o idioma nacional;

III - realizar a interpretação simultânea dos depoimentos das partes e testemunhas com deficiência auditiva que se comuniquem por meio da Língua Brasileira de Sinais, ou equivalente, quando assim for solicitado.

Art. 163. Não pode ser intérprete ou tradutor quem:

I - não tiver a livre administração de seus bens;

II - for arrolado como testemunha ou atuar como perito no processo;

III - estiver inabilitado para o exercício da profissão por sentença penal condenatória, enquanto durarem seus efeitos.

› art. 47, II, CP.

Art. 164. O intérprete ou tradutor, oficial ou não, é obrigado a desempenhar seu ofício, aplicando-se-lhe o disposto nos arts. 157 e 158.

SEÇÃO V
DOS CONCILIADORES E MEDIADORES JUDICIAIS

› Lei 13.140/2015 (Mediação e autocomposição).
› Res. 125/2013, CNJ.

Art. 165. Os tribunais criarão centros judiciários de solução consensual de conflitos, responsáveis pela realização de sessões e audiências de conciliação e mediação e pelo desenvolvimento de programas destinados a auxiliar, orientar e estimular a autocomposição.

› arts. 139, V, 334, §1º, e 694, CPC.

§ 1º A composição e a organização dos centros serão definidas pelo respectivo tribunal, observadas as normas do Conselho Nacional de Justiça.

§ 2º O conciliador, que atuará preferencialmente nos casos em que não houver vínculo anterior entre as partes, poderá sugerir soluções para o litígio, sendo vedada a utilização de qualquer tipo de constrangimento ou intimidação para que as partes conciliem.

§ 3º O mediador, que atuará preferencialmente nos casos em que houver vínculo anterior entre as partes, auxiliará aos interessados a compreender as questões e os interesses em conflito, de modo que eles possam, pelo restabelecimento da comunicação, identificar, por si próprios, soluções consensuais que gerem benefícios mútuos.

Art. 166. A conciliação e a mediação são informadas pelos princípios da independência, da imparcialidade, da autonomia da vontade, da confidencialidade, da oralidade, da informalidade e da decisão informada.

› art. 7º, Prov. nº 67/2018, CNJ.

§ 1º A confidencialidade estende-se a todas as informações produzidas no curso do procedimento, cujo teor não poderá ser utilizado para fim diverso daquele previsto por expressa deliberação das partes.

§ 2º Em razão do dever de sigilo, inerente às suas funções, o conciliador e o mediador, assim como os membros de suas equipes, não poderão divulgar ou depor acerca de fatos ou elementos oriundos da conciliação ou da mediação.

§ 3º Admite-se a aplicação de técnicas negociais, com o objetivo de proporcionar ambiente favorável à autocomposição.

§ 4º A mediação e a conciliação serão regidas conforme a livre autonomia dos interessados, inclusive no que diz respeito à definição das regras procedimentais.

Art. 167. Os conciliadores, os mediadores e as câmaras privadas de conciliação e mediação serão inscritos em cadastro nacional e em cadastro de tribunal de justiça ou de tribunal regional federal, que manterá registro de profissionais habilitados, com indicação de sua área profissional.

§ 1º Preenchendo o requisito da capacitação mínima, por meio de curso realizado por entidade credenciada, conforme parâmetro curricular definido pelo Conselho Nacional de Justiça em conjunto com o Ministério da Justiça, o conciliador ou o mediador, com o respectivo certificado, poderá requerer sua inscrição no cadastro nacional e no cadastro de tribunal de justiça ou de tribunal regional federal.

§ 2º Efetivado o registro, que poderá ser precedido de concurso público, o tribunal remeterá ao diretor do foro da comarca, seção ou subseção judiciária onde atuará o conciliador ou o mediador os dados necessários para que seu nome passe a constar da respectiva lista, a ser observada na distribuição alternada e aleatória, respeitado o princípio da igualdade dentro da mesma área de atuação profissional.

§ 3º Do credenciamento das câmaras e do cadastro de conciliadores e mediadores constarão todos os dados relevantes para a sua atuação, tais como o número de processos de que participou, o sucesso ou insucesso da atividade, a matéria sobre a qual versou a controvérsia, bem como outros dados que o tribunal julgar relevantes.

§ 4º Os dados colhidos na forma do § 3º serão classificados sistematicamente pelo tribunal, que os publicará, ao menos anualmente, para conhecimento da população e para fins estatísticos e de avaliação da conciliação, da mediação, das câmaras privadas de conciliação e de mediação, dos conciliadores e dos mediadores.

§ 5º Os conciliadores e mediadores judiciais cadastrados na forma do *caput*, se advogados, estarão impedidos de exercer a advocacia nos juízos em que desempenhem suas funções.

› art. 9º, Prov. nº 67/2018, CNJ.

§ 6º O tribunal poderá optar pela criação de quadro próprio de conciliadores e mediadores, a ser preenchido por concurso público de provas e títulos, observadas as disposições deste Capítulo.

Art. 168. As partes podem escolher, de comum acordo, o conciliador, o mediador ou a câmara privada de conciliação e de mediação.

§ 1º O conciliador ou mediador escolhido pelas partes poderá ou não estar cadastrado no tribunal.

§ 2º Inexistindo acordo quanto à escolha do mediador ou conciliador, haverá distribuição entre aqueles cadastrados no registro do tribunal, observada a respectiva formação.

§ 3º Sempre que recomendável, haverá a designação de mais de um mediador ou conciliador.

Art. 169. Ressalvada a hipótese do art. 167, § 6º, o conciliador e o mediador receberão pelo seu trabalho remuneração prevista em tabela fixada pelo tribunal, conforme parâmetros estabelecidos pelo Conselho Nacional de Justiça.

§ 1º A mediação e a conciliação podem ser realizadas como trabalho voluntário, observada a legislação pertinente e a regulamentação do tribunal.

§ 2º Os tribunais determinarão o percentual de audiências não remuneradas que deverão ser suportadas pelas câmaras privadas de conciliação e mediação, com o fim de atender aos processos em que deferida gratuidade da justiça, como contrapartida de seu credenciamento.

› art. 39, Prov. nº 67/2018, CNJ.

Art. 170. No caso de impedimento, o conciliador ou mediador o comunicará imediatamente, de preferência por meio eletrônico, e devolverá os autos ao juiz do processo ou ao coordenador do centro judiciário de solução de conflitos, devendo este realizar nova distribuição.

› art. 148, III, CPC.

Parágrafo único. Se a causa de impedimento for apurada quando já iniciado o procedimento, a atividade será interrompida, lavrando-se ata com relatório do ocorrido e solicitação de distribuição para novo conciliador ou mediador.

Art. 171. No caso de impossibilidade temporária do exercício da função, o conciliador ou mediador informará o fato ao centro, preferencialmente por meio eletrônico, para que, durante o período em que perdurar a impossibilidade, não haja novas distribuições.

Art. 172. O conciliador e o mediador ficam impedidos, pelo prazo de 1 (um) ano, contado do término da última audiência em que atuaram, de assessorar, representar ou patrocinar qualquer das partes.

› art. 167, § 5º, CPC.
› art. 9º, Prov. nº 67/2018, CNJ.

Art. 173. Será excluído do cadastro de conciliadores e mediadores aquele que:

› art. 9º, Prov. nº 67/2018, CNJ.

I - agir com dolo ou culpa na condução da conciliação ou da mediação sob sua responsabilidade ou violar qualquer dos deveres decorrentes do art. 166, §§ 1º e 2º;

II - atuar em procedimento de mediação ou conciliação, apesar de impedido ou suspeito.

§ 1º Os casos previstos neste artigo serão apurados em processo administrativo.

§ 2º O juiz do processo ou o juiz coordenador do centro de conciliação e mediação, se houver, verificando atuação inadequada do mediador ou conciliador, poderá afastá-lo de suas atividades por até 180 (cento e oitenta) dias, por decisão fundamentada, informando o fato imediatamente ao tribunal para instauração do respectivo processo administrativo.

Art. 174. A União, os Estados, o Distrito Federal e os Municípios criarão câmaras de mediação e conciliação, com atribuições relacionadas à solução consensual de conflitos no âmbito administrativo, tais como:

I - dirimir conflitos envolvendo órgãos e entidades da administração pública;

II - avaliar a admissibilidade dos pedidos de resolução de conflitos, por meio de conciliação, no âmbito da administração pública;

III - promover, quando couber, a celebração de termo de ajustamento de conduta.

Art. 175. As disposições desta Seção não excluem outras formas de conciliação e mediação extrajudiciais vinculadas a órgãos institucionais ou realizadas por intermédio de profissionais independentes, que poderão ser regulamentadas por lei específica.

Parágrafo único. Os dispositivos desta Seção aplicam-se, no que couber, às câmaras privadas de conciliação e mediação.

TÍTULO V
DO MINISTÉRIO PÚBLICO

- art. 127 e ss., CF.
- Lei 8.625/1993 (Lei Orgânica do Ministério Público).
- LC 75/1993 (Estatuto do Ministério Público da União).

Art. 176. O Ministério Público atuará na defesa da ordem jurídica, do regime democrático e dos interesses e direitos sociais e individuais indisponíveis.

- art. 82, p.ún., I, CDC.

Art. 177. O Ministério Público exercerá o direito de ação em conformidade com suas atribuições constitucionais.

- art. 129, CF.

Art. 178. O Ministério Público será intimado para, no prazo de 30 (trinta) dias, intervir como fiscal da ordem jurídica nas hipóteses previstas em lei ou na Constituição Federal e nos processos que envolvam:

- art. 6º, § 4º, Lei 4.717/1964 (Ação Popular).
- art. 279, CPC.
- Súm. 189, STJ.

I - interesse público ou social;

II - interesse de incapaz;

III - litígios coletivos pela posse de terra rural ou urbana.

Parágrafo único. A participação da Fazenda Pública não configura, por si só, hipótese de intervenção do Ministério Público.

Art. 179. Nos casos de intervenção como fiscal da ordem jurídica, o Ministério Público:

- Súm. 99, STJ.

I - terá vista dos autos depois das partes, sendo intimado de todos os atos do processo;

II - poderá produzir provas, requerer as medidas processuais pertinentes e recorrer.

- art. 1.047, CPC.

Art. 180. O Ministério Público gozará de prazo em dobro para manifestar-se nos autos, que terá início a partir de sua intimação pessoal, nos termos do art. 183, § 1º.

- Súm. 116, STJ.

§ 1º Findo o prazo para manifestação do Ministério Público sem o oferecimento de parecer, o juiz requisitará os autos e dará andamento ao processo.

§ 2º Não se aplica o benefício da contagem em dobro quando a lei estabelecer, de forma expressa, prazo próprio para o Ministério Público.

Art. 181. O membro do Ministério Público será civil e regressivamente responsável quando agir com dolo ou fraude no exercício de suas funções.

- art. 37, § 6º, CF.

TÍTULO VI
DA ADVOCACIA PÚBLICA

- arts. 131 e 132, CF.
- LC 73/1993 (Lei Orgânica da Advocacia-Geral da União).
- Lei 9.028/1995 (Atribuições da Advocacia-Geral da União).

Art. 182. Incumbe à Advocacia Pública, na forma da lei, defender e promover os interesses públicos da União, dos Estados, do Distrito Federal e dos Municípios, por meio da representação judicial, em todos os âmbitos federativos, das pessoas jurídicas de direito público que integram a administração direta e indireta.

Art. 183. A União, os Estados, o Distrito Federal, os Municípios e suas respectivas autarquias e fundações de direito público gozarão de prazo em dobro para todas as suas manifestações processuais, cuja contagem terá início a partir da intimação pessoal.

- Súm. 116, STJ.

§ 1º A intimação pessoal far-se-á por carga, remessa ou meio eletrônico.

§ 2º Não se aplica o benefício da contagem em dobro quando a lei estabelecer, de forma expressa, prazo próprio para o ente público.

Art. 184. O membro da Advocacia Pública será civil e regressivamente responsável quando agir com dolo ou fraude no exercício de suas funções.

- art. 37, § 6º, CF.

TÍTULO VII
DA DEFENSORIA PÚBLICA

Art. 185. A Defensoria Pública exercerá a orientação jurídica, a promoção dos direitos humanos e a defesa dos direitos individuais e coletivos dos necessitados, em todos os graus, de forma integral e gratuita.

- arts. 134, 135, CF.
- LC 80/1994 (Lei Orgânica da Defensoria Pública).
- Súm. 421, STJ.

Art. 186. A Defensoria Pública gozará de prazo em dobro para todas as suas manifestações processuais.

- arts. 44, I, 89, I, 128, I, LC 80/1994 (Lei Orgânica da Defensoria Pública).

§ 1º O prazo tem início com a intimação pessoal do defensor público, nos termos do art. 183, § 1º.

§ 2º A requerimento da Defensoria Pública, o juiz determinará a intimação pessoal da parte patrocinada quando o ato processual depender de providência ou informação que somente por ela possa ser realizada ou prestada.

§ 3º O disposto no *caput* aplica-se aos escritórios de prática jurídica das faculdades de Direito reconhecidas na forma da lei e às entidades que prestam assistência jurídica gratuita em razão de convênios firmados com a Defensoria Pública.

§ 4º Não se aplica o benefício da contagem em dobro quando a lei estabelecer, de forma expressa, prazo próprio para a Defensoria Pública.

Art. 187. O membro da Defensoria Pública será civil e regressivamente responsável quando agir com dolo ou fraude no exercício de suas funções.

- art. 37, § 6º, CF.

LIVRO IV
DOS ATOS PROCESSUAIS

TÍTULO I
DA FORMA, DO TEMPO E DO LUGAR DOS ATOS PROCESSUAIS

CAPÍTULO I
DA FORMA DOS ATOS PROCESSUAIS

SEÇÃO I
DOS ATOS EM GERAL

Art. 188. Os atos e os termos processuais independem de forma determinada, salvo quando a lei expressamente a exigir, considerando-se válidos os que, realizados de outro modo, lhe preencham a finalidade essencial.

Art. 189. Os atos processuais são públicos, todavia tramitam em segredo de justiça os processos:

I - em que o exija o interesse público ou social;

II - que versem sobre casamento, separação de corpos, divórcio, separação, união estável, filiação, alimentos e guarda de crianças e adolescentes;

- art. 27, ECA.

III - em que constem dados protegidos pelo direito constitucional à intimidade;

- art. 5º, X e LX, CF.

IV - que versem sobre arbitragem, inclusive sobre cumprimento de carta arbitral, desde que a confidencialidade estipulada na arbitragem seja comprovada perante o juízo.

- Lei 9.307/1996 (Arbitragem).

§ 1º O direito de consultar os autos de processo que tramite em segredo de justiça e de pedir certidões de seus atos é restrito às partes e aos seus procuradores.

§ 2º O terceiro que demonstrar interesse jurídico pode requerer ao juiz certidão do dispositivo da sentença, bem como de inventário e de partilha resultantes de divórcio ou separação.

Art. 190. Versando o processo sobre direitos que admitam autocomposição, é lícito às partes plenamente capazes estipular mudanças no procedimento para ajustá-lo às especificidades da causa e convencionar sobre os seus ônus, poderes, faculdades e deveres processuais, antes ou durante o processo.

› arts. 221, p.ún., CPC.

› art. 189, § 2º, Lei 11.101/2005 (Lei de Falências).

› Lei 13.140/2015 (Mediação e autocomposição).

Parágrafo único. De ofício ou a requerimento, o juiz controlará a validade das convenções previstas neste artigo, recusando-lhes aplicação somente nos casos de nulidade ou de inserção abusiva em contrato de adesão ou em que alguma parte se encontre em manifesta situação de vulnerabilidade.

Art. 191. De comum acordo, o juiz e as partes podem fixar calendário para a prática dos atos processuais, quando for o caso.

§ 1º O calendário vincula as partes e o juiz, e os prazos nele previstos somente serão modificados em casos excepcionais, devidamente justificados.

§ 2º Dispensa-se a intimação das partes para a prática de ato processual ou a realização de audiência cujas datas tiverem sido designadas no calendário.

Art. 192. Em todos os atos e termos do processo é obrigatório o uso da língua portuguesa.

› art. 13, CF.

Parágrafo único. O documento redigido em língua estrangeira somente poderá ser juntado aos autos quando acompanhado de versão para a língua portuguesa tramitada por via diplomática ou pela autoridade central, ou firmada por tradutor juramentado.

› art. 162, I, CPC.

SEÇÃO II
DA PRÁTICA ELETRÔNICA DE ATOS PROCESSUAIS

› Lei 11.419/2006 (Informatização do processo judicial).

Art. 193. Os atos processuais podem ser total ou parcialmente digitais, de forma a permitir que sejam produzidos, comunicados, armazenados e validados por meio eletrônico, na forma da lei.

Parágrafo único. O disposto nesta Seção aplica-se, no que for cabível, à prática de atos notariais e de registro.

Art. 194. Os sistemas de automação processual respeitarão a publicidade dos atos, o acesso e a participação das partes e de seus procuradores, inclusive nas audiências e sessões de julgamento, observadas as garantias da disponibilidade, independência da plataforma computacional, acessibilidade e interoperabilidade dos sistemas, serviços, dados e informações que o Poder Judiciário administre no exercício de suas funções.

› art. 937, § 4º, CPC.

Art. 195. O registro de ato processual eletrônico deverá ser feito em padrões abertos, que atenderão aos requisitos de autenticidade, integridade, temporalidade, não repúdio, conservação e, nos casos que tramitem em segredo de justiça, confidencialidade, observada a infraestrutura de chaves públicas unificada nacionalmente, nos termos da lei.

Art. 196. Compete ao Conselho Nacional de Justiça e, supletivamente, aos tribunais, regulamentar a prática e a comunicação oficial de atos processuais por meio eletrônico e velar pela compatibilidade dos sistemas, disciplinando a incorporação progressiva de novos avanços tecnológicos e editando, para esse fim, os atos que forem necessários, respeitadas as normas fundamentais deste Código.

Art. 197. Os tribunais divulgarão as informações constantes de seu sistema de automação em página própria na rede mundial de computadores, gozando a divulgação de presunção de veracidade e confiabilidade.

Parágrafo único. Nos casos de problema técnico do sistema e de erro ou omissão do auxiliar da justiça responsável pelo registro dos andamentos, poderá ser configurada a justa causa prevista no art. 223, *caput* e § 1º.

Art. 198. As unidades do Poder Judiciário deverão manter gratuitamente, à disposição dos interessados, equipamentos necessários à prática de atos processuais e à consulta e ao acesso ao sistema e aos documentos dele constantes.

Parágrafo único. Será admitida a prática de atos por meio não eletrônico no local onde não estiverem disponibilizados os equipamentos previstos no *caput*.

Art. 199. As unidades do Poder Judiciário assegurarão às pessoas com deficiência acessibilidade aos seus sítios na rede mundial de computadores, ao meio eletrônico de prática de atos judiciais, à comunicação eletrônica dos atos processuais e à assinatura eletrônica.

SEÇÃO III
DOS ATOS DAS PARTES

Art. 200. Os atos das partes consistentes em declarações unilaterais ou bilaterais de vontade produzem imediatamente a constituição, modificação ou extinção de direitos processuais.

Parágrafo único. A desistência da ação só produzirá efeitos após homologação judicial.

Art. 201. As partes poderão exigir recibo de petições, arrazoados, papéis e documentos que entregarem em cartório.

Art. 202. É vedado lançar nos autos cotas marginais ou interlineares, as quais o juiz mandará riscar, impondo a quem as escrever multa correspondente à metade do salário-mínimo.

SEÇÃO IV
DOS PRONUNCIAMENTOS DO JUIZ

Art. 203. Os pronunciamentos do juiz consistirão em sentenças, decisões interlocutórias e despachos.

§ 1º Ressalvadas as disposições expressas dos procedimentos especiais, sentença é o pronunciamento por meio do qual o juiz, com fundamento nos arts. 485 e 487, põe fim à fase cognitiva do procedimento comum, bem como extingue a execução.

› art. 1.009, CPC.

§ 2º Decisão interlocutória é todo pronunciamento judicial de natureza decisória que não se enquadre no § 1º.

› art. 1.015, CPC.

§ 3º São despachos todos os demais pronunciamentos do juiz praticados no processo, de ofício ou a requerimento da parte.

› arts. 152, VI, e 1.001, CPC.

§ 4º Os atos meramente ordinatórios, como a juntada e a vista obrigatória, independem de despacho, devendo ser praticados de ofício pelo servidor e revistos pelo juiz quando necessário.

Art. 204. Acórdão é o julgamento colegiado proferido pelos tribunais.

Art. 205. Os despachos, as decisões, as sentenças e os acórdãos serão redigidos, datados e assinados pelos juízes.

§ 1º Quando os pronunciamentos previstos no *caput* forem proferidos oralmente, o servidor os documentará, submetendo-os aos juízes para revisão e assinatura.

§ 2º A assinatura dos juízes, em todos os graus de jurisdição, pode ser feita eletronicamente, na forma da lei.

§ 3º Os despachos, as decisões interlocutórias, o dispositivo das sentenças e a ementa dos acórdãos serão publicados no Diário de Justiça Eletrônico.

SEÇÃO V
DOS ATOS DO ESCRIVÃO OU DO CHEFE DE SECRETARIA

Art. 206. Ao receber a petição inicial de processo, o escrivão ou o chefe de secretaria a autuará, mencionando o juízo, a natureza do processo, o número de seu registro, os nomes das partes e a data de seu início, e procederá do mesmo modo em relação aos volumes em formação.

Art. 207. O escrivão ou o chefe de secretaria numerará e rubricará todas as folhas dos autos.

Parágrafo único. À parte, ao procurador, ao membro do Ministério Público, ao defensor público e aos auxiliares da justiça é facultado rubricar as folhas correspondentes aos atos em que intervierem.

Art. 208. Os termos de juntada, vista, conclusão e outros semelhantes constarão de notas datadas e rubricadas pelo escrivão ou pelo chefe de secretaria.

Art. 209. Os atos e os termos do processo serão assinados pelas pessoas que neles intervierem, todavia, quando essas não puderem ou não quiserem firmá-los, o escrivão ou o chefe de secretaria certificará a ocorrência.

› art. 228, § 2º, CPC.

§ 1º Quando se tratar de processo total ou parcialmente documentado em autos eletrônicos, os atos processuais praticados na presença do juiz poderão ser produzidos e armazenados de modo integralmente digital em arquivo eletrônico inviolável, na forma da lei, mediante registro em termo, que será assinado digitalmente pelo juiz e pelo escrivão ou chefe de secretaria, bem como pelos advogados das partes.

- art. 193, CPC.

§ 2º Na hipótese do § 1º, eventuais contradições na transcrição deverão ser suscitadas oralmente no momento de realização do ato, sob pena de preclusão, devendo o juiz decidir de plano e ordenar o registro, no termo, da alegação e da decisão.

Art. 210. É lícito o uso da taquigrafia, da estenotipia ou de outro método idôneo em qualquer juízo ou tribunal.

Art. 211. Não se admitem nos atos e termos processuais espaços em branco, salvo os que forem inutilizados, assim como entrelinhas, emendas ou rasuras, exceto quando expressamente ressalvadas.

CAPÍTULO II
DO TEMPO E DO LUGAR DOS ATOS PROCESSUAIS

SEÇÃO I
DO TEMPO

Art. 212. Os atos processuais serão realizados em dias úteis, das 6 (seis) às 20 (vinte) horas.

§ 1º Serão concluídos após as 20 (vinte) horas os atos iniciados antes, quando o adiamento prejudicar a diligência ou causar grave dano.

§ 2º Independentemente de autorização judicial, as citações, intimações e penhoras poderão realizar-se no período de férias forenses, onde as houver, e nos feriados ou dias úteis fora do horário estabelecido neste artigo, observado o disposto no art. 5º, inciso XI, da Constituição Federal.

§ 3º Quando o ato tiver de ser praticado por meio de petição em autos não eletrônicos, essa deverá ser protocolada no horário de funcionamento do fórum ou tribunal, conforme o disposto na lei de organização judiciária local.

Art. 213. A prática eletrônica de ato processual pode ocorrer em qualquer horário até as 24 (vinte e quatro) horas do último dia do prazo.

- arts. 3º e 10, Lei 11.419/2006 (Informatização do processo judicial).

Parágrafo único. O horário vigente no juízo perante o qual o ato deve ser praticado será considerado para fins de atendimento do prazo.

Art. 214. Durante as férias forenses e nos feriados, não se praticarão atos processuais, excetuando-se:

- art. 220, CPC.

I - os atos previstos no art. 212, § 2º;

II - a tutela de urgência.

Art. 215. Processam-se durante as férias forenses, onde as houver, e não se suspendem pela superveniência delas:

I - os procedimentos de jurisdição voluntária e os necessários à conservação de direitos, quando puderem ser prejudicados pelo adiamento;

II - a ação de alimentos e os processos de nomeação ou remoção de tutor e curador;

- arts. 693, p.ún., 759 a 763, CPC.
- Lei 5.478/1968 (Lei de alimentos).

III - os processos que a lei determinar.

- art. 39, Dec.-Lei 3.365/1941 (Desapropriação por utilidade pública).
- art. 129, II, Lei 8.213/1991 (Previdência Social).
- art. 58, I, Lei 8.245/1991 (Lei de locação).
- art. 2º, § 1º, LC 76/1993 (Desapropriação de imóvel rural por interesse social).

Art. 216. Além dos declarados em lei, são feriados, para efeito forense, os sábados, os domingos e os dias em que não haja expediente forense.

- Lei 9.093/1995 (Lei dos feriados).

SEÇÃO II
DO LUGAR

Art. 217. Os atos processuais realizar-se-ão ordinariamente na sede do juízo, ou, excepcionalmente, em outro lugar em razão de deferência, de interesse da justiça, da natureza do ato ou de obstáculo arguido pelo interessado e acolhido pelo juiz.

CAPÍTULO III
DOS PRAZOS

SEÇÃO I
DISPOSIÇÕES GERAIS

Art. 218. Os atos processuais serão realizados nos prazos prescritos em lei.

§ 1º Quando a lei for omissa, o juiz determinará os prazos em consideração à complexidade do ato.

§ 2º Quando a lei ou o juiz não determinar prazo, as intimações somente obrigarão a comparecimento após decorridas 48 (quarenta e oito) horas.

§ 3º Inexistindo preceito legal ou prazo determinado pelo juiz, será de 5 (cinco) dias o prazo para a prática de ato processual a cargo da parte.

§ 4º Será considerado tempestivo o ato praticado antes do termo inicial do prazo.

Art. 219. Na contagem de prazo em dias, estabelecido por lei ou pelo juiz, computar-se-ão somente os dias úteis.

Parágrafo único. O disposto neste artigo aplica-se somente aos prazos processuais.

Art. 220. Suspende-se o curso do prazo processual nos dias compreendidos entre 20 de dezembro e 20 de janeiro, inclusive.

§ 1º Ressalvadas as férias individuais e os feriados instituídos por lei, os juízes, os membros do Ministério Público, da Defensoria Pública e da Advocacia Pública e os auxiliares da Justiça exercerão suas atribuições durante o período previsto no *caput*.

- arts. 212, § 2º, 215, CPC.
- arts. 775-A da CLT.

§ 2º Durante a suspensão do prazo, não se realizarão audiências nem sessões de julgamento.

Art. 221. Suspende-se o curso do prazo por obstáculo criado em detrimento da parte ou ocorrendo qualquer das hipóteses do art. 313, devendo o prazo ser restituído por tempo igual ao que faltava para sua complementação.

Parágrafo único. Suspendem-se os prazos durante a execução de programa instituído pelo Poder Judiciário para promover a autocomposição, incumbindo aos tribunais especificar, com antecedência, a duração dos trabalhos.

Art. 222. Na comarca, seção ou subseção judiciária onde for difícil o transporte, o juiz poderá prorrogar os prazos por até 2 (dois) meses.

§ 1º Ao juiz é vedado reduzir prazos peremptórios sem anuência das partes.

§ 2º Havendo calamidade pública, o limite previsto no *caput* para prorrogação de prazos poderá ser excedido.

Art. 223. Decorrido o prazo, extingue-se o direito de praticar ou de emendar o ato processual, independentemente de declaração judicial, ficando assegurado, porém, à parte provar que não o realizou por justa causa.

§ 1º Considera-se justa causa o evento alheio à vontade da parte e que a impediu de praticar o ato por si ou por mandatário.

- art. 197, p.ún., CPC.

§ 2º Verificada a justa causa, o juiz permitirá à parte a prática do ato no prazo que lhe assinar.

Art. 224. Salvo disposição em contrário, os prazos serão contados excluindo o dia do começo e incluindo o dia do vencimento.

§ 1º Os dias do começo e do vencimento do prazo serão protraídos para o primeiro dia útil seguinte, se coincidirem com dia em que o expediente forense for encerrado antes ou iniciado depois da hora normal ou houver indisponibilidade da comunicação eletrônica.

§ 2º Considera-se como data de publicação o primeiro dia útil seguinte ao da disponibilização da informação no Diário da Justiça eletrônico.

- art. 4º, § 3º, Lei 11.419/2006 (Informatização do processo judicial).

§ 3º A contagem do prazo terá início no primeiro dia útil que seguir ao da publicação.

- art. 132, CC.
- art. 775, CLT.
- Súm. 310, STF.

Art. 225. A parte poderá renunciar ao prazo estabelecido exclusivamente em seu favor, desde que o faça de maneira expressa.

Art. 226. O juiz proferirá:

I - os despachos no prazo de 5 (cinco) dias;

II - as decisões interlocutórias no prazo de 10 (dez) dias;

III - as sentenças no prazo de 30 (trinta) dias.

Art. 227. Em qualquer grau de jurisdição, havendo motivo justificado, pode o juiz exceder, por igual tempo, os prazos a que está submetido.

Art. 228. Incumbirá ao serventuário remeter os autos conclusos no prazo de 1 (um) dia e executar os atos processuais no prazo de 5 (cinco) dias, contado da data em que:

I - houver concluído o ato processual anterior, se lhe foi imposto pela lei;

II - tiver ciência da ordem, quando determinada pelo juiz.

§ 1º Ao receber os autos, o serventuário certificará o dia e a hora em que teve ciência da ordem referida no inciso II.

§ 2º Nos processos em autos eletrônicos, a juntada de petições ou de manifestações em geral ocorrerá de forma automática, independentemente de ato de serventuário da justiça.

- art. 10, Lei 11.419/2006 (Informatização do processo judicial).

Art. 229. Os litisconsortes que tiverem diferentes procuradores, de escritórios de advocacia distintos, terão prazos contados em dobro para todas as suas manifestações, em qualquer juízo ou tribunal, independentemente de requerimento.

- arts. 525, §3º, 915, §3º e 1023, § 1º, CPC.
- Súm. 641, STF.

§ 1º Cessa a contagem do prazo em dobro se, havendo apenas 2 (dois) réus, é oferecida defesa por apenas um deles.

§ 2º Não se aplica o disposto no *caput* aos processos em autos eletrônicos.

Art. 230. O prazo para a parte, o procurador, a Advocacia Pública, a Defensoria Pública e o Ministério Público será contado da citação, da intimação ou da notificação.

Art. 231. Salvo disposição em sentido diverso, considera-se dia do começo do prazo:

- arts. 335, III, 915 e 1.003, § 2º, CPC.

I - a data de juntada aos autos do aviso de recebimento, quando a citação ou a intimação for pelo correio;

- art. 247, CPC.
- Súm. 429, STJ.

II - a data de juntada aos autos do mandado cumprido, quando a citação ou a intimação for por oficial de justiça;

- art. 249, CPC.

III - a data de ocorrência da citação ou da intimação, quando ela se der por ato do escrivão ou do chefe de secretaria;

- art. 246, III, CPC.

IV - o dia útil seguinte ao fim da dilação assinada pelo juiz, quando a citação ou a intimação for por edital;

- art. 256, CPC.

V - o dia útil seguinte à consulta ao teor da citação ou da intimação ou ao término do prazo para que a consulta se dê, quando a citação ou a intimação for eletrônica;

- Lei 11.419/2006 (Informatização do processo judicial).

VI - a data de juntada do comunicado de que trata o art. 232 ou, não havendo esse, a data de juntada da carta aos autos de origem devidamente cumprida, quando a citação ou a intimação se realizar em cumprimento de carta;

- art. 1.003, § 2º, CPC.

VII - a data de publicação, quando a intimação se der pelo Diário da Justiça impresso ou eletrônico;

VIII - o dia da carga, quando a intimação se der por meio da retirada dos autos, em carga, do cartório ou da secretaria.

§ 1º Quando houver mais de um réu, o dia do começo do prazo para contestar corresponderá à última das datas a que se referem os incisos I a VI do *caput*.

§ 2º Havendo mais de um intimado, o prazo para cada um é contado individualmente.

§ 3º Quando o ato tiver de ser praticado diretamente pela parte ou por quem, de qualquer forma, participe do processo, sem a intermediação de representante judicial, o dia do começo do prazo para cumprimento da determinação judicial corresponderá à data em que se der a comunicação.

§ 4º Aplica-se o disposto no inciso II do *caput* à citação com hora certa.

Art. 232. Nos atos de comunicação por carta precatória, rogatória ou de ordem, a realização da citação ou da intimação será imediatamente informada, por meio eletrônico, pelo juiz deprecado ao juiz deprecante.

SEÇÃO II
DA VERIFICAÇÃO DOS PRAZOS E DAS PENALIDADES

Art. 233. Incumbe ao juiz verificar se o serventuário excedeu, sem motivo legítimo, os prazos estabelecidos em lei.

- arts. 35, III, LC 35/1979 (Lei Orgânica da Magistratura Nacional).

§ 1º Constatada a falta, o juiz ordenará a instauração de processo administrativo, na forma da lei.

- art. 5º, LV, CF.

§ 2º Qualquer das partes, o Ministério Público ou a Defensoria Pública poderá representar ao juiz contra o serventuário que injustificadamente exceder os prazos previstos em lei.

Art. 234. Os advogados públicos ou privados, o defensor público e o membro do Ministério Público devem restituir os autos no prazo do ato a ser praticado.

- arts. 7º, XV e XVI, §§ 1º e 3; e 34, XXII, Estatuto da OAB.

§ 1º É lícito a qualquer interessado exigir os autos do advogado que exceder prazo legal.

§ 2º Se, intimado, o advogado não devolver os autos no prazo de 3 (três) dias, perderá o direito à vista fora de cartório e incorrerá em multa correspondente à metade do salário-mínimo.

§ 3º Verificada a falta, o juiz comunicará o fato à seção local da Ordem dos Advogados do Brasil para procedimento disciplinar e imposição de multa.

§ 4º Se a situação envolver membro do Ministério Público, da Defensoria Pública ou da Advocacia Pública, a multa, se for o caso, será aplicada ao agente público responsável pelo ato.

§ 5º Verificada a falta, o juiz comunicará o fato ao órgão competente responsável pela instauração de procedimento disciplinar contra o membro que atuou no feito.

Art. 235. Qualquer parte, o Ministério Público ou a Defensoria Pública poderá representar ao corregedor do tribunal ou ao Conselho Nacional de Justiça contra juiz ou relator que injustificadamente exceder os prazos previstos em lei, regulamento ou regimento interno.

§ 1º Distribuída a representação ao órgão competente e ouvido previamente o juiz, não sendo caso de arquivamento liminar, será instaurado procedimento para apuração da responsabilidade, com intimação do representado por meio eletrônico para, querendo, apresentar justificativa no prazo de 15 (quinze) dias.

§ 2º Sem prejuízo das sanções administrativas cabíveis, em até 48 (quarenta e oito) horas após a apresentação ou não da justificativa de que trata o § 1º, se for o caso, o corregedor do tribunal ou o relator no Conselho Nacional de Justiça determinará a intimação do representado por meio eletrônico para que, em 10 (dez) dias, pratique o ato.

§ 3º Mantida a inércia, os autos serão remetidos ao substituto legal do juiz ou do relator contra o qual se representou para decisão em 10 (dez) dias.

TÍTULO II
DA COMUNICAÇÃO DOS ATOS PROCESSUAIS

CAPÍTULO I
DISPOSIÇÕES GERAIS

Art. 236. Os atos processuais serão cumpridos por ordem judicial.

§ 1º Será expedida carta para a prática de atos fora dos limites territoriais do tribunal, da comarca, da seção ou da subseção judiciárias, ressalvadas as hipóteses previstas em lei.

§ 2º O tribunal poderá expedir carta para juízo a ele vinculado, se o ato houver de se realizar fora dos limites territoriais do local de sua sede.

- art. 237, I, CPC.

§ 3º Admite-se a prática de atos processuais por meio de videoconferência ou outro recurso tecnológico de transmissão de sons e imagens em tempo real.

- arts. 385, § 3º, 453, § 1º, 461, § 2º, 937, § 4º, CPC.

Art. 237. Será expedida carta:

I - de ordem, pelo tribunal, na hipótese do § 2º do art. 236;

II - rogatória, para que órgão jurisdicional estrangeiro pratique ato de cooperação jurídica internacional, relativo a processo em curso perante órgão jurisdicional brasileiro;

- art. 105, I, i, CF.

III - precatória, para que órgão jurisdicional brasileiro pratique ou determine o cumprimento, na área de sua competência territorial, de ato relativo a pedido

CPC

de cooperação judiciária formulado por órgão jurisdicional de competência territorial diversa;

IV - arbitral, para que órgão do Poder Judiciário pratique ou determine o cumprimento, na área de sua competência territorial, de ato objeto de pedido de cooperação judiciária formulado por juízo arbitral, inclusive os que importem efetivação de tutela provisória.

Parágrafo único. Se o ato relativo a processo em curso na Justiça Federal ou em tribunal superior houver de ser praticado em local onde não haja vara federal, a carta poderá ser dirigida ao juízo estadual da respectiva comarca.

- art. 109, § 3º, CF.

CAPÍTULO II
DA CITAÇÃO

Art. 238. Citação é o ato pelo qual são convocados o réu, o executado ou o interessado para integrar a relação processual.

Art. 239. Para a validade do processo é indispensável a citação do réu ou do executado, ressalvadas as hipóteses de indeferimento da petição inicial ou de improcedência liminar do pedido.

- arts. 280, 308, § 3º, 319, § 2º, 332, 337, I, CPC.

§ 1º O comparecimento espontâneo do réu ou do executado supre a falta ou a nulidade da citação, fluindo a partir desta data o prazo para apresentação de contestação ou de embargos à execução.

§ 2º Rejeitada a alegação de nulidade, tratando-se de processo de:

I - conhecimento, o réu será considerado revel;

II - execução, o feito terá seguimento.

Art. 240. A citação válida, ainda quando ordenada por juízo incompetente, induz litispendência, torna litigiosa a coisa e constitui em mora o devedor, ressalvado o disposto nos arts. 397 e 398 da Lei n. 10.406, de 10 de janeiro de 2002 (Código Civil).

- art. 312, CPC.
- Súm. 204 e 426, STJ.

§ 1º A interrupção da prescrição, operada pelo despacho que ordena a citação, ainda que proferido por juízo incompetente, retroagirá à data de propositura da ação.

- arts. 202 a 204 e 397, CC.
- art. 8º, § 2º, Lei 6.830/1980 (Execução Fiscal).

§ 2º Incumbe ao autor adotar, no prazo de 10 (dez) dias, as providências necessárias para viabilizar a citação, sob pena de não se aplicar o disposto no § 1º.

- art. 802, CPC.

§ 3º A parte não será prejudicada pela demora imputável exclusivamente ao serviço judiciário.

- Súm. 106, STJ.

§ 4º O efeito retroativo a que se refere o § 1º aplica-se à decadência e aos demais prazos extintivos previstos em lei.

Art. 241. Transitada em julgado a sentença de mérito proferida em favor do réu antes da citação, incumbe ao escrivão ou ao chefe de secretaria comunicar-lhe o resultado do julgamento.

- art. 332, § 4º, CPC.

Art. 242. A citação será pessoal, podendo, no entanto, ser feita na pessoa do representante legal ou do procurador do réu, do executado ou do interessado.

§ 1º Na ausência do citando, a citação será feita na pessoa de seu mandatário, administrador, preposto ou gerente, quando a ação se originar de atos por eles praticados.

§ 2º O locador que se ausentar do Brasil sem cientificar o locatário de que deixou, na localidade onde estiver situado o imóvel, procurador com poderes para receber citação será citado na pessoa do administrador do imóvel encarregado do recebimento dos aluguéis, que será considerado habilitado para representar o locador em juízo.

§ 3º A citação da União, dos Estados, do Distrito Federal, dos Municípios e de suas respectivas autarquias e fundações de direito público será realizada perante o órgão de Advocacia Pública responsável por sua representação judicial.

- arts. 182 a 184, CPC.

Art. 243. A citação poderá ser feita em qualquer lugar em que se encontre o réu, o executado ou o interessado.

Parágrafo único. O militar em serviço ativo será citado na unidade em que estiver servindo, se não for conhecida sua residência ou nela não for encontrado.

Art. 244. Não se fará a citação, salvo para evitar o perecimento do direito:

I - de quem estiver participando de ato de culto religioso;

II - de cônjuge, de companheiro ou de qualquer parente do morto, consanguíneo ou afim, em linha reta ou na linha colateral em segundo grau, no dia do falecimento e nos 7 (sete) dias seguintes;

III - de noivos, nos 3 (três) primeiros dias seguintes ao casamento;

IV - de doente, enquanto grave o seu estado.

Art. 245. Não se fará citação quando se verificar que o citando é mentalmente incapaz ou está impossibilitado de recebê-la.

§ 1º O oficial de justiça descreverá e certificará minuciosamente a ocorrência.

§ 2º Para examinar o citando, o juiz nomeará médico, que apresentará laudo no prazo de 5 (cinco) dias.

§ 3º Dispensa-se a nomeação de que trata o § 2º se pessoa da família apresentar declaração do médico do citando que ateste a incapacidade deste.

§ 4º Reconhecida a impossibilidade, o juiz nomeará curador ao citando, observando, quanto à sua escolha, a preferência estabelecida em lei e restringindo a nomeação à causa.

- art. 1.775, CC.

§ 5º A citação será feita na pessoa do curador, a quem incumbirá a defesa dos interesses do citando.

Art. 246. A citação será feita:

I - pelo correio;

- arts. 231, I, 247 e 248, CPC.
- art. 58, IV, Lei 8.245/1995 (Lei de locação).

II - por oficial de justiça;

- arts. 151 e 154, I, CPC.

III - pelo escrivão ou chefe de secretaria, se o citando comparecer em cartório;

- art. 152, II, CPC.

IV - por edital;

- arts. 256 a 259, CPC.
- Súm. 196, STJ.

V - por meio eletrônico, conforme regulado em lei.

- art. 9º, Lei 11.419/2006 (Informatização do processo judicial).

§ 1º Com exceção das microempresas e das empresas de pequeno porte, as empresas públicas e privadas são obrigadas a manter cadastro nos sistemas de processo em autos eletrônicos, para efeito de recebimento de citações e intimações, as quais serão efetuadas preferencialmente por esse meio.

- art. 1.051, CPC.

§ 2º O disposto no § 1º aplica-se à União, aos Estados, ao Distrito Federal, aos Municípios e às entidades da administração indireta.

- art. 1.050, CPC.

§ 3º Na ação de usucapião de imóvel, os confinantes serão citados pessoalmente, exceto quando tiver por objeto unidade autônoma de prédio em condomínio, caso em que tal citação é dispensada.

- Súm. 391, STF.

Art. 247. A citação será feita pelo correio para qualquer comarca do país, exceto:

- art. 8º, I, Lei 6.830/1980 (Execução Fiscal).

I - nas ações de estado, observado o disposto no art. 695, § 3º;

II - quando o citando for incapaz;

III - quando o citando for pessoa de direito público;

IV - quando o citando residir em local não atendido pela entrega domiciliar de correspondência;

V - quando o autor, justificadamente, a requerer de outra forma.

Art. 248. Deferida a citação pelo correio, o escrivão ou o chefe de secretaria remeterá ao citando cópias da petição inicial e do despacho do juiz e comunicará o prazo para resposta, o endereço do juízo e o respectivo cartório.

§ 1º A carta será registrada para entrega ao citando, exigindo-lhe o carteiro, ao fazer a entrega, que assine o recibo.

- Súm. 429, STJ.

§ 2º Sendo o citando pessoa jurídica, será válida a entrega do mandado a pessoa com poderes de gerência geral ou de administração ou, ainda, a funcionário responsável pelo recebimento de correspondências.

§ 3º Da carta de citação no processo de conhecimento constarão os requisitos do art. 250.

§ 4º Nos condomínios edilícios ou nos loteamentos com controle de acesso, será válida a entrega do mandado a funcionário da portaria responsável pelo recebimento de correspondência, que, entretanto, poderá recusar o recebimento, se declarar, por escrito, sob as penas da lei, que o destinatário da correspondência está ausente.

Art. 249. A citação será feita por meio de oficial de justiça nas hipóteses previstas neste Código ou em lei, ou quando frustrada a citação pelo correio.

Art. 250. O mandado que o oficial de justiça tiver de cumprir conterá:

‣ arts. 248, § 3º, e 264, CPC.

I - os nomes do autor e do citando e seus respectivos domicílios ou residências;

II - a finalidade da citação, com todas as especificações constantes da petição inicial, bem como a menção do prazo para contestar, sob pena de revelia, ou para embargar a execução;

III - a aplicação de sanção para o caso de descumprimento da ordem, se houver;

IV - se for o caso, a intimação do citando para comparecer, acompanhado de advogado ou de defensor público, à audiência de conciliação ou de mediação, com a menção do dia, da hora e do lugar do comparecimento;

‣ art. 334, CPC.

V - a cópia da petição inicial, do despacho ou da decisão que deferir tutela provisória;

VI - a assinatura do escrivão ou do chefe de secretaria e a declaração de que o subscreve por ordem do juiz.

Art. 251. Incumbe ao oficial de justiça procurar o citando e, onde o encontrar, citá-lo:

I - lendo-lhe o mandado e entregando-lhe a contrafé;

II - portando por fé se recebeu ou recusou a contrafé;

III - obtendo a nota de ciente ou certificando que o citando não a apôs no mandado.

Art. 252. Quando, por 2 (duas) vezes, o oficial de justiça houver procurado o citando em seu domicílio ou residência sem o encontrar, deverá, havendo suspeita de ocultação, intimar qualquer pessoa da família ou, em sua falta, qualquer vizinho de que, no dia útil imediato, voltará a fim de efetuar a citação, na hora que designar.

Parágrafo único. Nos condomínios edilícios ou nos loteamentos com controle de acesso, será válida a intimação a que se refere o *caput* feita a funcionário da portaria responsável pelo recebimento de correspondência.

Art. 253. No dia e na hora designados, o oficial de justiça, independentemente de novo despacho, comparecerá ao domicílio ou à residência do citando a fim de realizar a diligência.

‣ arts. 70 a 78, CC.

§ 1º Se o citando não estiver presente, o oficial de justiça procurará informar-se das razões da ausência, dando por feita a citação, ainda que o citando se tenha ocultado em outra comarca, seção ou subseção judiciárias.

§ 2º A citação com hora certa será efetivada mesmo que a pessoa da família ou o vizinho que houver sido intimado esteja ausente, ou se, embora presente, a pessoa da família ou o vizinho se recusar a receber o mandado.

§ 3º Da certidão da ocorrência, o oficial de justiça deixará contrafé com qualquer pessoa da família ou vizinho, conforme o caso, declarando-lhe o nome.

§ 4º O oficial de justiça fará constar do mandado a advertência de que será nomeado curador especial se houver revelia.

Art. 254. Feita a citação com hora certa, o escrivão ou chefe de secretaria enviará ao réu, executado ou interessado, no prazo de 10 (dez) dias, contado da data da juntada do mandado aos autos, carta, telegrama ou correspondência eletrônica, dando-lhe de tudo ciência.

Art. 255. Nas comarcas contíguas de fácil comunicação e nas que se situem na mesma região metropolitana, o oficial de justiça poderá efetuar, em qualquer delas, citações, intimações, notificações, penhoras e quaisquer outros atos executivos.

Art. 256. A citação por edital será feita:

‣ Súm. 282 e 414, STJ.

I - quando desconhecido ou incerto o citando;

II - quando ignorado, incerto ou inacessível o lugar em que se encontrar o citando;

III - nos casos expressos em lei.

§ 1º Considera-se inacessível, para efeito de citação por edital, o país que recusar o cumprimento de carta rogatória.

§ 2º No caso de ser inacessível o lugar em que se encontrar o réu, a notícia de sua citação será divulgada também pelo rádio, se na comarca houver emissora de radiodifusão.

§ 3º O réu será considerado em local ignorado ou incerto se infrutíferas as tentativas de sua localização, inclusive mediante requisição pelo juízo de informações sobre seu endereço nos cadastros de órgãos públicos ou de concessionárias de serviços públicos.

Art. 257. São requisitos da citação por edital:

I - a afirmação do autor ou a certidão do oficial informando a presença das circunstâncias autorizadoras;

II - a publicação do edital na rede mundial de computadores, no sítio do respectivo tribunal e na plataforma de editais do Conselho Nacional de Justiça, que deve ser certificada nos autos;

III - a determinação, pelo juiz, do prazo, que variará entre 20 (vinte) e 60 (sessenta) dias, fluindo da data da publicação única ou, havendo mais de uma, da primeira;

IV - a advertência de que será nomeado curador especial em caso de revelia.

‣ Súm. 196, STJ.

Parágrafo único. O juiz poderá determinar que a publicação do edital seja feita também em jornal local de ampla circulação ou por outros meios, considerando as peculiaridades da comarca, da seção ou da subseção judiciárias.

Art. 258. A parte que requerer a citação por edital, alegando dolosamente a ocorrência das circunstâncias autorizadoras para sua realização, incorrerá em multa de 5 (cinco) vezes o salário-mínimo.

Parágrafo único. A multa reverterá em benefício do citando.

Art. 259. Serão publicados editais:

I - na ação de usucapião de imóvel;

‣ art. 246, § 3º, CPC.

‣ Súm. 263, STF.

II - na ação de recuperação ou substituição de título ao portador;

III - em qualquer ação em que seja necessária, por determinação legal, a provocação, para participação no processo, de interessados incertos ou desconhecidos.

CAPÍTULO III
DAS CARTAS

Art. 260. São requisitos das cartas de ordem, precatória e rogatória:

I - a indicação dos juízes de origem e de cumprimento do ato;

II - o inteiro teor da petição, do despacho judicial e do instrumento do mandato conferido ao advogado;

III - a menção do ato processual que lhe constitui o objeto;

IV - o encerramento com a assinatura do juiz.

§ 1º O juiz mandará trasladar para a carta quaisquer outras peças, bem como instruí-la com mapa, desenho ou gráfico, sempre que esses documentos devam ser examinados, na diligência, pelas partes, pelos peritos ou pelas testemunhas.

§ 2º Quando o objeto da carta for exame pericial sobre documento, este será remetido em original, ficando nos autos reprodução fotográfica.

§ 3º A carta arbitral atenderá, no que couber, aos requisitos a que se refere o *caput* e será instruída com a convenção de arbitragem e com as provas da nomeação do árbitro e de sua aceitação da função.

‣ art. 237, IV, CPC.

‣ Lei 9.307/1996 (Arbitragem).

Art. 261. Em todas as cartas o juiz fixará o prazo para cumprimento, atendendo à facilidade das comunicações e à natureza da diligência.

§ 1º As partes deverão ser intimadas pelo juiz do ato de expedição da carta.

§ 2º Expedida a carta, as partes acompanharão o cumprimento da diligência perante o juízo destinatário, ao qual compete a prática dos atos de comunicação.

§ 3º A parte a quem interessar o cumprimento da diligência cooperará para que o prazo a que se refere o *caput* seja cumprido.

Art. 262. A carta tem caráter itinerante, podendo, antes ou depois de lhe ser ordenado o cumprimento, ser encaminhada a juízo diverso do que dela consta, a fim de se praticar o ato.

Parágrafo único. O encaminhamento da carta a outro juízo será imediatamente comunicado ao órgão expedidor, que intimará as partes.

Art. 263. As cartas deverão, preferencialmente, ser expedidas por meio eletrônico, caso em que a assinatura do juiz deverá ser eletrônica, na forma da lei.

Art. 264. A carta de ordem e a carta precatória por meio eletrônico, por telefone ou por telegrama conterão, em resumo substancial, os requisitos mencionados no art. 250, especialmente no que se refere à aferição da autenticidade.

‣ art. 260, CPC.

Art. 265. O secretário do tribunal, o escrivão ou o chefe de secretaria do juízo deprecante transmitirá, por telefone, a carta de ordem ou a carta precatória ao juízo em que houver de se cumprir o ato, por intermédio do escrivão do primeiro ofício da primeira vara, se houver na comarca mais de um ofício ou de uma vara, observando-se, quanto aos requisitos, o disposto no art. 264.

§ 1º O escrivão ou o chefe de secretaria, no mesmo dia ou no dia útil imediato, telefonará ou enviará mensagem eletrônica ao secretário do tribunal, ao escrivão ou ao chefe de secretaria do juízo deprecante, lendo-lhe os termos da carta e solicitando-lhe que os confirme.

§ 2º Sendo confirmada, o escrivão ou o chefe de secretaria submeterá a carta a despacho.

Art. 266. Serão praticados de ofício os atos requisitados por meio eletrônico e de telegrama, devendo a parte depositar, contudo, na secretaria do tribunal ou no cartório do juízo deprecante, a importância correspondente às despesas que serão feitas no juízo em que houver de praticar-se o ato.

Art. 267. O juiz recusará cumprimento a carta precatória ou arbitral, devolvendo-a com decisão motivada quando:

I - a carta não estiver revestida dos requisitos legais;

II - faltar ao juiz competência em razão da matéria ou da hierarquia;

III - o juiz tiver dúvida acerca de sua autenticidade.

Parágrafo único. No caso de incompetência em razão da matéria ou da hierarquia, o juiz deprecado, conforme o ato a ser praticado, poderá remeter a carta ao juiz ou ao tribunal competente.

Art. 268. Cumprida a carta, será devolvida ao juízo de origem no prazo de 10 (dez) dias, independentemente de traslado, pagas as custas pela parte.

CAPÍTULO IV
DAS INTIMAÇÕES

Art. 269. Intimação é o ato pelo qual se dá ciência a alguém dos atos e dos termos do processo.

§ 1º É facultado aos advogados promover a intimação do advogado da outra parte por meio do correio, juntando aos autos, a seguir, cópia do ofício de intimação e do aviso de recebimento.

§ 2º O ofício de intimação deverá ser instruído com cópia do despacho, da decisão ou da sentença.

§ 3º A intimação da União, dos Estados, do Distrito Federal, dos Municípios e de suas respectivas autarquias e fundações de direito público será realizada perante o órgão de Advocacia Pública responsável por sua representação judicial.

Art. 270. As intimações realizam-se, sempre que possível, por meio eletrônico, na forma da lei.

‣ art. 9º, Lei 11.419/2006 (Informatização do processo judicial).

Parágrafo único. Aplica-se ao Ministério Público, à Defensoria Pública e à Advocacia Pública o disposto no § 1º do art. 246.

‣ art. 1.050, CPC.

Art. 271. O juiz determinará de ofício as intimações em processos pendentes, salvo disposição em contrário.

Art. 272. Quando não realizadas por meio eletrônico, consideram-se feitas as intimações pela publicação dos atos no órgão oficial.

§ 1º Os advogados poderão requerer que, na intimação a eles dirigida, figure apenas o nome da sociedade a que pertençam, desde que devidamente registrada na Ordem dos Advogados do Brasil.

§ 2º Sob pena de nulidade, é indispensável que da publicação constem os nomes das partes e de seus advogados, com o respectivo número de inscrição na Ordem dos Advogados do Brasil, ou, se assim requerido, da sociedade de advogados.

‣ art. 14, p.ún., Estatuto da OAB.

§ 3º A grafia dos nomes das partes não deve conter abreviaturas.

§ 4º A grafia dos nomes dos advogados deve corresponder ao nome completo e ser a mesma que constar da procuração ou que estiver registrada na Ordem dos Advogados do Brasil.

§ 5º Constando dos autos pedido expresso para que as comunicações dos atos processuais sejam feitas em nome dos advogados indicados, o seu desatendimento implicará nulidade.

§ 6º A retirada dos autos do cartório ou da secretaria em carga pelo advogado, por pessoa credenciada a pedido do advogado ou da sociedade de advogados, pela Advocacia Pública, pela Defensoria Pública ou pelo Ministério Público implicará intimação de qualquer decisão contida no processo retirado, ainda que pendente de publicação.

§ 7º O advogado e a sociedade de advogados deverão requerer o respectivo credenciamento para a retirada de autos por preposto.

§ 8º A parte arguirá a nulidade da intimação em capítulo preliminar do próprio ato que lhe caiba praticar, o qual será tido por tempestivo se o vício for reconhecido.

§ 9º Não sendo possível a prática imediata do ato diante da necessidade de acesso prévio aos autos, a parte limitar-se-á a arguir a nulidade da intimação, caso em que o prazo será contado da intimação da decisão que a reconheça.

Art. 273. Se inviável a intimação por meio eletrônico e não houver na localidade publicação em órgão oficial, incumbirá ao escrivão ou chefe de secretaria intimar de todos os atos do processo os advogados das partes:

I - pessoalmente, se tiverem domicílio na sede do juízo;

II - por carta registrada, com aviso de recebimento, quando forem domiciliados fora do juízo.

Art. 274. Não dispondo a lei de outro modo, as intimações serão feitas às partes, aos seus representantes legais, aos advogados e aos demais sujeitos do processo pelo correio ou, se presentes em cartório, diretamente pelo escrivão ou chefe de secretaria.

Parágrafo único. Presumem-se válidas as intimações dirigidas ao endereço constante dos autos, ainda que não recebidas pessoalmente pelo interessado, se a modificação temporária ou definitiva não tiver sido devidamente comunicada ao juízo, fluindo os prazos a partir da juntada aos autos do comprovante de entrega da correspondência no primitivo endereço.

Art. 275. A intimação será feita por oficial de justiça quando frustrada a realização por meio eletrônico ou pelo correio.

§ 1º A certidão de intimação deve conter:

I - a indicação do lugar e a descrição da pessoa intimada, mencionando, quando possível, o número de seu documento de identidade e o órgão que o expediu;

II - a declaração de entrega da contrafé;

III - a nota de ciente ou a certidão de que o interessado não a apôs no mandado.

§ 2º Caso necessário, a intimação poderá ser efetuada com hora certa ou por edital.

‣ arts. 252 a 254 e 256 a 259, CPC.

TÍTULO III
DAS NULIDADES

Art. 276. Quando a lei prescrever determinada forma sob pena de nulidade, a decretação desta não pode ser requerida pela parte que lhe deu causa.

Art. 277. Quando a lei prescrever determinada forma, o juiz considerará válido o ato se, realizado de outro modo, lhe alcançar a finalidade.

Art. 278. A nulidade dos atos deve ser alegada na primeira oportunidade em que couber à parte falar nos autos, sob pena de preclusão.

Parágrafo único. Não se aplica o disposto no *caput* às nulidades que o juiz deva decretar de ofício, nem prevalece a preclusão provando a parte legítimo impedimento.

Art. 279. É nulo o processo quando o membro do Ministério Público não for intimado a acompanhar o feito em que deva intervir.

§ 1º Se o processo tiver tramitado sem conhecimento do membro do Ministério Público, o juiz invalidará os atos praticados a partir do momento em que ele deveria ter sido intimado.

§ 2º A nulidade só pode ser decretada após a intimação do Ministério Público, que se manifestará sobre a existência ou a inexistência de prejuízo.

Art. 280. As citações e as intimações serão nulas quando feitas sem observância das prescrições legais.

‣ arts. 238 a 259 e 269 a 275, CPC.

Art. 281. Anulado o ato, consideram-se de nenhum efeito todos os subsequentes que dele dependam, todavia, a nulidade de uma parte do ato não prejudicará as outras que dela sejam independentes.

Art. 282. Ao pronunciar a nulidade, o juiz declarará que atos são atingidos e ordenará as providências necessárias a fim de que sejam repetidos ou retificados.

§ 1º O ato não será repetido nem sua falta será suprida quando não prejudicar a parte.

§ 2º Quando puder decidir o mérito a favor da parte a quem aproveite a decretação da nulidade, o juiz não a pronunciará nem mandará repetir o ato ou suprir-lhe a falta.

Art. 283. O erro de forma do processo acarreta unicamente a anulação dos atos que não possam ser aproveitados, devendo ser praticados os que forem necessários a fim de se observarem as prescrições legais.

Parágrafo único. Dar-se-á o aproveitamento dos atos praticados desde que não resulte prejuízo à defesa de qualquer parte.

TÍTULO IV
DA DISTRIBUIÇÃO E DO REGISTRO

Art. 284. Todos os processos estão sujeitos a registro, devendo ser distribuídos onde houver mais de um juiz.

‣ art. 59, CPC.

Art. 285. A distribuição, que poderá ser eletrônica, será alternada e aleatória, obedecendo-se rigorosa igualdade.

Parágrafo único. A lista de distribuição deverá ser publicada no Diário de Justiça.

Art. 286. Serão distribuídas por dependência as causas de qualquer natureza:

I - quando se relacionarem, por conexão ou continência, com outra já ajuizada;

‣ arts. 54 a 58, CPC.

‣ Súm. 235, STJ.

II - quando, tendo sido extinto o processo sem resolução de mérito, for reiterado o pedido, ainda que em litisconsórcio com outros autores ou que sejam parcialmente alterados os réus da demanda;

‣ arts. 485 a 488, CPC.

III - quando houver ajuizamento de ações nos termos do art. 55, § 3º, ao juízo prevento.

Parágrafo único. Havendo intervenção de terceiro, reconvenção ou outra hipótese de ampliação objetiva do processo, o juiz, de ofício, mandará proceder à respectiva anotação pelo distribuidor.

Art. 287. A petição inicial deve vir acompanhada de procuração, que conterá os endereços do advogado, eletrônico e não eletrônico.

Parágrafo único. Dispensa-se a juntada da procuração:

I - no caso previsto no art. 104;

II - se a parte estiver representada pela Defensoria Pública;

‣ arts. 134 e 135, CF.

‣ LC 80/1994 (Lei Orgânica da Defensoria Pública).

III - se a representação decorrer diretamente de norma prevista na Constituição Federal ou em lei.

Art. 288. O juiz, de ofício ou a requerimento do interessado, corrigirá o erro ou compensará a falta de distribuição.

Art. 289. A distribuição poderá ser fiscalizada pela parte, por seu procurador, pelo Ministério Público e pela Defensoria Pública.

Art. 290. Será cancelada a distribuição do feito se a parte, intimada na pessoa de seu advogado, não realizar o pagamento das custas e despesas de ingresso em 15 (quinze) dias.

TÍTULO V
DO VALOR DA CAUSA

Art. 291. A toda causa será atribuído valor certo, ainda que não tenha conteúdo econômico imediatamente aferível.

‣ arts. 12, § 2º, IN 41/2018, TST.

Art. 292. O valor da causa constará da petição inicial ou da reconvenção e será:

‣ arts. 319, V, e 343, CPC.

I - na ação de cobrança de dívida, a soma monetariamente corrigida do principal, dos juros de mora vencidos e de outras penalidades, se houver, até a data de propositura da ação;

II - na ação que tiver por objeto a existência, a validade, o cumprimento, a modificação, a resolução, a resilição ou a rescisão de ato jurídico, o valor do ato ou o de sua parte controvertida;

III - na ação de alimentos, a soma de 12 (doze) prestações mensais pedidas pelo autor;

‣ art. 693, p.ún., CPC.

‣ Lei 5.478/1968 (Lei de alimentos).

IV - na ação de divisão, de demarcação e de reivindicação, o valor de avaliação da área ou do bem objeto do pedido;

‣ arts. 569 e ss., CPC.

V - na ação indenizatória, inclusive a fundada em dano moral, o valor pretendido;

‣ Súm. 326, STJ.

VI - na ação em que há cumulação de pedidos, a quantia correspondente à soma dos valores de todos eles;

‣ art. 327, CPC.

VII - na ação em que os pedidos são alternativos, o de maior valor;

‣ art. 325, CPC.

VIII - na ação em que houver pedido subsidiário, o valor do pedido principal.

§ 1º Quando se pedirem prestações vencidas e vincendas, considerar-se-á o valor de umas e outras.

§ 2º O valor das prestações vincendas será igual a uma prestação anual, se a obrigação for por tempo indeterminado ou por tempo superior a 1 (um) ano, e, se por tempo inferior, será igual à soma das prestações.

§ 3º O juiz corrigirá, de ofício e por arbitramento, o valor da causa quando verificar que não corresponde ao conteúdo patrimonial em discussão ou ao proveito econômico perseguido pelo autor, caso em que se procederá ao recolhimento das custas correspondentes.

Art. 293. O réu poderá impugnar, em preliminar da contestação, o valor atribuído à causa pelo autor, sob pena de preclusão, e o juiz decidirá a respeito, impondo, se for o caso, a complementação das custas.

LIVRO V
DA TUTELA PROVISÓRIA

TÍTULO I
DISPOSIÇÕES GERAIS

Art. 294. A tutela provisória pode fundamentar-se em urgência ou evidência.

Parágrafo único. A tutela provisória de urgência, cautelar ou antecipada, pode ser concedida em caráter antecedente ou incidental.

‣ Lei 8.437/1992 (Medidas Cautelares).

Art. 295. A tutela provisória requerida em caráter incidental independe do pagamento de custas.

Art. 296. A tutela provisória conserva sua eficácia na pendência do processo, mas pode, a qualquer tempo, ser revogada ou modificada.

Parágrafo único. Salvo decisão judicial em contrário, a tutela provisória conservará a eficácia durante o período de suspensão do processo.

Art. 297. O juiz poderá determinar as medidas que considerar adequadas para efetivação da tutela provisória.

Parágrafo único. A efetivação da tutela provisória observará as normas referentes ao cumprimento provisório da sentença, no que couber.

‣ arts. 520 e ss., CPC.

Art. 298. Na decisão que conceder, negar, modificar ou revogar a tutela provisória, o juiz motivará seu convencimento de modo claro e preciso.

‣ art. 93, IX, CF.

Art. 299. A tutela provisória será requerida ao juízo da causa e, quando antecedente, ao juízo competente para conhecer do pedido principal.

‣ Súm. 634 e 635, STF.

Parágrafo único. Ressalvada disposição especial, na ação de competência originária de tribunal e nos recursos a tutela provisória será requerida ao órgão jurisdicional competente para apreciar o mérito.

TÍTULO II
DA TUTELA DE URGÊNCIA

CAPÍTULO I
DISPOSIÇÕES GERAIS

Art. 300. A tutela de urgência será concedida quando houver elementos que evidenciem a probabilidade do direito e o perigo de dano ou o risco ao resultado útil do processo.

‣ art. 7º, § 5º, Lei 12.016/2009 (Mandado de segurança).

‣ art. 6º, § 12, Lei 11.101/2005 (Lei de Falências).

§ 1º Para a concessão da tutela de urgência, o juiz pode, conforme o caso, exigir caução real ou fidejussória idônea para ressarcir os danos que a outra parte possa vir a sofrer, podendo a caução ser dispensada se a parte economicamente hipossuficiente não puder oferecê-la.

§ 2º A tutela de urgência pode ser concedida liminarmente ou após justificação prévia.

§ 3º A tutela de urgência de natureza antecipada não será concedida quando houver perigo de irreversibilidade dos efeitos da decisão.

Art. 301. A tutela de urgência de natureza cautelar pode ser efetivada mediante arresto, sequestro, arrolamento de bens, registro de protesto contra alienação de bem e qualquer outra medida idônea para asseguração do direito.

‣ art. 855-A, §2º, CLT.

Art. 302. Independentemente da reparação por dano processual, a parte responde pelo prejuízo que a efetivação da tutela de urgência causar à parte adversa, se:

I - a sentença lhe for desfavorável;

II - obtida liminarmente a tutela em caráter antecedente, não fornecer os meios necessários para a citação do requerido no prazo de 5 (cinco) dias;

III - ocorrer a cessação da eficácia da medida em qualquer hipótese legal;

IV - o juiz acolher a alegação de decadência ou prescrição da pretensão do autor.

‣ arts. 189 a 211, CC.

Parágrafo único. A indenização será liquidada nos autos em que a medida tiver sido concedida, sempre que possível.

CAPÍTULO II
DO PROCEDIMENTO DA TUTELA ANTECIPADA REQUERIDA EM CARÁTER ANTECEDENTE

Art. 303. Nos casos em que a urgência for contemporânea à propositura da ação, a petição inicial pode limitar-se ao requerimento da tutela antecipada e à indicação do pedido de tutela final, com a exposição da lide, do direito que se busca realizar e do perigo de dano ou do risco ao resultado útil do processo.

‣ art. 305, p.ún., CPC.

§ 1º Concedida a tutela antecipada a que se refere o *caput* deste artigo:

I - o autor deverá aditar a petição inicial, com a complementação de sua argumentação, a juntada de novos documentos e a confirmação do pedido de tutela final, em 15 (quinze) dias ou em outro prazo maior que o juiz fixar;

II - o réu será citado e intimado para a audiência de conciliação ou de mediação na forma do art. 334;

III - não havendo autocomposição, o prazo para contestação será contado na forma do art. 335.

§ 2º Não realizado o aditamento a que se refere o inciso I do § 1º deste artigo, o processo será extinto sem resolução do mérito.

§ 3º O aditamento a que se refere o inciso I do § 1º deste artigo dar-se-á nos mesmos autos, sem incidência de novas custas processuais.

§ 4º Na petição inicial a que se refere o *caput* deste artigo, o autor terá de indicar o valor da causa, que deve levar em consideração o pedido de tutela final.

§ 5º O autor indicará na petição inicial, ainda, que pretende valer-se do benefício previsto no *caput* deste artigo.

§ 6º Caso entenda que não há elementos para a concessão de tutela antecipada, o órgão jurisdicional determinará a emenda da petição inicial em até 5 (cinco) dias, sob pena de ser indeferida e de o processo ser extinto sem resolução de mérito.

Art. 304. A tutela antecipada, concedida nos termos do art. 303, torna-se estável se da decisão que a conceder não for interposto o respectivo recurso.

§ 1º No caso previsto no *caput*, o processo será extinto.

§ 2º Qualquer das partes poderá demandar a outra com o intuito de rever, reformar ou invalidar a tutela antecipada estabilizada nos termos do *caput*.

§ 3º A tutela antecipada conservará seus efeitos enquanto não revista, reformada ou invalidada por decisão de mérito proferida na ação de que trata o § 2º.

§ 4º Qualquer das partes poderá requerer o desarquivamento dos autos em que foi concedida a medida, para instruir a petição inicial da ação a que se refere o § 2º, prevento o juízo em que a tutela antecipada foi concedida.

§ 5º O direito de rever, reformar ou invalidar a tutela antecipada, previsto no § 2º deste artigo, extingue-se após 2 (dois) anos, contados da ciência da decisão que extinguiu o processo, nos termos do § 1º.

§ 6º A decisão que concede a tutela não fará coisa julgada, mas a estabilidade dos respectivos efeitos só será afastada por decisão que a revir, reformar ou invalidar, proferida em ação ajuizada por uma das partes, nos termos do § 2º deste artigo.

CAPÍTULO III
DO PROCEDIMENTO DA TUTELA CAUTELAR REQUERIDA EM CARÁTER ANTECEDENTE

Art. 305. A petição inicial da ação que visa à prestação de tutela cautelar em caráter antecedente indicará a lide e seu fundamento, a exposição sumária do direito que se objetiva assegurar e o perigo de dano ou o risco ao resultado útil do processo.

Parágrafo único. Caso entenda que o pedido a que se refere o *caput* tem natureza antecipada, o juiz observará o disposto no art. 303.

Art. 306. O réu será citado para, no prazo de 5 (cinco) dias, contestar o pedido e indicar as provas que pretende produzir.

‣ arts. 369 a 484, CPC.

Art. 307. Não sendo contestado o pedido, os fatos alegados pelo autor presumir-se-ão aceitos pelo réu como ocorridos, caso em que o juiz decidirá dentro de 5 (cinco) dias.

Parágrafo único. Contestado o pedido no prazo legal, observar-se-á o procedimento comum.

Art. 308. Efetivada a tutela cautelar, o pedido principal terá de ser formulado pelo autor no prazo de 30 (trinta) dias, caso em que será apresentado nos mesmos autos em que deduzido o pedido de tutela cautelar, não dependendo do adiantamento de novas custas processuais.

‣ Súm. 482, STJ.

§ 1º O pedido principal pode ser formulado conjuntamente com o pedido de tutela cautelar.

§ 2º A causa de pedir poderá ser aditada no momento de formulação do pedido principal.

§ 3º Apresentado o pedido principal, as partes serão intimadas para a audiência de conciliação ou de mediação, na forma do art. 334, por seus advogados ou pessoalmente, sem necessidade de nova citação do réu.

§ 4º Não havendo autocomposição, o prazo para contestação será contado na forma do art. 335.

Art. 309. Cessa a eficácia da tutela concedida em caráter antecedente, se:

I - o autor não deduzir o pedido principal no prazo legal;

II - não for efetivada dentro de 30 (trinta) dias;

III - o juiz julgar improcedente o pedido principal formulado pelo autor ou extinguir o processo sem resolução de mérito.

‣ art. 485, CPC.

Parágrafo único. Se por qualquer motivo cessar a eficácia da tutela cautelar, é vedado à parte renovar o pedido, salvo sob novo fundamento.

Art. 310. O indeferimento da tutela cautelar não obsta a que a parte formule o pedido principal, nem influi no julgamento desse, salvo se o motivo do indeferimento for o reconhecimento de decadência ou de prescrição.

TÍTULO III
DA TUTELA DA EVIDÊNCIA

Art. 311. A tutela da evidência será concedida, independentemente da demonstração de perigo de dano ou de risco ao resultado útil do processo, quando:

I - ficar caracterizado o abuso do direito de defesa ou o manifesto propósito protelatório da parte;

‣ art. 139, III, CPC.

II - as alegações de fato puderem ser comprovadas apenas documentalmente e houver tese firmada em julgamento de casos repetitivos ou em súmula vinculante;

‣ art. 103-A, CF.

‣ arts. 926 a 928, CPC.

III - se tratar de pedido reipersecutório fundado em prova documental adequada do contrato de depósito, caso em que será decretada a ordem de entrega do objeto custodiado, sob cominação de multa;

IV - a petição inicial for instruída com prova documental suficiente dos fatos constitutivos do direito do autor, a que o réu não oponha prova capaz de gerar dúvida razoável.

Parágrafo único. Nas hipóteses dos incisos II e III, o juiz poderá decidir liminarmente.

LIVRO VI
DA FORMAÇÃO, DA SUSPENSÃO E DA EXTINÇÃO DO PROCESSO

TÍTULO I
DA FORMAÇÃO DO PROCESSO

Art. 312. Considera-se proposta a ação quando a petição inicial for protocolada, todavia, a propositura da ação só produz quanto ao réu os efeitos mencionados no art. 240 depois que for validamente citado.

TÍTULO II
DA SUSPENSÃO DO PROCESSO

Art. 313. Suspende-se o processo:

I - pela morte ou pela perda da capacidade processual de qualquer das partes, de seu representante legal ou de seu procurador;

‣ art. 485, IX, CPC.

II - pela convenção das partes;

III - pela arguição de impedimento ou de suspeição;

‣ art. 148, CPC.

IV- pela admissão de incidente de resolução de demandas repetitivas;

‣ arts. 976 a 987, CPC.

V - quando a sentença de mérito:

a) depender do julgamento de outra causa ou da declaração de existência ou de inexistência de relação jurídica que constitua o objeto principal de outro processo pendente;

b) tiver de ser proferida somente após a verificação de determinado fato ou a produção de certa prova, requisitada a outro juízo;

VI - por motivo de força maior;

‣ art. 393, p.ún., CC.

VII - quando se discutir em juízo questão decorrente de acidentes e fatos da navegação de competência do Tribunal Marítimo;

VIII - nos demais casos que este Código regula.

IX - pelo parto ou pela concessão de adoção, quando a advogada responsável pelo processo constituir a única patrona da causa; (Acrescentado pela Lei 13.363/2016.)

X - quando o advogado responsável pelo processo constituir o único patrono da causa e tornar-se pai. (Acrescentado pela Lei 13.363/2016.)

§ 1º Na hipótese do inciso I, o juiz suspenderá o processo, nos termos do art. 689.

‣ art. 110, CPC.

§ 2º Não ajuizada ação de habilitação, ao tomar conhecimento da morte, o juiz determinará a suspensão do processo e observará o seguinte:

I - falecido o réu, ordenará a intimação do autor para que promova a citação do respectivo espólio, de quem for o sucessor ou, se for o caso, dos herdeiros, no prazo que designar, de no mínimo 2 (dois) e no máximo 6 (seis) meses;

II - falecido o autor e sendo transmissível o direito em litígio, determinará a intimação de seu espólio, de quem for o sucessor ou, se for o caso, dos herdeiros, pelos meios de divulgação que reputar mais adequados, para que manifestem interesse na sucessão processual e promovam a respectiva habilitação no prazo designado, sob pena de extinção do processo sem resolução de mérito.

§ 3º No caso de morte do procurador de qualquer das partes, ainda que iniciada a audiência de instrução e julgamento, o juiz determinará que a parte constitua novo mandatário, no prazo de 15 (quinze) dias, ao final do qual extinguirá o processo sem resolução de mérito, se o autor não nomear novo mandatário, ou ordenará o prosseguimento do processo à revelia do réu, se falecido o procurador deste.

§ 4º O prazo de suspensão do processo nunca poderá exceder 1 (um) ano nas hipóteses do inciso V e 6 (seis) meses naquela prevista no inciso II.

§ 5º O juiz determinará o prosseguimento do processo assim que esgotados os prazos previstos no § 4º.

§ 6º No caso do inciso IX, o período de suspensão será de 30 (trinta) dias, contado a partir da data do parto ou da concessão da adoção, mediante apresentação de certidão de nascimento ou documento similar que comprove a realização do parto, ou de termo judicial que tenha concedido a adoção, desde que haja notificação ao cliente. (Acrescentado pela Lei 13.363/2016.)

§ 7º No caso do inciso X, o período de suspensão será de 8 (oito) dias, contado a partir da data do parto ou da concessão da adoção, mediante apresentação de certidão de nascimento ou documento similar que comprove a realização do parto, ou de termo judicial que tenha concedido a adoção, desde que haja notificação ao cliente. (Acrescentado pela Lei 13.363/2016.)

Art. 314. Durante a suspensão é vedado praticar qualquer ato processual, podendo o juiz, todavia, determinar a realização de atos urgentes a fim de evitar dano irreparável, salvo no caso de arguição de impedimento e de suspeição.

Art. 315. Se o conhecimento do mérito depender de verificação da existência de fato delituoso, o juiz pode determinar a suspensão do processo até que se pronuncie a justiça criminal.

‣ art. 935, CC.

‣ art. 103, § 4º, CDC.

‣ arts. 64 e 65, CPP.

§ 1º Se a ação penal não for proposta no prazo de 3 (três) meses, contado da intimação do ato de suspensão, cessará o efeito desse, incumbindo ao juiz cível examinar incidentemente a questão prévia.

§ 2º Proposta a ação penal, o processo ficará suspenso pelo prazo máximo de 1 (um) ano, ao final do qual aplicar-se-á o disposto na parte final do § 1º.

TÍTULO III
DA EXTINÇÃO DO PROCESSO

Art. 316. A extinção do processo dar-se-á por sentença.

Art. 317. Antes de proferir decisão sem resolução de mérito, o juiz deverá conceder à parte oportunidade para, se possível, corrigir o vício.

PARTE ESPECIAL

LIVRO I
DO PROCESSO DE CONHECIMENTO E DO CUMPRIMENTO DE SENTENÇA

TÍTULO I
DO PROCEDIMENTO COMUM

CAPÍTULO I
DISPOSIÇÕES GERAIS

Art. 318. Aplica-se a todas as causas o procedimento comum, salvo disposição em contrário deste Código ou de lei.

Parágrafo único. O procedimento comum aplica-se subsidiariamente aos demais procedimentos especiais e ao processo de execução.

CAPÍTULO II
DA PETIÇÃO INICIAL

SEÇÃO I
DOS REQUISITOS DA PETIÇÃO INICIAL

Art. 319. A petição inicial indicará:

‣ arts. 67, I; 68, I; e 71, Lei 8.245/1991 (Dispõe sobre a locação dos imóveis urbanos).
‣ art. 37, Lei 9.307/1996 (Arbitragem).

I - o juízo a que é dirigida;

II - os nomes, os prenomes, o estado civil, a existência de união estável, a profissão, o número de inscrição no Cadastro de Pessoas Físicas ou no Cadastro Nacional da Pessoa Jurídica, o endereço eletrônico, o domicílio e a residência do autor e do réu;

III - o fato e os fundamentos jurídicos do pedido;

IV - o pedido com as suas especificações;

V - o valor da causa;

‣ arts. 291 a 293, CPC.

VI - as provas com que o autor pretende demonstrar a verdade dos fatos alegados;

‣ arts. 369 a 484 e 1.047, CPC.

VII - a opção do autor pela realização ou não de audiência de conciliação ou de mediação.

‣ arts. 334 e ss., CPC.

§ 1º Caso não disponha das informações previstas no inciso II, poderá o autor, na petição inicial, requerer ao juiz diligências necessárias a sua obtenção.

§ 2º A petição inicial não será indeferida se, a despeito da falta de informações a que se refere o inciso II, for possível a citação do réu.

§ 3º A petição inicial não será indeferida pelo não atendimento ao disposto no inciso II deste artigo se a obtenção de tais informações tornar impossível ou excessivamente oneroso o acesso à justiça.

Art. 320. A petição inicial será instruída com os documentos indispensáveis à propositura da ação.

Art. 321. O juiz, ao verificar que a petição inicial não preenche os requisitos dos arts. 319 e 320 ou que apresenta defeitos e irregularidades capazes de dificultar o julgamento de mérito, determinará que o autor, no prazo de 15 (quinze) dias, a emende ou a complete, indicando com precisão o que deve ser corrigido ou completado.

‣ art. 106, Lei 11.101/2005 (Lei de falência).

Parágrafo único. Se o autor não cumprir a diligência, o juiz indeferirá a petição inicial.

SEÇÃO II
DO PEDIDO

Art. 322. O pedido deve ser certo.

§ 1º Compreendem-se no principal os juros legais, a correção monetária e as verbas de sucumbência, inclusive os honorários advocatícios.

§ 2º A interpretação do pedido considerará o conjunto da postulação e observará o princípio da boa-fé.

‣ art. 5º, CPC.

Art. 323. Na ação que tiver por objeto cumprimento de obrigação em prestações sucessivas, essas serão consideradas incluídas no pedido, independentemente de declaração expressa do autor, e serão incluídas na condenação, enquanto durar a obrigação, se o devedor, no curso do processo, deixar de pagá-las ou de consigná-las.

Art. 324. O pedido deve ser determinado.

§ 1º É lícito, porém, formular pedido genérico:

I - nas ações universais, se o autor não puder individuar os bens demandados;

II - quando não for possível determinar, desde logo, as consequências do ato ou do fato;

III - quando a determinação do objeto ou do valor da condenação depender de ato que deva ser praticado pelo réu.

§ 2º O disposto neste artigo aplica-se à reconvenção.

Art. 325. O pedido será alternativo quando, pela natureza da obrigação, o devedor puder cumprir a prestação de mais de um modo.

‣ arts. 252 a 256, CC.

Parágrafo único. Quando, pela lei ou pelo contrato, a escolha couber ao devedor, o juiz lhe assegurará o direito de cumprir a prestação de um ou de outro modo, ainda que o autor não tenha formulado pedido alternativo.

Art. 326. É lícito formular mais de um pedido em ordem subsidiária, a fim de que o juiz conheça do posterior, quando não acolher o anterior.

‣ art. 327, § 3º, CPC.

Parágrafo único. É lícito formular mais de um pedido, alternativamente, para que o juiz acolha um deles.

Art. 327. É lícita a cumulação, em um único processo, contra o mesmo réu, de vários pedidos, ainda que entre eles não haja conexão.

‣ Súm. 37 e 387, STJ.

§ 1º São requisitos de admissibilidade da cumulação que:

I - os pedidos sejam compatíveis entre si;

II - seja competente para conhecer deles o mesmo juízo;

III - seja adequado para todos os pedidos o tipo de procedimento.

§ 2º Quando, para cada pedido, corresponder tipo diverso de procedimento, será admitida a cumulação se o autor empregar o procedimento comum, sem prejuízo do emprego das técnicas processuais diferenciadas previstas nos procedimentos especiais a que se sujeitam um ou mais pedidos cumulados, que não forem incompatíveis com as disposições sobre o procedimento comum.

§ 3º O inciso I do § 1º não se aplica às cumulações de pedidos de que trata o art. 326.

Art. 328. Na obrigação indivisível com pluralidade de credores, aquele que não participou do processo receberá sua parte, deduzidas as despesas na proporção de seu crédito.

Art. 329. O autor poderá:

I - até a citação, aditar ou alterar o pedido ou a causa de pedir, independentemente de consentimento do réu;

II - até o saneamento do processo, aditar ou alterar o pedido e a causa de pedir, com consentimento do réu, assegurado o contraditório mediante a possibilidade de manifestação deste no prazo mínimo de 15 (quinze) dias, facultado o requerimento de prova suplementar.

Parágrafo único. Aplica-se o disposto neste artigo à reconvenção e à respectiva causa de pedir.

‣ art. 343, CPC.

SEÇÃO III
DO INDEFERIMENTO DA PETIÇÃO INICIAL

Art. 330. A petição inicial será indeferida quando:

I - for inepta;

II - a parte for manifestamente ilegítima;

III - o autor carecer de interesse processual;

IV - não atendidas as prescrições dos arts. 106 e 321.

§ 1º Considera-se inepta a petição inicial quando:

I - lhe faltar pedido ou causa de pedir;

II - o pedido for indeterminado, ressalvadas as hipóteses legais em que se permite o pedido genérico;

III - da narração dos fatos não decorrer logicamente a conclusão;

‣ Súm. 284 e 287, STF.

IV - contiver pedidos incompatíveis entre si.

§ 2º Nas ações que tenham por objeto a revisão de obrigação decorrente de empréstimo, de financiamento ou de alienação de bens, o autor terá de, sob pena de inépcia, discriminar na petição inicial, dentre as obrigações contratuais, aquelas que pretende controverter, além de quantificar o valor incontroverso do débito.

§ 3º Na hipótese do § 2º, o valor incontroverso deverá continuar a ser pago no tempo e modo contratados.

Art. 331. Indeferida a petição inicial, o autor poderá apelar, facultado ao juiz, no prazo de 5 (cinco) dias, retratar-se.

§ 1º Se não houver retratação, o juiz mandará citar o réu para responder ao recurso.

§ 2º Sendo a sentença reformada pelo tribunal, o prazo para a contestação começará a correr da intimação do retorno dos autos, observado o disposto no art. 334.

§ 3º Não interposta a apelação, o réu será intimado do trânsito em julgado da sentença.

CAPÍTULO III
DA IMPROCEDÊNCIA LIMINAR DO PEDIDO

Art. 332. Nas causas que dispensem a fase instrutória, o juiz, independentemente da citação do réu, julgará liminarmente improcedente o pedido que contrariar:

‣ art. 968, § 4º, CPC.

I - enunciado de súmula do Supremo Tribunal Federal ou do Superior Tribunal de Justiça;

‣ art. 927, II e IV, CPC.

II - acórdão proferido pelo Supremo Tribunal Federal ou pelo Superior Tribunal de Justiça em julgamento de recursos repetitivos;

‣ arts. 927, III, e 987, § 2º, CPC.

III - entendimento firmado em incidente de resolução de demandas repetitivas ou de assunção de competência;

‣ arts. 927, III, 928, e 976 e ss., CPC.

IV - enunciado de súmula de tribunal de justiça sobre direito local.

§ 1º O juiz também poderá julgar liminarmente improcedente o pedido se verificar, desde logo, a ocorrência de decadência ou de prescrição.

‣ arts. 189 a 211, CC.

§ 2º Não interposta a apelação, o réu será intimado do trânsito em julgado da sentença, nos termos do art. 241.

§ 3º Interposta a apelação, o juiz poderá retratar-se em 5 (cinco) dias.

‣ art. 485, § 7º, CPC.

§ 4º Se houver retratação, o juiz determinará o prosseguimento do processo, com a citação do réu, e, se não houver retratação, determinará a citação do réu para apresentar contrarrazões, no prazo de 15 (quinze) dias.

CAPÍTULO IV
DA CONVERSÃO DA AÇÃO INDIVIDUAL EM AÇÃO COLETIVA

Art. 333. (Vetado).

CAPÍTULO V
DA AUDIÊNCIA DE CONCILIAÇÃO OU DE MEDIAÇÃO

Art. 334. Se a petição inicial preencher os requisitos essenciais e não for o caso de improcedência liminar do pedido, o juiz designará audiência de conciliação ou de mediação com antecedência mínima de 30 (trinta) dias, devendo ser citado o réu com pelo menos 20 (vinte) dias de antecedência.

‣ art. 331, § 2º, CPC.

§ 1º O conciliador ou mediador, onde houver, atuará necessariamente na audiência de conciliação ou de mediação, observando o disposto neste Código, bem como as disposições da lei de organização judiciária.

§ 2º Poderá haver mais de uma sessão destinada à conciliação e à mediação, não podendo exceder a 2 (dois) meses da data de realização da primeira sessão, desde que necessárias à composição das partes.

§ 3º A intimação do autor para a audiência será feita na pessoa de seu advogado.

§ 4º A audiência não será realizada:

I - se ambas as partes manifestarem, expressamente, desinteresse na composição consensual;

II - quando não se admitir a autocomposição.

§ 5º O autor deverá indicar, na petição inicial, seu desinteresse na autocomposição, e o réu deverá fazê-lo, por petição, apresentada com 10 (dez) dias de antecedência, contados da data da audiência.

§ 6º Havendo litisconsórcio, o desinteresse na realização da audiência deve ser manifestado por todos os litisconsortes.

§ 7º A audiência de conciliação ou de mediação pode realizar-se por meio eletrônico, nos termos da lei.

§ 8º O não comparecimento injustificado do autor ou do réu à audiência de conciliação é considerado ato atentatório à dignidade da justiça e será sancionado com multa de até dois por cento da vantagem econômica pretendida ou do valor da causa, revertida em favor da União ou do Estado.

§ 9º As partes devem estar acompanhadas por seus advogados ou defensores públicos.

§ 10. A parte poderá constituir representante, por meio de procuração específica, com poderes para negociar e transigir.

§ 11. A autocomposição obtida será reduzida a termo e homologada por sentença.

§ 12. A pauta das audiências de conciliação ou de mediação será organizada de modo a respeitar o intervalo mínimo de 20 (vinte) minutos entre o início de uma e o início da seguinte.

CAPÍTULO VI
DA CONTESTAÇÃO

Art. 335. O réu poderá oferecer contestação, por petição, no prazo de 15 (quinze) dias, cujo termo inicial será a data:

I - da audiência de conciliação ou de mediação, ou da última sessão de conciliação, quando qualquer parte não comparecer ou, comparecendo, não houver autocomposição;

II - do protocolo do pedido de cancelamento da audiência de conciliação ou de mediação apresentado pelo réu, quando ocorrer a hipótese do art. 334, § 4º, inciso I;

III - prevista no art. 231, de acordo com o modo como foi feita a citação, nos demais casos.

§ 1º No caso de litisconsórcio passivo, ocorrendo a hipótese do art. 334, § 6º, o termo inicial previsto no inciso II será, para cada um dos réus, a data de apresentação de seu respectivo pedido de cancelamento da audiência.

§ 2º Quando ocorrer a hipótese do art. 334, § 4º, inciso II, havendo litisconsórcio passivo e o autor desistir da ação em relação a réu ainda não citado, o prazo para resposta correrá da data de intimação da decisão que homologar a desistência.

Art. 336. Incumbe ao réu alegar, na contestação, toda a matéria de defesa, expondo as razões de fato e de direito com que impugna o pedido do autor e especificando as provas que pretende produzir.

‣ art. 342, CPC.

Art. 337. Incumbe ao réu, antes de discutir o mérito, alegar:

‣ art. 351, CPC.

I - inexistência ou nulidade da citação;

‣ arts. 239 e 280, CPC.

II - incompetência absoluta e relativa;

‣ arts. 64 e 340, CPC.

III - incorreção do valor da causa;

‣ arts. 291 a 293, CPC.

IV - inépcia da petição inicial;

‣ art. 330, I, CPC.

V - perempção;

‣ art. 486, §3º, CPC.

VI - litispendência;

‣ art. 240, CPC.

VII - coisa julgada;

‣ arts. 502 a 508, CPC.

VIII - conexão;

‣ art. 55, CPC.

‣ Súm. 235, STJ.

IX - incapacidade da parte, defeito de representação ou falta de autorização;

‣ arts. 70 a 76, CPC.

X - convenção de arbitragem;

‣ Súm. 485, STJ.

‣ Lei 9.307/1996 (Arbitragem).

XI - ausência de legitimidade ou de interesse processual;

XII - falta de caução ou de outra prestação que a lei exige como preliminar;

‣ arts. 83, §1º, e 300, § 1º, CPC.

XIII - indevida concessão do benefício de gratuidade de justiça.

‣ art. 100, CPC.

‣ Lei 1.060/1950 (Assistência judiciária gratuita).

§ 1º Verifica-se a litispendência ou a coisa julgada quando se reproduz ação anteriormente ajuizada.

‣ art. 5º, XXXVI, CF.

§ 2º Uma ação é idêntica a outra quando possui as mesmas partes, a mesma causa de pedir e o mesmo pedido.

§ 3º Há litispendência quando se repete ação que está em curso.

§ 4º Há coisa julgada quando se repete ação que já foi decidida por decisão transitada em julgado.

§ 5º Excetuadas a convenção de arbitragem e a incompetência relativa, o juiz conhecerá de ofício das matérias enumeradas neste artigo.

‣ Lei 9.307/1996 (Arbitragem).

§ 6º A ausência de alegação da existência de convenção de arbitragem, na forma prevista neste Capítulo, implica aceitação da jurisdição estatal e renúncia ao juízo arbitral.

Art. 338. Alegando o réu, na contestação, ser parte ilegítima ou não ser o responsável pelo prejuízo invocado, o juiz facultará ao autor, em 15 (quinze) dias, a alteração da petição inicial para substituição do réu.

Parágrafo único. Realizada a substituição, o autor reembolsará as despesas e pagará os honorários ao procurador do réu excluído, que serão fixados entre três e cinco por cento do valor da causa ou, sendo este irrisório, nos termos do art. 85, § 8º.

Art. 339. Quando alegar sua ilegitimidade, incumbe ao réu indicar o sujeito passivo da relação jurídica discutida sempre que tiver conhecimento, sob pena de arcar com as despesas processuais e de indenizar o autor pelos prejuízos decorrentes da falta de indicação.

§ 1º O autor, ao aceitar a indicação, procederá, no prazo de 15 (quinze) dias, à alteração da petição inicial para a substituição do réu, observando-se, ainda, o parágrafo único do art. 338.

§ 2º No prazo de 15 (quinze) dias, o autor pode optar por alterar a petição inicial para incluir, como litisconsorte passivo, o sujeito indicado pelo réu.

Art. 340. Havendo alegação de incompetência relativa ou absoluta, a contestação poderá ser protocolada no foro de domicílio do réu, fato que será imediatamente comunicado ao juiz da causa, preferencialmente por meio eletrônico.

§ 1º A contestação será submetida a livre distribuição ou, se o réu houver sido citado por meio de carta precatória, juntada aos autos dessa carta, seguindo-se a sua imediata remessa para o juízo da causa.

§ 2º Reconhecida a competência do foro indicado pelo réu, o juízo para o qual for distribuída a contestação ou a carta precatória será considerado prevento.

§ 3º Alegada a incompetência nos termos do *caput*, será suspensa a realização da audiência de conciliação ou de mediação, se tiver sido designada.

§ 4º Definida a competência, o juízo competente designará nova data para a audiência de conciliação ou de mediação.

Art. 341. Incumbe também ao réu manifestar-se precisamente sobre as alegações de fato constantes da petição inicial, presumindo-se verdadeiras as não impugnadas, salvo se:

- art. 430, CPC.

I - não for admissível, a seu respeito, a confissão;

- art. 389, CPC.

II - a petição inicial não estiver acompanhada de instrumento que a lei considerar da substância do ato;

- arts. 108 e 215, CC.

III - estiverem em contradição com a defesa, considerada em seu conjunto.

Parágrafo único. O ônus da impugnação especificada dos fatos não se aplica ao defensor público, ao advogado dativo e ao curador especial.

Art. 342. Depois da contestação, só é lícito ao réu deduzir novas alegações quando:

I - relativas a direito ou a fato superveniente;

II - competir ao juiz conhecer delas de ofício;

III - por expressa autorização legal, puderem ser formuladas em qualquer tempo e grau de jurisdição.

CAPÍTULO VII
DA RECONVENÇÃO

Art. 343. Na contestação, é lícito ao réu propor reconvenção para manifestar pretensão própria, conexa com a ação principal ou com o fundamento da defesa.

- art. 16, § 3º, Lei 6.830/1980 (Execução Fiscal).
- art. 7º, Lei 9.289/1996 (Custas na Justiça Federal).
- Súm. 292, STJ; 258, STF.

§ 1º Proposta a reconvenção, o autor será intimado, na pessoa de seu advogado, para apresentar resposta no prazo de 15 (quinze) dias.

§ 2º A desistência da ação ou a ocorrência de causa extintiva que impeça o exame de seu mérito não obsta ao prosseguimento do processo quanto à reconvenção.

- arts. 90, 200, p.ún., CPC.

§ 3º A reconvenção pode ser proposta contra o autor e terceiro.

§ 4º A reconvenção pode ser proposta pelo réu em litisconsórcio com terceiro.

§ 5º Se o autor for substituto processual, o reconvinte deverá afirmar ser titular de direito em face do substituído, e a reconvenção deverá ser proposta em face do autor, também na qualidade de substituto processual.

§ 6º O réu pode propor reconvenção independentemente de oferecer contestação.

CAPÍTULO VIII
DA REVELIA

Art. 344. Se o réu não contestar a ação, será considerado revel e presumir-se-ão verdadeiras as alegações de fato formuladas pelo autor.

- arts. 348 e 355, II, CPC.

Art. 345. A revelia não produz o efeito mencionado no art. 344 se:

I - havendo pluralidade de réus, algum deles contestar a ação;

II - o litígio versar sobre direitos indisponíveis;

III - a petição inicial não estiver acompanhada de instrumento que a lei considere indispensável à prova do ato;

IV - as alegações de fato formuladas pelo autor forem inverossímeis ou estiverem em contradição com prova constante dos autos.

Art. 346. Os prazos contra o revel que não tenha patrono nos autos fluirão da data de publicação do ato decisório no órgão oficial.

Parágrafo único. O revel poderá intervir no processo em qualquer fase, recebendo-o no estado em que se encontrar.

- Súm. 231, STF.

CAPÍTULO IX
DAS PROVIDÊNCIAS PRELIMINARES E DO SANEAMENTO

Art. 347. Findo o prazo para a contestação, o juiz tomará, conforme o caso, as providências preliminares constantes das seções deste Capítulo.

SEÇÃO I
DA NÃO INCIDÊNCIA DOS EFEITOS DA REVELIA

Art. 348. Se o réu não contestar a ação, o juiz, verificando a inocorrência do efeito da revelia previsto no art. 344, ordenará que o autor especifique as provas que pretenda produzir, se ainda não as tiver indicado.

- art. 1.047, CPC.

Art. 349. Ao réu revel será lícita a produção de provas, contrapostas às alegações do autor, desde que se faça representar nos autos a tempo de praticar os atos processuais indispensáveis a essa produção.

SEÇÃO II
DO FATO IMPEDITIVO, MODIFICATIVO OU EXTINTIVO DO DIREITO DO AUTOR

Art. 350. Se o réu alegar fato impeditivo, modificativo ou extintivo do direito do autor, este será ouvido no prazo de 15 (quinze) dias, permitindo-lhe o juiz a produção de prova.

SEÇÃO III
DAS ALEGAÇÕES DO RÉU

Art. 351. Se o réu alegar qualquer das matérias enumeradas no art. 337, o juiz determinará a oitiva do autor no prazo de 15 (quinze) dias, permitindo-lhe a produção de prova.

Art. 352. Verificando a existência de irregularidades ou de vícios sanáveis, o juiz determinará sua correção em prazo nunca superior a 30 (trinta) dias.

Art. 353. Cumpridas as providências preliminares ou não havendo necessidade delas, o juiz proferirá julgamento conforme o estado do processo, observando o que dispõe o Capítulo X.

CAPÍTULO X
DO JULGAMENTO CONFORME O ESTADO DO PROCESSO

SEÇÃO I
DA EXTINÇÃO DO PROCESSO

Art. 354. Ocorrendo qualquer das hipóteses previstas nos arts. 485 e 487, incisos II e III, o juiz proferirá sentença.

Parágrafo único. A decisão a que se refere o *caput* pode dizer respeito a apenas parcela do processo, caso em que será impugnável por agravo de instrumento.

SEÇÃO II
DO JULGAMENTO ANTECIPADO DO MÉRITO

Art. 355. O juiz julgará antecipadamente o pedido, proferindo sentença com resolução de mérito, quando:

- art. 487, CPC.

I - não houver necessidade de produção de outras provas;

- arts. 369 a 484, CPC.

II - o réu for revel, ocorrer o efeito previsto no art. 344 e não houver requerimento de prova, na forma do art. 349.

‣ art. 550, § 4º, CPC.

SEÇÃO III
DO JULGAMENTO ANTECIPADO PARCIAL DO MÉRITO

Art. 356. O juiz decidirá parcialmente o mérito quando um ou mais dos pedidos formulados ou parcela deles:

I - mostrar-se incontroverso;

‣ art. 374, III, CPC.

II - estiver em condições de imediato julgamento, nos termos do art. 355.

§ 1º A decisão que julgar parcialmente o mérito poderá reconhecer a existência de obrigação líquida ou ilíquida.

§ 2º A parte poderá liquidar ou executar, desde logo, a obrigação reconhecida na decisão que julgar parcialmente o mérito, independentemente de caução, ainda que haja recurso contra essa interposto.

§ 3º Na hipótese do § 2º, se houver trânsito em julgado da decisão, a execução será definitiva.

§ 4º A liquidação e o cumprimento da decisão que julgar parcialmente o mérito poderão ser processados em autos suplementares, a requerimento da parte ou a critério do juiz.

§ 5º A decisão proferida com base neste artigo é impugnável por agravo de instrumento.

‣ art. 1.015, CPC.

SEÇÃO IV
DO SANEAMENTO E DA ORGANIZAÇÃO DO PROCESSO

Art. 357. Não ocorrendo nenhuma das hipóteses deste Capítulo, deverá o juiz, em decisão de saneamento e de organização do processo:

‣ Súm. 424, STJ.

I - resolver as questões processuais pendentes, se houver;

II - delimitar as questões de fato sobre as quais recairá a atividade probatória, especificando os meios de prova admitidos;

III - definir a distribuição do ônus da prova, observado o art. 373;

IV - delimitar as questões de direito relevantes para a decisão do mérito;

V - designar, se necessário, audiência de instrução e julgamento.

§ 1º Realizado o saneamento, as partes têm o direito de pedir esclarecimentos ou solicitar ajustes, no prazo comum de 5 (cinco) dias, findo o qual a decisão se torna estável.

§ 2º As partes podem apresentar ao juiz, para homologação, delimitação consensual das questões de fato e de direito a que se referem os incisos II e IV, a qual, se homologada, vincula as partes e o juiz.

§ 3º Se a causa apresentar complexidade em matéria de fato ou de direito, deverá o juiz designar audiência para que o saneamento seja feito em cooperação com as partes, oportunidade em que o juiz, se for o caso, convidará as partes a integrar ou esclarecer suas alegações.

§ 4º Caso tenha sido determinada a produção de prova testemunhal, o juiz fixará prazo comum não superior a 15 (quinze) dias para que as partes apresentem rol de testemunhas.

§ 5º Na hipótese do § 3º, as partes devem levar, para a audiência prevista, o respectivo rol de testemunhas.

§ 6º O número de testemunhas arroladas não pode ser superior a 10 (dez), sendo 3 (três), no máximo, para a prova de cada fato.

§ 7º O juiz poderá limitar o número de testemunhas levando em conta a complexidade da causa e dos fatos individualmente considerados.

§ 8º Caso tenha sido determinada a produção de prova pericial, o juiz deve observar o disposto no art. 465 e, se possível, estabelecer, desde logo, calendário para sua realização.

§ 9º As pautas deverão ser preparadas com intervalo mínimo de 1 (uma) hora entre as audiências.

CAPÍTULO XI
DA AUDIÊNCIA DE INSTRUÇÃO E JULGAMENTO

Art. 358. No dia e na hora designados, o juiz declarará aberta a audiência de instrução e julgamento e mandará apregoar as partes e os respectivos advogados, bem como outras pessoas que dela devam participar.

Art. 359. Instalada a audiência, o juiz tentará conciliar as partes, independentemente do emprego anterior de outros métodos de solução consensual de conflitos, como a mediação e a arbitragem.

‣ Lei 9.307/1996 (Arbitragem).

Art. 360. O juiz exerce o poder de polícia, incumbindo-lhe:

‣ art. 139, VII, 782, § 2º, 846, §2º, CPC.

I - manter a ordem e o decoro na audiência;

II - ordenar que se retirem da sala de audiência os que se comportarem inconvenientemente;

III - requisitar, quando necessário, força policial;

IV - tratar com urbanidade as partes, os advogados, os membros do Ministério Público e da Defensoria Pública e qualquer pessoa que participe do processo;

V - registrar em ata, com exatidão, todos os requerimentos apresentados em audiência.

Art. 361. As provas orais serão produzidas em audiência, ouvindo-se nesta ordem, preferencialmente:

I - o perito e os assistentes técnicos, que responderão aos quesitos de esclarecimentos requeridos no prazo e na forma do art. 477, caso não respondidos anteriormente por escrito;

II - o autor e, em seguida, o réu, que prestarão depoimentos pessoais;

III - as testemunhas arroladas pelo autor e pelo réu, que serão inquiridas.

Parágrafo único. Enquanto depuserem o perito, os assistentes técnicos, as partes e as testemunhas, não poderão os advogados e o Ministério Público intervir ou apartear, sem licença do juiz.

Art. 362. A audiência poderá ser adiada:

I - por convenção das partes;

II - se não puder comparecer, por motivo justificado, qualquer pessoa que dela deva necessariamente participar;

III - por atraso injustificado de seu início em tempo superior a 30 (trinta) minutos do horário marcado.

§ 1º O impedimento deverá ser comprovado até a abertura da audiência, e, não o sendo, o juiz procederá à instrução.

§ 2º O juiz poderá dispensar a produção das provas requeridas pela parte cujo advogado ou defensor público não tenha comparecido à audiência, aplicando-se a mesma regra ao Ministério Público.

§ 3º Quem der causa ao adiamento responderá pelas despesas acrescidas.

Art. 363. Havendo antecipação ou adiamento da audiência, o juiz, de ofício ou a requerimento da parte, determinará a intimação dos advogados ou da sociedade de advogados para ciência da nova designação.

Art. 364. Finda a instrução, o juiz dará a palavra ao advogado do autor e do réu, bem como ao membro do Ministério Público, se for o caso de sua intervenção, sucessivamente, pelo prazo de 20 (vinte) minutos para cada um, prorrogável por 10 (dez) minutos, a critério do juiz.

§ 1º Havendo litisconsorte ou terceiro interveniente, o prazo, que formará com o da prorrogação um só todo, dividir-se-á entre os do mesmo grupo, se não convencionarem de modo diverso.

§ 2º Quando a causa apresentar questões complexas de fato ou de direito, o debate oral poderá ser substituído por razões finais escritas, que serão apresentadas pelo autor e pelo réu, bem como pelo Ministério Público, se for o caso de sua intervenção, em prazos sucessivos de 15 (quinze) dias, assegurada vista dos autos.

Art. 365. A audiência é una e contínua, podendo ser excepcional e justificadamente cindida na ausência de perito ou de testemunha, desde que haja concordância das partes.

Parágrafo único. Diante da impossibilidade de realização da instrução, do debate e do julgamento no mesmo dia, o juiz marcará seu prosseguimento para a data mais próxima possível, em pauta preferencial.

Art. 366. Encerrado o debate ou oferecidas as razões finais, o juiz proferirá sentença em audiência ou no prazo de 30 (trinta) dias.

Art. 367. O servidor lavrará, sob ditado do juiz, termo que conterá, em resumo, o ocorrido na audiência, bem como, por extenso, os despachos, as decisões e a sentença, se proferida no ato.

§ 1º Quando o termo não for registrado em meio eletrônico, o juiz rubricar-lhe-á as folhas, que serão encadernadas em volume próprio.

§ 2º Subscreverão o termo o juiz, os advogados, o membro do Ministério Público e o escrivão ou chefe de secretaria, dispensadas as partes, exceto quando houver ato de disposição para cuja prática os advogados não tenham poderes.

§ 3º O escrivão ou chefe de secretaria trasladará para os autos cópia autêntica do termo de audiência.

§ 4º Tratando-se de autos eletrônicos, observar-se-á o disposto neste Código, em legislação específica e nas normas internas dos tribunais.

§ 5º A audiência poderá ser integralmente gravada em imagem e em áudio, em meio digital ou analógico, desde que assegure o rápido acesso das partes e dos órgãos julgadores, observada a legislação específica.

§ 6º A gravação a que se refere o § 5º também pode ser realizada diretamente por qualquer das partes, independentemente de autorização judicial.

Art. 368. A audiência será pública, ressalvadas as exceções legais.

CAPÍTULO XII
DAS PROVAS

- Dec. 9.039/2017 (Obtenção de provas no estrangeiro em matéria civil ou comercial).

SEÇÃO I
DISPOSIÇÕES GERAIS

Art. 369. As partes têm o direito de empregar todos os meios legais, bem como os moralmente legítimos, ainda que não especificados neste Código, para provar a verdade dos fatos em que se funda o pedido ou a defesa e influir eficazmente na convicção do juiz.

- art. 5º, LVI, CF.
- art. 212 a 232, CC.
- Lei 9.296/1966 (Interceptação telefônica).
- Súm. 231, STF.

Art. 370. Caberá ao juiz, de ofício ou a requerimento da parte, determinar as provas necessárias ao julgamento do mérito.

- art. 1.047, CPC.

Parágrafo único. O juiz indeferirá, em decisão fundamentada, as diligências inúteis ou meramente protelatórias.

Art. 371. O juiz apreciará a prova constante dos autos, independentemente do sujeito que a tiver promovido, e indicará na decisão as razões da formação de seu convencimento.

- art. 93, IX, CF.

Art. 372. O juiz poderá admitir a utilização de prova produzida em outro processo, atribuindo-lhe o valor que considerar adequado, observado o contraditório.

- art. 5º, LV, CF.

Art. 373. O ônus da prova incumbe:

- arts. 38 e 51, VI, CDC.

I - ao autor, quanto ao fato constitutivo de seu direito;

II - ao réu, quanto à existência de fato impeditivo, modificativo ou extintivo do direito do autor.

- Súm. 461, TST.

§ 1º Nos casos previstos em lei ou diante de peculiaridades da causa relacionadas à impossibilidade ou à excessiva dificuldade de cumprir o encargo nos termos do *caput* ou à maior facilidade de obtenção da prova do fato contrário, poderá o juiz atribuir o ônus da prova de modo diverso, desde que o faça por decisão fundamentada, caso em que deverá dar à parte a oportunidade de se desincumbir do ônus que lhe foi atribuído.

- art. 6º, VIII, CDC.

§ 2º A decisão prevista no § 1º deste artigo não pode gerar situação em que a desincumbência do encargo pela parte seja impossível ou excessivamente difícil.

§ 3º A distribuição diversa do ônus da prova também pode ocorrer por convenção das partes, salvo quando:

I - recair sobre direito indisponível da parte;

II - tornar excessivamente difícil a uma parte o exercício do direito.

§ 4º A convenção de que trata o § 3º pode ser celebrada antes ou durante o processo.

Art. 374. Não dependem de prova os fatos:

I - notórios;

II - afirmados por uma parte e confessados pela parte contrária;

III - admitidos no processo como incontroversos;

IV - em cujo favor milita presunção legal de existência ou de veracidade.

Art. 375. O juiz aplicará as regras de experiência comum subministradas pela observação do que ordinariamente acontece e, ainda, as regras de experiência técnica, ressalvado, quanto a estas, o exame pericial.

Art. 376. A parte que alegar direito municipal, estadual, estrangeiro ou consuetudinário provar-lhe-á o teor e a vigência, se assim o juiz determinar.

- art. 14, LINDB.

Art. 377. A carta precatória, a carta rogatória e o auxílio direto suspenderão o julgamento da causa no caso previsto no art. 313, inciso V, alínea "b", quando, tendo sido requeridos antes da decisão de saneamento, a prova neles solicitada for imprescindível.

- arts. 36, 69, I, 260 a 268, CPC.

Parágrafo único. A carta precatória e a carta rogatória não devolvidas no prazo ou concedidas sem efeito suspensivo poderão ser juntadas aos autos a qualquer momento.

Art. 378. Ninguém se exime do dever de colaborar com o Poder Judiciário para o descobrimento da verdade.

Art. 379. Preservado o direito de não produzir prova contra si própria, incumbe à parte:

I - comparecer em juízo, respondendo ao que lhe for interrogado;

II - colaborar com o juízo na realização de inspeção judicial que for considerada necessária;

III - praticar o ato que lhe for determinado.

- art. 5º, II, CF.

Art. 380. Incumbe ao terceiro, em relação a qualquer causa:

I - informar ao juiz os fatos e as circunstâncias de que tenha conhecimento;

- art. 5º, XIV, CF.

II - exibir coisa ou documento que esteja em seu poder.

Parágrafo único. Poderá o juiz, em caso de descumprimento, determinar, além da imposição de multa, outras medidas indutivas, coercitivas, mandamentais ou sub-rogatórias.

SEÇÃO II
DA PRODUÇÃO ANTECIPADA DA PROVA

Art. 381. A produção antecipada da prova será admitida nos casos em que:

I - haja fundado receio de que venha a tornar-se impossível ou muito difícil a verificação de certos fatos na pendência da ação;

II - a prova a ser produzida seja suscetível de viabilizar a autocomposição ou outro meio adequado de solução de conflito;

III - o prévio conhecimento dos fatos possa justificar ou evitar o ajuizamento de ação.

§ 1º O arrolamento de bens observará o disposto nesta Seção quando tiver por finalidade apenas a realização de documentação e não a prática de atos de apreensão.

§ 2º A produção antecipada da prova é da competência do juízo do foro onde esta deva ser produzida ou do foro de domicílio do réu.

§ 3º A produção antecipada da prova não previne a competência do juízo para a ação que venha a ser proposta.

§ 4º O juízo estadual tem competência para produção antecipada de prova requerida em face da União, de entidade autárquica ou de empresa pública federal se, na localidade, não houver vara federal.

- art. 109, § 3º, CF.

§ 5º Aplica-se o disposto nesta Seção àquele que pretender justificar a existência de algum fato ou relação jurídica para simples documento e sem caráter contencioso, que exporá, em petição circunstanciada, a sua intenção.

Art. 382. Na petição, o requerente apresentará as razões que justificam a necessidade de antecipação da prova e mencionará com precisão os fatos sobre os quais a prova há de recair.

§ 1º O juiz determinará, de ofício ou a requerimento da parte, a citação de interessados na produção da prova ou no fato a ser provado, salvo se inexistente caráter contencioso.

§ 2º O juiz não se pronunciará sobre a ocorrência ou a inocorrência do fato, nem sobre as respectivas consequências jurídicas.

§ 3º Os interessados poderão requerer a produção de qualquer prova no mesmo procedimento, desde que relacionada ao mesmo fato, salvo se a sua produção conjunta acarretar excessiva demora.

§ 4º Neste procedimento, não se admitirá defesa ou recurso, salvo contra decisão que indeferir totalmente a produção da prova pleiteada pelo requerente originário.

Art. 383. Os autos permanecerão em cartório durante 1 (um) mês para extração de cópias e certidões pelos interessados.

Parágrafo único. Findo o prazo, os autos serão entregues ao promovente da medida.

SEÇÃO III
DA ATA NOTARIAL

Art. 384. A existência e o modo de existir de algum fato podem ser atestados ou documentados, a requerimento do interessado, mediante ata lavrada por tabelião.

‣ art. 236, CF.

‣ art. 215, CC.

‣ art. 7º, III, Lei 8.935/1994 (Lei dos Cartórios).

Parágrafo único. Dados representados por imagem ou som gravados em arquivos eletrônicos poderão constar da ata notarial.

SEÇÃO IV
DO DEPOIMENTO PESSOAL

Art. 385. Cabe à parte requerer o depoimento pessoal da outra parte, a fim de que esta seja interrogada na audiência de instrução e julgamento, sem prejuízo do poder do juiz de ordená-lo de ofício.

§ 1º Se a parte, pessoalmente intimada para prestar depoimento pessoal e advertida da pena de confesso, não comparecer ou, comparecendo, se recusar a depor, o juiz aplicar-lhe-á a pena.

§ 2º É vedado a quem ainda não depôs assistir ao interrogatório da outra parte.

§ 3º O depoimento pessoal da parte que residir em comarca, seção ou subseção judiciária diversa daquela onde tramita o processo poderá ser colhido por meio de videoconferência ou outro recurso tecnológico de transmissão de sons e imagens em tempo real, o que poderá ocorrer, inclusive, durante a realização da audiência de instrução e julgamento.

Art. 386. Quando a parte, sem motivo justificado, deixar de responder ao que lhe for perguntado ou empregar evasivas, o juiz, apreciando as demais circunstâncias e os elementos de prova, declarará, na sentença, se houve recusa de depor.

Art. 387. A parte responderá pessoalmente sobre os fatos articulados, não podendo servir-se de escritos anteriormente preparados, permitindo-lhe o juiz, todavia, a consulta a notas breves, desde que objetivem completar esclarecimentos.

Art. 388. A parte não é obrigada a depor sobre fatos:

I - criminosos ou torpes que lhe forem imputados;

II - a cujo respeito, por estado ou profissão, deva guardar sigilo;

‣ art. 154, CP.

III - acerca dos quais não possa responder sem desonra própria, de seu cônjuge, de seu companheiro ou de parente em grau sucessível;

IV - que coloquem em perigo a vida do depoente ou das pessoas referidas no inciso III.

Parágrafo único. Esta disposição não se aplica às ações de estado e de família.

SEÇÃO V
DA CONFISSÃO

Art. 389. Há confissão, judicial ou extrajudicial, quando a parte admite a verdade de fato contrário ao seu interesse e favorável ao do adversário.

‣ art. 212, I, CC.

Art. 390. A confissão judicial pode ser espontânea ou provocada.

§ 1º A confissão espontânea pode ser feita pela própria parte ou por representante com poder especial.

§ 2º A confissão provocada constará do termo de depoimento pessoal.

Art. 391. A confissão judicial faz prova contra o confitente, não prejudicando, todavia, os litisconsortes.

Parágrafo único. Nas ações que versarem sobre bens imóveis ou direitos reais sobre imóveis alheios, a confissão de um cônjuge ou companheiro não valerá sem a do outro, salvo se o regime de casamento for o de separação absoluta de bens.

‣ arts. 1.687 e 1.688, CC.

Art. 392. Não vale como confissão a admissão, em juízo, de fatos relativos a direitos indisponíveis.

§ 1º A confissão será ineficaz se feita por quem não for capaz de dispor do direito a que se referem os fatos confessados.

§ 2º A confissão feita por um representante somente é eficaz nos limites em que este pode vincular o representado.

Art. 393. A confissão é irrevogável, mas pode ser anulada se decorreu de erro de fato ou de coação.

‣ art. 214, CC.

Parágrafo único. A legitimidade para a ação prevista no *caput* é exclusiva do confitente e pode ser transferida a seus herdeiros se ele falecer após a propositura.

Art. 394. A confissão extrajudicial, quando feita oralmente, só terá eficácia nos casos em que a lei não exija prova literal.

Art. 395. A confissão é, em regra, indivisível, não podendo a parte que a quiser invocar como prova aceitá-la no tópico que a beneficiar e rejeitá-la no que lhe for desfavorável, porém cindir-se-á quando o confitente a ela aduzir fatos novos, capazes de constituir fundamento de defesa de direito material ou de reconvenção.

SEÇÃO VI
DA EXIBIÇÃO DE DOCUMENTO OU COISA

‣ art. 1.015, VI, CPC.

Art. 396. O juiz pode ordenar que a parte exiba documento ou coisa que se encontre em seu poder.

Art. 397. O pedido formulado pela parte conterá:

I - a individuação, tão completa quanto possível, do documento ou da coisa;

II - a finalidade da prova, indicando os fatos que se relacionam com o documento ou com a coisa;

III - as circunstâncias em que se funda o requerente para afirmar que o documento ou a coisa existe e se acha em poder da parte contrária.

Art. 398. O requerido dará sua resposta nos 5 (cinco) dias subsequentes à sua intimação.

Parágrafo único. Se o requerido afirmar que não possui o documento ou a coisa, o juiz permitirá que o requerente prove, por qualquer meio, que a declaração não corresponde à verdade.

Art. 399. O juiz não admitirá a recusa se:

I - o requerido tiver obrigação legal de exibir;

‣ art. 195, CTN.

II - o requerido tiver aludido ao documento ou à coisa, no processo, com o intuito de constituir prova;

III - o documento, por seu conteúdo, for comum às partes.

Art. 400. Ao decidir o pedido, o juiz admitirá como verdadeiros os fatos que, por meio do documento ou da coisa, a parte pretendia provar se:

I - o requerido não efetuar a exibição nem fizer nenhuma declaração no prazo do art. 398;

II - a recusa for havida por ilegítima.

Parágrafo único. Sendo necessário, o juiz pode adotar medidas indutivas, coercitivas, mandamentais ou sub-rogatórias para que o documento seja exibido.

‣ arts. 139, IV, e 380, p.ún., e 403, p.ún., CPC.

Art. 401. Quando o documento ou a coisa estiver em poder de terceiro, o juiz ordenará sua citação para responder no prazo de 15 (quinze) dias.

Art. 402. Se o terceiro negar a obrigação de exibir ou a posse do documento ou da coisa, o juiz designará audiência especial, tomando-lhe o depoimento, bem como o das partes e, se necessário, o de testemunhas, e em seguida proferirá decisão.

Art. 403. Se o terceiro, sem justo motivo, se recusar a efetuar a exibição, o juiz ordenar-lhe-á que proceda ao respectivo depósito em cartório ou em outro lugar designado, no prazo de 5 (cinco) dias, impondo ao requerente que o ressarça pelas despesas que tiver.

Parágrafo único. Se o terceiro descumprir a ordem, o juiz expedirá mandado de apreensão, requisitando, se necessário, força policial, sem prejuízo da responsabilidade por crime de desobediência, pagamento de multa e outras medidas indutivas, coercitivas, mandamentais ou sub-

-rogatórias necessárias para assegurar a efetivação da decisão.

› arts. 139, IV, e 360, III, CPC.

› art. 330, CP.

Art. 404. A parte e o terceiro se escusam de exibir, em juízo, o documento ou a coisa se:

I - concernente a negócios da própria vida da família;

II - sua apresentação puder violar dever de honra;

› art. 5º, X, CF.

III - sua publicidade redundar em desonra à parte ou ao terceiro, bem como a seus parentes consanguíneos ou afins até o terceiro grau, ou lhes representar perigo de ação penal;

IV - sua exibição acarretar a divulgação de fatos a cujo respeito, por estado ou profissão, devam guardar segredo;

› art. 5º, XIV, CF.

› art. 154, CP.

› art. 8º, § 2º, Lei 7.347/1985 (Ação Civil Pública).

› art. 34, VII, Estatuto da OAB.

V - subsistirem outros motivos graves que, segundo o prudente arbítrio do juiz, justifiquem a recusa da exibição;

VI - houver disposição legal que justifique a recusa da exibição.

Parágrafo único. Se os motivos de que tratam os incisos I a VI do *caput* disserem respeito a apenas uma parcela do documento, a parte ou o terceiro exibirá a outra em cartório, para dela ser extraída cópia reprográfica, de tudo sendo lavrado auto circunstanciado.

SEÇÃO VII
DA PROVA DOCUMENTAL

SUBSEÇÃO I
DA FORÇA PROBANTE DOS DOCUMENTOS

Art. 405. O documento público faz prova não só da sua formação, mas também dos fatos que o escrivão, o chefe de secretaria, o tabelião ou o servidor declarar que ocorreram em sua presença.

› art. 215, CC.

Art. 406. Quando a lei exigir instrumento público como da substância do ato, nenhuma outra prova, por mais especial que seja, pode suprir-lhe a falta.

› arts. 108 e 215, CC.

Art. 407. O documento feito por oficial público incompetente ou sem a observância das formalidades legais, sendo subscrito pelas partes, tem a mesma eficácia probatória do documento particular.

Art. 408. As declarações constantes do documento particular escrito e assinado ou somente assinado presumem-se verdadeiras em relação ao signatário.

› art. 219, CC.

Parágrafo único. Quando, todavia, contiver declaração de ciência de determinado fato, o documento particular prova a ciência, mas não o fato em si, incumbindo o ônus de prová-lo ao interessado em sua veracidade.

Art. 409. A data do documento particular, quando a seu respeito surgir dúvida ou impugnação entre os litigantes, provar-se-á por todos os meios de direito.

Parágrafo único. Em relação a terceiros, considerar-se-á datado o documento particular:

I - no dia em que foi registrado;

II - desde a morte de algum dos signatários;

III - a partir da impossibilidade física que sobreveio a qualquer dos signatários;

IV - da sua apresentação em repartição pública ou em juízo;

V - do ato ou do fato que estabeleça, de modo certo, a anterioridade da formação do documento.

Art. 410. Considera-se autor do documento particular:

I - aquele que o fez e o assinou;

II - aquele por conta de quem ele foi feito, estando assinado;

III - aquele que, mandando compô-lo, não o firmou porque, conforme a experiência comum, não se costuma assinar, como livros empresariais e assentos domésticos.

Art. 411. Considera-se autêntico o documento quando:

I - o tabelião reconhecer a firma do signatário;

II - a autoria estiver identificada por qualquer outro meio legal de certificação, inclusive eletrônico, nos termos da lei;

III - não houver impugnação da parte contra quem foi produzido o documento.

Art. 412. O documento particular de cuja autenticidade não se duvida prova que o seu autor fez a declaração que lhe é atribuída.

Parágrafo único. O documento particular admitido expressa ou tacitamente é indivisível, sendo vedado à parte que pretende utilizar-se dele aceitar os fatos que lhe são favoráveis e recusar os que são contrários ao seu interesse, salvo se provar que estes não ocorreram.

Art. 413. O telegrama, o radiograma ou qualquer outro meio de transmissão tem a mesma força probatória do documento particular se o original constante da estação expedidora tiver sido assinado pelo remetente.

› art. 222, CC.

Parágrafo único. A firma do remetente poderá ser reconhecida pelo tabelião, declarando-se essa circunstância no original depositado na estação expedidora.

Art. 414. O telegrama ou o radiograma presume-se conforme com o original, provando as datas de sua expedição e de seu recebimento pelo destinatário.

Art. 415. As cartas e os registros domésticos provam contra quem os escreveu quando:

I - enunciam o recebimento de um crédito;

II - contêm anotação que visa a suprir a falta de título em favor de quem é apontado como credor;

III - expressam conhecimento de fatos para os quais não se exija determinada prova.

› art. 219, CC.

Art. 416. A nota escrita pelo credor em qualquer parte de documento representativo de obrigação, ainda que não assinada, faz prova em benefício do devedor.

› art. 112, CC.

Parágrafo único. Aplica-se essa regra tanto para o documento que o credor conservar em seu poder quanto para aquele que se achar em poder do devedor ou de terceiro.

Art. 417. Os livros empresariais provam contra seu autor, sendo lícito ao empresário, todavia, demonstrar, por todos os meios permitidos em direito, que os lançamentos não correspondem à verdade dos fatos.

› art. 19, Lei 5.474/1968 (Lei da duplicata).

Art. 418. Os livros empresariais que preencham os requisitos exigidos por lei provam a favor de seu autor no litígio entre empresários.

› art. 226, CC.

Art. 419. A escrituração contábil é indivisível, e, se dos fatos que resultam dos lançamentos, uns são favoráveis ao interesse de seu autor e outros lhe são contrários, ambos serão considerados em conjunto, como unidade.

Art. 420. O juiz pode ordenar, a requerimento da parte, a exibição integral dos livros empresariais e dos documentos do arquivo:

› art. 105, Lei 6.404/1976 (Lei da sociedade anônima).

› art. 22, Lei 11.101/2005 (Lei de falência).

I - na liquidação de sociedade;

II - na sucessão por morte de sócio;

III - quando e como determinar a lei.

Art. 421. O juiz pode, de ofício, ordenar à parte a exibição parcial dos livros e dos documentos, extraindo-se deles a suma que interessar ao litígio, bem como reproduções autenticadas.

› Súm. 260, STF.

Art. 422. Qualquer reprodução mecânica, como a fotográfica, a cinematográfica, a fonográfica ou de outra espécie, tem aptidão para fazer prova dos fatos ou das coisas representadas, se a sua conformidade com o documento original não for impugnada por aquele contra quem foi produzida.

› art. 225, CC.

§ 1º As fotografias digitais e as extraídas da rede mundial de computadores fazem prova das imagens que reproduzem, devendo, se impugnadas, ser apresentada a respectiva autenticação eletrônica ou, não sendo possível, realizada perícia.

§ 2º Se se tratar de fotografia publicada em jornal ou revista, será exigido um exemplar original do periódico, caso impugnada a veracidade pela outra parte.

§ 3º Aplica-se o disposto neste artigo à forma impressa de mensagem eletrônica.

Art. 423. As reproduções dos documentos particulares, fotográficas ou obtidas por outros processos de repetição, valem como certidões sempre que o escrivão ou o chefe de secretaria certificar sua conformidade com o original.

Art. 424. A cópia de documento particular tem o mesmo valor probante que o original, cabendo ao escrivão, intimadas as partes, proceder à conferência e certificar a conformidade entre a cópia e o original.

Art. 425. Fazem a mesma prova que os originais:

I - as certidões textuais de qualquer peça dos autos, do protocolo das audiências ou de outro livro a cargo do escrivão ou do chefe de secretaria, se extraídas por ele ou sob sua vigilância e por ele subscritas;

› art. 216, CC.

II - os traslados e as certidões extraídas por oficial público de instrumentos ou documentos lançados em suas notas;

› arts. 217 e 218, CC.

› art. 161, Lei 6.015/1973 (Lei de registros públicos).

III - as reproduções dos documentos públicos, desde que autenticadas por oficial público ou conferidas em cartório com os respectivos originais;

IV - as cópias reprográficas de peças do próprio processo judicial declaradas autênticas pelo advogado, sob sua responsabilidade pessoal, se não lhes for impugnada a autenticidade;

V - os extratos digitais de bancos de dados públicos e privados, desde que atestado pelo seu emitente, sob as penas da lei, que as informações conferem com o que consta na origem;

VI - as reproduções digitalizadas de qualquer documento público ou particular, quando juntadas aos autos pelos órgãos da justiça e seus auxiliares, pelo Ministério Público e seus auxiliares, pela Defensoria Pública e seus auxiliares, pelas procuradorias, pelas repartições públicas em geral e por advogados, ressalvada a alegação motivada e fundamentada de adulteração.

§ 1º Os originais dos documentos digitalizados mencionados no inciso VI deverão ser preservados pelo seu detentor até o final do prazo para propositura de ação rescisória.

§ 2º Tratando-se de cópia digital de título executivo extrajudicial ou de documento relevante à instrução do processo, o juiz poderá determinar seu depósito em cartório ou secretaria.

Art. 426. O juiz apreciará fundamentadamente a fé que deva merecer o documento, quando em ponto substancial e sem ressalva contiver entrelinha, emenda, borrão ou cancelamento.

Art. 427. Cessa a fé do documento público ou particular sendo-lhe declarada judicialmente a falsidade.

Parágrafo único. A falsidade consiste em:

I - formar documento não verdadeiro;

II - alterar documento verdadeiro.

Art. 428. Cessa a fé do documento particular quando:

I - for impugnada sua autenticidade e enquanto não se comprovar sua veracidade;

II - assinado em branco, for impugnado seu conteúdo, por preenchimento abusivo.

Parágrafo único. Dar-se-á abuso quando aquele que recebeu documento assinado com texto não escrito no todo ou em parte formá-lo ou completá-lo por si ou por meio de outrem, violando o pacto feito com o signatário.

Art. 429. Incumbe o ônus da prova quando:

I - se tratar de falsidade de documento ou de preenchimento abusivo, à parte que a arguir;

› art. 373, CPC.

II - se tratar de impugnação da autenticidade, à parte que produziu o documento.

› arts. 412 e 428, I, CPC.

SUBSEÇÃO II
DA ARGUIÇÃO DE FALSIDADE

Art. 430. A falsidade deve ser suscitada na contestação, na réplica ou no prazo de 15 (quinze) dias, contado a partir da intimação da juntada do documento aos autos.

Parágrafo único. Uma vez arguida, a falsidade será resolvida como questão incidental, salvo se a parte requerer que o juiz a decida como questão principal, nos termos do inciso II do art. 19.

Art. 431. A parte arguirá a falsidade expondo os motivos em que funda a sua pretensão e os meios com que provará o alegado.

Art. 432. Depois de ouvida a outra parte no prazo de 15 (quinze) dias, será realizado o exame pericial.

› art. 478, CPC.

Parágrafo único. Não se procederá ao exame pericial se a parte que produziu o documento concordar em retirá-lo.

Art. 433. A declaração sobre a falsidade do documento, quando suscitada como questão principal, constará da parte dispositiva da sentença e sobre ela incidirá também a autoridade da coisa julgada.

SUBSEÇÃO III
DA PRODUÇÃO DA PROVA DOCUMENTAL

Art. 434. Incumbe à parte instruir a petição inicial ou a contestação com os documentos destinados a provar suas alegações.

Parágrafo único. Quando o documento consistir em reprodução cinematográfica ou fonográfica, a parte deverá trazê-lo nos termos do *caput*, mas sua exposição será realizada em audiência, intimando-se previamente as partes.

Art. 435. É lícito às partes, em qualquer tempo, juntar aos autos documentos novos, quando destinados a fazer prova de fatos ocorridos depois dos articulados ou para contrapô-los aos que foram produzidos nos autos.

Parágrafo único. Admite-se também a juntada posterior de documentos formados após a petição inicial ou a contestação, bem como dos que se tornaram conhecidos, acessíveis ou disponíveis após esses atos, cabendo à parte que os produzir comprovar o motivo que a impediu de juntá-los anteriormente e incumbindo ao juiz, em qualquer caso, avaliar a conduta da parte de acordo com o art. 5º.

Art. 436. A parte, intimada a falar sobre documento constante dos autos, poderá:

I - impugnar a admissibilidade da prova documental;

II - impugnar sua autenticidade;

III - suscitar sua falsidade, com ou sem deflagração do incidente de arguição de falsidade;

IV - manifestar-se sobre seu conteúdo.

Parágrafo único. Nas hipóteses dos incisos II e III, a impugnação deverá basear-se em argumentação específica, não se admitindo alegação genérica de falsidade.

Art. 437. O réu manifestar-se-á na contestação sobre os documentos anexados à inicial, e o autor manifestar-se-á na réplica sobre os documentos anexados à contestação.

§ 1º Sempre que uma das partes requerer a juntada de documento aos autos, o juiz ouvirá, a seu respeito, a outra parte, que disporá do prazo de 15 (quinze) dias para adotar qualquer das posturas indicadas no art. 436.

§ 2º Poderá o juiz, a requerimento da parte, dilatar o prazo para manifestação sobre a prova documental produzida, levando em consideração a quantidade e a complexidade da documentação.

Art. 438. O juiz requisitará às repartições públicas, em qualquer tempo ou grau de jurisdição:

› art. 5º, XXXIII e XXXIV, b, CF.

I - as certidões necessárias à prova das alegações das partes;

› art. 1º, § 6º, Lei 4.717/1965 (Ação Popular).

› art. 8º, Lei 7.347/1985 (Ação Civil Pública).

II - os procedimentos administrativos nas causas em que forem interessados a União, os Estados, o Distrito Federal, os Municípios ou entidades da administração indireta.

› art. 41, p.ún., Lei 6.830/1980 (Execução Fiscal).

§ 1º Recebidos os autos, o juiz mandará extrair, no prazo máximo e improrrogável de 1 (um) mês, certidões ou reproduções fotográficas das peças que indicar e das que forem indicadas pelas partes, e, em seguida, devolverá os autos à repartição de origem.

§ 2º As repartições públicas poderão fornecer todos os documentos em meio eletrônico, conforme disposto em lei, certificando, pelo mesmo meio, que se trata de extrato fiel do que consta em seu banco de dados ou no documento digitalizado.

SEÇÃO VIII
DOS DOCUMENTOS ELETRÔNICOS

Art. 439. A utilização de documentos eletrônicos no processo convencional dependerá de sua conversão à forma impressa e da verificação de sua autenticidade, na forma da lei.

Art. 440. O juiz apreciará o valor probante do documento eletrônico não convertido, assegurado às partes o acesso ao seu teor.

Art. 441. Serão admitidos documentos eletrônicos produzidos e conservados com a observância da legislação específica.

SEÇÃO IX
DA PROVA TESTEMUNHAL

SUBSEÇÃO I
DA ADMISSIBILIDADE E DO VALOR DA PROVA TESTEMUNHAL

Art. 442. A prova testemunhal é sempre admissível, não dispondo a lei de modo diverso.

Art. 443. O juiz indeferirá a inquirição de testemunhas sobre fatos:

I - já provados por documento ou confissão da parte;

II - que só por documento ou por exame pericial puderem ser provados.

Art. 444. Nos casos em que a lei exigir prova escrita da obrigação, é admissível a prova testemunhal quando houver começo de prova por escrito, emanado da parte contra a qual se pretende produzir a prova.

Art. 445. Também se admite a prova testemunhal quando o credor não pode ou não podia, moral ou materialmente, obter a prova escrita da obrigação, em casos como o de parentesco, de depósito necessário ou de hospedagem em hotel ou em razão das práticas comerciais do local onde contraída a obrigação.

Art. 446. É lícito à parte provar com testemunhas:

I - nos contratos simulados, a divergência entre a vontade real e a vontade declarada;

› art. 167, § 1º, CC.

II - nos contratos em geral, os vícios de consentimento.

› arts. 138 a 157, CC.

Art. 447. Podem depor como testemunhas todas as pessoas, exceto as incapazes, impedidas ou suspeitas.

› art. 829, CLT.

§ 1º São incapazes:

I - o interdito por enfermidade ou deficiência mental;

II - o que, acometido por enfermidade ou retardamento mental, ao tempo em que ocorreram os fatos, não podia discerni-los, ou, ao tempo em que deve depor, não está habilitado a transmitir as percepções;

III - o que tiver menos de 16 (dezesseis) anos;

IV - o cego e o surdo, quando a ciência do fato depender dos sentidos que lhes faltam.

§ 2º São impedidos:

I - o cônjuge, o companheiro, o ascendente e o descendente em qualquer grau e o colateral, até o terceiro grau, de alguma das partes, por consanguinidade ou afinidade, salvo se o exigir o interesse público ou, tratando-se de causa relativa ao estado da pessoa, não se puder obter de outro modo a prova que o juiz repute necessária ao julgamento do mérito;

II - o que é parte na causa;

III - o que intervém em nome de uma parte, como o tutor, o representante legal da pessoa jurídica, o juiz, o advogado e outros que assistam ou tenham assistido as partes.

§ 3º São suspeitos:

I - o inimigo da parte ou o seu amigo íntimo;

II - o que tiver interesse no litígio.

§ 4º Sendo necessário, pode o juiz admitir o depoimento das testemunhas menores, impedidas ou suspeitas.

› art. 228, CC.

§ 5º Os depoimentos referidos no § 4º serão prestados independentemente de compromisso, e o juiz lhes atribuirá o valor que possam merecer.

Art. 448. A testemunha não é obrigada a depor sobre fatos:

I - que lhe acarretem grave dano, bem como ao seu cônjuge ou companheiro e aos seus parentes consanguíneos ou afins, em linha reta ou colateral, até o terceiro grau;

II - a cujo respeito, por estado ou profissão, deva guardar sigilo.

› art. 5º XIV, CF.

› arts. 153 e 154, CP.

› art. 207, CPP.

› arts. 116, VIII; e 132, IX, Lei 8.112/1990 (Lei dos servidores públicos).

› art. 7º, XIX, Estatuto da OAB.

Art. 449. Salvo disposição especial em contrário, as testemunhas devem ser ouvidas na sede do juízo.

Parágrafo único. Quando a parte ou a testemunha, por enfermidade ou por outro motivo relevante, estiver impossibilitada de comparecer, mas não de prestar depoimento, o juiz designará, conforme as circunstâncias, dia, hora e lugar para inquiri-la.

SUBSEÇÃO II
DA PRODUÇÃO DA PROVA TESTEMUNHAL

Art. 450. O rol de testemunhas conterá, sempre que possível, o nome, a profissão, o estado civil, a idade, o número de inscrição no Cadastro de Pessoas Físicas, o número de registro de identidade e o endereço completo da residência e do local de trabalho.

› art. 357, §4º, CPC.

Art. 451. Depois de apresentado o rol de que tratam os §§ 4º e 5º do art. 357, a parte só pode substituir a testemunha:

I - que falecer;

II - que, por enfermidade, não estiver em condições de depor;

III - que, tendo mudado de residência ou de local de trabalho, não for encontrada.

Art. 452. Quando for arrolado como testemunha, o juiz da causa:

I - declarar-se-á impedido, se tiver conhecimento de fatos que possam influir na decisão, caso em que será vedado à parte que o incluiu no rol desistir de seu depoimento;

II - se nada souber, mandará excluir o seu nome.

Art. 453. As testemunhas depõem, na audiência de instrução e julgamento, perante o juiz da causa, exceto:

I - as que prestam depoimento antecipadamente;

II - as que são inquiridas por carta.

§ 1º A oitiva de testemunha que residir em comarca, seção ou subseção judiciária diversa daquela onde tramita o processo poderá ser realizada por meio de videoconferência ou outro recurso tecnológico de transmissão e recepção de sons e imagens em tempo real, o que poderá ocorrer, inclusive, durante a audiência de instrução e julgamento.

§ 2º Os juízos deverão manter equipamento para a transmissão e recepção de sons e imagens a que se refere o § 1º.

Art. 454. São inquiridos em sua residência ou onde exercem sua função:

I - o presidente e o vice-presidente da República;

II - os ministros de Estado;

III - os ministros do Supremo Tribunal Federal, os conselheiros do Conselho Nacional de Justiça e os ministros do Superior Tribunal de Justiça, do Superior Tribunal Militar, do Tribunal Superior Eleitoral, do Tribunal Superior do Trabalho e do Tribunal de Contas da União;

IV - o procurador-geral da República e os conselheiros do Conselho Nacional do Ministério Público;

V - o advogado-geral da União, o procurador-geral do Estado, o procurador-geral do Município, o defensor público-geral federal e o defensor público-geral do Estado;

VI - os senadores e os deputados federais;

VII - os governadores dos Estados e do Distrito Federal;

VIII - o prefeito;

IX - os deputados estaduais e distritais;

X - os desembargadores dos Tribunais de Justiça, dos Tribunais Regionais Federais, dos Tribunais Regionais do Trabalho e dos Tribunais Regionais Eleitorais e os conselheiros dos Tribunais de Contas dos Estados e do Distrito Federal;

› art. 33, I, LC 35/1979 (Lei Orgânica da Magistratura Nacional).

XI - o procurador-geral de justiça;

› art. 40, I, Lei 8.625/1993 (Lei Orgânica do Ministério Público).

XII - o embaixador de país que, por lei ou tratado, concede idêntica prerrogativa a agente diplomático do Brasil.

§ 1º O juiz solicitará à autoridade que indique dia, hora e local a fim de ser inquirida, remetendo-lhe cópia da petição inicial ou da defesa oferecida pela parte que a arrolou como testemunha.

§ 2º Passado 1 (um) mês sem manifestação da autoridade, o juiz designará dia, hora e local para o depoimento, preferencialmente na sede do juízo.

§ 3º O juiz também designará dia, hora e local para o depoimento, quando a autoridade não comparecer, injustificadamente, à sessão agendada para a colheita de seu testemunho no dia, hora e local por ela mesma indicados.

Art. 455. Cabe ao advogado da parte informar ou intimar a testemunha por ele arrolada do dia, da hora e do local da audiência designada, dispensando-se a intimação do juízo.

§ 1º A intimação deverá ser realizada por carta com aviso de recebimento, cumprindo ao advogado juntar aos autos, com antecedência de pelo menos 3 (três) dias da data da audiência, cópia da correspondência de intimação e do comprovante de recebimento.

§ 2º A parte pode comprometer-se a levar a testemunha à audiência, independentemente da intimação de que trata o § 1º, presumindo-se, caso a testemunha não compareça, que a parte desistiu de sua inquirição.

§ 3º A inércia na realização da intimação a que se refere o § 1º importa desistência da inquirição da testemunha.

§ 4º A intimação será feita pela via judicial quando:

I - for frustrada a intimação prevista no § 1º deste artigo;

II - sua necessidade for devidamente demonstrada pela parte ao juiz;

III - figurar no rol de testemunhas servidor público ou militar, hipótese em que o juiz o requisitará ao chefe da repartição ou ao comando do corpo em que servir;

IV - a testemunha houver sido arrolada pelo Ministério Público ou pela Defensoria Pública;

V - a testemunha for uma daquelas previstas no art. 454.

§ 5º A testemunha que, intimada na forma do § 1º ou do § 4º, deixar de comparecer sem motivo justificado será conduzida e responderá pelas despesas do adiamento.

Art. 456. O juiz inquirirá as testemunhas separada e sucessivamente, primeiro as do autor e depois as do réu, e providenciará para que uma não ouça o depoimento das outras.

Parágrafo único. O juiz poderá alterar a ordem estabelecida no *caput* se as partes concordarem.

Art. 457. Antes de depor, a testemunha será qualificada, declarará ou confirmará seus dados e informará se tem relações de parentesco com a parte ou interesse no objeto do processo.

§ 1º É lícito à parte contraditar a testemunha, arguindo-lhe a incapacidade, o impedimento ou a suspeição, bem como, caso a testemunha negue os fatos que lhe são imputados, provar a contradita com documentos ou com testemunhas, até 3 (três), apresentadas no ato e inquiridas em separado.

§ 2º Sendo provados ou confessados os fatos a que se refere o § 1º, o juiz dispensará a testemunha ou lhe tomará o depoimento como informante.

§ 3º A testemunha pode requerer ao juiz que a escuse de depor, alegando os motivos previstos neste Código, decidindo o juiz de plano após ouvidas as partes.

Art. 458. Ao início da inquirição, a testemunha prestará o compromisso de dizer a verdade do que souber e lhe for perguntado.

Parágrafo único. O juiz advertirá à testemunha que incorre em sanção penal quem faz afirmação falsa, cala ou oculta a verdade.

‣ art. 342, CP.

Art. 459. As perguntas serão formuladas pelas partes diretamente à testemunha, começando pela que a arrolou, não admitindo o juiz aquelas que puderem induzir a resposta, não tiverem relação com as questões de fato objeto da atividade probatória ou importarem repetição de outra já respondida.

§ 1º O juiz poderá inquirir a testemunha tanto antes quanto depois da inquirição feita pelas partes.

§ 2º As testemunhas devem ser tratadas com urbanidade, não se lhes fazendo perguntas ou considerações impertinentes, capciosas ou vexatórias.

§ 3º As perguntas que o juiz indeferir serão transcritas no termo, se a parte o requerer.

Art. 460. O depoimento poderá ser documentado por meio de gravação.

§ 1º Quando digitado ou registrado por taquigrafia, estenotipia ou outro método idôneo de documentação, o depoimento será assinado pelo juiz, pelo depoente e pelos procuradores.

§ 2º Se houver recurso em processo em autos não eletrônicos, o depoimento somente será digitado quando for impossível o envio de sua documentação eletrônica.

§ 3º Tratando-se de autos eletrônicos, observar-se-á o disposto neste Código e na legislação específica sobre a prática eletrônica de atos processuais.

Art. 461. O juiz pode ordenar, de ofício ou a requerimento da parte:

I - a inquirição de testemunhas referidas nas declarações da parte ou das testemunhas;

II - a acareação de 2 (duas) ou mais testemunhas ou de alguma delas com a parte, quando, sobre fato determinado que possa influir na decisão da causa, divergirem as suas declarações.

§ 1º Os acareados serão reperguntados para que expliquem os pontos de divergência, reduzindo-se a termo o ato de acareação.

§ 2º A acareação pode ser realizada por videoconferência ou por outro recurso tecnológico de transmissão de sons e imagens em tempo real.

‣ art. 229, CPP.

Art. 462. A testemunha pode requerer ao juiz o pagamento da despesa que efetuou para comparecimento à audiência, devendo a parte pagá-la logo que arbitrada ou depositá-la em cartório dentro de 3 (três) dias.

Art. 463. O depoimento prestado em juízo é considerado serviço público.

Parágrafo único. A testemunha, quando sujeita ao regime da legislação trabalhista, não sofre, por comparecer à audiência, perda de salário nem desconto no tempo de serviço.

SEÇÃO X
DA PROVA PERICIAL

Art. 464. A prova pericial consiste em exame, vistoria ou avaliação.

‣ arts. 156 a 158 e 573, CPC.

§ 1º O juiz indeferirá a perícia quando:

I - a prova do fato não depender de conhecimento especial de técnico;

II - for desnecessária em vista de outras provas produzidas;

III - a verificação for impraticável.

§ 2º De ofício ou a requerimento das partes, o juiz poderá, em substituição à perícia, determinar a produção de prova técnica simplificada, quando o ponto controvertido for de menor complexidade.

§ 3º A prova técnica simplificada consistirá apenas na inquirição de especialista, pelo juiz, sobre ponto controvertido da causa que demande especial conhecimento científico ou técnico.

§ 4º Durante a arguição, o especialista, que deverá ter formação acadêmica específica na área objeto de seu depoimento, poderá valer-se de qualquer recurso tecnológico de transmissão de sons e imagens com o fim de esclarecer os pontos controvertidos da causa.

Art. 465. O juiz nomeará perito especializado no objeto da perícia e fixará de imediato o prazo para a entrega do laudo.

§ 1º Incumbe às partes, dentro de 15 (quinze) dias contados da intimação do despacho de nomeação do perito:

I - arguir o impedimento ou a suspeição do perito, se for o caso;

II - indicar assistente técnico;

III - apresentar quesitos.

§ 2º Ciente da nomeação, o perito apresentará em 5 (cinco) dias:

I - proposta de honorários;

II - currículo, com comprovação de especialização;

III - contatos profissionais, em especial o endereço eletrônico, para onde serão dirigidas as intimações pessoais.

§ 3º As partes serão intimadas da proposta de honorários para, querendo, manifestar-se no prazo comum de 5 (cinco) dias, após o que o juiz arbitrará o valor, intimando-se as partes para os fins do art. 95.

§ 4º O juiz poderá autorizar o pagamento de até cinquenta por cento dos honorários arbitrados a favor do perito no início dos trabalhos, devendo o remanescente ser pago apenas ao final, depois de entregue o laudo e prestados todos os esclarecimentos necessários.

§ 5º Quando a perícia for inconclusiva ou deficiente, o juiz poderá reduzir a remuneração inicialmente arbitrada para o trabalho.

§ 6º Quando tiver de realizar-se por carta, poder-se-á proceder à nomeação de perito e à indicação de assistentes técnicos no juízo ao qual se requisitar a perícia.

Art. 466. O perito cumprirá escrupulosamente o encargo que lhe foi cometido, independentemente de termo de compromisso.

§ 1º Os assistentes técnicos são de confiança da parte e não estão sujeitos a impedimento ou suspeição.

§ 2º O perito deve assegurar aos assistentes das partes o acesso e o acompanhamento das diligências e dos exames que realizar, com prévia comunicação, comprovada nos autos, com antecedência mínima de 5 (cinco) dias.

Art. 467. O perito pode escusar-se ou ser recusado por impedimento ou suspeição.

- arts. 156, § 4º, 157, § 1º, 158, e 465, § 1º, I, CPC.

Parágrafo único. O juiz, ao aceitar a escusa ou ao julgar procedente a impugnação, nomeará novo perito.

Art. 468. O perito pode ser substituído quando:

I - faltar-lhe conhecimento técnico ou científico;

II - sem motivo legítimo, deixar de cumprir o encargo no prazo que lhe foi assinado.

§ 1º No caso previsto no inciso II, o juiz comunicará a ocorrência à corporação profissional respectiva, podendo, ainda, impor multa ao perito, fixada tendo em vista o valor da causa e o possível prejuízo decorrente do atraso no processo.

§ 2º O perito substituído restituirá, no prazo de 15 (quinze) dias, os valores recebidos pelo trabalho não realizado, sob pena de ficar impedido de atuar como perito judicial pelo prazo de 5 (cinco) anos.

§ 3º Não ocorrendo a restituição voluntária de que trata o § 2º, a parte que tiver realizado o adiantamento dos honorários poderá promover execução contra o perito, na forma dos arts. 513 e seguintes deste Código, com fundamento na decisão que determinar a devolução do numerário.

Art. 469. As partes poderão apresentar quesitos suplementares durante a diligência, que poderão ser respondidos pelo perito previamente ou na audiência de instrução e julgamento.

Parágrafo único. O escrivão dará à parte contrária ciência da juntada dos quesitos aos autos.

Art. 470. Incumbe ao juiz:

I - indeferir quesitos impertinentes;

II - formular os quesitos que entender necessários ao esclarecimento da causa.

Art. 471. As partes podem, de comum acordo, escolher o perito, indicando-o mediante requerimento, desde que:

I - sejam plenamente capazes;

II - a causa possa ser resolvida por autocomposição.

§ 1º As partes, ao escolher o perito, já devem indicar os respectivos assistentes técnicos para acompanhar a realização da perícia, que se realizará em data e local previamente anunciados.

§ 2º O perito e os assistentes técnicos devem entregar, respectivamente, laudo e pareceres em prazo fixado pelo juiz.

§ 3º A perícia consensual substitui, para todos os efeitos, a que seria realizada por perito nomeado pelo juiz.

Art. 472. O juiz poderá dispensar prova pericial quando as partes, na inicial e na contestação, apresentarem, sobre as questões de fato, pareceres técnicos ou documentos elucidativos que considerar suficientes.

Art. 473. O laudo pericial deverá conter:

I - a exposição do objeto da perícia;

II - a análise técnica ou científica realizada pelo perito;

III - a indicação do método utilizado, esclarecendo-o e demonstrando ser predominantemente aceito pelos especialistas da área do conhecimento da qual se originou;

IV - resposta conclusiva a todos os quesitos apresentados pelo juiz, pelas partes e pelo órgão do Ministério Público.

§ 1º No laudo, o perito deve apresentar sua fundamentação em linguagem simples e com coerência lógica, indicando como alcançou suas conclusões.

§ 2º É vedado ao perito ultrapassar os limites de sua designação, bem como emitir opiniões pessoais que excedam o exame técnico ou científico do objeto da perícia.

§ 3º Para o desempenho de sua função, o perito e os assistentes técnicos podem valer-se de todos os meios necessários, ouvindo testemunhas, obtendo informações, solicitando documentos que estejam em poder da parte, de terceiros ou em repartições públicas, bem como instruir o laudo com planilhas, mapas, plantas, desenhos, fotografias ou outros elementos necessários ao esclarecimento do objeto da perícia.

Art. 474. As partes terão ciência da data e do local designados pelo juiz ou indicados pelo perito para ter início a produção da prova.

Art. 475. Tratando-se de perícia complexa que abranja mais de uma área de conhecimento especializado, o juiz poderá nomear mais de um perito, e a parte, indicar mais de um assistente técnico.

Art. 476. Se o perito, por motivo justificado, não puder apresentar o laudo dentro do prazo, o juiz poderá conceder-lhe, por uma vez, prorrogação pela metade do prazo originalmente fixado.

Art. 477. O perito protocolará o laudo em juízo, no prazo fixado pelo juiz, pelo menos 20 (vinte) dias antes da audiência de instrução e julgamento.

§ 1º As partes serão intimadas para, querendo, manifestar-se sobre o laudo do perito do juízo no prazo comum de 15 (quinze) dias, podendo o assistente técnico de cada uma das partes, em igual prazo, apresentar seu respectivo parecer.

§ 2º O perito do juízo tem o dever de, no prazo de 15 (quinze) dias, esclarecer ponto:

I - sobre o qual exista divergência ou dúvida de qualquer das partes, do juiz ou do órgão do Ministério Público;

II - divergente apresentado no parecer do assistente técnico da parte.

§ 3º Se ainda houver necessidade de esclarecimentos, a parte requererá ao juiz que mande intimar o perito ou o assistente técnico a comparecer à audiência de instrução e julgamento, formulando, desde logo, as perguntas, sob forma de quesitos.

§ 4º O perito ou o assistente técnico será intimado por meio eletrônico, com pelo menos 10 (dez) dias de antecedência da audiência.

Art. 478. Quando o exame tiver por objeto a autenticidade ou a falsidade de documento ou for de natureza médico-legal, o perito será escolhido, de preferência, entre os técnicos dos estabelecimentos oficiais especializados, a cujos diretores o juiz autorizará a remessa dos autos, bem como do material sujeito a exame.

§ 1º Nas hipóteses de gratuidade de justiça, os órgãos e as repartições oficiais deverão cumprir a determinação judicial com preferência, no prazo estabelecido.

§ 2º A prorrogação do prazo referido no § 1º pode ser requerida motivadamente.

§ 3º Quando o exame tiver por objeto a autenticidade da letra e da firma, o perito poderá requisitar, para efeito de comparação, documentos existentes em repartições públicas e, na falta destes, poderá requerer ao juiz que a pessoa a quem se atribuir a autoria do documento lance em folha de papel, por cópia ou sob ditado, dizeres diferentes, para fins de comparação.

Art. 479. O juiz apreciará a prova pericial de acordo com o disposto no art. 371, indicando na sentença os motivos que o levaram a considerar ou a deixar de considerar as conclusões do laudo, levando em conta o método utilizado pelo perito.

Art. 480. O juiz determinará, de ofício ou a requerimento da parte, a realização de nova perícia quando a matéria não estiver suficientemente esclarecida.

§ 1º A segunda perícia tem por objeto os mesmos fatos sobre os quais recaiu a primeira e destina-se a corrigir eventual omissão ou inexatidão dos resultados a que esta conduziu.

§ 2º A segunda perícia rege-se pelas disposições estabelecidas para a primeira.

§ 3º A segunda perícia não substitui a primeira, cabendo ao juiz apreciar o valor de uma e de outra.

SEÇÃO XI
DA INSPEÇÃO JUDICIAL

Art. 481. O juiz, de ofício ou a requerimento da parte, pode, em qualquer fase do processo, inspecionar pessoas ou coisas, a fim de se esclarecer sobre fato que interesse à decisão da causa.

Art. 482. Ao realizar a inspeção, o juiz poderá ser assistido por um ou mais peritos.

Art. 483. O juiz irá ao local onde se encontre a pessoa ou a coisa quando:

I - julgar necessário para a melhor verificação ou interpretação dos fatos que deva observar;

II - a coisa não puder ser apresentada em juízo sem consideráveis despesas ou graves dificuldades;

III - determinar a reconstituição dos fatos.

Parágrafo único. As partes têm sempre direito a assistir à inspeção, prestando esclarecimentos e fazendo observações que considerem de interesse para a causa.

‣ art. 126, p.ún., CF.

Art. 484. Concluída a diligência, o juiz mandará lavrar auto circunstanciado, mencionando nele tudo quanto for útil ao julgamento da causa.

Parágrafo único. O auto poderá ser instruído com desenho, gráfico ou fotografia.

CAPÍTULO XIII
DA SENTENÇA E DA COISA JULGADA

SEÇÃO I
DISPOSIÇÕES GERAIS

Art. 485. O juiz não resolverá o mérito quando:

‣ art. 6º, § 5º, Lei 12.016/2009 (Mandado de Segurança).

I - indeferir a petição inicial;

‣ arts. 321, p.ún., 330, 700, § 4º, 918, II, CPC.

II - o processo ficar parado durante mais de 1 (um) ano por negligência das partes;

III - por não promover os atos e as diligências que lhe incumbir, o autor abandonar a causa por mais de 30 (trinta) dias;

IV - verificar a ausência de pressupostos de constituição e de desenvolvimento válido e regular do processo;

V - reconhecer a existência de perempção, de litispendência ou de coisa julgada;

‣ art. 5º, XXXVI, CF.

‣ art. 337, V a VII, CPC.

VI - verificar ausência de legitimidade ou de interesse processual;

VII - acolher a alegação de existência de convenção de arbitragem ou quando o juízo arbitral reconhecer sua competência;

‣ Lei 9.307/1996 (Arbitragem).

VIII - homologar a desistência da ação;

IX - em caso de morte da parte, a ação for considerada intransmissível por disposição legal; e

X - nos demais casos prescritos neste Código.

§ 1º Nas hipóteses descritas nos incisos II e III, a parte será intimada pessoalmente para suprir a falta no prazo de 5 (cinco) dias.

§ 2º No caso do § 1º, quanto ao inciso II, as partes pagarão proporcionalmente as custas, e, quanto ao inciso III, o autor será condenado ao pagamento das despesas e dos honorários de advogado.

§ 3º O juiz conhecerá de ofício da matéria constante dos incisos IV, V, VI e IX, em qualquer tempo e grau de jurisdição, enquanto não ocorrer o trânsito em julgado.

§ 4º Oferecida a contestação, o autor não poderá, sem o consentimento do réu, desistir da ação.

§ 5º A desistência da ação pode ser apresentada até a sentença.

§ 6º Oferecida a contestação, a extinção do processo por abandono da causa pelo autor depende de requerimento do réu.

‣ Súm. 240, STJ.

§ 7º Interposta a apelação em qualquer dos casos de que tratam os incisos deste artigo, o juiz terá 5 (cinco) dias para retratar-se.

Art. 486. O pronunciamento judicial que não resolve o mérito não obsta a que a parte proponha de novo a ação.

§ 1º No caso de extinção em razão de litispendência e nos casos dos incisos I, IV, VI e VII do art. 485, a propositura da nova ação depende da correção do vício que levou à sentença sem resolução do mérito.

§ 2º A petição inicial, todavia, não será despachada sem a prova do pagamento ou do depósito das custas e dos honorários de advogado.

§ 3º Se o autor der causa, por 3 (três) vezes, a sentença fundada em abandono da causa, não poderá propor nova ação contra o réu com o mesmo objeto, ficando-lhe ressalvada, entretanto, a possibilidade de alegar em defesa o seu direito.

Art. 487. Haverá resolução de mérito quando o juiz:

I - acolher ou rejeitar o pedido formulado na ação ou na reconvenção;

II - decidir, de ofício ou a requerimento, sobre a ocorrência de decadência ou prescrição;

‣ arts. 189 a 211, CC.

III - homologar:

a) o reconhecimento da procedência do pedido formulado na ação ou na reconvenção;

b) a transação;

‣ arts. 840 a 850, CC.

c) a renúncia à pretensão formulada na ação ou na reconvenção.

Parágrafo único. Ressalvada a hipótese do § 1º do art. 332, a prescrição e a decadência não serão reconhecidas sem que antes seja dada às partes oportunidade de manifestar-se.

Art. 488. Desde que possível, o juiz resolverá o mérito sempre que a decisão for favorável à parte a quem aproveitaria eventual pronunciamento nos termos do art. 485.

SEÇÃO II
DOS ELEMENTOS E DOS EFEITOS DA SENTENÇA

Art. 489. São elementos essenciais da sentença:

I - o relatório, que conterá os nomes das partes, a identificação do caso, com a suma do pedido e da contestação, e o registro das principais ocorrências havidas no andamento do processo;

‣ art. 38, Lei 9.099/1995 (Juizados Especiais Cíveis e Criminais).

II - os fundamentos, em que o juiz analisará as questões de fato e de direito;

III - o dispositivo, em que o juiz resolverá as questões principais que as partes lhe submeterem.

§ 1º Não se considera fundamentada qualquer decisão judicial, seja ela interlocutória, sentença ou acórdão, que:

I - se limitar à indicação, à reprodução ou à paráfrase de ato normativo, sem explicar sua relação com a causa ou a questão decidida;

II - empregar conceitos jurídicos indeterminados, sem explicar o motivo concreto de sua incidência no caso;

III - invocar motivos que se prestariam a justificar qualquer outra decisão;

IV - não enfrentar todos os argumentos deduzidos no processo capazes de, em tese, infirmar a conclusão adotada pelo julgador;

V - se limitar a invocar precedente ou enunciado de súmula, sem identificar seus fundamentos determinantes nem demonstrar que o caso sob julgamento se ajusta àqueles fundamentos;

VI - deixar de seguir enunciado de súmula, jurisprudência ou precedente invocado pela parte, sem demonstrar a existência de distinção no caso em julgamento ou a superação do entendimento.

§ 2º No caso de colisão entre normas, o juiz deve justificar o objeto e os critérios gerais da ponderação efetuada, enunciando as razões que autorizam a interferência na norma afastada e as premissas fáticas que fundamentam a conclusão.

§ 3º A decisão judicial deve ser interpretada a partir da conjugação de todos os seus elementos e em conformidade com o princípio da boa-fé.

Art. 490. O juiz resolverá o mérito acolhendo ou rejeitando, no todo ou em parte, os pedidos formulados pelas partes.

Art. 491. Na ação relativa à obrigação de pagar quantia, ainda que formulado pedido genérico, a decisão definirá desde logo a extensão da obrigação, o índice de correção monetária, a taxa de juros, o termo inicial de ambos e a periodicidade da capitalização dos juros, se for o caso, salvo quando:

‣ Súm. 362, STJ.

I - não for possível determinar, de modo definitivo, o montante devido;

II - a apuração do valor devido depender da produção de prova de realização demorada ou excessivamente dispendiosa, assim reconhecida na sentença.

§ 1º Nos casos previstos neste artigo, seguir-se-á a apuração do valor devido por liquidação.

- arts. 509 a 512, CPC.

§ 2º O disposto no *caput* também se aplica quando o acórdão alterar a sentença.

Art. 492. É vedado ao juiz proferir decisão de natureza diversa da pedida, bem como condenar a parte em quantidade superior ou em objeto diverso do que lhe foi demandado.

Parágrafo único. A decisão deve ser certa, ainda que resolva relação jurídica condicional.

Art. 493. Se, depois da propositura da ação, algum fato constitutivo, modificativo ou extintivo do direito influir no julgamento do mérito, caberá ao juiz tomá-lo em consideração, de ofício ou a requerimento da parte, no momento de proferir a decisão.

Parágrafo único. Se constatar de ofício o fato novo, o juiz ouvirá as partes sobre ele antes de decidir.

Art. 494. Publicada a sentença, o juiz só poderá alterá-la:

- arts. 331, 332, § 3º, e 485, § 7º, CPC.

I - para corrigir-lhe, de ofício ou a requerimento da parte, inexatidões materiais ou erros de cálculo;

- art. 96, § 6º, RISTF.
- art. 103, § 2º, RISTJ.

II - por meio de embargos de declaração.

- Súm. 317, STF.
- arts. 1.022 a 1.026, CPC.

Art. 495. A decisão que condenar o réu ao pagamento de prestação consistente em dinheiro e a que determinar a conversão de prestação de fazer, de não fazer ou de dar coisa em prestação pecuniária valerão como título constitutivo de hipoteca judiciária.

- art. 1.489, CC.

§ 1º A decisão produz a hipoteca judiciária:

I - embora a condenação seja genérica;

II - ainda que o credor possa promover o cumprimento provisório da sentença ou esteja pendente arresto sobre bem do devedor;

III - mesmo que impugnada por recurso dotado de efeito suspensivo.

§ 2º A hipoteca judiciária poderá ser realizada mediante apresentação de cópia da sentença perante o cartório de registro imobiliário, independentemente de ordem judicial, de declaração expressa do juiz ou de demonstração de urgência.

§ 3º No prazo de até 15 (quinze) dias da data de realização da hipoteca, a parte informá-la-á ao juízo da causa, que determinará a intimação da outra parte para que tome ciência do ato.

§ 4º A hipoteca judiciária, uma vez constituída, implicará, para o credor hipotecário, o direito de preferência, quanto ao pagamento, em relação a outros credores, observada a prioridade no registro.

§ 5º Sobrevindo a reforma ou a invalidação da decisão que impôs o pagamento de quantia, a parte responderá, independentemente de culpa, pelos danos que a outra parte tiver sofrido em razão da constituição da garantia, devendo o valor da indenização ser liquidado e executado nos próprios autos.

SEÇÃO III
DA REMESSA NECESSÁRIA

Art. 496. Está sujeita ao duplo grau de jurisdição, não produzindo efeito senão depois de confirmada pelo tribunal, a sentença:

- art. 19, *caput*, Lei 4.717/1965 (Ação Popular).
- Súm. 45 e 325, STJ; 423, STF.
- art. 14, § 1º, Lei 12.016/2009 (Mandado de Segurança).

I - proferida contra a União, os Estados, o Distrito Federal, os Municípios e suas respectivas autarquias e fundações de direito público;

II - que julgar procedentes, no todo ou em parte, os embargos à execução fiscal.

- Lei 6.830/1980 (Execução Fiscal).
- art. 13, § 1º, LC 76/1993 (Desapropriação de imóvel rural por interesse social).

§ 1º Nos casos previstos neste artigo, não interposta a apelação no prazo legal, o juiz ordenará a remessa dos autos ao tribunal, e, se não o fizer, o presidente do respectivo tribunal avocá-los-á.

§ 2º Em qualquer dos casos referidos no § 1º, o tribunal julgará a remessa necessária.

§ 3º Não se aplica o disposto neste artigo quando a condenação ou o proveito econômico obtido na causa for de valor certo e líquido inferior a:

- Súm. 490, STJ.

I - 1.000 (mil) salários-mínimos para a União e as respectivas autarquias e fundações de direito público;

II - 500 (quinhentos) salários-mínimos para os Estados, o Distrito Federal, as respectivas autarquias e fundações de direito público e os Municípios que constituam capitais dos Estados;

III - 100 (cem) salários-mínimos para todos os demais Municípios e respectivas autarquias e fundações de direito público.

§ 4º Também não se aplica o disposto neste artigo quando a sentença estiver fundada em:

I - súmula de tribunal superior;

II - acórdão proferido pelo Supremo Tribunal Federal ou pelo Superior Tribunal de Justiça em julgamento de recursos repetitivos;

- arts. 1.036 a 1.041, CPC.

III - entendimento firmado em incidente de resolução de demandas repetitivas ou de assunção de competência;

- arts. 927, III, 928, e 976 e ss., CPC.

IV - entendimento coincidente com orientação vinculante firmada no âmbito administrativo do próprio ente público, consolidada em manifestação, parecer ou súmula administrativa.

SEÇÃO IV
DO JULGAMENTO DAS AÇÕES RELATIVAS ÀS PRESTAÇÕES DE FAZER, DE NÃO FAZER E DE ENTREGAR COISA

Art. 497. Na ação que tenha por objeto a prestação de fazer ou de não fazer, o juiz, se procedente o pedido, concederá a tutela específica ou determinará providências que assegurem a obtenção de tutela pelo resultado prático equivalente.

- arts. 233 a 242 e 247 a 251, CC.
- art. 84, *caput*, CDC.

Parágrafo único. Para a concessão da tutela específica destinada a inibir a prática, a reiteração ou a continuação de um ilícito, ou a sua remoção, é irrelevante a demonstração da ocorrência de dano ou da existência de culpa ou dolo.

Art. 498. Na ação que tenha por objeto a entrega de coisa, o juiz, ao conceder a tutela específica, fixará o prazo para o cumprimento da obrigação.

Parágrafo único. Tratando-se de entrega de coisa determinada pelo gênero e pela quantidade, o autor individualizá-la-á na petição inicial, se lhe couber a escolha, ou, se a escolha couber ao réu, este a entregará individualizada, no prazo fixado pelo juiz.

Art. 499. A obrigação somente será convertida em perdas e danos se o autor o requerer ou se impossível a tutela específica ou a obtenção de tutela pelo resultado prático equivalente.

- art. 84, § 1º, CDC.

Art. 500. A indenização por perdas e danos dar-se-á sem prejuízo da multa fixada periodicamente para compelir o réu ao cumprimento específico da obrigação.

- art. 84, § 2º, CDC.

Art. 501. Na ação que tenha por objeto a emissão de declaração de vontade, a sentença que julgar procedente o pedido, uma vez transitada em julgado, produzirá todos os efeitos da declaração não emitida.

SEÇÃO V
DA COISA JULGADA

Art. 502. Denomina-se coisa julgada material a autoridade que torna imutável e indiscutível a decisão de mérito não mais sujeita a recurso.

- art. 5º, XXXVI, CF.
- art. 485, V, CPC.
- art. 6º, § 3º, LINDB.
- Súm. 734, STF.

Art. 503. A decisão que julgar total ou parcialmente o mérito tem força de Lei nos limites da questão principal expressamente decidida.

§ 1º O disposto no *caput* aplica-se à resolução de questão prejudicial, decidida expressa e incidentemente no processo, se:

- art. 1.054, CPC.

I - dessa resolução depender o julgamento do mérito;

II - a seu respeito tiver havido contraditório prévio e efetivo, não se aplicando no caso de revelia;

III - o juízo tiver competência em razão da matéria e da pessoa para resolvê-la como questão principal.

§ 2º A hipótese do § 1º não se aplica se no processo houver restrições probatórias ou limitações à cognição que impeçam o aprofundamento da análise da questão prejudicial.

Art. 504. Não fazem coisa julgada:

I - os motivos, ainda que importantes para determinar o alcance da parte dispositiva da sentença;

II - a verdade dos fatos, estabelecida como fundamento da sentença.

Art. 505. Nenhum juiz decidirá novamente as questões já decididas relativas à mesma lide, salvo:

I - se, tratando-se de relação jurídica de trato continuado, sobreveio modificação no estado de fato ou de direito, caso em que poderá a parte pedir a revisão do que foi estatuído na sentença;

II - nos demais casos prescritos em lei.

Art. 506. A sentença faz coisa julgada às partes entre as quais é dada, não prejudicando terceiros.

▸ art. 16, Lei 7.347/1985 (Ação Civil Pública).

Art. 507. É vedado à parte discutir no curso do processo as questões já decididas a cujo respeito se operou a preclusão.

▸ art. 1.009, § 1º, CPC.

Art. 508. Transitada em julgado a decisão de mérito, considerar-se-ão deduzidas e repelidas todas as alegações e as defesas que a parte poderia opor tanto ao acolhimento quanto à rejeição do pedido.

CAPITULO XIV
DA LIQUIDAÇÃO DE SENTENÇA

Art. 509. Quando a sentença condenar ao pagamento de quantia ilíquida, proceder-se-á à sua liquidação, a requerimento do credor ou do devedor:

▸ Súm. 318 e 344, STJ.

I - por arbitramento, quando determinado pela sentença, convencionado pelas partes ou exigido pela natureza do objeto da liquidação;

II - pelo procedimento comum, quando houver necessidade de alegar e provar fato novo.

§ 1º Quando na sentença houver uma parte líquida e outra ilíquida, ao credor é lícito promover simultaneamente a execução daquela e, em autos apartados, a liquidação desta.

§ 2º Quando a apuração do valor depender apenas de cálculo aritmético, o credor poderá promover, desde logo, o cumprimento da sentença.

§ 3º O Conselho Nacional de Justiça desenvolverá e colocará à disposição dos interessados programa de atualização financeira.

§ 4º Na liquidação é vedado discutir de novo a lide ou modificar a sentença que a julgou.

Art. 510. Na liquidação por arbitramento, o juiz intimará as partes para a apresentação de pareceres ou documentos elucidativos, no prazo que fixar, e, caso não possa decidir de plano, nomeará perito, observando-se, no que couber, o procedimento da prova pericial.

Art. 511. Na liquidação pelo procedimento comum, o juiz determinará a intimação do requerido, na pessoa de seu advogado ou da sociedade de advogados a que estiver vinculado, para, querendo, apresentar contestação no prazo de 15 (quinze) dias, observando-se, a seguir, no que couber, o disposto no Livro I da Parte Especial deste Código.

Art. 512. A liquidação poderá ser realizada na pendência de recurso, processando-se em autos apartados no juízo de origem, cumprindo ao liquidante instruir o pedido com cópias das peças processuais pertinentes.

TÍTULO II
DO CUMPRIMENTO DA SENTENÇA

CAPÍTULO I
DISPOSIÇÕES GERAIS

Art. 513. O cumprimento da sentença será feito segundo as regras deste Título, observando-se, no que couber e conforme a natureza da obrigação, o disposto no Livro II da Parte Especial deste Código.

§ 1º O cumprimento da sentença que reconhece o dever de pagar quantia, provisório ou definitivo, far-se-á a requerimento do exequente.

§ 2º O devedor será intimado para cumprir a sentença:

I - pelo Diário da Justiça, na pessoa de seu advogado constituído nos autos;

II - por carta com aviso de recebimento, quando representado pela Defensoria Pública ou quando não tiver procurador constituído nos autos, ressalvada a hipótese do inciso IV;

III - por meio eletrônico, quando, no caso do § 1º do art. 246, não tiver procurador constituído nos autos;

IV - por edital, quando, citado na forma do art. 256, tiver sido revel na fase de conhecimento.

§ 3º Na hipótese do § 2º, incisos II e III, considera-se realizada a intimação quando o devedor houver mudado de endereço sem prévia comunicação ao juízo, observado o disposto no parágrafo único do art. 274.

§ 4º Se o requerimento a que alude o § 1º for formulado após 1 (um) ano do trânsito em julgado da sentença, a intimação será feita na pessoa do devedor, por meio de carta com aviso de recebimento encaminhada ao endereço constante dos autos, observado o disposto no parágrafo único do art. 274 e no § 3º deste artigo.

§ 5º O cumprimento da sentença não poderá ser promovido em face do fiador, do coobrigado ou do corresponsável que não tiver participado da fase de conhecimento.

Art. 514. Quando o juiz decidir relação jurídica sujeita a condição ou termo, o cumprimento da sentença dependerá de demonstração de que se realizou a condição ou de que ocorreu o termo.

▸ arts. 121 a 135, CC.

Art. 515. São títulos executivos judiciais, cujo cumprimento dar-se-á de acordo com os artigos previstos neste Título:

I - as decisões proferidas no processo civil que reconheçam a exigibilidade de obrigação de pagar quantia, de fazer, de não fazer ou de entregar coisa;

II - a decisão homologatória de autocomposição judicial;

III - a decisão homologatória de autocomposição extrajudicial de qualquer natureza;

IV - o formal e a certidão de partilha, exclusivamente em relação ao inventariante, aos herdeiros e aos sucessores a título singular ou universal;

V - o crédito de auxiliar da justiça, quando as custas, emolumentos ou honorários tiverem sido aprovados por decisão judicial;

VI - a sentença penal condenatória transitada em julgado;

VII - a sentença arbitral;

▸ art. 31, Lei 9.307/1996 (Arbitragem).

VIII - a sentença estrangeira homologada pelo Superior Tribunal de Justiça;

IX - a decisão interlocutória estrangeira, após a concessão do exequatur à carta rogatória pelo Superior Tribunal de Justiça;

▸ art. 105, I, i, CF

X - (Vetado).

§ 1º Nos casos dos incisos VI a IX, o devedor será citado no juízo cível para o cumprimento da sentença ou para a liquidação no prazo de 15 (quinze) dias.

§ 2º A autocomposição judicial pode envolver sujeito estranho ao processo e versar sobre relação jurídica que não tenha sido deduzida em juízo.

Art. 516. O cumprimento da sentença efetuar-se-á perante:

I - os tribunais, nas causas de sua competência originária;

II - o juízo que decidiu a causa no primeiro grau de jurisdição;

III - o juízo cível competente, quando se tratar de sentença penal condenatória, de sentença arbitral, de sentença estrangeira ou de acórdão proferido pelo Tribunal Marítimo.

Parágrafo único. Nas hipóteses dos incisos II e III, o exequente poderá optar pelo juízo do atual domicílio do executado, pelo juízo do local onde se encontrem os bens sujeitos à execução ou pelo juízo do local onde deva ser executada a obrigação de fazer ou de não fazer, casos em que a remessa dos autos do processo será solicitada ao juízo de origem.

Art. 517. A decisão judicial transitada em julgado poderá ser levada a protesto, nos termos da lei, depois de transcorrido o prazo para pagamento voluntário previsto no art. 523.

§ 1º Para efetivar o protesto, incumbe ao exequente apresentar certidão de teor da decisão.

§ 2º A certidão de teor da decisão deverá ser fornecida no prazo de 3 (três) dias e indicará o nome e a qualificação do exequente e do executado, o número do processo, o valor da dívida e a data de decurso do prazo para pagamento voluntário.

§ 3º O executado que tiver proposto ação rescisória para impugnar a decisão exequenda pode requerer, a suas expensas e sob sua responsabilidade, a anotação da propositura da ação à margem do título protestado.

§ 4º A requerimento do executado, o protesto será cancelado por determinação do juiz, mediante ofício a ser expedido ao cartório, no prazo de 3 (três) dias, contado da data de protocolo do requerimento, desde que comprovada a satisfação integral da obrigação.

Art. 518. Todas as questões relativas à validade do procedimento de cumprimento da sentença e dos atos executivos subsequentes poderão ser arguidas pelo executado nos próprios autos e nestes serão decididas pelo juiz.

Art. 519. Aplicam-se as disposições relativas ao cumprimento da sentença, provisório ou definitivo, e à liquidação, no que couber, às decisões que concederem tutela provisória.

› art. 297, p.ún., CPC.

CAPÍTULO II
DO CUMPRIMENTO PROVISÓRIO DA SENTENÇA QUE RECONHECE A EXIGIBILIDADE DE OBRIGAÇÃO DE PAGAR QUANTIA CERTA

Art. 520. O cumprimento provisório da sentença impugnada por recurso desprovido de efeito suspensivo será realizado da mesma forma que o cumprimento definitivo, sujeitando-se ao seguinte regime:

I - corre por iniciativa e responsabilidade do exequente, que se obriga, se a sentença for reformada, a reparar os danos que o executado haja sofrido;

II - fica sem efeito, sobrevindo decisão que modifique ou anule a sentença objeto da execução, restituindo-se as partes ao estado anterior e liquidando-se eventuais prejuízos nos mesmos autos;

III - se a sentença objeto de cumprimento provisório for modificada ou anulada apenas em parte, somente nesta ficará sem efeito a execução;

IV - o levantamento de depósito em dinheiro e a prática de atos que importem transferência de posse ou alienação de propriedade ou de outro direito real, ou dos quais possa resultar grave dano ao executado, dependem de caução suficiente e idônea, arbitrada de plano pelo juiz e prestada nos próprios autos.

§ 1º No cumprimento provisório da sentença, o executado poderá apresentar impugnação, se quiser, nos termos do art. 525.

§ 2º A multa e os honorários a que se refere o § 1º do art. 523 são devidos no cumprimento provisório de sentença condenatória ao pagamento de quantia certa.

§ 3º Se o executado comparecer tempestivamente e depositar o valor, com a finalidade de isentar-se da multa, o ato não será havido como incompatível com o recurso por ele interposto.

§ 4º A restituição ao estado anterior a que se refere o inciso II não implica o desfazimento da transferência de posse ou da alienação de propriedade ou de outro direito real eventualmente já realizada, ressalvado, sempre, o direito à reparação dos prejuízos causados ao executado.

§ 5º Ao cumprimento provisório de sentença que reconheça obrigação de fazer, de não fazer ou de dar coisa aplica-se, no que couber, o disposto neste Capítulo.

Art. 521. A caução prevista no inciso IV do art. 520 poderá ser dispensada nos casos em que:

I - o crédito for de natureza alimentar, independentemente de sua origem;

II - o credor demonstrar situação de necessidade;

III – pender o agravo do art. 1.042; (Alterado pela Lei 13.256/2016)

IV - a sentença a ser provisoriamente cumprida estiver em consonância com súmula da jurisprudência do Supremo Tribunal Federal ou do Superior Tribunal de Justiça ou em conformidade com acórdão proferido no julgamento de casos repetitivos.

Parágrafo único. A exigência de caução será mantida quando da dispensa possa resultar manifesto risco de grave dano de difícil ou incerta reparação.

Art. 522. O cumprimento provisório da sentença será requerido por petição dirigida ao juízo competente.

› arts. 513 e ss., CPC.

Parágrafo único. Não sendo eletrônicos os autos, a petição será acompanhada de cópias das seguintes peças do processo, cuja autenticidade poderá ser certificada pelo próprio advogado, sob sua responsabilidade pessoal:

I - decisão exequenda;

II - certidão de interposição do recurso não dotado de efeito suspensivo;

III - procurações outorgadas pelas partes;

IV - decisão de habilitação, se for o caso;

V - facultativamente, outras peças processuais consideradas necessárias para demonstrar a existência do crédito.

CAPÍTULO III
DO CUMPRIMENTO DEFINITIVO DA SENTENÇA QUE RECONHECE A EXIGIBILIDADE DE OBRIGAÇÃO DE PAGAR QUANTIA CERTA

Art. 523. No caso de condenação em quantia certa, ou já fixada em liquidação, e no caso de decisão sobre parcela incontroversa, o cumprimento definitivo da sentença far-se-á a requerimento do exequente, sendo o executado intimado para pagar o débito, no prazo de 15 (quinze) dias, acrescido de custas, se houver.

§ 1º Não ocorrendo pagamento voluntário no prazo do *caput*, o débito será acrescido de multa de dez por cento e, também, de honorários de advogado de dez por cento.

§ 2º Efetuado o pagamento parcial no prazo previsto no *caput*, a multa e os honorários previstos no § 1º incidirão sobre o restante.

§ 3º Não efetuado tempestivamente o pagamento voluntário, será expedido, desde logo, mandado de penhora e avaliação, seguindo-se os atos de expropriação.

Art. 524. O requerimento previsto no art. 523 será instruído com demonstrativo discriminado e atualizado do crédito, devendo a petição conter:

I - o nome completo, o número de inscrição no Cadastro de Pessoas Físicas ou no Cadastro Nacional da Pessoa Jurídica do exequente e do executado, observado o disposto no art. 319, §§ 1º a 3º;

II - o índice de correção monetária adotado;

III - os juros aplicados e as respectivas taxas;

IV - o termo inicial e o termo final dos juros e da correção monetária utilizados;

V - a periodicidade da capitalização dos juros, se for o caso;

VI - especificação dos eventuais descontos obrigatórios realizados;

VII - indicação dos bens passíveis de penhora, sempre que possível.

§ 1º Quando o valor apontado no demonstrativo aparentemente exceder os limites da condenação, a execução será iniciada pelo valor pretendido, mas a penhora terá por base a importância que o juiz entender adequada.

§ 2º Para a verificação dos cálculos, o juiz poderá valer-se de contabilista do juízo, que terá o prazo máximo de 30 (trinta) dias para efetuá-la, exceto se outro lhe for determinado.

§ 3º Quando a elaboração do demonstrativo depender de dados em poder de terceiros ou do executado, o juiz poderá requisitá-los, sob cominação do crime de desobediência.

› art. 330, CP.

§ 4º Quando a complementação do demonstrativo depender de dados adicionais em poder do executado, o juiz poderá, a requerimento do exequente, requisitá-los, fixando prazo de até 30 (trinta) dias para o cumprimento da diligência.

§ 5º Se os dados adicionais a que se refere o § 4º não forem apresentados pelo executado, sem justificativa, no prazo designado, reputar-se-ão corretos os cálculos apresentados pelo exequente apenas com base nos dados de que dispõe.

Art. 525. Transcorrido o prazo previsto no art. 523 sem o pagamento voluntário, inicia-se o prazo de 15 (quinze) dias para que o executado, independentemente de penhora ou nova intimação, apresente, nos próprios autos, sua impugnação.

› arts. 520, §1º, 536, §4º, CPC.

§ 1º Na impugnação, o executado poderá alegar:

I - falta ou nulidade da citação se, na fase de conhecimento, o processo correu à revelia;

› arts. 239 e 280, CPC.

II - ilegitimidade de parte;

› arts. 17, 485, VI, CPC.

III - inexequibilidade do título ou inexigibilidade da obrigação;

IV - penhora incorreta ou avaliação errônea;

› art. 831, CPC.

V - excesso de execução ou cumulação indevida de execuções;

VI - incompetência absoluta ou relativa do juízo da execução;

VII - qualquer causa modificativa ou extintiva da obrigação, como pagamento, novação, compensação, transação ou prescrição, desde que supervenientes à sentença.

› art. 33, § 3º, Lei 9.307/1996 (Arbitragem).

§ 2º A alegação de impedimento ou suspeição observará o disposto nos arts. 146 e 148.

§ 3º Aplica-se à impugnação o disposto no art. 229.

§ 4º Quando o executado alegar que o exequente, em excesso de execução, pleiteia quantia superior à resultante da sentença, cumprir-lhe-á declarar de imediato o valor que entende correto, apresentando demonstrativo discriminado e atualizado de seu cálculo.

§ 5º Na hipótese do § 4º, não apontado o valor correto ou não apresentado o demonstrativo, a impugnação será liminarmente rejeitada, se o excesso de execução for o seu único fundamento, ou, se houver outro, a impugnação será processada, mas o juiz não examinará a alegação de excesso de execução.

§ 6º A apresentação de impugnação não impede a prática dos atos executivos, inclusive os de expropriação, podendo o juiz, a requerimento do executado e desde que garantido o juízo com penhora, caução ou depósito suficientes, atribuir-lhe efeito suspensivo, se seus fundamentos forem relevantes e se o prosseguimento da execução for manifestamente suscetível de causar ao executado grave dano de difícil ou incerta reparação.

§ 7º A concessão de efeito suspensivo a que se refere o § 6º não impedirá a efetivação dos atos de substituição, de reforço ou de redução da penhora e de avaliação dos bens

§ 8º Quando o efeito suspensivo atribuído à impugnação disser respeito apenas a parte do objeto da execução, esta prosseguirá quanto à parte restante.

§ 9º A concessão de efeito suspensivo à impugnação deduzida por um dos executados não suspenderá a execução contra os que não impugnaram, quando o respectivo fundamento disser respeito exclusivamente ao impugnante.

§ 10. Ainda que atribuído efeito suspensivo à impugnação, é lícito ao exequente requerer o prosseguimento da execução, oferecendo e prestando, nos próprios autos, caução suficiente e idônea a ser arbitrada pelo juiz.

§ 11. As questões relativas a fato superveniente ao término do prazo para apresentação da impugnação, assim como aquelas relativas à validade e à adequação da penhora, da avaliação e dos atos executivos subsequentes, podem ser arguidas por simples petição, tendo o executado, em qualquer dos casos, o prazo de 15 (quinze) dias para formular esta arguição, contado da comprovada ciência do fato ou da intimação do ato.

§ 12. Para efeito do disposto no inciso III do § 1º deste artigo, considera-se também inexigível a obrigação reconhecida em título executivo judicial fundado em lei ou ato normativo considerado inconstitucional pelo Supremo Tribunal Federal, ou fundado em aplicação ou interpretação da lei ou do ato normativo tido pelo Supremo Tribunal Federal como incompatível com a Constituição Federal, em controle de constitucionalidade concentrado ou difuso.

› art. 102, CF.

› Súm. 487, STJ.

§ 13. No caso do § 12, os efeitos da decisão do Supremo Tribunal Federal poderão ser modulados no tempo, em atenção à segurança jurídica.

§ 14. A decisão do Supremo Tribunal Federal referida no § 12 deve ser anterior ao trânsito em julgado da decisão exequenda.

› art. 1.057, CPC.

§ 15. Se a decisão referida no § 12 for proferida após o trânsito em julgado da decisão exequenda, caberá ação rescisória, cujo prazo será contado do trânsito em julgado da decisão proferida pelo Supremo Tribunal Federal.

› art. 1.057, CPC.

Art. 526. É lícito ao réu, antes de ser intimado para o cumprimento da sentença, comparecer em juízo e oferecer em pagamento o valor que entender devido, apresentando memória discriminada do cálculo.

§ 1º O autor será ouvido no prazo de 5 (cinco) dias, podendo impugnar o valor depositado, sem prejuízo do levantamento do depósito a título de parcela incontroversa.

§ 2º Concluindo o juiz pela insuficiência do depósito, sobre a diferença incidirão multa de dez por cento e honorários advocatícios, também fixados em dez por cento, seguindo-se a execução com penhora e atos subsequentes.

§ 3º Se o autor não se opuser, o juiz declarará satisfeita a obrigação e extinguirá o processo.

Art. 527. Aplicam-se as disposições deste Capítulo ao cumprimento provisório da sentença, no que couber.

CAPÍTULO IV
DO CUMPRIMENTO DE SENTENÇA QUE RECONHEÇA A EXIGIBILIDADE DE OBRIGAÇÃO DE PRESTAR ALIMENTOS

Art. 528. No cumprimento de sentença que condene ao pagamento de prestação alimentícia ou de decisão interlocutória que fixe alimentos, o juiz, a requerimento do exequente, mandará intimar o executado pessoalmente para, em 3 (três) dias, pagar o débito, provar que o fez ou justificar a impossibilidade de efetuá-lo.

› art. 5º, LXVII, CF.

› arts. 1.694 a 1.710, CC.

› Súm. 144, STJ.

§ 1º Caso o executado, no prazo referido no *caput*, não efetue o pagamento, não prove que o efetuou ou não apresente justificativa da impossibilidade de efetuá-lo, o juiz mandará protestar o pronunciamento judicial, aplicando-se, no que couber, o disposto no art. 517.

§ 2º Somente a comprovação de fato que gere a impossibilidade absoluta de pagar justificará o inadimplemento.

§ 3º Se o executado não pagar ou se a justificativa apresentada não for aceita, o juiz, além de mandar protestar o pronunciamento judicial na forma do § 1º, decretar-lhe-á a prisão pelo prazo de 1 (um) a 3 (três) meses.

› art. 5º, LXVII, CF.

› art. 7º, 7, Pacto de San José da Costa Rica.

§ 4º A prisão será cumprida em regime fechado, devendo o preso ficar separado dos presos comuns.

§ 5º O cumprimento da pena não exime o executado do pagamento das prestações vencidas e vincendas.

§ 6º Paga a prestação alimentícia, o juiz suspenderá o cumprimento da ordem de prisão.

§ 7º O débito alimentar que autoriza a prisão civil do alimentante é o que compreende até as 3 (três) prestações anteriores ao ajuizamento da execução e as que se vencerem no curso do processo.

› Súm. 309, STJ.

§ 8º O exequente pode optar por promover o cumprimento da sentença ou decisão desde logo, nos termos do disposto neste Livro, Título II, Capítulo III, caso em que não será admissível a prisão do executado, e, recaindo a penhora em dinheiro, a concessão de efeito suspensivo à impugnação não obsta a que o exequente levante mensalmente a importância da prestação.

§ 9º Além das opções previstas no art. 516, parágrafo único, o exequente pode promover o cumprimento da sentença ou decisão que condena ao pagamento de prestação alimentícia no juízo de seu domicílio.

Art. 529. Quando o executado for funcionário público, militar, diretor ou gerente de empresa ou empregado sujeito à legislação do trabalho, o exequente poderá requerer o desconto em folha de pagamento da importância da prestação alimentícia.

- art. 1.701, p.ún., CC.
- art. 462, CLT.
- art. 115, IV, Lei 8.213/1991 (Previdência Social).

§ 1º Ao proferir a decisão, o juiz oficiará à autoridade, à empresa ou ao empregador, determinando, sob pena de crime de desobediência, o desconto a partir da primeira remuneração posterior do executado, a contar do protocolo do ofício.

- art. 330, CP.
- art. 5º, § 7º, Lei 5.478/1968 (Lei de alimentos).

§ 2º O ofício conterá o nome e o número de inscrição no Cadastro de Pessoas Físicas do exequente e do executado, a importância a ser descontada mensalmente, o tempo de sua duração e a conta na qual deve ser feito o depósito.

§ 3º Sem prejuízo do pagamento dos alimentos vincendos, o débito objeto de execução pode ser descontado dos rendimentos ou rendas do executado, de forma parcelada, nos termos do *caput* deste artigo, contanto que, somado à parcela devida, não ultrapasse cinquenta por cento de seus ganhos líquidos.

Art. 530. Não cumprida a obrigação, observar-se-á o disposto nos arts. 831 e seguintes.

Art. 531. O disposto neste Capítulo aplica-se aos alimentos definitivos ou provisórios.

§ 1º A execução dos alimentos provisórios, bem como a dos alimentos fixados em sentença ainda não transitada em julgado, se processa em autos apartados.

§ 2º O cumprimento definitivo da obrigação de prestar alimentos será processado nos mesmos autos em que tenha sido proferida a sentença.

Art. 532. Verificada a conduta procrastinatória do executado, o juiz deverá, se for o caso, dar ciência ao Ministério Público dos indícios da prática do crime de abandono material.

- art. 244, CP.

Art. 533. Quando a indenização por ato ilícito incluir prestação de alimentos, caberá ao executado, a requerimento do exequente, constituir capital cuja renda assegure o pagamento do valor mensal da pensão.

- Súm. 313, STJ.

§ 1º O capital a que se refere o *caput*, representado por imóveis ou por direitos reais sobre imóveis suscetíveis de alienação, títulos da dívida pública ou aplicações financeiras em banco oficial, será inalienável e impenhorável enquanto durar a obrigação do executado, além de constituir-se em patrimônio de afetação.

§ 2º O juiz poderá substituir a constituição do capital pela inclusão do exequente em folha de pagamento de pessoa jurídica de notória capacidade econômica ou, a requerimento do executado, por fiança bancária ou garantia real, em valor a ser arbitrado de imediato pelo juiz.

§ 3º Se sobrevier modificação nas condições econômicas, poderá a parte requerer, conforme as circunstâncias, redução ou aumento da prestação.

§ 4º A prestação alimentícia poderá ser fixada tomando por base o salário-mínimo.

§ 5º Finda a obrigação de prestar alimentos, o juiz mandará liberar o capital, cessar o desconto em folha ou cancelar as garantias prestadas.

CAPÍTULO V
DO CUMPRIMENTO DE SENTENÇA QUE RECONHEÇA A EXIGIBILIDADE DE OBRIGAÇÃO DE PAGAR QUANTIA CERTA PELA FAZENDA PÚBLICA

Art. 534. No cumprimento de sentença que impuser à Fazenda Pública o dever de pagar quantia certa, o exequente apresentará demonstrativo discriminado e atualizado do crédito contendo:

- art. 100, CF.
- arts. 78, 86, 87 e 97, ADCT.
- Súm. 279 e 339, STJ.

I - o nome completo e o número de inscrição no Cadastro de Pessoas Físicas ou no Cadastro Nacional da Pessoa Jurídica do exequente;

II - o índice de correção monetária adotado;

III - os juros aplicados e as respectivas taxas;

IV - o termo inicial e o termo final dos juros e da correção monetária utilizados;

V - a periodicidade da capitalização dos juros, se for o caso;

VI - a especificação dos eventuais descontos obrigatórios realizados.

§ 1º Havendo pluralidade de exequentes, cada um deverá apresentar o seu próprio demonstrativo, aplicando-se à hipótese, se for o caso, o disposto nos §§ 1º e 2º do art. 113.

§ 2º A multa prevista no § 1º do art. 523 não se aplica à Fazenda Pública.

Art. 535. A Fazenda Pública será intimada na pessoa de seu representante judicial, por carga, remessa ou meio eletrônico, para, querendo, no prazo de 30 (trinta) dias e nos próprios autos, impugnar a execução, podendo arguir:

- art. 33, § 3º, Lei 9.307/1996 (Arbitragem).

I - falta ou nulidade da citação se, na fase de conhecimento, o processo correu à revelia;

II - ilegitimidade de parte;

III - inexequibilidade do título ou inexigibilidade da obrigação;

IV - excesso de execução ou cumulação indevida de execuções;

V - incompetência absoluta ou relativa do juízo da execução;

VI - qualquer causa modificativa ou extintiva da obrigação, como pagamento, novação, compensação, transação ou prescrição, desde que supervenientes ao trânsito em julgado da sentença.

- Súm. 150, STF.
- Súm. 394, STJ.

§ 1º A alegação de impedimento ou suspeição observará o disposto nos arts. 146 e 148.

- art. 16, § 3º, Lei 6.830/1980 (Execução Fiscal).

§ 2º Quando se alegar que o exequente, em excesso de execução, pleiteia quantia superior à resultante do título, cumprirá à executada declarar de imediato o valor que entende correto, sob pena de não conhecimento da arguição.

§ 3º Não impugnada a execução ou rejeitadas as arguições da executada:

I - expedir-se-á, por intermédio do presidente do tribunal competente, precatório em favor do exequente, observando-se o disposto na Constituição Federal;

- Súm. 655 e 733, STF.
- Súm. 311, STJ.

II - por ordem do juiz, dirigida à autoridade na pessoa de quem o ente público foi citado para o processo, o pagamento de obrigação de pequeno valor será realizado no prazo de 2 (dois) meses contado da entrega da requisição, mediante depósito na agência de banco oficial mais próxima da residência do exequente.

§ 4º Tratando-se de impugnação parcial, a parte não questionada pela executada será, desde logo, objeto de cumprimento.

§ 5º Para efeito do disposto no inciso III do *caput* deste artigo, considera-se também inexigível a obrigação reconhecida em título executivo judicial fundado em lei ou ato normativo considerado inconstitucional pelo Supremo Tribunal Federal, ou fundado em aplicação ou interpretação da lei ou do ato normativo tido pelo Supremo Tribunal Federal como incompatível com a Constituição Federal, em controle de constitucionalidade concentrado ou difuso.

- Lei 9.868/1999 (Lei de ADI e ADC).
- Súm. 487, STJ.

§ 6º No caso do § 5º, os efeitos da decisão do Supremo Tribunal Federal poderão ser modulados no tempo, de modo a favorecer a segurança jurídica.

§ 7º A decisão do Supremo Tribunal Federal referida no § 5º deve ter sido proferida antes do trânsito em julgado da decisão exequenda.

- art. 1.057, CPC.

§ 8º Se a decisão referida no § 5º for proferida após o trânsito em julgado da decisão exequenda, caberá ação rescisória, cujo prazo será contado do trânsito em julgado da decisão proferida pelo Supremo Tribunal Federal.

- art. 1.057, CPC.

CAPÍTULO VI
DO CUMPRIMENTO DE

SENTENÇA QUE RECONHEÇA A EXIGIBILIDADE DE OBRIGAÇÃO DE FAZER, DE NÃO FAZER OU DE ENTREGAR COISA

SEÇÃO I
DO CUMPRIMENTO DE SENTENÇA QUE RECONHEÇA A EXIGIBILIDADE DE OBRIGAÇÃO DE FAZER OU DE NÃO FAZER

Art. 536. No cumprimento de sentença que reconheça a exigibilidade de obrigação de fazer ou de não fazer, o juiz poderá, de ofício ou a requerimento, para a efetivação da tutela específica ou a obtenção de tutela pelo resultado prático equivalente, determinar as medidas necessárias à satisfação do exequente.

‣ arts. 247 a 251, CC.

‣ art. 84, CDC.

‣ art. 213, *caput*, ECA.

‣ art. 11, Lei 7.347/1985 (Ação Civil Pública).

‣ art. 52, V e VI, Lei 9.099/1995 (Juizados Especiais Cíveis e Criminais).

§ 1º Para atender ao disposto no *caput*, o juiz poderá determinar, entre outras medidas, a imposição de multa, a busca e apreensão, a remoção de pessoas e coisas, o desfazimento de obras e o impedimento de atividade nociva, podendo, caso necessário, requisitar o auxílio de força policial.

‣ art. 84, § 5º, CDC.

§ 2º O mandado de busca e apreensão de pessoas e coisas será cumprido por 2 (dois) oficiais de justiça, observando-se o disposto no art. 846, §§ 1º a 4º, se houver necessidade de arrombamento.

§ 3º O executado incidirá nas penas de litigância de má-fé quando injustificadamente descumprir a ordem judicial, sem prejuízo de sua responsabilização por crime de desobediência.

‣ art. 330, CP.

§ 4º No cumprimento de sentença que reconheça a exigibilidade de obrigação de fazer ou de não fazer, aplica-se o art. 525, no que couber.

§ 5º O disposto neste artigo aplica-se, no que couber, ao cumprimento de sentença que reconheça deveres de fazer e de não fazer de natureza não obrigacional.

Art. 537. A multa independe de requerimento da parte e poderá ser aplicada na fase de conhecimento, em tutela provisória ou na sentença, ou na fase de execução, desde que seja suficiente e compatível com a obrigação e que se determine prazo razoável para cumprimento do preceito.

‣ Súm. 410, STJ.

§ 1º O juiz poderá, de ofício ou a requerimento, modificar o valor ou a periodicidade da multa vincenda ou excluí-la, caso verifique que:

I - se tornou insuficiente ou excessiva;

II - o obrigado demonstrou cumprimento parcial superveniente da obrigação ou justa causa para o descumprimento.

§ 2º O valor da multa será devido ao exequente.

§ 3º A decisão que fixa a multa é passível de cumprimento provisório, devendo ser depositada em juízo, permitido o levantamento do valor após o trânsito em julgado da sentença favorável à parte. (Alterado pela Lei 13.256/2016)

§ 4º A multa será devida desde o dia em que se configurar o descumprimento da decisão e incidirá enquanto não for cumprida a decisão que a tiver cominado.

§ 5º O disposto neste artigo aplica-se, no que couber, ao cumprimento de sentença que reconheça deveres de fazer e de não fazer de natureza não obrigacional.

SEÇÃO II
DO CUMPRIMENTO DE SENTENÇA QUE RECONHEÇA A EXIGIBILIDADE DE OBRIGAÇÃO DE ENTREGAR COISA

Art. 538. Não cumprida a obrigação de entregar coisa no prazo estabelecido na sentença, será expedido mandado de busca e apreensão ou de imissão na posse em favor do credor, conforme se tratar de coisa móvel ou imóvel.

§ 1º A existência de benfeitorias deve ser alegada na fase de conhecimento, em contestação, de forma discriminada e com atribuição, sempre que possível e justificadamente, do respectivo valor.

§ 2º O direito de retenção por benfeitorias deve ser exercido na contestação, na fase de conhecimento.

§ 3º Aplicam-se ao procedimento previsto neste artigo, no que couber, as disposições sobre o cumprimento de obrigação de fazer ou de não fazer.

TÍTULO III
DOS PROCEDIMENTOS ESPECIAIS

CAPÍTULO I
DA AÇÃO DE CONSIGNAÇÃO EM PAGAMENTO

‣ arts. 334 a 345, CC.

Art. 539. Nos casos previstos em lei, poderá o devedor ou terceiro requerer, com efeito de pagamento, a consignação da quantia ou da coisa devida.

‣ arts. 304 e 334, CC.

‣ art. 67, Lei 8.245/1991 (Lei de locação).

§ 1º Tratando-se de obrigação em dinheiro, poderá o valor ser depositado em estabelecimento bancário, oficial onde houver, situado no lugar do pagamento, cientificando-se o credor por carta com aviso de recebimento, assinado o prazo de 10 (dez) dias para a manifestação de recusa.

§ 2º Decorrido o prazo do § 1º, contado do retorno do aviso de recebimento, sem a manifestação de recusa, considerar-se-á o devedor liberado da obrigação, ficando à disposição do credor a quantia depositada.

§ 3º Ocorrendo a recusa, manifestada por escrito ao estabelecimento bancário, poderá ser proposta, dentro de 1 (um) mês, a ação de consignação, instruindo-se a inicial com a prova do depósito e da recusa.

‣ art. 542, I, CPC.

§ 4º Não proposta a ação no prazo do § 3º, ficará sem efeito o depósito, podendo levantá-lo o depositante.

Art. 540. Requerer-se-á a consignação no lugar do pagamento, cessando para o devedor, à data do depósito, os juros e os riscos, salvo se a demanda for julgada improcedente.

‣ arts. 327 e 328, CC.

Art. 541. Tratando-se de prestações sucessivas, consignada uma delas, pode o devedor continuar a depositar, no mesmo processo e sem mais formalidades, as que se forem vencendo, desde que o faça em até 5 (cinco) dias contados da data do respectivo vencimento.

‣ art. 323, CPC.

Art. 542. Na petição inicial, o autor requererá:

I - o depósito da quantia ou da coisa devida, a ser efetivado no prazo de 5 (cinco) dias contados do deferimento, ressalvada a hipótese do art. 539, § 3º;

II - a citação do réu para levantar o depósito ou oferecer contestação.

Parágrafo único. Não realizado o depósito no prazo do inciso I, o processo será extinto sem resolução do mérito.

Art. 543. Se o objeto da prestação for coisa indeterminada e a escolha couber ao credor, será este citado para exercer o direito dentro de 5 (cinco) dias, se outro prazo não constar de lei ou do contrato, ou para aceitar que o devedor a faça, devendo o juiz, ao despachar a petição inicial, fixar lugar, dia e hora em que se fará a entrega, sob pena de depósito.

Art. 544. Na contestação, o réu poderá alegar que:

I - não houve recusa ou mora em receber a quantia ou a coisa devida;

II - foi justa a recusa;

III - o depósito não se efetuou no prazo ou no lugar do pagamento;

IV - o depósito não é integral.

Parágrafo único. No caso do inciso IV, a alegação somente será admissível se o réu indicar o montante que entende devido.

Art. 545. Alegada a insuficiência do depósito, é lícito ao autor completá-lo, em 10 (dez) dias, salvo se corresponder a prestação cujo inadimplemento acarrete a rescisão do contrato.

§ 1º No caso do *caput*, poderá o réu levantar, desde logo, a quantia ou a coisa depositada, com a consequente liberação parcial do autor, prosseguindo o processo quanto à parcela controvertida.

§ 2º A sentença que concluir pela insuficiência do depósito determinará, sempre que possível, o montante devido e valerá como título executivo, facultado ao credor promover-lhe o cumprimento nos mesmos autos, após liquidação, se necessária.

Art. 546. Julgado procedente o pedido, o juiz declarará extinta a obrigação e condenará o réu ao pagamento de custas e honorários advocatícios.

Parágrafo único. Proceder-se-á do mesmo modo se o credor receber e der quitação.

Art. 547. Se ocorrer dúvida sobre quem deva legitimamente receber o pagamento, o autor requererá o depósito e a citação dos possíveis titulares do crédito para provarem o seu direito.

› art. 335, IV, CC.

Art. 548. No caso do art. 547:

I - não comparecendo pretendente algum, converter-se-á o depósito em arrecadação de coisas vagas;

II - comparecendo apenas um, o juiz decidirá de plano;

III - comparecendo mais de um, o juiz declarará efetuado o depósito e extinta a obrigação, continuando o processo a correr unicamente entre os presuntivos credores, observado o procedimento comum.

Art. 549. Aplica-se o procedimento estabelecido neste Capítulo, no que couber, ao resgate do aforamento.

CAPÍTULO II
DA AÇÃO DE EXIGIR CONTAS

Art. 550. Aquele que afirmar ser titular do direito de exigir contas requererá a citação do réu para que as preste ou ofereça contestação no prazo de 15 (quinze) dias.

› Súm. 259 e 477, STJ.

§ 1º Na petição inicial, o autor especificará, detalhadamente, as razões pelas quais exige as contas, instruindo-a com documentos comprobatórios dessa necessidade, se existirem.

§ 2º Prestadas as contas, o autor terá 15 (quinze) dias para se manifestar, prosseguindo-se o processo na forma do Capítulo X do Título I deste Livro.

§ 3º A impugnação das contas apresentadas pelo réu deverá ser fundamentada e específica, com referência expressa ao lançamento questionado.

§ 4º Se o réu não contestar o pedido, observar-se-á o disposto no art. 355.

§ 5º A decisão que julgar procedente o pedido condenará o réu a prestar as contas no prazo de 15 (quinze) dias, sob pena de não lhe ser lícito impugnar as que o autor apresentar.

§ 6º Se o réu apresentar as contas no prazo previsto no § 5º, seguir-se-á o procedimento do § 2º, caso contrário, o autor apresentá-las-á no prazo de 15 (quinze) dias, podendo o juiz determinar a realização de exame pericial, se necessário.

Art. 551. As contas do réu serão apresentadas na forma adequada, especificando-se as receitas, a aplicação das despesas e os investimentos, se houver.

§ 1º Havendo impugnação específica e fundamentada pelo autor, o juiz estabelecerá prazo razoável para que o réu apresente os documentos justificativos dos lançamentos individualmente impugnados.

§ 2º As contas do autor, para os fins do art. 550, § 5º, serão apresentadas na forma adequada, já instruídas com os documentos justificativos, especificando-se as receitas, a aplicação das despesas e os investimentos, se houver, bem como o respectivo saldo.

Art. 552. A sentença apurará o saldo e constituirá título executivo judicial.

Art. 553. As contas do inventariante, do tutor, do curador, do depositário e de qualquer outro administrador serão prestadas em apenso aos autos do processo em que tiver sido nomeado.

Parágrafo único. Se qualquer dos referidos no *caput* for condenado a pagar o saldo e não o fizer no prazo legal, o juiz poderá destituí-lo, sequestrar os bens sob sua guarda, glosar o prêmio ou a gratificação a que teria direito e determinar as medidas executivas necessárias à recomposição do prejuízo.

CAPÍTULO III
DAS AÇÕES POSSESSÓRIAS

SEÇÃO I
DISPOSIÇÕES GERAIS

Art. 554. A propositura de uma ação possessória em vez de outra não obstará a que o juiz conheça do pedido e outorgue a proteção legal correspondente àquela cujos pressupostos estejam provados.

› arts. 1.196 a 1.224, CC.

§ 1º No caso de ação possessória em que figure no polo passivo grande número de pessoas, serão feitas a citação pessoal dos ocupantes que forem encontrados no local e a citação por edital dos demais, determinando-se, ainda, a intimação do Ministério Público e, se envolver pessoas em situação de hipossuficiência econômica, da Defensoria Pública.

› art. 178, III, CPC.

§ 2º Para fim da citação pessoal prevista no § 1º, o oficial de justiça procurará os ocupantes no local por uma vez, citando-se por edital os que não forem encontrados.

§ 3º O juiz deverá determinar que se dê ampla publicidade da existência da ação prevista no § 1º e dos respectivos prazos processuais, podendo, para tanto, valer-se de anúncios em jornal ou rádio locais, da publicação de cartazes na região do conflito e de outros meios.

Art. 555. É lícito ao autor cumular ao pedido possessório o de:

I - condenação em perdas e danos;

› arts. 402 a 405 e 927, CC.

II - indenização dos frutos.

Parágrafo único. Pode o autor requerer, ainda, imposição de medida necessária e adequada para:

I - evitar nova turbação ou esbulho;

II - cumprir-se a tutela provisória ou final.

› arts. 294 a 311, CPC.

Art. 556. É lícito ao réu, na contestação, alegando que foi o ofendido em sua posse, demandar a proteção possessória e a indenização pelos prejuízos resultantes da turbação ou do esbulho cometido pelo autor.

Art. 557. Na pendência de ação possessória é vedado, tanto ao autor quanto ao réu, propor ação de reconhecimento do domínio, exceto se a pretensão for deduzida em face de terceira pessoa.

Parágrafo único. Não obsta à manutenção ou à reintegração de posse a alegação de propriedade ou de outro direito sobre a coisa.

Art. 558. Regem o procedimento de manutenção e de reintegração de posse as normas da Seção II deste Capítulo quando a ação for proposta dentro de ano e dia da turbação ou do esbulho afirmado na petição inicial.

Parágrafo único. Passado o prazo referido no *caput*, será comum o procedimento, não perdendo, contudo, o caráter possessório.

Art. 559. Se o réu provar, em qualquer tempo, que o autor provisoriamente mantido ou reintegrado na posse carece de idoneidade financeira para, no caso de sucumbência, responder por perdas e danos, o juiz designar-lhe-á o prazo de 5 (cinco) dias para requerer caução, real ou fidejussória, sob pena de ser depositada a coisa litigiosa, ressalvada a impossibilidade da parte economicamente hipossuficiente.

SEÇÃO II
DA MANUTENÇÃO E DA REINTEGRAÇÃO DE POSSE

Art. 560. O possuidor tem direito a ser mantido na posse em caso de turbação e reintegrado em caso de esbulho.

Art. 561. Incumbe ao autor provar:

I - a sua posse;

› arts. 1.196 e 1.209, CC.

II - a turbação ou o esbulho praticado pelo réu;

III - a data da turbação ou do esbulho;

IV - a continuação da posse, embora turbada, na ação de manutenção, ou a perda da posse, na ação de reintegração.

Art. 562. Estando a petição inicial devidamente instruída, o juiz deferirá, sem ouvir o réu, a expedição do mandado liminar de manutenção ou de reintegração, caso contrário, determinará que o autor justifique previamente o alegado, citando-se o réu para comparecer à audiência que for designada.

Parágrafo único. Contra as pessoas jurídicas de direito público não será deferida a manutenção ou a reintegração liminar sem prévia audiência dos respectivos representantes judiciais.

Art. 563. Considerada suficiente a justificação, o juiz fará logo expedir mandado de manutenção ou de reintegração.

Art. 564. Concedido ou não o mandado liminar de manutenção ou de reintegração, o autor promoverá, nos 5 (cinco) dias subsequentes, a citação do réu para, querendo, contestar a ação no prazo de 15 (quinze) dias.

Parágrafo único. Quando for ordenada a justificação prévia, o prazo para contestar será contado da intimação da decisão que deferir ou não a medida liminar.

Art. 565. No litígio coletivo pela posse de imóvel, quando o esbulho ou a turbação afirmado na petição inicial houver ocorrido há mais de ano e dia, o juiz, antes de apreciar o pedido de concessão da medida liminar, deverá designar audiência de mediação, a realizar-se em até 30 (trinta) dias, que observará o disposto nos §§ 2º e 4º.

§ 1º Concedida a liminar, se essa não for executada no prazo de 1 (um) ano, a contar da data de distribuição, caberá ao juiz designar audiência de mediação, nos termos dos §§ 2º a 4º deste artigo.

§ 2º O Ministério Público será intimado para comparecer à audiência, e a Defensoria Pública será intimada sempre que houver parte beneficiária de gratuidade da justiça.

▸ art. 134, CF.

§ 3º O juiz poderá comparecer à área objeto do litígio quando sua presença se fizer necessária à efetivação da tutela jurisdicional.

§ 4º Os órgãos responsáveis pela política agrária e pela política urbana da União, de Estado ou do Distrito Federal e de Município onde se situe a área objeto do litígio poderão ser intimados para a audiência, a fim de se manifestarem sobre seu interesse no processo e sobre a existência de possibilidade de solução para o conflito possessório.

§ 5º Aplica-se o disposto neste artigo ao litígio sobre propriedade de imóvel.

Art. 566. Aplica-se, quanto ao mais, o procedimento comum.

SEÇÃO III
DO INTERDITO PROIBITÓRIO

Art. 567. O possuidor direto ou indireto que tenha justo receio de ser molestado na posse poderá requerer ao juiz que o segure da turbação ou esbulho iminente, mediante mandado proibitório em que se comine ao réu determinada pena pecuniária caso transgrida o preceito.

Art. 568. Aplica-se ao interdito proibitório o disposto na Seção II deste Capítulo.

CAPÍTULO IV
DA AÇÃO DE DIVISÃO E DA DEMARCAÇÃO DE TERRAS PARTICULARES

SEÇÃO I
DISPOSIÇÕES GERAIS

Art. 569. Cabe:

I - ao proprietário a ação de demarcação, para obrigar o seu confinante a estremar os respectivos prédios, fixando-se novos limites entre eles ou aviventando-se os já apagados;

▸ arts. 574 a 587, CPC.

▸ Lei 6.383/1976 (Terras devolutas da União).

II - ao condômino a ação de divisão, para obrigar os demais consortes a estremar os quinhões.

▸ arts. 588 a 598, CPC.

▸ art. 1.320, CC.

Art. 570. É lícita a cumulação dessas ações, caso em que deverá processar-se primeiramente a demarcação total ou parcial da coisa comum, citando-se os confinantes e os condôminos.

Art. 571. A demarcação e a divisão poderão ser realizadas por escritura pública, desde que maiores, capazes e concordes todos os interessados, observando-se, no que couber, os dispositivos deste Capítulo.

Art. 572. Fixados os marcos da linha de demarcação, os confinantes considerar-se-ão terceiros quanto ao processo divisório, ficando-lhes, porém, ressalvado o direito de vindicar os terrenos de que se julguem despojados por invasão das linhas limítrofes constitutivas do perímetro ou de reclamar indenização correspondente ao seu valor.

§ 1º No caso do *caput*, serão citados para a ação todos os condôminos, se a sentença homologatória da divisão ainda não houver transitado em julgado, e todos os quinhoeiros dos terrenos vindicados, se a ação for proposta posteriormente.

§ 2º Neste último caso, a sentença que julga procedente a ação, condenando a restituir os terrenos ou a pagar a indenização, valerá como título executivo em favor dos quinhoeiros para haverem dos outros condôminos que forem parte na divisão ou de seus sucessores a título universal, na proporção que lhes tocar, a composição pecuniária do desfalque sofrido.

Art. 573. Tratando-se de imóvel georreferenciado, com averbação no registro de imóveis, pode o juiz dispensar a realização de prova pericial.

▸ art. 464, § 1º, II, CPC.

SEÇÃO II
DA DEMARCAÇÃO

Art. 574. Na petição inicial, instruída com os títulos da propriedade, designar-se-á o imóvel pela situação e pela denominação, descrever-se-ão os limites por constituir, aviventar ou renovar e nomear-se-ão todos os confinantes da linha demarcanda.

▸ arts. 1.297 e 1.298, CC.

Art. 575. Qualquer condômino é parte legítima para promover a demarcação do imóvel comum, requerendo a intimação dos demais para, querendo, intervir no processo.

Art. 576. A citação dos réus será feita por correio, observado o disposto no art. 247.

Parágrafo único. Será publicado edital, nos termos do inciso III do art. 259.

Art. 577. Feitas as citações, terão os réus o prazo comum de 15 (quinze) dias para contestar.

Art. 578. Após o prazo de resposta do réu, observar-se-á o procedimento comum.

▸ art. 598, CPC.

Art. 579. Antes de proferir a sentença, o juiz nomeará um ou mais peritos para levantar o traçado da linha demarcanda.

Art. 580. Concluídos os estudos, os peritos apresentarão minucioso laudo sobre o traçado da linha demarcanda, considerando os títulos, os marcos, os rumos, a fama da vizinhança, as informações de antigos moradores do lugar e outros elementos que coligirem.

Art. 581. A sentença que julgar procedente o pedido determinará o traçado da linha demarcanda.

Parágrafo único. A sentença proferida na ação demarcatória determinará a restituição da área invadida, se houver, declarando o domínio ou a posse do prejudicado, ou ambos.

Art. 582. Transitada em julgado a sentença, o perito efetuará a demarcação e colocará os marcos necessários.

▸ art. 22, p.ún., Lei 6.383/1976 (Terras devolutas da União).

Parágrafo único. Todas as operações serão consignadas em planta e memorial descritivo com as referências convenientes para a identificação, em qualquer tempo, dos pontos assinalados, observada a legislação especial que dispõe sobre a identificação do imóvel rural.

Art. 583. As plantas serão acompanhadas das cadernetas de operações de campo e do memorial descritivo, que conterá:

I - o ponto de partida, os rumos seguidos e a aviventação dos antigos com os respectivos cálculos;

II - os acidentes encontrados, as cercas, os valos, os marcos antigos, os córregos, os rios, as lagoas e outros;

III - a indicação minuciosa dos novos marcos cravados, dos antigos aproveitados, das culturas existentes e da sua produção anual;

IV - a composição geológica dos terrenos, bem como a qualidade e a extensão dos campos, das matas e das capoeiras;

V - as vias de comunicação;

VI - as distâncias a pontos de referência, tais como rodovias federais e estaduais, ferrovias, portos, aglomerações urbanas e polos comerciais;

VII - a indicação de tudo o mais que for útil para o levantamento da linha ou para a identificação da linha já levantada.

Art. 584. É obrigatória a colocação de marcos tanto na estação inicial, dita marco primordial, quanto nos vértices dos ângulos, salvo se algum desses últimos pontos for assinalado por acidentes naturais de difícil remoção ou destruição.

▸ art. 596, p.ún., CPC.

Art. 585. A linha será percorrida pelos peritos, que examinarão os marcos e os rumos, consignando em relatório escrito a exatidão do memorial e da planta apresentados pelo agrimensor ou as divergências porventura encontradas.

▸ art. 596, p.ún., CPC.

Art. 586. Juntado aos autos o relatório dos peritos, o juiz determinará que as partes se manifestem sobre ele no prazo comum de 15 (quinze) dias.

▸ art. 597, § 1º, CPC.

CPC

Parágrafo único. Executadas as correções e as retificações que o juiz determinar, lavrar-se-á, em seguida, o auto de demarcação em que os limites demarcandos serão minuciosamente descritos de acordo com o memorial e a planta.

Art. 587. Assinado o auto pelo juiz e pelos peritos, será proferida a sentença homologatória da demarcação.

SEÇÃO III
DA DIVISÃO

› art. 89, CPC.

Art. 588. A petição inicial será instruída com os títulos de domínio do promovente e conterá:

› art. 1.320, CC.

I - a indicação da origem da comunhão e a denominação, a situação, os limites e as características do imóvel;

II - o nome, o estado civil, a profissão e a residência de todos os condôminos, especificando-se os estabelecidos no imóvel com benfeitorias e culturas;

III - as benfeitorias comuns.

Art. 589. Feitas as citações como preceitua o art. 576, prosseguir-se-á na forma dos arts. 577 e 578.

Art. 590. O juiz nomeará um ou mais peritos para promover a medição do imóvel e as operações de divisão, observada a legislação especial que dispõe sobre a identificação do imóvel rural.

Parágrafo único. O perito deverá indicar as vias de comunicação existentes, as construções e as benfeitorias, com a indicação dos seus valores e dos respectivos proprietários e ocupantes, as águas principais que banham o imóvel e quaisquer outras informações que possam concorrer para facilitar a partilha.

Art. 591. Todos os condôminos serão intimados a apresentar, dentro de 10 (dez) dias, os seus títulos, se ainda não o tiverem feito, e a formular os seus pedidos sobre a constituição dos quinhões.

Art. 592. O juiz ouvirá as partes no prazo comum de 15 (quinze) dias.

§ 1º Não havendo impugnação, o juiz determinará a divisão geodésica do imóvel.

§ 2º Havendo impugnação, o juiz proferirá, no prazo de 10 (dez) dias, decisão sobre os pedidos e os títulos que devam ser atendidos na formação dos quinhões.

Art. 593. Se qualquer linha do perímetro atingir benfeitorias permanentes dos confinantes feitas há mais de 1 (um) ano, serão elas respeitadas, bem como os terrenos onde estiverem, os quais não se computarão na área dividenda.

Art. 594. Os confinantes do imóvel dividendo podem demandar a restituição dos terrenos que lhes tenham sido usurpados.

§ 1º Serão citados para a ação todos os condôminos, se a sentença homologatória da divisão ainda não houver transitado em julgado, e todos os quinhoeiros dos terrenos vindicados, se a ação for proposta posteriormente.

§ 2º Nesse último caso terão os quinhoeiros o direito, pela mesma sentença que os obrigar à restituição, a haver dos outros condôminos do processo divisório ou de seus sucessores a título universal a composição pecuniária proporcional ao desfalque sofrido.

Art. 595. Os peritos proporão, em laudo fundamentado, a forma da divisão, devendo consultar, quanto possível, a comodidade das partes, respeitar, para adjudicação a cada condômino, a preferência dos terrenos contíguos às suas residências e benfeitorias e evitar o retalhamento dos quinhões em glebas separadas.

Art. 596. Ouvidas as partes, no prazo comum de 15 (quinze) dias, sobre o cálculo e o plano da divisão, o juiz deliberará a partilha.

Parágrafo único. Em cumprimento dessa decisão, o perito procederá à demarcação dos quinhões, observando, além do disposto nos arts. 584 e 585, as seguintes regras:

I - as benfeitorias comuns que não comportarem divisão cômoda serão adjudicadas a um dos condôminos mediante compensação;

II - instituir-se-ão as servidões que forem indispensáveis em favor de uns quinhões sobre os outros, incluindo o respectivo valor no orçamento para que, não se tratando de servidões naturais, seja compensado o condômino aquinhoado com o prédio serviente;

› arts. 1.378 a 1.389, CC.

III - as benfeitorias particulares dos condôminos que excederem à área a que têm direito serão adjudicadas ao quinhoeiro vizinho mediante reposição;

IV - se outra coisa não acordarem as partes, as compensações e as reposições serão feitas em dinheiro.

Art. 597. Terminados os trabalhos e desenhados na planta os quinhões e as servidões aparentes, o perito organizará o memorial descritivo.

§ 1º Cumprido o disposto no art. 586, o escrivão, em seguida, lavrará o auto de divisão, acompanhado de uma folha de pagamento para cada condômino.

§ 2º Assinado o auto pelo juiz e pelo perito, será proferida sentença homologatória da divisão.

§ 3º O auto conterá:

I - a confinação e a extensão superficial do imóvel;

II - a classificação das terras com o cálculo das áreas de cada consorte e com a respectiva avaliação ou, quando a homogeneidade das terras não determinar diversidade de valores, a avaliação do imóvel na sua integridade;

III - o valor e a quantidade geométrica que couber a cada condômino, declarando-se as reduções e as compensações resultantes da diversidade de valores das glebas componentes de cada quinhão.

§ 4º Cada folha de pagamento conterá:

I - a descrição das linhas divisórias do quinhão, mencionadas as confinantes;

II - a relação das benfeitorias e das culturas do próprio quinhoeiro e das que lhe foram adjudicadas por serem comuns ou mediante compensação;

III - a declaração das servidões instituídas, especificados os lugares, a extensão e o modo de exercício.

Art. 598. Aplica-se às divisões o disposto nos arts. 575 a 578.

CAPÍTULO V
DA AÇÃO DE DISSOLUÇÃO PARCIAL DE SOCIEDADE

Art. 599. A ação de dissolução parcial de sociedade pode ter por objeto:

I - a resolução da sociedade empresária contratual ou simples em relação ao sócio falecido, excluído ou que exerceu o direito de retirada ou recesso; e

II - a apuração dos haveres do sócio falecido, excluído ou que exerceu o direito de retirada ou recesso; ou

III - somente a resolução ou a apuração de haveres.

§ 1º A petição inicial será necessariamente instruída com o contrato social consolidado.

§ 2º A ação de dissolução parcial de sociedade pode ter também por objeto a sociedade anônima de capital fechado quando demonstrado, por acionista ou acionistas que representem cinco por cento ou mais do capital social, que não pode preencher o seu fim.

Art. 600. A ação pode ser proposta:

I - pelo espólio do sócio falecido, quando a totalidade dos sucessores não ingressar na sociedade;

II - pelos sucessores, após concluída a partilha do sócio falecido;

III - pela sociedade, se os sócios sobreviventes não admitirem o ingresso do espólio ou dos sucessores do falecido na sociedade, quando esse direito decorrer do contrato social;

IV - pelo sócio que exerceu o direito de retirada ou recesso, se não tiver sido providenciada, pelos demais sócios, a alteração contratual consensual formalizando o desligamento, depois de transcorridos 10 (dez) dias do exercício do direito;

V - pela sociedade, nos casos em que a lei não autoriza a exclusão extrajudicial; ou

VI - pelo sócio excluído.

Parágrafo único. O cônjuge ou companheiro do sócio cujo casamento, união estável ou convivência terminou poderá requerer a apuração de seus haveres na sociedade, que serão pagos à conta da quota social titulada por este sócio.

› art. 226, § 3º, CF.

Art. 601. Os sócios e a sociedade serão citados para, no prazo de 15 (quinze) dias, concordar com o pedido ou apresentar contestação.

› arts. 335 e ss., CPC.

Parágrafo único. A sociedade não será citada se todos os seus sócios o forem, mas ficará sujeita aos efeitos da decisão e à coisa julgada.

Art. 602. A sociedade poderá formular pedido de indenização compensável com o valor dos haveres a apurar.

Art. 603. Havendo manifestação expressa e unânime pela concordância da dissolução, o juiz a decretará, passando-se imediatamente à fase de liquidação.

§ 1º Na hipótese prevista no *caput*, não haverá condenação em honorários advocatícios de nenhuma das partes, e as custas serão rateadas segundo a participação das partes no capital social.

§ 2º Havendo contestação, observar-se-á o procedimento comum, mas a liquidação da sentença seguirá o disposto neste Capítulo.

Art. 604. Para apuração dos haveres, o juiz:

I - fixará a data da resolução da sociedade;

II - definirá o critério de apuração dos haveres à vista do disposto no contrato social; e

III - nomeará o perito.

§ 1º O juiz determinará à sociedade ou aos sócios que nela permanecerem que depositem em juízo a parte incontroversa dos haveres devidos.

§ 2º O depósito poderá ser, desde logo, levantando pelo ex-sócio, pelo espólio ou pelos sucessores.

§ 3º Se o contrato social estabelecer o pagamento dos haveres, será observado o que nele se dispôs no depósito judicial da parte incontroversa.

Art. 605. A data da resolução da sociedade será:

I - no caso de falecimento do sócio, a do óbito;

II - na retirada imotivada, o sexagésimo dia seguinte ao do recebimento, pela sociedade, da notificação do sócio retirante;

III - no recesso, o dia do recebimento, pela sociedade, da notificação do sócio dissidente;

IV - na retirada por justa causa de sociedade por prazo determinado e na exclusão judicial de sócio, a do trânsito em julgado da decisão que dissolver a sociedade; e

V - na exclusão extrajudicial, a data da assembleia ou da reunião de sócios que a tiver deliberado.

Art. 606. Em caso de omissão do contrato social, o juiz definirá, como critério de apuração de haveres, o valor patrimonial apurado em balanço de determinação, tomando-se por referência a data da resolução e avaliando-se bens e direitos do ativo, tangíveis e intangíveis, a preço de saída, além do passivo também a ser apurado de igual forma.

Parágrafo único. Em todos os casos em que seja necessária a realização de perícia, a nomeação do perito recairá preferencialmente sobre especialista em avaliação de sociedades.

Art. 607. A data da resolução e o critério de apuração de haveres podem ser revistos pelo juiz, a pedido da parte, a qualquer tempo antes do início da perícia.

Art. 608. Até a data da resolução, integram o valor devido ao ex-sócio, ao espólio ou aos sucessores a participação nos lucros ou os juros sobre o capital próprio declarados pela sociedade e, se for o caso, a remuneração como administrador.

Parágrafo único. Após a data da resolução, o ex-sócio, o espólio ou os sucessores terão direito apenas à correção monetária dos valores apurados e aos juros contratuais ou legais.

Art. 609. Uma vez apurados, os haveres do sócio retirante serão pagos conforme disciplinar o contrato social e, no silêncio deste, nos termos do § 2º do art. 1.031 da Lei n. 10.406, de 10 de janeiro de 2002 (Código Civil).

CAPÍTULO VI
DO INVENTÁRIO E DA PARTILHA

SEÇÃO I
DISPOSIÇÕES GERAIS

Art. 610. Havendo testamento ou interessado incapaz, proceder-se-á ao inventário judicial.

- arts. 1.991 e ss., CC.
- Res. CNJ 35/2007, CNJ.

§ 1º Se todos forem capazes e concordes, o inventário e a partilha poderão ser feitos por escritura pública, a qual constituirá documento hábil para qualquer ato de registro, bem como para levantamento de importância depositada em instituições financeiras.

§ 2º O tabelião somente lavrará a escritura pública se todas as partes interessadas estiverem assistidas por advogado ou por defensor público, cuja qualificação e assinatura constarão do ato notarial.

Art. 611. O processo de inventário e de partilha deve ser instaurado dentro de 2 (dois) meses, a contar da abertura da sucessão, ultimando-se nos 12 (doze) meses subsequentes, podendo o juiz prorrogar esses prazos, de ofício ou a requerimento de parte.

- art. 1.796, CC.
- Res. CNJ 35/2007, CNJ.
- Súm. 542, STF.

Art. 612. O juiz decidirá todas as questões de direito desde que os fatos relevantes estejam provados por documento, só remetendo para as vias ordinárias as questões que dependerem de outras provas.

Art. 613. Até que o inventariante preste o compromisso, continuará o espólio na posse do administrador provisório.

Art. 614. O administrador provisório representa ativa e passivamente o espólio, é obrigado a trazer ao acervo os frutos que desde a abertura da sucessão percebeu, tem direito ao reembolso das despesas necessárias e úteis que fez e responde pelo dano a que, por dolo ou culpa, der causa.

SEÇÃO II
DA LEGITIMIDADE PARA REQUERER O INVENTÁRIO

Art. 615. O requerimento de inventário e de partilha incumbe a quem estiver na posse e na administração do espólio, no prazo estabelecido no art. 611.

Parágrafo único. O requerimento será instruído com a certidão de óbito do autor da herança.

Art. 616. Têm, contudo, legitimidade concorrente:

I - o cônjuge ou companheiro supérstite;

- art. 226, § 3º, CF.

II - o herdeiro;

III - o legatário;

IV - o testamenteiro;

V - o cessionário do herdeiro ou do legatário;

VI - o credor do herdeiro, do legatário ou do autor da herança;

VII - o Ministério Público, havendo herdeiros incapazes;

VIII - a Fazenda Pública, quando tiver interesse;

IX - o administrador judicial da falência do herdeiro, do legatário, do autor da herança ou do cônjuge ou companheiro supérstite.

SEÇÃO III
DO INVENTARIANTE E DAS PRIMEIRAS DECLARAÇÕES

Art. 617. O juiz nomeará inventariante na seguinte ordem:

- Art. 1.991 do CC.

I - o cônjuge ou companheiro sobrevivente, desde que estivesse convivendo com o outro ao tempo da morte deste;

II - o herdeiro que se achar na posse e na administração do espólio, se não houver cônjuge ou companheiro sobrevivente ou se estes não puderem ser nomeados;

III - qualquer herdeiro, quando nenhum deles estiver na posse e na administração do espólio;

IV - o herdeiro menor, por seu representante legal;

V - o testamenteiro, se lhe tiver sido confiada a administração do espólio ou se toda a herança estiver distribuída em legados;

VI - o cessionário do herdeiro ou do legatário;

VII - o inventariante judicial, se houver;

VIII - pessoa estranha idônea, quando não houver inventariante judicial.

Parágrafo único. O inventariante, intimado da nomeação, prestará, dentro de 5 (cinco) dias, o compromisso de bem e fielmente desempenhar a função.

Art. 618. Incumbe ao inventariante:

I - representar o espólio ativa e passivamente, em juízo ou fora dele, observando-se, quanto ao dativo, o disposto no art. 75, § 1º;

II - administrar o espólio, velando-lhe os bens com a mesma diligência que teria se seus fossem;

III - prestar as primeiras e as últimas declarações pessoalmente ou por procurador com poderes especiais;

- arts. 622, I, e 636, CPC.

IV - exibir em cartório, a qualquer tempo, para exame das partes, os documentos relativos ao espólio;

V - juntar aos autos certidão do testamento, se houver;

VI - trazer à colação os bens recebidos pelo herdeiro ausente, renunciante ou excluído;

‣ arts. 639 e ss., CPC.

VII - prestar contas de sua gestão ao deixar o cargo ou sempre que o juiz lhe determinar;

‣ arts. 553 e 622, V, CPC.

VIII - requerer a declaração de insolvência.

Art. 619. Incumbe ainda ao inventariante, ouvidos os interessados e com autorização do juiz:

I - alienar bens de qualquer espécie;

II - transigir em juízo ou fora dele;

‣ arts. 840 a 850, CC.

III - pagar dívidas do espólio;

‣ arts. 134, IV, e 192, CTN.

IV - fazer as despesas necessárias para a conservação e o melhoramento dos bens do espólio.

Art. 620. Dentro de 20 (vinte) dias contados da data em que prestou o compromisso, o inventariante fará as primeiras declarações, das quais se lavrará termo circunstanciado, assinado pelo juiz, pelo escrivão e pelo inventariante, no qual serão exarados:

I - o nome, o estado, a idade e o domicílio do autor da herança, o dia e o lugar em que faleceu e se deixou testamento;

II - o nome, o estado, a idade, o endereço eletrônico e a residência dos herdeiros e, havendo cônjuge ou companheiro supérstite, além dos respectivos dados pessoais, o regime de bens do casamento ou da união estável;

III - a qualidade dos herdeiros e o grau de parentesco com o inventariado, III;

IV - a relação completa e individualizada de todos os bens do espólio, inclusive aqueles que devem ser conferidos à colação, e dos bens alheios que nele forem encontrados, descrevendo-se:

a) os imóveis, com as suas especificações, nomeadamente local em que se encontram, extensão da área, limites, confrontações, benfeitorias, origem dos títulos, números das matrículas e ônus que os gravam;

b) os móveis, com os sinais característicos;

c) os semoventes, seu número, suas espécies, suas marcas e seus sinais distintivos;

d) o dinheiro, as joias, os objetos de ouro e prata e as pedras preciosas, declarando-se-lhes especificadamente a qualidade, o peso e a importância;

e) os títulos da dívida pública, bem como as ações, as quotas e os títulos de sociedade, mencionando-se-lhes o número, o valor e a data;

f) as dívidas ativas e passivas, indicando-se-lhes as datas, os títulos, a origem da obrigação e os nomes dos credores e dos devedores;

g) direitos e ações;

h) o valor corrente de cada um dos bens do espólio.

§ 1º O juiz determinará que se proceda:

I - ao balanço do estabelecimento, se o autor da herança era empresário individual;

II - à apuração de haveres, se o autor da herança era sócio de sociedade que não anônima.

‣ Súm. 265, STF.

§ 2º As declarações podem ser prestadas mediante petição, firmada por procurador com poderes especiais, à qual o termo se reportará.

Art. 621. Só se pode arguir sonegação ao inventariante depois de encerrada a descrição dos bens, com a declaração, por ele feita, de não existirem outros por inventariar.

‣ art. 1.996, CC.

Art. 622. O inventariante será removido de ofício ou a requerimento:

I - se não prestar, no prazo legal, as primeiras ou as últimas declarações;

II - se não der ao inventário andamento regular, se suscitar dúvidas infundadas ou se praticar atos meramente protelatórios;

III - se, por culpa sua, bens do espólio se deteriorarem, forem dilapidados ou sofrerem dano;

IV - se não defender o espólio nas ações em que for citado, se deixar de cobrar dívidas ativas ou se não promover as medidas necessárias para evitar o perecimento de direitos;

V - se não prestar contas ou se as que prestar não forem julgadas boas;

VI - se sonegar, ocultar ou desviar bens do espólio.

Art. 623. Requerida a remoção com fundamento em qualquer dos incisos do art. 622, será intimado o inventariante para, no prazo de 15 (quinze) dias, defender-se e produzir provas.

Parágrafo único. O incidente da remoção correrá em apenso aos autos do inventário.

Art. 624. Decorrido o prazo, com a defesa do inventariante ou sem ela, o juiz decidirá.

Parágrafo único. Se remover o inventariante, o juiz nomeará outro, observada a ordem estabelecida no art. 617.

Art. 625. O inventariante removido entregará imediatamente ao substituto os bens do espólio e, caso deixe de fazê-lo, será compelido mediante mandado de busca e apreensão ou de imissão na posse, conforme se tratar de bem móvel ou imóvel, sem prejuízo da multa a ser fixada pelo juiz em montante não superior a três por cento do valor dos bens inventariados.

SEÇÃO IV
DAS CITAÇÕES E DAS IMPUGNAÇÕES

Art. 626. Feitas as primeiras declarações, o juiz mandará citar, para os termos do inventário e da partilha, o cônjuge, o companheiro, os herdeiros e os legatários e intimar a Fazenda Pública, o Ministério Público, se houver herdeiro incapaz ou ausente, e o testamenteiro, se houver testamento.

§ 1º O cônjuge ou o companheiro, os herdeiros e os legatários serão citados pelo correio, observado o disposto no art. 247, sendo, ainda, publicado edital, nos termos do inciso III do art. 259.

§ 2º Das primeiras declarações extrair-se-ão tantas cópias quantas forem as partes.

§ 3º A citação será acompanhada de cópia das primeiras declarações.

§ 4º Incumbe ao escrivão remeter cópias à Fazenda Pública, ao Ministério Público, ao testamenteiro, se houver, e ao advogado, se a parte já estiver representada nos autos.

Art. 627. Concluídas as citações, abrir-se-á vista às partes, em cartório e pelo prazo comum de 15 (quinze) dias, para que se manifestem sobre as primeiras declarações, incumbindo às partes:

I - arguir erros, omissões e sonegação de bens;

II - reclamar contra a nomeação de inventariante;

III - contestar a qualidade de quem foi incluído no título de herdeiro.

§ 1º Julgando procedente a impugnação referida no inciso I, o juiz mandará retificar as primeiras declarações.

§ 2º Se acolher o pedido de que trata o inciso II, o juiz nomeará outro inventariante, observada a preferência legal.

§ 3º Verificando que a disputa sobre a qualidade de herdeiro a que alude o inciso III demanda produção de provas que não a documental, o juiz remeterá a parte às vias ordinárias e sobrestará, até o julgamento da ação, a entrega do quinhão que na partilha couber ao herdeiro admitido.

Art. 628. Aquele que se julgar preterido poderá demandar sua admissão no inventário, requerendo-a antes da partilha.

§ 1º Ouvidas as partes no prazo de 15 (quinze) dias, o juiz decidirá.

§ 2º Se para solução da questão for necessária a produção de provas que não a documental, o juiz remeterá o requerente às vias ordinárias, mandando reservar, em poder do inventariante, o quinhão do herdeiro excluído até que se decida o litígio.

Art. 629. A Fazenda Pública, no prazo de 15 (quinze) dias, após a vista de que trata o art. 627, informará ao juízo, de acordo com os dados que constam de seu cadastro imobiliário, o valor dos bens de raiz descritos nas primeiras declarações.

SEÇÃO V
DA AVALIAÇÃO E DO CÁLCULO DO IMPOSTO

Art. 630. Findo o prazo previsto no art. 627 sem impugnação ou decidida a impugnação que houver sido oposta, o juiz nomeará, se for o caso, perito para avaliar os bens do espólio, se não houver na comarca avaliador judicial.

‣ art. 660, II, CPC.

Parágrafo único. Na hipótese prevista no art. 620, § 1º, o juiz nomeará perito para avaliação das quotas sociais ou apuração dos haveres.

Art. 631. Ao avaliar os bens do espólio, o perito observará, no que for aplicável, o disposto nos arts. 872 e 873.

Art. 632. Não se expedirá carta precatória para a avaliação de bens situados fora da comarca onde corre o inventário se eles forem de pequeno valor ou perfeitamente conhecidos do perito nomeado.

Art. 633. Sendo capazes todas as partes, não se procederá à avaliação se a Fazenda Pública, intimada pessoalmente, concordar de forma expressa com o valor atribuído, nas primeiras declarações, aos bens do espólio.

Art. 634. Se os herdeiros concordarem com o valor dos bens declarados pela Fazenda Pública, a avaliação cingir-se-á aos demais.

Art. 635. Entregue o laudo de avaliação, o juiz mandará que as partes se manifestem no prazo de 15 (quinze) dias, que correrá em cartório.

§ 1º Versando a impugnação sobre o valor dado pelo perito, o juiz a decidirá de plano, à vista do que constar dos autos.

§ 2º Julgando procedente a impugnação, o juiz determinará que o perito retifique a avaliação, observando os fundamentos da decisão.

Art. 636. Aceito o laudo ou resolvidas as impugnações suscitadas a seu respeito, lavrar-se-á em seguida o termo de últimas declarações, no qual o inventariante poderá emendar, aditar ou completar as primeiras.

‣ art. 622, I, CPC.

Art. 637. Ouvidas as partes sobre as últimas declarações no prazo comum de 15 (quinze) dias, proceder-se-á ao cálculo do tributo.

‣ Súm. 112 a 116, 331 e 590, STF.

Art. 638. Feito o cálculo, sobre ele serão ouvidas todas as partes no prazo comum de 5 (cinco) dias, que correrá em cartório, e, em seguida, a Fazenda Pública.

§ 1º Se acolher eventual impugnação, o juiz ordenará nova remessa dos autos ao contabilista, determinando as alterações que devam ser feitas no cálculo.

§ 2º Cumprido o despacho, o juiz julgará o cálculo do tributo.

SEÇÃO VI
DAS COLAÇÕES

Art. 639. No prazo estabelecido no art. 627, o herdeiro obrigado à colação conferirá por termo nos autos ou por petição à qual o termo se reportará os bens que recebeu ou, se já não os possuir, trar-lhes-á o valor.

‣ arts. 2.002 a 2.012, CC.

Parágrafo único. Os bens a serem conferidos na partilha, assim como as acessões e as benfeitorias que o donatário fez, calcular-se-ão pelo valor que tiverem ao tempo da abertura da sucessão.

Art. 640. O herdeiro que renunciou à herança ou o que dela foi excluído não se exime, pelo fato da renúncia ou da exclusão, de conferir, para o efeito de repor a parte inoficiosa, as liberalidades que obteve do doador.

§ 1º É lícito ao donatário escolher, dentre os bens doados, tantos quantos bastem para perfazer a legítima e a metade disponível, entrando na partilha o excedente para ser dividido entre os demais herdeiros.

§ 2º Se a parte inoficiosa da doação recair sobre bem imóvel que não comporte divisão cômoda, o juiz determinará que sobre ela se proceda a licitação entre os herdeiros.

§ 3º O donatário poderá concorrer na licitação referida no § 2º e, em igualdade de condições, terá preferência sobre os herdeiros.

Art. 641. Se o herdeiro negar o recebimento dos bens ou a obrigação de os conferir, o juiz, ouvidas as partes no prazo comum de 15 (quinze) dias, decidirá à vista das alegações e das provas produzidas.

§ 1º Declarada improcedente a oposição, se o herdeiro, no prazo improrrogável de 15 (quinze) dias, não proceder à conferência, o juiz mandará sequestrar-lhe, para serem inventariados e partilhados, os bens sujeitos à colação ou imputar ao seu quinhão hereditário o valor deles, se já não os possuir.

§ 2º Se a matéria exigir dilação probatória diversa da documental, o juiz remeterá as partes às vias ordinárias, não podendo o herdeiro receber o seu quinhão hereditário, enquanto pender a demanda, sem prestar caução correspondente ao valor dos bens sobre os quais versar a conferência.

SEÇÃO VII
DO PAGAMENTO DAS DÍVIDAS

Art. 642. Antes da partilha, poderão os credores do espólio requerer ao juízo do inventário o pagamento das dívidas vencidas e exigíveis.

‣ arts. 1.997 a 2.001, CC.

‣ arts. 187 a 189, CTN.

§ 1º A petição, acompanhada de prova literal da dívida, será distribuída por dependência e autuada em apenso aos autos do processo de inventário.

§ 2º Concordando as partes com o pedido, o juiz, ao declarar habilitado o credor, mandará que se faça a separação de dinheiro ou, em sua falta, de bens suficientes para o pagamento.

§ 3º Separados os bens, tantos quantos forem necessários para o pagamento dos credores habilitados, o juiz mandará aliená-los, observando-se as disposições deste Código relativas à expropriação.

‣ art. 647, CPC.

§ 4º Se o credor requerer que, em vez de dinheiro, lhe sejam adjudicados, para o seu pagamento, os bens já reservados, o juiz deferir-lhe-á o pedido, concordando todas as partes.

§ 5º Os donatários serão chamados a pronunciar-se sobre a aprovação das dívidas, sempre que haja possibilidade de resultar delas a redução das liberalidades.

Art. 643. Não havendo concordância de todas as partes sobre o pedido de pagamento feito pelo credor, será o pedido remetido às vias ordinárias.

‣ art. 612, CPC.

Parágrafo único. O juiz mandará, porém, reservar, em poder do inventariante, bens suficientes para pagar o credor quando a dívida constar de documento que comprove suficientemente a obrigação e a impugnação não se fundar em quitação.

Art. 644. O credor de dívida líquida e certa, ainda não vencida, pode requerer habilitação no inventário.

Parágrafo único. Concordando as partes com o pedido referido no *caput*, o juiz, ao julgar habilitado o crédito, mandará que se faça separação de bens para o futuro pagamento.

Art. 645. O legatário é parte legítima para manifestar-se sobre as dívidas do espólio:

I - quando toda a herança for dividida em legados;

II - quando o reconhecimento das dívidas importar redução dos legados.

‣ arts. 1.912 a 1.940, CC.

Art. 646. Sem prejuízo do disposto no art. 860, é lícito aos herdeiros, ao separarem bens para o pagamento de dívidas, autorizar que o inventariante os indique à penhora no processo em que o espólio for executado.

SEÇÃO VIII
DA PARTILHA

Art. 647. Cumprido o disposto no art. 642, § 3º, o juiz facultará às partes que, no prazo comum de 15 (quinze) dias, formulem o pedido de quinhão e, em seguida, proferirá a decisão de deliberação da partilha, resolvendo os pedidos das partes e designando os bens que devam constituir quinhão de cada herdeiro e legatário.

‣ arts. 2.013 a 2.022, CC.

Parágrafo único. O juiz poderá, em decisão fundamentada, deferir antecipadamente a qualquer dos herdeiros o exercício dos direitos de usar e de fruir de determinado bem, com a condição de que, ao término do inventário, tal bem integre a cota desse herdeiro, cabendo a este, desde o deferimento, todos os ônus e bônus decorrentes do exercício daqueles direitos.

Art. 648. Na partilha, serão observadas as seguintes regras:

I - a máxima igualdade possível quanto ao valor, à natureza e à qualidade dos bens;

‣ Art. 2.017 do CC.

II - a prevenção de litígios futuros;

III - a máxima comodidade dos coerdeiros, do cônjuge ou do companheiro, se for o caso.

Art. 649. Os bens insuscetíveis de divisão cômoda que não couberem na parte do cônjuge ou companheiro supérstite ou no quinhão de um só herdeiro serão licitados entre os interessados ou vendidos judicialmente, partilhando-se o valor apurado, salvo se houver acordo para que sejam adjudicados a todos.

Art. 650. Se um dos interessados for nascituro, o quinhão que lhe caberá será reservado em poder do inventariante até o seu nascimento.

Art. 651. O partidor organizará o esboço da partilha de acordo com a decisão judicial, observando nos pagamentos a seguinte ordem:

I - dívidas atendidas;

II - meação do cônjuge;

III - meação disponível;

IV - quinhões hereditários, a começar pelo coerdeiro mais velho.

Art. 652. Feito o esboço, as partes manifestar-se-ão sobre esse no prazo comum de 15 (quinze) dias, e, resolvidas as reclamações, a partilha será lançada nos autos.

Art. 653. A partilha constará:

I - de auto de orçamento, que mencionará:

a) os nomes do autor da herança, do inventariante, do cônjuge ou companheiro supérstite, dos herdeiros, dos legatários e dos credores admitidos;

b) o ativo, o passivo e o líquido partível, com as necessárias especificações;

c) o valor de cada quinhão;

II - de folha de pagamento para cada parte, declarando a quota a pagar-lhe, a razão do pagamento e a relação dos bens que lhe compõem o quinhão, as características que os individualizam e os ônus que os gravam.

Parágrafo único. O auto e cada uma das folhas serão assinados pelo juiz e pelo escrivão.

Art. 654. Pago o imposto de transmissão a título de morte e juntada aos autos certidão ou informação negativa de dívida para com a Fazenda Pública, o juiz julgará por sentença a partilha.

‣ art. 192, CTN.

Parágrafo único. A existência de dívida para com a Fazenda Pública não impedirá o julgamento da partilha, desde que o seu pagamento esteja devidamente garantido.

Art. 655. Transitada em julgado a sentença mencionada no art. 654, receberá o herdeiro os bens que lhe tocarem e um formal de partilha, do qual constarão as seguintes peças:

I - termo de inventariante e título de herdeiros;

II - avaliação dos bens que constituíram o quinhão do herdeiro;

III - pagamento do quinhão hereditário;

IV - quitação dos impostos;

V - sentença.

Parágrafo único. O formal de partilha poderá ser substituído por certidão de pagamento do quinhão hereditário quando esse não exceder a 5 (cinco) vezes o salário-mínimo, caso em que se transcreverá nela a sentença de partilha transitada em julgado.

Art. 656. A partilha, mesmo depois de transitada em julgado a sentença, pode ser emendada nos mesmos autos do inventário, convindo todas as partes, quando tenha havido erro de fato na descrição dos bens, podendo o juiz, de ofício ou a requerimento da parte, a qualquer tempo, corrigir-lhe as inexatidões materiais.

Art. 657. A partilha amigável, lavrada em instrumento público, reduzida a termo nos autos do inventário ou constante de escrito particular homologado pelo juiz, pode ser anulada por dolo, coação, erro essencial ou intervenção de incapaz, observado o disposto no § 4º do art. 966.

Parágrafo único. O direito à anulação de partilha amigável extingue-se em 1 (um) ano, contado esse prazo:

‣ art. 2.027, CC.

I - no caso de coação, do dia em que ela cessou;

‣ arts. 151, CC.

II - no caso de erro ou dolo, do dia em que se realizou o ato;

‣ arts. 138 a 150, CC.

III - quanto ao incapaz, do dia em que cessar a incapacidade.

‣ arts. 3º, 4º, CC.

Art. 658. É rescindível a partilha julgada por sentença:

I - nos casos mencionados no art. 657;

II - se feita com preterição de formalidades legais;

III - se preteriu herdeiro ou incluiu quem não o seja.

SEÇÃO IX
DO ARROLAMENTO

Art. 659. A partilha amigável, celebrada entre partes capazes, nos termos da lei, será homologada de plano pelo juiz, com observância dos arts. 660 a 663.

‣ art. 2.015, CC.

‣ Res. CNJ 35/2007, CNJ.

§ 1º O disposto neste artigo aplica-se, também, ao pedido de adjudicação, quando houver herdeiro único.

§ 2º Transitada em julgado a sentença de homologação de partilha ou de adjudicação, será lavrado o formal de partilha ou elaborada a carta de adjudicação e, em seguida, serão expedidos os alvarás referentes aos bens e às rendas por ele abrangidos, intimando-se o fisco para lançamento administrativo do imposto de transmissão e de outros tributos porventura incidentes, conforme dispuser a legislação tributária, nos termos do § 2º do art. 662.

Art. 660. Na petição de inventário, que se processará na forma de arrolamento sumário, independentemente da lavratura de termos de qualquer espécie, os herdeiros:

I - requererão ao juiz a nomeação do inventariante que designarem;

II - declararão os títulos dos herdeiros e os bens do espólio, observado o disposto no art. 630;

III - atribuirão valor aos bens do espólio, para fins de partilha.

Art. 661. Ressalvada a hipótese prevista no parágrafo único do art. 663, não se procederá à avaliação dos bens do espólio para nenhuma finalidade.

Art. 662. No arrolamento, não serão conhecidas ou apreciadas questões relativas ao lançamento, ao pagamento ou à quitação de taxas judiciárias e de tributos incidentes sobre a transmissão da propriedade dos bens do espólio.

§ 1º A taxa judiciária, se devida, será calculada com base no valor atribuído pelos herdeiros, cabendo ao fisco, se apurar em processo administrativo valor diverso do estimado, exigir a eventual diferença pelos meios adequados ao lançamento de créditos tributários em geral.

§ 2º O imposto de transmissão será objeto de lançamento administrativo, conforme dispuser a legislação tributária, não ficando as autoridades fazendárias adstritas aos valores dos bens do espólio atribuídos pelos herdeiros.

Art. 663. A existência de credores do espólio não impedirá a homologação da partilha ou da adjudicação, se forem reservados bens suficientes para o pagamento da dívida.

Parágrafo único. A reserva de bens será realizada pelo valor estimado pelas partes, salvo se o credor, regularmente notificado, impugnar a estimativa, caso em que se promoverá a avaliação dos bens a serem reservados.

Art. 664. Quando o valor dos bens do espólio for igual ou inferior a 1.000 (mil) salários-mínimos, o inventário processar-se-á na forma de arrolamento, cabendo ao inventariante nomeado, independentemente de assinatura de termo de compromisso, apresentar, com suas declarações, a atribuição de valor aos bens do espólio e o plano da partilha.

‣ art. 1º, Lei 6.858/1980 (Pagamento de valores não recebidos em vida).

‣ art. 112, Lei 8.213/1991 (Previdência Social).

§ 1º Se qualquer das partes ou o Ministério Público impugnar a estimativa, o juiz nomeará avaliador, que oferecerá laudo em 10 (dez) dias.

§ 2º Apresentado o laudo, o juiz, em audiência que designar, deliberará sobre a partilha, decidindo de plano todas as reclamações e mandando pagar as dívidas não impugnadas.

§ 3º Lavrar-se-á de tudo um só termo, assinado pelo juiz, pelo inventariante e pelas partes presentes ou por seus advogados.

§ 4º Aplicam-se a essa espécie de arrolamento, no que couber, as disposições do art. 672, relativamente ao lançamento, ao pagamento e à quitação da taxa judiciária e do imposto sobre a transmissão da propriedade dos bens do espólio.

§ 5º Provada a quitação dos tributos relativos aos bens do espólio e às suas rendas, o juiz julgará a partilha.

Art. 665. O inventário processar-se-á também na forma do art. 664, ainda que haja interessado incapaz, desde que concordem todas as partes e o Ministério Público.

Art. 666. Independerá de inventário ou de arrolamento o pagamento dos valores previstos na Lei n. 6.858, de 24 de novembro de 1980.

Art. 667. Aplicam-se subsidiariamente a esta Seção as disposições das Seções VII e VIII deste Capítulo.

SEÇÃO X
DISPOSIÇÕES COMUNS A TODAS AS SEÇÕES

Art. 668. Cessa a eficácia da tutela provisória prevista nas Seções deste Capítulo:

I - se a ação não for proposta em 30 (trinta) dias contados da data em que da decisão foi intimado o impugnante, o herdeiro excluído ou o credor não admitido;

II - se o juiz extinguir o processo de inventário com ou sem resolução de mérito.

Art. 669. São sujeitos à sobrepartilha os bens:

› art. 2.021 e 2.022, CC.

I - sonegados;

II - da herança descobertos após a partilha;

III - litigiosos, assim como os de liquidação difícil ou morosa;

IV - situados em lugar remoto da sede do juízo onde se processa o inventário.

Parágrafo único. Os bens mencionados nos incisos III e IV serão reservados à sobrepartilha sob a guarda e a administração do mesmo ou de diverso inventariante, a consentimento da maioria dos herdeiros.

Art. 670. Na sobrepartilha dos bens, observar-se-á o processo de inventário e de partilha.

Parágrafo único. A sobrepartilha correrá nos autos do inventário do autor da herança.

Art. 671. O juiz nomeará curador especial:

I - ao ausente, se não o tiver;

II - ao incapaz, se concorrer na partilha com o seu representante, desde que exista colisão de interesses.

Art. 672. É lícita a cumulação de inventários para a partilha de heranças de pessoas diversas quando houver:

› art. 664, § 4º, CPC.

I - identidade de pessoas entre as quais devam ser repartidos os bens;

II - heranças deixadas pelos dois cônjuges ou companheiros;

III - dependência de uma das partilhas em relação à outra.

Parágrafo único. No caso previsto no inciso III, se a dependência for parcial, por haver outros bens, o juiz pode ordenar a tramitação separada, se melhor convier ao interesse das partes ou à celeridade processual.

Art. 673. No caso previsto no art. 672, inciso II, prevalecerão as primeiras declarações, assim como o laudo de avaliação, salvo se alterado o valor dos bens.

CAPÍTULO VII
DOS EMBARGOS DE TERCEIRO

Art. 674. Quem, não sendo parte no processo, sofrer constrição ou ameaça de constrição sobre bens que possua ou sobre os quais tenha direito incompatível com o ato constritivo, poderá requerer seu desfazimento ou sua inibição por meio de embargos de terceiro.

› Súm. 84, 134 e 303, STJ.

§ 1º Os embargos podem ser de terceiro proprietário, inclusive fiduciário, ou possuidor.

§ 2º Considera-se terceiro, para ajuizamento dos embargos:

I - o cônjuge ou companheiro, quando defende a posse de bens próprios ou de sua meação, ressalvado o disposto no art. 843;

II - o adquirente de bens cuja constrição decorreu de decisão que declara a ineficácia da alienação realizada em fraude à execução;

III - quem sofre constrição judicial de seus bens por força de desconsideração da personalidade jurídica, de cujo incidente não fez parte;

IV - o credor com garantia real para obstar expropriação judicial do objeto de direito real de garantia, caso não tenha sido intimado, nos termos legais dos atos expropriatórios respectivos.

Art. 675. Os embargos podem ser opostos a qualquer tempo no processo de conhecimento enquanto não transitada em julgado a sentença e, no cumprimento de sentença ou no processo de execução, até 5 (cinco) dias depois da adjudicação, da alienação por iniciativa particular ou da arrematação, mas sempre antes da assinatura da respectiva carta.

Parágrafo único. Caso identifique a existência de terceiro titular de interesse em embargar o ato, o juiz mandará intimá-lo pessoalmente.

Art. 676. Os embargos serão distribuídos por dependência ao juízo que ordenou a constrição e autuados em apartado.

› art. 286, CPC.

Parágrafo único. Nos casos de ato de constrição realizado por carta, os embargos serão oferecidos no juízo deprecado, salvo se indicado pelo juízo deprecante o bem constrito ou se já devolvida a carta.

Art. 677. Na petição inicial, o embargante fará a prova sumária de sua posse ou de seu domínio e da qualidade de terceiro, oferecendo documentos e rol de testemunhas.

§ 1º É facultada a prova da posse em audiência preliminar designada pelo juiz.

§ 2º O possuidor direto pode alegar, além da sua posse, o domínio alheio.

§ 3º A citação será pessoal, se o embargado não tiver procurador constituído nos autos da ação principal.

› arts. 238 a 259, CPC.

§ 4º Será legitimado passivo o sujeito a quem o ato de constrição aproveita, assim como o será seu adversário no processo principal quando for sua a indicação do bem para a constrição judicial.

Art. 678. A decisão que reconhecer suficientemente provado o domínio ou a posse determinará a suspensão das medidas constritivas sobre os bens litigiosos objeto dos embargos, bem como a manutenção ou a reintegração provisória da posse, se o embargante a houver requerido.

Parágrafo único. O juiz poderá condicionar a ordem de manutenção ou de reintegração provisória de posse à prestação de caução pelo requerente, ressalvada a impossibilidade da parte economicamente hipossuficiente.

Art. 679. Os embargos poderão ser contestados no prazo de 15 (quinze) dias, findo o qual se seguirá o procedimento comum.

Art. 680. Contra os embargos do credor com garantia real, o embargado somente poderá alegar que:

I - o devedor comum é insolvente;

II - o título é nulo ou não obriga a terceiro;

III - outra é a coisa dada em garantia.

Art. 681. Acolhido o pedido inicial, o ato de constrição judicial indevida será cancelado, com o reconhecimento do domínio, da manutenção da posse ou da reintegração definitiva do bem ou do direito ao embargante.

CAPÍTULO VIII
DA OPOSIÇÃO

Art. 682. Quem pretender, no todo ou em parte, a coisa ou o direito sobre que controvertem autor e réu poderá, até ser proferida a sentença, oferecer oposição contra ambos.

Art. 683. O opoente deduzirá o pedido em observação aos requisitos exigidos para propositura da ação.

Parágrafo único. Distribuída a oposição por dependência, serão os opostos citados, na pessoa de seus respectivos advogados, para contestar o pedido no prazo comum de 15 (quinze) dias.

Art. 684. Se um dos opostos reconhecer a procedência do pedido, contra o outro prosseguirá o opoente.

Art. 685. Admitido o processamento, a oposição será apensada aos autos e tramitará simultaneamente à ação originária, sendo ambas julgadas pela mesma sentença.

Parágrafo único. Se a oposição for proposta após o início da audiência de instrução, o juiz suspenderá o curso do processo ao fim da produção das provas, salvo se concluir que a unidade da instrução atende melhor ao princípio da duração razoável do processo.

Art. 686. Cabendo ao juiz decidir simultaneamente a ação originária e a oposição, desta conhecerá em primeiro lugar.

CAPÍTULO IX
DA HABILITAÇÃO

Art. 687. A habilitação ocorre quando, por falecimento de qualquer das partes, os interessados houverem de suceder-lhe no processo.

› arts. 108 a 110, 313, I e § 1º, CPC.

Art. 688. A habilitação pode ser requerida:

I - pela parte, em relação aos sucessores do falecido;

II - pelos sucessores do falecido, em relação à parte.

Art. 689. Proceder-se-á à habilitação nos autos do processo principal, na instância em que estiver, suspendendo-se, a partir de então, o processo.

› art. 745, § 2º, CPC.

Art. 690. Recebida a petição, o juiz ordenará a citação dos requeridos para se pronunciarem no prazo de 5 (cinco) dias.

Parágrafo único. A citação será pessoal, se a parte não tiver procurador constituído nos autos.

Art. 691. O juiz decidirá o pedido de habilitação imediatamente, salvo se este for impugnado e houver necessidade de dilação probatória diversa da documental, caso em que determinará que o pedido seja autuado em apartado e disporá sobre a instrução.

Art. 692. Transitada em julgado a sentença de habilitação, o processo principal retomará o seu curso, e cópia da sentença será juntada aos autos respectivos.

CAPÍTULO X
DAS AÇÕES DE FAMÍLIA

Art. 693. As normas deste Capítulo aplicam-se aos processos contenciosos de divórcio, separação, reconhecimento e extinção de união estável, guarda, visitação e filiação.

› Lei 6.515/1977 (Lei do divórcio).

› Lei 9.278 (União estável).

Parágrafo único. A ação de alimentos e a que versar sobre interesse de criança ou de adolescente observarão o procedimento previsto em legislação específica, aplicando-se, no que couber, as disposições deste Capítulo.

› Lei 5.478/1968 (Lei de alimentos).

Art. 694. Nas ações de família, todos os esforços serão empreendidos para a solução consensual da controvérsia, devendo o juiz dispor do auxílio de profissionais de outras áreas de conhecimento para a mediação e conciliação.

Parágrafo único. A requerimento das partes, o juiz pode determinar a suspensão do processo enquanto os litigantes se submetem a mediação extrajudicial ou a atendimento multidisciplinar.

Art. 695. Recebida a petição inicial e, se for o caso, tomadas as providências referentes à tutela provisória, o juiz ordenará a citação do réu para comparecer à audiência de mediação e conciliação, observado o disposto no art. 694.

› arts. 238 a 259, CPC.

§ 1º O mandado de citação conterá apenas os dados necessários à audiência e deverá estar desacompanhado de cópia da petição inicial, assegurado ao réu o direito de examinar seu conteúdo a qualquer tempo.

§ 2º A citação ocorrerá com antecedência mínima de 15 (quinze) dias da data designada para a audiência.

§ 3º A citação será feita na pessoa do réu.

§ 4º Na audiência, as partes deverão estar acompanhadas de seus advogados ou de defensores públicos.

Art. 696. A audiência de mediação e conciliação poderá dividir-se em tantas sessões quantas sejam necessárias para viabilizar a solução consensual, sem prejuízo de providências jurisdicionais para evitar o perecimento do direito.

› art. 334, CPC.

Art. 697. Não realizado o acordo, passarão a incidir, a partir de então, as normas do procedimento comum, observado o art. 335.

Art. 698. Nas ações de família, o Ministério Público somente intervirá quando houver interesse de incapaz e deverá ser ouvido previamente à homologação de acordo.

› art. 178, II, CPC.

Parágrafo único. O Ministério Público intervirá, quando não for parte, nas ações de família em que figure como parte vítima de violência doméstica e familiar, nos termos da Lei nº 11.340, de 7 de agosto de 2006 (Lei Maria da Penha). (Acrescido pela Lei 13.894/2019)

Art. 699. Quando o processo envolver discussão sobre fato relacionado a abuso ou a alienação parental, o juiz, ao tomar o depoimento do incapaz, deverá estar acompanhado por especialista.

› art. 2º, Lei 12.318/2010 (Alienação parental).

CAPÍTULO XI
DA AÇÃO MONITÓRIA

Art. 700. A ação monitória pode ser proposta por aquele que afirmar, com base em prova escrita sem eficácia de título executivo, ter direito de exigir do devedor capaz:

› Súm. 247, 282, 292, 299, 339, 384, 503 e 504, STJ.

I - o pagamento de quantia em dinheiro;

II - a entrega de coisa fungível ou infungível ou de bem móvel ou imóvel;

III - o adimplemento de obrigação de fazer ou de não fazer.

§ 1º A prova escrita pode consistir em prova oral documentada, produzida antecipadamente nos termos do art. 381.

§ 2º Na petição inicial, incumbe ao autor explicitar, conforme o caso:

I - a importância devida, instruindo-a com memória de cálculo;

II - o valor atual da coisa reclamada;

III - o conteúdo patrimonial em discussão ou o proveito econômico perseguido.

§ 3º O valor da causa deverá corresponder à importância prevista no § 2º, incisos I a III.

§ 4º Além das hipóteses do art. 330, a petição inicial será indeferida quando não atendido o disposto no § 2º deste artigo.

§ 5º Havendo dúvida quanto à idoneidade de prova documental apresentada pelo autor, o juiz intimá-lo-á para, querendo, emendar a petição inicial, adaptando-a ao procedimento comum.

§ 6º É admissível ação monitória em face da Fazenda Pública.

§ 7º Na ação monitória, admite-se citação por qualquer dos meios permitidos para o procedimento comum.

Art. 701. Sendo evidente o direito do autor, o juiz deferirá a expedição de mandado de pagamento, de entrega de coisa ou para execução de obrigação de fazer ou de não fazer, concedendo ao réu prazo de 15 (quinze) dias para o cumprimento e o pagamento de honorários advocatícios de cinco por cento do valor atribuído à causa.

§ 1º O réu será isento do pagamento de custas processuais se cumprir o mandado no prazo.

§ 2º Constituir-se-á de pleno direito o título executivo judicial, independentemente de qualquer formalidade, se não realizado o pagamento e não apresentados os embargos previstos no art. 702, observando-se, no que couber, o Título II do Livro I da Parte Especial.

§ 3º É cabível ação rescisória da decisão prevista no *caput* quando ocorrer a hipótese do § 2º.

§ 4º Sendo a ré Fazenda Pública, não apresentados os embargos previstos no art. 702, aplicar-se-á o disposto no art. 496, observando-se, a seguir, no que couber, o Título II do Livro I da Parte Especial.

§ 5º Aplica-se à ação monitória, no que couber, o art. 916.

Art. 702. Independentemente de prévia segurança do juízo, o réu poderá opor, nos próprios autos, no prazo previsto no art. 701, embargos à ação monitória.

§ 1º Os embargos podem se fundar em matéria passível de alegação como defesa no procedimento comum.

§ 2º Quando o réu alegar que o autor pleiteia quantia superior à devida, cumprir-lhe-á declarar de imediato o valor que entende correto, apresentando demonstrativo discriminado e atualizado da dívida.

§ 3º Não apontado o valor correto ou não apresentado o demonstrativo, os embargos serão liminarmente rejeitados, se esse for o seu único fundamento, e, se houver outro fundamento, os embargos serão processados, mas o juiz deixará de examinar a alegação de excesso.

§ 4º A oposição dos embargos suspende a eficácia da decisão referida no *caput* do art. 701 até o julgamento em primeiro grau.

§ 5º O autor será intimado para responder aos embargos no prazo de 15 (quinze) dias.

§ 6º Na ação monitória admite-se a reconvenção, sendo vedado o oferecimento de reconvenção à reconvenção.

‣ Súm. 292, STJ.

§ 7º A critério do juiz, os embargos serão autuados em apartado, se parciais, constituindo-se de pleno direito o título executivo judicial em relação à parcela incontroversa.

§ 8º Rejeitados os embargos, constituir-se-á de pleno direito o título executivo judicial, prosseguindo-se o processo em observância ao disposto no Título II do Livro I da Parte Especial, no que for cabível.

§ 9º Cabe apelação contra a sentença que acolhe ou rejeita os embargos.

§ 10. O juiz condenará o autor de ação monitória proposta indevidamente e de má-fé ao pagamento, em favor do réu, de multa de até dez por cento sobre o valor da causa.

§ 11. O juiz condenará o réu que de má-fé opuser embargos à ação monitória ao pagamento de multa de até dez por cento sobre o valor atribuído à causa, em favor do autor.

CAPÍTULO XII DA HOMOLOGAÇÃO DO PENHOR LEGAL

Art. 703. Tomado o penhor legal nos casos previstos em lei, requererá o credor, ato contínuo, a homologação.

§ 1º Na petição inicial, instruída com o contrato de locação ou a conta pormenorizada das despesas, a tabela dos preços e a relação dos objetos retidos, o credor pedirá a citação do devedor para pagar ou contestar na audiência preliminar que for designada.

§ 2º A homologação do penhor legal poderá ser promovida pela via extrajudicial mediante requerimento, que conterá os requisitos previstos no § 1º deste artigo, do credor a notário de sua livre escolha.

§ 3º Recebido o requerimento, o notário promoverá a notificação extrajudicial do devedor para, no prazo de 5 (cinco) dias, pagar o débito ou impugnar sua cobrança, alegando por escrito uma das causas previstas no art. 704, hipótese em que o procedimento será encaminhado ao juízo competente para decisão.

§ 4º Transcorrido o prazo sem manifestação do devedor, o notário formalizará a homologação do penhor legal por escritura pública.

Art. 704. A defesa só pode consistir em:

I - nulidade do processo;

‣ arts. 276 a 283, CPC.

II - extinção da obrigação;

III - não estar a dívida compreendida entre as previstas em lei ou não estarem os bens sujeitos a penhor legal;

‣ arts. 1.467 e ss. CC.

IV - alegação de haver sido ofertada caução idônea, rejeitada pelo credor.

Art. 705. A partir da audiência preliminar, observar-se-á o procedimento comum.

Art. 706. Homologado judicialmente o penhor legal, consolidar-se-á a posse do autor sobre o objeto.

§ 1º Negada a homologação, o objeto será entregue ao réu, ressalvado ao autor o direito de cobrar a dívida pelo procedimento comum, salvo se acolhida a alegação de extinção da obrigação.

§ 2º Contra a sentença caberá apelação, e, na pendência de recurso, poderá o relator ordenar que a coisa permaneça depositada ou em poder do autor.

‣ arts. 1.009 a 1.014, CPC.

CAPÍTULO XIII DA REGULAÇÃO DE AVARIA GROSSA

Art. 707. Quando inexistir consenso acerca da nomeação de um regulador de avarias, o juiz de direito da comarca do primeiro porto onde o navio houver chegado, provocado por qualquer parte interessada, nomeará um de notório conhecimento.

Art. 708. O regulador declarará justificadamente se os danos são passíveis de rateio na forma de avaria grossa e exigirá das partes envolvidas a apresentação de garantias idôneas para que possam ser liberadas as cargas aos consignatários.

§ 1º A parte que não concordar com o regulador quanto à declaração de abertura da avaria grossa deverá justificar suas razões ao juiz, que decidirá no prazo de 10 (dez) dias.

§ 2º Se o consignatário não apresentar garantia idônea a critério do regulador, este fixará o valor da contribuição provisória com base nos fatos narrados e nos documentos que instruírem a petição inicial, que deverá ser caucionado sob a forma de depósito judicial ou de garantia bancária.

§ 3º Recusando-se o consignatário a prestar caução, o regulador requererá ao juiz a alienação judicial de sua carga na forma dos arts. 879 a 903.

§ 4º É permitido o levantamento, por alvará, das quantias necessárias ao pagamento das despesas da alienação a serem arcadas pelo consignatário, mantendo-se o saldo remanescente em depósito judicial até o encerramento da regulação.

Art. 709. As partes deverão apresentar nos autos os documentos necessários à regulação da avaria grossa em prazo razoável a ser fixado pelo regulador.

Art. 710. O regulador apresentará o regulamento da avaria grossa no prazo de até 12 (doze) meses, contado da data da entrega dos documentos nos autos pelas partes, podendo o prazo ser estendido a critério do juiz.

§ 1º Oferecido o regulamento da avaria grossa, dele terão vista as partes pelo prazo comum de 15 (quinze) dias, e, não havendo impugnação, o regulamento será homologado por sentença.

§ 2º Havendo impugnação ao regulamento, o juiz decidirá no prazo de 10 (dez) dias, após a oitiva do regulador.

Art. 711. Aplicam-se ao regulador de avarias os arts. 156 a 158, no que couber.

‣ art. 149, CPC.

CAPÍTULO XIV DA RESTAURAÇÃO DE AUTOS

Art. 712. Verificado o desaparecimento dos autos, eletrônicos ou não, pode o juiz, de ofício, qualquer das partes ou o Ministério Público, se for o caso, promover-lhes a restauração.

Parágrafo único. Havendo autos suplementares, nesses prosseguirá o processo.

Art. 713. Na petição inicial, declarará a parte o estado do processo ao tempo do desaparecimento dos autos, oferecendo:

I - certidões dos atos constantes do protocolo de audiências do cartório por onde haja corrido o processo;

II - cópia das peças que tenha em seu poder;

III - qualquer outro documento que facilite a restauração.

Art. 714. A parte contrária será citada para contestar o pedido no prazo de 5 (cinco) dias, cabendo-lhe exibir as cópias, as contrafés e as reproduções dos atos e dos documentos que estiverem em seu poder.

§ 1º Se a parte concordar com a restauração, lavrar-se-á o auto que, assinado pelas partes e homologado pelo juiz, suprirá o processo desaparecido.

§ 2º Se a parte não contestar ou se a concordância for parcial, observar-se-á o procedimento comum.

Art. 715. Se a perda dos autos tiver ocorrido depois da produção das provas em audiência, o juiz, se necessário, mandará repeti-las.

§ 1º Serão reinquiridas as mesmas testemunhas, que, em caso de impossibilidade, poderão ser substituídas de ofício ou a requerimento.

§ 2º Não havendo certidão ou cópia do laudo, far-se-á nova perícia, sempre que possível pelo mesmo perito.

§ 3º Não havendo certidão de documentos, esses serão reconstituídos mediante cópias ou, na falta dessas, pelos meios ordinários de prova.

§ 4º Os serventuários e os auxiliares da justiça não podem eximir-se de depor como testemunhas a respeito de atos que tenham praticado ou assistido.

§ 5º Se o juiz houver proferido sentença da qual ele próprio ou o escrivão possua cópia, esta será juntada aos autos e terá a mesma autoridade da original.

Art. 716. Julgada a restauração, seguirá o processo os seus termos.

Parágrafo único. Aparecendo os autos originais, neles se prosseguirá, sendo-lhes apensados os autos da restauração.

Art. 717. Se o desaparecimento dos autos tiver ocorrido no tribunal, o processo de restauração será distribuído, sempre que possível, ao relator do processo.

‣ arts. 298 a 303, RISTF.

§ 1º A restauração far-se-á no juízo de origem quanto aos atos nele realizados.

§ 2º Remetidos os autos ao tribunal, nele completar-se-á a restauração e proceder-se-á ao julgamento.

Art. 718. Quem houver dado causa ao desaparecimento dos autos responderá pelas custas da restauração e pelos honorários de advogado, sem prejuízo da responsabilidade civil ou penal em que incorrer.

‣ arts. 79 a 81, 143, I, e 181, CPC.

CAPÍTULO XV
DOS PROCEDIMENTOS DE JURISDIÇÃO VOLUNTÁRIA

SEÇÃO I
DISPOSIÇÕES GERAIS

Art. 719. Quando este Código não estabelecer procedimento especial, regem os procedimentos de jurisdição voluntária as disposições constantes desta Seção.

‣ arts. 88 e 215, I, CPC.

Art. 720. O procedimento terá início por provocação do interessado, do Ministério Público ou da Defensoria Pública, cabendo-lhes formular o pedido devidamente instruído com os documentos necessários e com a indicação da providência judicial.

Art. 721. Serão citados todos os interessados, bem como intimado o Ministério Público, nos casos do art. 178, para que se manifestem, querendo, no prazo de 15 (quinze) dias.

Art. 722. A Fazenda Pública será sempre ouvida nos casos em que tiver interesse.

Art. 723. O juiz decidirá o pedido no prazo de 10 (dez) dias.

Parágrafo único. O juiz não é obrigado a observar critério de legalidade estrita, podendo adotar em cada caso a solução que considerar mais conveniente ou oportuna.

Art. 724. Da sentença caberá apelação.

‣ arts. 1.009 a 1.014, CPC.

Art. 725. Processar-se-á na forma estabelecida nesta Seção o pedido de:

I - emancipação;

‣ art. 5º, p.ún. I, CC.

‣ art. 90, Lei 6.015/1973 (Lei dos registros públicos).

‣ art. 148, p.ún., ECA.

II - sub-rogação;

‣ arts. 346 a 351, CC.

III - alienação, arrendamento ou oneração de bens de crianças ou adolescentes, de órfãos e de interditos;

IV - alienação, locação e administração da coisa comum;

‣ arts. 1.323 a 1.326, CC.

V - alienação de quinhão em coisa comum;

‣ art. 1.322, CC.

VI - extinção de usufruto, quando não decorrer da morte do usufrutuário, do termo da sua duração ou da consolidação, e de fideicomisso, quando decorrer de renúncia ou quando ocorrer antes do evento que caracterizar a condição resolutória;

‣ arts. 1.410 e 1.411, e 1.951 a 1.960, CC.

VII - expedição de alvará judicial;

VIII - homologação de autocomposição extrajudicial, de qualquer natureza ou valor.

‣ art. 515, III, CPC.

‣ art. 12, § 1º, Prov. nº 67/2018, CNJ.

Parágrafo único. As normas desta Seção aplicam-se, no que couber, aos procedimentos regulados nas seções seguintes.

SEÇÃO II
DA NOTIFICAÇÃO E DA INTERPELAÇÃO

Art. 726. Quem tiver interesse em manifestar formalmente sua vontade a outrem sobre assunto juridicamente relevante poderá notificar pessoas participantes da mesma relação jurídica para dar-lhes ciência de seu propósito.

§ 1º Se a pretensão for a de dar conhecimento geral ao público, mediante edital, o juiz só a deferirá se a tiver por fundada e necessária ao resguardo de direito.

§ 2º Aplica-se o disposto nesta Seção, no que couber, ao protesto judicial.

Art. 727. Também poderá o interessado interpelar o requerido, no caso do art. 726, para que faça ou deixe de fazer o que o requerente entenda ser de seu direito.

‣ Súm. 76, STJ.

Art. 728. O requerido será previamente ouvido antes do deferimento da notificação ou do respectivo edital:

I - se houver suspeita de que o requerente, por meio da notificação ou do edital, pretende alcançar fim ilícito;

II - se tiver sido requerida a averbação da notificação em registro público.

Art. 729. Deferida e realizada a notificação ou interpelação, os autos serão entregues ao requerente.

SEÇÃO III
DA ALIENAÇÃO JUDICIAL

Art. 730. Nos casos expressos em lei, não havendo acordo entre os interessados sobre o modo como se deve realizar a alienação do bem, o juiz, de ofício ou a requerimento dos interessados ou do depositário, mandará aliená-lo em leilão, observando-se o disposto na Seção I deste Capítulo e, no que couber, o disposto nos arts. 879 a 903.

‣ Dec.-Lei 911/1969 (Alienação fiduciária).

SEÇÃO IV
DO DIVÓRCIO E DA SEPARAÇÃO CONSENSUAIS, DA EXTINÇÃO CONSENSUAL DE UNIÃO ESTÁVEL E DA ALTERAÇÃO DO REGIME DE BENS DO MATRIMÔNIO

‣ art. 226, § 3º, CF.

Art. 731. A homologação do divórcio ou da separação consensuais, observados os requisitos legais, poderá ser requerida em petição assinada por ambos os cônjuges, da qual constarão:

‣ EC 66/2010.

I - as disposições relativas à descrição e à partilha dos bens comuns;

‣ Súm. 197, STJ.

II - as disposições relativas à pensão alimentícia entre os cônjuges;

‣ Súm. 305, STF.

III - o acordo relativo à guarda dos filhos incapazes e ao regime de visitas; e

‣ arts. 1.583 a 1.589, CC.

‣ art. 15, Lei 6.515/1977 (Lei do Divórcio).

IV - o valor da contribuição para criar e educar os filhos.

‣ art. 20, Lei 6.515/1977 (Lei do Divórcio).

Parágrafo único. Se os cônjuges não acordarem sobre a partilha dos bens, far-se-á esta depois de homologado o divórcio, na forma estabelecida nos arts. 647 a 658.

Art. 732. As disposições relativas ao processo de homologação judicial de divórcio ou de separação consensuais aplicam-se, no que couber, ao processo de homologação da extinção consensual de união estável.

‣ art. 226, § 3º, CF.

Art. 733. O divórcio consensual, a separação consensual e a extinção consensual de união estável, não havendo nascituro ou filhos incapazes e observados os requisitos legais, poderão ser realizados por escritura pública, da qual constarão as disposições de que trata o art. 731.

‣ Res. 35/2007, CNJ.

§ 1º A escritura não depende de homologação judicial e constitui título hábil para qualquer ato de registro, bem como para levantamento de importância depositada em instituições financeiras.

§ 2º O tabelião somente lavrará a escritura se os interessados estiverem assistidos por advogado ou por defensor público, cuja qualificação e assinatura constarão do ato notarial.

Art. 734. A alteração do regime de bens do casamento, observados os requisitos legais, poderá ser requerida, motivadamente, em petição assinada por ambos os cônjuges, na qual serão expostas as razões que justificam a alteração, ressalvados os direitos de terceiros.

‣ arts. 1.639 e ss., CC.

§ 1º Ao receber a petição inicial, o juiz determinará a intimação do Ministério Público e a publicação de edital que divulgue a pretendida alteração de bens, somente podendo decidir depois de decorrido o prazo de 30 (trinta) dias da publicação do edital.

§ 2º Os cônjuges, na petição inicial ou em petição avulsa, podem propor ao juiz meio alternativo de divulgação da alteração do regime de bens, a fim de resguardar direitos de terceiros.

§ 3º Após o trânsito em julgado da sentença, serão expedidos mandados de averbação aos cartórios de registro civil e de imóveis e, caso qualquer dos cônjuges seja empresário, ao Registro Público de Empresas Mercantis e Atividades Afins.

SEÇÃO V
DOS TESTAMENTOS E DOS CODICILOS

Art. 735. Recebendo testamento cerrado, o juiz, se não achar vício externo que o torne suspeito de nulidade ou falsidade, o abrirá e mandará que o escrivão o leia em presença do apresentante.

› art. 1.868, CC.

§ 1º Do termo de abertura constarão o nome do apresentante e como ele obteve o testamento, a data e o lugar do falecimento do testador, com as respectivas provas, e qualquer circunstância digna de nota.

§ 2º Depois de ouvido o Ministério Público, não havendo dúvidas a serem esclarecidas, o juiz mandará registrar, arquivar e cumprir o testamento.

› art. 1.875, CC.

§ 3º Feito o registro, será intimado o testamenteiro para assinar o termo da testamentária.

› arts. 1.976 e ss., CC.

§ 4º Se não houver testamenteiro nomeado ou se ele estiver ausente ou não aceitar o encargo, o juiz nomeará testamenteiro dativo, observando-se a preferência legal.

§ 5º O testamenteiro deverá cumprir as disposições testamentárias e prestar contas em juízo do que recebeu e despendeu, observando-se o disposto em lei.

Art. 736. Qualquer interessado, exibindo o traslado ou a certidão de testamento público, poderá requerer ao juiz que ordene o seu cumprimento, observando-se, no que couber, o disposto nos parágrafos do art. 735.

Art. 737. A publicação do testamento particular poderá ser requerida, depois da morte do testador, pelo herdeiro, pelo legatário ou pelo testamenteiro, bem como pelo terceiro detentor do testamento, se impossibilitado de entregá-lo a algum dos outros legitimados para requerê-la.

› arts. 1.876 a 1.880, CC.

§ 1º Serão intimados os herdeiros que não tiverem requerido a publicação do testamento.

§ 2º Verificando a presença dos requisitos da lei, ouvido o Ministério Público, o juiz confirmará o testamento.

§ 3º Aplica-se o disposto neste artigo ao codicilo e aos testamentos marítimo, aeronáutico, militar e nuncupativo.

› arts. 1.890 a 1.896, CC.

§ 4º Observar-se-á, no cumprimento do testamento, o disposto nos parágrafos do art. 735.

SEÇÃO VI
DA HERANÇA JACENTE

› arts. 1.819 e ss., CC.

Art. 738. Nos casos em que a lei considere jacente a herança, o juiz em cuja comarca tiver domicílio o falecido procederá imediatamente à arrecadação dos respectivos bens.

Art. 739. A herança jacente ficará sob a guarda, a conservação e a administração de um curador até a respectiva entrega ao sucessor legalmente habilitado ou até a declaração de vacância.

§ 1º Incumbe ao curador:

I - representar a herança em juízo ou fora dele, com intervenção do Ministério Público;

II - ter em boa guarda e conservação os bens arrecadados e promover a arrecadação de outros porventura existentes;

III - executar as medidas conservatórias dos direitos da herança;

IV - apresentar mensalmente ao juiz balancete da receita e da despesa;

V - prestar contas ao final de sua gestão.

§ 2º Aplica-se ao curador o disposto nos arts. 159 a 161.

Art. 740. O juiz ordenará que o oficial de justiça, acompanhado do escrivão ou do chefe de secretaria e do curador, arrole os bens e descreva-os em auto circunstanciado.

§ 1º Não podendo comparecer ao local, o juiz requisitará à autoridade policial que proceda à arrecadação e ao arrolamento dos bens, com 2 (duas) testemunhas, que assistirão às diligências.

§ 2º Não estando ainda nomeado o curador, o juiz designará depositário e lhe entregará os bens, mediante simples termo nos autos, depois de compromissado.

§ 3º Durante a arrecadação, o juiz ou a autoridade policial inquirirá os moradores da casa e da vizinhança sobre a qualificação do falecido, o paradeiro de seus sucessores e a existência de outros bens, lavrando-se de tudo auto de inquirição e informação.

§ 4º O juiz examinará reservadamente os papéis, as cartas missivas e os livros domésticos e, verificando que não apresentam interesse, mandará empacotá-los e lacrá-los para serem assim entregues aos sucessores do falecido ou queimados quando os bens forem declarados vacantes.

§ 5º Se constar ao juiz a existência de bens em outra comarca, mandará expedir carta precatória a fim de serem arrecadados.

§ 6º Não se fará a arrecadação, ou essa será suspensa, quando, iniciada, apresentarem-se para reclamar os bens o cônjuge ou companheiro, o herdeiro ou o testamenteiro notoriamente reconhecido e não houver oposição motivada do curador, de qualquer interessado, do Ministério Público ou do representante da Fazenda Pública.

Art. 741. Ultimada a arrecadação, o juiz mandará expedir edital, que será publicado na rede mundial de computadores, no sítio do tribunal a que estiver vinculado o juízo e na plataforma de editais do Conselho Nacional de Justiça, onde permanecerá por 3 (três) meses, ou, não havendo sítio, no órgão oficial e na imprensa da comarca, por 3 (três) vezes com intervalos de 1 (um) mês, para que os sucessores do falecido venham a habilitar-se no prazo de 6 (seis) meses contado da primeira publicação.

§ 1º Verificada a existência de sucessor ou de testamenteiro em lugar certo, far-se-á a sua citação, sem prejuízo do edital.

§ 2º Quando o falecido for estrangeiro, será também comunicado o fato à autoridade consular.

§ 3º Julgada a habilitação do herdeiro, reconhecida a qualidade do testamenteiro ou provada a identidade do cônjuge ou companheiro, a arrecadação converter-se-á em inventário.

§ 4º Os credores da herança poderão habilitar-se como nos inventários ou propor a ação de cobrança.

Art. 742. O juiz poderá autorizar a alienação:

I - de bens móveis, se forem de conservação difícil ou dispendiosa;

II - de semoventes, quando não empregados na exploração de alguma indústria;

III - de títulos e papéis de crédito, havendo fundado receio de depreciação;

IV - de ações de sociedade quando, reclamada a integralização, não dispuser a herança de dinheiro para o pagamento;

V - de bens imóveis:

a) se ameaçarem ruína, não convindo a reparação;

b) se estiverem hipotecados e vencer-se a dívida, não havendo dinheiro para o pagamento.

§ 1º Não se procederá, entretanto, à venda se a Fazenda Pública ou o habilitando adiantar a importância para as despesas.

§ 2º Os bens com valor de afeição, como retratos, objetos de uso pessoal, livros e obras de arte, só serão alienados depois de declarada a vacância da herança.

Art. 743. Passado 1 (um) ano da primeira publicação do edital e não havendo herdeiro habilitado nem habilitação pendente, será a herança declarada vacante.

› art. 1.820, CC.

§ 1º Pendendo habilitação, a vacância será declarada pela mesma sentença que a julgar improcedente, aguardando-se, no caso de serem diversas as habilitações, o julgamento da última.

§ 2º Transitada em julgado a sentença que declarou a vacância, o cônjuge, o companheiro, os herdeiros e os credores só poderão reclamar o seu direito por ação direta.

SEÇÃO VII
DOS BENS DOS AUSENTES

Art. 744. Declarada a ausência nos casos previstos em lei, o juiz mandará arrecadar os bens do ausente e nomear-lhes-á curador na forma estabelecida na Seção VI, observando-se o disposto em lei.

› arts. 22 a 39, CC.

› arts. 29, VI, 94, Lei 6.015/1973 (Lei de registros públicos).

› Súm. 331, STF.

Art. 745. Feita a arrecadação, o juiz mandará publicar editais na rede mundial de computadores, no sítio do tribunal a que estiver vinculado e na plataforma de editais do Conselho Nacional de Justiça, onde permanecerá por 1 (um) ano, ou, não havendo sítio, no órgão oficial e na imprensa da comarca, durante 1 (um) ano, reproduzida de 2 (dois) em 2 (dois) meses, anunciando a arrecadação e chamando o ausente a entrar na posse de seus bens.

§ 1º Findo o prazo previsto no edital, poderão os interessados requerer a abertura da sucessão provisória, observando-se o disposto em lei.

§ 2º O interessado, ao requerer a abertura da sucessão provisória, pedirá a citação pessoal dos herdeiros presentes e do curador e, por editais, a dos ausentes para requererem habilitação, na forma dos arts. 689 a 692.

§ 3º Presentes os requisitos legais, poderá ser requerida a conversão da sucessão provisória em definitiva.

§ 4º Regressando o ausente ou algum de seus descendentes ou ascendentes para requerer ao juiz a entrega de bens, serão citados para contestar o pedido os sucessores provisórios ou definitivos, o Ministério Público e o representante da Fazenda Pública, seguindo-se o procedimento comum.

SEÇÃO VIII
DAS COISAS VAGAS

› arts. 1.233 a 1.237, CC.

Art. 746. Recebendo do descobridor coisa alheia perdida, o juiz mandará lavrar o respectivo auto, do qual constará a descrição do bem e as declarações do descobridor.

§ 1º Recebida a coisa por autoridade policial, esta a remeterá em seguida ao juízo competente.

§ 2º Depositada a coisa, o juiz mandará publicar edital na rede mundial de computadores, no sítio do tribunal a que estiver vinculado e na plataforma de editais do Conselho Nacional de Justiça ou, não havendo sítio, no órgão oficial e na imprensa da comarca, para que o dono ou o legítimo possuidor a reclame, salvo se se tratar de coisa de pequeno valor e não for possível a publicação no sítio do tribunal, caso em que o edital será apenas afixado no átrio do edifício do fórum.

§ 3º Observar-se-á, quanto ao mais, o disposto em lei.

SEÇÃO IX
DA INTERDIÇÃO

› arts. 1.767 e ss., CC.

Art. 747. A interdição pode ser promovida:

I - pelo cônjuge ou companheiro;

II - pelos parentes ou tutores;

III - pelo representante da entidade em que se encontra abrigado o interditando;

IV - pelo Ministério Público.

› art. 129, CF.

Parágrafo único. A legitimidade deverá ser comprovada por documentação que acompanhe a petição inicial.

Art. 748. O Ministério Público só promoverá interdição em caso de doença mental grave:

I - se as pessoas designadas nos incisos I, II e III do art. 747 não existirem ou não promoverem a interdição;

II - se, existindo, forem incapazes as pessoas mencionadas nos incisos I e II do art. 747.

Art. 749. Incumbe ao autor, na petição inicial, especificar os fatos que demonstram a incapacidade do interditando para administrar seus bens e, se for o caso, para praticar atos da vida civil, bem como o momento em que a incapacidade se revelou.

Parágrafo único. Justificada a urgência, o juiz pode nomear curador provisório ao interditando para a prática de determinados atos.

Art. 750. O requerente deverá juntar laudo médico para fazer prova de suas alegações ou informar a impossibilidade de fazê-lo.

Art. 751. O interditando será citado para, em dia designado, comparecer perante o juiz, que o entrevistará minuciosamente acerca de sua vida, negócios, bens, vontades, preferências e laços familiares e afetivos e sobre o que mais lhe parecer necessário para convencimento quanto à sua capacidade para praticar atos da vida civil, devendo ser reduzidas a termo as perguntas e respostas.

§ 1º Não podendo o interditando deslocar-se, o juiz o ouvirá no local onde estiver.

§ 2º A entrevista poderá ser acompanhada por especialista.

§ 3º Durante a entrevista, é assegurado o emprego de recursos tecnológicos capazes de permitir ou de auxiliar o interditando a expressar suas vontades e preferências e a responder às perguntas formuladas.

§ 4º A critério do juiz, poderá ser requisitada a oitiva de parentes e de pessoas próximas.

Art. 752. Dentro do prazo de 15 (quinze) dias contado da entrevista, o interditando poderá impugnar o pedido.

§ 1º O Ministério Público intervirá como fiscal da ordem jurídica.

› art. 178, CPC.

§ 2º O interditando poderá constituir advogado, e, caso não o faça, deverá ser nomeado curador especial.

§ 3º Caso o interditando não constitua advogado, o seu cônjuge, companheiro ou qualquer parente sucessível poderá intervir como assistente.

Art. 753. Decorrido o prazo previsto no art. 752, o juiz determinará a produção de prova pericial para avaliação da capacidade do interditando para praticar atos da vida civil.

§ 1º A perícia pode ser realizada por equipe composta por expertos com formação multidisciplinar.

§ 2º O laudo pericial indicará especificadamente, se for o caso, os atos para os quais haverá necessidade de curatela.

Art. 754. Apresentado o laudo, produzidas as demais provas e ouvidos os interessados, o juiz proferirá sentença.

Art. 755. Na sentença que decretar a interdição, o juiz:

I - nomeará curador, que poderá ser o requerente da interdição, e fixará os limites da curatela, segundo o estado e o desenvolvimento mental do interdito;

II - considerará as características pessoais do interdito, observando suas potencialidades, habilidades, vontades e preferências.

§ 1º A curatela deve ser atribuída a quem melhor possa atender aos interesses do curatelado.

§ 2º Havendo, ao tempo da interdição, pessoa incapaz sob a guarda e a responsabilidade do interdito, o juiz atribuirá a curatela a quem melhor puder atender aos interesses do interdito e do incapaz.

§ 3º A sentença de interdição será inscrita no registro de pessoas naturais e imediatamente publicada na rede mundial de computadores, no sítio do tribunal a que estiver vinculado o juízo e na plataforma de editais do Conselho Nacional de Justiça, onde permanecerá por 6 (seis) meses, na imprensa local, 1 (uma) vez, e no órgão oficial, por 3 (três) vezes, com intervalo de 10 (dez) dias, constando do edital os nomes do interdito e do curador, a causa da interdição, os limites da curatela e, não sendo total a interdição, os atos que o interdito poderá praticar autonomamente.

› art. 9º, III, CC.

› arts. 29, V; 92; e 107, § 1º, Lei 6.015/1973 (Lei de registros públicos).

Art. 756. Levantar-se-á a curatela quando cessar a causa que a determinou.

§ 1º O pedido de levantamento da curatela poderá ser feito pelo interdito, pelo curador ou pelo Ministério Público e será apensado aos autos da interdição.

§ 2º O juiz nomeará perito ou equipe multidisciplinar para proceder ao exame do interdito e designará audiência de instrução e julgamento após a apresentação do laudo.

§ 3º Acolhido o pedido, o juiz decretará o levantamento da interdição e determinará a publicação da sentença, após o trânsito em julgado, na forma do art. 755, § 3º, ou, não sendo possível, na imprensa local e no órgão oficial, por 3 (três) vezes, com intervalo de 10 (dez) dias, seguindo-se a averbação no registro de pessoas naturais.

§ 4º A interdição poderá ser levantada parcialmente quando demonstrada a capacidade do interdito para praticar alguns atos da vida civil.

Art. 757. A autoridade do curador estende-se à pessoa e aos bens do incapaz que se encontrar sob a guarda e a responsabilidade do curatelado ao tempo da interdição, salvo se o juiz considerar outra solução como mais conveniente aos interesses do incapaz.

Art. 758. O curador deverá buscar tratamento e apoio apropriados à conquista da autonomia pelo interdito.

SEÇÃO X
DISPOSIÇÕES COMUNS À TUTELA E À CURATELA

› arts. 1.728 e ss., CC.

Art. 759. O tutor ou o curador será intimado a prestar compromisso no prazo de 5 (cinco) dias contado da:

I - nomeação feita em conformidade com a lei;

II - intimação do despacho que mandar cumprir o testamento ou o instrumento público que o houver instituído.

§ 1º O tutor ou o curador prestará o compromisso por termo em livro rubricado pelo juiz.

§ 2º Prestado o compromisso, o tutor ou o curador assume a administração dos bens do tutelado ou do interditado.

Art. 760. O tutor ou o curador poderá eximir-se do encargo apresentando escusa ao juiz no prazo de 5 (cinco) dias contado:

I - antes de aceitar o encargo, da intimação para prestar compromisso;

II - depois de entrar em exercício, do dia em que sobrevier o motivo da escusa.

§ 1º Não sendo requerida a escusa no prazo estabelecido neste artigo, considerar-se-á renunciado o direito de alegá-la.

§ 2º O juiz decidirá de plano o pedido de escusa, e, não o admitindo, exercerá o nomeado a tutela ou a curatela enquanto não for dispensado por sentença transitada em julgado.

Art. 761. Incumbe ao Ministério Público ou a quem tenha legítimo interesse requerer, nos casos previstos em lei, a remoção do tutor ou do curador.

Parágrafo único. O tutor ou o curador será citado para contestar a arguição no prazo de 5 (cinco) dias, findo o qual observar-se-á o procedimento comum.

Art. 762. Em caso de extrema gravidade, o juiz poderá suspender o tutor ou o curador do exercício de suas funções, nomeando substituto interino.

Art. 763. Cessando as funções do tutor ou do curador pelo decurso do prazo em que era obrigado a servir, ser-lhe-á lícito requerer a exoneração do encargo.

§ 1º Caso o tutor ou o curador não requeira a exoneração do encargo dentro dos 10 (dez) dias seguintes à expiração do termo, entender-se-á reconduzido, salvo se o juiz o dispensar.

§ 2º Cessada a tutela ou a curatela, é indispensável a prestação de contas pelo tutor ou pelo curador, na forma da lei civil.

SEÇÃO XI
DA ORGANIZAÇÃO E DA FISCALIZAÇÃO DAS FUNDAÇÕES

Art. 764. O juiz decidirá sobre a aprovação do estatuto das fundações e de suas alterações sempre que o requeira o interessado, quando:

› arts. 62 e ss., CC.

I - ela for negada previamente pelo Ministério Público ou por este forem exigidas modificações com as quais o interessado não concorde;

II - o interessado discordar do estatuto elaborado pelo Ministério Público.

§ 1º O estatuto das fundações deve observar o disposto na Lei n. 10.406, de 10 de janeiro de 2002 (Código Civil).

§ 2º Antes de suprir a aprovação, o juiz poderá mandar fazer no estatuto modificações a fim de adaptá-lo ao objetivo do instituidor.

Art. 765. Qualquer interessado ou o Ministério Público promoverá em juízo a extinção da fundação quando:

I - se tornar ilícito o seu objeto;

II - for impossível a sua manutenção;

III - vencer o prazo de sua existência.

SEÇÃO XII
DA RATIFICAÇÃO DOS PROTESTOS MARÍTIMOS E DOS PROCESSOS TESTEMUNHÁVEIS FORMADOS A BORDO

Art. 766. Todos os protestos e os processos testemunháveis formados a bordo e lançados no livro Diário da Navegação deverão ser apresentados pelo comandante ao juiz de direito do primeiro porto, nas primeiras 24 (vinte e quatro) horas de chegada da embarcação, para sua ratificação judicial.

Art. 767. A petição inicial conterá a transcrição dos termos lançados no livro Diário da Navegação e deverá ser instruída com cópias das páginas que contenham os termos que serão ratificados, dos documentos de identificação do comandante e das testemunhas arroladas, do rol de tripulantes, do documento de registro da embarcação e, quando for o caso, do manifesto das cargas sinistradas e a qualificação de seus consignatários, traduzidos, quando for o caso, de forma livre para o português.

Art. 768. A petição inicial deverá ser distribuída com urgência e encaminhada ao juiz, que ouvirá, sob compromisso a ser prestado no mesmo dia, o comandante e as testemunhas em número mínimo de 2 (duas) e máximo de 4 (quatro), que deverão comparecer ao ato independentemente de intimação.

§ 1º Tratando-se de estrangeiros que não dominem a língua portuguesa, o autor deverá fazer-se acompanhar por tradutor, que prestará compromisso em audiência.

§ 2º Caso o autor não se faça acompanhar por tradutor, o juiz deverá nomear outro que preste compromisso em audiência.

Art. 769. Aberta a audiência, o juiz mandará apregoar os consignatários das cargas indicados na petição inicial e outros eventuais interessados, nomeando para os ausentes curador para o ato.

Art. 770. Inquiridos o comandante e as testemunhas, o juiz, convencido da veracidade dos termos lançados no Diário da Navegação, em audiência, ratificará por sentença o protesto ou o processo testemunhável lavrado a bordo, dispensado o relatório.

Parágrafo único. Independentemente do trânsito em julgado, o juiz determinará a entrega dos autos ao autor ou ao seu advogado, mediante a apresentação de traslado.

LIVRO II
DO PROCESSO DE EXECUÇÃO

TÍTULO I
DA EXECUÇÃO EM GERAL

CAPÍTULO I
DISPOSIÇÕES GERAIS

Art. 771. Este Livro regula o procedimento da execução fundada em título extrajudicial, e suas disposições aplicam-se, também, no que couber, aos procedimentos especiais de execução, aos atos executivos realizados no procedimento de cumprimento de sentença, bem como aos efeitos de atos ou fatos processuais a que a lei atribuir força executiva.

Parágrafo único. Aplicam-se subsidiariamente à execução as disposições do Livro I da Parte Especial.

Art. 772. O juiz pode, em qualquer momento do processo:

I - ordenar o comparecimento das partes;

II - advertir o executado de que seu procedimento constitui ato atentatório à dignidade da justiça;

III - determinar que sujeitos indicados pelo exequente forneçam informações em geral relacionadas ao objeto da execução, tais como documentos e dados que tenham em seu poder, assinando-lhes prazo razoável.

Art. 773. O juiz poderá, de ofício ou a requerimento, determinar as medidas necessárias ao cumprimento da ordem de entrega de documentos e dados.

Parágrafo único. Quando, em decorrência do disposto neste artigo, o juízo receber dados sigilosos para os fins da execução, o juiz adotará as medidas necessárias para assegurar a confidencialidade.

Art. 774. Considera-se atentatória à dignidade da justiça a conduta comissiva ou omissiva do executado que:

I - frauda a execução;

› art. 792, CPC.

II - se opõe maliciosamente à execução, empregando ardis e meios artificiosos;

III - dificulta ou embaraça a realização da penhora;

› arts. 831 e ss., CPC.

IV - resiste injustificadamente às ordens judiciais;

V - intimado, não indica ao juiz quais são e onde estão os bens sujeitos à penhora e os respectivos valores, nem exibe prova de sua propriedade e, se for o caso, certidão negativa de ônus.

Parágrafo único. Nos casos previstos neste artigo, o juiz fixará multa em montante não superior a vinte por cento do valor atualizado do débito em execução, a qual será revertida em proveito do exequente, exigível nos próprios autos do processo, sem prejuízo de outras sanções de natureza processual ou material.

CPC

Art. 775. O exequente tem o direito de desistir de toda a execução ou de apenas alguma medida executiva.

- Súm. 153, STJ.

Parágrafo único. Na desistência da execução, observar-se-á o seguinte:

I - serão extintos a impugnação e os embargos que versarem apenas sobre questões processuais, pagando o exequente as custas processuais e os honorários advocatícios;

- Súm. 517 e 519, STJ.

II - nos demais casos, a extinção dependerá da concordância do impugnante ou do embargante.

Art. 776. O exequente ressarcirá ao executado os danos que este sofreu, quando a sentença, transitada em julgado, declarar inexistente, no todo ou em parte, a obrigação que ensejou a execução.

Art. 777. A cobrança de multas ou de indenizações decorrentes de litigância de má-fé ou de prática de ato atentatório à dignidade da justiça será promovida nos próprios autos do processo.

- arts. 77, § 1º, e 536, § 3º, CPC.

CAPÍTULO II
DAS PARTES

Art. 778. Pode promover a execução forçada o credor a quem a lei confere título executivo.

- arts. 783 a 785, CPC.

§ 1º Podem promover a execução forçada ou nela prosseguir, em sucessão ao exequente originário:

I - o Ministério Público, nos casos previstos em lei;

- art. 178, CPC.

II - o espólio, os herdeiros ou os sucessores do credor, sempre que, por morte deste, lhes for transmitido o direito resultante do título executivo;

- art. 110, CPC.

III - o cessionário, quando o direito resultante do título executivo lhe for transferido por ato entre vivos;

IV - o sub-rogado, nos casos de sub-rogação legal ou convencional.

- arts. 346 a 351, CC.

§ 2º A sucessão prevista no § 1º independe de consentimento do executado.

Art. 779. A execução pode ser promovida contra:

I - o devedor, reconhecido como tal no título executivo;

II - o espólio, os herdeiros ou os sucessores do devedor;

III - o novo devedor que assumiu, com o consentimento do credor, a obrigação resultante do título executivo;

IV - o fiador do débito constante em título extrajudicial;

- Súm. 268, STJ.

V - o responsável titular do bem vinculado por garantia real ao pagamento do débito;

VI - o responsável tributário, assim definido em lei.

- arts. 121, p.ún.; e 128 a 138, CTN.

Art. 780. O exequente pode cumular várias execuções, ainda que fundadas em títulos diferentes, quando o executado for o mesmo e desde que para todas elas seja competente o mesmo juízo e idêntico o procedimento.

- Súm. 27, STJ.

CAPÍTULO III
DA COMPETÊNCIA

Art. 781. A execução fundada em título extrajudicial será processada perante o juízo competente, observando-se o seguinte:

I - a execução poderá ser proposta no foro de domicílio do executado, de eleição constante do título ou, ainda, de situação dos bens a ela sujeitos;

II - tendo mais de um domicílio, o executado poderá ser demandado no foro de qualquer deles;

III - sendo incerto ou desconhecido o domicílio do executado, a execução poderá ser proposta no lugar onde for encontrado ou no foro de domicílio do exequente;

IV - havendo mais de um devedor, com diferentes domicílios, a execução será proposta no foro de qualquer deles, à escolha do exequente;

V - a execução poderá ser proposta no foro do lugar em que se praticou o ato ou em que ocorreu o fato que deu origem ao título, mesmo que nele não mais resida o executado.

Art. 782. Não dispondo a lei de modo diverso, o juiz determinará os atos executivos, e o oficial de justiça os cumprirá.

§ 1º O oficial de justiça poderá cumprir os atos executivos determinados pelo juiz também nas comarcas contíguas, de fácil comunicação, e nas que se situem na mesma região metropolitana.

§ 2º Sempre que, para efetivar a execução, for necessário o emprego de força policial, o juiz a requisitará.

§ 3º A requerimento da parte, o juiz pode determinar a inclusão do nome do executado em cadastros de inadimplentes.

§ 4º A inscrição será cancelada imediatamente se for efetuado o pagamento, se for garantida a execução ou se a execução for extinta por qualquer outro motivo.

§ 5º O disposto nos §§ 3º e 4º aplica-se à execução definitiva de título judicial.

CAPÍTULO IV
DOS REQUISITOS NECESSÁRIOS PARA REALIZAR QUALQUER EXECUÇÃO

SEÇÃO I
DO TÍTULO EXECUTIVO

Art. 783. A execução para cobrança de crédito fundar-se-á sempre em título de obrigação certa, líquida e exigível.

- Súm. 233, 279 e 300, STJ.

Art. 784. São títulos executivos extrajudiciais:

- Súm. 317, STJ.
- art. 57, p.ún., Lei 9.099/1995 (Juizados Especiais Cíveis e Criminais).

I - a letra de câmbio, a nota promissória, a duplicata, a debênture e o cheque;

- Dec. 2.044/1908 (Lei da letra de câmbio e nota promissória).
- Lei 5.474/1968 (Lei da duplicata).
- art. 52 e s., Lei 6.404/1976 (Lei da sociedade anônima).
- Lei 7.357/1985 (Lei do cheque).
- Súm. 258 e 531, STJ; Súm. 600, STF.

II - a escritura pública ou outro documento público assinado pelo devedor;

- arts. 215 e 221, CC.

III - o documento particular assinado pelo devedor e por 2 (duas) testemunhas;

IV - o instrumento de transação referendado pelo Ministério Público, pela Defensoria Pública, pela Advocacia Pública, pelos advogados dos transatores ou por conciliador ou mediador credenciado por tribunal;

- arts. 840 a 850, CC.
- art. 22, p.ún., Prov. nº 67/2018, CNJ.

V - o contrato garantido por hipoteca, penhor, anticrese ou outro direito real de garantia e aquele garantido por caução;

- arts. 1.419 a 1.510, CC.

VI - o contrato de seguro de vida em caso de morte;

- arts. 789 e ss., CC.

VII - o crédito decorrente de foro e laudêmio;

VIII - o crédito, documentalmente comprovado, decorrente de aluguel de imóvel, bem como de encargos acessórios, tais como taxas e despesas de condomínio;

- Lei 4.591/1964 (Lei do condomínio).

IX - a certidão de dívida ativa da Fazenda Pública da União, dos Estados, do Distrito Federal e dos Municípios, correspondente aos créditos inscritos na forma da lei;

- arts. 201 a 204, CTN.
- arts. 2º e 3º, Lei 6.830/1980 (Execução Fiscal).
- Súm. 392, STJ.

X - o crédito referente às contribuições ordinárias ou extraordinárias de condomínio edilício, previstas na respectiva convenção ou aprovadas em assembleia geral, desde que documentalmente comprovadas;

- arts. 1.331 e ss., CC.

XI - a certidão expedida por serventia notarial ou de registro relativa a valores de emolumentos e demais despesas devidas pelos atos por ela praticados, fixados nas tabelas estabelecidas em lei;

XII - todos os demais títulos aos quais, por disposição expressa, a lei atribuir força executiva.

- art. 107, I, Lei 6.404/1976 (Lei da sociedade anônima).
- art. 211, ECA.
- arts. 85 e 93, Lei 12.529/2011 (Defesa da concorrência).
- art. 24, Estatuto da OAB.

§ 1º A propositura de qualquer ação relativa a débito constante de título executivo não inibe o credor de promover-lhe a execução.

§ 2º Os títulos executivos extrajudiciais oriundos de país estrangeiro não dependem de homologação para serem executados.

§ 3º O título estrangeiro só terá eficácia executiva quando satisfeitos os requisitos de formação exigidos pela lei do lugar de sua celebração e quando o Brasil for indicado como o lugar de cumprimento da obrigação.

Art. 785. A existência de título executivo extrajudicial não impede a parte de optar pelo processo de conhecimento, a fim de obter título executivo judicial.

SEÇÃO II
DA EXIGIBILIDADE DA OBRIGAÇÃO

Art. 786. A execução pode ser instaurada caso o devedor não satisfaça a obrigação certa, líquida e exigível consubstanciada em título executivo.

Parágrafo único. A necessidade de simples operações aritméticas para apurar o crédito exequendo não retira a liquidez da obrigação constante do título.

Art. 787. Se o devedor não for obrigado a satisfazer sua prestação senão mediante a contraprestação do credor, este deverá provar que a adimpliu ao requerer a execução, sob pena de extinção do processo.

Parágrafo único. O executado poderá eximir-se da obrigação, depositando em juízo a prestação ou a coisa, caso em que o juiz não permitirá que o credor a receba sem cumprir a contraprestação que lhe tocar.

Art. 788. O credor não poderá iniciar a execução ou nela prosseguir se o devedor cumprir a obrigação, mas poderá recusar o recebimento da prestação se ela não corresponder ao direito ou à obrigação estabelecidos no título executivo, caso em que poderá requerer a execução forçada, ressalvado ao devedor o direito de embargá-la.

CAPÍTULO V
DA RESPONSABILIDADE PATRIMONIAL

Art. 789. O devedor responde com todos os seus bens presentes e futuros para o cumprimento de suas obrigações, salvo as restrições estabelecidas em lei.

Art. 790. São sujeitos à execução os bens:

I - do sucessor a título singular, tratando-se de execução fundada em direito real ou obrigação reipersecutória;

II - do sócio, nos termos da lei;

III - do devedor, ainda que em poder de terceiros;

IV - do cônjuge ou companheiro, nos casos em que seus bens próprios ou de sua meação respondem pela dívida;

V - alienados ou gravados com ônus real em fraude à execução;

VI - cuja alienação ou gravação com ônus real tenha sido anulada em razão do reconhecimento, em ação autônoma, de fraude contra credores;

VII - do responsável, nos casos de desconsideração da personalidade jurídica.

› arts. 133 a 137, CPC.

› art. 50, CC.

› art. 28, CDC.

› art. 34, Lei 12.529/2011 (Defesa da concorrência).

Art. 791. Se a execução tiver por objeto obrigação de que seja sujeito passivo o proprietário de terreno submetido ao regime do direito de superfície, ou o superficiário, responderá pela dívida, exclusivamente, o direito real do qual é titular o executado, recaindo a penhora ou outros atos de constrição exclusivamente sobre o terreno, no primeiro caso, ou sobre a construção ou a plantação, no segundo caso.

› arts. 1.369 a 1.377, CC.

§ 1º Os atos de constrição a que se refere o *caput* serão averbados separadamente na matrícula do imóvel, com a identificação do executado, do valor do crédito e do objeto sobre o qual recai o gravame, devendo o oficial destacar o bem que responde pela dívida, se o terreno, a construção ou a plantação, de modo a assegurar a publicidade da responsabilidade patrimonial de cada um deles pelas dívidas e pelas obrigações que a eles estão vinculadas.

§ 2º Aplica-se, no que couber, o disposto neste artigo à enfiteuse, à concessão de uso especial para fins de moradia e à concessão de direito real de uso.

Art. 792. A alienação ou a oneração de bem é considerada fraude à execução:

› art. 185, CTN.

I - quando sobre o bem pender ação fundada em direito real ou com pretensão reipersecutória, desde que a pendência do processo tenha sido averbada no respectivo registro público, se houver;

II - quando tiver sido averbada, no registro do bem, a pendência do processo de execução, na forma do art. 828;

III - quando tiver sido averbado, no registro do bem, hipoteca judiciária ou outro ato de constrição judicial originário do processo onde foi arguida a fraude;

IV - quando, ao tempo da alienação ou da oneração, tramitava contra o devedor ação capaz de reduzi-lo à insolvência;

V - nos demais casos expressos em lei.

› art. 179, CP.

§ 1º A alienação em fraude à execução é ineficaz em relação ao exequente.

§ 2º No caso de aquisição de bem não sujeito a registro, o terceiro adquirente tem o ônus de provar que adotou as cautelas necessárias para a aquisição, mediante a exibição das certidões pertinentes, obtidas no domicílio do vendedor e no local onde se encontra o bem.

§ 3º Nos casos de desconsideração da personalidade jurídica, a fraude à execução verifica-se a partir da citação da parte cuja personalidade se pretende desconsiderar.

› art. 50, CC.

› art. 28, CDC.

§ 4º Antes de declarar a fraude à execução, o juiz deverá intimar o terceiro adquirente, que, se quiser, poderá opor embargos de terceiro, no prazo de 15 (quinze) dias.

› art. 675, CPC.

Art. 793. O exequente que estiver, por direito de retenção, na posse de coisa pertencente ao devedor não poderá promover a execução sobre outros bens senão depois de excutida a coisa que se achar em seu poder.

Art. 794. O fiador, quando executado, tem o direito de exigir que primeiro sejam executados os bens do devedor situados na mesma comarca, livres e desembargados, indicando-os pormenorizadamente à penhora.

› art. 827, CC.

§ 1º Os bens do fiador ficarão sujeitos à execução se os do devedor, situados na mesma comarca que os seus, forem insuficientes à satisfação do direito do credor.

§ 2º O fiador que pagar a dívida poderá executar o afiançado nos autos do mesmo processo.

§ 3º O disposto no *caput* não se aplica se o fiador houver renunciado ao benefício de ordem.

› art. 828, I, CC.

Art. 795. Os bens particulares dos sócios não respondem pelas dívidas da sociedade, senão nos casos previstos em lei.

› arts. 134, VII; e 135, I, CTN.

§ 1º O sócio réu, quando responsável pelo pagamento da dívida da sociedade, tem o direito de exigir que primeiro sejam excutidos os bens da sociedade.

› Súm. 435, STJ.

§ 2º Incumbe ao sócio que alegar o benefício do § 1º nomear quantos bens da sociedade situados na mesma comarca, livres e desembargados, bastem para pagar o débito.

§ 3º O sócio que pagar a dívida poderá executar a sociedade nos autos do mesmo processo.

§ 4º Para a desconsideração da personalidade jurídica é obrigatória a observância do incidente previsto neste Código.

› arts. 133 a 137, CPC.

› art. 50, CC.

› art. 28, CDC.

Art. 796. O espólio responde pelas dívidas do falecido, mas, feita a partilha, cada herdeiro responde por elas dentro das forças da herança e na proporção da parte que lhe coube.

› arts. 1.792, e 1.997, CC.

TÍTULO II
DAS DIVERSAS ESPÉCIES DE EXECUÇÃO

CAPÍTULO I
DISPOSIÇÕES GERAIS

Art. 797. Ressalvado o caso de insolvência do devedor, em que tem lugar o concurso universal, realiza-se a execução no interesse do exequente que adquire, pela penhora, o direito de preferência sobre os bens penhorados.

Parágrafo único. Recaindo mais de uma penhora sobre o mesmo bem, cada exequente conservará o seu título de preferência.

Art. 798. Ao propor a execução, incumbe ao exequente:

I - instruir a petição inicial com:

a) o título executivo extrajudicial;

b) o demonstrativo do débito atualizado até a data de propositura da ação, quando se tratar de execução por quantia certa;

c) a prova de que se verificou a condição ou ocorreu o termo, se for o caso;

‣ arts. 121 a 131 e 135, CC.

d) a prova, se for o caso, de que adimpliu a contraprestação que lhe corresponde ou que lhe assegura o cumprimento, se o executado não for obrigado a satisfazer a sua prestação senão mediante a contraprestação do exequente;

II - indicar:

a) a espécie de execução de sua preferência, quando por mais de um modo puder ser realizada;

b) os nomes completos do exequente e do executado e seus números de inscrição no Cadastro de Pessoas Físicas ou no Cadastro Nacional da Pessoa Jurídica;

c) os bens suscetíveis de penhora, sempre que possível.

Parágrafo único. O demonstrativo do débito deverá conter:

I - o índice de correção monetária adotado;

II - a taxa de juros aplicada;

III - os termos inicial e final de incidência do índice de correção monetária e da taxa de juros utilizados;

IV - a periodicidade da capitalização dos juros, se for o caso;

V - a especificação de desconto obrigatório realizado.

Art. 799. Incumbe ainda ao exequente:

I - requerer a intimação do credor pignoratício, hipotecário, anticrético ou fiduciário, quando a penhora recair sobre bens gravados por penhor, hipoteca, anticrese ou alienação fiduciária;

II - requerer a intimação do titular de usufruto, uso ou habitação, quando a penhora recair sobre bem gravado por usufruto, uso ou habitação;

III - requerer a intimação do promitente-comprador, quando a penhora recair sobre bem em relação ao qual haja promessa de compra e venda registrada;

IV - requerer a intimação do promitente vendedor, quando a penhora recair sobre direito aquisitivo derivado de promessa de compra e venda registrada;

V - requerer a intimação do superficiário, enfiteuta ou concessionário, em caso de direito de superfície, enfiteuse, concessão de uso especial para fins de moradia ou concessão de direito real de uso, quando a penhora recair sobre imóvel submetido ao regime do direito de superfície, enfiteuse ou concessão;

VI - requerer a intimação do proprietário de terreno com regime de direito de superfície, enfiteuse, concessão de uso especial para fins de moradia ou concessão de direito real de uso, quando a penhora recair sobre direitos do superficiário, do enfiteuta ou do concessionário;

VII - requerer a intimação da sociedade, no caso de penhora de quota social ou de ação de sociedade anônima fechada, para o fim previsto no art. 876, § 7º;

VIII - pleitear, se for o caso, medidas urgentes;

IX - proceder à averbação em registro público do ato de propositura da execução e dos atos de constrição realizados, para conhecimento de terceiros.

X - requerer a intimação do titular da construção-base, bem como, se for o caso, do titular de lajes anteriores, quando a penhora recair sobre o direito real de laje; (Incluído pela Lei nº 13.465, de 2017)

XI - requerer a intimação do titular das lajes, quando a penhora recair sobre a construção-base. (Incluído pela Lei nº 13.465, de 2017)

Art. 800. Nas obrigações alternativas, quando a escolha couber ao devedor, esse será citado para exercer a opção e realizar a prestação dentro de 10 (dez) dias, se outro prazo não lhe foi determinado em lei ou em contrato.

‣ arts. 252 a 256, CC.

§ 1º Devolver-se-á ao credor a opção, se o devedor não a exercer no prazo determinado.

§ 2º A escolha será indicada na petição inicial da execução quando couber ao credor exercê-la.

Art. 801. Verificando que a petição inicial está incompleta ou que não está acompanhada dos documentos indispensáveis à propositura da execução, o juiz determinará que o exequente a corrija, no prazo de 15 (quinze) dias, sob pena de indeferimento.

Art. 802. Na execução, o despacho que ordena a citação, desde que realizada em observância ao disposto no § 2º do art. 240, interrompe a prescrição, ainda que proferido por juízo incompetente.

‣ art. 312, CPC.

‣ arts. 202 a 204, CC.

‣ art. 8º, § 2º, Lei 6.830/1980 (Execução Fiscal).

‣ Súm. 150, 153, 154, STF.

Parágrafo único. A interrupção da prescrição retroagirá à data de propositura da ação.

Art. 803. É nula a execução se:

I - o título executivo extrajudicial não corresponder a obrigação certa, líquida e exigível;

‣ arts. 783 e 784, CPC.

II - o executado não for regularmente citado;

‣ arts. 239 e 280, CPC.

III - for instaurada antes de se verificar a condição ou de ocorrer o termo.

‣ arts. 798, I, c, e 917, § 2º, V, CPC.

Parágrafo único. A nulidade de que cuida este artigo será pronunciada pelo juiz, de ofício ou a requerimento da parte, independentemente de embargos à execução.

Art. 804. A alienação de bem gravado por penhor, hipoteca ou anticrese será ineficaz em relação ao credor pignoratício, hipotecário ou anticrético não intimado.

§ 1º A alienação de bem objeto de promessa de compra e venda ou de cessão registrada será ineficaz em relação ao promitente-comprador ou ao cessionário não intimado.

§ 2º A alienação de bem sobre o qual tenha sido instituído direito de superfície, seja do solo, da plantação ou da construção, será ineficaz em relação ao concedente ou ao concessionário não intimado.

§ 3º A alienação de direito aquisitivo de bem objeto de promessa de venda, de promessa de cessão ou de alienação fiduciária será ineficaz em relação ao promitente vendedor, ao promitente cedente ou ao proprietário fiduciário não intimado.

§ 4º A alienação de imóvel sobre o qual tenha sido instituída enfiteuse, concessão de uso especial para fins de moradia ou concessão de direito real de uso será ineficaz em relação ao enfiteuta ou ao concessionário não intimado.

§ 5º A alienação de direitos do enfiteuta, do concessionário de direito real de uso ou do concessionário de uso especial para fins de moradia será ineficaz em relação ao proprietário do respectivo imóvel não intimado.

§ 6º A alienação de bem sobre o qual tenha sido instituído usufruto, uso ou habitação será ineficaz em relação ao titular desses direitos reais não intimado.

Art. 805. Quando por vários meios o exequente puder promover a execução, o juiz mandará que se faça pelo modo menos gravoso para o executado.

‣ art. 867, CPC.

Parágrafo único. Ao executado que alegar ser a medida executiva mais gravosa incumbe indicar outros meios mais eficazes e menos onerosos, sob pena de manutenção dos atos executivos já determinados.

CAPÍTULO II
DA EXECUÇÃO PARA A ENTREGA DE COISA

SEÇÃO I
DA ENTREGA DE COISA CERTA

Art. 806. O devedor de obrigação de entrega de coisa certa, constante de título executivo extrajudicial, será citado para, em 15 (quinze) dias, satisfazer a obrigação.

‣ art. 35, I, CDC.

§ 1º Ao despachar a inicial, o juiz poderá fixar multa por dia de atraso no cumprimento da obrigação, ficando o respectivo valor sujeito a alteração, caso se revele insuficiente ou excessivo.

§ 2º Do mandado de citação constará ordem para imissão na posse ou busca e apreensão, conforme se tratar de bem imóvel ou móvel, cujo cumprimento se dará de imediato, se o executado não satisfizer a obrigação no prazo que lhe foi designado.

Art. 807. Se o executado entregar a coisa, será lavrado o termo respectivo e considerada satisfeita a obrigação, prosseguindo-se a execução para o pagamento de frutos ou o ressarcimento de prejuízos, se houver.

Art. 808. Alienada a coisa quando já litigiosa, será expedido mandado contra o terceiro adquirente, que somente será ouvido após depositá-la.

› art. 674, CPC.

Art. 809. O exequente tem direito a receber, além de perdas e danos, o valor da coisa, quando essa se deteriorar, não lhe for entregue, não for encontrada ou não for reclamada do poder de terceiro adquirente.

§ 1º Não constando do título o valor da coisa e sendo impossível sua avaliação, o exequente apresentará estimativa, sujeitando-a ao arbitramento judicial.

§ 2º Serão apurados em liquidação o valor da coisa e os prejuízos.

Art. 810. Havendo benfeitorias indenizáveis feitas na coisa pelo executado ou por terceiros de cujo poder ela houver sido tirada, a liquidação prévia é obrigatória.

› arts. 509 e ss., CPC.

› arts. 1.219 a 1.222, CC.

Parágrafo único. Havendo saldo:

I - em favor do executado ou de terceiros, o exequente o depositará ao requerer a entrega da coisa;

II - em favor do exequente, esse poderá cobrá-lo nos autos do mesmo processo.

SEÇÃO II
DA ENTREGA DE COISA INCERTA

Art. 811. Quando a execução recair sobre coisa determinada pelo gênero e pela quantidade, o executado será citado para entregá-la individualizada, se lhe couber a escolha.

Parágrafo único. Se a escolha couber ao exequente, esse deverá indicá-la na petição inicial.

Art. 812. Qualquer das partes poderá, no prazo de 15 (quinze) dias, impugnar a escolha feita pela outra, e o juiz decidirá de plano ou, se necessário, ouvindo perito de sua nomeação.

Art. 813. Aplicar-se-ão à execução para entrega de coisa incerta, no que couber, as disposições da Seção I deste Capítulo.

CAPÍTULO III
DA EXECUÇÃO DAS OBRIGAÇÕES DE FAZER OU DE NÃO FAZER

SEÇÃO I
DISPOSIÇÕES COMUNS

Art. 814. Na execução de obrigação de fazer ou de não fazer fundada em título extrajudicial, ao despachar a inicial, o juiz fixará multa por período de atraso no cumprimento da obrigação e a data a partir da qual será devida.

› arts. 536, § 1º, 537, CPC.

› Súm. 410, STJ.

Parágrafo único. Se o valor da multa estiver previsto no título e for excessivo, o juiz poderá reduzi-lo.

SEÇÃO II
DA OBRIGAÇÃO DE FAZER

Art. 815. Quando o objeto da execução for obrigação de fazer, o executado será citado para satisfazê-la no prazo que o juiz lhe designar, se outro não estiver determinado no título executivo.

› arts. 247 e ss., CC.

Art. 816. Se o executado não satisfizer a obrigação no prazo designado, é lícito ao exequente, nos próprios autos do processo, requerer a satisfação da obrigação à custa do executado ou perdas e danos, hipótese em que se converterá em indenização.

› arts. 536, § 1º, 821, CPC.

› arts. 35 e 84, CDC.

Parágrafo único. O valor das perdas e danos será apurado em liquidação, seguindo-se a execução para cobrança de quantia certa.

› arts. 509 a 512, 824 a 909, CPC.

Art. 817. Se a obrigação puder ser satisfeita por terceiro, é lícito ao juiz autorizar, a requerimento do exequente, que aquele a satisfaça à custa do executado.

Parágrafo único. O exequente adiantará as quantias previstas na proposta que, ouvidas as partes, o juiz houver aprovado.

Art. 818. Realizada a prestação, o juiz ouvirá as partes no prazo de 10 (dez) dias e, não havendo impugnação, considerará satisfeita a obrigação.

Parágrafo único. Caso haja impugnação, o juiz a decidirá.

Art. 819. Se o terceiro contratado não realizar a prestação no prazo ou se o fizer de modo incompleto ou defeituoso, poderá o exequente requerer ao juiz, no prazo de 15 (quinze) dias, que o autorize a concluí-la ou a repará-la à custa do contratante.

Parágrafo único. Ouvido o contratante no prazo de 15 (quinze) dias, o juiz mandará avaliar o custo das despesas necessárias e o condenará a pagá-lo.

Art. 820. Se o exequente quiser executar ou mandar executar, sob sua direção e vigilância, as obras e os trabalhos necessários à realização da prestação, terá preferência, em igualdade de condições de oferta, em relação ao terceiro.

Parágrafo único. O direito de preferência deverá ser exercido no prazo de 5 (cinco) dias, após aprovada a proposta do terceiro.

Art. 821. Na obrigação de fazer, quando se convencionar que o executado a satisfaça pessoalmente, o exequente poderá requerer ao juiz que lhe assine prazo para cumpri-la.

Parágrafo único. Havendo recusa ou mora do executado, sua obrigação pessoal será convertida em perdas e danos, caso em que se observará o procedimento de execução por quantia certa.

SEÇÃO III
DA OBRIGAÇÃO DE NÃO FAZER

Art. 822. Se o executado praticou ato a cuja abstenção estava obrigado por lei ou por contrato, o exequente requererá ao juiz que assine prazo ao executado para desfazê-lo.

› arts. 250 e 251, CC.

Art. 823. Havendo recusa ou mora do executado, o exequente requererá ao juiz que mande desfazer o ato à custa daquele, que responderá por perdas e danos.

Parágrafo único. Não sendo possível desfazer-se o ato, a obrigação resolve-se em perdas e danos, caso em que, após a liquidação, se observará o procedimento de execução por quantia certa.

CAPÍTULO IV
DA EXECUÇÃO POR QUANTIA CERTA

SEÇÃO I
DISPOSIÇÕES GERAIS

Art. 824. A execução por quantia certa realiza-se pela expropriação de bens do executado, ressalvadas as execuções especiais.

› art. 913, CPC.

Art. 825. A expropriação consiste em:

I - adjudicação;

› arts. 876 e ss., CPC.

II - alienação;

› arts. 879 e ss., CPC.

III - apropriação de frutos e rendimentos de empresa ou de estabelecimentos e de outros bens.

› arts. 862 e 867, CPC.

Art. 826. Antes de adjudicados ou alienados os bens, o executado pode, a todo tempo, remir a execução, pagando ou consignando a importância atualizada da dívida, acrescida de juros, custas e honorários advocatícios.

› arts. 304 e 305, CC.

› art. 19, Lei 6.830/1980 (Execução Fiscal).

SEÇÃO II
DA CITAÇÃO DO DEVEDOR E DO ARRESTO

Art. 827. Ao despachar a inicial, o juiz fixará, de plano, os honorários advocatícios de dez por cento, a serem pagos pelo executado.

› art. 85, CPC.

§ 1º No caso de integral pagamento no prazo de 3 (três) dias, o valor dos honorários advocatícios será reduzido pela metade.

§ 2º O valor dos honorários poderá ser elevado até vinte por cento, quando rejeitados os embargos à execução, podendo a majoração, caso não opostos os embargos, ocorrer ao final do procedimento executivo, levando-se em conta o trabalho realizado pelo advogado do exequente.

Art. 828. O exequente poderá obter certidão de que a execução foi admitida pelo juiz, com identificação das partes e do valor da causa, para fins de averbação no registro de imóveis, de veículos ou de outros bens sujeitos a penhora, arresto ou indisponibilidade.

§ 1º No prazo de 10 (dez) dias de sua concretização, o exequente deverá comunicar ao juízo as averbações efetivadas.

§ 2º Formalizada penhora sobre bens suficientes para cobrir o valor da dívida, o exequente providenciará, no prazo de 10 (dez) dias, o cancelamento das averbações relativas àqueles não penhorados.

§ 3º O juiz determinará o cancelamento das averbações, de ofício ou a requerimento, caso o exequente não o faça no prazo.

§ 4º Presume-se em fraude à execução a alienação ou a oneração de bens efetuada após a averbação.

- art. 792, II, CPC.

§ 5º O exequente que promover averbação manifestamente indevida ou não cancelar as averbações nos termos do § 2º indenizará a parte contrária, processando-se o incidente em autos apartados.

Art. 829. O executado será citado para pagar a dívida no prazo de 3 (três) dias, contado da citação.

- art. 8º, Lei 6.830/1980 (Execução Fiscal).

§ 1º Do mandado de citação constarão, também, a ordem de penhora e a avaliação a serem cumpridas pelo oficial de justiça tão logo verificado o não pagamento no prazo assinalado, de tudo lavrando-se auto, com intimação do executado.

§ 2º A penhora recairá sobre os bens indicados pelo exequente, salvo se outros forem indicados pelo executado e aceitos pelo juiz, mediante demonstração de que a constrição proposta lhe será menos onerosa e não trará prejuízo ao exequente.

- arts. 805, 847 e 867, CPC.
- art. 15, I, Lei 6.830/1980 (Execução Fiscal).

Art. 830. Se o oficial de justiça não encontrar o executado, arrestar-lhe-á tantos bens quantos bastem para garantir a execução.

§ 1º Nos 10 (dez) dias seguintes à efetivação do arresto, o oficial de justiça procurará o executado 2 (duas) vezes em dias distintos e, havendo suspeita de ocultação, realizará a citação com hora certa, certificando pormenorizadamente o ocorrido.

- arts. 252 a 254, CPC.
- Súm. 196, STJ.

§ 2º Incumbe ao exequente requerer a citação por edital, uma vez frustradas a pessoal e a com hora certa.

- arts. 256 e ss., CPC.

§ 3º Aperfeiçoada a citação e transcorrido o prazo de pagamento, o arresto converter-se-á em penhora, independentemente de termo.

SEÇÃO III
DA PENHORA, DO DEPÓSITO E DA AVALIAÇÃO

SUBSEÇÃO I
DO OBJETO DA PENHORA

Art. 831. A penhora deverá recair sobre tantos bens quantos bastem para o pagamento do principal atualizado, dos juros, das custas e dos honorários advocatícios.

- Súm. 328, STJ.

Art. 832. Não estão sujeitos à execução os bens que a lei considera impenhoráveis ou inalienáveis.

- arts. 833 e 834, CPC.

Art. 833. São impenhoráveis:

- Lei 8.009/1990 (Impenhorabilidade do bem de família).
- art. 69, Dec.-Lei 167/1967 (Título de crédito rural).
- art. 57, Dec.-Lei 413/1969 (Títulos de crédito industrial).
- Súm. 205, 364 e 486, STJ.

I - os bens inalienáveis e os declarados, por ato voluntário, não sujeitos à execução;

II - os móveis, os pertences e as utilidades domésticas que guarnecem a residência do executado, salvo os de elevado valor ou os que ultrapassem as necessidades comuns correspondentes a um médio padrão de vida;

III - os vestuários, bem como os pertences de uso pessoal do executado, salvo se de elevado valor;

IV - os vencimentos, os subsídios, os soldos, os salários, as remunerações, os proventos de aposentadoria, as pensões, os pecúlios e os montepios, bem como as quantias recebidas por liberalidade de terceiro e destinadas ao sustento do devedor e de sua família, os ganhos de trabalhador autônomo e os honorários de profissional liberal, ressalvado o § 2º;

- art. 114, Lei 8.213/1991 (Previdência Social).

V - os livros, as máquinas, as ferramentas, os utensílios, os instrumentos ou outros bens móveis necessários ou úteis ao exercício da profissão do executado;

- Súm. 451, STJ.

VI - o seguro de vida;

- art. 5º, p.ún., Dec.-Lei 911/1969 (Alienação fiduciária).

VII - os materiais necessários para obras em andamento, salvo se essas forem penhoradas;

- arts. 81 e 84, CC.

VIII - a pequena propriedade rural, assim definida em lei, desde que trabalhada pela família;

- art. 5º, XXVI, CF.
- art. 4º, § 2º, Lei 8.009/1990 (Impenhorabilidade do bem de família).
- art. 5º, p.ún., Dec.-Lei 911/1969 (Alienação fiduciária).

IX - os recursos públicos recebidos por instituições privadas para aplicação compulsória em educação, saúde ou assistência social;

X - a quantia depositada em caderneta de poupança, até o limite de 40 (quarenta) salários-mínimos;

XI - os recursos públicos do fundo partidário recebidos por partido político, nos termos da lei;

XII - os créditos oriundos de alienação de unidades imobiliárias, sob regime de incorporação imobiliária, vinculados à execução da obra.

- Lei 10.931/2004 (Incorporações imobiliárias).

§ 1º A impenhorabilidade não é oponível à execução de dívida relativa ao próprio bem, inclusive àquela contraída para sua aquisição.

§ 2º O disposto nos incisos IV e X do *caput* não se aplica à hipótese de penhora para pagamento de prestação alimentícia, independentemente de sua origem, bem como às importâncias excedentes a 50 (cinquenta) salários-mínimos mensais, devendo a constrição observar o disposto no art. 528, § 8º, e no art. 529, § 3º.

§ 3º Incluem-se na impenhorabilidade prevista no inciso V do *caput* os equipamentos, os implementos e as máquinas agrícolas pertencentes a pessoa física ou a empresa individual produtora rural, exceto quando tais bens tenham sido objeto de financiamento e estejam vinculados em garantia a negócio jurídico ou quando respondam por dívida de natureza alimentar, trabalhista ou previdenciária.

Art. 834. Podem ser penhorados, à falta de outros bens, os frutos e os rendimentos dos bens inalienáveis.

Art. 835. A penhora observará, preferencialmente, a seguinte ordem:

- art. 11, Lei 6.830/1980 (Execução Fiscal).
- art. 882, CLT.

I - dinheiro, em espécie ou em depósito ou aplicação em instituição financeira;

- arts. 837, 840, I, CPC.
- Súm. 328 e 417, STJ.

II - títulos da dívida pública da União, dos Estados e do Distrito Federal com cotação em mercado;

III - títulos e valores mobiliários com cotação em mercado;

IV - veículos de via terrestre;

V - bens imóveis;

- arts. 79 a 81, CC.

VI - bens móveis em geral;

- arts. 82 a 84, CC.

VII - semoventes;

- art. 862, CPC.

VIII - navios e aeronaves;

- art. 864, CPC.
- art. 155, Lei 7.565/1986 (Código Brasileiro da Aeronáutica).

IX - ações e quotas de sociedades simples e empresárias;

X - percentual do faturamento de empresa devedora;

XI - pedras e metais preciosos;

XII - direitos aquisitivos derivados de promessa de compra e venda e de alienação fiduciária em garantia;

XIII - outros direitos.

§ 1º É prioritária a penhora em dinheiro, podendo o juiz, nas demais hipóteses, alterar a ordem prevista no *caput* de acordo com as circunstâncias do caso concreto.

§ 2º Para fins de substituição da penhora, equiparam-se a dinheiro a fiança bancária e o seguro garantia judicial, desde que em valor não inferior ao do débito constante da inicial, acrescido de trinta por cento.

§ 3º Na execução de crédito com garantia real, a penhora recairá sobre a coisa dada em garantia, e, se a coisa pertencer a terceiro garantidor, este também será intimado da penhora.

Art. 836. Não se levará a efeito a penhora quando ficar evidente que o produto da execução dos bens encontrados será totalmente absorvido pelo pagamento das custas da execução.

§ 1º Quando não encontrar bens penhoráveis, independentemente de determinação judicial expressa, o oficial de justiça descreverá na certidão os bens que guarnecem a residência ou o estabelecimento do executado, quando este for pessoa jurídica.

§ 2º Elaborada a lista, o executado ou seu representante legal será nomeado depositário provisório de tais bens até ulterior determinação do juiz.

SUBSEÇÃO II
DA DOCUMENTAÇÃO DA PENHORA, DE SEU REGISTRO E DO DEPÓSITO

Art. 837. Obedecidas as normas de segurança instituídas sob critérios uniformes pelo Conselho Nacional de Justiça, a penhora de dinheiro e as averbações de penhoras de bens imóveis e móveis podem ser realizadas por meio eletrônico.

Art. 838. A penhora será realizada mediante auto ou termo, que conterá:

I - a indicação do dia, do mês, do ano e do lugar em que foi feita;

II - os nomes do exequente e do executado;

III - a descrição dos bens penhorados, com as suas características;

IV - a nomeação do depositário dos bens.

› Súm. 319, STJ.

Art. 839. Considerar-se-á feita a penhora mediante a apreensão e o depósito dos bens, lavrando-se um só auto se as diligências forem concluídas no mesmo dia.

Parágrafo único. Havendo mais de uma penhora, serão lavrados autos individuais.

Art. 840. Serão preferencialmente depositados:

I - as quantias em dinheiro, os papéis de crédito e as pedras e os metais preciosos, no Banco do Brasil, na Caixa Econômica Federal ou em banco do qual o Estado ou o Distrito Federal possua mais da metade do capital social integralizado, ou, na falta desses estabelecimentos, em qualquer instituição de crédito designada pelo juiz;

› art. 32, Lei 6.830/1980 (Execução Fiscal).

› art. 1.058, CPC.

II - os móveis, os semoventes, os imóveis urbanos e os direitos aquisitivos sobre imóveis urbanos, em poder do depositário judicial;

III - os imóveis rurais, os direitos aquisitivos sobre imóveis rurais, as máquinas, os utensílios e os instrumentos necessários ou úteis à atividade agrícola, mediante caução idônea, em poder do executado.

§ 1º No caso do inciso II do *caput*, se não houver depositário judicial, os bens ficarão em poder do exequente.

§ 2º Os bens poderão ser depositados em poder do executado nos casos de difícil remoção ou quando anuir o exequente.

§ 3º As joias, as pedras e os objetos preciosos deverão ser depositados com registro do valor estimado de resgate.

Art. 841. Formalizada a penhora por qualquer dos meios legais, dela será imediatamente intimado o executado.

§ 1º A intimação da penhora será feita ao advogado do executado ou à sociedade de advogados a que aquele pertença.

§ 2º Se não houver constituído advogado nos autos, o executado será intimado pessoalmente, de preferência por via postal.

§ 3º O disposto no § 1º não se aplica aos casos de penhora realizada na presença do executado, que se reputa intimado.

§ 4º Considera-se realizada a intimação a que se refere o § 2º quando o executado houver mudado de endereço sem prévia comunicação ao juízo, observado o disposto no parágrafo único do art. 274.

Art. 842. Recaindo a penhora sobre bem imóvel ou direito real sobre imóvel, será intimado também o cônjuge do executado, salvo se forem casados em regime de separação absoluta de bens.

› Súm. 134, STJ.

Art. 843. Tratando-se de penhora de bem indivisível, o equivalente à quota-parte do coproprietário ou do cônjuge alheio à execução recairá sobre o produto da alienação do bem.

§ 1º É reservada ao coproprietário ou ao cônjuge não executado a preferência na arrematação do bem em igualdade de condições.

§ 2º Não será levada a efeito expropriação por preço inferior ao da avaliação na qual o valor auferido seja incapaz de garantir, ao coproprietário ou ao cônjuge alheio à execução, o correspondente à sua quota-parte calculado sobre o valor da avaliação.

Art. 844. Para presunção absoluta de conhecimento por terceiros, cabe ao exequente providenciar a averbação do arresto ou da penhora no registro competente, mediante apresentação de cópia do auto ou do termo, independentemente de mandado judicial.

› Súm. 375, STJ.

SUBSEÇÃO III
DO LUGAR DE REALIZAÇÃO DA PENHORA

Art. 845. Efetuar-se-á a penhora onde se encontrem os bens, ainda que sob a posse, a detenção ou a guarda de terceiros.

§ 1º A penhora de imóveis, independentemente de onde se localizem, quando apresentada certidão da respectiva matrícula, e a penhora de veículos automotores, quando apresentada certidão que ateste a sua existência, serão realizadas por termo nos autos.

§ 2º Se o executado não tiver bens no foro do processo, não sendo possível a realização da penhora nos termos do § 1º, a execução será feita por carta, penhorando-se, avaliando-se e alienando-se os bens no foro da situação.

› Súm. 46, STJ.

Art. 846. Se o executado fechar as portas da casa a fim de obstar a penhora dos bens, o oficial de justiça comunicará o fato ao juiz, solicitando-lhe ordem de arrombamento.

§ 1º Deferido o pedido, 2 (dois) oficiais de justiça cumprirão o mandado, arrombando cômodos e móveis em que se presuma estarem os bens, e lavrarão de tudo auto circunstanciado, que será assinado por 2 (duas) testemunhas presentes à diligência.

§ 2º Sempre que necessário, o juiz requisitará força policial, a fim de auxiliar os oficiais de justiça na penhora dos bens.

› art. 360, III, CPC.

§ 3º Os oficiais de justiça lavrarão em duplicata o auto da ocorrência, entregando uma via ao escrivão ou ao chefe de secretaria, para ser juntada aos autos, e a outra à autoridade policial a quem couber a apuração criminal dos eventuais delitos de desobediência ou de resistência.

§ 4º Do auto da ocorrência constará o rol de testemunhas, com a respectiva qualificação.

SUBSEÇÃO IV
DAS MODIFICAÇÕES DA PENHORA

Art. 847. O executado pode, no prazo de 10 (dez) dias contado da intimação da penhora, requerer a substituição do bem penhorado, desde que comprove que lhe será menos onerosa e não trará prejuízo ao exequente.

› art. 15, I, Lei 6.830/1980 (Execução Fiscal).

§ 1º O juiz só autorizará a substituição se o executado:

I - comprovar as respectivas matrículas e os registros por certidão do correspondente ofício, quanto aos bens imóveis;

II - descrever os bens móveis, com todas as suas propriedades e características, bem como o estado deles e o lugar onde se encontram;

III - descrever os semoventes, com indicação de espécie, de número, de marca ou sinal e do local onde se encontram;

IV - identificar os créditos, indicando quem seja o devedor, qual a origem da dívida, o título que a representa e a data do vencimento; e

V - atribuir, em qualquer caso, valor aos bens indicados à penhora, além de especificar os ônus e os encargos a que estejam sujeitos.

§ 2º Requerida a substituição do bem penhorado, o executado deve indicar onde se encontram os bens sujeitos à execução, exibir a prova de sua propriedade e a certidão negativa ou positiva de ônus, bem como abster-se de qualquer atitude que dificulte ou embarace a realização da penhora.

§ 3º O executado somente poderá oferecer bem imóvel em substituição caso o requeira com a expressa anuência do cônjuge, salvo se o regime for o de separação absoluta de bens.

‣ arts. 842 e 843, CPC.

§ 4º O juiz intimará o exequente para manifestar-se sobre o requerimento de substituição do bem penhorado.

Art. 848. As partes poderão requerer a substituição da penhora se:

‣ Súm. 406, STJ.

I - ela não obedecer à ordem legal;

‣ art. 835, CPC.

II - ela não incidir sobre os bens designados em lei, contrato ou ato judicial para o pagamento;

III - havendo bens no foro da execução, outros tiverem sido penhorados;

IV - havendo bens livres, ela tiver recaído sobre bens já penhorados ou objeto de gravame;

V - ela incidir sobre bens de baixa liquidez;

VI - fracassar a tentativa de alienação judicial do bem; ou

VII - o executado não indicar o valor dos bens ou omitir qualquer das indicações previstas em lei.

Parágrafo único. A penhora pode ser substituída por fiança bancária ou por seguro garantia judicial, em valor não inferior ao do débito constante da inicial, acrescido de trinta por cento.

Art. 849. Sempre que ocorrer a substituição dos bens inicialmente penhorados, será lavrado novo termo.

Art. 850. Será admitida a redução ou a ampliação da penhora, bem como sua transferência para outros bens, se, no curso do processo, o valor de mercado dos bens penhorados sofrer alteração significativa.

Art. 851. Não se procede à segunda penhora, salvo se:

I - a primeira for anulada;

II - executados os bens, o produto da alienação não bastar para o pagamento do exequente;

III - o exequente desistir da primeira penhora, por serem litigiosos os bens ou por estarem submetidos a constrição judicial.

Art. 852. O juiz determinará a alienação antecipada dos bens penhorados quando:

I - se tratar de veículos automotores, de pedras e metais preciosos e de outros bens móveis sujeitos à depreciação ou à deterioração;

II - houver manifesta vantagem.

Art. 853. Quando uma das partes requerer alguma das medidas previstas nesta Subseção, o juiz ouvirá sempre a outra, no prazo de 3 (três) dias, antes de decidir.

Parágrafo único. O juiz decidirá de plano qualquer questão suscitada.

SUBSEÇÃO V
DA PENHORA DE DINHEIRO EM DEPÓSITO OU EM APLICAÇÃO FINANCEIRA

Art. 854. Para possibilitar a penhora de dinheiro em depósito ou em aplicação financeira, o juiz, a requerimento do exequente, sem dar ciência prévia do ato ao executado, determinará às instituições financeiras, por meio de sistema eletrônico gerido pela autoridade supervisora do sistema financeiro nacional, que tornem indisponíveis ativos financeiros existentes em nome do executado, limitando-se a indisponibilidade ao valor indicado na execução.

‣ art. 837, CPC.

§ 1º No prazo de 24 (vinte e quatro) horas a contar da resposta, de ofício, o juiz determinará o cancelamento de eventual indisponibilidade excessiva, o que deverá ser cumprido pela instituição financeira em igual prazo.

§ 2º Tornados indisponíveis os ativos financeiros do executado, este será intimado na pessoa de seu advogado ou, não o tendo, pessoalmente.

§ 3º Incumbe ao executado, no prazo de 5 (cinco) dias, comprovar que:

I - as quantias tornadas indisponíveis são impenhoráveis;

II - ainda remanesce indisponibilidade excessiva de ativos financeiros.

§ 4º Acolhida qualquer das arguições dos incisos I e II do § 3º, o juiz determinará o cancelamento de eventual indisponibilidade irregular ou excessiva, a ser cumprido pela instituição financeira em 24 (vinte e quatro) horas.

§ 5º Rejeitada ou não apresentada a manifestação do executado, converter-se-á a indisponibilidade em penhora, sem necessidade de lavratura de termo, devendo o juiz da execução determinar à instituição financeira depositária que, no prazo de 24 (vinte e quatro) horas, transfira o montante indisponível para conta vinculada ao juízo da execução.

§ 6º Realizado o pagamento da dívida por outro meio, o juiz determinará, imediatamente, por sistema eletrônico gerido pela autoridade supervisora do sistema financeiro nacional, a notificação da instituição financeira para que, em até 24 (vinte e quatro) horas, cancele a indisponibilidade.

§ 7º As transmissões das ordens de indisponibilidade, de seu cancelamento e de determinação de penhora previstas neste artigo far-se-ão por meio de sistema eletrônico gerido pela autoridade supervisora do sistema financeiro nacional.

§ 8º A instituição financeira será responsável pelos prejuízos causados ao executado em decorrência da indisponibilidade de ativos financeiros em valor superior ao indicado na execução ou pelo juiz, bem como na hipótese de não cancelamento da indisponibilidade no prazo de 24 (vinte e quatro) horas, quando assim determinar o juiz.

§ 9º Quando se tratar de execução contra partido político, o juiz, a requerimento do exequente, determinará às instituições financeiras, por meio de sistema eletrônico gerido por autoridade supervisora do sistema bancário, que tornem indisponíveis ativos financeiros somente em nome do órgão partidário que tenha contraído a dívida executada ou que tenha dado causa à violação de direito ou ao dano, ao qual cabe exclusivamente a responsabilidade pelos atos praticados, na forma da lei.

SUBSEÇÃO VI
DA PENHORA DE CRÉDITOS

Art. 855. Quando recair em crédito do executado, enquanto não ocorrer a hipótese prevista no art. 856, considerar-se-á feita a penhora pela intimação:

‣ art. 312, CC.

I - ao terceiro devedor para que não pague ao executado, seu credor;

II - ao executado, credor do terceiro, para que não pratique ato de disposição do crédito.

Art. 856. A penhora de crédito representado por letra de câmbio, nota promissória, duplicata, cheque ou outros títulos far-se-á pela apreensão do documento, esteja ou não este em poder do executado.

§ 1º Se o título não for apreendido, mas o terceiro confessar a dívida, será este tido como depositário da importância.

§ 2º O terceiro só se exonerará da obrigação depositando em juízo a importância da dívida.

§ 3º Se o terceiro negar o débito em conluio com o executado, a quitação que este lhe der caracterizará fraude à execução.

‣ art. 792, CPC.

§ 4º A requerimento do exequente, o juiz determinará o comparecimento, em audiência especialmente designada, do executado e do terceiro, a fim de lhes tomar os depoimentos.

Art. 857. Feita a penhora em direito e ação do executado, e não tendo ele oferecido embargos ou sendo estes rejeitados, o exequente ficará sub-rogado nos direitos do executado até a concorrência de seu crédito.

§ 1º O exequente pode preferir, em vez da sub-rogação, a alienação judicial do direito penhorado, caso em que declarará sua vontade no prazo de 10 (dez) dias contado da realização da penhora.

§ 2º A sub-rogação não impede o sub-rogado, se não receber o crédito do executado, de prosseguir na execução, nos mesmos autos, penhorando outros bens.

Art. 858. Quando a penhora recair sobre dívidas de dinheiro a juros, de direito a rendas ou de prestações periódicas, o exequente poderá levantar os juros, os rendimentos ou as prestações à medida que forem sendo depositados, abatendo-se do crédito as importâncias recebidas, conforme as regras de imputação do pagamento.

Art. 859. Recaindo a penhora sobre direito a prestação ou a restituição de coisa determinada, o executado será intimado para, no vencimento, depositá-la, correndo sobre ela a execução.

Art. 860. Quando o direito estiver sendo pleiteado em juízo, a penhora que recair sobre ele será averbada, com destaque, nos autos pertinentes ao direito e na ação correspondente à penhora, a fim de que esta seja efetivada nos bens que forem adjudicados ou que vierem a caber ao executado.

› arts. 646, 792, II, 799, IX, CPC.

SUBSEÇÃO VII
DA PENHORA DAS QUOTAS OU DAS AÇÕES DE SOCIEDADES PERSONIFICADAS

Art. 861. Penhoradas as quotas ou as ações de sócio em sociedade simples ou empresária, o juiz assinará prazo razoável, não superior a 3 (três) meses, para que a sociedade:

I - apresente balanço especial, na forma da lei;

II - ofereça as quotas ou as ações aos demais sócios, observado o direito de preferência legal ou contratual;

III - não havendo interesse dos sócios na aquisição das ações, proceda à liquidação das quotas ou das ações, depositando em juízo o valor apurado, em dinheiro.

› arts. 1.102 a 1.112, CC.

§ 1º Para evitar a liquidação das quotas ou das ações, a sociedade poderá adquiri-las sem redução do capital social e com utilização de reservas, para manutenção em tesouraria.

§ 2º O disposto no *caput* e no § 1º não se aplica à sociedade anônima de capital aberto, cujas ações serão adjudicadas ao exequente ou alienadas em bolsa de valores, conforme o caso.

§ 3º Para os fins da liquidação de que trata o inciso III do *caput*, o juiz poderá, a requerimento do exequente ou da sociedade, nomear administrador, que deverá submeter à aprovação judicial a forma de liquidação.

§ 4º O prazo previsto no *caput* poderá ser ampliado pelo juiz, se o pagamento das quotas ou das ações liquidadas:

I - superar o valor do saldo de lucros ou reservas, exceto a legal, e sem diminuição do capital social, ou por doação; ou

II - colocar em risco a estabilidade financeira da sociedade simples ou empresária.

§ 5º Caso não haja interesse dos demais sócios no exercício de direito de preferência, não ocorra a aquisição das quotas ou das ações pela sociedade e a liquidação do inciso III do *caput* seja excessivamente onerosa para a sociedade, o juiz poderá determinar o leilão judicial das quotas ou das ações.

SUBSEÇÃO VIII
DA PENHORA DE EMPRESA, DE OUTROS ESTABELECIMENTOS E DE SEMOVENTES

Art. 862. Quando a penhora recair em estabelecimento comercial, industrial ou agrícola, bem como em semoventes, plantações ou edifícios em construção, o juiz nomeará administrador-depositário, determinando-lhe que apresente em 10 (dez) dias o plano de administração.

§ 1º Ouvidas as partes, o juiz decidirá.

§ 2º É lícito às partes ajustar a forma de administração e escolher o depositário, hipótese em que o juiz homologará por despacho a indicação.

§ 3º Em relação aos edifícios em construção sob regime de incorporação imobiliária, a penhora somente poderá recair sobre as unidades imobiliárias ainda não comercializadas pelo incorporador.

§ 4º Sendo necessário afastar o incorporador da administração da incorporação, será ela exercida pela comissão de representantes dos adquirentes ou, se se tratar de construção financiada, por empresa ou profissional indicado pela instituição fornecedora dos recursos para a obra, devendo ser ouvida, neste último caso, a comissão de representantes dos adquirentes.

Art. 863. A penhora de empresa que funcione mediante concessão ou autorização far-se-á, conforme o valor do crédito, sobre a renda, sobre determinados bens ou sobre todo o patrimônio, e o juiz nomeará como depositário, de preferência, um de seus diretores.

› Súm. 319, STJ.

§ 1º Quando a penhora recair sobre a renda ou sobre determinados bens, o administrador-depositário apresentará a forma de administração e o esquema de pagamento, observando-se, quanto ao mais, o disposto em relação ao regime de penhora de frutos e rendimentos de coisa móvel e imóvel.

§ 2º Recaindo a penhora sobre todo o patrimônio, prosseguirá a execução em seus ulteriores termos, ouvindo-se, antes da arrematação ou da adjudicação, o ente público que houver outorgado a concessão.

Art. 864. A penhora de navio ou de aeronave não obsta que continuem navegando ou operando até a alienação, mas o juiz, ao conceder a autorização para tanto, não permitirá que saiam do porto ou do aeroporto antes que o executado faça o seguro usual contra riscos.

Art. 865. A penhora de que trata esta Subseção somente será determinada se não houver outro meio eficaz para a efetivação do crédito.

SUBSEÇÃO IX
DA PENHORA DE PERCENTUAL DE FATURAMENTO DE EMPRESA

Art. 866. Se o executado não tiver outros bens penhoráveis ou se, tendo-os, esses forem de difícil alienação ou insuficientes para saldar o crédito executado, o juiz poderá ordenar a penhora de percentual de faturamento de empresa.

§ 1º O juiz fixará percentual que propicie a satisfação do crédito exequendo em tempo razoável, mas que não torne inviável o exercício da atividade empresarial.

§ 2º O juiz nomeará administrador-depositário, o qual submeterá à aprovação judicial a forma de sua atuação e prestará contas mensalmente, entregando em juízo as quantias recebidas, com os respectivos balancetes mensais, a fim de serem imputadas no pagamento da dívida.

§ 3º Na penhora de percentual de faturamento de empresa, observar-se-á, no que couber, o disposto quanto ao regime de penhora de frutos e rendimentos de coisa móvel e imóvel.

SUBSEÇÃO X
DA PENHORA DE FRUTOS E RENDIMENTOS DE COISA MÓVEL OU IMÓVEL

› arts. 1.390 a 1.411, CC.

Art. 867. O juiz pode ordenar a penhora de frutos e rendimentos de coisa móvel ou imóvel quando a considerar mais eficiente para o recebimento do crédito e menos gravosa ao executado.

› arts. 805, 829, § 2º, e 847, CPC.

Art. 868. Ordenada a penhora de frutos e rendimentos, o juiz nomeará administrador-depositário, que será investido de todos os poderes que concernem à administração do bem e à fruição de seus frutos e utilidades, perdendo o executado o direito de gozo do bem, até que o exequente seja pago do principal, dos juros, das custas e dos honorários advocatícios.

§ 1º A medida terá eficácia em relação a terceiros a partir da publicação da decisão que a conceda ou de sua averbação no ofício imobiliário, em caso de imóveis.

› art. 1.391, CC.

§ 2º O exequente providenciará a averbação no ofício imobiliário mediante a apresentação de certidão de inteiro teor do ato, independentemente de mandado judicial.

Art. 869. O juiz poderá nomear administrador-depositário o exequente ou o executado, ouvida a parte contrária, e, não havendo acordo, nomeará profissional qualificado para o desempenho da função.

› art. 1.394, CC.

§ 1º O administrador submeterá à aprovação judicial a forma de administração e a de prestar contas periodicamente.

§ 2º Havendo discordância entre as partes ou entre essas e o administrador, o juiz decidirá a melhor forma de administração do bem.

§ 3º Se o imóvel estiver arrendado, o inquilino pagará o aluguel diretamente ao exequente, salvo se houver administrador.

§ 4º O exequente ou o administrador poderá celebrar locação do móvel ou do imóvel, ouvido o executado.

§ 5º As quantias recebidas pelo administrador serão entregues ao exequente, a fim de serem imputadas ao pagamento da dívida.

§ 6º O exequente dará ao executado, por termo nos autos, quitação das quantias recebidas.

SUBSEÇÃO XI
DA AVALIAÇÃO

Art. 870. A avaliação será feita pelo oficial de justiça.

‣ art. 154, V, CPC.

Parágrafo único. Se forem necessários conhecimentos especializados e o valor da execução o comportar, o juiz nomeará avaliador, fixando-lhe prazo não superior a 10 (dez) dias para entrega do laudo.

Art. 871. Não se procederá à avaliação quando:

I - uma das partes aceitar a estimativa feita pela outra;

‣ art. 1.484, CC.

II - se tratar de títulos ou de mercadorias que tenham cotação em bolsa, comprovada por certidão ou publicação no órgão oficial;

III - se tratar de títulos da dívida pública, de ações de sociedades e de títulos de crédito negociáveis em bolsa, cujo valor será o da cotação oficial do dia, comprovada por certidão ou publicação no órgão oficial;

IV - se tratar de veículos automotores ou de outros bens cujo preço médio de mercado possa ser conhecido por meio de pesquisas realizadas por órgãos oficiais ou de anúncios de venda divulgados em meios de comunicação, caso em que caberá a quem fizer a nomeação o encargo de comprovar a cotação de mercado.

Parágrafo único. Ocorrendo a hipótese do inciso I deste artigo, a avaliação poderá ser realizada quando houver fundada dúvida do juiz quanto ao real valor do bem.

Art. 872. A avaliação realizada pelo oficial de justiça constará de vistoria e de laudo anexados ao auto de penhora ou, em caso de perícia realizada por avaliador, de laudo apresentado no prazo fixado pelo juiz, devendo-se, em qualquer hipótese, especificar:

‣ art. 631, CPC.

I - os bens, com as suas características, e o estado em que se encontram;

II - o valor dos bens.

§ 1º Quando o imóvel for suscetível de cômoda divisão, a avaliação, tendo em conta o crédito reclamado, será realizada em partes, sugerindo-se, com a apresentação de memorial descritivo, os possíveis desmembramentos para alienação.

§ 2º Realizada a avaliação e, sendo o caso, apresentada a proposta de desmembramento, as partes serão ouvidas no prazo de 5 (cinco) dias.

Art. 873. É admitida nova avaliação quando:

‣ arts. 631 e 878, CPC.

I - qualquer das partes arguir, fundamentadamente, a ocorrência de erro na avaliação ou dolo do avaliador;

II - se verificar, posteriormente à avaliação, que houve majoração ou diminuição no valor do bem;

III - o juiz tiver fundada dúvida sobre o valor atribuído ao bem na primeira avaliação.

Parágrafo único. Aplica-se o art. 480 à nova avaliação prevista no inciso III do *caput* deste artigo.

Art. 874. Após a avaliação, o juiz poderá, a requerimento do interessado e ouvida a parte contrária, mandar:

I - reduzir a penhora aos bens suficientes ou transferi-la para outros, se o valor dos bens penhorados for consideravelmente superior ao crédito do exequente e dos acessórios;

II - ampliar a penhora ou transferi-la para outros bens mais valiosos, se o valor dos bens penhorados for inferior ao crédito do exequente.

‣ art. 15, II, Lei 6.830/1980 (Execução Fiscal).

Art. 875. Realizadas a penhora e a avaliação, o juiz dará início aos atos de expropriação do bem.

SEÇÃO IV
DA EXPROPRIAÇÃO DE BENS

SUBSEÇÃO I
DA ADJUDICAÇÃO

Art. 876. É lícito ao exequente, oferecendo preço não inferior ao da avaliação, requerer que lhe sejam adjudicados os bens penhorados.

§ 1º Requerida a adjudicação, o executado será intimado do pedido:

I - pelo Diário da Justiça, na pessoa de seu advogado constituído nos autos;

II - por carta com aviso de recebimento, quando representado pela Defensoria Pública ou quando não tiver procurador constituído nos autos;

III - por meio eletrônico, quando, sendo o caso do § 1º do art. 246, não tiver procurador constituído nos autos.

§ 2º Considera-se realizada a intimação quando o executado houver mudado de endereço sem prévia comunicação ao juízo, observado o disposto no art. 274, parágrafo único.

§ 3º Se o executado, citado por edital, não tiver procurador constituído nos autos, é dispensável a intimação prevista no § 1º.

§ 4º Se o valor do crédito for:

I - inferior ao dos bens, o requerente da adjudicação depositará de imediato a diferença, que ficará à disposição do executado;

II - superior ao dos bens, a execução prosseguirá pelo saldo remanescente.

§ 5º Idêntico direito pode ser exercido por aqueles indicados no art. 889, incisos II a VIII, pelos credores concorrentes que hajam penhorado o mesmo bem, pelo cônjuge, pelo companheiro, pelos descendentes ou pelos ascendentes do executado.

§ 6º Se houver mais de um pretendente, proceder-se-á a licitação entre eles, tendo preferência, em caso de igualdade de oferta, o cônjuge, o companheiro, o descendente ou o ascendente, nessa ordem.

§ 7º No caso de penhora de quota social ou de ação de sociedade anônima fechada realizada em favor de exequente alheio à sociedade, esta será intimada, ficando responsável por informar aos sócios a ocorrência da penhora, assegurando-se a estes a preferência.

Art. 877. Transcorrido o prazo de 5 (cinco) dias, contado da última intimação, e decididas eventuais questões, o juiz ordenará a lavratura do auto de adjudicação.

§ 1º Considera-se perfeita e acabada a adjudicação com a lavratura e a assinatura do auto pelo juiz, pelo adjudicatário, pelo escrivão ou chefe de secretaria, e, se estiver presente, pelo executado, expedindo-se:

I - a carta de adjudicação e o mandado de imissão na posse, quando se tratar de bem imóvel;

II - a ordem de entrega ao adjudicatário, quando se tratar de bem móvel.

§ 2º A carta de adjudicação conterá a descrição do imóvel, com remissão à sua matrícula e aos seus registros, a cópia do auto de adjudicação e a prova de quitação do imposto de transmissão.

§ 3º No caso de penhora de bem hipotecado, o executado poderá remi-lo até a assinatura do auto de adjudicação, oferecendo preço igual ao da avaliação, se não tiver havido licitantes, ou ao do maior lance oferecido.

§ 4º Na hipótese de falência ou de insolvência do devedor hipotecário, o direito de remição previsto no § 3º será deferido à massa ou aos credores em concurso, não podendo o exequente recusar o preço da avaliação do imóvel.

Art. 878. Frustradas as tentativas de alienação do bem, será reaberta oportunidade para requerimento de adjudicação, caso em que também se poderá pleitear a realização de nova avaliação.

SUBSEÇÃO II
DA ALIENAÇÃO

Art. 879. A alienação far-se-á:

I - por iniciativa particular;

II - em leilão judicial eletrônico ou presencial.

Art. 880. Não efetivada a adjudicação, o exequente poderá requerer a alienação por sua própria iniciativa ou por intermédio de corretor ou leiloeiro público credenciado perante o órgão judiciário.

§ 1º O juiz fixará o prazo em que a alienação deve ser efetivada, a forma de publicidade, o preço mínimo, as condições de pagamento, as garantias e, se for o caso, a comissão de corretagem.

§ 2º A alienação será formalizada por termo nos autos, com a assinatura do juiz, do exequente, do adquirente e, se estiver presente, do executado, expedindo-se:

I - a carta de alienação e o mandado de imissão na posse, quando se tratar de bem imóvel;

II - a ordem de entrega ao adquirente, quando se tratar de bem móvel.

§ 3º Os tribunais poderão editar disposições complementares sobre o procedimento da alienação prevista neste artigo, admitindo, quando for o caso, o concurso de meios eletrônicos, e dispor sobre o credenciamento dos corretores e leiloeiros públicos, os quais deverão estar em exercício profissional por não menos que 3 (três) anos.

§ 4º Nas localidades em que não houver corretor ou leiloeiro público credenciado nos termos do § 3º, a indicação será de livre escolha do exequente.

Art. 881. A alienação far-se-á em leilão judicial se não efetivada a adjudicação ou a alienação por iniciativa particular.

§ 1º O leilão do bem penhorado será realizado por leiloeiro público.

§ 2º Ressalvados os casos de alienação a cargo de corretores de bolsa de valores, todos os demais bens serão alienados em leilão público.

Art. 882. Não sendo possível a sua realização por meio eletrônico, o leilão será presencial.

§ 1º A alienação judicial por meio eletrônico será realizada, observando-se as garantias processuais das partes, de acordo com regulamentação específica do Conselho Nacional de Justiça.

§ 2º A alienação judicial por meio eletrônico deverá atender aos requisitos de ampla publicidade, autenticidade e segurança, com observância das regras estabelecidas na legislação sobre certificação digital.

§ 3º O leilão presencial será realizado no local designado pelo juiz.

› art. 23, Lei 6.830/1980 (Execução Fiscal).

Art. 883. Caberá ao juiz a designação do leiloeiro público, que poderá ser indicado pelo exequente.

Art. 884. Incumbe ao leiloeiro público:

I - publicar o edital, anunciando a alienação;

II - realizar o leilão onde se encontrem os bens ou no lugar designado pelo juiz;

III - expor aos pretendentes os bens ou as amostras das mercadorias;

IV - receber e depositar, dentro de 1 (um) dia, à ordem do juiz, o produto da alienação;

V - prestar contas nos 2 (dois) dias subsequentes ao depósito.

Parágrafo único. O leiloeiro tem o direito de receber do arrematante a comissão estabelecida em lei ou arbitrada pelo juiz.

Art. 885. O juiz da execução estabelecerá o preço mínimo, as condições de pagamento e as garantias que poderão ser prestadas pelo arrematante.

› art. 130, p.ún., CTN.

Art. 886. O leilão será precedido de publicação de edital, que conterá:

› art. 22, Lei 6.830/1980 (Execução Fiscal).

I - a descrição do bem penhorado, com suas características, e, tratando-se de imóvel, sua situação e suas divisas, com remissão à matrícula e aos registros;

II - o valor pelo qual o bem foi avaliado, o preço mínimo pelo qual poderá ser alienado, as condições de pagamento e, se for o caso, a comissão do leiloeiro designado;

III - o lugar onde estiverem os móveis, os veículos e os semoventes e, tratando-se de créditos ou direitos, a identificação dos autos do processo em que foram penhorados;

IV - o sítio, na rede mundial de computadores, e o período em que se realizará o leilão, salvo se este se der de modo presencial, hipótese em que serão indicados o local, o dia e a hora de sua realização;

V - a indicação de local, dia e hora de segundo leilão presencial, para a hipótese de não haver interessado no primeiro;

VI - menção da existência de ônus, recurso ou processo pendente sobre os bens a serem leiloados.

Parágrafo único. No caso de títulos da dívida pública e de títulos negociados em bolsa, constará do edital o valor da última cotação.

Art. 887. O leiloeiro público designado adotará providências para a ampla divulgação da alienação.

§ 1º A publicação do edital deverá ocorrer pelo menos 5 (cinco) dias antes da data marcada para o leilão.

§ 2º O edital será publicado na rede mundial de computadores, em sítio designado pelo juízo da execução, e conterá descrição detalhada e, sempre que possível, ilustrada dos bens, informando expressamente se o leilão se realizará de forma eletrônica ou presencial.

§ 3º Não sendo possível a publicação na rede mundial de computadores ou considerando o juiz, em atenção às condições da sede do juízo, que esse modo de divulgação é insuficiente ou inadequado, o edital será afixado em local de costume e publicado, em resumo, pelo menos uma vez em jornal de ampla circulação local.

§ 4º Atendendo ao valor dos bens e às condições da sede do juízo, o juiz poderá alterar a forma e a frequência da publicidade na imprensa, mandar publicar o edital em local de ampla circulação de pessoas e divulgar avisos em emissora de rádio ou televisão local, bem como em sítios distintos do indicado no § 2º.

§ 5º Os editais de leilão de imóveis e de veículos automotores serão publicados pela imprensa ou por outros meios de divulgação, preferencialmente na seção ou no local reservados à publicidade dos respectivos negócios.

§ 6º O juiz poderá determinar a reunião de publicações em listas referentes a mais de uma execução.

Art. 888. Não se realizando o leilão por qualquer motivo, o juiz mandará publicar a transferência, observando-se o disposto no art. 887.

Parágrafo único. O escrivão, o chefe de secretaria ou o leiloeiro que culposamente der causa à transferência responde pelas despesas da nova publicação, podendo o juiz aplicar-lhe a pena de suspensão por 5 (cinco) dias a 3 (três) meses, em procedimento administrativo regular.

Art. 889. Serão cientificados da alienação judicial, com pelo menos 5 (cinco) dias de antecedência:

I - o executado, por meio de seu advogado ou, se não tiver procurador constituído nos autos, por carta registrada, mandado, edital ou outro meio idôneo;

II - o coproprietário de bem indivisível do qual tenha sido penhorada fração ideal;

III - o titular de usufruto, uso, habitação, enfiteuse, direito de superfície, concessão de uso especial para fins de moradia ou concessão de direito real de uso, quando a penhora recair sobre bem gravado com tais direitos reais;

IV - o proprietário do terreno submetido ao regime de direito de superfície, enfiteuse, concessão de uso especial para fins de moradia ou concessão de direito real de uso, quando a penhora recair sobre tais direitos reais;

V - o credor pignoratício, hipotecário, anticrético, fiduciário ou com penhora anteriormente averbada, quando a penhora recair sobre bens com tais gravames, caso não seja o credor, de qualquer modo, parte na execução;

VI - o promitente comprador, quando a penhora recair sobre bem em relação ao qual haja promessa de compra e venda registrada;

VII - o promitente vendedor, quando a penhora recair sobre direito aquisitivo derivado de promessa de compra e venda registrada;

VIII - a União, o Estado e o Município, no caso de alienação de bem tombado.

Parágrafo único. Se o executado for revel e não tiver advogado constituído, não constando dos autos seu endereço atual ou, ainda, não sendo ele encontrado no endereço constante do processo, a intimação considerar-se-á feita por meio do próprio edital de leilão.

Art. 890. Pode oferecer lance quem estiver na livre administração de seus bens, com exceção:

I - dos tutores, dos curadores, dos testamenteiros, dos administradores ou dos liquidantes, quanto aos bens confiados à sua guarda e à sua responsabilidade;

II - dos mandatários, quanto aos bens de cuja administração ou alienação estejam encarregados;

III - do juiz, do membro do Ministério Público e da Defensoria Pública, do escrivão, do chefe de secretaria e dos demais servidores e auxiliares da justiça, em relação aos bens e direitos objeto de alienação na localidade onde servirem ou a que se estender a sua autoridade;

IV - dos servidores públicos em geral, quanto aos bens ou aos direitos da pessoa jurídica a que servirem ou que estejam sob sua administração direta ou indireta;

V - dos leiloeiros e seus prepostos, quanto aos bens de cuja venda estejam encarregados;

VI - dos advogados de qualquer das partes.

Art. 891. Não será aceito lance que ofereça preço vil.

› art. 903, § 1º, I, CPC.

› Súm. 128, STJ.

Parágrafo único. Considera-se vil o preço inferior ao mínimo estipulado pelo juiz e constante do edital, e, não tendo sido fixado preço mínimo, considera-se vil o preço inferior a cinquenta por cento do valor da avaliação.

Art. 892. Salvo pronunciamento judicial em sentido diverso, o pagamento deverá ser realizado de imediato pelo arrematante, por depósito judicial ou por meio eletrônico.

› art. 130, p.ún., CTN.

§ 1º Se o exequente arrematar os bens e for o único credor, não estará obrigado a exibir o preço, mas, se o valor dos bens exceder ao seu crédito, depositará, dentro de 3 (três) dias, a diferença, sob pena de tornar-se sem efeito a arrematação, e, nesse caso, realizar-se-á novo leilão, à custa do exequente.

§ 2º Se houver mais de um pretendente, proceder-se-á entre eles à licitação, e, no caso de igualdade de oferta, terá preferência o cônjuge, o companheiro, o descendente ou o ascendente do executado, nessa ordem.

§ 3º No caso de leilão de bem tombado, a União, os Estados e os Municípios terão, nessa ordem, o direito de preferência na arrematação, em igualdade de oferta.

Art. 893. Se o leilão for de diversos bens e houver mais de um lançador, terá preferência aquele que se propuser a arrematá-los todos, em conjunto, oferecendo, para os bens que não tiverem lance, preço igual ao da avaliação e, para os demais, preço igual ao do maior lance que, na tentativa de arrematação individualizada, tenha sido oferecido para eles.

› art. 23, § 1º, Lei 6.830/1980 (Execução Fiscal).

Art. 894. Quando o imóvel admitir cômoda divisão, o juiz, a requerimento do executado, ordenará a alienação judicial de parte dele, desde que suficiente para o pagamento do exequente e para a satisfação das despesas da execução.

§ 1º Não havendo lançador, far-se-á a alienação do imóvel em sua integridade.

§ 2º A alienação por partes deverá ser requerida a tempo de permitir a avaliação das glebas destacadas e sua inclusão no edital, e, nesse caso, caberá ao executado instruir o requerimento com planta e memorial descritivo subscritos por profissional habilitado.

Art. 895. O interessado em adquirir o bem penhorado em prestações poderá apresentar, por escrito:

I - até o início do primeiro leilão, proposta de aquisição do bem por valor não inferior ao da avaliação;

II - até o início do segundo leilão, proposta de aquisição do bem por valor que não seja considerado vil.

§ 1º A proposta conterá, em qualquer hipótese, oferta de pagamento de pelo menos vinte e cinco por cento do valor do lance à vista e o restante parcelado em até 30 (trinta) meses, garantido por caução idônea, quando se tratar de móveis, e por hipoteca do próprio bem, quando se tratar de imóveis.

§ 2º As propostas para aquisição em prestações indicarão o prazo, a modalidade, o indexador de correção monetária e as condições de pagamento do saldo.

§ 3º (Vetado).

§ 4º No caso de atraso no pagamento de qualquer das prestações, incidirá multa de dez por cento sobre a soma da parcela inadimplida com as parcelas vincendas.

§ 5º O inadimplemento autoriza o exequente a pedir a resolução da arrematação ou promover, em face do arrematante, a execução do valor devido, devendo ambos os pedidos ser formulados nos autos da execução em que se deu a arrematação.

§ 6º A apresentação da proposta prevista neste artigo não suspende o leilão.

§ 7º A proposta de pagamento do lance à vista sempre prevalecerá sobre as propostas de pagamento parcelado.

§ 8º Havendo mais de uma proposta de pagamento parcelado:

I - em diferentes condições, o juiz decidirá pela mais vantajosa, assim compreendida, sempre, a de maior valor;

II - em iguais condições, o juiz decidirá pela formulada em primeiro lugar.

§ 9º No caso de arrematação a prazo, os pagamentos feitos pelo arrematante pertencerão ao exequente até o limite de seu crédito, e os subsequentes, ao executado.

Art. 896. Quando o imóvel de incapaz não alcançar em leilão pelo menos oitenta por cento do valor da avaliação, o juiz o confiará à guarda e à administração de depositário idôneo, adiando a alienação por prazo não superior a 1 (um) ano.

§ 1º Se, durante o adiamento, algum pretendente assegurar, mediante caução idônea, o preço da avaliação, o juiz ordenará a alienação em leilão.

§ 2º Se o pretendente à arrematação se arrepender, o juiz impor-lhe-á multa de vinte por cento sobre o valor da avaliação, em benefício do incapaz, valendo a decisão como título executivo.

§ 3º Sem prejuízo do disposto nos §§ 1º e 2º, o juiz poderá autorizar a locação do imóvel no prazo do adiamento.

§ 4º Findo o prazo do adiamento, o imóvel será submetido a novo leilão.

Art. 897. Se o arrematante ou seu fiador não pagar o preço no prazo estabelecido, o juiz impor-lhe-á, em favor do exequente, a perda da caução, voltando os bens a novo leilão, do qual não serão admitidos a participar o arrematante e o fiador remissos.

Art. 898. O fiador do arrematante que pagar o valor do lance e a multa poderá requerer que a arrematação lhe seja transferida.

Art. 899. Será suspensa a arrematação logo que o produto da alienação dos bens for suficiente para o pagamento do credor e para a satisfação das despesas da execução.

Art. 900. O leilão prosseguirá no dia útil imediato, à mesma hora em que teve início, independentemente de novo edital, se for ultrapassado o horário de expediente forense.

› art. 212, CPC.

Art. 901. A arrematação constará de auto que será lavrado de imediato e poderá abranger bens penhorados em mais de uma execução, nele mencionadas as condições nas quais foi alienado o bem.

§ 1º A ordem de entrega do bem móvel ou a carta de arrematação do bem imóvel, com o respectivo mandado de imissão na posse, será expedida depois de efetuado o depósito ou prestadas as garantias pelo arrematante, bem como realizado o pagamento da comissão do leiloeiro e das demais despesas da execução.

§ 2º A carta de arrematação conterá a descrição do imóvel, com remissão à sua matrícula ou individuação e aos seus registros, a cópia do auto de arrematação e a prova de pagamento do imposto de transmissão, além da indicação da existência de eventual ônus real ou gravame.

Art. 902. No caso de leilão de bem hipotecado, o executado poderá remi-lo até a assinatura do auto de arrematação, oferecendo preço igual ao do maior lance oferecido.

Parágrafo único. No caso de falência ou insolvência do devedor hipotecário, o direito de remição previsto no *caput* defere-se à massa ou aos credores em concurso, não podendo o exequente recusar o preço da avaliação do imóvel.

Art. 903. Qualquer que seja a modalidade de leilão, assinado o auto pelo juiz, pelo arrematante e pelo leiloeiro, a arrematação será considerada perfeita, acabada e irretratável, ainda que venham a ser julgados procedentes os embargos do executado ou a ação autônoma de que trata o § 4º deste artigo, assegurada a possibilidade de reparação pelos prejuízos sofridos.

§ 1º Ressalvadas outras situações previstas neste Código, a arrematação poderá, no entanto, ser:

I - invalidada, quando realizada por preço vil ou com outro vício;

II - considerada ineficaz, se não observado o disposto no art. 804;

III - resolvida, se não for pago o preço ou se não for prestada a caução.

§ 2º O juiz decidirá acerca das situações referidas no § 1º, se for provocado em até 10 (dez) dias após o aperfeiçoamento da arrematação.

§ 3º Passado o prazo previsto no § 2º sem que tenha havido alegação de qualquer das situações previstas no § 1º, será expedida a carta de arrematação e, conforme o caso, a ordem de entrega ou mandado de imissão na posse.

§ 4º Após a expedição da carta de arrematação ou da ordem de entrega, a invalidação da arrematação poderá ser pleiteada por ação autônoma, em cujo processo o arrematante figurará como litisconsorte necessário.

§ 5º O arrematante poderá desistir da arrematação, sendo-lhe imediatamente devolvido o depósito que tiver feito:

I - se provar, nos 10 (dez) dias seguintes, a existência de ônus real ou gravame não mencionado no edital;

II - se, antes de expedida a carta de arrematação ou a ordem de entrega, o executado alegar alguma das situações previstas no § 1º;

III - uma vez citado para responder a ação autônoma de que trata o § 4º deste artigo, desde que apresente a desistência no prazo de que dispõe para responder a essa ação.

§ 6º Considera-se ato atentatório à dignidade da justiça a suscitação infundada de vício com o objetivo de ensejar a desistência do arrematante, devendo o suscitante ser condenado, sem prejuízo da responsabilidade por perdas e danos, ao pagamento de multa, a ser fixada pelo juiz e devida ao exequente, em montante não superior a vinte por cento do valor atualizado do bem.

SEÇÃO V
DA SATISFAÇÃO DO CRÉDITO

Art. 904. A satisfação do crédito exequendo far-se-á:

- art. 916, *caput*, §§ 3º a 5º, CPC.

I - pela entrega do dinheiro;

II - pela adjudicação dos bens penhorados.

Art. 905. O juiz autorizará que o exequente levante, até a satisfação integral de seu crédito, o dinheiro depositado para segurar o juízo ou o produto dos bens alienados, bem como do faturamento de empresa ou de outros frutos e rendimentos de coisas ou empresas penhoradas, quando:

- art. 858, CPC.

I - a execução for movida só a benefício do exequente singular, a quem, por força da penhora, cabe o direito de preferência sobre os bens penhorados e alienados;

II - não houver sobre os bens alienados outros privilégios ou preferências instituídos anteriormente à penhora.

Parágrafo único. Durante o plantão judiciário, veda-se a concessão de pedidos de levantamento de importância em dinheiro ou valores ou de liberação de bens apreendidos.

Art. 906. Ao receber o mandado de levantamento, o exequente dará ao executado, por termo nos autos, quitação da quantia paga.

Parágrafo único. A expedição de mandado de levantamento poderá ser substituída pela transferência eletrônica do valor depositado em conta vinculada ao juízo para outra indicada pelo exequente.

Art. 907. Pago ao exequente o principal, os juros, as custas e os honorários, a importância que sobrar será restituída ao executado.

Art. 908. Havendo pluralidade de credores ou exequentes, o dinheiro lhes será distribuído e entregue consoante a ordem das respectivas preferências.

§ 1º No caso de adjudicação ou alienação, os créditos que recaem sobre o bem, inclusive os de natureza propter rem, sub-rogam-se sobre o respectivo preço, observada a ordem de preferência.

§ 2º Não havendo título legal à preferência, o dinheiro será distribuído entre os concorrentes, observando-se a anterioridade de cada penhora.

Art. 909. Os exequentes formularão as suas pretensões, que versarão unicamente sobre o direito de preferência e a anterioridade da penhora, e, apresentadas as razões, o juiz decidirá.

CAPÍTULO V
DA EXECUÇÃO CONTRA A FAZENDA PÚBLICA

Art. 910. Na execução fundada em título extrajudicial, a Fazenda Pública será citada para opor embargos em 30 (trinta) dias.

- Súm. 279 e 339, STJ.

§ 1º Não opostos embargos ou transitada em julgado a decisão que os rejeitar, expedir-se-á precatório ou requisição de pequeno valor em favor do exequente, observando-se o disposto no art. 100 da Constituição Federal.

§ 2º Nos embargos, a Fazenda Pública poderá alegar qualquer matéria que lhe seria lícito deduzir como defesa no processo de conhecimento.

§ 3º Aplica-se a este Capítulo, no que couber, o disposto nos artigos 534 e 535.

CAPÍTULO VI
DA EXECUÇÃO DE ALIMENTOS

Art. 911. Na execução fundada em título executivo extrajudicial que contenha obrigação alimentar, o juiz mandará citar o executado para, em 3 (três) dias, efetuar o pagamento das parcelas anteriores ao início da execução e das que se vencerem no seu curso, provar que o fez ou justificar a impossibilidade de fazê-lo.

- arts. 1.694 a 1.710, CC.
- Súm. 144 e 309, STJ.

Parágrafo único. Aplicam-se, no que couber, os §§ 2º a 7º do art. 528.

Art. 912. Quando o executado for funcionário público, militar, diretor ou gerente de empresa, bem como empregado sujeito à legislação do trabalho, o exequente poderá requerer o desconto em folha de pagamento de pessoal da importância da prestação alimentícia.

- art. 1.701, p.ún., CC.
- art. 115, IV, Lei 8.213/1991 (Previdência Social).

§ 1º Ao despachar a inicial, o juiz oficiará à autoridade, à empresa ou ao empregador, determinando, sob pena de crime de desobediência, o desconto a partir da primeira remuneração posterior do executado, a contar do protocolo do ofício.

§ 2º O ofício conterá os nomes e o número de inscrição no Cadastro de Pessoas Físicas do exequente e do executado, a importância a ser descontada mensalmente, a conta na qual deve ser feito o depósito e, se for o caso, o tempo de sua duração.

Art. 913. Não requerida a execução nos termos deste Capítulo, observar-se-á o disposto no art. 824 e seguintes, com a ressalva de que, recaindo a penhora em dinheiro, a concessão de efeito suspensivo aos embargos à execução não obsta a que o exequente levante mensalmente a importância da prestação.

TÍTULO III
DOS EMBARGOS À EXECUÇÃO

Art. 914. O executado, independentemente de penhora, depósito ou caução, poderá se opor à execução por meio de embargos.

- art. 917, CPC.

§ 1º Os embargos à execução serão distribuídos por dependência, autuados em apartado e instruídos com cópias das peças processuais relevantes, que poderão ser declaradas autênticas pelo próprio advogado, sob sua responsabilidade pessoal.

- art. 425, IV, CPC.

§ 2º Na execução por carta, os embargos serão oferecidos no juízo deprecante ou no juízo deprecado, mas a competência para julgá-los é do juízo deprecante, salvo se versarem unicamente sobre vícios ou defeitos da penhora, da avaliação ou da alienação dos bens efetuadas no juízo deprecado.

- arts. 260 a 268, CPC.
- Súm. 46, STJ.

Art. 915. Os embargos serão oferecidos no prazo de 15 (quinze) dias, contado, conforme o caso, na forma do art. 231.

§ 1º Quando houver mais de um executado, o prazo para cada um deles embargar conta-se a partir da juntada do respectivo comprovante da citação, salvo no caso de cônjuges ou de companheiros, quando será contado a partir da juntada do último.

- Súm. 134, STJ.

§ 2º Nas execuções por carta, o prazo para embargos será contado:

I - da juntada, na carta, da certificação da citação, quando versarem unicamente sobre vícios ou defeitos da penhora, da avaliação ou da alienação dos bens;

II - da juntada, nos autos de origem, do comunicado de que trata o § 4º deste artigo ou, não havendo este, da juntada da carta devidamente cumprida, quando versarem sobre questões diversas da prevista no inciso I deste parágrafo.

§ 3º Em relação ao prazo para oferecimento dos embargos à execução, não se aplica o disposto no art. 229.

§ 4º Nos atos de comunicação por carta precatória, rogatória ou de ordem, a realização da citação será imediatamente informada, por meio eletrônico, pelo juiz deprecado ao juiz deprecante.

Art. 916. No prazo para embargos, reconhecendo o crédito do exequente e comprovando o depósito de trinta por cento do valor em execução, acrescido de custas e de honorários de advogado, o executado poderá requerer que lhe seja permitido pagar o restante em até 6 (seis) parcelas mensais, acrescidas de correção monetária e de juros de um por cento ao mês.

§ 1º O exequente será intimado para manifestar-se sobre o preenchimento dos pressupostos do *caput*, e o juiz decidirá o requerimento em 5 (cinco) dias.

§ 2º Enquanto não apreciado o requerimento, o executado terá de depositar as parcelas vincendas, facultado ao exequente seu levantamento.

§ 3º Deferida a proposta, o exequente levantará a quantia depositada, e serão suspensos os atos executivos.

§ 4º Indeferida a proposta, seguir-se-ão os atos executivos, mantido o depósito, que será convertido em penhora.

§ 5º O não pagamento de qualquer das prestações acarretará cumulativamente:

I - o vencimento das prestações subsequentes e o prosseguimento do processo, com o imediato reinício dos atos executivos;

II - a imposição ao executado de multa de dez por cento sobre o valor das prestações não pagas.

§ 6º A opção pelo parcelamento de que trata este artigo importa renúncia ao direito de opor embargos.

§ 7º O disposto neste artigo não se aplica ao cumprimento da sentença.

Art. 917. Nos embargos à execução, o executado poderá alegar:

I - inexequibilidade do título ou inexigibilidade da obrigação;

› arts. 525, § 1º, III, § 12, 783, CPC.

II - penhora incorreta ou avaliação errônea;

III - excesso de execução ou cumulação indevida de execuções;

› art. 780, CPC.

IV - retenção por benfeitorias necessárias ou úteis, nos casos de execução para entrega de coisa certa;

› art. 810, CPC.

› art. 96, §§ 2º e 3º, CC.

V - incompetência absoluta ou relativa do juízo da execução;

VI - qualquer matéria que lhe seria lícito deduzir como defesa em processo de conhecimento.

§ 1º A incorreção da penhora ou da avaliação poderá ser impugnada por simples petição, no prazo de 15 (quinze) dias, contado da ciência do ato.

§ 2º Há excesso de execução quando:

› art. 780, CPC.

I - o exequente pleiteia quantia superior à do título;

II - ela recai sobre coisa diversa daquela declarada no título;

III - ela se processa de modo diferente do que foi determinado no título;

IV - o exequente, sem cumprir a prestação que lhe corresponde, exige o adimplemento da prestação do executado;

V - o exequente não prova que a condição se realizou.

§ 3º Quando alegar que o exequente, em excesso de execução, pleiteia quantia superior à do título, o embargante declarará na petição inicial o valor que entende de correto, apresentando demonstrativo discriminado e atualizado de seu cálculo.

§ 4º Não apontado o valor correto ou não apresentado o demonstrativo, os embargos à execução:

I - serão liminarmente rejeitados, sem resolução de mérito, se o excesso de execução for o seu único fundamento;

II - serão processados, se houver outro fundamento, mas o juiz não examinará a alegação de excesso de execução.

§ 5º Nos embargos de retenção por benfeitorias, o exequente poderá requerer a compensação de seu valor com o dos frutos ou dos danos considerados devidos pelo executado, cumprindo ao juiz, para a apuração dos respectivos valores, nomear perito, observando-se, então, o art. 464.

§ 6º O exequente poderá a qualquer tempo ser imitido na posse da coisa, prestando caução ou depositando o valor devido pelas benfeitorias ou resultante da compensação.

§ 7º A arguição de impedimento e suspeição observará o disposto nos arts. 146 e 148.

Art. 918. O juiz rejeitará liminarmente os embargos:

I - quando intempestivos;

II - nos casos de indeferimento da petição inicial e de improcedência liminar do pedido;

› arts. 330, 332 e 485, I, CPC.

III - manifestamente protelatórios.

Parágrafo único. Considera-se conduta atentatória à dignidade da justiça o oferecimento de embargos manifestamente protelatórios.

Art. 919. Os embargos à execução não terão efeito suspensivo.

§ 1º O juiz poderá, a requerimento do embargante, atribuir efeito suspensivo aos embargos quando verificados os requisitos para a concessão da tutela provisória e desde que a execução já esteja garantida por penhora, depósito ou caução suficientes.

§ 2º Cessando as circunstâncias que a motivaram, a decisão relativa aos efeitos dos embargos poderá, a requerimento da parte, ser modificada ou revogada a qualquer tempo, em decisão fundamentada.

§ 3º Quando o efeito suspensivo atribuído aos embargos disser respeito apenas a parte do objeto da execução, esta prosseguirá quanto à parte restante.

§ 4º A concessão de efeito suspensivo aos embargos oferecidos por um dos executados não suspenderá a execução contra os que não embargaram quando o respectivo fundamento disser respeito exclusivamente ao embargante.

§ 5º A concessão de efeito suspensivo não impedirá a efetivação dos atos de substituição, de reforço ou de redução da penhora e de avaliação dos bens.

Art. 920. Recebidos os embargos:

› art. 17, *caput*, Lei 6.830/1980 (Execução Fiscal).

I - o exequente será ouvido no prazo de 15 (quinze) dias;

II - a seguir, o juiz julgará imediatamente o pedido ou designará audiência;

III - encerrada a instrução, o juiz proferirá sentença.

TÍTULO IV
DA SUSPENSÃO E DA EXTINÇÃO DO PROCESSO DE EXECUÇÃO

CAPÍTULO I
DA SUSPENSÃO DO PROCESSO DE EXECUÇÃO

Art. 921. Suspende-se a execução:

› art. 40, Lei 6.830/1980 (Execução Fiscal).

I - nas hipóteses dos arts. 313 e 315, no que couber;

II - no todo ou em parte, quando recebidos com efeito suspensivo os embargos à execução;

III - quando o executado não possuir bens penhoráveis;

IV - se a alienação dos bens penhorados não se realizar por falta de licitantes e o exequente, em 15 (quinze) dias, não requerer a adjudicação nem indicar outros bens penhoráveis;

V - quando concedido o parcelamento de que trata o art. 916.

§ 1º Na hipótese do inciso III, o juiz suspenderá a execução pelo prazo de 1 (um) ano, durante o qual se suspenderá a prescrição.

§ 2º Decorrido o prazo máximo de 1 (um) ano sem que seja localizado o executado ou que sejam encontrados bens penhoráveis, o juiz ordenará o arquivamento dos autos.

§ 3º Os autos serão desarquivados para prosseguimento da execução se a qualquer tempo forem encontrados bens penhoráveis.

§ 4º Decorrido o prazo de que trata o § 1º sem manifestação do exequente, começa a correr o prazo de prescrição intercorrente.

› Súm. 150 e 264, STF.

§ 5º O juiz, depois de ouvidas as partes, no prazo de 15 (quinze) dias, poderá, de ofício, reconhecer a prescrição de que trata o § 4º e extinguir o processo.

› arts. 189 a 206, CC.

Art. 922. Convindo as partes, o juiz declarará suspensa a execução durante o prazo concedido pelo exequente para que o executado cumpra voluntariamente a obrigação.

Parágrafo único. Findo o prazo sem cumprimento da obrigação, o processo retomará o seu curso.

Art. 923. Suspensa a execução, não serão praticados atos processuais, podendo o juiz, entretanto, salvo no caso de arguição de impedimento ou de suspeição, ordenar providências urgentes.

CAPÍTULO II
DA EXTINÇÃO DO PROCESSO DE EXECUÇÃO

Art. 924. Extingue-se a execução quando:

› Súm. 150, STF.

I - a petição inicial for indeferida;

› art. 798, I, CPC.

II - a obrigação for satisfeita;

› arts. 807 e ss., CPC.

III - o executado obtiver, por qualquer outro meio, a extinção total da dívida;
IV - o exequente renunciar ao crédito;
V - ocorrer a prescrição intercorrente.

Art. 925. A extinção só produz efeito quando declarada por sentença.

› Súm. 150, STF.

LIVRO III
DOS PROCESSOS NOS TRIBUNAIS E DOS MEIOS DE IMPUGNAÇÃO DAS DECISÕES JUDICIAIS

TÍTULO I
DA ORDEM DOS PROCESSOS E DOS PROCESSOS DE COMPETÊNCIA ORIGINÁRIA DOS TRIBUNAIS

CAPÍTULO I
DISPOSIÇÕES GERAIS

Art. 926. Os tribunais devem uniformizar sua jurisprudência e mantê-la estável, íntegra e coerente.

§ 1º Na forma estabelecida e segundo os pressupostos fixados no regimento interno, os tribunais editarão enunciados de súmula correspondentes a sua jurisprudência dominante.

§ 2º Ao editar enunciados de súmula, os tribunais devem ater-se às circunstâncias fáticas dos precedentes que motivaram sua criação.

Art. 927. Os juízes e os tribunais observarão:

I - as decisões do Supremo Tribunal Federal em controle concentrado de constitucionalidade;

› art. 102, I, a, e § 2º, CF.

II - os enunciados de súmula vinculante;

› art. 103-A, CF.

III - os acórdãos em incidente de assunção de competência ou de resolução de demandas repetitivas e em julgamento de recursos extraordinário e especial repetitivos;
IV - os enunciados das súmulas do Supremo Tribunal Federal em matéria constitucional e do Superior Tribunal de Justiça em matéria infraconstitucional;
V - a orientação do plenário ou do órgão especial aos quais estiverem vinculados.

§ 1º Os juízes e os tribunais observarão o disposto no art. 10 e no art. 489, § 1º, quando decidirem com fundamento neste artigo.

§ 2º A alteração de tese jurídica adotada em enunciado de súmula ou em julgamento de casos repetitivos poderá ser precedida de audiências públicas e da participação de pessoas, órgãos ou entidades que possam contribuir para a rediscussão da tese.

§ 3º Na hipótese de alteração de jurisprudência dominante do Supremo Tribunal Federal e dos tribunais superiores ou daquela oriunda de julgamento de casos repetitivos, pode haver modulação dos efeitos da alteração no interesse social e no da segurança jurídica.

§ 4º A modificação de enunciado de súmula, de jurisprudência pacificada ou de tese adotada em julgamento de casos repetitivos observará a necessidade de fundamentação adequada e específica, considerando os princípios da segurança jurídica, da proteção da confiança e da isonomia.

§ 5º Os tribunais darão publicidade a seus precedentes, organizando-os por questão jurídica decidida e divulgando-os, preferencialmente, na rede mundial de computadores.

Art. 928. Para os fins deste Código, considera-se julgamento de casos repetitivos a decisão proferida em:

I - incidente de resolução de demandas repetitivas;
II - recursos especial e extraordinário repetitivos.

Parágrafo único. O julgamento de casos repetitivos tem por objeto questão de direito material ou processual.

CAPÍTULO II
DA ORDEM DOS PROCESSOS NO TRIBUNAL

Art. 929. Os autos serão registrados no protocolo do tribunal no dia de sua entrada, cabendo à secretaria ordená-los, com imediata distribuição.

Parágrafo único. A critério do tribunal, os serviços de protocolo poderão ser descentralizados, mediante delegação a ofícios de justiça de primeiro grau.

Art. 930. Far-se-á a distribuição de acordo com o regimento interno do tribunal, observando-se a alternatividade, o sorteio eletrônico e a publicidade.

Parágrafo único. O primeiro recurso protocolado no tribunal tornará prevento o relator para eventual recurso subsequente interposto no mesmo processo ou em processo conexo.

Art. 931. Distribuídos, os autos serão imediatamente conclusos ao relator, que, em 30 (trinta) dias, depois de elaborar o voto, restituí-los-á, com relatório, à secretaria.

Art. 932. Incumbe ao relator:

› Súm. 253, STJ.

I - dirigir e ordenar o processo no tribunal, inclusive em relação à produção de prova, bem como, quando for o caso, homologar autocomposição das partes;
II - apreciar o pedido de tutela provisória nos recursos e nos processos de competência originária do tribunal;
III - não conhecer de recurso inadmissível, prejudicado ou que não tenha impugnado especificamente os fundamentos da decisão recorrida;

› Súm. 182, STJ.

IV - negar provimento a recurso que for contrário a:

› §§ 3º e 4º, e 557, *caput* e § 1º-A.

a) súmula do Supremo Tribunal Federal, do Superior Tribunal de Justiça ou do próprio tribunal;

b) acórdão proferido pelo Supremo Tribunal Federal ou pelo Superior Tribunal de Justiça em julgamento de recursos repetitivos;

c) entendimento firmado em incidente de resolução de demandas repetitivas ou de assunção de competência;

V - depois de facultada a apresentação de contrarrazões, dar provimento ao recurso se a decisão recorrida for contrária a:

a) súmula do Supremo Tribunal Federal, do Superior Tribunal de Justiça ou do próprio tribunal;

b) acórdão proferido pelo Supremo Tribunal Federal ou pelo Superior Tribunal de Justiça em julgamento de recursos repetitivos;

c) entendimento firmado em incidente de resolução de demandas repetitivas ou de assunção de competência;

VI - decidir o incidente de desconsideração da personalidade jurídica, quando este for instaurado originariamente perante o tribunal;

› art. 50, CC.
› art. 28, CDC.

VII - determinar a intimação do Ministério Público, quando for o caso;
VIII - exercer outras atribuições estabelecidas no regimento interno do tribunal.

Parágrafo único. Antes de considerar inadmissível o recurso, o relator concederá o prazo de 5 (cinco) dias ao recorrente para que seja sanado vício ou complementada a documentação exigível.

Art. 933. Se o relator constatar a ocorrência de fato superveniente à decisão recorrida ou a existência de questão apreciável de ofício ainda não examinada que devam ser considerados no julgamento do recurso, intimará as partes para que se manifestem no prazo de 5 (cinco) dias.

§ 1º Se a constatação ocorrer durante a sessão de julgamento, esse será imediatamente suspenso a fim de que as partes se manifestem especificamente.

§ 2º Se a constatação se der em vista dos autos, deverá o juiz que a solicitou encaminhá-los ao relator, que tomará as providências previstas no *caput* e, em seguida, solicitará a inclusão do feito em pauta para prosseguimento do julgamento, com submissão integral da nova questão aos julgadores.

Art. 934. Em seguida, os autos serão apresentados ao presidente, que designará dia para julgamento, ordenando, em todas as hipóteses previstas neste Livro, a publicação da pauta no órgão oficial.

Art. 935. Entre a data de publicação da pauta e a da sessão de julgamento decorrerá, pelo menos, o prazo de 5 (cinco) dias, incluindo-se em nova pauta os processos que não tenham sido julgados, salvo aqueles cujo julgamento tiver sido expressamente adiado para a primeira sessão seguinte.

§ 1º Às partes será permitida vista dos autos em cartório após a publicação da pauta de julgamento.

§ 2º Afixar-se-á a pauta na entrada da sala em que se realizar a sessão de julgamento.

Art. 936. Ressalvadas as preferências legais e regimentais, os recursos, a remessa necessária e os processos de competência originária serão julgados na seguinte ordem:

I - aqueles nos quais houver sustentação oral, observada a ordem dos requerimentos;

II - os requerimentos de preferência apresentados até o início da sessão de julgamento;

III - aqueles cujo julgamento tenha iniciado em sessão anterior; e

IV - os demais casos.

Art. 937. Na sessão de julgamento, depois da exposição da causa pelo relator, o presidente dará a palavra, sucessivamente, ao recorrente, ao recorrido e, nos casos de sua intervenção, ao membro do Ministério Público, pelo prazo improrrogável de 15 (quinze) minutos para cada um, a fim de sustentarem suas razões, nas seguintes hipóteses, nos termos da parte final do *caput* do art. 1.021:

I - no recurso de apelação;

- arts. 1.009 a 1.014, CPC.

II - no recurso ordinário;

- arts. 1.027 e 1.028, CPC.

III - no recurso especial;

- arts. 1.029 a 1.041, CPC.

IV - no recurso extraordinário;

- arts. 1.029 a 1.041, CPC.

V - nos embargos de divergência;

- arts. 1.043 e 1.044, CPC.

VI - na ação rescisória, no mandado de segurança e na reclamação;

- art. 5º, LXIX e LXX, 102, I, i, e 103-A, § 3º, CF.
- arts. 966 a 975 e 988 a 993, CPC.
- arts. 7º, I, 12, Lei 12.016/2009 (Mandado de Segurança).
- art. 156, RISTF.

VII - (Vetado)

VIII - no agravo de instrumento interposto contra decisões interlocutórias que versem sobre tutelas provisórias de urgência ou da evidência;

IX - em outras hipóteses previstas em lei ou no regimento interno do tribunal.

§ 1º A sustentação oral no incidente de resolução de demandas repetitivas observará o disposto no art. 984, no que couber.

§ 2º O procurador que desejar proferir sustentação oral poderá requerer, até o início da sessão, que o processo seja julgado em primeiro lugar, sem prejuízo das preferências legais.

§ 3º Nos processos de competência originária previstos no inciso VI, caberá sustentação oral no agravo interno interposto contra decisão de relator que o extinga.

- Res. 587/2016, STF.

§ 4º É permitido ao advogado com domicílio profissional em cidade diversa daquela onde está sediado o tribunal realizar sustentação oral por meio de videoconferência ou outro recurso tecnológico de transmissão de sons e imagens em tempo real, desde que o requeira até o dia anterior ao da sessão.

Art. 938. A questão preliminar suscitada no julgamento será decidida antes do mérito, deste não se conhecendo caso seja incompatível com a decisão.

§ 1º Constatada a ocorrência de vício sanável, inclusive aquele que possa ser conhecido de ofício, o relator determinará a realização ou a renovação do ato processual, no próprio tribunal ou em primeiro grau de jurisdição, intimadas as partes.

§ 2º Cumprida a diligência de que trata o § 1º, o relator, sempre que possível, prosseguirá no julgamento do recurso.

§ 3º Reconhecida a necessidade de produção de prova, o relator converterá o julgamento em diligência, que se realizará no tribunal ou em primeiro grau de jurisdição, decidindo-se o recurso após a conclusão da instrução.

§ 4º Quando não determinadas pelo relator, as providências indicadas nos §§ 1º e 3º poderão ser determinadas pelo órgão competente para julgamento do recurso.

Art. 939. Se a preliminar for rejeitada ou se a apreciação do mérito for com ela compatível, seguir-se-ão a discussão e o julgamento da matéria principal, sobre a qual deverão se pronunciar os juízes vencidos na preliminar.

Art. 940. O relator ou outro juiz que não se considerar habilitado a proferir imediatamente seu voto poderá solicitar vista pelo prazo máximo de 10 (dez) dias, após o qual o recurso será reincluído em pauta para julgamento na sessão seguinte à data da devolução.

- Res. 202/2015, CNJ.

§ 1º Se os autos não forem devolvidos tempestivamente ou se não for solicitada pelo juiz prorrogação de prazo de no máximo mais 10 (dez) dias, o presidente do órgão fracionário os requisitará para julgamento do recurso na sessão ordinária subsequente, com publicação da pauta em que for incluído.

§ 2º Quando requisitar os autos na forma do § 1º, se aquele que fez o pedido de vista ainda não se sentir habilitado a votar, o presidente convocará substituto para proferir voto, na forma estabelecida no regimento interno do tribunal.

Art. 941. Proferidos os votos, o presidente anunciará o resultado do julgamento, designando para redigir o acórdão o relator ou, se vencido este, o autor do primeiro voto vencedor.

§ 1º O voto poderá ser alterado até o momento da proclamação do resultado pelo presidente, salvo aquele já proferido por juiz afastado ou substituído.

§ 2º No julgamento de apelação ou de agravo de instrumento, a decisão será tomada, no órgão colegiado, pelo voto de 3 (três) juízes.

§ 3º O voto vencido será necessariamente declarado e considerado parte integrante do acórdão para todos os fins legais, inclusive de pré-questionamento.

Art. 942. Quando o resultado da apelação for não unânime, o julgamento terá prosseguimento em sessão a ser designada com a presença de outros julgadores, que serão convocados nos termos previamente definidos no regimento interno, em número suficiente para garantir a possibilidade de inversão do resultado inicial, assegurado às partes e a eventuais terceiros o direito de sustentar oralmente suas razões perante os novos julgadores.

§ 1º Sendo possível, o prosseguimento do julgamento dar-se-á na mesma sessão, colhendo-se os votos de outros julgadores que porventura componham o órgão colegiado.

§ 2º Os julgadores que já tiverem votado poderão rever seus votos por ocasião do prosseguimento do julgamento.

§ 3º A técnica de julgamento prevista neste artigo aplica-se, igualmente, ao julgamento não unânime proferido em:

I - ação rescisória, quando o resultado for a rescisão da sentença, devendo, nesse caso, seu prosseguimento ocorrer em órgão de maior composição previsto no regimento interno;

II - agravo de instrumento, quando houver reforma da decisão que julgar parcialmente o mérito.

§ 4º Não se aplica o disposto neste artigo ao julgamento:

I - do incidente de assunção de competência e ao de resolução de demandas repetitivas;

II - da remessa necessária;

III - não unânime proferido, nos tribunais, pelo plenário ou pela corte especial.

Art. 943. Os votos, os acórdãos e os demais atos processuais podem ser registrados em documento eletrônico inviolável e assinados eletronicamente, na forma da lei, devendo ser impressos para juntada aos autos do processo quando este não for eletrônico.

§ 1º Todo acórdão conterá ementa.

§ 2º Lavrado o acórdão, sua ementa será publicada no órgão oficial no prazo de 10 (dez) dias.

Art. 944. Não publicado o acórdão no prazo de 30 (trinta) dias, contado da data da sessão de julgamento, as notas taquigráficas o substituirão, para todos os fins legais, independentemente de revisão.

Parágrafo único. No caso do *caput*, o presidente do tribunal lavrará, de imediato, as conclusões e a ementa e mandará publicar o acórdão.

Art. 945. (Revogado pela Lei 13.256/2016)

Art. 946. O agravo de instrumento será julgado antes da apelação interposta no mesmo processo.

Parágrafo único. Se ambos os recursos de que trata o *caput* houverem de ser julgados na mesma sessão, terá precedência o agravo de instrumento.

CAPÍTULO III DO INCIDENTE DE ASSUNÇÃO DE COMPETÊNCIA

Art. 947. É admissível a assunção de competência quando o julgamento de recurso, de remessa necessária ou de processo de competência originária envolver relevante questão de direito, com grande repercussão social, sem repetição em múltiplos processos.

§ 1º Ocorrendo a hipótese de assunção de competência, o relator proporá, de ofício ou a requerimento da parte, do Ministério Público ou da Defensoria Pública, que seja o recurso, a remessa necessária ou o processo de competência originária julgado pelo órgão colegiado que o regimento indicar.

§ 2º O órgão colegiado julgará o recurso, a remessa necessária ou o processo de competência originária se reconhecer interesse público na assunção de competência.

§ 3º O acórdão proferido em assunção de competência vinculará todos os juízes e órgãos fracionários, exceto se houver revisão de tese.

§ 4º Aplica-se o disposto neste artigo quando ocorrer relevante questão de direito a respeito da qual seja conveniente a prevenção ou a composição de divergência entre câmaras ou turmas do tribunal.

CAPÍTULO IV DO INCIDENTE DE ARGUIÇÃO DE INCONSTITUCIONALIDADE

Art. 948. Arguida, em controle difuso, a inconstitucionalidade de lei ou de ato normativo do poder público, o relator, após ouvir o Ministério Público e as partes, submeterá a questão à turma ou à câmara à qual competir o conhecimento do processo.

- arts. 52, X; 97; 102, I, a, e III; 103; 125, § 2º; e 129, CF.
- Lei 9.868/1999 (Lei de ADI e ADC).
- Súm. Vinc. 10, STF.

Art. 949. Se a arguição for:

I - rejeitada, prosseguirá o julgamento;

II - acolhida, a questão será submetida ao plenário do tribunal ou ao seu órgão especial, onde houver.

Parágrafo único. Os órgãos fracionários dos tribunais não submeterão ao plenário ou ao órgão especial a arguição de inconstitucionalidade quando já houver pronunciamento destes ou do plenário do Supremo Tribunal Federal sobre a questão.

Art. 950. Remetida cópia do acórdão a todos os juízes, o presidente do tribunal designará a sessão de julgamento.

§ 1º As pessoas jurídicas de direito público responsáveis pela edição do ato questionado poderão manifestar-se no incidente de inconstitucionalidade se assim o requererem, observados os prazos e as condições previstos no regimento interno do tribunal.

§ 2º A parte legitimada à propositura das ações previstas no art. 103 da Constituição Federal poderá manifestar-se, por escrito, sobre a questão constitucional objeto de apreciação, no prazo previsto pelo regimento interno, sendo-lhe assegurado o direito de apresentar memoriais ou de requerer a juntada de documentos.

§ 3º Considerando a relevância da matéria e a representatividade dos postulantes, o relator poderá admitir, por despacho irrecorrível, a manifestação de outros órgãos ou entidades.

CAPÍTULO V DO CONFLITO DE COMPETÊNCIA

Art. 951. O conflito de competência pode ser suscitado por qualquer das partes, pelo Ministério Público ou pelo juiz.

- art. 66, CPC.

Parágrafo único. O Ministério Público somente será ouvido nos conflitos de competência relativos aos processos previstos no art. 178, mas terá qualidade de parte nos conflitos que suscitar.

Art. 952. Não pode suscitar conflito a parte que, no processo, arguiu incompetência relativa.

Parágrafo único. O conflito de competência não obsta, porém, a que a parte que não o arguiu suscite a incompetência.

Art. 953. O conflito será suscitado ao tribunal:

- Súm. 59, STJ.

I - pelo juiz, por ofício;

II - pela parte e pelo Ministério Público, por petição.

- arts. 102, I, o; 105, I, d; e 108, e, CF.

Parágrafo único. O ofício e a petição serão instruídos com os documentos necessários à prova do conflito.

Art. 954. Após a distribuição, o relator determinará a oitiva dos juízes em conflito ou, se um deles for suscitante, apenas do suscitado.

Parágrafo único. No prazo designado pelo relator, incumbirá ao juiz ou aos juízes prestar as informações.

- 2ª parte.

Art. 955. O relator poderá, de ofício ou a requerimento de qualquer das partes, determinar, quando o conflito for positivo, o sobrestamento do processo e, nesse caso, bem como no de conflito negativo, designará um dos juízes para resolver, em caráter provisório, as medidas urgentes.

Parágrafo único. O relator poderá julgar de plano o conflito de competência quando sua decisão se fundar em:

I - súmula do Supremo Tribunal Federal, do Superior Tribunal de Justiça ou do próprio tribunal;

II - tese firmada em julgamento de casos repetitivos ou em incidente de assunção de competência.

Art. 956. Decorrido o prazo designado pelo relator, será ouvido o Ministério Público, no prazo de 5 (cinco) dias, ainda que as informações não tenham sido prestadas, e, em seguida, o conflito irá a julgamento.

Art. 957. Ao decidir o conflito, o tribunal declarará qual o juízo competente, pronunciando-se também sobre a validade dos atos do juízo incompetente.

Parágrafo único. Os autos do processo em que se manifestou o conflito serão remetidos ao juiz declarado competente.

Art. 958. No conflito que envolva órgãos fracionários dos tribunais, desembargadores e juízes em exercício no tribunal, observar-se-á o que dispuser o regimento interno do tribunal.

- arts. 163 a 168, RISTF.
- arts. 193 a 198, RISTJ.

Art. 959. O regimento interno do tribunal regulará o processo e o julgamento do conflito de atribuições entre autoridade judiciária e autoridade administrativa.

- art. 105, I, g, CF.

CAPÍTULO VI DA HOMOLOGAÇÃO DE DECISÃO ESTRANGEIRA E DA CONCESSÃO DO EXEQUATUR À CARTA ROGATÓRIA

Art. 960. A homologação de decisão estrangeira será requerida por ação de homologação de decisão estrangeira, salvo disposição especial em sentido contrário prevista em tratado.

- art. 105, I, i, CF.
- art. 36, Lei 9.307/1996 (Arbitragem).
- arts. 216-A a 216-X, RISTJ.

§ 1º A decisão interlocutória estrangeira poderá ser executada no Brasil por meio de carta rogatória.

§ 2º A homologação obedecerá ao que dispuserem os tratados em vigor no Brasil e o Regimento Interno do Superior Tribunal de Justiça.

- art. 37, Lei 9.307/1996 (Arbitragem).

§ 3º A homologação de decisão arbitral estrangeira obedecerá ao disposto em tratado e em lei, aplicando-se, subsidiariamente, as disposições deste Capítulo.

- arts. 34 e s., Lei 9.307/1996 (Arbitragem).

Art. 961. A decisão estrangeira somente terá eficácia no Brasil após a homologação de sentença estrangeira ou a concessão do exequatur às cartas rogatórias, salvo disposição em sentido contrário de lei ou tratado.

‣ art. 36, Lei 9.307/1996 (Arbitragem).

§ 1º É passível de homologação a decisão judicial definitiva, bem como a decisão não judicial que, pela lei brasileira, teria natureza jurisdicional.

§ 2º A decisão estrangeira poderá ser homologada parcialmente.

§ 3º A autoridade judiciária brasileira poderá deferir pedidos de urgência e realizar atos de execução provisória no processo de homologação de decisão estrangeira.

§ 4º Haverá homologação de decisão estrangeira para fins de execução fiscal quando prevista em tratado ou em promessa de reciprocidade apresentada à autoridade brasileira.

§ 5º A sentença estrangeira de divórcio consensual produz efeitos no Brasil, independentemente de homologação pelo Superior Tribunal de Justiça.

‣ art. 7º, § 6º, LINDB.

‣ Prov. nº 53/2016, CNJ.

§ 6º Na hipótese do § 5º, competirá a qualquer juiz examinar a validade da decisão, em caráter principal ou incidental, quando essa questão for suscitada em processo de sua competência.

Art. 962. É passível de execução a decisão estrangeira concessiva de medida de urgência.

§ 1º A execução no Brasil de decisão interlocutória estrangeira concessiva de medida de urgência dar-se-á por carta rogatória.

§ 2º A medida de urgência concedida sem audiência do réu poderá ser executada, desde que garantido o contraditório em momento posterior.

‣ art. 5º, LV, CF.

‣ art. 9º, CPC.

§ 3º O juízo sobre a urgência da medida compete exclusivamente à autoridade jurisdicional prolatora da decisão estrangeira.

§ 4º Quando dispensada a homologação para que a sentença estrangeira produza efeitos no Brasil, a decisão concessiva de medida de urgência dependerá, para produzir efeitos, de ter sua validade expressamente reconhecida pelo juiz competente para dar-lhe cumprimento, dispensada a homologação pelo Superior Tribunal de Justiça.

Art. 963. Constituem requisitos indispensáveis à homologação da decisão:

I - ser proferida por autoridade competente;

II - ser precedida de citação regular, ainda que verificada a revelia;

III - ser eficaz no país em que foi proferida;

IV - não ofender a coisa julgada brasileira;

V - estar acompanhada de tradução oficial, salvo disposição que a dispense prevista em tratado;

VI - não conter manifesta ofensa à ordem pública.

Parágrafo único. Para a concessão do exequatur às cartas rogatórias, observar-se-ão os pressupostos previstos no *caput* deste artigo e no art. 962, § 2º.

Art. 964. Não será homologada a decisão estrangeira na hipótese de competência exclusiva da autoridade judiciária brasileira.

Parágrafo único. O dispositivo também se aplica à concessão do exequatur à carta rogatória.

Art. 965. O cumprimento de decisão estrangeira far-se-á perante o juízo federal competente, a requerimento da parte, conforme as normas estabelecidas para o cumprimento de decisão nacional.

‣ arts. 513 a 538, CPC.

Parágrafo único. O pedido de execução deverá ser instruído com cópia autenticada da decisão homologatória ou do exequatur, conforme o caso.

CAPÍTULO VII
DA AÇÃO RESCISÓRIA

Art. 966. A decisão de mérito, transitada em julgado, pode ser rescindida quando:

‣ arts. 102, I, j; 105, I, e; e 108, I, b, CF.

‣ arts. 525, § 15, 535, § 8º, 701, § 3º, CPC.

‣ art. 836, CLT.

‣ art. 59, Lei 9.099/1995 (Juizados Especiais Cíveis e Criminais).

‣ Súm. 514, STF.

‣ Súm. 100, II, TST.

I - se verificar que foi proferida por força de prevaricação, concussão ou corrupção do juiz;

‣ arts. 316, 317, 319 e 333, CP.

II - for proferida por juiz impedido ou por juízo absolutamente incompetente;

III - resultar de dolo ou coação da parte vencedora em detrimento da parte vencida ou, ainda, de simulação ou colusão entre as partes, a fim de fraudar a lei;

‣ arts. 145 a 150 e 167, CC.

IV - ofender a coisa julgada;

‣ arts. 502 a 508, CPC.

V - violar manifestamente norma jurídica;

VI - for fundada em prova cuja falsidade tenha sido apurada em processo criminal ou venha a ser demonstrada na própria ação rescisória;

VII - obtiver o autor, posteriormente ao trânsito em julgado, prova nova cuja existência ignorava ou de que não pôde fazer uso, capaz, por si só, de lhe assegurar pronunciamento favorável;

‣ art. 975, § 2º, CPC.

VIII - for fundada em erro de fato verificável do exame dos autos.

§ 1º Há erro de fato quando a decisão rescindenda admitir fato inexistente ou quando considerar inexistente fato efetivamente ocorrido, sendo indispensável, em ambos os casos, que o fato não represente ponto controvertido sobre o qual o juiz deveria ter se pronunciado.

§ 2º Nas hipóteses previstas nos incisos do *caput*, será rescindível a decisão transitada em julgado que, embora não seja de mérito, impeça:

‣ art. 968, §5º, I, CPC.

I - nova propositura da demanda; ou

II - admissibilidade do recurso correspondente.

§ 3º A ação rescisória pode ter por objeto apenas 1 (um) capítulo da decisão.

§ 4º Os atos de disposição de direitos, praticados pelas partes ou por outros participantes do processo e homologados pelo juízo, bem como os atos homologatórios praticados no curso da execução, estão sujeitos à anulação, nos termos da lei.

‣ art. 966, §4º, CPC.

§ 5º Cabe ação rescisória, com fundamento no inciso V do *caput* deste artigo, contra decisão baseada em enunciado de súmula ou acórdão proferido em julgamento de casos repetitivos que não tenha considerado a existência de distinção entre a questão discutida no processo e o padrão decisório que lhe deu fundamento. (Acrescentado pela Lei 13.256/2016)

§ 6º Quando a ação rescisória fundar-se na hipótese do § 5º deste artigo, caberá ao autor, sob pena de inépcia, demonstrar, fundamentadamente, tratar-se de situação particularizada por hipótese fática distinta ou de questão jurídica não examinada, a impor outra solução jurídica. (Acrescentado pela Lei 13.256/2016)

Art. 967. Têm legitimidade para propor a ação rescisória:

I - quem foi parte no processo ou o seu sucessor a título universal ou singular;

II - o terceiro juridicamente interessado;

III - o Ministério Público:

a) se não foi ouvido no processo em que lhe era obrigatória a intervenção;

b) quando a decisão rescindenda é o efeito de simulação ou de colusão das partes, a fim de fraudar a lei;

c) em outros casos em que se imponha sua atuação;

IV - aquele que não foi ouvido no processo em que lhe era obrigatória a intervenção.

Parágrafo único. Nas hipóteses do art. 178, o Ministério Público será intimado para intervir como fiscal da ordem jurídica quando não for parte.

Art. 968. A petição inicial será elaborada com observância dos requisitos essenciais do art. 319, devendo o autor:

I - cumular ao pedido de rescisão, se for o caso, o de novo julgamento do processo;

II - depositar a importância de cinco por cento sobre o valor da causa, que se converterá em multa caso a ação seja, por unanimidade de votos, declarada inadmissível ou improcedente.

‣ Súm. 175, STJ.

‣ art. 1º, Res. nº 9/2018, STJ/GP.

§ 1º Não se aplica o disposto no inciso II à União, aos Estados, ao Distrito Federal, aos Municípios, às suas respectivas autarquias e fundações de direito público, ao Ministério Público, à Defensoria Pública e aos que tenham obtido o benefício de gratuidade da justiça.

§ 2º O depósito previsto no inciso II do *caput* deste artigo não será superior a 1.000 (mil) salários-mínimos.

§ 3º Além dos casos previstos no art. 330, a petição inicial será indeferida quando não efetuado o depósito exigido pelo inciso II do *caput* deste artigo.

§ 4º Aplica-se à ação rescisória o disposto no art. 332.

§ 5º Reconhecida a incompetência do tribunal para julgar a ação rescisória, o autor será intimado para emendar a petição inicial, a fim de adequar o objeto da ação rescisória, quando a decisão apontada como rescindenda:

I - não tiver apreciado o mérito e não se enquadrar na situação prevista no § 2º do art. 966;

II - tiver sido substituída por decisão posterior.

§ 6º Na hipótese do § 5º, após a emenda da petição inicial, será permitido ao réu complementar os fundamentos de defesa, e, em seguida, os autos serão remetidos ao tribunal competente.

Art. 969. A propositura da ação rescisória não impede o cumprimento da decisão rescindenda, ressalvada a concessão de tutela provisória.

Art. 970. O relator ordenará a citação do réu, designando-lhe prazo nunca inferior a 15 (quinze) dias nem superior a 30 (trinta) dias para, querendo, apresentar resposta, ao fim do qual, com ou sem contestação, observar-se-á, no que couber, o procedimento comum.

Art. 971. Na ação rescisória, devolvidos os autos pelo relator, a secretaria do tribunal expedirá cópias do relatório e as distribuirá entre os juízes que compuserem o órgão competente para o julgamento.

Parágrafo único. A escolha de relator recairá, sempre que possível, em juiz que não haja participado do julgamento rescindendo.

Art. 972. Se os fatos alegados pelas partes dependerem de prova, o relator poderá delegar a competência ao órgão que proferiu a decisão rescindenda, fixando prazo de 1 (um) a 3 (três) meses para a devolução dos autos.

Art. 973. Concluída a instrução, será aberta vista ao autor e ao réu para razões finais, sucessivamente, pelo prazo de 10 (dez) dias.

Parágrafo único. Em seguida, os autos serão conclusos ao relator, procedendo-se ao julgamento pelo órgão competente.

▸ Súm. 249, 252 e 515, STF.

Art. 974. Julgando procedente o pedido, o tribunal rescindirá a decisão, proferirá, se for o caso, novo julgamento e determinará a restituição do depósito a que se refere o inciso II do art. 968.

Parágrafo único. Considerando, por unanimidade, inadmissível ou improcedente o pedido, o tribunal determinará a reversão, em favor do réu, da importância do depósito, sem prejuízo do disposto no § 2º do art. 82.

Art. 975. O direito à rescisão se extingue em 2 (dois) anos contados do trânsito em julgado da última decisão proferida no processo.

▸ Súm. 401, STJ; 264, STF.

§ 1º Prorroga-se até o primeiro dia útil imediatamente subsequente o prazo a que se refere o *caput*, quando expirar durante férias forenses, recesso, feriados ou em dia em que não houver expediente forense.

§ 2º Se fundada a ação no inciso VII do art. 966, o termo inicial do prazo será a data de descoberta da prova nova, observado o prazo máximo de 5 (cinco) anos, contado do trânsito em julgado da última decisão proferida no processo.

§ 3º Nas hipóteses de simulação ou de colusão das partes, o prazo começa a contar, para o terceiro prejudicado e para o Ministério Público, que não interveio no processo, a partir do momento em que têm ciência da simulação ou da colusão.

CAPÍTULO VIII
DO INCIDENTE DE RESOLUÇÃO DE DEMANDAS REPETITIVAS

Art. 976. É cabível a instauração do incidente de resolução de demandas repetitivas quando houver, simultaneamente:

I - efetiva repetição de processos que contenham controvérsia sobre a mesma questão unicamente de direito;

II - risco de ofensa à isonomia e à segurança jurídica.

§ 1º A desistência ou o abandono do processo não impede o exame de mérito do incidente.

§ 2º Se não for o requerente, o Ministério Público intervirá obrigatoriamente no incidente e deverá assumir sua titularidade em caso de desistência ou de abandono.

§ 3º A inadmissão do incidente de resolução de demandas repetitivas por ausência de qualquer de seus pressupostos de admissibilidade não impede que, uma vez satisfeito o requisito, seja o incidente novamente suscitado.

§ 4º É incabível o incidente de resolução de demandas repetitivas quando um dos tribunais superiores, no âmbito de sua respectiva competência, já tiver afetado recurso para definição de tese sobre questão de direito material ou processual repetitiva.

§ 5º Não serão exigidas custas processuais no incidente de resolução de demandas repetitivas.

Art. 977. O pedido de instauração do incidente será dirigido ao presidente de tribunal:

I - pelo juiz ou relator, por ofício;

II - pelas partes, por petição;

III - pelo Ministério Público ou pela Defensoria Pública, por petição.

Parágrafo único. O ofício ou a petição será instruído com os documentos necessários à demonstração do preenchimento dos pressupostos para a instauração do incidente.

Art. 978. O julgamento do incidente caberá ao órgão indicado pelo regimento interno dentre aqueles responsáveis pela uniformização de jurisprudência do tribunal.

Parágrafo único. O órgão colegiado incumbido de julgar o incidente e de fixar a tese jurídica julgará igualmente o recurso, a remessa necessária ou o processo de competência originária de onde se originou o incidente.

Art. 979. A instauração e o julgamento do incidente serão sucedidos da mais ampla e específica divulgação e publicidade, por meio de registro eletrônico no Conselho Nacional de Justiça.

§ 1º Os tribunais manterão banco eletrônico de dados atualizados com informações específicas sobre questões de direito submetidas ao incidente, comunicando-o imediatamente ao Conselho Nacional de Justiça para inclusão no cadastro.

§ 2º Para possibilitar a identificação dos processos abrangidos pela decisão do incidente, o registro eletrônico das teses jurídicas constantes do cadastro conterá, no mínimo, os fundamentos determinantes da decisão e os dispositivos normativos a ela relacionados.

§ 3º Aplica-se o disposto neste artigo ao julgamento de recursos repetitivos e da repercussão geral em recurso extraordinário.

Art. 980. O incidente será julgado no prazo de 1 (um) ano e terá preferência sobre os demais feitos, ressalvados os que envolvam réu preso e os pedidos de *habeas corpus*.

Parágrafo único. Superado o prazo previsto no *caput*, cessa a suspensão dos processos prevista no art. 982, salvo decisão fundamentada do relator em sentido contrário.

Art. 981. Após a distribuição, o órgão colegiado competente para julgar o incidente procederá ao seu juízo de admissibilidade, considerando a presença dos pressupostos do art. 976.

Art. 982. Admitido o incidente, o relator:

I - suspenderá os processos pendentes, individuais ou coletivos, que tramitam no Estado ou na região, conforme o caso;

II - poderá requisitar informações a órgãos em cujo juízo tramita processo no qual se discute o objeto do incidente, que as prestarão no prazo de 15 (quinze) dias;

III - intimará o Ministério Público para, querendo, manifestar-se no prazo de 15 (quinze) dias.

§ 1º A suspensão será comunicada aos órgãos jurisdicionais competentes.

§ 2º Durante a suspensão, o pedido de tutela de urgência deverá ser dirigido ao juízo onde tramita o processo suspenso.

§ 3º Visando à garantia da segurança jurídica, qualquer legitimado mencionado no art. 977, incisos II e III, poderá requerer, ao tribunal competente para conhecer do recurso extraordinário ou especial, a suspensão de todos os processos individuais ou coletivos em curso no território nacional que versem sobre a questão objeto do incidente já instaurado.

§ 4º Independentemente dos limites da competência territorial, a parte no processo em curso no qual se discuta a mesma questão objeto do incidente é legitimada para requerer a providência prevista no § 3º deste artigo.

§ 5º Cessa a suspensão a que se refere o inciso I do *caput* deste artigo se não for interposto recurso especial ou recurso extraordinário contra a decisão proferida no incidente.

Art. 983. O relator ouvirá as partes e os demais interessados, inclusive pessoas, órgãos e entidades com interesse na controvérsia, que, no prazo comum de 15 (quinze) dias, poderão requerer a juntada de documentos, bem como as diligências necessárias para a elucidação da questão de direito controvertida, e, em seguida, manifestar-se-á o Ministério Público, no mesmo prazo.

§ 1º Para instruir o incidente, o relator poderá designar data para, em audiência pública, ouvir depoimentos de pessoas com experiência e conhecimento na matéria.

§ 2º Concluídas as diligências, o relator solicitará dia para o julgamento do incidente.

Art. 984. No julgamento do incidente, observar-se-á a seguinte ordem:

I - o relator fará a exposição do objeto do incidente;

II - poderão sustentar suas razões, sucessivamente:

a) o autor e o réu do processo originário e o Ministério Público, pelo prazo de 30 (trinta) minutos;

b) os demais interessados, no prazo de 30 (trinta) minutos, divididos entre todos, sendo exigida inscrição com 2 (dois) dias de antecedência.

§ 1º Considerando o número de inscritos, o prazo poderá ser ampliado.

§ 2º O conteúdo do acórdão abrangerá a análise de todos os fundamentos suscitados concernentes à tese jurídica discutida, sejam favoráveis ou contrários.

Art. 985. Julgado o incidente, a tese jurídica será aplicada:

I - a todos os processos individuais ou coletivos que versem sobre idêntica questão de direito e que tramitem na área de jurisdição do respectivo tribunal, inclusive àqueles que tramitem nos juizados especiais do respectivo Estado ou região;

II - aos casos futuros que versem idêntica questão de direito e que venham a tramitar no território de competência do tribunal, salvo revisão na forma do art. 986.

§ 1º Não observada a tese adotada no incidente, caberá reclamação.

§ 2º Se o incidente tiver por objeto questão relativa a prestação de serviço concedido, permitido ou autorizado, o resultado do julgamento será comunicado ao órgão, ao ente ou à agência reguladora competente para fiscalização da efetiva aplicação, por parte dos entes sujeitos a regulação, da tese adotada.

Art. 986. A revisão da tese jurídica firmada no incidente far-se-á pelo mesmo tribunal, de ofício ou mediante requerimento dos legitimados mencionados no art. 977, inciso III.

Art. 987. Do julgamento do mérito do incidente caberá recurso extraordinário ou especial, conforme o caso.

§ 1º O recurso tem efeito suspensivo, presumindo-se a repercussão geral de questão constitucional eventualmente discutida.

§ 2º Apreciado o mérito do recurso, a tese jurídica adotada pelo Supremo Tribunal Federal ou pelo Superior Tribunal de Justiça será aplicada no território nacional a todos os processos individuais ou coletivos que versem sobre idêntica questão de direito.

CAPÍTULO IX
DA RECLAMAÇÃO

‣ Res. 3/2016, STJ/GP.

Art. 988. Caberá reclamação da parte interessada ou do Ministério Público para:

‣ art. 156, RISTF.
‣ Súm. 734, STF.

I - preservar a competência do tribunal;

II - garantir a autoridade das decisões do tribunal;

III – garantir a observância de enunciado de súmula vinculante e de decisão do Supremo Tribunal Federal em controle concentrado de constitucionalidade; (Alterado pela Lei 13.256/2016)

IV – garantir a observância de acórdão proferido em julgamento de incidente de resolução de demandas repetitivas ou de incidente de assunção de competência; (Alterado pela Lei 13.256/2016)

§ 1º A reclamação pode ser proposta perante qualquer tribunal, e seu julgamento compete ao órgão jurisdicional cuja competência se busca preservar ou cuja autoridade se pretenda garantir.

§ 2º A reclamação deverá ser instruída com prova documental e dirigida ao presidente do tribunal.

§ 3º Assim que recebida, a reclamação será autuada e distribuída ao relator do processo principal, sempre que possível.

§ 4º As hipóteses dos incisos III e IV compreendem a aplicação indevida da tese jurídica e sua não aplicação aos casos que a ela correspondam.

§ 5º É inadmissível a reclamação: (Alterado pela Lei 13.256/2016)

I – proposta após o trânsito em julgado da decisão reclamada; (Acrescentado pela Lei 13.256/2016)

II – proposta para garantir a observância de acórdão de recurso extraordinário com repercussão geral reconhecida ou de acórdão proferido em julgamento de recursos extraordinário ou especial repetitivos, quando não esgotadas as instâncias ordinárias. (Acrescentado pela Lei 13.256/2016)

§ 6º A inadmissibilidade ou o julgamento do recurso interposto contra a decisão proferida pelo órgão reclamado não prejudica a reclamação.

Art. 989. Ao despachar a reclamação, o relator:

I - requisitará informações da autoridade a quem for imputada a prática do ato impugnado, que as prestará no prazo de 10 (dez) dias;

II - se necessário, ordenará a suspensão do processo ou do ato impugnado para evitar dano irreparável;

III - determinará a citação do beneficiário da decisão impugnada, que terá prazo de 15 (quinze) dias para apresentar a sua contestação.

Art. 990. Qualquer interessado poderá impugnar o pedido do reclamante.

Art. 991. Na reclamação que não houver formulado, o Ministério Público terá vista do processo por 5 (cinco) dias, após o decurso do prazo para informações e para o oferecimento da contestação pelo beneficiário do ato impugnado.

Art. 992. Julgando procedente a reclamação, o tribunal cassará a decisão exorbitante de seu julgado ou determinará medida adequada à solução da controvérsia.

Art. 993. O presidente do tribunal determinará o imediato cumprimento da decisão, lavrando-se o acórdão posteriormente.

TÍTULO II
DOS RECURSOS

CAPÍTULO I
DISPOSIÇÕES GERAIS

Art. 994. São cabíveis os seguintes recursos:

I - apelação;

‣ arts. 1.009 a 1.014, CPC.

II - agravo de instrumento;

‣ arts. 1.015 a 1.020, CPC.

III - agravo interno;

‣ art. 1.021, CPC.
‣ Res. 587/2016, STF.

IV - embargos de declaração;

‣ arts. 1.022 a 1.026, CPC.
‣ Res. 587/2016, STF.

V - recurso ordinário;

‣ arts. 1.027 e 1.028, CPC.

VI - recurso especial;

‣ arts. 1.029 a 1.041, CPC.

VII - recurso extraordinário;

‣ arts. 1.029 a 1.041, CPC.

VIII - agravo em recurso especial ou extraordinário;

‣ art. 1.042, CPC.

IX - embargos de divergência.

‣ arts. 1.043 e 1.044, CPC.

‣ Súm. 158; 168; 315; 316; e 420, STJ.

Art. 995. Os recursos não impedem a eficácia da decisão, salvo disposição legal ou decisão judicial em sentido diverso.

Parágrafo único. A eficácia da decisão recorrida poderá ser suspensa por decisão do relator, se da imediata produção de seus efeitos houver risco de dano grave, de difícil ou impossível reparação, e ficar demonstrada a probabilidade de provimento do recurso.

‣ art. 14, Lei 7.347/1985 (Ação Civil Pública).

Art. 996. O recurso pode ser interposto pela parte vencida, pelo terceiro prejudicado e pelo Ministério Público, como parte ou como fiscal da ordem jurídica.

‣ Súm. 99 e 226, STJ.

Parágrafo único. Cumpre ao terceiro demonstrar a possibilidade de a decisão sobre a relação jurídica submetida à apreciação judicial atingir direito de que se afirme titular ou que possa discutir em juízo como substituto processual.

Art. 997. Cada parte interporá o recurso independentemente, no prazo e com observância das exigências legais.

§ 1º Sendo vencidos autor e réu, ao recurso interposto por qualquer deles poderá aderir o outro.

§ 2º O recurso adesivo fica subordinado ao recurso independente, sendo-lhe aplicáveis as mesmas regras deste quanto aos requisitos de admissibilidade e julgamento no tribunal, salvo disposição legal diversa, observado, ainda, o seguinte:

I - será dirigido ao órgão perante o qual o recurso independente fora interposto, no prazo de que a parte dispõe para responder;

II - será admissível na apelação, no recurso extraordinário e no recurso especial;

III - não será conhecido, se houver desistência do recurso principal ou se for ele considerado inadmissível.

Art. 998. O recorrente poderá, a qualquer tempo, sem a anuência do recorrido ou dos litisconsortes, desistir do recurso.

Parágrafo único. A desistência do recurso não impede a análise de questão cuja repercussão geral já tenha sido reconhecida e daquela objeto de julgamento de recursos extraordinários ou especiais repetitivos.

Art. 999. A renúncia ao direito de recorrer independe da aceitação da outra parte.

Art. 1.000. A parte que aceitar expressa ou tacitamente a decisão não poderá recorrer.

Parágrafo único. Considera-se aceitação tácita a prática, sem nenhuma reserva, de ato incompatível com a vontade de recorrer.

Art. 1.001. Dos despachos não cabe recurso.

Art. 1.002. A decisão pode ser impugnada no todo ou em parte.

Art. 1.003. O prazo para interposição de recurso conta-se da data em que os advogados, a sociedade de advogados, a Advocacia Pública, a Defensoria Pública ou o Ministério Público são intimados da decisão.

§ 1º Os sujeitos previstos no *caput* considerar-se-ão intimados em audiência quando nesta for proferida a decisão.

§ 2º Aplica-se o disposto no art. 231, incisos I a VI, ao prazo de interposição de recurso pelo réu contra decisão proferida anteriormente à citação.

§ 3º No prazo para interposição de recurso, a petição será protocolada em cartório ou conforme as normas de organização judiciária, ressalvado o disposto em regra especial.

§ 4º Para aferição da tempestividade do recurso remetido pelo correio, será considerada como data de interposição a data de postagem.

§ 5º Excetuados os embargos de declaração, o prazo para interpor os recursos e para responder-lhes é de 15 (quinze) dias.

§ 6º O recorrente comprovará a ocorrência de feriado local no ato de interposição do recurso.

Art. 1.004. Se, durante o prazo para a interposição do recurso, sobrevier o falecimento da parte ou de seu advogado ou ocorrer motivo de força maior que suspenda o curso do processo, será tal prazo restituído em proveito da parte, do herdeiro ou do sucessor, contra quem começará a correr novamente depois da intimação.

Art. 1.005. O recurso interposto por um dos litisconsortes a todos aproveita, salvo se distintos ou opostos os seus interesses.

Parágrafo único. Havendo solidariedade passiva, o recurso interposto por um devedor aproveitará aos outros quando as defesas opostas ao credor lhes forem comuns.

‣ arts. 275 a 285, CC.

Art. 1.006. Certificado o trânsito em julgado, com menção expressa da data de sua ocorrência, o escrivão ou o chefe de secretaria, independentemente de despacho, providenciará a baixa dos autos ao juízo de origem, no prazo de 5 (cinco) dias.

Art. 1.007. No ato de interposição do recurso, o recorrente comprovará, quando exigido pela legislação pertinente, o respectivo preparo, inclusive porte de remessa e de retorno, sob pena de deserção.

‣ Súm. 484, STJ.

§ 1º São dispensados de preparo, inclusive porte de remessa e de retorno, os recursos interpostos pelo Ministério Público, pela União, pelo Distrito Federal, pelos Estados, pelos Municípios, e respectivas autarquias, e pelos que gozam de isenção legal.

§ 2º A insuficiência no valor do preparo, inclusive porte de remessa e de retorno, implicará deserção se o recorrente, intimado na pessoa de seu advogado, não vier a supri-lo no prazo de 5 (cinco) dias.

§ 3º É dispensado o recolhimento do porte de remessa e de retorno no processo em autos eletrônicos.

§ 4º O recorrente que não comprovar, no ato de interposição do recurso, o recolhimento do preparo, inclusive porte de remessa e de retorno, será intimado, na pessoa de seu advogado, para realizar o recolhimento em dobro, sob pena de deserção.

§ 5º É vedada a complementação se houver insuficiência parcial do preparo, inclusive porte de remessa e de retorno, no recolhimento realizado na forma do § 4º.

§ 6º Provando o recorrente justo impedimento, o relator relevará a pena de deserção, por decisão irrecorrível, fixando-lhe prazo de 5 (cinco) dias para efetuar o preparo.

§ 7º O equívoco no preenchimento da guia de custas não implicará a aplicação da pena de deserção, cabendo ao relator, na hipótese de dúvida quanto ao recolhimento, intimar o recorrente para sanar o vício no prazo de 5 (cinco) dias.

Art. 1.008. O julgamento proferido pelo tribunal substituirá a decisão impugnada no que tiver sido objeto de recurso.

CAPÍTULO II
DA APELAÇÃO

Art. 1.009. Da sentença cabe apelação.

‣ art. 156, p.ún., Lei 11.101/2005 (Lei de falência).

§ 1º As questões resolvidas na fase de conhecimento, se a decisão a seu respeito não comportar agravo de instrumento, não são cobertas pela preclusão e devem ser suscitadas em preliminar de apelação, eventualmente interposta contra a decisão final, ou nas contrarrazões.

§ 2º Se as questões referidas no § 1º forem suscitadas em contrarrazões, o recorrente será intimado para, em 15 (quinze) dias, manifestar-se a respeito delas.

§ 3º O disposto no *caput* deste artigo aplica-se mesmo quando as questões mencionadas no art. 1.015 integrarem capítulo da sentença.

Art. 1.010. A apelação, interposta por petição dirigida ao juízo de primeiro grau, conterá:

I - os nomes e a qualificação das partes;

II - a exposição do fato e do direito;

III - as razões do pedido de reforma ou de decretação de nulidade;

IV - o pedido de nova decisão.

§ 1º O apelado será intimado para apresentar contrarrazões no prazo de 15 (quinze) dias.

§ 2º Se o apelado interpuser apelação adesiva, o juiz intimará o apelante para apresentar contrarrazões.

§ 3º Após as formalidades previstas nos §§ 1º e 2º, os autos serão remetidos ao tribunal pelo juiz, independentemente de juízo de admissibilidade.

Art. 1.011. Recebido o recurso de apelação no tribunal e distribuído imediatamente, o relator:

I - decidi-lo-á monocraticamente apenas nas hipóteses do art. 932, incisos III a V;

II - se não for o caso de decisão monocrática, elaborará seu voto para julgamento do recurso pelo órgão colegiado.

Art. 1.012. A apelação terá efeito suspensivo.

- arts. 58, V, Lei 8.245/1991 (Lei de locação).
- Súm. 331, STJ.

§ 1º Além de outras hipóteses previstas em lei, começa a produzir efeitos imediatamente após a sua publicação a sentença que:

I - homologa divisão ou demarcação de terras;

- arts. 569 a 598, CPC.

II - condena a pagar alimentos;

- arts. 528 a 533, CPC.
- art. 19, Lei 5.478/1968 (Lei de alimentos).
- Lei 11.804/2008 (Alimentos gravídicos).

III - extingue sem resolução do mérito ou julga improcedentes os embargos do executado;

IV - julga procedente o pedido de instituição de arbitragem;

- Lei 9.307/1996 (Arbitragem).

V - confirma, concede ou revoga tutela provisória;

- arts. 294 a 311, CPC.

VI - decreta a interdição.

- arts. 747 a 758, CPC.

§ 2º Nos casos do § 1º, o apelado poderá promover o pedido de cumprimento provisório depois de publicada a sentença.

§ 3º O pedido de concessão de efeito suspensivo nas hipóteses do § 1º poderá ser formulado por requerimento dirigido ao:

I - tribunal, no período compreendido entre a interposição da apelação e sua distribuição, ficando o relator designado para seu exame prevento para julgá-la;

II - relator, se já distribuída a apelação.

§ 4º Nas hipóteses do § 1º, a eficácia da sentença poderá ser suspensa pelo relator se o apelante demonstrar a probabilidade de provimento do recurso ou se, sendo relevante a fundamentação, houver risco de dano grave ou de difícil reparação.

Art. 1.013. A apelação devolverá ao tribunal o conhecimento da matéria impugnada.

§ 1º Serão, porém, objeto de apreciação e julgamento pelo tribunal todas as questões suscitadas e discutidas no processo, ainda que não tenham sido solucionadas, desde que relativas ao capítulo impugnado.

- Súm. 393, TST.

§ 2º Quando o pedido ou a defesa tiver mais de um fundamento e o juiz acolher apenas um deles, a apelação devolverá ao tribunal o conhecimento dos demais.

§ 3º Se o processo estiver em condições de imediato julgamento, o tribunal deve decidir desde logo o mérito quando:

I - reformar sentença fundada no art. 485;

II - decretar a nulidade da sentença por não ser ela congruente com os limites do pedido ou da causa de pedir;

III - constatar a omissão no exame de um dos pedidos, hipótese em que poderá julgá-lo;

IV - decretar a nulidade de sentença por falta de fundamentação.

- art. 93, IX, CF.

§ 4º Quando reformar sentença que reconheça a decadência ou a prescrição, o tribunal, se possível, julgará o mérito, examinando as demais questões, sem determinar o retorno do processo ao juízo de primeiro grau.

§ 5º O capítulo da sentença que confirma, concede ou revoga a tutela provisória é impugnável na apelação.

Art. 1.014. As questões de fato não propostas no juízo inferior poderão ser suscitadas na apelação, se a parte provar que deixou de fazê-lo por motivo de força maior.

- art. 393, p.ún., CC.

CAPÍTULO III
DO AGRAVO DE INSTRUMENTO

Art. 1.015. Cabe agravo de instrumento contra as decisões interlocutórias que versarem sobre:

- art. 203, § 2º, CPC.
- art. 7º, § 1º, Lei 12.016/2009 (Mandado de Segurança).

I - tutelas provisórias;

- arts. 294 a 311, CPC.

II - mérito do processo;

III - rejeição da alegação de convenção de arbitragem;

- Lei 9.307/1996 (Arbitragem).

IV - incidente de desconsideração da personalidade jurídica;

- art. 50, CC.
- art. 136, CPC.
- art. 28, CDC.

V - rejeição do pedido de gratuidade da justiça ou acolhimento do pedido de sua revogação;

- art. 101, CPC.

VI - exibição ou posse de documento ou coisa;

- arts. 396 a 404, CPC.

VII - exclusão de litisconsorte;

VIII - rejeição do pedido de limitação do litisconsórcio;

- arts. 113 a 118, CPC.

IX - admissão ou inadmissão de intervenção de terceiros;

- arts. 119 a 138, CPC.

X - concessão, modificação ou revogação do efeito suspensivo aos embargos à execução;

- art. 919, CPC.

XI - redistribuição do ônus da prova nos termos do art. 373, § 1º;

XII - (Vetado);

XIII - outros casos expressamente referidos em lei.

Parágrafo único. Também caberá agravo de instrumento contra decisões interlocutórias proferidas na fase de liquidação de sentença ou de cumprimento de sentença, no processo de execução e no processo de inventário.

Art. 1.016. O agravo de instrumento será dirigido diretamente ao tribunal competente, por meio de petição com os seguintes requisitos:

I - os nomes das partes;

II - a exposição do fato e do direito;

III - as razões do pedido de reforma ou de invalidação da decisão e o próprio pedido;

IV - o nome e o endereço completo dos advogados constantes do processo.

Art. 1.017. A petição de agravo de instrumento será instruída:

I - obrigatoriamente, com cópias da petição inicial, da contestação, da petição que ensejou a decisão agravada, da própria decisão agravada, da certidão da respectiva intimação ou outro documento oficial que comprove a tempestividade e das procurações outorgadas aos advogados do agravante e do agravado;

- Súm. 223, STJ.

II - com declaração de inexistência de qualquer dos documentos referidos no inciso I, feita pelo advogado do agravante, sob pena de sua responsabilidade pessoal;

III - facultativamente, com outras peças que o agravante reputar úteis.

§ 1º Acompanhará a petição o comprovante do pagamento das respectivas custas e do porte de retorno, quando devidos, conforme tabela publicada pelos tribunais.

§ 2º No prazo do recurso, o agravo será interposto por:

I - protocolo realizado diretamente no tribunal competente para julgá-lo;

II - protocolo realizado na própria comarca, seção ou subseção judiciárias;

III - postagem, sob registro, com aviso de recebimento;

IV - transmissão de dados tipo fac-símile, nos termos da lei;

V - outra forma prevista em lei.

§ 3º Na falta da cópia de qualquer peça ou no caso de algum outro vício que comprometa a admissibilidade do agravo de instrumento, deve o relator aplicar o disposto no art. 932, parágrafo único.

§ 4º Se o recurso for interposto por sistema de transmissão de dados tipo fac-símile ou similar, as peças devem ser juntadas no momento de protocolo da petição original.

§ 5º Sendo eletrônicos os autos do processo, dispensam-se as peças referidas nos incisos I e II do *caput*, facultando-se ao agravante anexar outros documentos que entender úteis para a compreensão da controvérsia.

Art. 1.018. O agravante poderá requerer a juntada, aos autos do processo, de cópia da petição do agravo de instrumento, do comprovante de sua interposição e da relação dos documentos que instruíram o recurso.

§ 1º Se o juiz comunicar que reformou inteiramente a decisão, o relator considerará prejudicado o agravo de instrumento.

§ 2º Não sendo eletrônicos os autos, o agravante tomará a providência prevista no *caput*, no prazo de 3 (três) dias a contar da interposição do agravo de instrumento.

§ 3º O descumprimento da exigência de que trata o § 2º, desde que arguido e provado pelo agravado, importa inadmissibilidade do agravo de instrumento.

Art. 1.019. Recebido o agravo de instrumento no tribunal e distribuído imediatamente, se não for o caso de aplicação do art. 932, incisos III e IV, o relator, no prazo de 5 (cinco) dias:

I - poderá atribuir efeito suspensivo ao recurso ou deferir, em antecipação de tutela, total ou parcialmente, a pretensão recursal, comunicando ao juiz sua decisão;

II - ordenará a intimação do agravado pessoalmente, por carta com aviso de recebimento, quando não tiver procurador constituído, ou pelo Diário da Justiça ou por carta com aviso de recebimento dirigida ao seu advogado, para que responda no prazo de 15 (quinze) dias, facultando-lhe juntar a documentação que entender necessária ao julgamento do recurso;

III - determinará a intimação do Ministério Público, preferencialmente por meio eletrônico, quando for o caso de sua intervenção, para que se manifeste no prazo de 15 (quinze) dias.

Art. 1.020. O relator solicitará dia para julgamento em prazo não superior a 1 (um) mês da intimação do agravado.

CAPÍTULO IV
DO AGRAVO INTERNO

Art. 1.021. Contra decisão proferida pelo relator caberá agravo interno para o respectivo órgão colegiado, observadas, quanto ao processamento, as regras do regimento interno do tribunal.

‣ Res. 587/2016, STF.

‣ Súm. 182, STJ.

§ 1º Na petição de agravo interno, o recorrente impugnará especificadamente os fundamentos da decisão agravada.

§ 2º O agravo será dirigido ao relator, que intimará o agravado para manifestar-se sobre o recurso no prazo de 15 (quinze) dias, ao final do qual, não havendo retratação, o relator levá-lo-á a julgamento pelo órgão colegiado, com inclusão em pauta.

§ 3º É vedado ao relator limitar-se à reprodução dos fundamentos da decisão agravada para julgar improcedente o agravo interno.

§ 4º Quando o agravo interno for declarado manifestamente inadmissível ou improcedente em votação unânime, o órgão colegiado, em decisão fundamentada, condenará o agravante a pagar ao agravado multa fixada entre um e cinco por cento do valor atualizado da causa.

‣ art. 1º, Res. nº 9/2018, STJ/GP.

§ 5º A interposição de qualquer outro recurso está condicionada ao depósito prévio do valor da multa prevista no § 4º, à exceção da Fazenda Pública e do beneficiário de gratuidade da justiça, que farão o pagamento ao final.

‣ art. 1º, Res. nº 9/2018, STJ/GP.

CAPÍTULO V
DOS EMBARGOS DE DECLARAÇÃO

Art. 1.022. Cabem embargos de declaração contra qualquer decisão judicial para:

‣ Res. 587/2016, STF.

I - esclarecer obscuridade ou eliminar contradição;

II - suprir omissão de ponto ou questão sobre o qual devia se pronunciar o juiz de ofício ou a requerimento;

III - corrigir erro material.

‣ art. 494, II, CPC.

Parágrafo único. Considera-se omissa a decisão que:

I - deixe de se manifestar sobre tese firmada em julgamento de casos repetitivos ou em incidente de assunção de competência aplicável ao caso sob julgamento;

‣ arts. 928 e 947, CPC.

II - incorra em qualquer das condutas descritas no art. 489, § 1º.

Art. 1.023. Os embargos serão opostos, no prazo de 5 (cinco) dias, em petição dirigida ao juiz, com indicação do erro, obscuridade, contradição ou omissão, e não se sujeitam a preparo.

‣ art. 1.003, § 5º, CPC.

§ 1º Aplica-se aos embargos de declaração o art. 229.

§ 2º O juiz intimará o embargado para, querendo, manifestar-se, no prazo de 5 (cinco) dias, sobre os embargos opostos, caso seu eventual acolhimento implique a modificação da decisão embargada.

Art. 1.024. O juiz julgará os embargos em 5 (cinco) dias.

‣ art. 12, § 2º, V, CPC.

§ 1º Nos tribunais, o relator apresentará os embargos em mesa na sessão subsequente, proferindo voto, e, não havendo julgamento nessa sessão, será o recurso incluído em pauta automaticamente.

§ 2º Quando os embargos de declaração forem opostos contra decisão de relator ou outra decisão unipessoal proferida em tribunal, o órgão prolator da decisão embargada decidi-los-á monocraticamente.

§ 3º O órgão julgador conhecerá dos embargos de declaração como agravo interno se entender ser este o recurso cabível, desde que determine previamente a intimação do recorrente para, no prazo de 5 (cinco) dias, complementar as razões recursais, de modo a ajustá-las às exigências do art. 1.021, § 1º.

‣ Res. 587/2016, STF.

§ 4º Caso o acolhimento dos embargos de declaração implique modificação da decisão embargada, o embargado que já tiver interposto outro recurso contra a decisão originária tem o direito de complementar ou alterar suas razões, nos exatos limites da modificação, no prazo de 15 (quinze) dias, contado da intimação da decisão dos embargos de declaração.

§ 5º Se os embargos de declaração forem rejeitados ou não alterarem a conclusão do julgamento anterior, o recurso interposto pela outra parte antes da publicação do julgamento dos embargos de declaração será processado e julgado independentemente de ratificação.

‣ Súm. 579, STJ.

Art. 1.025. Consideram-se incluídos no acórdão os elementos que o embargante suscitou, para fins de pré-questionamento, ainda que os embargos de declaração sejam inadmitidos ou rejeitados, caso o tribunal superior considere existentes erro, omissão, contradição ou obscuridade.

Art. 1.026. Os embargos de declaração não possuem efeito suspensivo e interrompem o prazo para a interposição de recurso.

§ 1º A eficácia da decisão monocrática ou colegiada poderá ser suspensa pelo respectivo juiz ou relator se demonstrada a probabilidade de provimento do recurso ou, sendo relevante a fundamentação, se houver risco de dano grave ou de difícil reparação.

§ 2º Quando manifestamente protelatórios os embargos de declaração, o juiz ou o tribunal, em decisão fundamentada, condenará o embargante a pagar ao embargado multa não excedente a dois por cento sobre o valor atualizado da causa.

‣ art. 1º, Res. nº 9/2018, STJ/GP.

§ 3º Na reiteração de embargos de declaração manifestamente protelatórios, a multa será elevada a até dez por cento sobre o valor atualizado da causa, e a interposição de qualquer recurso ficará condicionada ao depósito prévio do valor da multa, à exceção da Fazenda Pública e do beneficiário de gratuidade da justiça, que a recolherão ao final.

‣ Súm. 98, STJ; Súm. 353, TST.

‣ art. 1º, Res. nº 9/2018, STJ/GP.

§ 4º Não serão admitidos novos embargos de declaração se os 2 (dois) anteriores houverem sido considerados protelatórios.

CAPÍTULO VI
DOS RECURSOS PARA O SUPREMO TRIBUNAL FEDERAL E PARA O SUPERIOR TRIBUNAL DE JUSTIÇA

SEÇÃO I
DO RECURSO ORDINÁRIO

‣ arts. 102 a 105, CF.

Art. 1.027. Serão julgados em recurso ordinário:

‣ arts. 102, II; e 105, II, CF.

I - pelo Supremo Tribunal Federal, os mandados de segurança, os *habeas data* e os mandados de injunção decididos em única instância pelos tribunais superiores, quando denegatória a decisão;

II - pelo Superior Tribunal de Justiça:

a) os mandados de segurança decididos em única instância pelos tribunais regionais federais ou pelos tribunais de justiça dos Estados e do Distrito Federal e Territórios, quando denegatória a decisão;

b) os processos em que forem partes, de um lado, Estado estrangeiro ou organismo internacional e, de outro, Município ou pessoa residente ou domiciliada no País.

§ 1º Nos processos referidos no inciso II, alínea "b", contra as decisões interlocutórias caberá agravo de instrumento dirigido ao Superior Tribunal de Justiça, nas hipóteses do art. 1.015.

§ 2º Aplica-se ao recurso ordinário o disposto nos arts. 1.013, § 3º, e 1.029, § 5º.

Art. 1.028. Ao recurso mencionado no art. 1.027, inciso II, alínea "b", aplicam-se, quanto aos requisitos de admissibilidade e ao procedimento, as disposições relativas à apelação e o Regimento Interno do Superior Tribunal de Justiça.

› Súm. 272 e 513, STF.

§ 1º Na hipótese do art. 1.027, § 1º, aplicam-se as disposições relativas ao agravo de instrumento e o Regimento Interno do Superior Tribunal de Justiça.

§ 2º O recurso previsto no art. 1.027, incisos I e II, alínea "a", deve ser interposto perante o tribunal de origem, cabendo ao seu presidente ou vice-presidente determinar a intimação do recorrido para, em 15 (quinze) dias, apresentar as contrarrazões.

§ 3º Findo o prazo referido no § 2º, os autos serão remetidos ao respectivo tribunal superior, independentemente de juízo de admissibilidade.

SEÇÃO II
DO RECURSO EXTRAORDINÁRIO E DO RECURSO ESPECIAL

SUBSEÇÃO I
DISPOSIÇÕES GERAIS

› Lei 8.038/1990 (Lei dos Recursos Especial e Extraordinário).

Art. 1.029. O recurso extraordinário e o recurso especial, nos casos previstos na Constituição Federal, serão interpostos perante o presidente ou o vice-presidente do tribunal recorrido, em petições distintas que conterão:

› Súm. 272, 279, 282, 288, 513, 634 a 637, 640, 635, 733 e 735, STF.

› Súm. 5, 7, 13, 83, 86, 126, 203, 256 e 579, STJ.

I - a exposição do fato e do direito;

II - a demonstração do cabimento do recurso interposto;

III - as razões do pedido de reforma ou de invalidação da decisão recorrida.

§ 1º Quando o recurso fundar-se em dissídio jurisprudencial, o recorrente fará a prova da divergência com a certidão, cópia ou citação do repositório de jurisprudência, oficial ou credenciado, inclusive em mídia eletrônica, em que houver sido publicado o acórdão divergente, ou ainda com a reprodução de julgado disponível na rede mundial de computadores, com indicação da respectiva fonte, devendo-se, em qualquer caso, mencionar as circunstâncias que identifiquem ou assemelhem os casos confrontados.

§ 2º (Revogado pela Lei 13.256/2016)

§ 3º O Supremo Tribunal Federal ou o Superior Tribunal de Justiça poderá desconsiderar vício formal de recurso tempestivo ou determinar sua correção, desde que não o repute grave.

§ 4º Quando, por ocasião do processamento do incidente de resolução de demandas repetitivas, o presidente do Supremo Tribunal Federal ou do Superior Tribunal de Justiça receber requerimento de suspensão de processos em que se discuta questão federal constitucional ou infraconstitucional, poderá, considerando razões de segurança jurídica ou de excepcional interesse social, estender a suspensão a todo o território nacional, até ulterior decisão do recurso extraordinário ou do recurso especial a ser interposto.

§ 5º O pedido de concessão de efeito suspensivo a recurso extraordinário ou a recurso especial poderá ser formulado por requerimento dirigido:

I – ao tribunal superior respectivo, no período compreendido entre a publicação da decisão de admissão do recurso e sua distribuição, ficando o relator designado para seu exame prevento para julgá-lo; (Alterado pela Lei 13.256/2016)

II - ao relator, se já distribuído o recurso;

III – ao presidente ou ao vice-presidente do tribunal recorrido, no período compreendido entre a interposição do recurso e a publicação da decisão de admissão do recurso, assim como no caso de o recurso ter sido sobrestado, nos termos do art. 1.037. (Alterado pela Lei 13.256/2016)

Art. 1.030. Recebida a petição do recurso pela secretaria do tribunal, o recorrido será intimado para apresentar contrarrazões no prazo de 15 (quinze) dias, findo o qual os autos serão conclusos ao presidente ou ao vice-presidente do tribunal recorrido, que deverá: (Alterado pela Lei 13.256/2016)

I – negar seguimento: (Alterado pela Lei 13.256/2016)

a) a recurso extraordinário que discuta questão constitucional à qual o Supremo Tribunal Federal não tenha reconhecido a existência de repercussão geral ou a recurso extraordinário interposto contra acórdão que esteja em conformidade com entendimento do Supremo Tribunal Federal exarado no regime de repercussão geral; (Alterado pela Lei 13.256/2016)

b) a recurso extraordinário ou a recurso especial interposto contra acórdão que esteja em conformidade com entendimento do Supremo Tribunal Federal ou do Superior Tribunal de Justiça, respectivamente, exarado no regime de julgamento de recursos repetitivos; (Alterado pela Lei 13.256/2016)

II – encaminhar o processo ao órgão julgador para realização do juízo de retratação, se o acórdão recorrido divergir do entendimento do Supremo Tribunal Federal ou do Superior Tribunal de Justiça exarado, conforme o caso, nos regimes de repercussão geral ou de recursos repetitivos; (Alterado pela Lei 13.256/2016)

III – sobrestar o recurso que versar sobre controvérsia de caráter repetitivo ainda não decidida pelo Supremo Tribunal Federal ou pelo Superior Tribunal de Justiça, conforme se trate de matéria constitucional ou infraconstitucional; (Alterado pela Lei 13.256/2016)

IV – selecionar o recurso como representativo de controvérsia constitucional ou infraconstitucional, nos termos do § 6º do art. 1.036; (Alterado pela Lei 13.256/2016)

V – realizar o juízo de admissibilidade e, se positivo, remeter o feito ao Supremo Tribunal Federal ou ao Superior Tribunal de Justiça, desde que: (Alterado pela Lei 13.256/2016)

a) o recurso ainda não tenha sido submetido ao regime de repercussão geral ou de julgamento de recursos repetitivos; (Alterado pela Lei 13.256/2016)

b) o recurso tenha sido selecionado como representativo da controvérsia; ou (Alterado pela Lei 13.256/2016)

c) o tribunal recorrido tenha refutado o juízo de retratação. (Alterado pela Lei 13.256/2016)

§ 1º Da decisão de inadmissibilidade proferida com fundamento no inciso V caberá agravo ao tribunal superior, nos termos do art. 1.042. (Alterado pela Lei 13.256/2016)

§ 2º Da decisão proferida com fundamento nos incisos I e III caberá agravo interno, nos termos do art. 1.021. (Alterado pela Lei 13.256/2016)

› Res. 587/2016, STF.

Art. 1.031. Na hipótese de interposição conjunta de recurso extraordinário e recurso especial, os autos serão remetidos ao Superior Tribunal de Justiça.

§ 1º Concluído o julgamento do recurso especial, os autos serão remetidos ao Supremo Tribunal Federal para apreciação do recurso extraordinário, se este não estiver prejudicado.

§ 2º Se o relator do recurso especial considerar prejudicial o recurso extraordinário, em decisão irrecorrível, sobrestará o julgamento e remeterá os autos ao Supremo Tribunal Federal.

§ 3º Na hipótese do § 2º, se o relator do recurso extraordinário, em decisão irrecorrível, rejeitar a prejudicialidade, devolverá os autos ao Superior Tribunal de Justiça para o julgamento do recurso especial.

Art. 1.032. Se o relator, no Superior Tribunal de Justiça, entender que o recurso especial versa sobre questão constitucional, deverá conceder prazo de 15 (quinze) dias para que o recorrente demonstre a existência de repercussão geral e se manifeste sobre a questão constitucional.

Parágrafo único. Cumprida a diligência de que trata o *caput*, o relator remeterá o recurso ao Supremo Tribunal Federal, que, em juízo de admissibilidade, poderá devolvê-lo ao Superior Tribunal de Justiça.

Art. 1.033. Se o Supremo Tribunal Federal considerar como reflexa a ofensa à Constituição afirmada no recurso extraordinário, por pressupor a revisão da interpretação de lei federal ou de tratado, remetê-lo-á ao Superior Tribunal de Justiça para julgamento como recurso especial.

‣ Súm. 636, STF.

Art. 1.034. Admitido o recurso extraordinário ou o recurso especial, o Supremo Tribunal Federal ou o Superior Tribunal de Justiça julgará o processo, aplicando o direito.

‣ Súm. 292, STF.

Parágrafo único. Admitido o recurso extraordinário ou o recurso especial por um fundamento, devolve-se ao tribunal superior o conhecimento dos demais fundamentos para a solução do capítulo impugnado.

Art. 1.035. O Supremo Tribunal Federal, em decisão irrecorrível, não conhecerá do recurso extraordinário quando a questão constitucional nele versada não tiver repercussão geral, nos termos deste artigo.

‣ art. 102, § 3º, CF.

‣ arts. 321 a 329, RISTF.

§ 1º Para efeito de repercussão geral, será considerada a existência ou não de questões relevantes do ponto de vista econômico, político, social ou jurídico que ultrapassem os interesses subjetivos do processo.

§ 2º O recorrente deverá demonstrar a existência de repercussão geral para apreciação exclusiva pelo Supremo Tribunal Federal.

§ 3º Haverá repercussão geral sempre que o recurso impugnar acórdão que:

I - contrarie súmula ou jurisprudência dominante do Supremo Tribunal Federal;

II – (Revogado pela Lei 13.256/2016)

III - tenha reconhecido a inconstitucionalidade de tratado ou de lei federal, nos termos do art. 97 da Constituição Federal.

§ 4º O relator poderá admitir, na análise da repercussão geral, a manifestação de terceiros, subscrita por procurador habilitado, nos termos do Regimento Interno do Supremo Tribunal Federal.

§ 5º Reconhecida a repercussão geral, o relator no Supremo Tribunal Federal determinará a suspensão do processamento de todos os processos pendentes, individuais ou coletivos, que versem sobre a questão e tramitem no território nacional.

§ 6º O interessado pode requerer, ao presidente ou ao vice-presidente do tribunal de origem, que exclua da decisão de sobrestamento e inadmita o recurso extraordinário que tenha sido interposto intempestivamente, tendo o recorrente o prazo de 5 (cinco) dias para manifestar-se sobre esse requerimento.

§ 7º Da decisão que indeferir o requerimento referido no § 6º ou que aplicar entendimento firmado em regime de repercussão geral ou em julgamento de recursos repetitivos caberá agravo interno. (Alterado pela Lei 13.256/2016)

‣ Res. 587/2016, STF.

§ 8º Negada a repercussão geral, o presidente ou o vice-presidente do tribunal de origem negará seguimento aos recursos extraordinários sobrestados na origem que versem sobre matéria idêntica.

§ 9º O recurso que tiver a repercussão geral reconhecida deverá ser julgado no prazo de 1 (um) ano e terá preferência sobre os demais feitos, ressalvados os que envolvam réu preso e os pedidos de *habeas corpus*.

§ 10. (Revogado pela Lei 13.256/2016)

§ 11. A súmula da decisão sobre a repercussão geral constará de ata, que será publicada no diário oficial e valerá como acórdão.

SUBSEÇÃO II
DO JULGAMENTO DOS RECURSOS EXTRAORDINÁRIO E ESPECIAL REPETITIVOS

Art. 1.036. Sempre que houver multiplicidade de recursos extraordinários ou especiais com fundamento em idêntica questão de direito, haverá afetação para julgamento de acordo com as disposições desta Subseção, observado o disposto no Regimento Interno do Supremo Tribunal Federal e no do Superior Tribunal de Justiça.

‣ arts. 321 a 329, RISTF.

§ 1º O presidente ou o vice-presidente de tribunal de justiça ou de tribunal regional federal selecionará 2 (dois) ou mais recursos representativos da controvérsia, que serão encaminhados ao Supremo Tribunal Federal ou ao Superior Tribunal de Justiça para fins de afetação, determinando a suspensão do trâmite de todos os processos pendentes, individuais ou coletivos, que tramitem no Estado ou na região, conforme o caso.

§ 2º O interessado pode requerer, ao presidente ou ao vice-presidente, que exclua da decisão de sobrestamento e inadmita o recurso especial ou o recurso extraordinário que tenha sido interposto intempestivamente, tendo o recorrente o prazo de 5 (cinco) dias para manifestar-se sobre esse requerimento.

§ 3º Da decisão que indeferir o requerimento referido no § 2º caberá apenas agravo interno. (Alterado pela Lei 13.256/2016)

‣ Res. 587/2016, STF.

§ 4º A escolha feita pelo presidente ou vice-presidente do tribunal de justiça ou do tribunal regional federal não vinculará o relator no tribunal superior, que poderá selecionar outros recursos representativos da controvérsia.

§ 5º O relator em tribunal superior também poderá selecionar 2 (dois) ou mais recursos representativos da controvérsia para julgamento da questão de direito independentemente da iniciativa do presidente ou do vice-presidente do tribunal de origem.

§ 6º Somente podem ser selecionados recursos admissíveis que contenham abrangente argumentação e discussão a respeito da questão a ser decidida.

Art. 1.037. Selecionados os recursos, o relator, no tribunal superior, constatando a presença do pressuposto do *caput* do art. 1.036, proferirá decisão de afetação, na qual:

I - identificará com precisão a questão a ser submetida a julgamento;

II - determinará a suspensão do processamento de todos os processos pendentes, individuais ou coletivos, que versem sobre a questão e tramitem no território nacional;

III - poderá requisitar aos presidentes ou aos vice-presidentes dos tribunais de justiça ou dos tribunais regionais federais a remessa de um recurso representativo da controvérsia.

§ 1º Se, após receber os recursos selecionados pelo presidente ou pelo vice-presidente de tribunal de justiça ou de tribunal regional federal, não se proceder à afetação, o relator, no tribunal superior, comunicará o fato ao presidente ou ao vice-presidente que os houver enviado, para que seja revogada a decisão de suspensão referida no art. 1.036, § 1º.

§ 2º (Revogado pela Lei 13.256/2016)

§ 3º Havendo mais de uma afetação, será prevento o relator que primeiro tiver proferido a decisão a que se refere o inciso I do *caput*.

§ 4º Os recursos afetados deverão ser julgados no prazo de 1 (um) ano e terão preferência sobre os demais feitos, ressalvados os que envolvam réu preso e os pedidos de *habeas corpus*.

§ 5º (Revogado pela Lei 13.256/2016)

§ 6º Ocorrendo a hipótese do § 5º, é permitido a outro relator do respectivo tribunal superior afetar 2 (dois) ou mais recursos representativos da controvérsia na forma do art. 1.036.

§ 7º Quando os recursos requisitados na forma do inciso III do *caput* contiverem outras questões além daquela que é objeto da afetação, caberá ao tribunal decidir esta em primeiro lugar e depois as demais, em acórdão específico para cada processo.

§ 8º As partes deverão ser intimadas da decisão de suspensão de seu processo, a ser proferida pelo respectivo juiz ou relator quando informado da decisão a que se refere o inciso II do *caput*.

§ 9º Demonstrando distinção entre a questão a ser decidida no processo e aquela a ser julgada no recurso especial ou extraordinário afetado, a parte poderá requerer o prosseguimento do seu processo.

§ 10. O requerimento a que se refere o § 9º será dirigido:

I - ao juiz, se o processo sobrestado estiver em primeiro grau;

II - ao relator, se o processo sobrestado estiver no tribunal de origem;

III - ao relator do acórdão recorrido, se for sobrestado recurso especial ou recurso extraordinário no tribunal de origem;

IV - ao relator, no tribunal superior, de recurso especial ou de recurso extraordinário cujo processamento houver sido sobrestado.

§ 11. A outra parte deverá ser ouvida sobre o requerimento a que se refere o § 9º, no prazo de 5 (cinco) dias.

§ 12. Reconhecida a distinção no caso:

I - dos incisos I, II e IV do § 10, o próprio juiz ou relator dará prosseguimento ao processo;

II - do inciso III do § 10, o relator comunicará a decisão ao presidente ou ao vice-presidente que houver determinado o sobrestamento, para que o recurso especial ou o recurso extraordinário seja encaminhado ao respectivo tribunal superior, na forma do art. 1.030, parágrafo único.

§ 13. Da decisão que resolver o requerimento a que se refere o § 9º caberá:

I - agravo de instrumento, se o processo estiver em primeiro grau;

II - agravo interno, se a decisão for de relator.

- Res. 587/2016, STF.

Art. 1.038. O relator poderá:

I - solicitar ou admitir manifestação de pessoas, órgãos ou entidades com interesse na controvérsia, considerando a relevância da matéria e consoante dispuser o regimento interno;

II - fixar data para, em audiência pública, ouvir depoimentos de pessoas com experiência e conhecimento na matéria, com a finalidade de instruir o procedimento;

III - requisitar informações aos tribunais inferiores a respeito da controvérsia e, cumprida a diligência, intimará o Ministério Público para manifestar-se.

§ 1º No caso do inciso III, os prazos respectivos são de 15 (quinze) dias, e os atos serão praticados, sempre que possível, por meio eletrônico.

§ 2º Transcorrido o prazo para o Ministério Público e remetida cópia do relatório aos demais ministros, haverá inclusão em pauta, devendo ocorrer o julgamento com preferência sobre os demais feitos, ressalvados os que envolvam réu preso e os pedidos de *habeas corpus*.

§ 3º O conteúdo do acórdão abrangerá a análise dos fundamentos relevantes da tese jurídica discutida. (Alterado pela Lei 13.256/2016)

Art. 1.039. Decididos os recursos afetados, os órgãos colegiados declararão prejudicados os demais recursos versando sobre idêntica controvérsia ou os decidirão aplicando a tese firmada.

Parágrafo único. Negada a existência de repercussão geral no recurso extraordinário afetado, serão considerados automaticamente inadmitidos os recursos extraordinários cujo processamento tenha sido sobrestado.

Art. 1.040. Publicado o acórdão paradigma:

I - o presidente ou o vice-presidente do tribunal de origem negará seguimento aos recursos especiais ou extraordinários sobrestados na origem, se o acórdão recorrido coincidir com a orientação do tribunal superior;

II - o órgão que proferiu o acórdão recorrido, na origem, reexaminará o processo de competência originária, a remessa necessária ou o recurso anteriormente julgado, se o acórdão recorrido contrariar a orientação do tribunal superior;

III - os processos suspensos em primeiro e segundo graus de jurisdição retomarão o curso para julgamento e aplicação da tese firmada pelo tribunal superior;

IV - se os recursos versarem sobre questão relativa a prestação de serviço público objeto de concessão, permissão ou autorização, o resultado do julgamento será comunicado ao órgão, ao ente ou à agência reguladora competente para fiscalização da efetiva aplicação, por parte dos entes sujeitos a regulação, da tese adotada.

§ 1º A parte poderá desistir da ação em curso no primeiro grau de jurisdição, antes de proferida a sentença, se a questão nela discutida for idêntica à resolvida pelo recurso representativo da controvérsia.

§ 2º Se a desistência ocorrer antes de oferecida contestação, a parte ficará isenta do pagamento de custas e de honorários de sucumbência.

§ 3º A desistência apresentada nos termos do § 1º independe de consentimento do réu, ainda que apresentada contestação.

Art. 1.041. Mantido o acórdão divergente pelo tribunal de origem, o recurso especial ou extraordinário será remetido ao respectivo tribunal superior, na forma do art. 1.036, § 1º.

§ 1º Realizado o juízo de retratação, com alteração do acórdão divergente, o tribunal de origem, se for o caso, decidirá as demais questões ainda não decididas cujo enfrentamento se tornou necessário em decorrência da alteração.

§ 2º Quando ocorrer a hipótese do inciso II do *caput* do art. 1.040 e o recurso versar sobre outras questões, caberá ao presidente ou ao vice-presidente do tribunal recorrido, depois do reexame pelo órgão de origem e independentemente de ratificação do recurso, sendo positivo o juízo de admissibilidade, determinar a remessa do recurso ao tribunal superior para julgamento das demais questões. (Alterado pela Lei 13.256/2016)

SEÇÃO III
DO AGRAVO EM RECURSO ESPECIAL E EM RECURSO EXTRAORDINÁRIO

Art. 1.042. Cabe agravo contra decisão do presidente ou do vice-presidente do tribunal recorrido que inadmitir recurso extraordinário ou recurso especial, salvo quando fundada na aplicação de entendimento firmado em regime de repercussão geral ou em julgamento de recursos repetitivos. (Alterado pela Lei 13.256/2016)

- Res. 450/2010, STF.
- Res. 7/2010, STJ.
- Súm. 288 e 727, STF.
- Súm. 315, STJ.

I a III – (Revogados pela Lei 13.256/2016);

§ 1º (Revogado pela Lei 13.256/2016):

I e II – (Revogados pela Lei 13.256/2016);

a) e b) (Revogadas pela Lei 13.256/2016).

§ 2º A petição de agravo será dirigida ao presidente ou ao vice-presidente do tribunal de origem e independe do pagamento de custas e despesas postais, aplicando-se a ela o regime de repercussão geral e de recursos repetitivos, inclusive quanto à possibilidade de sobrestamento e do juízo de retratação. (Alterado pela Lei 13.256/2016)

§ 3º O agravado será intimado, de imediato, para oferecer resposta no prazo de 15 (quinze) dias.

§ 4º Após o prazo de resposta, não havendo retratação, o agravo será remetido ao tribunal superior competente.

§ 5º O agravo poderá ser julgado, conforme o caso, conjuntamente com o recurso especial ou extraordinário, assegurada, neste caso, sustentação oral, observando-se, ainda, o disposto no regimento interno do tribunal respectivo.

§ 6º Na hipótese de interposição conjunta de recursos extraordinário e especial, o agravante deverá interpor um agravo para cada recurso não admitido.

§ 7º Havendo apenas um agravo, o recurso será remetido ao tribunal competente, e, havendo interposição conjunta, os autos serão remetidos ao Superior Tribunal de Justiça.

§ 8º Concluído o julgamento do agravo pelo Superior Tribunal de Justiça e, se for o caso, do recurso especial, independentemente de pedido, os autos serão remetidos ao Supremo Tribunal Federal para apreciação do agravo a ele dirigido, salvo se estiver prejudicado.

SEÇÃO IV
DOS EMBARGOS DE DIVERGÊNCIA

Art. 1.043. É embargável o acórdão de órgão fracionário que:

- Súm. 158; 168; 169; e 316, STJ.

I - em recurso extraordinário ou em recurso especial, divergir do julgamento de qualquer outro órgão do mesmo tribunal, sendo os acórdãos, embargado e paradigma, de mérito;

II - (Revogado pela Lei 13.256/2016)

III - em recurso extraordinário ou em recurso especial, divergir do julgamento de qualquer outro órgão do mesmo tribunal, sendo um acórdão de mérito e outro que não tenha conhecido do recurso, embora tenha apreciado a controvérsia;

IV - (Revogado pela Lei 13.256/2016)

§ 1º Poderão ser confrontadas teses jurídicas contidas em julgamentos de recursos e de ações de competência originária.

§ 2º A divergência que autoriza a interposição de embargos de divergência pode verificar-se na aplicação do direito material ou do direito processual.

§ 3º Cabem embargos de divergência quando o acórdão paradigma for da mesma turma que proferiu a decisão embargada, desde que sua composição tenha sofrido alteração em mais da metade de seus membros.

§ 4º O recorrente provará a divergência com certidão, cópia ou citação de repositório oficial ou credenciado de jurisprudência, inclusive em mídia eletrônica, onde foi publicado o acórdão divergente, ou com a reprodução de julgado disponível na rede mundial de computadores, indicando a respectiva fonte, e mencionará as circunstâncias que identificam ou assemelham os casos confrontados.

§ 5º (Revogado pela Lei 13.256/2016)

Art. 1.044. No recurso de embargos de divergência, será observado o procedimento estabelecido no regimento interno do respectivo tribunal superior.

‣ Súm. 315 e 316, STJ.

§ 1º A interposição de embargos de divergência no Superior Tribunal de Justiça interrompe o prazo para interposição de recurso extraordinário por qualquer das partes.

§ 2º Se os embargos de divergência forem desprovidos ou não alterarem a conclusão do julgamento anterior, o recurso extraordinário interposto pela outra parte antes da publicação do julgamento dos embargos de divergência será processado e julgado independentemente de ratificação.

LIVRO COMPLEMENTAR DISPOSIÇÕES FINAIS E TRANSITÓRIAS

Art. 1.045. Este Código entra em vigor após decorrido 1 (um) ano da data de sua publicação oficial.

‣ art. 8º, § 1º, LC 95/1998.

Art. 1.046. Ao entrar em vigor este Código, suas disposições se aplicarão desde logo aos processos pendentes, ficando revogada a Lei n. 5.869, de 11 de janeiro de 1973.

‣ arts. 14 e 1.052, CPC.

§ 1º As disposições da Lei n. 5.869, de 11 de janeiro de 1973, relativas ao procedimento sumário e aos procedimentos especiais que forem revogadas aplicar-se-ão às ações propostas e não sentenciadas até o início da vigência deste Código.

§ 2º Permanecem em vigor as disposições especiais dos procedimentos regulados em outras leis, aos quais se aplicará supletivamente este Código.

‣ IN 39/2016, TST (Normas do CPC aplicáveis e inaplicáveis ao Processo do Trabalho).

§ 3º Os processos mencionados no art. 1.218 da Lei n. 5.869, de 11 de janeiro de 1973, cujo procedimento ainda não tenha sido incorporado por lei submetem-se ao procedimento comum previsto neste Código.

§ 4º As remissões a disposições do Código de Processo Civil revogado, existentes em outras leis, passam a referir-se às que lhes são correspondentes neste Código.

§ 5º A primeira lista de processos para julgamento em ordem cronológica observará a antiguidade da distribuição entre os já conclusos na data da entrada em vigor deste Código.

‣ art. 12, CPC.

Art. 1.047. As disposições de direito probatório adotadas neste Código aplicam-se apenas às provas requeridas ou determinadas de ofício a partir da data de início de sua vigência.

‣ arts. 369 a 484, CPC.

Art. 1.048. Terão prioridade de tramitação, em qualquer juízo ou tribunal, os procedimentos judiciais:

I - em que figure como parte ou interessado pessoa com idade igual ou superior a 60 (sessenta) anos ou portadora de doença grave, assim compreendida qualquer das enumeradas no art. 6º, inciso XIV, da Lei n. 7.713, de 22 de dezembro de 1988;

‣ Lei 7.713/1988 (Imposto de renda).

‣ art. 71, Estatuto do Idoso.

II - regulados pela Lei n. 8.069, de 13 de julho de 1990 (Estatuto da Criança e do Adolescente).

III - em que figure como parte a vítima de violência doméstica e familiar, nos termos da Lei nº 11.340, de 7 de agosto de 2006 (Lei Maria da Penha). (Acrescido pela Lei 13.894/2019)

§ 1º A pessoa interessada na obtenção do benefício, juntando prova de sua condição, deverá requerê-lo à autoridade judiciária competente para decidir o feito, que determinará ao cartório do juízo as providências a serem cumpridas.

§ 2º Deferida a prioridade, os autos receberão identificação própria que evidencie o regime de tramitação prioritária.

§ 3º Concedida a prioridade, essa não cessará com a morte do beneficiado, estendendo-se em favor do cônjuge supérstite ou do companheiro em união estável.

§ 4º A tramitação prioritária independe de deferimento pelo órgão jurisdicional e deverá ser imediatamente concedida diante da prova da condição de beneficiário.

Art. 1.049. Sempre que a lei remeter a procedimento previsto na lei processual sem especificá-lo, será observado o procedimento comum previsto neste Código.

Parágrafo único. Na hipótese de a lei remeter ao procedimento sumário, será observado o procedimento comum previsto neste Código, com as modificações previstas na própria lei especial, se houver.

Art. 1.050. A União, os Estados, o Distrito Federal, os Municípios, suas respectivas entidades da administração indireta, o Ministério Público, a Defensoria Pública e a Advocacia Pública, no prazo de 30 (trinta) dias a contar da data da entrada em vigor deste Código, deverão se cadastrar perante a administração do tribunal no qual atuem para cumprimento do disposto nos arts. 246, § 2º, e 270, parágrafo único.

Art. 1.051. As empresas públicas e privadas devem cumprir o disposto no art. 246, § 1º, no prazo de 30 (trinta) dias, a contar da data de inscrição do ato constitutivo da pessoa jurídica, perante o juízo onde tenham sede ou filial.

Parágrafo único. O disposto no *caput* não se aplica às microempresas e às empresas de pequeno porte.

Art. 1.052. Até a edição de lei específica, as execuções contra devedor insolvente, em curso ou que venham a ser propostas, permanecem reguladas pelo Livro II, Título IV, da Lei n. 5.869, de 11 de janeiro de 1973.

Art. 1.053. Os atos processuais praticados por meio eletrônico até a transição definitiva para certificação digital ficam convalidados, ainda que não tenham observado os requisitos mínimos estabelecidos por este Código, desde que tenham atingido sua finalidade e não tenha havido prejuízo à defesa de qualquer das partes.

‣ arts. 193 a 199, CPC.

Art. 1.054. O disposto no art. 503, § 1º, somente se aplica aos processos iniciados após a vigência deste Código, aplicando-se aos anteriores o disposto nos arts. 5º, 325 e 470 da Lei n. 5.869, de 11 de janeiro de 1973.

Art. 1.055. (Vetado).

Art. 1.056. Considerar-se-á como termo inicial do prazo da prescrição prevista no art. 924, inciso V, inclusive para as execuções em curso, a data de vigência deste Código.

Art. 1.057. O disposto no art. 525, §§ 14 e 15, e no art. 535, §§ 7º e 8º, aplica-se às decisões transitadas em julgado após a entrada em vigor deste Código, e, às decisões transitadas em julgado anteriormente, aplica-se o disposto no art. 475-L, § 1º, e no art. 741, parágrafo único, da Lei n. 5.869, de 11 de janeiro de 1973.

Art. 1.058. Em todos os casos em que houver recolhimento de importância em dinheiro, esta será depositada em nome da parte ou do interessado, em conta especial movimentada por ordem do juiz, nos termos do art. 840, inciso I.

Art. 1.059. À tutela provisória requerida contra a Fazenda Pública aplica-se o disposto nos arts. 1º a 4º da Lei n. 8.437, de 30 de junho de 1992, e no art. 7º, § 2º, da Lei n. 12.016, de 7 de agosto de 2009.

Art. 1.060. O inciso II do art. 14 da Lei n. 9.289, de 4 de julho de 1996, passa a vigorar com a seguinte redação:

"Art. 14. [...]

[...]

II – aquele que recorrer da sentença adiantará a outra metade das custas, comprovando o adiantamento no ato de interposição do recurso, sob pena de deserção, observado o disposto nos §§ 1º a 7º do art. 1.007 do Código de Processo Civil;

[...]"

Art. 1.061. O § 3º do art. 33 da Lei n. 9.307, de 23 de setembro de 1996 (Lei de Arbitragem), passa a vigorar com a seguinte redação:

‣ Alteração promovida no texto da referida lei.

Art. 1.062. O incidente de desconsideração da personalidade jurídica aplica-se ao processo de competência dos juizados especiais.

- arts. 133 a 137, CPC; art. 50, CC; art. 28, CDC.
- art. 4º, Lei 9.605/1998 (Crimes ambientais).

Art. 1.063. Até a edição de lei específica, os juizados especiais cíveis previstos na Lei n. 9.099, de 26 de setembro de 1995, continuam competentes para o processamento e julgamento das causas previstas no art. 275, inciso II, da Lei n. 5.869, de 11 de janeiro de 1973.

Art. 1.064. O *caput* do art. 48 da Lei n. 9.099, de 26 de setembro de 1995, passa a vigorar com a seguinte redação:

- Alteração promovida no texto da referida lei.

Art. 1.065. O art. 50 da Lei n. 9.099, de 26 de setembro de 1995, passa a vigorar com a seguinte redação:

- Alteração promovida no texto da referida lei.

Art. 1.066. O art. 83 da Lei n. 9.099, de 26 de setembro de 1995, passam a vigorar com a seguinte redação:

- Alterações promovidas no texto da referida lei.

Art. 1.067. O art. 275 da Lei n. 4.737, de 15 de julho de 1965 (Código Eleitoral), passa a vigorar com a seguinte redação:

- Alteração promovida no texto da referida lei.

Art. 1.068. O art. 274 e o *caput* do art. 2.027 da Lei n. 10.406, de 10 de janeiro de 2002 (Código Civil), passam a vigorar com a seguinte redação:

- Alterações promovidas no texto da referida lei.

Art. 1.069. O Conselho Nacional de Justiça promoverá, periodicamente, pesquisas estatísticas para avaliação da efetividade das normas previstas neste Código.

Art. 1.070. É de 15 (quinze) dias o prazo para a interposição de qualquer agravo, previsto em lei ou em regimento interno de tribunal, contra decisão de relator ou outra decisão unipessoal proferida em tribunal.

Art. 1.071. O Capítulo III do Título V da Lei n. 6.015, de 31 de dezembro de 1973 (Lei de Registros Públicos), passa a vigorar acrescida do seguinte art. 216-A:

- Alteração promovida no texto da referida lei.

Art. 1.072. Revogam-se:

I - o art. 22 do Decreto-Lei n. 25, de 30 de novembro de 1937;

II - os arts. 227, *caput*, 229, 230, 456, 1.482, 1.483 e 1.768 a 1.773 da Lei n. 10.406, de 10 de janeiro de 2002 (Código Civil);

III - os arts. 2º, 3º, 4º, 6º, 7º, 11, 12 e 17 da Lei n. 1.060, de 5 de fevereiro de 1950;

IV - os arts. 13 a 18, 26 a 29 e 38 da Lei n. 8.038, de 28 de maio de 1990;

V - os arts. 16 a 18 da Lei n. 5.478, de 25 de julho de 1968; e

VI - o art. 98, § 4º, da Lei n. 12.529, de 30 de novembro de 2011.

Brasília, 16 de março de 2015;
194º da Independência e 127º da República.

Dilma Rousseff
José Eduardo Cardozo
Jaques Wagner
Joaquim Vieira Ferreira Levy
Luís Inácio Lucena Adams

ÍNDICE ALFABÉTICO-REMISSIVO DO CÓDIGO DE PROCESSO CIVIL

- A -

ABANDONO DA CAUSA
- extinção do processo: arts. 485, III, e § 1º, e 486, § 3º

AÇÃO(ÕES)
- acessória; competência: art. 61
- anulatória de partilha; prescrição: art. 657, par. ún.
- capacidade: arts. 70 a 76
- cominatória: arts. 139, IV, 497 a 501, 536 e 538
- conexão ou continência: arts. 57 e 58
- consentimento do cônjuge; intimação: arts. 73, § 3º
- consentimento do cônjuge; silêncio: arts. 73, § 4º
- contra ausente; competência: art. 49
- desistência: arts. 105, 335, § 2º, 343, § 2º, e 485, § 4º
- imobiliárias; citação e consentimento necessário do cônjuge: art. 73,
- iniciativa da parte: art. 2º
- interesse: arts. 17 e 19
- legitimidade: arts. 17 e 18
- Ministério Público: arts. 177 e 178
- monitória: *vide* AÇÃO MONITÓRIA
- propositura: art. 312
- propositura e contestação; requisitos: art. 17
- renovação: art. 486

AÇÃO CAUTELAR
- *vide* MEDIDAS CAUTELARES e PROCESSO CAUTELAR

AÇÃO COLETIVA
- conversão da ação individual em: art. 333 (vetado)

AÇÃO COMINATÓRIA
- arts. 139, IV, 497 a 501, 536 e 538

AÇÃO CONTRA GESTOR DE NEGÓCIOS ALHEIOS
- competência: art. 53, IV, *b*

AÇÃO DE ALIMENTOS
- competência: art. 53, II
- efeito devolutivo da sentença: art. 1.012, § 1º, II
- execução da prestação: arts. 528, § 2º, 911 a 913
- valor da causa: art. 292, III

AÇÃO DE ANULAÇÃO DE CASAMENTO
- depoimento pessoal: art. 388, par. ún.

AÇÃO DE ANULAÇÃO E SUBSTITUIÇÃO DE TÍTULOS AO PORTADOR
- art. 259, II
- competência: art. 53, III

AÇÃO DE CONSIGNAÇÃO EM PAGAMENTO
- arts. 539 a 549
- procedência do pedido: art. 546

AÇÃO DE DEMARCAÇÃO
- *vide* DEMARCAÇÃO

AÇÃO DE DISSOLUÇÃO PARCIAL DE SOCIEDADE
- apuração de haveres: arts. 604, 606, 607
- data da resolução: arts. 605 e 607
- dissolução; concordância: art. 603
- indenização: art. 602
- legitimados: art. 600
- objeto: art. 599, *caput* e § 2º
- pagamento de haveres: art. 609
- valor devido: art. 608
- sócios, citação: art. 601

AÇÃO DE DIVISÃO
- arts. 588 a 598
- competência territorial: art. 47, § 1º
- sentença homologatória; efeito devolutivo: art. 1.012, § 1º, I
- valor da causa: art. 292, IV

AÇÃO DE DIVÓRCIO
- *vide* AÇÃO DE ESTADO

AÇÃO DE EXECUÇÃO
- competência: arts. 46, § 2º, 781 e 782
- disposições gerais: arts. 771 a 777
- partes: arts. 778 a 780
- requisitos: arts. 783 a 788
- responsabilidade patrimonial: arts. 789 a 796

AÇÃO DE EXIGIR CONTAS
- arts. 550 a 553
- impugnação; contas do réu; prazo para apresentar documentos comprobatórios: art. 551, § 1º
- petição inicial: art. 550, § 1º
- sentença; título executivo judicial: art. 552

AÇÃO DE HOMOLOGAÇÃO DE DECISÃO ESTRANGEIRA
- competência exclusiva; não homologação: art. 964
- cumprimento da decisão estrangeira: art. 965
- decisão arbitral: art. 960, § 3º
- decisão interlocutória; carta rogatória: art. 960, § 1º
- decisão estrangeira; eficácia: art. 961
- divórcio consensual: art. 961, §§ 5º e 6º
- execução fiscal; reciprocidade: art. 961, § 4º
- execução provisória: art. 961, § 3º
- homologação; cabimento: art. 961, § 1º
- homologação parcial: art. 961, § 2º
- homologação; requisitos: art. 963
- medida de urgência: art. 962
- pedido de urgência: art. 961, § 3º
- regras aplicáveis; tratados internacionais; regimento interno do Superior Tribunal de Justiça: art. 960, § 2º

AÇÃO DE INDENIZAÇÃO
- art. 53, IV, *a*

AÇÃO DE PRESTAÇÃO DE CONTAS
- arts. 550 a 553

AÇÃO DE REPARAÇÃO DE DANO
- art. 53, IV, *a*

AÇÃO DECLARATÓRIA
- interesse: art. 19

AÇÃO IDÊNTICA
- ocorrência; litispendência: art. 337, §§ 1º a 3º

AÇÃO INDIVIDUAL
- conversão da ação individual em coletiva: art. 333 (vetado)

AÇÃO MONITÓRIA
- arts. 700 a 702
- ação rescisória; cabimento: art. 701, § 3º
- apelação: art. 702, § 9º
- citação: art. 700, § 7º
- embargos: art. 702; *vide* EMBARGOS À AÇÃO MONITÓRIA
- embargos parciais; título executivo: art. 702, § 7º
- Fazenda Pública; admissibilidade: art. 700, § 6º
- Fazenda Pública; embargos; não apresentação: art. 701, § 4º
- má-fé; multa: art. 702, § 1º
- objeto: art. 700, I a III
- petição inicial; requisitos: art. 700, §§ 2º e 4º
- prova; idoneidade; dúvida; emenda da petição inicial; procedimento comum: art. 700, § 5º
- prova; produção antecipada: art. 700, § 1º
- reconvenção: art. 702, § 6º
- suspensão do processo; embargos: art. 702, § 4º
- valor da causa: art. 700, § 3º

AÇÃO PAULIANA
- *vide* FRAUDE CONTRA CREDORES

AÇÃO REAL
- competência territorial: arts. 46 e 47

AÇÃO REGRESSIVA
- autônoma: art. 125, § 1º
- fiador: art. 794, § 2º
- obrigatoriedade de denunciação da lide: art. 125, II
- sócio: art. 795, § 3º

AÇÃO RESCISÓRIA
- arts. 966 a 975
- anotação; protesto do título: art. 517, § 3º
- cumprimento da sentença ou acórdão rescindendo: art. 969
- depósito; limite máximo: art. 968, § 2º
- julgamento no STF e STJ: art. 973
- legitimidade; Ministério Público; imposição de atuação: art. 967, III
- Ministério Público; intervenção; fiscal da lei: art. 967, par. ún.
- prazo; prorrogação: art. 975, § 1º
- prazo; termo inicial: art. 975, §§ 2º e 3º

- relator; escolha; participação no julgamento rescindendo: art. 971, par. ún.
- secretaria do tribunal; expedição de cópias aos juízes: art. 971, *caput*

ACAREAÇÃO
- testemunhas: art. 461, II

ACIDENTE DE VEÍCULO
- competência de foro: art. 53, V

AÇÕES DE FAMÍLIA
- arts. 693 a 699
- abuso ou alienação parental: art. 699
- audiência de mediação e conciliação: art. 696
- citação: art. 695
- contestação: art. 697
- Ministério Público; intervenção: art. 698
- solução consensual: art. 694

AÇÕES POSSESSÓRIAS
- citação de ambos os cônjuges: art. 73, § 2º
- competência: art. 47, § 1º
- contestação; possibilidade de o réu demandar proteção possessória e indenização: art. 556
- cumulação de pedidos: art. 555
- fungibilidade: art. 554
- inidoneidade financeira do autor; caução: art. 559
- interdito proibitório: arts. 567 e 568
- manutenção de posse: arts. 560 a 566
- procedimento comum; prazo: art. 558, par. ún.
- procedimento especial; prazo para propositura da ação: art. 558
- propositura: art. 554
- reconhecimento do domínio; impossibilidade: art. 557
- reintegração de posse: arts. 560 a 566

ACÓRDÃO
- conceito: art. 204
- obrigação de pagar quantia certa; alteração de sentença: art. 491, § 2º
- oitiva das partes; prévia; fato novo: art. 493
- ordem cronológica: art. 12
- publicação: arts. 943, § 2º, e 944
- publicação; ementa; Diário de Justiça Eletrônico: arts. 205, § 3º, e 944, par. ún.
- redação; cabimento: art. 941
- registro e arquivo eletrônico inviolável: art. 943
- repercussão geral; súmula da decisão; vale como: art. 1.035, § II
- requisitos; motivação: art. 11
- sentença/decisão recorrida; substituição: art. 1.008

ACORDO
- *vide* TRANSAÇÃO

ADIAMENTO
- despesas processuais: art. 93

ADJUDICAÇÃO
- arts. 876, a 878
- bens do executado; execução: art. 825, I
- bens penhorados; pagamento ao credor: art. 904, II
- carta de adjudicação: art. 877, § 2º
- executado; intimação do pedido: art. 876, §§ 1º e 2º
- remição; falência ou insolvência; massa de credores: art. 877, § 4º
- renovação do pedido: art. 878
- sustação: art. 1.012, § 4º

ADMINISTRAÇÃO
- penhora de bens ou rendas; depositário: art. 863, § 1º

ADMINISTRADOR
- auxiliar da justiça: arts. 159 a 161
- imóvel arrendado; recebimento do aluguel: art. 869, § 3º
- locador ausente; citação: art. 242, § 2º
- nomeação; usufruto de imóvel/empresa: art. 869
- prestação de contas: art. 553
- provisório; espólio; representação do espólio: arts. 613 e 614
- réu ausente; citação; atos por ele praticados: art. 242, § 1º

ADVOCACIA PÚBLICA
- atribuição: art. 182, *caput*
- citação; União, Estados, Distrito Federal e autarquias: art. 242, § 3º
- férias forenses; atuação: art. 220, § 1º
- intimação pessoal: art. 183, § 1º
- prazo: art. 183, *caput* e § 2º
- responsabilidade; membro: art. 184

ADVOGADO(S)
- ato atentatório à dignidade da justiça: art. 77, § 6º
- atos praticados no processo sem instrumento de mandato; não ratificação; responsabilidade por despesas, perdas e danos: art. 104, § 2º
- causa própria: art. 103, par. ún.
- causa própria; deveres: art. 106
- cumprimento de decisão em substituição da parte; impossibilidade de compelir: art. 77, § 8º
- dativo; desnecessidade de impugnação especificada: art. 341, par. ún.
- direitos: art. 107
- escritura pública; lavratura pelo tabelião; partes assistidas por: arts. 610, § 2º, e 733, § 2º
- expressões injuriosas: art. 78
- falecimento no prazo para recurso; restituição do prazo: art. 1.004
- falta de habilitação legal: art. 103
- honorários: v. HONORÁRIOS DE ADVOGADO
- honorários; Fazenda Pública: art. 85, §§ 3º a 7º
- honorários; extinção do processo: art. 485, § 2º
- honorários; pagamento; condições para intentar a mesma ação: art. 486, § 2º
- intimação de testemunha: art. 455
- intimação pessoal; antecipação da audiência: art. 363
- morte ou perda da capacidade processual; suspensão do processo: art. 313
- postulação em juízo: art. 104
- procuração; dados obrigatórios: art. 105, § 2º
- procuração geral para o foro; habilitação; exceções: art. 105
- procuração; sociedade de advogados: art. 105, § 3º
- renúncia ao mandato; efeitos: art. 112, § 1º
- renúncia ao mandato; efeitos; inaplicabilidade: art. 112, § 2º
- representação em juízo: art. 103
- restituição dos autos no prazo; excesso; sanção: art. 234
- retenção de autos além do prazo; efeitos: art. 234, §§ 1º a 5º
- retirada de autos para cópia; devolução intempestiva; perda do direito: art. 107, § 4º
- retirada de autos por preposto; credenciamento: art. 272, § 7º
- revogação do mandato: art. 111
- sociedade: *vide* SOCIEDADE DE ADVOGADOS
- sustentação de recurso perante tribunal: art. 937
- sustentação oral no tribunal; preferência: art. 937, § 2º

AERONAVE
- penhora; ordem; efeitos: arts. 835, VIII, e 864

AFORAMENTO
- resgate; procedimento: art. 549

AGRAVO
- arts. 1.015 a 1.020
- não conhecimento: art. 1.021

AGRAVO DE INSTRUMENTO
- hipóteses: arts. 101, 136, 354, par. ún., 356, § 5º, 1.015 e 1.037, § 13, I
- conhecimento: art. 1.016
- custas e porte de retorno; comprovante de pagamento: art. 1.017, § 1º
- decisão interlocutória: art. 1.015, par. ún.
- falta de cópia ou vício; admissibilidade; prazo para complementar ou sanar: art. 1.017, § 3º
- formas de interposição: art. 1.017, § 2º
- inadmissibilidade: art. 1.018, § 2º
- instrução; certidão de inexistência de documento: art. 1.017, II
- instrução da petição: art. 1.017
- interposição; comarca, seção ou subseção judiciária: art. 1.017, § 2º
- interposição do: não obsta o andamento do processo: art. 995, par. ún.
- interposição; fac-símile: art. 1.017, § 4º
- julgamento; precedência: art. 946, par. ún.
- prazo; cópia da petição: art. 1.018

- recebimento e distribuição; providências do relator: art. 1.019
- requisitos; nome das partes: art. 1.016, I
- requisitos do recurso: art. 1.016

AGRAVO EM RECURSO ESPECIAL OU EXTRAORDINÁRIO

- cabimento: arts. 1.035, § 7º, e 1.042, *caput*
- interposição conjunta: art. 1.042, §§ 6º a 8º
- julgamento; ordem: art. 1.042, § 5º
- petição; endereçamento e preparo: art. 1.042, § 2º
- remessa ao tribunal superior competente: art. 1.042, §§ 4º, 7º e 8º
- requisitos: art. 1.042, § 1º
- resposta: art. 1.042, § 3º

AGRAVO INTERNO

- cabimento: arts. 136, par. ún., 1.021, *caput*, e 1.037, § 13, II
- inadmissibilidade manifesta; votação unânime; multa: art. 1.021, § 4º
- improcedência; votação unânime; multa: art. 1.021, § 4º
- julgamento: art. 1.021, §§ 2º e 3º
- petição; requisito: art. 1.021, § 1º
- recurso; pagamento da multa: art. 1.021, § 5º
- retratação: art. 1.021, § 2º

AGRIMENSOR

- ação demarcatória; nomeação: art. 579

ALEGAÇÕES FINAIS

- procedimento comum: art. 364

ALIENAÇÃO DE BENS DE INCAPAZES

- procedimento de jurisdição voluntária: art. 725, III

ALIENAÇÃO DE QUINHÃO EM COISA COMUM

- procedimento de jurisdição voluntária: art. 725, V

ALIENAÇÃO FIDUCIÁRIA

- execução; alienação; eficácia: art. 804, § 3º
- exequente; requerimento: art. 799, I
- penhora; ordem: art. 835, XII

ALIENAÇÃO JUDICIAL

- arts. 879 a 903
- bem tombado; alienação judicial: art. 892, § 3º
- ciência: art. 889
- imóvel suscetível de cômoda divisão: art. 894
- por partes; requerimento do executado: art. 894, § 2º

ALIENAÇÃO, LOCAÇÃO, ADMINISTRAÇÃO DE COISA COMUM

- procedimento de jurisdição voluntária: art. 725, IV

ALIENAÇÃO POR INICIATIVA PARTICULAR

- art. 880

ALIENAÇÃO POR MEIO DA INTERNET

- art. 882

ALIENAÇÕES JUDICIAIS

- art. 730
- embargos de terceiro: art. 674

ALIENADO

- *vide* INCAPAZES

ALIMENTANTE

- arts. 911 a 913

ALIMENTOS

- cumprimento de sentença: arts. 528 a 533
- definitivos; cumprimento: art. 531
- devedor funcionário público; pagamento parcelado: art. 529, § 3º
- exceção à impenhorabilidade: art. 833, § 2º
- exceção à penhorabilidade: art. 834
- prisão do devedor: art. 528, §§ 2º a 6º
- prisão do devedor; regime: art. 528, § 3º
- prisão do devedor; débito autorizador: art. 528, § 6º
- procrastinação do devedor: art. 532
- provisionais; execução de sentença: arts. 528 e 911
- provisionais; processamento nas férias: art. 215, II
- provisórios; cumprimento: art. 531

ALUGUEL

- imóvel dado em usufruto: art. 869, §§ 3º e 4º
- título executivo extrajudicial: art. 784, VIII

ALVARÁ JUDICIAL

- expedição; jurisdição voluntária: art. 725, VII

AMICUS CURIAE

- competência; manutenção: art. 138, § 1º
- incidente de resolução de demandas repetitivas: art. 138, § 3º
- intervenção: art. 133
- poderes: art. 138, § 2º
- recursos: art. 138, §§ 1º e 3º

ANALOGIA

- aplicação no julgamento: art. 140

ANTECIPAÇÃO DA TUTELA

- arts. 300 e 311
- agravo de instrumento; atribuição de efeito suspensivo: art. 1.019, I
- apelação; efeito devolutivo: art. 1.012, § 1º, V

ANTICRESE

- alienação do bem; eficácia: art. 804
- embargos de terceiro: art. 674, § 2º, IV
- intimação do credor na execução: art. 799, I
- título executivo extrajudicial: art. 784, V

ANULAÇÃO DE CASAMENTO

- *vide* AÇÃO DE ANULAÇÃO DE CASAMENTO

ANULAÇÃO DE TÍTULOS AO PORTADOR

- *vide* AÇÃO DE ANULAÇÃO E SUBSTITUIÇÃO DE TÍTULOS AO PORTADOR

APELAÇÃO

- arts. 331, 724, 994, I, e 1.009 a 1.014
- ação monitória: art. 702, § 9º
- efeito suspensivo; exceção: art. 1.012, § 1º
- efeito suspensivo; exceção; suspensão da eficácia da sentença: art. 1.012
- efeito suspensivo; requerimento: art. 1.012, § 3º
- inclusão em pauta: art. 946
- nulidade sanável; realização ou renovação do ato processual: art. 938, § 1º
- reexame dos pressupostos de admissibilidade: art. 1.010, § 3º
- resultado da apelação não unânime. Inversão do resultado, art. 942
- retratação; não decisão do mérito: art. 485, § 7º
- tutela antecipada; confirmação na sentença; impugnação: art. 1.013, § 5º

APELAÇÃO *EX OFFICIO*

- *vide* RECURSO OFICIAL

APREENSÃO

- documento e coisa: art. 403
- embarcações: art. 1.046, § 3º

ARBITRADORES

- demarcação; nomeação: art. 579

ARBITRAGEM

- admissibilidade: art. 3º, § 1º
- carta arbitral: art. 237, IV

ARBITRAMENTO

- dano processual: art. 81, § 3º
- valor da coisa; execução para entrega de coisa certa: art. 809

ARGUIÇÃO DE FALSIDADE

- arts. 430 a 433

ARRECADAÇÃO DE BENS

- competência; foro do domicílio do autor da herança: art. 48
- competência; foro do último domicílio do ausente: art. 49
- processamento nas férias: art. 214, I

ARREMATAÇÃO

- arts. 879 a 903
- tornada sem efeito: art. 903, § 1º

ARRENDAMENTO

- bens dotais de menores, órfãos ou interditos; jurisdição voluntária: art. 725, III

ARRESTO

- embargos de terceiro: art. 674
- tutela de urgência antecipada: art. 300, § 3º

ARRIBADAS FORÇADAS

- art. 1.046, § 3º

ARROLAMENTO

- arts. 659 a 667

ARROLAMENTO DE BENS

- fim de documentação; produção antecipada de prova: art. 381, § 1º
- tutela de urgência antecipada: art. 300, § 3º

ARROMBAMENTO
- busca e apreensão: art. 536, § 2º
- penhora: art. 846

ASSINATURA
- depoimento; prova testemunhal: art. 460
- despacho, decisão, sentença, acórdão: art. 205
- por meio eletrônico; dos juízes em todos os graus de jurisdição: art. 205, § 2º
- termos do processo: art. 209

ASSISTÊNCIA
- arts. 119 a 123
- adquirente/cessionário: art. 109, § 2º
- custas: art. 94
- incapazes: arts. 71 e 72

ASSISTÊNCIA JUDICIÁRIA
- *vide* JUSTIÇA GRATUITA

ASSISTÊNCIA LITISCONSORCIAL
- art. 124

ASSISTENTE
- *vide* ASSISTÊNCIA
- atuação, poderes e ônus: art. 121
- gestor de negócio do revel: art. 121, par. ún.
- processo posterior; impossibilidade de discussão sobre a justiça da decisão; exceções: art. 121
- técnico; remuneração: arts. 84 e 95

ATENTADO
- art. 77, §§ 1º e 7º

ATO ATENTATÓRIO À DIGNIDADE DA JUSTIÇA
- advertência: art. 772, II
- advogados: art. 77, § 5º
- Defensoria Pública: art. 77, § 5º
- devedor; caracterização: art. 774
- Ministério Público: art. 77, § 5º
- multa: art. 774, par. ún.
- restabelecimento do estado de fato anterior: art. 77, § 7º

ATOS DA PARTE
- arts. 200 a 202

ATOS DO ESCRIVÃO
- arts. 206 a 211

ATOS DO JUIZ
- arts. 203 e 205
- atos executivos: art. 782

ATOS PROCESSUAIS
- *vide* FORMA, NULIDADE e PRAZO
- assinatura dos intervenientes: art. 209
- contradição na transcrição; momento e forma de suscitar: art. 209, § 2º
- datilografia: art. 209
- despesas; pagamento: art. 91
- Estados e Distrito Federal; compromisso recíproco; convênio: art. 75, § 4º
- extinção do direito; prazo; justa causa: art. 223
- férias e feriados; prática; tutela de urgência: art. 214, II
- inúteis ou desnecessários: art. 77, III
- lugar: art. 217
- ordem judicial: art. 236
- partes; constituem, modificam e extinguem direitos processuais: art. 200
- produzidos/armazenados digitalmente em arquivo eletrônico; na presença do juiz: art. 209, § 1º
- recursos tecnológicos; transmissão de imagem e som; admissibilidade: art. 236, § 3º
- registro em arquivo eletrônico: art. 943
- tempestividade; prática anterior ao início do prazo: art. 218, § 4º
- tempo: arts. 212 a 216
- videoconferência; admissibilidade: art. 236, § 3º

AUDIÊNCIA
- arts. 358 a 368
- adiamento; atraso: art. 362, III
- antecipação; intimação: art. 363
- conciliação; procedimento comum: art. 334
- conciliação não obtida: art. 335, I
- conciliação ou mediação; desinteresse; manifestação: arts. 334, §§ 4º a 6º
- conciliação ou mediação; organização da pauta; intervalo mínimo: art. 334, § 12
- conciliação ou mediação; prazo para contestação: art. 335, I e II
- conciliação ou mediação; presença de advogado: art. 334, § 9º
- conciliação ou mediação; presença de conciliador ou mediador: art. 334, § 1º
- conciliação ou mediação; alegação de incompetência em contestação; suspensão: art. 340, §§ 3º e 4º
- concurso de credores: art. 909
- embargos do devedor: art. 920
- férias forenses; órgão colegiado; não realização: art. 220, § 2º
- instrução e julgamento; curatela; levantamento: art. 756, § 2º
- instrução e julgamento; oitiva de testemunha; videoconferência: art. 453, § 1º
- leitura da sentença; prazo para recurso: art. 1.003, § 1º
- mediação: art. 334
- morte ou perda da capacidade processual; suspensão do processo: art. 313, § 1º
- preliminar: art. 334, § 1º
- produção de prova testemunhal: arts. 449 e 453
- prova documental; reprodução cinematográfica ou fonográfica; exibição: art. 434, par. ún.
- ratificação; protestos marítimos e processos testemunháveis a bordo: art. 769
- recurso especial e extraordinário repetitivos; instrução; audiência pública: art. 1.038, II
- requerimentos; registro em ata: art. 360, V

AUSÊNCIA
- art. 242, § 2º
- réu; citação: art. 242, § 1º

AUSENTE
- bens: arts. 744 e 745
- curador especial: arts. 72, par. ún.
- Ministério Público; intervenção: art. 626
- réu; foro da ação: art. 49
- sucessão provisória: art. 745, §§ 1º a 4º
- cf. também BENS DE AUSENTES

AUTARQUIAS
- citação; órgão de Advocacia Pública: art. 242, § 3º
- citação e intimação; autos eletrônicos; cadastro; obrigatoriedade: art. 246, §§ 1º e 2º
- competência; intervenção: art. 45
- intimação; órgão de Advocacia Pública: art. 269, § 3º
- prazo para recurso: art. 180
- recurso; preparo; dispensa: art. 1.007, § 1º
- representação: art. 75, III
- sentença adversa; reexame necessário: art. 496, I

AUTO
- de arrematação: arts. 901 e 903
- de demarcação: art. 586, par. ún.
- de divisão: art. 597, § 1º
- de inspeção judicial: art. 484
- de interrogatório do interditando: art. 751
- de orçamento de partilha: art. 653, I
- de resistência à penhora: art. 846, § 3º
- de restauração de autos: art. 714, § 1º

AUTOCOMPOSIÇÃO
- admissibilidade; procedimento; alteração pelas partes: art. 190
- audiência de conciliação ou mediação: art. 334
- audiência; redução a termo e homologação: art. 334, § 11
- ausência; tutela cautelar antecedente efetivada; prazo para contestação: art. 308, § 4ª
- desinteresse; manifestação: arts. 334, §§ 4º a 6º
- extrajudicial; homologação; jurisdição voluntária: art. 725, VIII
- proposta da parte; certificação em mandado; oficial de justiça: art. 154, par. ún.

AUTORIDADE ADMINISTRATIVA
- competência; conflito com autoridade judiciária: art. 959

AUTORIDADE JUDICIÁRIA
- *vide* JUIZ
- competência; conflito com autoridade administrativa: art. 959

AUTOS
- acórdão transitado em julgado; baixa ao juízo de origem: art. 1.006
- cobrança ao advogado que exceder prazo: art. 234, §§ 1º e 2º
- consulta; direito das partes e procuradores: art. 189, § 1º
- desaparecimento; restauração; custas: art. 718

- devolução fora de prazo; efeitos: art. 234, §§ 1º a 4º
- penhora; averbação no rosto dos autos: art. 860
- prazoparabaixa:art.1.006
- responsabilidade pela guarda; escrivão: art. 152, IV

AUTOS SUPLEMENTARES
- numeração e rubrica das folhas; ato do escrivão: art. 207

AUXILIARES DA JUSTIÇA
- arts. 149 a 175

AVALIAÇÃO
- arts. 870 a 875
- *vide* PENHORA e PROVA PERICIAL
- bens do espólio: arts. 630 e 631
- cálculo do tributo: arts. 637 e 638
- execução; dispensa: art. 871
- imóvel suscetível de cômoda divisão: art. 872, §§ 1º e 2º
- incumbência do oficial de justiça fazer: art. 154, V
- pagamento das dívidas do espólio; adjudicação de bens: art. 642, § 4º
- reavaliação; execução: art. 873

AVALIADOR
- *vide* PERITO

AVARIAS
- arts. 707 a 711
- a cargo do segurador: art. 1.046, § 3º
- regulamentação avaria grossa: arts. 707 a 711

AVOCAÇÃO DE AUTOS
- pelo tribunal; juiz que excedeu prazos legais: art. 235, § 1º
- pelo tribunal; reexame necessário: art. 496, § 1º

– B –

BAIXA DE AUTOS
- prazo: art. 1.006

BANCOS
- depósito de dinheiro, pedras, metais preciosos e papéis de crédito: art. 840, I

BEM DE FAMÍLIA
- art. 1.046, § 3º

BENFEITORIAS
- execução; indenização: art. 810
- na divisão: art. 593

BENS
- adjudicação: art. 642, § 4º
- alienação: art. 725, III
- alienação; fraude de execução: art. 790, V
- arrolamento; fim de documentação; produção antecipada de prova: art. 381, § 1º
- arrolamento; tutela de urgência antecipada: art. 300, § 3º
- avaliação: art. 631
- avaliação; espólio; inocorrência: art. 661
- conferidos na partilha: art. 639, par. ún.
- consignação em pagamento: art. 548
- de ausentes: regresso: art. 745, § 4º
- de ausentes: separação para pagamento; inventário: arts. 642, §§ 2º a 4º, e 646
- de ausentes: sucessão provisória: art. 745
- decurador; editais: art. 744
- dotais; alienação: art. 725, III
- execução; devedor; em poder de terceiros: art. 790, III
- fora da comarca; inventário: art. 632
- fora da execução: art. 832
- guarda e conservação; depositário ou administrador: art. 159
- imóveis; divisíveis; alienação parcial: art. 894
- impenhoráveis; relação: arts. 833 e 834
- inalienáveis; frutos e rendimentos; penhora: art. 834
- penhora; mais de uma: art. 797, par. ún.
- responsabilidade patrimonial: arts. 789 a 796
- tombados; alienação judicial; ciência; União, Estados e Municípios: art. 889, VIII

BOA-FÉ
- ato atentatório ao exercício da jurisdição; multa: art. 77, §§ 2º a 6º
- exigência legal: art. 77,1 a, IV
- cf. também MÁ-FÉ

BUSCA E APREENSÃO
- férias e feriados: art. 214, I
- mandado; arrombamento de portas e móveis: art. 536, § 2º
- mandado; cumprimento: art. 536, § 2º
- mandado; execução para entrega de coisa móvel certa: art. 806, § 2º

– C –

CADERNETA DE OPERAÇÕES DE CAMPO
- na demarcação: art. 583

CAIXA ECONÔMICA FEDERAL
- depósito de dinheiro: art. 840, I

CALAMIDADE PÚBLICA
- prorrogação de prazos: art. 222, § 2º

CÁLCULO
- aritmético; liquidação de sentença; memória apresentada pelo credor; excesso: art. 524, § 1º
- do contador; liquidação de sentença; base; penhora: art. 524, § 2º

CÂMARAS DE MEDIAÇÃO E CONCILIAÇÃO DA UNIÃO, ESTADOS E MUNICÍPIOS
- art. 174

CÂMARAS PRIVADAS DE CONCILIAÇÃO E MEDIAÇÃO
- arts. 167, 168, 169, § 2º, e 175, par. ún.

CANCELAMENTO
- averbações: art. 828, § 2º
- documento: art. 426

CAPACIDADE PROCESSUAL
- *vide* INCAPACIDADE e INCAPAZES
- conceito: art. 70
- cônjuge: arts. 73 e 74
- curador especial: art. 72
- defeito; grau recursal: art. 76, § 2º
- defeito; suspensão do processo para ser sanado: art. 76
- incapazes; representação ou assistência: art. 71
- perda; suspensão do processo: art. 313, I e § 1º
- representação de pessoas jurídicas: art. 75

CARÊNCIA DE AÇÃO
- aplicação na contestação: arts. 337, XI, 351 e 352
- extinção do processo: art. 485, VI e § 3º

CARTA(S)
- citação com hora certa: art. 253, § 2º e 254
- citação pelo correio: arts. 247 e 248
- comunicação dos atos: arts. 260 a 268
- cumprimento; prazo; cooperação da parte interessada: art. 261, § 3º
- valor probante: art. 415

CARTA ARBITRAL
- art. 237, IV
- instrução: art. 260, § 3º
- requisitos: art. 260, § 3º

CARTA DE ARREMATAÇÃO
- conteúdo: art. 901, § 2º

CARTA DE ORDEM
- cabimento: art. 236, §§ 1º e 2º
- expedição por meio eletrônico: art. 263
- intimação; comunicação imediata ao juiz deprecante; meios eletrônicos: art. 232
- requisitos: art. 260
- cf. também CARTA PRECATÓRIA

CARTA DE SENTENÇA
- homologação de sentença estrangeira; execução: art. 965
- cf. também SENTENÇA

CARTA DE USUFRUTO
- conteúdo; inscrição: art. 869, § 2º
- cf. também USUFRUTO

CARTA PRECATÓRIA
- caráter itinerante: art. 262
- cumprimento de ato processual: art. 236, §§ 1º e 2º
- cumprimento; devolução ao juízo de origem: art. 268
- execução por carta; embargos do devedor: art. 914, § 2º
- expedição por meio eletrônico: art. 263
- herança jacente; arrecadação de bens em outra comarca: art. 740, § 5º
- intimação; comunicação imediata ao juiz deprecante; meios eletrônicos: art. 232
- juntada aos autos até o julgamento final: art. 377, par. ún.

CPC

- Justiça Federal; cumprida pela Justiça Estadual: art. 237, par. ún.
- nomeação de perito e assistentes: art. 465, § 6º
- penhora: art. 845, § 2º
- perícia: art. 260, §§ 1º e 2º
- prazo para cumprimento: art. 261
- recusa de cumprimento pelo juiz: art. 267
- requisitos essenciais: art. 260
- suspensão do processo: art. 377
- telegrama, radiograma e telefone: arts. 264 a 266

CARTA ROGATÓRIA
- autoridade estrangeira: art. 236, §§ 1º e 2º
- concessão de exequibilidade no Brasil: art. 36
- defesa: art. 36, § 1º
- expedição por meio eletrônico: art. 263
- intimação; comunicação imediata ao juiz deprecante; meios eletrônicos: art. 232
- mérito; revisão; vedação: art. 36, § 2º
- procedimento: art. 36
- obediência a convenções internacionais: art. 35
- recusa de cumprimento; citação por edital: art. 256, § 1º
- remessa por via diplomática: art. 35 e 41
- requisitos essenciais: art. 260
- título executivo judicial; carta rogatória: art. 515, IX
- tradução: art. 38

CASOS REPETITIVOS
- arts. 12, § 2º, II e III, 311, II, 332, II, 496, § 3º, II, 521, IV, 927, III, 928 e 1.036
- audiências públicas: art. 927, § 2º
- desistência de recurso: art. 998, par. ún.
- recursos extraordinário e especial repetitivos: art. 1.036
- repercussão geral: art. 1.035, § 3º

CAUÇÃO
- advogado sem procuração; desnecessidade: art. 104, § 2º
- arrematação: art. 892
- autor; residência fora do Brasil; dispensa; acordo ou tratado internacional: art. 83, § 1º, I
- autor residente fora: art. 83
- cumprimento de sentença; dispensa; conformidade a súmula ou julgamento de casos repetitivos: art. 521, IV
- embargos de terceiros: art. 678, par. ún.
- medida cautelar: arts. 83
- possessória: art. 559
- réu; alegação: art. 337, XII

CAUSA
- férias; prosseguimento do andamento: art. 215
- cf. também VALOR DA CAUSA

CAUSA DE PEDIR
- ações conexas: art. 55
- ações idênticas: art. 337, §§ 1º a 3º
- aditamento: arts. 308, § 3º, e 329
- falta; inépcia da petição inicial: art. 330, § 1º, I
- identidade de ação: art. 337, § 2º
- litisconsórcio: art. 113, II
- saneamento do processo; impossibilidade de alteração: art. 329, II,

CAUSA PRÓPRIA
- advogado: arts. 85, § 17, e 106
- partes: arts. 103 e 106

CENTROS JUDICIÁRIOS DE SOLUÇÃO CONSENSUAL DE CONFLITOS
- atribuição: art. 165, *caput*
- composição: art. 165, § 1º

CERTIDÃO
- direito de requerer: art. 189, § 1º
- força probante: art. 425, I e II
- formal de partilha; substituição: art. 655, par. ún.
- incumbência do escrivão: art. 152, V
- óbito; inventário: art. 615, par. ún.
- requisição pelo juiz; prova das alegações das partes: art. 438, I

CESSIONÁRIO
- inventário; legitimidade concorrente: art. 616, V
- legitimidade para propor ou prosseguir na execução: art. 778, § 1º, III

CHAMAMENTO AO PROCESSO
- arts. 130 a 132
- admissibilidade: art. 130
- citação: art. 131
- citação; chamado; residência em outra comarca; prazo: art. 131, par. ún.
- sentença: art. 132

CHEFE DE SECRETARIA
- incumbências; regulamentação; ato do juiz: art. 152, § 1º
- ordem cronológica dos processos: arts. 153

CHEQUE
- penhora: art. 856
- título executivo: art. 784, I

CITAÇÃO
- arts. 238 a 259
- ações de família: art. 695
- aditamento; antes da citação: art. 329, I
- carta; processo de conhecimento; requisitos: art. 248, § 3º
- carta precatória, rogatória ou de ordem; comunicação imediata ao juiz deprecante; meios eletrônicos: art. 232
- citando; incapacidade; atestado médico; dispensa de nomeação de médico para exame: art. 245, § 3º
- comarcas contíguas: art. 255
- comparecimento em cartório: art. 246, III
- comparecimento espontâneo do réu: art. 239, § 1º
- comparecimento espontâneo; suprimento da falta: art. 239, § 1º
- conceito: art. 238
- cônjuges; necessidade: art. 73 e § 1º
- correio: arts. 246, I, 247 e 248
- correio; início de prazo: art. 231, I
- denunciação da lide: arts. 125 a 129
- Distrito Federal; autos eletrônicos; cadastro; obrigatoriedade: art. 246, §§ 1º e 2º
- Distrito Federal e autarquias; Advocacia Pública: art. 242, § 3º
- do locador ausente do território nacional: art. 242, § 2º
- domingos e feriados ou fora do horário em dia útil: art. 212, § 2º
- edital; advertência; curador especial em caso de revelia: art. 257, IV
- edital; condições: art. 257
- edital; execução por quantia certa: art. 830, §§ 2º e 3º
- edital; início do prazo: art. 231, IV
- edital; requerimento doloso: art. 258
- edital; réu revel; nomeação de curador especial: art. 72, II
- efeitos: arts. 59 e 240
- Estados; autos eletrônicos; cadastro; obrigatoriedade: art. 246, §§ 1º e 2º
- Estados e autarquias; Advocacia Pública: art. 242, § 3º
- execução; interrupção da prescrição: art. 802
- execução para entrega de coisa certa: art. 806
- execução por quantia certa: art. 829
- falta ou nulidade: art. 535, I
- falta ou nulidade; impugnação; cumprimento da sentença: art. 525, § 1º, I
- hora certa; vizinho ou parente; ausência ou recusa: art. 253, § 2º
- juiz incompetente: arts. 59 e 240
- litisconsortes passivos; início de prazo: art. 231, § 1º
- locador que se ausentar do País: art. 242, § 2º
- local de efetuação: art. 243
- lugar inacessível; por edital: art. 256, II
- mandado; advertência; curador especial em caso de revelia: art. 253, § 4º
- mandado; advertência da falta de contestação: arts. 248, § 3º, e 250
- mandado; início de prazo: art. 231, II
- mandado; requisitos: art. 250
- mentalmente incapaz: art. 245
- militar: art. 243, par. ún.
- modos: art. 246
- noivos: art. 244, III
- nulidade: art. 280
- nulidade; comparecimento do réu apenas para argui-la: art. 239, § 1º
- oficial de justiça; procedimento: arts. 249 a 252
- opostos: art. 683
- parentes de pessoa falecida: art. 244, II
- pessoa doente: art. 244, IV
- pessoal; embargos de terceiro: art. 677, § 3º
- pessoal; réu, representante ou procurador legalmente autorizado: art. 242

- por meio eletrônico: art. 246, V
- postal; início de prazo: art. 231, I
- prazo; início: art. 231
- preliminar de inexistência ou nulidade: art. 337, I
- prescrição; interrupção: art. 240, § 1º
- procedimento comum: art. 334
- procedimento de jurisdição voluntária: art. 721
- propositura da ação; efeitos quanto ao réu: art. 312
- realização fora do horário: art. 212, § 2º
- realizada em férias e feriados: art. 214, I
- réu ausente: art. 242, § 1º
- réus; início do prazo: art. 231, § 1º
- réu; ato pessoal ou na pessoa do representante legal: art. 242
- União; autos eletrônicos; cadastro; obrigatoriedade: art. 246, §§ 1º e 2º
- União e autarquias; Advocacia Pública: art. 242, § 3º
- validade do processo; indispensável: art. 239

CITAÇÃO COM HORA CERTA
- ausência do citando; citação considerada realizada: art. 253, § 1º
- consignação em pagamento: arts. 252 e 542
- domicílio do réu: arts. 252 e 253
- réu revel; curador especial: art. 72, II

CLÁUSULA AD JUDICIA
- art. 105

COAÇÃO
- prova testemunhal; contratos: art. 446

COBRANÇA DOS AUTOS
- intimação pessoal: art. 234, §§ 1º e 2º

CODICILO
- disposições aplicáveis: art. 737, § 3º

COISA CERTA
- execução: arts. 806 a 810

COISA INCERTA
- execução: arts. 811 a 913

COISA JULGADA
- arts. 502 a 508
- ação rescisória: art. 966, IV
- extinção do processo: arts. 316, 485, V, 486 e 487
- restauração dos autos: art. 716
- réu; alegação: art. 337, VII e §§ 1º a 3º
- tribunal estrangeiro: art. 24

COISA LITIGIOSA
- efeito da citação válida: art. 240

COISAS VAGAS
- art. 746

COLAÇÕES
- arts. 639 a 641
- cf. também INVENTÁRIO

COMARCA
- competência: art. 43
- contígua; citações/intimações: art. 255

COMPENSAÇÃO
- embargos à execução contra a Fazenda Pública: art. 535, VI

COMPETÊNCIA
- absoluta; relativa: arts. 62 e 63
- ação acessória: art. 61
- ação de alimentos: art. 22, I
- ação de consignação: art. 540
- ação decorrente de relação de consumo: art. 22, II
- causa da União e territórios: art. 51
- causa de Estado e Distrito Federal: art. 52
- conflito de competência; ocorrência: art. 66
- conflito de competência; suscitação: art. 66, par. ún.
- em razão da matéria e da hierarquia; inderrogável: arts. 62 e 63
- em razão do valor e da matéria; normas de organização judiciária: art. 44
- em razão do valor e do território: arts. 62 e 63
- execução: art. 781
- execução fiscal: art. 46, § 5º
- incidente de assunção: art. 947
- interna: arts. 42 a 66 e 951 a 959
- internacional: arts. 21 a 25
- intervenção da União, empresas públicas, entidades autárquicas e fundações: art. 45
- intervenção de conselho de fiscalização de atividade profissional: art. 45
- jurisdição nacional, limites: arts. 21 a 24
- modificação pela conexão ou continência: art. 54
- prevenção; distribuição da contestação ou carta precatória: art. 340, § 2º
- processamento e decisão das causas: art. 42
- produção antecipada de provas: art. 381, §§ 2º a 4º
- propositura da ação: art. 43
- prorrogação; ocorrência: art. 65
- submissão voluntária à jurisdição nacional: art. 22, III

COMPETÊNCIA TERRITORIAL
- ação de alimentos: art. 53, II
- ação de direito pessoal: art. 46
- ação de direito real sobre bens móveis: art. 46
- ação de separação e de anulação de casamento: art. 53, I
- ação relativa a direito real sobre imóvel: art. 47, § 1º
- domicílio do autor: arts. 51 e 52
- domicílio do idoso: art. 53, III
- domicílio do réu: art. 46
- foro de eleição: arts. 47, § 1º, 62 e 63
- foro de eleição; estrangeiro: art. 25
- lugar de cumprimento da obrigação: art. 53, IV, *d*
- lugar do ato ou fato: art. 53, IV e V
- modificação pela conexão ou continência: art. 54
- prevenção; ocorrência: arts. 58, 59 e 60
- sede da serventia notarial ou de registro; ação de reparação de dano: art. 53, III, *f*

CONCESSÃO DE USO ESPECIAL PARA FINS DE MORADIA
- alienação judicial; ciência: art. 889, III e IV
- execução; intimação do concessionário: art. 799, V
- execução; intimação do proprietário: art. 799, VI
- execução; alienação; eficácia: art. 804, §§ 4º e 5º

CONCESSÃO DE DIREITO REAL DE USO
- alienação judicial; ciência: art. 889, III e IV
- execução; intimação do concessionário: art. 799, V
- execução; intimação do proprietário: art. 799, VI
- execução; alienação; eficácia: art. 804, §§ 4º e 5º

CONCILIAÇÃO
- audiência: art. 334
- audiência; ações de família: art. 696
- audiência; advogado: art. 334, § 9º
- audiência; desinteresse: art. 334, §§ 4º a 6º
- audiência; meios eletrônicos: art. 334, § 7º
- audiência preliminar: art. 334, § 1º
- audiência; suspensão; alegação de incompetência em contestação: art. 340, §§ 3º e 4º
- câmaras privadas; cadastro: art. 167
- confidencialidade: art. 166, § 1º
- intimação do autor: art. 334, § 3º
- princípios: art. 166
- procedimento: art. 166, § 4º
- sessões: art. 334, § 2º
- técnicas negociais: art. 166, § 3º
- tentativa; competência do juiz: art. 139, V

CONCILIADOR E CONCILIADORES JUDICIAIS
- audiência; atuação obrigatória: art. 334, § 1º
- advogado; impedimento: art. 167, § 5º
- atuação: art. 165, § 3º
- cadastro: art. 167
- cadastro; exclusão: art. 173
- dever de sigilo: art. 166, § 2º
- impedimento: art. 170
- impossibilidade temporária: art. 171
- profissional independente: art. 175
- remuneração: art. 169, *caput* e § 1º

CONCURSO DE AÇÕES
- *vide* CUMULAÇÃO

CONCURSO DE CREDORES
- execução por quantia certa: arts. 908 e 909

CONCUSSÃO
- ação rescisória: art. 966, I

CPC

CONDIÇÃO(ÕES)
- da ação; ausência; extinção do processo: art. 485, VI
- excesso de execução: art. 917, § 2º, V
- execução da sentença; prova do advento da condição ou termo: art. 514
- nulidade de execução: art. 803, III
- prova de sua verificação; petição inicial da execução: art. 798, I, c

CONDOMÍNIO
- encargo; título executivo: art. 784, VIII

CONDÔMINO
- legitimidade na ação demarcatória: art. 575

CONEXÃO
- ação; ocorrência: art. 55
- alegada na contestação: art. 337, VIII
- competência; modificação: art. 54
- distribuição por dependência: art. 286, I
- litisconsórcio: art. 113, II
- reunião de processos: art. 55, §§ 1º a 3º

CONFISSÃO
- arts. 389 a 395

CONFLITO DE COMPETÊNCIA
- atribuição entre autoridades judicial e administrativa: art. 959
- conceito: art. 66
- decisão de plano; jurisprudência dominante do tribunal sobre a questão: art. 955, par. ún.
- decisão, validade dos atos do juiz incompetente: art. 957
- documentos: art. 953
- entre órgãos de tribunal; regimento interno: art. 959
- exceção declinatória: art. 952, par. ún.
- informação dos juízes: art. 954, par. ún.
- legitimidade: arts. 951 e 952
- Ministério Público: arts. 951 e 968, § 1º
- negativo: art. 66, II
- positivo: art. 66, I
- reunião de processo: art. 66, III
- sobrestamento do processo: art. 955
- suscitado ao presidente do tribunal: art. 953
- suscitar: arts. 951 a 959
- tribunais: art. 930

CÔNJUGES
- bens; responsabilidade pela dívida: art. 790, IV
- citação: art. 73, § 1º
- direitos reais imobiliários: art. 73
- nas ações possessórias: art. 73, § 2º
- penhora; arrematação; preferência: art. 843, § 1º

CONSELHEIROS
- inquiridos como testemunhas: art. 454, X

CONSENTIMENTO
- *vide* SUPRIMENTO DE CONSENTIMENTO

CONSIGNAÇÃO EM PAGAMENTO
- *vide* AÇÃO DE CONSIGNAÇÃO EM PAGAMENTO

CONSTITUIÇÃO DE CAPITAL
- ato ilícito; indenização; prestação de alimentos: art. 533

CONSULTA
- autos: art. 189, § 1º

CONTADOR OU CONTABILISTA
- cálculo; base; penhora: art. 524, § 2º
- impedimento e suspeição: art. 148
- inventário: art. 630, par. ún.
- perícia: art. 156

CONTAS
- exigir contas: art. 550
- inventariante, tutor, curador, depositário, administrador; processada em apenso: art. 553

CONTESTAÇÃO
- ações de família: art. 697
- ação de usucapião: arts. 246, § 3º, 335, III
- ação demarcatória: art. 577
- assinatura de documento; ônus da prova: art. 429, II
- curador especial: art. 72, II
- embargos de terceiro: art. 679
- falsidade: art. 430
- habilitação: art. 691
- incidente de falsidade: art. 430
- início do prazo: art. 231
- interesse e legitimidade: arts. 17 e 19
- justiça gratuita; concessão indevida; contestação: art. 337, XIII
- litispendência: art. 337, VI e §§ 1º a 3º
- medida cautelar: arts. 306 e 307
- novas alegações; posteriores à contestação: art. 342
- oposição: art. 683
- perempção: art. 337, V
- prazo: art. 335
- prazo comum; litisconsortes: art. 335, §§ 1º e 2º
- prazo; tutela cautelar antecedente: art. 306
- prazo; tutela cautelar antecedente efetivada; ausência de autocomposição: art. 308, § 4º
- preliminares: art. 337
- preliminares; oitiva do autor: arts. 351 e 352
- prestação de contas: art. 550, § 5º
- presunção; de veracidade; fatos não impugnados: art. 341
- prova documental; reprodução cinematográfica ou fonográfica: art. 434, par. ún.
- reconvenção: art. 343
- resposta do réu: arts. 335 a 343
- restauração dos autos; parte contrária: art. 714
- valor da causa; impugnação: art. 293

CONTINÊNCIA DE CAUSAS
- competência; modificação: art. 54
- conceito: art. 56
- distribuição: art. 286, I

CONTRADIÇÃO
- embargos de declaração: art. 1.022, I

CONTRADITA À TESTEMUNHA
- art. 457, § 1º

CONTRAFÉ
- art. 252

CONTRAPRESTAÇÃO
- possibilidade de exigência subordinada ao implemento da prestação; execução: art. 787

CONTRAPROTESTO
- art. 728

CONTRARRAZÕES
- ausência de retratação: art. 332, § 4º
- apelação: art. 1.009, § 2º
- impugnação à justiça gratuita: art. 100
- recurso extraordinário e especial; recurso ordinário; prazo: art. 1.030

CONTRATO
- adesão; nulidade; cláusula; declaração de ofício: art. 63, § 3º
- simulado; prova: art. 446, I

CONVENÇÃO DAS PARTES
- audiência: arts. 362, I, e 364, § 1º
- ônus da prova; nulidade: art. 373, § 3º
- suspensão da execução: art. 922
- suspensão do processo: art. 313, II

CONVENÇÃO DE ARBITRAGEM
- preliminar: art. 337, X

COOPERAÇÃO
- internacional: *vide* COOPERAÇÃO INTERNACIONAL
- nacional: *vide* COOPERAÇÃO NACIONAL
- sujeitos do processo: art. 6º

COOPERAÇÃO INTERNACIONAL
- auxílio direto: arts. 28 a 34
- carta rogatória: arts. 35 e 36
- decisão estrangeira: art. 40
- homologação de sentença estrangeira: arts. 960 a 965
- objeto: art. 27
- pedido; autenticidade de documento: art. 41
- pedido; autoridade brasileira: arts. 37 e 38
- regras: art. 26

COOPERAÇÃO NACIONAL
- arts. 67 a 69
- carta de ordem, precatória e arbitral: art. 69, § 1º
- dever; órgãos do Poder Judiciário: art. 67
- objeto: art. 69, § 2º
- pedido: arts. 68 e 69

CORREIO
- citação postal: arts. 246, I, 247 e 248
- intimação por carta: arts. 273, II, e 274

CORRETORES
- bolsa de valores; alienação de títulos penhorados: art. 881, § 2º

CORRUPÇÃO
- passiva do juiz; ação rescisória: art. 966, I

COTAS MARGINAIS
- proibição; multa: art. 202

CREDORES
- direito de retenção: art. 793
- execução em seu interesse: art. 797
- execução; medidas acautelatórias: art. 799, VIII
- garantia real; intimação para penhora: art. 799, I e II
- inadimplente; excesso de execução: art. 917, § 2º, IV
- obrigado à contraprestação; adimplemento: art. 798, I, *d*
- preferência sobre bens penhorados: art. 797
- título executivo; legitimidade: art. 778, § 1º
- usufruto; imóvel penhorado: art. 869, § 2º

CULTO RELIGIOSO
- citação: art. 244, I

CUMPRIMENTO DA SENTENÇA
- arts. 513 a 538
- alimentos; inadimplemento; impossibilidade absoluta: art. 528, § 1º
- caução; dispensa; conformidade a súmula ou julgamento de casos repetitivos: art. 521, IV
- contra Fazenda Pública; demonstrativo de crédito: art. 534
- contra Fazenda Pública; excesso de execução: art. 535, § 2º
- contra Fazenda Pública; impugnação parcial: art. 535, § 4º
- contra Fazenda Pública; pequeno valor: art. 535, § 3º, II
- contra Fazenda Pública; obrigação inexigível; fundamento inconstitucional; modulação de efeitos: art. 535, §§ 5º a 7º
- demonstrativo de crédito: art. 524
- execução; aplicação das regras: art. 771
- impedimento e suspeição: art. 525, § 2º
- impugnação; efeito suspensivo; não extensão aos demais impugnantes: art. 525, § 7º
- impugnação; atos executivos: art. 525, § 11
- impugnação; fato superveniente: art. 525, § 11
- impugnação parcial; efeito suspensivo: art. 525, § 7º
- julgamento parcial de mérito: art. 356, §§ 2º e 4º
- obrigação de fazer ou não fazer; descumprimento injustificado de ordem judicial; má-fé: art. 536, § 3º
- obrigação de fazer ou não fazer; multa: art. 537
- obrigação de fazer ou não fazer; multa; alteração; cumprimento parcial ou justa causa: art. 537, § 1º
- obrigação de fazer ou não fazer; multa; devida ao exequente: art. 537, § 2º
- obrigação de fazer ou não fazer; multa; cumprimento definitivo: art. 537, § 4º
- obrigação de fazer ou não fazer; natureza não obrigacional: arts. 536, § 5º, e 537, § 5º
- obrigação inexigível; fundamento inconstitucional; modulação de efeitos: art. 525, §§ 12 a 14
- pagamento antes da intimação: art. 526
- pagamento antes da intimação; impugnação do valor: art. 526, § 1º
- pagamento antes da intimação; insuficiência do depósito: art. 526, § 2º
- provisório; aplicação das regras do definitivo: art. 527
- provisório; obrigação de fazer ou não fazer ou entregar: arts. 520 a 522

CUMULAÇÃO
- ação demarcatória e ação de divisão: art. 570
- ação rescisória: art. 968, I
- execuções de títulos: art. 780
- indevida de execução: art. 535, IV
- pedido: arts. 327 e 968, I
- pedido; interesse da União: art. 45, §§ 2º e 3º
- pedido; valor da causa: art. 292, VI
- possessória: art. 555
- procedimento: art. 327, § 2º
- requisitos de admissibilidade: art. 327, § 1º

CURADOR
- citação; réu demente; nomeação: art. 245, § 4º
- compromisso: art. 759
- contestação do pedido de remoção: art. 761, par. ún.
- de ausentes; nomeação: art. 744
- escusa do encargo: art. 760
- especial: arts. 72 e 341, par. ún.
- herança jacente; atribuições: art. 739
- incapazes: arts. 71 e 72
- prestação de contas: art. 553
- prestação de contas; disposições comuns: art. 763, § 2º
- remoção; processamento durante as férias: art. 215, II
- requerimento de exoneração: art. 763
- suspensão; substituto interino: art. 762

CURATELA
- disposições: arts. 747 a 763
- interdição: art. 755, § 1º
- interdição; incapaz sob guarda e responsabilidade do interdito: art. 755, § 2º
- intervenção do Ministério Público: art. 178, II
- levantamento; exame; audiência de instrução e julgamento: art. 756, § 2º
- levantamento; exame; perito ou equipe multidisciplinar: art. 756, § 2º
- levantamento parcial: art. 756, § 4º

CUSTAS
- dispensa; transação: art. 90, § 3º
- título executivo: art. 515, V

- D -

DANO PROCESSUAL
- arts. 79 a 81 e 302

DANOS
- execução indevida: art. 776

DEBATES ORAIS
- no procedimento comum: art. 364

DEBÊNTURE
- título executivo: art. 784, I

DECADÊNCIA
- ação rescisória: art. 975
- aplicação; prazos extintivos: art. 240, § 4º
- extinção do processo: art. 487, II
- julgamento liminar; improcedência do pedido: art. 332
- manifestação das partes: art. 487, par. ún.
- medida cautelar; acolhimento da alegação de decadência: art. 310

DECISÃO ESTRANGEIRA
- competência exclusiva; não homologação: art. 964
- cumprimento: art. 965
- eficácia: art. 961
- *vide* AÇÃO DE HOMOLOGAÇÃO DE DECISÃO ESTRANGEIRA

DECISÃO INTERLOCUTÓRIA
- agravo; cabimento: art. 1.015
- conceito: art. 203, § 2º
- estrangeira; título executivo judicial; *exequatur*; carta rogatória: art. 515, IX
- publicação; Diário de Justiça Eletrônico: art. 205, § 3º

DECISÕES
- fundamentação: art. 11
- indeferimento da inicial; reforma pelo juiz: art. 331
- turma/órgão fracionário; cabimento de embargos: arts. 1.043 e 1.044

DECLARAÇÃO DE INCOMPETÊNCIA
- arts. 64 a 66

DECLARAÇÃO DE INCONSTITUCIONALIDADE
- designação da sessão de julgamento: art. 950
- pronunciamento anterior sobre a questão: art. 949, par. ún.
- rejeição ou acolhimento: art. 949
- submissão da questão à turma ou câmara que conhecer do processo: art. 948

DECLARAÇÃO INCIDENTE
- suspensão do processo: art. 313, IV

DECLARAÇÕES DE VONTADE
- constituição, modificação e extinção de direitos: art. 200

DEFESA
- contra texto expresso de lei ou fato incontroverso: art. 80, I

CPC

- procedimento comum: art. 335, I
- reconvenção: art. 343, § 1º

DEFENSORIA PÚBLICA
- ato atentatório à dignidade da justiça: art. 77, § 6º
- atribuição: art. 185
- cadastro; autos eletrônicos; prazo: art. 1.050
- férias forenses; atuação: art. 220, § 1º
- intimação pessoal: art. 186, § 1º
- intimação pessoal; parte: art. 186, § 2º
- prazo: art. 186
- procuração; dispensa de juntada: art. 287, par. ún., II
- responsabilidade: art. 187
- serventuário; excesso de prazo; representação: art. 233, § 2º

DELITO
- questão prejudicial: art. 315, § 1º
- reparação; foro competente: art. 53, V

DEMARCAÇÃO
- ação de demarcação; confinante: art. 569, I
- ação de divisão; consorte: art. 569, II
- apelação: art. 1.012, § 1º, I
- colocação de marcos; marco primordial: art. 584
- competência territorial: art. 47, § 1º
- contestação: arts. 577 e 578
- cumulação: art. 570
- despesas judiciais: art. 89
- fixação de marcos: art. 572
- limites: arts. 569, I, e 586, par. ún.
- linha de demarcação: arts. 572 e 585
- memorial descritivo: art. 582, par. ún.
- parte legítima: art. 575
- terras particulares: arts. 569 a 587
- valor da causa: art. 292, IV

DEMENTE
- citação: art. 245

DENUNCIAÇÃO DA LIDE
- admissibilidade: art. 125
- arts. 125 a 129
- citação: art. 126
- denunciado; comparecimento; litisconsorte do denunciante: art. 127
- inadmissibilidade; efeitos; direito regressivo: art. 125, § 1º
- indeferimento; efeitos; direito regressivo: art. 125, § 1º
- intimação do litígio do alienante, do proprietário, do possuidor indireto ou do responsável pela indenização: art. 125
- feita pelo réu da ação: art. 128
- obrigatoriedade: art. 125, II
- não promoção; efeitos; direito regressivo: art. 125, § 1º

DEPOIMENTO
- assinatura: art. 460
- audiência; testemunha: art. 453
- datilografia: art. 460, § 1º
- pessoal: arts. 139 e 385 a 388
- pessoal; autor; réu: art. 361, II
- processo eletrônico: art. 460, § 2º
- produção antecipada de provas: art. 381
- requerido pela parte: art. 385
- respostas evasivas e omissão de respostas: art. 386
- serviço público: art. 463
- sigilo profissional: art. 388, II
- testemunha: arts. 442 a 463, par. ún.
- tomado fora da audiência: art. 449, par. ún.

DEPOSITÁRIO
- deveres e direitos: art. 161
- execução; bens que guarnecem a residência; executado ou representante legal: art. 836, § 2º
- guarda e conservação de bens: art. 159
- infiel; responsabilidade: art. 161, par. ún.
- judicial: art. 159
- penhora: arts. 840, 863, § 1º
- remuneração: art. 160

DEPÓSITO
- bens penhorados: arts. 837 e 840
- coisa litigiosa; ação possessória: art. 559
- em dinheiro; substituição do bem penhorado: art. 847
- execução; imóveis rurais e instrumentos para atividade agrícola: art. 840, III
- férias e feriados: art. 214, I
- necessário; prova testemunhal: art. 445
- penhora de imóveis; apresentação da certidão de matrícula: art. 845, § 1º
- prestação; execução: art. 787

DEPÓSITO JUDICIAL
- *vide* CONSIGNAÇÃO EM PAGAMENTO

DEPÓSITOS DE BENS
- medida cautelar provisória: art. 297

DEPUTADOS
- testemunhas; inquirição na residência ou onde exercem a função: art. 454, VI, IX, e § 1º

DESCONSIDERAÇÃO DA PERSONALIDADE JURÍDICA
- requerimento na petição inicial: art. 134, § 2º
- incidente: *vide* INCIDENTE DE DESCONSIDERAÇÃO DA PERSONALIDADE JURÍDICA

DESCONTO EM FOLHA
- prestação alimentícia: art. 912

DESEMBARGADORES
- testemunhas; inquirição na residência ou onde exercem a função: art. 454, X, e § 1º

DESENTRANHAMENTO
- de alegações, documentos e contrarrazões: art. 76, § 2º, II

DESERÇÃO
- recurso: art. 1.007
- recurso; apelação: art. 1.007, § 6º

DESISTÊNCIA
- da ação: arts. 200, par. ún., 335, § 2º, 343, § 2º, e 485, VIII e § 4º
- da execução: art. 775
- do recurso: art. 998
- prosseguimento da reconvenção: art. 343, § 2º

DESOBEDIÊNCIA
- terceiro; não exibição de documento: art. 403

DESPACHO
- citação do réu; responder a petição inicial: art. 334
- conceito: art. 203, § 3º
- deliberação da partilha: art. 647
- expediente; prazo: art. 226, I
- mero expediente; irrecorribilidade: art. 1.001
- redação pelo juiz: art. 205, *caput* e § 1º

DESPESAS
- abrangência: art. 84
- ação de consignação em pagamento: art. 546
- adiantamento: art. 82, § 1º
- atos adiados: art. 93
- cartas: arts. 266 e 268
- comparecimento à audiência; testemunha: art. 462
- deveres das partes: arts. 82 a 97
- dispensa; transação: art. 90, § 3º
- distribuição; litisconsórcio: art. 87, § 2º
- extinção do processo: arts. 92 e 485, § 2º
- jurisdição voluntária: art. 88
- Ministério Público: art. 82, § 1º
- propositura de nova ação: art. 486
- sanção processual: art. 96
- substituição do réu: arts. 338, par. ún.

DEVEDOR
- cumprimento da obrigação; início ou prosseguimento da execução: art. 788
- declaração de vontade; sentença; efeitos: art. 501
- indisponibilidade dos bens; declaração de insolvência: art. 752
- obrigações alternativas; escolha do devedor: art. 800
- obrigações; responde com seus bens: art. 789
- reconhecido em título executivo; legitimidade passiva: art. 779, I
- sucessores; legitimidade passiva em execução: art. 779, II

DEVEDOR INSOLVENTE
- *vide* INSOLVÊNCIA

DEVER DA VERDADE
- art. 378

DEVERES DO JUIZ
- art. 139

DEVOLUÇÃO DOS AUTOS
- art. 234

DIGNIDADE DA JUSTIÇA
- advertência ao devedor: art. 772, II

- ato atentatório: arts. 772, II, e 774

DILIGÊNCIAS
- inúteis e protelatórias; indeferimento: art. 370, par. ún.

DINHEIRO
- levantamento pelo credor; execução por quantia certa: art. 905
- penhora: arts. 835, I, e 854
- penhora; equiparação para fins de substituição: art. 835, § 2º
- penhora; indisponibilidade excessiva; cancelamento: art. 854, § 1º
- penhora; intimação do executado: art. 854, § 2º
- penhora; instituição financeira; responsabilidade: art. 854, § 8º
- penhora; manifestação do executado: art. 854, §§ 3º a 5º
- penhora; pagamento por outros meio: art. 854, § 6º
- penhora; prioridade: art. 835, § 1º
- penhora; transmissão das ordens: art. 854, § 7º

DINHEIRO A RISCO
- art. 1.046, § 3º

DIREITO
- ação; Ministério Público: art. 177
- apelação; conteúdo; fundamentos: art. 1.010, II e III
- autoral; busca e apreensão: art. 536, § 2º
- fato constitutivo, modificativo ou extintivo: art. 493
- indisponível; confissão inválida: art. 392
- indisponível; efeito da revelia: art. 345, II
- indisponível; ônus da prova; nulidade de convenção: art. 373, § 3º, I
- litigioso; alienação; legitimidade das partes: art. 109
- ônus da prova: art. 373
- preferência: art. 820, par. ún.
- retenção; credor; não poderá promover a execução: art. 793
- vizinhança; ação; competência; opção pelo autor: art. 47, § 1º

DIREITO DE USO
- alienação judicial; ciência: art. 889, III e IV
- execução; intimação do titular: art. 799, II
- execução; alienação; eficácia: art. 804, § 6º

DIREITO REAL DE USO
- *vide* CONCESSÃO DE DIREITO REAL DE USO

DISSOLUÇÕES E LIQUIDAÇÕES DE SOCIEDADES
- arts. 599 a 609

DISTRIBUIÇÃO
- arts. 284 a 290
- lista; publicação no Diário de Justiça Eletrônico: art. 285, par. ún.

DISTRITO FEDERAL
- ato processual; compromisso recíproco; outros entes; convênio: art. 75, § 4º
- cadastro; autos eletrônicos; prazo: art. 1.050
- citação; órgão de Advocacia Pública: art. 242, § 3º
- citação e intimação; autos eletrônicos; cadastro; obrigatoriedade: art. 246, §§ 1º e 2º
- intimação; órgão de Advocacia Pública: art. 269, § 3º
- representação em juízo: art. 75, I

DIVERGÊNCIA
- contrato simulado; prova testemunhal: art. 446, I

DÍVIDA ATIVA
- Fazenda Pública; certidão: art. 784, IX

DIVISÃO
- *vide* AÇÃO DE DIVISÃO

DIVÓRCIO
- consensual; por via administrativa: art. 733
- escritura pública/atos notariais; gratuidade; declaração de pobreza: art. 98, § 1º, IX
- partilha de bens situados no Brasil: art. 23, III

DOCUMENTO(S)
- ação rescisória: art. 966, VII e VIII
- autenticados: arts. 425, III, e 411, I
- autenticidade; autoria certificada: art. 411, II
- avaria grossa: art. 709
- depósito em cartório/secretaria; cópia digital de: art. 425, § 2º
- embargos de terceiro; prova sumária da posse: art. 677
- em poder de terceiro; exibição: arts. 401 a 404
- entrelinha, emenda, borrão ou cancelamento: art. 426
- exibição; escusa; justificativa legal: art. 404
- exibição; medidas coercitivas ou sub-rogatórias: art. 400, par. ún.
- exibição; prova: arts. 396 a 404, 420 e 421
- falsidade: art. 427
- força probante: arts. 405 a 429
- incidente de falsidade: art. 430
- juntada: arts. 435 e 437, § 1º
- juntada posterior: art. 435, par. ún.
- língua estrangeira; versão firmada por tradutor juramentado: art. 192, par. ún.
- não restituição dos autos no prazo legal: art. 234
- nota pelo credor: art. 416
- novo; ação rescisória: art. 966, VII
- novo; produção da prova: art. 435
- particular: arts. 408 a 413, 423 e 424
- particular; datado: art. 409, par. ún.
- petição inicial: art. 320
- prova; reprodução cinematográfica ou fonográfica; exibição: art. 434, par. ún.
- público: art. 405
- título executivo extrajudicial: art. 784, II a IV

DOLO
- ação rescisória: art. 966, III
- conciliador: art. 173, I
- confissão: art. 393
- Defensoria Pública: art. 187
- depositário: art. 161
- mediador: 173, I
- Ministério Público: art. 181
- partilha: art. 657
- perito: art. 158
- responsabilidade do juiz: art. 143, I
- responsabilidade dos serventuários de justiça: art. 155, II
- restauração dos autos: arts. 712 a 718

DOMICÍLIO
- citação com hora certa: art. 253, § 2º
- competência territorial: arts. 46 a 53
- diferentes: art. 46, § 4º
- réu: arts. 46, 49 a 51

DOMÍNIO
- ações possessórias; reconhecimento: art. 557
- embargos de terceiros: art. 677, § 2º

DUPLICATA
- penhora de crédito: art. 856
- título executivo: art. 784, I

DUPLO GRAU DE JURISDIÇÃO
- remessa necessária; possibilidades: art. 496, I e II
- vedação; valor excedente: art. 496, § 2º

- E -

EDITAIS DE PRAÇA
- bens penhorados; alienação: art. 875
- conteúdo: arts. 881 e 886
- fixação e publicação: arts. 887 e 889

EMANCIPAÇÃO
- jurisdição voluntária; procedimento: art. 725, I

EMBAIXADOR
- testemunha: art. 454, XII

EMBARGOS À AÇÃO MONITÓRIA
- apelação: art. 702, § 9º
- fundamento: art. 702, § 1º
- má-fé; multa: art. 702, § 11
- parciais; título executivo: art. 702, § 7º
- reconvenção: art. 702, § 6º
- rejeição liminar: art. 702, § 3º
- suspensão do processo: art. 702, § 4º
- valor; excesso; indicação em demonstrativo: art. 702, §§ 2º e 3º

EMBARGOS À EXECUÇÃO
- art. 914 a 920
- apelação; efeito devolutivo: art. 1.012, § 1º, III
- contra a Fazenda Pública: art. 535
- excesso de execução: art. 917, § 2º
- incompetência do juízo: art. 917, V
- impedimento e suspeição: art. 917, § 7º
- impugnação; incorreção da penhora ou avaliação: art. 917, § 1º
- inaplicabilidade das regras ao cumprimento de sentença: art. 916, § 7º

- manifestamente protelatórios; multa: art. 746, § 3º
- parcelamento; concessão; suspensão da execução: art. 921, V
- reconhecimento do crédito; manifestação do exequente: art. 916, § 1º
- reconhecimento do crédito; pedido de parcelamento; pendência; depósito das parcelas vincendas: art. 916, § 2º
- título judicial: arts. 535, 917, § 2º
- título judicial; exceção de incompetência: arts. 535, § 1º

EMBARGOS DE DECLARAÇÃO
- alteração da sentença: art. 494, II
- cabimento: arts. 994, IV, e 1.022, I
- cabimento; correção de erro material: art. 1.022, III
- julgamento: art. 1.024
- litisconsórcio: art. 1.023, § 1º
- omissão: art. 1.022, II
- prazo para oposição: art. 1.023
- prazo para outros recursos; interrupção: art. 1.026
- protelatórios; multa: art. 1.026, § 2º
- suspensão da eficácia da decisão: art. 1.026, § 1º

EMBARGOS DE DIVERGÊNCIA
- cabimento: arts. 994, IX, e 1.043
- desprovimento ou não alteração; recurso interposto anteriormente: art. 1.044, § 2º
- divergência: art. 1.043, § 2º
- divergência; comprovação: art. 1.043, § 4º
- inadmissão; fundamento: art. 1.043, § 5º
- interrupção de prazo: art. 1.044, § 1º
- prazo: art. 1.003, § 5º
- procedimento: art. 1.044, *caput*
- teses jurídicas; confrontamento: art. 1.043, § 1º

EMBARGOS DE TERCEIRO
- arts. 674 a 681
- ato de constrição realizado por carta: art. 676, par. ún.
- citação pessoal: art. 677, § 3º
- legitimação passiva: art. 677
- pedido; acolhimento; efeitos: art. 681
- posse; manutenção ou reintegração provisória; caução: art. 678, par. ún.
- terceiro; interesse em embargar; intimação pessoal: art. 675, par. ún.

EMBARGOS DO DEVEDOR
- arts. 914 a 920
- carta precatória: art. 915, § 2º
- carta precatória; execução: art. 915, § 2º
- distribuição por dependência: art. 914, § 1º
- improcedência; apelação: art. 1.012, § 1º, III
- litigância de má-fé; multa ou indenização: art. 777
- manifestamente protelatório: art. 918, par. ún.
- oposição pela Fazenda Pública: art. 910
- peças processuais; declaração de autenticidade do advogado: art. 914, § 1º
- prazo: art. 915
- prestação alimentar: art. 528, § 7º
- rejeição liminar: art. 918
- quantia certa: arts. 857 e 910
- segurança do juízo; inexigibilidade: art. 914, § 1º
- sem efeito suspensivo: art. 919
- sentença: arts. 535, VI, 910, § 2º, e 917, § 2º, III
- suspensão da execução: art. 921, II

EMBARGOS DO EXECUTADO
- *vide* EMBARGOS DO DEVEDOR

EMBARGOS INFRINGENTES
- resultado da apelação não unânime. Inversão do resultado: art. 942

EMENTA
- obrigatoriedade: art. 943, § 1º

EMOLUMENTOS
- *vide* CUSTAS

EMPRESA
- citação e intimação; autos eletrônicos; cadastro: arts. 246, § 1º, e 1.048
- penhora e depósito: art. 863
- penhora; exceção; inexistência de outros meios: art. 865
- penhora; percentual de faturamento: art. 866

EMULAÇÃO
- *vide* DANO PROCESSUAL

ENFITEUSE
- alienação judicial; ciência: art. 889, III e IV
- execução; alienação; eficácia: art. 804, §§ 4º e 5º
- execução; alienação ineficaz; senhorio não intimado: art. 804
- execução; intimação do enfiteuta: art. 799, V
- execução; intimação do proprietário: art. 799, VI

ENTREGA DE COISA
- achada: art. 746
- alienação de coisa litigiosa: art. 808
- certa: arts. 806 a 810
- deteriorada: art. 809
- execução: arts. 806 a 813
- incerta: arts. 811 a 813

ENTREGA DE DINHEIRO
- execução; levantamento do depósito; privilégio/preferência: art. 905, II
- pagamento; execução por quantia certa: art. 904, I

ERRO
- cálculo; sentença: art. 494, I
- confissão; revogação: art. 393
- contador ou contabilista: art.149
- descrição de bens de partilha: art. 656
- distribuição: art. 288
- forma do processo: art. 283
- prova testemunhal: art. 446, II
- sentença; erro de fato; ação rescisória: art. 966, VIII e § 1º

ESBOÇO DE PARTILHA
- arts. 651 e 652

ESBULHO
- ação de reintegração de posse: arts. 560 a 566

ESCRITURAÇÃO CONTÁBIL
- indivisível: art. 419

ESCRIVÃO
- *ad hoc;* nomeado pelo juiz: art. 152, § 2º
- atribuições: art. 152
- autuação; petição inicial: art. 206
- certidões: art. 152, V
- distribuição dos processos: arts. 284 a 290
- impedimento: art. 152, § 2º
- incumbências; regulamentação; ato do juiz: art. 152, § 1º
- juntada; vista e conclusão: art. 208
- numeração e rubrica das folhas: art. 207
- obediência à ordem cronológica: art. 153
- ordem cronológica dos processos: arts. 153 e 1.046, § 5º
- procedimento dos atos: arts. 206 a 211
- responsabilidade civil: art. 155

ESPÓLIO
- competência para cumprimento das disposições testamentárias: art. 48
- dívidas do falecido: art. 796
- representação em juízo: art. 75, VI e § 1º
- representação pelo inventariante: arts. 75, VI e § 1º, e 616, I
- réu; foro competente: art. 48
- substituição do morto: art. 110

ESTABELECIMENTO
- penhora; depósito: art. 862

ESTADO DE FATO
- atentado; inovação ilegal: art. 77, VI
- dever da parte; abstenção de inovação ilegal: art. 77, VI
- restabelecimento: art. 77, § 7º

ESTADO DO PROCESSO
- antecipação da lide: art. 355
- extinção: art. 354
- julgamento: arts. 354 e 355
- saneamento: art. 357

ESTADO ESTRANGEIRO
- STJ; recurso ordinário; processo e julgamento: arts. 1.027, II, *b*, e 1.028, § 1º

ESTADOS
- ato processual; compromisso recíproco; outros entes; convênio: art. 75, § 4º
- bem tombado; alienação judicial; ciência: art. 889, VIII
- bem tombado; alienação judicial; preferên-

cia na arrematação: art. 892, § 3º
- cadastro; autos eletrônicos; prazo: art. 1.050
- citação; órgão de Advocacia Pública: art. 242, § 3º
- citação e intimação; autos eletrônicos; cadastro; obrigatoriedade: art. 246, §§ 1º e 2º
- intimação; órgão de Advocacia Pública: art. 269, § 3º

EVICÇÃO
- denunciação da lide; obrigatoriedade: art. 125, II

EXAME PERICIAL
- produção antecipada: arts. 381 a 383

EXCEÇÃO
- art. 146
- embargos à execução: arts. 535, § 1º, e 910, § 2º

EXCEÇÃO DE IMPEDIMENTO
- momento da arguição: art. 146
- processamento: art. 147
- protocolização da petição: art. 147
- suspensão do processo: art. 147

EXCEÇÃO DE INCOMPETÊNCIA
- momento da arguição: art. 146
- pedido procedente; envio dos autos ao juízo: art. 146, § 1º
- suspensão do processo: art. 146, § 2º

EXCEÇÃO DE SUSPEIÇÃO
- momento da arguição: art. 146
- processamento: art. 146
- reconhecimento; efeitos: art. 146, § 2º, I e II
- suspensão do processo: art. 146, § 2º, II

EXCEÇÃO DECLINATÓRIA DO FORO
- conflito de competência: art. 952, par. ún.
- prorrogação da competência: art. 65

EXCEÇÃO DE CONTRATO NÃO CUMPRIDO
- art. 787

EXECUÇÃO
- avaliação; dispensa; veículos automotores: art. 871, IV
- avaliação; dispensa; preço médio de mercado: art. 871, IV
- averbação manifestamente indevida; indenização; incidente em autos apartados: art. 828, § 4º
- averbação no registro de imóveis, de veículo ou de outros bens; certidão comprobatória do ajuizamento da: art. 828
- bens sujeitos: arts. 789 e 790
- bens sujeitos; alienação ou ônus real anulados por fraude: art. 790, V
- bens sujeitos; responsável; desconsideração da personalidade jurídica: art. 790, VI
- bens sujeitos; enfiteuse: art. 791, § 2º
- bens sujeitos; concessão de uso especial para fins de moradia: art. 791, § 2º
- bens sujeitos; direito real de uso: art. 791, § 2º
- cadastro de inadimplentes; inclusão do executado: art. 782, §§ 3º e 5º
- cadastro de inadimplentes; exclusão do executado: art. 782, § 4º
- citação do executado; indicação dos bens: art. 829
- citação irregular; nulidade: art. 803, II
- condição/termo; nulidade: art. 803, III
- contra a Fazenda Pública; embargos: arts. 535 e 910, § 2º
- contra a Fazenda Pública; honorários advocatícios; indevidos na ausência de embargos; expedição de precatório: art. 85, § 7º
- contra Fazenda Pública; regras aplicáveis: art. 910, § 3º
- contraprestação de credor; prova do adimplemento: art. 798, I, *d*
- contraprestação; recusa pelo credor: art. 787
- credor; título executivo: art. 778
- cumprimento da obrigação pelo devedor: art. 788
- cumulação: art. 780
- desistência; faculdade do credor: art. 775
- dignidade da justiça: arts. 772, II, e 774
- dos bens do sucessor a título singular; fundada em direito real ou obrigação reipersecutória: art. 790, I
- eficácia; necessidade de intimação: art. 804
- eficácia; bem sujeito a uso, usufruto ou habitação; necessidade de intimação: art. 804, § 6º
- entrega de coisa: arts. 806 a 813
- escolha do meio menos gravoso: art. 805
- escolha do modo pelo credor: art. 798, II, *a*
- excesso; hipóteses: art. 917, § 2º
- extinção: arts. 924 e 925
- fixação dos honorários advocatícios: art. 827
- forçada; promoção pelo Ministério Público: art. 778, § 1º
- fraude; alienação de bem; averbação de constrição judicial: art. 792, III
- inadimplemento do devedor: art. 786
- inicial; indicação de bens a penhora pelo credor: arts. 798, II, *c*, e 829, § 2º
- interesse do credor: art. 797
- intimação; cumpre ao credor requerer: art. 799, I e II
- intimação; não realização; ineficácia da alienação: art. 804
- intimação; penhora em presença do executado: art. 841, § 3º
- juízo competente; lugar do ato que deu origem ao título: art. 781, V
- legitimação ativa: art. 778
- legitimação passiva: art. 779
- legitimação passiva; responsável; garantia real; titular do bem: art. 779, V
- levantamento de dinheiro ou valores; plantão judiciário; vedação: art. 905, par. ún.
- nulidade; ocorrência: art. 803
- nulidade; termo não ocorrido: art. 803, III
- nulidade; título executivo extrajudicial: art. 803, I
- obrigação alternativa: art. 800
- partes: arts. 778 a 780 e 800
- penhora; ampliação ou redução: art. 850
- penhora de frutos e rendimentos; entrega das quantias pelo administrador ao exequente: art. 869, § 5º
- penhora de frutos e rendimentos; quitação: art. 869, § 6º
- petição inicial; correção: art. 799
- petição inicial; instrução: art. 798, I
- petição inicial; indicação de dados; exequente e executado: art. 798, II, *b*
- prescrição; interrupção: art. 802, par. ún.
- por carta; citação; comunicação: art. 915, § 4º
- prestação do credor; excesso de execução: art. 917, § 2º, IV
- processo: art. 771, par. ún.
- propositura; deferimento; interrupção da prescrição: art. 802
- provisória; normas: art. 520
- regras; aplicação a outros procedimentos: art. 771
- relação jurídica condicional ou a termo: art. 514
- ressarcimento dos danos pelo credor: art. 776
- suspensão: arts. 921 a 921
- suspensão; bens penhorados; não alienação; falta de licitantes; ausência de requerimento de adjudicação ou indicação de outros bens: art. 921, IV
- suspensão; parcelamento; concessão: art. 921, V
- suspensão; prazo; ausência de bens penhoráveis: art. 921, §§ 1º a 4º
- título de obrigação certa, líquida e exigível; cobrança de crédito: art. 783
- título executivo; liquidez; operação aritmética: art. 786, par. ún.
- título extrajudicial; juízo competente: art. 781

EXECUÇÃO DE OBRIGAÇÃO DE FAZER
- arts. 815 a 821
- citação do devedor: art. 815
- perdas e danos: art. 816
- prestação por terceiros: art. 817
- tutela específica: arts. 497 a 501 e 536 a 538

EXECUÇÃO DE OBRIGAÇÃO DE NÃO FAZER
- arts. 822 e 823
- arts. 300 e 497 a 501

EXECUÇÃO DE PRESTAÇÃO ALIMENTÍCIA
- alimentos provisionais; execução da sentença: art. 913
- desconto em folha; hipóteses: art. 912
- fixação de alimentos provisionais; citação do devedor para pagamento ou oferecimento de escusa: arts. 528 e 911

- penhora em dinheiro; embargos do devedor; levantamento da prestação pelo exequente: art. 528, § 7º
- prisão civil: art. 911

EXECUÇÃO DE SENTENÇA
- alimentos provisionais: art. 913
- carta precatória; oferecimento de embargos: art. 914, § 2º
- condenação em quantia certa ou fixada em liquidação; prazo para pagamento: art. 523
- cumulação: art. 535, IV
- decisão impugnada mediante recurso sem efeito suspensivo; natureza provisória: art. 509, § 1º
- embargos: arts. 535, 914 a 920
- excesso da execução: art. 917, § 2º
- impugnação: art. 525, § 1º
- impugnação; efeitos: art. 525, §§ 6º e 10
- obrigação por quantia certa: art. 523
- títulos executivos judiciais; espécies: art. 515

EXECUÇÃO DE TÍTULO EXTRAJUDICIAL
- dispensa de caução às custas: art. 83, § 1º, II
- embargos: art. 917

EXECUÇÃO FISCAL
- competência: art. 46, § 5º
- título executivo extrajudicial: art. 782, IX

EXECUÇÃO FORÇADA
- credor; título executivo: art. 778
- promoção pelo Ministério Público: art. 778, § 1º, I

EXECUÇÃO PARA ENTREGA DE COISA CERTA
- alienação da coisa em litígio; terceiro adquirente; expedição de mandado: art. 808
- benfeitorias indenizáveis; liquidação prévia: art. 810
- coisa não entregue, deteriorada, não encontrada ou não reclamada; perdas e danos em favor do credor: art. 809
- despacho da inicial; fixação de multa pelo não cumprimento da obrigação: art. 806, § 1º
- imissão na posse ou busca e apreensão da coisa: art. 806, § 2º
- título executivo extrajudicial; citação do devedor: art. 806

EXECUÇÃO PARA ENTREGA DE COISA INCERTA
- coisas determinadas pelo gênero e quantidade; citação do devedor: art. 811
- impugnação da escolha por qualquer das partes: art. 812

EXECUÇÃO PROVISÓRIA
- apelação; efeito devolutivo: art. 1.013, § 2º
- normas: arts. 520 a 522
- sentença: arts. 520 a 522

EXECUTADO
- *vide* DEVEDOR e EMBARGOS DO DEVEDOR
- *vide* HOMOLOGAÇÃO DE SENTENÇA ESTRANGEIRA

EXIBIÇÃO
- determinação judicial: art. 396
- documento ou coisa: arts. 380, II, e 396 a 404
- escusa parcial de documento: art. 404, par. ún.
- escusas; parte e terceiro: art. 404
- negativa de posse; prova da inverdade: art. 398
- recusa: arts. 399 e 400, II
- requisitos do pedido: art. 397
- terceiro: art. 380, II
- terceiro; depoimento: art. 402
- terceiro; sem motivo justo; providências judiciais: art. 403

EXIBIÇÃO DE DOCUMENTO
- escusa; justificativa legal: art. 404
- medidas indutivas, coercitivas, mandamentais ou sub-rogatórias: art. 400, par. ún.

EXPEDIENTE FORENSE
- encerramento; prorrogação de prazos: art. 224, § 1º

EXPRESSÕES INJURIOSAS
- vedação: art. 78

EXPROPRIAÇÃO
- adjudicação em favor do exequente: art. 825, I
- alienação em hasta pública: art. 825, II
- alienação por iniciativa popular: art. 825, II
- usufruto de bem móvel ou imóvel: art. 825, III

EXTINÇÃO
- execução: arts. 924 e 925

EXTINÇÃO DO PROCESSO
- abandono da causa: arts. 485, III, e 486
- apelação; casos de extinção sem julgamento do mérito; questão de direito: art. 1.013, § 3º, I
- assistência: art. 122
- carência das condições da ação: art. 485, VI
- coisa julgada: art. 485, V
- com resolução de mérito: art. 487
- convenção de arbitragem: art. 485, VII
- despesas: arts. 92 e 485, § 2º
- execução; credor: art. 924, IV
- execução; devedor: art. 924, II e III
- execução; efeito: art. 925
- inventário; cessação da eficácia de medida cautelar: art. 668, II
- julgamento conforme o estado do processo: art. 354
- litisconsórcio necessário; citação: art. 115, par. ún.
- negligência das partes: art. 485, II
- parcial: art. 354
- pagamento de custas; prova: art. 486, § 2º
- perempção: art. 485, V
- petição inicial indeferida: art. 485, I
- reconhecimento do pedido: art. 487, III, *a*
- requerimento do réu: art. 92
- sem resolução de mérito: art. 485
- sentença: art. 316

- F -

FALECIMENTO
- *vide* MORTE
- herdeiro ou sucessor; restituição do prazo para recurso: art. 1.004

FALSIDADE
- documento; ação declaratória: art. 19, II
- documento; conteúdo: art. 427, par. ún.
- documento; ônus da prova: art. 429, I
- prova; ação rescisória: art. 966, VI
- questão incidental: art. 430, par. ún.
- suscitação; momento e prazo: art. 430

FATO CONSTITUTIVO, IMPEDITIVO, MODIFICATIVO E EXTINTIVO
- ônus da prova: art. 373, I e II

FAZENDA PÚBLICA
- ação monitória; admissibilidade: art. 700, § 6º
- cumprimento de sentença; pagamento de quantia certa: arts. 534 e 535
- despesas processuais: art. 91
- excesso de prazo; penalidades: arts. 233 a 235
- execução contra a Fazenda Pública: art. 910
- honorários advocatícios; parâmetros: art. 85, §§ 3º a 7º
- Ministério Público; intervenção: art. 178, par. ún.
- jurisdição voluntária; interesse da Fazenda Pública: art. 722
- prazos: art. 180

FERIADOS
- atos processuais: art. 214
- efeito forense; conceito: art. 216
- prática de atos; tutela de urgência: art. 214, II

FÉRIAS
- forenses: art. 220
- forenses; atuação do Ministério Público, Defensoria Pública e Advocacia Pública: art. 220, § 1º
- forenses; ação rescisória; prorrogação de prazo; art. 975, § 1º
- prática de atos; tutela de urgência: art. 214, II

FÉRIAS FORENSES
- atos: art. 215, I

FIADOR
- chamamento ao processo: art. 130, I e II
- cumprimento de sentença; participação da fase de conhecimento: art. 513, § 5º
- execução; penhora: art. 794, § 1º
- judicial: art. 779, IV
- pagamento da dívida: art. 794, § 2º
- responsabilidade patrimonial; execução: art. 794, § 1º
- sujeito passivo na execução: art. 779, IV

FIDEICOMISSO
- extinção; procedimento de jurisdição voluntária: art. 725, VI e par. ún.

FORÇA POLICIAL
- execução; necessidade; requisição pelo juiz: art. 782, § 2º

FORMA
- determinada; exigência expressa de lei: art. 188
- erro; efeito: art. 283
- prescrita em lei: arts. 276 e 277
- validade; preenchimento; finalidade essencial: art. 188

FORMAÇÃO DO PROCESSO
- iniciativa da parte e impulso oficial: art. 2º
- propositura da ação: art. 312

FORMAL DE PARTILHA
- herdeiro: art. 655
- peças que deverão constar: art. 655

FORO DE ELEIÇÃO
- alegação; momento: art. 63, § 4º
- competência: arts. 62 e 63

FOTOGRAFIA
- digital; impugnação; autenticação eletrônica: arts. 422, § 1º
- eficácia probatória: arts. 423 e 424
- extraída da rede mundial de computadores; impugnação; autenticação eletrônica: art. 422, § 1º
- prova; admissibilidade: art. 422
- publicada em jornal: art. 422, § 2º

FRAUDE
- juiz; responsabilidade: art.143, I
- órgão do Ministério Público; responsabilidade: art. 181

FRAUDE À EXECUÇÃO
- alienação ou oneração de bens: art. 792
- alienação ou oneração de bens após a averbação; presume-se em: art. 828, § 3º
- atentatório à dignidade da justiça: art. 774, I
- bens sujeitos à execução: art. 790, V
- conluio: art. 856, § 3º
- hipótese: art. 792
- insolvência do devedor: art. 792, IV

FRAUDE À LEI
- ação rescisória: art. 966, III

FRUTOS E RENDIMENTOS
- bens inalienáveis; penhora: art. 834
- penhora: arts. 865 a 869
- *vide* também USUFRUTO

FUNCIONÁRIO PÚBLICO
- desconto em folha: art. 912
- impenhorabilidade dos vencimentos: art. 833, IV
- testemunha: art. 455, III

FUNDAÇÕES
- de direito público; citação e intimação; autos eletrônicos; cadastro; obrigatoriedade: art. 246, §§ 1º e 2º
- de direito público; citação e intimação; órgão de Advocacia Pública: arts. 242, § 3º, e 269, § 3º
- estatuto; aprovação: art. 764,
- extinção; promoção: art. 765
- intervenção do Ministério Público: arts. 764 e 765

FUNGIBILIDADE
- da ação possessória: art. 554

- G -

GESTÃO DE NEGÓCIO
- ação contra gestor; competência: art. 53, IV, *b*

GUARDA DE PESSOA
- medida cautelar provisória: art. 297

- H -

HABILITAÇÃO
- citação pessoal: art. 690
- contestação: art. 690
- falecimento das partes; sucessão no processo: art. 687
- requerimento: art. 686

HABITAÇÃO
- alienação judicial; ciência: art. 889, III e IV
- execução; intimação do titular: art. 799, II
- execução; alienação; eficácia: art. 804, § 6º

HASTA PÚBLICA
- alienação: arts. 881 e 887
- substituição do procedimento; por meio da rede mundial de computadores: art. 882

- usufruto; locação de imóvel: art. 869, § 4º

HERANÇA
- *vide* ESPÓLIO

HERANÇA JACENTE
- alienação; autorização pelo juiz: art. 742
- alienação; bens com valor de afeição: art. 742, § 2º
- arrecadação; bens em outra comarca; expedição de carta precatória: art. 740, § 5º
- arrecadação; conversão em inventário: art. 741, § 3º
- arrecadação de bens: art. 738
- arrecadação ou arrolamento de bens; procedimento por autoridade judicial: art. 740, § 1º
- arrecadação; suspensão: art. 740, § 6º
- arrolamento de bens: art. 740
- curador: art. 739
- curador; obrigações: art. 739, § 1º
- declaração como herança vacante: art. 743
- depositário; designação pelo juiz: art. 740, § 2º
- documentos domésticos; entrega aos sucessores ou incineração em caso de herança vacante: art. 740, § 4º
- habilitação de credores: art. 741, § 4º
- representação pelo curador: art. 75, IV

HERANÇA VACANTE
- representação pelo curador: art. 75, IV

HIPOTECA
- alienação; ineficácia: art. 804
- bens; credor; intimação do credor hipotecário: art. 799, I e II
- competência: art. 47, § 1º
- credor; intimação do credor hipotecário: art. 799, I e II
- embargos de terceiros: art. 674, § 2º, IV
- execução provisória: art. 495, § 1º, II
- judiciária: art. 495
- penhora: art. 835, § 3º
- título executivo: art. 784, V

HIPOTECA JUDICIÁRIA
- decisão com efeito suspensivo: art. 495, § 1º, III
- efeitos: art. 495, § 4º
- informação ao juízo; prazo: art. 495, § 3º
- realização; cartório de registro imobiliário: art. 495, § 2º
- reforma da decisão; responsabilidade: art. 495, § 5º

HOMOLOGAÇÃO DE PENHOR LEGAL
- decisão judicial e entrega dos autos: art. 706
- defesa: art. 704, IV
- requerimento: art. 703

HOMOLOGAÇÃO DE SENTENÇA ESTRANGEIRA
- eficácia no Brasil: art. 961
- execução: art. 965, par. ún.
- pendência de causa no Brasil: art. 24, par. ún.
- reciprocidade; inexigibilidade: art. 26, § 2º
- *vide* AÇÃO DE HOMOLOGAÇÃO DE DECISÃO ESTRANGEIRA

HONORÁRIOS
- do perito: art. 95
- do perito; adiantamento; falta de previsão orçamentária: art. 91, § 2º

HONORÁRIOS DE ADVOGADO
- advogados públicos: art. 85, § 19
- atuação em causa própria: art. 85, § 17
- autor; nova ação; extinção do processo sem apreciação do mérito; pagamento: art. 92
- condenação do litigante de má-fé: art. 81
- execução; majoração: art. 827, § 2º
- fixação; substituição do réu: art. 338, par. ún.
- fixação; critérios: art. 20, §§ 3º e 4º; art. 85, §§ 2º, 3º e 8º
- fixação; Fazenda Pública: art. 85, §§ 3º a 7º
- juros moratórios: art. 85, § 16
- natureza alimentar: art. 85, § 14
- omissão da sentença; ação autônoma: art. 85, § 18
- pagamento em favor da sociedade de advogados: art. 85, § 15
- pagamento proporcional: arts. 86 e 87
- perda de objeto: art. 85, § 10
- recurso; cumulação: art. 85, § 12

- recurso; cumulação com multa e sanções: art. 85, § 10
- recurso; majoração: art. 85, § 11
- redução; cumprimento voluntário pelo réu: art. 90, § 4º
- sentença; condenação: art. 82, § 2º, 85 e 517
- vedação de compensação; sucumbência parcial: art. 85, § 14

– I –

IDOSO
- procedimentos judiciais; prioridade: art. 1.048, I

ILEGITIMIDADE DE PARTE
- execução de sentença; embargos: art. 535, II
- indeferimento da inicial: art. 330, II

IMISSÃO NA POSSE
- mandado na execução para entrega de coisa: art. 806, § 2º

IMÓVEL
- ação; direitos reais imobiliários; consentimento do cônjuge: art. 73
- citação dos cônjuges; necessidade: art. 73, § 1º
- competência: art. 60
- imissão na posse: art. 806, § 2º
- situado no Brasil: art. 23, I

IMPEDIMENTO E SUSPEIÇÃO
- arts. 144 a 148
- advogado; juiz: art. 144, III, § 1º
- conciliador: art. 170
- cumprimento de sentença: art. 525
- dirigente de pessoa jurídica; juiz: art. 144, IV
- exceção: art. 145
- juiz: arts. 144 a 147, 535, V, e 966, II
- juiz; parentesco com advogado: art. 144, III
- juiz; sociedade de advogados; parentesco com advogado: art. 144, § 3º
- juiz; parentesco com a parte: art. 144, VI
- mediador: art. 170
- órgão do Ministério Público: art. 148, I
- perito; verificação; art. 156, § 4º
- procedimento: art. 148, § 1º
- procedimento; testemunha; inaplicabilidade: art. 148, § 4º
- reconhecimento; efeitos: art. 146, § 6º
- serventuário de justiça: art. 148, II

IMPENHORABILIDADE
- absoluta: art. 833
- bens declarados por ato voluntário: art. 833, II
- bens inalienáveis: art. 833, I
- caderneta de poupança; 40 salários mínimos: art. 833, X
- ganhos de trabalhador autônomo e honorários de profissional liberal: art. 833, IV
- livros, máquinas, ferramentas, utensílios, instrumentos; necessários ou úteis ao exercício de profissão: art. 833, V
- materiais: art. 833, VIII
- móveis, pertences e utilidades domésticas que guarnecem a residência do executado: art. 833, II
- propriedade rural; trabalhada em família: art. 833, VIII
- quantias recebidas por liberalidade para sustento familiar: art. 833, IV
- recursos públicos: art. 833, IX
- recursos públicos do fundo partidário: art. 833, XI
- seguro de vida: art. 833, VI
- vencimentos, subsídios, soldos, salários, remunerações, proventos de aposentadoria, pensões, pecúlios e montepios: art. 833, IV
- vestuários e pertences de uso pessoal do executado: art. 833, II

IMPOSTO
- cálculo; inventário: arts. 637 e 638
- inventário: arts. 637 e 638
- transmissão; arrolamento: arts. 662, § 2º, e 664, § 4º
- transmissão a título de morte: art. 654

INCAPACIDADE
- da parte; alegada na contestação: art. 337, IX
- da testemunha: art. 447
- processual; grau recursal: art. 76, § 2º
- processual; prazo marcado pelo juiz para sanar o defeito: art. 76, § 1º

INCAPAZES
- arrematação de bem imóvel: art. 896
- causas; intervenção do Ministério Público: art. 178, II
- curador especial: art. 72, I e par. ún.
- representação processual: art. 71
- réu; alegação: art. 337, IX
- réu; competência territorial: art. 50

INCIDENTE DE ASSUNÇÃO DE COMPETÊNCIA
- conflito de competência; julgamento de plano: art. 955, par. ún., II

INCIDENTE DE DESCONSIDERAÇÃO DA PERSONALIDADE JURÍDICA
- acolhimento do pedido; efeitos: art. 134, § 2º
- cabimento: art. 134, *caput*
- citação: art. 135
- decisão: art. 136
- desconsideração inversa: art. 133, § 2º
- instauração: art. 133
- instauração; dispensa: art. 134, § 2º
- instauração; efeitos: art. 134, § 3º, e 135
- pedido: art. 133, § 1º
- pedido; requisitos: art. 134, § 4º
- recurso contra decisão: art. 136
- requerimento na petição inicial: art. 134, § 2º

INCIDENTE DE FALSIDADE
- *vide* ARGUIÇÃO DE FALSIDADE

INCIDENTE DE RESOLUÇÃO DE DEMANDAS REPETITIVAS
- admissão: arts. 981 e 979
- cabimento: art. 976, *caput*, §§ 2º e 5º
- custas: art. 976, § 5º
- desistência ou abandono da causa: art. 976, § 1º
- inadmissão; pressupostos de admissibilidade supridos; nova suscitação: art. 976, § 3º
- Ministério Público: art. 976, § 2º
- procedimento: arts. 983 e 984
- publicidade: art. 979
- recurso: art. 987
- recurso; apreciação pelo Supremo Tribunal Federal ou Superior Tribunal de Justiça; efeitos: art. 987, § 1º
- suspensão do processo: arts. 313, IV, 981 e 982
- sustentação oral: art. 937, § 1º
- tese jurídica; aplicação a processos individuais ou coletivos: art. 985
- tese jurídica; prestação de serviço mediante permissão, concessão ou autorização: art. 985, § 2º
- tese jurídica; revisão: art. 986

INCOMPETÊNCIA
- absoluta: art. 64, § 1º
- absoluta; alegada na contestação: art. 337, II
- declaração: arts. 64 a 66 e 951 a 959
- exceção: arts. 146, 535, § 1º, e 910, § 2º
- relativa; arguição: art. 64
- suspensão do processo: arts. 146, § 2º, e 313, III

INCONSTITUCIONALIDADE
- *vide* DECLARAÇÃO DE INCONSTITUCIONALIDADE

INDEFERIMENTO DA PETIÇÃO INICIAL
- apelação: art. 331
- art. 330

INDENIZAÇÃO
- ação demarcatória: arts. 572 e 572, § 2º
- averbação manifestamente indevida; incidente em autos apartados: art. 828, § 5º
- benfeitorias: art. 810
- litigante de má-fé: art. 81

INÉPCIA
- petição inicial: arts. 330, I e § 1º, e 337, IV

INEXIGIBILIDADE DO TÍTULO
- embargos: art. 535, III

INICIAL
- *vide* PETIÇÃO INICIAL

INJÚRIA
- expressões injuriosas: art. 78

INSOLVÊNCIA
- fraude de execução: art. 790, IV

INSPEÇÃO JUDICIAL
- arts. 481 a 484

INSTRUMENTO PÚBLICO
- exigência da lei; prova: art. 406

INSTRUMENTOS
- profissão; impenhorabilidade: art. 833, V

INTERDIÇÃO
- citação do interditando: art. 751
- curatela: art. 755, § 1º
- decretação; nomeação de curador ao interdito: art. 755, I
- incapaz sob guarda e responsabilidade do interdito: art. 755, § 2º
- impugnação do pedido; prazo: art. 752
- levantamento: art. 756
- nomeação de perito pelo juiz: art. 753
- petição inicial; requisitos: art. 749
- promoção; cônjuge: art. 747, I
- promoção; Ministério Público: art. 747, IV
- *promoção*; parentes ou tutores: art. 747, II
- requerimento pelo Ministério Público; hipóteses: art. 748
- sentença; produção de efeitos: art. 755, § 3º

INTERDITO PROIBITÓRIO
- disposições aplicáveis: art. 568
- legitimidade: art. 567

INTERESSE EM RECORRER
- art. 996

INTERESSE PROCESSUAL
- ação: art. 17
- ausência; extinção do processo: art. 485, VI
- carência; indeferimento da inicial: art. 330, III

INTERPELAÇÃO
- arts. 726 a 729
- requerido; fazer ou deixar de fazer: art. 727
- oitiva do requerido; hipóteses: art. 728

INTERPRETAÇÃO
- pedido: art. 322

INTÉRPRETE
- honorários; título executivo extrajudicial: art. 515, V

INTERVENÇÃO DE TERCEIROS
- arts. 119 a 132 e 682 a 686
- anotação pelo distribuidor: art. 286, par. ún.

INTIMAÇÃO
- art. 230, 231 e 269 a 275
- advogados ou da sociedade de advogados; adiamento da audiência; nova designação: art. 363
- carta precatória, rogatória ou de ordem; comunicação imediata ao juiz deprecante; meios eletrônicos: art. 232
- curador: art. 759
- devedor; cumprimento de sentença: art. 513, § 2º
- endereço residencial ou profissional declinado na inicial; presunção de validade da comunicação: art. 274, par. ún.
- incidente de falsidade: arts. 430 e 432
- grafia; nome das partes e advogados: art. 272, §§ 3º e 4º
- litisconsorte: art. 118
- nulidade: art. 280
- nulidade; arguição; necessidade de acesso aos autos; impossibilidade de prática de ato: art. 272, § 9º
- por meio eletrônico: art. 270
- prazo para comparecimento: art. 218, § 2º
- retirada dos autos: art. 272, § 6º
- sentença: art. 1.003, § 1º
- testamenteiro: arts. 735, § 3º
- testamento particular: art. 737
- testemunha: art. 455

INVENTARIANTE
- art. 617 a 625
- cessionário do herdeiro ou legatário: art. 617, VI
- declarações; prestação por petição; procurador com poderes especiais: art. 620, § 2º
- herdeiro menor: art. 617, IV
- representação do espólio: art. 75, VII
- substituição do *de cujus*: art. 110

INVENTÁRIO
- adjudicação; pagamento de dívidas: art. 642, § 4º
- administrador provisório: arts. 613 e 614
- admissão de sucessor preterido: art. 628, §§ 1º e 2º
- arrolamento; incapaz; aplicação: art. 665
- avaliação dos bens: arts. 630, 633 e 634
- bens fora da comarca: art. 632
- bens situados no Brasil: art. 23, II
- citações: art. 626, § 2º
- colação: arts. 639 a 641
- comerciante: arts. 620, I, § 1º, e 630, par. ún.
- competência: arts. 48, par. ún.
- credor de dívida líquida e certa; não vencida: art. 644
- cumulação de inventários: art. 672, I, II, e III
- curador especial: art. 671
- declaração de insolvência: art. 618, VIII
- dívida impugnada: art. 643, par. ún.
- donatários; aprovação das dívidas; possibilidade de redução das liberalidades: art. 642, § 5º
- emenda e esboço da partilha: arts. 651 e 656
- Fazenda Pública; citação: art. 626
- Fazenda Pública; informações: art. 629
- herdeiro ausente; curadoria: art. 671, I
- herdeiro; contestação: art. 627
- impostos; cálculo: art. 638
- incapaz: art. 671, II
- incidente de negativa de colação: art. 641
- incidente de remoção de inventariante: art. 623 a 625
- inventariante; contas: art. 618, VII
- inventariante; dativo: arts. 75, § 1º, e 618, I
- inventariante; nomeação: art. 617
- inventariante; remoção: art. 622
- inventariante; sonegação; arguição: art. 621
- judicial; hipóteses: art. 610
- julgamento da partilha: art. 654
- lançamento da partilha: art. 652
- laudo de avaliação; impugnação: art. 635
- medidas cautelares incidentes; cessação da eficácia: art. 668
- nomeação de bens à penhora: art. 646
- pagamento de dívida; interesse de legatário: art. 645
- pagamento de dívidas: art. 642
- partilha amigável: art. 657
- partilha de bens de herdeiro morto na pendência do inventário: art. 673
- partilha; deliberação: art. 647
- partilha; folha de pagamento: art. 653, II
- por via administrativa; escritura pública; condições; registro imobiliário: art. 610
- prazo para requerimento e conclusão: art. 626
- primeiras declarações: art. 620
- primeiras declarações, erros e omissões; manifestações: art. 627
- procedimento judicial: art. 610
- questões de alta indagação: art. 612
- requerida pelo inventariante; insolvência: art. 618
- requerimento; legitimidade: arts. 615, par. ún., e 616
- sobrepartilha: arts. 669, 670 e 673
- sonegação: arts. 621 e 622
- últimas declarações: art. 636
- valor dos bens: art. 629

INVESTIGAÇÃO DE PATERNIDADE
- ação; segredo de justiça: art. 189, II
- depoimento pessoal: art. 388, par. ún.

- J -

JUIZ
- alienação antecipada; penhora: art. 852
- alteração da *causa petendi*: art. 141
- aplicação justa da lei: art. 140
- apreciação de prova: art. 371
- audiência; requerimentos; registro em ata: art. 360, V
- citação do réu: art. 335
- comparecimento das partes: art. 139, VIII
- correlação entre pedido e sentença: art. 141
- cumprimento do prazo pelo serventuário: art. 233
- decisão da lide: art. 141
- decisão; fundamento: arts. 10 e 11
- decisão; oitiva das partes: art. 9º e 10
- demandas individuais repetitivas: art. 139, X
- dignidade da justiça: art. 139, III
- direção do processo: art. 139
- efetividade da tutela do direito: art. 139, IV e VI
- excesso de prazo: arts. 227 e 235
- fiscalização dos prazos: art. 233

CPC

- força policial; execução: arts. 782, § 2º, e 846, § 2º
- igualdade das partes: art. 139, I
- impedido; ação rescisória: art. 966, II
- impedimento; ação contra parte ou advogado: art. 144
- impedimento; cliente de escritório de advocacia de cônjuge, companheiro ou parente: art. 144, VIII e § 3º
- impedimento; instituição de ensino; relação de emprego: art. 144, VII
- impedimento e suspeição: arts. 144 a 148, 452, I, 535, § 1º, 910, § 2º, e 966, III
- lacuna na lei: art. 140
- livre convencimento: art. 371
- nomeação de perito: art. 465
- parcialidade: art. 145
- parentes: art. 147
- parte do processo: art. 144, IV
- pedido de vista: art. 940
- pena pecuniária estabelecida: art. 536, § 4º
- perdas e danos: art. 143
- poder de polícia: art. 139, VII
- poder geral de cautela: art. 297
- poderes; deveres e responsabilidade: arts. 139 a 143
- prazo peremptório; redução; anuência das partes: art. 222, § 1º
- princípio dispositivo: arts. 141 e 370, par. ún.
- processo simulado: art. 142
- pronunciamento de nulidade: art. 282
- pronunciamentos: arts. 203 e 204
- prova documental; apreciação: art. 426
- rápida solução do litígio: art. 139, II
- recusa, omissão, retardamento de ato: art. 143, II
- regulamentação; incumbência do escrivão ou chefe de secretaria: art. 152, § 1º
- requisição de informações: art. 438
- responsabilidade: art. 143
- restauração dos autos: art. 715
- retratação; apelação; não decisão do mérito: art. 485, § 7º
- saneamento de vícios processuais: art. 139, IX
- sentença; prazo: art. 226, III
- suspeição de parcialidade: art. 145
- suspensão da execução: arts. 922 e 923
- suspeição; parte credora ou devedora; juiz, cônjuge, companheiro ou parente: art. 145, III
- valor da prova: art. 371

JUÍZO

- admissibilidade; apelação: art. 1.010, § 1º
- competência; medidas cautelares: art. 299
- retratação; ato judicial: art. 203

JULGAMENTO

- antecipado da lide: arts. 354 e 355
- audiência: arts. 358 a 368
- câmara: arts. 940, 941, § 2º, e 947, §§ 1º e 2º
- colegiado: art. 947, §§ 1º e 2º
- competência para embargos infringentes e ação rescisória: art. 971
- conexão: arts. 57 e 58
- conversão em diligência: arts. 12, § 4º, e 938, § 3º
- embargos do devedor: art. 920
- estado do processo: arts. 354 a 357
- exceção: art. 146, § 1º
- *extra petita*: art. 1.013
- férias forenses; órgão colegiado; não realização: art. 220, § 2º
- impedimento e suspeição: art. 146, § 1º
- liminar; improcedência do pedido: art. 332
- lista de processos aptos: art. 12, § 1º
- ordem cronológica: art. 12
- ordem cronológica; exceção: art. 12, § 2º
- pedido de vista: art. 953
- preferência: art. 936
- questão preliminar: arts. 938 e 939
- resultado; anúncio: art. 941
- risco de decisão conflitante; reunião de processos: art. 55, § 3º
- turma: arts. 940, 941, § 2º, e 947, §§ 1º e 2º
- voto: arts. 940, 941 e 947, §§ 1º e 2º

JULGAMENTO ANTECIPADO

- ação de prestação de contas: art. 550, §§ 4º e 5º
- do mérito: art. 355
- ocorrência: art. 355

JURISDIÇÃO

- civil, contenciosa e voluntária: art. 16
- voluntária; expressa ou tácita: art. 22, III
- tutela jurisdicional; requerimento: art. 2º
- voluntária; citação: art. 721
- voluntária; decisão: art. 723
- voluntária; despesas processuais: arts. 85, § 1º, e 88
- voluntária; férias: art. 215, I
- voluntária; iniciativa do procedimento: art. 720
- voluntária; prazo para resposta: art. 721
- voluntária; sentença; apelação: art. 724

JURISDIÇÃO VOLUNTÁRIA

- expedição de alvará judicial: art. 725, VII
- homologação de autocomposição extrajudicial: art. 725, VIII

JUROS LEGAIS

- principal: art. 322

JUSTA CAUSA

- conceito: art. 223, § 1º

JUSTIÇA GRATUITA

- advogado particular: art. 99, § 4º
- beneficiários: art. 98
- despesas processuais e honorários advocatícios; responsabilidade: art. 98, § 2º
- dispensa de despesas judiciais: art. 82
- emolumentos de notários e registradores: art. 98, §§ 7º e 8º
- impugnação: art. 100
- indeferimento: art. 99, § 2º
- indeferimento; recurso: art. 101
- multas processuais: art. 98, § 4º
- natureza pessoal: art. 99, § 6º
- objeto: art. 98, § 1º
- parcelamento de despesas adiantadas: art. 98, § 6º
- pedido: art. 99
- pedido em recurso; dispensa do preparo: art. 99, § 7º
- perícia: art. 95, §§ 3º a 5º
- presunção de veracidade da alegação; pessoa natural: art. 99, § 3º
- recolhimento das despesas: art. 102
- revogação: art. 100, par. ún.
- revogação; não efetuação do recolhimento: art. 102, par. ún.
- sucumbência; exigibilidade das obrigações; condição suspensiva: art. 98, § 3º

JUSTIFICAÇÃO

- inadmissibilidade de defesa e recurso: art. 382, § 4º
- julgamento: art. 382, § 2º

- L -

LAUDÊMIO

- título executivo: art. 515, V

LAUDO PERICIAL

- apresentação: art. 477
- prorrogação; entrega: art. 476

LEALDADE

- dever processual: art. 5º

LEGATÁRIO

- dívidas do espólio: art. 645
- inventário: art. 616, III

LEGITIMIDADE

- ação rescisória: art. 967
- alienação da coisa: art. 109
- demarcação: art. 575
- execução; ativa e passiva: arts. 778 e 779
- interdição; Ministério Público: art. 748
- inventário: arts. 615, 616 e 645
- partes; extinção do processo sem julgamento do mérito: art. 485, VI
- proposição e contestação: art. 17
- recurso: art. 1.009

LEI

- violação; ação rescisória: art. 966, V

LEI PROCESSUAL

- aplicação: art. 1.046
- aplicação; procedimentos não incorporados por lei: art. 1.046, § 3º
- aplicação; procedimentos regulados em lei: art. 1.046, § 2º
- efetividade; Conselho Nacional de Justiça; pesquisas estatísticas: art. 1.069
- remissão ao Código revogado: art. 1.046, § 4º
- revogação do Código anterior: art. 1.046, *caput*
- vigência do Código de Processo Civil 2015: art. 1.045

LEILÃO
- bens penhorados: art. 881, § 2º
- edital; publicação; rede mundial de computadores: art. 887, § 2º
- leiloeiro; atribuições: art. 884
- leiloeiro; indicado pelo exequente: art. 883
- leiloeiro público: art. 881, § 1º
- local de realização: art. 880, §§ 3º e 4º
- maior lance: arts. 881, *caput*, 886 e 896, § 2º
- pagamento parcelado; atraso; multa: art. 895, § 4º
- pagamento parcelado; atualização financeira: art. 895, § 3º
- pagamento parcelado; inadimplemento: art. 895, § 5º
- pagamento parcelado; momento e valor: art. 895, *caput*
- pagamento parcelado; pluralidade de propostas: art. 895, § 8º
- pagamento parcelado; proposta; não suspensão: art. 895, § 6º
- pagamento parcelado; proposta; prevalência do lance à vista: art. 895, § 7º
- público; hipóteses; regra: art. 881, § 2º

LETRA DE CÂMBIO
- penhora: art. 856
- título executivo extrajudicial: art. 784, I

LIDE
- denunciação da: arts. 125 a 129
- temerária: art. 80, V

LIQUIDAÇÃO DE SENTENÇA
- ação rescisória: art. 966
- arbitramento; hipóteses: art. 509, I
- cabimento: arts. 509 e 512
- cálculo aritmético; memória apresentada pelo credor; excesso: art. 524, § 1º
- cálculo do contador; base; penhora: art. 524, § 2º
- condenação; determinação do valor: art. 509, § 2º
- elaboração da memória do cálculo; dependência de dados; prazo para o cumprimento da diligência: art. 509, §§ 3º e 4º
- erro: art. 494, I
- julgamento parcial de mérito: art. 356, §§ 2º e 4º
- liquidação por artigos: art. 509, II
- modificação da sentença: art. 509, § 4º
- nomeação de perito; prazo para a entrega do laudo: art. 510

LIQUIDEZ E CERTEZA
- arts. 783 e 803, I

LITIGANTE DE MÁ-FÉ
- condições: art. 80
- prejuízos causados; condenação: art. 81

LITISCONSÓRCIO
- arts. 113 a 118
- assistência: art. 124
- assistência litisconsorcial: art. 124
- citação: art. 231, § 1º
- citação por edital: art. 256
- coisa julgada: art. 506
- cônjuges; necessário: art. 73, § 1º
- despesas; distribuição: art. 87, §§ 1º e 2º
- litisconsortes; prazo em dobro; cessação: art. 229, § 1º
- litisconsortes; prazo em dobro; autos eletrônicos; não aplicação: art. 229, § 2º
- multitudinário; limitação do número de litigantes: art. 113, § 1º
- processo; distribuição por dependência: art. 286, II
- recurso; aproveitamento: art. 1.005
- unitário: arts. 116 e 117
- usucapião: art. 259, I

LITISCONSORTE
- ação demarcatória; legitimidade ativa: art. 575
- autonomia: arts. 117 e 118
- confissão judicial; efeito: art. 391
- contestação; prazo: art. 335, §§ 1º e 2º
- debates em audiência: art. 364, § 1º
- intimação e andamento do processo: art. 118
- litigantes de má-fé: art. 81, § 1º
- prazo em dobro: art. 229
- prazo em dobro; cessação: art. 229, § 1º
- prazo em dobro; autos eletrônicos; não aplicação: art. 229, § 2º

LITISPENDÊNCIA
- ação perante tribunal estrangeiro; não ocorrência: art. 24
- alegação; contestação; oportunidade: art. 337, VI
- citação válida: art. 240
- extinção do processo sem julgamento do mérito: art. 485, V
- ocorrência: art. 337, §§ 1º, 3º e 4º

LIVROS COMERCIAIS
- exibição: arts. 418 e 421
- valor probante: art. 418

LOCADOR
- ausente; citação: art. 242, 2º

LOTEAMENTO E VENDA DE IMÓVEIS A PRESTAÇÕES
- art. 1.046, § 3º

– M –

MÁ-FÉ
- cumprimento de sentença; descumprimento injustificado de ordem judicial: art. 536, § 3º
- fundamento: art. 80, I
- litigante: arts. 79 a 81 e 142
- modo temerário: art. 80, V
- responsabilidade; perda e danos: art. 79
- sanções: art. 96

MANDADO
- citação; requisitos: art. 250
- inicial; conversão; mandado executivo: art. 701, § 2º
- intimação; depoimento pessoal: art. 385, § 1º

MANDATÁRIO
- confissão; poderes especiais: art. 390, § 1º
- réu ausente; citação: art. 242, § 1º

MANDATO
- renúncia: art. 112, § 1º
- revogação: art. 111

MANUTENÇÃO DE POSSE
- arts. 560 a 566
- casos: art. 560
- citação de ambos os cônjuges: art. 73, § 2º
- fungibilidade: art. 554
- procedimento: arts. 561 e 566
- reconhecimento do domínio; impossibilidade: art. 557

MARIDO
- dívida contraída; ação: art. 73, § 1º, III
- requerimento de outorga: art. 74

MASSA FALIDA
- representação em juízo: art. 75
- audiência; ações de família: art. 696
- audiência; advogado: art. 334, § 9º
- audiência; meios eletrônicos: art. 334, § 7º
- audiência; desinteresse: art. 334, §§ 4º a 6º
- audiência; suspensão; alegação de incompetência em contestação: art. 340, §§ 3º e 4º
- câmaras privadas; cadastro: art. 167
- confidencialidade: art. 166, § 1º
- intimação do autor: art. 334, § 3º
- procedimento: art. 166, § 4º
- princípios: art. 166
- sessões: art. 334, § 2º
- técnicas negociais: art. 166, § 3º

MEDIADORES JUDICIAIS
- advogado; impedimento: art. 167, § 5º
- atuação: art. 165, § 3º
- audiência; atuação obrigatória: art. 334, § 1º
- cadastro: art. 167
- cadastro; exclusão: art. 173
- dever de sigilo: art. 166, § 2º
- impedimento: art. 170
- impossibilidade temporária: art. 171
- profissional independente: art. 175
- remuneração: art. 169, *caput* e § 1º

MEDIDAS CAUTELARES
- ação acessória: art. 61
- ação declaratória: art. 20
- atentado: art. 77, §§ 1º e 7º
- ausência de contestação: art. 307
- busca e apreensão: art. 536, § 2º
- caução: arts. 83, § 1º, II, III, § 2º, e 297
- decadência: arts. 302, IV, 308 e 310
- disposições gerais: arts. 90, 294 a 299
- efetivação: art. 308
- eficácia; cessação: arts. 302, III, 309 e 668
- homologação; penhor legal: arts. 703 a 706
- indeferimento: art. 310
- interpelação; protesto: art. 728
- inventário: art. 668
- petição: art. 305
- prejuízo: art. 302

CPC

- preparatória: arts. 299 e 310
- processo principal: art. 296
- propositura da ação: art. 308
- protestos, notificações e interpelações: arts. 726 a 729
- requisição: art. 299

MEDIDAS COERCITIVAS

- aplicação de ofício: art. 139, IV
- exibição de documento: art. 396

MEDIDAS SUB-ROGATÓRIAS

- aplicação de ofício: art. 139, IV
- exibição de documento: art. 396

MEMORIAL

- debate de questões complexas: art. 364, § 2º

MENORES

- capacidade processual: art. 71
- depoimento; incapacidade: art. 447, § 1º, III

MENSAGEM ELETRÔNICA

- prova; forma impressa: art. 422, § 3º

MINISTÉRIO PÚBLICO

- atuação: art. 176
- ação rescisória; legitimidade: art. 967, III
- ação rescisória; intervenção; fiscal da lei: art. 967, par. ún.
- ações de família; intervenção: art. 698
- ato processual: art. 91
- cadastro; autos eletrônicos; prazo: art. 1.050
- causa; intervenção: art. 178
- causa; intervenção; previsão em lei ou na Constituição Federal: art. 178
- causa; intervenção; participação da Fazenda Pública: art. 178, par. ún.
- conflito de competência: art. 951, par. ún., e 971
- despesas processuais: art. 93
- direito de ação; exercício: art. 177
- discussão da causa; elevação e urbanidade: art. 360, IV
- especialização de hipoteca; tutor e curador; ausência de requerimento: art. 759
- excesso de prazo; devolução de autos: art. 234, § 4º
- férias forenses; atuação: art. 220, § 1º
- fiscal da lei/fiscal da ordem jurídica: arts. 178 e 179
- impedimento e suspeição: art. 148, I
- impugnação; ônus; não sujeição: art. 341, par. ún.
- interdição; requerimento: arts. 747, IV e 748
- intimação; alteração de regime de bens no casamento: art. 734, § 1º
- inventário; citação: art. 626
- inventário e partilha; legitimidade: art. 616, VII
- jurisdição voluntária; iniciativa: art. 720
- legitimidade para recorrer: art. 996
- nulidade: art. 279
- nulidade; manifestação prévia; necessidade: art. 279, § 2º
- oitiva; confirmação de testamento: art. 737, § 2º
- prazo; contagem em dobro; não aplicação: art. 180, § 2º
- prazo; findo; sem parecer: art. 180, § 1º
- prazos: art. 180
- preparo; dispensa: art. 1.007, § 1º
- responsabilidade civil: art. 181
- serventuário; excesso de prazo; representação: art. 233, § 2º
- sucessão provisória: art. 745, § 1º
- tutor ou curador; remoção: art. 761

MORA

- consignação em pagamento: arts. 540 e 544, I
- efeito da citação: art. 240

MORTE

- habilitação: art. 687
- partes, representante ou procurador; suspensão de prazos: art. 221
- parte; suspensão do processo: art. 313, I
- procurador: art. 313, § 3º
- testemunha: art. 451, I

MULHER

- bens reservados: art. 73, § 1º, III
- embargos de terceiro: art. 672, I
- foro competente; alimentos: art. 53, II
- foro competente; separação: art. 53, I
- outorga; suprimento: art. 74
- produto de seu trabalho: art. 73, § 1º, III

MULTA

- ação rescisória inadmissível ou improcedente: art. 968, II
- advogado e Ministério Público: art. 234, §§ 1º, 2º e 4º
- agravo interno: art. 1.021, § 4º
- aplicação de ofício: art. 139, IV
- arrematação de bem imóvel de incapaz; arrependimento: art. 896, § 2º
- arrematante; não pagamento: art. 897
- ato atentatório à dignidade da justiça: art. 77, §§ 2º a 5º
- citação por edital; alegação dolosa: art. 258
- cominatória: art. 537
- cumprimento de sentença; Fazenda Pública; inaplicabilidade: art. 534, § 2º
- depósito para evitar; recurso; compatibilidade: art. 520, § 3º
- devedor: art. 774, par. ún.
- embargos de declaração; protelação: art. 1.026, § 2º
- em favor da União ou Estados; destinação: art. 97
- imposta contra o autor de cota marginal ou interlinear: art. 202
- leilão; pagamento parcelado; atraso: art. 895, § 4º
- litigantes ou serventuários de má-fé: art. 96
- má-fé; ação monitória: art. 702, §§ 10 e 11
- modificação do valor ou da periodicidade: art. 537, § 1º
- perito: art. 468, § 1º
- pretendente; arrematação: arts. 843, § 2º, e 896, § 2º

MUNICÍPIO

- bem tombado; alienação judicial; ciência: art. 889, VIII
- bem tombado; alienação judicial; preferência na arrematação: art. 892, § 3º
- cadastro; autos eletrônicos; prazo: art. 1.050
- preparo; dispensa: art. 1.007, § 1º
- representação em juízo: art. 75, III

- N -

NASCITURO

- curador; inventariante: art. 648
- garantia de direitos; Ministério Público: art. 731

NAVIO E AERONAVE

- nomeação de bens: art. 835, VIII
- penhora; efeitos: art. 864

NOMEAÇÃO

- bens; arresto: art. 830
- bens; citação do devedor; penhora: arts. 544, 640, § 1º, 774, V, 798, II, 827 a 830, 841, 843, 845, 847, 848, 849, 854, 866, § 2º
- bens; devedor: art. 835
- bens; ineficácia: art. 848
- curador ao interdito: art. 755, I
- curador especial: art. 72
- curador e tutor: art. 744 e 759, I
- perito; interditando: art. 753
- perito; prova pericial: art. 465
- perito; usufruto de imóvel: art. 868, § 2º

NORMAS PROCESSUAIS

- aplicação imediata: art. 14
- aplicação supletiva: art. 15
- fundamentais: arts. 1º a 15
- irretroatividade: art. 14

NOTA PROMISSÓRIA

- penhora de crédito: art. 856
- título executivo extrajudicial: art. 784, I

NOTIFICAÇÃO JUDICIAL

- arts. 726 a 729
- oitiva do requerido; hipóteses: art. 728

NOVAÇÃO

- execução: art. 779, III
- execução fundada em sentença: art. 910, § 2º

NULIDADE

- arts. 276
- cláusula contratual; declaração de ofício: art. 64
- da intimação; arguição; necessidade de acesso aos autos; impossibilidade de prática de ato: art. 272, § 9º
- execução: art. 803
- falta de intervenção do Ministério Público: art. 279
- irregularidade da representação das partes: art. 76, § 1º, I

- ônus da prova: art. 373, § 3º
- partilha: art. 657
- processual; falta de autorização ou outorga: art. 74, par. ún.
- processual; incapacidade processual: art. 76, § 1º, I
- processual; representação irregular: art. 76, § 1º, I
- sanável; apelação; cumprimento de diligências: art. 938, § 1º

NUNCIAÇÃO DE OBRA NOVA
- competência: art. 47, § 1º
- obra embargada; violação; atentado: art. 77

- O -

OBRIGAÇÃO ALTERNATIVA
- art. 800

OBRIGAÇÃO DE FAZER
- arts. 139, 497 a 501 e 536 a 538
- entrega de coisa: arts. 806 a 813
- pena pecuniária: arts. 536, § 4º, e 814, par. ún.
- tutela específica: arts. 139, 497 a 501 e 536 a 538

OBRIGAÇÃO DE NÃO FAZER
- arts. 822 e 823

OBRIGAÇÃO INDIVISÍVEL
- credor; não participação no processo: art. 328

OFICIAL DE JUSTIÇA
- arresto de bens: art. 830
- arrombamento de portas: art. 846, § 1º
- atos executivos: art. 782
- atribuições e deveres: art. 154
- busca e apreensão: art. 536, § 2º
- certificação; mandado; proposta de autocomposição: art. 154, VI
- citação; procedimento: art. 249 e 251
- citação com hora certa: arts. 253, § 2º
- cópia da citação; inventário: art. *626*, § 3º
- impedimento e suspeição: art. 148, II
- intimação: art. 275
- intimação; prazo: art. 231, II
- mandado de citação; conteúdo: art. 250
- nomeação de bens: arts. 829, § 1º, e 841
- penhora: arts. 831 a 836
- quantidade: art. 151
- responsabilidade civil: art. 155

OMISSÃO
- da lei: art. 140
- da sentença: art. 1.022, I
- do acórdão: art. 1.022, II
- do pedido na inicial: art. 329

ÔNUS
- documento particular: art. 408, par. ún.
- falsidade documental: art. 429, I
- fato constitutivo; autor: art. 373, I
- fato extintivo; réu: art. 373, II
- fato impeditivo; réu: art. 373, II
- fato modificativo; réu: art. 373, II
- impugnação; réu; confissão: art. 341
- poder instrutório do juiz: art. 370, par. ún.
- prova; incumbência: art. 373

OPOENTE
- debates em audiência; prazo: art. 364, § 2º

OPOSIÇÃO
- despesas: art. 85, § 1º
- distribuição, citação e contestação: art. 683
- julgamento: art. 686
- oferecimento; parcial ou total: art. 682
- oferecimento antes da audiência; apensamento; julgamento pela mesma sentença: art. 685
- oferecimento após iniciada a audiência; procedimento comum; possibilidade de sobrestamento do processo: art. 685, par. ún.
- reconhecimento do pedido: art. 684

ORDEM DE ARROMBAMENTO
- penhora dificultada: art. 846, § 1º

ORDEM JUDICIAL
- art. 236

ORGANIZAÇÃO JUDICIÁRIA
- excesso de prazo; instauração de procedimento administrativo: art. 194, § 1º
- serventuários e oficiais de justiça; atribuições: art. 150

OUTORGA
- consentimento do cônjuge; direitos reais imobiliários: art. 73
- contestação; alegação: art. 337, IX
- uxória ou marital: art. 74

- P -

PAGAMENTO
- consignação: arts. 539 a 549
- dinheiro: arts. 904 a 909
- dívidas do espólio; separação de dinheiro ou bens: arts. 642 e 646
- espólio; dívidas: arts. 619, III, e 642 a 646
- extinção; execução: art. 924, I
- prestação alimentícia: art. 911
- satisfação do crédito: arts. 867 a 869 e 904 a 909
- testemunha; audiência: art. 462

PARTE
- confissão: arts. 389 a 395
- danos processuais; responsabilidade: arts. 79 a 81
- depoimento pessoal: arts. 385 a 388
- depoimento pessoal; desobrigação; hipóteses: art. 388
- depoimento pessoal; desonra própria, de cônjuge, companheiro ou parente; desobrigação: art. 388, III
- depoimento pessoal; perigo a vida própria, de cônjuge, companheiro ou parente; desobrigação: art. 388, IV
- deveres; competência: art. 379
- deveres processuais: arts. 77 e 78, § 2º
- execução: art. 778
- execução; ordem do juiz; comparecimento das partes: art. 772, I
- falecimento; restituição de prazo: art. 1.004
- igualdade de tratamento: art. 139, I
- impossibilidade de recorrer: art. 1.000
- manifestamente ilegítima: art. 330, II
- Ministério Público: art. 177
- morte; substituição: art. 110
- morte; suspensão do processo: art. 313, I
- oitiva; fato novo; decisão: art. 493, par. ún.
- perda da capacidade processual; suspensão do processo: art. 313, I
- serventuário; excesso de prazo; representação: art. 233, § 2º
- substituição: arts. 108 a 110
- vencida; recurso: art. 996

PARTILHA
- amigável; ação rescisória; cabimento: art. 657
- amigável; anulação: art. 657, par. ún.
- amigável; homologação: art. 657
- amigável; por via administrativa; homologada de plano; prova da quitação dos tributos: art. 659
- auto de orçamento: art. 653, I
- bens situados no Brasil: art. 23, III
- bens sujeitos a sobrepartilha: art. 669
- certidão de pagamento: art. 655
- competência: arts. 48, par. ún., e 49
- erros de fato; emendas: art. 656
- esboço; elaboração: art. 651
- folhas de pagamento: art. 653, II
- formal de partilha: art. 655
- julgamento por sentença: art. 654
- lançamento nos autos: art. 652
- pedidos de quinhões e deliberação de partilha: art. 647
- por via administrativa; escritura pública; condições; registro imobiliário: art. 610
- rescisão: art. 658
- sobrepartilha: arts. 669, 670 e 671

PÁTRIO PODER
- *vide* PODER FAMILIAR

PEDIDO
- acolhido ou rejeitado: art. 487, I
- aditamento: arts. 308, § 3º, e 329
- alternativo: art. 325
- *causa de* pedir; falta: art. 330, § 1º, I
- certo; sentença ilíquida; vedação: art. 490
- compatibilidade; não aplicação: art. 327, § 3º
- cumulados e sucessivos: art. 326
- determinado: art. 323

- genérico; reconvenção: art. 323
- genérico; obrigação de pagar quantia; decisão: art. 491
- incompatível; inépcia: art. 330, § 1º, IV
- indeterminado; ausência de permissão legal; inépcia da petição inicial: art. 330, § 1º, II
- interpretação restritiva: art. 322
- prestações sucessivas: art. 323
- obscuridade; inépcia da petição inicial: art. 330, § 1º, II
- omitido na inicial: art. 329
- reconhecimento pelo réu: art. 487, III, *a*
- sentença: art. 490

PENA DE CONFISSÃO
- depoimento pessoal; não comparecimento: art. 385

PENHOR LEGAL
- audiência preliminar: art. 705, *caput*
- embargos de terceiros: art. 674, § 2º, IV
- extrajudicial: art. 703, §§ 1º a 3º
- defesa; fundamento; caução idônea: art. 704, IV
- homologação: arts. 703 a 706
- recurso: art. 706, § 2º

PENHORA
- ações e quotas de sociedades empresárias: art. 835, IX
- aeronave; efeitos: art. 864
- alienação antecipada dos bens: art. 852
- ampliação ou transferência: art. 874, II
- auto; conteúdo: arts. 838 e 839
- avaliação; conteúdo do laudo: art. 872
- avaliação de imóvel: art. 872, § 1º
- avaliação de títulos e ações: art. 871, III
- avaliação; improcedência: art. 871
- avaliação; nomeação de avaliador: art. 870, par. ún.
- avaliação; oficial de justiça: arts. 154 e 870, par. ún.
- avaliação; repetição: art. 873
- bem indivisível; meação do cônjuge recai sobre a o produto da alienação: art. 843
- bens do devedor: art. 831
- bens gravados; intimação do credor: art. 799, I
- bens imóveis: art. 835, V
- bens imóveis; intimação do cônjuge do executado: art. 842
- bens móveis: art. 835, VI
- bens que podem ser penhorados: art. 834
- caução real: art. 908, *caput*, § 2º
- concurso de preferência: arts. 908 e 909
- crédito; depoimentos do devedor e de terceiro: art. 856, § 4º
- crédito; intimação do devedor: art. 855
- depositário; legitimidade: art. 840
- depósito: art. 839
- descrição dos bens: art. 831
- dinheiro ou aplicação em instituição financeira: arts. 835, I, e 854
- direito e ação; sub-rogação do credor: art. 857
- edifícios em construção; regime de incorporação imobiliária: art. 862, §§ 3º e 4º
- empresa; depósito e administração: art. 863, §§ 1º e 2º
- empresa concessionária: art. 863
- empresas; exceção; inexistência de outros meios: art. 865
- estabelecimento: art. 862
- estabelecimentos; exceção; inexistência de outros meios: art. 865
- execução; alienação ineficaz: art. 804
- férias e feriados: art. 214, I
- guarda de bens pelo depositário: art. 159
- leilão; pagamento parcelado; prestações: art. 895
- letra de câmbio: art. 856
- lugar de realização: arts. 861 e 862
- nomeação de bens: arts. 829, 847, § 4º, e 849
- nomeação de bens; inventariante: art. 646
- ordem da nomeação de bens: art. 835
- ordem de arrombamento: art. 846, § 1º
- partido político; sistema bancário; ativos: art. 640, § II
- pedras e metais preciosos: art. 835, XI
- percentual do faturamento de empresa: art. 835, X
- prestação ou restituição de coisa determinada: art. 859
- procedência; segunda penhora: art. 851
- realização: art. 839
- realização fora do horário: art. 212, § 2º
- redução aos bens suficientes: art. 874, I
- registro; terceiro adquirente; má-fé: art. 846, § 3º
- resistência; requisição de força: art. 846, § 2º
- rosto dos autos: art. 860
- segunda penhora: art. 851
- semoventes; exceção; inexistência de outros meios: art. 865
- substituição do bem penhorado; hipóteses: art. 848
- substituição do bem penhorado; requisitos: art. 847
- títulos da dívida pública com cotação em mercado: art. 835, II
- títulos e valores mobiliários com cotação em mercado: art. 835, III
- título executivo: art. 784, V
- veículo de via terrestre: art. 835, IV
- violação; atentado: art. 77, § 1º

PENSÃO ALIMENTÍCIA
- execução: arts. 911 a 913
- separação consensual: art. 731
- substituição processual: art. 18

PERDAS E DANOS
- ações possessórias; cumulação de pedidos: art. 555, I
- credor; coisa deteriorada: art. 809
- denunciação da lide: art. 129
- entrega de coisa: arts. 807 e 809
- obrigação de fazer: arts. 816, par. ún., e 821, par. ún.
- responsabilidade: arts. 79 e 302
- responsabilidade do juiz: art. 143

PEREMPÇÃO
- conceito: art. 92
- conhecimento de ofício: art. 485, § 3º
- contestação; alegação: art. 337, V
- extinção do processo: arts. 485, V, e 486
- ocorrência: art. 486, § 3º
- prazo: art. 222

PERÍCIA
- complexa: art. 475
- confronto com primeira perícia: art. 480
- documento; carta precatória, de ordem ou rogatória: art. 260, § 2º
- gratuidade da justiça: art. 95, §§ 3º a 5º
- indeferimento: art. 464, § 1º
- local: art. 217
- nova: art. 480
- prova: arts. 464 a 480
- requerida por órgão público: art. 91, § 1º
- segunda: art. 480

PERITO
- assistentes técnicos: arts. 475, e 477, § 1º
- cadastro: art. 156, §§ 2º e 3º
- conhecimento técnico ou científico; dependência: art. 156
- data e local: art. 474
- escusa do encargo: art. 157
- honorários; adiantamento; falta de previsão orçamentária: art. 91, § 2º
- honorários; título executivo: art. 515, V
- impedimentos e suspeição: art. 148, II
- impedimento e suspeição; verificação: art. 156, § 4º
- inspeção judicial: art. 482
- nomeação; lista; distribuição equitativa: art. 157, § 2º
- perícia complexa: art. 475
- poder de pesquisas: art. 473, § 3º
- remuneração: art. 95
- responsabilidade civil e criminal: art. 158
- substituição e multa: art. 477
- técnico de estabelecimento oficial: art. 478

PERSONALIDADE JURÍDICA
- capacidade processual: art. 70
- desconsideração: *vide* INCIDENTE DE DESCONSIDERAÇÃO DE PERSONALIDADE JURÍDICA

PESSOA JURÍDICA
- competência: art. 53, III
- desconsideração da personalidade: *vide* INCIDENTE DE DESCONSIDERAÇÃO DA PERSONALIDADE JURÍDICA
- direito público; ação possessória: art. 562, par. ún.
- estrangeira: art. 75, X, § 3º
- estrangeira; domicílio: art. 21, par. ún.

PETIÇÃO
- ação monitória: art. 700, § 2º
- juntada automática; processo eletrônico: art. 228, § 2º

PETIÇÃO DE HERANÇA
- art. 628, §§ 1º e 2º

PETIÇÃO INICIAL
- ação de consignação em pagamento: art. 542
- ação de divisão: art. 588
- ação de exigir contas: art. 550, § 1º
- ação de execução; indeferimento: art. 801
- ação de interdição: art. 749
- ação demarcatória: art. 574
- ação de protesto judicial: art. 726, § 2º
- ação monitória: art. 700, §§ 2º e 4º
- ação rescisória: art. 968
- aditamento pelo denunciado à lide: art. 127
- aditamento; tutela antecipada; urgência contemporânea à propositura da ação: art. 303, §§ 1º a 3º
- cópia; mandado de citação: art. 250
- deferimento: art. 334
- documentos indispensáveis: art. 434
- embargos de terceiros: art. 677
- emenda; tutela antecipada; urgência contemporânea à propositura da ação: art. 303, § 6º
- execução; documentos: art. 798, I
- indeferimento: art. 330
- indeferimento; ação monitória; art. 700, § 4º
- indeferimento; extinção do processo sem resolução do mérito: art. 485, I
- inépcia: art. 330,1 e § 1º
- inepta: art. 330, § 1º
- irregular; indeferimento: art. 330, IV
- obrigações decorrentes de empréstimo, financiamento ou arrendamento mercantil: art. 330, § 2º
- matéria controvertida; sentença improcedente; casos idênticos; dispensa da citação: art. 332
- omissão do pedido: art. 329
- opção por audiência de conciliação ou mediação; requisito: art. 319, IV
- oposição; requisitos: art. 683
- prova documental; reprodução cinematográfica ou fonográfica: art. 434, par. ún.
- regularização: art. 321
- requisitos: art. 319
- requisitos; ausência: art. 319, §§ 1º a 3º
- restauração de autos: art. 713, III
- substituição do réu: arts. 338 e 339
- tutela antecipada; urgência contemporânea à propositura da ação: art. 303

PODER FAMILIAR
- intervenção do Ministério Público: art. 178

POSSE
- ação; competência: art. 47, § 1º
- bens da herança: art. 615
- embargos de terceiro: arts. 674, 677, e 678, par. ún.
- prova: art. 561, I
- provisória: art. 888

POSSESSÓRIA
- *vide* AÇÕES POSSESSORIAS

PRAÇA
- adiamento: art. 888
- adiamento culposo; sanções: art. 888, par. ún.
- diversos bens; preferência do lançador: art. 893
- impedimento: art. 890
- local: art. 882, § 3º
- sobrevindo a noite; prosseguimento no dia imediato: art. 900
- transferência culposa; sanção contra responsável: art. 888, par. ún.

PRAZO
- advocacia pública: art. 183
- avocação: art. 235, § 1º
- autos; devolução; excedido por advogado: art. 234
- citação com hora certa: art. 231, II
- citação pessoal; início da fluência: art. 231, II
- comparecimento: art. 218, § 2º
- contestação: art. 335
- contestação; ausência de autocomposição; tutela cautelar antecedente efetivada: art. 308, § 4º
- dilatação; manifestação sobre prova documental: art. 437, § 2º
- excedido pelo juiz: arts. 227, e 235
- excesso por serventuário da justiça: art. 233, § 1º
- excesso; serventuário; representação: art. 233, § 2º
- exequente; comunicação ao juízo das averbações: art. 828, § 1º
- extintivo: art. 240, § 4º
- extração de certidões/reprodução fotográfica; peças indicadas pelas partes ou de ofício: art. 438, § 1º
- falsidade; suscitação: art. 430
- início com a juntada de carta precatória, de ordem ou rogatória: art. 231, VI
- intimação: art. 230
- juiz; despacho e decisão: art. 226
- justa causa por excesso: art. 223
- litisconsortes: art. 229
- litisconsortes; contagem em dobro; cessação: art. 229, § 1º
- litisconsortes; contagem em dobro; autos eletrônicos; não aplicação: art. 229, § 2º
- Ministério Público: art. 180
- nulidade da intimação; arguição; necessidade de acesso aos autos; impossibilidade de prática de ato: art. 272, § 9º
- para comunicar ao juízo da execução sobre a averbação no registro de imóveis, de veículos ou outros bens: art. 828, § 1º
- peremptório; redução pelo juiz; anuência das partes: art. 222, § 1º
- peremptório; improrrogável: art. 222
- prescrição legal ou determinação judicial: art. 218, § 1º
- processo de inventário e partilha: art. 611
- processual; contagem; apenas dias úteis: art. 219
- prorrogação legal: art. 224, § 1º
- recursos: art. 1.003, § 5º
- renúncia pela parte beneficiada: art. 225
- resposta do réu; após férias e feriados: art. 214
- restituição: art. 221
- réu revel: art. 346
- serventuário: art. 228
- suspensão em férias: art. 220
- suspensão por obstáculo: art. 221
- tempestividade; termo inicial; ato praticado anteriormente: art. 218, § 4º
- termo inicial; ato praticado anteriormente; tempestividade: art. 218, § 4º
- termo inicial; citação ou intimação por escrivão ou chefe de secretaria: art. 231, III
- termo inicial; citação ou intimação eletrônica: art. 231,V
- termo inicial; contestação; pluralidade de réus: art. 231, § 1º
- termo inicial; contestação: art. 335
- termo inicial; intimação pelo Diário de Justiça: art. 231, VII
- termo inicial; intimação; pluralidade de intimados: art. 231, § 1º
- termo inicial; prática de ato sem representante judicial: art. 231, § 3º
- termo inicial; retirada dos autos: art. 231, VIII

PRECATÓRIO
- ofício do presidente do tribunal em execução contra a Fazenda Pública: art. 910, § 1º

PRECLUSÃO
- arguição: art. 64
- coisa julgada: arts. 502 e 505
- conceito: arts. 223 e 507
- consumativa: art. 223
- extinção do processo: art. 485
- lógica; justa causa: art. 223, §§ 1º e 2º

PREFERÊNCIA
- anterioridade da penhora: arts. 797, 905, I, 908, *caput* e § 2º, e 909

PREJUÍZO
- arts. 282, § 1º, e 283, par. ún.

PRELIMINAR(ES)
- competência do réu: art. 337
- recurso extraordinário; existência da repercussão geral: art. 1.035, § 2º

PRÊMIO
- perda: art. 553

PREPARO
- agravo de instrumento: art. 1.017, § 1º
- apelação: art. 1.007, § 6º
- justiça gratuita; pedido em recurso; dispensa do preparo: art. 99, § 7º

- Ministério Público, Fazenda Pública e autarquias; dispensa: art. 1.007, § 1º
- recurso adesivo: art. 997, § 2º
- recurso extraordinário: arts. 1.007 e 1.021

PRESCRIÇÃO
- ação de execução: art. 535, VI
- ação rescisória: art. 975
- de rito: art. 332, § 1º
- decretação pelo juiz: art. 487, par. ún.
- execução; suspensão: art. 921, § 1º
- extinção do processo; resolução de mérito: art. 487, II
- intercorrente; execução: art. 921, § 4º
- interrupção; citação: arts. 240, §§ 1º e 2º, e 802, par. ún.
- improcedência do pedido: art. 332
- manifestação das partes: art. 487, par. ún.
- partilha amigável: art. 657, par. ún.
- reconhecida em procedimento cautelar: art. 310
- resposta do réu; contestação: art. 342, III

PRESIDENTE DO TRIBUNAL
- avocação de processo sujeito ao duplo grau de jurisdição: art. 496, § 1º

PRESO
- nomeação de curador especial: art. 72, II

PRESSUPOSTOS PROCESSUAIS
- citação: art. 239
- coisa julgada: art. 502
- existência: art. 239
- incompetência absoluta: art. 64, § 1º
- validade; capacidade: arts. 70, 239, 485, IV e 687

PRESTAÇÃO ALIMENTÍCIA
- apelação: art. 1.012, § 1º, II
- desconto em folha: art. 912
- execução: arts. 911 a 913

PRESTAÇÃO DE CONTAS
- administrador-depositário; penhora de frutos e rendimentos: art. 870, par. ún.
- contestação: art. 550, § 6º
- curador: art. 763, par. ún.
- forma mercantil: art. 551 e § 2º
- herança jacente: art. 1.140, I
- inventariante: arts. 553, 618, VII e 622, V
- jurisdição contenciosa: arts. 550 a 553
- testamenteiro: art. 735, § 5º
- tutor: art. 763

PRESTAÇÕES SUCESSIVAS
- implícitas: art. 323

PRESTAÇÕES VINCENDAS
- pedido de prestações: art. 323

PRESUNÇÃO
- de fraude à execução: art. 828, § 4º
- de validade de comunicação e intimação; endereço residencial ou profissional declinado na inicial: art. 274, par. ún.
- dispensa de prova: art. 374, IV

PREVENÇÃO
- competência: art. 60
- ocorrência: arts. 58 e 59
- validade da citação: arts. 240 e 312

PRINCÍPIO DA ADERÊNCIA
- art. 16

PRINCÍPIO DA CAUSALIDADE
- arts. 82, § 2º, e 85, § 17

PRINCÍPIO DA INAFASTABILIDADE DA JURISDIÇÃO
- art. 3º

PRINCÍPIO DA INÉRCIA
- art. 2º

PRINCÍPIO DA INSTRUMENTALIDADE
- arts. 277, 281 e 283

PRINCÍPIO DA IRRETROATIVIDADE DAS NORMAS PROCESSUAIS
- art. 14

PRINCÍPIO DA LEALDADE PROCESSUAL
- das partes: arts. 5º e 772, II
- dos procuradores: arts. 5º e 772, II

PRINCÍPIO DA LIVRE APRECIAÇÃO DAS PROVAS
- art. 371

PRINCÍPIO DA PARIDADE DE TRATAMENTO OU DA ISONOMIA
- art. 139, I

PRINCÍPIO DA PUBLICIDADE
- art. 930

PRINCÍPIO DA SUCUMBÊNCIA
- arts. 82, § 2º, e 85, § 17

PRINCÍPIO DO DUPLO GRAU DE JURISDIÇÃO
- obrigatório: art. 496
- voluntário: art. 1.013

PRINCÍPIO DO IMPULSO PROCESSUAL
- da parte: art. 2º
- do juiz: arts. 2º e 370, par. ún.

PRINCÍPIOS GERAIS DO DIREITO
- art. 140

PRISÃO
- depositário infiel: art. 161, par. ún.
- férias e feriados: art. 214, I
- presença de testemunhas: art. 154, I
- prestação alimentícia: art. 911, par. ún.

PROCEDIMENTO
- cautelar; ação principal; responsabilidade civil: art. 302, III
- cautelar; acolhimento de decadência ou prescrição; responsabilidade civil do requerente: art. 302, III
- cautelar; instauração antes ou no curso do processo principal: art. 294, par. ún.
- cautelar; medida liminar; citação: art. 302, II
- cautelar; medida provisória: art. 297
- cautelar; sentença desfavorável; efeito: art. 302, II
- comum: art. 318
- comum; audiência: arts. 358 a 368
- comum; audiência de conciliação: art. 334
- comum: citação do réu: art. 334
- comum; coisa julgada: arts. 496 e 502 a 508
- comum; confissão: arts. 389 a 395
- comum; contestação; resposta do réu: arts. 335 a 342
- comum; depoimento pessoal: arts. 139 e 385 a 388
- comum; exceções: art. 146
- comum; impedimento e suspeição: art. 146, §§ 1º a 7º
- comum; incompetência: arts. 64 a 66
- comum; inicial; indeferimento: arts. 330 e 331
- comum; julgamento conforme estado do processo: arts. 354 a 357
- comum; prova documental: arts. 434 a 438
- comum; prova pericial: arts. 464 a 480
- comum; prova testemunhal: arts. 442 a 448
- comum; provas: arts. 369 a 484
- comum; resposta do réu; disposições gerais: arts. 335 a 342
- comum; revelia: arts. 344 a 346
- especial: art. 318, par. ún.
- especial; jurisdição contenciosa: arts. 539 a 718
- especial; jurisdição voluntária: arts. 719 a 770
- especial; reconvenção: art. 343
- judicial; prioridade: arts. 1.046, § 3º, e 1.048, I, §§ 1º, 2º e 3º
- não especificação; aplicação do procedimento comum: art. 1.049, *caput*
- prioridade; aplicação: art. 1.048, § 4º
- sumário; remissão; aplicação do procedimento comum: art. 1.049, par. ún.

PROCESSO
- administrativo; repartições públicas: art. 438, § 2º
- administrativo; serventuário faltoso: art. 233, § 1º
- cautelar: arts. 77, 83, 294 a 299, 381 a 383 e 726
- de conhecimento: arts. 1º a 317
- execução: arts. 771 a 925
- extinção por sentença: art. 316
- formação e extinção: arts. 312, 485 a 488
- julgamento conforme estado: arts. 354 a 357
- paralisação por negligência: art. 485, II,
- procedimento: arts. 318 a 512
- resistência injustificada ao seu andamento: art. 80, IV
- saneamento: art. 357
- suspensão; execução: arts. 921 a 925
- suspensão; ocorrência: arts. 313 a 315
- tribunais: arts. 929 a 1.044

PROCESSO CAUTELAR
- audiência: art. 9º
- citação: art. 240
- competência: art. 299
- embargos de terceiro: art. 675
- medidas cautelares: arts. 77, 83, 294 a 299, 381 a 383 e 726
- preparatório: arts. 299 a 310
- procedimento específico: arts. 77, 83, 381 a 383, 536, 703 a 706, e 726 a 729

PROCESSO DE CONHECIMENTO
- ação: arts. 17 a 20
- auxiliares da justiça e órgãos judiciários: arts. 21 a 24 e 42 a 164
- embargos de terceiro: art. 675
- extinção; prova; pagamento ou depósito das custas e honorários de advogado: art. 486, § 2º
- extinção do processo: arts. 485 a 488
- formação do processo: arts. 2º e 312
- jurisdição: arts. 1º e 2º
- Ministério Público: arts. 177 a 181
- partes e procuradores: arts. 70 a 132
- procedimento comum: arts. 318 a 512
- processo e procedimento: arts. 318
- processos nos tribunais: arts. 926 a 1.044
- recursos: arts. 994 a 1.044
- suspensão do processo: arts. 313 a 315

PROCESSO DE EXECUÇÃO
- citação: arts. 59, 239 e 243
- competência: arts. 46, § 5º, 781 e 782
- desistência: art. 775
- disposições gerais: arts. 771 a 777 e 797 a 805
- diversas espécies de execução: arts. 797 a 913
- embargos à execução fundada em sentença: arts. 535, § 1º, 910, § 2º, e 917, § 2º
- embargos de terceiro: art. 675
- embargos do devedor: arts. 914 a 920
- entrega da coisa: arts. 806 a 813
- execução em geral: arts. 771 a 800
- extinção: arts. 924 e 925
- obrigações de fazer e de não fazer: arts. 814 a 823
- partes: arts. 514 e 776 a 779
- prestação alimentícia: arts. 528, § 7º, 911, par. ún., 912, §§ 1º e 2º, e 913
- requisitos necessários: arts. 515,783 a 788
- responsabilidade patrimonial: arts. 789 a 796
- suspensão: arts. 921 a 923

PROCESSO EXTINTO
- art. 92

PROCESSO FRAUDULENTO
- art. 142

PROCESSO NOS TRIBUNAIS
- acórdão; publicação: art. 942 e 944
- acórdão; não publicação no prazo: art. 944
- adiamento de julgamento a pedido de juiz: art. 940
- câmara; colegiado: art. 947, §§ 1º e 2º
- conclusão do relator: art. 931
- dia para julgamento: arts. 934 e 935
- distribuição; publicidade; alternatividade e sorteio: art. 930
- julgamento; anúncio do resultado: art. 941
- julgamento do mérito; questão preliminar: arts. 938 e 939
- julgamento em turma ou câmara: arts. 940, 941, § 2º, e 947, §§ 1º e 2º
- partes; vista dos autos: art. 935, § 1º
- pauta; apelação e agravo no mesmo processo: art. 946
- pedido de vista: art. 940
- pedido de vista; convocação de substituto: art. 940, § 2º
- preferência no julgamento: art. 936
- produção de prova: art. 938, §§ 3º e 4º
- protocolo descentralizado: art. 929, par. ún.
- protocolo e registro: art. 929
- questão preliminar: art. 938
- questões relevantes; repercussão geral: art. 1.035, § 1º
- relator; visto e relatório: art. 931
- relevante questão de direito: art. 947, § 2º
- seguimento negado; recurso manifestamente inadmissível: arts. 932 e 1.011
- sustentação do recurso: art. 937
- sustentação oral; requerimento de preferência: art. 937, § 2º
- turma; julgamento por três juízes: arts. 940, 941, §§ 2º, e 947, §§ 1º e 2º
- vício sanável: art. 938, §§ 1º, 2º e 4º
- voto; alteração: art. 941, § 1º

PROCESSO SIMULADO
- art. 142

PROCURAÇÃO
- advogado: arts. 104, 105 e 260, II
- agravo de instrumento: art. 1.017, I
- assinatura digital; emissão de certificado por certificadora credenciada: art. 105, § 1º
- atos urgentes: art. 104
- distribuição de petição; dispensa de juntada: art. 287, par. ún.
- exceção de suspeição: art. 146
- foro em geral: art. 105
- judicial: art. 104
- ratificação: art. 104, § 2º
- renúncia ao direito; exceção: art. 105

PROCURADORES
- advogado: arts. 103 a 107
- capacidade postulatória: art. 103
- causa própria: art. 103, par. ún.
- citação: art. 242
- deveres processuais: arts. 77 e 78
- procuração: art. 104
- procuração geral: art. 105
- representação em juízo: art. 75

PRODUÇÃO ANTECIPADA DE PROVA
- necessidade; justificação: art. 382

PROMESSA DE CESSÃO
- execução; alienação; eficácia: art. 804, § 3º

PROMESSA DE COMPRA E VENDA
- alienação judicial; ciência: art. 889, VI e VII
- execução; intimação do promissário comprador: art. 799, III
- execução; intimação do promitente vendedor: art. 799, IV
- execução; alienação; eficácia: art. 804, §§ 1º e 3º

PROTESTO
- decisão judicial; cancelamento: art. 517, § 4º
- registro contra alienação de bem; tutela de urgência antecipada: art. 300, § 3º

PROTESTO JUDICIAL
- entrega dos autos à parte: art. 729
- inadmissibilidade de defesa: art. 728
- petição inicial: art. 726, § 2º
- prevenção de responsabilidade; conservação e ressalva de direito: art. 726

PROTESTOS FORMADOS A BORDO
- art. 1.046, § 3º

PROTOCOLO
- descentralizado: art. 929, par. ún.
- horário: art. 212
- para interposição do recurso: art. 1.003, § 3º
- processo no tribunal: art. 929

PROVA
- ação rescisória: arts. 966, VI e VII, e 972
- apreciação pelo juiz: arts. 371 e 966, VI
- arguição de falsidade: arts. 430 a 433
- arrolamento de bens; fins de documentação: art. 381, § 1º
- audiência: arts. 361 e 449
- autenticação; documentos: arts. 411, I e III, e 425, III
- carta precatória: art. 377
- carta rogatória: art. 377
- certidões textuais: art. 425, I
- coisa julgada: art. 502
- começo de prova por escrito: art. 444
- competência de terceiro: art. 380
- confissão: arts. 389 a 395
- confissão; ineficácia; incapacidade de dispor do direito: art. 392, § 1º
- confissão; representante; eficácia; limite da representação: art. 392, § 2º
- contestação: art. 336
- cópia reprográfica de peça processual; declaração de autenticidade pelo advogado: art. 425, IV
- depoimento pessoal: arts. 139 e 385 a 388
- depoimento pessoal; parte residente em outra co-

CPC

marca; videoconferência; recurso tecnológico: art. 385, § 3º
- deveres da parte: art. 379
- disposições gerais: arts. 369 a 380
- documental: arts. 405 a 438
- documental; reprodução cinematográfica ou fonográfica; exibição em audiência: art. 434, par. ún.
- documental; dilatação de prazo para manifestação: art. 437, § 2º
- documento ou coisa em poder de terceiro: art. 401
- documento particular: arts. 408 a 413
- exibição: arts. 396 a 404
- *ex officio*: art. 370, par. ún.
- extratos digitais de bancos de dados públicos/privados; atestação pelo emitente; faz mesma prova que os originais: art. 425, V
- falsa: art. 966, VI
- fatos que independem de prova: art. 374
- impedimento: art. 144
- incidente de falsidade: arts. 430 a 433
- inspeção judicial: arts. 481 a 484
- instrução do processo: art. 370, par. ún.
- livre convencimento: art. 371
- mensagem eletrônica; forma impressa: art. 422, § 3º
- Ministério Público: art. 179, II
- pericial: arts. 464 a 480
- pericial; calendário; saneamento: art. 357, § 8º
- perito: art. 156
- posse: arts. 561, II, 677
- preservação dos originais dos documentos digitalizados; ação rescisória: art. 425, § 1º
- produção antecipada: arts. 381 a 383
- produção pelo revel: art. 349
- repetição: art. 715
- reprodução digitalizada de documento público/particular; faz mesma prova que o original: art. 425, VI
- reprodução fotográfica: arts. 422 a 424, 425, III, e 438, § 1º
- restauração de autos: art. 715
- revelia: art. 348
- terceiro; exibição; recusa: arts. 402 a 404
- traslados: art. 425, II
- veracidade: arts. 307, 344

PROVA ANTECIPADA
- art. 381 a 383

PROVA DOCUMENTAL
- apreciação pelo juiz: art. 426
- arguição de falsidade: arts. 430 a 433
- autenticação: arts. 411 e 425, III
- documento novo: arts. 435 e 437, § 1º
- documento particular: arts. 408 a 413, 423 e 424
- embargos do devedor: art. 917
- escrituração contábil: art. 419
- falsidade: arts. 429 a 433
- força probante dos documentos: arts. 405 a 429
- incidente de falsidade: arts. 430 a 433
- livros comerciais; livros empresariais: arts. 417 a 421
- produção de prova: arts. 434 a 438

PROVA PERICIAL
- assistente técnico: arts. 464, § 3º, 465, § 1º, II, e 466
- avaliação: art. 464
- carta: art. 465, § 6º
- esclarecimentos: art. 477, § 3º
- laudo: arts. 477
- nomeação de perito: art. 465
- substituição do perito: art. 468
- vistoria: art. 464

PROVA TESTEMUNHAL
- ação rescisória: art. 966, VI
- admissibilidade: arts. 442 e 443
- conceito: arts. 442 e 443
- depoimento: arts. 450 a 463
- embargos de terceiro: art. 677
- interrogatório: art. 459
- produção de prova: arts. 357, 450 a 463
- substituição de testemunha: art. 451
- valor: arts. 444 e 445

PROVIDÊNCIAS PRELIMINARES
- art. 343

PROVIMENTOS MANDAMENTAIS E JUDICIAIS
- art. 77, IV e §§ 2º a 6º

PUBLICAÇÃO
- acórdão: arts. 942 e 944
- alteração da sentença: art. 494
- data; disponibilização no Diário de Justiça Eletrônico: art. 224, § 2º
- edital; arrematação: arts. 887, §§ 1º e 3º, e 889
- processos nos tribunais; distribuição: arts. 930 e 934
- sentença de interdição: arts. 755, § 3º, e 756, § 3º

PUBLICIDADE
- art. 368

- Q -

QUESITOS
- apresentação: art. 465, § 2º, III
- impertinentes: art. 470, I
- no comum: art. 335, I
- pelo juiz necessários ao esclarecimento da causa: art. 470, II
- suplementares: art. 469

QUESTÃO PREJUDICIAL
- ação declaratória incidental: art. 313, V, a
- ação penal: art. 315, § 1º
- coisa julgada: art. 503, § 1º
- coisa julgada; força de lei: arts. 503, § 1º, 1.054
- coisa julgada; força de lei; não aplicação: art. 503, § 1º
- resolução: art. 503, § 1º
- sobrestamento: art. 315, § 1º
- suspensão processual: art. 313, V

QUESTÕES PRELIMINARES
- contestação: arts. 337, 351 e 352
- julgamento: arts. 938 e 939

QUINHÃO
- divisão: arts. 591 e 596
- jurisdição voluntária: art. 725, V
- partilha: arts. 647, 651, IV, 653, I, *c*, e II, e 655, II e III
- pedido: art. 647

QUITAÇÃO
- execução; levantamento de dinheiro: art. 906
- penhora de frutos e rendimentos: art. 869, § 6º

- R -

RADIOGRAMA
- conforme original: art. 414
- documento particular: art. 413

RATEIO
- execução; pluralidade de credores; adjudicação e alienação; sub-rogação: art. 908, § 1º
- execução por quantia certa; vários credores: art. 908

RATIFICAÇÃO DE ATOS PROCESSUAIS
- advogado sem procuração: art. 104

RATIFICAÇÃO DOS PROCESSOS TESTEMUNHÁVEIS FORMADOS A BORDO
- petição inicial: arts. 767 e 768
- prazo de apresentação: art. 766
- procedimento: arts. 769 e 770

RATIFICAÇÃO DOS PROTESTOS MARÍTIMOS
- petição inicial: arts. 767 e 768
- prazo de apresentação: art. 766
- procedimento: arts. 769 e 770

RECLAMAÇÃO
- acórdão: art. 993
- cabimento: art. 988
- impugnação: art. 990
- Ministério Público: art. 991
- procedência: arts. 992 e 993
- relator: art. 989

RECONHECIMENTO DE FIRMA
- autenticidade de documento: art. 411, I

RECONHECIMENTO DO PEDIDO
- assistência não obsta a parte principal: art. 122
- custas e honorários: art. 90
- extinção do processo; resolução de mérito: art. 487, III, a
- oposição: art. 684

RECONVENÇÃO
- ação monitória: art. 702, § 6º
- aditamento do pedido e causa de pedir: art. 329
- anotação pelo distribuidor: art. 286, par. ún.
- desistência ou extinção da ação: art. 343, § 2º
- despesas processuais: art. 85, § 1º
- dispensa de caução às custas: art. 83, § 1º, III

- momento para reconvir: art. 343
- pedido: art. 343, § 2º
- prazo para contestação: art. 343, § 5º

RECURSO
- aceitação da sentença; impossibilidade de recorrer: art. 1.000
- adesivo; admissão: art. 997, §§ 1º e 2º
- apelação; reexame dos pressupostos de admissibilidade: art. 1.010, § 3º
- baixa dos autos ao juízo de origem: art. 1.006
- cabimento; enumeração: art. 994
- deserção; equivoco no preenchimento de guia: art. 1.007, § 7º
- desistência em qualquer tempo: art. 998
- despachos irrecorríveis: art. 1.001
- dispensa de preparo: art. 1.007, § 1º
- feriado local; prova; interposição: art. 1.003, § 6º
- impugnação da sentença: art. 1.002
- legitimidade para interposição: art. 996
- litisconsorte; aproveitamento: art. 1.005
- prazo: art. 1.003, § 5º
- preferência no julgamento: art. 936
- preparo: arts. 1.007 e 1.017, § 1º
- preparo; dispensa; autos eletrônicos: art. 1.007, § 3º
- preparo; comprovação; pagamento em dobro; deserção: art. 1.007, § 4º
- preparo; insuficiência parcial; vedação de complementação: art. 1.007, § 5º
- renúncia do direito de recorrer: art. 999
- representação das partes; irregularidade: art. 76, § 2º
- solidariedade passiva; aproveitamento: art. 1.005, par. ún.
- sustentação perante tribunal: art. 937
- tempestividade; correios; data da postagem: art. 1.003, § 4º

RECURSO DE TERCEIRO PREJUDICADO
- no procedimento comum: art. 996

RECURSO ESPECIAL
- arts. 1.029 a 1.044
- dissídio jurisprudencial; inadmissão; distinção: art. 1.029, § 2º
- embargos de divergência: art. 994, IX
- execução de sentença: art. 995, par. ún.
- incidente de resolução de demandas repetitivas: art. 1.036
- multiplicidade de recursos; idêntica fundamentação: arts. 1.036 a 1.040
- prazo: art. 1.003, § 5º
- repetitivo; acórdão; conteúdo: art. 1.038, § 3º
- repetitivo; acórdão paradigma; publicação; aplicação da tese: art. 1.040, III
- repetitivo; acórdão paradigma; publicação; manutenção da tese; distinção ou superação: art. 1.040, § 1º
- repetitivo; acórdão paradigma; publicação; retratação; demais questões: art. 1.040, § 3º
- repetitivo; acórdão paradigma; publicação; outras questões: art. 1.040, § 3º
- repetitivo; afetação: art. 1.037
- repetitivo; distinção; prosseguimento: art. 1.037, §§ 9º a 13
- repetitivo; escolha; relator: art. 1.036, §§ 4º e 5º
- repetitivo; exclusão do sobrestamento; inadmissão: art. 1.036
- repetitivo; instrução; audiência pública: art. 1.038, II
- repetitivo; publicidade: art. 979, § 2º
- repetitivo; suspensão dos processos: art. 1.037, II, §§ 5º e 8º
- sobrestamento; múltiplos recursos; idêntica questão de direito: arts. 1.036 a 1.040

RECURSO EXTRAORDINÁRIO
- arts. 1.029 a 1.042
- dissídio jurisprudencial; inadmissão; distinção: art. 1.029, § 2º
- execução da sentença; não suspensão: art. 995, par. ún.
- incidente de resolução de demandas repetitivas: art. 987, § 2º
- intempestividade; exclusão do sobrestamento; inadmissão: art. 1.035, §§ 6º e 7º
- multiplicidade de recursos; idêntico fundamento: arts. 1.036 a 1.038
- questão constitucional não oferece repercussão geral; não conhecimento do: art. 1.035
- recurso adesivo; admissibilidade: art. 997, §§ 1º e 2º, II
- repercussão geral; casos repetitivos; tese contrária: art. 1.035, § 3º, I e II
- repercussão geral; prazo para julgamento: art. 1.035, §§ 9º e 10
- repercussão geral; publicidade: art. 979, § 1º
- repercussão geral; questionamento de decisão de inconstitucionalidade de tratado ou lei federal: art. 1.035, § 3º, III
- repercussão geral; requisitos: art. 1.035, §§ 1º a 11
- repetitivo; acórdão; conteúdo: art. 1.038
- repetitivo; acórdão paradigma; publicação; aplicação da tese: art. 1.040, III
- repetitivo; acórdão paradigma; publicação; manutenção da tese; distinção ou superação: art. 1.040, § 1º
- repetitivo; acórdão paradigma; publicação; retratação; demais questões: art. 1.040, § 2º
- repetitivo; acórdão paradigma; publicação; outras questões: art. 1.040, § 3º
- repetitivo; afetação: art. 1.037
- repetitivo; distinção; prosseguimento: art. 1.037, §§ 9º a 13
- repetitivo; escolha; relator: art. 1.036, §§ 4º e 5º
- repetitivo; exclusão do sobrestamento; inadmissão: art. 1.036
- repetitivo; instrução; audiência pública: art. 1.038, II
- repetitivo; publicidade: art. 979, § 3º
- repetitivo; suspensão dos processos: art. 1.037, II, §§ 5º e 8º
- sobrestamento; múltiplos recursos; repercussão geral: arts. 1.036 a 1.038

RECURSO OFICIAL
- casos sujeitos ao duplo grau de jurisdição: art. 496

RECURSO ORDINÁRIO
- interposição: art. 1.028, § 2º
- regras aplicáveis: art. 1.027, § 2º

REEXAME NECESSÁRIO
- art. 496

REGIME DE BENS DO CASAMENTO
- alteração; meios alternativos; direitos de terceiros: art. 734, § 2º
- alteração; Ministério Público; intimação: art. 734, § 1º
- alteração; sentença; averbação: art. 734, § 3º

REGIMENTOS INTERNOS DOS TRIBUNAIS
- conflito de competência: arts. 958 e 959
- disposição sobre distribuição de processos: art. 930
- STF; repercussão geral: arts. 1.035 a 1.040

REGISTRO
- certidão comprobatória do ajuizamento de execução; para fins de averbação no: art. 828
- doméstico; valor probante: art. 415
- processo remetido ao tribunal: art. 929
- processos; obrigatoriedade: art. 284

REGRAS DE EXPERIÊNCIA
- aplicação; em falta de normas jurídicas: art. 375

REGULAÇÃO DE AVARIA GROSSA
- alienação judicial: art. 708, § 3º
- alienação; despesas; levantamento: art. 708, § 4º
- caução; recusa do consignatário: art. 708, § 3º
- contribuição provisória: art. 708, § 2º
- declaração; discordância: art. 708, § 1º
- declaração; regulador: art. 708, *caput*
- documentos; prazo para apresentação: art. 709
- garantia idônea; não apresentação: art. 708, § 2º
- recursos: art. 708, § 1º
- regulador; declaração; possibilidade de rateio: art. 708, *caput*
- regulador; nomeação: art. 707

- regulador; regras aplicáveis: art. 711
- regulamento: art. 710

REINTEGRAÇÃO DE POSSE
- arts. 560 a 566
- citação de ambos os cônjuges: art. 73, § 2º
- esbulho: art. 560
- fungibilidade: art. 554
- procedimento: arts. 560 a 566
- reconhecimento do domínio; impossibilidade: art. 557

RELATOR
- recurso inadmissível, improcedente ou em confronto; seguimento negado: arts. 932 e 1.011
- restauração de autos desaparecidos: art. 717

REMESSA NECESSÁRIA
- dispensa; fundamento da sentença; entendimento firmado em incidente de assunção de competência: art. 496, § 3º, III
- dispensa; fundamento da sentença; entendimento firmado em incidente de resolução de demandas repetitivas: art. 496, § 3º, III
- dispensa; fundamento da sentença; julgamento de recursos repetitivos: art. 496, § 3º, II
- dispensa; fundamento da sentença; orientação vinculante em âmbito administrativo do órgão público: art. 496, § 3º, IV

REMIÇÃO
- adjudicação; falência ou insolvência; massa e credores: art. 877, § 4º
- bem hipotecado; falência ou insolvência; massa e credores: art. 902
- executado: arts. 824, 877, § 3º, e 902

REMISSÃO
- dívida; extinção da execução: art. 924, III

REMUNERAÇÃO
- de depositário ou administrador: art. 160

RENDA
- imóvel; título executivo extrajudicial: art. 784, VIII

RENÚNCIA
- direito de recorrer: art. 999
- direito; extinção do processo com resolução de mérito: art. 487, III, c
- prazo: art. 225

REPARTIÇÃO PÚBLICA
- fornecer documento em meio eletrônico: art. 438, § 2º

REPERCUSSÃO GERAL
- condição de existência: art. 1.035, § 1º
- extensão da decisão; negação a existência da: art. 1.035, § 8º
- manifestação de terceiros; admissibilidade: art. 1.035, § 4º
- múltiplos recursos; fundamentação em idêntica controvérsia/questão de direito: arts. 1.036 a 1.040
- não oferecimento; recurso extraordinário; não conhecimento: art. 1.035
- objeto de impugnação do recurso; decisão contrária à súmula/jurisprudência: art. 1.035, § 3º, I a III
- súmula da decisão; publicação oficial; acórdão: art. 1.035, § 11

REPETIÇÃO DE ATO PROCESSUAL
- nulidade: art. 282

RÉPLICA
- alegação de matéria processual: arts. 351 e 352
- documentos juntados na contestação; manifestação: art. 437, *caput*
- falsidade; suscitação: art. 430
- oposição de fato impeditivo, modificativo ou extintivo: art. 350

REPRESENTAÇÃO
- judicial; decorrente da Constituição ou da lei; dispensa de procuração: art. 287, par. ún., III
- juízo; advogado: art. 103
- partes; alegação com a contestação: art. 337, IX
- partes; irregularidade; grau recursal: art. 76, § 2º
- partes; irregularidade; suspensão do processo; prazo para sanar o defeito: art. 76
- partes; revogação do mandato: art. 111
- pessoa jurídica estrangeira: art. 75, X
- pessoas jurídicas: art. 75, VIII
- Prefeito Municipal: art. 75, III

REPRESENTANTE
- judicial; incapazes ou ausentes; função de curador especial: art. 72, par. ún.
- legal; citação pessoal: art. 242

REQUISIÇÃO
- de testemunha ao chefe da repartição ou ao comando; funcionário público ou militar: art. 455, III
- penhora: art. 845
- processos administrativos: art. 438, II

RESERVA DE BENS
- inventário: arts. 627, §§ 1º a 3º, 628, §§ 1º e 2º, e 644

RESISTÊNCIA
- injustificada ao andamento do processo; litigância de má-fé: art. 80, IV

RESPONSABILIDADE
- partes; dano processual: arts. 79 a 81

RESPONSABILIDADE CIVIL
- administrador: art. 161
- advogado; atos não ratificados no prazo: art. 104, § 2º
- atentado; réu: art. 77, § 7º
- depositário: art. 161
- juiz: art. 143
- Ministério Público: art. 181
- requerente de medida cautelar: art. 302, par. ún.

RESPONSABILIDADE PATRIMONIAL
- arts. 789 a 796
- espólio; dívidas do falecido: art. 796
- execução: arts. 789 a 796
- fiador; execução: art. 794, § 1º
- fraude de execução: arts. 790, V, e 792
- sócio; bens; execução: art. 790, II
- sucessor; bens; execução: art. 790, I

RESPOSTA DO RÉU
- contestação: arts. 335 a 342
- exceções: arts. 146, 335 e 340
- forma: art. 335
- impedimento: art. 146
- prazo: art. 335, §§ 1º e 2º
- prova documental: art. 404
- reconvenção: art. 343
- reinquirição de testemunhas: art. 715, § 1º
- revelia: art. 348
- suspeição: art. 146
- vários réus; citação; prazo comum: art. 335, §§ 1º e 2º

RESTAURAÇÃO DE AUTOS
- arts. 712 a 718

RESTITUIÇÃO DE PRAZO
- atos processuais; hipóteses: art. 221
- interposição de recurso; hipóteses: art. 1.004

RÉU
- local ignorado ou incerto: art. 256, § 3º
- contestação; prazo; termo inicial: arts. 231 e 335

REVELIA
- alienação judicial; ciência; edital de leilão: art. 889, par. ún.
- advertência; mandado de citação; curador especial: art. 253, § 4º
- advertência; citação por edital; curador especial: art. 257, IV
- citação por edital ou com hora certa; nomeação de curador especial: art. 72, II
- intervenção no processo: art. 346
- prazos: art. 346
- efeito; confissão: art. 344
- efeito; não Incidência: arts. 348 e 349
- julgamento antecipado: art. 355, II
- representação irregular ou incapacidade processual: art. 76, § 1º, II
- verificação pelo juiz: art. 348

REVOGAÇÃO
- da confissão: arts. 393 e 966, VI
- do mandato: art. 111

RUBRICA
- art. 207

- S -

SANEAMENTO DO PROCESSO
- alteração do pedido; admissibilidade: art. 329, II

SEGREDO DE JUSTIÇA
- arts. 11 e 189
- arbitragem; estipulação de confidencialidade: art. 189, IV

- direito constitucional à intimidade: art. 189, III

SEGURO DE VIDA
- contrato; título executivo extrajudicial: art. 784, VI
- impenhorabilidade: art. 833, VI

SEMOVENTES
- arts. 862 e 620, IV, c

SENTENÇA
- ação de atentado; efeitos: art. 77, § 7º,
- ação demarcatória: art. 581
- ação rescisória: arts. 966 a 975
- aceitação tácita ou expressa: art. 1.000
- ações reunidas por conexão ou continência: arts. 57 e 58
- alteração: art. 494
- alteração por embargos de declaração: art. 494
- conceito: art. 203
- concisa; extinção do processo: art. 490
- correção de inexatidões materiais e erro de cálculo: art. 494, I
- cumprimento: arts. 513 a 538
- cumprimento; impugnação: art. 525
- cumprimento; julgamento parcial de mérito: art. 356, §§ 2º e 4º
- custas; dispensa; transação: art. 90, § 3º
- definitiva; provisória; cumprimento: art. 513
- despesas e honorários advocatícios: arts. 85, § 2º, e 85, § 17
- despesas; distribuição; litisconsórcio: art. 87, par. ún.
- dispositivo decisório: art. 489, III
- efeitos; denunciação art. 129
- elementos essenciais: art. 489
- estrangeira: homologação: arts. 961 e 965
- execução provisória: art. 520
- extinção de execução: art. 925
- *extra petita*: art. 492
- fato ou direito supervenientes; consideração: art. 493
- Fazenda Pública; recurso oficial: art. 496, II
- força de lei: art. 503
- fundamentos da sentença; coisa julgada: art. 504, II
- homologatória de penhor legal: arts. 703 a 706
- ilíquida; impossibilidade: art. 491
- inalterabilidade; exceções: art. 494
- indenização por ato ilícito; prestação de alimentos; constituição de capital: art. 533
- inexatidões e erros materiais e de cálculo; correção: art. 494, I
- intimação das partes; prazo de recurso: art. 1.003, § 2º
- julgamento parcial de mérito: art. 356
- lacuna da lei: art. 140
- liquidação; julgamento parcial de mérito: art. 356, §§ 2º e 4º
- litisconsórcio multitudinário; autos originários: art. 113, § 1º
- leitura em audiência; prazo para recurso: art. 1.003, § 1º
- matéria decidida: art. 505
- mérito; alegações e defesas: art. 508
- modo conciso; fundamentação: art. 11
- motivação; não faz coisa julgada: art. 504
- nulidade de ato decisório; incompetência absoluta: art. 64, § 3º
- obrigação ilíquida; julgamento parcial de mérito: art. 356, § 1º
- oitiva das partes; prévia; fato novo: art. 493, par. ún.
- ordem cronológica: art. 12
- obscuridade da lei: art. 140
- passada em julgado; comunicação ao réu: art. 241
- prazo para proferir: art. 366
- proferida entre partes originárias; efeitos ao adquirente ou ao cessionário: art. 109, § 3º
- publicação: art. 494
- publicação; Diário de Justiça Eletrônico: art. 205, § 3º
- publicação pela imprensa; início do prazo para recurso: art. 1.003, § 2º
- questão prejudicial incidente; coisa julgada: art. 503, § 1º
- reexame necessário; não aplicação quando a sentença estiver fundada em Súmula do Supremo Tribunal Federal: art. 496, § 3º, I
- relação condicional: art. 492, par. ún.
- relação do objeto com o pedido: art. 492
- relatório; conteúdo: art. 489
- título de hipoteca judiciária: art. 495, § 1º
- transitada em julgado; efeitos: art. 501
- *ultra petita*: art. 492

SEPARAÇÃO CONSENSUAL
- escritura pública/atos notariais; gratuidade; declaração de pobreza: art. 98, § 1º, IX
- partilha posterior: art. 731, par. ún.
- por via administrativa; escritura pública; condições; conteúdo: art. 733
- por via administrativa; escritura pública; não depende de homologação judicial; registros civil e de imóveis: art. 733
- requerimento; assinaturas: art. 731

SEPARAÇÃO DE CORPOS
- férias e feriados: art. 214, I

SEPARAÇÃO JUDICIAL
- competência: art. 53, I
- depoimento pessoal: art. 388, par. ún.
- partilha; bens situados no Brasil: art. 23, III

SEQUESTRO
- bem confiado a guarda; administrador: art. 553
- guarda dos bens: art. 159
- férias e feriados: art. 214, I
- tutela de urgência antecipada: art. 300, § 3º

SERVENTUÁRIO DE JUSTIÇA
- despesas: art. 93
- emolumentos ou honorários; custas; título executivo extrajudicial: art. 515, V
- excesso de prazo; verificação e sanção: art. 233, § 1º
- impedimentos e suspeição: art. 148, II
- má-fé; sanção: art. 96
- prazos; atos: art. 228

SERVIDÕES PREDIAIS
- ação; competência: art. 47, § 1º

SIGILO PROFISSIONAL
- recusa de exibição de documento ou coisa: art. 404, IV
- respeito; depoimento pessoal: art. 388, II
- testemunha; dispensa de depor: art. 448, II

SIMULAÇÃO
- processo: art. 142
- prova testemunhal: art. 446, I

SOBREPARTILHA
- arts. 669, 670 e 673

SOBRESTAMENTO
- art. 315

SOCIEDADE
- desconsideração da personalidade jurídica: *vide* INCIDENTE DE DESCONSIDERAÇÃO DA PERSONALIDADE JURÍDICA
- dissolução e liquidação: arts. 599 a 609
- execução; bens dos sócios: art. 795, § 1º
- penhora de quotas ou ações: art. 861
- sem personalidade; oposição da irregularidade: art. 75, § 2º
- sem personalidade; representação: art. 75, IX

SOCIEDADE DE ADVOGADOS
- pagamento de honorários: art. 85, § 15
- procuração: art. 105, § 3º
- retirada de autos por preposto; credenciamento: art. 272, § 7º

SOCIEDADE DE FATO
- ação declaratória: art. 19
- competência: art. 53, III, *c*
- representação em juízo: art. 75, IX

SÓCIO
- ação regressiva contra a sociedade: art. 795, § 2º
- bens particulares: art. 795, § 1º
- bens sujeitos à execução: art. 790, II
- morte; exibição integral dos livros comerciais e dos documentos do arquivo: art. 420, II
- nomeação à penhora de bens da sociedade: art. 795, § 2º

SOLDO
- art. 833, VI

SOLIDARIEDADE
- chamamento ao processo: art. 130, III
- litigantes de má-fé: art. 81, § 1º
- passiva; interposição do recurso: art. 1.005, par. ún.

CPC

SOLUÇÃO CONSENSUAL DOS CONFLITOS
- ações de família: arts. 694, 696
- audiência de conciliação ou mediação: art. 334
- audiência de instrução e julgamento: art. 359
- câmaras de mediação e conciliação: art. 174
- centros judiciários: art. 165
- desinteresse das partes: art. 334, §§ 4º, I, 5º e 6º
- estímulo: art. 3º, § 3º
- inadmissibilidade: art. 334, § 4º, II
- promoção pelo Estado: art. 30, § 2º

SONEGAÇÃO
- arts. 621 e 622, VI

SUB-ROGAÇÃO
- competência: art. 725, II
- fiador; interesse na execução: art. 778, § 1º, IV

SUBSTITUIÇÃO
- assistente técnico: art. 156
- bem penhorado: art. 847
- partes: arts. 108 a 112
- perito: art. 468
- processual; exigência de autorização legal: art. 18
- processual; morte das partes: arts. 110 e 687
- processual; reconvenção: art. 343, § 5º
- processual; substituído; assistente litisconsorcial: art. 18, par. ún
- testemunha: art. 451
- títulos ao portador: art. 259, II

SUCESSÃO
- abertura; prazo para inventário e partilha: art. 611
- bens sujeitos à execução: art. 790, I
- definitiva; abertura: art. 745, § 3º
- definitiva; ausente: art. 745, §§ 3º e 4º
- habilitação: arts. 687 e 688, II
- provisória; abertura: art. 745, § 2º
- provisória; ausente: art. 745, § 1º
- provisória; bens dos ausentes: art. 712
- provisória; cessa a sucessão provisória: art. 745, § 3º
- provisória; habilitação: art. 745, § 2º
- provisória; sucessão definitiva; conversão: art. 745, § 3º
- responsabilidade patrimonial; execução: art. 790, I
- sucessores do credor: art. 778, § 1º, II
- sucessores do devedor: art. 779, II
- sujeito passivo; execução: art. 779, II

SUCESSOR
- execução; bens: art. 790, I

SUPERFÍCIE
- alienação judicial; ciência: art. 889, III e IV
- execução; intimação do superficiário: art. 799, V
- execução; intimação do proprietário: art. 799, VI
- execução; alienação; eficácia: art. 804, § 2º

SUPERIOR TRIBUNAL DE JUSTIÇA
- julgamento de recursos repetitivos no; procedimento: arts. 1.036 a 1.040

SUPREMO TRIBUNAL FEDERAL
- cassar/reformar acórdão; repercussão geral; mantida decisão/admitido o recurso: art. 1.040, § 1º
- concessão de exequibilidade de carta rogatória das justiças estrangeiras: art. 36
- reexame necessário; não aplicação: art. 496, § 3º, I

SUPRIMENTO DE CONSENTIMENTO
- arts. 74 e 337, IX

SURDO-MUDO
- nomeação de intérprete: art. 162, III

SUSPEIÇÃO
- ilegitimidade da alegação: art. 145, § 2º
- juiz; embargos à execução; fundamentação em sentença: arts. 535, § 1º, 910, § 2º, e 917, V
- juiz; hipóteses: art. 145, I a IV
- juiz; motivo íntimo: art. 145, § 1º
- Ministério Público: art. 148, I
- perito: art. 148, II
- perito; verificação: art. 156, § 4º
- procedimento: art. 148, § 1º
- procedimento; testemunha; inaplicabilidade: art. 148, § 4º
- serventuário da justiça: art. 148, II

SUSPENSÃO DO PROCESSO
- arts. 313 a 315
- ação monitória; embargos: art. 702, § 4º
- atos urgentes; prática: art. 314
- causa principal; atentado: art. 77, § 7º
- esgotamento do prazo; prosseguimento do processo: art. 313, § 5º
- habilitação: art. 689
- hipóteses: art. 313, I a VIII
- incidente de resolução de demandas repetitivas: arts. 313, IV, 981 e 982
- morte ou perda de capacidade da parte; ação de habilitação; não ajuizamento: art. 313, § 2º
- prazo; esgotamento; prosseguimento do processo: art. 313, § 5º,
- prazo; fato delituoso; ação penal: art. 315

SUSTENTAÇÃO ORAL
- art. 937

- T -

TABELIÃO
- autenticidade de documento: art. 411, I

TAQUIGRAFIA
- permissão: art. 210

TELEGRAMA
- força probatória de documento particular: art. 413
- original; presunção: art. 414

TERCEIRO INTERESSADO
- ação rescisória; legitimidade ativa: art. 967, II

TERCEIRO PREJUDICADO
- interposição de recurso: art. 996

TERCEIROS
- adquirente; coisa litigiosa; mandado: art. 808
- bens do devedor; execução; citação: art. 790, III
- exclusão do processo por irregular representação ou incapacidade processual: art. 76, § 1º, III
- limites da coisa julgada: art. 506
- penhora de crédito: art. 856, §§ 1º a 4º

TERMO
- audiência: art. 367
- certidão; escrivão: art. 152, V
- circunstanciado; primeiras declarações: art. 620
- da testamentária: art. 735, § 3º
- de colação de bens: art. 639
- de confissão: art. 390, § 2º
- de entrega de coisa: art. 807
- de inventariante; formal de partilha: art. 655, I
- de juntada, vista e conclusão; atos do escrivão: art. 208
- de quitação; entrega de dinheiro: art. 906
- de últimas declarações: art. 636
- espaços em branco, entrelinhas, emendas ou rasuras: art. 211
- processual: arts. 188, 192 e 209
- substituição de bens penhorados: art. 849

TESTAMENTEIRO
- intimação para assinar termo de testamentária: art. 735, § 3º
- prestação de contas: art. 735, § 5º

TESTAMENTO
- arts. 735 a 737
- competência para cumprimento das disposições testamentárias: art. 49
- confirmação: art. 737, § 2º
- cumprimento; regras aplicáveis: art. 737, § 4º
- férias e feriados; abertura de testamento: art. 214, I
- intervenção do Ministério Público: arts. 735, § 2º, e 737, § 2º

TESTEMUNHA
- acareação: art. 461, II
- audiência; não comparecimento: art. 455, § 5º
- busca e apreensão: art. 536, § 2º
- compromisso da verdade: art. 415, *caput*
- condução: art. 455, § 5º
- contradita: art. 457, § 1º
- depoimento: arts. 447, 448, 456 a 460
- documento particular: art. 784, III
- embargos de terceiro; oferecimento de rol com a petição: art. 677
- enfermidade: arts. 449, par. ún., e 451, II
- inquirição: arts. 361, III, 454, 458, 459 e 461, I
- interrogatório: art. 455
- intimação; inércia; desistência: art. 455, § 3º

- intimação; via judicial: art. 455, § 4º
- ministros; inquirição na residência ou onde exercem a função: art. 454, III e IV
- oitiva por videoconferência: art. 453, §§ 1º e 2º
- Presidente da República: art. 454, I
- produção antecipada de provas: art. 382
- senadores: art. 454, VI
- substituição: art. 451
- testamento particular; confirmação: art. 737
- Vice-Presidente da República: art. 454, I

TÍTULO EXECUTIVO
- arts. 783 a 785
- cobrança; requisitos do título: art. 783
- direito resultante; execução: art. 778, § 1º, II e III
- execução forçada: art. 778
- extrajudicial: arts. 781 e 784
- judicial: art. 515
- líquido, certo e exigível: arts. 783 e 803, I
- reconhecimento do devedor; sujeito passivo: art. 779, I
- transferido o direito; cessionário: art. 778, § 1º, III

TÍTULO EXECUTIVO JUDICIAL
- art. 515

TÍTULOS EXECUTIVOS EXTRAJUDICIAIS
- art. 784
- certidão de emolumentos; serventia notarial ou de registro: art. 784, XI
- condomínio; contribuições ordinárias ou extraordinárias: art. 784, X
- contrato de seguro de vida: art. 784, VI
- depósito em cartório/secretaria; cópia digital de: art. 425, § 2º
- embargos à execução: art. 917
- execução; instrução da petição inicial: art. 798, I, *a*
- execução; nulidade: art. 803, I
- liquidez; operação aritmética: art. 786, par. ún.

TRADUTOR
- cobrança; título executivo extrajudicial: art. 515, V
- juramentado: art. 192, par. ún.
- público: art. 162

TRANSAÇÃO
- assistente: art. 122
- causa impeditiva da execução: art. 910, § 2º
- despesas: art. 90, § 2º
- despesas; dispensa: art. 90, § 3º
- extinção do processo; resolução de mérito: art. 487, III, *b*
- extingue a execução: art. 924, III
- por inventariante: art. 619

TRASLADOS
- força probante: art. 425, II

TRIBUNAIS
- estrangeiro; não induz litispendência: art. 24
- excesso de prazo: art. 235

TUTELA
- disposições comuns com a curatela: arts. 759 a 763
- intervenção do Ministério Público: art. 178

TUTELA ANTECIPADA
- arts. 300 e 311
- estabilização: art. 304

TUTELA CAUTELAR
- arts. 9º e 297

TUTELA CAUTELAR ANTECEDENTE
- arts. 305 a 310
- pedido principal: art. 308, §§ 1º e 2º
- causa de pedir; aditamento: art. 308, § 3º
- contestação; prazo: arts. 306 e 308, § 4º
- procedimento: arts. 305 a 310

TUTELA DE EVIDÊNCIA
- art. 311

TUTELA DE URGÊNCIA
- arts. 300 a 310
- férias e feriados: art. 214, II
- incidente de impedimento ou suspeição: art. 146, § 3º
- urgência contemporânea à propositura da ação: art. 303

TUTELA ESPECÍFICA
- arts. 139, 497 a 501 e 536 a 538
- finalidade: art. 497, §§ 1º e 2º

TUTELA PROVISÓRIA
- arts. 294 a 299
- fundamento: art. 294, par. ún.

TUTOR
- nomeação e remoção; processamento em férias: art. 215, II
- prestação de contas; procedimento: art. 553
- prestação de contas: art. 763, par. ún.
- representação de incapazes: art. 71

- U -

UNIÃO
- bem tombado; alienação judicial; ciência: art. 889, VIII
- bem tombado; alienação judicial; preferência na arrematação: art. 892, § 3º
- cadastro; autos eletrônicos; prazo: art. 1.050
- câmara de mediação e conciliação: art. 174
- citação; órgão de Advocacia Pública: art. 242, § 3º
- citação e intimação; autos eletrônicos; cadastro; obrigatoriedade: art. 246, §§ 1º e 2º
- foro competente: art. 51
- foro competente; intervenção: art. 45
- intimação; órgão de Advocacia Pública: art. 269, § 3º
- preparo; dispensa: art. 1.007, § 1º
- representação em juízo: art. 75, I

UNIÃO ESTÁVEL
- extinção consensual; homologação judicial: arts. 732 e 733

UNIFORMIZAÇÃO DA JURISPRUDÊNCIA
- arts. 926, 978

USO ESPECIAL PARA FINS DE MORADIA
- *vide* CONCESSÃO DE USO ESPECIAL PARA FINS DE MORADIA

USUCAPIÃO
- arts. 246, § 3º, e 259, I

USUFRUTO
- arts. 867 a 869
- alienação judicial; ciência: art. 889, III
- de bem móvel ou imóvel; pagamento ao exequente: arts. 867 e 868
- execução; alienação; eficácia: art. 804, § 6º
- execução; intimação do titular: art. 799, II
- extensão da eficácia: art. 868, § 1º
- extinção; procedimento e jurisdição voluntária: art. 725, VI
- locação: art. 869, § 4º
- perito: art. 869, § 2º

USUFRUTUÁRIO
- alienação; intimação para execução: art. 804
- intimação de penhora: art. 799, I e II

UTENSÍLIOS
- profissão; impenhorabilidade: art. 833, V

- V -

VALOR DA CAUSA
- arts. 291 a 293
- ações indenizatórias: art. 292, V
- ação monitória: art. 700, § 3º
- competência pelo valor: arts. 62 e 63
- correção de ofício: art. 292, § 3º
- especificação na inicial: art. 319, V
- tutela antecipada; urgência contemporânea à propositura da ação: art. 303, § 4º

VERDADE DOS FATOS
- coisa julgada; fundamento da sentença: art. 504, II
- dever processual: arts. 77, I, e 375
- má-fé; alteração: art. 80, II

VERNÁCULO
- art. 192

VIAGEM
- art. 84

VÍCIOS DO CONSENTIMENTO
- art. 446, II

VIDEOCONFERÊNCIA
- admissibilidade: art. 236, § 3º
- equipamentos; juízo: art. 453, § 2º
- sustentação oral: art. 937, § 4º

VIGÊNCIA
- Código de Processo Civil 2015: art. 1.045

VIOLAÇÃO DA LEI
- art. 966, V

VISTA DE AUTOS
- advogado; direitos: arts. 107 e 189, § 1º
- Ministério Público: arts. 152, IV, *b*, e 179, I
- restrita às partes e a seus procuradores: art. 189, par. ún.

VISTORIA DE FAZENDA AVARIADA
- art. 1.046, § 3º

VOTO
- arts. 940, 941 e 947, §§ 1º e 2º
- registro em arquivo eletrônico inviolável/assinatura eletrônica: art. 943

- X -

XEROX
- arts. 423,424 e 425, IV

CÓDIGO PENAL

ÍNDICE SISTEMÁTICO DO CÓDIGO PENAL

PARTE GERAL

TÍTULO I – DA APLICAÇÃO DA LEI PENAL .... **arts. 1º a 12**

TÍTULO II – DO CRIME .... **arts. 13 a 25**

TÍTULO III – DA IMPUTABILIDADE PENAL .... **arts. 26 a 28**

TÍTULO IV – DO CONCURSO DE PESSOAS .... **arts. 29 a 31**

TÍTULO V – DAS PENAS .... **arts. 32 a 120**

Capítulo I – Das espécies de pena .... arts. 32 a 52

Seção *I* – Das penas privativas de liberdade .... arts. 33 a 42

Seção *II* – Das penas restritivas de direito .... arts. 43 a 48

Seção *III* – Da pena de multa .... arts. 49 a 52

Capítulo II – Da cominação das penas .... arts. 53 a 58

Capítulo III – Da aplicação da pena .... arts. 59 a 76

Capítulo IV – Da suspensão condicional da pena .... arts. 77 a 82

Capítulo V – Do livramento condicional .... arts. 83 a 90

Capítulo VI – Dos efeitos da condenação .... arts. 91 e 92

Capítulo VII – Da reabilitação .... arts. 93 a 95

TÍTULO VI – DAS MEDIDAS DE SEGURANÇA .... **arts. 96 a 99**

TÍTULO VII – DA AÇÃO PENAL .... **arts. 100 a 106**

TÍTULO VIII – DA EXTINÇÃO DA PUNIBILIDADE .... **arts. 107 a 120**

PARTE ESPECIAL

TÍTULO I – DOS CRIMES CONTRA A PESSOA .... **arts. 121 a 154**

Capítulo I – Dos crimes contra a vida .... arts. 121 a 128

Capítulo II – Das lesões corporais .... art. 129

Capítulo III – Da periclitação da vida e da saúde .... arts. 130 a 136

Capítulo IV – Da rixa .... art. 137

Capítulo V – Dos crimes contra a honra .... arts. 138 a 145

Capítulo VI – Dos crimes contra a liberdade individual .... arts. 146 a 154-B

Seção *I* – Dos crimes contra a liberdade pessoal .... arts. 146 a 149-A

Seção *II* – Dos crimes contra a inviolabilidade do domicílio .... art. 150

Seção *III* – Dos crimes contra inviolabilidade de correspondência .... arts. 151 e 152

Seção *IV* – Dos crimes contra a inviolabilidade dos segredos .... arts. 153 e 154-B

TÍTULO II – DOS CRIMES CONTRA O PATRIMÔNIO .... **arts. 155 a 183**

Capítulo I – Do furto .... arts. 155 e 156

Capítulo II – Do roubo e da extorsão .... arts. 157 a 160

Capítulo III – Da usurpação .... arts. 161 e 162

Capítulo IV – Do dano .... arts. 163 a 167
Capítulo V – Da apropriação indébita .... arts. 168 a 170
Capítulo VI – Do estelionato e outras fraudes .... arts. 171 a 179
Capítulo VII – Da receptação .... arts. 180 e 180-A
Capítulo VIII – Disposições gerais .... arts. 181 a 183

TÍTULO III – DOS CRIMES CONTRA A PROPRIEDADE IMATERIAL .... arts. 184 a 196
Capítulo I – Dos crimes contra propriedade intelectual .... arts. 184 a 186
Capítulo II – Dos crimes contra o privilégio de invenção .... arts. 187 a 191
Capítulo III – Dos crimes contra as marcas de indústria e comércio .... arts. 192 a 195
Capítulo IV – Dos crimes de concorrência desleal .... art. 196

TÍTULO IV – DOS CRIMES CONTRA A ORGANIZAÇÃO DO TRABALHO .... arts. 197 a 207

TÍTULO V – DOS CRIMES CONTRA O SENTIMENTO RELIGIOSO E CONTRA O RESPEITO AOS MORTOS arts. 208 a 212
Capítulo I – Dos crimes contra o sentimento religioso .... art. 208
Capítulo II – Dos crimes contra o respeito aos mortos .... arts. 209 a 212

TÍTULO VI – DOS CRIMES CONTRA A DIGNIDADE SEXUAL .... arts. 213 a 234-C
Capítulo I – Dos crimes contra a liberdade sexual .... arts. 213 a 216-A
Capítulo I-A – Da exposição da intimidade sexual .... art. 216-B
Capítulo II – Dos crimes sexuais contra vulnerável .... arts. 217 a 218-C
Capítulo III – Do rapto .... arts. 219 a 222
Capítulo IV – Disposições gerais .... arts. 223 a 226
Capítulo V – Do lenocínio e do tráfico de pessoa para fim de prostituição ou outra forma de exploração sexual .. arts. 227 a 232-A
Capítulo VI – Do ultraje público ao pudor .... arts. 233 e 234
Capitulo VII – Disposições gerais .... arts. 234-A a 234-C

TÍTULO VII – DOS CRIMES CONTRA A FAMÍLIA .... arts. 235 a 249
Capítulo I – Dos crimes contra o casamento .... arts. 235 a 240
Capítulo II – Dos crimes contra o estado de filiação .... arts. 241 a 243
Capítulo III – Dos crimes contra a assistência familiar .... arts. 244 a 247
Capítulo IV – Dos crimes contra o pátrio poder, tutela ou curatela .... arts. 248 e 249

TÍTULO VIII – DOS CRIMES CONTRA A INCOLUMIDADE PÚBLICA .... arts. 250 a 285
Capítulo I – Dos crimes de perigo comum .... arts. 250 a 259
Capítulo II – Dos crimes contra a segurança dos meios de comunicação e transporte e outros serviços públicos arts. 260 a 266
Capítulo III – Dos crimes contra a saúde pública .... arts. 267 a 285

TÍTULO IX – DOS CRIMES CONTRA A PAZ PÚBLICA .... arts. 286 a 288-A

TÍTULO X – DOS CRIMES CONTRA A FÉ PÚBLICA .... arts. 289 a 311-A
Capítulo I – Da moeda falsa .... arts. 289 a 292
Capítulo II – Da falsidade de títulos e outros papéis públicos .... arts. 293 a 295
Capítulo III – Da falsidade documental .... arts. 296 a 305
Capítulo IV – De outras falsidades .... arts. 306 a 311
Capítulo V – Das fraudes em certames de interesse público .... art. 311-A

ÍNDICE SISTEMÁTICO DO CÓDIGO PENAL

TÍTULO XI – DOS CRIMES CONTRA ADMINISTRAÇÃO PÚBLICA .... **arts. 312 a 359-H**

Capítulo I – Dos crimes praticados por funcionário público contra a administração em geral .... arts. 312 a 327

Capítulo II – Dos crimes praticados por particular contra a administração em geral .... arts. 328 a 337-A

Capítulo II-A – Dos crimes praticados por particular contra a administração pública estrangeira .... arts. 337-B a 337-D

Capítulo III – Dos crimes contra administração da justiça .... arts. 338 a 359

Capítulo IV – Dos crimes contra as finanças públicas .... arts. 359-A a 359-H

DISPOSIÇÕES FINAIS .... **arts. 360 e 361**

DECRETO-LEI N. 3.914, DE 09 DE DEZEMBRO DE 1941

Lei de Introdução ao Código Penal (Decreto-Lei n. 2.848, de 07 de dezembro de 1940) e à Lei das Contravenções Penais (Decreto-Lei n. 3.688, de 03 de outubro de 1941).

- DOU, de 11.12.1941.
- Os valores das multas previstas neste Dec.-Lei foram cancelados pelo art. 2º da Lei 7.209/1984, substituindo-se a expressão "multa de" por "multa".

Art. 1º Considera-se crime a infração penal a que a lei comina pena de reclusão ou de detenção, quer isoladamente, quer alternativa ou cumulativamente com a pena de multa; contravenção, a infração penal a que a lei comina, isoladamente, pena de prisão simples ou de multa, ou ambas, alternativa ou cumulativamente.

Art. 2º Quem incorrer em falência será punido:

I - se fraudulenta a falência, com a pena de reclusão, por dois a seis anos;

II - se culposa, com a pena de detenção, por seis meses a três anos.

- Lei 11.101/2005 (Lei de Recuperação de Empresas e Falências).

Art. 3º Os fatos definidos como crimes no Código Florestal, quando não compreendidos em disposição do Código Penal, passam a constituir contravenções, punidas com a pena de prisão simples, por três meses a um ano, ou de multa, ou com ambas as penas, cumulativamente.

- Lei 9.605/1998 (Lei dos Crimes Ambientais).
- Lei 12.651/2012 (Código Florestal).

Art. 4º Quem cometer contravenção prevista no Código Florestal será punido com pena de prisão simples, por quinze dias a três meses, ou de multa, ou com ambas as penas, cumulativamente.

- Lei 9.605/1998 (Lei dos Crimes Ambientais).
- Lei 12.651/2012 (Código Florestal).

Art. 5º Os fatos definidos como crimes no Código de Pesca (Decreto-Lei n. 794, de 19 de outubro de 1938) passam a constituir contravenções, punidas com a pena de prisão simples, por três meses a um ano, ou de multa, ou com ambas as penas, cumulativamente.

- O Dec.-Lei 794/1938 foi revogado pelo Dec.-Lei 221/1967 (Lei de Proteção e Estímulos à Pesca).
- Lei 11.959/2009 (Dispõe sobre a Política Nacional de Desenvolvimento Sustentável da Aquicultura e da Pesca, regula as atividades pesqueiras).

Art. 6º Quem, depois de punido administrativamente por infração da legislação especial sobre a caça, praticar qualquer infração definida na mesma legislação, ficará sujeito à pena de prisão simples, por quinze dias a três meses.

- Lei 5.197/1967 (Lei de Proteção à Fauna).

Art. 7º No caso do artigo 71 do Código de Menores (Decreto n. 17.943-A, de 12 de outubro de 1927), o juiz determinará a internação do menor em seção especial de escola de reforma.

- O Decreto n. 17.943-A/1927 foi revogado. Atualmente, Lei 8.069/1990 (ECA).

§ 1º A internação durará, no mínimo, três anos.

§ 2º Se o menor completar vinte e um anos, sem que tenha sido revogada a medida de internação, será transferido para colônia agrícola ou para instituto de trabalho, de reeducação ou de ensino profissional, ou seção especial de outro estabelecimento, à disposição do Juiz Criminal.

- art. 121, § 5º, Lei 8.069/1990 (ECA).

§ 3º Aplicar-se-á, quanto à revogação da medida, o disposto no Código Penal sobre a revogação de medida de segurança.

Art. 8º As interdições permanentes, previstas na legislação especial como efeito de sentença condenatória, durarão pelo tempo de vinte anos.

Art. 9º As interdições permanentes, impostas em sentença condenatória passada em julgado, ou desta decorrentes, de acordo com a Consolidação das Leis Penais, durarão pelo prazo máximo estabelecido no Código Penal para a espécie correspondente.

Parágrafo único. Aplicar-se-á o disposto neste artigo às interdições temporárias com prazo de duração superior ao limite máximo fixado no Código Penal.

Art. 10. O disposto nos artigos 8º e 9º não se aplica às interdições que, segundo o Código Penal, podem consistir em incapacidades permanentes.

Art. 11. Observar-se-á, quanto ao prazo de duração das interdições, nos casos dos artigos 8º e 9º, o disposto no artigo 72 do Código Penal, no que for aplicável.

- arts. 91 a 95, CP.

Art. 12. Quando, por fato cometido antes da vigência do Código Penal, se tiver de pronunciar condenação, de acordo com a lei anterior, atender-se-á ao seguinte:

I - a pena de prisão celular, ou de prisão com trabalho, será substituída pela de reclusão, ou de detenção, se uma destas for a pena cominada para o mesmo fato pelo Código Penal;

II - a pena de prisão celular ou de prisão com trabalho será substituída pela de prisão simples, se o fato estiver definido como contravenção na lei anterior, ou na Lei das Contravenções Penais.

Art. 13. A pena de prisão celular ou de prisão com trabalho imposta em sentença irrecorrível, ainda que já iniciada a execução, será convertida em reclusão, detenção ou prisão simples, de conformidade com as normas prescritas no artigo anterior.

Art. 14. A pena convertida em prisão simples, em virtude do artigo 409 da Consolidação das Leis Penais, será convertida em reclusão, detenção ou prisão simples, segundo o disposto no artigo 13, desde que o condenado possa ser recolhido a estabelecimento destinado à execução da pena resultante da conversão.

Parágrafo único. Abstrair-se-á, no caso de conversão, do aumento que tiver sido aplicado, de acordo com o disposto no artigo 409, *in fine*, da Consolidação das Leis Penais.

Art. 15. A substituição ou conversão da pena, na forma desta Lei, não impedirá a suspensão condicional, se a lei anterior não a excluía.

Art. 16. Se, em virtude da substituição da pena, for imposta a de detenção ou a de prisão simples, por tempo superior a um ano e que não exceda de dois, o juiz poderá conceder a suspensão condicional da pena, desde que reunidas as demais condições exigidas pelo artigo 57 do Código Penal.

- arts. 77 e ss., CP.

Art. 17. Aplicar-se-a o disposto no artigo 81, § 1º, II e III, do Código Penal, aos indivíduos recolhidos a manicômio judiciário ou a outro estabelecimento em virtude do disposto no artigo 29, 1ª parte, da Consolidação das Leis Penais.

Art. 18. As condenações anteriores serão levadas em conta para determinação da reincidência em relação a fato praticado depois de entrar em vigor o Código Penal.

Art. 19. O juiz aplicará o disposto no artigo 2º, parágrafo único, *in fine*, do Código Penal, nos seguintes casos:

I - se o Código ou a Lei das Contravenções Penais cominar para o fato pena de multa, isoladamente, e na sentença tiver sido imposta pena privativa de liberdade;

II - se o Código ou a Lei das Contravenções cominar para o fato pena privativa de liberdade por tempo inferior ao da pena cominada na lei aplicada pela sentença.

Parágrafo único. Em nenhum caso, porém, o juiz reduzirá a pena abaixo do limite que fixaria se pronunciasse condenação de acordo com o Código Penal.

Art. 20. Não poderá ser promovida ação pública por fato praticado antes da vigência do Código Penal:

I - quando, pela lei anterior, somente cabia ação privada;

II - quando, ao contrário do que dispunha a lei anterior, o Código Penal só admite ação privada.

Parágrafo único. O prazo estabelecido no artigo 105 do Código Penal correrá, na hipótese do no II:

- art. 103, CP.

a) de 1º de janeiro de 1942, se o ofendido sabia, anteriormente, quem era o autor do fato;

b) no caso contrário, do dia em que vier a saber quem é o autor do fato.

Art. 21. Nos casos em que o Código Penal exige representação, sem esta não poderá ser intentada ação pública por fato praticado antes de 1º de janeiro de 1942; prosseguindo-se, entretanto, na que tiver sido anteriormente iniciada, haja ou não representação.

Parágrafo único. Atender-se-á, no que for aplicável, ao disposto no parágrafo único do artigo anterior.

Art. 22. Onde não houver estabelecimento adequado para a execução de medida de segurança detentiva estabelecida no artigo 88, § 1º, III, do Código Penal, aplicar-se-á a de liberdade vigiada, até que seja criado aquele estabelecimento ou adotada qualquer das providências previstas no artigo 89, e seu parágrafo, do mesmo Código.

Parágrafo único. Enquanto não existir estabelecimento adequado, as medidas detentivas estabelecidas no artigo 88, § 1º, I e II, do Código Penal, poderão ser executadas em seções especiais de manicômio comum, asilo ou casa de saúde.

- arts. 96 a 99, CP.

Art. 23. Onde não houver estabelecimento adequado ou adaptado à execução das penas de reclusão, detenção ou prisão, poderão estas ser cumpridas em prisão comum.

Art. 24. Não se aplicará o disposto no artigo 79, II, do Código Penal a indivíduo que, antes de 1º de janeiro de 1942, tenha sido absolvido por sentença passada em julgado.

- A referência é à antiga Parte Geral, alterada pela Lei 7.209/1984.

Art. 25. A medida de segurança aplicável ao condenado que, a 1º de janeiro de 1942, ainda não tenha cumprido a pena, é a liberdade vigiada.

Art. 26. A presente Lei não se aplica aos crimes referidos no artigo 360 do Código Penal, salvo os de falência.

- Lei 11.101/2005 (Lei de Recuperação de Empresas e Falências).

Art. 27. Esta Lei entrará em vigor em 1º de janeiro de 1942; revogadas as disposições em contrário.

Rio de Janeiro, 09 de dezembro de 1941; 120º da Independência e 53º da República.

Getúlio Vargas

LEI N. 7.209, DE 11 DE JULHO DE 1984

Excelentíssimo Senhor Presidente da República:

1. Datam de mais de vinte anos as tentativas de elaboração do novo Código Penal. Por incumbência do Governo Federal, já em 1963 o Professor Nélson Hungria apresentava o anteprojeto de sua autoria, ligando-se, pela segunda vez, à reforma de nossa legislação penal.

2. Submetido ao ciclo de conferências e debates do Instituto Latino-Americano de Criminologia, realizado em São Paulo, e a estudos promovidos pela Ordem dos Advogados do Brasil e Faculdades de Direito, foi objeto de numerosas propostas de alteração, distinguindo-se o debate pela amplitude das contribuições oferecidas. Um ano depois, designou o então Ministro Mílton Campos a comissão revisora do anteprojeto, composta dos Professores Nélson Hungria, Aníbal Bruno e Heleno Cláudio Fragoso. A comissão incorporou ao texto numerosas sugestões, reelaborando-o em sua quase inteireza, mas a conclusão não chegou a ser divulgada. A reforma foi retomada pelo Ministro Luiz Antônio da Gama e Silva, que em face do longo e eficiente trabalho de elaboração já realizado submeteu o anteprojeto a revisão final, por comissão composta dos Professores Benjamin Moraes Filho, Heleno Cláudio Fragoso e Ivo D'Aquino. Nessa última revisão punha-se em relevo a necessidade de compatibilizar o anteprojeto do Código Penal com o do Código Penal Militar, também em elaboração. Finalmente, a 21 de outubro de 1969, o Ministro Luiz Antônio da Gama e Silva encaminhou aos Ministros Militares, então no exercício da Chefia do Poder Executivo, o texto do Projeto de Código Penal, convertido em lei pelo Decreto-Lei n. 1.004, da mesma data. Segundo o art. 407, entraria o novo Código Penal em vigor no dia 1º de janeiro de 1970.

3. No Governo do Presidente Emílio Médici, o Ministro Alfredo Buzaid anuiu à conveniência de entrarem simultaneamente em vigor o Código Penal, o Código de Processo Penal e a Lei de Execução Penal, como pressuposto de eficácia da Justiça Criminal. Ao Código Penal, já editado, juntar-se-iam os dois outros diplomas, cujos anteprojetos se encontravam em elaboração. Era a reforma do sistema penal brasileiro, pela modernização de suas leis constitutivas, que no interesse da segurança dos cidadãos e da estabilidade dos direitos então se intentava. Essa a razão das leis proteladoras da vigência do Código Penal, daí por diante editadas. A partir da Lei n. 5.573, de 1º de dezembro de 1969, que remeteu para 1º de agosto de 1970 o início da vigência em apreço, seis diplomas legais, uns inovadores, outros protelatórios, foram impelindo para diante a entrada em vigor do Código Penal de 1969.

4. Processara-se, entrementes, salutar renovação das leis penais e processuais vigentes. Enquanto adiada a entrada em vigor do Código Penal de 1969, o Governo do Presidente Ernesto Geisel, sendo Ministro da Justiça o Dr. Armando Falcão, encaminhou ao Congresso Nacional o Projeto de Lei n. 2, de 22 de fevereiro de 1977, destinado a alterar dispositivos do Código Penal de 1940, do Código de Processo Penal e da Lei das Contravenções Penais. Coincidiam as alterações propostas, em parte relevante, com as recomendações da Comissão Parlamentar de Inquérito instituída em 1975 na Câmara dos Deputados, referentes à administração da Justiça Criminal e à urgente reavaliação dos critérios de aplicação e execução da pena privativa da liberdade. Adaptado à positiva e ampla contribuição do Congresso Nacional, o projeto se transformou na Lei n. 6.416, de 24 de maio de 1977, responsável pelo ajustamento de importantes setores da execução penal à realidade social contemporânea. Foram tais as soluções por ela adotadas que pela Mensagem n. 78, de 30 de agosto de 1978, o Presidente Ernesto Geisel, sendo ainda Ministro da Justiça o Dr. Armando Falcão, encaminhou ao Congresso Nacional o projeto de lei que revogava o Código Penal de 1969. Apoiava-se a Mensagem, entre razões outras, no fato de que o Código Penal de 1940, nas passagens reformuladas, se tornara "mais atualizado do que o vacante". O projeto foi transformado na Lei n. 6.578, de 11 de outubro de 1978, que revogou o Código Penal e as Leis n. 6.016, de 31 de dezembro de 1973, e 6.063, de 27 de junho de 1974, que o haviam parcialmente modificado.

5. Apesar desses inegáveis aperfeiçoamentos, a legislação penal continua inadequada às exigências da sociedade brasileira. A pressão dos índices de criminalidade e suas novas espécies, a constância da medida repressiva como resposta básica ao delito, a rejeição social dos apenados e seus reflexos no incremento da reincidência, a sofisticação tecnológica, que altera a fisionomia da criminalidade contemporânea, são fatores que exigem o aprimoramento dos instrumentos jurídicos de contenção do crime, ainda os mesmos concebidos pelos juristas na primeira metade do século.

6. Essa, em síntese, a razão pela qual institui, no Ministério da Justiça, comissões de juristas incumbidas de estudar a legislação penal e de conceber as reformas necessárias. Do longo e dedicado trabalho dos componentes dessas comissões resultaram três anteprojetos: o da Parte Geral do Código Penal, o do Código de Processo Penal e o da Lei de Execução Penal. Foram todos amplamente divulgados e debatidos em simpósios e congressos. Para analisar as críticas e sugestões oferecidas por especialistas e instituições, constituí as comissões revisoras, que reexaminaram os referidos anteprojetos e neles introduziram as alterações julgadas convenientes. Desse abrangente e patriótico trabalho participaram, na fase de elaboração, os Professores Francisco de Assis Toledo, Presidente da Comissão, Francisco de Assis Serrano Neves, Ricardo Antunes Andreucci, Miguel Reale Júnior, Hélio Fonseca, Rogério Lauria Tucci e René Ariel Dotti; na segunda fase, destinada à revisão dos textos e à incorporação do material resultante dos debates, os Professores Francisco de Assis Toledo, Coordenador da Comissão, Dínio de Santis Garcia, Jair Leonardo Lopes e Miguel Reale Júnior.

7. Deliberamos remeter à fase posterior a reforma da Parte Especial do Código, quando serão debatidas questões polêmicas, algumas de natureza moral e religiosa. Muitas das concepções que modelaram o elenco de delitos modificaram-se ao longo do tempo, alterando os padrões de conduta, o que importará em possível descriminalização. Por outro lado, o avanço científico e tecnológico impõe a inserção, na esfera punitiva, de condutas lesivas ao interesse social, como versões novas da atividade econômica e financeira ou de atividades predatórias da natureza.

8. A precedência dada à reforma da Parte Geral do Código, à semelhança do que se tem feito em outros países, antecipa a adoção de nova política criminal e possibilita a implementação das reformas do sistema sem suscitar questões de ordem prática.

DA APLICAÇÃO DA LEI PENAL

9. Na aplicação da lei penal no tempo, o Projeto permanece fiel ao critério da lei mais benigna. Amplia, porém, as hipóteses contempladas na legislação vigente, para abranger a garantia assegurada no art. 153, § 16, da Constituição da República. Resguarda-se, assim, a aplicação da *lex mitior* de qualquer caráter restritivo, no tocante ao crime e à pena.

10. Define o Projeto, nos arts. 4º e 6º, respectivamente, o tempo e lugar do crime, absorvendo, no caso, contribuição do Código de 1969, consagrada na doutrina.

11. Na aplicação da lei penal no espaço, o Projeto torna mais precisas as disposições, de forma a suprir, em função dos casos ocorrentes, as omissões do Código de 1940.

DO CRIME

12. Pareceu-nos inconveniente manter a definição de causa no dispositivo pertinente à relação de causalidade, quando ainda discrepantes as teorias e consequentemente imprecisa a doutrina sobre a exatidão do conceito. Pôs-se, portanto, em relevo a ação e a omissão como as duas formas básicas do comportamento humano. Se o crime consiste em uma ação humana, positiva ou negativa (*nullum crimen sine actione*), o destinatário da norma penal e todo aquele que realiza a ação proibida ou omite a ação determinada, desde que, em face das circunstâncias, lhe incumba o dever de participar o ato ou abster-se de fazê-lo.

13. No art. 13, § 2º, cuida o Projeto dos destinatários, em concreto, das normas preceptivas, subordinados à previa existência de um dever de agir. Ao introduzir o conceito de omissão relevante, e ao extremar, no texto da lei, as hipóteses em que estará presente o dever de agir, estabelece-se a clara identificação dos sujeitos a que se destinam as normas preceptivas. Fica dirimida a dúvida relativa à superveniência de causa independente, com a inclusão, no texto do § 1º do art. 13, da palavra relativamente, "se a *causa superveniens*", destaca Nélson Hungria, "se incumbe sozinha do resultado e não tem ligação alguma, nem mesmo ideológica, com a ação ou omissão, esta passa a ser, no tocante ao resultado, uma "não causa" (*Comentários*, v. 1, t. 2, 5. ed., 1978, p. 67).

14. Foram mantidas, nos arts. 14, 15, 17 e 18, as mesmas regras do Código atual, constantes, respectivamente, dos arts. 12, 13, 14 e 15, relativas aos conceitos de crime consumado e tentado, de desistência voluntária e arrependimento eficaz, de crime impossível, de dolo e culpa *stricto sensu*.

15. O Projeto mantém a obrigatoriedade de redução de pena, na tentativa (art. 14, parágrafo único), e cria a figura do arrependimento posterior à consumação do crime como causa igualmente obrigatória de redução de pena. Essa inovação constitui providência de Política Criminal e é instituída menos em favor do agente do crime do que da vítima. Objetiva-se, com ela, instituir um estímulo à reparação do dano, nos crimes cometidos "sem violência ou grave ameaça à pessoa".

16. Retoma o Projeto, no art. 19, o princípio da culpabilidade, nos denominados crimes qualificados pelo resultado, que o Código vigente submeteu a injustificada responsabilidade objetiva. A regra se estende a todas as causas de aumento situadas no desdobramento causal da ação.

17. É, todavia, no tratamento do erro que o princípio *nullum crimen sine culpa* vai aflorar com todo o vigor no direito legislado brasileiro. Com efeito, acolhe o Projeto, nos arts. 20 e 21, as duas formas básicas de erro construídas pela dogmática alemã: erro sobre elementos do tipo (*Tatbestandsirrtum*) e erro sobre a ilicitude do fato (*Verbotsirrtum*). Definiu-se a evitabilidade do erro em função da consciência potencial da ilicitude (parágrafo único do art. 21), mantendo-se no tocante às descriminantes putativas a tradição brasileira, que admite a forma culposa, em sintonia com a denominada "teoria limitada da culpabilidade" ("Culpabilidade e a problemática do erro jurídico penal", de Francisco de Assis Toledo, *in RT*, *517*:251).

18. O princípio da culpabilidade estende-se, assim, a todo o Projeto. Aboliu-se a medida de segurança para o imputável. Diversificou-se o tratamento dos partícipes, no concurso de pessoas. Admitiu-se a escusabilidade da falta de consciência da ilicitude. Eliminaram-se os resíduos de responsabilidade objetiva, principalmente os denominados "crimes qualificados pelo resultado".

19. Repete o Projeto as normas do Código de 1940, pertinentes às denominadas "descriminantes putativas". Ajusta-se, assim, o Projeto à teoria limitada da culpabilidade, que distingue o erro incidente sobre os pressupostos fáticos de uma causa de justificação do que incide sobre a norma permissiva. Tal como no Código vigente, admite-se nesta área a figura culposa (art. 17, § 1º).

20. Excetuado o acerto de redação do art. 22, no qual se substitui a palavra "crime" por "fato", mantém os preceitos concernentes ao erro determinado por terceiro, ao erro sobre a pessoa, à coação irresistível e à obediência hierárquica.

21. Permanecem as mesmas, e com o tratamento que lhes deu o Código vigente, as causas de exclusão da ilicitude. A inovação está contida no art. 23, que estende o excesso punível, antes restrito à legítima defesa, a todas as causas de justificação.

DA IMPUTABILIDADE PENAL

22. Além das correções terminológicas necessárias, prevê o Projeto, no parágrafo único, *in fine*, do art. 26, o sistema vicariante para o semi-imputável, como consequência lógica da extinção da medida de segurança para o imputável. Nos casos fronteiriços em que predominar o quadro mórbido, optará o juiz pela medida de segurança. Na hipótese oposta, pela pena reduzida. Adotada, porém, a medida de segurança, dela se extrairão todas as consequências, passando o agente à condição de inimputável e, portanto, submetido às regras do Título VI, onde se situa o art. 98, objeto da remissão contida no mencionado parágrafo único do art. 26.

23. Manteve o Projeto a inimputabilidade penal ao menor de 18 (dezoito) anos. Trata-se de opção apoiada em critérios de Política Criminal. Os que preconizam a redução do limite, sob a justificativa da criminalidade crescente, que a cada dia recruta maior número de menores, não consideram a circunstância de que o menor, ser ainda incompleto, e naturalmente antissocial na medida em que não é socializado ou instruído. O reajustamento do processo de formação do caráter deve ser cometido à educação, não à pena criminal. De resto, com a legislação de menores recentemente editada, dispõe o Estado dos instrumentos necessários ao afastamento do jovem delinquente, menor de 18 (dezoito) anos, do convívio social, sem sua necessária submissão ao tratamento do delinquente adulto, expondo-o à contaminação carcerária.

24. Permanecem íntegros, tal como redigidos no Código vigente, os preceitos sobre paixão, emoção e embriaguez. As correções terminológicas introduzidas não lhes alteram o sentido e o alcance e se destinam a conjugá-los com disposições outras, do novo texto.

DO CONCURSO DE PESSOAS

25. Ao reformular o Título IV, adotou-se a denominação "Do Concurso de Pessoas" decerto mais abrangente, já que a coautoria não esgota as hipóteses do *concursus delinquentium*. O Código de 1940 rompeu a tradição originária do Código Criminal do Império, e adotou neste particular a teoria unitária ou monástica do Código italiano, como corolário da *teoria da equivalência das causas* (Exposição de Motivos do Ministro Francisco Campos, item 22). Sem completo retorno à experiência passada, curva-se, contudo, o Projeto aos críticos dessa teoria, ao optar, na parte final do art. 29, e em seus dois parágrafos, por regras precisas que distinguem a autoria da participação. Distinção, aliás, reclamada com eloquência pela doutrina, em face de decisões reconhecidamente injustas.

DAS PENAS

26. Uma política criminal orientada no sentido de proteger a sociedade terá de restringir a pena privativa da liberdade aos casos de reconhecida necessidade, como meio eficaz de impedir a ação criminógena cada vez maior do cárcere. Esta filosofia importa obviamente na busca de sanções outras para delinquentes sem periculosidade ou crimes menos graves. Não se trata de combater ou condenar a pena privativa da liberdade como resposta penal básica ao delito. Tal como no Brasil, a pena de prisão se encontra no âmago dos sistemas penais de todo o mundo. O que por ora se discute é a sua limitação aos casos de reconhecida necessidade.

27. As críticas que em todos os países se tem feito à pena privativa da liberdade fundamentam-se em fatos de crescente importância social, tais como o tipo de tratamento penal frequentemente inadequado e quase sempre pernicioso, a inutilidade dos métodos até agora empregados no tratamento de delinquentes habituais e multirreincidentes, os elevados custos da construção e manutenção dos estabelecimentos penais, as consequências maléficas para os infratores primários, ocasionais ou responsáveis por delitos de pequena significação, sujeitos, na intimidade do cárcere, a sevícias, corrupção e perda paulatina da aptidão para o trabalho.

28. Esse questionamento da privação da liberdade tem levado penalistas de numerosos países e a própria Organização das Nações Unidas a uma "procura mundial" de soluções alternativas para os infratores que não ponham em risco a paz e a segurança da sociedade.

29. Com o ambivalente propósito de aperfeiçoar a pena de prisão, quando necessária, e de substituí-la, quando aconselhável, por formas diversas de sanção criminal, dotadas de eficiente poder corretivo, adotou o Projeto novo elenco de penas. Fê-lo, contudo, de maneira cautelosa, como convém a toda experiência pioneira nesta área. Por esta razão, o Projeto situa as novas penas na faixa ora reservada ao instituto da suspensão condicional da pena, com significativa ampliação para os crimes culposos. Aprovada a experiência, fácil será, no futuro, estendê-la a novas hipóteses, por via de pequenas modificações no texto. Nenhum prejuízo, porém, advirá da inovação introduzida, já que o instituto da suspensão condicional da pena, tal como vem sendo aplicado com base no Código de 1940, é um quase nada jurídico.

30. Estabeleceram-se com precisão os regimes de cumprimento da pena privativa da liberdade: o fechado, consistente na execução da pena em estabelecimento de segurança máxima ou média; o semiaberto, em colônia agrícola, industrial ou estabelecimento similar; e finalmente o aberto, que consagra a prisão-albergue, cuja execução deverá processar-se em casa de albergado ou instituição adequada.

31. Institui-se, no regime fechado, a obrigatoriedade do exame criminológico para seleção dos condenados conforme o grau de emendabilidade e consequente individualização do tratamento penal.

32. O trabalho, amparado pela Previdência Social, será obrigatório em todos os regimes e se desenvolverá segundo as aptidões ou ofício anterior do preso, nos termos das exigências estabelecidas.

33. O cumprimento da pena superior a 8 (oito) anos será obrigatoriamente iniciado em regime fechado. Abrem-se, contudo, para condenados a penas situadas aquém desse limite, possibilidades de cumprimento em condições menos severas, atentas às condições personalíssimas do agente e à natureza do crime cometido. Assim, o condenado a pena entre 4 (quatro) e 8 (oito) anos poderá iniciar o seu cumprimento em regime semiaberto. Ao condenado a pena igual ou inferior a 4 (quatro) anos, quando primário, poderá ser concedido, *ab initio*, o regime aberto, na forma do art. 33, § 3º, se militarem em seu favor os requisitos do art. 59.

34. A opção pelo regime inicial da execução cabe, pois, ao juiz da sentença, que o estabelecerá no momento da fixação da pena, de acordo com os critérios estabelecidos no art. 59, relativos à culpabilidade, aos antecedentes, à conduta social e à personalidade do agente, bem como aos motivos e circunstâncias do crime.

35. A decisão será, no entanto, provisória, já que poderá ser revista no curso da execução. A fim de humanizar a pena privativa da liberdade, adota o Projeto o sistema progressivo de cumprimento da pena, de nova índole, mediante o qual poderá dar-se a substituição do regime a que estiver sujeito o condenado, segundo seu próprio mérito. A partir do regime fechado, fase mais severa do cumprimento da pena, possibilita o Projeto a outorga progressiva de parcelas da liberdade suprimida.

36. Mas a regressão do regime inicialmente menos severo para outro de maior restrição é igualmente contemplada, se a impuser a conduta do condenado.

37. Sob essa ótica, a progressiva conquista da liberdade pelo mérito substitui o tempo de prisão como condicionante exclusiva da devolução da liberdade.

38. Reorientada a resposta penal nessa nova direção - a da qualidade em interação com a quantidade - esta será tanto mais justificável quanto mais apropriadamente ataque as causas de futura delinquência. Promove-se, assim, a sentença judicial a ato de prognose, direcionada no sentido de uma presumida adaptabilidade social.

39. O Projeto limita-se a estabelecer as causas que justificam a regressão do regime aberto (art. 36, § 2º), remetendo a regulamentação das demais hipóteses à Lei de Execução Penal.

40. Adota o Projeto as penas restritivas de direitos, substitutivas da pena de prisão, consistentes em prestação de serviços a comunidade, interdição temporária de direitos e limitação de fins de semana, fixando o texto os requisitos e critérios norteadores da substituição.

41. Para dotar de força coativa o cumprimento da pena restritiva de direitos, previu-se a conversão dessa modalidade de sanção em privativa da liberdade, pelo tempo da pena aplicada, se injustificadamente descumprida a restrição imposta. A conversão, doutra parte, far-se-á se ocorrer condenação por outro crime à pena privativa da liberdade, cuja execução não tenha sido suspensa.

42. Essas penas privativas de direitos, em sua tríplice concepção, aplicam-se aos delitos dolosos cuja pena, concretamente aplicada, seja inferior a 1 (um) ano e aos delitos culposos de modo geral, resguardando-se, em ambas as hipóteses, o prudente arbítrio do juiz. A culpabilidade, os antecedentes, a conduta social e a personalidade do agente, bem como os motivos e circunstâncias do crime, é que darão a medida de conveniência da substituição.

43. O Projeto revaloriza a pena de multa, cuja força retributiva se tornou ineficaz no Brasil, dada a desvalorização das quantias estabelecidas na legislação em vigor, adotando-se, por essa razão, o critério do dia-multa, nos parâmetros estabelecidos, sujeito a correção monetária no ato da execução.

44. Prevê o Projeto o pagamento em parcelas mensais, bem como o desconto no vencimento ou salário do condenado, desde que não incida sobre os recursos necessários ao seu sustento e ao de sua família.

45. A multa será convertida em detenção quando o condenado, podendo, deixa de pagá-la ou frustra a execução. A cada dia-multa corresponde um dia de detenção. A conversão, contudo, não poderá exceder a 1 (um) ano.

46. As condenações inferiores a 6 (seis) meses poderão ser substituídas por penas de multa, se o condenado não for reincidente e se a substituição constituir medida eficiente (art. 60, § 2º).

DA COMINAÇÃO DAS PENAS

47. Tornou-se necessária a inserção de Capítulo específico, pertinente à cominação das penas substitutivas, já que o mecanismo da substituição não poderia situar-se repetitivamente em cada modalidade de delito.

48. Os preceitos contidos nos arts. 53 e 58 disciplinam os casos em que a cominação está na figura típica legal, nos moldes tradicionais. Nos casos de penas restritivas de direitos (arts. 54 a 57) e de multa substitutiva (parágrafo único do art. 58), adotou-se a técnica de instituir a cominação no próprio Capítulo.

DA APLICAÇÃO DA PENA

49. Sob a mesma fundamentação doutrinária do Código vigente, o Projeto busca assegurar a *individualização da pena* sob critérios mais abrangentes e precisos. Transcende-se, assim, o sentido individualizador do Código vigente, restrito a fixação da quantidade da pena, dentro de limites estabelecidos, para oferecer ao *arbitrium iudices* variada gama de opções, que em determinadas circunstâncias pode envolver o tipo da sanção a ser aplicada.

50. As diretrizes para fixação da pena estão relacionadas no art. 59, segundo o critério da legislação em vigor, tecnicamente aprimorado e necessariamente adaptado ao novo elenco de penas. Preferiu o Projeto a expressão "culpabilidade" em lugar de "intensidade do dolo ou grau de culpa", visto que graduável é a censura, cujo índice, maior ou menor, incide na quantidade da pena. Fez-se referência expressa ao comportamento da vítima, erigido, muitas vezes, em fator criminógeno, por constituir-se em provocação ou estímulo à conduta criminosa, como, entre outras modalidades, o pouco recato da vítima nos crimes contra os costumes. A finalidade da individualização está esclarecida na parte final do preceito: importa em optar, dentre as penas cominadas, pela que for aplicável, com a respectiva quantidade, à vista de sua necessidade e eficácia para "reprovação e prevenção do crime". Nesse conceito se define a Política Criminal preconizada no Projeto, da qual se deverão extrair todas as suas lógicas consequências. Assinale-se, ainda, outro importante acréscimo: cabe ao juiz fixar o regime inicial de cumprimento da pena privativa da liberdade, fator indispensável da individualização que se completará no curso do procedimento executório, em função do exame criminológico.

51. Decorridos quarenta anos da entrada em vigor do Código Penal, remanescem as divergências suscitadas sobre as etapas da aplicação da pena. O Projeto opta claramente pelo critério das três faces, predominante na jurisprudência do Supremo Tribunal Federal. Fixa-se, inicialmente, a pena-base, obedecido o disposto no art. 59; consideram-se, em seguida, as circunstâncias atenuantes e agravantes; incorporam-se ao cálculo, finalmente, as causas de diminuição e aumento. Tal critério permite o completo conhecimento da operação realizada pelo juiz e a exata determinação dos elementos incorporados à dosimetria. Discriminado, por exemplo, em primeira instância, o *quantum* da majoração decorrente de uma agravante, o recurso poderá ferir com precisão essa parte da sentença, permitindo às instâncias superiores a correção de equívocos hoje sepultados no processo mental do juiz. Alcança-se, pelo critério, a plenitude de garantia constitucional da ampla defesa.

52. Duas diferenças alteram o rol das circunstâncias agravantes prescritas na legislação em vigor: cancelou-se a redundante referência a "asfixia", de caráter meramente exemplificativo, já que é tida por insidiosa ou cruel esta espécie de meio, na execução do delito; deu-se melhor redação ao disposto no art. 44, II, c, ora assim enunciado no art. 61, II, e: "em estado de embriaguez preordenada".

53. O Projeto dedicou atenção ao agente que no concurso de pessoas desenvolve papel saliente. No art. 62 reproduz-se o texto do Código atual, acrescentando-se, porém, como agravante, a ação de induzir outrem à execução material do crime. Estabelece-se, assim, paralelismo com os elementos do tipo do art. 122 (induzimento, instigação ou auxílio ao suicídio).

54. A Lei n. 6.416, de 1977, alterou a disciplina da reincidência, limitando no tempo os efeitos da condenação anterior, a fim de não estigmatizar para sempre o condenado. A partir desse diploma legal deixou de prevalecer a condenação anterior para efeito de reincidência, se decorrido período superior a 5 (cinco) anos entre a data do cumprimento ou da extinção da pena e a da infração posterior. A redação do texto conduziu a situações injustas: o réu que tenha indeferida a suspensão da condicional tem em seu favor a prescrição da reincidência, antes de outro, beneficiado pela suspensão. A distorção importa em que a pena menos grave produz, no caso, efeitos mais graves. Daí a redação dada ao art. 64, I, mandando computar "o período de prova da suspensão ou do livramento condicional, se não houver revogação".

55. As circunstâncias atenuantes sofreram alterações. Tornou-se expresso, para evitar polêmicas, que a atenuante da menoridade será aferida na data do fato; a da velhice, na data da sentença. Incluiu-se no elenco o "desconhecimento da lei" em evidente paralelismo com o disposto no art. 21. A *ignorantia legis* continua inescusável no Projeto, mas atenua a pena. Incluiu-se, ainda, na letra c, a hipótese de quem age em cumprimento de ordem superior. Não se justifica que o autor de crime cometido sob coação resistível seja beneficiado com atenuante e não ocorra o mesmo quando a prática do delito ocorre "em cumprimento de ordem superior". Se a coação irresistível e a obediência hierárquica recebem, como dirimentes, idêntico tratamento, a mesma equiparação devem ter a coação e a obediência, quando descaracterizadas em meras atenuantes. Beneficia-se, como estímulo à verdade processual, o agente que confessa espontaneamente, perante a autoridade, a autoria do crime, sem a exigência, em vigor, de ser a autoria "ignorada ou imputada a outrem". Instituiu-se, finalmente, no art. 66, circunstância atenuante genérica e facultativa, que permitirá ao juiz considerar circunstância relevante, ocorrida antes, durante ou após o crime, para a fixação da pena.

56. Foram mantidos os conceitos de concurso material e concurso formal, ajustados ao novo elenco de penas.

57. A inovação contida no parágrafo único do art. 70 visa à tornar explícito que a regra do concurso formal não poderá acarretar punição superior à que, nas mesmas circunstâncias, seria cabível pela aplicação do cúmulo material. Impede-se, assim, que numa hipótese de *aberratio ictus* (homicídio doloso mais lesões culposas), se aplique ao agente pena mais severa, em razão do concurso formal, do que a aplicável, no mesmo exemplo, pelo concurso material. Quem comete mais de um crime, com uma única ação, não pode sofrer pena mais grave do que a imposta ao agente que reiteradamente, com mais de uma ação, comete os mesmos crimes.

58. Mantem-se a definição atual de crime continuado. Expressiva inovação foi introduzida, contudo, no parágrafo do art. 71, *in verbis*: "Nos crimes dolosos, contra vítimas diferentes, cometidos com violência ou grave ameaça à pessoa, poderá o juiz, considerando a culpabilidade, os antecedentes, a conduta social e a personalidade do agente, bem como os motivos e as circunstâncias, aumentar a pena de um só dos crimes, se idênticas, ou a mais grave, se diversas, até o triplo, observadas as regras dos arts. 70, parágrafo único, e 75".

59. O critério da teoria puramente objetiva não revelou na prática maiores inconvenientes, a despeito das objeções formuladas pelos partidários da teoria objetivo-subjetiva. O Projeto optou pelo critério que mais adequadamente se opõe ao crescimento da criminalidade profissional, organizada e violenta, cujas ações se repetem contra vítimas diferentes, em condições de tempo, lugar, modos de execução e circunstâncias outras, marcadas por evidente semelhança. Estender-lhe o conceito de crime continuado importa em beneficiá-la, pois o delinquente profissional tornar-se-ia passível de tratamento penal menos grave que o dispensado a criminosos ocasionais. De resto, com a extinção, no Projeto, da medida de segurança para o imputável, urge reforçar o sistema destinando penas mais longas aos que estariam sujeitos à imposição de medida de segurança detentiva e que serão beneficiados pela abolição da medida. A Política Criminal atua, neste passo, em sentido inverso, a fim de evitar a libertação prematura de determinadas categorias de agentes, dotados de acentuada periculosidade.

60. Manteve-se na exata conceituação atual o erro na execução - *aberratio ictus* - relativo ao objeto material do delito, sendo único o objeto jurídico, bem como o tratamento do resultado diverso do pretendido - *aberratio delicti*.

61. O Projeto baliza a duração máxima das penas privativas da liberdade, tendo em vista o disposto no art. 153, § 11, da Constituição, e veda a prisão perpétua. As penas devem ser limitadas para alimentarem no condenado a esperança da liberdade e a aceitação da disciplina, pressupostos essenciais da eficácia do tratamento penal. Restringiu-se, pois, no art. 75, a duração das penas privativas da liberdade a 30 (trinta) anos, criando-se, porém, mecanismo desestimulador do crime, uma vez alcançado este limite. Caso contrário, o condenado à pena máxima pode ser induzido a outras infrações, no presídio, pela consciência da impunidade, como atualmente ocorre. Daí a regra de interpretação contida no art. 75, § 2º: "sobrevindo condenação por fato posterior ao início do cumprimento da pena, far-se-á nova unificação, computando-se, para esse fim, o tempo restante da pena anteriormente estabelecida".

DA SUSPENSÃO CONDICIONAL

62. O instituto da suspensão condicional da pena foi mantido no Projeto com as adaptações impostas pelas novas modalidades de penas e a sistemática a que estão sujeitas. Tal como no Código Penal vigente, a execução da pena privativa da liberdade não superior a 2 (dois) anos poderá ser suspensa, se o condenado não for reincidente em crime doloso e se a culpabilidade, os antecedentes, a conduta social e a personalidade do agente, bem como os motivos e circunstâncias do crime, indicarem ser necessária e suficiente a concessão do benefício.

63. Conquanto se exija que o condenado não seja reincidente, a condenação anterior a pena da multa não obsta a concessão do benefício, ficando assim adotada a orientação da Súmula 499 do Supremo Tribunal Federal. É óbvio, por outro lado, que a condenação anterior não impede a suspensão, se entre a data do cumprimento da pena e a infração posterior houver decorrido tempo superior a 5 (cinco) anos. Entendeu-se dispensável o Projeto reportar-se a regra geral sobre a temporariedade da reincidência, em cada norma que a ela se refira, por tê-la como implícita e inafastável.

64. Reduziu-se o limite máximo do período de prova, a fim de ajustá-lo à prática judiciária. Todavia, para que o instituto não se transforme em garantia de impunidade, instituíram-se condições mais eficazes, quer pela sua natureza, quer pela possibilidade de fiscalização mais efetiva de sua observância, até mesmo com a participação da comunidade.

65. Tais condições transformaram a suspensão condicional em solução mais severa do que as penas restritivas de direitos, criando-se para o juiz mais esta alternativa à pena privativa da liberdade não superior a 2 (dois) anos. Os condenados ficam sujeitos a regime de prova mais exigente, pois além das condições até agora impostas deverão cumprir, ainda, as de prestação de serviços à comunidade ou de limitação de fim de semana, bem como condições outras, especificadas na sentença, "adequadas ao fato e à situação pessoal do condenado" (arts. 46, 48, 78, § 1º, e 79).

66. Orientado no sentido de assegurar a individualização da pena, o Projeto prevê a modalidade de suspensão especial, na qual o condenado não fica sujeito à prestação de serviço à comunidade ou à limitação de fim de semana. Neste caso o condenado, além de não reincidente em crime doloso, há de ter reparado o dano, se podia fazê-lo; ainda assim, o benefício somente será concedido *se as circunstâncias do art. 59 lhe forem inteiramente favoráveis*, isto é, se mínima a culpabilidade, irretocáveis os antecedentes e de boa índole a personalidade, bem como relevantes os motivos e favoráveis as circunstâncias.

67. Em qualquer das espécies de suspensão é reservado ao juiz a faculdade de especificar outras condições além das expressamente previstas, desde que adequadas ao fato e à situação pessoal do condenado (art. 79), com as cautelas anteriormente mencionadas.

68. A suspensão da execução da pena é *condicional*. Como na legislação em vigor, pode ser obrigatória ou facultativamente revogada. É obrigatória a revogação quando o beneficiário é condenado em sentença definitiva, por crime doloso, no período da prova ou em qualquer das hipóteses previstas nos incisos II e III do art. 81. É facultativa quando descumprida a condição imposta ou sobrevier condenação por crime culposo.

69. Introduzidas no Projeto as penas de prestação de serviços à comunidade e de limitação de fim de semana, tornou-se mister referência expressa ao seu descumprimento como causa de revogação obrigatória (art. 81, III). Esta se opera à falta de reparação do dano, sem motivo justificado e em face de expediente que frustre a execução da pena da multa (art. 81, II). A revogação é facultativa se o beneficiário descumpre condição imposta ou é irrecorrivelmente condenado, seja por contravenção, seja a pena privativa da liberdade ou restritiva de direito em razão de crime culposo.

70. Adotando melhor técnica, o Projeto reúne sob a rubrica "Prorrogação do Período de Prova" as normas dos §§ 2º e 3º do art. 59 do Código vigente, pertinentes à prorrogação de prazo. O § 2º considera prorrogado o prazo "até o julgamento definitivo", se o beneficiário está sendo processado por outro crime ou por contravenção; o § 3º mantém a regra segundo a qual, "quando facultativa a revogação, o juiz pode, ao invés de decretá-la, prorrogar o período de prova até o máximo, se este não foi o fixado".

71. Finalmente, expirado o prazo de prova sem que se verifique a revogação, considera-se extinta a pena privativa da liberdade.

DO LIVRAMENTO CONDICIONAL

72. O Projeto dá novo sentido à execução das penas privativas da liberdade. A ineficácia dos métodos atuais de confinamento absoluto e prolongado, fartamente demonstrada pela experiência, conduziu o Projeto à ampliação do *arbitrium iudicis*, no tocante à concessão do livramento condicional. O juiz poderá conceder o livramento condicional ao condenado a pena privativa da liberdade igual ou superior a 2 (dois) anos, desde que cumprido mais de um terço da pena, se o condenado *não for reincidente* em crime doloso e tiver bons antecedentes (art. 83, I); pode ainda concedê-la se o condenado for reincidente em crime doloso, cumprida mais da metade da pena (art. 83, II). Ao reduzir, porém, os prazos mínimos de concessão do benefício, o Projeto exige do condenado, além dos requisitos já estabelecidos - quantidade da pena aplicada, reincidência, antecedentes e tempo de pena cumprida - a comprovação de comportamento satisfatório durante a execução da pena, bom desempenho no trabalho que lhe foi atribuído e aptidão para prover a própria subsistência mediante trabalho honesto, bem como a reparação do dano, salvo efetiva impossibilidade de fazê-lo (art. 83, III e IV).

73. Tratando-se, no entanto, de condenado *por crime doloso, cometido com violência ou grave ameaça à pessoa*, a concessão do livramento ficará subordinada não só às condições dos mencionados incisos I, II, III e IV do art. 83, mas, ainda, à verificação, em perícia, da superação das condições e circunstâncias que levaram o condenado a delinquir (parágrafo único do art. 83).

74. A norma se destina, obviamente, ao condenado por crime violento, como homicídio, roubo, extorsão, extorsão mediante sequestro em todas as suas formas, estupro, atentado violento ao pudor e outros da mesma índole. Tal exigência é mais uma consequência necessária da extinção da medida de segurança para o imputável.

75. Permite-se, como no Código em vigor, a unificação das penas para efeito de livramento (art. 84). O juiz, ao concedê-lo, especificará na sentença as condições a cuja observância o condenado ficará sujeito.

76. Como na suspensão da pena, a revogação do livramento condicional será obrigatória ou facultativa. Quanto à revogação obrigatória (art. 86), a inovação consiste em suprimir a condenação "por motivo de contravenção", ficando, pois, a revogação obrigatória subordinada somente à condenação por *crime* cometido na vigência do benefício ou por crime anterior, observada a regra da unificação (art. 84). A revogação será facultativa se o condenado deixar de cumprir qualquer das obrigações constantes da sentença ou for irrecorrivelmente condenado por crime a pena que não seja privativa de liberdade ou por contravenção (art. 87). Uma vez revogado, o livramento não poderá ser novamente concedido. Se a revogação resultar de condenação por crime cometido anteriormente à concessão daquele benefício, será descontado na pena a ser cumprida o tempo em que esteve solto o condenado.

77. Cumpridas as condições do livramento, considera-se extinta a pena privativa da liberdade (art. 90).

DOS EFEITOS DA CONDENAÇÃO

78. A novidade do Projeto, nesta matéria, reside em atribuir outros efeitos à condenação, consistentes na perda de cargo, função pública ou mandato eletivo; na incapacidade para o exercício do pátrio poder, tutela ou curatela, e na inabilitação para dirigir veículo (art. 92, I, II, III). Contudo, tais efeitos *não são automáticos*, devendo ser motivadamente declarados na sentença (parágrafo único do art. 92). É que ao juiz incumbe para a declaração da perda do cargo, função pública ou mandato eletivo, verificar se o crime pelo qual houve a condenação foi praticado com abuso de poder ou violação de dever para com a Administração Pública e, ainda, se a pena aplicada foi superior a 4 (quatro) anos. É bem verdade, em tais circunstâncias, a perda do cargo ou da função pública pode igualmente resultar de processo administrativo instaurado contra o servidor. Aqui, porém, resguardada a separação das instâncias administrativa e judicial, a perda do cargo ou função pública independe do processo administrativo. Por outro lado, entre os efeitos da condenação inclui-se a perda do mandato eletivo.

79. Do mesmo modo, a fim de declarar, como efeito da condenação, a incapacidade para o exercício do pátrio poder, tutela ou curatela, deverá o juiz verificar se o crime foi cometido, respectivamente, contra filho, tutelado ou curatelado e se foi doloso, a que se comine pena de reclusão.

80. A inabilitação para dirigir veículo, como efeito da condenação, declara-se quando o veículo tenha sido utilizado como meio para a prática de crime doloso, distinguindo-se, pois, a interdição temporária para dirigir (art. 47, III), que se aplica aos autores de crimes culposos de trânsito. Estes usam o veículo como meio *para fim lícito*, qual seja transportar-se de um ponto para outro, sobrevindo então o crime, que não era o fim do agente. Enquanto aqueles outros, cuja condenação tem como efeito a inabilitação para dirigir veículo, usam-no deliberadamente *como meio* para fim ilícito.

81. Nota-se que todos esses efeitos da condenação serão atingidos pela reabilitação, vedada, porém, a reintegração no cargo, função pública ou mandato eletivo, no exercício do qual o crime tenha ocorrido, bem como vedada a volta ao exercício do pátrio poder, da tutela ou da curatela em relação ao filho, tutelado ou curatelado contra o qual o crime tenha sido cometido (parágrafo único do art. 93).

DA REABILITAÇÃO

82. A reabilitação não é causa extintiva da punibilidade e, por isso, em vez de estar disciplinada naquele Título, como no Código vigente, ganhou Capítulo próprio, no Título V. Trata-se de instituto que não *extingue*, mas tão somente *suspende* alguns efeitos penais da sentença condenatória, visto que a qualquer tempo, revogada a reabilitação, se restabelece o *statu quo ante*. Diferentemente, as causas extintivas da punibilidade operam efeitos irrevogáveis, fazendo cessar definitivamente a pretensão punitiva ou a executória.

83. Segundo o Projeto, a reabilitação não tem, apenas, o efeito de assegurar o sigilo dos registros sobre o processo e a condenação do reabilitado, mas consiste, também, em declaração judicial de que o condenado cumpriu a pena imposta ou esta foi extinta, e de que, durante 2 (dois) anos após o cumprimento ou extinção da pena, teve bom comportamento e ressarciu o dano causado, ou não o fez porque não podia fazê-lo. Tal declaração judicial reabilita o condenado, significando que ele está em plenas condições de voltar ao convívio da sociedade, sem nenhuma restrição ao exercício de seus direitos.

84. Reduziu-se o prazo de 2 (dois) anos, tempo mais do que razoável para a aferição da capacidade de adaptação do condenado às regras do convívio social. Nesse prazo, computa-se o período de prova de suspensão condicional e do livramento, se não sobrevier revogação.

85. A reabilitação distingue-se da *revisão*, porque esta, quando deferida, pode apagar definitivamente a condenação anterior, enquanto aquela não tem esse efeito. Se o reabilitado vier a cometer novo crime será considerado reincidente, ressalvado o disposto no art. 64.

86. A reabilitação será revogada se o reabilitado for condenado, como reincidente, por decisão definitiva, a pena que não seja de multa. Portanto, duas são as condições para a revogação: primeira, que o reabilitado tenha sido condenado, como reincidente, por decisão definitiva, e para que isso ocorra é necessário que entre a data do cumprimento ou extinção da pena e a infração posterior não tenha decorrido período de tempo superior a 5 (cinco) anos (art. 64); segunda, que a pena aplicada seja restritiva de direitos ou privativa da liberdade.

DAS MEDIDAS DE SEGURANÇA

87. Extingue o Projeto a medida de segurança para o imputável e institui o sistema vicariante para os fronteiriços. Não se retomam, com tal método, soluções clássicas. Avança-se, pelo contrário, no sentido da autenticidade do sistema. A medida de segurança, de caráter meramente preventivo e assistencial, ficará reservada aos inimputáveis. Isso, em resumo, significa: culpabilidade - pena; periculosidade - medida de segurança. Ao réu perigoso e culpável não há razão para aplicar o que tem sido, na prática, uma fração de pena eufemisticamente denominada "medida de segurança".

88. Para alcançar esse objetivo, sem prejuízo da repressão aos crimes mais graves, o Projeto reformulou os institutos do crime continuado e do livramento condicional, na forma de esclarecimentos anteriores.

89. Duas espécies de medida de segurança consagra o Projeto: a detentiva e a restritiva. A detentiva consiste na internação em hospital de custódia e tratamento psiquiátrico, fixando-se o prazo mínimo de internação entre 1 (um) e 3 (três) anos. Esse prazo tornar-se-a indeterminado, perdurando a medida enquanto não for verificada a cessação da periculosidade por perícia médica. A perícia deve efetuar-se ao término do prazo mínimo prescrito e repetir-se anualmente.

90. O Projeto consagra significativa inovação ao prever a medida de segurança restritiva, consistente na sujeição do agente a tratamento ambulatorial, cumprindo-lhe comparecer ao hospital nos dias que lhe forem determinados pelo médico, a fim de ser submetido à modalidade terapêutica prescrita.

91. Corresponde a inovação às atuais tendências de "desinstitucionalização", sem o exagero de eliminar a internação. Pelo contrário, o Projeto estabelece limitações estritas para a hipótese de tratamento ambulatorial, apenas admitido quando o ato praticado for previsto como crime *punível com detenção*.

92. A sujeição a tratamento ambulatorial será também determinada pelo prazo mínimo de 1 (um) a 3 (três) anos, devendo perdurar enquanto não verificada a cessação da periculosidade.

93. O agente poderá ser transferido em qualquer fase do regime de tratamento ambulatorial para o detentivo, consistente em internação hospitalar de custódia e tratamento psiquiátrico, se a conduta revelar a necessidade da providência para fins curativos.

94. A liberação do tratamento ambulatorial, a desinternação e a reinternação constituem hipóteses previstas nos casos em que a verificação da cura ou a persistência da periculosidade as aconselhem.

DA AÇÃO PENAL

95. O Título ficou a salvo de modificações, excetuadas pequenas correções de redação nos arts. 100, §§ 2º e 3º, 101 e 102.

DA EXTINÇÃO DA PUNIBILIDADE

96. Excluíram-se do rol das causas extintivas da punibilidade a reabilitação e o ressarcimento do dano no peculato culposo. A primeira porque, dependendo de anterior extinção da pena, não tem a natureza de causa extintiva da punibilidade. Diz mais com certos efeitos secundários de condenação já consumada (item 82). A segunda porque, tratando-se de norma específica e restrita, já contemplada expressamente na Parte Especial, art. 312, § 3º, nada justifica sua inócua repetição entre normas de caráter geral.

97. Deu-se melhor redação à hipótese de casamento da vítima com terceiro, ficando claro que esta forma excepcional de extinção depende da ocorrência concomitante de três condições: o casamento, a inexistência de violência real e a inércia da vítima por mais de 60 (sessenta) dias após o casamento.

98. Incluiu-se o perdão judicial entre as causas em exame (art. 107, IX) e explicitou-se que a sentença que o concede não será considerada para configuração futura de reincidência (art. 120). Afastam-se, com isso, as dúvidas que ora têm suscitado decisões contraditórias em nossos tribunais. A opção se justifica a fim de que o perdão, cabível quando expressamente previsto na Parte Especial ou em lei, não continue, como por vezes se tem entendido, a produzir os efeitos de sentença condenatória.

99. Estatui o art. 110 que, uma vez transitada em julgado a sentença condenatória, a prescrição regula-se pela pena aplicada, verificando-se nos prazos fixados no art. 109, os quais são aumentados de um terço, se o condenado é reincidente. O § 1º dispõe que a prescrição se regula pela pena aplicada, se transitada em julgado a sentença para a acusação ou improvido o recurso desta. Ainda que a norma pareça desnecessária, preferiu-se explicitá-la no texto, para dirimir de vez a dúvida alusiva à prescrição pela pena aplicada, não obstante o recurso da acusação, se este não foi provido. A ausência de tal norma tem estimulado a interposição de recursos destinados a evitar tão somente a prescrição. Manteve-se, por outro lado, a regra segundo a qual, transitada em julgado a sentença para a acusação, haja ou não recurso da defesa, a prescrição se regula pela pena concretizada na sentença.

100. Norma apropriada impede que a prescrição pela pena aplicada tenha por termo inicial data anterior à do recebimento da denúncia (§ 2º do art. 110). A inovação, introduzida no Código Penal pela Lei n. 6.416, de 24 de maio de 1977, vem suscitando controvérsias doutrinárias. Pesou, todavia, em prol de sua manutenção, o fato de que, sendo o recebimento da denúncia causa interruptiva da prescrição (art. 117, I), uma vez interrompida esta o prazo recomeça a correr por inteiro (art. 117, § 2º).

101. Trata-se, além disso, de prescrição pela pena aplicada, o que pressupõe, obviamente, a existência de processo e de seu termo: a sentença condenatória. Admitir, em tal caso, a prescrição da ação penal em período anterior ao recebimento da denúncia importaria em declarar a inexistência tanto do processo quanto da sentença. Mantém-se, pois, o despacho de recebimento da denúncia como causa interruptiva, extraindo-se do princípio as consequências inelutáveis.

102. O prazo de prescrição no crime continuado, antes do trânsito em julgado da sentença condenatória, não mais terá como termo inicial a data em que cessou a continuação (Código Penal, art. 111, c).

103. Adotou o Projeto, nesse passo, orientação mais liberal, em consonância com o principio introduzido em seu art. 119, segundo o qual, no concurso de crimes, a extinção da punibilidade incidirá isoladamente sobre a pena de cada um. Poderá ocorrer a prescrição do primeiro crime antes da prescrição do último a ele interligado pela continuação. A jurisprudência do Supremo Tribunal Federal orienta-se nesse sentido, tanto que não considera o acréscimo decorrente da continuação para cálculo do prazo prescricional (Súmula 497).

104. Finalmente, nas Disposições Transitórias, cancelaram-se todos os valores de multa previstos no Código atual, de modo que os cálculos de pena pecuniária sejam feitos, doravante, segundo os precisos critérios estabelecidos na Parte Geral. Foram previstos, ainda, prazos e regras para a implementação paulatina das novas penas restritivas de direitos.

CONCLUSÃO

105. São essas, em resumo, as principais inovações introduzidas no anexo Projeto de reforma penal que tenho a honra de submeter a superior consideração de Vossa Excelência. Estou certo de que, se adotado e transformado em lei, há de constituir importante marco na reformulação do nosso Direito Penal, além de caminho seguro para a modernização da nossa Justiça Criminal e dos nossos estabelecimentos penais. Valho-me da oportunidade para renovar a Vossa Excelência a expressão do meu profundo respeito.

Ibrahim Abi-Ackel

EXPOSIÇÃO DE MOTIVOS DA PARTE ESPECIAL DO CÓDIGO PENAL

DECRETO-LEI N. 2.848, DE 07 DE DEZEMBRO DE 1940

Ministério da Justiça e Negócios Interiores
Gabinete do Ministro, em 04.11.1940
Senhor Presidente:
[...]

PARTE ESPECIAL
DOS CRIMES CONTRA A PESSOA

37. O Título I da "Parte Especial" ocupa-se dos crimes contra a pessoa, dividindo-se em seis capítulos, com as seguintes rubricas: "Dos crimes contra a vida", "Das lesões corporais", "Da periclitação da vida e da saúde", "Da rixa", "Dos crimes contra a honra" e "Dos crimes contra a liberdade individual". Não há razão para que continuem em setores autônomos os "crimes contra a honra" e os "crimes contra a liberdade individual" (que a lei atual denomina "crimes contra o livre gozo e exercício dos direitos individuais"): seu verdadeiro lugar é entre os crimes contra a pessoa, de que constituem subclasses. A honra e a liberdade são interesses, ou bens jurídicos inerentes à *pessoa*, tanto quanto o direito à vida ou à integridade física.

DOS CRIMES CONTRA A VIDA

38. O projeto mantém a diferença entre uma forma simples e uma forma qualificada de "homicídio". As circunstâncias qualificativas estão enumeradas no § 2º do art. 121. Umas dizem com a intensidade do dolo, outras com o modo de ação ou com a natureza dos meios empregados; mas todas são especialmente destacadas pelo seu valor sintomático: são circunstâncias reveladoras de maior periculosidade ou extraordinário grau de perversidade do agente. Em primeiro lugar, vem o motivo *torpe* (isto é, o motivo que suscita a aversão ou repugnância geral, *v. g.*: a cupidez, a luxúria, o despeito da imoralidade contrariada, o prazer do mal etc.) ou *fútil* (isto é, que, pela sua mínima importância, não é causa suficiente para o crime). Vem a seguir o "emprego de veneno, fogo, explosivo, asfixia, tortura ou outro meio insidioso (isto é, dissimulado na sua eficiência maléfica) ou *cruel* (isto é, que aumenta inutilmente o sofrimento da vítima, ou revela uma brutalidade fora do comum ou em contraste com o mais elementar sentimento de piedade) ou *de que possa resultar perigo comum*". Deve notar-se que, para a inclusão do motivo fútil e emprego de meio cruel entre as agravantes que qualificam o homicídio, há mesmo uma razão de ordem constitucional, pois o único crime comum, contra o qual a nossa vigente Carta Política permite que a sanção penal possa ir até a pena de morte, é o "homicídio cometido por motivo fútil e com extremos de perversidade" (art. 122, no 13, *j*). São também qualificativas do homicídio as agravantes que traduzem um *modo* insidioso da atividade executiva do crime (não se confundindo, portanto, com o emprego de *meio* insidioso), impossibilitando ou dificultando a defesa da vítima (como a *traição*, a *emboscada*, a *dissimulação* etc.). Finalmente, qualifica o homicídio a circunstância de ter sido cometido "para assegurar a execução, a ocultação, a impunidade ou vantagem de outro crime". É claro que esta qualificação não diz com os casos em que o homicídio é elemento de *crime complexo* (*in exemplis*: arts. 157, § 3º, *in fine*, e 159, § 3º), pois, em tais casos, a pena, quando não mais grave, é, pelo menos, igual a do homicídio qualificado.

39. Ao lado do homicídio com pena especialmente agravada, cuida o projeto do homicídio com pena especialmente atenuada, isto é, o homicídio praticado "por motivo de relevante valor social, ou moral", ou "sob o domínio de emoção violenta, logo em seguida a injusta provocação da vítima". Por "motivo de relevante valor social ou moral", o projeto entende significar o motivo que, em si mesmo, é aprovado pela moral prática, como, por exemplo, a compaixão ante o irremediável sofrimento da vítima (caso do homicídio eutanásico), a indignação contra um traidor da pátria etc. No tratamento do *homicídio culposo*, o projeto atendeu à urgente necessidade de punição mais rigorosa do que a constante da lei penal atual, comprovadamente insuficiente. A pena cominada é a de detenção por 1 (um) a 3 (três) anos, e será especialmente aumentada se o evento "resulta da inobservância de regra técnica de profissão, arte, ofício ou atividade", ou quando "o agente deixa de prestar imediato socorro à vítima, não procura diminuir as consequências do seu ato, ou foge para evitar prisão em flagrante". Deve notar-se, além disso, que entre as *penas acessórias* (Capítulo V do Título V da Parte Geral), figura a de "incapacidade temporária para profissão ou atividade cujo exercício depende de licença, habilitação ou autorização do poder público", quando se trate de crime cometido com infração de dever inerente à profissão ou atividade. Com estes dispositivos, o projeto visa, principalmente, a *condução de automóveis*, que constitui, na atualidade, devido a um generalizado descaso pelas cautelas técnicas (notadamente quanto à velocidade), uma causa frequente de eventos lesivos contra a pessoa, agravando-se o mal com o procedimento *post factum* dos motoristas, que, tão somente com o fim egoístico de escapar à prisão em flagrante ou a ação da justiça penal, sistematicamente imprimem maior velocidade ao veículo, desinteressando-se por completo da vítima, ainda quando um socorro imediato talvez pudesse evitar-lhe a morte.

40. O *infanticídio* é considerado um *delictum exceptum* quando praticado pela parturiente sob a *influência do estado puerperal*. Esta cláusula, como é óbvio, não quer significar que o puerpério acarrete sempre uma perturbação psíquica: é preciso que fique averiguado ter esta realmente sobrevindo em consequência daquele, de modo a diminuir a capacidade de entendimento ou de autoinibição da parturiente. Fora daí, não há por que distinguir entre infanticídio e homicídio. Ainda quando ocorra a *honoris causa* (considerada pela lei vigente como razão de especial abrandamento da pena), a pena aplicável e a de homicídio.

41. Ao configurar o crime de induzimento, instigação ou auxílio ao suicídio, o projeto contém inovações: é punível o fato ainda quando se frustre o suicídio, desde que resulte lesão corporal grave ao que tentou matar-se; e a pena cominada será aplicada em dobro se o crime obedece a móvel egoístico ou é praticado contra menor ou é pessoa que, por qualquer outra causa, tenha diminuída a capacidade de resistência. Mantém o projeto a incriminação do aborto, mas declara penalmente lícito, quando praticado por médico habilitado, o aborto necessário, ou em caso de prenhez resultante de estupro. Militam em favor da exceção razões de ordem social e individual, a que o legislador penal não pode deixar de atender.

DAS LESÕES CORPORAIS

42. O crime de *lesão corporal* é definido como ofensa à *integridade corporal* ou saúde, isto é, como todo e qualquer dano ocasionado à normalidade funcional do corpo humano, quer do ponto de vista anatômico, quer do ponto de vista fisiológico ou mental. Continua-se a discriminar, para diverso tratamento penal, entre a lesão de natureza leve e a de natureza grave. Tal como na lei vigente, a lesão corporal grave, por sua vez é considerada, para o efeito de graduação da pena, segundo sua menor ou maior *gravidade* objetiva. Entre as lesões de *menor gravidade* figura (à semelhança do que ocorre na lei atual) a que produz "incapacidade para as ocupações habituais, por mais de 30 (trinta) dias"; mas, como uma lesão pode apresentar gravíssimo perigo (dado o ponto atingido) e, no entanto, ficar curada antes de I (um) mês, entendeu o projeto de incluir nessa mesma classe, sem referência à condição de *tempo* ou a qualquer outra, a lesão que produz "perigo de vida". Outra inovação é o reconhecimento da gravidade da lesão de que resulte "*debilitação* permanente de membro, sentido ou função", ou "aceleração de parto". Quanto às lesões de *maior gravidade*, também não é o projeto coincidente com a lei atual, pois que: *a*) separa, como condições autônomas ou por si sós suficientes para o reconhecimento da *maior gravidade*, a "incapacidade permanente para o trabalho" ou "enfermidade certa ou provavelmente incurável"; *b*) delimita o conceito de *deformidade* (isto é, acentua que esta deve ser "permanente"); *c*) inclui entre elas a que ocasiona *aborto*. No § 3º do art. 129, é especialmente previsto e resolvido o caso em que sobrevém a morte do ofendido, mas evidenciando as circunstâncias de que o evento letal não se compreendia no dolo do agente, isto é, o agente não queria esse resultado, nem assumira o risco de produzi-lo, tendo procedido apenas *vulnerandi animo*. Costuma-se falar, na hipótese, em "homicídio preterintencional", para reconhecer-se um *grau* intermédio entre o homicídio doloso e o homicídio culposo; mas tal denominação, em face do conceito extensivo do dolo, acolhido pelo projeto, torna-se inadequada: ainda quando o evento "morte" não tenha sido, propriamente, abrangido pela intenção do agente, mas este assumiu o risco de produzi-lo, o homicídio é *doloso*. A *lesão corporal culposa* é tratada no art. 129, § 6º. Em consonância com a lei vigente, não se distingue, aqui, entre a maior ou menor importância do dano material: leve ou grave a lesão, a pena é a mesma, isto é, detenção por 2 (dois) meses a 1 (um) ano (sanção mais severa do que a editada na lei atual). E especialmente agravada a pena nos mesmos casos em que o é a cominada ao *homicídio culposo*. Deve notar-se que o caso de multiplicidade do evento lesivo (várias *lesões corporais*, ou várias *mortes*, ou *lesão corporal* e *morte*), resultante de uma só ação ou omissão culposa, é resolvido segundo a norma genérica do § 1º do art. 51. Ao crime de lesões corporais é aplicável o disposto no § 1º do art. 121 (facultativa diminuição da pena, quando o agente "comete o crime impelido por motivo de relevante valor social ou moral, ou sob a influência de violenta emoção, logo em seguida a injusta provocação da vítima"). Tratando-se de lesões leves, se ocorre qualquer das hipóteses do parágrafo citado, ou se as lesões são recíprocas, o juiz pode substituir a pena de detenção pela de multa (de duzentos mil-reis a dois contos de réis).

DA PERICLITAÇÃO DA VIDA E DA SAÚDE

43. Sob esta epígrafe, o projeto contempla uma série de *crimes de perigo* contra a pessoa, uns já constantes, outros desconhecidos da lei penal vigente. Pelo seu caráter especial, seja quanto ao elemento objetivo, seja quanto ao elemento subjetivo, tais crimes reclamam um capítulo próprio. Do ponto de vista material, reputam-se *consumados* ou *perfeitos* desde que a ação ou omissão cria uma situação objetiva de *possibilidade* de dano à vida ou à saúde de alguém. O evento, aqui (como nos crimes de perigo em geral), é a simples *exposição a perigo de dano*. O *dano efetivo* pode ser *uma condição de maior punibilidade*, mas não condiciona o *momento consumativo* do crime. Por outro lado, o elemento subjetivo é a vontade consciente referida exclusivamente à produção do perigo. A ocorrência do dano não se compreende na volição ou dolo do agente, pois, do contrário, não haveria por que distinguir entre tais crimes e a *tentativa de crime de dano*.

44. Entre as novas entidades prefiguradas no capítulo em questão, depara-se, em primeiro lugar, com o "contágio venéreo". Já há mais de meio século, o médico francês Desprès postulava que se incluísse tal fato entre as *species* do ilícito penal, como já fazia, aliás, desde 1866, a lei dinamarquesa. Tendo o assunto provocado amplo debate, ninguém mais duvida, atualmente, da legitimidade dessa incriminação. A *doença venérea* é uma *lesão corporal* e de consequências gravíssimas, notadamente quando se trata da sífilis. O mal da contaminação (evento lesivo) não fica circunscrito a uma pessoa determinada. O indivíduo que, sabendo-se portador de moléstia venérea, não se priva do ato sexual, cria conscientemente a possibilidade de um contágio extensivo. Justifica-se, portanto, plenamente, não só a incriminação do fato, como o critério de declarar-se suficiente para a consumação do crime a produção do *perigo* de contaminação. Não há dizer-se que, em grande número de casos, será difícil, senão impossível, a prova da autoria. Quando esta não possa ser averiguada, não haverá ação penal (como acontece, aliás, em relação a qualquer crime); mas a dificuldade de prova não é razão para deixar-se de incriminar um fato gravemente atentatório de um relevante bem jurídico. Nem igualmente se objete que a incriminação legal pode dar ensejo, na prática, a *chantagens* ou especulação extorsiva. A tal objeção responde cabalmente Jimenez de Asúa (O delito de contagio venéreo): "... não devemos esquecer de que a chantagem é possível em muitos outros crimes, que, nem por isso, deixam de figurar nos Códigos. O melhor remédio é punir severamente os chantagistas, como propõem Le Foyer e Fiaux". Ao conceituar o crime de contágio venéreo, o projeto rejeitou a fórmula híbrida do Código italiano (seguida pelo projeto Alcântara), que configura, no caso, um "crime de dano com dolo de perigo". Foi preferida a fórmula do Código dinamarquês: o crime se consuma com o simples fato da exposição a perigo de contágio. O *eventus damni* não é elemento constitutivo do crime, nem é tomado em consideração para o efeito de *maior punibilidade*. O crime é punido não só a título de *dolo de perigo*, como a título de *culpa* (isto é, não só quando o agente sabia achar-se infeccionado, como quando devia sabê-lo pelas circunstâncias). Não se faz enumeração taxativa das moléstias venéreas (segundo a lição científica, são elas a *sífilis*, a *blenorragia*, o *ulcus molle* e o *linfogranuloma inguinal*), pois isso é mais próprio de regulamento sanitário. Segundo dispõe o projeto (que, neste ponto, diverge do seu modelo), a ação penal, na espécie, depende sempre de *representação* (e não apenas no caso em que o ofendido seja cônjuge do agente). Este critério é justificado pelo raciocínio de que, na repressão do crime de que se trata, o *strepitus judicii*, em certos casos, pode ter consequências gravíssimas, em desfavor da própria vítima e de sua família.

45. É especialmente prefigurado, para o efeito de majoração da pena, o caso em que o agente tenha procedido com *intenção de transmitir a moléstia venérea*. É possível que o rigor técnico exigisse a inclusão de tal hipótese no capítulo das *lesões corporais*, desde que seu elemento subjetivo é o *dolo de dano*, mas como se trata, ainda nessa modalidade, de um crime para cuja consumação basta o *dano potencial*, pareceu à Comissão revisora que não havia despropósito em classificar o fato entre os crimes de perigo contra a pessoa. No caso de dolo de dano, a incriminação é extensiva à criação do perigo de contágio de qualquer moléstia grave.

46. No art. 132, é igualmente prevista uma entidade criminal estranha à lei atual: "expor a vida ou saúde de outrem a perigo direto e iminente", não constituindo o fato crime mais grave. Trata-se de um crime de caráter eminentemente *subsidiário*. Não o informa o *animus necandi* ou o *animus laedendi*, mas apenas a consciência e vontade de expor a vítima a grave perigo. O *perigo concreto*, que constitui o seu elemento objetivo, é limitado a determinada pessoa, não se confundindo, portanto, o crime em questão com os de *perigo comum* ou *contra a incolumidade pública*. O exemplo frequente e típico dessa *species* criminal é o caso do empreiteiro que, para poupar-se ao dispêndio com medidas técnicas de prudência, na execução da obra, expõe o operário ao risco de grave acidente. Vem daí que Zurcher, ao defender, na espécie, quando da elaboração do Código Penal suíço, um dispositivo incriminador, dizia que este seria um complemento da legislação trabalhista (*Wir haben geglaubt, dieser Artikel werde einen Teil der Arbeiterschutzgesetzgebung bilden*). Este pensamento muito contribuiu para que se formulasse o art. 132; mas este não visa somente proteger a indenidade do operário, quando em trabalho, senão também a de qualquer outra pessoa. Assim, o crime de que ora se trata não pode deixar de ser reconhecido na ação, por exemplo, de quem dispara uma arma de fogo contra alguém, não sendo atingido o alvo, nem constituindo o fato tentativa de homicídio. Ao definir os crimes de *abandono* (art. 133) e *omissão de socorro* (art. 135), o projeto, diversamente da lei atual, não limita a proteção penal aos menores, mas atendendo ao *ubi eadem ratio, ibi eadem dispositio*, amplia-a aos *incapazes* em geral, aos *enfermos*, *inválidos* e *feridos*.

47. Não contém o projeto dispositivo especial sobre o *duelo*. Sobre tratar-se de um fato inteiramente alheio aos nossos costumes, não há razão convincente para que se veja no homicídio ou ferimento causado em duelo um crime *privilegiado*: com ou sem as *regras cavalheirescas*, a destruição da vida ou lesão da integridade física de um homem não pode merecer transigência alguma do direito penal. Pouco importa o consentimento recíproco dos duelistas, pois, quando estão em jogo *direitos inalienáveis*, o *mutuus consensus* não é causa excludente ou sequer minorativa da pena. O desafio para o duelo e a aceitação dele são, em si mesmos, fatos penalmente indiferentes; mas, se não se exaurem como simples jatância, seguindo-se-lhes efetivamente o duelo, os contendores responderão, conforme o resultado, por *homicídio* (consumado ou tentado) ou *lesão corporal*.

DA RIXA

48. Ainda outra inovação do projeto, em matéria de crimes contra a pessoa, é a incriminação da rixa, por si mesma, isto é, da luta corporal entre várias pessoas. A *ratio essendi* da incriminação é dupla: a rixa concretiza um *perigo* à incolumidade pessoal (e nisto se assemelha aos "crimes de perigo contra a vida e a saúde") e é uma perturbação da ordem e disciplina da convivência civil. A *participação* na rixa é punida independentemente das consequências desta. Se ocorre a morte ou lesão corporal grave de algum dos contendores, dá-se uma *condição de maior punibilidade*, isto é, a pena cominada ao simples fato de participação na rixa é especialmente agravada. A pena cominada à rixa em si mesma é aplicável separadamente da pena correspondente ao resultado lesivo (homicídio ou lesão corporal), mas serão ambas aplicadas cumulativamente (como no caso de concurso material) em relação aos contendores que concorrerem para a produção desse resultado. Segundo se vê do art. 137, *in fine*, a participação na rixa deixará de ser crime se o participante visa apenas separar os contendores. É claro que também não haverá crime se a intervenção constituir *legítima defesa*, própria ou de terceiro.

DOS CRIMES CONTRA A HONRA

49. O projeto cuida dos *crimes contra a honra* somente quando não praticados pela imprensa, pois os chamados "delitos de imprensa" (isto é, os crimes contra honra praticados por meio da imprensa) continuam a ser objeto de legislação especial. São definidos como crimes contra a honra a "calúnia", a "injúria" (compreensiva da *injúria* "por violência ou vias de fato" ou com emprego de meios aviltantes, que a lei atual prevê parcialmente no capítulo das "lesões corporais") e a "difamação" (que, de modalidade da injúria, como na lei vigente, passa a constituir crime autônomo). No tratamento do crime de injúria, foi adotado o critério de que a injusta provocação do ofendido ou a reciprocidade das injúrias, se não exclui a pena, autoriza, entretanto, o juiz, conforme as circunstâncias, a abster-se de aplicá-la, ou no caso de reciprocidade, a aplicá-la somente a um dos injuriadores. A *fides veri* ou *exceptio veritatis* é admitida, para exclusão de crime ou de pena tanto no caso de calúnia (salvo as exceções enumeradas no § 3º do art. 138), quanto no de difamação, mas, neste último caso, somente quando o ofendido é agente ou depositário da autoridade pública e a ofensa se refere ao exercício de suas funções, não se tratando do "Presidente da República, ou chefe de Governo estrangeiro em visita ao país". Exceção feita da "injúria por violência ou vias de fato", quando dela resulte lesão corporal, a ação penal, na espécie, depende de queixa, bastando, porém, simples representação, quando o ofendido e qualquer das pessoas indicadas nos n. I e II do art. 141. Os demais dispositivos coincidem, mais ou menos, com os do direito vigente.

DOS CRIMES CONTRA A LIBERDADE INDIVIDUAL

50. Os crimes contra a liberdade individual são objeto do Capítulo VI do título reservado aos crimes contra a pessoa. Subdividem-se em: *a*) crimes contra a liberdade pessoal; *b*) crimes contra a inviolabilidade do domicílio; *c*) crimes contra a inviolabilidade da correspondência; *d*) crimes contra a inviolabilidade de segredos. O projeto não considera contra a *liberdade individual* os chamados crimes eleitorais: estes, por isso mesmo que afetam a *ordem política*, serão naturalmente insertos, de futuro, no catálogo dos crimes políticos, deixados à legislação especial (art. 360).

DOS CRIMES CONTRA A LIBERDADE PESSOAL

51. O crime de *constrangimento ilegal* é previsto no art. 146, com uma fórmula unitária. Não há indagar, para diverso tratamento penal, se a privação da liberdade de agir foi obtida mediante violência, física ou moral, ou com o emprego de outro qualquer meio, como, por exemplo, se o agente, insidiosamente, faz a vítima ingerir um narcótico. A pena relativa ao constrangimento ilegal, como crime *sui generis*, é sempre a mesma. Se há emprego da *vis corporalis*, com resultado lesivo à pessoa da vítima, dá-se um concurso material de crimes. A pena é especialmente agravada (inovação do projeto), quando, para a execução do crime, se houverem reunido mais de três pessoas ou tiver havido emprego de armas. É expressamente declarado que não constituem o crime em questão o "tratamento médico arbitrário", se justificado por iminente perigo de vida, e a "coação exercida para impedir suicídio". Na conceituação do crime de *ameaça* (art. 147), o projeto diverge, em mais de um ponto, da lei atual. Não é preciso que o "mal prometido" constitua *crime*, bastando que seja *injusto* e *grave*. Não se justifica o critério restritivo do direito vigente, pois a ameaça de um mal injusto e grave, embora penalmente indiferente, pode ser, às vezes, mais intimidante que a ameaça de um crime. Não somente é incriminada a ameaça *verbal* ou *por escrito*, mas, também, a ameaça *real* (isto é, por *gestos*, *v. g.*: apontar uma arma de fogo contra alguém) ou *simbólica* (ex.: afixar à porta da casa de alguém o emblema ou sinal usado por uma associação de criminosos). Os crimes de *cárcere privado* e *sequestro*, salvo sensível majoração da pena, são conceituados como na lei atual. No art. 149, é prevista uma entidade criminal ignorada do Código vigente: o fato de reduzir alguém, por qualquer meio, à condição análoga à de escravo, isto é, suprimir-lhe, de fato, o *status libertatis*, sujeitando-o o agente ao seu completo e discricionário poder. É o crime que os antigos chamavam *plagium*. Não é desconhecida a sua prática entre nós, notadamente em certos pontos remotos do nosso *hinterland*.

DOS CRIMES CONTRA A INVIOLABILIDADE DO DOMICÍLIO

52. Com ligeiras diferenças, os dispositivos referentes ao crime de *violação de domicílio* repetem critérios da lei atual. Do texto do art. 150 se depreende, *a contrario*, que a *entrada na casa alheia ou suas dependências* deixa de constituir crime, não somente quando precede licença *expressa*, mas também quando haja consentimento tácito de quem de direito. É especialmente majorada a pena, se o crime é praticado: *a*) durante a noite; *b*) em lugar despovoado; *c*) com emprego de violência ou de armas; *d*) por duas ou mais pessoas. Para maior elucidação do *conteúdo do crime*, é declarado que a expressão "casa" é compreensiva de "qualquer compartimento habitado", "aposento ocupado de uma habitação coletiva" e "qualquer compartimento, não aberto ao público, onde alguém exerce profissão ou atividade".

DOS CRIMES CONTRA A INVIOLABILIDADE DE CORRESPONDÊNCIA

53. O projeto trata a *violação de correspondência* separadamente da *violação de segredos*, divergindo, assim, do Código atual, que as engloba num mesmo capítulo. A inviolabilidade da correspondência é um interesse que reclama a tutela penal independentemente dos *segredos* acaso confiados por esse meio. Na configuração das modalidades do crime de violação de correspondência, são reproduzidos os preceitos da legislação vigente e acrescentados outros, entre os quais o que incrimina especialmente o fato de abusar da condição de sócio, empregado ou preposto, em estabelecimento comercial ou industrial, desviando, sonegando, subtraindo, suprimindo, no todo ou em parte, correspondência, ou revelando a estranho o seu conteúdo. Salvo nos casos em que seja atingido interesse da administração pública, só se procederá, em relação a qualquer das modalidades do crime, mediante *representação*.

DOS CRIMES CONTRA A INVIOLABILIDADE DOS SEGREDOS

54. Ao incriminar a *violação arbitrária de segredos*, o projeto mantém-se fiel aos "moldes" do Código em vigor, salvo uma ou outra modificação. Deixa à margem da proteção penal somente os segredos obtidos por confidência *oral* e *não necessária*. Não foi seguido o exemplo do Código italiano, que exclui da órbita do ilícito penal até mesmo a violação do segredo obtido por confidência *escrita*. Não é convincente a argumentação de Rocco: "Entre o segredo confiado oralmente e o confiado por escrito não há diferença substancial, e como a violação do segredo oral não constitui crime, nem mesmo quando o confidente se tenha obrigado a não revelá-lo, não se compreende porque a diversidade do meio usado, isto é, o escrito, deva tornar punível o fato". Ora, é indisfarçável a diferença entre divulgar ou revelar a confidência que outrem nos faz verbalmente e a que recebemos por escrito: no primeiro caso, a veracidade da comunicação pode ser posta em dúvida, dada a ausência de comprovação material; ao passo que, no segundo, há um *corpus*, que se impõe à credulidade geral. A traição da confiança, no segundo caso, é evidentemente mais grave do que no primeiro. Diversamente da lei atual, é incriminada tanto a publicação do conteúdo *secreto* de correspondência epistolar, por parte do destinatário, quanto a de qualquer outro *documento particular*, por parte do seu *detentor*, e não somente quando daí advenha efetivo dano a alguém (como na lei vigente), senão também quando haja simples *possibilidade de dano*.

55. Definindo o crime de "violação do segredo profissional", o projeto procura dirimir qualquer incerteza acerca do que sejam *confidentes necessários*. Incorrerá na sanção penal todo aquele que revelar segredo, de que tenha ciência em razão de "função, ministério, ofício ou profissão". Assim, já não poderá ser suscitada, como perante a lei vigente, a dúvida sobre se constitui ilícito penal a quebra do "sigilo do confessionário".

DOS CRIMES CONTRA O PATRIMÔNIO

56. Várias são as inovações introduzidas pelo projeto no setor dos *crimes patrimoniais*. Não se distingue, para diverso tratamento penal, entre o maior ou menor valor da lesão patrimonial; mas, tratando-se de *furto*, *apropriação indébita* ou *estelionato*, quando a coisa subtraída, desviada ou captada é de pequeno valor, e desde que o agente é criminoso primário, pode o juiz substituir a pena de reclusão pela de detenção, diminuí-la de um até dois terços, ou aplicar somente a de multa (arts. 155, § 2º, 170, 171, § 1º). Para afastar qualquer dúvida, é expressamente equiparada à *coisa móvel* e, consequentemente, reconhecida como possível objeto de *furto* a "energia elétrica ou qualquer outra que tenha valor econômico". Toda energia economicamente utilizável é suscetível de incidir no poder de disposição material e exclusiva de um indivíduo (como, por exemplo, a eletricidade, a radioatividade, a energia genética dos reprodutores etc.) pode ser incluída, mesmo do ponto de vista técnico, entre as *coisas móveis*, a cuja regulamentação jurídica, portanto, deve ficar sujeita. Somente quando há emprego de força, grave ameaça ou outro meio tendente a suprimir a resistência pessoal da vítima, passa o furto a ser qualificado *roubo*. No caso de *violência contra a coisa*, bem como quando o crime é praticado com escalada ou *emprego de chaves falsas*, não perde o furto seu *nomen juris*, embora seja especialmente aumentada a pena. Também importa majoração de pena o furto com emprego de destreza ou de *meio fraudulento*, com *abuso de confiança* ou *concurso de duas ou mais pessoas*. O furto com abuso de confiança não deve ser confundido com a *apropriação indébita*, pois nesta a posse direta e desvigiada da coisa é precedentemente concedida ao agente pelo próprio *dominus*. É prevista como *agravante especial* do furto a circunstância de ter sido o crime praticado "durante o período do sossego noturno". A *violência* como elementar do roubo, segundo dispõe o projeto, não é somente a que se emprega para o efeito da *apprehensio* da coisa, mas também a exercida *post factum*, para assegurar o agente, em seu proveito, ou de terceiro, a detenção da coisa subtraída ou a impunidade. São declaradas agravantes especiais do roubo as seguintes circunstâncias: ter sido a violência ou ameaça exercida com armas, o concurso de mais de duas pessoas e achar-se a vítima em serviço de transporte de dinheiro, "conhecendo o agente tal circunstância".

57. A *extorsão* é definida numa fórmula unitária, suficientemente ampla para abranger todos os casos possíveis na prática. Seu tratamento penal é idêntico ao do roubo; mas, se é praticada mediante *sequestro* de pessoa, a pena é sensivelmente aumentada. Se do fato resulta a morte do *sequestrado*, é cominada a mais rigorosa sanção penal do projeto: reclusão por 20 (vinte) a 30 (trinta) anos e multa de vinte a cinquenta contos de réis. Esta excepcional severidade da pena é justificada pelo caráter brutal e alarmante dessa forma de criminalidade nos tempos atuais. É prevista no art. 160, cominando-se-lhe pena de reclusão por 1 (um) a 3 (três) anos e multa de dois a cinco contos de réis, a *extorsão indireta*, isto é, o fato de "exigir ou receber, como garantia de dívida, abusando da situação de alguém, documento que pode dar causa a procedimento criminal contra a vítima ou contra terceiro". Destina-se o novo dispositivo a coibir os torpes e opressivos expedientes a que recorrem, por vezes, os agentes de usura, para garantir-se contra o risco do dinheiro mutuado. São bem conhecidos esses recursos, como, por exemplo, o de induzir o necessitado cliente a assinar um contrato simulado de depósito ou a forjar no título de dívida a firma de algum parente abastado, de modo que, não resgatada a dívida no vencimento, ficará o mutuário sob a pressão da ameaça de um processo por apropriação indébita ou falsidade.

58. Sob a rubrica "Da usurpação", o projeto incrimina certos fatos que a lei penal vigente conhece sob diverso *nomen juris* ou ignora completamente, deixando-os na órbita dos delitos civis. Em quase todas as suas modalidades, a usurpação é uma lesão ao interesse jurídico da inviolabilidade da propriedade imóvel. Assim, a "alteração de limites" (art. 161), a "usurpação de águas" (art. 161, § 1º, I) e o "esbulho possessório", quando praticados com violência a pessoa, ou mediante grave ameaça, ou concurso de mais de duas pessoas (art. 161, § 1º, II). O emprego de violência contra a pessoa, na modalidade da invasão possessória, é condição de punibilidade, mas, se dele resulta outro crime, haverá um concurso material de crimes, aplicando-se, somadas, as respectivas penas (art. 161, § 2º). Também constitui crime de usurpação o fato de suprimir ou alterar marca ou qualquer sinal indicativo de propriedade em gado ou rebanho alheio, para dele se apropriar, no todo ou em parte. Não se confunde esta modalidade de usurpação com o *abigeato*, isto é, o furto de animais: o agente limita-se a empregar um meio fraudulento (supressão ou alteração de marca ou sinal) para irrogar-se a propriedade dos animais. Se esse meio fraudulento é usado para dissimular o anterior furto dos animais, já não se tratará de *usurpação*: o crime continuará com o seu *nomen juris*, isto é, *furto*.

59. Ao cuidar do crime de *dano*, o projeto adota uma fórmula genérica ("destruir, inutilizar ou deteriorar coisa alheia") e, a seguir, prevê agravantes e modalidades especiais do crime. Estas últimas, mais ou menos estranhas à lei vigente, são a "introdução ou abandono de animais em propriedade alheia", o "dano em coisa de valor artístico, arqueológico ou histórico" e a "alteração de local especialmente protegido". Certos fatos que a lei atual considera variantes de dano não figuram, como tais, no projeto. Assim, a destruição de documentos públicos ou particulares (art. 326, e seu parágrafo único, da Consolidação das Leis Penais) passa a constituir crime de falsidade (art. 305 do projeto) ou contra a administração pública (arts. 314 e 356).

60. A *apropriação indébita* (*furtum improprium*) é conceituada, em suas modalidades, da mesma forma que na lei vigente; mas o projeto contém inovações no capítulo reservado a tal crime. A pena (que passa a ser reclusão por um a quatro anos e multa de quinhentos mil-reis a dez contos de réis) é aumentada de um terço, se ocorre infidelidade do agente como depositário necessário ou judicial, tutor, curador, síndico, liquidatário, inventariante ou testamenteiro, ou no desempenho de ofício, emprego ou profissão. Diversamente da lei atual, não figura entre as modalidades da apropriação indébita o *abigeato*, que é, indubitavelmente, um caso de *furtum proprium* e, por isso mesmo, não especialmente previsto no texto do projeto. É especialmente equiparado à apropriação indébita o fato do inventor do tesouro em prédio alheio que retém para si a quota pertencente ao proprietário deste.

61. O *estelionato* é assim definido: "Obter, para si ou para outrem, vantagem ilícita, em prejuízo alheio, induzindo ou mantendo alguém em erro, mediante artifício, ardil ou outro meio fraudulento". Como se vê, o dispositivo corrige em três pontos a fórmula genérica do inciso 5 do art. 338 do Código atual: contempla a hipótese da capitação de vantagem para terceiro, declara que a vantagem deve ser *ilícita* e acentua que a fraude elementar do estelionato não é somente a empregada para induzir alguém em erro, mas também a que serve para manter (fazer subsistir, entreter) um erro preexistente. Com a fórmula do projeto, já não haverá dúvida de que o próprio *silêncio*, quando malicioso ou intencional, acerca do preexistente erro da vítima, constitui *meio fraudulento* característico do estelionato. Entre tais crimes, são incluídos alguns não contemplados na lei em vigor, como, *exempli gratia*, a fraude relativa a seguro contra acidentes (art. 171, § 2º, V) e a "frustração de pagamento de cheques" (art. 171, § 2º, VI). A incriminação deste último fato, de par com a da emissão de cheque sem fundo, resulta do raciocínio de que não há distinguir entre um e outro caso: tão criminoso é aquele que emite cheque sem provisão como aquele que, embora dispondo de fundos em poder do sacado, maliciosamente os retira antes da apresentação do cheque ou, por outro modo, ilude o pagamento, em prejuízo do portador. O "abuso de papel em branco", previsto atualmente como modalidade do estelionato, passa, no projeto, para o setor dos *crimes contra a fé pública* (art. 299).

62. A "duplicata simulada" e o "abuso de incapazes" são previstos em artigos distintos. Como forma especial de fraude patrimonial, é também previsto o fato de "abusar, em proveito próprio ou alheio, da inexperiência ou da simplicidade ou inferioridade mental de outrem, induzindo-o a prática de jogo ou aposta, ou a especulação com títulos ou mercadorias, sabendo ou devendo saber que a operação é ruinosa".

63. Com a rubrica de "fraude no comércio", são incriminados vários fatos que a lei atual não prevê especialmente. Entre eles figura o de "vender, como verdadeira ou perfeita, mercadoria falsificada ou deteriorada", devendo entender-se que tal crime constitui "fraude no comércio" quando não importe crime *contra a saúde pública*, mais severamente punido. São destacadas, para o efeito de grande atenuação da pena, certas fraudes de menor gravidade, como sejam a "usurpação de alimentos" *filouterie d'aliments* ou *grivelerie*, dos franceses; *scrocco*, dos italianos, ou *Zechprellerei*, dos alemães), a pousada em hotel e a utilização de meio de transporte, sabendo o agente ser-lhe impossível efetuar o pagamento. É expressamente declarado que, em tais casos, dadas as circunstâncias, pode o juiz abster-se de aplicação da pena, ou substituí-la por *medida de segurança*. As "fraudes e abusos na fundação e administração das sociedades por ações" (não constituindo qualquer dos fatos *crime contra a economia popular* definido na legislação especial, que continua em vigor) são minuciosamente previstas, afeiçoando-se o projeto à recente lei sobre as ditas sociedades. O projeto absteve-se de tratar dos crimes de *falência*, que deverão ser objeto de legislação especial, já em elaboração. Na sanção relativa à fraudulenta insolvência civil é adotada a alternativa entre a pena privativa de liberdade (detenção) e a pecuniária (multa de quinhentos mil-reis a cinco contos de réis), e a ação penal dependerá de *queixa*.

64. Em capítulo especial, como crime *sui generis* contra o patrimônio, e com pena própria, é prevista a receptação (que o Código vigente, na sua *parte geral*, define como forma de cumplicidade *post factum*, resultando daí, muitas vezes, a aplicação de penas desproporcionadas). O projeto distingue, entre a receptação dolosa e a culposa, que a lei atual injustificadamente equipara. É expressamente declarado que a receptação é punível ainda que não seja conhecido ou passível de pena o autor do crime de que proveio a coisa receptada. Tratando-se de criminoso primário, poderá o juiz, em face das circunstâncias, deixar de aplicar a pena, ou substituí-la por medida de segurança. Os dispositivos do projeto em relação à circunstância de *parentesco* entre os sujeitos ativo e passivo, nos crimes patrimoniais, são mais amplos do que os do direito atual, ficando, porém, explícito que o efeito de tal circunstância não aproveita aos copartícipes do *parente*, assim como não se estende aos casos de *roubo*, *extorsão* e, em geral, aos crimes patrimoniais praticados mediante violência contra a pessoa.

DOS CRIMES CONTRA A PROPRIEDADE IMATERIAL

65. Sob esta rubrica é que o projeto alinha os crimes que o direito atual denomina "crimes contra a propriedade literária, artística, industrial e comercial". São tratados como uma classe autônoma, que se reparte em quatro subclasses: "crimes contra a propriedade intelectual", "crimes contra o privilégio de invenção, "crimes contra as marcas de indústria e comércio" e "crimes de concorrência desleal". Tirante uma ou outra alteração ou divergência, são reproduzidos os critérios e fórmulas da legislação vigente.

DOS CRIMES CONTRA A ORGANIZAÇÃO DO TRABALHO

66. O projeto consagra um título especial aos "crimes contra a organização do trabalho", que o Código atual, sob o rótulo de "crimes contra a liberdade do trabalho", classifica entre os "crimes contra o livre gozo e exercício dos direitos individuais" (isto é, contra a liberdade individual). Este critério de classificação, enjeitado pelo projeto, afeiçoa-se a um postulado da *economia liberal*, atualmente desacreditado, que Zanardelli, ao tempo da elaboração do Código Penal italiano de 1889, assim fixava: "A lei deve deixar que cada um proveja aos próprios interesses pelo modo que melhor lhe pareça, e não pode intervir senão quando a livre ação de uns seja lesiva do direito de outros. Não pode ela vedar aos operários a combinada abstenção de trabalho para atender a um objetivo econômico, e não pode impedir a um industrial que feche, quando lhe aprouver, a sua fábrica ou oficina. O trabalho é uma mercadoria, da qual, como de qualquer outra, se pode dispor à vontade, quando se faça uso do próprio direito sem prejudicar o direito de outrem". A tutela exclusivista da liberdade individual abstraía, assim, ou deixava em plano secundário o interesse da coletividade, o bem geral. A greve, o *lockout*, todos os meios incruentos e pacíficos na luta entre o proletariado e o capitalismo eram permitidos e constituíam mesmo o exercício de líquidos direitos individuais. O que cumpria assegurar, antes de tudo, na esfera econômica, era o livre jogo das iniciativas individuais. Ora, semelhante programa, que uma longa experiência demonstrou errôneo e desastroso, já não é mais viável em face da Constituição de 37. Proclamou esta a legitimidade da intervenção do Estado no domínio econômico, "para suprir as deficiências da iniciativa individual e coordenar os fatores da produção, de maneira a evitar ou resolver os seus conflitos e introduzir no jogo das competições individuais o pensamento do interesse da Nação". Para dirimir as contendas entre o trabalho e o capital, foi instituída a justiça do trabalho, tornando-se incompatível com a nova ordem política o *exercício arbitrário das próprias razões* por parte de empregados e empregadores.

67. A greve e o *lockout* (isto é, a paralisação ou suspensão arbitrária do trabalho pelos operários ou patrões) foram declarados "recursos antissociais, nocivos ao trabalho e ao capital e incompatíveis com os superiores interesses da produção nacional". Já não é admissível uma *liberdade de trabalho* entendida como liberdade de iniciativa de uns sem outro limite que igual liberdade de iniciativa de outros. A proteção jurídica já não é concedida à *liberdade do trabalho*, propriamente, mas a *organização do trabalho*, inspirada não somente na defesa e no ajustamento dos direitos e interesses individuais em jogo, mas também, e principalmente, no sentido superior do *bem comum de todos*. Atentatória, ou não, da liberdade individual, toda ação perturbadora da ordem jurídica, no que concerne ao trabalho, é ilícita e está sujeita a sanções repressivas, sejam de direito administrativo, sejam de direito penal. Daí, o novo critério adotado pelo projeto, isto é, a trasladação dos crimes contra o trabalho, do setor dos crimes contra a liberdade individual para uma classe autônoma, sob a já referida rubrica. Não foram, porém, trazidos para o campo do *ilícito penal* todos os fatos contrários à organização do trabalho: são incriminados, de regra, somente aqueles que se fazem acompanhar da violência ou da *fraude*. Se falta qualquer desses elementos, não passará o fato, salvo poucas exceções, de *ilícito administrativo*. É o ponto de vista já fixado em recente legislação trabalhista. Assim, incidirão em sanção penal o cerceamento do trabalho pela força ou intimidação (art. 197, I), a coação para o fim de greve ou de *lockout* (art. 197, II), a boicotagem violenta (art. 198), o atentado violento contra a liberdade de associação profissional (art. 199), a greve seguida de violência contra a pessoa ou contra a coisa (art. 200), a invasão e arbitrária posse de estabelecimento de trabalho (art. 202, 1ª parte), a sabotagem (art. 202, *in fine*), a frustração, mediante *violência* ou *fraude*, de direitos assegurados por lei trabalhista ou de nacionalização do trabalho (arts. 203 e 204). Os demais crimes contra o trabalho, previstos no projeto, dispensam o elemento violência ou fraude (arts. 201, 205, 206, 207), mas explica-se a exceção: é que eles ou atentam *imediatamente* contra o interesse público, ou *imediatamente* ocasionam uma grave perturbação da ordem econômica. É de notar-se que a suspensão ou abandono coletivo de obra pública ou serviço de interesse coletivo somente constituirá o crime previsto no art. 201 quando praticado por "motivos pertinentes às condições do trabalho", pois, de outro modo, o fato importará o crime definido no art. 18 da Lei de Segurança, que continua em pleno vigor.

DOS CRIMES CONTRA O SENTIMENTO RELIGIOSO E CONTRA O RESPEITO AOS MORTOS

68. São classificados como *species* do mesmo *genus* os "crimes contra o *sentimento religioso*" e os "crimes contra o *respeito aos mortos*". É incontestável a afinidade entre uns e outros. O sentimento religioso e o respeito aos mortos são valores eticossociais que se assemelham. O tributo que se rende aos mortos tem um fundo religioso. Idêntica, em ambos os casos, é a *ratio essendi* da tutela penal. O projeto divorcia-se da lei atual, não só quando deixa de considerar os crimes referentes aos cultos religiosos como subclasse dos crimes contra a liberdade individual (pois o que passa a ser, precipuamente, objeto da proteção penal é a religião como um bem em si mesmo), como quando traz para o catálogo dos *crimes* (lesivos do respeito aos mortos) certos fatos que o Código vigente considera simples *contravenções*, como a *violatio sepulchri* e a profanação de cadáver. Entidades criminais desconhecidas da lei vigente são as previstas nos arts. 209 e 211 do projeto: impedimento ou perturbação de enterro ou cerimônia fúnebre e supressão de cadáver ou de alguma de suas partes.

DOS CRIMES CONTRA OS COSTUMES

69. Sob esta epígrafe, cuida o projeto dos crimes que, de modo geral, podem ser também denominados *sexuais*. São os mesmos crimes que a lei vigente conhece sob a extensa rubrica "Dos crimes contra a segurança da honra e honestidade das famílias e do ultraje público ao pudor". Figuram eles com cinco subclasses, assim intituladas: "Dos crimes contra a liberdade sexual", "Da sedução e da corrupção de menores", "Do rapto", "Do lenocínio e do tráfico de mulheres" e "Do ultraje público ao pudor". O crime de *adultério*, que o Código em vigor contempla entre os crimes sexuais, passa a figurar no setor dos *crimes contra a família*.

70. Entre os crimes *contra a liberdade sexual*, de par com as figuras clássicas do *estupro* e do *atentado violento ao pudor*, são incluídas a "posse sexual mediante fraude" e o "atentado ao pudor mediante fraude". Estas duas entidades criminais, na amplitude com que as conceitua o projeto, são estranhas à lei atual. Perante esta, a *fraude* é um dos *meios morais* do crime de *defloramento*, de que só a mulher menor de 21 (vinte e um) anos e maior de 16 (dezesseis) pode ser sujeito passivo. Segundo o projeto, entretanto, existe crime sempre que, sendo a vítima mulher honesta, haja emprego de meio fraudulento (*v.g.*: simular casamento, substituir-se ao marido na escuridão da alcova). Não importa, para a existência do crime, que a ofendida seja, ou não, maior ou *virgo intacta*. Se da cópula resulta o desvirginamento da ofendida, e esta é menor de 18 (dezoito) anos e maior de 14 (quatorze), a pena é especialmente aumentada. Na identificação dos crimes contra a liberdade sexual é presumida a violência (art. 224) quando a vítima: a) não é maior de 14 (quatorze) anos; b) é alienada ou débil mental, conhecendo o agente esta circunstância, ou c) acha-se em estado de inconsciência (provocado, ou não, pelo agente), ou, por doença ou outra causa, impossibilitada de oferecer resistência. Como se vê, o projeto diverge substancialmente da lei atual: reduz, para o efeito de presunção de violência, o limite de idade da vítima e amplia os casos de tal presunção (a lei vigente presume a violência no caso único de ser a vítima menor de dezesseis anos). Com a redução do limite de idade, o projeto atende a evidência de um fato social contemporâneo, qual seja a precocidade no conhecimento dos fatos sexuais. O fundamento da ficção legal de violência, no caso dos adolescentes, e a *innocentia consilii* do sujeito passivo, ou seja, a sua completa insciência em relação aos fatos sexuais, de modo que não se pode dar valor algum ao seu consentimento. Ora, na época atual, seria abstrair hipocritamente a realidade o negar-se que uma pessoa de 14 (quatorze) anos completos já tem uma noção teórica, bastante exata, dos segredos da vida sexual e do risco que corre se se presta à lascívia de outrem. Estendendo a presunção de violência aos casos em que o sujeito passivo é alienado ou débil mental, o projeto obedece ao raciocínio de que, também aqui, há ausência de consentimento válido, e *ubi eadem ratio, ibi eadem dispositio*. Por outro lado, se a *incapacidade de consentimento* faz presumir a violência, com maioria de razão deve ter o mesmo efeito o estado de inconsciência da vítima ou sua incapacidade de resistência, seja esta resultante de causas mórbidas (enfermidade, grande debilidade orgânica, paralisia etc.), ou de especiais condições físicas (como quando o sujeito passivo é um indefeso aleijado, ou se encontra acidentalmente tolhido de movimentos).

71. *Sedução* é o *nomen juris* que o projeto dá ao crime atualmente denominado *defloramento*. Foi repudiado este título, porque faz supor como imprescindível condição material do crime a ruptura do hímen (*flos virgineum*), quando, na realidade, basta que a cópula seja realizada com mulher *virgem*, ainda que não resulte essa ruptura, como nos casos de complacência himenal. O sujeito passivo da *sedução* é a mulher virgem, maior de 14 (quatorze) e menor de 18 (dezoito) anos. No sistema do projeto, a menoridade, do ponto de vista da proteção penal, termina aos 18 (dezoito) anos. Fica, assim, dirimido o ilogismo em que incide a legislação vigente, que, não obstante reconhecer a *maioridade política* e a *capacidade penal* aos 18 (dezoito) anos completos (Constituição, art. 117, e Código Penal, modificado pelo Código de Menores), continua a pressupor a imaturidade psíquica, em matéria de crimes sexuais, até os 21 (vinte e um) anos. Para que se identifique o crime de *sedução* é necessário que seja praticado "com abuso da inexperiência ou justificável confiança" da ofendida. O projeto não protege a moça que se convencionou chamar *emancipada*, nem tampouco aquela que, não sendo de todo ingênua, se deixa iludir por promessas evidentemente insinceras. Ao ser fixada a fórmula relativa ao crime em questão, partiu-se do pressuposto de que os fatos relativos à vida sexual não constituem na nossa época matéria que esteja subtraída, como no passado, ao conhecimento dos adolescentes de 18 (dezoito) anos completos. A vida, no nosso tempo, pelos seus costumes e pelo seu estilo, permite aos indivíduos surpreender, ainda bem não atingida a maturidade, o que antes era o grande e insondável mistério, cujo conhecimento se reservava apenas aos adultos. Certamente, o direito penal não pode abdicar de sua função ética, para acomodar-se ao afrouxamento dos costumes; mas, no caso de que ora se trata, muito mais eficiente que a ameaça da pena aos sedutores, será a retirada da tutela penal à moça maior de 18 (dezoito) anos, que, assim, se fará mais cautelosa ou menos acessível. Em abono do critério do projeto, acresce que, hoje em dia, dados os nossos costumes e formas de vida, não são raros os casos em que a mulher não é a única vítima da sedução. Já foi dito, com acerto, que "nos crimes sexuais, nunca o homem é tão algoz que não possa ser, também, um pouco vítima, e a mulher nem sempre é a maior e a única vítima dos seus pretendidos infortúnios sexuais" (Filipo Manci, *Delitti sessuali*).

72. Ao configurar o *crime de corrupção de menores*, o projeto não distingue, como faz a lei atual, entre corrupção *efetiva* e corrupção *potencial*: engloba as duas espécies e comina a mesma pena. O meio executivo do crime tanto pode ser a prática do *ato libidinoso* com a vítima (pessoa maior de quatorze e menor de dezoito anos), como o induzimento desta a praticar (ainda que com outrem, mas para a satisfação da lascívia do agente) ou a presenciar ato dessa natureza.

73. O *rapto* para fim libidinoso é conservado entre os crimes sexuais, rejeitado o critério do projeto Sá Pereira, que o trasladava para a classe dos *crimes contra a liberdade*. Nem sempre o meio executivo do rapto é a *violência*. Ainda mesmo se tratando de rapto *violento*, deve-se atender a que, segundo a melhor técnica, o que especializa um crime não é o *meio*, mas o *fim*. No rapto, seja violento, fraudulento ou consensual, o fim do agente é a posse da vítima para fim sexual ou libidinoso. Trata-se de um crime dirigido contra o interesse da organização ético-social da família - interesse que sobreleva o da liberdade pessoal. Seu justo lugar, portanto, e entre os crimes *contra os costumes*. O projeto não se distancia muito da lei atual, no tocante aos dispositivos sobre o rapto. Ao rapto violento ou próprio (*vi aut minis*) é equiparado o rapto *per fraudem* (compreensivo do rapto *per insidias*). No rapto consensual (com ou sem sedução), menos severamente punido, a paciente só pode ser a mulher entre os 14 (quatorze) e 21 (vinte e um) anos (se a raptada é menor de quatorze anos, o rapto se presume violento), conservando-se, aqui, o limite da menoridade civil, de vez que essa modalidade do crime é, principalmente, uma ofensa ao *pátrio poder* ou *autoridade tutelar* (*in parentes vel tutores*). A pena, em qualquer caso, é diminuída de um terço se o crime é praticado para fim de casamento, e da metade, se dá a *restitutio in integrum* da vítima e sua reposição *in loco tuto ac libero*. Se ao rapto se segue outro crime contra a raptada, aplica-se a regra do concurso material. Fica, assim, modificada a lei vigente, segundo a qual, se o crime subsequente é o *defloramento* ou *estupro* (omitida referência a qualquer outro crime sexual), a pena do rapto é aumentada da sexta parte.

74. O projeto reserva um capítulo especial às *disposições comuns* aos crimes sexuais até aqui mencionados. A primeira delas se refere às *formas qualificadas* de tais crimes, isto é, aos casos em que, tendo havido emprego de violência, resulta lesão corporal grave ou a morte da vítima: no primeiro caso, a pena será reclusão por 4 (quatro) a 12 (doze) anos; no segundo, a mesma pena, de 8 (oito) a 20 (vinte) anos. A seguir, vêm os preceitos sobre a *violência ficta*, de que acima já se tratou; sobre a disciplina da ação penal na espécie e sobre *agravantes especiais*. Cumpre notar que uma disposição comum aos crimes em questão não figura na "parte especial", e pois se achou que ficaria melhor colocada no título sobre a *extinção da punibilidade*, da "parte geral": e o que diz respeito ao *subsequens matrimonium* (art. 108, VIII), que, antes ou depois da condenação, exclui a imposição da pena.

75. Ao definir as diversas modalidades do *lenocínio*, o projeto não faz depender o crime de especial *meio executivo*, nem da *habitualidade*, nem do fim de lucro. Se há emprego de violência, intimidação ou fraude, ou se o agente procede *lucri faciendi causa*, a pena é especialmente agravada. Tal como na lei atual, o lenocínio *qualificado* ou *familiar* é mais severamente punido que o lenocínio simples. Na *prestação de local* a encontros para fim libidinoso, é taxativamente declarado que o crime existe independentemente de *mediação direta* do agente para esses encontros ou de *fim de lucro*. São especialmente previstos o *rufianismo alphonsisme*, dos franceses;

mantenutismo, dos italianos; *Zuhälterei*, dos alemães) e o *tráfico de mulheres*. Na configuração do *ultraje público ao pudor*, o projeto excede de muito em previdência a lei atual.

DOS CRIMES CONTRA A FAMÍLIA

76. O título consagrado aos *crimes contra a família* divide-se em quatro capítulos, que correspondem, respectivamente, aos "crimes contra o casamento", "crimes contra o estado de filiação", "crimes contra a assistência familiar" e "crimes contra o pátrio poder, tutela ou curatela". O primeiro entre os *crimes contra o casamento* é a *bigamia* - *nomen juris* que o projeto substitui ao de *poligamia*, usado pela lei atual. Seguindo-se o mesmo critério desta, distingue-se, para o efeito de pena, entre aquele que, sendo casado, contrai novo casamento e aquele que, sendo solteiro, se casa com pessoa que sabe casada. Conforme expressamente dispõe o projeto, o crime de bigamia existe desde que, ao tempo do segundo casamento, estava vigente o primeiro; mas, se este, a seguir, é judicialmente declarado nulo, o crime se extingue, pois que a declaração de nulidade retroage *ex tunc*. Igualmente não subsistirá o crime se vier a ser anulado o segundo casamento, por motivo outro que não o próprio impedimento do matrimônio anterior (pois a bigamia não pode excluir-se a si mesma). Releva advertir que na "parte geral" (art. 111, e) se determina, com inovação da lei atual, que, no crime de bigamia, o prazo de prescrição da ação penal se conta da *data em que o fato se tornou conhecido*.

77. O projeto mantém a incriminação do *adultério*, que passa, porém, a figurar entre os crimes contra a família, na subclasse dos crimes contra o casamento. Não há razão convincente para que se deixe tal fato à margem da lei penal. É incontestável que o adultério ofende um indeclinável interesse de ordem social, qual seja o que diz com a organização ético-jurídica da vida familiar. O exclusivismo da recíproca posse sexual dos cônjuges é condição de disciplina, harmonia e continuidade do núcleo familiar. Se deixasse impune o adultério, o projeto teria mesmo contrariado o preceito constitucional que coloca a família "sob a proteção especial do Estado". Uma notável inovação contém o projeto: para que se configure o adultério do marido, não é necessário que este *tenha* e *mantenha* concubina, bastando, tal como no adultério da mulher, a simples infidelidade conjugal. Outra inovação apresenta o projeto, no tocante ao crime em questão: a pena é sensivelmente diminuída, passando a ser de detenção por 15 (quinze) dias a 6 (seis) meses; é de 1 (um) mês, apenas, o prazo de *decadência do direito de queixa* (e não *prescrição da ação penal*), e este não pode ser exercido pelo cônjuge desquitado ou que consentiu no adultério ou o perdoou expressa ou tacitamente. Além disso, o juiz pode deixar de aplicar a pena, se havia cessado a vida em comum dos cônjuges ou se o querelante havia praticado qualquer dos atos previstos no art. 317 do Código Civil. De par com a bigamia e o adultério, são previstas, no mesmo capítulo, entidades criminais que a lei atual ignora. Passam a constituir ilícito penal os seguintes fatos, até agora deixados impunes ou sujeitos a meras sanções civis: contrair casamento, induzindo em erro essencial o outro contraente, ou ocultando-lhe impedimento que não seja o resultante de casamento anterior (pois, neste caso, o crime será o de bigamia); contrair casamento, conhecendo a existência de impedimento que acarrete sua nulidade absoluta; fingir de autoridade para celebração do casamento e simular casamento. Nestas duas últimas hipóteses, trata-se de crimes *subsidiários*: só serão punidos por si mesmos quando não constituam participação em crime mais grave ou elemento de outro crime.

78. Ao definir os *crimes contra o estado de filiação*, adota o projeto fórmulas substancialmente idênticas às do Código atual, que os conhece sob a rubrica de "parto suposto e outros fingimentos".

79. É reservado um capítulo especial aos "crimes contra a assistência familiar", quase totalmente ignorados da legislação vigente. Seguindo o exemplo dos Códigos e projetos de codificação mais recentes, o projeto faz incidir sob a sanção penal o *abandono de família*. O reconhecimento desta nova *species* criminal é, atualmente, ponto incontroverso. Na "Semana Internacional de Direito", realizada em Paris, no ano de 1937, Ionesco-Doly, o representante da Romênia, fixou, na espécie, com acerto e precisão, a *ratio* da incriminação: "A instituição essencial que é a família atravessa atualmente uma crise bastante grave. Daí, a firme, embora recente, tendência no sentido de uma intervenção do legislador, para substituir as sanções civis, reconhecidamente ineficazes, por sanções penais contra a violação dos deveres jurídicos de assistência que a consciência jurídica universal considera como o assento básico do *status familiae*. Virá isso contribuir para, em complemento de medidas que se revelaram insuficientes para a proteção da família, conjurar um dos aspectos dolorosos da crise por que passa essa instituição. É, de todo em todo, necessário que desapareçam certos fatos profundamente lamentáveis, e desgraçadamente cada vez mais frequentes, como seja o dos maridos que abandonam suas esposas e filhos, deixando-os sem meios de subsistência, ou o dos filhos que desamparam na miséria seus velhos pais enfermos ou inválidos". É certo que a vida social no Brasil não oferece, tão assustadoramente como em outros países, o fenômeno da desintegração e desprestígio da família; mas a sanção penal contra o "abandono de família", inscrita no futuro Código, virá contribuir, entre nós, para atalhar ou prevenir o mal incipiente. Para a conceituação do novo crime, a legislação comparada oferece dois modelos: o francês, demasiadamente restrito, e o italiano, excessivamente amplo. Segundo a lei francesa, o crime de abandono de família é constituído pelo fato de, durante um certo período (três meses consecutivos), deixar o agente de pagar a pensão alimentar decretada por uma decisão judicial passada em julgado. É o chamado *abandono pecuniário*. Muito mais extensa, entretanto, é a fórmula do Código Penal italiano, que foi até a incriminação do *abandono moral*, sem critérios objetivos na delimitação deste. O projeto preferiu a fórmula transacional do chamado *abandono material*. Dois são os métodos adotados na incriminação: um direto, isto é, o crime pode ser identificado diretamente pelo juiz penal, que deverá verificar, ele próprio, se o agente deixou de prestar os *recursos necessários*; outro *indireto*, isto é, o crime existirá automaticamente se, reconhecida pelo juiz do cível a obrigação de alimentos e fixado o seu *quantum* na sentença, deixar o agente de cumpri-la durante 3 (três) meses consecutivos. Não foi, porém, deixado inteiramente à margem o *abandono moral*. Deste cuida o projeto em casos especiais, precisamente definidos, como, aliás, já faz o atual Código de Menores. É até mesmo incriminado o *abandono intelectual*, embora num caso único e restritíssimo (art. 246): deixar, sem justa causa, de ministrar ou fazer ministrar instrução primária a filho em idade escolar. Segundo o projeto, só é punível o abandono *intencional* ou *doloso*, embora não se indague do motivo determinante: se por egoísmo, cupidez, avareza, ódio etc. Foi rejeitado o critério de fazer depender a ação penal de prévia queixa da vítima, pois isso valeria, na prática, por tornar letra morta o preceito penal. Raro seria o caso de queixa de um cônjuge contra o outro, de um filho contra o pai ou de um pai contra o filho. Não se pode deixar de ter em atenção o que Marc Ancel chama *pudor familial*, isto é, o sentimento que inibe o membro de uma família de revelar as faltas de outro, que, apesar dos pesares, continua a merecer o seu respeito e talvez o seu afeto. A pena cominada na espécie é alternativa: detenção ou multa. Além disso, ficará o agente sujeito, na conformidade da regra geral sobre as "penas acessórias" (Capítulo V, do Título V, da Parte Geral), à privação definitiva ou temporária de poderes que, em relação à vítima ou às vítimas, lhe sejam atribuídos pela lei civil, em consequência do *status familiae*. Cuidando dos *crimes contra o pátrio poder, tutela ou curatela*, o projeto limita-se a reivindicar para o futuro Código Penal certos preceitos do atual Código de Menores, apenas ampliados no sentido de abranger na proteção penal, além dos menores de 18 (dezoito) anos, os interditos.

DOS CRIMES CONTRA A INCOLUMIDADE PÚBLICA

80. Sob este título, são catalogados, no projeto, os crimes que a lei atual denomina contra a *tranquilidade pública*. Estão eles distribuídos em três subclasses: *crimes de perigo comum* (isto é, aqueles que, mais nítida ou imediatamente que os das outras subclasses, criam uma situação de perigo de dano a um indefinido número de pessoas), *crimes contra a segurança dos meios de comunicação e transporte e outros serviços públicos* e *crimes contra a saúde pública*. Além de reproduzir, com ligeiras modificações, a lei vigente, o projeto supre omissões desta, configurando novas entidades criminais, tais como: "uso perigoso de gases tóxicos", o "desabamento ou desmoronamento" (isto é, o fato de causar, em prédio próprio ou alheio, desabamento total ou parcial de alguma construção, ou qualquer desmoronamento, expondo a perigo a vida, integridade física ou patrimônio de outrem), "subtração, ocultação ou inutilização de material de salvamento", "difusão de doença ou praga", "periclitação de qualquer meio de transporte público" (a lei atual somente cuida da periclitação de transportes ferroviários ou marítimos, não se referindo, sequer, à do transporte aéreo, que o projeto equipara àqueles), "atentado contra a segurança de serviços de utilidade pública", "provocação de epidemia", "violação de medidas preventivas contra doenças contagiosas" etc. Relativamente às *formas qualificadas* dos crimes em questão, e adotada a seguinte regra geral (art. 258): no caso de dolo, se resulta a alguém lesão corporal de natureza grave, a pena privativa da liberdade é aumentada de metade, e, se resulta morte, é aplicada em dobro; no caso de culpa, se resulta lesão corporal (leve ou grave), as penas são aumentadas de metade e, se resulta morte, é aplicada a de homicídio culposo, aumentada de um terço.

DOS CRIMES CONTRA A PAZ PÚBLICA

81. É esta a denominação que o projeto atribui ao seguinte grupo de crimes: "incitação de crime", "apologia de crime ou criminoso" e "quadrilha ou bando" (isto é, associação de mais de três pessoas para o fim de prática de crimes comuns). É bem de ver que os dispositivos sobre as duas primeiras entidades criminais citadas não abrangem a provocação ou apologia de crimes politico-sociais, que continuarão sendo objeto de legislação especial, segundo dispõe o art. 360.

DOS CRIMES CONTRA A FÉ PUBLICA

82. O título reservado aos *crimes contra a fé pública* divide-se em quatro capítulos, com as seguintes epígrafes "Da moeda falsa", "Da falsidade de títulos e outros papéis públicos", "Da falsidade documental" e "De outras falsidades". Os crimes de *testemunho falso* e *denunciação caluniosa*, que, no Código atual, figuram entre os crimes lesivos da fé pública, passam para o seu verdadeiro lugar, isto é, para o setor dos *crimes contra a administração da justiça* (subclasse dos *crimes contra a administração pública*).

83. Ao configurar as modalidades do *crimen falsi*, o projeto procurou simplificar a lei penal vigente, evitando superfluidades ou redundâncias, e, no mesmo passo, suprir lacunas de que se ressente a mesma lei. À casuística do *falsum* são acrescentados os seguintes fatos: emissão de moeda com título ou peso inferior ao determinado em lei; desvio e antecipada circulação de moeda; reprodução ou adulteração de selos destinados à filatelia; supressão ou ocultação de documentos (que a lei atual prevê como modalidade de *dano*); falsificação do sinal empregado no contraste de metal precioso ou na fiscalização aduaneira ou sanitária, ou para autenticação ou encerramento de determinados objetos, ou comprovação do cumprimento de formalidades legais; substituição de pessoa e falsa identidade (não constituindo tais fatos elemento de crime mais grave). Para dirimir as incertezas que atualmente oferece a identificação da *falsidade ideológica*, foi adotada uma fórmula suficientemente ampla e explícita: "Omitir, em documento público ou particular, declarações que dele deviam constar, ou inserir ou fazer inserir nele declarações falsas ou diversas das que deviam ser escritas, com o fim de prejudicar um direito, criar uma obrigação ou alterar a verdade de fatos juridicamente relevantes".

DOS CRIMES CONTRA A ADMINISTRAÇÃO PÚBLICA

84. Em último lugar, cuida o projeto dos *crimes contra a administração pública*, e repartidos em três subclasses: "crimes praticados por funcionário público contra a administração em geral", "crimes praticados por particular contra a administração em geral" e "crimes contra a administração da justiça". Várias são as inovações introduzidas, no sentido de suprir omissões ou retificar fórmulas da legislação vigente. Entre os fatos incriminados como lesivos do interesse da administração pública, figuram os seguintes, até agora, injustificadamente, deixados à margem da nossa lei penal: emprego irregular de verbas e rendas públicas; advocacia administrativa (isto é, "patrocinar, direta ou indiretamente, interesse privado junto à administração pública, valendo-se da qualidade de funcionário"); violação do sigilo funcional; violação do sigilo de proposta em concorrência pública; exploração de prestígio junto à autoridade administrativa ou judiciária (*venditio fumi*); obstáculo ou fraude contra concorrência ou hasta pública; inutilização de editais ou sinais oficiais de identificação de objetos; motim de presos; falsos avisos de crime ou contravenção; autoacusação falsa; coação no curso de processo judicial; fraude processual; exercício arbitrário das próprias razões; favorecimento *post factum* a criminosos (o que a lei atual só parcialmente incrimina como forma de cumplicidade); tergiversação do procurador judicial; reingresso de estrangeiro expulso.

85. O art. 327 do projeto fixa, para os efeitos penais, a noção de funcionário público: "Considera-se funcionário público, para os efeitos penais, quem, embora transitoriamente ou sem remuneração, exerce cargo, emprego ou função pública". Ao funcionário público é equiparado o empregado de entidades paraestatais. Os conceitos da *concussão*, da *corrupção* (que a lei atual chama *peita* ou *suborno*), da *resistência* e do *desacato* são ampliados. A *concussão* não se limita, como na lei vigente, ao *crimen super exactionis* (de que o projeto cuida em artigo especial), pois consiste, segundo o projeto, em "exigir, para si ou para outrem, direta ou indiretamente, mesmo fora das funções, ou antes de assumi-las, mas em razão delas, qualquer retribuição indevida". A *corrupção* é reconhecível mesmo quando o funcionário não tenha ainda assumido o cargo. Na *resistência*, o sujeito passivo não é exclusivamente o *funcionário público*, mas também qualquer pessoa que lhe esteja, eventualmente, prestando assistência. O *desacato* se verifica não só quando o funcionário se acha no exercício da função (seja, ou não, o ultraje infligido *propter oficium*), senão também quando se acha *extra oficium*, desde que a ofensa seja *propter oficium*.

CONCLUSÃO

86. É este o projeto que tenho a satisfação e a honra de submeter à apreciação de Vossa Excelência. O trabalho de revisão do projeto Alcântara Machado durou justamente 2 (dois) anos. Houve tempo suficiente para exame e meditação da matéria em todas as suas minúcias e complexidades. Da revisão resultou um novo projeto. Não foi este o propósito inicial. O novo projeto não resultou de plano preconcebido; nasceu, naturalmente, à medida que foi progredindo o trabalho de revisão. Isto em nada diminui o valor do projeto revisto. Este constituiu uma etapa útil e necessária à construção do projeto definitivo. A obra legislativa do Governo de Vossa Excelência é, assim, enriquecida com uma nova codificação, que nada fica a dever aos grandes monumentos legislativos promulgados recentemente em outros países. A Nação ficará a dever a Vossa Excelência, dentre tantos que já lhe deve, mais este inestimável serviço à sua cultura. Acredito que, na perspectiva do tempo, a obra de codificação do Governo de Vossa Excelência há de ser lembrada como um dos mais importantes subsídios trazidos pelo seu Governo, que tem sido um governo de unificação nacional, a obra de unidade política e cultural do Brasil. Não devo encerrar esta exposição sem recomendar especialmente a Vossa Excelência todos quantos contribuíram para que pudesse realizar-se a nova codificação penal no Brasil: Dr. Alcântara Machado, Ministro A. J. da Costa e Silva, Dr. Vieira Braga, Dr. Nélson Hungria, Dr. Roberto Lyra, Dr. Narcélio de Queiroz. Não estaria, porém, completa a lista se não acrescentasse o nome do Dr. Abgar Renault, que me prestou os mais valiosos serviços na redação final do projeto. Aproveito o ensejo, Senhor Presidente, para renovar a Vossa Excelência os protestos do meu mais profundo respeito.

Francisco Campos

DECRETO-LEI N. 2.848, DE 07 DE DEZEMBRO DE 1940

Código Penal.

- DOU, 31.12.1940.
- art. 22, I, CF.

O Presidente da República, usando da atribuição que lhe confere o art. 180 da Constituição, decreta a seguinte Lei:

- Refere-se à CF/1937. Arts. 22, I; 84, IV, CF.

PARTE GERAL

- Parte Geral com redação determinada pela Lei 7.209/1984 (DOU, 13.07.1984).

TÍTULO I
DA APLICAÇÃO DA LEI PENAL

Anterioridade da Lei

Art. 1º Não há crime sem lei anterior que o defina. Não há pena sem prévia cominação legal.

- art. 5º, XXXIX, CF.
- art. 2º, CPP.
- art. 61, Lei 9.099/1995 (Lei dos Juizados Especiais).
- art. 9º, Dec. 678/1992 (Promulga a Convenção Americana sobre Direitos Humanos - Pacto de São José da Costa Rica).
- Súm. 722, STF.

Lei penal no tempo

Art. 2º Ninguém pode ser punido por fato que lei posterior deixa de considerar crime, cessando em virtude dela a execução e os efeitos penais da sentença condenatória.

- art. 5º, XXXVI e XL, CF.
- art. 107, III, deste Código.
- art. 2º, CPP.
- art. 66, I, Lei 7.210/1984 (Lei de Execuções Penais).
- art. 9º, Dec. 678/1992 (Promulga a Convenção Americana sobre Direitos Humanos - Pacto de São José da Costa Rica).
- Súm. 611; 711, STF.

Parágrafo único. A lei posterior, que de qualquer modo favorecer o agente, aplica-se aos fatos anteriores, ainda que decididos por sentença condenatória transitada em julgado.

Lei excepcional ou temporária

Art. 3º A lei excepcional ou temporária, embora decorrido o período de sua duração ou cessadas as circunstâncias que a determinaram, aplica-se ao fato praticado durante sua vigência.

Tempo do crime

Art. 4º Considera-se praticado o crime no momento da ação ou omissão, ainda que outro seja o momento do resultado.

- arts. 13 e 111 e ss., CPP.
- Súm. 711, STF.

Territorialidade

Art. 5º Aplica-se a lei brasileira, sem prejuízo de convenções, tratados e regras de direito internacional, ao crime cometido no território nacional.

- arts. 5º, LII, §§ 2º a 4º; 20, VI, CF.
- arts. 1º; 70; 89; 90, CPP.
- art. 2º, Dec.-Lei 3.688/1941 (Lei das Contravenções Penais).
- arts. 81 a 99 Lei 13.445/2017 (Institui a Lei de Migração).
- art. 40, I, Lei 11.343/2006 (Lei Antidrogas).

§ 1º Para os efeitos penais, consideram-se como extensão do território nacional as embarcações e aeronaves brasileiras, de natureza pública ou a serviço do governo brasileiro onde quer que se encontrem, bem como as aeronaves e as embarcações brasileiras, mercantes ou de propriedade privada, que se achem, respectivamente, no espaço aéreo correspondente ou em alto-mar.

§ 2º É também aplicável a lei brasileira aos crimes praticados a bordo de aeronaves ou embarcações estrangeiras de propriedade privada, achando-se aquelas em pouso no território nacional ou em voo no espaço aéreo correspondente, e estas em porto ou mar territorial do Brasil.

Lugar do crime

Art. 6º Considera-se praticado o crime no lugar em que ocorreu a ação ou omissão, no todo ou em parte, bem como onde se produziu ou deveria produzir-se o resultado.

- arts. 70; 71, CPP.
- art. 63, Lei 9.099/1995 (Lei dos Juizados Especiais).

Extraterritorialidade

Art. 7º Ficam sujeitos à lei brasileira, embora cometidos no estrangeiro:

- arts. 1º; 88, CPP.

I - os crimes:

a) contra a vida ou a liberdade do Presidente da República;

b) contra o patrimônio ou a fé pública da União, do Distrito Federal, de Estado, de Território, de Município, de empresa pública, sociedade de economia mista, autarquia ou fundação instituída pelo Poder Público;

- art. 109, IV, CF.

c) contra a administração pública, por quem está a seu serviço;

- arts. 312 a 327, CP.

d) de genocídio, quando o agente for brasileiro ou domiciliado no Brasil;

- art. 1º, Lei 2.889/1956 (Lei do Crime de Genocídio).
- art. 1º, p.u., Lei 8.072/1990 (Lei de Crimes Hediondos).
- art. 6º, Dec. 4.388/2002 (Estatuto de Roma do Tribunal Penal Internacional).

II - os crimes:

a) que, por tratado ou convenção, o Brasil se obrigou a reprimir;

- art. 109, V, CF.

b) praticados por brasileiro;

- art. 12, CF.

c) praticados em aeronaves ou embarcações brasileiras, mercantes ou de propriedade privada, quando em território estrangeiro e aí não sejam julgados.

§ 1º Nos casos do inciso I, o agente é punido segundo a lei brasileira, ainda que absolvido ou condenado no estrangeiro.

§ 2º Nos casos do inciso II, a aplicação da lei brasileira depende do concurso das seguintes condições:

a) entrar o agente no território nacional;

b) ser o fato punível também no país em que foi praticado;

c) estar o crime incluído entre aqueles pelos quais a lei brasileira autoriza a extradição;

- arts. 81 a 99 Lei 13.445/2017 (Institui a Lei de Migração).

d) não ter sido o agente absolvido no estrangeiro ou não ter aí cumprido a pena;

e) não ter sido o agente perdoado no estrangeiro ou, por outro motivo, não estar extinta a punibilidade, segundo a lei mais favorável.

- arts. 107 a 120 deste Código.

§ 3º A lei brasileira aplica-se também ao crime cometido por estrangeiro contra brasileiro fora do Brasil, se, reunidas as condições previstas no parágrafo anterior:

a) não foi pedida ou foi negada a extradição;

b) houve requisição do Ministro da Justiça.

Pena cumprida no estrangeiro

Art. 8º A pena cumprida no estrangeiro atenua a pena imposta no Brasil pelo mesmo crime, quando diversas, ou nela é computada, quando idênticas.

- arts. 42; 116, II, deste Código.
- arts. 787 a 790, CPP.
- Dec. 5.919/2006 (Convenção Interamericana sobre o Cumprimento de Sentenças Penais no Exterior).

Eficácia de sentença estrangeira

Art. 9º A sentença estrangeira, quando a aplicação da lei brasileira produz na espécie as mesmas consequências, pode ser homologada no Brasil para:

- art. 105, I, i, CF.
- arts. 787 a 790, CPP.

‣ Súm. 420, STF.

I - obrigar o condenado à reparação do dano, a restituições e a outros efeitos civis;

‣ arts. 63 a 68, CPP.

II - sujeitá-lo a medida de segurança.

‣ arts. 96 a 99 deste Código.

‣ arts. 171 a 179, Lei 7.210/1984 (Lei de Execuções Penais).

Parágrafo único. A homologação depende:

a) para os efeitos previstos no inciso I, de pedido da parte interessada;

b) para os outros efeitos, da existência de tratado de extradição com o país de cuja autoridade judiciária emanou a sentença, ou, na falta de tratado, de requisição do Ministro da Justiça.

Contagem de prazo

Art. 10. O dia do começo inclui-se no cômputo do prazo. Contam-se os dias, os meses e os anos pelo calendário comum.

‣ art. 798, § 1º, CPP.

Frações não computáveis da pena

Art. 11. Desprezam-se, nas penas privativas de liberdade e nas restritivas de direitos, as frações de dia, e, na pena de multa, as frações de cruzeiro.

Legislação especial

Art. 12. As regras gerais deste Código aplicam-se aos fatos incriminados por lei especial, se esta não dispuser de modo diverso.

‣ art. 2º, Lei 7.209/1984 ((Altera a Parte Geral do CP).

‣ art. 1º, Lei 3.688/1941 (Lei das Contravenções Penais).

‣ Súm. 171, STJ.

TÍTULO II
DO CRIME

Relação de causalidade

Art. 13. O resultado, de que depende a existência do crime, somente é imputável a quem lhe deu causa. Considera-se causa a ação ou omissão sem a qual o resultado não teria ocorrido.

‣ art. 19 deste Código.

Superveniência de causa independente

§ 1º A superveniência de causa relativamente independente exclui a imputação quando, por si só, produziu o resultado; os fatos anteriores, entretanto, imputam-se a quem os praticou.

Relevância da omissão

§ 2º A omissão é penalmente relevante quando o omitente devia e podia agir para evitar o resultado. O dever de agir incumbe a quem:

a) tenha por lei obrigação de cuidado, proteção ou vigilância;

b) de outra forma, assumiu a responsabilidade de impedir o resultado;

c) com seu comportamento anterior, criou o risco da ocorrência do resultado.

Art. 14. Diz-se o crime:

Crime consumado

I - consumado, quando nele se reúnem todos os elementos de sua definição legal;

‣ art. 111, I, deste Código.

‣ Súm. Vinc. 24, STF.

‣ Súm. 696, STF.

‣ Súm. 96, STJ.

Tentativa

II - tentado, quando, iniciada a execução, não se consuma por circunstâncias alheias à vontade do agente.

‣ art. 111, II, deste Código.

‣ art. 70, CPP.

‣ art. 4º, Lei 3.688/1941 (Lei das Contravenções Penais).

‣ Súm. 567, STJ.

Pena de tentativa

Parágrafo único. Salvo disposição em contrário, pune-se a tentativa com a pena correspondente ao crime consumado, diminuída de um a dois terços.

Desistência voluntária e arrependimento eficaz

Art. 15. O agente que, voluntariamente, desiste de prosseguir na execução ou impede que o resultado se produza, só responde pelos atos já praticados.

Arrependimento posterior

Art. 16. Nos crimes cometidos sem violência ou grave ameaça à pessoa, reparado o dano ou restituída a coisa, até o recebimento da denúncia ou da queixa, por ato voluntário do agente, a pena será reduzida de um a dois terços.

‣ arts. 65, III, b; 312, § 3º, deste Código.

‣ Súm. 554, STF.

Crime impossível

Art. 17. Não se pune a tentativa quando, por ineficácia absoluta do meio ou por absoluta impropriedade do objeto, é impossível consumar-se o crime.

‣ arts. 386, III; 397, III; 415, III; 626, CPP.

‣ Súm. 145, STF.

‣ Súm. 567, STJ.

Art. 18. Diz-se o crime:

‣ art. 3º, Dec.-Lei 3.688/1941 (Lei das Contravenções Penais).

Crime doloso

I - doloso, quando o agente quis o resultado ou assumiu o risco de produzi-lo;

Crime culposo

II - culposo, quando o agente deu causa ao resultado por imprudência, negligência ou imperícia.

Parágrafo único. Salvo os casos expressos em lei, ninguém pode ser punido por fato previsto como crime, senão quando o pratica dolosamente.

Agravação pelo resultado

Art. 19. Pelo resultado que agrava especialmente a pena, só responde o agente que o houver causado ao menos culposamente.

Erro sobre elementos do tipo

Art. 20. O erro sobre elemento constitutivo do tipo legal de crime exclui o dolo, mas permite a punição por crime culposo, se previsto em lei.

‣ arts. 386, III; 397, III; 415, III; 626, CPP.

Descriminantes putativas

§ 1º É isento de pena quem, por erro plenamente justificado pelas circunstâncias, supõe situação de fato que, se existisse, tornaria a ação legítima. Não há isenção de pena quando o erro deriva de culpa e o fato é punível como crime culposo.

‣ arts. 23 a 25, deste Código.

‣ arts. 386, III e VI; 397, III; 415, III; e 626, CPP.

Erro determinado por terceiro

§ 2º Responde pelo crime o terceiro que determina o erro.

Erro sobre a pessoa

§ 3º O erro quanto à pessoa contra a qual o crime é praticado não isenta de pena. Não se consideram, neste caso, as condições ou qualidades da vítima, senão as da pessoa contra quem o agente queria praticar o crime.

‣ arts. 73; 74 deste Código.

Erro sobre a ilicitude do fato

Art. 21. O desconhecimento da lei é inescusável. O erro sobre a ilicitude do fato, se inevitável, isenta de pena; se evitável, poderá diminuí-la de um sexto a um terço.

‣ art. 65, II, deste Código.

‣ arts. 386, VI; 397, II; 415, IV; 626, CPP.

‣ art. 8º, Lei 3.688/1941 (Lei das Contravenções Penais).

Parágrafo único. Considera-se evitável o erro se o agente atua ou se omite sem a consciência da ilicitude do fato, quando lhe era possível, nas circunstâncias, ter ou atingir essa consciência.

Coação irresistível e obediência hierárquica

Art. 22. Se o fato é cometido sob coação irresistível ou em estrita obediência à ordem, não manifestamente ilegal, de superior hierárquico, só é punível o autor da coação ou da ordem.

‣ arts. 65, III, c; 146 deste Código.

‣ art. 1º, b, Lei 9.455/1997 (Lei de Tortura).

Exclusão de ilicitude

Art. 23. Não há crime quando o agente pratica o fato:

‣ arts. 65; 314 CPP.

‣ art. 188, I, CC/2002.

I - em estado de necessidade;

II - em legítima defesa;

‣ art. 188, CC.

III - em estrito cumprimento de dever legal ou no exercício regular de direito.

‣ Art. 386, VI, CPP.

Excesso punível

Parágrafo único. O agente, em qualquer das hipóteses deste artigo, responderá pelo excesso doloso ou culposo.

Estado de necessidade

Art. 24. Considera-se em estado de necessidade quem pratica o fato para salvar de perigo atual, que não provocou por sua vontade, nem podia de outro modo evitar, direito próprio ou alheio, cujo sacrifício, nas circunstâncias, não era razoável exigir-se.

- arts. 65; 314, CPP.

§ 1º Não pode alegar estado de necessidade quem tinha o dever legal de enfrentar o perigo.

- art. 13, § 2º, deste Código.

§ 2º Embora seja razoável exigir-se o sacrifício do direito ameaçado, a pena poderá ser reduzida de um a dois terços.

Legítima defesa

Art. 25. Entende-se em legítima defesa quem, usando moderadamente dos meios necessários, repele injusta agressão, atual ou iminente, a direito seu ou de outrem.

- Art. 65; 314 CPP.

Parágrafo único. Observados os requisitos previstos no *caput* deste artigo, considera-se também em legítima defesa o agente de segurança pública que repele agressão ou risco de agressão a vítima mantida refém durante a prática de crimes. (Incluído pela Lei 13.964/2019)

TÍTULO III
DA IMPUTABILIDADE PENAL

Inimputáveis

Art. 26. É isento de pena o agente que, por doença mental ou desenvolvimento mental incompleto ou retardado, era, ao tempo da ação ou da omissão, inteiramente incapaz de entender o caráter ilícito do fato ou de determinar-se de acordo com esse entendimento.

- arts. 96 a 99 deste Código.
- arts. 149 a 154; 386, VI; e 415, CPP.
- arts. 175 a 179, Lei 7.210/1984 (Lei de Execuções Penais).
- Lei 10.216/2001 (Dispõe sobre a proteção e os direitos das pessoas portadoras de transtornos mentais e redireciona o modelo assistencial em saúde mental).
- art. 45, Lei 11.343/2006 (Lei Antidrogas).

Redução de pena

Parágrafo único. A pena pode ser reduzida de um a dois terços, se o agente, em virtude de perturbação de saúde mental ou por desenvolvimento mental incompleto ou retardado não era inteiramente capaz de entender o caráter ilícito do fato ou de determinar-se de acordo com esse entendimento.

- art. 46, Lei 11.343/2006 (Lei Antidrogas).

Menores de dezoito anos

Art. 27. Os menores de 18 (dezoito) anos são penalmente inimputáveis, ficando sujeitos às normas estabelecidas na legislação especial.

- art. 228, CF.
- art. 5º, CC/2002.
- art. 104, Lei 8.069/1990 (ECA).
- Súm. 605, STJ.

Emoção e paixão

Art. 28. Não excluem a imputabilidade penal:

I - a emoção ou a paixão;

- arts. 65, III, c; 121, § 1º, deste Código.

Embriaguez

II - a embriaguez, voluntária ou culposa, pelo álcool ou substância de efeitos análogos.

- art. 61, II, l, deste Código.
- arts. 62 e 63, Lei 3.688/1941 (Lei das Contravenções Penais).

§ 1º É isento de pena o agente que, por embriaguez completa, proveniente de caso fortuito ou força maior, era, ao tempo da ação ou da omissão, inteiramente incapaz de entender o caráter ilícito do fato ou de determinar-se de acordo com esse entendimento.

- arts. 386, VI, CPP.
- art. 45, Lei 11.343/2006 (Lei Antidrogas).

§ 2º A pena pode ser reduzida de um a dois terços, se o agente, por embriaguez, proveniente de caso fortuito ou força maior, não possuía, ao tempo da ação ou da omissão, a plena capacidade de entender o caráter ilícito do fato ou de determinar-se de acordo com esse entendimento.

- art. 46, Lei 11.343/2006 (Lei Antidrogas).

TÍTULO IV
DO CONCURSO DE PESSOAS

Art. 29. Quem, de qualquer modo, concorre para o crime incide nas penas a este cominadas, na medida de sua culpabilidade.

- arts. 106, I; 117, § 1º, deste Código.
- arts. 77, I; 580, CPP.
- art. 75, CDC.
- art. 168, § 3º, Lei 11.101/2005 (Lei de Recuperação de Empresas e Falência).

§ 1º Se a participação for de menor importância, a pena pode ser diminuída de um sexto a um terço.

§ 2º Se algum dos concorrentes quis participar de crime menos grave, ser-lhe-á aplicada a pena deste; essa pena será aumentada até metade, na hipótese de ter sido previsível o resultado mais grave.

Circunstâncias incomunicáveis

Art. 30. Não se comunicam as circunstâncias e as condições de caráter pessoal, salvo quando elementares do crime.

Casos de impunibilidade

Art. 31. O ajuste, a determinação ou instigação e o auxílio, salvo disposição expressa em contrário, não são puníveis, se o crime não chega, pelo menos, a ser tentado.

- art. 122 deste Código.
- arts. 549; 555, CPP.

TÍTULO V
DAS PENAS

CAPÍTULO I
DAS ESPÉCIES DE PENA

Art. 32. As penas são:

- art. 5º, XLV a L, LXVII; 84, XII, CF.
- art. 5º, Dec.-Lei 3.688/1941 (Lei das Contravenções Penais).
- Lei 7.210/1984 (Lei de Execuções Penais).
- art. 62, Lei 9.099/1995 (Lei dos Juizados Especiais).

I - privativas de liberdade;

II - restritivas de direitos;

III - de multa.

- art. 2º, Lei 7.209/1984 (Altera a Parte Geral do CP).

SEÇÃO I
DAS PENAS PRIVATIVAS DE LIBERDADE

Reclusão e detenção

Art. 33. A pena de reclusão deve ser cumprida em regime fechado, semiaberto ou aberto. A de detenção, em regime semiaberto, ou aberto, salvo necessidade de transferência a regime fechado.

- art. 5º, XLVIII, CF.
- art. 387, § 2º, CPP.
- arts. 105 a 146; 180, Lei 7.210/1984 (Lei de Execuções Penais).

§ 1º Considera-se:

a) regime fechado a execução da pena em estabelecimento de segurança máxima ou média;

- arts. 87 a 90, Lei 7.210/1984 (Lei de Execuções Penais).
- arts. 2º; 3º, Lei 8.072/1990 (Lei de Crimes Hediondos).

b) regime semiaberto a execução da pena em colônia agrícola, industrial ou estabelecimento similar;

- arts. 91; 92, Lei 7.210/1984 (Lei de Execuções Penais).

c) regime aberto a execução da pena em casa de albergado ou estabelecimento adequado.

- arts. 93 a 95, Lei 7.210/1984 (Lei de Execuções Penais).

§ 2º As penas privativas de liberdade deverão ser executadas em forma progressiva, segundo o mérito do condenado, observados os seguintes critérios e ressalvadas as hipóteses de transferência a regime mais rigoroso:

- Súm. 718; 719, STF.
- Súm. 269; 440, STJ.

a) o condenado a pena superior a 8 (oito) anos deverá começar a cumpri-la em regime fechado;

b) o condenado não reincidente, cuja pena seja superior a 4 (quatro) anos e não exceda a 8 (oito), poderá, desde o princípio, cumpri-la em regime semiaberto;

c) o condenado não reincidente, cuja pena seja igual ou inferior a 4 (quatro) anos, poderá, desde o início, cumpri-la em regime aberto.

§ 3º A determinação do regime inicial de cumprimento da pena far-se-á com observância dos critérios previstos no art. 59 deste Código.

- arts. 93 a 95; 110 a 119, Lei 7.210/1984 (Lei de Execuções Penais).
- art. 2º, § 1º, Lei 8.072/1990 (Lei dos Crimes Hediondos).
- Súm. Vinc. 26, STF.
- Súm. 718; 719, STF.
- Súm. 269; 440, STJ.

§ 4º O condenado por crime contra a administração pública terá a progressão de regime do cumprimento da pena condicionada à reparação do dano que causou, ou à devolução do produto do ilícito praticado, com os acréscimos legais. (Incluído pela Lei 10.763/2003.)

- arts. 312 a 327 deste Código.

Regras do regime fechado

Art. 34. O condenado será submetido, no início do cumprimento da pena, a exame criminológico de classificação para individualização da execução.

- arts. 5º a 9º; 28, § 2º; 31, p.u.; 87 a 90; 200, Lei 7.210/1984 (Lei de Execuções Penais).
- Súm. 40; 439, STJ.

§ 1º O condenado fica sujeito a trabalho no período diurno e a isolamento durante o repouso noturno.

- arts. 31 a 35; 129 a 129, Lei 7.210/1984 (Lei de Execuções Penais).

§ 2º O trabalho será em comum dentro do estabelecimento, na conformidade das aptidões ou ocupações anteriores do condenado, desde que compatíveis com a execução da pena.

§ 3º O trabalho externo é admissível, no regime fechado, em serviços ou obras públicas.

- arts. 36; 37, Lei 7.210/1984 (Lei de Execuções Penais).

Regras do regime semiaberto

Art. 35. Aplica-se a norma do art. 34 deste Código, *caput*, ao condenado que inicie o cumprimento da pena em regime semiaberto.

- arts. 91; 92, Lei 7.210/1984 (Lei de Execuções Penais).

§ 1º O condenado fica sujeito a trabalho em comum durante o período diurno, em colônia agrícola, industrial ou estabelecimento similar.

- arts. 31 a 35; 126 a 129, Lei 7.210/1984 (Lei de Execuções Penais).

§ 2º O trabalho externo é admissível, bem como a frequência a cursos supletivos profissionalizantes, de instrução de segundo grau ou superior.

- arts. 36; 37; 122, II; 124, § 2º, Lei 7.210/1984 (Lei de Execuções Penais).
- Súm. 341, STJ.

Regras do regime aberto

Art. 36. O regime aberto baseia-se na autodisciplina e senso de responsabilidade do condenado.

- arts. 93 a 95; 113 a 119, Lei 7.210/1984 (Lei de Execuções Penais).

§ 1º O condenado deverá, fora do estabelecimento e sem vigilância, trabalhar, frequentar curso ou exercer outra atividade autorizada, permanecendo recolhido durante o período noturno e nos dias de folga.

§ 2º O condenado será transferido do regime aberto, se praticar fato definido como crime doloso, se frustrar os fins da execução ou se, podendo, não pagar a multa cumulativamente aplicada.

- art. 51 deste Código.
- art. 118, Lei 7.210/1984 (Lei de Execuções Penais).

Regime especial

Art. 37. As mulheres cumprem pena em estabelecimento próprio, observando-se os deveres e direitos inerentes à sua condição pessoal, bem como, no que couber, o disposto neste Capítulo.

- art. 5º, XLVIII e L, CF.
- arts. 83; 89, Lei 7.210/1984 (Lei de Execuções Penais).

Direitos do preso

Art. 38. O preso conserva todos os direitos não atingidos pela perda da liberdade, impondo-se a todas as autoridades o respeito à sua integridade física e moral.

- art. 5º, XLIX, CF.
- arts. 3º, 40 a 43, Lei 7.210/1984 (Lei de Execuções Penais).
- Lei 13.869/2019 (Lei de Abuso de Autoridade).

Trabalho do preso

Art. 39. O trabalho do preso será sempre remunerado, sendo-lhe garantidos os benefícios da Previdência Social.

- art. 201, I, CF.
- arts. 28 a 37; 126 a 129, Lei 7.210/1984 (Lei de Execuções Penais).
- art. 80, Lei 8.213/1991 (Planos de Benefício da Previdência Social).
- arts. 116 a 119, Dec. 3.048/1999 (Regulamento da Previdência Social)

Legislação especial

Art. 40. A legislação especial regulará a matéria prevista nos arts. 38 e 39 deste Código, bem como especificará os deveres e direitos do preso, os critérios para revogação e transferência dos regimes e estabelecerá as infrações disciplinares e correspondentes sanções.

- art. 24, I, CF;
- arts. 38 a 60; 110 a 119, Lei 7.210/1984 (Lei de Execuções Penais).

Superveniência de doença mental

Art. 41. O condenado a quem sobrevém doença mental deve ser recolhido a hospital de custódia e tratamento psiquiátrico ou, à falta, a outro estabelecimento adequado.

- art. 26 deste Código.
- art. 154, CPP.
- arts. 99 a 101; 183, Lei 7.210/1984 (Lei de Execuções Penais).

Detração

Art. 42. Computam-se, na pena privativa de liberdade e na medida de segurança, o tempo de prisão provisória, no Brasil ou no estrangeiro, o de prisão administrativa e o de internação em qualquer dos estabelecimentos referidos no artigo anterior.

- art. 8º deste Código.
- arts. 301 a 316; 387, § 2º, CPP.
- art. 111, Lei 7.210/1984 (Lei de Execuções Penais).
- Lei 7.960/1989 (Prisão temporária).

SEÇÃO II
DAS PENAS RESTRITIVAS DE DIREITOS

Penas restritivas de direitos

Art. 43. As penas restritivas de direitos são: (Redação dada pela Lei 9.714/1998.)

- art. 78, CDC.
- arts. 48; 147 a 155, Lei 7.210/1984 (Lei de Execuções Penais).
- art. 41-B, § 2º, Lei 10.671/2003 (Estatuto do Torcedor).
- art. 28, Lei 11.343/2006 (Lei Antidrogas).

I - prestação pecuniária; (Incluído pela Lei 9.714/1998.)

- art. 45, §§ 1º e 2º, deste Código.
- art. 17, Lei 11.340/2006 (Lei Maria da Penha).

II - perda de bens e valores; (Incluído pela Lei 9.714/1998.)

- art. 45, § 3º, deste Código.

III - (Vetado.) (Acrescentado pela Lei 9.714/1998.)

IV - prestação de serviço à comunidade ou a entidades públicas; (Acrescentado pela Lei 9.714/1998.)

- art. 46 deste Código.

V - interdição temporária de direitos; (Acrescentado pela Lei 9.714/1998.)

- art. 47 deste Código.
- arts. 154; 155, Lei 7.210/1984 (Lei de Execuções Penais).

VI - limitação de fim de semana. (Acrescentado pela Lei 9.714/1998.)

- art. 48 deste Código.
- arts. 151 a 153, Lei 7.210/1984 (Lei de Execuções Penais).

Art. 44. As penas restritivas de direitos são autônomas e substituem as privativas de liberdade, quando: (Redação dada pela Lei 9.714/1998.)

- arts. 69, § 1º; e 77, III, deste Código.
- Súm. 493, STJ.

I - aplicada pena privativa de liberdade não superior a quatro anos e o crime não for cometido com violência ou grave ameaça à pessoa ou, qualquer que seja a pena aplicada, se o crime for culposo; (Redação dada pela Lei 9.714/1998.)

- art. 312-B, CTB.
- Súm. 588, do STJ.

II - o réu não for reincidente em crime doloso; (Redação dada pela Lei 9.714/1998.)

III - a culpabilidade, os antecedentes, a conduta social e a personalidade do condenado, bem como os motivos e as circunstâncias indicarem que essa substituição seja suficiente. (Redação dada pela Lei 9.714/1998.)

- art. 59 deste Código.

§ 1º (Vetado.)

§ 2º Na condenação igual ou inferior a um ano, a substituição pode ser feita por multa ou por uma pena restritiva de direitos; se superior a um ano, a pena privativa de liberdade pode ser substituída por uma pena restritiva de direitos e multa ou por duas restritivas de direitos. (Incluído pela Lei 9.714/1998.)

- Súm. 171, STJ.

§ 3º Se o condenado for reincidente, o juiz poderá aplicar a substituição, desde que, em face de condenação anterior, a medida seja socialmente recomendável e a reincidência não se tenha operado em virtude da prática do mesmo crime. (Incluído pela Lei 9.714/1998.)

§ 4º A pena restritiva de direitos converte-se em privativa de liberdade quando ocorrer o descumprimento injustificado da restrição imposta. No cálculo da pena privativa de liberdade a executar será deduzido o tempo cumprido da pena restritiva de direitos, respeitado o saldo mínimo de trinta dias de detenção ou reclusão. (Incluído pela Lei 9.714/1998.)

‣ art. 11 deste Código.

§ 5º Sobrevindo condenação à pena privativa de liberdade, por outro crime, o juiz da execução penal decidirá sobre a conversão, podendo deixar de aplicá-la se for possível ao condenado cumprir a pena substitutiva anterior. (Incluído pela Lei 9.714/1998.)

Conversão das penas restritivas de direitos

‣ art. 44, §§ 4º e 5º, CP.

Art. 45. Na aplicação da substituição prevista no artigo anterior, proceder-se-á na forma deste e dos arts. 46, 47 e 48. (Redação dada pela Lei 9.714/1998.)

‣ art. 181, Lei 7.210/1984 (Lei de Execuções Penais).

§ 1º A prestação pecuniária consiste no pagamento em dinheiro à vítima, a seus dependentes ou a entidade pública ou privada com destinação social, de importância fixada pelo juiz, não inferior a 1 (um) salário-mínimo nem superior a 360 (trezentos e sessenta) salários-mínimos. O valor pago será deduzido do montante de eventual condenação em ação de reparação civil, se coincidentes os beneficiários. (Incluído pela Lei 9.714/1998.)

‣ art. 91, I, deste Código.
‣ arts. 63 a 68, CPP.

§ 2º No caso do parágrafo anterior, se houver aceitação do beneficiário, a prestação pecuniária pode consistir em prestação de outra natureza. (Incluído pela Lei 9.714/1998.)

§ 3º A perda de bens e valores pertencentes aos condenados dar-se-á, ressalvada a legislação especial, em favor do Fundo Penitenciário Nacional, e seu valor terá como teto - o que for maior - o montante do prejuízo causado ou do provento obtido pelo agente ou por terceiro, em consequência da prática do crime. (Incluído pela Lei 9.714/1998.)

§ 4º (Vetado.) (Incluído pela Lei 9.714/1998.)

Prestação de serviços à comunidade ou a entidades públicas

Art. 46. A prestação de serviços à comunidade ou a entidades públicas é aplicável às condenações superiores a seis meses de privação da liberdade. (Redação dada pela Lei 9.714/1998.)

‣ art. 5º, XLVI, d, CF.
‣ art. 78, § 1º, deste Código.
‣ arts. 149; 150 Lei 7.210/1984 (Lei de Execuções Penais).

§ 1º A prestação de serviços à comunidade ou a entidades públicas consiste na atribuição de tarefas gratuitas ao condenado. (Incluído pela Lei 9.714/1998.)

§ 2º A prestação de serviço à comunidade dar-se-á em entidades assistenciais, hospitais, escolas, orfanatos e outros estabelecimentos congêneres, em programas comunitários ou estatais. (Incluído pela Lei 9.714/1998.)

§ 3º As tarefas a que se refere o § 1º serão atribuídas conforme as aptidões do condenado, devendo ser cumpridas à razão de uma hora de tarefa por dia de condenação, fixadas de modo a não prejudicar a jornada normal de trabalho. (Incluído pela Lei 9.714/1998.)

§ 4º Se a pena substituída for superior a um ano, é facultado ao condenado cumprir a pena substitutiva em menor tempo (art. 55), nunca inferior à metade da pena privativa de liberdade fixada. (Incluído pela Lei 9.714/1998.)

Interdição temporária de direitos

Art. 47. As penas de interdição temporária de direitos são:

‣ arts. 5º, XLVI, e, CF.
‣ art. 2º, Lei 1.079/1950 (Define os crimes de responsabilidade e regula o respectivo processo de julgamento).
‣ art. 78, I, CDC.
‣ art. 181, Lei 11.101/2005 (Lei de Recuperação de Empresas e Falência).

I - proibição do exercício de cargo, função ou atividade pública, bem como de mandato eletivo;

‣ arts. 154; 155, Lei 7.210/1984 (Lei de Execuções Penais).

II - proibição do exercício de profissão, atividade ou ofício que dependam de habilitação especial, de licença ou autorização do Poder Público;

III - suspensão de autorização ou de habilitação para dirigir veículo.

‣ art. 57 deste Código.

IV - proibição de frequentar determinados lugares. (Incluído pela Lei 9.714/1998.)

‣ arts. 5º, XLVI; 15, III, CF.
‣ art. 45 deste Código.

V - proibição de inscrever-se em concurso, avaliação ou exame públicos. (Incluído pela Lei 12.550/2011.)

Limitação de fim de semana

Art. 48. A limitação de fim de semana consiste na obrigação de permanecer, aos sábados e domingos, por 5 (cinco) horas diárias, em casa de albergado ou outro estabelecimento adequado.

‣ art. 5º, XLVI, e, CF.
‣ art. 78, § 1º, deste Código.
‣ arts. 93 a 95; 151 a 153; 158; 181, Lei 7.210/1984 (Lei de Execuções Penais).

Parágrafo único. Durante a permanência poderão ser ministrados ao condenado cursos e palestras ou atribuídas atividades educativas.

‣ art. 152, Lei 7.210/1984 (Lei de Execuções Penais).

SEÇÃO III
DA PENA DE MULTA

Multa

Art. 49. A pena de multa consiste no pagamento ao fundo penitenciário da quantia fixada na sentença e calculada em dias-multa. Será, no mínimo, de 10 (dez) e, no máximo, de 360 (trezentos e sessenta) dias-multa.

‣ art. 5º, XLVI, c, CF.
‣ arts. 164 a 170, Lei 7.210/1984 (Lei de Execuções Penais).
‣ Súm. 693, STF.

§ 1º O valor do dia-multa será fixado pelo juiz não podendo ser inferior a um trigésimo do maior salário-mínimo mensal vigente ao tempo do fato, nem superior a 5 (cinco) vezes esse salário.

‣ art. 33, Lei 7.492/1986 (Lei dos Crimes Contra o Sistema Financeiro Nacional).

§ 2º O valor da multa será atualizado, quando da execução, pelos índices de correção monetária.

‣ art. 99, Lei 8.666/1993 (Lei de Licitações e Contratos Administrativos).

Pagamento da multa

Art. 50. A multa deve ser paga dentro de 10 (dez) dias depois de transitada em julgado a sentença. A requerimento do condenado e conforme as circunstâncias, o juiz pode permitir que o pagamento se realize em parcelas mensais.

‣ arts. 168 a 170, Lei 7.210/1984 (Lei de Execuções Penais).

§ 1º A cobrança da multa pode efetuar-se mediante desconto no vencimento ou salário do condenado quando:

a) aplicada isoladamente;

b) aplicada cumulativamente com pena restritiva de direitos;

c) concedida a suspensão condicional da pena.

§ 2º O desconto não deve incidir sobre os recursos indispensáveis ao sustento do condenado e de sua família.

Modo de conversão

Art. 51. Transitada em julgado a sentença condenatória, a multa será executada perante o juiz da execução penal e será considerada dívida de valor, aplicáveis as normas relativas à dívida ativa da Fazenda Pública, inclusive no que concerne às causas interruptivas e suspensivas da prescrição. (Redação dada pela Lei 13.964/2019)

‣ O STF, por maioria, julgou parcialmente procedente a ADI 3.150 para, conferindo interpretação conforme à CF a este artigo, explicitar que: "a expressão 'aplicando-se-lhes as normas da legislação relativa à dívida ativa da Fazenda Pública, inclusive no que concerne às causas interruptivas e suspensivas da prescrição', não exclui a legitimação prioritária do Ministério Público para a cobrança da multa na Vara de Execução Penal". *DJe* 6-2-2019.
‣ arts. 5º, LXVII; 98, I, CF.
‣ Lei 6.830/1980 (Lei de Execução Fiscal).
‣ Súm. Vinc. 25, STF.
‣ Súm. 693, STF.

§§ 1º e 2º (Revogados pela Lei 9.268/1996.)

Suspensão da execução da multa

Art. 52. É suspensa a execução da pena de multa, se sobrevém ao condenado doença mental.

- art. 167, Lei 7.210/1984 (Lei de Execuções Penais).

CAPÍTULO II
DA COMINAÇÃO DAS PENAS

Penas privativas de liberdade

Art. 53. As penas privativas de liberdade têm seus limites estabelecidos na sanção correspondente a cada tipo legal de crime.

- art. 75, deste Código.

Penas restritivas de direitos

Art. 54. As penas restritivas de direitos são aplicáveis, independentemente de cominação na parte especial, em substituição à pena privativa de liberdade, fixada em quantidade inferior a 1 (um) ano, ou nos crimes culposos.

- arts. 44; e 59, IV, deste Código.
- arts. 147 a 155; 180; 181, Lei 7.210/1984 (Lei de Execuções Penais).

Art. 55. As penas restritivas de direitos referidas nos incisos III, IV, V e VI do art. 43 terão a mesma duração da pena privativa de liberdade substituída, ressalvado o disposto no § 4º do art. 46. (Redação dada pela Lei 9.714/1998.)

Art. 56. As penas de interdição, previstas nos incisos I e II do art. 47 deste Código, aplicam-se para todo o crime cometido no exercício de profissão, atividade, ofício, cargo ou função, sempre que houver violação dos deveres que lhes são inerentes.

Art. 57. A pena de interdição, prevista no inciso III do art. 47 deste Código, aplica-se aos crimes culposos de trânsito.

- arts. 302 e 303, CTB.
- arts. 154, § 2º; e 181, § 3º, Lei 7.210/1984 (Lei de Execuções Penais).

Pena de multa

Art. 58. A multa, prevista em cada tipo legal de crime, tem os limites fixados no art. 49 e seus parágrafos deste Código.

- arts. 164 a 170, Lei 7.210/1984 (Lei de Execuções Penais).

Parágrafo único. A multa prevista no parágrafo único do art. 44 e no § 2º do art. 60 deste Código aplica-se independentemente de cominação na parte especial.

- art. 44, § 2º, deste Código, com a alteração promovida pela Lei 9.714/1998

CAPÍTULO III
DA APLICAÇÃO DA PENA

Fixação da pena

Art. 59. O juiz, atendendo à culpabilidade, aos antecedentes, à conduta social, à personalidade do agente, aos motivos, às circunstâncias e consequências do crime, bem como ao comportamento da vítima, estabelecerá, conforme seja necessário e suficiente para reprovação e prevenção do crime:

- art. 2º Lei 8.072/1990 (Lei dos Crimes Hediondos).
- Súm. Vinc. 26, STF.
- Súmulas 231; 269; 440; 444; 636, STJ.

I - as penas aplicáveis dentre as cominadas;

II - a quantidade de pena aplicável, dentro dos limites previstos;

- art. 68 deste Código.

III - o regime inicial de cumprimento da pena privativa de liberdade;

- art. 33, § 3º, deste Código.
- art. 387, § 2º, CPP.
- Súm. 440, STJ.

IV - a substituição da pena privativa da liberdade aplicada, por outra espécie de pena, se cabível.

- art. 5º, XLVI, CF.
- arts. 33, § 3º; 44; 68; 78, § 2º, deste Código.
- art. 387, II, CPP.

Critérios especiais da pena de multa

Art. 60. Na fixação da pena de multa o juiz deve atender, principalmente, à situação econômica do réu.

- arts. 49 a 52; 58; 72 deste Código.

§ 1º A multa pode ser aumentada até o triplo, se o juiz considerar que, em virtude da situação econômica do réu, é ineficaz, embora aplicada no máximo.

- art. 77, CDC.

Multa substitutiva

§ 2º A pena privativa de liberdade aplicada, não superior a 6 (seis) meses, pode ser substituída pela de multa, observados os critérios dos incisos II e III do art. 44 deste Código.

- art. 58, p.u., deste Código.
- art. 387, II, CPP.
- art. 17, Lei 11.340/2006 (Lei Maria da Penha).
- Súm. 171, STJ.

Circunstâncias agravantes

Art. 61. São circunstâncias que sempre agravam a pena, quando não constituem ou qualificam o crime:

I - a reincidência;

- arts. 63 e 64 deste Código.
- Súm. 241; 444; 636, STJ.

II - ter o agente cometido o crime:

a) por motivo fútil ou torpe;

b) para facilitar ou assegurar a execução, a ocultação, a impunidade ou vantagem de outro crime;

c) à traição, de emboscada, ou mediante dissimulação, ou outro recurso que dificultou ou tornou impossível a defesa do ofendido;

d) com emprego de veneno, fogo, explosivo, tortura ou outro meio insidioso ou cruel, ou de que podia resultar perigo comum;

e) contra ascendente, descendente, irmão ou cônjuge;

f) com abuso de autoridade ou prevalecendo-se de relações domésticas, de coabitação ou de hospitalidade, ou com violência contra a mulher na forma da Lei específica; (Redação dada pela Lei 11.340/2006.)

- art. 7º, Lei 11.340/2006 (Lei Maria da Penha).

g) com abuso de poder ou violação de dever inerente a cargo, ofício, ministério ou profissão;

h) contra criança, maior de 60 (sessenta) anos, enfermo ou mulher grávida; (Redação dada pela Lei 10.741/2003.)

i) quando o ofendido estava sob a imediata proteção da autoridade;

j) em ocasião de incêndio, naufrágio, inundação ou qualquer calamidade pública, ou de desgraça particular do ofendido;

l) em estado de embriaguez preordenada.

- art. 28, II, deste Código.

Agravantes no caso de concurso de pessoas

Art. 62. A pena será ainda agravada em relação ao agente que:

I - promove, ou organiza a cooperação no crime ou dirige a atividade dos demais agentes;

- art. 29 deste Código.

II - coage ou induz outrem à execução material do crime;

III - instiga ou determina a cometer o crime alguém sujeito à sua autoridade ou não punível em virtude de condição ou qualidade pessoal;

IV - executa o crime, ou nele participa, mediante paga ou promessa de recompensa.

Reincidência

Art. 63. Verifica-se a reincidência quando o agente comete novo crime, depois de transitar em julgado a sentença que, no país ou no estrangeiro, o tenha condenado por crime anterior.

- arts. 33, § 2º; 77, I; 95; 110; 117, VI, deste Código.
- art. 699, I, CPP.
- Súm. 241; 636, STJ.

Art. 64. Para efeito de reincidência:

I - não prevalece a condenação anterior, se entre a data do cumprimento ou extinção da pena e a infração posterior tiver decorrido período de tempo superior a 5 (cinco) anos, computado o período de prova da suspensão ou do livramento condicional, se não ocorrer revogação;

- art. 313, II, CPP.

II - não se consideram os crimes militares próprios e políticos.

Circunstâncias atenuantes

Art. 65. São circunstâncias que sempre atenuam a pena:

- Súm. 231, STJ.

I - ser o agente menor de 21 (vinte e um), na data do fato, ou maior de 70 (setenta) anos, na data da sentença;

- Súm. 74, STJ.

II - o desconhecimento da lei;

- art. 21 deste Código.

III - ter o agente:

a) cometido o crime por motivo de relevante valor social ou moral;

- art. 121, § 1º, deste Código.

b) procurado, por sua espontânea vontade e com eficiência, logo após o crime, evitar-lhe ou minorar-lhe as consequências, ou ter, antes do julgamento, reparado o dano;

- art. 16 deste Código.

c) cometido o crime sob coação a que podia resistir, ou em cumprimento de ordem de autoridade superior, ou sob a influência de violenta emoção, provocada por ato injusto da vítima;

- arts. 22; 23 III; 121, § 1º, deste Código.

d) confessado espontaneamente, perante a autoridade, a autoria do crime;

- arts. 197 a 200, CPP.
- Súm. 545; 630, STJ

e) cometido o crime sob a influência de multidão em tumulto, se não o provocou.

- art. 13, § 2º, c, CP.

Art. 66. A pena poderá ser ainda atenuada em razão de circunstância relevante, anterior ou posterior ao crime, embora não prevista expressamente em lei.

Concurso de circunstâncias agravantes e atenuantes

Art. 67. No concurso de agravantes e atenuantes, a pena deve aproximar-se do limite indicado pelas circunstâncias preponderantes, entendendo-se como tais as que resultam dos motivos determinantes do crime, da personalidade do agente e da reincidência.

- Súm. 241, STJ.

Cálculo da pena

Art. 68. A pena-base será fixada atendendo-se ao critério do art. 59 deste Código; em seguida serão consideradas as circunstâncias atenuantes e agravantes; por último, as causas de diminuição e de aumento.

- Súm. 231; 241; 443, STJ.

Parágrafo único. No concurso de causas de aumento ou de diminuição previstas na parte especial, pode o juiz limitar-se a um só aumento ou a uma só diminuição, prevalecendo, todavia, a causa que mais aumente ou diminua.

- Súm. 231; 241, STJ.

Concurso material

Art. 69. Quando o agente, mediante mais de uma ação ou omissão, pratica dois ou mais crimes, idênticos ou não, aplicam-se cumulativamente as penas privativas de liberdade em que haja incorrido. No caso de aplicação cumulativa de penas de reclusão e de detenção, executa-se primeiro aquela.

- art. 111, Lei 7.210/1984 (Lei de Execuções Penais).
- Súm. 243, STJ.

§ 1º Na hipótese deste artigo, quando ao agente tiver sido aplicada pena privativa de liberdade, não suspensa, por um dos crimes, para os demais será incabível a substituição de que trata o art. 44 deste Código.

- art. 44, § 5º, deste Código.

§ 2º Quando forem aplicadas penas restritivas de direitos, o condenado cumprirá simultaneamente as que forem compatíveis entre si e sucessivamente as demais.

Concurso formal

Art. 70. Quando o agente, mediante uma só ação ou omissão, pratica dois ou mais crimes, idênticos ou não, aplica-se-lhe a mais grave das penas cabíveis ou, se iguais, somente uma delas, mas aumentada, em qualquer caso, de um sexto até metade. As penas aplicam-se, entretanto, cumulativamente, se a ação ou omissão é dolosa e os crimes concorrentes resultam de desígnios autônomos, consoante o disposto no artigo anterior.

- arts. 73; 74 deste Código.
- art. 77, II, CPP.
- art. 111, Lei 7.210/1984 (Lei de Execuções Penais).
- Súm. 17; 243, STJ.

Parágrafo único. Não poderá a pena exceder a que seria cabível pela regra do art. 69 deste Código.

Crime continuado

Art. 71. Quando o agente, mediante mais de uma ação ou omissão, pratica dois ou mais crimes da mesma espécie e, pelas condições de tempo, lugar, maneira de execução e outras semelhantes, devem os subsequentes ser havidos como continuação do primeiro, aplica-se-lhe a pena de um só dos crimes, se idênticas, ou a mais grave, se diversas, aumentada, em qualquer caso, de um sexto a dois terços.

- art. 71, CPP.
- Súmulas 497, 711; 723, STF.
- Súm. 243, STJ.

Parágrafo único. Nos crimes dolosos, contra vítimas diferentes, cometidos com violência ou grave ameaça à pessoa, poderá o juiz, considerando a culpabilidade, os antecedentes, a conduta social e a personalidade do agente, bem como os motivos e as circunstâncias, aumentar a pena de um só dos crimes, se idênticas, ou a mais grave, se diversas, até o triplo, observadas as regras do parágrafo único do art. 70 e do art. 75 deste Código.

Multas no concurso de crimes

Art. 72. No concurso de crimes, as penas de multa são aplicadas distinta e integralmente.

- arts. 49 e ss., deste Código.

Erro na execução

Art. 73. Quando, por acidente ou erro no uso dos meios de execução, o agente, ao invés de atingir a pessoa que pretendia ofender, atinge pessoa diversa, responde como se tivesse praticado o crime contra aquela, atendendo-se ao disposto no § 3º do art. 20 deste Código. No caso de ser também atingida a pessoa que o agente pretendia ofender, aplica-se a regra do art. 70 deste Código.

Resultado diverso do pretendido

Art. 74. Fora dos casos do artigo anterior, quando, por acidente ou erro na execução do crime, sobrevém resultado diverso do pretendido, o agente responde por culpa, se o fato é previsto como crime culposo; se ocorre também o resultado pretendido, aplica-se a regra do art. 70 deste Código.

Limite das penas

Art. 75. O tempo de cumprimento das penas privativas de liberdade não pode ser superior a 40 (quarenta) anos. (Redação dada pela Lei 13.964/2019)

- art. 5º, XLVII, b; LXXV, CF.
- arts. 66, III, a; 111 Lei 7.210/1984 (Lei de Execuções Penais).
- Súm. 527, STJ.

§ 1º Quando o agente for condenado a penas privativas de liberdade cuja soma seja superior a 40 (quarenta) anos, devem elas ser unificadas para atender ao limite máximo deste artigo. (Redação dada pela Lei 13.964/2019)

- Súm. 715, STF.

§ 2º Sobrevindo condenação por fato posterior ao início do cumprimento da pena, far-se-á nova unificação, desprezando-se, para esse fim, o período de pena já cumprido.

Concurso de infrações

Art. 76. No concurso de infrações, executar-se-á primeiramente a pena mais grave

CAPÍTULO IV
DA SUSPENSÃO CONDICIONAL DA PENA

Requisitos da suspensão da pena

Art. 77. A execução da pena privativa de liberdade, não superior a 2 (dois) anos, poderá ser suspensa, por 2 (dois) a 4 (quatro) anos, desde que:

- art. 11, Dec.-Lei 3.688/1941 (Lei das Contravenções Penais).

I - o condenado não seja reincidente em crime doloso;

II - a culpabilidade, os antecedentes, a conduta social e personalidade do agente, bem como os motivos e as circunstâncias autorizem a concessão do benefício;

III - Não seja indicada ou cabível a substituição prevista no art. 44 deste Código.

- arts. 156 a 163, Lei 7.210/1984 (Lei de Execuções Penais).

§ 1º A condenação anterior à pena de multa não impede a concessão do benefício.

§ 2º A execução da pena privativa de liberdade, não superior a quatro anos, poderá ser suspensa, por quatro a seis anos, desde que o condenado seja maior de setenta anos de idade, ou razões de saúde justifiquem a suspensão. (Redação dada pela Lei 9.714/1998.)

Art. 78. Durante o prazo da suspensão, o condenado ficará sujeito à observação e ao cumprimento das condições estabelecidas pelo juiz.

§ 1º No primeiro ano do prazo, deverá o condenado prestar serviços à comunidade (art. 46) ou submeter-se à limitação de fim de semana (art. 48).

- art. 81, III, deste Código.

§ 2º Se o condenado houver reparado o dano, salvo impossibilidade de fazê-lo, e se as circunstâncias do art. 59 deste Código lhe forem inteiramente favoráveis, o juiz poderá substituir a exigência do parágrafo anterior pelas seguintes condições, aplicadas cumulativamente: (Redação dada pela Lei 9.268/1996.)

a) proibição de frequentar determinados lugares;

b) proibição de ausentar-se da comarca onde reside, sem autorização do juiz;

c) comparecimento pessoal e obrigatório a juízo, mensalmente, para informar e justificar suas atividades.

‣ arts. 158 e 159, Lei 7.210/1984 (Lei de Execuções Penais).

Art. 79. A sentença poderá especificar outras condições a que fica subordinada a suspensão, desde que adequadas ao fato e à situação pessoal do condenado.

‣ arts. 158 e 159, Lei 7.210/1984 (Lei de Execuções Penais).

Art. 80. A suspensão não se estende às penas restritivas de direitos nem à multa.

Revogação obrigatória

Art. 81. A suspensão será revogada se, no curso do prazo, o beneficiário:

I - é condenado, em sentença irrecorrível, por crime doloso;

II - frustra, embora solvente, a execução de pena de multa ou não efetua, sem motivo justificado, a reparação do dano;

III - descumpre a condição do § 1º do art. 78 deste Código.

Revogação facultativa

§ 1º A suspensão poderá ser revogada se o condenado descumpre qualquer outra condição imposta ou é irrecorrivelmente condenado, por crime culposo ou por contravenção, a pena privativa de liberdade ou restritiva de direitos.

Prorrogação do período de prova

§ 2º Se o beneficiário está sendo processado por outro crime ou contravenção, considera-se prorrogado o prazo da suspensão até o julgamento definitivo.

§ 3º Quando facultativa a revogação, o juiz pode, ao invés de decretá-la, prorrogar o período de prova até o máximo, se este não foi o fixado.

‣ arts. 162 e 163, Lei 7.210/1984 (Lei de Execuções Penais).

Cumprimento das condições

Art. 82. Expirado o prazo sem que tenha havido revogação, considera-se extinta a pena privativa de liberdade.

CAPÍTULO V
DO LIVRAMENTO CONDICIONAL

Requisitos do livramento condicional

Art. 83. O juiz poderá conceder livramento condicional ao condenado a pena privativa de liberdade igual ou superior a 2 (dois) anos, desde que:

‣ arts. 131 a 146, Lei 7.210/1984 (Lei de Execuções Penais).

‣ art. 5º, Lei 1.521/1951 (Lei dos Crimes contra a Economia Popular).

‣ Súm. 715, STF.

‣ Súm. 441, STJ.

I - cumprida mais de um terço da pena se o condenado não for reincidente em crime doloso e tiver bons antecedentes;

‣ arts. 63 e 64 deste Código.

II - cumprida mais da metade se o condenado for reincidente em crime doloso;

III - comprovado: (Redação dada pela Lei 13.964/2019)

a) bom comportamento durante a execução da pena;

b) não cometimento de falta grave nos últimos 12 (doze) meses;

c) bom desempenho no trabalho que lhe foi atribuído; e

d) aptidão para prover a própria subsistência mediante trabalho honesto;

IV - tenha reparado, salvo efetiva impossibilidade de fazê-lo, o dano causado pela infração;

V - cumpridos mais de dois terços da pena, nos casos de condenação por crime hediondo, prática de tortura, tráfico ilícito de entorpecentes e drogas afins, tráfico de pessoas e terrorismo, se o apenado não for reincidente específico em crimes dessa natureza. (Acrescentado pela Lei 13.344/2016.)

Parágrafo único. Para o condenado por crime doloso, cometido com violência ou grave ameaça à pessoa, a concessão do livramento ficará também subordinada à constatação de condições pessoais que façam presumir que o liberado não voltará a delinquir.

Soma de penas

Art. 84. As penas que correspondem a infrações diversas devem somar-se para efeito do livramento.

‣ art. 75 deste Código.

‣ arts. 111 e 118, II, Lei 7.210/1984 (Lei de Execuções Penais).

Especificações das condições

Art. 85. A sentença especificará as condições a que fica subordinado o livramento.

‣ art. 132, Lei 7.210/1984 (Lei de Execuções Penais).

Revogação do livramento

Art. 86. Revoga-se o livramento, se o liberado vem a ser condenado a pena privativa de liberdade, em sentença irrecorrível:

I - por crime cometido durante a vigência do benefício;

II - por crime anterior, observado o disposto no art. 84 deste Código.

‣ arts. 140 a 145, Lei 7.210/1984 (Lei de Execuções Penais).

Revogação facultativa

Art. 87. O juiz poderá, também, revogar o livramento, se o liberado deixar de cumprir qualquer das obrigações constantes da sentença, ou for irrecorrivelmente condenado, por crime ou contravenção, a pena que não seja privativa de liberdade.

‣ arts. 132; e 140, p.u., Lei 7.210/1984 (Lei de Execuções Penais).

Efeitos da revogação

Art. 88. Revogado o livramento, não poderá ser novamente concedido, e, salvo quando a revogação resulta de condenação por outro crime anterior àquele benefício, não se desconta na pena o tempo em que esteve solto o condenado.

Extinção

Art. 89. O juiz não poderá declarar extinta a pena, enquanto não passar em julgado a sentença em processo a que responde o liberado, por crime cometido na vigência do livramento.

‣ arts. 145 e 146, Lei 7.210/1984 (Lei de Execuções Penais).

Art. 90. Se até o seu término o livramento não é revogado, considera-se extinta a pena privativa de liberdade.

‣ art. 146, Lei 7.210/1984 (Lei de Execuções Penais).

CAPÍTULO VI
DOS EFEITOS DA CONDENAÇÃO

Efeitos genéricos e específicos

Art. 91. São efeitos da condenação:

I - tornar certa a obrigação de indenizar o dano causado pelo crime;

‣ arts. 63 a 68, CPP.

II - a perda em favor da União, ressalvado o direito do lesado ou de terceiro de boa-fé:

‣ arts. 118 a 124, CPP.

‣ arts. 60 a 64 Lei 11.343/2006 (Lei Antidrogas).

a) dos instrumentos do crime, desde que consistam em coisas cujo fabrico, alienação, uso, porte ou detenção constitua fato ilícito;

b) do produto do crime ou de qualquer bem ou valor que constitua proveito auferido pelo agente com a prática do fato criminoso.

‣ arts. 5º, XLV, XLVI, b, CF.

§ 1º Poderá ser decretada a perda de bens ou valores equivalentes ao produto ou proveito do crime quando estes não forem encontrados ou quando se localizarem no exterior. (Acrescentado pela Lei 12.694/2012.)

§ 2º Na hipótese do § 1º, as medidas assecuratórias previstas na legislação processual poderão abranger bens ou valores equivalentes do investigado ou acusado para posterior decretação de perda. (Acrescentado pela Lei 12.694/2012.)

Art. 91-A. Na hipótese de condenação por infrações às quais a lei comine pena máxima superior a 6 (seis) anos de reclusão, poderá ser decretada a perda, como produto ou proveito do crime, dos bens correspondentes à diferença entre o valor do patrimônio do condenado e aquele que seja compatível com o seu rendimento lícito. (Incluído pela Lei 13.964/2019)

§ 1º Para efeito da perda prevista no *caput* deste artigo, entende-se por patrimônio do condenado todos os bens:

I - de sua titularidade, ou em relação aos quais ele tenha o domínio e o benefício direto ou indireto, na data da infração penal ou recebidos posteriormente; e

II - transferidos a terceiros a título gratuito ou mediante contraprestação irrisória, a partir do início da atividade criminal.

§ 2º O condenado poderá demonstrar a inexistência da incompatibilidade ou a procedência lícita do patrimônio.

§ 3º A perda prevista neste artigo deverá ser requerida expressamente pelo Ministério Público, por ocasião do oferecimento da denúncia, com indicação da diferença apurada.

§ 4º Na sentença condenatória, o juiz deve declarar o valor da diferença apurada e especificar os bens cuja perda for decretada.

§ 5º Os instrumentos utilizados para a prática de crimes por organizações criminosas e milícias deverão ser declarados perdidos em favor da União ou do Estado, dependendo da Justiça onde tramita a ação penal, ainda que não ponham em perigo a segurança das pessoas, a moral ou a ordem pública, nem ofereçam sério risco de ser utilizados para o cometimento de novos crimes.

Art. 92. São também efeitos da condenação:

- arts. 15; 37, § 4º, CF.
- Súm. 694, STF.

I - a perda de cargo, função pública ou mandato eletivo: (Redação dada pela Lei 9.268/1996.)

- art. 47, I, deste Còdigo

a) quando aplicada pena privativa de liberdade por tempo igual ou superior a um ano, nos crimes praticados com abuso de poder ou violação de dever para com a Administração Pública; (Incluído pela Lei 9.268/1996.)

- art. 83, Lei 8.666/1993 (Lei de Licitações e Contratos Administrativos).

b) quando for aplicada pena privativa de liberdade por tempo superior a 4 (quatro) anos nos demais casos. (Incluído pela Lei 9.268/1996.)

II - a incapacidade para o exercício do poder familiar, da tutela ou da curatela nos crimes dolosos sujeitos à pena de reclusão cometidos contra outrem igualmente titular do mesmo poder familiar, contra filho, filha ou outro descendente ou contra tutelado ou curatelado; (Redação dada pela Lei nº 13.715/2018)

- arts. 1.630 a 1.638, CC.

III - a inabilitação para dirigir veículo, quando utilizado como meio para a prática de crime doloso.

- art. 93, p.u., deste Código.

Parágrafo único. Os efeitos de que trata este artigo não são automáticos, devendo ser motivadamente declarados na sentença.

- art. 202, Lei 7.210/1984 (Lei de Execuções Penais).
- art. 83, Lei 8.666/1993 (Lei de Licitações e Contratos Administrativos).

CAPÍTULO VII
DA REABILITAÇÃO

Reabilitação

Art. 93. A reabilitação alcança quaisquer penas aplicadas em sentença definitiva, assegurando ao condenado o sigilo dos registros sobre o seu processo e condenação.

- arts. 743 a 750, CPP.
- art. 202, Lei 7.210/1984 (Lei de Execuções Penais).

Parágrafo único. A reabilitação poderá, também, atingir os efeitos da condenação, previstos no art. 92 deste Código, vedada a reintegração na situação anterior, nos casos dos incisos I e II do mesmo artigo.

Art. 94. A reabilitação poderá ser requerida, decorridos 2 (dois) anos do dia em que for extinta, de qualquer modo, a pena ou terminar sua execução, computando-se o período de prova da suspensão e o do livramento condicional, se não sobrevier revogação, desde que o condenado:

I - tenha tido domicílio no país no prazo acima referido;

II - tenha dado, durante esse tempo, demonstração efetiva e constante de bom comportamento público e privado;

III - tenha ressarcido o dano causado pelo crime ou demonstre a absoluta impossibilidade de o fazer, até o dia do pedido, ou exiba documento que comprove a renúncia da vítima ou novação da dívida.

Parágrafo único. Negada a reabilitação, poderá ser requerida, a qualquer tempo, desde que o pedido seja instruído com novos elementos comprobatórios dos requisitos necessários.

Art. 95. A reabilitação será revogada, de ofício ou a requerimento do Ministério Público, se o reabilitado for condenado, como reincidente, por decisão definitiva, a pena que não seja de multa.

TÍTULO VI
DAS MEDIDAS DE SEGURANÇA

Espécies de medidas de segurança

Art. 96. As medidas de segurança são:

- arts. 26; 42, deste Código.
- arts. 386, p.u., III, 492, II, c; 549 a 555; 596, p.u.; 627; 685; 715, CPP.
- Súm. 525, STF.

I - Internação em hospital de custódia e tratamento psiquiátrico ou, à falta, em outro estabelecimento adequado;

- arts. 99 a 101; 108, Lei 7.210/1984 (Lei de Execuções Penais).

II - sujeição a tratamento ambulatorial.

- art. 184, Lei 7.210/1984 (Lei de Execuções Penais).
- arts. 26; 28, § 7º; 45; 47, Lei 11.343/2006 (Lei Antidrogas).

Parágrafo único. Extinta a punibilidade, não se impõe medida de segurança nem subsiste a que tenha sido imposta.

- art. 107, deste Código.
- arts. 171 a 179, Lei 7.210/1984 (Lei de Execuções Penais).

Imposição da medida de segurança para inimputável

Art. 97. Se o agente for inimputável, o juiz determinará sua internação (art. 26). Se, todavia, o fato previsto como crime for punível com detenção, poderá o juiz submetê-lo a tratamento ambulatorial.

- arts. 101; 175; 178, Lei 7.210/1984 (Lei de Execuções Penais).

Prazo

§ 1º A internação, ou tratamento ambulatorial, será por tempo indeterminado, perdurando enquanto não for averiguada, mediante perícia médica, a cessação de periculosidade. O prazo mínimo deverá ser de 1 (um) a 3 (três) anos.

- Súm. 439; 527, STJ.

Perícia médica

§ 2º A perícia médica realizar-se-á ao termo do prazo mínimo fixado e deverá ser repetida de ano em ano, ou a qualquer tempo, se o determinar o juiz da execução.

Desinternação ou liberação condicional

§ 3º A desinternação, ou a liberação, será sempre condicional devendo ser restabelecida a situação anterior se o agente, antes do decurso de 1 (um) ano, pratica fato indicativo de persistência de sua periculosidade.

- art. 178, Lei 7.210/1984 (Lei de Execuções Penais).

§ 4º Em qualquer fase do tratamento ambulatorial, poderá o juiz determinar a internação do agente, se essa providência for necessária para fins curativos.

Substituição da pena por medida de segurança para o semi-imputável

Art. 98. Na hipótese do parágrafo único do art. 26 deste Código e necessitando o condenado de especial tratamento curativo, a pena privativa de liberdade pode ser substituída pela internação, ou tratamento ambulatorial, pelo prazo mínimo de 1 (um) a 3 (três) anos, nos termos do artigo anterior e respectivos §§ 1º a 4º.

Direitos do internado

Art. 99. O internado será recolhido a estabelecimento dotado de características hospitalares e será submetido a tratamento.

- arts. 3º; 41; 42; 99 a 101, Lei 7.210/1984 (Lei de Execuções Penais).

TÍTULO VII
DA AÇÃO PENAL

Ação pública e de iniciativa privada

Art. 100. A ação penal é pública, salvo quando a lei expressamente a declara privativa do ofendido.

- art. 24 e ss., CPP.
- art. 227, ECA.
- art. 184, Lei 11.101/2005 (Lei de Recuperação de Empresas e Falência).
- Súm. 714, STF.

§ 1º A ação pública é promovida pelo Ministério Público, dependendo, quando a lei o exige, de representação do ofendido ou de requisição do Ministro da Justiça.

- art. 129, I, CF.
- arts. 5º, § 4º; 24 a 39, CPP.
- art. 88, Lei 9.099/1995 (Lei dos Juizados Especiais).
- Súm. 234, STJ.

§ 2º A ação de iniciativa privada é promovida mediante queixa do ofendido ou de quem tenha qualidade para representá-lo.

- arts. 30 a 33, CPP.

§ 3º A ação de iniciativa privada pode intentar-se nos crimes de ação pública, se o Ministério Público não oferece denúncia no prazo legal.

- art. 5º, LIX, CF.
- art. 103 deste Código.
- arts. 29; 257, CPP.

§ 4º No caso de morte do ofendido ou de ter sido declarado ausente por decisão judicial, o direito de oferecer queixa ou de prosseguir na ação passa ao cônjuge, ascendente, descendente ou irmão.

- art. 129, I, CF.
- arts. 24, § 1º, e 31, CPP.

A ação penal no crime complexo

Art. 101. Quando a lei considera como elemento ou circunstâncias do tipo legal fatos que, por si mesmos, constituem crimes, cabe ação pública em relação àquele, desde que, em relação a qualquer destes, se deva proceder por iniciativa do Ministério Público.

Irretratabilidade da representação

Art. 102. A representação será irretratável depois de oferecida a denúncia.

- art. 25, CPP

Decadência do direito de queixa ou de representação

Art. 103. Salvo disposição expressa em contrário, o ofendido decai do direito de queixa ou de representação se não o exerce dentro do prazo de 6 (seis) meses, contado do dia em que veio a saber quem é o autor do crime, ou, no caso do § 3º do art. 100 deste Código, do dia em que se esgota o prazo para oferecimento da denúncia.

- art. 10; 107, IV, deste Código.
- art. 38, CPP.
- Súm. 594, STF.

Renúncia expressa ou tácita do direito de queixa

Art. 104. O direito de queixa não pode ser exercido quando renunciado expressa ou tacitamente.

- arts. 48 a 50, CPP.
- art. 74, p.u., Lei 9.099/1995 (Lei dos Juizados Especiais).

Parágrafo único. Importa renúncia tácita ao direito de queixa a prática de ato incompatível com a vontade de exercê-lo; não a implica, todavia, o fato de receber o ofendido a indenização do dano causado pelo crime.

- art. 57, CPP.

Perdão do ofendido

Art. 105. O perdão do ofendido, nos crimes em que somente se procede mediante queixa, obsta ao prosseguimento da ação.

- arts. 51 a 59, CPP.

Art. 106. O perdão, no processo ou fora dele, expresso ou tácito:

I - se concedido a qualquer dos querelados, a todos aproveita;

- art. 51, CPP.

II - se concedido por um dos ofendidos, não prejudica o direito dos outros;

III - se o querelado o recusa, não produz efeito.

§ 1º Perdão tácito é o que resulta da prática de ato incompatível com a vontade de prosseguir na ação.

§ 2º Não é admissível o perdão depois que passa em julgado a sentença condenatória.

TÍTULO VIII
DA EXTINÇÃO DA PUNIBILIDADE

Extinção da punibilidade

Art. 107. Extingue-se a punibilidade:

- arts. 168-A; 312, § 3º; 337-A deste Código.
- arts. 61; 397, IV, CPP.

I - pela morte do agente;

- art. 5º, XLV, CF.
- art. 61; 62, CPP.

II - pela anistia, graça ou indulto;

- art. 5º, XLV, CF.
- arts. 187 a 193, Lei 7.210/1984 (Lei de Execuções Penais).
- art. 2º, Lei 8.072/1990 ((Lei dos Crimes Hediondos).
- Súm. 631, STJ.

III - pela retroatividade de lei que não mais considera o fato como criminoso;

- art. 2º, p.u., deste Código.

IV - pela prescrição, decadência ou perempção;

- arts. 103; 109 a 119 deste Código.
- arts. 38, 60 e 497, IX, CPP.

V - pela renúncia do direito de queixa ou pelo perdão aceito, nos crimes de ação privada;

- arts. 104 a 106 deste Código.
- arts. 49 a 60, CPP.
- art. 74, Lei 9.099/1995 (Lei dos Juizados Especiais).

VI - pela retratação do agente, nos casos em que a lei a admite;

- arts. 143; 342, § 2º, CP.

VII e VIII - (Revogados pela Lei 11.106/2005.)

IX - pelo perdão judicial, nos casos previstos em lei.

- art. 120 deste Código.
- art. 55 e ss., CPP.
- Súm. 18, STJ.

Art. 108. A extinção da punibilidade de crime que é pressuposto, elemento constitutivo ou circunstância agravante de outro não se estende a este. Nos crimes conexos, a extinção da punibilidade de um deles não impede, quanto aos outros, a agravação da pena resultante da conexão.

Prescrição antes de transitar em julgado a sentença

Art. 109. A prescrição, antes de transitar em julgado a sentença final, salvo o disposto no § 1º do art. 110 deste Código, regula-se pelo máximo da pena privativa de liberdade cominada ao crime, verificando-se: (Redação dada pela Lei 12.234/2010.)

- art. 125, CPM.
- Súmulas 191; 220; 338; 415; 438; 527, STJ.

I - em vinte anos, se o máximo da pena é superior a doze;

II - em dezesseis anos, se o máximo da pena é superior a oito anos e não excede a doze;

III - em doze anos, se o máximo da pena é superior a quatro anos e não excede a oito;

IV - em oito anos, se o máximo da pena é superior a dois anos e não excede a quatro;

V - em quatro anos, se o máximo da pena é igual a um ano ou, sendo superior, não excede a dois;

VI - em 3 (três) anos, se o máximo da pena é inferior a 1 (um) ano. (Redação dada pela Lei 12.234/2010.)

Prescrição das penas restritivas de direito

Parágrafo único. Aplicam-se às penas restritivas de direito os mesmos prazos previstos para as privativas de liberdade.

Prescrição depois de transitar em julgado sentença final condenatória

Art. 110. A prescrição depois de transitar em julgado a sentença condenatória regula-se pela pena aplicada e verifica-se nos prazos fixados no artigo anterior, os quais se aumentam de um terço, se o condenado é reincidente.

- art. 112 deste Código.
- art. 336, p.u., CPP.
- Súmulas 146; 497; 604, STF.
- Súmulas 220; 338; 438; 527, STJ.

§ 1º A prescrição, depois da sentença condenatória com trânsito em julgado para a acusação ou depois de improvido seu recurso, regula-se pela pena aplicada, não podendo, em nenhuma hipótese, ter por termo inicial data anterior à da denúncia ou queixa. (Redação dada pela Lei 12.234/2010.)

§ 2º (Revogado pela Lei 12.234/2010.)

Termo inicial da prescrição antes de transitar em julgado a sentença final

Art. 111. A prescrição, antes de transitar em julgado a sentença final, começa a correr:

- art. 125, § 2º, CPM.

I - do dia em que o crime se consumou;

- Súm, Vinc. 24, STF.

II - no caso de tentativa, do dia em que cessou a atividade criminosa;

III - nos crimes permanentes, do dia em que cessou a permanência;

- Súm. 711, STF.

IV - nos de bigamia e nos de falsificação ou alteração de assentamento do registro civil, da data em que o fato se tornou conhecido.

V - nos crimes contra a dignidade sexual de crianças e adolescentes, previstos neste Código ou em legislação especial, da data em que a vítima completar 18 (dezoito) anos, salvo se a esse tempo já houver sido proposta a ação penal. (Inserido pela Lei 12.650/2012)

Termo inicial da prescrição após a sentença condenatória irrecorrível

Art. 112. No caso do art. 110 deste Código, a prescrição começa a correr:

I - do dia em que transita em julgado a sentença condenatória, para a acusação, ou a que revoga a suspensão condicional da pena ou o livramento condicional;

II - do dia em que se interrompe a execução, salvo quando o tempo da interrupção deva computar-se na pena.

- art. 42 deste Código.

Prescrição no caso de evasão do condenado ou de revogação do livramento condicional

Art. 113. No caso de evadir-se o condenado ou de revogar-se o livramento condicional, a prescrição é regulada pelo tempo que resta da pena.

Prescrição da multa

Art. 114. A prescrição da pena de multa ocorrerá: (Redação dada pela Lei 9.268/1996.)

I - em 2 (dois) anos, quando a multa for a única cominada ou aplicada; (Incluído pela Lei 9.268/1996.)

II - no mesmo prazo estabelecido para prescrição da pena privativa de liberdade, quando a multa for alternativa ou cumulativamente cominada ou cumulativamente aplicada. (Incluído pela Lei 9.268/1996.)

Redução dos prazos de prescrição

Art. 115. São reduzidos de metade os prazos de prescrição quando o criminoso era, ao tempo do crime, menor de 21 (vinte e um) anos, ou, na data da sentença, maior de 70 (setenta) anos.

- Súm. 74, STJ.

Causas impeditivas da prescrição

Art. 116. Antes de passar em julgado a sentença final, a prescrição não corre:

- art. 53, §§ 3º a 5º, CF.
- art. 366, CPP.
- art. 89, § 6º, Lei 9.099/1995 (Lei dos Juizados Especiais).
- Súm. 415, STJ.

I - enquanto não resolvida, em outro processo, questão de que dependa o reconhecimento da existência do crime;

- arts. 92; 93, CPP.

II - enquanto o agente cumpre pena no exterior; (Redação dada pela Lei 13.964/2019)

III - na pendência de embargos de declaração ou de recursos aos Tribunais Superiores, quando inadmissíveis; e (Incluído pela Lei 13.964/2019)

IV - enquanto não cumprido ou não rescindido o acordo de não persecução penal. (Incluído pela Lei 13.964/2019)

Parágrafo único. Depois de passada em julgado a sentença condenatória, a prescrição não corre durante o tempo em que o condenado está preso por outro motivo.

Causas interruptivas da prescrição

Art. 117. O curso da prescrição interrompe-se:

I - pelo recebimento da denúncia ou da queixa;

II - pela pronúncia;

- Súm. 191, STJ.

III - pela decisão confirmatória da pronúncia;

IV - pela publicação da sentença ou acórdão condenatórios recorríveis; (Redação dada pela Lei 11.596, de 2007.)

- Art. 389, CPP.

V - pelo início ou continuação do cumprimento da pena; (Redação dada pela Lei 9.268/1996.)

VI - pela reincidência. (Redação dada pela Lei 9.268/1996.)

§ 1º Excetuados os casos dos incisos V e VI deste artigo, a interrupção da prescrição produz efeitos relativamente a todos os autores do crime. Nos crimes conexos, que sejam objeto do mesmo processo, estende-se aos demais a interrupção relativa a qualquer deles.

§ 2º Interrompida a prescrição, salvo a hipótese do inciso V deste artigo, todo o prazo começa a correr, novamente, do dia da interrupção.

Art. 118. As penas mais leves prescrevem com as mais graves.

Art. 119. No caso de concurso de crimes, a extinção da punibilidade incidirá sobre a pena de cada um, isoladamente.

- arts. 69 a 71 deste Código.
- Súm. 497, STF.

Perdão judicial

Art. 120. A sentença que conceder perdão judicial não será considerada para efeitos de reincidência.

- arts. 107, IX; 121, § 5º; 129, § 8º; 140, § 1º; 176, p.ú., 180, § 5º; 242, p.u.; 249, § 2º, deste Código.
- Súm. 18, STJ.

PARTE ESPECIAL

TÍTULO I
DOS CRIMES CONTRA A PESSOA

- arts. 18 a 23, Dec.-Lei 3.688/1941 (Lei das Contravenções Penais).
- Dec. 3.167/1999 (Convenção sobre a prevenção e punição de crimes contra pessoas que gozam de proteção internacional).

CAPÍTULO I
DOS CRIMES CONTRA A VIDA

- art. 5º, XXXVIII, d, CF.
- arts. 74, § 1º; 406 a 497, CPP.

Homicídio simples

Art. 121. Matar alguém:

Pena - Reclusão, de seis a vinte anos.

- art. 74, § 1º, CPP.
- art. 1º, III, a, Lei 7.960/1989 (Lei da Prisão Temporária).
- art. 1º, I, Lei 8.072/1990 (Lei dos Crimes Hediondos).

Caso de diminuição de pena

§ 1º Se o agente comete o crime impelido por motivo de relevante valor social ou moral, ou sob o domínio de violenta emoção, logo em seguida a injusta provocação da vítima, o juiz pode reduzir a pena de um sexto a um terço.

Homicídio qualificado

§ 2º Se o homicídio é cometido:

- art. 394-A, CPP.

I - mediante paga ou promessa de recompensa, ou por outro motivo torpe;

II - por motivo fútil;

III - com emprego de veneno, fogo, explosivo, asfixia, tortura ou outro meio insidioso ou cruel, ou de que possa resultar perigo comum;

IV - à traição, de emboscada, ou mediante dissimulação ou outro recurso que dificulte ou torne impossível a defesa do ofendido;

V - para assegurar a execução, a ocultação, a impunidade ou vantagem de outro crime:

Feminicídio

- Acrescentado pela Lei 13.104/2015.

VI - contra a mulher por razões da condição de sexo feminino: (Acrescentado pela Lei 13.104/2015.)

VII - contra autoridade ou agente descrito nos arts. 142 e 144 da Constituição Federal, integrantes do sistema prisional e da Força Nacional de Segurança Pública, no exercício da função ou em decorrência dela, ou contra seu cônjuge, companheiro ou parente consanguíneo até terceiro grau, em razão dessa condição: (Acrescentado pela Lei 13.142/2015.)

Pena - Reclusão, de doze a trinta anos.

- arts. 74, § 1º, 76, II, CPP.
- art. 1º, III, a, Lei 7.960/1989 (Lei da Prisão Temporária).
- art. 1º, I, Lei 8.072/1990 (Lei dos Crimes Hediondos).

VIII - Vetado na Lei 13.964/2019.

§ 2º-A. Considera-se que há razões de condição de sexo feminino quando o crime envolve: (Acrescentado pela Lei 13.104/2015.)

I - violência doméstica e familiar; (Acrescentado pela Lei 13.104/2015.)

II - menosprezo ou discriminação à condição de mulher. (Acrescentado pela Lei 13.104/2015.)

Homicídio culposo

§ 3º Se o homicídio é culposo:

Pena - Detenção, de um a três anos.

- art. 129, CF.
- art. 302, CTB.
- art. 89, Lei 9.099/1995 (Lei dos Juizados Especiais).
- art. 1º, § 3º, Lei 9.455/1997 (Lei de Tortura).

Aumento de pena

§ 4º No homicídio culposo, a pena é aumentada de 1/3 (um terço), se o crime resulta de inobservância de regra técnica de profissão, arte ou ofício, ou se o agente deixa de prestar imediato socorro à vítima, não procura diminuir as consequências do seu ato, ou foge para evitar prisão em flagrante. Sendo doloso o homicídio, a pena é aumentada de 1/3 (um terço) se o crime é praticado contra pessoa menor de 14 (quatorze) ou maior de 60 (sessenta) anos. (Redação dada pela Lei 10.741/2003.)

‣ art. 129, § 7º, deste Código.

§ 5º Na hipótese de homicídio culposo, o juiz poderá deixar de aplicar a pena, se as consequências da infração atingirem o próprio agente de forma tão grave que a sanção penal se torne desnecessária. (Incluído pela Lei 6.416/1977.)

‣ arts. 107, IX; 120; 129, § 7º, deste Código.

§ 6º A pena é aumentada de 1/3 (um terço) até a metade se o crime for praticado por milícia privada, sob o pretexto de prestação de serviço de segurança, ou por grupo de extermínio. (Inserido pela Lei 12.720/2012.)

‣ art. 129, § 7º, deste Código.

§ 7º A pena do feminicídio é aumentada de 1/3 (um terço) até a metade se o crime for praticado: (Acrescentado pela Lei 13.104/2015.)

I - durante a gestação ou nos 3 (três) meses posteriores ao parto; (Acrescentado pela Lei 13.104/2015.)

II - contra pessoa menor de 14 (catorze) anos, maior de 60 (sessenta) anos, com deficiência ou portadora de doenças degenerativas que acarretem condição limitante ou de vulnerabilidade física ou mental; *(Redação dada pela Lei 13.771/2018)*

III - na presença física ou virtual de descendente ou de ascendente da vítima; *(Redação dada pela Lei 13.771/2018)*

IV - em descumprimento das medidas protetivas de urgência previstas nos incisos I, II e III do *caput* do art. 22 da Lei nº 11.340, de 7 de agosto de 2006. *(Incluído pela Lei 13.771/2018)*

Induzimento, instigação ou auxílio a suicídio ou a automutilação

‣ Redação dada pela Lei 13.968/2019.

Art. 122. Induzir ou instigar alguém a suicidar-se ou a praticar automutilação ou prestar-lhe auxílio material para que o faça: (Redação dada pela Lei 13.968/2019)

Pena - reclusão, de 6 (seis) meses a 2 (dois) anos.

§ 1º Se da automutilação ou da tentativa de suicídio resulta lesão corporal de natureza grave ou gravíssima, nos termos dos §§ 1º e 2º do art. 129 deste Código: (Incluído pela Lei 13.968/2019)

Pena - reclusão, de 1 (um) a 3 (três) anos.

§ 2º Se o suicídio se consuma ou se da automutilação resulta morte: (Incluído pela Lei 13.968/2019)

Pena - reclusão, de 2 (dois) a 6 (seis) anos.

§ 3º A pena é duplicada: (Incluído pela Lei 13.968/2019)

I - se o crime é praticado por motivo egoístico, torpe ou fútil;

II - se a vítima é menor ou tem diminuída, por qualquer causa, a capacidade de resistência.

§ 4º A pena é aumentada até o dobro se a conduta é realizada por meio da rede de computadores, de rede social ou transmitida em tempo real. (Incluído pela Lei 13.968/2019)

§ 5º Aumenta-se a pena em metade se o agente é líder ou coordenador de grupo ou de rede virtual. (Incluído pela Lei 13.968/2019)

§ 6º Se o crime de que trata o § 1º deste artigo resulta em lesão corporal de natureza gravíssima e é cometido contra menor de 14 (quatorze) anos ou contra quem, por enfermidade ou deficiência mental, não tem o necessário discernimento para a prática do ato, ou que, por qualquer outra causa, não pode oferecer resistência, responde o agente pelo crime descrito no § 2º do art. 129 deste Código. (Incluído pela Lei 13.968/2019)

§ 7º Se o crime de que trata o § 2º deste artigo é cometido contra menor de 14 (quatorze) anos ou contra quem não tem o necessário discernimento para a prática do ato, ou que, por qualquer outra causa, não pode oferecer resistência, responde o agente pelo crime de homicídio, nos termos do art. 121 deste Código. (Incluído pela Lei 13.968/2019)

Infanticídio

Art. 123. Matar, sob a influência do estado puerperal, o próprio filho, durante o parto ou logo após:

Pena - Detenção, de dois a seis anos.

‣ art. 74, § 1º, CPP.

Aborto provocado pela gestante ou com seu consentimento

Art. 124. Provocar aborto em si mesma ou consentir que outrem lho provoque:

Pena - Detenção, de um a três anos.

‣ O STF, por maioria de votos, julgou procedente a ADPF 54/2012 para "declarar a inconstitucionalidade da interpretação segundo a qual a interrupção da gravidez de feto anencéfalo é conduta tipificada neste artigo".

‣ art. 74, § 1º, CPP.

‣ art. 89, Lei 9.099/1995 (Lei dos Juizados Especiais).

‣ art. 4º, 1, Pacto de São José da Costa Rica.

Aborto provocado por terceiro

Art. 125. Provocar aborto, sem o consentimento da gestante:

Pena - Reclusão, de três a dez anos.

‣ art. 74, § 1º, CPP.

‣ art. 4º, 1, Pacto de São José da Costa Rica.

Art. 126. Provocar aborto com o consentimento da gestante:

Pena - Reclusão, de um a quatro anos.

‣ O STF, por maioria de votos, julgou procedente a ADPF 54/2012 para "declarar a inconstitucionalidade da interpretação segundo a qual a interrupção da gravidez de feto anencéfalo é conduta tipificada neste artigo".

‣ art. 4º, 1, Pacto de São José da Costa Rica.

Parágrafo único. Aplica-se a pena do artigo anterior, se a gestante não é maior de quatorze anos, ou é alienada ou débil mental, ou se o consentimento é obtido mediante fraude, grave ameaça ou violência.

‣ art. 74, § 1º, CPP.

‣ art. 89, Lei 9.099/1995 (Lei dos Juizados Especiais).

Forma qualificada

Art. 127. As penas cominadas nos dois artigos anteriores são aumentadas de um terço, se, em consequência do aborto ou dos meios empregados para provocá-lo, a gestante sofre lesão corporal de natureza grave; e são duplicadas, se, por qualquer dessas causas, lhe sobrevém a morte.

‣ art. 74, § 1º, CPP.

Art. 128. Não se pune o aborto praticado por médico:

‣ art. 4º, 1, Pacto de São José da Costa Rica.

Aborto necessário

I - se não há outro meio de salvar a vida da gestante;

‣ O STF, por maioria de votos, julgou procedente a ADPF 54/2012 para "declarar a inconstitucionalidade da interpretação segundo a qual a interrupção da gravidez de feto anencéfalo é conduta tipificada neste artigo".

Aborto no caso de gravidez resultante de estupro

II - se a gravidez resulta de estupro e o aborto é precedido de consentimento da gestante ou, quando incapaz, de seu representante legal.

‣ O STF, por maioria de votos, julgou procedente a ADPF 54/2012 para "declarar a inconstitucionalidade da interpretação segundo a qual a interrupção da gravidez de feto anencéfalo é conduta tipificada neste artigo".

CAPÍTULO II
DAS LESÕES CORPORAIS

Lesão corporal

Art. 129. Ofender a integridade corporal ou a saúde de outrem:

Pena - Detenção, de três meses a um ano.

‣ arts. 61; 88; 89, Lei 9.099/1995 (Lei dos Juizados Especiais).

‣ art. 5º, 1, Pacto de São José da Costa Rica.

Lesão corporal de natureza grave

§ 1º Se resulta:

I - incapacidade para as ocupações habituais, por mais de trinta dias;

‣ art. 168, § 2º, CPP.

II - perigo de vida;

III - debilidade permanente de membro, sentido ou função;

IV - aceleração de parto:

Pena - Reclusão, de um a cinco anos.

§ 2º Se resulta:

‣ art. 122, § 6º, deste Código.

I - incapacidade permanente para o trabalho;

II - enfermidade incurável;

III - perda ou inutilização do membro, sentido ou função;

IV - deformidade permanente;

V - aborto:

Pena - Reclusão, de dois a oito anos.

Lesão corporal seguida de morte

§ 3º Se resulta morte e as circunstâncias evidenciam que o agente não quis o resultado, nem assumiu o risco de produzi-lo:

Pena - Reclusão, de quatro a doze anos.

Diminuição de pena

§ 4º Se o agente comete o crime impelido por motivo de relevante valor social ou moral ou sob o domínio de violenta emoção, logo em seguida a injusta provocação da vítima, o juiz pode reduzir a pena de um sexto a um terço.

Substituição da pena

§ 5º O juiz, não sendo graves as lesões, pode ainda substituir a pena de detenção pela de multa.

- Redação alterada com o fim de adequação ao disposto no art. 2º da Lei 7.209/1984 (Altera a Parte Geral do CP).

I - se ocorre qualquer das hipóteses do parágrafo anterior;

II - se as lesões são recíprocas.

- art. 88, Lei 9.099/1995 (Lei dos Juizados Especiais).

Lesão corporal culposa

§ 6º Se a lesão é culposa:

Pena - Detenção, de dois meses a um ano.

- art. 129, CF.
- art. 303 do CTB.
- art. 88, Lei 9.099/1995 (Lei dos Juizados Especiais).

Aumento de pena

§ 7º Aumenta-se a pena de 1/3 (um terço) se ocorrer qualquer das hipóteses dos §§ 4º e 6º do art. 121 deste Código. (Redação dada pela Lei 12.720/2012.)

§ 8º Aplica-se à lesão culposa o disposto no § 5º do art. 121. (Redação dada pela Lei 8.069/1990.)

Violência Doméstica

- Lei 11.340/2006 (Lei Maria da Penha).
- Dec. 8.086/2013 (Institui o Programa Mulher Segura e Protegida).

§ 9º Se a lesão for praticada contra ascendente, descendente, irmão, cônjuge ou companheiro, ou com quem conviva ou tenha convivido, ou, ainda, prevalecendo-se o agente das relações domésticas, de coabitação ou de hospitalidade: (Redação dada pela Lei 11.340/2006.)

Pena - Detenção, de 3 (três) meses a 3 (três) anos. (Redação dada pela Lei 11.340/2006.)

§ 10. Nos casos previstos nos §§ 1º a 3º deste artigo, se as circunstâncias são as indicadas no § 9º deste artigo, aumenta-se a pena em 1/3 (um terço). (Incluído pela Lei 10.886/2004.)

§ 11. Na hipótese do § 9º deste artigo, a pena será aumentada de um terço se o crime for cometido contra pessoa portadora de deficiência. (Incluído pela Lei 11.340/2006.)

§ 12. Se a lesão for praticada contra autoridade ou agente descrito nos arts. 142 e 144 da Constituição Federal, integrantes do sistema prisional e da Força Nacional de Segurança Pública, no exercício da função ou em decorrência dela, ou contra seu cônjuge, companheiro ou parente consanguíneo até terceiro grau, em razão dessa condição, a pena é aumentada de um a dois terços. (Alterado pela Lei 13.142/2015.)

CAPÍTULO III
DA PERICLITAÇÃO DA VIDA E DA SAÚDE

Perigo de contágio venéreo

Art. 130. Expor alguém, por meio de relações sexuais ou qualquer ato libidinoso, a contágio de moléstia venérea, de que sabe ou deve saber que está contaminado:

Pena - Detenção, de três meses a um ano, ou multa.

- arts. 61; 89, Lei 9.099/1995 (Lei dos Juizados Especiais).

§ 1º Se é intenção do agente transmitir a moléstia:

Pena - Reclusão, de um a quatro anos, e multa.

§ 2º Somente se procede mediante representação.

Perigo de contágio de moléstia grave

Art. 131. Praticar, com o fim de transmitir a outrem moléstia grave de que está contaminado, ato capaz de produzir o contágio:

Pena - Reclusão, de um a quatro anos, e multa.

- art. 89, Lei 9.099/1995 (Lei dos Juizados Especiais).

Perigo para a vida ou saúde de outrem

Art. 132. Expor a vida ou a saúde de outrem a perigo direto e iminente:

Pena - Detenção, de três meses a um ano, se o fato não constitui crime mais grave.

- arts. 61; 89, Lei 9.099/1995 (Lei dos Juizados Especiais).

Parágrafo único. A pena é aumentada de um sexto a um terço se a exposição da vida ou da saúde de outrem a perigo decorre do transporte de pessoas para a prestação de serviços em estabelecimentos de qualquer natureza, em desacordo com as normas legais. (Incluído pela Lei 9.777/1998.)

Abandono de incapaz

Art. 133. Abandonar pessoa que está sob seu cuidado, guarda, vigilância ou autoridade, e, por qualquer motivo, incapaz de defender-se dos riscos resultantes do abandono:

- art. 13, § 2º, deste Código.
- arts. 1.566, IV, e 1.634, CC.
- arts. 7º a 69, ECA.
- art. 89, Lei 9.099/1995 (Lei dos Juizados Especiais).

Pena - Detenção, de seis meses a três anos.

§ 1º Se do abandono resulta lesão corporal de natureza grave:

Pena - Reclusão, de um a cinco anos.

§ 2º Se resulta a morte:

Pena - Reclusão, de quatro a doze anos.

Aumento de pena

§ 3º As penas cominadas neste artigo aumentam-se de um terço:

I - se o abandono ocorre em lugar ermo;

II - se o agente é ascendente ou descendente, cônjuge, irmão, tutor ou curador da vítima.

III - se a vítima é maior de 60 (sessenta) anos. (Incluído pela Lei 10.741/2003.)

Exposição ou abandono de recém-nascido

Art. 134. Expor ou abandonar recém-nascido, para ocultar desonra própria:

Pena - Detenção, de seis meses a dois anos.

- art. 13, § 2º, deste Código.
- arts. 61; 89, Lei 9.099/1995 (Lei dos Juizados Especiais).

§ 1º Se do fato resulta lesão corporal de natureza grave:

Pena - Detenção, de um a três anos.

§ 2º Se resulta a morte:

Pena - Detenção, de dois a seis anos.

Omissão de socorro

Art. 135. Deixar de prestar assistência, quando possível fazê-lo sem risco pessoal, à criança abandonada ou extraviada, ou à pessoa inválida ou ferida, ao desamparo ou em grave e iminente perigo; ou não pedir, nesses casos, o socorro da autoridade pública:

Pena - Detenção, de um a seis meses, ou multa.

- art. 13, § 2º, deste Código.
- arts. 61; 89, Lei 9.099/1995 (Lei dos Juizados Especiais).

Parágrafo único. A pena é aumentada de metade, se da omissão resulta lesão corporal de natureza grave, e triplicada, se resulta a morte.

- art. 304, CTB.

Condicionamento de atendimento médico-hospitalar emergencial

- Acrescentado pela Lei 12.653/2012.

Art. 135-A. Exigir cheque-caução, nota promissória ou qualquer garantia, bem como o preenchimento prévio de formulários administrativos, como condição para o atendimento médico-hospitalar emergencial: (Artigo acrescido pela Lei nº 12.653/2012)

Pena - detenção, de 3 (três) meses a 1 (um) ano, e multa.

- arts. 156; 171, II; 178, II, CC.
- arts. 39; 61 e ss., CDC.
- art. 35-C, Lei 9.656/1998 (Define e diferencia os atendimentos de urgência e emergencial).
- Lei 12.653/2012 (Tipifica o crime de condicionar atendimento médico-hospitalar emergencial a qualquer garantia).

Parágrafo único. A pena é aumentada até o dobro se da negativa de atendimento resulta lesão corporal de natureza grave, e até o triplo se resulta a morte.

Maus-tratos

Art. 136. Expor a perigo a vida ou a saúde de pessoa sob sua autoridade, guarda ou vigilância, para fim de educação, ensino, tratamento ou custódia, quer privando-a de alimentação ou cuidados indispensáveis, quer sujeitando-a a trabalho excessivo ou inadequado, quer abusando de meios de correção ou disciplina:

Pena - Detenção, de dois meses a um ano, ou multa.

- art. 13, § 2º, a, deste Código.
- arts. 7º a 69, ECA.
- arts. 61; 89, Lei 9.099/1995 (Lei dos Juizados Especiais).
- art. 1º, II, Lei 9.455/1997 (Lei de Tortura).

§ 1º Se do fato resulta lesão corporal de natureza grave:

Pena - Reclusão, de um a quatro anos.

§ 2º Se resulta a morte:

Pena - Reclusão, de quatro a doze anos.

§ 3º Aumenta-se a pena de um terço, se o crime é praticado contra pessoa menor de 14 (catorze) anos. (Incluído pela Lei 8.069/1990.)

CAPÍTULO IV
DA RIXA

Rixa

Art. 137. Participar de rixa, salvo para separar os contendores:

Pena - Detenção, de quinze dias a dois meses, ou multa.

- arts. 61; 89, Lei 9.099/1995 (Lei dos Juizados Especiais).

Parágrafo único. Se ocorre morte ou lesão corporal de natureza grave, aplica-se, pelo fato da participação na rixa, a pena de detenção, de seis meses a dois anos.

- art. 65, III, e, deste Código.

CAPÍTULO V
DOS CRIMES CONTRA A HONRA

- arts. 5º, IX, X; 53, CF.
- art. 71, CDC.
- arts. 519 a 523, CPP.
- art. 58, Lei 9.504/1997 (Lei das Eleições).
- art. 7º, V, Lei 11.340/2006 (Lei Maria da Penha).

Calúnia

Art. 138. Caluniar alguém, imputando-lhe falsamente fato definido como crime:

Pena - Detenção, de seis meses a dois anos, e multa.

- arts. 519 a 523, CPP.
- art. 324, CE.
- art. 53, Lei 4.117/1962 (Código Brasileiro de Telecomunicações).
- art. 26, Lei 7.170/1983 (Lei da Segurança Nacional).
- art. 58, Lei 9.504/1997 (Lei das Eleições).

§ 1º Na mesma pena incorre quem, sabendo falsa a imputação, a propala ou divulga.

§ 2º É punível a calúnia contra os mortos.

Exceção da verdade

§ 3º Admite-se a prova da verdade, salvo:

- Súm. 396, STF.

I - se, constituindo o fato imputado crime de ação privada, o ofendido não foi condenado por sentença irrecorrível;

II - se o fato é imputado a qualquer das pessoas indicadas no n. I do art. 141;

III - se do crime imputado, embora de ação pública, o ofendido foi absolvido por sentença irrecorrível.

Difamação

Art. 139. Difamar alguém, imputando-lhe fato ofensivo à sua reputação:

Pena - Detenção, de três meses a um ano, e multa.

- arts. 519 a 523, CPP.
- art. 325, CE.
- art. 53, Lei 4.117/1962 (Código Brasileiro de Telecomunicações).
- art. 26, Lei 7.170/1983 (Lei da Segurança Nacional).

Exceção da verdade

Parágrafo único. A exceção da verdade somente se admite se o ofendido é funcionário público e a ofensa é relativa ao exercício de suas funções.

- Súm. 396, STF.

Injúria

Art. 140. Injuriar alguém, ofendendo-lhe a dignidade ou o decoro:

Pena - Detenção, de um a seis meses, ou multa.

- arts. 256, 519 a 523, CPP.
- art. 326, CE.
- art. 53, Lei 4.117/1962 (Código Brasileiro de Telecomunicações).
- art. 7º, § 2º, EAOAB.

§ 1º O juiz pode deixar de aplicar a pena:

I - quando o ofendido, de forma reprovável, provocou diretamente a injúria;

II - no caso de retorsão imediata, que consista em outra injúria.

§ 2º Se a injúria consiste em violência ou vias de fato, que, por sua natureza ou pelo meio empregado, se considerem aviltantes:

Pena - Detenção, de três meses a um ano, e multa, além da pena correspondente à violência.

- art. 21, Dec.-Lei 3.688/1941 (Lei das Contravenções Penais).

§ 3º Se a injúria consiste na utilização de elementos referentes a raça, cor, etnia, religião, origem ou a condição de pessoa idosa ou portadora de deficiência: (Redação dada pela Lei 10.741/2003.)

Pena - Reclusão de um a três anos e multa. (Incluído pela Lei 9.459/1997.)

Disposições comuns

Art. 141. As penas cominadas neste Capítulo aumentam-se de um terço, se qualquer dos crimes é cometido:

I - contra o Presidente da República, ou contra chefe de governo estrangeiro;

II - contra funcionário público, em razão de suas funções;

III - na presença de várias pessoas, ou por meio que facilite a divulgação da calúnia, da difamação ou da injúria.

IV - contra pessoa maior de 60 (sessenta) anos ou portadora de deficiência, exceto no caso de injúria. (Incluído pela Lei 10.741/2003.)

§ 1º Se o crime é cometido mediante paga ou promessa de recompensa, aplica-se a pena em dobro.

§ 2º Vetado na Lei 13.964/2019.

Exclusão do crime

Art. 142. Não constituem injúria ou difamação punível:

I - a ofensa irrogada em juízo, na discussão da causa, pela parte ou por seu procurador;

- arts. 15, 445 e 446, III, CPC.
- arts. 78, 360 e 361, NCPC.

II - a opinião desfavorável da crítica literária, artística ou científica, salvo quando inequívoca a intenção de injuriar ou difamar;

III - o conceito desfavorável emitido por funcionário público, em apreciação ou informação que preste no cumprimento de dever do ofício.

Parágrafo único. Nos casos dos n. I e III, responde pela injúria ou pela difamação quem lhe dá publicidade.

Retratação

Art. 143. O querelado que, antes da sentença, se retrata cabalmente da calúnia ou da difamação, fica isento de pena.

- Art. 107, VI, deste Código.

Parágrafo único. Nos casos em que o querelado tenha praticado a calúnia ou a difamação utilizando-se de meios de comunicação, a retratação dar-se-á, se assim desejar o ofendido, pelos mesmos meios em que se praticou a ofensa. (Acrescentado pela Lei 13.188/2015.)

Art. 144. Se, de referências, alusões ou frases, se infere calúnia, difamação ou injúria, quem se julga ofendido pode pedir explicações em juízo. Aquele que se recusa a dá-las ou, a critério do juiz, não as dá satisfatórias, responde pela ofensa.

Art. 145. Nos crimes previstos neste Capítulo somente se procede mediante queixa, salvo quando, no caso do art. 140, § 2º, da violência resulta lesão corporal.

Parágrafo único. Procede-se mediante requisição do Ministro da Justiça, no caso do inciso I do *caput* do art. 141 deste Código, e mediante representação do ofendido, no caso do inciso II do mesmo artigo, bem como no caso do § 3º do art. 140 deste Código. (Redação dada pela Lei 12.033/2009.)

- Súm. 714, STF.

CAPÍTULO VI
DOS CRIMES CONTRA A LIBERDADE INDIVIDUAL

SEÇÃO I
DOS CRIMES CONTRA A LIBERDADE PESSOAL

Constrangimento ilegal

Art. 146. Constranger alguém, mediante violência ou grave ameaça, ou depois de lhe haver reduzido, por qualquer outro meio, a capacidade de resistência, a não fazer o que a lei permite, ou a fazer o que ela não manda:

Pena - Detenção, de três meses a um ano, ou multa.

- art. 5º, II, CF.
- art. 222, CPM.
- art. 71, CDC.
- art. 301, CE.
- art. 232, Lei 8.069/1990 (ECA).
- arts. 6º, 2 e 6, e 9º, 6, Lei 1.079/1950 (Define os crimes de responsabilidade e regula o respectivo processo de julgamento).
- art. 7º, 1, Pacto de São José da Costa Rica.
- Súm. 568, STF.
- Súm. Vinc. 46, STF.

Aumento de pena

§ 1º As penas aplicam-se cumulativamente e em dobro, quando, para a execução do crime, se reúnem mais de três pessoas, ou há emprego de armas.

§ 2º Além das penas cominadas, aplicam-se as correspondentes à violência.

§ 3º Não se compreendem na disposição deste artigo:

I - a intervenção médica ou cirúrgica, sem o consentimento do paciente ou de seu representante legal, se justificada por iminente perigo de vida;

II - a coação exercida para impedir suicídio.

Ameaça

Art. 147. Ameaçar alguém, por palavra, escrito ou gesto, ou qualquer outro meio simbólico, de causar-lhe mal injusto e grave:

Pena - Detenção, de um a seis meses, ou multa.

- art. 223, CPM.
- art. 71, CDC.
- art. 5º, 1, Pacto de São José da Costa Rica.

Parágrafo único. Somente se procede mediante representação.

- art. 100, § 1º, deste Código.
- arts. 24, 38 e 39, CPP.

Sequestro e cárcere privado

Art. 148. Privar alguém de sua liberdade, mediante sequestro ou cárcere privado:

Pena - Reclusão, de um a três anos.

- art. 225, CPM.
- art. 230, Lei 8.069/1990 (ECA).
- art. 1º, e, Lei 2.889/1956 (Lei do Crime de Genocídio).
- art. 20, Lei 7.170/1983 (Lei da Segurança Nacional).
- art. 1º, III, b, Lei 7.960/1989 (Lei da Prisão Temporária).
- art. 1º, I, Lei 10.446/2002 (Dispõe sobre infrações penais de repercussão interestadual ou internacional que exigem repressão uniforme, para os fins de aplicação do disposto no inciso I do § 1º do art. 144 da CF).
- art. 7º, 1, Pacto de São José da Costa Rica.

§ 1º A pena é de reclusão, de dois a cinco anos:

I - se a vítima é ascendente, descendente, cônjuge ou companheiro do agente ou maior de 60 (sessenta) anos; (Redação dada pela Lei 11.106/2005.)

II - se o crime é praticado mediante internação da vítima em casa de saúde ou hospital;

III - se a privação da liberdade dura mais de quinze dias.

IV - se o crime é praticado contra menor de 18 (dezoito) anos; (Incluído pela Lei 11.106/2005.)

V - se o crime é praticado com fins libidinosos. (Incluído pela Lei 11.106/2005.)

§ 2º Se resulta à vítima, em razão de maus-tratos ou da natureza da detenção, grave sofrimento físico ou moral:

Pena - Reclusão, de dois a oito anos.

Redução à condição análoga à de escravo

- Res. 212/2015, CNJ.

Art. 149. Reduzir alguém à condição análoga à de escravo, quer submetendo-o a trabalhos forçados ou à jornada exaustiva, quer sujeitando-o a condições degradantes de trabalho, quer restringindo, por qualquer meio, sua locomoção em razão de dívida contraída com o empregador ou preposto: (Redação dada pela Lei 10.803/2003.)

Pena - Reclusão, de dois a oito anos, e multa, além da pena correspondente à violência. (Redação dada pela Lei 10.803/2003.)

- art. 6º, Pacto de São José da Costa Rica.

§ 1º Nas mesmas penas incorre quem: (Incluído pela Lei 10.803/2003.)

I - cerceia o uso de qualquer meio de transporte por parte do trabalhador, com o fim de retê-lo no local de trabalho; (Incluído pela Lei 10.803/2003.)

II - mantém vigilância ostensiva no local de trabalho ou se apodera de documentos ou objetos pessoais do trabalhador, com o fim de retê-lo no local de trabalho. (Incluído pela Lei 10.803/2003.)

§ 2º A pena é aumentada de metade, se o crime é cometido: (Incluído pela Lei 10.803/2003.)

I - contra criança ou adolescente; (Incluído pela Lei 10.803/2003.)

II - por motivo de preconceito de raça, cor, etnia, religião ou origem. (Incluído pela Lei 10.803/2003.)

Tráfico de Pessoas (Acrescentado pela Lei 13.344/2016.)

Art. 149-A. Agenciar, aliciar, recrutar, transportar, transferir, comprar, alojar ou acolher pessoa, mediante grave ameaça, violência, coação, fraude ou abuso, com a finalidade de: (Acrescentado pela Lei 13.344/2016.)

- art. 3º, Dec. 5.017/2004 (Protocolo Adicional à Convenção das Nações Unidas contra o Crime Organizado Transnacional Relativo à Prevenção, Repressão e Punição do Tráfico de Pessoas, em Especial Mulheres e Crianças).
- Dec. 7.901/2013 (Institui a Coordenação Tripartite da Política Nacional de Enfrentamento ao Tráfico de Pessoas).

I - remover-lhe órgãos, tecidos ou partes do corpo; (Acrescentado pela Lei 13.344/2016.)

II - submetê-la a trabalho em condições análogas à de escravo; (Acrescentado pela Lei 13.344/2016.)

III - submetê-la a qualquer tipo de servidão; (Acrescentado pela Lei 13.344/2016.)

- Dec. 58.563/1966 (Convenção Suplementar sobre a Abolição da Escravatura, do Tráfico de Escravos e das Instituições e Práticas Análogas à Escravatura).

IV - adoção ilegal; ou (Acrescentado pela Lei 13.344/2016.)

- arts. 39 a 52-D, 237 e 238, Lei 8.069/1990, ECA.
- art. 21, Dec. 99.710/1990 (Convenção sobre os Direitos da Criança).

V - exploração sexual. (Acrescentado pela Lei 13.344/2016.)

- Dec. Leg. 6/1958 (Convenção das Nações Unidas destinada à repressão do tráfico de pessoas e do lenocínio).

Pena - reclusão, de 4 (quatro) a 8 (oito) anos, e multa. (Acrescentado pela Lei 13.344/2016.)

§ 1º A pena é aumentada de um terço até a metade se: (Acrescentado pela Lei 13.344/2016.)

I - o crime for cometido por funcionário público no exercício de suas funções ou a pretexto de exercê-las; (Acrescentado pela Lei 13.344/2016.)

- arts. 327 e § 1º, e 337-D, CP.

II - o crime for cometido contra criança, adolescente ou pessoa idosa ou com deficiência; (Acrescentado pela Lei 13.344/2016.)

- art. 2º, Lei 8.069/1990, ECA.
- art. 1º, Lei 10.741/2003 (Estatuto do Idoso).
- Dec. 3.298/1999 (Regulamenta a Lei 7.853/1989).

III - o agente se prevalecer de relações de parentesco, domésticas, de coabitação, de hospitalidade, de dependência econômica, de autoridade ou de superioridade hierárquica inerente ao exercício de emprego, cargo ou função; ou (Acrescentado pela Lei 13.344/2016.)

- arts. 1.591 a 1.595, CC.

IV - a vítima do tráfico de pessoas for retirada do território nacional. (Acrescentado pela Lei 13.344/2016.)

§ 2º A pena é reduzida de um a dois terços se o agente for primário e não integrar organização criminosa. (Acrescentado pela Lei 13.344/2016.)

- § 1º, art. 1º, Lei 12.850/2013 (organização criminosa).

SEÇÃO II
DOS CRIMES CONTRA A INVIOLABILIDADE DO DOMICÍLIO

Violação de domicílio

Art. 150. Entrar ou permanecer, clandestina ou astuciosamente, ou contra a vontade expressa ou tácita de quem de direito, em casa alheia ou em suas dependências:

Pena - Detenção, de um a três meses, ou multa.

- art. 5º, XI, CF.
- arts. 245 a 248, 283, § 2º, e 293, CPP.
- art. 226, CPM.
- art. 11, Pacto de São José da Costa Rica.

§ 1º Se o crime é cometido durante a noite, ou em lugar ermo, ou com o emprego de violência ou de arma, ou por duas ou mais pessoas:

Pena - Detenção, de seis meses a dois anos, além da pena correspondente à violência.

§ 2º (Revogado pela Lei 13.869/2019)

§ 3º Não constitui crime a entrada ou permanência em casa alheia ou em suas dependências:

I - durante o dia, com observância das formalidades legais, para efetuar prisão ou outra diligência;

II - a qualquer hora do dia ou da noite, quando algum crime está sendo ali praticado ou na iminência de o ser.

§ 4º A expressão "casa" compreende:

I - qualquer compartimento habitado;

II - aposento ocupado de habitação coletiva;

III - compartimento não aberto ao público, onde alguém exerce profissão ou atividade.

§ 5º Não se compreendem na expressão "casa":

I - hospedaria, estalagem ou qualquer outra habitação coletiva, enquanto aberta, salvo a restrição do n. II do parágrafo anterior;

II - taverna, casa de jogo e outras do mesmo gênero.

SEÇÃO III
DOS CRIMES CONTRA A INVIOLABILIDADE DE CORRESPONDÊNCIA

Violação de correspondência

- art. 5º, XII, CF.

Art. 151. Devassar indevidamente o conteúdo de correspondência fechada, dirigida a outrem:

Pena - Detenção, de um a seis meses, ou multa.

- art. 227, CPM.
- art. 41, XV, e p.u., Lei 7.210/1984 (Lei de Execuções Penais).
- art. 40, Lei 6.538/1978 (Dispõe sobre os serviços postais).
- arts. 13 e 14, Lei 7.170/1983 (Lei da Segurança Nacional).
- art. 11, Pacto de São José da Costa Rica.

Sonegação ou destruição de correspondência

§ 1º Na mesma pena incorre:

I - quem se apossa indevidamente de correspondência alheia, embora não fechada e, no todo ou em parte, a sonega ou destrói;

- art. 40, § 1º, Lei 6.538/1978 (Dispõe sobre os serviços postais).

Violação de comunicação telegráfica, radioelétrica ou telefônica

II - quem indevidamente divulga, transmite a outrem ou utiliza abusivamente comunicação telegráfica ou radioelétrica dirigida a terceiro, ou conversação telefônica entre outras pessoas;

III - quem impede a comunicação ou a conversação referidas no número anterior;

IV - quem instala ou utiliza estação ou aparelho radioelétrico, sem observância de disposição legal.

- art. 70, Lei 4.117/1962 (Código Brasileiro de Telecomunicações).

§ 2º As penas aumentam-se de metade, se há dano para outrem.

§ 3º Se o agente comete o crime, com abuso de função em serviço postal, telegráfico, radioelétrico ou telefônico:

Pena - Detenção, de um a três anos.

§ 4º Somente se procede mediante representação, salvo nos casos do § 1º, IV, e do § 3º.

Correspondência comercial

Art. 152. Abusar da condição de sócio ou empregado de estabelecimento comercial ou industrial para, no todo ou em parte, desviar, sonegar, subtrair ou suprimir correspondência, ou revelar a estranho seu conteúdo:

Pena - Detenção, de três meses a dois anos.

- art. 11, Pacto de São José da Costa Rica.

Parágrafo único. Somente se procede mediante representação.

- art. 100, § 1º, deste Código.
- arts. 24, 38 e 39, CPP.

SEÇÃO IV
DOS CRIMES CONTRA A INVIOLABILIDADE DOS SEGREDOS

Divulgação de segredo

Art. 153. Divulgar alguém, sem justa causa, conteúdo de documento particular ou de correspondência confidencial, de que é destinatário ou detentor, e cuja divulgação possa produzir dano a outrem:

Pena - Detenção, de um a seis meses, ou multa.

- art. 229, CC/2002.
- art. 448, NCPC.
- art. 228, CPM.
- art. 11, Pacto de São José da Costa Rica.

§ 1º Somente se procede mediante representação. (Parágrafo único renumerado pela Lei 9.983/2000.)

- art. 100, § 1º, deste Código.
- arts. 24, 38 e 39, CPP.

§ 1º-A. Divulgar, sem justa causa, informações sigilosas ou reservadas, assim definidas em lei, contidas ou não nos sistemas de informações ou banco de dados da Administração Pública: (Incluído pela Lei 9.983/2000.)

Pena - Detenção, de 1 (um) a 4 (quatro) anos, e multa. (Incluído pela Lei 9.983/2000.)

§ 2º Quando resultar prejuízo para a Administração Pública, a ação penal será incondicionada. (Incluído pela Lei 9.983/2000.)

Violação do segredo profissional

Art. 154. Revelar alguém, sem justa causa, segredo, de que tem ciência em razão de função, ministério, ofício ou profissão, e cuja revelação possa produzir dano a outrem:

Pena - Detenção, de três meses a um ano, ou multa.

- art. 230, CPM.
- art. 21, Lei 7.170/1983 (Lei da Segurança Nacional).
- art. 11, Pacto de São José da Costa Rica.
- art. 7º, XIX, EAOAB.

Parágrafo único. Somente se procede mediante representação.

- art. 100, § 1º, deste Código.
- arts. 24, 38 e 39, CPP.

Invasão de dispositivo informático

Art. 154-A. Invadir dispositivo informático alheio, conectado ou não à rede de computadores, mediante violação indevida de mecanismo de segurança e com o fim de obter, adulterar ou destruir dados ou informações sem autorização expressa ou tácita do titular do dispositivo ou instalar vulnerabilidades para obter vantagem ilícita:

- arts. 190-A e 190-C, ECA.

Pena - detenção, de 3 (três) meses a 1 (um) ano, e multa.

§ 1º Na mesma pena incorre quem produz, oferece, distribui, vende ou difunde dispositivo ou programa de computador com o intuito de permitir a prática da conduta definida no *caput*.

§ 2º Aumenta-se a pena de um sexto a um terço se da invasão resulta prejuízo econômico.

§ 3º Se da invasão resultar a obtenção de conteúdo de comunicações eletrônicas privadas, segredos comerciais ou industriais, informações sigilosas, assim definidas em lei, ou o controle remoto não autorizado do dispositivo invadido:

Pena - reclusão, de 6 (seis) meses a 2 (dois) anos, e multa, se a conduta não constitui crime mais grave.

§ 4º Na hipótese do § 3º, aumenta-se a pena de um a dois terços se houver divulgação, comercialização ou transmissão a terceiro, a qualquer título, dos dados ou informações obtidos.

§ 5º Aumenta-se a pena de um terço à metade se o crime for praticado contra:

I - Presidente da República, governadores e prefeitos;

II - Presidente do Supremo Tribunal Federal;

III - Presidente da Câmara dos Deputados, do Senado Federal, de Assembleia Legislativa de Estado, da Câmara Legislativa do Distrito Federal ou de Câmara Municipal; ou

IV - dirigente máximo da administração direta e indireta federal, estadual, municipal ou do Distrito Federal.

- Art. 154-A e §§ inseridos pela Lei 12.737/2012.

Ação penal

Art. 154-B. Nos crimes definidos no art. 154-A, somente se procede mediante representação, salvo se o crime é cometido contra a administração pública direta ou indireta de qualquer dos Poderes da União, Estados, Distrito Federal ou Municípios ou contra empresas concessionárias de serviços públicos. (Inserido pela Lei 12.737/2012)

- art. 100 deste Código.

TÍTULO II DOS CRIMES CONTRA O PATRIMÔNIO

CAPÍTULO I DO FURTO

Furto

Art. 155. Subtrair, para si ou para outrem, coisa alheia móvel:

Pena - Reclusão, de um a quatro anos, e multa.

- arts. 181 a 183 deste Código.
- arts. 240, 241 e 404, CPM.
- arts. 24 e 25, Dec.-Lei 3.688/1941 (Lei das Contravenções Penais).
- Súm. 567, STJ.

§ 1º A pena aumenta-se de um terço, se o crime é praticado durante o repouso noturno.

§ 2º Se o criminoso é primário, e é de pequeno valor a coisa furtada, o juiz pode substituir a pena de reclusão pela de detenção, diminuí-la de um a dois terços, ou aplicar somente a pena de multa.

- arts. 59, IV, 60, § 2º, 63 e 180, § 5º, deste Código.
- Súm. 511, STJ.

§ 3º Equipara-se à coisa móvel a energia elétrica ou qualquer outra que tenha valor econômico.

Furto qualificado

§ 4º A pena é de reclusão de dois a oito anos, e multa, se o crime é cometido:

I - com destruição ou rompimento de obstáculo à subtração da coisa;

II - com abuso de confiança, ou mediante fraude, escalada ou destreza;

III - com emprego de chave falsa;

IV - mediante concurso de duas ou mais pessoas.

- Súm. 442, STJ.

§ 4º-A. A pena é de reclusão de 4 (quatro) a 10 (dez) anos e multa, se houver emprego de explosivo ou de artefato análogo que cause perigo comum. (Incluído pela Lei nº 13.654, de 2018)

§ 5º A pena é de reclusão de três a oito anos, se a subtração for de veículo automotor que venha a ser transportado para outro Estado ou para o exterior. (Incluído pela Lei 9.426/1996.)

§ 6º A pena é de reclusão de 2 (dois) a 5 (cinco) anos se a subtração for de semovente domesticável de produção, ainda que abatido ou dividido em partes no local da subtração. (Alterado pela Lei 13.330/2016.)

§ 7º A pena é de reclusão de 4 (quatro) a 10 (dez) anos e multa, se a subtração for de substâncias explosivas ou de acessórios que, conjunta ou isoladamente, possibilitem sua fabricação, montagem ou emprego. (Incluído pela Lei nº 13.654, de 2018)

Furto de coisa comum

Art. 156. Subtrair o condômino, coerdeiro ou sócio, para si ou para outrem, a quem legitimamente a detém, a coisa comum:

Pena - Detenção, de seis meses a dois anos, ou multa.

§ 1º Somente se procede mediante representação.

- art. 100, § 1º, deste Código.
- arts. 24, 38 e 39, CPP.
- Súm. 442, STJ.

§ 2º Não é punível a subtração de coisa comum fungível, cujo valor não excede a quota a que tem direito o agente.

CAPÍTULO II DO ROUBO E DA EXTORSÃO

Roubo

Art. 157. Subtrair coisa móvel alheia, para si ou para outrem, mediante grave ameaça ou violência a pessoa, ou depois de havê-la, por qualquer meio, reduzido à impossibilidade de resistência:

- Súm. 582, STJ.

Pena - Reclusão, de quatro a dez anos, e multa.

- arts. 242 e 405, CPM.
- art. 20, Lei 7.170/1983 (Lei da Segurança Nacional).
- art. 1º, III, c, Lei 7.960/1989 (Lei da Prisão Temporária).

§ 1º Na mesma pena incorre quem, logo depois de subtraída a coisa, emprega violência contra pessoa ou grave ameaça, a fim de assegurar a impunidade do crime ou a detenção da coisa para si ou para terceiro.

§ 2º A pena aumenta-se de 1/3 (um terço) até metade: (Redação dada pela Lei nº 13.654, de 2018)

- Súm. 443, STJ.

I - (Revogado pela Lei nº 13.654, de 2018.);

II - se há o concurso de duas ou mais pessoas;

- Súm. 442, STJ.

III - se a vítima está em serviço de transporte de valores e o agente conhece tal circunstância.

IV - se a subtração for de veículo automotor que venha a ser transportado para outro Estado ou para o exterior; (Incluído pela Lei 9.426/1996.)

V - se o agente mantém a vítima em seu poder, restringindo sua liberdade. (Incluído pela Lei 9.426/1996.)

VI – se a subtração for de substâncias explosivas ou de acessórios que, conjunta ou isoladamente, possibilitem sua fabricação, montagem ou emprego. (Incluído pela Lei nº 13.654, de 2018)

VII - se a violência ou grave ameaça é exercida com emprego de arma branca; (Incluído pela Lei 13.964/2019)

§ 2º-A. A pena aumenta-se de 2/3 (dois terços): (Incluído pela Lei nº 13.654, de 2018)

I - se a violência ou ameaça é exercida com emprego de arma de fogo; (Incluído pela Lei nº 13.654, de 2018)

II - se há destruição ou rompimento de obstáculo mediante o emprego de explosivo ou de artefato análogo que cause perigo comum. (Incluído pela Lei nº 13.654, de 2018)

§ 2º-B. Se a violência ou grave ameaça é exercida com emprego de arma de fogo de uso restrito ou proibido, aplica-se em dobro a pena prevista no *caput* deste artigo. (Incluído pela Lei 13.964/2019)

§ 3º Se da violência resulta: (Redação dada pela Lei nº 13.654, de 2018)

- art. 5º, XLIII, CF.
- art. 1º, II, Lei 8.072/1990 (Lei dos Crimes Hediondos).
- art. 394-A, CPP.
- Súmulas 603 e 610, STF.

I - lesão corporal grave, a pena é de reclusão de 7 (sete) a 18 (dezoito) anos, e multa; (Incluído pela Lei nº 13.654, de 2018)

II - morte, a pena é de reclusão de 20 (vinte) a 30 (trinta) anos, e multa. (Incluído pela Lei nº 13.654, de 2018)

Extorsão

Art. 158. Constranger alguém, mediante violência ou grave ameaça, e com o intuito de obter para si ou para outrem indevida vantagem econômica, a fazer, tolerar que se faça ou deixar fazer alguma coisa:

Pena - Reclusão, de quatro a dez anos, e multa.

- arts. 243 e 405, CPM.
- art. 20, Lei 7.170/1983 (Lei da Segurança Nacional).
- art. 1º, III, d, Lei 7.960/1989 (Lei da Prisão Temporária).
- Súm. 96, STJ.

§ 1º Se o crime é cometido por duas ou mais pessoas, ou com emprego de arma, aumenta-se a pena de um terço até metade.

§ 2º Aplica-se à extorsão praticada mediante violência o disposto no § 3º do artigo anterior.

- art. 5º, XLIII, CF.
- art. 1º, III, Lei 8.072/1990 (Lei dos Crimes Hediondos).
- art. 394-A, CPP.

§ 3º Se o crime é cometido mediante a restrição da liberdade da vítima, e essa condição é necessária para a obtenção da vantagem econômica, a pena é de reclusão, de 6 (seis) a 12 (doze) anos, além da multa; se resulta lesão corporal grave ou morte, aplicam-se as penas previstas no art. 159, §§ 2º e 3º, respectivamente. (Incluído pela Lei 11.923/2009.)

Extorsão mediante sequestro

Art. 159. Sequestrar pessoa com o fim de obter, para si ou para outrem, qualquer vantagem, como condição ou preço do resgate:

Pena - Reclusão, de oito a quinze anos. (Redação dada pela Lei 8.072/1990.)

- art. 5º, XLIII, CF.
- art. 244, CPM.

CP

- art. 20, Lei 7.170, /1983 (Lei da Segurança Nacional).
- art. 1º, III, e, Lei 7.960/1989 (Lei da Prisão Temporária).
- art.1º, IV, Lei 8.072/1990 (Lei dos Crimes Hediondos).
- art. 1º, IV, Lei 9.613/1998 (Lei dos Crimes de Lavagem de Dinheiro).
- Lei 10.446/2002 (Dispõe sobre infrações penais de repercussão interestadual ou internacional que exigem repressão uniforme, para os fins de aplicação do disposto no inciso I do § 1º do art. 144 da CF.

§ 1º Se o sequestro dura mais de 24 (vinte e quatro) horas, se o sequestrado é menor de 18 (dezoito) ou maior de 60 (sessenta) anos, ou se o crime é cometido por bando ou quadrilha. (Redação dada pela Lei 10.741/2003.)

Pena - Reclusão, de doze a vinte anos. (Redação dada pela Lei 8.072/1990.)

§ 2º Se do fato resulta lesão corporal de natureza grave:

Pena - Reclusão, de dezesseis a vinte e quatro anos. (Redação dada pela Lei 8.072/1990.)

§ 3º Se resulta a morte:

Pena - Reclusão, de vinte e quatro a trinta anos. (Redação dada pela Lei 8.072/1990.)

§ 4º Se o crime é cometido em concurso, o concorrente que o denunciar à autoridade, facilitando a libertação do sequestrado, terá sua pena reduzida de um a dois terços. (Redação dada pela Lei 9.269/1996.)

- Lei 8.072/1990 (Lei dos Crimes Hediondos), alterou as penas deste artigo.
- Lei 9.807/1999 (Estabelece normas para a organização e a manutenção de programas especiais de proteção a vítimas e a testemunhas ameaçadas).
- art. 13, Lei 9.807/1999 (Delação premiada - perdão judicial).

Extorsão indireta

Art. 160. Exigir ou receber, como garantia de dívida, abusando da situação de alguém, documento que pode dar causa a procedimento criminal contra a vítima ou contra terceiro:

Pena - Reclusão, de um a três anos, e multa.

- art. 246, CPM.

CAPÍTULO III
DA USURPAÇÃO

Alteração de limites

Art. 161. Suprimir ou deslocar tapume, marco, ou qualquer outro sinal indicativo de linha divisória, para apropriar-se, no todo ou em parte, de coisa imóvel alheia:

Pena - Detenção, de um a seis meses, e multa.

- art. 257, CPM.
- art. 2º, Lei 8.176/1991 (Lei dos Crimes Contra a Ordem Econômica).

§ 1º Na mesma pena incorre quem:

Usurpação de águas

I - desvia ou represa, em proveito próprio ou de outrem, águas alheias;

Esbulho possessório

II - invade, com violência a pessoa ou grave ameaça, ou mediante concurso de mais de duas pessoas, terreno ou edifício alheio, para o fim de esbulho possessório.

§ 2º Se o agente usa de violência, incorre também na pena a esta cominada.

§ 3º Se a propriedade é particular, e não há emprego de violência, somente se procede mediante queixa.

- art. 100, § 2º, deste Código.
- arts. 29 a 38, CPP.

Supressão ou alteração de marca em animais

Art. 162. Suprimir ou alterar, indevidamente, em gado ou rebanho alheio, marca ou sinal indicativo de propriedade:

Pena - Detenção, de seis meses a três anos, e multa.

- art. 258, CPM.

CAPÍTULO IV
DO DANO

Dano

Art. 163. Destruir, inutilizar ou deteriorar coisa alheia:

Pena - Detenção, de um a seis meses, ou multa.

- arts. 259 a 266, 383 e 384, CPM.
- art. 65, Lei 9.605/1998 (Lei dos Crimes Ambientais).

Dano qualificado

Parágrafo único. Se o crime é cometido:

I - com violência à pessoa ou grave ameaça;

II - com emprego de substância inflamável ou explosiva, se o fato não constitui crime mais grave;

III - contra o patrimônio da União, de Estado, do Distrito Federal, de Município ou de autarquia, fundação pública, empresa pública, sociedade de economia mista ou empresa concessionária de serviços públicos; (Redação dada pela Lei 13.531, de 2017.)

IV - por motivo egoístico ou com prejuízo considerável para a vítima:

Pena - Detenção, de seis meses a três anos, e multa, além da pena correspondente à violência.

Introdução ou abandono de animais em propriedade alheia

Art. 164. Introduzir ou deixar animais em propriedade alheia, sem consentimento de quem de direito, desde que o fato resulte prejuízo:

Pena - Detenção, de quinze dias a seis meses, ou multa.

Dano em coisa de valor artístico, arqueológico ou histórico

Art. 165. Destruir, inutilizar ou deteriorar coisa tombada pela autoridade competente em virtude de valor artístico, arqueológico ou histórico:

Pena - Detenção, de seis meses a dois anos, e multa.

- art. 62, Lei 9.605/1998 (Lei dos Crimes Ambientais).
- Lei 3.924/1961 (Dispõe sobre os monumentos arqueológicos e pré-históricos).

Alteração de local especialmente protegido

Art. 166. Alterar, sem licença da autoridade competente, o aspecto de local especialmente protegido por lei:

Pena - Detenção, de um mês a um ano, ou multa.

- art. 63, Lei 9.605/1998 (Lei dos Crimes Ambientais).

Ação penal

Art. 167. Nos casos do art. 163, do inciso IV do seu parágrafo, e do art. 164, somente se procede mediante queixa.

- art. 100, § 2º, deste Código.
- arts. 29 a 38, CPP.

CAPÍTULO V
DA APROPRIAÇÃO INDÉBITA

Apropriação indébita

Art. 168. Apropriar-se de coisa alheia móvel, de que tem a posse ou a detenção:

Pena - Reclusão, de um a quatro anos, e multa.

- art. 248, CPM.
- art. 5º, Lei 7.492/1986 (Lei dos Crimes Contra o Sistema Financeiro Nacional).
- art. 173, Lei 11.101/2005 (Lei de Recuperação de Empresas e Falências).

Aumento de pena

§ 1º A pena é aumentada de um terço, quando o agente recebeu a coisa:

I - em depósito necessário;

II - na qualidade de tutor, curador, síndico, liquidatário, inventariante, testamenteiro ou depositário judicial;

III - em razão de ofício, emprego ou profissão.

Apropriação indébita previdenciária

- Incluído pela Lei 9.983/2000.

Art. 168-A. Deixar de repassar à previdência social as contribuições recolhidas dos contribuintes, no prazo e forma legal ou convencional: (Incluído pela Lei 9.983/2000.)

Pena - Reclusão, de 2 (dois) a 5 (cinco) anos, e multa. (Incluído pela Lei 9.983/2000.)

- art. 83, Lei 9.430/1996 (Dispõe sobre a legislação tributária federal e as contribuições para a seguridade social).

§ 1º Nas mesmas penas incorre quem deixar de: (Incluído pela Lei 9.983/2000.)

I - recolher, no prazo legal, contribuição ou outra importância destinada à previdência social que tenha sido descontada de pagamento efetuado a segurados, a terceiros ou arrecadada do público; (Incluído pela Lei 9.983/2000.)

II - recolher contribuições devidas à previdência social que tenham integrado despesas contábeis ou custos relativos à venda de produtos ou à prestação de serviços; (Incluído pela Lei 9.983/2000.)

III - pagar benefício devido a segurado, quando as respectivas cotas ou valores já tiverem sido reembolsados à empresa pela previdência social. (Incluído pela Lei 9.983/2000.)

§ 2º É extinta a punibilidade se o agente, espontaneamente, declara, confessa e efetua o pagamento das contribuições, importâncias ou valores e presta as informações devidas à previdência social, na forma definida em lei ou regulamento, antes do início da ação fiscal. (Incluído pela Lei 9.983/2000.)

§ 3º É facultado ao juiz deixar de aplicar a pena ou aplicar somente a de multa se o agente for primário e de bons antecedentes, desde que: (Incluído pela Lei 9.983/2000.)

I - tenha promovido, após o início da ação fiscal e antes de oferecida a denúncia, o pagamento da contribuição social previdenciária, inclusive acessórios; ou (Incluído pela Lei 9.983/2000.)

II - o valor das contribuições devidas, inclusive acessórios, seja igual ou inferior àquele estabelecido pela previdência social, administrativamente, como sendo o mínimo para o ajuizamento de suas execuções fiscais. (Incluído pela Lei 9.983/2000.)

§ 4º A faculdade prevista no § 3° deste artigo não se aplica aos casos de parcelamento de contribuições cujo valor, inclusive dos acessórios, seja superior àquele estabelecido, administrativamente, como sendo o mínimo para o ajuizamento de suas execuções fiscais. (Incluído pela Lei 13.606/2018.)

Apropriação de coisa havida por erro, caso fortuito ou força da natureza

Art. 169. Apropriar-se alguém de coisa alheia vinda ao seu poder por erro, caso fortuito ou força da natureza:

- art. 249, CPM.

Pena - Detenção, de um mês a um ano, ou multa.

Parágrafo único. Na mesma pena incorre:

Apropriação de tesouro

I - quem acha tesouro em prédio alheio e se apropria, no todo ou em parte, da quota a que tem direito o proprietário do prédio;

Apropriação de coisa achada

II - quem acha coisa alheia perdida e dela se apropria, total ou parcialmente, deixando de restituí-la ao dono ou legítimo possuidor ou de entregá-la à autoridade competente, dentro no prazo de quinze dias.

Art. 170. Nos crimes previstos neste Capítulo, aplica-se o disposto no art. 155, § 2º.

CAPÍTULO VI
DO ESTELIONATO E OUTRAS FRAUDES

Estelionato

Art. 171. Obter, para si ou para outrem, vantagem ilícita, em prejuízo alheio, induzindo ou mantendo alguém em erro, mediante artifício, ardil, ou qualquer outro meio fraudulento:

- art. 251, CPM.
- art. 6º, Lei 7.492/1986 (Lei dos Crimes Contra o Sistema Financeiro Nacional).
- Súmulas 17; 48 e 107, STJ.

Pena - Reclusão, de um a cinco anos, e multa.

- Redação alterada com o fim de adequação ao disposto no art. 2º da Lei 7.209/1984 (Altera a Parte Geral do CP).

§ 1º Se o criminoso é primário, e é de pequeno valor o prejuízo, o juiz pode aplicar a pena conforme o disposto no art. 155, § 2º.

§ 2º Nas mesmas penas incorre quem:

Disposição de coisa alheia como própria

I - vende, permuta, dá em pagamento, em locação ou em garantia coisa alheia como própria;

Alienação ou oneração fraudulenta de coisa própria

II - vende, permuta, dá em pagamento ou em garantia coisa própria inalienável, gravada de ônus ou litigiosa, ou imóvel que prometeu vender a terceiro, mediante pagamento em prestações, silenciando sobre qualquer dessas circunstâncias;

Defraudação de penhor

III - defrauda, mediante alienação não consentida pelo credor ou por outro modo, a garantia pignoratícia, quando tem a posse do objeto empenhado;

Fraude na entrega de coisa

IV - defrauda substância, qualidade ou quantidade de coisa que deve entregar a alguém;

Fraude para recebimento de indenização ou valor de seguro

V - destrói, total ou parcialmente, ou oculta coisa própria, ou lesa o próprio corpo ou a saúde, ou agrava as consequências da lesão ou doença, com o intuito de haver indenização ou valor de seguro;

Fraude no pagamento por meio de cheque

VI - emite cheque, sem suficiente provisão de fundos em poder do sacado, ou lhe frustra o pagamento.

- Súmulas 246, 521 e 554, STF.
- Súm. 244, STJ.

§ 3º A pena aumenta-se de um terço, se o crime é cometido em detrimento de entidade de direito público ou de instituto de economia popular, assistência social ou beneficência.

- Súm. 24 e 599, STJ.

Estelionato contra idoso

- (Acrescentado pela Lei 13.228/2015.)

§ 4º Aplica-se a pena em dobro se o crime for cometido contra idoso. (Acrescentado pela Lei 13.228/2015.)

§ 5° Somente se procede mediante representação, salvo se a vítima for: (Incluído pela Lei 13.964/2019)

I - a Administração Pública, direta ou indireta;
II - criança ou adolescente;
III - pessoa com deficiência mental; ou
IV - maior de 70 (setenta) anos de idade ou incapaz.

Duplicata simulada

Art. 172. Emitir fatura, duplicata ou nota de venda que não corresponda à mercadoria vendida, em quantidade ou qualidade, ou ao serviço prestado. (Redação dada pela Lei 8.137/1990 .)

Pena - Detenção, de 2 (dois) a 4 (quatro) anos, e multa. (Redação dada pela Lei 8.137/1990)

- art. 1º, II e III, Lei 8.137/1990 (Lei dos Crimes Contra a Ordem Tributária, Econômica e Contra as Relações de Consumo).

Parágrafo único. Nas mesmas penas incorrerá aquele que falsificar ou adulterar a escrituração do Livro de Registro de Duplicatas. (Incluído pela Lei 5.474/1968)

Abuso de incapazes

Art. 173. Abusar, em proveito próprio ou alheio, de necessidade, paixão ou inexperiência de menor, ou da alienação ou debilidade mental de outrem, induzindo qualquer deles à prática de ato suscetível de produzir efeito jurídico, em prejuízo próprio ou de terceiro:

Pena - Reclusão, de dois a seis anos, e multa.

- art. 252, CPM.
- art. 4º, b, Lei 1.521/1951 (Lei dos Crimes Contra a Economia Popular).

Induzimento à especulação

Art. 174. Abusar, em proveito próprio ou alheio, da inexperiência ou da simplicidade ou inferioridade mental de outrem, induzindo-o à prática de jogo ou aposta, ou à especulação com títulos ou mercadorias, sabendo ou devendo saber que a operação é ruinosa:

Pena - Reclusão, de um a três anos, e multa.

- arts. 50 a 58, Dec.-Lei 3.688/1941 (Lei das Contravenções Penais).
- art. 2º, Lei 1.521/1951 (Lei dos Crimes Contra a Economia Popular).

Fraude no comércio

Art. 175. Enganar, no exercício de atividade comercial, o adquirente ou consumidor:

- art. 2º, Lei 1.521/1951 (Lei dos Crimes Contra a Economia Popular).

I - vendendo, como verdadeira ou perfeita, mercadoria falsificada ou deteriorada;
II - entregando uma mercadoria por outra:

Pena - Detenção, de seis meses a dois anos, ou multa.

§ 1º Alterar em obra que lhe é encomendada a qualidade ou o peso de metal ou substituir, no mesmo caso, pedra verdadeira por falsa ou por outra de menor valor; vender pedra falsa por verdadeira; vender, como precioso, metal de ou outra qualidade:

Pena - Reclusão, de um a cinco anos, e multa.

§ 2º É aplicável o disposto no art. 155, § 2º.

Outras fraudes

Art. 176. Tomar refeição em restaurante, alojar-se em hotel ou utilizar-se de meio de transporte sem dispor de recursos para efetuar o pagamento:

Pena - Detenção, de quinze dias a dois meses, ou multa.

Parágrafo único. Somente se procede mediante representação, e o juiz pode, conforme as circunstâncias, deixar de aplicar a pena.

- arts. 107, IX, e 120 deste Código.
- arts. 24, 38 e 39, CPP.

Fraudes e abusos na fundação ou administração de sociedade por ações

Art. 177. Promover a fundação de sociedade por ações, fazendo, em prospecto ou em comunicação ao público ou à assembleia, afirmação falsa sobre a constituição da sociedade, ou ocultando fraudulentamente fato a ela relativo:

Pena - Reclusão, de um a quatro anos, e multa, se o fato não constitui crime contra a economia popular.

§ 1º Incorrem na mesma pena, se o fato não constitui crime contra a economia popular:

I - o diretor, o gerente ou o fiscal de sociedade por ações, que, em prospecto, relatório, parecer, balanço ou comunicação ao público ou à assembleia, faz afirmação falsa sobre as condições econômicas da sociedade, ou oculta fraudulentamente, no todo ou em parte, fato a elas relativo;

II - o diretor, o gerente ou o fiscal que promove, por qualquer artifício, falsa cotação das ações ou de outros títulos da sociedade;

III - o diretor ou o gerente que toma empréstimo à sociedade ou usa, em proveito próprio ou de terceiro, dos bens ou haveres sociais, sem prévia autorização da assembleia geral;

IV - o diretor ou o gerente que compra ou vende, por conta da sociedade, ações por ela emitidas, salvo quando a lei o permite;

V - o diretor ou o gerente que, como garantia de crédito social, aceita em penhor ou em caução ações da própria sociedade;

VI - o diretor ou o gerente que, na falta de balanço, em desacordo com este, ou mediante balanço falso, distribui lucros ou dividendos fictícios;

VII - o diretor, o gerente ou o fiscal que, por interposta pessoa, ou conluiado com acionista, consegue a aprovação de conta ou parecer;

VIII - o liquidante, nos casos dos n. I, II, III, IV, V e VII;

IX - o representante da sociedade anônima estrangeira, autorizada a funcionar no país, que pratica os atos mencionados nos n. I e II, ou dá falsa informação ao Governo.

§ 2º Incorre na pena de detenção, de seis meses a dois anos, e multa, o acionista que, a fim de obter vantagem para si ou para outrem, negocia o voto nas deliberações de assembleia geral.

Emissão irregular de conhecimento de depósito ou *warrant*

Art. 178. Emitir conhecimento de depósito ou *warrant*, em desacordo com disposição legal:

Pena - Reclusão, de um a quatro anos, e multa.

Fraude à execução

Art. 179. Fraudar execução, alienando, desviando, destruindo ou danificando bens, ou simulando dívidas:

Pena - Detenção, de seis meses a dois anos, ou multa.

Parágrafo único. Somente se procede mediante queixa.

- art. 100, § 2º, deste Código.
- arts. 29 a 38, CPP.

CAPÍTULO VII
DA RECEPTAÇÃO

Receptação

Art. 180. Adquirir, receber, transportar, conduzir ou ocultar, em proveito próprio ou alheio, coisa que sabe ser produto de crime, ou influir para que terceiro, de boa-fé, a adquira, receba ou oculte: (Redação dada pela Lei 9.426/1996.)

Pena - Reclusão, de um a quatro anos, e multa. (Redação dada pela Lei 9.426/1996.)

- arts. 254 a 256, CPM.
- art. 2º, § 1º, Lei 8.176/1991 (Lei dos Crimes Contra a Ordem Econômica).

Receptação qualificada

§ 1º Adquirir, receber, transportar, conduzir, ocultar, ter em depósito, desmontar, montar, remontar, vender, expor à venda, ou de qualquer forma utilizar, em proveito próprio ou alheio, no exercício de atividade comercial ou industrial, coisa que deve saber ser produto de crime: (Redação dada pela Lei 9.426/1996.)

Pena - Reclusão, de três a oito anos, e multa. (Redação dada pela Lei 9.426/1996.)

§ 2º Equipara-se à atividade comercial, para efeito do parágrafo anterior, qualquer forma de comércio irregular ou clandestino, inclusive o exercício em residência. (Redação dada pela Lei 9.426/1996.)

§ 3º Adquirir ou receber coisa que, por sua natureza ou pela desproporção entre o valor e o preço, ou pela condição de quem a oferece, deve presumir-se obtida por meio criminoso: (Redação dada pela Lei 9.426/1996.)

Pena - Detenção, de um mês a um ano, ou multa, ou ambas as penas. (Redação dada pela Lei 9.426/1996.)

§ 4º A receptação é punível, ainda que desconhecido ou isento de pena o autor do crime de que proveio a coisa. (Redação dada pela Lei 9.426/1996.)

- art. 228, CF.
- arts. 26 e 27 deste Código.

§ 5º Na hipótese do § 3º, se o criminoso é primário, pode o juiz, tendo em consideração as circunstâncias, deixar de aplicar a pena. Na receptação dolosa aplica-se o disposto no § 2º do art. 155. (Incluído pela Lei 9.426/1996.)

- arts. 107, IX, e 120 deste Código.

§ 6º Tratando-se de bens do patrimônio da União, de Estado, do Distrito Federal, de Município ou de autarquia, fundação pública, empresa pública, sociedade de economia mista ou empresa concessionária de serviços públicos, aplica-se em dobro a pena prevista no *caput* deste artigo. (Redação dada pela Lei 13.531, de 2017.)

Receptação de animal

(Acrescentado pela Lei 13.330/2016.)

Art. 180-A. Adquirir, receber, transportar, conduzir, ocultar, ter em depósito ou vender, com a finalidade de produção ou de comercialização, semovente domesticável de produção, ainda que abatido ou dividido em partes, que deve saber ser produto de crime: (Acrescentado pela Lei 13.330/2016.)

Pena - reclusão, de 2 (dois) a 5 (cinco) anos, e multa. (Acrescentado pela Lei 13.330/2016.)

CAPÍTULO VIII
DISPOSIÇÕES GERAIS

Art. 181. É isento de pena quem comete qualquer dos crimes previstos neste título, em prejuízo:

- art. 95, Lei 10.741/2003 (Estatuto do Idoso).

I - do cônjuge, na constância da sociedade conjugal;

II - de ascendente ou descendente, seja o parentesco legítimo ou ilegítimo, seja civil ou natural.

Art. 182. Somente se procede mediante representação, se o crime previsto neste título é cometido em prejuízo:

- art. 95, Lei 10.741/2003 (Estatuto do Idoso).

I - do cônjuge desquitado ou judicialmente separado;

II - de irmão, legítimo ou ilegítimo;

III - de tio ou sobrinho, com quem o agente coabita.

Art. 183. Não se aplica o disposto nos dois artigos anteriores:

I - se o crime é de roubo ou de extorsão, ou, em geral, quando haja emprego de grave ameaça ou violência à pessoa;

II - ao estranho que participa do crime.

III - se o crime é praticado contra pessoa com idade igual ou superior a 60 (sessenta) anos. (Incluído pela Lei 10.741/2003.)

TÍTULO III
DOS CRIMES CONTRA A PROPRIEDADE IMATERIAL

CAPÍTULO I
DOS CRIMES CONTRA A PROPRIEDADE INTELECTUAL

- art. 5º, XXVII a XXIX, CF.
- arts. 524 e ss., CPP.
- Lei 9.610/1998 (Lei de Direitos Autorais).

Violação de direito autoral

Art. 184. Violar direitos de autor e os que lhe são conexos: (Redação dada pela Lei 10.695/2003.)

- Súm. 574, STJ.

Pena - Detenção, de 3 (três) meses a 1 (um) ano, ou multa. (Redação dada pela Lei 10.695/2003.)

› arts. 12 a 14, Lei 9.609/1998 (Dispõe sobre a proteção da propriedade intelectual de programa de computador, sua comercialização no País.

§ 1º Se a violação consistir em reprodução total ou parcial, com intuito de lucro direto ou indireto, por qualquer meio ou processo, de obra intelectual, interpretação, execução ou fonograma, sem autorização expressa do autor, do artista intérprete ou executante, do produtor, conforme o caso, ou de quem os represente: (Redação dada pela Lei 10.695/2003.)

Pena - Reclusão, de 2 (dois) a 4 (quatro) anos, e multa. (Redação dada pela Lei 10.695/2003.)

§ 2º Na mesma pena do § 1º incorre quem, com o intuito de lucro direto ou indireto, distribui, vende, expõe à venda, aluga, introduz no país, adquire, oculta, tem em depósito, original ou cópia de obra intelectual ou fonograma reproduzido com violação do direito de autor, do direito de artista intérprete ou executante ou do direito do produtor de fonograma, ou, ainda, aluga original ou cópia de obra intelectual ou fonograma, sem a expressa autorização dos titulares dos direitos ou de quem os represente. (Redação dada pela Lei 10.695/2003.)

› Súm. 502, STJ.

§ 3º Se a violação consistir no oferecimento ao público, mediante cabo, fibra ótica, satélite, ondas ou qualquer outro sistema que permita ao usuário realizar a seleção da obra ou produção para recebê-la em um tempo e lugar previamente determinados por quem formula a demanda, com intuito de lucro, direto ou indireto, sem autorização expressa, conforme o caso, do autor, do artista intérprete ou executante, do produtor de fonograma, ou de quem os represente: (Redação dada pela Lei 10.695/2003.)

Pena - Reclusão, de 2 (dois) a 4 (quatro) anos, e multa. (Incluído pela Lei 10.695/2003.)

§ 4º O disposto nos §§ 1º, 2º e 3º não se aplica quando se tratar de exceção ou limitação ao direito de autor ou os que lhe são conexos, em conformidade com o previsto na Lei 9.610, de 19 de fevereiro de 1998, nem a cópia de obra intelectual ou fonograma, em um só exemplar, para uso privado do copista, sem intuito de lucro direto ou indireto. (Incluído pela Lei 10.695/2003.)

Usurpação de nome ou pseudônimo alheio

Art. 185. (Revogado pela Lei 10.695/2003.)

Art. 186. Procede-se mediante: (Redação dada pela Lei 10.695/2003.)

› Arts. 24 e ss., CPP

I - queixa, nos crimes previstos no *caput* do art. 184; (Incluído pela Lei 10.695/2003.)

II - ação penal pública incondicionada, nos crimes previstos nos §§ 1º e 2º do art. 184; (Incluído pela Lei 10.695/2003.)

III - ação penal pública incondicionada, nos crimes cometidos em desfavor de entidades de direito público, autarquia, empresa pública, sociedade de economia mista ou fundação instituída pelo Poder Público; (Incluído pela Lei 10.695/2003.)

› Lei 13.303/2016 (Dispõe sobre o estatuto jurídico da empresa pública, da sociedade de economia mista e de suas subsidiárias, no âmbito da União, dos Estados, do Distrito Federal e dos Municípios).

IV - ação penal pública condicionada à representação, nos crimes previstos no § 3º do art. 184. (Incluído pela Lei 10.695/2003.)

CAPÍTULO II
DOS CRIMES CONTRA O PRIVILÉGIO DE INVENÇÃO

Violação de privilégio de invenção

Art. 187. (Revogado pela Lei 9.279/1996.)

Falsa atribuição de privilégio

Art. 188. (Revogado pela Lei 9.279/1996.)

Usurpação ou indevida exploração de modelo ou desenho privilegiado

Art. 189. (Revogado pela Lei 9.279/1996.)

Falsa declaração de depósito em modelo ou desenho

Arts. 190 e 191. (Revogados pela Lei 9.279/1996.)

CAPÍTULO III
DOS CRIMES CONTRA AS MARCAS DE INDÚSTRIA E COMÉRCIO

Violação do direito de marca

Art. 192. (Revogado pela Lei 9.279/1996.)

Uso indevido de armas, brasões e distintivos públicos

Art. 193. (Revogado pela Lei 9.279/1996.)

Marca com falsa indicação de procedência

Arts. 194 e 195. (Revogados pela Lei 9.279/1996.)

CAPÍTULO IV
DOS CRIMES DE CONCORRÊNCIA DESLEAL

Concorrência desleal

Art. 196. (Revogado pela Lei 9.279/1996.)

TÍTULO IV
DOS CRIMES CONTRA A ORGANIZAÇÃO DO TRABALHO

Atentado contra a liberdade de trabalho

Art. 197. Constranger alguém, mediante violência ou grave ameaça:

I - a exercer ou não exercer arte, ofício, profissão ou indústria, ou a trabalhar ou não trabalhar durante certo período ou em determinados dias:

Pena - Detenção, de um mês a um ano, e multa, além da pena correspondente à violência;

II - a abrir ou fechar o seu estabelecimento de trabalho, ou a participar de parede ou paralisação de atividade econômica:

Pena - Detenção, de três meses a um ano, e multa, além da pena correspondente à violência.

Atentado contra a liberdade de contrato de trabalho e boicotagem violenta

Art. 198. Constranger alguém, mediante violência ou grave ameaça, a celebrar contrato de trabalho, ou a não fornecer a outrem ou não adquirir de outrem matéria-prima ou produto industrial ou agrícola:

Pena - Detenção, de um mês a um ano, e multa, além da pena correspondente à violência.

Atentado contra a liberdade de associação

Art. 199. Constranger alguém, mediante violência ou grave ameaça, a participar ou deixar de participar de determinado sindicato ou associação profissional:

Pena - Detenção, de um mês a um ano, e multa, além da pena correspondente à violência.

Paralisação de trabalho, seguida de violência ou perturbação da ordem

Art. 200. Participar de suspensão ou abandono coletivo de trabalho, praticando violência contra pessoa ou contra coisa:

Pena - Detenção, de um mês a um ano, e multa, além da pena correspondente à violência.

Parágrafo único. Para que se considere coletivo o abandono de trabalho é indispensável o concurso de, pelo menos, três empregados.

Paralisação de trabalho de interesse coletivo

Art. 201. Participar de suspensão ou abandono coletivo de trabalho, provocando a interrupção de obra pública ou serviço de interesse coletivo:

Pena - Detenção, de seis meses a dois anos, e multa.

› art. 3º, II, Lei 1.521/1951 (Lei dos Crimes Contra a Economia Popular).

Invasão de estabelecimento industrial, comercial ou agrícola. Sabotagem

Art. 202. Invadir ou ocupar estabelecimento industrial, comercial ou agrícola, com o intuito de impedir ou embaraçar o curso normal do trabalho, ou com o mesmo fim danificar o estabelecimento ou as coisas nele existentes ou delas dispor:

Pena - Reclusão, de um a três anos, e multa.

Frustração de direito assegurado por lei trabalhista

Art. 203. Frustrar, mediante fraude ou violência, direito assegurado pela legislação do trabalho:

Pena - Detenção de um ano a dois anos, e multa, além da pena correspondente à violência. (Redação dada pela Lei 9.777/1998.)

§ 1º Na mesma pena incorre quem: (Incluído pela Lei 9.777/1998.)

I - obriga ou coage alguém a usar mercadorias de determinado estabelecimento, para impossibilitar o desligamento do serviço em virtude de dívida; (Incluído pela Lei 9.777/1998.)

II - impede alguém de se desligar de serviços de qualquer natureza, mediante coação ou por meio da retenção de seus documentos pessoais ou contratuais. (Incluído pela Lei 9.777/1998.)

§ 2º A pena é aumentada de um sexto a um terço se a vítima é menor de dezoito anos, idosa, gestante, indígena ou portadora de deficiência física ou mental. (Incluído pela Lei 9.777/1998.)

Frustração de lei sobre a nacionalização do trabalho

Art. 204. Frustrar, mediante fraude ou violência, obrigação legal relativa à nacionalização do trabalho:

Pena - Detenção, de um mês a um ano, e multa, além da pena correspondente à violência.

- arts. 47 e 48, Dec.-Lei 3.688/1941 (Lei das Contravenções Penais)

Exercício de atividade com infração de decisão administrativa

Art. 205. Exercer atividade, de que está impedido por decisão administrativa:

Pena - Detenção, de três meses a dois anos, ou multa.

Aliciamento para o fim de emigração

Art. 206. Recrutar trabalhadores, mediante fraude, com o fim de levá-los para território estrangeiro. (Redação dada pela Lei 8.683/1993)

Pena - Detenção, de 1 (um) a 3 (três) anos e multa. (Redação dada pela Lei 8.683/1993.)

Aliciamento de trabalhadores de um local para outro do território nacional

Art. 207. Aliciar trabalhadores, com o fim de levá-los de uma para outra localidade do território nacional:

Pena - Detenção de um a três anos, e multa. (Redação dada pela Lei 9.777/1998.)

- arts. 40 e 65, Dec.-Lei 3.688/1941 (Lei das Contravenções Penais).
- art. 58, I, Lei 6.001/1973 (Estatuto do Índio).

§ 1º Incorre na mesma pena quem recrutar trabalhadores fora da localidade de execução do trabalho, dentro do território nacional, mediante fraude ou cobrança de qualquer quantia do trabalhador, ou, ainda, não assegurar condições do seu retorno ao local de origem. (Incluído pela Lei 9.777/1998.)

§ 2º A pena é aumentada de um sexto a um terço se a vítima é menor de dezoito anos, idosa, gestante, indígena ou portadora de deficiência física ou mental. (Incluído pela Lei 9.777/1998.)

TÍTULO V
DOS CRIMES CONTRA O SENTIMENTO RELIGIOSO E CONTRA O RESPEITO AOS MORTOS

CAPÍTULO I
DOS CRIMES CONTRA O SENTIMENTO RELIGIOSO

Ultraje a culto e impedimento ou perturbação de ato a ele relativo

Art. 208. Escarnecer de alguém publicamente, por motivo de crença ou função religiosa; impedir ou perturbar cerimônia ou prática de culto religioso; vilipendiar publicamente ato ou objeto de culto religioso:

Pena - Detenção, de um mês a um ano, ou multa.

Parágrafo único. Se há emprego de violência, a pena é aumentada de um terço, sem prejuízo da correspondente à violência.

CAPÍTULO II
DOS CRIMES CONTRA O RESPEITO AOS MORTOS

Impedimento ou perturbação de cerimônia funerária

Art. 209. Impedir ou perturbar enterro ou cerimônia funerária:

Pena - Detenção, de um mês a um ano, ou multa.

- arts. 40 e 65, Dec.-Lei 3.688/1941 (Lei das Contravenções Penais)

Parágrafo único. Se há emprego de violência, a pena é aumentada de um terço, sem prejuízo da correspondente à violência.

Violação de sepultura

Art. 210. Violar ou profanar sepultura ou urna funerária:

Pena - Reclusão, de um a três anos, e multa.

- art. 67, Dec.-Lei 3.688/1941 (Lei das Contravenções Penais).

Destruição, subtração ou ocultação de cadáver

Art. 211. Destruir, subtrair ou ocultar cadáver ou parte dele:

Pena - Reclusão, de um a três anos, e multa.

- arts. 8º e 19, Lei 9.434/1997 (Lei de Remoção de Órgãos e Tecidos).

Vilipêndio a cadáver

Art. 212. Vilipendiar cadáver ou suas cinzas:

Pena - Detenção, de um a três anos, e multa.

- arts. 8º e 19, Lei 9.434/1997 (Lei de Remoção de Órgãos e Tecidos).

TÍTULO VI
DOS CRIMES CONTRA A DIGNIDADE SEXUAL

- Redação dada pela Lei 12.015/2009.

CAPÍTULO I
DOS CRIMES CONTRA A LIBERDADE SEXUAL

- Redação dada pela Lei 12.015/2009.

Estupro

Art. 213. Constranger alguém, mediante violência ou grave ameaça, a ter conjunção carnal ou a praticar ou permitir que com ele se pratique outro ato libidinoso: (Redação dada pela Lei 12.015/2009.)

Pena - Reclusão, de 6 (seis) a 10 (dez) anos. (Redação dada pela Lei 12.015/2009.)

- art. 5º, XLIII, CF.
- art. 394-A, CPP.
- arts. 232 e 408, CPM.
- art. 1º, III, f, Lei 7.960/1989 (Lei da Prisão Temporária).
- arts. 1º, V, e 9º Lei 8.072/1990 (Lei dos Crimes Hediondos).
- Súm. 608, STF.

§ 1º Se da conduta resulta lesão corporal de natureza grave ou se a vítima é menor de 18 (dezoito) ou maior de 14 (catorze) anos: (Incluído pela Lei 12.015/2009.)

- art. 394-A, CPP.

Pena - Reclusão, de 8 (oito) a 12 (doze) anos. (Incluído pela Lei 12.015/2009.)

§ 2º Se da conduta resulta morte: (Incluído pela Lei 12.015/2009.)

- art. 394-A, CPP.

Pena - Reclusão, de 12 (doze) a 30 (trinta) anos (Incluído pela Lei 12.015/2009.)

Art. 214. (Revogado pela Lei 12.015/2009.)

Violação sexual mediante fraude

Art. 215. Ter conjunção carnal ou praticar outro ato libidinoso com alguém, mediante fraude ou outro meio que impeça ou dificulte a livre manifestação de vontade da vítima: (Redação dada pela Lei 12.015/2009.)

Pena - Reclusão, de 2 (dois) a 6 (seis) anos. (Redação dada pela Lei 12.015/2009.)

Parágrafo único. Se o crime é cometido com o fim de obter vantagem econômica, aplica-se também multa. (Redação dada pela Lei 12.015/2009.)

Importunação sexual

Art. 215-A. Praticar contra alguém e sem a sua anuência ato libidinoso com o objetivo de satisfazer a própria lascívia ou a de terceiro:

Pena - reclusão, de 1 (um) a 5 (cinco) anos, se o ato não constitui crime mais grave. (Acrescido pela Lei 13.718/2018)

Art. 216. (Revogado pela Lei 12.015/2009.)

Assédio sexual

Art. 216-A. Constranger alguém com o intuito de obter vantagem ou favorecimento sexual, prevalecendo-se o agente da sua condição de superior hierárquico ou ascendência inerentes ao exercício de emprego, cargo ou função. (Incluído pela Lei 10.224/2001.)

Pena - Detenção, de 1 (um) a 2 (dois) anos. (Incluído pela Lei 10.224/2001.)

Parágrafo único. (Vetado.) (Incluído pela Lei 10.224/2001.)

§ 2º A pena é aumentada em até um terço se a vítima é menor de 18 (dezoito) anos. (Incluído pela Lei 12.015/2009.)

CAPÍTULO I-A
DA EXPOSIÇÃO DA INTIMIDADE SEXUAL

- Incluído pela Lei 13.772/2018.

Registro não autorizado da intimidade sexual

Art. 216-B. Produzir, fotografar, filmar ou registrar, por qualquer meio, conteúdo com cena de nudez ou ato sexual ou libidinoso de caráter íntimo e privado sem autorização dos participantes: *(Incluído pela Lei 13.772/2018)*

Pena - detenção, de 6 (seis) meses a 1 (um) ano, e multa.

Parágrafo único. Na mesma pena incorre quem realiza montagem em fotografia, vídeo, áudio ou qualquer outro registro com o fim de incluir pessoa em cena de nudez ou ato sexual ou libidinoso de caráter íntimo.

CAPÍTULO II
DOS CRIMES SEXUAIS CONTRA VULNERÁVEL

- Redação dada pela Lei 12.015/2009.

Sedução

Art. 217. (Revogado pela Lei 11.106/2005.)

Estupro de vulnerável

Art. 217-A. Ter conjunção carnal ou praticar outro ato libidinoso com menor de 14 (catorze) anos: (Incluído pela Lei 12.015/2009.)

- arts. 190-A e 190-C, ECA.
- Súm. 611, STF.
- Súm. 593, STJ.
- art. 394-A, CPP.

Pena - Reclusão, de 8 (oito) a 15 (quinze) anos. (Incluído pela Lei 12.015/2009.)

§ 1º Incorre na mesma pena quem pratica as ações descritas no *caput* com alguém que, por enfermidade ou deficiência mental, não tem o necessário discernimento para a prática do ato, ou que, por qualquer outra causa, não pode oferecer resistência. (Incluído pela Lei 12.015/2009.)

- art. 394-A, CPP.

§ 2º (Vetado.) (Incluído pela Lei 12.015/2009.)

§ 3º Se da conduta resulta lesão corporal de natureza grave: (Incluído pela Lei 12.015/2009.)

- art. 394-A, CPP.

Pena - Reclusão, de 10 (dez) a 20 (vinte) anos. (Incluído pela Lei 12.015/2009.)

§ 4º Se da conduta resulta morte: (Incluído pela Lei 12.015/2009.)

- art. 394-A, CPP.

Pena - Reclusão, de 12 (doze) a 30 (trinta) anos. (Incluído pela Lei 12.015/2009.)

§ 5º As penas previstas no *caput* e nos §§ 1º, 3º e 4º deste artigo aplicam-se independentemente do consentimento da vítima ou do fato de ela ter mantido relações sexuais anteriormente ao crime. *(Acrescido pela Lei 13.718/2018)*

Corrupção de menores

Art. 218. Induzir alguém menor de 14 (catorze) anos a satisfazer a lascívia de outrem: (Redação dada pela Lei 12.015/2009.)

- arts. 190-A e 190-C, ECA.

Pena - Reclusão, de 2 (dois) a 5 (cinco) anos. (Redação dada pela Lei 12.015/2009.)

- art. 234, CPM.
- arts. 240 e 241, Lei 8.069/1990 (ECA).

Parágrafo único. (Vetado.) (Incluído pela Lei 12.015/2009.)

Satisfação de lascívia mediante presença de criança ou adolescente

Art. 218-A. Praticar, na presença de alguém menor de 14 (catorze) anos, ou induzi-lo a presenciar, conjunção carnal ou outro ato libidinoso, a fim de satisfazer lascívia própria ou de outrem: (Incluído pela Lei 12.015/2009.)

- arts. 190-A e 190-C, ECA.

Pena - Reclusão, de 2 (dois) a 4 (quatro) anos. (Incluído pela Lei 12.015/2009.)

Favorecimento da prostituição ou de outra forma de exploração sexual de criança ou adolescente ou de vulnerável

- Redação dada pela Lei 12.978/2014.

Art. 218-B. Submeter, induzir ou atrair à prostituição ou outra forma de exploração sexual alguém menor de 18 (dezoito) anos ou que, por enfermidade ou deficiência mental, não tem o necessário discernimento para a prática do ato, facilitá-la, impedir ou dificultar que a abandone: (Incluído pela Lei 12.015/2009).

- arts. 190-A e 190-C, ECA.
- arts. 241-B e 244-A, ECA.
- art. 394-A, CPP.

Pena - Reclusão, de 4 (quatro) a 10 (dez) anos. (Incluído pela Lei 12.015/2009.)

§ 1º Se o crime é praticado com o fim de obter vantagem econômica, aplica-se também multa. (Incluído pela Lei 12.015/2009.)

- art. 394-A, CPP.

§ 2º Incorre nas mesmas penas: (Incluído pela Lei 12.015/2009.)

- art. 394-A, CPP.

I - quem pratica conjunção carnal ou outro ato libidinoso com alguém menor de 18 (dezoito) e maior de 14 (catorze) anos na situação descrita no *caput* deste artigo; (Incluído pela Lei 12.015/2009.)

II - o proprietário, o gerente ou o responsável pelo local em que se verifiquem as práticas referidas no *caput* deste artigo. (Incluído pela Lei 12.015/2009.)

§ 3º Na hipótese do inciso II do § 2º, constitui efeito obrigatório da condenação a cassação da licença de localização e de funcionamento do estabelecimento. (Incluído pela Lei 12.015/2009.)

Divulgação de cena de estupro ou de cena de estupro de vulnerável, de cena de sexo ou de pornografia

Art. 218-C. Oferecer, trocar, disponibilizar, transmitir, vender ou expor à venda, distribuir, publicar ou divulgar, por qualquer meio - inclusive por meio de comunicação de massa ou sistema de informática ou telemática -, fotografia, vídeo ou outro registro audiovisual que contenha cena de estupro ou de estupro de vulnerável ou que faça apologia ou induza a sua prática, ou, sem o consentimento da vítima, cena de sexo, nudez ou pornografia: (*Acrescido pela Lei 13.718/2018*)

Pena - reclusão, de 1 (um) a 5 (cinco) anos, se o fato não constitui crime mais grave.

Aumento de pena

§ 1º A pena é aumentada de 1/3 (um terço) a 2/3 (dois terços) se o crime é praticado por agente que mantém ou tenha mantido relação íntima de afeto com a vítima ou com o fim de vingança ou humilhação.

Exclusão de ilicitude

§ 2º Não há crime quando o agente pratica as condutas descritas no *caput* deste artigo em publicação de natureza jornalística, científica, cultural ou acadêmica com a adoção de recurso que impossibilite a identificação da vítima, ressalvada sua prévia autorização, caso seja maior de 18 (dezoito) anos.

CAPÍTULO III
DO RAPTO

Rapto violento ou mediante fraude

Art. 219. (Revogado pela Lei 11.106/2005.)

Rapto consensual

Art. 220. (Revogado pela Lei 11.106/2005.)

Diminuição de pena

Art. 221. (Revogado pela Lei 11.106/2005.)

Concurso de rapto e outro crime

Art. 222. (Revogado pela Lei 11.106/2005.)

CAPÍTULO IV
DISPOSIÇÕES GERAIS

Arts. 223 e 224. (Revogados pela Lei 12.015/2009.)

Ação penal

Art. 225. Nos crimes definidos nos Capítulos I e II deste Título, procede-se mediante ação penal pública incondicionada. (*Redação dada pela Lei 13.718/2018*).

- art. 129, I, CF.
- art. 100, § 1º, deste Código.
- arts. 24 e 39, CPP.

Parágrafo único. (*Revogado pela Lei 13.718/2018.*)

- Súm. 608, STF.

Aumento de pena

Art. 226. A pena é aumentada: (Redação dada pela Lei 11.106/2005.)

- art. 237, CPM.

I - de quarta parte, se o crime é cometido com o concurso de 2 (duas) ou mais pessoas; (Redação dada pela Lei 11.106/2005.)

II - de metade, se o agente é ascendente, padrasto ou madrasta, tio, irmão, cônjuge, companheiro, tutor, curador, preceptor ou empregador da vítima ou por qualquer outro título tiver autoridade sobre ela; (*Redação dada pela Lei 13.718/2018*)

III - (Revogado pela Lei 11.106/2005.)

IV - de 1/3 (um terço) a 2/3 (dois terços), se o crime é praticado: (Acrescido pela Lei 13.718/2018)

Estupro coletivo

a) mediante concurso de 2 (dois) ou mais agentes;

CP

Estupro corretivo

b) para controlar o comportamento social ou sexual da vítima.

CAPÍTULO V
DO LENOCÍNIO E DO TRÁFICO DE PESSOA PARA FIM DE PROSTITUIÇÃO OU OUTRA FORMA DE EXPLORAÇÃO SEXUAL

- Redação dada pela Lei 12.015/2009.

Mediação para servir a lascívia de outrem

Art. 227. Induzir alguém a satisfazer a lascívia de outrem:

Pena - Reclusão, de um a três anos.

§ 1º Se a vítima é maior de 14 (catorze) e menor de 18 (dezoito) anos, ou se o agente é seu ascendente, descendente, cônjuge ou companheiro, irmão, tutor ou curador ou pessoa a quem esteja confiada para fins de educação, de tratamento ou de guarda: (Redação dada pela Lei 11.106/2005.)

Pena - Reclusão, de dois a cinco anos.

§ 2º Se o crime é cometido com emprego de violência, grave ameaça ou fraude:

Pena - Reclusão, de dois a oito anos, além da pena correspondente à violência.

§ 3º Se o crime é cometido com o fim de lucro, aplica-se também multa.

Favorecimento da prostituição ou outra forma de exploração sexual

Art. 228. Induzir ou atrair alguém à prostituição ou outra forma de exploração sexual, facilitá-la, impedir ou dificultar que alguém a abandone: (Redação dada pela Lei 12.015/2009.)

Pena - Reclusão, de 2 (dois) a 5 (cinco) anos, e multa. (Redação dada pela Lei 12.015/2009.)

§ 1º Se o agente é ascendente, padrasto, madrasta, irmão, enteado, cônjuge, companheiro, tutor ou curador, preceptor ou empregador da vítima, ou se assumiu, por lei ou outra forma, obrigação de cuidado, proteção ou vigilância: (Redação dada pela Lei 12.015/2009)

Pena - Reclusão, de 3 (três) a 8 (oito) anos. (Redação dada pela Lei 12.015/2009)

§ 2º Se o crime, é cometido com emprego de violência, grave ameaça ou fraude:

Pena - Reclusão, de quatro a dez anos, além da pena correspondente à violência.

§ 3º Se o crime é cometido com o fim de lucro, aplica-se também multa.

Casa de prostituição

Art. 229. Manter, por conta própria ou de terceiro, estabelecimento em que ocorra exploração sexual, haja, ou não, intuito de lucro ou mediação direta do proprietário ou gerente: (Redação dada pela Lei 12.015/2009.)

Pena - Reclusão, de dois a cinco anos, e multa.

Rufianismo

Art. 230. Tirar proveito da prostituição alheia, participando diretamente de seus lucros ou fazendo-se sustentar, no todo ou em parte, por quem a exerça:

Pena - Reclusão, de um a quatro anos, e multa.

§ 1º Se a vítima é menor de 18 (dezoito) e maior de 14 (catorze) anos ou se o crime é cometido por ascendente, padrasto, madrasta, irmão, enteado, cônjuge, companheiro, tutor ou curador, preceptor ou empregador da vítima, ou por quem assumiu, por lei ou outra forma, obrigação de cuidado, proteção ou vigilância: (Redação dada pela Lei 12.015/2009.)

Pena - Reclusão, de 3 (três) a 6 (seis) anos, e multa. (Redação dada pela Lei 12.015/2009.)

§ 2º Se o crime é cometido mediante violência, grave ameaça, fraude ou outro meio que impeça ou dificulte a livre manifestação da vontade da vítima: (Redação dada pela Lei 12.015/2009.)

Pena - Reclusão, de 2 (dois) a 8 (oito) anos, sem prejuízo da pena correspondente à violência. (Redação dada pela Lei 12.015/2009.)

Tráfico internacional de pessoa para fim de exploração sexual

Art. 231. (Revogado pela Lei 13.344/2016.)

Tráfico interno de pessoa para fim de exploração sexual

Art. 231-A. (Revogado pela Lei 13.344 /2016.)

Art. 232. (Revogado pela Lei 12.015/2009.)

Promoção de migração ilegal

- Acrescentado pela Lei 13.445/2017.

Art. 232-A. Promover, por qualquer meio, com o fim de obter vantagem econômica, a entrada ilegal de estrangeiro em território nacional ou de brasileiro em país estrangeiro: (Acrescentado pela Lei 13.445/2017.)

Pena - reclusão, de 2 (dois) a 5 (cinco) anos, e multa. (Acrescentado pela Lei 13.445/2017.)

§ 1º Na mesma pena incorre quem promover, por qualquer meio, com o fim de obter vantagem econômica, a saída de estrangeiro do território nacional para ingressar ilegalmente em país estrangeiro. (Acrescentado pela Lei 13.445/2017.)

§ 2º A pena é aumentada de 1/6 (um sexto) a 1/3 (um terço) se: (Acrescentado pela Lei 13.445/2017.)

I - o crime é cometido com violência; ou (Acrescentado pela Lei 13.445/2017.)

II - a vítima é submetida a condição desumana ou degradante. (Acrescentado pela Lei 13.445/2017.)

§ 3º A pena prevista para o crime será aplicada sem prejuízo das correspondentes às infrações conexas. (Acrescentado pela Lei 13.445/2017.)

CAPÍTULO VI
DO ULTRAJE PÚBLICO AO PUDOR

Ato obsceno

Art. 233. Praticar ato obsceno em lugar público, ou aberto ou exposto ao público:

Pena - Detenção, de três meses a um ano, ou multa.

- art. 238, CPM.
- art. 61, Dec.-Lei 3.688/1941 (Lei das Contravenções Penais).

Escrito ou objeto obsceno

Art. 234. Fazer, importar, exportar, adquirir ou ter sob sua guarda, para fim de comércio, de distribuição ou de exposição pública, escrito, desenho, pintura, estampa ou qualquer objeto obsceno:

Pena - Detenção, de seis meses a dois anos, ou multa.

- art. 234, CPM.
- arts. 240 e 241, Lei 8.069/1990 (ECA).

Parágrafo único. Incorre na mesma pena quem:

I - vende, distribui ou expõe à venda ou ao público qualquer dos objetos referidos neste artigo;

II - realiza, em lugar público ou acessível ao público, representação teatral, ou exibição cinematográfica de caráter obsceno, ou qualquer outro espetáculo, que tenha o mesmo caráter;

III - realiza, em lugar público ou acessível ao público, ou pelo rádio, audição ou recitação de caráter obsceno.

CAPÍTULO VII
DISPOSIÇÕES GERAIS

- Incluído pela Lei 12.015/2009.

Aumento de pena

Art. 234-A. Nos crimes previstos neste Título a pena é aumentada: (Incluído pela Lei 12.015/2009.)

I e II - (Vetados.) (Incluídos pela Lei 12.015/2009.)

III - de metade a 2/3 (dois terços), se do crime resulta gravidez; (*Redação dada pela Lei 13.718/2018*)

IV - de 1/3 (um terço) a 2/3 (dois terços), se o agente transmite à vítima doença sexualmente transmissível de que sabe ou deveria saber ser portador, ou se a vítima é idosa ou pessoa com deficiência. (*Redação dada pela Lei 13.718/2018*)

Art. 234-B. Os processos em que se apuram crimes definidos neste Título correrão em segredo de justiça. (Incluído pela Lei 12.015/2009.)

Art. 234-C. (Vetado.) (Incluído pela Lei 12.015/2009.)

TÍTULO VII
DOS CRIMES CONTRA A FAMÍLIA

CAPÍTULO I
DOS CRIMES CONTRA O CASAMENTO

Bigamia

Art. 235. Contrair alguém, sendo casado, novo casamento:

Pena - Reclusão, de dois a seis anos.

§ 1º Aquele que, não sendo casado, contrai casamento com pessoa casada, conhecendo essa circunstância, é punido com reclusão ou detenção, de um a três anos.

§ 2º Anulado por qualquer motivo o primeiro casamento, ou o outro por motivo que não a bigamia, considera-se inexistente o crime.

› arts. 1.548 a 1.563, CC/2002.

Induzimento a erro essencial e ocultação de impedimento

Art. 236. Contrair casamento, induzindo em erro essencial o outro contraente, ou ocultando-lhe impedimento que não seja casamento anterior:

Pena - Detenção, de seis meses a dois anos.

› arts. 1.517 a 1.524, CC/2002.

Parágrafo único. A ação penal depende de queixa do contraente enganado e não pode ser intentada senão depois de transitar em julgado a sentença que, por motivo de erro ou impedimento, anule o casamento.

› arts. 1.548 a 1.563, CC/2002.

Conhecimento prévio de impedimento

Art. 237. Contrair casamento, conhecendo a existência de impedimento que lhe cause a nulidade absoluta:

Pena - Detenção, de três meses a um ano.

› arts. 1.522, 1.524 e 1.530, CC/2002.

Simulação de autoridade para celebração de casamento

Art. 238. Atribuir-se falsamente autoridade para celebração de casamento:

Pena - Detenção, de um a três anos, se o fato não constitui crime mais grave.

› arts. 1.533 a 1.542, CC/2002.

Simulação de casamento

Art. 239. Simular casamento mediante engano de outra pessoa:

Pena - Detenção, de um a três anos, se o fato não constitui elemento de crime mais grave.

Adultério

Art. 240. (Revogado pela Lei 11.106/2005.)

CAPÍTULO II
DOS CRIMES CONTRA O ESTADO DE FILIAÇÃO

Registro de nascimento inexistente

Art. 241. Promover no registro civil a inscrição de nascimento inexistente:

Pena - Reclusão, de dois a seis anos.

Parto suposto. Supressão ou alteração de direito inerente ao estado civil de recém-nascido

Art. 242. Dar parto alheio como próprio; registrar como seu o filho de outrem; ocultar recém-nascido ou substituí-lo, suprimindo ou alterando direito inerente ao estado civil: (Redação dada pela Lei 6.898/1981.)

Pena - Reclusão, de dois a seis anos. (Redação dada pela Lei 6.898/1981.)

Parágrafo único. Se o crime é praticado por motivo de reconhecida nobreza: (Redação dada pela Lei 6.898/1981.)

Pena - Detenção, de um a dois anos, podendo o juiz deixar de aplicar a pena. (Redação dada pela Lei 6.898/1981.)

Sonegação de estado de filiação

Art. 243. Deixar em asilo de expostos ou outra instituição de assistência filho próprio ou alheio, ocultando-lhe a filiação ou atribuindo-lhe outra, com o fim de prejudicar direito inerente ao estado civil:

Pena - Reclusão, de um a cinco anos, e multa.

CAPÍTULO III
DOS CRIMES CONTRA A ASSISTÊNCIA FAMILIAR

Abandono material

Art. 244. Deixar, sem justa causa, de prover a subsistência do cônjuge, ou de filho menor de 18 (dezoito) anos ou inapto para o trabalho, ou de ascendente inválido ou maior de 60 (sessenta) anos, não lhes proporcionando os recursos necessários ou faltando ao pagamento de pensão alimentícia judicialmente acordada, fixada ou majorada; deixar, sem justa causa, de socorrer descendente ou ascendente, gravemente enfermo: (Redação dada pela Lei 10.741/2003.)

Pena - Detenção, de 1 (um) a 4 (quatro) anos e multa, de uma a dez vezes o maior salário-mínimo vigente no país. (Redação dada pela Lei 5.478/1968.)

Parágrafo único. Nas mesmas penas incide quem, sendo solvente, frustra ou ilide, de qualquer modo, inclusive por abandono injustificado de emprego ou função, o pagamento de pensão alimentícia judicialmente acordada, fixada ou majorada. (Incluído pela Lei 5.478/1968.)

› art. 5º, LXVII, CF.

Entrega de filho menor à pessoa inidônea

Art. 245. Entregar filho menor de 18 (dezoito) anos a pessoa em cuja companhia saiba ou deva saber que o menor fica moral ou materialmente em perigo: (Redação dada pela Lei 7.251/1984.)

Pena - Detenção, de 1 (um) a 2 (dois) anos. (Redação dada pela Lei 7.251/1984.)

§ 1º A pena é de 1 (um) a 4 (quatro) anos de reclusão, se o agente pratica delito para obter lucro, ou se o menor é enviado para o exterior. (Incluído pela Lei 7.251/1984.)

› art. 238, Lei 8.069/1990 (ECA).

§ 2º Incorre, também, na pena do parágrafo anterior quem, embora excluído o perigo moral ou material, auxilia a efetivação de ato destinado ao envio de menor para o exterior, com o fito de obter lucro. (Incluído pela Lei 7.251/1984.)

› art. 239, Lei 8.069/1990 (ECA).

Abandono intelectual

Art. 246. Deixar, sem justa causa, de prover à instrução primária de filho em idade escolar:

Pena - Detenção, de quinze dias a um mês, ou multa.

Art. 247. Permitir alguém que menor de dezoito anos, sujeito a seu poder ou confiado à sua guarda ou vigilância:

I - frequente casa de jogo ou mal-afamada, ou conviva com pessoa viciosa ou de má vida;

› art. 50, § 4º, Dec.-Lei 3.688/1941 (Lei das Contravenções Penais)

II - frequente espetáculo capaz de pervertê-lo ou de ofender-lhe o pudor, ou participe de representação de igual natureza;

› art. 240, Lei 8.069/1990 (ECA).

III - resida ou trabalhe em casa de prostituição;

IV - mendigue ou sirva a mendigo para excitar a comiseração pública:

› art. 60, Dec.-Lei 3.688/1941 (Lei das Contravenções Penais).

Pena - Detenção, de um a três meses, ou multa.

CAPÍTULO IV
DOS CRIMES CONTRA O PÁTRIO PODER, TUTELA OU CURATELA

› A expressão "pátrio poder" foi substituída por "poder familiar" no CC/2002.

Induzimento a fuga, entrega arbitrária ou sonegação de incapazes

Art. 248. Induzir menor de dezoito anos, ou interdito, a fugir do lugar em que se acha por determinação de quem sobre ele exerce autoridade, em virtude de lei ou de ordem judicial; confiar a outrem sem ordem do pai, do tutor ou do curador algum menor de dezoito anos ou interdito, ou deixar, sem justa causa, de entregá-lo a quem legitimamente o reclame:

Pena - Detenção, de um mês a um ano, ou multa.

Subtração de incapazes

Art. 249. Subtrair menor de dezoito anos ou interdito ao poder de quem o tem sob sua guarda em virtude de lei ou de ordem judicial:

Pena - Detenção, de dois meses a dois anos, se o fato não constitui elemento de outro crime.

› art. 237, Lei 8.069/1990 (ECA).

§ 1º O fato de ser o agente pai ou tutor do menor ou curador do interdito não o exime de pena, se destituído ou temporariamente privado do pátrio poder, tutela, curatela ou guarda.

› A expressão "pátrio poder" foi substituída por "poder familiar" no CC/2002.

§ 2º No caso de restituição do menor ou do interdito, se este não sofreu maus-tratos ou privações, o juiz pode deixar de aplicar pena.

TÍTULO VIII
DOS CRIMES CONTRA A INCOLUMIDADE PÚBLICA

CAPÍTULO I
DOS CRIMES DE PERIGO COMUM

Incêndio

Art. 250. Causar incêndio, expondo a perigo a vida, a integridade física ou o patrimônio de outrem:

Pena - Reclusão, de três a seis anos, e multa.

- art. 173, CPP.
- art. 268, CPM.
- art. 20, Lei 7.170/1983 (Lei da Segurança Nacional).

Aumento de pena

§ 1º As penas aumentam-se de um terço:

I - se o crime é cometido com intuito de obter vantagem pecuniária em proveito próprio ou alheio;

II - se o incêndio é:

a) em casa habitada ou destinada a habitação;

b) em edifício público ou destinado a uso público ou a obra de assistência social ou de cultura;

c) em embarcação, aeronave, comboio ou veículo de transporte coletivo;

d) em estação ferroviária ou aeródromo;

e) em estaleiro, fábrica ou oficina;

f) em depósito de explosivo, combustível ou inflamável;

g) em poço petrolífico ou galeria de mineração;

h) em lavoura, pastagem, mata ou floresta.

- art. 41, Lei 9.605/1998 (Lei dos Crimes Ambientais).

Incêndio culposo

§ 2º Se culposo o incêndio, é pena de detenção, de seis meses a dois anos.

Explosão

Art. 251. Expor a perigo a vida, a integridade física ou o patrimônio de outrem, mediante explosão, arremesso ou simples colocação de engenho de dinamite ou de substância de efeitos análogos:

Pena - Reclusão, de três a seis anos, e multa.

- art. 269, CPM.
- art. 20, Lei 7.170/1983 (Lei da Segurança Nacional).

§ 1º Se a substância utilizada não é dinamite ou explosivo de efeitos análogos:

Pena - Reclusão, de um a quatro anos, e multa.

Aumento de pena

§ 2º As penas aumentam-se de um terço, se ocorre qualquer das hipóteses previstas no § 1º, I, do artigo anterior, ou é visada ou atingida qualquer das coisas enumeradas no n. II do mesmo parágrafo.

Modalidade culposa

§ 3º No caso de culpa, se a explosão é de dinamite ou substância de efeitos análogos, a pena é de detenção, de seis meses a dois anos; nos demais casos, é de detenção, de três meses a um ano.

Uso de gás tóxico ou asfixiante

Art. 252. Expor a perigo a vida, a integridade física ou o patrimônio de outrem, usando de gás tóxico ou asfixiante:

Pena - Reclusão, de um a quatro anos, e multa.

- art. 270, CPM.
- art. 56, Lei 9.605/1998 (Lei dos Crimes Ambientais).

Modalidade Culposa

Parágrafo único. Se o crime é culposo:

Pena - Detenção, de três meses a um ano.

Fabrico, fornecimento, aquisição posse ou transporte de explosivos ou gás tóxico, ou asfixiante

Art. 253. Fabricar, fornecer, adquirir, possuir ou transportar, sem licença da autoridade, substância ou engenho explosivo, gás tóxico ou asfixiante, ou material destinado à sua fabricação:

Pena - Detenção, de seis meses a dois anos, e multa.

- art. 242, Lei 8.069/1990 (ECA).
- art. 16, p.u., III, Lei 10.826/2003 (Dispõe sobre registro, posse e comercialização de armas de fogo e munição).

Inundação

Art. 254. Causar inundação, expondo a perigo a vida, a integridade física ou o patrimônio de outrem:

Pena - Reclusão, de três a seis anos, e multa, no caso de dolo, ou detenção, de seis meses a dois anos, no caso de culpa.

- art. 272, CPM.

Perigo de inundação

Art. 255. Remover, destruir ou inutilizar, em prédio próprio ou alheio, expondo a perigo a vida, a integridade física ou o patrimônio de outrem, obstáculo natural ou obra destinada a impedir inundação:

Pena - Reclusão, de um a três anos, e multa.

- art. 273, CPM.

Desabamento ou desmoronamento

Art. 256. Causar desabamento ou desmoronamento, expondo a perigo a vida, a integridade física ou o patrimônio de outrem:

Pena - Reclusão, de um a quatro anos, e multa.

- art. 274, CPM.

Modalidade culposa

Parágrafo único. Se o crime é culposo:

Pena - Detenção, de seis meses a um ano.

Subtração, ocultação ou inutilização de material de salvamento

Art. 257. Subtrair, ocultar ou inutilizar, por ocasião de incêndio, inundação, naufrágio, ou outro desastre ou calamidade, aparelho, material ou qualquer meio destinado a serviço de combate ao perigo, de socorro ou salvamento; ou impedir ou dificultar serviço de tal natureza:

Pena - Reclusão, de dois a cinco anos, e multa.

- art. 275, CPM.

Formas qualificadas de crime de perigo comum

Art. 258. Se do crime doloso de perigo comum resulta lesão corporal de natureza grave, a pena privativa de liberdade é aumentada de metade; se resulta morte, é aplicada em dobro. No caso de culpa, se do fato resulta lesão corporal, a pena aumenta-se de metade; se resulta morte, aplica-se a pena cominada ao homicídio culposo, aumentada de um terço.

- art. 277, CPM.

Difusão de doença ou praga

Art. 259. Difundir doença ou praga que possa causar dano a floresta, plantação ou animais de utilidade econômica:

Pena - Reclusão, de dois a cinco anos, e multa.

- art. 278, CPM.
- Lei 7.347/1985 (Lei da Ação Civil Pública).
- art. 61, Lei 9.605/1998 (Lei dos Crimes Ambientais).

Modalidade culposa

Parágrafo único. No caso de culpa, a pena é de detenção, de um a seis meses, ou multa.

CAPÍTULO II
DOS CRIMES CONTRA A SEGURANÇA DOS MEIOS DE COMUNICAÇÃO E TRANSPORTE E OUTROS SERVIÇOS PÚBLICOS

Perigo de desastre ferroviário

Art. 260. Impedir ou perturbar serviço de estrada de ferro:

- art. 282, CPM.

I - destruindo, danificando ou desarranjando, total ou parcialmente, linha férrea, material rodante ou de tração, obra de arte ou instalação;

II - colocando obstáculo na linha;

III - transmitindo falso aviso acerca do movimento dos veículos ou interrompendo ou embaraçando o funcionamento de telégrafo, telefone ou radiotelegrafia;

- art. 41, Dec.-Lei 3.688/1941 (Lei das Contravenções Penais).

IV - praticando outro ato de que possa resultar desastre:

Pena - Reclusão, de dois a cinco anos, e multa.

Desastre ferroviário

§ 1º Se do fato resulta desastre:

Pena - Reclusão, de quatro a doze anos e multa.

§ 2º No caso de culpa, ocorrendo desastre:

Pena - Detenção, de seis meses a dois anos.

§ 3º Para os efeitos deste artigo, entende-se por estrada de ferro qualquer via de comunicação em que circulem veículos de tração mecânica, em trilhos ou por meio de cabo aéreo.

Atentado contra a segurança de transporte marítimo, fluvial ou aéreo

Art. 261. Expor a perigo embarcação ou aeronave, própria ou alheia, ou praticar qualquer ato tendente a impedir ou dificultar navegação marítima, fluvial ou aérea:

Pena - Reclusão, de dois a cinco anos.

- art. 283, CPM.
- art. 35, Dec.-Lei 3.688/1941 (Lei das Contravenções Penais).
- art. 15, Lei 7.170/1983 (Lei da Segurança Nacional).

Sinistro em transporte marítimo, fluvial ou aéreo

§ 1º Se do fato resulta naufrágio, submersão ou encalhe de embarcação ou a queda ou destruição de aeronave:

Pena - Reclusão, de quatro a doze anos.

Prática do crime com o fim de lucro

§ 2º Aplica-se, também, a pena de multa, se o agente pratica o crime com intuito de obter vantagem econômica, para si ou para outrem.

Modalidade culposa

§ 3º No caso de culpa, se ocorre o sinistro:

Pena - Detenção, de seis meses a dois anos.

Atentado contra a segurança de outro meio de transporte

Art. 262. Expor a perigo outro meio de transporte público, impedir-lhe ou dificultar-lhe o funcionamento:

Pena - Detenção, de um a dois anos.

- art. 284, CPM.
- art. 15, Lei 7.170/1983 (Lei da Segurança Nacional).

§ 1º Se do fato resulta desastre, a pena é de reclusão, de dois a cinco anos.

§ 2º No caso de culpa, se ocorre desastre:

Pena - Detenção, de três meses a um ano.

Forma qualificada

Art. 263. Se de qualquer dos crimes previstos nos arts. 260 a 262, no caso de desastre ou sinistro, resulta lesão corporal ou morte, aplica-se o disposto no art. 258.

- art. 285, CPM.

Arremesso de projétil

Art. 264. Arremessar projétil contra veículo, em movimento, destinado ao transporte público por terra, por água ou pelo ar:

Pena - Detenção, de um a seis meses.

- art. 286, CPM.
- art. 37, Dec.-Lei 3.688/1941 (Lei das Contravenções Penais).

Parágrafo único. Se do fato resulta lesão corporal, a pena é de detenção, de seis meses a dois anos; se resulta morte, a pena é a do art. 121, § 3º, aumentada de um terço.

Atentado contra a segurança de serviço de utilidade pública

Art. 265. Atentar contra a segurança ou o funcionamento de serviço de água, luz, força ou calor, ou qualquer outro de utilidade pública:

Pena - Reclusão, de um a cinco anos, e multa.

- art. 287, CPM.

Parágrafo único. Aumentar-se-á a pena de 1/3 (um terço) até a metade, se o dano ocorrer em virtude de subtração de material essencial ao funcionamento dos serviços. (Incluído pela Lei 5.346/1967.)

Interrupção ou perturbação de serviço telegráfico, telefônico, informático, telemático ou de informação de utilidade pública

- Alterado pela Lei 12.737/2012.

Art. 266. Interromper ou perturbar serviço telegráfico, radiotelegráfico ou telefônico, impedir ou dificultar-lhe o restabelecimento:

Pena - Detenção, de um a três anos, e multa.

- art. 288, CPM.
- art. 41, Dec.-Lei 3.688/1941 (Lei das Contravenções Penais).

§ 1º Incorre na mesma pena quem interrompe serviço telemático ou de informação de utilidade pública, ou impede ou dificulta-lhe o restabelecimento.

- Renumerado pela Lei 12.737/2012.

§ 2º Aplicam-se as penas em dobro se o crime é cometido por ocasião de calamidade pública.

- Inserido pela Lei 12.737/2012.

CAPÍTULO III
DOS CRIMES CONTRA A SAÚDE PÚBLICA

Epidemia

Art. 267. Causar epidemia, mediante a propagação de germes patogênicos:

Pena - Reclusão, de dez a quinze anos. (Redação dada pela Lei 8.072/1990.)

- art. 292, CPM.

§ 1º Se do fato resulta morte, a pena é aplicada em dobro.

- art. 5º, XLIII, CF.
- art. 394-A, CPP.
- art. 1º, III, i, Lei 7.960/1989 (Lei da Prisão Temporária).
- art. 1º, VII, Lei 8.072/1990 (Lei dos Crimes Hediondos).

§ 2º No caso de culpa, a pena é de detenção, de um a dois anos, ou, se resulta morte, de dois a quatro anos.

Infração de medida sanitária preventiva

Art. 268. Infringir determinação do Poder Público, destinada a impedir introdução ou propagação de doença contagiosa:

Pena - Detenção, de um mês a um ano, e multa.

Parágrafo único. A pena é aumentada de um terço, se o agente é funcionário da saúde pública ou exerce a profissão de médico, farmacêutico, dentista ou enfermeiro.

Omissão de notificação de doença

Art. 269. Deixar o médico de denunciar à autoridade pública doença cuja notificação é compulsória:

- art. 169, CLT.

Pena - Detenção, de seis meses a dois anos, e multa.

Envenenamento de água potável ou de substância alimentícia ou medicinal

Art. 270. Envenenar água potável, de uso comum ou particular, ou substância alimentícia ou medicinal destinada a consumo:

Pena - Reclusão, de dez a quinze anos. (Redação dada pela Lei 8.072/1990.)

- art. 5º, XLIII, CF.
- arts. 293 e 385, CPM.
- art. 1º, Lei 2.889/1956 (Lei do Crime de Genocídio).
- art. 1º, III, j, Lei 7.960/1989 (Lei da Prisão Temporária).
- art. 54, Lei 9.605/1998 (Lei dos Crimes Ambientais).

§ 1º Está sujeito à mesma pena quem entrega a consumo ou tem em depósito, para o fim de ser distribuída, a água ou a substância envenenada.

- art. 56, Lei 9.605/1998 (Lei dos Crimes Ambientais).

Modalidade culposa

§ 2º Se o crime é culposo:

Pena - Detenção, de seis meses a dois anos.

Corrupção ou poluição de água potável

Art. 271. Corromper ou poluir água potável, de uso comum ou particular, tornando-a imprópria para consumo ou nociva à saúde:

Pena - Reclusão, de dois a cinco anos.

- arts. 294 e 385, CPM.
- art. 54, Lei 9.605/1998 (Lei dos Crimes Ambientais).

Modalidade culposa

Parágrafo único. Se o crime é culposo:

Pena - Detenção, de dois meses a um ano.

Falsificação, corrupção, adulteração ou alteração de substância ou produtos alimentícios

- Redação dada pela Lei 9.677/1998.

Art. 272. Corromper, adulterar, falsificar ou alterar substância ou produto alimentício destinado a consumo, tornando-o nociva à saúde ou reduzindo-lhe o valor nutritivo: (Redação dada pela Lei 9.677/1998.)

Pena - Reclusão, de 4 (quatro) a 8 (oito) anos, e multa. (Redação dada pela Lei 9.677/1998.)

- art. 295, CPM.

§ 1º-A. Incorre nas penas deste artigo quem fabrica, vende, expõe à venda, importa, tem em depósito para vender ou, de qualquer forma, distribui ou entrega a consumo a substância alimentícia ou o produto falsificado, corrompido ou adulterado. (Incluído pela Lei 9.677/1998.)

§ 1º Está sujeito às mesmas penas quem pratica as ações previstas neste artigo em relação a bebidas, com ou sem teor alcoólico. (Redação dada pela Lei 9.677/1998.)

Modalidade culposa

§ 2º Se o crime é culposo: (Redação dada pela Lei 9.677/1998.)

Pena - Detenção, de 1 (um) a 2 (dois) anos, e multa. (Redação dada pela Lei 9.677/1998.)

Falsificação, corrupção, adulteração ou alteração de produto destinado a fins terapêuticos ou medicinais

- Lei 12.894/2013 (Prevê a atribuição da Polícia Federal para apurar os crimes de falsificação, corrupção e adulteração de medicamentos, assim como sua venda, inclusive pela internet, quando houver repercussão interestadual ou internacional).

Art. 273. Falsificar, corromper, adulterar ou alterar produto destinado a fins terapêuticos ou medicinais: (Redação dada pela Lei 9.677/1998.)

Pena - Reclusão, de 10 (dez) a 15 (quinze) anos, e multa. (Redação dada pela Lei 9.677/1998.)

- art. 394-A, CPP.
- art. 296, CPM.
- art. 1º, VII-B, Lei 8.072/1990 (Lei dos Crimes Hediondos).

§ 1º Nas mesmas penas incorre quem importa, vende, expõe à venda, tem em depósito para vender ou, de qualquer forma, distribui ou entrega a consumo o produto falsificado, corrompido, adulterado ou alterado. (Redação dada pela Lei 9.677/1998.)

- art. 394-A, CPP.

§ 1º-A. Incluem-se entre os produtos a que se refere este artigo os medicamentos, as matérias-primas, os insumos farmacêuticos, os cosméticos, os saneantes e os de uso em diagnóstico. (Incluído pela Lei 9.677/1998.)

- art. 394-A, CPP.

§ 1º-B. Está sujeito às penas deste artigo quem pratica as ações previstas no § 1º em relação a produtos em qualquer das seguintes condições: (Incluído pela Lei 9.677/1998.)

- art. 394-A, CPP.

I - sem registro, quando exigível, no órgão de vigilância sanitária competente; (Incluído pela Lei 9.677/1998.)

II - em desacordo com a fórmula constante do registro previsto no inciso anterior; (Incluído pela Lei 9.677/1998.)

III - sem as características de identidade e qualidade admitidas para a sua comercialização; (Incluído pela Lei 9.677/1998.)

IV - com redução de seu valor terapêutico ou de sua atividade; (Incluído pela Lei 9.677/1998.)

V - de procedência ignorada; (Incluído pela Lei 9.677/1998.)

VI - adquiridos de estabelecimento sem licença da autoridade sanitária competente. (Incluído pela Lei 9.677/1998.)

Modalidade culposa

§ 2º Se o crime é culposo:

Pena - Detenção, de 1 (um) a 3 (três) anos, e multa. (Redação dada pela Lei 9.677/1998.)

Emprego de processo proibido ou de substância não permitida

Art. 274. Empregar, no fabrico de produto destinado a consumo, revestimento, gaseificação artificial, matéria corante, substância aromática, antisséptica, conservadora ou qualquer outra não expressamente permitida pela legislação sanitária:

Pena - Reclusão, de 1 (um) a 5 (cinco) anos, e multa. (Redação dada pela Lei 9.677/1998.)

Invólucro ou recipiente com falsa indicação

Art. 275. Inculcar, em invólucro ou recipiente de produtos alimentícios, terapêuticos ou medicinais, a existência de substância que não se encontra em seu conteúdo ou que nele existe em quantidade menor que a mencionada: (Redação dada pela Lei 9.677/1998.)

Pena - Reclusão, de 1 (um) a 5 (cinco) anos, e multa. (Redação dada pela Lei 9.677/1998.)

Produto ou substância nas condições dos dois artigos anteriores

Art. 276. Vender, expor à venda, ter em depósito para vender ou, de qualquer forma, entregar a consumo produto nas condições dos arts. 274 e 275.

Pena - Reclusão, de 1 (um) a 5 (cinco) anos, e multa.(Redação dada pela Lei 9.677/1998.)

- art. 7º, IV, d, Lei 8.137/1990 (Lei dos Crimes Contra a Ordem Tributária, Econômica e Contra as Relações de Consumo).

Substância destinada à falsificação

Art. 277. Vender, expor à venda, ter em depósito ou ceder substância destinada à falsificação de produtos alimentícios, terapêuticos ou medicinais:(Redação dada pela Lei 9.677/1998.)

Pena - Reclusão, de 1 (um) a 5 (cinco) anos, e multa. (Redação dada pela Lei 9.677/1998.)

Outras substâncias nocivas à saúde pública

Art. 278. Fabricar, vender, expor à venda, ter em depósito para vender ou, de qualquer forma, entregar a consumo coisa ou substância nociva à saúde, ainda que não destinada à alimentação ou a fim medicinal:

Pena - Detenção, de um a três anos, e multa.

Modalidade culposa

Parágrafo único. Se o crime é culposo:

Pena - Detenção, de dois meses a um ano.

Substância avariada

Art. 279. (Revogado pela Lei 8.137/1990.)

Medicamento em desacordo com receita médica

Art. 280. Fornecer substância medicinal em desacordo com receita médica:

Pena - Detenção, de um a três anos, ou multa.

Modalidade culposa

Parágrafo único. Se o crime é culposo:

Pena - Detenção, de dois meses a um ano.

Comércio, posse ou uso de entorpecente ou substância que determine dependência física ou psíquica

Art. 281. (Revogado pela Lei 6.368/1976.)

Exercício ilegal da medicina, arte dentária ou farmacêutica

Art. 282. Exercer, ainda que a título gratuito, a profissão de médico, dentista ou farmacêutico, sem autorização legal ou excedendo-lhe os limites:

Pena - Detenção, de seis meses a dois anos.

Parágrafo único. Se o crime é praticado com o fim de lucro, aplica-se também multa.

- art. 5º, XIII, CF.
- art. 47, Dec.-Lei 3.688/1941 (Lei das Contravenções Penais).

Charlatanismo

Art. 283. Inculcar ou anunciar cura por meio secreto ou infalível:

Pena - Detenção, de três meses a um ano, e multa.

Curandeirismo

Art. 284. Exercer o curandeirismo:

I - prescrevendo, ministrando ou aplicando, habitualmente, qualquer substância;

II - usando gestos, palavras ou qualquer outro meio;

III - fazendo diagnósticos:

Pena - Detenção, de seis meses a dois anos.

Parágrafo único. Se o crime é praticado mediante remuneração, o agente fica também sujeito à multa.

Forma qualificada

Art. 285. Aplica-se o disposto no art. 258 aos crimes previstos neste Capítulo, salvo quanto ao definido no art. 267.

- art. 1º, III, j, Lei 7.960/1989 (Lei da Prisão Temporária).

TÍTULO IX
DOS CRIMES CONTRA A PAZ PÚBLICA

Incitação ao crime

Art. 286. Incitar, publicamente, a prática de crime:

Pena - Detenção, de três a seis meses, ou multa.

- arts. 155, 370 e 371, CPM.
- art. 3º, Lei 2.889/1956 (Lei do Crime de Genocídio).
- art. 23, Lei 7.170/1983 (Lei da Segurança Nacional).
- art. 20, Lei 7.716/1989 (Lei do Racismo).

Apologia de crime ou criminoso

Art. 287. Fazer, publicamente, apologia de fato criminoso ou de autor de crime:

Pena - Detenção, de três a seis meses, ou multa.

- ADPF 187 (DOU, 27.06.2011).
- art. 156, CPM.

‣ art. 22, Lei 7.170/1983 (Lei da Segurança Nacional).

Associação Criminosa

Art. 288. Associarem-se 3 (três) ou mais pessoas, para o fim específico de cometer crimes: (Alterado pela Lei 12.850/2013.)

Pena - reclusão, de 1 (um) a 3 (três) anos. (Alterado pela Lei 12.850/2013.)

‣ art. 394-A, CPP.

‣ arts. 149 a 152 e 154, CPM.

‣ art. 2º, Lei 2.889/1956 (Lei do Crime de Genocídio).

‣ arts. 16 e 24, Lei 7.170/1983 (Lei da Segurança Nacional).

‣ art. 1º, III, l, Lei 7.960/1989 (Lei da Prisão Temporária).

‣ art. 8º, Lei 8.072/1990 (Lei dos Crimes Hediondos).

‣ Lei 12.850/2013 (Define organização criminosa e dispõe sobre a investigação criminal, os meios de obtenção da prova, infrações penais correlatas e o procedimento criminal; altera o CP e revoga a Lei 9.034/1995).

‣ art. 1º, VII, e § 4º, Lei 9.613/1998 (Lei dos Crimes de Lavagem de Dinheiro).

Parágrafo único. A pena aumenta-se até a metade se a associação é armada ou se houver a participação de criança ou adolescente. (Alterado pela Lei 12.850/2013.)

Constituição de milícia privada

Art. 288-A. Constituir, organizar, integrar, manter ou custear organização paramilitar, milícia particular, grupo ou esquadrão com a finalidade de praticar qualquer dos crimes previstos neste Código: (Inserido pela Lei 12.720/2012)

Pena - reclusão, de 4 (quatro) a 8 (oito) anos. (Inserido pela Lei 12.720/2012)

TÍTULO X
DOS CRIMES CONTRA A FÉ PÚBLICA

‣ Súmulas 17, 48, 62, 73, 104, 107, 165 e 200, STJ.

CAPÍTULO I
DA MOEDA FALSA

Moeda falsa

Art. 289. Falsificar, fabricando-a ou alterando-a, moeda metálica ou papel-moeda de curso legal no país ou no estrangeiro:

Pena - Reclusão, de três a doze anos, e multa.

‣ arts. 43 e 44, Dec.-Lei 3.688/1941 (Lei das Contravenções Penais).

‣ Súm. 73, STJ.

§ 1º Nas mesmas penas incorre quem, por conta própria ou alheia, importa ou exporta, adquire, vende, troca, cede, empresta, guarda ou introduz na circulação moeda falsa.

§ 2º Quem, tendo recebido de boa-fé, como verdadeira, moeda falsa ou alterada, a restitui à circulação, depois de conhecer a falsidade, é punido com detenção, de seis meses a dois anos, e multa.

§ 3º É punido com reclusão, de três a quinze anos, e multa, o funcionário público ou diretor, gerente, ou fiscal de banco de emissão que fabrica, emite ou autoriza a fabricação ou emissão:

I - de moeda com título ou peso inferior ao determinado em lei;

II - de papel-moeda em quantidade superior à autorizada.

§ 4º Nas mesmas penas incorre quem desvia e faz circular moeda, cuja circulação não estava ainda autorizada.

Crimes assimilados ao de moeda falsa

Art. 290. Formar cédula, nota ou bilhete representativo de moeda com fragmentos de cédulas, notas ou bilhetes verdadeiros; suprimir, em nota, cédula ou bilhete recolhidos, para o fim de restituí-los à circulação, sinal indicativo de sua inutilização; restituir à circulação cédula, nota ou bilhete em tais condições, ou já recolhidos para o fim de inutilização:

Pena - Reclusão, de dois a oito anos, e multa.

Parágrafo único. O máximo da reclusão é elevado a doze anos e multa, se o crime é cometido por funcionário que trabalha na repartição onde o dinheiro se achava recolhido, ou nela tem fácil ingresso, em razão do cargo.

Petrechos para falsificação de moeda

Art. 291. Fabricar, adquirir, fornecer, a título oneroso ou gratuito, possuir ou guardar maquinismo, aparelho, instrumento ou qualquer objeto especialmente destinado à falsificação de moeda:

Pena - Reclusão, de dois a seis anos, e multa.

Emissão de título ao portador sem permissão legal

Art. 292. Emitir, sem permissão legal, nota, bilhete, ficha, vale ou título que contenha promessa de pagamento em dinheiro ao portador ou a que falte indicação do nome da pessoa a quem deva ser pago:

Pena - Detenção, de um a seis meses, ou multa.

Parágrafo único. Quem recebe ou utiliza como dinheiro qualquer dos documentos referidos neste artigo incorre na pena de detenção, de quinze dias a três meses, ou multa.

CAPÍTULO II
DA FALSIDADE DE TÍTULOS E OUTROS PAPÉIS PÚBLICOS

Falsificação de papéis públicos

Art. 293. Falsificar, fabricando-os ou alterando-os:

I - selo destinado a controle tributário, papel selado ou qualquer papel de emissão legal destinado à arrecadação de tributo; (Redação dada pela Lei 11.035/2004.)

‣ art. 36, Lei 6.538/1978 (Dispõe sobre os serviços postais).

II - papel de crédito público que não seja moeda de curso legal;

‣ art. 36, Lei 6.538/1978 (Dispõe sobre os serviços postais).

III - vale postal;

‣ art. 36, Lei 6.538/1978 (Dispõe sobre os serviços postais).

IV - cautela de penhor, caderneta de depósito de caixa econômica ou de outro estabelecimento mantido por entidade de direito público;

V - talão, recibo, guia, alvará ou qualquer outro documento relativo a arrecadação de rendas públicas ou a depósito ou caução por que o Poder Público seja responsável;

VI - bilhete, passe ou conhecimento de empresa de transporte administrada pela União, por Estado ou por Município:

Pena - Reclusão, de dois a oito anos, e multa.

§ 1º Incorre na mesma pena quem: (Redação dada pela Lei 11.035/2004.)

‣ art. 36, Lei 6.538/1978 (Dispõe sobre os serviços postais).

I - usa, guarda, possui ou detém qualquer dos papéis falsificados a que se refere este artigo; (Incluído pela Lei 11.035/2004.)

II - importa, exporta, adquire, vende, troca, cede, empresta, guarda, fornece ou restitui à circulação selo falsificado destinado a controle tributário; (Incluído pela Lei 11.035/2004.)

III - importa, exporta, adquire, vende, expõe à venda, mantém em depósito, guarda, troca, cede, empresta, fornece, porta ou, de qualquer forma, utiliza em proveito próprio ou alheio, no exercício de atividade comercial ou industrial, produto ou mercadoria: (Incluído pela Lei 11.035/2004.)

a) em que tenha sido aplicado selo que se destine a controle tributário, falsificado; (Incluído pela Lei 11.035/2004.)

b) sem selo oficial, nos casos em que a legislação tributária determina a obrigatoriedade de sua aplicação. (Incluído pela Lei 11.035/2004.)

‣ art. 36, Lei 6.538/1978 (Dispõe sobre os serviços postais).

§ 2º Suprimir, em qualquer desses papéis, quando legítimos, com o fim de torná-los novamente utilizáveis, carimbo ou sinal indicativo de sua inutilização:

Pena - Reclusão, de um a quatro anos, e multa.

‣ art. 37, Lei 6.538/1978 (Dispõe sobre os serviços postais).

§ 3º Incorre na mesma pena quem usa, depois de alterado, qualquer dos papéis a que se refere o parágrafo anterior.

§ 4º Quem usa ou restitui à circulação, embora recibo de boa-fé, qualquer dos papéis falsificados ou alterados, a que se referem este artigo e o seu § 2º, depois de conhecer a falsidade ou alteração, incorre na pena de detenção, de seis meses a dois anos, ou multa.

‣ Transcrito conforme publicação oficial. Entendemos que o correto deve ser "recebido de boa-fé", e não "recibo de boa-fé".

§ 5º Equipara-se a atividade comercial, para os fins do inciso III do § 1º, qualquer forma de comércio irregular ou clandestino, inclusive o exercido em vias, praças ou outros logradouros públicos e em residências. (Incluído pela Lei 11.035/2004.)

Petrechos de falsificação

Art. 294. Fabricar, adquirir, fornecer, possuir ou guardar objeto especialmente destinado à falsificação de qualquer dos papéis referidos no artigo anterior:

Pena - Reclusão, de um a três anos, e multa.

- art. 38, Lei 6.538/1978 (Dispõe sobre os serviços postais).

Art. 295. Se o agente é funcionário público, e comete o crime prevalecendo-se do cargo, aumenta-se a pena de sexta parte.

CAPÍTULO III
DA FALSIDADE DOCUMENTAL

Falsificação do selo ou sinal público

Art. 296. Falsificar, fabricando-os ou alterando-os:

I - selo público destinado a autenticar atos oficiais da União, de Estado ou de Município;

II - selo ou sinal atribuído por lei a entidade de direito público, ou a autoridade, ou sinal público de tabelião:

Pena - Reclusão, de dois a seis anos, e multa.

§ 1º Incorre nas mesmas penas:

I - quem faz uso do selo ou sinal falsificado;

II - quem utiliza indevidamente o selo ou sinal verdadeiro em prejuízo de outrem ou em proveito próprio ou alheio.

III - quem altera, falsifica ou faz uso indevido de marcas, logotipos, siglas ou quaisquer outros símbolos utilizados ou identificadores de órgãos ou entidades da Administração Pública. (Incluído pela Lei 9.983/2000.)

§ 2º Se o agente é funcionário público, e comete o crime prevalecendo-se do cargo, aumenta-se a pena de sexta parte.

Falsificação de documento público

Art. 297. Falsificar, no todo ou em parte, documento público, ou alterar documento público verdadeiro:

Pena - Reclusão, de dois a seis anos, e multa.

- art. 311, CPM.
- art. 348, CE.
- art. 5º, § 1º, IV, a, Lei 13.254/2016 (Dispõe sobre o Regime Especial de Regularização Cambial e Tributária (RERCT) de recursos, bens ou direitos de origem lícita, não declarados ou declarados incorretamente, remetidos, mantidos no exterior ou repatriados por residentes ou domiciliados no País).

§ 1º Se o agente é funcionário público, e comete o crime prevalecendo-se do cargo, aumenta-se a pena de sexta parte.

§ 2º Para os efeitos penais, equiparam-se a documento público o emanado de entidade paraestatal, o título ao portador ou transmissível por endosso, as ações de sociedade comercial, os livros mercantis e o testamento particular.

§ 3º Nas mesmas penas incorre quem insere ou faz inserir: (Incluído pela Lei 9.983/2000.)

I - na folha de pagamento ou em documento de informações que seja destinado a fazer prova perante a previdência social, pessoa que não possua a qualidade de segurado obrigatório; (Incluído pela Lei 9.983/2000.)

II - na Carteira de Trabalho e Previdência Social do empregado ou em documento que deva produzir efeito perante a previdência social, declaração falsa ou diversa da que deveria ter sido escrita; (Incluído pela Lei 9.983/2000.)

III - em documento contábil ou em qualquer outro documento relacionado com as obrigações da empresa perante a previdência social, declaração falsa ou diversa da que deveria ter constado. (Incluído pela Lei 9.983/2000.)

§ 4º Nas mesmas penas incorre quem omite, nos documentos mencionados no § 3º, nome do segurado e seus dados pessoais, a remuneração, a vigência do contrato de trabalho ou de prestação de serviços. (Incluído pela Lei 9.983/2000.)

Falsificação de documento particular

Art. 298. Falsificar, no todo ou em parte, documento particular ou alterar documento particular verdadeiro:

Pena - Reclusão, de um a cinco anos, e multa.

- art. 311, CPM.
- art. 349, CE.
- art. 1º, III e IV, Lei 8.137/1990 (Lei dos Crimes Contra a Ordem Tributária, Econômica e Contra as Relações de Consumo).
- art. 5º, § 1º, IV, b, Lei 13.254/2016 (Dispõe sobre o Regime Especial de Regularização Cambial e Tributária (RERCT) de recursos, bens ou direitos de origem lícita, não declarados ou declarados incorretamente, remetidos, mantidos no exterior ou repatriados por residentes ou domiciliados no País).

Falsificação de cartão

- Inserido pela Lei 12.737/2012.

Parágrafo único. Para fins do disposto no *caput*, equipara-se a documento particular o cartão de crédito ou débito.

- Inserido pela Lei 12.737/2012.

Falsidade ideológica

Art. 299. Omitir, em documento público ou particular, declaração que dele devia constar, ou nele inserir ou fazer inserir declaração falsa ou diversa da que devia ser escrita, com o fim de prejudicar direito, criar obrigação ou alterar a verdade sobre fato juridicamente relevante:

Pena - Reclusão, de um a cinco anos, e multa, se o documento é público, e reclusão de um a três anos, e multa, se o documento é particular.

- art. 312, CPM.
- art. 315, CE.
- V. Lei 13.445/2017 (Institui a Lei de Migração).
- arts. 9º e 10, Lei 7.492/1986 (Lei dos Crimes Contra o Sistema Financeiro Nacional).
- art. 168, *caput* e § 1º, Lei 11.101/2005 (Lei de Recuperação de Empresas e Falências).

Parágrafo único. Se o agente é funcionário público, e comete o crime prevalecendo-se do cargo, ou se a falsificação ou alteração é de assentamento de registro civil, aumenta-se a pena de sexta parte.

- art. 350, CE.

Falso reconhecimento de firma ou letra

Art. 300. Reconhecer, como verdadeira, no exercício de função pública, firma ou letra que o não seja:

Pena - Reclusão, de um a cinco anos, e multa, se o documento é público; e de um a três anos, e multa, se o documento é particular.

- art. 352, CE.

Certidão ou atestado ideologicamente falso

Art. 301. Atestar ou certificar falsamente, em razão de função pública, fato ou circunstância que habilite alguém a obter cargo público, isenção de ônus ou de serviço de caráter público, ou qualquer outra vantagem:

Pena - Detenção, de dois meses a um ano.

- art. 314, CPM.

Falsidade material de atestado ou certidão

§ 1º Falsificar, no todo ou em parte, atestado ou certidão, ou alterar o teor de certidão ou de atestado verdadeiro, para prova de fato ou circunstância que habilite alguém a obter cargo público, isenção de ônus ou de serviço de caráter público, ou qualquer outra vantagem:

Pena - Detenção, de três meses a dois anos.

§ 2º Se o crime é praticado com o fim de lucro, aplica-se, além da pena privativa de liberdade, a de multa.

Falsidade de atestado médico

Art. 302. Dar o médico, no exercício da sua profissão, atestado falso:

Pena - Detenção, de um mês a um ano.

- art. 47, Dec.-Lei 3.688/1941 (Lei das Contravenções Penais).

Parágrafo único. Se o crime é cometido com o fim de lucro, aplica-se também multa.

Reprodução ou adulteração de selo ou peça filatélica

Art. 303. Reproduzir ou alterar selo ou peça filatélica que tenha valor para coleção, salvo quando a reprodução ou a alteração está visivelmente anotada na face ou no verso do selo ou peça:

Pena - Detenção, de um a três anos, e multa.

- art. 39, Lei 6.538/1978 (Dispõe sobre os serviços postais).

Parágrafo único. Na mesma pena incorre quem, para fins de comércio, faz uso do selo ou peça filatélica.

Uso de documento falso

Art. 304. Fazer uso de qualquer dos papéis falsificados ou alterados, a que se referem os arts. 297 a 302:

Pena - A cominada à falsificação ou à alteração.

- art. 315, CPM.

- art. 14, Lei 7.492/1986 (Lei dos Crimes Contra o Sistema Financeiro Nacional).
- art. 5º, § 1º, IV, d, Lei 13.254/2016 (Dispõe sobre o Regime Especial de Regularização Cambial e Tributária (RERCT) de recursos, bens ou direitos de origem lícita, não declarados ou declarados incorretamente, remetidos, mantidos no exterior ou repatriados por residentes ou domiciliados no País).
- Súmulas 104 e 200, STJ.

Supressão de documento

Art. 305. Destruir, suprimir ou ocultar, em benefício próprio ou de outrem, ou em prejuízo alheio, documento público ou particular verdadeiro, de que não podia dispor:

Pena - Reclusão, de dois a seis anos, e multa, se o documento é público, e reclusão, de um a cinco anos, e multa, se o documento é particular.

- art. 316, CPM.
- art. 168, *caput* e § 1º, Lei 11.101/2005 (Lei de Recuperação de Empresas e Falências).

CAPÍTULO IV
DE OUTRAS FALSIDADES

Falsificação do sinal empregado no contraste de metal precioso ou na fiscalização alfandegária, ou para outros fins

Art. 306. Falsificar, fabricando-o ou alterando-o, marca ou sinal empregado pelo Poder Público no contraste de metal precioso ou na fiscalização alfandegária, ou usar marca ou sinal dessa natureza, falsificado por outrem:

Pena - Reclusão, de dois a seis anos, e multa.

Parágrafo único. Se a marca ou sinal falsificado é o que usa a autoridade pública para o fim de fiscalização sanitária, ou para autenticar ou encerrar determinados objetos, ou comprovar o cumprimento de formalidade legal:

Pena - Reclusão ou detenção, de um a três anos, e multa.

Falsa identidade

Art. 307. Atribuir-se ou atribuir a terceiro falsa identidade para obter vantagem, em proveito próprio ou alheio, ou para causar dano a outrem:

Pena - Detenção, de três meses a um ano, ou multa, se o fato não constitui elemento de crime mais grave.

- art. 318, CPM.
- arts. 45 e 46, Dec.-Lei 3.688/1941 (Lei das Contravenções Penais).
- Súm. 522, STJ.

Art. 308. Usar, como próprio, passaporte, título de eleitor, caderneta de reservista ou qualquer documento de identidade alheia ou ceder a outrem, para que dele se utilize, documento dessa natureza, próprio ou de terceiro:

Pena - Detenção, de quatro meses a dois anos, e multa, se o fato não constitui elemento de crime mais grave.

- art. 317, CPM.
- arts. 45 e 46, Dec.-Lei 3.688/1941 (Lei das Contravenções Penais).
- Súmula 200, STJ.

Fraude de lei sobre estrangeiro

Art. 309. Usar o estrangeiro, para entrar ou permanecer no território nacional, nome que não é o seu:

Pena - Detenção, de um a três anos, e multa.

Parágrafo único. Atribuir a estrangeiro falsa qualidade para promover-lhe a entrada em território nacional: (Incluído pela Lei 9.426/1996.)

Pena - Reclusão, de um a quatro anos, e multa. (Incluído pela Lei 9.426/1996.)

Art. 310. Prestar-se a figurar como proprietário ou possuidor de ação, título ou valor pertencente a estrangeiro, nos casos em que a este é vedada por lei a propriedade ou a posse de tais bens: (Redação dada pela Lei 9.426/1996.)

Pena - Detenção, de seis meses a três anos, e multa. (Redação dada pela Lei 9.426/1996.)

Adulteração de sinal identificador de veículo automotor

- Redação dada pela Lei 9.426/1996.

Art. 311. Adulterar ou remarcar número de chassi ou qualquer sinal identificador de veículo automotor, de seu componente ou equipamento: (Redação dada pela Lei 9.426/1996.)

Pena - Reclusão, de três a seis anos, e multa. (Redação dada pela Lei 9.426/1996.)

§ 1º Se o agente comete o crime no exercício da função pública ou em razão dela, a pena é aumentada de um terço. (Incluído pela Lei 9.426/1996.)

§ 2º Incorre nas mesmas penas o funcionário público que contribui para o licenciamento ou registro do veículo remarcado ou adulterado, fornecendo indevidamente material ou informação oficial. (Incluído pela Lei 9.426/1996.)

CAPÍTULO V

- Acrescentado pela Lei 12.550/2011.

DAS FRAUDES EM CERTAMES DE INTERESSE PÚBLICO

Fraudes em certames de interesse público

Art. 311-A. Utilizar ou divulgar, indevidamente, com o fim de beneficiar a si ou a outrem, ou de comprometer a credibilidade do certame, conteúdo sigiloso de:

I - concurso público;

II - avaliação ou exame públicos;

III - processo seletivo para ingresso no ensino superior; ou

IV - exame ou processo seletivo previstos em lei:

Pena - Reclusão, de 1 (um) a 4 (quatro) anos, e multa.

§ 1º Nas mesmas penas incorre quem permite ou facilita, por qualquer meio, o acesso de pessoas não autorizadas às informações mencionadas no *caput*.

§ 2º Se da ação ou omissão resulta dano à administração pública:

Pena - Reclusão, de 2 (dois) a 6 (seis) anos, e multa.

§ 3º Aumenta-se a pena de 1/3 (um terço) se o fato é cometido por funcionário público.'

TÍTULO XI
DOS CRIMES CONTRA A ADMINISTRAÇÃO PÚBLICA

CAPÍTULO I
DOS CRIMES PRATICADOS POR FUNCIONÁRIO PÚBLICO CONTRA A ADMINISTRAÇÃO EM GERAL

Peculato

Art. 312. Apropriar-se o funcionário público de dinheiro, valor ou qualquer outro bem móvel, público ou particular, de que tem a posse em razão do cargo, ou desviá-lo, em proveito próprio ou alheio:

Pena - Reclusão, de dois a doze anos, e multa.

- art. 303, CPM.
- art. 1º, I, Dec.-Lei 201/1967 (Lei de Responsabilidade dos Prefeitos e Vereadores).
- art. 5º, Lei 7.492/1986 (Lei dos Crimes Contra o Sistema Financeiro Nacional).
- art. 173, Lei 11.101/2005 (Lei de Recuperação de Empresas e Falências).
- Súm 599 do STJ.

§ 1º Aplica-se a mesma pena, se o funcionário público, embora não tendo a posse do dinheiro, valor ou bem, o subtrai, ou concorre para que seja subtraído, em proveito próprio ou alheio, valendo-se de facilidade que lhe proporciona a qualidade de funcionário.

Peculato culposo

§ 2º Se o funcionário concorre culposamente para o crime de outrem:

Pena - Detenção, de três meses a um ano.

§ 3º No caso do parágrafo anterior, a reparação do dano, se precede à sentença irrecorrível, extingue a punibilidade; se lhe é posterior, reduz de metade a pena imposta.

Peculato mediante erro de outrem

Art. 313. Apropriar-se de dinheiro ou qualquer utilidade que, no exercício do cargo, recebeu por erro de outrem:

Pena - Reclusão, de um a quatro anos, e multa.

- art. 304, CPM.

Inserção de dados falsos em sistema de informações

- Incluído pela Lei 9.983/2000.

Art. 313-A. Inserir ou facilitar, o funcionário autorizado, a inserção de dados falsos, alterar ou excluir indevidamente dados corretos nos sistemas informatizados ou bancos de dados da Administração Pública com o fim de obter vantagem indevida para si ou para outrem ou para causar dano: (Incluído pela Lei 9.983/2000.)

Pena - Reclusão, de 2 (dois) a 12 (doze) anos, e multa. (Incluído pela Lei 9.983/2000.)

Modificação ou alteração não autorizada de sistema de informações

Art. 313-B. Modificar ou alterar, o funcionário, sistema de informações ou programa de informática sem autorização ou solicitação de autoridade competente: (Incluído pela Lei 9.983/2000.)

Pena - Detenção, de 3 (três) meses a 2 (dois) anos, e multa. (Incluído pela Lei 9.983/2000.)

Parágrafo único. As penas são aumentadas de um terço até a metade se da modificação ou alteração resulta dano para a Administração Pública ou para o administrado. (Incluído pela Lei 9.983/2000.)

Extravio, sonegação ou inutilização de livro ou documento

Art. 314. Extraviar livro oficial ou qualquer documento, de que tem a guarda em razão do cargo; sonegá-lo ou inutilizá-lo, total ou parcialmente:

Pena - Reclusão, de um a quatro anos, se o fato não constitui crime mais grave.

- art. 337, CPM.

Emprego irregular de verbas ou rendas públicas

Art. 315. Dar às verbas ou rendas públicas aplicação diversa da estabelecida em lei:

Pena - Detenção, de um a três meses, ou multa.

- art. 331, CPM.
- art. 1º, II, Dec.-Lei 201/1967 (Lei de Responsabilidade dos Prefeitos e Vereadores).

Concussão

Art. 316. Exigir, para si ou para outrem, direta ou indiretamente, ainda que fora da função ou antes de assumi-la, mas em razão dela, vantagem indevida:

Pena- reclusão, de 2 (dois) a 12 (doze) anos, e multa. (Redação dada pela Lei 13.964/2019)

- art. 438, CPP.
- art. 305, CPM.
- art. 1º, V, Lei 9.613/1998 (Lei dos Crimes de Lavagem de Dinheiro).

Excesso de exação

§ 1º Se o funcionário exige tributo ou contribuição social que sabe ou deveria saber indevido, ou, quando devido, emprega na cobrança meio vexatório ou gravoso, que a lei não autoriza: (Redação dada pela Lei 8.137/1990 .)

Pena - Reclusão, de 3 (três) a 8 (oito) anos, e multa. (Redação dada pela Lei 8.137/1990 .)

- art. 306, CPM.
- art. 3º, II, Lei 8.137/1990 (Lei dos Crimes Contra a Ordem Tributária, Econômica e Contra as Relações de Consumo).

§ 2º Se o funcionário desvia, em proveito próprio ou de outrem, o que recebeu indevidamente para recolher aos cofres públicos:

Pena - Reclusão, de dois a doze anos, e multa.

Corrupção passiva

Art. 317. Solicitar ou receber, para si ou para outrem, direta ou indiretamente, ainda que fora da função ou antes de assumi-la, mas em razão dela, vantagem indevida, ou aceitar promessa de tal vantagem:

Pena - Reclusão, de 2 (dois) a 12 (doze) anos, e multa. (Redação dada pela Lei 10.763/2003.)

- art. 438, CPP
- art. 308, CPM.

§ 1º A pena é aumentada de um terço, se, em consequência da vantagem ou promessa, o funcionário retarda ou deixa de praticar qualquer ato de ofício ou o pratica infringindo dever funcional.

§ 2º Se o funcionário pratica, deixa de praticar ou retarda ato de ofício, com infração de dever funcional, cedendo a pedido ou influência de outrem:

Pena - Detenção, de três meses a um ano, ou multa.

Facilitação de contrabando ou descaminho

Art. 318. Facilitar, com infração de dever funcional, a prática de contrabando ou descaminho (art. 334):

- Súm. 560, STF.
- Súm. 151, STJ.

Pena - Reclusão, de 3 (três) a 8 (oito) anos, e multa. (Redação dada pela Lei 8.137/1990.)

Prevaricação

Art. 319. Retardar ou deixar de praticar, indevidamente, ato de ofício, ou praticá-lo contra disposição expressa de lei, para satisfazer interesse ou sentimento pessoal:

Pena - Detenção, de três meses a um ano, e multa.

- art. 438, CPP
- art. 319, CPM.
- art. 345, CE.
- art. 10, § 4º, Lei 1.521/1951 (Lei dos Crimes Contra a Economia Popular).
- art. 23, Lei 7.492/1986 (Lei dos Crimes Contra o Sistema Financeiro Nacional).

Art. 319-A. Deixar o Diretor de Penitenciária e/ou agente público, de cumprir seu dever de vedar ao preso o acesso a aparelho telefônico, de rádio ou similar, que permita a comunicação com outros presos ou com o ambiente externo: (Incluído pela Lei 11.466/2007.)

Pena: Detenção, de 3 (três) meses a 1 (um) ano.

- art. 50, VII, Lei 7.210/1984 (Lei de Execuções Penais).
- Súm. 441, STJ.

Condescendência criminosa

Art. 320. Deixar o funcionário, por indulgência, de responsabilizar subordinado que cometeu infração no exercício do cargo ou, quando lhe falte competência, não levar o fato ao conhecimento da autoridade competente:

Pena - Detenção, de quinze dias a um mês, ou multa.

- art. 322, CPM.
- art. 9º, 3, Lei 1.079/1950 (Define os crimes de responsabilidade e regula o respectivo processo de julgamento).
- Súm. Vinc. 46, STF.

Advocacia administrativa

Art. 321. Patrocinar, direta ou indiretamente, interesse privado perante a administração pública, valendo-se da qualidade de funcionário:

Pena - Detenção, de um a três meses, ou multa.

- art. 334, CPM.
- art. 3º, III, Lei 8.137/1990 (Lei dos Crimes Contra a Ordem Tributária, Econômica e Contra as Relações de Consumo).

Parágrafo único. Se o interesse é ilegítimo:

Pena - Detenção, de três meses a um ano, além da multa.

Violência arbitrária

Art. 322. Praticar violência, no exercício de função ou a pretexto de exercê-la:

Pena - Detenção, de seis meses a três anos, além da pena correspondente à violência.

- art. 333, CPM.
- art. 21, Dec.-Lei 3.688/1941 (Lei das Contravenções Penais).

Abandono de função

Art. 323. Abandonar cargo público, fora dos casos permitidos em lei:

Pena - Detenção, de quinze dias a um mês, ou multa.

- art. 344, CE.
- art. 330, CPM.

§ 1º Se do fato resulta prejuízo público:

Pena - Detenção, de três meses a um ano, e multa.

§ 2º Se o fato ocorre em lugar compreendido na faixa de fronteira:

Pena - Detenção, de um a três anos, e multa.

Exercício funcional ilegalmente antecipado ou prolongado

Art. 324. Entrar no exercício de função pública antes de satisfeitas as exigências legais, ou continuar a exercê-la, sem autorização, depois de saber oficialmente que foi exonerado, removido, substituído ou suspenso:

Pena - Detenção, de quinze dias a um mês, ou multa.

- art. 329, CPM.

Violação de sigilo funcional

Art. 325. Revelar fato de que tem ciência em razão do cargo e que deva permanecer em segredo, ou facilitar-lhe a revelação:

Pena - Detenção, de seis meses a dois anos, ou multa, se o fato não constitui crime mais grave.

- art. 326, CPM.

§ 1º Nas mesmas penas deste artigo incorre quem: (Incluído pela Lei 9.983/2000.)

I - permite ou facilita, mediante atribuição, fornecimento e empréstimo de senha ou qualquer outra forma, o acesso de pessoas não autorizadas a sistemas de informações ou banco de dados da

Administração Pública; (Incluído pela Lei 9.983/2000.)

II - se utiliza, indevidamente, do acesso restrito. (Incluído pela Lei 9.983/2000.)

§ 2º Se da ação ou omissão resulta dano à Administração Pública ou a outrem: (Incluído pela Lei 9.983/2000.)

Pena - Reclusão, de 2 (dois) a 6 (seis) anos, e multa. (Incluído pela Lei 9.983/2000.)

Violação do sigilo de proposta de concorrência

Art. 326. Devassar o sigilo de proposta de concorrência pública, ou proporcionar a terceiro o ensejo de devassá-lo:

Pena - Detenção, de três meses a um ano, e multa.

- art. 327, CPM.
- art. 94, Lei 8.666/1993 (Lei de Licitações e Contratos Administrativos).

Funcionário público

Art. 327. Considera-se funcionário público, para os efeitos penais, quem, embora transitoriamente ou sem remuneração, exerce cargo, emprego ou função pública.

§ 1º Equipara-se a funcionário público quem exerce cargo, emprego ou função em entidade paraestatal, e quem trabalha para empresa prestadora de serviço contratada ou conveniada para a execução de atividade típica da Administração Pública. (Incluído pela Lei 9.983/2000.)

§ 2º A pena será aumentada da terça parte quando os autores dos crimes previstos neste Capítulo forem ocupantes de cargos em comissão ou de função de direção ou assessoramento de órgão da administração direta, sociedade de economia mista, empresa pública ou fundação instituída pelo Poder Público. (Incluído pela Lei 6.799/1980.)

- Lei 13.303/2016 (Dispõe sobre o estatuto jurídico da empresa pública, da sociedade de economia mista e de suas subsidiárias, no âmbito da União, dos Estados, do Distrito Federal e dos Municípios).

CAPÍTULO II
DOS CRIMES PRATICADOS POR PARTICULAR CONTRA A ADMINISTRAÇÃO EM GERAL

Usurpação de função pública

Art. 328. Usurpar o exercício de função pública:

Pena - Detenção, de três meses a dois anos, e multa.

- art. 335, CPM.
- arts. 45 a 47, Dec.-Lei 3.688/1941 (Lei das Contravenções Penais).

Parágrafo único. Se do fato o agente aufere vantagem:

Pena - Reclusão, de dois a cinco anos, e multa.

Resistência

Art. 329. Opor-se à execução de ato legal, mediante violência ou ameaça a funcionário competente para executá-lo ou a quem lhe esteja prestando auxílio:

Pena - Detenção, de dois meses a dois anos.

- arts. 284, 292 e 795, p.u., CPP.
- art. 177, CPM.

§ 1º Se o ato, em razão da resistência, não se executa:

Pena - Reclusão, de um a três anos.

§ 2º As penas deste artigo são aplicáveis sem prejuízo das correspondentes à violência.

Desobediência

Art. 330. Desobedecer à ordem legal de funcionário público:

Pena - Detenção, de quinze dias a seis meses, e multa.

- arts. 163, p.u., 245, § 2º, e 656, p.u., CPP.
- arts. 301 e 349, CPM.
- art. 12, Lei 1.079/1950 (Define os crimes de responsabilidade e regula o respectivo processo de julgamento).
- Súm. Vinc. 46, STF.

Desacato

Art. 331. Desacatar funcionário público no exercício da função ou em razão dela:

Pena - Detenção, de seis meses a dois anos, ou multa.

- art. 292, CPP.
- arts. 298 a 300 e 341, CPM.

Tráfico de Influência (Redação dada pela Lei 9.127/1995.)

Art. 332. Solicitar, exigir, cobrar ou obter, para si ou para outrem, vantagem ou promessa de vantagem, a pretexto de influir em ato praticado por funcionário público no exercício da função: (Redação dada pela Lei 9.127/1995.)

Pena - Reclusão, de 2 (dois) a 5 (cinco) anos, e multa. (Redação dada pela Lei 9.127/1995.)

- art. 357 deste Código.
- art. 336, CPM.

Parágrafo único. A pena é aumentada da metade, se o agente alega ou insinua que a vantagem é também destinada ao funcionário. (Redação dada pela Lei 9.127/1995.)

Corrupção ativa

Art. 333. Oferecer ou prometer vantagem indevida a funcionário público, para determiná-lo a praticar, omitir ou retardar ato de ofício:

Pena - Reclusão, de 2 (dois) a 12 (doze) anos, e multa. (Redação dada pela Lei 10.763/2003.)

- art. 299, CE.
- art. 309, CPM.
- art. 6º, 2, Lei 1.079/1950 (Define os crimes de responsabilidade e regula o respectivo processo de julgamento).
- art. 1º, V, Lei 4.729/1965 (Lei do Crime de Sonegação Fiscal).
- Súm. Vinc. 46, STF.

Parágrafo único. A pena é aumentada de um terço, se, em razão da vantagem ou promessa, o funcionário retarda ou omite ato de ofício, ou o pratica infringindo dever funcional.

Descaminho

- (Redação dada pela Lei 13.008/2014.)

Art. 334. Iludir, no todo ou em parte, o pagamento de direito ou imposto devido pela entrada, pela saída ou pelo consumo de mercadoria: (Redação dada pela Lei 13.008/2014.)

- Súm. 560, STF.
- Súm. 151, STJ.

Pena - reclusão, de 1 (um) a 4 (quatro) anos. (Redação dada pela Lei 13.008/2014.)

§ 1º Incorre na mesma pena quem: (Redação dada pela Lei 13.008/2014.)

I - pratica navegação de cabotagem, fora dos casos permitidos em lei; (Redação dada pela Lei 13.008/2014.)

II - pratica fato assimilado, em lei especial, a descaminho; (Redação dada pela Lei 13.008/2014.)

III - vende, expõe à venda, mantém em depósito ou, de qualquer forma, utiliza em proveito próprio ou alheio, no exercício de atividade comercial ou industrial, mercadoria de procedência estrangeira que introduziu clandestinamente no País ou importou fraudulentamente ou que sabe ser produto de introdução clandestina no território nacional ou de importação fraudulenta por parte de outrem; (Redação dada pela Lei 13.008/2014.)

IV - adquire, recebe ou oculta, em proveito próprio ou alheio, no exercício de atividade comercial ou industrial, mercadoria de procedência estrangeira, desacompanhada de documentação legal ou acompanhada de documentos que sabe serem falsos. (Redação dada pela Lei 13.008/2014.)

§ 2º Equipara-se às atividades comerciais, para os efeitos deste artigo, qualquer forma de comércio irregular ou clandestino de mercadorias estrangeiras, inclusive o exercido em residências. (Redação dada pela Lei 13.008/2014.)

§ 3º A pena aplica-se em dobro se o crime de descaminho é praticado em transporte aéreo, marítimo ou fluvial. (Redação dada pela Lei 13.008/2014.)

Contrabando

- (Redação dada pela Lei 13.008/2014.)

Art. 334-A. Importar ou exportar mercadoria proibida: (Acrescentado pela Lei 13.008/2014.)

Pena - reclusão, de 2 (dois) a 5 (cinco) anos. (Acrescentado pela Lei 13.008/2014.)

§ 1º Incorre na mesma pena quem: (Acrescentado pela Lei 13.008/2014.)

I - pratica fato assimilado, em lei especial, a contrabando; (Acrescentado pela Lei 13.008/2014.)

II - importa ou exporta clandestinamente mercadoria que dependa de registro, análise ou autorização de órgão público competente; (Acrescentado pela Lei 13.008/2014.)

III - reinsere no território nacional mercadoria brasileira destinada à exportação; (Acrescentado pela Lei 13.008/2014.)

IV - vende, expõe à venda, mantém em depósito ou, de qualquer forma, utiliza em proveito próprio ou alheio, no exercício de atividade comercial ou industrial, mercadoria proibida pela lei brasileira; (Acrescentado pela Lei 13.008/2014.)

V - adquire, recebe ou oculta, em proveito próprio ou alheio, no exercício de atividade comercial ou industrial, mercadoria proibida pela lei brasileira. (Acrescentado pela Lei 13.008/2014.)

§ 2º Equipara-se às atividades comerciais, para os efeitos deste artigo, qualquer forma de comércio irregular ou clandestino de mercadorias estrangeiras, inclusive o exercido em residências. (Acrescentado pela Lei 13.008/2014.)

§ 3º A pena aplica-se em dobro se o crime de contrabando é praticado em transporte aéreo, marítimo ou fluvial. (Acrescentado pela Lei 13.008/2014.)

Impedimento, perturbação ou fraude de concorrência

Art. 335. Impedir, perturbar ou fraudar concorrência pública ou venda em hasta pública, promovida pela administração federal, estadual ou municipal, ou por entidade paraestatal; afastar ou procurar afastar concorrente ou licitante, por meio de violência, grave ameaça, fraude ou oferecimento de vantagem:

Pena - Detenção, de seis meses a dois anos, ou multa, além da pena correspondente à violência.

- art. 339, CPM.
- arts. 93 e 95, Lei 8.666/1993 (Lei de Licitações e Contratos Administrativos).

Parágrafo único. Incorre na mesma pena quem se abstém de concorrer ou licitar, em razão da vantagem oferecida.

- art. 95, p.u., Lei 8.666/1993 (Lei de Licitações e Contratos Administrativos).

Inutilização de edital ou de sinal

Art. 336. Rasgar ou, de qualquer forma, inutilizar ou conspurcar edital afixado por ordem de funcionário público; violar ou inutilizar selo ou sinal empregado, por determinação legal ou por ordem de funcionário público, para identificar ou cerrar qualquer objeto:

Pena - Detenção, de um mês a um ano, ou multa.

- art. 338, CPM.

Subtração ou inutilização de livro ou documento

Art. 337. Subtrair, ou inutilizar, total ou parcialmente, livro oficial, processo ou documento confiado à custódia de funcionário, em razão de ofício, ou de particular em serviço público:

Pena - Reclusão, de dois a cinco anos, se o fato não constitui crime mais grave.

- art. 337, CPM.

Sonegação de contribuição previdenciária

- Incluído pela Lei 9.983/2000.

Art. 337-A. Suprimir ou reduzir contribuição social previdenciária e qualquer acessório, mediante as seguintes condutas: (Incluído pela Lei 9.983/2000.)

- art. 83, Lei 9.430/1996 (Dispõe sobre a legislação tributária federal e as contribuições para a seguridade social

I - omitir de folha de pagamento da empresa ou de documento de informações previsto pela legislação previdenciária segurados empregado, empresário, trabalhador avulso ou trabalhador autônomo ou a este equiparado que lhe prestem serviços; (Incluído pela Lei 9.983/2000.)

II - deixar de lançar mensalmente nos títulos próprios da contabilidade da empresa as quantias descontadas dos segurados ou as devidas pelo empregador ou pelo tomador de serviços; (Incluído pela Lei 9.983/2000.)

III - omitir, total ou parcialmente, receitas ou lucros auferidos, remunerações pagas ou creditadas e demais fatos geradores de contribuições sociais previdenciárias: (Incluído pela Lei 9.983/2000.)

Pena - Reclusão, de 2 (dois) a 5 (cinco) anos, e multa. (Incluído pela Lei 9.983/2000.)

§ 1º É extinta a punibilidade se o agente, espontaneamente, declara e confessa as contribuições, importâncias ou valores e presta as informações devidas à previdência social, na forma definida em lei ou regulamento, antes do início da ação fiscal. (Incluído pela Lei 9.983/2000.)

§ 2º É facultado ao juiz deixar de aplicar a pena ou aplicar somente a de multa se o agente for primário e de bons antecedentes, desde que: (Incluído pela Lei 9.983/2000.)

I - (Vetado.) (Incluído pela Lei 9.983/2000.)

II - o valor das contribuições devidas, inclusive acessórios, seja igual ou inferior àquele estabelecido pela previdência social, administrativamente, como sendo o mínimo para o ajuizamento de suas execuções fiscais. (Incluído pela Lei 9.983/2000.)

§ 3º Se o empregador não é pessoa jurídica e sua folha de pagamento mensal não ultrapassa R$ 1.510,00 (um mil, quinhentos e dez reais), o juiz poderá reduzir a pena de um terço até a metade ou aplicar apenas a de multa. (Incluído pela Lei 9.983/2000.)

- Port. MF 8/2017 (Altera o valor previsto neste parágrafo para R$ 4.883,27).

§ 4º O valor a que se refere o parágrafo anterior será reajustado nas mesmas datas e nos mesmos índices do reajuste dos benefícios da previdência social. (Incluído pela Lei 9.983/2000.)

CAPÍTULO II-A
DOS CRIMES PRATICADOS POR PARTICULAR CONTRA A ADMINISTRAÇÃO PÚBLICA ESTRANGEIRA

- Incluído pela Lei 10.467/2002.

Corrupção ativa em transação comercial internacional

Art. 337-B. Prometer, oferecer ou dar, direta ou indiretamente, vantagem indevida a funcionário público estrangeiro, ou a terceira pessoa, para determiná-lo a praticar, omitir ou retardar ato de ofício relacionado à transação comercial internacional: (Incluído pela Lei 10.467/2002.)

Pena - Reclusão, de 1 (um) a 8 (oito) anos, e multa. (Incluído pela Lei 10.467/2002.)

Parágrafo único. A pena é aumentada de 1/3 (um terço), se, em razão da vantagem ou promessa, o funcionário público estrangeiro retarda ou omite o ato de ofício, ou o pratica infringindo dever funcional. (Incluído pela Lei 10.467/2002.)

Tráfico de influência em transação comercial internacional

Art. 337-C. Solicitar, exigir, cobrar ou obter, para si ou para outrem, direta ou indiretamente, vantagem ou promessa de vantagem a pretexto de influir em ato praticado por funcionário público estrangeiro no exercício de suas funções, relacionado à transação comercial internacional: (Incluído pela Lei 10.467/2002.)

Pena - Reclusão, de 2 (dois) a 5 (cinco) anos, e multa. (Incluído pela Lei 10.467/2002.)

Parágrafo único. A pena é aumentada da metade, se o agente alega ou insinua que a vantagem é também destinada a funcionário estrangeiro. (Incluído pela Lei 10.467/2002.)

Funcionário público estrangeiro

Art. 337-D. Considera-se funcionário público estrangeiro, para os efeitos penais, quem, ainda que transitoriamente ou sem remuneração, exerce cargo, emprego ou função pública em entidades estatais ou em representações diplomáticas de país estrangeiro. (Incluído pela Lei 10.467/2002.)

Parágrafo único. Equipara-se a funcionário público estrangeiro quem exerce cargo, emprego ou função em empresas controladas, diretamente ou indiretamente, pelo Poder Público de país estrangeiro ou em organizações públicas internacionais. (Incluído pela Lei 10.467/2002.)

CAPÍTULO III
DOS CRIMES CONTRA A ADMINISTRAÇÃO DA JUSTIÇA

Reingresso de estrangeiro expulso

Art. 338. Reingressar no território nacional o estrangeiro que dele foi expulso:

Pena - Reclusão, de um a quatro anos, sem prejuízo de nova expulsão após o cumprimento da pena.

- Lei 13.445/2017 (Institui a Lei de Migração).

Denunciação caluniosa

Art. 339. Dar causa à instauração de inquérito policial, de procedimento investigatório criminal, de processo judicial, de processo administrativo disciplinar, de inquérito civil ou de ação de improbidade administrativa contra alguém, imputando-lhe crime, infração ético-disciplinar ou ato ímprobo de que o sabe inocente: (Redação dada pela Lei 14.110/2020)

- art. 343, CPM.
- art. 19, Lei 8.429/1992 (Lei da Improbidade Administrativa).

Pena - Reclusão, de dois a oito anos, e multa.

§ 1º A pena é aumentada de sexta parte, se o agente se serve de anonimato ou de nome suposto.

§ 2º A pena é diminuída de metade, se a imputação é de prática de contravenção.

Comunicação falsa de crime ou de contravenção

Art. 340. Provocar a ação de autoridade, comunicando-lhe a ocorrência de crime ou de contravenção que sabe não se ter verificado:

Pena - Detenção, de um a seis meses, ou multa.

- art. 344, CPM.
- art. 41, Dec.-Lei 3.688/1941 (Lei das Contravenções Penais).

Autoacusação falsa

Art. 341. Acusar-se, perante a autoridade, de crime inexistente ou praticado por outrem:

Pena - Detenção, de três meses a dois anos, ou multa.

- art. 345, CPM.

Falso testemunho ou falsa perícia

Art. 342. Fazer afirmação falsa, ou negar ou calar a verdade como testemunha, perito, contador, tradutor ou intérprete em processo judicial, ou administrativo, inquérito policial, ou em juízo arbitral: (Redação dada pela Lei 10.268/2001.)

Pena - reclusão, de 2 (dois) a 4 (quatro) anos, e multa. (Alterada pela Lei 12.850/2013.)

- art. 346, CPM.
- art. 4º, II, Lei 1.579/1952 (Lei das Comissões Parlamentares de Inquérito).
- art. 171, Lei 11.101/2005 (Lei de Recuperação de Empresas e Falências).
- Súm. 165, STJ.

§ 1º As penas aumentam-se de um sexto a um terço, se o crime é praticado mediante suborno ou se cometido com o fim de obter prova destinada a produzir efeito em processo penal, ou em processo civil em que for parte entidade da administração pública direta ou indireta. (Redação dada pela Lei 10.268/2001.)

§ 2º O fato deixa de ser punível se, antes da sentença no processo em que ocorreu o ilícito, o agente se retrata ou declara a verdade. (Redação dada pela Lei 10.268/2001.)

Art. 343. Dar, oferecer ou prometer dinheiro ou qualquer outra vantagem a testemunha, perito, contador, tradutor ou intérprete, para fazer afirmação falsa, negar ou calar a verdade em depoimento, perícia, cálculos, tradução ou interpretação: (Redação dada pela Lei 10.268/2001.)

Pena - Reclusão, de três a quatro anos, e multa.(Redação dada pela Lei 10.268/2001.)

- art. 347, CPM.

Parágrafo único. As penas aumentam-se de um sexto a um terço, se o crime é cometido com o fim de obter prova destinada a produzir efeito em processo penal ou em processo civil em que for parte entidade da administração pública direta ou indireta. (Redação dada pela Lei 10.268/2001.)

Coação no curso do processo

Art. 344. Usar de violência ou grave ameaça, com o fim de favorecer interesse próprio ou alheio, contra autoridade, parte, ou qualquer outra pessoa que funciona ou é chamada a intervir em processo judicial, policial ou administrativo, ou em juízo arbitral:

Pena - Reclusão, de um a quatro anos, e multa, além da pena correspondente à violência.

- art. 342, CPM.
- Lei 9.307/1996 (Lei da Arbitragem).

Exercício arbitrário das próprias razões

Art. 345. Fazer justiça pelas próprias mãos, para satisfazer pretensão, embora legítima, salvo quando a lei o permite:

Pena - Detenção, de quinze dias a um mês, ou multa, além da pena correspondente à violência.

Parágrafo único. Se não há emprego de violência, somente se procede mediante queixa.

Art. 346. Tirar, suprimir, destruir ou danificar coisa própria, que se acha em poder de terceiro por determinação judicial ou convenção:

Pena - Detenção, de seis meses a dois anos, e multa.

Fraude processual

Art. 347. Inovar artificiosamente, na pendência de processo civil ou administrativo, o estado de lugar, de coisa ou de pessoa, com o fim de induzir a erro o juiz ou o perito:

Pena - Detenção, de três meses a dois anos, e multa.

Parágrafo único. Se a inovação se destina a produzir efeito em processo penal, ainda que não iniciado, as penas aplicam-se em dobro.

Favorecimento pessoal

Art. 348. Auxiliar a subtrair-se à ação de autoridade pública autor de crime a que é cominada pena de reclusão:

Pena - Detenção, de um a seis meses, e multa.

- art. 350, CPM.

§ 1º Se ao crime não é cominada pena de reclusão:

Pena - Detenção, de quinze dias a três meses, e multa.

§ 2º Se quem presta o auxílio é ascendente, descendente, cônjuge ou irmão do criminoso, fica isento de pena.

Favorecimento real

Art. 349. Prestar a criminoso, fora dos casos de coautoria ou de receptação, auxílio destinado a tornar seguro o proveito do crime:

Pena - Detenção, de um a seis meses, e multa.

- art. 351, CPM.

Art. 349-A. Ingressar, promover, intermediar, auxiliar ou facilitar a entrada de aparelho telefônico de comunicação móvel, de rádio ou similar, sem autorização legal, em estabelecimento prisional. (Incluído pela Lei 12.012/2009.)

- art. 319-A deste Código.

Pena: detenção, de 3 (três) meses a 1 (um) ano. (Incluído pela Lei 12.012/2009.)

Exercício arbitrário ou abuso de poder

Art. 350. (Revogado pela Lei 13.869/2019)

Fuga de pessoa presa ou submetida a medida de segurança

Art. 351. Promover ou facilitar a fuga de pessoa legalmente presa ou submetida a medida de segurança detentiva:

Pena - Detenção, de seis meses a dois anos.

- arts. 178 e 179, CPM.
- Súm. 75, STJ.

§ 1º Se o crime é praticado a mão armada, ou por mais de uma pessoa, ou mediante arrombamento, a pena é de reclusão, de dois a seis anos.

§ 2º Se há emprego de violência contra pessoa, aplica-se também a pena correspondente à violência.

§ 3º A pena é de reclusão, de um a quatro anos, se o crime é praticado por pessoa sob cuja custódia ou guarda está o preso ou o internado.

§ 4º No caso de culpa do funcionário incumbido da custódia ou guarda, aplica-se a pena de detenção, de três meses a um ano, ou multa.

Evasão mediante violência contra a pessoa

Art. 352. Evadir-se ou tentar evadir-se o preso ou o indivíduo submetido a medida de segurança detentiva, usando de violência contra a pessoa:

Pena - Detenção, de três meses a um ano, além da pena correspondente à violência.

- art. 180, CPM.

Arrebatamento de preso

Art. 353. Arrebatar preso, a fim de maltratá-lo, do poder de quem o tenha sob custódia ou guarda:

Pena - Reclusão, de um a quatro anos, além da pena correspondente à violência.

- art. 181, CPM.

Motim de presos

Art. 354. Amotinarem-se presos, perturbando a ordem ou disciplina da prisão:

Pena - Detenção, de seis meses a dois anos, além da pena correspondente à violência.

- art. 182, CPM.
- art. 50, Lei 7.210/1984 (Lei de Execuções Penais).
- Súm. 441, STJ.

Patrocínio infiel

Art. 355. Trair, na qualidade de advogado ou procurador, o dever profissional, prejudicando interesse, cujo patrocínio, em juízo, lhe é confiado:

Pena - Detenção, de seis meses a três anos, e multa.

Patrocínio simultâneo ou tergiversação

Parágrafo único. Incorre na pena deste artigo o advogado ou procurador judicial que defende na mesma causa, simultânea ou sucessivamente, partes contrárias.

Sonegação de papel ou objeto de valor probatório

Art. 356. Inutilizar, total ou parcialmente, ou deixar de restituir autos, documento ou objeto de valor probatório, que recebeu na qualidade de advogado ou procurador:

Pena - Detenção, de seis meses a três anos, e multa.

- art. 352, CPM.

Exploração de prestígio

Art. 357. Solicitar ou receber dinheiro ou qualquer outra utilidade, a pretexto de influir em juiz, jurado, órgão do Ministério Público, funcionário de justiça, perito, tradutor, intérprete ou testemunha:

Pena - Reclusão, de um a cinco anos, e multa.

Parágrafo único. As penas aumentam-se de um terço, se o agente alega ou insinua que o dinheiro ou utilidade também se destina a qualquer das pessoas referidas neste artigo.

- art. 332 deste Código.
- art. 353, CPM.

Violência ou fraude em arrematação judicial

Art. 358. Impedir, perturbar ou fraudar arrematação judicial; afastar ou procurar afastar concorrente ou licitante, por meio de violência, grave ameaça, fraude ou oferecimento de vantagem:

Pena - Detenção, de dois meses a um ano, ou multa, além da pena correspondente à violência.

- art. 339, CPM.
- arts. 93 e 95, Lei 8.666/1993 (Lei de Licitações e Contratos Administrativos).

Desobediência à decisão judicial sobre perda ou suspensão de direito

Art. 359. Exercer função, atividade, direito, autoridade ou múnus, de que foi suspenso ou privado por decisão judicial:

Pena - Detenção, de três meses a dois anos, ou multa.

- art. 354, CPM.

CAPÍTULO IV DOS CRIMES CONTRA AS FINANÇAS PÚBLICAS

- Incluído pela Lei 10.028/2000.

Contratação de operação de crédito

Art. 359-A. Ordenar, autorizar ou realizar operação de crédito, interno ou externo, sem prévia autorização legislativa: (Incluído pela Lei 10.028/2000.)

Pena - Reclusão, de 1 (um) a 2 (dois) anos. (Incluído pela Lei 10.028/2000.)

Parágrafo único. Incide na mesma pena quem ordena, autoriza ou realiza operação de crédito, interno ou externo: (Incluído pela Lei 10.028/2000.)

I - com inobservância de limite, condição ou montante estabelecido em lei ou em resolução do Senado Federal; (Incluído pela Lei 10.028/2000.)

II - quando o montante da dívida consolidada ultrapassa o limite máximo autorizado por lei. (Incluído pela Lei 10.028/2000.)

Inscrição de despesas não empenhadas em restos a pagar

Art. 359-B. Ordenar ou autorizar a inscrição em restos a pagar, de despesa que não tenha sido previamente empenhada ou que exceda limite estabelecido em lei: (Incluído pela Lei 10.028/2000.)

Pena - Detenção, de 6 (seis) meses a 2 (dois) anos. (Incluído pela Lei 10.028/2000.)

Assunção de obrigação no último ano do mandato ou legislatura

Art. 359-C. Ordenar ou autorizar a assunção de obrigação, nos dois últimos quadrimestres do último ano do mandato ou legislatura, cuja despesa não possa ser paga no mesmo exercício financeiro ou, caso reste parcela a ser paga no exercício seguinte, que não tenha contrapartida suficiente de disponibilidade de caixa: (Incluído pela Lei 10.028/2000.)

Pena - Reclusão, de 1 (um) a 4 (quatro) anos. (Incluído pela Lei 10.028/2000.)

Ordenação de despesa não autorizada

Art. 359-D. Ordenar despesa não autorizada por lei: (Incluído pela Lei 10.028/2000.)

Pena - Reclusão, de 1 (um) a 4 (quatro) anos. (Incluído pela Lei 10.028/2000.)

- Súm 599 do STJ.

Prestação de garantia graciosa

Art. 359-E. Prestar garantia em operação de crédito sem que tenha sido constituída contragarantia em valor igual ou superior ao valor da garantia prestada, na forma da lei: (Incluído pela Lei 10.028/2000.)

Pena - Detenção, de 3 (três) meses a 1 (um) ano. (Incluído pela Lei 10.028/2000.)

Não cancelamento de restos a pagar

Art. 359-F. Deixar de ordenar, de autorizar ou de promover o cancelamento do montante de restos a pagar inscrito em valor superior ao permitido em lei: (Incluído pela Lei 10.028/2000.)

Pena - Detenção, de 6 (seis) meses a 2 (dois) anos. (Incluído pela Lei 10.028/2000.)

Aumento de despesa total com pessoal no último ano do mandato ou legislatura

Art. 359-G. Ordenar, autorizar ou executar ato que acarrete aumento de despesa total com pessoal, nos cento e oitenta dias anteriores ao final do mandato ou da legislatura: (Incluído pela Lei 10.028/2000.)

Pena - Reclusão, de 1 (um) a 4 (quatro) anos. (Incluído pela Lei 10.028/2000.)

Oferta pública ou colocação de títulos no mercado

Art. 359-H. Ordenar, autorizar ou promover a oferta pública ou a colocação no mercado financeiro de títulos da dívida pública sem que tenham sido criados por lei ou sem que estejam registrados em sistema centralizado de liquidação e de custódia: (Incluído pela Lei 10.028/2000.)

Pena - Reclusão, de 1 (um) a 4 (quatro) anos. (Incluído pela Lei 10.028/2000.)

DISPOSIÇÕES FINAIS

Art. 360. Ressalvada a legislação especial sobre os crimes contra a existência, a segurança e a integridade do Estado e contra a guarda e o emprego da economia popular, os crimes de imprensa e os de falência, os de responsabilidade do Presidente da República e dos Governadores ou Interventores, e os crimes militares, revogam-se as disposições em contrário.

Art. 361. Este Código entrará em vigor no dia 1º de janeiro de 1942.

Rio de Janeiro, 07 de dezembro de 1940; 119º da Independência e 52º da República.

Getúlio Vargas

ÍNDICE ALFABÉTICO-REMISSIVO DO CÓDIGO PENAL

– A –

ABANDONO

- coletivo de trabalho; caracterização: art. 200, parágrafo único
- de animais em propriedade alheia: art. 164
- de função: art. 323
- de função em faixa de fronteira: art.: 323, § 2º
- de incapaz: art. 133
- de recém-nascido: art. 134
- intelectual: art. 246
- material: art. 244
- moral: art. 247

ABERRATIO CRIMINIS

- art. 74

ABERRATIO ICTUS

- art. 73

ABORTO

- consentido pela gestante: art. 126
- gestante; em si mesma ou com seu consentimento: art. 124
- lesão corporal grave ou morte da gestante; aumento de pena: art. 127
- necessário: art. 128
- resultante de estupro: art. 128, II
- resultante de lesão corporal; pena: art. 129, § 2º, V
- terceiros; com o consentimento da gestante: art. 126
- terceiros; sem o consentimento da gestante: art. 125

ABUSO DE AUTORIDADE

- agravante da pena: art. 61, II, f

ABUSO DE INCAPAZES

- art. 173

ABUSO DE PODER

- art. 350
- agravante da pena: art. 61, II, g
- perda de cargo, função pública ou mandato eletivo: art. 92, I

AÇÃO PENAL

- arts. 100 a 106
- crimes contra a dignidade sexual: art. 225
- direito de queixa e de representação; decadência: art. 103
- direito de queixa; renúncia: art. 104
- direito de queixa; renúncia; extinção da punibilidade: art. 107, V
- incondicionada; Administração Pública; hipóteses: art. 153, § 2º
- no crime complexo: art. 101
- perdão do ofendido; efeitos: art. 106
- perdão do ofendido; extinção da punibilidade: art. 107, V
- perdão do ofendido; inadmissibilidade depois do trânsito em julgado da sentença condenatória: – art. 106, § 2º
- perdão ao ofendido; óbice ao prosseguimento: art. 105
- prescrição: art. 109
- privada; declaração expressa: art. 100, *caput*
- privada; interposição nos crimes de ação pública; falta de oferecimento da denúncia pelo Ministério Público: art. 100, § 3º
- privada; promoção: art. 100, § 2º
- pública condicionada: art. 100, § 1º, *in fine*
- pública; falta de oferecimento da denúncia pelo Ministério Público; ação penal privada: art. 100, 3º
- pública; promoção: art. 100, § 1º
- pública; ressalva: art. 100, *caput*
- representação; irretratabilidade: art. 102

ACIDENTE DE TRÂNSITO

- art. 57

ACIONISTA

- negociação de voto; pena: art. 177, § 2º

AÇÕES

- equiparação a documento público, para efeitos penais: art. 297, § 2º

ACUSAÇÃO FALSA

- auto: art. 341

ADMINISTRAÇÃO PÚBLICA

- ação penal; hipóteses: art. 153, § 2º
- alteração, falsificação ou uso indevido de marcas, logotipos, siglas ou quaisquer outros símbolos; pena: art. 296, § 1º, III
- crime praticado com violação de dever para com a; perda de cargo, função pública ou mandato eletivo: art. 92, I
- crimes contra ela, cometidos no estrangeiro; aplicação da lei brasileira: art. 7, I, c
- divulgação de informações sigilosas ou reservadas; pena: art. 153, § 1º-A

ADVOCACIA ADMINISTRATIVA

- art. 321
- interesse legítimo: art. 321, parágrafo único

ADVOGADO

- defesa, simultânea ou sucessiva, de partes contrárias, na mesma causa; pena: art. 355, parágrafo único

AERONAVES

- brasileiras; extensão do território nacional para efeitos penais: art. 5, § 1º
- crimes cometidos no estrangeiro, em; aplicação da lei brasileira: art. 7, II, c
- estrangeiras; crimes praticados a bordo; casos de aplicação da lei brasileira: art. 5, § 2º

AGRAVANTES

- cálculo da pena: art. 68
- circunstâncias: art. 61
- concurso com circunstâncias atenuantes: art. 67
- concurso de pessoas: art. 62

ÁGUA POTÁVEL

- corrupção ou poluição: art. 271
- envenenamento: art. 270

ÁGUAS

- usurpação de: art. 161, § 1º, I

AJUSTE

- impunibilidade: art. 31

ALFÂNDEGA

- falsificação do sinal empregado no contraste de metal precioso ou na fiscalização de: art. 306

ALICIAMENTO

- de trabalhadores: art. 206 e 207

ALIENAÇÃO OU ONERAÇÃO FRAUDULENTA DE COISA PRÓPRIA

- art. 171, § 2º, II

ALIMENTO

- art. 272

AMEAÇA

- art. 147
- representação: art. 147, parágrafo único

ANIMAIS

- introdução ou abandono em propriedade alheia; pena: art. 164
- supressão ou alteração de marca: art. 162

ANISTIA

- extinção da punibilidade: art. 107, II

ANTERIORIDADE DA LEI

- art. 1º

APARELHO TELEFÔNICO, DE RÁDIO OU SIMILAR

- ingresso sem autorização em estabelecimento prisional; crimes contra a administração da justiça: art. 349-A
- não vedação do uso pelo preso; crime contra a administração pública: art. 319-A

APOLOGIA DE CRIME OU CRIMINOSO

- art. 287

APROPRIAÇÃO INDÉBITA

- arts. 168 a 170
- apropriação de coisa achada; pena: art. 169, parágrafo único, II
- apropriação de coisa havida por erro, caso fortuito ou força da natureza; pena: art. 169
- apropriação de tesouro; pena: art. 169, parágrafo único, I
- aumento de pena: art. 168, § 1º
- furto; disposições referentes a este delito aplicável à apropriação indébita: art. 170
- pena: art. 168

APROPRIAÇÃO INDÉBITA PREVIDENCIÁRIA

- art. 168-A
- extinção de punibilidade; hipóteses: art. 168-A, § 2º
- não aplicação da pena; hipóteses: art. 168-A, § 3º

▸ não pagamento de benefício devido a segurado: art. 168-A, § 1º, III
▸ não recolhimento de contribuição ou outra importância destinada à Previdência Social: art. 168-A, § 1º, I e II

ARREBATAMENTO DE PRESO
▸ art. 353

ARREMATAÇÃO JUDICIAL
▸ violência ou fraude em: art. 358

ARREMESSO DE PROJÉTIL
▸ art. 264

ARREPENDIMENTO
▸ eficaz: art. 15
▸ posterior: art. 16

ASCENDENTE
▸ direito de queixa ou de prosseguimento na ação; morte do ofendido: art. 100, § 4º

ASFIXIA
▸ emprego na prática de homicídio; efeitos: art. 121, § 2º, III

ASSÉDIO SEXUAL
▸ art. 216-A

ASSUNÇÃO DE OBRIGAÇÕES
▸ no último ano do mandato ou legislatura: art. 359-C

ATENTADO CONTRA A LIBERDADE DE TRABALHO
▸ art. 197 a 199
▸ contrato de trabalho: art. 198
▸ disposições gerais: art. 197
▸ liberdade de associação: art. 199

ATENUANTES
▸ cálculo da pena: art. 68
▸ circunstâncias: art. 65
▸ concurso com circunstâncias agravantes: art. 67

ATESTADO
▸ certidão; ideologicamente falso: art. 301
▸ médico; falsificação: art. 302

ATIVIDADE PÚBLICA
▸ proibição do exercício: art. 47, I
▸ proibição do exercício; aplicação: art. 56

ATO OBSCENO
▸ art. 233
▸ ultraje público ao pudor: art. 233 e 234

AUMENTO DE DESPESA
▸ total com pessoal; último ano do mandato ou legislatura: art. 359-G

AUTOACUSAÇÃO FALSA
▸ art. 341

AUTORIA DO CRIME
▸ confissão; atenuante da pena: art. 65, III, d

AUTOMUTILAÇÃO
▸ Art. 122.

AUTORIZAÇÃO
▸ do poder público; proibição do exercício: art. 47, II
▸ para dirigir veículo; suspensão: art. 47, III
▸ para dirigir veículo; suspensão; casos de aplicação: art. 57

AUXÍLIO
▸ impunibilidade: art. 31

AVIÕES
▸ *Vide* AERONAVES

– B –

BANDO OU QUADRILHA
▸ art. 288
▸ crime de extorsão mediante sequestro: art. 159, § 1º

BIGAMIA
▸ art. 235
▸ prescrição antes de transitar em julgado a sentença; termo inicial: art. 111, IV

BOICOTAGEM VIOLENTA
▸ art. 198

– C –

CADÁVER
▸ destruição, subtração ou ocultação: art. 211
▸ vilipêndio: art. 212

CALAMIDADE PÚBLICA
▸ crime cometido por ocasião de; agravante da pena: art. 61, II, j

CALÚNIA
▸ art. 138 e 141
▸ contra os mortos; punibilidade: art. 138, § 2º
▸ exceção da verdade: art. 138, § 3º
▸ pena: art. 138, § 1º

CÁRCERE PRIVADO
▸ art. 148

CARGO EM COMISSÃO
▸ aumento de pena de funcionário público: art. 327, § 2º

CARGO PÚBLICO
▸ crime cometido com violação do dever inerente; agravante da pena: art. 61, II, g
▸ perda; efeito da condenação: art. 92, I
▸ proibição do exercício: art. 47, I
▸ proibição do exercício; aplicação: art. 56

CARIMBO
▸ supressão, com finalidade de tornar papéis novamente utilizáveis; penas: art. 293, §§ 2º e 3º

CASA
▸ alheia; entrada ou permanência; quando não será crime: art. 150, § 3º
▸ conceito referente a crimes contra a inviolabilidade de domicílio: art. 150, § 4º

CASAMENTO
▸ bigamia: art. 235
▸ crimes contra o: art. 235 a 240
▸ impedimento: art. 237
▸ induzimento a erro essencial: art. 236
▸ simulação: art. 239
▸ simulação de autoridade para sua celebração: art. 238

CAUSA
▸ conceito: art. 13, *caput, in fine*
▸ independente; superveniência: art. 238

CERIMÔNIA FUNERÁRIA
▸ impedimento ou perturbação: art. 209

CERTIDÃO
▸ ou atestado; ideologicamente falsa: art. 301

CHARLATANISMO
▸ pena: art. 283

CHEQUE
▸ fraude no pagamento: art. 171, § 2º, VI

CIRCUNSTÂNCIAS AGRAVANTES
▸ *Vide* AGRAVANTES

CIRCUNSTÂNCIAS ATENUANTES
▸ *Vide* ATENUANTES

CIRCUNSTÂNCIAS INCOMUNICÁVEIS
▸ concurso de pessoas: art. 30

CIRCUNSTÂNCIAS PREPONDERANTES
▸ conceito: art. 67, in fine

CIRCUNSTÂNCIAS RELEVANTES
▸ não previstas expressamente em lei; atenuantes da pena: art. 66

COABITAÇÃO
▸ crime cometido prevalecendo-se da; agravante da pena: art. 66, II, f
▸ lesão corporal; aumento de pena: art. 129, § 9º

COAÇÃO
▸ à execução material do crime; agravante da pena: art. 62, II
▸ crime cometido sob; atenuante da pena: art. 65, III, c
▸ impeditiva de suicídio; descaracterização do constrangimento ilegal: art. 146, § 3º, II
▸ irresistível: art. 22
▸ no curso do processo: art. 344

CÓDIGO PENAL
▸ regras gerais; aplicação aos fatos incriminados por lei especial: art. 12

COISA ACHADA
▸ apropriação: art. 169, parágrafo único, II

COISA PRÓPRIA
▸ em poder de terceiro; suprimir, destruir, destruir ou danificar: art. 346

COMÉRCIO
▸ fraude: art. 175

COMINAÇÃO DAS PENAS
▸ arts. 53 a 58

COMUNICAÇÃO FALSA DE CRIME OU CONTRAVENÇÃO
▸ pena: art. 340

COMUNICAÇÃO TELEGRÁFICA, RADIOELÉTRICA OU TELEFÔNICA
▸ art. 151, § 1º, II

CONCORRÊNCIA
▸ pública; impedimento, perturbação ou fraude: art. 335

CONCURSO DE CRIMES
- execução das penas: art. 76
- extinção da punibilidade; incidência sobre a pena de cada um, isoladamente: art. 119
- formal: art. 70
- material: art. 69
- penas de multa; aplicação: art. 72

CONCURSO DE PESSOAS
- art. 29 a 31
- agravantes da pena: art. 62
- caracterização: art. 29
- casos de impunibilidade: art. 31
- circunstâncias incomunicáveis: art. 30

CONCUSSÃO
- art. 316
- excesso de exação: art. 316, § 1º
- exigência de tributo ou contribuição social: art. 316, § 1º
- recolhimento aos cofres públicos: art. 316, § 2º

CONDENAÇÃO
- efeitos: art. 91 e 92
- efeitos; declaração motivada na sentença: art. 92, parágrafo único
- efeitos; reabilitação: art. 93, parágrafo único

CONDENADO
- *Vide* também PRESOS
- doença mental; superveniência: art. 41
- evasão; prescrição: art. 113
- final de semana; limitação: art. 48
- livramento condicional: art. 83 a 90
- multa: art. 50
- multa; suspensão: art. 51
- prestação de serviços: art. 46
- reabilitação: art. 93 a 95
- regime aberto: art. 36
- regime fechado: art. 34
- regime semiaberto: art. 35
- reincidente: art. 63
- reincidente; penas: art. 44, § 3º
- suspensão condicional da pena: arts. 77 a 82

CONDESCENDÊNCIA CRIMINOSA
- art. 320

CONFISSÃO
- da autoria do crime; atenuante da pena: art. 65, III, d

CONHECIMENTO DE DEPÓSITO
- emissão irregular; pena: art. 178

CÔNJUGE
- abandono de incapaz: art. 133, § 3º, II
- abandono material: art. 244
- agente, aumento de pena: art. 226, II
- crime contra; agravante: art. 61, II, e
- direito de queixa ou de prosseguimento na ação; morte do ofendido: art. 100, § 4º
- favorecimento pessoal: art. 348, § 2º
- isenção de pena: art. 181, I
- lascívia de terceiros; mediação: art. 227
- lesão corporal: art. 129, § 9º
- representação: art. 182, I
- sequestro e cárcere privado: art. 148, § 1º, I

CONSTRANGIMENTO ILEGAL
- aumento de pena: art. 146, § 1º
- coação exercida para impedir suicídio; não caracterizará: art. 146, § 3º, II
- exercido para impedir suicídio: art. 146, § 3º, II
- intervenção médica sem consentimento do paciente: art. 146, § 3º, I

CONTAGEM DE PRAZO
- art. 10

CONTÁGIO DE MOLÉSTIA GRAVE
- art. 131

CONTÁGIO VENÉRIO
- perigo: art. 130

CONTRABANDO
- art. 334
- atividades comerciais: art. 334, § 2º
- aumento de pena: art. 334, § 3º
- facilitação: art. 318

CONTRATAÇÃO DE OPERAÇÃO DE CRÉDITO
- art. 359-A
- condutas equiparadas: art. 359-A, parágrafo único

CONTRATO DE TRABALHO
- atentado contra a liberdade respectiva: art. 198

CONTRAVENÇÃO
- comunicação falsa: art. 340

CONVERSÃO
- da pena restritiva de direitos em privativa de liberdade: art. 44, §§ 4º e 5º, e 45

CORREÇÃO MONETÁRIA
- da pena de multa: art. 49, § 2º

CORRESPONDÊNCIA
- comercial; desvio, sonegação, subtração ou supressão: art. 152
- divulgação de conteúdo: art. 153
- sonegação ou destruição: art. 151, § 1º
- violação: art. 151

CORRUPÇÃO ATIVA
- art. 333
- aumento de pena: art. 333, parágrafo único
- em transação comercial internacional: art. 337-B
- em transação comercial internacional; ato de ofício: art. 337-B, parágrafo único

CORRUPÇÃO DE ÁGUA POTÁVEL
- art. 271

CORRUPÇÃO PASSIVA
- infração de dever funcional a pedido ou influência de outrem; pena: art. 317, § 2º
- pena e aumento respectivo; art. 317 e § 1º

CRIANÇA
- crime cometido contra; agravante da pena: art. 61, II, h

CRIME COMPLEXO
- ação penal: art. 101

CRIME CONTINUADO
- conceito; aplicação da pena: art. 71

CRIME IMPOSSÍVEL
- art. 17

CRIME(S)
- art. 13 a 25
- agente; tentativa de evitar-lhe ou minorar-lhe as consequências; atenuante da pena: art. 65, III, b
- apologia: art. 287
- arrependimento eficaz: art. 15
- arrependimento posterior: art. 16
- cometido com abuso de autoridade ou prevalecendo-se de relações domésticas, de coabitação ou de hospitalidade; agravante da pena: art. 61, II, f
- cometido contra ascendente, descendente, irmão ou cônjuge; agravante da pena: art. 61, II, e
- cometido contra criança, velho e enfermo; agravante da pena: art. 61, II, *h*
- cometido em cumprimento de ordem de autoridade superior; atenuante da pena: art. 65, III, *c*
- cometido em ocasião de incêndio, naufrágio, inundação ou qualquer calamidade pública, ou desgraça particular do ofendido; agravante da pena: art. 61, II, j
- cometido no território nacional; aplicação da lei brasileira: art. 5º, *caput*
- cometido para facilitar ou assegurar a execução, a ocultação, a impunidade ou vantagem de outro crime; agravante da pena: art. 61, II, b
- cometido por estrangeiro contra brasileiro fora do Brasil; condições de aplicabilidade da lei brasileira: art. 7, § 3º
- cometido por motivo de relevante valor social ou moral; atenuante da pena: art. 65, III, a
- cometido quando o ofendido estava sob a imediata proteção da autoridade; agravante da pena: art. 61, II, *i*
- cometido sob coação; atenuante da pena: art. 65, III, *c*
- cometido sob coação irresistível ou por obediência hierárquica; punibilidade: art. 22
- cometido sob influência de multidão em tumulto; atenuante da pena: art. 65, III, e
- cometido sob influência de violenta emoção; atenuante da pena: art. 65, III, c
- cometidos a bordo de aeronaves ou embarcações; casos de aplicação da lei brasileira: art. 5, § 2º
- cometidos no estrangeiro; aplicação da lei brasileira: art. 7º
- cometidos no estrangeiro; condições de aplicabilidade da lei brasileira: art. 7º, § 2º
- cometimentos no estrangeiro; em aeronaves ou embarcações; aplicação da lei brasileira: art. 7º, II, c
- cometidos no estrangeiro, por brasileiro; aplicação da lei brasileira: art. 7º, II, *b*
- comunicação falsa de: art. 340

CP

- concurso formal: art. 70
- concurso material: art. 69
- concurso; penas de multa; aplicação: art. 72
- confissão da autoria; atenuante da pena: art. 65, III, *d*
- consumado, conceito: art. 14, I
- contra a administração pública, cometidos no estrangeiro; aplicação da lei brasileira: art. 7º, I, *c*
- contra a vida ou a liberdade do Presidente da República, cometidos no estrangeiro; sujeição à lei brasileira: art. 7º, I, *a*
- contra o patrimônio ou a fé pública, cometidos no estrangeiro; aplicação da lei brasileira: art. 7, I, *b*
- culposo; conceito: art. 18, II
- culposo; erro sobre elemento do tipo legal do crime; punição: art. 20, *caput*
- culposo; fato punível como; erro derivado de culpa; punibilidade: art. 20, § 1º
- culposo; impunibilidade, salvo os casos expressos em lei: art. 18, parágrafo único
- de genocídio, cometido no estrangeiro; aplicação da lei brasileira: art. 7, I, *d*
- desistência voluntária: art. 15
- doloso; conceito: art. 18, I
- erro determinado por terceiro; responsabilidade: art. 20, § 2º
- erro na execução; aplicação da pena: art. 73
- erro na execução; resultado diverso do pretendido; aplicação da pena: art. 74
- erro sobre a pessoa: art. 20, § 3º
- erro sobre elemento do tipo; exclusão do dolo: art. 20, *caput*
- exclusão da ilicitude: art. 23, *caput*
- execução ou participação; mediante paga ou promessa de recompensa; agravante da pena: art. 62, IV
- incitação: art. 286
- inexistência, sem lei anterior que o defina: art. 1º
- isenção ou redução da pena; incapacidade do agente: art. 26
- lugar do: art. 6
- militares próprios; não consideração para efeitos de reincidência: art. 64, II
- momento da consumação: art. 4
- pena; agravação pelo resultado: art. 19
- políticos; não consideração para efeitos de reincidência: art. 64, II
- previdenciários: arts. 168-A e 337-A
- que é pressuposto, elemento constitutivo ou circunstância agravante de outro; extinção da punibilidade: art. 108
- que o Brasil se obrigou a reprimir, por tratado ou convenção: art. 7, II, *a*
- relação de causalidade; art. 13
- tentado, conceito: art. 14, II
- tentado; pena: art. 14, parágrafo único

CRIME CONTINUADO

- art. 71

CRIMES CONEXOS

- extinção da punibilidade de um deles; efeitos: art. 108
- interrupção da prescrição de um deles; efeitos quanto aos demais: art. 117, § 1º, *in fine*

CRIMES CONTRA A ADMINISTRAÇÃO DA JUSTIÇA

- arts. 338 a 359
- arrebatamento de preso: art. 353
- arrematação judicial; violência ou fraude: art. 358
- autoacusação falsa: art. 341
- coação; no curso do processo: art. 344
- coisa própria em poder de terceiros: art. 346
- comunicação falsa de crime ou contravenção: art. 340
- denunciação caluniosa: art. 339
- desobediência: art. 359
- evasão: art. 352
- exercício arbitrário das próprias razões: art. 345
- exercício arbitrário ou abuso de poder: art. 350
- exploração de prestígio: art. 357
- falsa perícia: art. 342
- falso testemunho: art. 342
- favorecimento processual: art. 348
- favorecimento real: art. 349
- fraude processual: art. 347
- fuga de preso: art. 351
- ingresso de aparelho telefônico em estabelecimento prisional: art. 349-A
- motim: art. 354
- patrocínio infiel: art. 355
- reingresso de estrangeiro expulso: art. 338
- sonegação: art. 356

CRIMES CONTRA A ADMINISTRAÇÃO PÚBLICA

- arts. 312 a 359-H
- abandono de funções: art. 323
- advocacia administrativa: art. 321
- concorrência; impedimento, perturbação ou fraude: art. 335
- concussão: art. 316
- condescendência criminosa: art. 320
- contra a administração da justiça: arts. 338 a 359
- contra as finanças públicas: arts. 359-A a 359-H
- contrabando e descaminho: art. 334
- contrabando ou descaminho; facilitação: art. 318
- contribuição previdenciária; sonegação: art. 337-A
- corrupção ativa: arts. 333 e 337-B
- corrupção passiva: art. 317
- desacato: art. 331
- desobediência: art. 330
- documento; subtração ou inutilização: art. 337
- edital; inutilização de: art. 336
- emprego irregular de verbas ou rendas públicas: art. 315
- exercício funcional ilegalmente antecipado ou prolongado: art. 324
- extravio; sonegação ou inutilização de livro ou documento: art. 314
- funcionário público; conceito: art. 327
- funcionário público estrangeiro: art. 337-D
- inserção de dados falsos; sistema de informações: art. 313-A
- livro; subtração ou inutilização: art. 337
- não vedar ao prezo o acesso a aparelho telefônico, de rádio ou similar: art. 319-A
- peculato: art. 312 e 313
- praticados por funcionário público contra a administração em geral: art. 312 a 327
- praticados por particular contra a administração em geral: art. 328 a 337-A
- praticados por particular contra a administração pública estrangeira: art. 337-B a 337-D
- prevaricação: art. 319
- resistência: art. 329
- sinal; inutilização de: art. 336
- tráfico de influência: art. 332 e 337-C
- usurpação de função pública: art. 328
- violação de sigilo funcional: art. 325
- violência arbitrária: art. 322

CRIMES CONTRA A ASSISTÊNCIA FAMILIAR

- arts. 244 a 247
- abandono intelectual: art. 246
- abandono material: art. 244
- abandono moral: art. 247
- entrega de filho menor: art. 245

CRIMES CONTRA A DIGNIDADE SEXUAL

- arts. 213 a 234-C
- ação penal: art. 225
- assédio sexual: art. 216-A
- ato obsceno: art. 233
- aumento de pena: arts. 226 e 234-A
- escrito ou objeto obsceno: art. 234
- estupro: art. 213
- estupro de vulnerável: art. 217-A
- favorecimento da prostituição ou outra forma de exploração sexual de vulnerável: art. 218-B
- manter estabelecimento em que ocorra exploração sexual: art. 229
- mediação para menor servir à lascívia de outrem: art. 218
- mediação para servir à lascívia de outrem: art. 227
- registro não autorizado da intimidade sexual: art. 216-B
- rufianismo: art. 230
- satisfação de lascívia mediante presença de criança ou adolescente: art. 218-A
- segredo de justiça: art. 234-B
- violação sexual mediante fraude: art. 215

CRIMES CONTRA A FAMÍLIA

- arts. 235 a 249
- contra a assistência familiar: arts. 244 a 247
- contra o casamento: arts. 235 a 240
- contra o estado de filiação: arts. 241 a 243
- contra o pátrio poder, tutela ou curatela: arts. 248 a 249

CRIMES CONTRA A FÉ PÚBLICA

- arts. 289 a 311
- documento de identidade: art. 308
- falsa identidade: art. 307
- falsidade de títulos e outros papéis públicos: arts. 293 a 295
- falsidade documental: arts. 296 a 305
- falsidade em prejuízo da nacionalização de sociedade: art. 310
- fraude de lei sobre estrangeiros: art. 309

- fraudes em certames de interesse público: art. 311-A
- moeda falsa: arts. 289 a 292
- outras falsidades: arts. 306 a 311
- passaporte: art. 308

CRIMES CONTRA A HONRA
- arts. 138 a 145
- calúnia: art. 138
- difamação: art. 142
- disposições comuns: art. 141
- injúria: art. 140
- queixa ou representação: art. 145
- retratação: art. 143

CRIMES CONTRA A INCOLUMIDADE PÚBLICA
- arts. 250 a 285
- crimes contra a saúde pública: arts. 267 a 285
- crimes contra a segurança dos meios de comunicação e transportes e outros serviços públicos: arts. 260 a 266
- de perigo comum: arts. 250 a 259

CRIMES CONTRA A INVIOLABILIDADE DE CORRESPONDÊNCIA
- arts. 151 e 152
- correspondência comercial: art. 152
- violação de correspondência: art. 151

CRIMES CONTRA A INVIOLABILIDADE DO DOMICÍLIO
- *Vide* também VIOLAÇÃO DE DOMICÍLIO
- art. 150

CRIMES CONTRA A INVIOLABILIDADE DOS SEGREDOS
- *Vide* também SEGREDO
- arts. 153 e 154
- divulgação de segredo: art. 153
- violação de segredo profissional: art. 154

CRIMES CONTRA A LIBERDADE PESSOAL
- arts. 146 a 149
- ameaça: art. 147
- constrangimento ilegal: art. 146
- Escravo; redução à condição análoga: art. 149
- sequestro e cárcere privado: art. 148

CRIMES CONTRA A ORGANIZAÇÃO DO TRABALHO
- arts. 197 a 207
- aliciamento de trabalhadores de um local para outro do território nacional; pena: art. 207
- aliciamento para o fim de emigração; pena: art. 206
- atentado contra a liberdade de associação; pena: art. 199
- atentado contra a liberdade de contrato de trabalho e boicotagem violenta; pena: art. 198
- atentado contra a liberdade de trabalho; pena: art. 197
- exercício de atividade com infração de decisão administrativa; pena: art. 205
- frustração de lei sobre a nacionalização do trabalho; pena: art. 204
- frustração de lei sobre direito assegurado por lei trabalhista; pena: art. 203
- invasão de estabelecimento industrial, comercial ou agrícola e sabotagem; pena: art. 202
- paralisação de trabalho de interesse coletivo; pena: art. 201
- paralisação de trabalho, seguida de violência ou perturbação da ordem; pena: art. 200
- sabotagem; pena: art. 202

CRIMES CONTRA A PAZ PÚBLICA
- arts. 286 a 288
- apologia de crime ou criminoso; pena: art. 287
- incitação ao crime; pena: art. 286
- quadrilha ou bando; pena: art. 288

CRIMES CONTRA A PESSOA
- arts. 121 a 154
- contra a honra: arts. 138 a 145
- contra a inviolabilidade de correspondência: arts. 151 e 152
- contra a inviolabilidade do domicílio: art. 150
- contra a inviolabilidade dos segredos: arts. 153 e 154
- contra a liberdade social: arts. 146 a 149
- contra a vida: arts. 121 a 128
- lesão corporal: art. 129
- periclitação da vida e da saúde: arts. 130 e 136
- rixa: art. 137

CRIMES CONTRA A PREVIDÊNCIA SOCIAL
- apropriação indébita previdenciária; pena: art. 168-A
- sonegação de contribuição previdenciária; pena: art. 337-A

CRIMES CONTRA A PROPRIEDADE INTELECTUAL
- arts. 184 a 186
- violação de direito autoral; pena; procedimentos: arts. 184 e 186

CRIMES CONTRA A SAÚDE PÚBLICA
- água potável; corrupção: art. 271
- água potável; envenenamento: art. 270
- água potável; poluição: art. 271
- alimentos, falsificação, corrupção ou alteração: art. 272
- charlatanismo: art. 283
- curandeirismo: art. 284
- envenenamento; água potável ou substância alimentícia: art. 270
- epidemia: art. 267
- exercício ilegal; medicina; arte dentária ou farmacêutica: art. 282
- falsa indicação; invólucro ou recipiente: art. 275
- infração de medida sanitária preventiva: art. 268
- medicamentos; desacordo com receita médica: art. 280
- omissão de notificação de doença: art. 269
- processo proibido: art. 274
- remédios; falsificação, corrupção, adulteração ou alteração: art. 273
- substância destinada a falsificação: art. 277
- substância não permitida: art. 274
- substâncias nocivas: art. 278

CRIMES CONTRA A SEGURANÇA DOS MEIOS DE COMUNICAÇÃO E TRANSPORTE E OUTROS SERVIÇOS PÚBLICOS
- arts. 260 a 266
- arremesso de projétil; pena: art. 264
- atentado contra a segurança de outro meio de transporte; penas: arts. 262 e parágrafos, e 263
- atentado contra a segurança de serviço de utilidade pública; pena e aumento respectivo: art. 265 e parágrafo único
- atentado contra a segurança de transporte marítimo, fluvial ou aéreo; penas: arts. 261 e parágrafos, e 263
- desastre ferroviário de que resulte lesão corporal ou morte; forma qualificada: art. 263
- desastre ferroviário; pena: art. 260, § 1º
- interrupção ou perturbação de serviço telegráfico ou telefônico; pena e aumento respectivo: art. 266 e parágrafo único

CRIMES CONTRA AS FINANÇAS PÚBLICAS
- arts. 359-A a 359-H
- assunção de obrigação no último ano do mandato ou legislatura: art. 359-C
- aumento de despesa total com pessoal no último ano do mandato ou legislatura: art. 359-G
- contratação de operação de crédito: art. 359-A
- inscrição de despesas não empenhadas em restos a pagar: art. 359-B não cancelamento de restos a pagar: art. 359-F
- oferta pública ou colocação de títulos no mercado: art. 359-H
- ordenação de despesas não autorizada: art. 359-D
- prestação de garantia graciosa: art. 359-E

CRIMES CONTRA A VIDA
- arts. 121 a 128
- aborto: art. 128
- aborto provocado pela gestante ou com seu consentimento; pena: art. 124
- aborto provocado por terceiro com o consentimento da gestante; penas: art. 126
- aborto provocado por terceiro sem o consentimento da gestante; pena: art. 125
- aumento de pena no homicídio culposo: art. 121, § 4º
- aumento de pena no homicídio doloso: art. 121, § 4º, *in fine*
- feminicídio: art. 121, § 2º, VI e § 2º-A
- aumento da pena: no feminicídio: art. 121, § 7º
- forma qualificada no aborto: art. 128
- homicídio; pena: art. 121
- homicídio qualificado: art. 121, § 2º
- homicídio praticado contra integrantes das forças policiais, sistema prisional e força nacional de segurança: art. 121, § 2º, VII
- induzimento, instigação ou auxílio a suicídio ou a automutilação; pena: art. 122
- infanticídio; pena: art. 123

CRIMES CONTRA O CASAMENTO
- arts. 235 a 240

- bigamia; pena: art. 235
- conhecimento prévio de impedimento; pena: art. 237
- induzimento a erro essencial e ocultação de impedimento; pena: art. 236
- simulação de autoridade para celebração de casamento; pena: art. 238
- simulação de casamento; pena: art. 239

CRIMES CONTRA O ESTADO DE FILIAÇÃO
- arts. 241 a 243
- parto suposto e supressão ou alteração de direito inerente ao estado civil de recém-nascido: art. 242 e parágrafo único
- registro de nascimento inexistente; pena: art. 241
- sonegação de estado de filiação; pena: art. 243

CRIMES CONTRA O PATRIMÔNIO
- arts. 155 a 183
- apropriação indébita: arts. 168 a 170
- disposições gerais: arts. 181 a 183
- estelionato e outras fraudes: arts. 171 a 179
- escusas absolutórias: art. 181
- extorsão: arts. 158 a 160
- furto: arts. 155 e 156
- latrocínio: art. 152, § 3º, *in fine*
- receptação: art. 180
- roubo e extorsão: arts. 157 a 160
- sequestro-relâmpago: art. 158, § 3º
- usurpação: arts. 161 e 162

CRIMES CONTRA O PÁTRIO PODER, TUTELA OU CURATELA
- arts. 248 e 249
- induzimento a fuga, entrega arbitrária ou sonegação de incapazes; pena: art. 248
- subtração de incapazes; pena: art. 249

CRIMES CONTRA O RESPEITO AOS MORTOS
- arts. 209 a 212
- destruição, subtração ou ocultação de cadáver; pena: art. 211
- impedimento ou perturbação de cerimônia funerária; pena e aumento respectivo: art. 209
- vilipêndio a cadáver; pena: art. 212
- violação de sepultura: art. 210

CRIMES CONTRA O SENTIMENTO RELIGIOSO E CONTRA O RESPEITO AOS MORTOS
- cadáver; destruição; subtração ou ocultação: art. 211
- cadáver; vilipêndio: art. 212
- cerimônia funerária; impedimento ou perturbação: art. 209
- culto; ultraje, impedimento ou perturbação: art. 208
- violação de sepultura: art. 210

CRIMES CULPOSOS
- definição: art. 18, II
- de trânsito; pena de suspensão de autorização ou de habilitação para dirigir veículo; aplicação: art. 57
- pena de multa; aplicação: art. 58, parágrafo único
- penas privativas de liberdade, substituição: art. 44, § 2º
- penas restritivas de direitos; aplicação: art. 54

CRIMES DE PERIGO COMUM
- arts. 250 a 259
- desabamento ou desmoronamento; pena: art. 256
- difusão de doença ou praga; pena: art. 259
- explosão; pena: art. 251
- fabrico, fornecimento, aquisição, posse ou transporte de explosivos ou gás tóxico ou asfixiante; pena: art. 253
- formas qualificadas do crime de perigo comum: art. 258
- incêndio; pena: art. 250
- inundação; pena: art. 254
- perigo de inundação; pena: art. 255
- subtração, ocultação ou inutilização de material de salvamento; pena: art. 257
- uso de gás tóxico ou asfixiante; pena: art. 252

CRIMES DOLOSOS
- contra vítimas diferentes, cometidos com violência ou grave ameaça à pessoa; aumento da pena: art. 71, parágrafo único
- definição: art. 18, I
- prática com a utilização de veículo; inabilitação para dirigir; efeito da condenação: art. 92, III
- sujeitos á pena de reclusão, cometidos contra filho, tutelado ou curatelado; efeitos da condenação: art. 92, II

CRIMES PERMANENTES
- prescrição antes de transitar em julgado a sentença; termo inicial: art. 111, III

CRIMES PRATICADOS POR FUNCIONÁRIOS PÚBLICOS CONTRA A ADMINISTRAÇÃO EM GERAL
- arts. 312 a 327
- abandono de função; penas e aumento respectivo: art. 323
- ação ou omissão resultando em dano à Administração ou a outrem; pena: art. 325, § 2º
- advocacia administrativa; pena: art. 321
- concussão; pena: art. 316
- condescendência criminosa; pena: art. 320
- corrupção passiva: art. 317
- emprego irregular de verbas ou rendas públicas; pena: art. 315
- excesso de exação: art. 316, § 1º
- exercício funcional ilegalmente antecipado ou prolongado; pena: art. 324
- extravio, sonegação ou inutilização de livro ou documento; pena: art. 314
- facilitação de contrabando ou descaminho; pena: art. 318
- funcionário público; conceito: art. 327
- inserção de dados falsos em sistema de informações; pena: art. 313-A
- modificação ou alteração não autorizada de sistema de informações; pena: art. 313-B
- não vedar ao preso o acesso a aparelho telefônico, de rádio ou similar: art. 319-A
- peculato mediante erro de outrem; pena: art. 313
- peculato; pena: art. 312
- prevaricação; pena: art. 319
- violação de sigilo funcional; pena: art. 325
- violação do sigilo de proposta de concorrência; pena: art. 326
- violência arbitrária; pena: art. 322

CRIMES PRATICADOS POR PARTICULAR CONTRA A ADMINISTRAÇÃO EM GERAL
- arts. 328 a 337-A
- contrabando ou descaminho: art. 334
- corrupção ativa; pena: art. 333
- desacato; pena: art. 331
- desobediência; pena: art. 330
- exploração de prestígio; pena: art. 332
- impedimento, perturbação ou fraude de concorrência; pena: art. 335
- inutilização de edital ou de sinal; pena: art. 336
- resistência; pena: art. 329
- sonegação de contribuição previdenciária: art. 337-A
- subtração ou inutilização de livro ou documento; pena: art. 337
- usurpação de função pública; penas: art. 328

CRIMES SEXUAIS CONTRA VULNERÁVEL
- estupro de vulnerável: art. 217-A
- favorecimento da prostituição ou outra forma de exploração sexual de vulnerável: art. 218-B
- mediação para menor servir à lascívia de outrem: art. 218
- satisfação de lascívia mediante presença de criança ou adolescente: art. 218-A

CULTO
- ultraje a culto: art. 208

CURATELA
- crimes contra a: arts. 248 e 249
- incapacidade para o exercício; efeito da condenação: art. 92, II

CURSOS
- a condenados a limitação de fim de semana: art. 48, parágrafo único
- regime semiaberto: art. 35, § 2º

– D –

DANO
- arts. 163 a 167
- ação penal: art. 167
- alteração de local especialmente protegido; pena: art. 166
- apropriação indébita previdenciária: art. 168-A
- causado pelo crime; obrigação de indenizar: art. 91, I
- em coisa de valor artístico, arqueológico ou histórico; pena: art. 165
- introdução ou abandono de animais em propriedade alheia; pena: art. 164
- pena: art. 163
- qualificado: art. 163, parágrafo único
- queixa; quando caberá: art. 167

- reparação pelo agente do crime; atenuante da pena: art. 65, III, *b*
- reparação pelo condenado beneficiado por *sursis*, efeitos: art. 78, § 2º
- reparação pelo condenado; homologação da sentença estrangeira: art. 9º, I

DECADÊNCIA
- direito de queixa ou de representação: art. 103
- extinção da punibilidade: art. 107, IV

DECISÃO ADMINISTRATIVA
- exercício de atividade com infração de: art. 205

DECISÃO JUDICIAL
- desobediência: art. 359

DEFRAUDAÇÃO DE PENHOR
- art. 171, § 2º, III

DELITO
- *Vide* CRIME(S)

DENÚNCIA
- arrependimento posterior: art. 16
- prescrição: art. 110, § 2º
- recebimento; interrupção da prescrição: art. 117, I
- representação: art. 102

DENUNCIAÇÃO CALUNIOSA
- aumento ou redução de pena: art. 339 e parágrafos

DEPÓSITO OU *WARRANT*
- emissão irregular de conhecimento de art. 178

DESABAMENTO OU DESMORONAMENTO
- culposo: art. 256, parágrafo único
- pena; art. 256

DESACATO
- *Vide* também CRIMES CONTRA A ADMINISTRAÇÃO PÚBLICA (crimes praticados por particular contra a administração em geral)
- art. 331

DESASTRE FERROVIÁRIO
- culpa: art. 260, § 2º
- forma qualificada: art. 263
- lesão corporal: art. 263
- morte: art. 263
- Pena: art. 260, § 1º
- perigo de: art. 260

DESCAMINHO
- art. 334
- facilitação: art. 318
- mediante transporte aéreo: art. 334, § 3º
- pena e aumento respectivo: art. 334

DESCENDENTE
- abandono de incapaz: art. 133, § 3º
- abandono material: art. 244
- crimes contra o patrimônio: art. 181, II
- direito de queixa ou de prosseguimento na ação; morte do ofendido: art. 100, § 4º
- favorecimento pessoal: art. 348
- lascívia: art. 227, § 1º
- lesão corporal: art. 129, § 9º
- sequestro e cárcere privado: art. 148, § 1º, I

DESCONHECIMENTO DA LEI
- atenuante da pena: art. 65, II
- inescusabilidade: art. 21, *caput*

DESCRIMINANTES PUTATIVAS
- art. 20, § 1º

DESISTÊNCIA VOLUNTÁRIA
- art. 15

DESMORONAMENTO
- art. 256
- culposo: art. 256, parágrafo único

DESOBEDIÊNCIA
- art. 330
- a decisão judicial sobre perda ou suspensão de direito: art. 359

DETERMINAÇÃO
- de cometimento do crime; agravante da pena: art. 62, III
- impunibilidade: art. 31

DETRAÇÃO
- art. 42

DEVER DE AGIR
- a quem incumbe: art. 13, § 2º, *in fine*

DIFAMAÇÃO
- arts. 139 e 141
- exceção da verdade: art. 139, parágrafo único
- exclusão do crime: art. 142
- explicações: art. 144
- retratação: art. 143

DIFUSÃO DE DOENÇA OU PRAGA
- pena: art. 259

DIREITO
- frustração de direito assegurado por lei trabalhista: art. 203
- perda ou suspensão; decisão e desobediência: art. 359

DIREITO AUTORAL
- violação de: art. 184

DIREITOS DO PRESO
- art. 38

DIRETOR DE SOCIEDADE
- afirmação falsa sobre as condições econômicas da sociedade; pena: art. 177, § 1º, I
- bens ou haveres sociais; utilização em proveito próprio ou de terceiro; pena: art. 177, § 1º, III
- compra ou venda por conta da sociedade por ações por esta emitidas; pena: art. 177, § 1º, IV
- distribuição de lucros ou dividendos fictícios: art. 177, § 1º, VI
- falsa cotação de ações ou outros títulos da sociedade; pena: art. 177, § 1º, II

DISPOSIÇÃO DE COISA ALHEIA COMO PRÓPRIA
- art. 171, § 2º, I

DISSIMULAÇÃO
- agravante da pena: art. 61, II, *c*

DIVULGAÇÃO DE CENA DE ESTUPRO OU DE CENA DE ESTUPRO DE VULNERÁVEL, DE CENA DE SEXO OU DE PORNOGRAFIA
- art. 218-C
- aumento de pena: art. 218-C, § 1º
- exclusão de ilicitude: art. 218-C, § 2º

DIVULGAÇÃO DE SEGREDO
- *Vide* SEGREDO

DOCUMENTO
- extravio, sonegação ou inutilização: art. 314
- falso; uso: art. 304
- particular; falsificação: art. 298
- público; documentos a este equiparados para efeitos penais: art. 297, § 2º
- público; falsificação: art. 297
- subtração ou inutilização: art. 337
- supressão: art. 305

DOENÇA
- difusão; ou praga: art. 269
- infração de medida sanitária preventiva: art. 268
- omissão de sua notificação: art. 269

DOENÇA MENTAL
- do condenado; pena de multa; suspensão da execução: art. 52
- inimputabilidade: art. 26, *caput*
- redução da pena: art. 26, parágrafo único
- superveniência ao condenado: art. 41

DOLO
- exclusão; erro sobre elementos do tipo legal do crime: art. 20, *caput*

DOMICÍLIO
- violação: art. 150

DUPLICATA SIMULADA
- art. 172

– E –

EDITAL
- inutilização: art. 336

EFEITOS DA CONDENAÇÃO
- arts. 91 e 92
- declaração motivada na sentença: art. 92, parágrafo único
- reabilitação: art. 93, parágrafo único

EMBARCAÇÕES
- brasileiras; extensão do território nacional para efeitos penais: art. 5º, § 1º
- crimes cometidos no estrangeiro, em aplicação da lei brasileira: art. 7º, II, *c*
- estrangeiras; crimes praticados a bordo; casos de aplicação da lei brasileira: art. 5º, § 2º

EMBOSCADA
- agravante da pena: art. 61, II, *c*
- emprego, na prática de homicídio; efeitos: art. 121, § 2º, IV

EMBRIAGUEZ
- preordenada; agravante da pena: art. 61, II, *l*
- proveniente de caso fortuito ou força maior; isenção de pena: art. 28, § 1º

- voluntária ou culposa; não exclusão da imputabilidade penal: art. 28, II

EMIGRAÇÃO
- aliciamento para o fim de: art. 206

EMISSÃO DE TÍTULO AO PORTADOR SEM PERMISSÃO LEGAL
- art. 292

EMOÇÃO
- não exclusão da imputabilidade penal: art. 28, I
- violenta: art. 65, III, *c*

EMPREGO IRREGULAR DE VERBAS OU RENDAS PÚBLICAS
- pena: art. 315

ENERGIA ELÉTRICA
- equiparação a coisa móvel: art. 155, § 3º

ENFERMO
- crime cometido contra; agravante da pena: art. 61, II, *h*

ENVENENAMENTO
- art. 270

EPIDEMIA
- provocação: art. 267

ERRO
- determinado por terceiro: art. 20, § 2º
- evitável; conceito: art. 21, parágrafo único
- sobre a ilicitude do fato: art. 21, *caput*
- sobre a pessoa: art. 20, § 3º
- sobre elementos do tipo legal do crime: art. 20, *caput*

ERRO NA EXECUÇÃO
- do crime; aplicação da pena: art. 73
- do crime; resultado diverso do pretendido; aplicação da pena: art. 74

ESBULHO PROCESSÓRIO
- art. 161, § 1º, II

ESCRAVO
- redução à condição análoga de: art. 149

ESCRITO OU OBJETO OBSCENO
- Pena: art. 234 e parágrafo único

ESPECULAÇÃO
- induzimento à: art. 174

ESTABELECIMENTO
- agrícola, comercial ou industrial, invasão: art. 202
- onde ocorra exploração sexual: art. 229
- prisional; ingresso de aparelho telefônico ou similar sem autorização: art. 349-A

ESTADO CIVIL
- supressão ou alteração de direito inerente ao: art. 242

ESTADO DE NECESSIDADE
- conceito: art. 24, *caput*
- excesso punível: art. 23, parágrafo único
- exclusão de ilicitude: art. 23, I
- impossibilidade de alegação por quem tinha o dever legal de enfrentar o perigo: art. 24, § 1º

ESTELIONATO E OUTRAS FRAUDES
- arts. 171 a 179
- abuso de incapazes; pena: art. 173
- acionista; negociação de voto nas deliberações de assembleia geral; pena aplicável: art. 177, § 2º
- alienação ou oneração fraudulenta de coisa própria: penas: arts. 171, § 2º, II
- alteração de qualidade ou peso do metal em obra encomendada; pena: art. 175, § 1º
- aumento de pena em caso de crime cometido em detrimento de entidade de direito público ou – ninstituto de economia popular, assistência social ou beneficência: art. 171, § 3º
- defraudação de penhor; penas: art. 171, § 2º, III
- diretor de sociedade por ações; penas: art. 171, § 1º
- disposição de coisa alheia como própria; penas: art. 171, § 2º
- duplicata simulada; pena: art. 172
- emissão irregular de conhecimento de depósito ou warrant; pena: art. 178
- fiscal de sociedade; pena: art. 177, § 1º
- fraude à execução; pena: art. 179
- fraude na entrega de coisa; penas: art. 171, § 2º, IV
- fraude no comércio: art. 175 e parágrafos
- fraude no pagamento por meio de cheque; penas: art. 171, § 2º, VI
- fraude para recebimento de indenização ou valor de seguro; penas: art. 171, § 2º, V
- fraudes e abusos na fundação ou administração de sociedade por ações; penas: art. 177 e parágrafos
- furto; disposições referentes a este crime aplicáveis à fraude no comércio: art. 175 § 2º
- gerente de sociedade; pena: art. 177, § 1º
- induzimento à especulação; pena: art. 174
- liquidante de sociedade por ações; pena: art. 177, § 1º, VIII
- livro de registro de duplicatas; falsificação ou adulteração da escrituração; penas: art. 172, parágrafo único
- mercadoria falsificada ou deteriorada; venda como verdadeira ou perfeita; pena: art. 175, I
- pena aplicável ao criminoso primário: art. 171, § 1º
- pena; quando poderá o juiz deixar de aplicá-la, em caso de utilização de restaurante, hotel ou meio de transporte sem recursos para efetuação do respectivo pagamento: art. 176, parágrafo único
- pena referente ao estelionato: art. 171
- queixa na fraude à execução: art. 179, parágrafo único
- representação em caso de utilização de restaurante, hotel ou meio de transporte, sem haver recursos para efetuar o respectivo pagamento: art. 176, parágrafo único
- representante de sociedade anônima estrangeira; pena: art. 177, § 1º, IX
- utilização de restaurante, hotel ou meio de transporte, sem haver recursos para efetuar o pagamento respectivo; pena: art. 176

ESTRADA DE FERRO
- conceituação para efeitos penais: art. 260, § 3º
- impedir ou perturbar serviço de: art. 260

ESTRANGEIRO
- fraude de lei sobre: art. 309 e parágrafo único
- proprietário ou possuidor; falsa qualidade para entrada em território nacional; pena: art. 310
- reingresso do expulso: art. 338

ESTRITO CUMPRIMENTO DO DEVER LEGAL
- excesso punível: art. 23, parágrafo único
- exclusão de ilicitude: art. 23, III

ESTUPRO
- art. 213
- aborto; requisitos para não ser punido: art. 128, II
- de vulnerável: art. 217-A

ESTUPRO COLETIVO
- aumento de pena: art. 226, IV, *a*

ESTUPRO CORRETIVO
- aumento de pena: art. 226, IV, *b*

EVASÃO
- mediante violência contra a pessoa: art. 352

EXAÇÃO
- excesso de: art. 316, § 1º

EXCEÇÃO DA VERDADE
- calúnia: art. 138, § 1º
- difamação: art. 139, parágrafo único

EXCESSO DE EXAÇÃO
- art. 316, § 1º

EXCESSO PUNÍVEL
- nos crimes praticados em estado de necessidade, legítima defesa, estrito cumprimento do dever legal ou no exercício regular de direito: art. 23, parágrafo único

EXCLUSÃO DE ILICITUDE
- art. 23, *caput*

EXECUÇÃO
- das penas privativas de liberdade; critérios a serem observados: art. 33, § 2º
- fraude à execução: art. 179

EXERCÍCIO ARBITRÁRIO
- das próprias razões: art. 345
- das próprias razões; cabimento da queixa: art. 345, parágrafo único
- ou abuso de poder: art. 350

EXERCÍCIO FUNCIONAL
- ilegalmente antecipado ou prolongado: art. 324

EXERCÍCIO ILEGAL DE PROFISSÃO OU ATIVIDADE
- *Vide* PROFISSÃO

EXERCÍCIO REGULAR DE DIREITO
- excesso punível: art. 23, parágrafo único
- exclusão de ilicitude: art. 23, III

EXPLORAÇÃO DE PRESTÍGIO
- art. 357
- pena e aumento respectivo: art. 357, parágrafo único

EXPLORAÇÃO SEXUAL
- *Vide* crimes a dignidade sexual

EXPLORAÇÃO
- art. 251

EXPLOSIVO
- emprego; agravante da pena: art. 61, II, d
- emprego na prática de homicídio; efeitos: art. 121, § 2º, III
- ou gás tóxico ou asfixiante; fabrico, fornecimento, aquisição, posse ou transporte: art. 253

EXPULSÃO DE ESTRANGEIRO
- *Vide* ESTRANGEIRO

EXTINÇÃO DE PUNIBILIDADE
- arts. 170 a 120
- concurso de crimes: art. 119
- formas: art. 107
- medida de segurança; insubsistência: art. 96 parágrafo único

EXTORSÃO
- arts. 158 a 160
- aumento de pena: art. 159
- extorsão indireta; pena: art. 160
- extorsão mediante sequestro; pena: art. 159

EXTRADIÇÃO
- não pedida ou negada; crime cometido por estrangeiro contra brasileiro fora do Brasil: art. 7º, § 1º, a
- tratado; necessidade de existência para homologação de sentença estrangeira: art. 9º, parágrafo único

EXTRATERRITORIALIDADE DA LEI
- art. 7º

- F -

FAIXA DE FRONTEIRA
- abandono de função; pena art. 323, § 2º

FALSA IDENTIDADE
- pena: art. 307

FALSA INDICAÇÃO
- em invólucro ou recipiente: art. 275

FALSIDADE DE TÍTULOS E OUTROS PAPÉIS PÚBLICOS
- arts. 293 a 295
- falsificação de papéis públicos; penas: art. 293
- funcionário público; prática de crime prevalecendo-se do cargo; aumento de pena: art. 295
- petrechos de falsificação; pena: art. 294
- supressão de carimbo ou sinal indicativos da inutilização de papéis, com o fito de torná-los novamente utilizáveis; penas: art. 293, §§ 2º e 3º

FALSIDADE DOCUMENTAL
- arts. 296 a 305
- alteração, falsificação ou uso indevido de marcas, logotipo, siglas ou quaisquer outros símbolos da administração Pública: art. 296, § 1º,III
- carteira de trabalho; declaração falsa para fins de Previdência Social; pena: art. 297,§ 3º, II
- certidão ou atestado ideologicamente falso penas: art. 301
- documento contábil, declaração falsa para fins de Previdência Social; pena: art. 297,§ 3º, III
- documentos equiparados e documento público: art. 297, § 2º,
- falsidade de atestado médico; penas: art. 302 e parágrafo único
- falsidade ideológica em assentamento de registro civil; aumento de pena: art. 299, parágrafo único
- falsidade ideológica em documento particular; pena. 299
- falsidade ideológica em documento público; pena: art. 299
- falsidade ideológica; pena e aumento respectivo; art. 299 e parágrafo único
- falsidade ideológica praticada por funcionário público, em razão do cargo; aumento de pena; art., 299 parágrafo único
- falsidade material de atestado ou certidão; pena: art. 301, § 1º
- falsificação de documento particular; pena: art. 298
- falsificação de documento público; pena: art. 297
- falsificação do selo ou sinal público; pena: art. 296 e parágrafos
- falso reconhecimento de firma ou letra, nos exercícios de função pública; pena: art. 300
- folha de pagamento; declaração falsa para fins de Previdência Social; pena: art. 297, § 3º, I
- funcionário público; aumento de pena em falsificação do selo ou sinal público: art. 296, § 2º
- funcionário público; aumento de pena no crime de falsificação de documento público art. 297, § 1º
- omissão de dados em carteira de trabalho, documento contábil ou folha de pagamento para fins de Previdência Social; pena: art. 297, § 4º,
- reprodução ou adulteração de selo ou peça filatélica; pena: art. 303 e parágrafo único
- supressão de documento; pena art. 305
- uso de documento falso; pena: art. 304

FALSIFICAÇÃO
- de atestado médico: art. 302
- de documento particular: art. 298
- de documento público: art. 297
- de marcas, logotipos, siglas ou quaisquer outros símbolos da Administração Pública: art. 296, § 1º, III
- de moeda: art. 291
- de papéis públicos: art. 293
- de selo ou sinal público: art. 296
- ou alteração de assentamento do registro civil; prescrição antes de transitar em julgado a sentença; termo inicial: art. 110, § 2º

FALSIFICAÇÃO IDEOLÓGICA
- em assentamento de registro civil; aumento de pena: art. 299, parágrafo único
- em documento particular; pena art. 299
- em documento público; pena: art. 299
- praticada por funcionário público, em razão do cargo; aumento de pena: art. 299 parágrafo único

FALSO TESTEMUNHO OU FALSA PERÍCIA
- art. 342
- crime cometido para obtenção de prova destinado a processo penal ou civil em que é parte entidade da administração pública; pena: art. 342, § 1º
- retratação: art. 342, § 2º
- suborno: art. 342, § 1º

FAVORECIMENTO DA PROSTITUIÇÃO OU OUTRA FORMA DE EXPLORAÇÃO SEXUAL
- art. 228
- de vulnerável: art. 218-B

FAVORECIMENTO PESSOAL
- art. 348
- isenção de pena: art. 348, § 2º

FAVORECIMENTO REAL
- art. 349

FÉ PÚBLICA
- vide também CRIMES CONTRA A FÉ PÚBLICA
- crimes contra ela, praticados no estrangeiro: aplicação da lei brasileira: art. 7º, I, b

FILHO
- menor; entrega a pessoa inidônea; pena e aumento respectivo: art. 245
- registro: art. 242

FILIAÇÃO
- sonegação de estado de art. 243

FIM DE SEMANA
- *vide* LIMITAÇÃO DE FIM SEMANA

FIRMA
- falso reconhecimento: art. 300

FISCAL DE SOCIEDADE
- aprovação de conta ou parecer mediante interposta pessoa ou conluio; pena: art. 177, § 1º, VII
- falsa cotação de ação ou outros títulos; pena: art. 177, § 1º, II

FISCALIZAÇÃO
- alfandegária; falsificação de sinal nesta empregado: art. 306
- sanitária; falsificação de sinal nesta empregado: art. 306, parágrafo único

FOGO
- emprego; agravante da pena: art. 61, II d
- emprego na prática de homicídio; efeitos: art. 121, § 2º, III

FOLHA DE PAGAMENTO
- omissão de dados; fins previdenciários; pena: art. 297, § 3º, I

FRAUDE À EXECUÇÃO
- art. 179

FRAUDE A LEI SOBRE ESTRANGEIROS
- pena: arts. 309 e 310

FRAUDE EM ARREMATAÇÃO JUDICIAL
- pena: arts. 358

FRAUDE EM CERTAME DE INTERESSE PÚBLICO
- art. 311-A

FRAUDE NA ENTREGA DE COISA
- art. 171, § 2º, IV

FRAUDE PROCESSUAL
- art. 347
- inovação artificiosa para produzir efeito em processo penal; aumento de pena: art. 347, parágrafo único

FUGA
- culpa de funcionário: art. 351, § 4º
- de pessoa presa ou submetida a medido de segurança: art. 351
- induzimento: art. 248
- violência: art. 351, § 2º,

FUNÇÃO PÚBLICA
- perda; efeito da condenação: art. 92, I
- proibição do exercício: art. 47, I
- proibição do exercício; aplicação art. 56
- usurpação; art. 328

FUNCIONÁRIO PÚBLICO
- abandono de função; penas: art. 323
- ação ou omissão resultado em dano à administração ou a outrem; pena: art. 325, § 2º
- advocacia administrativa; pena e aumento respectivo: art. 321 e parágrafo único
- alteração, falsificação ou uso indevido de marcas, logotipos, siglas ou quaisquer outros símbolos: art. 296, § 1º, III
- conceito, para efeitos penais: art. 327
- concussão; pena: art. 316
- condescendência criminosa; pena; art. 320
- corrupção passiva; penas e aumento respectivo: art. 317
- crime contra a honra, em razão de suas funções; como proceder-se-á: art. 145, parágrafos único
- crimes contra sua honra; aumento de pena: art. 141, II
- desvio de importância recebida indevidamente para recolher aos cofres públicos, pena: art. 316, § 2º,
- emprego irregular de verbas ou rendas públicas; pena: art. 315
- equiparação a funcionário público: art. 327, § 1º
- estrangeiro; conceito para fins penais: art. 337-D, *caput*
- estrangeiro; equiparação a: art. 337-D, parágrafo único
- excesso de exação; pena: art. 316, § 1º,
- exercício funcional ilegalmente antecipado ou prolongado; pena: art. 324
- extravio, sonegação ou inutilizarão de livro ou documento; pena: art. 314
- facilitação de contrabando ou descaminho; pena art. 318
- falsidade; aumento de pena: art. 295
- falsificação; de documento público; aumento de pena: art. 297, § 1º
- falsificação de selo ou sinal público; aumento de pena: art. 296, § 2º
- inserção de dados falsos em sistema de informação; pena: art. 313-A
- modificação ou alteração não autorizada de sistema de informação; pena: art. 313-B
- ocupante de cargo em comissão ou de função de direção por assessoramento; aumento de pena: art. 327, § 2º
- peculato; penas: art. 312 e parágrafos
- permissão ou facilitação ao acesso de pessoas não autorizadas a sistema de informação ou banco de dados: art. 325, § 1º, I
- prevaricação; pena: art. 319
- utilização indevida de acesso restrito: art. 325, § 1º, II
- violação de sigilo funcional; pena: art. 325
- violação de sigilo de proposta de concorrência; pena: art. 326
- violência arbitraria; pena: art. 322

FUNDAÇÃO OU ADMINISTRAÇÃO DE SOCIEDADE POR AÇÕES
- art. 177

FURTO
- arts. 155 e 156
- aumento de pena: art. 155, § 1º
- com emprego de explosivo ou de artefato análogo que cause perigo comum: art. 155, § 4º-A
- de substâncias explosivas ou de acessórios que, conjunta ou isoladamente, possibilitem sua fabricação, montagem ou emprego: art. 155, § 7º
- energia elétrica; equiparação a coisa móvel: art. 155, § 3º
- furto de coisa comum por condômino, coerdeiro ou sócio; pena; como proceder-se-á: art. 155, §§ 4º e 5º
- pena: art. 155
- substituição da pena ou diminuição: art. 155, § 2º
- subtração de coisa comum fungível; quando não será punível: art. 156, § 2º

– G –

GÁS TÓXICO OU ASFIXIANTE
- fabrico, fornecimento, aquisição, posse ou transporte; pena: art. 253

GENOCÍDIO
- cometido no estrangeiro; aplicação da lei brasileira: art. 7º, I, *d*

GERENTE
- afirmação falsa sobre condições econômicas da sociedade; pena: art. 177, § 1º, I
- falsa cotação de ações ou de outros títulos da sociedade; pena: art. 177, § 1º, II

GERENTE DE SOCIEDADE
- pena: art. 177, § 1º

GESTANTE
- aborto; espécies: art. 124 a 128

GRAÇA
- extinção da punibilidade: art. 107, II

– H –

HABILITAÇÃO
- inabilitação para dirigir; efeitos da condenação: art. 92, III
- para dirigir veículo; suspensão: art. 47, III
- para dirigir veículo; suspensão; casos de aplicação; art. 57

HOMICÍDIO
- culposo; caso em que o juiz poderá deixar de aplicar a pena; art. 121, § 5º
- culposo; penas: art. 121, §§ 3º e 4º
- diminuição de pena; art. 121, § 1º
- doloso; pena: art. 121 § 4º, *in fine*
- qualificado; pena: art. 121, § 2º
- simples; pena: art. 121

HOMOLOGAÇÃO
- de sentença estrangeiro: art. 9º

HOSPITALIDADE
- crime cometido prevalecendo-se da; agravante da pena: art. 61, II, *f*

HOTEL
- utilização sem haver recursos para a efetuação do pagamento devido; pena: art. 176

– I –

IDENTIDADE FALSA
- art. 307

IDOSOS
- crime cometido contra; maior de 60 (sessenta) anos; agravante da pena: art. 61, II, *h*

IMPEDIMENTOS
- conhecimento prévio: art. 237
- ocultação; art. 236

IMPORTUNAÇÃO SEXUAL
- art. 215-A

IMPUNIBILIDADE
- casos; concurso de pessoas: art. 31

IMPUTABILIDADE PENAL
- arts. 26 a 28
- não exclusão pela emoção, paixão e embriaguez, voluntária ou culposa: art. 28, *caput*

INCAPAZES
- abuso: art. 173

- inimputabilidade: art. 26, *caput*
- redução da pena: art. 26, parágrafo único
- sonegação: art. 248
- subtração de art. 249

INCÊNDIO
- art. 250
- crime cometido por ocasião de; agravante da pena: art. 61, II, *j*
- culposo: art. 250, § 2º

INCITAÇÃO A CRIME
- pena: art. 286

INDENIZAÇÃO
- *Vide* também REPARAÇÃO DO DANO
- fraude para recebimento: Art. 171, § 2º, V

INDULTO
- extinção de punibilidade: art. 107, II

INDUZIMENTO
- a erro essencial; ação penal; requisitos: art. 236, parágrafo único
- à execução material do crime; agravante da pena: art. 62, II

INFANTICÍDIO
- art. 123

INFORMAÇÕES
- permissão ou facilitação ao acesso; pessoas não autorizadas: art. 325, § 1º, I
- sistema de; inserção de dados falsos: art. 313-A
- sistema de: modificação não autorizada: art. 313-B

INFORMÁTICA
- modificação ou alteração de programa; pena: art. 313-A

INFRAÇÕES DISCIPLINARES
- no cumprimento da pena: art. 40

INIMPUTÁVEIS
- art. 26, *caput*
- medida de segurança: art. 97, *caput*

INJÚRIA
- arts. 140 e 141
- aplicação facultativa da pena no crime de art. 140
- exclusão de crime: art. 142, parágrafo único
- pena: art. 140
- violência ou vias de fato consideradas aviltantes; pena: art. 140, § 2º

INSCRIÇÃO DE DADOS FALSOS EM SISTEMA DE INFORMAÇÕES
- pena: art. 313-A

INSCRIÇÃO DE DESPESAS NÃO EMPENHADAS EM RESTOS A PAGAR
- art. 359-B

INSTRUMENTOS DOS CRIMES
- perda em favor da União: art. 91, II, a

INTERDIÇÃO TEMPORÁRIA DE DIREITOS
- *Vide* também PENA(S)
- aplicação: art. 47
- duração: art. 55

INTERNAÇÃO
- em hospital de custódia e tratamento psiquiátrico: cômputo na pena privativa de liberdade e na medida de segurança: art. 42
- em hospital de custódia e tratamento psiquiátrico: medida de segurança: art. 96, I
- em hospital de custódia e tratamento psiquiátrico; medida de segurança; direitos do internado: art. 99

INUNDAÇÃO
- art. 254
- crime cometido por ocasião de: agravante da pena: art. 61, II, *j*
- perigo: art. 255

INUTILIZAÇÃO DE EDITAL OU SINAL
- pena: art. 336

INVASÃO DE ESTABELECIMENTO INDUSTRIAL, COMERCIAL OU AGRÍCOLA
- sabotagem: art. 275

INVESTIGAÇÃO
- ao cometimento do crime; agravante; da pena: art. 62, III
- impunibilidade: art. 31

INVÓLUCRO
- com falsa indicação: art. 275

IRMÃO
- abandono de incapaz: art. 133, § 3º, II
- circunstância agravante: art. 61 II, e
- crimes contra o patrimônio; representação art. 182, II
- direito de queixa ou de prosseguimento na ação; morte do ofendido: art. 100, § 4º
- favorecimento pessoal: art. 348, § 2º
- lascívia: art. 227, § 1º
- lesão corporal: 129, § 9º

ISENÇÃO DE PENA
- no crime de favorecimento pessoal: art. 348, § 2º

- L -

LASCÍVIA
- induzir a satisfação da: art. 227
- induzir menor de 14 anos a satisfação da: art. 218

LEGISLAÇÃO ESPECIAL
- sobre direitos e trabalho do preso: art. 40

LEGÍTIMA DEFESA
- conceito: art. 25
- excesso punível: art. 23, parágrafo único
- exclusão de ilicitude: art. 23, II

LEI
- que não considera mais o fato como criminoso; retroatividade; extinção da punibilidade: art. 107, III
- sobre estrangeiros; fraude de: art. 309

LEI BRASILEIRA
- condições de aplicabilidade de crimes cometidos no estrangeiro: art. 7º, § 2º
- crime cometido no território nacional; aplicação: art. 5º, *caput*
- crime cometido por estrangeiro contra brasileiro fora do Brasil; condições de aplicabilidade: art. 7º, § 3º
- crimes cometidos no estrangeiro; sujeição: art. 7º

LEI ESPECIAL
- fatos nela incriminados; regras gerais do Código penal; aplicação: art. 12

LEI EXCEPCIONAL
- fato praticado durante sua vigência; aplicação: art. 3º

LEI NOVA MAIS BENIGNA
- aplicação: art. 2º, parágrafo único

LEI PENAL
- anterioridade: art. 1º
- aplicação: arts. 1º a 12

LEI PENAL NO TEMPO
- art. 2º

LEI POSTERIOR
- aplicação: art. 2º, parágrafo único

LEI TEMPORÁRIA
- fato praticado durante sua vigência: aplicação: art. 3º

LEI TRABALHISTA
- frustração de direito assegurado por: art. 203

LENOCÍNIO E TRÁFICO DE PESSOAS
- arts. 227 a 231-A
- casa de prostituição; pena: art. 229
- favorecimento da prostituição ou outra forma de exploração sexual: art. 228
- mediação para servir a lascívia de outrem: art. 227
- rufianismo: art. 230

LESÕES CORPORAIS
- art. 129
- culposa: art. 129, § 6º
- culposa; aplicação do art. 121, § 5º, art. 129, § 8º
- graves, em recém-nascido exposto ou abandonado; penas: art. 134 e parágrafos
- graves, no crime de maus-tratos; pena: art. 136, § 1º
- injúria consistente em violência ou vias de fato: art. 145, *caput*
- natureza grave: art. 129, § 1º
- seguida de morte: art. 129, § 3º
- violência doméstica: art. 129, §§ 9º, e 10

LETRA
- falso reconhecimento: art. 300

LIBERDADE DE ASSOCIAÇÃO
- atentado contra a: art. 199

LIBERDADE DE TRABALHO
- atentado contra tal liberdade; penas: art. 197

LICENÇA
- do poder público; proibição do exercício: art. 47, II

LIMITAÇÃO DE FIM DE SEMANA
- *Vide* também PENA(S)
- aplicação: art. 54
- condenado beneficiado por *sursis*: art. 78, § 1º
- duração: art. 55

LIMITE DE PENAS
- *Vide* pena(s)

ÍNDICE ALFABÉTICO-REMISSIVO DO CÓDIGO PENAL

LIQUIDANTE DE SOCIEDADE
- penas aplicáveis: art. 177, § 1º, VIII

LIVRAMENTO CONDICIONAL
- arts. 83 a 90
- efeitos da revogação: art. 88
- especificações das condições: art. 85
- extinção da pena: arts. 89 e 90
- requisitos: art. 83
- revogação facultativa: art. 87
- revogação obrigatória: art. 86
- revogação; prescrição: art. 113
- soma das penas: art. 84

LIVRO
- extravio, sonegação ou inutilização de: art. 314
- mercantis; equiparação a documento público, para efeitos penais: art. 297, § 2º
- subtração ou inutilização: art. 337

LOGOTIPO
- alteração, falsificação ou uso indevido; administração pública; pena: art. 296, § 1º, IIII

LUCRO
- prática do crime com o fim de: art. 261, § 2º

LUGAR DO CRIME
- art. 6º

- M -

MAIOR
- de sessenta anos; crime cometido contra; agravante da pena: art. 61, II, *h*
- de setenta anos; atenuante da pena: art. 65, I
- de setenta anos; prazos de prescrição; redução: art. 115
- de setenta anos; *sursis*: art. 77, § 2º

MANDATO ELETIVO
- perda; efeito da condenação: art. 92, I
- proibição do exercício: art. 47, I

MARCA
- alteração, falsificação ou uso indevido; Administração Pública; pena: art. 296, §, 1º, IIII

MATERIAL DE SALVAMENTO
- subtração, ocultação ou inutilização: art. 257

MAUS-TRATOS
- art. 136

MEDICAMENTO
- alteração: art. 273
- corrupção, adulteração ou falsificação: art. 272
- em desacordo com receita médica: art. 280

MEDICINA
- exercício ilegal; penas: art. 282

MEDIDAS DE SEGURANÇA
- arts. 96 a 99
- cessação de periculosidade; desinternação ou liberação: art. 97, § 3º
- cômputo do tempo de prisão provisória, de prisão administrativa e de internação em hospital de custódia e tratamento psiquiátrico: art. 42
- direitos do internado: art. 99
- espécies: art. 96, *caput*
- exame de cessação de periculosidade; perícia médica; realização: art. 97, § 2º
- extinção da punibilidade; insubsistência: art. 96, parágrafo único
- fuga de pessoa presa ou submetida a medida de segurança: art. 351
- imposição para inimputável: art. 97, *caput*
- substituição de pena privativa de liberdade, semi-imputável; art. 98
- sujeição do condenado; homologação da sentença estrangeira: art. 9º, II
- tempo de duração: art. 97, § 1º
- tratamento ambulatorial; internação por determinação judicial: art. 97, § 4º

MEIO DE TRANSPORTE
- atentado contra a segurança de outro: art. 262

MENOR(ES)
- corrupção: art. 218
- de dezoito anos; inimputabilidade: art. 27
- de vinte e um anos; atenuante da pena: art. 65, I
- de vinte e um anos; prazos de prescrição; redução: art. 115
- entrega de filho menor a pessoa inidônea: art. 245

METAL
- Alteração de qualidade ou peso em obra encomendada; art. 175, § 1º
- precioso; falsificação de sinal: art. 306

MINISTÉRIO
- crime cometido com violação de dever inerente; agravante da pena: art. 61, II, *g*

MINISTÉRIO PÚBLICO
- ação penal pública; promoção: art. 100, § 1º
- crimes de ação pública; falta de oferecimento da denúncia; ação penal privada: art. 100, § 3º

MINISTRO DA JUSTIÇA
- ação penal pública condicionada; requisição: art. 100, § 1º, *in fine*
- requisição deste, em procedimento referente a crimes contra a honra: art. 145, parágrafo único
- requisição para aplicação da lei brasileira; crime cometido por estrangeiro contra brasileiro fora do Brasil: art. 7º, § 3º, b

MOEDA FALSA
- arts. 289 a 292
- crimes assimilados ao de moeda falsa; pena e aumento respectivo: art. 290
- detenção em caso de emissão, sem permissão legal, de nota, bilhete, ficha, vale ou título que contenha promessa de pagamento em dinheiro ao portador ou a que falte indicação do nome da pessoa a quem deva ser pago: art. 292, parágrafo único
- emissão de título ao portador sem permissão legal; pena: art. 292
- funcionário público ou diretor, gerente ou fiscal de banco de emissão; pena: art. 289, § 3º
- penas: art. 289 e parágrafos
- petrechos para falsificação de moeda; pena: art. 291
- restituição de moeda falsa à circulação, após recebê-la de boa-fé; pena: art. 289, § 2º

MORTE DO AGENTE
- extinção da punibilidade: art. 107, I

MOTIM DE PRESOS
- pena: art. 354

MOTIVO FÚTIL
- agravante da pena: art. 61, II, *a*

MOTIVO TORPE
- agravante da pena: art. 61, II, *a*

MULHERES
- regime especial de cumprimento de pena: art. 37

MULTA
- substituição da pena de detenção, no crime de lesões corporais: art. 129, § 5º

- N -

NACIONALIZAÇÃO DO TRABALHO
- frustração de lei; pena: art. 204

NÃO CANCELAMENTO DE RESTOS A PAGAR
- art. 359-F

NASCIMENTO
- registro de nascimento inexistente: art. 241

NAUFRÁGIO
- crime cometido por ocasião de: agravante da pena: art. 61, II, *j*

NAVIOS
- *Vide* EMBARCAÇÕES

- O -

OBEDIÊNCIA HIERÁRQUICA
- fato cometido por; punibilidade: art. 22

OBJETO PROBATÓRIO
- sonegação: art. 356

OBJETOS DE VALOR ARTÍSTICO
- art. 165

OBJETOS DE VALOR HISTÓRICO
- art. 165

OCULTAÇÃO
- circunstâncias agravantes: art. 61, II, *b*
- de cadáver: art. 211
- de impedimento: art. 236
- de material de salvamento: art. 257
- homicídio: art. 121, § 2º, V

ODONTOLOGIA
- exercício ilegal; penas: art. 282

CP

OFENDIDO
- ação penal privada; queixa: art. 100, § 2º
- menor de catorze anos; atentado violento ao pudor; pena: art. 214
- morte ou ausência; direito de queixa e de prosseguimento na ação; transmissão: art. 100, § 4º
- representação; ação penal pública condicionada: art. 100, § 1º, *in fine*
- representação em caso de crime contra a honra, se for funcionário público

OFERTA PÚBLICA OU COLOCAÇÃO DE TÍTULO
- art. 359-H

OFÍCIO
- crime cometido com violação de dever inerente; agravante da pena: art. 61, II, *g*

OMISSÃO
- relevância pena: art. 13, § 2º

OMISSÃO DE NOTIFICAÇÃO DE DOENÇA
- pena: art. 269

OMISSÃO DE SOCORRO
- art. 135

ORDENAÇÃO DE DESPESA NÃO AUTORIZADA
- art. 359-D

ORGANIZAÇÃO
- do crime; agravante da pena: art. 62, I
- do trabalho; crimes contra: art. 197 a 207

– P –

PAIXÃO
- não exclusão da imputabilidade penal: art. 28, I

PALESTRAS
- a condenados a limitação de fim de semana: art. 48, parágrafo único

PAPÉIS PÚBLICOS
- falsificação: art. 293

PARALISAÇÃO DE TRABALHO
- arts. 200 a 201
- de interesse coletivo: art. 201

PARTO
- aceleração em virtude de lesão corporal: art. 129, § 1º, IV
- suposto; supressão ou alteração de direito inerente ao estado civil de recém-nascido: art. 242

PASSAPORTE
- alheio; utilização; pena: art. 308

PATRIMÔNIO PÚBLICO
- apropriação indébita previdenciária; pena: art. 168-A
- crimes contra ele, cometidos no estrangeiro; aplicação da lei brasileira: art. 7, I, b
- sonegação de contribuição previdenciária; pena: art. 337-A

PATROCÍNIO INFIEL
- art. 355
- simultâneo ou tergiversação: art. 355, parágrafo único

PECULATO
- art. 312
- culposo: art. 312, § 2º
- culposo; reparação do dano: art. 312, § 3º
- mediante erro de outrem: art. 313

PENA(S)
- Vide também REGIME ABERTO, REGIME ESPECIAL, REGIME FECHADO e REGIME SEMIABERTO
- art. 32 a 95
- agravação pelo resultado: art. 19
- aplicação: arts. 59 a 76
- aplicadas em sentença definitiva; reabilitação: art. 93, *caput*
- aumento; concurso de pessoas: art. 29, § 2º, in fine
- aumento; crimes dolosos contra vítimas diferentes, cometidos com violência ou grave ameaça à pessoa: art. 71, parágrafo único
- aumento, em caso de crimes contra a honra do Presidente da República: art. 141, I
- aumento no crime de abandono de incapaz: art. 133, § 3º
- aumento no homicídio culposo: art. 121, § 4º
- aumento no homicídio doloso: art. 121, § 4º, in fine
- causas de aumento ou diminuição: art. 68 e parágrafo único
- circunstâncias agravantes: arts. 61 e 62
- circunstâncias atenuantes: art. 65 a 67
- cominação: arts. 53 a 58
- concurso de circunstâncias agravantes a atenuantes: art. 67
- concurso formal; limite máximo: art. 70, parágrafo único
- concurso material: art. 69
- crime continuado; aplicação: art. 71
- crimes conexos; extinção da punibilidade de um deles; agravação resultante da conexão: art. 108, in fine
- cumprida no estrangeiro; atenuação da pena imposta no Brasil: art. 8º
- cumprimento no estrangeiro; causa impeditiva da prescrição; art. 116, II
- da tentativa: art. 14, parágrafo único
- de detenção; forma de cumprimento: art. 33, *caput*, in fine
- de detenção; limites: art. 53
- de multa: art. 32, III
- de multa: arts. 49 a 52
- de multa; aplicação no concurso de crimes: art. 72
- de multa; conceito, cálculo, limites: art. 49, *caput*
- de multa; condenação anterior não constitui óbice à concessão do sursis: art. 77, § 1º
- de multa; conversão: art. 51, *caput*
- de multa; correção monetária: art. 49, § 2º
- de multa; crimes culposos; aplicação: art. 58, parágrafo único
- de multa; desconto no vencimento ou salário do condenado: art. 50, §§ 1º e 2º
- de multa; fixação; aumento: art. 60 e § 1º
- de multa; frações de cruzeiro: art. 11
- de multa; limites: art. 58, *caput*
- de multa; não extensão dos benefícios do sursis: art. 80
- de multa; pagamento: art. 50, *caput*
- de multa; prescrição: art. 114
- de multa substitutiva: art. 60, § 2º
- de multa substitutiva da pena privativa de liberdade não superior à seis meses; aplicação: art. 8, parágrafo único
- de multa; suspensão da execução: art. 52
- de multa; valor do dia-multa; fixação e limites: art. 49, § 1º
- de reclusão; forma de cumprimento: art. 33, *caput*, primeira parte
- de reclusão; limites: art. 53
- diminuição; concurso de pessoas: art. 29, § 1º
- diminuição em crime de homicídio: art. 121, § 1º
- diminuição em crime de lesão corporal: art. 129, § 4º
- do crime menos grave; aplicação; concurso de pessoas: art. 29, § 2º, primeira parte
- efeitos da condenação; arts. 91 e 92
- erro na execução do crime; aplicação: art. 73
- erro na execução do crime; resultado diverso do pretendido; aplicação: art. 74
- espécies: arts. 32 a 52
- execução; concurso de infrações: art. 76
- fixação: art. 59
- fixação; cálculo: art. 68
- frações não computáveis: art. 11
- inexistência, sem prévia cominação legal: art. 1º
- início ou continuação do cumprimento; interrupção da prescrição: art. 117, V
- interdição temporária de direitos: art. 43, V
- interdição temporária de direitos; especificação: art. 47
- isenção; descriminantes putativas: art. 20, § 1º
- isenção; embriaguez proveniente de caso fortuito ou força maior: art. 28, § 1º
- isenção em caso de retratação do querelado: art. 143
- isenção ou diminuição; erro sobre a ilicitude do fato: art. 21, *caput*
- isenção ou redução por incapacidade do agente: art. 26
- limitação de fim de semana: art. 43, III
- limitação de fim de semana; conceito: art. 48
- livramento condicional: arts. 83 a 90
- livramento condicional; extinção: arts. 89 e 90
- mais leves; prescrição com as mais graves: art. 118
- perda de bens e valores: art. 43, II
- prestação de serviços à comunidade ou a entidades públicas: art. 43, IV
- prestação de serviços à comunidade ou a entidades públicas; conceito; forma de cumprimento: art. 46
- prestação pecuniária: art. 43, I
- privativas de liberdade: art. 32, I
- privativas de liberdade: art. 33 a 42
- privativas de liberdade; cômputo do tempo de prisão

CP

provisória, de prisão administrativa e de internação em hospital de custódia e tratamento psiquiátrico: art. 42
- privativas de liberdade; execução; critérios a serem observados: art. 33, § 2º
- privativas de liberdade; extinção: art. 82
- privativas de liberdade; frações de dia: art. 11
- privativas de liberdade inferiores a um ano; substituição: art. 54
- privativas de liberdade; limite máximo: unificação: art. 75
- privativas de liberdade; limites: art. 53
- privativas de liberdade não superiores a seis meses; substituição pela pena de multa: art. 60, § 2º
- privativas de liberdade; prescrição antes de transitar em julgado a sentença: art. 109, *caput*
- privativas de liberdade; regime inicial de cumprimento: art. 59, III
- privativas de liberdade; substituição: art. 59, IV
- privativas de liberdade; substituição nos crimes culposos: art. 44, § 2º
- privativas de liberdade; substituição pelas restritivas de direito; inadmissibilidade no concurso material: art. 69, § 1º
- privativas de liberdade; substituição por medida de segurança; semi-imputável: art. 98
- privativas de liberdade; suspensão condicional: arts. 77 a 82
- reabilitação: arts. 93 a 95
- redução; arrependimento posterior: art. 16
- redução; embriaguez proveniente de caso fortuito ou força maior: art. 28, § 2º
- redução, no homicídio: art. 121, § 1º
- redução nos crimes praticados por quem tinha o dever legal de enfrentar o perigo: art. 24, § 2º
- regime inicial de cumprimento; determinação: art. 33, § 3º
- regimes de cumprimento; critérios para revogação e transferência: art. 40
- regras do regime aberto: art. 36
- regras do regime fechado: art. 34
- regras do regime semiaberto: art. 35
- restritivas de direitos: arts. 32, II, e 43 e 48
- restritivas de direitos; aplicação: art. 54
- restritivas de direitos; autonomia; substituição das privativas de liberdade: art. 44
- restritivas de direitos; conversão em privativa de liberdade: art. 45
- restritivas de direitos; espécies: art. 43
- restritivas de direitos; frações de dia: art. 11
- restritivas de direitos; não extensão dos benefícios do sursis: art. 80
- restritivas de direitos; prescrição: art. 109, parágrafo único
- restritivas de direitos; substituição à pena privativa de liberdade; duração: art. 55
- rixa: art. 137 e parágrafo único
- soma para efeito de livramento condicional: art. 84
- substituição da pena de detenção por multa, no crime de lesões corporais: art. 129, § 5º
- suicídio; pena para induzimento, instigação ou auxílio a suicídio ou a automutilação: art. 122.
- suspensão condicional: arts. 77 a 82

PENHOR
- defraudação: art. 171, § 2º, III

PERDÃO DO OFENDIDO
- ação penal privada; óbice ao prosseguimento: art. 105
- efeitos: art. 106
- extinção da punibilidade: art. 107, V
- inadmissibilidade depois do trânsito em julgado da sentença condenatória: art. 106, § 2º

PERDÃO JUDICIAL
- extinção da punibilidade: art. 107, IX
- sentença; não consideração para efeitos de reincidência: art. 120

PEREMPÇÃO
- extinção da punibilidade: art. 107, IV

PERÍCIA MÉDICA
- para exame da cessação de periculosidade; realização: art. 97, § 2º

PERICLITAÇÃO DA VIDA E DA SAÚDE
- arts. 130 a 136
- abandono de incapaz; pena: art. 133
- aumento de pena no crime de abandono de incapaz: art. 133, § 3º
- aumento de pena no crime de perigo de contágio venéreo: art. 130, § 1º
- exposição ou abandono de recém-nascido; pena: art. 134
- lesão corporal de natureza grave no crime de abandono de incapaz; pena: art. 133, § 1º
- lesão corporal de natureza grave resultante de exposição ou abandono de recém-nascido: art. 134, § 1º
- maus-tratos; pena e aumento respectivo: art. 136 e parágrafos
- morte resultante de exposição ou abandono de recém-nascido; pena: art. 134, § 2º
- omissão de socorro; pena e aumento respectivo: art. 135 e parágrafo único
- perigo de contágio de moléstia grave; pena: art. 131
- perigo de contágio venéreo; pena: art. 130
- perigo para a vida ou saúde de outrem; pena: art. 132 e parágrafo único
- representação: art. 130, § 2º

PERICULOSIDADE
- cessação; medida de segurança; desinternação ou liberação: art. 97, § 3º.
- exame de cessação; medida de segurança: Art. 97, § 1º.
- exame de cessação; perícia médica; realização: Art. 97, § 2º

PERTURBAÇÃO DA ORDEM
- Art. 200

PETRECHOS DE FALSIFICAÇÃO
- para falsificação de moeda: art. 291
- para falsificação de papéis públicos: art. 294

PODER FAMILIAR
- incapacidade para o exercício; efeito da condenação: art. 92, II

POLUIÇÃO DE ÁGUA POTÁVEL
- art. 271

PRAGA
- difusão: art. 259

PRAZO(S)
- contagem: art. 10
- de duração da medida de segurança: art. 97, § 1º
- de prescrição: art. 109 a 118
- de prescrição; interrupção; reconstituição; novo termo inicial: art. 117, § 2º
- de prescrição; redução: art. 115

PRESCRIÇÃO
- antes de transitar em julgado a sentença: art. 109, *caput*
- antes de transitar em julgado a sentença; termo inicial: art. 111
- causas impeditivas: art. 116 e parágrafo único
- causas interruptivas: art. 117
- de pena de multa: art. 114
- depois da sentença condenatória com trânsito em julgado para acusação, ou depois de improvido seu recurso: art. 110, §§ 1º e 2º
- depois de transitar em julgado a sentença final condenatória: art. 110
- depois de transitar em julgado sentença final condenatória; termo inicial: art. 112
- evasão do condenado: art. 113
- extinção da punibilidade: art. 107, IV
- interrupção; crimes conexos: art. 117, § 1º, *in fine*
- interrupção; efeitos relativos aos autores do crime: art. 117, § 1º
- penas mais leves: art. 118
- penas restritivas de direito: art. 109, parágrafo único
- prazos; redução: art. 115
- revogação do livramento condicional: art. 113

PRESIDENTE DA REPÚBLICA
- crimes contra sua honra; aumento de pena: art. 141
- crimes contra sua vida ou liberdade, cometidos no estrangeiro; aplicação da lei brasileira: Art. 7º, I, a

PRESOS
- arrebatamento de: art. 353
- direitos concernentes à integridade física e moral: art. 38
- infrações disciplinares no cumprimento da pena: art. 40
- legislação especial sobre direitos e trabalho: art. 40
- motim: art. 354
- superveniência de doença mental: ar. 41
- trabalho: art. 39

PRESTAÇÃO DE GARANTIA GRACIOSA
- Art. 359-E

PRESTAÇÃO DE SERVIÇOS À COMUNIDADE OU ENTIDADES PÚBLICAS
- vide também PENA(S)
- aplicação: art. 46
- condenado beneficiado por sursis: art. 78, § 1º
- duração: art. 55

PRESTÍGIO
- vide TRÁFICO DE INFLUÊNCIA
- exploração: art. 357

PREVARICAÇÃO
- art. 319

PREVIDÊNCIA SOCIAL
- apropriação indébita previdenciária; pena: art. 168-A
- benefícios; garantia ao preso: art. 39
- sonegação de contribuição previdenciária; pena: art. 337-A

PRINCÍPIO DA ANTERIORIDADE DA LEI
- Art. 1º

PRISÃO ADMINISTRATIVA
- cômputo na pena privativa de liberdade e na medida de segurança: art. 42

PRISÃO PROVISÓRIA
- cômputo na pena privativa de liberdade e na medida de segurança: art. 42

PROCESSO
- coação do curso: art. 344
- fraude processual: art. 347

PROCURADOR
- patrocínio infiel; pena: art. 355

PRODUTO DO CRIME
- perda em favor da união: art. 91, II, b

PROFISSÃO
- atividade ou ofício que dependam de habilitação especial; proibição do exercício: art. 47, II
- atividade ou ofício que dependam de habilitação especial; proibição do exercício; aplicação: art. 56
- crime cometido com violação de dever inerente; agravante da pena: art. 61, II, g

PROMESSA DE RECOMPENSA
- execução ou participação em crime mediante; agravante da pena: art. 62, IV

PROMOÇÃO
- do crime; agravante da pena: art. 62, I

PROMOÇÃO DE MIGRAÇÃO ILEGAL
- art. 232-A

PRONÚNCIA
- decisão confirmatória; interrupção da prescrição: art. 117, III
- interrupção da prescrição: art. 117, II

PROSTITUIÇÃO
- favorecimento da: art. 228
- favorecimento da; vulnerável: art. 218, b

PROVAS
- sonegação de papel ou objeto de valor probatório: art. 356

PUNIBILIDADE
- vide também EXTINÇÃO DA PUNIBILIDADE
- extinção: arts. 107 a 120

- Q -

QUADRILHA OU BANDO
- art. 288

QUEIXA
- ação penal privada: art. 100, § 2º
- crimes contra a honra; ressalva: art. 145
- decadência do direito: art. 103
- morte ou ausência do ofendido; transmissão do direito: art. 100, § 4º
- recebimento; interrupção da prescrição: art. 117, I
- renúncia do direito: art. 104
- renúncia do direito; extinção da punibilidade: art. 107, V

QUERELADO
- retratação da calúnia ou difamação; quando produzira efeitos: art. 143

- R -

RAZÃO(ÕES)
- exercício arbitrário: art. 345

REABILITAÇÃO
- arts. 93 a 95
- condições de admissibilidade: art. 94, I a III
- efeitos da condenação: art. 93, parágrafo único
- penas alcançadas: art. 93 *caput*
- requerimento: art. 94 *caput*
- requerimento; reiteração: art. 94, parágrafo único
- revogação; reincidência: art. 95
- sigilo dos registros sobre o processo e condenação: art. 93 *caput*

RECEITA MÉDICA
- medicamento em desacordo: art. 280

RECÉM-NASCIDO
- abandono: art. 134
- supressão ou alteração de direito inerente ao estado civil: art. 242

RECEPTAÇÃO
- art. 180
- bens e instalações do patrimônio da união, estado, município, empresa concessionária de serviços públicos ou sociedade de economia mista adquiridos dolosamente; pena: art. 180, § 6º
- culposa: art. 180, § 3º
- de animal: art. 180-A
- penas: art. 180 e §§
- receptação dolosa; disposições referentes ao crime de furto aplicáveis: art. 180, §§ 3º e 5º
- receptação qualificada: art. 180, § 2º a 6º

RECIPIENTE
- falsa indicação: art. 275

RECLUSÃO
- vide PENA (S)

RECOMPENSA
- falsa atribuição: art. 196, § 1º, VIII
- promessa de: art. 62, IV

RECONHECIMENTO DE FIRMA OU LETRA
- falso: art. 300

REGIME ABERTO
- conceito: art. 33, § 1º, c
- regras: art. 36

REGIME ESPECIAL
- cumprimento de pena pelas mulheres: art. 37

REGIME FECHADO
- conceito: art. 33, § 1º, a
- regras: art. 34

REGIME SEMIABERTO
- conceito: art. 33, § 1º, b
- regras: art. 35

REGISTRO CIVIL
- falsificação ou alteração de assentamento; prescrição antes de transitar em julgado a sentença; termo inicial: art. 111, IV

REGISTRO DE NASCIMENTO
- inexistente: art. 241

REGISTROS
- de filho de outrem como próprio: art. 242 e parágrafo único
- não autorizados da intimidade sexual: art. 216-B
- sobre processo e condenação; sigilo; reabilitação: art. 93, *caput*

REGRA TÉCNICA DE PROFISSÃO, ARTE OU OFÍCIO
- inobservância em homicídio culposo; aumento da pena: art. 121, § 4º e 129, § 7º

REGRAS GERAIS
- do código penal; aplicação aos fatos incriminados por lei especial: art. 12

REINCIDÊNCIA
- agravante da pena: art. 61, I
- caracterização: art. 64
- conceito: art. 63
- impedimento para concessão do sursis: Art. 77, I
- interrupção da prescrição: art. 117, VI
- prescrição; aumento dos prazos: Art. 110, *caput*
- revogação da reabilitação: art. 95
- sentença concessiva de perdão judicial; não consideração para efeitos de: art. 120

RELAÇÃO DE CAUSALIDADE
- art. 13

RELAÇÕES DOMÉSTICAS
- crime cometido prevalecendo-se das; agravante da pena; art. 61, II, f

RELEVÂNCIA DA OMISSÃO
- art. 13, § 2º

RELEVANTE VALOR SOCIAL OU MORAL
- crime cometido por motivo de; atenuante da pena: Art. 65, III, a

RENDAS PÚBLICAS
- emprego irregular: art. 315

CP

RENÚNCIA TÁCITA
- ao direito de queixa; caracterização dos pontos: art. 104, parágrafo único

REPARAÇÃO DO DANO
- até o recebimento da denúncia ou da queixa; redução da pena: art. 16
- causado pelo crime; efeito da condenação: art. 91, I
- em peculato culposo anterior ou posterior à sentença irrecorrível; efeitos: art. 312, § 3º
- pelo agente do crime; atenuante da pena: art. 65, III, b
- pelo condenado beneficiado por sursis; efeitos: art. 78, § 2º
- pelo condenado; homologação da sentença estrangeira: art. 9º, I

REPRESENTAÇÃO
- ação pública em crime contra dignidade sexual: art. 225
- crimes contra inviolabilidade de correspondência: Art. 151, § 4º e 152, parágrafo único
- crimes contra inviolabilidade dos segredos: arts. 153, § 1º e 154 parágrafo único
- decadência do direito: art. 103
- do ofendido; ação penal pública condicionada: art. 100, parágrafo primeiro in fine
- do ofendido, em caso de crime contra a honra praticado contra funcionário público: art. 145, parágrafo único
- na ação penal; irretratabilidade: art. 102

REPRESENTAÇÃO TEATRAL OU EXIBIÇÃO CINEMATOGRÁFICA OBSCENAS
- art. 234, parágrafo único, II

REPRESENTANTE LEGAL
- do ofendido; queixa; ação penal privada: art. 100, § 2º

REQUISIÇÃO
- do ministro da justiça; ação penal pública condicionada: Art. 100, § 1º, in fine

RESISTÊNCIA
- art. 329
- ato não executado em razão da: art. 329, § 1º
- penas; sem prejuízo às da violência: art. 329, § 2º

RESTAURANTE
- utilização de restaurante sem haver recurso para efetuar o pagamento devido; pena: art. 176

RESTITUIÇÃO DA COISA
- até o recebimento da denúncia ou da queixa; redução da pena: art. 16

RETORSÃO NA INJÚRIA
- efeitos: art. 140, § 1º, II

RETRATAÇÃO
- art. 143
- crime de falso testemunho ou falsa perícia: art. 342, § 2º
- extinção da punibilidade: art. 107, VI

RETRATAÇÃO ANTERIOR À SENTENÇA
- isenção de pena: art. 143

RETROATIVIDADE
- de lei que não mais considera o fato como criminoso; extinção da punibilidade: art. 107, III

REVOGAÇÃO
- da suspensão condicional da pena: art. 81 e § 1º
- do livramento condicional: arts. 87 e 88

RIXA
- art. 137
- morte ou lesão corporal grave; pena: art. 137, parágrafo único
- pena: art. 137
- ressalva: art. 137

ROUBO
- art. 157
- aumento de pena: art. 157, § 2º e § 2º-A
- grave ameaça ou violência: art. 157
- lesão corporal de natureza grave: art. 157, § 3º

RUFIANISMO
- art. 230

- S -

SABOTAGEM
- art. 202

SATISFAÇÃO DE LASCÍVIA MEDIANTE PRESENÇA DE CRIANÇA OU ADOLESCENTE
- art. 218-A

SAÚDE
- substancias nocivas: art. 278

SEGREDO
- de justiça; crimes contra a dignidade sexual: art. 234-B
- divulgação: art. 153
- divulgação de informações sigilosas ou reservadas; administração pública: art. 153, § 1º-A
- divulgação de informações sigilosas ou reservadas; administração pública; ação penal: art. 153, § 2º
- profissional; violação: art. 154
- representação; crime de divulgação: art. 153, § 1º
- representação; crime de violação: art. 154, parágrafo único

SEGURO
- fraude para seu recebimento: art. 171, § 2º, V

SELO
- falsificação: art. 296
- reprodução: art. 303

SEMI-IMPUTÁVEL
- pena privativa de liberdade;; substituição por medida de segurança: art. 98

SENTENÇA
- concessiva de livramento condicional; especificação das condições: art. 85
- condenatória; execução e efeitos; cessação em virtude de lei posterior: art. 2º, *caput*
- condenatória recorrível; interrupção da prescrição: art. 117, IV
- condenatória transitada em julgado; condenado preso por outro motivo; causa impeditiva da prescrição: art. 116, parágrafo único
- de pronúncia; decisão confirmatória; interrupção da prescrição: art. 117, III
- de pronúncia; interrupção da prescrição: art. 117, II
- efeitos da condenação; declaração motivada: art. 92, parágrafo único
- estrangeira; eficácia: art. 9º
- estrangeira; homologação: art. 9º

SEPULTURA
- violação: art. 210

SEQUESTRO
- e cárcere privado: art. 148 e parágrafos
- extorsão: art. 159
- relâmpago: art. 158, § 3º

SERVIÇO DE UTILIDADE PÚBLICA
- atentado contra a segurança: art. 265

SERVIÇO TELEGRÁFICO OU TELEFÔNICO
- interrupção ou perturbação: art. 266

SIGILO
- de proposta de concorrência; violação: art. 326
- funcional; violação: art. 325

SIGLA
- alteração, falsificação ou uso indevido; Administração Pública; pena: art. 296, § 1º, III

SIMULAÇÃO DE AUTORIDADE PARA CELEBRAÇÃO DE CASAMENTO
- pena: art. 238

SINAL
- falsificação: art. 306
- inutilização: art. 336
- público; falsificação: art. 296

SOCIEDADE(S)
- falsidade em prejuízo da nacionalização: art. 310
- por ações; fraudes ou abusos na fundação ou administração: atr. 177

SOCORRO
- omissão: art. 135

SONEGAÇÃO DE CONTRIBUIÇÃO PREVIDENCIÁRIA
- extinção de punibilidade; hipóteses: art. 337-A, § 1º
- não aplicação da pena; hipóteses: art. 337-A, § 2º
- não lançamento nos títulos da contabilidade da empresa das quantias descontadas dos segurados ou devidas pelo empregador: art. 337-A, II
- omissão de fatos geradores de contribuições sociais previdenciárias: art. 337-A, III
- omissão de segurados na folha de pagamento: art. 337-A, I
- pena: art. 337-A
- redução da pena; hipóteses: art. 337-A, § 3º

SONEGAÇÃO DE DOCUMENTO
- pena: art. 356

SONEGAÇÃO DE ESTADO DE FILIAÇÃO
- art. 243

SUBORNO
- em crime de falso testemunho ou falsa perícia; aumento de pena: art. 342, § 1º

SUBSTÂNCIA ALIMENTÍCIA
- envenenamento: art. 270

SUBSTÂNCIA ALIMENTÍCIA OU MEDICINAL
- alteração; penas: art. 273

SUBSTÂNCIA AVARIADA
- art. 279

SUBSTÂNCIA DESTINADA A FALSIFICAÇÃO
- art. 277

SUBSTÂNCIA MEDICINAL
- envenenamento: art. 270

SUBTRAÇÃO DE COISA COMUM FUNGÍVEL
- quando não será punível: art. 156, § 2º

SUBTRAÇÃO DE INCAPAZES
- art. 249

SUICÍDIO
- induzimento, instigação ou auxílio ao suicídio: art. 122

SUPERVENIÊNCIA DE CAUSA INDEPENDENTE
- art. 13, § 1º

SUPRESSÃO DE DOCUMENTO
- pena: art. 305

SUSPENSÃO CONDICIONAL DA PENA
- arts. 77 a 82
- cumprimento das condições: art. 82
- penas restritivas de direitos e multa; não extensão: art. 80
- prorrogação do período de prova: art. 81, §§ 2º e 3º
- requisitos: arts. 77 a 80
- revogação facultativa: art. 81, § 1º
- revogação obrigatória: art. 81, *caput*

- T -

TEMPO DO CRIME
- art. 4º

TENTATIVA
- conceito: art. 14, II
- crime impossível; impunibilidade: art. 17
- pena: art. 14, parágrafo único
- prescrição antes de transitar em julgado a sentença; termo inicial: art. 111, II

TERCEIRO DE BOA FÉ
- ressalva do direito; efeitos da condenação: art. 91, II

TERGIVERSAÇÃO
- patrocínio simultâneo ou tergiversação: art. 355, parágrafo único
- pena: art. 355, parágrafo único

TERRITORIALIDADE
- art. 5º

TERRITÓRIO NACIONAL
- conceito; extensão para efeitos penais: art. 5º, § 1º

TESOURO
- apropriação: art. 169, parágrafo único, I

TÍTULO AO PORTADOR
- emissão sem permissão legal: art. 292

TÍTULOS
- equiparação a documento público, para efeitos penais: art. 297, § 2º

TORTURA
- emprego; agravante da pena: art. 61, II, d
- homicídio: art. 121, § 2º, III

TRABALHO
- atentado contra a liberdade de trabalho: art. 197
- atentado contra a liberdade do contrato de trabalho: art. 198
- paralisação: arts. 200 e 201

TRABALHO DO PRESO
- art. 39

TRÁFICO
- de influência: art. 332
- de influência; transação comercial internacional: art. 337-C
- de pessoa: art. 149-A

TRAIÇÃO
- agravante da pena: art. 61, II, c

TRANSPORTE
- aéreo; atentado contra sua segurança; art. 261
- aéreo; sinistro: art. 261, § 1º
- fluvial; atentado contra sua segurança: art. 261
- fluvial; sinistro: art. 261, § 1º
- marítimo; atentado contra sua segurança: art. 261
- marítimo; sinistro: art. 261, § 1º

TRATAMENTO AMBULATORIAL
- internação do agente por determinação judicial: art. 97, § 4º
- sujeição; medida de segurança: art. 96, II

TUTELA
- incapacidade para o exercício; efeito d condenação: art. 92, II

- U -

ULTRAJE PÚBLICO AO PUDOR
- arts. 233 e 234
- ato obsceno; pena: art. 233
- escrito ou objeto obsceno; pena: art. 234 e parágrafo único
- representação teatral ou exibição cinematográfica obscenas: art. 234, parágrafo único, II

USO
- de documento falso: art. 304
- indevido de marcas, logotipos, siglas ou quaisquer outros símbolos da Administração Pública: art. 296, § 1º, III

USURPAÇÃO
- arts. 161 e 162
- alteração de águas: art. 161, § 1º, I
- alteração de limites; pena: art. 161
- emprego de violência: art. 161, § 1º, II e § 2º
- esbulho possessório: art. 161, § 1º, II
- queixa, em caso de a propriedade ser particular e não haver emprego de violência: art. 161, § 3º
- supressão ou alteração de marca em animais; pena: art. 162

USURPAÇÃO DE FUNÇÃO PÚBLICA
- art. 328

UTILIDADE PÚBLICA
- art. 265

- V -

VEÍCULO
- automotor; adulteração de sinal identificador; crime: art. 311 e §§ 1º e 2º
- utilização para prática de crime doloso; inabilitação para dirigir; efeito de condenação: art. 92, III

VENENO
- emprego; agravante da pena: art. 61, II, d
- homicídio; pena: art. 121, § 2º, III

VERBAS OU RENDAS PÚBLICAS
- emprego irregular: art. 315

VILIPÊNDIO A CADÁVER
- art. 212

VIOLAÇÃO DE CORRESPONDÊNCIA
- arts. 151 e 152
- abuso de função em serviço postal, telegráfico, radioelétrico ou telefônico: art. 151, § 3º
- correspondência comercial; abuso da condição de sócio ou empregado: art. 152
- dano causado a outrem; aumento de pena: art. 151, § 2º
- instalação ou utilização de estação ou aparelho radioelétrico sem observância de disposição legal: art. 151, § 2º
- representação; abuso de sócio ou empregado: art. 152, parágrafo único
- representação, ressalva: art. 151, § 4º
- sonegação ou destruição: art. 151, § 1º
- violação de comunicação telegráfica, radioelétrica ou telefônica: art. 151, § 1º, II

VIOLAÇÃO DE DIREITO AUTORAL
- arts. 184 a 186

VIOLAÇÃO DE DOMICÍLIO
- aumento de pena: art. 150, §§ 1º e 2º
- casa; conceito: art. 150, § 4º
- entrada ou permanência em casa alheia; não constitui crime: art. 150, § 3º
- estabelecimentos não compreendidos: art. 150, § 5º
- funcionário público; aumento de pena: art. 150, § 2º

VIOLAÇÃO DE SEPULTURA
- art. 210

VIOLAÇÃO DE SIGILO FUNCIONAL
- arts. 325 e 326
- de proposta de concorrência: art. 326
- utilização indevida de acesso restrito: art. 325, § 1º, I

VIOLAÇÃO DO SEGREDO PROFISSIONAL

- art. 154

VIOLAÇÃO SEXUAL MEDIANTE FRAUDE

- art. 215

VIOLÊNCIA

- arbitrária: art. 322
- doméstica: art. 129, §§ 9º e 10
- em arrematação judicial; pena: art. 358

VIOLENTA EMOÇÃO

- crime cometido sob influência de; atenuante da pena: art. 65, III, c

- W -

WARRANT

- emissão irregular; pena: art. 178

CÓDIGO DE PROCESSO PENAL

ÍNDICE SISTEMÁTICO DO CÓDIGO DE PROCESSO PENAL

LIVRO I – DO PROCESSO EM GERAL .... **arts. 1º a 393**

TÍTULO I – DISPOSIÇÕES PRELIMINARES .... **arts. 1º a 3º-F**

TÍTULO II – DO INQUÉRITO POLICIAL .... **arts. 4º a 23**

TÍTULO III – DA AÇÃO PENAL .... **arts. 24 a 62**

TÍTULO IV – DA AÇÃO CIVIL .... **arts. 63 a 68**

TÍTULO V – DA COMPETÊNCIA .... **arts. 69 a 91**

Capítulo I – Da competência pelo lugar da infração .... arts. 70 e 71

Capítulo II – Da competência pelo domicílio ou residência do réu .... arts. 72 e 73

Capítulo III – Da competência pela natureza da infração .... art. 74

Capítulo IV – Da competência por distribuição .... art. 75

Capítulo V – Da competência por conexão ou continência .... arts. 76 a 82

Capítulo VI – Da competência por prevenção .... art. 83

Capítulo VII – Da competência pela prerrogativa de função .... arts. 84 a 87

Capítulo VIII – Disposições especiais .... arts. 88 a 91

TÍTULO VI – DAS QUESTÕES E PROCESSOS INCIDENTES .... **arts. 92 a 154**

Capítulo I – Das questões prejudiciais .... arts. 92 a 94

Capítulo II – Das exceções .... arts. 95 a 111

Capítulo III – Das incompatibilidades e impedimentos .... art. 112

Capítulo IV – Do conflito de jurisdição .... arts. 113 a 117

Capítulo V – Da restituição das coisas apreendidas .... arts. 118 a 124-A

Capítulo VI – Das medidas assecuratórias .... arts. 125 a 144-A

Capítulo VII – Do incidente de falsidade .... arts. 145 a 148

Capítulo VIII – Da insanidade mental do acusado .... arts. 149 a 154

TÍTULO VII – DA PROVA .... **arts. 155 a 250**

Capítulo I – Disposições gerais .... arts. 155 a 157

Capítulo II – Do exame de corpo de delito, da cadeia de custódia e das perícias em geral .... arts. 158 a 184

Capítulo III – Do interrogatório do acusado .... arts. 185 a 196

Capítulo IV – Da confissão .... arts. 197 a 200

Capítulo V – Do ofendido .... art. 201

Capítulo VI – Das testemunhas .... arts. 202 a 225

Capítulo VII – Do reconhecimento de pessoas e coisas .... arts. 226 a 228

Capítulo VIII – Da acareação .... arts. 229 e 230

Capítulo IX – Dos documentos .... arts. 231 a 238

Capítulo X – Dos indícios .... art. 239

Capítulo XI – Da busca e da apreensão .... arts. 240 a 250

TÍTULO VIII – DO JUIZ, DO MINISTÉRIO PÚBLICO, DO ACUSADO E DEFENSOR, DOS ASSISTENTES E AUXILIARES DA JUSTIÇA .... **arts. 251 a 281**

Capítulo I – Do juiz .... arts. 251 a 256

Capítulo II – Do Ministério Público ... arts. 257 e 258
Capítulo III – Do acusado e seu defensor ... arts. 259 a 267
Capítulo IV – Dos assistentes ... arts. 268 a 273
Capítulo V – Dos funcionários da justiça ... art. 274
Capítulo VI – Dos peritos e intérpretes ... arts. 275 a 281

TÍTULO IX – DA PRISÃO, DAS MEDIDAS CAUTELARES E DA LIBERDADE PROVISÓRIA ... arts. 282 a 350
Capítulo I – Disposições gerais ... arts. 282 a 300
Capítulo II – Da prisão em flagrante ... arts. 301 a 310
Capítulo III – Da prisão preventiva ... arts. 311 a 316
Capítulo IV – Da prisão domiciliar ... arts. 317 a 318-B
Capítulo V – Das outras medidas cautelares ... arts. 319 e 320
Capítulo VI – Da liberdade provisória, com ou sem fiança ... arts. 321 a 350

TÍTULO X – DAS CITAÇÕES E INTIMAÇÕES ... arts. 351 a 372
Capítulo I – Das citações ... arts. 351 a 369
Capítulo II – Das intimações ... arts. 370 a 372

TÍTULO XI – DA APLICAÇÃO PROVISÓRIA DE INTERDIÇÕES DE DIREITOS E MEDIDAS DE SEGURANÇA arts. 373 a 380

TÍTULO XII – DA SENTENÇA ... arts. 381 a 393

LIVRO II – DOS PROCESSOS E ESPÉCIE ... arts. 394 a 562

TÍTULO I – DO PROCESSO COMUM ... arts. 394 a 502
Capítulo I – Da instrução criminal ... arts. 394 a 405
Capítulo II – Do procedimento relativo aos processos da competência do tribunal do júri ... arts. 406 a 497
Seção I – Da acusação e da instrução preliminar ... arts. 406 a 412
Seção II – Da pronúncia, da impronúncia e da absolvição sumária ... arts. 413 a 421
Seção III – Da preparação do processo para julgamento em plenário ... arts. 422 a 424
Seção IV – Do alistamento dos jurados ... arts. 425 e 426
Seção V – Do desaforamento ... arts. 427 e 428
Seção VI – Da organização da pauta ... arts. 429 a 431
Seção VII – Do sorteio e da convocação dos jurados ... arts. 432 a 435
Seção VIII – Da função dos jurado ... arts. 436 a 446
Seção IX – Da composição do tribunal do júri e da formação do conselho de sentença ... arts. 447 a 452
Seção X – Da reunião e das sessões do tribunal do júri ... arts. 453 a 472
Seção XI – Da instrução em plenário ... arts. 473 a 475
Seção XII – Dos debates ... arts. 476 a 481
Seção XIII – Do questionário e sua votação ... arts. 482 a 491
Seção XIV – Da sentença ... arts. 492 e 493
Seção XV – Da ata dos trabalhos ... arts. 494 a 496
Seção XVI – Das atribuições do presidente do tribunal do júri ... art. 497
Capítulo III – Do processo e do julgamento dos crimes da competência do juiz singular ... arts. 498 a 502

TÍTULO II – DOS PROCESSOS ESPECIAIS ... arts. 503 a 555
Capítulo I – Do processo e do julgamento dos crimes de falência ... arts. 503 a 512
Capítulo II – Do processo e do julgamento dos crimes de responsabilidade dos funcionários públicos ... arts. 513 a 518
Capítulo III – Do processo e do julgamento dos crimes de calúnia, injúria, de competência do juiz singular arts. 519 a 523

ÍNDICE SISTEMÁTICO DO CÓDIGO DE PROCESSO PENAL

Capítulo IV – Do processo e julgamento dos crimes contra a propriedade imaterial .... arts. 524 a 530-I

Capítulo V – Do processo sumário .... arts. 531 a 540

Capítulo VI – Do processo de restauração de autos extraviados ou destruídos .... arts. 541 a 548

Capítulo VII – Do processo de aplicação de medida de segurança por fato não criminoso .... arts. 549 a 555

TÍTULO III – DOS PROCESSOS DE COMPETÊNCIA DO SUPREMO TRIBUNAL FEDERAL E DOS TRIBUNAIS DE APELAÇÃO .... arts. 556 a 562

Capítulo I – Da instrução .... arts. 556 a 560

Capítulo II – Do julgamento .... arts. 561 e 562

LIVRO III – DAS NULIDADES E DOS RECURSOS EM GERAL .... arts. 563 a 667

TÍTULO I – DAS NULIDADES .... arts. 563 a 573

TÍTULO II – DOS RECURSOS EM GERAL .... arts. 574 a 667

Capítulo I – Disposições Gerais .... arts. 574 a 580

Capítulo II – Do recurso em sentido estrito .... arts. 581 a 592

Capítulo III – Da apelação .... arts. 593 a 606

Capítulo IV – Do protesto por novo júri .... arts. 607 e 608

Capítulo V – Do processo e do julgamento dos recursos em sentido estrito e das apelações, nos Tribunais de Apelação .... arts. 609 a 618

Capítulo VI – Dos embargos .... arts. 619 e 620

Capítulo VII – Da revisão .... arts. 621 a 631

Capítulo VIII – Do recurso extraordinário .... arts. 632 a 638

Capítulo IX – Da carta testemunhável .... arts. 639 a 646

Capítulo X – Do *habeas corpus* e seu processo .... arts. 647 a 667

LIVRO IV – DA EXECUÇÃO .... arts. 668 a 779

TÍTULO I – DISPOSIÇÕES GERAIS .... arts. 668 a 673

TÍTULO II – DA EXECUÇÃO DAS PENAS EM ESPÉCIE .... arts. 674 a 695

Capítulo I – Das penas privativas de liberdade .... arts. 674 a 685

Capítulo II – Das penas pecuniárias .... arts. 686 a 690

Capítulo III – Das penas acessórias .... arts. 691 a 695

TÍTULO III – DOS INCIDENTES DA EXECUÇÃO .... arts. 696 a 733

Capítulo I – Da suspensão condicional da pena .... arts. 696 a 709

Capítulo II – Do livramento condicional .... arts. 710 a 733

TÍTULO IV – DA GRAÇA, DO INDULTO, DA ANISTIA, E DA REABILITAÇÃO .... arts. 734 a 750

Capítulo I – Da graça, do indulto, e da anistia .... arts. 734 a 742

Capítulo II – Da reabilitação .... arts. 743 a 750

TÍTULO V – DA EXECUÇÃO DAS MEDIDAS DE SEGURANÇA .... arts. 751 a 779

LIVRO V – DAS RELAÇÕES JURISDICIONAIS COM AUTORIDADE ESTRANGEIRA .... arts. 780 a 790

TÍTULO ÚNICO .... arts. 780 a 790

Capítulo I – Disposições gerais .... arts. 780 a 782

Capítulo II – Das cartas rogatórias .... arts. 783 a 786

Capítulo III – Da homologação das sentenças estrangeiras .... arts. 787 a 790

LIVRO VI – DISPOSIÇÕES GERAIS .... arts. 791 a 811

LEI DE INTRODUÇÃO AO CÓDIGO DE PROCESSO PENAL

DECRETO-LEI N. 3.931, DE 11 DE DEZEMBRO DE 1941

Lei de Introdução ao Código de Processo Penal (Decreto-Lei n. 3.689, de 03 de outubro de 1941).

▸ DOU, 13.12.1941.

Art. 1º O Código de Processo Penal aplicar-se-á aos processos em curso a 1º de janeiro de 1942, observado o disposto nos artigos seguintes, sem prejuízo da validade dos atos realizados sob a vigência da legislação anterior.

Art. 2º À prisão preventiva e à fiança aplicar-se-ão os dispositivos que forem mais favoráveis.

Art. 3º O prazo já iniciado, inclusive o estabelecido para a interposição de recurso, será regulado pela lei anterior, se esta não prescrever prazo menor do que o fixado no Código de Processo Penal.

Art. 4º A falta de arguição em prazo já decorrido, ou dentro no prazo iniciado antes da vigência do Código Penal e terminado depois de sua entrada em vigor, sanará a nulidade, se a legislação anterior lhe atribui este efeito.

Art. 5º Se tiver sido intentada ação pública por crime que, segundo o Código Penal, só admite ação privada, esta, salvo decadência intercorrente, poderá prosseguir nos autos daquela, desde que a parte legítima para intentá-la ratifique os atos realizados e promova o andamento do processo.

Art. 6º As ações penais, em que já se tenha iniciado a produção de prova testemunhal, prosseguirão, até a sentença de primeira instância, com o rito estabelecido na lei anterior.

§ 1º Nos processos cujo julgamento, segundo a lei anterior, competia ao júri e, pelo Código de Processo Penal, cabe a juiz singular:

a) concluída a inquirição das testemunhas de acusação, proceder-se-á a interrogatório do réu, observado o disposto nos artigos 395 e 396, parágrafo único, do mesmo Código, prosseguindo-se depois de produzida a prova de defesa, de acordo com o que dispõem os artigos 499 e seguintes;

b) se, embora concluída a inquirição das testemunhas de acusação, ainda não houver sentença de pronúncia ou impronúncia, prosseguir-se-á na forma da letra anterior;

c) se a sentença de pronúncia houver passado em julgado, ou dela não tiver ainda sido interposto recurso, prosseguir-se-á na forma da letra *a*;

d) se, havendo sentença de impronúncia, esta passar em julgado, só poderá ser instaurado o processo no caso do artigo 409, parágrafo único, do Código de Processo Penal;

e) se tiver sido interposto recurso da sentença de pronúncia, aguardar-se-á o julgamento do mesmo, observando-se, afinal, o disposto na letra *b* ou na letra *d*.

§ 2º Aplicar-se-á o disposto no § 1º aos processos da competência do juiz singular nos quais exista a pronúncia, segundo a lei anterior.

§ 3º Subsistem os efeitos da pronúncia, inclusive a prisão.

§ 4º O julgamento caberá ao júri se, na sentença de pronúncia, houver sido ou for o crime classificado no § 1º ou § 2º do artigo 295 da Consolidação das Leis Penais.

Art. 7º O juiz da pronúncia, ao classificar o crime, consumado ou tentado, não poderá reconhecer a existência de causa especial de diminuição da pena.

Art. 8º As perícias iniciadas antes de 1º de janeiro de 1942 prosseguirão de acordo com a legislação anterior.

Art. 9º Os processos de contravenções, em qualquer caso, prosseguirão na forma da legislação anterior.

Art. 10. No julgamento, pelo júri, de crime praticado antes da vigência do Código Penal, observar-se-ão o disposto no artigo 78 do Decreto-Lei n. 167, de 05 de janeiro de 1938, devendo os quesitos ser formulados de acordo com a Consolidação das Leis Penais.

§ 1º Os quesitos sobre causas de exclusão de crime, ou de isenção de pena, serão sempre formulados de acordo com a lei mais favorável.

§ 2º Quando as respostas do júri importarem condenação, o presidente do tribunal fará o confronto da pena resultante dessas respostas e da que seria imposta segundo o Código Penal, e aplicará a mais benigna.

§ 3º Se o confronto das penas concretizadas, segundo uma e outra lei, depender do reconhecimento de algum fato previsto no Código Penal, e que, pelo Código de Processo Penal, deva constituir objeto de quesito, o juiz o formulará.

Art. 11. Já tendo sido interposto recurso de despacho ou de sentença, as condições de admissibilidade, a forma e o julgamento serão regulados pela lei anterior.

Art. 12. No caso do artigo 673 do Código de Processo Penal, se tiver sido imposta medida de segurança detentiva ao condenado, este será removido para estabelecimento adequado.

Art. 13. A aplicação da lei nova a fato julgado por sentença condenatória irrecorrível, nos casos previstos no artigo 2º e seu parágrafo, do Código Penal, far-se-á mediante despacho do juiz, de ofício, ou a requerimento do condenado ou do Ministério Público.

§ 1º Do despacho caberá recurso, em sentido estrito.

§ 2º O recurso interposto pelo Ministério Público terá efeito suspensivo, no caso de condenação por crime a que a lei anterior comine, no máximo, pena privativa de liberdade, por tempo igual ou superior a oito anos.

Art. 14. No caso de infração definida na legislação sobre a caça, verificado que o agente foi, anteriormente, punido, administrativamente, por qualquer infração prevista na mesma legislação, deverão ser os autos remetidos à autoridade judiciária que, mediante portaria, instaurará o processo, na forma do artigo 531 do Código de Processo Penal.

Parágrafo único. O disposto neste artigo não exclui a forma de processo estabelecido no Código de Processo Penal, para o caso de prisão em flagrante de contraventor.

Art. 15. No caso do artigo 145, IV, do Código de Processo Penal, o documento reconhecido como falso será, antes de desentranhado dos autos, rubricado pelo juiz e pelo escrivão em cada uma de suas folhas.

Art. 16. Esta Lei entrará em vigor no dia 1º de janeiro de 1942, revogadas as disposições em contrário.

Rio de Janeiro, 11 de dezembro de 1941;

120º da Independência e 53º da República.

Getúlio Vargas

EXPOSIÇÃO DE MOTIVOS DO CÓDIGO DE PROCESSO PENAL

MINISTÉRIO DA JUSTIÇA E NEGÓCIOS INTERIORES

Gabinete do Ministro, em 08 de setembro de 1941

Senhor Presidente:

Tenho a honra de passar às mãos de Vossa Excelência o projeto do Código de Processo Penal do Brasil.

Como sabe Vossa Excelência, ficara inicialmente resolvido que a elaboração do projeto de Código único para o processo penal não aguardasse a reforma, talvez demorada, do Código Penal de 90. Havia um dispositivo constitucional a atender, e sua execução não devia ser indefinidamente retardada. Entretanto, logo após a entrega do primitivo projeto, organizado pela Comissão oficial e afeiçoado à legislação penal substantiva ainda em vigor, foi apresentado pelo Senhor Alcântara Machado, em desempenho da missão que lhe confiara o Governo, o seu anteprojeto de novo Código Penal. A presteza com que o insigne e pranteado professor da Faculdade de Direito de São Paulo deu conta de sua árdua tarefa fez com que se alterasse o plano traçado em relação ao futuro Código de Processo Penal. Desde que já se podia prever para breve tempo a efetiva remodelação da nossa antiquada lei penal material, deixava de ser aconselhado que se convertesse em lei o projeto acima aludido, pois estaria condenado a uma existência efêmera. Decretado o novo Código Penal, foi então empreendida a elaboração do presente projeto, que resultou de um cuidadoso trabalho de revisão e adaptação do projeto anterior. Se for convertido em lei, não estará apenas regulada a atuação da justiça penal em correspondência com o referido novo Código e com a Lei de Contravenções (cujo projeto, nesta data, apresento igualmente à apreciação de Vossa Excelência): estará, no mesmo passo, finalmente realizada a homogeneidade do direito judiciário penal no Brasil, segundo reclamava, de há muito, o interesse da boa administração da justiça, aliado ao próprio interesse da unidade nacional.

A REFORMA DO PROCESSO PENAL VIGENTE

II - De par com a necessidade de coordenação sistemática das regras do processo penal num Código único para todo o Brasil, impunha-se o seu ajustamento ao objetivo de maior eficiência e energia da ação repressiva do Estado contra os que delinquem. As nossas vigentes leis de processo penal asseguram aos réus, ainda que colhidos em flagrante ou confundidos pela evidência das provas, um tão extenso catálogo de garantias e favores, que a repressão se torna, necessariamente, defeituosa e retardatária, decorrendo daí um indireto estímulo à expansão da criminalidade. Urge que seja abolida a injustificável primazia do interesse do indivíduo sobre o da tutela social. Não se pode continuar a contemporizar com pseudodireitos individuais em prejuízo do bem comum. O indivíduo, principalmente quando vem de se mostrar rebelde à disciplina jurídico-penal da vida em sociedade, não pode invocar, em face do Estado, outras franquias ou imunidades além daquelas que o assegurem contra o exercício do poder público fora da medida reclamada pelo interesse social. Este o critério que presidiu à elaboração do presente projeto de Código. No seu texto, não são reproduzidas as fórmulas tradicionais de um mal avisado favorecimento legal aos criminosos. O processo penal é aliviado dos excessos de formalismo e joeirado de certos critérios normativos com que, sob o influxo de um mal compreendido individualismo ou de um sentimentalismo mais ou menos equívoco, se transige com a necessidade de uma rigorosa e expedita aplicação da justiça penal.

As nulidades processuais, reduzidas ao mínimo, deixam de ser o que têm sido até agora, isto é, um meandro técnico por onde se escoa a substância do processo e se perdem o tempo e a gravidade da justiça. É coibido o êxito das fraudes, subterfúgios e alicantinas. É restringida a aplicação do *in dubio pro reo*. É ampliada a noção do *flagrante delito*, para o efeito da prisão provisória. A decretação da prisão preventiva, que, em certos casos, deixa de ser uma faculdade, para ser um *dever* imposto ao juiz, adquire a suficiente elasticidade para tornar-se medida plenamente assecuratória da efetivação da justiça penal. Tratando-se de crime inafiançável, a falta de exibição do mandato não obstará à prisão, desde que o preso seja imediatamente apresentado ao juiz que fez expedir o mandato. É revogado o formalismo complexo da extradição interestadual de criminosos. O prazo da formação da culpa é ampliado, para evitar o atropelo dos processos ou a intercorrente e prejudicial solução de continuidade da detenção provisória dos réus. Não é consagrada a irrestrita proibição do julgamento *ultra petitum*. Todo um capítulo é dedicado às medidas preventivas assecuratórias da reparação do dano *ex delicto*. Quando da última reforma do processo penal na Itália, o Ministro Rocco, referindo-se a algumas dessas medidas e outras análogas, introduzidas no projeto preliminar, advertia que elas certamente iriam provocar o desagrado daqueles que estavam acostumados a aproveitar e mesmo abusar das inveteradas deficiências e fraquezas da processualística penal até então vigente. A mesma previsão é de ser feita em relação ao presente projeto, mas são também de repetir-se as palavras de Rocco: "Já se foi o tempo em que a alvoroçada coligação de alguns poucos interessados podia frustrar as mais acertadas e urgentes reformas legislativas". E se, por um lado, os dispositivos do projeto tendem a fortalecer e prestigiar a atividade do Estado na sua função repressiva, é certo, por outro lado, que asseguram, com muito mais eficiência do que a legislação atual, a defesa dos acusados. Ao invés de uma simples faculdade outorgada a estes e sob a condição de sua presença em juízo, a defesa passa a ser, em qualquer caso, uma indeclinável injunção legal, antes, durante e depois da instrução criminal. Nenhum réu, ainda que ausente do distrito da culpa, foragido ou oculto, poderá ser processado sem a intervenção e assistência de um defensor. A pena de revelia não exclui a garantia constitucional da contrariedade do processo. Ao contrário das leis processuais em vigor, o projeto não pactua, em caso algum, com a insídia de uma acusação sem o correlativo da defesa.

SUBSÍDIO DA LEGISLAÇÃO VIGENTE E PROJETOS ANTERIORES

III - À parte as inovações necessárias à aplicação do novo Código Penal e as orientadas no sentido da melhor adaptação das normas processuais à sua própria finalidade, o projeto não altera o direito atual, senão para corrigir imperfeições apontadas pela experiência, dirimir incertezas da jurisprudência ou evitar ensejo à versatilidade dos exegetas. Tanto quanto o permitiu a orientação do projeto, foi aproveitado o material da legislação atual. Muito se respingou em vários dos códigos de processo penal estaduais, e teve-se também em conta não só o projeto elaborado pela Comissão Legislativa nomeada pelo Governo Provisório em 1931, como o projeto de 1936, este já norteado pelo objetivo de unificação do direito processual penal. A respeito de algumas das inovações introduzidas e da fidelidade do projeto a certas práticas e critérios tradicionais, é feita, a seguir, breve explanação.

A CONSERVAÇÃO, AO DO INQUÉRITO POLICIAL

IV - Foi mantido o inquérito policial como processo preliminar ou preparatório da ação penal, guardadas as suas características atuais. O ponderado exame da realidade brasileira, que não é apenas a dos centros urbanos, senão também a dos remotos distritos das comarcas do interior, desaconselha o repúdio do sistema vigente. O preconizado juízo de instrução, que importaria limitar a função da autoridade policial a prender criminosos, averiguar a materialidade dos crimes e indicar testemunhas, só é praticável sob a condição de que as distâncias dentro do seu território de jurisdição sejam fácil e rapidamente superáveis. Para atuar proficuamente em comarcas extensas, e posto que deva ser excluída a hipótese de criação de juizados de instrução em cada sede do distrito, seria preciso que o juiz instrutor possuísse o dom da ubiquidade. De outro modo, não se compreende como poderia presidir a todos os processos nos pontos diversos da sua zona de jurisdição, a grande distância uns dos outros e da sede da comarca, demandando, muitas vezes, com os morosos meios de condução ainda praticados na maior parte do nosso *hinterland*, vários dias de viagem, seria imprescindível, na prática, a quebra do sistema: nas capitais e nas sedes de comarca em geral, a imediata intervenção do juiz instrutor, ou a instrução única; nos distritos longínquos, a continuação do sistema atual. Não cabe, aqui, discutir as proclamadas vantagens do juízo de instrução. Preliminarmente, a sua adoção entre nós, na atualidade, seria incompatível com o critério de unidade da lei processual. Mesmo, porém, abstraída essa consideração, há em favor do inquérito policial, como instrução provisória antecedendo a propositura da ação penal, um argumento dificilmente contestável: é ele uma garantia contra apressados e errôneos juízos, formados quando ainda persiste a trepidação moral causada pelo crime ou antes que seja possível uma exata visão de conjunto dos fatos, nas suas circunstâncias objetivas e subjetivas. Por mais perspicaz e circunspeta, a autoridade que dirige a investigação inicial, quando ainda perdura o alarma provocado pelo crime, está sujeita a equívocos ou falsos juízos *a priori*, ou a sugestões tendenciosas. Não raro, é preciso voltar atrás, refazer tudo, para que a investigação se oriente no rumo certo, até então despercebido. Por que, então, abolir-se o inquérito preliminar ou instrução provisória, expondo-se a justiça criminal aos azares do detetivismo, às marchas e contramarchas de uma instrução imediata e única? Pode ser mais expedito o sistema de unidade de instrução, mas o nosso sistema tradicional, com o inquérito preparatório, assegura uma justiça menos aleatória, mais prudente e serena.

A AÇÃO PENAL

V - O projeto atende ao princípio *ne procedat judex ex officio*, que, ditado pela evolução do direito judiciário penal e já consagrado pelo novo Código Penal, reclama a completa separação entre o juiz e o órgão da acusação, devendo caber exclusivamente a este a iniciativa da ação penal. O procedimento *ex officio* só é mantido em relação às contravenções, que, dado o caráter essencialmente preventivo que assume, na espécie, a sanção penal, devem ser sujeitas a um processo particularmente célere, sob pena de frustrar-se a finalidade legal. A necessidade de se abolirem, nesse caso, as delongas processuais motivou mesmo a transferência, respeitada pelo projeto de se permitir à autoridade policial, para o efeito de tal processo, excepcional função judiciária.

É devidamente regulada a formalidade da representação, de que depende em certos casos, na conformidade do novo Código Penal, a iniciativa do Ministério Público.

São igualmente disciplinados os institutos da renúncia e do perdão, como causas de extinção da punibilidade nos crimes de ação privada. Para dirimir dúvidas que costumam surgir no caso de recusa do promotor da justiça em oferecer denúncia, adotou o projeto a seguinte norma: "Se o órgão do Ministério Público, ao invés de apresentar a denúncia, requerer o arquivamento do inquérito policial ou de quaisquer peças de informação, o juiz, no caso de considerar improcedentes as razões invocadas, fará remessa do inquérito ou peças de informação ao Procurador-Geral, e este oferecerá a denúncia, designará outro órgão do Ministério Público para oferecê-la ou insistirá no pedido de arquivamento, ao qual só então estará o juiz obrigado a atender".

A REPARAÇÃO DO DANO *EX DELICTO*

VI - O projeto, ajustando-se ao Código Civil e ao novo Código Penal, mantém a separação entre a ação penal e a ação civil *ex delicto*, rejeitando o instituto ambíguo da constituição de "parte civil" no processo penal. A obrigação de reparar o dano resultante do crime não é uma consequência de caráter penal, embora se torne certa quando haja sentença condenatória no juízo criminal. A invocada conveniência prática da economia de juízo não compensa o desfavor que acarretaria ao interesse da repressão a interferência de questões de caráter patrimonial no curso do processo penal. É indissimulável o mérito da argumentação de Sá Pereira na "Exposição de Motivos" do seu "Projeto de Código Penal", refutando as razões com que se defende o deslocamento da reparação do dano *ex delicto* para o campo do direito público:

"A meu ver, o que há de verdade nessas alegações não atinge os dois pontos seguintes: 1) que a reparação do dano é matéria de direito civil, e 2) que a repressão sofreria, se, no crime, a pleiteássemos. Se há lesão patrimonial, a reparação há de ser pedida a um outro patrimônio, e se me afigura impossível deslocar esta relação entre dois patrimônios do campo do direito privado para o do direito público, como querem os positivistas. Abrir no processo-crime a necessária margem à ação reparadora seria ou fazer marcharem simultaneamente as duas ações no mesmo processo, o que se tornaria tumultuário, ou paralisar o processo-crime para que o cível o alcançasse no momento final de pronunciamento da sentença que aplicasse a pena e fixasse a indenização. Não creio que a repressão ganhasse com isto alguma coisa; ao contrário, perderia muito de sua prontidão e rapidez". Limita-se o projeto a outorgar ao juiz da *actio civilis ex delicto* a faculdade de sobrestar no curso desta até o pronunciamento do juízo penal. Desde que existia julgamento definitivo no processo-crime, prevalece o disposto no art. 1.525 do Código Civil, isto é, a prejudicialidade daquele sobre o julgamento no cível, relativamente à existência do fato, ou quem seja o seu autor. É expressamente declarado que faz coisa julgada no cível a sentença penal que reconhecer, no caso concreto, qualquer das hipóteses do art. 19 do Código Penal. Não será prejudicial da ação civil a decisão que, no juízo penal: 1) absolver o acusado, sem reconhecer, categoricamente, a inexistência material do fato; 2) ordenar o arquivamento do inquérito ou das peças de informação, por insuficiência de prova quanto à existência do crime ou à sua autoria; 3) declarar extinta a punibilidade; ou 4) declarar que o fato imputado não é definido como crime. O projeto não descurou de evitar que se torne ilusório o direito à reparação do dano, instituindo ou regulando eficientemente medidas assecuratórias (sequestro e hipoteca legal dos bens do indiciado ou do responsável civil), antes mesmo do início da ação ou do julgamento definitivo, e determinando a intervenção do Ministério Público, quando o titular do direito à indenização não disponha de recursos pecuniários para exercê-lo. Ficará, assim, sem fundamento a crítica, segundo a qual, pelo sistema do direito pátrio, a reparação do dano *ex delicto* não passa de uma promessa vã ou platônica da lei.

AS PROVAS

VII - O projeto abandonou radicalmente o sistema chamado da certeza legal. Atribui ao juiz a faculdade de iniciativa de provas complementares ou supletivas, quer no curso da instrução criminal, quer a final, antes de proferir a sentença. Não serão atendíveis as restrições à prova estabelecidas pela lei civil, salvo quanto ao estado das pessoas; nem é prefixada uma hierarquia de provas: na livre apreciação destas, o juiz formará, honesta e lealmente, a sua convicção. A própria confissão do acusado não constitui, fatalmente, prova plena de sua culpabilidade. Todas as provas são relativas; nenhuma delas terá, *ex vi legis*, valor decisivo, ou necessariamente maior prestígio que outra.

Se é certo que o juiz fica adstrito às provas constantes dos autos, não é menos certo que não fica subordinado a nenhum critério apriorístico no apurar, através delas, a verdade material. O juiz criminal é, assim, restituído a sua própria consciência. Nunca é demais, porém, advertir que livre convencimento não quer dizer puro capricho de opinião ou mero arbítrio na apreciação das provas. O juiz está livre de preconceitos legais na aferição das provas, mas não pode abstrair-se ou alhear-se ao seu conteúdo. Não estará ele dispensado de motivar a sua sentença. E precisamente nisto reside a suficiente garantia do direito das partes e do interesse social. Por outro lado, o juiz deixará de ser um espectador inerte da produção de provas. Sua intervenção na atividade processual é permitida, não somente para dirigir a marcha da ação penal e julgar a final, mas também para ordenar, de ofício, as provas que lhe parecerem úteis ao esclarecimento da verdade. Para a indagação desta, não estará sujeito a preclusões. Enquanto não estiver averiguada a matéria da acusação ou da defesa, e houver uma fonte de prova ainda não explorada, o juiz não deverá pronunciar o *in dubio pro reo* ou o *non liquet*.

Como corolário do sistema de livre convicção do juiz, é rejeitado o velho brocardo *testis unus testis nullus*. Não se compreende a prevenção legal contra a *voix d'un*, quando, tal seja o seu mérito, pode bastar à elucidação da verdade e à certeza moral do juiz. Na atualidade, aliás, a exigência da lei, como se sabe, é contornada por uma simulação prejudicial ao próprio decoro ou gravidade da justiça, qual a consistente em suprir-se o mínimo legal de testemunhas com pessoas cuja inocência acerca do objeto do processo é previamente conhecida, e que somente vão a juízo para declarar que nada sabem. Outra inovação, em matéria de prova, diz respeito ao interrogatório do acusado. Embora mantido o princípio de que *nemo tenetur se detegere* (não estando o acusado na estrita obrigação de responder o que se lhe pergunta), já não será esse termo do processo, como atualmente, uma série de perguntas predeterminadas, sacramentais, a que o acusado dá as respostas de antemão estudadas, para não comprometer-se, mas uma franca oportunidade de obtenção de prova. É facultado ao juiz formular ao acusado quaisquer perguntas que julgue necessárias à pesquisa da verdade, e se é certo que o silêncio do réu não importará confissão, poderá, entretanto, servir, em face de outros indícios, a formação do convencimento do juiz. O projeto ainda inova quando regula especialmente como meio de prova o "reconhecimento de pessoas e coisas"; quando estabelece a forma de explicação de divergência entre testemunhas presentes e ausentes do distrito da culpa; e, finalmente, quando, ao regular a busca, como expediente de consecução de prova, distingue-se em domiciliar e pessoal, para disciplinar diversamente, como é justo, as duas espécies.

A PRISÃO EM FLAGRANTE E A PRISÃO PREVENTIVA

VIII - A prisão em flagrante e a prisão preventiva são definidas com mais latitude do que na legislação em vigor. O clamor público deixa de ser condição necessária para que se equipare ao estado de flagrância o caso em que o criminoso, após a prática do crime, está a fugir. Basta que, vindo de cometer o crime, o fugitivo seja perseguido "pela autoridade, pelo ofendido ou por qualquer pessoa, em situação que faça presumir ser autor da infração": preso em tais condições, entende-se preso em flagrante delito. Considera-se, igualmente, em estado de flagrância o indivíduo que, logo em seguida à perpetração do crime, é encontrado "com o instrumento, armas, objetos ou papéis que façam presumir ser autor da infração". O interesse da administração da justiça não pode continuar a ser sacrificado por obsoletos escrúpulos formalísticos, que redundam em assegurar, com prejuízo da futura ação penal, a afrontosa intangibilidade de criminosos surpreendidos na atualidade ainda palpitante do crime e em circunstâncias que evidenciam sua relação com este.

A prisão preventiva, por sua vez, desprende-se dos limites estreitos até agora traçados à sua admissibilidade. Pressuposta a existência de suficientes indícios para imputação da autoria do crime, a prisão preventiva poderá ser decretada toda vez que o reclame o interesse da ordem pública, ou da instrução criminal, ou da efetiva aplicação da lei penal. Tratando-se de crime a que seja cominada pena de reclusão por tempo, no máximo, igual ou superior a 10 (dez) anos, a decretação da prisão preventiva será obrigatória, dispensando outro requisito além da prova indiciária contra o acusado. A duração da prisão provisória continua a ser condicionada, até o encerramento da instrução criminal, à efetividade dos atos processuais dentro dos respectivos prazos; mas estes são razoavelmente dilatados.

Vários são os dispositivos do projeto que cuidam de prover à maior praticabilidade da captura de criminosos que já se acham sob decreto de prisão. Assim, a falta de exibição do mandado, como já foi, de início, acentuado, não obstará a prisão, ressalvada a condição de ser o preso conduzido imediatamente à presença da autoridade que decretou a prisão. A prisão do réu ausente do distrito da culpa, seja qual for o ponto do território nacional em que se encontre, será feita mediante simples precatória de uma autoridade a outra, e até mesmo, nos casos urgentes, mediante entendimento entre estas por via telegráfica ou telefônica, tomadas as necessárias precauções para evitar ludíbrio ou ensejo a maliciosas vinditas. Não se compreende ou não se justifica que os Estados, gravitando dentro da unidade nacional, se oponham mutuamente obstáculos na pronta repressão da delinquência. A autoridade policial que recebe um mandado de prisão para dar-lhe cumprimento poderá, de sua própria iniciativa, fazer tirar tantas cópias quantas forem necessárias às diligências.

A LIBERDADE PROVISÓRIA

IX - Abolida a pluralidade do direito formal, já não subsiste razão para que a liberdade provisória mediante fiança, que é matéria tipicamente de caráter processual, continue a ser regulada pela lei penal substantiva. O novo Código Penal não cogitou do instituto da fiança, precisamente para que o futuro Código de Processo Penal reivindicasse a regulamentação de assunto que lhe é pertinente. Inovando na legislação atual, o presente projeto cuidou de imprimir à fiança um cunho menos rígido. O *quantum* da fiança continuará subordinado a uma tabela graduada, mas as regras para a sua fixação tornam possível sua justa correspondência aos casos concretos. É declarado que, "para determinar o valor da fiança, a autoridade terá em conta a natureza da infração, as condições pessoais de fortuna e vida pregressa do acusado, as circunstâncias indicativas de sua periculosidade, bem como a importância provável das custas do processo, até final julgamento". Ainda mais: o juiz não estará inexoravelmente adstrito a tarifa legal, podendo aumentar até o triplo a fiança, quando "reconhecer que, em virtude da situação econômica do réu, não assegurara a ação da justiça, embora fixada no máximo". Não é admitida a fiança fidejussória, mas o projeto contém o seguinte dispositivo, que virá conjurar uma iniquidade frequente no regime legal atual, relativamente aos réus desprovidos de recursos pecuniários: "Nos casos em que couber fiança, o juiz, verificando ser impossível ao réu presta-la, por motivo de pobreza, poderá conceder-lhe a liberdade provisória...". Os casos de inafiançabilidade são taxativamente previstos, corrigindo-se certas anomalias da lei vigente.

A INSTRUÇÃO CRIMINAL

X - O prazo da instrução criminal ou formação da culpa é ampliado (em cotejo com os estabelecidos atualmente): estando o réu preso, será de 20 (vinte) dias; estando o réu solto ou afiançado, de 40 (quarenta) dias. Nesses prazos, que começarão a correr da data do interrogatório, ou da em que deverá ter-se realizado, terminando com a inquirição da última testemunha de acusação, não será computado o tempo de qualquer impedimento.

O sistema de inquirição das testemunhas e o chamado presidencial, isto é, ao juiz que preside à formação da culpa cabe privativamente fazer perguntas diretas à testemunha. As perguntas das partes serão feitas por intermédio do juiz, a cuja censura ficarão sujeitas.

O ACUSADO

XI - Suprindo uma injustificável omissão da atual legislação processual, o projeto autoriza que o acusado, no caso em que não caiba a prisão preventiva, seja forçadamente conduzido à presença da autoridade, quando, regularmente intimado para ato que, sem ele, não possa realizar-se, deixa de comparecer sem motivo justo. Presentemente, essa medida compulsória é aplicável somente à testemunha faltosa, enquanto ao réu é concedido o privilégio de desobedecer à autoridade processante, ainda que a sua presença seja necessária para esclarecer ponto relevante da acusação ou da defesa. Nenhum acusado, ainda que revel, será processado ou julgado sem defensor; mas a sua ausência (salvo tratando-se de crime da competência do Tribunal do Júri) não suspenderá o julgamento, nem o prazo para o recurso, pois, de outro modo, estaria a lei criando uma prerrogativa em favor de réus foragidos, que, garantidos contra o julgamento à revelia, poderiam escapar, indefinidamente, à categoria de reincidentes. Se algum erro judiciário daí provier, poderá ser corrigido pela revisão ou por um decreto de graça.

A SENTENÇA

XII - O projeto, generalizando um princípio já consagrado pela atual Lei do Júri, repudia a proibição de sentença condenatória *ultra petitum* ou a desclassificação *in pejus* do crime imputado. Constituía um dos exageros do liberalismo o transplante dessa proibição, que é própria do direito privado, para a esfera de direito processual penal, que é um ramo do direito público. O interesse da defesa social não pode ser superado pelo unilateralíssimo interesse pessoal dos criminosos. Não se pode reconhecer ao réu, em prejuízo do bem social, estranho direito adquirido a um *quantum* de pena injustificadamente diminuta, só porque o Ministério Público, ainda que por equívoco, não tenha pleiteado maior pena. Em razão do antigo sistema, ocorria, frequentemente, a seguinte inconveniência: não podendo retificar a classificação feita na denúncia, para impor ao réu sanção mais grave, o juiz era obrigado a julgar nulo o processo ou improcedente a ação penal, conforme o caso, devendo o Ministério Público apresentar nova denúncia, se é que já não estivesse extinta a punibilidade pela prescrição. Se o réu estava preso, era posto em liberdade, e o êxito do segundo processo tornava-se, as mais das vezes, impossível, dado o intercorrente desaparecimento dos elementos de prova. Inteiramente diversa é a solução dada pelo projeto, que distingue duas hipóteses: o fato apurado no sumário é idêntico ao descrito na denúncia ou queixa, mas esta o classificou erradamente; ou o fato apurado ocorreu em circunstâncias diversas não contidas explícita ou implicitamente na peça inicial do processo, e estas deslocam a classificação. E os dois casos são assim resolvidos: no primeiro, é conferida ao juiz a faculdade de alterar a classificação, ainda que para aplicar pena mais grave; no segundo, se a circunstância apurada não estava contida, explícita ou implicitamente, na denúncia ou queixa, mas não acarreta a nova classificação pena mais grave, deverá o juiz conceder ao acusado o prazo de 8 (oito) dias para alegação e provas, e se importa classificação que acarrete pena mais grave, o juiz baixará o processo, a fim de que o Ministério Público adite a denúncia ou a queixa e, em seguida, marcará novos prazos sucessivos à defesa, para alegações e prova.

Vê-se que o projeto, ao dirimir a questão, atendeu à necessidade de assegurar à defesa e, ao mesmo tempo, impedir que se repudie um processo realizado com todas as formalidades legais. É declarado, de modo expresso, que, nos crimes de ação pública, o juiz poderá proferir sentença condenatória, ainda que o Ministério Público tenha opinado pela absolvição, bem como reconhecer agravantes, embora nenhuma tenha sido alegada.

Quando o juiz da sentença não for o mesmo que presidiu à instrução criminal, é-lhe facultado ordenar que esta se realize novamente, em sua presença.

A sentença deve ser motivada. Com o sistema do relativo arbítrio judicial na aplicação da pena, consagrado pelo novo Código Penal, e o do livre convencimento do juiz, adotado pelo presente projeto, é a motivação da sentença que oferece garantia contra os excessos, os erros de apreciação, as falhas de raciocínio ou de lógica ou os demais vícios de julgamento. No caso de absolvição, a parte dispositiva da sentença deve conter, de modo preciso, a razão específica pela qual é o réu absolvido. É minudente o projeto, ao regular a motivação e o dispositivo da sentença.

AS FORMAS DO PROCESSO

XIII - São estabelecidas e devidamente reguladas as várias formas do processo. O processo sumário é limitado às contravenções penais e aos crimes a que seja cominada pena de detenção. Para o efeito da aplicação de medida de segurança, nos casos do art. 76 do Código Penal, é instituído processo especial. Ao cuidar do processo por crimes contra a honra (ressalvada a legislação especial sobre os "crimes de imprensa") o projeto contém uma inovação: o juízo preliminar de reconciliação entre as partes. Antes de receber a queixa, o juiz deverá ouvir, separadamente, o querelante e o querelado e, se julgar possível a reconciliação, promoverá um entendimento entre eles, na sua presença. Se efetivamente se reconciliarem, será lavrado termo de desistência e arquivada a queixa. Os processos por calúnia, difamação ou injúria redundam, por vezes, em agravação de uma recíproca hostilidade. É de boa política, portanto, tentar-se, *in limine litis*, o apaziguamento dos ânimos, sem quebra da dignidade ou amor-próprio de qualquer das partes.

O processo por crime de falência é atribuído integralmente ao juízo criminal, ficando suprimido, por sua consequente inutilidade, o termo de pronúncia. Não são convenientes os argumentos em favor da atual dualidade de juízos, um para o processo até pronúncia e outro para o julgamento. Ao invés das singularidades de um processo anfíbio, com instrução no juízo cível e julgamento no juízo criminal, e estabelecida a competência deste *ab initio*, restituindo-se-lhe uma função específica e ensejando-se-lhe mais segura visão de conjunto, necessária ao acerto da decisão final.

O JÚRI

XIV - Com algumas alterações, impostas pela lição da experiência e pelo sistema de aplicação da pena adotado pelo novo Código Penal, foi incluído no corpo do projeto o Decreto-Lei n. 167, de 5 de janeiro de 1938. Como atestam os aplausos recebidos, de vários pontos do país, pelo Governo da República, e é notório, têm sido excelentes os resultados desse Decreto-Lei que veio afeiçoar o tribunal popular à finalidade precípua da defesa social.

A aplicação da justiça penal pelo júri deixou de ser uma abdicação, para ser uma delegação do Estado, controlada e orientada no sentido do superior interesse da sociedade. Privado de sua antiga soberania, que redundava, na prática, numa sistemática indulgência para com os criminosos, o júri está, agora, integrado na consciência de suas graves responsabilidades e reabilitado na confiança geral.

A relativa individualização da pena, segundo as normas do estatuto penal que entrará em vigor a 1º de janeiro do ano vindouro, não pode ser confiada ao conselho de sentença, pois exige, além da apreciação do fato criminoso em si mesmo, uma indagação em torno de condições e circunstâncias complexas, que não poderiam ser objeto de quesitos, para respostas de plano. Assim, ao conselho de sentença, na conformidade do que dispõe o projeto, apenas incumbirá afirmar ou negar o fato imputado, as circunstâncias elementares ou qualificativas, a desclassificação do crime acaso pedida pela defesa, as causas de aumento ou diminuição especial de pena e as causas de isenção de pena ou de crime. No caso em que as respostas sejam no sentido da condenação, a medida da pena caberá exclusivamente ao presidente do tribunal, pois, com o meditado estudo que já tem do processo, estará aparelhado para o ajustamento *in concreto* da pena aplicável ao réu. Também ao presidente do tribunal incumbe, privativamente, pronunciar-se sobre a aplicação de medidas de segurança e penas acessórias. A decisão do conselho de sentença, prejudicial da sentença proferida pelo juiz-presidente, é reformável, *de meritis*, em grau de apelação, nos estritos casos em que o autoriza a legislação atual; mas do pronunciamento do juiz-presidente cabe apelação segundo a regra geral.

O RECURSO *EX OFFICIO* DA CONCESSÃO DE *HABEAS CORPUS* NA PRIMEIRA INSTÂNCIA

XV - O projeto determina o recurso *ex officio* da sentença proferida pelos juízes inferiores concedendo *habeas corpus*. Não é exato que a Constituição vigente tenha suprimido, implicitamente, essa providência de elementar cautela de administração da justiça penal. A opinião contrária levaria a admitir que tais sentenças são atualmente irrecorríveis, pois delas, pela mesma lógica, não caberia recurso do Ministério Público, ainda que se tornasse obrigatória a intervenção deste nos processos de *habeas corpus*.

A Constituição, em matéria de processo de *habeas corpus*, limita-se a dispor que das decisões denegatórias desse *remedium juris*, proferidas "em última ou única instância", há recurso ordinário para o Supremo Tribunal Federal.

A última instância, a que se refere o dispositivo constitucional, é o Tribunal de Apelação, sendo evidente que, salvo os casos de competência originária deste, a decisão denegatória de *habeas corpus*, de que há recurso para o Supremo Tribunal, pressupõe um anterior recurso, do juiz inferior para o Tribunal de Apelação. Ora, se admitiu recurso para o Tribunal de Apelação, da sentença do juiz inferior no caso de denegação do *habeas corpus*, não seria compreensível que a Constituição, visceralmente informada no sentido da incontrastável supremacia do interesse social, se propusesse à abolição do recurso *ex officio*, para o mesmo Tribunal de Apelação, da decisão concessiva do *habeas corpus*, também emanada do juiz inferior, que passaria a ser, em tal caso, instância única.

É facilmente imaginável o desconchavo que daí poderia resultar. Sabe-se que um dos casos taxativos de concessão de *habeas corpus* é o de não constituir infração penal o fato que motiva o constrangimento à liberdade de ir e vir. E não se poderia conjurar, na prática, a seguinte situação aberrante: o juiz inferior, errada ou injustamente reconhece penalmente lícito o fato imputado ao paciente, e, em consequência, não somente ser este posto em liberdade, como também impedido o prosseguimento da ação penal, sem o pronunciamento da segunda instância.

Não se pode emprestar à Constituição a intenção de expor a semelhante desgarantia o interesse da defesa social.

O que ela fez foi apenas deixar bem claro que das decisões sobre *habeas corpus*, proferidas pelos Tribunais de Apelação, como última ou única instância, somente caberá recurso para o Supremo Tribunal quando denegatórias.

No caso de decisão denegatória, não se tratando de *habeas corpus* originário de tribunal de apelação, haverá, excepcionalmente, três instâncias; se a decisão, porém, é concessiva da medida, duas apenas, segundo a regra geral, serão as instâncias.

OS NOVOS INSTITUTOS DA LEI PENAL MATERIAL

XVI - O projeto consagra capítulos especiais à detalhada regulamentação dos institutos que, estranhos à lei penal ainda vigente, figuram no novo Código Penal, como sejam as medidas de segurança e a reabilitação, do mesmo modo que provê à disciplina da execução das penas principais e acessórias, dentro da sistemática do referido Código.

AS NULIDADES

XVII - Como já foi dito de início, o projeto é infenso ao excessivo rigorismo formal, que dá ensejo, atualmente, à infindável série das nulidades processuais. Segundo a justa advertência de ilustre processualista italiano, "um bom direito processual penal deve limitar as sanções de nulidade àquele estrito mínimo que não pode ser abstraído sem lesar legítimos e graves interesses do Estado e dos cidadãos". O projeto não deixa respiradouro para o frívolo curialismo, que se compraz em espiolhar nulidades. É consagrado o princípio geral de que nenhuma nulidade ocorre se não há prejuízo para a acusação ou a defesa. Não será declarada a nulidade de nenhum ato processual, quando este não haja influído concretamente na decisão da causa ou na apuração da verdade substancial. Somente em casos excepcionais é declarada insanável a nulidade.

Fora desses casos, ninguém pode invocar direito à irredutível subsistência da nulidade. Sempre que o juiz deparar com uma causa de nulidade, deve prover imediatamente à sua eliminação, renovando ou retificando o ato irregular, se possível; mas, ainda que o não faça, a nulidade considera-se sanada:

a) pelo silêncio das partes;

b) pela efetiva consecução do escopo visado pelo ato não obstante sua irregularidade;

c) pela aceitação, ainda que tácita, dos efeitos do ato irregular.

Se a parte interessada não argui a irregularidade ou com esta implicitamente se conforma, aceitando-lhe os efeitos, nada mais natural que se entenda haver renunciado ao direito de argui-la. Se toda formalidade processual visa um determinado fim, e este fim é alcançado, apesar de sua irregularidade, evidentemente carece esta de importância.

Decidir de outro modo será incidir no despropósito de considerar-se a formalidade um fim em si mesma.

É igualmente firmado o princípio de que não pode arguir a nulidade quem lhe tenha dado causa ou não tenha interesse na sua declaração. Não se compreende que alguém provoque a irregularidade e seja admitido em seguida, a especular com ela; nem tampouco que, no silêncio da parte prejudicada, se permita à outra parte investir-se no direito de pleitear a nulidade.

O ESPÍRITO DO CÓDIGO

XVIII - Do que vem de ser ressaltado, e de vários outros critérios adotados pelo projeto, se evidencia que este se norteou no sentido de obter equilíbrio entre o interesse social e o da defesa individual, entre o direito do Estado à punição dos criminosos e o direito do indivíduo às garantias e seguranças de sua liberdade. Se ele não transige com as sistemáticas restrições ao poder público, não o inspira, entretanto, o espírito de um incondicional autoritarismo do Estado ou de uma sistemática prevenção contra os direitos e garantias individuais.

É justo que, ao finalizar esta Exposição de Motivos, deixe aqui consignada a minha homenagem aos autores do projeto, Drs. Vieira Braga, Nelson Hungria, Narcélio de Queiroz, Roberto Lyra, Desembargador Florêncio de Abreu e o saudoso Professor Cândido Mendes de Almeida, que revelaram rara competência e a mais exata e larga compreensão dos problemas de ordem teórica e de ordem prática que o Código se propõe resolver.

Na redação final do projeto contei com a valiosa colaboração do Dr. Abgar Renault.

Aproveito a oportunidade para renovar a Vossa Excelência os protestos de meu mais profundo respeito.

Francisco Campos

DECRETO-LEI N. 3.689, DE 03 DE OUTUBRO DE 1941

Código de Processo Penal.

› DOU 13.10.1941; retificado DOU 24.10.1941.

O Presidente da República, usando da atribuição que lhe confere o art. 180 da Constituição, decreta a seguinte Lei:

LIVRO I
DO PROCESSO EM GERAL

TÍTULO I
DISPOSIÇÕES PRELIMINARES

Art. 1º O processo penal reger-se-á, em todo o território brasileiro, por este Código, ressalvados:

› arts. 4º a 8º, CP.

› arts. 1º a 6º, CPPM.

› Lei 7.565/1986 (Código Brasileiro de Aeronáutica).

› Lei 8.617/1993 (Dispõe sobre o mar territorial, a zona contígua, a zona econômica exclusiva e a plataforma continental brasileiros).

I - os tratados, as convenções e regras de direito internacional;

› art. 109, V, CF.

› Dec. 678/1992 (Pacto de São José da Costa Rica).

› Dec. 4.388/2002 (Promulga o Estatuto de Roma do Tribunal Penal Internacional).

II - as prerrogativas constitucionais do Presidente da República, dos ministros de Estado, nos crimes conexos com os do Presidente da República, e dos ministros do Supremo Tribunal Federal, nos crimes de responsabilidade (Constituição, arts. 86, 89, § 2º, e 100);

› Refere-se à CF/1937. V., na CF/1988, os seguintes arts. 50, § 2º; 52, I, p.u.; 85; 86, § 1º, II; e 102, I, b.

› Lei 1.079/1950 (Define os crimes de responsabilidade e regula o respectivo processo de julgamento).

› Súm. Vinc. 46, STF.

III - os processos da competência da Justiça Militar;

› art. 124, CF.

IV - os processos da competência do tribunal especial (Constituição, art. 122, n. 17);

› Refere-se à CF/1937.

› arts. 5º, XXXV e XXXVII, e 109, CF.

› Lei 7.170/1983 (Lei de Segurança Nacional).

› Lei 5.250/1967 (Lei de Imprensa).

› ADPF 130-7 (DOU e DJe, 12.05.1009).

V - os processos por crimes de imprensa.

› ADPF 130.

Parágrafo único. Aplicar-se-á, entretanto, este Código aos processos referidos nos n. IV e V, quando as leis especiais que os regulam não dispuserem de modo diverso.

Art. 2º A lei processual penal aplicar-se-á desde logo, sem prejuízo da validade dos atos realizados sob a vigência da lei anterior.

› arts. 1º a 3º, CP.

Art. 3º A lei processual penal admitirá interpretação extensiva e aplicação analógica, bem como o suplemento dos princípios gerais de direito.

› art. 1º, CP.

› art. 254, II, CPP.

› arts. 4º e 5º, Lei 4.657/1942 (Lei de Introdução às normas do Direito Brasileiro - LInDB, antiga LICC).

› art. 186, *caput*, Lei 11.101/2005 (Lei de Recuperação de Empresas e Falência).

Juiz das Garantias

Art. 3º-A. O processo penal terá estrutura acusatória, vedadas a iniciativa do juiz na fase de investigação e a substituição da atuação probatória do órgão de acusação. (Incluído pela Lei 13.964/2019)

Art. 3º-B. O juiz das garantias é responsável pelo controle da legalidade da investigação criminal e pela salvaguarda dos direitos individuais cuja franquia tenha sido reservada à autorização prévia do Poder Judiciário, competindo-lhe especialmente: (Incluído pela Lei 13.964/2019)

I - receber a comunicação imediata da prisão, nos termos do inciso LXII do *caput* do art. 5º da Constituição Federal;

II - receber o auto da prisão em flagrante para o controle da legalidade da prisão, observado o disposto no art. 310 deste Código;

III - zelar pela observância dos direitos do preso, podendo determinar que este seja conduzido à sua presença, a qualquer tempo;

IV - ser informado sobre a instauração de qualquer investigação criminal;

V - decidir sobre o requerimento de prisão provisória ou outra medida cautelar, observado o disposto no § 1° deste artigo;

VI - prorrogar a prisão provisória ou outra medida cautelar, bem como substituí-las ou revogá-las, assegurado, no primeiro caso, o exercício do contraditório em audiência pública e oral, na forma do disposto neste Código ou em legislação especial pertinente;

VII - decidir sobre o requerimento de produção antecipada de provas consideradas urgentes e não repetíveis, assegurados o contraditório e a ampla defesa em audiência pública e oral;

VIII - prorrogar o prazo de duração do inquérito, estando o investigado preso, em vista das razões apresentadas pela autoridade policial e observado o disposto no § 2° deste artigo;

IX - determinar o trancamento do inquérito policial quando não houver fundamento razoável para sua instauração ou prosseguimento;

X - requisitar documentos, laudos e informações ao delegado de polícia sobre o andamento da investigação;

XI - decidir sobre os requerimentos de:

a) interceptação telefônica, do fluxo de comunicações em sistemas de informática e telemática ou de outras formas de comunicação;

b) afastamento dos sigilos fiscal, bancário, de dados e telefônico;

c) busca e apreensão domiciliar;

d) acesso a informações sigilosas;

e) outros meios de obtenção da prova que restrinjam direitos fundamentais do investigado;

XII - julgar o *habeas corpus* impetrado antes do oferecimento da denúncia;

XIII - determinar a instauração de incidente de insanidade mental;

XIV - decidir sobre o recebimento da denúncia ou queixa, nos termos do art. 399 deste Código;

XV - assegurar prontamente, quando se fizer necessário, o direito outorgado ao investigado e ao seu defensor de acesso a todos os elementos informativos e provas produzidos no âmbito da investigação criminal, salvo no que concerne, estritamente, às diligências em andamento;

XVI - deferir pedido de admissão de assistente técnico para acompanhar a produção da perícia;

XVII - decidir sobre a homologação de acordo de não persecução penal ou os de colaboração premiada, quando formalizados durante a investigação;

XVIII - outras matérias inerentes às atribuições definidas no *caput* deste artigo.

§ 1° Vetado na Lei 13.964/2019.

§ 2° Se o investigado estiver preso, o juiz das garantias poderá, mediante representação da autoridade policial e ouvido o Ministério Público, prorrogar, uma única vez, a duração do inquérito por até 15 (quinze) dias, após o que, se ainda assim a investigação não for concluída, a prisão será imediatamente relaxada. (Incluído pela Lei 13.964/2019)

Art. 3°-C. A competência do juiz das garantias abrange todas as infrações penais, exceto as de menor potencial ofensivo, e cessa com o recebimento da denúncia ou queixa na forma do art. 399 deste Código. (Incluído pela Lei 13.964/2019)

§ 1° Recebida a denúncia ou queixa, as questões pendentes serão decididas pelo juiz da instrução e julgamento.

§ 2° As decisões proferidas pelo juiz das garantias não vinculam o juiz da instrução e julgamento, que, após o recebimento da denúncia ou queixa, deverá reexaminar a necessidade das medidas cautelares em curso, no prazo máximo de 10 (dez) dias.

§ 3º Os autos que compõem as matérias de competência do juiz das garantias ficarão acautelados na secretaria desse juízo, à disposição do Ministério Público e da defesa, e não serão apensados aos autos do processo enviados ao juiz da instrução e julgamento, ressalvados os documentos relativos às provas irrepetíveis, medidas de obtenção de provas ou de antecipação de provas, que deverão ser remetidos para apensamento em apartado.

§ 4º Fica assegurado às partes o amplo acesso aos autos acautelados na secretaria do juízo das garantias.

Art. 3º-D. O juiz que, na fase de investigação, praticar qualquer ato incluído nas competências dos arts. 4º e 5º deste Código ficará impedido de funcionar no processo. (Incluído pela Lei 13.964/2019)

Parágrafo único. Nas comarcas em que funcionar apenas um juiz, os tribunais criarão um sistema de rodízio de magistrados, a fim de atender às disposições deste Capítulo.

Art. 3º-E. O juiz das garantias será designado conforme as normas de organização judiciária da União, dos Estados e do Distrito Federal, observando critérios objetivos a serem periodicamente divulgados pelo respectivo tribunal. (Incluído pela Lei 13.964/2019)

Art. 3º-F. O juiz das garantias deverá assegurar o cumprimento das regras para o tratamento dos presos, impedindo o acordo ou ajuste de qualquer autoridade com órgãos da imprensa para explorar a imagem da pessoa submetida à prisão, sob pena de responsabilidade civil, administrativa e penal. (Incluído pela Lei 13.964/2019)

Parágrafo único. Por meio de regulamento, as autoridades deverão disciplinar, em 180 (cento e oitenta) dias, o modo pelo qual as informações sobre a realização da prisão e a identidade do preso serão, de modo padronizado e respeitada a programação normativa aludida no *caput* deste artigo, transmitidas à imprensa, assegurados a efetividade da persecução penal, o direito à informação e a dignidade da pessoa submetida à prisão.

TÍTULO II
DO INQUÉRITO POLICIAL

Art. 4º A polícia judiciária será exercida pelas autoridades policiais no território de suas respectivas circunscrições e terá por fim a apuração das infrações penais e da sua autoria. (Redação dada pela Lei 9.043/1995.)

- art. 144, § 1º, IV, CF.
- arts. 12; 13; 16 a 18; 22; e 107, CPP.
- arts. 7º a 9º, CPPM.
- Lei 12.830/2013 (Dispõe sobre a investigação criminal conduzida pelo delegado de polícia).
- art. 5º, Lei 13.432/2017 (Dispõe sobre o exercício da profissão de detetive particular).

Parágrafo único. A competência definida neste artigo não excluirá a de autoridades administrativas, a quem por lei seja cometida a mesma função.

- arts. 5º, LIII; 51, IV; 52, XIII; e 58, § 3º, CF.
- art. 22, Título V, Livro I, CPP.
- Lei 13.445/2017 (Institui a Lei de Migração).
- arts. 22, § 4º; 186; e 187, Lei 11.101/2005 (Lei de Recuperação de Empresas e Falência).
- Súm. 397, STF.

Art. 5º Nos crimes de ação pública o inquérito policial será iniciado:

- arts. 5º, LIX, e 129, I, VII e VIII, CF.
- arts. 647 e 648, CPP.
- art. 10, CPPM.
- Súm. 397, STF.

I - de ofício;

- Lei n. 12.830/2013 (Dispõe sobre a investigação criminal conduzida pelo delegado de polícia).

II - mediante requisição da autoridade judiciária ou do Ministério Público, ou a requerimento do ofendido ou de quem tiver qualidade para representá-lo.

- arts. 7º, § 3º, b; 145, p.u.; e 339, CP.

§ 1º O requerimento a que se refere o n. II conterá sempre que possível:

- art. 12, § 1º, Lei 11.340/2006 (Coíbe a violência doméstica e familiar contra a mulher).

a) a narração do fato, com todas as circunstâncias;

b) a individualização do indiciado ou seus sinais característicos e as razões de convicção ou de presunção de ser ele o autor da infração, ou os motivos de impossibilidade de o fazer;

c) a nomeação das testemunhas, com indicação de sua profissão e residência.

- arts. 202 e 207 deste Código.

§ 2º Do despacho que indeferir o requerimento de abertura de inquérito caberá recurso para o chefe de Polícia.

§ 3º Qualquer pessoa do povo que tiver conhecimento da existência de infração penal em que caiba ação pública poderá, verbalmente ou por escrito, comunicá-la à autoridade policial, e esta, verificada a procedência das informações, mandará instaurar inquérito.

- art. 340, CP.
- art. 66, I e II, Dec.-Lei 3.688/1941 (Lei das Contravenções Penais).

§ 4º O inquérito, nos crimes em que a ação pública depender de representação, não poderá sem ela ser iniciado.

- arts. 24 e 25 deste Código.
- art. 100, § 1º, CP.

§ 5º Nos crimes de ação privada, a autoridade policial somente poderá proceder a inquérito a requerimento de quem tenha qualidade para intentá-la.

- arts. 30; 31; e 34 deste Código.
- art. 100, § 2º, CP.
- Súm. 594, STF.

Art. 6º Logo que tiver conhecimento da prática da infração penal, a autoridade policial deverá:

- art. 12, CPPM.
- art. 69, Lei 9.099/1995 (Lei dos Juizados Especiais).
- arts. 10 a 12, Lei 11.340/2006 (Coíbe a violência doméstica e familiar contra a mulher).
- art. 90, II, Dec. 6.049/2007 (Regulamento Penitenciário Federal).
- Lei 9.296/1996 (Lei de Interceptação das Comunicações Telefônicas).
- Lei n. 12.830/2013 (Dispõe sobre a investigação criminal conduzida pelo delegado de polícia).

I - dirigir-se ao local, providenciando para que não se alterem o estado e conservação das coisas, até a chegada dos peritos criminais; (Redação dada pela Lei 8.862/1994.)

- arts. 158 a 184 deste Código.
- Lei 5.970/1973 (Exclui da aplicação do disposto neste inciso os casos de acidente de trânsito).

II - apreender os objetos que tiverem relação com o fato, após liberados pelos peritos criminais; (Redação dada pela Lei 8.862/1994.)

- arts. 11; 124; e 240 a 250 deste Código.
- art. 91, II, a e b, CP.

III - colher todas as provas que servirem para o esclarecimento do fato e suas circunstâncias;

- arts. 155 a 250 deste Código.
- art. 12, II, Lei 11.340/2006 (Coíbe a violência doméstica e familiar contra a mulher).

IV - ouvir o ofendido;

- art. 201 deste Código.
- art. 12, I, Lei 11.340/2006 (Coíbe a violência doméstica e familiar contra a mulher).

V - ouvir o indiciado, com observância, no que for aplicável, do disposto no Capítulo III do Título VII, deste Livro, devendo o respectivo termo ser assinado por duas testemunhas que lhe tenham ouvido a leitura;

- art. 5º, LIV e LXIII, CF.
- arts. 185 a 196 deste Código.
- art. 12, V, Lei 11.340/2006 (Coíbe a violência doméstica e familiar contra a mulher).

VI - proceder a reconhecimento de pessoas e coisas e a acareações;

- arts. 226 a 230 deste Código.

VII - determinar, se for caso, que se proceda a exame de corpo de delito e a quaisquer outras perícias;

- arts. 158 a 184 deste Código.
- art. 12, IV, Lei 11.340/2006 (Coíbe a violência doméstica e familiar contra a mulher).

VIII - ordenar a identificação do indiciado pelo processo datiloscópico, se possível, e fazer juntar aos autos sua folha de antecedentes;

- art. 5º, LVIII, CF.
- art. 12, VI, Lei 11.340/2006 (Coíbe a violência doméstica e familiar contra a mulher).
- Lei 12.037/2009 (Dispõe sobre a identificação criminal do civilmente identificado).
- Súm. 568, STF.

IX - averiguar a vida pregressa do indiciado, sob o ponto de vista individual, familiar e social, sua condição econômica, sua atitude e estado de ânimo antes e depois do crime e durante ele, e quaisquer outros elementos que contribuírem para a apreciação do seu temperamento e caráter.

- art. 59, CP.
- art. 5º, Lei 7.210/1984 (Lei de Execuções Penais).

X - colher informações sobre a existência de filhos, respectivas idades e se possuem alguma deficiência e o nome e o contato de eventual responsável pelos cuidados dos filhos, indicado pela pessoa presa. (Acrescentado pela Lei 13.257/2016.)

Art. 7º Para verificar a possibilidade de haver a infração sido praticada de determinado modo, a autoridade policial poderá proceder à reprodução simulada dos fatos, desde que esta não contrarie a moralidade ou a ordem pública.

- art. 5º, LXIII, CF.
- art. 13, CPPM.

Art. 8º Havendo prisão em flagrante, será observado o disposto no Capítulo II do Título IX deste Livro.

- arts. 301 a 310 deste Código.
- art. 69, p.u., Lei 9.099/1995 (Lei dos Juizados Especiais).
- Súm. 145, STF.

Art. 9º Todas as peças do inquérito policial serão, num só processado, reduzidas a escrito ou datilografadas e, neste caso, rubricadas pela autoridade.

- art. 21, CPPM.
- Súm. Vinc. 14, STF.

Art. 10. O inquérito deverá terminar no prazo de 10 dias, se o indiciado tiver sido preso em flagrante, ou estiver preso preventivamente, contado o prazo, nesta hipótese, a partir do dia em que se executar a ordem de prisão, ou no prazo de 30 dias, quando estiver solto, mediante fiança ou sem ela.

- arts. 311; 394-A, 312; 647; 648, II; e 798, § 1º, deste Código.
- art. 20, CPPM.
- art. 66, Lei 5.010/1966 (Lei da Organização da Justiça Federal).
- Lei 7.960/1989 (Dispõe sobre prisão temporária).
- art. 2º, § 3º, Lei 8.072/1990 (Dispõe sobre os crimes hediondos).
- Lei 9.289/1996 (Dispõe sobre as custas devidas à União, na Justiça Federal de primeiro e segundo graus).
- art. 51, Lei 11.343/2006 (Lei Antidrogas).
- O prazo estabelecido neste artigo aplica-se à Justiça Comum.

§ 1º A autoridade fará minucioso relatório do que tiver sido apurado e enviará autos ao juiz competente.

- art. 23 deste Código.
- arts. 22 e 23, CPPM.
- art. 52, I, Lei 11.343/2006 (Lei Antidrogas).

§ 2º No relatório poderá a autoridade indicar testemunhas que não tiverem sido inquiridas, mencionando o lugar onde possam ser encontradas.

§ 3º Quando o fato for de difícil elucidação, e o indiciado estiver solto, a autoridade poderá requerer ao juiz a devolução dos autos, para ulteriores diligências, que serão realizadas no prazo marcado pelo juiz.

- art. 16 deste Código.
- art. 14, CPPM.

Art. 11. Os instrumentos do crime, bem como os objetos que interessarem à prova, acompanharão os autos do inquérito.

- art. 5º, LIV, CF.
- arts. 118 a 124; e 155 a 250 deste Código.

Art. 12. O inquérito policial acompanhará a denúncia ou queixa, sempre que servir de base a uma ou outra.

- arts. 27; 39, § 5º; 40; 46, § 1º; 211; e 573 deste Código.
- art. 28, CPPM.

Art. 13. Incumbirá ainda à autoridade policial:

- art. 322 deste Código.
- art. 8º, CPPM.

I - fornecer às autoridades judiciárias as informações necessárias à instrução e julgamento dos processos;

II - realizar as diligências requisitadas pelo juiz ou pelo Ministério Público;

- art. 129, VIII, CF.
- arts. 297 a 300 deste Código.

III - cumprir os mandados de prisão expedidos pelas autoridades judiciárias;

- arts. 282 a 300; e 378, II, deste Código

IV - representar acerca da prisão preventiva.

- arts. 311 e 312 deste Código.
- arts. 1º e 2º, Lei 7.960/1989 (Dispõe sobre prisão temporária).
- art. 20, *caput*, Lei 11.340/2006 (Coíbe a violência doméstica e familiar contra a mulher).

Art. 13-A. Nos crimes previstos nos arts. 148, 149 e 149-A, no § 3º do art. 158 e no art. 159 do Decreto-Lei n. 2.848, de 7 de dezembro de 1940 (Código Penal), e no art. 239 da Lei n. 8.069, de 13 de julho de 1990 (Estatuto da Criança e do Adolescente), o membro do Ministério Público ou o delegado de polícia poderá requisitar, de quaisquer órgãos do poder público ou de empresas da iniciativa privada, dados e informações cadastrais da vítima ou de suspeitos. (Acrescentado pela Lei 13.344/2016.)

Parágrafo único. A requisição, que será atendida no prazo de 24 (vinte e quatro) horas, conterá: (Acrescentado pela Lei 13.344/2016.)

I - o nome da autoridade requisitante; (Acrescentado pela Lei 13.344/2016.)

II - o número do inquérito policial; e (Acrescentado pela Lei 13.344/2016.)

III - a identificação da unidade de polícia judiciária responsável pela investigação. (Acrescentado pela Lei 13.344/2016.)

Art. 13-B. Se necessário à prevenção e à repressão dos crimes relacionados ao tráfico de pessoas, o membro do Ministério Público ou o delegado de polícia poderão requisitar, mediante autorização judicial, às empresas prestadoras de serviço de telecomunicações e/ou telemática que disponibilizem imediatamente os meios técnicos adequados – como sinais, informações e outros – que permitam a localização da vítima ou dos suspeitos do delito em curso. (Acrescentado pela Lei 13.344/2016.)

§ 1º Para os efeitos deste artigo, sinal significa posicionamento da estação de cobertura, setorização e intensidade de radiofrequência. (Acrescentado pela Lei 13.344/2016.)

§ 2º Na hipótese de que trata o *caput*, o sinal: (Acrescentado pela Lei 13.344/2016.)

I - não permitirá acesso ao conteúdo da comunicação de qualquer natureza, que dependerá de autorização judicial, conforme disposto em lei; (Acrescentado pela Lei 13.344/2016.)

II - deverá ser fornecido pela prestadora de telefonia móvel celular por período não superior a 30 (trinta) dias, renovável por uma única vez, por igual período;

III - para períodos superiores àquele de que trata o inciso II, será necessária a apresentação de ordem judicial. (Acrescentado pela Lei 13.344/2016.)

§ 3º Na hipótese prevista neste artigo, o inquérito policial deverá ser instaurado no prazo máximo de 72 (setenta e duas) horas, contado do registro da respectiva ocorrência policial. (Acrescentado pela Lei 13.344/2016.)

§ 4º Não havendo manifestação judicial no prazo de 12 (doze) horas, a autoridade competente requisitará às empresas prestadoras de serviço de telecomunicações e/ou telemática que disponibilizem imediatamente os meios técnicos adequados – como sinais, informações e outros – que permitam a localização da vítima ou dos suspeitos do delito em curso, com imediata comunicação ao juiz. (Acrescentado pela Lei 13.344/2016.)

Art. 14. O ofendido, ou seu representante legal, e o indiciado poderão requerer qualquer diligência, que será realizada, ou não, a juízo da autoridade.

- arts. 176 e 184 deste Código.
- Súm. Vinc. 14, STF.

Art. 14-A. Nos casos em que servidores vinculados às instituições dispostas no art. 144 da Constituição Federal figurarem como investigados em inquéritos policiais, inquéritos policiais militares e demais procedimentos extrajudiciais, cujo objeto for a investigação de fatos relacionados ao uso da força letal praticados no exercício profissional, de forma consumada ou tentada, incluindo as situações dispostas no art. 23 do Decreto-Lei nº 2.848, de 7 de dezembro de 1940 (Código Penal), o indiciado poderá constituir defensor. (Incluído pela Lei 13.964/2019)

§ 1º Para os casos previstos no *caput* deste artigo, o investigado deverá ser citado da instauração do procedimento investigatório, podendo constituir defensor no prazo de até 48 (quarenta e oito) horas a contar do recebimento da citação.

§ 2º Esgotado o prazo disposto no § 1º deste artigo com ausência de nomeação de defensor pelo investigado, a autoridade responsável pela investigação deverá intimar a instituição a que estava vinculado o investigado à época da ocorrência dos fatos, para que essa, no prazo de 48 (quarenta e oito) horas, indique defensor para a representação do investigado.

§§ 3º a 5º Vetados na Lei 13.964/2019.

§ 6º As disposições constantes deste artigo se aplicam aos servidores militares vinculados às instituições dispostas no art. 142 da Constituição Federal, desde que os fatos investigados digam respeito a missões para a Garantia da Lei e da Ordem.

Art. 15. Se o indiciado for menor, ser-lhe-á nomeado curador pela autoridade policial.

- art. 262 deste Código.
- art. 5º, CC/2002.
- arts. 57 e 65, I, CP.
- Súm. 352, STF.

Art. 16. O Ministério Público não poderá requerer a devolução do inquérito à autoridade policial, senão para novas diligências, imprescindíveis ao oferecimento da denúncia.

- art. 129, VIII, CF.
- arts. 46 e 47 deste Código.
- art. 26, CPPM.
- art. 54, II, Lei 11.343/2006 (Lei Antidrogas).

Art. 17. A autoridade policial não poderá mandar arquivar autos de inquérito.

- arts. 28 e 42 deste Código.
- art. 24, CPPM.

Art. 18. Depois de ordenado o arquivamento do inquérito pela autoridade judiciária, por falta de base para a denúncia, a autoridade policial poderá proceder a novas pesquisas, se de outras provas tiver notícia.

- arts. 67, I, e 414, p.u., deste Código.
- art. 25, CPPM.
- art. 7º, Lei 1.521/1951 (Altera dispositivos da legislação vigente sobre crimes contra a economia popular).
- Súm. 524, STF.

Art. 19. Nos crimes em que não couber ação pública, os autos do inquérito serão remetidos ao juízo competente, onde aguardarão a iniciativa do ofendido ou de seu representante legal, ou serão entregues ao requerente, se o pedir, mediante traslado.

- arts. 30 a 38 e 183 deste Código.
- art. 100, CP.

Art. 20. A autoridade assegurará no inquérito o sigilo necessário à elucidação do fato ou exigido pelo interesse da sociedade.

- art. 5º, XXXIII, CF.
- art. 745 deste Código.
- art. 16, CPPM.
- art. 7º, XIII a XV, e § 1º, Lei 8.906/1994 (EAOAB).
- Súm. Vinc. 14, STF.

Parágrafo único. Nos atestados de antecedentes que lhe forem solicitados, a autoridade policial não poderá mencionar quaisquer anotações referentes a instauração de inquérito contra os requerentes. (Alterado pela Lei 12.681/2012).

- art. 5º, XXXIV, b, CF.
- art. 748 deste Código.

Art. 21. A incomunicabilidade do indiciado dependerá sempre de despacho nos autos e somente será permitida quando o interesse da sociedade ou a conveniência da investigação o exigir.

- arts. 5º, LXII, e 136, § 3º, IV, CF.
- art. 17, CPPM.

Parágrafo único. A incomunicabilidade, que não excederá de três dias, será decretada por despacho fundamentado do Juiz, a requerimento da autoridade policial, ou do órgão do Ministério Público, respeitado, em qualquer hipótese, o disposto no artigo 89, inciso III, do Estatuto da Ordem dos Advogados do Brasil (Lei 4.215/1963) (Redação dada pela Lei 5.010/1966.)

- art. 7º, III, Lei 8.906/1994 (EAOAB).

Art. 22. No Distrito Federal e nas comarcas em que houver mais de uma circunscrição policial, a autoridade com exercício em uma delas poderá, nos inquéritos a que esteja procedendo, ordenar diligências em circunscrição de outra, independentemente de precatórias ou requisições, e bem assim providenciará, até que compareça a autoridade competente, sobre qualquer fato que ocorra em sua presença, noutra circunscrição.

- arts. 4º e 70 deste Código.
- art. 6º, CP.

Art. 23. Ao fazer a remessa dos autos do inquérito ao juiz competente, a autoridade policial oficiará ao Instituto de Identificação e Estatística, ou repartição congênere, mencionando o juízo a que tiverem sido distribuídos, e os dados relativos à infração penal e à pessoa do indiciado.

- arts. 747 e 809 deste Código.
- Dec.-Lei 3.992/1941 (Dispõe sobre a execução das estatísticas criminais).
- art. 202, Lei 7.210/1984 (Lei de Execuções Penais).

TÍTULO III
DA AÇÃO PENAL

- arts. 60 a 62, Lei 9.099/1995 (Lei dos Juizados Especiais).

Art. 24. Nos crimes de ação pública, esta será promovida por denúncia do Ministério Público, mas dependerá, quando a lei o exigir, de requisição do Ministro da Justiça, ou de representação do ofendido ou de quem tiver qualidade para representá-lo.

- arts. 5º, LIX, e 129, I, CF.
- arts. 39; 564, II e III, a; e 569 deste Código.
- arts. 7º, § 3º, b; 100; 101; e 145, p.u., 1ª parte, CP.
- arts. 121 e 122, CPM.
- art. 29, CPPM.
- art. 25, III Lei 8.625/1993 (Lei Orgânica Nacional do Ministério Público).
- arts. 72; 76; 88; e 89, Lei 9.099/1995 (Lei dos Juizados Especiais).
- Súm. 594 e 714, STF.

§ 1º No caso de morte do ofendido ou quando declarado ausente por decisão judicial, o direito de representação passará ao cônjuge, ascendente, descendente ou irmão. (Parágrafo único renumerado pela Lei 8.699/1993.)

- art. 38, p.u., deste Código.
- art. 100, § 4º, CP.
- arts. 6º e 22 a 25, CC/2002.
- art. 1.159, CPC.
- art. 744, NCPC.
- Súm. 594, STF.

§ 2º Seja qual for o crime, quando praticado em detrimento do patrimônio ou interesse da União, Estado e Município, a ação penal será pública. (Incluído pela Lei 8.699/1993.)

Art. 25. A representação será irretratável, depois de oferecida a denúncia.

- arts. 24 e 38 deste Código.
- arts. 100, § 1º, e 102, CP.
- art. 16, Lei 11.340/2006 (Coíbe a violência doméstica e familiar contra a mulher).

Art. 26. A ação penal, nas contravenções, será iniciada com o auto de prisão em flagrante ou por meio de portaria expedida pela autoridade judiciária ou policial.

- Artigo não recepcionado pela CF/1988.
- art. 129, I, CF.
- arts. 5º, LXI, e 129, I, CF.
- art. 17, Dec.-Lei 3.668/1941 (Lei das Contravenções Penais).
- Súm. 601, STF.

Art. 27. Qualquer pessoa do povo poderá provocar a iniciativa do Ministério Público, nos casos em que caiba a ação pública, fornecendo-lhe, por escrito, informações sobre o fato e a autoria e indicando o tempo, o lugar e os elementos de convicção.

- art. 5º, LXXIII, CF.
- art. 5º, § 3º, deste Código.
- arts. 339 e 340, CP.
- art. 33, CPPM.
- art. 66, I e II, Dec.-Lei 3.688/1941 (Lei das Contravenções Penais).

Art. 28. Ordenado o arquivamento do inquérito policial ou de quaisquer elementos informativos da mesma natureza, o órgão do Ministério Público comunicará à vítima, ao investigado e à autoridade policial e encaminhará os autos para a instância de revisão ministerial para fins de homologação, na forma da lei. (Redação dada pela Lei 13.964/2019)

§ 1º Se a vítima, ou seu representante legal, não concordar com o arquivamento do inquérito policial, poderá, no prazo de 30 (trinta) dias do recebimento da comunicação, submeter a matéria à revisão da instância competente do órgão ministerial, conforme dispuser a respectiva lei orgânica. (Incluído pela Lei 13.964/2019)

§ 2º Nas ações penais relativas a crimes praticados em detrimento da União, Estados e Municípios, a revisão do arquivamento do inquérito policial poderá ser provocada pela chefia do órgão a quem couber a sua representação judicial. (Incluído pela Lei 13.964/2019)

Art. 28-A. Não sendo caso de arquivamento e tendo o investigado confessado formal e circunstancialmente a prática de infração penal sem violência ou grave ameaça e com pena mínima inferior a 4 (quatro) anos, o Ministério Público poderá propor acordo de não persecução penal, desde que necessário e suficiente para reprovação e prevenção do crime, mediante as seguintes condições ajustadas cumulativa e alternativamente: (Incluído pela Lei 13.964/2019)

I - reparar o dano ou restituir a coisa à vítima, exceto na impossibilidade de fazê-lo;

II - renunciar voluntariamente a bens e direitos indicados pelo Ministério Público como instrumentos, produto ou proveito do crime;

III - prestar serviço à comunidade ou a entidades públicas por período correspondente à pena mínima cominada ao delito diminuída de um a dois terços, em local a ser indicado pelo juízo da execução, na forma do art. 46 do Decreto-Lei nº 2.848, de 7 de dezembro de 1940 (Código Penal);

IV - pagar prestação pecuniária, a ser estipulada nos termos do art. 45 do Decreto-Lei nº 2.848, de 7 de dezembro de 1940 (Código Penal), a entidade pública ou de interesse social, a ser indicada pelo juízo da execução, que tenha, preferencialmente, como função proteger bens jurídicos iguais ou semelhantes aos aparentemente lesados pelo delito; ou

V - cumprir, por prazo determinado, outra condição indicada pelo Ministério Público, desde que proporcional e compatível com a infração penal imputada.

§ 1º Para aferição da pena mínima cominada ao delito a que se refere o *caput* deste artigo, serão consideradas as causas de aumento e diminuição aplicáveis ao caso concreto.

§ 2º O disposto no *caput* deste artigo não se aplica nas seguintes hipóteses:

I - se for cabível transação penal de competência dos Juizados Especiais Criminais, nos termos da lei;

II - se o investigado for reincidente ou se houver elementos probatórios que indiquem conduta criminal habitual, reiterada ou profissional, exceto se insignificantes as infrações penais pretéritas;

III - ter sido o agente beneficiado nos 5 (cinco) anos anteriores ao cometimento da infração, em acordo de não persecução penal, transação penal ou suspensão condicional do processo; e

IV - nos crimes praticados no âmbito de violência doméstica ou familiar, ou praticados contra a mulher por razões da condição de sexo feminino, em favor do agressor.

§ 3º O acordo de não persecução penal será formalizado por escrito e será firmado pelo membro do Ministério Público, pelo investigado e por seu defensor.

§ 4º Para a homologação do acordo de não persecução penal, será realizada audiência na qual o juiz deverá verificar a sua voluntariedade, por meio da oitiva do investigado na presença do seu defensor, e sua legalidade.

§ 5º Se o juiz considerar inadequadas, insuficientes ou abusivas as condições dispostas no acordo de não persecução penal, devolverá os autos ao Ministério Público para que seja reformulada a proposta de acordo, com concordância do investigado e seu defensor.

§ 6º Homologado judicialmente o acordo de não persecução penal, o juiz devolverá os autos ao Ministério Público para que inicie sua execução perante o juízo de execução penal.

§ 7º O juiz poderá recusar homologação à proposta que não atender aos requisitos legais ou quando não for realizada a adequação a que se refere o § 5º deste artigo.

§ 8º Recusada a homologação, o juiz devolverá os autos ao Ministério Público para a análise da necessidade de complementação das investigações ou o oferecimento da denúncia.

§ 9º A vítima será intimada da homologação do acordo de não persecução penal e de seu descumprimento.

§ 10. Descumpridas quaisquer das condições estipuladas no acordo de não persecução penal, o Ministério Público deverá comunicar ao juízo, para fins de sua rescisão e posterior oferecimento de denúncia.

§ 11. O descumprimento do acordo de não persecução penal pelo investigado também poderá ser utilizado pelo Ministério Público como justificativa para o eventual não oferecimento de suspensão condicional do processo.

§ 12. A celebração e o cumprimento do acordo de não persecução penal não constarão de certidão de antecedentes criminais, exceto para os fins previstos no inciso III do § 2º deste artigo.

§ 13. Cumprido integralmente o acordo de não persecução penal, o juízo competente decretará a extinção de punibilidade.

§ 14. No caso de recusa, por parte do Ministério Público, em propor o acordo de não persecução penal, o investigado poderá requerer a remessa dos autos a órgão superior, na forma do art. 28 deste Código.

Art. 29. Será admitida ação privada nos crimes de ação pública, se esta não for intentada no prazo legal, cabendo ao Ministério Público aditar a queixa, repudiá-la e oferecer denúncia substitutiva, intervir em todos os termos do processo, fornecer elementos de prova, interpor recurso e, a todo tempo, no caso de negligência do querelante, retomar a ação como parte principal.

- art. 5º, LIX, CF.
- arts. 38; 60, I a III; 476, § 2º; e 564, III, a, deste Código.
- art. 100, § 3º, CP.
- art. 184, Lei 11.101/2005 (Lei de Recuperação de Empresas e Falência).

Art. 30. Ao ofendido ou a quem tenha qualidade para representá-lo caberá intentar a ação privada.

- arts. 44 e 564, II e III, a, deste Código.
- art. 100, § 2º, CP.
- art. 5º, Lei 4.657/1942 (Lei de Introdução às normas do Direito Brasileiro - LIndB, antiga LICC).
- art. 74, p.u., Lei 9.099/1995 (Lei dos Juizados Especiais).

Art. 31. No caso de morte do ofendido ou quando declarado ausente por decisão judicial, o direito de oferecer queixa ou prosseguir na ação passará ao cônjuge, ascendente, descendente ou irmão.

- arts. 36; 38; 268; e 598 deste Código.
- art. 100, § 4º, e 236, p.u., CP.
- art. 1.159, CPC.
- art. 744, NCPC.
- arts. 6º e 22, CC/2002.

Art. 32. Nos crimes de ação privada, o juiz, a requerimento da parte que comprovar a sua pobreza, nomeará advogado para promover a ação penal.

- arts. 5º, LXXIV, e 134, CF.
- arts. 68 e 806 deste Código.

§ 1º Considerar-se-á pobre a pessoa que não puder prover às despesas do processo, sem privar-se dos recursos indispensáveis ao próprio sustento ou da família.

- art. 4º, Lei 1.060/1950 (Lei de Assistência Judiciária).

§ 2º Será prova suficiente de pobreza o atestado da autoridade policial em cuja circunscrição residir o ofendido.

Art. 33. Se o ofendido for menor de 18 (dezoito) anos, ou mentalmente enfermo, ou retardado mental, e não tiver representante legal, ou colidirem os interesses deste com os daquele, o direito de queixa poderá ser exercido por curador especial, nomeado, de ofício ou a requerimento do Ministério Público, pelo juiz competente para o processo penal.

- arts. 45 e 53 deste Código.

Art. 34. Se o ofendido for menor de 21 (vinte e um) e maior de 18 (dezoito) anos, o direito de queixa poderá ser exercido por ele ou por seu representante legal.

- arts. 50, p.u.; 52; e 54 deste Código.
- art. 5º, CC/2002.
- art. 104, CP.
- Súm. 594, STF.

Art. 35. (Revogado pela Lei 9.520/1997.)

Art. 36. Se comparecer mais de uma pessoa com direito de queixa, terá preferência o cônjuge, e, em seguida, o parente mais próximo na ordem de enumeração constante do art. 31, podendo, entretanto, qualquer delas prosseguir na ação, caso o querelante desista da instância ou a abandone.

- art. 60, II, deste Código.

Art. 37. As fundações, associações ou sociedades legalmente constituídas poderão exercer a ação penal, devendo ser representadas por quem os respectivos contratos ou estatutos designarem ou, no silêncio destes, pelos seus diretores ou sócios-gerentes.

- art. 5º, XXI, CF.
- art. 60, IV, deste Código.

Art. 38. Salvo disposição em contrário, o ofendido, ou seu representante legal, decairá no direito de queixa ou de representação, se não o exercer dentro do prazo de seis meses, contado do dia em que vier a saber quem é o autor do crime, ou, no caso do art. 29, do dia em que se esgotar o prazo para o oferecimento da denúncia.

- art. 529, deste Código.
- arts. 10; 103; 107, IV; e 236, p.u., CP.
- art. 91, Lei 9.099/1995 (Lei dos Juizados Especiais).

Parágrafo único. Verificar-se-á a decadência do direito de queixa ou representação, dentro do mesmo prazo, nos casos dos arts. 24, parágrafo único, e 31.

- arts. 24, § 1º; 25; 33; 34; 36; 38; 50; e 564, III, a, deste Código.

Art. 39. O direito de representação poderá ser exercido, pessoalmente ou por procurador com poderes especiais, mediante declaração, escrita ou oral, feita ao juiz, ao órgão do Ministério Público, ou à autoridade policial.

- arts. 24; 25; e 564, III, deste Código.
- Súm. 594, STF.

§ 1º A representação feita oralmente ou por escrito, sem assinatura devidamente autenticada do ofendido, de seu representante legal ou procurador, será reduzida a termo, perante o juiz ou autoridade policial, presente o órgão do Ministério Público, quando a este houver sido dirigida.

§ 2º A representação conterá todas as informações que possam servir à apuração do fato e da autoria.

- art. 569 deste Código.

§ 3º Oferecida ou reduzida a termo a representação, a autoridade policial procederá a inquérito, ou, não sendo competente, remetê-lo-á à autoridade que o for.

- art. 5º, § 4º, deste Código.

§ 4º A representação, quando feita ao juiz ou perante este reduzida a termo, será remetida à autoridade policial para que esta proceda a inquérito.

§ 5º O órgão do Ministério Público dispensará o inquérito, se com a representação forem oferecidos elementos que o habilitem a promover a ação penal, e, neste caso, oferecerá a denúncia no prazo de quinze dias.

- art. 12 deste Código.
- Lei 1.408/1951 (Prorroga vencimento de prazos judiciais).

Art. 40. Quando, em autos ou papéis de que conhecerem, os juízes ou tribunais verificarem a existência de crime de ação pública, remeterão ao Ministério Público as cópias e os documentos necessários ao oferecimento da denúncia.

- art. 129, I, CF.
- art. 211 deste Código.
- art. 442, CPPM.

Art. 41. A denúncia ou queixa conterá a exposição do fato criminoso, com todas as suas circunstâncias, a qualificação do acusado ou esclarecimentos pelos quais se possa identificá-lo, a classificação do crime e, quando necessário, o rol das testemunhas.

- arts. 259; 564, III, a; e 569 deste Código.
- art. 77, CPPM.
- art. 8º, 2, b, Pacto de São José da Costa Rica.

Art. 42. O Ministério Público não poderá desistir da ação penal.

- art. 98, I, CF.
- arts. 385 e 576 deste Código.
- art. 32, CPPM.
- art. 89, Lei 9.099/1995 (Lei dos Juizados Especiais).
- Lei 8.625/1993 (Lei Orgânica Nacional do Ministério Público).

Art. 43. (Revogado pela Lei 11.719/2008.)

Art. 44. A queixa poderá ser dada por procurador com poderes especiais, devendo constar do instrumento do mandato o nome do querelante e a menção do fato criminoso, salvo quando tais esclarecimentos dependerem de diligências que devem ser previamente requeridas no juízo criminal.

- arts. 564, III, a, e 568 deste Código.
- art. 339, CP.
- art. 105, NCPC.
- Onde se lê "querelante", leia-se "querelado".

Art. 45. A queixa, ainda quando a ação penal for privativa do ofendido, poderá ser aditada pelo Ministério Público, a quem caberá intervir em todos os termos subsequentes do processo.

- art. 5º, LIX, CF.
- arts. 29; 46, § 2º; 257; 564, III, d; e 572 deste Código.

Art. 46. O prazo para oferecimento da denúncia, estando o réu preso, será de 5 dias, contado da data em que o órgão do Ministério Público receber os autos do inquérito policial, e de 15 dias, se o réu estiver solto ou afiançado. No último caso, se houver devolução do inquérito à autoridade policial (art. 16), contar-se-á o prazo da data em que o órgão do Ministério Público receber novamente os autos.

- arts. 10; 29; 648, II; 798, § 1º; 800, § 2º; e 801 deste Código.
- art. 319, CP.
- art. 79, CPPM.
- art. 187, *caput*, § 1º, Lei 11.101/2005 (Lei de Recuperação de Empresas e Falência).
- arts. 54, III, Lei 11.343/2006 (Lei Antidrogas).

§ 1º Quando o Ministério Público dispensar o inquérito policial, o prazo para o oferecimento da denúncia contar-se-á da data em que tiver recebido as peças de informações ou a representação.

- art. 12 deste Código.

§ 2º O prazo para o aditamento da queixa será de 3 dias, contado da data em que o órgão do Ministério Público receber os autos, e, se este não se pronunciar dentro do tríduo, entender-se-á que não tem o que aditar, prosseguindo-se nos demais termos do processo.

- arts. 81 e 798 deste Código.
- art. 319, CP.

Art. 47. Se o Ministério Público julgar necessários maiores esclarecimentos e documentos complementares ou novos elementos de convicção, deverá requisitá-los, diretamente, de quaisquer autoridades ou funcionários que devam ou possam fornecê-los.

- art. 129, VI e VIII, CF.
- art. 16 deste Código.
- art. 80, CPPM.
- art. 26, I, b, II e IV, §§ 1º e 2º, Lei 8.625/1993 (Lei Orgânica Nacional do Ministério Público).
- art. 54, II, Lei 11.343/2006 (Lei Antidrogas).

Art. 48. A queixa contra qualquer dos autores do crime obrigará ao processo de todos, e o Ministério Público velará pela sua indivisibilidade.

- art. 107, V, CP.
- art. 1º, Lei 8.625/1993 (Lei Orgânica Nacional do Ministério Público)

Art. 49. A renúncia ao exercício do direito de queixa, em relação a um dos autores do crime, a todos se estenderá.

- arts. 104, p.u., e 107, V, CP.
- art. 74, p.u., Lei 9.099/1995 (Lei dos Juizados Especiais).

Art. 50. A renúncia expressa constará de declaração assinada pelo ofendido, por seu representante legal ou procurador com poderes especiais.

- art. 57 deste Código.
- art. 104, p.u., CP.

Parágrafo único. A renúncia do representante legal do menor que houver completado 18 (dezoito) anos não privará este do direito de queixa, nem a renúncia do último excluirá o direito do primeiro.

- art. 34 deste Código.
- art. 5º, CC/2002.
- Súm. 594, STF.

Art. 51. O perdão concedido a um dos querelados aproveitará a todos, sem que produza, todavia, efeito em relação ao que o recusar.

- arts. 105; 106; e 107, V, CP.

Art. 52. Se o querelante for menor de 21 e maior de 18 anos, o direito de perdão poderá ser exercido por ele ou por seu representante legal, mas o perdão concedido por um, havendo oposição do outro, não produzirá efeito.

- art. 5º, CC/2002.

Art. 53. Se o querelado for mentalmente enfermo ou retardado mental e não tiver representante legal, ou colidirem os interesses deste com os do querelado, a aceitação do perdão caberá ao curador que o juiz lhe nomear.

- art. 33 deste Código.

Art. 54. Se o querelado for menor de 21 anos, observar-se-á, quanto à aceitação do perdão, o disposto no art. 52.

- art. 107, V, CP.

Art. 55. O perdão poderá ser aceito por procurador com poderes especiais.

Art. 56. Aplicar-se-á ao perdão extraprocessual expresso o disposto no art. 50.

- art. 50 deste Código.
- art. 106, CP.

Art. 57. A renúncia tácita e o perdão tácito admitirão todos os meios de prova.

- arts. 49 e 51 deste Código.
- arts. 104, p.u., e 106, § 1º, CP.

Art. 58. Concedido o perdão, mediante declaração expressa nos autos, o querelado será intimado a dizer, dentro de três dias, se o aceita, devendo, ao mesmo tempo, ser cientificado de que o seu silêncio importará aceitação.

- art. 106, III, CP.

Parágrafo único. Aceito o perdão, o juiz julgará extinta a punibilidade.

- art. 107, IX, CP.

Art. 59. A aceitação do perdão fora do processo constará de declaração assinada pelo querelado, por seu representante legal ou procurador com poderes especiais.

- art. 56 deste Código
- art. 106, *caput*, CP.

Art. 60. Nos casos em que somente se procede mediante queixa, considerar-se-á perempta a ação penal:

- art. 581, VIII, deste Código.
- art. 107, IV, CP.

› arts. 337 e 485, NCPC.

I - quando, iniciada esta, o querelante deixar de promover o andamento do processo durante 30 dias seguidos;

› art. 798, § 4º, deste Código.

› art. 10, CP.

II - quando, falecendo o querelante, ou sobrevindo sua incapacidade, não comparecer em juízo, para prosseguir no processo, dentro do prazo de 60 (sessenta) dias, qualquer das pessoas a quem couber fazê-lo, ressalvado o disposto no art. 36;

› arts. 31 e 798, § 4º, deste Código.

› arts. 10 e 100, § 4º, CP.

III - quando o querelante deixar de comparecer, sem motivo justificado, a qualquer ato do processo a que deva estar presente, ou deixar de formular o pedido de condenação nas alegações finais;

IV - quando, sendo o querelante pessoa jurídica, esta se extinguir sem deixar sucessor.

› art. 37 deste Código.

Art. 61. Em qualquer fase do processo, o juiz, se reconhecer extinta a punibilidade, deverá declará-lo de ofício.

› arts. 49; 51; 67, II; 497, IX; 581, VIII e IX; e 584, § 1º, deste Código.

› art. 107, CP.

Parágrafo único. No caso de requerimento do Ministério Público, do querelante ou do réu, o juiz mandará autuá-lo em apartado, ouvirá a parte contrária e, se o julgar conveniente, concederá o prazo de cinco dias para a prova, proferindo a decisão dentro de cinco dias ou reservando-se para apreciar a matéria na sentença final.

› art. 497, IX, deste Código.

Art. 62. No caso de morte do acusado, o juiz somente à vista da certidão de óbito, e depois de ouvido o Ministério Público, declarará extinta a punibilidade.

› art. 5º, XLV, CF.

› arts. 155, p.u.; 581, VIII e IX; e 683 deste Código.

› art. 107, I, CP.

› art. 81, CPPM.

› art. 6º, CC/2002.

TÍTULO IV
DA AÇÃO CIVIL

Art. 63. Transitada em julgado a sentença condenatória, poderão promover-lhe a execução, no juízo cível, para o efeito da reparação do dano, o ofendido, seu representante legal ou seus herdeiros.

› art. 5º, XLV, CF.

› arts. 68; 143; e 630 deste Código.

› arts. 186; 927 a 943; 946; 948 a 954; 1.792; e 1.821, CC/2002.

› arts. 9º, I, e 91, I, CP.

› art. 575, IV, CPC.

› arts. 74 e 76, § 6º, Lei 9.099/1995 (Lei dos Juizados Especiais).

› art. 21 da Lei 9.263/1996 (Regula o § 7º do art. 226 da Constituição Federal, que trata do planejamento familiar).

› Súm. 491 e 562, STF.

› Súm. 37, STJ.

Parágrafo único. Transitada em julgado a sentença condenatória, a execução poderá ser efetuada pelo valor fixado nos termos do inciso IV do *caput* do art. 387 deste Código sem prejuízo da liquidação para a apuração do dano efetivamente sofrido. (Incluído pela Lei 11.719/2008.)

Art. 64. Sem prejuízo do disposto no artigo anterior, a ação para ressarcimento do dano poderá ser proposta no juízo cível, contra o autor do crime e, se for caso, contra o responsável civil.

› Lei 5.970/1973 (Exclui da aplicação do disposto nos arts. 6º, I, 64 e 169, deste Código, os casos de acidente de trânsito).

› Súm. 491, STF.

Parágrafo único. Intentada a ação penal, o juiz da ação civil poderá suspender o curso desta, até o julgamento definitivo daquela.

Art. 65. Faz coisa julgada no cível a sentença penal que reconhecer ter sido o ato praticado em estado de necessidade, em legítima defesa, em estrito cumprimento de dever legal ou no exercício regular de direito.

› arts. 23 a 25, CP.

› arts. 188; 929; e 930, CC/2002.

Art. 66. Não obstante a sentença absolutória no juízo criminal, a ação civil poderá ser proposta quando não tiver sido, categoricamente, reconhecida a inexistência material do fato.

› art. 386 deste Código.

› arts. 186; 927; e 935, CC/2002.

Art. 67. Não impedirão igualmente a propositura da ação civil:

I - o despacho de arquivamento do inquérito ou das peças de informação;

› arts. 17; 18; 28; e 414 deste Código.

› Súm. 524, STF.

II - a decisão que julgar extinta a punibilidade;

› art. 107, CP.

III - a sentença absolutória que decidir que o fato imputado não constitui crime.

› art. 386, III, deste Código.

› arts. 186 e 927, CC/2002.

Art. 68. Quando o titular do direito à reparação do dano for pobre (art. 32, §§ 1º e 2º), a execução da sentença condenatória (art. 63) ou a ação civil (art. 64) será promovida, a seu requerimento, pelo Ministério Público.

› arts. 127, *caput*, e 129, IX, CF.

› art. 177, NCPC.

TÍTULO V
DA COMPETÊNCIA

Art. 69. Determinará a competência jurisdicional:

› art. 5º, LIII, CF.

› art. 564, I, deste Código.

› arts. 85 a 87, CPPM.

› art. 8º, 1, Pacto de São José da Costa Rica.

I - o lugar da infração:

› Súm. 200, STJ.

II - o domicílio ou residência do réu;

III - a natureza da infração;

› Súm. 611, STF.

› Súm. 42, 122, 140, 165, 208 e 209, STJ.

IV - a distribuição;

V - a conexão ou continência;

VI - a prevenção;

VII - a prerrogativa de função.

CAPÍTULO I
DA COMPETÊNCIA PELO LUGAR DA INFRAÇÃO

Art. 70. A competência será, de regra, determinada pelo lugar em que se consumar a infração, ou, no caso de tentativa, pelo lugar em que for praticado o último ato de execução.

› art. 14, I e II, CP.

› arts. 88 a 92, CPPM.

› art. 63, Lei 9.099/1995 (Lei dos Juizados Especiais).

› Súm. 521, STF.

§ 1º Se, iniciada a execução no território nacional, a infração se consumar fora dele, a competência será determinada pelo lugar em que tiver sido praticado, no Brasil, o último ato de execução.

› art. 109, V, CF.

› arts. 5º a 7º, CP.

§ 2º Quando o último ato de execução for praticado fora do território nacional, será competente o juiz do lugar em que o crime, embora parcialmente, tenha produzido ou devia produzir seu resultado.

› art. 109, V, CF.

› arts. 5º a 7º, CP.

§ 3º Quando incerto o limite territorial entre duas ou mais jurisdições, ou quando incerta a jurisdição por ter sido a infração consumada ou tentada nas divisas de duas ou mais jurisdições, a competência firmar-se-á pela prevenção.

› arts. 3º e 83 deste Código.

› art. 43, NCPC.

Art. 71. Tratando-se de infração continuada ou permanente, praticada em território de duas ou mais jurisdições, a competência firmar-se-á pela prevenção.

› art. 83 deste Código.

› art. 71, CP.

› art. 66, III, a, Lei 7.210/1984 (Lei de Execuções Penais).

› Súm. 151, STJ.

CAPÍTULO II
DA COMPETÊNCIA PELO DOMICÍLIO OU RESIDÊNCIA DO RÉU

Art. 72. Não sendo conhecido o lugar da infração, a competência regular-se-á pelo domicílio ou residência do réu.

› arts. 70 a 73, CC/2002.

› art. 93, CPPM.

› art. 7º, § 8º, Lei 4.657/1942 (Lei de Introdução às normas do Direito Brasileiro - LIndDB, antiga LICC).

§ 1º Se o réu tiver mais de uma residência, a competência firmar-se-á pela prevenção.

§ 2º Se o réu não tiver residência certa ou for ignorado o seu paradeiro, será competente o juiz que primeiro tomar conhecimento do fato.

› art. 83 deste Código.

Art. 73. Nos casos de exclusiva ação privada, o querelante poderá preferir o foro de domicílio ou da residência do réu, ainda quando conhecido o lugar da infração.

- art. 30 deste Código.
- art. 100, § 2º, CP.

CAPÍTULO III DA COMPETÊNCIA PELA NATUREZA DA INFRAÇÃO

- arts. 60 e 61, Lei 9.099/1995 (Lei dos Juizados Especiais).

Art. 74. A competência pela natureza da infração será regulada pelas leis de organização judiciária, salvo a competência privativa do Tribunal do Júri.

- art. 5º, XXXVIII, CF.
- Súm. Vinc. 45, STF.

§ 1º Compete ao Tribunal do Júri o julgamento dos crimes previstos nos arts. 121, §§ 1º e 2º, 122, parágrafo único, 123, 124, 125, 126 e 127 do Código Penal, consumados ou tentados. (Redação dada pela Lei 263/1948.)

- art. 419 deste Código.
- Súm. 603, STF.
- Súm. Vinc. 45, STF.

§ 2º Se, iniciado o processo perante um juiz, houver desclassificação para infração da competência de outro, a este será remetido o processo, salvo se mais graduada for a jurisdição do primeiro, que, em tal caso, terá sua competência prorrogada.

- arts. 383 e 384 deste Código.

§ 3º Se o juiz da pronúncia desclassificar a infração para outra atribuída à competência de juiz singular, observar-se-á o disposto no art. 410; mas, se a desclassificação for feita pelo próprio Tribunal do Júri, a seu presidente caberá proferir a sentença (art. 492, § 2º).

- arts. 419 e 492, § 1º, deste Código.

CAPÍTULO IV DA COMPETÊNCIA POR DISTRIBUIÇÃO

Art. 75. A precedência da distribuição fixará a competência quando, na mesma circunscrição judiciária, houver mais de um juiz igualmente competente.

- art. 98, CPPM.

Parágrafo único. A distribuição realizada para o efeito da concessão de fiança ou da decretação de prisão preventiva ou de qualquer diligência anterior à denúncia ou queixa prevenirá a da ação penal.

- arts. 311 a 316 e 321 a 350 deste Código.
- Súm. 706, STF.

CAPÍTULO V DA COMPETÊNCIA POR CONEXÃO OU CONTINÊNCIA

- arts. 108 e 117, § 1º, CP.

Art. 76. A competência será determinada pela conexão:

- arts. 108 e 117, § 1º, CP.
- arts. 99 a 107, CPPM.

I - se, ocorrendo duas ou mais infrações, houverem sido praticadas, ao mesmo tempo, por várias pessoas reunidas, ou por várias pessoas em concurso, embora diverso o tempo e o lugar, ou por várias pessoas, umas contra as outras;

II - se, no mesmo caso, houverem sido umas praticadas para facilitar ou ocultar as outras, ou para conseguir impunidade ou vantagem em relação a qualquer delas;

III - quando a prova de uma infração ou de qualquer de suas circunstâncias elementares influir na prova de outra infração.

Art. 77. A competência será determinada pela continência quando:

- Súm. 704, STF.

I - duas ou mais pessoas forem acusadas pela mesma infração;

- art. 580 deste Código.
- arts. 29; 137; e 288, CP.

II - no caso de infração cometida nas condições previstas nos arts. 51, § 1º, 53, segunda parte, e 54 do Código Penal.

- arts. 70, 73 e 74, atual CP.

Art. 78. Na determinação da competência por conexão ou continência, serão observadas as seguintes regras: (Redação dada pela Lei 263/1948.)

I - no concurso entre a competência do júri e a de outro órgão da jurisdição comum, prevalecerá a competência do júri; (Redação dada pela Lei 263/1948.)

- art. 5º, XXXVIII, CF.

II - no concurso de jurisdições da mesma categoria: (Redação dada pela Lei 263/1948.)

a) preponderará a do lugar da infração, à qual for cominada a pena mais grave; (Redação dada pela Lei 263/1948.)

- Súm. 122, STJ.
- Súm. 52, TFR.

b) prevalecerá a do lugar em que houver ocorrido o maior número de infrações, se as respectivas penas forem de igual gravidade; (Redação dada pela Lei 263/1948.)

c) firmar-se-á a competência pela prevenção, nos outros casos; (Redação dada pela Lei 263/1948.)

- art. 83 deste Código.

III - no concurso de jurisdições de diversas categorias, predominará a de maior graduação; (Redação dada pela Lei 263/1948.)

- art. 83 deste Código.
- Súm. 122, STJ.

IV - no concurso entre a jurisdição comum e a especial, prevalecerá esta. (Redação dada pela Lei 263/1948.)

Art. 79. A conexão e a continência importarão unidade de processo e julgamento, salvo:

- Súm. 704, STF.
- Súm. 234, STJ.

I - no concurso entre a jurisdição comum e a militar;

- Súm. 90, STJ.

II - no concurso entre a jurisdição comum e a do juízo de menores.

- Lei 8.069/1990 (ECA).

§ 1º Cessará, em qualquer caso, a unidade do processo, se, em relação a algum corréu, sobrevier o caso previsto no art. 152.

§ 2º A unidade do processo não importará a do julgamento, se houver corréu foragido que não possa ser julgado à revelia, ou ocorrer a hipótese do art. 461.

- art. 469 deste Código.

Art. 80. Será facultativa a separação dos processos quando as infrações tiverem sido praticadas em circunstâncias de tempo ou de lugar diferentes, ou, quando pelo excessivo número de acusados e para não lhes prolongar a prisão provisória, ou por outro motivo relevante, o juiz reputar conveniente a separação.

- art. 5º, LXVIII, CF.

Art. 81. Verificada a reunião dos processos por conexão ou continência, ainda que no processo da sua competência própria venha o juiz ou tribunal a proferir sentença absolutória ou que desclassifique a infração para outra que não se inclua na sua competência, continuará competente em relação aos demais processos.

Parágrafo único. Reconhecida inicialmente ao júri a competência por conexão ou continência, o juiz, se vier a desclassificar a infração ou impronunciar ou absolver o acusado, de maneira que exclua a competência do júri, remeterá o processo ao juízo competente.

- art. 492, § 2º, deste Código.

Art. 82. Se, não obstante a conexão ou continência, forem instaurados processos diferentes, a autoridade de jurisdição prevalente deverá avocar os processos que corram perante os outros juízes, salvo se já estiverem com sentença definitiva. Neste caso, a unidade dos processos só se dará, ulteriormente, para o efeito de soma ou de unificação das penas.

- arts. 581, XVII, e 674, p.u., deste Código.
- arts. 69, a 71, CP.
- art. 66, III, a, Lei 7.210/1984 (Lei de Execuções Penais).
- Súm. 235, STJ.

CAPÍTULO VI DA COMPETÊNCIA POR PREVENÇÃO

Art. 83. Verificar-se-á a competência por prevenção toda vez que, concorrendo dois ou mais juízes igualmente competentes ou com jurisdição cumulativa, um deles tiver antecedido aos outros na prática de algum ato do processo ou de medida a este relativa, ainda que anterior ao oferecimento da denúncia ou da queixa (arts. 70, § 3º, 71, 72, § 2º, e 78, II, c).

- arts. 75, p.u., e 91 deste Código.
- arts. 94 e 95, CPPM.
- Súm. 706, STF.

CAPÍTULO VII DA COMPETÊNCIA PELA PRERROGATIVA DE FUNÇÃO

Art. 84. A competência pela prerrogativa de função é do Supremo Tribunal Federal, do Superior Tribunal de Justiça, dos Tribunais Regionais Federais e Tribunais de Justiça dos Estados e do Distrito Federal, relativamente às pessoas que devam responder perante eles por crimes comuns e de responsabilidade. (Redação dada pela Lei 10.628/2002.)

› art. 108, CPPM.

› Súm. 704, STF.

§ 1º A competência especial por prerrogativa de função, relativa a atos administrativos do agente, prevalece ainda que o inquérito ou a ação judicial sejam iniciados após a cessação do exercício da função pública. (Incluído pela Lei 10.628/2002.)

› Emb. Decl. na ADIn 2.797-DF. (Informativo STF 696.)

› ADIn 2.797-2 e 2.860-0 (DOU, 26.09.2005 e DJU, 19.12.2006) - O STF, por maioria de votos, declarou a inconstitucionalidade dos §§ 1º e 2º, acrescidos pela Lei 10.628/2002.

§ 2º A ação de improbidade, de que trata a Lei n. 8.429, de 02 de junho de 1992, será proposta perante o tribunal competente para processar e julgar criminalmente o funcionário ou autoridade na hipótese de prerrogativa de foro em razão do exercício de função pública, observado o disposto no § 1º.

› ADIn 2.797-2 e 2.860-0 (DOU, 26.09.2005 e DJU, 19.12.2006) - O STF, por maioria de votos, declarou a inconstitucionalidade dos §§ 1º e 2º, acrescidos pela Lei 10.628/2002.

› Emb. Decl. na ADIn 2.797-DF. (Informativo STF 696.)

› arts. 29, X; 102, I, b e c; 105, I, a; 108, I, a; e 125, CF.

› Lei 8.038/1990 (Dispõe sobre as normas procedimentais para os processos que especifica, perante o STJ e o STF).

› Súm. 451, STF.

Art. 85. Nos processos por crime contra a honra, em que forem querelantes as pessoas que a Constituição sujeita à jurisdição do Supremo Tribunal Federal e dos Tribunais de Apelação, àquele ou a estes caberá o julgamento, quando oposta e admitida a exceção da verdade.

› A partir da CF/1946, os Tribunais de Apelação passaram a se denominar Tribunais de Justiça.

› art. 523 deste Código.

› arts. 138, § 3º, e 139, p.u., CP.

› Súm. 396, STF.

Art. 86. Ao Supremo Tribunal Federal competirá, privativamente, processar e julgar:

› art. 102, CF.

› Súm. 451, STF.

I - os seus ministros, nos crimes comuns;

› art. 102, CF.

II - os ministros de Estado, salvo nos crimes conexos com os do Presidente da República;

› art. 52, I e II, e p.u.; e 102, CF.

III - o procurador-geral da República, os desembargadores dos Tribunais de Apelação, os ministros do Tribunal de Contas e os embaixadores e ministros diplomáticos, nos crimes comuns e de responsabilidade.

› A partir da CF/1946, os Tribunais de Apelação passaram a se denominar Tribunais de Justiça.

› arts. 102; 105, I, a; e 108, I, a, CF.

Art. 87. Competirá, originariamente, aos Tribunais de Apelação o julgamento dos governadores ou interventores nos Estados ou Territórios, e prefeito do Distrito Federal, seus respectivos secretários e chefes de Polícia, juízes de instância inferior e órgãos do Ministério Público.

› A partir da CF/1946, os Tribunais de Apelação passaram a se denominar Tribunais de Justiça.

› arts. 108, I, e 125, CF.

› art. 40, IV, Lei 8.625/1993 (Lei Orgânica Nacional do Ministério Público).

CAPÍTULO VIII
DISPOSIÇÕES ESPECIAIS

Art. 88. No processo por crimes praticados fora do território brasileiro, será competente o juízo da Capital do Estado onde houver por último residido o acusado. Se este nunca tiver residido no Brasil, será competente o juízo da Capital da República.

› art. 109, IX, CF.

› art. 7º, CP.

› art. 2º, Dec.-Lei 3.688/1941 (Lei das Contravenções Penais).

› Súm. 522, STF.

Art. 89. Os crimes cometidos em qualquer embarcação nas águas territoriais da República, ou nos rios e lagos fronteiriços, bem como a bordo de embarcações nacionais, em alto-mar, serão processados e julgados pela justiça do primeiro porto brasileiro em que tocar a embarcação, após o crime, ou, quando se afastar do País, pela do último em que houver tocado.

› art. 109, IX, CF.

› arts. 4º e 5º, § 2º, CP.

› art. 2º, Dec.-Lei 3.688/1941 (Lei das Contravenções Penais).

› Súm. 522, STF.

Art. 90. Os crimes praticados a bordo de aeronave nacional, dentro do espaço aéreo correspondente ao território brasileiro, ou ao alto-mar, ou a bordo de aeronave estrangeira, dentro do espaço aéreo correspondente ao território nacional, serão processados e julgados pela justiça da comarca em cujo território se verificar o pouso após o crime, ou pela da comarca de onde houver partido a aeronave.

› art. 109, IX, CF.

› arts. 4º e 5º, § 2º, CP.

› art. 2º, Dec.-Lei 3.688/1941 (Lei das Contravenções Penais).

› Súm. 522, STF.

Art. 91. Quando incerta e não se determinar de acordo com as normas estabelecidas nos arts. 89 e 90, a competência se firmará pela prevenção. (Redação dada pela Lei 4.893/1965.)

› art. 83 deste Código.

TÍTULO VI
DAS QUESTÕES E PROCESSOS INCIDENTES

CAPÍTULO I
DAS QUESTÕES PREJUDICIAIS

Art. 92. Se a decisão sobre a existência da infração depender da solução de controvérsia, que o juiz repute séria e fundada, sobre o estado civil das pessoas, o curso da ação penal ficará suspenso até que no juízo cível seja a controvérsia dirimida por sentença passada em julgado, sem prejuízo, entretanto, da inquirição das testemunhas e de outras provas de natureza urgente.

› art. 581, XVI, deste Código.

› art. 116, I, CP.

› arts. 122 a 127, CPPM.

Parágrafo único. Se for o crime de ação pública, o Ministério Público, quando necessário, promoverá a ação civil ou prosseguirá na que tiver sido iniciada, com a citação dos interessados.

› art. 177, NCPC.

Art. 93. Se o reconhecimento da existência da infração penal depender de decisão sobre questão diversa da prevista no artigo anterior, da competência do juízo cível, e se neste houver sido proposta ação para resolvê-la, o juiz criminal poderá, desde que essa questão seja de difícil solução e não verse sobre direito cuja prova a lei civil limite, suspender o curso do processo, após a inquirição das testemunhas e realização das outras provas de natureza urgente.

› art. 225 deste Código.

› arts. 166 a 184 e 212 a 232, CC/2002.

§ 1º O juiz marcará o prazo da suspensão, que poderá ser razoavelmente prorrogado, se a demora não for imputável à parte. Expirado o prazo, sem que o juiz cível tenha proferido decisão, o juiz criminal fará prosseguir o processo, retomando sua competência para resolver, de fato e de direito, toda a matéria da acusação ou da defesa.

› arts. 265 e 266, CPC.

› arts. 313 e 314, NCPC.

§ 2º Do despacho que denegar a suspensão não caberá recurso.

› art. 581, XVI, deste Código.

§ 3º Suspenso o processo, e tratando-se de crime de ação pública, incumbirá ao Ministério Público intervir imediatamente na causa cível, para o fim de promover-lhe o rápido andamento.

› art. 116, I, CP.

Art. 94. A suspensão do curso da ação penal, nos casos dos artigos anteriores, será decretada pelo juiz, de ofício ou a requerimento das partes.

› art. 581, XVI, deste Código.

CAPÍTULO II
DAS EXCEÇÕES

› art. 407 deste Código.

Art. 95. Poderão ser opostas as exceções de:

› art. 128, CPPM.

I - suspeição;

› arts. 96 a 107; 254 a 256; 258; 470; 564, I; e 581, III, deste Código.

› Súm. 234, STJ.

II - incompetência de juízo;

› arts. 108; 109; 111; 114, I; 564, I; 567; e 581, II, deste Código.

III - litispendência;

‣ arts. 110; 111; e 581, III, deste Código.

IV - ilegitimidade de parte;

‣ arts. 110; 111; 564, II; 568; e 581, III, deste Código.

V - coisa julgada.

‣ arts. 110, § 2º; 111; e 581, III, deste Código.

Art. 96. A arguição de suspeição precederá a qualquer outra, salvo quando fundada em motivo superveniente.

‣ arts. 254 a 256 deste Código.

Art. 97. O juiz que espontaneamente afirmar suspeição deverá fazê-lo por escrito, declarando o motivo legal, e remeterá imediatamente o processo ao seu substituto, intimadas as partes.

‣ arts. 254 a 256 deste Código.

Art. 98. Quando qualquer das partes pretender recusar o juiz, deverá fazê-lo em petição assinada por ela própria ou por procurador com poderes especiais, aduzindo as suas razões acompanhadas de prova documental ou do rol de testemunhas.

‣ arts. 254 a 256 e 564, I, deste Código.

‣ art. 131, CPPM.

Art. 99. Se reconhecer a suspeição, o juiz sustará a marcha do processo, mandará juntar aos autos a petição do recusante com os documentos que a instruam, e por despacho se declarará suspeito, ordenando a remessa dos autos ao substituto.

‣ art. 132, CPPM.

Art. 100. Não aceitando a suspeição, o juiz mandará autuar em apartado a petição, dará sua resposta dentro em três dias, podendo instruí-la e oferecer testemunhas, e, em seguida, determinará sejam os autos da exceção remetidos, dentro em vinte e quatro horas, ao juiz ou tribunal a quem competir o julgamento.

‣ art. 133, CPPM.

§ 1º Reconhecida, preliminarmente, a relevância da arguição, o juiz ou tribunal, com citação das partes, marcará dia e hora para a inquirição das testemunhas, seguindo-se o julgamento, independentemente de mais alegações.

§ 2º Se a suspeição for de manifesta improcedência, o juiz ou relator a rejeitará liminarmente.

‣ Súm. 322, STF.

Art. 101. Julgada procedente a suspeição, ficarão nulos os atos do processo principal, pagando o juiz as custas, no caso de erro inescusável; rejeitada, evidenciando-se a malícia do excipiente, a este será imposta a multa de duzentos mil-réis a dois contos de réis.

‣ art. 564, I, deste Código.

‣ art. 49, CP.

‣ art. 134, CPPM.

Art. 102. Quando a parte contrária reconhecer a procedência da arguição, poderá ser sustado, a seu requerimento, o processo principal, até que se julgue o incidente da suspeição.

Art. 103. No Supremo Tribunal Federal e nos Tribunais de Apelação, o juiz que se julgar suspeito deverá declará-lo nos autos e, se for revisor, passar o feito ao seu substituto na ordem da precedência, ou, se for relator, apresentar os autos em mesa para nova distribuição.

‣ A partir da CF/1946, os Tribunais de Apelação passaram a se denominar Tribunais de Justiça.

‣ art. 135, CPPM.

‣ arts. 277 a 287, RISTF.

‣ arts. 272 a 282, RISTJ.

§ 1º Se não for relator nem revisor, o juiz que houver de dar-se por suspeito, deverá fazê-lo verbalmente, na sessão de julgamento, registrando-se na ata a declaração.

§ 2º Se o presidente do tribunal se der por suspeito, competirá ao seu substituto designar dia para o julgamento e presidi-lo.

§ 3º Observar-se-á, quanto à arguição de suspeição pela parte, o disposto nos arts. 98 a 101, no que lhe for aplicável, atendido, se o juiz a reconhecer, o que estabelece este artigo.

‣ Súm. 322, STF.

§ 4º A suspeição, não sendo reconhecida, será julgada pelo tribunal pleno, funcionando como relator o presidente.

§ 5º Se o recusado for o presidente do tribunal, o relator será o vice-presidente.

Art. 104. Se for arguida a suspeição do órgão do Ministério Público, o juiz, depois de ouvi-lo, decidirá, sem recurso, podendo antes admitir a produção de provas no prazo de três dias.

‣ arts. 258 e 470 deste Código.

‣ art. 148, NCPC.

‣ arts. 136 a 138, CPPM.

‣ Súm. 234, STJ.

Art. 105. As partes poderão também arguir de suspeitos os peritos, os intérpretes e os serventuários ou funcionários de justiça, decidindo o juiz de plano e sem recurso, à vista da matéria alegada e prova imediata.

‣ arts. 274; 280; 281; e 470 deste Código.

‣ art. 148, NCPC.

‣ arts. 137; 139; e 140, CPPM.

Art. 106. A suspeição dos jurados deverá ser arguida oralmente, decidindo de plano do presidente do Tribunal do Júri, que a rejeitará se, negada pelo recusado, não for imediatamente comprovada, o que tudo constará da ata.

‣ arts. 448, § 2º; 449; 466; 470; 471; 571, VIII; e 582, I, deste Código.

Art. 107. Não se poderá opor suspeição às autoridades policiais nos atos do inquérito, mas deverão elas declarar-se suspeitas, quando ocorrer motivo legal.

‣ art. 254 deste Código.

‣ art. 142, CPPM.

Art. 108. A exceção de incompetência do juízo poderá ser oposta, verbalmente ou por escrito, no prazo de defesa.

‣ arts. 69 a 91; e 581, II, deste Código.

‣ arts. 143 a 147, CPPM.

‣ art. 8º, 1, Pacto de São José da Costa Rica.

§ 1º Se, ouvido o Ministério Público, for aceita a declinatória, o feito será remetido ao juízo competente, onde, ratificados os atos anteriores, o processo prosseguirá.

§ 2º Recusada a incompetência, o juiz continuará no feito, fazendo tomar por termo a declinatória, se formulada verbalmente.

Art. 109. Se em qualquer fase do processo o juiz reconhecer motivo que o torne incompetente, declará-lo-á nos autos, haja ou não alegação da parte, prosseguindo-se na forma do artigo anterior.

‣ arts. 564, I; 567; e 581, II, deste Código.

Art. 110. Nas exceções de litispendência, ilegitimidade de parte e coisa julgada, será observado, no que lhes for aplicável, o disposto sobre a exceção de incompetência do juízo.

‣ arts. 564, II, e 581, III, deste Código.

‣ art. 337, NCPC.

‣ arts. 148 a 155, CPPM.

§ 1º Se a parte houver de opor mais de uma dessas exceções, deverá fazê-lo numa só petição ou articulado.

§ 2º A exceção de coisa julgada somente poderá ser oposta em relação ao fato principal, que tiver sido objeto da sentença.

‣ art. 8º, 4, Pacto de São José da Costa Rica.

Art. 111. As exceções serão processadas em autos apartados e não suspenderão, em regra, o andamento da ação penal.

CAPÍTULO III
DAS INCOMPATIBILIDADES E IMPEDIMENTOS

Art. 112. O juiz, o órgão do Ministério Público, os serventuários ou funcionários de justiça e os peritos ou intérpretes abster-se-ão de servir no processo, quando houver incompatibilidade ou impedimento legal, que declararão nos autos. Se não se der a abstenção, a incompatibilidade ou impedimento poderá ser arguido pelas partes, seguindo-se o processo estabelecido para a exceção de suspeição.

‣ arts. 252; 253; 274; 280; 281; e 466 deste Código.

‣ Súm. 234, STJ.

CAPÍTULO IV
DO CONFLITO DE JURISDIÇÃO

Art. 113. As questões atinentes à competência resolver-se-ão não só pela exceção própria, como também pelo conflito positivo ou negativo de jurisdição.

‣ art. 95, II, deste Código.

‣ art. 111, CPPM.

‣ Súm. 59, STJ.

Art. 114. Haverá conflito de jurisdição:

‣ art. 112, CPPM.

I - quando duas ou mais autoridades judiciárias se considerarem competentes, ou incompetentes, para conhecer do mesmo fato criminoso;

II - quando entre elas surgir controvérsia sobre unidade de juízo, junção ou separação de processos.

‣ arts. 80 a 82 deste Código.

Art. 115. O conflito poderá ser suscitado:

‣ art. 113, CPPM.

I - pela parte interessada;

II - pelos órgãos do Ministério Público junto a qualquer dos juízos em dissídio;

III - por qualquer dos juízes ou tribunais em causa.

- Súm. 59, STJ.

Art. 116. Os juízes e tribunais, sob a forma de representação, e a parte interessada, sob a de requerimento, darão parte escrita e circunstanciada do conflito, perante o tribunal competente, expondo os fundamentos e juntando os documentos comprobatórios.

- arts. 102, I, o, e 105, I, d, CF.
- arts. 114 a 118, CPPM.

§ 1º Quando negativo o conflito, os juízes e tribunais poderão suscitá-lo nos próprios autos do processo.

§ 2º Distribuído o feito, se o conflito for positivo, o relator poderá determinar imediatamente que se suspenda o andamento do processo.

§ 3º Expedida ou não a ordem de suspensão, o relator requisitará informações às autoridades em conflito, remetendo-lhes cópia do requerimento ou representação.

§ 4º As informações serão prestadas no prazo marcado pelo relator.

§ 5º Recebidas as informações, e depois de ouvido o procurador-geral, o conflito será decidido na primeira sessão, salvo se a instrução do feito depender de diligência.

§ 6º Proferida a decisão, as cópias necessárias serão remetidas, para a sua execução, às autoridades contra as quais tiver sido levantado o conflito ou que o houverem suscitado.

Art. 117. O Supremo Tribunal Federal, mediante avocatória, restabelecerá a sua jurisdição, sempre que exercida por qualquer dos juízes ou tribunais inferiores.

- art. 102, I, CF.
- art. 120, CPPM.

CAPÍTULO V
DA RESTITUIÇÃO DAS COISAS APREENDIDAS

Art. 118. Antes de transitar em julgado a sentença final, as coisas apreendidas não poderão ser restituídas enquanto interessarem ao processo.

- art. 37, § 6º, CF.
- art. 6º deste Código.
- art. 91, II, a e b, CP.
- art. 190, CPPM.

Art. 119. As coisas a que se referem os arts. 74 e 100 do Código Penal não poderão ser restituídas, mesmo depois de transitar em julgado a sentença final, salvo se pertencerem ao lesado ou a terceiro de boa-fé.

- Refere-se ao art. 91, atual CP.
- art. 779 deste Código.
- arts. 1.201 e 1.202, CC/2002.
- art. 25, Lei 10.826/2003 (Dispõe sobre registro, posse e comercialização de armas de fogo e munição).

Art. 120. A restituição, quando cabível, poderá ser ordenada pela autoridade policial ou juiz, mediante termo nos autos, desde que não exista dúvida quanto ao direito do reclamante.

- art. 6º, II, deste Código.
- arts. 191 a 195, CPPM.

§ 1º Se duvidoso esse direito, o pedido de restituição autuar-se-á em apartado, assinando-se ao requerente o prazo de 5 (cinco) dias para a prova. Em tal caso, só o juiz criminal poderá decidir o incidente.

§ 2º O incidente autuar-se-á também em apartado e só a autoridade judicial o resolverá, se as coisas forem apreendidas em poder de terceiro de boa-fé, que será intimado para alegar e provar o seu direito, em prazo igual e sucessivo ao do reclamante, tendo um e outro dois dias para arrazoar.

- art. 1.201, CC/2002.

§ 3º Sobre o pedido de restituição será sempre ouvido o Ministério Público.

§ 4º Em caso de dúvida sobre quem seja o verdadeiro dono, o juiz remeterá as partes para o juízo cível, ordenando o depósito das coisas em mãos de depositário ou do próprio terceiro que as detinha, se for pessoa idônea.

- arts. 148 a 150, CPC.
- arts. 159 a 161, NCPC.

§ 5º Tratando-se de coisas facilmente deterioráveis, serão avaliadas e levadas a leilão público, depositando-se o dinheiro apurado, ou entregues ao terceiro que as detinha, se este for pessoa idônea e assinar termo de responsabilidade.

Art. 121. No caso de apreensão de coisa adquirida com os proventos da infração, aplica-se o disposto no art. 133 e seu parágrafo.

- art. 91, II, b, CP.

Art. 122. Sem prejuízo do disposto no art. 120, as coisas apreendidas serão alienadas nos termos do disposto no art. 133 deste Código. (Redação dada pela Lei 13.964/2019)

Parágrafo único. (Revogado pela Lei 13.964/2019)

Art. 123. Fora dos casos previstos nos artigos anteriores, se dentro no prazo de 90 dias, a contar da data em que transitar em julgado a sentença final, condenatória ou absolutória, os objetos apreendidos não forem reclamados ou não pertencerem ao réu, serão vendidos em leilão, depositando-se o saldo à disposição do juízo de ausentes.

- art. 198, CPPM.

Art. 124. Os instrumentos do crime, cuja perda em favor da União for decretada, e as coisas confiscadas, de acordo com o disposto no art. 100 do Código Penal, serão inutilizados ou recolhidos a museu criminal, se houver interesse na sua conservação.

- Refere-se ao art. 91, II, a, atual CP.
- arts. 6º, II, e 779 deste Código.
- art. 32 e 60 a 64, Lei 11.343/2006 (Lei Antidrogas).

Art. 124-A. Na hipótese de decretação de perdimento de obras de arte ou de outros bens de relevante valor cultural ou artístico, se o crime não tiver vítima determinada, poderá haver destinação dos bens a museus públicos. (Incluído pela Lei 13.964/2019)

CAPÍTULO VI
DAS MEDIDAS ASSECURATÓRIAS

- Lei 13.344/2016 (Dispõe sobre prevenção e repressão ao tráfico interno e internacional de pessoas e sobre medidas de atenção às vítimas).

Art. 125. Caberá o sequestro dos bens imóveis, adquiridos pelo indiciado com os proventos da infração, ainda que já tenham sido transferidos a terceiro.

- art. 5º, XLV, CF.
- arts. 822 a 825 deste Código.
- arts. 79 a 81, CC/2002.
- arts. 199 a 205, CPPM.
- Dec.-Lei 3.240/1941 (Sujeita a sequestro os bens de pessoas indiciadas por crimes de que resulta prejuízo para a Fazenda Pública).

Art. 126. Para a decretação do sequestro, bastará a existência de indícios veementes da proveniência ilícita dos bens.

- art. 239 deste Código.

Art. 127. O juiz, de ofício, a requerimento do Ministério Público ou do ofendido, ou mediante representação da autoridade policial, poderá ordenar o sequestro, em qualquer fase do processo ou ainda antes de oferecida a denúncia ou queixa.

Art. 128. Realizado o sequestro, o juiz ordenará a sua inscrição no Registro de Imóveis.

- arts. 167 a 288, Lei 6.015/1973 (Lei dos Registros Públicos).

Art. 129. O sequestro autuar-se-á em apartado e admitirá embargos de terceiro.

- arts. 1.046 e ss., CPC.
- art. 674 e ss., NCPC.

Art. 130. O sequestro poderá ainda ser embargado:

I - pelo acusado, sob o fundamento de não terem os bens sido adquiridos com os proventos da infração;

II - pelo terceiro, a quem houverem os bens sido transferidos a título oneroso, sob o fundamento de tê-los adquirido de boa-fé.

Parágrafo único. Não poderá ser pronunciada decisão nesses embargos antes de passar em julgado a sentença condenatória.

Art. 131. O sequestro será levantado:

I - se a ação penal não for intentada no prazo de sessenta dias, contado da data em que ficar concluída a diligência;

II - se o terceiro, a quem tiverem sido transferidos os bens, prestar caução que assegure a aplicação do disposto no art. 74, II, *b*, segunda parte, do Código Penal;

- Refere-se ao art. 91, II, *b*, atual CP.
- art. 300 e ss., NCPC.

III - se for julgada extinta a punibilidade ou absolvido o réu, por sentença transitada em julgado.

- art. 107, CP.

Art. 132. Proceder-se-á ao sequestro dos bens móveis se, verificadas as condições previstas no art. 126, não for cabível a medida regulada no Capítulo XI do Título VII deste Livro.

- arts. 240 a 250 deste Código.
- arts. 82 a 84, CC/2002.

Art. 133. Transitada em julgado a sentença condenatória, o juiz, de ofício ou a requerimento do interessado ou do Ministério Público, determinará a avaliação e a venda dos bens em leilão público cujo perdimento tenha sido decretado. (Redação dada pela Lei 13.964/2019)

§ 1º Do dinheiro apurado, será recolhido aos cofres públicos o que não couber ao lesado ou a terceiro de boa-fé. (Incluído pela Lei 13.964/2019)

§ 2º O valor apurado deverá ser recolhido ao Fundo Penitenciário Nacional, exceto se houver previsão diversa em lei especial. (Incluído pela Lei 13.964/2019)

Art. 133-A. O juiz poderá autorizar, constatado o interesse público, a utilização de bem sequestrado, apreendido ou sujeito a qualquer medida assecuratória pelos órgãos de segurança pública previstos no art. 144 da Constituição Federal, do sistema prisional, do sistema socioeducativo, da Força Nacional de Segurança Pública e do Instituto Geral de Perícia, para o desempenho de suas atividades. (Incluído pela Lei 13.964/2019)

§ 1º O órgão de segurança pública participante das ações de investigação ou repressão da infração penal que ensejou a constrição do bem terá prioridade na sua utilização.

§ 2º Fora das hipóteses anteriores, demonstrado o interesse público, o juiz poderá autorizar o uso do bem pelos demais órgãos públicos.

§ 3º Se o bem a que se refere o *caput* deste artigo for veículo, embarcação ou aeronave, o juiz ordenará à autoridade de trânsito ou ao órgão de registro e controle a expedição de certificado provisório de registro e licenciamento em favor do órgão público beneficiário, o qual estará isento do pagamento de multas, encargos e tributos anteriores à disponibilização do bem para a sua utilização, que deverão ser cobrados de seu responsável.

§ 4º Transitada em julgado a sentença penal condenatória com a decretação de perdimento dos bens, ressalvado o direito do lesado ou terceiro de boa-fé, o juiz poderá determinar a transferência definitiva da propriedade ao órgão público beneficiário ao qual foi custodiado o bem.

Art. 134. A hipoteca legal sobre os imóveis do indiciado poderá ser requerida pelo ofendido em qualquer fase do processo, desde que haja certeza da infração e indícios suficientes da autoria.

- arts. 142; 144; e 239 deste Código.
- arts. 1.489; 1.497; e 1.498, CC/2002.
- arts. 206 a 214, CPPM.

Art. 135. Pedida a especialização mediante requerimento, em que a parte estimará o valor da responsabilidade civil, e designará e estimará o imóvel ou imóveis que terão de ficar especialmente hipotecados, o juiz mandará logo proceder ao arbitramento do valor da responsabilidade e à avaliação do imóvel ou imóveis.

- arts. 577 e 598 deste Código.
- arts. 1.205 a 1.210, CPC.
- art. 1.492, CC/2002.

§ 1º A petição será instruída com as provas ou indicação das provas em que se fundar a estimação da responsabilidade, com a relação dos imóveis que o responsável possuir, se outros tiver, além dos indicados no requerimento, e com os documentos comprobatórios do domínio.

§ 2º O arbitramento do valor da responsabilidade e a avaliação dos imóveis designados far-se-ão por perito nomeado pelo juiz, onde não houver avaliador judicial, sendo-lhe facultada a consulta dos autos do processo respectivo.

- arts. 275 a 281 deste Código.

§ 3º O juiz, ouvidas as partes no prazo de dois dias, que correrá em cartório, poderá corrigir o arbitramento do valor da responsabilidade, se lhe parecer excessivo ou deficiente.

§ 4º O juiz autorizará somente a inscrição da hipoteca do imóvel ou imóveis necessários à garantia da responsabilidade.

- art. 1.497, CC/2002.
- art. 167, I, 2, Lei 6.015/1973 (Lei de Registros Públicos).

§ 5º O valor da responsabilidade será liquidado definitivamente após a condenação, podendo ser requerido novo arbitramento se qualquer das partes não se conformar com o arbitramento anterior à sentença condenatória.

§ 6º Se o réu oferecer caução suficiente, em dinheiro ou em títulos de dívida pública, pelo valor de sua cotação em Bolsa, o juiz poderá deixar de mandar proceder à inscrição da hipoteca legal.

Art. 136. O arresto do imóvel poderá ser decretado de início, revogando-se, porém, se no prazo de 15 (quinze) dias não for promovido o processo de inscrição da hipoteca legal. (Redação dada pela Lei 11.435/2006.)

Art. 137. Se o responsável não possuir bens imóveis ou os possuir de valor insuficiente, poderão ser arrestados bens móveis suscetíveis de penhora, nos termos em que é facultada a hipoteca legal dos imóveis. (Redação dada pela Lei 11.435/2006.)

§ 1º Se esses bens forem coisas fungíveis e facilmente deterioráveis, proceder-se-á na forma do § 5º do art. 120.

- art. 85, CC/2002.

§ 2º Das rendas dos bens móveis poderão ser fornecidos recursos arbitrados pelo juiz, para a manutenção do indiciado e de sua família.

Art. 138. O processo de especialização da hipoteca e do arresto correrão em auto apartado. (Redação dada pela Lei 11.435/2006.)

Art. 139. O depósito e a administração dos bens arrestados ficarão sujeitos ao regime do processo civil. (Redação dada pela Lei 11.435/2006.)

Art. 140. As garantias do ressarcimento do dano alcançarão também as despesas processuais e as penas pecuniárias, tendo preferência sobre estas a reparação do dano ao ofendido.

- arts. 63 a 68 deste Código.
- art. 91, I, CP.
- art. 1.489, III, CC/2002.

Art. 141. O arresto será levantado ou cancelada a hipoteca, se, por sentença irrecorrível, o réu for absolvido ou julgada extinta a punibilidade. (Redação dada pela Lei 11.435/2006.)

Art. 142. Caberá ao Ministério Público promover as medidas estabelecidas nos arts. 134 e 137, se houver interesse da Fazenda Pública, ou se o ofendido for pobre e o requerer.

- arts. 32 e 257 deste Código.

Art. 143. Passando em julgado a sentença condenatória, serão os autos de hipoteca ou arresto remetidos ao juiz do cível (art. 63). (Redação dada pela Lei 11.435/2006.)

Art. 144. Os interessados ou, nos casos do art. 142, o Ministério Público poderão requerer no juízo cível, contra o responsável civil, as medidas previstas nos arts. 134, 136 e 137.

- art. 932, CC/2002.

Art. 144-A. O juiz determinará a alienação antecipada para preservação do valor dos bens sempre que estiverem sujeitos a qualquer grau de deterioração ou depreciação, ou quando houver dificuldade para sua manutenção.

- Res. 356/2020, CNJ (Dispõe sobre a alienação antecipada de bens apreendidos em procedimentos criminais).

§ 1º O leilão far-se-á preferencialmente por meio eletrônico.

§ 2º Os bens deverão ser vendidos pelo valor fixado na avaliação judicial ou por valor maior. Não alcançado o valor estipulado pela administração judicial, será realizado novo leilão, em até 10 (dez) dias contados da realização do primeiro, podendo os bens ser alienados por valor não inferior a 80% (oitenta por cento) do estipulado na avaliação judicial.

§ 3º O produto da alienação ficará depositado em conta vinculada ao juízo até a decisão final do processo, procedendo-se à sua conversão em renda para a União, Estado ou Distrito Federal, no caso de condenação, ou, no caso de absolvição, à sua devolução ao acusado.

§ 4º Quando a indisponibilidade recair sobre dinheiro, inclusive moeda estrangeira, títulos, valores mobiliários ou cheques emitidos como ordem de pagamento, o juízo determinará a conversão do numerário apreendido em moeda nacional corrente e o depósito das correspondentes quantias em conta judicial.

§ 5º No caso da alienação de veículos, embarcações ou aeronaves, o juiz ordenará à autoridade de trânsito ou ao equivalente órgão de registro e controle a expedição de certificado de registro e licenciamento em favor do arrematante, ficando este livre do pagamento de multas, encargos e tributos anteriores, sem prejuízo de execução fiscal em relação ao antigo proprietário.

§ 6º O valor dos títulos da dívida pública, das ações das sociedades e dos títulos de crédito negociáveis em bolsa será o da cotação oficial do dia, provada por certidão ou publicação no órgão oficial.

§ 7º (Vetado).

- Art. 144-A e §§ acrescentados pela Lei 12.694/2012.

CAPÍTULO VII
DO INCIDENTE DE FALSIDADE

Art. 145. Arguida, por escrito, a falsidade de documento constante dos autos, o juiz observará o seguinte processo:

- art. 581, XVIII, deste Código.
- arts. 293 a 311, CP.
- art. 163, CPPM.

I - mandará autuar em apartado a impugnação, e em seguida ouvirá a parte contrária, que, no prazo de 48 horas, oferecerá resposta;

II - assinará o prazo de 3 dias, sucessivamente, a cada uma das partes, para prova de suas alegações;

III - conclusos os autos, poderá ordenar as diligências que entender necessárias;

IV - se reconhecida a falsidade por decisão irrecorrível, mandará desentranhar o documento e remetê-lo, com os autos do processo incidente, ao Ministério Público.

- art. 40 deste Código.
- arts. 296 a 311, CP.
- art. 15, Dec.-Lei 3.931/1941 (Lei de Introdução ao CPP).

Art. 146. A arguição de falsidade, feita por procurador, exige poderes especiais.

- arts. 138 e 339, CP.
- art. 165, CPPM.

Art. 147. O juiz poderá, de ofício, proceder à verificação da falsidade.

- art. 581, XVIII, deste Código.
- art. 430 e ss., NCPC.
- art. 166, CPPM.

Art. 148. Qualquer que seja a decisão, não fará coisa julgada em prejuízo de ulterior processo penal ou civil.

- art. 581, XVIII, deste Código.
- art. 430 e ss., NCPC.
- art. 169, CPPM.

CAPÍTULO VIII
DA INSANIDADE MENTAL DO ACUSADO

Art. 149. Quando houver dúvida sobre a integridade mental do acusado, o juiz ordenará, de ofício ou a requerimento do Ministério Público, do defensor, do curador, do ascendente, descendente, irmão ou cônjuge do acusado, seja este submetido a exame médico-legal.

- arts. 26, p.u., e 97, CP.
- art. 156, CPPM.

§ 1º O exame poderá ser ordenado ainda na fase do inquérito, mediante representação da autoridade policial ao juiz competente.

§ 2º O juiz nomeará curador ao acusado, quando determinar o exame, ficando suspenso o processo, se já iniciada a ação penal, salvo quanto às diligências que possam ser prejudicadas pelo adiamento.

- art. 152, § 2º, deste Código.

Art. 150. Para o efeito do exame, o acusado, se estiver preso, será internado em manicômio judiciário, onde houver, ou, se estiver solto, e o requererem os peritos, em estabelecimento adequado que o juiz designar.

- art. 157, CPPM.
- Súm. 361, STF.

§ 1º O exame não durará mais de quarenta e cinco dias, salvo se os peritos demonstrarem a necessidade de maior prazo.

§ 2º Se não houver prejuízo para a marcha do processo, o juiz poderá autorizar sejam os autos entregues aos peritos, para facilitar o exame.

- art. 803 deste Código.

Art. 151. Se os peritos concluírem que o acusado era, ao tempo da infração, irresponsável nos termos do art. 22 do Código Penal, o processo prosseguirá, com a presença do curador.

- art. 97, CP.
- art. 160, CPPM.
- Súm. 361, STF.

Art. 152. Se se verificar que a doença mental sobreveio à infração o processo continuará suspenso até que o acusado se restabeleça, observado o § 2º do art. 149.

- Refere-se ao art. 26, atual CP.
- art. 79, § 1º, deste Código.
- art. 161, CPPM.

§ 1º O juiz poderá, nesse caso, ordenar a internação do acusado em manicômio judiciário ou em outro estabelecimento adequado.

- art. 5º, LIV e LVII, CF.

§ 2º O processo retomará o seu curso, desde que se restabeleça o acusado, ficando-lhe assegurada a faculdade de reinquirir as testemunhas que houverem prestado depoimento sem a sua presença.

Art. 153. O incidente da insanidade mental processar-se-á em auto apartado, que só depois da apresentação do laudo, será apenso ao processo principal.

- art. 162, CPPM.

Art. 154. Se a insanidade mental sobrevier no curso da execução da pena, observar-se-á o disposto no art. 682.

- art. 41, CP.
- art. 183, Lei 7.210/1984 (Lei de Execuções Penais).

TÍTULO VII
DA PROVA

CAPÍTULO I
DISPOSIÇÕES GERAIS

- Dec. 1.925/1996 (Promulga a Convenção Interamericana sobre Prova).

Art. 155. O juiz formará sua convicção pela livre apreciação da prova produzida em contraditório judicial, não podendo fundamentar sua decisão exclusivamente nos elementos informativos colhidos na investigação, ressalvadas as provas cautelares, não repetíveis e antecipadas. (Redação dada pela Lei 11.690/2008.)

- art. 5º, LV e LVI, CF.
- arts. 182; 184; 200; e 381, III, deste Código.
- art. 297, CPPM.

Parágrafo único. Somente quanto ao estado das pessoas serão observadas as restrições estabelecidas na lei civil. (Incluído pela Lei 11.690/2008.)

- art. 5º, LVI, CF.
- art. 92 deste Código.
- art. 294, CPPM.
- Súm. 74, STJ.

Art. 156. A prova da alegação incumbirá a quem a fizer, sendo, porém, facultado ao juiz de ofício: (Redação dada pela Lei 11.690/2008.)

- arts. 370, 373 e 374, NCPC.
- art. 296, CPPM.
- art. 81, § 1º, Lei 9.099/1995 (Lei dos Juizados Especiais).

I - ordenar, mesmo antes de iniciada a ação penal, a produção antecipada de provas consideradas urgentes e relevantes, observando a necessidade, adequação e proporcionalidade da medida; (Incluído pela Lei 11.690/2008.)

- art. 129, I, CF.

II - determinar, no curso da instrução, ou antes de proferir sentença, a realização de diligências para dirimir dúvida sobre ponto relevante. (Incluído pela Lei 11.690/2008.)

- art. 129, I, CF.

Art. 157. São inadmissíveis, devendo ser desentranhadas do processo, as provas ilícitas, assim entendidas as obtidas em violação a normas constitucionais ou legais. (Redação dada pela Lei 11.690/2008.)

- art. 5º, LVI, CF.

§ 1º São também inadmissíveis as provas derivadas das ilícitas, salvo quando não evidenciado o nexo de causalidade entre umas e outras, ou quando as derivadas puderem ser obtidas por uma fonte independente das primeiras. (Incluído pela Lei 11.690/2008.)

§ 2º Considera-se fonte independente aquela que por si só, seguindo os trâmites típicos e de praxe, próprios da investigação ou instrução criminal, seria capaz de conduzir ao fato objeto da prova. (Incluído pela Lei 11.690/2008.)

§ 3º Preclusa a decisão de desentranhamento da prova declarada inadmissível, esta será inutilizada por decisão judicial, facultado às partes acompanhar o incidente. (Incluído pela Lei 11.690/2008.)

§ 4º (Vetado na Lei 11.690/2008.)

§ 5º O juiz que conhecer do conteúdo da prova declarada inadmissível não poderá proferir a sentença ou acórdão. (Incluído pela Lei 13.964/2019)

CAPÍTULO II
DO EXAME DE CORPO DE DELITO, DA CADEIA DE CUSTÓDIA E DAS PERÍCIAS EM GERAL

- (Redação dada pela Lei 13.964/2019)
- Lei 9.296/1996 (Lei de Interceptação das Comunicações Telefônicas).

Art. 158. Quando a infração deixar vestígios, será indispensável o exame de corpo de delito, direto ou indireto, não podendo supri-lo a confissão do acusado.

- arts. 6º, VIII; 167; 525; e 564, III, b, deste Código.
- art. 328, CPPM.
- arts. 69 e 77, § 1º, Lei 9.099/1995 (Lei dos Juizados Especiais).

Parágrafo único. Dar-se-á prioridade à realização do exame de corpo de delito quando se tratar de crime que envolva: (Incluído pela Lei 13.721/ 2018)

I - violência doméstica e familiar contra mulher; (Incluído pela Lei 13.721/2018)

II - violência contra criança, adolescente, idoso ou pessoa com deficiência. (Incluído pela Lei 13.721/2018)

Art. 158-A. Considera-se cadeia de custódia o conjunto de todos os procedimentos utilizados para manter e documentar a história cronológica do vestígio coletado em locais ou em vítimas de crimes, para rastrear sua posse e manuseio a partir de seu reconhecimento até o descarte. (Incluído pela Lei 13.964/2019)

§ 1º O início da cadeia de custódia dá-se com a preservação do local de crime ou com procedimentos policiais ou periciais nos quais seja detectada a existência de vestígio.

§ 2º O agente público que reconhecer um elemento como de potencial interesse para a produção da prova pericial fica responsável por sua preservação.

§ 3º Vestígio é todo objeto ou material bruto, visível ou latente, constatado ou recolhido, que se relaciona à infração penal.

Art. 158-B. A cadeia de custódia compreende o rastreamento do vestígio nas seguintes etapas: (Incluído pela Lei 13.964/2019)

I - reconhecimento: ato de distinguir um elemento como de potencial interesse para a produção da prova pericial;

II - isolamento: ato de evitar que se altere o estado das coisas, devendo isolar e preservar o ambiente imediato, mediato e relacionado aos vestígios e local de crime;

III - fixação: descrição detalhada do vestígio conforme se encontra no local de crime ou no corpo de delito, e a sua posição na área de exames, podendo ser ilustrada por fotografias, filmagens ou croqui, sendo indispensável a sua descrição no laudo pericial produzido pelo perito responsável pelo atendimento;

IV - coleta: ato de recolher o vestígio que será submetido à análise pericial, respeitando suas características e natureza;

V - acondicionamento: procedimento por meio do qual cada vestígio coletado é embalado de forma individualizada, de acordo com suas características físicas, químicas e biológicas, para posterior análise, com anotação da data, hora e nome de quem realizou a coleta e o acondicionamento;

VI - transporte: ato de transferir o vestígio de um local para o outro, utilizando as condições adequadas (embalagens, veículos, temperatura, entre outras), de modo a garantir a manutenção de suas características originais, bem como o controle de sua posse;

VII - recebimento: ato formal de transferência da posse do vestígio, que deve ser documentado com, no mínimo, informações referentes ao número de procedimento e unidade de polícia judiciária relacionada, local de origem, nome de quem transportou o vestígio, código de rastreamento, natureza do exame, tipo do vestígio, protocolo, assinatura e identifica-ção de quem o recebeu;

VIII - processamento: exame pericial em si, manipulação do vestígio de acordo com a metodologia adequada às suas características biológicas, físicas e químicas, a fim de se obter o resultado desejado, que deverá ser formalizado em laudo produzido por perito;

IX - armazenamento: procedimento referente à guarda, em condições adequadas, do material a ser processado, guardado para realização de contraperícia, descartado ou transportado, com vinculação ao número do laudo correspondente;

X - descarte: procedimento referente à liberação do vestígio, respeitando a legislação vigente e, quando pertinente, mediante autorização judicial.

Art. 158-C. A coleta dos vestígios deverá ser realizada preferencialmente por perito oficial, que dará o encaminhamento necessário para a central de custódia, mesmo quando for necessária a realização de exames complementares. (Incluído pela Lei 13.964/2019)

§ 1º Todos vestígios coletados no decurso do inquérito ou processo devem ser tratados como descrito nesta Lei, ficando órgão central de perícia oficial de natureza criminal responsável por detalhar a forma do seu cumprimento.

§ 2º É proibida a entrada em locais isolados bem como a remoção de quaisquer vestígios de locais de crime antes da liberação por parte do perito responsável, sendo tipificada como fraude processual a sua realização.

Art. 158-D. O recipiente para acondicionamento do vestígio será determinado pela natureza do material. (Incluído pela Lei 13.964/2019)

§ 1º Todos os recipientes deverão ser selados com lacres, com numeração individualizada, de forma a garantir a inviolabilidade e a idoneidade do vestígio durante o transporte.

§ 2º O recipiente deverá individualizar o vestígio, preservar suas características, impedir contaminação e vazamento, ter grau de resistência adequado e espaço para registro de informações sobre seu conteúdo.

§ 3º O recipiente só poderá ser aberto pelo perito que vai proceder à análise e, motivadamente, por pessoa autorizada.

§ 4º Após cada rompimento de lacre, deve se fazer constar na ficha de acompanhamento de vestígio o nome e a matrícula do responsável, a data, o local, a finalidade, bem como as informações referentes ao novo lacre utilizado.

§ 5º O lacre rompido deverá ser acondicionado no interior do novo recipiente.

Art. 158-E. Todos os Institutos de Criminalística deverão ter uma central de custódia destinada à guarda e controle dos vestígios, e sua gestão deve ser vinculada diretamente ao órgão central de perícia oficial de natureza criminal. (Incluído pela Lei 13.964/2019)

§ 1º Toda central de custódia deve possuir os serviços de protocolo, com local para conferência, recepção, devolução de materiais e documentos, possibilitando a seleção, a classificação e a distribuição de materiais, devendo ser um espaço seguro e apresentar condições ambientais que não interfiram nas características do vestígio.

§ 2º Na central de custódia, a entrada e a saída de vestígio deverão ser protocoladas, consignando-se informações sobre a ocorrência no inquérito que a eles se relacionam.

§ 3º Todas as pessoas que tiverem acesso ao vestígio armazenado deverão ser identificadas e deverão ser registradas a data e a hora do acesso.

§ 4º Por ocasião da tramitação do vestígio armazenado, todas as ações deverão ser registradas, consignando-se a identificação do responsável pela tramitação, a destinação, a data e horário da ação.

Art. 158-F. Após a realização da perícia, o material deverá ser devolvido à central de custódia, devendo nela permanecer. (Incluído pela Lei 13.964/2019)

Parágrafo único. Caso a central de custódia não possua espaço ou condições de armazenar determinado material, deverá a autoridade policial ou judiciária determinar as condições de depósito do referido material em local diverso, mediante requerimento do diretor do órgão central de perícia oficial de natureza criminal.

Art. 159. O exame de corpo de delito e outras perícias serão realizados por perito oficial, portador de diploma de curso superior. (Redação dada pela Lei 11.690/2008.)

- art. 178 deste Código.
- art. 318, CPPM.
- art. 50, §§ 1º e 2º, Lei 11.343/2006 (Lei Antidrogas).
- Lei 12.030/2009 (Lei das Perícias Oficiais Criminais).
- Súm. 361, STF.
- art. 2º, Lei 11.690/2008 (Aqueles peritos que ingressaram sem exigência do diploma de curso superior até a data de entrada em vigor desta Lei continuarão a atuar exclusivamente nas respectivas áreas para as quais se habilitaram, ressalvados os peritos médicos).

§ 1º Na falta de perito oficial, o exame será realizado por 2 (duas) pessoas idôneas, portadoras de diploma de curso superior preferencialmente na área específica, dentre as que tiverem habilitação técnica relacionada com a natureza do exame. (Redação dada pela Lei 11.690/2008.)

- art. 179 deste Código.
- art. 48, CPPM.

§ 2º Os peritos não oficiais prestarão o compromisso de bem e fielmente desempenhar o encargo. (Redação dada pela Lei 11.690/2008.)

- arts. 275; 276; 279; 564, IV; e 572 deste Código.
- art. 48, p.u., CPPM.

§ 3º Serão facultadas ao Ministério Público, ao assistente de acusação, ao ofendido, ao querelante e ao acusado a formulação de quesitos e indicação de assistente técnico. (Incluído pela Lei 11.690/2008.)

§ 4º O assistente técnico atuará a partir de sua admissão pelo juiz e após a conclusão dos exames e elaboração do laudo pelos peritos oficiais, sendo as partes intimadas desta decisão. (Incluído pela Lei 11.690/2008.)

§ 5º Durante o curso do processo judicial, é permitido às partes, quanto à perícia: (Incluído pela Lei 11.690/2008.)

I - requerer a oitiva dos peritos para esclarecerem a prova ou para responderem a quesitos, desde que o mandado de intimação e os quesitos ou questões a serem esclarecidas sejam encaminhados com antecedência mínima de 10 (dez) dias, podendo apresentar as respostas em laudo complementar; (Incluído pela Lei 11.690/2008.)

- art. 8º, 2, f, Pacto de São José da Costa Rica.

II - indicar assistentes técnicos que poderão apresentar pareceres em prazo a ser fixado pelo juiz ou ser inquiridos em audiência. (Incluído pela Lei 11.690/2008.)

§ 6º Havendo requerimento das partes, o material probatório que serviu de base à perícia será disponibilizado no ambiente do órgão oficial, que manterá sempre sua guarda, e na presença de perito oficial, para exame pelos assistentes, salvo se for impossível a sua conservação. (Incluído pela Lei 11.690/2008.)

§ 7º Tratando-se de perícia complexa que abranja mais de uma área de conhecimento especializado, poder-se-á designar a atuação de mais de um perito oficial, e a parte indicar mais de um assistente técnico. (Incluído pela Lei 11.690/2008.)

Art. 160. Os peritos elaborarão o laudo pericial, onde descreverão minuciosamente o que examinarem, e responderão aos quesitos formulados. (Redação dada pela Lei 8.862/1994.)

- art. 319, CPPM.

Parágrafo único. O laudo pericial será elaborado no prazo máximo de 10 dias, podendo este prazo ser prorrogado, em casos excepcionais, a requerimento dos peritos. (Redação dada pela Lei 8.862/1994.)

- art. 179, p.u., deste Código.

Art. 161. O exame de corpo de delito poderá ser feito em qualquer dia e a qualquer hora.

- art. 6º, VII, deste Código.
- art. 329, CPPM.

Art. 162. A autópsia será feita pelo menos seis horas depois do óbito, salvo se os peritos, pela evidência dos sinais de morte, julgarem que possa ser feita antes daquele prazo, o que declararão no auto.

- arts. 333 a 335, CPPM.

Parágrafo único. Nos casos de morte violenta, bastará o simples exame externo do cadáver, quando não houver infração penal que apurar, ou quando as lesões externas permitirem precisar a causa da morte e não houver necessidade de exame interno para a verificação de alguma circunstância relevante.

- art. 330, CP.
- art. 67, Dec.-Lei 3.688/1941 (Lei das Contravenções Penais).

Art. 163. Em caso de exumação para exame cadavérico, a autoridade providenciará para que, em dia e hora previamente marcados, se realize a diligência, da qual se lavrará auto circunstanciado.

- art. 338, CPPM.
- art. 67, Dec.-Lei 3.688/1941 (Lei das Contravenções Penais).

Parágrafo único. O administrador de cemitério público ou particular indicará o lugar da sepultura, sob pena de desobediência. No caso de recusa ou de falta de quem indique a sepultura, ou de encontrar-se o cadáver em lugar não destinado a inumações, a autoridade procederá às pesquisas necessárias, o que tudo constará do auto.

- art. 330, CP.

Art. 164. Os cadáveres serão sempre fotografados na posição em que forem encontrados, bem como, na medida do possível, todas as lesões externas e vestígios deixados no local do crime. (Redação dada pela Lei 8.862/1994)

- art. 6º, I, deste Código.
- art. 336, CPPM.

Art. 165. Para representar as lesões encontradas no cadáver, os peritos, quando possível, juntarão ao laudo do exame provas fotográficas, esquemas ou desenhos, devidamente rubricados.

Art. 166. Havendo dúvida sobre a identidade do cadáver exumado, proceder-se-á ao reconhecimento pelo Instituto de Identificação e Estatística ou repartição congênere ou pela inquirição de testemunhas, lavrando-se auto de reconhecimento e de identidade, no qual se descreverá o cadáver, com todos os sinais e indicações.

- art. 337, CPPM.

Parágrafo único. Em qualquer caso, serão arrecadados e autenticados todos os objetos encontrados, que possam ser úteis para a identificação do cadáver.

Art. 167. Não sendo possível o exame de corpo de delito, por haverem desaparecido os vestígios, a prova testemunhal poderá suprir-lhe a falta.

- arts. 202 a 225 e 564, III, b, deste Código.
- art. 328, p.u., CPPM.

Art. 168. Em caso de lesões corporais, se o primeiro exame pericial tiver sido incompleto, proceder-se-á a exame complementar por determinação da autoridade policial ou judiciária, de ofício, ou a requerimento do Ministério Público, do ofendido ou do acusado, ou de seu defensor.

- art. 129, § 1º, I, CP.
- art. 331, CPPM.

§ 1º No exame complementar, os peritos terão presente o auto de corpo de delito, a fim de suprir-lhe a deficiência ou retificá-lo.

§ 2º Se o exame tiver por fim precisar a classificação do delito no art. 129, § 1º, I, do Código Penal, deverá ser feito logo que decorra o prazo de 30 dias, contado da data do crime.

§ 3º A falta de exame complementar poderá ser suprida pela prova testemunhal.

Art. 169. Para o efeito de exame do local onde houver sido praticada a infração, a autoridade providenciará imediatamente para que não se altere o estado das coisas até a chegada dos peritos, que poderão instruir seus laudos com fotografias, desenhos ou esquemas elucidativos.

- art. 6º, I, deste Código.
- arts. 166 e 347, CP.
- art. 339, CPPM.
- Lei 5.970/1973 (Exclui da aplicação do disposto nos arts. 6º, I, 64 e 169, deste Código, os casos de acidente de trânsito).

Parágrafo único. Os peritos registrarão, no laudo, as alterações do estado das coisas e discutirão, no relatório, as consequências dessas alterações na dinâmica dos fatos. (Incluído pela Lei 8.862/1994.)

Art. 170. Nas perícias de laboratório, os peritos guardarão material suficiente para a eventualidade de nova perícia. Sempre que conveniente, os laudos serão ilustrados com provas fotográficas, ou microfotográficas, desenhos ou esquemas.

- art. 340, CPPM
- Lei 5.433/1968 (Regula a microfilmagem de documentos oficiais).
- Súm. 361, STF.

Art. 171. Nos crimes cometidos com destruição ou rompimento de obstáculo a subtração da coisa, ou por meio de escalada, os peritos, além de descrever os vestígios, indicarão com que instrumentos, por que meios e em que época presumem ter sido o fato praticado.

- art. 155, § 4º, I e II, CP.
- art. 341, CPPM.

Art. 172. Proceder-se-á, quando necessário, à avaliação de coisas destruídas, deterioradas ou que constituam produto do crime.

- arts. 155, § 2º, e 171, § 1º, CP.
- art. 342, CPPM.

Parágrafo único. Se impossível a avaliação direta, os peritos procederão à avaliação por meio dos elementos existentes nos autos e dos que resultarem de diligências.

Art. 173. No caso de incêndio, os peritos verificarão a causa e o lugar em que houver começado, o perigo que dele tiver resultado para a vida ou para o patrimônio alheio, a extensão do dano e o seu valor e as demais circunstâncias que interessarem à elucidação do fato.

- art. 250, CP.
- art. 343, CPPM.

Art. 174. No exame para o reconhecimento de escritos, por comparação de letra, observar-se-á o seguinte:

- art. 344, CPPM.

I - a pessoa a quem se atribua ou se possa atribuir o escrito será intimada para o ato, se for encontrada;

II - para a comparação, poderão servir quaisquer documentos que a dita pessoa reconhecer ou já tiverem sido judicialmente reconhecidos como de seu punho, ou sobre cuja autenticidade não houver dúvida;

III - a autoridade, quando necessário, requisitará, para o exame, os documentos que existirem em arquivos ou estabelecimentos públicos, ou nestes realizará a diligência, se daí não puderem ser retirados;

IV - quando não houver escritos para a comparação ou forem insuficientes os exibidos, a autoridade mandará que a pessoa escreva o que lhe for ditado. Se estiver ausente a pessoa, mas em lugar certo, esta última diligência poderá ser feita por precatória, em que se consignarão as palavras que a pessoa será intimada a escrever.

Art. 175. Serão sujeitos a exame os instrumentos empregados para a prática da infração, a fim de se lhes verificar a natureza e a eficiência.

- art. 6º, II, deste Código.
- art. 345, CPPM.

Art. 176. A autoridade e as partes poderão formular quesitos até o ato da diligência.

- art. 14 deste Código.
- art. 316, CPPM.

Art. 177. No exame por precatória, a nomeação dos peritos far-se-á no juízo deprecado. Havendo, porém, no caso de ação privada, acordo das partes, essa nomeação poderá ser feita pelo juiz deprecante.

- arts. 276 e 277 deste Código.
- art. 465, NCPC.
- art. 346, CPPM.

Parágrafo único. Os quesitos do juiz e das partes serão transcritos na precatória.

Art. 178. No caso do art. 159, o exame será requisitado pela autoridade ao diretor da repartição, juntando-se ao processo o laudo assinado pelos peritos.

Art. 179. No caso do § 1º do art. 159, o escrivão lavrará o auto respectivo, que será assinado pelos peritos e, se presente ao exame, também pela autoridade.

Parágrafo único. No caso do art. 160, parágrafo único, o laudo, que poderá ser datilografado, será subscrito e rubricado em suas folhas por todos os peritos.

Art. 180. Se houver divergência entre os peritos, serão consignadas no auto do exame as declarações e respostas de um e de outro, ou cada um redigirá separadamente o seu laudo, e a autoridade nomeará um terceiro; se este divergir de ambos, a autoridade poderá mandar proceder a novo exame por outros peritos.

- art. 322, CPPM.

Art. 181. No caso de inobservância de formalidades, ou no caso de omissões, obscuridades ou contradições, a autoridade judiciária mandará suprir a formalidade, complementar ou esclarecer o laudo. (Redação dada pela Lei 8.862/1994.)

- arts. 563; 564, IV; 566; e 572 deste Código.
- art. 323, CPPM.

Parágrafo único. A autoridade poderá também ordenar que se proceda a novo exame, por outros peritos, se julgar conveniente.

Art. 182. O juiz não ficará adstrito ao laudo, podendo aceitá-lo ou rejeitá-lo, no todo ou em parte.

- arts. 155 e 157 deste Código.
- art. 479, NCPC.
- art. 326, CPPM.

Art. 183. Nos crimes em que não couber ação pública, observar-se-á o disposto no art. 19.

- art. 525 deste Código

Art. 184. Salvo o caso de exame de corpo de delito, o juiz ou a autoridade policial negará a perícia requerida pelas partes, quando não for necessária ao esclarecimento da verdade.

- arts. 14 e 158 deste Código.
- art. 315, p.u., CPPM.

CAPÍTULO III
DO INTERROGATÓRIO DO ACUSADO

- art. 474 deste Código.
- art. 81, Lei 9.099/1995 (Lei dos Juizados Especiais).

Art. 185. O acusado que comparecer perante a autoridade judiciária, no curso do processo penal, será qualificado e interrogado na presença de seu defensor, constituído ou nomeado. (Redação dada pela Lei 10.792/2003.)

- art. 5º, LIII a LVII, CF.
- arts. 6º, V; 304; 400; 474; e 531 deste Código.
- art. 302, CPPM.
- art. 8º, 1, Pacto de São José da Costa Rica.
- Súm. 523, STF.

§ 1º O interrogatório do réu preso será realizado, em sala própria, no estabelecimento em que estiver recolhido, desde que estejam garantidas a segurança do juiz, do membro do Ministério Público e dos auxiliares bem como a presença do defensor e a publicidade do ato. (Redação dada pela Lei 11.900/2009.)

§ 2º Excepcionalmente, o juiz, por decisão fundamentada, de ofício ou a requerimento das partes, poderá realizar o interrogatório do réu preso por sistema de videoconferência ou outro recurso tecnológico de transmissão de sons e imagens em tempo real, desde que a medida seja necessária para atender a uma das seguintes finalidades: (Redação dada pela Lei 11.900/2009.)

I - prevenir risco à segurança pública, quando exista fundada suspeita de que o preso integre organização criminosa ou de que, por outra razão, possa fugir durante o deslocamento; (Incluído pela Lei 11.900/2009.)

II - viabilizar a participação do réu no referido ato processual, quando haja relevante dificuldade para seu comparecimento em juízo, por enfermidade ou outra circunstância pessoal; (Incluído pela Lei 11.900/2009.)

III - impedir a influência do réu no ânimo de testemunha ou da vítima, desde que não seja possível colher o depoimento destas por videoconferência, nos termos do art. 217 deste Código; (Incluído pela Lei 11.900/2009.)

IV - responder à gravíssima questão de ordem pública. (Incluído pela Lei 11.900/2009.)

§ 3º Da decisão que determinar a realização de interrogatório por videoconferência, as partes serão intimadas com 10 (dez) dias de antecedência. (Incluído pela Lei 11.900/2009.)

§ 4º Antes do interrogatório por videoconferência, o preso poderá acompanhar, pelo mesmo sistema tecnológico, a realização de todos os atos da audiência única de instrução e julgamento de que tratam os arts. 400, 411 e 531 deste Código. (Incluído pela Lei 11.900/2009.)

§ 5º Em qualquer modalidade de interrogatório, o juiz garantirá ao réu o direito de entrevista prévia e reservada com o seu defensor; se realizado por videoconferência, fica também garantido o acesso a canais telefônicos reservados para comunicação entre o defensor que esteja no presídio e o advogado presente na sala de audiência do Fórum, e entre este e o preso. (Incluído pela Lei 11.900/2009.)

§ 6º A sala reservada no estabelecimento prisional para a realização de atos processuais por sistema de videoconferência será fiscalizada pelos corregedores e pelo juiz de cada causa, como também pelo Ministério Público e pela Ordem dos Advogados do Brasil. (Incluído pela Lei 11.900/2009.)

§ 7º Será requisitada a apresentação do réu preso em juízo nas hipóteses em que o interrogatório não se realizar na forma prevista nos §§ 1º e 2º deste artigo. (Incluído pela Lei 11.900/2009.)

§ 8º Aplica-se o disposto nos §§ 2º, 3º, 4º e 5º deste artigo, no que couber, à realização de outros atos processuais que dependam da participação de pessoa que esteja presa, como acareação, reconhecimento de pessoas e coisas, e inquirição de testemunha ou tomada de declarações do ofendido. (Incluído pela Lei 11.900/2009.)

§ 9º Na hipótese do § 8º deste artigo, fica garantido o acompanhamento do ato processual pelo acusado e seu defensor. (Incluído pela Lei 11.900/2009.)

§ 10. Do interrogatório deverá constar a informação sobre a existência de filhos, respectivas idades e se possuem alguma deficiência e o nome e o contato de eventual responsável pelos cuidados dos filhos, indicado pela pessoa presa. (Acrescentado pela Lei 13.257/2016.)

Art. 186. Depois de devidamente qualificado e cientificado do inteiro teor da acusação, o acusado será informado pelo juiz, antes de iniciar o interrogatório, do seu direito de permanecer calado e de não responder perguntas que lhe forem formuladas. (Redação dada pela Lei 10.792/2003.)

- art. 5º, LXIII, CF.
- art. 305, CPPM.
- art. 8º, 2, b, Pacto de São José da Costa Rica.

Parágrafo único. O silêncio, que não importará em confissão, não poderá ser interpretado em prejuízo da defesa. (Incluído pela Lei 10.792/2003.)

Art. 187. O interrogatório será constituído de duas partes: sobre a pessoa do acusado e sobre os fatos. (Redação dada pela Lei 10.792/2003.)

- arts. 261 e 263 deste Código.
- art. 306, CPPM.
- art. 68, Dec.-Lei 3.688/1941 (Lei das Contravenções Penais).

§ 1º Na primeira parte o interrogando será perguntado sobre a residência, meios de vida ou profissão, oportunidades sociais, lugar onde exerce a sua atividade, vida pregressa, notadamente se foi preso ou processado alguma vez e, em caso afirmativo, qual o juízo do processo, se houve suspensão condicional ou condenação, qual a pena imposta, se a cumpriu e outros dados familiares e sociais. (Incluído pela Lei 10.792/2003.)

§ 2º Na segunda parte será perguntado sobre: (Incluído pela Lei 10.792/2003.)

I - ser verdadeira a acusação que lhe é feita; (Incluído pela Lei 10.792/2003.)

II - não sendo verdadeira a acusação, se tem algum motivo particular a que atribuí-la, se conhece a pessoa ou pessoas a quem deva ser imputada a prática do crime, e quais sejam, e se com elas esteve antes da prática da infração ou depois dela; (Incluído pela Lei 10.792/2003)

III - onde estava ao tempo em que foi cometida a infração e se teve notícia desta; (Incluído pela Lei 10.792/2003.)

IV - as provas já apuradas; (Incluído pela Lei 10.792/2003.)

- art. 6º, III, deste Código.

V - se conhece as vítimas e testemunhas já inquiridas ou por inquirir, e desde quando, e se tem o que alegar contra elas; (Incluído pela Lei 10.792/2003.)

VI - se conhece o instrumento com que foi praticada a infração, ou qualquer objeto que com esta se relacione e tenha sido apreendido; (Incluído pela Lei 10.792/2003)

- art. 6º, II, deste Código.

VII - todos os demais fatos e pormenores que conduzam à elucidação dos antecedentes e circunstâncias da infração; (Incluído pela Lei 10.792/2003)

VIII - se tem algo mais a alegar em sua defesa. (Incluído pela Lei 10.792/2003.)

Art. 188. Após proceder ao interrogatório, o juiz indagará das partes se restou algum fato para ser esclarecido, formulando as perguntas correspondentes se o entender pertinente e relevante. (Redação dada pela Lei 10.792/2003.)

- arts. 41 e 259 deste Código.
- art. 303, CPPM.
- art. 68, Dec.-Lei 3.688/1941 (Lei das Contravenções Penais).

Art. 189. Se o interrogando negar a acusação, no todo ou em parte, poderá prestar esclarecimentos e indicar provas. (Redação dada pela Lei 10.792/2003.)

- arts. 76; 77; e 79 deste Código.
- art. 29, CP.

Art. 190. Se confessar a autoria, será perguntado sobre os motivos e circunstâncias do fato e se outras pessoas concorreram para a infração, e quais sejam. (Redação dada pela Lei 10.792/2003.)

- arts. 197 a 200; e 318 deste Código.
- arts. 59 e 65, III, d, CP.

Art. 191. Havendo mais de um acusado, serão interrogados separadamente. (Redação dada pela Lei 10.792/2003.)

- art. 304, CPPM.

Art. 192. O interrogatório do mudo, do surdo ou do surdo-mudo será feito pela forma seguinte: (Redação dada pela Lei 10.792/2003.)

- art. 3º, CC/2002.
- art. 299, CPPM.

I - ao surdo serão apresentadas por escrito as perguntas, que ele responderá oralmente; (Redação dada pela Lei 10.792/2003.)

II - ao mudo as perguntas serão feitas oralmente, respondendo-as por escrito; (Redação dada pela Lei 10.792/2003.)

III - ao surdo-mudo as perguntas serão formuladas por escrito e do mesmo modo dará as respostas. (Redação dada pela Lei 10.792/2003.)

- art. 3º, III, CC/2002.

Parágrafo único. Caso o interrogando não saiba ler ou escrever, intervirá no ato, como intérprete e sob compromisso, pessoa habilitada a entendê-lo. (Redação dada pela Lei 10.792/2003.)

- art. 281 deste Código.

Art. 193. Quando o interrogando não falar a língua nacional, o interrogatório será feito por meio de intérprete. (Redação dada pela Lei 10.792/2003.)

- art. 281 deste Código.

Art. 194. (Revogado pela Lei 10.792/2003.)

Art. 195. Se o interrogado não souber escrever, não puder ou não quiser assinar, tal fato será consignado no termo. (Redação dada pela Lei 10.792/2003.)

Art. 196. A todo tempo o juiz poderá proceder a novo interrogatório de ofício ou a pedido fundamentado de qualquer das partes. (Redação dada pela Lei 10.792/2003.)

- art. 616 deste Código.

CAPÍTULO IV
DA CONFISSÃO

Art. 197. O valor da confissão se aferirá pelos critérios adotados para os outros elementos de prova, e para a sua apreciação o juiz deverá confrontá-la com as demais provas do processo, verificando se entre ela e estas existe compatibilidade ou concordância.

- arts. 155 e 630, § 2º, a, deste Código.
- arts. 59 e 65, III, d, CP.
- art. 307, CPPM.
- art. 8º, 3, Pacto de São José da Costa Rica.

Art. 198. O silêncio do acusado não importará confissão, mas poderá constituir elemento para a formação do convencimento do juiz.

- art. 5º, LXIII, CF.
- art. 308, CPPM.
- art. 8º, 2, g, Pacto de São José da Costa Rica.

Art. 199. A confissão, quando feita fora do interrogatório, será tomada por termo nos autos, observado o disposto no art. 195.

- art. 310, CPPM.

Art. 200. A confissão será divisível e retratável, sem prejuízo do livre convencimento do juiz, fundado no exame das provas em conjunto.

- art. 395, NCPC.
- art. 309, CPPM.

CAPÍTULO V
DO OFENDIDO

- Redação dada pela Lei 11.690/2008.

Art. 201. Sempre que possível, o ofendido será qualificado e perguntado sobre as circunstâncias da infração, quem seja ou presuma ser o seu autor, as provas que possa indicar, tomando-se por termo as suas declarações. (Redação dada pela Lei 11.690/2008.)

- art. 339, CP.
- art. 311, CPPM.
- art. 81, Lei 9.099/1995 (Lei dos Juizados Especiais).

§ 1º Se, intimado para esse fim, deixar de comparecer sem motivo justo, o ofendido poderá ser conduzido à presença da autoridade. (Incluído pela Lei 11.690/2008.)

- arts. 218 e 220 deste Código.

§ 2º O ofendido será comunicado dos atos processuais relativos ao ingresso e à saída do acusado da prisão, à designação de data para audiência e à sentença e respectivos acórdãos que a mantenham ou modifiquem. (Incluído pela Lei 11.690/2008.)

§ 3º As comunicações ao ofendido deverão ser feitas no endereço por ele indicado, admitindo-se, por opção do ofendido, o uso de meio eletrônico. (Incluído pela Lei 11.690/2008.)

§ 4º Antes do início da audiência e durante a sua realização, será reservado espaço separado para o ofendido. (Incluído pela Lei 11.690/2008.)

§ 5º Se o juiz entender necessário, poderá encaminhar o ofendido para atendimento multidisciplinar, especialmente nas áreas psicossocial, de assistência jurídica e de saúde, a expensas do ofensor ou do Estado. (Incluído pela Lei 11.690/2008.)

§ 6º O juiz tomará as providências necessárias à preservação da intimidade, vida privada, honra e imagem do ofendido, podendo, inclusive, determinar o segredo de justiça em relação aos dados, depoimentos e outras informações constantes dos autos a seu respeito para evitar sua exposição aos meios de comunicação. (Incluído pela Lei 11.690/2008.)

CAPÍTULO VI DAS TESTEMUNHAS

Art. 202. Toda pessoa poderá ser testemunha.

- art. 53, §§ 5º e 6º, CF.
- arts. 342 e 343, CP.
- art. 447, NCPC.
- art. 351, CPPM.
- art. 81, Lei 9.099/1995 (Lei dos Juizados Especiais).

Art. 203. A testemunha fará, sob palavra de honra, a promessa de dizer a verdade do que souber e lhe for perguntado, devendo declarar seu nome, sua idade, seu estado e sua residência, sua profissão, lugar onde exerce sua atividade, se é parente, e em que grau, de alguma das partes, ou quais suas relações com qualquer delas, e relatar o que souber, explicando sempre as razões de sua ciência ou as circunstâncias pelas quais possa avaliar-se de sua credibilidade.

- arts. 208 e 342, CP.
- art. 352, CPPM.
- art. 68, Dec.-Lei 3.688/1941 (Lei das Contravenções Penais).

Art. 204. O depoimento será prestado oralmente, não sendo permitido à testemunha trazê-lo por escrito.

- art. 221, § 1º, deste Código.
- art. 300, § 1º, CPPM.

Parágrafo único. Não será vedada à testemunha, entretanto, breve consulta a apontamentos.

Art. 205. Se ocorrer dúvida sobre a identidade da testemunha, o juiz procederá à verificação pelos meios ao seu alcance, podendo, entretanto, tomar-lhe o depoimento desde logo.

- arts. 307 e 342, CP.
- art. 352, § 1º, CPPM.

Art. 206. A testemunha não poderá eximir-se da obrigação de depor. Poderão, entretanto, recusar-se a fazê-lo o ascendente ou descendente, o afim em linha reta, o cônjuge, ainda que desquitado, o irmão e o pai, a mãe, ou o filho adotivo do acusado, salvo quando não for possível, por outro modo, obter-se ou integrar-se a prova do fato e de suas circunstâncias.

- art. 354, CPPM.

Art. 207. São proibidas de depor as pessoas que, em razão de função, ministério, ofício ou profissão, devam guardar segredo, salvo se, desobrigadas pela parte interessada, quiserem dar o seu testemunho.

- art. 214 deste Código.
- art. 229, I, CC/2002.
- art. 154, CP.
- art. 448, NCPC.
- art. 354, CPPM.
- art. 34, VII, Lei 8.906/1994 (EAOAB).

Art. 208. Não se deferirá o compromisso a que alude o art. 203 aos doentes e deficientes mentais e aos menores de 14 (quatorze) anos, nem às pessoas a que se refere o art. 206.

- art. 214 deste Código.
- art. 3º, CC/2002.
- art. 352, § 2º, CPPM.

Art. 209. O juiz, quando julgar necessário, poderá ouvir outras testemunhas, além das indicadas pelas partes.

- art. 356, CPPM.
- art. 8º, 2, f, Pacto de São José da Costa Rica.

§ 1º Se ao juiz parecer conveniente, serão ouvidas as pessoas a que as testemunhas se referirem.

§ 2º Não será computada como testemunha a pessoa que nada souber que interesse à decisão da causa.

Art. 210. As testemunhas serão inquiridas cada uma de per si, de modo que umas não saibam nem ouçam os depoimentos das outras, devendo o juiz adverti-las das penas cominadas ao falso testemunho. (Redação dada pela Lei 11.690/2008.)

- art. 342, CP.
- art. 353, CPPM.

Parágrafo único. Antes do início da audiência e durante a sua realização, serão reservados espaços separados para a garantia da incomunicabilidade das testemunhas. (Incluído pela Lei 11.690/2008.)

Art. 211. Se o juiz, ao pronunciar sentença final, reconhecer que alguma testemunha fez afirmação falsa, calou ou negou a verdade, remeterá cópia do depoimento à autoridade policial para a instauração de inquérito.

- art. 40 deste Código.
- art. 342, CP.
- art. 364, CPPM.
- Súm. 165, STJ.

Parágrafo único. Tendo o depoimento sido prestado em plenário de julgamento, o juiz, no caso de proferir decisão na audiência (art. 538, § 2º), o tribunal (art. 561), ou o conselho de sentença, após a votação dos quesitos, poderão fazer apresentar imediatamente a testemunha à autoridade policial.

- O art. 538, § 2º, foi revogado pela Lei 11.719/2008, e o art. 561, pela Lei 8.658/1993.
- art. 342, CP.

Art. 212. As perguntas serão formuladas pelas partes diretamente à testemunha, não admitindo o juiz aquelas que puderem induzir a resposta, não tiverem relação com a causa ou importarem na repetição de outra já respondida. (Redação dada pela Lei 11.690/2008.)

- arts. 416 e 473, § 1º, deste Código.
- art. 419, CPPM.

Parágrafo único. Sobre os pontos não esclarecidos, o juiz poderá complementar a inquirição. (Incluído pela Lei 11.690/2008.)

Art. 213. O juiz não permitirá que a testemunha manifeste suas apreciações pessoais, salvo quando inseparáveis da narrativa do fato.

- art. 357, CPPM.

Art. 214. Antes de iniciado o depoimento, as partes poderão contraditar a testemunha ou arguir circunstâncias ou defeitos, que a tornem suspeita de parcialidade, ou indigna de fé. O juiz fará consignar a contradita ou arguição e a resposta da testemunha, mas só excluirá a testemunha ou não lhe deferirá compromisso nos casos previstos nos arts. 207 e 208.

- art. 457, NCPC.
- art. 352, § 3º, CPPM.

Art. 215. Na redação do depoimento, o juiz deverá cingir-se, tanto quanto possível, às expressões usadas pelas testemunhas, reproduzindo fielmente as suas frases.

- art. 300, CPPM.

Art. 216. O depoimento da testemunha será reduzido a termo, assinado por ela, pelo juiz e pelas partes. Se a testemunha não souber assinar, ou não puder fazê-lo, pedirá a alguém que o faça por ela, depois de lido na presença de ambos.

- art. 422, CPPM.

Art. 217. Se o juiz verificar que a presença do réu poderá causar humilhação, temor, ou sério constrangimento à testemunha ou ao ofendido, de modo que prejudique a verdade do depoimento, fará a inquirição por videoconferência e, somente na impossibilidade dessa forma, determinará a retirada do réu, prosseguindo na inquirição, com a presença do seu defensor. (Redação dada pela Lei 11.690/2008.)

- arts. 497, VI, e 796 deste Código.
- art. 358, CPPM.

Parágrafo único. A adoção de qualquer das medidas previstas no *caput* deste artigo deverá constar do termo, assim como os motivos que a determinaram. (Incluído pela Lei 11.690/2008.)

Art. 218. Se, regularmente intimada, a testemunha deixar de comparecer sem motivo justificado, o juiz poderá requisitar à autoridade policial a sua apresentação ou determinar seja conduzida por oficial de justiça, que poderá solicitar o auxílio da força pública.

- arts. 201, § 1º; 458; e 461, § 1º, deste Código.
- art. 330, CP.
- art. 347, § 2º, CPPM.

Art. 219. O juiz poderá aplicar à testemunha faltosa a multa prevista no art. 453, sem prejuízo do processo penal por crime de desobediência, e condená-la ao pagamento das custas da diligência. (Redação dada pela Lei 6.416/1977.)

- art. 458 deste Código (a multa é a prevista no art. 436, § 2º, deste Código).
- art. 330, CP.

Art. 220. As pessoas impossibilitadas, por enfermidade ou por velhice, de comparecer para depor, serão inquiridas onde estiverem.

- art. 792, § 2º, deste Código.
- art. 350, b, CPPM.

Art. 221. O Presidente e o Vice-Presidente da República, os senadores e deputados federais, os ministros de Estado, os governadores de Estados e Territórios, os secretários de Estado, os prefeitos do Distrito Federal e dos Municípios, os deputados às Assembleias Legislativas Estaduais, os membros do Poder Judiciário, os ministros e juízes dos Tribunais de Contas da União, dos Estados, do Distrito Federal, bem como os do Tribunal Marítimo serão inquiridos em local, dia e hora previamente ajustados entre eles e o juiz. (Redação dada pela Lei 3.653/1959.)

- art. 350, a, CPPM.

§ 1º O Presidente e o Vice-Presidente da República, os presidentes do Senado Federal, da Câmara dos Deputados e do Supremo Tribunal Federal poderão optar pela prestação de depoimento por escrito, caso em que as perguntas, formuladas pelas partes e deferidas pelo juiz, lhes serão transmitidas por ofício. (Redação dada pela Lei 6.416/1977.)

§ 2º Os militares deverão ser requisitados à autoridade superior. (Redação dada pela Lei 6.416/1977.)

§ 3º Aos funcionários públicos aplicar-se-á o disposto no art. 218, devendo, porém, a expedição do mandado ser imediatamente comunicada ao chefe da repartição em que servirem, com indicação do dia e da hora marcados. (Incluído pela Lei 6.416/1977.)

Art. 222. A testemunha que morar fora da jurisdição do juiz será inquirida pelo juiz do lugar de sua residência, expedindo-se, para esse fim, carta precatória, com prazo razoável, intimadas as partes.

- arts. 359 a 361, CPPM.
- Súm. 155, STF.
- Súm. 273, STJ.

§ 1º A expedição da precatória não suspenderá a instrução criminal.

§ 2º Findo o prazo marcado, poderá realizar-se o julgamento, mas, a todo tempo, a precatória, uma vez devolvida, será junta aos autos.

§ 3º Na hipótese prevista no *caput* deste artigo, a oitiva de testemunha poderá ser realizada por meio de videoconferência ou outro recurso tecnológico de transmissão de sons e imagens em tempo real, permitida a presença do defensor e podendo ser realizada, inclusive, durante a realização da audiência de instrução e julgamento. (Incluído pela Lei 11.900/2009.)

Art. 222-A. As cartas rogatórias só serão expedidas se demonstrada previamente a sua imprescindibilidade, arcando a parte requerente com os custos de envio. (Incluído pela Lei 11.900/2009.)

Parágrafo único. Aplica-se às cartas rogatórias o disposto nos §§ 1º e 2º do art. 222 deste Código. (Incluído pela Lei 11.900/2009.)

Art. 223. Quando a testemunha não conhecer a língua nacional, será nomeado intérprete para traduzir as perguntas e respostas.

- art. 193 deste Código.
- arts. 162 a 164, NCPC.
- art. 298, § 1º, CPPM.

Parágrafo único. Tratando-se de mudo, surdo ou surdo-mudo, proceder-se-á na conformidade do art. 192.

Art. 224. As testemunhas comunicarão ao juiz, dentro de um ano, qualquer mudança de residência, sujeitando-se, pela simples omissão, às penas do não comparecimento.

- art. 362, CPPM.

Art. 225. Se qualquer testemunha houver de ausentar-se, ou, por enfermidade ou por velhice, inspirar receio de que ao tempo da instrução criminal já não exista, o juiz poderá, de ofício ou a requerimento de qualquer das partes, tomar-lhe antecipadamente o depoimento.

- arts. 381 a 383, NCPC.
- art. 363, CPPM.

CAPÍTULO VII
DO RECONHECIMENTO DE PESSOAS E COISAS

Art. 226. Quando houver necessidade de fazer-se o reconhecimento de pessoa, proceder-se-á pela seguinte forma:

- arts. 6º, VI; 400; 411; e 531 deste Código.
- art. 368, CPPM.

I - a pessoa que tiver de fazer o reconhecimento será convidada a descrever a pessoa que deva ser reconhecida;

II - a pessoa, cujo reconhecimento se pretender, será colocada, se possível, ao lado de outras que com ela tiverem qualquer semelhança, convidando-se quem tiver de fazer o reconhecimento a apontá-la;

III - se houver razão para recear que a pessoa chamada para o reconhecimento, por efeito de intimidação ou outra influência, não diga a verdade em face da pessoa que deve ser reconhecida, a autoridade providenciará para que esta não veja aquela;

IV - do ato de reconhecimento lavrar-se-á auto pormenorizado, subscrito pela autoridade, pela pessoa chamada para proceder ao reconhecimento e por duas testemunhas presenciais.

Parágrafo único. O disposto no n. III deste artigo não terá aplicação na fase da instrução criminal ou em plenário de julgamento.

Art. 227. No reconhecimento de objeto, proceder-se-á com as cautelas estabelecidas no artigo anterior, no que for aplicável.

- art. 369, CPPM.

Art. 228. Se várias forem as pessoas chamadas a efetuar o reconhecimento de pessoa ou de objeto, cada uma fará a prova em separado, evitando-se qualquer comunicação entre elas.

- art. 370, CPPM.

CAPÍTULO VIII
DA ACAREAÇÃO

Art. 229. A acareação será admitida entre acusados, entre acusado e testemunha, entre testemunhas, entre acusado ou testemunha e a pessoa ofendida, e entre as pessoas ofendidas, sempre que divergirem, em suas declarações, sobre fatos ou circunstâncias relevantes.

- arts. 6º, VI; 400; 411; e 473, § 3º, deste Código.
- art. 461, NCPC.
- art. 365, CPPM.

Parágrafo único. Os acareados serão reperguntados, para que expliquem os pontos de divergências, reduzindo-se a termo o ato de acareação.

- art. 366, CPPM.

Art. 230. Se ausente alguma testemunha, cujas declarações divirjam das de outra, que esteja presente, a esta se darão a conhecer os pontos da divergência, consignando-se no auto o que explicar ou observar. Se subsistir a discordância, expedir-se-á precatória à autoridade do lugar onde resida a testemunha ausente, transcrevendo-se as declarações desta e as da testemunha presente, nos pontos em que divergirem, bem como o texto do referido auto, a fim de que se complete a diligência, ouvindo-se a testemunha ausente, pela mesma forma estabelecida para a testemunha presente. Esta diligência só se realizará quando não importe demora prejudicial ao processo e o juiz a entenda conveniente.

- art. 222 deste Código.
- art. 367, CPPM.

CAPÍTULO IX
DOS DOCUMENTOS

Art. 231. Salvo os casos expressos em lei, as partes poderão apresentar documentos em qualquer fase do processo.

- art. 479 deste Código.
- arts. 400 e 479, CPPM.

Art. 232. Consideram-se documentos quaisquer escritos, instrumentos ou papéis, públicos ou particulares.

- arts. 109; 212, II; 215; e 219 a 221; CC/2002.
- art. 297, § 2º, CP.
- arts. 405 e ss., NCPC.
- art. 371, CPPM.
- Lei 11.111/2005 (Regulamenta a parte final do disposto no inc. XXXIII, *caput*, art. 5º, CF).

Parágrafo único. À fotografia do documento, devidamente autenticada, se dará o mesmo valor do original.

- art. 237 deste Código
- art. 425, NCPC.

Art. 233. As cartas particulares, interceptadas ou obtidas por meios criminosos, não serão admitidas em juízo.

- art. 5º, LVI, CF.
- art. 157 deste Código.
- arts. 151 e 152, CP.
- art. 375, CPPM.

Parágrafo único. As cartas poderão ser exibidas em juízo pelo respectivo destinatário, para a defesa de seu direito, ainda que não haja consentimento do signatário.

- art. 376, CPPM.

Art. 234. Se o juiz tiver notícia da existência de documento relativo a ponto relevante da acusação ou da defesa, providenciará, independentemente de requerimento de qualquer das partes, para sua juntada aos autos, se possível.

- arts. 156 e 157 deste Código.
- art. 396, NCPC.
- art. 378, § 1º, CPPM.

Art. 235. A letra e firma dos documentos particulares serão submetidas a exame pericial, quando contestada a sua autenticidade.

- art. 174 deste Código.
- art. 411, NCPC.
- art. 377, CPPM.

Art. 236. Os documentos em língua estrangeira, sem prejuízo de sua juntada imediata, serão, se necessário, traduzidos por tradutor público, ou, na falta, por pessoa idônea nomeada pela autoridade.

- arts. 784, § 1º, e 788, V, deste Código.
- art. 224, CC/2002.
- arts. 342 e 343, CP.
- art. 192, p.u., NCPC.
- art. 298, § 2º, CPPM.

Art. 237. As públicas-formas só terão valor quando conferidas com o original, em presença da autoridade.

- art. 372, CPPM.

Art. 238. Os documentos originais, juntos a processo findo, quando não exista motivo relevante que justifique a sua conservação nos autos, poderão, mediante requerimento, e ouvido o Ministério Público, ser entregues à parte que os produziu, ficando traslado nos autos.

- art. 381, CPPM.

CAPÍTULO X
DOS INDÍCIOS

Art. 239. Considera-se indício a circunstância conhecida e provada, que, tendo relação com o fato, autorize, por indução, concluir-se a existência de outra ou outras circunstâncias.

- arts. 382 e 383, CPPM.

CAPÍTULO XI
DA BUSCA E DA APREENSÃO

Art. 240. A busca será domiciliar ou pessoal.

- art. 5º, XI, CF.
- arts. 170 a 172; e 180, CPPM.
- art. 11, Pacto de São José da Costa Rica.

§ 1º Proceder-se-á à busca domiciliar, quando fundadas razões a autorizarem, para:

a) prender criminosos;

- art. 293 deste Código.

b) apreender coisas achadas ou obtidas por meios criminosos;

- art. 169, p.u., II, CP.

c) apreender instrumentos de falsificação ou de contrafação e objetos falsificados ou contrafeitos;

- arts. 289 a 311, CP.

d) apreender armas e munições, instrumentos utilizados na prática de crime ou destinados a fim delituoso;

- arts. 18; 19; 24; e 25, Dec.-Lei 3.688/1941 (Lei das Contravenções Penais).

e) descobrir objetos necessários à prova de infração ou à defesa do réu;

f) apreender cartas, abertas ou não, destinadas ao acusado ou em seu poder, quando haja suspeita de que o conhecimento do seu conteúdo possa ser útil à elucidação do fato;

g) apreender pessoas vítimas de crimes;

h) colher qualquer elemento de convicção.

§ 2º Proceder-se-á à busca pessoal quando houver fundada suspeita de que alguém oculte consigo arma proibida ou objetos mencionados nas letras *b* a *f* e letra *h* do parágrafo anterior.

Art. 241. Quando a própria autoridade policial ou judiciária não a realizar pessoalmente, a busca domiciliar deverá ser precedida da expedição de mandado.

- art. 5º, XI, CF.
- art. 150, CP.
- art. 177, CPPM.

Art. 242. A busca poderá ser determinada de ofício ou a requerimento de qualquer das partes.

- art. 176, CPPM.
- art. 11, Pacto de São José da Costa Rica.

Art. 243. O mandado de busca deverá:

- art. 178, CPPM.

I - indicar, o mais precisamente possível, a casa em que será realizada a diligência e o nome do respectivo proprietário ou morador; ou, no caso de busca pessoal, o nome da pessoa que terá de sofrê-la ou os sinais que a identifiquem;

II - mencionar o motivo e os fins da diligência;

III - ser subscrito pelo escrivão e assinado pela autoridade que o fizer expedir.

§ 1º Se houver ordem de prisão, constará do próprio texto do mandado de busca.

§ 2º Não será permitida a apreensão de documento em poder do defensor do acusado, salvo quando constituir elemento do corpo de delito.

- art. 7º, II, §§ 6º e 7º, Lei 8.906/1994 (EAOAB).

Art. 244. A busca pessoal independerá de mandado, no caso de prisão ou quando houver fundada suspeita de que a pessoa esteja na posse de arma proibida ou de objetos ou papéis que constituam corpo de delito, ou quando a medida for determinada no curso de busca domiciliar.

- art. 182, CPPM.
- art. 11, Pacto de São José da Costa Rica.

Art. 245. As buscas domiciliares serão executadas de dia, salvo se o morador consentir que se realizem à noite, e, antes de penetrarem na casa, os executores mostrarão e lerão o mandado ao morador, ou a quem o represente, intimando-o, em seguida, a abrir a porta.

- art. 5º, XI, CF.
- art. 150, § 3º, CP.
- art. 212, NCPC.
- arts. 175 e 179, CPPM.
- art. 11, Pacto de São José da Costa Rica.

§ 1º Se a própria autoridade der a busca, declarará previamente sua qualidade e o objeto da diligência.

§ 2º Em caso de desobediência, será arrombada a porta e forçada a entrada.

- art. 330, CP.
- art. 11, I a III, Pacto de São José da Costa Rica.

§ 3º Recalcitrando o morador, será permitido o emprego de força contra coisas existentes no interior da casa, para o descobrimento do que se procura.

§ 4º Observar-se-á o disposto nos §§ 2º e 3º, quando ausentes os moradores, devendo, neste caso, ser intimado a assistir à diligência qualquer vizinho, se houver e estiver presente.

§ 5º Se é determinada a pessoa ou coisa que se vai procurar, o morador será intimado a mostrá-la.

§ 6º Descoberta a pessoa ou coisa que se procura, será imediatamente apreendida e posta sob custódia da autoridade ou de seus agentes.

§ 7º Finda a diligência, os executores lavrarão auto circunstanciado, assinando-o com duas testemunhas presenciais, sem prejuízo do disposto no § 4º.

Art. 246. Aplicar-se-á também o disposto no artigo anterior, quando se tiver de proceder a busca em compartimento habitado ou em aposento ocupado de habitação coletiva ou em compartimento não aberto ao público, onde alguém exercer profissão ou atividade.

- art. 5º, XI, CF.
- art. 150, §§ 4º e 5º, CP.
- arts. 173 e 174, CPPM.

Art. 247. Não sendo encontrada a pessoa ou coisa procurada, os motivos da diligência serão comunicados a quem tiver sofrido a busca, se o requerer.

Art. 248. Em casa habitada, a busca será feita de modo que não moleste os moradores mais do que o indispensável para o êxito da diligência.

- art. 5º, XI, CF.
- art. 150, §§ 4º e 5º, CP.
- art. 179, § 3º, CPPM.

Art. 249. A busca em mulher será feita por outra mulher, se não importar retardamento ou prejuízo da diligência.

- art. 183, CPPM.

Art. 250. A autoridade ou seus agentes poderão penetrar no território de jurisdição alheia, ainda que de outro Estado, quando, para o fim de apreensão, forem no seguimento de pessoa ou coisa, devendo apresentar-se à competente autoridade local, antes da diligência ou após, conforme a urgência desta.

- arts. 22 e 290 deste Código.
- arts. 186 e 187, CPPM.

§ 1º Entender-se-á que a autoridade ou seus agentes vão em seguimento da pessoa ou coisa, quando:

a) tendo conhecimento direto de sua remoção ou transporte, a seguirem sem interrupção, embora depois a percam de vista;

b) ainda que não a tenham avistado, mas sabendo, por informações fidedignas ou circunstâncias indiciárias, que está sendo removida ou transportada em determinada direção, forem ao seu encalço.

§ 2º Se as autoridades locais tiverem fundadas razões para duvidar da legitimidade das pessoas que, nas referidas diligências, entrarem pelos seus distritos, ou da legalidade dos mandados que apresentarem, poderão exigir as provas dessa legitimidade, mas de modo que não se frustre a diligência.

TÍTULO VIII
DO JUIZ, DO MINISTÉRIO PÚBLICO, DO ACUSADO E DEFENSOR, DOS ASSISTENTES E AUXILIARES DA JUSTIÇA

CAPÍTULO I
DO JUIZ

Art. 251. Ao juiz incumbirá prover à regularidade do processo e manter a ordem no curso dos respectivos atos, podendo, para tal fim, requisitar a força pública.

- arts. 497; 794; e 795 deste Código.
- art. 36, CPPM.
- arts. 60; 62; e 80, Lei 9.099/1995 (Lei dos Juizados Especiais).
- art. 8º, 1, Pacto de São José da Costa Rica.

Art. 252. O juiz não poderá exercer jurisdição no processo em que:

- arts. 112; 267; e 564, I, deste Código.
- art. 144, NCPC.
- art. 37, CPPM.
- art. 8º, I, Pacto de São José da Costa Rica.

I - tiver funcionado seu cônjuge ou parente, consanguíneo ou afim, em linha reta ou colateral até o terceiro grau, inclusive, como defensor ou advogado, órgão do Ministério Público, autoridade policial, auxiliar da justiça ou perito;

- arts. 97 e 267 deste Código.

II - ele próprio houver desempenhado qualquer dessas funções ou servido como testemunha;

- art. 112 deste Código.

III - tiver funcionado como juiz de outra instância, pronunciando-se, de fato ou de direito, sobre a questão;

- art. 112 deste Código.
- Súm. 206, STF.

IV - ele próprio ou seu cônjuge ou parente, consanguíneo ou afim em linha reta ou colateral até o terceiro grau, inclusive, for parte ou diretamente interessado no feito.

Art. 253. Nos juízos coletivos, não poderão servir no mesmo processo os juízes que forem entre si parentes, consanguíneos ou afins, em linha reta ou colateral até o terceiro grau, inclusive.

- arts. 112; 448; e 466 deste Código.

Art. 254. O juiz dar-se-á por suspeito, e, se não o fizer, poderá ser recusado por qualquer das partes:

- arts. 97 e 564, I, deste Código.
- art. 145, NCPC.
- art. 38, CPPM.
- art. 8º, I, Pacto de São José da Costa Rica.

I - se for amigo íntimo ou inimigo capital de qualquer deles;

II - se ele, seu cônjuge, ascendente ou descendente, estiver respondendo a processo por fato análogo, sobre cujo caráter criminoso haja controvérsia;

III - se ele, seu cônjuge, ou parente, consanguíneo, ou afim, até o terceiro grau, inclusive, sustentar demanda ou responder a processo que tenha de ser julgado por qualquer das partes;

IV - se tiver aconselhado qualquer das partes;

V - se for credor ou devedor, tutor ou curador, de qualquer das partes;

VI - se for sócio, acionista ou administrador de sociedade interessada no processo.

Art. 255. O impedimento ou suspeição decorrente de parentesco por afinidade cessará pela dissolução do casamento que lhe tiver dado causa, salvo sobrevindo descendentes; mas, ainda que dissolvido o casamento sem descendentes, não funcionará como juiz o sogro, o padrasto, o cunhado, o genro ou enteado de quem for parte no processo.

- art. 40, CPPM.
- art. 2º, p.u., Lei 6.515/1977 (Lei do Divórcio).

Art. 256. A suspeição não poderá ser declarada nem reconhecida, quando a parte injuriar o juiz ou de propósito der motivo para criá-la.

- art. 565 deste Código.
- art. 140, CP.
- art. 41, CPPM.

CAPÍTULO II
DO MINISTÉRIO PÚBLICO

Art. 257. Ao Ministério Público cabe: (Redação dada pela Lei 11.719/2008.)

I - promover, privativamente, a ação penal pública, na forma estabelecida neste Código; e (Incluído pela Lei 11.719/2008.)

- arts. 24; 28; 29; 41; e 46 deste Código.

II - fiscalizar a execução da lei. (Incluído pela Lei 11.719/2008.)

- arts. 127 a 130, CF.
- arts. 42; 45; 48; e 576 deste Código.
- arts. 54 a 59, CPPM.
- Lei 8.625/1993 (Lei Orgânica Nacional do Ministério Público).
- arts. 76 e 89, Lei 9.099/1995 (Lei dos Juizados Especiais).
- arts. 25 e 26, Lei 11.340/2006 (Coíbe a violência doméstica e familiar contra a mulher).

Art. 258. Os órgãos do Ministério Público não funcionarão nos processos em que o juiz ou qualquer das partes for seu cônjuge, ou parente, consanguíneo ou afim, em linha reta ou colateral, até o terceiro grau, inclusive, e a eles se estendem, no que lhes for aplicável, as prescrições relativas à suspeição e aos impedimentos dos juízes.

- arts. 96 a 104; 252 a 256; e 470 deste Código.
- Súm. 234, STJ.

CAPÍTULO III
DO ACUSADO E SEU DEFENSOR

Art. 259. A impossibilidade de identificação do acusado com o seu verdadeiro nome ou outros qualificativos não retardará a ação penal, quando certa a identidade física. A qualquer tempo, no curso do processo, do julgamento ou da execução da sentença, se for descoberta a sua qualificação, far-se-á a retificação, por termo, nos autos, sem prejuízo da validade dos atos precedentes.

- art. 5º, LIII, LIV e LV, CF.
- arts. 6º, VIII, e 41 deste Código.
- arts. 69 e 70, CPPM.

Art. 260. Se o acusado não atender à intimação para o interrogatório, reconhecimento ou qualquer outro ato que, sem ele, não possa ser realizado, a autoridade poderá mandar conduzi-lo à sua presença.

- art. 5º, LXIII, CF.
- arts. 186; 266 a 230; 400; 411; 457; 474; 478; e 531 deste Código.
- arts. 80 e 81, Lei 9.099/1995 (Lei dos Juizados Especiais).
- art. 8º, 2, g, Pacto de São José da Costa Rica.
- Por maioria de votos, o STF declarou que a condução coercitiva de réu ou investigado para interrogatório, constante do artigo 260 do CPP, não foi recepcionada pela CF (ADPFs 395 e 444).

Parágrafo único. O mandado conterá, além da ordem de condução, os requisitos mencionados no art. 352, no que lhe for aplicável.

Art. 261. Nenhum acusado, ainda que ausente ou foragido, será processado ou julgado sem defensor.

- arts. 5º, LV, e 133, CF.
- art. 564, III, c, deste Código.
- art. 71, CPPM.
- arts. 68; 76, § 3º; e 81, Lei 9.099/1995 (Lei dos Juizados Especiais).
- art. 8º, 2, d e e, Pacto de São José da Costa Rica.
- Súm. 523; 707; e 708, STF.

Parágrafo único. A defesa técnica, quando realizada por defensor público ou dativo, será sempre exercida através de manifestação fundamentada. (Incluído pela Lei 10.792/2003).

Art. 262. Ao acusado menor dar-se-á curador.

- art. 5º, CC/2002.
- arts. 15 e 564, III, c, deste Código.
- art. 72, CPPM.
- Súm. 352, STF.

Art. 263. Se o acusado não o tiver, ser-lhe-á nomeado defensor pelo juiz, ressalvado o seu direito de, a todo tempo, nomear outro de sua confiança, ou a si mesmo defender-se, caso tenha habilitação.

- arts. 5º, LV e LXXIV, e 134, CF.
- art. 8º, 2, d e e, Pacto de São José da Costa Rica.

Parágrafo único. O acusado, que não for pobre, será obrigado a pagar os honorários do defensor dativo, arbitrados pelo juiz.

- Lei 1.060/1950 (Lei da Assistência Judiciária).

Art. 264. Salvo motivo relevante, os advogados e solicitadores serão obrigados, sob pena de multa de cem a quinhentos mil-réis, a prestar seu patrocínio aos acusados, quando nomeados pelo Juiz.

- art. 49, CP.
- art. 14, Lei 1.060/1950 (Lei de Assistência Judiciária).

Art. 265. O defensor não poderá abandonar o processo senão por motivo imperioso, comunicado previamente o juiz, sob pena de multa de 10 (dez) a 100 (cem) salários-mínimos, sem prejuízo das demais sanções cabíveis. (Redação dada pela Lei 11.719/2008.)

- art. 403 deste Código.

§ 1º A audiência poderá ser adiada se, por motivo justificado, o defensor não puder comparecer. (Incluído pela Lei 11.719/2008.)

- art. 456 deste Código.

§ 2º Incumbe ao defensor provar o impedimento até a abertura da audiência. Não o fazendo, o juiz não determinará o adiamento de ato algum do processo, devendo nomear defensor substituto, ainda que provisoriamente ou só para o efeito do ato. (Incluído pela Lei 11.719/2008.)

Art. 266. A constituição de defensor independerá de instrumento de mandato, se o acusado o indicar por ocasião do interrogatório.

- arts. 185 e 306, § 1º, deste Código.

Art. 267. Nos termos do art. 252, não funcionarão como defensores os parentes do juiz.

- art. 76, CPPM.

CAPÍTULO IV DOS ASSISTENTES

Art. 268. Em todos os termos da ação pública, poderá intervir, como assistente do Ministério Público, o ofendido ou seu representante legal, ou, na falta, qualquer das pessoas mencionadas no Art. 31.

- arts. 201, § 2º; 391; 416; 584; e 598 deste Código.
- art. 60, CPPM.
- art. 26, p.u., Lei 7.492/1986 (Define os crimes contra o sistema financeiro nacional).
- Súm. 208; 210; e 448, STF.

Art. 269. O assistente será admitido enquanto não passar em julgado a sentença e receberá a causa no estado em que se achar.

- arts. 430 e 598 deste Código.
- art. 62, CPPM.

Art. 270. O corréu no mesmo processo não poderá intervir como assistente do Ministério Público.

- art. 77, I, deste Código.
- art. 29, CP.
- art. 64, CPPM.

Art. 271. Ao assistente será permitido propor meios de prova, requerer perguntas às testemunhas, aditar o libelo e os articulados, participar do debate oral e arrazoar os recursos interpostos pelo Ministério Público, ou por ele próprio, nos casos dos arts. 584, § 1º, e 598.

- art. 577 deste Código.
- art. 65, CPPM.
- Súm. 208; 210; e 448, STF.

§ 1º O juiz, ouvido o Ministério Público, decidirá acerca da realização das provas propostas pelo assistente.

§ 2º O processo prosseguirá independentemente de nova intimação do assistente, quando este, intimado, deixar de comparecer a qualquer dos atos da instrução ou do julgamento, sem motivo de força maior devidamente comprovado.

- art. 457 deste Código.

Art. 272. O Ministério Público será ouvido previamente sobre a admissão do assistente.

- art. 61, CPPM.

Art. 273. Do despacho que admitir, ou não, o assistente, não caberá recurso, devendo, entretanto, constar dos autos o pedido e a decisão.

- art. 65, § 2º, CPPM.

CAPÍTULO V DOS FUNCIONÁRIOS DA JUSTIÇA

Art. 274. As prescrições sobre suspeição dos juízes estendem-se aos serventuários e funcionários da justiça, no que lhes for aplicável.

- arts. 105; 252; e 254 a 256 deste Código.
- arts. 42 a 46, CPPM.

CAPÍTULO VI DOS PERITOS E INTÉRPRETES

Art. 275. O perito, ainda quando não oficial, estará sujeito à disciplina judiciária.

- arts. 105 e 159 deste Código.
- arts. 342 e 343, CP.
- Lei 12.030/2009 (Lei das Perícias Oficiais Criminais).
- art. 8º, 2, f, Pacto de São José da Costa Rica.

Art. 276. As partes não intervirão na nomeação do perito.

- art. 177 deste Código.
- art. 47, CPPM.
- Súm. 361, STF.

Art. 277. O perito nomeado pela autoridade será obrigado a aceitar o encargo, sob pena de multa de cem a quinhentos mil-réis, salvo escusa atendível.

- art. 112 deste Código.
- arts. 49 e 50, CPPM.

Parágrafo único. Incorrerá na mesma multa o perito que, sem justa causa, provada imediatamente:

a) deixar de acudir à intimação ou ao chamado da autoridade;

- arts. 370 a 372 deste Código.

b) não comparecer no dia e local designados para o exame;

c) não der o laudo, ou concorrer para que a perícia não seja feita, nos prazos estabelecidos.

Art. 278. No caso de não comparecimento do perito, sem justa causa, a autoridade poderá determinar a sua condução.

- arts. 159, § 5º, I; 400, § 2º; 411, § 1º; 473, § 3º; e 531 deste Código.
- art. 51, CPPM.
- art. 8º, 2, f, Pacto de São José da Costa Rica.

Art. 279. Não poderão ser peritos:

- art. 5º, *caput*, CC/2002.
- art. 52, CPPM.

I - os que estiverem sujeitos à interdição de direito mencionada nos n. I e IV do art. 69 do Código Penal;

- art. 47, I e II, deste Código.

II - os que tiverem prestado depoimento no processo ou opinado anteriormente sobre o objeto da perícia;

- Súm. 361, STF.

III - os analfabetos e os menores de 21 anos.

- art. 4º, I, CC/2002.

Art. 280. É extensivo aos peritos, no que lhes for aplicável, o disposto sobre suspeição dos juízes.

- arts. 105; 252; e 254 a 256 deste Código.
- art. 53, CPPM.

Art. 281. Os intérpretes são, para todos os efeitos, equiparados aos peritos.

- Art. 8º, 2, a, Pacto de São José da Costa Rica.

TÍTULO IX DA PRISÃO, DAS MEDIDAS CAUTELARES E DA LIBERDADE PROVISÓRIA

CAPÍTULO I DISPOSIÇÕES GERAIS

- (Redação dada pela Lei 12.403/2011.)
- art. 413, § 3º, deste Código.

Art. 282. As medidas cautelares previstas neste Título deverão ser aplicadas observando-se a: (Redação dada pela Lei 12.403/2011).

- arts. 5º, LXI a LXVII; 136, § 3º, I a IV; e 139, II, CF.
- arts. 300; 306; 310 a 316; 387, p.u.; e 413, §§ 2º e 3º deste Código.
- art. 221, CPPM.
- art. 2º, § 4º, Lei 8.072/1990 (Dispõe sobre os crimes hediondos).
- Lei 7.960/1989 (Dispõe sobre prisão temporária).
- arts. 7º, 2 a 7, e 11, 1 a 3, Pacto de São José da Costa Rica.

I - necessidade para aplicação da lei penal, para a investigação ou a instrução criminal e, nos casos expressamente previstos, para evitar a prática de infrações penais; (Incluído pela Lei 12.403/2011.)

- arts. 1º a 12, CP.

II - adequação da medida à gravidade do crime, circunstâncias do fato e condições pessoais do indiciado ou acusado. (Incluído pela Lei 12.403/2011.)

§ 1º As medidas cautelares poderão ser aplicadas isolada ou cumulativamente. (Incluído pela Lei 12.403/2011.)

§ 2º As medidas cautelares serão decretadas pelo juiz a requerimento das partes ou, quando no curso da investigação criminal, por representação da autoridade policial ou mediante requerimento do Ministério Público. (Redação dada pela Lei 13.964/2019)

§ 3º Ressalvados os casos de urgência ou de perigo de ineficácia da medida, o juiz, ao receber o pedido de medida cautelar, determinará a intimação da parte contrária, para se manifestar no prazo de 5 (cinco) dias, acompanhada de cópia do requerimento e das peças necessárias, permanecendo os autos em juízo, e os casos de urgência ou de perigo deverão ser justificados e fundamentados em decisão que contenha elementos do caso concreto que justifiquem essa medida excepcional. (Redação dada pela Lei 13.964/2019)

§ 4º No caso de descumprimento de qualquer das obrigações impostas, o juiz, mediante requerimento do Ministério Público, de seu assistente ou do querelante, poderá substituir a medida, impor outra em cumulação, ou, em último caso, decretar a prisão preventiva, nos termos do parágrafo único do art. 312 deste Código. (Redação dada pela Lei 13.964/2019)

§ 5º O juiz poderá, de ofício ou a pedido das partes, revogar a medida cautelar ou substituí-la quando verificar a falta de motivo para que subsista, bem como voltar a decretá-la, se sobrevierem razões que a justifiquem. (Redação dada pela Lei 13.964/2019)

§ 6º A prisão preventiva somente será determinada quando não for cabível a sua substituição por outra medida cautelar, observado o art. 319 deste Código, e o não cabimento da substituição por outra medida cautelar deverá ser justificado de forma fundamentada nos elementos presentes do caso concreto, de forma individualizada. (Redação dada pela Lei 13.964/2019)

Art. 283. Ninguém poderá ser preso senão em flagrante delito ou por ordem escrita e fundamentada da autoridade judiciária competente, em decorrência de prisão cautelar ou em virtude de condenação criminal transitada em julgado. (Redação dada pela Lei 13.964/2019)

- art. 5º, LXI a LXVII, CF.
- arts. 306; e 310 a 316 deste Código.
- art. 221, CPPM.
- art. 236, CE.

§ 1º As medidas cautelares previstas neste Título não se aplicam à infração a que não for isolada, cumulativa ou alternativamente cominada pena privativa de liberdade. (Incluído pela Lei 12.403/2011.)

§ 2º A prisão poderá ser efetuada em qualquer dia e a qualquer hora, respeitadas as restrições relativas à inviolabilidade do domicílio. (Incluído pela Lei 12.403/2011.)

- art. 5º, XI, CF.
- art. 236, CE.
- art. 150, CP.
- art. 226, CPPM.

Art. 284. Não será permitido o emprego de força, salvo a indispensável no caso de resistência ou de tentativa de fuga do preso.

- arts. 322; 329; 330; e 352, CP.
- art. 234, CPPM.
- art. 199, Lei 7.210/1984 (Lei de Execuções Penais).
- Súm. Vinc. 11, STF.

Art. 285. A autoridade que ordenar a prisão fará expedir o respectivo mandado.

- art. 5º, LXI, CF.
- art. 225, CPPM.

Parágrafo único. O mandado de prisão:

- IN 1/2010, CNJ (Dispõe sobre a indicação da condição de possível foragido ou estadia no exterior quando da expedição de mandado de prisão em face de pessoa condenada, com sentença de pronúncia ou prisão preventiva decretada no país).

a) será lavrado pelo escrivão e assinado pela autoridade;

- arts. 564, IV e 572, II, deste Código.

b) designará a pessoa, que tiver de ser presa, por seu nome, alcunha ou sinais característicos;

c) mencionará a infração penal que motivar a prisão;

- art. 7º, 4, Pacto de São José da Costa Rica.

d) declarará o valor da fiança arbitrada, quando afiançável a infração;

- arts. 322 a 350 deste Código.

e) será dirigido a quem tiver qualidade para dar-lhe execução.

Art. 286. O mandado será passado em duplicata, e o executor entregará ao preso, logo depois da prisão, um dos exemplares com declaração do dia, hora e lugar da diligência. Da entrega deverá o preso passar recibo no outro exemplar; se recusar, não souber ou não puder escrever, o fato será mencionado em declaração, assinada por duas testemunhas.

- art. 225, CPPM.

Art. 287. Se a infração for inafiançável, a falta de exibição do mandado não obstará a prisão, e o preso, em tal caso, será imediatamente apresentado ao juiz que tiver expedido o mandado, para a realização de audiência de custódia. (Redação dada pela Lei 13.964/2019)

- arts. 323 e 324 deste Código.

Art. 288. Ninguém será recolhido à prisão, sem que seja exibido o mandado ao respectivo diretor ou carcereiro, a quem será entregue cópia assinada pelo executor ou apresentada a guia expedida pela autoridade competente, devendo ser passado recibo da entrega do preso, com declaração de dia e hora.

- art. 237, CPPM.
- art. 107, Lei 7.210/1984 (Lei de Execuções Penais).

Parágrafo único. O recibo poderá ser passado no próprio exemplar do mandado, se este for o documento exibido.

Art. 289. Quando o acusado estiver no território nacional, fora da jurisdição do juiz processante, será deprecada a sua prisão, devendo constar da precatória o inteiro teor do mandado. (Redação dada pela Lei 12.403/2011.)

- arts. 298; 354; e 665, p.u., deste Código.
- art. 228, CPPM.

§ 1º Havendo urgência, o juiz poderá requisitar a prisão por qualquer meio de comunicação, do qual deverá constar o motivo da prisão, bem como o valor da fiança se arbitrada. (Incluído pela Lei 12.403/2011.)

§ 2º A autoridade a quem se fizer a requisição tomará as precauções necessárias para averiguar a autenticidade da comunicação. (Incluído pela Lei 12.403/2011.)

§ 3º O juiz processante deverá providenciar a remoção do preso no prazo máximo de 30 (trinta) dias, contados da efetivação da medida. (Incluído pela Lei 12.403/2011.)

Art. 289-A. O juiz competente providenciará o imediato registro do mandado de prisão em banco de dados mantido pelo Conselho Nacional de Justiça para essa finalidade. (Incluído pela Lei 12.403/2011.)

- art. 103-B, CF.

§ 1º Qualquer agente policial poderá efetuar a prisão determinada no mandado de prisão registrado no Conselho Nacional de Justiça, ainda que fora da competência territorial do juiz que o expediu. (Incluído pela Lei 12.403/2011.)

§ 2º Qualquer agente policial poderá efetuar a prisão decretada, ainda que sem registro no Conselho Nacional de Justiça, adotando as precauções necessárias para averiguar a autenticidade do mandado e comunicando ao juiz que a decretou, devendo este providenciar, em seguida, o registro do mandado na forma do *caput* deste artigo. (Incluído pela Lei 12.403/2011.)

§ 3º A prisão será imediatamente comunicada ao juiz do local de cumprimento da medida o qual providenciará a certidão extraída do registro do Conselho Nacional de Justiça e informará ao juízo que a decretou. (Incluído pela Lei 12.403/2011.)

§ 4º O preso será informado de seus direitos, nos termos do inciso LXIII do art. 5º da Constituição Federal e, caso o autuado não informe o nome de seu advogado, será comunicado à Defensoria Pública. (Incluído pela Lei 12.403/2011.)

§ 5º Havendo dúvidas das autoridades locais sobre a legitimidade da pessoa do executor ou sobre a identidade do preso, aplica-se o disposto no § 2º do art. 290 deste Código. (Incluído pela Lei 12.403/2011).

§ 6º O Conselho Nacional de Justiça regulamentará o registro do mandado de prisão a que se refere o *caput* deste artigo. (Incluído pela Lei 12.403/2011).

Art. 290. Se o réu, sendo perseguido, passar ao território de outro município ou comarca, o executor poderá efetuar-lhe a prisão no lugar onde o alcançar, apresentando-o imediatamente à autoridade local, que, depois de lavrado, se for o caso, o auto de flagrante, providenciará para a remoção do preso.

- arts. 4º, *caput*; 250; 304, § 1º; e 308 deste Código.
- art. 235, CPPM.

§ 1º Entender-se-á que o executor vai em perseguição do réu, quando:

a) tendo-o avistado, for perseguindo-o sem interrupção, embora depois o tenha perdido de vista;

b) sabendo, por indícios ou informações fidedignas, que o réu tenha passado, há pouco tempo, em tal ou qual direção, pelo lugar em que o procure, for no seu encalço.

§ 2º Quando as autoridades locais tiverem fundadas razões para duvidar da legitimidade da pessoa do executor ou da legalidade do mandado que apresentar, poderão pôr em custódia o réu, até que fique esclarecida a dúvida.

- art. 289-A, § 5º, deste Código.

Art. 291. A prisão em virtude de mandado entender-se-á feita desde que o executor, fazendo-se conhecer do réu, lhe apresente o mandado e o intime a acompanhá-lo.

Art. 292. Se houver, ainda que por parte de terceiros, resistência à prisão em flagrante ou à determinada por autoridade competente, o executor e as pessoas que o auxiliarem poderão usar dos meios necessários para defender-se ou para vencer a resistência, do que tudo se lavrará auto subscrito também por duas testemunhas.

- art. 284 deste Código.
- arts. 23, III; 329 a 331; e 352, CP.
- art. 234, CPPM.
- art. 199, Lei 7.210/1984 (Lei de Execuções Penais).

Parágrafo único. É vedado o uso de algemas em mulheres grávidas durante os atos médico-hospitalares preparatórios para a realização do parto e durante o trabalho de parto, bem como em mulheres durante o período de puerpério imediato. (Acrescentado pela Lei 13.434/2017.)

Art. 293. Se o executor do mandado verificar, com segurança, que o réu entrou ou se encontra em alguma casa, o morador será intimado a entregá-lo, à vista da ordem de prisão. Se não for obedecido imediatamente, o executor convocará duas testemunhas e, sendo dia, entrará à força na casa, arrombando as portas, se preciso; sendo noite, o executor, depois da intimação ao morador, se não for atendido, fará guardar todas as saídas, tornando a casa incomunicável, e, logo que amanheça, arrombará as portas e efetuará a prisão.

- art. 5º, XI e LXI, CF.
- arts. 240, § 1º, a; 245, § 4º; e 283 deste Código.
- art. 150, *caput*, CP.
- arts. 231 e 232, CPPM.
- art. 11, 1 a 3, Pacto de São José da Costa Rica.

Parágrafo único. O morador que se recusar a entregar o réu oculto em sua casa será levado à presença da autoridade, para que se proceda contra ele como for de direito.

- art. 348, CP.

Art. 294. No caso de prisão em flagrante, observar-se-á o disposto no artigo anterior, no que for aplicável.

- art. 233, CPPM.

Art. 295. Serão recolhidos a quartéis ou a prisão especial, à disposição da autoridade competente, quando sujeitos a prisão antes de condenação definitiva:

- art. 242, CPPM.
- art. 112, § 2º, LC 35/1979 (Lei Orgânica da Magistratura Federal).
- Súm. 717, STF.
- Lei 799/1949 (Modifica o art. 295 deste Código).
- Lei 2.860/1956 (Estabelece prisão especial para os dirigentes de entidades sindicais e para o empregado do exercício de representação profissional ou no cargo de administração sindical).
- Lei 3.313/1957 (Assegura aos servidores do Departamento Federal de Segurança Pública, com exercício de atividade estritamente policial, prisão especial, aposentadoria aos 25 anos de serviço e promoção post mortem).
- Lei 3.988/1961 (Estende aos pilotos de aeronaves mercantes nacionais a regalia da prisão especial).
- Lei 5.256/1967 (Lei da Prisão Especial).
- Lei 5.350/1967 (Estende o regime de prisão especial aos funcionários da Polícia Civil dos Estados e Territórios Federais, ocupantes de cargos de atividade policial).
- Lei 7.172/1983 (Outorga a regalia da prisão especial aos professores do ensino de 1º e 2º graus).

I - os ministros de Estado;

II - os governadores ou interventores de Estados ou Territórios, o prefeito do Distrito Federal, seus respectivos secretários, os prefeitos municipais, os vereadores e os chefes de Polícia; (Redação dada pela Lei 3.181/1957.)

III - os membros do Parlamento Nacional, do Conselho de Economia Nacional e das Assembleias Legislativas dos Estados;

- art. 53, §§ 1º e 2º, CF.

IV - os cidadãos inscritos no "Livro de Mérito";

V - os oficiais das Forças Armadas e os militares dos Estados, do Distrito Federal e dos Territórios; (Redação dada pela Lei 10.258/2001.)

VI - os magistrados;

VII - os diplomados por qualquer das faculdades superiores da República;

VIII - os ministros de confissão religiosa;

IX - os ministros do Tribunal de Contas;

X - os cidadãos que já tiverem exercido efetivamente a função de jurado, salvo quando excluídos da lista por motivo de incapacidade para o exercício daquela função;

- art. 439 deste Código.

XI - os delegados de polícia e os guardas-civis dos Estados e Territórios, ativos e inativos. (Redação dada pela Lei 5.126/1966.)

§ 1º A prisão especial, prevista neste Código ou em outras leis, consiste exclusivamente no recolhimento em local distinto da prisão comum. (Incluído pela Lei 10.258/2001.)

§ 2º Não havendo estabelecimento específico para o preso especial, este será recolhido em cela distinta do mesmo estabelecimento. (Incluído pela Lei 10.258/2001.)

§ 3º A cela especial poderá consistir em alojamento coletivo, atendidos os requisitos de salubridade do ambiente, pela concorrência dos fatores de aeração, insolação e condicionamento térmico adequados à existência humana. (Incluído pela Lei 10.258/2001.)

§ 4º O preso especial não será transportado juntamente com o preso comum. (Incluído pela Lei 10.258/2001.)

§ 5º Os demais direitos e deveres do preso especial serão os mesmos do preso comum. (Incluído pela Lei 10.258/2001.)

Art. 296. Os inferiores e praças de pré, onde for possível, serão recolhidos à prisão, em estabelecimentos militares, de acordo com os respectivos regulamentos.

- arts. 239 e 242, p.u., CPPM.

Art. 297. Para o cumprimento de mandado expedido pela autoridade judiciária, a autoridade policial poderá expedir tantos outros quantos necessários às diligências, devendo neles ser fielmente reproduzido o teor do mandado original.

- art. 13, III, deste Código.
- art. 227, CPPM.

Art. 298. (Revogado pela Lei 12.403/2011.)

- art. 4º, *caput*, deste Código.

Art. 299. A captura poderá ser requisitada, à vista de mandado judicial, por qualquer meio de comunicação, tomadas pela autoridade, a quem se fizer a requisição, as precauções necessárias para averiguar a autenticidade desta. (Redação dada pela Lei 12.403/2011.)

- arts. 323 e 324 deste Código.

Art. 300. As pessoas presas provisoriamente ficarão separadas das que já estiverem definitivamente condenadas, nos termos da Lei de Execução Penal. (Redação dada pela Lei 12.403/2011.)

- art. 239, CPPM.
- art. 84, Lei 7.210/1984 (Lei de Execuções Penais).

Parágrafo único. O militar preso em flagrante delito, após a lavratura dos procedimentos legais, será recolhido a quartel da instituição a que pertencer, onde ficará preso à disposição das autoridades competentes. (Incluído pela Lei 12.403/2011.)

CAPÍTULO II
DA PRISÃO EM FLAGRANTE

Art. 301. Qualquer do povo poderá e as autoridades policiais e seus agentes deverão prender quem quer que seja encontrado em flagrante delito.

- arts. 5º, LXI a LXVI; 86, § 3º; 27, § 1º; 32, § 3º; e 53, § 2º, CF.
- arts. 5º, §§ 4º e 5º, e 317 deste Código.
- arts. 13, § 2º, a, e 42, CP.
- art. 243, CPPM.
- art. 301, CTB.
- art. 172, *caput*, Lei 8.069/1990 (ECA).
- art. 33, II, LC 35/1979 (Lei Orgânica da Magistratura Nacional).
- art. 18, II, d, LC 75/1993 (Dispõe sobre a organização, as atribuições e o estatuto do Ministério Público da União).
- art. 40, III, Lei 8.625/1993 (Lei Orgânica Nacional do Ministério Público).
- art. 7º, § 3º, Lei 8.906/1994 (EAOAB).
- art. 69, p.u., Lei 9.099/1995 (Lei dos Juizados Especiais).
- Súm. 145 e 397, STF.

Art. 302. Considera-se em flagrante delito quem:

- art. 244, CPPM.

I - está cometendo a infração penal;

II - acaba de cometê-la;

III - é perseguido, logo após, pela autoridade, pelo ofendido ou por qualquer pessoa, em situação que faça presumir ser autor da infração;

- art. 290, § 1º, deste Código.
- Lei 12.850/2013 (Organização criminosa).
- art. 53, II, p.u., Lei 11.343/2006 (Lei Antidrogas).

IV - é encontrado, logo depois, com instrumentos, armas, objetos ou papéis que façam presumir ser ele autor da infração.

Art. 303. Nas infrações permanentes, entende-se o agente em flagrante delito enquanto não cessar a permanência.

- art. 71 deste Código.
- arts. 148; 149; e 159, CP.
- art. 244, p.u., CPPM.

Art. 304. Apresentado o preso à autoridade competente, ouvirá esta o condutor e colherá, desde logo, sua assinatura, entregando a este cópia do termo e recibo de entrega do preso. Em seguida, procederá à oitiva das testemunhas que o acompanharem e ao interrogatório do acusado sobre a imputação que lhe é feita, colhendo, após cada oitiva suas respectivas assinaturas, lavrando, a autoridade, afinal, o auto. (Redação dada pela Lei 11.113/2005.)

- art. 5º, LXII a LXIV, CF.
- arts. 4º, *caput*; 6º, V; 185 a 196; 290, *caput*; 307; 308; 564, IV; e 572 deste Código.
- arts. 245 e 246, CPPM.
- art. 69, Lei 9.099/1995 (Lei dos JECs).
- art. 8º, 2, d e g, e 3, Pacto de São José da Costa Rica.

§ 1º Resultando das respostas fundada a suspeita contra o conduzido, a autoridade mandará recolhê-lo à prisão, exceto no caso de livrar-se solto ou de prestar fiança, e prosseguirá nos atos do inquérito ou processo, se para isso for competente; se não o for, enviará os autos à autoridade que o seja.

- arts. 4º, *caput*; 290, *caput*; 308; 309; e 321 a 324 deste Código.

§ 2º A falta de testemunhas da infração não impedirá o auto de prisão em flagrante; mas, nesse caso, com o condutor, deverão assiná-lo pelo menos duas pessoas que hajam testemunhado a apresentação do preso à autoridade.

§ 3º Quando o acusado se recusar a assinar, não souber ou não puder fazê-lo, o auto de prisão em flagrante será assinado por duas testemunhas, que tenham ouvido sua leitura na presença deste. (Redação dada pela Lei 11.113/2005.)

§ 4º Da lavratura do auto de prisão em flagrante deverá constar a informação sobre a existência de filhos, respectivas idades e se possuem alguma deficiência e o nome e o contato de eventual responsável pelos cuidados dos filhos, indicado pela pessoa presa. (Acrescentado pela Lei 13.257/2016.)

Art. 305. Na falta ou no impedimento do escrivão, qualquer pessoa designada pela autoridade lavrará o auto, depois de prestado o compromisso legal.

- art. 245, § 5º, CPPM.

Art. 306. A prisão de qualquer pessoa e o local onde se encontre serão comunicados imediatamente ao juiz competente, ao Ministério Público e à família do preso ou à pessoa por ele indicada. (Redação dada pela Lei 12.403/2011.)

- art. 5º, LXII, LXIV, LXV e LXVI, CF.
- art. 648, II, deste Código.
- LC 80/1994 (Defensoria Pública).
- art. 7º, 6, Pacto de São José da Costa Rica.

§ 1º Em até 24 (vinte e quatro) horas após a realização da prisão, será encaminhado ao juiz competente o auto de prisão em flagrante e, caso o autuado não informe o nome de seu advogado, cópia integral para a Defensoria Pública. (Redação dada pela Lei 12.403/2011.)

§ 2º No mesmo prazo, será entregue ao preso, mediante recibo, a nota de culpa, assinada pela autoridade, com o motivo da prisão, o nome do condutor e os das testemunhas. (Redação dada pela Lei 12.403/2011.)

- art. 5º, LXIV, CF.
- art. 648, II, deste Código.
- art. 247, CPPM.
- art. 7º, 4, Pacto de São José da Costa Rica.

Art. 307. Quando o fato for praticado em presença da autoridade, ou contra esta, no exercício de suas funções, constarão do auto a narração deste fato, a voz de prisão, as declarações que fizer o preso e os depoimentos das testemunhas, sendo tudo assinado pela autoridade, pelo preso e pelas testemunhas e remetido imediatamente ao juiz a quem couber tomar conhecimento do fato delituoso, se não o for a autoridade que houver presidido o auto.

- art. 252, II, deste Código.
- art. 249, CPPM.
- Súm. 307, STF.

Art. 308. Não havendo autoridade no lugar em que se tiver efetuado a prisão, o preso será logo apresentado à do lugar mais próximo.

- art. 250, CPPM.
- art. 231, Lei 8.069/1990 (ECA).

Art. 309. Se o réu se livrar solto, deverá ser posto em liberdade, depois de lavrado o auto de prisão em flagrante.

- art. 5º, LXV e LXVI, CF.
- art. 321 deste Código.

Art. 310. Após receber o auto de prisão em flagrante, no prazo máximo de até 24 (vinte e quatro) horas após a realização da prisão, o juiz deverá promover audiência de custódia com a presença do acusado, seu advogado constituído ou membro da Defensoria Pública e o membro do Ministério Público, e, nessa audiência, o juiz deverá, fundamentadamente: (Redação dada pela Lei 13.964/2019)

I - relaxar a prisão ilegal; ou (Incluído pela Lei nº 12.403, de 2011).

II - converter a prisão em flagrante em preventiva, quando presentes os requisitos constantes do art. 312 deste Código, e se revelarem inadequadas ou insuficientes as medidas cautelares diversas da prisão; ou (Incluído pela Lei nº 12.403, de 2011).

III - conceder liberdade provisória, com ou sem fiança. (Incluído pela Lei nº 12.403, de 2011).

§ 1º Se o juiz verificar, pelo auto de prisão em flagrante, que o agente praticou o fato em qualquer das condições constantes dos incisos I, II ou III do *caput* do art. 23 do Decreto-Lei nº 2.848, de 7 de dezembro de 1940 (Código Penal), poderá, fundamentadamente, conceder ao acusado liberdade provisória, mediante termo de comparecimento obrigatório a todos os atos processuais, sob pena de revogação. (Incluído pela Lei 13.964/2019)

§ 2º Se o juiz verificar que o agente é reincidente ou que integra organização criminosa armada ou milícia, ou que porta arma de fogo de uso restrito, deverá denegar a liberdade provisória, com ou sem medidas cautelares. (Incluído pela Lei 13.964/2019)

§ 3º A autoridade que deu causa, sem motivação idônea, à não realização da audiência de custódia no prazo estabelecido no *caput* deste artigo responderá administrativa, civil e penalmente pela omissão. (Incluído pela Lei 13.964/2019)

§ 4º Transcorridas 24 (vinte e quatro) horas após o decurso do prazo estabelecido no *caput* deste artigo, a não realização de audiência de custódia sem motivação idônea ensejará também a ilegalidade da prisão, a ser relaxada pela autoridade competente, sem prejuízo da possibilidade de imediata decretação de prisão preventiva. (Incluído pela Lei 13.964/2019)

CAPÍTULO III
DA PRISÃO PREVENTIVA

- Redação dada pela Lei 5.349/1967.

Art. 311. Em qualquer fase da investigação policial ou do processo penal, caberá a prisão preventiva decretada pelo juiz, a requerimento do Ministério Público, do querelante ou do assistente, ou por representação da autoridade policial. (Redação dada pela Lei 13.964/2019)

- art. 5º, LXI e LXII, CF.
- arts. 13, IV; 317; 387, p.u.; 413, § 3º; 581, V; e 648, I, deste Código.
- art. 42, CP.
- art. 254, CPPM.
- art. 2º, Dec.-Lei 3.931/1941 (Lei de Introdução ao CPP).
- Lei 7.960/1989 (Dispõe sobre prisão temporária).
- art. 20, Lei 11.340/2006 (Coíbe a violência doméstica e familiar contra a mulher).
- art. 7º, 2, Pacto de São José da Costa Rica.
- Súm. 21, 52 e 64, STJ.

Art. 312. A prisão preventiva poderá ser decretada como garantia da ordem pública, da ordem econômica, por conveniência da instrução criminal ou para assegurar a aplicação da lei penal, quando houver prova da existência do crime e indício suficiente de autoria e de perigo gerado pelo estado de liberdade do imputado. (Redação dada pela Lei 13.964/2019)

- art. 86, § 3º, CF.
- art. 324, IV, deste Código.
- art. 255, CPPM.
- art. 99, VII, Lei 11.101/2005 (Lei de Recuperação de Empresas e Falência).
- arts. 29 a 31, Lei 7.492/1986 (Crimes contra o sistema financeiro nacional).
- arts. 4º; 6º; e 7º, Lei 8.137/1990 (Crimes contra a ordem tributária, econômica e relações de consumo).
- art. 2º, II, Lei 8.072/1990 (Crimes hediondos).
- art. 1º, Lei 8.176/1991 (Crimes contra a ordem econômica).
- Lei 12.850/2013 (Dispõe sobre organização criminosa e dispõe sobre a investigação criminal, os meios de obtenção da

CPP

prova, infrações penais correlatas e o procedimento criminal; altera o CP e revoga a Lei 9.034/1995).

- art. 1º, § 6º, Lei 9.455/1997 (Define os crimes de tortura).
- art. 3º, Lei 9.613/1998 (Dispõe sobre os crimes de "lavagem" ou ocultação de bens, direitos e valores).
- art. 21, Lei 10.826/2003 (Estatuto do Desarmamento).
- art. 44, *caput*, Lei 11.343/2006 (Lei Antidrogas).
- Lei 12.847/2013 (Institui o Sistema Nacional de Prevenção e Combate à Tortura; cria o Comitê Nacional de Prevenção e Combate à Tortura e o Mecanismo Nacional de Prevenção e Combate à Tortura).
- Dec. 6.085/2007 (Promulga o Protocolo Facultativo à Convenção contra a Tortura e Outros Tratamentos ou Penas Cruéis, Desumanos ou Degradantes, adotado em 18.12.2002).
- Dec. 8.154/2013 (Regulamenta o funcionamento do SNPCT, a composição e o funcionamento do CNPCT e dispõe sobre o MNPCT).

§ 1º A prisão preventiva também poderá ser decretada em caso de descumprimento de qualquer das obrigações impostas por força de outras medidas cautelares (art. 282, § 4º). (Incluído pela Lei 12.403/2011.)

§ 2º A decisão que decretar a prisão preventiva deve ser motivada e fundamentada em receio de perigo e existência concreta de fatos novos ou contemporâneos que justifiquem a aplicação da medida adotada. (Incluído pela Lei 13.964/2019)

Art. 313. Nos termos do art. 312 deste Código, será admitida a decretação da prisão preventiva: (Redação dada pela Lei 12.403/2011.)

I - nos crimes dolosos punidos com pena privativa de liberdade máxima superior a 4 (quatro) anos; (Redação dada pela Lei 12.403/2011.)

II - se tiver sido condenado por outro crime doloso, em sentença transitada em julgado, ressalvado o disposto no inciso I do *caput* do art. 64 do Decreto-Lei 2.848/1940 - Código Penal; (Redação dada pela Lei 12.403/2011.)

III - se o crime envolver violência doméstica e familiar contra a mulher, criança, adolescente, idoso, enfermo ou pessoa com deficiência, para garantir a execução das medidas protetivas de urgência; (Redação dada pela Lei 12.403/2011.)

- art. 225 e ss., Lei 8.069/1990 (ECA).
- art. 95 e ss., Lei 10.741/2003 (Estatuto do Idoso).
- Lei 11.340/2006 (Coíbe a violência doméstica e familiar contra a mulher).
- Dec. 8.086/2013 (Institui o Programa Mulher: Viver sem Violência.)

IV - (Revogado pela Lei 12.403/2011.)

§ 1º Também será admitida a prisão preventiva quando houver dúvida sobre a identidade civil da pessoa ou quando esta não fornecer elementos suficientes para esclarecê-la, devendo o preso ser colocado imediatamente em liberdade após a identificação, salvo se outra hipótese recomendar a manutenção da medida. (Incluído pela Lei 12.403/2011).

§ 2º Não será admitida a decretação da prisão preventiva com a finalidade de antecipação de cumprimento de pena ou como decorrência imediata de investigação criminal ou da apresentação ou recebimento de denúncia. (Incluído pela Lei 13.964/2019)

Art. 314. A prisão preventiva em nenhum caso será decretada se o juiz verificar pelas provas constantes dos autos ter o agente praticado o fato nas condições previstas nos incisos I, II e III do *caput* do art. 23 do Decreto-Lei n. 2.848, de 07 de dezembro de 1940 - Código Penal. (Redação dada pela Lei 12.403/2011.)

- art. 648, I, deste Código.
- art. 258, CPPM.

Art. 315. A decisão que decretar, substituir ou denegar a prisão preventiva será sempre motivada e fundamentada. (Redação dada pela Lei 13.964/2019)

§ 1º Na motivação da decretação da prisão preventiva ou de qualquer outra cautelar, o juiz deverá indicar concretamente a existência de fatos novos ou contemporâneos que justifiquem a aplicação da medida adotada. (Incluído pela Lei 13.964/2019)

§ 2º Não se considera fundamentada qualquer decisão judicial, seja ela interlocutória, sentença ou acórdão, que: (Incluído pela Lei 13.964/2019)

I - limitar-se à indicação, à reprodução ou à paráfrase de ato normativo, sem explicar sua relação com a causa ou a questão decidida;

II - empregar conceitos jurídicos indeterminados, sem explicar o motivo concreto de sua incidência no caso;

III - invocar motivos que se prestariam a justificar qualquer outra decisão;

IV - não enfrentar todos os argumentos deduzidos no processo capazes de, em tese, infirmar a conclusão adotada pelo julgador;

V - limitar-se a invocar precedente ou enunciado de súmula, sem identificar seus fundamentos determinantes nem demonstrar que o caso sob julgamento se ajusta àqueles funda-mentos;

VI – deixar de seguir enunciado de súmula, jurisprudência ou precedente invocado pela parte, sem demonstrar a existência de distinção no caso em julgamento ou a superação do entendimento.

Art. 316. O juiz poderá, de ofício ou a pedido das partes, revogar a prisão preventiva se, no correr da investigação ou do processo, verificar a falta de motivo para que ela subsista, bem como novamente decretá-la, se sobrevierem razões que a justifiquem. (Redação dada pela Lei 13.964/2019)

Parágrafo único. Decretada a prisão preventiva, deverá o órgão emissor da decisão revisar a necessidade de sua manutenção a cada 90 (noventa) dias, mediante decisão fundamentada, de ofício, sob pena de tornar a prisão ilegal. (Incluído pela Lei 13.964/2019)

- art. 5º, LXXV, CF.
- arts. 80; 386, p.u., I; 492, II, a; 586; e 648 deste Código.
- art. 954, p.u., III, CC/2002.
- art. 259, CPPM.
- art. 20, p.u., Lei 11.340/2006 (Coíbe a violência doméstica e familiar contra a mulher).

CAPÍTULO IV
DA PRISÃO DOMICILIAR

- Redação dada pela Lei 12.403/2011.
- art. 146-B, IV, Lei 7.210/1984 (Lei de Execuções Penais).
- Lei 5.256/1967 (Lei da Prisão Especial).
- art. 40, V, Lei 8.625/1993 (Lei Orgânica Nacional do Ministério Público).
- art. 7º, V, Lei 8.906/1994 (EAOAB).

Art. 317. A prisão domiciliar consiste no recolhimento do indiciado ou acusado em sua residência, só podendo dela ausentar-se com autorização judicial. (Redação dada pela Lei 12.403/2011.)

Art. 318. Poderá o juiz substituir a prisão preventiva pela domiciliar quando o agente for: (Redação dada pela Lei 12.403/2011.)

I - maior de 80 (oitenta) anos; (Incluído pela Lei 12.403/2011.)

II - extremamente debilitado por motivo de doença grave; (Incluído pela Lei 12.403/2011.)

III - imprescindível aos cuidados especiais de pessoa menor de 6 (seis) anos de idade ou com deficiência; (Incluído pela Lei 12.403/2011.)

IV - gestante; (Alterado pela Lei 13.257/2016.)

V - mulher com filho de até 12 (doze) anos de idade incompletos; (Acrescentado pela Lei 13.257/2016.)

VI - homem, caso seja o único responsável pelos cuidados do filho de até 12 (doze) anos de idade incompletos. (Acrescentado pela Lei 13.257/2016.)

Parágrafo único. Para a substituição, o juiz exigirá prova idônea dos requisitos estabelecidos neste artigo. (Incluído pela Lei 12.403/2011.)

Art. 318-A. A prisão preventiva imposta à mulher gestante ou que for mãe ou responsável por crianças ou pessoas com deficiência será substituída por prisão domiciliar, desde que: (Incluído pela Lei 13.769/2018)

I - não tenha cometido crime com violência ou grave ameaça a pessoa;

II - não tenha cometido o crime contra seu filho ou dependente.

Art. 318-B. A substituição de que tratam os arts. 318 e 318-A poderá ser efetuada sem prejuízo da aplicação concomitante das medidas alternativas previstas no art. 319. (Incluído pela Lei 13.769/2018)

CAPÍTULO V
DAS OUTRAS MEDIDAS CAUTELARES

- Redação dada pela Lei 12.403/2011.

Art. 319. São medidas cautelares diversas da prisão: (Redação dada pela Lei 12.403/2011.)

- art. 5º, LXI, CF.
- arts. 282, § 6º, e 321 deste Código.

I - comparecimento periódico em juízo, no prazo e nas condições fixadas pelo juiz, para informar e justificar atividades; (Redação dada pela Lei 12.403/2011.)

II - proibição de acesso ou frequência a determinados lugares quando, por circunstâncias relacionadas ao fato, deva o indiciado ou acusado permanecer distante desses locais para evitar o risco de novas infrações; (Redação dada pela Lei 12.403/2011.)

III - proibição de manter contato com pessoa determinada quando, por circunstâncias relacionadas ao fato, deva o indiciado ou acusado dela permanecer distante; (Redação dada pela Lei 12.403/2011.)

IV - proibição de ausentar-se da Comarca quando a permanência seja conveniente ou necessária para a investigação ou instrução; (Incluído pela Lei 12.403/2011.)

V - recolhimento domiciliar no período noturno e nos dias de folga quando o investigado ou acusado tenha residência e trabalho fixos; (Incluído pela Lei 12.403/2011.)

VI - suspensão do exercício de função pública ou de atividade de natureza econômica ou financeira quando houver justo receio de sua utilização para a prática de infrações penais; (Incluído pela Lei 12.403/2011.)

VII - internação provisória do acusado nas hipóteses de crimes praticados com violência ou grave ameaça, quando os peritos concluírem ser inimputável ou semi-imputável (art. 26 do Código Penal) e houver risco de reiteração; (Incluído pela Lei 12.403/2011.)

VIII - fiança, nas infrações que a admitem, para assegurar o comparecimento a atos do processo, evitar a obstrução do seu andamento ou em caso de resistência injustificada à ordem judicial; (Incluído pela Lei 12.403/2011.)

IX - monitoração eletrônica. (Incluído pela Lei 12.403/2011.)

- arts. 146-B a 146-D, Lei 7.210/1984 (Lei de Execuções Penais).

§§ 1º a 3º (Revogados pela Lei 12.403/2011.)

§ 4º A fiança será aplicada de acordo com as disposições do Capítulo VI deste Título, podendo ser cumulada com outras medidas cautelares. (Incluído pela Lei 12.403/2011.)

Art. 320. A proibição de ausentar-se do País será comunicada pelo juiz às autoridades encarregadas de fiscalizar as saídas do território nacional, intimando-se o indiciado ou acusado para entregar o passaporte, no prazo de 24 (vinte e quatro) horas. (Redação dada pela Lei 12.403/2011.)

CAPÍTULO VI
DA LIBERDADE PROVISÓRIA, COM OU SEM FIANÇA

- art. 5º, LXVI, CF.

Art. 321. Ausentes os requisitos que autorizam a decretação da prisão preventiva, o juiz deverá conceder liberdade provisória, impondo, se for o caso, as medidas cautelares previstas no art. 319 deste Código e observados os critérios constantes do art. 282 deste Código. (Redação dada pela Lei 12.403/2011.)

- arts. 270 e 271, CPPM.

I e II - (Revogados pela Lei 12.403/2011.)

Art. 322. A autoridade policial somente poderá conceder fiança nos casos de infração cuja pena privativa de liberdade máxima não seja superior a 4 (quatro) anos. (Redação dada pela Lei 12.403/2011.)

Parágrafo único. Nos demais casos, a fiança será requerida ao juiz, que decidirá em 48 (quarenta e oito) horas. (Redação dada pela Lei 12.403/2011.)

- art. 581, V, deste Código.

Art. 323. Não será concedida fiança: (Redação dada pela Lei 12.403/2011.)

I - nos crimes de racismo; (Redação dada pela Lei 12.403/2011.)

- art. 5º, XLII, CF.
- Lei 7.716/1989 (Lei do Racismo).

II - nos crimes de tortura, tráfico ilícito de entorpecentes e drogas afins, terrorismo e nos definidos como crimes hediondos; (Redação dada pela Lei 12.403/2011.)

- art. 2º, II, Lei 8.072/1990 (Dispõe sobre os crimes hediondos).
- Lei 12.847/2013 (Institui o Sistema Nacional de Prevenção e Combate à Tortura; cria o Comitê Nacional de Prevenção e Combate à Tortura e o Mecanismo Nacional de Prevenção e Combate à Tortura).
- Dec. 6.085/2007 (Promulga o Protocolo Facultativo à Convenção contra a Tortura e Outros Tratamentos ou Penas Cruéis, Desumanos ou Degradantes, adotado em 18.12.2002).

III - nos crimes cometidos por grupos armados, civis ou militares, contra a ordem constitucional e o Estado Democrático; (Redação dada pela Lei 12.403/2011.)

IV e V - (Revogados pela Lei 12.403/2011.)

Art. 324. Não será, igualmente, concedida fiança: (Redação dada pela Lei 12.403/2011).

I - aos que, no mesmo processo, tiverem quebrado fiança anteriormente concedida ou infringido, sem motivo justo, qualquer das obrigações a que se referem os arts. 327 e 328 deste Código; (Redação dada pela Lei 12.403/2011.)

II - em caso de prisão civil ou militar; (Redação dada pela Lei 12.403/2011.)

III - (Revogado pela Lei 12.403/2011.)

IV - quando presentes os motivos que autorizam a decretação da prisão preventiva (art. 312). (Redação dada pela Lei 12.403/2011.)

Art. 325. O valor da fiança será fixado pela autoridade que a conceder nos seguintes limites: (Redação dada pela Lei 12.403/2011.)

a) a c) (Revogadas.); (Redação dada pela Lei 12.403/2011.)

I - de 1 (um) a 100 (cem) salários-mínimos, quando se tratar de infração cuja pena privativa de liberdade, no grau máximo, não for superior a 4 (quatro) anos; (Incluído pela Lei 12.403/2011.)

II - de 10 (dez) a 200 (duzentos) salários-mínimos, quando o máximo da pena privativa de liberdade cominada for superior a 4 (quatro) anos. (Incluído pela Lei 12.403/2011.)

§ 1º Se assim recomendar a situação econômica do preso, a fiança poderá ser: (Redação dada pela Lei 12.403/2011.)

I - dispensada, na forma do art. 350 deste Código; (Redação dada pela Lei 12.403/2011.)

II - reduzida até o máximo de 2/3 (dois terços); ou (Redação dada pela Lei 12.403/2011.)

III - aumentada em até 1.000 (mil) vezes. (Incluído pela Lei 12.403/2011.)

§ 2º (Revogado pela Lei 12.403/2011.)

I a III - (Revogados pela Lei 12.403/2011.)

Art. 326. Para determinar o valor da fiança, a autoridade terá em consideração a natureza da infração, as condições pessoais de fortuna e vida pregressa do acusado, as circunstâncias indicativas de sua periculosidade, bem como a importância provável das custas do processo, até final julgamento.

- art. 44, Lei 11.343/2006 (Lei Antidrogas).

Art. 327. A fiança tomada por termo obrigará o afiançado a comparecer perante a autoridade, todas as vezes que for intimado para atos do inquérito e da instrução criminal e para o julgamento. Quando o réu não comparecer, a fiança será havida como quebrada.

- arts. 341 a 343; 346; e 581, VII, deste Código.
- art. 7º, 5, Pacto de São José da Costa Rica.

Art. 328. O réu afiançado não poderá, sob pena de quebramento da fiança, mudar de residência, sem prévia permissão da autoridade processante, ou ausentar-se por mais de 8 (oito) dias de sua residência, sem comunicar àquela autoridade o lugar onde será encontrado.

- art. 5º, II, CF.
- arts. 369 e 581, VII, deste Código.
- art. 7º, 5, Pacto de São José da Costa Rica.

Art. 329. Nos juízos criminais e delegacias de polícia, haverá um livro especial, com termos de abertura e de encerramento, numerado e rubricado em todas as suas folhas pela autoridade, destinado especialmente aos termos de fiança. O termo será lavrado pelo escrivão e assinado pela autoridade e por quem prestar a fiança, e dele extrair-se-á certidão para juntar-se aos autos.

Parágrafo único. O réu e quem prestar a fiança serão pelo escrivão notificados das obrigações e da sanção previstas nos arts. 327 e 328, o que constará dos autos.

Art. 330. A fiança, que será sempre definitiva, consistirá em depósito de dinheiro, pedras, objetos ou metais preciosos, títulos da dívida pública, federal, estadual ou municipal, ou em hipoteca inscrita em primeiro lugar.

- art. 818, CC/2002.

§ 1º A avaliação de imóvel, ou de pedras, objetos ou metais preciosos será feita imediatamente por perito nomeado pela autoridade.

§ 2º Quando a fiança consistir em caução de títulos da dívida pública, o valor será determinado pela sua cotação em Bolsa, e, sendo nominativos, exigir-se-á prova de que se acham livres de ônus.

Art. 331. O valor em que consistir a fiança será recolhido à repartição arrecadadora federal ou estadual, ou entregue ao depositário público, juntando-se aos autos os respectivos conhecimentos.

Parágrafo único. Nos lugares em que o depósito não se puder fazer de pronto, o valor será entregue ao escrivão ou pessoa abonada, a critério da autoridade, e dentro de três dias dar-se-á ao valor o destino que lhe assina este artigo, o que tudo constará do termo de fiança.

Art. 332. Em caso de prisão em flagrante, será competente para conceder a fiança a autoridade que presidir ao respectivo auto, e, em caso de prisão por mandado, o juiz que o houver expedido, ou a autoridade judiciária ou policial a quem tiver sido requisitada a prisão.

- art. 5º, LXVI, CF.
- arts. 209, *caput*; 285; 301 a 310; e 322 deste Código.

Art. 333. Depois de prestada a fiança, que será concedida independentemente de audiência do Ministério Público, este terá vista do processo a fim de requerer o que julgar conveniente.

- art. 581, V, deste Código.

Art. 334. A fiança poderá ser prestada enquanto não transitar em julgado a sentença condenatória. (Redação dada pela Lei 12.403/2011.)

- arts. 413, § 2º, e 660, § 3º, deste Código.

Art. 335. Recusando ou retardando a autoridade policial a concessão da fiança, o preso, ou alguém por ele, poderá prestá-la, mediante simples petição, perante o juiz competente, que decidirá em 48 (quarenta e oito) horas. (Redação dada pela Lei 12.403/2011.)

- art. 5º, LXVI, CF.
- arts. 333 e 648, V, deste Código.

Art. 336. O dinheiro ou objetos dados como fiança servirão ao pagamento das custas, da indenização do dano, da prestação pecuniária e da multa, se o réu for condenado. (Redação dada pela Lei 12.403/2011.)

- art. 63 deste Código.
- arts. 49 e 91, I, CP.

Parágrafo único. Este dispositivo terá aplicação ainda no caso da prescrição depois da sentença condenatória (art. 110 do Código Penal). (Redação dada pela Lei 12.403/2011.)

Art. 337. Se a fiança for declarada sem efeito ou passar em julgado sentença que houver absolvido o acusado ou declarada extinta a ação penal, o valor que a constituir, atualizado, será restituído sem desconto, salvo o disposto no parágrafo único do art. 336 deste Código. (Redação dada pela Lei 12.403/2011.)

- art. 386 deste Código

Art. 338. A fiança que se reconheça não ser cabível na espécie será cassada em qualquer fase do processo.

- arts. 581, V, e 584 deste Código.

Art. 339. Será também cassada a fiança quando reconhecida a existência de delito inafiançável, no caso de inovação na classificação do delito.

- arts. 383; 384; e 418 deste Código.
- Súm. 81, STJ.

Art. 340. Será exigido o reforço da fiança:

I - quando a autoridade tomar, por engano, fiança insuficiente;

II - quando houver depreciação material ou perecimento dos bens hipotecados ou caucionados, ou depreciação dos metais ou pedras preciosas;

III - quando for inovada a classificação do delito.

Parágrafo único. A fiança ficará sem efeito e o réu será recolhido à prisão, quando, na conformidade deste artigo, não for reforçada.

Art. 341. Julgar-se-á quebrada a fiança quando o acusado: (Redação dada pela Lei 12.403/2011.)

- art. 581, VII, deste Código.

I - regularmente intimado para ato do processo, deixar de comparecer, sem motivo justo; (Incluído pela Lei 12.403/2011.)

II - deliberadamente praticar ato de obstrução ao andamento do processo; (Incluído pela Lei 12.403/2011.)

III - descumprir medida cautelar imposta cumulativamente com a fiança; (Incluído pela Lei 12.403/2011.)

- arts. 282 e 319 deste Código.

IV - resistir injustificadamente a ordem judicial; (Incluído pela Lei 12.403/2011.)

V - praticar nova infração penal dolosa. (Incluído pela Lei 12.403/2011.)

Art. 342. Se vier a ser reformado o julgamento em que se declarou quebrada a fiança, esta subsistirá em todos os seus efeitos.

- art. 581, V e VII, deste Código.

Art. 343. O quebramento injustificado da fiança importará na perda de metade do seu valor, cabendo ao juiz decidir sobre a imposição de outras medidas cautelares ou, se for o caso, a decretação da prisão preventiva. (Redação dada pela Lei 12.403/2011.)

- arts. 324, I e 581, VII, deste Código.

Art. 344. Entender-se-á perdido, na totalidade, o valor da fiança, se, condenado, o acusado não se apresentar para o início do cumprimento da pena definitivamente imposta. (Redação dada pela Lei 12.403/2011.)

- art. 581, VII, deste Código.

Art. 345. No caso de perda da fiança, o seu valor, deduzidas as custas e mais encargos a que o acusado estiver obrigado, será recolhido ao fundo penitenciário, na forma da lei. (Redação dada pela Lei 12.403/2011.)

- art. 71, Lei 7.210/1984 (Lei de Execuções Penais).

Art. 346. No caso de quebramento de fiança, feitas as deduções previstas no art. 345 deste Código, o valor restante será recolhido ao fundo penitenciário, na forma da lei. (Redação dada pela Lei 12.403/2011.)

- art. 324, I, deste Código.

Art. 347. Não ocorrendo a hipótese do art. 345, o saldo será entregue a quem houver prestado a fiança, depois de deduzidos os encargos a que o réu estiver obrigado.

Art. 348. Nos casos em que a fiança tiver sido prestada por meio de hipoteca, a execução será promovida no juízo cível pelo órgão do Ministério Público.

- arts. 1.205 e 1.210, CPC.
- art. 784, NCPC.

Art. 349. Se a fiança consistir em pedras, objetos ou metais preciosos, o juiz determinará a venda por leiloeiro ou corretor.

Art. 350. Nos casos em que couber fiança, o juiz, verificando a situação econômica do preso, poderá conceder-lhe liberdade provisória, sujeitando-o às obrigações constantes dos arts. 327 e 328 deste Código e a outras medidas cautelares, se for o caso. (Redação dada pela Lei 12.403/2011.)

Parágrafo único. Se o beneficiado descumprir, sem motivo justo, qualquer das obrigações ou medidas impostas, aplicar-se-á o disposto no § 4º do art. 282 deste Código. (Redação dada pela Lei 12.403/2011.)

TÍTULO X
DAS CITAÇÕES E INTIMAÇÕES

CAPÍTULO I
DAS CITAÇÕES

Art. 351. A citação inicial far-se-á por mandado, quando o réu estiver no território sujeito à jurisdição do juiz que a houver ordenado.

- art. 5º, LV, CF.
- arts. 564, III, e; 570; e 572 deste Código.
- art. 277, CPPM.
- art. 164, Lei 7.210/1984 (Lei de Execuções Penais).
- arts. 66; 68; e 78, Lei 9.099/1995 (Lei dos Juizados Especiais).
- art. 8º, 2, b e e, Pacto de São José da Costa Rica.
- Súm. 351 e 455, STF.

Art. 352. O mandado de citação indicará:

- arts. 41 e 259 deste Código.
- art. 278, CPPM.

I - o nome do juiz;

II - o nome do querelante nas ações iniciadas por queixa;

III - o nome do réu, ou, se for desconhecido, os seus sinais característicos;

IV - a residência do réu, se for conhecida;

V - o fim para que é feita a citação;

- arts. 396, *caput*, e 406, *caput*, deste Código.
- art. 78, § 1º, Lei 9.099/1995 (Lei dos Juizados Especiais).
- art. 56, *caput*, Lei 11.343/2006 (Lei Antidrogas).

VI - o juízo e o lugar, o dia e a hora em que o réu deverá comparecer;

VII - a subscrição do escrivão e a rubrica do juiz.

Art. 353. Quando o réu estiver fora do território da jurisdição do juiz processante, será citado mediante precatória.

- art. 289 deste Código.
- art. 277, II, CPPM.
- art. 65, § 2º, Lei 9.099/1995 (Lei dos Juizados Especiais).
- Súm. 155, STF.
- Súm. 273, STJ.

Art. 354. A precatória indicará:

- art. 283, CPPM.

I - o juiz deprecado e o juiz deprecante;

II - a sede da jurisdição de um e de outro;

III - o fim para que é feita a citação, com todas as especificações;

- arts. 396, e 406, deste Código.
- art. 78, § 1º, Lei 9.099/1995 (Lei dos Juizados Especiais).
- art. 56, *caput*, Lei 11.343/2006 (Lei Antidrogas).

IV - o juízo do lugar, o dia e a hora em que o réu deverá comparecer.

Art. 355. A precatória será devolvida ao juiz deprecante, independentemente de traslado, depois de lançado o "cumpra-se" e de feita a citação por mandado do juiz deprecado.

- art. 284, CPPM.

§ 1º Verificado que o réu se encontra em território sujeito à jurisdição de outro juiz, a este remeterá o juiz deprecado os autos para efetivação da diligência, desde que haja tempo para fazer-se a citação.

§ 2º Certificado pelo oficial de justiça que o réu se oculta para não ser citado, a precatória será imediatamente devolvida, para o fim previsto no art. 362.

Art. 356. Se houver urgência, a precatória, que conterá em resumo os requisitos enumerados no art. 354, poderá ser expedida por via telegráfica, depois de reconhecida a firma do juiz, o que a estação expedidora mencionará.

- art. 289, p.u., deste Código.
- art. 283, p.u., CPPM.

Art. 357. São requisitos da citação por mandado:

- art. 564, IV, deste Código.
- art. 278, CPPM.

I - leitura do mandado ao citando pelo oficial e entrega da contrafé, na qual se mencionarão dia e hora da citação;

- art. 8º, 2, b, Pacto de São José da Costa Rica.

II - declaração do oficial, na certidão, da entrega da contrafé, e sua aceitação ou recusa.

Art. 358. A citação do militar far-se-á por intermédio do chefe do respectivo serviço.

- art. 221, § 2º, deste Código.
- art. 280, CPPM.

Art. 359. O dia designado para funcionário público comparecer em juízo, como acusado, será notificado assim a ele como ao chefe de sua repartição.

- art. 221, § 3º, deste Código.
- art. 281, CPPM.

Art. 360. Se o réu estiver preso, será pessoalmente citado. (Redação dada pela Lei 10.792/2003.)

- art. 282, CPPM.

Art. 361. Se o réu não for encontrado, será citado por edital, com o prazo de 15 (quinze) dias.

- arts. 366; 396, p.u.; 406, § 1º; e 538 deste Código.
- arts. 277, V, e 285, § 3º, CPPM.
- art. 66, p.u., Lei 9.099/1995 (Lei dos Juizados Especiais).
- Súm. 351 e 366, STF.

Art. 362. Verificando que o réu se oculta para não ser citado, o oficial de justiça certificará a ocorrência e procederá à citação com hora certa, na forma estabelecida nos arts. 227 a 229 da Lei 5.869/1973 - Código de Processo Civil. (Redação dada pela Lei 11.719/2008.)

- art. 355, § 2º, deste Código.
- Refere-se ao CPC/1973.
- arts. 252 a 254, NCPC.
- arts. 277, V, e 285, § 3º, CPPM.

Parágrafo único. Completada a citação com hora certa, se o acusado não comparecer, ser-lhe-á nomeado defensor dativo. (Incluído pela Lei 11.719/2008.)

- arts. 261 a 267; e 396-A, § 2º, deste Código.
- art. 8º, 2, d e e, Pacto de São José da Costa Rica.

Art. 363. O processo terá completada a sua formação quando realizada a citação do acusado. (Redação dada pela Lei 11.719/2008.)

- arts. 277, V, e 285, § 3º, CPPM.

I e II - (Revogados); (Redação dada pela Lei 11.719/2008.)

§ 1º Não sendo encontrado o acusado, será procedida a citação por edital. (Incluído pela Lei 11.719/2008.)

- arts. 361; 366; 396, p.u.; e 406, § 1º, deste Código.
- art. 66, p.u., Lei 9.099/1995 (Lei dos Juizados Especiais).

§§ 2º e 3º (Vetados.) (Incluído pela Lei 11.719/2008.)

§ 4º Comparecendo o acusado citado por edital, em qualquer tempo, o processo observará o disposto nos arts. 394 e seguintes deste Código. (Incluído pela Lei 11.719/2008.)

Art. 364. No caso do artigo anterior, n. I, o prazo será fixado pelo juiz entre 15 (quinze) e 90 (noventa) dias, de acordo com as circunstâncias, e, no caso de n. II, o prazo será de trinta dias.

Art. 365. O edital de citação indicará:

- art. 286, CPPM.

I - o nome do juiz que a determinar;

II - o nome do réu, ou, se não for conhecido, os seus sinais característicos, bem como sua residência e profissão, se constarem do processo;

- arts. 41 e 259 deste Código.

III - o fim para que é feita a citação;

- arts. 396, *caput*, e 406, *caput*, deste Código
- art. 78, § 1º, Lei 9.099/1995 (Lei dos Juizados Especiais).
- art. 56, *caput*, Lei 11.343/2006 (Lei Antidrogas).
- Súm. 366, STF.

IV - o juízo e o dia, a hora e o lugar em que o réu deverá comparecer;

V - o prazo, que será contado do dia da publicação do edital na imprensa, se houver, ou da sua afixação.

- arts. 361 e 798 deste Código.
- art. 231, NCPC.
- Súm. 366, STF.

Parágrafo único. O edital será afixado à porta do edifício onde funcionar o juízo e será publicado pela imprensa, onde houver, devendo a afixação ser certificada pelo oficial que a tiver feito e a publicação provada por exemplar do jornal ou certidão do escrivão, da qual conste a página do jornal com a data da publicação.

Art. 366. Se o acusado, citado por edital, não comparecer, nem constituir advogado, ficarão suspensos o processo e o curso do prazo prescricional, podendo o juiz determinar a produção antecipada das provas consideradas urgentes e, se for o caso, decretar prisão preventiva, nos termos do disposto no art. 312. (Redação dada pela Lei 9.271/1996.)

- art. 5º, LV, CF.
- art. 155, *caput*, e 156, I, deste Código.
- art. 8º, 2, b a d, Pacto de São José da Costa Rica.
- art. 2º, § 2º, Lei 9.613/1998 (Dispõe sobre os crimes de "lavagem" ou ocultação de bens, direitos e valores).
- Súm. 415 e 455, STJ.

§§ 1º e 2º (Revogados pela Lei 11.719/2008.)

Art. 367. O processo seguirá sem a presença do acusado que, citado ou intimado pessoalmente para qualquer ato, deixar de comparecer sem motivo justificado, ou, no caso de mudança de residência, não comunicar o novo endereço ao juízo. (Redação dada pela Lei 9.271/1996.)

- arts. 784 a 786 e 392 deste Código.
- art. 36, NCPC.

Art. 368. Estando o acusado no estrangeiro, em lugar sabido, será citado mediante carta rogatória, suspendendo-se o curso do prazo de prescrição até o seu cumprimento. (Redação dada pela Lei 9.271/1996.)

- art. 105, I, i, CF (a concessão de exequatur passou, com a EC 45/2004, a ser competência do STJ).

Art. 369. As citações que houverem de ser feitas em legações estrangeiras serão efetuadas mediante carta rogatória. (Redação dada pela Lei 9.271/1996.)

- arts. 783 a 786 deste Código.
- art. 285, CPPM.

CAPÍTULO II
DAS INTIMAÇÕES

Art. 370. Nas intimações dos acusados, das testemunhas e demais pessoas que devam tomar conhecimento de qualquer ato, será observado, no que for aplicável, o disposto no Capítulo anterior. (Redação dada pela Lei 9.271/1996.)

› art. 5º, LV, CF.
› arts. 201, § 2º; 391; 392; 420; 564, III, o; e 570 deste Código.
› art. 21, Lei 11.340/2006 (Coíbe a violência doméstica e familiar contra a mulher).
› art. 288, CPPM.

§ 1º A intimação do defensor constituído, do advogado do querelante e do assistente far-se-á por publicação no órgão incumbido da publicidade dos atos judiciais da comarca, incluindo, sob pena de nulidade, o nome do acusado. (Redação dada pela Lei 9.271/1996.)

› art. 391 deste Código.
› art. 288, § 2º, CPPM.
› art. 67, Lei 9.099/1995 (Lei dos Juizados Especiais).

§ 2º Caso não haja órgão de publicação dos atos judiciais na comarca, a intimação far-se-á diretamente pelo escrivão, por mandado, ou via postal com comprovante de recebimento, ou por qualquer outro meio idôneo. (Redação dada pela Lei 9.271/1996.)

§ 3º A intimação pessoal, feita pelo escrivão, dispensará a aplicação a que alude o § 1º. (Incluído pela Lei 9.271/1996.)

§ 4º A intimação do Ministério Público e do defensor nomeado será pessoal. (Incluído pela Lei 9.271/1996.)

Art. 371. Será admissível a intimação por despacho na petição em que for requerida, observado o disposto no art. 357.

Art. 372. Adiada, por qualquer motivo, a instrução criminal, o juiz marcará desde logo, na presença das partes e testemunhas, dia e hora para seu prosseguimento, do que se lavrará termo nos autos.

TÍTULO XI
DA APLICAÇÃO PROVISÓRIA DE INTERDIÇÕES DE DIREITOS E MEDIDAS DE SEGURANÇA

Art. 373. A aplicação provisória de interdições de direitos poderá ser determinada pelo juiz, de ofício, ou a requerimento do Ministério Público, do querelante, do assistente, do ofendido, ou de seu representante legal, ainda que este não se tenha constituído como assistente:

I - durante a instrução criminal após a apresentação da defesa ou do prazo concedido para esse fim;

II - na sentença de pronúncia;

III - na decisão confirmatória da pronúncia ou na que, em grau de recurso, pronunciar o réu;

IV - na sentença condenatória recorrível.

§ 1º No caso do n. I, havendo requerimento de aplicação da medida, o réu ou seu defensor será ouvido no prazo de 2 (dois) dias.

§ 2º Decretada a medida, serão feitas as comunicações necessárias para a sua execução, na forma do disposto no Capítulo III do Título II do Livro IV.

Art. 374. Não caberá recurso do despacho ou da parte da sentença que decretar ou denegar a aplicação provisória de interdições de direitos, mas estas poderão ser substituídas ou revogadas:

I - se aplicadas no curso da instrução criminal, durante esta ou pelas sentenças a que se referem os n. II, III e IV do artigo anterior;

II - se aplicadas na sentença de pronúncia, pela decisão que, em grau de recurso, a confirmar, total ou parcialmente, ou pela sentença condenatória recorrível;

III - se aplicadas na decisão a que se refere o n. III do artigo anterior, pela sentença condenatória recorrível.

Art. 375. O despacho que aplicar, provisoriamente, substituir ou revogar interdição de direito, será fundamentado.

Art. 376. A decisão que impronunciar ou absolver o réu fará cessar a aplicação provisória da interdição anteriormente determinada.

Art. 377. Transitando em julgado a sentença condenatória, serão executadas somente as interdições nela aplicadas ou que derivarem da imposição da pena principal.

Art. 378. A aplicação provisória de medida de segurança obedecerá ao disposto nos artigos anteriores, com as modificações seguintes:

I - o juiz poderá aplicar, provisoriamente, a medida de segurança, de ofício, ou a requerimento do Ministério Público;

II - a aplicação poderá ser determinada ainda no curso do inquérito, mediante representação da autoridade policial;

III - a aplicação provisória de medida de segurança, a substituição ou a revogação da anteriormente aplicada poderão ser determinadas, também, na sentença absolutória;

IV - decretada a medida, atender-se-á ao disposto no Título V do Livro IV, no que for aplicável.

Art. 379. Transitando em julgado a sentença, observar-se-á, quanto à execução das medidas de segurança definitivamente aplicadas, o disposto no Título V do Livro IV.

Art. 380. A aplicação provisória de medida de segurança obstará a concessão de fiança, e tornará sem efeito a anteriormente concedida.

› arts. 147, 171 e 172 da Lei 7.210/1984 (Lei de Execuções Penais).

TÍTULO XII
DA SENTENÇA

Art. 381. A sentença conterá:

› art. 93, IX, CF.
› arts. 41; 259; 564, III, m, e IV, e 800, I, deste Código.
› arts. 458 a 463, CPC.
› art. 489 e ss., NCPC.
› art. 438, CPPM.
› art. 81, § 3º, Lei 9.099/1995 (Lei dos Juizados Especiais).

I - os nomes das partes ou, quando não possível, as indicações necessárias para identificá-las;

II - a exposição sucinta da acusação e da defesa;

III - a indicação dos motivos de fato e de direito em que se fundar a decisão;

› art. 93, IX, CF.
› art. 59, CP.

IV - a indicação dos artigos de lei aplicados;

V - o dispositivo;

VI - a data e a assinatura do juiz.

Art. 382. Qualquer das partes poderá, no prazo de 2 (dois) dias, pedir ao juiz que declare a sentença, sempre que nela houver obscuridade, ambiguidade, contradição ou omissão.

› arts. 619 e 798, § 1º, deste Código.
› art. 1.026, NCPC.
› art. 538, CPPM.
› art. 83, Lei 9.099/1995 (Lei dos Juizados Especiais).

Art. 383. O juiz, sem modificar a descrição do fato contida na denúncia ou queixa, poderá atribuir-lhe definição jurídica diversa, ainda que, em consequência, tenha de aplicar pena mais grave. (Redação dada pela Lei 11.719/2008.)

› arts. 41 e 617 deste Código.
› art. 437, a, CPPM.
› Súm. 453, STF.
› Súm. 337, STJ.

§ 1º Se, em consequência de definição jurídica diversa, houver possibilidade de proposta de suspensão condicional do processo, o juiz procederá de acordo com o disposto na lei. (Incluído pela Lei 11.719/2008.)

› art. 89, Lei 9.099/1995 (Lei dos Juizados Especiais).
› art. 28, Lei 9.605/1998 (Lei do Meio Ambiente).
› art. 41, Lei 11.343/2006 (Lei Antidrogas).
› Súm. 696 e 723, STF.
› Súm. 243 e 337, STJ.

§ 2º Tratando-se de infração da competência de outro juízo, a este serão encaminhados os autos. (Incluído pela Lei 11.719/2008.)

› art. 581, II, deste Código.

Art. 384. Encerrada a instrução probatória, se entender cabível nova definição jurídica do fato, em consequência de prova existente nos autos de elemento ou circunstância da infração penal não contida na acusação, o Ministério Público deverá aditar a denúncia ou queixa, no prazo de 5 (cinco) dias, se em virtude desta houver sido instaurado o processo em crime de ação pública, reduzindo-se a termo o aditamento, quando feito oralmente. (Redação dada pela Lei 11.719/2008.)

› art. 5º, LV, CF.
› arts. 41 e 617 deste Código.
› art. 8º, 2, b e c, Pacto de São José da Costa Rica.
› Súm. 453, STF.

§ 1º Não procedendo o órgão do Ministério Público ao aditamento, aplica-se o art. 28 deste Código. (Incluído pela Lei 11.719/2008.)

› art. 129, I, CF.

§ 2º Ouvido o defensor do acusado no prazo de 5 (cinco) dias e admitido o aditamento, o juiz, a requerimento de qualquer das partes, designará dia e hora para continuação da audiência, com inquirição de testemunhas, novo interrogatório do acusado, realização de debates e julgamento. (Incluído pela Lei 11.719/2008.)

- art. 5º, LV, CF.
- art. 8º, 2, c e f, Pacto de São José da Costa Rica.

§ 3º Aplicam-se as disposições dos §§ 1º e 2º do art. 383 ao *caput* deste artigo. (Incluído pela Lei 11.719/2008.)

§ 4º Havendo aditamento, cada parte poderá arrolar até 3 (três) testemunhas, no prazo de 5 (cinco) dias, ficando o juiz, na sentença, adstrito aos termos do aditamento. (Incluído pela Lei 11.719/2008.)

§ 5º Não recebido o aditamento, o processo prosseguirá. (Incluído pela Lei 11.719/2008.)

- Súm. 453, STF.

Art. 385. Nos crimes de ação pública, o juiz poderá proferir sentença condenatória, ainda que o Ministério Público tenha opinado pela absolvição, bem como reconhecer agravantes, embora nenhuma tenha sido alegada.

- arts. 61 e 62, CP.
- art. 437, b, CPPM.

Art. 386. O juiz absolverá o réu, mencionando a causa na parte dispositiva, desde que reconheça:

- arts. 66; 397; 415; 596; e 617 deste Código.
- art. 439, CPPM.

I - estar provada a inexistência do fato;

- arts. 66 e 415, I, deste Código.
- art. 935, CC/2002.

II - não haver prova da existência do fato;

- art. 66 deste Código.

III - não constituir o fato infração penal;

- arts. 67, III; 397, III; e 415, III, deste Código.
- art. 96, CP.

IV - estar provado que o réu não concorreu para a infração penal; (Redação dada pela Lei 11.690/2008.)

- art. 415 deste Código.
- art. 935, CC/2002.

V - não existir prova de ter o réu concorrido para a infração penal; (Redação dada pela Lei 11.690/2008.)

- art. 415 deste Código.

VI - existirem circunstâncias que excluam o crime ou isentem o réu de pena (arts. 20, 21, 22, 23, 26 e § 1º do art. 28, todos do Código Penal), ou mesmo se houver fundada dúvida sobre sua existência; (Redação dada pela Lei 11.690/2008.)

- arts. 65; 397, I e II; e 415, p.u., deste Código.
- art. 97, CP.
- art. 929 e 930, CC/2002.

VII - não existir prova suficiente para a condenação. (Incluído pela Lei 11.690/2008.)

- Súm. 422, STF.

Parágrafo único. Na sentença absolutória, o juiz:

- arts. 318 e 596 deste Código.

I - mandará, se for o caso, pôr o réu em liberdade;

- art. 596 deste Código.

II - ordenará a cessação das medidas cautelares e provisoriamente aplicadas; (Redação dada pela Lei 11.690/2008.)

III - aplicará medida de segurança, se cabível.

- arts. 96 a 99, CP.
- Súm. 422, STF.

Art. 387. O juiz, ao proferir sentença condenatória:

- arts. 492, I, e 617 deste Código.
- arts. 91 e 98, CP.
- art. 440, CPPM.

I - mencionará as circunstâncias agravantes ou atenuantes definidas no Código Penal, e cuja existência reconhecer;

- arts. 61 a 67; e 492, I, b, deste Código.

II - mencionará as outras circunstâncias apuradas e tudo o mais que deva ser levado em conta na aplicação da pena, de acordo com o disposto nos arts. 59 e 60 do Decreto-Lei 2.848/1940 - Código Penal; (Redação dada pela Lei 11.719/2008.)

- art. 492, I, deste Código.
- Súm. 440; 442; 443; e 444, STJ.

III - aplicará as penas de acordo com essas conclusões; (Redação dada pela Lei 11.719/2008.)

- art. 5º, XLVI, CF.
- art. 492, I, deste Código.

IV - fixará valor mínimo para reparação dos danos causados pela infração, considerando os prejuízos sofridos pelo ofendido; (Redação dada pela Lei 11.719/2008.)

- art. 63, p.u., deste Código.
- art. 20, Lei 9.605/1998 (Lei do Meio Ambiente).

V - atenderá, quanto à aplicação provisória de interdições de direitos e medidas de segurança, ao disposto no Título XI deste Livro;

- art. 492, I, deste Código.
- art. 96, CP.

VI - determinará se a sentença deverá ser publicada na íntegra ou em resumo e designará o jornal em que será feita a publicação (art. 73, § 1º, do Código Penal).

- Refere-se à antiga Parte Geral do CP, revogada pela Lei 7.209/1984.
- art. 492, I, deste Código.

§ 1º O juiz decidirá, fundamentadamente, sobre a manutenção ou, se for o caso, a imposição de prisão preventiva ou de outra medida cautelar, sem prejuízo do conhecimento de apelação que vier a ser interposta. (Renumerado de p.u. após alteração pela Lei 12.736/2012.)

§ 2º O tempo de prisão provisória, de prisão administrativa ou de internação, no Brasil ou no estrangeiro, será computado para fins de determinação do regime inicial de pena privativa de liberdade. (Inserido pela Lei 12.736/2012.)

- arts. 5º, LVII, e 93, IX, CF.
- arts. 311 a 317; 492, I; 581, XV; e 593 deste Código.
- art. 31, Lei 7.492/1986 (Define os crimes contra o sistema financeiro nacional).
- art. 2º, § 3º, Lei 8.072/1990 (Dispõe sobre os crimes hediondos).
- art. 8º, 2, h, Pacto de São José da Costa Rica.
- Lei 12.850/2013 (Define organização criminosa e dispõe sobre a investigação criminal, os meios de obtenção da prova, infrações penais correlatas e o procedimento criminal; altera o CP e revoga a Lei 9.034/1995).
- art. 82, Lei 9.099/1995 (Lei dos Juizados Especiais).
- art. 3º, Lei 9.613/1998 (Dispõe sobre os crimes de "lavagem" ou ocultação de bens, direitos e valores).
- art. 59, Lei 11.343/2006 (Lei Antidrogas).
- Súm. 347, STJ.

Art. 388. A sentença poderá ser datilografada e neste caso o juiz a rubricará em todas as folhas.

- art. 438, § 3º, CPPM.

Art. 389. A sentença será publicada em mão do escrivão, que lavrará nos autos o respectivo termo, registrando-a em livro especialmente destinado a esse fim.

- art. 799 deste Código.
- art. 463, CPC.
- art. 494, NCPC.

Art. 390. O escrivão, dentro de três dias após a publicação, e sob pena de suspensão de cinco dias, dará conhecimento da sentença ao órgão do Ministério Público.

- arts. 370, § 4º; 799; e 800, § 4º, deste Código.

Art. 391. O querelante ou o assistente será intimado da sentença, pessoalmente ou na pessoa de seu advogado. Se nenhum deles for encontrado no lugar da sede do juízo, a intimação será feita mediante edital com o prazo de 10 dias, afixado no lugar de costume.

- arts. 201, § 2º; 268 a 273; 370, §§ 1º a 3º; 416; 584, § 1º; e 598, p.u., deste Código.
- Súm. 208; 210; e 448, STF.

Art. 392. A intimação da sentença será feita:

- art. 5º, LV, CF.
- arts. 577, *caput*, e 798, § 5º, deste Código.
- arts. 443 a 446, CPPM.
- art. 82, §§ 1º e 2º, Lei 9.099/1995 (Lei dos Juizados Especiais).
- Súm. 310 e 710, STF.

I - ao réu, pessoalmente, se estiver preso;

II - ao réu, pessoalmente, ou ao defensor por ele constituído, quando se livrar solto, ou, sendo afiançável a infração, tiver prestado fiança;

- arts. 321; 323; 324; e 370, §§ 1º e 3º, deste Código.

III - ao defensor constituído pelo réu, se este, afiançável, ou não, a infração, expedido o mandado de prisão, não tiver sido encontrado, e assim o certificar o oficial de justiça;

- arts. 370, § 1º e 3º, e 387, p.u., deste Código.

IV - mediante edital, nos casos do n. II, se o réu e o defensor que houver constituído não forem encontrados, e assim o certificar o oficial de justiça;

- arts. 65; 370, §§ 1º e 3º; e 392, §§ 1º e 2º, deste Código.

V - mediante edital, nos casos do n. III, se o defensor que o réu houver constituído também não for encontrado, e assim o certificar o oficial de justiça;

‣ arts. 65; 370, §§ 1º e 3º; e 392, §§ 1º e 2º, deste Código.

VI - mediante edital, se o réu, não tendo constituído defensor, não for encontrado, e assim o certificar o oficial de justiça.

§ 1º O prazo do edital será de 90 dias, se tiver sido imposta pena privativa de liberdade por tempo igual ou superior a um ano, e de 60 dias, nos outros casos.

§ 2º O prazo para apelação correrá após o término do fixado no edital, salvo se, no curso deste, for feita a intimação por qualquer das outras formas estabelecidas neste artigo.

‣ art. 231, NCPC.

Art. 393. (Revogado pela Lei 12.403/2011.)

LIVRO II
DOS PROCESSOS EM ESPÉCIE

TÍTULO I
DO PROCESSO COMUM

CAPÍTULO I
DA INSTRUÇÃO CRIMINAL

Art. 394. O procedimento será comum ou especial. (Redação dada pela Lei 11.719/2008.)

‣ art. 5º, LVII, CF.

‣ arts. 387, p.u., 492, I, e; e 531 a 540 deste Código.

‣ art. 8º, 2, *caput*, Pacto de São José da Costa Rica.

§ 1º O procedimento comum será ordinário, sumário ou sumaríssimo: (Incluído pela Lei 11.719/2008.)

I - ordinário, quando tiver por objeto crime cuja sanção máxima cominada for igual ou superior a 4 (quatro) anos de pena privativa de liberdade; (Incluído pela Lei 11.719/2008.)

II - sumário, quando tiver por objeto crime cuja sanção máxima cominada seja inferior a 4 (quatro) anos de pena privativa de liberdade; (Incluído pela Lei 11.719/2008.)

‣ art. 5º, LVII, CF.

‣ art. 8º, 2, Pacto de São José da Costa Rica.

III - sumaríssimo, para as infrações penais de menor potencial ofensivo, na forma da lei. (Incluído pela Lei 11.719/2008.)

‣ art. 538 deste Código.

‣ art. 94, Lei 10.741/2003 (Estatuto do Idoso).

‣ arts. 61 e 77 a 83, Lei 9.099/1995 (Lei dos Juizados Especiais).

‣ art. 41, Lei 11.340/2006 (Coíbe a violência doméstica e familiar contra a mulher).

‣ Súm. 428, STJ.

§ 2º Aplica-se a todos os processos o procedimento comum, salvo disposições em contrário deste Código ou de lei especial. (Incluído pela Lei 11.719/2008.)

§ 3º Nos processos de competência do Tribunal do Júri, o procedimento observará as disposições estabelecidas nos arts. 406 a 497 deste Código. (Incluído pela Lei 11.719/2008.)

‣ Súm. Vinc. 45, STF.

§ 4º As disposições dos arts. 395 a 398 deste Código aplicam-se a todos os procedimentos penais de primeiro grau, ainda que não regulados neste Código. (Incluído pela Lei 11.719/2008.)

§ 5º Aplicam-se subsidiariamente aos procedimentos especial, sumário e sumaríssimo as disposições do procedimento ordinário. (Incluído pela Lei 11.719/2008.)

Art. 394-A. Os processos que apurem a prática de crime hediondo terão prioridade de tramitação em todas as instâncias. (Acrescentado pela Lei 13.285/2016).

Art. 395. A denúncia ou queixa será rejeitada quando: (Redação dada pela Lei 11.719/2008.)

‣ arts. 516; 525; 564, III, a; e 581, I, deste Código.

‣ art. 82, Lei 9.099/1995 (Lei dos Juizados Especiais)

I - for manifestamente inepta; (Incluído pela Lei 11.719/2008.)

‣ arts. 41 e 44 deste Código.

II - faltar pressuposto processual ou condição para o exercício da ação penal; ou (Incluído pela Lei 11.719/2008.)

‣ art. 228, CF.

‣ arts. 24, *caput*; 386, III; 564, II e III; e 648, VII, deste Código.

‣ arts. 27; e 107 a 120, CP.

‣ Súm. 438, STJ.

III - faltar justa causa para o exercício da ação penal. (Incluído pela Lei 11.719/2008.)

‣ art. 4º, *caput*, deste Código.

‣ Súm. 524, STF.

Parágrafo único. (Revogado). (Incluído pela Lei 11.719/2008.)

Art. 396. Nos procedimentos ordinário e sumário, oferecida a denúncia ou queixa, o juiz, se não a rejeitar liminarmente, recebê-la-á e ordenará a citação do acusado para responder à acusação, por escrito, no prazo de 10 (dez) dias. (Redação dada pela Lei 11.719/2008.)

‣ arts. 351 a 369; 406, § 1º; 564, e; e 570 deste Código.

‣ art. 117, I, CP.

‣ art. 8º, 2, b e c, Pacto de São José da Costa Rica.

‣ Súm. 710, STF.

Parágrafo único. No caso de citação por edital, o prazo para a defesa começará a fluir a partir do comparecimento pessoal do acusado ou do defensor constituído. (Redação dada pela Lei 11.719/2008.)

‣ arts. 361; 363, §§ 1º e 4º; 365; 366; e 406, § 1º, deste Código.

Art. 396-A. Na resposta, o acusado poderá arguir preliminares e alegar tudo o que interesse à sua defesa, oferecer documentos e justificações, especificar as provas pretendidas e arrolar testemunhas, qualificando-as e requerendo sua intimação, quando necessário. (Incluído pela Lei 11.719/2008.)

‣ arts. 41; 395; 397; e 564 deste Código.

‣ art. 8º, 2, f, Pacto de São José da Costa Rica.

§ 1º A exceção será processada em apartado, nos termos dos arts. 95 a 112 deste Código. (Incluído pela Lei 11.719/2008.)

§ 2º Não apresentada a resposta no prazo legal, ou se o acusado, citado, não constituir defensor, o juiz nomeará defensor para oferecê-la, concedendo-lhe vista dos autos por 10 (dez) dias. (Incluído pela Lei 11.719/2008.)

‣ arts. 261 a 267; 351 a 360; 362, p.u.; 367 a 369; e 408 deste Código.

‣ art. 8º, 2, Pacto de São José da Costa Rica.

Art. 397. Após o cumprimento do disposto no art. 396-A, e parágrafos, deste Código, o juiz deverá absolver sumariamente o acusado quando verificar: (Redação dada pela Lei 11.719/2008.)

‣ art. 593, I, deste Código.

I - a existência manifesta de causa excludente da ilicitude do fato; (Incluído pela Lei 11.719/2008.)

‣ arts. 23 a 25, CP.

II - a existência manifesta de causa excludente da culpabilidade do agente, salvo inimputabilidade; (Incluído pela Lei 11.719/2008.)

‣ arts. 21; 22; 26; e 28, § 1º, CP.

III - que o fato narrado evidentemente não constitui crime; ou (Incluído pela Lei 11.719/2008.)

‣ art. 5º, XXXIX, CF.

‣ arts. 1º; 11; 13, § 2º; 14; 15; 17; 18; 20; e 29, CP.

‣ Súm. 145; 246; 554; e 720, STF.

IV - extinta a punibilidade do agente. (Incluído pela Lei 11.719/2008.)

‣ arts. 107 e 312, § 3º, CP.

‣ arts. 74, p.u., e 89, § 5º, Lei 9.099/1995 (Lei dos Juizados Especiais).

‣ art. 9º, § 2º, Lei 10.684/2003 (Altera a legislação tributária federal).

‣ art. 69, Lei 11.941/2009 (Altera a legislação tributária federal).

Art. 398. (Revogado pela Lei 11.719/2008.)

Art. 399. Recebida a denúncia ou queixa, o juiz designará dia e hora para a audiência, ordenando a intimação do acusado, de seu defensor, do Ministério Público e, se for o caso, do querelante e do assistente. (Redação dada pela Lei 11.719/2008.)

‣ art. 5º, LV, CF.

‣ arts. 44; 271; 351; 360 a 363; 366; 370 a 372; 520; e 526 deste Código.

‣ art. 117, I, CP.

§ 1º O acusado preso será requisitado para comparecer ao interrogatório, devendo o poder público providenciar sua apresentação. (Incluído pela Lei 11.719/2008.)

‣ art. 5º, LV, CF.

‣ arts. 185 a 196; 260; e 564, III, e, deste Código.

‣ art. 8º, 1 e 2, d e g, Pacto de São José da Costa Rica.

§ 2º O juiz que presidiu a instrução deverá proferir a sentença. (Incluído pela Lei 11.719/2008.)

‣ art. 5º, LIII, CF.

‣ arts. 132 e 564, I e IV, deste Código.

‣ art. 8º, 1 e 2, d e g, Pacto de São José da Costa Rica.

Art. 400. Na audiência de instrução e julgamento, a ser realizada no prazo máximo de 60 (sessenta) dias, proceder-se-á à tomada de declarações do ofendido, à inquirição das testemunhas arroladas pela acusação e pela defesa, nesta ordem, ressalvado o disposto no art. 222 deste Código, bem como aos esclarecimentos dos peritos, às acareações e ao reconhecimento de pessoas e coisas, interrogando-se, em seguida, o acusado. (Redação dada pela Lei 11.719/2008.)

- art. 5º, LV, CF.
- arts. 159, § 5º; 185 a 196; 201; 202 a 230; 411; e 531 deste Código.
- art. 8º, 1 e 2, d, f e g, Pacto de São José da Costa Rica.
- Súm. 15, STM.

§ 1º As provas serão produzidas numa só audiência, podendo o juiz indeferir as consideradas irrelevantes, impertinentes ou protelatórias. (Incluído pela Lei 11.719/2008.)

- art. 5º, LVI, CF.
- art. 157 deste Código.

§ 2º Os esclarecimentos dos peritos dependerão de prévio requerimento das partes. (Incluído pela Lei 11.719/2008.)

- art. 5º, LV, CF.
- arts. 159, § 5º, I; 278; 396-A, *caput*; e 533 deste Código.
- art. 8º, 2, f, Pacto de São José da Costa Rica.

Art. 401. Na instrução poderão ser inquiridas até 8 (oito) testemunhas arroladas pela acusação e 8 (oito) pela defesa. (Redação dada pela Lei 11.719/2008.)

- art. 209 deste Código.

§ 1º Nesse número não se compreendem as que não prestem compromisso e as referidas. (Incluído pela Lei 11.719/2008.)

- art. 208 deste Código.

§ 2º A parte poderá desistir da inquirição de qualquer das testemunhas arroladas, ressalvado o disposto no art. 209 deste Código. (Incluído pela Lei 11.719/2008.)

Art. 402. Produzidas as provas, ao final da audiência, o Ministério Público, o querelante e o assistente e, a seguir, o acusado poderão requerer diligências cuja necessidade se origine de circunstâncias ou fatos apurados na instrução. (Redação dada pela Lei 11.719/2008.)

Art. 403. Não havendo requerimento de diligências, ou sendo indeferido, serão oferecidas alegações finais orais por 20 (vinte) minutos, respectivamente, pela acusação e pela defesa, prorrogáveis por mais 10 (dez), proferindo o juiz, a seguir, sentença. (Redação dada pela Lei 11.719/2008.)

- art. 57, Lei 11.343/2006 (Lei Antidrogas).

§ 1º Havendo mais de um acusado, o tempo previsto para a defesa de cada um será individual. (Incluído pela Lei 11.719/2008.)

§ 2º Ao assistente do Ministério Público, após a manifestação desse, serão concedidos 10 (dez) minutos, prorrogando-se por igual período o tempo de manifestação da defesa. (Incluído pela Lei 11.719/2008.)

- arts. 268 a 273 deste Código.

§ 3º O juiz poderá, considerada a complexidade do caso ou o número de acusados, conceder às partes o prazo de 5 (cinco) dias sucessivamente para a apresentação de memoriais. Nesse caso, terá o prazo de 10 (dez) dias para proferir a sentença. (Incluído pela Lei 11.719/2008.)

Art. 404. Ordenado diligência considerada imprescindível, de ofício ou a requerimento da parte, a audiência será concluída sem as alegações finais. (Redação dada pela Lei 11.719/2008.)

Parágrafo único. Realizada, em seguida, a diligência determinada, as partes apresentarão, no prazo sucessivo de 5 (cinco) dias, suas alegações finais, por memorial, e, no prazo de 10 (dez) dias, o juiz proferirá a sentença. (Incluído pela Lei 11.719/2008.)

Art. 405. Do ocorrido em audiência será lavrado termo em livro próprio, assinado pelo juiz e pelas partes, contendo breve resumo dos fatos relevantes nela ocorridos. (Redação dada pela Lei 11.719/2008.)

§ 1º Sempre que possível, o registro dos depoimentos do investigado, indiciado, ofendido e testemunhas será feito pelos meios ou recursos de gravação magnética, estenotipia, digital ou técnica similar, inclusive audiovisual, destinada a obter maior fidelidade das informações. (Incluído pela Lei 11.719/2008.)

§ 2º No caso de registro por meio audiovisual, será encaminhado às partes cópia do registro original, sem necessidade de transcrição. (Incluído pela Lei 11.719/2008.)

CAPÍTULO II
DO PROCEDIMENTO RELATIVO AOS PROCESSOS DA COMPETÊNCIA DO TRIBUNAL DO JÚRI

- Redação dada pela Lei 11.689/2008.
- art. 5º, XXXVIII, CF.
- art. 74, § 1º, deste Código.
- Súm. Vinc. 45, STF.

SEÇÃO I
DA ACUSAÇÃO E DA INSTRUÇÃO PRELIMINAR

Art. 406. O juiz, ao receber a denúncia ou a queixa, ordenará a citação do acusado para responder a acusação, por escrito, no prazo de 10 (dez) dias. (Redação dada pela Lei 11.689/2008.)

- arts. 351 a 369; 395; 396, *caput*; 564, III, e; 570; e 581, I, deste Código.
- art. 117, I, CP.
- art. 8º, 2, b e c, Pacto de São José da Costa Rica.

§ 1º O prazo previsto no *caput* deste artigo será contado a partir do efetivo cumprimento do mandado ou do comparecimento, em juízo, do acusado ou de defensor constituído, no caso de citação inválida ou por edital. (Redação dada pela Lei 11.689/2008.)

- arts. 361; 363, §§ 1º e 4º; 365; 366; e 396, p.u., deste Código.

§ 2º A acusação deverá arrolar testemunhas, até o máximo de 8 (oito), na denúncia ou na queixa.

- arts. 41; 208; 209; e 401 deste Código.

§ 3º Na resposta, o acusado poderá arguir preliminares e alegar tudo que interesse a sua defesa, oferecer documentos e justificações, especificar as provas pretendidas e arrolar testemunhas, até o máximo de 8 (oito), qualificando-as e requerendo sua intimação, quando necessário. (Incluído pela Lei 11.689/2008.)

- arts. 208; 209; 395; 397; 401; e 564 deste Código.

Art. 407. As exceções serão processadas em apartado, nos termos dos arts. 95 a 112 deste Código. (Redação dada pela Lei 11.689/2008.)

- art. 396-A, § 2º, deste Código.

Art. 408. Não apresentada a resposta no prazo legal, o juiz nomeará defensor para oferecê-la em até 10 (dez) dias, concedendo-lhe vista dos autos. (Redação dada pela Lei 11.689/2008.)

- arts. 261 a 267; 351 a 360; 362, p.u.; 366; 367 a 396; e 396-A, § 2º deste Código.
- art. 8º, 2, e, Pacto de São José da Costa Rica.

Art. 409. Apresentada a defesa, o juiz ouvirá o Ministério Público ou o querelante sobre preliminares e documentos, em 5 (cinco) dias. (Redação dada pela Lei 11.689/2008.)

- art. 5º, LV, CF.

Art. 410. O juiz determinará a inquirição das testemunhas e a realização das diligências requeridas pelas partes, no prazo máximo de 10 (dez) dias. (Redação dada pela Lei 11.689/2008.)

Art. 411. Na audiência de instrução, proceder-se-á à tomada de declarações do ofendido, se possível, à inquirição das testemunhas arroladas pela acusação e pela defesa, nesta ordem, bem como aos esclarecimentos dos peritos, às acareações e ao reconhecimento de pessoas e coisas, interrogando-se, em seguida, o acusado e procedendo-se o debate. (Redação dada pela Lei 11.689/2008.)

- art. 400, *caput*, deste Código.

§ 1º Os esclarecimentos dos peritos dependerão de prévio requerimento e de deferimento pelo juiz. (Incluído pela Lei 11.689/2008.)

- art. 400, § 2º, deste Código.

§ 2º As provas serão produzidas em uma só audiência, podendo o juiz indeferir as consideradas irrelevantes, impertinentes ou protelatórias. (Incluído pela Lei 11.689/2008.)

- art. 400, § 1º, deste Código.

§ 3º Encerrada a instrução probatória, observar-se-á, se for o caso, o disposto no art. 384 deste Código. (Incluído pela Lei 11.689/2008.)

§ 4º As alegações serão orais, concedendo-se a palavra, respectivamente, à acusação e à defesa, pelo prazo de 20 (vinte) minutos, prorrogáveis por mais 10 (dez). (Incluído pela Lei 11.689/2008.)

- arts. 403, *caput*, deste Código.

§ 5º Havendo mais de 1 (um) acusado, o tempo previsto para a acusação e a defesa de cada um deles será individual. (Incluído pela Lei 11.689/2008.)

- art. 403, § 1º, deste Código.

§ 6º Ao assistente do Ministério Público, após a manifestação deste, serão concedidos 10 (dez) minutos, prorrogando-se por igual período o tempo de manifestação da defesa. (Incluído pela Lei 11.689/2008.)

› art. 403, § 2º, deste Código.

§ 7º Nenhum ato será adiado, salvo quando imprescindível à prova faltante, determinando o juiz a condução coercitiva de quem deva comparecer. (Incluído pela Lei 11.689/2008.)

› arts. 201, § 1º; 218; 260; 278; e 535 deste Código.

§ 8º A testemunha que comparecer será inquirida, independentemente da suspensão da audiência, observada em qualquer caso a ordem estabelecida no *caput* deste artigo. (Incluído pela Lei 11.689/2008.)

› art. 536 deste Código.

§ 9º Encerrados os debates, o juiz proferirá a sua decisão, ou o fará em 10 (dez) dias, ordenando que os autos para isso lhe sejam conclusos. (Incluído pela Lei 11.689/2008.)

Art. 412. O procedimento será concluído no prazo máximo de 90 (noventa) dias. (Redação dada pela Lei 11.689/2008.)

› art. 5º, LXXVII, CF.

› art. 390, CPPM.

› art. 8º, 1, Pacto de São José da Costa Rica.

SEÇÃO II
DA PRONÚNCIA, DA IMPRONÚNCIA E DA ABSOLVIÇÃO SUMÁRIA

› Redação dada pela Lei 11.689/2008.

Art. 413. O juiz, fundamentadamente, pronunciará o acusado, se convencido da materialidade do fato e da existência de indícios suficientes de autoria ou de participação. (Redação dada pela Lei 11.689/2008.)

› arts. 5º, LVII, e 93, IX, CF.

› arts. 74, § 3º; 155; 239; 373, II; 564, III, f; 581, IV; e 585 deste Código.

› art. 117, II, CP.

› Súm. 191, STJ.

§ 1º A fundamentação da pronúncia limitar-se-á à indicação da materialidade do fato e da existência de indícios suficientes de autoria ou de participação, devendo o juiz declarar o dispositivo legal em que julgar incurso o acusado e especificar as circunstâncias qualificadoras e as causas de aumento de pena. (Incluído pela Lei 11.689/2008.)

› arts. 564, III, f, e 581, IV, deste Código.

› art. 7º, Dec.-Lei 3.931/1941 (Lei de Introdução a este Código).

§ 2º Se o crime for afiançável, o juiz arbitrará o valor da fiança para a concessão ou manutenção da liberdade provisória. (Incluído pela Lei 11.689/2008.)

› art. 5º, LXVI, CF.

› art. 285, p.u., d; e 323 a 350 deste Código.

§ 3º O juiz decidirá, motivadamente, no caso de manutenção, revogação ou substituição da prisão ou medida restritiva de liberdade anteriormente decretada e, tratando-se de acusado solto, sobre a necessidade da decretação da prisão ou imposição de quaisquer das medidas previstas no Título IX do Livro I deste Código. (Incluído pela Lei 11.689/2008.)

› art. 5º, LVII, CF.

› arts. 311 a 317 e 387, p.u., deste Código.

› art. 8º, 2, Pacto de São José da Costa Rica.

Art. 414. Não se convencendo da materialidade do fato ou da existência de indícios suficientes de autoria ou de participação, o juiz, fundamentadamente, impronunciará o acusado. (Redação dada pela Lei 11.689/2008.)

› art. 93, IX, CF.

› arts. 81, p.u.; 416; 555; 584, § 1º; e 779 deste Código.

Parágrafo único. Enquanto não ocorrer a extinção da punibilidade, poderá ser formulada nova denúncia ou queixa se houver prova nova. (Incluído pela Lei 11.689/2008.)

› art. 18 deste Código.

› art. 107, IV, CP.

› art. 6º, § 1º, d, do Dec.-Lei 3.931/1941 (Lei de Introdução ao CPP).

› Súm. 524, STF.

Art. 415. O juiz, fundamentadamente, absolverá desde logo o acusado, quando: (Redação dada pela Lei 11.689/2008.)

› art. 93, IX, CF.

› arts. 81, p.u.; 416; 574, II; e 596 deste Código.

› art. 397, Lei 11.719/2008 (Altera dispositivos neste Código).

I - provada a inexistência do fato; (Redação dada pela Lei 11.689/2008.)

› art. 386, I, deste Código.

II - provado não ser ele autor ou partícipe do fato; (Redação dada pela Lei 11.689/2008.)

› art. 386, IV, deste Código.

III - o fato não constituir infração penal; (Redação dada pela Lei 11.689/2008.)

› arts. 386, III e 397, III, deste Código.

IV - demonstrada causa de isenção de pena ou de exclusão do crime. (Redação dada pela Lei 11.689/2008.)

Parágrafo único. Não se aplica o disposto no inciso IV do *caput* deste artigo ao caso de inimputabilidade prevista no *caput* do art. 26 do Decreto-Lei n. 2.848, de 07 de dezembro de 1940 - Código Penal, salvo quando esta for a única tese defensiva. (Incluído pela Lei 11.689/2008.)

› arts. 81, p.u.; 397, II; e 416 deste Código.

› Súm. 524, STF.

Art. 416. Contra a sentença de impronúncia ou de absolvição sumária caberá apelação. (Redação dada pela Lei 11.689/2008.)

› arts. 414; 415; 593, I e II; e 596 deste Código.

Art. 417. Se houver indícios de autoria ou de participação de outras pessoas não incluídas na acusação, o juiz, ao pronunciar ou impronunciar o acusado, determinará o retorno dos autos ao Ministério Público, por 15 (quinze) dias, aplicável, no que couber, o art. 80 deste Código. (Redação dada pela Lei 11.689/2008.)

Art. 418. O juiz poderá dar ao fato definição jurídica diversa da constante da acusação, embora o acusado fique sujeito a pena mais grave. (Redação dada pela Lei 11.689/2008.)

› art. 383 deste Código

Art. 419. Quando o juiz se convencer, em discordância com a acusação, da existência de crime diverso dos referidos no § 1º do art. 74 deste Código e não for competente para o julgamento, remeterá os autos ao juiz que o seja. (Redação dada pela Lei 11.689/2008.)

› art. 5º, LV, CF.

› arts. 74, §§ 2º e 3º; 81, p.u.; 492, §§ 1º e 2º; 567; e 581, II, deste Código.

› Súm. 603 e 610, STF.

Parágrafo único. Remetidos os autos do processo a outro juiz, à disposição deste ficará o acusado preso. (Incluído pela Lei 11.689/2008.)

Art. 420. A intimação da decisão de pronúncia será feita: (Redação dada pela Lei 11.689/2008.)

› art. 431 deste Código.

I - pessoalmente ao acusado, ao defensor nomeado e ao Ministério Público; (Incluído pela Lei 11.689/2008.)

› art. 370, § 4º, deste Código.

II - ao defensor constituído, ao querelante e ao assistente do Ministério Público, na forma do disposto no § 1º do art. 370 deste Código. (Incluído pela Lei 11.689/2008.)

Parágrafo único. Será intimado por edital o acusado solto que não for encontrado. (Incluído pela Lei 11.689/2008.)

› arts. 361; 365; e 564, III, f, deste Código.

Art. 421. Preclusa a decisão de pronúncia, os autos serão encaminhados ao juiz presidente do Tribunal do Júri. (Redação dada pela Lei 11.689/2008.)

› art. 564, III, f, deste Código.

§ 1º Ainda que preclusa a decisão de pronúncia, havendo circunstância superveniente que altere a classificação do crime, o juiz ordenará a remessa dos autos ao Ministério Público. (Incluído pela Lei 11.689/2008.)

§ 2º Em seguida, os autos serão conclusos ao juiz para decisão. (Incluído pela Lei 11.689/2008.)

SEÇÃO III
DA PREPARAÇÃO DO PROCESSO PARA JULGAMENTO EM PLENÁRIO

› Redação dada pela Lei 11.689/2008.

Art. 422. Ao receber os autos, o presidente do Tribunal do Júri determinará a intimação do órgão do Ministério Público ou do querelante, no caso de queixa, e do defensor, para, no prazo de 5 (cinco) dias, apresentarem rol de testemunhas que irão depor em plenário, até o máximo de 5 (cinco), oportunidade em que poderão juntar documentos e requerer diligência. (Redação dada pela Lei 11.689/2008.)

› arts. 406, §§ 2º e 3º; e 461 deste Código.

Art. 423. Deliberando sobre os requerimentos de provas a serem produzidas ou exibidas no plenário do júri, e adotadas as providências devidas, o juiz presidente: (Redação dada pela Lei 11.689/2008.)

› art. 430, CPPM.

I - ordenará as diligências necessárias para sanar qualquer nulidade ou esclarecer fato que interesse ao julgamento da causa; (Incluído pela Lei 11.689/2008.)

II - fará relatório sucinto do processo, determinando sua inclusão em pauta da reunião do Tribunal do Júri. (Incluído pela Lei 11.689/2008.)

Art. 424. Quando a lei local de organização judiciária não atribuir ao presidente do Tribunal do Júri o preparo para julgamento, o juiz competente remeter-lhe-á os autos do processo preparado até 5 (cinco) dias antes do sorteio a que se refere o art. 433 deste Código. (Redação dada pela Lei 11.689/2008.)

Parágrafo único. Deverão ser remetidos, também, os processos preparados até o encerramento da reunião, para a realização de julgamento. (Redação dada pela Lei 11.689/2008.)

SEÇÃO IV
DO ALISTAMENTO DOS JURADOS

‣ Redação dada pela Lei 11.689/2008.

Art. 425. Anualmente, serão alistados pelo presidente do Tribunal do Júri de 800 (oitocentos) a 1.500 (um mil e quinhentos) jurados nas comarcas de mais de 1.000.000 (um milhão) de habitantes, de 300 (trezentos) a 700 (setecentos) nas comarcas de mais de 100.000 (cem mil) habitantes e de 80 (oitenta) a 400 (quatrocentos) nas comarcas de menor população. (Redação dada pela Lei 11.689/2008.)

‣ arts. 581, XIV, e 586, p.u., deste Código.

§ 1º Nas comarcas onde for necessário, poderá ser aumentado o número de jurados e, ainda, organizada lista de suplentes, depositadas as cédulas em urna especial, com as cautelas mencionadas na parte final do § 3º do art. 426 deste Código. (Incluído pela Lei 11.689/2008.)

§ 2º O juiz presidente requisitará às autoridades locais, associações de classe e de bairro, entidades associativas e culturais, instituições de ensino em geral, universidades, sindicatos, repartições públicas e outros núcleos comunitários a indicação de pessoas que reúnam as condições para exercer a função de jurado. (Incluído pela Lei 11.689/2008.)

Art. 426. A lista geral dos jurados, com indicação das respectivas profissões, será publicada pela imprensa até o dia 10 de outubro de cada ano e divulgada em editais afixados à porta do Tribunal do Júri. (Redação dada pela Lei 11.689/2008.)

§ 1º A lista poderá ser alterada, de ofício ou mediante reclamação de qualquer do povo ao juiz presidente até o dia 10 de novembro, data de sua publicação definitiva. (Incluído pela Lei 11.689/2008.)

‣ arts. 581, XIV, e 586, p.u., deste Código.

§ 2º Juntamente com a lista, serão transcritos os arts. 436 a 446 deste Código. (Incluído pela Lei 11.689/2008.)

§ 3º Os nomes e endereços dos alistados, em cartões iguais, após serem verificados na presença do Ministério Público, de advogado indicado pela Seção local da Ordem dos Advogados do Brasil e de defensor indicado pelas Defensorias Públicas competentes, permanecerão guardados em urna fechada a chave, sob a responsabilidade do juiz presidente. (Incluído pela Lei 11.689/2008.)

§ 4º O jurado que tiver integrado o Conselho de Sentença nos 12 (doze) meses que antecederem à publicação da lista geral fica dela excluído. (Incluído pela Lei 11.689/2008.)

§ 5º Anualmente, a lista geral de jurados será, obrigatoriamente, completada. (Incluído pela Lei 11.689/2008.)

SEÇÃO V
DO DESAFORAMENTO

‣ Redação dada pela Lei 11.689/2008.

Art. 427. Se o interesse da ordem pública o reclamar ou houver dúvida sobre a imparcialidade do júri ou a segurança pessoal do acusado, o Tribunal, a requerimento do Ministério Público, do assistente, do querelante ou do acusado ou mediante representação do juiz competente, poderá determinar o desaforamento do julgamento para outra comarca da mesma região, onde não existam aqueles motivos, preferindo-se as mais próximas. (Redação dada pela Lei 11.689/2008.)

‣ art. 70 deste Código.

‣ art. 109, CPPM.

‣ Súm. 712, STF.

§ 1º O pedido de desaforamento será distribuído imediatamente e terá preferência de julgamento na Câmara ou Turma competente. (Incluído pela Lei 11.689/2008.)

‣ art. 5º, LIII e LV, CF.

‣ art. 564 deste Código.

‣ art. 8º, 1, Pacto de São José da Costa Rica.

§ 2º Sendo relevantes os motivos alegados, o relator poderá determinar, fundamentadamente, a suspensão do julgamento pelo júri. (Incluído pela Lei 11.689/2008.)

§ 3º Será ouvido o juiz presidente, quando a medida não tiver sido por ele solicitada. (Incluído pela Lei 11.689/2008.)

§ 4º Na pendência de recurso contra a decisão de pronúncia ou quando efetivado o julgamento, não se admitirá o pedido de desaforamento, salvo, nesta última hipótese, quanto a fato ocorrido durante ou após a realização de julgamento anulado. (Incluído pela Lei 11.689/2008.)

‣ art. 581, IV, deste Código.

Art. 428. O desaforamento também poderá ser determinado, em razão do comprovado excesso de serviço, ouvidos o juiz presidente e a parte contrária, se o julgamento não puder ser realizado no prazo de 6 (seis) meses, contado do trânsito em julgado da decisão de pronúncia. (Redação dada pela Lei 11.689/2008.)

‣ art. 5º, LV e LXXXVIII, CF.

‣ art. 8º, 1, Pacto de São José da Costa Rica.

‣ Súm. 712, STF.

§ 1º Para a contagem do prazo referido neste artigo, não se computará o tempo de adiamentos, diligências ou incidentes de interesse da defesa. (Incluído pela Lei 11.689/2008.)

‣ Súm. 64, STJ.

§ 2º Não havendo excesso de serviço ou existência de processos aguardando julgamento em quantidade que ultrapasse a possibilidade de apreciação pelo Tribunal do Júri, nas reuniões periódicas previstas para o exercício, o acusado poderá requerer ao Tribunal que determine a imediata realização do julgamento. (Incluído pela Lei 11.689/2008.)

SEÇÃO VI
DA ORGANIZAÇÃO DA PAUTA

‣ Incluído pela Lei 11.689/2008.

Art. 429. Salvo motivo relevante que autorize alteração na ordem dos julgamentos, terão preferência: (Redação dada pela Lei 11.689/2008.)

I - os acusados presos; (Incluído pela Lei 11.689/2008.)

II - dentre os acusados presos, aqueles que estiverem há mais tempo na prisão; (Incluído pela Lei 11.689/2008.)

III - em igualdade de condições, os precedentemente pronunciados. (Incluído pela Lei 11.689/2008.)

§ 1º Antes do dia designado para o primeiro julgamento da reunião periódica, será afixada na porta do edifício do Tribunal do Júri a lista dos processos a serem julgados, obedecida a ordem prevista no *caput* deste artigo. (Redação dada pela Lei 11.689/2008.)

§ 2º O juiz presidente reservará datas na mesma reunião periódica para a inclusão de processo que tiver o julgamento adiado. (Redação dada pela Lei 11.689/2008.)

Art. 430. O assistente somente será admitido se tiver requerido sua habilitação até 5 (cinco) dias antes da data da sessão na qual pretenda atuar. (Redação dada pela Lei 11.689/2008.)

‣ arts. 268 a 273 deste Código.

Art. 431. Estando o processo em ordem, o juiz presidente mandará intimar as partes, o ofendido, se for possível, as testemunhas e os peritos, quando houver requerimento, para a sessão de instrução e julgamento, observando, no que couber, o disposto no art. 420 deste Código. (Redação dada pela Lei 11.689/2008.)

SEÇÃO VII
DO SORTEIO E DA CONVOCAÇÃO DOS JURADOS

‣ Incluído pela Lei 11.689/2008.

Art. 432. Em seguida à organização da pauta, o juiz presidente determinará a intimação do Ministério Público, da Ordem dos Advogados do Brasil e da Defensoria Pública para acompanharem, em dia e hora designados, o sorteio dos jurados que atuarão na reunião periódica. (Redação dada pela Lei 11.689/2008.)

Art. 433. O sorteio, presidido pelo juiz, far-se-á a portas abertas, cabendo-lhe retirar as cédulas até completar o número de 25 (vinte e cinco) jurados, para a reunião periódica ou extraordinária. (Redação dada pela Lei 11.689/2008.)

§ 1º O sorteio será realizado entre o 15º (décimo quinto) e o 10º (décimo) dia útil antecedente à instalação da reunião. (Incluído pela Lei 11.689/2008.)

§ 2º A audiência de sorteio não será adiada pelo não comparecimento das partes. (Incluído pela Lei 11.689/2008.)

§ 3º O jurado não sorteado poderá ter o seu nome novamente incluído para as reuniões futuras. (Incluído pela Lei 11.689/2008.)

Art. 434. Os jurados sorteados serão convocados pelo correio ou por qualquer outro meio hábil para comparecer no dia e hora designados para a reunião, sob as penas da lei. (Redação dada pela Lei 11.689/2008.)

- art. 465 deste Código.

Parágrafo único. No mesmo expediente de convocação serão transcritos os arts. 436 a 446 deste Código. (Incluído pela Lei 11.689/2008.)

Art. 435. Serão afixados na porta do edifício do Tribunal do Júri a relação dos jurados convocados, os nomes do acusado e dos procuradores das partes, além do dia, hora e local das sessões de instrução e julgamento. (Redação dada pela Lei 11.689/2008.)

- art. 465 deste Código.

SEÇÃO VIII
DA FUNÇÃO DO JURADO

- Incluído pela Lei 11.689/2008.
- arts. 426 e 434 deste Código.

Art. 436. O serviço do júri é obrigatório. O alistamento compreenderá os cidadãos maiores de 18 (dezoito) anos de notória idoneidade. (Redação dada pela Lei 11.689/2008.)

§ 1º Nenhum cidadão poderá ser excluído dos trabalhos do júri ou deixar de ser alistado em razão de cor ou etnia, raça, credo, sexo, profissão, classe social ou econômica, origem ou grau de instrução. (Incluído pela Lei 11.689/2008.)

§ 2º A recusa injustificada ao serviço do júri acarretará multa no valor de 1 (um) a 10 (dez) salários-mínimos, a critério do juiz, de acordo com a condição econômica do jurado. (Incluído pela Lei 11.689/2008.)

- arts. 458 e 466, § 1º, deste Código.

Art. 437. Estão isentos do serviço do júri: (Redação dada pela Lei 11.689/2008.)

I - o Presidente da República e os Ministros de Estado; (Incluído pela Lei 11.689/2008.)

II - os Governadores e seus respectivos Secretários; (Incluído pela Lei 11.689/2008.)

III - os membros do Congresso Nacional, das Assembleias Legislativas e das Câmaras Distrital e Municipais; (Incluído pela Lei 11.689/2008.)

IV - os Prefeitos Municipais; (Incluído pela Lei 11.689/2008.)

V - os Magistrados e membros do Ministério Público e da Defensoria Pública; (Incluído pela Lei 11.689/2008.)

VI - os servidores do Poder Judiciário, do Ministério Público e da Defensoria Pública; (Incluído pela Lei 11.689/2008.)

VII - as autoridades e os servidores da polícia e da segurança pública; (Incluído pela Lei 11.689/2008.)

VIII - os militares em serviço ativo; (Incluído pela Lei 11.689/2008.)

IX - os cidadãos maiores de 70 (setenta) anos que requeiram sua dispensa; (Incluído pela Lei 11.689/2008.)

X - aqueles que o requererem, demonstrando justo impedimento. (Incluído pela Lei 11.689/2008.)

Art. 438. A recusa ao serviço do júri fundada em convicção religiosa, filosófica ou política importará no dever de prestar serviço alternativo, sob pena de suspensão dos direitos políticos, enquanto não prestar o serviço imposto. (Redação dada pela Lei 11.689/2008.)

- arts. 5º, VIII, e 15, IV, CF.

§ 1º Entende-se por serviço alternativo o exercício de atividades de caráter administrativo, assistencial, filantrópico ou mesmo produtivo, no Poder Judiciário, na Defensoria Pública, no Ministério Público ou em entidade conveniada para esses fins. (Incluído pela Lei 11.689/2008.)

§ 2º O juiz fixará o serviço alternativo atendendo aos princípios da proporcionalidade e da razoabilidade. (Incluído pela Lei 11.689/2008.)

Art. 439. O exercício efetivo da função de jurado constituirá serviço público relevante e estabelecerá presunção de idoneidade moral. (Redação dada pela Lei 12.403/2011.)

- art. 295, X, deste Código.
- art. 327, CP.
- art. 84, § 2º, Lei 7.210/1984 (Lei de Execuções Fiscais).

Art. 440. Constitui também direito do jurado, na condição do art. 439 deste Código, preferência, em igualdade de condições, nas licitações públicas e no provimento, mediante concurso, de cargo ou função pública, bem como nos casos de promoção funcional ou remoção voluntária. (Redação dada pela Lei 11.689/2008.)

Art. 441. Nenhum desconto será feito nos vencimentos ou salário do jurado sorteado que comparecer à sessão do júri. (Redação dada pela Lei 11.689/2008.)

- art. 459 deste Código.

Art. 442. Ao jurado que, sem causa legítima, deixar de comparecer no dia marcado para a sessão ou retirar-se antes de ser dispensado pelo presidente será aplicada multa de 1 (um) a 10 (dez) salários-mínimos, a critério do juiz, de acordo com a sua condição econômica. (Redação dada pela Lei 11.689/2008.)

Art. 443. Somente será aceita escusa fundada em motivo relevante devidamente comprovado e apresentada, ressalvadas as hipóteses de força maior, até o momento da chamada dos jurados. (Redação dada pela Lei 11.689/2008.)

Art. 444. O jurado somente será dispensado por decisão motivada do juiz presidente, consignada na ata dos trabalhos. (Redação dada pela Lei 11.689/2008.)

Art. 445. O jurado, no exercício da função ou a pretexto de exercê-la, será responsável criminalmente nos mesmos termos em que o são os juízes togados. (Redação dada pela Lei 11.689/2008.)

- arts. 316; 317, §§ 1º e 2º; e 319, CP.

Art. 446. Aos suplentes, quando convocados, serão aplicáveis os dispositivos referentes às dispensas, faltas e escusas e à equiparação de responsabilidade penal prevista no art. 445 deste Código. (Redação dada pela Lei 11.689/2008.)

SEÇÃO IX
DA COMPOSIÇÃO DO TRIBUNAL DO JÚRI E DA FORMAÇÃO DO CONSELHO DE SENTENÇA

- Incluído pela Lei 11.689/2008.

Art. 447. O Tribunal do Júri é composto por 1 (um) juiz togado, seu presidente e por 25 (vinte e cinco) jurados que serão sorteados dentre os alistados, 7 (sete) dos quais constituirão o Conselho de Sentença em cada sessão de julgamento. (Redação dada pela Lei 11.689/2008.)

- art. 564, III, i e j, deste Código.

Art. 448. São impedidos de servir no mesmo Conselho: (Redação dada pela Lei 11.689/2008.)

- art. 466 deste Código.
- Súm. 206, STF.

I - marido e mulher; (Incluído pela Lei 11.689/2008.)

II - ascendente e descendente; (Incluído pela Lei 11.689/2008.)

III - sogro e genro ou nora; (Incluído pela Lei 11.689/2008.)

IV - irmãos e cunhados, durante o cunhadio; (Incluído pela Lei 11.689/2008.)

V - tio e sobrinho; (Incluído pela Lei 11.689/2008.)

VI - padrasto, madrasta ou enteado. (Incluído pela Lei 11.689/2008.)

§ 1º O mesmo impedimento ocorrerá em relação às pessoas que mantenham união estável reconhecida como entidade familiar. (Incluído pela Lei 11.689/2008.)

§ 2º Aplicar-se-á aos jurados o disposto sobre os impedimentos, a suspeição e as incompatibilidades dos juízes togados. (Incluído pela Lei 11.689/2008.)

- arts. 252, I e IV, e 253 deste Código.

Art. 449. Não poderá servir o jurado que: (Redação dada pela Lei 11.689/2008.)

- art. 466 deste Código.
- Súm. 206, STF.

I - tiver funcionado em julgamento anterior do mesmo processo, independentemente da causa determinante do julgamento posterior; (Incluído pela Lei 11.689/2008.)

II - no caso do concurso de pessoas, houver integrado o Conselho de Sentença que julgou o outro acusado; (Incluído pela Lei 11.689/2008.)

III - tiver manifestado prévia disposição para condenar ou absolver o acusado. (Incluído pela Lei 11.689/2008.)

Art. 450. Dos impedidos entre si por parentesco ou relação de convivência, servirá o que houver sido sorteado em primeiro lugar. (Redação dada pela Lei 11.689/2008.)

Art. 451. Os jurados excluídos por impedimento, suspeição ou incompatibilidade serão considerados para a constituição do número legal exigível para a realização da sessão. (Redação dada pela Lei 11.689/2008.)

‣ art. 106 deste Código.

Art. 452. O mesmo Conselho de Sentença poderá conhecer de mais de um processo, no mesmo dia, se as partes o aceitarem, hipótese em que seus integrantes deverão prestar novo compromisso. (Redação dada pela Lei 11.689/2008.)

SEÇÃO X
DA REUNIÃO E DAS SESSÕES DO TRIBUNAL DO JÚRI

‣ Incluído pela Lei 11.689/2008.

Art. 453. O Tribunal do Júri reunir-se-á para as sessões de instrução e julgamento nos períodos e na forma estabelecida pela lei local de organização judiciária. (Redação dada pela Lei 11.689/2008.)

Art. 454. Até o momento de abertura dos trabalhos da sessão, o juiz presidente decidirá os casos de isenção e dispensa de jurados e o pedido de adiamento de julgamento, mandando consignar em ata as deliberações. (Redação dada pela Lei 11.689/2008.)

Art. 455. Se o Ministério Público não comparecer, o juiz presidente adiará o julgamento para o primeiro dia desimpedido da mesma reunião, cientificadas as partes e as testemunhas. (Redação dada pela Lei 11.689/2008.)

‣ art. 129, I, e §§ 2º e 3º, CF.

‣ art. 25, p.u., Lei 8.625/1993 (Lei Orgânica Nacional do Ministério Público).

Parágrafo único. Se a ausência não for justificada, o fato será imediatamente comunicado ao Procurador-Geral de Justiça com a data designada para a nova sessão. (Incluído pela Lei 11.689/2008.)

Art. 456. Se a falta, sem escusa legítima, for do advogado do acusado, e se outro não for por este constituído, o fato será imediatamente comunicado ao presidente da seccional da Ordem dos Advogados do Brasil, com a data designada para a nova sessão. (Redação dada pela Lei 11.689/2008.)

‣ art. 265, p.u., deste Código.

‣ Súm. 523, STF.

§ 1º Não havendo escusa legítima, o julgamento será adiado somente uma vez, devendo o acusado ser julgado quando chamado novamente. (Incluído pela Lei 11.689/2008.)

§ 2º Na hipótese do § 1º deste artigo, o juiz intimará a Defensoria Pública para o novo julgamento, que será adiado para o primeiro dia desimpedido, observado o prazo mínimo de 10 (dez) dias. (Incluído pela Lei 11.689/2008.)

Art. 457. O julgamento não será adiado pelo não comparecimento do acusado solto, do assistente ou do advogado do querelante, que tiver sido regularmente intimado. (Redação dada pela Lei 11.689/2008.)

‣ arts. 370, § 1º, e 564, III, g, deste Código.

§ 1º Os pedidos de adiamento e as justificações de não comparecimento deverão ser, salvo comprovado motivo de força maior, previamente submetidos à apreciação do juiz presidente do Tribunal do Júri. (Incluído pela Lei 11.689/2008.)

§ 2º Se o acusado preso não for conduzido, o julgamento será adiado para o primeiro dia desimpedido da mesma reunião, salvo se houver pedido de dispensa de comparecimento subscrito por ele e seu defensor. (Incluído pela Lei 11.689/2008.)

‣ art. 5º, LV, CF.

‣ art. 8º, 1 e 2, d e g, Pacto de São José da Costa Rica.

Art. 458. Se a testemunha, sem justa causa, deixar de comparecer, o juiz presidente, sem prejuízo da ação penal pela desobediência, aplicar-lhe-á a multa prevista no § 2º do art. 436 deste Código. (Redação dada pela Lei 11.689/2008.)

‣ art. 219 deste Código.

‣ art. 330, CP.

Art. 459. Aplicar-se-á às testemunhas a serviço do Tribunal do Júri o disposto no art. 441 deste Código. (Redação dada pela Lei 11.689/2008.)

Art. 460. Antes de constituído o Conselho de Sentença, as testemunhas serão recolhidas a lugar onde umas não possam ouvir os depoimentos das outras. (Redação dada pela Lei 11.689/2008.)

‣ art. 210 deste Código

Art. 461. O julgamento não será adiado se a testemunha deixar de comparecer, salvo se uma das partes tiver requerido a sua intimação por mandado, na oportunidade de que trata o art. 422 deste Código, declarando não prescindir do depoimento e indicando a sua localização. (Redação dada pela Lei 11.689/2008.)

‣ arts. 218 e 564, III, h, deste Código.

‣ art. 8º, 2, f, Pacto de São José da Costa Rica.

§ 1º Se, intimada, a testemunha não comparecer, o juiz presidente suspenderá os trabalhos e mandará conduzi-la ou adiará o julgamento para o primeiro dia desimpedido, ordenando a sua condução. (Incluído pela Lei 11.689/2008.)

§ 2º O julgamento será realizado mesmo na hipótese de a testemunha não ser encontrada no local indicado, se assim for certificado por oficial de justiça. (Incluído pela Lei 11.689/2008.)

Art. 462. Realizadas as diligências referidas nos arts. 454 a 461 deste Código, o juiz presidente verificará se a urna contém as cédulas dos 25 (vinte e cinco) jurados sorteados, mandando que o escrivão proceda à chamada deles. (Redação dada pela Lei 11.689/2008.)

Art. 463. Comparecendo, pelo menos, 15 (quinze) jurados, o juiz presidente declarará instalados os trabalhos, anunciando o processo que será submetido a julgamento. (Redação dada pela Lei 11.689/2008.)

‣ art. 564, III, i, deste Código.

§ 1º O oficial de justiça fará o pregão, certificando a diligência nos autos. (Incluído pela Lei 11.689/2008.)

§ 2º Os jurados excluídos por impedimento ou suspeição serão computados para a constituição do número legal. (Incluído pela Lei 11.689/2008.)

Art. 464. Não havendo o número referido no art. 463 deste Código, proceder-se-á ao sorteio de tantos suplentes quantos necessários, e designar-se-á nova data para a sessão do júri. (Redação dada pela Lei 11.689/2008.)

Art. 465. Os nomes dos suplentes serão consignados em ata, remetendo-se o expediente de convocação, com observância do disposto nos arts. 434 e 435 deste Código. (Redação dada pela Lei 11.689/2008.)

‣ art. 495, V, deste Código.

Art. 466. Antes do sorteio dos membros do Conselho de Sentença, o juiz presidente esclarecerá sobre os impedimentos, a suspeição e as incompatibilidades constantes dos arts. 448 e 449 deste Código. (Redação dada pela Lei 11.689/2008.)

‣ art. 564, III, j, deste Código.

§ 1º O juiz presidente também advertirá os jurados de que, uma vez sorteados, não poderão comunicar-se entre si e com outrem, nem manifestar sua opinião sobre o processo, sob pena de exclusão do Conselho e multa, na forma do § 2º do art. 436 deste Código. (Redação dada pela Lei 11.689/2008.)

§ 2º A incomunicabilidade será certificada nos autos pelo oficial de justiça. (Redação dada pela Lei 11.689/2008.)

Art. 467. Verificando que se encontram na urna as cédulas relativas aos jurados presentes, o juiz presidente sorteará 7 (sete) dentre eles para a formação do Conselho de Sentença. (Redação dada pela Lei 11.689/2008.)

‣ arts. 447 a 542 e 564, III, j, deste Código.

Art. 468. À medida que as cédulas forem sendo retiradas da urna, o juiz presidente as lerá, e a defesa e, depois dela, o Ministério Público poderão recusar os jurados sorteados, até 3 (três) cada parte, sem motivar a recusa. (Redação dada pela Lei 11.689/2008.)

‣ art. 495, XII, deste Código.

Parágrafo único. O jurado recusado imotivadamente por qualquer das partes será excluído daquela sessão de instrução e julgamento, prosseguindo-se o sorteio para a composição do Conselho de Sentença com os jurados remanescentes. (Incluído pela Lei 11.689/2008.)

Art. 469. Se forem 2 (dois) ou mais os acusados, as recusas poderão ser feitas por um só defensor. (Redação dada pela Lei 11.689/2008.)

‣ art. 80 deste Código.

§ 1º A separação dos julgamentos somente ocorrerá se, em razão das recusas, não for obtido o número mínimo de 7 (sete) jurados para compor o Conselho de Sentença. (Incluído pela Lei 11.689/2008.)

§ 2º Determinada a separação dos julgamentos, será julgado em primeiro lugar o acusado a quem foi atribuída a autoria do fato ou, em caso de coautoria, aplicar-se-á o critério de preferência disposto no art. 429 deste Código. (Incluído pela Lei 11.689/2008.)

Art. 470. Desacolhida a arguição de impedimento, de suspeição ou de incompatibilidade contra o juiz presidente do Tribunal do Júri, órgão do Ministério Público, jurado ou qualquer funcionário, o julgamento não será suspenso, devendo, entretanto, constar da ata o seu fundamento e a decisão. (Redação dada pela Lei 11.689/2008.)

- arts. 106; 112; 252 a 254; 258; 274; e 564, I, deste Código.

Art. 471. Se, em consequência do impedimento, suspeição, incompatibilidade, dispensa ou recusa, não houver número para a formação do Conselho, o julgamento será adiado para o primeiro dia desimpedido, após sorteados os suplentes, com observância do disposto no art. 464 deste Código. (Redação dada pela Lei 11.689/2008.)

Art. 472. Formado o Conselho de Sentença, o presidente, levantando-se, e, com ele, todos os presentes, fará aos jurados a seguinte exortação: (Redação dada pela Lei 11.689/2008.)

Em nome da lei, concito-vos a examinar esta causa com imparcialidade e a proferir a vossa decisão de acordo com a vossa consciência e os ditames da justiça.

Os jurados, nominalmente chamados pelo presidente, responderão:

Assim o prometo.

- art. 495, XIII, deste Código.
- art. 400, CPPM.

Parágrafo único. O jurado, em seguida, receberá cópias da pronúncia ou, se for o caso, das decisões posteriores que julgaram admissível a acusação e do relatório do processo. (Incluído pela Lei 11.689/2008.)

- arts. 413 e 423, II, deste Código.

SEÇÃO XI
DA INSTRUÇÃO EM PLENÁRIO

- Incluído pela Lei 11.689/2008.

Art. 473. Prestado o compromisso pelos jurados, será iniciada a instrução plenária quando o juiz presidente, o Ministério Público, o assistente, o querelante e o defensor do acusado tomarão, sucessiva e diretamente, as declarações do ofendido, se possível, e inquirirão as testemunhas arroladas pela acusação. (Redação dada pela Lei 11.689/2008.)

- art. 212 deste Código.

§ 1º Para a inquirição das testemunhas arroladas pela defesa, o defensor do acusado formulará as perguntas antes do Ministério Público e do assistente, mantidos no mais a ordem e os critérios estabelecidos neste artigo. (Incluído pela Lei 11.689/2008.)

§ 2º Os jurados poderão formular perguntas ao ofendido e às testemunhas, por intermédio do juiz presidente. (Incluído pela Lei 11.689/2008.)

§ 3º As partes e os jurados poderão requerer acareações, reconhecimento de pessoas e coisas e esclarecimento dos peritos, bem como a leitura de peças que se refiram, exclusivamente, às provas colhidas por carta precatória e às provas cautelares, antecipadas ou não repetíveis. (Incluído pela Lei 11.689/2008.)

- art. 155, *caput*, deste Código.
- Súm. Vinc. 11, STF.

Art. 474. A seguir será o acusado interrogado, se estiver presente, na forma estabelecida no Capítulo III do Título VII do Livro I deste Código, com as alterações introduzidas nesta Seção. (Redação dada pela Lei 11.689/2008.)

- arts. 185 a 196; 495, XII; e 564, III, e, deste Código.

§ 1º O Ministério Público, o assistente, o querelante e o defensor, nessa ordem, poderão formular, diretamente, perguntas ao acusado. (Redação dada pela Lei 11.689/2008.)

§ 2º Os jurados formularão perguntas por intermédio do juiz presidente. (Redação dada pela Lei 11.689/2008.)

- art. 473, § 2º, deste Código.

§ 3º Não se permitirá o uso de algemas no acusado durante o período em que permanecer no plenário do júri, salvo se absolutamente necessário à ordem dos trabalhos, à segurança das testemunhas ou à garantia da integridade física dos presentes. (Incluído pela Lei 11.689/2008.)

- art. 5º, XLIX, CF.
- arts. 284; 292; e 564 deste Código.
- arts. 23, III; 329 a 331; e 352, CP.
- arts. 234 e 242, CPPM.
- arts. 42; 117; 180; e 298 a 301, CPM.
- arts. 40 e 199, Lei 7.210/1984 (Lei de Execuções Penais).
- Dec. 8.858/2016 (Regulamenta art. 199 da LEP).
- Súm. Vinc. 11, STF.

Art. 475. O registro dos depoimentos e do interrogatório será feito pelos meios ou recursos de gravação magnética, eletrônica, estenotipia ou técnica similar, destinada a obter maior fidelidade e celeridade na colheita da prova. (Redação dada pela Lei 11.689/2008.)

Parágrafo único. A transcrição do registro, após feita a degravação, constará dos autos. (Incluído pela Lei 11.689/2008.)

SEÇÃO XII
DOS DEBATES

- Incluído pela Lei 11.689/2008.

Art. 476. Encerrada a instrução, será concedida a palavra ao Ministério Público, que fará a acusação, nos limites da pronúncia ou das decisões posteriores que julgaram admissível a acusação, sustentando, se for o caso, a existência de circunstância agravante. (Redação dada pela Lei 11.689/2008.)

§ 1º O assistente falará depois do Ministério Público. (Incluído pela Lei 11.689/2008.)

- arts. 268 a 273 deste Código.

§ 2º Tratando-se de ação penal de iniciativa privada, falará em primeiro lugar o querelante e, em seguida, o Ministério Público, salvo se este houver retomado a titularidade da ação, na forma do art. 29 deste Código. (Incluído pela Lei 11.689/2008.)

§ 3º Finda a acusação, terá a palavra a defesa. (Incluído pela Lei 11.689/2008.)

§ 4º A acusação poderá replicar e a defesa treplicar, sendo admitida a reinquirição de testemunha já ouvida em plenário. (Incluído pela Lei 11.689/2008.)

- art. 564, III, I, deste Código.

Art. 477. O tempo destinado à acusação e à defesa será de uma hora e meia para cada, e de uma hora para a réplica e outro tanto para a tréplica. (Redação dada pela Lei 11.689/2008.)

- art. 564, III, e, deste Código.
- art. 433, CPPM.

§ 1º Havendo mais de um acusador ou mais de um defensor, combinarão entre si a distribuição do tempo, que, na falta de acordo, será dividido pelo juiz presidente, de forma a não exceder o determinado neste artigo. (Incluído pela Lei 11.689/2008.)

§ 2º Havendo mais de 1 (um) acusado, o tempo para a acusação e a defesa será acrescido de 1 (uma) hora e elevado ao dobro o da réplica e da tréplica, observado o disposto no § 1º deste artigo. (Incluído pela Lei 11.689/2008.)

Art. 478. Durante os debates as partes não poderão, sob pena de nulidade, fazer referências: (Redação dada pela Lei 11.689/2008.)

I - à decisão de pronúncia, às decisões posteriores que julgaram admissível a acusação ou à determinação do uso de algemas como argumento de autoridade que beneficiem ou prejudiquem o acusado; (Incluído pela Lei 11.689/2008.)

- arts. 413 e 474, § 3º, deste Código.
- Dec. 8.858/2016 (Regulamenta art. 199 da LEP).
- Súm. Vinc. 11, STF.

II - ao silêncio do acusado ou à ausência de interrogatório por falta de requerimento, em seu prejuízo. (Incluído pela Lei 11.689/2008.)

- art. 5º, LXIII, CF.
- art. 186, p.u., deste Código.
- art. 8º, 2, g, e 3, Pacto de São José da Costa Rica.

Art. 479. Durante o julgamento não será permitida a leitura de documento ou a exibição de objeto que não tiver sido juntado aos autos com a antecedência mínima de 3 (três) dias úteis, dando-se ciência à outra parte. (Redação dada pela Lei 11.689/2008.)

- art. 5º, LV, CF.
- arts. 157; 231; 234; e 564, IV, deste Código.
- arts. 378 e 379, CPPM.

Parágrafo único. Compreende-se na proibição deste artigo a leitura de jornais ou qualquer outro escrito, bem como a exibição de vídeos, gravações, fotografias, laudos, quadros, croqui ou qualquer outro meio assemelhado, cujo conteúdo versar sobre a matéria de fato submetida à apreciação e julgamento dos jurados. (Incluído pela Lei 11.689/2008.)

Art. 480. A acusação, a defesa e os jurados poderão, a qualquer momento e por intermédio do juiz presidente, pedir ao orador que indique a folha dos autos onde se encontra a peça por ele lida ou citada, facultando-se, ainda, aos jurados solicitar-lhe, pelo mesmo meio, o esclarecimento de fato por ele alegado. (Redação dada pela Lei 11.689/2008.)

§ 1º Concluídos os debates, o presidente indagará dos jurados se estão habilitados a julgar ou se necessitam de outros esclarecimentos. (Incluído pela Lei 11.689/2008.)

- art. 434, CPPM.

§ 2º Se houver dúvida sobre questão de fato, o presidente prestará esclarecimentos à vista dos autos. (Incluído pela Lei 11.689/2008.)

§ 3º Os jurados, nesta fase do procedimento, terão acesso aos autos e aos instrumentos do crime se solicitarem ao juiz presidente. (Incluído pela Lei 11.689/2008.)

Art. 481. Se a verificação de qualquer fato, reconhecida como essencial para o julgamento da causa, não puder ser realizada imediatamente, o juiz presidente dissolverá o Conselho, ordenando a realização das diligências entendidas necessárias. (Redação dada pela Lei 11.689/2008.)

- art. 497, VII e XI, deste Código.

Parágrafo único. Se a diligência consistir na produção de prova pericial, o juiz presidente, desde logo, nomeará perito e formulará quesitos, facultando às partes também formulá-los e indicar assistentes técnicos, no prazo de 5 (cinco) dias. (Redação dada pela Lei 11.689/2008.)

- art. 159, §§ 3º a 7º, deste Código.

SEÇÃO XIII
DO QUESTIONÁRIO E SUA VOTAÇÃO

- Incluído pela Lei 11.689/2008.

Art. 482. O Conselho de Sentença será questionado sobre matéria de fato e se o acusado deve ser absolvido. (Redação dada pela Lei 11.689/2008.)

- art. 564, III, k e p.u., deste Código.

Parágrafo único. Os quesitos serão redigidos em proposições afirmativas, simples e distintas, de modo que cada um deles possa ser respondido com suficiente clareza e necessária precisão. Na sua elaboração, o presidente levará em conta os termos da pronúncia ou das decisões posteriores que julgaram admissível a acusação, do interrogatório e das alegações das partes. (Incluído pela Lei 11.689/2008.)

Art. 483. Os quesitos serão formulados na seguinte ordem, indagando sobre: (Redação dada pela Lei 11.689/2008.)

- art. 564, III, k, e p.u., deste Código.
- Súm. 156 e 162, STF.

I - a materialidade do fato; (Incluído pela Lei 11.689/2008.)

II - a autoria ou participação; (Incluído pela Lei 11.689/2008.)

III - se o acusado deve ser absolvido; (Incluído pela Lei 11.689/2008.)

IV - se existe causa de diminuição de pena alegada pela defesa; (Incluído pela Lei 11.689/2008.)

V - se existe circunstância qualificadora ou causa de aumento de pena reconhecidas na pronúncia ou em decisões posteriores que julgaram admissível a acusação. (Incluído pela Lei 11.689/2008.)

§ 1º A resposta negativa, de mais de 3 (três) jurados, a qualquer dos quesitos referidos nos incisos I e II do *caput* deste artigo encerra a votação e implica a absolvição do acusado. (Incluído pela Lei 11.689/2008.)

- art. 5º, XXXVIII, b, CF.

§ 2º Respondidos afirmativamente por mais de 3 (três) jurados os quesitos relativos aos incisos I e II do *caput* deste artigo será formulado quesito com a seguinte redação: (Incluído pela Lei 11.689/2008.)

- art. 5º, XXXVIII, b, CF.

O jurado absolve o acusado?

§ 3º Decidindo os jurados pela condenação, o julgamento prossegue, devendo ser formulados quesitos sobre: (Incluído pela Lei 11.689/2008.)

I - causa de diminuição de pena alegada pela defesa; (Incluído pela Lei 11.689/2008.)

II - circunstância qualificadora ou causa de aumento de pena, reconhecidas na pronúncia ou em decisões posteriores que julgaram admissível a acusação. (Incluído pela Lei 11.689/2008.)

§ 4º Sustentada a desclassificação da infração para outra de competência do juiz singular, será formulado quesito a respeito, para ser respondido após o 2º (segundo) ou 3º (terceiro) quesito, conforme o caso. (Incluído pela Lei 11.689/2008.)

§ 5º Sustentada a tese de ocorrência do crime na sua forma tentada ou havendo divergência sobre a tipificação do delito, sendo este da competência do Tribunal do Júri, o juiz formulará quesito acerca destas questões, para ser respondido após o segundo quesito. (Incluído pela Lei 11.689/2008.)

§ 6º Havendo mais de um crime ou mais de um acusado, os quesitos serão formulados em séries distintas. (Incluído pela Lei 11.689/2008.)

Art. 484. A seguir, o presidente lerá os quesitos e indagará das partes se têm requerimento ou reclamação a fazer, devendo qualquer deles, bem como a decisão, constar da ata. (Redação dada pela Lei 11.689/2008.)

- arts. 495, XV; e 564, p.u., deste Código

Parágrafo único. Ainda em plenário, o juiz presidente explicará aos jurados o significado de cada quesito. (Redação dada pela Lei 11.689/2008.)

Art. 485. Não havendo dúvida a ser esclarecida, o juiz presidente, os jurados, o Ministério Público, o assistente, o querelante, o defensor do acusado, o escrivão e o oficial de justiça dirigir-se-ão à sala especial a fim de ser procedida a votação. (Redação dada pela Lei 11.689/2008.)

§ 1º Na falta de sala especial, o juiz presidente determinará que o público se retire, permanecendo somente as pessoas mencionadas no *caput* deste artigo. (Incluído pela Lei 11.689/2008.)

- art. 5º, LX, CF.
- art. 8º, 5, Pacto de São José da Costa Rica.

§ 2º O juiz presidente advertirá as partes de que não será permitida qualquer intervenção que possa perturbar a livre manifestação do Conselho e fará retirar da sala quem se portar inconvenientemente. (Incluído pela Lei 11.689/2008.)

- arts. 251; 497, I e II; e 794 deste Código.
- art. 385, CPPM.

Art. 486. Antes de proceder-se à votação de cada quesito, o juiz presidente mandará distribuir aos jurados pequenas cédulas, feitas de papel opaco e facilmente dobráveis, contendo 7 (sete) delas a palavra *sim*, 7 (sete) a palavra *não*. (Redação dada pela Lei 11.689/2008.)

- art. 435, CPPM.

Art. 487. Para assegurar o sigilo do voto, o oficial de justiça recolherá em urnas separadas as cédulas correspondentes aos votos e as não utilizadas. (Redação dada pela Lei 11.689/2008.)

- art. 5º, XXXVIII, b, CF.

Art. 488. Após a resposta, verificados os votos e as cédulas não utilizadas, o presidente determinará que o escrivão registre no termo a votação de cada quesito, bem como o resultado do julgamento. (Redação dada pela Lei 11.689/2008.)

- art. 491 deste Código.

Parágrafo único. Do termo também constará a conferência das cédulas não utilizadas. (Incluído pela Lei 11.689/2008.)

Art. 489. As decisões do Tribunal do Júri serão tomadas por maioria de votos. (Redação dada pela Lei 11.689/2008.)

- art. 435, p.u., CPPM.

Art. 490. Se a resposta a qualquer dos quesitos estiver em contradição com outra ou outras já dadas, o presidente, explicando aos jurados em que consiste a contradição, submeterá novamente à votação os quesitos a que se referirem tais respostas. (Redação dada pela Lei 11.689/2008.)

- art. 564, p.u., deste Código.

Parágrafo único. Se, pela resposta dada a um dos quesitos, o presidente verificar que ficam prejudicados os seguintes, assim o declarará, dando por finda a votação. (Incluído pela Lei 11.689/2008.)

Art. 491. Encerrada a votação, será o termo a que se refere o art. 488 deste Código assinado pelo presidente, pelos jurados e pelas partes. (Redação dada pela Lei 11.689/2008.)

SEÇÃO XIV
DA SENTENÇA

- Incluído pela Lei 11.689/2008.

Art. 492. Em seguida, o presidente proferirá sentença que: (Redação dada pela Lei 11.689/2008.)

› art. 564, III, m, deste Código.

I - no caso de condenação: (Redação dada pela Lei 11.689/2008.)

› art. 699 deste Código.

› art. 42, CP.

a) fixará a pena-base; (Incluído pela Lei 11.689/2008.)

› art. 59, CP.

b) considerará as circunstâncias agravantes ou atenuantes alegadas nos debates; (Incluído pela Lei 11.689/2008.)

› arts. 61; 62; 65; e 66, CP.

c) imporá os aumentos ou diminuições da pena, em atenção às causas admitidas pelo júri; (Incluído pela Lei 11.689/2008.)

d) observará as demais disposições do art. 387 deste Código; (Incluído pela Lei 11.689/2008.)

e) mandará o acusado recolher-se ou recomendá-lo-á à prisão em que se encontra, se presentes os requisitos da prisão preventiva, ou, no caso de condenação a uma pena igual ou superior a 15 (quinze) anos de reclusão, determinará a execução provisória das penas, com expedição do mandado de prisão, se for o caso, sem prejuízo do conhecimento de recursos que vierem a ser interpostos; (Redação dada pela Lei 13.964/2019)

› arts. 311 a 316 deste Código.

f) estabelecerá os efeitos genéricos e específicos da condenação; (Incluído pela Lei 11.689/2008.)

II - no caso de absolvição: (Redação dada pela Lei 11.689/2008.)

a) mandará colocar em liberdade o acusado se por outro motivo não estiver preso; (Redação dada pela Lei 11.689/2008.)

› arts. 386, p.u., I, e 596 deste Código.

b) revogará as medidas restritivas provisoriamente decretadas; (Redação dada pela Lei 11.689/2008.)

› art. 386, p.u., II, deste Código.

c) imporá, se for o caso, a medida de segurança cabível. (Redação dada pela Lei 11.689/2008.)

› arts. 386, p.u., III; 555; e 596, p.u., deste Código.

› arts. 96 a 99, CP.

› Súm. 422, STF.

§ 1º Se houver desclassificação da infração para outra, de competência do juiz singular, ao presidente do Tribunal do Júri caberá proferir sentença em seguida, aplicando-se, quando o delito resultante da nova tipificação for considerado pela lei como infração penal de menor potencial ofensivo, o disposto nos arts. 69 e seguintes da Lei n. 9.099, de 26 de setembro de 1995. (Redação dada pela Lei 11.689/2008.)

› arts. 74, § 3º, e 81, deste Código.

§ 2º Em caso de desclassificação, o crime conexo que não seja doloso contra a vida será julgado pelo juiz presidente do Tribunal do Júri, aplicando-se, no que couber, o disposto no § 1º deste artigo. (Redação dada pela Lei 11.689/2008.)

§ 3º O presidente poderá, excepcionalmente, deixar de autorizar a execução provisória das penas de que trata a alínea e do inciso I do *caput* deste artigo, se houver questão substancial cuja resolução pelo tribunal ao qual competir o julgamento possa plausivelmente levar à revisão da condenação. (Incluído pela Lei 13.964/2019)

§ 4º A apelação interposta contra decisão condenatória do Tribunal do Júri a uma pena igual ou superior a 15 (quinze) anos de reclusão não terá efeito suspensivo. (Incluído pela Lei 13.964/2019)

§ 5º Excepcionalmente, poderá o tribunal atribuir efeito suspensivo à apelação de que trata o § 4º deste artigo, quando verificado cumulativamente que o recurso: (Incluído pela Lei 13.964/2019)

I - não tem propósito meramente protelatório; e

II - levanta questão substancial e que pode resultar em absolvição, anulação da sentença, novo julgamento ou redução da pena para patamar inferior a 15 (quinze) anos de reclusão.

§ 6º O pedido de concessão de efeito suspensivo poderá ser feito incidentemente na apelação ou por meio de petição em separado dirigida diretamente ao relator, instruída com có-pias da sentença condenatória, das razões da apelação e de prova da tempestividade, das contrarrazões e das demais peças necessárias à compreensão da controvérsia. (Incluído pela Lei 13.964/2019)

Art. 493. A sentença será lida em plenário pelo presidente antes de encerrada a sessão de instrução e julgamento. (Redação dada pela Lei 11.689/2008.)

› art. 495, XVII, deste Código.

SEÇÃO XV
DA ATA DOS TRABALHOS

› Incluído pela Lei 11.689/2008.

Art. 494. De cada sessão de julgamento o escrivão lavrará ata, assinada pelo presidente e pelas partes. (Redação dada pela Lei 11.689/2008.)

› arts. 106 e 571, VIII, deste Código.

› art. 395, CPPM.

Art. 495. A ata descreverá fielmente todas as ocorrências, mencionando obrigatoriamente: (Redação dada pela Lei 11.689/2008.)

I - a data e a hora da instalação dos trabalhos; (Redação dada pela Lei 11.689/2008.)

II - o magistrado que presidiu a sessão e os jurados presentes; (Redação dada pela Lei 11.689/2008.)

III - os jurados que deixaram de comparecer, com escusa ou sem ela, e as sanções aplicadas; (Redação dada pela Lei 11.689/2008.)

IV - o ofício ou requerimento de isenção ou dispensa; (Redação dada pela Lei 11.689/2008.)

V - o sorteio dos jurados suplentes; (Redação dada pela Lei 11.689/2008.)

VI - o adiamento da sessão, se houver ocorrido, com a indicação do motivo; (Redação dada pela Lei 11.689/2008.)

VII - a abertura da sessão e a presença do Ministério Público, do querelante e do assistente, se houver, e a do defensor do acusado; (Redação dada pela Lei 11.689/2008.)

VIII - o pregão e a sanção imposta, no caso de não comparecimento; (Redação dada pela Lei 11.689/2008.)

IX - as testemunhas dispensadas de depor; (Redação dada pela Lei 11.689/2008.)

X - o recolhimento das testemunhas a lugar de onde umas não pudessem ouvir o depoimento das outras; (Redação dada pela Lei 11.689/2008.)

XI - a verificação das cédulas pelo juiz presidente; (Redação dada pela Lei 11.689/2008.)

XII - a formação do Conselho de Sentença, com o registro dos nomes dos jurados sorteados e recusas; (Redação dada pela Lei 11.689/2008.)

XIII - o compromisso e o interrogatório, com simples referência ao termo; (Redação dada pela Lei 11.689/2008.)

XIV - os debates e as alegações das partes com os respectivos fundamentos; (Redação dada pela Lei 11.689/2008.)

XV - os incidentes; (Redação dada pela Lei 11.689/2008.)

XVI - o julgamento da causa; (Redação dada pela Lei 11.689/2008.)

XVII - a publicidade dos atos da instrução plenária, das diligências e da sentença. (Redação dada pela Lei 11.689/2008.)

Art. 496. A falta da ata sujeitará o responsável a sanções administrativa e penal. (Redação dada pela Lei 11.689/2008.)

SEÇÃO XVI
DAS ATRIBUIÇÕES DO PRESIDENTE DO TRIBUNAL DO JÚRI

› Incluído pela Lei 11.689/2008.

Art. 497. São atribuições do juiz presidente do Tribunal do Júri, além de outras expressamente referidas neste Código: (Redação dada pela Lei 11.689/2008.)

I - regular a polícia das sessões e prender os desobedientes; (Redação dada pela Lei 11.689/2008.)

› art. 795, p.u., deste Código.

› arts. 329 e 330, CP.

II - requisitar o auxílio da força pública, que ficará sob sua exclusiva autoridade; (Redação dada pela Lei 11.689/2008.)

› arts. 251 e 794 deste Código.

III - dirigir os debates, intervindo em caso de abuso, excesso de linguagem ou mediante requerimento de uma das partes; (Redação dada pela Lei 11.689/2008.)

› arts. 476 a 481 deste Código.

› art. 433, §§ 7º e 8º, CPPM.

IV - resolver as questões incidentes que não dependam de pronunciamento do júri; (Redação dada pela Lei 11.689/2008.)

V - nomear defensor ao acusado, quando considerá-lo indefeso, podendo, neste caso, dissolver o Conselho e designar novo dia para o julgamento, com a nomeação ou a constituição de novo defensor; (Redação dada pela Lei 11.689/2008.)

- art. 5º, LV, CF.
- arts. 261 e 267 deste Código.
- art. 8º, 2, d e e, Pacto de São José da Costa Rica.

VI - mandar retirar da sala o acusado que dificultar a realização do julgamento, o qual prosseguirá sem a sua presença; (Redação dada pela Lei 11.689/2008.)

- arts. 217 e 796 deste Código.

VII - suspender a sessão pelo tempo indispensável à realização das diligências requeridas ou entendidas necessárias, mantida a incomunicabilidade dos jurados; (Redação dada pela Lei 11.689/2008.)

- arts. 481 e 564, III, j, deste Código.

VIII - interromper a sessão por tempo razoável, para proferir sentença e para repouso ou refeição dos jurados; (Redação dada pela Lei 11.689/2008.)

IX - decidir, de ofício, ouvidos o Ministério Público e a defesa, ou a requerimento de qualquer destes, a arguição de extinção de punibilidade; (Redação dada pela Lei 11.689/2008.)

- arts. 61 e 67, II, deste Código.
- art. 107, IV, CP.

X - resolver as questões de direito suscitadas no curso do julgamento; (Redação dada pela Lei 11.689/2008.)

XI - determinar, de ofício ou a requerimento das partes ou de qualquer jurado, as diligências destinadas a sanar nulidade ou a suprir falta que prejudique o esclarecimento da verdade; (Redação dada pela Lei 11.689/2008.)

- art. 481 deste Código.

XII - regulamentar, durante os debates, a intervenção de uma das partes, quando a outra estiver com a palavra, podendo conceder até 3 (três) minutos para cada aparte requerido, que serão acrescidos ao tempo desta última. (Incluído pela Lei 11.689/2008.)

- art. 433, § 8º, CPPM.

CAPÍTULO III
DO PROCESSO E DO JULGAMENTO DOS CRIMES DA COMPETÊNCIA DO JUIZ SINGULAR

Arts. 498 a 502. (Revogados pela Lei 11.719/2008.)

TÍTULO II
DOS PROCESSOS ESPECIAIS

CAPÍTULO I
DO PROCESSO E DO JULGAMENTO DOS CRIMES DE FALÊNCIA

- arts. 168 a 188, Lei 11.101/2005 (Lei de Recuperação de Empresas e Falência).

Arts. 503 a 512. (Revogados pela Lei 11.101/2005.)

CAPÍTULO II
DO PROCESSO E DO JULGAMENTO DOS CRIMES DE RESPONSABILIDADE DOS FUNCIONÁRIOS PÚBLICOS

- Súm. Vinc. 46, STF.

Art. 513. Os crimes de responsabilidade dos funcionários públicos, cujo processo e julgamento competirão aos juízes de direito, a queixa ou a denúncia será instruída com documentos ou justificação que façam presumir a existência do delito ou com declaração fundamentada da impossibilidade de apresentação de qualquer dessas provas.

- arts. 312 a 327, CP.

Art. 514. Nos crimes afiançáveis, estando a denúncia ou queixa em devida forma, o juiz mandará autuá-la e ordenará a notificação do acusado, para responder por escrito, dentro do prazo de quinze dias.

- art. 5º, LIV e LV, CF.
- arts. 323; 324; e 564, III, e, deste Código.
- Súm. 330, STJ.

Parágrafo único. Se não for conhecida a residência do acusado, ou este se achar fora da jurisdição do juiz, ser-lhe-á nomeado defensor, a quem caberá apresentar a resposta preliminar.

- art. 5º, LV, CF.
- arts. 261 a 263; 353 a 356; e 564, III, e, deste Código.
- art. 8º, 2, Pacto de São José da Costa Rica.

Art. 515. No caso previsto no artigo anterior, durante o prazo concedido para a resposta, os autos permanecerão em cartório, onde poderão ser examinados pelo acusado ou por seu defensor.

- art. 803 deste Código.

Parágrafo único. A resposta poderá ser instruída com documentos e justificações.

- art. 381, NCPC.

Art. 516. O juiz rejeitará a queixa ou denúncia, em despacho fundamentado, se convencido, pela resposta do acusado ou do seu defensor, da inexistência do crime ou da improcedência da ação.

- arts. 386; 395; 397; 581, I; 583, II; e 800, I, deste Código.

Art. 517. Recebida a denúncia ou a queixa, será o acusado citado, na forma estabelecida no Capítulo I do Título X do Livro I.

- arts. 351 a 369; 564, III, e; e 570 deste Código.
- art. 117, I, CP.
- art. 8º, 2, b e c, Pacto de São José da Costa Rica.

Art. 518. Na instrução criminal e nos demais termos do processo, observar-se-á o disposto nos Capítulos I e III, Título I, deste Livro.

- arts. 394 a 405 deste Código.

CAPÍTULO III
DO PROCESSO E DO JULGAMENTO DOS CRIMES DE CALÚNIA E INJÚRIA, DE COMPETÊNCIA DO JUIZ SINGULAR

Art. 519. No processo por crime de calúnia ou injúria, para o qual não haja outra forma estabelecida em lei especial, observar-se-á o disposto nos Capítulos I e III, Titulo I, deste Livro, com as modificações constantes dos artigos seguintes.

- arts. 394 a 405 deste Código.
- arts. 138 e 140, CP.

Art. 520. Antes de receber a queixa, o juiz oferecerá às partes oportunidade para se reconciliarem, fazendo-as comparecer em juízo e ouvindo-as, separadamente, sem a presença dos seus advogados, não se lavrando termo.

Art. 521. Se depois de ouvir o querelante e o querelado, o juiz achar provável a reconciliação, promoverá entendimento entre eles, na sua presença.

Art. 522. No caso de reconciliação, depois de assinado pelo querelante o termo da desistência, a queixa será arquivada.

- art. 107, V, CP.

Art. 523. Quando for oferecida a exceção da verdade ou da notoriedade do fato imputado, o querelante poderá contestar a exceção no prazo de dois dias, podendo ser inquiridas as testemunhas arroladas na queixa, ou outras indicadas naquele prazo, em substituição às primeiras, ou para completar o máximo legal.

- art. 85 deste Código.
- arts. 138, § 3º, e 139, p.u., CP.

CAPÍTULO IV
DO PROCESSO E DO JULGAMENTO DOS CRIMES CONTRA A PROPRIEDADE IMATERIAL

Art. 524. No processo e julgamento dos crimes contra a propriedade imaterial, observar-se-á o disposto nos Capítulos I e III do Título I deste Livro, com as modificações constantes dos artigos seguintes.

- art. 5º, XXIX, CF.
- arts. 394 a 405 deste Código.
- arts. 183 a 210, Lei 9.279/1996 (Lei da Propriedade Industrial).

Art. 525. No caso de haver o crime deixado vestígio, a queixa ou a denúncia não será recebida se não for instruída com o exame pericial dos objetos que constituam o corpo de delito.

- arts. 158 e 564, III, b, deste Código.

Art. 526. Sem a prova de direito à ação, não será recebida a queixa, nem ordenada qualquer diligência preliminarmente requerida pelo ofendido.

Art. 527. A diligência de busca ou de apreensão será realizada por dois peritos nomeados pelo juiz, que verificarão a existência de fundamento para a apreensão, e quer esta se realize, quer não, o laudo pericial será apresentado dentro de 3 (três) dias após o encerramento da diligência.

- arts. 159; e 240 a 250 deste Código.

Parágrafo único. O requerente da diligência poderá impugnar o laudo contrário à apreensão, e o juiz ordenará que esta se efetue, se reconhecer a improcedência das razões aduzidas pelos peritos.

Art. 528. Encerradas as diligências, os autos serão conclusos ao juiz para homologação do laudo.

Art. 529. Nos crimes de ação privativa do ofendido, não será admitida queixa com fundamento em apreensão e em perícia, se decorrido o prazo de 30 dias, após a homologação do laudo.

‣ art. 38 deste Código.

Parágrafo único. Será dada vista ao Ministério Público dos autos de busca e apreensão requeridas pelo ofendido, se o crime for de ação pública e não tiver sido oferecida queixa no prazo fixado neste artigo.

‣ art. 29 deste Código.

Art. 530. Se ocorrer prisão em flagrante e o réu não for posto em liberdade, o prazo a que se refere o artigo anterior será de 8 (oito) dias.

Art. 530-A. O disposto nos arts. 524 a 530 será aplicável aos crimes em que se proceda mediante queixa. (Incluído pela Lei 10.695/2003.)

Art. 530-B. Nos casos das infrações previstas nos §§ 1º, 2º e 3º do art. 184 do Código Penal, a autoridade policial procederá à apreensão dos bens ilicitamente produzidos ou reproduzidos, em sua totalidade, juntamente com os equipamentos, suportes e materiais que possibilitaram a sua existência, desde que estes se destinem precipuamente à prática do ilícito. (Incluído pela Lei 10.695/2003.)

Art. 530-C. Na ocasião da apreensão será lavrado termo, assinado por 2 (duas) ou mais testemunhas, com a descrição de todos os bens apreendidos e informações sobre suas origens, o qual deverá integrar o inquérito policial ou o processo. (Incluído pela Lei 10.695/2003.)

Art. 530-D. Subsequente à apreensão, será realizada, por perito oficial, ou, na falta deste, por pessoa tecnicamente habilitada, perícia sobre todos os bens apreendidos e elaborado o laudo que deverá integrar o inquérito policial ou o processo. (Incluído pela Lei 10.695/2003.)

Art. 530-E. Os titulares de direito de autor e os que lhe são conexos serão os fiéis depositários de todos os bens apreendidos, devendo colocá-los à disposição do juiz quando do ajuizamento da ação. (Incluído pela Lei 10.695/2003.)

Art. 530-F. Ressalvada a possibilidade de se preservar o corpo de delito, o juiz poderá determinar, a requerimento da vítima, a destruição da produção ou reprodução apreendida quando não houver impugnação quanto à sua ilicitude ou quando a ação penal não puder ser iniciada por falta de determinação de quem seja o autor do ilícito. (Incluído pela Lei 10.695/2003.)

Art. 530-G. O juiz, ao prolatar a sentença condenatória, poderá determinar a destruição dos bens ilicitamente produzidos ou reproduzidos e o perdimento dos equipamentos apreendidos, desde que precipuamente destinados à produção e reprodução dos bens, em favor da Fazenda Nacional, que deverá destruí-los ou doá-los aos Estados, Municípios e Distrito Federal, a instituições públicas de ensino e pesquisa ou de assistência social, bem como incorporá-los, por economia ou interesse público, ao patrimônio da União, que não poderão retorná-los aos canais de comércio. (Incluído pela Lei 10.695/2003.)

Art. 530-H. As associações de titulares de direitos de autor e os que lhes são conexos poderão, em seu próprio nome, funcionar como assistente da acusação nos crimes previstos no art. 184 do Código Penal, quando praticado em detrimento de qualquer de seus associados. (Incluído pela Lei 10.695/2003.)

Art. 530-I. Nos crimes em que caiba ação penal pública incondicionada ou condicionada, observar-se-ão as normas constantes dos arts. 530-B, 530-C, 530-D, 530-E, 530-F, 530-G e 530-H. (Incluído pela Lei 10.695/2003.)

CAPÍTULO V
DO PROCESSO SUMÁRIO

Art. 531. Na audiência de instrução e julgamento, a ser realizada no prazo máximo de 30 (trinta) dias, proceder-se-á à tomada de declarações do ofendido, se possível, à inquirição das testemunhas arroladas pela acusação e pela defesa, nesta ordem, ressalvado o disposto no art. 222 deste Código, bem como aos esclarecimentos dos peritos, às acareações e ao reconhecimento de pessoas e coisas, interrogando-se, em seguida, o acusado e procedendo-se, finalmente, ao debate. (Redação dada pela Lei 11.719/2008.)

‣ arts. 394, §§ 1º, 4º e 5º; e 400, *caput*, deste Código.

Art. 532. Na instrução, poderão ser inquiridas até 5 (cinco) testemunhas arroladas pela acusação e 5 (cinco) pela defesa. (Redação dada pela Lei 11.719/2008.)

‣ arts. 394, §§ 1º, 4º e 5º; 400, *caput*; e 401 deste Código.

Art. 533. Aplica-se ao procedimento sumário o disposto nos parágrafos do art. 400 deste Código. (Redação dada pela Lei 11.719/2008.)

§§ 1º a 4º (Revogados pela Lei 11.719/2008.)

Art. 534. As alegações finais serão orais, concedendo-se a palavra, respectivamente, à acusação e à defesa, pelo prazo de 20 (vinte) minutos, prorrogáveis por mais 10 (dez), proferindo o juiz, a seguir, sentença. (Redação dada pela Lei 11.719/2008.)

‣ art. 403, *caput*, deste Código.

§ 1º Havendo mais de um acusado, o tempo previsto para a defesa de cada um será individual. (Incluído pela Lei 11.719/2008.)

‣ art. 403, § 1º, deste Código.

§ 2º Ao assistente do Ministério Público, após a manifestação deste, serão concedidos 10 (dez) minutos, prorrogando-se por igual período o tempo de manifestação da defesa. (Incluído pela Lei 11.719/2008.)

‣ art. 403, § 2º, deste Código.

Art. 535. Nenhum ato será adiado, salvo quando imprescindível a prova faltante, determinando o juiz a condução coercitiva de quem deva comparecer. (Redação dada pela Lei 11.719/2008.)

‣ arts. 201, § 1º; 218; 260; 278; e 411, § 7º, deste Código.

‣ art. 80, Lei 9.099/1995 (Lei dos Juizados Especiais).

§§ 1º e 2º (Revogados pela Lei 11.719/2008.)

Art. 536. A testemunha que comparecer será inquirida, independentemente da suspensão da audiência, observada em qualquer caso a ordem estabelecida no art. 531 deste Código. (Redação dada pela Lei 11.719/2008.)

Art. 537. (Revogado pela Lei 11.719/2008.)

Art. 538. Nas infrações penais de menor potencial ofensivo, quando o juizado especial criminal encaminhar ao juízo comum as peças existentes para a adoção de outro procedimento, observar-se-á o procedimento sumário previsto neste Capítulo. (Redação dada pela Lei 11.719/2008.)

‣ arts. 66, p.u., e 77, § 2º, Lei 9.099/1995 (Lei dos Juizados Especiais).

§§ 1º a 4º (Revogados pela Lei 11.719/2008.)

Arts. 539 e 540. (Revogados pela Lei 11.719/2008.)

CAPÍTULO VI
DO PROCESSO DE RESTAURAÇÃO DE AUTOS EXTRAVIADOS OU DESTRUÍDOS

Art. 541. Os autos originais de processo penal extraviados ou destruídos, em primeira ou segunda instância, serão restaurados.

‣ arts. 314; 337; e 356, CP.

‣ art. 481, CPPM.

‣ art. 352, CPM.

§ 1º Se existir e for exibida cópia autêntica ou certidão do processo, será uma ou outra considerada como original.

§ 2º Na falta de cópia autêntica ou certidão do processo, o juiz mandará, de ofício, ou a requerimento de qualquer das partes, que:

a) o escrivão certifique o estado do processo, segundo a sua lembrança, e reproduza o que houver a respeito em seus protocolos e registros;

‣ art. 389 deste Código.

b) sejam requisitadas cópias do que constar a respeito no Instituto Médico-Legal, no Instituto de Identificação e Estatística ou em estabelecimentos congêneres, repartições públicas, penitenciárias ou cadeias;

c) as partes sejam citadas pessoalmente, ou, se não forem encontradas, por edital, com o prazo de dez dias, para o processo de restauração dos autos.

§ 3º Proceder-se-á à restauração na primeira instância, ainda que os autos se tenham extraviado na segunda.

Art. 542. No dia designado, as partes serão ouvidas, mencionando-se em termo circunstanciado os pontos em que estiverem acordes e a exibição e a conferência das certidões e mais reproduções do processo apresentadas e conferidas.

‣ art. 482, CPPM.

Art. 543. O juiz determinará as diligências necessárias para a restauração, observando-se o seguinte:

‣ art. 483, CPPM.

I - caso ainda não tenha sido proferida a sentença, reinquirir-se-ão as testemunhas podendo ser substituídas as que tiverem falecido ou se encontrarem em lugar não sabido;

II - os exames periciais, quando possível, serão repetidos, e de preferência pelos mesmos peritos;

› arts. 158 a 184 deste Código.

III - a prova documental será reproduzida por meio de cópia autêntica ou, quando impossível, por meio de testemunhas;

› arts. 231 a 238 deste Código.

IV - poderão também ser inquiridas sobre os atos do processo, que deverá ser restaurado, as autoridades, os serventuários, os peritos e mais pessoas que tenham nele funcionado;

V - o Ministério Público e as partes poderão oferecer testemunhas e produzir documentos, para provar o teor do processo extraviado ou destruído.

Art. 544. Realizadas as diligências que, salvo motivo de força maior, deverão concluir-se dentro de vinte dias, serão os autos conclusos para julgamento.

› art. 484, CPPM.

Parágrafo único. No curso do processo, e depois de subirem os autos conclusos para sentença, o juiz poderá, dentro em cinco dias, requisitar de autoridades ou de repartições todos os esclarecimentos para a restauração.

Art. 545. Os selos e as taxas judiciárias, já pagos nos autos originais, não serão novamente cobrados.

Art. 546. Os causadores de extravio de autos responderão pelas custas, em dobro, sem prejuízo da responsabilidade criminal.

› arts. 314, 337 e 356, CP.

› art. 488, CPPM.

› art. 352, CPM.

Art. 547. Julgada a restauração, os autos respectivos valerão pelos originais.

› art. 593, II, deste Código.

› art. 485, CPPM.

Parágrafo único. Se no curso da restauração aparecerem os autos originais, nestes continuará o processo, apensos a eles os autos da restauração.

Art. 548. Até à decisão que julgue restaurados os autos, a sentença condenatória em execução continuará a produzir efeito, desde que conste da respectiva guia arquivada na cadeia ou na penitenciária, onde o réu estiver cumprindo a pena, ou de registro que torne a sua existência inequívoca.

› art. 486, CPPM.

CAPÍTULO VII
DO PROCESSO DE APLICAÇÃO DE MEDIDA DE SEGURANÇA POR FATO NÃO CRIMINOSO

› arts. 96 a 99, CP.

Art. 549. Se a autoridade policial tiver conhecimento de fato que, embora não constituindo infração penal, possa determinar a aplicação de medida de segurança (Código Penal, arts. 14 e 27), deverá proceder a inquérito, a fim de apurá-lo e averiguar todos os elementos que possam interessar à verificação da periculosidade do agente.

› arts. 17; 31; e 96, CP.

Art. 550. O processo será promovido pelo Ministério Público, mediante requerimento que conterá a exposição sucinta do fato, as suas circunstâncias e todos os elementos em que se fundar o pedido.

› art. 96, CP.

Art. 551. O juiz, ao deferir o requerimento, ordenará a intimação do interessado para comparecer em juízo, a fim de ser interrogado.

› art. 96, CP.

Art. 552. Após o interrogatório ou dentro do prazo de dois dias, o interessado ou seu defensor poderá oferecer alegações.

Parágrafo único. O juiz nomeará defensor ao interessado que não o tiver.

Art. 553. O Ministério Público, ao fazer o requerimento inicial, e a defesa, no prazo estabelecido no artigo anterior, poderão requerer exames, diligências e arrolar até três testemunhas.

Art. 554. Após o prazo de defesa ou a realização dos exames e diligências ordenados pelo juiz, de ofício ou a requerimento das partes, será marcada audiência, em que, inquiridas as testemunhas e produzidas alegações orais pelo órgão do Ministério Público e pelo defensor, dentro de dez minutos para cada um, o juiz proferirá sentença.

Parágrafo único. Se o juiz não se julgar habilitado a proferir a decisão, designará, desde logo, outra audiência, que se realizará dentro de cinco dias, para publicar a sentença.

Art. 555. Quando, instaurado processo por infração penal, o juiz, absolvendo ou impronunciando o réu, reconhecer a existência de qualquer dos fatos previstos no art. 14 ou no art. 27 do Código Penal, aplicar-lhe-á, se for caso, medida de segurança.

› arts. 17; 31; e 96, CP.

TÍTULO III
DOS PROCESSOS DE COMPETÊNCIA DO SUPREMO TRIBUNAL FEDERAL E DOS TRIBUNAIS DE APELAÇÃO

› Revogado pela Lei 8.658/1993.

CAPÍTULO I
DA INSTRUÇÃO

› Revogado pela Lei 8.658/1993.

Arts. 556. a 560. (Revogados pela Lei 8.658/1993.)

CAPÍTULO II
DO JULGAMENTO

› Revogado pela Lei 8.658/1993.

Arts. 561. e 562. (Revogados pela Lei 8.658/1993.)

LIVRO III
DAS NULIDADES E DOS RECURSOS EM GERAL

TÍTULO I
DAS NULIDADES

Art. 563. Nenhum ato será declarado nulo, se da nulidade não resultar prejuízo para a acusação ou para a defesa.

› art. 566 deste Código.

› art. 282, NCPC.

› art. 499, CPPM.

› arts. 62 e 65, § 1º, Lei 9.099/1995 (Lei dos Juizados Especiais).

› Súm. 523, STF.

Art. 564. A nulidade ocorrerá nos seguintes casos:

› art. 500, CPPM.

I - por incompetência, suspeição ou suborno do juiz;

› arts. 69 a 91; 96 a 109; 252 a 256; e 567 deste Código.

II - por ilegitimidade de parte;

› arts. 95, IV; 110; 395, II; e 568 deste Código.

III - por falta das fórmulas ou dos termos seguintes:

› art. 603 deste Código.

a) a denúncia ou a queixa e a representação e, nos processos de contravenções penais, a portaria ou o auto de prisão em flagrante;

› arts. 26; 39; e 44 deste Código.

b) o exame do corpo de delito nos crimes que deixam vestígios, ressalvado o disposto no art. 167;

› arts. 158 a 184 deste Código.

› Súm. 361, STF.

c) a nomeação de defensor ao réu presente, que o não tiver, ou ao ausente, e de curador ao menor de 21 anos;

› arts. 261 a 267 deste Código.

› art. 5º, CC/2002.

› Súm. 352; 523; e 708, STF.

d) a intervenção do Ministério Público em todos os termos da ação por ele intentada e nos da intentada pela parte ofendida, quando se tratar de crime de ação pública;

› arts. 24; 29; e 572 deste Código.

e) a citação do réu para ver-se processar, o seu interrogatório, quando presente, e os prazos concedidos à acusação e à defesa;

› arts. 185 a 196; 351 a 369; e 572 deste Código.

› Súm. 351, STF.

f) a sentença de pronúncia, o libelo e a entrega da respectiva cópia, com o rol de testemunhas, nos processos perante o Tribunal do Júri;

› arts. 413; 421; e 422 deste Código.

g) a intimação do réu para a sessão de julgamento, pelo Tribunal do Júri, quando a lei não permitir o julgamento à revelia;

› art. 457 deste Código.

h) a intimação das testemunhas arroladas no libelo e na contrariedade, nos termos estabelecidos pela lei;

› arts. 422 e 572 deste Código.

i) a presença pelo menos de 15 jurados para a constituição do júri;

‣ art. 463 deste Código.

j) o sorteio dos jurados do conselho de sentença em número legal e sua incomunicabilidade;

‣ arts. 433; 463 a 468; e 495, XII, deste Código.

k) os quesitos e as respectivas respostas;

‣ arts. 482 a 491 deste Código.

‣ Súm. 156 e 162, STF.

l) a acusação e a defesa, na sessão de julgamento;

‣ arts. 476 a 481 deste Código.

m) a sentença;

‣ arts. 381 a 393 deste Código.

n) o recurso de ofício, nos casos em que a lei o tenha estabelecido;

‣ art. 129, I, CF.

‣ arts. 574, I, e 746 deste Código.

o) a intimação, nas condições estabelecidas pela lei, para ciência de sentenças e despachos de que caiba recurso;

‣ arts. 370 a 372; 390; 392; e 420 deste Código.

p) no Supremo Tribunal Federal e nos Tribunais de Apelação, o *quorum* legal para o julgamento;

‣ A partir da CF/1946, os Tribunais de Apelação passaram a se denominar Tribunais de Justiça.

IV - por omissão de formalidade que constitua elemento essencial do ato.

‣ arts. 482, p.u.; 483; 490; 571; e 572 deste Código.

‣ Súm. 156 e 162, STF.

V - em decorrência de decisão carente de fundamentação. (Incluído pela Lei 13.964/2019)

Parágrafo único. Ocorrerá ainda a nulidade, por deficiência dos quesitos ou das suas respostas, e contradição entre estas. (Incluído pela Lei 263/1948.)

‣ arts. 483 e 490 deste Código.

‣ Súm. 156, STF.

Art. 565. Nenhuma das partes poderá arguir nulidade a que haja dado causa, ou para que tenha concorrido, ou referente a formalidade cuja observância só à parte contrária interesse.

‣ art. 563 deste Código.

‣ art. 276, NCPC.

‣ art. 501, CPPM.

Art. 566. Não será declarada a nulidade de ato processual que não houver influído na apuração da verdade substancial ou na decisão da causa.

‣ art. 502, CPPM.

‣ Súm. 352 e 366, STF.

Art. 567. A incompetência do juízo anula somente os atos decisórios, devendo o processo, quando for declarada a nulidade, ser remetido ao juiz competente.

‣ arts. 108, § 1º, e 564, I, deste Código.

‣ art. 508, CPPM.

Art. 568. A nulidade por ilegitimidade do representante da parte poderá ser a todo tempo sanada, mediante ratificação dos atos processuais.

‣ arts. 38 e 44 deste Código.

‣ art. 36, CPC.

Art. 569. As omissões da denúncia ou da queixa, da representação, ou, nos processos das contravenções penais, da portaria ou do auto de prisão em flagrante, poderão ser supridas a todo o tempo, antes da sentença final.

‣ arts. 38; 39; 41 e 564, III, a, deste Código.

Art. 570. A falta ou a nulidade da citação, da intimação ou notificação estará sanada, desde que o interessado compareça, antes de o ato consumar-se, embora declare que o faz para o único fim de argui-la. O juiz ordenará, todavia, a suspensão ou o adiamento do ato, quando reconhecer que a irregularidade poderá prejudicar direito da parte.

‣ arts. 371 a 372; e 564, III, e, g e h, deste Código.

‣ art. 503, CPPM.

‣ Súm. 155, STF.

Art. 571. As nulidades deverão ser arguidas:

‣ art. 504, CPPM.

‣ Súm. 155; 160; e 523, STF.

I - as da instrução criminal dos processos da competência do júri, nos prazos a que se refere o art. 406;

‣ art. 411, § 4º, deste Código.

‣ art. 278, NCPC.

‣ arts. 504 e 505, CPPM.

‣ Súm. 156 e 206, STF.

II - as da instrução criminal dos processos de competência do juiz singular e dos processos especiais, salvo os dos Capítulos V e VII do Título II do Livro II, nos prazos a que se refere o art. 500;

‣ arts. 403; 531 a 538; e 549 a 555 deste Código.

III - as do processo sumário, no prazo a que se refere o art. 537, ou, se verificadas depois desse prazo, logo depois de aberta a audiência e apregoadas as partes;

IV - as do processo regulado no Capítulo VII do Título II do Livro II, logo depois de aberta a audiência;

‣ arts. 549 a 555 deste Código.

V - as ocorridas posteriormente à pronúncia, logo depois de anunciado o julgamento e apregoadas as partes (art. 447);

‣ art. 454 deste Código.

VI - as de instrução criminal dos processos de competência do Supremo Tribunal Federal e dos Tribunais de Apelação, nos prazos a que se refere o art. 500;

‣ A partir da CF/1946, os Tribunais de Apelação passaram a se denominar Tribunais de Justiça.

‣ art. 610, p.u., deste Código.

VII - se verificadas após a decisão da primeira instância, nas razões de recurso ou logo depois de anunciado o julgamento do recurso e apregoadas as partes;

VIII - as do julgamento em plenário, em audiência ou em sessão do tribunal, logo depois de ocorrerem.

Art. 572. As nulidades previstas no art. 564, III, *d* e *e*, segunda parte, *g* e *h*, e IV, considerar-se-ão sanadas:

‣ arts. 563 e 566 deste Código.

‣ art. 505, CPPM.

‣ Súm. 155 e 156, STF.

I - se não forem arguidas, em tempo oportuno, de acordo com o disposto no artigo anterior;

II - se, praticado por outra forma, o ato tiver atingido o seu fim;

‣ Súm. 366, STF.

III - se a parte, ainda que tacitamente, tiver aceito os seus efeitos.

Art. 573. Os atos, cuja nulidade não tiver sido sanada, na forma dos artigos anteriores, serão renovados ou retificados.

‣ art. 282, NCPC.

‣ art. 506, CPPM.

§ 1º A nulidade de um ato, uma vez declarada, causará a dos atos que dele diretamente dependam ou sejam consequência.

§ 2º O juiz que pronunciar a nulidade declarará os atos a que ela se estende.

TÍTULO II
DOS RECURSOS EM GERAL

CAPÍTULO I
DISPOSIÇÕES GERAIS

Art. 574. Os recursos serão voluntários, excetuando-se os seguintes casos, em que deverão ser interpostos, de ofício, pelo juiz:

‣ arts. 564, III, n; 583, I; e 746 deste Código.

‣ art. 496, NCPC.

‣ arts. 154, p.u., e 696, CPPM.

‣ art. 7º, Lei 1.521/1951 (Altera dispositivos da legislação vigente sobre crimes contra a economia popular).

‣ art. 8º, 2, h, Pacto de São José da Costa Rica.

‣ Súm. 160 e 423, STF.

I - da sentença que conceder *habeas corpus*;

‣ arts. 581, X, e 647 a 667 deste Código.

‣ Súm. 344, STF.

II - da que absolver desde logo o réu com fundamento na existência de circunstância que exclua o crime ou isente o réu de pena, nos termos do art. 411.

‣ arts. 415 e 416 deste Código.

Art. 575. Não serão prejudicados os recursos que, por erro, falta ou omissão dos funcionários, não tiverem seguimento ou não forem apresentados dentro do prazo.

‣ art. 798, § 4º, deste Código.

‣ Súm. 320, 428 e 705, STF.

Art. 576. O Ministério Público não poderá desistir de recurso que haja interposto.

‣ art. 42 deste Código.

‣ art. 512, CPPM.

Art. 577. O recurso poderá ser interposto pelo Ministério Público, ou pelo querelante, ou pelo réu, seu procurador ou seu defensor.

‣ arts. 271, *caput*, e 598, *caput*, deste Código.

‣ art. 511, CPPM.

‣ Súm. 210 e 448, STF.

Parágrafo único. Não se admitirá, entretanto, recurso da parte que não tiver interesse na reforma ou modificação da decisão.

‣ art. 385 deste Código.

Art. 578. O recurso será interposto por petição ou por termo nos autos, assinado pelo recorrente ou por seu representante.

- arts. 587, *caput*; 600; 620; 625; 640; e 654, § 1º, deste Código.
- art. 513, CPPM.
- Súm. 160 e 428, STF.

§ 1º Não sabendo ou não podendo o réu assinar o nome, o termo será assinado por alguém, a seu rogo, na presença de duas testemunhas.

§ 2º A petição de interposição de recurso, com o despacho do juiz, será, até o dia seguinte ao último do prazo, entregue ao escrivão, que certificará no termo da juntada a data da entrega.

- Súm. 320 e 428, STF.

§ 3º Interposto por termo o recurso, o escrivão, sob pena de suspensão por dez a trinta dias, fará conclusos os autos ao juiz, até o dia seguinte ao último do prazo.

Art. 579. Salvo a hipótese de má-fé, a parte não será prejudicada pela interposição de um recurso por outro.

- art. 514, CPPM.

Parágrafo único. Se o juiz, desde logo, reconhecer a impropriedade do recurso interposto pela parte, mandará processá-lo de acordo com o rito do recurso cabível.

Art. 580. No caso de concurso de agentes (Código Penal, art. 25), a decisão do recurso interposto por um dos réus, se fundado em motivos que não sejam de caráter exclusivamente pessoal, aproveitará aos outros.

- atual art. 29, deste Código.
- art. 77, I, deste Código.
- arts. 514 e 515, CPPM.

CAPÍTULO II
DO RECURSO EM SENTIDO ESTRITO

Art. 581. Caberá recurso, no sentido estrito, da decisão, despacho ou sentença:

- art. 593, § 4º, deste Código.
- art. 516, CPPM.
- art. 6º, p.u., Lei 1.508/1951 (Regula o processo de contravenções).
- art. 8º, 2, h, Pacto de São José da Costa Rica.

I - que não receber a denúncia ou a queixa;

- art. 395 deste Código.
- Súm. 707 e 709, STF.

II - que concluir pela incompetência do juízo;

- arts. 108; 109; 564, I; e 567 deste Código.

III - que julgar procedentes as exceções, salvo a de suspeição;

- arts. 95 a 111 deste Código.

IV - que pronunciar o réu; (Redação dada pela Lei 11.689/2008.)

- art. 413 deste Código.

V - que conceder, negar, arbitrar, cassar ou julgar inidônea a fiança, indeferir requerimento de prisão preventiva ou revogá-la, conceder liberdade provisória ou relaxar a prisão em flagrante; (Redação dada pela Lei 7.780/1989.)

- art. 5º, LXV e LXVI, CF.
- arts. 310, p.u.; 311 a 316; e 321 a 350 deste Código.
- Súm. 697, STF.

VI - (Revogado pela Lei 11.689/2008.)

VII - que julgar quebrada a fiança ou perdido o seu valor;

- arts. 328; e 341 a 347 deste Código.

VIII - que decretar a prescrição ou julgar, por outro modo, extinta a punibilidade;

- arts. 107 a 120, CP.
- Súm. 438, STJ.

IX - que indeferir o pedido de reconhecimento da prescrição ou de outra causa extintiva da punibilidade;

- arts. 107 a 120, CP.

X - que conceder ou negar a ordem de *habeas corpus*;

- arts. 574, I; e 647 a 667 deste Código.

XI - que conceder, negar ou revogar a suspensão condicional da pena;

- arts. 696 a 709 deste Código.
- arts. 77 a 82, CP.
- arts. 156 a 163, Lei 7.210/1984 (Lei de Execuções Penais).

XII - que conceder, negar ou revogar livramento condicional;

- arts. 710 a 733 deste Código.
- arts. 83 a 90, CP.
- arts. 131 a 146, Lei 7.210/1984 (Lei de Execuções Penais).

XIII - que anular o processo da instrução criminal, no todo ou em parte;

- arts. 563 a 573 deste Código.

XIV - que incluir jurado na lista geral ou desta o excluir;

- arts. 425; 426; e 586, p.u., deste Código.

XV - que denegar a apelação ou a julgar deserta;

- arts. 593; 639, I; e 806, § 2º, deste Código.

XVI - que ordenar a suspensão do processo, em virtude de questão prejudicial;

- arts. 92 a 94 deste Código.

XVII - que decidir sobre a unificação de penas;

- arts. 82 e 674 deste Código.
- art. 71, CP.
- art. 66, III, a, Lei 7.210/1984 (Lei de Execuções Penais).

XVIII - que decidir o incidente de falsidade;

- arts. 145 a 148 deste Código.

XIX - que decretar medida de segurança, depois de transitar a sentença em julgado;

- arts. 752 e 753 deste Código.
- art. 96, CP.
- arts. 171 a 179; 183; e 184, Lei 7.210/1984 (Lei de Execuções Penais).

XX - que impuser medida de segurança por transgressão de outra;

- arts. 722 e 774 deste Código.
- art. 96, CP.
- arts. 66, V, d; 171 a 179; 183 e 184; e 197, Lei 7.210/1984 (Lei de Execuções Penais).

XXI - que mantiver ou substituir a medida de segurança, nos casos do art. 774;

- arts. 171 a 179; 183; e 184, Lei 7.210/1984 (Lei de Execuções Penais).

XXII - que revogar a medida de segurança;

- arts. 775 a 777 deste Código.
- art. 96 e 97, § 3º, CP.
- arts. 171 a 179 e 197, Lei 7.210/1984 (Lei de Execuções Penais).

XXIII - que deixar de revogar a medida de segurança, nos casos em que a lei admita a revogação;

- arts. 96 e 97, § 3º, CP.
- arts. 171 a 179, Lei 7.210/1984 (Lei de Execuções Penais).

XXIV - que converter a multa em detenção ou em prisão simples.

- art. 689 deste Código
- art. 51, CP.

XXV - que recusar homologação à proposta de acordo de não persecução penal, previsto no art. 28-A desta Lei. (Incluído pela Lei 13.964/2019)

Art. 582. Os recursos serão sempre para o Tribunal de Apelação, salvo nos casos dos n. V, X e XIV.

- art. 591 deste Código.

Parágrafo único. O recurso, no caso do n. XIV, será para o presidente do Tribunal de Apelação.

- Os Tribunais de Apelação, com a promulgação da CF/1946, passaram a ser denominados Tribunais de Justiça.

Art. 583. Subirão nos próprios autos os recursos:

- art. 517, CPPM.

I - quando interpostos de ofício;

II - nos casos do art. 581, I, III, IV, VI, VIII e X;

III - quando o recurso não prejudicar o andamento do processo.

Parágrafo único. O recurso da pronúncia subirá em traslado, quando, havendo dois ou mais réus, qualquer deles se conformar com a decisão ou todos não tiverem sido ainda intimados da pronúncia.

- arts. 80 e 420 deste Código.

Art. 584. Os recursos terão efeito suspensivo nos casos de perda da fiança, de concessão de livramento condicional e dos n. XV, XVII e XXIV do art. 581.

- arts. 343 a 345 deste Código.
- arts. 83, I, IV e p.u., CP.
- arts. 131 a 146, Lei 7.210/1984 (Lei de Execuções Penais).

§ 1º Ao recurso interposto de sentença de impronúncia ou no caso do n. VIII do art. 581, aplicar-se-á o disposto nos arts. 596 e 598.

- art. 271, CP.
- Súm. 210, STF.

§ 2º O recurso da pronúncia suspenderá tão somente o julgamento.

§ 3º O recurso do despacho que julgar quebrada a fiança suspenderá unicamente o efeito de perda da metade do seu valor.

Art. 585. O réu não poderá recorrer da pronúncia senão depois de preso, salvo se prestar fiança, nos casos em que a lei a admitir.

- art. 5º, LVII, CF.
- arts. 322 a 350 deste Código.

Art. 586. O recurso voluntário poderá ser interposto no prazo de cinco dias.

- art. 798 deste Código.
- art. 518, CPPM.

› Súm. 319 e 700, STF.

Parágrafo único. No caso do art. 581, XIV, o prazo será de vinte dias, contado da data da publicação definitiva da lista de jurados.

Art. 587. Quando o recurso houver de subir por instrumento, a parte indicará, no respectivo termo, ou em requerimento avulso, as peças dos autos de que pretenda traslado.

› art. 1.018, NCPC.

› Súm. 288, STF.

Parágrafo único. O traslado será extraído, conferido e concertado no prazo de cinco dias, e dele constarão sempre a decisão recorrida, a certidão de sua intimação, se por outra forma não for possível verificar-se a oportunidade do recurso, e o termo de interposição.

› art. 518, p.u., CPPM.

Art. 588. Dentro de dois dias, contados da interposição do recurso, ou do dia em que o escrivão, extraído o traslado, o fizer com vista ao recorrente, este oferecerá as razões e, em seguida, será aberta vista ao recorrido por igual prazo.

› arts. 576; 601; e 643 deste Código.

› art. 519, CPPM.

› Súm. 707, STF.

Parágrafo único. Se o recorrido for o réu, será intimado do prazo na pessoa do defensor.

Art. 589. Com a resposta do recorrido ou sem ela, será o recurso concluso ao juiz, que, dentro de dois dias, reformará ou sustentará o seu despacho, mandando instruir o recurso com os traslados que lhe parecerem necessários.

› art. 520, CPPM.

Parágrafo único. Se o juiz reformar o despacho recorrido, a parte contrária, por simples petição, poderá recorrer da nova decisão, se couber recurso, não sendo mais lícito ao juiz modificá-la. Neste caso, independentemente de novos arrazoados, subirá o recurso nos próprios autos ou em traslado.

› art. 520, CPPM.

Art. 590. Quando for impossível ao escrivão extrair o traslado no prazo da lei, poderá o juiz prorrogá-lo até o dobro.

› arts. 587, p.u., e 643 deste Código.

› art. 521, CPPM.

Art. 591. Os recursos serão apresentados ao juiz ou tribunal *ad quem*, dentro de cinco dias da publicação da resposta do juiz *a quo*, ou entregues ao Correio dentro do mesmo prazo.

› art. 643 deste Código.

Art. 592. Publicada a decisão do juiz ou do tribunal *ad quem*, deverão os autos ser devolvidos, dentro de cinco dias, ao juiz *a quo*.

› art. 643 deste Código.

› art. 525, CPPM.

CAPÍTULO III
DA APELAÇÃO

Art. 593. Caberá apelação no prazo de 5 (cinco) dias: (Redação dada pela Lei 263/1948.)

› arts. 581, XV; 598, p.u.; e 609 deste Código.

› art. 526, CPPM.

› arts. 76, § 5º, e 82, Lei 9.099/1995 (Lei dos Juizados Especiais).

› art. 8º, 2, h, Pacto de São José da Costa Rica.

I - das sentenças definitivas de condenação ou absolvição proferidas por juiz singular; (Redação dada pela Lei 263/1948.)

› arts. 381 a 393 e 800, I, deste Código.

II - das decisões definitivas, ou com força de definitivas, proferidas por juiz singular nos casos não previstos no Capítulo anterior; (Redação dada pela Lei 263/1948.)

III - das decisões do Tribunal do Júri, quando: (Redação dada pela Lei 263/1948.)

› Súm. 713, STF.

a) ocorrer nulidade posterior à pronúncia; (Redação dada pela Lei 263/1948.)

› art. 571, V, deste Código.

b) for a sentença do juiz-presidente contrária à lei expressa ou à decisão dos jurados; (Redação dada pela Lei 263/1948.)

› art. 492 deste Código.

c) houver erro ou injustiça no tocante à aplicação da pena ou da medida de segurança; (Redação dada pela Lei 263/1948.)

› arts. 492 e 493 deste Código.

d) for a decisão dos jurados manifestamente contrária à prova dos autos. (Redação dada pela Lei 263/1948.)

§ 1º Se a sentença do juiz-presidente for contrária à lei expressa ou divergir das respostas dos jurados aos quesitos, o tribunal *ad quem* fará a devida retificação. (Incluído pela Lei 263/1948.)

§ 2º Interposta a apelação com fundamento no n. III, *c*, deste artigo, o tribunal *ad quem*, se lhe der provimento, retificará a aplicação da pena ou da medida de segurança. (Incluído pela Lei 263/1948.)

§ 3º Se a apelação se fundar no n. III, *d*, deste artigo, e o tribunal *ad quem* se convencer de que a decisão dos jurados é manifestamente contrária à prova dos autos, dar-lhe-á provimento para sujeitar o réu a novo julgamento; não se admite, porém, pelo mesmo motivo, segunda apelação. (Incluído pela Lei 263/1948.)

§ 4º Quando cabível a apelação, não poderá ser usado o recurso em sentido estrito, ainda que somente de parte da decisão se recorra. (Parágrafo único renumerado pela Lei 263/1948.)

Art. 594. (Revogado pela Lei 11.719/2008.)

Art. 595. (Revogado pela Lei 12.403/2011.)

Art. 596. A apelação da sentença absolutória não impedirá que o réu seja posto imediatamente em liberdade. (Redação dada pela Lei 263/1948.)

› arts. 318; 386, p.u., I; 492, II, a; 584, § 1º; 669, II; 670; e 673 deste Código.

› art. 532, CPPM.

Parágrafo único. A apelação não suspenderá a execução da medida de segurança aplicada provisoriamente. (Redação dada pela Lei 5.941/1973.)

› arts. 374 e 378 deste Código.

› art. 96, CP.

Art. 597. A apelação de sentença condenatória terá efeito suspensivo, salvo o disposto no art. 393, a aplicação provisória de interdições de direitos e de medidas de segurança (arts. 374 e 378), e o caso de suspensão condicional de pena.

› arts. 669, I; 670; 673; 674; 698; 703; e 706 deste Código.

› art. 533, CPPM.

› O art. 393 deste Código foi revogado pela Lei 12.403/2011.

Art. 598. Nos crimes de competência do Tribunal do Júri, ou do juiz singular, se da sentença não for interposta apelação pelo Ministério Público no prazo legal, o ofendido ou qualquer das pessoas enumeradas no art. 31, ainda que não se tenha habilitado como assistente, poderá interpor apelação, que não terá, porém, efeito suspensivo.

› arts. 29; 268; 271; 391; e 584, § 1º, deste Código.

› Súm. 210 e 448, STF.

Parágrafo único. O prazo para interposição desse recurso será de quinze dias e correrá do dia em que terminar o do Ministério Público.

Art. 599. As apelações poderão ser interpostas quer em relação a todo o julgado, quer em relação a parte dele.

› art. 576 deste Código.

› Súm. 160, STF.

Art. 600. Assinado o termo de apelação, o apelante e, depois dele, o apelado terão o prazo de oito dias cada um para oferecer razões, salvo nos processos de contravenção, em que o prazo será de três dias.

› art. 531, CPPM.

§ 1º Se houver assistente, este arrazoará, no prazo de três dias, após o Ministério Público.

§ 2º Se a ação penal for movida pela parte ofendida, o Ministério Público terá vista dos autos, no prazo do parágrafo anterior.

§ 3º Quando forem dois ou mais os apelantes ou apelados, os prazos serão comuns.

§ 4º Se o apelante declarar, na petição ou no termo, ao interpor a apelação, que deseja arrazoar na superior instância serão os autos remetidos ao tribunal *ad quem* onde será aberta vista às partes, observados os prazos legais, notificadas as partes pela publicação oficial. (Incluído pela Lei 4.336/1964.)

Art. 601. Findos os prazos para razões, os autos serão remetidos à instância superior, com as razões ou sem elas, no prazo de 5 (cinco) dias, salvo no caso do art. 603, segunda parte, em que o prazo será de trinta dias.

› art. 534, CPPM.

§ 1º Se houver mais de um réu, e não houverem todos sido julgados, ou não tiverem todos apelado, caberá ao apelante promover extração do traslado dos autos, o qual deverá ser remetido à instância superior no prazo de trinta dias, contado da data da entrega das últimas razões de apelação, ou do vencimento do prazo para a apresentação das do apelado.

§ 2º As despesas do traslado correrão por conta de quem o solicitar, salvo se o pedido for de réu pobre ou do Ministério Público.

- art. 806, § 2º, deste Código.

Art. 602. Os autos serão, dentro dos prazos do artigo anterior, apresentados ao tribunal *ad quem* ou entregues ao Correio, sob registro.

Art. 603. A apelação subirá nos autos originais e, a não ser no Distrito Federal e nas comarcas que forem sede de Tribunal de Apelação, ficará em cartório traslado dos termos essenciais do processo referidos no art. 564, III.

- A partir da CF/1946, os Tribunais de Apelação passaram a se denominar Tribunais de Justiça.

Arts. 604. a 606. (Revogados pela Lei 263/1948.)

CAPÍTULO IV
DO PROTESTO POR NOVO JÚRI

- Revogado pela Lei 11.689/2008.

Arts. 607. e 608. (Revogados pela Lei 11.689/2008.)

CAPÍTULO V
DO PROCESSO E DO JULGAMENTO DOS RECURSOS EM SENTIDO ESTRITO E DAS APELAÇÕES, NOS TRIBUNAIS DE APELAÇÃO

Art. 609. Os recursos, apelações e embargos serão julgados pelos Tribunais de Justiça, câmaras ou turmas criminais, de acordo com a competência estabelecida nas leis de organização judiciária. (Redação dada pela Lei 1.720-B/1952.)

- arts. 75, § 5º; e 82, Lei 9.099/1995 (Lei dos Juizados Especiais).
- Súm. 293, STF.

Parágrafo único. Quando não for unânime a decisão de segunda instância, desfavorável ao réu, admitem-se embargos infringentes e de nulidade, que poderão ser opostos dentro de 10 (dez) dias, a contar da publicação de acórdão, na forma do art. 613. Se o desacordo for parcial, os embargos serão restritos à matéria objeto de divergência. (Incluído pela Lei 1.720-B/1952.)

- art. 571, VII, deste Código.
- arts. 538 a 549, CPPM.
- Súm. 393, STF.

Art. 610. Nos recursos em sentido estrito, com exceção do de *habeas corpus*, e nas apelações interpostas das sentenças em processo de contravenção ou de crime a que a lei comine pena de detenção, os autos irão imediatamente com vista ao procurador-geral pelo prazo de cinco dias, e, em seguida, passarão, por igual prazo, ao relator, que pedirá designação de dia para o julgamento.

- art. 571, VII, e 581 deste Código.
- Súm. 431, STF.

Parágrafo único. Anunciado o julgamento pelo presidente, e apregoadas as partes, com a presença destas ou à sua revelia, o relator fará a exposição do feito e, em seguida, o presidente concederá, pelo prazo de 10 (dez) minutos, a palavra aos advogados ou às partes que a solicitarem e ao procurador-geral, quando o requerer, por igual prazo.

- arts. 263 e 370, § 2º, deste Código.

Art. 611. (Revogado pelo Decreto-Lei 552/1969.)

Art. 612. Os recursos de *habeas corpus*, designado o relator, serão julgados na primeira sessão.

- arts. 574, I; e 647 a 667 deste Código.
- Súm. 431, STF.

Art. 613. As apelações interpostas das sentenças proferidas em processos por crime a que a lei comine pena de reclusão, deverão ser processadas e julgadas pela forma estabelecida no Art. 610, com as seguintes modificações:

- art. 609 deste Código.

I - exarado o relatório nos autos, passarão estes ao revisor, que terá igual prazo para o exame do processo e pedirá designação de dia para o julgamento;

II - os prazos serão ampliados ao dobro;

III - o tempo para os debates será de um quarto de hora.

Art. 614. No caso de impossibilidade de observância de qualquer dos prazos marcados nos arts. 610 e 613, os motivos da demora serão declarados nos autos.

- arts. 648, II, e 653 deste Código.

Art. 615. O tribunal decidirá por maioria de votos.

§ 1º Havendo empate de votos no julgamento de recursos, se o presidente do tribunal, câmara ou turma, não tiver tomado parte na votação, proferirá o voto de desempate; no caso contrário, prevalecerá a decisão mais favorável ao réu.

§ 2º O acórdão será apresentado à conferência na primeira sessão seguinte à do julgamento, ou no prazo de duas sessões, pelo juiz incumbido de lavrá-lo.

Art. 616. No julgamento das apelações poderá o tribunal, câmara ou turma proceder a novo interrogatório do acusado, reinquirir testemunhas ou determinar outras diligências.

- arts. 185 a 196 deste Código.

Art. 617. O tribunal, câmara ou turma atenderá nas suas decisões ao disposto nos arts. 383, 386 e 387, no que for aplicável, não podendo, porém, ser agravada a pena, quando somente o réu houver apelado da sentença.

- art. 626, p.u., deste Código.
- Súm. 160; 453; e 525, STF.

Art. 618. Os regimentos dos Tribunais de Apelação estabelecerão as normas complementares para o processo e julgamento dos recursos e apelações.

- A partir da CF/1946, os Tribunais de Apelação passaram a se denominar Tribunais de Justiça.

CAPÍTULO VI
DOS EMBARGOS

Art. 619. Aos acórdãos proferidos pelos Tribunais de Apelação, câmaras ou turmas, poderão ser opostos embargos de declaração, no prazo de dois dias contados da sua publicação, quando houver na sentença ambiguidade, obscuridade, contradição ou omissão.

- art. 382 deste Código.
- arts. 494, 1.022 e 1.026, NCPC.
- arts. 538 a 549, CPPM.

Art. 620. Os embargos de declaração serão deduzidos em requerimento de que constem os pontos em que o acórdão é ambíguo, obscuro, contraditório ou omisso.

- art. 578 deste Código

§ 1º O requerimento será apresentado pelo relator e julgado, independentemente de revisão, na primeira sessão.

- arts. 337 a 339, RISTF.
- arts. 263 a 265, RISTJ.

§ 2º Se não preenchidas as condições enumeradas neste artigo, o relator indeferirá desde logo o requerimento.

- art. 609, p.u., deste Código.

CAPÍTULO VII
DA REVISÃO

Art. 621. A revisão dos processos findos será admitida:

- arts. 550 e 551, *caput*, CPPM.
- art. 10, Pacto de São José da Costa Rica.

I - quando a sentença condenatória for contrária ao texto expresso da lei penal ou à evidência dos autos;

- art. 551, CPPM.

II - quando a sentença condenatória se fundar em depoimentos, exames ou documentos comprovadamente falsos;

- arts. 145 a 148 deste Código.
- art. 551, b, CPPM.

III - quando, após a sentença, se descobrirem novas provas de inocência do condenado ou de circunstância que determine ou autorize diminuição especial da pena.

- art. 551, c, CPPM.
- Súm. 611, STF.

Art. 622. A revisão poderá ser requerida em qualquer tempo, antes da extinção da pena ou após.

- art. 552, CPPM.
- Súm. 393 e 611, STF.

Parágrafo único. Não será admissível a reiteração do pedido, salvo se fundado em novas provas.

Art. 623. A revisão poderá ser pedida pelo próprio réu ou por procurador legalmente habilitado ou, no caso de morte do réu, pelo cônjuge, ascendente, descendente ou irmão.

- art. 609, p.u., deste Código.
- art. 553, CPPM.
- Súm. 393, STF.

Art. 624. As revisões criminais serão processadas e julgadas: (Redação dada pelo Decreto-Lei 504/1969.)

- art. 554, CPPM.

I - pelo Supremo Tribunal Federal, quanto às condenações por ele proferidas; (Redação dada pelo Decreto-Lei 504/1969.)

II - pelo Tribunal Federal de Recursos, Tribunais de Justiça ou de Alçada, nos demais casos. (Redação dada pelo Decreto-Lei 504/1969.)

- art. 4º, EC 45/2004 (Determina a extinção dos Tribunais de Alçada).
- art. 105, I, e, CF.

§ 1º No Supremo Tribunal Federal e no Tribunal Federal de Recursos o processo e julgamento obedecerão ao que for estabelecido no respectivo regimento interno. (Incluído pelo Decreto-Lei 504/1969.)

§ 2º Nos Tribunais de Justiça ou de Alçada, o julgamento será efetuado pelas câmaras ou turmas criminais, reunidas em sessão conjunta, quando houver mais de uma, e, no caso contrário, pelo tribunal pleno. (Incluído pelo Decreto-Lei 504/1969.)

- art. 4º, EC 45/2004 (Determina a extinção dos Tribunais de Alçada).

§ 3º Nos tribunais onde houver quatro ou mais câmaras ou turmas criminais, poderão ser constituídos dois ou mais grupos de câmaras ou turmas para o julgamento de revisão, obedecido o que for estabelecido no respectivo regimento interno. (Incluído pelo Decreto-Lei 504/1969.)

Art. 625. O requerimento será distribuído a um relator e a um revisor, devendo funcionar como relator um desembargador que não tenha pronunciado decisão em qualquer fase do processo.

- art. 555, CPPM.

§ 1º O requerimento será instruído com a certidão de haver passado em julgado a sentença condenatória e com as peças necessárias à comprovação dos fatos arguidos.

§ 2º O relator poderá determinar que se apensem os autos originais, se daí não advier dificuldade à execução normal da sentença.

§ 3º Se o relator julgar insuficientemente instruído o pedido e inconveniente ao interesse da justiça que se apensem os autos originais, indeferi-lo-á *in limine*, dando recurso para as câmaras reunidas ou para o tribunal, conforme o caso (art. 624, parágrafo único).

§ 4º Interposto o recurso por petição e independentemente de termo, o relator apresentará o processo em mesa para o julgamento e o relatará, sem tomar parte na discussão.

§ 5º Se o requerimento não for indeferido *in limine*, abrir-se-á vista dos autos ao procurador-geral, que dará parecer no prazo de dez dias. Em seguida, examinados os autos, sucessivamente, em igual prazo, pelo relator e revisor, julgar-se-á o pedido na sessão que o presidente designar.

Art. 626. Julgando procedente a revisão, o tribunal poderá alterar a classificação da infração, absolver o réu, modificar a pena ou anular o processo.

- art. 558, CPPM.

Parágrafo único. De qualquer maneira, não poderá ser agravada a pena imposta pela decisão revista.

- art. 617 deste Código.
- Súm. 160; 453; e 525, STF.

Art. 627. A absolvição implicará o restabelecimento de todos os direitos perdidos em virtude da condenação, devendo o tribunal, se for caso, impor a medida de segurança cabível.

- arts. 753; 754; e 759 deste Código.
- arts. 96 a 99, CP.
- art. 559, CPPM.

Art. 628. Os regimentos internos dos Tribunais de Apelação estabelecerão as normas complementares para o processo e julgamento das revisões criminais.

- A partir da CF/1946, os Tribunais de Apelação passaram a se denominar Tribunais de Justiça.

Art. 629. À vista da certidão do acórdão que cassar a sentença condenatória, o juiz mandará juntá-la imediatamente aos autos, para inteiro cumprimento da decisão.

- Art. 560, CPPM.

Art. 630. O tribunal, se o interessado o requerer, poderá reconhecer o direito a uma justa indenização pelos prejuízos sofridos.

- art. 5º, LXXV, CF.
- arts. 186 e 927, CC/2002.
- arts. 181 e 143, NCPC.
- art. 10, Pacto de São José da Costa Rica.

§ 1º Por essa indenização, que será liquidada no juízo cível, responderá a União, se a condenação tiver sido proferida pela justiça do Distrito Federal ou de Território, ou o Estado, se o tiver sido pela respectiva justiça.

§ 2º A indenização não será devida:

a) se o erro ou a injustiça da condenação proceder de ato ou falta imputável ao próprio impetrante, como a confissão ou a ocultação de prova em seu poder;

- arts. 197 a 200 deste Código.

b) se a acusação houver sido meramente privada.

- art. 5º, LXXV, CF.

Art. 631. Quando, no curso da revisão, falecer a pessoa, cuja condenação tiver de ser revista, o presidente do tribunal nomeará curador para a defesa.

- art. 561, CPPM.

CAPÍTULO VIII
DO RECURSO EXTRAORDINÁRIO

- arts. 26 a 29, Lei 8.038/1990 (Dispõe sobre as normas procedimentais para os processos que especifica, perante o STJ e o STF).

Arts. 632 a 636. (Revogados pela Lei 3.396/1958.)

Art. 637. O recurso extraordinário não tem efeito suspensivo, e uma vez arrazoados pelo recorrido os autos do traslado, os originais baixarão à primeira instância, para a execução da sentença.

Art. 638. O recurso extraordinário e o recurso especial serão processados e julgados no Supremo Tribunal Federal e no Superior Tribunal de Justiça na forma estabelecida por leis especiais, pela lei processual civil e pelos respectivos regimentos internos. (Redação dada pela Lei 13.964/2019)

CAPÍTULO IX
DA CARTA TESTEMUNHÁVEL

Art. 639. Dar-se-á carta testemunhável:

I - da decisão que denegar o recurso;

- art. 581, XV, deste Código.

II - da que, admitindo embora o recurso, obstar à sua expedição e seguimento para o juízo *ad quem*.

Art. 640. A carta testemunhável será requerida ao escrivão, ou ao secretário do tribunal, conforme o caso, nas quarenta e oito horas seguintes ao despacho que denegar o recurso, indicando o requerente as peças do processo que deverão ser trasladadas.

Art. 641. O escrivão, ou o secretário do tribunal, dará recibo da petição à parte e, no prazo máximo de cinco dias, no caso de recurso no sentido estrito, ou de sessenta dias, no caso de recurso extraordinário, fará entrega da carta, devidamente conferida e concertada.

Art. 642. O escrivão, ou o secretário do tribunal, que se negar a dar o recibo, ou deixar de entregar, sob qualquer pretexto, o instrumento, será suspenso por trinta dias. O juiz, ou o presidente do Tribunal de Apelação, em face de representação do testemunhante, imporá a pena e mandará que seja extraído o instrumento, sob a mesma sanção, pelo substituto do escrivão ou do secretário do tribunal. Se o testemunhante não for atendido, poderá reclamar ao presidente do tribunal *ad quem*, que avocará os autos, para o efeito do julgamento do recurso e imposição da pena.

- A partir da CF/1946, os Tribunais de Apelação passaram a se denominar Tribunais de Justiça.

Art. 643. Extraído e autuado o instrumento, observar-se-á o disposto nos arts. 588 a 592, no caso de recurso em sentido estrito, ou o processo estabelecido para o recurso extraordinário, se deste se tratar.

Art. 644. O tribunal, câmara ou turma a que competir o julgamento da carta, se desta tomar conhecimento, mandará processar o recurso, ou, se estiver suficientemente instruída, decidirá logo, *de meritis*.

Art. 645. O processo da carta testemunhável na instância superior seguirá o processo do recurso denegado.

Art. 646. A carta testemunhável não terá efeito suspensivo.

CAPÍTULO X
DO *HABEAS CORPUS* E SEU PROCESSO

Art. 647. Dar-se-á *habeas corpus* sempre que alguém sofrer ou se achar na iminência de sofrer violência ou coação ilegal na sua liberdade de ir e vir, salvo nos casos de punição disciplinar.

- arts. 5º, LXVIII, e 142, § 2º, CF.
- arts. 574, I, e 581, X, deste Código.
- arts. 466 a 480, CPPM.

‣ art. 7º, Pacto de São José da Costa Rica.

‣ Súm. 395; e 693 a 695, STF.

Art. 648. A coação considerar-se-á ilegal:

‣ arts. 467 e 468, CPPM.

I - quando não houver justa causa;

‣ art. 395, III, deste Código.

II - quando alguém estiver preso por mais tempo do que determina a lei;

‣ arts. 10, *caput*, e 46, *caput*, deste Código.

III - quando quem ordenar a coação não tiver competência para fazê-lo;

‣ arts. 69 a 87 deste Código.

IV - quando houver cessado o motivo que autorizou a coação;

V - quando não for alguém admitido a prestar fiança, nos casos em que a lei a autoriza;

‣ arts. 321 a 350; 581, V; e 660, § 3º, deste Código.

VI - quando o processo for manifestamente nulo;

‣ arts. 563 a 573 deste Código.

VII - quando extinta a punibilidade.

‣ arts. 107 e ss., CP.

Art. 649. O juiz ou o tribunal, dentro dos limites da sua jurisdição, fará passar imediatamente a ordem impetrada, nos casos em que tenha cabimento, seja qual for a autoridade coatora.

Art. 650. Competirá conhecer, originariamente, do pedido de *habeas corpus*:

‣ art. 469, CPPM.

I - ao Supremo Tribunal Federal, nos casos previstos no Art. 101, I, *g*, da Constituição;

‣ art. 102, I, d e i, CF.

II - aos Tribunais de Apelação, sempre que os atos de violência ou coação forem atribuídos aos governadores ou interventores dos Estados ou Territórios e ao prefeito do Distrito Federal, ou a seus secretários, ou aos chefes de Polícia.

‣ A partir da CF/1946, os Tribunais de Apelação passaram a se denominar Tribunais de Justiça.

‣ art. 125, § 1º, CF.

§ 1º A competência do juiz cessará sempre que a violência ou coação provier de autoridade judiciária de igual ou superior jurisdição.

‣ art. 102, I, i, CF.

‣ Súm. 606, STF.

§ 2º Não cabe o *habeas corpus* contra a prisão administrativa, atual ou iminente, dos responsáveis por dinheiro ou valor pertencente à Fazenda Pública, alcançados ou omissos em fazer o seu recolhimento nos prazos legais, salvo se o pedido for acompanhado de prova de quitação ou de depósito do alcance verificado, ou se a prisão exceder o prazo legal.

‣ art. 5º, LXI, CF.

Art. 651. A concessão do *habeas corpus* não obstará, nem porá termo ao processo, desde que este não esteja em conflito com os fundamentos daquela.

‣ art. 476, CPPM.

Art. 652. Se o *habeas corpus* for concedido em virtude de nulidade do processo, este será renovado.

‣ arts. 563 a 573 deste Código.

‣ art. 477, CPPM.

Art. 653. Ordenada a soltura do paciente em virtude de *habeas corpus*, será condenada nas custas a autoridade que, por má-fé ou evidente abuso de poder, tiver determinado a coação.

Parágrafo único. Neste caso, será remetida ao Ministério Público cópia das peças necessárias para ser promovida a responsabilidade da autoridade.

‣ art. 40 deste Código.

Art. 654. O *habeas corpus* poderá ser impetrado por qualquer pessoa, em seu favor ou de outrem, bem como pelo Ministério Público.

‣ arts. 5º, LXXVII, e 133, CF.

‣ art. 257 deste Código.

‣ art. 470, CPPM.

‣ art. 32, I, Lei 8.625/1993 (Lei Orgânica do Ministério Público).

§ 1º A petição de *habeas corpus* conterá:

‣ art. 662 deste Código.

‣ art. 471, CPPM.

a) o nome da pessoa que sofre ou está ameaçada de sofrer violência ou coação e o de quem exercer a violência, coação ou ameaça;

b) a declaração da espécie de constrangimento ou, em caso de simples ameaça de coação, as razões em que funda o seu temor;

c) a assinatura do impetrante, ou de alguém a seu rogo, quando não souber ou não puder escrever, e a designação das respectivas residências.

§ 2º Os juízes e os tribunais têm competência para expedir de ofício ordem de *habeas corpus*, quando no curso de processo verificarem que alguém sofre ou está na iminência de sofrer coação ilegal.

Art. 655. O carcereiro ou o diretor da prisão, o escrivão, o oficial de justiça ou a autoridade judiciária ou policial que embaraçar ou procrastinar a expedição de ordem de *habeas corpus*, as informações sobre a causa da prisão, a condução e apresentação do paciente, ou a sua soltura, será multado na quantia de duzentos mil-réis a um conto de réis, sem prejuízo das penas em que incorrer. As multas serão impostas pelo juiz do tribunal que julgar o *habeas corpus*, salvo quando se tratar de autoridade judiciária, caso em que caberá ao Supremo Tribunal Federal ou ao Tribunal de Apelação impor as multas.

‣ A partir da CF/1946, os Tribunais de Apelação passaram a se denominar Tribunais de Justiça.

‣ arts. 319 e 330, CP.

‣ art. 480, CPPM.

Art. 656. Recebida a petição de *habeas corpus*, o juiz, se julgar necessário, e estiver preso o paciente, mandará que este lhe seja imediatamente apresentado em dia e hora que designar.

‣ art. 474, CPPM.

‣ art. 7º, 5, Pacto de São José da Costa Rica.

Parágrafo único. Em caso de desobediência, será expedido mandado de prisão contra o detentor, que será processado na forma da lei, e o juiz providenciará para que o paciente seja tirado da prisão e apresentado em juízo.

‣ art. 330, CP.

Art. 657. Se o paciente estiver preso, nenhum motivo escusará a sua apresentação, salvo:

‣ art. 475, CPPM.

I - grave enfermidade do paciente;

II - não estar ele sob a guarda da pessoa a quem se atribui a detenção;

III - se o comparecimento não tiver sido determinado pelo juiz ou pelo tribunal.

Parágrafo único. O juiz poderá ir ao local em que o paciente se encontrar, se este não puder ser apresentado por motivo de doença.

Art. 658. O detentor declarará à ordem de quem o paciente estiver preso.

‣ art. 472, § 1º, CPPM.

Art. 659. Se o juiz ou o tribunal verificar que já cessou a violência ou coação ilegal, julgará prejudicado o pedido.

‣ art. 653, p.u., deste Código.

‣ Súm. 695, STF.

Art. 660. Efetuadas as diligências, e interrogado o paciente, o juiz decidirá, fundamentadamente, dentro de 24 (vinte e quatro) horas.

§ 1º Se a decisão for favorável ao paciente, será logo posto em liberdade, salvo se por outro motivo dever ser mantido na prisão.

§ 2º Se os documentos que instruírem a petição evidenciarem a ilegalidade da coação, o juiz ou o tribunal ordenará que cesse imediatamente o constrangimento.

‣ Súm. 431, STF.

§ 3º Se a ilegalidade decorrer do fato de não ter sido o paciente admitido a prestar fiança, o juiz arbitrará o valor desta, que poderá ser prestada perante ele, remetendo, neste caso, à autoridade os respectivos autos, para serem anexados aos do inquérito policial ou aos do processo judicial.

‣ art. 648, V, deste Código.

§ 4º Se a ordem de *habeas corpus* for concedida para evitar ameaça de violência ou coação ilegal, dar-se-á ao paciente salvo-conduto assinado pelo juiz.

‣ art. 479, CPPM.

§ 5º Será incontinenti enviada cópia da decisão à autoridade que tiver ordenado a prisão ou tiver o paciente à sua disposição, a fim de juntar-se aos autos do processo.

§ 6º Quando o paciente estiver preso em lugar que não seja o da sede do juízo ou do tribunal que conceder a ordem, o alvará de soltura será expedido pelo telégrafo, se houver, observadas as formalidades estabelecidas no art. 289, parágrafo único, *in fine*, ou por via postal.

Art. 661. Em caso de competência originária do Tribunal de Apelação, a petição de *habeas corpus* será apresentada ao secretário, que a enviará imediatamente ao presidente do tribunal, ou da câmara criminal, ou da turma, que estiver reunida, ou primeiro tiver de reunir-se.

‣ A partir da CF/1946, os Tribunais de Apelação passaram a se denominar Tribunais de Justiça.

Art. 662. Se a petição contiver os requisitos do art. 654, § 1º, o presidente, se necessário, requisitará da autoridade indicada como coatora informações por escrito. Faltando, porém, qualquer daqueles requisitos, o presidente mandará preenchê-lo, logo que lhe for apresentada a petição.

‣ Dec.-Lei 552/1969 (Dispõe sobre a concessão de vista ao Ministério Público nos processos de *habeas corpus*).

Art. 663. As diligências do artigo anterior não serão ordenadas, se o presidente entender que o *habeas corpus* deva ser indeferido *in limine*. Nesse caso, levará a petição ao tribunal, câmara ou turma, para que delibere a respeito.

‣ Súm. 395, STF.

Art. 664. Recebidas as informações, ou dispensadas, o *habeas corpus* será julgado na primeira sessão, podendo, entretanto, adiar-se o julgamento para a sessão seguinte.

‣ Súm. 431, STF.

Parágrafo único. A decisão será tomada por maioria de votos. Havendo empate, se o presidente não tiver tomado parte na votação, proferirá voto de desempate; no caso contrário, prevalecerá a decisão mais favorável ao paciente.

‣ art. 615, § 1º, deste Código.

Art. 665. O secretário do tribunal lavrará a ordem que, assinada pelo presidente do tribunal, câmara ou turma, será dirigida, por ofício ou telegrama, ao detentor, ao carcereiro ou autoridade que exercer ou ameaçar exercer o constrangimento.

Parágrafo único. A ordem transmitida por telegrama obedecerá ao disposto no art. 289, parágrafo único, *in fine*.

Art. 666. Os regimentos dos Tribunais de Apelação estabelecerão as normas complementares para o processo e julgamento do pedido de *habeas corpus* de sua competência originária.

‣ A partir da CF/1946, os Tribunais de Apelação passaram a se denominar Tribunais de Justiça.

Art. 667. No processo e julgamento do *habeas corpus* de competência originária do Supremo Tribunal Federal, bem como nos de recurso das decisões de última ou única instância, denegatórias de *habeas corpus*, observar-se-á, no que lhes for aplicável, o disposto nos artigos anteriores, devendo o regimento interno do tribunal estabelecer as regras complementares.

‣ art. 102, I, d e i, e II, a, CF.

‣ Súm. 431, STF.

LIVRO IV
DA EXECUÇÃO

‣ Lei 7.210/1984 (Lei de Execuções Penais).

TÍTULO I
DISPOSIÇÕES GERAIS

Art. 668. A execução, onde não houver juiz especial, incumbirá ao juiz da sentença, ou, se a decisão for do Tribunal do Júri, ao seu presidente.

Parágrafo único. Se a decisão for de tribunal superior, nos casos de sua competência originária, caberá ao respectivo presidente prover-lhe a execução.

Art. 669. Só depois de passar em julgado, será exequível a sentença, salvo:

‣ art. 105, Lei 7.210/1984 (Lei de Execuções Penais).

I - quando condenatória, para o efeito de sujeitar o réu a prisão, ainda no caso de crime afiançável, enquanto não for prestada a fiança;

II - quando absolutória, para o fim de imediata soltura do réu, desde que não proferida em processo por crime a que a lei comine pena de reclusão, no máximo, por tempo igual ou superior a oito anos.

Art. 670. No caso de decisão absolutória confirmada ou proferida em grau de apelação, incumbirá ao relator fazer expedir o alvará de soltura, de que dará imediatamente conhecimento ao juiz de primeira instância.

Art. 671. Os incidentes da execução serão resolvidos pelo respectivo juiz.

Art. 672. Computar-se-á na pena privativa da liberdade o tempo:

I - de prisão preventiva no Brasil ou no estrangeiro;

II - de prisão provisória no Brasil ou no estrangeiro;

III - de internação em hospital ou manicômio.

Art. 673. Verificado que o réu, pendente a apelação por ele interposta, já sofreu prisão por tempo igual ao da pena a que foi condenado, o relator do feito mandará pô-lo imediatamente em liberdade, sem prejuízo do julgamento do recurso, salvo se, no caso de crime a que a lei comine pena de reclusão, no máximo, por tempo igual ou superior a 8 anos, o querelante ou o Ministério Público também houver apelado da sentença condenatória.

TÍTULO II
DA EXECUÇÃO DAS PENAS EM ESPÉCIE

CAPÍTULO I
DAS PENAS PRIVATIVAS DE LIBERDADE

‣ arts. 105 a 146, Lei 7.210/1984 (Lei de Execuções Penais).

Art. 674. Transitando em julgado a sentença que impuser pena privativa de liberdade, se o réu já estiver preso, ou vier a ser preso, o juiz ordenará a expedição de carta de guia para o cumprimento da pena.

Parágrafo único. Na hipótese do art. 82, última parte, a expedição da carta de guia será ordenada pelo juiz competente para a soma ou unificação das penas.

Art. 675. No caso de ainda não ter sido expedido mandado de prisão, por tratar-se de infração penal em que o réu se livra solto ou por estar afiançado, o juiz, ou o presidente da câmara ou tribunal, se tiver havido recurso, fará expedir o mandado de prisão, logo que transite em julgado a sentença condenatória.

§ 1º No caso de reformada pela superior instância, em grau de recurso, a sentença absolutória, estando o réu solto, o presidente da câmara ou do tribunal fará, logo após a sessão de julgamento, remeter ao chefe de Polícia o mandado de prisão do condenado.

§ 2º Se o réu estiver em prisão especial, deverá, ressalvado o disposto na legislação relativa aos militares, ser expedida ordem para sua imediata remoção para prisão comum, até que se verifique a expedição de carta de guia para o cumprimento da pena.

Art. 676. A carta de guia, extraída pelo escrivão e assinada pelo juiz, que a rubricará em todas as folhas, será remetida ao diretor do estabelecimento em que tenha de ser cumprida a sentença condenatória, e conterá:

I - o nome do réu e a alcunha por que for conhecido;

II - a sua qualificação civil (naturalidade, filiação, idade, estado, profissão), instrução e, se constar, número do registro geral do Instituto de Identificação e Estatística ou de repartição congênere;

III - o teor integral da sentença condenatória e a data da terminação da pena.

Parágrafo único. Expedida carta de guia para cumprimento de uma pena, se o réu estiver cumprindo outra, só depois de terminada a execução desta será aquela executada. Retificar-se-á a carta de guia sempre que sobrevenha modificação quanto ao início da execução ou ao tempo de duração da pena.

Art. 677. Da carta de guia e seus aditamentos se remeterá cópia ao Conselho Penitenciário.

Art. 678. O diretor do estabelecimento, em que o réu tiver de cumprir a pena, passará recibo da carta de guia para juntar-se aos autos do processo.

Art. 679. As cartas de guia serão registradas em livro especial, segundo a ordem cronológica do recebimento, fazendo-se no curso da execução as anotações necessárias.

Art. 680. Computar-se-á no tempo da pena o período em que o condenado, por sentença irrecorrível, permanecer preso em estabelecimento diverso do destinado ao cumprimento dela.

Art. 681. Se impostas cumulativamente penas privativas da liberdade, será executada primeiro a de reclusão, depois a de detenção e por último a de prisão simples.

Art. 682. O sentenciado a que sobrevier doença mental, verificada por perícia médica, será internado em manicômio judiciário, ou, à falta, em outro estabelecimento adequado, onde lhe seja assegurada a custódia.

‣ art. 154 deste Código.

§ 1º Em caso de urgência, o diretor do estabelecimento penal poderá determinar a remoção do sentenciado, comunicando imediatamente a providência ao juiz, que, em face da perícia médica, ratificará ou revogará a medida.

§ 2º Se a internação se prolongar até o término do prazo restante da pena e não houver sido imposta medida de segurança detentiva, o indivíduo terá o destino aconselhado pela sua enfermidade, feita a devida comunicação ao juiz de incapazes.

Art. 683. O diretor da prisão a que o réu tiver sido recolhido provisoriamente ou em cumprimento de pena comunicará imediatamente ao juiz o óbito, a fuga ou a soltura do detido ou sentenciado para que fique constando dos autos.

Parágrafo único. A certidão de óbito acompanhará a comunicação.

Art. 684. A recaptura do réu evadido não depende de prévia ordem judicial e poderá ser efetuada por qualquer pessoa.

Art. 685. Cumprida ou extinta a pena, o condenado será posto, imediatamente, em liberdade, mediante alvará do juiz, no qual se ressalvará a hipótese de dever o condenado continuar na prisão por outro motivo legal.

Parágrafo único. Se tiver sido imposta medida de segurança detentiva, o condenado será removido para estabelecimento adequado (art. 762).

CAPÍTULO II
DAS PENAS PECUNIÁRIAS

- arts. 164 a 170, Lei 7.210/1984 (Lei de Execuções Penais).

Art. 686. A pena de multa será paga dentro em 10 dias após haver transitado em julgado a sentença que a impuser.

Parágrafo único. Se interposto recurso da sentença, esse prazo será contado do dia em que o juiz ordenar o cumprimento da decisão da superior instância.

Art. 687. O juiz poderá, desde que o condenado o requeira:

I - prorrogar o prazo do pagamento da multa até três meses, se as circunstâncias justificarem essa prorrogação;

II - permitir, nas mesmas circunstâncias, que o pagamento se faça em parcelas mensais, no prazo que fixar, mediante caução real ou fidejussória, quando necessário. (Redação dada pela Lei 6.416/1977.)

§ 1º O requerimento, tanto no caso do n. I, como no do n. II, será feito dentro do decêndio concedido para o pagamento da multa.

§ 2º A permissão para o pagamento em parcelas será revogada, se o juiz verificar que o condenado dela se vale para fraudar a execução da pena. Nesse caso, a caução resolver-se-á em valor monetário, devolvendo-se ao condenado o que exceder à satisfação da multa e das custas processuais. (Redação dada pela Lei 6.416/1977.)

Art. 688. Findo o decêndio ou a prorrogação sem que o condenado efetue o pagamento, ou ocorrendo a hipótese prevista no § 2º do artigo anterior, observar-se-á o seguinte:

I - possuindo o condenado bens sobre os quais possa recair a execução, será extraída certidão da sentença condenatória, a fim de que o Ministério Público proceda à cobrança judicial;

II - sendo o condenado insolvente, far-se-á a cobrança:

a) mediante desconto de quarta parte de sua remuneração (arts. 29, § 1º, e 37 do Código Penal), quando cumprir pena privativa da liberdade, cumulativamente imposta com a de multa;

- atuais arts. 34, § 1º, e 50, CP.

b) mediante desconto em seu vencimento ou salário, se, cumprida a pena privativa da liberdade, ou concedido o livramento condicional, a multa não houver sido resgatada;

c) mediante esse desconto, se a multa for a única pena imposta ou no caso de suspensão condicional da pena.

§ 1º O desconto, nos casos das letras *b* e *c*, será feito mediante ordem ao empregador, à repartição competente ou à administração da entidade paraestatal, e, antes de fixá-lo, o juiz requisitará informações e ordenará diligências, inclusive arbitramento, quando necessário, para observância do art. 37, § 3º, do Código Penal.

- atual art. 52, § 2º, CP.

§ 2º Sob pena de desobediência e sem prejuízo da execução a que ficará sujeito, o empregador será intimado a recolher mensalmente, até o dia fixado pelo juiz, a importância correspondente ao desconto, em selo penitenciário, que será inutilizado nos autos pelo juiz.

§ 3º Se o condenado for funcionário estadual ou municipal ou empregado de entidade paraestatal, a importância do desconto será, semestralmente, recolhida ao Tesouro Nacional, delegacia fiscal ou coletoria federal, como receita do selo penitenciário.

§ 4º As quantias descontadas em folha de pagamento de funcionário federal constituirão renda do selo penitenciário.

Art. 689. A multa será convertida, à razão de dez mil-réis por dia, em detenção ou prisão simples, no caso de crime ou de contravenção:

I - se o condenado solvente frustrar o pagamento da multa;

II - se não forem pagas pelo condenado solvente as parcelas mensais autorizadas sem garantia. (Redação dada pela Lei 6.416/1977.)

§ 1º Se o juiz reconhecer desde logo a existência de causa para a conversão, a ela procederá de ofício ou a requerimento do Ministério Público, independentemente de audiência do condenado; caso contrário, depois de ouvir o condenado, se encontrado no lugar da sede do juízo, poderá admitir a apresentação de prova pelas partes, inclusive testemunhal, no prazo de três dias.

§ 2º O juiz, desde que transite em julgado a decisão, ordenará a expedição de mandado de prisão ou aditamento à carta de guia, conforme esteja o condenado solto ou em cumprimento de pena privativa da liberdade.

§ 3º Na hipótese do inciso II deste artigo, a conversão será feita pelo valor das parcelas não pagas. (Incluído pela Lei 6.416/1977.)

- art. 51, CP.

Art. 690. O juiz tornará sem efeito a conversão, expedindo alvará de soltura ou cassando a ordem de prisão, se o condenado, em qualquer tempo:

I - pagar a multa;

II - prestar caução real ou fidejussória que lhe assegure o pagamento.

Parágrafo único. No caso do n. II, antes de homologada a caução, será ouvido o Ministério Público dentro do prazo de dois dias.

CAPÍTULO III
DAS PENAS ACESSÓRIAS

Art. 691. O juiz dará à autoridade administrativa competente conhecimento da sentença transitada em julgado, que impuser ou de que resultar a perda da função pública ou a incapacidade temporária para investidura em função pública ou para exercício de profissão ou atividade.

Art. 692. No caso de incapacidade temporária ou permanente para o exercício do pátrio poder, da tutela ou da curatela, o juiz providenciará para que sejam acautelados, no juízo competente, a pessoa e os bens do menor ou do interdito.

- A expressão "pátrio poder" foi substituída por "poder familiar" no CC/2002.

Art. 693. A incapacidade permanente ou temporária para o exercício da autoridade marital ou do pátrio poder será averbada no registro civil.

- arts. 1.630 a 1.638, CC/2002.
- A expressão "pátrio poder" foi substituída por "poder familiar" no CC/2002.

Art. 694. As penas acessórias consistentes em interdições de direitos serão comunicadas ao Instituto de Identificação e Estatística ou estabelecimento congênere, figurarão na folha de antecedentes do condenado e serão mencionadas no rol de culpados.

Art. 695. Iniciada a execução das interdições temporárias (art. 72, *a* e *b*, do Código Penal), o juiz, de ofício, a requerimento do Ministério Público ou do condenado, fixará o seu termo final, completando as providências determinadas nos artigos anteriores.

- Refere-se à antiga Parte Geral do CP, revogada pela Lei 7.209/1984.

TÍTULO III
DOS INCIDENTES DA EXECUÇÃO

CAPÍTULO I
DA SUSPENSÃO CONDICIONAL DA PENA

- arts. 77 a 82, CP.

‣ arts. 156 a 163, Lei 7.210/1984 (Lei de Execuções Penais).

Art. 696. O juiz poderá suspender, por tempo não inferior a 2 (dois) nem superior a 6 (seis) anos, a execução das penas de reclusão e de detenção que não excedam a 2 (dois) anos, ou, por tempo não inferior a 1 (um) nem superior a 3 (três) anos, a execução da pena de prisão simples, desde que o sentenciado: (Redação dada pela Lei 6.416/1977.)

I - não haja sofrido, no País ou no estrangeiro, condenação irrecorrível por outro crime a pena privativa da liberdade, salvo o disposto no parágrafo único do art. 46 do Código Penal; (Redação dada pela Lei 6.416/1977.)

‣ atual art. 64, I, CP.

II - os antecedentes e a personalidade do sentenciado, os motivos e as circunstâncias do crime autorizem a presunção de que não tornará a delinquir.

Parágrafo único. Processado o beneficiário por outro crime ou contravenção, considerar-se-á prorrogado o prazo da suspensão da pena até o julgamento definitivo.

Art. 697. O juiz ou tribunal, na decisão que aplicar pena privativa da liberdade não superior a 2 (dois) anos, deverá pronunciar-se, motivadamente, sobre a suspensão condicional, quer a conceda quer a denegue. (Redação dada pela Lei 6.416/1977.)

Art. 698. Concedida a suspensão, o juiz especificará as condições a que fica sujeito o condenado, pelo prazo previsto, começando este a correr da audiência em que se der conhecimento da sentença ao beneficiário e lhe for entregue documento similar ao descrito no art. 724. (Redação dada pela Lei 6.416/1977.)

§ 1º As condições serão adequadas ao delito e à personalidade do condenado. (Incluído pela Lei 6.416/1977.)

§ 2º Poderão ser impostas, além das estabelecidas no art. 767, como normas de conduta e obrigações, as seguintes condições: (Incluído pela Lei 6.416/1977.)

I - frequentar curso de habilitação profissional ou de instrução escolar; (Incluído pela Lei 6.416/1977.)

II - prestar serviços em favor da comunidade; (Incluído pela Lei 6.416/1977.)

III - atender aos encargos de família; (Incluído pela Lei 6.416/1977.)

IV - submeter-se a tratamento de desintoxicação. (Incluído pela Lei 6.416/1977.)

§ 3º O juiz poderá fixar, a qualquer tempo, de ofício ou a requerimento do Ministério Público, outras condições além das especificadas na sentença e das referidas no parágrafo anterior, desde que as circunstâncias o aconselhem. (Incluído pela Lei 6.416/1977.)

§ 4º A fiscalização do cumprimento das condições deverá ser regulada, nos Estados, Territórios e Distrito Federal, por normas supletivas e atribuída a serviço social penitenciário, patronato, conselho de comunidade ou entidades similares, inspecionadas pelo Conselho Penitenciário, pelo Ministério Público ou ambos, devendo o juiz da execução na comarca suprir, por ato, a falta das normas supletivas. (Incluído pela Lei 6.416/1977.)

§ 5º O beneficiário deverá comparecer periodicamente à entidade fiscalizadora, para comprovar a observância das condições a que está sujeito, comunicando, também, a sua ocupação, os salários ou proventos de que vive, as economias que conseguiu realizar e as dificuldades materiais ou sociais que enfrenta. (Incluído pela Lei 6.416/1977.)

§ 6º A entidade fiscalizadora deverá comunicar imediatamente ao órgão de inspeção, para os fins legais (arts. 730 e 731), qualquer fato capaz de acarretar a revogação do benefício, a prorrogação do prazo ou a modificação das condições. (Incluído pela Lei 6.416/1977.)

§ 7º Se for permitido ao beneficiário mudar-se, será feita comunicação ao juiz e à entidade fiscalizadora do local da nova residência, aos quais deverá apresentar-se imediatamente. (Incluído pela Lei 6.416/1977.)

Art. 699. No caso de condenação pelo Tribunal do Júri, a suspensão condicional da pena competirá ao seu presidente.

Art. 700. A suspensão não compreende a multa, as penas acessórias, os efeitos da condenação nem as custas.

Art. 701. O juiz, ao conceder a suspensão, fixará, tendo em conta as condições econômicas ou profissionais do réu, o prazo para o pagamento, integral ou em prestações, das custas do processo e taxa penitenciária.

Art. 702. Em caso de coautoria, a suspensão poderá ser concedida a uns e negada a outros réus.

Art. 703. O juiz que conceder a suspensão lerá ao réu, em audiência, a sentença respectiva, e o advertirá das consequências de nova infração penal e da transgressão das obrigações impostas.

Art. 704. Quando for concedida a suspensão pela superior instância, a esta caberá estabelecer-lhe as condições, podendo a audiência ser presidida por qualquer membro do tribunal ou câmara, pelo juiz do processo ou por outro designado pelo presidente do tribunal ou câmara.

Art. 705. Se, intimado pessoalmente ou por edital com prazo de 20 dias, o réu não comparecer à audiência a que se refere o art. 703, a suspensão ficará sem efeito e será executada imediatamente a pena, salvo prova de justo impedimento, caso em que será marcada nova audiência.

Art. 706. A suspensão também ficará sem efeito se, em virtude de recurso, for aumentada a pena de modo que exclua a concessão do benefício. (Redação dada pela Lei 6.416/1977.)

Art. 707. A suspensão será revogada se o beneficiário: (Redação dada pela Lei 6.416/1977.)

I - é condenado, por sentença irrecorrível, a pena privativa da liberdade; (Redação dada pela Lei 6.416/1977.)

II - frustra, embora solvente, o pagamento da multa, ou não efetua, sem motivo justificado, a reparação do dano. (Redação dada pela Lei 6.416/1977.)

Parágrafo único. O juiz poderá revogar a suspensão, se o beneficiário deixa de cumprir qualquer das obrigações constantes da sentença, de observar proibições inerentes à pena acessória, ou é irrecorrivelmente condenado à pena que não seja privativa da liberdade; se não a revogar, deverá advertir o beneficiário, ou exacerbar as condições ou, ainda, prorrogar o período da suspensão até o máximo, se esse limite não foi o fixado. (Redação dada pela Lei 6.416/1977.)

Art. 708. Expirado o prazo de suspensão ou a prorrogação, sem que tenha ocorrido motivo de revogação, a pena privativa de liberdade será declarada extinta.

Parágrafo único. O juiz, quando julgar necessário, requisitará, antes do julgamento, nova folha de antecedentes do beneficiário.

Art. 709. A condenação será inscrita, com a nota de suspensão, em livros especiais do Instituto de Identificação e Estatística, ou repartição congênere, averbando-se, mediante comunicação do juiz ou do tribunal, a revogação da suspensão ou a extinção da pena. Em caso de revogação, será feita a averbação definitiva no registro geral.

§ 1º Nos lugares onde não houver Instituto de Identificação e Estatística ou repartição congênere, o registro e a averbação serão feitos em livro próprio no juízo ou no tribunal.

§ 2º O registro será secreto, salvo para efeito de informações requisitadas por autoridade judiciária, no caso de novo processo.

§ 3º Não se aplicará o disposto no § 2º, quando houver sido imposta ou resultar de condenação pena acessória consistente em interdição de direitos.

CAPÍTULO II
DO LIVRAMENTO CONDICIONAL

‣ arts. 83 a 90, CP.

‣ arts. 131 a 146, Lei 7.210/1984 (Lei de Execuções Penais).

Art. 710. O livramento condicional poderá ser concedido ao condenado a pena privativa da liberdade igual ou superior a 2 (dois) anos, desde que se verifiquem as condições seguintes: (Redação dada pela Lei 6.416/1977.)

I - cumprimento de mais da metade da pena, ou mais de três quartos, se reincidente o sentenciado; (Redação dada pela Lei 6.416/1977.)

II - ausência ou cessação de periculosidade;

III - bom comportamento durante a vida carcerária;

IV - aptidão para prover à própria subsistência mediante trabalho honesto;

V - reparação do dano causado pela infração, salvo impossibilidade de fazê-lo. (Redação dada pela Lei 6.416/1977.)

Art. 711. As penas que correspondem a infrações diversas podem somar-se, para efeito do livramento. (Redação dada pela Lei 6.416/1977.)

Art. 712. O livramento condicional poderá ser concedido mediante requerimento do sentenciado, de seu cônjuge ou de parente em linha reta, ou por proposta do diretor do estabelecimento penal, ou por iniciativa do Conselho Penitenciário. (Redação dada pelo Decreto-Lei 6.109/1943.)

Parágrafo único. No caso do artigo anterior, a concessão do livramento competirá ao juiz da execução da pena que o condenado estiver cumprindo.

Art. 713. As condições de admissibilidade, conveniência e oportunidade da concessão do livramento serão verificadas pelo Conselho Penitenciário, a cujo parecer não ficará, entretanto, adstrito o juiz.

Art. 714. O diretor do estabelecimento penal remeterá ao Conselho Penitenciário minucioso relatório sobre:

I - o caráter do sentenciado, revelado pelos seus antecedentes e conduta na prisão;

II - o procedimento do liberando na prisão, sua aplicação ao trabalho e seu trato com os companheiros e funcionários do estabelecimento;

III - suas relações, quer com a família, quer com estranhos;

IV - seu grau de instrução e aptidão profissional, com a indicação dos serviços em que haja sido empregado e da especialização anterior ou adquirida na prisão;

V - sua situação financeira, e seus propósitos quanto ao seu futuro meio de vida, juntando o diretor, quando dada por pessoa idônea, promessa escrita de colocação do liberando, com indicação do serviço e do salário.

Parágrafo único. O relatório será, dentro do prazo de quinze dias, remetido ao Conselho, com o prontuário do sentenciado, e, na falta, o Conselho opinará livremente, comunicando à autoridade competente a omissão do diretor da prisão.

Art. 715. Se tiver sido imposta medida de segurança detentiva, o livramento não poderá ser concedido sem que se verifique, mediante exame das condições do sentenciado, a cessação da periculosidade.

Parágrafo único. Consistindo a medida de segurança em internação em casa de custódia e tratamento, proceder-se-á a exame mental do sentenciado.

Art. 716. A petição ou a proposta de livramento será remetida ao juiz ou ao tribunal por ofício do presidente do Conselho Penitenciário, com a cópia do respectivo parecer e do relatório do diretor da prisão.

§ 1º Para emitir parecer, o Conselho poderá determinar diligências e requisitar os autos do processo.

§ 2º O juiz ou o tribunal mandará juntar a petição ou a proposta, com o ofício ou documento que a acompanhar, aos autos do processo, e proferirá sua decisão, previamente ouvido o Ministério Público.

Art. 717. Na ausência da condição prevista no art. 710, I, o requerimento será liminarmente indeferido. (Redação dada pela Lei 6.416/1977.)

Art. 718. Deferido o pedido, o juiz, ao especificar as condições a que ficará subordinado o livramento, atenderá ao disposto no art. 698, §§ 1º, 2º e 5º. (Redação dada pela Lei 6.416/1977.)

§ 1º Se for permitido ao liberado residir fora da jurisdição do juiz da execução, remeter-se-á cópia da sentença do livramento à autoridade judiciária do lugar para onde ele se houver transferido, e à entidade de observação cautelar e proteção. (Redação dada pela Lei 6.416/1977.)

§ 2º O liberado será advertido da obrigação de apresentar-se imediatamente à autoridade judiciária e à entidade de observação cautelar e proteção. (Redação dada pela Lei 6.416/1977.)

Art. 719. O livramento ficará também subordinado à obrigação de pagamento das custas do processo e da taxa penitenciária, salvo caso de insolvência comprovada.

Parágrafo único. O juiz poderá fixar o prazo para o pagamento integral ou em prestações, tendo em consideração as condições econômicas ou profissionais do liberado.

Art. 720. A forma de pagamento da multa, ainda não paga pelo liberando, será determinada de acordo com o disposto no art. 688.

Art. 721. Reformada a sentença denegatória do livramento, os autos baixarão ao juiz da primeira instância, a fim de que determine as condições que devam ser impostas ao liberando.

Art. 722. Concedido o livramento, será expedida carta de guia, com a cópia integral da sentença em duas vias, remetendo-se uma ao diretor do estabelecimento penal e outra ao presidente do Conselho Penitenciário.

Art. 723. A cerimônia do livramento condicional será realizada solenemente, em dia marcado pela autoridade que deva presidi-la, observando-se o seguinte:

I - a sentença será lida ao liberando, na presença dos demais presos, salvo motivo relevante, pelo presidente do Conselho Penitenciário, ou pelo seu representante junto ao estabelecimento penal, ou, na falta, pela autoridade judiciária local;

II - o diretor do estabelecimento penal chamará a atenção do liberando para as condições impostas na sentença de livramento;

III - o preso declarará se aceita as condições.

§ 1º De tudo, em livro próprio, se lavrará termo, subscrito por quem presidir a cerimônia, e pelo liberando, ou alguém a seu rogo, se não souber ou não puder escrever.

§ 2º Desse termo, se remeterá cópia ao juiz do processo.

Art. 724. Ao sair da prisão o liberado, ser-lhe-á entregue, além do saldo do seu pecúlio e do que lhe pertencer, uma caderneta que exibirá à autoridade judiciária ou administrativa sempre que lhe for exigido. Essa caderneta conterá:

I - a reprodução da ficha de identidade, ou o retrato do liberado, sua qualificação e sinais característicos;

II - o texto impresso dos artigos do presente capítulo;

III - as condições impostas ao liberado;

IV - a pena acessória a que esteja sujeito. (Incluído pela Lei 6.416/1977.)

§ 1º Na falta de caderneta, será entregue ao liberado um salvo-conduto, em que constem as condições do livramento e a pena acessória, podendo substituir-se a ficha de identidade ou o retrato do liberado pela descrição dos sinais que possam identificá-lo. (Incluído pela Lei 6.416/1977.)

§ 2º Na caderneta e no salvo-conduto deve haver espaço para consignar o cumprimento das condições referidas no art. 718. (Incluído pela Lei 6.416/1977.)

Art. 725. A observação cautelar e proteção realizadas por serviço social penitenciário, patronato, conselho de comunidade ou entidades similares, terá a finalidade de: (Redação dada pela Lei 6.416/1977.)

I - fazer observar o cumprimento da pena acessória, bem como das condições especificadas na sentença concessiva do benefício; (Redação dada pela Lei 6.416/1977.)

II - proteger o beneficiário, orientando-o na execução de suas obrigações e auxiliando-o na obtenção de atividade laborativa. (Redação dada pela Lei 6.416/1977.)

Parágrafo único. As entidades encarregadas de observação cautelar e proteção do liberado apresentarão relatório ao Conselho Penitenciário, para efeito da representação prevista nos arts. 730 e 731. (Redação dada pela Lei 6.416/1977.)

Art. 726. Revogar-se-á o livramento condicional, se o liberado vier, por crime ou contravenção, a ser condenado por sentença irrecorrível a pena privativa de liberdade.

Art. 727. O juiz pode, também, revogar o livramento, se o liberado deixar de cumprir qualquer das obrigações constantes da sentença, de observar proibições inerentes à pena acessória ou for irrecorrivelmente condenado, por crime, à pena que não seja privativa da liberdade. (Redação dada pela Lei 6.416/1977.)

Parágrafo único. Se o juiz não revogar o livramento, deverá advertir o liberado ou exacerbar as condições. (Incluído pela Lei 6.416/1977.)

Art. 728. Se a revogação for motivada por infração penal anterior à vigência do livramento, computar-se-á no tempo da pena o período em que esteve solto o liberado, sendo permitida, para a concessão de novo livramento, a soma do tempo das duas penas.

Art. 729. No caso de revogação por outro motivo, não se computará na pena o tempo em que esteve solto o liberado, e tampouco se concederá, em relação à mesma pena, novo livramento.

Art. 730. A revogação do livramento será decretada mediante representação do Conselho Penitenciário, ou a requerimento do Ministério Público, ou de ofício, pelo juiz, que, antes, ouvirá o liberado, podendo ordenar diligências e permitir a produção de prova, no prazo de cinco dias. (Redação dada pela Lei 6.416/1977.)

Art. 731. O juiz, de ofício, a requerimento do Ministério Público, ou mediante representação do Conselho Penitenciário, poderá modificar as condições ou normas de conduta especificadas na sentença, devendo a respectiva decisão ser lida ao liberado por uma das autoridades ou por um dos funcionários indicados no inciso I do art. 723, observado o disposto nos incisos II e III, e §§ 1º e 2º do mesmo artigo. (Redação dada pela Lei 6.416/1977.)

Art. 732. Praticada pelo liberado nova infração, o juiz ou o tribunal poderá ordenar a sua prisão, ouvido o Conselho Penitenciário, suspendendo o curso do livramento condicional, cuja revogação ficará, entretanto, dependendo da decisão final no novo processo.

Art. 733. O juiz, de ofício, ou a requerimento do interessado, do Ministério Público, ou do Conselho Penitenciário, julgará extinta a pena privativa de liberdade, se expirar o prazo do livramento sem revogação, ou na hipótese do artigo anterior, for o liberado absolvido por sentença irrecorrível.

TÍTULO IV
DA GRAÇA, DO INDULTO, DA ANISTIA E DA REABILITAÇÃO

CAPÍTULO I
DA GRAÇA, DO INDULTO E DA ANISTIA

- arts. 21, XVII; 48, VIII; e 84, XII, CF.
- art. 8º, ADCT.
- arts. 187 a 193, Lei 7.210/1984 (Lei de Execuções Penais).

Art. 734. A graça poderá ser provocada por petição do condenado, de qualquer pessoa do povo, do Conselho Penitenciário, ou do Ministério Público, ressalvada, entretanto, ao Presidente da Republica, a faculdade de concedê-la espontaneamente.

Art. 735. A petição de graça, acompanhada dos documentos com que o impetrante a instruir, será remetida ao Ministro da Justiça por intermédio do Conselho Penitenciário.

Art. 736. O Conselho Penitenciário, à vista dos autos do processo, e depois de ouvir o diretor do estabelecimento penal a que estiver recolhido o condenado, fará, em relatório, a narração do fato criminoso, examinará as provas, mencionará qualquer formalidade ou circunstância omitida na petição e exporá os antecedentes do condenado e seu procedimento depois de preso, opinando sobre o mérito do pedido.

Art. 737. Processada no Ministério da Justiça, com os documentos e o relatório do Conselho Penitenciário, a petição subirá a despacho do Presidente da República, a quem serão presentes os autos do processo ou a certidão de qualquer de suas peças, se ele o determinar.

Art. 738. Concedida a graça e junta aos autos cópia do decreto, o juiz declarará extinta a pena ou penas, ou ajustará a execução aos termos do decreto, no caso de redução ou comutação de pena.

Art. 739. O condenado poderá recusar a comutação da pena.

Art. 740. Os autos da petição de graça serão arquivados no Ministério da Justiça.

Art. 741. Se o réu for beneficiado por indulto, o juiz, de ofício ou a requerimento do interessado, do Ministério Público ou por iniciativa do Conselho Penitenciário, providenciará de acordo com o disposto no art. 738.

Art. 742. Concedida a anistia após transitar em julgado a sentença condenatória, o juiz, de ofício ou a requerimento do interessado, do Ministério Público ou por iniciativa do Conselho Penitenciário, declarará extinta a pena.

CAPÍTULO II
DA REABILITAÇÃO

- arts. 93 a 95, CP.
- art. 181, § 1º, Lei 11.101/2005 (Lei de Recuperação de Empresas e Falência).

Art. 743. A reabilitação será requerida ao juiz da condenação, após o decurso de quatro ou oito anos, pelo menos, conforme se trate de condenado ou reincidente, contados do dia em que houver terminado a execução da pena principal ou da medida de segurança detentiva, devendo o requerente indicar as comarcas em que haja residido durante aquele tempo.

Art. 744. O requerimento será instruído com:

I - certidões comprobatórias de não ter o requerente respondido, nem estar respondendo a processo penal, em qualquer das comarcas em que houver residido durante o prazo a que se refere o artigo anterior;

II - atestados de autoridades policiais ou outros documentos que comprovem ter residido nas comarcas indicadas e mantido, efetivamente, bom comportamento;

III - atestados de bom comportamento fornecidos por pessoas a cujo serviço tenha estado;

IV - quaisquer outros documentos que sirvam como prova de sua regeneração;

V - prova de haver ressarcido o dano causado pelo crime ou persistir a impossibilidade de fazê-lo.

Art. 745. O juiz poderá ordenar as diligências necessárias para apreciação do pedido, cercando-as do sigilo possível e, antes da decisão final, ouvirá o Ministério Público.

Art. 746. Da decisão que conceder a reabilitação haverá recurso de ofício.

Art. 747. A reabilitação, depois de sentença irrecorrível, será comunicada ao Instituto de Identificação e Estatística ou repartição congênere.

Art. 748. A condenação ou condenações anteriores não serão mencionadas na folha de antecedentes do reabilitado, nem em certidão extraída dos livros do juízo, salvo quando requisitadas por juiz criminal.

Art. 749. Indeferida a reabilitação, o condenado não poderá renovar o pedido senão após o decurso de dois anos, salvo se o indeferimento tiver resultado de falta ou insuficiência de documentos.

- art. 94, p.u., CP.

Art. 750. A revogação de reabilitação (Código Penal, art. 120) será decretada pelo juiz, de ofício ou a requerimento do Ministério Público.

- atual art. 95, CP.

TÍTULO V
DA EXECUÇÃO DAS MEDIDAS DE SEGURANÇA

- arts. 96 a 99, CP.
- arts. 171 a 179, Lei 7.210/1984 (Lei de Execuções Penais).

Art. 751. Durante a execução da pena ou durante o tempo em que a ela se furtar o condenado, poderá ser imposta medida de segurança, se:

I - o juiz ou o tribunal, na sentença:

a) omitir sua decretação, nos casos de periculosidade presumida;

b) deixar de aplicá-la ou de excluí-la expressamente;

c) declarar os elementos constantes do processo insuficientes para a imposição ou exclusão da medida e ordenar indagações para a verificação da periculosidade do condenado;

II - tendo sido, expressamente, excluída na sentença a periculosidade do condenado, novos fatos demonstrarem ser ele perigoso.

Art. 752. Poderá ser imposta medida de segurança, depois de transitar em julgado a sentença, ainda quando não iniciada a execução da pena, por motivo diverso de fuga ou ocultação do condenado:

I - no caso da letra *a* do n. I do artigo anterior, bem como no da letra *b*, se tiver sido alegada a periculosidade;

II - no caso da letra *c* do n. I do mesmo artigo.

Art. 753. Ainda depois de transitar em julgado a sentença absolutória, poderá ser imposta a medida de segurança, enquanto não decorrido tempo equivalente ao da sua duração mínima, a indivíduo que a lei presuma perigoso.

- Súm. 422, STF.

Art. 754. A aplicação da medida de segurança, nos casos previstos nos arts. 751 e 752, competirá ao juiz da execução da pena, e, no caso do art. 753, ao juiz da sentença.

Art. 755. A imposição da medida de segurança, nos casos dos arts. 751 a 753, poderá ser decretada de ofício ou a requerimento do Ministério Público.

Parágrafo único. O diretor do estabelecimento penal, que tiver conhecimento de fatos indicativos da periculosidade do condenado a quem não tenha sido imposta medida de segurança, deverá logo comunicá-los ao juiz.

▸ Súm. 422, STF.

Art. 756. Nos casos do n. I, *a* e *b*, do art. 751, e n. I do art. 752, poderá ser dispensada nova audiência do condenado.

Art. 757. Nos casos do n. I, *c*, e n. II do art. 751 e n. II do art. 752, o juiz, depois de proceder às diligências que julgar convenientes, ouvirá o Ministério Público e concederá ao condenado o prazo de três dias para alegações, devendo a prova requerida ou reputada necessária pelo juiz ser produzida dentro em dez dias.

§ 1º O juiz nomeará defensor ao condenado que o requerer.

§ 2º Se o réu estiver foragido, o juiz procederá às diligências que julgar convenientes, concedendo o prazo de provas, quando requerido pelo Ministério Público.

§ 3º Findo o prazo de provas, o juiz proferirá a sentença dentro de três dias.

Art. 758. A execução da medida de segurança incumbirá ao juiz da execução da sentença.

Art. 759. No caso do art. 753, o juiz ouvirá o curador já nomeado ou que então nomear, podendo mandar submeter o condenado a exame mental, internando-o, desde logo, em estabelecimento adequado.

Art. 760. Para a verificação da periculosidade, no caso do § 3º do art. 78 do Código Penal, observar-se-á o disposto no art. 757, no que for aplicável.

▸ Refere-se à antiga Parte Geral do CP, revogada pela Lei 7.209/1984.

Art. 761. Para a providência determinada no art. 84, § 2º, do Código Penal, se as sentenças forem proferidas por juízes diferentes, será competente o juiz que tiver sentenciado por último ou a autoridade de jurisdição prevalente no caso do art. 82.

▸ Refere-se à antiga Parte Geral do CP, revogada pela Lei 7.209/1984.

Art. 762. A ordem de internação, expedida para executar-se medida de segurança detentiva, conterá:

I - a qualificação do internando;

II - o teor da decisão que tiver imposto a medida de segurança;

III - a data em que terminará o prazo mínimo da internação.

Art. 763. Se estiver solto o internando, expedir-se-á mandado de captura, que será cumprido por oficial de justiça ou por autoridade policial.

Art. 764. O trabalho nos estabelecimentos referidos no art. 88, § 1º, III, do Código Penal, será educativo e remunerado, de modo que assegure ao internado meios de subsistência, quando cessar a internação.

▸ Refere-se à antiga Parte Geral do CP, revogada pela Lei 7.209/1984.

§ 1º O trabalho poderá ser praticado ao ar livre.

§ 2º Nos outros estabelecimentos, o trabalho dependerá das condições pessoais do internado.

Art. 765. A quarta parte do salário caberá ao Estado ou, no Distrito Federal e nos Territórios, à União, e o restante será depositado em nome do internado ou, se este preferir, entregue à sua família.

Art. 766. A internação das mulheres será feita em estabelecimento próprio ou em seção especial.

Art. 767. O juiz fixará as normas de conduta que serão observadas durante a liberdade vigiada.

§ 1º Serão normas obrigatórias, impostas ao indivíduo sujeito à liberdade vigiada:

a) tomar ocupação, dentro de prazo razoável, se for apto para o trabalho;

b) não mudar do território da jurisdição do juiz, sem prévia autorização deste.

§ 2º Poderão ser impostas ao indivíduo sujeito à liberdade vigiada, entre outras obrigações, as seguintes:

a) não mudar de habitação sem aviso prévio ao juiz, ou à autoridade incumbida da vigilância;

b) recolher-se cedo à habitação;

c) não trazer consigo armas ofensivas ou instrumentos capazes de ofender;

d) não frequentar casas de bebidas ou de tavolagem, nem certas reuniões, espetáculos ou diversões públicas.

§ 3º Será entregue ao indivíduo sujeito à liberdade vigiada uma caderneta, de que constarão as obrigações impostas.

Art. 768. As obrigações estabelecidas na sentença serão comunicadas à autoridade policial.

Art. 769. A vigilância será exercida discretamente, de modo que não prejudique o indivíduo a ela sujeito.

Art. 770. Mediante representação da autoridade incumbida da vigilância, a requerimento do Ministério Público ou de ofício, poderá o juiz modificar as normas fixadas ou estabelecer outras.

Art. 771. Para execução do exílio local, o juiz comunicará sua decisão à autoridade policial do lugar ou dos lugares onde o exilado está proibido de permanecer ou de residir.

§ 1º O infrator da medida será conduzido à presença do juiz que poderá mantê-lo detido até proferir decisão.

§ 2º Se for reconhecida a transgressão e imposta, consequentemente, a liberdade vigiada, determinará o juiz que a autoridade policial providencie a fim de que o infrator siga imediatamente para o lugar de residência por ele escolhido, e oficiará à autoridade policial desse lugar, observando-se o disposto no art. 768.

Art. 772. A proibição de frequentar determinados lugares será comunicada pelo juiz à autoridade policial, que lhe dará conhecimento de qualquer transgressão.

Art. 773. A medida de fechamento de estabelecimento ou de interdição de associação será comunicada pelo juiz à autoridade policial, para que a execute.

Art. 774. Nos casos do parágrafo único do art. 83 do Código Penal, ou quando a transgressão de uma medida de segurança importar a imposição de outra, observar-se-á o disposto no art. 757, no que for aplicável.

▸ Refere-se à antiga Parte Geral do CP, revogada pela Lei 7.209/1984.

Art. 775. A cessação ou não da periculosidade se verificará ao fim do prazo mínimo de duração da medida de segurança pelo exame das condições da pessoa a que tiver sido imposta, observando-se o seguinte:

I - o diretor do estabelecimento de internação ou a autoridade policial incumbida da vigilância, até um mês antes de expirado o prazo de duração mínima da medida, se não for inferior a um ano, ou até quinze dias nos outros casos, remeterá ao juiz da execução minucioso relatório, que o habilite a resolver sobre a cessação ou permanência da medida;

II - se o indivíduo estiver internado em manicômio judiciário ou em casa de custódia e tratamento, o relatório será acompanhado do laudo de exame pericial feito por dois médicos designados pelo diretor do estabelecimento;

III - o diretor do estabelecimento de internação ou a autoridade policial deverá, no relatório, concluir pela conveniência da revogação, ou não, da medida de segurança;

IV - se a medida de segurança for o exílio local ou a proibição de frequentar determinados lugares, o juiz, até um mês ou quinze dias antes de expirado o prazo mínimo de duração, ordenará as diligências necessárias, para verificar se desapareceram as causas da aplicação da medida;

V - junto aos autos o relatório, ou realizadas as diligências, serão ouvidos sucessivamente o Ministério Público e o curador ou o defensor, no prazo de três dias para cada um;

VI - o juiz nomeará curador ou defensor ao interessado que o não tiver;

VII - o juiz, de ofício, ou a requerimento de qualquer das partes, poderá determinar novas diligências, ainda que já expirado o prazo de duração mínima da medida de segurança;

VIII - ouvidas as partes ou realizadas as diligências a que se refere o número anterior o juiz proferirá a sua decisão, no prazo de três dias.

Art. 776. Nos exames sucessivos a que se referem o § 1º, II, e § 2º do art. 81 do Código Penal, observar-se-á, no que lhes for aplicável, o disposto no artigo anterior.

▸ atual art. 97, § 2º, CP.

Art. 777. Em qualquer tempo, ainda durante o prazo mínimo de duração da medida de segurança, poderá o tribunal, câmara ou turma, a requerimento do Ministério Público ou do interessado, seu defensor ou curador, ordenar o exame, para a verificação da cessação da periculosidade.

- Súm. 520, STF.

§ 1º Designado o relator e ouvido o procurador-geral, se a medida não tiver sido por ele requerida, o pedido será julgado na primeira sessão.

§ 2º Deferido o pedido, a decisão será imediatamente comunicada ao juiz, que requisitará, marcando prazo, o relatório e o exame a que se referem os n. I e II do art. 775 ou ordenará as diligências mencionadas no n. IV do mesmo artigo, prosseguindo de acordo com o disposto nos outros incisos do citado artigo.

Art. 778. Transitando em julgado a sentença de revogação, o juiz expedirá ordem para a desinternação, quando se tratar de medida detentiva, ou para que cesse a vigilância ou a proibição, nos outros casos.

Art. 779. O confisco dos instrumentos e produtos do crime, no caso previsto no art. 100 do Código Penal, será decretado no despacho de arquivamento do inquérito, na sentença de impronúncia ou na sentença absolutória.

- Refere-se à antiga Parte Geral do CP, revogada pela Lei 7.209/1984.

LIVRO V
DAS RELAÇÕES JURISDICIONAIS COM AUTORIDADE ESTRANGEIRA

TÍTULO ÚNICO

CAPÍTULO I
DISPOSIÇÕES GERAIS

- art. 98, CP.

Art. 780. Sem prejuízo de convenções ou tratados, aplicar-se-á o disposto neste Título à homologação de sentenças penais estrangeiras e à expedição e ao cumprimento de cartas rogatórias para citações, inquirições e outras diligências necessárias à instrução de processo penal.

Art. 781. As sentenças estrangeiras não serão homologadas, nem as cartas rogatórias cumpridas, se contrárias à ordem pública e aos bons costumes.

Art. 782. O trânsito, por via diplomática, dos documentos apresentados constituirá prova bastante de sua autenticidade.

CAPÍTULO II
DAS CARTAS ROGATÓRIAS

- arts. 105, I, i, e 109, X. CF.
- arts. 201; 202; 210; 231, § 1º; e 241, IV, deste Código.
- Portaria MRE/MJ 26/1990 (Dispõe sobre a transmissão das cartas rogatórias).
- arts. 55, VIII; 220, § 1º; e 225 a 228, p.u., RISTF.

Art. 783. As cartas rogatórias serão, pelo respectivo juiz, remetidas ao Ministro da Justiça, a fim de ser pedido o seu cumprimento, por via diplomática, às autoridades estrangeiras competentes.

- arts. 105, I, i, e 109, X, CF.
- art. 367 deste Código.

Art. 784. As cartas rogatórias emanadas de autoridades estrangeiras competentes não dependem de homologação e serão atendidas se encaminhadas por via diplomática e desde que o crime, segundo a lei brasileira, não exclua a extradição.

- art. 5º, LI e LII, CF.
- V. Lei 13.445/2017 (Institui a Lei de Migração).

§ 1º As rogatórias, acompanhadas de tradução em língua nacional, feita por tradutor oficial ou juramentado, serão, após *exequatur* do presidente do Supremo Tribunal Federal, cumpridas pelo juiz criminal do lugar onde as diligências tenham de efetuar-se, observadas as formalidades prescritas neste Código.

- art. 105, I, i, CF (A concessão de *exequatur* às cartas rogatórias passou a ser competência do STJ).
- arts. 211 e 212 deste Código.

§ 2º A carta rogatória será pelo presidente do Supremo Tribunal Federal remetida ao presidente do Tribunal de Apelação do Estado, do Distrito Federal, ou do Território, a fim de ser encaminhada ao juiz competente.

§ 3º Versando sobre crime de ação privada, segundo a lei brasileira, o andamento, após o *exequatur*, dependerá do interessado, a quem incumbirá o pagamento das despesas.

§ 4º Ficará sempre na secretaria do Supremo Tribunal Federal cópia da carta rogatória.

Art. 785. Concluídas as diligências, a carta rogatória será devolvida ao presidente do Supremo Tribunal Federal, por intermédio do presidente do Tribunal de Apelação, o qual, antes de devolvê-la, mandará completar qualquer diligência ou sanar qualquer nulidade.

- A partir da CF/1946 os Tribunais de Apelação passaram a denominar-se Tribunais de Justiça.

Art. 786. O despacho que conceder o *exequatur* marcará, para o cumprimento da diligência, prazo razoável, que poderá ser excedido, havendo justa causa, ficando esta consignada em ofício dirigido ao presidente do Supremo Tribunal Federal, juntamente com a carta rogatória.

- arts. 105, I, i, e 109, X, CF.
- art. 105, I, i, CF (A concessão de *exequatur* às cartas rogatórias passou a ser competência do STJ).

CAPÍTULO III
DA HOMOLOGAÇÃO DAS SENTENÇAS ESTRANGEIRAS

- arts. 105, I, i, e 109, X, CF.
- arts. 8º e 9º, CP.
- arts. 961 e 965, NCPC.
- arts. 55, XXV; 215 a 224; 347, I; e 367, *caput*, RISTF.

Art. 787. As sentenças estrangeiras deverão ser previamente homologadas pelo Supremo Tribunal Federal para que produzam os efeitos do art. 7º do Código Penal.

- arts. 105, I, i, e 109, X, CF.
- atual art. 9º, CP.
- arts. 215 a 229, RISTF.

Art. 788. A sentença penal estrangeira será homologada, quando a aplicação da lei brasileira produzir na espécie as mesmas consequências e concorrem os seguintes requisitos:

- art. 9º, CP.

I - estar revestida das formalidades externas necessárias, segundo a legislação do país de origem;

II - haver sido proferida por juiz competente, mediante citação regular, segundo a mesma legislação;

III - ter passado em julgado;

IV - estar devidamente autenticada por cônsul brasileiro;

V - estar acompanhada de tradução, feita por tradutor público.

Art. 789. O procurador-geral da República, sempre que tiver conhecimento da existência de sentença penal estrangeira, emanada de Estado que tenha com o Brasil tratado de extradição e que haja imposto medida de segurança pessoal ou pena acessória que deva ser cumprida no Brasil, pedirá ao Ministro da Justiça providências para obtenção de elementos que o habilitem a requerer a homologação da sentença.

- arts. 105, I, i, e 109, X, CF.

§ 1º A homologação de sentença emanada de autoridade judiciária de Estado, que não tiver tratado de extradição com o Brasil, dependerá de requisição do Ministro da Justiça.

§ 2º Distribuído o requerimento de homologação, o relator mandará citar o interessado para deduzir embargos, dentro de dez dias, se residir no Distrito Federal, de trinta dias, no caso contrário.

§ 3º Se nesse prazo o interessado não deduzir os embargos, ser-lhe-á pelo relator nomeado defensor, o qual dentro de dez dias produzirá a defesa.

§ 4º Os embargos somente poderão fundar-se em dúvida sobre a autenticidade do documento, sobre a inteligência da sentença, ou sobre a falta de qualquer dos requisitos enumerados nos arts. 781 e 788.

§ 5º Contestados os embargos dentro de dez dias, pelo procurador-geral, irá o processo ao relator e ao revisor, observando-se no seu julgamento o Regimento Interno do Supremo Tribunal Federal.

- art. 105, I, i, CF (A homologação de sentença estrangeira passou a ser competência do STJ).

§ 6º Homologada a sentença, a respectiva carta será remetida ao presidente do Tribunal de Apelação do Distrito Federal, do Estado, ou do Território.

§ 7º Recebida a carta de sentença, o presidente do Tribunal de Apelação a remeterá ao juiz do lugar de residência do condenado, para a aplicação da medida de segurança ou da pena acessória, observadas as disposições do Título II, Capítulo III, e Título V do Livro IV deste Código.

- A partir da CF/1946 os Tribunais de Apelação passaram a denominar-se Tribunais de Justiça.
- arts. 691 a 695; e 751 a 779 deste Código.

Art. 790. O interessado na execução de sentença penal estrangeira, para a reparação do dano, restituição e outros efeitos civis, poderá requerer ao Supremo Tribunal Federal a sua homologação, observando-se o que a respeito prescreve o Código de Processo Civil.

- arts. 961 e 965, NCPC.
- art. 105, I, i, CF (A homologação de sentença estrangeira passou a ser competência do STJ).

LIVRO VI
DISPOSIÇÕES GERAIS

Art. 791. Em todos os juízos e tribunais do crime, além das audiências e sessões ordinárias, haverá as extraordinárias, de acordo com as necessidades do rápido andamento dos feitos.

Art. 792. As audiências, sessões e os atos processuais serão, em regra, públicos e se realizarão nas sedes dos juízos e tribunais, com assistência dos escrivães, do secretário, do oficial de justiça que servir de porteiro, em dia e hora certos, ou previamente designados.

- arts. 5º, LX, e 93, IX, CF.
- arts. 387 e 388, CPPM.
- art. 8º, 5, Pacto de São José da Costa Rica.

§ 1º Se da publicidade da audiência, da sessão ou do ato processual, puder resultar escândalo, inconveniente grave ou perigo de perturbação da ordem, o juiz, ou o tribunal, câmara, ou turma, poderá, de ofício ou a requerimento da parte ou do Ministério Público, determinar que o ato seja realizado a portas fechadas, limitando o número de pessoas que possam estar presentes.

- arts. 5º, LX, e 93, IX, CF.

§ 2º As audiências, as sessões e os atos processuais, em caso de necessidade, poderão realizar-se na residência do juiz, ou em outra casa por ele especialmente designada.

Art. 793. Nas audiências e nas sessões, os advogados, as partes, os escrivães e os espectadores poderão estar sentados. Todos, porém, se levantarão quando se dirigirem aos juízes ou quando estes se levantarem para qualquer ato do processo.

- art. 386, CPPM.

Parágrafo único. Nos atos da instrução criminal, perante os juízes singulares, os advogados poderão requerer sentados.

Art. 794. A polícia das audiências e das sessões compete aos respectivos juízes ou ao presidente do tribunal, câmara, ou turma, que poderão determinar o que for conveniente à manutenção da ordem. Para tal fim, requisitarão força pública, que ficará exclusivamente à sua disposição.

- arts. 251 e 497, I e II, deste Código.
- art. 360, NCPC.
- art. 385, CPPM

Art. 795. Os espectadores das audiências ou das sessões não poderão manifestar-se.

Parágrafo único. O juiz ou o presidente fará retirar da sala os desobedientes, que, em caso de resistência, serão presos e autuados.

- arts. 251; 307; e 497, VI, deste Código.
- art. 329, CP.

Art. 796. Os atos de instrução ou julgamento prosseguirão com a assistência do defensor, se o réu se portar inconvenientemente.

- arts. 217 e 497, VI, deste Código.
- art. 360, NCPC.
- art. 389, CPPM.

Art. 797. Excetuadas as sessões de julgamento, que não serão marcadas para domingo ou dia feriado, os demais atos do processo poderão ser praticados em período de férias, em domingos e dias feriados. Todavia, os julgamentos iniciados em dia útil não se interromperão pela superveniência de feriado ou domingo.

Art. 798. Todos os prazos correrão em cartório e serão contínuos e peremptórios, não se interrompendo por férias, domingo ou dia feriado.

- arts. 221, 223, 224, 233 e 234, NCPC.
- Lei 1.408/1951 (Prorroga vencimento de prazos judiciais).
- Súm. 310, STF.

§ 1º Não se computará no prazo o dia do começo, incluindo-se, porém, o do vencimento.

- art. 10, CP.
- art. 16, CPM.

§ 2º A terminação dos prazos será certificada nos autos pelo escrivão; será, porém, considerado findo o prazo, ainda que omitida aquela formalidade, se feita a prova do dia em que começou a correr.

§ 3º O prazo que terminar em domingo ou dia feriado considerar-se-á prorrogado até o dia útil imediato.

§ 4º Não correrão os prazos, se houver impedimento do juiz, força maior, ou obstáculo judicial oposto pela parte contrária.

- arts. 112 e 152 deste Código.
- art. 393, p.u. CC/2002.

§ 5º Salvo os casos expressos, os prazos correrão:

a) da intimação;

- arts. 370 a 372 deste Código.
- Lei 1.408/1951 (Prorroga vencimento de prazos judiciais).

b) da audiência ou sessão em que for proferida a decisão, se a ela estiver presente a parte;

c) do dia em que a parte manifestar nos autos ciência inequívoca da sentença ou despacho.

Art. 799. O escrivão, sob pena de multa de cinquenta a quinhentos mil-réis e, na reincidência, suspensão até 30 (trinta) dias, executará dentro do prazo de dois dias os atos determinados em lei ou ordenados pelo juiz.

Art. 800. Os juízes singulares darão seus despachos e decisões dentro dos prazos seguintes, quando outros não estiverem estabelecidos:

I - de dez dias, se a decisão for definitiva, ou interlocutória mista;

- arts. 386 a 393 deste Código.
- art. 203, NCPC.

II - de cinco dias, se for interlocutória simples;

III - de um dia, se se tratar de despacho de expediente.

- arts. 162, § 3º, e 187 deste Código.

§ 1º Os prazos para o juiz contar-se-ão do termo de conclusão.

§ 2º Os prazos do Ministério Público contar-se-ão do termo de vista, salvo para a interposição do recurso (art. 798, § 5º).

§ 3º Em qualquer instância, declarando motivo justo, poderá o juiz exceder por igual tempo os prazos a ele fixados neste Código.

§ 4º O escrivão que não enviar os autos ao juiz ou ao órgão do Ministério Público no dia em que assinar termo de conclusão ou de vista estará sujeito à sanção estabelecida no art. 799.

Art. 801. Findos os respectivos prazos, os juízes e os órgãos do Ministério Público, responsáveis pelo retardamento, perderão tantos dias de vencimentos quantos forem os excedidos. Na contagem do tempo de serviço, para o efeito de promoção e aposentadoria, a perda será do dobro dos dias excedidos.

- art. 128, § 5º, I, c, CF.

Art. 802. O desconto referido no artigo antecedente far-se-á à vista da certidão do escrivão do processo ou do secretário do tribunal, que deverão, de ofício, ou a requerimento de qualquer interessado, remetê-la às repartições encarregadas do pagamento e da contagem do tempo de serviço, sob pena de incorrerem, de pleno direito, na multa de quinhentos mil-réis, imposta por autoridade fiscal.

Art. 803. Salvo nos casos expressos em lei, é proibida a retirada de autos do cartório, ainda que em confiança, sob pena de responsabilidade do escrivão.

- arts. 150, § 2º; 716, § 1º; e 736 deste Código
- art. 2º, Lei 3.836/1960 (Dispõe sobre a entrega de autos aos advogados).
- art. 7º, XV e XVI, Lei 8.906/1994 (EAOAB).

Art. 804. A sentença ou o acórdão, que julgar a ação, qualquer incidente ou recurso, condenará nas custas o vencido.

- art. 5º, LXXIV, CF.
- arts. 101; 140; 336; 653; e 701 deste Código.
- art. 712, CPPM

Art. 805. As custas serão contadas e cobradas de acordo com os regulamentos expedidos pela União e pelos Estados.

Art. 806. Salvo o caso do art. 32, nas ações intentadas mediante queixa, nenhum ato ou diligência se realizará, sem que seja depositada em cartório a importância das custas.

§ 1º Igualmente, nenhum ato requerido no interesse da defesa será realizado, sem o prévio pagamento das custas, salvo se o acusado for pobre.

▸ art. 32, § 1º, deste Código.

§ 2º A falta do pagamento das custas, nos prazos fixados em lei, ou marcados pelo juiz, importará renúncia à diligência requerida ou deserção do recurso interposto.

▸ art. 581, XV, deste Código.

§ 3º A falta de qualquer prova ou diligência que deixe de realizar-se em virtude do não pagamento de custas não implicará a nulidade do processo, se a prova de pobreza do acusado só posteriormente foi feita.

Art. 807. O disposto no artigo anterior não obstará à faculdade atribuída ao juiz de determinar de ofício inquirição de testemunhas ou outras diligências.

Art. 808. Na falta ou impedimento do escrivão e seu substituto, servirá pessoa idônea, nomeada pela autoridade, perante quem prestará compromisso, lavrando o respectivo termo.

Art. 809. A estatística judiciária criminal, a cargo do Instituto de Identificação e Estatística ou repartições congêneres, terá por base o *boletim individual*, que é parte integrante dos processos e versará sobre:

I - os crimes e as contravenções praticados durante o trimestre, com especificação da natureza de cada um, meios utilizados e circunstâncias de tempo e lugar;

II - as armas proibidas que tenham sido apreendidas;

III - o número de delinquentes, mencionadas as infrações que praticaram, sua nacionalidade, sexo, idade, filiação, estado civil, prole, residência, meios de vida e condições econômicas, grau de instrução, religião, e condições de saúde física e psíquica;

IV - o número dos casos de codelinquência;

V - a reincidência e os antecedentes judiciários;

VI - as sentenças condenatórias ou absolutórias, bem como as de pronúncia ou de impronúncia;

VII - a natureza das penas impostas;

VIII - a natureza das medidas de segurança aplicadas;

IX - a suspensão condicional da execução da pena, quando concedida;

X - as concessões ou denegações de *habeas corpus*.

§ 1º Os dados acima enumerados constituem o mínimo exigível, podendo ser acrescidos de outros elementos úteis ao serviço da estatística criminal.

§ 2º Esses dados serão lançados semestralmente em mapa e remetidos ao Serviço de Estatística Demográfica Moral e Política do Ministério da Justiça. (Redação dada pela Lei 9.061/1995.)

§ 3º O *boletim individual* a que se refere este artigo é dividido em três partes destacáveis, conforme modelo anexo a este Código, e será adotado nos Estados, no Distrito Federal e nos Territórios. A primeira parte ficará arquivada no cartório policial; a segunda será remetida ao Instituto de Identificação e Estatística, ou repartição congênere; e a terceira acompanhará o processo, e, depois de passar em julgado a sentença definitiva, lançados os dados finais, será enviada ao referido Instituto ou repartição congênere.

Art. 810. Este Código entrará em vigor no dia 1º de janeiro de 1942.

Art. 811. Revogam-se as disposições em contrário.

Rio de Janeiro, em 03 de outubro de 1941; 120º da Independência e 53º da República.

Getúlio Vargas

ÍNDICE ALFABÉTICO-REMISSIVO DO CÓDIGO DE PROCESSO PENAL

– A –

ABSOLVIÇÃO
- aplicação de medida de segurança: art. 555
- cancelamento de hipoteca: art. 141
- em grau de revisão; efeitos: art. 621
- em recurso de revisão: art. 627
- levantamento do arresto em virtude da: art. 141
- levantamento do sequestro em virtude da: art. 131, III
- requisitos: art. 386
- sentença absolutória; o que dela constará: art. 386, parágrafo único
- sumária: arts. 397 e 415
- sumária; apelação: art. 416
- sumária; condições: art. 397

AÇÃO CIVIL
- arts. 63 a 68
- casos que não impedirão sua propositura: art. 67
- coisa julgada no cível, em caso de ato praticado em estado de necessidade, legítima defesa, estrito cumprimento do dever legal ou no exercício regular de direito: art. 65
- para reparação de dano; que a promoverá: art. 63
- para ressarcimento do dano; contra quem se proporá: art. 64
- pobreza do titular do direito à reparação do dano; propositura pelo Ministério Público: art. 68
- propositura, apesar de sentença absolutória no juízo criminal: art. 66
- propositura ou prosseguimento pelo Ministério Público, em caso de crime de ação pública, quando houver controvérsia sobre estado civil das pessoas, a ser dirimida no juízo cível, Art. 92, parágrafo único
- propositura pelas interessados ou pela Ministério Público, contra o responsável civil; casos: art. 144
- suspensão do seu curso, até julgamento definitivo da ação penal: art. 64, parágrafo único

AÇÃO PENAL
- desistência pelo Ministério Público; inadmissibilidade: art. 42
- falta de condições exigida para o seu exercício; rejeição da denúncia ou queixa; ressalva: art. 395, II
- iniciativa do Ministério Público, provocada por qualquer pessoa do povo: art. 27
- morte ou ausência do ofendido; transferência do direito de representação: art. 24, § 1º
- não intentada no prazo; levantamento do sequestro: art. 26
- perempção, nos casos em que se procede, somente, mediante queixa: art. 60
- privada; admissão em crimes de ação pública; atribuições do Ministério Público: art. 29
- privada; quem poderá intentá-la: art. 30
- privada; requisito para a autoridade proceder a inquérito: art. 5 º, § 5º
- processos de contravenções; forma sumária; início: Art. 531
- pública; aditamento da denúncia ou queixa; possibilidade de nova definição jurídica: art. 384
- pública, início do inquérito
- policia: art. 5 º
- pública, não intentada no prazo legal; admissão de ação privada, atribuições do Ministério Público: art. 29
- pública; privativa do Ministério Público: art. 257, I
- pública; promoção por denúncia do Ministério Público; ressalva: art. 24
- pública; quem poderá intervir como assistente do Ministério Público pela absolvição: art. 385
- mandando de prisão entregue ao analfabeto; assinatura de declaração por testemunhas: art. 286
- não poderá ser perito: art. 279, III
- recurso; assinatura do termo a rogo: art. 578, § 1º

ALGEMAS
- vedação de uso em mulheres grávidas durante o parto ou trabalho de parto e em mulheres durante o período de puerpério imediato: art. 292, parágrafo único
- vedação de uso no acusado durante o período em que permanecer no plenário do júri: art. 474, § 3º

ANALOGIA
- admissibilidade da aplicação analógica em matéria processual penal: Art. 3º

ANISTIA
- art. 742

APELAÇÃO(ÕES)
- crime de competência do Tribunal do Júri ou do juiz singular; interposição pelo ofendido, cônjuges, ascendente, descendente ou irmão, caso não o faça o Ministério Público: art. 598 e parágrafo único
- declaração do apelante, na interposição da apelação, de seu desejo de arrazoar na superior instancia; remessa dos autos ao tribunal *ad quem*: art. 600, § 4º
- de sentença absolutória, caso em que não terá efeito suspensivo, art. 596, parágrafo único
- de sentença absolutória; colocação do réu em liberdade, ressalva: art. 596
- sentença condenatória; efeito suspensivo; ressalva: art. 597
- de sentença de absolvição sumária: art. 416
- de sentença de impronúncia: art. 416
- de sentença; prazo: art. 392, § 2º
- despesas de translado; correção por conta de quem solicitá-lo; ressalva: art. 601, § 2º
- interposição relativa a todo o julgado, ou apenas parte deste: art. 599
- interpostas de sentenças proferidas em processos por crime a que a lei comine pena de reclusão; forma do processo e julgamento: art. 613
- prazo de cinco dias, casos: art. 593
- prazos para apresentação ao tribunal *ad quem* ou entrega ao correio: art. 602
- prazo para o apelante a apelado oferecerem razões, após a assinatura do termo de apelação: art. 600 e parágrafos
- remessa dos autos à instância superior, findos os prazos para razões; prazos: art. 601 e parágrafos
- subirá nos autos originais; translado em cartório: art. 603

APENSAMENTO
- ao processo principal, de autos de incidência de insanidade mental: art. 153

APLICAÇÃO
- analógica; admissibilidade em matéria processual penal: art. 3º
- provisória de interdições de direitos; quando poderá ser determinada: art. 373

APLICAÇÃO ANALÓGICA
- APLICAÇÃO

APONTAMENTOS
- de testemunha; consulta breve, durante o depoimento: art. 204, parágrafo único

APREENSÃO
- também BUSCA e RESTITUIÇÃO DE COISAS APREENDIDAS
- de armas e munições, instrumentos utilizados na prática de crime ou destinados a fim delituoso: art. 240, § 1º, d
- de cartas, cujo conteúdo possa ser útil à elucidação do fato: art. 240, § 1º, f
- de coisa adquirida com os proventos da infração; disposições aplicáveis: art. 121
- de coisas achadas ou obtidas por meios criminosos; busca domiciliar: art. 240, § 1º, b
- de documentos em poder do defensor do acusado; inadmissibilidade; ressalva: art. 243, § 2º
- de instrumentos de falsificação ou de contrafação e objetos falsificados ou contrafeitos; busca domiciliar: art. 240, § 1º, c
- de pessoa ou coisa; custódia da autoridade ou de seus agentes: art. 245, § 6º
- de pessoa ou coisa, efetuada em território de jurisdição alheia: art. 250

CPP

- de pessoas vítimas de crime: art. 240, § 1º, g

ARQUIVAMENTO
- da queixa; reconciliação nos crimes de calúnia e injúria: art. 522
- de inquérito policial, a requerimento do órgão do Ministério Público; razões improcedentes; remessa dos autos ao procurador-geral, pelo juiz, para decisão: art. 28
- despacho de arquivamento; não impedirá a propositura da ação civil: art. 67, I
- do inquérito, determinado pela autoridade judiciária; novas pesquisas pela autoridade policial: art. 18
- do inquérito, por autoridade policial; inadmissibilidade: art. 17

ARRESTO
- autuação em apartado: art. 138
- bens imóveis; decretação e revogação: art. 136
- bens imóveis; insuficiência ou falta; efeitos quanto aos bens móveis: art. 137
- depósito e administração dos bens arrestados: art. 139
- levantamentos; casos: art. 141
- remessa dos autos da hipoteca ou arresto ao juiz do cível; oportunidade: art. 143

ARROMBAMENTO
- de porta, na busca domiciliar; auto circunstanciado: art. 245, § 7º
- de porta, na busca domiciliar, em caso de desobediência: art. 245, §§ 2º e 4º
- de porta, para prisão do réu; será feito no período diurno: art. 293

ASCENDENTE DO OFENDIDO
- exercício do direito de queixa: art. 31
- exercício do direito de representação: art. 24, § 1º

ASSISTÊNCIA JUDICIÁRIA
- também ADVOGADO
- concessão a réu pobre, em crime de ação privada: arts. 32 e parágrafos e 806

ASSISTENTE
- intimação: art. 370, § 1º

ASSISTENTE DO MINISTÉRIO PÚBLICO
- art. 268 e 273
- admissão; audiência prévia do Ministério Público: art. 272
- admissão para atuar no plenário do júri: art. 430
- alegações orais, audiência: art. 411, § 6º
- corréu no mesmo processo; não poderá sê-lo; art. 270
- despacho que o admita ou não; descabimento de recurso: art. 273
- direitos: art. 271
- intimação da sentença: art. 391
- oferecimento de razões na apelação, após assinatura do termo; prazo: art. 600, § 1º
- prosseguimento do processo independentemente de nova intimação do: art. 271, § 2º
- provas propostas pelo assistente; decisão do juiz acerca de sua realização: art. 271, § 1º
- quem poderá ser: art. 268
- vista do processo, em crimes da competência do júri; prazo: art. 406, § 1º

ASSOCIAÇÕES
- exercício da ação penal; por quem serão representadas: art. 37
- interdição art. 773

ATENUANTES
- sentença condenatória; menção das: art. 387, I

ATESTADO DE POBREZA
- conceito de pessoa pobre: art. 32, § 1º
- prova suficiente da pobreza da parte: art. 32, § 2º

ATOS PROCESSUAIS
- de instrução ou julgamento; comportamento inconveniente do réu; prosseguimento dos: art. 796
- execução por escrivães; prazos e penalidades: art. 799
- prazos para cumprimento por juízes singulares: art. 800
- serão, em regra, públicos; onde serão realizados e quem os assistirá: art. 792 e parágrafos

ATRIBUIÇÕES DO PRESIDENTE DO TRIBUNAL DO JÚRI
- art. 497

AUDIÊNCIA(S)
- comportamento inconveniente do réu; seu prosseguimento com a assistência do defensor: art. 796
- de instrução; crimes da competência do júri: art. 411
- de julgamento, no processo sumário; quando será realizada: art. 531
- designação de dia e hora pelo juiz, no recebimento da queixa ou da denúncia: art. 399
- espectadores; não poderão manifestar-se: art. 795 e parágrafo único
- poder-se-á estar sentado durante as audiências; ressalva: art. 793 e parágrafo único
- polícia das audiências; competência: art. 794
- publicidade de que resulte escândalo, inconveniente grave ou perigo de perturbação da ordem; – realização a portas fechadas: art. 792, § 1º
- realização na residência do juiz: art. 792, § 2º
- serão, em regra, públicas; onde se realizarão; assistência: art. 792 e parágrafos
- termo em livro próprio; resumo dos fatos relevantes: art. 405

AUSÊNCIA
- do ofendido, declarada judicialmente, transmissão do direito de oferecer queixa: art. 31
- do ofendido, declarada judicialmente, transmissão do direito de representação: art. 24, § 1º
- do réu; falta de nomeação de defensor; nulidade do ato: art. 564, III, c

AUTO(S)
- circunstanciado, de busca domiciliar: art. 245, § 7º
- de busca e apreensão; vista ao Ministério Público: art. 529, parágrafo único
- de exame de corpo de delito; falta de peritos oficiais; lavratura e assinatura do; art. 179
- de inquérito policial; devolução pelo juiz à autoridade policial, a requerimento desta, pra realização de diligencias: art. 10, § 3º
- de prisão em flagrante; competência para concessão de fiança: art. 332
- de prisão em flagrante, crime praticado com escusa ou justificativa; efeitos: art. 310, parágrafo único
- de prisão em flagrante; encaminhamento ao juiz; prazo: art. 306 § 1º
- de prisão em flagrante; falta de testemunhas da infração: art. 304 § 2º
- de prisão em flagrante; lavratura: art. 304
- de prisão em flagrante; no início do processo de contravenção: art. 531
- de prisão em flagrante; remessa ao juiz, no caso de a infração ter sido praticada na presença – da autoridade de policial: art. 307
- de reconhecimento e de identidade de cadáver exumado: art. 166
- em apartado; autuação de incidentes de insanidade mental: art. 153
- em apartado; incidentes de falsidade: art. 145
- em apartado; medidas assecuratórias: art. 138
- exame em cartório, em crimes de responsabilidade dos funcionários públicos: art. 515
- extravio; responsabilidade dos causadores: art. 546
- remessa ao juiz competente: art. 419
- restauração: arts. 541 a 548
- restauração; aparecimento dos originais durante: art. 547, parágrafo único
- restaurados; validade: art. 547
- retirada do cartório; proibição, ressalva: art. 803

AUTÓPSIA
- será feita pelo menos seis horas depois do óbito; ressalva: art. 162

AUTORIDADE(S)
- também AUTORIDADES ADMINISTRATIVAS, AUTORIDADES JUDICIÁRIAS e AUTORIDADES POLICIAIS
- chefe de Polícia; recurso para ele, em caso de despacho que indeferir requerimento de abertura de inquérito: art. 5 § 2º
- competente para ordenar a restituição de coisas apreendidas: art. 120
- condenação nas custas, daquela que, por má-fé ou abuso de poder, tiver determinado a coação, em caso de *habeas corpus*: art. 653
- estrangeiras; cartas rogatórias delas emanadas; independerão de homologação: art. 784

- estrangeiras; relações jurisdicionais com a: art. 780 a 790
- exame pericial complementar de lesões corporais; por sua determinação; quando ocorrerá: art. 168
- restituição de coisas apreendidas: art. 120

AUTORIDADES ADMINISTRATIVAS

- também AUTORIDADE(S), AUTORIDADES JUDICIÁRIAS e AUTORIDADES POLICIAIS
- competência: art. 4º, parágrafo único

AUTORIDADES JUDICIÁRIAS

- também AUTORIDADE(S), AUTORIDADES ADMINISTRATIVAS e AUTORIDADES POLICIAIS
- conflito de jurisdição: art. 114
- despacho de incomunicabilidade do indiciado: art. 21, parágrafo único
- ordem de sequestro: art. 127
- ou policiais; competência em caso de prisão em flagrante ou prisão por mandado, para a concessão de fiança: art. 332
- ou policiais; expedição de portaria, na ação penal de contravenção para o início desta: art. 26
- policiais; multa, se embaraçar ou procrastinar a expedição de ordem de *habeas corpus*: art. 655
- prisão especial: art. 295, VI
- requisição do inquérito policial em crimes de ação pública: art. 5, II

AUTORIDADES POLICIAIS

- também AUTORIDADE(S), AUTORIDADES ADMINISTRATIVAS e AUTORIDADES JUDICIÁRIAS
- a elas serão comunicadas as obrigações estabelecidas na sentença: art. 768
- âmbito de atuação e finalidade: art. 4
- arquivamento de autos de inquérito; inadmissibilidade: art. 17
- atestará a pobreza da parte: art. 32, § 2º
- como procederá, ao tomar conhecimento de prática de infração penal; art. 6
- competência: art. 4, 13 e 332
- comunicação relativa a infração penal, ao Instituto de Identificação e Estatística: art. 23
- cumprimento do mandado; expedição de cópias: art. 297
- diligências em circunscrição diversa: art. 22
- e seus agentes; efetuação obrigatória de prisão em flagrante; art. 301
- inquérito em crimes de ação penal privada: art. 5, § 5º
- instauração de inquérito contra testemunha: art. 211
- interrogatório do acusado; preso em flagrante: art. 304
- interrogatório do preso em flagrante: art. 304
- nomeação de curador para indiciado menor: art. 15
- ou agentes respectivos; apreensão de pessoa ou coisa em território de jurisdição diversa: art. 250 e parágrafos
- prazo para dar nota de culpa ao preso: art. 306, § 2º
- prazo para remeter ao juiz relatório sobre a cessação ou não de periculosidade: art. 775, I
- procederá a inquérito, em caso de aplicação de medida de segurança: art. 549
- providências que tomará para efeito de exame do local onde houver sido praticada a infração penal: art. 169
- recusa ou demora na concessão da fiança: art. 335
- remessa da representação à autoridade policial, para o respectivo inquérito: art. 39, § 4º
- representação, para exame de sanidade mental do acusado: art. 149 § 1º
- sigilo quanto ao inquérito: art. 20
- suspeição: art. 107

AVALIAÇÃO

- de coisas destruídas, deterioradas ou que constituam produto do crime: art. 172 e parágrafo único

AVOCATÓRIA

- restabelecimento de jurisdição do STF, mediante: art. 117

- B -

BENS

- arrestados; depósito e administração; regime do processo civil: art. 139
- arresto; decretação de início e revogação: art. 136
- avaliação e venda em leilão público: art. 133 e parágrafo único
- imóveis do indiciado; instrução da petição de especialização da hipoteca legal: art. 135, § 1º
- imóveis do indiciado; pedido de especialização mediante requerimento; art. 135 e parágrafos
- imóveis do indiciado; requerimento de hipoteca legal pelo ofendido: art. 134
- imóveis do indiciado; sequestro: art. 125
- indícios suficientes para decretação de sequestro: art. 126
- móveis; sequestro: art. 132
- móveis suscetíveis de penhor; arresto, se o responsável não possuir imóveis: art. 137 e parágrafos
- sequestro; atuação em apartado: art. 129
- sequestro; casos de levantamento: art. 131
- sequestro; casos em que poderá ser embargado: art. 130
- sequestro; embargos de terceiros: art. 129
- sequestro; inscrição no Registro de Imóveis; art. 128
- sequestro; quando poderá ser ordenado: art. 127

BOLETIM INDIVIDUAL

- art. 809

BUSCA

- apreensão de documento em poder do defensor do acusado, quando será permitida: art. 243, § 2º
- apreensão de pessoa ou coisa em território de jurisdição alheia: art. 250 e parágrafos
- conteúdo do mandado: art. 243
- determinação de ofício ou a requerimento das partes: art. 242
- domiciliar: art. 240, § 1º
- domiciliar; auto circunstanciado: art. 245, § 7º
- domiciliar; desobediência do morador; arrombamento da porta: art. 245, § 2º
- domiciliar; expedição de mandado: art. 241
- domiciliar; será diurna; ressalva: art. 245 e parágrafos e 246
- e apreensão: arts. 240 a 250
- em casa habitada; cuidado quanto aos moradores: art. 248
- ordem de prisão; constará do texto do mandado: art. 243, § 1º
- ou apreensão; realização da diligência em crimes contra a propriedade imaterial: art. 527
- pessoal: art. 240 § 2º
- pessoal; quanto independerá do mandado: art. 244

- C -

CADÁVER(ES)

- arrecadação e autenticação de objetos úteis ao seu reconhecimento: art. 166, parágrafo único
- autópsia; quando deverá ser feita: art. 162
- dúvida sobre sua identidade; providências a tomar: art. 166
- exame externo, em caso de morte violenta; seu valor: art. 162, parágrafo único
- exumação para exame cadavérico, dia marcado pela autoridade e lavratura de auto – circunstanciado: art. 163
- fotográficas; requisito: art. 164

CALÚNIA

- e injúria; processo e julgamento: art. 519 a 523

CANCELAMENTO DE HIPOTECA

- também HIPOTECA LEGAL
- em caso de absolvição ou extinção da punibilidade: art. 141

CAPTURA

- requisição por qualquer meio de comunicação: art. 299
- requisição por via telefônica: art. 299

CARCEREIRO

- multa, se embaraçar ou procrastinar expedição de ordem de *habeas corpus*: art. 655
- recibo de entrega de preso: art. 288, *in fine*, e parágrafo único

CARTA(S)

- expedição em juízo, pelo destinatário; desnecessidade de consentimento do signatário: art. 233, parágrafo único
- falta de entrega pelo escrivão: art. 642
- não terá efeito suspensivo: art. 646
- particulares; interceptação ou obtenção por meios criminosos; inadmissibilidade em juízo: art. 233
- prazo para requerê-la: art. 640

CPP

- quando será dada: art. 639

CARTA PRECATÓRIA
- também CARTA(S), CARTA ROGATÓRIA e CARTA TESTEMUNHÁVEL
- inquirição de testemunha: art. 222 e parágrafos
- para inquirição de testemunha; não suspenderá a instrução criminal: art. 222 § 1º, e 353 e 356

CARTA ROGATÓRIA
- também CARTA(S), CARTA PRECATÓRIA e CARTA TESTEMUNHÁVEL
- arts. 222-A, 783 a 786
- acompanhadas de tradução em língua nacional; *exequatur* e cumprimento: art. 784, § 1º
- citação do réu no estrangeiro: art. 368
- contrária a ordem pública e aos bons costumes: art. 781
- cumprimento: art. 783
- devolução posterior as diligências; art. 785
- emanadas de autoridades estrangeiras competentes; não dependerão de homologação: art. 784

CARTA TESTEMUNHÁVEL
- também CARTA(S), CARTA PRECATÓRIA e CARTA ROGATÓRIA
- art. 639 a 646
- prazo de entrega pelo escrivão: art. 641
- processo e julgamento: art. 643

CAUÇÃO
- prestação por terceiro; levantamento do sequestro: art. 131, II
- suficiente para impedir inscrição de hipoteca legal: art. 135 § 6º

CHEFES DE POLÍCIA
- isenção do serviço do júri: art. 436, parágrafo único, VII
- julgamentos dos; competência: art. 87
- prisão especial: art. 295, II
- recurso para o chefe, em caso de indeferimento de abertura de inquérito: art. 5 § 2º

CIRCUNSTÂNCIAS AGRAVANTES
- AGRAVANTES

CIRCUNSTÂNCIAS ATENUANTES
- ATENUANTES

CITAÇÃO(ÕES)
- arts. 351 a 369
- com hora certa; ocultação do réu: art. 362
- devolução da precatória ao juiz deprecante: art. 355
- do acusado para responder a acusação: art. 406
- do interessado, para deduzir embargos, em caso de requerimento de homologação de sentença estrangeira: art. 789, § 2º
- do militar: art. 358
- edital; indicações: art. 365 e parágrafo único
- estrangeira: art. 368
- inicial; mandado: art. 351
- mediante carta rogatória; réu no estrangeiro; infração inafiançável: art. 368
- mudança de residência ou ausência desta, pelo réu; obrigações do réu: art. 367
- ocultação do réu; devolução da precatória: art. 355, § 2º
- por edital: arts. 363 e 364
- por edital; de réu não encontrado: art. 361 e 363, § 1º
- por mandado; requisitos: art. 357
- por precatória: art. 353
- por precatória; conteúdo desta: art. 354
- precatória; expedição por via telegráfica: art. 356
- revelia, em caso de não comparecimento a ato processual: art. 366

COAÇÃO
- ilegal, na liberdade de ir e vir; *habeas corpus*; ressalva: art. 647
- irresistível, absolvição do réu: art. 386, VI
- legal: art. 648
- má-fé e abuso de poder pela autoridade; condenação nas custas: art. 653 e parágrafo único

COAUTORIA
- recurso interposto por um dos réus, quando aproveitará aos outros: art. 580

CÓDIGO DE PROCESSO PENAL
- casos de inaplicabilidade; ressalva: art. 1 e parágrafo único
- interpretação extensiva e aplicação analógica; admissibilidade: art. 3
- suplemento dos princípios gerais de direito: art. 3
- vigência; início: art. 810

COISA JULGADA
- exceção de; admissibilidade: ART. 95, V
- exceção de; aplicação do disposto sobre exceção de incompetência do juízo: art. 110
- exceção de; oposição ao fato principal: Art. 110, § 2º
- no cível; sentença penal: art. 65

COISAS
- adquiridas com os proventos da infração; disposição aplicável: art. 121
- apreendidas; dúvida sobre a identidade do verdadeiro dono; como procederá o juiz: art. 120, § 4º
- apreendidas; perda em favor da União, venda em leilão e recolhimento ao Tesouro Nacional do que não coube ao lesado ou a terceiro de boa-fé: art. 122
- apreendidas; restituição: art. 118 a 124

COMPETÊNCIA
- conexão e continência; unidade de processo e julgamento; ressalva: art. 79 e parágrafos
- conflito de jurisdição: art. 114
- disposições especiais: art. 88 a 91
- em crimes praticados a bordo de aeronave nacional ou estrangeira dentro do espaço aéreo brasileiro: art. 90
- jurisdicional; elementos que a determinarão: art. 69
- no processo e julgamento de crimes cometidos em qualquer embarcação nas águas territoriais da República, ou rios e lagos fronteiriços, e a bordo de embarcação nacionais, em alto-mar: art. 89
- no processo por crimes praticados fora do território brasileiro: art. 88
- originária dos Tribunais de Apelação: art. 87
- pela natureza da infração: art. 74 e parágrafos
- pela natureza da infração; desclassificação do crime; remessa do processo ao juiz competente: art. 74, § 3º
- pela natureza da infração; desclassificação do crime; remessa do processo ao juiz competente, ou prorrogação da mesma: art. 74, § 2º
- pela natureza da infração; leis que regularão; ressalva: art. 74
- pela prerrogativa de função: arts. 84 a 87
- pela prerrogativa de função; processos por crime contra a honra: art. 85
- pela prerrogativa de função; será do STF, do STJ, do TRF, e do TJ; crimes comum e de responsabilidade: art. 84 §§ 1º e 2º
- pelo domicílio ou residência do réu: art. 72 e 73
- pelo lugar da infração: art. 70 e 71
- por conexão; determinação; art. 76
- por conexão e continência; separação facultativa dos processos: art. 80
- por conexão e continência: art. 76 a 82
- por conexão e continência; instauração de processo diferente; como procederá a autoridade de jurisdição prevalente: art. 82
- por conexão e continência; reconhecida inicialmente ao júri; desclassificação da infração, impronúncia ou desclassificação do acusado excluindo a competência do júri; remessa do processo ao juízo competente: art. 81, parágrafo único
- por conexão ou continência; regra a observar: art. 78
- por conexão ou continência; reunião dos processos; sentença absolutória ou que desclassifique a infração para outra não incluída na competência do juiz ou tribunal, efeitos: art. 81
- por continência; determinação: art. 77
- por distribuição: art. 75 e parágrafo único
- por distribuição: art. 75 e parágrafo único
- por prevenção: art. 83
- prevenção: art. 91
- privativa do STF, para processo e julgamento: art. 86

COMPROMISSO
- de peritos não oficiais, em exame de corpo de delito e outras perícias: art. 159 § 2º
- de testemunha: art. 203 e 208
- para servir como testemunha; não se deferirá a doentes, deficientes mentais e menores de quatorze anos: art. 208

CONCURSO
- de jurisdição entre autoridades policiais: art. 22
- de jurisdições de diversas categorias: art. 78, III
- de jurisdições de igual categoria: art. 78, II

- entre competência do júri e de outro órgão de jurisdição comum: art. 78, I
- entre a jurisdição comum e a especial: art. 78, IV
- formal e material; determinação da competência: art. 77, II

CONCURSO FORMAL E MATERIAL
- CONCURSO

CONDUÇÃO
- de acusado intimado para interrogatório: art. 260
- de perito faltoso: art. 278
- de réu preso em flagrante delito; serão ouvidos condutor e testemunhas; lavratura de auto: art. 304
- de testemunha intimada a depor: art. 218

CONDUTOR
- do agente apanhado em flagrante delito; será ouvido, juntamente com as testemunhas: art. 304

CONEXIDADE OU CONEXÃO DE CRIMES
- COMPETÊNCIA

CONFISCO
- de instrumentos e produtos do crime: art. 779

CONFISSÃO
- art. 197 a 200
- divisibilidade: art. 200
- do acusado; não suprirá o exame de corpo de delito, quando a infração deixar vestígios: art. 158
- feita fora do interrogatório; será tomada por termo nos autos: art. 199
- retratilidade: art. 200
- seu valor; aferição: art. 197
- silêncio do acusado: art. 198

CONFLITO DE JURISDIÇÃO
- art. 113 a 117
- decisão na primeira sessão; ressalva: art. 116, § 5º
- decisão proferida; envio de cópias às autoridades, pra sua execução: art. 116, § 6º
- jurisdição do STF; restabelecimento mediante precatória: art. 117
- negativo; poderá ser suscitado nos próprios autos do processo: art. 116, § 1º
- por quem poderá ser suscitado: art. 115
- positivo; distribuição do feito; suspensão imediata do andamento do processo determinada pelo relator: art. 116, § 2º
- positivo ou negativo; resolução de questões atinentes à competência: art. 113
- quando ocorrerá: art. 114
- representação de juízes e tribunais e requerimento da parte interessada: art. 116

CONSELHO DE SENTENÇA
- também QUESITOS E VOTAÇÃO
- conhecer mais de um processo no mesmo dia: art. 452
- impedimento: arts. 448 e 450
- questionário e votação: arts. 482 e 491

CONSULTA DOS AUTOS
- também AUTO(S)

CONTESTAÇÃO
- de exceção da verdade ou da notoriedade do fato imputado; prazo: art. 523
- dos embargos à homologação de sentença estrangeira: art. 789, § 5º

CONTRAFÉ
- entrega ao réu; requisito da citação por mandado: art. 357, I

CONTRARIEDADE
- intimação de testemunhas arrolados, nulidade, se falar: art. 564, III, h

CONTRAVENÇÕES
- início da ação penal: art. 26
- prisão em flagrante; disposições aplicáveis: art. 532
- processo respectivo; prazo para oferecer razões: art. 600
- processo respectivo; terá forma sumária: art. 531
- remessa dos autos ao juiz competente; prazo: art. 535, *in fine*

CONVENÇÕES INTERNACIONAIS
- inaplicabilidade do Código de Processo Penal: art. 1, I

CORRÉU
- não poderá intervir como assistente do Ministério Público no mesmo processo: art. 270

CRIME(S)
- afiançáveis; autuação da denúncia ou queixa e notificação do acusado; prazo para resposta escrita deste: art. 514
- classificação, na denúncia ou queixa: art. 41
- contra a honra; querelantes sujeitos à jurisdição do STF e Tribunais de Apelação; competência para o julgamento: art. 85
- contra a propriedade imaterial; processo e julgamento: arts. 524 a 530
- de ação pública; verificação em autos ou papéis por juízes ou tribunais; remessa de cópias e documentos ao Ministério Público, para oferecimento da denúncia: art. 40
- de calúnia e injúria, de competência do juiz singular; processo e julgamento: art. 519 a 523
- de competência do júri; processo: art. 406 a 497
- de imprensa; lei especial: art. 1, V
- de responsabilidade dos funcionários públicos; processo e julgamento: arts. 513 a 518
- inafiançáveis: art. 323

CUMPRIMENTO DO DEVER LEGAL
- ESTRITO CUMPRIMENTO DO DEVER LEGAL

CURADOR
- aceitação de perdão pelo curador, se o querelado for mentalmente enfermo ou retardado mental: art. 53
- ao acusado menor: art. 262
- ao indiciado menor, nos inquéritos policiais: art. 15
- ao menor de vinte e um anos: falta de nomeação; nulidade: art. 564, III, c
- especial; casos em que será nomeado para o exercício do direito de queixa: art. 33
- exame de sanidade mental do acusado; nomeação de: art. 149, § 2º
- irresponsabilidade do acusado ao tempo da infração; prosseguimento do processo com a presença do: art. 151
- para a defesa, quando falecer a pessoa cuja condenação tenha de ser revista: art. 631

CUSTAS
- condenação da autoridade coatora por má-fé ou abuso de poder: art. 653
- condenação do vencido, na sentença ou acórdão: art. 804
- contagem e cobrança: art. 805
- depósito em cartório; será necessário em casos de ações intentadas mediante queixa; ressalva: art. 806
- dinheiro ou objetos dados em fiança; ficarão sujeitos ao pagamento das custas, em caso de condenação do réu: art. 336
- em dobro; responsabilidade de quem causar o extravio de autos: art. 546
- falta de pagamento; efeitos: art. 806, § 2º
- suspeição procedente; pagamento pelo juiz, em caso de erro inescusável: art. 101

CUSTÓDIA DO RÉU
- em caso de dúvida sobre a legitimidade da pessoa do executor ou sobre a legalidade do mandado respectivo: art. 290, § 2º

– D –

DATILOGRAFIA
- das peças do inquérito policial; rubrica pela autoridade: art. 9
- no laudo do exame de corpo de delito; rubrica pelos peritos: art. 179, parágrafo único
- sentença datilografia; rubrica das folhas pelo juiz: art. 388

DEBATES
- Tribunal do Júri: arts. 476 e 481

DECADÊNCIA
- do direito de queixa ou representação; prazo: art. 38

DECLINATÓRIA DE FORO
- EXCEÇÕES

DEFENSOR
- também ADVOGADO
- arts. 261 A 267
- constituído; intimação: art. 370, § 4º
- de acusado cuja residência não seja conhecida ou que se ache fora da jurisdição do juiz: art. 514, parágrafo único
- nomeado; intimação: art. 370, § 4º

DEFESA
- inquirição de testemunhas; independência da: art. 396
- interdições de direitos; aplicação provisória posterior à sua apresentação: art. 373, I
- pagamento prévio das custas; ressalva: art. 806, § 1º
- prazo destinado à defesa; não comparecimento

do réu: art. 396, parágrafo único
- prazo destinado à, em caso de reconhecimento de possibilidade de nova definição jurídica do fato, pelo juiz: art. 384
- prévia, em crimes de responsabilidade de funcionários públicos: art. 514 e parágrafo único
- sua falta na sessão de julgamento acarretará nulidade: art. 564, III, l

DELEGADO DE POLÍCIA
- AUTORIDADE(S)

DENÚNCIA
- aditamento, na possibilidade de nova definição jurídica: art. 384
- crimes contra a propriedade imaterial; sua instrução com exame pericial, no caso do crime haver deixado vestígio: art. 525
- elementos: art. 41
- inquérito policial; quando acompanhará a: art. 25
- nos crimes de ação pública: art. 24
- nos crimes de responsabilidade dos funcionários públicos; instrução da: art. 513
- nulidade; na sua falta: art. 564, III, a
- omissões; suprimento antes da sentença final: art. 569
- prazo para o seu oferecimento, no caso de dispensa do inquérito: art. 39, § 5º
- prazo para seu oferecimento; réu preso, solto ou afiançado: art. 46
- recebimento pelo juiz; citação do acusado para resposta: art. 396
- recebimento pelo juiz; designação de dia e hora para a audiência: art. 399
- recurso em sentido estrito da decisão, despacho ou sentença que não recebê-la: art. 581, I
- rejeição: art. 395

DEPOIMENTO DE TESTEMUNHA
- redução a termo; assinatura a rogo: art. 216
- registro: art. 405, § 1º
- reprodução fiel na redação: art. 215
- será oral: art. 204

DEPOIMENTO ESCRITO
- opção por autoridades: art. 221, § 1º

DEPOSITÁRIO
- de coisas apreendidas, em caso de dúvida sobre quem seja o verdadeiro dono: art. 120, § 4º
- público; entrega e ele do valor em que consistir a fiança: art. 331 e parágrafo único

DESEMBARGADOR(ES)
- inquirição em local, dia e hora previamente ajustados: art. 221
- processo e julgamento dos desembargadores; competência: art. 86, III
- relator; suspeição; como deve proceder: art. 103 e parágrafos
- suspeição, declaração nos autos: art. 103 e parágrafos

DESENTRANHAMENTO
- de documento reconhecido como falso; requisito: art. 145, IV
- de prova; ilícita: art. 157, § 3º

DESERÇÃO
- de recurso interposto, em caso de falta de pagamento dos custas: art. 806, § 2º

DESISTÊNCIA
- da ação penal pelo Ministério Público; inadmissibilidade: art. 42
- irretroabilidade da representação, após oferecimento da denúncia: art. 25

DESOBEDIÊNCIA
- à ordem judicial de apresentação do detido; efeitos: art. 656, parágrafo único
- de morador, em busca domiciliar; arrombamento da porta: art. 245, § 2º
- processo penal pelo crime respectivo; imposição a testemunha faltosa: art. 219
- retirada da sala de audiências ou sessões, dos espectadores desobedientes: art. 795, parágrafo único

DESPACHO SANEADOR
- no processo sumário: art. 358

DESTINATÁRIO
- exibição de cartas em juízo: art. 233, parágrafo único

DETENTOR
- declarará à ordem de que o paciente estiver preso: art. 658
- ordem de soltura; por ofício ou telegrama: art. 665
- prisão e processo, pela não apresentação de paciente em *habeas corpus*: art. 656, parágrafo único

DILIGÊNCIA
- devolução do inquérito a autoridade policial, para complementação das: art. 16
- imprescindível; ausência de alegações finais: art. 404
- realizadas na instrução preliminar; crimes da competência do júri: art. 410
- requerimento pelo Ministério Público, pelo querelante ou pela defesa: art. 402
- requerimento pelo ofendido ou seu representante, ou pelo indiciado: art. 14
- requisição pelo juiz ou pelo Ministério Público; a quem caberá realizá-las: art. 13, II
- requisição pelo Ministério Público, para a ação penal: art. 47

DIPLOMADOS EM ESCOLAS SUPERIORES
- recolhimento a quartéis ou prisão especial: art. 295, VII

DIREITO DE REPRESENTAÇÃO
- REPRESENTAÇÃO

DIREITO INTERNACIONAL PRIVADO
- citação mediante carta rogatória: art. 368
- sentença penal estrangeira; homologação; requerimento: art. 790

DISTRIBUIÇÃO
- competência por: art. 75 e parágrafo único

DIVERGÊNCIA DE DEPOIMENTOS
- DEPOIMENTO DE TESTEMUNHAS E ACAREAÇÃO

DOCUMENTO(S)
- art. 231 a 238
- cartas; exibição em juízo pelo destinatário; art. 233, parágrafo único
- cartas particulares interceptadas ou obtidas por meios criminosos; inadmissibilidade em juízo: art. 233
- em língua estrangeira; tradução: art. 236
- exame pericial de letra e firma: art. 235
- fotografia devidamente autenticada; valor do original: art. 232, parágrafo único
- o que será considerado como tal: art. 232
- originais junto a processo findo; entrega à parte: translado nos autos: art. 238
- públicas-formas; requisito para validade: art. 237
- quando poderão ser apresentados; ressalva: art. 231
- reconhecimento como falso; rubrica do juiz e escrivão, antes de ser desentranhado: art. 145, IV
- relativo a ponto relevante da acusação ou da defesa; juntada *ex officio* aos autos: art. 234

DOENÇA
- do acusado ou indiciado; prisão domiciliar: art. 318, II
- do defensor; substituição deste: art. 403, terceira parte
- do réu; deslocamento do juiz até o local, para a instrução criminal: art. 403
- do réu ou defensor; demora na instrução criminal: art. 403
- mental do acusado, superveniente à infração; suspensão do processo: art. 152 e parágrafos

DOMICÍLIO
- inviolabilidade: art. 283, § 2º

DOMINGOS E FERIADOS
- atos processuais que poderão ser praticados nesses dias: art. 797
- exame de corpo de delito em: art. 161
- julgamentos iniciados em dia útil: art. 797
- prazos; ininterrupção em: art. 798
- prorrogação de prazo terminado em: art. 798, § 3º
- sessão de julgamento; não serão marcadas para tais dias: art. 797

– E –

EDITAL
- também CITAÇÃO(ÕES)
- citação do querelante, assistente ou advogado; prazo: art. 391
- intimação da sentença; prazo para apelação; contagem: art. 392, § 2º
- prazo; imposição de pena privativa de liberdade por tempo igual ao superior a um ano: art. 392, § 1º

EFEITO SUSPENSIVO
- carta testemunhável: art. 646

- da apelação de sentença condenatória; ressalva: art. 597
- recurso em sentido estrito: art. 584
- recurso extraordinário: art. 637

EMBARCAÇÕES
- também ÁGUA TERRITORIAIS e ALTO-MAR
- crimes praticados em águas territoriais da República, rios e lagos fronteiriços, ou em alto-mar; – competência para processo e julgamento: art. 89 a 91

EMBARGOS
- à homologação de sentença estrangeira: art. 789, §§ 2º a 5º
- de declaração; como serão deduzidos: art. 620 e parágrafos
- de declaração; prazo: art. 619
- de declaração: requisitos: art. 620 § 2º
- de sequestro de bens imóveis: art. 130 e parágrafo único
- de terceiro, em caso de sequestro de bens imóveis: art. 129
- infringentes e de nulidade; cabimento e prazo: art. 609, parágrafo único
- julgamento pelos Tribunais de Justiça câmaras e turmas criminais: art. 609

EMBRIAGUEZ
- isenção de pena: art. 386, VI

EMENDATIO LIBELLI
- art. 383

EMPATE
- na votação de *habeas corpus*: art. 664, parágrafo único
- no julgamento de recursos; voto de desempate ou prevalência de decisão mais favorável ao réu: art. 615, § 1º

ENFERMIDADE
- DOENÇA

ERRO
- de fato; isenção de pena: art. 268, VI
- na execução; determinação da competência pela continência: art. 77, II

ESCALADA
- crimes praticados por meio de escalada; fornecimento de dados pelos peritos: art. 171

ESCRITOS
- reconhecimento mediante exame: art. 174

ESCRIVÃO(ÃES)
- afixação de edital à porta do edifício onde funciona o juízo; certidão respectiva a ser feita pelo: art. 365, parágrafo único
- assistência às audiências, sessão e atos processuais: art. 792
- carta testemunhável; requerimento dirigido ao: art. 640
- envio dos autos ao juízo ou ao órgão do Ministério Público, no dia que assinar termo de conclusão ou de vista; sanção, caso não o faço: art. 800, § 4º
- falta ou impedimento do mesmo, ou de seu substituto; nomeação de pessoa idônea: art. 808
- intimações feitas por: art. 370, § 3º
- lavratura de auto de prisão em flagrante: art. 305
- multa e penas em que incorrerá, se embaraçar ou procrastinar expedição de ordem de *habeas corpus*: art. 655
- notificação de obrigações e sanções ao réu e a quem prestar a fiança: art. 392, parágrafo único
- prazo para a conclusão dos autos ao juiz, se interposto por termo o recurso: art. 578, § 3º
- prazo para dar reconhecimento da sentença ao órgão do Ministério Público: art. 390
- prazo para entrega de carta testemunhável: art. 641
- prazo para execução de atos determinados em lei ou ordenados pelo juiz: art. 799
- prazos; terminação; será certificada pelo: art. 798, § 2º
- prorrogação de prazo para extração de translado: art. 590
- publicação de edital; prova mediante certidão fornecida pelo: art. 365, parágrafo único
- registro de sentença pelo: art. 389, *in fine*
- retirada de autos de cartório; responsabilidade: art. 803
- sentença; publicação em mão do escrivão; lavratura de termo nos autos: art. 389
- suspensão: art. 642
- valor da fiança; entrega ao escrivão, nos lugares onde o depósito não possa ser feito de pronto: art. 331, parágrafo único

ESPECTADORES DE AUDIÊNCIA E SESSÕES
- não poderão manifestar-se: art. 795
- poderá estar sentados durante as audiências e sessões; ressalva: art. 793

ESTADO CIVIL
- controvérsia a respeito; suspensão da ação penal: art. 92

ESTADO DE NECESSIDADE
- coisa julgada no cível: art. 65
- liberdade provisória: art. 310, parágrafo único
- prisão preventiva; não será decretada: art. 314
- sentença absolutória; menção a tal circunstância: art. 386, VI

ESTATÍSTICA JUDICIÁRIA CRIMINAL
- também INSTITUTO DE IDENTIFICAÇÃO E ESTATÍSTICA
- atribuição do Instituto de Identificação e Estatística: art. 809
- terá por base o boletim individual: art. 809

ESTRITO CUMPRIMENTO DO DEVER LEGAL
- absolvição; menção de tal circunstância: art. 386, VI
- fato praticado nesta circunstância; concessão de liberdade provisória: art. 310, parágrafo único
- fato praticado nesta circunstância; não será decretada prisão preventiva: art. 314
- sentença penal que reconheça tal circunstância; coisa julgada no cível: art. 65

EXAMES
- também PERÍCIA(S)
- cadavérico; exumação; auto circunstanciado da diligência: art. 163
- complementar, em caso de lesões corporais: art. 168 e parágrafos
- complementar, em caso de lesões corporais; suprimento ela prova testemunhal: art. 168, § 3º
- de corpo de delito; compromisso de peritos não oficiais: art. 159, § 2º, e 179
- de corpo de delito; descrição minuciosa e resposta a quesitos, pelos peritos: art. 160
- de corpo de delito direito ou indireto; necessidade sua; quando haverá: art. 158
- de corpo de delito e perícias em geral: arts. 158 a 184
- de corpo de delito e perícias em geral: arts. 158 a 184
- de corpo de delito; inobservância de formalidade, omissões, obscuridades e contradições; providências que tomará a autoridade: art. 181
- de corpo de delito; juntada de documentos ao laudo respectivo, para representar lesões encontradas no cadáver: art. 165
- de corpo de delito; não poderá ser negado às partes: art. 184
- de corpo de delito; nulidade, na sua falta: art. 564, III, b
- de corpo de delito; perito desempatador que divirja dos demais; art. 180, *in fine*
- de corpo de delito; peritos oficiais: art. 159 e parágrafos
- de corpo de delito; prazo e prorrogação respectiva, para os peritos formarem juízo seguro ou fazerem relatório: art. 160, parágrafos único
- de corpo de delito; prazo para a formulação de quesitos: art. 176
- de corpo de delito; prioridade: art. 158, parágrafo único
- de corpo de delito; suprimento por prova testemunhal: art. 167
- de instrumentos empregados na prática da infração: art. 175
- do local da prática da infração; providências que tomará a autoridade: art. 169
- externo do cadáver; quando será suficiente: art. 162, parágrafo único
- médico-legal do acusado; duração: art. 150 e § 1º
- médico-legal do acusado; onde será realizado: art. 150 e parágrafos
- médico-legal do acusado; em caso de dúvida sobre a integridade mental do acusado: art. 149 e parágrafos
- médico-legal; entrega de autos aos peritos: art. 150
- médico-legal; nomeação de curador ao acusado: art. 149, § 1º
- para reconhecimento de escritos, por comparação de letra; disposições aplicáveis: art. 174
- para verificação da cessação de periculosidade; quando será determinado: art. 777

- perícias na restauração de autos; repetição: art. 543, II
- pericial de letra e firma de documentos particulares: art. 235
- por precatória; local de nomeação dos peritos: art. 177 e parágrafo único
- por precatória; transcrição de quesitos: art. 177, parágrafo único

EXCEÇÕES
- também COISA JULGADA, ILEGITIMIDADE DA PARTE, INCOMPETÊNCIA DO JUÍZO e LITISPENDÊNCIA
- arts. 95 a 111
- andamento da ação penal; não será suspenso, em regra: art. 111
- arguição de suspeição; precedência; ressalva: art. 96
- autos apartados: art. 111
- crimes da competência do júri; processadas em apartado: art. 407
- da verdade; crimes contra a honra; competência; art. 85
- da verdade ou da notoriedade do fato imputado; prazo para a contestação: art. 523
- declaração de incompetência pelo juiz; será feita nos autos, com ou sem alegação da parte: art. 109
- declinatória do foro aceita com audiência do Ministério Público; envio do feito ao juízo competente: art. 108, § 1º
- de coisa julgada; disposição aplicável: art. 110
- de coisa julgada; requisito para ser oposta: art. 110, § 2º
- de ilegitimidade da parte; disposições aplicáveis: art. 110
- de incompetência do juízo; disposições aplicáveis às de litispendência, ilegitimidade de parte e de coisa julgada: art. 110
- de incompetência do juízo; forma e prazo: art. 108 e parágrafos
- de incompetência do juízo; recurso em sentido estrito: art. 581, II
- de litispendência; disposições aplicáveis: art. 110
- de suspeição; ressalva quanto ao recurso em sentido estrito: art. 581, III
- incidente de suspeição; julgamento; sustação do processo principal a requerimento da parte contrária: art. 102
- oposição de várias, numa só petição ou articulado: art. 110, § 1º
- que poderão ser opostas: art. 95
- recurso cabível, quando julgadas procedentes; ressalva: art. 581, III
- suspeição; afirmação espontânea pelo juiz; será por escrito: art. 97
- suspeição; arguição pela parte; disposições aplicáveis: art. 103, § 3º
- suspeição às autoridades policiais nos autos do inquérito; inadmissibilidade; ressalva: art. 107
- suspeição; declaração na sessão de julgamento, com registro em ata: art. 103, § 1º
- suspeição de peritos, intérpretes, serventuários ou funcionários da justiça; arguição pelas partes; decisão do juiz: art. 105
- suspeição do órgão do Ministério público; arguição; decisão pelo juiz: art. 104
- suspeição do presidente do tribunal; designação do dia e presidência do julgamento por substituto: art. 103 § 2º
- suspeição dos jurados; arguição oral e decisão: art. 106
- suspeição julgada procedente; efeitos: art. 101
- suspeição manifestamente improcedente: art. 100 § 2º
- suspeição não aceita pelo juiz; como este procederá: art. 100 e parágrafos
- suspeição não reconhecida; julgamento pelo tribunal pleno: art. 103 § 4º
- suspeição; reconhecimento pelo juiz; como este procederá: art. 99

EXCLUSÃO DE CRIME
- reconhecimento na absolvição do réu: art. 386, VI

EXECUÇÃO
- arts. 668 a 779
- no cível, para reparação de dano; trânsito em julgado da sentença condenatória: art. 63
- pobreza do titular do direito; promoção pelo Ministério Público: art. 68

EXEQUATUR
- de cartas rogatórias: arts. 784, §§ 1º e 3º, e 786

EXERCÍCIO REGULAR DO DIREITO
- coisa julgado no cível: art. 65
- liberdade provisória: art. 310, parágrafo único
- menção na sentença absolutória: art. 386, VI
- prisão preventiva; inadmissibilidade: art. 314

EXTINÇÃO DA PUNIBILIDADE
- ação civil; propositura, em caso de: art. 67, II
- cancelamento da hipoteca: art. 141
- concessão da anistia: art. 742
- concessão de graça: art. 738
- concessão de *habeas corpus*: art. 648, VII
- concessão de indulto: art. 741
- levantamento de arresto em virtude da: art. 141
- levantamento do sequestro em virtude da: art. 131, II
- morte do acusado; requisito a ser tendido pelo juiz: art. 62
- perdão; aceitação; reconhecimento da: art. 58
- recurso cabível da decisão que a julgar: art. 581, VIII
- recurso cabível da decisão que indefira pedido de reconhecimento de causa relativa a: art. 581, IX

EXUMAÇÃO
- auto circunstanciado da diligência: art. 163
- cadáveres; forma de fotografá-los: art. 164
- dúvida quanto à identidade do cadáver: art. 166

- F -

FALECIMENTO
- também MORTE e ÓBITO
- do querelante; perempção da ação penal: art. 60, II

FALSIDADE
- arguição; poderes especiais: art. 146
- de documento constante dos autos; arguição escrita; processo que observará o juiz: art. 145
- de testemunhas; advertência pelo juiz, quanto às penas: art. 210
- incidente de: art. 145 e 148
- incidente de; cabimento de recurso de decisão a respeito: art. 581, XVIII
- remessa de documento ao Ministério Público: art. 145, IV
- verificação de ofício: art. 147

FALSO TESTEMUNHO
- advertência pelo juiz: art. 210
- em plenário de julgamento; apresentação da testemunha à autoridade policial: art. 211, parágrafo único
- reconhecimento pelo juiz; instauração do inquérito: art. 211
- revisão criminal, em caso de: art. 621, II

FÉRIAS FORENSES
- atos processuais que nelas poderão ser praticados: art. 797
- ininterrupção dos prazos: art. 798

FIANÇA
- arbitramento de seu valor no *habeas corpus*: art. 660 § 3º
- concessão pela autoridade policial; casos que a autorização: art. 322, *caput*
- crimes em que não será concedida: art. 323
- cumulação com outra medida cautelar: art. 319, § 4º
- distribuição para o efeito de sua concessão; prevenirá a da ação penal: art. 75, parágrafo único
- *habeas corpus*: art. 648, V
- limites de fixação: art. 325
- mandado de prisão; declaração de valor da: art. 285, parágrafo único, d
- medida cautelar diversa da prisão: art. 319, VIII
- perda; recursos com efeito suspensivo: art. 584
- quebramento; consequências: art. 343
- quebramento daquela anteriormente concedida; efeitos: art. 324, I
- quebramento, em caso de descumprimento de medida cautelar imposta: art. 341, III
- quebramento, em caso de mudança de residência ou ausência sem prévia autorização: art. 328
- quebramento, em caso de não atendimento de intimação: art. 327 e 341, I
- quebramento, em caso de obstrução ao andamento de processo: art. 341, II
- quebramento, em razão de prática de outra infração penal dolosa: art. 341, V
- quebramento, em caso de resistência a ordem judicial: art. 341, IV
- quebramento; reforma de julgamento; efeitos: art. 342
- recurso cabível da decisão, despacho ou sentença que

a conceder, negar, arbitrar, cassar ou julgar inidônea: art. 581, V
- recurso cabível da decisão, despacho ou sentença que a julgar quebrado ou perdido seu valor: art. 581, VII
- recurso em sentido estrito: art. 581, V
- requerimento ao juiz para sua concessão: art. 322, parágrafo único
- verificação da situação econômica do preso: art. 350

FLAGRANTE
- PRISÃO EM FLAGRANTE

FOLHA DE ANTECEDENTES
- INSTITUTO DE IDENTIFICAÇÃO E ESTATÍSTICA

FORAGIDO
- também FUGA
- não será processado ou julgado sem defensor: art. 261

FORÇA
- emprego de força, com arrombamento das portas da casa onde se oculte o réu: Art. 293
- emprego de força, se houver resistência ou tentativa de fuga do réu: art. 284

FORÇA MAIOR
- citação por edital, quando inacessível o lugar onde se encontra o réu art. 366

FORMAÇÃO DA CULPA
- INSTRUÇÃO CRIMINAL

FORO ESPECIAL
- também COMPETÊNCIA
- crimes de responsabilidade do Presidente da República, e dos ministros de Estado e do STF: art. 1, II

FOTOGRAFIA(S)
- de lesões encontradas no cadáver: art. 165
- do local da infração: art. 169
- ilustração de laudos nas perícias: art. 170

FUGA
- de sentenciado; comunicação ao juiz pelo diretor da prisão: art. 683
- do réu; captura independentemente de ordem judicial: art. 684
- do réu; unidade do processo não implica a do julgamento: art. 79, § 2º

FUNCIONÁRIOS
- também SERVENTUÁRIO DA JUSTIÇA
- da justiça; erro, falta ou omissão quanto a recursos; estes não serão prejudicados: art. 575
- da justiça; suspeição; disposições aplicáveis: art. 274
- públicos; comparecimento em juízo; notificação ao chefe da repartição: art. 359
- públicos; depoimento como testemunha; comunicação do mandado ao chefe da repartição: art. 221, § 3º
- públicos; processo e julgamento dos crimes de sua responsabilidade: arts. 513 a 518

FUNDAÇÕES
- exercício da ação penal; por quem serão representadas: art. 37

FUNDO PENITENCIÁRIO
- fiança perdida pelo acusado; reconhecimento do saldo: art. 345
- fiança quebrado pelo acusado; reconhecimento do saldo: art. 346

- G -

GOVERNADOR(ES)
- inquirição em local; dia e hora ajustados com o juiz: art. 221
- julgamento; competência originária: art. 87
- prisão especial: art. 295, II

GRAÇA
- arts. 734 a 740

GRAFOSCOPIA
- documentos de autenticidade contestada: art. 235
- exame para reconhecimento de escritos, por comparação de letra: art. 174
- laudo; aceitação ou não pelo juiz: art. 182

- H -

HABEAS CORPUS
- alvará de soltura; expedição pelo telégrafo, quando ocorrerá: art. 660, § 6º
- apresentação de paciente preso; ressalva: art. 657 e parágrafo único
- apresentação imediata do paciente ao juiz: art. 656
- cabimento; ressalva: art. 647
- cessação da violência ou coação ilegal; pedido prejudicado: art. 659
- coação; quando se considerará legal: art. 648
- competência originária do Tribunal de Apelação; destino da petição: art. 661
- competência originária para o reconhecimento do pedido: art. 650
- concedido em virtude de nulidade do processo; renovação deste: art. 652
- concessão; não obstará nem porá termo ao processo; ressalva: art. 651
- condenação nas custas da autoridade que tiver determinado a coação por má-fé ou abuso de poder: art. 653 e parágrafo único
- contra prisão administrativa de responsáveis por dinheiro ou valor pertencente à Fazenda Pública; descabimento; ressalva: art. 650, § 2º
- decisão do juiz; prazo e fundamentação: art. 660 e parágrafos
- desobediência do detentor quanto à apresentação do paciente que se ache preso: mandado de prisão: art. 656, parágrafo único
- detentor; declarará à ordem de quem o paciente estiver preso: art. 658
- multa imposta aos responsáveis pelo embaraço ou procrastinação da expedição de ordem de: art. 655
- ordem impetrada; será imediatamente passada pelo juiz ou tribunal: art. 649
- ordem transmitida por telegrama; o que será observado: art. 655, parágrafo único
- petição; conteúdo: art. 654, § 1º
- por quem poderá ser impetrado: art. 654
- processo: art. 647 a 667
- processo e julgamento de competência originária do STF; disposição aplicáveis: art. 667
- processo e julgamento de recurso das decisões de última ou única instância; denegatória de; disposições aplicáveis: art. 667
- recurso cabível da decisão, despacho ou sentença que conceder ou negar a ordem de: art. 581, X
- sentença concessiva; recurso de ofício: art. 574, I

HIPOTECA LEGAL
- avaliação de imóvel ou imóveis determinada pelo juiz: art. 135, in fine
- cancelamento em caso de absolvição do réu ou extinção da punibilidade: art. 141
- designação e estimação de imóvel ou imóveis pela parte: art. 135
- inscrita em primeiro lugar, para efeito de fiança: art. 330
- para efeito de fiança; execução pelo órgão do Ministério Público, no juízo cível: art. 348
- processo de especialização; auto apartado: art. 138
- remesse de autos ao juiz, passando em julgado a sentença condenatória: art. 143
- sobre imóveis do indiciado; quando poderá ser requerida pelo ofendido; requisito: art. 134

HOMOLOGAÇÃO
- cartas rogatórias emanadas de autoridades estrangeiras competentes; dela não dependerão; art. 784
- contestação de embargos pelo procurador-geral da República; prazo: art. 789, § 5º
- de sentença estrangeira emanada de autoridade judiciária de Estado que não tenha tradado de extradição com o Brasil; requisito: art. 789, § 1º
- de sentença penal estrangeira; como procederá o procurador-geral da República: art. 789
- de sentença penal estrangeira, para reparação de dano, restituição e outros efeitos civis; disposições aplicáveis: art. 790
- de sentenças estrangeiras: art. 787 a 790
- de sentenças estrangeiras e cumprimento de cartas rogatórias contrárias à ordem pública e aos bons costumes; inadmissibilidade: art. 781
- embargos; fundamentação; a que estará adstrita: art. 789, § 4º
- prazo para deduzir embargos: art. 789, §§ 2º e 3º

HONORÁRIOS DE DEFENSOR DATIVO
- arbitramento: art. 263, parágrafo único

- I -

IDADE
- indicação, na qualificação do réu: art. 188

IDENTIFICAÇÃO
- também INSTITUTO DE IDENTIFICAÇÃO E ESTATÍSTICA
- de cadáver exumado; como se procederá, em caso de dúvida: art. 166
- do acusado; dúvida; prisão preventiva: art. 313, parágrafo único
- do acusado; impossibilidade; não retardará a ação penal: art. 259
- do indiciado por processo dactiloscópico: art. 6, VIII

ILEGITIMIDADE DE PARTE
- exceção de: art. 95, IV
- exceção de; aplicação do disposto sobre exceção de incompetência do juízo: art. 110
- nulidade, em caso de: art. 564, II
- nulidade; saneamento; ratificação dos autos processuais: art. 658

IMÓVEIS
- sequestro: art. 125

IMPEDIMENTO(S)
- do juiz; processos em que ocorrerá: art. 252
- dos órgãos do Ministério Público, serventuários ou funcionários de justiça, peritos e intérpretes; declaração nos autos pelos mesmos ou arguição pelas partes: art. 112
- ou suspeição decorrente de parentesco por afinidade; quando cessará: art. 255
- pessoas proibidas de depor; ressalva: art. 207

IMPRENSA
- processo especial nos crimes de: art. 1, V
- publicação de edital: art. 365, parágrafo único
- publicação de sentença condenatória: art. 387, VI

IMPRONÚNCIA
- art. 414
- cessação da aplicação provisória de interdição: art. 367
- recurso cabível: art. 416
- retorno dos autos ao Ministério Público; indícios de coautoria ou participação: art. 417

INAFIANÇABILIDADE
- em crimes: art. 323

INCIDENTE(S)
- de falsidade arts. 145 a 148

INCOMPETÊNCIA DO JUÍZO
- também EXCEÇÕES
- anulará somente atos decisórios: art. 567
- declaração nos autos pelo juiz: art. 109
- disposições aplicáveis às exceções de litispendência, ilegitimidade de parte e coisa julgada: art. 110
- exceção de: art. 95, II
- exceção de: forma e prazo: art. 108 e parágrafos
- recurso no sentido estrito da decisão, despacho ou sentença que concluir pela: art. 581, II

INCOMUNICABILIDADE
- do indiciado; prazo: art. 21 e parágrafo único.
- dos jurados; nulidade, em sua falta: art. 564, III, *j*

INDENIZAÇÃO
- também AÇÃO CIVIL
- em caso de revisão: art. 630 e parágrafos
- em caso de revisão; quando não será devida: art. 630 § 2º.

INDICIADO
- debilitado por doença grave; prisão domiciliar: art. 318, II
- gestante a partir do 7º mês de gravidez: art. 318, IV
- hipoteca legal sobre seus imóveis: art. 134
- imprescindível aos cuidados de menor de 6 anos de idade ou com deficiência: art. 318, III
- incomunicabilidade: art. 21 e parágrafo único
- maior de 80 anos; prisão domiciliar: art. 318, I
- poderá requerer qualquer diligência: art. 14
- prazo para terminação do inquérito: art. 10
- proibição de ausentar-se do país: art. 320

INDÍCIOS
- conceito: art. 239

INDIVISIBILIDADE DE PROCESSO
- atribuição do Ministério Público: art. 48

INDULTO
- art. 741

INFRAÇÕES
- de menor potencial ofensivo: art. 538
- permanentes; flagrante delito, caracterização: art. 303

INJÚRIA(S)
- processo e julgamento dos crimes de: arts. 519 a 523

INQUÉRITO POLICIAL
- arts. 4º a 23
- arquivamento dos autos pela autoridade policial; inadmissibilidade: art. 17
- arquivamento ordenado pela autoridade judiciária; novas pesquisas pela autoridade policial: art. 18
- crimes de ação pública; início: art. 5º e parágrafos.
- crimes em que não caiba ação pública; remessa dos autos ao juízo competente para iniciativa do ofendido ou seu representante legal; entrega ao requerente mediante traslado: art. 19
- denúncia ou queixa; caso em que as acompanhará: art. 12
- despacho de arquivamento; efeitos quanto à ação civil: Art. 67, I
- devolução à autoridade policial, a requerimento do Ministério Público; inadmissibilidade; ressalva: art. 16
- devolução dos autos requerida pela autoridade, quando o fato for de difícil elucidação e o indiciado estiver solto; realização de diligências: art. 10 § 3º
- dispensa pelo órgão do Ministério Público; prazo para oferecimento da denúncia: art. 39 § 5º
- exame médico – legal para verificação de insanidade mental do acusado; representação da autoridade policial ao juiz competente: art. 149 § 1º
- incomunicabilidade do indiciado: art. 21 e parágrafo único
- incumbências da autoridade policial: art. 13
- indiciado menor; nomeação de curador pela autoridade policial: art. 15
- Instituto de Identificação e Estatística; ofício da autoridade policial com dados sobre a infração penal e pessoa do indiciado: art. 23
- instrumentos do crime e objetos que interessem à prova; acompanharão os autos: art. 11
- peças do mesmo; redução a escrito; rubrica da autoridade, se datilografadas: art. 9º
- polícia judiciária; competência: art. 4º e parágrafo único
- prazos para conclusão: art. 10
- prisão em flagrante; normas a observar: art. 8º
- procedimento da autoridade policial, quando tomar conhecimento de infração penal: art. 6º
- prorrogação da competência da autoridade policial a outras circunscrições: art. 22
- relatório da autoridade; indicação de testemunhas: art. 10, § 2º
- relatório do apurado pela autoridade; envio dos autos ao juiz competente: art. 10 § 1º
- reprodução simulada dos fatos; requisito: art. 7º
- requerimento de diligências pelo ofendido ou seu representante legal; realização ou não: art. 14
- sigilo necessário; será assegurado pela autoridade: art. 20
- suspeição de autoridades policiais nos atos do inquérito policial; inadmissibilidade; ressalva: art. 107

INQUIRIÇÃO DE TESTEMUNHAS
- TESTEMUNHA(S)

INSANIDADE MENTAL DO ACUSADO
- exame médico-legal: arts. 149 a 152
- incidente; auto apartado: art. 153
- superveniência no curso da execução da pena; disposição aplicável: art. 154

INSCRIÇÃO
- da condenação no instituto de Identificação e Estatística ou repartição congênere: art. 709
- da hipoteca de imóvel ou imóveis; autorização judicial restrita aos que forem necessários à garantia da responsabilidade: art. 135 § 4º
- de sequestro de bens imóveis adquiridos pelo indiciado com os proventos da infração: art. 128
- em primeiro lugar, de hipoteca; prestação de fiança: art. 330

INSTITUTO DE IDENTIFICAÇÃO E ESTATÍSTICA
- estatística judiciária criminal: art. 809 e parágrafos
- reconhecimento de cadáver exumado; lavratura do auto: art. 166
- remessa de dados sobre a infração penal e a pessoa do

indiciado, feita pela autoridade policial: art. 23

INSTRUÇÃO CRIMINAL

- adiamento; prosseguimento em dia e hora marcados pelo juiz; termo nos autos: art. 372
- aplicação provisória de interdições de direitos, durante a: art. 373, I
- audiência; designação de dia e hora, pelo juiz: art. 399
- crime hediondo; prioridade: art. 394-A
- crimes contra a propriedade imaterial: art. 524
- crimes de responsabilidade dos funcionários públicos: art. 518
- demora na sua conclusão por motivo de força maior; prazos em que não será computada: art. 403
- deslocamento do juiz até onde se encontre réu enfermo, para a realização da: art. 403, segunda parte
- diligências; requerimento pelo Ministério Público ou querelante e pela defesa; quando será feito: art. 402
- documentos; oferecimento pelas partes: art. 396-A
- expedição de precatória; não suspenderá a: art. 222, § 1º
- inquirição de testemunhas: art. 396
- não comparecimento do réu; concessão do prazo para defesa ao defensor nomeado pelo juiz: art. 396, parágrafo único
- pedido de substituição; deferimento, se não for encontrada qualquer das testemunhas: art. 461, § 1º
- plenária; Tribunal do Júri: art. 473
- prazo para o acusado oferecer alegações escritas e arrolar testemunhas: art. 396-A
- prazos par ouvir testemunhas de acusação; réu preso ou solto: art. 401 e parágrafo único
- prazo; tomada de declarações do ofendido e inquirição de testemunhas: art. 400
- preliminar; crimes da competência do júri: arts. 406 a 412
- reconhecimento de pessoa: art. 226, parágrafo único
- substituição do defensor em caso de enfermidade: art. 403, *in fine*
- testemunhas de defesa não encontradas: art. 461, § 2º
- testemunhas; número máximo: arts. 401 e 532

INSTRUÇÃO PRELIMINAR

- crimes da competência do júri: arts. 406 a 412
- prazo para conclusão: art. 412

INSTRUMENTOS DO CRIME

- acompanharão os autos do inquérito: art. 11
- exame para apuração de sua natureza e eficiência: art. 175
- inutilização ou recolhimento a museu criminal: art. 124

INTERPOSIÇÃO

- de um recurso por outro; não prejudicará a parte; ressalva: art. 579

INTERPRETAÇÃO

- analógica; admissibilidade na Lei Processual Penal: art. 3º
- extensiva; admissibilidade na Lei processual Penal: art. 3º

INTÉRPRETE(S)

- e peritos: arts. 275 a 281
- equiparação aos peritos: arts. 281
- no interrogatório de acusado que não fale a língua nacional: art. 193

INTERROGATÓRIO

- constituído em duas partes; sobre a pessoa do acusado e sobre os fatos: art. 187
- de analfabeto; consignação no termo: art. 195
- defensor; indicação pelo acusado por ocasião do: art. 266
- de mudo, surdo ou surdo-mudo: art. 192
- do acusado: arts. 185 a 196
- do acusado; não atendimento da intimação; condução à presença da autoridade: art. 260
- do acusado; realização de outro; a todo tempo: art. 196
- do acusado; tribunal do júri: art. 474
- do paciente; em caso de *habeas corpus*: art. 660
- do preso em flagrante delito: art. 304
- do réu; mais de um acusado; interrogatório separado: art. 191
- do réu, nulidade, na sua falta: art. 564, III, e
- do réu; perguntas necessárias: art. 187, § 2º
- em caso de confissão do réu: art. 190
- na prisão em flagrante; lavratura do auto: art. 304 e parágrafos
- redução a termo das respostas do acusado: art. 195
- silêncio do réu; efeitos: art. 186, parágrafo único
- videoconferência: art. 185, §§ 2º a 9º

INTERVENTORES

- julgamento; competência originária: art. 187
- prisão especial: art. 295

INTIMAÇÃO(ÕES)

- arts. 370 a 372
- adiamento da instrução criminal; designação de dia e hora para seu prosseguimento pelo juiz: art. 372
- da decisão de pronúncia: art. 420
- de defensor constituído; como será feita: art. 370, § 1º
- de sentença ao Ministério Público, pelo escrivão: art. 390
- de sentença ao querelante ou assistente: art. 391
- de sentença ao querelante ou assistente, por edital; prazo: art. 391, *in fine*
- de sentença ao réu ou defensor: art. 392
- de sentença ao réu ou defensor, nos crimes afiançáveis; será pessoal: art. 392, II
- de sentença ao réu preso; será feita pessoalmente: art. 392, I
- disposições aplicáveis: art. 370
- do advogado; como será feita: art. 370, § 1º
- do assistente; como será feita: art. 370, § 1º
- do defensor nomeado; será pessoal: art. 370, § 4º
- do Ministério Público; será pessoal: art. 370, § 4º
- do querelado, para aceitação ou não de perdão; prazo para dizer: art. 58
- do querelante; como será feita: art. 370, § 1º
- falta da intimação; nulidade: art. 564, III, o
- falta ou nulidade; saneamento: art. 570
- para a sessão de instrução e julgamento do júri: art. 431
- pelo escrivão; por mandado ou via postal: art. 370, § 2º
- pessoal; feita por escrivão; efeito: art. 370, § 3º
- por despacho na petição em que for requerida: art. 371
- por edital; prazos: art. 392, IV, V e VI, e § 1º
- publicação em órgão oficial; indispensável constar nomes das partes e de seus advogados; pena de nulidade: art. 370, § 1º

IRRETRATABILIDADE

- da representação, após o oferecimento da denúncia: art. 25

ISENÇÃO

- de pena; reconhecimento na absolvição do réu: art. 386, VI

– J –

JUIZ

- também AUTORIDADES JUDICIÁRIAS, JUÍZO E JURISDIÇÃO
- conflito de jurisdição; representação circunstanciada pelo: art. 116
- convicção; livre apreciação da prova: art. 155
- crimes de responsabilidade dos funcionários públicos, competência para processo e julgamento: art. 513
- definição jurídica dada ao fato diversa da que constar da queixa ou denúncia: art. 383
- despacho, reforma ou sustentação no recurso em sentido estrito: art. 589
- documento relevante para a acusação ou defesa; juntada ao autos, independentemente de requerimento: art. 234
- elaboração de relatório sucinto do processo perante o tribunal do júri: art. 423, II
- extinção da punibilidade do acusado, por morte deste; declaração à vista da certidão de óbito: art. 62
- extinção da punibilidade; reconhecimento; declaração de ofício: art. 61
- impedimento ou suspeição decorrente de parentesco por afinidade; cessação; ressalva: art. 255
- incumbências: art. 251
- inscrição de hipoteca de imóvel ou imóveis necessários à garantia da responsabilidade; autorização: art. 135, § 4º
- instrução criminal; adiamento; designação de dia e hora para seu prosseguimento: art. 372
- liberdade provisória em caso de prisão em flagrante por fato praticado em estado de necessidade, legítima defesa, estrito cumprimento do dever legal ou

no exercício regular de direito: art. 310, parágrafo único
- ordem de *habeas corpus*; competência para expedi-la: art. 654, § 2º
- parentes entre si, não poderão servir nos juízos coletivos: art. 253
- perdão; aceitação por curador nomeado pelo: art. 53
- presidente do tribunal do júri; atribuições: art. 497
- prisão preventiva decretada pelo mesmo; cabimento em qualquer fase da investigação policial ou do Processo Penal: art. 311
- processo em que não exercerá jurisdição: art. 252
- reabilitação; revogação pelo: art. 750
- recusa pela parte; poderes especiais: art. 98
- recusa pelas partes: art. 254
- remessa do inquérito policial ou peças de informação ao procurador – geral da República, na improcedência das razões do Ministério Público para o arquivamento: art. 28
- remessa dos autos ao juiz competente: art. 419
- requisição de força pública; incumbência do: art. 251
- singulares; prazo para despachos e decisões: art. 800
- suspeição do órgão do Ministério Público; decisão: art. 104
- suspeição espontaneamente afirmada; casos: art. 254
- suspeição espontaneamente afirmada; sê-lo-á por escrito: art. 97
- suspeição; quando não poderá ser declarada: art. 256
- suspeição; reconhecimento pelo juiz; sustação da marcha do processo: art. 99

JUÍZO
- cível; ação para ressarcimento de dano: art. 64 e parágrafo único
- de menores; concurso com a jurisdição comum: art. 79, II

JULGAMENTO
- audiência, no processo sumário: art. 531
- competência nos crimes de responsabilidade dos funcionários públicos: art. 513
- comportamento inconveniente do réu; prosseguimento dos atos com assistência do defensor: art. 796
- de apelações interpostas das sentenças proferidas em processos por crime a que a lei comine pena de reclusão; forma a seguir: art. 613
- de crimes contra a propriedade imaterial: arts. 524 a 530-I
- de crimes contra a propriedade imaterial; normas a observar: art. 524
- de crimes de calúnia e injúria, de competência de juiz singular: arts. 519 a 523
- de crimes de responsabilidade dos funcionários públicos: arts. 513 a 518
- de crimes de responsabilidade dos funcionários públicos; autuação da denúncia ou queixa e notificação do acusado: art. 514
- de recursos, apelações e embargos; competência: art. 609
- de recursos de *habeas corpus*, em primeira sessão: art. 612
- de recursos em sentido estrito e das apelações, nos Tribunais de Apelação: arts. 609 a 618
- falta de comparecimento do defensor: art. 265, § 1º
- pelo júri: arts. 453 a 493

JURADOS
- afixação da relação dos convocados na porta do Tribunal: art. 435
- alistamento: arts. 425, 426 e 436, § 1º
- chamada: art. 462
- compromisso: art. 472
- convocação dos sorteados: art. 434
- desconto em vencimentos ou salário; impossibilidade: art. 441
- dispensa: art. 441
- escusa para não comparecimento: art. 443
- exercício da função de: serviço público relevante: art. 439
- idade: art. 436
- impedimentos: arts. 448 a 451
- incomunicabilidade: arts. 466 e 564, III, *j*
- isentos do serviço: art. 437
- não comparecimento; multa: art. 442
- obrigatoriedade do serviço do júri: art. 436
- prazo para recurso em prazo de inclusão e exclusão na lista geral: arts. 582, parágrafo único, e 586, parágrafo único
- preferência em licitações e concursos públicos: arts. 440
- prisão especial para quem tiver exercido tal função; ressalva: art. 295, X
- recurso cabível da inclusão ou exclusão na lista geral: art. 581, XIV
- recusa ao serviço fundamentada: art. 438
- recusa ao serviço; multa: art. 436, § 2º
- recusa pela defesa ou Ministério Público: arts. 468 e 469
- responsabilização criminal: art. 445
- serviço alternativo: art. 438 e §§
- suplentes: art. 446
- suplentes, sorteio: art. 464
- sorteio dos: arts. 432, 433 e 467
- suspeição; arguição oral: art. 106

JÚRI
- TRIBUNAL DO JÚRI
- processo dos crimes de sua competência: arts. 406 a 497

JURISDIÇÃO
- alheia; penetração por autoridade ou seus agentes, para o fim da apreensão de pessoa ou coisa: art. 250 e parágrafos
- competência por conexão ou continência; determinação; regras a observar: art. 78
- conexão e continência; unidade de processo e julgamento; ressalva: art. 79
- processos em que o juiz não poderá exercê-la: art. 252

JUSTIÇA
- especial; concurso com a jurisdição comum: art. 78, IV
- funcionários, suspeição: art. 274
- militar; inaplicabilidade do código de Processo Penal: art. 1º, III

– L –

LAUDO
- aceitação ou rejeição pelo juiz: art. 182
- divergência entre os peritos: art. 180
- instrução com fotografias, desenhos ou esquemas elucidativos, para efeito de exame do local onde houver sido praticada a infração: art. 169
- instrução, nas perícias de laboratórios: art. 170
- juntada ao processo; assinatura pelos peritos, exame de corpo de delito: art. 178
- omissões, obscuridades ou contradições; complementação ou esclarecimento: art. 181
- subscrito e rubricado pelos peritos; prazo para estes decidirem; prorrogação: art. 179, parágrafo único.

LEGAÇÕES ESTRANGEIRAS
- citações a serem feitas nas mesmas; serão efetuadas mediante carta rogatória: art. 369

LEI PROCESSUAL PENAL
- interpretação extensiva, aplicação analógico e suplementos dos princípios gerais de direito: art. 3º

LEGÍTIMA DEFESA
- coisa julgada no cível: art. 65
- liberdade provisória: art. 310, parágrafo único
- prisão preventiva do agente; descabimento: art. 314

LEILÃO
- de coisas facilmente deterioráveis; como se procederá: arts. 120, § 5º, e 137, § 1º
- objetos não reclamados ou não pertencentes ao réu, venda: art. 123
- trânsito em julgado da sentença condenatória; avaliação e venda dos bens: art. 133 e parágrafo único
- venda de coisas apreendidas; perda em favor da União: art. 122

LEILOEIRO
- ou corretor; venda de pedras, objetos ou metais preciosos: art. 349

LESÕES
- corporais; exame de corpo de delito; nulidade, se não for realizado: art. 564, III, b
- corporais; exame pericial complementar: art. 168 e parágrafos
- encontradas no cadáver; como serão representadas: art. 165

LEVANTAMENTO DE SEQUESTRO
- SEQUESTRO

LIBERDADE
- provisória; casos em que o réu livrar-se-á solto, independentemente de fiança: art. 321
- provisória; casos que não admitirão fiança: arts. 323 e 324

- provisória; cassação de fiança: arts. 338 e 339
- provisória com ou sem fiança: arts. 321 a 350
- provisória; concessão da fiança; recusa ou demora: art. 335
- provisória; critério para determinação do valor da fiança: art. 326
- provisória; dedução dos encargos do réu; entrega do saldo a que houver prestado fiança: art. 347
- provisória; delito inafiançável; cassação da fiança: art. 339
- provisória; dinheiro ou objetos dados como fiança; pagamento das custas, da indenização do dano e da multa, em caso de condenação: art. 336 e parágrafo único
- provisória; em que consistirá a fiança: art. 330 e parágrafos
- provisória; fiança consistente em caução de títulos da dívida pública; determinação do valor pela cotação em bolsa: art. 330, § 2º
- provisória; fiança consistente em pedras, objetos ou metais preciosos; venda por leiloeiro ou corretor: art. 349
- provisória; fiança declarada sem efeito ou sentença absolutória ou que declare extinta a ação penal; restituição do seu valor sem desconto; ressalva: art. 337
- provisória; fiança tomada por termo; obrigações do afiançado: art. 327
- provisória; fixação do valor da fiança; competência: art. 325 § 2º, I
- provisória; impossibilidade de prestação de fiança por réu pobre; concessão de liberdade provisória; obrigações do réu: art. 350 e parágrafo único
- provisória; inocorrência de hipótese que autorize prisão preventiva; procedimento a seguir: art. 310, parágrafo único
- provisória; notificação ao réu e a quem prestar a fiança das obrigações e sanção: art. 329, parágrafo único
- provisória; perda da fiança; recolhimento do saldo ao Tesouro Nacional: arts. 345 a 347
- provisória; perda do valor total da fiança: art. 344
- provisória; prestação de fiança; efeitos: art. 322
- provisória; prestação de fiança por meio de hipoteca; execução pelo órgão do Ministério Público, no juízo civil: art. 348
- provisória; prisão em flagrante ou por mandado; competência para concessão de fiança: art. 332
- provisória; proibições ao réu afiançado: art. 328
- provisória; quando poderá ser prestada a fiança: art. 334
- provisória: quebramento da fiança; casos: arts. 327, *in fine*, e 341 a 343
- provisória, recolhimento do valor da fiança e repartição arrecadadora ou entrega a depositário público: art. 331 e parágrafo único
- provisória; recusa ou demora da autoridade policial em conceder a fiança: art. 335
- provisória; reforço da fiança: art. 340 e parágrafo único
- provisória; vista do processo ao Ministério Público: art. 333

LISTA GERAL DE JURADOS
- inclusão ou exclusão; recurso; a quem será dirigido: art. 582, parágrafo único
- inclusão ou exclusão; recurso cabível: art. 581, XIV
- prazo para recurso em caso de inclusão ou exclusão: art. 586, parágrafo único

LITISCONSÓRCIO
- queixa contra qualquer dos autores do crime; processo de todos; indivisibilidade a cargo do Ministério Público: art. 48

LITISPENDÊNCIA
- exceção de: art. 95, III
- exceção de, disposições aplicáveis: art. 110
- exceção de: processamento em autos apartados; efeitos quanto ao andamento da ação penal: art. 111
- recurso cabível na procedência da exceção de art. 581, III

LIVRAMENTO CONDICIONAL
- arts. 710 a 733

LIVRE APRECIAÇÃO DA PROVA
- formação da convicção do juiz art. 155

LIVRO(S)
- de registro de sentença: art. 389
- para termos de fiança; numeração e rubrica de suas folhas, pela autoridade: art. 329

LOCAL DO CRIME
- exame por peritos: art. 169 e parágrafo único
- providências que tomará a autoridade policial para que não se alterem o estado e conservação das coisas: art. 6º, I

LUGAR DA INFRAÇÃO
- determinação da competência: arts. 70 e 71

- M -

MÁ-FÉ
- ou ente abuso de poder pela autoridade coatora, em *habeas corpus*, condenação nas custas: art. 653

MAGISTRADO
- também JUIZ
- inquirição em local, dia e hora previamente ajustados: art. 221
- prisão especial: art. 295, VI

MANDADO
- citação; requisitos: art. 357
- de busca e apreensão, conteúdo: art. 243
- de citação de funcionário público: art. 359
- de citação de militar: art. 358
- de citação: indicações: art. 352
- de citação por precatória: art. 353
- de condução do acusado à presença da autoridade: art. 260 e parágrafo único
- de prisão; apresentação ao réu; efeitos: art. 291
- de prisão; conteúdo e a quem será dirigido: art. 285, parágrafo único
- de prisão; entrega de um exemplara preso analfabeto; assinatura a rogo: art. 286, *in fine*
- de prisão; expedição de vários, com reprodução fiel do original: art. 297
- de prisão; expedição pela autoridade que ordená-lo: art. 285
- de prisão expedido por autoridade judiciária; cumprimento pela autoridade policial: art. 13, III
- de prisão; necessidade de sua exibição ao diretor ou carcereiro: art. 288
- de prisão passado em duplicata; entrega ao preso, com recibo, de um exemplar: art. 286
- de prisão; recibo de entrega do preso passado no art. 288, parágrafo único
- de prisão; registro em banco de dados mantido pelo CNJ: art. 289-A
- de prisão; resistência; lavratura de auto: art. 292
- falta de exibição em infração inafiançável; não constituirá óbice à prisão; apresentação imediata ao juiz: art. 287

MANDATO
- também ADVOGADO e PROCURAÇÃO
- constituição de defensor no interrogatório: art. 266

MANICÔMIO JUDICIÁRIO
- exame médico-legal para verificação de insanidade mental do acusado; internação: art. 150 e parágrafos
- suspensão do processo em caso de doença mental superveniente à infração; internação do acusado: art. 152, § 1º

MEDIDA(S) DE SEGURANÇA
- arts. 751 a 779
- aplicação em sentença absolutória: art. 386, parágrafo único, III
- revisão de sentença; absolvição; restabelecimento de direitos; imposição dc: art. 627
- trânsito em julgado da sentença de revogação; ordem judicial para desinternação, cessação de vigilância ou proibição: art. 778

MEDIDAS ASSECURATÓRIAS
- arts. 125 a 144
- arresto de bens móveis; na falta ou insuficiência de bens imóveis: art. 137 e parágrafos
- arresto de imóvel; decretação de início; revogação: art. 136
- avaliação e venda de bens em leilão público: art. 133 e parágrafo único
- competência do Ministério Público para promovê-las; interesse da Fazenda Pública ou pobreza do ofendido requerente: art. 142
- depósito e administração dos bens arrestados; regime do processo civil: art. 139
- especialização de hipoteca legal; arbitramento do valor

da responsabilidade e avaliação do imóvel ou imóveis: art. 135 e parágrafos
- especialização de hipoteca legal e arresto; processo em auto apartado: art. 138
- garantias do ressarcimento do dano; despesas processuais e penas pecuniárias; referência da reparação do dano ao ofendido: art. 140
- hipoteca legal sobre os imóveis do indiciado; requerimento pelo ofendido em qualquer fase do processo; requisito: art. 134
- requeridas no civil contra o responsável civil, pelos interessados ou pelo Ministério Público: art. 144
- sequestro de bens móveis: art. 132
- sequestro de imóveis adquiridos com os proventos da infração: art. 125
- sequestro de imóveis; autuação em apartado; embargos de terceiro: art. 129
- sequestro de imóveis; casos de embargos: art. 130 e parágrafo único
- sequestro de imóveis; iniciativa do sequestro; quando poderá ser ordenado: art. 127
- sequestro de imóveis; inscrição no registro de imóveis: art. 128
- sequestro de imóveis; levantamento: art. 131
- sequestro de imóveis; o que bastará para este: art. 126

MEDIDAS CAUTELARES
- aplicação: art. 282
- decretação: art. 282, § 2º
- descumprimento de obrigação imposta por, cabimento de prisão preventiva: arts. 282, § 4º, e 312, parágrafo único
- diversas da prisão: art. 319
- quebramento de fiança; possibilidade de imposição: art. 343
- revogação: art. 282, § 5º

MENOR
- também CURADOR
- acusado; curados ao mesmo: art. 262
- de vinte e um anos e maior de dezoito anos; exercício do direito de perdão: art. 52
- de vinte e um anos e maior de dezoito anos; exercício do direito de queixa: art. 34
- de vinte e um anos; não poderá ser perito: art. 279, III
- exercício do direito de queixa por curador especial; casos: art. 33
- indiciado; nomeação de curador; art. 15
- nomeação de curador; nulidade, se não houver: art. 564, III, c
- pátrio poder, tutela ou curatela; incapacidade para seu exercício; providências que tomará o juiz: art. 692
- que completar dezoito anos; renúncia do representante legal; direito de queixa: art. 50, parágrafo único

MICROFOTOGRAFIAS
- ilustração de laudos periciais: art. 170

MILITAR(ES)
- citação por intermédio do chefe do respectivo serviço: art. 358
- inferiores e praças de pré; recolhimento à prisão: art. 296
- inquirição; requisição à autoridade superior: art. 221, § 2º
- jurisdição; concurso com a jurisdição comum: art. 79, I
- preso em flagrante; recolhimento a quartel: art. 300, parágrafo único

MINISTÉRIO PÚBLICO
- arts. 257 e 258
- ação civil ou execução da sentença condenatória promovida pelo MP, em caso de pobreza do titular do direito à reparação do dano que a requeira: art. 68
- ação civil promovida pelo MP, em crimes de ação pública: art. 92, parágrafo único
- aditamento da denúncia ou queixa, se houver possibilidade de nova definição jurídica: art. 384
- aditamento da queixa, ainda quando a ação penal for privativa do ofendido: art. 45
- aditamento da queixa e outras medidas, em caso de ação privada nos crimes de ação pública não intentada no prazo legal: art. 29
- admissão de assistente; será ouvido previamente a respeito: art. 272
- assistente do MP; quem poderá sê-lo: art. 268
- busca e apreensão; vista dos autos: art. 529, parágrafo único
- conflito de jurisdição suscitado pelo órgão do: art. 115, II
- denúncia, em crimes de ação pública: art. 24
- desistência da ação penal, inadmissibilidade: art. 42
- desistência de recurso pelo MP interposto; inadmissibilidade: art. 576
- devolução do inquérito à autoridade policial; requerimento pelo: art. 16
- diligências; requerimento: art. 402
- dispensa do inquérito pelo MP: art. 39, § 5º
- execução da lei; promoção e execução pelo: art. 257, II
- fiança prestada por meio de hipoteca; execução no juízo civil a cargo do: art. 348
- *habeas corpus*; impetração pelo: art. 654
- *habeas corpus*; responsabilidade da autoridade coatora promovida pelo: art. 653, parágrafo único
- incompatibilidade ou impedimento legal; abster-se-á de servir no processo: art. 112
- iniciativa nos casos em que caiba ação pública; quem poderá provocá-la: art. 27
- inquérito policial; início mediante sua requisição, em crimes de ação pública: art. 5º, II
- intervenção do MP; nulidade, se não houver: art. 564, III, d
- intervenção na causa civil, para o seu rápido andamento, em caso de suspensão do processo: art. 93, § 3º
- intimação: art. 370, § 4º
- julgamento de seus órgãos; competência originária: art. 87
- medidas assecuratórias que promoverá, se houver interesse da Fazenda Pública ou se o ofendido for pobre e requerer: art. 142
- medidas assecuratórias requeridas contra o responsável civil: art. 144
- não comparecimento à sessão do Tribunal do Júri: art. 455
- prazo para aditamento da queixa; prosseguimento do processo, caso não o faça: art. 46, § 2º
- prazo para apelação: art. 593
- Prazo para oferecimento da denúncia, em caso de dispensa do inquérito: art. 39, § 5º, *in fine*
- prazos; contagem; ressalva: art. 800, § 2º
- prestação de fiança; vista do processo para requerer o que julgar conveniente: art. 333
- reabilitação; será ouvido: art. 745
- requisição de maiores esclarecimentos e documentos complementares ou novos elementos de convicção: art. 47
- restituição de coisas apreendidas; deverá ser ouvido: art. 120, § 3º
- retardamento do processo; responsabilidade dos seus órgãos; efeitos: art. 801
- revogação de livramento condicional a seu requerimento: art. 730
- sentença condenatória, ainda que tenha opinado pela absolvição, em crimes de ação pública: art. 385
- sentença; prazo para o escrivão dar conhecimento desta ao órgão do: art. 390
- suspeição e impedimentos: art. 258

MINISTRO(S)
- da justiça; providências para obtenção de elementos que habilitem o procurador-geral da República a requerer a homologação de sentença penal estrangeira: art. 789
- da justiça; requisição da promoção de ação penal pública: art. 24
- de confissão religiosa; poderão requerer dispensa do serviço do júri: art. 436, parágrafo único, XI, a
- de confissão religiosa; recolhimento a quartel ou prisão especial, antes de condenação definitiva: art. 295, VIII
- de Estado; competência para processo e julgamento; ressalva: art. 86, II
- de Estado; prerrogativas constitucionais nos crimes conexos com os do Presidente da República; ressalva quanto ao Código de Processo Penal: art. 1º, II
- de Estado; recolhimento a quartéis ou prisão especial; antes de condenação definitiva: art. 295, I
- do STF, crimes comuns; competência para processo e julgamento: art. 86, I
- do STF; crimes de responsabilidade; inaplicabilidade do Código de Processo Penal: art. 1º, II, *in fine*
- do STF, suspeição; como deverá agir: art. 103
- do STM; inquirição em local, dia e hora previamente ajustados: art. 221
- do tribunal de contas; inquirição em local, dia e ho-

ra previamente ajustados: art. 221
- do tribunal de contas; recolhimento a quartéis ou prisão especial antes de condenação definitiva: art. 295, IX

MONITORAÇÃO ELETRÔNICA
- medida cautelar diversa da prisão: art. 319, IX

MORTE
- autópsia; quando deverá ser feita: art. 162
- de condenado ocorrida no curso da revisão de sentença; curador para a defesa: art. 631
- de detido ou sentenciado; comunicação imediata ao juiz, pelo diretor da prisão: art. 683, parágrafo único
- do acusado; declaração da extinção de punibilidade à vista da certidão de óbito: art. 62
- do ofendido; transferência do direito de queixa ou de prosseguimento na ação: art. 31
- do ofendido; transferência do direito de representação: art. 24, § 1º
- do querelante; perempção da ação penal: art. 60, II
- violenta; casos em que bastará o exame externo do cadáver: art. 162, parágrafo único

MÓVEIS
- sequestro: art. 132

MUDO
- também SURDO E SURDO-MUDO
- depoimento: art. 223, parágrafo único
- e surdo-mudo; interrogatório; como será feito: art. 192, II e III, e parágrafo único

MULHER(ES)
- busca pessoal: art. 249
- internação em estabelecimento próprio ou seção especial: art. 766

MULTA(S)
- aplicável a testemunha faltosa: art. 219
- imposta a advogados e solicitadores que negarem seu patrocínio quando nomeados: art. 264
- imposta ao escrivão, pela não execução de atos determinados em lei ou ordenado pelo juiz: arts. 799 e 800, § 4º
- imposta ao excipiente que agir com malícia: art. 101
- imposta ao perito; nomeado pela autoridade, pela não aceitação do encargo; ressalva: art. 277
- impostas a quem embaraçar ou procrastinar expedição de ordem de *habeas corpus*: art. 655
- penas pecuniárias: arts. 686 a 690
- por abandono de processo pelo defensor: art. 265

MUSEU CRIMINAL
- recolhimento de instrumento do crime e coisas confiscadas; se houver interesse na sua conservação: art. 124

MUTATIO LIBELLI
- art. 384
- crimes da competência do júri: art. 418

- N -

NAVEGAÇÃO
- processo e julgamento de crimes cometidos a bordo de embarcação ou aeronave; competência: arts. 89 e 90

NECROPSIA
- Autópsia

NOITE
- Busca domiciliar; requisitos: arts. 245
- mandado de prisão: execução: art. 293

NOTA DE CULPA
- preso em flagrante; recebimento: art. 306
- preso; recebimento de exemplar: art. 286

NULIDADE
- arts. 563 e 573
- arguição: art. 571
- arguição pela parte que lhe deu causa; inadmissibilidade: art. 565
- arguição por meio de *habeas corpus*: art. 648, VI
- casos: art. 564
- citação; intimação e notificação; consequência: art. 570
- de que não resulte prejuízo; não será declarada: art. 563
- incompetência do juízo e anulação dos atos decisórios: art. 567
- omissão verificada no processo; suprimento: art. 569
- procedência da suspeição; nulidade dos atos do processo principal: art. 101
- renovação do processo; concessão de *habeas corpus*: art. 652

- O -

OBEDIÊNCIA HIERÁRQUICA
- menção da causa na absolvição do réu: art. 386, VI

ÓBITO
- autópsia: art. 162
- do acusado; extinção da punibilidade: art. 62
- do sentenciado; comunicação ao juiz: art. 683

OBJETOS APREENDIDOS
- venda em leilão: art. 123

OCULTAÇÃO DO RÉU
- com o fim de se evitar a citação; devolução da precatória: art. 355, § 2º

OFENDIDO
- abertura de inquérito; requerimento: art. 5º, I e § 1º
- atendimento multidisciplinar: art. 201, § 5º
- diligência a seu requerimento: art. 14
- intimação não atendida; procedimento: art. 201, § 1º
- perguntas ao: art. 201
- preservação de sua intimidade; vida privada; honra e imagem: art. 201, § 6º
- qualificação e declarações: art. 201

OFICIAIS
- prisão especial: art. 295, V

OFICIAL DE JUSTIÇA
- certificação de edital de citação afixado: art. 365, parágrafo único
- citação por mandado; conservação dos requisitos pelo: art. 357, I e II
- condições de intimação por despacho na petição em que for requerida: art. 371
- consequências do embaraço ou procrastinação da ordem de *habeas corpus*: art. 655
- mandado de captura; cumprimento: art. 763
- ocultação de réu para não ser citado; declaração pelo: art. 355, § 2º
- testemunha faltosa; condução pelo: art. 218

OMISSÕES
- suprimento na denúncia; queixa; representação; portaria ou auto de prisão em flagrante: art. 569

ONUS PROBANDI
- a quem cabe a prova de alegação: art. 156

ORALIDADE NO JULGAMENTO
- apelações: art. 613, III
- recurso em sentido estrito: art. 610, parágrafo único

ORDEM PÚBLICA
- não serão cumpridas cartas rogatórias contrárias a: art. 781
- não serão homologadas sentenças estrangeiras que a contrariem: art. 781
- prisão preventiva como garantia da: art. 312

ORGANIZAÇÃO JUDICIÁRIA
- competência dos Tribunais de Justiça: art. 609
- competência pela natureza da infração: art. 74
- Tribunal do Júri; competência: art. 74, § 1º

- P -

PADRE
- prisão especial: art. 295, VIII

PAGAMENTO
- custas por ato requerido: art. 806, § 1º

PARTES
- fase do processo; apresentação de documentos: art. 231
- não intervirão na nomeação de peritos: art. 276

PENA(S)
- acessórias: arts. 691 a 695
- pecuniárias: arts. 686 a 690
- privativas de liberdade: arts. 674 a 685

PERDÃO
- aceitação fora do processo; declaração assinada pelo querelado, seu representante legal ou procurador: art. 59
- aceitação pelo querelado; declaração: art. 58
- concessão a um dos querelados; aproveitará a todos: art. 51
- extinção da punibilidade pela aceitação: art. 58, parágrafo único

- extraprocessual expresso: art. 56
- menor de vinte e um anos; aceitação: art. 54
- menor de vinte e um e maior de dezoito anos; exercício do direito: art. 52
- procurador com poderes especiais; aceitação: art. 55
- querelado mentalmente enfermo ou retardado mental; aceitação pelo curador: art. 53
- silêncio do querelado; importará aceitação: art. 58, *in fine*
- tácito; admissão de todos os meios de prova: art. 57

PEREMPÇÃO
- da ação penal, em casos em que se procede somente mediante queixa: art. 60

PERGUNTAS
- não respondidas pelo réu e suas razões; consignação: art. 191
- que serão feitas ao ofendido: art. 201

PERÍCIA(S)
- em geral: arts. 158 a 184
- indeferimento pelo juiz ou autoridade policial: art. 184
- o que é permitido às partes em relação à: art. 159, § 5º
- que abranja mais de uma área de conhecimento especializado: art. 159, § 7º
- quesitos; apresentação: art. 176

PERITOS
- arts. 275 a 281
- avaliação de bens que garantirão a fiança: art. 330, § 1º
- busca e apreensão em crime contra a propriedade imaterial; apresentação do laudo; prazo: art. 527
- condução, em caso de não comparecimento: art. 278
- crimes cometidos com destruição, rompimento ou escalada; descrição: art. 171
- descrição do exame feito; quesitos formulados; respostas: arts. 160 a 176
- disciplina judiciária; sujeição: art. 275
- divergência; nomeação de um terceiro: art. 180
- efeitos das divergências entre os: art. 180
- encargos; aceitação, sob pena de multa: art. 277
- esclarecimentos; prévio requerimento das partes: art. 400, § 2º
- incêndio; procedimento: art. 173
- incompatibilidade ou impedimento: art. 112
- intérpretes; equiparação aos: art. 281
- juiz; não ficará adstrito ao laudo: art. 182
- laudo; datilografia: art. 179, parágrafo único
- laudos; instrução com fotografias, desenhos ou esquemas: art. 169
- lesões encontradas em cadáver; anexação ao laudo, para representação: art. 165
- material suficiente para nova perícia; sua guarda: art. 170
- nomeação em caso de precatória; será feita no juízo deprecado: art. 177
- nomeação sem intervenção das partes: art. 276
- oficiais; exame de corpo de delito: art. 159
- prestação de compromisso pelos não oficiais: art. 159, § 2º
- quem não poderá ser: art. 279
- quesitos formulados; recebimento até o ato da diligência: art. 176
- suspeição; arguição; decisão de plano e sem recurso: art. 105
- suspeição de juízes; extensão aos: art. 280

PERSEGUIÇÃO DO RÉU
- entendimento da expressão: art. 290, § 1º
- flagrante delito: art. 302, III
- prisão em outro território, município ou comarca: art. 290

PESSOA
- jurídica; exercício da ação penal: art. 37
- jurídica querelante; extinção sem sucessor, perempção da ação penal: art. 60, IV
- reconhecimento: arts. 226 a 228

PETIÇÃO
- de *habeas corpus*; conteúdo: art. 654, § 1º
- de *habeas corpus*; encaminhamento; caso de competência originária do Tribunal de apelação: art. 661
- de *habeas corpus*; interpretação: art. 654

POBREZA
- audiência judiciária; condições para merecê-la: art. 32, § 1º
- atestado comprobatório por autoridade policial: art. 32, § 2º
- comprovação; defesa sem pagamento de custas; art. 806, § 1º
- comprovação; promoção da ação penal por advogado nomeado: art. 32
- de titular de direito à reparação do dano; execução da sentença ou ação civil pelo Ministério Público: art. 68

POLÍCIA
- condução de testemunha; requisição de força pública: art. 218
- das audiências e sessões; atribuição: art. 794
- espectadores; desobediência à proibição de manifestar-se nas audiências ou sessões; retirada da sala: art. 795, parágrafo único
- judiciária; competência cumulativa: art. 4º, parágrafo único
- judiciária; exercício por autoridades policiais: art. 4º

PORTARIA
- expedida pela autoridade judiciária ou policial; contravenções; início mediante: art. 26
- início da ação penal nas contravenções: arts. 26 e 531
- processos de contravenções penais; nulidade, em sua falta: art. 564, III, a
- suprimento das omissões antes da sentença final: art. 569

PORTEIRO
- assistências às audiências, sessões e atos processuais: art. 792

POVO
- impetração de *habeas corpus*: art. 654
- prisão em flagrante delito: art. 301
- provocação da iniciativa do Ministério Público, em casos de ação pública: art. 27

PRAÇAS DE PRÉ
- prisão em estabelecimentos militares: art. 296

PRAZO(S)
- aceitação de perdão pelo querelado: art. 58
- aditamento da queixa pelo Ministério Público: art. 46, § 2º
- alegações das partes na arguição de falsidade: art. 145, II
- alegações finais: art. 403
- apelação; interposição: art. 598, parágrafo único
- apresentação de defesa prévia na instrução criminal: art. 396-A
- apresentação do laudo pericial em diligência de busca ou apreensão: art. 527
- audiência das testemunhas de acusação; réu preso: art. 401
- audiência das testemunhas de acusação; réu solto: art. 401
- auto de prisão em flagrante; encaminhamento ao juiz: art. 306, § 1º
- citação de pessoa incerta: art. 364
- citação em caso de epidemia; guerra ou força maior: art. 364
- citação por edital: art. 361
- citação por edital; contagem do: art. 365, V
- conclusão de autos de recurso; suspensão do escrivão que não a fizer: art. 578, § 3º
- conhecimento da sentença por intimação do escrivão; ao Ministério público: art. 390
- contestação da exceção da verdade; crime de calúnia ou injúria: art. 523
- contestação de embargos à homologação de sentença estrangeira: art. 789, § 5º
- correrão em cartório; serão contínuos e peremptórios: art. 798
- crimes da competência do júri; citação do acusado para responder à acusação: art. 406
- decisão definitiva ou interlocutória mista: art. 800, I
- decisão interlocutória simples: art. 800, II
- de defesa; exceção de incompetência do juízo; período em que deve ser oposta: art. 108
- defesa; aditamento da denúncia ou queixa pelo Ministério Público: art. 384
- despacho de expediente proferido por juiz singular: art. 800, III
- destino do valor da fiança entregue a escrivão: art. 331, parágrafo único
- devolução dos autos ao juiz a quo: recurso em sentido estrito: art. 592
- diligências de restauração de autos extraviados ou destruídos: art. 544
- embargos à homologação de sentença estrangeira; interessado com residên-

cia no distrito federal: art. 789, § 2º
- entrega da nota de culpa, após a prisão em flagrante: art. 306, § 2º
- entrega de carta testemunhável; recurso em sentido estrito: art. 641
- entrega de relatório do exame do corpo de delito: art. 160, parágrafo único
- esgotado para conclusão da instrução; consignação dos motivos nos autos: art. 402
- exame complementar para classificação do delito; lesão corporal grave: art. 168, § 2º
- exame mental do acusado internado em manicômio judiciário: art. 150, § 1º
- execução, pelo escrivão, de atos determinados em lei ou ordenados pelo juiz: art. 799
- exercício do direito de queixa ou representação: art. 38
- extração de traslado pelo escrivão; recurso em sentido estrito: art. 587, parágrafo único
- fluência; termo inicial: art. 798, § 5º
- impedimento do juiz; força maior, ou obstáculo judicial oposto pela parte contrária; efeitos quanto aos: art. 798, § 4º
- inscrição de hipoteca legal; promoção, sob pena de revogação do arresto: art. 136
- interposição de apelação: arts. 593 e 598, parágrafo único
- interposição de recurso em sentido estrito: art. 586
- intimação da sentença ao querelante ou assistência: art., 391
- intimação de sentença, mediante edital: art. 392, § 1º
- instrução preliminar: art. 412
- não computação no dia do começo e inclusão do vencimento: art. 798, § 1º
- nulidade por sua falta à acusação ou à defesa: art. 564, III, e
- ocultação do réu; citação por hora certa: art. 362
- oferecimento de denúncia contra réu preso: art. 46
- oferecimento de denúncia contra réu solto ou afiançado: art. 46
- oferecimento de denúncia pelo Ministério Público; dispensa do inquérito: art. 39, § 5º
- oferecimento de razões de apelação: art. 600
- oferecimento de razões pelo recorrente e recorrido; recurso em sentido estrito: art. 588
- oposição de embargos de declaração: art. 619
- para autópsia: art. 162
- para despachos e decisões dos juízes singulares: art. 800
- paralisação do processo pelo querelante; perempção da ação penal: art. 60, I
- para o defensor nomeado pelo juiz proceder à defesa: art. 396, parágrafo único
- para o juiz decidir sobre concessão de fiança: art. 322, parágrafo único
- parecer do procurador-geral em apelações: art. 613, II
- parecer do procurador-geral em revisão: art. 625, § 5º
- pedido de reabilitação: art. 743
- perda em favor da união das coisas apreendidas; vendas em leilão público: art. 122
- perempção da ação penal, em casos onde somente se proceda mediante queixa: art. 60
- prisão de testemunha faltos: arts. 219 e 453
- produção de prova pela defesa; nova definição jurídica do fato: art. 384
- promoção da ação, se houver prisão em flagrante; crimes contra a propriedade imaterial: art. 530
- propositura da ação penal; levantamento do sequestro: art. 131, I
- prorrogação: art. 798, § 3º
- punibilidade; prova de extinção: art. 61, parágrafo único
- que a incomunicabilidade do indiciado não excederá: art. 21, parágrafo único
- queixa com fundamento em apreensão e perícia; crimes contra a propriedade imaterial: art. 529
- razões de apelações em processos de contravenção: art. 600
- razões de apelação, por parte do assistente: art. 600, § 1º
- reclamação de coisas apreendidas: art. 123
- recurso de apelação: art. 593
- recurso em sentido estrito; apresentação ao juízo *ad quem*: art. 591
- recurso em sentido estrito; devolução dos autos ao juiz a quo: art. 592
- recurso em sentido estrito; inclusão ou exclusão de jurado na lista geral: art. 586, parágrafo único
- recurso em sentido estrito; interposição: art. 586
- reforma ou sustentação de despacho por juiz, recurso em sentido estrito: art. 589
- remessa do processo ao juiz; contravenções: art. 535
- remessa dos autos à instância superior; apelação: art. 601
- remessa do traslado dos autos de apelação à instância superior: art. 601, § 1º
- renovação do pedido de reabilitação: art. 749
- requisição de esclarecimentos para a restauração de autos extraviados ou destruídos: art. 544, parágrafo único
- resposta da parte contrária à arguição de falsidade de documento: art. 145, I
- resposta do acusado à denúncia ou queixa; crime de responsabilidade dos funcionários públicos: art. 514
- resposta do juiz em arguição de suspeição: art. 100
- restituição de coisa apreendida; prova do direito do reclamante: art. 120, § 1º
- revisão criminal a qualquer tempo: art. 622
- subida de recurso em sentido estrito: art. 591
- suspensão de escrivão ou secretário do tribunal que se negar a dar recibo ou deixar de entregar carta testemunhável: art. 642
- suspensão de escrivão que não der conhecimento da sentença ao Ministério Público: art. 390
- suspensão de escrivão que não fizer conclusão de autos de recurso: art. 578, § 3º
- suspensão de escrivão que, na reincidência, não executar atos determinados em lei ou ordenados pelo juiz: art. 799
- suspensão de processo criminal; decisão de questão prejudicial: art. 93, § 1º
- término; certificação nos autos pelo escrivão: art. 798, § 2º
- término do inquérito policial: art. 10
- término do inquérito policial, se o indiciado estiver solto: art. 10
- vista ao procurador-geral e ao relator; recursos em sentido estrito e apelações: art. 610

PRECATÓRIA
- acareação de testemunhas: art. 230
- devolução ao juiz deprecante; independe de traslado: art. 355
- escrito de pessoa ausente, intimação para fazê-lo mediante: art. 174, IV
- expedição por via telegráfica, em caso de urgência: art. 356
- nomeação de peritos em exame por: art. 177
- prisão por mandado; concessão de fiança pela autoridade deprecada: art. 332
- réu em outra jurisdição; prisão: art. 289
- réu fora do território da jurisdição do juiz processante; citação: art. 353
- testemunha residente fora da jurisdição do juiz; inquirição: art. 222

PRESCRIÇÃO
- objetos e dinheiro dados como fiança; custas e indenizações por réu condenado: art. 336 e parágrafo único

PRESIDENTE DA REPÚBLICA
- opção por depoimento escrito: art. 221, § 1º

PRESO
- dúvida sobre sua identidade: art. 289-A, § 5º
- fiança; prestação mediante simples petição, em caso de recusa ou demora por parte da autoridade policial: art. 335
- internação em manicômios judiciários em caso de superveniência de doença mental: art. 682
- intimação da sentença; será pessoal: art. 392, I
- intimação para a sessão de julgamento pelo Tribunal do Júri; nulidade, se faltar: art. 564, III, g
- mandado de prisão; recebimento de exemplar: art. 286
- presença em juízo; requisição: art. 360

PRESUNÇÃO
- de flagrante delito: art. 302, IV

PREVENÇÃO
- distribuição para concessão de fiança, decretação de prisão preventiva ou qualquer diligência anterior à denúncia ou queixa: art. 75, parágrafo único
- prática de infrações continuadas em diversos territórios: art. 71

CPP

- verificação da competência: art. 83

PRIMÁRIO

- obtenção de *sursis* pelo sentenciado: art. 696, I

PRINCÍPIOS GERAIS DE DIREITO

- art. 3º

PRISÃO

- arts. 282 a 318
- autoridade policial, cumprimento de mandados: art. 13, III
- casa particular; entrega do réu pelo morador; arrombamento de portas, em caso de recusa: art. 293
- civil; impossibilidade de fiança: art. 324, II
- comunicação imediata ao juiz, ao MP e a família do preso: art. 306
- decretada sem registro no CNJ, competência para efetuá-la: art. 289-A, § 2º
- diretor; embaraço ou procrastinação da expedição de *habeas corpus*: art. 655
- dúvida quanto à identidade do preso: art. 289-A, § 5º
- em flagrante: art. 283
- em flagrante, concessão de liberdade provisória com ou sem fiança: art. 310, III
- em flagrante; conversão em preventiva: art. 310, II
- em perseguição do réu; entendimento da expressão: art. 290, § 1º
- especial ou recolhimento a quartel: art. 295
- ilegal, relaxamento: art. 310, I
- infração inafiançável; independerá da exibição do mandado: art. 287
- mandado; cumprimento; expedição e quantos forem necessários às diligências: art. 297
- mandado registrado no CNJ; competência para efetuá-la: art. 289-A, § 1º
- mandado; registro; regulamentação: art. 289-A, § 6º
- mandado; requisitos: art. 285, parágrafo único
- militar; fiança; quando não cabe fiança: art. 324, II
- pelo executor do mandado, em outro município ou comarca: art. 290
- por mandado; quando se entenderá feita: art. 291
- por precatória: art. 289
- praças de pré: art. 296
- preso; entrega de um exemplar do mandado: art. 286
- preso; informação de seus direitos: art. 289-A, § 4º
- provisória; separação dos condenados: art. 300
- recolhimento de preso; exibição do mandado ao diretor ou carcereiro: art. 288
- relaxamento: art. 310, I
- requisição por qualquer meio de comunicação: art. 289, § 1º
- resistência: art. 292
- resistência ou tentativa de fuga do preso; emprego de força: art. 284
- testemunha faltosa: art. 219

PRISÃO DOMICILIAR

- arts. 317 e 318
- mulher gestante ou que for mãe ou responsável por crianças ou pessoas com deficiência: art. 318-A
- prisão preventiva, hipóteses de substituição por: art. 318

PRISÃO EM FLAGRANTE

- arts. 301 a 310
- acusado; apresentação e a interrogatório: art. 304
- a quem será apresentado o preso em caso de falta de autoridade no lugar: art. 308
- autoridade policial e agente; dever: art. 301
- efetuação por qualquer do povo: art. 301
- em casa particular; recusa do morador; arrombamento de portas: art. 294
- falta de testemunha; não impedirá o auto respectivo: 304, § 2º
- falta ou impedimento do escrivão; lavratura do auto: art. 305
- fiança; competência para concessão: art. 332
- independerá de pronúncia e ordem escrita da autoridade: art. 303
- infrações permanentes: art. 303
- início da ação penal, nas contravenções, com o auto respectivo: art. 26
- lavratura de auto: art. 304
- liberdade do réu, após lavratura do auto, em caso de o réu se livrar solto: art. 309
- liberdade provisória do réu; concessão: art. 310
- normas a observar: art. 8º
- nulidades, na falta do auto respectivo: art. 564, III, a
- prática de delito em presença da autoridade; consignação no auto: art. 307
- processo das contravenções: art. 532
- quem poderá efetuá-la: art. 301
- recebimentos de nota de culpa pelo preso: art. 306
- relaxamento; recurso em sentido estrito: art. 581, v, *in fine*
- requisitos: art. 302
- resistência à sua efetuação: art. 292
- supressão de omissões do autor: art. 369

PRISÃO PREVENTIVA

- art. 311 a 316
- apresentação espontânea do acusado; não impedirá sua decretação: art. 317
- cabimento; fases: arts. 311 e 312
- computação na privativa de liberdade do tempo da: art. 672, I
- crimes dolosos; art. 313
- despacho que a denegue ou decrete; fundamentação: art. 315
- distribuição objetivando decretá-la; prevenirá a da ação penal: art. 75 parágrafo único
- indeferimentos de requerimento; recurso em sentido estrito: art. 581, V
- inexistência de crime; não decretação: art. 314
- representação pela autoridade policial: arts. 13, IV, e 311
- revogação: art. 316

PROCESSO(S)

- audiências, sessões e atos processuais; publicidades: art. 792
- ausência de defensor; substituição; art. 265, § 2º
- comum: arts. 394 a 502
- comum ou especial: art. 394
- concessão de *habeas corpus*; efeitos quanto ao: art. 651
- crimes contra a propriedade imaterial: arts. 524 a 530
- crimes de calúnia e injúria de competência do juiz singular: arts. 519 a 523
- crime de competência do júri: arts. 406 a 497
- crimes de responsabilidade dos funcionários públicos: 513 a 518
- de restauração de autos extraviados ou destruídos: arts. 541 a 548
- disposições preliminares: 1º a 3º
- do *habeas corpus*: arts. 647 a 667
- e julgamentos dos recursos em sentido estrito e das apelações, nos tribunais de apelação: arts. 609 a 618
- em espécie: arts. 394 a 562
- em geral: arts. 1º a 393
- especiais: 501 a 555
- exceção de suspeição; autos apartados: art. 111
- exceção de suspeição; improcedência manifesta; rejeição: art. 100, § 2º
- exceção de suspeição; não aceitação; remessa dos autos ao juiz ou tribunal competente: art. 100
- exceção de suspeição; relevância da arguição: aplicação de medida de segurança: art. 549 a 555
- formação completa; citação do acusado: art. 363
- nulidade do processo e concessão *habeas corpus*; renovação do art. 652
- penal; reger-se-á pelo código respectivo; ressalva: art. 1º
- revelia do acusado: art. 363, § 2º
- sumário: arts. 531 a 538 IV
- sumário; aplicação: art. 533
- sumário; contravenções: art. 531

PROCURAÇÃO

- indicação de defensor por ocasião do interrogatório; efeitos: art. 266
- poderes especiais para aceitação de perdão: arts. 55 a 59
- poderes especiais para arguição de falsidade: art. 146
- poderes especiais para exercícios do direito de representação: art. 39
- poderes especiais para queixos: art. 44
- poderes especiais para recusa de juiz: art. 98
- poderes especiais para renúncia aos exercícios do direito de queixa; art. 50

PROCURADOR-GERAL DA REPÚBLICA

- crimes comuns e de responsabilidades; processo e julgamento pela STF: art. 86, I
- prazo para dar parecer em revisão: art. 625 § 5º
- sentença estrangeira: contestação de embargos na homologação: art. 789, § 5º
- sentença estrangeira; pedido de providência para homologação: art. 789

PROCURADOR-GERAL DO ESTADO

- competência do tribunal de apelação para julgamento: art. 87
- oferecimento da denúncia ou arquivamento do inquér

to policial; atendimento pelo juiz; obrigatoriedade: art. 28
- prazo para audiência nos recurso em sentido estrito a apelações: art. 610
- prazo para dar parecer em apelações: art. 613, II
- prazo para dar parecer em revisão: art. 625, § 5º

PROIBIÇÃO
- quanto ao depoimento: art. 207

PROMOÇÃO DE AÇÃO PENAL
- em crime de ação pública: art. 24

PRONÚNCIA
- art. 413
- autos encaminhados ao juiz-presidente do tribunal do júri: preclusão da decisão de: art. 421
- Intimação da decisão de: art. 420
- processo da competência do juiz; nulidade pela falta de sentença: art. 564, III, f
- recurso cabível: art. 581, IV
- recurso; subida em traslado: art. 583, parágrafo único
- retorno dos autos ao ministério público; indícios de coautoria ou participação: art. 417
- suspensão tão somente do julgamento pelo recurso de: art. 584, § 2º

PROPRIEDADE IMATERIAL
- busca ou apreensão; quem efetuará a diligência: arts. 527
- processo e julgamento de crime contra a: arts. 524 a 530-I

PRORROGAÇÃO DA COMPETÊNCIA
- de autoridade policial: art. 22
- desclassificação de crime pelo júri: art. 492, § 2º

PROVAS
- arts. 155 a 250
- absolvição do réu, se insuficiente: art. 386, VII
- convicção do juiz; formação pela livre apreciação da: art. 155
- da alegação; a quem incumbira: art. 156
- de fonte independente: art. 157, § 2º
- derivadas das ilícitas: art. 157, § 1º
- Desentranhamentos dos autos; art. 157 § 3º
- disposições gerais: arts. 155 a 157
- documental: reprodução: art. 547, III
- exame médico-legal do acusado, se duvidosa sua integridade mental: art. 149
- exame de corpo de delito e outras pericias; peritos não oficiais: art. 159, § 2º
- exame de corpo de delito e outras pericias; peritos não oficiais: art. 159 e parágrafos
- ilícitas: art. 157
- juiz; não ficará adstrito ao laudo pericial: art. 182
- juízo penal; restrições à: art. 156
- produção antecipada: art. 156
- produzidas em uma só audiência: art. 400 § 1º
- testemunhal; caso em que suprirá o exame do corpo de delito: Art. 167
- testemunhal; suprimento da falta de exame complementar: Art. 168 § 3º

PSICOPATA
- autos; entrega aos peritos para exame de insanidade mental: art. 150, § 2º
- curador para aceitação de perdão: art. 53
- depoimento sem compromisso: art. 208
- direto de queixa por curador especial: art. 33
- doença mental superveniente à infração em relação a corréu; cessação da unidade do processo: art. 79, § 1º
- exame de sua integridade mental; nomeação de curador: 149, § 2º
- exame médico-legal; promoção no inquérito; art. 149 § 1º
- exame médico-legal quando duvidosa a integridade mental do acusado: art. 149
- incidente de insanidade mental; processo em auto apartado: art. 153
- internação do acusado para efeito do exame de insanidade mental: art. 150
- internação do acusado por superveniência de doença mental: 152, § 1º, e 682
- suspensão de processo por doenças mental posterior à infração: art. 152

PUBLICAÇÃO
- de sentença; conhecimento ao Ministério Público: art. 390
- de sentença; jornal e data em que será feita: art. 389
- de sentença; termo e registro em livro especial: art. 389

PÚBLICAS-FORMAS
- validade: art. 237

PUNIBILIDADE
- aceitação de perdão e extinção da art. 58, parágrafo único
- levantamento de arresto ou cancelamento de hipoteca, julgada extinta a: art. 141

– Q –

QUALIFICAÇÃO
- de testemunha: art. 203
- do acusado; comparecimento perante a autoridade judiciário: art. 185
- do acusado; denúncia ou queixa; requisitos: art. 41

QUARTÉIS
- direito a recolhimento em: art. 295

QUEBRAMENTO DE FIANÇA
- anterior; não haverá concessão: art. 324, I
- consequência: arts. 343 a 346
- mudança de residência do réu: comunicação necessária: art. 328
- quando ocorrerá: art. 341
- reforma de despacho: art. 342

QUEIXA
- aditamento ou repúdio pelo Ministério Público: Art. 29
- aditamento pelo Ministério Público; art. 384
- aditamento pelo Ministério Público; ação privativa ofendido: arts. 45 e 384
- contra qualquer dos autores do crime; obriga ao processo de todos; indivisibilidade: art. 48
- curador especial para o exercício do direito de: art. 33
- depósito das custas; ressalva: art. 806
- elementos: art. 41
- inquérito policial; acompanhará a: art. 12
- nulidade, em sua falta: art. 564, III, a
- omissões; suprimento: art. 60
- realização d ato ou diligência; deposito em cartório da importância das custas; art. 806
- recebimento pelo juiz: citação do acusado para resposta; art. 396
- rejeição: art. 395

QUERELANTE
- crimes de calúnia e injuria; reconciliação; Art. 521
- intimação da sentença; art. 391
- intimação do art. 370, § 1.
- requerente de diligência; Art. 402

QUESITOS
- arts. 482 a 484
- divergência entre peritos: art. 180
- formulação; faculdade; art. 159 § 3º
- nulidade, na sua falta: art. 564, III, k
- ordem: art. 483
- prazo para formulação; art. 176
- transcrição na precatória: art. 177, parágrafo único

QUESTÕES PREJUDICIAIS
- arts. 92 a 94
- ação civil; promoção pelo Ministério Público; art. 92 parágrafo único
- cabimento de recurso; despacho que ordena suspensão do processo: art. 581, XVI
- decretação da suspensão do processo pelo juiz: art. 94
- intervenção do Ministério Público na causa cível, para o seu rápido andamento, em caso de suspensão do processo; art. 93 § 3º
- recurso; não cabimento em relação a despacho que denegar a suspensão do processo: art. 93, § 2º
- sentença penal; coisa julgada no civil: art. 65
- suspensão da ação penal: controvérsia sobre o estado civil das pessoas: art. 92
- suspensão da ação penal: prorrogada e prosseguimento do processo: prazo: art. 93, § 1º

– R –

REABILITAÇÃO
- arts. 743 a 750
- audiência do Ministério Público; art. 745, *in fine*
- comunicação ao instituto de identificação e estática: art. 747
- folha de antecedentes: não constará condenação anterior: art. 748
- pedido pela representante do morto: arts. 623 e 631
- recurso de oficio da decisão que a conceder: art. 746

CPP

ÍNDICE ALFABÉTICO-REMISSIVO DO CÓDIGO DE PROCESSO PENAL

- renovação do pedido: Art. 749
- requisitos do requerimento: art. 743
- revisão criminal: casos; art. 621
- revogação: art. 750

RECAPTURA
- réu evadido; efetuação por qualquer pessoa art. 684

RECONCILIAÇÃO
- assinatura do termo de desistência e arquivamento da queixa: art. 522
- crimes de calúnia e injúria: oportunidade art. 520

RECONHECIMENTO
- de objeto ou pessoa; prova em separado: art. 228
- de objetivo; procedimento: art. 227
- de pessoa; lavratura de auto pormenorizado do ato: art. 226. IV
- de pessoa, na instrução criminal ou no plenário de julgamento: art. 226, parágrafo único
- de pessoa; procedimento: art. 226

RECURSO(S)
- arguição de suspeição de peritos, intérpretes, serventuários ou funcionários de justiça; decisão de plano, sem cabimento de art. 105
- da decisão de reconhecer falsidade de documento; não caberá; 147 IV
- da pronúncia; cabimento; art. 581 IV
- da pronúncia; quando subirá em translado; art. 583 parágrafo único
- da pronuncia; suspensão do julgamento: Art. 584, § 2º
- de despacho que denegar suspensão do processo; não cabimento de art. 93 § 2º
- de oficio; casos: art. 574
- de oficio; circunstância que exclua o crime ou isente o réu de pena; absolvição sumária; art. 574 II
- de oficio da sentença que conceder *habeas corpus*: art. 574, I
- de ofício da sentença que conceder reabilitação; art. 746
- de ofício, nulidade, se faltar; art. 564, III, *n*
- de ofício; subirão nos próprios autos; art. 583, I
- de sentença definitiva: art. 593, I
- do despacho que admita ou não intervenção de assistente; não cabimento de: art. 273
- do despacho que decida arguição de suspeição contra órgão do Ministério Público; não cabimento: art. 104
- em geral: arts. 574 e 667
- *habeas corpus* contra prisão administrativa; não cabimento: arts. 650 § 2º
- interposição: art. 577
- interposição de um por outro: efeitos art. 579
- interposição pelo Ministério Público: desistência inadmissível; art. 576
- interposição por petição ou termo nos autos: art. 578
- parte que não tenha interesses na reforma ou modificação da decisão; não cabimento de: Art. 577, parágrafo único
- petição de interposição; prazo para entrega ao escrivão: art. 578, § 2º

RECURSO EM SENTIDO ESTRITO
- arts. 581 a 592
- cabimento; art. 581
- da pronuncia; exigência da prisão do réu ou prestação da fiança; 585
- da pronúncia; quando subirá em translado: art. 583, parágrafo único
- da pronúncia; suspensão do julgamento; art. 584, § 2º
- de decisão, despacho ou sentença que conceder, negar, arbitrar, cassar ou julgar inidônea a fiança: art. 581, V
- efeito suspensivo: casos: art. 584
- prazo para extração de translado pelo escrivão: art. 587 parágrafo único
- prazo para interposição; art. 586
- prazo para oferecimento de razões pelo recorrente e recorrido: art. 588
- prazo para reforma ou sustentação de despacho por juiz; art. 589
- quando subirão nos próprios autos: art. 583
- reforma do despacho recorrido; efeitos; art. 589, parágrafo único

RECURSO EXTRAORDINÁRIO
- arts. 637 e 638

REGIMENTO INTERNO
- nomes complementares para *habeas corpus*; competência do STF; 667
- normas complementares para *habeas corpus*; estabelecimentos pelos tribunais de apelação: art. 666
- normas complementares para recursos e apelações; art. 618
- normas complementares para revisões criminais; estabelecimento pelos tribunais de Apelação; art. 628
- processo e julgamento do recurso extraordinário; competência do STF: art. 638

REGISTRO CIVIL
- averbação da incapacidade para exercer autoridade marital ou pátrio poder: art. 693

REGISTRO DE IMÓVEIS
- hipoteca legal; inscrição: arts. 135, §§ 4º e 6º, e 136
- sequestro de bens adquiridos com o produto do crime: inscrição: art. 128

REGRAS DE DIREITO INTERNACIONAL
- não são regidas pelo código de processo penal: art. 1º, I

REINCIDÊNCIA
- Crimes afiançáveis; prisão preventiva: art. 313, III
- fiança; casos de inadmissibilidade: art. 323, III

REINQUIRIÇÃO DE TESTEMUNHAS
- na segunda instância: art. 616
- no plenário do júri: art. 473
- restabelecimento do acusado insano mental: art. 152, § 2º

REJEIÇÃO DA DENUNCIA OU QUEIXA
- casos: art. 395

RELAÇÃO JURISDICIONAL
- com autoridade estrangeira: arts. 780 a 790

RELATOR
- citação do interessado na homologação de sentença estrangeira: art. 789, § 2º
- Expedição de alvará de soltura, em caso de decisão absolutória confirmada ou proferida em grau de apelação: art. 670
- para a revisão criminal: art. 625
- recursos em sentido estrito: exposição do feito: art. 610, parágrafo único
- recursos em sentido estrito; vista dos autos; prazo: art. 610
- revisão criminal; exame dos autos: art. 625, § 5º

RELATÓRIO
- elaboração e remessa do inquérito ao juiz: art. 10, § 1º
- testemunhas não inquirida; indicação pela autoridade policial art. 10 § 2º

RENÚNCIA
- ao exercício do direito de queixa; declaração art. 50
- de representante de menor; efeitos: art. 50, parágrafo único
- do exercício do direito de queixa em relação a um dos autores do crime; extensão: art. 49
- tácita, meios de prova: art. 57

RÉPLICA
- art. 477

REPRESENTAÇÃO
- crimes dependentes da mesma; início do inquérito: art. 5º, § 4º
- declaração do exercício do direito de: art. 39
- dispensa do inquérito pelo Ministério Público, em caso de oferecimento de elementos à promoção da ação penal: art. 39, § 5º
- do ofendido; crimes de ação pública: art. 24
- irretratabilidade, após o oferecimento da denúncia: art. 25
- oferecida ou reduzida a termo; inquérito: art. 39, § 3º
- nulidade; se faltar: art. 564, III, a
- redução a termo: art. 39, § 1º
- remessa à autoridade policial para inquérito; oportunidade: art. 39, § 4º

RESIDÊNCIA DO RÉU
- competência pela prevenção: art. 72, § 1º
- determinação da competência: art. 72
- incerta; juízo competente: art. 72, § 2
- permissão para mudança ou ausência; requisitos art. 328
- preferência do querelante quando ocorrerá: art. 73

RESISTÊNCIA À PRISÃO
- emprego de forca: art. 284
- por parte de terceiros: art 292

RESPONSABILIDADE
- civil; ressarcimento de dano: art. 64

RESPOSTA DO ACUSADO
- crimes de competência do júri; conteúdo: art. 406, § 3
- não apresentação; juiz nomeara defensor: Art. 408

RESSARCIMENTO DE DANO
- garantias; alcance: art. 140
- medidas assecuratórias; competência do Ministério Público para promoção: arts. 142 e 144
- responsabilidade civil: art. 64

RESTAURAÇÃO DE AUTOS
- diligências necessárias; determinação: art. 542
- extraviados na segunda instancia; proceder-se-á na primeira instancia: art. 541, § 3º
- extraviados e destruídos; processo: arts. 541 e 548
- requisição de cópias: art. 541, § 2º, b
- valores dos originais: art. 547

RESTITUIÇÃO DE COISAS APREENDIDAS
- arts. 118 a 124
- apreensão de coisa adquirida com os proventos da infração; disposições aplicáveis: art. 121
- competência para determiná-la: art. 120 e parágrafos
- dúvidas quanto ao direito do reclamante; autuação em apartado do pedido: art. 120, § 1º
- instrumentos do crime e coisas confiscados; inutilização ou recolhimento a museu criminal: art. 124
- objetos apreendidos não reclamados ou não pertencentes ao réu; venda em leilão e depósito do saldo: art. 123
- perda em favor da união e venda em leilão público: art. 122

RETIFICAÇÃO DE ATOS
- nulidade não sanada: art. 573

RETRATABILIDADE
- de confissão: art. 200

RÉU
- afiançado; exigências para mudança ou afastamento de residência: art. 328
- alegações escritas e arrolamento de testemunhas; prazo: art. 396-A
- citação por edital: arts. 361 a 364
- citado; mudança de residência: art. 367
- enfermo; deslocamento do juiz até onde o réu se ache, para proceder à instrução: art. 403, segunda parte
- novo interrogatório, a qualquer tempo: art. 196
- perguntas não respondidas; consignação: art. 191
- prisão em outro município ou comarca: art. 290
- prosseguimento do processo, em caso de revelia: art. 363, § 2º

REVELIA
- ausência do acusado a qualquer ato do processo; prosseguimento deste: art. 363, § 2º
- mudança ou ausência da residência, por parte do réu; prosseguimento do processo: art. 396

REVISÃO
- arts. 621 a 631
- de processos findos; admissibilidade: art. 621
- falecimento do réu no curso do processo; nomeação de curador: art. 631
- indenização por prejuízos: art. 630
- morte do réu; quem formulará o pedido de: art. 623
- *reformatio in pejus*; inadmissibilidade: art. 626, parágrafo único
- restabelecimento dos direitos perdidos: art. 627

- S -

SALVO-CONDUTO
- entrega à paciente, em processo de *habeas corpus* preventivo: art. 660, § 4º

SECRETÁRIO DE ESTADO
- inquirição: art. 221
- prisão especial: art. 295, II

SECRETÁRIO DE TRIBUNAL
- assistência a atos processuais: art. 792
- *habeas corpus*; envio imediato da petição ao presidente do tribunal, da câmara criminal ou de turma, em caso de competência originária do Tribunal de Apelação: art. 661
- ordem de *habeas corpus*; lavratura de prisão: art. 665
- prazos para entrega de carta testemunhável: art. 641
- suspensão pela não entrega de carta testemunhável: art. 642

SENTENÇA
- arts. 381 e 392
- absolutória; apelação; casos em que não terá efeito suspensivo: art. 596
- absolutória; casos em que não impedirá a ação civil: art. 67, III
- absolutória; medida de segurança: art. 386, parágrafo único, III e 753
- absolutória; requisitos: art. 386
- condenatória; absolvição opinada pelo Ministério Público: art. 385
- condenatória; apelação; efeitos: art. 597
- condenatória; efeitos: arts. 548 e 669, I
- condenatória; elementos: art. 381
- condenatória; fiança no processo; cabimento: art. 334
- condenatória; garantia das custas: art. 336, parágrafo único
- condenatória irrecorrível; interdições de direitos; aplicação provisória: art. 374
- condenatória irrecorrível; medida de segurança; aplicação provisória: art. 378
- condenatória; pobreza do titular do direito; promoção da execução pelo Ministério Público: art. 68
- condenatória; processo de restauração de autos extraviados ou destruídos; efeitos: art. 548
- condenatória; publicação: art. 387, VI
- condenatória; publicação em mãos de escrivão; termo e registro em livro especial: art. 389
- condenatória recorrível; interdições de direitos; aplicação provisória: art. 373, IV
- condenatória; requisitos: art. 387
- condenatória; transito em julgado; autos de hipoteca e arresto; remessa ao juízo cível: art. 143
- condenatória; trânsito em julgado; avaliação e venda de bens sequestrados: art. 133
- condenatória; trânsito em julgado; reparação do dano; promoção da execução: art. 63
- datilografada; rubrica do juiz: art. 388
- de absolvição sumária; recurso cabível: art. 416
- de impronúncia; recurso cabível: art. 416
- de pronúncia; interdições de direitos; aplicação provisória: art. 378
- de pronúncia; medida de segurança; aplicação provisória: art. 564, III, f
- do júri; desclassificação da infração; proferimento por seu presidente: art. 74, § 3º
- elementos: art. 381
- embargos de declaração; admissibilidade: art. 382
- estrangeira; carta rogatória; atendimento; art. 784
- estrangeira; homologação: art. 787 a 790
- estrangeira; homologação; processo: art. 787
- exequibilidade depois de passada em julgado: art. 669
- final; instauração de inquérito por reconhecimento de falso testemunho: art. 211
- fundamentada; requisitos: art. 381, 386 e 387
- intimação: art. 392, I a IV
- intimação pessoal ao réu ou defensor nos crimes afiançáveis: art. 392, II
- intimação pessoal ao réu preso: art. 392, I
- motivação: art. 381, III
- nulidade, se faltar: art. 564, III, m
- penal estrangeira; homologação; processo: art. 789
- possibilidade de nova definição jurídica do fato; reconhecimento pelo juiz; efeitos: art. 384
- proferimento; prazo: art. 800
- publicação: art. 389
- publicação em mão do escrivão: art. 389
- registro em livro especial: art. 389
- trânsito em julgado; encaminhamento do réu; expedição de carta de guia: art. 674
- Tribunal do Júri: arts. 492 e 493

SEQUESTRO
- autuação em apartado: art. 129
- bens; avaliação e venda em leilão público: art. 133
- bens imóveis; transferência a terceiros: art. 125
- bens móveis; providência ilícita; indícios veementes: art. 132
- decretação; elementos: art. 126
- dinheiro apurado na venda de bens em leilão; reco-

nhecimento: art. 133, parágrafo único
- embargos pelo acusado ou terceiro: art. 130
- embargos de terceiro; admissão: art. 129
- inscrição no Registro de Imóveis: art. 128
- levantamento; casos: art. 131
- poderá ser ordenado em qualquer fase do processo: ar. 127

SERVENTUÁRIO DA JUSTIÇA
- também ESCRIVÃO(ÃES)
- caso em que não servirá no processo: art. 112
- suspeição arguida; decisão pelo juiz: art. 105
- suspeição; extensão das regras aplicáveis aos juízes: art. 274

SIGILO
- da autoridade, no inquérito policial: art. 20

SIGNATÁRIO
- exibição de cartas em juízo sem o seu consentimento: art. 233, parágrafo único

SILÊNCIO
- do querelante; aceitação do perdão: art. 58
- do réu, no interrogatório; prejuízo da defesa: art. 186, parágrafo único

SOBRESTAMENTO
- de ação penal, para decisão de ação cível; prazo: art. 93, § 1º

SOCIEDADES
- exercício da ação penal: art. 37

SOLICITADOR
- ADVOGADO
- nomeado defensor; não poderá negar seu patrocínio: art. 264

SOLTURA
- absolvição em segunda instância; expedição de alvará; art. 670
- de sentenciado; comunicação ao juiz: art. 683
- *habeas corpus*: ar. 653
- imediata; apelação de sentença absolutória: art. 596
- ordem transmitida por telegrama; concessão de *habeas corpus*: art. 660 § 6º, e 665

SUPREMO TRIBUNAL FEDERAL
- competência primitiva: art. 86
- *exequatur* de seu presidente; cumprimento de rogatórias: art. 785
- *habeas corpus*; processo e julgamento: art. 650, I e 667
- jurisdição; restabelecimento mediante avocatória: art. 117
- nulidade de julgamento por falta de *quorum*: art. 564, III, p
- processos por crime contra a honra; exceção da verdade, admissibilidade; competência para julgamento: art. 85
- revisões criminais; processo e julgamento: art. 624, I
- sentença estrangeira; homologação; art. 787
- sentença estrangeira; processo de homologação: art. 789
- suspeição; declaração: art. 103

SURDO
- também MUDO e SURDO
- depoimento: art. 223, parágrafo único
- interrogatório: art. 192, III, e parágrafo único

SURSIS
- arts. 696 a 709

SUSPEIÇÃO
- afirmação espontânea pelo juiz: arts. 97 e 254
- arguição de; procederá a qualquer outra; ressalva; art. 96
- autoridades policiais; oposição nos atos de inquérito; inadmissibilidade; ressalva: art. 107
- declarada; membros do STF e do Tribunal de Apelação; art. 103
- decorrente de parentesco ou afinidade; cessação: art. 255
- de jurados; arguição oral: art. 106
- de órgão do Ministério Público; arguição; decisão sem recurso; prazo para produção de provas: art. 104
- de órgãos do Ministério Público; quando não funcionarão nos processos: art. 258
- de testemunha; arguição anterior ao depoimento: art. 214
- do juiz; nulidade processual: art. 564, I
- exceção de: art. 95, I
- não aceitação pelo juiz; autuação em apartado da petição: art. 100
- parentesco de advogado com juiz: art. 267
- peritos, intérpretes e serventuários ou funcionários da justiça: art. 105, 274, 280 e 281
- procedência da arguição reconhecida; sustação do processo principal: art. 102
- procedência; nulidade dos atos do processo principal: art. 101
- reconhecimento pelo juiz; sustação do processo: art. 99
- recusa do juiz pela parte; procedimento: arts. 98 e 254

SUSPENSÃO CONDICIONAL DA PENA
- arts. 696 s 709

SUSPENSÃO DE AÇÃO
- civil; até o julgamento definitivo da ação penal: art. 64, parágrafo único
- penal; decisão da ação civil, prazo: art. 93, § 1º
- penal; decretação de ofício ou a requerimento das partes: art. 94
- penal; intervenção do Ministério Público na causa cível: art. 93, § 3º
- penal; não cabimento de recurso do despacho que denegá-la: art. 92, § 2º

SUSPENSÃO DO PROCESSO
- citação, intimação ou notificação, falta ou nulidade: art. 570
- despacho; recurso: art. 581, XVI
- principal, pela procedência da arguição de suspeição: art. 102
- superveniência de doença mental do acusado: art. 102

SUSPENSÃO DO ESCRIVÃO
- conhecimento da sentença ao órgão do Ministério Público; omissão: art. 390
- entrega de carta testemunhável; omissão: art. 642
- inexecução de atos: art. 799
- pela não conclusão de autos: art. 800, § 4º

SUSTAÇÃO DO PROCESSO
- por suspeição reconhecida: art. 99

– T –

TELEGRAMA
- precatória; expedição em caso de urgência: art. 356
- transmissão de ordem de soltura; concessão de *habeas corpus*: art. 655, parágrafo único

TENTATIVA DE FUGA
- emprego de força: art. 284

TERMO
- adiamento da instrução criminal: art. 372
- autos extraviados ou destruídos; restauração; art. 542
- de fiança; requisitos: art. 329

TERRITORIALIDADE
- regência do processo penal: art. 1

TESTEMUNHA(S)
- arts. 202 a 225
- apreciações pessoais; impedimento de manifestação: art. 213
- arrolada; nulidade, pela fatal de intimação: art. 564, III, h
- arrolada na denúncia ou queixa; competência do júri: art. 406, § 2º
- arrolada para depor no plenário do júri: art. 423
- comparecimento impossível; inquirição: art. 220
- compromisso; a quem não será deferido: art. 208
- contradita, antes de iniciado o processo: art. 214
- convocação para assistir a arrombamento de porta, em caso de desobediência à entrega do réu: art. 293
- de acusação; prazo para ser ouvida: art. 401
- de defesa não encontrada; procedimento: art. 461
- de flagrante delito; ouvida: art. 304
- depoimento antecipado: art. 225
- depoimento de mudo, surdo ou surdo-mudo: art. 223, parágrafo único
- depoimento obrigatório: art. 206
- depoimento oral: art. 204
- desconto em vencimentos ou salário; impossibilidade: art. 459
- falso testemunho; advertência: art. 210
- faltosa; penas a que está sujeita: art. 219 e 453
- formulação de perguntas pelas partes: art. 212

- funcionário público: art. 221, § 3º
- identidade duvidosa: art. 205
- incomunicabilidade: art. 210, parágrafo único
- influência em seu depoimento pela presença do réu: art. 217
- inquirição em caso de exceção de suspeição: art. 100, § 1º
- inquirição por conferência; art. 217
- instauração de inquérito por falsidade: art. 211
- instrução do processo; número máximo: art. 253
- intérprete, no caso de desconhecimento da língua nacional: art. 223
- militar: art. 221, § 2º
- mudança de residência; comunicação ao juiz: art. 224
- não comparecimento na sessão do Tribunal do Júri: art. 458 e 461
- não encontrada; substituição: art. 397
- não indicadas pelas partes; ouvida a critério do juiz: art. 209
- oferecimento por juiz que não aceitar a suspeição: art. 100
- pessoas não computadas como tal: art. 209, § 2º
- processo sumário, número máximo: art. 532
- proibição de depor: art. 207
- processa de dizer a verdade: art. 203
- que poderão ajustar com o juiz dia, hora e local: art. 221
- recolhimento para que não possam ouvir outros depoimentos: art. 460
- recusa de depoimento justificada: art. 206
- redução a termo do depoimento; assinatura: art. 216
- reinquirição em outra instância: art. 616
- reprodução de seu depoimento: at. 215
- suspensão de audiência: art. 536
- toda pessoa poderá sê-lo: art. 202

TRABALHO
- educativo e remunerado, para assegurar meios de subsistência ao internado, após a internação: art. 764

TRADUÇÃO
- de documentos em língua estrangeira: art. 236

TRADUTOR PÚBLICO
- tradução de documentos em língua estrangeira: art. 236

TRANSLADO
- despesas; por conta de quem correrão: art. 601, § 2º
- dos autos: extração promovida pelo apelante: prazo para remessa à instancia superior art. 601, §§ 1º e 2º
- dos termos essenciais da apelação: permanência em cartório: art. 603
- extração de peças para instrução do recurso; art. 589
- peças que deverão informa o instrumento: indicação; art. 587
- recurso da pronúncia; subida: art. 583, parágrafo único
- recurso em sentido estrito; extração, conferência e concerto; art. 587, parágrafo único
- recurso em sentido estrito; extração; prorrogação de prazo: art. 590

TRATADOS
- homologação de sentenças penais estrangeiras: art. 780
- inaplicabilidade do Código de Processo Penal: art. 1ºI

TRÉPLICA
- Art. 477

TRIBUNAIS DE APELAÇÃO
- câmaras criminais; competência: art. 609
- competência para processo e julgamento de seus membros: art. 86, III
- decisão por maioria de votos: art. 615
- *habeas corpus* de sua competência originária; processo e julgamento; arts. 650, II, 661 e 666
- julgamento: competência originária; art. 87
- novo interrogatório do acusado e reinquirição de testemunhas no julgamento de apelação: art. 616
- nulidade de julgamento pela falta de *quorum* legal: art. 564, III, p
- recursos e apelação; julgamento: art. 609
- recurso em sentido estrito e apelação; processo e julgamento: arts. 609 a 618
- revisões criminais; processo e julgamento: art. 624, II
- suspeição de seus membros; declaração; art. 103

TRIBUNAL DO JÚRI
- ata da sessão: arts. 494 a 496
- competência: art. 74, § 1º
- competência por conexão ou continência; desclassificação da infração; remessa do processo ao juízo competente: art. 81, parágrafo único
- composição: art. 447
- concurso de competência; prevalência: art. 78, I
- conselho de sentença: arts. 447 a 452
- debates: arts. 476 a 481
- desaforamento: arts. 427 e 428
- encaminhamento dos autos ao juiz-presidente do; pronúncia: art. 421
- falso testemunho; instauração de inquérito: art. 211, parágrafo único
- fórmulas e termos de processos perante o Tribunal; nulidade, na sua falta: art. 564, III, f
- infração desclassificada pelo Tribunal; competência de seu presidente para proferir a sentença: art. 74, § 3º
- inquirição das testemunhas: art. 473
- instrução em plenário: arts. 473 a 475
- interposição de apelação de suas decisões; cabimento: art. 593, III
- interrogatório do acusado: art. 474
- intimação para a sessão de instrução e julgamento: art. 431
- juiz-presidente do; atribuições: art. 497
- nomeação de substituto para defensor ausente: art. 265, § 2º
- pauta: art. 429
- preparação do processo para julgamento em plenário: arts. 422 a 424
- pronúncia: art. 413
- quesitos para votação: art. 483
- reconhecimento de pessoa no plenário de julgamento: art. 226, parágrafo único
- registro dos depoimentos e do interrogatório: art. 475
- sentença: art. 492 e 493
- separação de julgamentos; dois ou mais acusados: art. 469 e §§
- sessão: arts. 454 a 493
- sessão; não comparecimento de testemunha: art. 458
- sessão; não comparecimento do acusado preso: art. 457 § 2º
- sessão; não comparecimento do acusado solto: art. 457
- sessão; não comparecimento do advogado do acusado: art. 456
- sessão; não comparecimento do Ministério Público: art. 455
- votação dos quesitos: arts. 485 a 491

– U –

ULTRA PETITA
- definição jurídica do fato diversa daquela constante da queixa ou denúncia; aplicação de pena mais grave: art. 383
- nova definição jurídica; aditamento de denúncia ou queixa pelo Ministério Público; prazo para apresentação de prova pela defesa: art. 384

– V –

VENDA EM LEILÃO
- bens sequestrados: art. 133

VESTÍGIOS DA INFRAÇÃO
- exame de corpo de delito: art. 158

VIDEOCONFERÊNCIA
- inquirição por: art. 217
- interrogatório: art. 185, §§ 2 a 9

VIOLÊNCIA DOMÉSTICA
- prisão preventiva: art. 313, III

VISTA DOS AUTOS
- ao Ministério Público; busca e apreensão: art. 529, parágrafo único
- fora do cartório; responsabilidade do escrivão: art. 803

VOTAÇÃO
- de quesitos em julgamento pelo júri: arts. 485 a 491

- toda pessoa poderá ser testemunha: art. 202

- interrogatório: arts. 185, §§ 2º a 9º

CÓDIGO PENAL MILITAR

ÍNDICE SISTEMÁTICO DO CÓDIGO PENAL MILITAR

PARTE GERAL

LIVRO ÚNICO

TÍTULO I – DA APLICAÇÃO DA LEI PENAL MILITAR .... **arts. 1º a 28**

TÍTULO II – DO CRIME .... **arts. 29 a 47**

TÍTULO III – DA IMPUTABILIDADE PENAL .... **arts. 48 a 52**

TÍTULO IV – DO CONCURSO DE AGENTES .... **arts. 53 e 54**

TÍTULO V – DAS PENAS .... **arts. 55 a 109**

Capítulo I – Das Penas Principais .... arts. 55 a 68

Capítulo II – Da Aplicação da Pena .... arts. 69 a 83

Capítulo III – Da Suspensão Condicional da Pena .... arts. 84 a 88

Capítulo IV – Do Livramento Condicional .... arts. 89 a 97

Capítulo V – Das Penas Acessórias .... arts. 98 a 108

Capítulo VI – Dos Efeitos da Condenação .... art. 109

TÍTULO VI – DAS MEDIDAS DE SEGURANÇA .... **arts. 110 a 120**

TÍTULO VII – DA AÇÃO PENAL .... **arts. 121 e 122**

TÍTULO VIII – DA EXTINÇÃO DA PUNIBILIDADE .... **arts. 123 a 135**

PARTE ESPECIAL

LIVRO I – DOS CRIMES MILITARES EM TEMPO DE PAZ .... **arts. 136 a 354**

TÍTULO I – DOS CRIMES CONTRA A SEGURANÇA EXTERNA DO PAÍS .... **arts. 136 a 148**

TÍTULO II – DOS CRIMES CONTRA A AUTORIDADE OU DISCIPLINA MILITAR .... **arts. 149 a 182**

Capítulo I – Do Motim e da Revolta .... arts. 149 a 153

Capítulo II – Da Aliciação e do Incitamento .... arts. 154 a 156

Capítulo III – Da Violência Contra Superior ou Militar de Serviço .... arts. 157 a 159

Capítulo IV – Do Desrespeito a Superior e a Símbolo Nacional ou a Farda .... arts. 160 a 162

Capítulo V – Da Insubordinação .... arts. 163 a 166

Capítulo VI – Da Usurpação e do Excesso ou Abuso de Autoridade .... arts. 167 a 176

Capítulo VII – Da Resistência .... art. 177

Capítulo VIII – Da Fuga, Evasão, Arrebatamento e Amotinamento de Presos .... arts. 178 a 182

TÍTULO III – DOS CRIMES CONTRA O SERVIÇO MILITAR E O DEVER MILITAR .... **arts. 183 a 204**

Capítulo I – Da Insubmissão .... arts. 183 a 186

Capítulo II – Da Deserção .... arts. 187 a 194

Capítulo III – Do Abandono de Posto e de Outros Crimes em Serviço .... arts. 195 a 203

Capítulo IV – Do Exercício de Comércio .... art. 204

ÍNDICE SISTEMÁTICO DO CÓDIGO PENAL MILITAR

TÍTULO IV – DOS CRIMES CONTRA A PESSOA ... **arts. 205 a 239**

Capítulo I – Do Homicídio ... arts. 205 a 207

Capítulo II – Do Genocídio ... art. 208

Capítulo III – Da Lesão Corporal e da Rixa ... arts. 209 a 211

Capítulo IV – Da Periclitação da Vida ou da Saúde ... arts. 212 e 213

Capítulo V – Dos Crimes Contra a Honra ... arts. 214 a 221

Capítulo VI – Dos Crimes Contra a Liberdade ... arts. 222 a 231

Seção I – Dos crimes contra a liberdade individual ... arts. 222 a 225

Seção II – Do crime contra a inviolabilidade do domicílio ... art. 226

Seção III – Dos crimes contra a inviolabilidade de correspondência ou comunicação ... art. 227

Seção IV – Dos crimes contra a inviolabilidade dos segredos de caráter particular ... arts. 228 a 231

Capítulo VII – Dos Crimes Sexuais ... arts. 232 a 237

Capítulo VIII – Do Ultraje Público ao Pudor ... arts. 238 e 239

TÍTULO V – DOS CRIMES CONTRA O PATRIMÔNIO ... **arts. 240 a 267**

Capítulo I – Do Furto ... arts. 240 e 241

Capítulo II – Do Roubo e da Extorsão ... arts. 242 a 247

Capítulo III – Da Apropriação Indébita ... arts. 248 a 250

Capítulo IV – Do Estelionato e Outras Fraudes ... arts. 251 a 253

Capítulo V – Da Receptação ... arts. 254 a 256

Capítulo VI – Da Usurpação ... arts. 257 e 258

Capítulo VII – Do Dano ... arts. 259 a 266

Capítulo VIII – Da Usura ... art. 267

TÍTULO VI – DOS CRIMES CONTRA A INCOLUMIDADE PÚBLICA ... **arts. 268 a 297**

Capítulo I – Dos Crimes de Perigo Comum ... arts. 268 a 281

Capítulo II – Dos Crimes Contra os Meios de Transporte e de Comunicação ... arts. 282 a 289

Capítulo III – Dos Crimes Contra a Saúde ... arts. 290 a 297

TÍTULO VII – DOS CRIMES CONTRA A ADMINISTRAÇÃO MILITAR ... **arts. 298 a 339**

Capítulo I – Do Desacato e da Desobediência ... arts. 298 a 302

Capítulo II – Do Peculato ... arts. 303 e 304

Capítulo III – Da Concussão, Excesso de Exação e Desvio ... arts. 305 a 307

Capítulo IV – Da Corrupção ... arts. 308 a 310

Capítulo V – Da Falsidade ... arts. 311 a 318

Capítulo VI – Dos Crimes Contra o Dever Funcional ... arts. 319 a 334

Capítulo VII – Dos Crimes Praticados por Particular Contra a Administração Militar ... arts. 335 a 339

TÍTULO VIII – DOS CRIMES CONTRA A ADMINISTRAÇÃO DA JUSTIÇA MILITAR ... **arts. 340 a 354**

LIVRO II – DOS CRIMES MILITARES EM TEMPO DE GUERRA ... **arts. 355 a 410**

TÍTULO I – DO FAVORECIMENTO AO INIMIGO ... **arts. 355 a 397**

Capítulo I – Da Traição ... arts. 355 a 361

Capítulo II – Da Traição Imprópria ... art. 362

Capítulo III – Da Cobardia ... arts. 363 a 365

Capítulo IV – Da Espionagem ... arts. 366 e 367

Capítulo V – Do Motim e da Revolta ... arts. 368 e 369

ÍNDICE SISTEMÁTICO DO CÓDIGO PENAL MILITAR

Capítulo VI – Do Incitamento .... arts. 370 e 371

Capítulo VII – Da Inobservância do Dever Militar .... arts. 372 a 382

Capítulo VIII – Do Dano .... arts. 383 a 385

Capítulo IX – Dos Crimes Contra a Incolumidade Pública .... art. 386

Capítulo X – Da Insubordinação e da Violência .... arts. 387 a 389

Capítulo XI – Do Abandono de Posto .... art. 390

Capítulo XII – Da Deserção e da Falta de Apresentação .... arts. 391 a 393

Capítulo XIII – Da Libertação, da Evasão e do Amotinamento de Prisioneiros .... arts. 394 a 396

Capítulo XIV – Do Favorecimento Culposo ao Inimigo .... art. 397

TÍTULO II – DA HOSTILIDADE E DA ORDEM ARBITRÁRIA .... arts. 398 e 399

TÍTULO III – DOS CRIMES CONTRA A PESSOA .... arts. 400 a 406

Capítulo I – Do Homicídio .... art. 400

Capítulo II – Do Genocídio .... arts. 401 e 402

Capítulo III – Da Lesão Corporal .... art. 403

TÍTULO IV – DOS CRIMES CONTRA O PATRIMÔNIO .... arts. 404 a 406

TÍTULO V – DO RAPTO E DA VIOLÊNCIA CARNAL .... arts. 407 e 408

Disposições Finais .... arts. 409 e 410

DECRETO-LEI N. 1.001, DE 21 DE OUTUBRO DE 1969

‣ *DOU*, 21.10.1969.

Os Ministros da Marinha de Guerra, do Exército e da Aeronáutica Militar, usando das atribuições que lhes confere o art. 3º do Ato Institucional n. 16, de 14 de outubro de 1969, combinado com o § 1º do art. 2º, do Ato Institucional n. 5, de 13 de dezembro de 1968, decretam:

Código Penal Militar

PARTE GERAL

LIVRO ÚNICO

TÍTULO I
DA APLICAÇÃO DA LEI PENAL MILITAR

Princípio de legalidade

Art. 1º Não há crime sem lei anterior que o defina, nem pena sem prévia cominação legal.

‣ art. 5º, XXXIX, CF.

Lei supressiva de incriminação

Art. 2º Ninguém pode ser punido por fato que lei posterior deixa de considerar crime, cessando, em virtude dela, a própria vigência de sentença condenatória irrecorrível, salvo quanto aos efeitos de natureza civil.

‣ art. 5º, XXXVI; XL; LIV, CF.

‣ art. 123, III, deste Código.

Retroatividade de lei mais benigna

§ 1º A lei posterior que, de qualquer outro modo, favorece o agente, aplica-se retroativamente, ainda quando já tenha sobrevindo sentença condenatória irrecorrível.

‣ art. 5º, XL, CF.

‣ Súm. 611, STF.

Apuração da maior benignidade

§ 2º Para se reconhecer qual a mais favorável, a lei posterior e a anterior devem ser consideradas separadamente, cada qual no conjunto de suas normas aplicáveis ao fato.

Medidas de segurança

Art. 3º As medidas de segurança regem-se pela lei vigente ao tempo da sentença, prevalecendo, entretanto, se diversa, a lei vigente ao tempo da execução.

‣ arts. 110 a 120 deste Código.

‣ arts. 659 a 674, CPPM.

‣ arts. 171 a 179 da Lei 7.210/1984 (Lei de Execução Penal).

Lei excepcional ou temporária

Art. 4º A lei excepcional ou temporária, embora decorrido o período de sua duração ou cessadas as circunstâncias que a determinaram, aplica-se ao fato praticado durante sua vigência.

Tempo do crime

Art. 5º Considera-se praticado o crime no momento da ação ou omissão, ainda que outro seja o do resultado.

Lugar do crime

Art. 6º Considera-se praticado o fato, no lugar em que se desenvolveu a atividade criminosa, no todo ou em parte, e ainda que sob forma de participação, bem como onde se produziu ou deveria produzir-se o resultado. Nos crimes omissivos, o fato considera-se praticado no lugar em que deveria realizar-se a ação omitida.

Territorialidade, extraterritorialidade

Art. 7º Aplica-se a lei penal militar, sem prejuízo de convenções, tratados e regras de direito internacional, ao crime cometido, no todo ou em parte no território nacional, ou fora dele, ainda que, neste caso, o agente esteja sendo processado ou tenha sido julgado pela justiça estrangeira.

‣ art. 5º, § 2º, CF.

Território nacional por extensão

§ 1º Para os efeitos da lei penal militar consideram-se como extensão do território nacional as aeronaves e os navios brasileiros, onde quer que se encontrem, sob comando militar ou militarmente utilizados ou ocupados por ordem legal de autoridade competente, ainda que de propriedade privada.

‣ Dec. 3.213/1999 (Dispõe sobre as áreas de jurisdição dos Comandos Militares de Área e das Regiões Militares no Exército Brasileiro).

Ampliação a aeronaves ou navios estrangeiros

§ 2º É também aplicável a lei penal militar ao crime praticado a bordo de aeronaves ou navios estrangeiros, desde que em lugar sujeito à administração militar, e o crime atente contra as instituições militares.

Conceito de navio

§ 3º Para efeito da aplicação deste Código, considera-se navio toda embarcação sob comando militar.

Pena cumprida no estrangeiro

Art. 8º A pena cumprida no estrangeiro atenua a pena imposta no Brasil pelo mesmo crime, quando diversas, ou nela é computada, quando idênticas.

Crimes militares em tempo de paz

Art. 9º Consideram-se crimes militares, em tempo de paz:

‣ Súm. 6; 78, STJ.

I - os crimes de que trata este Código, quando definidos de modo diverso na lei penal comum, ou nela não previstos, qualquer que seja o agente, salvo disposição especial;

II - os crimes previstos neste Código e os previstos na legislação penal, quando praticados: (Redação dada pela Lei nº 13.491, de 2017)

a) por militar em situação de atividade ou assemelhado, contra militar na mesma situação ou assemelhado;

‣ arts. 227, § 4º; 228; 229; 231; 251, § 2º, deste Código.

b) por militar em situação de atividade ou assemelhado, em lugar sujeito à administração militar, contra militar da reserva, ou reformado, ou assemelhado, ou civil;

c) por militar em serviço ou atuando em razão da função, em comissão de natureza militar, ou em formatura, ainda que fora do lugar sujeito à administração militar contra militar da reserva, ou reformado, ou civil; (Redação dada pela Lei 9.299/1996.)

d) por militar durante o período de manobras ou exercício, contra militar da reserva, ou reformado, ou assemelhado, ou civil;

e) por militar em situação de atividade, ou assemelhado, contra o patrimônio sob a administração militar, ou a ordem administrativa militar;

‣ art. 251, § 2º, deste Código.

f) (Revogada)

III - os crimes praticados por militar da reserva, ou reformado, ou por civil, contra as instituições militares, considerando-se como tais não só os compreendidos no inciso I, como os do inciso II, nos seguintes casos:

a) contra o patrimônio sob a administração militar, ou contra a ordem administrativa militar;

b) em lugar sujeito à administração militar contra militar em situação de atividade ou assemelhado, ou contra funcionário de Ministério militar ou da Justiça Militar, no exercício de função inerente ao seu cargo;

c) contra militar em formatura, ou durante o período de prontidão, vigilância, observação, exploração, exercício, acampamento, acantonamento ou manobras;

d) ainda que fora do lugar sujeito à administração militar, contra militar em função de natureza militar, ou no desempenho de serviço de vigilância, garantia e preservação da ordem pública, administrativa ou judiciária, quando legalmente requisitado para aquele fim, ou em obediência a determinação legal superior.

§ 1º Os crimes de que trata este artigo, quando dolosos contra a vida e cometidos por militares contra civil, serão da competência do Tribunal do Júri. (Redação dada pela Lei nº 13.491, de 2017)

§ 2º Os crimes de que trata este artigo, quando dolosos contra a vida e cometidos por militares das Forças Armadas contra civil, serão da competência da Justiça Militar da União, se praticados no contexto: (Incluído pela Lei nº 13.491, de 2017)

I – do cumprimento de atribuições que lhes forem estabelecidas pelo Presidente da República ou pelo Ministro de Estado da Defesa; (Incluído pela Lei nº 13.491, de 2017)

II – de ação que envolva a segurança de instituição militar ou de missão militar, mesmo que não beligerante; ou (Incluído pela Lei nº 13.491, de 2017)

III – de atividade de natureza militar, de operação de paz, de garantia da lei e da ordem ou de atribuição subsidiária, realizadas em conformidade com o disposto no art. 142 da Constituição Federal e na forma dos seguintes diplomas legais: (Incluído pela Lei nº 13.491, de 2017)

a) Lei nº 7.565, de 19 de dezembro de 1986 - Código Brasileiro de Aeronáutica; (Incluída pela Lei nº 13.491, de 2017)

b) Lei Complementar nº 97, de 9 de junho de 1999; (Incluída pela Lei nº 13.491, de 2017)

c) Decreto-Lei nº 1.002, de 21 de outubro de 1969 - Código de Processo Penal Militar; e (Incluída pela Lei nº 13.491, de 2017)

d) Lei nº 4.737, de 15 de julho de 1965 - Código Eleitoral. (Incluída pela Lei nº 13.491, de 2017)

Crimes militares em tempo de guerra

Art. 10. Consideram-se crimes militares, em tempo de guerra:

I - os especialmente previstos neste Código para o tempo de guerra;

II - os crimes militares previstos para o tempo de paz;

III - os crimes previstos neste Código, embora também o sejam com igual definição na lei penal comum ou especial, quando praticados, qualquer que seja o agente:

a) em território nacional, ou estrangeiro, militarmente ocupado;

b) em qualquer lugar, se comprometem ou podem comprometer a preparação, a eficiência ou as operações militares ou, de qualquer outra forma, atentam contra a segurança externa do país ou podem expô-la a perigo;

IV - os crimes definidos na lei penal comum ou especial, embora não previstos neste Código, quando praticados em zona de efetivas operações militares ou em território estrangeiro, militarmente ocupado.

Militares estrangeiros

Art. 11. Os militares estrangeiros, quando em comissão ou estágio nas forças armadas, ficam sujeitos à lei penal militar brasileira, ressalvado o disposto em tratados ou convenções internacionais.

Equiparação a militar da ativa

Art. 12. O militar da reserva ou reformado, empregado na administração militar, equipara-se ao militar em situação de atividade, para o efeito da aplicação da lei penal militar.

Militar da reserva ou reformado

Art. 13. O militar da reserva, ou reformado, conserva as responsabilidades e prerrogativas do posto ou graduação, para o efeito da aplicação da lei penal militar, quando pratica ou contra ele é praticado crime militar.

Defeito de incorporação

Art. 14. O defeito do ato de incorporação não exclui a aplicação da lei penal militar, salvo se alegado ou conhecido antes da prática do crime.

Tempo de guerra

Art. 15. O tempo de guerra, para os efeitos da aplicação da lei penal militar, começa com a declaração ou o reconhecimento do estado de guerra, ou com o decreto de mobilização se nele estiver compreendido aquele reconhecimento; e termina quando ordenada a cessação das hostilidades.

Contagem de prazo

Art. 16. No cômputo dos prazos inclui-se o dia do começo. Contam-se os dias, os meses e os anos pelo calendário comum.

Legislação especial. Salário-mínimo

Art. 17. As regras gerais deste Código aplicam-se aos fatos incriminados por lei penal militar especial, se esta não dispõe de modo diverso. Para os efeitos penais, salário-mínimo é o maior mensal vigente no país, ao tempo da sentença.

Crimes praticados em prejuízo de país aliado

Art. 18. Ficam sujeitos às disposições deste Código os crimes praticados em prejuízo de país em guerra contra país inimigo do Brasil:

I - se o crime é praticado por brasileiro;

II - se o crime é praticado no território nacional, ou em território estrangeiro, militarmente ocupado por força brasileira, qualquer que seja o agente.

Infrações disciplinares

Art. 19. Este Código não compreende as infrações dos regulamentos disciplinares.

Crimes praticados em tempo de guerra

Art. 20. Aos crimes praticados em tempo de guerra, salvo disposição especial, aplicam-se as penas cominadas para o tempo de paz, com o aumento de um terço.

Assemelhado

Art. 21. Considera-se assemelhado o servidor, efetivo ou não, dos Ministérios da Marinha, do Exército ou da Aeronáutica, submetido a preceito de disciplina militar, em virtude de lei ou regulamento.

Pessoa considerada militar

Art. 22. É considerada militar, para efeito da aplicação deste Código, qualquer pessoa que, em tempo de paz ou de guerra, seja incorporada às forças armadas, para nelas servir em posto, graduação, ou sujeição à disciplina militar.

‣ art. 142, CF.

Equiparação a comandante

Art. 23. Equipara-se ao comandante, para o efeito da aplicação da lei penal militar, toda autoridade com função de direção.

Conceito de superior

Art. 24. O militar que, em virtude da função, exerce autoridade sobre outro de igual posto ou graduação, considera-se superior, para efeito da aplicação da lei penal militar.

Crime praticado em presença do inimigo

Art. 25. Diz-se crime praticado em presença do inimigo quando o fato ocorre em zona de efetivas operações militares, ou na iminência ou em situação de hostilidade.

Referência a "brasileiro" ou "nacional"

Art. 26. Quando a lei penal militar se refere a "brasileiro" ou "nacional", compreende as pessoas enumeradas como brasileiros na Constituição do Brasil.

‣ art. 12, CF.

Estrangeiros

Parágrafo único. Para os efeitos da lei penal militar, são considerados estrangeiros os apátridas e os brasileiros que perderam a nacionalidade.

‣ art. 12, § 4º, CF.

‣ Dec. 4.246/2002 (Promulga a Convenção sobre o Estatuto dos Apátridas).

Os que se compreendem, como funcionários da Justiça Militar

Art. 27. Quando este Código se refere a funcionários, compreende, para efeito da sua aplicação, os juízes, os representantes do Ministério Público, os funcionários e auxiliares da Justiça Militar.

Casos de prevalência do Código Penal Militar

Art. 28. Os crimes contra a segurança externa do país ou contra as instituições militares, definidos neste Código, excluem os da mesma natureza definidos em outras leis.

TÍTULO II
DO CRIME

Relação de causalidade

Art. 29. O resultado de que depende a existência do crime somente é imputável a quem lhe deu causa. Considera-se causa a ação ou omissão sem a qual o resultado não teria ocorrido.

§ 1º A superveniência de causa relativamente independente exclui a imputação quando, por si só, produziu o resultado. Os fatos anteriores imputam-se, entretanto, a quem os praticou.

§ 2º A omissão é relevante como causa quando o omitente devia e podia agir para evitar o resultado. O dever de agir incumbe a quem tenha por lei obrigação de cuidado, proteção ou vigilância; a quem, de outra forma, assumiu a responsabilidade de impedir o resultado; e a quem, com seu comportamento anterior, criou o risco de sua superveniência.

Art. 30. Diz-se o crime:

Crime consumado

I - consumado, quando nele se reúnem todos os elementos de sua definição legal;

Tentativa

II - tentado, quando, iniciada a execução, não se consuma por circunstâncias alheias à vontade do agente.

Pena de tentativa

Parágrafo único. Pune-se a tentativa com a pena correspondente ao crime, diminuída de um a dois terços, podendo o juiz, no caso de excepcional gravidade, aplicar a pena do crime consumado.

Desistência voluntária e arrependimento eficaz

Art. 31. O agente que, voluntariamente, desiste de prosseguir na execução ou impede que o resultado se produza, só responde pelos atos já praticados.

Crime impossível

Art. 32. Quando, por ineficácia absoluta do meio empregado ou por absoluta impropriedade do objeto, é impossível consumar-se o crime, nenhuma pena é aplicável.

Art. 33. Diz-se o crime:

Culpabilidade

I - doloso, quando o agente quis o resultado ou assumiu o risco de produzi-lo;

II - culposo, quando o agente, deixando de empregar a cautela, atenção ou diligência ordinária, ou especial, a que estava obrigado em face das circunstâncias, não prevê o resultado que podia prever ou, prevendo-o, supõe levianamente que não se realizaria ou que poderia evitá-lo.

Excepcionalidade do crime culposo

Parágrafo único. Salvo os casos expressos em lei, ninguém pode ser punido por fato previsto como crime, senão quando o pratica dolosamente.

Nenhuma pena sem culpabilidade

Art. 34. Pelos resultados que agravam especialmente as penas só responde o agente quando os houver causado, pelo menos, culposamente.

Erro de direito

Art. 35. A pena pode ser atenuada ou substituída por outra menos grave quando o agente, salvo em se tratando de crime que atente contra o dever militar, supõe lícito o fato, por ignorância ou erro de interpretação da lei, se escusáveis.

‣ arts. 253; 258, CPPM.

Erro de fato

Art. 36. É isento de pena quem, ao praticar o crime, supõe, por erro plenamente escusável, a inexistência de circunstância de fato que o constitui ou a existência de situação de fato que tornaria a ação legítima.

Erro culposo

§ 1º Se o erro deriva de culpa, a este título responde o agente, se o fato é punível como crime culposo.

Erro provocado

§ 2º Se o erro é provocado por terceiro, responderá este pelo crime, a título de dolo ou culpa, conforme o caso.

Erro sobre a pessoa

Art. 37. Quando o agente, por erro de percepção ou no uso dos meios de execução, ou outro acidente, atinge uma pessoa em vez de outra, responde como se tivesse praticado o crime contra aquela que realmente pretendia atingir. Deve ter-se em conta não as condições e qualidades da vítima, mas as da outra pessoa, para configuração, qualificação ou exclusão do crime e agravação ou atenuação da pena.

Erro quanto ao bem jurídico

§ 1º Se, por erro ou outro acidente na execução, é atingido bem jurídico diverso do visado pelo agente, responde este por culpa, se o fato é previsto como crime culposo.

Duplicidade do resultado

§ 2º Se, no caso do artigo, é também atingida a pessoa visada, ou, no caso do parágrafo anterior, ocorre ainda o resultado pretendido, aplica-se a regra do art. 79.

Art. 38. Não é culpado quem comete o crime:

Coação irresistível

a) sob coação irresistível ou que lhe suprima a faculdade de agir segundo a própria vontade;

Obediência hierárquica

b) em estrita obediência a ordem direta de superior hierárquico, em matéria de serviços.

‣ art. 24 deste Código.

‣ arts. 253; 258; 439, d, CPPM.

§ 1º Responde pelo crime o autor da coação ou da ordem.

§ 2º Se a ordem do superior tem por objeto a prática de ato manifestamente criminoso, ou há excesso nos atos ou na forma da execução, é punível também o inferior.

Estado de necessidade, com excludente de culpabilidade

Art. 39. Não é igualmente culpado quem, para proteger direito próprio ou de pessoa a quem está ligado por estreitas relações de parentesco ou afeição, contra perigo certo e atual, que não provocou, nem podia de outro modo evitar, sacrifica direito alheio, ainda quando superior ao direito protegido, desde que não lhe era razoavelmente exigível conduta diversa.

‣ art. 41 deste Código.

‣ arts. 253; 258; 439, d, CPPM.

Coação física ou material

Art. 40. Nos crimes em que há violação do dever militar, o agente não pode invocar coação irresistível senão quando física ou material.

‣ arts. 253; 258, CPPM.

Atenuação de pena

Art. 41. Nos casos do art. 38, letras *a* e *b*, se era possível resistir à coação, ou se a ordem não era manifestamente ilegal; ou, no caso do art. 39, se era razoavelmente exigível o sacrifício do direito ameaçado, o juiz, tendo em vista as condições pessoais do réu, pode atenuar a pena.

Exclusão de crime

Art. 42. Não há crime quando o agente pratica o fato:

I - em estado de necessidade;

II - em legítima defesa;

III - em estrito cumprimento do dever legal;

IV - em exercício regular de direito.

‣ arts. 253; 258; 439, d, CPPM.

Parágrafo único. Não há igualmente crime quando o comandante de navio, aeronave ou praça de guerra, na iminência de perigo ou grave calamidade, compele os subalternos, por meios violentos, a executar serviços e manobras urgentes, para salvar a unidade ou vidas, ou evitar o desânimo, o terror, a desordem, a rendição, a revolta ou o saque.

Estado de necessidade, como excludente do crime

Art. 43. Considera-se em estado de necessidade quem pratica o fato para preservar direito seu ou alheio, de perigo certo e atual, que não provocou, nem podia de outro modo evitar, desde que o mal causado, por sua natureza e importância, é consideravelmente inferior ao mal evitado, e o agente não era legalmente obrigado a arrostar o perigo.

Legítima defesa

Art. 44. Entende-se em legítima defesa quem, usando moderadamente dos meios necessários, repele injusta agressão, atual ou iminente, a direito seu ou de outrem.

Excesso culposo

Art. 45. O agente que, em qualquer dos casos de exclusão de crime, excede culposamente os limites da necessidade, responde pelo fato, se este é punível, a título de culpa.

Excesso escusável

Parágrafo único. Não é punível o excesso quando resulta de escusável surpresa ou perturbação de ânimo, em face da situação.

Excesso doloso

Art. 46. O juiz pode atenuar a pena ainda quando punível o fato por excesso doloso.

Elementos não constitutivos do crime

Art. 47. Deixam de ser elementos constitutivos do crime:

I - a qualidade de superior ou a de inferior, quando não conhecida do agente;

II - a qualidade de superior ou a de inferior, a de oficial de dia, de serviço ou de quarto, ou a de sentinela, vigia, ou plantão, quando a ação é praticada em repulsa a agressão.

TÍTULO III
DA IMPUTABILIDADE PENAL

Inimputáveis

Art. 48. Não é imputável quem, no momento da ação ou da omissão, não possui a capacidade de entender o caráter ilícito do fato ou de determinar-se de acordo com esse entendimento, em virtude de doença mental, de desenvolvimento mental incompleto ou retardado.

- art. 111, III; 112; 113, deste Código.
- arts. 160, p.u.; 439, d; 516, c; 660 e 664, CPPM.

Redução facultativa da pena

Parágrafo único. Se a doença ou a deficiência mental não suprime, mas diminui consideravelmente a capacidade de entendimento da ilicitude do fato ou a de autodeterminação, não fica excluída a imputabilidade, mas a pena pode ser atenuada, sem prejuízo do disposto no art. 113.

Embriaguez

Art. 49. Não é igualmente imputável o agente que, por embriaguez completa proveniente de caso fortuito ou força maior, era, ao tempo da ação ou da omissão, inteiramente incapaz de entender o caráter criminoso do fato ou de determinar-se de acordo com esse entendimento.

Parágrafo único. A pena pode ser reduzida de um a dois terços se o agente, por embriaguez proveniente de caso fortuito ou força maior, não possuía, ao tempo da ação ou da omissão, a plena capacidade de entender o caráter criminoso do fato ou de determinar-se de acordo com esse entendimento.

Menores

Art. 50. O menor de dezoito anos é inimputável, salvo se, já tendo completado dezesseis anos, revela suficiente desenvolvimento psíquico para entender o caráter ilícito do fato e determinar-se de acordo com este entendimento. Neste caso, a pena aplicável é diminuída de um terço até a metade.

- art. 228, CF.

Equiparação a maiores

Art. 51. Equiparam-se aos maiores de dezoito anos, ainda que não tenham atingido essa idade:

a) os militares;

b) os convocados, os que se apresentam à incorporação e os que, dispensados temporariamente desta, deixam de se apresentar, decorrido o prazo de licenciamento;

c) os alunos de colégios ou outros estabelecimentos de ensino, sob direção e disciplina militares, que já tenham completado dezessete anos.

Art. 52. Os menores de dezesseis anos, bem como os menores de dezoito e maiores de dezesseis inimputáveis, ficam sujeitos às medidas educativas, curativas ou disciplinares determinadas em legislação especial.

- Art. 439, d, CPPM.

TÍTULO IV
DO CONCURSO DE AGENTES

Coautoria

Art. 53. Quem, de qualquer modo, concorre para o crime incide nas penas a este cominadas.

- arts. 29 a 31, CP.

Condições ou circunstâncias pessoais

§ 1º A punibilidade de qualquer dos concorrentes é independente da dos outros, determinando-se segundo a sua própria culpabilidade. Não se comunicam, outrossim, as condições ou circunstâncias de caráter pessoal, salvo quando elementares do crime.

Agravação de pena

§ 2º A pena é agravada em relação ao agente que:

I - promove ou organiza a cooperação no crime ou dirige a atividade dos demais agentes;

II - coage outrem à execução material do crime;

III - instiga ou determina a cometer o crime alguém sujeito à sua autoridade, ou não punível em virtude de condição ou qualidade pessoal;

IV - executa o crime, ou nele participa, mediante paga ou promessa de recompensa.

Atenuação de pena

§ 3º A pena é atenuada com relação ao agente, cuja participação no crime é de somenos importância.

Cabeças

§ 4º Na prática de crime de autoria coletiva necessária, reputam-se cabeças os que dirigem, provocam, instigam ou excitam a ação.

§ 5º Quando o crime é cometido por inferiores e um ou mais oficiais, são estes considerados cabeças, assim como os inferiores que exercem função de oficial.

Casos de impunibilidade

Art. 54. O ajuste, a determinação ou instigação e o auxílio, salvo disposição em contrário, não são puníveis se o crime não chega, pelo menos, a ser tentado.

TÍTULO V
DAS PENAS

CAPÍTULO I
DAS PENAS PRINCIPAIS

Penas principais

Art. 55. As penas principais são:

- art. 5º, XLVI; XLVII; LXVII, CF.

a) morte;

- art. 5º, XLVI, XLVII, a; 84, XIX, CF.
- art. 4º, Pacto de São José da Costa Rica.

b) reclusão;

c) detenção;

d) prisão;

e) impedimento;

f) suspensão do exercício do posto, graduação, cargo ou função;

g) reforma.

Pena de morte

Art. 56. A pena de morte é executada por fuzilamento.

- arts. 5º, XLVII; e 60, § 4º, IV, CF.
- arts. 707; 708, CPPM.

Comunicação

Art. 57. A sentença definitiva de condenação à morte é comunicada, logo que passe em julgado, ao Presidente da República, e não pode ser executada senão depois de sete dias após a comunicação.

Parágrafo único. Se a pena é imposta em zona de operações de guerra, pode ser imediatamente executada, quando o exigir o interesse da ordem e da disciplina militares.

- art. 84, XII, CF.

Mínimos e máximos genéricos

Art. 58. O mínimo da pena de reclusão é de um ano, e o máximo de trinta anos; o mínimo da pena de detenção é de trinta dias, e o máximo de dez anos.

- arts. 76; 79 deste Código.

Pena até dois anos imposta a militar

Art. 59. A pena de reclusão ou de detenção até 2 (dois) anos, aplicada a militar, é convertida em pena de prisão e cumprida, quando não cabível a suspensão condicional: (Redação dada pela Lei 6.544/1978.)

I - pelo oficial, em recinto de estabelecimento militar;

II - pela praça, em estabelecimento penal militar, onde ficará separada de presos que estejam cumprindo pena disciplinar ou pena privativa de liberdade por tempo superior a dois anos.

Separação de praças especiais e graduadas

Parágrafo único. Para efeito de separação, no cumprimento da pena de prisão, atender-se-á, também, à condição das praças especiais e à das graduadas, ou não; e, dentre as graduadas, à das que tenham graduação especial.

Pena do assemelhado

Art. 60. O assemelhado cumpre a pena conforme o posto ou graduação que lhe é correspondente.

Pena dos não assemelhados

Parágrafo único. Para os não assemelhados dos Ministérios Militares e órgãos sob controle destes, regula-se a correspondência pelo padrão de remuneração.

Pena superior a dois anos, imposta a militar

Art. 61. A pena privativa da liberdade por mais de 2 (dois) anos, aplicada a militar, é cumprida em penitenciária militar e, na falta dessa, em estabelecimento prisional civil, ficando o recluso ou detento sujeito ao regime conforme a legislação penal comum, de cujos benefícios e concessões, também, poderá gozar. (Redação dada pela Lei 6.544/1978.)

Pena privativa da liberdade imposta a civil

Art. 62. O civil cumpre a pena aplicada pela Justiça Militar, em estabelecimento prisional civil, ficando ele sujeito ao regime conforme a legislação penal comum, de cujos benefícios e concessões, também, poderá gozar. (Redação dada pela Lei 6.544/1978.)

Cumprimento em penitenciária militar

Parágrafo único. Por crime militar praticado em tempo de guerra poderá o civil ficar sujeito a cumprir a pena, no todo ou em parte em penitenciária militar, se, em benefício da segurança nacional, assim o determinar a sentença. (Redação dada pela Lei 6.544/1978.)

Pena de impedimento

Art. 63. A pena de impedimento sujeita o condenado a permanecer no recinto da unidade, sem prejuízo da instrução militar.

Pena de suspensão do exercício do posto, graduação, cargo ou função

Art. 64. A pena de suspensão do exercício do posto, graduação, cargo ou função consiste na agregação, no afastamento, no licenciamento ou na disponibilidade do condenado, pelo tempo fixado na sentença, sem prejuízo do seu comparecimento regular à sede do serviço. Não será contado como tempo de serviço, para qualquer efeito, o do cumprimento da pena.

Caso de reserva, reforma ou aposentadoria

Parágrafo único. Se o condenado, quando proferida a sentença, já estiver na reserva, ou reformado ou aposentado, a pena prevista neste artigo será convertida em pena de detenção, de três meses a um ano.

Pena de reforma

Art. 65. A pena de reforma sujeita o condenado à situação de inatividade, não podendo perceber mais de um vinte e cinco avos do soldo, por ano de serviço, nem receber importância superior à do soldo.

Superveniência de doença mental

Art. 66. O condenado a que sobrevenha doença mental deve ser recolhido a manicômio judiciário ou, na falta deste, a outro estabelecimento adequado, onde lhe seja assegurada custódia e tratamento.

Tempo computável

Art. 67. Computam-se na pena privativa de liberdade o tempo de prisão provisória, no Brasil ou no estrangeiro, e o de internação em hospital ou manicômio, bem como o excesso de tempo, reconhecido em decisão judicial irrecorrível, no cumprimento da pena, por outro crime, desde que a decisão seja posterior ao crime de que se trata.

Transferência de condenados

Art. 68. O condenado pela Justiça Militar de uma região, distrito ou zona pode cumprir pena em estabelecimento de outra região, distrito ou zona.

CAPÍTULO II
DA APLICAÇÃO DA PENA

Fixação da pena privativa de liberdade

Art. 69. Para fixação da pena privativa de liberdade, o juiz aprecia a gravidade do crime praticado e a personalidade do réu, devendo ter em conta a intensidade do dolo ou grau da culpa, a maior ou menor extensão do dano ou perigo de dano, os meios empregados, o modo de execução, os motivos determinantes, as circunstâncias de tempo e lugar, os antecedentes do réu e sua atitude de insensibilidade, indiferença ou arrependimento após o crime.

- art. 5º, XLV, XLVI, CF.
- art. 440, a, CPPM.

Determinação da pena

§ 1º Se são cominadas penas alternativas, o juiz deve determinar qual delas é aplicável.

Limites legais da pena

§ 2º Salvo o disposto no art. 76, é fixada dentro dos limites legais a quantidade da pena aplicável.

Circunstâncias agravantes

Art. 70. São circunstâncias que sempre agravam a pena, quando não integrantes ou qualificativas do crime:

I - a reincidência;

II - ter o agente cometido o crime:

a) por motivo fútil ou torpe;

b) para facilitar ou assegurar a execução, a ocultação, a impunidade ou vantagem de outro crime;

c) depois de embriagar-se, salvo se a embriaguez decorre de caso fortuito, engano ou força maior;

d) à traição, de emboscada, com surpresa, ou mediante outro recurso insidioso que dificultou ou tornou impossível a defesa da vítima;

e) com o emprego de veneno, asfixia, tortura, fogo, explosivo, ou qualquer outro meio dissimulado ou cruel, ou de que podia resultar perigo comum;

f) contra ascendente, descendente, irmão ou cônjuge;

g) com abuso de poder ou violação de dever inerente a cargo, ofício, ministério ou profissão;

h) contra criança, velho ou enfermo;

i) quando o ofendido estava sob a imediata proteção da autoridade;

j) em ocasião de incêndio, naufrágio, encalhe, alagamento, inundação, ou qualquer calamidade pública, ou de desgraça particular do ofendido;

l) estando de serviço;

m) com emprego de arma, material ou instrumento de serviço, para esse fim procurado;

n) em auditório da Justiça Militar ou local onde tenha sede a sua administração;

o) em país estrangeiro.

Parágrafo único. As circunstâncias das letras *c*, salvo no caso de embriaguez preordenada, *l*, *m* e *o* só agravam o crime quando praticado por militar.

Reincidência

Art. 71. Verifica-se a reincidência quando o agente comete novo crime, depois de transitar em julgado a sentença que, no país ou no estrangeiro, o tenha condenado por crime anterior.

Temporariedade da reincidência

§ 1º Não se toma em conta, para efeito da reincidência, a condenação anterior, se, entre a data do cumprimento ou extinção da pena e o crime posterior, decorreu período de tempo superior a cinco anos.

- art. 84, I, deste Código.
- arts. 603; 606; 615; e 638, CPPM.

Crimes não considerados para efeito da reincidência

§ 2º Para efeito da reincidência, não se consideram os crimes anistiados.

Circunstâncias atenuantes

Art. 72. São circunstâncias que sempre atenuam a pena:

I - ser o agente menor de vinte e um ou maior de setenta anos;

II - ser meritório seu comportamento anterior;

III - ter o agente:

a) cometido o crime por motivo de relevante valor social ou moral;

b) procurado, por sua espontânea vontade e com eficiência, logo após o crime, evitar-lhe ou minorar-lhe as consequências, ou ter, antes do julgamento, reparado o dano;

c) cometido o crime sob a influência de violenta emoção, provocada por ato injusto da vítima;

d) confessado espontaneamente, perante a autoridade, a autoria do crime, ignorada ou imputada a outrem;

e) sofrido tratamento com rigor não permitido em lei. Não atendimento de atenuantes

Parágrafo único. Nos crimes em que a pena máxima cominada é de morte, ao juiz é facultado atender, ou não, às circunstâncias atenuantes enumeradas no artigo.

- art. 56 deste Código.

Quantum da agravação ou atenuação

Art. 73. Quando a lei determina a agravação ou atenuação da pena sem mencionar o *quantum*, deve o juiz fixá-lo entre um quinto e um terço, guardados os limites da pena cominada ao crime.

Mais de uma agravante ou atenuante

Art. 74. Quando ocorre mais de uma agravante ou mais de uma atenuante, o juiz poderá limitar-se a uma só agravação ou a uma só atenuação.

Concurso de agravantes e atenuantes

Art. 75. No concurso de agravantes e atenuantes, a pena deve aproximar-se do limite indicado pelas circunstâncias preponderantes, entendendo-se como tais as que resultam dos motivos determinantes do crime, da personalidade do agente, e da reincidência. Se há equivalência entre umas e outras, é como se não tivessem ocorrido.

Majorantes e minorantes

Art. 76. Quando a lei prevê causas especiais de aumento ou diminuição da pena, não fica o juiz adstrito aos limites da pena cominada ao crime, senão apenas aos da espécie de pena aplicável (art. 58).

- art. 69, § 2º, deste Código.

Parágrafo único. No concurso dessas causas especiais, pode o juiz limitar-se a um só aumento ou a uma só diminuição, prevalecendo, todavia, a causa que mais aumente ou diminua.

Pena-base

Art. 77. A pena que tenha de ser aumentada ou diminuída, de quantidade fixa ou dentro de determinados limites, é a que o juiz aplicaria, se não existisse a circunstância ou causa que importa o aumento ou diminuição.

Criminoso habitual ou por tendência

Art. 78. Em se tratando de criminoso habitual ou por tendência, a pena a ser imposta será por tempo indeterminado. O juiz fixará a pena correspondente à nova infração penal, que constituirá a duração mínima da pena privativa da liberdade, não podendo ser, em caso algum, inferior a três anos.

Limite da pena indeterminada

§ 1º A duração da pena indeterminada não poderá exceder a dez anos, após o cumprimento da pena imposta.

Habitualidade presumida

§ 2º Considera-se criminoso habitual aquele que:

a) reincide pela segunda vez na prática de crime doloso da mesma natureza, punível com pena privativa de liberdade em período de tempo não superior a cinco anos, descontado o que se refere a cumprimento de pena;

Habitualidade reconhecível pelo juiz

b) embora sem condenação anterior, comete sucessivamente, em período de tempo não superior a cinco anos, quatro ou mais crimes dolosos da mesma natureza, puníveis com pena privativa de liberdade, e demonstra, pelas suas condições de vida e pelas circunstâncias dos fatos apreciados em conjunto, acentuada inclinação para tais crimes.

- art. 82 deste Código.

Criminoso por tendência

§ 3º Considera-se criminoso por tendência aquele que comete homicídio, tentativa de homicídio ou lesão corporal grave, e, pelos motivos determinantes e meios ou modo de execução, revela extraordinária torpeza, perversão ou malvadez.

Ressalva do art. 113

§ 4º Fica ressalvado, em qualquer caso, o disposto no art. 113.

Crimes da mesma natureza

§ 5º Consideram-se crimes da mesma natureza os previstos no mesmo dispositivo legal, bem como os que, embora previstos em dispositivos diversos, apresentam, pelos fatos que os constituem ou por seus motivos determinantes, caracteres fundamentais comuns.

Concurso de crimes

Art. 79. Quando o agente, mediante uma só ou mais de uma ação ou omissão, pratica dois ou mais crimes, idênticos ou não, as penas privativas de liberdade devem ser unificadas. Se as penas são da mesma espécie, a pena única é a soma de todas; se, de espécies diferentes, a pena única e a mais grave, mas com aumento correspondente à metade do tempo das menos graves, ressalvado o disposto no art. 58.

- arts. 37, § 2º; 242, § 3º, deste Código.

Crime continuado

Art. 80. Aplica-se a regra do artigo anterior quando o agente, mediante mais de uma ação ou omissão, pratica dois ou mais crimes da mesma espécie e, pelas condições de tempo, lugar, maneira de execução e outras semelhantes, devem os subsequentes ser considerados como continuação do primeiro.

Parágrafo único. Não há crime continuado quando se trata de fatos ofensivos de bens jurídicos inerentes à pessoa, salvo se as ações ou omissões sucessivas são dirigidas contra a mesma vítima.

Limite da pena unificada

Art. 81. A pena unificada não pode ultrapassar de trinta anos, se é de reclusão, ou de quinze anos, se é de detenção.

Redução facultativa da pena

§ 1º A pena unificada pode ser diminuída de um sexto a um quarto, no caso de unidade de ação ou omissão, ou de crime continuado.

Graduação no caso de pena de morte

§ 2º Quando cominada a pena de morte como grau máximo e a de reclusão como grau mínimo, aquela corresponde, para o efeito de graduação, à de reclusão por trinta anos.

- art. 56 deste Código.

Cálculo da pena aplicável à tentativa

§ 3º Nos crimes punidos com a pena de morte, esta corresponde à de reclusão por trinta anos, para cálculo da pena aplicável à tentativa, salvo disposição especial.

- art. 30, p. u., deste Código.

Ressalva do art. 78, § 2º, *b*

Art. 82. Quando se apresenta o caso do art. 78, § 2º, letra *b*, fica sem aplicação o disposto quanto ao concurso de crimes idênticos ou ao crime continuado.

Penas não privativas de liberdade

Art. 83. As penas não privativas de liberdade são aplicadas distinta e integralmente, ainda que previstas para um só dos crimes concorrentes.

CAPÍTULO III
DA SUSPENSÃO CONDICIONAL DA PENA

Pressupostos da suspensão

Art. 84. A execução da pena privativa da liberdade, não superior a 2 (dois) anos, pode ser suspensa, por 2 (dois) anos a 6 (seis) anos, desde que: (Redação dada pela Lei 6.544/1978.)

- arts. 606 a 617, CPPM.
- arts. 156 a 163, Lei 7.210/1984 (Lei de Execuções Penais).

I - o sentenciado não haja sofrido no país ou no estrangeiro, condenação irrecorrível por outro crime a pena privativa da liberdade, salvo o disposto no 1º do art. 71; (Redação dada pela Lei 6.544/1978.)

II - os seus antecedentes e personalidade, os motivos e as circunstâncias do crime, bem como sua conduta posterior, autorizem a presunção de que não tornará a delinquir. (Redação dada pela Lei 6.544/1978.)

Restrições

Parágrafo único. A suspensão não se estende às penas de reforma, suspensão do exercício do posto, graduação ou função ou à pena acessória, nem exclui a aplicação de medida de segurança não detentiva.

Condições

Art. 85. A sentença deve especificar as condições a que fica subordinada a suspensão.

Revogação obrigatória da suspensão

Art. 86. A suspensão é revogada se, no curso do prazo, o beneficiário:

I - é condenado, por sentença irrecorrível, na Justiça Militar ou na comum, em razão de crime, ou de contravenção reveladora de má índole ou a que tenha sido imposta pena privativa de liberdade;

II - não efetua, sem motivo justificado, a reparação do dano;

III - sendo militar, é punido por infração disciplinar considerada grave.

Revogação facultativa

§ 1º A suspensão pode ser também revogada se o condenado deixa de cumprir qualquer das obrigações constantes da asentença.

Prorrogação de prazo

§ 2º Quando facultativa a revogação, o juiz pode, ao invés de decretá-la, prorrogar o período de prova até o máximo, se este não foi o fixado.

§ 3º Se o beneficiário está respondendo a processo que, no caso de condenação, pode acarretar a revogação, considera-se prorrogado o prazo da suspensão até o julgamento definitivo.

Extinção da pena

Art. 87. Se o prazo expira sem que tenha sido revogada a suspensão, fica extinta a pena privativa de liberdade.

Não aplicação da suspensão condicional da pena

Art. 88. A suspensão condicional da pena não se aplica:

I - ao condenado por crime cometido em tempo de guerra;

II - em tempo de paz:

a) por crime contra a segurança nacional, de aliciação e incitamento, de violência contra superior, oficial de dia, de serviço ou de quarto, sentinela, vigia ou plantão, de desrespeito a superior, de insubordinação, ou de deserção;

b) pelos crimes previstos nos arts. 160, 161, 162, 235, 291 e seu parágrafo único, n. I a IV.

CAPÍTULO IV
DO LIVRAMENTO CONDICIONAL

Requisitos

Art. 89. O condenado a pena de reclusão ou de detenção por tempo igual ou superior a dois anos pode ser liberado condicionalmente, desde que:

‣ arts. 83 a 90, CP.

‣ arts. 131 a 146, Lei 7.210/1984 (Lei de Execuções Penais).

I - tenha cumprido:

a) metade da pena, se primário;

b) dois terços, se reincidente;

II - tenha reparado, salvo impossibilidade de fazê-lo, o dano causado pelo crime;

III - sua boa conduta durante a execução da pena, sua adaptação ao trabalho e às circunstâncias atinentes a sua personalidade, ao meio social e à sua vida pregressa permitem supor que não voltará a delinquir.

Penas em concurso de infrações

§ 1º No caso de condenação por infrações penais em concurso, deve ter-se em conta a pena unificada.

Condenação de menor de 21 ou maior de 70 anos

§ 2º Se o condenado é primário e menor de vinte e um ou maior de setenta anos, o tempo de cumprimento da pena pode ser reduzido a um terço.

‣ arts. 93; 97, deste Código.

Especificações das condições

Art. 90. A sentença deve especificar as condições a que fica subordinado o livramento.

Preliminares da concessão

Art. 91. O livramento somente se concede mediante parecer do Conselho Penitenciário, ouvidos o diretor do estabelecimento em que está ou tenha estado o liberando e o representante do Ministério Público da Justiça Militar; e, se imposta medida de segurança detentiva, após perícia conclusiva da não periculosidade do liberando.

Observação cautelar e proteção do liberado

Art. 92. O liberado fica sob observação cautelar e proteção realizadas por patronato oficial ou particular, dirigido aquele e inspecionado este pelo Conselho Penitenciário. Na falta de patronato, o liberado fica sob observação cautelar realizada por serviço social penitenciário ou órgão similar.

‣ art. 112, § 4º, deste Código.

Revogação obrigatória

Art. 93. Revoga-se o livramento, se o liberado vem a ser condenado, em sentença irrecorrível, a pena privativa de liberdade:

I - por infração penal cometida durante a vigência do benefício;

II - por infração penal anterior, salvo se, tendo de ser unificadas as penas, não fica prejudicado o requisito do art. 89, n. I, letra *a*

Revogação facultativa

§ 1º O juiz pode, também, revogar o livramento se o liberado deixa de cumprir qualquer das obrigações constantes da sentença ou é irrecorrivelmente condenado, por motivo de contravenção, a pena que não seja privativa de liberdade; ou, se militar, sofre penalidade por transgressão disciplinar considerada grave.

Infração sujeita à jurisdição penal comum

§ 2º Para os efeitos da revogação obrigatória, são tomadas, também, em consideração, nos termos dos n. I e II deste artigo, as infrações sujeitas à jurisdição penal comum; e, igualmente, a contravenção compreendida no § 1º, se assim, com prudente arbítrio, o entender o juiz.

Efeitos da revogação

Art. 94. Revogado o livramento, não pode ser novamente concedido e, salvo quando a revogação resulta de condenação por infração penal anterior ao benefício, não se desconta na pena o tempo em que esteve solto o condenado.

Extinção da pena

Art. 95. Se, até o seu termo, o livramento não é revogado, considera-se extinta a pena privativa de liberdade.

Parágrafo único. Enquanto não passa em julgado a sentença em processo, a que responde o liberado por infração penal cometida na vigência do livramento, deve o juiz abster-se de declarar a extinção da pena.

Não aplicação do livramento condicional

Art. 96. O livramento condicional não se aplica ao condenado por crime cometido em tempo de guerra.

Casos especiais do livramento condicional

Art. 97. Em tempo de paz, o livramento condicional por crime contra a segurança externa do país, ou de revolta, motim, aliciação e incitamento, violência contra superior ou militar de serviço, só será concedido após o cumprimento de dois terços da pena, observado ainda o disposto no art. 89, preâmbulo, seus números II e III e §§ 1º e 2º.

‣ art. 642, p.u., CPPM.

CAPÍTULO V
DAS PENAS ACESSÓRIAS

Penas Acessórias

Art. 98. São penas acessórias:

I - a perda de posto e patente;

II - a indignidade para o oficialato;

III - a incompatibilidade com o oficialato;

IV - a exclusão das forças armadas;

V - a perda da função pública, ainda que eletiva;

VI - a inabilitação para o exercício de função pública;

VII - a suspensão do pátrio poder, tutela ou curatela;

‣ art. 134, § 2º, b, deste Código.

‣ arts. 1.630 a 1.638, CC/2002.

VIII - a suspensão dos direitos políticos.

Função pública equiparada

Parágrafo único. Equipara-se à função pública a que é exercida em empresa pública, autarquia, sociedade de economia mista ou sociedade de que participe a União, o Estado ou o Município como acionista majoritário.

Perda de posto e patente

Art. 99. A perda de posto e patente resulta da condenação a pena privativa de liberdade por tempo superior a dois anos, e importa a perda das condecorações.

‣ art. 107 deste Código.

Indignidade para o oficialato

Art. 100. Fica sujeito à declaração de indignidade para o oficialato o militar condenado, qualquer que seja a pena, nos crimes de traição, espionagem ou cobardia, ou em qualquer dos definidos nos arts. 161, 235, 240, 242, 243, 244, 245, 251, 252, 303, 304, 311 e 312.

Incompatibilidade com o oficialato

Art. 101. Fica sujeito à declaração de incompatibilidade com o oficialato o militar condenado nos crimes dos arts. 141 e 142.

Exclusão das forças armadas

Art. 102. A condenação da praça a pena privativa de liberdade, por tempo superior a dois anos, importa sua exclusão das forças armadas.

‣ art. 125, § 4º, CF.

Perda da função pública

Art. 103. Incorre na perda da função pública o assemelhado ou o civil:

I - condenado a pena privativa de liberdade por crime cometido com abuso de poder ou violação de dever inerente à função pública;

II - condenado, por outro crime, a pena privativa de liberdade por mais de dois anos.

‣ art. 107 deste Código.

Parágrafo único. O disposto no artigo aplica-se ao militar da reserva, ou reformado, se estiver no exercício de função pública de qualquer natureza.

Inabilitação para o exercício de função pública

Art. 104. Incorre na inabilitação para o exercício de função pública, pelo prazo de dois até vinte anos, o condenado a reclusão por mais de quatro anos, em virtude de crime praticado com abuso de poder ou violação do dever militar ou inerente à função pública.

Termo inicial

Parágrafo único. O prazo da inabilitação para o exercício de função pública começa ao termo da execução da pena privativa de liberdade ou da medida de segurança imposta em substituição, ou da data em que se extingue a referida pena.

Suspensão do pátrio poder, tutela ou curatela

Art. 105. O condenado a pena privativa de liberdade por mais de dois anos, seja qual for o crime praticado, fica suspenso do exercício do pátrio poder, tutela ou curatela, enquanto dura a execução da pena, ou da medida de segurança imposta em substituição (art. 113).

Suspensão provisória

Parágrafo único. Durante o processo pode o juiz decretar a suspensão provisória do exercício do pátrio poder, tutela ou curatela.

Suspensão dos direitos políticos

Art. 106. Durante a execução da pena privativa de liberdade ou da medida de segurança imposta em substituição, ou enquanto perdura a inabilitação para função pública, o condenado não pode votar, nem ser votado.

Imposição de pena acessória

Art. 107. Salvo os casos dos arts. 99, 103, n. II, e 106, a imposição da pena acessória deve constar expressamente da sentença.

Tempo computável

Art. 108. Computa-se no prazo das inabilitações temporárias o tempo de liberdade resultante da suspensão condicional da pena ou do livramento condicional, se não sobrevém revogação.

CAPÍTULO VI
DOS EFEITOS DA CONDENAÇÃO

Obrigação de reparar o dano

Art. 109. São efeitos da condenação:

› arts. 91 a 92, CP.

I - tornar certa a obrigação de reparar o dano resultante do crime;

Perda em favor da Fazenda Nacional

II - a perda, em favor da Fazenda Nacional, ressalvado o direito do lesado ou de terceiro de boa-fé:

a) dos instrumentos do crime, desde que consistam em coisas cujo fabrico, alienação, uso, porte ou detenção constitua fato ilícito;

b) do produto do crime ou de qualquer bem ou valor que constitua proveito auferido pelo agente com a sua prática.

› art. 5º, XLVI, b, CF.

TÍTULO VI
DAS MEDIDAS DE SEGURANÇA

Espécies de medidas de segurança

Art. 110. As medidas de segurança são pessoais ou patrimoniais. As da primeira espécie subdividem-se em detentivas e não detentivas. As detentivas são a internação em manicômio judiciário e a internação em estabelecimento psiquiátrico anexo ao manicômio judiciário ou ao estabelecimento penal, ou em seção especial de um ou de outro. As não detentivas são a cassação de licença para direção de veículos motorizados, o exílio local e a proibição de frequentar determinados lugares. As patrimoniais são a interdição de estabelecimento ou sede de sociedade ou associação, e o confisco.

› arts. 96 a 99, CP.

› arts. 196; 204, CPPM.

Pessoas sujeitas às medidas de segurança

Art. 111. As medidas de segurança somente podem ser impostas:

I - aos civis;

II - aos militares ou assemelhados, condenados a pena privativa de liberdade por tempo superior a dois anos, ou aos que de outro modo hajam perdido função, posto e patente, ou hajam sido excluídos das forças armadas;

III - aos militares ou assemelhados, no caso do art. 48;

IV - aos militares ou assemelhados, no caso do art. 115, com aplicação dos seus §§ 1º, 2º e 3º.

› art. 272, CPPM.

Manicômio judiciário

Art. 112. Quando o agente é inimputável (art. 48), mas suas condições pessoais e o fato praticado revelam que ele oferece perigo à incolumidade alheia, o juiz determina sua internação em manicômio judiciário.

› art. 674, CPPM.

Prazo de internação

§ 1º A internação, cujo mínimo deve ser fixado de entre um a três anos, é por tempo indeterminado, perdurando enquanto não for averiguada, mediante perícia médica, a cessação da periculosidade do internado.

Perícia médica

§ 2º Salvo determinação da instância superior, a perícia médica é realizada ao término do prazo mínimo fixado à internação e, não sendo esta revogada, deve aquela ser repetida de ano em ano.

Desinternação condicional

§ 3º A desinternação é sempre condicional, devendo ser restabelecida a situação anterior, se o indivíduo, antes do decurso de um ano, vem a praticar fato indicativo de persistência de sua periculosidade.

§ 4º Durante o período de prova, aplica-se o disposto no art. 92.

› art. 113, § 2º, deste Código.

Substituição da pena por internação

Art. 113. Quando o condenado se enquadra no parágrafo único do art. 48 e necessita de especial tratamento curativo, a pena privativa de liberdade pode ser substituída pela internação em estabelecimento psiquiátrico anexo ao manicômio judiciário ou ao estabelecimento penal, ou em seção especial de um ou de outro.

› arts. 48, p.u.; 78, § 4º; 105; 126; 134, § 1º, deste Código.

› arts. 160, p.u.; 664; 671, b, CPPM.

Superveniência de cura

§ 1º Sobrevindo a cura, pode o internado ser transferido para o estabelecimento penal, não ficando excluído o seu direito a livramento condicional.

Persistência do estado mórbido

§ 2º Se, ao término do prazo, persistir o mórbido estado psíquico do internado, condicionante de periculosidade atual, a internação passa a ser por tempo indeterminado, aplicando-se o disposto nos §§ 1º a 4º do artigo anterior.

Ébrios habituais ou toxicômanos

§ 3º À idêntica internação para fim curativo, sob as mesmas normas, ficam sujeitos os condenados reconhecidos como ébrios habituais ou toxicômanos.

Regime de internação

Art. 114. A internação, em qualquer dos casos previstos nos artigos precedentes, deve visar não só ao tratamento curativo do internado, mas também ao seu aperfeiçoamento, a um regime educativo ou de trabalho, lucrativo ou não, segundo o permitirem suas condições pessoais.

Cassação de licença para dirigir veículos motorizados

Art. 115. Ao condenado por crime cometido na direção ou relacionadamente à direção de veículos motorizados, deve ser cassada a licença para tal fim, pelo prazo mínimo de um ano, se as circunstâncias do caso e os antecedentes do condenado revelam a sua inaptidão para essa atividade e consequente perigo para a incolumidade alheia.

› arts. 272, d; 672; 674, CPPM.

§ 1º O prazo da interdição se conta do dia em que termina a execução da pena privativa de liberdade ou da medida de segurança detentiva, ou da data da suspensão condicional da pena ou da concessão do livramento ou desinternação condicionais.

§ 2º Se, antes de expirado o prazo estabelecido, é averiguada a cessação do perigo condicionante da interdição, esta é revogada; mas, se o perigo persiste ao termo do prazo, prorroga-se este enquanto não cessa aquele.

§ 3º A cassação da licença deve ser determinada ainda no caso de absolvição do réu em razão de inimputabilidade.

› art. 111, IV, deste Código.

Exílio local

Art. 116. O exílio local, aplicável quando o juiz o considera necessário como medida preventiva, a bem da ordem pública ou do próprio condenado, consiste na proibição de que este resida ou permaneça, durante um ano, pelo menos, na localidade, município ou comarca em que o crime foi praticado.

▸ art. 349, § 1º, deste Código.

Parágrafo único. O exílio deve ser cumprido logo que cessa ou é suspensa condicionalmente a execução da pena privativa de liberdade.

▸ arts. 117, p.u; 349, § 1º, deste Código.

Proibição de frequentar determinados lugares

Art. 117. A proibição de frequentar determinados lugares consiste em privar o condenado, durante um ano, pelo menos, da faculdade de acesso a lugares que favoreçam, por qualquer motivo, seu retorno à atividade criminosa.

▸ art. 349, deste Código.

Parágrafo único. Para o cumprimento da proibição, aplica-se o disposto no parágrafo único do artigo anterior.

Interdição de estabelecimento, sociedade ou associação

Art. 118. A interdição de estabelecimento comercial ou industrial, ou de sociedade ou associação, pode ser decretada por tempo não inferior a quinze dias, nem superior a seis meses, se o estabelecimento, sociedade ou associação serve de meio ou pretexto para a prática de infração penal.

▸ art. 272, § 1º, CPPM.

§ 1º A interdição consiste na proibição de exercer no local o mesmo comércio ou indústria, ou a atividade social.

§ 2º A sociedade ou associação, cuja sede é interditada, não pode exercer em outro local as suas atividades.

Confisco

Art. 119. O juiz, embora não apurada a autoria, ou ainda quando o agente é inimputável, ou não punível, deve ordenar o confisco dos instrumentos e produtos do crime, desde que consistam em coisas:

I - cujo fabrico, alienação, uso, porte ou detenção constitui fato ilícito;

II - que, pertencendo às forças armadas ou sendo de uso exclusivo de militares, estejam em poder ou em uso do agente, ou de pessoa não devidamente autorizada;

III - abandonadas, ocultas ou desaparecidas.

▸ arts. 190; 197, a; 673, CPPM.

Parágrafo único. É ressalvado o direito do lesado ou de terceiro de boa-fé, nos casos dos n. I e III.

Imposição da medida de segurança

Art. 120. A medida de segurança é imposta em sentença, que lhe estabelecerá as condições, nos termos da lei penal militar.

Parágrafo único. A imposição da medida de segurança não impede a expulsão do estrangeiro.

TÍTULO VII
DA AÇÃO PENAL

Propositura da ação penal

Art. 121. A ação penal somente pode ser promovida por denúncia do Ministério Público da Justiça Militar.

Dependência de requisição

Art. 122. Nos crimes previstos nos arts. 136 a 141, a ação penal, quando o agente for militar ou assemelhado, depende da requisição do Ministério Militar a que aquele estiver subordinado; no caso do art. 141, quando o agente for civil e não houver coautor militar, a requisição será do Ministério da Justiça.

TÍTULO VIII
DA EXTINÇÃO DA PUNIBILIDADE

Causas extintivas

Art. 123. Extingue-se a punibilidade:

I - pela morte do agente;

II - pela anistia ou indulto;

III - pela retroatividade de lei que não mais considera o fato como criminoso;

IV - pela prescrição;

V - pela reabilitação;

VI - pelo ressarcimento do dano, no peculato culposo (art. 303, § 4º).

Parágrafo único. A extinção da punibilidade de crime, que é pressuposto, elemento constitutivo ou circunstância agravante de outro, não se estende a este. Nos crimes conexos, a extinção da punibilidade de um deles não impede, quanto aos outros, a agravação da pena resultante da conexão.

Espécies de prescrição

Art. 124. A prescrição refere-se à ação penal ou à execução da pena.

Prescrição da ação penal

Art. 125. A prescrição da ação penal, salvo o disposto no § 1º deste artigo, regula-se pelo máximo da pena privativa de liberdade cominada ao crime, verificando-se:

I - em trinta anos, se a pena é de morte;

II - em vinte anos, se o máximo da pena é superior a doze;

III - em dezesseis anos, se o máximo da pena é superior a oito e não excede a doze;

IV - em doze anos, se o máximo da pena é superior a quatro e não excede a oito;

V - em oito anos, se o máximo da pena é superior a dois e não excede a quatro;

VI - em quatro anos, se o máximo da pena é igual a um ano ou, sendo superior, não excede a dois;

VII - em dois anos, se o máximo da pena é inferior a um ano.

Superveniência de sentença condenatória de que somente o réu recorre

§ 1º Sobrevindo sentença condenatória, de que somente o réu tenha recorrido, a prescrição passa a regular-se pela pena imposta, e deve ser logo declarada, sem prejuízo do andamento do recurso se, entre a última causa interruptiva do curso da prescrição (§ 5º) e a sentença, já decorreu tempo suficiente.

Termo inicial da prescrição da ação penal

§ 2º A prescrição da ação penal começa a correr:

a) do dia em que o crime se consumou;

b) no caso de tentativa, do dia em que cessou a atividade criminosa;

c) nos crimes permanentes, do dia em que cessou a permanência;

d) nos crimes de falsidade, da data em que o fato se tornou conhecido.

Caso de concurso de crimes ou de crime continuado

§ 3º No caso de concurso de crimes ou de crime continuado, a prescrição é referida, não à pena unificada, mas à de cada crime considerado isoladamente.

Suspensão da prescrição

§ 4º A prescrição da ação penal não corre:

I - enquanto não resolvida, em outro processo, questão de que dependa o reconhecimento da existência do crime;

II - enquanto o agente cumpre pena no estrangeiro.

Interrupção da prescrição

§ 5º O curso da prescrição da ação penal interrompe-se:

I - pela instauração do processo;

II - pela sentença condenatória recorrível.

§ 6º A interrupção da prescrição produz efeito relativamente a todos os autores do crime; e nos crimes conexos, que sejam objeto do mesmo processo, a interrupção relativa a qualquer deles estende-se aos demais.

Prescrição da execução da pena ou da medida de segurança que a substitui

Art. 126. A prescrição da execução da pena privativa de liberdade ou da medida de segurança que a substitui (art. 113) regula-se pelo tempo fixado na sentença e verifica-se nos mesmos prazos estabelecidos no art. 125, os quais se aumentam de um terço, se o condenado é criminoso habitual ou por tendência.

§ 1º Começa a correr a prescrição:

a) do dia em que passa em julgado a sentença condenatória ou a que revoga a suspensão condicional da pena ou o livramento condicional;

b) do dia em que se interrompe a execução, salvo quando o tempo da interrupção deva computar-se na pena.

§ 2º No caso de evadir-se o condenado ou de revogar-se o livramento ou desinternação condicionais, a prescrição se regula pelo restante tempo da execução.

§ 3º O curso da prescrição da execução da pena suspende-se enquanto o condenado está preso por outro motivo, e interrompe-se pelo início ou continuação do cumprimento da pena, ou pela reincidência.

▸ art. 128 deste Código.

Prescrição no caso de reforma ou suspensão de exercício

Art. 127. Verifica-se em quatro anos a prescrição nos crimes cuja pena cominada, no máximo, é de reforma ou de suspensão do exercício do posto, graduação, cargo ou função.

Disposições comuns a ambas as espécies de prescrição

Art. 128. Interrompida a prescrição, salvo o caso do § 3º, segunda parte, do art. 126, todo o prazo começa a correr, novamente, do dia da interrupção.

Redução

Art. 129. São reduzidos de metade os prazos da prescrição, quando o criminoso era, ao tempo do crime, menor de vinte e um anos ou maior de setenta.

Imprescritibilidade das penas acessórias

Art. 130. É imprescritível a execução das penas acessórias.

Prescrição no caso de insubmissão

Art. 131. A prescrição começa a correr, no crime de insubmissão, do dia em que o insubmisso atinge a idade de trinta anos.

Prescrição no caso de deserção

Art. 132. No crime de deserção, embora decorrido o prazo da prescrição, esta só extingue a punibilidade quando o desertor atinge a idade de quarenta e cinco anos, e, se oficial, a de sessenta.

Declaração de ofício

Art. 133. A prescrição, embora não alegada, deve ser declarada de ofício.

Reabilitação

Art. 134. A reabilitação alcança quaisquer penas impostas por sentença definitiva.

§ 1º A reabilitação poderá ser requerida decorridos cinco anos do dia em que for extinta, de qualquer modo, a pena principal ou terminar a execução desta ou da medida de segurança aplicada em substituição (art. 113), ou do dia em que terminar o prazo da suspensão condicional da pena ou do livramento condicional, desde que o condenado:

a) tenha tido domicílio no país, no prazo acima referido;

b) tenha dado, durante esse tempo, demonstração efetiva e constante de bom comportamento público e privado;

c) tenha ressarcido o dano causado pelo crime ou demonstre absoluta impossibilidade de o fazer até o dia do pedido, ou exiba documento que comprove a renúncia da vítima ou novação da dívida.

§ 2º A reabilitação não pode ser concedida:

a) em favor dos que foram reconhecidos perigosos, salvo prova cabal em contrário;

b) em relação aos atingidos pelas penas acessórias do art. 98, inciso VII, se o crime for de natureza sexual em detrimento de filho, tutelado ou curatelado.

Prazo para renovação do pedido

§ 3º Negada a reabilitação, não pode ser novamente requerida senão após o decurso de dois anos.

§ 4º Os prazos para o pedido de reabilitação serão contados em dobro no caso de criminoso habitual ou por tendência.

Revogação

§ 5º A reabilitação será revogada de ofício, ou a requerimento do Ministério Público, se a pessoa reabilitada for condenada, por decisão definitiva, ao cumprimento de pena privativa da liberdade.

Cancelamento do registro de condenações penais

Art. 135. Declarada a reabilitação, serão cancelados, mediante averbação, os antecedentes criminais.

Sigilo sobre antecedentes criminais

Parágrafo único. Concedida a reabilitação, o registro oficial de condenações penais não pode ser comunicado senão à autoridade policial ou judiciária, ou ao representante do Ministério Público, para instrução de processo penal que venha a ser instaurado contra o reabilitado.

PARTE ESPECIAL

LIVRO I
DOS CRIMES MILITARES EM TEMPO DE PAZ

TÍTULO I
DOS CRIMES CONTRA A SEGURANÇA EXTERNA DO PAÍS

‣ art. 122 deste Código.
‣ art. 31, CPPM.

Hostilidade contra país estrangeiro

Art. 136. Praticar o militar ato de hostilidade contra país estrangeiro, expondo o Brasil a perigo de guerra:

Pena - Reclusão, de oito a quinze anos.

Resultado mais grave

§ 1º Se resulta ruptura de relações diplomáticas, represália ou retorsão:

Pena - Reclusão, de dez a vinte e quatro anos.

§ 2º Se resulta guerra:

Pena - Reclusão, de doze a trinta anos.

Provocação a país estrangeiro

Art. 137. Provocar o militar, diretamente, país estrangeiro a declarar guerra ou mover hostilidade contra o Brasil ou a intervir em questão que respeite à soberania nacional:

Pena - Reclusão, de doze a trinta anos.

Ato de jurisdição indevida

Art. 138. Praticar o militar, indevidamente, no território nacional, ato de jurisdição de país estrangeiro, ou favorecer a prática de ato dessa natureza:

Pena - Reclusão, de cinco a quinze anos.

Violação de território estrangeiro

Art. 139. Violar o militar território estrangeiro, com o fim de praticar ato de jurisdição em nome do Brasil:

Pena - Reclusão, de dois a seis anos.

Entendimento para empenhar o Brasil à neutralidade ou à guerra

Art. 140. Entrar ou tentar entrar o militar em entendimento com país estrangeiro, para empenhar o Brasil à neutralidade ou à guerra:

Pena - Reclusão, de seis a doze anos.

Entendimento para gerar conflito ou divergência com o Brasil

Art. 141. Entrar em entendimento com país estrangeiro, ou organização nele existente, para gerar conflito ou divergência de caráter internacional entre o Brasil e qualquer outro país, ou para lhes perturbar as relações diplomáticas:

Pena - Reclusão, de quatro a oito anos.

Resultado mais grave

§ 1º Se resulta ruptura de relações diplomáticas:

Pena - Reclusão, de seis a dezoito anos.

§ 2º Se resulta guerra:

Pena - Reclusão, de dez a vinte e quatro anos.

Tentativa contra a soberania do Brasil

Art. 142. Tentar:

I - submeter o território nacional, ou parte dele, à soberania de país estrangeiro;

II - desmembrar, por meio de movimento armado ou tumultos planejados, o território nacional, desde que o fato atente contra a segurança externa do Brasil ou a sua soberania;

III - internacionalizar, por qualquer meio, região ou parte do território nacional:

Pena - Reclusão, de quinze a trinta anos, para os cabeças; de dez a vinte anos, para os demais agentes.

‣ arts. 101 e 357 deste Código.

Consecução de notícia, informação ou documento para fim de espionagem

Art. 143. Conseguir, para o fim de espionagem militar, notícia, informação ou documento, cujo sigilo seja de interesse da segurança externa do Brasil:

‣ art. 366 deste Código.

Pena - Reclusão, de quatro a doze anos.

§ 1º A pena é de reclusão de dez a vinte anos:

I - se o fato compromete a preparação ou eficiência bélica do Brasil, ou o agente transmite ou fornece, por qualquer meio, mesmo sem remuneração, a notícia, informação ou documento, à autoridade ou pessoa estrangeira;

II - se o agente, em detrimento da segurança externa do Brasil, promove ou mantém no território nacional atividade ou serviço destinado à espionagem;

III - se o agente se utiliza, ou contribui para que outrem se utilize, de meio de comunicação, para dar indicação que ponha ou possa pôr em perigo a segurança externa do Brasil.

Modalidade culposa

§ 2º Contribuir culposamente para a execução do crime:

Pena - Detenção, de seis meses a dois anos, no caso do artigo; ou até quatro anos, no caso do § 1º, n. I.

Revelação de notícia, informação ou documento

Art. 144. Revelar notícia, informação ou documento, cujo sigilo seja de interesse da segurança externa do Brasil:

› art. 366 deste Código.

Pena - Reclusão, de três a oito anos.

Fim da espionagem militar

§ 1º Se o fato é cometido com o fim de espionagem militar:

Pena - Reclusão, de seis a doze anos.

Resultado mais grave

§ 2º Se o fato compromete a preparação ou a eficiência bélica do país:

Pena - Reclusão, de dez a vinte anos.

Modalidade culposa

§ 3º Se a revelação é culposa:

Pena - Detenção, de seis meses a dois anos, no caso do artigo; ou até quatro anos, nos casos dos §§ 1º e 2º.

Turbação de objeto ou documento

Art. 145. Suprimir, subtrair, deturpar, alterar, desviar, ainda que temporariamente, objeto ou documento concernente à segurança externa do Brasil:

Pena - Reclusão, de três a oito anos.

Resultado mais grave

§ 1º Se o fato compromete a segurança ou a eficiência bélica do país:

Pena - Reclusão, de dez a vinte anos.

Modalidade culposa

§ 2º Contribuir culposamente para o fato:

Pena - Detenção, de seis meses a dois anos.

Penetração com o fim de espionagem

Art. 146. Penetrar, sem licença, ou introduzir-se clandestinamente ou sob falso pretexto, em lugar sujeito à administração militar, ou centro industrial a serviço de construção ou fabricação sob fiscalização militar, para colher informação destinada a país estrangeiro ou agente seu:

› art. 366 deste Código.

Pena - Reclusão, de três a oito anos.

Parágrafo único. Entrar, em local referido no artigo, sem licença de autoridade competente, munido de máquina fotográfica ou qualquer outro meio hábil para a prática de espionagem:

Pena - Reclusão, até três anos.

Desenho ou levantamento de plano ou planta de local militar ou de engenho de guerra

Art. 147. Fazer desenho ou levantar plano ou planta de fortificação, quartel, fábrica, arsenal, hangar ou aeródromo, ou de navio, aeronave ou engenho de guerra motomecanizado, utilizados ou em construção sob administração ou fiscalização militar, ou fotografá-los ou filmá-los:

Pena - Reclusão, até quatro anos, se o fato não constitui crime mais grave.

Sobrevoo em local interdito

Art. 148. Sobrevoar local declarado interdito:

Pena - Reclusão, até três anos.

TÍTULO II
DOS CRIMES CONTRA A AUTORIDADE OU DISCIPLINA MILITAR

CAPÍTULO I
DO MOTIM E DA REVOLTA

Motim

Art. 149. Reunirem-se militares ou assemelhados:

I - agindo contra a ordem recebida de superior, ou negando-se a cumpri-la;

II - recusando obediência a superior, quando estejam agindo sem ordem ou praticando violência;

III - assentindo em recusa conjunta de obediência, ou em resistência ou violência, em comum, contra superior;

IV - ocupando quartel, fortaleza, arsenal, fábrica ou estabelecimento militar, ou dependência de qualquer deles, hangar, aeródromo ou aeronave, navio ou viatura militar, ou utilizando-se de qualquer daqueles locais ou meios de transporte, para ação militar, ou prática de violência, em desobediência a ordem superior ou em detrimento da ordem ou da disciplina militar:

Pena - Reclusão, de quatro a oito anos, com aumento de um terço para os cabeças.

Revolta

Parágrafo único. Se os agentes estavam armados:

Pena - Reclusão, de oito a vinte anos, com aumento de um terço para os cabeças.

› arts. 152; 153; 368 deste Código.

Organização de grupo para a prática de violência

Art. 150. Reunirem-se dois ou mais militares ou assemelhados, com armamento ou material bélico, de propriedade militar, praticando violência à pessoa ou à coisa pública ou particular em lugar sujeito ou não à administração militar:

Pena - Reclusão, de quatro a oito anos.

› art. 153 deste Código.

Omissão de lealdade militar

Art. 151. Deixar o militar ou assemelhado de levar ao conhecimento do superior o motim ou revolta de cuja preparação teve notícia, ou, estando presente ao ato criminoso, não usar de todos os meios ao seu alcance para impedi-lo:

Pena - Reclusão, de três a cinco anos.

› art. 369 deste Código.

Conspiração

Art. 152. Concertarem-se militares ou assemelhados para a prática do crime previsto no artigo 149:

Pena - Reclusão, de três a cinco anos.

› art. 368 deste Código.

Isenção de pena

Parágrafo único. É isento de pena aquele que, antes da execução do crime e quando era ainda possível evitar-lhe as consequências, denuncia o ajuste de que participou.

Cumulação de penas

Art. 153. As penas dos arts. 149 e 150 são aplicáveis sem prejuízo das correspondentes à violência.

CAPÍTULO II
DA ALICIAÇÃO E DO INCITAMENTO

Aliciação para motim ou revolta

Art. 154. Aliciar militar ou assemelhado para a prática de qualquer dos crimes previstos no capítulo anterior:

Pena - Reclusão, de dois a quatro anos.

Incitamento

Art. 155. Incitar à desobediência, à indisciplina ou à prática de crime militar:

Pena - Reclusão, de dois a quatro anos.

Parágrafo único. Na mesma pena incorre quem introduz, afixa ou distribui, em lugar sujeito à administração militar, impressos, manuscritos ou material mimeografado, fotocopiado ou gravado, em que se contenha incitamento à prática dos atos previstos no artigo.

Apologia de fato criminoso ou do seu autor

Art. 156. Fazer apologia de fato que a lei militar considera crime, ou do autor do mesmo, em lugar sujeito à administração militar:

Pena - Detenção, de seis meses a um ano.

CAPÍTULO III
DA VIOLÊNCIA CONTRA SUPERIOR OU MILITAR DE SERVIÇO

Violência contra superior

Art. 157. Praticar violência contra superior:

Pena - Detenção, de três meses a dois anos.

› arts. 389 deste Código.

› art. 270, p.u., b, CPPM.

Formas qualificadas

§ 1º Se o superior é comandante da unidade a que pertence o agente, ou oficial general:

Pena - Reclusão, de três a nove anos.

§ 2º Se a violência é praticada com arma, a pena é aumentada de um terço.

§ 3º Se da violência resulta lesão corporal, aplica-se, além da pena da violência, a do crime contra a pessoa.

§ 4º Se da violência resulta morte:

Pena - Reclusão, de doze a trinta anos.

§ 5º A pena é aumentada da sexta parte se o crime ocorre em serviço.

Violência contra militar de serviço

Art. 158. Praticar violência contra oficial de dia, de serviço, ou de quarto, ou contra sentinela, vigia ou plantão:

› art. 389 deste Código.

Pena - Reclusão, de três a oito anos.

Formas qualificadas

§ 1º Se a violência é praticada com arma, a pena é aumentada de um terço.

§ 2º Se da violência resulta lesão corporal, aplica-se, além da pena da violência, a do crime contra a pessoa.

§ 3º Se da violência resulta morte:

Pena - Reclusão, de doze a trinta anos.

Ausência de dolo no resultado

Art. 159. Quando da violência resulta morte ou lesão corporal e as circunstâncias evidenciam que o agente não quis o resultado nem assumiu o risco de produzi-lo, a pena do crime contra a pessoa é diminuída de metade.

- arts. 175; 176 deste Código.

CAPÍTULO IV
DO DESRESPEITO A SUPERIOR E A SÍMBOLO NACIONAL OU A FARDA

Desrespeito a superior

Art. 160. Desrespeitar superior diante de outro militar:

Pena - Detenção, de três meses a um ano, se o fato não constitui crime mais grave.

- art. 88, II, b, deste Código.
- arts. 270, p.u, b; 617, II, b, CPPM.

Desrespeito a comandante, oficial general ou oficial de serviço

Parágrafo único. Se o fato é praticado contra o comandante da unidade a que pertence o agente, oficial-general, oficial de dia, de serviço ou de quarto, a pena é aumentada da metade.

Desrespeito a símbolo nacional

Art. 161. Praticar o militar diante da tropa, ou em lugar sujeito à administração militar, ato que se traduza em ultraje a símbolo nacional:

Pena - Detenção, de um a dois anos.

- arts. 88, II, b; 100 deste Código.
- arts. 270, p.u, b; 617, II, b, CPPM.

Despojamento desprezível

Art. 162. Despojar-se de uniforme, condecoração militar, insígnia ou distintivo, por menosprezo ou vilipêndio:

Pena - Detenção, de seis meses a um ano.

- arts. 88, II, b; 100 deste Código.
- arts. 270, p.u, b; 617, II, b, CPPM.

Parágrafo único. A pena é aumentada da metade se o fato é praticado diante da tropa, ou em público.

CAPÍTULO V
DA INSUBORDINAÇÃO

Recusa de obediência

Art. 163. Recusar obedecer à ordem do superior sobre assunto ou matéria de serviço, ou relativamente a dever imposto em lei, regulamento ou instrução:

Pena - Detenção, de um a dois anos, se o fato não constitui crime mais grave.

- art. 387 deste Código.
- art. 270, p.u, b, CPPM.

Oposição à ordem de sentinela

Art. 164. Opor-se às ordens da sentinela:

Pena - Detenção, de seis meses a um ano, se o fato não constitui crime mais grave.

- art. 387 deste Código.
- art. 270, p.u, b, CPPM.

Reunião ilícita

Art. 165. Promover a reunião de militares, ou nela tomar parte, para discussão de ato de superior ou assunto atinente à disciplina militar:

Pena - Detenção, de seis meses a um ano a quem promove a reunião; de dois a seis meses a quem dela participa, se o fato não constitui crime mais grave.

Publicação ou crítica indevida

Art. 166. Publicar o militar ou assemelhado, sem licença, ato ou documento oficial, ou criticar publicamente ato de seu superior ou assunto atinente à disciplina militar, ou a qualquer resolução do Governo:

Pena - Detenção, de dois meses a um ano, se o fato não constitui crime mais grave.

- art. 270, p.u, b, CPPM.

CAPÍTULO VI
DA USURPAÇÃO E DO EXCESSO OU ABUSO DE AUTORIDADE

Assunção de comando sem ordem ou autorização

Art. 167. Assumir o militar, sem ordem ou autorização, salvo se em grave emergência, qualquer comando, ou a direção de estabelecimento militar:

Pena - Reclusão, de dois a quatro anos, se o fato não constitui crime mais grave.

Conservação ilegal de comando

Art. 168. Conservar comando ou função legitimamente assumida, depois de receber ordem de seu superior para deixá-los ou transmiti-los a outrem:

Pena - Detenção, de um a três anos.

Operação militar sem ordem superior

Art. 169. Determinar o comandante, sem ordem superior e fora dos casos em que essa se dispensa, movimento de tropa ou ação militar:

Pena - Reclusão, de três a cinco anos.

Forma qualificada

Parágrafo único. Se o movimento da tropa ou ação militar é em território estrangeiro ou contra força, navio ou aeronave de país estrangeiro:

Pena - Reclusão, de quatro a oito anos, se o fato não constitui crime mais grave.

Ordem arbitrária de invasão

Art. 170. Ordenar, arbitrariamente, o comandante de força, navio, aeronave ou engenho de guerra motomecanizado a entrada de comandados seus em águas ou território estrangeiro, ou sobrevoá-los:

Pena - Suspensão do exercício do posto, de um a três anos, ou reforma.

Uso indevido por militar de uniforme, distintivo ou insígnia

Art. 171. Usar o militar ou assemelhado, indevidamente, uniforme, distintivo ou insígnia de posto ou graduação superior:

Pena - Detenção, de seis meses a um ano, se o fato não constitui crime mais grave.

Uso indevido de uniforme, distintivo ou insígnia militar por qualquer pessoa

Art. 172. Usar, indevidamente, uniforme, distintivo ou insígnia militar a que não tenha direito:

Pena - Detenção, até seis meses.

Abuso de requisição militar

Art. 173. Abusar do direito de requisição militar, excedendo os poderes conferidos ou recusando cumprir dever imposto em lei:

Pena - Detenção, de um a dois anos.

- art. 270, p.u, b, CPPM.

Rigor excessivo

Art. 174. Exceder a faculdade de punir o subordinado, fazendo-o com rigor não permitido, ou ofendendo-o por palavra, ato ou escrito:

Pena - Suspensão do exercício do posto, por dois a seis meses, se o fato não constitui crime mais grave.

Violência contra inferior

Art. 175. Praticar violência contra inferior:

Pena - Detenção, de três meses a um ano.

Resultado mais grave

Parágrafo único. Se da violência resulta lesão corporal ou morte é também aplicada a pena do crime contra a pessoa, atendendo-se, quando for o caso, ao disposto no art. 159.

Ofensa aviltante a inferior

Art. 176. Ofender inferior, mediante ato de violência que, por natureza ou pelo meio empregado, se considere aviltante:

Pena - Detenção, de seis meses a dois anos.

- art. 270, p.u, b, CPPM.

Parágrafo único. Aplica-se o disposto no parágrafo único do artigo anterior.

CAPÍTULO VII
DA RESISTÊNCIA

Resistência mediante ameaça ou violência

Art. 177. Opor-se à execução de ato legal, mediante ameaça ou violência ao executor, ou a quem esteja prestando auxílio:

Pena - Detenção, de seis meses a dois anos.

- art. 270, p.u, b, CPPM.

Forma qualificada

§ 1º Se o ato não se executa em razão da resistência:

Pena - Reclusão de dois a quatro anos.

Cumulação de penas

§ 2º As penas deste artigo são aplicáveis sem prejuízo das correspondentes à violência, ou ao fato que constitua crime mais grave.

CAPÍTULO VIII
DA FUGA, EVASÃO, ARREBATAMENTO E AMOTINAMENTO DE PRESOS

Fuga de preso ou internado

Art. 178. Promover ou facilitar a fuga de pessoa legalmente presa ou submetida à medida de segurança detentiva:

Pena - Detenção, de seis meses a dois anos.

‣ art. 270, p.u, b, CPPM.

Formas qualificadas

§ 1º Se o crime é praticado a mão armada ou por mais de uma pessoa, ou mediante arrombamento:

Pena - Reclusão, de dois a seis anos.

§ 2º Se há emprego de violência contra pessoa, aplica-se também a pena correspondente à violência.

§ 3º Se o crime é praticado por pessoa sob cuja guarda, custódia ou condução está o preso ou internado:

Pena - Reclusão, até quatro anos.

Modalidade culposa

Art. 179. Deixar, por culpa, fugir pessoa legalmente presa, confiada à sua guarda ou condução:

Pena - Detenção, de três meses a um ano.

Evasão de preso ou internado

Art. 180. Evadir-se, ou tentar evadir-se o preso ou internado, usando de violência contra a pessoa:

Pena - Detenção, de um a dois anos, além da correspondente à violência.

§ 1º Se a evasão ou a tentativa ocorre mediante arrombamento da prisão militar:

Pena - Detenção, de seis meses a um ano.

Cumulação de penas

§ 2º Se ao fato sucede deserção, aplicam-se cumulativamente as penas correspondentes.

Arrebatamento de preso ou internado

Art. 181. Arrebatar preso ou internado, a fim de maltratá-lo, do poder de quem o tenha sob guarda ou custódia militar:

Pena - Reclusão, até quatro anos, além da correspondente à violência.

Amotinamento

Art. 182. Amotinarem-se presos, ou internados, perturbando a disciplina do recinto de prisão militar:

Pena - Reclusão, até três anos, aos cabeças; aos demais, detenção de um a dois anos.

Responsabilidade de partícipe ou de oficial

Parágrafo único. Na mesma pena incorre quem participa do amotinamento ou, sendo oficial e estando presente, não usa os meios ao seu alcance para debelar o amotinamento ou evitar-lhe as consequências.

TÍTULO III
DOS CRIMES CONTRA O SERVIÇO MILITAR E O DEVER MILITAR

CAPÍTULO I
DA INSUBMISSÃO

Insubmissão

Art. 183. Deixar de apresentar-se o convocado à incorporação, dentro do prazo que lhe foi marcado, ou, apresentando-se, ausentar-se antes do ato oficial de incorporação:

Pena - Impedimento, de três meses a um ano.

‣ Súm. 7, STM.

Caso assimilado

§ 1º Na mesma pena incorre quem, dispensado temporariamente da incorporação, deixa de se apresentar, decorrido o prazo de licenciamento.

Diminuição da pena

§ 2º A pena é diminuída de um terço:

a) pela ignorância ou a errada compreensão dos atos da convocação militar, quando escusáveis;

b) pela apresentação voluntária dentro do prazo de um ano, contado do último dia marcado para a apresentação.

Criação ou simulação de incapacidade física

Art. 184. Criar ou simular incapacidade física, que inabilite o convocado para o serviço militar:

Pena - Detenção, de seis meses a dois anos.

Substituição de convocado

Art. 185. Substituir-se o convocado por outrem na apresentação ou na inspeção de saúde.

Pena - Detenção, de seis meses a dois anos.

Parágrafo único. Na mesma pena incorre quem substitui o convocado.

Favorecimento a convocado

Art. 186. Dar asilo a convocado, ou tomá-lo a seu serviço, ou proporcionar-lhe ou facilitar-lhe transporte ou meio que obste ou dificulte a incorporação, sabendo ou tendo razão para saber que cometeu qualquer dos crimes previstos neste capítulo:

Pena - Detenção, de três meses a um ano.

Isenção de pena

Parágrafo único. Se o favorecedor é ascendente, descendente, cônjuge ou irmão do criminoso, fica isento de pena.

CAPÍTULO II
DA DESERÇÃO

Deserção

Art. 187. Ausentar-se o militar, sem licença, da unidade em que serve, ou do lugar em que deve permanecer, por mais de oito dias:

Pena - Detenção, de seis meses a dois anos; se oficial, a pena é agravada.

‣ art. 189 deste Código.

‣ art. 270, p.u, b, CPPM.

Casos assimilados

Art. 188. Na mesma pena incorre o militar que:

I - não se apresenta no lugar designado, dentro de oito dias, findo o prazo de trânsito ou férias;

II - deixa de se apresentar a autoridade competente, dentro do prazo de oito dias, contados daquele em que termina ou é cassada a licença ou agregação ou em que é declarado o estado de sítio ou de guerra;

III - tendo cumprido a pena, deixa de se apresentar, dentro do prazo de oito dias;

IV - consegue exclusão do serviço ativo ou situação de inatividade, criando ou simulando incapacidade.

Art. 189. Nos crimes dos arts. 187 e 188, n. I, II e III:

Atenuante especial

I - se o agente se apresenta voluntariamente dentro em oito dias após a consumação do crime, a pena é diminuída de metade; e de um terço, se de mais de oito dias e até sessenta;

Agravante especial

II - se a deserção ocorre em unidade estacionada em fronteira ou país estrangeiro, a pena é agravada de um terço.

Deserção especial

Art. 190. Deixar o militar de apresentar-se no momento da partida do navio ou aeronave, de que é tripulante, ou do deslocamento da unidade ou força em que serve: (Redação dada pela Lei 9.764/1998.)

Pena - Detenção, até três meses, se após a partida ou deslocamento se apresentar, dentro de vinte e quatro horas, à autoridade militar do lugar, ou, na falta desta, à autoridade policial, para ser comunicada a apresentação ao comando militar competente. (Redação dada pela Lei 9.764/1998.)

‣ art. 451 CPPM.

‣ Dec. 3.213/199 (Dispõe sobre as áreas de jurisdição dos Comandos Militares de Área e das Regiões Militares no Exército Brasileiro).

§ 1º Se a apresentação se der dentro de prazo superior a vinte e quatro horas e não excedente a cinco dias:

Pena - Detenção, de dois a oito meses.

§ 2º Se superior a cinco dias e não excedente a oito dias: (Redação dada pela Lei 9.764/1998.)

Pena - Detenção, de três meses a um ano.

§ 2º-A. Se superior a oito dias: (Incluído pela Lei 9.764/1998.)

Pena - Detenção, de seis meses a dois anos.

Aumento de pena

§ 3º A pena é aumentada de um terço, se se tratar de sargento, subtenente ou suboficial, e de metade, se oficial. (Redação dada pela Lei 9.764/1998.)

Concerto para deserção

Art. 191. Concertarem-se militares para a prática da deserção:

I - se a deserção não chega a consumar-se:

Pena - Detenção, de três meses a um ano.

Modalidade complexa

II - se consumada a deserção:

Pena - Reclusão, de dois a quatro anos.

Deserção por evasão ou fuga

Art. 192. Evadir-se o militar do poder da escolta, ou de recinto de detenção ou de prisão, ou fugir em seguida à prática de crime para evitar prisão, permanecendo ausente por mais de oito dias:

Pena - Detenção, de seis meses a dois anos.

› art. 270, p.u, b, CPPM.

Favorecimento a desertor

Art. 193. Dar asilo a desertor, ou tomá-lo a seu serviço, ou proporcionar-lhe ou facilitar-lhe transporte ou meio de ocultação, sabendo ou tendo razão para saber que cometeu qualquer dos crimes previstos neste capítulo:

Pena - Detenção, de quatro meses a um ano.

Isenção de pena

Parágrafo único. Se o favorecedor é ascendente, descendente, cônjuge ou irmão do criminoso, fica isento de pena.

Omissão de oficial

Art. 194. Deixar o oficial de proceder contra desertor, sabendo, ou devendo saber encontrar-se entre os seus comandados:

Pena - Detenção, de seis meses a um ano.

CAPÍTULO III
DO ABANDONO DE POSTO E DE OUTROS CRIMES EM SERVIÇO

Abandono de posto

Art. 195. Abandonar, sem ordem superior, o posto ou lugar de serviço que lhe tenha sido designado, ou o serviço que lhe cumpria, antes de terminá-lo:

› art. 390 deste Código.

Pena - Detenção, de três meses a um ano.

Descumprimento de missão

Art. 196. Deixar o militar de desempenhar a missão que lhe foi confiada:

Pena - Detenção, de seis meses a dois anos, se o fato não constitui crime mais grave.

§ 1º Se é oficial o agente, a pena é aumentada de um terço.

§ 2º Se o agente exercia função de comando, a pena é aumentada de metade.

Modalidade culposa

§ 3º Se a abstenção é culposa:

Pena - Detenção, de três meses a um ano.

Retenção indevida

Art. 197. Deixar o oficial de restituir, por ocasião da passagem de função, ou quando lhe é exigido, objeto, plano, carta, cifra, código ou documento que lhe haja sido confiado:

Pena - Suspensão do exercício do posto, de três a seis meses, se o fato não constitui crime mais grave.

Parágrafo único. Se o objeto, plano, carta, cifra, código, ou documento envolve ou constitui segredo relativo à segurança nacional:

Pena - Detenção, de três meses a um ano, se o fato não constitui crime mais grave.

Omissão de eficiência da força

Art. 198. Deixar o comandante de manter a força sob seu comando em estado de eficiência:

Pena - Suspensão do exercício do posto, de três meses a um ano.

Omissão de providências para evitar danos

Art. 199. Deixar o comandante de empregar todos os meios ao seu alcance para evitar perda, destruição ou inutilização de instalações militares, navio, aeronave ou engenho de guerra motomecanizado em perigo:

Pena - Reclusão, de dois a oito anos.

Modalidade culposa

Parágrafo único. Se a abstenção é culposa:

Pena - Detenção, de três meses a um ano.

Omissão de providências para salvar comandados

Art. 200. Deixar o comandante, em ocasião de incêndio, naufrágio, encalhe, colisão ou outro perigo semelhante, de tomar todas as providências adequadas para salvar os seus comandados e minorar as consequências do sinistro, não sendo o último a sair de bordo ou a deixar a aeronave ou o quartel ou sede militar sob seu comando:

Pena - Reclusão, de dois a seis anos.

Modalidade culposa

Parágrafo único. Se a abstenção é culposa:

Pena - Detenção, de seis meses a dois anos.

Omissão de socorro

Art. 201. Deixar o comandante de socorrer, sem justa causa, navio de guerra ou mercante, nacional ou estrangeiro, ou aeronave, em perigo, ou náufragos que hajam pedido socorro:

Pena - Suspensão do exercício do posto, de um a três anos ou reforma.

Embriaguez em serviço

Art. 202. Embriagar-se o militar, quando em serviço, ou apresentar-se embriagado para prestá-lo:

Pena - Detenção, de seis meses a dois anos.

Dormir em serviço

Art. 203. Dormir o militar, quando em serviço, como oficial de quarto ou de ronda, ou em situação equivalente, ou, não sendo oficial, em serviço de sentinela, vigia, plantão às máquinas, ao leme, de ronda ou em qualquer serviço de natureza semelhante:

Pena - Detenção, de três meses a um ano.

CAPÍTULO IV
DO EXERCÍCIO DE COMÉRCIO

Exercício de comércio por oficial

Art. 204. Comerciar o oficial da ativa, ou tomar parte na administração ou gerência de sociedade comercial, ou dela ser sócio ou participar, exceto como acionista ou cotista em sociedade anônima, ou por cotas de responsabilidade limitada:

Pena - Suspensão do exercício do posto, de seis meses a dois anos, ou reforma.

TÍTULO IV
DOS CRIMES CONTRA A PESSOA

CAPÍTULO I
DO HOMICÍDIO

Homicídio simples

Art. 205. Matar alguém:

› art. 400 deste Código.

Pena - Reclusão, de seis a vinte anos.

Minoração facultativa da pena

§ 1º Se o agente comete o crime impelido por motivo de relevante valor social ou moral, ou sob o domínio de violenta emoção, logo em seguida a injusta provocação da vítima, o juiz pode reduzir a pena, de um sexto a um terço.

Homicídio qualificado

§ 2º Se o homicídio é cometido:

I - por motivo fútil;

II - mediante paga ou promessa de recompensa, por cupidez, para excitar ou saciar desejos sexuais, ou por outro motivo torpe;

III - com emprego de veneno, asfixia, tortura, fogo, explosivo ou qualquer outro meio dissimulado ou cruel, ou de que possa resultar perigo comum;

IV - à traição, de emboscada, com surpresa ou mediante outro recurso insidioso, que dificultou ou tornou impossível a defesa da vítima;

V - para assegurar a execução, a ocultação, a impunidade ou vantagem de outro crime;

VI - prevalecendo-se o agente da situação de serviço:

Pena - Reclusão, de doze a trinta anos.

Homicídio culposo

Art. 206. Se o homicídio é culposo:

Pena - Detenção, de um a quatro anos.

§ 1º A pena pode ser agravada se o crime resulta de inobservância de regra técnica de profissão, arte ou ofício, ou se o agente deixa de prestar imediato socorro à vítima.

Multiplicidade de vítimas

§ 2º Se, em consequência de uma só ação ou omissão culposa, ocorre morte de mais de uma pessoa ou também lesões corporais em outras pessoas, a pena é aumentada de um sexto até metade.

Provocação direta ou auxílio a suicídio

Art. 207. Instigar ou induzir alguém a suicidar-se, ou prestar-lhe auxílio para que o faça, vindo o suicídio consumar-se:

Pena - Reclusão, de dois a seis anos.

Agravação de pena

§ 1º Se o crime é praticado por motivo egoístico, ou a vítima é menor ou tem diminuída, por qualquer motivo, a resistência moral, a pena é agravada.

Provocação indireta ao suicídio

§ 2º Com detenção de um a três anos, será punido quem, desumana e reiteradamente, inflige maus tratos a alguém, sob sua autoridade ou dependência, levando-o, em razão disso, à prática de suicídio.

Redução de pena

§ 3º Se o suicídio é apenas tentado, e da tentativa resulta lesão grave, a pena é reduzida de um a dois terços.

CAPÍTULO II
DO GENOCÍDIO

Genocídio

Art. 208. Matar membros de um grupo nacional, étnico, religioso ou pertencente à determinada raça, com o fim de destruição total ou parcial desse grupo:

Pena - Reclusão, de quinze a trinta anos.

‣ arts. 401; 402 deste Código.

Casos assimilados

Parágrafo único. Será punido com reclusão, de quatro a quinze anos, quem, com o mesmo fim:

I - inflige lesões graves a membros do grupo;

II - submete o grupo a condições de existência, físicas ou morais, capazes de ocasionar a eliminação de todos os seus membros ou parte deles;

III - força o grupo à sua dispersão;

IV - impõe medidas destinadas a impedir os nascimentos no seio do grupo;

V - efetua coativamente a transferência de crianças do grupo para outro grupo.

CAPÍTULO III
DA LESÃO CORPORAL E DA RIXA

Lesão leve

Art. 209. Ofender a integridade corporal ou a saúde de outrem:

‣ art. 403 deste Código.

Pena - Detenção, de três meses a um ano.

Lesão grave

§ 1º Se se produz, dolosamente, perigo de vida, debilidade permanente de membro, sentido ou função, ou incapacidade para as ocupações habituais, por mais de trinta dias:

Pena - Reclusão, até cinco anos.

‣ art. 403, § 1º, deste Código.

§ 2º Se se produz, dolosamente, enfermidade incurável, perda ou inutilização de membro, sentido ou função, incapacidade permanente para o trabalho, ou deformidade duradoura:

Pena - Reclusão, de dois a oito anos.

‣ art. 403, § 2º, deste Código.

Lesões qualificadas pelo resultado

§ 3º Se os resultados previstos nos §§ 1º e 2º forem causados culposamente, a pena será de detenção, de um a quatro anos; se da lesão resultar morte e as circunstâncias evidenciarem que o agente não quis o resultado, nem assumiu o risco de produzi-lo, a pena será de reclusão, até oito anos.

‣ art. 403, § 3º, deste Código.

Minoração facultativa da pena

§ 4° Se o agente comete o crime impelido por motivo de relevante valor moral ou social ou sob o domínio de violenta emoção, logo em seguida a injusta provocação da vítima, o juiz pode reduzir a pena, de um sexto a um terço.

‣ art. 403, § 4º, deste Código.

§ 5º No caso de lesões leves, se estas são recíprocas, não se sabendo qual dos contendores atacou primeiro, ou quando ocorre qualquer das hipóteses do parágrafo anterior, o juiz pode diminuir a pena de um a dois terços.

‣ art. 403, § 5º, deste Código.

Lesão levíssima

§ 6º No caso de lesões levíssimas, o juiz pode considerar a infração como disciplinar.

Lesão culposa

Art. 210. Se a lesão é culposa:

Pena - Detenção, de dois meses a um ano.

‣ art. 281 deste Código.

§ 1º A pena pode ser agravada se o crime resulta de inobservância de regra técnica de profissão, arte ou ofício, ou se o agente deixa de prestar imediato socorro à vítima.

Aumento de pena

§ 2º Se, em consequência de uma só ação ou omissão culposa, ocorrem lesões em várias pessoas, a pena é aumentada de um sexto até metade.

Participação em rixa

Art. 211. Participar de rixa, salvo para separar os contendores:

Pena - Detenção, até dois meses.

Parágrafo único. Se ocorre morte ou lesão grave, aplica-se, pelo fato de participação na rixa, a pena de detenção, de seis meses a dois anos.

CAPÍTULO IV
DA PERICLITAÇÃO DA VIDA OU DA SAÚDE

Abandono de pessoa

Art. 212. Abandonar o militar pessoa que está sob seu cuidado, guarda, vigilância ou autoridade e, por qualquer motivo, incapaz de defender-se dos riscos resultantes do abandono:

Pena - Detenção, de seis meses a três anos.

Formas qualificadas pelo resultado

§ 1º Se do abandono resulta lesão grave:

Pena - Reclusão, até cinco anos.

§ 2º Se resulta morte:

Pena - Reclusão, de quatro a doze anos.

Maus-tratos

Art. 213. Expor a perigo a vida ou saúde, em lugar sujeito à administração militar ou no exercício de função militar, de pessoa sob sua autoridade, guarda ou vigilância, para o fim de educação, instrução, tratamento ou custódia, quer privando-a de alimentação ou cuidados indispensáveis, quer sujeitando-a a trabalhos excessivos ou inadequados, quer abusando de meios de correção ou disciplina:

Pena - Detenção, de dois meses a um ano.

Formas qualificadas pelo resultado

§ 1º Se do fato resulta lesão grave:

Pena - Reclusão, até quatro anos.

§ 2º Se resulta morte:

Pena - Reclusão, de dois a dez anos.

CAPÍTULO V
DOS CRIMES CONTRA A HONRA

Calúnia

Art. 214. Caluniar alguém, imputando-lhe falsamente fato definido como crime:

Pena - Detenção, de seis meses a dois anos.

§ 1º Na mesma pena incorre quem, sabendo falsa a imputação, a propala ou divulga.

Exceção da verdade

§ 2º A prova da verdade do fato imputado exclui o crime, mas não é admitida:

I - se, constituindo o fato imputado crime de ação privada, o ofendido não foi condenado por sentença irrecorrível;

II - se o fato é imputado a qualquer das pessoas indicadas no n. I do art. 218;

III - se do crime imputado, embora de ação pública, o ofendido foi absolvido por sentença irrecorrível.

Difamação

Art. 215. Difamar alguém, imputando-lhe fato ofensivo à sua reputação:

Pena - Detenção, de três meses a um ano.

Parágrafo único. A exceção da verdade somente se admite se a ofensa é relativa ao exercício da função pública, militar ou civil, do ofendido.

Injúria

Art. 216. Injuriar alguém, ofendendo-lhe a dignidade ou o decoro:

Pena - Detenção, até seis meses.

Injúria real

Art. 217. Se a injúria consiste em violência, ou outro ato que atinja a pessoa, e, por sua natureza ou pelo meio empregado, se considera aviltante:

Pena - Detenção, de três meses a um ano, além da pena correspondente à violência.

Disposições comuns

Art. 218. As penas cominadas nos antecedentes artigos deste capítulo aumentam-se de um terço, se qualquer dos crimes é cometido:

I - contra o Presidente da República ou chefe de governo estrangeiro;

‣ art. 214, § 2º, II, deste Código.

II - contra superior;

III - contra militar, ou funcionário público civil, em razão das suas funções;

IV - na presença de duas ou mais pessoas, ou de inferior do ofendido, ou por meio que facilite a divulgação da calúnia, da difamação ou da injúria.

Parágrafo único. Se o crime é cometido mediante paga ou promessa de recompensa, aplica-se a pena em dobro, se o fato não constitui crime mais grave.

Ofensa às forças armadas

Art. 219. Propalar fatos, que sabe inverídicos, capazes de ofender a dignidade ou abalar o crédito das forças armadas ou a confiança que estas merecem do público:

Pena - Detenção, de seis meses a um ano.

Parágrafo único. A pena será aumentada de um terço, se o crime é cometido pela imprensa, rádio ou televisão.

Exclusão de pena

Art. 220. Não constitui ofensa punível, salvo quando inequívoca a intenção de injuriar, difamar ou caluniar:

I - a irrogada em juízo, na discussão da causa, por uma das partes ou seu procurador contra a outra parte ou seu procurador;

‣ art. 133, CF.

II - a opinião desfavorável da crítica literária, artística ou científica;

‣ art. 5º, IX, CF.

III - a apreciação crítica às instituições militares, salvo quando inequívoca a intenção de ofender;

IV - o conceito desfavorável em apreciação ou informação prestada no cumprimento do dever de ofício.

Parágrafo único. Nos casos dos n. I e IV, responde pela ofensa quem lhe dá publicidade.

Equivocidade da ofensa

Art. 221. Se a ofensa é irrogada de forma imprecisa ou equívoca, quem se julga atingido pode pedir explicações em juízo. Se o interpelado se recusa a dá-las ou, a critério do juiz, não as dá satisfatórias, responde pela ofensa.

CAPÍTULO VI
DOS CRIMES CONTRA A LIBERDADE

SEÇÃO I
DOS CRIMES CONTRA A LIBERDADE INDIVIDUAL

Constrangimento ilegal

Art. 222. Constranger alguém, mediante violência ou grave ameaça, ou depois de lhe haver reduzido, por qualquer outro meio, a capacidade de resistência, a não fazer o que a lei permite, ou a fazer ou a tolerar que se faça, o que ela não manda:

‣ art. 5º, II, CF.

‣ Súm. Vinc. 46, STF.

Pena - Detenção, até um ano, se o fato não constitui crime mais grave.

Aumento de pena

§ 1º A pena aplica-se em dobro, quando, para a execução do crime, se reúnem mais de três pessoas, ou há emprego de arma, ou quando o constrangimento é exercido com abuso de autoridade, para obter de alguém confissão de autoria de crime ou declaração como testemunha.

§ 2º Além da pena cominada, aplica-se a correspondente à violência.

Exclusão de crime

§ 3º Não constitui crime:

I - Salvo o caso de transplante de órgãos, a intervenção médica ou cirúrgica, sem o consentimento do paciente ou de seu representante legal, se justificada para conjurar iminente perigo de vida ou de grave dano ao corpo ou à saúde;

II - a coação exercida para impedir suicídio.

Ameaça

Art. 223. Ameaçar alguém, por palavra, escrito ou gesto, ou qualquer outro meio simbólico, de lhe causar mal injusto e grave:

Pena - Detenção, até seis meses, se o fato não constitui crime mais grave.

Parágrafo único. Se a ameaça é motivada por fato referente a serviço de natureza militar, a pena é aumentada de um terço.

Desafio para duelo

Art. 224. Desafiar outro militar para duelo ou aceitar-lhe o desafio, embora o duelo não se realize:

Pena - Detenção, até três meses, se o fato não constitui crime mais grave.

Sequestro ou cárcere privado

Art. 225. Privar alguém de sua liberdade, mediante sequestro ou cárcere privado:

Pena - Reclusão, até três anos.

Aumento de pena

§ 1º A pena é aumentada de metade:

I - se a vítima é ascendente, descendente ou cônjuge do agente;

II - se o crime é praticado mediante internação da vítima em casa de saúde ou hospital;

III - se a privação de liberdade dura mais de quinze dias.

Formas qualificadas pelo resultado

§ 2º Se resulta à vítima, em razão de maus tratos ou da natureza da detenção, grave sofrimento físico ou moral:

Pena - Reclusão, de dois a oito anos.

§ 3º Se, pela razão do parágrafo anterior, resulta morte:

Pena - Reclusão, de doze a trinta anos.

SEÇÃO II
DO CRIME CONTRA A INVIOLABILIDADE DO DOMICÍLIO

Violação de domicílio

Art. 226. Entrar ou permanecer, clandestina ou astuciosamente, ou contra a vontade expressa ou tácita de quem de direito, em casa alheia ou em suas dependências:

‣ art. 5º, XI, CF.

Pena - Detenção, até três meses.

Forma qualificada

§ 1º Se o crime é cometido durante o repouso noturno, ou com emprego de violência ou de arma, ou mediante arrombamento, ou por duas ou mais pessoas:

Pena - Detenção, de seis meses a dois anos, além da pena correspondente à violência.

Agravação de pena

§ 2º Aumenta-se a pena de um terço, se o fato é cometido por militar em serviço ou por funcionário público civil, fora dos casos legais, ou com inobservância das formalidades prescritas em lei, ou com abuso de poder.

Exclusão de crime

§ 3º Não constitui crime a entrada ou permanência em casa alheia ou em suas dependências:

I - durante o dia, com observância das formalidades legais, para efetuar prisão ou outra diligência em cumprimento de lei ou regulamento militar;

II - a qualquer hora do dia ou da noite para acudir vítima de desastre ou quando alguma infração penal está sendo ali praticada ou na iminência de o ser.

Compreensão do termo "casa"

§ 4º O termo "casa" compreende:

I - qualquer compartimento habitado;

II - aposento ocupado de habitação coletiva;

III - compartimento não aberto ao público, onde alguém exerce profissão ou atividade.

§ 5º Não se compreende no termo "casa":

I - hotel, hospedaria, ou qualquer outra habitação coletiva, enquanto aberta, salvo a restrição do n. II do parágrafo anterior;

II - taverna, boate, casa de jogo e outras do mesmo gênero.

SEÇÃO III
DOS CRIMES CONTRA A INVIOLABILIDADE DE CORRESPONDÊNCIA OU COMUNICAÇÃO

Violação de correspondência

Art. 227. Devassar indevidamente o conteúdo de correspondência privada dirigida a outrem:

‣ art. 5º, XII, CF.

Pena - Detenção, até seis meses.

§ 1º Nas mesmas penas incorre:

I - quem se apossa de correspondência alheia, fechada ou aberta, e, no todo ou em parte, a sonega ou destrói;

II - quem indevidamente divulga, transmite a outrem ou utiliza, abusivamente, comunicação telegráfica ou radioelétrica dirigida a terceiro, ou conversação telefônica entre outras pessoas;

III - quem impede a comunicação ou a conversação referida no número anterior.

Aumento de pena

§ 2º A pena aumenta-se de metade, se há dano para outrem.

§ 3º Se o agente comete o crime com abuso de função, em serviço postal, telegráfico, radioelétrico ou telefônico:

Pena - Detenção, de um a três anos.

Natureza militar do crime

§ 4º Salvo o disposto no parágrafo anterior, qualquer dos crimes previstos neste artigo só é considerado militar no caso do art. 9º, n. II, letra *a*.

SEÇÃO IV
DOS CRIMES CONTRA A INVIOLABILIDADE DOS SEGREDOS DE CARÁTER PARTICULAR

Divulgação de segredo

Art. 228. Divulgar, sem justa causa, conteúdo de documento particular sigiloso ou de correspondência confidencial, de que é detentor ou destinatário, desde que da divulgação possa resultar dano a outrem:

Pena - Detenção, até seis meses.

Violação de recato

Art. 229. Violar, mediante processo técnico o direito ao recato pessoal ou o direito ao resguardo das palavras que não forem pronunciadas publicamente:

Pena - Detenção, até um ano.

Parágrafo único. Na mesma pena incorre quem divulga os fatos captados.

Violação de segredo profissional

Art. 230. Revelar, sem justa causa, segredo de que tem ciência, em razão de função ou profissão, exercida em local sob administração militar, desde que da revelação possa resultar dano a outrem:

Pena - Detenção, de três meses a um ano.

Natureza militar do crime

Art. 231. Os crimes previstos nos arts. 228 e 229 somente são considerados militares no caso do art. 9º, n. II, letra *a*.

CAPÍTULO VII
DOS CRIMES SEXUAIS

- arts. 213 a 234-C, CP.

Estupro

Art. 232. Constranger mulher a conjunção carnal, mediante violência ou grave ameaça:

Pena - Reclusão, de três a oito anos, sem prejuízo da correspondente à violência.

- art. 213, CP.
- art. 408 deste Código.

Atentado violento ao pudor

Art. 233. Constranger alguém, mediante violência ou grave ameaça, a presenciar, a praticar ou permitir que com ele pratique ato libidinoso diverso da conjunção carnal:

Pena - Reclusão, de dois a seis anos, sem prejuízo da correspondente à violência.

- art. 217-A, CP.
- art. 408 deste Código.

Corrupção de menores

Art. 234. Corromper ou facilitar a corrupção de pessoa menor de dezoito e maior de quatorze anos, com ela praticando ato de libidinagem, ou induzindo-a a praticá-lo ou presenciá-lo:

Pena - Reclusão, até três anos.

Pederastia ou outro ato de libidinagem

Art. 235. Praticar, ou permitir o militar que com ele se pratique ato libidinoso, homossexual ou não, em lugar sujeito a administração militar:

- ADPF 291, o STF julgou parcialmente procedente a arguição para declarar não recepcionadas pela CF a expressão "pederastia ou outro" e a expressão "homossexual ou não", contida na rubrica e no texto deste artigo, respectivamente.

Pena - Detenção, de seis meses a um ano.

- arts. 88, II, b; 100 deste Código.
- arts. 270, p.u., b; 617, II, b, CPPM.

Presunção de violência

Art. 236. Presume-se a violência se a vítima:

I - não é maior de quatorze anos, salvo fundada suposição contrária do agente;

II - é doente ou deficiente mental, e o agente conhecia esta circunstância;

III - não pode, por qualquer outra causa, oferecer resistência.

Aumento de pena

Art. 237. Nos crimes previstos neste capítulo, a pena é agravada, se o fato é praticado:

I - com o concurso de duas ou mais pessoas;

II - por oficial, ou por militar em serviço.

CAPÍTULO VIII
DO ULTRAJE PÚBLICO AO PUDOR

Ato obsceno

Art. 238. Praticar ato obsceno em lugar sujeito à administração militar:

Pena - Detenção de três meses a um ano.

Parágrafo único. A pena é agravada, se o fato é praticado por militar em serviço ou por oficial.

Escrito ou objeto obsceno

Art. 239. Produzir, distribuir, vender, expor à venda, exibir, adquirir ou ter em depósito para o fim de venda, distribuição ou exibição, livros, jornais, revistas, escritos, pinturas, gravuras, estampas, imagens, desenhos ou qualquer outro objeto de caráter obsceno, em lugar sujeito à administração militar, ou durante o período de exercício ou manobras:

Pena - Detenção, de seis meses a dois anos.

Parágrafo único. Na mesma pena incorre quem distribui, vende, oferece à venda ou exibe a militares em serviço objeto de caráter obsceno.

TÍTULO V
DOS CRIMES CONTRA O PATRIMÔNIO

CAPÍTULO I
DO FURTO

Furto simples

Art. 240. Subtrair, para si ou para outrem, coisa alheia móvel:

- art. 100; 104 deste Código.

Pena - Reclusão, até seis anos.

Furto atenuado

§ 1º Se o agente é primário e é de pequeno valor a coisa furtada, o juiz pode substituir a pena de reclusão pela de detenção, diminuí-la de um a dois terços, ou considerar a infração como disciplinar. Entende-se pequeno o valor que não exceda a um décimo da quantia mensal do mais alto salário-mínimo do país.

§ 2º A atenuação do parágrafo anterior é igualmente aplicável no caso em que o criminoso, sendo primário, restitui a coisa ao seu dono ou repara o dano causado, antes de instaurada a ação penal.

Energia de valor econômico

§ 3º Equipara-se à coisa móvel a energia elétrica ou qualquer outra que tenha valor econômico.

Furto qualificado

§ 4º Se o furto é praticado durante a noite:

Pena - Reclusão, de dois a oito anos.

§ 5º Se a coisa furtada pertence à Fazenda Nacional:

Pena - Reclusão, de dois a seis anos.

§ 6º Se o furto é praticado:

I - com destruição ou rompimento de obstáculo à subtração da coisa;

II - com abuso de confiança ou mediante fraude, escalada ou destreza;

III - com emprego de chave falsa;

IV - mediante concurso de duas ou mais pessoas:

Pena - Reclusão, de três a dez anos.

§ 7º Aos casos previstos nos §§ 4º e 5º são aplicáveis as atenuações a que se referem os §§ 1º e 2º. Aos previstos no § 6º é aplicável a atenuação referida no § 2º.

Furto de uso

Art. 241. Se a coisa é subtraída para o fim de uso momentâneo e, a seguir, vem a ser imediatamente restituída ou reposta no lugar onde se achava:

- art. 404 deste Código.

Pena - Detenção, até seis meses.

Parágrafo único. A pena é aumentada de metade, se a coisa usada é veículo motorizado; e de um terço, se é animal de sela ou de tiro.

CAPÍTULO II
DO ROUBO E DA EXTORSÃO

Roubo simples

Art. 242. Subtrair coisa alheia móvel, para si ou para outrem, mediante emprego ou ameaça de emprego de violência contra pessoa, ou depois de havê-la, por qualquer modo, reduzido à impossibilidade de resistência:

Pena - Reclusão, de quatro a quinze anos.

› arts. 100; 405 deste Código.

§ 1º Na mesma pena incorre quem, em seguida à subtração da coisa, emprega ou ameaça empregar violência contra pessoa, a fim de assegurar a impunidade do crime ou a detenção da coisa para si ou para outrem.

Roubo qualificado

§ 2º A pena aumenta-se de um terço até metade:

› Súm. 443, STJ.

I - se a violência ou ameaça é exercida com emprego de arma;

II - se há concurso de duas ou mais pessoas;

III - se a vítima está em serviço de transporte de valores, e o agente conhece tal circunstância;

IV - se a vítima está em serviço de natureza militar;

V - se é dolosamente causada lesão grave;

VI - se resulta morte e as circunstâncias evidenciam que o agente não quis esse resultado, nem assumiu o risco de produzi-lo.

Latrocínio

§ 3º Se, para praticar o roubo, ou assegurar a impunidade do crime, ou a detenção da coisa, o agente ocasiona dolosamente a morte de alguém, a pena será de reclusão, de quinze a trinta anos, sendo irrelevante se a lesão patrimonial deixa de consumar-se. Se há mais de uma vítima dessa violência à pessoa, aplica-se o disposto no art. 79.

Extorsão simples

Art. 243. Obter para si ou para outrem indevida vantagem econômica, constrangendo alguém, mediante violência ou grave ameaça:

a) a praticar ou tolerar que se pratique ato lesivo do seu patrimônio, ou de terceiro;

b) a omitir ato de interesse do seu patrimônio, ou de terceiro:

Pena - Reclusão, de quatro a quinze anos.

› arts. 100; 405 deste Código.

Formas qualificadas

§ 1º Aplica-se à extorsão o disposto no § 2º do art. 242.

§ 2º Aplica-se à extorsão, praticada mediante violência, o disposto no § 3º do art. 242.

Extorsão mediante sequestro

Art. 244. Extorquir ou tentar extorquir para si ou para outrem, mediante sequestro de pessoa, indevida vantagem econômica:

Pena - Reclusão, de seis a quinze anos.

› arts. 100; 405 deste Código.

Formas qualificadas

§ 1º Se o sequestro dura mais de vinte e quatro horas, ou se o sequestrado é menor de dezesseis ou maior de sessenta anos, ou se o crime é cometido por mais de duas pessoas, a pena é de reclusão de oito a vinte anos.

§ 2º Se à pessoa sequestrada, em razão de maus tratos ou da natureza do sequestro, resulta grave sofrimento físico ou moral, a pena de reclusão é aumentada de um terço.

§ 3º Se o agente vem a empregar violência contra a pessoa sequestrada, aplicam-se, correspondentemente, as disposições do art. 242, § 2º, n. V e VI, e § 3º.

Chantagem

Art. 245. Obter ou tentar obter de alguém, para si ou para outrem, indevida vantagem econômica, mediante a ameaça de revelar fato, cuja divulgação pode lesar a sua reputação ou de pessoa que lhe seja particularmente cara:

Pena - Reclusão, de três a dez anos.

› arts. 100; 313 deste Código.

Parágrafo único. Se a ameaça é de divulgação pela imprensa, radiodifusão ou televisão, a pena é agravada.

Extorsão indireta

Art. 246. Obter de alguém, como garantia de dívida, abusando de sua premente necessidade, documento que pode dar causa a procedimento penal contra o devedor ou contra terceiro:

Pena - Reclusão, até três anos.

Aumento de pena

Art. 247. Nos crimes previstos neste capítulo, a pena é agravada, se a violência é contra superior, ou militar de serviço.

CAPÍTULO III
DA APROPRIAÇÃO INDÉBITA

Apropriação indébita simples

Art. 248. Apropriar-se de coisa alheia móvel, de que tem a posse ou detenção:

Pena - Reclusão, até seis anos.

Agravação de pena

Parágrafo único. A pena é agravada, se o valor da coisa excede vinte vezes o maior salário-mínimo, ou se o agente recebeu a coisa:

I - em depósito necessário;

II - em razão de ofício, emprego ou profissão.

Apropriação de coisa havida acidentalmente

Art. 249. Apropriar-se alguém de coisa alheia vinda ao seu poder por erro, caso fortuito ou força da natureza:

Pena - Detenção, até um ano.

Apropriação de coisa achada

Parágrafo único. Na mesma pena incorre quem acha coisa alheia perdida e dela se apropria, total ou parcialmente, deixando de restituí-la ao dono ou legítimo possuidor, ou de entregá-la à autoridade competente, dentro do prazo de quinze dias.

Art. 250. Nos crimes previstos neste capítulo, aplica-se o disposto nos §§ 1º e 2º do art. 240.

CAPÍTULO IV
DO ESTELIONATO E OUTRAS FRAUDES

Estelionato

Art. 251. Obter, para si ou para outrem, vantagem ilícita, em prejuízo alheio, induzindo ou mantendo alguém em erro, mediante artifício, ardil ou qualquer outro meio fraudulento:

› art. 100 deste Código.

Pena - Reclusão, de dois a sete anos.

§ 1º Nas mesmas penas incorre quem:

Disposição de coisa alheia como própria

I - vende, permuta, dá em pagamento, em locação ou em garantia, coisa alheia como própria;

Alienação ou oneração fraudulenta de coisa própria

II - vende, permuta, dá em pagamento ou em garantia coisa própria inalienável, gravada de ônus ou litigiosa, ou imóvel que prometeu vender a terceiro, mediante pagamento em prestações, silenciando sobre qualquer dessas circunstâncias;

Defraudação de penhor

III - defrauda, mediante alienação não consentida pelo credor ou por outro modo, a garantia pignoratícia, quando tem a posse do objeto empenhado;

Fraude na entrega de coisa

IV - defrauda substância, qualidade ou quantidade de coisa que entrega a adquirente;

Fraude no pagamento de cheque

V - defrauda de qualquer modo o pagamento de cheque que emitiu a favor de alguém.

§ 2º Os crimes previstos nos n. I a V do parágrafo anterior são considerados militares somente nos casos do art. 9º, n. II, letras *a* e *e*.

Agravação de pena

§ 3º A pena é agravada se o crime é cometido em detrimento da administração militar.

Abuso de pessoa

Art. 252. Abusar, em proveito próprio ou alheio, no exercício de função, em unidade, repartição ou estabelecimento militar, da necessidade, paixão ou inexperiência, ou da doença ou deficiência mental de outrem, induzindo-o à prática de ato que produza efeito jurídico, em prejuízo próprio ou de terceiro, ou em detrimento da administração militar:

Pena - Reclusão, de dois a seis anos.

› art. 100 deste Código.

Art. 253. Nos crimes previstos neste capítulo, aplica-se o disposto nos §§ 1º e 2º do art. 240.

CAPÍTULO V
DA RECEPTAÇÃO

Receptação

Art. 254. Adquirir, receber ou ocultar em proveito próprio ou alheio, coisa proveniente de crime, ou influir para que terceiro, de boa-fé, a adquira, receba ou oculte:

Pena - Reclusão, até cinco anos.

Parágrafo único. São aplicáveis os §§ 1º e 2º do art. 240.

Receptação culposa

Art. 255. Adquirir ou receber coisa que, por sua natureza ou pela manifesta desproporção entre o valor e o preço, ou pela condição de quem a oferece, deve presumir-se obtida por meio criminoso:

Pena - Detenção, até um ano.

Parágrafo único. Se o agente é primário e o valor da coisa não é superior a um décimo do salário-mínimo, o juiz pode deixar de aplicar a pena.

Punibilidade da receptação

Art. 256. A receptação é punível ainda que desconhecido ou isento de pena o autor do crime de que proveio a coisa.

CAPÍTULO VI
DA USURPAÇÃO

Alteração de limites

Art. 257. Suprimir ou deslocar tapume, marco ou qualquer outro sinal indicativo de linha divisória, para apropriar-se, no todo ou em parte, de coisa imóvel sob administração militar:

Pena - Detenção, até seis meses.

§ 1º Na mesma pena incorre quem:

Usurpação de águas

I - desvia ou represa, em proveito próprio ou de outrem, águas sob administração militar;

Invasão de propriedade

II - invade, com violência à pessoa ou à coisa, ou com grave ameaça, ou mediante concurso de duas ou mais pessoas, terreno ou edifício sob administração militar.

Pena correspondente à violência

§ 2º Quando há emprego de violência, fica ressalvada a pena a esta correspondente.

Aposição, supressão ou alteração de marca

Art. 258. Apor, suprimir ou alterar, indevidamente, em gado ou rebanho alheio, sob guarda ou administração militar, marca ou sinal indicativo de propriedade:

Pena - Detenção, de seis meses a três anos.

CAPÍTULO VII
DO DANO

Dano simples

Art. 259. Destruir, inutilizar, deteriorar ou fazer desaparecer coisa alheia:

Pena - Detenção, até seis meses.

Parágrafo único. Se se trata de bem público:

Pena - Detenção, de seis meses a três anos.

Dano atenuado

Art. 260. Nos casos do artigo anterior, se o criminoso é primário e a coisa é de valor não excedente a um décimo do salário-mínimo, o juiz pode atenuar a pena, ou considerar a infração como disciplinar.

Parágrafo único. O benefício previsto no artigo é igualmente aplicável se, dentro das condições nele estabelecidas, o criminoso repara o dano causado antes de instaurada a ação penal.

Dano qualificado

Art. 261. Se o dano é cometido:

I - com violência à pessoa ou grave ameaça;

II - com emprego de substância inflamável ou explosiva, se o fato não constitui crime mais grave;

III - por motivo egoístico ou com prejuízo considerável:

Pena - Reclusão, até quatro anos, além da pena correspondente à violência.

Dano em material ou aparelhamento de guerra

Art. 262. Praticar dano em material ou aparelhamento de guerra ou de utilidade militar, ainda que em construção ou fabricação, ou em efeitos recolhidos a depósito, pertencentes ou não às forças armadas:

▸ arts. 266; 383 deste Código.

Pena - Reclusão, até seis anos.

Dano em navio de guerra ou mercante em serviço militar

Art. 263. Causar a perda, destruição, inutilização, encalhe, colisão ou alagamento de navio de guerra ou de navio mercante em serviço militar, ou nele causar avaria:

▸ art. 266; 383 deste Código.

Pena - Reclusão, de três a dez anos.

§ 1º Se resulta lesão grave, a pena correspondente é aumentada da metade; se resulta a morte, é aplicada em dobro.

§ 2º Se, para a prática do dano previsto no artigo, usou o agente de violência contra a pessoa, ser-lhe-á aplicada igualmente a pena a ela correspondente.

Dano em aparelhos e instalações de aviação e navais, e em estabelecimentos militares

Art. 264. Praticar dano:

I - em aeronave, hangar, depósito, pista ou instalações de campo de aviação, engenho de guerra motomecanizado, viatura em comboio militar, arsenal, dique, doca, armazém, quartel, alojamento ou em qualquer outra instalação militar;

II - em estabelecimento militar sob regime industrial, ou centro industrial a serviço de construção ou fabricação militar:

Pena - Reclusão, de dois a dez anos.

▸ art. 266; 383 deste Código.

Parágrafo único. Aplica-se o disposto nos parágrafos do artigo anterior.

Desaparecimento, consunção ou extravio

Art. 265. Fazer desaparecer, consumir ou extraviar combustível, armamento, munição, peças de equipamento de navio ou de aeronave ou de engenho de guerra motomecanizado:

Pena - Reclusão, até três anos, se o fato não constitui crime mais grave.

Modalidades culposas

Art. 266. Se o crime dos arts. 262, 263, 264 e 265 é culposo, a pena é de detenção de seis meses a dois anos; ou, se o agente é oficial, suspensão do exercício do posto de um a três anos, ou reforma; se resulta lesão corporal ou morte, aplica-se também a pena cominada ao crime culposo contra a pessoa, podendo ainda, se o agente é oficial, ser imposta a pena de reforma.

CAPÍTULO VIII
DA USURA

Usura pecuniária

Art. 267. Obter ou estipular, para si ou para outrem, no contrato de mútuo de dinheiro, abusando da premente necessidade, inexperiência ou leviandade do mutuário, juro que excede a taxa fixada em lei, regulamento ou ato oficial:

Pena - Detenção, de seis meses a dois anos.

Casos assimilados

§ 1º Na mesma pena incorre quem, em repartição ou local sob administração militar, recebe vencimento ou provento de outrem, ou permite que estes sejam recebidos, auferindo ou permitindo que outrem aufira proveito cujo valor excede a taxa de três por cento

Agravação de pena

§ 2º A pena é agravada, se o crime é cometido por superior ou por funcionário em razão da função.

TÍTULO VI
DOS CRIMES CONTRA A INCOLUMIDADE PÚBLICA

CAPÍTULO I
DOS CRIMES DE PERIGO COMUM

Incêndio

Art. 268. Causar incêndio em lugar sujeito à administração militar, expondo a perigo a vida, a integridade física ou o patrimônio de outrem:

Pena - Reclusão, de três a oito anos.

▸ art. 386 deste Código.

Agravação de pena

§ 1º A pena é agravada:

I - se o crime é cometido com intuito de obter vantagem pecuniária para si ou para outrem;

II - se o incêndio é:

a) em casa habitada ou destinada a habitação;

CPM

b) em edifício público ou qualquer construção destinada a uso público ou a obra de assistência social ou de cultura;

c) em navio, aeronave, comboio ou veículo de transporte coletivo;

d) em estação ferroviária, rodoviária, aeródromo ou construção portuária;

e) em estaleiro, fábrica ou oficina;

f) em depósito de explosivo, combustível ou inflamável;

g) em poço petrolífero ou galeria de mineração;

h) em lavoura, pastagem, mata ou floresta.

Incêndio culposo

§ 2º Se culposo o incêndio:

Pena - Detenção, de seis meses a dois anos.

Explosão

Art. 269. Causar ou tentar causar explosão, em lugar sujeito à administração militar, expondo a perigo a vida, a integridade ou o patrimônio de outrem:

- art. 386 deste Código.

Pena - Reclusão, até quatro anos.

Forma qualificada

§ 1º Se a substância utilizada é dinamite ou outra de efeitos análogos:

Pena - Reclusão, de três a oito anos.

Agravação de pena

§ 2º A pena é agravada se ocorre qualquer das hipóteses previstas no § 1º, n. I, do artigo anterior, ou é visada ou atingida qualquer das coisas enumeradas no n. II do mesmo parágrafo.

§ 3º Se a explosão é causada pelo desencadeamento de energia nuclear:

Pena - Reclusão, de cinco a vinte anos.

Modalidade culposa

§ 4º No caso de culpa, se a explosão é causada por dinamite ou substância de efeitos análogos, a pena é detenção, de seis meses a dois anos; se é causada pelo desencadeamento de energia nuclear, detenção de três a dez anos; nos demais casos, detenção de três meses a um ano.

Emprego de gás tóxico ou asfixiante

Art. 270. Expor a perigo a vida, a integridade física ou o patrimônio de outrem, em lugar sujeito à administração militar, usando de gás tóxico ou asfixiante ou prejudicial de qualquer modo à incolumidade da pessoa ou da coisa:

- art. 386 deste Código.

Pena - Reclusão, até cinco anos.

Modalidade culposa

Parágrafo único. Se o crime é culposo:

Pena - Detenção, de seis meses a dois anos.

Abuso de radiação

Art. 271. Expor a perigo a vida ou a integridade física de outrem, em lugar sujeito à administração militar, pelo abuso de radiação ionizante ou de substância radioativa:

- art. 386 deste Código.

Pena - Reclusão, até quatro anos.

Modalidade culposa

Parágrafo único. Se o crime é culposo:

Pena - Detenção, de seis meses a dois anos.

Inundação

Art. 272. Causar inundação, em lugar sujeito à administração militar, expondo a perigo a vida, a integridade física ou o patrimônio de outrem:

- art. 386 deste Código.

Pena - Reclusão, de três a oito anos.

Modalidade culposa

Parágrafo único. Se o crime é culposo:

Pena - Detenção, de seis meses a dois anos.

Perigo de inundação

Art. 273. Remover, destruir ou inutilizar obstáculo natural ou obra destinada a impedir inundação, expondo a perigo a vida, a integridade física ou o patrimônio de outrem, em lugar sujeito à administração militar:

- art. 386 deste Código.

Pena - Reclusão, de dois a quatro anos.

Desabamento ou desmoronamento

Art. 274. Causar desabamento ou desmoronamento, em lugar sujeito à administração militar, expondo a perigo a vida, a integridade física ou o patrimônio de outrem:

- art. 386 deste Código.

Pena - Reclusão, até cinco anos.

Modalidade culposa

Parágrafo único. Se o crime é culposo:

Pena - Detenção, de seis meses a dois anos.

Subtração, ocultação ou inutilização de material de socorro

Art. 275. Subtrair, ocultar ou inutilizar, por ocasião de incêndio, inundação, naufrágio ou outro desastre ou calamidade, aparelho, material ou qualquer meio destinado a serviço de combate ao perigo, de socorro ou salvamento; ou impedir ou dificultar serviço de tal natureza:

- art. 386 deste Código.

Pena - Reclusão, de três a seis anos.

Fatos que expõem a perigo aparelhamento militar

Art. 276. Praticar qualquer dos fatos previstos nos artigos anteriores deste capítulo, expondo a perigo, embora em lugar não sujeito à administração militar navio, aeronave, material ou engenho de guerra motomecanizado ou não, ainda que em construção ou fabricação, destinados às forças armadas, ou instalações especialmente a serviço delas:

- art. 386 deste Código.

Pena - Reclusão de dois a seis anos.

Modalidade culposa

Parágrafo único. Se o crime é culposo:

Pena - Detenção, de seis meses a dois anos.

Formas qualificadas pelo resultado

Art. 277. Se do crime doloso de perigo comum resulta, além da vontade do agente, lesão grave, a pena é aumentada de metade; se resulta morte, é aplicada em dobro. No caso de culpa, se do fato resulta lesão corporal, a pena aumenta-se de metade; se resulta morte, aplica-se a pena cominada ao homicídio culposo, aumentada de um terço.

- art. 285 deste Código.

Difusão de epizootia ou praga vegetal

Art. 278. Difundir doença ou praga que possa causar dano a floresta, plantação, pastagem ou animais de utilidade econômica ou militar, em lugar sob administração militar:

- art. 386 deste Código.
- art. 61, Lei 9.605/1998 (Lei dos Crimes Ambientais).

Pena - Reclusão, até três anos.

Modalidade culposa

Parágrafo único. No caso de culpa, a pena é de detenção, até seis meses.

Embriaguez ao volante

Art. 279. Dirigir veículo motorizado, sob administração militar na via pública, encontrando-se em estado de embriaguez, por bebida alcoólica, ou qualquer outro inebriante:

Pena - Detenção, de três meses a um ano.

- art. 386 deste Código.
- art. 306, CTB.

Perigo resultante de violação de regra de trânsito

Art. 280. Violar regra de regulamento de trânsito, dirigindo veículo sob administração militar, expondo a efetivo e grave perigo a incolumidade de outrem:

Pena - Detenção, até seis meses.

Fuga após acidente de trânsito

Art. 281. Causar, na direção de veículo motorizado, sob administração militar, ainda que sem culpa, acidente de trânsito, de que resulte dano pessoal, e, em seguida, afastar-se do local, sem prestar socorro à vítima que dele necessite:

Pena - Detenção, de seis meses a um ano, sem prejuízo das cominadas nos arts. 206 e 210.

Isenção de prisão em flagrante

Parágrafo único. Se o agente se abstém de fugir e, na medida que as circunstâncias o permitam, presta ou providencia para que seja prestado socorro à vítima, fica isento de prisão em flagrante.

CAPÍTULO II
DOS CRIMES CONTRA OS MEIOS DE TRANSPORTE E DE COMUNICAÇÃO

Perigo de desastre ferroviário

Art. 282. Impedir ou perturbar serviço de estrada de ferro, sob administração ou requisição militar emanada de ordem legal:

I - danificando ou desarranjando, total ou parcialmente, linha férrea, material rodante ou de tração, obra de arte ou instalação;

II - colocando obstáculo na linha;

III - transmitindo falso aviso acerca do movimento dos veículos, ou interrompendo ou embaraçando o funcionamento dos meios de comunicação;

IV - praticando qualquer outro ato de que possa resultar desastre:

Pena - Reclusão, de dois a cinco anos.

› arts. 277; 285 deste Código.

Desastre efetivo

§ 1º Se do fato resulta desastre:

Pena - Reclusão, de quatro a doze anos.

§ 2º Se o agente quis causar o desastre ou assumiu o risco de produzi-lo:

Pena - Reclusão, de quatro a quinze anos.

Modalidade culposa

§ 3º No caso de culpa, ocorrendo desastre:

Pena - Detenção, de seis meses a dois anos.

Conceito de "estrada de ferro"

§ 4º Para os efeitos deste artigo, entende-se por "estrada de ferro" qualquer via de comunicação em que circulem veículos de tração mecânica, em trilhos ou por meio de cabo aéreo.

Atentado contra transporte

Art. 283. Expor a perigo aeronave, ou navio próprio ou alheio, sob guarda, proteção ou requisição militar emanada de ordem legal, ou em lugar sujeito à administração militar, bem como praticar qualquer ato tendente a impedir ou dificultar navegação aérea, marítima, fluvial ou lacustre sob administração, guarda ou proteção militar:

Pena - Reclusão, de dois a cinco anos.

› arts. 277; 285 deste Código.

Superveniência de sinistro

§ 1º Se do fato resulta naufrágio, submersão ou encalhe do navio, ou a queda ou destruição da aeronave:

Pena - Reclusão, de quatro a doze anos.

Modalidade culposa

§ 2º No caso de culpa, se ocorre o sinistro:

Pena - Detenção, de seis meses a dois anos.

Atentado contra viatura ou outro meio de transporte

Art. 284. Expor a perigo viatura ou outro meio de transporte militar, ou sob guarda, proteção ou requisição militar emanada de ordem legal, impedir-lhe ou dificultar-lhe o funcionamento:

Pena - Reclusão, até três anos.

› arts. 277; 285 deste Código.

Desastre efetivo

§ 1º Se do fato resulta desastre, a pena é reclusão de dois a cinco anos.

Modalidade culposa

§ 2º No caso de culpa, se ocorre desastre:

Pena - Detenção, até um ano.

Formas qualificadas pelo resultado

Art. 285. Se de qualquer dos crimes previstos nos arts. 282 a 284, no caso de desastre ou sinistro, resulta morte de alguém, aplica-se o disposto no art. 277.

Arremesso de projétil

Art. 286. Arremessar projétil contra veículo militar, em movimento, destinado a transporte por terra, por água ou pelo ar:

Pena - Detenção, até seis meses.

Forma qualificada pelo resultado

Parágrafo único. Se do fato resulta lesão corporal, a pena é de detenção, de seis meses a dois anos; se resulta morte, a pena é a do homicídio culposo, aumentada de um terço.

Atentado contra serviço de utilidade militar

Art. 287. Atentar contra a segurança ou o funcionamento de serviço de água, luz, força ou acesso, ou qualquer outro de utilidade, em edifício ou outro lugar sujeito à administração militar:

Pena - Reclusão, até cinco anos.

Parágrafo único. Aumentar-se-á a pena de um terço até metade, se o dano ocorrer em virtude de subtração de material essencial ao funcionamento do serviço.

Interrupção ou perturbação de serviço ou meio de comunicação

Art. 288. Interromper, perturbar ou dificultar serviço telegráfico, telefônico, telemétrico, de televisão, telepercepção, sinalização ou outro meio de comunicação militar; ou impedir ou dificultar a sua instalação em lugar sujeito à administração militar, ou desde que para esta seja de interesse qualquer daqueles serviços ou meios:

Pena - Detenção, de um a três anos.

Aumento de pena

Art. 289. Nos crimes previstos neste capítulo, a pena será agravada, se forem cometidos em ocasião de calamidade pública.

CAPÍTULO III
DOS CRIMES CONTRA A SAÚDE

Tráfico, posse ou uso de entorpecente ou substância de efeito similar

Art. 290. Receber, preparar, produzir, vender, fornecer, ainda que gratuitamente, ter em depósito, transportar, trazer consigo, ainda que para uso próprio, guardar, ministrar ou entregar de qualquer forma a consumo substância entorpecente, ou que determine dependência física ou psíquica, em lugar sujeito à administração militar, sem autorização ou em desacordo com determinação legal ou regulamentar:

Pena - Reclusão, até cinco anos.

Casos assimilados

§ 1º Na mesma pena incorre, ainda que o fato incriminado ocorra em lugar não sujeito à administração militar:

I - o militar que fornece, de qualquer forma, substância entorpecente ou que determine dependência física ou psíquica a outro militar;

II - o militar que, em serviço ou em missão de natureza militar, no país ou no estrangeiro, pratica qualquer dos fatos especificados no artigo;

III - quem fornece, ministra ou entrega, de qualquer forma, substância entorpecente ou que determine dependência física ou psíquica a militar em serviço, ou em manobras ou exercício.

Forma qualificada

§ 2º Se o agente é farmacêutico, médico, dentista ou veterinário:

Pena - Reclusão, de dois a oito anos.

Receita ilegal

Art. 291. Prescrever o médico ou dentista militar, ou aviar o farmacêutico militar receita, ou fornecer substância entorpecente ou que determine dependência física ou psíquica, fora dos casos indicados pela terapêutica, ou em dose evidentemente maior que a necessária, ou com infração de preceito legal ou regulamentar, para uso de militar, ou para entrega a este; ou para qualquer fim, a qualquer pessoa, em consultório, gabinete, farmácia, laboratório ou lugar, sujeitos à administração militar:

Pena - Detenção, de seis meses a dois anos.

Casos assimilados

Parágrafo único. Na mesma pena incorre:

I - o militar ou funcionário que, tendo sob sua guarda ou cuidado substância entorpecente ou que determine dependência física ou psíquica, em farmácia, laboratório, consultório, gabinete ou depósito militar, dela lança mão para uso próprio ou de outrem, ou para destino que não seja lícito ou regular;

II - quem subtrai substância entorpecente ou que determine dependência física ou psíquica, ou dela se apropria, em lugar sujeito à administração militar, sem prejuízo da pena decorrente da subtração ou apropriação indébita;

III - quem induz ou instiga militar em serviço ou em manobras ou exercício a usar substância entorpecente ou que determine dependência física ou psíquica;

IV - quem contribui, de qualquer forma, para incentivar ou difundir o uso de substância entorpecente ou que determine dependência física ou psíquica, em quartéis, navios, arsenais, estabelecimentos industriais, alojamentos, escolas, colégios ou outros quaisquer estabelecimentos ou lugares sujeitos à administração militar, bem como entre militares que estejam em serviço, ou o desempenhem em missão para a qual tenham recebido ordem superior ou tenham sido legalmente requisitados.

› arts. 88, II, b, deste Código.

› art. 617, II, b, CPPM.

Epidemia

Art. 292. Causar epidemia, em lugar sujeito à administração militar, mediante propagação de germes patogênicos:

Pena - Reclusão, de cinco a quinze anos.

Forma qualificada

§ 1º Se do fato resulta morte, a pena é aplicada em dobro.

Modalidade culposa

§ 2º No caso de culpa, a pena é de detenção, de um a dois anos, ou, se resulta morte, de dois a quatro anos.

Envenenamento com perigo extensivo

Art. 293. Envenenar água potável ou substância alimentícia ou medicinal, expondo a perigo a saúde de militares em manobras ou exercício, ou de indefinido número de pessoas, em lugar sujeito à administração militar:

Pena - Reclusão, de cinco a quinze anos.

Caso assimilado

§ 1º Está sujeito à mesma pena quem, em lugar sujeito à administração militar, entrega a consumo, ou tem em depósito, para o fim de ser distribuída, água ou substância envenenada.

Forma qualificada

§ 2º Se resulta a morte de alguém:

Pena - Reclusão, de quinze a trinta anos.

Modalidade culposa

§ 3º Se o crime é culposo, a pena é de detenção, de seis meses a dois anos; ou, se resulta a morte, de dois a quatro anos.

Corrupção ou poluição de água potável

Art. 294. Corromper ou poluir água potável de uso de quartel, fortaleza, unidade, navio, aeronave ou estabelecimento militar, ou de tropa em manobras ou exercício, tornando-a imprópria para consumo ou nociva à saúde:

Pena - Reclusão, de dois a cinco anos.

Modalidade culposa

Parágrafo único. Se o crime é culposo:

Pena - Detenção, de dois meses a um ano.

Fornecimento de substância nociva

Art. 295. Fornecer às forças armadas substância alimentícia ou medicinal corrompida, adulterada ou falsificada, tornada, assim, nociva à saúde:

Pena - Reclusão, de dois a seis anos.

Modalidade culposa

Parágrafo único. Se o crime é culposo:

Pena - Detenção, de seis meses a dois anos.

Art. 296. Fornecer às forças armadas substância alimentícia ou medicinal alterada, reduzindo, assim, o seu valor nutritivo ou terapêutico:

Pena - Detenção, de seis meses a dois anos.

Modalidade culposa

Parágrafo único. Se o crime é culposo:

Pena - Detenção, até seis meses.

Omissão de notificação de doença

Art. 297. Deixar o médico militar, no exercício da função, de denunciar à autoridade pública doença cuja notificação é compulsória:

Pena - Detenção, de seis meses a dois anos.

TÍTULO VII
DOS CRIMES CONTRA A ADMINISTRAÇÃO MILITAR

CAPÍTULO I
DO DESACATO E DA DESOBEDIÊNCIA

Desacato a superior

Art. 298. Desacatar superior, ofendendo-lhe a dignidade ou o decoro, ou procurando deprimir-lhe a autoridade:

Pena - Reclusão, até quatro anos, se o fato não constitui crime mais grave.

Agravação de pena

Parágrafo único. A pena é agravada, se o superior é oficial general ou comandante da unidade a que pertence o agente.

Desacato a militar

Art. 299. Desacatar militar no exercício de função de natureza militar ou em razão dela:

Pena - Detenção, de seis meses a dois anos, se o fato não constitui outro crime.

- art. 270, p.u., b, CPPM.

Desacato a assemelhado ou funcionário

Art. 300. Desacatar assemelhado ou funcionário civil no exercício de função ou em razão dela, em lugar sujeito à administração militar:

Pena - Detenção, de seis meses a dois anos, se o fato não constitui outro crime.

Desobediência

Art. 301. Desobedecer a ordem legal de autoridade militar:

Pena - Detenção, até seis meses.

Ingresso clandestino

Art. 302. Penetrar em fortaleza, quartel, estabelecimento militar, navio, aeronave, hangar ou em outro lugar sujeito à administração militar, por onde seja defeso ou não haja passagem regular, ou iludindo a vigilância da sentinela ou de vigia:

Pena - Detenção, de seis meses a dois anos, se o fato não constitui crime mais grave.

- art. 270, p.u., b, CPPM.

CAPÍTULO II
DO PECULATO

Peculato

Art. 303. Apropriar-se de dinheiro, valor ou qualquer outro bem móvel, público ou particular, de que tem a posse ou detenção, em razão do cargo ou comissão, ou desviá-lo em proveito próprio ou alheio:

- art. 100 deste Código.

Pena - Reclusão, de três a quinze anos.

§ 1º A pena aumenta-se de um terço, se o objeto da apropriação ou desvio é de valor superior a vinte vezes o salário-mínimo.

Peculato-furto

§ 2º Aplica-se a mesma pena a quem, embora não tendo a posse ou detenção do dinheiro, valor ou bem, o subtrai, ou contribui para que seja subtraído, em proveito próprio ou alheio, valendo-se da facilidade que lhe proporciona a qualidade de militar ou de funcionário.

Peculato culposo

§ 3º Se o funcionário ou o militar contribui culposamente para que outrem subtraia ou desvie o dinheiro, valor ou bem, ou dele se aproprie:

Pena - Detenção, de três meses a um ano.

Extinção ou minoração da pena

§ 4º No caso do parágrafo anterior, a reparação do dano, se precede a sentença irrecorrível, extingue a punibilidade; se lhe é posterior, reduz de metade a pena imposta.

- art. 123, IV, deste Código.

Peculato mediante aproveitamento do erro de outrem

Art. 304. Apropriar-se de dinheiro ou qualquer utilidade que, no exercício do cargo ou comissão, recebeu por erro de outrem:

Pena - Reclusão, de dois a sete anos.

- art. 100 deste Código.

CAPÍTULO III
DA CONCUSSÃO, EXCESSO DE EXAÇÃO E DESVIO

Concussão

Art. 305. Exigir, para si ou para outrem, direta ou indiretamente, ainda que fora da função ou antes de assumi-la, mas em razão dela, vantagem indevida:

Pena - Reclusão, de dois a oito anos.

Excesso de exação

Art. 306. Exigir imposto, taxa ou emolumento que sabe indevido, ou, quando devido, empregar na cobrança meio vexatório ou gravoso, que a lei não autoriza:

Pena - Detenção, de seis meses a dois anos.

Desvio

Art. 307. Desviar, em proveito próprio ou de outrem, o que recebeu indevidamente, em razão do cargo ou função, para recolher aos cofres públicos:

Pena - Reclusão, de dois a doze anos.

CAPÍTULO IV
DA CORRUPÇÃO

Corrupção passiva

Art. 308. Receber, para si ou para outrem, direta ou indiretamente, ainda que fora da função, ou antes de assumi-la, mas em razão dela, vantagem indevida, ou aceitar promessa de tal vantagem:

Pena - Reclusão, de dois a oito anos.

Aumento de pena

§ 1º A pena é aumentada de um terço, se, em consequência da vantagem ou promessa, o agente retarda ou deixa de praticar qualquer ato de ofício ou o pratica infringindo dever funcional.

Diminuição de pena

§ 2º Se o agente pratica, deixa de praticar ou retarda o ato de ofício com infração de dever funcional, cedendo a pedido ou influência de outrem:

Pena - Detenção, de três meses a um ano.

Corrupção ativa

Art. 309. Dar, oferecer ou prometer dinheiro ou vantagem indevida para a prática, omissão ou retardamento de ato funcional:

Pena - Reclusão, até oito anos.

Aumento de pena

Parágrafo único. A pena é aumentada de um terço, se, em razão da vantagem, dádiva ou promessa, é retardado ou omitido o ato, ou praticado com infração de dever funcional.

Participação ilícita

Art. 310. Participar, de modo ostensivo ou simulado, diretamente ou por interposta pessoa, em contrato, fornecimento, ou concessão de qualquer serviço concernente à administração militar, sobre que deva informar ou exercer fiscalização em razão do ofício:

Pena - Reclusão, de dois a quatro anos.

Parágrafo único. Na mesma pena incorre quem adquire para si, direta ou indiretamente, ou por ato simulado, no todo ou em parte, bens ou efeitos em cuja administração, depósito, guarda, fiscalização ou exame, deve intervir em razão de seu emprego ou função, ou entra em especulação de lucro ou interesse, relativamente a esses bens ou efeitos.

CAPÍTULO V
DA FALSIDADE

Falsificação de documento

Art. 311. Falsificar, no todo ou em parte, documento público ou particular, ou alterar documento verdadeiro, desde que o fato atente contra a administração ou o serviço militar:

Pena - Sendo documento público, reclusão, de dois a seis anos; sendo documento particular, reclusão, até cinco anos.

‣ art. 100 deste Código.

Agravação da pena

§ 1º A pena é agravada se o agente é oficial ou exerce função em repartição militar.

Documento por equiparação

§ 2º Equipara-se a documento, para os efeitos penais, o disco fonográfico ou a fita ou fio de aparelho eletromagnético a que se incorpore declaração destinada à prova de fato juridicamente relevante.

Falsidade ideológica

Art. 312. Omitir, em documento público ou particular, declaração que dele devia constar, ou nele inserir ou fazer inserir declaração falsa ou diversa da que devia ser escrita, com o fim de prejudicar direito, criar obrigação ou alterar a verdade sobre fato juridicamente relevante, desde que o fato atente contra a administração ou o serviço militar:

Pena - Reclusão, até cinco anos, se o documento é público; reclusão, até três anos, se o documento é particular.

‣ art. 100 deste Código.

Cheque sem fundos

Art. 313. Emitir cheque sem suficiente provisão de fundos em poder do sacado, se a emissão é feita de militar em favor de militar, ou se o fato atenta contra a administração militar:

Pena - Reclusão, até cinco anos.

Circunstância irrelevante

§ 1º Salvo o caso do art. 245, é irrelevante ter sido o cheque emitido para servir como título ou garantia de dívida.

Atenuação de pena

§ 2º Ao crime previsto no artigo aplica-se o disposto nos §§ 1º e 2º do art. 240.

Certidão ou atestado ideologicamente falso

Art. 314. Atestar ou certificar falsamente, em razão de função, ou profissão, fato ou circunstância que habilite alguém a obter cargo, posto ou função, ou isenção de ônus ou de serviço, ou qualquer outra vantagem, desde que o fato atente contra a administração ou serviço militar:

Pena - Detenção, até dois anos.

Agravação de pena

Parágrafo único. A pena é agravada se o crime é praticado com o fim de lucro ou em prejuízo de terceiro.

Uso de documento falso

Art. 315. Fazer uso de qualquer dos documentos falsificados ou alterados por outrem, a que se referem os artigos anteriores:

Pena - A cominada à falsificação ou à alteração.

Supressão de documento

Art. 316. Destruir, suprimir ou ocultar, em benefício próprio ou de outrem, ou em prejuízo alheio, documento verdadeiro, de que não podia dispor, desde que o fato atente contra a administração ou o serviço militar:

Pena - Reclusão, de dois a seis anos, se o documento é público; reclusão, até cinco anos, se o documento é particular.

Uso de documento pessoal alheio

Art. 317. Usar, como próprio, documento de identidade alheia, ou de qualquer licença ou privilégio em favor de outrem, ou ceder a outrem documento próprio da mesma natureza, para que dele se utilize, desde que o fato atente contra a administração ou o serviço militar:

Pena - Detenção, até seis meses, se o fato não constitui elemento de crime mais grave.

Falsa identidade

Art. 318. Atribuir-se, ou a terceiro, perante a administração militar, falsa identidade, para obter vantagem em proveito próprio ou alheio, ou para causar dano a outrem:

Pena - Detenção, de três meses a um ano, se o fato não constitui crime mais grave.

CAPÍTULO VI
DOS CRIMES CONTRA O DEVER FUNCIONAL

Prevaricação

Art. 319. Retardar ou deixar de praticar, indevidamente, ato de ofício, ou praticá-lo contra expressa disposição de lei, para satisfazer interesse ou sentimento pessoal:

Pena - Detenção, de seis meses a dois anos.

Violação do dever funcional com o fim de lucro

Art. 320. Violar, em qualquer negócio de que tenha sido incumbido pela administração militar, seu dever funcional para obter especulativamente vantagem pessoal, para si ou para outrem:

Pena - Reclusão, de dois a oito anos.

Extravio, sonegação ou inutilização de livro ou documento

Art. 321. Extraviar livro oficial, ou qualquer documento, de que tem a guarda em razão do cargo, sonegá-lo ou inutilizá-lo, total ou parcialmente:

Pena - Reclusão, de dois a seis anos, se o fato não constitui crime mais grave.

Condescendência criminosa

Art. 322. Deixar de responsabilizar subordinado que comete infração no exercício do cargo, ou, quando lhe falte competência, não levar o fato ao conhecimento da autoridade competente:

Pena - Se o fato foi praticado por indulgência, detenção até seis meses; se por negligência, detenção até três meses.

Não inclusão de nome em lista

Art. 323. Deixar, no exercício de função, de incluir, por negligência, qualquer nome em relação ou lista para o efeito de alistamento ou de convocação militar:

Pena - Detenção, até seis meses.

Inobservância de lei, regulamento ou instrução

Art. 324. Deixar, no exercício de função, de observar lei, regulamento ou instrução, dando causa direta à prática de ato prejudicial à administração militar:

Pena - Se o fato foi praticado por tolerância, detenção até seis meses; se por negligência, suspensão do exercício do posto, graduação, cargo ou função, de três meses a um ano.

Violação ou divulgação indevida de correspondência ou comunicação

Art. 325. Devassar indevidamente o conteúdo de correspondência dirigida à administração militar, ou por esta expedida:

Pena - Detenção, de dois a seis meses, se o fato não constitui crime mais grave.

Parágrafo único. Na mesma pena incorre quem, ainda que não seja funcionário, mas desde que o fato atente contra a administração militar:

I - indevidamente se se apossa de correspondência, embora não fechada, e no todo ou em parte a sonega ou destrói;

II - indevidamente divulga, transmite a outrem, ou abusivamente utiliza comunicação de interesse militar;

III - impede a comunicação referida no número anterior.

Violação de sigilo funcional

Art. 326. Revelar fato de que tem ciência em razão do cargo ou função e que deva permanecer em segredo, ou facilitar-lhe a revelação, em prejuízo da administração militar:

Pena - Detenção, de seis meses a dois anos, se o fato não constitui crime mais grave.

Violação de sigilo de proposta de concorrência

Art. 327. Devassar o sigilo de proposta de concorrência de interesse da administração militar ou proporcionar a terceiro o ensejo de devassá-lo:

Pena - Detenção, de três meses a um ano.

Obstáculo à hasta pública, concorrência ou tomada de preços

Art. 328. Impedir, perturbar ou fraudar a realização de hasta pública, concorrência ou tomada de preços, de interesse da administração militar:

Pena - Detenção, de seis meses a dois anos.

Exercício funcional ilegal

Art. 329. Entrar no exercício de posto ou função militar, ou de cargo ou função em repartição militar, antes de satisfeitas as exigências legais, ou continuar o exercício, sem autorização, depois de saber que foi exonerado, ou afastado, legal e definitivamente, qualquer que seja o ato determinante do afastamento:

Pena - Detenção, até quatro meses, se o fato não constitui crime mais grave.

Abandono de cargo

Art. 330. Abandonar cargo público, em repartição ou estabelecimento militar:

Pena - Detenção, até dois meses.

Formas qualificadas

§ 1º Se do fato resulta prejuízo à administração militar:

Pena - Detenção, de três meses a um ano.

§ 2º Se o fato ocorre em lugar compreendido na faixa de fronteira:

Pena - Detenção, de um a três anos.

Aplicação ilegal de verba ou dinheiro

Art. 331. Dar às verbas ou ao dinheiro público aplicação diversa da estabelecida em lei:

Pena - Detenção, até seis meses.

Abuso de confiança ou boa-fé

Art. 332. Abusar da confiança ou boa-fé de militar, assemelhado ou funcionário, em serviço ou em razão deste, apresentando-lhe ou remetendo-lhe, para aprovação, recebimento, anuência ou aposição de visto, relação, nota, empenho de despesa, ordem ou folha de pagamento, comunicação, ofício ou qualquer outro documento, que sabe, ou deve saber, serem inexatos ou irregulares, desde que o fato atente contra a administração ou o serviço militar:

Pena - Detenção, de seis meses a dois anos, se o fato não constitui crime mais grave.

Forma qualificada

§ 1º A pena é agravada, se do fato decorre prejuízo material ou processo penal militar para a pessoa de cuja confiança ou boa-fé se abusou.

Modalidade culposa

§ 2º Se a apresentação ou remessa decorre de culpa:

Pena - Detenção, até seis meses.

Violência arbitrária

Art. 333. Praticar violência, em repartição ou estabelecimento militar, no exercício de função ou a pretexto de exercê-la:

Pena - Detenção, de seis meses a dois anos, além da correspondente à violência.

Patrocínio indébito

Art. 334. Patrocinar, direta ou indiretamente, interesse privado perante a administração militar, valendo-se da qualidade de funcionário ou de militar:

Pena - Detenção, até três meses.

Parágrafo único. Se o interesse é ilegítimo:

Pena - Detenção, de três meses a um ano.

CAPÍTULO VII
DOS CRIMES PRATICADOS POR PARTICULAR CONTRA A ADMINISTRAÇÃO MILITAR

Usurpação de função

Art. 335. Usurpar o exercício de função em repartição ou estabelecimento militar:

Pena - Detenção, de três meses a dois anos.

Tráfico de influência

Art. 336. Obter, para si ou para outrem, vantagem ou promessa de vantagem, a pretexto de influir em militar ou assemelhado ou funcionário de repartição militar, no exercício de função:

Pena - Reclusão, até cinco anos.

Aumento de pena

Parágrafo único. A pena é agravada, se o agente alega ou insinua que a vantagem é também destinada ao militar ou assemelhado, ou ao funcionário.

Subtração ou inutilização de livro, processo ou documento

Art. 337. Subtrair ou inutilizar, total ou parcialmente, livro oficial, processo ou qualquer documento, desde que o fato atente contra a administração ou o serviço militar:

Pena - Reclusão, de dois a cinco anos, se o fato não constitui crime mais grave.

Inutilização de edital ou de sinal oficial

Art. 338. Rasgar, ou de qualquer forma inutilizar ou conspurcar edital afixado por ordem da autoridade militar; violar ou inutilizar selo ou sinal empregado, por determinação legal ou ordem de autoridade militar, para identificar ou cerrar qualquer objeto:

Pena - Detenção, até um ano.

Impedimento, perturbação ou fraude de concorrência

Art. 339. Impedir, perturbar ou fraudar em prejuízo da Fazenda Nacional, concorrência, hasta pública ou tomada de preços ou outro qualquer processo administrativo para aquisição ou venda de coisas ou mercadorias de uso das forças armadas, seja elevando arbitrariamente os preços, auferindo lucro excedente a um quinto do valor da transação, seja alterando substância, qualidade ou quantidade da coisa ou mercadoria fornecida, seja impedindo a livre concorrência de outros fornecedores, ou por qualquer modo tornando mais onerosa a transação:

Pena - Detenção, de um a três anos.

§ 1º Na mesma pena incorre o intermediário na transação.

§ 2º É aumentada a pena de um terço, se o crime ocorre em período de grave crise econômica.

TÍTULO VIII
DOS CRIMES CONTRA A ADMINISTRAÇÃO DA JUSTIÇA MILITAR

Recusa de função na Justiça Militar

Art. 340. Recusar o militar ou assemelhado exercer, sem motivo legal, função que lhe seja atribuída na administração da Justiça Militar:

Pena - Suspensão do exercício do posto ou cargo, de dois a seis meses.

Desacato

Art. 341. Desacatar autoridade judiciária militar no exercício da função ou em razão dela:

Pena - Reclusão, até quatro anos.

Coação

Art. 342. Usar de violência ou grave ameaça, com o fim de favorecer interesse próprio ou alheio, contra autoridade, parte, ou qualquer outra pessoa que funciona, ou é chamada a intervir em inquérito policial, processo administrativo ou judicial militar:

Pena - Reclusão, até quatro anos, além da pena correspondente à violência.

Denunciação caluniosa

Art. 343. Dar causa à instauração de inquérito policial ou processo judicial militar contra alguém, imputando-lhe crime sujeito à jurisdição militar, de que o sabe inocente:

Pena - Reclusão, de dois a oito anos.

Agravação de pena

Parágrafo único. A pena é agravada, se o agente se serve do anonimato ou de nome suposto.

Comunicação falsa de crime

Art. 344. Provocar a ação da autoridade, comunicando-lhe a ocorrência de crime sujeito à jurisdição militar, que sabe não se ter verificado:

Pena - Detenção, até seis meses.

Autoacusação falsa

Art. 345. Acusar-se, perante a autoridade, de crime sujeito à jurisdição militar, inexistente ou praticado por outrem:

Pena - Detenção, de três meses a um ano.

Falso testemunho ou falsa perícia

Art. 346. Fazer afirmação falsa, ou negar ou calar a verdade, como testemunha, perito, tradutor ou intérprete, em inquérito policial, processo administrativo ou judicial, militar:

Pena - Reclusão, de dois a seis anos.

Aumento de pena

§ 1º A pena aumenta-se de um terço, se o crime é praticado mediante suborno.

Retratação

§ 2º O fato deixa de ser punível, se, antes da sentença o agente se retrata ou declara a verdade.

Corrupção ativa de testemunha, perito ou intérprete

Art. 347. Dar, oferecer ou prometer dinheiro ou qualquer outra vantagem a testemunha, perito, tradutor ou intérprete, para fazer afirmação falsa, negar ou calar a verdade em depoimento, perícia, tradução ou interpretação, em inquérito policial, processo administrativo ou judicial, militar, ainda que a oferta não seja aceita:

Pena - Reclusão, de dois a oito anos.

Publicidade opressiva

Art. 348. Fazer pela imprensa, rádio ou televisão, antes da intercorrência de decisão definitiva em processo penal militar, comentário tendente a exercer pressão sobre declaração de testemunha ou laudo de perito:

Pena - Detenção, até seis meses.

Desobediência a decisão judicial

Art. 349. Deixar, sem justa causa, de cumprir decisão da Justiça Militar, ou retardar ou fraudar o seu cumprimento:

Pena - Detenção, de três meses a um ano.

§ 1º No caso de transgressão dos arts. 116, 117 e 118, a pena será cumprida sem prejuízo da execução da medida de segurança.

§ 2º Nos casos do art. 118 e seus §§ 1º e 2º, a pena pela desobediência é aplicada ao representante, ou representantes legais, do estabelecimento, sociedade ou associação.

Favorecimento pessoal

Art. 350. Auxiliar a subtrair-se à ação da autoridade autor de crime militar, a que é cominada pena de morte ou reclusão:

Pena - Detenção, até seis meses.

Diminuição de pena

§ 1º Se ao crime é cominada pena de detenção ou impedimento, suspensão ou reforma:

Pena - Detenção, até três meses.

Isenção de pena

§ 2º Se quem presta o auxílio é ascendente, descendente, cônjuge ou irmão do criminoso, fica isento da pena.

Favorecimento real

Art. 351. Prestar a criminoso, fora dos casos de coautoria ou de receptação, auxílio destinado a tornar seguro o proveito do crime:

Pena - Detenção, de três meses a um ano.

Inutilização, sonegação ou descaminho de material probante

Art. 352. Inutilizar, total ou parcialmente, sonegar ou dar descaminho a autos, documento ou objeto de valor probante, que tem sob guarda ou recebe para exame:

Pena - Detenção, de seis meses a três anos, se o fato não constitui crime mais grave.

Modalidade culposa

Parágrafo único. Se a inutilização ou o descaminho resulta de ação ou omissão culposa:

Pena - Detenção, até seis meses.

- art. 488, CPPM.

Exploração de prestígio

Art. 353. Solicitar ou receber dinheiro ou qualquer outra utilidade, a pretexto de influir em juiz, órgão do Ministério Público, funcionário de justiça, perito, tradutor, intérprete ou testemunha, na Justiça Militar:

Pena - Reclusão, até cinco anos.

Aumento de pena

Parágrafo único. A pena é aumentada de um terço, se o agente alega ou insinua que o dinheiro ou utilidade também se destina a qualquer das pessoas referidas no artigo.

Desobediência a decisão sobre perda ou suspensão de atividade ou direito

Art. 354. Exercer função, atividade, direito, autoridade ou múnus, de que foi suspenso ou privado por decisão da Justiça Militar:

Pena - Detenção, de três meses a dois anos.

LIVRO II
DOS CRIMES MILITARES EM TEMPO DE GUERRA

TÍTULO I
DO FAVORECIMENTO AO INIMIGO

CAPÍTULO I
DA TRAIÇÃO

Traição

Art. 355. Tomar o nacional armas contra o Brasil ou Estado aliado, ou prestar serviço nas forças armadas de nação em guerra contra o Brasil:

Pena - Morte, grau máximo; reclusão, de vinte anos, grau mínimo.

Favor ao inimigo

Art. 356. Favorecer ou tentar o nacional favorecer o inimigo, prejudicar ou tentar prejudicar o bom êxito das operações militares, comprometer ou tentar comprometer a eficiência militar:

I - empreendendo ou deixando de empreender ação militar;

II - entregando ao inimigo ou expondo a perigo dessa consequência navio, aeronave, força ou posição, engenho de guerra motomecanizado, provisões ou qualquer outro elemento de ação militar;

III - perdendo, destruindo, inutilizando, deteriorando ou expondo a perigo de perda, destruição, inutilização ou deterioração, navio, aeronave, engenho de guerra motomecanizado, provisões ou qualquer outro elemento de ação militar;

IV - sacrificando ou expondo a perigo de sacrifício força militar;

V - abandonando posição ou deixando de cumprir missão ou ordem:

Pena - Morte, grau máximo; reclusão, de vinte anos, grau mínimo.

- art. 362 deste Código.

Tentativa contra a soberania do Brasil

Art. 357. Praticar o nacional o crime definido no art. 142:

Pena - Morte, grau máximo; reclusão, de vinte anos, grau mínimo.

- art. 362 deste Código.

Coação a comandante

Art. 358. Entrar o nacional em conluio, usar de violência ou ameaça, provocar tumulto ou desordem com o fim de obrigar o comandante a não empreender ou a cessar ação militar, a recuar ou render-se:

Pena - Morte, grau máximo; reclusão, de vinte anos, grau mínimo.

- art. 362 deste Código.

Informação ou auxílio ao inimigo

Art. 359. Prestar o nacional ao inimigo informação ou auxílio que lhe possa facilitar a ação militar:

Pena - Morte, grau máximo; reclusão, de vinte anos, grau mínimo.

- art. 362 deste Código.

Aliciação de militar

Art. 360. Aliciar o nacional algum militar a passar-se para o inimigo ou prestar-lhe auxílio para esse fim:

- art. 362 deste Código.

Pena - Morte, grau máximo; reclusão, de vinte anos, grau mínimo.

Ato prejudicial à eficiência da tropa

Art. 361. Provocar o nacional, em presença do inimigo, a debandada de tropa, ou guarnição, impedir a reunião de uma ou outra ou causar alarme, com o fim de nelas produzir confusão, desalento ou desordem:

- art. 362 deste Código.

Pena - Morte, grau máximo; reclusão, de vinte anos, grau mínimo.

CAPÍTULO II
DA TRAIÇÃO IMPRÓPRIA

Traição imprópria

Art. 362. Praticar o estrangeiro os crimes previstos nos arts. 356, n. I, primeira parte, II, III e IV, 357 a 361:

Pena - Morte, grau máximo; reclusão, de dez anos, grau mínimo.

CAPÍTULO III
DA COBARDIA

Cobardia

Art. 363. Subtrair-se ou tentar subtrair-se o militar, por temor, em presença do inimigo, ao cumprimento do dever militar:

Pena - Reclusão, de dois a oito anos.

Cobardia qualificada

Art. 364. Provocar o militar, por temor, em presença do inimigo, a debandada de tropa ou guarnição; impedir a reunião de uma ou outra, ou causar alarme com o fim de nelas produzir confusão, desalento ou desordem:

Pena - Morte, grau máximo; reclusão, de vinte anos, grau mínimo.

Fuga em presença do inimigo

Art. 365. Fugir o militar, ou incitar à fuga, em presença do inimigo:

Pena - Morte, grau máximo; reclusão, de vinte anos, grau mínimo.

CAPÍTULO IV
DA ESPIONAGEM

Espionagem

Art. 366. Praticar qualquer dos crimes previstos nos arts. 143 e seu § 1º, 144 e seus §§ 1º e 2º, e 146, em favor do inimigo ou comprometendo a preparação, a eficiência ou as operações militares:

Pena - Morte, grau máximo; reclusão, de vinte anos, grau mínimo.

Caso de concurso

Parágrafo único. No caso de concurso por culpa, para execução do crime previsto no art. 143, § 2º, ou de revelação culposa (art. 144, § 3º):

Pena - Reclusão, de três a seis anos.

Penetração de estrangeiro

Art. 367. Entrar o estrangeiro em território nacional, ou insinuar, se em força ou unidade em operações de guerra, ainda que fora do território nacional, a fim de colher documento, notícia ou informação de caráter militar, em benefício do inimigo, ou em prejuízo daquelas operações:

Pena - Reclusão, de dez a vinte anos, se o fato não constitui crime mais grave.

CAPÍTULO V
DO MOTIM E DA REVOLTA

Motim, revolta ou conspiração

Art. 368. Praticar qualquer dos crimes definidos nos arts. 149 e seu parágrafo único, e 152:

Pena - Aos cabeças, morte, grau máximo; reclusão, de quinze anos, grau mínimo. Aos coautores, reclusão, de dez a trinta anos.

Forma qualificada

Parágrafo único. Se o fato é praticado em presença do inimigo:

Pena - Aos cabeças, morte, grau máximo; reclusão, de vinte anos, grau mínimo. Aos coautores, morte, grau máximo; reclusão, de quinze anos, grau mínimo.

Omissão de lealdade militar

Art. 369. Praticar o crime previsto no artigo 151:

Pena - Reclusão, de quatro a doze anos.

CAPÍTULO VI
DO INCITAMENTO

Incitamento

Art. 370. Incitar militar à desobediência, à indisciplina ou à prática de crime militar:

Pena - Reclusão, de três a dez anos.

Parágrafo único. Na mesma pena incorre quem introduz, afixa ou distribui, em lugar sujeito à administração militar, impressos, manuscritos ou material mimeografado, fotocopiado ou gravado, em que se contenha incitamento à prática dos atos previstos no artigo.

Incitamento em presença do inimigo

Art. 371. Praticar qualquer dos crimes previstos no art. 370 e seu parágrafo, em presença do inimigo:

Pena - Morte, grau máximo; reclusão, de dez anos, grau mínimo.

CAPÍTULO VII
DA INOBSERVÂNCIA DO DEVER MILITAR

Rendição ou capitulação

Art. 372. Render-se o comandante, sem ter esgotado os recursos extremos de ação militar; ou, em caso de capitulação, não se conduzir de acordo com o dever militar:

Pena - Morte, grau máximo; reclusão, de vinte anos, grau mínimo.

Omissão de vigilância

Art. 373. Deixar-se o comandante surpreender pelo inimigo:

Pena - Detenção, de um a três anos, se o fato não constitui crime mais grave.

Resultado mais grave

Parágrafo único. Se o fato compromete as operações militares:

Pena - Reclusão, de cinco a vinte anos, se o fato não constitui crime mais grave.

Descumprimento do dever militar

Art. 374. Deixar, em presença do inimigo, de conduzir-se de acordo com o dever militar:

Pena - Reclusão, até cinco anos, se o fato não constitui crime mais grave.

Falta de cumprimento de ordem

Art. 375. Dar causa, por falta de cumprimento de ordem, à ação militar do inimigo:

Pena - Reclusão, de dois a oito anos.

Resultado mais grave

Parágrafo único. Se o fato expõe a perigo força, posição ou outros elementos de ação militar:

Pena - Morte, grau máximo; reclusão, de vinte anos, grau mínimo.

Entrega ou abandono culposo

Art. 376. Dar causa, por culpa, ao abandono ou à entrega ao inimigo de posição, navio, aeronave, engenho de guerra, provisões, ou qualquer outro elemento de ação militar:

Pena - Reclusão, de dez a trinta anos.

Captura ou sacrifício culposo

Art. 377. Dar causa, por culpa, ao sacrifício ou captura de força sob o seu comando:

Pena - Reclusão, de dez a trinta anos.

Separação reprovável

Art. 378. Separar o comandante, em caso de capitulação, a sorte própria da dos oficiais e praças:

Pena - Morte, grau máximo; reclusão, de vinte anos, grau mínimo.

Abandono de comboio

Art. 379. Abandonar comboio, cuja escolta lhe tenha sido confiada:

Pena - Reclusão, de dois a oito anos.

Resultado mais grave

§ 1º Se do fato resulta avaria grave, ou perda total ou parcial do comboio:

Pena - Morte, grau máximo; reclusão, de vinte anos, grau mínimo.

Modalidade culposa

§ 2º Separar-se, por culpa, do comboio ou da escolta:

Pena - Reclusão, até quatro anos, se o fato não constitui crime mais grave.

Caso assimilado

§ 3º Nas mesmas penas incorre quem, de igual forma, abandona material de guerra, cuja guarda lhe tenha sido confiada.

Separação culposa de comando

Art. 380. Permanecer o oficial, por culpa, separado do comando superior:

Pena - Reclusão, até quatro anos, se o fato não constitui crime mais grave.

Tolerância culposa

Art. 381. Deixar, por culpa, evadir-se prisioneiro:

Pena - Reclusão, até quatro anos.

Entendimento com o inimigo

Art. 382. Entrar o militar, sem autorização, em entendimento com outro militar ou emissário de país inimigo, ou servir, para esse fim, de intermediário:

Pena - Reclusão, até três anos, se o fato não constitui crime mais grave.

CAPÍTULO VIII
DO DANO

Dano especial

Art. 383. Praticar ou tentar praticar qualquer dos crimes definidos nos arts. 262, 263, §§ 1º e 2º, e 264, em benefício do inimigo, ou comprometendo ou podendo comprometer a preparação, a eficiência ou as operações militares:

Pena - Morte, grau máximo; reclusão, de vinte anos, grau mínimo.

Modalidade culposa

Parágrafo único. Se o crime é culposo:

Pena - Detenção, de quatro a dez anos.

Dano em bens de interesse militar

Art. 384. Danificar serviço de abastecimento de água, luz ou força, estrada, meio de transporte, instalação telegráfica ou outro meio de comunicação, depósito de combustível, inflamáveis, matérias-primas necessárias à produção, depósito de víveres ou forragens, mina, fábrica, usina ou qualquer estabelecimento de produção de artigo necessário à defesa nacional ou ao bem-estar da população e, bem assim, rebanho, lavoura ou plantação, se o fato compromete ou pode comprometer a preparação, a eficiência ou as operações militares, ou de qualquer forma atenta contra a segurança externa do país:

Pena - Morte, grau máximo; reclusão, de vinte anos, grau mínimo.

Envenenamento, corrupção ou epidemia

Art. 385. Envenenar ou corromper água potável, víveres ou forragens, ou causar epidemia mediante a propagação de germes patogênicos, se o fato compromete ou pode comprometer a preparação, a eficiência ou as operações militares, ou de qualquer forma atenta contra a segurança externa do país:

Pena - Morte, grau máximo; reclusão, de vinte anos, grau mínimo.

Modalidade culposa

Parágrafo único. Se o crime é culposo:

Pena - Detenção, de dois a oito anos.

CAPÍTULO IX
DOS CRIMES CONTRA A INCOLUMIDADE PÚBLICA

Crimes de perigo comum

Art. 386. Praticar crime de perigo comum definido nos arts. 268 a 276 e 278, na modalidade dolosa:

I - se o fato compromete ou pode comprometer a preparação, a eficiência ou as operações militares;

II - se o fato é praticado em zona de efetivas operações militares e dele resulta morte:

Pena - Morte, grau máximo; reclusão, de vinte anos, grau mínimo.

CAPÍTULO X
DA INSUBORDINAÇÃO E DA VIOLÊNCIA

Recusa de obediência ou oposição

Art. 387. Praticar, em presença do inimigo, qualquer dos crimes definidos nos arts. 163 e 164:

Pena - Morte, grau máximo; reclusão, de dez anos, grau mínimo.

Coação contra oficial general ou comandante

Art. 388. Exercer coação contra oficial general ou comandante da unidade, mesmo que não seja superior, com o fim de impedir-lhe o cumprimento do dever militar:

Pena - Reclusão, de cinco a quinze anos, se o fato não constitui crime mais grave.

Violência contra superior ou militar de serviço

Art. 389. Praticar qualquer dos crimes definidos nos arts. 157 e 158, a que esteja cominada, no máximo, reclusão, de trinta anos:

Pena - Morte, grau máximo; reclusão, de vinte anos, grau mínimo.

Parágrafo único. Se ao crime não é cominada, no máximo, reclusão de trinta anos, mas é praticado com arma e em presença do inimigo:

Pena - Morte, grau máximo; reclusão, de quinze anos, grau mínimo.

CAPÍTULO XI
DO ABANDONO DE POSTO

Abandono de posto

Art. 390. Praticar, em presença do inimigo, crime de abandono de posto, definido no art. 195:

Pena - Morte, grau máximo; reclusão, de vinte anos, grau mínimo.

CAPÍTULO XII
DA DESERÇÃO E DA FALTA DE APRESENTAÇÃO

Deserção

Art. 391. Praticar crime de deserção definido no Capítulo II, do Título III, do Livro I, da Parte Especial:

Pena - A cominada ao mesmo crime, com aumento da metade, se o fato não constitui crime mais grave.

Parágrafo único. Os prazos para a consumação do crime são reduzidos de metade.

Deserção em presença do inimigo

Art. 392. Desertar em presença do inimigo:

Pena - Morte, grau máximo; reclusão, de vinte anos, grau mínimo.

Falta de apresentação

Art. 393. Deixar o convocado, no caso de mobilização total ou parcial, de apresentar-se, dentro do prazo marcado, no centro de mobilização ou ponto de concentração:

Pena - Detenção, de um a seis anos.

Parágrafo único. Se o agente é oficial da reserva, aplica-se a pena com aumento de um terço.

CAPÍTULO XIII
DA LIBERTAÇÃO, DA EVASÃO E DO AMOTINAMENTO DE PRISIONEIROS

Libertação de prisioneiro

Art. 394. Promover ou facilitar a libertação de prisioneiro de guerra sob guarda ou custódia de força nacional ou aliada:

Pena - Morte, grau máximo; reclusão, de quinze anos, grau mínimo.

Evasão de prisioneiro

Art. 395. Evadir-se prisioneiro de guerra e voltar a tomar armas contra o Brasil ou Estado aliado:

Pena - Morte, grau máximo; reclusão, de vinte anos, grau mínimo.

Parágrafo único. Na aplicação deste artigo, serão considerados os tratados e as convenções internacionais, aceitos pelo Brasil relativamente ao tratamento dos prisioneiros de guerra.

Amotinamento de prisioneiros

Art. 396. Amotinarem-se prisioneiros em presença do inimigo:

Pena - Morte, grau máximo; reclusão, de vinte anos, grau mínimo.

CAPÍTULO XIV
DO FAVORECIMENTO CULPOSO AO INIMIGO

Favorecimento culposo

Art. 397. Contribuir culposamente para que alguém pratique crime que favoreça o inimigo:

Pena - Reclusão, de dois a quatro anos, se o fato não constitui crime mais grave.

TÍTULO II
DA HOSTILIDADE E DA ORDEM ARBITRÁRIA

Prolongamento de hostilidades

Art. 398. Prolongar o comandante as hostilidades, depois de oficialmente saber celebrada a paz ou ajustado o armistício:

Pena - Reclusão, de dois a dez anos.

Ordem arbitrária

Art. 399. Ordenar o comandante contribuição de guerra, sem autorização, ou excedendo os limites desta:

Pena - Reclusão, até três anos.

TÍTULO III
DOS CRIMES CONTRA A PESSOA

CAPÍTULO I
DO HOMICÍDIO

Homicídio simples

Art. 400. Praticar homicídio, em presença do inimigo:

I - no caso do art. 205:

Pena - Reclusão, de doze a trinta anos;

II - no caso do § 1º do art. 205, o juiz pode reduzir a pena de um sexto a um terço;

Homicídio qualificado

III - no caso do § 2º do art. 205:

Pena - Morte, grau máximo; reclusão, de vinte anos, grau mínimo.

CAPÍTULO II
DO GENOCÍDIO

Genocídio

Art. 401. Praticar, em zona militarmente ocupada, o crime previsto no art. 208:

Pena - Morte, grau máximo; reclusão, de vinte anos, grau mínimo.

Casos assimilados

Art. 402. Praticar, com o mesmo fim e na zona referida no artigo anterior, qualquer dos atos previstos nos n. I, II, III, IV ou V, do parágrafo único, do art. 208:

Pena - Reclusão, de seis a vinte e quatro anos.

CAPÍTULO III
DA LESÃO CORPORAL

Lesão leve

Art. 403. Praticar, em presença do inimigo, crime definido no art. 209:

Pena - Detenção, de seis meses a dois anos.

Lesão grave

§ 1º No caso do § 1º do art. 209:

Pena - Reclusão, de quatro a dez anos.

§ 2º No caso do § 2º do art. 209:

Pena - Reclusão, de seis a quinze anos.

Lesões qualificadas pelo resultado

§ 3º No caso do § 3º do art. 209:

Pena - Reclusão, de oito a vinte anos no caso de lesão grave; reclusão, de dez a vinte e quatro anos, no caso de morte.

Minoração facultativa da pena

§ 4º No caso do § 4º do art. 209, o juiz pode reduzir a pena de um sexto a um terço.

§ 5º No caso do § 5º do art. 209, o juiz pode diminuir a pena de um terço.

TÍTULO IV
DOS CRIMES CONTRA O PATRIMÔNIO

Furto

Art. 404. Praticar crime de furto definido nos arts. 240 e 241 e seus parágrafos, em zona de operações militares ou em território militarmente ocupado:

Pena - Reclusão, no dobro da pena cominada para o tempo de paz.

Roubo ou extorsão

Art. 405. Praticar crime de roubo, ou de extorsão definidos nos arts. 242, 243 e 244, em zona de operações militares ou em território militarmente ocupado:

Pena - Morte, grau máximo, se cominada pena de reclusão de trinta anos; reclusão pelo dobro da pena para o tempo de paz, nos outros casos.

Saque

Art. 406. Praticar o saque em zona de operações militares ou em território militarmente ocupado:

Pena - Morte, grau máximo; reclusão, de vinte anos, grau mínimo.

TÍTULO V
DO RAPTO E DA VIOLÊNCIA CARNAL

Rapto

Art. 407. Raptar mulher honesta, mediante violência ou grave ameaça, para fim libidinoso, em lugar de efetivas operações militares:

Pena - Reclusão, de dois a quatro anos.

Resultado mais grave

§ 1º Se da violência resulta lesão grave:

Pena - Reclusão, de seis a dez anos.

§ 2º Se resulta morte:

Pena - Reclusão, de doze a trinta anos.

Cumulação de pena

§ 3º Se o autor, ao efetuar o rapto, ou em seguida a este, pratica outro crime contra a raptada, aplicam-se, cumulativamente, a pena correspondente ao rapto e a cominada ao outro crime.

Violência carnal

Art. 408. Praticar qualquer dos crimes de violência carnal definidos nos arts. 232 e 233, em lugar de efetivas operações militares:

Pena - Reclusão, de quatro a doze anos.

Resultado mais grave

Parágrafo único. Se da violência resulta:

a) lesão grave:

Pena - Reclusão, de oito a vinte anos;

b) morte:

Pena - Morte, grau máximo; reclusão, de quinze anos, grau mínimo.

DISPOSIÇÕES FINAIS

Art. 409. São revogados o Decreto-lei número 6.227, de 24 de janeiro de 1944, e demais disposições contrárias a este Código, salvo as leis especiais que definem os crimes contra a segurança nacional e a ordem política e social.

Art. 410. Este Código entrará em vigor no dia 1º de janeiro de 1970.

Brasília, 21 de outubro de 1969; 148º da Independência e 81º da República.

Augusto Hamann Rademaker Grunewald

Aurélio de Lyra Tavares

Márcio de Souza e Mello

Luís Antônio da Gama e Silva

ÍNDICE ALFABÉTICO-REMISSIVO DO CÓDIGO PENAL MILITAR

– A –

AÇÃO PENAL
- propositura: art. 121
- prescrição: art. 124 e ss.
- requisição: art. 122

AJUSTE
- impunibilidade: art. 54

ARREPENDIMENTO EFICAZ
- definição: art. 31

ASSEMELHADO
- definição: art. 21
- pena do: art. 60

AUXÍLIO
- impunibilidade: art. 54

– B –

"BRASILEIRO" OU "NACIONAL"
- definição: art. 25

– C –

CASA
- definição: art. 226, § 4º

CASSAÇÃO DE LICENÇA PARA DIRIGIR VEÍCULOS MOTORIZADOS
- pena acessória: art. 115

CIVIL
- Pena privativa da liberdade imposta a: art. 62

COAÇÃO
- física ou material: art. 40
- irresistível: art. 38,
- irresistível, atenuação de pena: art. 41

CÓDIGO PENAL MILITAR
- casos de prevalência: art. 28

CONCURSO DE AGENTES
- coautoria: art. 53
- coautoria, agravação da pena: art. 53, § 2º
- coautoria, atenuação da pena: art. 53, § 3º
- condições ou circunstâncias pessoais: art. 53, § 1º

CONCURSO DE CRIMES
- definição: art. 79

CONDENAÇÃO
- efeitos: art. 109

CONDENADO
- transferência: art. 68

CRIME
- contra a segurança externa do país ou contra as instituições militares: art. 28
- consumado: art. 30, I
- culposo: art. 323, I
- culposo, excepcionalidade: art. 323, I
- continuado: art. 80
- da mesma natureza: art. 78, § 5º
- de autoria coletiva, cabeça: art. 53, § 4º
- doloso: art. 323, I
- elementos não constitutivos do: art. 46
- em prejuízo de país aliado: art. 18
- em presença do inimigo: art. 25
- em tempo de guerra: art. 20
- exclusão: art. 42
- impossível: art. 32
- indeterminada: art. 78
- indeterminada, limite: art. 78
- lugar do: art. 6º
- militar em tempo de guerra: art. 10
- militar em tempo de paz: art. 9º
- relação de causalidade: art. 29
- tempo do: art. 5º
- tentativa: art. 30, II

CRIMES CONTRA A ADMINISTRAÇÃO MILITAR
- certidão ou atestado ideologicamente falso: art. 319
- cheque sem fundos: art. 313
- concussão: art. 305
- corrupção ativa: art. 309
- corrupção passiva: art. 308
- desacato a assemelhado ou funcionário: art. 300
- desacato a militar: art. 299
- desacato a superior: art. 298
- desobediência: art. 301
- desvio: art. 307
- excesso de exação: art. 306
- falsa identidade: art. 318
- falsidade ideológica: art. 312
- falsificação de documento: art. 311
- ingresso clandestino: art. 302
- participação ilícita: art. 310
- peculato: art. 303
- peculato mediante aproveitamento do erro de outrem: art. 304
- supressão de documento: art. 316
- uso de documento falso: art. 315
- uso de documento pessoal alheio: art. 317

CRIMES CONTRA A AUTORIDADE OU DISCIPLINA MILITAR
- abuso de requisição militar: art. 173
- aliciação para motim ou revolta: art. 154
- amotinamento: art. 182
- apologia de fato criminoso ou do seu autor: art. 156
- arrebatamento de preso ou internado: art. 181
- assunção de comando sem ordem ou autorização: art. 167
- conservação ilegal de comando: art. 168
- conspiração: art. 152
- despojamento desprezível: art. 162
- desrespeito a comandante, oficial general ou oficial de serviço: art. 160, p.u.
- desrespeito a símbolo nacional: art. 161
- desrespeito a superior: art. 160
- evasão de preso ou internado: art. 180
- incitamento: art. 155
- fuga de preso ou internado: art. 178
- motim: art. 149
- ofensa aviltante a inferior: art. 176
- omissão de lealdade militar: art. 151
- operação militar sem ordem superior: art. 169
- oposição à ordem de sentinela: art. 164
- ordem arbitrária de invasão: art. 170
- organização de grupo para a prática de violência: art. 150
- publicação ou crítica indevida: art. 166
- recusa de obediência: art. 163
- resistência mediante ameaça ou violência: art. 177
- reunião ilícita: art. 165
- revolta: art. 149, p.u.
- rigor excessivo: art. 174
- uso indevido de uniforme, distintivo ou insígnia militar por qualquer pessoa: art. 172
- uso indevido por militar de uniforme, distintivo ou insígnia: art. 171
- violência contra inferior: art. 175
- violência contra militar de serviço: art. 158
- violência contra superior: art. 157

CRIMES CONTRA A HONRA
- calúnia: art. 214
- difamação: art. 215
- injúria: art. 216
- injúria real: art. 217
- ofensa às forças armadas: art. 219

CRIMES CONTRA A INCOLUMIDADE PÚBLICA
- abuso de radiação: art. 271
- desabamento ou desmoronamento: art. 273
- difusão de epizootia ou praga vegetal: art. 278
- embriaguez ao volante: art. 279
- emprego de gás tóxico ou asfixiante: art. 270
- explosão: art. 269
- fatos que expõem a perigo aparelhamento militar: art. 276
- fuga após acidente de trânsito: art. 281
- incêndio: art. 268
- inundação: art. 272
- perigo de inundação: art. 273
- perigo resultante de violação de regra de trânsito: art. 279
- subtração, ocultação ou inutilização de material de socorro: art. 275

CRIMES CONTRA A INVIOLABILIDADE DE CORRESPONDÊNCIA OU COMUNICAÇÃO
- Violação de correspondência: art. 227

CRIME CONTRA A INVIOLABILIDADE DO DOMICÍLIO
- violação de domicílio: art. 226

CRIMES CONTRA A INVIOLABILIDADE DOS SEGREDOS DE CARÁTER PARTICULAR
- divulgação de segredo: art. 228
- violação de recato: art. 229
- violação de segredo profissional: art. 230

CRIMES CONTRA A LIBERDADE INDIVIDUAL

- ameaça: art. 223
- constrangimento ilegal: art. 222
- desafio para duelo: art. 224
- sequestro ou cárcere privado: art. 225

CRIMES CONTRA A PESSOA

- abandono de pessoa: art. 212
- genocídio: art. 208
- homicídio culposo: art. 206
- homicídio simples: art. 205
- homicídio qualificado: art. 205, § 2º
- lesão corporal culposa: art. 210
- lesão corporal grave: art. 209, § 1º
- lesão corporal leve: art. 209
- lesão corporal levíssima: art. 209, § 6º
- lesões qualificadas pelo resultado: art. 209, § 3º
- maustratos: art. 213
- multiplicidade de vítimas: art. 206, § 2º
- participação em rixa: art. 211
- provocação direta ou auxílio a suicídio: art. 207

CRIMES CONTRA A SAÚDE

- corrupção ou poluição de água potável: art. 294
- envenenamento com perigo extensivo: art. 293
- epidemia: art. 292
- fornecimento de substância nociva: art. 295
- omissão de notificação de doença: art. 297
- receita ilegal: art. 291
- tráfico, posse ou uso de entorpecente ou substância de efeito similar: art. 290

CRIMES CONTRA A SEGURANÇA EXTERNA DO PAÍS

- ato de jurisdição indevida: art. 138
- consecução de notícia, informação ou documento para fim de espionagem: art. 143
- desenho ou levantamento de plano ou planta de local militar ou de engenho de guerra: art. 147
- entendimento para empenhar o Brasil à neutralidade ou à guerra: art. 139
- entendimento para gerar conflito ou divergência com o Brasil: art. 140
- hostilidade contra país estrangeiro: art. 136
- penetração com o fim de espionagem: art. 146
- provocação a país estrangeiro: art. 136
- revelação de notícia, informação ou documento: art. ,144 CPM
- sobrevoo em local interdito: art. 148
- tentativa contra a soberania do Brasil: art. 142
- turbação de objeto ou documento: art. 145
- violação de território estrangeiro: art. 139

CRIMES CONTRA O DEVER FUNCIONAL

- abandono de cargo: art. 330
- abuso de confiança ou boa-fé: art. 332
- aplicação ilegal de verba ou dinheiro: art. 331
- condescendência criminosa: art. 322
- exercício funcional ilegal: art. 329
- extravio, sonegação ou inutilização de livro ou documento: art. 321
- inobservância de lei, regulamento ou instrução: art. 324
- não inclusão de nome em lista: art. 323
- obstáculo à hasta pública, concorrência ou tomada de preços: art. 328
- patrocínio indébito: art. 334
- prevaricação: art. 319
- violação de sigilo funcional: art. 326
- violação do dever funcional com o fim de lucro: art. 320
- violação ou divulgação indevida de correspondência ou comunicação: art. 325
- violação de sigilo de proposta de concorrência: art. 327
- violência arbitrária: art. 333

CRIMES CONTRA O PATRIMÔNIO

- abuso de pessoa: art. 252
- alteração de limites: art. 257
- aposição, supressão ou alteração de marca: art. 258
- apropriação de coisa achada: art. 249
- apropriação de coisa havida acidentalmente: art. 249
- apropriação indébita simples: art. 248
- chantagem: art. 245
- dano atenuado: art. 260
- dano em aparelhos e instalações de aviação e navais, e em estabelecimentos militares: art. 264
- dano em material ou aparelhamento de guerra: art. 262
- dano em navio de guerra ou mercante em serviço militar: art. 263
- dano qualificado: art. 261
- dano simples: art. 259
- desaparecimento, consunção ou extravio: art. 265
- energia de valor econômico: art. 240, § 3º
- estelionato: art. 251
- extorsão indireta: art. 246
- extorsão mediante sequestro: art. 244
- extorsão simples: art. 243
- furto atenuado: art. 240, §§ 1º a 2º
- furto de uso: art. 241
- furto qualificado: art. 240 § 4º
- furto simples: art. 240
- latrocínio: art. 240 § 3º
- receptação: art. 254
- receptação culposa: art. 255
- roubo qualificado – art. 240, § 2º
- roubo simples: art. 242
- usura pecuniária: art. 267

CRIMES CONTRA O SERVIÇO MILITAR E O DEVER MILITAR

- abandono de posto: art. 195
- criação ou simulação de incapacidade física: art. 184
- descumprimento de missão: art. 196[
- deserção: art. 187
- dormir em serviço: art. 203
- embriaguez em serviço: art. 202
- exercício de comércio por oficial: art. 204
- favorecimento a convocado: art. 186
- insubmissão: art. 183
- omissão de eficiência da força: art. 198
- omissão de eficiência da força: art. 198
- omissão de providências para evitar danos: art. 198
- omissão de providências para salvar comandados: art. 200
- omissão de socorro: art. 201
- retenção indevida: art. 197
- substituição de convocado: art. 185

CRIMES CONTRA OS MEIOS DE TRANSPORTE E DE COMUNICAÇÃO

- arremesso de projétil: art. 286
- atentado contra serviço de utilidade militar: art. 287
- atentado contra transporte: art. 283
- atentado contra viatura ou outro meio de transporte: art. 284
- autoacusação falsa: art. 345
- coação: art. 342
- comunicação falsa de crime: art. 344
- corrupção ativa de testemunha, perito ou intérprete: art. 348
- denunciação caluniosa: art. 343
- desacato: art. 340
- desobediência a decisão judicial: art. 349
- desobediência a decisão sobre perda ou suspensão de atividade ou direito: art. 354
- exploração de prestígio: art. 353
- falso testemunho ou falsa perícia: art. 346
- favorecimento pessoal: art. 350
- favorecimento real: art. 351
- interrupção ou perturbação de serviço ou meio de comunicação: art. 288
- inutilização, sonegação ou descaminho de material probante: art. 351
- perigo de desastre ferroviário: art. 282
- publicidade opressiva: art. 348

CRIMES CONTRA A ADMINISTRAÇÃO DA JUSTIÇA MILITAR

- recusa de função na Justiça Militar: art. 340

CRIMES MILITARES EM TEMPO DE GUERRA

- abandono de comboio: art. 379
- abandono de posto: art. 390
- aliciação de militar: art. 360
- amotinamento de prisioneiros: art. 396
- ato prejudicial à eficiência da tropa: art. 361
- captura ou sacrifício culposo: art. 377
- coação a comandante: art. 358
- coação contra oficial general ou comandante: art. 388
- cobardia: art. 363
- cobardia qualificada: art. 364
- crimes de perigo comum: art. 386
- dano em bens de interesse militar: art. 384
- dano especial: art. 383
- descumprimento do dever militar: art. 374
- deserção: art. 391
- deserção em presença do inimigo: art. 392
- entrega ou abandono culposo: art. 376
- envenenamento, corrupção ou epidemia: art. 385
- falta de apresentação: art. 393
- falta de cumprimento de ordem: art. 375

- favor ao inimigo: art. 356
- favorecimento culposo: art. 397
- fuga em presença do inimigo: art. 365
- entendimento com o inimigo: art. 381
- espionagem: art. 366
- evasão de prisioneiro: art. 395
- furto: art. 404
- genocídio: art. 401
- homicídio: art. 400
- lesão leve: art. 403
- incitamento: art. 370
- incitamento em presença do inimigo: art. 371
- informação ou auxílio ao inimigo: art. 359
- libertação de prisioneiro: art. 394
- motim, revolta ou conspiração: art. 368
- omissão de lealdade militar: art. 369
- omissão de vigilância: art. 373
- ordem arbitrária: art. 399
- penetração de estrangeiro: art. 367
- prolongamento de hostilidades: art. 398
- rapto: art. 396
- recusa de obediência ou oposição: art. 387
- rendição ou capitulação: art. 372
- roubo ou extorsão: art. 405
- saque: art. 406
- separação culposa de comando: art. 380
- separação reprovável: art. 378
- tentativa contra a soberania do Brasil: art. 357
- traição: art. 355
- traição imprópria: art. 362
- violência carnal: art. 408
- violência contra superior ou militar de serviço: art. 389

CRIMES PRATICADOS POR PARTICULAR CONTRA A ADMINISTRAÇÃO MILITAR
- impedimento, perturbação ou fraude de concorrência: art. 339
- inutilização de edital ou de sinal oficial: art. 338
- subtração ou inutilização de livro, processo ou documento: art. 337
- tráfico de influência: art. 336
- usurpação de função: art. 335

CRIMES SEXUAIS
- atentado violento ao pudor: art. 233
- corrupção de menores: art. 234
- estupro: art. 232
- pederastia ou outro ato de libidinagem: art. 235

CRIMINOSO
- habitual ou por tendência: art. 78
- habitual ou por tendência, definição: art. 78
- por tendência: art. 78, § 3º

CULPABILIDADE
- definição: art. 33
- nenhuma pena sem culpabilidade: art. 34

- D -

DESISTÊNCIA VOLUNTÁRIA
- definição: art. 31

DETERMINAÇÃO
- impunibilidade: art. 54

DIREITOS POLÍTICOS
- suspensão: art. 106

DOENÇA MENTAL
- superveniência no condenado: art. 66

- E -

EMBRIAGUEZ
- ininputabilidade: art. 40

ERRO
- culposo: art. 36, § 1º
- de direito: art. 35
- de fato: art. 36
- provocado: art. 36, § 2º
- sobre a pessoa: art. 37
- sobre a pessoa, duplicidade do resultado: art. 37, § 2º
- sobre a pessoa, quanto ao bem jurídico: art. 37, § 1º

ESTADO DE NECESSIDADE
- com excludente de culpabilidade- art. 30
- atenuação de pena: art. 41
- como excludente do crime: art. 43

ESTRADA DE FERRO
- conceito: art. 282, § 4º

ESTRANGEIROS
- definição: art. 26, p.u.

EXCESSO CULPOSO
- : art. 45

EXCESSO DOLOSO
- atenuação da pena: art. 46

EXÍLIO LOCAL
- : art. 116

EXTINÇÃO DA PUNIBILIDADE
- causas extintivas: art. 123

- F -

FORÇAS ARMADAS
- exclusão das, pena acessória: art. 102

FUNÇÃO PÚBLICA
- equiparada- art. 98, p.u.
- inabilitação para o exercício de: art. 104
- perda da, pena acessória: art. 103

- G -

GUERRA
- tempo de: art. 15
- crimes em tempo de guerra: art. 20

- I -

INCORPORAÇÃO
- defeito do ato de: art. 14

INFRAÇÕES DISCIPLINARES
- não abrangidos pelo CPM: art. 19

INIMPUTÁVEL
- definição: art. 48
- redução facultativa da pena: art. 48, p.u.

INSTIGAÇÃO
- impunibilidade: art. 54

- J -

JUSTIÇA MILITAR
- funcionário da, definição: art. 27

- L -

LEGÍTIMA DEFESA
- definição: art. 44

LEI
- apuração da maior benignidade: art. 2º, 2º
- excepcional ou temporária: art. 4º
- princípio de legalidade: art. 1º
- retroatividade da mais benigna: art. 2º, 1º
- supressiva de incriminação: art. 2º

LIVRAMENTO CONDICIONAL
- causas especiais: art. 97
- condições: art. 90
- efeitos: art. 94
- extinção da pena: art. 95
- não aplicação: art. 96
- observação cautelar e proteção do liberado: art. 92
- preliminares da concessão: art. 91
- requisitos: art. 89
- revogação facultativa: art. 93, § 1º
- revogação obrigatória: art. 93

- M -

MAIORES
- equiparação a: art. 51

MEDIDAS DE SEGURANÇA
- desinternação: art. 112, §§ 3º e 4º
- espécies: art. 109
- imposição: art. 120
- manicômio judiciário: art. 112
- pessoas sujeitas: art. 111
- prazo de internação: art. 112, § 1º
- regência: art. 3º
- regimes de internação: art. 114
- superveniência de cura: art. 113, § 1º

MENORES
- de 16 anos: art. 52
- ininputabilidade: art. 40

MILITAR
- da reserva ou reformado: art. 13
- definição: art. 22
- equiparação a militar da ativa: art. 12
- estrangeiro: art. 11
- pena superior a dois anos, imposta a: art. 61

- N -

NAVIO
- conceito: art. 7º, § 3º

- O -

OBEDIÊNCIA HIERÁRQUICA
- : art. 38,
- atenuação de pena: art. 41

OFICIALATO
- incompatibilidade com o, pena acessória: art. 101
- indignidade para o, pena acessória: art. 100

- P -

PENA(S)
- acessórias: art. 98
- acessórias, imposição: art. 107
- agravantes: art. 70

- assemelhado: art. 60
- atenuantes: art. 72
- base: art. 77
- cumprida no estrangeiro: art. 8º
- detenção: art. 55,
- detenção, até dois anos imposta a militar: art. 59
- detenção, mínimos e máximos genéricos: art. 58
- impedimento: art. 55,
- impedimento, efeito: art. 63
- morte: art. 55,
- morte, execução: art. 56
- morte, comunicação: art. 57
- não assemelhados: art. 61
- nenhuma pena sem culpabilidade: art. 34
- principais: art. 55
- prisão: art. 55,
- privativa de liberdade, fixação: art. 69
- reclusão: art. 55,
- reclusão , até dois anos imposta a militar: art. 59
- reclusão, mínimos e máximos genéricos: art. 58
- reforma: art. 55,
- reforma, efeito: art. 65
- separação de praças especiais e graduadas: art. 59, p.u.
- suspensão do exercício do posto, graduação, cargo ou função: art. 55,
- suspensão do exercício do posto, graduação, cargo ou função , definição: art. 64

PENITENCIÁRIA MILITAR

- cumprimento de pena em: art. 62, p.u.

PODER FAMILIAR, TUTELA, CURATELA

- suspenção de: art. 105

POSTO E PATENTE

- perda de, pena acessória: art.

PRAZOS

- cômputo: art. 16

PRESCRIÇÃO

- da ação penal: art. 125
- espécies: arts. 124 a 133

PROIBIÇÃO DE FREQUENTAR DETERMINADOS LUGARES

- definição: art. 117

- R -

REABILITAÇÃO

- alcance: art. 134

REINCIDÊNCIA

- Crimes não considerados para efeito da: art. 71, § 1º
- definição: art. 71
- temporariedade: art. 71, § 1º

- S -

SALÁRIO MÍNIMO

- para efeitos penais: art. 17

SUPERIOR

- definição: art. 24

SUSPENSÃO CONDICIONAL DA PENA

- condições: art. 85
- não aplicação: art. 88
- pressupostos: art. 84
- prorrogação de prazo: art. 86, §§ 2º e 3º
- restrições: art. 84, p.u.
- revogação facultativa: art. 86, § 1º
- revogação obrigatória: art. 86

- T -

TENTATIVA

- definição: art. 30, II
- pena de: art. 30, II

TERRITORIALIDADE

- aeronaves ou navios estrangeiros: art. 7º, § 2º
- território nacional por extensão: art. 7º, § 1º

- U -

ULTRAJE PÚBLICO AO PUDOR

- ato obsceno: art. 238
- escrito ou objeto obsceno: art. 239C

CÓDIGO DE PROCESSO PENAL MILITAR

ÍNDICE SISTEMÁTICO DO CÓDIGO DE PROCESSO PENAL MILITAR

LIVRO I .... **arts. 1º a 383**

TÍTULO I .... **arts. 1º a 6º**

Capítulo Único – Da Lei de Processo Penal Militar e da sua Aplicação .... arts. 1º a 6º

TÍTULO II .... **arts. 7º e 8º**

Capítulo Único – Da Polícia Judiciária Militar .... arts. 7º e 8º

TÍTULO III .... **arts. 9º a 28**

Capítulo Único – Do Inquérito Policial Militar .... arts. 9º a 28

TÍTULO IV .... **arts. 29 a 33**

Capítulo Único – Da Ação Penal Militar e do seu Exercício .... arts. 29 a 33

TÍTULO V – DO PROCESSO PENAL MILITAR EM GERAL .... **arts. 34 e 35**

Capítulo Único – Do Processo .... arts. 34 e 35

TÍTULO VI – DO JUIZ, AUXILIARES E PARTES DO PROCESSO .... **arts. 36 a 76**

Capítulo I – Do Juiz e seus Auxiliares .... arts. 36 a 53

Seção I – Do juiz .... arts. 36 a 41

Seção II – Dos auxiliares do juiz .... arts. 42 a 46

Seção III – Dos peritos e intérpretes .... arts. 47 a 53

Capítulo II – Das Partes .... arts. 54 a 76

Seção I –Do acusador .... arts. 54 a 59

Seção II – Do assistente .... arts. 60 a 68

Seção III – Do acusado, seus defensores e curadores .... arts. 69 a 76

TÍTULO VII .... **arts. 77 a 81**

Capítulo Único – Da Denúncia .... arts. 77 a 81

TÍTULO VIII .... **arts. 82 a 84**

Capítulo Único – Do Foro Militar .... arts. 82 a 84

TÍTULO IX .... **arts. 85 a 110**

Capítulo I – Da Competência em Geral .... arts. 85 a 87

Capítulo II – Da Competência pelo Lugar da Infração .... arts. 88 a 92

Capítulo III– Da Competência pelo Lugar da Residência ou Domicílio do Acusado .... art. 93

Capítulo IV – Da Competência por Prevenção .... arts. 94 e 95

Capítulo V – Da Competência pela Sede do Lugar de Serviço .... art. 96

Capítulo VI – Da Competência pela Especialização das Auditorias .... art. 97

Capítulo VII– Da Competência por Distribuição .... art. 98

Capítulo VIII – Da Conexão ou Continência .... arts. 99 a 107

Capítulo IX – Da Competência pela Prerrogativa do Posto ou da Função .... art. 108

Capítulo X – Do Desaforamento .... arts. 109 e 110

ÍNDICE SISTEMÁTICO DO CÓDIGO DE PROCESSO PENAL MILITAR

TÍTULO X .... **arts. 111 a 121**

Capítulo Único – Dos Conflitos de Competência .... arts. 111 a 121

TÍTULO XI .... **arts. 122 a 127**

Capítulo Único – Das Questões Prejudiciais .... arts. 122 a 127

TÍTULO XII – DOS INCIDENTES .... **arts. 128 a 169**

Capítulo I – Das Exceções em Geral .... arts. 128 a 155

Seção I – Da exceção de suspeição ou impedimento .... arts. 129 a 142

Seção II – Da exceção de incompetência .... arts. 143 a 147

Seção III – Da exceção de litispendência .... arts. 148 a 152

Seção IV – Da exceção de coisa julgada .... arts. 153 a 155

Capítulo II – Do Incidente de Insanidade Mental do Acusado .... arts. 156 a 162

Capítulo III – Do Incidente de Falsidade de Documento .... arts. 163 a 169

TÍTULO XIII – DAS MEDIDAS PREVENTIVAS E ASSECURATÓRIAS .... **arts. 170 a 276**

Capítulo I – Das Providências que Recaem Sobre Coisas e Pessoas .... arts. 170 a 198

Seção I – Da busca .... arts. 170 a 184

Seção II – Da apreensão .... arts. 185 a 189

Seção III – Da restituição .... arts. 190 a 198

Capítulo II – Das Providências que Recaem Sobre Coisas .... arts. 199 a 219

Seção I – Do sequestro .... arts. 199 a 205

Seção II– Da hipoteca legal .... arts. 206 a 214

Seção III – Do arresto .... arts. 215 a 219

Capítulo III – Das Providências que Recaem Sobre Pessoas .... arts. 220 a 261

Seção I – Da prisão provisória. Disposições gerais .... arts. 220 a 242

Seção II – Da prisão em flagrante .... arts. 243 a 253

Seção III – Da prisão preventiva .... arts. 254 a 261

Capítulo IV – Do Comparecimento Espontâneo .... art. 262

Capítulo V – Da Menagem .... arts. 263 a 269

Capítulo VI – Da Liberdade Provisória .... arts. 270 e 271

Capítulo VII – Da Aplicação Provisória de Medidas de Segurança .... arts. 272 a 276

TÍTULO XIV .... **arts. 277 a 293**

Capítulo Único – Da Citação, da Intimação e da Notificação .... arts. 277 a 293

TÍTULO XV – DOS ATOS PROBATÓRIOS .... **arts. 294 a 383**

Capítulo I – Disposições Gerais .... arts. 294 a 301

Capítulo II – Da Qualificação e do Interrogatório do Acusado .... arts. 302 a 306

Capítulo III – Da Confissão .... arts. 307 a 310

Capítulo IV – Das Perguntas ao Ofendido .... arts. 311 a 313

Capítulo V – Das Perícias e Exames .... arts. 314 a 346

Capítulo VI – Das Testemunhas .... arts. 347 a 364

Capítulo VII – Da Acareação .... arts. 365 a 367

Capítulo VIII – Do Reconhecimento de Pessoa e de Coisa .... arts. 368 a 370

Capítulo IX – Dos Documentos .... arts. 371 a 381

Capítulo X – Dos Indícios .... arts. 382 e 383

LIVRO II – DOS PROCESSOS EM ESPÉCIE .... **arts. 384 a 498**

TÍTULO I – DO PROCESSO ORDINÁRIO .... **arts. 384 a 450**

Capítulo Único – Da Instrução Criminal .... arts. 384 a 450

Seção I – Da prioridade de instrução. Da polícia e ordem das sessões. Disposições gerais .... arts. 384 a 395

Seção II – Do início do processo ordinário .... arts. 396 a 398

Seção III – Da instalação do Conselho de Justiça .... arts. 399 a 403

Seção IV – Da qualificação e do interrogatório do acusado. Das exceções que podem ser opostas. Do comparecimento do ofendido .... arts. 404 a 410

Seção V – Da revelia .... arts. 411 a 414

Seção VI – Da inquirição de testemunhas, do reconhecimento de pessoa ou coisa e das diligências em geralarts. 415 a 430

Seção VII– Da sessão do julgamento e da sentença .... arts. 431 a 450

TÍTULO II – DOS PROCESSOS ESPECIAIS .... **arts. 451 a 498**

Capítulo I– Da Deserção em Geral .... arts. 451 a 453

Capítulo II – Do Processo de Deserção de Oficial .... arts. 454 e 455

Capítulo III – Do Processo de Deserção de Praça com ou sem Graduação e de Praça Especial .... arts. 456 a 459

Capítulo IV – Do Processo de Deserção de Praça, com ou sem Graduação, e de Praça Especial, na Marinha e na Aeronáutica .... arts. 460 a 462

Capítulo V – Do Processo de Crime de Insubmissão .... arts. 463 a 465

Capítulo VI– Do *Habeas Corpus* .... arts. 466 a 480

Capítulo VII –Do Processo para Restauração de Autos .... arts. 481 a 488

Capítulo VIII – Do Processo de Competência Originário do Superior Tribunal Militar .... arts. 489 a 497

Seção I – Da instrução criminal .... arts. 489 a 495

Seção II – Do julgamento .... arts. 496 e 497

Capítulo IX – Da Correição Parcial .... art. 498

LIVRO III – DAS NULIDADES E RECURSOS EM GERAL .... **arts. 451 a 498**

TÍTULO I .... **arts. 499 a 509**

Capítulo Único – Das Nulidades .... arts. 499 a 509

TÍTULO II – DOS RECURSOS .... **arts. 510 a 587**

Capítulo I – Regras Gerais .... arts. 510 a 515

Capítulo II – Dos Recursos em Sentido Estrito .... arts. 516 a 525

Capítulo III – Da Apelação .... arts. 526 a 537

Capítulo IV – Dos Embargos .... arts. 538 a 549

Capítulo V – Da Revisão .... arts. 550 a 562

Capítulo VI – Dos Recursos da Competência do Supremo Tribunal Militar .... art. 563

Capítulo VII– Do Recurso nos Processos Contra Civis e Governadores de Estado e seus Secretários .... arts. 564 a 567

Capítulo VIII – Dos Recursos das Decisões Denegatórias de *Habeas Corpus* .... arts. 568 e 569

Capítulo IX – Do Recurso Extraordinário .... arts. 570 a 583

Capítulo X – Da Reclamação .... arts. 584 a 587

LIVRO IV – DA EXECUÇÃO .... **arts. 588 a 674**

TÍTULO I – DA EXECUÇÃO DA SENTENÇA .... **arts. 588 a 605**

Capítulo I – Disposições Gerais .... arts. 588 a 593

Capítulo II – Da Execução das Penas em Espécie .... arts. 594 a 603

Capítulo III – Das Penas Principais Não Privativas da Liberdade e das Acessórias .... arts. 604 e 605

TÍTULO II – DOS INCIDENTES DA EXECUÇÃO .... arts. 606 a 642

Capítulo I – Da Suspensão Condicional da Pena .... arts. 606 a 617

Capítulo II – Do Livramento Condicional .... arts. 618 a 642

TÍTULO III – DO INDULTO, DA COMUTAÇÃO DA PENA, DA ANISTIA E DA REABILITAÇÃO .... arts. 643 a 658

Capítulo I – Do Indulto, da Comutação da Pena e da Anistia .... arts. 643 a 650

Capítulo II – Da Reabilitação .... arts. 651 a 658

TÍTULO IV .... arts. 659 a 674

Capítulo Único – Da Execução das Medidas de Segurança .... arts. 659 a 674

LIVRO V .... arts. 675 a 718

TÍTULO ÚNICO – DA JUSTIÇA MILITAR EM TEMPO DE GUERRA .... arts. 675 a 710

Capítulo I – Do Processo .... arts. 675 a 693

Capítulo II – Dos Recursos .... arts. 694 a 706

Capítulo III – Disposições Especiais Relativas à Justiça Militar em Tempo de Guerra .... arts. 707 a 710

Disposições Finais e Transitórias .... arts. 711 a 718

DECRETO-LEI N. 1.002, DE 21 DE OUTUBRO DE 1969

› *DOU*, 21.10.1969, retificado *DOU*, 23.01.1970 e 28.01.1970.

Os Ministros da Marinha de Guerra, do Exército e da Aeronáutica Militar, usando das atribuições que lhes confere o art. 3º do Ato Institucional n. 16, de 14 de outubro de 1969, combinado com o § 1º do art. 2º do Ato Institucional n. 5, de 13 de dezembro de 1968, decretam:

Código de Processo Penal Militar

LIVRO I

TÍTULO I

CAPÍTULO ÚNICO DA LEI DE PROCESSO PENAL MILITAR E DA SUA APLICAÇÃO

Fontes de Direito Judiciário Militar

Art. 1º O processo penal militar reger-se-á pelas normas contidas neste Código, assim em tempo de paz como em tempo de guerra, salvo legislação especial que lhe for estritamente aplicável.

Divergência de normas

§ 1º Nos casos concretos, se houver divergência entre essas normas e as de convenção ou tratado de que o Brasil seja signatário, prevalecerão as últimas.

› arts. 5º, §§ 2º a 4º; 109, V, CF.

Aplicação subsidiária

§ 2º Aplicam-se, subsidiariamente, as normas deste Código aos processos regulados em leis especiais.

Interpretação literal

Art. 2º A lei de processo penal militar deve ser interpretada no sentido literal de suas expressões. Os termos técnicos hão de ser entendidos em sua acepção especial, salvo se evidentemente empregados com outra significação.

Interpretação extensiva ou restritiva

§ 1º Admitir-se-á a interpretação extensiva ou a interpretação restritiva, quando for manifesto, no primeiro caso, que a expressão da lei é mais estrita e, no segundo, que é mais ampla, do que sua intenção.

Casos de inadmissibilidade de interpretação não literal

§ 2º Não é, porém, admissível qualquer dessas interpretações, quando:

a) cercear a defesa pessoal do acusado;

b) prejudicar ou alterar o curso normal do processo, ou lhe desvirtuar a natureza;

c) desfigurar de plano os fundamentos da acusação que deram origem ao processo.

Suprimento dos casos omissos

Art. 3º Os casos omissos neste Código serão supridos:

a) pela legislação de processo penal comum, quando aplicável ao caso concreto e sem prejuízo da índole do processo penal militar;

b) pela jurisprudência;

c) pelos usos e costumes militares;

d) pelos princípios gerais de Direito;

e) pela analogia.

Aplicação no espaço e no tempo

Art. 4º Sem prejuízo de convenções, tratados e regras de direito internacional, aplicam-se as normas deste Código:

Tempo de paz

I - em tempo de paz:

a) em todo o território nacional;

b) fora do território nacional ou em lugar de extraterritorialidade brasileira, quando se tratar de crime que atente contra as instituições militares ou a segurança nacional, ainda que seja o agente processado ou tenha sido julgado pela justiça estrangeira;

c) fora do território nacional, em zona ou lugar sob administração ou vigilância da força militar brasileira, ou em ligação com esta, de força militar estrangeira no cumprimento de missão de caráter internacional ou extraterritorial;

d) a bordo de navios, ou quaisquer outras embarcações, e de aeronaves, onde quer que se encontrem, ainda que de propriedade privada, desde que estejam sob comando militar ou militarmente utilizados ou ocupados por ordem de autoridade militar competente;

e) a bordo de aeronaves e navios estrangeiros desde que em lugar sujeito à administração militar, e a infração atente contra as instituições militares ou a segurança nacional.

Tempo de guerra

II - em tempo de guerra:

a) aos mesmos casos previstos para o tempo de paz;

b) em zona, espaço ou lugar onde se realizem operações de força militar brasileira, ou estrangeira que lhe seja aliada, ou cuja defesa, proteção ou vigilância interesse à segurança nacional, ou ao bom êxito daquelas operações;

c) em território estrangeiro militarmente ocupado.

Aplicação intertemporal

Art. 5º As normas deste Código aplicar-se-ão a partir da sua vigência, inclusive nos processos pendentes, ressalvados os casos previstos no art. 711, e sem prejuízo da validade dos atos realizados sob a vigência da lei anterior.

Aplicação à Justiça Militar Estadual

Art. 6º Obedecerão às normas processuais previstas neste Código, no que forem aplicáveis, salvo quanto à organização de Justiça, aos recursos e à execução de sentença, os processos da Justiça Militar Estadual, nos crimes previstos na Lei Penal Militar a que responderem os oficiais e praças das Polícias e dos Corpos de Bombeiros, Militares.

TÍTULO II

CAPÍTULO ÚNICO DA POLÍCIA JUDICIÁRIA MILITAR

Exercício da polícia judiciária militar

Art. 7º A polícia judiciária militar é exercida nos termos do art. 8º, pelas seguintes autoridades, conforme as respectivas jurisdições:

› art. 144, CF.

a) pelos ministros da Marinha, do Exército e da Aeronáutica, em todo o território nacional e fora dele, em relação às forças e órgãos que constituem seus Ministérios, bem como a militares que, neste caráter, desempenhem missão oficial, permanente ou transitória, em país estrangeiro;

b) pelo chefe do Estado-Maior das Forças Armadas, em relação a entidades que, por disposição legal, estejam sob sua jurisdição;

c) pelos chefes de Estado-Maior e pelo secretário-geral da Marinha, nos órgãos, forças e unidades que lhes são subordinados;

d) pelos comandantes de Exército e pelo comandante-chefe da Esquadra, nos órgãos, forças e unidades compreendidos no âmbito da respectiva ação de comando;

e) pelos comandantes de Região Militar, Distrito Naval ou Zona Aérea, nos órgãos e unidades dos respectivos territórios;

f) pelo secretário do Ministério do Exército e pelo chefe de Gabinete do Ministério da Aeronáutica, nos órgãos e serviços que lhes são subordinados;

g) pelos diretores e chefes de órgãos, repartições, estabelecimentos ou serviços previstos nas leis de organização básica da Marinha, do Exército e da Aeronáutica;

h) pelos comandantes de forças, unidades ou navios.

Delegação do exercício

§ 1º Obedecidas as normas regulamentares de jurisdição, hierarquia e comando, as atribuições enumeradas neste artigo poderão ser delegadas a oficiais da ativa, para fins especificados e por tempo limitado.

§ 2º Em se tratando de delegação para instauração de inquérito policial militar, deverá aquela recair em oficial de posto superior ao do indiciado, seja este oficial da ativa, da reserva, remunerada ou não, ou reformado.

‣ art. 10, §§ 1º e 5º, deste Código.

§ 3º Não sendo possível a designação de oficial de posto superior ao do indiciado, poderá ser feita a de oficial do mesmo posto, desde que mais antigo.

§ 4º Se o indiciado é oficial da reserva ou reformado, não prevalece, para a delegação, a antiguidade de posto.

Designação de delegado e avocamento de inquérito pelo ministro

§ 5º Se o posto e a antiguidade de oficial da ativa excluírem, de modo absoluto, a existência de outro oficial da ativa nas condições do § 3º, caberá ao ministro competente a designação de oficial da reserva de posto mais elevado para a instauração do inquérito policial militar; e, se este estiver iniciado, avocá-lo, para tomar essa providência.

Competência da polícia judiciária militar

Art. 8º Compete à Polícia judiciária militar:

a) apurar os crimes militares, bem como os que, por lei especial, estão sujeitos à jurisdição militar, e sua autoria;

b) prestar aos órgãos e juízes da Justiça Militar e aos membros do Ministério Público as informações necessárias à instrução e julgamento dos processos, bem como realizar as diligências que por eles lhe forem requisitadas;

c) cumprir os mandados de prisão expedidos pela Justiça Militar;

d) representar a autoridades judiciárias militares acerca da prisão preventiva e da insanidade mental do indiciado;

e) cumprir as determinações da Justiça Militar relativas aos presos sob sua guarda e responsabilidade, bem como as demais prescrições deste Código, nesse sentido;

f) solicitar das autoridades civis as informações e medidas que julgar úteis à elucidação das infrações penais que esteja a seu cargo;

g) requisitar da polícia civil e das repartições técnicas civis as pesquisas e exames necessários ao complemento e subsídio de inquérito policial militar;

h) atender, com observância dos regulamentos militares, a pedido de apresentação de militar ou funcionário de repartição militar à autoridade civil competente, desde que legal e fundamentado o pedido.

‣ art. 7º deste Código.

TÍTULO III

CAPÍTULO ÚNICO
DO INQUÉRITO POLICIAL MILITAR

‣ arts. 4º a 23, CPP.

Finalidade do inquérito

Art. 9º O inquérito policial militar é a apuração sumária de fato, que, nos termos legais, configure crime militar, e de sua autoria. Tem o caráter de instrução provisória, cuja finalidade precípua é a de ministrar elementos necessários à propositura da ação penal.

Parágrafo único. São, porém, efetivamente instrutórios da ação penal os exames, perícias e avaliações realizados regularmente no curso do inquérito, por peritos idôneos e com obediência às formalidades previstas neste Código.

Modos por que pode ser iniciado

Art. 10. O inquérito é iniciado mediante portaria:

a) de ofício, pela autoridade militar em cujo âmbito de jurisdição ou comando haja ocorrido a infração penal, atendida a hierarquia do infrator;

b) por determinação ou delegação da autoridade militar superior, que, em caso de urgência, poderá ser feita por via telegráfica ou radiotelefônica e confirmada, posteriormente, por ofício;

c) em virtude de requisição do Ministério Público;

‣ art. 25, § 1º, deste Código.

d) por decisão do Superior Tribunal Militar, nos termos do art. 25;

e) a requerimento da parte ofendida ou de quem legalmente a represente, ou em virtude de representação devidamente autorizada de quem tenha conhecimento de infração penal, cuja repressão caiba à Justiça Militar;

f) quando, de sindicância feita em âmbito de jurisdição militar, resulte indício da existência de infração penal militar.

Superioridade ou igualdade de posto do infrator

§ 1º Tendo o infrator posto superior ou igual ao do comandante, diretor ou chefe de órgão ou serviço, em cujo âmbito de jurisdição militar haja ocorrido a infração penal, será feita a comunicação do fato à autoridade superior competente, para que esta torne efetiva a delegação, nos termos do § 2º do art. 7º.

Providências antes do inquérito

§ 2º O aguardamento da delegação não obsta que o oficial responsável por comando, direção ou chefia, ou aquele que o substitua ou esteja de dia, de serviço ou de quarto, tome ou determine que sejam tomadas imediatamente as providências cabíveis, previstas no art. 12, uma vez que tenha conhecimento de infração penal que lhe incumba reprimir ou evitar.

‣ art. 12 deste Código.

Infração de natureza não militar

§ 3º Se a infração penal não for, evidentemente, de natureza militar, comunicará o fato à autoridade policial competente, a quem fará apresentar o infrator. Em se tratando de civil, menor de dezoito anos, a apresentação será feita ao Juiz de Menores.

Oficial general como infrator

§ 4º Se o infrator for oficial general, será sempre comunicado o fato ao ministro e ao chefe de Estado-Maior competentes, obedecidos os trâmites regulamentares.

Indícios contra oficial de posto superior ou mais antigo no curso do inquérito

§ 5º Se, no curso do inquérito, o seu encarregado verificar a existência de indícios contra oficial de posto superior ao seu, ou mais antigo, tomará as providências necessárias para que as suas funções sejam delegadas a outro oficial, nos termos do § 2º do art. 7º.

‣ art. 20, § 3º, deste Código.

Escrivão do inquérito

Art. 11. A designação de escrivão para o inquérito caberá ao respectivo encarregado, se não tiver sido feita pela autoridade que lhe deu delegação para aquele fim, recaindo em segundo ou primeiro-tenente, se o indiciado for oficial, e em sargento, subtenente ou suboficial, nos demais casos.

Compromisso legal

Parágrafo único. O escrivão prestará compromisso de manter o sigilo do inquérito e de cumprir fielmente as determinações deste Código, no exercício da função.

Medidas preliminares ao inquérito

Art. 12. Logo que tiver conhecimento da prática de infração penal militar, verificável na ocasião, a autoridade a que se refere o § 2º do art. 10 deverá, se possível:

a) dirigir-se ao local, providenciando para que se não alterem o estado e a situação das coisas, enquanto necessário;

‣ Lei 6.174/1974 (Dispõe sobre a aplicação do disposto nos arts. 12, a, e 339 do CPPM, nos casos de acidente de trânsito).

b) apreender os instrumentos e todos os objetos que tenham relação com o fato;

c) efetuar a prisão do infrator, observado o disposto no art. 244;

d) colher todas as provas que sirvam para o esclarecimento do fato e suas circunstâncias.

Formação do inquérito

Art. 13. O encarregado do inquérito deverá, para a formação deste:

Atribuição do seu encarregado

a) tomar as medidas previstas no art. 12, se ainda não o tiverem sido;

b) ouvir o ofendido;

c) ouvir o indiciado;

d) ouvir testemunhas;

e) proceder a reconhecimento de pessoas e coisas, e acareações;

f) determinar, se for o caso, que se proceda a exame de corpo de delito e a quaisquer outros exames e perícias;

g) determinar a avaliação e identificação da coisa subtraída, desviada, destruída ou danificada, ou da qual houve indébita apropriação;

h) proceder a buscas e apreensões, nos termos dos arts. 172 a 184 e 185 a 189;

i) tomar as medidas necessárias destinadas à proteção de testemunhas, peritos ou do ofendido, quando coactos ou ameaçados de coação que lhes tolha a liberdade de depor, ou a independência para a realização de perícias ou exames.

Reconstituição dos fatos

Parágrafo único. Para verificar a possibilidade de haver sido a infração praticada de determinado modo, o encarregado do inquérito poderá proceder à reprodução simulada dos fatos, desde que esta não contrarie a moralidade ou a ordem pública, nem atente contra a hierarquia ou a disciplina militar.

Assistência de procurador

Art. 14. Em se tratando da apuração de fato delituoso de excepcional importância ou de difícil elucidação, o encarregado do inquérito poderá solicitar do procurador-geral a indicação de procurador que lhe dê assistência.

Encarregado de inquérito. Requisitos

Art. 15. Será encarregado do inquérito, sempre que possível, oficial de posto não inferior ao de capitão ou capitão-tenente; e, em se tratando de infração penal contra a segurança nacional, sê-lo-á, sempre que possível, oficial superior, atendida, em cada caso, a sua hierarquia, se oficial o indiciado.

Sigilo do inquérito

Art. 16. O inquérito é sigiloso, mas seu encarregado pode permitir que dele tome conhecimento o advogado do indiciado.

▸ Súm. Vinc. 14, STF.

Art. 16-A. Nos casos em que servidores das polícias militares e dos corpos de bombeiros militares figurarem como investigados em inquéritos policiais militares e demais procedimentos extrajudiciais, cujo objeto for a investigação de fatos relacionados ao uso da força letal praticados no exercício profissional, de forma consumada ou tentada, incluindo as situações dispostas nos arts. 42 a 47 do Decreto-Lei nº 1.001, de 21 de outubro de 1969 (Código Penal Militar), o indiciado poderá constituir defensor. (Incluído pela Lei 13.964/2019)

§ 1º Para os casos previstos no *caput* deste artigo, o investigado deverá ser citado da instauração do procedimento investigatório, podendo constituir defensor no prazo de até 48 (quarenta e oito) horas a contar do recebimento da citação.

§ 2º Esgotado o prazo disposto no § 1º com ausência de nomeação de defensor pelo investigado, a autoridade responsável pela investigação deverá intimar a instituição a que estava vinculado o investigado à época da ocorrência dos fatos, para que esta, no prazo de 48 (quarenta e oito) horas, indique defensor para a representação do investigado.

§§ 3º a 5º (VETADOS).

§ 6º As disposições constantes deste artigo aplicam-se aos servidores militares vinculados às instituições dispostas no art. 142 da Constituição Federal, desde que os fatos investigados digam respeito a missões para a Garantia da Lei e da Ordem.

Incomunicabilidade do indiciado. Prazo.

Art. 17. O encarregado do inquérito poderá manter incomunicável o indiciado, que estiver legalmente preso, por três dias no máximo.

▸ arts. 5º, LXII; 136, § 3º, IV, CF.

Detenção de indiciado

Art. 18. Independentemente de flagrante delito, o indiciado poderá ficar detido, durante as investigações policiais, até trinta dias, comunicando-se a detenção à autoridade judiciária competente. Esse prazo poderá ser prorrogado, por mais vinte dias, pelo comandante da Região, Distrito Naval ou Zona Aérea, mediante solicitação fundamentada do encarregado do inquérito e por via hierárquica.

Prisão preventiva e menagem. Solicitação

Parágrafo único. Se entender necessário, o encarregado do inquérito solicitará, dentro do mesmo prazo ou sua prorrogação, justificando-a, a decretação da prisão preventiva ou de menagem, do indiciado.

▸ art. 238 deste Código.

Inquirição durante o dia

Art. 19. As testemunhas e o indiciado, exceto caso de urgência inadiável, que constará da respectiva assentada, devem ser ouvidos durante o dia, em período que medeie entre as sete e as dezoito horas.

Inquirição. Assentada de início, interrupção e encerramento

§ 1º O escrivão lavrará assentada do dia e hora do início das inquirições ou depoimentos; e, da mesma forma, do seu encerramento ou interrupções, no final daquele período.

Inquirição. Limite de tempo

§ 2º A testemunha não será inquirida por mais de quatro horas consecutivas, sendo-lhe facultado o descanso de meia hora, sempre que tiver de prestar declarações além daquele termo. O depoimento que não ficar concluído às dezoito horas será encerrado, para prosseguir no dia seguinte, em hora determinada pelo encarregado do inquérito.

§ 3º Não sendo útil o dia seguinte, a inquirição poderá ser adiada para o primeiro dia que o for, salvo caso de urgência.

Prazos para terminação do inquérito

Art. 20. O inquérito deverá terminar dentro em vinte dias, se o indiciado estiver preso, contado esse prazo a partir do dia em que se executar a ordem de prisão; ou no prazo de quarenta dias, quando o indiciado estiver solto, contados a partir da data em que se instaurar o inquérito.

▸ art. 27 deste Código.

Prorrogação de prazo

§ 1º Este último prazo poderá ser prorrogado por mais vinte dias pela autoridade militar superior, desde que não estejam concluídos exames ou perícias já iniciados, ou haja necessidade de diligência, indispensáveis à elucidação do fato. O pedido de prorrogação deve ser feito em tempo oportuno, de modo a ser atendido antes da terminação do prazo.

Diligências não concluídas até o inquérito

§ 2º Não haverá mais prorrogação, além da prevista no § 1º, salvo dificuldade insuperável, a juízo do ministro de Estado competente. Os laudos de perícias ou exames não concluídos nessa prorrogação, bem como os documentos colhidos depois dela, serão posteriormente remetidos ao juiz, para a juntada ao processo. Ainda, no seu relatório, poderá o encarregado do inquérito indicar, mencionando, se possível, o lugar onde se encontram as testemunhas que deixaram de ser ouvidas, por qualquer impedimento.

▸ art. 161, § 2º, deste Código.

Dedução em favor dos prazos

§ 3º São deduzidas dos prazos referidos neste artigo as interrupções pelo motivo previsto no § 5º do art. 10.

Reunião e ordem das peças de inquérito

Art. 21. Todas as peças do inquérito serão, por ordem cronológica, reunidas num só processado e datilografadas, em espaço dois, com as folhas numeradas e rubricadas, pelo escrivão.

Juntada de documento

Parágrafo único. De cada documento junto, a que precederá despacho do encarregado do inquérito, o escrivão lavrará o respectivo termo, mencionando a data.

Relatório

Art. 22. O inquérito será encerrado com minucioso relatório, em que o seu encarregado mencionará as diligências feitas, as pessoas ouvidas e os resultados obtidos, com indicação do dia, hora e lugar onde ocorreu o fato delituoso. Em conclusão, dirá se há infração disciplinar a punir ou indício de crime, pronunciando-se, neste último caso, justificadamente, sobre a conveniência da prisão preventiva do indiciado, nos termos legais.

Solução

§ 1º No caso de ter sido delegada a atribuição para a abertura do inquérito, o seu encarregado enviá-lo-á à autoridade de que recebeu a delegação, para que lhe homologue ou não a solução, aplique penalidade, no caso de ter sido apurada infração disciplinar, ou determine novas diligências, se as julgar necessárias.

Advocação

§ 2º Discordando da solução dada ao inquérito, a autoridade que o delegou poderá avocá-lo e dar solução diferente.

Remessa do inquérito à Auditoria da Circunscrição

Art. 23. Os autos do inquérito serão remetidos ao auditor da Circunscrição Judiciária Militar onde ocorreu a infração penal, acompanhados dos instrumentos desta, bem como dos objetos que interessem à sua prova.

Remessa a Auditorias Especializadas

§ 1º Na Circunscrição onde houver Auditorias Especializadas da Marinha, do Exército e da Aeronáutica, atender-se-á, para a remessa, à especialização de cada uma. Onde houver mais de uma na mesma sede, especializada ou não, a remessa será feita à primeira Auditoria, para a respectiva distribuição. Os incidentes ocorridos no curso do inquérito serão resolvidos pelo juiz a que couber tomar conhecimento do inquérito, por distribuição.

§ 2º Os autos de inquérito instaurado fora do território nacional serão remetidos à 1ª Auditoria da Circunscrição com sede na Capital da União, atendida, contudo, a especialização referida no § 1º.

Arquivamento de inquérito. Proibição

Art. 24. A autoridade militar não poderá mandar arquivar autos de inquérito, embora conclusivo da inexistência de crime ou de inimputabilidade do indiciado.

Instauração de novo inquérito

Art. 25. O arquivamento de inquérito não obsta a instauração de outro, se novas provas aparecerem em relação ao fato, ao indiciado ou a terceira pessoa, ressalvados o caso julgado e os casos de extinção da punibilidade.

‣ art. 10, d, deste Código.

§ 1º Verificando a hipótese contida neste artigo, o juiz remeterá os autos ao Ministério Público, para os fins do disposto no art. 10, letra c.

§ 2º O Ministério Público poderá requerer o arquivamento dos autos, se entender inadequada a instauração do inquérito.

Devolução de autos de inquérito

Art. 26. Os autos de inquérito não poderão ser devolvidos a autoridade policial militar, a não ser:

I - mediante requisição do Ministério Público, para diligências por ele consideradas imprescindíveis ao oferecimento da denúncia;

‣ art. 397 deste Código.

II - por determinação do juiz, antes da denúncia, para o preenchimento de formalidades previstas neste Código, ou para complemento de prova que julgue necessária.

Parágrafo único. Em qualquer dos casos, o juiz marcará prazo, não excedente de vinte dias, para a restituição dos autos.

Suficiência do auto de flagrante delito

Art. 27. Se, por si só, for suficiente para a elucidação do fato e sua autoria, o auto de flagrante delito constituirá o inquérito, dispensando outras diligências, salvo o exame de corpo de delito no crime que deixe vestígios, a identificação da coisa e a sua avaliação, quando o seu valor influir na aplicação da pena. A remessa dos autos, com breve relatório da autoridade policial militar, far-se-á sem demora ao juiz competente, nos termos do art. 20.

Dispensa de Inquérito

Art. 28. O inquérito poderá ser dispensado, sem prejuízo de diligência requisitada pelo Ministério Público:

a) quando o fato e sua autoria já estiverem esclarecidos por documentos ou outras provas materiais;

b) nos crimes contra a honra, quando decorrerem de escrito ou publicação, cujo autor esteja identificado;

c) nos crimes previstos nos arts. 341 e 349 do Código Penal Militar.

‣ art. 480, p.u., deste Código.

TÍTULO IV

CAPÍTULO ÚNICO
DA AÇÃO PENAL MILITAR E DO SEU EXERCÍCIO

‣ arts. 24 a 62, CPP.

Promoção da ação penal

Art. 29. A ação penal é pública e somente pode ser promovida por denúncia do Ministério Público Militar.

‣ art. 129, I, CF.

Obrigatoriedade

Art. 30. A denúncia deve ser apresentada sempre que houver:

a) prova de fato que, em tese, constitua crime;

b) indícios de autoria.

Dependência de requisição do Governo

Art. 31. Nos crimes previstos nos arts. 136 a 141 do Código Penal Militar, a ação penal, quando o agente for militar ou assemelhado, depende de requisição, que será feita ao procurador-geral da Justiça Militar, pelo Ministério a que o agente estiver subordinado; no caso do art. 141 do mesmo Código, quando o agente for civil e não houver coautor militar, a requisição será do Ministério da Justiça.

Comunicação ao procurador-geral da República

Parágrafo único. Sem prejuízo dessa disposição, o procurador-geral da Justiça Militar dará conhecimento ao procurador-geral da República de fato apurado em inquérito que tenha relação com qualquer dos crimes referidos neste artigo.

Proibição de existência da denúncia

Art. 32. Apresentada a denúncia, o Ministério Público não poderá desistir da ação penal.

Exercício do direito de representação

Art. 33. Qualquer pessoa, no exercício do direito de representação, poderá provocar a iniciativa do Ministério Publico, dando-lhe informações sobre fato que constitua crime militar e sua autoria, e indicando-lhe os elementos de convicção.

Informações

§ 1º As informações, se escritas, deverão estar devidamente autenticadas; se verbais, serão tomadas por termo perante o juiz, a pedido do órgão do Ministério Público, e na presença deste.

Requisição de diligências

§ 2º Se o Ministério Público as considerar procedentes, dirigir-se-á à autoridade policial militar para que esta proceda às diligências necessárias ao esclarecimento do fato, instaurando inquérito, se houver motivo para esse fim.

TÍTULO V
DO PROCESSO PENAL MILITAR EM GERAL

CAPÍTULO ÚNICO
DO PROCESSO

Direito de ação e defesa. Poder de jurisdição

Art. 34. O direito de ação é exercido pelo Ministério Público, como representante da lei e fiscal da sua execução, e o de defesa pelo acusado, cabendo ao juiz exercer o poder de jurisdição, em nome do Estado.

Relação processual. Início e extinção

Art. 35. O processo inicia-se com o recebimento da denúncia pelo juiz, efetiva-se com a citação do acusado e extingue-se no momento em que a sentença definitiva se torna irrecorrível, quer resolva o mérito, quer não.

Casos de suspensão

Parágrafo único. O processo suspende-se ou extingue-se nos casos previstos neste Código.

TÍTULO VI
DO JUIZ, AUXILIARES E PARTES DO PROCESSO

CAPÍTULO I
DO JUIZ E SEUS AUXILIARES

SEÇÃO I
DO JUIZ

‣ art. 93, CF.
‣ arts. 251 a 256, CPP.

Função do juiz

Art. 36. O juiz proverá a regularidade do processo e a execução da lei, e manterá a ordem no curso dos respectivos atos, podendo, para tal fim, requisitar a força militar.

§ 1º Sempre que este Código se refere a juiz abrange, nesta denominação, quaisquer autoridades judiciárias, singulares ou colegiadas, no exercício das respectivas competências atributivas ou processuais.

Independência da função

§ 2º No exercício das suas atribuições, o juiz não deverá obediência senão, nos termos legais, à autoridade judiciária que lhe é superior.

› art. 385 deste Código.

Impedimento para exercer a jurisdição

Art. 37. O juiz não poderá exercer jurisdição no processo em que:

a) como advogado ou defensor, órgão do Ministério Público, autoridade policial, auxiliar de justiça ou perito, tiver funcionado seu cônjuge, ou parente consanguíneo ou afim até o terceiro grau inclusive;

b) ele próprio houver desempenhado qualquer dessas funções ou servido como testemunha;

c) tiver funcionado como juiz de outra instância, pronunciando-se, de fato ou de direito, sobre a questão;

d) ele próprio ou seu cônjuge, ou parente consanguíneo ou afim, até o terceiro grau inclusive, for parte ou diretamente interessado.

Inexistência de atos

Parágrafo único. Serão considerados inexistentes os atos praticados por juiz impedido, nos termos deste artigo.

Casos de suspeição do juiz

Art. 38. O juiz dar-se-á por suspeito e, se o não fizer, poderá ser recusado por qualquer das partes:

a) se for amigo íntimo ou inimigo de qualquer delas;

b) se ele, seu cônjuge, ascendente ou descendente, de um ou de outro, estiver respondendo a processo por fato análogo, sobre cujo caráter criminoso haja controvérsia;

c) se ele, seu cônjuge, ou parente, consanguíneo ou afim até o segundo grau inclusive, sustentar demanda ou responder a processo que tenha de ser julgado por qualquer das partes;

d) se ele, seu cônjuge, ou parente, a que alude a alínea anterior, sustentar demanda contra qualquer das partes ou tiver sido procurador de qualquer delas;

e) se tiver dado parte oficial do crime;

f) se tiver aconselhado qualquer das partes;

g) se ele ou seu cônjuge for herdeiro presuntivo, donatário ou usufrutuário de bens ou empregador de qualquer das partes;

h) se for presidente, diretor ou administrador de sociedade interessada no processo;

i) se for credor ou devedor, tutor ou curador, de qualquer das partes.

Suspeição entre adotante e adotado

Art. 39. A suspeição entre adotante e adotado será considerada nos mesmos termos da resultante entre ascendente e descendente, mas não se estenderá aos respectivos parentes e cessará no caso de se dissolver o vínculo da adoção.

› art. 59 deste Código.

Suspeição por afinidade

Art. 40. A suspeição ou impedimento decorrente de parentesco por afinidade cessará pela dissolução do casamento que lhe deu causa, salvo sobrevindo descendentes. Mas, ainda que dissolvido o casamento, sem descendentes, não funcionará como juiz o parente afim em primeiro grau na linha ascendente ou descendente ou em segundo grau na linha colateral, de quem for parte do processo.

› art. 59 deste Código.

Suspeição provocada

Art. 41. A suspeição não poderá ser declarada nem reconhecida, quando a parte injuriar o juiz, ou de propósito der motivo para criá-la.

› art. 59 deste Código.

SEÇÃO II
DOS AUXILIARES DO JUIZ

Funcionários e serventuários da Justiça

Art. 42. Os funcionários ou serventuários da Justiça Militar são, nos processos em que funcionam, auxiliares do juiz, a cujas determinações devem obedecer.

Escrivão

Art. 43. O escrivão providenciará para que estejam em ordem e em dia as peças e termos dos processos.

Oficial de Justiça

Art. 44. O oficial de justiça realizará as diligências que lhe atribuir a lei de organização judiciária militar e as que lhe forem ordenadas por despacho do juiz, certificando o ocorrido, no respectivo instrumento, com designação de lugar, dia e hora.

Diligências

§ 1º As diligências serão feitas durante o dia, em período que medeie entre as seis e as dezoito horas e, sempre que possível, na presença de duas testemunhas.

Mandados

§ 2º Os mandados serão entregues em cartório, logo depois de cumpridos, salvo motivo de força maior.

Convocação de substituto. Nomeação *ad hoc*

Art. 45. Nos impedimentos do funcionário ou serventuário de justiça, o juiz convocará o substituto; e, na falta deste, nomeará um *ad hoc*, que prestará compromisso de bem desempenhar a função, tendo em atenção as ordens do juiz e as determinações de ordem legal.

Suspeição de funcionário ou serventuário

Art. 46. O funcionário ou serventuário de justiça fica sujeito, no que for aplicável, às mesmas normas referentes a impedimento ou suspeição do juiz, inclusive o disposto no art. 41.

SEÇÃO III
DOS PERITOS E INTÉRPRETES

› arts. 275 a 281, CPP.

Nomeação de peritos

Art. 47. Os peritos e intérpretes serão de nomeação do juiz, sem intervenção das partes.

Preferência

Art. 48. Os peritos ou intérpretes serão nomeados de preferência dentre oficiais da ativa, atendida a especialidade.

› art. 318 deste Código.

Compromisso legal

Parágrafo único. O perito ou intérprete prestará compromisso de desempenhar a função com obediência à disciplina judiciária e de responder fielmente aos quesitos propostos pelo juiz e pelas partes.

Encargo obrigatório

Art. 49. O encargo de perito ou intérprete não pode ser recusado, salvo motivo relevante que o nomeado justificará, para apreciação do juiz.

Penalidade em caso de recusa

Art. 50. No caso de recusa irrelevante, o juiz poderá aplicar multa correspondente até três dias de vencimentos, se o nomeado os tiver fixos por exercício de função; ou, se isto não acontecer, arbitrá-lo em quantia que irá de um décimo à metade do maior salário-mínimo do país.

Casos extensivos

Parágrafo único. Incorrerá na mesma pena o perito ou o intérprete que, sem justa causa:

a) deixar de acudir ao chamado da autoridade;

b) não comparecer no dia e local designados para o exame;

c) não apresentar o laudo, ou concorrer para que a perícia não seja feita nos prazos estabelecidos.

Não comparecimento do perito

Art. 51. No caso de não comparecimento do perito, sem justa causa, o juiz poderá determinar sua apresentação, oficiando, para esse fim, à autoridade militar ou civil competente, quando se tratar de oficial ou de funcionário público.

Impedimentos dos peritos

Art. 52. Não poderão ser peritos ou intérpretes:

a) os que estiverem sujeitos à interdição que os inabilite para o exercício de função pública;

b) os que tiverem prestado depoimento no processo ou opinado anteriormente sobre o objeto da perícia;

c) os que não tiverem habilitação ou idoneidade para o seu desempenho;

› art. 139 deste Código.

d) os menores de vinte e um anos.

Suspeição de peritos e intérpretes

Art. 53. É extensivo aos peritos e intérpretes, no que lhes for aplicável, o disposto sobre suspeição de juízes.

CAPÍTULO II
DAS PARTES

SEÇÃO I
DO ACUSADOR

‣ arts. 127 a 130-A, CF.

‣ arts. 257; 258, CPP.

Ministério Público

Art. 54. O Ministério Público é o órgão de acusação no processo penal militar, cabendo ao procurador-geral exercê-la nas ações de competência originária no Superior Tribunal Militar e aos procuradores nas ações perante os órgãos judiciários de primeira instância.

Pedido de absolvição

Parágrafo único. A função de órgão de acusação não impede o Ministério Público de opinar pela absolvição do acusado, quando entender que, para aquele efeito, existem fundadas razões de fato ou de direito.

Fiscalização e função especial do Ministério Público

Art. 55. Cabe ao Ministério Público fiscalizar o cumprimento da lei penal militar, tendo em atenção especial o resguardo das normas de hierarquia e disciplina, como bases da organização das Forças Armadas.

Independência do Ministério Público

Art. 56. O Ministério Público desempenhará as suas funções de natureza processual sem dependência a quaisquer determinações que não emanem de decisão ou despacho da autoridade judiciária competente, no uso de atribuição prevista neste Código e regularmente exercida, havendo no exercício das funções recíproca independência entre os órgãos do Ministério Público e os da ordem judiciária.

Subordinação direta ao procurador-geral

Parágrafo único. Os procuradores são diretamente subordinados ao procurador-geral.

Impedimentos

Art. 57. Não pode funcionar no processo o membro do Ministério Público:

a) se nele já houver intervindo seu cônjuge ou parente consanguíneo ou afim, até o terceiro grau inclusive, como juiz, defensor do acusado, autoridade policial ou auxiliar de justiça;

b) se ele próprio houver desempenhado qualquer dessas funções;

c) se ele próprio ou seu cônjuge ou parente consanguíneo ou afim, até o terceiro grau inclusive, for parte ou diretamente interessado no feito.

Suspeição

Art. 58. Ocorrerá a suspeição do membro do Ministério Público:

a) se for amigo íntimo ou inimigo do acusado ou ofendido;

b) se ele próprio, seu cônjuge ou parente consanguíneo ou afim, até o terceiro grau inclusive, sustentar demanda ou responder a processo que tenha de ser julgado pelo acusado ou pelo ofendido;

c) se houver aconselhado o acusado;

d) se for tutor ou curador, credor ou devedor do acusado;

e) se for herdeiro presuntivo, ou donatário ou usufrutuário de bens, do acusado ou seu empregador;

f) se for presidente, diretor ou administrador de sociedade ligada de qualquer modo ao acusado.

Aplicação extensiva de disposição

Art. 59. Aplica-se aos membros do Ministério Público o disposto nos arts. 39, 40 e 41.

SEÇÃO II
DO ASSISTENTE

‣ arts. 268 a 273, CPP.

Habilitação do ofendido como assistente

Art. 60. O ofendido, seu representante legal e seu sucessor podem habilitar-se a intervir no processo como assistentes do Ministério Público.

‣ art. 68 deste Código.

Representante e sucessor do ofendido

Parágrafo único. Para os efeitos deste artigo, considera-se representante legal o ascendente ou descendente, tutor ou curador do ofendido, se menor de dezoito anos ou incapaz; e sucessor, o seu ascendente, descendente ou irmão, podendo qualquer deles, com exclusão dos demais, exercer o encargo, ou constituir advogado para esse fim, em atenção à ordem estabelecida neste parágrafo, cabendo ao juiz a designação se entre eles não houver acordo.

Competência para admissão do assistente

Art. 61. Cabe ao juiz do processo, ouvido o Ministério Público, conceder ou negar a admissão de assistente de acusação.

Oportunidade da admissão

Art. 62. O assistente será admitido enquanto não passar em julgado a sentença e receberá a causa no estado em que se achar.

Advogado de ofício como assistente

Art. 63. Pode ser assistente o advogado da Justiça Militar, desde que não funcione no processo naquela qualidade ou como procurador de qualquer acusado.

Ofendido que for também acusado

Art. 64. O ofendido que for também acusado no mesmo processo não poderá intervir como assistente, salvo se absolvido por sentença passada em julgado, e daí em diante.

Intervenção do assistente no processo

Art. 65. Ao assistente será permitido, com aquiescência do juiz e ouvido o Ministério Público:

a) propor meios de prova;

b) requerer perguntas às testemunhas, fazendo-o depois do procurador;

c) apresentar quesitos em perícia determinada pelo juiz ou requerida pelo Ministério Público;

d) juntar documentos;

e) arrazoar os recursos interpostos pelo Ministério Público;

f) participar do debate oral.

Arrolamento de testemunhas e interposição de recursos

§ 1º Não poderá arrolar testemunhas, exceto requerer o depoimento das que forem referidas, nem requerer a expedição de precatória ou rogatória, ou diligência que retarde o curso do processo, salvo, a critério do juiz e com audiência do Ministério Público, em se tratando de apuração de fato do qual dependa o esclarecimento do crime. Não poderá, igualmente, impetrar recursos, salvo de despacho que indeferir o pedido de assistência.

Efeito do recurso

§ 2º O recurso do despacho que indeferir a assistência não terá efeito suspensivo, processando-se em autos apartados. Se provido, o assistente será admitido ao processo no estado em que este se encontrar.

Assistente em processo perante o Superior Tribunal Militar

§ 3º Caberá ao relator do feito, em despacho irrecorrível, após audiência do procurador-geral, admitir ou não o assistente, em processo da competência originária do Superior Tribunal Militar. Nos julgamentos perante esse Tribunal, se o seu presidente consentir, o assistente poderá falar após o procurador-geral, por tempo não superior a dez minutos. Não poderá opor embargos, mas lhe será consentido impugná-los, se oferecidos pela defesa, e depois de o ter feito o procurador-geral.

Notificação do assistente

Art. 66. O processo prosseguirá independentemente de qualquer aviso ao assistente, salvo notificação para assistir ao julgamento.

Cassação de assistência

Art. 67. O juiz poderá cassar a admissão do assistente, desde que este tumultue o processo ou infrinja a disciplina judiciária.

Não decorrência de impedimento

Art. 68. Da assistência não poderá decorrer impedimento do juiz, do membro do Ministério Público ou do escrivão, ainda que supervenientes na causa. Neste caso, o juiz cassará a admissão do assistente, sem prejuízo da nomeação de outro, que não tenha impedimento, nos termos do art. 60.

SEÇÃO III
DO ACUSADO, SEUS DEFENSORES E CURADORES

‣ arts. 259 a 267, CPP.

Personalidade do acusado

Art. 69. Considera-se acusado aquele a quem é imputada a prática de infração penal em denúncia recebida.

Identificação do acusado

Art. 70. A impossibilidade de identificação do acusado com o seu verdadeiro nome ou outros qualificativos não retardará o processo, quando certa sua identidade física. A qualquer tempo, no curso do processo ou da execução da sentença, far-se-á a retificação, por termo, nos autos, sem prejuízo da validade dos atos precedentes.

Nomeação obrigatória de defensor

Art. 71. Nenhum acusado, ainda que ausente ou foragido, será processado ou julgado sem defensor.

› art. 241 deste Código.

Constituição de defensor

§ 1º A constituição de defensor independerá de instrumento de mandado, se o acusado o indicar por ocasião do interrogatório ou em qualquer outra fase do processo por termo nos autos.

Defensor dativo

§ 2º O juiz nomeará defensor ao acusado que o não tiver, ficando a este ressalvado o direito de, a todo o tempo, constituir outro, de sua confiança.

Defesa própria do acusado

§ 3º A nomeação de defensor não obsta ao acusado o direito de a si mesmo defender-se, caso tenha habilitação; mas o juiz manterá a nomeação, salvo recusa expressa do acusado, a qual constará dos autos.

Nomeação preferente de advogado

§ 4º É, salvo motivo relevante, obrigatória a aceitação do patrocínio da causa, se a nomeação recair em advogado.

Defesa de praças

§ 5º As praças serão defendidas pelo advogado de ofício, cujo patrocínio é obrigatório, devendo preferir a qualquer outro.

Proibição de abandono do processo

§ 6º O defensor não poderá abandonar o processo, senão por motivo imperioso, a critério do juiz.

Sanções no caso de abandono do processo

§ 7º No caso de abandono sem justificativa, ou de não ser esta aceita, o juiz, em se tratando de advogado, comunicará o fato à Seção da Ordem dos Advogados do Brasil onde estiver inscrito, para que a mesma aplique as medidas disciplinares que julgar cabíveis. Em se tratando de advogado de ofício, o juiz comunicará o fato ao presidente do Superior Tribunal Militar, que aplicará ao infrator a punição que no caso couber.

Nomeação de curador

Art. 72. O juiz dará curador ao acusado incapaz.

Prerrogativa do posto ou graduação

Art. 73. O acusado que for oficial ou graduado não perderá, embora sujeito à disciplina judiciária, as prerrogativas do posto ou graduação. Se preso ou compelido a apresentar-se em juízo, por ordem da autoridade judiciária, será acompanhado por militar de hierarquia superior a sua.

Parágrafo único. Em se tratando de praça que não tiver graduação, será escoltada por graduado ou por praça mais antiga.

Não comparecimento de defensor

Art. 74. A falta de comparecimento do defensor, se motivada, adiará o ato do processo, desde que nele seja indispensável a sua presença. Mas, em se repetindo a falta, o juiz lhe dará substituto para efeito do ato, ou, se a ausência perdurar, para prosseguir no processo.

Direitos e deveres do advogado

Art. 75. No exercício da sua função no processo, o advogado terá os direitos que lhe são assegurados e os deveres que lhe são impostos pelo Estatuto da Ordem dos Advogados do Brasil, salvo disposição em contrário, expressamente prevista neste Código.

Impedimentos do defensor

Art. 76. Não poderá funcionar como defensor o cônjuge ou o parente consanguíneo ou afim, até o terceiro grau inclusive, do juiz, do membro do Ministério Público ou do escrivão. Mas, se em idênticas condições, qualquer destes for superveniente no processo, tocar-lhe-á o impedimento, e não ao defensor, salvo se dativo, caso em que será substituído por outro.

TÍTULO VII

CAPÍTULO ÚNICO DA DENÚNCIA

Requisitos da denúncia

Art. 77. A denúncia conterá:

› art. 41, CPP.

a) a designação do juiz a que se dirigir;

b) o nome, idade, profissão e residência do acusado, ou esclarecimentos pelos quais possa ser qualificado;

c) o tempo e o lugar do crime;

d) a qualificação do ofendido e a designação da pessoa jurídica ou instituição prejudicada ou atingida, sempre que possível;

e) a exposição do fato criminoso, com todas as suas circunstâncias;

f) as razões de convicção ou presunção da delinquência;

g) a classificação do crime;

h) o rol das testemunhas, em número não superior a seis, com a indicação da sua profissão e residência; e o das informantes com a mesma indicação.

Dispensa de testemunhas

Parágrafo único. O rol de testemunhas poderá ser dispensado se o Ministério Público dispuser de prova documental suficiente para oferecer a denúncia.

Rejeição de denúncia

Art. 78. A denúncia não será recebida pelo juiz:

a) se não contiver os requisitos expressos no artigo anterior;

b) se o fato narrado não constituir evidentemente crime da competência da Justiça Militar;

c) se já estiver extinta a punibilidade;

d) se for manifesta a incompetência do juiz ou a ilegitimidade do acusador.

Preenchimento de requisitos

§ 1º No caso da alínea *a*, o juiz, antes de rejeitar a denúncia, mandará, em despacho fundamentado, remeter o processo ao órgão do Ministério Público para que, dentro do prazo de três dias, contados da data do recebimento dos autos, sejam preenchidos os requisitos que não o tenham sido.

Ilegitimidade do acusador

§ 2º No caso de ilegitimidade do acusador, a rejeição da denúncia não obstará o exercício da ação penal, desde que promovida depois por acusador legítimo, a quem o juiz determinará a apresentação dos autos.

Incompetência do juiz. Declaração

§ 3º No caso de incompetência do juiz, este a declarará em despacho fundamentado, determinando a remessa do processo ao juiz competente.

Prazo para oferecimento da denúncia

Art. 79. A denúncia deverá ser oferecida se o acusado estiver preso, dentro do prazo de cinco dias, contados da data do recebimento dos autos para aquele fim; e, dentro do prazo de quinze dias, se o acusado estiver solto. O auditor deverá manifestar-se sobre a denúncia, dentro do prazo de quinze dias.

Prorrogação de prazo

§ 1º O prazo para o oferecimento da denúncia poderá, por despacho do juiz, ser prorrogado ao dobro; ou ao triplo, em caso excepcional e se o acusado não estiver preso.

§ 2º Se o Ministério Público não oferecer a denúncia dentro deste último prazo, ficará sujeito à pena disciplinar que no caso couber, sem prejuízo da responsabilidade penal em que incorrer, competindo ao juiz providenciar no sentido de ser a denúncia oferecida pelo substituto legal, dirigindo-se, para este fim, ao procurador-geral, que, na falta ou impedimento do substituto, designará outro procurador.

Complementação de esclarecimentos

Art. 80. Sempre que, no curso do processo, o Ministério Público necessitar de maiores esclarecimentos, de documentos complementares ou de novos elementos de convicção, poderá requisitá-los, diretamente, de qualquer autoridade militar ou civil, em condições de os fornecer, ou requerer ao juiz que os requisite.

Extinção da punibilidade. Declaração

Art. 81. A extinção da punibilidade poderá ser reconhecida e declarada em qualquer fase do processo, de ofício ou a requerimento de qualquer das partes, ouvido o Ministério Público, se deste não for o pedido.

Morte do acusado

Parágrafo único. No caso de morte, não se declarará a extinção sem a certidão de óbito do acusado.

TÍTULO VIII

CAPÍTULO ÚNICO
DO FORO MILITAR

Foro militar em tempo de paz

Art. 82. O foro militar é especial, e, exceto nos crimes dolosos contra a vida praticados contra civil, a ele estão sujeitos, em tempo de paz: (Redação dada pela Lei 9.299/1996.)

Pessoas sujeitas ao foro militar

I - nos crimes definidos em lei contra as instituições militares ou a segurança nacional:

a) os militares em situação de atividade e os assemelhados na mesma situação;

b) os militares da reserva, quando convocados para o serviço ativo;

c) os reservistas, quando convocados e mobilizados, em manobras, ou no desempenho de funções militares;

d) os oficiais e praças das Polícias e Corpos de Bombeiros, Militares, quando incorporados às Forças Armadas;

Crimes funcionais

II - nos crimes funcionais contra a administração militar ou contra a administração da Justiça Militar, os auditores, os membros do Ministério Público, os advogados de ofício e os funcionários da Justiça Militar.

Extensão do foro militar

§ 1º O foro militar se estenderá aos militares da reserva, aos reformados e aos civis, nos crimes contra a segurança nacional ou contra as instituições militares, como tais definidas em lei. (Renumerado do parágrafo único pela Lei 9.299/1996.)

‣ Súm. 298, STF.

§ 2º Nos crimes dolosos contra a vida, praticados contra civil, a Justiça Militar encaminhará os autos do inquérito policial militar à justiça comum. (Parágrafo incluído pela Lei 9.299/1996.)

Foro militar em tempo de guerra

Art. 83. O foro militar, em tempo de guerra, poderá, por lei especial, abranger outros casos, além dos previstos no artigo anterior e seu parágrafo.

Assemelhado

Art. 84. Considera-se assemelhado o funcionário, efetivo ou não, dos Ministérios da Marinha, do Exército ou da Aeronáutica, submetidos a preceito de disciplina militar, em virtude de lei ou regulamento.

TÍTULO IX

CAPÍTULO I
DA COMPETÊNCIA EM GERAL

‣ arts. 69 a 91, CPP.

Determinação da competência

Art. 85. A competência do foro militar será determinada:

I - de modo geral:

a) pelo lugar da infração;

b) pela residência ou domicílio do acusado;

c) pela prevenção;

II - de modo especial, pela sede do lugar de serviço.

Na Circunscrição Judiciária

Art. 86. Dentro de cada Circunscrição Judiciária Militar, a competência será determinada:

a) pela especialização das Auditorias;

b) pela distribuição;

c) por disposição especial deste Código.

Modificação da competência

Art. 87. Não prevalecem os critérios de competência indicados nos artigos anteriores, em caso de:

a) conexão ou continência;

b) prerrogativa de posto ou função;

c) desaforamento.

CAPÍTULO II
DA COMPETÊNCIA PELO LUGAR DA INFRAÇÃO

Lugar da infração

Art. 88. A competência será, de regra, determinada pelo lugar da infração; e, no caso de tentativa, pelo lugar em que for praticado o último ato de execução.

A bordo de navio

Art. 89. Os crimes cometidos a bordo de navio ou embarcação sob comando militar ou militarmente ocupado em porto nacional, nos lagos e rios fronteiriços ou em águas territoriais brasileiras, serão, nos dois primeiros casos, processados na Auditoria da Circunscrição Judiciária correspondente a cada um daqueles lugares; e, no último caso, na 1ª Auditoria da Marinha, com sede na Capital do Estado da Guanabara.

‣ art. 109, IX; 125, § 4º, CF.

A bordo de aeronave

Art. 90. Os crimes cometidos a bordo de aeronave militar ou militarmente ocupada, dentro do espaço aéreo correspondente ao território nacional, serão processados pela Auditoria da Circunscrição em cujo território se verificar o pouso após o crime; e se este se efetuar em lugar remoto ou em tal distância que torne difíceis as diligências, a competência será da Auditoria da Circunscrição de onde houver partido a aeronave, salvo se ocorrerem os mesmos óbices, caso em que a competência será da Auditoria mais próxima da 1ª, se na Circunscrição houver mais de uma.

‣ art. 109, IX; 125, § 4º, CF.

Crimes fora do território nacional

Art. 91. Os crimes militares cometidos fora do território nacional serão, de regra, processados em Auditoria da Capital da União, observado, entretanto, o disposto no artigo seguinte.

Crimes praticados em parte no território nacional

Art. 92. No caso de crime militar somente em parte cometido no território nacional, a competência do foro militar se determina de acordo com as seguintes regras:

a) se, iniciada a execução em território estrangeiro, o crime se consumar no Brasil, será competente a Auditoria da Circunscrição em que o crime tenha produzido ou devia produzir o resultado;

b) se, iniciada a execução no território nacional, o crime se consumar fora dele, será competente a Auditoria da Circunscrição em que se houver praticado o último ato ou execução.

Diversidade de Auditorias ou de sedes

Parágrafo único. Na Circunscrição onde houver mais de uma Auditoria na mesma sede, obedecer-se-á à distribuição e, se for o caso, à especialização de cada uma. Se as sedes forem diferentes, atender-se-á ao lugar da infração.

CAPÍTULO III
DA COMPETÊNCIA PELO LUGAR DA RESIDÊNCIA OU DOMICÍLIO DO ACUSADO

Residência ou domicílio do acusado

Art. 93. Se não for conhecido o lugar da infração, a competência regular-se-á pela residência ou domicílio do acusado, salvo o disposto no art. 96.

CAPÍTULO IV
DA COMPETÊNCIA POR PREVENÇÃO

Prevenção. Regra

Art. 94. A competência firmar-se-á por prevenção, sempre que, concorrendo dois ou mais juízes igualmente competentes ou com competência cumulativa, um deles tiver antecedido aos outros na prática de algum ato do processo ou de medida a este relativa, ainda que anterior ao oferecimento da denúncia.

Casos em que pode ocorrer

Art. 95. A competência pela prevenção pode ocorrer:

a) quando incerto o lugar da infração, por ter sido praticado na divisa de duas ou mais jurisdições;

b) quando incerto o limite territorial entre duas ou mais jurisdições;

c) quando se tratar de infração continuada ou permanente, praticada em território de duas ou mais jurisdições;

d) quando o acusado tiver mais de uma residência ou não tiver nenhuma, ou forem vários os acusados e com diferentes residências.

CPPM

CAPÍTULO V
DA COMPETÊNCIA PELA SEDE DO LUGAR DE SERVIÇO

Lugar de serviço

Art. 96. Para o militar em situação de atividade ou assemelhado na mesma situação, ou para o funcionário lotado em repartição militar, o lugar da infração, quando este não puder ser determinado, será o da unidade, navio, força ou órgão onde estiver servindo, não lhe sendo aplicável o critério da prevenção, salvo entre Auditorias da mesma sede e atendida a respectiva especialização.

‣ art. 93 deste Código.

CAPÍTULO VI
DA COMPETÊNCIA PELA ESPECIALIZAÇÃO DAS AUDITORIAS

Auditorias Especializadas

Art. 97. Nas Circunscrições onde existirem Auditorias Especializadas, a competência de cada uma decorre de pertencerem os oficiais e praças sujeitos a processo perante elas aos quadros da Marinha, do Exército ou da Aeronáutica. Como oficiais, para os efeitos deste artigo, se compreendem os da ativa, os da reserva, remunerada ou não, e os reformados.

Militares de corporações diferentes

Parágrafo único. No processo em que forem acusados militares de corporações diferentes, a competência da Auditoria especializada se regulará pela prevenção. Mas esta não poderá prevalecer em detrimento de oficial da ativa, se os corréus forem praças ou oficiais da reserva ou reformados, ainda que superiores, nem em detrimento destes, se os corréus forem praças.

CAPÍTULO VII
DA COMPETÊNCIA POR DISTRIBUIÇÃO

Distribuição

Art. 98. Quando, na sede de Circunscrição, houver mais de uma Auditoria com a mesma competência, esta se fixará pela distribuição.

Juízo prevento pela distribuição

Parágrafo único. A distribuição realizada em virtude de ato anterior à fase judicial do processo prevenirá o juízo.

CAPÍTULO VIII
DA CONEXÃO OU CONTINÊNCIA

Casos de conexão

Art. 99. Haverá conexão:

a) se, ocorridas duas ou mais infrações, tiverem sido praticadas, ao mesmo tempo, por várias pessoas reunidas ou por várias pessoas em concurso, embora diverso o tempo e o lugar, ou por várias pessoas, umas contra as outras;

b) se, no mesmo caso, umas infrações tiverem sido praticadas para facilitar ou ocultar as outras, ou para conseguir impunidade ou vantagem em relação a qualquer delas;

c) quando a prova de uma infração ou de qualquer de suas circunstâncias elementares influir na prova de outra infração.

Casos de continência

Art. 100. Haverá continência:

a) quando duas ou mais pessoas forem acusadas da mesma infração;

b) na hipótese de uma única pessoa praticar várias infrações em concurso.

Regras para determinação

Art. 101. Na determinação da competência por conexão ou continência, serão observadas as seguintes regras:

Concurso e prevalência

I - no concurso entre a jurisdição especializada e a cumulativa, preponderará aquela;

II - no concurso de jurisdições cumulativas:

a) prevalecerá a do lugar da infração, para a qual é cominada pena mais grave;

b) prevalecerá a do lugar onde houver ocorrido o maior número de infrações, se as respectivas penas forem de igual gravidade;

Prevenção

c) firmar-se-á a competência pela prevenção, nos demais casos, salvo disposição especial deste Código;

Categorias

III - no concurso de jurisdição de diversas categorias, predominará a de maior graduação.

‣ art. 103 deste Código.

Unidade do processo

Art. 102. A conexão e a continência determinarão a unidade do processo, salvo:

Casos especiais

a) no concurso entre a jurisdição militar e a comum;

‣ Súm. 90, STJ.

b) no concurso entre a jurisdição militar e a do Juízo de Menores.

Jurisdição militar e civil no mesmo processo

Parágrafo único. A separação do processo, no concurso entre a jurisdição militar e a civil, não quebra a conexão para o processo e julgamento, no seu foro, do militar da ativa, quando este, no mesmo processo, praticar em concurso crime militar e crime comum.

Prorrogação de competência

Art. 103. Em caso de conexão ou continência, o juízo prevalente, na conformidade do art. 101, terá a sua competência prorrogada para processar as infrações cujo conhecimento, de outro modo, não lhe competiria.

Reunião de processos

Art. 104. Verificada a reunião dos processos, em virtude de conexão ou continência, ainda que no processo da sua competência própria venha o juiz ou tribunal a proferir sentença absolutória ou que desclassifique a infração para outra que não se inclua na sua competência, continuará ele competente em relação às demais infrações.

Separação de julgamento

Art. 105. Separar-se-ão somente os julgamentos:

a) se, de vários acusados, algum estiver foragido e não puder ser julgado à revelia;

b) se os defensores de dois ou mais acusados não acordarem na suspeição de juiz de Conselho de Justiça, superveniente para compô-lo, por ocasião do julgamento.

Separação de processos

Art. 106. O juiz poderá separar os processos:

a) quando as infrações houverem sido praticadas em situações de tempo e lugar diferentes;

b) quando for excessivo o número de acusados, para não lhes prolongar a prisão;

c) quando ocorrer qualquer outro motivo que ele próprio repute relevante.

Recurso de ofício

§ 1º Da decisão de auditor ou de Conselho de Justiça em qualquer desses casos, haverá recurso de ofício para o Superior Tribunal Militar.

§ 2º O recurso a que se refere o parágrafo anterior subirá em traslado com as cópias autênticas das peças necessárias, e não terá efeito suspensivo, prosseguindo-se a ação penal em todos os seus termos.

Avocação de processo

Art. 107. Se, não obstante a conexão ou a continência, forem instaurados processos diferentes, a autoridade de jurisdição prevalente deverá avocar os processos que corram perante os outros juízes, salvo se já estiverem com sentença definitiva. Neste caso, a unidade do processo só se dará ulteriormente, para efeito de soma ou de unificação de penas.

CAPÍTULO IX
DA COMPETÊNCIA PELA PRERROGATIVA DO POSTO OU DA FUNÇÃO

Natureza do posto ou função

Art. 108. A competência por prerrogativa do posto ou da função decorre da sua própria natureza e não da natureza da infração, e regula-se estritamente pelas normas expressas neste Código.

CAPÍTULO X
DO DESAFORAMENTO

Caso de desaforamento

Art. 109. O desaforamento do processo poderá ocorrer:

a) no interesse da ordem pública, da Justiça ou da disciplina militar;

b) em benefício da segurança pessoal do acusado;

c) pela impossibilidade de se constituir o Conselho de Justiça ou quando a dificuldade de constituí-lo ou mantê-lo retarde demasiadamente o curso do processo.

Competência do Superior Tribunal Militar

§ 1º O pedido de desaforamento poderá ser feito ao Superior Tribunal Militar:

Autoridades que podem pedir

a) pelos Ministros da Marinha, do Exército ou da Aeronáutica;

b) pelos comandantes de Região Militar, Distrito Naval ou Zona Aérea, ou autoridades que lhe forem superiores, conforme a respectiva jurisdição;

c) pelos Conselhos de Justiça ou pelo auditor;

d) mediante representação do Ministério Público ou do acusado.

Justificação do pedido e audiência do procurador-geral

§ 2º Em qualquer dos casos, o pedido deverá ser justificado e sobre ele ouvido o procurador-geral, se não provier de representação deste.

Audiência a autoridades

§ 3º Nos casos das alíneas *c* e *d*, o Superior Tribunal Militar, antes da audiência ao procurador-geral ou a pedido deste, poderá ouvir autoridades a que se refere a alínea *b* .

Auditoria onde correrá o processo

§ 4º Se deferir o pedido, o Superior Tribunal Militar designará a Auditoria onde deva ter curso o processo.

Renovação do pedido

Art. 110. O pedido de desaforamento, embora denegado, poderá ser renovado se o justificar motivo superveniente.

TÍTULO X

CAPÍTULO ÚNICO DOS CONFLITOS DE COMPETÊNCIA

Questões atinentes à competência

Art. 111. As questões atinentes à competência resolver-se-ão assim pela exceção própria como pelo conflito positivo ou negativo.

Art. 112. Haverá conflito:

Conflito de competência

I - em razão da competência:

Positivo

a) positivo, quando duas ou mais autoridades judiciárias entenderem, ao mesmo tempo, que lhes cabe conhecer do processo;

Negativo

b) negativo, quando cada uma de duas ou mais autoridades judiciárias entender, ao mesmo tempo, que cabe a outra conhecer do mesmo processo;

Controvérsia sobre função ou separação de processo

II - em razão da unidade de juízo, função ou separação de processos, quando, a esse respeito, houver controvérsia entre duas ou mais autoridades judiciárias.

Suscitantes do conflito

Art. 113. O conflito poderá ser suscitado:

a) pelo acusado;

b) pelo órgão do Ministério Público;

c) pela autoridade judiciária.

Órgão suscitado

Art. 114. O conflito será suscitado perante o Superior Tribunal Militar pelos auditores ou os Conselhos de Justiça, sob a forma de representação, e pelas partes interessadas, sob a de requerimento, fundamentados e acompanhados dos documentos comprobatórios. Quando negativo o conflito, poderá ser suscitado nos próprios autos do processo.

Parágrafo único. O conflito suscitado pelo Superior Tribunal Militar será regulado no seu Regimento Interno.

Suspensão da marcha do processo

Art. 115. Tratando-se de conflito positivo, o relator do feito poderá ordenar, desde logo, que se suspenda o andamento do processo, até a decisão final.

Pedido de informações. Prazo, requisição de autos

Art. 116. Expedida, ou não, a ordem de suspensão, o relator requisitará informações às autoridades em conflito, remetendo-lhes cópia da representação ou requerimento, e, marcando-lhes prazo para as informações, requisitará, se necessário, os autos em original.

Audiência do procurador-geral e decisão

Art. 117. Ouvido o procurador-geral, que dará parecer no prazo de cinco dias, contados da data da vista, o Tribunal decidirá o conflito na primeira sessão, salvo se a instrução do feito depender de diligência.

Remessa de cópias do acórdão

Art. 118. Proferida a decisão, serão remetidas cópias do acórdão, para execução, às autoridades contra as quais tiver sido levantado o conflito ou que o houverem suscitado.

Inexistência do recurso

Art. 119. Da decisão final do conflito não caberá recurso.

Avocatória do Tribunal

Art. 120. O Superior Tribunal Militar, mediante avocatória, restabelecerá sua competência sempre que invadida por juiz inferior.

Atribuição ao Supremo Tribunal Federal

Art. 121. A decisão de conflito entre a autoridade judiciária da Justiça Militar e a da Justiça comum será atribuída ao Supremo Tribunal Federal.

TÍTULO XI

CAPÍTULO ÚNICO DAS QUESTÕES PREJUDICIAIS

‣ arts. 92 a 94, CPP.

Decisão prejudicial

Art. 122. Sempre que o julgamento da questão de mérito depender de decisão anterior de questão de direito material, a segunda será prejudicial da primeira.

Estado civil da pessoa

Art. 123. Se a questão prejudicial versar sobre estado civil de pessoa envolvida no processo, o juiz:

a) decidirá se a arguição é séria e se está fundada em lei;

Alegação irrelevante

b) se entender que a alegação é irrelevante ou que não tem fundamento legal, prosseguirá no feito;

Alegação séria e fundada

c) se reputar a alegação séria e fundada, colherá as provas inadiáveis e, em seguida, suspenderá o processo, até que, no juízo cível, seja a questão prejudicial dirimida por sentença transitada em julgado, sem prejuízo, entretanto, da inquirição de testemunhas e de outras provas que independam da solução no outro juízo.

Suspensão do processo. Condições

Art. 124. O juiz poderá suspender o processo e aguardar a solução, pelo juízo cível, de questão prejudicial que se não relacione com o estado civil das pessoas, desde que:

a) tenha sido proposta ação civil para dirimi-la;

b) seja ela de difícil solução;

c) não envolva direito ou fato cuja prova a lei civil limite.

Prazo da suspensão

Parágrafo único. O juiz marcará o prazo da suspensão, que poderá ser razoavelmente prorrogado, se a demora não for imputável à parte. Expirado o prazo sem que o juiz do cível tenha proferido decisão, o juiz criminal fará prosseguir o processo, retomando sua competência para resolver de fato e de direito toda a matéria da acusação ou da defesa.

Autoridades competentes

Art. 125. A competência para resolver a questão prejudicial caberá:

a) ao auditor, se arguida antes de instalado o Conselho de Justiça;

b) ao Conselho de Justiça, em qualquer fase do processo, em primeira instância;

c) ao relator do processo, no Superior Tribunal Militar, se arguida pelo procurador-geral ou pelo acusado;

d) a esse Tribunal, se iniciado o julgamento.

Promoção de ação no juízo cível

Art. 126. Ao juiz ou órgão a que competir a apreciação da questão prejudicial, caberá dirigir-se ao órgão competente do juízo cível, para a promoção da ação civil ou prosseguimento da que tiver sido iniciada, bem como de quaisquer outras providências que interessem ao julgamento do feito.

Providências de ofício

Art. 127. Ainda que sem arguição de qualquer das partes, o julgador poderá, de ofício, tomar as providências referidas nos artigos anteriores.

TÍTULO XII
DOS INCIDENTES

CAPÍTULO I
DAS EXCEÇÕES EM GERAL

‣ arts. 95 a 111, CPP.

Exceções admitidas

Art. 128. Poderão ser opostas as exceções de:

a) suspeição ou impedimento;

b) incompetência de juízo;

c) litispendência;

d) coisa julgada.

SEÇÃO I
DA EXCEÇÃO DE SUSPEIÇÃO OU IMPEDIMENTO

‣ art. 407 deste Código.

Precedência da arguição de suspeição

Art. 129. A arguição de suspeição ou impedimento precederá a qualquer outra, salvo quando fundada em motivo superveniente.

Motivação do despacho

Art. 130. O juiz que se declarar suspeito ou impedido motivará o despacho.

Suspeição de natureza íntima

Parágrafo único. Se a suspeição for de natureza íntima, comunicará os motivos ao auditor corregedor, podendo fazê-lo sigilosamente.

Recusa do juiz

Art. 131. Quando qualquer das partes pretender recusar o juiz, fa-lo-á em petição assinada por ela própria ou seu representante legal, ou por procurador com poderes especiais, aduzindo as razões, acompanhadas de prova documental ou do rol de testemunhas, que não poderão exceder a duas.

Reconhecimento da suspeição alegada

Art. 132. Se reconhecer a suspeição ou impedimento, o juiz sustará a marcha do processo, mandará juntar aos autos o requerimento do recusante com os documentos que o instruam e, por despacho, se declarará suspeito, ordenando a remessa dos autos ao substituto.

Arguição de suspeição não aceita pelo juiz

Art. 133. Não aceitando a suspeição ou impedimento, o juiz mandará autuar em separado o requerimento, dará a sua resposta dentro em três dias, podendo instruí-la e oferecer testemunhas. Em seguida, determinará a remessa dos autos apartados, dentro em vinte e quatro horas, ao Superior Tribunal Militar, que processará e decidirá a arguição.

Juiz do Conselho de Justiça

§ 1º Proceder-se-á, da mesma forma, se o juiz arguido de suspeito for membro de Conselho de Justiça.

Manifesta improcedência da arguição

§ 2º Se a arguição for de manifesta improcedência, o juiz ou o relator a rejeitará liminarmente.

Reconhecimento preliminar da arguição do Superior Tribunal Militar

§ 3º Reconhecida, preliminarmente, a relevância da arguição, o relator, com intimação das partes, marcará dia e hora para inquirição das testemunhas, seguindo-se o julgamento, independentemente de mais alegações.

Nulidade dos atos praticados pelo juiz suspeito

Art. 134. Julgada procedente a arguição de suspeição ou impedimento, ficarão nulos os atos do processo principal.

Suspeição declarada de ministro de Superior Tribunal Militar

Art. 135. No Superior Tribunal Militar, o ministro que se julgar suspeito ou impedido declará-lo-á em sessão. Se relator ou revisor, a declaração será feita nos autos, para nova distribuição.

‣ arts. 141 a 148 RISTM.

Arguição de suspeição de ministro ou do procurador-geral. Processo

Parágrafo único. Arguida a suspeição ou o impedimento de ministro ou do procurador-geral, o processo, se a alegação for aceita, obedecerá às normas previstas no Regimento do Tribunal.

Suspeição declarada do procurador-geral

Art. 136. Se o procurador-geral se der por suspeito ou impedido, delegará a sua função, no processo, ao seu substituto legal.

Suspeição declarada de procurador, perito, intérprete ou auxiliar de justiça

Art. 137. Os procuradores, os peritos, os intérpretes e os auxiliares da Justiça Militar poderão, motivadamente, dar-se por suspeitos ou impedidos, nos casos previstos neste Código; os primeiros e os últimos, antes da prática de qualquer ato no processo, e os peritos e intérpretes, logo que nomeados. O juiz apreciará de plano os motivos da suspeição ou impedimento; e, se os considerar em termos legais, providenciará imediatamente a substituição.

Arguição de suspeição de procurador

Art. 138. Se arguida a suspeição ou impedimento de procurador, o auditor, depois de ouvi-lo, decidirá, sem recurso, podendo, antes, admitir a produção de provas no prazo de três dias.

Arguição de suspeição de perito e intérprete

Art. 139. Os peritos e os intérpretes poderão ser, pelas partes, arguidos de suspeitos ou impedidos; e os primeiros, por elas impugnados, se não preencherem os requisitos de capacidade técnico-profissional para as perícias que, pela sua natureza, os exijam, nos termos dos arts. 52, letra c, e 318.

Decisão do plano irrecorrível

Art. 140. A suspeição ou impedimento, ou a impugnação a que se refere o artigo anterior, bem como a suspeição ou impedimento arguidos, de serventuário ou funcionário da Justiça Militar, serão decididas pelo auditor, de plano e sem recurso, à vista da matéria alegada e prova imediata.

Declaração de suspeição quando evidente

Art. 141. A suspeição ou impedimento poderá ser declarada pelo juiz ou Tribunal, se evidente nos autos.

Suspeição do encarregado de inquérito

Art. 142. Não se poderá opor suspeição ao encarregado do inquérito, mas deverá este declarar-se suspeito quando ocorrer motivo legal, que lhe seja aplicável.

SEÇÃO II
DA EXCEÇÃO DE INCOMPETÊNCIA

‣ art. 407 deste Código.

Oposição da exceção de incompetência

Art. 143. A exceção de incompetência poderá ser oposta verbalmente ou por escrito, logo após a qualificação do acusado. No primeiro caso, será tomada por termo nos autos.

Vista à parte contrária

Art. 144. Alegada a incompetência do juízo, será dada vista dos autos à parte contrária, para que diga sobre a arguição, no prazo de quarenta e oito horas.

Aceitação ou rejeição da exceção. Recurso em autos apartados. Nulidade de autos

Art. 145. Se aceita a alegação, os autos serão remetidos ao juízo competente. Se rejeitada, o juiz continuará no feito. Mas, neste caso, caberá recurso, em autos apartados, para o Superior Tribunal Militar, que, se lhe der provimento, tornará nulos os atos praticados pelo juiz declarado incompetente, devendo os autos do recurso serem anexados aos do processo principal.

Alegação antes do oferecimento da denúncia. Recurso nos próprios autos

Art. 146. O órgão do Ministério Público poderá alegar a incompetência do juízo, antes de oferecer a denúncia. A arguição será apreciada pelo auditor, em primeira instância; e, no Superior Tribunal Militar, pelo relator, em se tratando de processo originário. Em ambos os casos, se rejeitada a arguição, poderá, pelo órgão do Ministério Público, ser impetrado recurso, nos próprios autos, para aquele Tribunal.

‣ art. 398 deste Código.

Declaração de incompetência de ofício

Art. 147. Em qualquer fase do processo, se o juiz reconhecer a existência de causa que o torne incompetente, declará-lo-á nos autos e os remeterá ao juízo competente.

SEÇÃO III
DA EXCEÇÃO DE LITISPENDÊNCIA

‣ art. 407 deste Código.

Litispendência, quando existe. Reconhecimento e processo

Art. 148. Cada feito somente pode ser objeto de um processo. Se o auditor ou o Conselho de Justiça reconhecer que o litígio proposto a seu julgamento já pende de decisão em outro processo, na mesma Auditoria, mandará juntar os novos autos aos anteriores. Se o primeiro processo correr em outra Auditoria, para ela serão remetidos os novos autos, tendo-se, porém, em vista, a especialização da Auditoria e a categoria do Conselho de Justiça.

Arguição de litispendência

Art. 149. Qualquer das partes poderá arguir, por escrito, a existência de anterior processo sobre o mesmo feito.

Instrução do pedido

Art. 150. A arguição de litispendência será instruída com certidão passada pelo cartório do juízo ou pela Secretaria do Superior Tribunal Militar, perante o qual esteja em curso o outro processo.

Prazo para a prova da alegação

Art. 151. Se o arguente não puder apresentar a prova da alegação, o juiz poderá conceder-lhe prazo para que o faça, ficando-lhe, nesse caso, à discrição, suspender ou não o curso do processo.

Decisão de plano irrecorrível

Art. 152. O juiz ouvirá a parte contrária a respeito da arguição, e decidirá de plano, irrecorrivelmente.

SEÇÃO IV
DA EXCEÇÃO DE COISA JULGADA

‣ art. 407 deste código.

Existência de coisa julgada. Arquivamento de denúncia

Art. 153. Se o juiz reconhecer que o feito sob seu julgamento já foi, quanto ao fato principal, definitivamente julgado por sentença irrecorrível, mandará arquivar a nova denúncia, declarando a razão por que o faz.

Arguição de coisa julgada

Art. 154. Qualquer das partes poderá arguir, por escrito, a existência de anterior sentença passada em julgado, juntando-lhe certidão.

Arguição do acusado. Decisão de plano. Recurso de ofício

Parágrafo único. Se a arguição for do acusado, o juiz ouvirá o Ministério Público e decidirá de plano, recorrendo de ofício para o Superior Tribunal Militar, se reconhecer a existência da coisa julgada.

Limite de efeito da coisa julgada

Art. 155. A coisa julgada opera somente em relação às partes, não alcançando quem não foi parte no processo.

CAPÍTULO II
DO INCIDENTE DE INSANIDADE MENTAL DO ACUSADO

‣ art. 332 deste Código.

‣ arts. 149 a 154, CPP.

Dúvida a respeito de imputabilidade

Art. 156. Quando, em virtude de doença ou deficiência mental, houver dúvida a respeito da imputabilidade penal do acusado, será ele submetido à perícia médica.

‣ art. 274 deste Código.

Ordenação de perícia

§ 1º A perícia poderá ser ordenada pelo juiz, de ofício, ou a requerimento do Ministério Público, do defensor, do curador, ou do cônjuge, ascendente, descendente ou irmão do acusado, em qualquer fase do processo.

Na fase do inquérito

§ 2º A perícia poderá ser também ordenada na fase do inquérito policial militar, por iniciativa do seu encarregado ou em atenção a requerimento de qualquer das pessoas referidas no parágrafo anterior.

Internação para a perícia

Art. 157. Para efeito da perícia, o acusado, se estiver preso, será internado em manicômio judiciário, onde houver; ou, se estiver solto e o requererem os peritos, em estabelecimento adequado, que o juiz designará.

Apresentação do laudo

§ 1º O laudo pericial deverá ser apresentado dentro do prazo de quarenta e cinco dias, que o juiz poderá prorrogar, se os peritos demonstrarem a necessidade de maior lapso de tempo.

Entrega dos autos a perito

§ 2º Se não houver prejuízo para a marcha do processo, o juiz poderá autorizar a entrega dos autos aos peritos, para lhes facilitar a tarefa. A mesma autorização poderá ser dada pelo encarregado do inquérito, no curso deste.

Não sustentação do processo e caso excepcional

Art. 158. A determinação da perícia, quer na fase policial militar, quer na fase judicial, não sustará a prática de diligências que possam ficar prejudicadas com o adiamento, mas sustará o processo quanto à produção de prova em que seja indispensável a presença do acusado submetido ao exame pericial.

Quesitos pertinentes

Art. 159. Além de outros quesitos que, pertinentes ao fato, lhes forem oferecidos, e dos esclarecimentos que julgarem necessários, os peritos deverão responder aos seguintes:

Quesitos obrigatórios

a) se o indiciado, ou acusado, sofre de doença mental, de desenvolvimento mental incompleto ou retardado;

b) se no momento da ação ou omissão, o indiciado, ou acusado, se achava em algum dos estados referidos na alínea anterior;

c) se, em virtude das circunstâncias referidas nas alíneas antecedentes, possuía o indiciado, ou acusado, capacidade de entender o caráter ilícito do fato ou de se determinar de acordo com esse entendimento;

d) se a doença ou deficiência mental do indiciado, ou acusado, não lhe suprimindo, diminuiu-lhe, entretanto, consideravelmente, a capacidade de entendimento da ilicitude do fato ou a de autodeterminação, quando o praticou.

Parágrafo único. No caso de embriaguez proveniente de caso fortuito ou força maior, formular-se-ão quesitos congêneres, pertinentes ao caso.

Inimputabilidade. Nomeação de curador. Medida de segurança

Art. 160. Se os peritos concluírem pela inimputabilidade penal do acusado, nos termos do art. 48 (preâmbulo) do Código Penal Militar, o juiz, desde que concorde com a conclusão do laudo, nomear-lhe-á curador e lhe declarará, por sentença, a inimputabilidade, com aplicação da medida de segurança correspondente.

‣ art. 274 deste Código.

Inimputabilidade relativa. Prosseguimento do inquérito ou de processo. Medida de segurança

Parágrafo único. Concluindo os peritos pela inimputabilidade relativa do indiciado, ou acusado, nos termos do parágrafo único do artigo 48 do Código Penal Militar, o inquérito ou o processo prosseguirá, com a presença de defensor neste último caso. Sendo condenatória a sentença, será aplicada a medida de segurança prevista no art. 113 do mesmo Código.

Doença mental superveniente

Art. 161. Se a doença mental sobrevier ao crime, o inquérito ou o processo ficará suspenso, se já iniciados, até que o indiciado ou acusado se restabeleça, sem prejuízo das diligências que possam ser prejudicadas com o adiamento.

Internação em manicômio

§ 1º O acusado poderá, nesse caso, ser internado em manicômio judiciário ou em outro estabelecimento congênere.

Restabelecimento do acusado

§ 2º O inquérito ou o processo retomará o seu curso, desde que o acusado se restabeleça, ficando-lhe assegurada a faculdade de reinquirir as testemunhas que houverem prestado depoimento sem a sua presença ou a repetição de diligência em que a mesma presença teria sido indispensável.

Verificação em autos apartados

Art. 162. A verificação de insanidade mental correrá em autos apartados, que serão apensos ao processo principal somente após a apresentação do laudo.

§ 1º O exame de sanidade mental requerido pela defesa, de algum ou alguns dos acusados, não obstará sejam julgados os demais, se o laudo correspondente não houver sido remetido ao Conselho, até a data marcada para o julgamento. Neste caso, aqueles acusados serão julgados oportunamente.

Procedimento no inquérito

§ 2º Da mesma forma se procederá no curso do inquérito, mas este poderá ser encerrado sem a apresentação do laudo, que será remetido pelo encarregado do inquérito ao juiz, nos termos do § 2º do art. 20.

CAPÍTULO III
DO INCIDENTE DE FALSIDADE DE DOCUMENTO

‣ arts. 145 a 148, CPP.

Arguição de falsidade

Art. 163. Arguida a falsidade de documento constante dos autos, o juiz, se o reputar necessário à decisão da causa:

Autuação em apartado

a) mandará autuar em apartado a impugnação e, em seguida, ouvirá a parte contrária, que, no prazo de quarenta e oito horas, oferecerá a resposta;

Prazo para a prova

b) abrirá dilação probatória num tríduo, dentro do qual as partes aduzirão a prova de suas alegações;

Diligências

c) conclusos os autos, poderá ordenar as diligências que entender necessárias, decidindo a final;

Reconhecimento. Decisão irrecorrível. Desanexação do documento

d) reconhecida a falsidade, por decisão que é irrecorrível, mandará desentranhar o documento e remetê-lo, com os autos do processo incidente, ao Ministério Público.

Arguição oral

Art. 164. Quando a arguição de falsidade se fizer oralmente, o juiz mandará tomá-la por termo, que será autuado em processo incidente.

Por procurador

Art. 165. A arguição de falsidade, feita por procurador, exigirá poderes especiais.

Verificação de ofício

Art. 166. A verificação de falsidade poderá proceder-se de ofício.

Documento oriundo de outro juízo

Art. 167. Se o documento reputado falso for oriundo de repartição ou órgão com sede em lugar sob jurisdição de outro juízo, nele se procederá à verificação da falsidade, salvo se esta for evidente, ou puder ser apurada por perícia no juízo do feito criminal.

Providências do juiz do feito

Parágrafo único. Caso a verificação deva ser feita em outro juízo, o juiz do feito criminal dará, para aquele fim, as providências necessárias.

Sustação do feito

Art. 168. O juiz poderá sustar o feito até a apuração da falsidade, se imprescindível para a condenação ou absolvição do acusado, sem prejuízo, entretanto, de outras diligências que não dependam daquela apuração.

Limite da decisão

Art. 169. Qualquer que seja a decisão, não fará coisa julgada em prejuízo de ulterior processo penal.

TÍTULO XIII
DAS MEDIDAS PREVENTIVAS E ASSECURATÓRIAS

‣ arts. 125 a 144, CPP.

CAPÍTULO I
DAS PROVIDÊNCIAS QUE RECAEM SOBRE COISAS OU PESSOAS

SEÇÃO I
DA BUSCA

Espécies de busca

Art. 170. A busca poderá ser domiciliar ou pessoal.

Busca domiciliar

Art. 171. A busca domiciliar consistirá na procura material portas adentro da casa.

Finalidade

Art. 172. Proceder-se-á à busca domiciliar quando fundadas razões a autorizarem para:

‣ art. 5º, XI, CF.

a) prender criminosos;

b) apreender coisas obtidas por meios criminosos ou guardadas ilicitamente;

c) apreender instrumentos de falsificação ou contrafação;

d) apreender armas e munições e instrumentos utilizados na prática de crime ou destinados a fim delituoso;

e) descobrir objetos necessários à prova da infração ou à defesa do acusado;

f) apreender correspondência destinada ao acusado ou em seu poder, quando haja fundada suspeita de que o conhecimento do seu conteúdo possa ser útil à elucidação do fato;

g) apreender pessoas vítimas de crime;

h) colher elemento de convicção.

‣ arts. 13, h; 185 deste Código.

Compreensão do termo "casa"

Art. 173. O termo "casa" compreende:

a) qualquer compartimento habitado;

b) aposento ocupado de habitação coletiva;

c) compartimento não aberto ao público, onde alguém exerce profissão ou atividade.

‣ art. 13, h, deste Código.

Não compreensão

Art. 174. Não se compreende no termo "casa":

a) hotel, hospedaria ou qualquer outra habitação coletiva, enquanto abertas, salvo a restrição da alínea *b* do artigo anterior;

b) taverna, boate, casa de jogo e outras do mesmo gênero;

c) a habitação usada como local para a prática de infrações penais.

‣ art. 13, h, deste Código.

Oportunidade da busca domiciliar

Art. 175. A busca domiciliar será executada de dia, salvo para acudir vítimas de crime ou desastre.

‣ art. 13, h, deste Código.

Parágrafo único. Se houver consentimento expresso do morador, poderá ser realizada à noite.

Ordem da busca

Art. 176. A busca domiciliar poderá ordenada pelo juiz, de ofício ou a requerimento das partes, ou determinada pela autoridade policial militar.

‣ art. 13, h, deste Código.

Parágrafo único. O representante do Ministério Público, quando assessor no inquérito, ou deste tomar conhecimento, poderá solicitar do seu encarregado, a realização da busca.

Precedência de mandado

Art. 177. Deverá ser precedida de mandado a busca domiciliar que não for realizada pela própria autoridade judiciária ou pela autoridade que presidir o inquérito.

‣ art. 13, h, deste Código.

Conteúdo do mandado

Art. 178. O mandado de busca deverá:

‣ art. 243, CPP.

a) indicar, o mais precisamente possível, a casa em que será realizada a diligência e o nome do seu morador ou proprietário; ou, no caso de busca pessoal, o nome da pessoa que a sofrerá ou os sinais que a identifiquem;

b) mencionar o motivo e os fins da diligência;

c) ser subscrito pelo escrivão e assinado pela autoridade que o fizer expedir.

‣ art. 13, h, deste Código.

Parágrafo único. Se houver ordem de prisão, constará do próprio texto do mandado.

Procedimento

Art. 179. O executor da busca domiciliar procederá da seguinte maneira:

Presença do morador

I - se o morador estiver presente:

a) ler-lhe-á, o mandado, ou, se for o próprio autor da ordem, identificar-se-á e dirá o que pretende;

b) convidá-lo-á a franquear a entrada, sob pena de a forçar se não for atendido;

c) uma vez dentro da casa, se estiver à procura de pessoa ou coisa, convidará o morador a apresentá-la ou exibi-la;

d) se não for atendido ou se se tratar de pessoa ou coisa incerta, procederá à busca;

e) se o morador ou qualquer outra pessoa recalcitrar ou criar obstáculo usará da força necessária para vencer a resistência ou remover o empecilho e arrombará, se necessário, quaisquer móveis ou compartimentos em que, presumivelmente, possam estar as coisas ou pessoas procuradas.

Ausência do morador

II - se o morador estiver ausente:

a) tentará localizá-lo para lhe dar ciência da diligência e aguardará a sua chegada, se puder ser imediata;

b) no caso de não ser encontrado o morador ou não comparecer com a necessária presteza, convidará pessoa capaz, que identificará para que conste do respectivo auto, a fim de testemunhar a diligência;

c) entrará na casa, arrombando-a, se necessário;

d) fará a busca, rompendo, se preciso, todos os obstáculos em móveis ou compartimentos onde, presumivelmente, possam estar as coisas ou pessoas procuradas.

Casa desabitada

III - se a casa estiver desabitada, tentará localizar o proprietário, procedendo da mesma forma como no caso de ausência do morador.

‣ art. 13, h, deste Código.

Rompimento de obstáculo

§ 1º O rompimento de obstáculos deve ser feito com o menor dano possível à coisa ou compartimento passível da busca, providenciando-se, sempre que possível, a intervenção de serralheiro ou outro profissional habilitado, quando se tratar de remover ou desmontar fechadura, ferrolho, peça de segredo ou qualquer outro aparelhamento que impeça a finalidade da diligência.

Reposição

§ 2º Os livros, documentos, papéis e objetos que não tenham sido apreendidos devem ser repostos nos seus lugares.

§ 3º Em casa habitada, a busca será feita de modo que não moleste os moradores mais do que o indispensável ao bom êxito da diligência.

Busca pessoal

Art. 180. A busca pessoal consistirá na procura material feita nas vestes, pastas, malas e outros objetos que estejam com a pessoa revistada e, quando necessário, no próprio corpo.

‣ art. 13, h, deste Código.

Revista pessoal

Art. 181. Proceder-se-á à revista, quando houver fundada suspeita de que alguém oculte consigo:

a) instrumento ou produto do crime;

b) elementos de prova.

‣ arts. 13, h; 185 deste Código.

Revista independentemente de mandado

Art. 182. A revista independe de mandado:

a) quando feita no ato da captura de pessoa que deve ser presa;

b) quando determinada no curso da busca domiciliar;

c) quando ocorrer o caso previsto na alínea *a* do artigo anterior;

d) quando houver fundada suspeita de que o revistando traz consigo objetos ou papéis que constituam corpo de delito;

e) quando feita na presença da autoridade judiciária ou do presidente do inquérito.

‣ art. 13, h, deste Código.

Busca em mulher

Art. 183. A busca em mulher será feita por outra mulher, se não importar retardamento ou prejuízo da diligência.

‣ art. 13, h, deste Código.

Busca no curso do processo ou do inquérito

Art. 184. A busca domiciliar ou pessoal por mandado será, no curso do processo, executada por oficial de justiça; e, no curso do inquérito, por oficial, designado pelo encarregado do inquérito, atendida a hierarquia do posto ou graduação de quem a sofrer, se militar.

‣ art. 13, h, deste Código.

Requisição a autoridade civil

Parágrafo único. A autoridade militar poderá requisitar da autoridade policial civil a realização da busca.

SEÇÃO II
DA APREENSÃO

Apreensão de pessoas ou coisas

Art. 185. Se o executor da busca encontrar as pessoas ou coisas a que se referem os artigos 172 e 181, deverá apreendê-las. Fá-lo-á, igualmente, de armas ou objetos pertencentes às Forças Armadas ou de uso exclusivo de militares, quando estejam em posse indevida, ou seja incerta a sua propriedade.

‣ art. 13, h, deste Código.

Correspondência aberta

§ 1º A correspondência aberta ou não, destinada ao indiciado ou ao acusado, ou em seu poder, será apreendida se houver fundadas razões para suspeitar que pode ser útil à elucidação do fato.

Documento em poder do defensor

§ 2º Não será permitida a apreensão de documento em poder do defensor do acusado, salvo quando constituir elemento do corpo de delito.

Território de outra jurisdição

Art. 186. Quando, para a apreensão, o executor for em seguimento de pessoa ou coisa, poderá penetrar em território sujeito a outra jurisdição.

‣ arts. 13, h; 235 deste Código.

Parágrafo único. Entender-se-á que a autoridade ou seus agentes vão em seguimento de pessoa ou coisa, quando:

a) tendo conhecimento de sua remoção ou transporte, a seguirem sem interrupção, embora depois a percam de vista;

b) ainda que não a tenham avistado, mas forem em seu encalço, sabendo, por informações fidedignas ou circunstâncias judiciárias que está sendo removida ou transportada em determinada direção.

Apresentação à autoridade local

Art. 187. O executor que entrar em território de jurisdição diversa deverá, conforme o caso, apresentar-se à respectiva autoridade civil ou militar, perante a qual se identificará. A apresentação poderá ser feita após a diligência, se a urgência desta não permitir solução de continuidade.

‣ arts. 13, h; 235 deste Código.

Pessoa sob custódia

Art. 188. Descoberta a pessoa ou coisa que se procura, será imediatamente apreendida e posta sob custódia da autoridade ou de seus agentes.

‣ arts. 13, h; 235 deste Código.

Requisitos do auto

Art. 189. Finda a diligência, lavrar-se-á auto circunstanciado da busca e apreensão, assinado por duas testemunhas, com declaração do lugar, dia e hora em que se realizou, com citação das pessoas que a sofreram e das que nelas tomaram parte ou as tenham assistido, com as respectivas identidades, bem como de todos os incidentes ocorridos durante a sua execução.

‣ art. 13, h, deste Código.

Conteúdo do auto

Parágrafo único. Constarão do auto, ou dele farão parte em anexo devidamente rubricado pelo executor da diligência, a relação e descrição das coisas apreendidas, com a especificação:

a) se máquinas, veículos, instrumentos ou armas, da sua marca e tipo e, se possível, da sua origem, número e data da fabricação;

b) se livros, o respectivo título e o nome do autor;

c) se documentos, a sua natureza.

‣ art. 371 deste Código.

SEÇÃO III
DA RESTITUIÇÃO

Restituição de coisas

Art. 190. As coisas apreendidas não poderão ser restituídas enquanto interessarem ao processo.

§ 1º As coisas a que se referem o art. 109, n. II, letra *a*, e o art. 119, n. I e II, do Código Penal Militar, não poderão ser restituídas em tempo algum.

§ 2º As coisas a que se refere o art. 109, n. II, letra *b*, do Código Penal Militar, poderão ser restituídas somente ao lesado ou a terceiro de boa-fé.

Ordem de restituição

Art. 191. A restituição poderá ser ordenada pela autoridade policial militar ou pelo juiz, mediante termo nos autos, desde que:

a) a coisa apreendida não seja irrestituível, na conformidade do artigo anterior;

b) não interesse mais ao processo;

c) não exista dúvida quanto ao direito do reclamante.

‣ art. 193, a, deste Código.

Direito duvidoso

Art. 192. Se duvidoso o direito do reclamante, somente em juízo poderá ser decidido, autuando-se o pedido em apartado e assinando-se o prazo de cinco dias para a prova, findo o qual o juiz decidirá, cabendo da decisão recurso para o Superior Tribunal Militar.

Questão de alta indagação

Parágrafo único. Se a autoridade judiciária militar entender que a matéria é de alta indagação, remeterá o reclamante para o juízo cível, continuando as coisas apreendidas até que se resolva a controvérsia.

Coisa em poder de terceiro

Art. 193. Se a coisa houver sido apreendida em poder de terceiro de boa-fé, proceder-se-á da seguinte maneira:

a) se a restituição for pedida pelo próprio terceiro, o juiz do processo poderá ordená-la, se estiverem preenchidos os requisitos do art. 191;

b) se pedida pelo acusado ou pelo lesado e, também, pelo terceiro, o incidente autuar-se-á em apartado e os reclamantes terão, em conjunto, o prazo de cinco dias para apresentar provas e o de três dias para arrazoar, findos os quais o juiz decidirá, cabendo da decisão recurso para o Superior Tribunal Militar.

Persistência de dúvida

§ 1º Se persistir dúvida quanto à propriedade da coisa, os reclamantes serão remetidos para o juízo cível, onde se decidirá aquela dúvida, com efeito sobre a restituição no juízo militar, salvo se motivo superveniente não tornar a coisa irrestituível.

Nomeação de depositário

§ 2º A autoridade judiciária militar poderá, se assim julgar conveniente, nomear depositário idôneo, para a guarda da coisa, até que se resolva a controvérsia.

Audiência do Ministério Público

Art. 194. O Ministério Público será sempre ouvido em pedido ou incidente de restituição.

Parágrafo único. Salvo o caso previsto no art. 195, caberá recurso, com efeito suspensivo, para o Superior Tribunal Militar, do despacho do juiz que ordenar a restituição da coisa.

Coisa deteriorável

Art. 195. Tratando-se de coisa facilmente deteriorável, será avaliada e levada a leilão público, depositando-se o dinheiro apurado em estabelecimento oficial de crédito determinado em lei.

Sentença condenatória

Art. 196. Decorrido o prazo de noventa dias, após o trânsito em julgado de sentença condenatória, proceder-se-á da seguinte maneira em relação aos bens apreendidos:

Destino das coisas

a) os referidos no art. 109, n. II, letra *a*, do Código Penal Militar, serão inutilizados ou recolhidos a Museu Criminal ou entregues às Forças Armadas, se lhes interessarem;

b) quaisquer outros bens serão avaliados e vendidos em leilão público, recolhendo-se ao fundo da organização militar correspondente ao Conselho de Justiça o que não couber ao lesado ou terceiro de boa-fé.

Destino em caso de sentença absolutória

Art. 197. Transitando em julgado sentença absolutória, proceder-se-á da seguinte maneira:

a) se houver sido decretado o confisco (Código Penal Militar, art. 119), observar-se-á o disposto na letra *a* do artigo anterior;

b) nos demais casos, as coisas serão restituídas àquele de quem houverem sido apreendidas.

Venda em leilão

Art. 198. Fora dos casos previstos nos artigos anteriores, se, dentro do prazo de noventa dias, a contar da data em que transitar em julgado a sentença final, condenatória ou absolutória, os objetos apreendidos não forem reclamados por quem de direito, serão vendidos em leilão, depositando-se o saldo à disposição do juiz de ausentes.

CAPÍTULO II
DAS PROVIDÊNCIAS QUE RECAEM SOBRE COISAS

SEÇÃO I
DO SEQUESTRO

Bens sujeitos a sequestro

Art. 199. Estão sujeitos a sequestro os bens adquiridos com os proventos da infração penal, quando desta haja resultado, de qualquer modo, lesão a patrimônio sob administração militar, ainda que já tenham sido transferidos a terceiros por qualquer forma de alienação, ou por abandono ou renúncia.

§ 1º Estão, igualmente, sujeitos a sequestro os bens de responsáveis por contrabando, ou outro ato ilícito, em aeronave ou embarcação militar, em proporção aos prejuízos e riscos por estas sofridos, bem como os dos seus tripulantes, que não tenham participado da prática do ato ilícito.

Bens insuscetíveis de sequestro

§ 2º Não poderão ser sequestrados bens, a respeito dos quais haja decreto de desapropriação da União, do Estado ou do Município, se anterior à data em que foi praticada a infração penal.

Requisito para o sequestro

Art. 200. Para decretação do sequestro é necessária a existência de indícios veementes da proveniência ilícita dos bens.

Fases da sua determinação

Art. 201. A autoridade judiciária militar, de ofício ou a requerimento do Ministério Público, poderá ordenar o sequestro, em qualquer fase do processo; e, antes da denúncia, se o solicitar, com fundado motivo, o encarregado do inquérito.

Providências a respeito

Art. 202. Realizado o sequestro, a autoridade judiciária militar providenciará:

a) se de imóvel, a sua inscrição no Registro de Imóveis;

b) se de coisa móvel, o seu depósito, sob a guarda de depositário nomeado para esse fim.

Autuação em embargos

Art. 203. O sequestro autuar-se-á em apartado e admitirá embargos, assim do indiciado ou acusado como de terceiro, sob os fundamentos de:

I - se forem do indiciado ou acusado:

a) não ter ele adquirido a coisa com os proventos da infração penal;

b) não ter havido lesão a patrimônio sob administração militar.

II - se de terceiro:

a) haver adquirido a coisa em data anterior à da infração penal praticada pelo indiciado ou acusado;

b) havê-la, em qualquer tempo, adquirido de boa-fé.

Prova. Decisão. Recurso

§ 1º Apresentada a prova da alegação dentro em dez dias e ouvido o Ministério Público, a autoridade judiciária militar decidirá de plano, aceitando ou rejeitando os embargos, cabendo da decisão recurso para o Superior Tribunal Militar.

Remessa ao juízo cível

§ 2º Se a autoridade judiciária militar entender que se trata de matéria de alta indagação, remeterá o embargante para o juízo cível e manterá o sequestro até que seja dirimida a controvérsia.

§ 3º Da mesma forma procederá, desde logo, se não se tratar de lesão ao patrimônio sob administração militar.

Levantamento do sequestro

Art. 204. O sequestro será levantado no juízo penal militar:

a) se forem aceitos os embargos, ou negado provimento ao recurso da decisão que os aceitou;

b) se a ação penal não for promovida no prazo de sessenta dias, contado da data em que foi instaurado o inquérito;

c) se o terceiro, a quem tiverem sido transferidos os bens, prestar caução real ou fidejussória que assegure a aplicação do disposto no artigo 109, n. I e II, letra *b*, do Código Penal Militar;

d) se for julgada extinta a ação penal ou absolvido o acusado por sentença irrecorrível.

Sentença condenatória. Avaliação da venda

Art. 205. Transitada em julgado a sentença condenatória, a autoridade judiciária militar, de ofício ou a requerimento do Ministério Público, determinará a avaliação e a venda dos bens em leilão público.

Recolhimento de dinheiro

§ 1º Do dinheiro apurado, recolher-se-á ao Tesouro Nacional o que se destinar a ressarcir prejuízo ao patrimônio sob administração militar.

§ 2º O que não se destinar a esse fim será restituído a quem de direito, se não houver controvérsia; se esta existir, os autos de sequestro serão remetidos ao juízo cível, a cuja disposição passará o saldo apurado.

SEÇÃO II
DA HIPOTECA LEGAL

Bens sujeitos a hipoteca legal

Art. 206. Estão sujeitos a hipoteca legal os bens imóveis do acusado, para satisfação do dano causado pela infração penal ao patrimônio sob administração militar.

Inscrição e especialização da hipoteca

Art. 207. A inscrição e a especialização da hipoteca legal serão requeridas à autoridade judiciária militar, pelo Ministério Público, em qualquer fase do processo, desde que haja certeza da infração penal e indícios suficientes de autoria.

Estimação do valor da obrigação e do imóvel

Art. 208. O requerimento estimará o valor da obrigação resultante do crime, bem como indicará e estimará o imóvel ou imóveis, que ficarão especialmente hipotecados; será instruído com os dados em que se fundarem as estimativas e com os documentos comprobatórios do domínio.

Arbitramento

Art. 209. Pedida a especialização, a autoridade judiciária militar mandará arbitrar o montante da obrigação resultante do crime e avaliar o imóvel ou imóveis indicados, nomeando perito idôneo para esse fim.

§ 1º Ouvidos o acusado e o Ministério Público, no prazo de três dias, cada um, a autoridade judiciária militar poderá corrigir o arbitramento do valor da obrigação, se lhe parecer excessivo ou deficiente.

Liquidação após a condenação

§ 2º O valor da obrigação será liquidado definitivamente após a condenação, podendo ser requerido novo arbitramento se o acusado ou o Ministério Público não se conformar com o anterior à sentença condenatória.

Oferecimento de caução

§ 3º Se o acusado oferecer caução suficiente, real ou fidejussória, a autoridade judiciária militar poderá deixar de mandar proceder à inscrição da hipoteca.

Limite da inscrição

§ 4º Somente deverá ser autorizada a inscrição da hipoteca dos imóveis necessários à garantia da obrigação.

Processos em autos apartados

Art. 210. O processo da inscrição e especialização correrá em autos apartados.

Recurso

§ 1º Da decisão que a determinar, caberá recurso para o Superior Tribunal Militar.

§ 2º Se o caso comportar questão de alta indagação, o processo será remetido ao juízo cível, para a decisão.

Imóvel clausulado de inalienabilidade

Art. 211. A hipoteca legal não poderá recair em imóvel com cláusula de inalienabilidade.

Caso de hipoteca anterior

Art. 212. No caso de hipoteca anterior ao fato delituoso, não ficará prejudicado o direito do patrimônio sob administração militar à constituição da hipoteca legal, que se considerará segunda hipoteca, nos termos da lei civil.

Renda dos bens hipotecados

Art. 213. Das rendas dos bens sob hipoteca legal, poderão ser fornecidos recursos, arbitrados pela autoridade judiciária militar, para a manutenção do acusado e sua família.

Cancelamento da inscrição

Art. 214. A inscrição será cancelada:

a) se, depois de feita, o acusado oferecer caução suficiente, real ou fidejussória;

b) se for julgada extinta a ação penal ou absolvido o acusado por sentença irrecorrível.

SEÇÃO III
DO ARRESTO

Bens sujeitos a arresto

Art. 215. O arresto de bens do acusado poderá ser decretado pela autoridade judiciária militar, para satisfação do dano causado pela infração penal ao patrimônio sob a administração militar:

a) se imóveis, para evitar artifício fraudulento que os transfira ou grave, antes da inscrição e especialização da hipoteca legal;

b) se móveis e representarem valor apreciável, tentar ocultá-los ou deles tentar realizar tradição que burle a possibilidade da satisfação do dano, referida no preâmbulo deste artigo.

Revogação do arresto

§ 1º Em se tratando de imóvel, o arresto será revogado, se, dentro em quinze dias, contados da sua decretação, não for requerida a inscrição e especialização da hipoteca legal.

Na fase do inquérito

§ 2º O arresto poderá ser pedido ainda na fase do inquérito.

Preferência

Art. 216. O arresto recairá de preferência sobre imóvel, e somente se estenderá a bem móvel se aquele não tiver valor suficiente para assegurar a satisfação do dano; em qualquer caso, o arresto somente será decretado quando houver certeza da infração e fundada suspeita da sua autoria.

Bens insuscetíveis de arresto

Art. 217. Não é permitido arrestar bens que, de acordo com a lei civil, sejam insuscetíveis de penhora, ou, de qualquer modo, signifiquem conforto indispensável ao acusado e à sua família.

Coisas deterioráveis

Art. 218. Se os bens móveis arrestados forem coisas facilmente deterioráveis, serão levadas a leilão público, depositando-se o dinheiro apurado em conta corrente de estabelecimento de crédito oficial.

Processo em autos apartados

Art. 219. O processo de arresto correrá em autos apartados, admitindo embargos, se se tratar de coisa móvel, com recurso para o Superior Tribunal Militar da decisão que os aceitar ou negar.

Disposições de sequestro

Parágrafo único. No processo de arresto seguir-se-ão as disposições a respeito do sequestro, no que forem aplicáveis.

CAPÍTULO III
DAS PROVIDÊNCIAS QUE RECAEM SOBRE PESSOAS

SEÇÃO I
DA PRISÃO PROVISÓRIA

‣ arts. 311 a 316, CPP.

DISPOSIÇÕES GERAIS

Definição

Art. 220. Prisão provisória é a que ocorre durante o inquérito, ou no curso do processo, antes da condenação definitiva.

Legalidade da prisão

Art. 221. Ninguém será preso senão em flagrante delito ou por ordem escrita de autoridade competente.

‣ art. 5º, LXI, CF.

Comunicação ao juiz

Art. 222. A prisão ou detenção de qualquer pessoa será imediatamente levada ao conhecimento da autoridade judiciária competente, com a declaração do local onde a mesma se acha sob custódia e se está, ou não, incomunicável.

Prisão de militar

Art. 223. A prisão de militar deverá ser feita por outro militar de posto ou graduação superior; ou, se igual, mais antigo.

Relaxamento da prisão

Art. 224. Se, ao tomar conhecimento da comunicação, a autoridade judiciária verificar que a prisão não é legal, deverá relaxá-la imediatamente.

Expedição de mandado

Art. 225. A autoridade judiciária ou o encarregado do inquérito que ordenar a prisão fará expedir em duas vias o respectivo mandado, com os seguintes requisitos:

Requisitos

a) será lavrado pelo escrivão do processo ou do inquérito, ou *ad hoc*, e assinado pela autoridade que ordenar a expedição;

b) designará a pessoa sujeita a prisão com a respectiva identificação e moradia, se possível;

c) mencionará o motivo da prisão;

d) designará o executor da prisão.

‣ art. 260 deste Código.

Assinatura do mandado

Parágrafo único. Uma das vias ficará em poder do preso, que assinará a outra; e, se não quiser ou não puder fazê-lo, certificá-lo-á o executor do mandado, na própria via deste.

Tempo e lugar da captura

Art. 226. A prisão poderá ser efetuada em qualquer dia e a qualquer hora, respeitadas as garantias relativas à inviolabilidade do domicílio.

‣ art. 5º, XI, CF.

Desdobramento do mandado

Art. 227. Para cumprimento do mandado, a autoridade policial militar ou a judiciária poderá expedir tantos outros quantos necessários às diligências, devendo em cada um deles ser fielmente reproduzido o teor do original.

Expedição de precatória ou ofício

Art. 228. Se o capturando estiver em lugar estranho à jurisdição do juiz que ordenar a prisão, mas em território nacional, a captura será pedida por precatória, da qual constará o mesmo que se contém nos mandados de prisão; no curso do inquérito policial militar a providência será solicitada pelo seu encarregado, com os mesmos requisitos, mas por meio de ofício, ao comandante da Região Militar, Distrito Naval ou Zona Aérea, respectivamente.

Via telegráfica ou radiográfica

Parágrafo único. Havendo urgência, a captura poderá ser requisitada por via telegráfica ou radiográfica, autenticada a firma da autoridade requisitante, o que se mencionará no despacho.

Captura no estrangeiro

Art. 229. Se o capturando estiver no estrangeiro, a autoridade judiciária se dirigirá ao Ministro da Justiça para que, por via diplomática, sejam tomadas as providências que no caso couberem.

Art. 230. A captura se fará:

Caso de flagrante

a) em caso de flagrante, pela simples voz de prisão;

Caso de mandado

b) em caso de mandado, pela entrega ao capturando de uma das vias e consequente voz de prisão dada pelo executor, que se identificará.

Recaptura

Parágrafo único. A recaptura de indiciado ou acusado evadido independe de prévia ordem da autoridade, e poderá ser feita por qualquer pessoa.

Captura em domicílio

Art. 231. Se o executor verificar que o capturando se encontra em alguma casa, ordenará ao dono dela que o entregue, exibindo-lhe o mandado de prisão.

Caso de busca

Parágrafo único. Se o executor não tiver certeza da presença do capturando na casa, poderá proceder à busca, para a qual, entretanto, será necessária a expedição do respectivo mandado, a menos que o executor seja a própria autoridade competente para expedi-lo.

Recusa da entrega do capturando

Art. 232. Se não for atendido, o executor convocará duas testemunhas e procederá da seguinte forma:

a) sendo dia, entrará à força na casa, arrombando-lhe a porta, se necessário;

b) sendo noite, fará guardar todas as saídas, tornando a casa incomunicável, e, logo que amanheça, arrombar-lhe-á a porta e efetuará a prisão.

Parágrafo único. O morador que se recusar à entrega do capturando será levado à presença da autoridade, para que contra ele se proceda, como de direito, se sua ação configurar infração penal.

Flagrante no interior de casa

Art. 233. No caso de prisão em flagrante que se deva efetuar no interior de casa, observar-se-á o disposto no artigo anterior, no que for aplicável.

Emprego de força

Art. 234. O emprego de força só é permitido quando indispensável, no caso de desobediência, resistência ou tentativa de fuga. Se houver resistência da parte de terceiros, poderão ser usados os meios necessários para vencê-la ou para defesa do executor e auxiliares seus, inclusive a prisão do ofensor. De tudo se lavrará auto subscrito pelo executor e por duas testemunhas.

Emprego de algemas

§ 1º O emprego de algemas deve ser evitado, desde que não haja perigo de fuga ou de agressão da parte do preso, e de modo algum será permitido, nos presos a que se refere o art. 242.

‣ Súm. Vinc. 11, STF.

Uso de armas

§ 2º O recurso ao uso de armas só se justifica quando absolutamente necessário para vencer a resistência ou proteger a incolumidade do executor da prisão ou a de auxiliar seu.

Captura fora da jurisdição

Art. 235. Se o indiciado ou acusado, sendo perseguido, passar a território de outra jurisdição, observar-se-á, no que for aplicável, o disposto nos arts. 186, 187 e 188.

Cumprimento de precatória

Art. 236. Ao receber precatória para a captura de alguém, cabe ao auditor deprecado:

a) verificar a autenticidade e a legalidade do documento;

b) se o reputar perfeito, apor-lhe o *cumpra-se* e expedir mandado de prisão;

c) cumprida a ordem, remeter a precatória e providenciar a entrega do preso ao juiz deprecante.

Remessa dos autos a outro juiz

Parágrafo único. Se o juiz deprecado verificar que o capturando se encontra em território sujeito à jurisdição de outro juiz militar, remeter-lhe-á os autos da precatória. Se não tiver notícia do paradeiro do capturando, devolverá os autos ao juiz deprecante.

Entrega de preso. Formalidades

Art. 237. Ninguém será recolhido à prisão sem que ao responsável pela custódia seja entregue cópia do respectivo mandado, assinada pelo executor, ou apresentada guia expedida pela autoridade competente, devendo ser passado recibo da entrega do preso, com declaração do dia, hora e lugar da prisão.

‣ art. 261 deste Código.

Recibo

Parágrafo único. O recibo será passado no próprio exemplar do mandado, se este for o documento exibido.

‣ Art. 238, p.u., deste Código.

Transferência de prisão

Art. 238. Nenhum preso será transferido de prisão sem que o responsável pela transferência faça a devida comunicação à autoridade judiciária que ordenou a prisão, nos termos do art. 18.

Recolhimento à nova prisão

Parágrafo único. O preso transferido deverá ser recolhido à nova prisão com as mesmas formalidades previstas no art. 237 e seu parágrafo único.

Separação de prisão

Art. 239. As pessoas sujeitas a prisão provisória deverão ficar separadas das que estiverem definitivamente condenadas.

Local da prisão

Art. 240. A prisão deve ser em local limpo e arejado, onde o detento possa repousar durante a noite, sendo proibido o seu recolhimento a masmorra, solitária ou cela onde não penetre a luz do dia.

Respeito à integridade do preso e assistência

Art. 241. Impõe-se à autoridade responsável pela custódia o respeito à integridade física e moral do detento, que terá direito a presença de pessoa da sua família e a assistência religiosa, pelo menos uma vez por semana, em dia previamente marcado, salvo durante o período de incomunicabilidade, bem como à assistência de advogado que indicar, nos termos do art. 71, ou, se estiver impedido de fazê-lo, à do que for indicado por seu cônjuge, ascendente ou descendente.

Parágrafo único. Se o detento necessitar de assistência para tratamento de saúde ser-lhe-á prestada por médico militar.

Prisão especial

Art. 242. Serão recolhidos a quartel ou a prisão especial, à disposição da autoridade competente, quando sujeitos a prisão, antes de condenação irrecorrível:

a) os ministros de Estado;

b) os governadores ou interventores de Estados, ou Territórios, o prefeito do Distrito Federal, seus respectivos secretários e chefes de Polícia;

c) os membros do Congresso Nacional, dos Conselhos da União e das Assembleias Legislativas dos Estados;

d) os cidadãos inscritos no Livro de Mérito das ordens militares ou civis reconhecidas em lei;

e) os magistrados;

f) os oficiais das Forças Armadas, das Polícias e dos Corpos de Bombeiros, Militares, inclusive os da reserva, remunerada ou não, e os reformados;

g) os oficiais da Marinha Mercante Nacional;

h) os diplomados por faculdade ou instituto superior de ensino nacional;

i) os ministros do Tribunal de Contas;

j) os ministros de confissão religiosa.

- art. 234, § 1º, deste Código.

Prisão de praças

Parágrafo único. A prisão de praças especiais e a de graduados atenderá aos respectivos graus de hierarquia.

SEÇÃO II
DA PRISÃO EM FLAGRANTE

- Arts. 301 a 310, CPP.

Pessoas que efetuam prisão em flagrante

Art. 243. Qualquer pessoa poderá e os militares deverão prender quem for insubmisso ou desertor, ou seja, encontrado em flagrante delito.

- art. 5º, LXI, CF.
- Súm 145, STF.

Sujeição a flagrante delito

Art. 244. Considera-se em flagrante delito aquele que:

- art. 302, CPP.

a) está cometendo o crime;

b) acaba de cometê-lo;

c) é perseguido logo após o fato delituoso em situação que faça acreditar ser ele o seu autor;

d) é encontrado, logo depois, com instrumentos, objetos, material ou papéis que façam presumir a sua participação no fato delituoso.

- art. 12, c, deste Código.

Infração permanente

Parágrafo único. Nas infrações permanentes, considera-se o agente em flagrante delito enquanto não cessar a permanência.

Lavratura do auto

Art. 245. Apresentado o preso ao comandante ou ao oficial de dia, de serviço ou de quarto, ou autoridade correspondente, ou à autoridade judiciária, será, por qualquer deles, ouvido o condutor e as testemunhas que o acompanharem, bem como inquirido o indiciado sobre a imputação que lhe é feita, e especialmente sobre o lugar e hora em que o fato aconteceu, lavrando-se de tudo auto, que será por todos assinado.

§ 1º Em se tratando de menor inimputável, será apresentado, imediatamente, ao juiz de menores.

Ausência de testemunhas

§ 2º A falta de testemunhas não impedirá o auto de prisão em flagrante, que será assinado por duas pessoas, pelo menos, que hajam testemunhado a apresentação do preso.

Recusa ou impossibilidade de assinatura do auto

§ 3º Quando a pessoa conduzida se recusar a assinar, não souber ou não puder fazê-lo, o auto será assinado por duas testemunhas, que lhe tenham ouvido a leitura na presença do indiciado, do condutor e das testemunhas do fato delituoso.

Designação de escrivão

§ 4º Sendo o auto presidido por autoridade militar, designará esta, para exercer as funções de escrivão, um capitão, capitão-tenente, primeiro ou segundo-tenente, se o indiciado for oficial. Nos demais casos, poderá designar um subtenente, suboficial ou sargento.

Falta ou impedimento de escrivão

§ 5º Na falta ou impedimento de escrivão ou das pessoas referidas no parágrafo anterior, a autoridade designará, para lavrar o auto, qualquer pessoa idônea, que, para esse fim, prestará o compromisso legal.

Recolhimento à prisão. Diligências

Art. 246. Se das respostas resultarem fundadas suspeitas contra a pessoa conduzida, a autoridade mandará recolhê-la à prisão, procedendo-se, imediatamente, se for o caso, a exame de corpo de delito, à busca e apreensão dos instrumentos do crime e a qualquer outra diligência necessária ao seu esclarecimento.

Nota de culpa

Art. 247. Dentro em vinte e quatro horas após a prisão, será dada ao preso nota de culpa assinada pela autoridade, com o motivo da prisão, o nome do condutor e os das testemunhas.

Recibo da nota de culpa

§ 1º Da nota de culpa o preso passará recibo que será assinado por duas testemunhas, quando ele não souber, não puder ou não quiser assinar.

Relaxamento da prisão

§ 2º Se, ao contrário da hipótese prevista no art. 246, a autoridade militar ou judiciária verificar a manifesta inexistência de infração penal militar ou a não participação da pessoa conduzida, relaxará a prisão. Em se tratando de infração penal comum, remeterá o preso à autoridade civil competente.

Registro das ocorrências

Art. 248. Em qualquer hipótese, de tudo quanto ocorrer será lavrado auto ou termo, para remessa à autoridade judiciária competente, a fim de que esta confirme ou infirme os atos praticados.

Fato praticado em presença da autoridade

Art. 249. Quando o fato for praticado em presença da autoridade, ou contra ela, no exercício de suas funções, deverá ela própria prender e autuar em flagrante o infrator, mencionando a circunstância.

Prisão em lugar não sujeito à administração militar

Art. 250. Quando a prisão em flagrante for efetuada em lugar não sujeito à administração militar, o auto poderá ser lavrado por autoridade civil, ou pela autoridade militar do lugar mais próximo daquele em que ocorrer a prisão.

Remessa do auto de flagrante ao juiz

Art. 251. O auto de prisão em flagrante deve ser remetido imediatamente ao juiz competente, se não tiver sido lavrado por autoridade judiciária; e, no máximo, dentro em cinco dias, se depender de diligência prevista no art. 246.

Passagem do preso à disposição do juiz

Parágrafo único. Lavrado o auto de flagrante delito, o preso passará imediatamente à disposição da autoridade judiciária competente para conhecer do processo.

Devolução do auto

Art. 252. O auto poderá ser mandado ou devolvido à autoridade militar, pelo juiz ou a requerimento do Ministério Público, se novas diligências forem julgadas necessárias ao esclarecimento do fato.

Concessão de liberdade provisória

Art. 253. Quando o juiz verificar pelo auto de prisão em flagrante que o agente praticou o fato nas condições dos arts. 35, 38, observado o disposto no art. 40, e dos arts. 39 e 42, do Código Penal Militar, poderá conceder ao indiciado liberdade provisória, mediante termo de comparecimento a todos os atos do processo, sob pena de revogar a concessão.

SEÇÃO III
DA PRISÃO PREVENTIVA

- arts. 311 a 316, CPP.

Competência e requisitos para a decretação

Art. 254. A prisão preventiva pode ser decretada pelo auditor ou pelo Conselho de Justiça, de ofício, a requerimento do Ministério Público ou mediante representação da autoridade encarregada do inquérito policial-militar, em qualquer fase deste ou do processo, concorrendo os requisitos seguintes:

a) prova do fato delituoso;

b) indícios suficientes de autoria.

- art. 256 deste Código.

No Superior Tribunal Militar

Parágrafo único. Durante a instrução de processo originário do Superior Tribunal Militar, a decretação compete ao relator.

Casos de decretação

Art. 255. A prisão preventiva, além dos requisitos do artigo anterior, deverá fundar-se em um dos seguintes casos:

a) garantia da ordem pública;

b) conveniência da instrução criminal;

c) periculosidade do indiciado ou acusado;

d) segurança da aplicação da lei penal militar;

e) exigência da manutenção das normas ou princípios de hierarquia e disciplina militares, quando ficarem ameaçados ou atingidos com a liberdade do indiciado ou acusado.

› art. 271 deste Código.

Fundamentação do despacho

Art. 256. O despacho que decretar ou denegar a prisão preventiva será sempre fundamentado; e, da mesma forma, o seu pedido ou requisição, que deverá preencher as condições previstas nas letras *a* e *b*, do art. 254.

Desnecessidade da prisão

Art. 257. O juiz deixará de decretar a prisão preventiva, quando, por qualquer circunstância evidente dos autos, ou pela profissão, condições de vida ou interesse do indiciado ou acusado, presumir que este não fuja, nem exerça influência em testemunha ou perito, nem impeça ou perturbe, de qualquer modo, a ação da justiça.

Modificação de condições

Parágrafo único. Essa decisão poderá ser revogada a todo o tempo, desde que se modifique qualquer das condições previstas neste artigo.

Proibição

Art. 258. A prisão preventiva em nenhum caso será decretada se o juiz verificar, pelas provas constantes dos autos, ter o agente praticado o fato nas condições dos arts. 35, 38, observado o disposto no art. 40, e dos arts. 39 e 42, do Código Penal Militar.

› arts. 314; 415, IV; e 648, I, CPP.

Revogação e nova decretação

Art. 259. O juiz poderá revogar a prisão preventiva se, no curso do processo, verificar a falta de motivos para que subsista, bem como de novo decretá-la, se sobrevierem razões que a justifiquem.

Parágrafo único. A prorrogação da prisão preventiva dependerá de prévia audiência do Ministério Público.

Execução da prisão preventiva

Art. 260. A prisão preventiva executar-se-á por mandado, com os requisitos do art. 225. Se o indiciado ou acusado já se achar detido, será notificado do despacho que a decretar pelo escrivão do inquérito, ou do processo, que o certificará nos autos.

Passagem à disposição do juiz

Art. 261. Decretada a prisão preventiva, o preso passará à disposição da autoridade judiciária, observando-se o disposto no art. 237.

CAPÍTULO IV
DO COMPARECIMENTO ESPONTÂNEO

Tomada de declarações

Art. 262. Comparecendo espontaneamente o indiciado ou acusado, tomar-se-ão por termo as declarações que fizer. Se o comparecimento não se der perante a autoridade judiciária, a esta serão apresentados o termo e o indiciado ou acusado, para que delibere acerca da prisão preventiva ou de outra medida que entender cabível.

Parágrafo único. O termo será assinado por duas testemunhas presenciais do ocorrido; e, se o indiciado ou acusado não souber ou não puder assinar, sê-lo-á por uma pessoa a seu rogo, além das testemunhas mencionadas.

CAPÍTULO V
DA MENAGEM

Competência e requisitos para a concessão

Art. 263. A menagem poderá ser concedida pelo juiz, nos crimes cujo máximo da pena privativa da liberdade não exceda a quatro anos, tendo-se, porém, em atenção a natureza do crime e os antecedentes do acusado.

Lugar da menagem

Art. 264. A menagem a militar poderá efetuar-se no lugar em que residia quando ocorreu o crime ou seja sede do juízo que o estiver apurando, ou, atendido o seu posto ou graduação, em quartel, navio, acampamento, ou em estabelecimento ou sede de órgão militar. A menagem a civil será no lugar da sede do juízo, ou em lugar sujeito à administração militar, se assim o entender necessário a autoridade que a conceder.

Audiência do Ministério Público

§ 1º O Ministério Público será ouvido, previamente, sobre a concessão da menagem, devendo emitir parecer dentro do prazo de três dias.

Pedido de informação

§ 2º Para a menagem em lugar sujeito à administração militar, será pedida informação, a respeito da sua conveniência, à autoridade responsável pelo respectivo comando ou direção.

Cassação da menagem

Art. 265. Será cassada a menagem àquele que se retirar do lugar para o qual foi ela concedida, ou faltar, sem causa justificada, a qualquer ato judicial para que tenha sido intimado ou a que deva comparecer independentemente de intimação especial.

› art. 288 deste Código.

Menagem do insubmisso

Art. 266. O insubmisso terá o quartel por menagem, independentemente de decisão judicial, podendo, entretanto, ser cassada pela autoridade militar, por conveniência de disciplina.

Cessação da menagem

Art. 267. A menagem cessa com a sentença condenatória, ainda que não tenha passado em julgado.

Parágrafo único. Salvo o caso do artigo anterior, o juiz poderá ordenar a cessação da menagem, em qualquer tempo, com a liberação das obrigações dela decorrentes, desde que não a julgue mais necessária ao interesse da Justiça.

Contagem para a pena

Art. 268. A menagem concedida em residência ou cidade não será levada em conta no cumprimento da pena.

› art. 589 deste Código.

Reincidência

Art. 269. Ao reincidente não se concederá menagem.

CAPÍTULO VI
DA LIBERDADE PROVISÓRIA

Casos de liberdade provisória

Art. 270. O indiciado ou acusado livrar-se-á solto no caso de infração a que não for cominada pena privativa de liberdade.

› arts. 321 a 350, CPP.

Parágrafo único. Poderá livrar-se solto:

a) no caso de infração culposa, salvo se compreendida entre as previstas no Livro I, Título I, da Parte Especial, do Código Penal Militar;

b) no caso de infração punida com pena de detenção não superior a dois anos, salvo as previstas nos arts. 157, 160, 161, 162, 163, 164, 166, 173, 176, 177, 178, 187, 192, 235, 299 e 302, do Código Penal Militar.

Suspensão

Art. 271. A superveniência de qualquer dos motivos referidos no art. 255 poderá determinar a suspensão da liberdade provisória, por despacho da autoridade que a concedeu, de ofício ou a requerimento do Ministério Público.

CAPÍTULO VII
DA APLICAÇÃO PROVISÓRIA DE MEDIDAS DE SEGURANÇA

› arts. 171 a 179, Lei 7.210/1984 (Lei de Execução Penal).

Casos de aplicação

Art. 272. No curso do inquérito, mediante representação do encarregado, ou no curso do processo, de ofício ou a requerimento do Ministério Público, enquanto não for proferida sentença irrecorrível, o juiz poderá, observado o disposto no art. 111, do Código Penal Militar, submeter às medidas de segurança que lhes forem aplicáveis:

a) os que sofram de doença mental, de desenvolvimento mental incompleto ou retardado, ou outra grave perturbação de consciência;

b) os ébrios habituais;

c) os toxicômanos;

d) os que estejam no caso do art. 115, do Código Penal Militar.

› arts. 273; 274; 533 deste Código.

Interdição de estabelecimento ou sociedade

§ 1º O juiz poderá, da mesma forma, decretar a interdição, por tempo não superior a cinco dias, de estabelecimento industrial ou comercial, bem como de sociedade ou associação, que esteja no caso do art. 118, do Código Penal Militar, a fim de ser nela realizada busca ou apreensão ou qualquer outra diligência permitida neste Código, para elucidação de fato delituoso.

Fundamentação

§ 2º Será fundamentado o despacho que aplicar qualquer das medidas previstas neste artigo.

Irrecorribilidade de despacho

Art. 273. Não caberá recurso do despacho que decretar ou denegar a aplicação provisória da medida de segurança, mas esta poderá ser revogada, substituída ou modificada, a critério do juiz, mediante requerimento do Ministério Público, do indiciado ou acusado, ou de representante legal de qualquer destes, nos casos das letras *a* e *c* do artigo anterior.

Necessidade da perícia médica

Art. 274. A aplicação provisória da medida de segurança, no caso da letra a do art. 272, não dispensa nem supre realização da perícia médica, nos termos dos arts. 156 e 160.

Normas supletivas

Art. 275. Decretada a medida, atender-se-á, no que for aplicável, às disposições relativas à execução da sentença definitiva.

Suspensão do pátrio poder, tutela ou curatela

Art. 276. A suspensão provisória do exercício do pátrio poder, da tutela ou da curatela, para efeito no juízo penal militar, deverá ser processada no juízo civil.

TÍTULO XIV

CAPÍTULO ÚNICO
DA CITAÇÃO, DA INTIMAÇÃO E DA NOTIFICAÇÃO

› arts. 351 a 372, CPP.

Formas de citação

Art. 277. A citação far-se-á por oficial de justiça:

I - mediante mandado, quando o acusado estiver servindo ou residindo na sede do juízo em que se promove a ação penal;

II - mediante precatória, quando o acusado estiver servindo ou residindo fora dessa sede, mas no País;

III - mediante requisição, nos casos dos arts. 280 e 282;

IV - pelo correio, mediante expedição de carta;

V - por edital:

› art. 284, § 2º, deste Código.

a) quando o acusado se ocultar ou opuser obstáculo para não ser citado;

b) quando estiver asilado em lugar que goze de extraterritorialidade de país estrangeiro;

c) quando não for encontrado;

d) quando estiver em lugar incerto ou não sabido;

e) quando incerta a pessoa que tiver de ser citada.

Parágrafo único. Nos casos das letras *a, c* e *d*, o oficial de justiça, depois de procurar o acusado por duas vezes, em dias diferentes, certificará, cada vez, a impossibilidade da citação pessoal e o motivo. No caso da letra *b*, o oficial de justiça certificará qual o lugar em que o acusado está asilado.

Requisitos do mandado

Art. 278. O mandado, do qual se extrairão tantas duplicatas quantos forem os acusados, para servirem de contrafé, conterá:

a) o nome da autoridade judiciária que o expedir;

b) o nome do acusado, seu posto ou graduação, se militar; seu cargo, se assemelhado ou funcionário de repartição militar, ou, se for desconhecido, os seus sinais característicos;

c) a transcrição da denúncia, com o rol das testemunhas;

d) o lugar, dia e hora em que o acusado deverá comparecer a juízo;

e) a assinatura do escrivão e a rubrica da autoridade judiciária.

Assinatura do mandado

Parágrafo único. Em primeira instância a assinatura do mandado compete ao auditor, e, em ação originária do Superior Tribunal Militar, ao relator do feito.

Requisitos da citação do mandado

Art. 279. São requisitos da citação por mandado:

a) a sua leitura ao citando pelo oficial de justiça, e entrega da contrafé;

b) declaração do recebimento da contrafé pelo citando, a qual poderá ser feita na primeira via do mandado;

c) declaração do oficial de justiça, na certidão, da leitura do mandado.

› arts. 281; 282; 284 deste Código.

Recusa ou impossibilidade da parte do citando

Parágrafo único. Se o citando se recusar a ouvir a leitura do mandado, a receber a contrafé ou a declarar o seu recebimento, o oficial de justiça certificá-lo-á no próprio mandado. Do mesmo modo procederá, se o citando, embora recebendo a contrafé, estiver impossibilitado de o declarar por escrito.

Citação a militar

Art. 280. A citação a militar em situação de atividade ou a assemelhado far-se-á mediante requisição à autoridade sob cujo comando ou chefia estiver, a fim de que o citando se apresente para ouvir a leitura do mandado e receber a contrafé.

› art. 277, III, deste Código.

Citação a funcionário

Art. 281. A citação a funcionário que servir em repartição militar deverá, para se realizar dentro desta, ser precedida de licença do seu diretor ou chefe, a quem se dirigirá o oficial de justiça, antes de cumprir o mandado, na forma do art. 279.

Citação a preso

Art. 282. A citação de acusado preso por ordem de outro juízo ou por motivo de outro processo, far-se-á nos termos do art. 279, requisitando-se, por ofício, a apresentação do citando ao oficial de justiça, no recinto da prisão, para o cumprimento do mandado.

› art. 277, III, deste Código.

Requisitos da precatória

Art. 283. A precatória de citação indicará:

a) o juiz deprecado e o juiz deprecante;

b) a sede das respectivas jurisdições;

c) o fim para que é feita a citação, com todas as especificações;

d) o lugar, dia e hora de comparecimento do acusado.

› Arts. 285; 346; 359 deste Código.

Urgência

Parágrafo único. Se houver urgência, a precatória, que conterá em resumo os requisitos deste artigo, poderá ser expedida por via telegráfica, depois de reconhecida a firma do juiz, o que a estação expedidora mencionará.

Cumprimento da precatória

Art. 284. A precatória será devolvida ao juiz deprecante, independentemente de traslado, depois de lançado o "cumpra-se" e de feita a citação por mandado do juiz deprecado, com os requisitos do art. 279.

§ 1º Verificado que o citando se encontra em território sujeito à jurisdição de outro juiz, a este o juiz deprecado remeterá os autos, para efetivação da diligência, desde que haja tempo para se fazer a citação.

§ 2º Certificada pelo oficial de justiça a existência de qualquer dos casos referidos no n. V, do art. 277, a precatória será imediatamente devolvida, para o fim previsto naquele artigo.

Carta citatória

Art. 285. Estando o acusado no estrangeiro, mas em lugar sabido, a citação far-se-á por meio de carta citatória, cuja remessa a autoridade judiciária solicitará ao Ministério das Relações Exteriores, para ser entregue ao citando, por intermédio de representante diplomático ou consular do Brasil, ou preposto de qualquer deles, com jurisdição no lugar onde aquele estiver. A carta citatória conterá o nome do juiz que a expedir e as indicações a que se referem as alíneas *b, c* e *d*, do art. 283.

Caso especial de militar

§ 1º Em se tratando de militar em situação de atividade, a remessa, para o mesmo fim, será solicitada ao Ministério em que servir.

Carta citatória considerada cumprida

§ 2º A citação considerar-se-á cumprida desde que, por qualquer daqueles Ministérios, seja comunicada ao juiz a entrega ao citando da carta citatória.

Ausência do citando

§ 3º Se o citando não for encontrado no lugar, ou se ocultar ou opuser obstáculo à citação, publicar-se-á edital para este fim, pelo prazo de vinte dias, de acordo com o art. 286, após a comunicação, naquele sentido, à autoridade judiciária.

Exilado ou foragido em país estrangeiro

§ 4º O exilado ou foragido em país estrangeiro, salvo se internado em lugar certo e determinado pelo Governo desse país, será citado por edital, conforme o parágrafo anterior.

§ 5º A publicação do edital a que se refere o parágrafo anterior somente será feita após certidão do oficial de justiça, afirmativa de estar o citando exilado ou foragido em lugar incerto e não sabido.

Requisitos do edital

Art. 286. O edital de citação conterá, além dos requisitos referidos no art. 278, a declaração do prazo, que será contado do dia da respectiva publicação na imprensa, ou da sua afixação.

§ 1º Além da publicação por três vezes em jornal oficial do lugar ou, na falta deste, em jornal que tenha ali circulação diária, será o edital afixado em lugar ostensivo, na portaria do edifício onde funciona o juízo. A afixação será certificada pelo oficial de justiça que a houver feito e a publicação provada com a página do jornal de que conste a respectiva data.

Edital resumido

§ 2º Sendo por demais longa a denúncia, dispensar-se-á a sua transcrição, resumindo-se o edital às indicações previstas nas alíneas *a, b, d* e *e*, do art. 278 e à declaração do prazo a que se refere o preâmbulo deste artigo. Da mesma forma se procederá, quando o número de acusados exceder a cinco.

Prazo do edital

Art. 287. O prazo do edital será conforme o art. 277, n. V:

a) de cinco dias, nos casos das alíneas *a* e *b*;

b) de quinze dias, no caso da alínea *c*;

c) de vinte dias, no caso da alínea *d*;

d) de vinte a noventa dias, no caso da alínea *e*.

Parágrafo único. No caso da alínea *a*, deste artigo, bastará publicar o edital uma só vez.

Intimação e notificação pelo escrivão

Art. 288. As intimações e notificações, para a prática de atos ou seu conhecimento no curso do processo, poderão, salvo determinação especial do juiz, ser feitas pelo escrivão às partes, testemunhas e peritos, por meio de carta, telegrama ou comunicação telefônica, bem como pessoalmente, se estiverem presentes em juízo, o que será certificado nos autos.

‣ arts. 370; 392; e 570, CPP.

Residente fora da sede do juízo

§ 1º A intimação ou notificação a pessoa que residir fora da sede do juízo poderá ser feita por carta ou telegrama, com assinatura da autoridade judiciária.

Intimação ou notificação a advogado ou curador

§ 2º A intimação ou notificação ao advogado constituído nos autos com poderes *ad juditia*, ou de ofício, ao defensor dativo ou ao curador judicial, supre a do acusado, salvo se este estiver preso, caso em que deverá ser intimado ou notificado pessoalmente, com conhecimento do responsável pela sua guarda, que o fará apresentar em juízo, no dia e hora designados, salvo motivo de força maior, que comunicará ao juiz.

Intimação ou notificação a militar

§ 3º A intimação ou notificação de militar em situação de atividade, ou assemelhado, ou de funcionário lotado em repartição militar, será feita por intermédio da autoridade a que estiver subordinado. Estando preso, o oficial deverá ser apresentado, atendida a sua hierarquia, sob a guarda de outro oficial, e a praça sob escolta, de acordo com os regulamentos militares.

Dispensa de comparecimento

§ 4º O juiz poderá dispensar a presença do acusado, desde que, sem dependência dela, possa realizar-se o ato processual.

Agregação de oficial processado

Art. 289. Estando solto, o oficial sob processo será agregado em unidade, força ou órgão, cuja distância da sede do juízo lhe permita comparecimento imediato aos atos processuais. A sua transferência, em cada caso, deverá ser comunicada à autoridade judiciária processante.

Mudança de residência de acusado civil

Art. 290. O acusado civil, solto, não poderá mudar de residência ou dela ausentar-se por mais de oito dias, sem comunicar à autoridade judiciária processante o lugar onde pode ser encontrado.

Antecedência da citação

Art. 291. As citações, intimações ou notificações serão sempre feitas de dia e com a antecedência de vinte e quatro horas, pelo menos, do ato a que se referirem.

Revelia do acusado

Art. 292. O processo seguirá à revelia do acusado que, citado, intimado ou notificado para qualquer ato do processo, deixar de comparecer sem motivo justificado.

Citação inicial do acusado

Art. 293. A citação feita no início do processo é pessoal, bastando, para os demais termos, a intimação ou notificação do seu defensor, salvo se o acusado estiver preso, caso em que será, da mesma forma, intimado ou notificado.

TÍTULO XV
DOS ATOS PROBATÓRIOS

‣ arts. 155 a 250, CPP.

CAPÍTULO I
DISPOSIÇÕES GERAIS

Irrestrição da prova

Art. 294. A prova no juízo penal militar, salvo quanto ao estado das pessoas, não está sujeita às restrições estabelecidas na lei civil.

Admissibilidade do tipo de prova

Art. 295. É admissível, nos termos deste Código, qualquer espécie de prova, desde que não atente contra a moral, a saúde ou a segurança individual ou coletiva, ou contra a hierarquia ou a disciplina militares.

Ônus da prova. Determinação de diligência

Art. 296. O ônus da prova compete a quem alegar o fato, mas o juiz poderá, no curso da instrução criminal ou antes de proferir sentença, determinar, de ofício, diligências para dirimir dúvida sobre ponto relevante. Realizada a diligência, sobre ela serão ouvidas as partes, para dizerem nos autos, dentro em quarenta e oito horas, contadas da intimação, por despacho do juiz.

Inversão do ônus da prova

§ 1º Inverte-se o ônus de provar se a lei presume o fato até prova em contrário.

Isenção

§ 2º Ninguém está obrigado a produzir prova que o incrimine, ou ao seu cônjuge, descendente, ascendente ou irmão.

Avaliação de prova

Art. 297. O juiz formará convicção pela livre-apreciação do conjunto das provas colhidas em juízo. Na consideração de cada prova, o juiz deverá confrontá-la com as demais, verificando se entre elas há compatibilidade e concordância.

Prova na língua nacional

Art. 298. Os atos do processo serão expressos na língua nacional.

Intérprete

§ 1º Será ouvido por meio de intérprete o acusado, a testemunha ou quem quer que tenha de prestar esclarecimento oral no processo, desde que não saiba falar a língua nacional ou nela não consiga, com exatidão, enunciar o que pretende ou compreender o que lhe é perguntado.

Tradutor

§ 2º Os documentos em língua estrangeira serão traduzidos para a nacional, por tradutor público ou por tradutor nomeado pelo juiz, sob compromisso.

Interrogatório ou inquirição do mudo, do surdo e do surdo-mudo

Art. 299. O interrogatório ou inquirição do mudo, do surdo, ou do surdo-mudo será feito pela forma seguinte:

a) ao surdo, serão apresentadas por escrito as perguntas, que ele responderá oralmente;

b) ao mudo, as perguntas serão feitas oralmente, respondendo-as ele por escrito;

c) ao surdo-mudo, as perguntas serão formuladas por escrito, e por escrito dará ele as respostas.

§ 1º Caso o interrogado ou inquirido não saiba ler ou escrever, intervirá no ato, como intérprete, pessoa habilitada a entendê-lo.

§ 2º Aplica-se ao ofendido o disposto neste artigo e § 1º.

Consignação das perguntas e respostas

Art. 300. Sem prejuízo da exposição que o ofendido, o acusado ou a testemunha quiser fazer, a respeito do fato delituoso ou circunstâncias que tenham com este relação direta, serão consignadas as perguntas que lhes forem dirigidas, bem como, imediatamente, as respectivas respostas, devendo estas obedecer, com a possível exatidão, aos termos em que foram dadas.

Oralidade e formalidades das declarações

§ 1º As perguntas e respostas serão orais, podendo estas, entretanto, ser dadas por escrito, se o declarante, embora não seja mudo, estiver impedido de enunciá-las. Obedecida esta condição, o mesmo poderá ser admitido a respeito da exposição referida neste artigo, desde que escrita no ato da inquirição e sem intervenção de outra pessoa.

§ 2º Nos processos de primeira instância compete ao auditor e nos originários do Superior Tribunal Militar ao relator fazer as perguntas ao declarante e ditar as respostas ao escrivão. Qualquer dos membros do Conselho de Justiça poderá, todavia, fazer as perguntas que julgar necessárias e que serão consignadas com as respectivas respostas.

§ 3º As declarações do ofendido, do acusado e das testemunhas, bem como os demais incidentes que lhes tenham relação, serão reduzidos a termo pelo escrivão, assinado pelo juiz, pelo declarante e pelo defensor do acusado, se o quiser. Se o declarante não souber escrever ou se recusar a assiná-lo, o escrivão o declarará à fé do seu cargo, encerrando o termo.

- art. 366, § 1º, deste Código.

Observância no inquérito

Art. 301. Serão observadas no inquérito as disposições referentes às testemunhas e sua acareação, ao reconhecimento de pessoas e coisas, aos atos periciais e a documentos, previstas neste Título, bem como quaisquer outras que tenham pertinência com a apuração do fato delituoso e sua autoria.

- arts. 9º a 28 deste Código.

CAPÍTULO II
DA QUALIFICAÇÃO E DO INTERROGATÓRIO DO ACUSADO

Tempo e lugar do interrogatório

Art. 302. O acusado será qualificado e interrogado num só ato, no lugar, dia e hora designados pelo juiz, após o recebimento da denúncia; e, se presente à instrução criminal ou preso, antes de ouvidas as testemunhas.

- art. 404, deste Código.

Comparecimento no curso do processo

Parágrafo único. A qualificação e o interrogatório do acusado que se apresentar ou for preso no curso do processo, serão feitos logo que ele comparecer perante o juiz.

Interrogatório pelo juiz

Art. 303. O interrogatório será feito, obrigatoriamente, pelo juiz, não sendo nele permitida a intervenção de qualquer outra pessoa.

- art. 404, deste Código.

Questões de ordem

Parágrafo único. Findo o interrogatório, poderão as partes levantar questões de ordem, que o juiz resolverá de plano, fazendo-as consignar em ata com a respectiva solução, se assim lhe for requerido.

Interrogatório em separado

Art. 304. Se houver mais de um acusado, será cada um deles interrogado separadamente.

- arts. 310; 404, deste Código.

Observações ao acusado

Art. 305. Antes de iniciar o interrogatório, o juiz observará ao acusado que, embora não esteja obrigado a responder às perguntas que lhe forem formuladas, o seu silêncio poderá ser interpretado em prejuízo da própria defesa.

- art. 404, deste Código.

Perguntas não respondidas

Parágrafo único. Consignar-se-ão as perguntas que o acusado deixar de responder e as razões que invocar para não fazê-lo.

Forma e requisitos do interrogatório

Art. 306. O acusado será perguntado sobre o seu nome, naturalidade, estado, idade, filiação, residência, profissão ou meios de vida e lugar onde exerce a sua atividade, se sabe ler e escrever e se tem defensor. Respondidas essas perguntas, será cientificado da acusação pela leitura da denúncia e estritamente interrogado da seguinte forma:

a) onde estava ao tempo em que foi cometida a infração e se teve notícia desta e de que forma;

b) se conhece a pessoa ofendida e as testemunhas arroladas na denúncia, desde quando e se tem alguma coisa a alegar contra elas;

c) se conhece as provas contra ele apuradas e se tem alguma coisa a alegar a respeito das mesmas;

d) se conhece o instrumento com que foi praticada a infração, ou qualquer dos objetos com ela relacionados e que tenham sido apreendidos;

e) se é verdadeira a imputação que lhe é feita;

f) se, não sendo verdadeira a imputação, sabe de algum motivo particular a que deva atribuí-la ou conhece a pessoa ou pessoas a que deva ser imputada a prática do crime e se com elas esteve antes ou depois desse fato;

g) se está sendo ou já foi processado pela prática de outra infração e, em caso afirmativo, em que juízo, se foi condenado, qual a pena imposta e se a cumpriu;

h) se tem quaisquer outras declarações a fazer.

- art. 404, deste Código.

Nomeação de defensor ou curador

§ 1º Se o acusado declarar que não tem defensor, o juiz dar-lhe-á um, para assistir ao interrogatório. Se menor de vinte e um anos, nomear-lhe-á curador, que poderá ser o próprio defensor.

Caso de confissão

§ 2º Se o acusado confessar a infração, será especialmente interrogado:

a) sobre quais os motivos e as circunstâncias da infração;

b) sobre se outras pessoas concorreram para ela, quais foram e de que modo agiram.

Negativa da imputação

§ 3º Se o acusado negar a imputação no todo ou em parte, será convidado a indicar as provas da verdade de suas declarações.

CAPÍTULO III
DA CONFISSÃO

Validade da confissão

Art. 307. Para que tenha valor de prova, a confissão deve:

a) ser feita perante autoridade competente;

b) ser livre, espontânea e expressa;

c) versar sobre o fato principal;

d) ser verossímil;

e) ter compatibilidade e concordância com as demais provas do processo.

Silêncio do acusado

Art. 308. O silêncio do acusado não importará confissão, mas poderá constituir elemento para a formação do convencimento do juiz.

Retratabilidade e divisibilidade

Art. 309. A confissão é retratável e divisível, sem prejuízo do livre-convencimento do juiz, fundado no exame das provas em conjunto.

Confissão fora do interrogatório

Art. 310. A confissão, quando feita fora do interrogatório, será tomada por termo nos autos, observado o disposto no art. 304.

CAPÍTULO IV
DAS PERGUNTAS AO OFENDIDO

Qualificação do ofendido. Perguntas

Art. 311. Sempre que possível, o ofendido será qualificado e perguntado sobre as circunstâncias da infração, quem seja ou presuma ser seu autor, as provas que possa indicar, tomando-se por termo as suas declarações.

Falta de comparecimento

Parágrafo único. Se, notificado para esse fim, deixar de comparecer sem motivo justo, poderá ser conduzido à presença da autoridade, sem ficar sujeito, entretanto, a qualquer sanção.

▸ arts. 399, d; 410, deste Código.

Presença do acusado

Art. 312. As declarações do ofendido serão feitas na presença do acusado, que poderá contraditá-las no todo ou em parte, após a sua conclusão, bem como requerer ao juiz que o ofendido esclareça ou torne mais precisa qualquer das suas declarações, não podendo, entretanto, reperguntá-lo.

▸ arts. 399, d; 410, deste Código.

Isenção de resposta

Art. 313. O ofendido não está obrigado a responder pergunta que possa incriminá-lo, ou seja estranha ao processo.

▸ art. 410, deste Código.

CAPÍTULO V
DAS PERÍCIAS E EXAMES

Objeto da perícia

Art. 314. A perícia pode ter por objeto os vestígios materiais deixados pelo crime ou as pessoas e coisas, que, por sua ligação com o crime, possam servir-lhe de prova.

Determinação

Art. 315. A perícia pode ser determinada pela autoridade policial militar ou pela judiciária, ou requerida por qualquer das partes.

Negação

Parágrafo único. Salvo no caso de exame de corpo de delito, o juiz poderá negar a perícia, se a reputar desnecessária ao esclarecimento da verdade.

Formulação de quesitos

Art. 316. A autoridade que determinar perícia formulará os quesitos que entender necessários. Poderão, igualmente, fazê-lo: no inquérito, o indiciado; e, durante a instrução criminal, o Ministério Público e o acusado, em prazo que lhes for marcado para aquele fim, pelo auditor.

Requisitos

Art. 317. Os quesitos devem ser específicos, simples e de sentido inequívoco, não podendo ser sugestivos nem conter implícita a resposta.

Exigência de especificação e esclarecimento

§ 1º O juiz, de ofício ou a pedido de qualquer dos peritos, poderá mandar que as partes especifiquem os quesitos genéricos, dividam os complexos ou esclareçam os duvidosos, devendo indeferir os que não sejam pertinentes ao objeto da perícia, bem como os que sejam sugestivos ou contenham implícita a resposta.

▸ art. 325, p.u., deste Código.

Esclarecimento de ordem técnica

§ 2º Ainda que o quesito não permita resposta decisiva do perito, poderá ser formulado, desde que tenha por fim esclarecimento indispensável de ordem técnica, a respeito de fato que é objeto da perícia.

Número dos peritos e habilitação

Art. 318. As perícias serão, sempre que possível, feitas por dois peritos, especializados no assunto ou com habilitação técnica, observado o disposto no art. 48.

▸ art. 139 deste Código.

▸ art. 159, CPP.

▸ Súm. 361, STF.

Resposta aos quesitos

Art. 319. Os peritos descreverão minuciosamente o que examinarem e responderão com clareza e de modo positivo aos quesitos formulados, que serão transcritos no laudo.

Fundamentação

Parágrafo único. As respostas poderão ser fundamentadas, em sequência a cada quesito.

Apresentação de pessoas e objetos

Art. 320. Os peritos poderão solicitar da autoridade competente a apresentação de pessoas, instrumentos ou objetos que tenham relação com crime, assim como os esclarecimentos que se tornem necessários à orientação da perícia.

Requisição de perícia ou exame

Art. 321. A autoridade policial militar e a judiciária poderão requisitar dos institutos médico-legais, dos laboratórios oficiais e de quaisquer repartições técnicas, militares ou civis, as perícias e exames que se tornem necessários ao processo, bem como, para o mesmo fim, homologar os que neles tenham sido regularmente realizados.

Divergência entre os peritos

Art. 322. Se houver divergência entre os peritos, serão consignadas no auto de exame as declarações e respostas de um e de outro, ou cada um redigirá separadamente o seu laudo, e a autoridade nomeará um terceiro. Se este divergir de ambos, a autoridade poderá mandar proceder a novo exame por outros peritos.

Suprimento do laudo

Art. 323. No caso de inobservância de formalidade ou no caso de omissão, obscuridade ou contradição, a autoridade policial militar ou judiciária mandará suprir a formalidade, ou completar ou esclarecer o laudo. Poderá igualmente, sempre que entender necessário, ouvir os peritos, para qualquer esclarecimento.

Procedimento de novo exame

Parágrafo único. A autoridade poderá, também, ordenar que se proceda a novo exame, por outros peritos, se julgar conveniente.

Ilustração dos laudos

Art. 324. Sempre que conveniente e possível, os laudos de perícias ou exames serão ilustrados com fotografias, microfotografias, desenhos ou esquemas, devidamente rubricados.

Prazo para apresentação do laudo

Art. 325. A autoridade policial militar ou a judiciária, tendo em atenção a natureza do exame, marcará prazo razoável, que poderá ser prorrogado, para a apresentação dos laudos.

Vista do laudo

Parágrafo único. Do laudo será dada vista às partes, pelo prazo de três dias, para requererem quaisquer esclarecimentos dos peritos ou apresentarem quesitos suplementares para esse fim, que o juiz poderá admitir, desde que pertinentes e não infrinjam o art. 317 e seu § 1º.

Liberdade de apreciação

Art. 326. O juiz não ficará adstrito ao laudo, podendo aceitá-lo ou rejeitá-lo, no todo ou em parte.

Perícias em lugar sujeito à administração militar ou repartição

Art. 327. As perícias, exames ou outras diligências que, para fins probatórios, tenham que ser feitos em quartéis, navios, aeronaves, estabelecimentos ou repartições, militares ou civis, devem ser precedidos de comunicações aos respectivos comandantes, diretores ou chefes, pela autoridade competente.

Infração que deixa vestígios

Art. 328. Quando a infração deixar vestígios, será indispensável o exame de corpo de delito, direto ou indireto, não podendo supri-lo a confissão do acusado.

Corpo de delito indireto

Parágrafo único. Não sendo possível o exame de corpo de delito direto, por haverem desaparecido os vestígios da infração, supri-lo-á a prova testemunhal.

Oportunidade do exame

Art. 329. O exame de corpo de delito poderá ser feito em qualquer dia e a qualquer hora.

Exame nos crimes contra a pessoa

Art. 330. Os exames que tiverem por fim comprovar a existência de crime contra a pessoa abrangerão:

a) exames de lesões corporais;

b) exames de sanidade física;

c) exames de sanidade mental;

d) exames cadavéricos, precedidos ou não de exumação;

e) exames de identidade de pessoa;

f) exames de laboratório;

g) exames de instrumentos que tenham servido à prática do crime.

Exame pericial incompleto

Art. 331. Em caso de lesões corporais, se o primeiro exame pericial tiver sido incompleto, proceder-se-á a exame complementar, por determinação da autoridade policial militar ou judiciária, de ofício ou a requerimento do indiciado, do Ministério Público, do ofendido ou do acusado.

Suprimento de deficiência

§ 1º No exame complementar, os peritos terão presente o auto de corpo de delito, a fim de suprir-lhe a deficiência ou retificá-lo.

Exame de sanidade física

§ 2º Se o exame complementar tiver por fim verificar a sanidade física do ofendido, para efeito da classificação do delito, deverá ser feito logo que decorra o prazo de trinta dias, contado da data do fato delituoso.

Suprimento do exame complementar

§ 3º A falta de exame complementar poderá ser suprida pela prova testemunhal.

Realização pelos mesmos peritos

§ 4º O exame complementar pode ser feito pelos mesmos peritos que procederam ao de corpo de delito.

Exame de sanidade mental

Art. 332. Os exames de sanidade mental obedecerão, em cada caso, no que for aplicável, às normas prescritas no Capítulo II do Título XII.

Autópsia

Art. 333. Haverá autópsia:

a) quando, por ocasião de ser feito o corpo de delito, os peritos a julgarem necessária;

b) quando existirem fundados indícios de que a morte resultou, não da ofensa, mas de causas mórbidas anteriores ou posteriores à infração;

c) nos casos de envenenamento.

Ocasião da autópsia

Art. 334. A autópsia será feita pelo menos seis horas depois do óbito, salvo se os peritos, pela evidência dos sinais da morte, julgarem que possa ser feita antes daquele prazo, o que declararão no auto.

Impedimento de médico

Parágrafo único. A autópsia não poderá ser feita por médico que haja tratado o morto em sua última doença.

Casos de morte violenta

Art. 335. Nos casos de morte violenta, bastará o simples exame externo do cadáver, quando não houver infração penal que apurar, ou quando as lesões externas permitirem precisar a causa da morte e não houver necessidade de exame interno, para a verificação de alguma circunstância relevante.

Fotografia de cadáver

Art. 336. Os cadáveres serão, sempre que possível, fotografados na posição em que forem encontrados.

Identidade do cadáver

Art. 337. Havendo dúvida sobre a identidade do cadáver, proceder-se-á ao reconhecimento pelo Instituto de Identificação e Estatística, ou repartição congênere, pela inquirição de testemunhas ou outro meio de direito, lavrando-se auto de reconhecimento e identidade, no qual se descreverá o cadáver, com todos os sinais e indicações.

Arrecadação de objetos

Parágrafo único. Em qualquer caso, serão arrecadados e autenticados todos os objetos que possam ser úteis para a identificação do cadáver.

Exumação

Art. 338. Haverá exumação, sempre que esta for necessária ao esclarecimento do processo.

Designação de dia e hora

§ 1º A autoridade providenciará para que, em dia e hora previamente marcados, se realize a diligência e o exame cadavérico, dos quais se lavrará auto circunstanciado.

Indicação de lugar

§ 2º O administrador do cemitério ou por ele responsável indicará o lugar da sepultura, sob pena de desobediência.

Pesquisas

§ 3º No caso de recusa ou de falta de quem indique a sepultura, ou o lugar onde esteja o cadáver, a autoridade mandará proceder às pesquisas necessárias, o que tudo constará do auto.

Conservação do local do crime

Art. 339. Para o efeito de exame do local onde houver sido praticado o crime, a autoridade providenciará imediatamente para que não se altere o estado das coisas, até a chegada dos peritos.

- Lei 6.174/1974 (Dispõe sobre a aplicação do disposto neste artigo, nos casos de acidente de trânsito).

Perícias de laboratório

Art. 340. Nas perícias de laboratório, os peritos guardarão material suficiente para a eventualidade de nova perícia.

Danificação da coisa

Art. 341. Nos crimes em que haja destruição, danificação ou violação da coisa, ou rompimento de obstáculo ou escalada para fim criminoso, os peritos, além de descreverem os vestígios, indicarão com que instrumentos, por que meios e em que época presumem ter sido o fato praticado.

Avaliação direta

Art. 342. Proceder-se-á à avaliação de coisas destruídas, deterioradas ou que constituam produto de crime.

Avaliação indireta

Parágrafo único. Se impossível a avaliação direta, os peritos procederão à avaliação por meio dos elementos existentes nos autos e dos que resultem de pesquisas ou diligências.

Caso de incêndio

Art. 343. No caso de incêndio, os peritos verificarão a causa e o lugar em que houver começado, o perigo que dele tiver resultado para a vida e para o patrimônio alheio, e, especialmente, a extensão do dano e o seu valor, quando atingido o patrimônio sob administração militar, bem como quaisquer outras circunstâncias que interessem à elucidação do fato. Será recolhido no local o material que os peritos julgarem necessário para qualquer exame, por eles ou outros peritos especializados, que o juiz nomeará, se entender indispensáveis.

Reconhecimento de escritos

Art. 344. No exame para o reconhecimento de escritos, por comparação de letra, observar-se-á o seguinte:

a) a pessoa a quem se atribua ou se possa atribuir o escrito, será intimada para o ato, se for encontrada;

b) para a comparação, poderão servir quaisquer documentos que ela reconhecer ou já tiverem sido judicialmente reconhecidos como de seu punho, ou sobre cuja autenticidade não houver dúvida;

Requisição de documentos

c) a autoridade, quando necessário, requisitará, para o exame, os documentos que existirem em arquivos ou repartições públicas, ou neles realizará a diligência, se dali não puderem ser retirados;

d) quando não houver escritos para a comparação ou forem insuficientes os exibidos, a autoridade mandará que a pessoa escreva o que lhe for ditado;

Ausência da pessoa

e) se estiver ausente a pessoa, mas em lugar certo, esta última diligência poderá ser feita por precatória, em que se consignarão as palavras a que a pessoa será intimada a responder.

Exame de instrumentos do crime

Art. 345. São sujeitos a exame os instrumentos empregados para a prática de crime, a fim de se lhes verificar a natureza e a eficiência e, sempre que possível, a origem e propriedade.

Precatória

Art. 346. Se a perícia ou exame tiver de ser feito em outra jurisdição, policial militar ou judiciária, expedir-se-á precatória, que obedecerá, no que lhe for aplicável, às prescrições dos artigos 283, 359, 360 e 361.

Parágrafo único. Os quesitos da autoridade deprecante e os das partes serão transcritos na precatória.

CAPÍTULO VI
DAS TESTEMUNHAS

Notificação de testemunhas

Art. 347. As testemunhas serão notificadas em decorrência de despacho do auditor ou deliberação do Conselho de Justiça, em que será declarado o fim da notificação e o lugar, dia e hora em que devem comparecer.

- art. 415 deste Código.

Comparecimento obrigatório

§ 1º O comparecimento é obrigatório, nos termos da notificação, não podendo dele eximir-se a testemunha, salvo motivo de força maior, devidamente justificado.

Falta de comparecimento

§ 2º A testemunha que, notificada regularmente, deixar de comparecer sem justo motivo, será conduzida por oficial de justiça e multada pela autoridade notificante na quantia de um vigésimo a um décimo do salário-mínimo vigente no lugar. Havendo recusa ou resistência à condução, o juiz poderá impor-lhe prisão até quinze dias, sem prejuízo do processo penal por crime de desobediência.

‣ art. 349, p.u., deste Código.

Oferecimento de testemunhas

Art. 348. A defesa poderá indicar testemunhas, que deverão ser apresentadas independentemente de intimação, no dia e hora designados pelo juiz para inquirição, ressalvado o disposto no art. 349.

‣ art. 415 deste Código.

Requisição de militar ou funcionário

Art. 349. O comparecimento de militar, assemelhado, ou funcionário público será requisitado ao respectivo chefe, pela autoridade que ordenar a notificação.

‣ arts. 348; 415 deste Código.

Militar de patente superior

Parágrafo único. Se a testemunha for militar de patente superior à da autoridade notificante, será compelida a comparecer, sob as penas do § 2º do art. 347, por intermédio da autoridade militar a que estiver imediatamente subordinada.

Dispensa de comparecimento

Art. 350. Estão dispensados de comparecer para depor:

a) o presidente e o vice-presidente da República, os governadores e interventores dos Estados, os ministros de Estado, os senadores, os deputados federais e estaduais, os membros do Poder Judiciário e do Ministério Público, o prefeito do Distrito Federal e dos Municípios, os secretários dos Estados, os membros dos Tribunais de Contas da União e dos Estados, o presidente do Instituto dos Advogados Brasileiros e os presidentes do Conselho Federal e dos Conselhos Secionais da Ordem dos Advogados do Brasil, os quais serão inquiridos em local, dia e hora previamente ajustados entre eles e o juiz;

b) as pessoas impossibilitadas por enfermidade ou por velhice, que serão inquiridas onde estiverem.

‣ art. 415 deste Código.

Capacidade para ser testemunha

Art. 351. Qualquer pessoa poderá ser testemunha.

‣ art. 415 deste Código.

Declaração da testemunha

Art. 352. A testemunha deve declarar seu nome, idade, estado civil, residência, profissão e lugar onde exerce atividade, se é parente, e em que grau, do acusado e do ofendido, quais as suas relações com qualquer deles, e relatar o que sabe ou tem razão de saber, a respeito do fato delituoso narrado na denúncia e circunstâncias que com o mesmo tenham pertinência, não podendo limitar o seu depoimento à simples declaração de que confirma o que prestou no inquérito. Sendo numerária ou referida, prestará o compromisso de dizer a verdade sobre o que souber e lhe for perguntado.

‣ art. 415 deste Código.

Dúvida sobre a identidade da testemunha

§ 1º Se ocorrer dúvida sobre a identidade da testemunha, o juiz procederá à verificação pelos meios ao seu alcance, podendo, entretanto, tomar-lhe o depoimento desde logo.

Não deferimento de compromisso

§ 2º Não se deferirá o compromisso aos doentes e deficientes mentais, aos menores de quatorze anos, nem às pessoas a que se refere o art. 354.

Contradita de testemunha antes do depoimento

§ 3º Antes de iniciado o depoimento, as partes poderão contraditar a testemunha ou arguir circunstâncias ou defeitos que a tornem suspeita de parcialidade ou indigna de fé. O juiz fará consignar a contradita ou arguição e a resposta da testemunha, mas só não lhe deferirá compromisso ou a excluirá, nos casos previstos no parágrafo anterior e no art. 355.

Após o depoimento

§ 4º Após a prestação do depoimento, as partes poderão contestá-lo, no todo ou em parte, por intermédio do juiz, que mandará consignar a arguição e a resposta da testemunha, não permitindo, porém, réplica a essa resposta.

Inquirição separada

Art. 353. As testemunhas serão inquiridas cada uma *de per si*, de modo que uma não possa ouvir o depoimento da outra.

‣ art. 415 deste Código.

Obrigação e recusa de depor

Art. 354. A testemunha não poderá eximir-se da obrigação de depor. Excetuam-se o ascendente, o descendente, o afim em linha reta, o cônjuge, ainda que desquitado, e o irmão de acusado, bem como pessoa que, com ele, tenha vínculo de adoção, salvo quando não for possível, por outro modo, obter-se ou integrar-se a prova do fato e de suas circunstâncias.

‣ arts. 352, § 2º; 415 deste Código.

Proibição de depor

Art. 355. São proibidas de depor as pessoas que, em razão de função, ministério, ofício ou profissão, devam guardar segredo, salvo se, desobrigadas pela parte interessada, quiserem dar o seu testemunho.

‣ art. 415 deste Código.

Testemunhas suplementares

Art. 356. O juiz, quando julgar necessário, poderá ouvir outras testemunhas, além das indicadas pelas partes.

‣ art. 415 deste Código.

Testemunhas referidas

§ 1º Se ao juiz parecer conveniente, ainda que não haja requerimento das partes, serão ouvidas as pessoas a que as testemunhas se referirem.

Testemunha não computada

§ 2º Não será computada como testemunha a pessoa que nada souber que interesse à decisão da causa.

Manifestação de opinião pessoal

Art. 357. O juiz não permitirá que a testemunha manifeste suas apreciações pessoais, salvo quando inseparáveis da narrativa do fato.

‣ art. 415 deste Código.

Caso de constrangimento da testemunha

Art. 358. Se o juiz verificar que a presença do acusado, pela sua atitude, poderá influir no ânimo de testemunha, de modo que prejudique a verdade do depoimento, fará retirá-lo, prosseguindo na inquirição, com a presença do seu defensor. Neste caso, deverá constar da ata da sessão a ocorrência e os motivos que a determinaram.

‣ art. 415 deste Código.

Expedição de precatória

Art. 359. A testemunha que residir fora da jurisdição do juízo poderá ser inquirida pelo auditor do lugar da sua residência, expedindo-se, para esse fim, carta precatória, nos termos do art. 283, com prazo razoável, intimadas as partes, que formularão quesitos, a fim de serem respondidos pela testemunha.

‣ arts. 346; 415 deste Código.

‣ Súm. 155, STF.

‣ Súm. 273, STJ.

Sem efeito suspensivo

§ 1º A expedição da precatória não suspenderá a instrução criminal.

Juntada posterior

§ 2º Findo o prazo marcado, e se não for prorrogado, poderá realizar-se o julgamento, mas, a todo tempo, a carta precatória, uma vez devolvida, será junta aos autos.

Precatória a juiz do foro comum

Art. 360. Caso não seja possível, por motivo relevante, o comparecimento da testemunha perante auditor, a carta precatória poderá ser expedida a juiz criminal de comarca onde resida a testemunha ou a esta seja acessível, observado o disposto no artigo anterior.

‣ arts. 346; 415 deste Código.

Precatória a autoridade militar

Art. 361. No curso do inquérito policial militar, o seu encarregado poderá expedir carta precatória à autoridade militar superior do local onde a testemunha estiver servindo ou residindo, a fim de notificá-la e inquiri-la, ou designar oficial que a inquira, tendo em atenção às normas de hierarquia, se a testemunha for militar. Com a precatória, enviará cópias da parte que deu origem ao inquérito e da portaria que lhe determinou a abertura, e os quesitos formulados, para serem respondidos pela testemunha, além de outros dados que julgar necessários ao esclarecimento do fato.

‣ arts. 346; 415 deste Código.

Inquirição deprecada do ofendido

Parágrafo único. Da mesma forma, poderá ser ouvido o ofendido, se o encarregado do inquérito julgar desnecessário solicitar-lhe a apresentação à autoridade competente.

Mudança de residência da testemunha

Art. 362. As testemunhas comunicarão ao juiz, dentro de um ano, qualquer mudança de residência, sujeitando-se, pela simples omissão, às penas do não comparecimento.

‣ art. 415 deste Código.

Antecipação de depoimento

Art. 363. Se qualquer testemunha tiver de ausentar-se ou, por enfermidade ou idade avançada, inspirar receio de que, ao tempo da instrução criminal, esteja impossibilitado de depor, o juiz poderá, de ofício ou a requerimento de qualquer das partes, tomar-lhe antecipadamente o depoimento.

‣ art. 415 deste Código.

Afirmação falsa de testemunha

Art. 364. Se o Conselho de Justiça ou o Superior Tribunal Militar, ao pronunciar sentença final, reconhecer que alguma testemunha fez afirmação falsa, calou ou negou a verdade, remeterá cópia do depoimento à autoridade policial competente, para a instauração de inquérito.

‣ art. 415 deste Código.

CAPÍTULO VII
DA ACAREAÇÃO

Admissão da acareação

Art. 365. A acareação é admitida, assim na instrução criminal como no inquérito, sempre que houver divergência em declarações sobre fatos ou circunstâncias relevantes:

a) entre acusados;

b) entre testemunhas;

c) entre acusado e testemunha;

d) entre acusado ou testemunha e a pessoa ofendida;

e) entre as pessoas ofendidas.

‣ arts. 390, § 5º; e 425 deste Código.

Pontos de divergência

Art. 366. A autoridade que realizar a acareação explicará aos acusados quais os pontos em que divergem e, em seguida, os reinquirirá, a cada um *de per si* e em presença do outro.

‣ art. 425 deste Código.

§ 1º Da acareação será lavrado termo, com as perguntas e respostas, obediência às formalidades prescritas no § 3º do art. 300 e menção na ata da audiência ou sessão.

§ 2º As partes poderão, por intermédio do juiz, reperguntar as testemunhas ou os ofendidos acareados.

Ausência de testemunha divergente

Art. 367. Se ausente alguma testemunha cujas declarações divirjam das de outra, que esteja presente, a esta se darão a conhecer os pontos da divergência, consignando-se no respectivo termo o que explicar.

‣ art. 425 deste Código.

CAPÍTULO VIII
DO RECONHECIMENTO DE PESSOA E DE COISA

Formas de procedimento

Art. 368. Quando houver necessidade de se fazer o reconhecimento de pessoa, proceder-se-á pela seguinte forma:

a) a pessoa que tiver de fazer o reconhecimento será convidada a descrever a pessoa que deva ser reconhecida;

b) a pessoa cujo reconhecimento se pretender será colocada, se possível, ao lado de outras que com ela tiverem qualquer semelhança, convidando-se a apontá-la quem houver de fazer o reconhecimento;

c) se houver razão para recear que a pessoa chamada para o reconhecimento, por efeito de intimidação ou outra influência, não diga a verdade em face da pessoa que deve ser reconhecida, a autoridade providenciará para que esta não seja vista por aquela.

‣ arts. 369; 426 deste Código.

§ 1º O disposto na alínea c só terá aplicação no curso do inquérito.

§ 2º Do ato de reconhecimento lavrar-se-á termo pormenorizado, subscrito pela autoridade, pela pessoa chamada para proceder ao reconhecimento e por duas testemunhas presenciais.

‣ art. 426 deste Código.

Reconhecimento de coisa

Art. 369. No reconhecimento de coisa, proceder-se-á com as cautelas estabelecidas no artigo anterior, no que for aplicável.

Variedade de pessoas ou coisas

Art. 370. Se várias forem as pessoas chamadas a efetuar o reconhecimento de pessoa ou coisa, cada uma o fará em separado, evitando-se qualquer comunicação entre elas. Se forem várias as pessoas ou coisas que tiverem de ser reconhecidas, cada uma o será por sua vez.

CAPÍTULO IX
DOS DOCUMENTOS

Natureza

Art. 371. Consideram-se documentos quaisquer escritos, instrumentos ou papéis, públicos ou particulares.

Presunção de veracidade

Art. 372. O documento público tem a presunção de veracidade, quer quanto à sua formação, quer quanto aos fatos que o serventuário, com fé pública, declare que ocorreram na sua presença.

Identidade de prova

Art. 373. Fazem a mesma prova que os respectivos originais:

a) as certidões textuais de qualquer peça do processo, do protocolo das audiências ou de outro qualquer livro a cargo do escrivão, sendo extraídas por ele, ou sob sua vigilância e por ele subscritas;

b) os traslados e as certidões extraídas por oficial público, de escritos lançados em suas notas;

c) as fotocópias de documentos, desde que autenticadas por oficial público.

Declaração em documento particular

Art. 374. As declarações constantes de documento particular escrito e assinado, ou somente assinado, presumem-se verdadeiras em relação ao signatário.

Parágrafo único. Quando, porém, contiver declaração de ciência, tendente a determinar o fato, documento particular prova a declaração, mas não o fato declarado, competindo o ônus de provar o fato a quem interessar a sua veracidade.

Correspondência obtida por meios criminosos

Art. 375. A correspondência particular, interceptada ou obtida por meios criminosos, não será admitida em juízo, devendo ser desentranhada dos autos se a estes tiver sido junta, para a restituição a seus donos.

Exibição de correspondência em juízo

Art. 376. A correspondência de qualquer natureza poderá ser exibida em juízo pelo respectivo destinatário, para a defesa do seu direito, ainda que não haja consentimento do signatário ou remetente.

Exame pericial de letra e firma

Art. 377. A letra e firma dos documentos particulares serão submetidas a exame pericial, quando contestada a sua autenticidade.

Apresentação de documentos

Art. 378. Os documentos poderão ser apresentados em qualquer fase do processo, salvo se os autos deste estiverem conclusos para julgamento, observado o disposto no art. 379.

‣ art. 390, § 4º, deste Código.

Providências do juiz

§ 1º Se o juiz tiver notícia da existência de documento relativo a ponto relevante da acusação ou da defesa, providenciará, independentemente de requerimento das partes, para a sua juntada aos autos, se possível.

Requisição de certidões ou cópias

§ 2º Poderá, igualmente, requisitar às repartições ou estabelecimentos públicos as certidões ou cópias autênticas necessárias à prova de alegações das partes. Se, dentro do prazo fixado, não for atendida a requisição, nem justificada a impossibilidade do seu cumprimento, o juiz representará à autoridade competente contra o funcionário responsável.

Providências do curso do inquérito

§ 3º O encarregado de inquérito policial militar poderá, sempre que necessário ao esclarecimento do fato e sua autoria, tomar as providências referidas nos parágrafos anteriores.

Audiências das partes sobre documento

Art. 379. Sempre que, no curso do processo, um documento for apresentado por uma das partes, será ouvida, a respeito dele, a outra parte. Se junto por ordem do juiz, serão ouvidas ambas as partes, inclusive o assistente da acusação e o curador do acusado, se o requererem.

‣ arts. 378; 390, § 4º, deste Código.

Conferência da pública-forma

Art. 380. O juiz, de ofício ou a requerimento das partes, poderá ordenar diligência para a conferência de pública-forma de documento que não puder ser exibido no original ou em certidão ou cópia autêntica revestida dos requisitos necessários à presunção de sua veracidade. A conferência será feita pelo escrivão do processo, em dia, hora e lugar previamente designados, com ciência das partes.

Devolução de documentos

Art. 381. Os documentos originais, juntos a processo findo, quando não exista motivo relevante que justifique a sua conservação nos autos, poderão, mediante requerimento, e depois de ouvido o Ministério Público, ser entregues à parte que os produziu, ficando traslado nos autos; ou recibo, se se tratar de traslado ou certidão de escritura pública. Neste caso, do recibo deverão constar a natureza da escritura, a sua data, os nomes das pessoas que a assinaram e a indicação do livro e respectiva folha do cartório em que foi celebrada.

CAPÍTULO X
DOS INDÍCIOS

Definição

Art. 382. Indício é a circunstância ou fato conhecido e provado, de que se induz a existência de outra circunstância ou fato, de que não se tem prova.

Requisitos

Art. 383. Para que o indício constitua prova, é necessário:

a) que a circunstância ou fato indicante tenha relação de causalidade, próxima ou remota, com a circunstância ou o fato indicado;

b) que a circunstância ou fato coincida com a prova resultante de outro ou outros indícios, ou com as provas diretas colhidas no processo.

LIVRO II
DOS PROCESSOS EM ESPÉCIE

‣ arts. 394 a 555, CPP.

TÍTULO I
DO PROCESSO ORDINÁRIO

CAPÍTULO ÚNICO
DA INSTRUÇÃO CRIMINAL

SEÇÃO I
DA PRIORIDADE DE INSTRUÇÃO. DA POLÍCIA E ORDEM DAS SESSÕES. DISPOSIÇÕES GERAIS

Preferência para a instrução criminal

Art. 384. Terão preferência para a instrução criminal:

a) os processos, a que respondam os acusados presos;

b) dentre os presos, os de prisão mais antiga;

c) dentre os acusados soltos e os revéis, os de prioridade de processo.

Alteração da preferência

Parágrafo único. A ordem de preferência poderá ser alterada por conveniência da justiça ou da ordem militar.

Polícia das sessões

Art. 385. A polícia e a disciplina das sessões da instrução criminal serão, de acordo com o art. 36 e seus §§ 1º e 2º, exercidas pelo presidente do Conselho de Justiça, e pelo auditor, nos demais casos.

‣ art. 450 deste Código.

Conduta da assistência

Art. 386. As partes, os escrivães e os espectadores poderão estar sentados durante as sessões. Levantar-se-ão, porém, quando se dirigirem aos juízes ou quando estes se levantarem para qualquer ato do processo.

‣ art. 450 deste Código.

Prerrogativas

Parágrafo único. O representante do Ministério Público e os advogados poderão falar sentados, e estes terão, no que for aplicável, as prerrogativas que lhes assegura o art. 89 da Lei 4.215/1963.

Publicidade da instrução criminal

Art. 387. A instrução criminal será sempre pública, podendo, excepcionalmente, a juízo do Conselho de Justiça, ser secreta a sessão, desde que o exija o interesse da ordem e disciplina militares, ou a segurança nacional.

Sessões fora da sede

Art. 388. As sessões e os atos processuais poderão, em caso de necessidade, realizar-se fora da sede da Auditoria, em local especialmente designado pelo auditor, intimadas as partes para esse fim.

Conduta inconveniente do acusado

Art. 389. Se o acusado, durante a sessão, se portar de modo inconveniente, será advertido pelo presidente do Conselho; e, se persistir, poderá ser mandado retirar da sessão, que prosseguirá sem a sua presença, perante, porém, o seu advogado ou curador. Se qualquer destes se recusar a permanecer no recinto, o presidente nomeará defensor ou curador *ad hoc* ao acusado, para funcionar até o fim da sessão. Da mesma forma procederá o auditor, em se tratando de ato da sua competência.

‣ art. 450 deste Código.

Caso de desacato

Parágrafo único. No caso de desacato a juiz, ao procurador ou ao escrivão, o presidente do Conselho ou o auditor determinará a lavratura do auto de flagrante delito, que será remetido à autoridade judiciária competente.

Prazo para a instrução criminal

Art. 390. O prazo para a conclusão da instrução criminal é de cinquenta dias, estando o acusado preso, e de noventa, quando solto, contados do recebimento da denúncia.

Não computação de prazo

§ 1º Não será computada naqueles prazos a demora determinada por doença do acusado ou defensor, por questão prejudicial ou por outro motivo de força maior justificado pelo auditor, inclusive a inquirição de testemunhas por precatória ou a realização de exames periciais ou outras diligências necessárias à instrução criminal, dentro dos respectivos prazos.

Doença do acusado

§ 2º No caso de doença do acusado, ciente o seu advogado ou curador e o representante do Ministério Público, poderá o Conselho de Justiça ou o auditor, por delegação deste, transportar-se ao local onde aquele se encontrar, procedendo aí ao ato da instrução criminal.

Doença e ausência do defensor

§ 3º No caso de doença do defensor, que o impossibilite de comparecer à sede do juízo, comprovada por atestado médico, com a firma de seu signatário devidamente reconhecida, será adiado o ato a que aquele devia comparecer, salvo se a doença perdurar por mais de dez dias, caso em que lhe será nomeado substituto, se outro defensor não estiver ou não for constituído pelo acusado. No caso de ausência do defensor, por outro motivo ou sem justificativa, ser-lhe-á nomeado substituto, para assistência ao ato e funcionamento no processo, enquanto a ausência persistir, ressalvado ao acusado o direito de constituir outro defensor.

Prazo para devolução de precatória

§ 4º Para a devolução de precatória, o auditor marcará prazo razoável, findo o qual, salvo motivo de força maior, a instrução criminal prosseguirá, podendo a parte juntar, posteriormente, a precatória, como documento, nos termos dos arts. 378 e 379.

Atos procedidos perante o auditor

§ 5º Salvo o interrogatório do acusado, a acareação nos termos do art. 365 e a inquirição de testemunhas, na sede da Auditoria, todos os demais atos da instrução criminal poderão ser procedidos perante o auditor, com ciência do advogado, ou curador, do acusado e do representante do Ministério Público.

§ 6º Para os atos probatórios em que é necessária a presença do Conselho de Justiça, bastará o comparecimento da sua maioria. Se ausente o presidente, será substituído, na ocasião, pelo oficial imediato em antiguidade ou em posto.

Juntada da fé de ofício ou antecedentes

Art. 391. Juntar-se-á aos autos do processo o extrato da fé de ofício ou dos assentamentos do acusado militar. Se o acusado for civil será junta a folha de antecedentes penais e, além desta, a de assentamentos, se servidor de repartição ou estabelecimento militar.

Individual datiloscópica

Parágrafo único. Sempre que possível, juntar-se-á a individual datiloscópica do acusado.

Proibição de transferência ou remoção

Art. 392. O acusado ficará à disposição exclusiva da Justiça Militar, não podendo ser transferido ou removido para fora da sede da Auditoria, até a sentença final, salvo motivo relevante que será apreciado pelo auditor, após comunicação da autoridade militar, ou a requerimento do acusado, se civil.

Proibição de transferência para a reserva

Art. 393. O oficial processado, ou sujeito a inquérito policial militar, não poderá ser transferido para a reserva, salvo se atingir a idade-limite de permanência no serviço ativo.

Dever do exercício de função ou serviço militar

Art. 394. O acusado solto não será dispensado do exercício das funções ou do serviço militar, exceto se, no primeiro caso, houver incompatibilidade com a infração cometida.

Lavratura de ata

Art. 395. De cada sessão será, pelo escrivão, lavrada ata, da qual se juntará cópia autêntica aos autos, dela constando os requerimentos, decisões e incidentes ocorridos na sessão.

Retificação de ata

Parágrafo único. Na sessão seguinte, por determinação do Conselho ou a requerimento de qualquer das partes, a ata poderá ser retificada, quando omitir ou não houver declarado fielmente fato ocorrido na sessão.

SEÇÃO II
DO INÍCIO DO PROCESSO ORDINÁRIO

Início do processo ordinário

Art. 396. O processo ordinário inicia-se com o recebimento da denúncia.

Falta de elementos para a denúncia

Art. 397. Se o procurador, sem prejuízo da diligência a que se refere o art. 26, n. I, entender que os autos do inquérito ou as peças de informação não ministram os elementos indispensáveis ao oferecimento da denúncia, requererá ao auditor que os mande arquivar. Se este concordar com o pedido, determinará o arquivamento; se dele discordar, remeterá os autos ao procurador-geral.

Designação de outro procurador

§ 1º Se o procurador-geral entender que há elementos para a ação penal, designará outro procurador, a fim de promovê-la; em caso contrário, mandará arquivar o processo.

Avocamento do processo

§ 2º A mesma designação poderá fazer, avocando o processo, sempre que tiver conhecimento de que, existindo em determinado caso elementos para a ação penal, esta não foi promovida.

Alegação de incompetência do juízo

Art. 398. O procurador, antes de oferecer a denúncia, poderá alegar a incompetência do juízo, que será processada de acordo com o art. 146.

SEÇÃO III
DA INSTALAÇÃO DO CONSELHO DE JUSTIÇA

Providências do auditor

Art. 399. Recebida a denúncia, o auditor:

Sorteio ou Conselho

a) providenciará, conforme o caso, o sorteio do Conselho Especial ou a convocação do Conselho Permanente, de Justiça;

Instalação do Conselho

b) designará dia, lugar e hora para a instalação do Conselho de Justiça;

Citação do acusado e do procurador militar

c) determinará a citação do acusado, de acordo com o art. 277, para assistir a todos os termos do processo até decisão final, nos dias, lugar e horas que forem designados, sob pena de revelia, bem como a intimação do representante do Ministério Público;

Intimação das testemunhas arroladas e do ofendido

d) determinará a intimação das testemunhas arroladas na denúncia, para comparecerem no lugar, dia e hora que lhes for designado, sob as penas de lei; e se couber, a notificação do ofendido, para os fins dos arts. 311 e 312.

Compromisso legal

Art. 400. Tendo à sua direita o auditor, à sua esquerda o oficial de posto mais elevado ou mais antigo e, nos outros lugares, alternadamente, os demais juízes, conforme os seus postos ou antiguidade, ficando o escrivão em mesa próxima ao auditor e o procurador em mesa que lhe é reservada – o presidente, na primeira reunião do Conselho de Justiça, prestará em voz alta, de pé, descoberto, o seguinte compromisso: "Prometo apreciar com imparcial atenção os fatos que me forem submetidos e julgá-los de acordo com a lei e a prova dos autos." Esse compromisso será também prestado pelos demais juízes, sob a fórmula: "Assim o prometo."

Parágrafo único. Desse ato, o escrivão lavrará certidão nos autos.

Assento dos advogados

Art. 401. Para o advogado será destinada mesa especial, no recinto, e, se houver mais de um, serão, ao lado da mesa, colocadas cadeiras para que todos possam assentar-se.

Designação para a qualificação e interrogatório

Art. 402. Prestado o compromisso pelo Conselho de Justiça, o auditor poderá, desde logo, se presentes as partes e cumprida a citação prevista no art. 277, designar lugar, dia e hora para a qualificação e interrogatório do acusado, que se efetuará pelo menos sete dias após a designação.

Presença do acusado

Art. 403. O acusado preso assistirá a todos os termos do processo, inclusive ao sorteio do Conselho de Justiça, quando Especial.

SEÇÃO IV
DA QUALIFICAÇÃO E DO INTERROGATÓRIO DO ACUSADO. DAS EXCEÇÕES QUE PODEM SER OPOSTAS. DO COMPARECIMENTO DO OFENDIDO

Normas da qualificação e interrogatório

Art. 404. No lugar, dia e hora marcados para a qualificação e interrogatório do acusado, que obedecerão às normas prescritas nos artigos 302 a 306, ser-lhe-ão lidos, antes, pelo escrivão, a denúncia e os nomes das testemunhas nela arroladas, com as respectivas identidades.

▸ art. 431, § 1º, deste Código.

Solicitação da leitura de peças do inquérito

§ 1º O acusado poderá solicitar, antes do interrogatório ou para esclarecer qualquer pergunta dele constante, que lhe seja lido determinado depoimento, ou trechos dele, prestado no inquérito, bem como as conclusões do relatório do seu encarregado.

Dispensa de perguntas

§ 2º Serão dispensadas as perguntas enumeradas no art. 306 que não tenham relação com o crime.

Interrogatório em separado

Art. 405. Presentes mais de um acusado, serão interrogados separadamente, pela ordem de autuação no processo, não podendo um ouvir o interrogatório do outro.

▸ art. 431, § 1º, deste Código.

Postura do acusado

Art. 406. Durante o interrogatório o acusado ficará de pé, salvo se o seu estado de saúde não o permitir.

▸ art. 431, § 1º, deste Código.

Exceções opostas pelo acusado

Art. 407. Após o interrogatório e dentro em quarenta e oito horas, o acusado poderá opor as exceções de suspeição do juiz, procurador ou escrivão, de incompetência do juízo, de litispendência ou de coisa julgada, as quais serão processadas de acordo com o Título XII, Capítulo I, Seções I a IV do Livro I, no que for aplicável.

▸ art. 411, p.u., deste Código.

Matéria de defesa

Parágrafo único. Quaisquer outras exceções ou alegações serão recebidas como matéria de defesa para apreciação no julgamento.

Exceções opostas pelo procurador militar

Art. 408. O procurador, no mesmo prazo previsto no artigo anterior, poderá opor as mesmas exceções em relação ao juiz ou ao escrivão.

Presunção da menoridade

Art. 409. A declaração de menoridade do acusado valerá até prova em contrário. Se, no curso da instrução criminal, ficar provada a sua maioridade, cessarão as funções do curador, que poderá ser designado advogado de defesa. A verificação da maioridade não invalida os atos anteriormente praticados em relação ao acusado.

Comparecimento do ofendido

Art. 410. Na instrução criminal em que couber o comparecimento do ofendido, proceder-se-á na forma prescrita nos arts. 311, 312 e 313.

SEÇÃO V
DA REVELIA

Revelia do acusado preso

Art. 411. Se o acusado preso recusar-se a comparecer à instrução criminal, sem motivo justificado, ser-lhe-á designado o advogado de ofício para defendê-lo, ou outro advogado se este estiver impedido, e, independentemente da qualificação e interrogatório, o processo prosseguirá à sua revelia.

▸ art. 450 deste Código.

Qualificação e interrogatório posteriores

Parágrafo único. Comparecendo mais tarde, será qualificado e interrogado, mas sem direito a opor qualquer das exceções previstas no art. 407 e seu parágrafo único.

▸ art. 5º, LXIII, CF.

▸ art. 8º, 2, g, Pacto de São José da Costa Rica.

Revelia do acusado solto

Art. 412. Será considerado revel o acusado que, estando solto e tendo sido regularmente citado, não atender ao chamado judicial para o início da instrução criminal, ou que, sem justa causa, se previamente cientificado, deixar de comparecer a ato do processo em que sua presença seja indispensável.

Acompanhamento posterior do processo

Art. 413. O revel que comparecer após o início do processo acompanhá-lo-á nos termos em que este estiver, não tendo direito à repetição de qualquer ato.

▸ art. 450 deste Código.

Defesa do revel. Recursos que pode interpor

Art. 414. O curador do acusado revel se incumbirá da sua defesa até o julgamento, podendo interpor os recursos legais, excetuada a apelação de sentença condenatória.

SEÇÃO VI
DA INQUIRIÇÃO DE TESTEMUNHAS, DO RECONHECIMENTO DE PESSOA OU COISA E DAS DILIGÊNCIAS EM GERAL

Normas de inquirição

Art. 415. A inquirição das testemunhas obedecerá às normas prescritas nos arts. 347 a 364, além dos artigos seguintes.

Leitura da denúncia

Art. 416. Qualificada a testemunha, o escrivão far-lhe-á a leitura da denúncia, antes da prestação do depoimento. Se presentes várias testemunhas, ouvirão todas, ao mesmo tempo, aquela leitura, finda a qual se retirarão do recinto da sessão as que não forem depor em seguida, a fim de que uma não possa ouvir o depoimento da outra, que a preceder.

Leitura de peças do inquérito

Parágrafo único. As partes poderão requerer ou o auditor determinar que à testemunha seja lido depoimento seu prestado no inquérito, ou peça deste, a respeito da qual seja esclarecedor o depoimento prestado na instrução criminal.

Precedência na inquirição

Art. 417. Serão ouvidas, em primeiro lugar, as testemunhas arroladas na denúncia e as referidas por estas, além das que forem substituídas ou incluídas posteriormente pelo Ministério Público, de acordo com o § 4º deste artigo. Após estas, serão ouvidas as testemunhas indicadas pela defesa.

Inclusão de outras testemunhas

§ 1º Havendo mais de três acusados, o procurador poderá requerer a inquirição de mais três testemunhas numerárias, além das arroladas na denúncia.

Indicação das testemunhas de defesa

§ 2º As testemunhas de defesa poderão ser indicadas em qualquer fase da instrução criminal, desde que não seja excedido o prazo de cinco dias, após a inquirição da última testemunha de acusação. Cada acusado poderá indicar até três testemunhas podendo ainda requerer sejam ouvidas testemunhas referidas ou informantes, nos termos do § 3º.

Testemunhas referidas e informantes

§ 3º As testemunhas referidas, assim como as informantes, não poderão exceder a três.

Substituição, desistência e inclusão

§ 4º Quer o Ministério Público, quer a defesa, poderá requerer a substituição ou desistência de testemunha arrolada ou indicada, bem como a inclusão de outras, até o número permitido.

Inquirição pelo auditor

Art. 418. As testemunhas serão inquiridas pelo auditor e, por intermédio deste, pelos juízes militares, procurador, assistente e advogados. Às testemunhas arroladas pelo procurador, o advogado formulará perguntas por último. Da mesma forma o procurador, às indicadas pela defesa.

Recusa de perguntas

Art. 419. Não poderão ser recusadas as perguntas das partes, salvo se ofensivas ou impertinentes ou sem relação com o fato descrito na denúncia, ou importarem repetição de outra pergunta já respondida.

Consignação em ata

Parágrafo único. As perguntas recusadas serão, a requerimento de qualquer das partes, consignadas na ata da sessão, salvo se ofensivas e sem relação com o fato descrito na denúncia.

Testemunha em lugar incerto. Caso de prisão

Art. 420. Se não for encontrada, por estar em lugar incerto, qualquer das testemunhas, o auditor poderá deferir o pedido de substituição. Se averiguar que a testemunha se esconde para não depor, determinará a sua prisão para esse fim.

Notificação prévia

Art. 421. Nenhuma testemunha será inquirida sem que, com três dias de antecedência pelo menos, sejam notificados o representante do Ministério Público, o advogado e o acusado, se estiver preso.

Redução a termo, leitura e assinatura de depoimento

Art. 422. O depoimento será reduzido a termo pelo escrivão e lido à testemunha que, se não tiver objeção, assiná-lo-á após o presidente do Conselho e o auditor. Assinarão, em seguida, conforme se trate de testemunha de acusação ou de defesa, o representante do Ministério Público e o assistente ou o advogado e o curador. Se a testemunha declarar que não sabe ler ou escrever, certificá-lo-á o escrivão e encerrará o termo, sem necessidade de assinatura a rogo da testemunha.

Pedido de retificação

§ 1º A testemunha poderá, após a leitura do depoimento, pedir a retificação de tópico que não tenha, em seu entender, traduzido fielmente declaração sua.

Recusa de assinatura

§ 2º Se a testemunha ou qualquer das partes se recusar a assinar o depoimento, o escrivão o certificará, bem como o motivo da recusa, se este for expresso e o interessado requerer que conste por escrito.

Termo de assinatura

Art. 423. Sempre que, em cada sessão, se realizar inquirição de testemunhas, o escrivão lavrará termo de assentada, do qual constarão lugar, dia e hora em que se iniciou a inquirição.

Período da inquirição

Art. 424. As testemunhas serão ouvidas durante o dia, das sete às dezoito horas, salvo prorrogação autorizada pelo Conselho de Justiça, por motivo relevante, que constará da ata da sessão.

Determinação de acareação

Art. 425. A acareação entre testemunhas poderá ser determinada pelo Conselho de Justiça, pelo auditor ou requerida por qualquer das partes, obedecendo ao disposto nos arts. 365, 366 e 367.

Determinação de reconhecimento de pessoa ou coisa

Art. 426. O reconhecimento de pessoa e de coisa, nos termos dos arts. 368, 369 e 370, poderá ser realizado por determinação do Conselho de Justiça, do auditor ou a requerimento de qualquer das partes.

Conclusão dos autos ao auditor

Art. 427. Após a inquirição da última testemunha de defesa, os autos irão conclusos ao auditor, que deles determinará vista em cartório às partes, por cinco dias, para requererem, se não o tiverem feito, o que for de direito, nos termos deste Código.

‣ art. 428 deste Código.

Determinação de ofício e fixação de prazo

Parágrafo único. Ao auditor, que poderá determinar de ofício as medidas que julgar convenientes ao processo, caberá fixar os prazos necessários à respectiva execução, se, a esse respeito, não existir disposição especial.

Vista para as alegações escritas

Art. 428. Findo o prazo aludido no artigo 427 e se não tiver havido requerimento ou despacho para os fins nele previstos, o auditor determinará ao escrivão abertura de vista dos autos para alegações escritas, sucessivamente, por oito dias, ao representante do Ministério Público e ao advogado do acusado. Se houver assistente, constituído até o encerramento da instrução criminal, ser-lhe-á dada vista dos autos, se o requerer, por cinco dias, imediatamente após as alegações apresentadas pelo representante do Ministério Público.

Dilatação do prazo

§ 1º Se ao processo responderem mais de cinco acusados e diferentes forem os advogados, o prazo de vista será de doze dias, correndo em cartório e em comum para todos. O mesmo prazo terá o representante do Ministério Público.

Certidão do recebimento das alegações. Desentranhamento

§ 2º O escrivão certificará, com a declaração do dia e hora, o recebimento das alegações escritas, à medida da apresentação. Se recebidas fora do prazo, o auditor mandará desentranhá-las dos autos, salvo prova imediata de que a demora resultou de óbice irremovível materialmente.

Observância de linguagem decorosa nas alegações

Art. 429. As alegações escritas deverão ser feitas em termos convenientes ao decoro dos tribunais e à disciplina judiciária e sem ofensa à autoridade pública, às partes ou às demais pessoas que figuram no processo, sob pena de serem riscadas, de modo que não possam ser lidas, por determinação do presidente do Conselho ou do auditor, as expressões que infrinjam aquelas normas.

‣ art. 433 deste Código.

Sanação de nulidade ou falta. Designação de dia e hora do julgamento

Art. 430. Findo o prazo concedido para as alegações escritas, o escrivão fará os autos conclusos ao auditor, que poderá ordenar diligência para sanar qualquer nulidade ou suprir falta prejudicial ao esclarecimento da verdade. Se achar o processo devidamente preparado, designará dia e hora para o julgamento, cientes os demais juízes do Conselho de Justiça e as partes, e requisição do acusado preso à autoridade que o detenha, a fim de ser apresentado com as formalidades previstas neste Código.

SEÇÃO VII
DA SESSÃO DO JULGAMENTO E DA SENTENÇA

Abertura da sessão

Art. 431. No dia e hora designados para o julgamento, reunido o Conselho de Justiça e presentes todos os seus juízes e o procurador, o presidente declarará aberta a sessão e mandará apresentar o acusado.

Comparecimento do revel

§ 1º Se o acusado revel comparecer nessa ocasião, sem ter sido ainda qualificado e interrogado, proceder-se-á a estes atos, na conformidade dos arts. 404, 405 e 406, perguntando-lhe antes o auditor se tem advogado. Se declarar que não o tem, o auditor nomear-lhe-á um, cessando a função do curador, que poderá, entretanto, ser nomeado advogado.

Revel de menor idade

§ 2º Se o acusado revel for menor, e a sua menoridade só vier a ficar comprovada na fase de julgamento, o presidente do Conselho de Justiça nomear-lhe-á curador, que poderá ser o mesmo já nomeado pelo motivo da revelia.

Falta de apresentação de acusado preso

§ 3º Se o acusado, estando preso, deixar de ser apresentado na sessão de julgamento, o auditor providenciará quanto ao seu comparecimento à nova sessão que for designada para aquele fim.

Adiamento de julgamento no caso de acusado solto

§ 4º O julgamento poderá ser adiado por uma só vez, no caso de falta de comparecimento de acusado solto. Na segunda falta, o julgamento será feito à revelia, com curador nomeado pelo presidente do Conselho.

Falta de comparecimento do advogado

§ 5º Ausente o advogado, será adiado o julgamento uma vez. Na segunda ausência, salvo motivo de força maior devidamente comprovado, será o advogado substituído por outro.

Falta de comparecimento de assistente ou curador

§ 6º Não será adiado o julgamento, por falta de comparecimento do assistente ou seu advogado, ou de curador de menor ou revel, que será substituído por outro, de nomeação do presidente do Conselho de Justiça.

Saída do acusado por motivo de doença

§ 7º Se o estado de saúde do acusado não lhe permitir a permanência na sessão, durante todo o tempo em que durar o julgamento, este prosseguirá com a presença do defensor do acusado. Se o defensor se recusar a permanecer na sessão, a defesa será feita por outro, nomeado pelo presidente do Conselho de Justiça, desde que advogado.

Leitura de peças do processo

Art. 432. Iniciada a sessão de julgamento, o presidente do Conselho de Justiça ordenará que o escrivão proceda à leitura das seguintes peças do processo:

a) a denúncia e seu aditamento, se houver;

b) o exame de corpo de delito e a conclusão de outros exames ou perícias fundamentais à configuração ou classificação do crime;

c) o interrogatório do acusado;

d) qualquer outra peça dos autos, cuja leitura for proposta por algum dos juízes, ou requerida por qualquer das partes, sendo, neste caso, ordenada pelo presidente do Conselho de Justiça, se deferir o pedido.

Sustentação oral da acusação e defesa

Art. 433. Terminada a leitura, o presidente do Conselho de Justiça dará a palavra, para sustentação das alegações escritas ou de outras alegações, em primeiro lugar ao procurador, em seguida ao assistente ou seu procurador, se houver, e, finalmente, ao defensor ou defensores, pela ordem de autuação dos acusados que representam, salvo acordo manifestado entre eles.

Tempo para acusação e defesa

§ 1º O tempo, assim para a acusação como para a defesa, será de três horas para cada uma, no máximo.

‣ art. 433, § 4º, deste Código.

Réplica e tréplica

§ 2º O procurador e o defensor poderão, respectivamente, replicar e treplicar por tempo não excedente a uma hora, para cada um.

Prazo para o assistente

§ 3º O assistente ou seu procurador terá a metade do prazo concedido ao procurador para a acusação e a réplica.

Defesa de vários acusados

§ 4º O advogado que tiver a seu cargo a defesa de mais de um acusado terá direito a mais uma hora, além do tempo previsto no § 1º, se fizer a defesa de todos em conjunto, com alteração, neste caso, da ordem prevista no preâmbulo do artigo.

Acusados excedentes a dez

§ 5º Se os acusados excederem a dez, cada advogado terá direito a uma hora para a defesa de cada um dos seus constituintes, pela ordem da respectiva autuação, se não usar da faculdade prevista no parágrafo anterior. Não poderá, entretanto, exceder a seis horas o tempo total, que o presidente do Conselho de Justiça marcará, e o advogado distribuirá, como entender, para a defesa de todos os seus constituintes.

Uso da tribuna

§ 6º O procurador, o assistente ou seu procurador, o advogado e o curador desenvolverão a acusação ou a defesa, da tribuna para esse fim destinada, na ordem que lhes tocar.

Disciplina dos debates

§ 7º A linguagem dos debates obedecerá às normas do art. 429, podendo o presidente do Conselho de Justiça, após a segunda advertência, cassar a palavra de quem as transgredir, nomeando-lhe substituto *ad hoc*.

Permissão de apartes

§ 8º Durante os debates poderão ser dados apartes, desde que permitidos por quem esteja na tribuna, e não tumultuem a sessão.

Conclusão dos debates

Art. 434. Concluídos os debates e decidida qualquer questão de ordem levantada pelas partes, o Conselho de Justiça passará a deliberar em sessão secreta, podendo qualquer dos juízes militares pedir ao auditor esclarecimentos sobre questões de direito que se relacionem com o fato sujeito a julgamento.

Pronunciamento dos juízes

Art. 435. O presidente do Conselho de Justiça convidará os juízes a se pronunciarem sobre as questões preliminares e o mérito da causa, votando em primeiro lugar o auditor; depois, os juízes militares, por ordem inversa de hierarquia, e finalmente o presidente.

Diversidade de votos

Parágrafo único. Quando, pela diversidade de votos, não se puder constituir maioria para a aplicação da pena, entender-se-á que o juiz que tiver votado por pena maior, ou mais grave, terá virtualmente votado por pena imediatamente menor ou menos grave.

Interrupção da sessão na fase pública

Art. 436. A sessão de julgamento será permanente. Poderá, porém, ser interrompida na fase pública por tempo razoável, para descanso ou alimentação dos juízes, auxiliares da Justiça e partes. Na fase secreta não se interromperá por motivo estranho ao processo, salvo moléstia de algum dos juízes, caso em que será transferida para dia designado na ocasião.

Conselho Permanente. Prorrogação de jurisdição

Parágrafo único. Prorrogar-se á a jurisdição do Conselho Permanente de Justiça, se o novo dia designado estiver incluído no trimestre seguinte àquele em que findar a sua jurisdição, fazendo-se constar o fato de ata.

Definição do fato pelo Conselho

Art. 437. O Conselho de Justiça poderá:

a) dar ao fato definição jurídica diversa da que constar na denúncia, ainda que, em consequência, tenha de aplicar pena mais grave, desde que aquela definição haja sido formulada pelo Ministério Público em alegações escritas e a outra parte tenha tido a oportunidade de respondê-la;

‣ Súm. 5, STM.

Condenação e reconhecimento de agravante não arguida

b) proferir sentença condenatória por fato articulado na denúncia, não obstante haver o Ministério Público opinado pela absolvição, bem como reconhecer agravante objetiva, ainda que nenhuma tenha sido arguida.

Conteúdo da sentença

Art. 438. A sentença conterá:

a) o nome do acusado e, conforme o caso, seu posto ou condição civil;

b) a exposição sucinta da acusação e da defesa;

c) a indicação dos motivos de fato e de direito em que se fundar a decisão;

d) a indicação, de modo expresso, do artigo ou artigos de lei em que se acha incurso o acusado;

e) a data e as assinaturas dos juízes do Conselho de Justiça, a começar pelo presidente e por ordem de hierarquia e declaração dos respectivos postos, encerrando-as o auditor.

Declaração de voto

§ 1º Se qualquer dos juízes deixar de assinar a sentença, será declarado, pelo auditor, o seu voto, como vencedor ou vencido.

Redação da sentença

§ 2º A sentença será redigida pelo auditor, ainda que discorde dos seus fundamentos ou da sua conclusão, podendo, entretanto, justificar o seu voto, se vencido, no todo ou em parte, após a assinatura. O mesmo poderá fazer cada um dos juízes militares.

Sentença datilografada e rubricada

§ 3º A sentença poderá ser datilografada, rubricando-a, neste caso, o auditor, folha por folha.

Sentença absolutória. Requisitos

Art. 439. O Conselho de Justiça absolverá o acusado, mencionando os motivos na parte expositiva da sentença, desde que reconheça:

a) estar provada a inexistência do fato, ou não haver prova da sua existência;

b) não constituir o fato infração penal;

c) não existir prova de ter o acusado concorrido para a infração penal;

d) existir circunstância que exclua a ilicitude do fato ou a culpabilidade ou imputabilidade do agente (arts. 38, 39, 42, 48 e 52 do Código Penal Militar);

e) não existir prova suficiente para a condenação;

f) estar extinta a punibilidade.

Especificação

§ 1º Se houver várias causas para a absolvição, serão todas mencionadas.

Providências

§ 2º Na sentença absolutória determinar-se-á:

a) pôr o acusado em liberdade, se for o caso;

b) a cessação de qualquer pena acessória e, se for o caso, de medida de segurança provisoriamente aplicada;

c) a aplicação de medida de segurança cabível.

Sentença condenatória. Requisitos

Art. 440. O Conselho de Justiça ao proferir sentença condenatória:

a) mencionará as circunstâncias apuradas e tudo o mais que deva ser levado em conta na fixação da pena, tendo em vista obrigatoriamente o disposto no art. 69 e seus parágrafos do Código Penal Militar;

b) mencionará as circunstâncias agravantes ou atenuantes definidas no citado Código, e cuja existência reconhecer;

c) imporá as penas, de acordo com aqueles dados, fixando a quantidade das principais e, se for o caso, a espécie e o limite das acessórias;

d) aplicará as medidas de segurança que, no caso, couberem.

Proclamação do julgamento e prisão do réu

Art. 441. Reaberta a sessão pública e proclamado o resultado do julgamento pelo presidente do Conselho de Justiça, o auditor expedirá mandado de prisão contra o réu, se este for condenado a pena privativa de liberdade, ou alvará de soltura, se absolvido. Se presente o réu, ser-lhe-á dada voz de prisão pelo presidente do Conselho de Justiça, no caso de condenação. A aplicação de pena não privativa de liberdade será comunicada à autoridade competente, para os devidos efeitos.

Permanência do acusado absolvido na prisão

§ 1º Se a sentença for absolutória, por maioria de votos, e a acusação versar sobre crime a que a lei comina pena, no máximo por tempo igual ou superior a vinte anos, o acusado continuará preso, se interposta apelação pelo Ministério Público, salvo se se tiver apresentado espontaneamente à prisão para confessar crime, cuja autoria era ignorada ou imputada a outrem.

Cumprimento anterior do tempo de prisão

§ 2º No caso de sentença condenatória, o réu será posto em liberdade se, em virtude de prisão provisória, tiver cumprido a pena aplicada.

§ 3º A cópia da sentença, devidamente conferida e subscrita pelo escrivão e rubricada pelo auditor, ficará arquivada em cartório.

Indícios de outro crime

Art. 442. Se, em processo submetido a seu exame, o Conselho de Justiça, por ocasião do julgamento, verificar a existência de indícios de outro crime, determinará a remessa das respectivas peças, por cópia autêntica, ao órgão do Ministério Público competente, para os fins de direito.

Leitura da sentença em sessão pública e intimação

Art. 443. Se a sentença ou decisão não for lida na sessão em que se proclamar o resultado do julgamento, sê-lo-á pelo auditor em pública audiência, dentro do prazo de oito dias, e dela ficarão, desde logo, intimados o representante do Ministério Público, o réu e seu defensor, se presentes.

› art. 445 deste Código.

Intimação do representante do Ministério Público

Art. 444. Salvo o disposto no artigo anterior, o escrivão, dentro do prazo de três dias, após a leitura da sentença ou decisão, dará ciência dela ao representante do Ministério Público, para os efeitos legais.

Intimação de sentença condenatória

Art. 445. A intimação da sentença condenatória será feita, se não o tiver sido nos termos do art. 443:

a) ao defensor de ofício ou dativo;

b) ao réu, pessoalmente, se estiver preso;

c) ao defensor constituído pelo réu.

Intimação a réu solto ou revel

Art. 446. A intimação da sentença condenatória a réu solto ou revel far-se-á após a prisão, e bem assim ao seu defensor ou advogado que nomear por ocasião da intimação, e ao representante do Ministério Público.

Requisitos da certidão de intimação

Parágrafo único. Na certidão que lavrar da intimação, o oficial de justiça declarará se o réu nomeou advogado e, em caso afirmativo, intimá-lo-á também da sentença. Em caso negativo, dará ciência da sentença e da prisão do réu ao seu defensor de ofício ou dativo.

Certidões nos autos

Art. 447. O escrivão lavrará nos autos, em todos os casos, as respectivas certidões de intimação, com a indicação do lugar, dia e hora em que houver sido feita.

Lavratura de ata

Art. 448. O escrivão lavrará ata circunstanciada de todas as ocorrências na sessão de julgamento.

Anexação de cópia da ata

Parágrafo único. Da ata será anexada aos autos cópia autêntica datilografada e rubricada pelo escrivão.

Efeitos da sentença condenatória

Art. 449. São efeitos de sentença condenatória recorrível:

a) ser o réu preso ou conservado na prisão;

b) ser o seu nome lançado no rol dos culpados.

Aplicação de artigos

Art. 450. Aplicam-se à sessão de julgamento, no que couber, os arts. 385, 386 e seu parágrafo único, 389, 411, 412 e 413.

TÍTULO II
DOS PROCESSOS ESPECIAIS

CAPÍTULO I
DA DESERÇÃO EM GERAL

Termo de deserção. Formalidades

Art. 451. Consumado o crime de deserção, nos casos previstos na lei penal militar, o comandante da unidade, ou autoridade correspondente, ou ainda autoridade superior, fará lavrar o respectivo termo, imediatamente, que poderá ser impresso ou datilografado, sendo por ele assinado e por duas testemunhas idôneas, além do militar incumbido da lavratura. (Redação dada pela Lei 8.236/1991.)

§ 1º A contagem dos dias de ausência, para efeito da lavratura do termo de deserção, iniciar-se-á a zero hora do dia seguinte àquele em que for verificada a falta injustificada do militar. (Redação dada pela Lei 8.236/1991.)

§ 2º No caso de deserção especial, prevista no art. 190 do Código Penal Militar, a lavratura do termo será, também, imediata. (Redação dada pela Lei 8.236/1991.)

Efeitos do termo de deserção

Art. 452. O termo de deserção tem o caráter de instrução provisória e destina-se a fornecer os elementos necessários à propositura da ação penal, sujeitando, desde logo, o desertor à prisão. (Redação dada pela Lei 8.236/1991.)

Art. 453. O desertor que não for julgado dentro de sessenta dias, a contar do dia de sua apresentação voluntária ou captura, será posto em liberdade, salvo se tiver dado causa ao retardamento do processo. (Redação dada pela Lei 8.236/1991.)

› Súm. 10, STM.

CAPÍTULO II
DO PROCESSO DE DESERÇÃO DE OFICIAL

Lavratura do termo de deserção e sua publicação em boletim

Art. 454. Transcorrido o prazo para consumar-se o crime de deserção, o comandante da unidade, ou autoridade correspondente, ou ainda a autoridade superior, fará lavrar o termo de deserção circunstanciadamente, inclusive com a qualificação do desertor, assinando-o com duas testemunhas idôneas, publicando-se em boletim ou documento equivalente, o termo de deserção, acompanhado da parte de ausência. (Redação dada pela Lei 8.236/1991.)

Remessa do termo de deserção e documentos à Auditoria

§ 1º O oficial desertor será agregado, permanecendo nessa situação ao apresentar-se ou ser capturado, até decisão transitada em julgado. (Redação dada pela Lei 8.236/1991.)

Autuação e vista ao Ministério Público

§ 2º Feita a publicação, a autoridade militar remeterá, em seguida, o termo de deserção à auditoria competente, juntamente com a parte de ausência, o inventário do material permanente da Fazenda Nacional e as cópias do boletim ou documento equivalente e dos assentamentos do desertor. (Redação dada pela Lei 8.236/1991.)

§ 3º Recebido o termo de deserção e demais peças, o Juiz-Auditor mandará autuá-los e dar vista do processo por cinco dias, ao Procurador, podendo este requerer o arquivamento, ou que for de direito, ou oferecer denúncia, se nenhuma formalidade tiver sido omitida, ou após o cumprimento das diligências requeridas. (Incluído pela Lei 8.236/1991.)

§ 4º Recebida a denúncia, o Juiz-Auditor determinará seja aguardada a captura ou apresentação voluntária do desertor. (Incluído pela Lei 8.236/1991.)

Apresentação ou captura do desertor. Sorteio do Conselho

Art. 455. Apresentando-se ou sendo capturado o desertor, a autoridade militar fará a comunicação ao Juiz-Auditor, com a informação sobre a data e o lugar onde o mesmo se apresentou ou foi capturado, além de quaisquer outras circunstâncias concernentes ao fato. Em seguida, procederá o Juiz-Auditor ao sorteio e à convocação do Conselho Especial de Justiça, expedindo o mandado de citação do acusado, para ser processado e julgado. Nesse mandado, será transcrita a denúncia. (Redação dada pela Lei 8.236/1991.)

Rito processual

§ 1º Reunido o Conselho Especial de Justiça, presentes o procurador, o defensor e o acusado, o presidente ordenará a leitura da denúncia, seguindo-se o interrogatório do acusado, ouvindo-se, na ocasião, as testemunhas arroladas pelo Ministério Público. A defesa poderá oferecer prova documental e requerer a inquirição de testemunhas, até o número de três, que serão arroladas dentro do prazo de três dias e ouvidas dentro do prazo de cinco dias, prorrogável até o dobro pelo conselho, ouvido o Ministério Público. (Redação dada pela Lei 8.236/1991.)

Julgamento

§ 2º Findo o interrogatório, e se nada for requerido ou determinado, ou finda a inquirição das testemunhas arroladas pelas partes e realizadas as diligências ordenadas, o presidente do conselho dará a palavra às partes, para sustentação oral, pelo prazo máximo de trinta minutos, podendo haver réplica e tréplica por tempo não excedente a quinze minutos, para cada uma delas, passando o conselho ao julgamento, observando-se o rito prescrito neste código. (Redação dada pela Lei 8.236/1991.)

CAPÍTULO III DO PROCESSO DE DESERÇÃO DE PRAÇA COM OU SEM GRADUÇÃO E DE PRAÇA ESPECIAL.

› Redação dada pela Lei 8.236/1991.

Inventário dos bens deixados ou extraviados pelo ausente

Art. 456. Vinte e quatro horas depois de iniciada a contagem dos dias de ausência de uma praça, o comandante da respectiva subunidade, ou autoridade competente, encaminhará parte de ausência ao comandante ou chefe da respectiva organização, que mandará inventariar o material permanente da Fazenda Nacional, deixado ou extraviado pelo ausente, com a assistência de duas testemunhas idôneas. (Redação dada pela Lei 8.236/1991.)

§ 1º Quando a ausência se verificar em subunidade isolada ou em destacamento, o respectivo comandante, oficial ou não providenciará o inventário, assinando-o com duas testemunhas idôneas. (Redação dada pela Lei 8.236/1991.)

Parte de deserção

§ 2º Decorrido o prazo para se configurar a deserção, o comandante da subunidade, ou autoridade correspondente, encaminhará ao comandante, ou chefe competente, uma parte acompanhada do inventário. (Redação dada pela Lei 8.236/1991.)

Lavratura de termo de deserção

§ 3º Recebida a parte de que trata o parágrafo anterior, fará o comandante, ou autoridade correspondente, lavrar o termo de deserção, onde se mencionarão todas as circunstâncias do fato. Esse termo poderá ser lavrado por uma praça, especial ou graduada, e será assinado pelo comandante e por duas testemunhas idôneas, de preferência oficiais. (Redação dada pela Lei 8.236/1991.)

Exclusão do serviço ativo, agregação e remessa à auditoria

§ 4º Consumada a deserção de praça especial ou praça sem estabilidade, será ela imediatamente excluída do serviço ativo. Se praça estável, será agregada, fazendo-se, em ambos os casos, publicação, em boletim ou documento equivalente, do termo de deserção e remetendo-se, em seguida, os autos à auditoria competente. (Redação dada pela Lei 8.236/1991.)

Exclusão do serviço ativo

§ 5º Comprovada a deserção de cadete, sargento, graduado ou soldado, será ele imediatamente excluído do serviço ativo, fazendo-se, nos livros respectivos, os devidos assentamentos e publicando-se, em boletim, o termo de deserção.

Arquivamento do termo de deserção

Art. 457. Recebidos do comandante da unidade, ou da autoridade competente, o termo de deserção e a cópia do boletim, ou documento equivalente que o publicou, acompanhados dos demais atos lavrados e dos assentamentos, o Juiz-Auditor mandará autuá-los e dar vista do processo, por cinco dias, ao procurador, que requererá o que for de direito, aguardando-se a captura ou apresentação voluntária do desertor, se nenhuma formalidade tiver sido omitida, ou após o cumprimento das diligências requeridas. (Redação dada pela Lei 8.236/1991.)

Inspeção de saúde

§ 1º O desertor sem estabilidade que se apresentar ou for capturado deverá ser submetido à inspeção de saúde e, quando julgado apto para o serviço militar, será reincluído. (Redação dada pela Lei 8.236/1991.)

Incapacidade para serviço ativo

§ 2º A ata de inspeção de saúde será remetida, com urgência, à auditoria a que tiverem sido distribuídos os autos, para que, em caso de incapacidade definitiva, seja o desertor sem estabilidade isento da reinclusão e do processo, sendo os autos arquivados, após o pronunciamento do representante do Ministério Público Militar. (Redação dada pela Lei 8.236/1991.)

Reinclusão

§ 3º Reincluída que a praça especial ou a praça sem estabilidade, ou procedida à reversão da praça estável, o comandante da unidade providenciará, com urgência, sob pena de responsabilidade, a remessa à auditoria de cópia do ato de reinclusão ou do ato de reversão. O Juiz-Auditor determinará sua juntada aos autos e deles dará vista, por cinco dias, ao procurador que requererá o arquivamento, ou o que for de direito, ou oferecerá denúncia, se nenhuma formalidade tiver sido omitida, ou após o cumprimento das diligências requeridas. (Redação dada pela Lei 8.236/1991.)

Substituição por impedimento

§ 4º Recebida a denúncia, determinará o Juiz-Auditor a citação do acusado, realizando-se em dia e hora previamente designados, perante o Conselho Permanente de Justiça, o interrogatório do acusado, ouvindo-se, na ocasião, as testemunhas arroladas pelo Ministério Público. A defesa poderá oferecer prova documental e requerer a inquirição de testemunhas, até o número de três, que serão arroladas dentro do prazo de três dias e ouvidas dentro de cinco dias, prorrogáveis até o dobro pelo conselho, ouvido o Ministério Público. (Redação dada pela Lei 8.236/1991.)

Nomeação de curador

§ 5º Feita a leitura do processo, o presidente do conselho dará a palavra às partes, para sustentação oral, pelo prazo máximo de trinta minutos, podendo haver réplica e tréplica por tempo não excedente a quinze minutos, para cada uma delas, passando o conselho ao julgamento, observando-se o rito prescrito neste código. (Redação dada pela Lei 8.236/1991.)

Designação de advogado

§ 6º Em caso de condenação do acusado, o Juiz-Auditor fará expedir, imediatamente, a devida comunicação à autoridade competente, para os devidos fins e efeitos legais. (Redação dada pela Lei 8.236/1991.)

Audição de testemunhas

§ 7º Sendo absolvido o acusado, ou se este já tiver cumprido a pena imposta na sentença, o Juiz-Auditor providenciará, sem demora, para que seja posto em liberdade, mediante alvará de soltura, se por outro motivo não estiver preso. (Redação dada pela Lei 8.236/1991.)

› art. 465 deste Código.

Vista dos autos

§ 8º O curador ou advogado do acusado terá vista dos autos para examinar suas peças e apresentar, dentro do prazo de três dias, as razões de defesa.

Dia e hora do julgamento

§ 9º Voltando os autos ao presidente, designará este dia e hora para o julgamento.

Interrogatório

§ 10. Reunido o Conselho, será o acusado interrogado, em presença do seu advogado, ou curador se for menor, assinando com o advogado ou curador, após os juízes, o auto de interrogatório, lavrado pelo escrivão.

Defesa oral

§ 11. Em seguida, feita a leitura do processo pelo escrivão, o presidente do Conselho dará a palavra ao advogado ou curador do acusado, para que, dentro do prazo máximo de trinta minutos, apresente defesa oral, passando o Conselho a funcionar, desde logo, em sessão secreta.

Comunicação de sentença condenatória ou alvará de soltura

§ 12. Terminado o julgamento, se o acusado for condenado, o presidente do Conselho fará expedir imediatamente a devida comunicação à autoridade competente; e, se for absolvido ou já tiver cumprido o tempo de prisão que na sentença lhe houver sido imposto, providenciará, sem demora, para que o acusado seja, mediante alvará de soltura, posto em liberdade, se por outro motivo não estiver preso. O relator, no prazo de quarenta e oito horas, redigirá a sentença, que será assinada por todos os juízes.

Arts. 458 e 459. (Revogados pela Lei 8.236/1991.)

CAPÍTULO IV
DO PROCESSO DE DESERÇÃO DE PRAÇA, COM OU SEM GRADUAÇÃO, E DE PRAÇA ESPECIAL, NA MARINHAE NA AERONÁUTICA

‣ Revogado pela Lei 8.236/1991.

Arts. 460 a 462. (Revogados pela Lei 8.236/1991.)

CAPÍTULO V
DO PROCESSO DE CRIME DE INSUBMISSÃO

Lavratura de termo de insubmissão

Art. 463. Consumado o crime de insubmissão, o comandante, ou autoridade correspondente, da unidade para que fora designado o insubmisso, fará lavrar o termo de insubmissão, circunstanciadamente, com indicação, de nome, filiação, naturalidade e classe a que pertencer o insubmisso e a data em que este deveria apresentar-se, sendo o termo assinado pelo referido comandante, ou autoridade correspondente, e por duas testemunhas idôneas, podendo ser impresso ou datilografado. (Redação dada pela Lei 8.236/1991.)

Arquivamento do termo

§ 1º O termo, juntamente com os demais documentos relativos à insubmissão, tem o caráter de instrução provisória, destina-se a fornecer os elementos necessários à propositura da ação penal e é o instrumento legal autorizador da captura do insubmisso, para efeito da incorporação. (Redação dada pela Lei 8.236/1991.)

Inclusão do insubmisso

§ 2º O comandante ou autoridade competente que tiver lavrado o termo de insubmissão remetê-lo-á à auditoria, acompanhado de cópia autêntica do documento hábil que comprove o conhecimento pelo insubmisso da data e local de sua apresentação, e demais documentos. (Redação dada pela Lei 8.236/1991.)

Procedimento

§ 3º Recebido o termo de insubmissão e os documentos que o acompanham, o Juiz-Auditor determinará sua atuação e dará vista do processo, por cinco dias, ao procurador, que requererá o que for de direito, aguardando-se a captura ou apresentação voluntária do insubmisso, se nenhuma formalidade tiver sido omitida ou após cumprimento das diligências requeridas. (Redação dada pela Lei 8.236/1991.)

Menagem e inspeção de saúde

Art. 464. O insubmisso que se apresentar ou for capturado terá o direito ao quartel por menagem e será submetido à inspeção de saúde. Se incapaz, ficará isento do processo e da inclusão. (Redação dada pela Lei 8.236/1991.)

Remessa ao Conselho da unidade

§ 1º A ata de inspeção de saúde será, pelo comandante da unidade, ou autoridade competente, remetida, com urgência, à auditoria a que tiverem sido distribuídos os autos, para que, em caso de incapacidade para o serviço militar, sejam arquivados, após pronunciar-se o Ministério Público Militar. (Redação dada pela Lei 8.236/1991.)

Liberdade do insubmisso

§ 2º Incluído o insubmisso, o comandante da unidade, ou autoridade correspondente, providenciará, com urgência, a remessa à auditoria de cópia do ato de inclusão. O Juiz-Auditor determinará sua juntada aos autos e deles dará vista, por cinco dias, ao procurador, que poderá requerer o arquivamento, ou o que for de direito, ou oferecer denúncia, se nenhuma formalidade tiver sido omitida ou após o cumprimento das diligências requeridas. (Redação dada pela Lei 8.236/1991.)

§ 3º O insubmisso que não for julgado no prazo de sessenta dias, a contar do dia de sua apresentação voluntária ou captura, sem que para isso tenha dado causa, será posto em liberdade. (Parágrafo incluído pela Lei 8.236/1991.)

Equiparação ao processo de deserção

Art. 465. Aplica-se ao processo de insubmissão, para sua instrução e julgamento, o disposto para o processo de deserção, previsto nos §§ 4º, 5º, 6º e 7º do art. 457 deste código. (Redação dada pela Lei 8.236/1991.)

CAPÍTULO VI
DO *HABEAS CORPUS*

‣ art. 5º, LXVIII; LXIX; LXXVII, CF.

Cabimento da medida

Art. 466. Dar-se-á *habeas corpus* sempre que alguém sofrer ou se achar ameaçado de sofrer violência ou coação em sua liberdade de locomoção, por ilegalidade ou abuso de poder.

‣ arts. 647 a 667, CPP.

‣ Súm. 208; 344; 395, 606; 691; 693 a 695, STF.

Exceção

Parágrafo único. Excetuam-se, todavia, os casos em que a ameaça ou a coação resultar:

a) de punição aplicada de acordo com os Regulamentos Disciplinares das Forças Armadas;

b) de punição aplicada aos oficiais e praças das Polícias e dos Corpos de Bombeiros, Militares, de acordo com os respectivos Regulamentos Disciplinares;

c) da prisão administrativa, nos termos da legislação em vigor, de funcionário civil responsável para com a Fazenda Nacional, perante a administração militar;

d) da aplicação de medidas que a Constituição do Brasil autoriza durante o estado de sítio;

e) nos casos especiais previstos em disposição de caráter constitucional.

Abuso de poder e ilegalidade. Existência

Art. 467. Haverá ilegalidade ou abuso de poder:

‣ art. 470 deste Código.

a) quando o cerceamento da liberdade for ordenado por quem não tinha competência para tal;

b) quando ordenado ou efetuado sem as formalidades legais;

c) quando não houver justa causa para a coação ou constrangimento;

d) quando a liberdade de ir e vir for cerceada fora dos casos previstos em lei;

e) quando cessado o motivo que autorizava o cerceamento;

f) quando alguém estiver preso por mais tempo do que determina a lei;

g) quando alguém estiver processado por fato que não constitua crime em tese;

h) quando estiver extinta a punibilidade;

i) quando o processo estiver evidentemente nulo.

Concessão após sentença condenatória

Art. 468. Poderá ser concedido *habeas corpus*, não obstante já ter havido sentença condenatória:

a) quando o fato imputado, tal como estiver narrado na denúncia, não constituir infração penal;

b) quando a ação ou condenação já estiver prescrita;

c) quando o processo for manifestamente nulo;

d) quando for incompetente o juiz que proferiu a condenação.

Competência para a concessão

Art. 469. Compete ao Superior Tribunal Militar o conhecimento do pedido de *habeas corpus*.

Pedido. Concessão de ofício

Art. 470. O *habeas corpus* pode ser impetrado por qualquer pessoa em seu favor ou de outrem, bem como pelo Ministério Público. O Superior Tribunal Militar pode concedê-lo de ofício, se, no curso do processo submetido à sua apreciação, verificar a existência de qualquer dos motivos previstos no art. 467.

Rejeição do pedido

§ 1º O pedido será rejeitado se o paciente a ele se opuser.

Competência *ad referendum* do Superior Tribunal Militar

§ 2º (Revogado pela Lei 8.457/1992.)

Petição. Requisitos

Art. 471. A petição de *habeas corpus* conterá:

a) o nome da pessoa que sofre ou está ameaçada de sofrer violência ou coação e o de quem é responsável pelo exercício da violência, coação ou ameaça;

b) a declaração da espécie de constrangimento ou, em caso de ameaça de coação, as razões em que o impetrante funda o seu temor;

c) a assinatura do impetrante, ou de alguém a seu rogo, quando não souber ou não puder escrever, e a designação das respectivas residências.

Forma do pedido

Parágrafo único. O pedido de *habeas corpus* pode ser feito por telegrama, com as indicações enumeradas neste artigo e a transcrição literal do reconhecimento da firma do impetrante, por tabelião.

Pedido de informações

Art. 472. Despachada a petição e distribuída, serão, pelo relator, requisitadas imediatamente informações ao detentor ou a quem fizer a ameaça, que deverá prestá-las dentro do prazo de cinco dias, contados da data do recebimento da requisição.

Prisão por ordem de autoridade superior

§ 1º Se o detentor informar que o paciente está preso por determinação de autoridade superior, deverá indicá-la, para que a esta sejam requisitadas as informações, a fim de prestá-las na forma mencionada no preâmbulo deste artigo.

Soltura ou remoção do preso

§ 2º Se informar que não é mais detentor do paciente, deverá esclarecer se este já foi solto ou removido para outra prisão. No primeiro caso, dirá em que dia e hora; no segundo, qual o local da nova prisão.

Vista ao procurador-geral

§ 3º Imediatamente após as informações, o relator, se as julgar satisfatórias, dará vista do processo, por quarenta e oito horas, ao procurador-geral.

Julgamento do pedido

Art. 473. Recebido de volta o processo, o relator apresentá-lo-á em mesa, sem demora, para o julgamento, que obedecerá ao disposto no Regimento Interno do Tribunal.

Determinação de diligências

Art. 474. O relator ou o Tribunal poderá determinar as diligências que entender necessárias, inclusive a requisição do processo e a apresentação do paciente, em dia e hora que designar.

Apresentação obrigatória do preso

Art. 475. Se o paciente estiver preso, nenhum motivo escusará o detentor de apresentá-lo, salvo:

a) enfermidade que lhe impeça a locomoção ou a não aconselhe, por perigo de agravamento do seu estado mórbido;

b) não estar sob a guarda da pessoa a quem se atribui a detenção.

Diligência no local da prisão

Parágrafo único. Se o paciente não puder ser apresentado por motivo de enfermidade, o relator poderá ir ao local em que ele se encontrar; ou, por proposta sua, o Tribunal, mediante ordem escrita, poderá determinar que ali compareça o seu secretário ou, fora da Circunscrição judiciária de sua sede, o auditor que designar, os quais prestarão as informações necessárias, que constarão do processo.

Prosseguimento do processo

Art. 476. A concessão de *habeas corpus* não obstará o processo nem lhe porá termo, desde que não conflite com os fundamentos da concessão.

Renovação do processo

Art. 477. Se o *habeas corpus* for concedido em virtude de nulidade do processo, será este renovado, salvo se do seu exame se tornar evidente a inexistência de crime.

Forma da decisão

Art. 478. As decisões do Tribunal sobre *habeas corpus* serão lançadas em forma de sentença nos autos. As ordens necessárias ao seu cumprimento serão, pelo secretário do Tribunal, expedidas em nome do seu presidente.

Salvo-conduto

Art. 479. Se a ordem de *habeas corpus* for concedida para frustrar ameaça de violência ou coação ilegal, dar-se-á ao paciente salvo-conduto, assinado pelo presidente do Tribunal.

Sujeição a processo

Art. 480. O detentor do preso ou responsável pela sua detenção ou quem quer que, sem justa causa, embarace ou procrastine a expedição de ordem de *habeas corpus* , as informações sobre a causa da prisão, a condução, e apresentação do paciente, ou desrespeite salvo-conduto expedido de acordo com o artigo anterior, ficará sujeito a processo pelo crime de desobediência a decisão judicial.

Promoção da ação penal

Parágrafo único. Para esse fim, o presidente do Tribunal oficiará ao procurador-geral para que este promova ou determine a ação penal, nos termos do art. 28, letra *c*.

CAPÍTULO VII
DO PROCESSO PARA RESTAURAÇÃO DE AUTOS

Obrigatoriedade da restauração

Art. 481. Os autos originais de processo penal militar extraviados ou destruídos, em primeira ou segunda instância, serão restaurados.

Existência de certidão ou cópia autêntica

§ 1º Se existir e for exibida cópia autêntica ou certidão do processo, será uma ou outra considerada como original.

Falta de cópia autêntica ou certidão

§ 2º Na falta de cópia autêntica ou certidão do processo, o juiz mandará, de ofício ou a requerimento de qualquer das partes, que:

Certidão do escrivão

a) o escrivão certifique o estado do processo, segundo a sua lembrança, e reproduza o que houver a respeito em seus protocolos e registros;

Requisições

b) sejam requisitadas cópias do que constar a respeito do processo no Instituto Médico Legal, no Instituto de Identificação e Estatística, ou em estabelecimentos congêneres, repartições públicas, penitenciárias, presídios ou estabelecimentos militares;

Citação das partes

c) sejam citadas as partes pessoalmente ou, se não forem encontradas, por edital, com o prazo de dez dias, para o processo de restauração.

Restauração em primeira instância. Execução

§ 3º Proceder-se-á à restauração em primeira instância, ainda que os autos se tenham extraviado na segunda, salvo em se tratando de processo originário do Superior Tribunal Militar, ou que nele transite em grau de recurso.

Auditoria competente

§ 4º O processo de restauração correrá em primeira instância perante o auditor, na Auditoria onde se iniciou.

Audiência das partes

Art. 482. No dia designado, as partes serão ouvidas, mencionando-se em termo circunstanciado os pontos em que estiverem acordes e a exibição e a conferência das certidões e mais reproduções do processo, apresentadas e conferidas.

Instrução

Art. 483. O juiz determinará as diligências necessárias para a restauração, observando-se o seguinte:

a) caso ainda não tenha sido proferida a sentença, reinquirir-se-ão as testemunhas, podendo ser substituídas as que tiverem falecido ou se encontrarem em lugar não sabido;

b) os exames periciais, quando possível, serão repetidos, e de preferência pelos mesmos peritos;

c) a prova documental será reproduzida por meio de cópia autêntica ou, quando impossível, por meio de testemunhas;

d) poderão também ser inquiridas, sobre os autos do processo em restauração, as autoridades, os serventuários, os peritos e mais pessoas que tenham nele funcionado;

e) o Ministério Público e as partes poderão oferecer testemunhas e produzir documentos, para provar o teor do processo extraviado ou destruído.

Conclusão

Art. 484. Realizadas as diligências que, salvo motivo de força maior, deverão terminar dentro em quarenta dias, serão os autos conclusos para julgamento.

Parágrafo único. No curso do processo e depois de subirem os autos conclusos para sentença, o juiz poderá, dentro em cinco dias, requisitar de autoridades ou repartições todos os esclarecimentos necessários à restauração.

Eficácia probatória

Art. 485. Julgada a restauração, os autos respectivos valerão pelos originais.

Parágrafo único. Se no curso da restauração aparecerem os autos originais, nestes continuará o processo, sendo a eles apensos os da restauração.

Prosseguimento da execução

Art. 486. Até a decisão que julgue restaurados os autos, a sentença condenatória em execução continuará a produzir efeito, desde que conste da respectiva guia arquivada na prisão onde o réu estiver cumprindo pena, ou de registro que torne inequívoca a sua existência.

Restauração no Superior Tribunal Militar

Art. 487. A restauração perante o Superior Tribunal Militar caberá ao relator do processo em andamento, ou a ministro que for sorteado para aquele fim, no caso de não haver relator.

Responsabilidade criminal

Art. 488. O causador do extravio ou destruição responderá criminalmente pelo fato, nos termos do art. 352 e seu parágrafo único, do Código Penal Militar.

CAPÍTULO VIII
O PROCESSO DE COMPETÊNCIA ORIGINÁRIO DO SUPERIOR TRIBUNAL MILITAR

SEÇÃO I
DA INSTRUÇÃO CRIMINAL

Denúncia. Oferecimento

Art. 489. No processo e julgamento dos crimes da competência do Superior Tribunal Militar, a denúncia será oferecida ao Tribunal e apresentada ao seu presidente para a designação de relator.

Juiz instrutor

Art. 490. O relator será um ministro togado, escolhido por sorteio, cabendo-lhe as atribuições de juiz instrutor do processo.

Recurso do despacho do relator

Art. 491. Caberá recurso do despacho do relator que:

a) rejeitar a denúncia;

b) decretar a prisão preventiva;

c) julgar extinta a ação penal;

d) concluir pela incompetência do foro militar;

e) conceder ou negar menagem.

Recebimento da denúncia

Art. 492. Recebida a denúncia, mandará o relator citar o denunciado e intimar as testemunhas.

Função do Ministério Público, do escrivão e do oficial de justiça

Art. 493. As funções do Ministério Público serão desempenhadas pelo procurador-geral. As de escrivão, por um funcionário graduado da Secretaria, designado pelo presidente, e as de oficial de justiça, pelo chefe da portaria ou seu substituto legal.

Rito da instrução criminal

Art. 494. A instrução criminal seguirá o rito estabelecido para o processo dos crimes da competência do Conselho de Justiça, desempenhando o ministro instrutor as atribuições conferidas a esse Conselho.

Despacho saneador

Art. 495. Findo o prazo para as alegações escritas, o escrivão fará os autos conclusos ao relator, o qual, se encontrar irregularidades sanáveis ou falta de diligências que julgar necessárias, mandará saná-las ou preenchê-las.

SEÇÃO II
DO JULGAMENTO

Julgamento

Art. 496. Concluída a instrução, o Tribunal procederá, em sessão plenária, ao julgamento do processo, observando-se o seguinte:

Designação de dia e hora

a) por despacho do relator, os autos serão conclusos ao presidente, que designará dia e hora para o julgamento, cientificados o réu, seu advogado e o Ministério Público;

Resumo do processo

b) aberta a sessão, com a presença de todos os ministros em exercício, será apregoado o réu e, presente este, o presidente dará a palavra ao relator, que fará o resumo das principais peças dos autos e da prova produzida;

c) se algum dos ministros solicitar a leitura integral dos autos ou de parte deles, poderá o relator ordenar seja ela efetuada pelo escrivão;

Acusação e defesa

d) findo o relatório, o presidente dará, sucessivamente, a palavra ao procurador-geral e ao acusado, ou a seu defensor, para sustentarem oralmente as suas alegações finais;

Prazo para as alegações orais

e) o prazo tanto para a acusação como para a defesa será de duas horas, no máximo;

Réplica e tréplica

f) as partes poderão replicar e treplicar em prazo não excedente de uma hora;

Normas a serem observadas para o julgamento

g) encerrados os debates, passará o Tribunal a funcionar em sessão secreta, para proferir o julgamento, cujo resultado será anunciado em sessão pública;

h) o julgamento efetuar-se-á em uma ou mais sessões, a critério do Tribunal;

i) se for vencido o relator, o acórdão será lavrado por um dos ministros vencedores, observada a escala.

Revelia

Parágrafo único. Se o réu solto deixar de comparecer, sem causa legítima ou justificada, será julgado à revelia, independentemente de publicação de edital.

Recurso admissível das decisões definitivas ou com força de definitivas

Art. 497. Das decisões definitivas ou com força de definitivas, unânimes ou não, proferidas pelo Tribunal, cabem embargos, que deverão ser oferecidos dentro em cinco dias, contados da intimação do acórdão. O réu revel não pode embargar sem se apresentar à prisão.

CAPÍTULO IX
DA CORREIÇÃO PARCIAL

Casos de correição parcial

Art. 498. O Superior Tribunal Militar poderá proceder à correição parcial:

a) a requerimento das partes, para o fim de ser corrigido erro ou omissão inescusáveis, abuso ou ato tumultuário, em processo, cometido ou consentido por juiz, desde que, para obviar tais fatos, não haja recurso previsto neste Código;

b) mediante representação do Ministro Corregedor-Geral, para corrigir arquivamento irregular em inquérito ou processo. (Redação dada pela Lei 7.040/1982.)

- A Lei 7.040, que dá nova redação a esta alínea, foi declarada inconstitucional e teve sua eficácia suspensa pela Res. do SF 27/1996.

§ 1º É de cinco dias o prazo para o requerimento ou a representação, devidamente fundamentados, contados da data do ato que os motivar.

Disposição regimental

§ 2º O Regimento do Superior Tribunal Militar disporá a respeito do processo e julgamento da correição parcial.

LIVRO III
DAS NULIDADES E RECURSOS EM GERAL

TÍTULO I

CAPÍTULO ÚNICO
DAS NULIDADES

- arts. 563 a 573, CPP.

Sem prejuízo não há nulidade

Art. 499. Nenhum ato judicial será declarado nulo se da nulidade não resultar prejuízo para a acusação ou para a defesa.

- Súm. 155; 160; 351; 361; 366; 523, STF.

Casos de nulidade

Art. 500. A nulidade ocorrerá nos seguintes casos:

I - por incompetência, impedimento, suspeição ou suborno do juiz;

II - por ilegitimidade de parte;

III - por preterição das fórmulas ou termos seguintes:

a) a denúncia;

b) o exame de corpo de delito nos crimes que deixam vestígios, ressalvado o disposto no parágrafo único do art. 328;

c) a citação do acusado para ver-se processar e o seu interrogatório, quando presente;

- Súm. 351; 366, STF.

d) os prazos concedidos à acusação e à defesa;

e) a intervenção do Ministério Público em todos os termos da ação penal;

f) a nomeação de defensor ao réu presente que não o tiver, ou de curador ao ausente e ao menor de dezoito anos;

g) a intimação das testemunhas arroladas na denúncia;

h) o sorteio dos juízes militares e seu compromisso;

i) a acusação e a defesa nos termos estabelecidos por este Código;

j) a notificação do réu ou seu defensor para a sessão de julgamento;

l) a intimação das partes para a ciência da sentença ou decisão de que caiba recurso;

IV - por omissão de formalidade que constitua elemento essencial do processo.

Impedimento para a arguição da nulidade

Art. 501. Nenhuma das partes poderá arguir a nulidade a que tenha dado causa ou para que tenha concorrido, ou referente a formalidade cuja observância só à parte contrária interessa.

Nulidade não declarada

Art. 502. Não será declarada a nulidade de ato processual que não houver influído na apuração da verdade substancial ou na decisão da causa.

Falta ou nulidade da citação, da intimação ou da notificação. Presença do interessado. Consequência

Art. 503. A falta ou a nulidade da citação, da intimação ou notificação ficará sanada com o comparecimento do interessado antes de o ato consumar-se, embora declare que o faz com o único fim de argui-la. O juiz ordenará, todavia, a suspensão ou adiamento do ato, quando reconhecer que a irregularidade poderá prejudicar o direito da parte.

Oportunidade para a arguição

Art. 504. As nulidades deverão ser arguidas:

a) as da instrução do processo, no prazo para a apresentação das alegações escritas;

b) as ocorridas depois do prazo das alegações escritas, na fase do julgamento ou nas razões de recurso.

Parágrafo único. A nulidade proveniente de incompetência do juízo pode ser declarada a requerimento da parte ou de ofício, em qualquer fase do processo.

Silêncio das partes

Art. 505. O silêncio das partes sana os atos nulos, se se tratar de formalidade de seu exclusivo interesse.

Renovação e retificação

Art. 506. Os atos, cuja nulidade não houver sido sanada, serão renovados ou retificados.

Nulidade de um ato e sua consequência

§ 1º A nulidade de um ato, uma vez declarada, envolverá a dos atos subsequentes.

Especificação

§ 2º A decisão que declarar a nulidade indicará os atos a que ela se estende.

Revalidação de atos

Art. 507. Os atos da instrução criminal, processados perante juízo incompetente, serão revalidados, por termo, no juízo competente.

Anulação dos atos decisórios

Art. 508. A incompetência do juízo anula somente os atos decisórios, devendo o processo, quando for declarada a nulidade, ser remetido ao juiz competente.

Juiz irregularmente investido, impedido ou suspeito

Art. 509. A sentença proferida pelo Conselho de Justiça com juiz irregularmente investido, impedido ou suspeito, não anula o processo, salvo se a maioria se constituir com o seu voto.

TÍTULO II
DOS RECURSOS

‣ arts. 574 a 677, CPP.

CAPÍTULO I
REGRAS GERAIS

Cabimento dos recursos

Art. 510. Das decisões do Conselho de Justiça ou do auditor poderão as partes interpor os seguintes recursos:

a) recurso em sentido estrito;

b) apelação.

Os que podem recorrer

Art. 511. O recurso poderá ser interposto pelo Ministério Público, ou pelo réu, seu procurador, ou defensor.

‣ Súm. 210, STF.

Inadmissibilidade por falta de interesse

Parágrafo único. Não se admitirá, entretanto, recurso da parte que não tiver interesse na reforma ou modificação da decisão.

Proibição da desistência

Art. 512. O Ministério Público não poderá desistir do recurso que haja interposto.

Interposição e prazo

Art. 513. O recurso será interposto por petição e esta, com o despacho do auditor, será, até o dia seguinte ao último do prazo, entregue ao escrivão, que certificará, no termo da juntada, a data da entrega; e, na mesma data, fará os autos conclusos ao auditor, sob pena de sanção disciplinar.

Erro na interposição

Art. 514. Salvo a hipótese de má-fé, não será a parte prejudicada pela interposição de um recurso por outro.

Propriedade do recurso

Parágrafo único. Se o auditor ou o Tribunal reconhecer a impropriedade do recurso, mandará processá-lo de acordo com o rito do recurso cabível.

Efeito extensivo

Art. 515. No caso de concurso de agentes, a decisão do recurso interposto por um dos réus, se fundada em motivos que não sejam de caráter exclusivamente pessoal, aproveitará aos outros.

CAPÍTULO II
DOS RECURSOS EM SENTIDO ESTRITO

Cabimento

Art. 516. Caberá recurso em sentido estrito da decisão ou sentença que:

a) reconhecer a inexistência de crime militar, em tese;

b) indeferir o pedido de arquivamento, ou a devolução do inquérito à autoridade administrativa;

c) absolver o réu no caso do art. 48 do Código Penal Militar;

d) não receber a denúncia no todo ou em parte, ou seu aditamento;

e) concluir pela incompetência da Justiça Militar, do auditor ou do Conselho de Justiça;

f) julgar procedente a exceção, salvo de suspeição;

g) julgar improcedente o corpo de delito ou outros exames;

h) decretar, ou não, a prisão preventiva, ou revogá-la;

i) conceder ou negar a menagem;

j) decretar a prescrição, ou julgar, por outro modo, extinta a punibilidade;

l) indeferir o pedido de reconhecimento da prescrição ou de outra causa extintiva da punibilidade;

m) conceder, negar, ou revogar o livramento condicional ou a suspensão condicional da pena;

n) anular, no todo ou em parte, o processo da instrução criminal;

o) decidir sobre a unificação das penas;

p) decretar, ou não, a medida de segurança;

q) não receber a apelação ou recurso.

‣ art. 517 deste Código.

Recursos sem efeito suspensivo

Parágrafo único. Esses recursos não terão efeito suspensivo, salvo os interpostos das decisões sobre matéria de competência, das que julgarem extinta a ação penal, ou decidirem pela concessão do livramento condicional.

Recurso nos próprios autos

Art. 517. Subirão, sempre, nos próprios autos, os recursos a que se referem as letras *a, b, d, e, i, j, m, n* e *p* do artigo anterior.

Prazo de interposição

Art. 518. Os recursos em sentido estrito serão interpostos no prazo de três dias, contados da data da intimação da decisão, ou da sua publicação ou leitura em pública audiência, na presença das partes ou seus procuradores, por meio de requerimento em que se especificarão, se for o caso, as peças dos autos de que se pretenda traslado para instruir o recurso.

Prazo para extração de traslado

Parágrafo único. O traslado será extraído, conferido e concertado no prazo de dez dias, e dele constarão, sempre, a decisão recorrida e a certidão de sua intimação, se por outra forma não for possível verificar-se a oportunidade do recurso.

Prazo para as razões

Art. 519. Dentro em cinco dias, contados da vista dos autos, ou do dia em que, extraído o traslado, dele tiver vista o recorrente, oferecerá este as razões do recurso, sendo, em seguida, aberta vista ao recorrido, em igual prazo.

Parágrafo único. Se o recorrido for o réu, será intimado na pessoa de seu defensor.

Reforma ou sustentação

Art. 520. Com a resposta do recorrido ou sem ela, o auditor ou o Conselho de Justiça, dentro em cinco dias, poderá reformar a decisão recorrida ou mandar juntar ao recurso o traslado das peças dos autos, que julgar convenientes para a sustentação dela.

Recurso da parte prejudicada

Parágrafo único. Se reformada a decisão recorrida, poderá a parte prejudicada, por simples petição, recorrer da nova decisão, quando, por sua natureza, dela caiba recurso. Neste caso, os autos subirão imediatamente à instância superior, assinado o termo de recurso independentemente de novas razões.

Prorrogação de prazo

Art. 521. Não sendo possível ao escrivão extrair o traslado no prazo legal, poderá o auditor prorrogá-lo até o dobro.

Prazo para a sustentação

Art. 522. O recurso será remetido ao Tribunal dentro em cinco dias, contados da sustentação da decisão.

Julgamento na instância

Art. 523. Distribuído o recurso, irão os autos com vista ao procurador-geral, pelo prazo de oito dias, sendo, a seguir, conclusos ao relator que, no intervalo de duas sessões, o colocará em pauta para o julgamento.

Decisão

Art. 524. Anunciado o julgamento, será feito o relatório, sendo facultado às partes usar da palavra pelo prazo de dez minutos. Discutida a matéria, proferirá o Tribunal a decisão final.

Devolução para cumprimento do acórdão

Art. 525. Publicada a decisão do Tribunal, os autos baixarão à instância inferior para o cumprimento do acórdão.

CAPÍTULO III
DA APELAÇÃO

Admissibilidade da apelação

Art. 526. Cabe apelação:

a) da sentença definitiva de condenação ou de absolvição;

b) de sentença definitiva ou com força de definitiva, nos casos não previstos no capítulo anterior.

Parágrafo único. Quando cabível a apelação, não poderá ser usado o recurso em sentido estrito, ainda que somente de parte da decisão se recorra.

Recolhimento à prisão

Art. 527. O réu não poderá apelar sem recolher-se à prisão, salvo se primário e de bons antecedentes, reconhecidas tais circunstâncias na sentença condenatória. (Redação dada pela Lei 6.544/1978.)

- arts. 533 e 549 deste Código.
- Súm. 9; 347, STJ.
- Súm. 11, STM.

Recurso sobrestado

Art. 528. Será sobrestado o recurso se, depois de haver apelado, fugir o réu da prisão.

Interposição e prazo

Art. 529. A apelação será interposta por petição escrita, dentro do prazo de cinco dias, contados da data da intimação da sentença ou da sua leitura em pública audiência, na presença das partes ou seus procuradores.

Revelia e intimação

§ 1º O mesmo prazo será observado para a interposição do recurso de sentença condenatória de réu solto ou revel. A intimação da sentença só se fará, entretanto, depois de seu recolhimento à prisão.

Apelação sustada

§ 2º Se revel, solto ou foragido o réu, ficará sustado o seguimento da apelação do Ministério Público, sem prejuízo de sua interposição no prazo legal.

Os que podem apelar

Art. 530. Só podem apelar o Ministério Público e o réu, ou seu defensor.

Razões. Prazo

Art. 531. Recebida a apelação, será aberta vista dos autos, sucessivamente, ao apelante e ao apelado pelo prazo de dez dias, a cada um, para oferecimento de razões.

§ 1º Se houver assistente, poderá este arrazoar, no prazo de três dias, após o Ministério Público.

§ 2º Quando forem dois ou mais os apelantes, ou apelados, os prazos serão comuns.

Efeitos da sentença absolutória

Art. 532. A apelação da sentença absolutória não obstará que o réu seja imediatamente posto em liberdade, salvo se a acusação versar sobre crime a que a lei comina pena de reclusão, no máximo, por tempo igual ou superior a vinte anos, e não tiver sido unânime a sentença absolutória.

Sentença condenatória. Efeito suspensivo

Art. 533. A apelação da sentença condenatória terá efeito suspensivo, salvo o disposto nos arts. 272, 527 e 606.

Subida dos autos à instância superior

Art. 534. Findos os prazos para as razões, com ou sem elas, serão os autos remetidos ao Superior Tribunal Militar, no prazo de cinco dias, ainda que haja mais de um réu e não tenham sido, todos, julgados.

Distribuição da apelação

Art. 535. Distribuída a apelação, irão os autos imediatamente com vista ao procurador-geral e, em seguida, passarão ao relator e ao revisor.

Processo a julgamento

§ 1º O recurso será posto em pauta pelo relator, depois de restituídos os autos pelo revisor.

§ 2º Anunciado o julgamento pelo presidente, fará o relator a exposição do feito e, depois de ouvido o revisor, concederá o presidente, pelo prazo de vinte minutos, a palavra aos advogados ou às partes que a solicitarem, e ao procurador-geral.

§ 3º Discutida a matéria pelo Tribunal, se não for ordenada alguma diligência, proferirá ele sua decisão.

§ 4º A decisão será tomada por maioria de votos; no caso de empate, prevalecerá a decisão mais favorável ao réu.

§ 5º Se o Tribunal anular o processo, mandará submeter o réu a novo julgamento, reformados os termos invalidados.

Julgamento secreto

§ 6º Será secreto o julgamento da apelação, quando o réu estiver solto.

Comunicação de condenação

Art. 536. Se for condenatória a decisão do Tribunal, mandará o presidente comunicá-la imediatamente ao auditor respectivo, a fim de que seja expedido mandado de prisão ou tomadas as medidas que, no caso, couberem.

Parágrafo único. No caso de absolvição, a comunicação será feita pela via mais rápida, devendo o auditor providenciar imediatamente a soltura do réu.

Intimação

Art. 537. O diretor-geral da Secretaria do Tribunal remeterá ao auditor cópia do acórdão condenatório para que ao réu, seu advogado ou curador, conforme o caso, sejam feitas as devidas intimações.

§ 1º Feita a intimação ao réu e ao seu advogado ou curador, será enviada ao diretor-geral da Secretaria, para juntada aos autos, a certidão da intimação passada pelo oficial de justiça ou por quem tiver sido encarregado da diligência.

§ 2º O procurador-geral terá ciência nos próprios autos.

CAPÍTULO IV
DOS EMBARGOS

Cabimento e modalidade

Art. 538. O Ministério Público e o réu poderão opor embargos de nulidade, infringentes do julgado e de declaração, às sentenças finais proferidas pelo Superior Tribunal Militar.

Inadmissibilidade

Art. 539. Não caberão embargos de acórdão unânime ou quando proferido em grau de embargos, salvo os de declaração, nos termos do art. 542.

Restrições

Parágrafo único. Se for unânime a condenação, mas houver divergência quanto à classificação do crime ou à quantidade ou natureza da pena, os embargos só serão admissíveis na parte em que não houve unanimidade.

Prazo

Art. 540. Os embargos serão oferecidos por petição dirigida ao presidente, dentro do prazo de cinco dias, contados da data da intimação do acórdão.

§ 1º Para os embargos, será designado novo relator.

Dispensa de intimação

§ 2º É permitido às partes oferecerem embargos independentemente de intimação do acórdão.

Infringentes e de nulidade

Art. 541. Os embargos de nulidade ou infringentes do julgado serão oferecidos juntamente com a petição, quando articulados, podendo ser acompanhados de documentos.

De declaração

Art. 542. Nos embargos de declaração indicará a parte os pontos em que entende ser o acórdão ambíguo, obscuro, contraditório ou omisso.

‣ art. 539 deste Código.

Parágrafo único. O requerimento será apresentado ao Tribunal pelo relator e julgado na sessão seguinte à do seu recebimento.

Apresentação dos embargos

Art. 543. Os embargos deverão ser apresentados na Secretaria do Tribunal ou no cartório da Auditoria onde foi feita a intimação.

Parágrafo único. Será em cartório a vista dos autos para oferecimento de embargos.

Remessa à Secretaria do Tribunal

Art. 544. O auditor remeterá à Secretaria do Tribunal os embargos oferecidos, com a declaração da data do recebimento, e a cópia do acórdão com a intimação do réu e seu defensor.

Medida contra o despacho de não recebimento

Art. 545. Do despacho do relator que não receber os embargos terá ciência a parte, que, dentro em três dias, poderá requerer serem os autos postos em mesa, para confirmação ou reforma do despacho. Não terá voto o relator.

Juntada aos autos

Art. 546. Recebidos os embargos, serão juntos, por termo, aos autos, e conclusos ao relator.

Prazo para impugnação ou sustentação

Art. 547. É de cinco dias o prazo para as partes impugnarem ou sustentarem os embargos.

Marcha do julgamento

Art. 548. O julgamento dos embargos obedecerá ao rito da apelação.

Recolhimento à prisão

Art. 549. O réu condenado a pena privativa da liberdade não poderá opor embargos infringentes ou de nulidade, sem se recolher à prisão, salvo se atendidos os pressupostos do art. 527. (Redação dada pela Lei 6.544/1978.)

CAPÍTULO V
DA REVISÃO

Cabimento

Art. 550. Caberá revisão dos processos findos em que tenha havido erro quanto aos fatos, sua apreciação, avaliação e enquadramento.

Casos de revisão

Art. 551. A revisão dos processos findos será admitida:

a) quando a sentença condenatória for contrária à evidência dos autos;

b) quando a sentença condenatória se fundar em depoimentos, exames ou documentos comprovadamente falsos;

c) quando, após a sentença condenatória, se descobrirem novas provas que invalidem a condenação ou que determinem ou autorizem a diminuição da pena.

Não exigência de prazo

Art. 552. A revisão poderá ser requerida a qualquer tempo.

Reiteração do pedido. Condições

Parágrafo único. Não será admissível a reiteração do pedido, salvo se baseado em novas provas ou novo fundamento.

Os que podem requerer revisão

Art. 553. A revisão poderá ser requerida pelo próprio condenado ou por seu procurador; ou, no caso de morte, pelo cônjuge, ascendente, descendente ou irmão.

Competência

Art. 554. A revisão será processada e julgada pelo Superior Tribunal Militar, nos processos findos na Justiça Militar.

Processo de revisão

Art. 555. O pedido será dirigido ao presidente do Tribunal e, depois de autuado, distribuído a um relator e a um revisor, devendo funcionar como relator, de preferência, ministro que não tenha funcionado anteriormente como relator ou revisor.

§ 1º O requerimento será instruído com certidão de haver transitado em julgado a sentença condenatória e com as peças necessárias à comprovação dos fatos arguidos.

§ 2º O relator poderá determinar que se apensem os autos originais, se dessa providência não houver dificuldade à execução normal da sentença.

Vista ao procurador-geral

Art. 556. O procurador-geral terá vista do pedido.

Julgamento

Art. 557. No julgamento da revisão serão observadas, no que for aplicável, as normas previstas para o julgamento da apelação.

Efeitos do julgamento

Art. 558. Julgando procedente a revisão, poderá o Tribunal absolver o réu, alterar a classificação do crime, modificar a pena ou anular o processo.

Proibição de agravamento da pena

Parágrafo único. Em hipótese alguma poderá ser agravada a pena imposta pela sentença revista.

Efeitos da absolvição

Art. 559. A absolvição implicará no restabelecimento de todos os direitos perdidos em virtude da condenação, devendo o Tribunal, se for o caso, impor a medida de segurança cabível.

Providência do auditor

Art. 560. À vista da certidão do acórdão que cassar ou modificar a decisão revista, o auditor providenciará o seu inteiro cumprimento.

Curador nomeado em caso de morte

Art. 561. Quando, no curso da revisão, falecer a pessoa cuja condenação tiver de ser revista, o presidente nomeará curador para a defesa.

Recurso. Inadmissibilidade

Art. 562. Não haverá recurso contra a decisão proferida em grau de revisão.

CAPÍTULO VI
DOS RECURSOS DA COMPETÊNCIA DO SUPREMO TRIBUNAL FEDERAL

Cabimento do recurso

Art. 563. Cabe recurso para o Supremo Tribunal Federal:

a) das sentenças proferidas pelo Superior Tribunal Militar, nos crimes contra a segurança nacional ou as instituições militares, praticados por civil ou governador de Estado e seus secretários;

b) das decisões denegatórias de *habeas corpus*;

c) quando extraordinário.

‣ art. 564 deste Código.

CAPÍTULO VII
DO RECURSO NOS PROCESSOS CONTRA CIVIS E GOVERNADORES DE ESTADO E SEUS SECRETÁRIOS

Recurso Ordinário

Art. 564. É ordinário o recurso a que se refere a letra *a* do art. 563.

Prazo para a interposição

Art. 565. O recurso será interposto por petição dirigida ao relator, no prazo de três dias, contados da intimação ou publicação do acórdão, em pública audiência, na presença das partes.

Prazo para as razões

Art. 566. Recebido o recurso pelo relator, o recorrente e, depois dele, o recorrido, terão o prazo de cinco dias para oferecer razões.

Subida do recurso

Parágrafo único. Findo esse prazo, subirão os autos ao Supremo Tribunal Federal.

Normas complementares

Art. 567. O Regimento Interno do Superior Tribunal Militar estabelecerá normas complementares para o processo do recurso.

CAPÍTULO VIII
DO RECURSO DAS DECISÕES DENEGATÓRIAS DE *HABEAS CORPUS*

Recurso em caso de *habeas corpus*

Art. 568. O recurso da decisão denegatória de *habeas corpus* é ordinário e deverá ser interposto nos próprios autos em que houver sido lançada a decisão recorrida.

Subida ao Supremo Tribunal Federal

Art. 569. Os autos subirão ao Supremo Tribunal Federal logo depois de lavrado o termo de recurso, com os documentos que o recorrente juntar à sua petição, dentro do prazo de quinze dias, contado da intimação do despacho, e com os esclarecimentos que ao presidente do Superior Tribunal Militar ou ao procurador-geral parecerem convenientes.

CAPÍTULO IX
DO RECURSO EXTRAORDINÁRIO

Competência

Art. 570. Caberá recurso extraordinário para o Supremo Tribunal Federal das decisões proferidas em última ou única instância pelo Superior Tribunal Militar, nos casos previstos na Constituição.

Interposição

Art. 571. O recurso extraordinário será interposto dentro em dez dias, contados da intimação da decisão recorrida ou da publicação das suas conclusões no órgão oficial.

A quem deve ser dirigido

Art. 572. O recurso será dirigido ao presidente do Superior Tribunal Militar.

Aviso de seu recebimento e prazo para a impugnação

Art. 573. Recebida a petição do recurso, publicar-se-á aviso de seu recebimento. A petição ficará na Secretaria do Tribunal à disposição do recorrido, que poderá examiná-la e impugnar o cabimento do recurso, dentro em três dias, contados da publicação do aviso.

Decisão sobre o cabimento do recurso

Art. 574. Findo o prazo estabelecido no artigo anterior, os autos serão conclusos ao presidente do Tribunal, tenha ou não havido impugnação, para que decida, no prazo de cinco dias, do cabimento do recurso.

Motivação

Parágrafo único. A decisão que admitir, ou não, o recurso, será sempre motivada.

Prazo para a apresentação de razões

Art. 575. Admitido o recurso e intimado o recorrido, mandará o presidente do Tribunal abrir vista dos autos, sucessivamente, ao recorrente e ao recorrido, para que cada um, no prazo de dez dias, apresente razões, por escrito.

Traslado

Parágrafo único. Quando o recurso subir em traslado, deste constará cópia da denúncia, do acórdão, ou da sentença, assim como das demais peças indicadas pelo recorrente, devendo ficar concluído dentro em sessenta dias.

Deserção

Art. 576. O recurso considerar-se-á deserto se o recorrente não apresentar razões dentro do prazo.

Subida do recurso

Art. 577. Apresentadas as razões do recorrente, e findo o prazo para as do recorrido, os autos serão remetidos, dentro do prazo de quinze dias, à Secretaria do Supremo Tribunal Federal.

Efeito

Art. 578. O recurso extraordinário não tem efeito suspensivo.

Agravo da decisão denegatória

Art. 579. Se o recurso extraordinário não for admitido, cabe agravo de instrumento da decisão denegatória.

Cabimento do mesmo recurso

Art. 580. Cabe, igualmente, agravo de instrumento da decisão que, apesar de admitir o recurso extraordinário, obste a sua expedição ou seguimento.

Requerimento das peças do agravo

Art. 581. As peças do agravo, que o recorrente indicará, serão requeridas ao diretor-geral da Secretaria do Superior Tribunal Militar, nas quarenta e oito horas seguintes à decisão que denegar o recurso extraordinário.

Prazo para a entrega

Art. 582. O diretor-geral dará recibo da petição à parte, e, no prazo máximo de sessenta dias, fará a entrega das peças, devidamente conferidas e concertadas.

Normas complementares

Art. 583. O Regimento Interno do Superior Tribunal Militar estabelecerá normas complementares para o processamento do agravo.

CAPÍTULO X
DA RECLAMAÇÃO

Admissão da reclamação

Art. 584. O Superior Tribunal Militar poderá admitir reclamação do procurador-geral ou da defesa, a fim de preservar a integridade de sua competência ou assegurar a autoridade do seu julgado.

Avocamento do processo

Art. 585. Ao Tribunal competirá, se necessário:

a) avocar o conhecimento do processo em que se verifique manifesta usurpação de sua competência, ou desrespeito de decisão que haja proferido;

b) determinar lhe sejam enviados os autos de recurso para ele interposto e cuja remessa esteja sendo indevidamente retardada.

Sustentação do pedido

Art. 586. A reclamação, em qualquer dos casos previstos no artigo anterior, deverá ser instruída com prova documental dos requisitos para a sua admissão.

Distribuição

§ 1º A reclamação, quando haja relator do processo principal, será a este distribuída, incumbindo-lhe requisitar informações da autoridade, que as prestará dentro em quarenta e oito horas. Far-se-á a distribuição por sorteio, se não estiver em exercício o relator do processo principal.

Suspensão ou remessa dos autos

§ 2º Em face da prova, poderá ser ordenada a suspensão do curso do processo, ou a imediata remessa dos autos ao Tribunal.

Impugnação pelo interessado

§ 3º Qualquer dos interessados poderá impugnar por escrito o pedido do reclamante.

Audiência do procurador-geral

§ 4º Salvo quando por ele requerida, o procurador-geral será ouvido, no prazo de três dias, sobre a reclamação.

Inclusão em pauta

Art. 587. A reclamação será incluída na pauta da primeira sessão do Tribunal que se realizar após a devolução dos autos, pelo relator, à Secretaria.

Cumprimento imediato

Parágrafo único. O presidente do Tribunal determinará o imediato cumprimento da decisão, lavrando-se depois o respectivo acórdão.

LIVRO IV
DA EXECUÇÃO

TÍTULO I
DA EXECUÇÃO DA SENTENÇA

CAPÍTULO I
DISPOSIÇÕES GERAIS

Competência

Art. 588. A execução da sentença compete ao auditor da Auditoria por onde correu o processo, ou, nos casos de competência originária do Superior Tribunal Militar, ao seu presidente.

Tempo de prisão

Art. 589. Será integralmente levado em conta, no cumprimento da pena, o tempo de prisão provisória, salvo o disposto no art. 268.

Incidentes da execução

Art. 590. Todos os incidentes da execução serão decididos pelo auditor, ou pelo presidente do Superior Tribunal Militar, se for o caso.

Apelação de réu que já sofreu prisão

Art. 591. Verificando nos processos pendentes de apelação, unicamente interposta pelo réu, que este já sofreu prisão por tempo igual ao da pena a que foi condenado, mandará o relator pô-lo imediatamente em liberdade.

Quando se torna exequível

Art. 592. Somente depois de passada em julgado, será exequível a sentença.

Comunicação

Art. 593. O presidente, no caso de sentença proferida originariamente pelo Tribunal, e o auditor, nos demais casos, comunicarão à autoridade, sob cujas ordens estiver o réu, a sentença definitiva, logo que transite em julgado.

CAPÍTULO II
DA EXECUÇÃO DAS PENAS EM ESPÉCIE

Carta de guia

Art. 594. Transitando em julgado a sentença que impuser pena privativa da liberdade, se o réu já estiver preso ou vier a ser preso, o auditor ordenará a expedição da carta de guia, para o cumprimento da pena.

Formalidades

Art. 595. A carta de guia, extraída pelo escrivão e assinada pelo auditor, que rubricará todas as folhas, será remetida para a execução da sentença:

a) ao comandante ou autoridade correspondente da unidade ou estabelecimento militar em que tenha de ser cumprida a pena, se esta não ultrapassar de dois anos, imposta a militar ou assemelhado;

b) ao diretor da penitenciária em que tenha de ser cumprida a pena, quando superior a dois anos, imposta a militar ou assemelhado ou a civil.

Conteúdo

Art. 596. A carta de guia deverá conter:

a) o nome do condenado, naturalidade, filiação, idade, estado civil, profissão, posto ou graduação;

b) a data do início e da terminação da pena;

c) o teor da sentença condenatória.

Início do cumprimento

Art. 597. Expedida a carta de guia para o cumprimento da pena, se o réu estiver cumprindo outra, só depois de terminada a execução desta será aquela executada. Retificar-se-á a carta de guia sempre que sobrevenha modificação quanto ao início ou ao tempo de duração da pena.

Conselho Penitenciário

Art. 598. Remeter-se-ão ao Conselho Penitenciário cópia da carta de guia e de seus aditamentos, quando o réu tiver de cumprir pena em estabelecimento civil.

Execução quando impostas penas de reclusão e de detenção

Art. 599. Se impostas cumulativamente penas privativas da liberdade, será executada primeiro a de reclusão e depois a de detenção.

Internação por doença mental

Art. 600. O condenado a que sobrevier doença mental, verificada por perícia médica, será internado em manicômio judiciário ou, à falta, em outro estabelecimento adequado, onde lhe sejam assegurados tratamento e custódia.

Parágrafo único. No caso de urgência, o comandante ou autoridade correspondente, ou o diretor do presídio, poderá determinar a remoção do sentenciado, comunicando imediatamente a providência ao auditor, que, tendo em vista o laudo médico, ratificará ou revogará a medida.

Fuga ou óbito do condenado

Art. 601. A autoridade militar ou o diretor do presídio comunicará imediatamente ao auditor a fuga, a soltura ou o óbito do condenado.

Parágrafo único. A certidão de óbito acompanhará a comunicação.

Recaptura

Art. 602. A recaptura do condenado evadido não depende de ordem judicial, podendo ser efetuada por qualquer pessoa.

Cumprimento da pena

Art. 603. Cumprida ou extinta a pena, o condenado será posto imediatamente em liberdade, mediante alvará do auditor, no qual se ressalvará a hipótese de dever o sentenciado continuar na prisão, caso haja outro motivo legal.

Medida de segurança

Parágrafo único. Se houver sido imposta medida de segurança detentiva, irá o condenado para estabelecimento adequado.

CAPÍTULO III
DAS PENAS PRINCIPAIS NÃO PRIVATIVAS DA LIBERDADE E DAS ACESSÓRIAS

Comunicação

Art. 604. O auditor dará à autoridade administrativa competente conhecimento da sentença transitada em julgado, que impuser a pena de reforma ou suspensão do exercício do posto, graduação, cargo ou função, ou de que resultar a perda de posto, patente ou função, ou a exclusão das forças armadas.

Inclusão na folha de antecedentes e rol dos culpados

Parágrafo único. As penas acessórias também serão comunicadas à autoridade administrativa militar ou civil, e figurarão na folha de antecedentes do condenado, sendo mencionadas, igualmente, no rol dos culpados.

Comunicação complementar

Art. 605. Iniciada a execução das interdições temporárias, o auditor, de ofício, ou a requerimento do Ministério Público ou do condenado, fará as devidas comunicações do seu termo final, em complemento às providências determinadas no artigo anterior.

TÍTULO II
DOS INCIDENTES DA EXECUÇÃO

CAPÍTULO I
DA SUSPENSÃO CONDICIONAL DA PENA

- arts. 77 a 82, CP.
- arts. 156 a 163, Lei 7.210/1984 (Lei de Execução Penal).

Competência e condições para a concessão do benefício

Art. 606. O Conselho de Justiça, o Auditor ou o Tribunal poderão suspender, por tempo não inferior a 2 (dois) anos nem superior a 6 (seis) anos, a execução da pena privativa da liberdade que não exceda a 2 (dois) anos, desde que: (Redação dada pela Lei 6.544/1978.)

a) não tenha o sentenciado sofrido, no País ou no estrangeiro, condenação irrecorrível por outro crime a pena privativa da liberdade, salvo o disposto no § 1º do art. 71 do Código Penal Militar; (Redação dada pela Lei 6.544/1978.)

b) os antecedentes e a personalidade do sentenciado, os motivos e as circunstâncias do crime, bem como sua conduta posterior, autorizem a presunção de que não tornará a delinquir. (Redação dada pela Lei 6.544/1978.)

- art. 533 deste Código.

Restrições

Parágrafo único. A suspensão não se estende às penas de reforma, suspensão do exercício do posto, graduação ou função, ou à pena acessória, nem exclui a medida de segurança não detentiva.

Pronunciamento

Art. 607. O Conselho de Justiça, o Auditor ou o Tribunal, na decisão que aplicar pena privativa da liberdade não superior a 2 (dois) anos, deverão pronunciar-se, motivadamente, sobre a suspensão condicional, quer a concedam, quer a deneguem. (Redação dada pela Lei 6.544/1978.)

Condições e regras impostas ao beneficiário

Art. 608. No caso de concessão do benefício, a sentença estabelecerá as condições e regras a que ficar sujeito o condenado durante o prazo fixado, começando este a correr da audiência em que for dado conhecimento da sentença ao beneficiário.

§ 1º As condições serão adequadas ao delito, ao meio social e à personalidade do condenado. (Incluído pela Lei 6.544/1978.)

§ 2º Poderão ser impostas, como normas de conduta e obrigações, além das previstas no art. 626 deste Código, as seguintes condições: (Incluído pela Lei 6.544/1978.)

I - frequentar curso de habilitação profissional ou de instrução escolar; (Incluído pela Lei 6.544/1978.)

II - prestar serviços em favor da comunidade; (Incluído pela Lei 6.544/1978.)

III - atender aos encargos de família; (Incluído pela Lei 6.544/1978.)

IV - submeter-se a tratamento médico. (Incluído pela Lei 6.544/1978.)

§ 3º Concedida a suspensão, será entregue ao beneficiário um documento similar ao descrito no art. 641 ou no seu parágrafo único, deste Código, em que conste, também, o registro da pena acessória a que esteja sujeito, e haja espaço suficiente para consignar o cumprimento das condições e normas de conduta impostas. (Incluído pela Lei 6.544/1978.)

§ 4º O Conselho de Justiça poderá fixar, a qualquer tempo, de ofício ou a requerimento do Ministério Público, outras condições além das especificadas na sentença e das referidas no parágrafo anterior, desde que as circunstâncias o aconselhem. (Incluído pela Lei 6.544/1978.)

§ 5º A fiscalização do cumprimento das condições será feita pela entidade assistencial penal competente segundo a lei local, perante a qual o beneficiário deverá comparecer, periodicamente, para comprovar a observância das condições e normas de conduta a que está sujeito, comunicando, também, a sua ocupação, os salários ou proventos de que vive, as economias que conseguiu realizar e as dificuldades materiais ou sociais que enfrenta. (Incluído pela Lei 6.544/1978.)

§ 6º A entidade fiscalizadora deverá comunicar imediatamente ao Auditor ou ao representante do Ministério Público Militar, qualquer fato capaz de acarretar a revogação do benefício, a prorrogação do prazo ou a modificação das condições. (Incluído pela Lei 6.544/1978.)

§ 7º Se for permitido ao beneficiário mudar-se, será feita comunicação à autoridade judiciária competente e à entidade fiscalizadora do local da nova residência, aos quais deverá apresentar-se imediatamente. (Incluído pela Lei 6.544/1978.)

Coautoria

Art. 609. Em caso de coautoria, a suspensão poderá ser concedida a uns e negada a outros.

Leitura da sentença

Art. 610. O auditor, em audiência previamente marcada, lerá ao réu a sentença que concedeu a suspensão da pena, advertindo-o das consequências de nova infração penal e da transgressão das obrigações impostas.

Estabelecimento de condição pelo Tribunal

Art. 611. Quando for concedida a suspensão pela superior instância, a esta caberá estabelecer-lhe as condições, podendo a audiência ser presidida por qualquer membro do Tribunal ou por Auditor designado no acórdão. (Redação dada pela Lei 6.544/1978.)

Suspensão sem efeito por ausência do réu

Art. 612. Se, intimado pessoalmente ou por edital, com o prazo de dez dias, não comparecer o réu à audiência, a suspensão ficará sem efeito e será executada imediatamente a pena, salvo prova de justo impedimento, caso em que será marcada nova audiência.

Suspensão sem efeito em virtude de recurso

Art. 613. A suspensão também ficará sem efeito se, em virtude de recurso interposto pelo Ministério Público, for aumentada a pena, de modo que exclua a concessão do benefício.

Revogação

Art. 614. A suspensão será revogada se, no curso do prazo, o beneficiário: (Redação dada pela Lei 6.544/1978.)

I - for condenado, na justiça militar ou na comum, por sentença irrecorrível, a pena privativa da liberdade; (Redação dada pela Lei 6.544/1978.)

II - não efetuar, sem motivo justificado, a reparação do dano; (Redação dada pela Lei 6.544/1978.)

III - sendo militar, for punido por crime próprio ou por transgressão disciplinar considerada grave. (Redação dada pela Lei 6.544/1978.)

Revogação facultativa

§ 1º A suspensão poderá ser revogada, se o beneficiário: (Redação dada pela Lei 6.544/1978.)

a) deixar de cumprir qualquer das obrigações constantes da sentença; (Redação dada pela Lei 6.544/1978.)

b) deixar de observar obrigações inerentes à pena acessória; (Redação dada pela Lei 6.544/1978.)

c) for irrecorrivelmente condenado a pena que não seja privativa da liberdade. (Redação dada pela Lei 6.544/1978.)

Declaração de prorrogação

§ 2º Quando, em caso do parágrafo anterior, o juiz não revogar a suspensão, deverá: (Redação dada pela Lei 6.544/1978.)

a) advertir o beneficiário ou; (Redação dada pela Lei 6.544/1978.)

b) exacerbar as condições ou, ainda; (Redação dada pela Lei 6.544/1978.)

c) prorrogar o período de suspensão até o máximo, se esse limite não foi o fixado. (Redação dada pela Lei 6.544/1978.)

§ 3º Se o beneficiário estiver respondendo a processo, que, no caso de condenação, poderá acarretar a revogação, o juiz declarará, por despacho, a prorrogação do prazo da suspensão até sentença passada em julgado, fazendo as comunicações necessárias nesse sentido. (Parágrafo incluído pela Lei 6.544/1978.)

Extinção da pena

Art. 615. Expirado o prazo da suspensão, ou da prorrogação, sem que tenha havido motivo de revogação, a pena privativa da liberdade será declarada extinta.

Averbação

Art. 616. A condenação será inscrita, com a nota de suspensão, em livro especial do Instituto de Identificação e Estatística ou repartição congênere, civil ou militar, averbando-se, mediante comunicação do auditor ou do Tribunal, a revogação da suspensão ou a extinção da pena. Em caso de revogação, será feita averbação definitiva no Registro Geral.

§ 1º O registro será secreto, salvo para efeito de informações requisitadas por autoridade judiciária, em caso de novo processo.

§ 2º Não se aplicará o disposto no § 1º quando houver sido imposta, ou resultar de condenação, pena acessória consistente em interdição de direitos.

Crimes que impedem a medida

Art. 617. A suspensão condicional da pena não se aplica:

I - em tempo de guerra;

II - em tempo de paz:

a) por crime contra a segurança nacional, de aliciação e incitamento, de violência contra superior, oficial de serviço, sentinela, vigia ou plantão, de desrespeito a superior e desacato, de insubordinação, insubmissão ou de deserção;

b) pelos crimes previstos nos arts. 160, 161, 162, 235, 291 e parágrafo único, n. I a IV, do Código Penal Militar.

CAPÍTULO II
DO LIVRAMENTO CONDICIONAL

- arts. 83 a 90, CP.
- arts. 131 a 146, Lei 7.210 (Lei de Execução Penal).

Condições para a obtenção do livramento condicional

Art. 618. O condenado a pena de reclusão ou detenção por tempo igual ou superior a dois anos pode ser liberado condicionalmente, desde que:

- arts. 624; 642, p.u., deste Código.

I - tenha cumprido:

a) a metade da pena, se primário;

b) dois terços, se reincidente;

II - tenha reparado, salvo impossibilidade de fazê-lo, o dano causado pelo crime;

III - sua boa conduta durante a execução da pena, sua adaptação ao trabalho e às circunstâncias atinentes à sua personalidade, ao meio social e à sua vida pregressa permitam supor que não voltará a delinquir.

Atenção à pena unificada

§ 1º No caso de condenação por infrações penais em concurso, deve ter-se em conta a pena unificada.

Redução do tempo

§ 2º Se o condenado é primário e menor de vinte e um ou maior de setenta anos, o tempo de cumprimento da pena pode ser reduzido a um terço.

Os que podem requerer a medida

Art. 619. O livramento condicional poderá ser concedido mediante requerimento do sentenciado, de seu cônjuge ou parente em linha reta, ou por proposta do diretor do estabelecimento penal, ou por iniciativa do Conselho Penitenciário, ou órgão equivalente, incumbindo a decisão ao auditor, ou ao Tribunal se a sentença houver sido proferida em única instância.

§ 1º A decisão será fundamentada.

§ 2º São indispensáveis a audiência prévia do Ministério Público e a do Conselho Penitenciário, ou órgão equivalente, se deste não for a iniciativa.

Verificação das condições

Art. 620. As condições de admissibilidade, conveniência e oportunidade da concessão da medida serão verificadas em cada caso pelo Conselho Penitenciário ou órgão equivalente, a cujo parecer não ficará, entretanto, adstrito o juiz ou tribunal.

Relatório do diretor do presídio

Art. 621. O diretor do estabelecimento penal remeterá ao Conselho Penitenciário minucioso relatório sobre:

a) o caráter do sentenciado, tendo em vista os seus antecedentes e a sua conduta na prisão;

b) a sua aplicação ao trabalho, trato com os companheiros e grau de instrução e aptidão profissional;

c) a sua situação financeira e propósitos quanto ao futuro.

Prazo para a remessa do relatório

Parágrafo único. O relatório será remetido, dentro em vinte dias, com o prontuário do sentenciado. Na falta deste, o Conselho opinará livremente, comunicando à autoridade competente a omissão do diretor da prisão.

Medida de segurança detentiva. Exame para comprovar a cessação da periculosidade

Art. 622. Se tiver sido imposta medida de segurança detentiva, não poderá ser concedido o livramento, sem que se verifique, mediante exame das condições do sentenciado, a cessação da periculosidade.

Exame mental no caso de medida de segurança detentiva

Parágrafo único. Se consistir a medida de segurança na internação em casa de custódia e tratamento, proceder-se-á a exame mental do sentenciado.

Petição ou proposta de livramento

Art. 623. A petição ou proposta de livramento será remetida ao auditor ou ao Tribunal pelo Conselho Penitenciário, com a cópia do respectivo parecer e do relatório do diretor da prisão.

Remessa ao juiz do processo

§ 1º Para emitir parecer, poderá o Conselho Penitenciário requisitar os autos do processo.

§ 2º O juiz ou o Tribunal mandará juntar a petição ou a proposta com os documentos que acompanharem os autos do processo, e proferirá a decisão, depois de ouvido o Ministério Público.

Indeferimento *in limine*

Art. 624. Na ausência de qualquer das condições previstas no art. 618, será liminarmente indeferido o pedido.

Especificação das condições

Art. 625. Sendo deferido o pedido, a decisão especificará as condições a que ficará subordinado o livramento.

Normas obrigatórias para obtenção do livramento

Art. 626. Serão normas obrigatórias impostas ao sentenciado que obtiver o livramento condicional:

a) tomar ocupação, dentro de prazo razoável, se for apto para o trabalho;

b) não se ausentar do território da jurisdição do juiz, sem prévia autorização;

c) não portar armas ofensivas ou instrumentos capazes de ofender;

d) não frequentar casas de bebidas alcoólicas ou de tavolagem;

e) não mudar de habitação, sem aviso prévio à autoridade competente.

▸ art. 608, § 2º, deste Código.

Residência do liberado fora da jurisdição do juiz da execução

Art. 627. Se for permitido ao liberado residir fora da jurisdição do juiz da execução, será remetida cópia da sentença à autoridade judiciária do local para onde se houver transferido, ou ao patronato oficial, ou órgão equivalente.

Vigilância da autoridade policial

Parágrafo único. Na falta de patronato oficial ou órgão equivalente, ou de particular, dirigido ou inspecionado pelo Conselho Penitenciário, ficará o liberado sob observação cautelar realizada por serviço social penitenciário ou órgão similar.

Pagamento de custas e taxas

Art. 628. Salvo em caso de insolvência, o liberado ficará sujeito ao pagamento de custas e taxas penitenciárias.

Carta de guia

Art. 629. Concedido o livramento, será expedida carta de guia com a cópia de sentença em duas vias, remetendo-se uma ao diretor da prisão e a outra ao Conselho Penitenciário, ou órgão equivalente.

Finalidade da vigilância

Art. 630. A vigilância dos órgãos dela incumbidos, exercer-se-á para o fim de:

a) proibir ao liberado a residência, estada ou passagem nos locais indicados na sentença;

b) permitir visitas e buscas necessárias à verificação do procedimento do liberado;

c) deter o liberado que transgredir as condições estabelecidas na sentença, comunicando o fato não só ao Conselho Penitenciário, mas também ao juiz da execução, que manterá, ou não, a detenção.

▸ art. 635 deste Código.

Transgressão das condições impostas ao liberado

Parágrafo único. Se o liberado transgredir as condições que lhe foram impostas na sentença, poderá o Conselho Penitenciário representar ao auditor, ou ao Conselho de Justiça, ou ao Tribunal, para o efeito de ser revogado o livramento.

Revogação da medida por condenação durante a sua vigência

Art. 631. Se por crime ou contravenção penal vier o liberado a ser condenado a pena privativa da liberdade, por sentença irrecorrível, será revogado o livramento condicional.

Revogação por outros motivos

Art. 632. Poderá também ser revogado o livramento se o liberado:

a) deixar de cumprir quaisquer das obrigações constantes da sentença;

b) for irrecorrivelmente condenado, por motivo de contravenção penal, embora a pena não seja privativa da liberdade;

c) sofrer, se militar, punição por transgressão disciplinar considerada grave.

Novo livramento. Soma do tempo de infrações

Art. 633. Se o livramento for revogado por motivo de infração penal anterior à sua vigência, computar-se-á no tempo da pena o período em que esteve solto, sendo permitida, para a concessão do novo livramento, a soma do tempo das duas penas.

Tempo em que esteve solto o liberado

Art. 634. No caso de revogação por outro motivo, não se computará na pena o tempo em que esteve solto o liberado, e tampouco se concederá, em relação à mesma pena, novo livramento.

Órgãos e autoridades que podem requerer a revogação

Art. 635. A revogação será decretada a requerimento do Ministério Público ou mediante representação do Conselho Penitenciário, ou dos patronatos oficiais, ou do órgão a que incumbir a vigilância, ou de ofício, podendo ser ouvido antes o liberado e feitas diligências, permitida a produção de provas, no prazo de cinco dias, sem prejuízo do disposto no art. 630, letra *c*.

Modificação das condições impostas

Art. 636. O auditor ou o Tribunal, a requerimento do Ministério Público ou do Conselho Penitenciário, dos patronatos ou órgão de vigilância, poderá modificar as normas de conduta impostas na sentença, devendo a respectiva decisão ser lida ao liberado por uma das autoridades ou um dos funcionários indicados no art. 639, letra *a*, com a observância do disposto nas letras *b* e *c*, e §§ 1º e 2º do mesmo artigo.

Processo no curso do livramento

Art. 637. Praticando o liberado nova infração, o auditor ou o Tribunal poderá ordenar a sua prisão, ouvido o Conselho Penitenciário, ficando suspenso o curso do livramento condicional, cuja revogação, entretanto, dependerá da decisão final do novo processo.

Extinção de pena

Art. 638. O juiz, de ofício ou a requerimento do interessado, do Ministério Público ou do Conselho Penitenciário, julgará extinta a pena privativa da liberdade, se expirar o prazo do livramento sem revogação ou, na hipótese do artigo anterior, for o liberado absolvido por sentença irrecorrível.

Cerimônia do livramento

Art. 639. A cerimônia do livramento condicional será realizada solenemente, em dia marcado pela autoridade que deva presidi-la, observando-se o seguinte:

a) a sentença será lida ao liberando, na presença dos demais presos, salvo motivo relevante, pelo presidente do Conselho Penitenciário, ou por quem o represente junto ao estabelecimento penal, ou na falta, pela autoridade judiciária local;

b) o diretor do estabelecimento penal chamará a atenção do liberando para as condições impostas na sentença que concedeu o livramento;

c) o preso deverá, a seguir, declarar se aceita as condições.

‣ art. 636 deste Código.

§ 1º De tudo se lavrará termo em livro próprio, subscrito por quem presidir a cerimônia, e pelo liberando, ou alguém a rogo, se não souber ou não puder escrever.

‣ art. 636 deste Código.

§ 2º Desse termo se enviará cópia à Auditoria por onde correu o processo, ou ao Tribunal.

‣ art. 636 deste Código.

Caderneta e conteúdo para o fim de a exibir às autoridades

Art. 640. Ao deixar a prisão, receberá o liberado, além do saldo do seu pecúlio e do que lhe pertencer, uma caderneta que exibirá à autoridade judiciária ou administrativa, sempre que lhe for exigido.

Conteúdo da caderneta

Art. 641. A caderneta conterá:

a) a reprodução da ficha de identidade, com o retrato do liberado, sua qualificação e sinais característicos;

b) o texto impresso ou datilografado dos artigos do presente capítulo;

c) as condições impostas ao liberado.

Salvo-conduto

Parágrafo único. Na falta da caderneta, será entregue ao liberado um salvo-conduto, de que constem as condições do livramento, podendo substituir-se a ficha de identidade e o retrato do liberado pela descrição dos sinais que o identifiquem.

Crimes que excluem o livramento condicional

Art. 642. Não se aplica o livramento condicional ao condenado por crime cometido em tempo de guerra.

Casos especiais

Parágrafo único. Em tempo de paz, pelos crimes referidos no art. 97 do Código Penal Militar, o livramento condicional só será concedido após o cumprimento de dois terços da pena, observado ainda o disposto no art. 618, n. I, letra c, II e III, e §§ 1º e 2º.

‣ A referência correta é à alínea *b* do mesmo artigo 618.

TÍTULO III
DO INDULTO, DA COMUTAÇÃO DA PENA, DA ANISTIA E DA REABILITAÇÃO

CAPÍTULO I
DO INDULTO, DA COMUTAÇÃO DA PENA E DA ANISTIA

‣ art. 84, XII, CF.

‣ arts. 187 a 193, Lei 7.210/1984 (Lei de Execução Penal).

Requerimento

Art. 643. O indulto e a comutação da pena são concedidos pelo presidente da República e poderão ser requeridos pelo condenado ou, se não souber escrever, por procurador ou pessoa a seu rogo.

Caso de remessa ao ministro da Justiça

Art. 644. A petição será remetida ao ministro da Justiça, por intermédio do Conselho Penitenciário, se o condenado estiver cumprindo pena em penitenciária civil.

Audiência do Conselho Penitenciário

Art. 645. O Conselho Penitenciário, à vista dos autos do processo, e depois de ouvir o diretor do estabelecimento penal a que estiver recolhido o condenado, fará, em relatório, a narração do fato criminoso, apreciará as provas, apontará qualquer formalidade ou circunstância omitida na petição e exporá os antecedentes do condenado, bem como seu procedimento durante a prisão, opinando, afinal, sobre o mérito do pedido.

Condenado militar. Encaminhamento do pedido

Art. 646. Em se tratando de condenado militar ou assemelhado, recolhido a presídio militar, a petição será encaminhada ao Ministério a que pertencer o condenado, por intermédio do comandante, ou autoridade equivalente, sob cuja administração estiver o presídio.

Relatório da autoridade militar

Parágrafo único. A autoridade militar que encaminhar o pedido fará o relatório de que trata o art. 645.

Faculdade do Presidente da República de conceder espontaneamente o indulto e a comutação

Art. 647. Se o presidente da República decidir, de iniciativa própria, conceder o indulto ou comutar a pena, ouvirá, antes, o Conselho Penitenciário ou a autoridade militar a que se refere o art. 646.

Modificação da pena ou extinção da punibilidade

Art. 648. Concedido o indulto ou comutada a pena, o juiz de ofício, ou por iniciativa do interessado ou do Ministério Público, mandará juntar aos autos a cópia do decreto, a cujos termos ajustará a execução da pena, para modificá-la, ou declarar a extinção da punibilidade.

Recusa

Art. 649. O condenado poderá recusar o indulto ou a comutação da pena.

Extinção da punibilidade pela anistia

Art. 650. Concedida a anistia, após transitar em julgado a sentença condenatória, o auditor, de ofício, ou por iniciativa do interessado ou do Ministério Público, declarará extinta a punibilidade.

CAPÍTULO II
DA REABILITAÇÃO

‣ arts. 93 a 95, CP.

Requerimentos e requisitos

Art. 651. A reabilitação poderá ser requerida ao Auditor da Auditoria por onde correu o processo, após cinco anos contados do dia em que for extinta, de qualquer modo, a pena principal ou terminar sua execução, ou do dia em que findar o prazo de suspensão condicional da pena ou do livramento condicional, desde que o condenado tenha tido, durante aquele prazo, domicílio no País.

Parágrafo único. Os prazos para o pedido serão contados em dobro no caso de criminoso habitual ou por tendência.

Instrução do requerimento

Art. 652. O requerimento será instruído com:

a) certidões comprobatórias de não ter o requerente respondido, nem estar respondendo a processo, em qualquer dos lugares em que houver residido durante o prazo a que se refere o artigo anterior;

b) atestados de autoridades policiais ou outros documentos que comprovem ter residido nos lugares indicados, e mantido, efetivamente, durante esse tempo, bom comportamento público e privado;

c) atestados de bom comportamento fornecidos por pessoas a cujo serviço tenha estado;

d) prova de haver ressarcido o dano causado pelo crime ou da absoluta impossibilidade de o fazer até o dia do pedido, ou documento que comprove a renúncia da vítima ou novação da dívida.

Ordenação de diligências

Art. 653. O auditor poderá ordenar as diligências necessárias para a apreciação do pedido, cercando-as do sigilo possível e ouvindo, antes da decisão, o Ministério Público.

Recurso de ofício

Art. 654. Haverá recurso de ofício da decisão que conceder a reabilitação.

Comunicação ao Instituto de Identificação e Estatística

Art. 655. A reabilitação, depois da sentença irrecorrível, será comunicada ao Instituto de Identificação e Estatística ou repartição congênere.

Menção proibida de condenação

Art. 656. A condenação ou condenações anteriores não serão mencionadas na folha de antecedentes do reabilitado, nem em certidão extraída dos livros do juízo, salvo quando requisitadas por autoridade judiciária criminal.

Renovação do pedido de reabilitação

Art. 657. Indeferido o pedido de reabilitação, não poderá o condenado renová-lo, senão após o decurso de dois anos, salvo se o indeferimento houver resultado de falta ou insuficiência de documentos.

R... ção da reabilitação

...8. A revogação da reabilitação ...etada pelo auditor, de ofício ou ...mento do interessado, ou do ... Público, se a pessoa reabili... ...ndenada, por decisão defini... ...mprimento de pena privativa ...e.

TÍTULO IV

...APÍTULO ÚNICO ...UÇÃO DAS MEDIDAS DE SEGURANÇA

...a 179, Lei 7.210/1984 (Lei de Exe... ...enal).

Aplicação das medidas de segurança durante a execução da pena

Art. 659. Durante a execução da pena ou durante o tempo em que a ela se furtar o condenado, poderá ser imposta medida de segurança, se não a houver decretado a sentença, e fatos anteriores, não apreciados no julgamento, ou fatos subsequentes, demonstrarem a sua periculosidade.

Imposição da medida ao agente isento de pena, ou perigoso

Art. 660. Ainda depois de transitar em julgado a sentença absolutória, poderá ser imposta medida de segurança, enquanto não decorrer tempo equivalente ao de sua duração mínima, ao agente absolvido no caso do art. 48 do Código Penal Militar, ou a que a lei, por outro modo, presuma perigoso.

Aplicação pelo juiz

Art. 661. A aplicação da medida de segurança, nos casos previstos neste capítulo, incumbirá ao juiz da execução e poderá ser decretada de ofício ou a requerimento do Ministério Público.

‣ art. 665 deste Código.

Fatos indicativos de periculosidade

Parágrafo único. O diretor do estabelecimento que tiver ciência de fatos indicativos de periculosidade do condenado a quem não tiver sido imposta medida de segurança deverá logo comunicá-los ao juiz da execução.

Diligências

Art. 662. Depois de proceder às diligências que julgar necessárias, o juiz ouvirá o Ministério Público e o condenado, concedendo a cada um o prazo de três dias para alegações.

§ 1º Será dado defensor ao condenado que o requerer.

§ 2º Se o condenado estiver foragido, o juiz ordenará as diligências que julgar convenientes, ouvido o Ministério Público, que poderá apresentar provas dentro do prazo que lhe for concedido.

§ 3º Findos os prazos concedidos ao condenado e ao Ministério Público, o juiz proferirá a sua decisão.

Tempo da internação

Art. 663. A internação, no caso previsto no art. 112 do Código Penal Militar, é por tempo indeterminado, perdurando enquanto não for averiguada, mediante perícia médica, a cessação da periculosidade do internado.

Perícia médica

§ 1º A perícia médica é realizada no prazo mínimo fixado à internação e, não sendo esta revogada, deve ser repetida de ano em ano.

§ 2º A desinternação é sempre condicional, devendo ser restabelecida a situação anterior se o indivíduo, dentro do decurso de um ano, vier a praticar fato indicativo de persistência da periculosidade.

Internação de indivíduos em estabelecimentos adequados

Art. 664. Os condenados que se enquadrem no parágrafo único do art. 48 do Código Penal Militar, bem como os que forem reconhecidos como ébrios habituais ou toxicômanos, recolhidos a qualquer dos estabelecimentos a que se refere o art. 113 do referido Código, não serão transferidos para a prisão, se sobrevier a cura.

Novo exame mental

Art. 665. O juiz, no caso do art. 661, ouvirá o curador já nomeado ou que venha a nomear, podendo mandar submeter o paciente a novo exame mental, internando-o, desde logo, em estabelecimento adequado.

Regime dos internados

Art. 666. O trabalho nos estabelecimentos referidos no art. 113 do Código Penal Militar será educativo e remunerado, de modo a assegurar ao internado meios de subsistência, quando cessar a internação.

Exílio local

Art. 667. O exílio local consiste na proibição ao condenado de residir ou permanecer, durante um ano, pelo menos, na comarca, município ou localidade em que o crime foi praticado.

‣ art. 670 deste Código.

Comunicação

Parágrafo único. Para a execução dessa medida, o juiz comunicará sua decisão à autoridade policial do lugar ou dos lugares onde o exilado está proibido de permanecer ou residir.

Proibição de frequentar determinados lugares

Art. 668. A proibição de frequentar determinados lugares será também comunicada à autoridade policial, para a devida vigilância.

‣ art. 670 deste Código.

Fechamento de estabelecimentos e interdição de associações

Art. 669. A medida de fechamento de estabelecimento ou interdição de associação será executada pela autoridade policial, mediante mandado judicial.

‣ art. 670 deste Código.

Transgressão das medidas de segurança

Art. 670. O transgressor de qualquer das medidas de segurança a que se referem os arts. 667, 668 e 669, será responsabilizado por crime de desobediência contra a administração da Justiça Militar, devendo o juiz, logo que a autoridade policial lhe faça a devida comunicação, mandá-la juntar aos autos, e dar vista ao Ministério Público, para os fins de direito.

Cessação da periculosidade. Verificação

Art. 671. A cessação, ou não, da periculosidade é verificada ao fim do prazo mínimo da duração da medida de segurança, pelo exame das condições da pessoa a que tiver sido imposta, observando-se o seguinte:

Relatório

a) o diretor do estabelecimento de internação ou a autoridade incumbida da vigilância, até um mês antes de expirado o prazo da duração mínima da medida, se não for inferior a um ano, ou a quinze dias, nos outros casos, remeterá ao juiz da execução minucioso relatório que o habilite a resolver sobre a cessação ou permanência da medida;

Acompanhamento do laudo

b) se o indivíduo estiver internado em manicômio judiciário ou em qualquer dos estabelecimentos a que se refere o art. 113 do Código Penal Militar, o relatório será acompanhado do laudo de exame pericial, feito por dois médicos designados pelo diretor do estabelecimento;

Conveniência ou revogação da medida

c) o diretor do estabelecimento de internação, ou a autoridade policial, deverá, no relatório, concluir pela conveniência, ou não, da revogação da medida de segurança;

Ordenação de diligências

d) se a medida de segurança for de exílio local, ou proibição de frequentar determinados lugares, o juiz da execução, até um mês ou quinze dias antes de expirado o prazo mínimo de duração, ordenará as diligências necessárias, para verificar se desapareceram as causas da aplicação da medida;

Audiência das partes

e) junto aos autos o relatório, ou realizadas as diligências, serão ouvidos, sucessivamente, o Ministério Público e o curador ou defensor, no prazo de três dias;

Ordenação de novas diligências

f) o juiz, de ofício, ou a requerimento de qualquer das partes, poderá determinar novas diligências, ainda que expirado o prazo de duração mínima da medida de segurança;

Decisão e prazo

g) ouvidas as partes ou realizadas as diligências a que se refere o parágrafo anterior, será proferida a decisão no prazo de cinco dias.

Revogação da licença para direção de veículo

Art. 672. A interdição prevista no art. 115 do Código Penal Militar poderá ser revogada antes de expirado o prazo estabelecido, se for averiguada a cessação do perigo condicionante da sua aplicação; se, porém, o perigo persiste ao término do prazo, será este prorrogado enquanto não cessar aquele.

Confisco

Art. 673. O confisco de instrumentos e produtos do crime, no caso previsto no art. 119 do Código Penal Militar, será decretado no despacho de arquivamento do inquérito.

Restrições quanto aos militares

Art. 674. Aos militares ou assemelhados, que não hajam perdido essa qualidade, somente são aplicáveis as medidas de segurança previstas nos casos dos arts. 112 e 115 do Código Penal Militar.

LIVRO V

TÍTULO ÚNICO
DA JUSTIÇA MILITAR EM TEMPO DE GUERRA

▸ arts. 21, II; 84, XIX, CF.

CAPÍTULO I
DO PROCESSO

Remessa do inquérito à Justiça

Art. 675. Os autos do inquérito, do flagrante, ou documentos relativos ao crime serão remetidos à Auditoria, pela autoridade militar competente.

§ 1º O prazo para a conclusão do inquérito é de cinco dias, podendo, por motivo excepcional, ser prorrogado por mais três dias.

§ 2º Nos casos de violência praticada contra inferior para compeli-lo ao cumprimento do dever legal ou em repulsa a agressão, os autos do inquérito serão remetidos diretamente ao Conselho Superior, que determinará o arquivamento, se o fato estiver justificado; ou, em caso contrário, a instauração de processo.

Oferecimento da denúncia o seu conteúdo e regras

Art. 676. Recebidos os autos do inquérito, do flagrante, ou documentos, o auditor dará vista imediata ao procurador que, dentro em vinte e quatro horas, oferecerá a denúncia, contendo:

a) o nome do acusado e sua qualificação;

b) a exposição sucinta dos fatos;

c) a classificação do crime;

d) a indicação das circunstâncias agravantes expressamente previstas na lei penal e a de todos os fatos e circunstâncias que devam influir na fixação da pena;

e) a indicação de duas a quatro testemunhas.

Parágrafo único. Será dispensado o rol de testemunhas, se a denúncia se fundar em prova documental.

Recebimento da denúncia e citação

Art. 677. Recebida a denúncia, mandará o auditor citar incontinênti o acusado e intimar as testemunhas, nomeando-lhe defensor o advogado de ofício, que terá vista dos autos em cartório, pelo prazo de vinte e quatro horas, podendo, dentro desse prazo, oferecer defesa escrita e juntar documentos.

Parágrafo único. O acusado poderá dispensar a assistência de advogado, se estiver em condições de fazer sua defesa.

Julgamento à revelia

Art. 678. O réu preso será requisitado, devendo ser processado e julgado à revelia, independentemente de citação, se se ausentar sem permissão.

Instrução criminal

Art. 679. Na audiência de instrução criminal, que será iniciada vinte e quatro horas após a citação, qualificação e interrogatório do acusado, proceder-se-á a inquirição das testemunhas de acusação, pela forma prescrita neste Código.

§ 1º Em seguida, serão ouvidas até duas testemunhas de defesa, se apresentadas no ato.

§ 2º As testemunhas de defesa que forem militares poderão ser requisitadas, se o acusado o requerer, e for possível o seu comparecimento em juízo.

§ 3º Será na presença do escrivão a vista dos autos às partes, para alegações escritas.

Dispensa de comparecimento do réu

Art. 680. É dispensado o comparecimento do acusado à audiência de julgamento, se assim o desejar.

Questões preliminares

Art. 681. As questões preliminares ou incidentes, que forem suscitadas, serão resolvidas, conforme o caso, pelo auditor ou pelo Conselho de Justiça.

Rejeição da denúncia

Art. 682. Se o procurador não oferecer denúncia, ou se esta for rejeitada, os autos serão remetidos ao Conselho Superior de Justiça Militar, que decidirá de forma definitiva a respeito do oferecimento.

Julgamento de praça ou civil

Art. 683. Sendo praça ou civil o acusado, o auditor procederá ao julgamento em outra audiência, dentro em quarenta e oito horas. O procurador e o defensor terão, cada um, vinte minutos, para fazer oralmente suas alegações.

Parágrafo único. Após os debates orais, o auditor lavrará a sentença, dela mandando intimar o procurador e o réu, ou seu defensor.

Julgamento de oficiais

Art. 684. No processo a que responder oficial até o posto de tenente-coronel, inclusive, proceder-se-á ao julgamento pelo Conselho de Justiça, no mesmo dia da sua instalação.

Lavratura da sentença

Parágrafo único. Prestado o compromisso pelos juízes nomeados, serão lidas pelo escrivão as peças essenciais do processo e, após os debates orais, que não excederão o prazo fixado pelo artigo anterior, passará o Conselho a deliberar em sessão secreta, devendo a sentença ser lavrada dentro do prazo de vinte e quatro horas.

Certidão da nomeação dos juízes militares

Art. 685. A nomeação dos juízes do Conselho constará dos autos do processo, por certidão.

Parágrafo único. O procurador e o acusado, ou seu defensor, serão intimados da sentença no mesmo dia em que esta for assinada.

Suprimento do extrato da fé de ofício ou dos assentamentos

Art. 686. A falta do extrato da fé de ofício ou dos assentamentos do acusado poderá ser suprida por outros meios informativos.

Classificação do crime

Art. 687. Os órgãos da Justiça Militar, tanto em primeira quanto em segunda instância, poderão alterar a classificação do crime, sem todavia inovar a acusação.

Parágrafo único. Havendo impossibilidade de alterar a classificação do crime, o processo será anulado, devendo ser oferecida nova denúncia.

Julgamento em grupos no mesmo processo

Art. 688. Quando, na denúncia, figurarem diversos acusados, poderão ser processados e julgados em grupos, se assim o aconselhar o interesse da Justiça.

Procurador em processo originário perante o Conselho Superior

Art. 689. Nos processos a que responderem oficiais generais, coronéis ou capitães-de-mar-e-guerra, as funções do Ministério Público serão desempenhadas pelo procurador que servir junto ao Conselho Superior de Justiça Militar.

§ 1º A instrução criminal será presidida pelo auditor que funcionar naquele Conselho, cabendo-lhe ainda relatar os processos para julgamento.

§ 2º O oferecimento da denúncia, citação do acusado, intimação de testemunhas, nomeação de defensor, instrução criminal, julgamento e lavratura da sentença, reger-se-ão, no que lhes for aplicável, pelas normas estabelecidas para os processos da competência do auditor e do Conselho de Justiça.

Crimes de responsabilidade

Art. 690. Oferecida a denúncia, nos crimes de responsabilidade, o auditor mandará intimar o denunciado para apresentar defesa dentro do prazo de dois dias, findo o qual decidirá sobre o recebimento, ou não, da denúncia, submetendo o despacho, no caso de rejeição, à decisão do Conselho.

Recursos das decisões do Conselho Superior de Justiça

Art. 691. Das decisões proferidas pelo Conselho Superior de Justiça, nos processos de sua competência originária, somente caberá o recurso de embargos.

Desempenho da função de escrivão

Art. 692. As funções de escrivão serão desempenhadas pelo secretário do Conselho, e as de oficial de justiça por uma praça graduada.

Processos e julgamento de desertores

Art. 693. No processo de deserção observar-se-á o seguinte:

I - após o transcurso do prazo de graça, o comandante ou autoridade militar equivalente, sob cujas ordens servir o oficial ou praça, fará lavrar um termo com todas as circunstâncias, assinado por duas testemunhas, equivalendo esse termo à formação da culpa;

II - a publicação da ausência em boletim substituirá o edital;

III - os documentos relativos à deserção serão remetidos ao auditor, após a apresentação ou captura do acusado, e permanecerão em cartório pelo prazo de vinte e quatro horas, com vista ao advogado de ofício, para apresentar defesa escrita, seguindo-se o julgamento pelo Conselho de Justiça, conforme o caso.

CAPÍTULO II
DOS RECURSOS

Recurso das decisões do Conselho e do auditor

Art. 694. Das sentenças de primeira instância caberá recurso de apelação para o Conselho Superior de Justiça Militar.

Parágrafo único. Não caberá recurso de decisões sobre questões incidentes, que poderão, entretanto, ser renovadas na apelação.

Prazo para a apelação

Art. 695. A apelação será interposta dentro em vinte e quatro horas, a contar da intimação da sentença ao procurador e ao defensor do réu, revel ou não.

Recurso de ofício

Art. 696. Haverá recurso de ofício:

a) da sentença que impuser pena restritiva da liberdade superior a oito anos;

b) quando se tratar de crime a que a lei comina pena de morte e a sentença for absolutória, ou não aplicar a pena máxima.

Razões do recurso

Art. 697. As razões do recurso serão apresentadas, com a petição, em cartório. Conclusos os autos ao auditor, este os remeterá, incontinênti, à instância superior.

Processo de recurso e seu julgamento

Art. 698. Os autos serão logo conclusos ao relator, que mandará abrir vista ao representante do Ministério Público, a fim de apresentar parecer, dentro em vinte e quatro horas.

Estudo dos autos pelo relator

Art. 699. O relator estudará os autos no intervalo de duas sessões.

Exposição pelo relator

Art. 700. Anunciado o julgamento pelo presidente, o relator fará a exposição dos fatos.

Alegações orais

Art. 701. Findo o relatório, poderão o defensor e o procurador fazer alegações orais por quinze minutos, cada um.

Decisão pelo Conselho

Art. 702. Discutida a matéria, o Conselho Superior proferirá sua decisão.

§ 1º O relator será o primeiro a votar, sendo o presidente o último.

§ 2º O resultado do julgamento constará da ata que será junta ao processo. A decisão será lavrada dentro em dois dias, salvo motivo de força maior.

Não cabimento de embargos

Art. 703. As sentenças proferidas pelo Conselho Superior, como Tribunal de segunda instância, não são suscetíveis de embargos.

Efeitos da apelação

Art. 704. A apelação do Ministério Público devolve o pleno conhecimento do feito ao Conselho Superior.

Casos de embargos

Art. 705. O recurso de embargos, nos processos originários, seguirá as normas estabelecidas para a apelação.

Não cabimento de *habeas corpus* ou revisão

Art. 706. Não haverá *habeas corpus*, nem revisão.

CAPÍTULO III
DISPOSIÇÕES ESPECIAIS RELATIVAS À JUSTIÇA MILITAR EM TEMPO DE GUERRA

Execução da pena de morte

Art. 707. O militar que tiver de ser fuzilado sairá da prisão com uniforme comum e sem insígnias, e terá os olhos vendados, salvo se o recusar, no momento em que tiver de receber as descargas. As vozes de fogo serão substituídas por sinais.

§ 1º O civil ou assemelhado será executado nas mesmas condições, devendo deixar a prisão decentemente vestido.

Socorro espiritual

§ 2º Será permitido ao condenado receber socorro espiritual.

Data para a execução

§ 3º A pena de morte só será executada sete dias após a comunicação ao presidente da República, salvo se imposta em zona de operações de guerra e o exigir o interesse da ordem e da disciplina.

Lavratura de ata

Art. 708. Da execução da pena de morte lavrar-se-á ata circunstanciada que, assinada pelo executor e duas testemunhas, será remetida ao comandante-chefe, para ser publicada em boletim.

Sentido da expressão "forças em operação de guerra"

Art. 709. A expressão "forças em operação de guerra" abrange qualquer força naval, terrestre ou aérea, desde o momento de seu deslocamento para o teatro das operações até o seu regresso, ainda que ce[illegible] as hostilidades.

Co[illegible]mento em postos militares

**A[illegible]ditores, procuradores, advo[illegible]o e escrivães da Justiça Mil[illegible]anharem as forças em ope[illegible] serão comissionados em p[illegible]s, de acordo com as respec[illegible]orias funcionais.

D[illegible]ÇÕES FINAIS E [illegible]RANSITÓRIAS

Art. 711. Nos processos pendentes na data da entrada em vigor deste Código, observar-se-á o seguinte:

a) aplicar-se-ão à prisão provisória as disposições que forem mais favoráveis ao indiciado ou acusado;

b) o prazo já iniciado, inclusive o estabelecido para a interposição de recurso, será regulado pela lei anterior, se esta não estatuir prazo menor do que o fixado neste Código;

c) se a produção da prova testemunhal tiver sido iniciada, o interrogatório do acusado far-se-á de acordo com as normas da lei anterior;

d) as perícias já iniciadas, bem como os recursos já interpostos, continuarão a reger-se pela lei anterior.

▸ art. 5º deste Código.

Art. 712. Os processos da Justiça Militar não são sujeitos a custas, emolumentos, selos ou portes de correio, terrestre, marítimo ou aéreo.

Art. 713. As certidões, em processos findos arquivados no Superior Tribunal Militar, serão requeridas ao diretor-geral da sua Secretaria, com a declaração da respectiva finalidade.

Art. 714. Os juízes e os membros do Ministério Público poderão requisitar certidões ou cópias autênticas de peças de processo arquivado, para instrução de processo em andamento, dirigindo-se, para aquele fim, ao serventuário ou funcionário responsável pela sua guarda. No Superior Tribunal Militar, a requisição será feita por intermédio do diretor-geral da Secretaria daquele Tribunal.

Art. 715. As penas pecuniárias cominadas neste Código serão cobradas executivamente e, em seguida, recolhidas ao erário federal. Tratando-se de militares, funcionários da Justiça Militar ou dos respectivos Ministérios, a execução da pena pecuniária será feita mediante desconto na respectiva folha de pagamento. O desconto não excederá, em cada mês, a dez por cento dos respectivos vencimentos.

Art. 716. O presidente do Tribunal, o procurador-geral e o auditor requisitarão diretamente das companhias de transportes terrestres, marítimos ou aéreos, nos termos da lei e para fins exclusivos do serviço judiciário, que serão declarados na requisição, passagens para si, juízes dos Conselhos, procuradores e auxiliares da Justiça Militar. Terão, igualmente, bem como os procuradores, para os mesmos fins, franquia postal e telegráfica.

Art. 717. O serviço judicial pretere a qualquer outro, salvo os casos previstos neste Código.

Art. 718. Este Código entrará em vigor a 1º de janeiro de 1970, revogadas as disposições em contrário.

Brasília, 21 de outubro de 1969; 148º da Independência e 81º da República.

Augusto Hamann Rademaker Grunewald
Aurélio de Lyra Tavares
Márcio de Souza e Mello
Luís Antônio da Gama e Silva

ÍNDICE ALFABÉTICO-REMISSIVO DO CÓDIGO DE PROCESSO PENAL MILITAR

- A -

AÇÃO PENAL MILITAR
- comunicação ao Procurador-Geral da República: art. 31, p.u.
- denúncia, obrigatoriedade: art. 30
- denúncia, proibição de existência da: art. 32
- direito de representação, exercício: art. 33
- promoção: art. 29
- requisição do Governo: art. 31

ACAREAÇÃO
- procedimento: art. 365 a 367

ACUSADO
- definição: art. 69
- identificação: art. 70
- nomeação de curador: art. 72
- nomeação obrigatória de defensor: art. 71
- prerrogativa do posto ou graduação: art. 73

ADVOGADO
- direitos e deveres: art. 75
- impedimentos: art. 76

APELAÇÃO
- admissibilidade: art. 526
- comunicação de condenação: art. 536
- interposição e prazo: art. 529
- intimação: art. 537
- julgamento secreto: art. 535, § 6º
- quem pode apelar: art. 530
- razões, prazo: art. 531
- recolhimento à prisão: art. 527
- recurso sobrestado: art. 528
- sentença absolutória, efeitos: art. 532
- sentença condenatória, efeito suspensivo: art. 533

APREENSÃO
- auto de: art. 189
- correspondência aberta ou não: art. 185, § 1º
- documento em poder do defensor do acusado: art. 185, § 2º
- pessoas ou coisas: art. 185
- território sujeito a outra jurisdição: arts. 186 e 187

ARRESTO
- bens insuscetíveis de arresto: art. 217
- bens sujeitos a arresto: art. 215
- coisas deterioráveis: art. 215
- imóvel, preferência: art. 217
- revogação, se imóvel: art. 215, § 1º

ASSEMELHADO
- definição: art. 84

ASSISTENTE
- advogado de ofício como: art. 63
- arrolamento de testemunhas e interposição de recursos: art. 65, §§ 1º a 3º
- cassação: art. 67
- conexão ou continência, regras: art. 101
- competência para admissão do: art. 61
- habilitação do ofendido como: art. 60
- intervenção no processo: art. 65
- não comparecimento de defensor: art. 74
- notificação: art. 66
- ofendido que for também acusado: art. 64
- oportunidade da admissão: art. 62

ATOS PROBATÓRIOS
- admissibilidade do tipo de prova: art. 295
- avaliação: art. 297
- interrogatório ou inquirição do mudo, do surdo, ou do surdo-mudo: art. 299
- irrestrição da prova: art. 294
- ônus: art. 296

- B -

BUSCA
- domiciliar: art. 171
- domiciliar, finalidade: art. 172
- domiciliar, mandado: arts. 177 e 178
- domiciliar, oportunidade: art. 175
- domiciliar, ordem de busca: art. 176
- domiciliar, procedimento: art. 179
- espécies: art. 170
- no curso do processo: art. 184
- pessoal: art. 180
- pessoal, revista: arts. 181 e 182
- pessoal, em mulher: art. 183

- C -

CARTA DE GUIA
- Conselho Penitenciário: art. 596
- conteúdo: art. 596
- cumprimento: art. 596
- execução, penas de reclusão e de detenção: art. 599
- formalidades: art. 595
- fuga ou óbito do condenado: art. 601
- hipótese: art. 594
- internação por doença mental: art. 600
- recaptura: art. 603

CASA
- definição: arts. 173 e 174

CITAÇÃO
- a funcionário: art. 281
- a militar: art. 280
- a preso: art. 282
- carta citatória: art. 285
- edital: arts. 286 e 287
- formas: art. 277
- mandado, requisitos: arts. 278 e 279

COMPETÊNCIA
- Auditorias Especializadas: art. 97
- Circunscrição Judiciária Militar: art. 86
- crimes cometidos a bordo de aeronave: art. 90
- crimes cometidos a bordo de navio ou embarcação: art. 89
- crimes cometidos somente em parte no território nacional: art. 91
- crimes cometidos fora do território nacional: art. 91
- desaforamento: art. 109
- determinação: art. 85
- distribuição: art. 98
- diversidade de Auditorias ou de sedes: art. 92, p.u.
- modificação: art. 87
- lugar da infração: art. 88
- prevenção: art. 94
- prerrogativa do posto ou da função: art. 108
- prorrogação: art. 103
- residência ou domicílio do acusado: art. 93
- sede do lugar de serviço: art. 96

CONEXÃO
- avocação de processo: art. 107
- hipóteses: art. 99
- reunião dos processos: art. 104
- separação de julgamento: art. 105
- unidade do processo: art. 102

CONFISSÃO
- fora do interrogatório: art. 310
- perguntas ao ofendido: art. 311
- retratabilidade e divisibilidade: art. 309
- silêncio do acusado: art. 308
- validade: art. 307

CONFLITOS DE COMPETÊNCIA
- questões atinentes: arts. 111 a

CONTINÊNCIA
- avocação de processo: art. 107
- hipóteses: art. 100
- reunião dos processos: art. 104
- separação de julgamento: art. 105
- unidade do processo: art. 102

- D -

DENÚNCIA
- requisitos: art. 77
- rol de testemunhas: art. 77, p.u.

DESERÇÃO
- efeitos: arts. 452 e 453
- procedimento: arts. 454 a 462
- termo e formalidades: art. 451

DIREITO JUDICIÁRIO MILITAR
- aplicação à Justiça Militar Estadual: art. 6º
- aplicação intertemporal: art. 5º
- aplicação no espaço e no tempo: art. 4º
- aplicação subsidiária: art. 1º, § 2º
- casos omissos: art. 3º
- divergência de normas: art. 1º, § 1º

- fontes: art. 1º
- Interpretação literal: art. 2º

DOCUMENTOS
- definição: art. 371
- identidade: art. 373
- presunção de veracidade: art. 372

- E -

EMBARGOS
- apresentação: art. 543
- cabimento e modalidade: art. 538
- declaração: art. 542
- impugnação ou sustentação: art. 547
- inadmissibilidade: art. 539
- infringentes e de nulidade: art. 541
- medida contra o despacho de não recebimento: art. 545
- prazo: art. 540
- recolhimento à prisão: art. 549
- restrições: art. 539, p.u.
- rito para julgamento: art. 548

EXCEÇÕES
- admitidas: art. 128
- coisa julgada: arts. 153 a 155
- incompetência: arts. 143 a 147
- litispendência: art. 148 a 152
- suspeição ou impedimento: arts. 129 a 142

EXECUÇÃO
- apelação de réu que já sofreu prisão: art. 591
- competência: art. 588
- comunicação: art. 593
- incidentes: art. 590
- exequibilidade: art. 592
- tempo de prisão: art. 589

EXTINÇÃO DA PUNIBILIDADE
- declaração em qualquer fase do processo: art. 81
- morte, certidão de óbito: art. 81, p.u.

- F -

FORO MILITAR EM TEMPO DE GUERRA
- lei especial, para abranger outros casos: art. 83

FORO MILITAR EM TEMPO DE PAZ
- extensão: art. 82
- pessoas sujeitas ao: art. 82

FUNCIONÁRIOS E SERVENTUÁRIOS
- auxiliares do juiz: art. 42
- convocação de substituto: art. 45
- diligências: art. 44, § 1º
- escrivão: art. 43
- mandados: art. 44, § 2º
- oficial de justiça: art. 44
- suspeição: art. 46

- H -

HABEAS CORPUS
- abuso de poder e ilegalidade: art. 467
- cabimento: art. 466
- competência para concessão: art. 469
- concessão após sentença condenatória: art. 468
- decisão: art. 478
- exceção: art. 466, p.u.
- julgamento: art. 473
- pedido: art. 470
- pedido de informações: art. 472
- petição, requisitos: art. 471
- salvo-conduto: art. 479

HIPOTECA LEGAL
- arbitramento: art. 209
- bens sujeitos a: art. 206
- cancelamento da inscrição: art. 214
- estimação do valor da obrigação e do imóvel: art. 208
- inscrição e especialização: art. 207
- recurso: art. 210, §§ 1º e 2º
- renda dos bens: art. 213

- I -

INCIDENTE DE FALSIDADE DE DOCUMENTO
- procedimento: arts. 163 a 169

INCIDENTE DE INSANIDADE MENTAL DO ACUSADO
- procedimento: arts. 156 a 162

INDICIADO
- detenção, no inquérito: art. 18
- incomunicabilidade, no inquérito: art. 17
- prisão preventiva e menagem: art. 18, p.u.

INDÍCIOS
- definição: art. 382
- requisitos: art. 382

INDULTO, COMUTAÇÃO DA PENA, ANISTIA
- audiência do Conselho Penitenciário: art. 645, CPM
- concessão espontânea pelo Presidente da República: art. 647, CPM
- condenado militar, encaminhamento do pedido: art. 645, CPM
- extinção da punibilidade pela anistia: art. 650, CPM
- recusa: art. 649, CPM
- remessa ao Ministro da Justiça: art. 644, CPM
- requerimento: art. 643, CPM

INQUÉRITO POLICIAL MILITAR
- assistência de procurador: art. 14
- arquivamento, proibição: art. 24
- diligências não concluídas até o inquérito: art. 20, § 2º
- dispensa de: art. 28
- encarregado do, requisitos: art. 15
- escrivão: art. 11
- escrivão, compromisso legal: art. 10, p.u.
- finalidade: art. 9º
- formação: art. 13
- incomunicabilidade do indiciado: art. 17
- indícios contra oficial de posto superior ou mais antigo no curso do inquérito: art. 10, § 5º
- início: art. 10
- inquirição durante o dia: art. 19
- medidas preliminares ao: art. 12
- oficial general como infrator: art. 10, § 4º
- prazo: art. 20
- prazo, dedução: art. 20, § 3º
- prazo, prorrogação: art. 20, § 1º
- providências preliminares: art. 10, §§ 2º e 3º
- reconstituição dos fatos: art. 13, p.u.
- remessa do inquérito à Auditoria da Circunscrição: art. 23
- reunião e ordem das peças de: art. 21
- sigilo: art. 16
- suficiência do auto de flagrante delito: art. 27

INSTRUÇÃO CRIMINAL
- procedimento: arts. 384 a 395

INTERROGATÓRIO DO ACUSADO
- forma e requisitos: art. 306
- mais de um acusado: art. 304
- pelo juiz: art. 303
- tempo e lugar: art. 302

INTIMAÇÕES E NOTIFICAÇÕES
- pelo escrivão: art. 288

- J -

JUIZ
- impedimentos: art. 37
- suspeição: art. 38
- suspeição entre adotante e adotado: art. 39
- suspeição por afinidade: art. 40
- suspeição provocada: art. 41

JUSTIÇA MILITAR EM TEMPO DE GUERRA
- procedimento: arts. 675

- L -

LIBERDADE PROVISÓRIA
- hipóteses: art. 270
- suspensão: art. 271

LIVRAMENTO CONDICIONAL
- carta de guia: art. 629
- cerimônia do livramento: art. 639
- condições, modificação: art. 618
- condições para obtenção: art. 618
- crimes que o excluem: art. 642
- especificação das condições: art. 625
- extinção da pena: art. 638
- indeferimento *in limine*: art. 654
- medida de segurança detentiva: art. 622
- novo livramento, soma do tempo de infrações: art. 633
- obtenção, normas obrigatórias: art. 626
- os que podem requerer a medida: art. 619
- petição ou proposta de livramento: art. 623
- revogação: arts. 631, 632 e 635
- verificação das condições: art. 620
- vigilância, finalidade: art. 630

- M -

MEDIDAS DE SEGURANÇA
- execução: arts. 659 a 674, CPM
- hipóteses: art. 272
- procedimento: arts. 273 a 276

MENAGEM
- audiência do Ministério Público: art. 264, § 1º
- cassação: art. 265
- cessação: art. 266

CPPM

- competência e requisitos para a concessão: art. 263
- insubmisso: art. 266
- lugar: art. 264
- reincidência: art. 269

MINISTÉRIO PÚBLICO
- fiscalização do cumprimento da lei penal militar: art. 55
- impedimentos: art. 57
- independência: art. 56
- opinar pela absolvição do acusado: art. 54, p.u.
- órgão de acusação: art. 54
- pedido ou incidente de restituição: art. 194
- subordinação direta ao Procurador-Geral: art. 56, p.u.
- suspeição: art. 58

- N -

NULIDADES
- arguição, oportunidade: art. 504
- atos decisórios: art. 508
- de um ato e sua consequência: art. 506, § 1º
- citação, falta ou nulidade: art. 503
- especificação: art. 506, § 2º
- hipóteses: art. 500
- impedimento para a arguição: art. 501
- juiz irregularmente investido, impedido ou suspeito: art. 509
- não declarada: art. 502
- prejuízo: art. 499
- renovação e retificação: art. 506
- revalidação de atos: art. 507
- silêncio das partes: art. 505

- P -

PENA DE MORTE
- execução: art. 707, CPM

PENAS PRINCIPAIS NÃO PRIVATIVAS DA LIBERDADE E DAS ACESSÓRIAS
- execução, procedimento: arts. 604 e 605

PERÍCIAS E EXAMES
- determinação: art. 315
- objeto: art. 314
- procedimentos: arts. 315 a 346

PERITOS E INTÉRPRETES
- compromisso legal: art. 48
- encargo obrigatório: art. 49
- impedimentos: art. 52
- não comparecimento: art. 51
- nomeação: art. 47
- penalidade em caso de recusa: art. 50
- preferência: art. 48
- suspeição: art. 53

POLÍCIA JUDICIÁRIA MILITAR
- competência: art. 8º
- exercício: art. 7º
- exercício, delegação: art. 7º, §§ 1º a 4º

PRECATÓRIA
- de citação, requisitos: art. 283
- cumprimento: art. 284

PRISÃO EM FLAGRANTE
- auto, lavratura: art. 245
- concessão de liberdade provisória: art. 253
- flagrante delito, definição: art. 244
- nota de culpa,: art. 247
- pessoas que efetuam: art. 243
- prisão em lugar não sujeito à administração militar: art. 250
- recolhimento à prisão: art. 246

PRISÃO ESPECIAL
- sujeitos: art. 242

PRISÃO PREVENTIVA
- competência e requisitos para a decretação: art. 254
- execução: art. 260
- fundamentação do despacho: art. 256
- hipóteses: art. 255

PRISÃO PROVISÓRIA
- captura: arts. 230 e 231
- captura fora da jurisdição: art. 235
- captura no estrangeiro: art. 228
- comunicação ao juiz: art. 222
- definição: art. 220
- de militar: art. 223
- emprego de algemas: art. 223, § 1º
- emprego de força: art. 234
- entrega de preso, formalidades: art. 237
- integridade do preso e assistência: art. 241
- legalidade da prisão: art. 221
- local da prisão: art. 240
- mandado, expedição: art. 225
- mandado, requisitos: art. 225, *a* a *d*
- precatória ou ofício, expedição: art. 227
- precatória, cumprimento: art. 235
- prisão em flagrante no interior de casa: art. 233
- recusa da entrega do capturando: art. 232
- relaxamento: art. 224
- tempo e lugar da captura: art. 226

PROCESSO DE COMPETÊNCIA ORIGINÁRIO DO SUPERIOR TRIBUNAL MILITAR
- procedimento: arts. 489 a 498

PROCESSO DE CRIME DE INSUBMISSÃO
- procedimento: arts. 463 a 465

PROCESSO PARA RESTAURAÇÃO DE AUTOS
- procedimento: arts. 481 a 488

PROCESSO ORDINÁRIO
- início: art. 396
- denúncia, falta de elementos: art. 397
- incompetência do juízo, alegação: art. 398
- instalação do Conselho de Justiça e procedimento: arts. 399 a 450

- Q -

QUESTÕES PREJUDICIAIS
- competência para resolver a questão prejudicial: art. 125
- decisão prejudicial: art. 122
- estado civil de pessoa envolvida no processo: art. 123
- promoção de ação no juízo cível: art. 126
- suspensão do processo: art. 124

- R -

REABILITAÇÃO
- comunicação ao Instituto de Identificação e Estatística: art. 655,
- menção à condenação anterior: art. 656
- recurso de ofício: art. 654
- renovação do pedido: art. 657
- requerimento, instrução: art. 652,
- revogação: art. 658
- requerimentos e requisitos: art. 651

RECLAMAÇÃO
- admissão: art. 584
- avocação do processo: art. 585
- distribuição: art. 586
- sustentação do pedido: art. 586

RECONHECIMENTO DE PESSOA E DE COISA
- procedimento: arts. 368 a 370

RECURSO EXTRAORDINÁRIO
- agravo da decisão denegatória: art. 579
- a quem deve ser dirigido: art. 572
- competência: art. 570
- decisão sobre o cabimento do recurso: art. 574
- deserção: art. 576
- efeito: art. 578
- impugnação: art. 573
- interposição: art. 571
- razões, prazo: art. 575

RECURSOS EM SENTIDO ESTRITO
- cabimento: art. 516
- decisão: art. 524
- efeito suspensivo: art. 516, p.u.
- interposição, prazo: art. 517
- prorrogação de prazo: art. 521
- razões, prazo: art. 519
- recurso nos próprios autos: art. 517
- sustentação: art. 522

RECURSOS
- cabimento: art. 510
- desistência, proibição: art. 512
- efeito extensivo: art. 515
- inadmissibilidade por falta de interesse: art. 512
- interposição e prazo: art. 513
- interposição, erro: art. 514
- os que podem recorrer: art. 511
- propriedade: art. 514, p.u.

RESTITUIÇÃO
- audiência do Ministério Público: art. 194
- coisa em poder de terceiro de boa-fé: art. 193
- coisa facilmente deteriorável: art. 195
- coisas: art. 190
- depositário, nomeação: art. 193, § 3º
- direito duvidoso: art. 192
- ordem de restituição: art. 191
- sentença absolutória: art. 197
- sentença condenatória: art. 196
- venda em leilão: art. 198

REVISÃO
- cabimento: art. 550
- hipóteses: art. 555
- subida ao Supremo Tribunal Federal: art. 569

- S -

SEQUESTRO
- bens insuscetíveis de sequestro art. 199, § 2º

- bens sujeitos a: art. 199
- embargos: art. 203
- fases: art. 201
- levantamento: art. 204
- requisito: art. 200

SUSPENSÃO CONDICIONAL DA PENA

- averbação: art. 616
- coautoria: art. 609
- condições e regras impostas ao beneficiário: art. 608
- competência e condições para a concessão do benefício: art. 606
- crimes que impedem a medida: art. 617
- extinção da pena: art. 615
- restrições: art. 606, p.u.
- pronunciamento: art. 607
- revogação: art. 614

- T -

TESTEMUNHAS

- antecipação de depoimento: art. 363
- capacidade: art. 351
- declaração: art. 352
- dispensa: art. 350
- militar de patente superior: art. 349, p.u.
- não computada: art. 356, § 2º
- notificação: art. 347
- obrigação e recusa de depor: art. 354
- oferecimento: art. 348
- precatória: art. 359
- proibição de depor: art. 355
- referidas: art. 356, § 1º
- requisição de militar ou funcionário: art. 349
- suplementares: art. 356

CÓDIGO TRIBUTÁRIO NACIONAL

ÍNDICE SISTEMÁTICO DO CÓDIGO TRIBUTÁRIO NACIONAL

DISPOSIÇÃO PRELIMINAR .... **art. 1º**

LIVRO PRIMEIRO – SISTEMA TRIBUTÁRIO NACIONAL .... **arts. 2º a 95**

TÍTULO I – DISPOSIÇÕES GERAIS .... **arts. 2º a 5º**

TÍTULO II – COMPETÊNCIA TRIBUTÁRIA .... **arts. 6º a 15**

Capítulo I – Disposições Gerais .... arts. 6º a 8º

Capítulo II – Limitações Da Competência Tributária .... arts. 9º a 15

Seção I – Disposições Gerais .... arts. 9º a 11

Seção II – Disposições Especiais .... arts. 12 a 15

TÍTULO III – IMPOSTOS .... **arts. 16 a 76**

Capítulo I – Disposições Gerais .... arts. 16 a 18

Capítulo II – Impostos Sobre o Comércio Exterior .... arts. 19 a 28

Seção I – Imposto Sobre a Importação .... arts. 19 a 22

Seção II – Imposto Sobre a Exportação .... arts. 23 a 28

Capítulo III – Impostos Sobre o Patrimônio e a Renda .... arts. 29 a 45

Seção I – Imposto Sobre a Propriedade Territorial Rural .... arts. 29 a 31

Seção II – Imposto Sobre a Propriedade Predial e Territorial Urbana .... arts. 32 a 34

Seção III – Imposto Sobre a Transmissão de Bens Imóveis e de direitos a eles relativos .... arts. 35 a 42

Seção IV – Imposto Sobre a Renda e Proventos de qualquer natureza .... arts. 43 a 45

Capítulo IV – Impostos Sobre a Produção e a Circulação .... arts. 46 a 73

Seção I – Imposto Sobre Produtos Industrializados .... arts. 46 a 51

Seção II – Impostos Estadual Sobre Operações Relativas à Circulação de Mercadorias (Revogado pelo Dec.-lei *nº* 406/1968) .... arts. 52 a 58

Seção III – Imposto Municipal Sobre Operações Relativas à Circulação de Mercadorias (Revogado pelo Ato *Complementar nº* 31/1966) .... arts. 59 a 62

Seção IV – Impostos Sobre Operações De Crédito, Câmbio e Seguro e Sobre Operações Relativas a Títulos e Valores Mobiliários .... arts. 63 a 67

Seção V – Imposto Sobre Serviços de Transporte e Comunicações .... arts. 68 a 70

Seção VI – Imposto Sobre Serviço De Qualquer Natureza .... art. 71 a 73

Capítulo V – Impostos Especiais .... arts. 74 a 76

Seção I – Imposto Sobre Operações Relativas a Combustíveis, Lubrificantes, Energia Elétrica e Minerais do Paísarts. 74 e 75

Seção II – Impostos Extraordinários .... art. 76

TÍTULO IV – TAXAS .... **arts. 77 a 80**

TÍTULO V – CONTRIBUIÇÃO DE MELHORIA .... **arts. 81 e 82**

TÍTULO VI – DISTRIBUIÇÕES DE RECEITAS TRIBUTÁRIAS .... **arts. 83 a 95**

Capítulo I – Disposições Gerais .... arts. 83 e 84

Capítulo II – Imposto Sobre a Propriedade Territorial Rural e Sobre a Renda e Proventos de Qualquer Natureza .... art. 85

Capítulo III – Fundos de Participação dos Estados e dos Municípios .... arts. 86 a 94

Seção I – Constituição dos Fundos .... arts. 86 e 87

Seção II – Critério de Distribuição do Fundo de Participação dos Estados ... arts. 88 a 90

Seção III – Critério de Distribuição do Fundo de Participação dos Municípios ... art. 91

Seção IV – Cálculo e Pagamento das Quotas Estaduais e Municipais ... arts. 92 e 93

Seção V – Comprovação da Aplicação das Quotas Estaduais e Municipais ... art. 94

Capítulo IV – Imposto Sobre Operações Relativas a Combustíveis, Lubrificantes, Energia Elétrica e Minerais do País ... art. 95

LIVRO SEGUNDO – NORMAS GERAIS DE DIREITO TRIBUTÁRIO ... arts. 95 a 208

TÍTULO I – LEGISLAÇÃO TRIBUTÁRIA ... arts. 96 a 112

Capítulo I – Disposições Gerais ... arts. 96 a 100

Seção I – Disposição Preliminar ... art. 96

Seção II – Leis, Tratados e Convenções Internacionais e Decretos ... arts. 97 a 99

Seção III – Normas Complementares ... art. 100

Capítulo II – Vigência da Legislação Tributária ... arts. 101 a 104

Capítulo III – Aplicação da Legislação Tributária ... arts. 105 e 106

Capítulo IV – Interpretação e Integração da Legislação Tributária ... arts. 107 a 112

TÍTULO II – OBRIGAÇÃO TRIBUTÁRIA ... arts. 113 a 138

Capítulo I – Disposições Gerais ... art. 113

Capítulo II – Fato Gerador ... arts. 114 a 118

Capítulo III – Sujeito Ativo ... arts. 119 e 120

Capítulo IV – Sujeito Passivo ... arts. 121 a 127

Seção I – Disposições Gerais ... arts. 121 a 123

Seção II – Solidariedade ... arts. 124 e 125

Seção III – Capacidade Tributária ... art. 126

Seção IV – Domicílio Tributário ... art. 127

Capítulo V – Responsabilidade Tributária ... arts. 128 a 138

Seção I – Disposição Geral ... art. 128

Seção II – Responsabilidade dos Sucessores ... arts. 129 a 133

Seção III – Responsabilidade de Terceiros ... arts. 134 e 135

Seção IV – Responsabilidade por Infrações ... arts. 136 a 138

TÍTULO III – CRÉDITO TRIBUTÁRIO ... arts. 139 a 193

Capítulo I – Disposições Gerais ... arts. 139 a 141

Capítulo II – Constituição de Crédito Tributário ... arts. 142 a 150

Seção I – Lançamento ... arts. 142 a 146

Seção II – Modalidades de Lançamento ... arts. 147 a 150

Capítulo III – Suspensão do Crédito Tributário ... arts. 151 a 155-A

Seção I – Disposições Gerais ... art. 151

Seção II – Moratória ... arts. 152 a 155-A

Capítulo IV – Extinção do Crédito Tributário ... arts. 156 a 174

Seção I – Modalidades de Extinção ... arts. 156

Seção II – Pagamento ... arts. 157 a 164

Seção III – Pagamento Indevido ... arts. 165 a 169

Seção IV – Demais Modalidades de Extinção ... arts. 170 a 174

Capítulo V – Exclusão de Crédito Tributário ... arts. 175 a 182

Seção I – Disposições Gerais ... art. 175

Seção II – Isenção .... arts. 176 a 179
Seção III – Anistia .... arts. 180 a 182
Capítulo VI – Garantias e Privilégios do Crédito Tributário .... arts. 183 a 193
Seção I – Disposições Gerais .... arts. 183 a 185-A
Seção II – Preferências .... arts. 186 a 193

TÍTULO IV – ADMINISTRAÇÃO TRIBUTÁRIA .... arts. 194 a 208
Capítulo I – Fiscalização .... arts. 194 a 200
Capítulo II – Dívida Ativa .... arts. 201 a 204
Capítulo III – Certidões Negativas .... arts. 205 a 208

DISPOSIÇÕES FINAIS E TRANSITÓRIAS .... arts. 209 a 218

LEI N. 5.172, DE 25 DE OUTUBRO DE 1966

Dispõe sobre o Sistema Tributário Nacional e institui normas gerais de direito tributário aplicáveis à União, Estados e Municípios.

- *DOU*, 27.10.1966, retificada no *DOU*, 31.10.1966.
- art. 7º, Ato Complementar 36/1967 (A Lei n. 5.172, de 25 de outubro de 1966, e alterações posteriores, passa a denominar-se "Código Tributário Nacional").

O Presidente da República. Faço saber que o Congresso Nacional decreta e eu sanciono a seguinte Lei:

DISPOSIÇÃO PRELIMINAR

Art. 1º Esta Lei regula, com fundamento na Emenda Constitucional n. 18, de 1º de dezembro de 1965, o sistema tributário nacional e estabelece, com fundamento no artigo 5º, inciso XV, alínea *b*, da Constituição Federal, as normas gerais de direito tributário aplicáveis à União, aos Estados, ao Distrito Federal e aos Municípios, sem prejuízo da respectiva legislação complementar, supletiva ou regulamentar.

- Refere-se à CF/1946.
- art. 146 e incisos, CF/1988.
- arts. 145 a 162, CF.
- Lei 4.320/1964 (Estabelece Normas Gerais de Direito Financeiro para elaboração e controle dos orçamentos e balanços da União, dos Estados, dos Municípios e do Distrito Federal).

LIVRO PRIMEIRO
SISTEMA TRIBUTÁRIO NACIONAL

TÍTULO I
DISPOSIÇÕES GERAIS

Art. 2º O sistema tributário nacional é regido pelo disposto na Emenda Constitucional n. 18, de 1º de dezembro de 1965, em leis complementares, em resoluções do Senado Federal e, nos limites das respectivas competências, em leis federais, nas Constituições e em leis estaduais e em leis municipais.

- arts. 5º, § 2º; e 145 a 162, CF.
- art. 96 deste Código.
- Lei 4.320/1964 (Estabelece Normas Gerais de Direito Financeiro para elaboração e controle dos orçamentos e balanços da União, dos Estados, dos Municípios e do Distrito Federal).

Art. 3º Tributo é toda prestação pecuniária compulsória, em moeda ou cujo valor nela se possa exprimir, que não constitua sanção de ato ilícito, instituída em lei e cobrada mediante atividade administrativa plenamente vinculada.

- art. 97 deste Código.
- arts. 186 a 188; e 927, CC/2002.
- Súm. 545 e 666, STF.

Art. 4º A natureza jurídica específica do tributo é determinada pelo fato gerador da respectiva obrigação, sendo irrelevantes para qualificá-la:

- arts. 97, III; e 114 a 118 deste Código.

I - a denominação e demais características formais adotadas pela lei;

II - a destinação legal do produto da sua arrecadação.

Art. 5º Os tributos são impostos, taxas e contribuições de melhoria.

- arts. 145; 146, III, *a*; 148 a 149-A; 154; 177, § 4º; 195; e 212, § 5º, CF.
- art. 56, ADTC.

TÍTULO II
COMPETÊNCIA TRIBUTÁRIA

CAPÍTULO I
DISPOSIÇÕES GERAIS

Art. 6º A atribuição constitucional de competência tributária compreende a competência legislativa plena, ressalvadas as limitações contidas na Constituição Federal, nas Constituições dos Estados e nas Leis Orgânicas do Distrito Federal e dos Municípios, e observado o disposto nesta Lei.

Parágrafo único. Os tributos cuja receita seja distribuída, no todo ou em parte, a outras pessoas jurídicas de direito público pertencerá à competência legislativa daquela a que tenham sido atribuídos.

- arts. 146, I e II; e 150 a 156, CF.
- Súm. 69, STF.

Art. 7º A competência tributária é indelegável, salvo atribuição das funções de arrecadar ou fiscalizar tributos, ou de executar leis, serviços, atos ou decisões administrativas em matéria tributária, conferida por uma pessoa jurídica de direito público a outra, nos termos do § 3º do artigo 18 da Constituição.

- Refere-se à CF/1946.
- art. 37, XXII; e 153, § 4º, III, CF.
- art. 33, § 1º, LC 123/2006 (Estatuto Nacional da Microempresa e da Empresa de Pequeno Porte).

§ 1º A atribuição compreende as garantias e os privilégios processuais que competem à pessoa jurídica de direito público que a conferir.

- arts. 183 a 193 deste Código.
- Súm. 483, STJ.

§ 2º A atribuição pode ser revogada, a qualquer tempo, por ato unilateral da pessoa jurídica de direito público que a tenha conferido.

§ 3º Não constitui delegação de competência o cometimento, a pessoas de direito privado, do encargo ou da função de arrecadar tributos.

- art. 150, § 6º, CF.
- art. 119 deste Código.

Art. 8º O não exercício da competência tributária não a defere a pessoa jurídica de direito público diversa daquela a que a Constituição a tenha atribuído.

- art. 155, § 2º, XII, *g*, CF.
- art. 11, LC 101/2000 (Lei da Responsabilidade Fiscal).

CAPÍTULO II
LIMITAÇÕES DA COMPETÊNCIA TRIBUTÁRIA

- arts. 150 a 152, CF.

SEÇÃO I
DISPOSIÇÕES GERAIS

Art. 9º É vedado à União, aos Estados, ao Distrito Federal e aos Municípios:

- art. 150, CF.

I - instituir ou majorar tributos sem que a lei o estabeleça, ressalvado, quanto à majoração, o disposto nos artigos 21, 26 e 65;

- arts. 5º, II; 150, I; e 153, § 4º, CF.
- art. 97, I e II, deste Código.

II - cobrar imposto sobre o patrimônio e a renda com base em lei posterior à data inicial do exercício financeiro a que corresponda;

- art. 150, III, CF.

III - estabelecer limitações ao tráfego, no território nacional, de pessoas ou mercadorias, por meio de tributos interestaduais ou intermunicipais;

- arts. 5º, XV; 150, V; e 155, II, CF.

IV - cobrar imposto sobre:

a) o patrimônio, a renda ou os serviços uns dos outros;

- art. 150, VI, §§ 2º a 4º, CF.
- arts. 12 e 13 deste Código.

b) templos de qualquer culto;

- art. 19, I; e 150, VI, *b*, e § 4º, CF.

c) o patrimônio, a renda ou serviços dos partidos políticos, inclusive suas fundações, das entidades sindicais dos trabalhadores, das instituições de educação e de assistência social, sem fins lucrativos, observados os requisitos fixados na Seção II deste Capítulo; (Redação dada pela LC 104/2001.)

- arts. 150, VI, §§ 1º e 2º; e 195, § 7º, CF.
- art. 14, § 2º, deste Código.
- Súm. 724 e 730, STF.

d) papel destinado exclusivamente à impressão de jornais, periódicos e livros.

- art. 150, VI, §§ 1º a 4º, CF.

‣ art. 1º, Lei 11.945/2009 (Dispõe sobre a obrigatoriedade de manter Registro Especial na Secretaria da RFB para exercício das atividades de comercialização e importação de papel destinado à impressão).

§ 1º O disposto no inciso IV não exclui a atribuição, por lei, às entidades nele referidas, da condição de responsáveis pelos tributos que lhes caiba reter na fonte, e não as dispensa da prática de atos, previstos em lei, assecuratórios do cumprimento de obrigações tributárias por terceiros.

‣ arts. 12; 13, p.u.; 14, § 1º; 122; e 128 deste Código.
‣ Súm. 447, STJ.

§ 2º O disposto na alínea *a* do inciso IV aplica-se, exclusivamente, aos serviços próprios das pessoas jurídicas de direito público a que se refere este artigo, e inerentes aos seus objetivos.

‣ art. 12 deste Código.

Art. 10. É vedado à União instituir tributo que não seja uniforme em todo o território nacional, ou que importe distinção ou preferência em favor de determinado Estado ou Município.

‣ arts. 19, III; 150, II; e 151, I, CF.

Art. 11. É vedado aos Estados, ao Distrito Federal e aos Municípios estabelecer diferença tributária entre bens de qualquer natureza, em razão da sua procedência ou do seu destino.

‣ art. 152, CF.
‣ Súm. 591, STF.

SEÇÃO II
DISPOSIÇÕES ESPECIAIS

Art. 12. O disposto na alínea *a* do inciso IV do artigo 9º, observado o disposto nos seus §§ 1º e 2º, é extensivo às autarquias criadas pela União, pelos Estados, pelo Distrito Federal ou pelos Municípios, tão somente no que se refere ao patrimônio, à renda ou aos serviços vinculados às suas finalidades essenciais, ou delas decorrentes.

‣ arts. 37, XIX; e 150, §§ 2º e 3º, CF.
‣ Súm. 73; 74; 75; 336; e 583, STF.

Art. 13. O disposto na alínea *a* do inciso IV do artigo 9º não se aplica aos serviços públicos concedidos, cujo tratamento tributário é estabelecido pelo poder concedente, no que se refere aos tributos de sua competência, ressalvado o que dispõe o parágrafo único.

‣ arts. 150, § 3º; e 173, § 1º, CF.

Parágrafo único. Mediante lei especial e tendo em vista o interesse comum, a União pode instituir isenção de tributos federais, estaduais e municipais para os serviços públicos que conceder, observado o disposto no § 1º do artigo 9º.

‣ art. 150, § 6º; e 151, III, CF.
‣ art. 152, I, *b*, deste Código.
‣ Súm. 77; 78; 79; e 81, STF.

Art. 14. O disposto na alínea *c* do inciso IV do artigo 9º é subordinado à observância dos seguintes requisitos pelas entidades nele referidas:

‣ art. 146, II, CF.
‣ art. 32, § 1º, Lei 9.430/1996 (Dispõe sobre a legislação tributária federal, as contribuições para a seguridade social e o processo administrativo de consulta).
‣ Súm. Vinc. 52, STF.

I - não distribuírem qualquer parcela de seu patrimônio ou de suas rendas, a qualquer título; (Redação dada pela LC 104/2001.)
II - aplicarem integralmente, no país, os seus recursos na manutenção dos seus objetivos institucionais;
III - manterem escrituração de suas receitas e despesas em livros revestidos de formalidades capazes de assegurar sua exatidão.

§ 1º Na falta de cumprimento do disposto neste artigo, ou no § 1º do artigo 9º, a autoridade competente pode suspender a aplicação do benefício.

§ 2º Os serviços a que se refere à alínea *c* do inciso IV do artigo 9º são exclusivamente os diretamente relacionados com os objetivos institucionais das entidades de que trata este artigo, previstos nos respectivos estatutos ou atos constitutivos.

‣ art. 150, § 4º, CF.

Art. 15. Somente a União, nos seguintes casos excepcionais, pode instituir empréstimos compulsórios:

‣ art. 148, CF.

I - guerra externa, ou sua iminência;
II - calamidade pública que exija auxílio federal impossível de atender com os recursos orçamentários disponíveis;
III - conjuntura que exija a absorção temporária de poder aquisitivo.

‣ art. 148, CF.
‣ Súm. 236, TFR.

Parágrafo único. A lei fixará obrigatoriamente o prazo do empréstimo e as condições de seu resgate, observando, no que for aplicável, o disposto nesta Lei.

‣ Súm. 418, STF.
‣ Súm. 236, TFR.

TÍTULO III
IMPOSTOS

CAPÍTULO I
DISPOSIÇÕES GERAIS

Art. 16. Imposto é o tributo cuja obrigação tem por fato gerador uma situação independente de qualquer atividade estatal específica, relativa ao contribuinte.

‣ art. 167, IV, CF.

Art. 17. Os impostos componentes do sistema tributário nacional são exclusivamente os que constam deste Título, com as competências e limitações nele previstas.

‣ art. 146, III, *a*; e 153 a 156, CF.
‣ art. 217 deste Código.

Art. 18. Compete:

‣ arts. 147; 155; e 156, CF.

I - à União, instituir, nos Territórios Federais, os impostos atribuídos aos Estados e, se aqueles não forem divididos em Municípios, cumulativamente, os atribuídos a estes;
II - ao Distrito Federal e aos Estados não divididos em Municípios, instituir, cumulativamente, os impostos atribuídos aos Estados e aos Municípios.

‣ arts. 147; 155; e 156, CF.

CAPÍTULO II
IMPOSTOS SOBRE O COMÉRCIO EXTERIOR

‣ Dec. 6.759/2009 (Regulamenta a administração das atividades aduaneiras, e a fiscalização, o controle e a tributação das operações de comércio exterior).

SEÇÃO I
IMPOSTOS SOBRE A IMPORTAÇÃO

‣ Lei 10.755/2003 (Estabelece multa em operações de importação).

Art. 19. O imposto, de competência da União, sobre a importação de produtos estrangeiros tem como fato gerador a entrada destes no território nacional.

‣ arts. 146, III, *a*; 150, § 1º; e 153, I, § 1º, CF.
‣ art. 74, II, deste Código.
‣ Lei 3.244/1957 (Dispõe sobre a reforma da tarifa das alfândegas).
‣ Lei 5.314/1967 (Estabelece normas sobre a fiscalização de mercadorias estrangeiras).
‣ Lei 7.810/1989 (Dispõe sobre a redução de impostos na importação).
‣ Lei 8.010/1990 (Dispõe sobre importações de bens destinados à pesquisa científica e tecnológica).
‣ Lei 8.032/1990 (Dispõe sobre a isenção ou redução de impostos de importação).
‣ Lei 8.085/1990 (Dispõe sobre o Imposto de Importação).
‣ Lei 8.961/1990 (Dispõe sobre a isenção do Imposto de Importação).
‣ Lei 9.449/1997 (Reduz o Imposto de Importação para os produtos que especifica).
‣ arts. 1º; 17; 20; e 23, p.u., Dec.-Lei 37/1966 (Lei do Imposto de Importação).
‣ Dec.-Lei 1.427/1975 (Estabelece condição para a emissão de guia de importação e cria o registro do importador).
‣ Dec.-Lei 1.736/1979 (Dispõe sobre débitos com a Fazenda e acréscimo de multa).
‣ Dec.-Lei 1.804/1980 (Dispõe sobre tributação simplificada das remessas postais internacionais).
‣ Dec.-Lei 2.120/1984 (Dispõe sobre o tratamento tributário relativo à bagagem).
‣ Dec.-Lei 2.434/1988 (Dispõe sobre a isenção ou redução de impostos na importação de bens).
‣ Súm. 89; 132; 142; 302; 308; 404; 534; 577; e 582, STF.
‣ Súm. 4 a 6; 27; 80; e 165, TFR.

Art. 20. A base de cálculo do imposto é:

‣ art. 146, III, *a*, CF.

I - quando a alíquota seja específica, a unidade de medida adotada pela lei tributária;

‣ art. 2º, I, Dec.-Lei 37/1996 (Lei do Imposto de Importação).

II - quando a alíquota seja *ad valorem*, o preço normal que o produto, ou seu similar, alcançaria, ao tempo da importação, em uma venda em condições de livre-concorrência, para entrega no porto ou lugar de entrada do produto no país;

‣ art. 22, V, § 5º, Lei 8.666/1993 (Lei de Licitações e Contratos da Administração Pública).
‣ arts. 2º, II; e 17 a 21, Dec.-Lei 37/1966 (Lei do Imposto de Importação).
‣ Súm. 124, STJ.

- Súm. 97, TFR.

III - quando se trate de produto apreendido ou abandonado, levado a leilão, o preço da arrematação.

- arts. 1.204 e 1.263, CC/2002.
- art. 22, V, § 5º, Lei 8.666/1993 (Lei de Licitações e Contratos da Administração Pública).
- art. 2º, Dec.-Lei 37/1966 (Lei do Imposto de Importação).

Art. 21. O Poder Executivo pode, nas condições e nos limites estabelecidos em lei, alterar as alíquotas ou as bases de cálculo do imposto, a fim de ajustá-lo aos objetivos da política cambial e do comércio exterior.

- art. 153, § 1º, CF.
- arts. 9º, I; e 97, I, II, e IV, deste Código.
- Lei 7.810/1989 (Dispõe sobre a redução de impostos na importação).
- Dec.-Lei 2.479/1988 (Dispõe sobre a redução de impostos de importação de bens).

Art. 22. Contribuinte do imposto é:

I - o importador ou quem a lei a ele equiparar;

- Dec. 4.543/2002 (Regulamenta a administração das atividades aduaneiras, e a fiscalização, o controle e a tributação das operações de comércio exterior).
- arts. 31; 32; e p.u., Dec.-Lei 37/1966 (Lei do Imposto de Importação).

II - o arrematante de produtos apreendidos ou abandonados.

SEÇÃO II
IMPOSTO SOBRE A EXPORTAÇÃO

- Lei 9.818/1999 (Cria o Fundo de Garantia à Exportação - FGE).
- Lei 10.184/2001 (Dispõe sobre a concessão de financiamento vinculado à exportação de bens ou serviços nacionais).
- Dec.-Lei 1.578/1977 (Dispõe sobre o imposto sobre a exportação).

Art. 23. O imposto, de competência da União, sobre a exportação, para o estrangeiro, de produtos nacionais ou nacionalizados tem como fato gerador a saída destes do território nacional.

- arts. 62, § 2º; e 153, II, § 1º, CF.
- Dec. 4.543/2002 (Regulamenta a administração das atividades aduaneiras, e a fiscalização, o controle e a tributação das operações de comércio exterior).
- art. 1º, Dec.-Lei 1.578/1977 (Dispõe sobre o imposto sobre a exportação).
- Súm. 129, STJ.

Art. 24. A base de cálculo do imposto é:

- art. 146, III, *a*, CF.
- art. 1º, Dec.-Lei 1.578/1977 (Dispõe sobre o imposto sobre a exportação).

I - quando a alíquota seja específica, a unidade de medida adotada pela lei tributária;

II - quando a alíquota seja *ad valorem*, o preço normal que o produto, ou seu similar, alcançaria, ao tempo da exportação, em uma venda em condições de livre-concorrência.

Parágrafo único. Para os efeitos do inciso II, considera-se a entrega como efetuada no porto ou lugar da saída do produto, deduzidos os tributos diretamente incidentes sobre a operação de exportação e, nas vendas efetuadas a prazo superior aos correntes no mercado internacional o custo do financiamento.

Art. 25. A lei pode adotar como base de cálculo a parcela do valor ou do preço, referidos no artigo anterior, excedente de valor básico, fixado de acordo com os critérios e dentro dos limites por ela estabelecidos.

- art. 146, III, *a*, CF.
- art. 2º, Dec.-Lei 1.578/1977 (Dispõe sobre o imposto sobre a exportação).

Art. 26. O Poder Executivo pode, nas condições e nos limites estabelecidos em lei, alterar as alíquotas ou as bases de cálculo do imposto, a fim de ajustá-los aos objetivos da política cambial e do comércio exterior.

- art. 153, § 1º, CF.
- arts. 9º, I; e 97, II e IV, deste Código.
- arts. 2º e 3º, p.u., Dec.-Lei 1.578/1977 (Dispõe sobre o imposto sobre a exportação).

Art. 27. Contribuinte do imposto é o exportador ou quem a lei a ele equiparar.

- art. 5º, Dec.-Lei 1.578/1977 (Dispõe sobre o imposto sobre a exportação).

Art. 28. A receita líquida do imposto destina-se à formação de reservas monetárias, na forma da lei.

- arts. 9º e 28, Dec.-Lei 1.578/1977 (Dispõe sobre o imposto sobre a exportação).

CAPÍTULO III
IMPOSTOS SOBRE O PATRIMÔNIO E A RENDA

SEÇÃO I
IMPOSTO SOBRE A PROPRIEDADE TERRITORIAL RURAL

Art. 29. O imposto, de competência da União, sobre a propriedade territorial rural tem como fato gerador a propriedade, o domínio útil ou a posse de imóvel por natureza, como definido na lei civil, localização fora da zona urbana do Município.

- arts. 146, III, *a*; 153, VI, § 4º; 186; e 191, CF.
- art. 32, § 1º, deste Código.
- arts. 1.196; 1.228; 1.238 a 1.259; 1.473; 1.784; e 1.791, CC/2002.
- art. 47 e ss., Lei 4.504/1964 (Estatuto da Terra).
- Lei 12.651/2012 (Código Florestal).
- arts. 5º e 7º, Lei 5.868/1972 (Cria o Sistema Nacional de Cadastro Rural).
- Lei 8.847/1994 (Dispõe sobre o Imposto sobre a Propriedade Territorial Rural - ITR).
- Lei 9.393/1996 (Dispõe sobre o ITR e o pagamento da dívida representada por Títulos da Dívida Agrária - TDA).
- arts. 8º a 10, Dec.-Lei 57/1966 (Altera dispositivos sobre lançamento e cobrança do ITR e institui normas sobre arrecadação da dívida ativa correspondente).
- Súm. 139, STJ.

Art. 30. A base do cálculo do imposto é o valor fundiário.

- art. 146, III, *a*, CF.
- art. 5º e 50, Lei 4.504/1964 (Estatuto da Terra).
- art. 1º, Lei 9.393/1996 (Dispõe sobre o ITR e sobre pagamento da dívida representada por Títulos da Dívida Agrária – TDA).
- Súm. 595, STF.

Art. 31. Contribuinte do imposto é o proprietário do imóvel, o titular de seu domínio útil, ou o seu possuidor a qualquer título.

- arts 1.196 a 1.224; 1.228 a 1.259; 1.281; e 1.473, III, CC/2002.
- art. 1º, Lei 9.393/1996 (Dispõe sobre o ITR e o pagamento da dívida representada por Títulos da Dívida Agrária - TDA).
- Dec. 6.190/2007 (Dispõe sobre a isenção do pagamento de foros, taxas de ocupação e laudêmios, referentes a imóveis de propriedade da União, para as pessoas consideradas carentes ou de baixa renda).

SEÇÃO II
IMPOSTO SOBRE A PROPRIEDADE PREDIAL E TERRITORIAL URBANA

Art. 32. O imposto, de competência dos Municípios, sobre a propriedade predial e territorial urbana tem como fato gerador a propriedade, o domínio útil ou a posse de bem imóvel por natureza ou por acessão física, como definido na lei civil, localizado na zona urbana do Município.

- arts. 146, III, *a*; 156, I; e 182, § 4º, II, CF.
- arts. 79 a 81; 1.196; 1.224; 1.228 a 1.259; 1.281; 1.473, III; 1.784; e 1.791, CC/2002.
- art. 7º, Lei 10.257/2001 (Estatuto da Cidade).
- Súm. 724, STF.
- Súm. 397, STJ.

§ 1º Para os efeitos deste imposto, entende-se como zona urbana a definida em lei municipal; observado o requisito mínimo da existência de melhoramentos indicados em pelo menos 2 (dois) dos incisos seguintes, construídos ou mantidos pelo Poder Público:

- Súmula 626, STJ.

I - meio-fio ou calçamento, com canalização de águas pluviais;

II - abastecimento de água;

III - sistema de esgotos sanitários;

IV - rede de iluminação pública, com ou sem posteamento para distribuição domiciliar;

V - escola primária ou posto de saúde a uma distância máxima de 3 (três) quilômetros do imóvel considerado.

§ 2º A lei municipal pode considerar urbanas as áreas urbanizáveis, ou de expansão urbana, constantes de loteamentos aprovados pelos órgãos competentes, destinados à habitação, à indústria ou ao comércio, mesmo que localizados fora das zonas definidas nos termos do parágrafo anterior.

- Lei 6.766/1979 (Dispõe sobre o Parcelamento do Solo Urbano).
- art. 16, Dec.-Lei 57/1966 (Dispõe sobre lançamento e cobrança do imposto sobre a Propriedade territorial rural e institui normas sobre arrecadação da Dívida Ativa correspondente).

Art. 33. A base do cálculo do imposto é o valor venal do imóvel.

Parágrafo único. Na determinação da base de cálculo, não se considera o valor dos bens móveis mantidos, em caráter permanente ou temporário, no imóvel, para efeito de sua utilização, exploração, aformoseamento ou comodidade.

- arts. 156, § 1º; e 182, §§ 2º e 4º, II, CF.
- Súm. 539; 589 e 668, STF.

- Súm. 160, STJ.

Art. 34. Contribuinte do imposto é o proprietário do imóvel, o titular do seu domínio útil ou o seu possuidor a qualquer título.

- arts. 156, § 1º; e 182, § 4º, CF.
- Súm. 74; 75; 539; 583; 668; e 724, STF.
- Súm. 397 e 399, STJ.

SEÇÃO III
IMPOSTO SOBRE A TRANSMISSÃO DE BENS IMÓVEIS E DE DIREITOS A ELES RELATIVOS

Art. 35. O imposto, de competência dos Estados, sobre a transmissão de bens imóveis e de direitos a eles relativos tem como fato gerador:

- arts. 155, I, § 1º; e 156, II, § 2º, CF.
- Súm. 75 e 656, STF.

I - a transmissão, a qualquer título, da propriedade ou do domínio útil de bens imóveis por natureza ou por acessão física, como definidos na lei civil;

- art. 156, I, CF.
- arts. 79 a 81; 1.196; 1.224; 1.228 a 1.259; 1.281; 1.473, III; 1.784; e 1.791, CC/2002.
- Lei 6.766/1979 (Dispõe sobre o Parcelamento do Solo Urbano).
- Súm. 328 e 329, STF.

II - a transmissão, a qualquer título, de direitos reais sobre imóveis, exceto os direitos reais de garantia;

- art. 156, II, CF.
- arts. 1.225; 1.228; 1.245; 1.369; 1.378; 1.390; 1.410, III; 1.412; 1.414; 1.417; e 1.419, CC/2002.

III - a cessão de direitos relativos às transmissões referidas nos incisos I e II.

Parágrafo único. Nas transmissões *causa mortis*, ocorrem tantos fatos geradores distintos quantos sejam os herdeiros ou legatários.

- arts. 79 a 81; 1.225; 1.228 a 1.232; 1.245; 1.248; 1.281; 1.473, III; 1.784; 1.786; 1.829 a 1.844; e 1.851 a 1.856, CC/2002.
- Súm. 108; 110 a 115; 326 a 331; 435; 470; e 590, STF.

Art. 36. Ressalvado o disposto no artigo seguinte, o imposto não incide sobre a transmissão dos bens ou direitos referidos no artigo anterior:

I - quando efetuada para sua incorporação ao patrimônio de pessoa jurídica em pagamento de capital nela subscrito;

II - quando decorrente da incorporação ou da fusão de uma pessoa jurídica por outra ou com outra.

Parágrafo único. O imposto não incide sobre a transmissão aos mesmos alienantes, dos bens e direitos adquiridos na forma do inciso I deste artigo, em decorrência da sua desincorporação do patrimônio da pessoa jurídica a que foram conferidos.

- art. 156, § 2º, I, CF.
- art. 1.245, CC/2002.
- arts. 223; 227; e 228, Lei 6.404/1976 Dispõe sobre as sociedades por ações.

Art. 37. O disposto no artigo anterior não se aplica quando a pessoa jurídica adquirente tenha como atividade preponderante a venda ou locação de propriedade imobiliária ou a cessão de direitos relativos à sua aquisição.

- art. 156, § 2º, I, *in fine*, e § 3º, CF.

§ 1º Considera-se caracterizada a atividade preponderante referida neste artigo quando mais de 50% (cinquenta por cento) da receita operacional da pessoa jurídica adquirente, nos 2 (dois) anos anteriores e nos 2 (dois) anos subsequentes à aquisição, decorrer de transações mencionadas neste artigo.

§ 2º Se a pessoa jurídica adquirente iniciar suas atividades após a aquisição, ou menos de 2 (dois) anos antes dela, apurar-se-á a preponderância referida no parágrafo anterior levando em conta os 3 (três) primeiros anos seguintes à data da aquisição.

§ 3º Verificada a preponderância referida neste artigo, tornar-se-á devido o imposto, nos termos da lei vigente à data da aquisição, sobre o valor do bem ou direito nessa data.

§ 4º O disposto neste artigo não se aplica à transmissão de bens ou direitos, quando realizada em conjunto com a da totalidade do patrimônio da pessoa jurídica alienante.

- arts. 481; 565; e 1.245, CC/2002.
- Lei 4.504/1964 (Estatuto da Terra).
- Lei 4.591/1964 (Dispõe sobre o condomínio em edificações e as incorporações imobiliárias).
- Lei 6.120/1974 (Dispõe sobre a alienação de bens imóveis de instituições federais de ensino).
- art. 25, Lei 6.766/1979 (Dispõe sobre o Parcelamento do Solo Urbano).
- Lei 8.245/1991 (Dispõe sobre as locações dos imóveis urbanos e os procedimentos a elas pertinentes).
- Lei 9.636/1998 (Dispõe sobre a regularização, administração, aforamento e alienação de bens imóveis de domínio da União) e Dec. 3.725/2001 (Regulamento).
- Dec.-Lei 9.760/1946 (Lei dos Bens Imóveis da União).
- Súm. 75; 108; 110; 111; 113; 326; 328; 329; 470; e 590, STF.
- Súm. 132, TFR.

Art. 38. A base de cálculo do imposto é o valor venal dos bens ou direitos transmitidos.

- arts. 79 e 80, CC/2002.

Art. 39. A alíquota do imposto não excederá os limites fixados em resolução do Senado Federal, que distinguirá, para efeito de aplicação de alíquota mais baixa, as transmissões que atendam à política nacional de habitação.

- art. 155, § 1º, IV, CF.
- art. 97, II e IV, deste Código.
- Súm. 656, STF.

Art. 40. O montante do imposto é dedutível do devido à União, a título do imposto de que trata o artigo 43, sobre o provento decorrente da mesma transmissão.

Art. 41. O imposto compete ao Estado da situação do imóvel transmitido, ou sobre que versarem os direitos cedidos, mesmo que a mutação patrimonial decorra de sucessão aberta no estrangeiro.

- art. 155, § 1º, III, *a* e *b*, CF.
- arts. 1.784 e 1.786, CC/2002.

Art. 42. Contribuinte do imposto é qualquer das partes na operação tributada, como dispuser a lei.

- Súm. 75 e 108, STF.

SEÇÃO IV
IMPOSTO SOBRE A RENDA E PROVENTOS DE QUALQUER NATUREZA

Art. 43. O imposto, de competência da União, sobre a renda e proventos de qualquer natureza tem como fato gerador a aquisição da disponibilidade econômica ou jurídica:

- art. 153, III, e § 2º, I, CF.
- Ver arts. 40 e 45 deste Código.
- Lei 4.506/1964 (Dispõe sobre o Imposto de Renda - IR).
- Lei 9.249/1995 (Altera a legislação do IR das pessoas jurídicas, bem como da contribuição social sobre o lucro líquido).
- Lei 9.250/1995 (Altera a legislação do IR das pessoas físicas).
- Lei 9.430/1996 (Dispõe sobre a legislação tributária federal, as contribuições para a seguridade social e o processo administrativo de consulta).
- Dec. 3.000/1999 (Regulamenta a tributação, fiscalização, arrecadação e administração do IR e proventos de qualquer natureza).
- Dec.-Lei 1.705/1979 (Dispõe quanto à obrigatoriedade de recolhimento antecipado, pelas pessoas físicas, do IR sobre os rendimentos que especifica).
- Dec.-Lei 1.736/1979 (Dispõe sobre débitos para a Fazenda e acréscimo de multa).
- Dec.-Lei 1.780/1980 (Concede isenção do IR às empresas de pequeno porte e dispensa obrigações acessórias).
- Lei 12.469/2011 (Altera os valores constantes da tabela do Imposto sobre a Renda da Pessoa Física).
- Súm. 447 e 590, STJ.

I - de renda, assim entendido o produto do capital, do trabalho ou da combinação de ambos;

- Súm. 125; 136; 184; 215; 262; 386; e 463, STJ.

II - de proventos de qualquer natureza, assim entendidos os acréscimos patrimoniais não compreendidos no inciso anterior.

- art. 153, § 2º, II, CF.
- Lei 4.506/1964 (Dispõe sobre o Imposto de Renda - IR).
- Lei 8.023/1990 (Altera a legislação do IR sobre o resultado da atividade rural).
- Lei 8.034/1990 (Altera a legislação do IR das pessoas jurídicas).
- art. 4º, Lei 8.383/1991 (Institui a Unidade Fiscal de Referência – UFIR e altera a legislação do IR).
- art. 2º, Lei 8.541/1992 (Altera a legislação do IR).
- art. 7º, Lei 8.981/1995 (Altera a legislação tributária Federal).
- Lei 9.249/1995 (Altera a legislação do IR das pessoas jurídicas, bem como da contribuição social sobre o lucro líquido).
- Lei 9.250/1995 (Altera a legislação do IR das pessoas físicas).
- Lei 9.430/1996 (Dispõe sobre a legislação tributária federal, as contribuições para a

seguridade social e o processo administrativo de consulta).

- Lei 12.469/2011 (Altera os valores constantes da tabela do Imposto sobre a Renda da Pessoa Física).
- Súm. 93; 94; 96 a 99; 100; e 587, STF.
- Súm. 125 e 136, STJ.
- Súm. 39; 76; 100; 101; e 174, TFR.

§ 1º A incidência do imposto independe da denominação da receita ou do rendimento, da localização, condição jurídica ou nacionalidade da fonte, da origem e da forma de percepção. (Incluído pela LC 104/2001.)

§ 2º Na hipótese de receita ou de rendimento oriundos do exterior, a lei estabelecerá as condições e o momento em que se dará sua disponibilidade, para fins de incidência do imposto referido neste artigo. (Incluído pela LC 104/2001.)

- art. 74, Med. Prov. 2.158-35/2001 (Altera a legislação das Contribuições para a Seguridade Social - COFINS, para os Programas de Integração Social e de Formação do Patrimônio do Servidor Público - PIS/PASEP e do Imposto sobre a Renda).

Art. 44. A base de cálculo do imposto é o montante, real, arbitrado ou presumido, da renda ou dos proventos tributáveis.

- art. 35, Lei 7.713/1988 (Altera a legislação do imposto de renda).
- arts. 4º a 19, Lei 8.383/1991 (Institui a Unidade Fiscal de Referência – UFIR e altera a legislação do IR).
- art. 2º; 3º; 15; e 22, Lei 8.541/1992 (Altera a legislação do IR).
- Lei 12.469/2011 (Altera os valores constantes da tabela do Imposto sobre a Renda da Pessoa Física).
- Súm. 584, STF.
- Súm. 130 e 182, TFR.

Art. 45. Contribuinte do imposto é o titular da disponibilidade a que se refere o artigo 43, sem prejuízo de atribuir a lei essa condição ao possuidor, a qualquer título, dos bens produtores de renda ou dos proventos tributáveis.

- Lei 8.134/1990 (Altera a legislação do IR).

Parágrafo único. A lei pode atribuir à fonte pagadora da renda ou dos proventos tributáveis a condição de responsável pelo imposto cuja retenção e recolhimento lhe caibam.

- art. 5º, Lei 4.154/1962 (Dispõe sobre o Recolhimento do IR).
- arts. 2º e 5º, Lei 5.421/1968 (Dispõe sobre Cobrança do IR com multa de mora).
- Lei 7.751/1989 (Dispõe sobre a incidência de IR na fonte sobre rendimentos decorrentes das aplicações financeiras).
- Lei 7.782/1989 (Dispõe sobre a incidência de IR na fonte em aplicações de renda fixa).
- art. 36, Lei 8.541/1992 (Altera a legislação do IR).
- art. 64, Lei 9.430/1996 (Dispõe sobre a legislação tributária federal, as contribuições para a seguridade social e o processo administrativo de consulta).
- Dec.-Lei 1.736/1979 (Dispõe sobre débitos com a Fazenda e acréscimo de multa).
- Súm. 94, STF.
- Súm. 447, STJ.
- Súm. 174, TFR.

CAPÍTULO IV
IMPOSTOS SOBRE A PRODUÇÃO E A CIRCULAÇÃO

SEÇÃO I
IMPOSTO SOBRE PRODUTOS INDUSTRIALIZADOS

- Dec. 7.212/2010 (Regulamenta a cobrança, fiscalização, arrecadação e administração do Imposto sobre Produtos Industrializados – IPI).

Art. 46. O imposto, de competência da União, sobre produtos industrializados tem como fato gerador:

I - o seu desembaraço aduaneiro, quando de procedência estrangeira;

II - a sua saída dos estabelecimentos a que se refere o parágrafo único do artigo 51;

III - a sua arrematação, quando apreendido ou abandonado e levado a leilão.

Parágrafo único. Para os efeitos deste imposto, considera-se industrializado o produto que tenha sido submetido a qualquer operação que lhe modifique a natureza ou a finalidade, ou o aperfeiçoe para o consumo.

- art. 153, IV, e §§ 1º e 3º, CF.
- arts. 74, I; 83; e 86 deste Código.
- Lei 4.502/1964 (Dispõe sobre o Imposto de Consumo).
- Lei 7.798/1989 (Altera a legislação do IPI).
- Lei 8.687/1993 (Retira da incidência do Imposto de Renda benefícios percebidos por deficientes mentais).
- Lei 8.989/1995 (Dispõe sobre a isenção do IPI, na aquisição de automóveis para utilização no transporte autônomo de passageiros, bem como por pessoas portadoras de deficiência física).
- Lei 9.000/1995 (Concede isenção do IPI na aquisição de equipamentos, máquinas, aparelhos e instrumentos).
- Lei 10.182/2001 (Restaura a vigência da Lei 8.989/1995).
- Dec. 542/1992 (Define bens de pequeno valor, para efeito da não incidência do imposto de renda sobre ganhos de capital)
- Dec. 6.006/2006 (Aprova a Tabela de Incidência do Imposto sobre Produtos Industrializados – TIPI).
- Dec. 7.212/2010 (Regulamenta a cobrança, fiscalização, arrecadação e administração do IPI).
- art. 4º, Dec.-Lei 1.199/1971 (Altera a Nomenclatura Brasileira de Mercadorias - NBM, a Tarifa Aduaneira do Brasil – TAB, e a legislação do IPI).
- art. 1º, Dec.-Lei 2.108/1984 (Concede isenção dos impostos de importação e sobre produtos industrializados nos casos que especifica).
- Súm. 536 e 591, STF.
- Súm. 43; 81; e 103, TFR.
- Súm. 95, STJ.

Art. 47. A base de cálculo do imposto é:

- art. 14, Lei 4.502/1964 (Dispõe sobre o Imposto de Consumo).

I - no caso do inciso I do artigo anterior, o preço normal, como definido no inciso II do artigo 20, acrescido do montante:

a) do imposto sobre a importação;

b) das taxas exigidas para entrada do produto no país;

c) dos encargos cambiais efetivamente pagos pelo importador ou dele exigíveis;

II - no caso do inciso II do artigo anterior:

a) o valor da operação de que decorrer a saída da mercadoria;

b) na falta do valor a que se refere a alínea anterior, o preço corrente da mercadoria, ou sua similar, no mercado atacadista da praça do remetente;

III - no caso do inciso III do artigo anterior, o preço da arrematação.

Art. 48. O imposto é seletivo em função da essencialidade dos produtos.

- art. 153, § 3º, I, CF.
- Dec. 6.006/2006, (Aprova a Tabela de Incidência do Imposto sobre Produtos Industrializados – TIPI).
- Dec. 7.212/2010 (Regulamenta a cobrança, fiscalização, arrecadação e administração do IPI).

Art. 49. O imposto é não cumulativo, dispondo a lei de forma que o montante devido resulte da diferença a maior, em determinado período, entre o imposto referente aos produtos saídos do estabelecimento e o pago relativamente aos produtos nele entrados.

Parágrafo único. O saldo verificado, em determinado período, em favor do contribuinte transfere-se para o período ou períodos seguintes.

- art. 153, § 3º, II, CF.
- Súm. 494 e 495, STJ.
- Súm. 411, STJ.

Art. 50. Os produtos sujeitos ao imposto, quando remetidos de um para outro Estado, ou do ou para o Distrito Federal, serão acompanhados de nota fiscal de modelo especial, emitida em séries próprias e contendo, além dos elementos necessários ao controle fiscal, os dados indispensáveis à elaboração da estatística do comércio por cabotagem e demais vias internas.

- art. 113, § 2º, deste Código.

Art. 51. Contribuinte do imposto é:

I - o importador ou quem a lei a ele equiparar;

II - o industrial ou quem a lei a ele equiparar;

III - o comerciante de produtos sujeitos ao imposto, que os forneça aos contribuintes definidos no inciso anterior;

IV - o arrematante de produtos apreendidos ou abandonados, levados a leilão.

Parágrafo único. Para os efeitos deste imposto, considera-se contribuinte autônomo qualquer estabelecimento de importador, industrial, comerciante ou arrematante.

- art. 20, III; e 46, II, deste Código.
- art. 966 a 980; e 1.237, CC/2002.
- art 35, Lei 4.502/1964 (Dispõe sobre o Imposto de Consumo).
- art. 53, § 2º, Lei 8.666/1993 (Lei de Licitações e Contratos da Administração Pública).
- Dec. 7.212/2010 (Regulamenta a cobrança, fiscalização, arrecadação e administração do IPI).
- arts. 31 e 32, Dec.-Lei 37/1966 (Lei do Imposto de Importação).

SEÇÃO II
IMPOSTO ESTADUAL SOBRE OPERAÇÕES RELATIVAS À CIRCULAÇÃO DE MERCADORIAS

- art. 155, II, § 2º, CF.

Arts. 52. a 58. (Revogados pelo Dec.-Lei 406/1968.)

SEÇÃO III
IMPOSTO MUNICIPAL SOBRE OPERAÇÕES RELATIVAS À CIRCULAÇÃO DE MERCADORIAS

Arts. 59. a 62. (Revogados pelo Ato Complementar 31/1966.)

SEÇÃO IV
IMPOSTO SOBRE OPERAÇÕES DE CRÉDITO, CÂMBIO E SEGURO, E SOBRE OPERAÇÕES RELATIVAS A TÍTULOS E VALORES MOBILIÁRIOS

- art. 153, V, § 5º, CF.
- Lei 5.143/1966 (Institui o Imposto sobre Operações Financeiras - IOF, regula a respectiva cobrança e dispõe sobre a aplicação das reservas monetárias oriundas de sua receita).
- Dec. 6.306/2007 (Regulamenta o Imposto sobre Operações de Crédito, Câmbio e Seguro, ou relativas a Títulos ou Valores Mobiliários – IOF).

Art. 63. O imposto, de competência da União, sobre operações de crédito, câmbio e seguro, e sobre operações relativas a títulos e valores mobiliários tem como fato gerador:

- Dec.-Lei 1.783/1980 (Dispõe sobre o Imposto sobre Operações de Crédito, Câmbio e Seguro, e sobre Operações relativas a Títulos e Valores Mobiliários).
- Dec. 1.612/1995 (Reduz a alíquota do IOF, nas operações de crédito que menciona).

I - quanto às operações de crédito, a sua efetivação pela entrega total ou parcial do montante ou do valor que constitua o objeto da obrigação, ou sua colocação à disposição do interessado;

II - quanto às operações de câmbio, a sua efetivação pela entrega de moeda nacional ou estrangeira, ou de documento que a represente, ou sua colocação à disposição do interessado em montante equivalente à moeda estrangeira ou nacional entregue ou posta à disposição por este;

III - quanto às operações de seguro, a sua efetivação pela emissão da apólice ou do documento equivalente, ou recebimento do prêmio, na forma da lei aplicável;

IV - quanto às operações relativas a títulos e valores mobiliários, a emissão, transmissão, pagamento ou resgate destes, na forma da lei aplicável.

Parágrafo único. A incidência definida no inciso I exclui a definida no inciso IV, e reciprocamente, quanto à emissão, ao pagamento ou resgate do título representativo de uma mesma operação de crédito.

- art 1º, Lei 5.143/1966 (Institui o IOF, regula a respectiva cobrança e dispõe sobre a aplicação das reservas monetárias oriundas de sua receita).
- Lei 6.385/1976 (Dispõe sobre o mercado de valores mobiliários e cria a Comissão de Valores Mobiliários).
- art. 8º, Lei 7.766/1989 (Dispõe sobre o ouro, ativo financeiro, e sobre seu tratamento tributário).
- art. 1º, Lei 8.033/1990 (Altera a legislação do IOF, instituindo incidências de caráter transitório sobre os atos que menciona).
- Lei 8.894/1994 (Dispõe sobre o IOF).
- Lei 8.981/1995 (Altera a legislação tributária Federal).
- Dec.-Lei 73/1966 (Dispõe sobre o Sistema Nacional de Seguros Privados e regula as Operações de Seguros e Resseguros).
- Dec.-Lei 1.783/1980 (Dispõe sobre o IOF).
- Dec.-Lei 1.821/1996 (Reduz alíquota do IOF).
- Súm. 588, STF.

Art. 64. A base de cálculo do imposto é:

I - quanto às operações de crédito, o montante da obrigação, compreendendo o principal e os juros;

II - quanto às operações de câmbio, o respectivo montante em moeda nacional, recebido, entregue ou posto à disposição;

III - quanto às operações de seguro, o montante do prêmio;

IV - quanto às operações relativas a títulos e valores mobiliários:

a) na emissão, o valor nominal mais o ágio, se houver;

b) na transmissão, o preço ou o valor nominal, ou o valor da cotação em Bolsa, como determinar a lei;

c) no pagamento ou resgate, o preço.

- art. 2º, Lei 5.143/1966 (Institui o IOF, regula a respectiva cobrança e dispõe sobre a aplicação das reservas monetárias oriundas de sua receita).
- art. 1º, Dec.-Lei 1.783/1980 (Dispõe sobre o IOF).

Art. 65. O Poder Executivo pode, nas condições e nos limites estabelecidos em lei, alterar as alíquotas ou as bases de cálculo do imposto, a fim de ajustá-lo aos objetivos da política monetária.

- art. 153, § 1º, CF e art. 4º, Dec.-Lei 1.199/1971 (Regulamento).
- arts. 9º, I; e 97, II e IV, deste Código.
- arts. 3º e 10, Lei 5.143/1966 (Institui o IOF, regula a respectiva cobrança e dispõe sobre a aplicação das reservas monetárias oriundas de sua receita).
- Lei 8.894/1994 (Dispõe sobre o IOF).
- Dec. 1.612/1995 (Reduz a alíquota do IOF, nas operações de crédito que menciona).
- Dec. 6.339/2008 (Altera as alíquotas do IOF).
- Dec.-Lei 1.821/1996 (Reduz alíquota do IOF).

Art. 66. Contribuinte do imposto é qualquer das partes na operação tributada, como dispuser a lei.

- art. 4º, Lei 5.143/1966 (Institui o IOF, regula a respectiva cobrança e dispõe sobre a aplicação das reservas monetárias oriundas de sua receita).
- art. 3º, Dec.-Lei 1.783/1980 (Dispõe sobre o IOF).
- Súm. 430 e 435, STJ.

Art. 67. A receita líquida do imposto destina-se a formação de reservas monetárias, na forma da lei.

- art. 12, Lei 5.143/1966 (Institui o IOF, regula a respectiva cobrança e dispõe sobre a aplicação das reservas monetárias oriundas de sua receita).

SEÇÃO V
IMPOSTO SOBRE SERVIÇOS DE TRANSPORTES E COMUNICAÇÕES

Art. 68. O imposto, de competência da União, sobre serviços de transportes e comunicações, tem como fato gerador:

- art. 155, II, e § 2º, CF.

I - a prestação do serviço de transporte, por qualquer via, de pessoas, bens, mercadorias ou valores, salvo quando o trajeto se contenha inteiramente no território de um mesmo Município;

- Lei 7.450/1985 (Altera a legislação tributária federal e dispõe sobre o Imposto sobre Transportes).
- arts. 1º e 2º, Dec.-Lei 1.438/1975 (Estende a incidência do imposto sobre os serviços de transporte rodoviário de passageiros ao transporte rodoviário de cargas).
- art. 4º, Dec-Lei. 2.186/1984 (Institui o imposto sobre serviços de comunicações).

II - a prestação do serviço de comunicações, assim se entendendo a transmissão e o recebimento, por qualquer processo, de mensagens escritas, faladas ou visuais, salvo quando os pontos de transmissão e de recebimento se situem no território de um mesmo Município e a mensagem em curso não possa ser captada fora desse território.

- art. 1º, Dec-Lei. 2.186/1984 (Institui o imposto sobre serviços de comunicações).
- Súm. 334 e 350, STJ.

Art. 69. A base de cálculo do imposto é o preço do serviço.

- art. 7º, Dec.-Lei 1.438/1975 (Estende a incidência do imposto sobre os serviços de transporte rodoviário de passageiros ao transporte rodoviário de cargas).
- art. 4º, Dec-Lei. 2.186/1984 (Institui o imposto sobre serviços de comunicações).

Art. 70. Contribuinte do imposto é o prestador do serviço.

- arts. 3º e 4º, Dec.-Lei 1.438/1975 (Estende a incidência do imposto sobre os serviços de transporte rodoviário de passageiros ao transporte rodoviário de cargas).
- arts. 3º e 6º, Dec-Lei. 2.186/1984 (Institui o imposto sobre serviços de comunicações).

SEÇÃO VI
IMPOSTO SOBRE SERVIÇO DE QUALQUER NATUREZA

- LC 116/2003 (Dispõe sobre o Imposto Sobre Serviços de Qualquer Natureza - ISS, de competência dos Municípios e do Distrito Federal).

Arts. 71. a 73. (Revogados pelo Dec.-Lei 406/1968.)

CAPÍTULO V
IMPOSTOS ESPECIAIS

SEÇÃO I
IMPOSTO SOBRE OPERAÇÕES RELATIVAS A COMBUSTÍVEIS, LUBRIFICANTES, ENERGIA ELÉTRICA E MINERAIS DO PAÍS

Art. 74. O imposto, de competência da União, sobre operações relativas a combustíveis, lubrificantes, energia elétrica e minerais do país tem como fato gerador:

- art. 155, II, § 2º, XII, *h*, e §§ 3º e 5º, CF.
- EC 3/1993.

I - a produção, como definida no artigo 46 e seu parágrafo único;

II - a importação, como definida no artigo 19;

III - a circulação, como definida no artigo 52;

- O Artigo 52 foi revogado pelo Dec.-Lei 406/1968.

IV - a distribuição, assim entendida a colocação do produto no estabelecimento consumidor ou em local de venda ao público;

V - o consumo, assim entendida a venda do produto ao público.

§ 1º Para os efeitos deste imposto a energia elétrica considera-se produto industrializado.

§ 2º O imposto incide, uma só vez sobre uma das operações previstas em cada inciso deste artigo, como dispuser a lei, e exclui quaisquer outros tributos, sejam quais forem sua natureza ou competência, incidentes sobre aquelas operações.

- art. 155, § 3º, CF.
- arts. 95 e 217 deste Código.

Art. 75. A lei observará o disposto neste Título relativamente:

I - ao imposto sobre produtos industrializados, quando a incidência seja sobre a produção ou sobre o consumo;

- arts. 46 a 51 deste Código.

II - ao imposto sobre a importação, quando a incidência seja sobre essa operação;

- arts. 19 a 22 deste Código.

III - ao imposto sobre operações relativas à circulação de mercadorias, quando a incidência seja sobre a distribuição.

- art. 155, II, e § 2º, CF.
- arts. 1º a 7º, Dec.-Lei 406/1968 (Estabelece normas gerais de direito financeiro, aplicáveis aos impostos sobre operações relativas à circulação de mercadorias e sobre serviços de qualquer natureza).

SEÇÃO II
IMPOSTOS EXTRAORDINÁRIOS

- art. 154, II, CF.

Art. 76. Na iminência ou no caso de guerra externa, a União pode instituir, temporariamente, impostos extraordinários compreendidos ou não entre os referidos nesta Lei, suprimidos, gradativamente, no prazo máximo de cinco anos, contados da celebração da paz.

TÍTULO IV
TAXAS

Art. 77. As taxas cobradas pela União, pelos Estados, pelo Distrito Federal ou pelos Municípios, no âmbito de suas respectivas atribuições, têm como fato gerador o exercício regular do poder de polícia ou a utilização, efetiva ou potencial, de serviço público específico e divisível, prestado ao contribuinte ou posto à sua disposição.

- Súm. 82; 128; 129; 132; 140; 141; 142; 302; 324; 348; 545; 550; 595; e 596, STF.

Parágrafo único. A taxa não pode ter base de cálculo ou fato gerador idênticos aos que correspondam a imposto nem ser calculada em função do capital das empresas. (Redação dada pelo Ato Complementar 34/1967.)

- arts. 5º, XXXIV; 145, II, e § 2º; 150, V; e 206, IV, CF.
- arts. 78 e 79 deste Código.
- Súm. 80 e 124, STJ.
- Súm. Vinculantes 19 e 29, STF.

Art. 78. Considera-se poder de polícia atividade da administração pública que, limitando ou disciplinando direito, interesse ou liberdade, regula a prática de ato ou abstenção de fato, em razão de interesse público concernente à segurança, à higiene, à ordem, aos costumes, à disciplina da produção e do mercado, ao exercício de atividades econômicas dependentes de concessão ou autorização do Poder Público, à tranquilidade pública ou ao respeito à propriedade e aos direitos individuais ou coletivos. (Redação dada pelo Ato Complementar 31/1966.)

Parágrafo único. Considera-se regular o exercício do poder de polícia quando desempenhado pelo órgão competente nos limites da lei aplicável, com observância do processo legal e, tratando-se de atividade que a lei tenha como discricionária, sem abuso ou desvio de poder.

- arts. 61, II, *g*; 92, I, *a*; e 350, CP.

Art. 79. Os serviços públicos a que se refere o artigo 77 consideram-se:

- Súm. Vinc. 41, STF.

I - utilizados pelo contribuinte:

a) efetivamente, quando por ele usufruídos a qualquer título;

b) potencialmente, quando, sendo de utilização compulsória, sejam postos à sua disposição mediante atividade administrativa em efetivo funcionamento;

- Súm. 670, STF.

II - específicos, quando possam ser destacados em unidades autônomas de intervenção, de utilidade, ou de necessidades públicas;

III - divisíveis, quando suscetíveis de utilização, separadamente, por parte de cada um dos seus usuários.

Art. 80. Para efeito de instituição e cobrança de taxas, consideram-se compreendidas no âmbito das atribuições da União, dos Estados, do Distrito Federal ou dos Municípios, aquelas que, segundo a Constituição Federal, as Constituições dos Estados, as Leis Orgânicas do Distrito Federal e dos Municípios e a legislação com elas compatível, competem a cada uma dessas pessoas de direito público.

TÍTULO V
CONTRIBUIÇÃO DE MELHORIA

Art. 81. A contribuição de melhoria cobrada pela União, pelos Estados, pelo Distrito Federal ou pelos Municípios, no âmbito de suas respectivas atribuições, é instituída para fazer face ao custo de obras públicas de que decorra valorização imobiliária, tendo como limite total a despesa realizada e como limite individual o acréscimo de valor que da obra resultar para cada imóvel beneficiado.

- arts. 5º, XII; 145, III; 150, IV; e 170, II, CF.
- arts. 1º a 3º, Dec.-Lei 195/1967 (Dispõe sobre a cobrança da Contribuição de Melhoria).

Art. 82. A lei relativa à contribuição de melhoria observará os seguintes requisitos mínimos:

I - publicação prévia dos seguintes elementos:

a) memorial descritivo do projeto;

b) orçamento do custo da obra;

c) determinação da parcela do custo da obra a ser financiada pela contribuição;

d) delimitação da zona beneficiada;

e) determinação do fator de absorção do benefício da valorização para toda a zona ou para cada uma das áreas diferenciadas, nela contidas;

II - fixação de prazo não inferior a 30 (trinta) dias, para impugnação pelos interessados, de qualquer dos elementos referidos no inciso anterior;

III - regulamentação do processo administrativo de instrução e julgamento da impugnação a que se refere o inciso anterior, sem prejuízo da sua apreciação judicial.

- art. 18, Dec. 70.235/1972 (Dispõe sobre o processo administrativo fiscal).

§ 1º A contribuição relativa a cada imóvel será determinada pelo rateio da parcela do custo da obra a que se refere a alínea c, do inciso I, pelos imóveis situados na zona beneficiada em função dos respectivos fatores individuais de valorização.

§ 2º Por ocasião do respectivo lançamento, cada contribuinte deverá ser notificado do montante da contribuição, da forma e dos prazos de seu pagamento e dos elementos que integram o respectivo cálculo.

- arts. 142 a 146 deste Código.
- art. 11, Dec. 70.235/1972 (Dispõe sobre o processo administrativo fiscal).
- arts. 4º a 15, Dec.-Lei 195/1967 (Dispõe sobre a cobrança da Contribuição de Melhoria).

TÍTULO VI
DISTRIBUIÇÕES DE RECEITAS TRIBUTÁRIAS

CAPÍTULO I
DISPOSIÇÕES GERAIS

Art. 83. Sem prejuízo das demais disposições deste Título, os Estados e Municípios que celebrem com a União convênios destinados a assegurar ampla e eficiente coordenação dos respectivos programas de investimentos e serviços públicos, especialmente no campo da política tributária, poderão participar de até 10% (dez por cento) da arrecadação efetuada, nos respectivos territórios, proveniente do imposto referido no artigo 43, incidente sobre o rendimento das pessoas físicas, e no artigo 46, excluído o incidente sobre o fumo e bebidas alcoólicas.

Parágrafo único. O processo das distribuições previstas neste artigo será regulado nos convênios nele referidos.

- arts. 153, § 5º; e 157 a 162, CF.

- Lei 8.016/1990 (Dispõe sobre a entrega das quotas de participação dos Estados e do Distrito Federal na arrecadação do Imposto sobre Produtos Industrializados).
- LC 61/1989 (Estabelece normas para a participação dos Estados e do Distrito Federal no produto da arrecadação do Imposto sobre Produtos Industrializados IPI, relativamente às exportações).
- LC 62/1989 (Estabelece normas para o cálculo, a entrega e controle das liberações dos recursos dos Fundos de Participação).
- LC 63/1990 (Dispõe sobre os critérios e prazos de crédito das parcelas do produto da arrecadação de impostos de competência dos Estados e de transferências por estes recebidas, pertencentes aos Municípios).

Art. 84. A lei federal pode cometer aos Estados, ao Distrito Federal ou aos Municípios o encargo de arrecadar os impostos de competência da União cujo produto lhes seja distribuído no todo ou em parte.

Parágrafo único. O disposto neste artigo aplica-se à arrecadação dos impostos de competência dos Estados, cujo produto estes venham a distribuir, no todo ou em parte, aos respectivos Municípios.

- art. 15, § 4º, III, CF.
- arts. 6º a 8º deste Código.

CAPÍTULO II
IMPOSTO SOBRE A PROPRIEDADE TERRITORIAL RURAL E SOBRE A RENDA E PROVENTOS DE QUALQUER NATUREZA

Art. 85. Serão distribuídos pela União:

I - aos Municípios da localização dos imóveis, o produto da arrecadação do imposto a que se refere o artigo 29;

- art. 158, II, CF.

II - aos Estados, ao Distrito Federal e aos Municípios, o produto da arrecadação, na fonte, do imposto a que se refere o artigo 43, incidente sobre a renda das obrigações de sua dívida pública e sobre os proventos dos seus servidores e dos de suas autarquias.

- arts. 158, I; e 159, I, CF.

§ 1º Independentemente de ordem das autoridades superiores e sob pena de demissão, as autoridades arrecadadoras dos impostos a que se refere este artigo farão entrega, aos Estados, ao Distrito Federal e aos Municípios, das importâncias recebidas, à medida que forem sendo arrecadadas, em prazo não superior a 30 (trinta) dias, a contar da data de cada recolhimento.

- arts. 162, CF.

§ 2º A lei poderá autorizar os Estados, o Distrito Federal e os Municípios a incorporar definitivamente à sua receita o produto da arrecadação do imposto a que se refere o inciso II, estipulando as obrigações acessórias a serem cumpridas por aqueles no interesse da arrecadação, pela União, do imposto a ela devido pelos titulares da renda ou dos proventos tributados.

§ 3º A lei poderá dispor que uma parcela, não superior a 20% (vinte por cento), do imposto de que trata o inciso I seja destinada ao custeio do respectivo serviço de lançamento e arrecadação.

- Execução suspensa, por inconstitucionalidade, pela Res. SF 337/1983.
- art. 86, p.u., deste Código.
- arts. 47 e 48, Lei 4.504/1964 (Estatuto da Terra).

CAPÍTULO III
FUNDOS DE PARTICIPAÇÃO DOS ESTADOS E DOS MUNICÍPIOS

SEÇÃO I
CONSTITUIÇÃO DOS FUNDOS

Arts. 86. e 87. (Revogados pela LC 143/2013.)

SEÇÃO II
CRITÉRIO DE DISTRIBUIÇÃO DO FUNDO DE PARTICIPAÇÃO DOS ESTADOS

Arts. 88. e 89. (Revogados pela LC 143/2013.)

Art. 90. O fator representativo do inverso da renda *per capita*, a que se refere o inciso II do artigo 88, será estabelecido da seguinte forma:

Inverso do índice relativo à renda *per capita* da entidade participante:	Fator
Até 0,0045	0,4
Acima de 0,0045 até 0,0055	0,5
Acima de 0,0055 até 0,0065	0,6
Acima de 0,0065 até 0,0075	0,7
Acima de 0,0075 até 0,0085	0,8
Acima de 0,0085 até 0,0095	0,9
Acima de 0,0095 até 0,0110	1,0
Acima de 0,0110 até 0,0130	1,2
Acima de 0,0130 até 0,0150	1,4
Acima de 0,0150 até 0,0170	1,6
Acima de 0,0170 até 0,0190	1,8
Acima de 0,0190 até 0,0220	2,0
Acima de 0,220	2,5

Parágrafo único. Para os efeitos deste artigo, determina-se o índice relativo à renda per capita de cada entidade participante, tomando-se como 100 (cem) a renda *per capita* média do país.

- art. 91, § 1º, *b*, deste Código.
- art. 3º, p.u., *b*, Dec.-Lei 1.881/1981 (Cria a Reserva do Fundo de Participação dos Municípios – FPM).

SEÇÃO III
CRITÉRIO DE DISTRIBUIÇÃO DO FUNDO DE PARTICIPAÇÃO DOS MUNICÍPIOS

- LC 62/1989 (Estabelece normas para o cálculo, a entrega e controle das liberações dos recursos dos Fundos de Participação).

Art. 91. Do Fundo de Participação dos Municípios a que se refere o art. 86 serão atribuídos: (Redação dada pelo Ato Complementar 35/967.)

- art. 159, I, *b*, e § 3º, CF.
- arts. 2º e 3º, Dec.-Lei 1.881/1981 (Cria a Reserva do Fundo de Participação dos Municípios – FPM).

I - 10% (dez por cento) aos Municípios das Capitais dos Estados;

II - 90% (noventa por cento) aos demais Municípios do país.

§ 1º A parcela de que trata o inciso I será distribuída proporcionalmente a um coeficiente individual de participação, resultante do produto dos seguintes fatores: (Redação dada pelo Ato Complementar 35/967.)

a) fator representativo da população, assim estabelecido:

Percentual da População de cada Município em relação à do conjunto das Capitais:

Fator:

Até 2% 2

Mais de 2% até 5%:

Pelos primeiros 2% 2

Cada 0,5% ou fração excedente, mais 0,5

Mais de 5% 5

b) Fator representativo do inverso da renda *per capita* do respectivo Estado, de conformidade com o disposto no art. 90.

§ 2º A distribuição da parcela a que se refere o item II deste artigo, deduzido o percentual referido no artigo 3º do Decreto-lei que estabelece a redação deste parágrafo, far-se-á atribuindo-se a cada Município um coeficiente individual de participação determinado na forma seguinte: (Redação dada pelo Dec.-Lei 1.881/1981.)

- Dec. 86.309/1981 (Reajusta os limites das faixas de números de habitantes de que trata este parágrafo).
- LC 91/1997 (Dispõe sobre a fixação dos coeficientes do Fundo de Participação dos Municípios).

Categoria do Município, segundo seu número de habitantes	Coeficiente
a) Até 16.980	
Pelos primeiros 10.188	0,6
Para cada 3.396, ou fração excedente, mais	0,2
b) Acima de 16.980 até 50.940	
Pelos primeiros 16.980	1,0
Para cada 6.792 ou fração excedente, mais	0,2
c) Acima de 50.940 até 101,880	
Pelos primeiros 50.940	2,0
Para cada 10.188 ou fração excedente, mais	0,2
d) Acima de 101.880 até 156.216	
Pelos primeiros 101.880	3,0
Para cada 13.584 ou fração excedente, mais	0,2
e) Acima de 156.216	4,0

§ 3º Para os efeitos deste artigo, consideram-se os municípios regularmente instalados, fazendo-se a revisão das quotas anualmente, a partir de 1989 e com base em dados oficiais de população produzidos pela Fundação Instituto Brasileiro de Geografia e Estatística - IBGE. (Redação dada pela LC 59/1988.)

§§ 4º e 5º (Revogados pela LC 91/1997.)

- art. 159, I, *b*, e § 3º, CF.

SEÇÃO IV
CÁLCULO E PAGAMENTO DAS QUOTAS ESTADUAIS E MUNICIPAIS

Art. 92. O Tribunal de Contas da União comunicará ao Banco do Brasil S.A., conforme os prazos a seguir especificados, os coeficientes individuais de participação nos fundos previstos no art. 159, inciso I, alíneas "a", "b" e "d", da Constituição Federal que prevalecerão no exercício subsequente: (Alterado pela LC 143/2013).

I - até o último dia útil do mês de março de cada exercício financeiro, para cada Estado e para o Distrito Federal; (Acrescentado pela LC 143/2013).

II - até o último dia útil de cada exercício financeiro, para cada Município. (Acrescentado pela LC 143/2013).

Parágrafo único. Far-se-á nova comunicação sempre que houver, transcorrido o prazo fixado no inciso I do *caput*, a criação de novo Estado a ser implantado no exercício subsequente.(Acrescentado pela LC 143/2013).

- art. 3º, LC 143/2013 (que estabelece: "Art. 3º Para os coeficientes dos Estados e do Distrito Federal que vigorarão no exercício de 2013, a comunicação referida no *caput* do art. 92 da Lei n. 5.172, de 1966, será feita até 30 (trinta) dias após a publicação desta Lei Complementar").

Art. 93. (Revogado pela LC 143/2013.)

SEÇÃO V
COMPROVAÇÃO DA APLICAÇÃO DAS QUOTAS ESTADUAIS E MUNICIPAIS

Art. 94. (Revogado pela LC 143/2013.)

CAPÍTULO IV
IMPOSTO SOBRE OPERAÇÕES RELATIVAS A COMBUSTÍVEIS, LUBRIFICANTES, ENERGIA ELÉTRICA E MINERAIS DO PAÍS

Art. 95. (Revogado pela LC 143/2013.)

LIVRO SEGUNDO
NORMAS GERAIS DE DIREITO TRIBUTÁRIO

TÍTULO I
LEGISLAÇÃO TRIBUTÁRIA

CAPÍTULO I
DISPOSIÇÕES GERAIS

SEÇÃO I
DISPOSIÇÃO PRELIMINAR

Art. 96. A expressão "legislação tributária" compreende as leis, os tratados e as convenções internacionais, os decretos e as normas complementares que versem, no todo ou em parte, sobre tributos e relações jurídicas a eles pertinentes.

- arts. 2º e 194 deste Código.

SEÇÃO II
LEIS, TRATADOS E CONVENÇÕES INTERNACIONAIS E DECRETOS

Art. 97. Somente a lei pode estabelecer:

- arts. 5º, II; e 150, I, III, *b*, CF.

I - a instituição de tributos, ou a sua extinção;

- Súm. 185, STJ.
- Súm. Vinc. 31, STF.

II - a majoração de tributos, ou sua redução, ressalvado o disposto nos artigos 21, 26, 39, 57 e 65;

- Art. 57 revogado pelo Dec.-lei 406/1968.
- art. 150, III, *b* e *c*, e § 1º, CF.
- Súm. 95, STJ.

III - a definição do fato gerador da obrigação tributária principal, ressalvado o disposto no inciso I do § 3º do artigo 52, e do seu sujeito passivo;

- Art. 52 revogado pelo Dec.-lei 406/1968.
- art. 4º deste Código.
- Súm. Vinc. 31, STF.
- Súm. 129, STJ.

IV - a fixação de alíquota do tributo e da sua base de cálculo, ressalvado o disposto nos artigos 21, 26, 39, 57 e 65;

- Art. 57 revogado pelo Dec.-lei 406/1968.
- arts. 112 e 153, 1º, deste Código.
- Súm. 95, STJ.

V - a cominação de penalidades para as ações ou omissões contrárias a seus dispositivos, ou para outras infrações nela definidas;

- arts. 106, II, *c*; e 112 deste Código.

VI - as hipóteses de exclusão, suspensão e extinção de créditos tributários, ou de dispensa ou redução de penalidades.

- arts. 139 a 141; e 151 a 182 deste Código.

§ 1º Equipara-se à majoração do tributo a modificação da sua base de cálculo, que importe em torná-lo mais oneroso.

- art. 150, III, *b* e *c*, e § 1º, CF.
- Súm. 160, STJ.

§ 2º Não constitui majoração de tributo, para os fins do disposto no inciso II deste artigo, a atualização do valor monetário da respectiva base de cálculo.

- Súm. 160, STJ.

Art. 98. Os tratados e as convenções internacionais revogam ou modificam a legislação tributária interna, e serão observados pela que lhes sobrevenha.

- art. 5º, §§ 2º e 3º, CF.
- art. 96 deste Código.
- Súm. 20 e 71, STJ.

Art. 99. O conteúdo e o alcance dos decretos restringem-se aos das leis em função das quais sejam expedidos, determinados com observância das regras de interpretação estabelecidas nesta Lei.

SEÇÃO III
NORMAS COMPLEMENTARES

Art. 100. São normas complementares das leis, dos tratados e das convenções internacionais e dos decretos:

I - os atos normativos expedidos pelas autoridades administrativas;

- art 103, I, deste Código.

II - as decisões dos órgãos singulares ou coletivos de jurisdição administrativa, a que a lei atribua eficácia normativa;

- art 103, II, deste Código.

III - as práticas reiteradamente observadas pelas autoridades administrativas;

- art 108, § 2º, deste Código.

IV - os convênios que entre si celebrem a União, os Estados, o Distrito Federal e os Municípios.

- art. 155, XII, *g*, CF.
- arts. 96 e 103, III, deste Código.

Parágrafo único. A observância das normas referidas neste artigo exclui a imposição de penalidades, a cobrança de juros de mora e a atualização do valor monetário da base de cálculo do tributo.

- art. 84, IV, CF.
- Dec. 3.996/2001 (Dispõe sobre a prestação de serviços de certificação digital no âmbito da Administração Pública Federal).
- Med. Prov. 2.200-2/2001 (Institui a Infraestrutura de Chaves Públicas Brasileira - ICP-Brasil e transforma o Instituto Nacional de Tecnologia da Informação em autarquia. Até o encerramento desta edição, esta Medida Provisória não havia sido convertida em Lei).

CAPÍTULO II
VIGÊNCIA DA LEGISLAÇÃO TRIBUTÁRIA

Art. 101. A vigência, no espaço e no tempo, da legislação tributária rege-se pelas disposições legais aplicáveis às normas jurídicas em geral, ressalvado o previsto neste Capítulo.

- art. 2º deste Código.
- arts. 1º a 6º, Lei 4.657/1942 (Lei de Introdução às normas do Direito Brasileiro – LINDB, antiga LICC).

Art. 102. A legislação tributária dos Estados, do Distrito Federal e dos Municípios vigora, no país, fora dos respectivos territórios, nos limites em que lhe reconheçam extraterritorialidade os convênios de que participem, ou do que disponham esta ou outras leis de normas gerais expedidas pela União.

- art. 2º deste Código.
- art. 3º da LC 116/2003 (Dispõe sobre o ISS, de competência dos Municípios e do Distrito Federal).

Art. 103. Salvo disposição em contrário, entram em vigor:

I - os atos administrativos a que se refere o inciso I do artigo 100, na data da sua publicação;

II - as decisões a que se refere o inciso II do artigo 100, quanto a seus efeitos normativos, 30 (trinta) dias após a data da sua publicação;

III - os convênios a que se refere o inciso IV do artigo 100, na data neles prevista.

Art. 104. Entram em vigor no primeiro dia do exercício seguinte àquele em que ocorra a sua publicação os dispositivos de lei, referentes a impostos sobre o patrimônio ou a renda:

- art. 150, III, *b* e *c*, e § 1º, CF.

I - que instituem ou majoram tais impostos;

II - que definem novas hipóteses de incidência;

III - que extinguem ou reduzem isenções, salvo se a lei dispuser de maneira mais favorável ao contribuinte, e observado o disposto no artigo 178.

CAPÍTULO III APLICAÇÃO DA LEGISLAÇÃO TRIBUTÁRIA

Art. 105. A legislação tributária aplica-se imediatamente aos fatos geradores futuros e aos pendentes, assim entendidos aqueles cuja ocorrência tenha tido início, mas não esteja completa nos termos do artigo 116.

- arts. 5º, XXXVI; e 150, III, *a*, CF.
- art. 2º; e 101 a 104 deste Código.
- arts. 1º; 2º; e 3º, Lei 4.657/1942 (Lei de Introdução às normas do Direito Brasileiro – LInDB, antiga LICC).
- Súm. 669, STF.

Art. 106. A lei aplica-se a ato ou fato pretérito:

- Súm. 448, STJ.

I - em qualquer caso, quando seja expressamente interpretativa, excluída a aplicação de penalidade à infração dos dispositivos interpretados;

II - tratando-se de ato não definitivamente julgado:

a) quando deixe de defini-lo como infração;

b) quando deixe de tratá-lo como contrário a qualquer exigência de ação ou omissão, desde que não tenha sido fraudulento e não tenha implicado em falta de pagamento de tributo;

c) quando lhe comine penalidade menos severa que a prevista na lei vigente ao tempo da sua prática.

- art. 5º, XL, CF.
- art. 2º, p.u., CP.
- art. 66, Lei 7.210/1984 (Lei de Execuções Penais).
- art. 34, Lei 9.245/1995 (Altera dispositivos do Código de Processo Civil).

CAPÍTULO IV INTERPRETAÇÃO E INTEGRAÇÃO DA LEGISLAÇÃO TRIBUTÁRIA

Art. 107. A legislação tributária será interpretada conforme o disposto neste Capítulo.

- art. 2º deste Código.

Art. 108. Na ausência de disposição expressa, a autoridade competente para aplicar a legislação tributária utilizará sucessivamente, na ordem indicada:

I - a analogia;

- art. 140, NCPC.
- art. 4º, Lei 4.657/1942 (Lei de Introdução às normas do Direito Brasileiro – LInDB, antiga LICC).

II - os princípios gerais de direito tributário;

III - os princípios gerais de direito público;

IV - a equidade.

- art. 140, NCPC.

§ 1º O emprego da analogia não poderá resultar na exigência de tributo não previsto em lei.

- art. 150, I, CF.
- art. 97 deste Código.

§ 2º O emprego da equidade não poderá resultar na dispensa do pagamento de tributo devido.

- art. 172, IV, deste Código.
- arts. 140 e 966, NCPC.
- art. 5º, Lei 4.657/1942 (Lei de Introdução às normas do Direito Brasileiro – LInDB, antiga LICC).

Art. 109. Os princípios gerais de direito privado utilizam-se para pesquisa da definição, do conteúdo e do alcance de seus institutos, conceitos e formas, mas não para definição dos respectivos efeitos tributários.

- art. 110 deste Código.

Art. 110. A lei tributária não pode alterar a definição, o conteúdo e o alcance de institutos, conceitos e formas de direito privado, utilizados, expressa ou implicitamente, pela Constituição Federal, pelas Constituições dos Estados, ou pelas Leis Orgânicas do Distrito Federal ou dos Municípios, para definir ou limitar competências tributárias.

- art. 109 deste Código.

Art. 111. Interpreta-se literalmente a legislação tributária que disponha sobre:

- arts. 2º; 151 a 155; e 175 a 182 deste Código.
- Súm. 95 e 100, STJ.

I - suspensão ou exclusão do crédito tributário;

- arts. 151 a 155; e 175 a 182 deste Código.

II - outorga de isenção;

- art. 175, I; e 176 a 179 deste Código.

III - dispensa do cumprimento de obrigações tributárias acessórias.

- Súm. 95, STJ.

Art. 112. A lei tributária que define infrações, ou lhe comina penalidades, interpreta-se da maneira mais favorável ao acusado, em caso de dúvida quanto:

- art. 133 deste Código.
- art. 2º, p.u., CP.

I - à capitulação legal do fato;

II - à natureza ou às circunstâncias materiais do fato, ou à natureza ou extensão dos seus efeitos;

III - à autoria, imputabilidade, ou punibilidade;

IV - à natureza da penalidade aplicável, ou à sua graduação.

- art. 386, CPP.

TÍTULO II OBRIGAÇÃO TRIBUTÁRIA

- Súm. Vinc. 50, STF.

CAPÍTULO I DISPOSIÇÕES GERAIS

Art. 113. A obrigação tributária é principal ou acessória.

§ 1º A obrigação principal surge com a ocorrência do fato gerador, tem por objeto o pagamento de tributo ou penalidade pecuniária e extingue-se juntamente com o crédito dela decorrente.

- art. 139 a 193 deste Código.

§ 2º A obrigação acessória decorre da legislação tributária e tem por objeto as prestações, positivas ou negativas, nela previstas no interesse da arrecadação ou da fiscalização dos tributos.

- arts. 96 e 100; e 128 a 138 deste Código.
- art. 5º, Dec.-Lei 2.124/1984 (Altera a legislação do imposto de renda).

§ 3º A obrigação acessória, pelo simples fato da sua inobservância, converte-se em obrigação principal relativamente à penalidade pecuniária.

- art. 36, Dec.-Lei 82/1966 (Regula o Sistema Tributário do Distrito Federal).

CAPÍTULO II FATO GERADOR

Art. 114. Fato gerador da obrigação principal é a situação definida em lei como necessária e suficiente à sua ocorrência.

- art. 150, III, *a* a *c*, e § 7º, CF.
- art. 2º, § 2º, EC 3/1993.
- art. 1º, Lei 5.143/1966 (Institui o IOF, regula a respectiva cobrança e dispõe sobre a aplicação das reservas monetárias oriundas de sua receita).
- art. 1º, Lei 9.393/1996 (Dispõe sobre o ITR e o pagamento da dívida representada por Títulos da Dívida Agrária - TDA).
- Dec. 7.212/2010 (Regulamenta a cobrança, fiscalização, arrecadação e administração do IPI).
- art. 1º, Dec.-Lei 37/1966 (Lei do Imposto de Importação).
- art. 1º, Dec.-Lei 406/1968 (Estabelece normas gerais de direito financeiro, aplicáveis aos impostos sobre operações relativas à circulação de mercadorias e sobre serviços de qualquer natureza).
- art. 1º, Dec.-Lei 1.578/1977 (Dispõe sobre o imposto sobre a exportação).
- art. 8º, Lei 7.766/1989 (Dispõe sobre o ouro, ativo financeiro, e sobre seu tratamento tributário).

Art. 115. Fato gerador da obrigação acessória é qualquer situação que, na forma da legislação aplicável, impõe a prática ou a abstenção de ato que não configure obrigação principal.

Art. 116. Salvo disposição de lei em contrário, considera-se ocorrido o fato gerador e existentes os seus efeitos:

I - tratando-se de situação de fato, desde o momento em que o se verifiquem as circunstâncias materiais necessárias a que produza os efeitos que normalmente lhe são próprios;

II - tratando-se de situação jurídica, desde o momento em que esteja definitivamente constituída, nos termos de direito aplicável.

- art. 150, § 7º, CF.
- arts. 105 e 146 deste Código.

Parágrafo único. A autoridade administrativa poderá desconsiderar atos ou negócios jurídicos praticados com a finalidade de dissimular a ocorrência do fato gerador do tributo ou a natureza dos elementos constitutivos da obrigação tributária, observados os procedimentos a serem estabelecidos em lei ordinária. (Incluído pela LC 104/2001.)

- art. 149, VII, deste Código.
- arts. 71 a 73, Lei 4.502/1964 (Dispõe sobre o Imposto de Consumo).

Art. 117. Para os efeitos do inciso II do artigo anterior e salvo disposição de lei em contrário, os atos ou negócios jurídicos condicionais reputam-se perfeitos e acabados:

- art. 121, CC/2002.

I - sendo suspensiva a condição, desde o momento de seu implemento;

- art. 118, CC/2002.

II - sendo resolutória a condição, desde o momento da prática do ato ou da celebração do negócio.

- arts. 121 a 128; e 166, CC/2002.

Art. 118. A definição legal do fato gerador é interpretada abstraindo-se:

I - da validade jurídica dos atos efetivamente praticados pelos contribuintes, responsáveis, ou terceiros, bem como da natureza do seu objeto ou dos seus efeitos;

II - dos efeitos dos fatos efetivamente ocorridos.

- arts 107; 109; 166 a 184; 212; 215; e 219 a 221, CC/2002.
- art. 2º, § 2º, LC 87/1996 (Dispõe sobre o ICMS - Lei Kandir).

CAPÍTULO III
SUJEITO ATIVO

Art. 119. Sujeito ativo da obrigação é a pessoa jurídica de direito público, titular da competência para exigir o seu cumprimento.

- arts. 70, p.u.; 71, II e § 2º;153; 155; e 156, CF.
- art. 7º, § 3º, deste Código.
- Súm. 497, STJ.

Art. 120. Salvo disposição de lei em contrário, a pessoa jurídica de direito público, que se constituir pelo desmembramento territorial de outra, sub-roga-se nos direitos desta, cuja legislação tributária aplicará até que entre em vigor a sua própria.

CAPÍTULO IV
SUJEITO PASSIVO

SEÇÃO I
DISPOSIÇÕES GERAIS

Art. 121. Sujeito passivo da obrigação principal é a pessoa obrigada ao pagamento de tributo ou penalidade pecuniária.

- art. 150, § 7º, CF.
- art. 139 deste Código.
- Súm. 399, STJ.
- Súm. 192, TFR.

Parágrafo único. O sujeito passivo da obrigação principal diz-se:

I - contribuinte, quando tenha relação pessoal e direta com a situação que constitua o respectivo fato gerador;

II - responsável, quando, sem revestir a condição de contribuinte, sua obrigação decorra de disposição expressa de lei.

- art. 150, § 7º, CF.
- art. 128 a 183 deste Código.
- art. 40, Lei 4.502/1964 (Dispõe sobre o Imposto de Consumo).
- Dec. 7.212/2010 (Regulamenta a cobrança, fiscalização, arrecadação e administração do Imposto sobre Produtos Industrializados – IPI).
- Súm. 192, TFR.

Art. 122. Sujeito passivo da obrigação acessória é a pessoa obrigada às prestações que constituam o seu objeto.

Art. 123. Salvo disposições de lei em contrário, as convenções particulares, relativas à responsabilidade pelo pagamento de tributos, não podem ser opostas à Fazenda Pública, para modificar a definição legal do sujeito passivo das obrigações tributárias correspondentes.

- art. 21, § 3º, Lei 10.257/2001 (Estatuto da Cidade).

SEÇÃO II
SOLIDARIEDADE

Art. 124. São solidariamente obrigadas:

- arts. 264 a 266, CC/2002.
- Dec. 7.212/2010 (Regulamenta a cobrança, fiscalização, arrecadação e administração do Imposto sobre Produtos Industrializados – IPI).
- art. 32, Dec.-Lei 37/1966 (Lei do Imposto de Importação).
- art. 8º, Dec.-Lei 1.736/1979 (Dispõe sobre débitos com a Fazenda e acréscimo de multa).

I - as pessoas que tenham interesse comum na situação que constitua o fato gerador da obrigação principal;

- arts. 267 a 272, CC/2002.

II - as pessoas expressamente designadas por lei.

- arts. 135; 264 a 266; e 275 a 285 deste Código.
- art. 1º, § 16, Lei 11.941/2009 (Altera a legislação federal relativa ao parcelamento ordinário de débitos tributários).
- Lei 12.382/2011 (Disciplina a representação fiscal para fins penais nos casos em que houve parcelamento do crédito tributário; altera a Lei n. 9.430, de 27 de dezembro de 1996)

Parágrafo único. A solidariedade referida neste artigo não comporta benefício de ordem.

Art. 125. Salvo disposição de lei em contrário, são os seguintes os efeitos da solidariedade:

I - o pagamento efetuado por um dos obrigados aproveita aos demais;

- arts. 157 a 164 deste Código.

II - a isenção ou remissão de crédito exonera todos os obrigados, salvo se outorgada pessoalmente a um deles, subsistindo, nesse caso, a solidariedade quanto aos demais pelo saldo;

- arts. 172; 176; e 179, § 2º, deste Código.

III - a interrupção da prescrição, em favor ou contra um dos obrigados, favorece ou prejudica aos demais.

- arts. 155, p.u.; 156, V; 165 a 169; 174; e 195, p.u., deste Código.

SEÇÃO III
CAPACIDADE TRIBUTÁRIA

Art. 126. A capacidade tributária passiva independe:

I - da capacidade civil das pessoas naturais;

- art. 145, § 1º, CF.
- arts. 1º; e 3º a 5º, CC/2002.

II - de achar-se a pessoa natural sujeita a medidas que importem privação ou limitação do exercício de atividades civis, comerciais ou profissionais, ou da administração direta de seus bens ou negócios;

- arts. 1º a 5º, CC/2002.

III - de estar a pessoa jurídica regularmente constituída, bastando que configure uma unidade econômica ou profissional.

- arts. 1º; 3º a 5º; 40; 41; 43; e 44 a 52, CC/2002.
- art. 12, IV, VI, VII, e § 2º, CPC.
- art. 75, NCPC.

SEÇÃO IV
DOMICÍLIO TRIBUTÁRIO

Art. 127. Na falta de eleição, pelo contribuinte ou responsável, de domicílio tributário, na forma da legislação aplicável, considera-se como tal:

I - quanto às pessoas naturais, a sua residência habitual, ou, sendo esta incerta ou desconhecida, o centro habitual de sua atividade;

- arts. 70 e 71, CC/2002.

II - quanto às pessoas jurídicas de direito privado ou às firmas individuais, o lugar da sua sede, ou, em relação aos atos ou fatos que derem origem à obrigação, o de cada estabelecimento;

- art. 75, CC/2002.
- Súm. 435, STJ.

III - quanto às pessoas jurídicas de direito público, qualquer de suas repartições no território da entidade tributante.

- art. 109, §§ 1º a 5º, CF.
- arts. 74 e 75, I a III, CC/2002.

§ 1º Quando não couber a aplicação das regras fixadas em qualquer dos incisos deste artigo, considerar-se-á como domicílio tributário do contribuinte ou responsável o lugar da situação dos bens ou da ocorrência dos atos ou fatos que deram origem à obrigação.

§ 2º A autoridade administrativa pode recusar o domicílio eleito, quando impossibilite ou dificulte a arrecadação ou a fiscalização do tributo, aplicando-se então a regra do parágrafo anterior.

- arts. 70; 71; e 75, CC/2002.

CAPÍTULO V
RESPONSABILIDADE TRIBUTÁRIA

SEÇÃO I
DISPOSIÇÃO GERAL

Art. 128. Sem prejuízo do disposto neste capítulo, a lei pode atribuir de modo expresso a responsabilidade pelo crédito tributário a terceira pessoa, vinculada ao fato gerador da respectiva obrigação, excluindo a responsabilidade do contribuinte ou atribuindo-a a este em caráter supletivo do cumprimento total ou parcial da referida obrigação.

- Súm. 554, STJ.
- art. 150, § 7º, CF.
- arts. 121, p.u., II; e 128 a 193 deste Código.
- art. 30, Lei 8.383/1991 (Institui a Unidade Fiscal de Referência – UFIR e altera a legislação do IR).
- art. 79, Lei 8.981/1995 (Altera a legislação tributária Federal).
- arts. 5º e 6º, LC 87/1996 (Dispõe sobre o ICMS - Lei Kandir).

SEÇÃO II
RESPONSABILIDADE DOS SUCESSORES

Art. 129. O disposto nesta Seção aplica-se por igual aos créditos tributários definitivamente constituídos ou em curso de constituição à data dos atos nela referidos, e aos constituídos posteriormente aos mesmos atos, desde que relativos a obrigações tributárias surgidas até a referida data.

- arts. 105; 130; 131; 132; e 133 deste Código.
- art. 1.787, CC/2002.
- art. 6º, Lei 4.657/1942 (Lei de Introdução às normas do Direito Brasileiro – LInDB, antiga LICC).
- Súm. 554, STJ.

Art. 130. Os créditos tributários relativos a impostos cujo fato gerador seja a propriedade, o domínio útil ou a posse de bens imóveis, e bem assim os relativos a taxas pela prestação de serviços referentes a tais bens, ou a contribuições de melhoria, sub-rogam-se na pessoa dos respectivos adquirentes, salvo quando conste do título a prova de sua quitação.

Parágrafo único. No caso de arrematação em hasta pública, a sub-rogação ocorre sobre o respectivo preço.

- art. 110 deste Código.
- arts. 79 a 81; 1.196 a 1.224; 1.228 a 1.232; 1.245; 1.281; e 1.473, CC/2002.

Art. 131. São pessoalmente responsáveis:

- art. 141, § 1º, Lei 11.101/2005 (Lei de Recuperação de Empresas e Falências).
- Súm. 554, STJ.

I - o adquirente ou remitente, pelos tributos relativos aos bens adquiridos ou remidos; (V. Dec.-Lei 28/1966, que suprime a expressão "com observância do disposto no art. 191".)

- art. 826, NCPC.

II - o sucessor a qualquer título e o cônjuge meeiro, pelos tributos devidos pelo *de cujus* até a data da partilha ou adjudicação, limitada esta responsabilidade ao montante do quinhão do legado ou da meação;

- arts. 1.784; 1.786; 1.787; 1.796; 1.845; e 1.846, CC/2002.
- Súm. 112, STF.

III - o espólio, pelos tributos devidos pelo *de cujus* até a data da abertura da sucessão.

- art. 75, NCPC.

Art. 132. A pessoa jurídica de direito privado que resultar de fusão, transformação ou incorporação de outra ou em outra é responsável pelos tributos devidos até à data do ato pelas pessoas jurídicas de direito privado fusionadas, transformadas ou incorporadas.

- arts. 220; 223; e 227 a 229, Lei 6.404/1976 (Dispõe sobre as sociedades por ações).
- Súm. 554, STJ.

Parágrafo único. O disposto neste artigo aplica-se aos casos de extinção de pessoas jurídicas de direito privado, quando a exploração da respectiva atividade seja continuada por qualquer sócio remanescente, ou seu espólio, sob a mesma ou outra razão social, ou sob firma individual.

- arts. 206 a 209; e 219, Lei 6.404/1976 (Dispõe sobre as sociedades por ações).
- art. 12, p.u., Lei 12.767/2012 (Dispõe sobre a extinção das concessões de serviço público de energia elétrica e a prestação temporária do serviço, sobre a intervenção para adequação do serviço público de energia elétrica.)

Art. 133. A pessoa natural ou jurídica de direito privado que adquirir de outra, por qualquer título, fundo de comércio ou estabelecimento comercial, industrial ou profissional, e continuar a respectiva exploração, sob a mesma ou outra razão social ou sob firma ou nome individual, responde pelos tributos, relativos ao fundo ou estabelecimento adquirido, devidos até à data do ato:

- arts. 111 e 166, Lei 11.101/2005 (Lei de Recuperação de Empresas e Falências).
- Súm. 554, STJ.

I - integralmente, se o alienante cessar a exploração do comércio, indústria ou atividade;

II - subsidiariamente com o alienante, se este prosseguir na exploração ou iniciar dentro de seis meses a contar da data da alienação, nova atividade no mesmo ou em outro ramo de comércio, indústria ou profissão.

§ 1º O disposto no *caput* deste artigo não se aplica na hipótese de alienação judicial: (Incluído pela LC 118/2005.)

I - em processo de falência; (Incluído pela LC 118/2005.)

II - de filial ou unidade produtiva isolada, em processo de recuperação judicial. (Incluído pela LC 118/2005.)

- art. 60, Lei 11.101/2005 (Lei de Recuperação de Empresas e Falências).

§ 2º Não se aplica o disposto no § 1º deste artigo quando o adquirente for: (Incluído pela LC 118/2005.)

- art. 60, Lei 11.101/2005 (Lei de Recuperação de Empresas e Falências).

I - sócio da sociedade falida ou em recuperação judicial, ou sociedade controlada pelo devedor falido ou em recuperação judicial; (Incluído pela LC 118/2005.)

II - parente, em linha reta ou colateral até o 4º (quarto) grau, consanguíneo ou afim, do devedor falido ou em recuperação judicial ou de qualquer de seus sócios; ou (Incluído pela LC 118/2005.)

III - identificado como agente do falido ou do devedor em recuperação judicial com o objetivo de fraudar a sucessão tributária. (Incluído pela LC 118/2005.)

§ 3º Em processo da falência, o produto da alienação judicial de empresa, filial ou unidade produtiva isolada permanecerá em conta de depósito à disposição do juízo de falência pelo prazo de 1 (um) ano, contado da data de alienação, somente podendo ser utilizado para o pagamento de créditos extraconcursais ou de créditos que preferem ao tributário. (Incluído pela LC 118/2005.)

SEÇÃO III
RESPONSABILIDADE DE TERCEIROS

Art. 134. Nos casos de impossibilidade de exigência do cumprimento da obrigação principal pelo contribuinte, respondem solidariamente com este nos atos em que intervierem ou pelas omissões de que forem responsáveis:

- art. 137, III, *a*, deste Código.
- art. 33, Lei 11.101/2005 (Lei de Recuperação de Empresas e Falências).

I - os pais, pelos tributos devidos por seus filhos menores;

- arts. 3º, I e II; e 4º, I e IV, CC/2002.

II - os tutores e curadores, pelos tributos devidos por seus tutelados ou curatelados;

- arts. 3º e 4º, CC/2002.
- Dec. 3.000/1999 (Regulamenta a tributação, fiscalização, arrecadação e administração do IR e proventos de qualquer natureza).

III - os administradores de bens de terceiros, pelos tributos devidos por estes;

IV - o inventariante, pelos tributos devidos pelo espólio;

V - o síndico e o comissário, pelos tributos devidos pela massa falida ou pelo concordatário;

- art. 33, Lei 11.101/2005 (Lei de Recuperação de Empresas e Falências).
- Súm 192, TFR.

VI - os tabeliães, escrivães e demais serventuários de ofício, pelos tributos devidos sobre os atos praticados por eles, ou perante eles, em razão do seu ofício;

- art. 21, p.u., Lei 9.393/1996 (Dispõe sobre o ITR e o pagamento da dívida representada por Títulos da Dívida Agrária - TDA).

VII - os sócios, no caso de liquidação de sociedade de pessoas.

- Súm. 430 e 435, STJ.

Parágrafo único. O disposto neste artigo só se aplica, em matéria de penalidades, às de caráter moratório.

- art. 137, III, *a*, deste Código.

Art. 135. São pessoalmente responsáveis pelos créditos correspondentes a obrigações tributárias resultantes de atos praticados com excesso de poderes ou infração de lei, contrato social ou estatutos:

I - as pessoas referidas no artigo anterior;

II - os mandatários, prepostos e empregados;

III - os diretores, gerentes ou representantes de pessoas jurídicas de direito privado.

- art. 137 deste Código.
- art. 158, Lei 6.404/1976 (Dispõe sobre as sociedades por ações).
- Súm. 430, STJ.
- Súm. 112, TFR.

SEÇÃO IV
RESPONSABILIDADE POR INFRAÇÕES

Art. 136. Salvo disposição de lei em contrário, a responsabilidade por infrações da legislação tributária independe da intenção do agente ou do responsável e da efetividade, natureza e extensão dos efeitos do ato.

- Súm. 509, STJ.

Art. 137. A responsabilidade é pessoal ao agente:

- Súm. 509, STJ.

I - quanto às infrações conceituadas por lei como crimes ou contravenções, salvo quando praticadas no exercício regular de administração, mandato, função, cargo ou emprego, ou no cumprimento de ordem expressa emitida por quem de direito;

II - quanto às infrações em cuja definição o dolo específico do agente seja elementar;

III - quanto às infrações que decorram direta e exclusivamente de dolo específico:

a) das pessoas referidas no artigo 134, contra aquelas por quem respondem;

b) dos mandatários, prepostos ou empregados, contra seus mandantes, preponentes ou empregadores;

c) dos diretores, gerentes ou representantes de pessoas jurídicas de direito privado, contra estas.

Art. 138. A responsabilidade é excluída pela denúncia espontânea da infração, acompanhada, se for o caso, do pagamento do tributo devido e dos juros de mora, ou do depósito da importância arbitrada pela autoridade administrativa, quando o montante do tributo dependa de apuração.

- art. 34 , Lei 9.249/1995 (Altera a legislação do IR das pessoas jurídicas, bem como da contribuição social sobre o lucro líquido).
- art. 4º, § 7º, Lei 13.254/2016 (Dispõe sobre o Regime Especial de Regularização Cambial e Tributária (RERCT) de recursos, bens ou direitos de origem lícita, não declarados ou declarados incorretamente, remetidos, mantidos no exterior ou repatriados por residentes ou domiciliados no País).
- Dec. 70.235/1972 (Dispõe sobre o processo administrativo fiscal).
- Súm. 360 e 436, STJ.
- Súm. 208, TFR.

Parágrafo único. Não se considera espontânea a denúncia apresentada após o início de qualquer procedimento administrativo ou medida de fiscalização, relacionados com a infração.

- Dec. 70.235/1972 (Dispõe sobre o processo administrativo fiscal).
- Súm. 208, TFR.

TÍTULO III
CRÉDITO TRIBUTÁRIO

CAPÍTULO I
DISPOSIÇÕES GERAIS

Art. 139. O crédito tributário decorre da obrigação principal e tem a mesma natureza desta.

- art. 113 e 121 deste Código.
- Súm. 436, STJ.

Art. 140. As circunstâncias que modificam o crédito tributário, sua extensão ou seus efeitos, ou as garantias ou os privilégios a ele atribuídos, ou que excluem sua exigibilidade não afetam a obrigação tributária que lhe deu origem.

- arts. 113, § 1º; e 173, II, deste Código.

Art. 141. O crédito tributário regularmente constituído somente se modifica ou extingue, ou tem sua exigibilidade suspensa ou excluída, nos casos previstos nesta Lei, fora dos quais não podem ser dispensadas, sob pena de responsabilidade funcional na forma da lei, a sua efetivação ou as respectivas garantias.

- arts. 145; 151; 156; 168; 170; e 175 deste Código.
- Súm. 437, STJ.

CAPÍTULO II
CONSTITUIÇÃO DE CRÉDITO TRIBUTÁRIO

SEÇÃO I
LANÇAMENTO

Art. 142. Compete privativamente à autoridade administrativa constituir o crédito tributário pelo lançamento, assim entendido o procedimento administrativo tendente a verificar a ocorrência do fato gerador da obrigação correspondente, determinar a matéria tributável, calcular o montante do tributo devido, identificar o sujeito passivo e, sendo caso, propor a aplicação da penalidade cabível.

- arts. 145; 146; 147; e 150 deste Código.
- Súm. 397, 436, 555 e 622, STJ.
- Súm. Vinc. 24, STF.

Parágrafo único. A atividade administrativa de lançamento é vinculada e obrigatória, sob pena de responsabilidade funcional.

- art. 149, IX, deste Código.
- art. 2º, Lei 6.830/1980 (Lei de Execuções Fiscais).

Art. 143. Salvo disposição de lei em contrário, quando o valor tributário esteja expresso em moeda estrangeira, no lançamento far-se-á sua conversão em moeda nacional ao câmbio do dia da ocorrência do fato gerador da obrigação.

- Dec. 96.915/1988, (Dispõe sobre a liquidação de obrigações em moeda estrangeira devidas por entidades da administração federal).

Art. 144. O lançamento reporta-se à data da ocorrência do fato gerador da obrigação e rege-se pela lei então vigente, ainda que posteriormente modificada ou revogada.

- art. 5º, XL, CF.
- art. 145 e 156, p.u., deste Código.

§ 1º Aplica-se ao lançamento a legislação que, posteriormente à ocorrência do fato gerador da obrigação, tenha instituído novos critérios de apuração ou processos de fiscalização, ampliado os poderes de investigação das autoridades administrativas, ou outorgado ao crédito maiores garantias ou privilégios, exceto, neste último caso, para o efeito de atribuir responsabilidade tributária a terceiros.

- art. 11, § 3º, Lei 9.311/1996 (Institui a Contribuição Provisória sobre Movimentação ou Transmissão de Valores e de Créditos e Direitos de Natureza Financeira – CPMF).

§ 2º O disposto neste artigo não se aplica aos impostos lançados por períodos certos de tempo, desde que a respectiva lei fixe expressamente a data em que o fato gerador se considera ocorrido.

- Súm. 577, STF.

Art. 145. O lançamento regularmente notificado ao sujeito passivo só pode ser alterado em virtude de:

I - impugnação do sujeito passivo;

II - recurso de ofício;

- art. 496, NCPC.

III - iniciativa de ofício da autoridade administrativa, nos casos previstos no artigo 149.

- arts. 121; 122; 142; e 149 deste Código.

Art. 146. A modificação introduzida, de ofício ou em consequência de decisão administrativa ou judicial, nos critérios jurídicos adotados pela autoridade administrativa no exercício do lançamento somente pode ser efetivada, em relação a um mesmo sujeito passivo, quanto a fato gerador ocorrido posteriormente à sua introdução.

- arts. 121 e 122 deste Código.

SEÇÃO II
MODALIDADES DE LANÇAMENTO

Art. 147. O lançamento é efetuado com base na declaração do sujeito passivo ou de terceiro, quando um ou outro, na forma da legislação tributária, presta à autoridade administrativa informações sobre matéria de fato, indispensáveis à sua efetivação.

- arts. 121 e 122 deste Código.

§ 1º A retificação da declaração por iniciativa do próprio declarante, quando vise a reduzir ou a excluir tributo, só é admissível mediante comprovação do erro em que se funde, e antes de notificado o lançamento.

§ 2º Os erros contidos na declaração e apuráveis pelo seu exame serão retificados de ofício pela autoridade administrativa a que competir a revisão daquela.

Art. 148. Quando o cálculo do tributo tenha por base, ou tome em consideração, o valor ou o preço de bens, direitos, serviços ou atos jurídicos, a autoridade lançadora, mediante processo regular, arbitrará aquele valor ou preço, sempre que sejam omissos ou não mereçam fé as declarações ou os esclarecimentos prestados, ou os documentos expedidos pelo sujeito passivo ou pelo terceiro legalmente obrigado, ressalvada, em caso de contestação, avaliação contraditória, administrativa ou judicial.

- Súm. 431, STJ.

Art. 149. O lançamento é efetuado e revisto de ofício pela autoridade administrativa nos seguintes casos:

I - quando a lei assim o determine;

II - quando a declaração não seja prestada, por quem de direito, no prazo e na forma da legislação tributária;

- art. 145, III, deste Código.

III - quando a pessoa legalmente obrigada, embora tenha prestado declaração nos termos do inciso anterior, deixe de atender, no prazo e na forma da legislação tributária, a pedido de esclarecimento formulado pela autoridade administrativa, recuse-se a prestá-lo ou não o preste satisfatoriamente, a juízo daquela autoridade;

IV - quando se comprove falsidade, erro ou omissão quanto a qualquer elemento definido na legislação tributária como sendo de declaração obrigatória;

V - quando se comprove omissão ou inexatidão, por parte da pessoa legalmente obrigada, no exercício da atividade a que se refere o artigo seguinte;

VI - quando se comprove ação ou omissão do sujeito passivo, ou de terceiro legalmente obrigado, que dê lugar à aplicação de penalidade pecuniária;

VII - quando se comprove que o sujeito passivo, ou terceiro em benefício daquele, agiu com dolo, fraude ou simulação;

- arts. 145 a 150; 158 a 165; e 167, *caput*, e § 2º, CC/2002.
- arts. 71 a 73, Lei 4.502/1964 (Dispõe sobre o Imposto de Consumo).

VIII - quando deva ser apreciado fato não conhecido ou não provado por ocasião do lançamento anterior;

IX - quando se comprove que, no lançamento anterior, ocorreu fraude ou falta funcional da autoridade que o efetuou, ou omissão, pela mesma autoridade, de ato ou formalidade especial.

- arts. 142. p.u., deste Código.

Parágrafo único. A revisão do lançamento só pode ser iniciada enquanto não extinto o direito da Fazenda Pública.

Art. 150. O lançamento por homologação, que ocorre quanto aos tributos cuja legislação atribua ao sujeito passivo o dever de antecipar o pagamento sem prévio exame da autoridade administrativa, opera-se pelo ato em que a referida autoridade, tomando conhecimento da atividade assim exercida pelo obrigado, expressamente a homologa.

- Súm. 360; 436; e 446, STJ.

§ 1º O pagamento antecipado pelo obrigado nos termos deste artigo extingue o crédito, sob condição resolutória da ulterior homologação ao lançamento.

§ 2º Não influem sobre a obrigação tributária quaisquer atos anteriores à homologação, praticados pelo sujeito passivo ou por terceiro, visando à extinção total ou parcial do crédito.

- art. 156, p.u., deste Código.

§ 3º Os atos a que se refere o parágrafo anterior serão, porém, considerados na apuração do saldo porventura devido e, sendo o caso, na imposição de penalidade, ou sua graduação.

§ 4º Se a lei não fixar prazo a homologação, será ele de cinco anos, a contar da ocorrência do fato gerador; expirado esse prazo sem que a Fazenda Pública se tenha pronunciado, considera-se homologado o lançamento e definitivamente extinto o crédito, salvo se comprovada a ocorrência de dolo, fraude ou simulação.

- art. 167, CC/2002.
- arts. 71 a 73, Lei 4.502/1964 (Dispõe sobre o Imposto de Consumo).

CAPÍTULO III SUSPENSÃO DO CRÉDITO TRIBUTÁRIO

SEÇÃO I DISPOSIÇÕES GERAIS

Art. 151. Suspendem a exigibilidade do crédito tributário:

- art. 50, § 5º, Lei 4.504/1964 (Estatuto da Terra).
- art. 8º, Lei 8.541/1992 (Altera a legislação do IR).
- Enunciado 17, AGU.

I - moratória;

II - o depósito do seu montante integral;

- Lei 8.866/1994 (Dispõe sobre o depositário infiel de valor pertencente à Fazenda Pública).
- Súm. 112, STJ.
- Súm. Vinc. 28, STF.

III - as reclamações e os recursos, nos termos das leis reguladoras do processo tributário administrativo;

- art. 585, § 1º, CPC.
- art. 784, NCPC.
- Dec. 70.235/1972 (Dispõe sobre o processo administrativo fiscal).
- Súm. 373, STJ.
- Súm. Vinc. 21, STF.

IV - a concessão de medida liminar em mandado de segurança.

- art. 5º, LXIX e LXX, CF.
- V, art. 41, § 1º, Lei 8.981/1995 (Altera a legislação tributária Federal).
- art. 63, Lei 9.430/1996 (Dispõe sobre a legislação tributária federal, as contribuições para a seguridade social e o processo administrativo de consulta).
- Lei 12.016/2009 (Lei do Mandado de Segurança Individual e Coletivo).
- Súm. 266 e 510, STF.

V - a concessão de medida liminar ou de tutela antecipada, em outras espécies de ação judicial; (Incluído pela LC 104/2001.)

VI - o parcelamento. (Incluído pela LC 104/2001.)

- arts. 6º e 7º, Lei 11.101/2005 (Lei de Recuperação de Empresas e Falências).
- Lei 12.382/2011 (Disciplina a representação fiscal para fins penais nos casos em que houve parcelamento do crédito tributário; altera a Lei 9.430/1996).
- Súm. 437, STJ.

Parágrafo único. O disposto neste artigo não dispensa o cumprimento das obrigações assessórios dependentes da obrigação principal cujo crédito seja suspenso, ou dela consequentes.

- art. 113 deste Código.
- Dec. 70.235/1972 (Dispõe sobre o processo administrativo fiscal).

SEÇÃO II MORATÓRIA

Art. 152. A moratória somente pode ser concedida:

I - em caráter geral:

a) pela pessoa jurídica de direito público competente para instituir o tributo a que se refira;

b) pela União, quanto a tributos de competência dos Estados, do Distrito Federal ou dos Municípios, quando simultaneamente concedida quanto aos tributos de competência federal e às obrigações de direito privado;

- arts. 155 e 156, CF.
- art. 10, LC 24/1975 (Dispõe sobre os convênios para a concessão de isenções do imposto sobre operações relativas à circulação de mercadorias).

II - em caráter individual, por despacho da autoridade administrativa, desde que autorizada por lei nas condições do inciso anterior.

Parágrafo único. A lei concessiva de moratória pode circunscrever expressamente a sua aplicabilidade à determinada região do território da pessoa jurídica de direito público que a expedir, ou a determinada classe ou categoria de sujeitos passivos.

Art. 153. A lei que conceda moratória em caráter geral ou autorize sua concessão em caráter individual especificará, sem prejuízo de outros requisitos:

I - o prazo de duração do favor;

II - as condições da concessão do favor em caráter individual;

III - sendo caso:

a) os tributos a que se aplica;

b) o número de prestações e seus vencimentos, dentro do prazo a que se refere o inciso I, podendo atribuir a fixação de uns e de outros à autoridade administrativa, para cada caso de concessão em caráter individual;

c) as garantias que devem ser fornecidas pelo beneficiado no caso de concessão em caráter individual.

Art. 154. Salvo disposição de lei em contrário, a moratória somente abrange os créditos definitivamente constituídos à data da lei ou do despacho que a conceder, ou cujo lançamento já tenha sido iniciado àquela data por ato regularmente notificado ao sujeito passivo.

- art. 111 deste Código.

Parágrafo único. A moratória não aproveita aos casos de dolo, fraude ou simulação do sujeito passivo ou do terceiro em benefício daquele.

- arts. 145 e 167, II, CC/2002.
- arts. 71 a 73, Lei 4.502/1964 (Dispõe sobre o Imposto de Consumo).

Art. 155. A concessão da moratória em caráter individual não gera direito adquirido e será revogado de ofício, sempre que se apure que o beneficiado não satisfazia ou deixou de satisfazer as condições ou não cumprira ou deixou de cumprir os requisitos para a concessão do favor, cobrando-se o crédito acrescido de juros de mora:

- arts. 161, § 1º; e 172, p.u., deste Código.
- art. 406, CC/2002.

I - com imposição da penalidade cabível, nos casos de dolo ou simulação do beneficiado, ou de terceiro em benefício daquele;

II - sem imposição de penalidade, nos demais casos.

Parágrafo único. No caso do inciso I deste artigo, o tempo decorrido entre a concessão da moratória e sua revogação não se computa para efeito da prescrição do direito à cobrança do crédito; no caso do inciso II deste artigo, a revogação só pode ocorrer antes de prescrito o referido direito.

Art. 155-A. O parcelamento será concedido na forma e condição estabelecidas em lei específica. (Incluído pela LC 104/2001.)

- art. 174, p.u., IV, deste Código.
- arts. 6º; 7º; e 68, Lei 11.101/2005 (Lei de Recuperação de Empresas e Falências).
- Lei 11.941/2009 (Altera a legislação federal relativa ao parcelamento ordinário de débitos tributários).
- Lei 12.382/2011 (Disciplina a representação fiscal para fins penais nos casos em que houve parcelamento do crédito tributário; altera a Lei n. 9.430, de 27 de dezembro de 1996)
- Súm. 355, STJ.

§ 1º Salvo disposição de lei em contrário, o parcelamento do crédito tributário não exclui a incidência de juros e multas. (Incluído pela LC 104/2001.)

§ 2º Aplicam-se, subsidiariamente, ao parcelamento as disposições desta Lei, relativas à moratória. (Incluído pela LC 104/2001.)

§ 3º Lei específica disporá sobre as condições de parcelamento dos créditos tributários do devedor em recuperação judicial. (Incluído pela LC 118/2005.)

- art. 68, Lei 11.101/2005 (Lei de Recuperação de Empresas e Falências).

§ 4º A inexistência da lei específica a que se refere o § 3º deste artigo importa na aplicação das leis gerais de parcelamento do ente da Federação ao devedor em recuperação judicial, não podendo, neste caso, ser o prazo de parcelamento inferior ao concedido pela lei federal específica. (Incluído pela LC 118/2005.)

CAPÍTULO IV
EXTINÇÃO DO CRÉDITO TRIBUTÁRIO

SEÇÃO I
MODALIDADES DE EXTINÇÃO

Art. 156. Extinguem o crédito tributário:

- art. 78, § 2º, ADCT.
- art. 6º, EC 62/2009.
- arts. 360; 367; 381; e 384, CC/2002.

I - o pagamento;

II - a compensação;

- arts. 170 e 170-A, deste Código.
- art. 66, Lei 8.383/1991 (Institui a Unidade Fiscal de Referência – UFIR e altera a legislação do IR).
- arts. 73 e 74, Lei 9.430/1996 (Dispõe sobre a legislação tributária federal, as contribuições para a seguridade social e o processo administrativo de consulta).
- art. 38, Lei 10.833/2003 (Altera a Legislação Tributária Federal).
- art. 114, Lei 11.196/2005 (Estabeleceu a compensação total ou parcial, pela RFB, de tributos da União e as contribuições sociais devidas ao INSS).
- Dec. 2.138/1997 (Dispõe sobre a compensação de créditos tributários com créditos do sujeito passivo decorrentes de restituição ou ressarcimento de tributos ou contribuições, a ser efetuada pela Secretaria da Receita Federal).

III - a transação;

IV - remissão;

- art. 150, § 6º, CF.

V - a prescrição e a decadência;

- arts. 150, § 4º; 173; e 174 deste Código.
- art. 53, Lei 11.941/2009 (Altera a legislação federal relativa ao parcelamento ordinário de débitos tributários).
- Lei 12.382/2011 (Disciplina a representação fiscal para fins penais nos casos em que houve parcelamento do crédito tributário; altera a Lei 9.430/1996).

VI - a conversão de depósito em renda;

VII - o pagamento antecipado e a homologação do lançamento nos termos do disposto no artigo 150 e seus §§ 1º e 4º;

VIII - a consignação em pagamento, nos termos do disposto no § 2º do artigo 164;

IX - a decisão administrativa irreformável, assim entendida a definitiva na órbita administrativa, que não mais possa ser objeto de ação anulatória;

X - a decisão judicial passada em julgado.

XI - a dação em pagamento em bens imóveis, na forma e condições estabelecidas em lei. (Incluído pela LC 104/2001.)

- art. 2º, EC 30/2000.
- art. 4º, Lei 13.259/2016 (Regulamenta este inciso).

Parágrafo único. A lei disporá quanto aos efeitos da extinção total ou parcial do crédito sobre a ulterior verificação da irregularidade da sua constituição, observado o disposto nos artigos 144 e 149.

- arts. 374; e 381 a 384, CC/2002.

SEÇÃO II
PAGAMENTO

Art. 157. A imposição de penalidade não ilide o pagamento integral do crédito tributário.

- art. 23, Dec.-Lei 1.455/1976 (Dispõe sobre bagagem de passageiro procedente do exterior, disciplina o regime de entreposto aduaneiro e estabelece normas sobre mercadorias estrangeiras apreendidas).
- Súm. 92 e 560, STF.

Art. 158. O pagamento de um crédito não importa em presunção de pagamento:

I - quando parcial, das prestações em que se decomponha;

- art. 322, CC/2002.

II - quando total, de outros créditos referentes ao mesmo ou a outros tributos.

Art. 159. Quando a legislação tributária não dispuser a respeito, o pagamento é efetuado na repartição competente do domicílio do sujeito passivo.

- art. 327 e ss., CC/2002.
- art. 127 deste Código.

Art. 160. Quando a legislação tributária não fixar o tempo do pagamento, o vencimento do crédito ocorre trinta dias depois da data em que se considera o sujeito passivo notificado do lançamento.

- arts. 331 a 333, CC/2002.

Parágrafo único. A legislação tributária pode conceder desconto pela antecipação do pagamento, nas condições que estabeleça.

Art. 161. O crédito não integralmente pago no vencimento é acrescido de juros de mora, seja qual for o motivo determinante da falta, sem prejuízo da imposição das penalidades cabíveis e da aplicação de quaisquer medidas de garantia previstas nesta Lei ou em lei tributária.

§ 1º Se a lei não dispuser de modo diverso, os juros de mora são calculados à taxa de um por cento ao mês.

- art. 192, CF.
- art. 406, CC/2002.
- arts. 84, § 3º; e 85, Lei 8.981/1995 (Altera a legislação tributária Federal).
- arts. 38, § 1º; e 40, Lei 9.069/1995 (Dispõe sobre o Plano Real, o Sistema Monetário Nacional, estabelece as regras e condições de emissão do Real e os critérios para conversão das obrigações para o Real)
- art. 61, Lei 9.430/1996 (Dispõe sobre a legislação tributária federal, as contribuições para a seguridade social e o processo administrativo de consulta).
- Dec. 22.626/1933 (Lei da Usura).
- Súm. 596, STF.
- Súm. 523, STJ.

§ 2º O disposto neste artigo não se aplica na pendência de consulta formulada pelo devedor dentro do prazo legal para pagamento do crédito.

- art. 394, CC/2002.
- Súm. 523, STJ.

Art. 162. O pagamento é efetuado:

I - em moeda corrente, cheque ou vale postal;

II - nos casos previstos em lei, em estampilha, em papel selado, ou por processo mecânico.

- Súm. 547, STF.
- art. 3º deste Código.

§ 1º A legislação tributária pode determinar as garantias exigidas para o pagamento por cheque ou vale postal, desde que não o torne impossível ou mais oneroso que o pagamento em moeda corrente.

- arts. 327 a 333, CC/2002.

§ 2º O crédito pago por cheque somente se considera extinto com o resgate deste pelo sacado.

- Lei 7.357/1985 (Dispõe sobre o cheque).
- Dec. 57.595/1966 (Promulga as Convenções para adoção de uma Lei uniforme em matéria de cheques).

§ 3º O crédito pagável em estampilha considera-se extinto com a inutilização regular daquela, ressalvado o disposto no artigo 150.

§ 4º A perda ou destruição da estampilha, ou o erro no pagamento por esta modalidade, não dão direito a restituição, salvo nos casos expressamente previstos na legislação tributária, ou naquelas em que o erro seja imputável à autoridade administrativa.

§ 5º O pagamento em papel selado ou por processo mecânico equipara-se ao pagamento em estampilha.

- Lei 7.357/1985 (Dispõe sobre o cheque).
- Dec. 57.595/1966 (Promulga as Convenções para adoção de uma Lei uniforme em matéria de cheques).

Art. 163. Existindo simultaneamente dois ou mais débitos vencidos do mesmo sujeito passivo para com a mesma pessoa jurídica de direito público, relativos ao mesmo ou a diferentes tributos ou provenientes de penalidade pecuniária ou juros de mora, a autoridade administrativa competente para receber o pagamento determinará a respectiva imputação, obedecidas as seguintes regras, na ordem em que enumeradas:

- art. 352, CC/2002.

I - em primeiro lugar, aos débitos por obrigação própria, e em segundo lugar, aos decorrentes de responsabilidade tributária;

- art. 128 deste Código.

II - primeiramente, às contribuições de melhoria, depois às taxas, e por fim aos impostos;

- arts. 16; 18; 77; 81; e 82 deste Código.

III - na ordem crescente dos prazos de prescrição;

- art. 174 deste Código.

IV - na ordem decrescente dos montantes.

Art. 164. A importância de crédito tributário pode ser consignada judicialmente pelo sujeito passivo, nos casos:

I - de recusa de recebimento, ou subordinação deste ao pagamento de outro tributo ou de penalidade, ou ao cumprimento de obrigação acessória;

II - de subordinação do recebimento ao cumprimento de exigências administrativas sem fundamento legal;

III - de exigência, por mais de uma pessoa jurídica de direito público, de tributo idêntico sobre um mesmo fato gerador.

- arts. 304; e 334 a 345, CC/2002.
- arts. 890 a 900, CPC.
- arts. 539 a 549, NCPC.

§ 1º A consignação só pode versar sobre o crédito que o consignante se propõe pagar.

§ 2º Julgada procedente a consignação, o pagamento se reputa efetuado e a importância consignada é convertida em renda; julgada improcedente a consignação no todo ou em parte, cobra-se o crédito acrescido de juros de mora, sem prejuízo das penalidades cabíveis.

SEÇÃO III
PAGAMENTO INDEVIDO

Art. 165. O sujeito passivo tem direito, independentemente de prévio protesto, à restituição total ou parcial do tributo, seja qual for a modalidade do seu pagamento, ressalvado o disposto no § 4º do artigo 162, nos seguintes casos:

- Súm. 162; 447; e 461, STJ.

I - cobrança ou pagamento espontâneo de tributo indevido ou maior que o devido em face da legislação tributária aplicável, ou da natureza ou circunstâncias materiais do fato gerador efetivamente ocorrido;

- art. 168, I, deste Código.
- arts. 876 a 883 deste Código.
- Súm. 461, STJ.

II - erro na edificação do sujeito passivo, na determinação da alíquota aplicável, no cálculo do montante do débito ou na elaboração ou conferência de qualquer documento relativo ao pagamento;

- No texto da publicação oficial consta o termo "edificação", porém, o correto seria "identificação".
- art. 168, I, deste Código.
- Súm. 71; 546; e 547, STF.

III - reforma, anulação, revogação ou rescisão de decisão condenatória.

- art. 168, II, deste Código.

Art. 166. A restituição de tributos que comportem, por sua natureza, transferência do respectivo encargo financeiro somente será feita a quem prove haver assumido o referido encargo, ou, no caso de tê-lo transferido a terceiro, estar por este expressamente autorizado a recebê-la.

- art. 2º, § 2º, Dec.-Lei 834/1969 (Dispõe sobre a entrega das parcelas, pertencentes aos Municípios, do produto da arrecadação do imposto sobre circulação de mercadoria e estabelece normas gerais sobre conflito da competência tributaria, sobre o imposto de serviços).
- Súm. 546, STF.

Art. 167. A restituição total ou parcial do tributo dá lugar à restituição, na mesma proporção, dos juros de mora e das penalidades pecuniárias, salvo as referentes a infrações de caráter formal não prejudicadas pela causa da restituição.

Parágrafo único. A restituição vence juros não capitalizáveis, a partir do trânsito em julgado da decisão definitiva que a determinar.

- Súm. 188, STJ.

Art. 168. O direito de pleitear a restituição extingue-se com o decurso do prazo de 5 (cinco) anos, contados:

- Súm. 412 e 625, STJ.

I - nas hipóteses dos incisos I e II do artigo 165, da data da extinção do crédito tributário;

- art. 106, I, deste Código.
- art. 3º, LC 118/2005 (Altera e acrescenta dispositivos a este Código, e dispõe sobre a interpretação deste inciso).

II - na hipótese do inciso III do artigo 165, da data em que se tornar definitiva a decisão administrativa ou passar em julgado a decisão judicial que tenha reformado, anulado, revogado ou rescindido a decisão condenatória.

Art. 169. Prescreve em dois anos a ação anulatória da decisão administrativa que denegar a restituição.

Parágrafo único. O prazo de prescrição é interrompido pelo início da ação judicial, recomeçando o seu curso, por metade, a partir da data da intimação validamente feita ao representante judicial da Fazenda Pública interessada.

SEÇÃO IV
DEMAIS MODALIDADES DE EXTINÇÃO

Art. 170. A lei pode, nas condições e sob as garantias que estipular, ou cuja estipulação em cada caso atribuir à autoridade administrativa, autorizar a compensação de créditos tributários com créditos líquidos e certos, vencidos ou vincendos, do sujeito passivo contra a Fazenda pública.

- arts. 368 e 369, CC/2002.
- art. 66, Lei 8.383/1991 (Institui a Unidade Fiscal de Referência – UFIR e altera a legislação do IR).
- arts. 73 e 74, Lei 9.430/1996 (Dispõe sobre a legislação tributária federal, as contribuições para a seguridade social e o processo administrativo de consulta).
- Dec. 2.138/1997 (Dispõe sobre a compensação de créditos tributários com créditos do sujeito passivo decorrentes de restituição ou ressarcimento de tributos ou contribuições, a ser efetuada pela Secretaria da Receita Federal).
- Dec. 7.212/2010 (Regulamenta a cobrança, fiscalização, arrecadação e administração do IPI).
- Súm. 212; 213; 460; 461; e 464, STJ.

Parágrafo único. Sendo vincendo o crédito do sujeito passivo, a lei determinará, para os efeitos deste artigo, a apuração do seu montante, não podendo, porém, cominar redução maior que a correspondente ao juro de 1% (um por cento) ao mês pelo tempo a decorrer entre a data da compensação e a do vencimento.

Art. 170-A. É vedada a compensação mediante o aproveitamento de tributo, objeto de contestação judicial pelo sujeito passivo, antes do trânsito em julgado da respectiva decisão judicial. (Artigo incluído pela LC 104/2001.)

- art. 5º, XXV, CF.

Art. 171. A lei pode facultar, nas condições que estabeleça, aos sujeitos ativo e passivo da obrigação tributária celebrar transação que, mediante concessões mútuas, importe em determinação de litígio e consequente extinção de crédito tributário.

- Redação conforme publicação oficial.
- LC 174/2020. (Autoriza a extinção de créditos tributários apurados na forma do Regime Especial Unificado de Arrecadação de Tributos e Contribuições devidos pelas Microempresas e Empresas de Pequeno Porte (Simples Nacional), mediante celebração de transação resolutiva de litígio; e prorroga o prazo para enquadramento no Simples Nacional em todo o território brasileiro, no ano de 2020, para microempresas e empresas de pequeno porte em início de atividade).

Parágrafo único. A lei indicará a autoridade competente para autorizar a transação em cada caso.

- arts. 661 e 840, CC/2002.

Art. 172. A lei pode autorizar a autoridade administrativa a conceder, por despacho fundamentado, remissão total ou parcial do crédito tributário, atendendo:

- art. 156, IV, deste Código.
- arts. 385 a 388, CC/2002.

I - à situação econômica do sujeito passivo;

II - ao erro ou ignorância escusáveis do sujeito passivo, quanto à matéria de fato;

III - à diminuta importância do crédito tributário;

IV - a considerações de equidade, em relação com as características pessoais ou materiais do caso;

- art. 108, IV, deste Código.

V - a condições peculiares a determinada região do território da entidade tributante.

Parágrafo único. O despacho referido neste artigo não gera direito adquirido, aplicando-se, quando cabível, o disposto no artigo 155.

- art. 156, IV, deste Código.

Art. 173. O direito de a Fazenda Pública constituir o crédito tributário extingue-se após 5 (cinco) anos, contados:

- art. 45, Lei 8.212/1991 (Lei Orgânica da Seguridade Social).
- Súm. 108; 153; e 219, TFR.
- Súm. Vinc. 8, STF.

I - do primeiro dia do exercício seguinte àquele em que o lançamento poderia ter sido efetuado;

- art. 150, § 4º, deste Código.
- Súm. 555, STJ.

II - da data em que se tornar definitiva a decisão que houver anulado, por vício formal, o lançamento anteriormente efetuado.

Parágrafo único. O direito a que se refere este artigo extingue-se definitivamente com o decurso do prazo nele previsto, contado da data em que tenha sido iniciada a constituição do crédito tributário pela notificação, ao sujeito passivo, de qualquer medida preparatória indispensável ao lançamento.

- arts. 142 a 150 deste Código.
- Súm. 210, STJ.

Art. 174. A ação para a cobrança do crédito tributário prescreve em cinco anos, contados da data da sua constituição definitiva.

- arts. 142 e 145 deste Código.
- art. 40, Lei 6.830/1980 (Lei de Execuções Fiscais).
- art. 53, Lei 11.941/2009 (Altera a legislação federal relativa ao parcelamento ordinário de débitos tributários).
- Lei 12.382/2011 (Disciplina a representação fiscal para fins penais nos casos em que houve parcelamento do crédito tributário; altera a Lei 9.430/1996.
- Súm. 314, 409, STJ.
- Súm. 107, TFR.
- Súm. Vinculantes 8 e 24, STF.

Parágrafo único. A prescrição se interrompe:

- Súmula 625, STJ.

I - pelo despacho do juiz que ordenar a citação em execução fiscal; (Redação dada pela LC 118/2005.)

- arts. 59, 240, 260, 263 e 802, NCPC.
- art. 8º, § 2º, Lei 6.830/1980 (Lei de Execuções Fiscais).
- Súm. 78, TFR.

II - pelo protesto judicial;

- art. 202, II, CC/2002.

III - por qualquer ato judicial que constitua em mora o devedor;

- art. 202, V, CC/2002.

IV - por qualquer ato inequívoco ainda que extrajudicial, que importe em reconhecimento do débito pelo devedor.

- art. 202, VI, CC/2002.
- art. 189, § 1º, Dec.-Lei 5.844/1943 (Dispõe sobre a cobrança e fiscalização do imposto de renda).
- Súm. 248, TFR.

CAPÍTULO V
EXCLUSÃO DE CRÉDITO TRIBUTÁRIO

SEÇÃO I
DISPOSIÇÕES GERAIS

Art. 175. Excluem o crédito tributário:

I - a isenção;

- art. 150, § 6º, CF.
- arts. 176 a 179 deste Código.
- Súm. 544, STF.

II - a anistia.

- arts. 111; e 180 a 182 deste Código.

Parágrafo único. A exclusão do crédito tributário não dispensa o cumprimento das obrigações acessórias dependentes da obrigação principal cujo crédito seja excluído, ou dela consequente.

SEÇÃO II
ISENÇÃO

Art. 176. A isenção, ainda quando prevista em contrato, é sempre decorrente de lei que especifique as condições e requisitos exigidos para a sua concessão, os tributos a que se aplica e, sendo caso, o prazo de sua duração.

- art. 151, I, CF.
- Súm. 544, STF.

Parágrafo único. A isenção pode ser restrita a determinada região do território da entidade tributante, em função de condições a ela peculiares.

Art. 177. Salvo disposição de lei em contrário, a isenção não é extensiva:

I - às taxas e às contribuições de melhoria;

II - aos tributos instituídos posteriormente à sua concessão.

Art. 178. A isenção, salvo se concedida por prazo certo e em função de determinadas condições, pode ser revogada ou modificada por lei, a qualquer tempo, observado o disposto no inciso III do art. 104. (Redação dada pela LC 24/1975.)

Art. 179. A isenção, quando não concedida em caráter geral, é efetivada, em cada caso, por despacho da autoridade administrativa, em requerimento com o qual o interessado faça prova do preenchimento das condições e do cumprimento dos requisitos previstos em lei ou contrato para concessão.

- Súm. 543 e 544, STF.

§ 1º Tratando-se de tributo lançado por período certo de tempo, o despacho referido neste artigo será renovado antes da expiração de cada período, cessando automaticamente os seus efeitos a partir do primeiro dia do período para o qual o interessado deixar de promover a continuidade do reconhecimento da isenção.

§ 2º O despacho referido neste artigo não gera direito adquirido, aplicando-se, quando cabível, o disposto no artigo 155.

SEÇÃO III
ANISTIA

Art. 180. A anistia abrange exclusivamente as infrações cometidas anteriormente à vigência da lei que a concede, não se aplicando:

I - aos atos qualificados em lei como crimes ou contravenções e aos que, mesmo sem essa qualificação, sejam praticados com dolo, fraude ou simulação pelo sujeito passivo ou por terceiro em benefício daquele;

- art. 72, Lei 4.502/1964 (Dispõe sobre o Imposto de Consumo).
- arts. 1º, I; e 2º, I, Lei 8.137/1990 (Lei dos Crimes Contra a Ordem Tributária, Econômica e Contra as Relações de Consumo).

II - salvo disposição em contrário, às infrações resultantes de conluio entre duas ou mais pessoas naturais ou jurídicas.

Art. 181. A anistia pode ser concedida:

I - em caráter geral;

II - limitadamente:

a) às infrações da legislação relativa a determinado tributo;

b) às infrações punidas com penalidades pecuniárias até determinado montante, conjugadas ou não com penalidades de outra natureza;

c) a determinada região do território da entidade tributante, em função de condições a ela peculiares;

d) sob condição do pagamento de tributo no prazo fixado pela lei que a conceder, ou cuja fixação seja atribuída pela mesma lei à autoridade administrativa.

Art. 182. A anistia, quando não concedida em caráter geral, é efetivada, em cada caso, por despacho da autoridade administrativa, em requerimento com a qual o interessado faça prova do preenchimento das condições e do cumprimento dos requisitos previstos em lei para sua concessão.

Parágrafo único. O despacho referido neste artigo não gera direito adquirido, aplicando-se, quando cabível, o disposto no artigo 155.

CAPÍTULO VI
GARANTIAS E PRIVILÉGIOS DO CRÉDITO TRIBUTÁRIO

SEÇÃO I
DISPOSIÇÕES GERAIS

Art. 183. A enumeração das garantias atribuídas neste Capítulo ao crédito tributário não exclui outras que sejam expressamente previstas em lei, em função da natureza ou das características do tributo a que se refiram.

Parágrafo único. A natureza das garantias atribuídas ao crédito tributário não altera a natureza deste nem a da obrigação tributária a que corresponda.

Art. 184. Sem prejuízo dos privilégios especiais sobre determinados bens, que sejam previstos em lei, responde pelo pagamento do crédito tributário a totalidade dos bens e das rendas, de qualquer origem ou natureza, do sujeito passivo, seu espólio ou sua massa falida, inclusive os gravados por ônus real ou cláusula de inalienabilidade ou impenhorabilidade, seja qual for a data da constituição do ônus ou da cláusula, excetuados unicamente os bens e rendas que a lei declare absolutamente impenhoráveis.

- art. 813, CC/2002.
- arts. 832 e 833, NCPC.
- Lei 4.673/1965 (Aplica aos bens penhorados em execuções fiscais as normas de impenhorabilidade).
- art. 30, Lei 6.830/1980 (Lei de Execuções Fiscais).
- art. 3º, IV, Lei 8.009/1990 (Dispõe sobre a impenhorabilidade do bem de família).
- art. 38, Lei 9.610/1998 (Lei de Direitos Autorais).
- art. 45, Dec. 81.402/1978 (Dispõe sobre as entidades de previdência privada, na parte relativa às entidades abertas).

Art. 185. Presume-se fraudulenta a alienação ou oneração de bens ou rendas, ou seu começo, por sujeito passivo em débito para com a Fazenda Pública, por crédito tributário regularmente inscrito como dívida ativa. (Redação dada pela LC 118/2005.)

- art. 204 deste Código.
- art. 792, NCPC.
- art. 168, Lei 11.101/2005 (Lei de Recuperação de Empresas e Falências).

Parágrafo único. O disposto neste artigo não se aplica na hipótese de terem sido reservados, pelo devedor, bens ou rendas suficientes ao total pagamento da dívida inscrita. (Redação dada pela LC 118/2005.)

Art. 185-A. Na hipótese de o devedor tributário, devidamente citado, não pagar nem apresentar bens à penhora no prazo legal e não forem encontrados bens penhoráveis, o juiz determinará a indisponibilidade de seus bens e direitos, comunicando a decisão, preferencialmente por meio eletrônico, aos órgãos e entidades que promovem registros de transferência de bens, especialmente ao registro público de imóveis e às autoridades supervisoras do mercado bancário e do mercado de capitais, a fim de que, no âmbito de suas atribuições, façam cumprir a ordem judicial. (Incluído pela LC 118/2005.)

- Súm. 560, STJ.

§ 1º A indisponibilidade de que trata o *caput* deste artigo limitar-se-á ao valor total exigível, devendo o juiz determinar o imediato levantamento da indisponibilidade dos bens ou valores que excederem esse limite. (Incluído pela LC 118/2005.)

§ 2º Os órgãos e entidades aos quais se fizer a comunicação de que trata o *caput* deste artigo enviarão imediatamente ao juízo a relação discriminada dos bens e direitos cuja indisponibilidade houverem promovido. (Incluído pela LC 118/2005.)

SEÇÃO II
PREFERÊNCIAS

Art. 186. O crédito tributário prefere a qualquer outro, seja qual for sua natureza ou o tempo de sua constituição, ressalvados os créditos decorrentes da legislação do trabalho ou do acidente de trabalho. (Redação dada pela LC 118/2005.)

Parágrafo único. Na falência: (Incluído pela LC 118/2005.)

- art. 83, I e III, Lei 11.101/2005 (Lei de Recuperação de Empresas e Falências).

I - o crédito tributário não prefere aos créditos extraconcursais ou às importâncias passíveis de restituição, nos termos da lei falimentar, nem aos créditos com garantia real, no limite do valor do bem gravado; (Incluído pela LC 118/2005.)

II - a lei poderá estabelecer limites e condições para a preferência dos créditos decorrentes da legislação do trabalho; e (Redação dada pela LC 118/2005.)

- art. 83, I, Lei 11.101/2005 (Lei de Recuperação de Empresas e Falências).

III - a multa tributária prefere apenas aos créditos subordinados. (Incluído pela LC 118/2005.)

- arts. 148 e 449, CLT.
- art. 4º, § 4º, Lei 6.830/1980 (Lei de Execuções Fiscais).
- arts. 83, VI; e 84, Lei 11.101/2005 (Lei de Recuperação de Empresas e Falências).
- Súm. 270, STJ.

Art. 187. A cobrança judicial do crédito tributário não é sujeita a concurso de credores ou habilitação em falência, recuperação judicial, concordata, inventário ou arrolamento. (Redação dada pela LC 118/2005.)

- arts. 955 a 965; e 1.796, CC/2002.
- arts. 4º, § 4º; e 29, p.u., Lei 6.830/1980 (Lei de Execuções Fiscais).
- arts. 76, *caput*; 83, III e VII; 87, VII; e 161, § 1º, Lei 11.101/2005 (Lei de Recuperação de Empresas e Falências).

Parágrafo único. O concurso de preferência somente se verifica entre pessoas jurídicas de direito público, na seguinte ordem:

I - União;

II - Estados, Distrito Federal e Territórios, conjuntamente e *pro rata*;

III - Municípios, conjuntamente e *pro rata*.

- art. 29, p.u., Lei 6.830/1980 (Lei de Execuções Fiscais).
- Súm. 563, STF.
- Súm. 244, TFR.

Art. 188. São extraconcursais os créditos tributários decorrentes de fatos geradores ocorridos no curso do processo de falência. (Redação dada pela LC 118/2005.)

- arts. 83, III; 84; e 150, Lei 11.101/2005 (Lei de Recuperação de Empresas e Falências).

§ 1º Contestado o crédito tributário, o juiz remeterá as partes ao processo competente, mandando reservar bens suficientes à extinção total do crédito e seus acrescidos, se a massa não puder efetuar a garantia da instância por outra forma, ouvido, quanto à natureza e valor dos bens reservados, o representante da Fazenda Pública interessada.

- art. 4º, § 4º, Lei 6.830/1980 (Lei de Execuções Fiscais).
- art. 1º, Dec.-Lei 822/1969 (Extingue a garantia de instância nos recursos de decisão administrativa fiscal).

§ 2º O disposto neste artigo aplica-se aos processos de concordata.

Art. 189. São pagos preferencialmente a quaisquer créditos habilitados em inventário ou arrolamento, ou a outros encargos do monte, os créditos tributários vencidos ou vincendos, a cargo do *de cujus* ou de seu espólio, exigíveis no decurso do processo de inventário ou arrolamento.

- art. 1.796, CC/2002.
- arts. 993, IV, *f*; 1.026; e 1.035, CPC.
- arts. 620, 654 e 663, NCPC.
- art. 4º, § 4º, Lei 6.830/1980 (Lei de Execuções Fiscais).

Parágrafo único. Contestado o crédito tributário, proceder-se-á na forma do disposto no § 1º do artigo anterior.

Art. 190. São pagos preferencialmente a quaisquer outros os créditos tributários vencidos ou vincendos, a cargo de pessoas jurídicas de direito privado em liquidação judicial ou voluntária, exigíveis no decurso da liquidação.

- art. 186 deste Código.
- art. 18, *b*, Lei 6.024/1974 (Dispõe sobre a intervenção e a liquidação extrajudicial de instituições financeiras).
- arts. 4º, § 4º; e 31, Lei 6.830/1980 (Lei de Execuções Fiscais).
- arts. 1º e 2º, Dec.-Lei 1.477/1976 (Dispõe sobre a correção monetária nos casos de liquidação extrajudicial ou falência das entidades que especifica).

Art. 191. A extinção das obrigações do falido requer prova de quitação de todos os tributos. (Redação dada pela LC 118/2005.)

- art. 4º, § 4º, Lei 6.830/1980 (Lei de Execuções Fiscais).
- arts. 48, I; 156; 159; e 160, Lei 11.101/2005 (Lei de Recuperação de Empresas e Falências).
- art. 1º, §§ 1º e 2º, Dec.-Lei 858/1969 (Dispõe sobre a cobrança e a correção monetária dos débitos fiscais nos casos de falência).
- art. 1º, I, Dec.-Lei 1.715/1979 (Regula a expedição de certidão de quitação de tributos federais e extingue a declaração de devedor remisso).

Art. 191-A. A concessão de recuperação judicial depende da apresentação da prova de quitação de todos os tributos, observado o disposto nos arts. 151, 205 e 206 desta Lei. (Incluído pela LC 118/2005.)

- arts. 6º, § 7º; 57; e 58, Lei 11.101/2005 (Lei de Recuperação de Empresas e Falências).

Art. 192. Nenhuma sentença de julgamento de partilha ou adjudicação será proferida sem prova da quitação de todos os tributos relativos aos bens do espólio, ou às suas rendas.

- arts. 276; 836; 943; 1.700; 1.792 e 1.997, CC/2002.
- arts. 1.023, I; e 1.027, IV, CPC.
- arts. 651 e 655, NCPC.
- arts. 4º, § 4º; 29 e 31, Lei 6.830/1980 (Lei de Execuções Fiscais).

Art. 193. Salvo quando expressamente autorizado por lei, nenhum departamento da administração pública da União, dos Estados, do Distrito Federal, ou dos Municípios, ou sua autarquia, celebrará contrato ou aceitará proposta em concorrência pública sem que o contratante ou proponente faça prova da quitação de todos os tributos devidos à Fazenda Pública interessada, relativos à atividade em cujo exercício contrata ou concorre.

- arts. 27, IV; e 29, Lei 8.666/1993 (Lei de Licitações e Contratos da Administração Pública).

TÍTULO IV
ADMINISTRAÇÃO TRIBUTÁRIA

CAPÍTULO I
FISCALIZAÇÃO

Art. 194. A legislação tributária, observado o disposto nesta Lei, regulará, em caráter geral, ou especificamente em função da natureza do tributo de que se tratar, a competência e os poderes das autoridades administrativas em matéria de fiscalização da sua aplicação.

- art. 37, XXII, CF.
- art. 96 deste Código.

Parágrafo único. A legislação a que se refere este artigo aplica-se às pessoas naturais ou jurídicas, contribuintes ou não, inclusive às que gozem de imunidade tributária ou de isenção de caráter pessoal.

- art. 9º, § 1º, deste Código.

Art. 195. Para os efeitos da legislação tributária, não têm aplicação quaisquer disposições legais excludentes ou limitativas do direito de examinar mercadorias, livros, arquivos, documentos, papéis e efeitos comerciais ou fiscais, dos comerciantes industriais ou produtores, ou da obrigação destes de exibi-los.

- Súm. 260 e 439, STF.

Parágrafo único. Os livros obrigatórios de escrituração comercial e fiscal e os comprovantes dos lançamentos neles efetuados serão conservados até que ocorra a prescrição dos créditos tributários decorrentes das operações a que se refiram.

- Súm. 439, STF.

Art. 196. A autoridade administrativa que proceder ou presidir a quaisquer diligências de fiscalização lavrará os termos necessários para que se documente o início do procedimento, na forma da legislação aplicável, que fixará prazo máximo para a conclusão daquelas.

- arts. 138 e 173, p.u., deste Código.

Parágrafo único. Os termos a que se refere este artigo serão lavrados, sempre que possível, em um dos livros fiscais exibidos; quando lavrados em separado deles se entregará, à pessoa sujeita à fiscalização, cópia autenticada pela autoridade a que se refere este artigo.

Art. 197. Mediante intimação escrita, são obrigados a prestar à autoridade administrativa todas as informações de que disponham com relação aos bens, negócios ou atividades de terceiros:

I - os tabeliães, escrivães e demais serventuários de ofício;

II - os bancos, casas bancárias, Caixas Econômicas e demais instituições financeiras;

- art. 6º, LC 105/2001 (Lei do Sigilo Bancário) e Dec. 3.724/2001 (Regulamenta o art. 6º da LC 105/2001).

III - as empresas de administração de bens;

IV - os corretores, leiloeiros e despachantes oficiais;

V - os inventariantes;

VI - os síndicos, comissários e liquidatários;

- arts. 21 a 25, Lei 11.101/2005 (Lei de Recuperação de Empresas e Falências).

VII - quaisquer outras entidades ou pessoas que a lei designe, em razão de seu cargo, ofício, função, ministério, atividade ou profissão.

Parágrafo único. A obrigação prevista neste artigo não abrange a prestação de informações quanto a fatos sobre os quais o informante esteja legalmente obrigado a observar segredo em razão de cargo, ofício, função, ministério, atividade ou profissão.

- arts. 5º, X e XII; e 133, CF.
- art. 229, CC/2002.
- arts. 388 e 404, NCPC.
- art. 154, CP.
- art. 38, Lei 4.595/1964 (Lei do Sistema Financeiro Nacional).
- art. 7º, XIX, Lei 8.906/1994 (Estatuto da Advocacia e da OAB).
- Lei 9.296/1996 (Dispõe sobre a interceptação de comunicações telefônicas).
- arts. 1º e 2º, LC 105/2001 (Lei do Sigilo Bancário).

Art. 198. Sem prejuízo do disposto na legislação criminal, é vedada a divulgação, por parte da Fazenda Pública ou de seus servidores, de informação obtida em razão do ofício sobre a situação econômica ou financeira do sujeito passivo ou de terceiros e sobre a natureza e o estado de seus negócios ou atividades. (Redação dada pela LC 104/2001.)

- art. 58, § 3º, CF.
- art. 325, CP.
- art. 16, § 4º, Lei 9.393/1996 (Dispõe sobre o ITR e o pagamento da dívida representada por Títulos da Dívida Agrária - TDA).
- art. 6º, p.u., Lei 11.457/2007 (Dispõe sobre a Administração Tributária Federal).
- art. 11, LC 105/2001 (Lei do Sigilo Bancário) e art. 9º, Dec. 3.724/2001 (Regulamenta o art. 6º da LC 105/2001).
- art. 1º, § 3º, Dec. 5.644/2005 (Dispõe sobre a atuação integrada e o intercâmbio de informações entre a Secretaria da Receita Federal e a Secretaria da Receita Previdenciária).
- Port. RFB 2.344/2011 (Disciplina o acesso a informações protegidas por sigilo fiscal constantes de sistemas informatizados da Secretaria da Receita Federal do Brasil).

§ 1º Excetuam-se do disposto neste artigo, além dos casos previstos no art. 199, os seguintes: (Redação dada pela LC 104/2001.)

I - requisição de autoridade judiciária no interesse da justiça; (Incluído pela LC 104/2001.)

- art. 438, NCPC.

II - solicitações de autoridade administrativa no interesse da Administração Pública, desde que seja comprovada a instauração regular de processo administrativo, no órgão ou na entidade respectiva, com o objetivo de investigar o sujeito passivo a que se refere à informação, por prática de infração administrativa. (Incluído pela LC 104/2001.)

§ 2º O intercâmbio de informação sigilosa, no âmbito da Administração Pública, será realizado mediante processo regularmente instaurado, e a entrega será feita pessoalmente à autoridade solicitante, mediante recibo, que formalize a transferência e assegure a preservação do sigilo. (Incluído pela LC 104/2001.)

§ 3º Não é vedada a divulgação de informações relativas a: (Incluído pela LC 104/2001.)

I - representações fiscais para fins penais; (Incluído pela LC 104/2001.)

- art. 83, Lei 9.430/1996 (Dispõe sobre a legislação tributária federal, as contribuições para a seguridade social e o processo administrativo de consulta).

II - inscrições na Dívida Ativa da Fazenda Pública; (Incluído pela LC 104/2001.)

- art. 202 deste Código.
- art. 2º, Lei 6.830/1980 (Lei de Execuções Fiscais).

III - parcelamento ou moratória. (Incluído pela LC 104/2001.)

- arts. 151, VI; e 152 a 155 deste Código.

Art. 199. A Fazenda Pública da União e as dos Estados, do Distrito Federal e dos Municípios prestar-se-ão mutuamente assistência para a fiscalização dos tributos respectivos e permuta de informações, na forma estabelecida, em caráter geral ou específico, por lei ou convênio.

- art. 37, XXII, CF.
- art. 198, § 2º, deste Código.

Parágrafo único. A Fazenda Pública da União, na forma estabelecida em tratados, acordos ou convênios, poderá permutar informações com Estados estrangeiros no interesse da arrecadação e da fiscalização de tributos. (Incluído pela LC 104/2001.)

Art. 200. As autoridades administrativas federais poderão requisitar o auxílio da força pública federal, estadual ou municipal, e reciprocamente, quando vítimas de embaraço ou desacato no exercício de suas funções, ou quando necessário à efetivação dê medida prevista na legislação tributária, ainda que não se configure fato definido em lei como crime ou contravenção.

- arts. 316, § 1º; 322; e 329 a 331, CP.
- Lei 4.729/1965 (Define o crime de sonegação fiscal).
- art. 29, II, LC 123/2006 (Estatuto Nacional da Microempresa e da Empresa de Pequeno Porte).
- Dec.-Lei 1.060/1969 (Dispõe sobre a declaração de bens, dinheiros ou valores, existentes no estrangeiro, a prisão administrativa e o sequestro de bens por infrações fiscais).

CAPÍTULO II DÍVIDA ATIVA

Art. 201. Constitui dívida ativa tributária a proveniente de crédito dessa natureza, regularmente inscrita na repartição administrativa competente, depois de esgotado o prazo fixado, para pagamento, pela lei ou por decisão final proferida em processo regular.

Parágrafo único. A fluência de juros de mora não exclui, para os efeitos deste artigo, a liquidez do crédito.

- art. 185 deste Código.
- art. 51, CP.
- art. 39, § 2º, Lei 4.320/1964 (Estabelece Normas Gerais de Direito Financeiro para elaboração e controle dos orçamentos e balanços da União, dos Estados, dos Municípios e do Distrito Federal).
- art. 2º, Lei 6.830/1980 (Lei de Execuções Fiscais).
- Lei 8.397/1992 (Lei da Medida Cautelar Fiscal).
- Lei 9.964/2000 (Institui o Programa de Recuperação Fiscal – Refis) e Dec. 3.431/2000 (Regulamento).
- Súm. 277, STF.
- Súm. 40; 44; 45; 46; 47; 48; e 59, TFR.

Art. 202. O termo de inscrição da dívida ativa, autenticado pela autoridade competente, indicará obrigatoriamente:

- art. 2º, § 5º, Lei 6.830/1980 (Lei de Execuções Fiscais).
- Súm. 392, STJ.

I - o nome do devedor e, sendo caso, o dos corresponsáveis, bem como, sempre que possível, o domicílio ou a residência de um e de outros;

II - a quantia devida e a maneira de calcular os juros de mora acrescidos;

III - a origem e natureza do crédito, mencionada especificamente a disposição da lei em que seja fundado;

IV - a data em que foi inscrita;

V - sendo caso, o número do processo administrativo de que se originar o crédito.

Parágrafo único. A certidão conterá, além dos requisitos deste artigo, a indicação do livro e da folha da inscrição.

Art. 203. A omissão de quaisquer dos requisitos previstos no artigo anterior, ou o erro a eles relativo, são causas de nulidade da inscrição e do processo de cobrança dela decorrente, mas a nulidade poderá ser sanada até a decisão de primeira instância, mediante substituição da certidão nula, devolvido ao sujeito passivo, acusado ou interessado o prazo para defesa, que somente poderá versar sobre a parte modificada.

- art. 26, Lei 6.830/1980 (Lei de Execuções Fiscais).
- Súm. 153 e 392, STJ.

Art. 204. A dívida regularmente inscrita goza da presunção de certeza e liquidez e tem o efeito de prova pré-constituída.

- art. 185 deste Código.
- art. 3º, Lei 6.830/1980 (Lei de Execuções Fiscais).
- Súm. 558, 559 e 569, STJ.

Parágrafo único. A presunção a que se refere este artigo é relativa e pode ser ilidida por prova inequívoca, a cargo do sujeito passivo ou do terceiro a que aproveite.

CAPÍTULO III CERTIDÕES NEGATIVAS

- Súm. 446, STJ.

Art. 205. A lei poderá exigir que a prova da quitação de determinado tributo, quando exigível, seja feita por certidão negativa, expedida à vista de requerimento do interessado, que contenha todas as informações necessárias à identificação de sua pessoa, domicílio fiscal e ramo de negócio ou atividade e indique o período a que se refere o pedido.

- art. 5º, XXXIV, *b*, CF.
- art. 1º, Lei 7.711/1988 (Dispõe sobre formas de melhoria da administração tributária).
- art. 57, Lei 11.101/2005 (Lei de Recuperação de Empresas e Falências).
- Dec. 84.702/1990 (Simplifica a prova de quitação de tributos, contribuições, anuidades e outros encargos, e restringe a exigência de certidões no âmbito da Administração Federal).
- Dec. 99.476/1990 (Simplifica o cumprimento de exigência de prova de quitação de tributos e contribuições federais e outras imposições pecuniárias compulsórias).
- Dec. 6.106/2007 (Dispõe sobre a prova de regularidade fiscal perante a Fazenda Nacional).
- art. 1º, Dec.-Lei 1.715/1979 (Regula a expedição de certidão de quitação de tributos federais e extingue a declaração de devedor remisso).
- Port. PGFN/SRF 1/2005 (Dispõe sobre a emissão de certidão com os efeitos previstos no art. 205 deste Código, nos casos previstos no art. 13 da Lei 11.051/2004).
- Súm. 547, STF.
- Súm. 73, TFR.

Parágrafo único. A certidão negativa será sempre expedida nos termos em que tenha sido requerida e será fornecida dentro de 10 (dez) dias da data da entrada do requerimento na repartição.

Art. 206. Tem os mesmos efeitos previstos no artigo anterior a certidão de que conste a existência de créditos não vencidos, em curso de cobrança executiva em que tenha sido efetivada a penhora, ou cuja exigibilidade esteja suspensa.

- art. 151 deste Código.
- Dec. 6.106/2007 (Dispõe sobre a prova de regularidade fiscal perante a Fazenda Nacional).
- Súm. 446, STJ.
- Súm. 38, TFR.

Art. 207. Independentemente de disposição legal permissiva, será dispensada a prova de quitação de tributos, ou o seu suprimento, quando se tratar de prática de ato indispensável para evitar a caducidade de direito, respondendo, porém, todos os participantes no ato pelo tributo porventura devido, juros de mora e penalidades cabíveis, exceto as relativas a infrações cuja responsabilidade seja pessoal ao infrator.

Art. 208. A certidão negativa expedida com dolo ou fraude, que contenha erro contra a Fazenda Pública, responsabiliza pessoalmente o funcionário que a expedir, pelo crédito tributário e juros de mora acrescidos.

Parágrafo único. O disposto neste artigo não exclui a responsabilidade criminal e funcional que no caso couber.

- art. 301, CP.

DISPOSIÇÕES FINAIS E TRANSITÓRIAS

Art. 209. A expressão "Fazenda Pública", quando empregada nesta Lei sem qualificação, abrange a Fazenda Pública da União, dos Estados, do Distrito Federal e dos Municípios.

Art. 210. Os prazos fixados nesta Lei ou legislação tributária serão contínuos, excluindo-se na sua contagem o dia de início e incluindo-se o de vencimento.

Parágrafo único. Os prazos só se iniciam ou vencem em dia de expediente normal na repartição em que corra o processo ou deva ser praticado o ato.

- arts. 212, 224 e 230, NCPC.
- Súm. 310, STF.

Art. 211. Incumbe ao Conselho Técnico de Economia e Finanças, do Ministério da Fazenda, prestar assistência técnica aos governos estaduais e municipais, com o objetivo de assegurar a uniforme aplicação da presente Lei.

Art. 212. Os Poderes Executivos federal, estaduais e municipais expedirão, por decreto, dentro de 90 (noventa) dias da entrada em vigor desta Lei, a consolidação, em texto único, da legislação vigente, relativa a cada um dos tributos, repetindo-se esta providência até o dia 31 de janeiro de cada ano.

Art. 213. Os Estados pertencentes a uma mesma região geoeconômica celebrarão entre si convênios para o estabelecimento de alíquota uniforme para o imposto a que se refere o artigo 52.

- O art. 52 foi revogado pelo Dec.-Lei 406/1968.

Parágrafo único. Os Municípios de um mesmo Estado procederão igualmente, no que se refere à fixação da alíquota de que trata o artigo 60.

- Art. 60 revogado pelo Dec.-lei 406/1968.

Art. 214. O Poder Executivo promoverá a realização de convênios com os Estados, para excluir ou limitar a incidência do imposto sobre operações relativas à circulação de mercadorias, no caso de exportação para o exterior.

- art. 155, § 2º, XII, e, CF.
- LC 24/1975 (Dispõe sobre os convênios para a concessão de isenções do imposto sobre operações relativas à circulação de mercadorias).

Art. 215. A lei estadual pode autorizar o Poder Executivo a reajustar, no exercício de 1967, a alíquota de imposto a que se refere o artigo 52, dentro de limites e segundo critérios por ela estabelecidos.

- O art. 52 foi revogado pelo Dec.-Lei 406/1968.

Art. 216. O Poder Executivo proporá as medidas legislativas adequadas a possibilitar, sem compressão dos investimentos previstos na proposta orçamentária de 1967, o cumprimento do disposto no artigo 21 da Emenda Constitucional n. 18, de 1965.

Art. 217. As disposições desta Lei, notadamente as dos arts. 17, 74, § 2º e 77, parágrafo único, bem como a do art. 54 da Lei n. 5.025, de 10 de junho de 1966, não excluem a incidência e a exigibilidade: (Incluído pelo Dec.-Lei 27/1966).

I - da "contribuição sindical", denominação que passa a ter o imposto sindical de que tratam os arts. 578 e seguintes, da Consolidação das Leis do Trabalho, sem prejuízo do disposto no art. 16 da Lei n. 4.589, de 11 de dezembro de 1964; (Incluído pelo Dec.-Lei 27/1966.)

II - das denominadas "quotas de previdência" a que aludem os arts. 71 e 74 da Lei n. 3.807, de 26 de agosto de 1960, com as alterações determinadas pelo art. 34 da Lei n. 4.863, de 29 de novembro de 1965, que integram a contribuição da União para a previdência social, de que trata o art. 157, item XVI, da Constituição Federal; (Incluído pelo Dec.-Lei 27/1966.)

- Refere-se à CF/1946.
- arts. 194 e 195, CF/1988.
- art. 9º, Ato Complementar 27/1966.
- art. 54, Lei 5.025/1966 (Dispõe sobre o intercâmbio comercial com o exterior e cria o Conselho Nacional do Comércio Exterior).

III - da contribuição destinada a constituir o "Fundo de Assistência" e "Previdência do Trabalhador Rural", de que trata o art. 158 da Lei n. 4.214, de 02 de março de 1963; (Incluído pelo Dec.-Lei 27/1966.)

- arts. 19 e 21, Lei 5.889/1973 (Estabelece normas reguladoras do trabalho rural).

IV - da contribuição destinada ao Fundo de Garantia do Tempo de Serviço, criada pelo art. 2º da Lei n. 5.107, de 13 de setembro de 1966; (Incluído pelo Dec.-Lei 27/1966.)

- Lei 8.036/1990 (Dispõe sobre o FGTS).

V - das contribuições enumeradas no § 2º do art. 34 da Lei n. 4.863, de 29 de novembro de 1965, com as alterações decorrentes do disposto nos arts. 22 e 23 da Lei n. 5.107, de 13 de setembro de 1966, e outras de fins sociais criadas por lei. (Incluído pelo Dec.-Lei 27/1966.)

- Lei 8.036/1990 (Dispõe sobre o FGTS).

Art. 218. Esta Lei entrará em vigor, em todo o território nacional, no dia 1º de janeiro de 1967, revogadas as disposições em contrário, especialmente a Lei n. 854, de 10 de outubro de 1949. (Antigo art. 217 renumerado pelo Dec.-Lei 27/1966.)

Brasília, 25 de outubro de 1966; 145º da Independência e 78º da República.

H. Castello Branco

ÍNDICE ALFABÉTICO-REMISSIVO DO CÓDIGO TRIBUTÁRIO NACIONAL

- A -

AÇÃO ANULATÓRIA
- art. 169

AÇÃO DE COBRANÇA DE CREDITO TRIBUTÁRIO
- art. 174

ADMINISTRAÇÃO TRIBUTÁRIA
- arts. 194 a 208
- certidões negativas: arts. 205 a 208
- dispensa de prova de quitação de tributos: art. 207
- fiscalização: arts. 194 a 200
- informações à autoridade administrativa: art. 197
- livros obrigatórios: art. 195, par. ún.
- presunção de liquidez e certeza da dívida regularmente inscrita: art. 204

ADQUIRENTE DE BENS
- art. 131, I

ALIENAÇÃO FRAUDULENTA DE BENS
- art. 185

ALÍQUOTA
- *ad valorem*: art. 20, II
- alteração: art. 21
- convênio para estabelecimento de: art. 213
- fixação: art. 97, IV
- imposto sobre a transmissão de bens imóveis: art. 39

ANALOGIA
- art. 108

ANISTIA FISCAL
- arts. 180 a 182

APLICAÇÃO DA LEGISLAÇÃO TRIBUTÁRIA
- arts. 105 e 106

ARREMATANTE DE PRODUTOS APREENDIDOS OU ABANDONADOS
- art. 22, II

ATOS
- administrativos: art. 103, I
- jurídicos condicionais: art. 117
- normativos: art. 100, I

- B -

BANCO DO BRASIL
- crédito ao Fundo de Participação dos Estados e dos Municípios: art. 87
- prazo para creditar aos Estados: art. 93, § 2º

BANCOS
- obrigação de prestar informações sobre os bens, negócios ou atividades de terceiros: art. 197, II

BASE DE CÁLCULO DE TRIBUTO
- atualização do valor monetário respectivo: art. 100, par. ún.
- atualização não constitui majoração de tributo: art. 97, § 2º
- fixação da alíquota exclusivamente por lei: art. 97, IV
- imposto sobre a propriedade predial e territorial urbana: art. 33
- imposto sobre a propriedade territorial rural: art. 30
- imposto sobre a transmissão de bens imóveis: art. 38
- imposto sobre exportação: arts. 24 e 25
- imposto sobre importação: arts. 20 e 21
- imposto sobre operações de crédito, câmbio e seguro: art. 64
- imposto sobre produtos industrializados: art. 47

- C -

CALAMIDADE PÚBLICA
- art. 15, II

CAPACIDADE TRIBUTÁRIA
- art. 126

CERTIDÕES NEGATIVAS
- arts. 205 a 208
- dispensa de prova de quitação de tributos: art. 207
- expedida com dolo ou fraude: art. 208
- prova de quitação de tributo: arts. 205 e 206

CITAÇÃO PESSOAL DO DEVEDOR
- art. 174, par. ún.

COBRANÇA DE IMPOSTO SOBRE O PATRIMÔNIO E A RENDA
- art. 9º, II

COISA JULGADA
- art. 156, X

COMISSÁRIO DE CONCORDATA
- art. 134, V

COMPENSAÇÃO DE CRÉDITOS TRIBUTÁRIOS
- art. 170

COMPETÊNCIA TRIBUTÁRIA
- arts. 6º a 15
- disposições especiais: arts. 12 a 14
- empréstimos compulsórios: art. 15
- indelegabilidade: art. 7º
- limitações: arts. 9º a 15
- não exercício: art. 8º

CONCORDATA
- cobrança judicial de crédito tributário: art. 187
- concessão: art. 191

CONCORDATÁRIO
- arts. 134, V, e 135, I

CONCURSO
- credores: art. 187
- preferência: art. 187, par. ún.

CONDIÇÃO
- resolutória: art. 117, II
- suspensiva: art. 117, I

CÔNJUGE MEEIRO
- art. 131, II

CONSIGNAÇÃO JUDICIAL DO CRÉDITO TRIBUTÁRIO
- art. 164

CONTRIBUIÇÃO DE MELHORIA
- arts. 81 e 82

CONTRIBUINTE
- exclusão de responsabilidade pelo crédito tributário: art. 128
- imposto de exportação: art. 27
- imposto de importação: art. 22
- imposto sobre a propriedade predial e territorial urbana: art. 34
- imposto sobre a propriedade territorial rural: art. 31
- imposto sobre operações de crédito, câmbio e seguro: art. 66
- imposto sobre produtos industrializados: art. 51
- imposto sobre serviços de transportes e comunicações: art. 70
- notificação; contribuição de melhoria: art. 82, § 2º
- responsabilidade solidária: arts. 134 e 135
- sujeito passivo da obrigação principal: art. 121, par. ún., I

CONVERSÃO DO DEPÓSITO EM RENDA
- art. 156, VI

CRÉDITO TRIBUTÁRIO
- arts. 139 a 193
- ação de cobrança: art. 174
- anistia: arts. 180 a 182
- cobrança de juros de mora: art. 155
- cobrança judicial: art. 187
- compensação: arts. 170 e 170-A
- concordata: art. 191
- consignação judicial: art. 164
- constituição: arts. 142 a 150
- desconto pela antecipação do pagamento: art. 160, par. ún.
- disposições gerais: arts. 139 a 141
- extinção de pagamento: arts. 157 a 164
- extinção do direito de constituir: art. 173
- extinção mediante transação: art. 171
- forma de pagamento: art. 162
- formas de exclusão: arts. 175 a 182
- garantias e privilégios: arts. 183 a 193
- interrupção da prescrição: art. 174, par. ún.
- isenção decorrente de lei: art. 176
- isenção ou remissão: art. 125, II
- juros de mora e penalidades: art. 161
- lançamento: arts. 142 a 150
- local de pagamento: art. 159
- modalidades de extinção: arts. 156 a 174
- moratória: arts. 152 a 155-A
- natureza da obrigação principal: art. 139
- pagamento preferencial: arts. 188 a 190
- preferências: arts. 186 a 193
- prova de quitação: arts. 191 a 193

- remissão total ou parcial: art. 172
- restituição do tributo: art. 167
- retroatividade do lançamento: art. 144
- suspensão: arts. 151 a 155-A
- transação: art. 171

CURADORES
- art. 134, II

- D -

DECADÊNCIA
- art. 156, V

DECISÃO JUDICIAL PASSADA EM JULGADO
- art. 156, X

DE CUJUS
- art. 131, II

DEPÓSITO INTEGRAL DO CRÉDITO TRIBUTÁRIO
- art. 151, II

DESCONTO PELA ANTECIPAÇÃO DO PAGAMENTO
- art. 160, par. ún.

DESEMBARAÇO ADUANEIRO
- art. 46, I

DIFERENÇA TRIBUTÁRIA ENTRE BENS DE QUALQUER NATUREZA
- art. 11

DISTRIBUIÇÃO DE RECEITAS TRIBUTÁRIAS
- arts. 83 e 84
- constituição dos Fundos de Participação: art. 86
- critério de distribuição do Fundo de Participação dos Estados: art. 88
- produto da arrecadação do imposto sobre a propriedade territorial rural: art. 85
- produto de arrecadação do imposto sobre operações relativas a combustíveis: art. 95

DÍVIDA ATIVA TRIBUTÁRIA
- arts. 201 a 204
- causas de nulidade da inscrição: art. 203
- definição: art. 201
- regularmente inscrita: art. 204
- termo de inscrição: art. 202

DOMICÍLIO TRIBUTÁRIO
- art. 127

- E -

ELEIÇÃO DE DOMICÍLIO TRIBUTÁRIO
- art. 127

EMPREGADOS
- art. 135, II

EMPRÉSTIMO COMPULSÓRIO
- art. 15

EQUIDADE
- emprego pela autoridade competente: art. 108, IV
- não dispensa o pagamento do tributo devido: art. 108, § 2º

ERRO
- retificação da declaração do sujeito passivo: art. 147, § 1º
- retificação de ofício: art. 147, § 2º
- revisão do lançamento: art. 149, IV

ESPÓLIO
- art. 131, III

ESTABELECIMENTO COMERCIAL
- art. 133

ESTADOS FEDERADOS
- arrecadação de impostos de competência da União: art. 84
- competência no imposto sobre transmissão de imóveis: art. 35
- convênios com a União: art. 83
- distribuição: art. 85, II

EXPORTAÇÃO
- art. 23

EXTRATERRITORIALIDADE DA LEI ESTADUAL
- art. 102

- F -

FALÊNCIA
- art. 187

FATO GERADOR
- atos perfeitos e acabados: art. 117
- caracterização: art. 116
- definições legais: arts. 114, 115 e 118
- interpretação da definição legal: art. 118
- obrigação acessória: art. 115
- obrigação principal: art. 114

FILHOS MENORES
- art. 134, I

FISCALIZAÇÃO
- arts. 194 a 200
- abrangência legal: art. 194, par. ún.
- assistência mútua pelas Fazendas Públicas: art. 199
- competência regulada na legislação tributária: art. 194
- diligências: art. 196
- obrigação da prestação de informações sobre bens: art. 197
- requisição de força pública em caso de embaraço ou desacato: art. 200
- sigilo de informações: art. 198

FRAUDE
- extinção do crédito tributário: art. 150, § 4º
- revisão do lançamento: art. 149, VII
- sujeito passivo ou de terceiro: art. 154, par. ún.

FUNDO DE COMÉRCIO
- art. 133

FUNDO DE PARTICIPAÇÃO DOS ESTADOS E MUNICÍPIOS
- arts. 86 a 94
- cálculo e pagamento das quotas Estaduais e Municipais: arts. 92 e 93
- critério de distribuição dos Estados: arts. 88 a 90
- critério de distribuição dos Municípios: art. 91
- estabelecimento do fator representativo da população: art. 89
- estabelecimento do fator representativo do inverso da renda *per capita*: art. 90

- G -

GUERRA EXTERNA
- instituição de empréstimo compulsório pela União: art. 15, I
- instituição de impostos extraordinários pela União: art. 76

- I -

IMÓVEIS
- art. 35

IMPOSTO
- arts. 16 a 76
- cobrança; vedação: art. 9º, II e IV
- componentes do sistema tributário nacional: art. 17
- conceito legal: art. 16
- especiais: arts. 74 a 76
- espécie de tributo: art. 5º
- exportação: arts. 23 a 28
- extraordinários: art. 76
- importação: arts. 19 a 22
- patrimônio e a renda: arts. 29 a 45
- produtos industrializados: arts. 46 a 51
- propriedade predial e territorial urbana: arts. 32 a 34
- propriedade territorial rural: arts. 29 a 31
- serviços de transportes e comunicações: arts. 68 a 70
- transmissão de bens imóveis e de direitos a eles relativos: arts. 35 a 42

IMPOSTO SOBRE A EXPORTAÇÃO
- arts. 23 a 28
- base de cálculo: arts. 24 e 25
- competência da União: art. 23
- contribuinte: art. 27
- fato gerador: art. 23
- finalidade da alteração das alíquotas: art. 26
- receita liquida: art. 28

IMPOSTO SOBRE A IMPORTAÇÃO
- arts. 19 a 22
- alteração das alíquotas: art. 21
- base de cálculo: art. 20
- competência da União: art. 19
- contribuinte: art. 22
- fato gerador: art. 19

IMPOSTO SOBRE A PROPRIEDADE PREDIAL E TERRITORIAL URBANA
- arts. 32 a 34
- base de cálculo: art. 33
- competência dos Municípios: art. 32
- zona urbana: art. 32, §§ 1º e 2º

IMPOSTO SOBRE A RENDA E PROVENTOS DE QUALQUER NATUREZA
- arts. 43 a 45
- base de cálculo: art. 44
- competência da União: art. 43
- contribuinte: art. 45, par. ún.
- fato gerador: art. 43
- incidência: art. 43, §§ 1º e 2º

IMPOSTO SOBRE A TRANSMISSÃO DE BENS IMÓVEIS E DE DIREITOS A ELES RELATIVOS
- arts. 35 a 42
- alíquota; aplicação: art. 39
- base de cálculo: art. 38
- competência dos Estados: arts. 35 e 41
- contribuinte: art. 42
- dedução do montante do art. 40
- fato gerador: art. 35
- incidência: art. 37
- não incidência; casos: art. 36
- transmissões causa *mortis*: art. 35, par. ún.

IMPOSTO SOBRE OPERAÇÕES DE CRÉDITO, CÂMBIO E SEGURO E SOBRE OPERAÇÕES RELATIVAS A TÍTULOS E VALORES MOBILIÁRIOS
- arts. 63 a 67
- alteração de alíquotas; finalidade: art. 65
- base de cálculo: art. 64
- competência da União: art. 63
- contribuinte: art. 66
- fato gerador: art. 63
- receita líquida; destinação: art. 67

IMPOSTO SOBRE OPERAÇÕES RELATIVAS A COMBUSTÍVEIS, LUBRIFICANTES, ENERGIA ELÉTRICA E MINERAIS DO PAÍS
- arts. 74 e 75
- competência da União: art. 74
- energia elétrica equiparada a produto industrializado: art. 74, § 1º
- fato gerador: art. 74
- incidência: art. 74, § 2º

IMPOSTO SOBRE PRODUTOS INDUSTRIALIZADOS
- arts. 46 a 51
- base de cálculo: art. 47
- competência da União: art. 46
- conceito de produto industrializado: art. 46, par. ún.
- contribuinte: art. 51
- fato gerador: art. 46
- não cumulatividade: art. 49
- seletividade: art. 48

IMPOSTO SOBRE PROPRIEDADE TERRITORIAL RURAL
- arts. 29 a 31
- base de cálculo: art. 30
- competência da União: art. 29
- contribuinte: art. 31
- fato gerador: art. 29

IMPOSTO SOBRE SERVIÇOS DE TRANSPORTES E COMUNICAÇÕES
- arts. 68 a 70
- base de cálculo: art. 69
- competência da União: art. 68
- contribuinte: art. 70

IMUNIDADE TRIBUTÁRIA
- art. 9º, IV

INTEGRAÇÃO DA LEGISLAÇÃO TRIBUTÁRIA
- analogia: art. 108, I
- dispensa do pagamento do tributo devido: art. 108, § 2º
- equidade: art. 108, IV
- tributo não previsto em lei; exigência: art. 108, § 1º

INTERPRETAÇÃO DA LEGISLAÇÃO TRIBUTÁRIA
- arts. 107 a 112
- interpretação favorável ao acusado: art. 112
- interpretação literal: art. III
- normas aplicáveis: art. 107

INVENTARIANTE
- art. 134, IV

ISENÇÃO
- arts. 176 a 179
- efetivação: art. 179
- revogação ou modificação: art. 178
- tributos aos quais não se aplicará: art. 177

- J -

JUROS DE MORA
- art. 161

- L -

LANÇAMENTO
- alteração: art. 145
- conceito legal: art. 142
- constituição do crédito tributário: art. 142
- homologação: art. 150
- modalidades: arts. 147 a 150
- responsabilidade funcional: art. 142, par. ún.
- retroatividade: art. 144

LEGISLAÇÃO TRIBUTÁRIA
- arts. 96 a 112
- âmbito da expressão: art. 96
- aplicação a ato ou lato pretérito: art. 106
- aplicação imediata: art. 105
- competência: art. 97
- decretos: art. 99
- interpretação literal: art. III
- interpretação: arts. 107 e 108
- normas complementares: art. 100
- princípios gerais de direito privado: art. 109
- que define infrações ou comi na penalidades: art. 112
- tratados e convenções; abrangência: art. 98
- vedação á alteração de definição: art. 110
- vigência no espaço e no tempo: arts. 101 a 104

LEILOEIROS
- art. 197, IV

LIMINAR EM MANDADO DE SEGURANÇA
- art. 151, IV

LIQUIDEZ DO CRÉDITO TRIBUTÁRIO
- art. 201, par. ún.

- M -

MANDADO DE SEGURANÇA
- art. 151, IV

MASSA FALIDA
- art. 134, V

MORATÓRIA
- arts. 152 a 155-A
- abrangência: art. 154
- concessão de caráter geral ou individual: art. 152, I e II
- individual: arts. 153, II e 155
- parcelamento: art. 155-A

MUNICÍPIOS
- competência para o imposto sobre a propriedade predial e territorial urbana: art. 32
- concurso de preferência: art. 187, par. ún., III
- convênios com a União: art. 83
- fato gerador de suas taxas: art. 77
- participação no imposto sobre a propriedade territorial
- rural: arts. 29 e 85, I

- N -

NÃO INCIDÊNCIA DO IMPOSTO SOBRE TRANSMISSÃO DE IMÓVEIS
- art. 36

NOTA FISCAL DE MODELO ESPECIAL
- art. 50

- O -

OBRAS PÚBLICAS
- art. 81

OBRIGAÇÃO TRIBUTÁRIA
- acessória: arts. 113, § 2º e 115
- conversão em principal da obrigação acessória: art. 113, § 3º
- domicílio tributário: art. 127
- espécies: art. 113
- principal: arts. 113, § 1º e 114
- sujeito ativo: arts. 119 e 120
- sujeito passivo: arts. 121 a 125

- P -

PAGAMENTO
- arts. 157 a 169
- acréscimo de juros de mora: art. 161
- antecipação: arts. 150, § 1º e 156, VII
- consignação judicial da importância do crédito tributário: art. 164
- crédito não Importa presunção de pagamento: art. 158
- desconto em caso de antecipação: art. 160, par. ún.
- extinção do crédito tributário: art. 156, I
- formas de: art. 162 .
- imposição de penalidade: art. 157
- indevido: art. 165
- juros de mora: art. 161
- local para efetuar: art. 159
- não fixação do tempo: art. 160
- prescrição do direito de pleitear restituição: art. 168
- regras de imputação: art. 163
- restituição total ou parcial do tributo: art. 167
- restituição-negada: art. 169

PAPEL DESTINADO A PUBLICAÇÕES
- art. 9º, IV, d

PESSOAS JURÍDICAS
- aquisição de fundo de comércio ou estabelecimento: art. 133
- domicílio tributário no direito privado: art. 127, II
- domicílio tributário no direito público: art. 127, III
- sub-rogação em caso de desmembramento: art. 120
- sujeito ativo da obrigação de direito público: art. 119

PESSOAS NATURAIS
- art. 127, I, e § 1º

PODER AQUISITIVO
- art. 15, III

PODER DE POLÍCIA
- art. 78

POSSE DE BEM IMÓVEL
- art. 32

PRAZO
- contagem: art. 210
- fornecimento de certidões negativas: art. 205, par. ún.
- imposto extraordinário na iminência ou em caso de guerra externa: art. 76
- início e vencimento restritos a dia de expediente normal: art. 210, par. ún.
- pleitear restituição de tributo: art. 168

PREPOSTOS
- art. 135, II

PRESCRIÇÃO
- ação de cobrança do crédito tributário: art. 174
- extinção do crédito tributário: art. 156, V
- interrupção; casos: arts. 174, par. ún. e 125, III

PRESUNÇÃO DE FRAUDE
- art. 185

PRINCÍPIOS GERAIS DE DIREITO
- arts. 108, II e III e 109

PRODUTO INDUSTRIALIZADO
- art. 46, par. ún.

PROPRIEDADE IMÓVEL
- arts. 29 e 32

PROTESTO JUDICIAL
- art. 174, par. ún., II

- Q -

QUITAÇÃO DE TRIBUTOS
- art. 191

- R -

REFORMA DE DECISÃO CONDENATÓRIA
- art. 165, III

REMISSÃO
- art. 156, IV

RESCISÃO DE DECISÃO CONDENATÓRIA
- art. 165, III

RESGATE NO EMPRÉSTIMO COMPULSÓRIO
- art. 15, par. ún.

RESPONSABILIDADE TRIBUTÁRIA
- arts. 128 a 138
- aquisição de fundo de comércio ou estabelecimento comercial, industrial ou profissional: art. 133
- atos praticados com excesso de poderes ou infração de lei: art. 135
- crédito tributário: art. 130
- definição dos responsáveis pessoais: art. 131
- infrações da legislação: arts. 136 a 138
- infrações da legislação; exclusão: art. 138
- pessoa jurídica de direito privado resultante de fusão, transformação ou incorporação: art. 132
- solidária: art. 134
- sucessores: arts. 129 a 133
- terceiros: arts. 128, 134 e 135

RESTITUIÇÃO
- ação anulatória que a denegar: art. 169
- prazo: art. 168

RETIFICAÇÃO DE OFÍCIO
- art. 147, §§ 1º e 2º

RETROATIVIDADE DA LEI TRIBUTÁRIA
- art. 106

REVISÃO DE OFÍCIO DO LANÇAMENTO
- art. 149

- S -

SEGREDO PROFISSIONAL
- art. 197, par. ún.

SIMULAÇÃO
- art. 155, I, e par. ún.

SÍNDICO DE FALÊNCIA
- art. 134, V, e par. ún.

SISTEMA TRIBUTÁRIO NACIONAL
- art. 17

SÓCIOS
- art. 134, VII e par. ún.

SOLIDARIEDADE
- arts. 124 e 125
- efeitos: art. 125
- pessoas obrigadas: art. 124

SUB-ROGAÇÃO
- art. 120

SUCESSORES
- art. 131, II

SUJEITO ATIVO DA OBRIGAÇÃO TRIBUTÁRIA
- art. 119

SUJEITO PASSIVO DA OBRIGAÇÃO TRIBUTÁRIA
- capacidade tributária: art. 126
- convenções particulares relativas à responsabilidade pelo pagamento de tributos: art. 123
- dolo, fraude ou simulação: art. 149, VII
- efetuação de lançamento com base em sua declaração: art. 147
- obrigação acessória: art. 122
- obrigação principal: art. 121
- obrigação solidária: arts. 124 e 125

SUSPENSÃO DA EXIGIBILIDADE DO CRÉDITO TRIBUTÁRIO
- art. 151

- T -

TAXA
- arts. 77 a 80
- base de cálculo e fato gerador: art. 77, par. ún.
- cobradas pela União, Estados, Distrito Federal ou Municípios: art. 77
- espécie de tributo: art. 5º
- instituição e cobrança: art. 80
- poder de polícia: art. 78
- serviços públicos: art. 79

TEMPLOS
- art. 9º, IV, b

TRANSAÇÃO
- art. 156, III

TRIBUTO
- conceito legal: art. 3º
- diferença tributária entre bens de qualquer natureza: art. 11
- espécies: art. 5º
- instituição pela União: art. 10
- interestadual ou intermunicipal: art. 9º, III
- majoração: art. 9º, I
- natureza jurídica específica: art. 4º

TUTORES
- art. 134, II

- U -

UNIÃO
- competência para concessão de moratória: art. 152, I, b
- competência referente ao imposto de exportação: art. 23
- competência referente ao imposto de importação: art. 19
- competência referente ao imposto sobre a propriedade
- competência referente ao imposto sobre operações de
- competência referente ao imposto sobre produtos industrializados: art. 46
- crédito, câmbio e seguro: art. 63
- distribuição de impostos aos Estados, Distrito Federal e Municípios: art. 85, I e II
- impostos extraordinários: art. 76
- instituição de empréstimos compulsórios: art. 15
- territorial rural: art. 29

- V -

VALOR FUNDIÁRIO
- art. 30

VALOR VENAL DE IMÓVEL
- art. 33

- Z -

ZONA URBANA
- art. 32, § 1º

CÓDIGO ELEITORAL

ÍNDICE SISTEMÁTICO DO CÓDIGO ELEITORAL

PARTE PRIMEIRA – INTRODUÇÃO .... **arts. 1º a 11**

PARTE SEGUNDA – DOS ÓRGÃOS DA JUSTIÇA ELEITORAL .... **arts. 12 a 41**

TÍTULO I – DO TRIBUNAL SUPERIOR .... **arts. 16 a 24**

TÍTULO II – DOS TRIBUNAIS REGIONAIS .... **arts. 25 a 31**

TÍTULO III – DOS JUÍZES ELEITORAIS .... **arts. 32 a 35**

TÍTULO IV – DAS JUNTAS ELEITORAIS .... **arts. 36 a 41**

PARTE TERCEIRA – DO ALISTAMENTO .... **arts. 42 a 81**

TÍTULO I – DA QUALIFICAÇÃO E INSCRIÇÃO .... **arts. 42 a 70**

Capítulo I – Da Segunda Via .... arts. 52 a 54

Capítulo II – Da Transferência .... arts. 55 a 61

Capítulo III – Dos Preparadores .... arts. 62 a 65

Capítulo IV – Dos Delegados de Partido Perante o Alistamento .... art. 66

Capítulo V – Do Encerramento do Alistamento .... arts. 67 a 70

TÍTULO II – DO CANCELAMENTO E DA EXCLUSÃO .... **arts. 71 a 81**

PARTE QUARTA – DAS ELEIÇÕES .... **arts. 82 a 233-A**

TÍTULO I – DO SISTEMA ELEITORAL .... **arts. 82 a 113**

Capítulo I – De Registro dos Candidatos .... arts. 87 a 102

Capítulo II – Do Voto Secreto .... art. 103

Capítulo III – Da Cédula Oficial .... art. 104

Capítulo IV – Da Representação Proporcional .... arts. 105 a 113

TÍTULO II – DOS ATOS PREPARATÓRIOS DA VOTAÇÃO .... **arts. 114 a 132**

Capítulo I – Das Seções Eleitorais .... arts. 117 e 118

Capítulo II – Das Mesas Receptoras .... arts. 119 a 130

Capítulo III – Da Fiscalização Perante as Mesas Receptoras .... arts. 131 e 132

TÍTULO III – DO MATERIAL PARA A VOTAÇÃO .... **arts. 133 e 134**

TÍTULO IV – DA VOTAÇÃO .... **arts. 135 a 157**

Capítulo I – Dos Lugares da Votação .... arts. 135 a 138

Capítulo II – Da Polícia dos Trabalhos Eleitorais .... arts. 139 a 141

Capítulo III – Do Início da Votação .... arts. 142 a 145

Capítulo IV – Do Ato de Votar .... arts. 146 a 152

Capítulo V – Do Encerramento da Votação .... arts. 153 a 157

TÍTULO V – DA APURAÇÃO .... **arts. 158 a 233-A**

Capítulo I – Dos Órgãos Apuradores .... art. 158

Capítulo II – Da Apuração nas Juntas .... arts. 159 a 196

Seção I – Disposições Preliminares .... arts. 159 a 164

Seção II – Da Abertura da Urna .... arts. 165 a 168

Seção III – Das Impugnações e dos Recursos .... arts. 169 a 172

Seção IV – Da Contagem dos Votos .... arts. 173 a 187

Seção V – Da Contagem dos Votos pela Mesa Receptora .... arts. 188 a 196

Capítulo III – Da Apuração nos Tribunais Regionais .... arts. 197 a 204

Capítulo IV – Da Apuração no Tribunal Superior .... arts. 205 a 214

Capítulo V – Dos Diplomas .... arts. 215 a 218

Capítulo VI – Das Nulidades da Votação .... arts. 219 a 224

Capítulo VII – Do Voto no Exterior .... arts. 225 a 233-A

PARTE QUINTA – DISPOSIÇÕES VÁRIAS .... arts. 234 a 383

TÍTULO I – DAS GARANTIAS ELEITORAIS .... arts. 234 a 239

TÍTULO II – DA PROPAGANDA PARTIDÁRIA .... arts. 240 a 256

TÍTULO III – DOS RECURSOS .... arts. 257 a 282

Capítulo I – Disposições Preliminares .... arts. 257 a 264

Capítulo II – Dos Recursos Perante as Juntas e Juízos Eleitorais .... arts. 265 a 267

Capítulo III – Dos Recursos nos Tribunais Regionais .... arts. 268 a 279

Capítulo IV – Dos Recursos no Tribunal Superior .... arts. 280 a 282

TÍTULO IV – DISPOSIÇÕES PENAIS .... arts. 283 a 364

Capítulo I – Disposições Preliminares .... arts. 283 a 288

Capítulo II – Dos Crimes Eleitorais .... arts. 289 a 354-A

Capítulo III – Do Processo das Infrações .... arts. 355 a 364

TÍTULO V – DISPOSIÇÕES GERAIS E TRANSITÓRIAS .... arts. 365 a 383

LEI N. 4.737, DE 15 DE JULHO DE 1965

Institui o Código Eleitoral.

› *DOU*, 19.07.1965, retificada no *DOU*, 30.07.1965.

O Presidente da República. Faço saber que sanciono a seguinte Lei, aprovada pelo Congresso Nacional, nos termos do art. 4º, *caput*, do Ato Institucional, de 09 de abril de 1964.

PARTE PRIMEIRA
INTRODUÇÃO

Art. 1º Este Código contém normas destinadas a assegurar a organização e o exercício de direitos políticos, precipuamente os de votar e ser votado.

Parágrafo único. O Tribunal Superior Eleitoral expedirá instruções para sua fiel execução.

Art. 2º Todo poder emana do povo e será exercido em seu nome por mandatários escolhidos, direta e secretamente, dentre candidatos indicados por partidos políticos nacionais, ressalvada a eleição indireta nos casos previstos na Constituição e leis específicas.

› arts. 1º, p.u., CF.

Art. 3º Qualquer cidadão pode pretender investidura em cargo eletivo, respeitadas as condições constitucionais e legais de elegibilidade e incompatibilidade.

› art. 14, §§ 3º a 11, CF.

Art. 4º São eleitores os brasileiros maiores de 18 anos que se alistarem na forma da lei.

› art. 14, § 1º, I e II, *c*, CF.

Art. 5º Não podem alistar-se eleitores:

› arts. 14, § 2º, CF.

I - os analfabetos;

› art. 14, § 1º, II, *a*, CF.

› Ac. 23.291/2004, TSE (Declara a não recepção deste inciso pela CF/1988).

II - os que não saibam exprimir-se na língua nacional;

› Res. 23.274/2010, TSE (Declara a não recepção deste inciso pela CF/1988).

III - os que estejam privados, temporária ou definitivamente dos direitos políticos.

› art. 15, CF.

› art. 47, I, Lei 7.210/1984 (Lei de Execuções Penais - LEP).

Parágrafo único. Os militares são alistáveis, desde que oficiais, aspirantes a oficiais, guardas-marinha, subtenentes ou suboficiais, sargentos ou alunos das escolas militares de ensino superior para formação de oficiais.

› art. 14, §§ 2º e 8º, CF.

› Res.-TSE n. 15.850/1989 (a palavra "conscritos" alcança também aqueles matriculados nos órgãos de formação de reserva e os médicos, dentistas, farmacêuticos e veterinários que prestam serviço militar inicial obrigatório).

Art. 6º O alistamento e o voto são obrigatórios para os brasileiros de um e outro sexo, salvo:

› art. 14, § 1º, I e II, CF.

› Lei 6.236/1975 (Determina providências para cumprimento da obrigatoriedade do alistamento eleitoral).

I - quanto ao alistamento:

› art. 10 deste Código.

a) os inválidos;

› art. 1º, Res. 21.920/2004, TSE (Dispõe sobre alistamento eleitoral e voto obrigatórios para todas as pessoas portadoras de deficiência).

b) os maiores de setenta anos;

c) os que se encontrem fora do país.

II - quanto ao voto:

a) os enfermos;

b) os que se encontrem fora do seu domicílio;

c) os funcionários civis e os militares, em serviço que os impossibilite de votar.

Art. 7º O eleitor que deixar de votar e não se justificar perante o juiz eleitoral até 30 (trinta) dias após a realização da eleição, incorrerá na multa de 3 (três) a 10 (dez) por cento sobre o salário-mínimo da região, imposta pelo juiz eleitoral e cobrada na forma prevista no art. 367. (Redação dada pela Lei 4.961/1966.)

› art. 231 deste Código.

› arts. 7º; 16, Lei 6.091/1974 (Dispõe sobre o fornecimento gratuito de transporte, em dias de eleição, a eleitores residentes nas zonas rurais).

› art. 1º, p.u., Res. 21.920/2004, TSE (Dispõe sobre o alistamento eleitoral e o voto dos cidadãos portadores de deficiência, cuja natureza e situação impossibilitem ou tornem extremamente oneroso o exercício de suas obrigações eleitorais).

› arts. 80, § 1º; 85, Res.-TSE 21.538/2003 (Dispõe sobre o alistamento e serviços eleitorais mediante processamento eletrônico de dados, a regularização de situação de eleitor, a administração e a manutenção do cadastro eleitoral, o sistema de alistamento eleitoral, a revisão do eleitorado e a fiscalização dos partidos políticos, entre outros).

§ 1º Sem a prova de que votou na última eleição, pagou a respectiva multa ou de que se justificou devidamente, não poderá o eleitor:

I - inscrever-se em concurso ou prova para cargo ou função pública, investir-se ou empossar-se neles;

II - receber vencimentos, remuneração, salário ou proventos de função ou emprego público, autárquico ou paraestatal, bem como fundações governamentais, empresas, institutos e sociedades de qualquer natureza, mantidas ou subvencionadas pelo governo ou que exerçam serviço público delegado, correspondentes ao segundo mês subsequente ao da eleição;

III - participar de concorrência pública ou administrativa da União, dos Estados, dos Territórios, do Distrito Federal ou dos Municípios, ou das respectivas autarquias;

IV - obter empréstimos nas autarquias, sociedades de economia mista, caixas econômicas federais ou estaduais, nos institutos e caixas de previdência social, bem como em qualquer estabelecimento de crédito mantido pelo governo, ou de cuja administração este participe, e com essas entidades celebrar contratos;

› art. 4º, Lei 13.999/2020 (Institui o Programa Nacional de Apoio às Microempresas e Empresas de Pequeno Porte – Pronampe, para o desenvolvimento e o fortalecimento dos pequenos negócios).

V - obter passaporte ou carteira de identidade;

VI - renovar matrícula em estabelecimento de ensino oficial ou fiscalizado pelo governo;

› Lei 6.236/1975 (Determina providências para cumprimento da obrigatoriedade do alistamento eleitoral).

VII - praticar qualquer ato para o qual se exija quitação do serviço militar ou imposto de renda.

§ 2º Os brasileiros natos ou naturalizados, maiores de 18 anos, salvo os excetuados nos arts. 5º e 6º, n. 1, sem prova de estarem alistados, não poderão praticar os atos relacionados no parágrafo anterior.

› art. 12, I, CF.

› Lei 6.236/1975 (Determina providências para cumprimento da obrigatoriedade do alistamento eleitoral).

§ 3º Realizado o alistamento eleitoral pelo processo eletrônico de dados, será cancelada a inscrição do eleitor que não votar em 3 (três) eleições consecutivas, não pagar a multa ou não se justificar no prazo de 6 (seis) meses, a contar da data da última eleição a que deveria ter comparecido. (Incluído pela Lei 7.663/1988.)

§ 4º O disposto no inciso V do § 1º não se aplica ao eleitor no exterior que requeira novo passaporte para identificação e retorno ao Brasil. (Acrescentado pela Lei 13.165/2015.)

Art. 8º O brasileiro nato que não se alistar até os 19 anos ou o naturalizado que não se alistar até um ano depois de adquirida a nacionalidade brasileira incorrerá na multa de 3 (três) a 10 (dez) por cento sobre o valor do salário-mínimo da região, imposta pelo juiz e cobrada no ato da inscrição eleitoral através de selo federal inutilizado no próprio requerimento. (Redação dada pela Lei 4.961/1966.)

Parágrafo único. Não se aplicará a pena ao não alistado que requerer sua inscrição eleitoral até o centésimo primeiro dia anterior à eleição subsequente à data em que completar dezenove anos. (Incluído pela Lei 9.041/1995.)

- art. 91, *caput*, Lei 9.504/1997 (Lei das Eleições).

Art. 9º Os responsáveis pela inobservância do disposto nos arts. 7º e 8º incorrerão na multa de 1 (um) a 3 (três) salários-mínimos vigentes na zona eleitoral ou de suspensão disciplinar até 30 (trinta) dias.

Art. 10. O juiz eleitoral fornecerá aos que não votarem por motivo justificado e aos não alistados nos termos dos artigos 5º e 6º, n. 1, documento que os isente das sanções legais.

Art. 11. O eleitor que não votar e não pagar a multa, se se encontrar fora de sua zona e necessitar documento de quitação com a Justiça Eleitoral, poderá efetuar o pagamento perante o Juízo da zona em que estiver.

§ 1º A multa será cobrada no máximo previsto, salvo se o eleitor quiser aguardar que o juiz da zona em que se encontrar solicite informações sobre o arbitramento ao Juízo da inscrição.

§ 2º Em qualquer das hipóteses, efetuado o pagamento através de selos federais inutilizados no próprio requerimento, o juiz que recolheu a multa comunicará o fato ao da zona de inscrição e fornecerá ao requerente comprovante do pagamento.

PARTE SEGUNDA
DOS ÓRGÃOS DA JUSTIÇA ELEITORAL

Art. 12. São órgãos da Justiça Eleitoral:

I - O Tribunal Superior Eleitoral, com sede na Capital da República e jurisdição em todo o País;

II - um Tribunal Regional, na Capital de cada Estado, no Distrito Federal e, mediante proposta do Tribunal Superior, na Capital de Território;

III - juntas eleitorais;

IV - juízes eleitorais.

Art. 13. O número de juízes dos Tribunais Regionais não será reduzido, mas poderá ser elevado até nove, mediante proposta do Tribunal Superior, e na forma por ele sugerida.

Art. 14. Os juízes dos Tribunais Eleitorais, salvo motivo justificado, servirão obrigatoriamente por dois anos, e nunca por mais de dois biênios consecutivos.

§ 1º Os biênios serão contados, ininterruptamente, sem o desconto de qualquer afastamento nem mesmo o decorrente de licença, férias, ou licença especial, salvo no caso do § 3º. (Incluído pela Lei 4.961/1966.)

§ 2º Os juízes afastados por motivo de licença férias e licença especial, de suas funções na Justiça comum ficarão automaticamente afastados da Justiça Eleitoral pelo tempo correspondente, exceto quando com períodos de férias coletivas, coincidir a realização de eleição, apuração ou encerramento de alistamento. (Incluído pela Lei 4.961/1966.)

§ 3º Da homologação da respectiva convenção partidária até a diplomação e nos feitos decorrentes do processo eleitoral, não poderão servir como juízes nos Tribunais Eleitorais, ou como juiz eleitoral, o cônjuge ou o parente consanguíneo ou afim, até o segundo grau, de candidato a cargo eletivo registrado na circunscrição. (Alterado pela Lei 13.165/2015.)

§ 4º No caso de recondução para o segundo biênio observar-se-ão as mesmas formalidades indispensáveis à primeira investidura. (Parágrafo único renumerado pela Lei 4.961/1966.)

Art. 15. Os substitutos dos membros efetivos dos Tribunais Eleitorais serão escolhidos, na mesma ocasião e pelo mesmo processo, em número igual para cada categoria.

TÍTULO I
DO TRIBUNAL SUPERIOR

Art. 16. Compõe-se o Tribunal Superior Eleitoral: (Redação dada pela Lei 7.191/1984.)

- art. 119, CF.

I - mediante eleição, pelo voto secreto: (Redação dada pela Lei 7.191/1984.)

a) de três juízes, dentre os Ministros do Supremo Tribunal Federal; e (Incluído pela Lei 7.191/1984.)

b) de dois juízes, dentre os membros do Tribunal Federal de Recursos; (Incluído pela Lei 7.191/1984.)

- O TFR foi extinto com a CF/1988, instituindo-se o STJ.

II - por nomeação do Presidente da República, de dois entre seis advogados de notável saber jurídico e idoneidade moral, indicados pelo Supremo Tribunal Federal. (Redação dada pela Lei 7.191/1984.)

§ 1º Não podem fazer parte do Tribunal Superior Eleitoral cidadãos que tenham entre si parentesco, ainda que por afinidade, até o 4º (quarto) grau, seja o vínculo legítimo ou ilegítimo, excluindo-se neste caso o que tiver sido escolhido por último. (Alterado pela Lei 7.191/1984.)

§ 2º A nomeação que trata o inciso II deste artigo não poderá recair em cidadão que ocupe cargo público de que seja demissível *ad nutum*; que seja diretor, proprietário ou sócio de empresa beneficiada com subvenção, privilégio, isenção ou favor em virtude de contrato com a administração pública; ou que exerça mandato de caráter político, federal, estadual ou municipal. (Alterado pela Lei 7.191/1984.)

Art. 17. O Tribunal Superior Eleitoral elegerá para seu presidente um dos ministros do Supremo Tribunal Federal, cabendo ao outro a vice-presidência, e para Corregedor Geral da Justiça Eleitoral um dos seus membros.

- art. 119, p.u., CF.

§ 1º As atribuições do Corregedor Geral serão fixadas pelo Tribunal Superior Eleitoral.

§ 2º No desempenho de suas atribuições o Corregedor Geral se locomoverá para os Estados e Territórios nos seguintes casos:

I - por determinação do Tribunal Superior Eleitoral;

II - a pedido dos Tribunais Regionais Eleitorais;

III - a requerimento de partido deferido pelo Tribunal Superior Eleitoral;

IV - sempre que entender necessário.

§ 3º Os provimentos emanados da Corregedoria Geral vinculam os Corregedores Regionais, que lhes devem dar imediato e preciso cumprimento.

Art. 18. Exercerá as funções de Procurador Geral, junto ao Tribunal Superior Eleitoral, o Procurador Geral da República, funcionando, em suas faltas e impedimentos, seu substituto legal.

Parágrafo único. O Procurador-Geral poderá designar outros membros do Ministério Público da União, com exercício no Distrito Federal, e sem prejuízo das respectivas funções, para auxiliá-lo junto ao Tribunal Superior Eleitoral, onde não poderão ter assento.

Art. 19. O Tribunal Superior delibera por maioria de votos, em sessão pública, com a presença da maioria de seus membros.

Parágrafo único. As decisões do Tribunal Superior, assim na interpretação do Código Eleitoral em face da Constituição e cassação de registro de partidos políticos, como sobre quaisquer recursos que importem anulação geral de eleições ou perda de diplomas, só poderão ser tomadas com a presença de todos os seus membros. Se ocorrer impedimento de algum juiz, será convocado o substituto ou o respectivo suplente.

Art. 20. Perante o Tribunal Superior, qualquer interessado poderá arguir a suspeição ou impedimento dos seus membros, do Procurador Geral ou de funcionários de sua Secretaria, nos casos previstos na lei processual civil ou penal e por motivo de parcialidade partidária, mediante o processo previsto em regimento.

Parágrafo único. Será ilegítima a suspeição quando o excipiente a provocar ou, depois de manifestada a causa, praticar ato que importe aceitação do arguido.

Art. 21. Os Tribunais e juízes inferiores devem dar imediato cumprimento às decisões, mandados, instruções e outros atos emanados do Tribunal Superior Eleitoral.

Art. 22. Compete ao Tribunal Superior:

I - processar e julgar originariamente:

a) o registro e a cassação de registro de partidos políticos, dos seus diretórios nacionais e de candidatos à Presidência e vice-presidência da República;

b) os conflitos de jurisdição entre Tribunais Regionais e juízes eleitorais de Estados diferentes;

c) a suspeição ou impedimento aos seus membros, ao Procurador Geral e aos funcionários da sua Secretaria;

d) os crimes eleitorais e os comuns que lhes forem conexos cometidos pelos seus próprios juízes e pelos juízes dos Tribunais Regionais;

e) o *habeas corpus* ou mandado de segurança, em matéria eleitoral, relativos a atos do Presidente da República, dos Ministros de Estado e dos Tribunais Regionais; ou, ainda, o *habeas corpus*, quando houver perigo de se consumar a violência antes que o juiz competente possa prover sobre a impetração; (Execução suspensa pela RSF 132/1984.)

- Res. SF 132/1984 (Suspende a execução da locução "ou mandado de segurança", constante desta alínea).

f) as reclamações relativas a obrigações impostas por lei aos partidos políticos, quanto à sua contabilidade e à apuração da origem dos seus recursos;

g) as impugnações à apuração do resultado geral, proclamação dos eleitos e expedição de diploma na eleição de Presidente e Vice-Presidente da República;

h) os pedidos de desaforamento dos feitos não decididos nos Tribunais Regionais dentro de trinta dias da conclusão ao relator, formulados por partido, candidato, Ministério Público ou parte legitimamente interessada; (Redação dada pela Lei 4.961/1966.)

i) as reclamações contra os seus próprios juízes que, no prazo de trinta dias a contar da conclusão, não houverem julgado os feitos a eles distribuídos; (Incluído pela Lei 4.961/1966.)

j) a ação rescisória, nos casos de inelegibilidade, desde que intentada dentro de cento e vinte dias de decisão irrecorrível, possibilitando-se o exercício do mandato eletivo até o seu trânsito em julgado. (Incluído pela LC 86/1996.)

- ADIn 1.459-5 (*DJU*, 07.05.1999). O STF, por unanimidade de votos, julgou parcialmente procedente a ação para declarar a inconstitucionalidade das expressões "possibilitando-se o exercício do mandato eletivo até seu trânsito em julgado", contida nesta alínea, e "aplicando-se, inclusive, às decisões havidas até cento e vinte dias anteriores à sua vigência", constante do art. 2º da LC 86/1996.

II - julgar os recursos interpostos das decisões dos Tribunais Regionais nos termos do art. 276, inclusive os que versarem matéria administrativa.

Parágrafo único. As decisões do Tribunal Superior são irrecorríveis, salvo nos casos do art. 281.

Art. 23. Compete, ainda, privativamente, ao Tribunal Superior:

I - elaborar o seu regimento interno;

II - organizar a sua Secretaria e a Corregedoria Geral, propondo ao Congresso Nacional a criação ou extinção dos cargos administrativos e a fixação dos respectivos vencimentos, provendo-os na forma da lei;

III - conceder aos seus membros licença e férias, assim como afastamento do exercício dos cargos efetivos;

IV - aprovar o afastamento do exercício dos cargos efetivos dos juízes dos Tribunais Regionais Eleitorais;

V - propor a criação de Tribunal Regional na sede de qualquer dos Territórios;

VI - propor ao Poder Legislativo o aumento do número dos juízes de qualquer Tribunal Eleitoral, indicando a forma desse aumento;

VII - fixar as datas para as eleições de Presidente e Vice-Presidente da República, senadores e deputados federais, quando não o tiverem sido por lei:

VIII - aprovar a divisão dos Estados em zonas eleitorais ou a criação de novas zonas;

IX - expedir as instruções que julgar convenientes à execução deste Código;

- Res.-TSE 23.478/2016 Estabelece diretrizes gerais para a aplicação do NCPC, no âmbito da Justiça Eleitoral).

X - fixar a diária do Corregedor Geral, dos Corregedores Regionais e auxiliares em diligência fora da sede;

XI - enviar ao Presidente da República a lista tríplice organizada pelos Tribunais de Justiça nos termos do art. 25;

XII - responder, sobre matéria eleitoral, às consultas que lhe forem feitas em tese por autoridade com jurisdição, federal ou órgão nacional de partido político;

XIII - autorizar a contagem dos votos pelas mesas receptoras nos Estados em que essa providência for solicitada pelo Tribunal Regional respectivo;

XIV - requisitar a força federal necessária ao cumprimento da lei, de suas próprias decisões ou das decisões dos Tribunais Regionais que o solicitarem, e para garantir a votação e a apuração; (Redação dada pela Lei 4.961/1966.)

XV - organizar e divulgar a Súmula de sua jurisprudência;

XVI - requisitar funcionários da União e do Distrito Federal quando o exigir o acúmulo ocasional do serviço de sua Secretaria;

XVII - publicar um boletim eleitoral;

XVIII - tomar quaisquer outras providências que julgar convenientes à execução da legislação eleitoral.

Art. 24. Compete ao Procurador Geral, como Chefe do Ministério Público Eleitoral;

I - assistir às sessões do Tribunal Superior e tomar parte nas discussões;

II - exercer a ação pública e promovê-la até o final, em todos os feitos de competência originária do Tribunal;

III - oficiar em todos os recursos encaminhados ao Tribunal;

IV - manifestar-se, por escrito ou oralmente, em todos os assuntos submetidos à deliberação do Tribunal, quando solicitada sua audiência por qualquer dos juízes, ou por iniciativa sua, se entender necessário;

V - defender a jurisdição do Tribunal;

VI - representar ao Tribunal sobre a fiel observância das leis eleitorais, especialmente quanto à sua aplicação uniforme em todo o País;

VII - requisitar diligências, certidões e esclarecimentos necessários ao desempenho de suas atribuições;

VIII - expedir instruções aos órgãos do Ministério Público junto aos Tribunais Regionais;

IX - acompanhar, quando solicitado, o Corregedor Geral, pessoalmente ou por intermédio de Procurador que designe, nas diligências a serem realizadas.

TÍTULO II
DOS TRIBUNAIS REGIONAIS

Art. 25. Os Tribunais Regionais Eleitorais compor-se-ão: (Redação dada pela Lei 7.191/1984.)

- art. 120, § 1º, CF.

I - mediante eleição, pelo voto secreto: (Redação dada pela Lei 7.191/1984.)

a) de dois juízes, dentre os desembargadores do Tribunal de Justiça; (Redação dada pela Lei 7.191/1984.)

b) de dois juízes de direito, escolhidos pelo Tribunal de Justiça; (Redação dada pela Lei 7.191/1984.)

II - do juiz federal e, havendo mais de um, do que for escolhido pelo Tribunal Federal de Recursos; e (Redação dada pela Lei 7.191/1984.)

- O TFR foi extinto com a CF/1988, instituindo-se o STJ.

III - por nomeação do Presidente da República de dois dentre seis cidadãos de notável saber jurídico e idoneidade moral, indicados pelo Tribunal de Justiça. (Redação dada pela Lei 7.191/1984.)

§ 1º A lista tríplice organizada pelo Tribunal de Justiça será enviada ao Tribunal Superior Eleitoral.

§ 2º A lista não poderá conter nome de magistrado aposentado ou de membro do Ministério Público. (Redação dada pela Lei 4.961/1966.)

§ 3º Recebidas as indicações, o Tribunal Superior divulgará a lista através de edital, podendo os partidos, no prazo de cinco dias, impugná-la com fundamento em incompatibilidade.

§ 4º Se a impugnação for julgada procedente quanto a qualquer dos indicados, a lista será devolvida ao Tribunal de origem para complementação.

§ 5º Não havendo impugnação, ou desprezada esta, o Tribunal Superior encaminhará a lista ao Poder Executivo para a nomeação.

§ 6º Não podem fazer parte do Tribunal Regional pessoas que tenham entre si parentesco, ainda que por afinidade, até o 4º grau, seja o vínculo legítimo ou ilegítimo, excluindo-se neste caso a que tiver sido escolhida por último. (§ 8º renumerado pelo Dec.-Lei 441/1969.)

§ 7º A nomeação de que trata o n. II deste artigo não poderá recair em cidadão que tenha qualquer das incompatibilidades mencionadas no art. 16, § 4º. (§ 9º renumerado pelo Dec.-Lei 441/1969.)

- A Lei 7.191/1984, ao alterar este artigo, não fez referência aos §§ 1º a 7º. Segundo decisões do TSE (Resoluções 12.391/1985, 18.318/1992, e Ac.-TSE 12.641/1996) e do STF (Ac.-STF, 15.12.1999, no RMS 23.123), os referidos parágrafos não foram revogados pela lei citada.

Art. 26. O Presidente e o Vice-Presidente do Tribunal Regional serão eleitos por este dentre os três desembargadores do Tribunal de Justiça; o terceiro desembargador será o Corregedor Regional da Justiça Eleitoral.

§ 1º As atribuições do Corregedor Regional serão fixadas pelo Tribunal Superior Eleitoral e, em caráter supletivo ou complementar, pelo Tribunal Regional Eleitoral perante o qual servir.

§ 2º No desempenho de suas atribuições, o Corregedor Regional se locomoverá para as zonas eleitorais nos seguintes casos:

I - por determinação do Tribunal Superior Eleitoral ou do Tribunal Regional Eleitoral;

II - a pedido dos juízes eleitorais;

III - a requerimento de partido, deferido pelo Tribunal Regional;

IV - sempre que entender necessário.

Art. 27. Servirá como Procurador Regional junto a cada Tribunal Regional Eleitoral o Procurador da República no respectivo Estado e, onde houver mais de um, aquele que for designado pelo Procurador Geral da República.

§ 1º No Distrito Federal, serão as funções de Procurador Regional Eleitoral exercidas pelo Procurador Geral da Justiça do Distrito Federal.

§ 2º Substituirá o Procurador Regional, em suas faltas ou impedimentos, o seu substituto legal.

§ 3º Compete aos Procuradores Regionais exercer, perante os Tribunais junto aos quais servirem, as atribuições do Procurador Geral.

§ 4º Mediante prévia autorização do Procurador Geral, podendo os Procuradores Regionais requisitar, para auxiliá-los nas suas funções, membros do Ministério Público local, não tendo estes, porém, assento nas sessões do Tribunal.

Art. 28. Os Tribunais Regionais deliberam por maioria de votos, em sessão pública, com a presença da maioria de seus membros.

§ 1º No caso de impedimento e não existindo quórum, será o membro do Tribunal substituído por outro da mesma categoria, designado na forma prevista na Constituição.

§ 2º Perante o Tribunal Regional, e com recurso voluntário para o Tribunal Superior, qualquer interessado poderá arguir a suspeição dos seus membros, do Procurador Regional, ou de funcionários da sua Secretaria, assim como dos juízes e escrivães eleitorais, nos casos previstos na lei processual civil e por motivo de parcialidade partidária, mediante o processo previsto em regimento.

§ 3º No caso previsto no parágrafo anterior será observado o disposto no parágrafo único do art. 20. (Incluído pela Lei 4.961/1966.)

§ 4º As decisões dos Tribunais Regionais sobre quaisquer ações que importem cassação de registro, anulação geral de eleições ou perda de diplomas somente poderão ser tomadas com a presença de todos os seus membros. (Acrescentado pela Lei 13.165/2015.)

§ 5º No caso do § 4º, se ocorrer impedimento de algum juiz, será convocado o suplente da mesma classe. (Acrescentado pela Lei 13.165/2015.)

Art. 29. Compete aos Tribunais Regionais:

I - processar e julgar originariamente:

a) o registro e o cancelamento do registro dos diretórios estaduais e municipais de partidos políticos, bem como de candidatos a Governador, Vice-Governadores e membro do Congresso Nacional e das Assembleias Legislativas;

b) os conflitos de jurisdição entre juízes eleitorais do respectivo Estado;

c) a suspeição ou impedimentos aos seus membros ao Procurador Regional e aos funcionários da sua Secretaria assim como aos juízes e escrivães eleitorais;

d) os crimes eleitorais cometidos pelos juízes eleitorais;

e) o *habeas corpus* ou mandado de segurança, em matéria eleitoral, contra ato de autoridades que respondam perante os Tribunais de Justiça por crime de responsabilidade e, em grau de recurso, os denegados ou concedidos pelos juízes eleitorais; ou, ainda, o *habeas corpus* quando houver perigo de se consumar a violência antes que o juiz competente possa prover sobre a impetração;

f) as reclamações relativas a obrigações impostas por lei aos partidos políticos, quanto a sua contabilidade e à apuração da origem dos seus recursos;

g) os pedidos de desaforamento dos feitos não decididos pelos juízes eleitorais em trinta dias da sua conclusão para julgamento, formulados por partido candidato Ministério Público ou parte legitimamente interessada sem prejuízo das sanções decorrentes do excesso de prazo. (Redação dada pela Lei 4.961/1966.)

II - julgar os recursos interpostos:

a) dos atos e das decisões proferidas pelos juízes e juntas eleitorais;

b) das decisões dos juízes eleitorais que concederem ou denegarem *habeas corpus* ou mandado de segurança.

Parágrafo único. As decisões dos Tribunais Regionais são irrecorríveis, salvo nos casos do art. 276.

Art. 30. Compete, ainda, privativamente, aos Tribunais Regionais:

I - elaborar o seu regimento interno;

II - organizar a sua Secretaria e a Corregedoria Regional provendo-lhes os cargos na forma da lei, e propor ao Congresso Nacional, por intermédio do Tribunal Superior, a criação ou supressão de cargos e a fixação dos respectivos vencimentos;

III - conceder aos seus membros e aos juízes eleitorais licença e férias, assim como afastamento do exercício dos cargos efetivos submetendo, quanto aqueles, a decisão à aprovação do Tribunal Superior Eleitoral;

IV - fixar a data das eleições de Governador e Vice-Governador, deputados estaduais, prefeitos, vice-prefeitos, vereadores e juízes de paz, quando não determinada por disposição constitucional ou legal;

V - constituir as juntas eleitorais e designar a respectiva sede e jurisdição;

VI - indicar ao tribunal Superior as zonas eleitorais ou seções em que a contagem dos votos deva ser feita pela mesa receptora;

VII - apurar com os resultados parciais enviados pelas juntas eleitorais, os resultados finais das eleições de Governador e Vice-Governador de membros do Congresso Nacional e expedir os respectivos diplomas, remetendo dentro do prazo de 10 (dez) dias após a diplomação, ao Tribunal Superior, cópia das atas de seus trabalhos;

VIII - responder, sobre matéria eleitoral, às consultas que lhe forem feitas, em tese, por autoridade pública ou partido político;

IX - dividir a respectiva circunscrição em zonas eleitorais, submetendo essa divisão, assim como a criação de novas zonas, à aprovação do Tribunal Superior;

X - aprovar a designação do Ofício de Justiça que deva responder pela escrivania eleitoral durante o biênio;

XI - (Revogado pela Lei 8.868/1994.)

XII - requisitar a força necessária ao cumprimento de suas decisões solicitar ao Tribunal Superior a requisição de força federal;

XIII - autorizar, no Distrito Federal e nas capitais dos Estados, ao seu presidente e, no interior, aos juízes eleitorais, a requisição de funcionários federais, estaduais ou municipais para auxiliarem os escrivães eleitorais, quando o exigir o acúmulo ocasional do serviço;

XIV - requisitar funcionários da União e, ainda, no Distrito Federal e em cada Estado ou Território, funcionários dos respectivos quadros administrativos, no caso de acúmulo ocasional de serviço de suas Secretarias;

XV - aplicar as penas disciplinares de advertência e de suspensão até 30 (trinta) dias aos juízes eleitorais;

XVI - cumprir e fazer cumprir as decisões e instruções do Tribunal Superior;

XVII - determinar, em caso de urgência, providências para a execução da lei na respectiva circunscrição;

XVIII - organizar o fichário dos eleitores do Estado;

XIX - suprimir os mapas parciais de apuração mandando utilizar apenas os boletins e os mapas totalizadores, desde que o menor número de candidatos às eleições proporcionais justifique a supressão, observadas as seguintes normas: (Incluído pela Lei 4.961/1966.)

a) qualquer candidato ou partido poderá requerer ao Tribunal Regional que suprima a exigência dos mapas parciais de apuração; (Incluído pela Lei 4.961/1966.)

b) da decisão do Tribunal Regional qualquer candidato ou partido poderá, no prazo de três dias, recorrer para o Tribunal Superior, que decidirá em cinco dias; (Incluído pela Lei 4.961/1966.)

c) a supressão dos mapas parciais de apuração só será admitida até seis meses antes da data da eleição; (Incluído pela Lei 4.961/1966.)

d) os boletins e mapas de apuração serão impressos pelos Tribunais Regionais, depois de aprovados pelo Tribunal Superior; (Incluído pela Lei 4.961/1966.)

e) o Tribunal Regional ouvirá os partidos na elaboração dos modelos dos boletins e mapas de apuração a fim de que estes atendam às peculiaridade locais, encaminhando os modelos que aprovar, acompanhados das sugestões ou impugnações formuladas pelos partidos, à decisão do Tribunal Superior. (Incluído pela Lei 4.961/1966.)

Art. 31. Faltando num Território o Tribunal Regional, ficará a respectiva circunscrição eleitoral sob a jurisdição do Tribunal Regional que o Tribunal Superior designar.

TÍTULO III
DOS JUÍZES ELEITORAIS

- arts. 78; 79, LC 75/1993.

Art. 32. Cabe a jurisdição de cada uma das zonas eleitorais a um juiz de direito em efetivo exercício e, na falta deste, ao seu substituto legal que goze das prerrogativas do art. 95 da Constituição.

- Refere-se à CF/1946, correspondendo ao art. 95, CF/1988.

Parágrafo único. Onde houver mais de uma vara o Tribunal Regional designará aquela ou aquelas, a que incumbe o serviço eleitoral.

Art. 33. Nas zonas eleitorais onde houver mais de uma serventia de justiça, o juiz indicará ao Tribunal Regional a que deve ter o anexo da escrivania eleitoral pelo prazo de dois anos.

§ 1º Não poderá servir como escrivão eleitoral, sob pena de demissão, o membro de diretório de partido político, nem o candidato a cargo eletivo, seu cônjuge e parente consanguíneo ou afim até o segundo grau.

§ 2º O escrivão eleitoral, em suas faltas e impedimentos, será substituído na forma prevista pela lei de organização judiciária local.

Art. 34. Os juízes despacharão todos os dias na sede da sua zona eleitoral.

Art. 35. Compete aos juízes:

I - cumprir e fazer cumprir as decisões e determinações do Tribunal Superior e do Regional;

II - processar e julgar os crimes eleitorais e os comuns que lhe forem conexos, ressalvada a competência originária do Tribunal Superior e dos Tribunais Regionais;

III - decidir *habeas corpus* e mandado de segurança, em matéria eleitoral, desde que essa competência não esteja atribuída privativamente a instância superior.

IV - fazer as diligências que julgar necessárias a ordem e presteza do serviço eleitoral;

V - tomar conhecimento das reclamações que lhe forem feitas verbalmente ou por escrito, reduzindo-as a termo, e determinando as providências que cada caso exigir;

VI - indicar, para aprovação do Tribunal Regional, a serventia de justiça que deve ter o anexo da escrivania eleitoral;

VII - (Revogado pela Lei 8.868/1994.)

VIII - dirigir os processos eleitorais e determinar a inscrição e a exclusão de eleitores;

IX - expedir títulos eleitorais e conceder transferência de eleitor;

X - dividir a zona em seções eleitorais;

XI - mandar organizar, em ordem alfabética, relação dos eleitores de cada seção, para remessa a mesa receptora, juntamente com a pasta das folhas individuais de votação;

XII - ordenar o registro e cassação do registro dos candidatos aos cargos eletivos municipais e comunicá-los ao Tribunal Regional;

XIII - designar, até 60 (sessenta) dias antes das eleições, os locais das seções;

XIV - nomear, 60 (sessenta) dias antes da eleição, em audiência pública anunciada com pelo menos 5 (cinco) dias de antecedência, os membros das mesas receptoras;

XV - instruir os membros das mesas receptoras sobre as suas funções;

XVI - providenciar para a solução das ocorrências que se verificarem nas mesas receptoras;

XVII - tomar todas as providências ao seu alcance para evitar os atos viciosos das eleições;

XVIII - fornecer aos que não votaram por motivo justificado e aos não alistados, por dispensados do alistamento, um certificado que os isente das sanções legais;

XIX - comunicar, até as 12 horas do dia seguinte a realização da eleição, ao Tribunal Regional e aos delegados de partidos credenciados, o número de eleitores que votarem em cada uma das seções da zona sob sua jurisdição, bem como o total de votantes da zona.

TÍTULO IV
DAS JUNTAS ELEITORAIS

Art. 36. Compor-se-ão as juntas eleitorais de um juiz de direito, que será o presidente, e de 2 (dois) ou 4 (quatro) cidadãos de notória idoneidade.

§ 1º Os membros das juntas eleitorais serão nomeados 60 (sessenta) dias antes da eleição, depois de aprovação do Tribunal Regional, pelo presidente deste, a quem cumpre também designar-lhes a sede.

§ 2º Até 10 (dez) dias antes da nomeação os nomes das pessoas indicadas para compor as juntas serão publicados no órgão oficial do Estado, podendo qualquer partido, no prazo de 3 (três) dias, em petição fundamentada, impugnar as indicações.

§ 3º Não podem ser nomeados membros das Juntas, escrutinadores ou auxiliares:

I - os candidatos e seus parentes, ainda que por afinidade, até o segundo grau, inclusive, e bem assim, o cônjuge;

II - os membros de diretorias de partidos políticos devidamente registrados e cujos nomes tenham sido oficialmente publicados;

III - as autoridades e agentes policiais, bem como os funcionários no desempenho de cargos de confiança do Executivo;

IV - os que pertencerem ao serviço eleitoral.

Art. 37. Poderão ser organizadas tantas Juntas quantas permitir o número de juízes de direito que gozem das garantias do art. 95 da Constituição, mesmo que não sejam juízes eleitorais.

- Refere-se à CF/1946, correspondendo ao art. 95, CF/1988.

Parágrafo único. Nas zonas em que houver de ser organizada mais de uma Junta, ou quando estiver vago o cargo de juiz eleitoral ou estiver este impedido, o presidente do Tribunal Regional, com a aprovação deste, designará juízes de direito da mesma ou de outras comarcas, para presidirem as juntas eleitorais.

Art. 38. Ao presidente da Junta é facultado nomear, dentre cidadãos de notória idoneidade, escrutinadores e auxiliares em número capaz de atender a boa marcha dos trabalhos.

§ 1º É obrigatória essa nomeação sempre que houver mais de dez urnas a apurar.

§ 2º Na hipótese do desdobramento da Junta em Turmas, o respectivo presidente nomeará um escrutinador para servir como secretário em cada turma.

§ 3º Além dos secretários a que se refere o parágrafo anterior, será designado pelo presidente da Junta um escrutinador para secretário-geral competindo-lhe;

I - lavrar as atas;

II - tomar por termo ou protocolar os recursos, neles funcionando como escrivão;

III - totalizar os votos apurados.

Art. 39. Até 30 (trinta) dias antes da eleição o presidente da Junta comunicará ao Presidente do Tribunal Regional as nomeações que houver feito e divulgará a composição do órgão por edital publicado ou afixado, podendo qualquer partido oferecer impugnação motivada no prazo de 3 (três) dias.

Art. 40. Compete à Junta Eleitoral;

I - apurar, no prazo de 10 (dez) dias, as eleições realizadas nas zonas eleitorais sob a sua jurisdição;

II - resolver as impugnações e demais incidentes verificados durante os trabalhos da contagem e da apuração;

III - expedir os boletins de apuração mencionados no art. 178;

IV - expedir diploma aos eleitos para cargos municipais.

Parágrafo único. Nos municípios onde houver mais de uma junta eleitoral, a expedição dos diplomas será feita pelo que for presidida pelo juiz eleitoral mais antigo, à qual as demais enviarão os documentos da eleição.

Art. 41. Nas zonas eleitorais em que for autorizada a contagem prévia dos votos pelas mesas receptoras, compete à Junta Eleitoral tomar as providências mencionadas no art. 195.

PARTE TERCEIRA
DO ALISTAMENTO

TÍTULO I
DA QUALIFICAÇÃO E INSCRIÇÃO

Art. 42. O alistamento se faz mediante a qualificação e inscrição do eleitor.

Parágrafo único. Para o efeito da inscrição, é domicílio eleitoral o lugar de residência ou moradia do requerente, e, verificado ter o alistando mais de uma, considerar-se-á domicílio qualquer delas.

Art. 43. O alistando apresentará em cartório ou local previamente designado, requerimento em fórmula que obedecerá ao modelo aprovado pelo Tribunal Superior.

Art. 44. O requerimento, acompanhado de 3 (três) retratos, será instruído com um dos seguintes documentos, que não poderão ser supridos mediante justificação:

I - carteira de identidade expedida pelo órgão competente do Distrito Federal ou dos Estados;

II - certificado de quitação do serviço militar;

III - certidão de idade extraída do Registro Civil;

IV - instrumento público do qual se infira, por direito, ter o requerente idade superior a dezoito anos e do qual conste, também, os demais elementos necessários à sua qualificação;

V - documento do qual se infira a nacionalidade brasileira, originária ou adquirida, do requerente.

Parágrafo único. Será devolvido o requerimento que não contenta os dados constantes do modelo oficial, na mesma ordem, e em caracteres inequívocos.

Art. 45. O escrivão, o funcionário ou o preparador recebendo a fórmula e documentos determinará que o alistando date e assine a petição e, em ato contínuo, atestará terem sido a data e a assinatura lançados na sua presença; em seguida, tomará a assinatura do requerente na folha individual de votação e nas duas vias do título eleitoral, dando recibo da petição e do documento.

§ 1º O requerimento será submetido ao despacho do juiz nas 48 (quarenta e oito) horas seguintes.

§ 2º Poderá o juiz, se tiver dúvida quanto a identidade do requerente ou sobre qualquer outro requisito para o alistamento, converter o julgamento em diligência para que o alistando esclareça ou complete a prova ou, se for necessário, compareça pessoalmente à sua presença.

§ 3º Se se tratar de qualquer omissão ou irregularidade que possa ser sanada, fixará o juiz para isso prazo razoável.

§ 4º Deferido o pedido, no prazo de cinco dias, o título e o documento que instruiu o pedido serão entregues pelo juiz, escrivão, funcionário ou preparador. A entrega far-se-á ao próprio eleitor, mediante recibo, ou a quem o eleitor autorizar por escrito o recebimento, cancelando-se o título cuja assinatura não for idêntica à do requerimento de inscrição e à do recibo.

O recibo será obrigatoriamente anexado ao processo eleitoral, incorrendo o juiz que não o fizer na multa de um a cinco salários-mínimos regionais na qual incorrerão ainda o escrivão, funcionário ou preparador, se responsáveis, bem como qualquer deles, se entregarem ao eleitor o título cuja assinatura não for idêntica à do requerimento de inscrição e do recibo ou o fizerem a pessoa não autorizada por escrito. (Redação dada pela Lei 4.961/1966.)

§ 5º A restituição de qualquer documento não poderá ser feita antes de despachado o pedido de alistamento pelo juiz eleitoral.

§ 6º Quinzenalmente o juiz eleitoral fará publicar pela imprensa, onde houver, ou por editais, a lista dos pedidos de inscrição, mencionando os deferidos, os indeferidos e os convertidos em diligência, contando-se dessa publicação o prazo para os recursos a que se refere o parágrafo seguinte.

§ 7º Do despacho que indeferir o requerimento de inscrição caberá recurso interposto pelo alistando, e do que o deferir poderá recorrer qualquer delegado de partido.

§ 8º Os recursos referidos no parágrafo anterior serão julgados pelo Tribunal Regional Eleitoral dentro de 5 (cinco) dias.

§ 9º Findo esse prazo, sem que o alistando se manifeste, ou logo que seja desprovido o recurso em instância superior, o juiz inutilizará a folha individual de votação assinada pelo requerente, a qual ficará fazendo parte integrante do processo e não poderá, em qualquer tempo, se substituída, nem dele retirada, sob pena de incorrer o responsável nas sanções previstas no art. 293.

§ 10. No caso de indeferimento do pedido, o Cartório devolverá ao requerente, mediante recibo, as fotografias e o documento com que houver instruído o seu requerimento.

§ 11. O título eleitoral e a folha individual de votação somente serão assinados pelo juiz eleitoral depois de preenchidos pelo cartório e de deferido o pedido, sob as penas do artigo 293. (Redação dada pela Lei 4.961/1966.)

§ 12. É obrigatória a remessa ao Tribunal Regional da ficha do eleitor, após a expedição do seu título. (Incluído pela Lei 4.961/1966.)

Art. 46. As folhas individuais de votação e os títulos serão confeccionados de acordo com o modelo aprovado pelo Tribunal Superior Eleitoral.

§ 1º Da folha individual de votação e do título eleitoral constará a indicação da seção em que o eleitor tiver sido inscrito, a qual será localizada dentro do distrito judiciário ou administrativo de sua residência e o mais próximo dela, considerados a distância e os meios de transporte.

§ 2º As folhas individuais de votação serão conservadas em pastas, uma para cada seção eleitoral; às mesas receptoras serão por estas encaminhadas com a urna e os demais documentos da eleição às juntas eleitorais, que as devolverão, findos os trabalhos da apuração, ao respectivo cartório, onde ficarão guardadas.

§ 3º O eleitor ficará vinculado permanentemente à seção eleitoral indicada no seu título, salvo:

I - se se transferir de zona ou Município, hipótese em que deverá requerer transferência;

II - se, até 100 (cem) dias antes da eleição, provar, perante o Juiz Eleitoral, que mudou de residência dentro do mesmo Município, de um distrito para outro ou para lugar muito distante da seção em que se acha inscrito, caso em que serão feitas na folha de votação e no título eleitoral, para esse fim exibido as alterações correspondentes, devidamente autenticadas pela autoridade judiciária.

§ 4º O eleitor poderá, a qualquer tempo, requerer ao juiz eleitoral a retificação de seu título eleitoral ou de sua folha individual de votação, quando neles constar erro evidente, ou indicação de seção diferente daquela a que devesse corresponder a residência indicada no pedido de inscrição ou transferência. (Incluído pela Lei 4.961/1966.)

§ 5º O título eleitoral servirá de prova de que o eleitor está inscrito na seção em que deve votar. E, uma vez datado e assinado pelo presidente da mesa receptora, servirá também de prova de haver o eleitor votado. (§ 4º renumerado pela Lei 4.961/1966.)

Art. 47. As certidões de nascimento ou casamento, quando destinadas ao alistamento eleitoral, serão fornecidas gratuitamente, segundo a ordem dos pedidos apresentados em cartório pelos alistandos ou delegados de partido.

§ 1º Os cartórios de Registro Civil farão, ainda, gratuitamente, o registro de nascimento visando ao fornecimento de certidão aos alistandos, desde que provem carência de recursos, ou aos Delegados de partido, para fins eleitorais. (Incluído pela Lei 6.018/1974.)

§ 2º Em cada Cartório de Registro Civil haverá um livro especial aberto e rubricado pelo Juiz Eleitoral, onde o cidadão ou o delegado de partido deixará expresso o pedido de certidão para fins eleitorais, datando-o. (§ 1º acrescentado pela Lei 4.961/1966, e renumerado pela Lei 6.018/1974.)

§ 3º O escrivão, dentro de quinze dias da data do pedido, concederá a certidão, ou justificará, perante o Juiz Eleitoral, por que deixa de fazê-lo. (§ 2º acrescentado pela Lei 4.961/1966, e renumerado pela Lei 6.018/1974.)

§ 4º A infração ao disposto neste artigo sujeitará o escrivão às penas do art. 293. (§ 3º acrescentado pela Lei 4.961/1966, e renumerado pela Lei 6.018/1974.)

Art. 48. O empregado mediante comunicação com 48 (quarenta e oito) horas de antecedência, poderá deixar de comparecer ao serviço, sem prejuízo do salário e por tempo não excedente a 2 (dois) dias, para o fim de se alistar eleitor ou requerer transferência.

Art. 49. Os cegos alfabetizados pelo sistema "Braille", que reunirem as demais condições de alistamento, podem qualificar-se mediante o preenchimento da fórmula impressa e a aposição do nome com as letras do referido alfabeto.

§ 1º De forma idêntica serão assinadas a folha individual de votação e as vias do título.

§ 2º Esses atos serão feitos na presença também de funcionário de estabelecimento especializado de amparo e proteção de cegos, conhecedor do sistema "Braille", que subscreverá, com o Escrivão ou funcionário designado, a seguinte declaração a ser lançada no modelo de requerimento: "Atestamos que a presente fórmula, bem como a folha individual de votação e vias do título, foram subscritas pelo próprio, em nossa presença".

Art. 50. O juiz eleitoral providenciará para que se proceda ao alistamento nas próprias sedes dos estabelecimentos de proteção aos cegos, marcando previamente dia e hora para tal fim, podendo se inscrever na zona eleitoral correspondente todos os cegos do município.

§ 1º Os eleitores inscritos em tais condições deverão ser localizados em uma mesma seção da respectiva zona.

§ 2º Se no alistamento realizado pela forma prevista nos artigos anteriores o número de eleitores não alcançar o mínimo exigido, este se completará com a inclusão de outros, ainda que não sejam cegos.

Art. 51. (Revogado pela Lei 7.914/1989.)

CAPÍTULO I
DA SEGUNDA VIA

Art. 52. No caso de perda ou extravio de seu título, requererá o eleitor ao juiz do seu domicílio eleitoral, até 10 (dez) dias antes da eleição, que lhe expeça segunda via.

§ 1º O pedido de segunda via será apresentado em cartório, pessoalmente, pelo eleitor, instruído o requerimento, no caso de inutilização ou dilaceração, com a primeira via do título.

§ 2º No caso de perda ou extravio do título, o juiz, após receber o requerimento de segunda via, fará publicar, pelo prazo de 5 (cinco) dias, pela imprensa, onde houver, ou por editais, a notícia do extravio ou perda e do requerimento de segunda via, deferindo o pedido, findo este prazo, se não houver impugnação.

Art. 53. Se o eleitor estiver fora do seu domicílio eleitoral poderá requerer a segunda via ao juiz da zona em que se encontrar, esclarecendo se vai recebê-la na sua zona ou na em que requereu.

§ 1º O requerimento, acompanhado de um novo título assinado pelo eleitor na presença do escrivão ou de funcionário designado e de uma fotografia, será encaminhado ao juiz da zona do eleitor.

§ 2º Antes de processar o pedido, na forma prevista no artigo anterior, o juiz determinará que se confira a assinatura constante do novo título com a da folha individual de votação ou do requerimento de inscrição.

§ 3º Deferido o pedido, o título será enviado ao juiz da Zona que remeteu o requerimento, caso o eleitor haja solicitado essa providência, ou ficará em cartório aguardando que o interessado o procure.

§ 4º O pedido de segunda via formulado nos termos deste artigo só poderá ser recebido até 60 (sessenta) dias antes do pleito.

Art. 54. O requerimento de segunda via, em qualquer das hipóteses, deverá ser assinado sobre selos federais, correspondentes a 2% (dois por cento) do salário-mínimo da zona eleitoral de inscrição.

Parágrafo único. Somente será expedida a segunda via a eleitor que estiver quite com a Justiça Eleitoral, exigindo-se, para o que foi multado e ainda não liquidou a dívida, o prévio pagamento, através de selo federal inutilizado nos autos.

CAPÍTULO II
DA TRANSFERÊNCIA

Art. 55. Em caso de mudança de domicílio, cabe ao eleitor requerer ao juiz do novo domicílio sua transferência, juntando o título anterior.

§ 1º A transferência só será admitida satisfeitas as seguintes exigências:

I - entrada do requerimento no cartório eleitoral do novo domicílio até 100 (cem) dias antes da data da eleição;

II - transcorrência de pelo menos 1 (um) ano da inscrição primitiva;

III - residência mínima de 3 (três) meses no novo domicílio, atestada pela autoridade policial ou provada por outros meios convincentes.

§ 2º O disposto nos n. II e III do parágrafo anterior não se aplica quando se tratar de transferência de título eleitoral de servidor público civil, militar, autárquico, ou de membro de sua família, por motivo de remoção ou transferência. (Redação dada pela Lei 4.961/1966.)

Art. 56. No caso de perda ou extravio do título anterior, declarado esse fato na petição de transferência, o juiz do novo domicílio, como ato preliminar, requisitará, por telegrama, a confirmação do alegado à Zona Eleitoral onde o requerente se achava inscrito.

§ 1º O Juiz do antigo domicílio, no prazo de 5 (cinco) dias, responderá por ofício ou telegrama, esclarecendo se o interessado é realmente eleitor, se a inscrição está em vigor, e, ainda, qual o número e a data da inscrição respectiva.

§ 2º A informação mencionada no parágrafo anterior suprirá a falta do título extraviado, ou perdido, para o efeito da transferência, devendo fazer parte integrante do processo.

Art. 57. O requerimento de transferência de domicílio eleitoral será imediatamente publicado na imprensa oficial na Capital, e em cartório nas demais localidades, podendo os interessados impugná-lo no prazo de dez dias. (Redação dada pela Lei 4.961/1966.)

§ 1º Certificado o cumprimento do disposto neste artigo, o pedido deverá ser desde logo decidido, devendo o despacho do juiz ser publicado pela mesma forma. (Redação dada pela Lei 4.961/1966.)

§ 2º Poderá recorrer para o Tribunal Regional Eleitoral, no prazo de 3 (três) dias, o eleitor que pediu a transferência, sendo-lhe a mesma negada, ou qualquer delegado de partido, quando o pedido for deferido.

§ 3º Dentro de 5 (cinco) dias, o Tribunal Regional Eleitoral decidirá do recurso interposto nos termos do parágrafo anterior.

§ 4º Só será expedido o novo título decorridos os prazos previstos neste artigo e respectivos parágrafos.

Art. 58. Expedido o novo título, o juiz comunicará a transferência ao Tribunal Regional competente, no prazo de 10 (dez) dias, enviando-lhe o título eleitoral, se houver, ou documento a que se refere o § 1º do artigo 56.

§ 1º Na mesma data comunicará ao juiz da zona de origem a concessão da transferência e requisitará a "folha individual de votação".

§ 2º Na nova folha individual de votação ficará consignado, na coluna destinada a "anotações", que a inscrição foi obtida por transferência, e, de acordo com os elementos constantes do título primitivo, qual o último pleito em que o eleitor transferido votou. Essa anotação constará também de seu título.

§ 3º O processo de transferência só será arquivado após o recebimento da folha individual de votação da Zona de origem, que dele ficará constando, devidamente inutilizada, mediante aposição de carimbo a tinta vermelha.

§ 4º No caso de transferência de município ou distrito dentro da mesma zona, deferido o pedido, o juiz determinará a transposição da folha individual de votação para a pasta correspondente ao novo domicílio, a anotação de mudança no título eleitoral e comunicará ao Tribunal Regional para a necessária averbação na ficha do eleitor.

Art. 59. Na Zona de origem, recebida do juiz do novo domicílio a comunicação de transferência, o juiz tomará as seguintes providências:

I - determinará o cancelamento da inscrição do transferido e a remessa dentro de três dias, da folha individual de votação ao juiz requisitante;

II - ordenará a retirada do fichário da segunda parte do título;

III - comunicará o cancelamento ao Tribunal Regional a que estiver subordinado, que fará a devida anotação na ficha de seus arquivos;

IV - se o eleitor havia assinado ficha de registro de partido, comunicará ao juiz do novo domicílio e, ainda, ao Tribunal Regional, se a transferência foi concedida para outro Estado.

Art. 60. O eleitor transferido não poderá votar no novo domicílio eleitoral em eleição suplementar à que tiver sido realizada antes de sua transferência.

Art. 61. Somente será concedida transferência ao eleitor que estiver quite com a Justiça Eleitoral.

§ 1º Se o requerente não instruir o pedido de transferência com o título anterior, o juiz do novo domicílio, ao solicitar informação ao da zona de origem, indagará se o eleitor está quite com a Justiça Eleitoral, ou, não o estando, qual a importância da multa imposta e não paga.

§ 2º Instruído o pedido com o título, e verificado que o eleitor não votou em eleição anterior, o juiz do novo domicílio solicitará informações sobre o valor da multa arbitrada na zona de origem, salvo se o eleitor não quiser aguardar a resposta, hipótese em que pagará o máximo previsto.

§ 3º O pagamento da multa, em qualquer das hipóteses dos parágrafos anteriores, será comunicado ao juízo de origem para as necessárias anotações.

CAPÍTULO III
DOS PREPARADORES

Arts. 62 a 65. (Revogados pela Lei 8.868/1994.)

CAPÍTULO IV
DOS DELEGADOS DE PARTIDO PERANTE O ALISTAMENTO

Art. 66. É lícito aos partidos políticos, por seus delegados:

I - acompanhar os processos de inscrição;

II - promover a exclusão de qualquer eleitor inscrito ilegalmente e assumir a defesa do eleitor cuja exclusão esteja sendo promovida;

III - examinar, sem perturbação do serviço e em presença dos servidores designados, os documentos relativos ao alistamento eleitoral, podendo deles tirar cópias ou fotocópias.

§ 1º Perante o juízo eleitoral, cada partido poderá nomear 3 (três) delegados.

§ 2º Perante os preparadores, cada partido poderá nomear até 2 (dois) delegados, que assistam e fiscalizem os seus atos.

§ 3º Os delegados a que se refere este artigo serão registrados perante os juízes eleitorais, a requerimento do presidente do Diretório Municipal.

§ 4º O delegado credenciado junto ao Tribunal Regional Eleitoral poderá representar o partido junto a qualquer juízo ou preparador do Estado, assim como o delegado credenciado perante o Tribunal Superior Eleitoral poderá representar o partido perante qualquer Tribunal Regional, juízo ou preparador.

CAPÍTULO V
DO ENCERRAMENTO DO ALISTAMENTO

Art. 67. Nenhum requerimento de inscrição eleitoral ou de transferência será recebido dentro dos 100 (cem) dias anteriores à data da eleição.

Art. 68. Em audiência pública, que se realizará às 14 (quatorze) horas do 69º (sexagésimo nono) dia anterior à eleição, o juiz eleitoral declarará encerrada a inscrição de eleitores na respectiva zona e proclamará o número dos inscritos até as 18 (dezoito) horas do dia anterior, o que comunicará *incontinenti* ao Tribunal Regional Eleitoral, por telegrama, e fará público em edital, imediatamente afixado no lugar próprio do juízo e divulgado pela imprensa, onde houver, declarando nele o nome do último eleitor inscrito e o número do respectivo título, fornecendo aos diretórios municipais dos partidos cópia autêntica desse edital.

§ 1º Na mesma data será encerrada a transferência de eleitores, devendo constar do telegrama do juiz eleitoral ao Tribunal Regional Eleitoral, do edital e da cópia deste fornecida aos diretórios municipais dos partidos e da publicação da imprensa, os nomes dos 10 (dez) últimos eleitores, cujos processos de transferência estejam definitivamente ultimados, e o número dos respectivos títulos eleitorais.

§ 2º O despacho de pedido de inscrição, transferência, ou segunda via, proferido após esgotado o prazo legal, sujeita o juiz eleitoral às penas do art. 291.

Art. 69. Os títulos eleitorais resultantes dos pedidos de inscrição ou de transferência serão entregues até 30 (trinta) dias antes da eleição.

Parágrafo único. A segunda via poderá ser entregue ao eleitor até a véspera do pleito.

Art. 70. O alistamento reabrir-se-á em cada zona, logo que estejam concluídos os trabalhos da sua junta eleitoral.

TÍTULO II
DO CANCELAMENTO E DA EXCLUSÃO

Art. 71. São causas de cancelamento:

I - a infração dos artigos 5º e 42;

II - a suspensão ou perda dos direitos políticos;

III - a pluralidade de inscrição;

IV - o falecimento do eleitor;

V - deixar de votar em 3 (três) eleições consecutivas. (Redação dada pela Lei 7.663/1988.)

§ 1º A ocorrência de qualquer das causas enumeradas neste artigo acarretará a exclusão do eleitor, que poderá ser promovida *ex officio*, a requerimento de delegado de partido ou de qualquer eleitor.

§ 2º No caso de ser algum cidadão maior de 18 (dezoito) anos privado temporária ou definitivamente dos direitos políticos, a autoridade que impuser essa pena providenciará para que o fato seja comunicado ao juiz eleitoral ou ao Tribunal Regional da circunscrição em que residir o réu.

§ 3º Os oficiais de Registro Civil, sob as penas do art. 293, enviarão, até o dia 15 (quinze) de cada mês, ao juiz eleitoral da zona em que oficiarem, comunicação dos óbitos de cidadãos alistáveis, ocorridos no mês anterior, para cancelamento das inscrições.

§ 4º Quando houver denúncia fundamentada de fraude no alistamento de uma zona ou município, o Tribunal Regional poderá determinar a realização de correição e, provada a fraude em proporção comprometedora, ordenará a revisão do eleitorado obedecidas as Instruções do Tribunal Superior e as recomendações que, subsidiariamente, baixar, com o cancelamento de ofício das inscrições correspondentes aos títulos que não forem apresentados à revisão. (Incluído pela Lei 4.961/1966.)

Art. 72. Durante o processo e até a exclusão pode o eleitor votar validamente.

Parágrafo único. Tratando-se de inscrições contra as quais hajam sido interpostos recursos das decisões que as deferiram, desde que tais recursos venham a ser providos pelo Tribunal Regional ou Tribunal Superior, serão nulos os votos se o seu número for suficiente para alterar qualquer representação partidária ou classificação de candidato eleito pelo princípio majoritário.

Art. 73. No caso de exclusão, a defesa pode ser feita pelo interessado, por outro eleitor ou por delegado de partido.

Art. 74. A exclusão será mandada processar *ex officio* pelo juiz eleitoral, sempre que tiver conhecimento de alguma das causas do cancelamento.

Art. 75. O Tribunal Regional, tomando conhecimento através de seu fichário, da inscrição do mesmo eleitor em mais de uma zona sob sua jurisdição, comunicará o fato ao juiz competente para o cancelamento, que de preferência deverá recair:

I - na inscrição que não corresponda ao domicílio eleitoral;

II - naquela cujo título não haja sido entregue ao eleitor;

III - naquela cujo título não haja sido utilizado para o exercício do voto na última eleição;

IV - na mais antiga.

Art. 76. Qualquer irregularidade determinante de exclusão será comunicada por escrito e por iniciativa de qualquer interessado ao juiz eleitoral, que observará o processo estabelecido no artigo seguinte.

Art. 77. O juiz eleitoral processará a exclusão pela forma seguinte:

I - mandará autuar a petição ou representação com os documentos que a instruírem;

II - fará publicar edital com prazo de 10 (dez) dias para ciência dos interessados, que poderão contestar dentro de 5 (cinco) dias;

III - concederá dilação probatória de 5 (cinco) a 10 (dez) dias, se requerida;

IV - decidirá no prazo de 5 (cinco) dias.

Art. 78. Determinado, por sentença, o cancelamento, o cartório tomará as seguintes providências:

I - retirará, da respectiva pasta, a folha de votação, registrará a ocorrência no local próprio para "Anotações" e juntá-la-á ao processo de cancelamento;

II - registrará a ocorrência na coluna de "observações" do livro de inscrição;

III - excluirá dos fichários as respectivas fichas, colecionando-as à parte;

IV - anotará, de forma sistemática, os claros abertos na pasta de votação para o oportuno preenchimento dos mesmos;

V - comunicará o cancelamento ao Tribunal Regional para anotação no seu fichário.

Art. 79. No caso de exclusão por falecimento, tratando-se de caso notório, serão dispensadas as formalidades previstas nos n. II e III do artigo 77.

Art. 80. Da decisão do juiz eleitoral caberá recurso no prazo de 3 (três) dias, para o Tribunal Regional, interposto pelo excluendo ou por delegado de partido.

Art. 81. Cessada a causa do cancelamento, poderá o interessado requerer novamente a sua qualificação e inscrição.

PARTE QUARTA
DAS ELEIÇÕES

TÍTULO I
DO SISTEMA ELEITORAL

Art. 82. O sufrágio é universal e direto; o voto, obrigatório e secreto.

Art. 83. Na eleição direta para o Senado Federal, para Prefeito e Vice-Prefeito, adotar-se-á o princípio majoritário. (Redação dada pela Lei 6.534/1978.)

Art. 84. A eleição para a Câmara dos Deputados, Assembleias Legislativas e Câmaras Municipais, obedecerá ao princípio da representação proporcional na forma desta lei.

Art. 85. A eleição para deputados federais, senadores e suplentes, presidente e vice-presidente da República, governadores, vice-governadores e deputados estaduais far-se-á, simultaneamente, em todo o País.

Art. 86. Nas eleições presidenciais, a circunscrição será o País; nas eleições federais e estaduais, o Estado; e nas municipais, o respectivo município.

CAPÍTULO I
DE REGISTRO DOS CANDIDATOS

Art. 87. Somente podem concorrer às eleições candidatos registrados por partidos.

Parágrafo único. Nenhum registro será admitido fora do período de 6 (seis) meses antes da eleição.

Art. 88. Não é permitido registro de candidato embora para cargos diferentes, por mais de uma circunscrição ou para mais de um cargo na mesma circunscrição.

Parágrafo único. Nas eleições realizadas pelo sistema proporcional o candidato deverá ser filiado ao partido, na circunscrição em que concorrer, pelo tempo que for fixado nos respectivos estatutos.

Art. 89. Serão registrados:

I - no Tribunal Superior Eleitoral os candidatos a presidente e vice-presidente da República;

II - nos Tribunais Regionais Eleitorais os candidatos a senador, deputado federal, governador e vice-governador e deputado estadual;

III - nos Juízos Eleitorais os candidatos a vereador, prefeito e vice-prefeito e juiz de paz.

Art. 90. Somente poderão inscrever candidatos os partidos que possuam diretório devidamente registrado na circunscrição em que se realizar a eleição.

Art. 91. O registro de candidatos a presidente e vice-presidente, governador e vice-governador, ou prefeito e vice-prefeito, far-se-á sempre em chapa única e indivisível, ainda que resulte a indicação de aliança de partidos.

§ 1º O registro de candidatos a senador far-se-á com o do suplente partidário.

§ 2º Nos Territórios far-se-á o registro do candidato a deputado com o do suplente.

Art. 92. (Revogado pela Lei 9.504/1997.)

Art. 93. O prazo de entrada em cartório ou na Secretaria do Tribunal, conforme o caso, de requerimento de registro de candidato a cargo eletivo terminará, improrrogavelmente, às dezenove horas do dia 15 de agosto do ano em que se realizarem as eleições. (Alterado pela Lei 13.165/2015.)

§ 1º Até vinte dias antes da data das eleições, todos os requerimentos, inclusive os que tiverem sido impugnados, devem estar julgados pelas instâncias ordinárias, e publicadas as decisões a eles relativas. (Alterado pela Lei 13.165/2015.)

§ 2º As convenções partidárias para a escolha dos candidatos serão realizadas, no máximo, até 5 de agosto do ano em que se realizarem as eleições. (Alterado pela Lei 13.165/2015.)

§ 3º Nesse caso, se se tratar de eleição municipal, o juiz eleitoral deverá apresentar a sentença no prazo de 2 (dois) dias, podendo o recorrente, nos 2 (dois) dias seguintes, aditar as razões do recurso; no caso de registro feito perante o Tribunal, se o relator não apresentar o acórdão no prazo de 2 (dois) dias, será designado outro relator, na ordem da votação, o qual deverá lavrar o acórdão do prazo de 3 (três) dias, podendo o recorrente, nesse mesmo prazo, aditar as suas razões.

Art. 94. O registro pode ser promovido por delegado de partido, autorizado em documento autêntico, inclusive telegrama de quem responda pela direção partidária e sempre com assinatura reconhecida por tabelião.

§ 1º O requerimento de registro deverá ser instruído:

I - com a cópia autêntica da ata da convenção que houver feito a escolha do candidato, a qual deverá ser conferida com o original na Secretaria do Tribunal ou no cartório eleitoral;

II - com autorização do candidato, em documento com a assinatura reconhecida por tabelião;

III - com certidão fornecida pelo cartório eleitoral da zona de inscrição, em que conste que o registrando é eleitor;

IV - com prova de filiação partidária, salvo para os candidatos a presidente e vice-presidente, senador e respectivo suplente, governador e vice-governador, prefeito e vice-prefeito;

V - com folha corrida fornecida pelos cartórios competentes, para que se verifique se o candidato está no gozo dos direitos políticos (art. 132, III, e 135 da Constituição Federal); (Redação dada pela Lei 4.961/1966.)

▸ Refere-se à CF/1946, correspondendo aos arts. 14, § 3º, II; e 15, CF/1988.

VI - com declaração de bens, de que constem a origem e as mutações patrimoniais.

§ 2º A autorização do candidato pode ser dirigida diretamente ao órgão ou juiz competente para o registro.

Art. 95. O candidato poderá ser registrado sem o prenome, ou com o nome abreviado, desde que a supressão não estabeleça dúvida quanto à sua identidade.

Art. 96. Será negado o registro a candidato que, pública ou ostensivamente faça parte ou seja adepto de partido político cujo registro tenha sido cassado com fundamento no artigo 141, § 13, da Constituição Federal.

▸ Refere-se à CF/1946, correspondendo ao art. 17, CF/1988.

Art. 97. Protocolado o requerimento de registro, o presidente do Tribunal ou o juiz eleitoral, no caso de eleição municipal ou distrital, fará publicar imediatamente edital para ciência dos interessados.

§ 1º O edital será publicado na Imprensa Oficial, nas capitais, e afixado em cartório, no local de costume, nas demais zonas.

§ 2º Do pedido de registro caberá, no prazo de 2 (dois) dias, a contar da publicação ou afixação do edital, impugnação articulada por parte de candidato ou de partido político.

§ 3º Poderá, também, qualquer eleitor, com fundamento em inelegibilidade ou incompatibilidade do candidato ou na incidência deste no artigo 96 impugnar o pedido de registro, dentro do mesmo prazo, oferecendo prova do alegado.

§ 4º Havendo impugnação, o partido requerente do registro terá vista dos autos, por 2 (dois) dias, para falar sobre a mesma, feita a respectiva intimação na forma do § 1º.

Art. 98. Os militares alistáveis são elegíveis, atendidas as seguintes condições:

I - o militar que tiver menos de 5 (cinco) anos de serviço, será, ao se candidatar a cargo eletivo, excluído do serviço ativo;

II - o militar em atividade com 5 (cinco) ou mais anos de serviço ao se candidatar a cargo eletivo, será afastado, temporariamente, do serviço ativo, como agregado, para tratar de interesse particular;

III - o militar não excluído e que vier a ser eleito será, no ato da diplomação, transferido para a reserva ou reformado.

- Refere-se à EC 9/1964. Correspondia ao art. 138, p.u., c, da CF/1946. V. art. 14, § 8º, II, CF.

Parágrafo único. O Juízo ou Tribunal que deferir o registro de militar candidato a cargo eletivo comunicará imediatamente a decisão à autoridade a que o mesmo estiver subordinado, cabendo igual obrigação ao partido, quando lançar a candidatura.

Art. 99. Nas eleições majoritárias poderá qualquer partido registrar na mesma circunscrição candidato já por outro registrado, desde que o outro partido e o candidato o consintam por escrito até 10 (dez) dias antes da eleição, observadas as formalidades do art. 94.

Parágrafo único. A falta de consentimento expresso acarretará a anulação do registro promovido, podendo o partido prejudicado requerê-la ou recorrer da resolução que ordenar o registro.

Art. 100. Nas eleições realizadas pelo sistema proporcional, o Tribunal Superior Eleitoral, até 6 (seis) meses antes do pleito, reservará para cada partido, por sorteio, em sessão realizada com a presença dos Delegados de partido, uma série de números a partir de 100 (cem). (Redação dada pela Lei 7.015/1982.)

§ 1º A sessão a que se refere o *caput* deste artigo será anunciada aos partidos com antecedência mínima de 5 (cinco) dias. (Redação dada pela Lei 7.015/1982.)

§ 2º As convenções partidárias para escolha dos candidatos sortearão, por sua vez, em cada Estado e município, os números que devam corresponder a cada candidato. (Redação dada pela Lei 7.015/1982.)

§ 3º Nas eleições para Deputado Federal, se o número de partidos não for superior a 9 (nove), a cada um corresponderá obrigatoriamente uma centena, devendo a numeração dos candidatos ser sorteada a partir da unidade, para que ao primeiro candidato do primeiro partido corresponda o número 101 (cento e um), ao do segundo partido 201 (duzentos e um), e assim sucessivamente. (Redação dada pela Lei 7.015/1982.)

§ 4º Concorrendo 10 (dez) ou mais partidos, a cada um corresponderá uma centena a partir de 1.101 (um mil cento e um), de maneira que a todos os candidatos sejam atribuídos sempre 4 (quatro) algarismos, suprimindo-se a numeração correspondente à série 2.001 (dois mil e um) a 2.100 (dois mil e cem), para reiniciá-la em 2.101 (dois mil cento e um), a partir do décimo partido. (Redação dada pela Lei 7.015/1982.)

§ 5º Na mesma sessão, o Tribunal Superior Eleitoral sorteará as séries correspondentes aos Deputados Estaduais e Vereadores, observando, no que couber, as normas constantes dos parágrafos anteriores, e de maneira que a todos os candidatos sejam atribuídos sempre número de 4 (quatro) algarismos. (Redação dada pela Lei 7.015/1982.)

Art. 101. Pode qualquer candidato requerer, em petição com firma reconhecida, o cancelamento do registro do seu nome. (Redação dada pela Lei 6.553/1978.)

§ 1º Desse fato, o presidente do Tribunal ou o juiz, conforme o caso, dará ciência imediata ao partido que tenha feito a inscrição, ao qual ficará ressalvado o direito de substituir por outro o nome cancelado, observadas todas as formalidades exigidas para o registro e desde que o novo pedido seja apresentado até 60 (sessenta) dias antes do pleito.

§ 2º Nas eleições majoritárias, se o candidato vier a falecer ou renunciar dentro do período de 60 (sessenta) dias mencionados no parágrafo anterior, o partido poderá substituí-lo; se o registro do novo candidato estiver deferido até 30 (trinta) dias antes do pleito serão utilizadas as já impressas, computando-se para o novo candidato os votos dados ao anteriormente registrado.

§ 3º Considerar-se-á nulo o voto dado ao candidato que haja pedido o cancelamento de sua inscrição salvo na hipótese prevista no parágrafo anterior, *in fine*.

§ 4º Nas eleições proporcionais, ocorrendo a hipótese prevista neste artigo, ao substituto será atribuído o número anteriormente dado ao candidato cujo registro foi cancelado.

§ 5º Em caso de morte, renúncia, inelegibilidade e preenchimento de vagas existentes nas respectivas chapas, tanto em eleições proporcionais quanto majoritárias, as substituições e indicações se processarão pelas Comissões Executivas. (Incluído pela Lei 6.553/1978.)

Art. 102. Os registros efetuados pelo Tribunal Superior serão imediatamente comunicados aos Tribunais Regionais e por estes aos juízes eleitorais.

Parágrafo único. Os Tribunais Regionais comunicarão também ao Tribunal Superior os registros efetuados por eles e pelos juízes eleitorais.

CAPÍTULO II
DO VOTO SECRETO

Art. 103. O sigilo do voto é assegurado mediante as seguintes providências:

I - uso de cédulas oficiais em todas as eleições, de acordo com modelo aprovado pelo Tribunal Superior;

II - isolamento do eleitor em cabine indevassável para o só efeito de assinalar na cédula o candidato de sua escolha e, em seguida, fechá-la;

III - verificação da autenticidade da cédula oficial à vista das rubricas;

IV - emprego de urna que assegure a inviolabilidade do sufrágio e seja suficientemente ampla para que não se acumulem as cédulas na ordem que forem introduzidas.

CAPÍTULO III
DA CÉDULA OFICIAL

Art. 104. As cédulas oficiais serão confeccionadas e distribuídas exclusivamente pela Justiça Eleitoral, devendo ser impressas em papel branco, opaco e pouco absorvente. A impressão será em tinta preta, com tipos uniformes de letra.

§ 1º Os nomes dos candidatos para as eleições majoritárias devem figurar na ordem determinada por sorteio.

§ 2º O sorteio será realizado após o deferimento do último pedido de registro, em audiência presidida pelo juiz ou presidente do Tribunal, na presença dos candidatos e delegados de partido.

§ 3º A realização da audiência será anunciada com 3 (três) dias de antecedência, no mesmo dia em que for deferido o último pedido de registro, devendo os delegados de partido serem intimados por ofício sob protocolo.

§ 4º Havendo substituição de candidatos após o sorteio, o nome do novo candidato deverá figurar na cédula na seguinte ordem:

I - se forem apenas 2 (dois), em último lugar;

II - se forem 3 (três), em segundo lugar;

III - se forem mais de 3 (três), em penúltimo lugar;

IV - se permanecer apenas 1 (um) candidato e forem substituídos 2 (dois) ou mais, aquele ficará em primeiro lugar, sendo realizado novo sorteio em relação aos demais.

§ 5º Para as eleições realizadas pelo sistema proporcional a cédula conterá espaço para que o eleitor escreva o nome ou o número do candidato de sua preferência e indique a sigla do partido.

§ 6º As cédulas oficiais serão confeccionadas de maneira tal que, dobradas, resguardem o sigilo do voto, sem que seja necessário o emprego de cola para fechá-las.

CAPÍTULO IV
DA REPRESENTAÇÃO PROPORCIONAL

Art. 105. Fica facultado a 2 (dois) ou mais partidos coligarem-se para o registro de candidatos comuns a deputado federal, deputado estadual e vereador. (Redação dada pela Lei 7.454/1985.)

§ 1º A deliberação sobre coligação caberá à Convenção Regional de cada partido, quando se tratar de eleição para a Câmara dos Deputados e Assembleias Legislativas, e à Convenção Municipal, quando se tratar de eleição para a Câmara de Vereadores, e será aprovada mediante a votação favorável da maioria, presentes 2/3 (dois terços) dos convencionais, estabelecendo-se, na mesma oportunidade, o número de candidatos que caberá a cada partido. (Incluído pela Lei 7.454/1985.)

§ 2º Cada partido indicará em Convenção os seus candidatos e o registro será promovido em conjunto pela Coligação. (Incluído pela Lei 7.454/1985.)

Art. 106. Determina-se o quociente eleitoral dividindo-se o número de votos válidos apurados pelo de lugares a preencher em cada circunscrição eleitoral, desprezada a fração se igual ou inferior a meio, equivalente a um, se superior.

Parágrafo único. (Revogado pela Lei 9.504/1997.)

Art. 107. Determina-se para cada partido ou coligação o quociente partidário, dividindo-se pelo quociente eleitoral o número de votos válidos dados sob a mesma legenda ou coligação de legendas, desprezada a fração. (Redação dada pela Lei 7.454/1985.)

Art. 108. Estarão eleitos, entre os candidatos registrados por um partido ou coligação que tenham obtido votos em número igual ou superior a 10% (dez por cento) do quociente eleitoral, tantos quantos o respectivo quociente partidário indicar, na ordem da votação nominal que cada um tenha recebido. (Alterado pela Lei 13.165/2015.)

Parágrafo único. Os lugares não preenchidos em razão da exigência de votação nominal mínima a que se refere o *caput* serão distribuídos de acordo com as regras do art. 109. (Acrescentado pela Lei 13.165/2015.)

Art. 109. Os lugares não preenchidos com a aplicação dos quocientes partidários e em razão da exigência de votação nominal mínima a que se refere o art. 108 serão distribuídos de acordo com as seguintes regras: (Alterado pela Lei 13.165/2015.)

I – dividir-se-á o número de votos válidos atribuídos a cada partido ou coligação pelo número de lugares definido para o partido pelo cálculo do quociente partidário do art. 107, mais um, cabendo ao partido ou coligação que apresentar a maior média um dos lugares a preencher, desde que tenha candidato que atenda à exigência de votação nominal mínima; (*Alterado pela Lei 13.165/2015.*)

- ADIn 5420 – O STF, por maioria, julgou parcialmente procedente o pedido formulado na ação direta, para declarar inconstitucional a expressão "número de lugares definido para o partido pelo cálculo do quociente partidário do art. 107", deste inciso, mantido, nesta parte, o critério de cálculo vigente antes da edição da Lei nº 13.165/2015.

II - repetir-se-á a operação para cada um dos lugares a preencher; (Alterado pela Lei 13.165/2015.)

III - quando não houver mais partidos ou coligações com candidatos que atendam às duas exigências do inciso I, as cadeiras serão distribuídas aos partidos que apresentem as maiores médias. (Acrescentado pela Lei 13.165/2015.)

§ 1º O preenchimento dos lugares com que cada partido ou coligação for contemplado far-se-á segundo a ordem de votação recebida por seus candidatos. (Alterado pela Lei 13.165/2015.)

§ 2º Poderão concorrer à distribuição dos lugares todos os partidos e coligações que participaram do pleito. (Redação dada pela Lei nº 13.488, de 2017)

Art. 110. Em caso de empate, haver-se-á por eleito o candidato mais idoso.

Art. 111. Se nenhum partido ou coligação alcançar o quociente eleitoral, considerar-se-ão eleitos, até serem preenchidos todos os lugares, os candidatos mais votados. (Redação dada pela Lei 7.454/1985.)

Art. 112. Considerar-se-ão suplentes da representação partidária:

I - os mais votados sob a mesma legenda e não eleitos efetivos das listas dos respectivos partidos;

II - em caso de empate na votação, na ordem decrescente da idade.

Parágrafo único. Na definição dos suplentes da representação partidária, não há exigência de votação nominal mínima prevista pelo art. 108. (Acrescentado pela Lei 13.165/2015.)

Art. 113. Na ocorrência de vaga, não havendo suplente para preenchê-la, far-se-á eleição, salvo se faltarem menos de nove meses para findar o período de mandato.

TÍTULO II
DOS ATOS PREPARATÓRIOS DA VOTAÇÃO

Art. 114. Até 70 (setenta) dias antes da data marcada para a eleição, todos os que requererem inscrição como eleitor, ou transferência, já devem estar devidamente qualificados e os respectivos títulos prontos para a entrega, se deferidos pelo juiz eleitoral.

Parágrafo único. Será punido nos termos do art. 293 o juiz eleitoral, o escrivão eleitoral, o preparador ou o funcionário responsável pela transgressão do preceituado neste artigo ou pela não entrega do título pronto ao eleitor que o procurar.

Art. 115. Os juízes eleitorais, sob pena de responsabilidade, comunicarão ao Tribunal Regional, até 30 (trinta) dias antes de cada eleição, o número de eleitores alistados.

Art. 116. A Justiça Eleitoral fará ampla divulgação através dos comunicados transmitidos em obediência ao disposto no art. 250, § 5º, pelo rádio e televisão, bem assim por meio de cartazes afixados em lugares públicos, dos nomes dos candidatos registrados, com indicação do partido a que pertençam, bem como do número sob que foram inscritos, no caso dos candidatos a deputado e a vereador.

- O art. 250, § 5º, foi revogado pela Lei 9.504/1997 (Lei das Eleições).
- arts. 44; 47 a 57, Lei 9.504/1997 (Lei das Eleições).

CAPÍTULO I
DAS SEÇÕES ELEITORAIS

Art. 117. As seções eleitorais, organizadas na medida em que forem sendo deferidos os pedidos de inscrição, não terão mais de 400 (quatrocentos) eleitores nas capitais e de 300 (trezentos) nas demais localidades, nem menos de 50 (cinquenta) eleitores.

§ 1º Em casos excepcionais, devidamente justificados, o Tribunal Regional poderá autorizar que sejam ultrapassados os índices previstos neste artigo desde que essa providência venha facilitar o exercício do voto, aproximando o eleitor do local designado para a votação.

§ 2º Se em seção destinada aos cegos o número de eleitores não alcançar o mínimo exigido, este se completará com outros, ainda que não sejam cegos.

Art. 118. Os juízes eleitorais organizarão relação de eleitores de cada seção a qual será remetida aos presidentes das mesas receptoras para facilitação do processo de votação.

CAPÍTULO II
DAS MESAS RECEPTORAS

Art. 119. A cada seção eleitoral corresponde uma mesa receptora de votos.

Art. 120. Constituem a mesa receptora um presidente, um primeiro e um segundo mesários, dois secretários e um suplente, nomeados pelo juiz eleitoral sessenta dias antes da eleição, em audiência pública, anunciado pelo menos com cinco dias de antecedência. (Redação dada pela Lei 4.961/1966.)

§ 1º Não podem ser nomeados presidentes e mesários:

I - os candidatos e seus parentes ainda que por afinidade, até o segundo grau, inclusive, e bem assim o cônjuge;

II - os membros de diretórios de partidos desde que exerça função executiva;

III - as autoridades e agentes policiais, bem como os funcionários no desempenho de cargos de confiança do Executivo;

IV - os que pertencerem ao serviço eleitoral.

§ 2º Os mesários serão nomeados, de preferência entre os eleitores da própria seção, e, dentre estes, os diplomados em escola superior, os professores e os serventuários da Justiça.

§ 3º O juiz eleitoral mandará publicar no jornal oficial, onde houver, e, não havendo, em cartório, as nomeações que tiver feito, e intimará os mesários através dessa publicação, para constituírem as mesas no dia e lugares designados, às 07 horas.

§ 4º Os motivos justos que tiverem os nomeados para recusar a nomeação, e que ficarão à livre-apreciação do juiz eleitoral, somente poderão ser alegados até 5 (cinco) dias a contar da nomeação, salvo se sobrevindos depois desse prazo.

§ 5º Os nomeados que não declararem a existência de qualquer dos impedimentos referidos no § 1º incorrem na pena estabelecida pelo art. 310.

Art. 121. Da nomeação da mesa receptora qualquer partido poderá reclamar ao juiz eleitoral, no prazo de 2 (dois) dias, a contar da audiência, devendo a decisão ser proferida em igual prazo.

§ 1º Da decisão do juiz eleitoral caberá recurso para o Tribunal Regional, interposto dentro de 3 (três) dias, devendo, dentro de igual prazo, ser resolvido.

§ 2º Se o vício da constituição da mesa resultar da incompatibilidade prevista no n. I, do § 1º, do art. 120, e o registro do candidato for posterior à nomeação do mesário, o prazo para reclamação será contado da publicação dos nomes dos candidatos registrados. Se resultar de qualquer das proibições dos n. II, III e IV, e em virtude de fato superveniente, o prazo se contará do ato da nomeação ou eleição.

§ 3º O partido que não houver reclamado contra a composição da mesa não poderá arguir, sob esse fundamento, a nulidade da seção respectiva.

Art. 122. Os juízes deverão instruir os mesários sobre o processo da eleição, em reuniões para esse fim convocadas com a necessária antecedência.

Art. 123. Os mesários substituirão o presidente, de modo que haja sempre quem responda pessoalmente pela ordem e regularidade do processo eleitoral, e assinarão a ata da eleição.

§ 1º O presidente deve estar presente ao ato de abertura e de encerramento da eleição, salvo força maior, comunicando o impedimento aos mesários e secretários pelo menos 24 (vinte e quatro) horas antes da abertura dos trabalhos, ou imediatamente, se o impedimento se der dentro desse prazo ou no curso da eleição.

§ 2º Não comparecendo o presidente até às sete horas e trinta minutos, assumirá a presidência o primeiro mesário e, na sua falta ou impedimento, o segundo mesário, um dos secretários ou o suplente.

§ 3º Poderá o presidente, ou membro da mesa que assumir a presidência, nomear *ad hoc*, dentre os eleitores presentes e obedecidas as prescrições do § 1º, do art. 120, os que forem necessários para completar a mesa.

Art. 124. O membro da mesa receptora que não comparecer no local, em dia e hora determinados para a realização de eleição, sem justa causa apresentada ao juiz eleitoral até 30 (trinta) dias após, incorrerá na multa de 50% (cinquenta por cento) a 1 (um) salário-mínimo vigente na zona eleitoral cobrada mediante selo federal inutilizado no requerimento em que for solicitado o arbitramento ou através de executivo fiscal.

§ 1º Se o arbitramento e pagamento da multa não for requerido pelo mesário faltoso, a multa será arbitrada e cobrada na forma prevista no artigo 367.

§ 2º Se o faltoso for servidor público ou autárquico, a pena será de suspensão até 15 (quinze) dias.

§ 3º As penas previstas neste artigo serão aplicadas em dobro se a mesa receptora deixar de funcionar por culpa dos faltosos.

§ 4º Será também aplicada em dobro observado o disposto nos §§ 1º e 2º, a pena ao membro da mesa que abandonar os trabalhos no decurso da votação sem justa causa apresentada ao juiz até 3 (três) dias após a ocorrência.

Art. 125. Não se reunindo, por qualquer motivo, a mesa receptora, poderão os eleitores pertencentes à respectiva seção votar na seção mais próxima, sob a jurisdição do mesmo juiz, recolhendo-se os seus votos à urna da seção em que deveriam votar, a qual será transportada para aquela em que tiverem de votar.

§ 1º As assinaturas dos eleitores serão recolhidas nas folhas de votação da seção a que pertencerem, as quais, juntamente com as cédulas oficiais e o material restante, acompanharão a urna.

§ 2º O transporte da urna e dos documentos da seção será providenciado pelo presidente da mesa, mesário ou secretário que comparecer, ou pelo próprio juiz, ou pessoa que ele designar para esse fim, acompanhando-a os fiscais que o desejarem.

Art. 126. Se no dia designado para o pleito deixarem de se reunir todas as mesas de um município, o presidente do Tribunal Regional determinará dia para se realizar o mesmo, instaurando-se inquérito para a apuração das causas da irregularidade e punição dos responsáveis.

Parágrafo único. Essa eleição deverá ser marcada dentro de 15 (quinze) dias, pelo menos, para se realizar no prazo máximo de 30 (trinta) dias.

Art. 127. Compete ao presidente da mesa receptora, e, em sua falta, a quem o substituir:

I - receber os votos dos eleitores;

II - decidir imediatamente todas as dificuldades ou dúvidas que ocorrerem;

III - manter a ordem, para o que disporá de força pública necessária;

IV - comunicar ao juiz eleitoral, que providenciará imediatamente as ocorrências cuja solução deste dependerem;

V - remeter à Junta Eleitoral todos os papéis que tiverem sido utilizados durante a recepção dos votos;

VI - autenticar, com a sua rubrica, as cédulas oficiais e numerá-las nos termos das Instruções do Tribunal Superior Eleitoral;

VII - assinar as fórmulas de observações dos fiscais ou delegados de partido, sobre as votações;

VIII - fiscalizar a distribuição das senhas e, verificando que não estão sendo distribuídas segundo a sua ordem numérica, recolher as de numeração intercalada, acaso retidas, as quais não se poderão mais distribuir.

IX - anotar o não comparecimento do eleitor no verso da folha individual de votação. (Incluído pela Lei 4.961/1966.)

Art. 128. Compete aos secretários:

I - distribuir aos eleitores as senhas de entrada previamente rubricadas ou carimbadas segundo a respectiva ordem numérica;

II - lavrar a ata da eleição;

III - cumprir as demais obrigações que lhes forem atribuídas em instruções.

Parágrafo único. As atribuições mencionadas no n. 1 serão exercidas por um dos secretários e os constantes dos n. II e III pelo outro.

Art. 129. Nas eleições proporcionais os presidentes das mesas receptoras deverão zelar pela preservação das listas de candidatos afixadas dentro das cabinas indevassáveis tomando imediatas providências para a colocação de nova lista no caso de inutilização total ou parcial.

Parágrafo único. O eleitor que inutilizar ou arrebatar as listas afixadas nas cabinas indevassáveis ou nos edifícios onde funcionarem mesas receptoras incorrerá nas penas do artigo 297.

Art. 130. Nos estabelecimentos de internação coletiva de hansenianos, os membros das mesas receptoras serão escolhidos de preferência entre os médicos e funcionários sadios do próprio estabelecimento.

CAPÍTULO III
DA FISCALIZAÇÃO PERANTE AS MESAS RECEPTORAS

Art. 131. Cada partido poderá nomear 2 (dois) delegados em cada município e 2 (dois) fiscais junto a cada mesa receptora, funcionando um de cada vez.

§ 1º Quando o município abranger mais de uma zona eleitoral, cada partido poderá nomear 2 (dois) delegados junto a cada uma delas.

§ 2º A escolha de fiscal e delegado de partido não poderá recair em quem, por nomeação do juiz eleitoral, já faça parte da mesa receptora.

§ 3º As credenciais expedidas pelos partidos, para os fiscais, deverão ser visadas pelo juiz eleitoral.

§ 4º Para esse fim, o delegado do partido encaminhará as credenciais ao Cartório, juntamente com os títulos eleitorais dos fiscais credenciados, para que, verificado pelo escrivão que as inscrições correspondentes aos títulos estão em vigor e se referem aos nomeados, carimbe as credenciais e as apresente ao juiz para o visto.

§ 5º As credenciais que não forem encaminhadas ao Cartório pelos delegados de partido, para os fins do parágrafo anterior, poderão ser apresentadas pelos próprios fiscais para a obtenção do visto do juiz eleitoral.

§ 6º Se a credencial apresentada ao presidente da mesa receptora não estiver autenticada na forma do § 4º, o fiscal poderá funcionar perante a mesa, mas o seu voto não será admitido, a não ser na seção em que o seu nome estiver incluído.

§ 7º O fiscal de cada partido poderá ser substituído por outro no curso dos trabalhos eleitorais.

Art. 132. Pelas mesas receptoras serão admitidos a fiscalizar a votação, formular protestos e fazer impugnações, inclusive sobre a identidade do eleitor, os candidatos registrados, os delegados e os fiscais dos partidos.

TÍTULO III
DO MATERIAL PARA A VOTAÇÃO

Art. 133. Os juízes eleitorais enviarão ao presidente de cada mesa receptora, pelo menos 72 (setenta e duas) horas antes da eleição, o seguinte material.

I - relação dos eleitores da seção que poderá ser dispensada, no todo ou em parte, pelo respectivo Tribunal Regional Eleitoral em decisão fundamentada e aprovada pelo Tribunal Superior Eleitoral. (Redação dada pela Lei 6.055/1974.)

II - relações dos partidos e dos candidatos registrados, as quais deverão ser afixadas no recinto das seções eleitorais em lugar visível, e dentro das cabinas indevassáveis as relações de candidatos a eleições proporcionais;

III - as folhas individuais de votação dos eleitores da seção, devidamente acondicionadas;

IV - uma folha de votação para os eleitores de outras seções, devidamente rubricada;

V - uma urna vazia, vedada pelo juiz eleitoral, com tiras de papel ou pano forte;

VI - sobrecartas maiores para os votos impugnados ou sobre os quais haja dúvida; (Inc. VII renumerado pela Lei 4.961/1966.)

VII - cédulas oficiais; (Inc. VIII renumerado pela Lei 4.961/1966.)

VIII - sobrecartas especiais para remessa à Junta Eleitoral dos documentos relativos à eleição; (Inc. IX renumerado pela Lei 4.961/1966.)

IX - senhas para serem distribuídas aos eleitores; (Inc. X renumerado pela Lei 4.961/1966.)

X - tinta, canetas, penas, lápis e papel, necessários aos trabalhos; (Inc. XI renumerado pela Lei 4.961/1966.)

XI - folhas apropriadas para impugnação e folhas para observação de fiscais de partidos; (Inc. XII renumerado pela Lei 4.961/1966.)

XII - modelo da ata a ser lavrada pela mesa receptora; (Inc. XIII renumerado pela Lei 4.961/1966.)

XIII - material necessário para vedar, após a votação, a fenda da urna; (Inc. XIV renumerado pela Lei 4.961/1966.)

XIV - um exemplar das Instruções do Tribunal Superior Eleitoral; (Inc. XV renumerado pela Lei 4.961/1966.)

XV - material necessário à contagem dos votos quando autorizada; (Inc. XVI renumerado pela Lei 4.961/1966.)

XVI - outro qualquer material que o Tribunal Regional julgue necessário ao regular funcionamento da mesa. (Inc. XVII renumerado pela Lei 4.961/1966.)

§ 1º O material de que trata este artigo deverá ser remetido por protocolo ou pelo correio acompanhado de uma relação ao pé da qual o destinatário declarará o que recebeu e como o recebeu, e aporá sua assinatura.

§ 2º Os presidentes da mesa que não tiverem recebido até 48 (quarenta e oito) horas antes do pleito o referido material deverão diligenciar para o seu recebimento.

§ 3º O juiz eleitoral, em dia e hora previamente designados em presença dos fiscais e delegados dos partidos, verificará, antes de fechar e lacrar as urnas, se estas estão completamente vazias; fechadas, enviará uma das chaves, se houver, ao presidente da Junta Eleitoral e a da fenda, também se houver, ao presidente da mesa receptora, juntamente com a urna.

Art. 134. Nos estabelecimentos de internação coletiva para hansenianos, serão sempre utilizadas urnas de lona.

TÍTULO IV
DA VOTAÇÃO

CAPÍTULO I
DOS LUGARES DA VOTAÇÃO

Art. 135. Funcionarão as mesas receptoras nos lugares designados pelos juízes eleitorais 60 (sessenta) dias antes da eleição, publicando-se a designação.

§ 1º A publicação deverá conter a seção com a numeração ordinal e local em que deverá funcionar com a indicação da rua, número e qualquer outro elemento que facilite a localização pelo eleitor.

§ 2º Dar-se-á preferência aos edifícios públicos, recorrendo-se aos particulares se faltarem aqueles em número e condições adequadas.

§ 3º A propriedade particular será obrigatória e gratuitamente cedida para esse fim.

§ 4º É expressamente vedado uso de propriedade pertencente a candidato, membro do diretório de partido, delegado de partido ou autoridade policial, bem como dos respectivos cônjuges e parentes, consanguíneos ou afins, até o 2º grau, inclusive.

§ 5º Não poderão ser localizadas seções eleitorais em fazenda, sítio ou qualquer propriedade rural privada, mesmo existindo no local prédio público, incorrendo o juiz nas penas do art. 312, em caso de infringência. (Redação dada pela Lei 4.961/1966.)

§ 6º Os Tribunais Regionais, nas capitais, e os juízes eleitorais, nas demais zonas, farão ampla divulgação da localização das seções.

§ 6º-A. Os Tribunais Regionais Eleitorais deverão, a cada eleição, expedir instruções aos Juízes Eleitorais para orientá-los na escolha dos locais de votação, de maneira a garantir acessibilidade para o eleitor com deficiência ou com mobilidade reduzida, inclusive em seu entorno e nos sistemas de transporte que lhe dão acesso. (Alterado pela Lei 13.146/2015.)

§ 6º-B. (Vetado.) (Incluído pela Lei 10.226/2001.)

§ 7º Da designação dos lugares de votação poderá qualquer partido reclamar ao juiz eleitoral, dentro de três dias a contar da publicação, devendo a decisão ser proferida dentro de quarenta e oito horas. (Incluído pela Lei 4.961/1966.)

§ 8º Da decisão do juiz eleitoral caberá recurso para o Tribunal Regional, interposto dentro de três dias, devendo no mesmo prazo, ser resolvido. (Incluído pela Lei 4.961/1966.)

§ 9º Esgotados os prazos referidos nos §§ 7º e 8º deste artigo, não mais poderá ser alegada, no processo eleitoral, a proibição contida em seu § 5º. (Incluído pela Lei 6.336/1976.)

Art. 136. Deverão ser instaladas seções nas vilas e povoados, assim como nos estabelecimentos de internação coletiva, inclusive para cegos e nos leprosários onde haja, pelo menos, 50 (cinquenta) eleitores.

Parágrafo único. A mesa receptora designada para qualquer dos estabelecimentos de internação coletiva deverá funcionar em local indicado pelo respectivo diretório mesmo critério será adotado para os estabelecimentos especializados para proteção dos cegos.

Art. 137. Até 10 (dez) dias antes da eleição, pelo menos, comunicarão os juízes eleitorais aos chefes das repartições públicas e aos proprietários, arrendatários ou administradores das propriedades particulares a resolução de que serão os respectivos edifícios, ou parte deles, utilizados para pronunciamento das mesas receptoras.

Art. 138. No local destinado a votação, a mesa ficará em recinto separado do público; ao lado haverá uma cabina indevassável onde os eleitores, à medida que comparecerem, possam assinalar a sua preferência na cédula.

Parágrafo único. O juiz eleitoral providenciará para que nos edifícios escolhidos sejam feitas as necessárias adaptações.

CAPÍTULO II
DA POLÍCIA DOS TRABALHOS ELEITORAIS

Art. 139. Ao presidente da mesa receptora e ao juiz eleitoral cabe a polícia dos trabalhos eleitorais.

Art. 140. Somente podem permanecer no recinto da mesa receptora os seus membros, os candidatos, um fiscal, um delegado de cada partido e, durante o tempo necessário à votação, o eleitor.

§ 1º O presidente da mesa, que é, durante os trabalhos, a autoridade superior, fará retirar do recinto ou do edifício quem não guardar a ordem e compostura devidas e estiver praticando qualquer ato atentatório à liberdade eleitoral.

§ 2º Nenhuma autoridade estranha à mesa poderá intervir, sob pretexto algum, em seu funcionamento, salvo o juiz eleitoral.

Art. 141. A força armada conservar-se-á a cem metros da seção eleitoral e não poderá aproximar-se do lugar da votação, ou dele penetrar, sem ordem do presidente da mesa.

‣ art. 238 deste Código.

CAPÍTULO III
DO INÍCIO DA VOTAÇÃO

Art. 142. No dia marcado para a eleição, às 07 (sete) horas, o presidente da mesa receptora, os mesários e os secretários verificarão se no lugar designado estão em ordem o material remetido pelo juiz e a urna destinada a recolher os votos, bem como se estão presentes os fiscais de partido.

Art. 143. Às 08 (oito) horas, supridas as deficiências, declarará o presidente iniciados os trabalhos, procedendo-se em seguida a votação, que começará pelos candidatos e eleitores presentes.

§ 1º Os membros da mesa e os fiscais de partido deverão votar no correr da votação, depois que tiverem votado os eleitores que já se encontravam presentes no momento da abertura dos trabalhos, ou no encerramento da votação. (Parágrafo único renumerado pela Lei 4.961/1966.)

§ 2º Observada a prioridade assegurada aos candidatos, têm preferência para votar o juiz eleitoral da zona, seus auxiliares de serviço, os eleitores de idade avançada, os enfermos e as mulheres grávidas. (Incluído pela Lei 4.961/1966.)

Art. 144. O recebimento dos votos começará às 08 (oito) e terminará, salvo o disposto no art. 153, às 17 (dezessete) horas.

Art. 145. O presidente, mesários, secretários e fiscais de partido votarão perante as mesas em que servirem estes, desde que a credencial esteja visada na forma do art. 131, § 3º; quando eleitores de outras seções, seus votos serão tomados em separado. (Alterado pela Lei 4.961/1966.)

Parágrafo único. Com as cautelas constantes do art. 147, § 2º, poderão ainda votar fora da respectiva seção: (§§ 1º e 3º revogados e § 2º renumerado para parágrafo único pela Lei 4.961/1966.)

I - o juiz eleitoral, em qualquer seção da zona sob sua jurisdição, salvo em eleições municipais, nas quais poderá votar em qualquer seção do município em que for eleitor;

II - o Presidente da República, o qual poderá votar em qualquer seção eleitoral do país, nas eleições presidenciais; em qualquer seção do Estado em que for eleitor nas eleições para governador, vice-governador, senador, deputado federal e estadual; em qualquer seção do município em que estiver inscrito, nas eleições para prefeito, vice-prefeito e vereador;

III - os candidatos à Presidência da República, em qualquer seção eleitoral do país, nas eleições presidenciais, e em qualquer seção do Estado em que forem eleitores, nas eleições de âmbito estadual;

IV - os governadores, vice-governadores, senadores, deputados federais e estaduais, em qualquer seção do Estado, nas eleições de âmbito nacional e estadual; em qualquer seção do município de que sejam eleitores, nas eleições municipais;

V - os candidatos a governador, vice-governador, senador, deputado federal e estadual, em qualquer seção do Estado de que sejam eleitores, nas eleições de âmbito nacional e estadual;

VI - os prefeitos, vice-prefeitos e vereadores, em qualquer seção de município que representarem, desde que eleitores do Estado, sendo que, no caso de eleições municipais, nelas somente poderão votar se inscritos no município;

VII - os candidatos a prefeito, vice-prefeito e vereador, em qualquer seção de município, desde que dele sejam eleitores;

VIII - os militares, removidos ou transferidos dentro do período de 6 (seis) meses antes do pleito poderão votar nas eleições para presidente e vice-presidente da República na localidade em que estiverem servindo;

IX - os policiais militares em serviço. (Incluído pela Lei 9.504/1995.)

CAPÍTULO IV
DO ATO DE VOTAR

Art. 146. Observar-se-á na votação o seguinte:

I - o eleitor receberá, ao apresentar-se na seção, e antes de penetrar no recinto da mesa, uma senha numerada, que o secretário rubricará, no momento, depois de verificar pela relação dos eleitores da seção, que o seu nome consta da respectiva pasta;

II - no verso da senha o secretário anotará o número de ordem da folha individual da pasta, número esse que constará da relação enviada pelo cartório à mesa receptora;

III - admitido a penetrar no recinto da mesa, segundo a ordem numérica das senhas, o eleitor apresentará ao presidente seu título, o qual poderá ser examinado por fiscal ou delegado de partido, entregando, no mesmo ato, a senha;

IV - pelo número anotado no verso da senha, o presidente, ou mesário, localizará a folha individual de votação, que será confrontada com o título e poderá também ser examinada por fiscal ou delegado de partido;

V - achando-se em ordem o título e a folha individual e não havendo dúvida sobre a identidade do eleitor, o presidente da mesa o convidará a lançar sua assinatura no verso da folha individual de votação; em seguida, entregar-lhe-á a cédula única rubricada no ato pelo presidente e mesários e numerada de acordo com as Instruções do Tribunal Superior instruindo-o sobre a forma de dobrá-la, fazendo-o passar a cabina indevassável, cuja porta ou cortina será encerrada em seguida;

VI - o eleitor será admitido a votar, ainda que deixe de exibir no ato da votação o seu título, desde que seja inscrito na seção e conste da respectiva pasta a sua folha individual de votação; nesse caso, a prova de ter votado será feita mediante certidão que obterá posteriormente, no juízo competente;

VII - no caso da omissão da folha individual na respectiva pasta verificada no ato da votação, será o eleitor, ainda, admitido a votar, desde que exiba o seu título eleitoral e dele conste que o portador é inscrito na seção, sendo o seu voto, nesta hipótese, tomando em separado e colhida sua assinatura na folha de votação modelo 2 (dois). Como ato preliminar da apuração do voto, averiguar-se-á se se trata de eleitor em condições de votar, inclusive se realmente pertence à seção;

VIII - verificada a ocorrência de que trata o número anterior, a Junta Eleitoral, antes de encerrar os seus trabalhos, apurará a causa da omissão. Se tiver havido culpa ou dolo, será aplicada ao responsável, na primeira hipótese, a multa de até 2 (dois) salários-mínimos, e, na segunda, a de suspensão até 30 (trinta) dias;

IX - na cabina indevassável, onde não poderá permanecer mais de um minuto, o eleitor indicará os candidatos de sua preferência e dobrará a cédula oficial, observadas as seguintes normas:

a) assinalando com uma cruz, ou de modo que torne expressa a sua intenção, o quadrilátero correspondente ao candidato majoritário de sua preferência;

b) escrevendo o nome, o prenome, ou o número do candidato de sua preferência nas eleições proporcionais. (Redação dada pela Lei 7.434/1985.)

c) escrevendo apenas a sigla do partido de sua preferência, e pretender votar só na legenda;

X - ao sair da cabina o eleitor depositará na urna a cédula;

XI - ao depositar a cédula na urna o eleitor deverá fazê-lo de maneira a mostrar a parte rubricada à mesa e aos fiscais de partido, para que verifiquem, sem nela tocar, se não foi substituída;

XII - se a cédula oficial não for a mesma, será o eleitor convidado a voltar à cabina indevassável e a trazer seu voto na cédula que recebeu; se não quiser tornar à cabina, ser-lhe-á recusado a ocorrência na ata e ficando o eleitor retido pela mesa, e à sua disposição, até o término da votação ou a devolução da cédula oficial já rubricada e numerada;

XIII - se o eleitor, ao receber a cédula ou ao recolher-se à cabina de votação, verificar que a cédula se acha estragada ou, de qualquer modo, viciada ou assinalada ou se ele próprio, por imprudência, imprevidência ou ignorância, a inutilizar, estragar ou assinalar erradamente, poderá pedir uma outra ao presidente da seção eleitoral, restituindo, porém, a primeira, a qual será imediatamente inutilizada à vista dos presentes e sem quebra do sigilo do que o eleitor haja nela assinalado;

XIV - introduzida a sobrecarta na urna, o presidente da mesa devolverá o título ao eleitor, depois de datá-lo e assiná-lo; em seguida rubricará, no local próprio, a folha individual de votação.

Art. 147. O presidente da mesa dispensará especial atenção à identidade de cada eleitor admitido a votar. Existindo dúvida a respeito, deverá exigir-lhe a exibição da respectiva carteira, e, na falta desta, interrogá-lo sobre os dados constantes do título, ou da folha individual de votação, confrontando a assinatura do mesmo com a feita na sua presença pelo eleitor, e mencionando na ata a dúvida suscitada.

§ 1º A impugnação à identidade do eleitor, formulada pelos membros da mesa, fiscais, delegados, candidatos ou qualquer eleitor, será apresentada verbalmente ou por escrito, antes de ser o mesmo admitido a votar.

§ 2º Se persistir a dúvida ou for mantida a impugnação, tomará o presidente da mesa as seguintes providências:

I - escreverá numa sobrecarta branca o seguinte: "Impugnado por "F";

II - entregará ao eleitor a sobrecarta branca, para que ele, na presença da mesa e dos fiscais, nela coloque a cédula oficial que assinalou, assim como o seu título, a folha de impugnação e qualquer outro documento oferecido pelo impugnante;

III - determinará ao eleitor que feche a sobrecarta branca e a deposite na urna;

IV - anotará a impugnação na ata.

§ 3º O voto em separado, por qualquer motivo, será sempre tomado na forma prevista no parágrafo anterior.

Art. 148. O eleitor somente poderá votar na seção eleitoral em que estiver incluído o seu nome.

§ 1º Essa exigência somente poderá ser dispensada nos casos previstos no art. 145 e seus parágrafos.

§ 2º Aos eleitores mencionados no art. 145 não será permitido votar sem a exibição do título, e nas folhas de votação modelo 2 (dois), nas quais lançarão suas assinaturas, serão sempre anotadas na coluna própria as seções mencionadas nos título retidos.

§ 3º Quando se tratar de candidato, o presidente da mesa receptora verificará, previamente, se o nome figura na relação enviada à seção, e quando se tratar de fiscal de partido, se a credencial está devidamente visada pelo juiz eleitoral.

§§ 4º e 5º (Revogados pela Lei 4.961/1966.)

Art. 149. Não será admitido recurso contra a votação se não tiver havido impugnação perante a mesa receptora, no ato da votação, contra as nulidades arguidas.

Art. 150. O eleitor cego poderá:

I - assinar a folha individual de votação em letras do alfabeto comum ou do sistema Braille;

II - assinalar a cédula oficial, utilizando também qualquer sistema;

III - usar qualquer elemento mecânico que trouxer consigo, ou lhe for fornecido pela mesa, e que lhe possibilite exercer o direito de voto

Art. 151. (Revogado pela Lei 7.914/1989.)

§§ 1º e 2º (Revogados pela Lei 4.961/1966.)

Art. 152. Poderão ser utilizadas máquinas de votar, a critério e mediante regulamentação do Tribunal Superior Eleitoral.

CAPÍTULO V
DO ENCERRAMENTO DA VOTAÇÃO

Art. 153. Às 17 (dezessete) horas, o presidente fará entregar as senhas a todos os eleitores presentes e, em seguida, os convidará, em voz alta, a entregar à mesa seus títulos, para que sejam admitidos a votar.

Parágrafo único. A votação continuará na ordem numérica das senhas e o título será devolvido ao eleitor, logo que tenha votado.

Art. 154. Terminada a votação e declarado o seu encerramento pelo presidente, tomará estes as seguintes providências:

I - vedará a fenda de introdução da cédula na urna, de modo a cobri-la inteiramente com tiras de papel ou pano forte, rubricadas pelo presidente e mesários e, facultativamente, pelos fiscais presentes, separará todas as folhas de votação correspondentes aos eleitores faltosos e fará constar, no verso de cada uma delas na parte destinada à assinatura do eleitor, a falta verificada, por meio de breve registro, que autenticará com a sua assinatura. (Redação dada pela Lei 4.961/1966.)

II - encerrará, com a sua assinatura, a folha de votação modelo 2 (dois), que poderá ser também assinada pelos fiscais;

III - mandará lavrar, por um dos secretários, a ata da eleição, preenchendo o modelo fornecido pela Justiça Eleitoral, para que conste:

a) os nomes dos membros da mesa que hajam comparecido, inclusive o suplente;

b) as substituições e nomeações feitas;

c) os nomes dos fiscais que hajam comparecido e dos que se retiraram durante a votação;

d) a causa, se houver, do retardamento para o começo da votação;

e) o número, por extenso, dos eleitores da seção que compareceram e votaram e o número dos que deixaram de comparecer;

f) o número, por extenso, de eleitores de outras seções que hajam votado e cujos votos hajam sido recolhidos ao invólucro especial;

g) o motivo de não haverem votado alguns dos eleitores que compareceram;

h) os protestos e as impugnações apresentados pelos fiscais, assim como as decisões sobre eles proferidas, tudo em seu inteiro teor;

i) a razão de interrupção da votação, se tiver havido, e o tempo de interrupção;

j) a ressalva das rasuras, emendas e entrelinhas porventura existentes nas folhas de votação e na ata, ou a declaração de não existirem;

IV - mandará, em caso de insuficiência de espaço no modelo destinado ao preenchimento, prosseguir a ata em outra folha devidamente rubricada por ele, mesários e fiscais que o desejarem, mencionado esse fato na própria ata;

V - assinará a ata com os demais membros da mesa, secretários e fiscais que quiserem;

VI - entregará a urna e os documentos do ato eleitoral ao presidente da Junta ou à agência do Correio mais próxima, ou a outra vizinha que ofereça melhores condições de segurança e expedição, sob recibo em triplicata com a indicação de hora, devendo aqueles documentos ser encerrados em sobrecartas rubricadas por ele e pelos fiscais que o quiserem;

VII - comunicará em ofício, ou impresso próprio, ao juiz eleitoral da zona a realização da eleição, o número de eleitores que votaram e a remessa da urna e dos documentos à Junta Eleitoral;

VIII - enviará em sobrecarta fechada uma das vias do recibo do Correio à Junta Eleitoral e a outra ao Tribunal Regional.

§ 1º Os Tribunais Regionais poderão prescrever outros meios de vedação das urnas.

§ 2º No Distrito Federal e nas capitais dos Estados poderão os Tribunais Regionais determinar normas diversas para a entrega de urnas e papéis eleitorais, com as cautelas destinadas a evitar violação ou extravio.

Art. 155. O presidente da Junta Eleitoral e as agências do Correio tomarão as providências necessárias para o recebimento da urna e dos documentos referidos no artigo anterior.

§ 1º Os fiscais e delegados de partidos têm direito de vigiar e acompanhar a urna desde o momento da eleição, durante a permanência nas agências do Correio e até a entrega à Junta Eleitoral.

§ 2º A urna ficará permanentemente à vista dos interessados e sob a guarda de pessoa designada pelo presidente da Junta Eleitoral.

Art. 156. Até as 12 (doze) horas do dia seguinte à realização da eleição, o juiz eleitoral é obrigado, sob pena de responsabilidade e multa de 1 (um) a 2 (dois) salários-mínimos, a comunicar ao Tribunal Regional, e aos delegados de partido perante ele credenciados, o número de eleitores que votaram em cada uma das seções da zona sob sua jurisdição, bem como o total de votantes da zona.

§ 1º Se houver retardamento nas medidas referidas no art. 154, o juiz eleitoral, assim que receba o ofício constante desse dispositivo, n. VII, fará a comunicação constante deste artigo.

§ 2º Essa comunicação será feita por via postal, em ofícios registrados de que o juiz eleitoral guardará cópia no arquivo da zona, acompanhada do recibo do Correio.

§ 3º Qualquer candidato, delegado ou fiscal de partido poderá obter, por certidão, o teor da comunicação a que se refere este artigo, sendo defeso ao juiz eleitoral recusá-la ou procrastinar a sua entrega ao requerente.

Art. 157. (Revogado pela Lei 7.914/1989.)

TÍTULO V
DA APURAÇÃO

CAPÍTULO I
DOS ÓRGÃOS APURADORES

Art. 158. A apuração compete:

I - às Juntas Eleitorais quanto às eleições realizadas na zona sob sua jurisdição;

II - aos Tribunais Regionais a referente às eleições para governador, vice-governador, senador, deputado federal e estadual, de acordo com os resultados parciais enviados pelas Juntas Eleitorais;

III - ao Tribunal Superior Eleitoral nas eleições para presidente e vice-presidente da República, pelos resultados parciais remetidos pelos Tribunais Regionais.

CAPÍTULO II
DA APURAÇÃO NAS JUNTAS

SEÇÃO I
DISPOSIÇÕES PRELIMINARES

Art. 159. A apuração começará no dia seguinte ao das eleições e, salvo motivo justificado, deverá terminar dentro de 10 (dez) dias.

§ 1º Iniciada a apuração, os trabalhos não serão interrompidos aos sábados, domingos e dias feriados, devendo a Junta funcionar das 08 (oito) às 18 (dezoito) horas, pelo menos.

§ 2º Em caso de impossibilidade de observância do prazo previsto neste artigo, o fato deverá ser imediatamente justificado perante o Tribunal Regional, mencionando-se as horas ou dias necessários para o adiamento que não poderá exceder a cinco dias. (Redação dada pela Lei 4.961/1966.)

§ 3º Esgotado o prazo e a prorrogação estipulada neste artigo ou não tendo havido em tempo hábil o pedido de prorrogação, a respectiva Junta Eleitoral perde a competência para prosseguir na apuração devendo o seu presidente remeter, imediatamente ao Tribunal Regional, todo o material relativo à votação. (Incluído pela Lei 4.961/1966.)

§ 4º Ocorrendo a hipótese prevista no parágrafo anterior, competirá ao Tribunal Regional fazer a apuração. (Incluído pela Lei 4.961/1966.)

§ 5º Os membros da Junta Eleitoral responsáveis pela inobservância injustificada dos prazos fixados neste artigo estarão sujeitos à multa de dois a dez salários-mínimos, aplicada pelo Tribunal Regional. (Incluído pela Lei 4.961/1966.)

Art. 160. Havendo conveniência, em razão do número de urnas a apurar, a Junta poderá subdividir-se em turmas, até o limite de 5 (cinco), todas presididas por algum dos seus componentes.

Parágrafo único. As dúvidas que forem levantadas em cada turma serão decididas por maioria de votos dos membros da Junta.

Art. 161. Cada partido poderá credenciar perante as Juntas até 3 (três) fiscais, que se revezem na fiscalização dos trabalhos.

§ 1º Em caso de divisão da Junta em turmas, cada partido poderá credenciar até 3 (três) fiscais para cada turma.

§ 2º Não será permitida, na Junta ou turma, a atuação de mais de 1 (um) fiscal de cada partido.

Art. 162. Cada partido poderá credenciar mais de 1 (um) delegado perante a Junta, mas no decorrer da apuração só funcionará 1 (um) de cada vez.

Art. 163. Iniciada a apuração da urna, não será a mesma interrompida, devendo ser concluída.

Parágrafo único. Em caso de interrupção por motivo de força maior, as cédulas e as folhas de apuração serão recolhidas à urna e esta fechada e lacrada, o que constará da ata.

Art. 164. É vedado às Juntas Eleitorais a divulgação, por qualquer meio, de expressões, frases ou desenhos estranhos ao pleito, apostos ou contidos nas cédulas.

§ 1º Aos membros, escrutinadores e auxiliares das Juntas que infringirem o disposto neste artigo será aplicada a multa de 1 (um) a 2 (dois) salários-mínimos vigentes na Zona Eleitoral, cobrados através de executivo fiscal ou da inutilização de selos federais no processo em que for arbitrada a multa.

§ 2º Será considerada dívida líquida e certa, para efeito de cobrança, a que for arbitrada pelo Tribunal Regional e inscrita em livro próprio na Secretaria desse órgão.

SEÇÃO II
DA ABERTURA DA URNA

Art. 165. Antes de abrir cada urna, a Junta verificará:

I - se há indício de violação da urna;

II - se a mesa receptora se constituiu legalmente;

III - se as folhas individuais de votação e as folhas modelo 2 (dois) são autênticas;

IV - se a eleição se realizou no dia, hora e local designados e se a votação não foi encerrada antes das 17 (dezessete) horas;

V - se foram infringidas as condições que resguardam o sigilo do voto;

VI - se a seção eleitoral foi localizada com infração ao disposto nos §§ 4º e 5º do art. 135;

VII - se foi recusada, sem fundamento legal, a fiscalização de partidos aos atos eleitorais;

VIII - se votou eleitor excluído do alistamento, sem ser o seu voto tomado em separado;

IX - se votou eleitor de outra seção, a não ser nos casos expressamente admitidos;

X - se houve demora na entrega da urna e dos documentos conforme determina o n. VI, do art. 154.

XI - se consta nas folhas individuais de votação dos eleitores faltosos o devido registro de sua falta. (Incluído pela Lei 4.961/1966.)

§ 1º Se houver indício de violação da urna, proceder-se-á da seguinte forma:

I - antes da apuração, o presidente da Junta indicará pessoa idônea para servir como perito e examinar a urna com assistência do representante do Ministério Público;

II - se o perito concluir pela existência de violação e o seu parecer for aceito pela Junta, o presidente desta comunicará a ocorrência ao Tribunal Regional, para as providências de lei;

III - se o perito e o representante do Ministério Público concluírem pela inexistência de violação, far-se-á a apuração;

IV - se apenas o representante do Ministério Público entender que a urna foi violada, a Junta decidirá, podendo aquele, se a decisão não for unânime, recorrer imediatamente para o Tribunal Regional;

V - não poderão servir de peritos os referidos no art. 36, § 3º, n. I a IV.

§ 2º As impugnações fundadas em violação da urna somente poderão ser apresentadas até a abertura desta.

§ 3º Verificado qualquer dos casos dos n. II, III, IV e V do artigo, a Junta anulará a votação, fará a apuração dos votos em separado e recorrerá de ofício para o Tribunal Regional.

§ 4º Nos casos dos números VI, VII, VIII, IX e X, a Junta decidirá se a votação é válida, procedendo à apuração definitiva em caso afirmativo, ou na forma do parágrafo anterior, se resolver pela nulidade da votação.

§ 5º A junta deixará de apurar os votos de urna que não estiver acompanhada dos documentos legais e lavrará termo relativo ao fato, remetendo-a, com cópia da sua decisão, ao Tribunal Regional.

Art. 166. Aberta a urna, a Junta verificará se o número de cédulas oficiais corresponde ao de votantes. (Redação dada pela Lei 4.961/1966.)

§ 1º A incoincidência entre o número de votantes e o de cédulas oficiais encontradas na urna não constituirá motivo de nulidade da votação, desde que não resulte de fraude comprovada. (Redação dada pela Lei 4.961/1966.)

§ 2º Se a Junta entender que a incoincidência resulta de fraude, anulará a votação, fará a apuração em separado e recorrerá de ofício para o Tribunal Regional.

Art. 167. Resolvida a apuração da urna, deverá a Junta inicialmente:

I - examinar as sobrecartas brancas contidas na urna, anulando os votos referentes aos eleitores que não podiam votar; (Redação dada pela Lei 4.961/1966.)

II - misturar as cédulas oficiais dos que podiam votar com as demais existentes na urna. (Redação dada pela Lei 4.961/1966.)

III e IV - (Revogados pela Lei 4.961/1966.)

Art. 168. As questões relativas à existência de rasuras, emendas e entrelinhas nas folhas de votação e na ata da eleição, somente poderão ser suscitadas na fase correspondente à abertura das urnas.

SEÇÃO III
DAS IMPUGNAÇÕES E DOS RECURSOS

Art. 169. À medida que os votos forem sendo apurados, poderão os fiscais e delegados de partido, assim como os candidatos, apresentar impugnações que serão decididas de plano pela Junta.

§ 1º As Juntas decidirão por maioria de votos as impugnações.

§ 2º De suas decisões cabe recurso imediato, interposto verbalmente ou por escrito, que deverá ser fundamentado no prazo de 48 (quarenta e oito) horas para que tenha seguimento.

§ 3º O recurso, quando ocorrerem eleições simultâneas, indicará expressamente eleição a que se refere.

§ 4º Os recursos serão instruídos de ofício, com certidão da decisão recorrida; se interpostos verbalmente, constará também da certidão o trecho correspondente do boletim. (Redação dada pela Lei 4.961/1966.)

Art. 170. As impugnações quanto à identidade do eleitor, apresentadas no ato da votação, serão resolvidas pelo confronto da assinatura tomada no verso da folha individual de votação com a existente no anverso; se o eleitor votou em separado, no caso de omissão da folha individual na respectiva pasta, confrontando-se a assinatura da folha modelo 2 (dois) com a do título eleitoral.

Art. 171. Não será admitido recurso contra a apuração, se não tiver havido impugnação perante a Junta, no ato apuração, contra as nulidades arguidas.

Art. 172. Sempre que houver recurso fundado em contagem errônea de votos, vícios de cédulas ou de sobrecartas para votos em separado, deverão as cédulas ser conservadas em invólucro lacrado, que acompanhará o recurso e deverá ser rubricado pelo juiz eleitoral, pelo recorrente e pelos delegados de partido que o desejarem. (Redação dada pela Lei 4.961/1966.)

SEÇÃO IV
DA CONTAGEM DOS VOTOS

Art. 173. Resolvidas as impugnações, a Junta passará a apurar os votos.

Parágrafo único. Na apuração, poderá ser utilizado sistema eletrônico, a critério do Tribunal Superior Eleitoral e na forma por ele estabelecida. (Incluído pela Lei 6.978/1982.)

Art. 174. As cédulas oficiais, à medida em que forem sendo abertas, serão examinadas e lidas em voz alta por um dos componentes da Junta.

§ 1º Após fazer a declaração dos votos em branco e antes de ser anunciado o seguinte, será aposto na cédula, no lugar correspondente à indicação do voto, um carimbo com a expressão "em branco", além da rubrica do presidente da turma. (Redação dada pela Lei 6.055/1974.)

§ 2º O mesmo processo será adaptado para o voto nulo. (Incluído pela Lei 6.055/1974.)

§ 3º Não poderá ser iniciada a apuração dos votos da urna subsequente sob as penas do art. 345 sem que os votos em branco da anterior estejam todos registrados pela forma referida no § 1º. (§ 2º acrescentado pela Lei 4.961/1966 e renumerado pela Lei 6.055/1974.)

§ 4º As questões relativas às cédulas somente poderão ser suscitadas nessa oportunidade. (Parágrafo único renumerado para § 3º pela Lei 4.961/1966 e renumerado para § 4º pela Lei 6.055/1974.)

Art. 175. Serão nulas as cédulas:

- Os arts. 175 a 177 foram alterados pelos arts. 5º a 7º da Lei 6.989/1982; entretanto, o art. 20 da Lei 7.332/1985 restabeleceu a redação anterior.

I - que não corresponderem ao modelo oficial;

II - que não estiverem devidamente autenticadas;

III - que contiverem expressões, frases ou sinais que possam identificar o voto.

§ 1º Serão nulos os votos, em cada eleição majoritária:

I - quando forem assinalados os nomes de dois ou mais candidatos para o mesmo cargo;

II - quando a assinalação estiver colocada fora do quadrilátero próprio, desde que torne duvidosa a manifestação da vontade do eleitor.

§ 2º Serão nulos os votos, em cada eleição pelo sistema proporcional: (Parágrafo renumerado pelo art. 39 da Lei 4.961/1966.)

I - quando o candidato não for indicado, através do nome ou do número, com clareza suficiente para distingui-lo de outro candidato ao mesmo cargo, mas de outro partido, e o eleitor não indicar a legenda;

II - se o eleitor escrever o nome de mais de um candidato ao mesmo cargo, pertencentes a partidos diversos, ou, indicando apenas os números, o fizer também de candidatos de partidos diferentes;

III - se o eleitor, não manifestando preferência por candidato, ou o fazendo de modo que não se possa identificar o de sua preferência, escrever duas ou mais legendas diferentes no espaço relativo à mesma eleição.

IV - (Incluído pela Lei 6.989/1982. Restabelecida a redação original do artigo pela Lei 7.332/1985.)

§ 3º Serão nulos, para todos os efeitos, os votos dados a candidatos inelegíveis ou não registrados. (Parágrafo renumerado pelo art. 39 da Lei 4.961/1966.)

§ 4º O disposto no parágrafo anterior não se aplica quando a decisão de inelegibilidade ou de cancelamento de registro for proferida após a realização da eleição a que concorreu o candidato alcançado pela sentença, caso em que os votos serão contados para o partido pelo qual tiver sido feito o seu registro. (Incluído pela Lei 7.179/1983.)

Art. 176. Contar-se-á o voto apenas para a legenda, nas eleições pelo sistema proporcional: (Redação dada pela Lei 8.037/1990.)

I - se o eleitor escrever apenas a sigla partidária, não indicando o candidato de sua preferência; (Redação dada pela Lei 8.037/1990.)

II - se o eleitor escrever o nome de mais de um candidato do mesmo partido; (Redação dada pela Lei 8.037/1990.)

III - se o eleitor, escrevendo apenas os números, indicar mais de um candidato do mesmo partido; (Redação dada pela Lei 8.037/1990.)

IV - se o eleitor não indicar o candidato através do nome ou do número com clareza suficiente para distingui-lo de outro candidato do mesmo partido. (Redação dada pela Lei 8.037/1990.)

Art. 177. Na contagem dos votos para as eleições realizadas pelo sistema proporcional observar-se-ão, ainda, as seguintes normas: (Redação dada pela Lei 8.037/1990.)

I - a inversão, omissão ou erro de grafia do nome ou prenome não invalidará o voto, desde que seja possível a identificação do candidato; (Redação dada pela Lei 8.037/1990.)

II - se o eleitor escrever o nome de um candidato e o número correspondente a outro da mesma legenda ou não, contar-se-á o voto para o candidato cujo nome foi escrito, bem como para a legenda a que pertence; (Redação dada pela Lei 8.037/1990.)

III - se o eleitor escrever o nome ou o número de um candidato e a legenda de outro partido, contar-se-á o voto para o candidato cujo nome ou número foi escrito; (Redação dada pela Lei 8.037/1990.)

IV - se o eleitor escrever o nome ou o número de um candidato a Deputado Federal na parte da cédula referente a Deputado Estadual ou vice-versa, o voto será contado para o candidato cujo nome ou número foi escrito; (Redação dada pela Lei 8.037/1990.)

V - se o eleitor escrever o nome ou o número de candidatos em espaço da cédula que não seja o correspondente ao cargo para o qual o candidato foi registrado, será o voto computado para o candidato e respectiva legenda, conforme o registro. (Incluído pela Lei 8.037/1990.)

Art. 178. O voto dado ao candidato a Presidente da República entender-se-á dado também ao candidato a vice-presidente, assim como o dado aos candidatos a governador, senador, deputado federal nos territórios, prefeito e juiz de paz entender-se-á dado ao respectivo vice ou suplente.

Art. 179. Concluída a contagem dos votos a Junta ou turma deverá:

I - transcrever nos mapas referentes à urna a votação apurada;

II - expedir boletim contendo o resultado da respectiva seção, no qual serão consignados o número de votantes, a votação individual de cada candidato, os votos de cada legenda partidária, os votos nulos e os em branco, bem como recursos, se houver.

§ 1º Os mapas, em todas as suas folhas, e os boletins de apuração, serão assinados pelo presidente e membros da Junta e pelos fiscais de partido que o desejarem.

§ 2º O boletim a que se refere este artigo obedecerá a modelo aprovado pelo Tribunal Superior Eleitoral, podendo, porém, na sua falta, ser substituído por qualquer outro expedido por Tribunal Regional ou pela própria Junta Eleitoral.

§ 3º Um dos exemplares do boletim de apuração será imediatamente afixado na sede da Junta, em local que possa ser copiado por qualquer pessoa.

§ 4º Cópia autenticada do boletim de apuração será entregue a cada partido, por intermédio do delegado ou fiscal presente, mediante recibo.

§ 5º O boletim de apuração ou sua cópia autenticada com a assinatura do juiz e pelo menos de um dos membros da Junta, podendo ser apresentado ao Tribunal Regional, nas eleições federais e estaduais, sempre que o número de votos constantes dos mapas recebidos pela Comissão Apuradora não coincidir com os nele consignados.

§ 6º O partido ou candidato poderá apresentar o boletim na oportunidade concedida pelo art. 200, quando terá vista do relatório da Comissão Apuradora, ou antes, se durante os trabalhos da Comissão tiver conhecimento da incoincidência de qualquer resultado.

§ 7º Apresentado o boletim, será aberta vista aos demais partidos, pelo prazo de 2 (dois) dias, os quais somente poderão contestar o erro indicado com a apresentação de boletim da mesma urna, revestido das mesmas formalidades.

§ 8º Se o boletim apresentado na contestação consignar outro resultado, coincidente ou não com o que figurar no mapa enviado pela Junta, a urna será requisitada e recontada pelo próprio Tribunal Regional, em sessão.

§ 9º A não expedição do boletim imediatamente após a apuração de cada urna e antes de se passar à subsequente, sob qualquer pretexto, constitui o crime previsto no art. 313.

Art. 180. O disposto no artigo anterior e em todos os seus parágrafos aplica-se às eleições municipais, observadas somente as seguintes alterações:

I - o boletim de apuração poderá ser apresentado à Junta até 3 (três) dias depois de totalizados os resultados, devendo os partidos ser cientificados, através de seus delegados, da data em que começará a correr esse prazo;

II - apresentado o boletim será observado o disposto nos §§ 7º e 8º do artigo anterior, devendo a recontagem ser procedida pela própria Junta.

Art. 181. Salvo nos casos mencionados nos artigos anteriores, a recontagem de votos só poderá ser deferida pelos Tribunais Regionais, em recurso interposto imediatamente após a apuração de cada urna.

Parágrafo único. Em nenhuma outra hipótese poderá a Junta determinar a reabertura de urnas já apuradas para recontagem de votos.

Art. 182. Os títulos dos eleitores estranhos à seção serão separados, para remessa, depois de terminados os trabalhos da Junta, ao juiz eleitoral da zona neles mencionadas, a fim de que seja anotado na folha individual de votação o voto dado em outra seção.

Parágrafo único. Se, ao ser feita a anotação, no confronto do título com a folha individual, se verificar incoincidência ou outro indício de fraude, serão autuados tais documentos e o juiz determinará as providências necessárias para apuração do fato e consequentes medidas legais.

Art. 183. Concluída a apuração, e antes de se passar à subsequente, as cédulas serão recolhidas à urna, sendo esta fechada e lacrada, não podendo ser reaberta senão depois de transitada em julgado a diplomação, salvo nos casos de recontagem de votos.

Parágrafo único. O descumprimento do disposto no presente artigo, sob qualquer pretexto, constitui o crime eleitoral previsto no art. 314.

Art. 184. Terminada a apuração, a Junta remeterá ao Tribunal Regional, no prazo de vinte e quatro horas, todos os papéis eleitorais referentes às eleições estaduais ou federais, acompanhados dos documentos referentes à apuração, juntamente com a ata geral dos seus trabalhos, na qual serão consignadas as votações apuradas para cada legenda e candidato e os votos não apurados com a declaração dos motivos porque o não foram. (Redação dada pela Lei 4.961/1966.)

§ 1º Essa remessa será feita em invólucro fechado, lacrado e rubricado pelos membros da Junta, delegados e fiscais de partido, por via postal ou sob protocolo, conforme for mais rápida e segura a chegada ao destino. (Parágrafo único renumerado pela Lei 4.961/1966.)

§ 2º Se a remessa dos papéis eleitorais de que trata este artigo não se verificar no prazo nele estabelecido, os membros da Junta estarão sujeitos à multa correspondente à metade do salário-mínimo regional por dia de retardamento. (Incluído pela Lei 4.961/1966.)

§ 3º Decorridos quinze dias sem que o Tribunal Regional tenha recebido os papéis referidos neste artigo ou comunicação de sua expedição, determinará ao Corregedor Regional ou Juiz Eleitoral mais próximo que os faça apreender e enviar imediatamente, transferindo-se para o Tribunal Regional a competência para decidir sobre os mesmos. (Incluído pela Lei 4.961/1966.)

Art. 185. Sessenta dias após o trânsito em julgado da diplomação de todos os candidatos, eleitos nos pleitos eleitorais realizados simultaneamente e prévia publicação de edital de convocação, as cédulas serão retiradas das urnas e imediatamente incineradas, na presença do Juiz Eleitoral e em ato público, vedado a qualquer pessoa inclusive ao Juiz, o seu exame na ocasião da incineração. (Redação dada pela Lei 6.055/1974.)

Parágrafo único. Poderá ainda a Justiça Eleitoral, tomadas as medidas necessárias à garantia do sigilo, autorizar a reciclagem industrial das cédulas, em proveito do ensino público de primeiro grau ou de instituições beneficentes. (Incluído pela Lei 7.977/1989.)

Art. 186. Com relação às eleições municipais e distritais, uma vez terminada a apuração de todas as urnas, a Junta resolverá as dúvidas não decididas, verificará o total dos votos apurados, inclusive os votos em branco, determinará o quociente eleitoral e os quocientes partidários e proclamará os candidatos eleitos.

§ 1º O presidente da Junta fará lavrar, por um dos secretários, a ata geral concernente às eleições referidas neste artigo, da qual constará o seguinte:

I - as seções apuradas e o número de votos apurados em cada urna;

II - as seções anuladas, os motivos por que foram e o número de votos não apurados;

III - as seções onde não houve eleição e os motivos;

IV - as impugnações feitas, a solução que lhes foi dada e os recursos interpostos;

V - a votação de cada legenda na eleição para vereador;

VI - o quociente eleitoral e os quocientes partidários;

VII - a votação dos candidatos a vereador, incluídos em cada lista registrada, na ordem da votação recebida;

VIII - a votação dos candidatos a prefeito, vice-prefeito e a juiz de paz, na ordem da votação recebida.

§ 2º Cópia da ata geral da eleição municipal, devidamente autenticada pelo juiz, será enviada ao Tribunal Regional e ao Tribunal Superior Eleitoral.

Art. 187. Verificando a Junta Apuradora que os votos das seções anuladas e daquelas cujos eleitores foram impedidos de votar poderão alterar a representação de qualquer partido ou classificação de candidato eleito pelo princípio majoritário, nas eleições municipais, fará imediata comunicação do fato ao Tribunal Regional, que marcará, se for o caso, dia para a renovação da votação naquelas seções.

§ 1º Nas eleições suplementares municipais observar-se-á, no que couber, o disposto no art. 201.

§ 2º Essas eleições serão realizadas perante novas mesas receptoras, nomeadas pelo juiz eleitoral, e apuradas pela própria Junta que, considerando os anteriores e os novos resultados, confirmará ou invalidará os diplomas que houver expedido.

§ 3º Havendo renovação de eleições para os cargos de prefeito e vice-prefeito, os diplomas somente serão expedidos depois de apuradas as eleições suplementares.

§ 4º Nas eleições suplementares, quando ser referirem a mandatos de representação proporcional, a votação e a apuração far-se-ão exclusivamente para as legendas registradas.

SEÇÃO V
DA CONTAGEM DOS VOTOS PELA MESA RECEPTORA

Art. 188. O Tribunal Superior Eleitoral poderá autorizar a contagem de votos pelas mesas receptoras, nos Estados em que o Tribunal Regional indicar as zonas ou seções em que esse sistema deva ser adotado.

Art. 189. Os mesários das seções em que for efetuada a contagem dos votos serão nomeados escrutinadores da junta.

Art. 190. Não será efetuada a contagem dos votos pela mesa se esta não se julgar suficientemente garantida, ou se qualquer eleitor houver votado sob impugnação, devendo a mesa, em um ou outro caso, proceder na forma determinada para as demais, das zonas em que a contagem não foi autorizada.

Art. 191. Terminada a votação, o presidente da mesa tomará as providências mencionadas nas alíneas II, III, IV e V do art. 154.

Art. 192. Lavrada e assinada ata, o presidente da mesa, na presença dos demais membros, fiscais e delegados do partido, abrirá a urna e o invólucro e verificará se o número de cédulas oficiais coincide com o de votantes.

§ 1º Se não houver coincidência entre o número de votantes e o de cédulas oficiais encontradas na urna e no invólucro, a mesa receptora não fará a contagem dos votos.

§ 2º Ocorrendo a hipótese prevista no parágrafo anterior, o presidente da mesa determinará que as cédulas e as sobrecartas sejam novamente recolhidas à urna e ao invólucro, os quais serão fechados e lacrados, procedendo, em seguida, na forma recomendada pelas alíneas VI, VII e VIII e do art. 54.

Art. 193. Havendo coincidência entre o número de cédulas e o de votantes deverá a mesa, inicialmente, misturar as cédulas contidas nas sobrecartas brancas, da urna e do invólucro, com as demais.

§ 1º Em seguida proceder-se-á à abertura das cédulas e contagem dos votos, observando-se o disposto nos artigos. 169 e seguintes, no que couber.

§ 2º Terminada a contagem dos votos será lavrada ata resumida, de acordo com modelo aprovado pelo Tribunal Superior e da qual constarão apenas as impugnações acaso apresentadas, figurando os resultados no boletim que se incorporará à ata, e do qual se dará cópia aos fiscais dos partidos.

Art. 194. Após a lavratura da ata, que deverá ser assinada pelos membros da mesa e fiscais e delegados de partido, as cédulas e as sobrecartas serão recolhidas à urna, sendo esta fechada, lacrada e entregue ao juiz eleitoral pelo presidente da mesa ou por um dos mesários, mediante recibo.

§ 1º O juiz eleitoral poderá, havendo possibilidade, designar funcionários para recolher as urnas e demais documentos nos próprios locais da votação ou instalar postos e locais diversos para o seu recebimento.

§ 2º Os fiscais e delegados de partido podem vigiar e acompanhar a urna desde o momento da eleição, durante a permanência nos postos arrecadadores e até a entrega à Junta.

Art. 195. Recebida a urna e documentos, a Junta deverá:

I - examinar a sua regularidade, inclusive quanto ao funcionamento normal da seção;

II - rever o boletim de contagem de votos da mesa receptora, a fim de verificar se está aritmeticamente certo, fazendo dele constar que, conferido, nenhum erro foi encontrado;

III - abrir a urna e conferir os votos sempre que a contagem da mesa receptora não permitir o fechamento dos resultados;

IV - proceder à apuração se da ata da eleição constar impugnação de fiscal, delegado, candidato ou membro da própria mesa em relação ao resultado de contagem dos votos;

V - resolver todas as impugnações constantes da ata da eleição;

VI - praticar todos os atos previstos na competência das Juntas Eleitorais.

Art. 196. De acordo com as instruções recebidas, a Junta Apuradora poderá reunir os membros das mesas receptoras e demais componentes da Junta em local amplo e adequado no dia seguinte ao da eleição, em horário previamente fixado, e a proceder à apuração na forma estabelecida nos artigos 159 e seguintes, de uma só vez ou em duas ou mais etapas.

Parágrafo único. Nesse caso cada partido poderá credenciar um fiscal para acompanhar a apuração de cada urna, realizando-se esta sob a supervisão do juiz e dos demais membros da Junta, aos quais caberá decidir, em cada caso, as impugnações e demais incidentes verificados durante os trabalhos.

CAPÍTULO III
DA APURAÇÃO NOS TRIBUNAIS REGIONAIS

Art. 197. Na apuração, compete ao Tribunal Regional:

I - resolver as dúvidas não decididas e os recursos interpostos sobre as eleições federais e estaduais e apurar as votações que haja validado em grau de recurso;

II - verificar o total dos votos apurados entre os quais se incluem os em branco;

III - determinar os quocientes, eleitoral e partidário, bem como a distribuição das sobras;

IV - proclamar os eleitos e expedir os respectivos diplomas;

V - fazer a apuração parcial das eleições para Presidente e Vice-presidente da República.

Art. 198. A apuração pelo Tribunal Regional começará no dia seguinte ao em que receber os primeiros resultados parciais das Juntas e prosseguirá sem interrupção, inclusive nos sábados, domingos e feriados, de acordo com o horário previamente publicado, devendo terminar 30 (trinta) dias depois da eleição.

§ 1º Ocorrendo motivos relevantes, expostos com a necessária antecedência, o Tribunal Superior poderá conceder prorrogação desse prazo, uma só vez e por quinze dias. (Parágrafo único renumerado e alterado pela Lei 4.961/1966.)

§ 2º Se o Tribunal Regional não terminar a apuração no prazo legal, seus membros estarão sujeitos à multa correspondente à metade do salário-mínimo regional por dia de retardamento. (Incluído pela Lei 4.961/1966.)

Art. 199. Antes de iniciar a apuração, o Tribunal Regional constituirá com 3 (três) de seus membros, presidida por um destes, uma Comissão Apuradora.

§ 1º O Presidente da Comissão designará um funcionário do Tribunal para servir de secretário e para auxiliarem os seus trabalhos, tantos outros quantos julgar necessários.

§ 2º De cada sessão da Comissão Apuradora será lavrada ata resumida.

§ 3º A Comissão Apuradora fará publicar no órgão oficial, diariamente, um boletim com a indicação dos trabalhos realizados e do número de votos atribuídos a cada candidato.

§ 4º Os trabalhos da Comissão Apuradora poderão ser acompanhados por delegados dos partidos interessados, sem que, entretanto, neles intervenha com protestos, impugnações ou recursos.

§ 5º Ao final dos trabalhos, a Comissão Apuradora apresentará ao Tribunal Regional os mapas gerais da apuração e um relatório, que mencione:

I - o número de votos válidos e anulados em cada Junta Eleitoral, relativos a cada eleição;

II - as seções apuradas e os votos nulos e anulados de cada uma;

III - as seções anuladas, os motivos por que o foram e o número de votos anulados ou não apurados;

IV - as seções onde não houve eleição e os motivos;

V - as impugnações apresentadas às Juntas e como foram resolvidas por elas, assim como os recursos que tenham sido interpostos;

VI - a votação de cada partido;

VII - a votação de cada candidato;

VIII - o quociente eleitoral;

IX - os quocientes partidários;

X - a distribuição das sobras.

Art. 200. O relatório a que se refere o artigo anterior ficará na Secretaria do Tribunal, pelo prazo de 3 (três) dias, para exame dos partidos e candidatos interessados, que poderão examinar também os documentos em que ele se baseou.

§ 1º Terminado o prazo *supra*, os partidos poderão apresentar as suas reclamações, dentro de 2 (dois) dias, sendo estas submetidas a parecer da Comissão Apuradora que, no prazo de 3 (três) dias, apresentará aditamento ao relatório com a proposta das modificações que julgar procedentes, ou com a justificação da improcedência das arguições. (Parágrafo único renumerado pela Lei 4.961/1966.)

§ 2º O Tribunal Regional, antes de aprovar o relatório da Comissão Apuradora e, em três dias improrrogáveis, julgará as impugnações e as reclamações não providas pela Comissão Apuradora, e, se as deferir, voltará o relatório à Comissão para que sejam feitas as alterações resultantes da decisão. (Incluído pela Lei 4.961/1966.)

Art. 201. De posse do relatório referido no artigo anterior, reunir-se-á o Tribunal, no dia seguinte, para o conhecimento do total dos votos apurados, e, em seguida, se verificar que os votos das seções anuladas e daquelas cujos eleitores foram impedidos de votar, poderão alterar a representação de candidato eleito pelo princípio majoritário, ordenará a realização de novas eleições.

Parágrafo único. As novas eleições obedecerão às seguintes normas:

I - o Presidente do Tribunal fixará, imediatamente, a data, para que se realizem dentro de 15 (quinze) dias, no mínimo, e de 30 (trinta) dias, no máximo, a contar do despacho que a fixar, desde que não tenha havido recurso contra a anulação das seções;

II - somente serão admitidos a votar os eleitores da seção que hajam comparecido a eleição anulada, e os de outras seções que ali houverem votado;

III - nos casos de coação que haja impedido o comparecimento dos eleitores às urnas, no de encerramento da votação antes da hora legal, e quando a votação tiver sido realizada em dia, hora e lugar diferentes dos designados, poderão votar todos os eleitores da seção e somente estes;

IV - nas zonas onde apenas uma seção for anulada, o juiz eleitoral respectivo presidirá a mesa receptora; se houver mais de uma seção anulada, o presidente do Tribunal Regional designará os juízes presidentes das respectivas mesas receptoras.

V - as eleições realizar-se-ão nos mesmos locais anteriormente designados, servindo os mesários e secretários que pelo juiz forem nomeados, com a antecedência de, pelo menos, cinco dias, salvo se a anulação for decretada por infração dos §§ 4º e 5º do art. 135;

VI - as eleições assim realizadas serão apuradas pelo Tribunal Regional.

Art. 202. Da reunião do Tribunal Regional será lavrada ata geral, assinada pelos seus membros e da qual constarão:

I - as seções apuradas e o número de votos apurados em cada uma;

II - as seções anuladas, as razões por que o foram e o número de votos não apurados;

III - as seções onde não tenha havido eleição e os motivos;

IV - as impugnações apresentadas às juntas eleitorais e como foram resolvidas;

V - as seções em que se vai realizar ou renovar a eleição;

VI - a votação obtida pelos partidos;

VII - o quociente eleitoral e o partidário;

VIII - os nomes dos votados na ordem decrescente dos votos;

IX - os nomes dos eleitos;

X - os nomes dos suplentes, na ordem em que devem substituir ou suceder.

§ 1º Na mesma sessão o Tribunal Regional proclamará os eleitos e os respectivos suplentes e marcará a data para a expedição solene dos diplomas em sessão pública, salvo quanto a governador e vice-governador, se ocorrer a hipótese prevista na Emenda Constitucional n. 13.

› A EC 13 refere-se à CF/1946, art. 28, *in fine*, c/c art. 77, § 2º, CF/1988.

§ 2º O vice-governador e o suplente de senador considerar-se-ão eleitos em virtude da eleição do governador e do senador com os quais se candidatarem.

§ 3º Os candidatos a governador e vice-governador somente serão diplomados depois de realizadas as eleições suplementares referentes a esses cargos.

§ 4º Um traslado da ata da sessão, autenticado com a assinatura de todos os membros do Tribunal que assinaram a ata original, será remetida ao Presidente do Tribunal Superior.

§ 5º O Tribunal Regional comunicará o resultado da eleição ao Senado Federal, Câmara dos Deputados e Assembleia Legislativa.

Art. 203. Sempre que forem realizadas eleições de âmbito estadual juntamente com eleições para presidente e vice-presidente da República, o Tribunal Regional desdobrará os seus trabalhos de apuração, fazendo, tanto para aquelas quanto para esta, uma ata geral.

§ 1º A Comissão Apuradora deverá, também, apresentar relatórios distintos, um dos quais referente apenas às eleições presidenciais.

§ 2º Concluídos os trabalhos da apuração o Tribunal Regional remeterá ao Tribunal Superior os resultados parciais das eleições para presidente e vice-presidente da República, acompanhados de todos os papéis que lhe digam respeito.

Art. 204. O Tribunal Regional, julgando conveniente, poderá determinar que a totalização dos resultados de cada urna seja realizada pela própria Comissão Apuradora.

Parágrafo único. Ocorrendo essa hipótese, serão observadas as seguintes regras:

I - a decisão do Tribunal será comunicada, até 30 (trinta) dias antes da eleição, aos juízes eleitorais, aos diretórios dos partidos e ao Tribunal Superior;

II - iniciada a apuração, os juízes eleitorais remeterão ao Tribunal Regional, diariamente, sob registro postal ou por portador, os mapas de todas as urnas apuradas no dia;

III - os mapas serão acompanhados de ofício sucinto, que esclareça apenas a que seções correspondem e quantas ainda faltam para completar a apuração da zona;

IV - havendo sido interposto recurso em relação à urna correspondente aos mapas enviados, o juiz fará constar do ofício, em seguida à indicação da seção, entre parênteses, apenas esse esclarecimento - "houve recurso";

V - a ata final da junta não mencionará, no seu texto, a votação obtida pelos partidos e candidatos, a qual ficará constando dos boletins de apuração do Juízo, que dela ficarão fazendo parte integrante;

VI - cópia autenticada da ata, assinada por todos os que assinaram o original, será enviada ao Tribunal Regional na forma prevista no art. 184;

VII - a Comissão Apuradora, à medida em que for recebendo os mapas, passará a totalizar os votos, aguardando, porém, a chegada da cópia autêntica da ata para encerrar a totalização referente a cada zona;

VIII - no caso de extravio de mapa o juiz eleitoral providenciará a remessa de 2ª via, preenchida à vista dos delegados de partido especialmente convocados para esse fim e pelos resultados constantes do boletim de apuração que deverá ficar arquivado no Juízo.

CAPÍTULO IV
DA APURAÇÃO NO TRIBUNAL SUPERIOR

Art. 205. O Tribunal Superior fará a apuração geral das eleições para presidente e vice-presidente da República pelos resultados verificados pelos Tribunais Regionais em cada Estado.

Art. 206. Antes da realização da eleição o Presidente do Tribunal sorteará, dentre os juízes, o relator de cada grupo de Estados, ao qual serão distribuídos todos os recursos e documentos da eleição referentes ao respectivo grupo.

Art. 207. Recebidos os resultados de cada Estado, e julgados os recursos interpostos das decisões dos Tribunais Regionais, o relator terá o prazo de 5 (cinco) dias para apresentar seu relatório, com as conclusões seguintes:

I - os totais dos votos válidos e nulos do Estado;

II - os votos apurados pelo Tribunal Regional que devem ser anulados;

III - os votos anulados pelo Tribunal Regional que devem ser computados como válidos;

IV - a votação de cada candidato;

V - o resumo das decisões do Tribunal Regional sobre as dúvidas e impugnações, bem como dos recursos que hajam sido interpostos para o Tribunal Superior, com as respectivas decisões e indicação das implicações sobre os resultados.

Art. 208. O relatório referente a cada Estado ficará na Secretaria do Tribunal, pelo prazo de dois dias, para exame dos partidos e candidatos interessados, que poderão examinar também os documentos em que ele se baseou e apresentar alegações ou documentos sobre o relatório, no prazo de 2 (dois) dias.

Parágrafo único. Findo esse prazo serão os autos conclusos ao relator, que, dentro em 2 (dois) dias, os apresentará a julgamento, que será previamente anunciado.

Art. 209. Na sessão designada será o feito chamado a julgamento de preferência a qualquer outro processo.

§ 1º Se o relatório tiver sido impugnado, os partidos interessados poderão, no prazo de 15 (quinze) minutos, sustentar oralmente as suas conclusões.

§ 2º Se do julgamento resultarem alterações na apuração efetuada pelo Tribunal Regional, o acórdão determinará que a Secretaria, dentro em 5 (cinco) dias, levante as folhas de apuração parcial das seções cujos resultados tiverem sido alterados, bem como o mapa geral da respectiva circunscrição, de acordo com as alterações decorrentes do julgado, devendo o mapa, após o visto do relator, ser publicado na Secretaria.

§ 3º A esse mapa admitir-se-á, dentro em 48 (quarenta e oito) horas de sua publicação, impugnação fundada em erro de conta ou de cálculo, decorrente da própria sentença.

Art. 210. Os mapas gerais de todas as circunscrições com as impugnações, se houver, e a folha de apuração final levantada pela secretaria serão autuados e distribuídos a um relator geral, designado pelo Presidente.

Parágrafo único. Recebidos os autos, após a audiência do Procurador-Geral, o relator, dentro de 48 (quarenta e oito) horas, resolverá as impugnações relativas aos erros de conta ou de cálculo, mandando fazer as correções, se for o caso, e apresentará, a seguir, o relatório final com os nomes dos candidatos que deverão ser proclamados eleitos e os dos demais candidatos, na ordem decrescente das votações.

Art. 211. Aprovada em sessão especial a apuração geral, o Presidente anunciará a votação dos candidatos, proclamando a seguir eleito presidente da República o candidato mais votado que tiver obtido maioria absoluta de votos, excluídos, para a apuração desta, os em branco e os nulos.

§ 1º O Vice-Presidente considerar-se-á eleito em virtude da eleição do Presidente com o qual se candidatar.

§ 2º Na mesma sessão o Presidente do Tribunal Superior designará a data para a expedição solene dos diplomas em sessão pública.

Art. 212. Verificando que os votos das seções anuladas e daquelas cujos eleitores foram impedidos de votar, em todo o país, poderão alterar a classificação de candidato, ordenará o Tribunal Superior a realização de novas eleições.

§ 1º Essas eleições serão marcadas desde logo pelo Presidente do Tribunal Superior e terão lugar no primeiro domingo ou feriado que ocorrer após o 15º (décimo quinto) dia a contar da data do despacho, devendo ser observado o disposto nos números II a VI do parágrafo único do art. 201.

§ 2º Os candidatos a presidente e vice-presidente da República somente serão diplomados depois de realizadas as eleições suplementares referentes a esses cargos.

Art. 213. Não se verificando a maioria absoluta, o Congresso Nacional, dentro de quinze dias após haver recebido a respectiva comunicação do Presidente do Tribunal Superior Eleitoral, reunir-se-á em sessão pública para se manifestar sobre o candidato mais votado, que será considerado eleito se, em escrutínio secreto, obtiver metade mais um dos votos dos seus membros.

§ 1º Se não ocorrer a maioria absoluta referida no *caput* deste artigo, renovar-se-á, até 30 (trinta) dias depois, a eleição em todo o país, à qual concorrerão os dois candidatos mais votados, cujos registros estarão automaticamente revalidados.

§ 2º No caso de renúncia ou morte, concorrerá à eleição prevista no parágrafo anterior o substituto registrado pelo mesmo partido político ou coligação partidária.

Art. 214. O presidente e o vice-presidente da República tomarão posse a 15 (quinze) de março, em sessão do Congresso Nacional.

‣ arts. 78 e 82, CF.

Parágrafo único. No caso do § 1º do artigo anterior, a posse realizar-se-á dentro de 15 (quinze) dias a contar da proclamação do resultado da segunda eleição, expirando, porém, o mandato a 15 (quinze) de março do quarto ano.

‣ Este artigo e parágrafo único não foram recepcionados pelo art. 82, CF, que determina o início do mandato em 1º de janeiro do ano seguinte ao da respectiva eleição.

CAPÍTULO V
DOS DIPLOMAS

Art. 215. Os candidatos eleitos, assim como os suplentes, receberão diploma assinado pelo Presidente do Tribunal Regional ou da Junta Eleitoral, conforme o caso.

Parágrafo único. Do diploma deverá constar o nome do candidato, a indicação da legenda sob a qual concorreu, o cargo para o qual foi eleito ou a sua classificação como suplente, e, facultativamente, outros dados a critério do juiz ou do Tribunal.

Art. 216. Enquanto o Tribunal Superior não decidir o recurso interposto contra a expedição do diploma, poderá o diplomado exercer o mandato em toda a sua plenitude.

Art. 217. Apuradas as eleições suplementares, o juiz ou o Tribunal reverá a apuração anterior, confirmando ou invalidando os diplomas que houver expedido.

Parágrafo único. No caso de provimento, após a diplomação, de recurso contra o registro de candidato ou de recurso parcial, será também revista a apuração anterior, para confirmação ou invalidação de diplomas, observado o disposto no § 3º do art. 261.

Art. 218. O presidente de Junta ou de Tribunal que diplomar militar candidato a cargo eletivo comunicará imediatamente a diplomação à autoridade a que o mesmo estiver subordinado, para os fins do art. 98.

CAPÍTULO VI
DAS NULIDADES DA VOTAÇÃO

Art. 219. Na aplicação da lei eleitoral o juiz atenderá sempre aos fins e resultados a que ela se dirige, abstendo-se de pronunciar nulidades sem demonstração de prejuízo.

Parágrafo único. A declaração de nulidade não poderá ser requerida pela parte que lhe deu causa nem a ela aproveitar.

Art. 220. É nula a votação:

I - quando feita perante mesa não nomeada pelo juiz eleitoral, ou constituída com ofensa à letra da lei;

II - quando efetuada em folhas de votação falsas;

III - quando realizada em dia, hora, ou local diferentes do designado ou encerrada antes das 17 horas;

IV - quando preterida formalidade essencial do sigilo dos sufrágios;

V - quando a seção eleitoral tiver sido localizada com infração do disposto nos §§ 4º e 5º do art. 135. (Incluído pela Lei 4.961/1966.)

Parágrafo único. A nulidade será pronunciada quando o órgão apurador conhecer do ato ou dos seus efeitos e o encontrar provada, não lhe sendo lícito supri-la, ainda que haja consenso das partes.

Art. 221. É anulável a votação:

I - quando houver extravio de documento reputado essencial; (Inciso renumerado pela Lei 4.961/1966.)

II - quando for negado ou sofrer restrição o direito de fiscalizar, e o fato constar da ata ou de protesto interposto, por escrito, no momento: (Inciso renumerado pela Lei 4.961/1966.)

III - quando votar, sem as cautelas do art. 147, § 2º. (Inciso renumerado pela Lei 4.961/1966.)

a) eleitor excluído por sentença não cumprida por ocasião da remessa das folhas individuais de votação à mesa, desde que haja oportuna reclamação de partido;

b) eleitor de outra seção, salvo a hipótese do art. 145;

c) alguém com falsa identidade em lugar do eleitor chamado.

Art. 222. É também anulável a votação, quando viciada de falsidade, fraude, coação, uso de meios de que trata o art. 237, ou emprego de processo de propaganda ou captação de sufrágios vedado por lei.

§§ 1º e 2º (Revogados pela Lei 4.961/1966.)

Art. 223. A nulidade de qualquer ato, não decretada de ofício pela Junta, só poderá ser arguida quando de sua prática, não mais podendo ser alegada, salvo se a arguição se basear em motivo superveniente ou de ordem constitucional.

§ 1º Se a nulidade ocorrer em fase na qual não possa ser alegada no ato, poderá ser arguida na primeira oportunidade que para tanto se apresente.

§ 2º Se se basear em motivo superveniente deverá ser alegada imediatamente, assim que se tornar conhecida, podendo as razões do recurso ser aditadas no prazo de 2 (dois) dias.

§ 3º A nulidade de qualquer ato, baseada em motivo de ordem constitucional, não poderá ser conhecida em recurso interposto fora do prazo. Perdido o prazo numa fase própria, só em outra que se apresentar poderá ser arguida. (Redação dada pela Lei 4.961/1966.)

Art. 224. Se a nulidade atingir a mais de metade dos votos do país nas eleições presidenciais, do Estado nas eleições federais e estaduais ou do município nas eleições municipais, julgar-se-ão prejudicadas as demais votações e o Tribunal marcará dia para nova eleição dentro do prazo de 20 (vinte) a 40 (quarenta) dias.

§ 1º Se o Tribunal Regional na área de sua competência, deixar de cumprir o disposto neste artigo, o Procurador Regional levará o fato ao conhecimento do Procurador-Geral, que providenciará junto ao Tribunal Superior para que seja marcada imediatamente nova eleição.

§ 2º Ocorrendo qualquer dos casos previstos neste capítulo, o Ministério Público promoverá, imediatamente a punição dos culpados.

§ 3º A decisão da Justiça Eleitoral que importe o indeferimento do registro, a cassação do diploma ou a perda do mandato de candidato eleito em pleito majoritário acarreta, após o trânsito em julgado, a realização de novas eleições, independentemente do número de votos anulados. (Acrescentado pela Lei 13.165/2015.)

- ADIN nº 5.525: o STF, julgou parcialmente procedente a ação para declarar a inconstitucionalidade do trecho "após o trânsito em julgado" constante deste parágrafo.

§ 4º A eleição a que se refere o § 3º correrá a expensas da Justiça Eleitoral e será: (Acrescentado pela Lei 13.165/2015.)

I - indireta, se a vacância do cargo ocorrer a menos de seis meses do final do mandato;

II - direta, nos demais casos.

CAPÍTULO VII
DO VOTO NO EXTERIOR

Art. 225. Nas eleições para presidente e vice-presidente da República poderá votar o eleitor que se encontrar no exterior.

§ 1º Para esse fim serão organizadas seções eleitorais nas sedes das Embaixadas e Consulados Gerais.

§ 2º Sendo necessário instalar duas ou mais seções, poderá ser utilizado local em que funcione serviço do governo brasileiro.

Art. 226. Para que se organize uma seção eleitoral no exterior é necessário que na circunscrição sob a jurisdição da Missão Diplomática ou do Consulado Geral haja um mínimo de 30 (trinta) eleitores inscritos.

Parágrafo único. Quando o número de eleitores não atingir o mínimo previsto no parágrafo anterior, os eleitores poderão votar na mesa receptora mais próxima, desde que localizada no mesmo país, de acordo com a comunicação que lhes for feita.

- Consta no texto publicado neste parágrafo único a expressão "mínimo previsto no parágrafo anterior", quando o correto seria "mínimo previsto no *caput* deste artigo".

Art. 227. As mesas receptoras serão organizadas pelo Tribunal Regional do Distrito Federal mediante proposta dos chefes de Missão e cônsules gerais, que ficarão investidos, no que for aplicável, da funções administrativas de juiz eleitoral.

Parágrafo único. Será aplicável às mesas receptoras o processo de composição e fiscalização partidária vigente para as que funcionam no território nacional.

Art. 228. Até 30 (trinta) dias antes da realização da eleição todos os brasileiros eleitores, residentes no estrangeiro, comunicarão à sede da Missão diplomática ou ao consulado geral, em carta, telegrama ou qualquer outra via, a sua condição de eleitor e sua residência.

§ 1º Com a relação dessas comunicações e com os dados do registro consular, serão organizadas as folhas de votação, e notificados os eleitores da hora e local da votação.

§ 2º No dia da eleição só serão admitidos a votar os que constem da folha de votação e os passageiros e tripulantes de navios e aviões de guerra e mercantes que, no dia, estejam na sede das sessões eleitorais.

Art. 229. Encerrada a votação, as urnas serão enviadas pelos cônsules gerais às sedes das Missões Diplomáticas. Estas as remeterão, pela mala diplomática, ao Ministério das Relações Exteriores, que delas fará entrega ao Tribunal Regional Eleitoral do Distrito Federal, a quem competirá a apuração dos votos e julgamento das dúvidas e recursos que hajam sido interpostos.

Parágrafo único. Todo o serviço de transporte do material eleitoral será feito por via aérea.

Art. 230. Todos os eleitores que votarem no exterior terão os seus títulos apreendidos pela mesa receptora.

Parágrafo único. A todo eleitor que votar no exterior será concedido comprovante para a comunicação legal ao juiz eleitoral de sua zona.

Art. 231. Todo aquele que, estando obrigado a votar, não o fizer, fica sujeito, além das penalidades previstas para o eleitor que não vota no território nacional, à proibição de requerer qualquer documento perante a repartição diplomática a que estiver subordinado, enquanto não se justificar.

Art. 232. Todo o processo eleitoral realizado no estrangeiro fica diretamente subordinado ao Tribunal Regional do Distrito Federal.

Art. 233. O Tribunal Superior Eleitoral e o Ministério das Relações Exteriores baixarão as instruções necessárias e adotarão as medidas adequadas para o voto no exterior.

Art. 233-A. Aos eleitores em trânsito no território nacional é assegurado o direito de votar para Presidente da República, Governador, Senador, Deputado Federal, Deputado Estadual e Deputado Distrital em urnas especialmente instaladas nas capitais e nos Municípios com mais de cem mil eleitores. (Alterado pela Lei 13.165/2015.)

§ 1º O exercício do direito previsto neste artigo sujeita-se à observância das regras seguintes: (Acrescentado pela Lei 13.165/2015.)

I - para votar em trânsito, o eleitor deverá habilitar-se perante a Justiça Eleitoral no período de até quarenta e cinco dias da data marcada para a eleição, indicando o local em que pretende votar;

II - aos eleitores que se encontrarem fora da unidade da Federação de seu domicílio eleitoral somente é assegurado o direito à habilitação para votar em trânsito nas eleições para Presidente da República;

III - os eleitores que se encontrarem em trânsito dentro da unidade da Federação

CE

de seu domicílio eleitoral poderão votar nas eleições para Presidente da República, Governador, Senador, Deputado Federal, Deputado Estadual e Deputado Distrital.

§ 2º Os membros das Forças Armadas, os integrantes dos órgãos de segurança pública a que se refere o art. 144 da Constituição Federal, bem como os integrantes das guardas municipais mencionados no § 8º do mesmo art. 144, poderão votar em trânsito se estiverem em serviço por ocasião das eleições. (Acrescentado pela Lei 13.165/2015.)

§ 3º As chefias ou comandos dos órgãos a que estiverem subordinados os eleitores mencionados no § 2º enviarão obrigatoriamente à Justiça Eleitoral, em até quarenta e cinco dias da data das eleições, a listagem dos que estarão em serviço no dia da eleição com indicação das seções eleitorais de origem e destino. (Acrescentado pela Lei 13.165/2015.)

§ 4º Os eleitores mencionados no § 2º, uma vez habilitados na forma do § 3º, serão cadastrados e votarão nas seções eleitorais indicadas nas listagens mencionadas no § 3º independentemente do número de eleitores do Município. (Acrescentado pela Lei 13.165/2015.)

PARTE QUINTA
DISPOSIÇÕES VÁRIAS

TÍTULO I
DAS GARANTIAS ELEITORAIS

Art. 234. Ninguém poderá impedir ou embaraçar o exercício do sufrágio.

Art. 235. O juiz eleitoral, ou o presidente da mesa receptora, pode expedir salvo-conduto com a cominação de prisão por desobediência até 5 (cinco) dias, em favor do eleitor que sofrer violência, moral ou física, na sua liberdade de votar, ou pelo fato de haver votado.

Parágrafo único. A medida será válida para o período compreendido entre 72 (setenta e duas) horas antes até 48 (quarenta e oito) horas depois do pleito.

Art. 236. Nenhuma autoridade poderá, desde 5 (cinco) dias antes e até 48 (quarenta e oito) horas depois do encerramento da eleição, prender ou deter qualquer eleitor, salvo em flagrante delito ou em virtude de sentença criminal condenatória por crime inafiançável, ou, ainda, por desrespeito a salvo-conduto.

§ 1º Os membros das mesas receptoras e os fiscais de partido, durante o exercício de suas funções, não poderão ser detidos ou presos, salvo o caso de flagrante delito; da mesma garantia gozarão os candidatos desde 15 (quinze) dias antes da eleição.

§ 2º Ocorrendo qualquer prisão o preso será imediatamente conduzido à presença do juiz competente que, se verificar a ilegalidade da detenção, a relaxará e promoverá a responsabilidade do coator.

Art. 237. A interferência do poder econômico e o desvio ou abuso do poder de autoridade, em desfavor da liberdade do voto, serão coibidos e punidos.

§ 1º O eleitor é parte legítima para denunciar os culpados e promover-lhes a responsabilidade, e a nenhum servidor público. Inclusive de autarquia, de entidade paraestatal e de sociedade de economia mista, será lícito negar ou retardar ato de ofício tendente a esse fim.

§ 2º Qualquer eleitor ou partido político poderá se dirigir ao Corregedor Geral ou Regional, relatando fatos e indicando provas, e pedir abertura de investigação para apurar uso indevido do poder econômico, desvio ou abuso do poder de autoridade, em benefício de candidato ou de partido político.

§ 3º O Corregedor, verificada a seriedade da denúncia, procederá ou mandará proceder a investigações, regendo-se estas, no que lhes for aplicável, pela Lei 1.579 de 18.03.1952.

Art. 238. É proibida, durante o ato eleitoral, a presença de força pública no edifício em que funcionar mesa receptora, ou nas imediações, observado o disposto no art. 141.

Art. 239. Aos partidos políticos é assegurada a prioridade postal durante os 60 (sessenta) dias anteriores à realização das eleições, para remessa de material de propaganda de seus candidatos registrados.

TÍTULO II
DA PROPAGANDA PARTIDÁRIA

Art. 240. A propaganda de candidatos a cargos eletivos somente é permitida após o dia 15 de agosto do ano da eleição. (Alterado pela Lei 13.165/2015.)

Parágrafo único. É vedada, desde quarenta e oito horas antes até vinte e quatro horas depois da eleição, qualquer propaganda política mediante radiodifusão, televisão, comícios ou reuniões públicas.

› art. 7º, Lei 12.034/2009 (Altera a Lei dos Partidos Políticos, o CE e a Lei 9.504/1997, que estabelece normas para as eleições).

Art. 241. Toda propaganda eleitoral será realizada sob a responsabilidade dos partidos e por eles paga, imputando-lhes solidariedade nos excessos praticados pelos seus candidatos e adeptos.

Parágrafo único. A solidariedade prevista neste artigo é restrita aos candidatos e aos respectivos partidos, não alcançando outros partidos, mesmo quando integrantes de uma mesma coligação. (Acrescentado pela Lei 12.891/2013.)

Art. 242. A propaganda, qualquer que seja a sua forma ou modalidade, mencionará sempre a legenda partidária e só poderá ser feita em língua nacional, não devendo empregar meios publicitários destinados a criar, artificialmente, na opinião pública, estados mentais, emocionais ou passionais. (Redação dada pela Lei 7.476/1986.)

Parágrafo único. Sem prejuízo do processo e das penas cominadas, a Justiça Eleitoral adotará medidas para fazer impedir ou cessar imediatamente a propaganda realizada com infração do disposto neste artigo.

Art. 243. Não será tolerada propaganda:

I - de guerra, de processos violentos para subverter o regime, a ordem política e social ou de preconceitos de raça ou de classes;

II - que provoque animosidade entre as forças armadas ou contra elas, ou delas contra as classes e instituições civis;

III - de incitamento de atentado contra pessoa ou bens;

IV - de instigação à desobediência coletiva ao cumprimento da lei de ordem pública;

V - que implique em oferecimento, promessa ou solicitação de dinheiro, dádiva, rifa, sorteio ou vantagem de qualquer natureza;

VI - que perturbe o sossego público, com algazarra ou abusos de instrumentos sonoros ou sinais acústicos;

VII - por meio de impressos ou de objeto que pessoa inexperiente ou rústica possa confundir com moeda;

VIII - que prejudique a higiene e a estética urbana ou contravenha a posturas municiais ou a outra qualquer restrição de direito;

IX - que caluniar, difamar ou injuriar quaisquer pessoas, bem como órgãos ou entidades que exerçam autoridade pública.

§ 1º O ofendido por calúnia, difamação ou injúria, sem prejuízo e independentemente da ação penal competente, poderá demandar, no Juízo Civil, a reparação do dano moral respondendo por este o ofensor e, solidariamente, o partido político deste, quando responsável por ação ou omissão a quem que favorecido pelo crime, haja de qualquer modo contribuído para ele. (Incluído pela Lei 4.961/1966.)

§ 2º No que couber aplicar-se-ão na reparação do dano moral, referido no parágrafo anterior, os artigos 81 a 88 da Lei 4.117, de 27.08.1962. (Incluído pela Lei 4.961/1966.)

› Os arts. 81 a 88 da Lei 4.117/1962 foram revogados pelo art. 3º do DL 236/1967.

§ 3º É assegurado o direito de resposta a quem for injuriado difamado ou caluniado através da imprensa, rádio, televisão ou alto-falante, aplicando-se, no que couber, os artigos 90 e 96 da Lei 4.117, de 27.08.1962. (Incluído pela Lei 4.961/1966.)

› Os arts. 90 e 96 da Lei 4.117/1962 foram revogados pelo art. 3º do DL 236/1967. O processo e julgamento do direito de resposta, na Justiça Eleitoral, passou a ser regulamentado pelos arts. 58 e 58-A da Lei 9.504/1997.

Art. 244. É assegurado aos partidos políticos registrados o direito de, independentemente de licença da autoridade pública e do pagamento de qualquer contribuição:

I - fazer inscrever, na fachada de suas sedes e dependências, o nome que os designe, pela forma que melhor lhes parecer;

II - instalar e fazer funcionar, normalmente, das quatorze às vinte e duas horas, nos três meses que antecederem as eleições, alto-falantes, ou amplificadores de voz, nos locais referidos, assim como em veículos seus, ou à sua disposição, em território nacional, com observância da legislação comum.

Parágrafo único. Os meios de propaganda a que se refere o n. II deste artigo não serão permitidos, a menos de 500 metros:

I - das sedes do Executivo Federal, dos Estados, Territórios e respectivas Prefeituras Municipais;

II - das Câmaras Legislativas Federais, Estaduais e Municipais;

III - dos Tribunais Judiciais;

IV - dos hospitais e casas de saúde;

V - das escolas, bibliotecas públicas, igrejas e teatros, quando em funcionamento;

VI - dos quartéis e outros estabelecimentos militares.

Art. 245. A realização de qualquer ato de propaganda partidária ou eleitoral, em recinto aberto, não depende de licença da polícia.

§ 1º Quando o ato de propaganda tiver de realizar-se em lugar designado para a celebração de comício, na forma do disposto no art. 3º da Lei 1.207, de 25.10.1950, deverá ser feita comunicação à autoridade policial, pelo menos 24 (vinte e quatro) horas antes de sua realização.

§ 2º Não havendo local anteriormente fixado para a celebração de comício, ou sendo impossível ou difícil nele realizar-se o ato de propaganda eleitoral, ou havendo pedido para designação de outro local, a comunicação a que se refere o parágrafo anterior será feita, no mínimo, com antecedência de 72 (setenta e duas) horas, devendo a autoridade policial, em qualquer desses casos, nas 24 (vinte e quatro) horas seguintes, designar local amplo e de fácil acesso, de modo que não impossibilite ou frustre a reunião.

§ 3º Aos órgãos da Justiça Eleitoral compete julgar das reclamações sobre a localização dos comícios e providências sobre a distribuição equitativa dos locais aos partidos.

Arts. 246 e 247. (Revogados pela Lei 9.504/1997.)

Art. 248. Ninguém poderá impedir a propaganda eleitoral, nem inutilizar, alterar ou perturbar os meios lícitos nela empregados.

Art. 249. O direito de propaganda não importa restrição ao poder de polícia quando este deva ser exercido em benefício da ordem pública.

Art. 250. (Revogado pela Lei 9.504/1997.)

Art. 251. No período destinado à propaganda eleitoral gratuita não prevalecerão quaisquer contratos ou ajustes firmados pelas empresas que possam burlar ou tornar inexequível qualquer dispositivo deste Código ou das instruções baixadas pelo Tribunal Superior Eleitoral.

Arts. 252. a 254. (Revogados pelo Dec.-Lei 1.538/1977.)

Art. 255. Nos 15 (quinze) dias anteriores ao pleito é proibida a divulgação, por qualquer forma, de resultados de prévias ou testes pré-eleitorais.

Art. 256. As autoridades administrativas federais, estaduais e municipais proporcionarão aos partidos, em igualdade de condições, as facilidades permitidas para a respectiva propaganda.

§ 1º No período da campanha eleitoral, independentemente do critério de prioridade, os serviços telefônicos, oficiais ou concedidos, farão instalar, na sede dos diretórios devidamente registrados, telefones necessários, mediante requerimento do respectivo presidente e pagamento das taxas devidas. (Incluído pela Lei 4.961/1966.)

§ 2º O Tribunal Superior Eleitoral baixará as instruções necessárias ao cumprimento do disposto no parágrafo anterior fixado as condições a serem observadas. (Incluído pela Lei 4.961/1966.)

TÍTULO III DOS RECURSOS

CAPÍTULO I DISPOSIÇÕES PRELIMINARES

Art. 257. Os recursos eleitorais não terão efeito suspensivo.

§ 1º A execução de qualquer acórdão será feita imediatamente, através de comunicação por ofício, telegrama, ou, em casos especiais, a critério do presidente do Tribunal, através de cópia do acórdão. (Alterado pela Lei 13.165/2015.)

§ 2º O recurso ordinário interposto contra decisão proferida por juiz eleitoral ou por Tribunal Regional Eleitoral que resulte em cassação de registro, afastamento do titular ou perda de mandato eletivo será recebido pelo Tribunal competente com efeito suspensivo. (Acrescentado pela Lei 13.165/2015.)

§ 3º O Tribunal dará preferência ao recurso sobre quaisquer outros processos, ressalvados os de *habeas corpus* e de mandado de segurança. (Acrescentado pela Lei 13.165/2015.)

Art. 258. Sempre que a lei não fixar prazo especial, o recurso deverá ser interposto em três dias da publicação do ato, resolução ou despacho.

Art. 259. São preclusivos os prazos para interposição de recurso, salvo quando neste se discutir matéria constitucional.

Parágrafo único. O recurso em que se discutir matéria constitucional não poderá ser interposto fora do prazo. Perdido o prazo numa fase própria, só em outra que se apresentar poderá ser interposto.

Art. 260. A distribuição do primeiro recurso que chegar ao Tribunal Regional ou Tribunal Superior prevenirá a competência do relator para todos os demais casos do mesmo município ou Estado.

Art. 261. Os recursos parciais, entre os quais não se incluem os que versarem matéria referente ao registro de candidatos, interpostos para os Tribunais Regionais no caso de eleições municipais, e para o Tribunal Superior no caso de eleições estaduais ou federais, serão julgados à medida que derem entrada nas respectivas Secretarias.

§ 1º Havendo dois ou mais recursos parciais de um mesmo município ou Estado, ou se todos, inclusive os de diplomação, já estiverem no Tribunal Regional ou no Tribunal Superior, serão eles julgados seguidamente, em uma ou mais sessões.

§ 2º As decisões com os esclarecimentos necessários ao cumprimento serão comunicadas de uma só vez ao juiz eleitoral ou ao presidente do Tribunal Regional.

§ 3º Se os recursos de um mesmo município ou Estado deram entrada em datas diversas, sendo julgados separadamente, o juiz eleitoral ou o presidente do Tribunal Regional, aguardará a comunicação de todas as decisões para cumpri-las, salvo se o julgamento dos demais importar em alteração do resultado do pleito que não tenha relação com o recurso já julgado.

§ 4º Em todos os recursos, no despacho que determinar a remessa dos autos à instância superior, o juízo *a quo* esclarecerá quais os ainda em fase de processamento e, no último, quais os anteriormente remetidos.

§ 5º Ao se realizar a diplomação, se ainda houver recurso pendente de decisão em outra instância, será consignado que os resultados poderão sofrer alterações decorrentes desse julgamento.

§ 6º Realizada a diplomação, e decorrido o prazo para recurso, o juiz ou presidente do Tribunal Regional comunicará à instância superior se foi ou não interposto recurso.

Art. 262. O recurso contra expedição de diploma caberá somente nos casos de inelegibilidade superveniente ou de natureza constitucional e de falta de condição de elegibilidade. (Alterado pela Lei 12.891/2013.)

‣ Súm. 47, TSE.

I a IV - (revogados pela Lei 12.891/2013.)

§ 1º A inelegibilidade superveniente que atrai restrição à candidatura, se formulada no âmbito do processo de registro, não poderá ser deduzida no recurso contra expedição de diploma. (Acrescido pela Lei nº 13.877/2019, vetado pelo Presidente da República, mantido pelo Congresso Nacional e publicado na edição extra do DOU de 13.12.2019)

§ 2º A inelegibilidade superveniente apta a viabilizar o recurso contra a expedição de diploma, decorrente de alterações fáticas ou jurídicas, deverá ocorrer até a data fixada para que os partidos políticos e as coligações apresentem os seus requerimentos de registros de candidatos. (Acrescido pela Lei nº 13.877/2019, vetado pelo Presidente da República, mantido pelo Congresso Nacional e publicado na edição extra do DOU de 13.12.2019)

§ 3º O recurso de que trata este artigo deverá ser interposto no prazo de 3 (três) dias após o último dia limite fixado para a diplomação e será suspenso no período compreendido entre os dias 20 de dezembro e 20 de janeiro, a partir do qual retomará seu cômputo. (Acrescido pela Lei nº 13.877/2019, vetado pelo Presidente da República, mantido pelo Congresso Nacional e publicado na edição extra do DOU de 13.12.2019)

Art. 263. No julgamento de um mesmo pleito eleitoral, as decisões anteriores sobre questões de direito constituem prejulgados para os demais casos, salvo se contra a tese votarem dois terços dos membros do Tribunal.

Art. 264. Para os Tribunais Regionais e para o Tribunal Superior caberá, dentro de 3 (três) dias, recurso dos atos, resoluções ou despachos dos respectivos presidentes.

CAPÍTULO II
DOS RECURSOS PERANTE AS JUNTAS E JUÍZOS ELEITORAIS

Art. 265. Dos atos, resoluções ou despachos dos juízes ou juntas eleitorais caberá recurso para o Tribunal Regional.

Parágrafo único. Os recursos das decisões das Juntas serão processados na forma estabelecida pelos artigos 169 e seguintes.

Art. 266. O recurso independerá de termo e será interposto por petição devidamente fundamentada, dirigida ao juiz eleitoral e acompanhada, se o entender o recorrente, de novos documentos.

Parágrafo único. Se o recorrente se reportar a coação, fraude, uso de meios de que trata o art. 237 ou emprego de processo de propaganda ou captação de sufrágios vedado por lei, dependentes de prova a ser determinada pelo Tribunal, bastar-lhe-á indicar os meios a elas conducentes. (Incluído pela Lei 4.961/1966.)

Art. 267. Recebida a petição, mandará o juiz intimar o recorrido para ciência do recurso, abrindo-se-lhe vista dos autos a fim de, em prazo igual ao estabelecido para a sua interposição, oferecer razões, acompanhadas ou não de novos documentos.

§ 1º A intimação se fará pela publicação da notícia da vista no jornal que publicar o expediente da Justiça Eleitoral, onde houver, e nos demais lugares, pessoalmente pelo escrivão, independente de iniciativa do recorrente.

§ 2º Onde houver jornal oficial, se a publicação não ocorrer no prazo de 3 (três) dias, a intimação se fará pessoalmente ou na forma prevista no parágrafo seguinte.

§ 3º Nas zonas em que se fizer intimação pessoal, se não for encontrado o recorrido dentro de 48 (quarenta e oito) horas, a intimação se fará por edital afixado no fórum, no local de costume.

§ 4º Todas as citações e intimações serão feitas na forma estabelecida neste artigo.

§ 5º Se o recorrido juntar novos documentos, terá o recorrente vista dos autos por 48 (quarenta e oito) horas para falar sobre os mesmos, contado o prazo na forma deste artigo.

§ 6º Findos os prazos a que se referem os parágrafos anteriores, o juiz eleitoral fará, dentro de 48 (quarenta e oito) horas, subir os autos ao Tribunal Regional com a sua resposta e os documentos em que se fundar, sujeito à multa de dez por cento do salário-mínimo regional por dia de retardamento, salvo se entender de reformar a sua decisão. (Redação dada pela Lei 4.961/1966.)

§ 7º Se o juiz reformar a decisão recorrida, poderá o recorrido, dentro de 3 (três) dias, requerer suba o recurso como se por ele interposto.

CAPÍTULO III
DOS RECURSOS NOS TRIBUNAIS REGIONAIS

Art. 268. No Tribunal Regional nenhuma alegação escrita ou nenhum documento poderá ser oferecido por qualquer das partes, salvo o disposto no art. 270. (Redação dada pela Lei 4.961/1966.)

Art. 269. Os recursos serão distribuídos a um relator em 24 (vinte e quatro) horas e na ordem rigorosa da antiguidade dos respectivos membros, esta última exigência sob pena de nulidade de qualquer ato ou decisão do relator ou do Tribunal.

§ 1º Feita a distribuição, a Secretaria do Tribunal abrirá vista dos autos à Procuradoria Regional, que deverá emitir parecer no prazo de 5 (cinco) dias.

§ 2º Se a Procuradoria não emitir parecer no prazo fixado, poderá a parte interessada requerer a inclusão do processo na pauta, devendo o Procurador, nesse caso, proferir parecer oral na assentada do julgamento.

Art. 270. Se o recurso versar sobre coação, fraude, uso de meios de que trata o art. 237, ou emprego de processo de propaganda ou captação de sufrágios vedado por lei dependente de prova indicada pelas partes ao interpô-lo ou ao impugná-lo, o relator no Tribunal Regional deferi-la-á em vinte e quatro horas da conclusão, realizando-se ela no prazo improrrogável de cinco dias. (Redação dada pela Lei 4.961/1966.)

§ 1º Admitir-se-ão como meios de prova para apreciação pelo Tribunal as justificações e as perícias processadas perante o juiz eleitoral da zona, com citação dos partidos que concorreram ao pleito e do representante do Ministério Público. (Incluído pela Lei 4.961/1966.)

§ 2º Indeferindo o relator a prova, serão os autos, a requerimento do interessado, nas vinte e quatro horas seguintes, presentes à primeira sessão do Tribunal, que deliberará a respeito. (Incluído pela Lei 4.961/1966.)

§ 3º Protocoladas as diligências probatórias, ou com a juntada das justificações ou diligências, a Secretaria do Tribunal abrirá, sem demora, vista dos autos, por vinte e quatro horas, seguidamente, ao recorrente e ao recorrido para dizerem a respeito. (Incluído pela Lei 4.961/1966.)

§ 4º Findo o prazo acima, serão os autos conclusos ao relator. (Incluído pela Lei 4.961/1966.)

Art. 271. O relator devolverá os autos à Secretaria no prazo improrrogável de 8 (oito) dias para, nas 24 (vinte e quatro) horas seguintes, ser o caso incluído na pauta de julgamento do Tribunal.

§ 1º Tratando-se de recurso contra a expedição de diploma, os autos, uma vez devolvidos pelo relator, serão conclusos ao juiz imediato em antiguidade como revisor, o qual deverá devolvê-los em 4 (quatro) dias.

§ 2º As pautas serão organizadas com um número de processos que possam ser realmente julgados, obedecendo-se rigorosamente a ordem da devolução dos mesmos à Secretaria pelo Relator, ou Revisor, nos recursos contra a expedição de diploma, ressalvadas as preferências determinadas pelo regimento do Tribunal.

Art. 272. Na sessão do julgamento, uma vez feito o relatório pelo relator, cada uma das partes poderá, no prazo improrrogável de dez minutos, sustentar oralmente as suas conclusões.

Parágrafo único. Quando se tratar de julgamento de recursos contra a expedição de diploma, cada parte terá vinte minutos para sustentação oral.

Art. 273. Realizado o julgamento, o relator, se vitorioso, ou o relator designado para redigir o acórdão, apresentará a redação deste, o mais tardar, dentro em 5 (cinco) dias.

§ 1º O acórdão conterá uma síntese das questões debatidas e decididas.

§ 2º Sem prejuízo do disposto no parágrafo anterior, se o Tribunal dispuser de serviço taquigráfico, serão juntas ao processo as notas respectivas.

Art. 274. O acórdão, devidamente assinado, será publicado, valendo como tal a inserção da sua conclusão no órgão oficial.

§ 1º Se o órgão oficial não publicar o acórdão no prazo de 3 (três) dias, as partes serão intimadas pessoalmente e, se não forem encontradas no prazo de 48 (quarenta e oito) horas, a intimação se fará por edital afixado no Tribunal, no local de costume.

§ 2º O disposto no parágrafo anterior aplicar-se-á a todos os casos de citação ou intimação.

Art. 275. São admissíveis embargos de declaração nas hipóteses previstas no Código de Processo Civil. (Alterado pela Lei 13.105/2015.)

§ 1º Os embargos de declaração serão opostos no prazo de 3 (três) dias, contado da data de publicação da decisão embargada, em petição dirigida ao juiz ou relator, com a indicação do ponto que lhes deu causa. (Alterado pela Lei 13.105/2015.)

§ 2º Os embargos de declaração não estão sujeitos a preparo. (Alterado pela Lei 13.105/2015.)

§ 3º O juiz julgará os embargos em 5 (cinco) dias. (Alterado pela Lei 13.105/2015.)

§ 4º Nos tribunais: (Alterado pela Lei 13.105/2015.)

I - o relator apresentará os embargos em mesa na sessão subsequente, proferindo voto; (Acrescentado pela Lei 13.105/2015.)

II - não havendo julgamento na sessão referida no inciso I, será o recurso incluído em pauta; (Acrescentado pela Lei 13.105/2015

III - vencido o relator, outro será designado para lavrar o acórdão. (Acrescentado pela Lei 13.105/2015.)

§ 5º Os embargos de declaração interrompem o prazo para a interposição de recurso. (Acrescentado pela Lei 13.105/2015.)

§ 6º Quando manifestamente protelatórios os embargos de declaração, o juiz ou o tribunal, em decisão fundamentada, condenará o embargante a pagar ao embargado multa não excedente a 2 (dois) salários-mínimos. (Acrescentado pela Lei 13.105/2015.)

§ 7º Na reiteração de embargos de declaração manifestamente protelatórios, a multa será elevada a até 10 (dez) salários-mínimos. (Acrescentado pela Lei 13.105/2015.)

Art. 276. As decisões dos Tribunais Regionais são terminativas, salvo os casos seguintes em que cabe recurso para o Tribunal Superior:

I - especial:

a) quando forem proferidas contra expressa disposição de lei;

b) quando ocorrer divergência na interpretação de lei entre dois ou mais tribunais eleitorais.

II - ordinário:

a) quando versarem sobre expedição de diplomas nas eleições federais e estaduais;

b) quando denegarem *habeas corpus* ou mandado de segurança.

§ 1º É de 3 (três) dias o prazo para a interposição do recurso, contado da publicação da decisão nos casos dos n. I, letras *a* e *b* e II, letra *b* e da sessão da diplomação no caso do n. II, letra *a*.

§ 2º Sempre que o Tribunal Regional determinar a realização de novas eleições, o prazo para a interposição dos recursos, no caso do n. II, *a*, contar-se-á da sessão em que, feita a apuração das sessões renovadas, for proclamado o resultado das eleições suplementares.

- Depreende-se do contexto que a palavra correta neste caso é "seções".

Art. 277. Interposto recurso ordinário contra decisão do Tribunal Regional, o presidente poderá, na própria petição, mandar abrir vista ao recorrido para que, no mesmo prazo, ofereça as suas razões.

Parágrafo único. Juntadas as razões do recorrido, serão os autos remetidos ao Tribunal Superior.

Art. 278. Interposto recurso especial contra decisão do Tribunal Regional, a petição será juntada nas 48 (quarenta e oito) horas seguintes e os autos conclusos ao presidente dentro de 24 (vinte e quatro) horas.

§ 1º O presidente, dentro em 48 (quarenta e oito) horas do recebimento dos autos conclusos, proferirá despacho fundamentado, admitindo ou não o recurso.

§ 2º Admitido o recurso, será aberta vista dos autos ao recorrido para que, no mesmo prazo, apresente as suas razões.

§ 3º Em seguida serão os autos conclusos ao presidente, que mandará remetê-los ao Tribunal Superior.

Art. 279. Denegado o recurso especial, o recorrente poderá interpor, dentro em 3 (três) dias, agravo de instrumento.

§ 1º O agravo de instrumento será interposto por petição que conterá:

I - a exposição do fato e do direito;

II - as razões do pedido de reforma da decisão;

III - a indicação das peças do processo que devem ser trasladadas.

§ 2º Serão obrigatoriamente trasladadas a decisão recorrida e a certidão da intimação.

§ 3º Deferida a formação do agravo, será intimado o recorrido para, no prazo de 3 (três) dias, apresentar as suas razões e indicar as peças dos autos que serão também trasladadas.

§ 4º Concluída a formação do instrumento o presidente do Tribunal determinará a remessa dos autos ao Tribunal Superior, podendo, ainda, ordenar a extração e a juntada de peças não indicadas pelas partes.

§ 5º O presidente do Tribunal não poderá negar seguimento ao agravo, ainda que interposto fora do prazo legal.

§ 6º Se o agravo de instrumento não for conhecido, porque interposto fora do prazo legal, o Tribunal Superior imporá ao recorrente multa correspondente a valor do maior salário-mínimo vigente no país, multa essa que será inscrita e cobrada na forma prevista no art. 367.

§ 7º Se o Tribunal Regional dispuser de aparelhamento próprio, o instrumento deverá ser formado com fotocópias ou processos semelhantes, pagas as despesas, pelo preço do custo, pelas partes, em relação às peças que indicarem.

CAPÍTULO IV
DOS RECURSOS NO TRIBUNAL SUPERIOR

Art. 280. Aplicam-se ao Tribunal Superior as disposições dos artigos 268, 269, 270, 271 (*caput*), 272, 273, 274 e 275.

Art. 281. São irrecorríveis as decisões do Tribunal Superior, salvo as que declararem a invalidade de lei ou ato contrário à Constituição Federal e as denegatórias de *habeas corpus* ou mandado de segurança, das quais caberá recurso ordinário para o Supremo Tribunal Federal, interposto no prazo de 3 (três) dias.

§ 1º Juntada a petição nas 48 (quarenta e oito) horas seguintes, os autos serão conclusos ao presidente do Tribunal, que, no mesmo prazo, proferirá despacho fundamentado, admitindo ou não o recurso.

§ 2º Admitido o recurso será aberta vista dos autos ao recorrido para que, dentro de 3 (três) dias, apresente as suas razões.

§ 3º Findo esse prazo os autos serão remetidos ao Supremo Tribunal Federal.

Art. 282. Denegado recurso, o recorrente poderá interpor, dentro de 3 (três) dias, agravo de instrumento, observado o disposto no art. 279 e seus parágrafos, aplicada a multa a que se refere o § 6º pelo Supremo Tribunal Federal.

TÍTULO IV
DISPOSIÇÕES PENAIS

CAPÍTULO I
DISPOSIÇÕES PRELIMINARES

Art. 283. Para os efeitos penais são considerados membros e funcionários da Justiça Eleitoral:

I - os magistrados que, mesmo não exercendo funções eleitorais, estejam presidindo Juntas Apuradoras ou se encontrem no exercício de outra função por designação de Tribunal Eleitoral;

II - os cidadãos que temporariamente integram órgãos da Justiça Eleitoral;

III - os cidadãos que hajam sido nomeados para as mesas receptoras ou Juntas Apuradoras;

IV - os funcionários requisitados pela Justiça Eleitoral.

§ 1º Considera-se funcionário público, para os efeitos penais, além dos indicados no presente artigo, quem, embora transitoriamente ou sem remuneração, exerce cargo, emprego ou função pública.

§ 2º Equipara-se a funcionário público quem exerce cargo, emprego ou função em entidade paraestatal ou em sociedade de economia mista.

Art. 284. Sempre que este Código não indicar o grau mínimo, entende-se que será ele de quinze dias para a pena de detenção e de um ano para a de reclusão.

Art. 285. Quando a lei determina a agravação ou atenuação da pena sem mencionar o *quantum*, deve o juiz fixá-lo entre um quinto e um terço, guardados os limites da pena cominada ao crime.

Art. 286. A pena de multa consiste no pagamento ao Tesouro Nacional, de uma soma de dinheiro, que é fixada em dias-multa. Seu montante é, no mínimo, 1 (um) dia-multa e, no máximo, 300 (trezentos) dias-multa.

§ 1º O montante do dia-multa é fixado segundo o prudente arbítrio do juiz, devendo este ter em conta as condições pessoais e econômicas do condenado, mas não pode ser inferior ao salário-mínimo diário da região, nem superior ao valor de um salário-mínimo mensal.

§ 2º A multa pode ser aumentada até o triplo, embora não possa exceder o máximo genérico *caput*, se o juiz considerar que, em virtude da situação econômica do condenado, é ineficaz a cominada, ainda que no máximo, ao crime de que se trate.

Art. 287. Aplicam-se aos fatos incriminados nesta lei as regras gerais do Código Penal.

Art. 288. Nos crimes eleitorais cometidos por meio da imprensa, do rádio ou da televisão, aplicam-se exclusivamente as normas deste Código e as remissões a outra lei nele contempladas.

CAPÍTULO II
DOS CRIMES ELEITORAIS

Art. 289. Inscrever-se fraudulentamente eleitor:

Pena - Reclusão até cinco anos e pagamento de cinco a 15 dias-multa.

Art. 290. Induzir alguém a se inscrever eleitor com infração de qualquer dispositivo deste Código:

Pena - Reclusão até 2 anos e pagamento de 15 a 30 dias-multa.

Art. 291. Efetuar o juiz, fraudulentamente, a inscrição de alistando:

Pena - Reclusão até 5 anos e pagamento de cinco a quinze dias-multa.

Art. 292. Negar ou retardar a autoridade judiciária, sem fundamento legal, a inscrição requerida:

Pena - Pagamento de 30 a 60 dias-multa.

Art. 293. Perturbar ou impedir de qualquer forma o alistamento:

Pena - Detenção de 15 dias a seis meses ou pagamento de 30 a 60 dias-multa.

Art. 294. (Revogado pela Lei 8.868/1994.)

Art. 295. Reter título eleitoral contra a vontade do eleitor:

Pena - Detenção até dois meses ou pagamento de 30 a 60 dias-multa.

Art. 296. Promover desordem que prejudique os trabalhos eleitorais:

Pena - Detenção até dois meses e pagamento de 60 a 90 dias-multa.

Art. 297. Impedir ou embaraçar o exercício do sufrágio:

Pena - Detenção até seis meses e pagamento de 60 a 100 dias-multa.

Art. 298. Prender ou deter eleitor, membro de mesa receptora, fiscal, delegado de partido ou candidato, com violação do disposto no art. 236:

Pena - Reclusão até quatro anos.

Art. 299. Dar, oferecer, prometer, solicitar ou receber, para si ou para outrem, dinheiro, dádiva, ou qualquer outra vantagem, para obter ou dar voto e para conseguir ou prometer abstenção, ainda que a oferta não seja aceita:

Pena - Reclusão até quatro anos e pagamento de cinco a quinze dias-multa.

Art. 300. Valer-se o servidor público da sua autoridade para coagir alguém a votar ou não votar em determinado candidato ou partido:

Pena - Detenção até seis meses e pagamento de 60 a 100 dias-multa.

Parágrafo único. Se o agente é membro ou funcionário da Justiça Eleitoral e comete o crime prevalecendo-se do cargo, a pena é agravada.

Art. 301. Usar de violência ou grave ameaça para coagir alguém a votar, ou não votar, em determinado candidato ou partido, ainda que os fins visados não sejam conseguidos:

Pena - Reclusão até quatro anos e pagamento de cinco a quinze dias-multa.

Art. 302. Promover, no dia da eleição, com o fim de impedir, embaraçar ou fraudar o exercício do voto a concentração de eleitores, sob qualquer forma, inclusive o fornecimento gratuito de alimento e transporte coletivo: (Redação dada pelo Dec.-Lei 1.064/1969.)

Pena - Reclusão de quatro (4) a seis (6) anos e pagamento de 200 a 300 dias-multa. (Redação dada pelo Dec.-Lei 1.064/1969.)

Art. 303. Majorar os preços de utilidades e serviços necessários à realização de eleições, tais como transporte e alimentação de eleitores, impressão, publicidade e divulgação de matéria eleitoral.

Pena - Pagamento de 250 a 300 dias-multa.

Art. 304. Ocultar, sonegar, açambarcar ou recusar no dia da eleição o fornecimento, normalmente a todos, de utilidades, alimentação e meios de transporte, ou conceder exclusividade dos mesmos a determinado partido ou candidato:

Pena - Pagamento de 250 a 300 dias-multa.

Art. 305. Intervir autoridade estranha à mesa receptora, salvo o juiz eleitoral, no seu funcionamento sob qualquer pretexto:

Pena - Detenção até seis meses e pagamento de 60 a 90 dias-multa.

Art. 306. Não observar a ordem em que os eleitores devem ser chamados a votar:

Pena - Pagamento de 15 a 30 dias-multa.

Art. 307. Fornecer ao eleitor cédula oficial já assinalada ou por qualquer forma marcada:

Pena - Reclusão até cinco anos e pagamento de 5 a 15 dias-multa.

Art. 308. Rubricar e fornecer a cédula oficial em outra oportunidade que não a de entrega da mesma ao eleitor:

Pena - Reclusão até cinco anos e pagamento de 60 a 90 dias-multa.

Art. 309. Votar ou tentar votar mais de uma vez, ou em lugar de outrem:

Pena - Reclusão até três anos.

Art. 310. Praticar, ou permitir membro da mesa receptora que seja praticada, qualquer irregularidade que determine a anulação de votação, salvo no caso do art. 311:

Pena - Detenção até seis meses ou pagamento de 90 a 120 dias-multa.

Art. 311. Votar em seção eleitoral em que não está inscrito, salvo nos casos expressamente previstos, e permitir, o presidente da mesa receptora, que o voto seja admitido:

Pena - Detenção até um mês ou pagamento de 5 a 15 dias-multa para o eleitor e de 20 a 30 dias-multa para o presidente da mesa.

Art. 312. Violar ou tentar violar o sigilo do voto:

Pena - Detenção até dois anos.

Art. 313. Deixar o juiz e os membros da Junta de expedir o boletim de apuração imediatamente após a apuração de cada urna e antes de passar à subsequente, sob qualquer pretexto e ainda que dispensada a expedição pelos fiscais, delegados ou candidatos presentes:

Pena - Pagamento de 90 a 120 dias-multa.

Parágrafo único. Nas seções eleitorais em que a contagem for procedida pela mesa receptora incorrerão na mesma pena o presidente e os mesários que não expedirem imediatamente o respectivo boletim.

Art. 314. Deixar o juiz e os membros da Junta de recolher as cédulas apuradas na respectiva urna, fechá-la e lacrá-la, assim que terminar a apuração de cada seção e antes de passar à subsequente, sob qualquer pretexto e ainda que dispensada a providência pelos fiscais, delegados ou candidatos presentes:

Pena - Detenção até dois meses ou pagamento de 90 a 120 dias-multa.

Parágrafo único. Nas seções eleitorais em que a contagem dos votos for procedida pela mesa receptora incorrerão na mesma pena o presidente e os mesários que não fecharem e lacrarem a urna após a contagem.

Art. 315. Alterar nos mapas ou nos boletins de apuração a votação obtida por qualquer candidato ou lançar nesses documentos votação que não corresponda às cédulas apuradas:

Pena - Reclusão até cinco anos e pagamento de 5 a 15 dias-multa.

Art. 316. Não receber ou não mencionar nas atas da eleição ou da apuração os protestos devidamente formulados ou deixar de remetê-los à instância superior:

Pena - Reclusão até cinco anos e pagamento de 5 a 15 dias-multa.

Art. 317. Violar ou tentar violar o sigilo da urna ou dos invólucros.

Pena - Reclusão de três a cinco anos.

Art. 318. Efetuar a mesa receptora a contagem dos votos da urna quando qualquer eleitor houver votado sob impugnação (art. 190):

Pena - Detenção até um mês ou pagamento de 30 a 60 dias-multa.

Art. 319. Subscrever o eleitor mais de uma ficha de registro de um ou mais partidos.

Pena - Detenção até 1 mês ou pagamento de 10 a 30 dias-multa.

Art. 320. Inscrever-se o eleitor, simultaneamente, em dois ou mais partidos:

Pena - Pagamento de 10 a 20 dias-multa.

Art. 321. Colher a assinatura do eleitor em mais de uma ficha de registro de partido:

Pena - Detenção até dois meses ou pagamento de 20 a 40 dias-multa.

Art. 322. (Revogado pela Lei 9.504/1997.)

Art. 323. Divulgar, na propaganda, fatos que sabe inverídicos, em relação a partidos ou candidatos e capazes de exercerem influência perante o eleitorado:

Pena - Detenção de dois meses a um ano, ou pagamento de 120 a 150 dias-multa.

Parágrafo único. A pena é agravada se o crime é cometido pela imprensa, rádio ou televisão.

Art. 324. Caluniar alguém, na propaganda eleitoral, ou visando fins de propaganda, imputando-lhe falsamente fato definido como crime:

Pena - Detenção de seis meses a dois anos, e pagamento de 10 a 40 dias-multa.

§ 1° Nas mesmas penas incorre quem, sabendo falsa a imputação, a propala ou divulga.

§ 2º A prova da verdade do fato imputado exclui o crime, mas não é admitida:

I - se, constituindo o fato imputado crime de ação privada, o ofendido não foi condenado por sentença irrecorrível;

II - se o fato é imputado ao Presidente da República ou chefe de governo estrangeiro;

III - se do crime imputado, embora de ação pública, o ofendido foi absolvido por sentença irrecorrível.

Art. 325. Difamar alguém, na propaganda eleitoral, ou visando a fins de propaganda, imputando-lhe fato ofensivo à sua reputação:

Pena - Detenção de três meses a um ano, e pagamento de 5 a 30 dias-multa.

Parágrafo único. A exceção da verdade somente se admite se ofendido é funcionário público e a ofensa é relativa ao exercício de suas funções.

Art. 326. Injuriar alguém, na propaganda eleitoral, ou visando a fins de propaganda, ofendendo-lhe a dignidade ou o decoro:

Pena - Detenção até seis meses, ou pagamento de 30 a 60 dias-multa.

§ 1º O juiz pode deixar de aplicar a pena:

I - se o ofendido, de forma reprovável, provocou diretamente a injúria;

II - no caso de retorsão imediata, que consista em outra injúria.

§ 2º Se a injúria consiste em violência ou vias de fato, que, por sua natureza ou meio empregado, se considerem aviltantes:

Pena - Detenção de três meses a um ano e pagamento de 5 a 20 dias-multa, além das penas correspondentes à violência prevista no Código Penal.

Art. 326-A. Dar causa à instauração de investigação policial, de processo judicial, de investigação administrativa, de inquérito civil ou ação de improbidade administrativa, atribuindo a alguém a prática de crime ou ato infracional de que o sabe inocente, com finalidade eleitoral:

Pena - reclusão, de 2 (dois) a 8 (oito) anos, e multa. (Incluído pela Lei 13.834/2019)

- art. 324 deste Código.
- arts. 519 a 523 do CPP.

§ 1º A pena é aumentada de sexta parte, se o agente se serve do anonimato ou de nome suposto. (Incluído pela Lei 13.834/2019)

§ 2º A pena é diminuída de metade, se a imputação é de prática de contravenção. (Incluído pela Lei 13.834/2019)

§ 3º Incorrerá nas mesmas penas deste artigo quem, comprovadamente ciente da inocência do denunciado e com finalidade eleitoral, divulga ou propala, por qualquer meio ou forma, o ato ou fato que lhe foi falsamente atribuído. (Vetado pelo Presidente da República na Lei nº 13.834/2019, mantido pelo Congresso Nacional e publicado no DOU de 11.11.2019)

Art. 327. As penas cominadas nos artigos 324, 325 e 326 aumentam-se de um terço, se qualquer dos crimes é cometido:

- art. 141, CP.

I - contra o Presidente da República ou chefe de governo estrangeiro;

II - contra funcionário público, em razão de suas funções;

III - na presença de várias pessoas, ou por meio que facilite a divulgação da ofensa.

Arts. 328. e 329. (Revogados pela Lei 9.504/1997.)

Art. 330. Nos casos dos artigos 328 e 329, se o agente repara o dano antes da sentença final, o juiz pode reduzir a pena.

Art. 331. Inutilizar, alterar ou perturbar meio de propaganda devidamente empregado:

Pena - Detenção até seis meses ou pagamento de 90 a 120 dias-multa.

Art. 332. Impedir o exercício de propaganda:

Pena - Detenção até seis meses e pagamento de 30 a 60 dias-multa.

Art. 333. (Revogado pela Lei 9.504/1997.)

Art. 334. Utilizar organização comercial de vendas, distribuição de mercadorias, prêmios e sorteios para propaganda ou aliciamento de eleitores:

Pena - Detenção de seis meses a um ano e cassação do registro se o responsável for candidato.

Art. 335. Fazer propaganda, qualquer que seja a sua forma, em língua estrangeira:

Pena - Detenção de três a seis meses e pagamento de 30 a 60 dias-multa.

Parágrafo único. Além da pena cominada, a infração ao presente artigo importa na apreensão e perda do material utilizado na propaganda.

Art. 336. Na sentença que julgar ação penal pela infração de qualquer dos artigos 322, 323, 324, 325, 326, 328, 329, 331, 332, 333, 334 e 335, deve o juiz verificar, de acordo com o seu livre-convencionamento, se diretório local do partido, por qualquer dos seus membros, concorreu para a prática de delito, ou dela se beneficiou conscientemente.

- Arts.322; 328; 329; 333 foram revogados pela Lei 9.504/1997.

Parágrafo único. Nesse caso, imporá o juiz ao diretório responsável pena de suspensão de sua atividade eleitoral por prazo de 6 a 12 meses, agravada até o dobro nas reincidências.

Art. 337. Participar, o estrangeiro ou brasileiro que não estiver no gozo dos seus direitos políticos, de atividades partidárias, inclusive comícios e atos de propaganda em recintos fechados ou abertos:

Pena - Detenção até seis meses e pagamento de 90 a 120 dias-multa.

Parágrafo único. Na mesma pena incorrerá o responsável pelas emissoras de rádio ou televisão que autorizar transmissões de que participem os mencionados neste artigo, bem como o diretor de jornal que lhes divulgar os pronunciamentos.

Art. 338. Não assegurar o funcionário postal a prioridade prevista no art. 239:

Pena - Pagamento de 30 a 60 dias-multa.

Art. 339. Destruir, suprimir ou ocultar urna contendo votos, ou documentos relativos à eleição:

Pena - Reclusão de dois a seis anos e pagamento de 5 a 15 dias-multa.

Parágrafo único. Se o agente é membro ou funcionário da Justiça Eleitoral e comete o crime prevalecendo-se do cargo, a pena é agravada.

Art. 340. Fabricar, mandar fabricar, adquirir, fornecer, ainda que gratuitamente, subtrair ou guardar urnas, objetos, mapas, cédulas ou papéis de uso exclusivo da Justiça Eleitoral:

Pena - Reclusão até três anos e pagamento de 3 a 15 dias-multa.

Parágrafo único. Se o agente é membro ou funcionário da Justiça Eleitoral e comete o crime prevalecendo-se do cargo, a pena é agravada.

Art. 341. Retardar a publicação ou não publicar, o diretor ou qualquer outro funcionário de órgão oficial federal, estadual, ou municipal, as decisões, citações ou intimações da Justiça Eleitoral:

Pena - Detenção até um mês ou pagamento de 30 a 60 dias-multa.

Art. 342. Não apresentar o órgão do Ministério Público, no prazo legal, denúncia ou deixar de promover a execução de sentença condenatória:

Pena - Detenção até dois meses ou pagamento de 60 a 90 dias-multa.

Art. 343. Não cumprir o juiz o disposto no § 3º do art. 357:

Pena - Detenção até dois meses ou pagamento de 60 a 90 dias-multa.

Art. 344. Recusar ou abandonar o serviço eleitoral sem justa causa:

Pena - Detenção até dois meses ou pagamento de 90 a 120 dias-multa.

Art. 345. Não cumprir a autoridade judiciária, ou qualquer funcionário dos órgãos da Justiça Eleitoral, nos prazos legais, os deveres impostos por este Código, se a infração não estiver sujeita a outra penalidade: (Redação dada pela Lei 4.961/1966.)

Pena - Pagamento de trinta a noventa dias-multa. (Redação dada pela Lei 4.961/1966.)

Art. 346. Violar o disposto no art. 377:

Pena - Detenção até seis meses e pagamento de 30 a 60 dias-multa.

Parágrafo único. Incorrerão na pena, além da autoridade responsável, os servidores que prestarem serviços e os candidatos, membros ou diretores de partido que derem causa à infração.

Art. 347. Recusar alguém cumprimento ou obediência a diligências, ordens ou instruções da Justiça Eleitoral ou opor embaraços à sua execução:

Pena - Detenção de três meses a um ano e pagamento de 10 a 20 dias-multa.

Art. 348. Falsificar, no todo ou em parte, documento público, ou alterar documento público verdadeiro, para fins eleitorais:

Pena - Reclusão de dois a seis anos e pagamento de 15 a 30 dias-multa.

§ 1º Se o agente é funcionário público e comete o crime prevalecendo-se do cargo, a pena é agravada.

§ 2º Para os efeitos penais, equipara-se a documento público o emanado de entidade paraestatal inclusive Fundação do Estado.

Art. 349. Falsificar, no todo ou em parte, documento particular ou alterar documento particular verdadeiro, para fins eleitorais:

Pena - Reclusão até cinco anos e pagamento de 3 a 10 dias-multa.

Art. 350. Omitir, em documento público ou particular, declaração que dele devia constar, ou nele inserir ou fazer inserir declaração falsa ou diversa da que devia ser escrita, para fins eleitorais:

Pena - Reclusão até cinco anos e pagamento de 5 a 15 dias-multa, se o documento é público, e reclusão até três anos e pagamento de 3 a 10 dias-multa se o documento é particular.

Parágrafo único. Se o agente da falsidade documental é funcionário público e comete o crime prevalecendo-se do cargo ou se a falsificação ou alteração é de assentamentos de registro civil, a pena é agravada.

Art. 351. Equipara-se a documento (348, 349 e 350) para os efeitos penais, a fotografia, o filme cinematográfico, o disco fonográfico ou fita de ditafone a que se incorpore declaração ou imagem destinada à prova de fato juridicamente relevante.

Art. 352. Reconhecer, como verdadeira, no exercício da função pública, firma ou letra que o não seja, para fins eleitorais:

Pena - Reclusão até cinco anos e pagamento de 5 a 15 dias-multa se o documento é público, e reclusão até três anos e pagamento de 3 a 10 dias-multa se o documento é particular.

Art. 353. Fazer uso de qualquer dos documentos falsificados ou alterados, a que se referem os artigos. 348 a 352:

Pena - A cominada à falsificação ou à alteração.

Art. 354. Obter, para uso próprio ou de outrem, documento público ou particular, material ou ideologicamente falso para fins eleitorais:

Pena - A cominada à falsificação ou à alteração.

Art. 354-A. Apropriar-se o candidato, o administrador financeiro da campanha, ou quem de fato exerça essa função, de bens, recursos ou valores destinados ao financiamento eleitoral, em proveito próprio ou alheio: (Incluído pela Lei nº 13.488, de 2017)

Pena - reclusão, de dois a seis anos, e multa. (Incluído pela Lei nº 13.488, de 2017)

CAPÍTULO III
DO PROCESSO DAS INFRAÇÕES

Art. 355. As infrações penais definidas neste Código são de ação pública.

Art. 356. Todo cidadão que tiver conhecimento de infração penal deste Código deverá comunicá-la ao juiz eleitoral da zona onde a mesma se verificou.

§ 1º Quando a comunicação for verbal, mandará a autoridade judicial reduzi-la a termo, assinado pelo apresentante e por duas testemunhas, e a remeterá ao órgão do Ministério Público local, que procederá na forma deste Código.

§ 2º Se o Ministério Público julgar necessários maiores esclarecimentos e documentos complementares ou outros elementos de convicção, deverá requisitá-los diretamente de quaisquer autoridades ou funcionários que possam fornecê-los.

Art. 357. Verificada a infração penal, o Ministério Público oferecerá a denúncia dentro do prazo de 10 (dez) dias.

§ 1º Se o órgão do Ministério Público, ao invés de apresentar a denúncia, requerer o arquivamento da comunicação, o juiz, no caso de considerar improcedentes as razões invocadas, fará remessa da comunicação ao Procurador Regional, e este oferecerá a denúncia, designará outro Promotor para oferecê-la, ou insistirá no pedido de arquivamento, ao qual só então estará o juiz obrigado a atender.

§ 2º A denúncia conterá a exposição do fato criminoso com todas as suas circunstâncias, a qualificação do acusado ou esclarecimentos pelos quais se possa identificá-lo, a classificação do crime e, quando necessário, o rol das testemunhas.

§ 3º Se o órgão do Ministério Público não oferecer a denúncia no prazo legal, representará contra ele a autoridade judiciária, sem prejuízo da apuração da responsabilidade penal.

§ 4º Ocorrendo a hipótese prevista no parágrafo anterior, o juiz solicitará ao Procurador Regional a designação de outro promotor, que, no mesmo prazo, oferecerá a denúncia.

§ 5º Qualquer eleitor poderá provocar a representação contra o órgão do Ministério Público se o juiz, no prazo de 10 (dez) dias, não agir de ofício.

Art. 358. A denúncia será rejeitada quando:

I - o fato narrado evidentemente não constituir crime;

II - já estiver extinta a punibilidade, pela prescrição ou outra causa;

III - for manifesta a ilegitimidade da parte ou faltar condição exigida pela lei para o exercício da ação penal.

Parágrafo único. Nos casos do número III, a rejeição da denúncia não obstará ao exercício da ação penal, desde que promovida por parte legítima ou satisfeita a condição.

Art. 359. Recebida a denúncia, o juiz designará dia e hora para o depoimento pessoal do acusado, ordenando a citação deste e a notificação do Ministério Público. (Redação dada pela Lei 10.732/2003.)

Parágrafo único. O réu ou seu defensor terá o prazo de 10 (dez) dias para oferecer alegações escritas e arrolar testemunhas. (Incluído pela Lei 10.732/2003.)

Art. 360. Ouvidas as testemunhas da acusação e da defesa e praticadas as diligências requeridas pelo Ministério Público e deferidas ou ordenadas pelo juiz, abrir-se-á o prazo de 5 (cinco) dias a cada uma das partes - acusação e defesa - para alegações finais.

Art. 361. Decorrido esse prazo, e conclusos os autos ao juiz dentro de quarenta e oito horas, terá o mesmo 10 (dez) dias para proferir a sentença.

Art. 362. Das decisões finais de condenação ou absolvição cabe recurso para o Tribunal Regional, a ser interposto no prazo de 10 (dez) dias.

Art. 363. Se a decisão do Tribunal Regional for condenatória, baixarão imediatamente os autos à instância inferior para a execução da sentença, que será feita no prazo de 5 (cinco) dias, contados da data da vista ao Ministério Público.

Parágrafo único. Se o órgão do Ministério Público deixar de promover a execução da sentença serão aplicadas as normas constantes dos §§ 3º, 4º e 5º do art. 357.

Art. 364. No processo e julgamento dos crimes eleitorais e dos comuns que lhes forem conexos, assim como nos recursos e na execução, que lhes digam respeito, aplicar-se-á, como lei subsidiária ou supletiva, o Código de Processo Penal.

TÍTULO V
DISPOSIÇÕES GERAIS E TRANSITÓRIAS

Art. 365. O serviço eleitoral prefere a qualquer outro, é obrigatório e não interrompe o interstício de promoção dos funcionários para ele requisitados.

Art. 366. Os funcionários de qualquer órgão da Justiça Eleitoral não poderão pertencer a diretório de partido político ou exercer qualquer atividade partidária, sob pena de demissão.

Art. 367. A imposição e a cobrança de qualquer multa, salvo no caso das condenações criminais, obedecerão às seguintes normas:

I - no arbitramento será levada em conta a condição econômica do eleitor;

II - arbitrada a multa, de ofício ou a requerimento do eleitor, o pagamento será feito através de selo federal inutilizado no próprio requerimento ou no respectivo processo;

III - se o eleitor não satisfizer o pagamento no prazo de 30 dias, será considerada dívida líquida e certa, para efeito de cobrança mediante executivo fiscal, a que for inscrita em livro próprio no cartório eleitoral;

IV - a cobrança judicial da dívida será feita por ação executiva na forma prevista para a cobrança da dívida ativa da Fazenda Pública, correndo a ação perante os juízos eleitorais;

‣ Súm. 374, STJ.

V - nas Capitais e nas comarcas onde houver mais de um Promotor de Justiça, a cobrança da dívida far-se-á por intermédio do que for designado pelo Procurador Regional Eleitoral;

VI - os recursos cabíveis, nos processos para cobrança da dívida decorrente de multa, serão interpostos para a instância superior da Justiça Eleitoral;

VII - em nenhum caso haverá recurso de ofício;

VIII - as custas, nos Estados, Distrito Federal e Territórios, serão cobradas nos termos dos respectivos Regimentos de Custas;

IX - os juízes eleitorais comunicarão aos Tribunais Regionais, trimestralmente, a importância total das multas impostas, nesse período e quanto foi arrecadado através de pagamentos feitos na forma dos números II e III;

X - idêntica comunicação será feita pelos Tribunais Regionais ao Tribunal Superior.

§ 1º As multas aplicadas pelos Tribunais Eleitorais serão consideradas líquidas e certas, para efeito de cobrança mediante executivo fiscal desde que inscritas em livro próprio na Secretaria do Tribunal competente. (Incluído pela Lei 4.961/1966.)

§ 2º A multa pode ser aumentada até dez vezes se o juiz ou Tribunal considerar que, em virtude da situação econômica do infrator, é ineficaz, embora aplicada no máximo. (Incluído pela Lei 4.961/1966.)

§ 3º O alistando, ou o eleitor, que comprovar devidamente o seu estado de pobreza, ficará isento do pagamento de multa. (Incluído pela Lei 4.961/1966.)

§ 4º Fica autorizado o Tesouro Nacional a emitir selos, sob a designação "Selo Eleitoral", destinados ao pagamento de emolumentos, custas, despesas e multas, tanto as administrativas como as penais, devidas à Justiça Eleitoral. (Incluído pela Lei 4.961/1966.)

§ 5º Os pagamentos de multas poderão ser feitos através de guias de recolhimento, se a Justiça Eleitoral não dispuser de selo eleitoral em quantidade suficiente para atender aos interessados. (Incluído pela Lei 4.961/1966.)

Art. 368. Os atos requeridos ou propostos em tempo oportuno, mesmo que não sejam apreciados no prazo legal, não prejudicarão aos interessados.

Art. 368-A. A prova testemunhal singular, quando exclusiva, não será aceita nos processos que possam levar à perda do mandato. (Acrescentado pela Lei 13.165/2015.)

Art. 369. O Governo da União fornecerá, para ser distribuído por intermédio dos Tribunais Regionais, todo o material destinado ao alistamento eleitoral e às eleições.

Art. 370. As transmissões de natureza eleitoral, feitas por autoridades e repartições competentes, gozam de franquia postal, telegráfica, telefônica, radiotelegráfica ou radiotelefônica, em linhas oficiais ou nas que sejam obrigadas a serviço oficial.

Art. 371. As repartições públicas são obrigadas, no prazo máximo de 10 (dez) dias, a fornecer às autoridades, aos representantes de partidos ou a qualquer alistando as informações e certidões que solicitarem relativas à matéria eleitoral, desde que os interessados manifestem especificamente as razões e os fins do pedido.

Art. 372. Os tabeliães não poderão deixar de reconhecer nos documentos necessários à instrução dos requerimentos e recursos eleitorais, as firmas de pessoas de seu conhecimento, ou das que se apresentarem com 2 (dois) abonadores conhecidos.

Art. 373. São isentos de selo os requerimentos e todos os papéis destinados a fins eleitorais e é gratuito o reconhecimento de firma pelos tabeliães, para os mesmos fins.

Parágrafo único. Nos processos-crimes e nos executivos fiscais referente a cobrança de multas serão pagas custas nos termos do Regimento de Custas de cada Estado, sendo as devidas à União pagas através de selos federais inutilizados nos autos.

Art. 374. Os membros dos tribunais eleitorais, os juízes eleitorais e os servidores públicos requisitados para os órgãos da Justiça Eleitoral, que, em virtude de suas funções nos mencionados órgãos, não tiverem as férias que lhes couberem, poderão gozá-las no ano seguinte, acumuladas ou não. (Redação dada pela Lei 4.961/1966.)

Parágrafo único. (Revogado pela Lei 4.961/1966.)

Art. 375. Nas áreas contestadas, enquanto não forem fixados definitivamente os limites interestaduais, far-se-ão as eleições sob a jurisdição do Tribunal Regional da circunscrição eleitoral em que, do ponto de vista da administração judiciária estadual, estejam elas incluídas.

Art. 376. A proposta orçamentária da Justiça Eleitoral será anualmente elaborada pelo Tribunal Superior, de acordo com as propostas parciais que lhe forem remetidas pelos Tribunais Regionais, e dentro das normas legais vigentes.

Parágrafo único. Os pedidos de créditos adicionais que se fizerem necessários ao bom andamento dos serviços eleitorais, durante o exercício serão encaminhados em relação trimestral à Câmara dos Deputados, por intermédio do Tribunal Superior.

Art. 377. O serviço de qualquer repartição, federal, estadual, municipal, autarquia, fundação do Estado, sociedade de economia mista, entidade mantida ou subvencionada pelo Poder Público, ou que realiza contrato com este, inclusive o respectivo prédio e suas dependências, não poderá ser utilizado para beneficiar partido ou organização de caráter político.

Parágrafo único. O disposto neste artigo será tornado efetivo, a qualquer tempo, pelo órgão competente da Justiça Eleitoral, conforme o âmbito nacional, regional ou municipal do órgão infrator mediante representação fundamentada partidário, ou de qualquer eleitor.

Art. 378. O Tribunal Superior organizará, mediante proposta do Corregedor Geral, os serviços da Corregedoria, designando para desempenhá-los funcionários efetivos do seu quadro e transformando o cargo de um deles, diplomado em direito e de conduta moral irrepreensível, no de Escrivão da Corregedoria símbolo PJ - 1, a cuja nomeação serão inerentes, assim na Secretaria como nas diligências, as atribuições de titular de ofício de Justiça.

Art. 379. Serão considerados de relevância os serviços prestados pelos mesários e componentes das Juntas Apuradoras.

§ 1º Tratando-se de servidor público, em caso de promoção a prova de haver prestado tais serviços será levada em consideração para efeito de desempate, depois de observados os critérios já previstos em leis ou regulamentos.

§ 2º Persistindo o empate de que trata o parágrafo anterior, terá preferência, para a promoção, o funcionário que tenha servido maior número de vezes.

§ 3º O disposto neste artigo não se aplica aos membros ou servidores de Justiça Eleitoral.

Art. 380. Será feriado nacional o dia em que se realizarem eleições de data fixada pela Constituição Federal; nos demais casos, serão as eleições marcadas para um domingo ou dia já considerado feriado por lei anterior.

Art. 381. Esta lei não altera a situação das candidaturas a Presidente ou Vice-Presidente da República e a Governador ou Vice-Governador de Estado, desde que resultantes de convenções partidárias regulares e já registradas ou em processo de registro, salvo a ocorrência de outros motivos de ordem legal ou constitucional que as prejudiquem.

Parágrafo único. Se o registro requerido se referir isoladamente a Presidente ou a Vice-Presidente da República e a Governador ou Vice-Governador de Estado, a validade respectiva dependerá de complementação da chapa conjunta na firma e nos prazos previstos neste Código (Constituição, art. 81, com a redação dada pela Emenda Constitucional n. 9).

› Dispositivo transitório. Refere-se à CF/1946.

Art. 382. Este Código entrará em vigor 30 dias após a sua publicação.

Art. 383. Revogam-se as disposições em contrário.

Brasília, 15 de julho de 1965, 144º da Independência e 77º da República.

H. Castello Branco

ÍNDICE ALFABÉTICO-REMISSIVO DO CÓDIGO ELEITORAL

- A -

AÇÃO PÚBLICA
- arquivamento da comunicação de crime: art. 357, § 1º
- execução de sentença: art. 363, par. ún.
- infração penal: arts. 355 e ss
- Ministério Público: art. 357
- Procurador Geral: art. 24, II

ALISTAMENTO ELEITORAL
- arts. 42 e ss
- ausência do trabalho: art. 48
- cancelamento: art. 71, § 1º
- cegos e deficientes visuais: arts. 49 e 50
- certidões para alistamento: art. 47, *caput*
- crime de perturbação ou impedimento: art. 293
- deferimento pelo juiz: art. 45, § 6º
- delegados de partidos políticos: art. 66
- domicílio eleitoral: art. 42, par. ún.
- dúvida quanto a identidade: art. 45, § 2º
- encerramento: arts. 67 e ss
- fornecimento gratuito: art. 47, *caput*
- indeferimento pelo juiz: art. 45, § 10
- militares: art. 5º, par. ún.
- obrigatório: art. 6º, *caput*
- prazo: art. 45, § 4º
- requerimento: arts. 44 e 45

APURAÇÃO
- arts. 158 e ss
- abertura da urna: arts. 165 e ss
- anulabilidade da votação: art. 221
- contagem dos votos: arts. 163 e 173 e ss
- fiscais dos partidos: art. 161
- impugnações: arts. 169 e 170
- nulidades da votação: arts. 219 e ss
- órgãos apuradores: art. 158
- recursos: arts. 171 e 172
- término: arts. 184 a 186
- TRE: art. 197 e ss
- TSE: arts. 205 e ss

ASSEMBLEIA LEGISLATIVA
- art. 84

- C -

CÁLCULO
- quociente eleitoral: art. 106

CÂMARA
- dos Deputados: art. 84
- Municipais: art. 84

CANDIDATOS
- divulgação na mídia: art. 116
- indicações pelos partidos: art. 2º
- militares: art. 98
- prazo de requerimento de registro: art. 93
- registro: arts. 87 e ss

CARGOS ELETIVOS
- art. 3º

CÉDULA OFICIAL
- arts. 104 e ss
- crimes: arts. 307 e 308
- leitura em voz alta: art. 174
- nulidade: art. 175

CONCURSO PÚBLICO
- art. 70, § 1º, I

CRIMES ELEITORAIS
- arts. 289 e ss
- ação penal pública: arts. 355 e ss
- alimento e transporte coletivo: art. 302 e 304
- alistamento: art. 293
- alteração de boletim de apuração: art. 315
- aplicação do Código Penal: art. 287
- calúnia: art. 324
- cédula oficial: arts. 307 e 308
- coação do eleitor pelo servidor público: art. 300
- coação do eleitor: art. 301
- deixar de expedir boletim de apuração: art. 313
- desídia: art. 345
- desordem: art. 296
- destruição de urna: art. 339
- difamação: art. 325
- falsificação de documento público: art. 348
- injúria: art. 326
- inobservância de ordem de votação: art. 306
- inscrição do eleitor em dois ou mais partidos: art. 320
- inscrição fraudulenta: arts. 289 e 291
- intervenção na mesa receptora: art. 305
- majoração em eleição: art. 303
- negar ou retardar inscrição: art. 292
- oferta em troca de abstenção: art. 299
- prisão ilegal do eleitor: art. 298
- propaganda inverídica: art. 323
- recolhimento de cédulas: art. 314
- recusar ou abandonar serviço eleitoral: art. 344
- retenção de título eleitoral: art. 295
- sigilo da urna: art. 317
- sigilo do voto: art. 312
- subscrição de mais de uma ficha de registro: art. 319
- sufrágio: art. 297
- violação de urna: art. 317
- violência ou grave ameaça: art. 301
- votar em seção onde não está inscrito: art. 311
- votar mais de uma vez: art. 309
- votar no lugar de outra pessoa: art. 309

- D -

DEFICIENTES
- arts. 49, 50 e 135, § 6º-A

DELEGADOS DE PARTIDOS POLÍTICOS
- arts. 66 e ss

DEPUTADOS ESTADUAIS E FEDERAIS
- art. 84

DIPLOMAÇÃO
- arts. 215 e ss
- recurso contra: art. 262

DOMICÍLIO ELEITORAL
- art. 42, par. ún.

- E -

ELEIÇÕES
- adiamento em razão de pandemia: EC 107/2020
- arts. 82 e ss
- apuração: art. 158 e ss
- atos preparatórios da votação: arts. 114 a 116
- Câmara dos Deputados: art. 84
- Assembleias Legislativas: art. 84
- Câmaras Municipais: art. 84
- cédula oficial: art. 104
- contagem de votos: arts. 188 e ss
- acesso de deficiente físico: art. 135, § 6º-A
- fiscalização das mesas receptoras: arts. 131 e 132
- impugnações e recursos: arts. 169 e ss
- material para votação: art. 133
- mesas receptoras: art. 119 a 130
- representação proporcional: art. 105 a 113
- seções eleitorais: arts. 117 e 118
- Senado Federal, Prefeito e Vice-Prefeito: art. 83
- sistema eleitoral: arts. 82 e ss
- voto secreto: art. 103

ELEITOR
- art. 4º
- alistamento proibido: art. 5º
- cancelamento: art. 70, § 3º
- cego: arts. 49, 50, 136 e 150
- deixar de votar e não justificar: art. 7º
- inscrição em dois ou mais partidos: art. 320
- inscrição fraudulenta: art. 289
- militares: art. 5º, par. ún.
- seção em que pode votar: art. 148

- F -

FICHA DO ELEITOR
- art. 45, § 12

FOLHA INDIVIDUAL DE VOTAÇÃO
- art. 46, § 1º

FORÇA FEDERAL
- arts. 23, XIV, 30, XII

- G -

GARANTIAS ELEITORAIS
- arts. 234 e ss
- prisão: art. 236

- I -

INSCRIÇÃO
- art. 42 e ss
- cancelamento: art. 7º, § 3º
- cegos: arts. 49 e 50
- competência do juiz eleitoral: art. 35
- dois ou mais partidos: art. 320
- fraudulenta: arts. 289 e 291
- negativa: art. 292
- perturbação: art. 293

CE

ÍNDICE ALFABÉTICO-REMISSIVO DO CÓDIGO ELEITORAL

- J -

JUÍZES ELEITORAIS

- arts. 32 e 55.
- competência: art. 35
- comunicação ao TSE: art. 156
- impedimento: art. 14, § 3º
- jurisdição: art. 32
- licenças férias e especial: art. 14, § 2º
- recursos: art. 265 e ss
- tempo de serviço: art. 14
- término das eleições: art. 156
- trabalhos eleitorais: art. 139

JUNTAS ELEITORAIS

- arts. 36 e ss
- abertura da urna: art. 165
- competência: art. 40
- composição: art. 36
- contagem prévia dos votos: art. 41
- escrutinadores e auxiliares: art. 38, § 1º
- quantidade de juntas: art. 37
- recursos perante as juntas e juízos eleitorais: art. 265 e ss
- Secretário-Geral: art. 38, § 3º
- turmas: art. 38, § 2º

JUSTIÇA ELEITORAL

- cédulas oficiais: art. 104
- Corregedoria-Geral: art. 17
- divulgação dos candidatos: art. 116
- fiscalização da propaganda: art. 242
- funcionários para efeitos penais: art. 283
- juízes afastados: art. 14, § 2º
- órgãos: arts. 12 e ss
- proibição das atividades partidárias dos funcionários: art. 366

- M -

MESAS RECEPTORAS

- arts. 119 e ss
- composição: art. 120
- encerramento da votação: art. 154
- fiscalização: arts. 131 e 132
- impedimentos: art. 120, §§ 1º e 5º
- instrução dos mesários: art. 122
- internação coletiva: art. 130
- lugares da votação: art. 135 e ss
- membros: art. 120
- multa: art. 124
- não comparecimento de membro: art. 124
- nomeação dos membros: arts. 120 e 121
- polícia dos trabalhos eleitorais: art. 139 e ss
- prazo da reclamação: art. 121
- presidente: arts. 123, 127 e 129
- secretários: art. 128
- votação: arts. 146 e ss

MILITARES

- alistáveis: arts. 5º, par. ún.
- elegíveis: art. 98
- impossibilidade de alistamento: art. 6º, I
- voto fora da seção: art. 145, § 2º, VIII

MINISTÉRIO PÚBLICO ELEITORAL

- função de procurador geral eleitoral: art. 18
- nulidades da votação: art. 224, § 2º
- prazo para denúncia: art. 357
- procurador geral: art. 24
- violação de urna: art. 165, § 1º, I

MULTA

- alistamento não realizado: art. 8º
- ausência de voto e justificativa: art. 7º
- cancelamento de inscrição de eleitor: art. 7º, § 3º
- imposição e cobrança: art. 367
- pagamento fora da zona: art. 11
- voto: art. 7º

- P -

PARTIDOS POLÍTICOS

- cassação: arts. 19, par. ún., 22
- coligação entre partidos: art. 105
- contabilidade e origem de recursos: art. 22, I, f
- delegados de partido perante alistamento: art. 66
- garantias: art. 244
- indicação de candidatos: art. 2º
- prioridade postal: art. 239
- quociente eleitoral: art. 111
- quociente partidário: arts. 107 e 108
- registro e cancelamento dos diretórios estaduais e municipais: art. 29, I, a
- representação partidária: art. 112
- representação proporcional: art. 105 e ss

POLÍCIA DOS TRABALHOS ELEITORAIS

- arts. 139 e ss

PROCESSO DAS INFRAÇÕES

- art. 355 e ss

PROPAGANDA PARTIDÁRIA

- arts. 240 e ss
- calúnia: art. 324
- dano moral: art. 243, §§ 1º e 2º
- difamação: art. 325
- direito de resposta: art. 243, § 3º
- divulgar fatos inverídicos: art. 323
- exercício do poder de polícia: art. 249
- garantia: art. 248
- igualdade de condições entre partidos: art. 256
- impedir exercício: art. 332
- injúria: art. 326
- inutilizar, alterar ou perturbar meio de propaganda: art. 331
- licença da polícia: art. 245
- língua estrangeira: art. 335
- período: art. 240
- proibida: art. 243
- requisitos: art. 242
- responsabilidade dos partidos eleitorais: art. 241
- telefonia: art. 256, §§ 1º e 2º
- utilizar organização comercial de vendas, distribuição de mercadorias, prêmios e sorteios: art. 334

- Q -

QUOCIENTE ELEITORAL

- cálculo: arts. 106

QUOCIENTE PARTIDÁRIO

- cálculo: art. 107
- candidatos eleitos: art. 108
- empate: art. 110
- lugares não preenchidos: art. 109
- regras de distribuição: art. 109
- suplentes da representação partidária: arts. 112 e 113

- R -

RECURSOS

- art. 169 e ss
- agravo de instrumento: art. 282
- atos dos Presidentes dos TRE e TSE: art. 264
- competência do TRE: art. 29, II
- competência do TSE: art. 22, II
- contagem errônea de votos: art. 172
- contra designação dos lugares para a votação: art. 135, § 8º
- contra expedição de diploma: art. 262
- decisões irrecorríveis: art. 281
- efeito suspensivo: art. 257
- execução imediata de julgado: art. 257, par. ún.
- impugnações à apuração de votos: art. 169, §§ 2º a 4º
- inadmissão contra apuração: art. 171
- instrução: arts. 169, § 4º, 172
- matéria constitucional: art. 259
- Ministério Público Eleitoral: art. 23
- parciais: art. 261
- perante as juntas e juízos eleitorais: arts. 265 e ss
- perante o TSE: art. 280 e ss
- prazo para interposição: art. 258
- prazo para recurso contra alistamento indeferido: art. 45, § 6º
- prazo preclusivo: art. 259
- prejulgados: art. 263
- prevenção: art. 260
- TRE, perante o: arts. 268 a 279

REGISTRO

- candidato de partido cassado: art. 96
- candidatos: arts. 87 e ss
- impugnação: art. 97, § 3º
- instrução do requerimento: art. 94, § 1º
- local: art. 89
- militares: art. 98
- nome do candidato: art. 95
- prazo: art. 87, par. ún.
- requerimento: art. 94, § 1º

REPRESENTAÇÃO PROPORCIONAL

- art. 105 e ss

- S -

SEÇÃO ELEITORAL

- art. 117 e ss
- distância: art. 141
- exterior do país: art. 226
- força armada: art. 141
- indicação no título de eleitor: art. 46, § 1º
- instalação em povoados: art. 136
- mesa receptora de votos: art. 119
- nulidade de votação: art. 222, V
- número de eleitores: arts. 117
- vinculação permanente do eleitor: art. 46, § 3º
- votar onde não está inscrito: art. 311

SERVIDOR PÚBLICO
- beneficiar partido ou organização de caráter político: art. 346 e 377
- coação de eleitor: art. 300
- crime: arts. 283, §§ 1º e 2º, 346 e 377
- multa por não comparecimento: art. 124
- não cumprir os seus deveres: art. 345
- para efeitos penais: art. 283, §§ 1º e 2º

SISTEMA ELEITORAL
- majoritário: art. 83
- proporcional: art. 84

- T -

TÍTULO DE ELEITOR
- cancelamento: art. 71
- crime de retenção: art. 295
- perda ou extravio: art. 52
- prazo de entrega ao eleitor: art. 69
- prova de inscrição: art. 46, § 5º
- segunda via: arts. 52 a 54
- transferência: arts. 55 a 61

TRIBUNAIS REGIONAIS ELEITORAIS
- apuração: arts. 197 e ss
- ausência de TRE: art. 31
- competência: arts. 29 e ss
- composição: art. 25
- deliberação: art. 28
- eleição dos membros: art. 26
- impedimento: art. 28, § 1º
- recursos: arts. 268 e ss
- suspeição: art. 28, § 2º

TRIBUNAL SUPERIOR ELEITORAL (TSE)
- apuração: arts. 205 e ss
- competência: arts. 22 e 23
- composição: art. 16
- corregedoria: art. 17
- cumprimento imediato das decisões: art. 21
- decisões irrecorríveis: art. 281
- deliberação por maioria de votos: art. 19
- recursos: art. 280 e ss
- suspeição ou impedimento: art. 20

- U -

URNAS
- abertura: arts. 165 e ss
- crime de violação do sigilo: art. 317
- destruição, supressão ou ocultação: art. 339
- fabricar, mandar fabricar, adquirir, fornecer, subtrair ou guardar: art. 340
- fechamento e lacre antes da votação: art. 133, § 3º
- guarda da urna: art. 155
- indícios de violação: art. 165, §§ 1º e 2º
- término da votação: art. 155

- V -

VOTAÇÃO
- abertura da urna: art. 165 e ss
- anulabilidade: arts. 221 e 222
- apuração: art. 158 e ss
- ato de votar: art. 146 e ss
- atos preparatórios: arts. 114 e ss
- candidatos: art. 116
- cessão gratuita: art. 135, § 3º
- divulgação na mídia: art. 116
- encerramento: arts. 153 e ss
- estabelecimentos de internação coletiva: art. 136
- fiscalização de mesas receptoras: art. 131
- início: art. 142 e ss
- locais de eleição: arts. 135 e 138
- mesas receptoras: art. 119 e ss
- nulidade: arts. 219 e ss
- polícia dos trabalhos eleitorais: art. 139 e ss
- prioridade: art. 143, § 2º
- procedimentos: arts. 146 e 147
- propriedade particular: art. 135, § 3º
- seções eleitorais: art. 117 e ss
- vilas e povoados: art. 136

VOTO
- candidato com inscrição cancelada: art. 101, § 3º
- contagem: arts. 173 e ss
- crime de violação de sigilo do voto: art. 312
- exterior do país: arts. 225 e ss
- impugnações e recursos: art. 169 e ss
- obrigatório: arts. 6º e 82
- recontagem: art. 181
- secreto: art. 103

CÓDIGO DE DEFESA DO CONSUMIDOR

ÍNDICE SISTEMÁTICO DO CÓDIGO DE DEFESA DO CONSUMIDOR

TÍTULO I – DOS DIREITOS DO CONSUMIDOR .... arts. 1º a 60

Capítulo I – Disposições Gerais .... arts. 1º a 3º

Capítulo II – Da Política Nacional de Relações de Consumo .... arts. 4º e 5º

Capítulo III – Dos Direitos Básicos do Consumidor .... arts. 6º e 7º

Capítulo IV – Da Qualidade de Produtos e Serviços, e Prevenção e da Reparação dos Danos .... arts. 8º a 28

Seção I – Da Proteção à Saúde e Segurança .... arts. 8º a 11

Seção II – Da Responsabilidade pelo Fato do Produto e do Serviço .... arts. 12 a 17

Seção III – Da Responsabilidade por Vício do Produto e do Serviço .... arts. 18 a 25

Seção IV – Da Decadência e da Prescrição .... arts. 26 e 27

Seção V – Da Desconsideração da Personalidade Jurídica .... art. 28

Capítulo V – Das Práticas Comerciais .... arts. 29 a 45

Seção I – Das Disposições Gerais .... art. 29

Seção II – Da Oferta .... arts. 30 a 35

Seção III – Da Publicidade .... arts. 36 a 38

Seção IV – Das Práticas Abusivas .... arts. 39 a 41

Seção V – Da Cobrança de Dívidas .... art. 42 e 42-A

Seção VI – Dos Bancos de Dados e Cadastros de Consumidores .... arts. 43 a 45

Capítulo VI – Da Proteção Contratual .... arts. 46 a 60

Seção I – Disposições Gerais .... arts. 46 a 50

Seção II – Das Cláusulas Abusivas .... arts. 51 a 53

Seção III – Dos Contratos de Adesão .... art. 54

Capítulo VII – Das Sanções Administrativas .... arts. 55 a 60

TÍTULO II – DAS INFRAÇÕES PENAIS .... arts. 61 a 80

TÍTULO III – DA DEFESA DO CONSUMIDOR EM JUÍZO .... arts. 81 a 104

Capítulo I – Disposições Gerais .... arts. 81 a 90

Capítulo II – Das Ações Coletivas para a Defesa de Interesses Individuais Homogêneos .... arts. 91 a 100

Capítulo III – Das Ações de Responsabilidade do Fornecedor de Produtos e Serviços .... arts. 101 e 102

Capítulo IV – Da Coisas Julgada .... arts. 103 e 104

TÍTULO IV – DO SISTEMA NACIONAL DE DEFESA DO CONSUMIDOR .... arts. 105 e 106

TÍTULO V – DA CONVENÇÃO COLETIVA DE CONSUMO .... arts. 107 e 108

TÍTULO VI – DISPOSIÇÕES FINAIS .... arts. 109 a 119

LEI N. 8.078, DE 11 DE SETEMBRO DE 1990

Dispõe sobre a proteção do consumidor e dá outras providências.

- *DOU*, 12.09.1990, edição extra, retificada no *DOU*, 10.01.2007.
- Lei 12.291/2010 (Torna obrigatória a manutenção de exemplar do Código de Defesa do Consumidor nos estabelecimentos comerciais e de prestação de serviços).
- Dec. 2.181/1997 (Dispõe sobre a organização do Sistema Nacional de Defesa do Consumidor – SNDC, e estabelece normas gerais de aplicação das sanções administrativas previstas nesta Lei).
- Dec. 5.903/2006 (Regulamenta este Código no que se refere às práticas infracionais que atentam contra o direito básico do consumidor de obter informação adequada e clara sobre produtos e serviços).
- Dec. 6.523/2008 (Regulamenta este Código para fixar normas gerais sobre o Serviço de Atendimento ao Consumidor – SAC).
- Dec. 7.962/2013 (Regulamenta esta lei, para dispor sobre a contratação no comércio eletrônico).
- Dec. 7.963/2013 (Institui o Plano Nacional de Consumo e Cidadania e cria a Câmara Nacional das Relações de Consumo).
- Port. MJ 2.014/2008 (Estabelece o tempo máximo para o contato direto com o atendente e o horário de funcionamento no Serviço de Atendimento ao Consumidor – SAC).
- Súm. 469, STJ.
- Dec. 8.264/2014 (Regulamenta a Lei 12.741/2012, que dispõe sobre as medidas de esclarecimento ao consumidor quanto à carga tributária incidente sobre mercadorias e serviços).
- Lei 13.179/2015 (Obriga o fornecedor de ingresso para evento cultural pela internet a tornar disponível a venda de meia-entrada por esse veículo).
- Dec. 8.573/2015 (Dispõe sobre o Consumidor.gov.br, sistema alternativo de solução de conflitos de consumo).
- Dec. 10.417/2020 (Institui o Conselho Nacional de Defesa do Consumidor).

O Presidente da República. Faço saber que o Congresso Nacional decreta e eu sanciono a seguinte lei:

TÍTULO I
DOS DIREITOS DO CONSUMIDOR

CAPÍTULO I
DISPOSIÇÕES GERAIS

Art. 1º O presente Código estabelece normas de proteção e defesa do consumidor, de ordem pública e interesse social, nos termos dos arts. 5º, inciso XXXII, 170, inciso V, da Constituição Federal e art. 48 de suas Disposições Transitórias.

- arts. 24, VIII; 150, § 5º; e 170, V, CF.

Art. 2º Consumidor é toda pessoa física ou jurídica que adquire ou utiliza produto ou serviço como destinatário final.

- arts. 17 e 29 deste Código.
- Súm. 321, STJ.

Parágrafo único. Equipara-se a consumidor a coletividade de pessoas, ainda que indetermináveis, que haja intervindo nas relações de consumo.

- art. 81, p.u., deste Código.
- Súm. 643, STF.
- Súm. 563, STJ.

Art. 3º Fornecedor é toda pessoa física ou jurídica, pública ou privada, nacional ou estrangeira, bem como os entes despersonalizados, que desenvolvem atividade de produção, montagem, criação, construção, transformação, importação, exportação, distribuição ou comercialização de produtos ou prestação de serviços.

- art. 28 deste Código.
- Súm. 297, STJ.

§ 1º Produto é qualquer bem, móvel ou imóvel, material ou imaterial.

§ 2º Serviço é qualquer atividade fornecida no mercado de consumo, mediante remuneração, inclusive as de natureza bancária, financeira, de crédito e securitária, salvo as decorrentes das relações de caráter trabalhista.

- Súm. 297, 321, 563, STJ.

CAPÍTULO II
DA POLÍTICA NACIONAL DE RELAÇÕES DE CONSUMO

Art. 4º A Política Nacional das Relações de Consumo tem por objetivo o atendimento das necessidades dos consumidores, o respeito à sua dignidade, saúde e segurança, a proteção de seus interesses econômicos, a melhoria da sua qualidade de vida, bem como a transparência e harmonia das relações de consumo, atendidos os seguintes princípios: (Redação dada pela Lei 9.008/1995.)

I - reconhecimento da vulnerabilidade do consumidor no mercado de consumo;

- art. 5º, *caput*, CF.

II - ação governamental no sentido de proteger efetivamente o consumidor:

a) por iniciativa direta;

b) por incentivos à criação e desenvolvimento de associações representativas;

c) pela presença do Estado no mercado de consumo;

d) pela garantia dos produtos e serviços com padrões adequados de qualidade, segurança, durabilidade e desempenho.

III - harmonização dos interesses dos participantes das relações de consumo e compatibilização da proteção do consumidor com a necessidade de desenvolvimento econômico e tecnológico, de modo a viabilizar os princípios nos quais se funda a ordem econômica (art. 170 da Constituição Federal), sempre com base na boa-fé e equilíbrio nas relações entre consumidores e fornecedores;

IV - educação e informação de fornecedores e consumidores, quanto aos seus direitos e deveres, com vistas à melhoria do mercado de consumo;

- arts. 6º e 205 a 214, CF.

V - incentivo à criação pelos fornecedores de meios eficientes de controle de qualidade e segurança de produtos e serviços, assim como de mecanismos alternativos de solução de conflitos de consumo;

- Lei 9.307/1996 (Lei da Arbitragem).

VI - coibição e repressão eficientes de todos os abusos praticados no mercado de consumo, inclusive a concorrência desleal e utilização indevida de inventos e criações industriais das marcas e nomes comerciais e signos distintivos, que possam causar prejuízos aos consumidores;

- art. 170, CF.
- Lei 9.279/1996 (Lei da Propriedade Industrial).

VII - racionalização e melhoria dos serviços públicos;

VIII - estudo constante das modificações do mercado de consumo.

Art. 5º Para a execução da Política Nacional das Relações de Consumo, contará o Poder Público com os seguintes instrumentos, entre outros:

I - manutenção de assistência jurídica, integral e gratuita para o consumidor carente;

- art. 5º, LXXIV, CF.
- Lei 1.060/1950 (Lei de Assistência Judiciária).

II - instituição de Promotorias de Justiça de Defesa do Consumidor, no âmbito do Ministério Público;

- art. 128, § 5º, CF.

III - criação de delegacias de polícia especializadas no atendimento de consumidores vítimas de infrações penais de consumo;

IV - criação de Juizados Especiais de Pequenas Causas e Varas Especializadas para a solução de litígios de consumo;

- arts. 98, I; e 125, CF.
- Lei 9.099/1995 (Dispõe sobre os Juizados Especiais Cíveis e Criminais).
- Lei 10.259/2001 (Dispõe sobre a instituição dos Juizados Especiais Cíveis e Criminais no âmbito da Justiça Federal).

V - concessão de estímulos à criação e desenvolvimento das Associações de Defesa do Consumidor.

- arts. 53 a 61, CC/2002.

§§ 1º e 2º (Vetados.)

CAPÍTULO III
DOS DIREITOS BÁSICOS DO CONSUMIDOR

Art. 6º São direitos básicos do consumidor:

I - a proteção da vida, saúde e segurança contra os riscos provocados por práticas no fornecimento de produtos e serviços considerados perigosos ou nocivos;

- arts. 5º, *caput*; e 196 a 200, CF.

II - a educação e divulgação sobre o consumo adequado dos produtos e serviços, asseguradas a liberdade de escolha e a igualdade nas contratações;

III - a informação adequada e clara sobre os diferentes produtos e serviços, com especificação correta de quantidade, características, composição, qualidade, tributos incidentes e preço, bem como sobre os riscos que apresentem; (Alterado pela Lei 12.741/2012).

- arts. 31 e 66 deste Código.
- Súm. 595, do STJ.
- Lei 10.962/2004 (Dispõe sobre a oferta e as formas de afixação de preços de produtos e serviços para o consumidor) e Dec. 5.903/2006 (Regulamento).
- Dec. 4.680/2003 (Regulamenta o direito à informação quanto aos alimentos e ingredientes alimentares destinados ao consumo humano ou animal que contenham ou sejam produzidos a partir de organismos geneticamente modificados).
- Dec. 5.903/2006 (Regulamenta o CDC e a Lei 10.962/2004).
- Dec. 7.962/2013 (Regulamenta o CDC).
- Dec. 8.264/2014 (Regulamenta a Lei 12.741/2012, que dispõe sobre as medidas de esclarecimento ao consumidor quanto à carga tributária incidente sobre mercadorias e serviços).

IV - a proteção contra a publicidade enganosa e abusiva, métodos comerciais coercitivos ou desleais, bem como contra práticas e cláusulas abusivas ou impostas no fornecimento de produtos e serviços;

- arts. 37; 39 a 41; 51 a 53; e 67 deste Código.

V - a modificação das cláusulas contratuais que estabeleçam prestações desproporcionais ou sua revisão em razão de fatos supervenientes que as tornem excessivamente onerosas;

- arts. 478 a 480, CC/2002.

VI - a efetiva prevenção e reparação de danos patrimoniais e morais, individuais, coletivos e difusos;

- arts. 25; 57, *caput*; e 100, deste Código.
- art. 13, Lei 7.347/1985 (Lei da Ação Civil Pública).
- Súm. 37, STJ.

VII - o acesso aos órgãos judiciários e administrativos com vistas à prevenção ou reparação de danos patrimoniais e morais, individuais, coletivos ou difusos, assegurada a proteção Jurídica, administrativa e técnica aos necessitados;

- art. 5º, LXXIV, CF.
- Lei 1.060/1950 (Lei de Assistência Judiciária).

VIII - a facilitação da defesa de seus direitos, inclusive com a inversão do ônus da prova, a seu favor, no processo civil, quando, a critério do juiz, for verossímil a alegação ou quando for ele hipossuficiente, segundo as regras ordinárias de experiências;

- art. 5º, LV, CF.
- art. 373, NCPC.
- art. 14, Lei 7.347/1985 (Lei da Ação Civil Pública).

IX - (Vetado.);

X - a adequada e eficaz prestação dos serviços públicos em geral.

Parágrafo único. A informação de que trata o inciso III do *caput* deste artigo deve ser acessível à pessoa com deficiência, observado o disposto em regulamento. (Acrescentado pela Lei 13.146/2015.)

Art. 7º Os direitos previstos neste Código não excluem outros decorrentes de tratados ou convenções internacionais de que o Brasil seja signatário, da legislação interna ordinária, de regulamentos expedidos pelas autoridades administrativas competentes, bem como dos que derivem dos princípios gerais do direito, analogia, costumes e equidade.

- art. 4º, Lei 4.657/1942 (Lei de Introdução às normas do Direito Brasileiro – LInDB, antiga LICC).

Parágrafo único. Tendo mais de um autor a ofensa, todos responderão solidariamente pela reparação dos danos previstos nas normas de consumo.

- arts. 264 a 266; 275, *caput*; 285; e 942, *caput*, 2ª parte, CC/2002.
- art. 113, NCPC.

CAPÍTULO IV
DA QUALIDADE DE PRODUTOS E SERVIÇOS, DA PREVENÇÃO E DA REPARAÇÃO DOS DANOS

SEÇÃO I
DA PROTEÇÃO À SAÚDE E SEGURANÇA

Art. 8º Os produtos e serviços colocados no mercado de consumo não acarretarão riscos à saúde ou segurança dos consumidores, exceto os considerados normais e previsíveis em decorrência de sua natureza e fruição, obrigando-se os fornecedores, em qualquer hipótese, a dar as informações necessárias e adequadas a seu respeito.

§ 1º Em se tratando de produto industrial, ao fabricante cabe prestar as informações a que se refere este artigo, através de impressos apropriados que devam acompanhar o produto. (Parágrafo único renumerado para § 1º pela Lei nº 13.486, de 2017)

§ 2º O fornecedor deverá higienizar os equipamentos e utensílios utilizados no fornecimento de produtos ou serviços, ou colocados à disposição do consumidor, e informar, de maneira ostensiva e adequada, quando for o caso, sobre o risco de contaminação. (Incluído pela Lei nº 13.486, de 2017)

Art. 9º O fornecedor de produtos e serviços potencialmente nocivos ou perigosos à saúde ou segurança deverá informar, de maneira ostensiva e adequada, a respeito da sua nocividade ou periculosidade, sem prejuízo da adoção de outras medidas cabíveis em cada caso concreto.

Art. 10. O fornecedor não poderá colocar no mercado de consumo produto ou serviço que sabe ou deveria saber apresentar alto grau de nocividade ou periculosidade à saúde ou segurança.

§ 1º O fornecedor de produtos e serviços que, posteriormente à sua introdução no mercado de consumo, tiver conhecimento da periculosidade que apresentem, deverá comunicar o fato imediatamente às autoridades competentes e aos consumidores, mediante anúncios publicitários.

§ 2º Os anúncios publicitários a que se refere o parágrafo anterior serão veiculados na imprensa, rádio e televisão, às expensas do fornecedor do produto ou serviço.

§ 3º Sempre que tiverem conhecimento de periculosidade de produtos ou serviços à saúde ou segurança dos consumidores, a União, os Estados, o Distrito Federal e os Municípios deverão informá-los a respeito.

Art. 11. (Vetado.)

SEÇÃO II
DA RESPONSABILIDADE PELO FATO DO PRODUTO E DO SERVIÇO

- art. 14, Lei 10.671/2003 (Estatuto do Torcedor).

Art. 12. O fabricante, o produtor, o construtor, nacional ou estrangeiro, e o importador respondem, independentemente da existência de culpa, pela reparação dos danos causados aos consumidores por defeitos decorrentes de projeto, fabricação, construção, montagem, fórmulas, manipulação, apresentação ou acondicionamento de seus produtos, bem como por informações insuficientes ou inadequadas sobre sua utilização e riscos.

§ 1º O produto é defeituoso quando não oferece a segurança que dele legitimamente se espera, levando-se em consideração as circunstâncias relevantes, entre as quais:

I - sua apresentação;

II - o uso e os riscos que razoavelmente dele se esperam;

III - a época em que foi colocado em circulação.

§ 2º O produto não é considerado defeituoso pelo fato de outro de melhor qualidade ter sido colocado no mercado.

§ 3º O fabricante, o construtor, o produtor ou importador só não será responsabilizado quando provar:

I - que não colocou o produto no mercado;

II - que, embora haja colocado o produto no mercado, o defeito inexiste;

III - a culpa exclusiva do consumidor ou de terceiro.

Art. 13. O comerciante é igualmente responsável, nos termos do artigo anterior, quando:

I - o fabricante, o construtor, o produtor ou o importador não puderem ser identificados;

II - o produto for fornecido sem identificação clara do seu fabricante, produtor, construtor ou importador;

III - não conservar adequadamente os produtos perecíveis.

Parágrafo único. Aquele que efetivar o pagamento ao prejudicado poderá exercer o direito de regresso contra os demais responsáveis, segundo sua participação na causação do evento danoso.

‣ art. 283, CC/2002.

Art. 14. O fornecedor de serviços responde, independentemente da existência de culpa, pela reparação dos danos causados aos consumidores por defeitos relativos à prestação dos serviços, bem como por informações insuficientes ou inadequadas sobre sua fruição e riscos.

‣ arts. 7º, p.u.; 25; 27; 34; e 51, III, deste Código.

‣ Súm. 130, 387 e 595, STJ.

§ 1º O serviço é defeituoso quando não fornece a segurança que o consumidor dele pode esperar, levando-se em consideração as circunstâncias relevantes, entre as quais:

I - o modo de seu fornecimento;

II - o resultado e os riscos que razoavelmente dele se esperam;

III - a época em que foi fornecido.

§ 2º O serviço não é considerado defeituoso pela adoção de novas técnicas.

§ 3º O fornecedor de serviços só não será responsabilizado quando provar:

I - que, tendo prestado o serviço, o defeito inexiste;

II - a culpa exclusiva do consumidor ou de terceiro.

§ 4º A responsabilidade pessoal dos profissionais liberais será apurada mediante a verificação de culpa.

Arts. 15. e 16. (Vetados.)

Art. 17. Para os efeitos desta Seção, equiparam-se aos consumidores todas as vítimas do evento.

SEÇÃO III
DA RESPONSABILIDADE POR VÍCIO DO PRODUTO E DO SERVIÇO

Art. 18. Os fornecedores de produtos de consumo duráveis ou não duráveis respondem solidariamente pelos vícios de qualidade ou quantidade que os tornem impróprios ou inadequados ao consumo a que se destinam ou lhes diminuam o valor, assim como por aqueles decorrentes da disparidade, com as indicações constantes do recipiente, da embalagem, rotulagem ou mensagem publicitária, respeitadas as variações decorrentes de sua natureza, podendo o consumidor exigir a substituição das partes viciadas.

‣ arts. 264 a 266; e 275 a 285, CC/2002.

§ 1º Não sendo o vício sanado no prazo máximo de trinta dias, pode o consumidor exigir, alternativamente e à sua escolha:

I - a substituição do produto por outro da mesma espécie, em perfeitas condições de uso;

II - a restituição imediata da quantia paga, monetariamente atualizada, sem prejuízo de eventuais perdas e danos;

III - o abatimento proporcional do preço.

§ 2º Poderão as partes convencionar a redução ou ampliação do prazo previsto no parágrafo anterior, não podendo ser inferior a sete nem superior a cento e oitenta dias. Nos contratos de adesão, a cláusula de prazo deverá ser convencionada em separado, por meio de manifestação expressa do consumidor.

§ 3º O consumidor poderá fazer uso imediato das alternativas do § 1º deste artigo sempre que, em razão da extensão do vício, a substituição das partes viciadas puder comprometer a qualidade ou características do produto, diminuir-lhe o valor ou se tratar de produto essencial.

‣ art. 16, Dec. 7.963/2013 (Institui o Plano Nacional de Consumo e Cidadania e cria a Câmara Nacional das Relações de Consumo).

§ 4º Tendo o consumidor optado pela alternativa do inciso I do § 1º deste artigo, e não sendo possível a substituição do bem, poderá haver substituição por outro de espécie, marca ou modelo diversos, mediante complementação ou restituição de eventual diferença de preço, sem prejuízo do disposto nos incisos II e III do § 1º deste artigo.

§ 5º No caso de fornecimento de produtos *in natura*, será responsável perante o consumidor o fornecedor imediato, exceto quando identificado claramente seu produtor.

§ 6º São impróprios ao uso e consumo:

I - os produtos cujos prazos de validade estejam vencidos;

II - os produtos deteriorados, alterados, adulterados, avariados, falsificados, corrompidos, fraudados, nocivos à vida ou à saúde, perigosos ou, ainda, aqueles em desacordo com as normas regulamentares de fabricação, distribuição ou apresentação;

III - os produtos que, por qualquer motivo, se revelem inadequados ao fim a que se destinam.

Art. 19. Os fornecedores respondem solidariamente pelos vícios de quantidade do produto sempre que, respeitadas as variações decorrentes de sua natureza, seu conteúdo líquido for inferior às indicações constantes do recipiente, da embalagem, rotulagem ou de mensagem publicitária, podendo o consumidor exigir, alternativamente e à sua escolha:

‣ arts. 275 a 285, CC/2002.

I - o abatimento proporcional do preço;

II - complementação do peso ou medida;

III - a substituição do produto por outro da mesma espécie, marca ou modelo, sem os aludidos vícios;

IV - a restituição imediata da quantia paga, monetariamente atualizada, sem prejuízo de eventuais perdas e danos.

§ 1º Aplica-se a este artigo o disposto no § 4º do artigo anterior.

§ 2º O fornecedor imediato será responsável quando fizer a pesagem ou a medição e o instrumento utilizado não estiver aferido segundo os padrões oficiais.

Art. 20. O fornecedor de serviços responde pelos vícios de qualidade que os tornem impróprios ao consumo ou lhes diminuam o valor, assim como por aqueles decorrentes da disparidade com as indicações constantes da oferta ou mensagem publicitária, podendo o consumidor exigir, alternativamente e à sua escolha:

I - a reexecução dos serviços, sem custo adicional e quando cabível;

II - a restituição imediata da quantia paga, monetariamente atualizada, sem prejuízo de eventuais perdas e danos;

III - o abatimento proporcional do preço.

§ 1º A reexecução dos serviços poderá ser confiada a terceiros devidamente capacitados, por conta e risco do fornecedor.

§ 2º São impróprios os serviços que se mostrem inadequados para os fins que razoavelmente deles se esperam, bem como aqueles que não atendam as normas regulamentares de prestabilidade.

‣ Súm. 595, do STJ.

Art. 21. No fornecimento de serviços que tenham por objetivo a reparação de qualquer produto considerar-se-á implícita a obrigação do fornecedor de empregar componentes de reposição originais adequados e novos, ou que mantenham as especificações técnicas do fabricante, salvo, quanto a estes últimos, autorização em contrário do consumidor.

Art. 22. Os órgãos públicos, por si ou suas empresas, concessionárias, permissionárias ou sob qualquer outra forma de empreendimento, são obrigados a fornecer serviços adequados, eficientes, seguros e, quanto aos essenciais, contínuos.

Parágrafo único. Nos casos de descumprimento, total ou parcial, das obrigações referidas neste artigo, serão as pessoas jurídicas compelidas a cumpri-las e a reparar os danos causados, na forma prevista neste Código.

Art. 23. A ignorância do fornecedor sobre os vícios de qualidade por inadequação dos produtos e serviços não o exime de responsabilidade.

Art. 24. A garantia legal de adequação do produto ou serviço independe de termo expresso, vedada a exoneração contratual do fornecedor.

Art. 25. É vedada a estipulação contratual de cláusula que impossibilite, exonere ou atenue a obrigação de indenizar prevista nesta e nas seções anteriores.

§ 1º Havendo mais de um responsável pela causação do dano, todos responderão solidariamente pela reparação prevista nesta e nas seções anteriores.

§ 2º Sendo o dano causado por componente ou peça incorporada ao produto ou serviço, são responsáveis solidários seu fabricante, construtor ou importador e o que realizou a incorporação.

SEÇÃO IV
DA DECADÊNCIA E DA PRESCRIÇÃO

Art. 26. O direito de reclamar pelos vícios aparentes ou de fácil constatação caduca em:

I - trinta dias, tratando-se de fornecimento de serviço e de produtos não duráveis;

II - noventa dias, tratando-se de fornecimento de serviço e de produtos duráveis.

› Súm. 477, STJ.

§ 1º Inicia-se a contagem do prazo decadencial a partir da entrega efetiva do produto ou do término da execução dos serviços.

§ 2º Obstam a decadência:

I - a reclamação comprovadamente formulada pelo consumidor perante o fornecedor de produtos e serviços até a resposta negativa correspondente, que deve ser transmitida de forma inequívoca;

II - (Vetado.)

III - a instauração de inquérito civil, até seu encerramento.

› arts. 8º, § 1º; e 9º, Lei 7.347/1985 (Lei da Ação Civil Pública).

§ 3º Tratando-se de vício oculto, o prazo decadencial inicia-se no momento em que ficar evidenciado o defeito.

Art. 27. Prescreve em cinco anos a pretensão à reparação pelos danos causados por fato do produto ou do serviço prevista na Seção II deste Capítulo, iniciando-se a contagem do prazo a partir do conhecimento do dano e de sua autoria.

› art. 487, II, NCPC.

› art. 1º-C, Lei 9.494/1997 (Disciplina a aplicação da tutela antecipada contra a Fazenda Pública).

Parágrafo único. (Vetado.)

SEÇÃO V
DA DESCONSIDERAÇÃO DA PERSONALIDADE JURÍDICA

Art. 28. O juiz poderá desconsiderar a personalidade jurídica da sociedade quando, em detrimento do consumidor, houver abuso de direito, excesso de poder, infração da lei, fato ou ato ilícito ou violação dos estatutos ou contrato social. A desconsideração também será efetivada quando houver falência, estado de insolvência, encerramento ou inatividade da pessoa jurídica provocados por má administração.

› arts. 50 e 1.642, I e II, CC/2002.

› arts. 134, VII; e 135, CTN.

› Lei 12.529/2011 (Estrutura o Sistema Brasileiro de Defesa da Concorrência; dispõe sobre a prevenção e repressão às infrações contra a ordem econômica).

§ 1º (Vetado.)

§ 2º As sociedades integrantes dos grupos societários e as sociedades controladas são subsidiariamente responsáveis pelas obrigações decorrentes deste Código.

› art. 1.098, CC/2002.

§ 3º As sociedades consorciadas são solidariamente responsáveis pelas obrigações decorrentes deste Código.

› arts. 275 a 285, CC/2002.

§ 4º As sociedades coligadas só responderão por culpa.

› art. 1.099, CC/2002.

§ 5º Também poderá ser desconsiderada a pessoa jurídica sempre que sua personalidade for, de alguma forma, obstáculo ao ressarcimento de prejuízos causados aos consumidores.

CAPÍTULO V
DAS PRÁTICAS COMERCIAIS

SEÇÃO I
DAS DISPOSIÇÕES GERAIS

Art. 29. Para os fins deste Capítulo e do seguinte, equiparam-se aos consumidores todas as pessoas determináveis ou não, expostas às práticas nele previstas.

› art. 2º deste Código.

SEÇÃO II
DA OFERTA

Art. 30. Toda informação ou publicidade, suficientemente precisa, veiculada por qualquer forma ou meio de comunicação com relação a produtos e serviços oferecidos ou apresentados, obriga o fornecedor que a fizer veicular ou dela se utilizar e integra o contrato que vier a ser celebrado.

› arts. 427 a 435, CC/2002.

› art. 13, VI, Dec. 2.181/1997 (Dispõe sobre a organização do Sistema Nacional de Defesa do Consumidor – SNDC, e estabelece normas gerais de aplicação das sanções administrativas previstas nesta Lei).

Art. 31. A oferta e apresentação de produtos ou serviços devem assegurar informações corretas, claras, precisas, ostensivas e em língua portuguesa sobre suas características, qualidades, quantidade, composição, preço, garantia, prazos de validade e origem, entre outros dados, bem como sobre os riscos que apresentam à saúde e segurança dos consumidores.

› arts. 6º, III; e 66 deste Código.

› arts. 427 a 435, CC/2002.

› Lei 10.962/2004 (Dispõe sobre a oferta e as formas de afixação de preços de produtos e serviços para o consumidor) e Dec. 5.903/2006 (Regulamento).

› art. 13, I, Dec. 2.181/1997 (Dispõe sobre a organização do Sistema Nacional de Defesa do Consumidor – SNDC, e estabelece normas gerais de aplicação das sanções administrativas previstas nesta Lei).

Parágrafo único. As informações de que trata este artigo, nos produtos refrigerados oferecidos ao consumidor, serão gravadas de forma indelével. (Incluído pela Lei 11.989/2009.)

Art. 32. Os fabricantes e importadores deverão assegurar a oferta de componentes e peças de reposição enquanto não cessar a fabricação ou importação do produto.

› arts. 21 e 70 deste Código.

› art. 13, V e XXI, Dec. 2.181/1997 (Dispõe sobre a organização do Sistema Nacional de Defesa do Consumidor – SNDC, e estabelece normas gerais de aplicação das sanções administrativas previstas nesta Lei).

Parágrafo único. Cessadas a produção ou importação, a oferta deverá ser mantida por período razoável de tempo, na forma da lei.

Art. 33. Em caso de oferta ou venda por telefone ou reembolso postal, deve constar o nome do fabricante e endereço na embalagem, publicidade e em todos os impressos utilizados na transação comercial.

› art. 49, *caput*, deste Código.

› art. 13, VII, Dec. 2.181/1997 (Dispõe sobre a organização do Sistema Nacional de Defesa do Consumidor – SNDC, e estabelece normas gerais de aplicação das sanções administrativas previstas nesta Lei).

Parágrafo único. É proibida a publicidade de bens e serviços por telefone, quando a chamada for onerosa ao consumidor que a origina. (Incluído pela Lei 11.800/2008.)

Art. 34. O fornecedor do produto ou serviço é solidariamente responsável pelos atos de seus prepostos ou representantes autônomos.

› arts. 7º, p.u.; 18, *caput*; 19, *caput*; 25, §§ 1º e 2º; 28, § 3º; e 51, deste Código.

Art. 35. Se o fornecedor de produtos ou serviços recusar cumprimento à oferta, apresentação ou publicidade, o consumidor poderá, alternativamente e à sua livre escolha:

› arts. 497 a 500, NCPC.

I - exigir o cumprimento forçado da obrigação, nos termos da oferta, apresentação ou publicidade;

› arts. 48 e 84 deste Código.

II - aceitar outro produto ou prestação de serviço equivalente;

III - rescindir o contrato, com direito à restituição de quantia eventualmente antecipada, monetariamente atualizada, e a perdas e danos.

› art. 13, VI, Dec. 2.181/1997 (Dispõe sobre a organização do Sistema Nacional de Defesa do Consumidor – SNDC, e estabelece normas gerais de aplicação das sanções administrativas previstas nesta Lei).

SEÇÃO III
DA PUBLICIDADE

Art. 36. A publicidade deve ser veiculada de tal forma que o consumidor, fácil e imediatamente, a identifique como tal.

› art. 60 deste Código.

Parágrafo único. O fornecedor, na publicidade de seus produtos ou serviços, manterá, em seu poder, para informação dos legítimos interessados, os dados fáticos, técnicos e científicos que dão sustentação à mensagem.

› art. 69 deste Código.

› art. 19, p.u., Dec. 2.181/1997 (Dispõe sobre a organização do Sistema Nacional de Defesa do Consumidor – SNDC, e estabelece normas gerais de aplicação das sanções administrativas previstas nesta Lei).

Art. 37. É proibida toda publicidade enganosa ou abusiva.

› arts. 60, *caput*; 66; e 67 deste Código.

§ 1º É enganosa qualquer modalidade de informação ou comunicação de caráter publicitário, inteira ou parcialmente falsa, ou, por qualquer outro modo, mesmo por omissão, capaz de induzir em erro o consumidor a respeito da natureza, características, qualidade, quantidade, propriedades, origem, preço e quaisquer outros dados sobre produtos e serviços.

- Súm. 595 do STJ.

§ 2º É abusiva, dentre outras a publicidade discriminatória de qualquer natureza, a que incite à violência, explore o medo ou a superstição, se aproveite da deficiência de julgamento e experiência da criança, desrespeita valores ambientais, ou que seja capaz de induzir o consumidor a se comportar de forma prejudicial ou perigosa à sua saúde ou segurança.

- art. 39, IV, deste Código.

§ 3º Para os efeitos deste Código, a publicidade é enganosa por omissão quando deixar de informar sobre dado essencial do produto ou serviço.

- art. 66 deste Código.
- arts. 14 e 19, Dec. 2.181/1997 (Dispõe sobre a organização do Sistema Nacional de Defesa do Consumidor – SNDC, e estabelece normas gerais de aplicação das sanções administrativas previstas nesta Lei).
- Súmula 595 do STJ.

§ 4º (Vetado.)

Art. 38. O ônus da prova da veracidade e correção da informação ou comunicação publicitária cabe a quem as patrocina.

- arts. 6º, VIII; e 51, VI, deste Código.
- art. 373, NCPC.
- art. 14, § 3º, Dec. 2.181/1997 (Dispõe sobre a organização do Sistema Nacional de Defesa do Consumidor – SNDC, e estabelece normas gerais de aplicação das sanções administrativas previstas nesta Lei).

SEÇÃO IV
DAS PRÁTICAS ABUSIVAS

Art. 39. É vedado ao fornecedor de produtos ou serviços, dentre outras práticas abusivas: (Redação dada pela Lei 8.884/1994.)

- art. 12, Dec. 2.181/1997 (Dispõe sobre a organização do Sistema Nacional de Defesa do Consumidor – SNDC, e estabelece normas gerais de aplicação das sanções administrativas previstas nesta Lei).
- Port. SDE 49/2009 (Considera abusiva, no âmbito dos serviços regulados pelo Poder Público Federal, recusar ou dificultar, quando solicitado pelo consumidor ou por órgão competente, a entrega da gravação das chamadas efetuadas para o SAC, no prazo de dez dias).

I - condicionar o fornecimento de produto ou de serviço ao fornecimento de outro produto ou serviço, bem como, sem justa causa, a limites quantitativos;

II - recusar atendimento às demandas dos consumidores, na exata medida de suas disponibilidades de estoque, e, ainda, de conformidade com os usos e costumes;

- art. 2º, I, Lei 1.521/1951 (Lei dos Crimes Contra a Economia Popular).

III - enviar ou entregar ao consumidor, sem solicitação prévia, qualquer produto, ou fornecer qualquer serviço;

IV - prevalecer-se da fraqueza ou ignorância do consumidor, tendo em vista sua idade, saúde, conhecimento ou condição social, para impingir-lhe seus produtos ou serviços;

V - exigir do consumidor vantagem manifestamente excessiva;

- Port. SDE 7/2003 (Considera abusiva, nos termos deste inciso V, para efeitos de fiscalização pelos órgãos públicos de defesa do consumidor, a interrupção da internação hospitalar em leito clínico, cirúrgico ou em centro de terapia intensiva ou similar, por motivos alheios às prescrições médicas).

VI - executar serviços sem a prévia elaboração de orçamento e autorização expressa do consumidor, ressalvadas as decorrentes de práticas anteriores entre as partes;

- art. 40 deste Código.

VII - repassar informação depreciativa, referente a ato praticado pelo consumidor no exercício de seus direitos;

VIII - colocar, no mercado de consumo, qualquer produto ou serviço em desacordo com as normas expedidas pelos órgãos oficiais competentes ou, se normas específicas não existirem, pela Associação Brasileira de Normas Técnicas ou outra entidade credenciada pelo Conselho Nacional de Metrologia, Normalização e Qualidade Industrial (Conmetro);

- art. 2º, III, Lei 1.521/1951 (Lei dos Crimes Contra a Economia Popular).

IX - recusar a venda de bens ou a prestação de serviços, diretamente a quem se disponha a adquiri-los mediante pronto pagamento, ressalvados os casos de intermediação regulados em leis especiais; (Redação dada pela Lei 8.884/1994.)

- art. 122, CC/2002.
- art. 2º, I, Lei 1.521/1951 (Lei dos Crimes Contra a Economia Popular).
- art. 13, XXIII, Dec. 2.181/1997 (Dispõe sobre a organização do Sistema Nacional de Defesa do Consumidor – SNDC, e estabelece normas gerais de aplicação das sanções administrativas previstas nesta Lei).

X - elevar sem justa causa o preço de produtos ou serviços. (Incluído pela Lei 8.884/1994.)

XI - Dispositivo incluído pela Med. Prov. 1.890-67/1999, transformado em inciso XIII, quando da conversão na Lei 9.870/1999.

- art. 6º, Lei 8.137/1990 (Lei dos Crimes Contra a Ordem Tributária, Econômica e Contra as Relações de Consumo).
- art. 2º, Lei 10.192/2000 (Dispõe sobre medidas complementares ao Plano Real).
- art. 13, XXII, Dec. 2.181/1997 (Dispõe sobre a organização do Sistema Nacional de Defesa do Consumidor – SNDC, e estabelece normas gerais de aplicação das sanções administrativas previstas nesta Lei).

XII - deixar de estipular prazo para o cumprimento de sua obrigação ou deixar a fixação de seu termo inicial a seu exclusivo critério. (Incluído pela Lei 9.008/1995.)

XIII - aplicar fórmula ou índice de reajuste diverso do legal ou contratualmente estabelecido. (Incluído pela Lei 9.870/1999.)

XIV - permitir o ingresso em estabelecimentos comerciais ou de serviços de um número maior de consumidores que o fixado pela autoridade administrativa como máximo. (Acrescentado pela Lei 13.425/2017).

Parágrafo único. Os serviços prestados e os produtos remetidos ou entregues ao consumidor, na hipótese prevista no inciso III, equiparam-se às amostras grátis, inexistindo obrigação de pagamento.

- art. 23, Dec. 2.181/1997 (Dispõe sobre a organização do Sistema Nacional de Defesa do Consumidor – SNDC, e estabelece normas gerais de aplicação das sanções administrativas previstas nesta Lei).

Art. 40. O fornecedor de serviço será obrigado a entregar ao consumidor orçamento prévio discriminando o valor da mão de obra, dos materiais e equipamentos a serem empregados, as condições de pagamento, bem como as datas de início e término dos serviços.

- art. 39, VI, deste Código.
- art. 427, CC/2002.

§ 1º Salvo estipulação em contrário, o valor orçado terá validade pelo prazo de dez dias, contado de seu recebimento pelo consumidor.

§ 2º Uma vez aprovado pelo consumidor, o orçamento obriga os contraentes e somente pode ser alterado mediante livre-negociação das partes.

§ 3º O consumidor não responde por quaisquer ônus ou acréscimos decorrentes da contratação de serviços de terceiros não previstos no orçamento prévio.

Art. 41. No caso de fornecimento de produtos ou de serviços sujeitos ao regime de controle ou de tabelamento de preços, os fornecedores deverão respeitar os limites oficiais sob pena de não o fazendo, responderem pela restituição da quantia recebida em excesso, monetariamente atualizada, podendo o consumidor exigir à sua escolha, o desfazimento do negócio, sem prejuízo de outras sanções cabíveis.

- art. 2º, VI, Lei 1.521/1951 (Lei dos Crimes Contra a Economia Popular).
- art. 6º, Lei 8.137/1990 (Lei dos Crimes Contra a Ordem Tributária, Econômica e Contra as Relações de Consumo).
- art. 13, VIII, Dec. 2.181/1997 (Dispõe sobre a organização do Sistema Nacional de Defesa do Consumidor – SNDC, e estabelece normas gerais de aplicação das sanções administrativas previstas nesta Lei).

SEÇÃO V
DA COBRANÇA DE DÍVIDAS

Art. 42. Na cobrança de débitos, o consumidor inadimplente não será exposto a ridículo, nem será submetido a qualquer tipo de constrangimento ou ameaça.

- art. 71 deste Código.
- art. 13, IX, Dec. 2.181/1997 (Dispõe sobre a organização do Sistema Nacional de Defesa do Consumidor – SNDC, e estabelece nor-

mas gerais de aplicação das sanções administrativas previstas nesta Lei).

Parágrafo único. O consumidor cobrado em quantia indevida tem direito à repetição do indébito, por valor igual ao dobro do que pagou em excesso, acrescido de correção monetária e juros legais, salvo hipótese de engano justificável.

Art. 42-A. Em todos os documentos de cobrança de débitos apresentados ao consumidor, deverão constar o nome, o endereço e o número de inscrição no Cadastro de Pessoas Físicas – CPF ou no Cadastro Nacional de Pessoa Jurídica – CNPJ do fornecedor do produto ou serviço correspondente. (Incluído pela Lei 12.039/2009.)

SEÇÃO VI
DOS BANCOS DE DADOS E CADASTROS DE CONSUMIDORES

Art. 43. O consumidor, sem prejuízo do disposto no art. 86, terá acesso às informações existentes em cadastros, fichas, registros e dados pessoais e de consumo arquivados sobre ele, bem como sobre as suas respectivas fontes.

- O referido art. 86 foi vetado.
- art. 72 deste Código.
- art. 13, X, Dec. 2.181/1997 (Dispõe sobre a organização do Sistema Nacional de Defesa do Consumidor – SNDC, e estabelece normas gerais de aplicação das sanções administrativas previstas nesta Lei).
- Súm. 572, STJ.

§ 1º Os cadastros e dados de consumidores devem ser objetivos, claros, verdadeiros e em linguagem de fácil compreensão, não podendo conter informações negativas referentes a período superior a cinco anos.

- Súm. 323, STJ.

§ 2º A abertura de cadastro, ficha, registro e dados pessoais e de consumo deverá ser comunicada por escrito ao consumidor, quando não solicitada por ele.

- art. 13, XIII, Dec. 2.181/1997 (Dispõe sobre a organização do Sistema Nacional de Defesa do Consumidor – SNDC, e estabelece normas gerais de aplicação das sanções administrativas previstas nesta Lei).
- Súm. 359; 385; e 404, STJ.

§ 3º O consumidor, sempre que encontrar inexatidão nos seus dados e cadastros, poderá exigir sua imediata correção, devendo o arquivista, no prazo de cinco dias úteis, comunicar a alteração aos eventuais destinatários das informações incorretas.

- art. 73 deste Código.
- art. 13, XIV e XV, Dec. 2.181/1997 (Dispõe sobre a organização do Sistema Nacional de Defesa do Consumidor – SNDC, e estabelece normas gerais de aplicação das sanções administrativas previstas nesta Lei).

§ 4º Os bancos de dados e cadastros relativos a consumidores, os serviços de proteção ao crédito e congêneres são considerados entidades de caráter público.

- art. 5º, LXXII, *a*, CF.

§ 5º Consumada a prescrição relativa à cobrança de débitos do consumidor, não serão fornecidas, pelos respectivos Sistemas de Proteção ao Crédito, quaisquer informações que possam impedir ou dificultar novo acesso ao crédito junto aos fornecedores.

- Lei 9.507/1997 (Lei do *Habeas data*).
- Súm. 323, STJ.

§ 6º Todas as informações de que trata o *caput* deste artigo devem ser disponibilizadas em formatos acessíveis, inclusive para a pessoa com deficiência, mediante solicitação do consumidor. (Acrescentado pela Lei 13.146/2015.)

Art. 44. Os órgãos públicos de defesa do consumidor manterão cadastros atualizados de reclamações fundamentadas contra fornecedores de produtos e serviços, devendo divulgá-lo pública e anualmente. A divulgação indicará se a reclamação foi atendida ou não pelo fornecedor.

- arts. 3º, XIII; 4º, V; e 57 a 61, Dec. 2.181/1997 (Dispõe sobre a organização do Sistema Nacional de Defesa do Consumidor – SNDC, e estabelece normas gerais de aplicação das sanções administrativas previstas nesta Lei).

§ 1º É facultado o acesso às informações lá constantes para orientação e consulta por qualquer interessado.

§ 2º Aplicam-se a este artigo, no que couber, as mesmas regras enunciadas no artigo anterior e as do parágrafo único do art. 22 deste Código.

Art. 45. (Vetado.)

CAPÍTULO VI
DA PROTEÇÃO CONTRATUAL

SEÇÃO I
DISPOSIÇÕES GERAIS

Art. 46. Os contratos que regulam as relações de consumo não obrigarão os consumidores, se não lhes for dada a oportunidade de tomar conhecimento prévio de seu conteúdo, ou se os respectivos instrumentos forem redigidos de modo a dificultar a compreensão de seu sentido e alcance.

Art. 47. As cláusulas contratuais serão interpretadas de maneira mais favorável ao consumidor.

- art. 423, CC/2002.
- Súm. 181, STJ.

Art. 48. As declarações de vontade constantes de escritos particulares, recibos e pré-contratos relativos às relações de consumo vinculam o fornecedor, ensejando inclusive execução específica, nos termos do art. 84 e parágrafos.

- art. 35, I, deste Código.
- art. 13, XVI, Dec. 2.181/1997 (Dispõe sobre a organização do Sistema Nacional de Defesa do Consumidor – SNDC, e estabelece normas gerais de aplicação das sanções administrativas previstas nesta Lei).

Art. 49. O consumidor pode desistir do contrato, no prazo de 7 dias a contar de sua assinatura ou do ato de recebimento do produto ou serviço, sempre que a contratação de fornecimento de produtos e serviços ocorrer fora do estabelecimento comercial, especialmente por telefone ou a domicílio.

- art. 33 deste Código.

Parágrafo único. Se o consumidor exercitar o direito de arrependimento previsto neste artigo, os valores eventualmente pagos, a qualquer título, durante o prazo de reflexão, serão devolvidos, de imediato, monetariamente atualizados.

- art. 13, XVII e XVIII, Dec. 2.181/1997 (Dispõe sobre a organização do Sistema Nacional de Defesa do Consumidor – SNDC, e estabelece normas gerais de aplicação das sanções administrativas previstas nesta Lei).

Art. 50. A garantia contratual é complementar à legal e será conferida mediante termo escrito.

- arts. 24 e 74 deste Código.

Parágrafo único. O termo de garantia ou equivalente deve ser padronizado e esclarecer, de maneira adequada em que consiste a mesma garantia, bem como a forma, o prazo e o lugar em que pode ser exercitada e os ônus a cargo do consumidor, devendo ser-lhe entregue, devidamente preenchido pelo fornecedor, no ato do fornecimento, acompanhado de manual de instrução, de instalação e uso do produto em linguagem didática, com ilustrações.

- art. 13, XIX, Dec. 2.181/1997 (Dispõe sobre a organização do Sistema Nacional de Defesa do Consumidor – SNDC, e estabelece normas gerais de aplicação das sanções administrativas previstas nesta Lei).

SEÇÃO II
DAS CLÁUSULAS ABUSIVAS

Art. 51. São nulas de pleno direito, entre outras, as cláusulas contratuais relativas ao fornecimento de produtos e serviços que:

- art. 6º, IV, deste Código.
- art. 166, CC/2002.
- Med. Pro2.172-32/2001 (Estabelece a nulidade das disposições contratuais que menciona e inverte, nas hipóteses que prevê, o ônus da prova nas ações intentadas para sua declaração).
- arts. 22 e 56, Dec. 2.181/1997 (Dispõe sobre a organização do Sistema Nacional de Defesa do Consumidor – SNDC, e estabelece normas gerais de aplicação das sanções administrativas previstas nesta Lei).
- Portarias 4/1998; 3/1999; 3/2001; e 5/2002, SDE (Elencam cláusulas consideradas abusivas).
- Súm. 381, STJ.

I - impossibilitem, exonerem ou atenuem a responsabilidade do fornecedor por vícios de qualquer natureza dos produtos e serviços ou impliquem renúncia ou disposição de direitos. Nas relações de consumo entre o fornecedor e o consumidor pessoa jurídica, a indenização poderá ser limitada, em situações justificáveis;

- art. 424, CC/2002.
- Súm. 638, STJ.

II - subtraiam ao consumidor a opção de reembolso da quantia já paga, nos casos previstos neste Código;

- arts. 18, § 1º, II; 19, IV; 20, II; e 49, p.u., deste Código.
- Súm. 543, STJ.

III - transfiram responsabilidades a terceiros;

IV - estabeleçam obrigações consideradas iníquas, abusivas, que coloquem o consumidor em desvantagem exagerada, ou sejam incompatíveis com a boa-fé ou a equidade;

- arts. 4º, III, e 53 deste Código.
- arts. 22, IV; e 56, Dec. 2.181/1997 (Dispõe sobre a organização do Sistema Nacional de Defesa do Consumidor – SNDC, e estabelece normas gerais de aplicação das sanções administrativas previstas nesta Lei).
- Súm. 302 e 381, STJ.

V - (Vetado.);

VI - estabeleçam inversão do ônus da prova em prejuízo do consumidor;

- arts. 6º, VIII; e 38 deste Código.

VII - determinem a utilização compulsória de arbitragem;

- Lei 9.307/1996 (Lei de Arbitragem).

VIII - imponham representante para concluir ou realizar outro negócio jurídico pelo consumidor;

- Súm. 60, STJ.

IX - deixem ao fornecedor a opção de concluir ou não o contrato, embora obrigando o consumidor;

- art. 122, CC/2002.

X - permitam ao fornecedor, direta ou indiretamente, variação do preço de maneira unilateral;

XI - autorizem o fornecedor a cancelar o contrato unilateralmente, sem que igual direito seja conferido ao consumidor;

XII - obriguem o consumidor a ressarcir os custos de cobrança de sua obrigação, sem que igual direito lhe seja conferido contra o fornecedor;

XIII - autorizem o fornecedor a modificar unilateralmente o conteúdo ou a qualidade do contrato, após sua celebração;

XIV - infrinjam ou possibilitem a violação de normas ambientais;

XV - estejam em desacordo com o sistema de proteção ao consumidor;

XVI - possibilitem a renúncia do direito de indenização por benfeitorias necessárias.

§ 1º Presume-se exagerada, entre outros casos, a vantagem que:

I - ofende os princípios fundamentais do sistema jurídico a que pertence;

II - restringe direitos ou obrigações fundamentais inerentes à natureza do contrato, de tal modo a ameaçar seu objeto ou equilíbrio contratual;

III - se mostra excessivamente onerosa para o consumidor, considerando-se a natureza e conteúdo do contrato, o interesse das partes e outras circunstâncias peculiares ao caso.

§ 2º A nulidade de uma cláusula contratual abusiva não invalida o contrato, exceto quando de sua ausência, apesar dos esforços de integração, decorrer ônus excessivo a qualquer das partes.

- art. 184, CC/2002.

§ 3º (Vetado.)

§ 4º É facultado a qualquer consumidor ou entidade que o represente requerer ao Ministério Público que ajuíze a competente ação para ser declarada a nulidade de cláusula contratual que contrarie o disposto neste Código ou de qualquer forma não assegure o justo equilíbrio entre direitos e obrigações das partes.

- art. 82, I, deste Código.
- art. 3º, VI, Dec. 2.181/1997 (Dispõe sobre a organização do Sistema Nacional de Defesa do Consumidor – SNDC, e estabelece normas gerais de aplicação das sanções administrativas previstas nesta Lei).

Art. 52. No fornecimento de produtos ou serviços que envolva outorga de crédito ou concessão de financiamento ao consumidor, o fornecedor deverá, entre outros requisitos, informá-lo prévia e adequadamente sobre:

- art. 66 deste Código.
- Lei 10.962/2004 (Dispõe sobre a oferta e as formas de afixação de preços de produtos e serviços para o consumidor) e art. 3º, Dec. 5.903/2006 (Dispõe sobre as práticas infracionais que atentam contra o direito básico do consumidor de obter informação clara e adequada sobre produtos e serviços).

I - preço do produto ou serviço em moeda corrente nacional;

II - montante dos juros de mora e da taxa efetiva anual de juros;

III - acréscimos legalmente previstos;

IV - número e periodicidade das prestações;

V - soma total a pagar, com e sem financiamento.

- art. 13, XX, Dec. 2.181/1997 (Dispõe sobre a organização do Sistema Nacional de Defesa do Consumidor – SNDC, e estabelece normas gerais de aplicação das sanções administrativas previstas nesta Lei).

§ 1º As multas de mora decorrentes do inadimplemento de obrigações no seu termo não poderão ser superiores a dois por cento do valor da prestação. (Redação dada pela Lei 9.298/1996.)

- art. 22, XIX, Dec. 2.181/1997 (Dispõe sobre a organização do Sistema Nacional de Defesa do Consumidor – SNDC, e estabelece normas gerais de aplicação das sanções administrativas previstas nesta Lei).
- Súm. 285, STJ.

§ 2º É assegurado ao consumidor a liquidação antecipada do débito, total ou parcialmente, mediante redução proporcional dos juros e demais acréscimos.

- art. 7º Dec. 22.626, de 7-4-1933 (Lei da Usura).
- art. 22, XX, Dec. 2.181/1997 (Dispõe sobre a organização do Sistema Nacional de Defesa do Consumidor – SNDC, e estabelece normas gerais de aplicação das sanções administrativas previstas nesta Lei).

§ 3º (Vetado.)

Art. 53. Nos contratos de compra e venda de móveis ou imóveis mediante pagamento em prestações, bem como nas alienações fiduciárias em garantia, consideram-se nulas de pleno direito as cláusulas que estabeleçam a perda total das prestações pagas em benefício do credor que, em razão do inadimplemento, pleitear a resolução do contrato e a retomada do produto alienado.

- art. 51, IV, deste Código.
- art. 22, XVII, Dec. 2.181/1997 (Dispõe sobre a organização do Sistema Nacional de Defesa do Consumidor – SNDC, e estabelece normas gerais de aplicação das sanções administrativas previstas nesta Lei).
- Súm. 284, STJ.

§ 1º (Vetado).

§ 2º Nos contratos do sistema de consórcio de produtos duráveis, a compensação ou a restituição das parcelas quitadas, na forma deste artigo, terá descontada, além da vantagem econômica auferida com a fruição, os prejuízos que o desistente ou inadimplente causar ao grupo.

- art. 54, § 2º, deste Código.
- Lei 11.795/2008 (Lei do Sistema de Consórcio).
- Súm. 35, STJ.

§ 3º Os contratos de que trata o *caput* deste artigo serão expressos em moeda corrente nacional.

- art. 1º, Lei 10.192/2000 (Dispõe sobre medidas complementares ao Plano Real).

SEÇÃO III
DOS CONTRATOS DE ADESÃO

Art. 54. Contrato de adesão é aquele cujas cláusulas tenham sido aprovadas pela autoridade competente ou estabelecidas unilateralmente pelo fornecedor de produtos ou serviços, sem que o consumidor possa discutir ou modificar substancialmente seu conteúdo.

- art. 18, § 2º, parte final, deste Código.
- arts. 423 e 424, CC/2002.
- art. 22, XXII, Dec. 2.181/1997 (Dispõe sobre a organização do Sistema Nacional de Defesa do Consumidor – SNDC, e estabelece normas gerais de aplicação das sanções administrativas previstas nesta Lei).

§ 1º A inserção de cláusula no formulário não desfigura a natureza de adesão do contrato.

§ 2º Nos contratos de adesão admite-se cláusula resolutória, desde que a alternativa, cabendo a escolha ao consumidor, ressalvando-se o disposto no § 2º do artigo anterior.

- Lei 11.795/2008 (Lei do Sistema de Consórcio).

§ 3º Os contratos de adesão escritos serão redigidos em termos claros e com caracteres ostensivos e legíveis, cujo tamanho da fonte não será inferior ao corpo doze, de modo a facilitar sua compreensão pelo consumidor. (Redação dada pela Lei 11.785/2008.)

- art. 46 deste Código.
- Súmula 620, STJ.

§ 4º As cláusulas que implicarem limitação de direito do consumidor deverão ser redigidas com destaque, permitindo sua imediata e fácil compreensão.

§ 5º (Vetado.)

CAPÍTULO VII
DAS SANÇÕES ADMINISTRATIVAS

- Dec. 2.181/1997 (Dispõe sobre a organização do Sistema Nacional de Defesa do Consumidor – SNDC, e estabelece normas gerais de aplicação das sanções administrativas previstas nesta Lei).

▸ Lei 12.741/2012 (Dispõe sobre as medidas de esclarecimento ao consumidor).

Art. 55. A União, os Estados e o Distrito Federal, em caráter concorrente e nas suas respectivas áreas de atuação administrativa, baixarão normas relativas à produção, industrialização, distribuição e consumo de produtos e serviços.

§ 1º A União, os Estados, o Distrito Federal e os Municípios fiscalizarão e controlarão a produção, industrialização, distribuição, a publicidade de produtos e serviços e o mercado de consumo, no interesse da preservação da vida, da saúde, da segurança, da informação e do bem-estar do consumidor, baixando as normas que se fizerem necessárias.

▸ Dec. de 28.09.1995 (Cria a Comissão Nacional Permanente de Defesa do Consumidor).

§ 2º (Vetado.)

§ 3º Os órgãos federais, estaduais, do Distrito Federal e municipais com atribuições para fiscalizar e controlar o mercado de consumo manterão comissões permanentes para elaboração, revisão e atualização das normas referidas no § 1º, sendo obrigatória a participação dos consumidores e fornecedores.

▸ Dec. de 28.09.1995 (Cria a Comissão Nacional Permanente de Defesa do Consumidor).

§ 4º Os órgãos oficiais poderão expedir notificações aos fornecedores para que, sob pena de desobediência, prestem informações sobre questões de interesse do consumidor, resguardado o segredo industrial.

▸ art. 33, § 1º, Dec. 2.181/1997 (Dispõe sobre a organização do Sistema Nacional de Defesa do Consumidor – SNDC, e estabelece normas gerais de aplicação das sanções administrativas previstas nesta Lei).

Art. 56. As infrações das normas de defesa do consumidor ficam sujeitas, conforme o caso, às seguintes sanções administrativas, sem prejuízo das de natureza civil, penal e das definidas em normas específicas:

▸ art. 2º, Lei 13.233/2015 (Obriga, nas hipóteses que especifica, a veiculação de mensagem de advertência sobre o risco de escassez e de incentivo ao consumo moderado de água).

I - multa;

▸ art. 29, Dec. 2.181/1997 (Dispõe sobre a organização do Sistema Nacional de Defesa do Consumidor – SNDC, e estabelece normas gerais de aplicação das sanções administrativas previstas nesta Lei).

II - apreensão do produto;

III - inutilização do produto;

IV - cassação do registro do produto junto ao órgão competente;

V - proibição de fabricação do produto;

VI - suspensão de fornecimento de produtos ou serviço;

VII - suspensão temporária de atividade;

VIII - revogação de concessão ou permissão de uso;

IX - cassação de licença do estabelecimento ou de atividade;

X - interdição, total ou parcial, de estabelecimento, de obra ou de atividade;

XI - intervenção administrativa;

XII - imposição de contrapropaganda.

▸ arts. 18 e 21, Dec. 2.181/1997 (Dispõe sobre a organização do Sistema Nacional de Defesa do Consumidor – SNDC, e estabelece normas gerais de aplicação das sanções administrativas previstas nesta Lei).

Parágrafo único. As sanções previstas neste artigo serão aplicadas pela autoridade administrativa, no âmbito de sua atribuição, podendo ser aplicadas cumulativamente, inclusive por medida cautelar, antecedente ou incidente de procedimento administrativo.

Art. 57. A pena de multa, graduada de acordo com a gravidade da infração, a vantagem auferida e a condição econômica do fornecedor, será aplicada mediante procedimento administrativo, revertendo para o Fundo de que trata a Lei n. 7.347, de 24 de julho de 1985, os valores cabíveis à União, ou para os Fundos estaduais ou municipais de proteção ao consumidor nos demais casos. (Redação dada pela Lei 8.656/1993.)

▸ art. 3º, p.u., Lei 8.907/1994 (Determina que o modelo de fardamento escolar adotado nas escolas públicas e privadas não possa ser alterado antes de transcorrido cinco anos).

▸ arts. 28 e 29, Dec. 2.181/1997 (Dispõe sobre a organização do Sistema Nacional de Defesa do Consumidor – SNDC, e estabelece normas gerais de aplicação das sanções administrativas previstas nesta Lei).

Parágrafo único. A multa será em montante não inferior a duzentas e não superior a três milhões de vezes o valor da Unidade Fiscal de Referência (Ufir), ou índice equivalente que venha a substituí-lo. (Parágrafo acrescentado pela Lei 8.703/1993.)

▸ art. 29, § 3º, Lei 10.522/2002 (Dispõe sobre o Cadastro Informativo dos créditos não quitados de órgãos e entidades federais).

▸ art. 2º, III, Dec. 1.306/1994 (Regulamenta o Fundo de Defesa de Direitos Difusos).

Art. 58. As penas de apreensão, de inutilização de produtos, de proibição de fabricação de produtos, de suspensão do fornecimento de produto ou serviço, de cassação do registro do produto e revogação da concessão ou permissão de uso serão aplicadas pela administração, mediante procedimento administrativo, assegurada ampla defesa, quando forem constatados vícios de quantidade ou de qualidade por inadequação ou insegurança do produto ou serviço.

Art. 59. As penas de cassação de alvará de licença, de interdição e de suspensão temporária da atividade, bem como a de intervenção administrativa, serão aplicadas mediante procedimento administrativo, assegurada ampla defesa, quando o fornecedor reincidir na prática das infrações de maior gravidade previstas neste Código e na legislação de consumo.

§ 1º A pena de cassação da concessão será aplicada à concessionária de serviço público, quando violar obrigação legal ou contratual.

§ 2º A pena de intervenção administrativa será aplicada sempre que as circunstâncias de fato desaconselharem a cassação de licença, a interdição ou suspensão da atividade.

§ 3º Pendendo ação judicial na qual se discuta a imposição de penalidade administrativa, não haverá reincidência até o trânsito em julgado da sentença.

Art. 60. A imposição de contrapropaganda será cominada quando o fornecedor incorrer na prática de publicidade enganosa ou abusiva, nos termos do art. 36 e seus parágrafos, sempre às expensas do infrator.

▸ art. 37 deste Código.

§ 1º A contrapropaganda será divulgada pelo responsável da mesma forma, frequência e dimensão e, preferencialmente no mesmo veículo, local, espaço e horário, de forma capaz de desfazer o malefício da publicidade enganosa ou abusiva.

▸ art. 47, Dec. 2.181/1997 (Dispõe sobre a organização do Sistema Nacional de Defesa do Consumidor – SNDC, e estabelece normas gerais de aplicação das sanções administrativas previstas nesta Lei).

§§ 2º e 3º (Vetados.)

TÍTULO II
DAS INFRAÇÕES PENAIS

Art. 61. Constituem crimes contra as relações de consumo previstas neste Código, sem prejuízo do disposto no Código Penal e leis especiais, as condutas tipificadas nos artigos seguintes.

▸ art. 7º, Lei 8.137/1990 (Lei dos Crimes Contra a Ordem Tributária, Econômica e Contra as Relações de Consumo).

Art. 62. (Vetado.)

Art. 63. Omitir dizeres ou sinais ostensivos sobre a nocividade ou periculosidade de produtos, nas embalagens, nos invólucros, recipientes ou publicidade:

Pena - Detenção de seis meses a dois anos e multa.

▸ arts. 8 a 10 deste Código.

§ 1º Incorrerá nas mesmas penas quem deixar de alertar, mediante recomendações escritas ostensivas, sobre a periculosidade do serviço a ser prestado.

§ 2º Se o crime é culposo:

Pena - Detenção de um a seis meses ou multa.

Art. 64. Deixar de comunicar à autoridade competente e aos consumidores a nocividade ou periculosidade de produtos cujo conhecimento seja posterior à sua colocação no mercado:

Pena - Detenção de seis meses a dois anos e multa.

▸ art. 10, § 1º, deste Código.

▸ art. 13, II e III, Dec. 2.181/1997 (Dispõe sobre a organização do Sistema Nacional de Defesa do Consumidor – SNDC, e estabelece normas gerais de aplicação das sanções administrativas previstas nesta Lei).

Parágrafo único. Incorrerá nas mesmas penas quem deixar de retirar do mercado, imediatamente quando determinado pela autoridade competente, os produtos nocivos ou perigosos, na forma deste artigo.

Art. 65. Executar serviço de alto grau de periculosidade, contrariando determinação de autoridade competente:

Pena - Detenção de seis meses a dois anos e multa.

- art. 10 deste Código.
- art. 19, CP.

§ 1º As penas deste artigo são aplicáveis sem prejuízo das correspondentes à lesão corporal e à morte. (Renumerado anterior p.u. pela Lei 13.425/2017.)

§ 2º A prática do disposto no inciso XIV do art. 39 desta Lei também caracteriza o crime previsto no *caput* deste artigo. (Acrescentado pela Lei 13.425/2017).

Art. 66. Fazer afirmação falsa ou enganosa, ou omitir informação relevante sobre a natureza, característica, qualidade, quantidade, segurança, desempenho, durabilidade, preço ou garantia de produtos ou serviços:

Pena - Detenção de três meses a um ano e multa.

- arts. 6º, III; 31; e 37 deste Código.
- art. 13, I, Dec. 2.181/1997 (Dispõe sobre a organização do Sistema Nacional de Defesa do Consumidor – SNDC, e estabelece normas gerais de aplicação das sanções administrativas previstas nesta Lei).
- art. 9º, Dec. 5.903/2006 (Regulamenta este Código no que se refere às práticas infracionais que atentam contra o direito básico do consumidor de obter informação adequada e clara sobre produtos e serviços).

§ 1º Incorrerá nas mesmas penas quem patrocinar a oferta.

§ 2º Se o crime é culposo:

Pena - Detenção de um a seis meses ou multa.

Art. 67. Fazer ou promover publicidade que sabe ou deveria saber ser enganosa ou abusiva:

Pena - Detenção de três meses a um ano e multa.

- arts. 6º, IV; 36; e 37 deste Código.
- arts. 14 e 19, Dec. 2.181/1997 (Dispõe sobre a organização do Sistema Nacional de Defesa do Consumidor – SNDC, e estabelece normas gerais de aplicação das sanções administrativas previstas nesta Lei).

Parágrafo único. (Vetado.)

Art. 68. Fazer ou promover publicidade que sabe ou deveria saber ser capaz de induzir o consumidor a se comportar de forma prejudicial ou perigosa a sua saúde ou segurança:

Pena - Detenção de seis meses a dois anos e multa:

- arts. 6º, IV; 36; e 37, § 2º, deste Código.
- arts. 14 e 19 Dec. 2.181/1997 (Dispõe sobre a organização do Sistema Nacional de Defesa do Consumidor – SNDC, e estabelece normas gerais de aplicação das sanções administrativas previstas nesta Lei).

Parágrafo único. (Vetado.)

Art. 69. Deixar de organizar dados fáticos, técnicos e científicos que dão base à publicidade:

Pena - Detenção de um a seis meses ou multa.

- arts. 36, p.u., e 38 deste Código.

Art. 70. Empregar na reparação de produtos, peça ou componentes de reposição usados, sem autorização do consumidor:

Pena - Detenção de três meses a um ano e multa.

- arts. 21 e 32 deste Código.

Art. 71. Utilizar, na cobrança de dívidas, de ameaça, coação, constrangimento físico ou moral, afirmações falsas incorretas ou enganosas ou de qualquer outro procedimento que exponha o consumidor, injustificadamente, a ridículo ou interfira com seu trabalho, descanso ou lazer:

- arts. 146 e 147, CP.

Pena - Detenção de três meses a um ano e multa.

- art. 42 deste Código.

Art. 72. Impedir ou dificultar o acesso do consumidor às informações que sobre ele constem em cadastros, banco de dados, fichas e registros:

- Lei 12.414/2011 (Disciplina a formação e consulta a bancos de dados com informações de adimplemento, de pessoas naturais ou de pessoas jurídicas, para formação de histórico de crédito).

Pena - Detenção de seis meses a um ano ou multa.

- arts. 43 e 44 deste Código.

Art. 73. Deixar de corrigir imediatamente informação sobre consumidor constante de cadastro, banco de dados, fichas ou registros que sabe ou deveria saber ser inexata:

Pena - Detenção de um a seis meses ou multa.

- art. 43, § 3º, deste Código.
- Lei 12.414/2011 (Disciplina a formação e consulta a bancos de dados com informações de adimplemento, de pessoas naturais ou de pessoas jurídicas, para formação de histórico de crédito).

Art. 74. Deixar de entregar ao consumidor o termo de garantia adequadamente preenchido e com especificação clara de seu conteúdo;

Pena - Detenção de um a seis meses ou multa.

- arts. 24 e 50 deste Código.

Art. 75. Quem, de qualquer forma, concorrer para os crimes referidos neste Código, incide as penas a esses cominadas na medida de sua culpabilidade, bem como o diretor, administrador ou gerente da pessoa jurídica que promover, permitir ou por qualquer modo aprovar o fornecimento, oferta, exposição à venda ou manutenção em depósito de produtos ou a oferta e prestação de serviços nas condições por ele proibidas.

- art. 28 deste Código.
- art. 29, CP.

Art. 76. São circunstâncias agravantes dos crimes tipificados neste Código:

- art. 61, CP.

I - serem cometidos em época de grave crise econômica ou por ocasião de calamidade;

- art. 61, II, *j*, CP.

II - ocasionarem grave dano individual ou coletivo;

III - dissimular-se a natureza ilícita do procedimento;

IV - quando cometidos:

a) por servidor público, ou por pessoa cuja condição econômico-social seja manifestamente superior à da vítima;

b) em detrimento de operário ou rurícola; de menor de dezoito ou maior de sessenta anos ou de pessoas portadoras de deficiência mental interditadas ou não;

V - serem praticados em operações que envolvam alimentos, medicamentos ou quaisquer outros produtos ou serviços essenciais.

Art. 77. A pena pecuniária prevista nesta Seção será fixada em dias-multa, correspondente ao mínimo e ao máximo de dias de duração da pena privativa da liberdade cominada ao crime. Na individualização desta multa, o juiz observará o disposto no art. 60, § 1º, do Código Penal.

Art. 78. Além das penas privativas de liberdade e de multa, podem ser impostas, cumulativa ou alternadamente, observado o disposto nos arts. 44 a 47 do Código Penal:

I - a interdição temporária de direitos;

II - a publicação em órgãos de comunicação de grande circulação ou audiência, às expensas do condenado, de notícia sobre os fatos e a condenação;

III - a prestação de serviços à comunidade.

Art. 79. O valor da fiança, nas infrações de que trata este Código, será fixado pelo juiz, ou pela autoridade que presidir o inquérito, entre cem e duzentas mil vezes o valor do Bônus do Tesouro Nacional (BTN), ou índice equivalente que venha a substituí-lo.

- art. 3º, Lei 8.177/1991 (Estabelece regras para a desindexação da economia e extingue o BTN).

Parágrafo único. Se assim recomendar a situação econômica do indiciado ou réu, a fiança poderá ser:

a) reduzida até a metade do seu valor mínimo;

b) aumentada pelo juiz até vinte vezes.

Art. 80. No processo penal atinente aos crimes previstos neste Código, bem como a outros crimes e contravenções que envolvam relações de consumo, poderão intervir, como assistentes do Ministério Público, os legitimados indicados no art. 82, inciso III e IV, aos quais também é facultado propor ação penal subsidiária, se a denúncia não for oferecida no prazo legal.

- art. 5º, LIX, CF.

TÍTULO III
DA DEFESA DO CONSUMIDOR EM JUÍZO

CAPÍTULO I
DISPOSIÇÕES GERAIS

- Lei 7.347/1985 (Lei da Ação Civil Pública).

Art. 81. A defesa dos interesses e direitos dos consumidores e das vítimas poderá ser exercida em juízo individualmente, ou a título coletivo.

- art. 129, III, CF.
- Dec. 2.181/1997 (Dispõe sobre a organização do Sistema Nacional de Defesa do Consumidor – SNDC, e estabelece normas gerais de aplicação das sanções administrativas previstas nesta Lei).

Parágrafo único. A defesa coletiva será exercida quando se tratar de:

- arts 82; 91; 93; e 98, § 2º, deste Código.

I - interesses ou direitos difusos, assim entendidos, para efeitos deste Código, os transindividuais, de natureza indivisível, de que sejam titulares pessoas indeterminadas e ligadas por circunstâncias de fato;

- arts. 103, I, § 1º; e 104 deste Código.

II - interesses ou direitos coletivos, assim entendidos, para efeitos deste Código, os transindividuais, de natureza indivisível de que seja titular grupo, categoria ou classe de pessoas ligadas entre si ou com a parte contrária por uma relação jurídica base;

- arts. 103, II, § 1º; e 104 deste Código.

III - interesses ou direitos individuais homogêneos, assim entendidos os decorrentes de origem comum.

- arts. 93 a 100; e 103, III, e § 2º, deste Código.

Art. 82. Para os fins do art. 81, parágrafo único, são legitimados concorrentemente: (Redação dada pela Lei 9.008/1995.)

- arts. 83; 90; 91; 97; 98; e 100 deste Código.
- art. 139, X, NCPC.
- art. 5º, Lei 7.347/1985 (Lei da Ação Civil Pública).
- art. 56, § 3º, Dec. 2.181/1997 (Dispõe sobre a organização do Sistema Nacional de Defesa do Consumidor – SNDC, e estabelece normas gerais de aplicação das sanções administrativas previstas nesta Lei).
- Lei 12.529/2011 (Estrutura o Sistema Brasileiro de Defesa da Concorrência; dispõe sobre a prevenção e repressão às infrações contra a ordem econômica).

I - o Ministério Público,

- arts. 127 a 129, III, CF.
- arts. 51, § 4º; 80; e 92 deste Código.
- art. 177, NCPC.
- arts. 3º, VI, Dec. 2.181/1997 (Dispõe sobre a organização do Sistema Nacional de Defesa do Consumidor – SNDC, e estabelece normas gerais de aplicação das sanções administrativas previstas nesta Lei).

II - a União, os Estados, os Municípios e o Distrito Federal;

III - as entidades e órgãos da Administração Pública, direta ou indireta, ainda que sem personalidade jurídica, especificamente destinados à defesa dos interesses e direitos protegidos por este Código;

- art. 80 deste Código.

IV - as associações legalmente constituídas há pelo menos um ano e que incluam entre seus fins institucionais a defesa dos interesses e direitos protegidos por este Código, dispensada a autorização assemblear.

- arts. 5º, XXI e LXX; e 8º, III, CF.
- art. 80 deste Código.
- arts. 45 a 61, CC/2002.
- art. 114, I, Lei 6.015/1973 (Lei dos Registros Públicos).
- art. 5º, Lei 7.347/1985 (Lei da Ação Civil Pública).
- art. 3º, Lei 8.073/1990 (Estabelece a Política Nacional de Salários).
- art. 7º, Lei 9.870/1999 (Dispõe sobre o valor total das anuidades escolares).
- art. 8º, II, Dec. 2.181/1997 (Dispõe sobre a organização do Sistema Nacional de Defesa do Consumidor – SNDC, e estabelece normas gerais de aplicação das sanções administrativas previstas nesta Lei).

§ 1º O requisito da pré-constituição pode ser dispensado pelo juiz, nas ações previstas nos arts. 91 e seguintes, quando haja manifesto interesse social evidenciado pela dimensão ou característica do dano, ou pela relevância do bem jurídico a ser protegido.

§§ 2º e 3º (Vetados.)

Art. 83. Para a defesa dos direitos e interesses protegidos por este Código são admissíveis todas as espécies de ações capazes de propiciar sua adequada e efetiva tutela.

Parágrafo único. (Vetado.)

Art. 84. Na ação que tenha por objeto o cumprimento da obrigação de fazer ou não fazer, o juiz concederá a tutela específica da obrigação ou determinará providências que assegurem o resultado prático equivalente ao do adimplemento.

- arts 30; 35, I; e 48 deste Código.
- arts. 497, 499, 500, 536 e 537, NCPC.

§ 1º A conversão da obrigação em perdas e danos somente será admissível se por elas optar o autor ou se impossível a tutela específica ou a obtenção do resultado prático correspondente.

§ 2º A indenização por perdas e danos se fará sem prejuízo da multa (art. 287 do Código de Processo Civil).

- Refere-se ao CPC/1973.

§ 3º Sendo relevante o fundamento da demanda e havendo justificado receio de ineficácia do provimento final, é lícito ao juiz conceder a tutela liminarmente ou após justificação prévia, citado o réu.

- arts. 303 a 305, NCPC.

§ 4º O juiz poderá, na hipótese do § 3º ou na sentença, impor multa diária ao réu, independentemente de pedido do autor, se for suficiente ou compatível com a obrigação, fixando prazo razoável para o cumprimento do preceito.

- art. 537, NCPC.

§ 5º Para a tutela específica ou para a obtenção do resultado prático equivalente, poderá o juiz determinar as medidas necessárias, tais como busca e apreensão, remoção de coisas e pessoas, desfazimento de obra, impedimento de atividade nociva, além de requisição de força policial.

Arts. 85. e 86. (Vetados.)

Art. 87. Nas ações coletivas de que trata este Código não haverá adiantamento de custas, emolumentos, honorários periciais e quaisquer outras despesas, nem condenação da associação autora, salvo comprovada má-fé, em honorários de advogados, custas e despesas processuais.

- art. 18, Lei 7.347/1985 (Lei da Ação Civil Pública).
- art. 4º, IV, Lei 9.289/1996 (Dispõe sobre as custas devidas à União, na Justiça Federal de primeiro e segundo graus).

Parágrafo único. Em caso de litigância de má-fé, a associação autora e os diretores responsáveis pela propositura da ação serão solidariamente condenados em honorários advocatícios e ao décuplo das custas, sem prejuízo da responsabilidade por perdas e danos.

- arts. 264; 265; e 402 a 405, CC/2002.
- arts. 79 a 81, 82, 84 e 85, NCPC.

Art. 88. Na hipótese do art. 13, parágrafo único, deste Código, a ação de regresso poderá ser ajuizada em processo autônomo, facultada a possibilidade de prosseguir-se nos mesmos autos, vedada a denunciação da lide.

- art. 283, CC/2002.
- arts. 125 a 128, NCPC.

Art. 89. (Vetado.)

Art. 90. Aplicam-se às ações previstas neste título as normas do Código de Processo Civil e da Lei n. 7.347, de 24 de julho de 1985, inclusive no que respeita ao inquérito civil, naquilo que não contrariar suas disposições.

- art. 26, § 2º, III, deste Código.
- art. 1.046, § 4º, NCPC.
- arts. 8º, § 1º; e 9º, Lei 7.347/1985 (Lei da Ação Civil Pública).

CAPÍTULO II
DAS AÇÕES COLETIVAS PARA A DEFESA DE INTERESSES INDIVIDUAIS HOMOGÊNEOS

Art. 91. Os legitimados de que trata o art. 82 poderão propor, em nome próprio e no interesse das vítimas ou seus sucessores, ação civil coletiva de responsabilidade pelos danos individualmente sofridos, de acordo com o disposto nos artigos seguintes. (Redação dada pela Lei 9.008/1995.)

- art. 82, § 1º, deste Código.
- art. 18, NCPC.

Art. 92. O Ministério Público, se não ajuizar a ação, atuará sempre como fiscal da lei.

- arts. 127 a 129, IX, CF.
- arts. 51, § 4º; e 82, I, deste Código.
- art. 178, NCPC.

Parágrafo único. (Vetado.)

Art. 93. Ressalvada a competência da Justiça Federal, é competente para a causa a justiça local:

- art. 109, I, e § 2º, CF.
- art. 51, NCPC.

I - no foro do lugar onde ocorreu ou deva ocorrer o dano, quando de âmbito local;

- art. 53, NCPC.

II - no foro da Capital do Estado ou no do Distrito Federal, para os danos de âmbito nacional ou regional, aplicando-se as regras do Código de Processo Civil aos casos de competência concorrente.

- arts. 46, 51, 57 e 58, NCPC.
- art. 2º, Lei 7.347/1985 (Lei da Ação Civil Pública).

Art. 94. Proposta a ação, será publicado edital no órgão oficial, a fim de que os interessados possam intervir no processo como litisconsortes, sem prejuízo de ampla divulgação pelos meios de comunicação social por parte dos órgãos de defesa do consumidor.

- arts. 113 a 118 e 257, NCPC.
- art. 5º, § 2º, Lei 7.347/1985 (Lei da Ação Civil Pública).

Art. 95. Em caso de procedência do pedido, a condenação será genérica, fixando a responsabilidade do réu pelos danos causados.

- arts. 509 e 512, NCPC.

Art. 96. (Vetado.)

Art. 97. A liquidação e a execução de sentença poderão ser promovidas pela vítima e seus sucessores, assim como pelos legitimados de que trata o art. 82.

- art. 103, § 3º, deste Código.
- art. 509 e ss., NCPC.

Parágrafo único. (Vetado.)

Art. 98. A execução poderá ser coletiva, sendo promovida pelos legitimados de que trata o art. 82, abrangendo as vítimas cujas indenizações já tiveram sido fixadas em sentença de liquidação, sem prejuízo do ajuizamento de outras execuções. (Redação dada pela Lei 9.008/1995.)

- art. 103, § 3º, deste Código.

§ 1º A execução coletiva far-se-á com base em certidão das sentenças de liquidação, da qual deverá constar a ocorrência ou não do trânsito em julgado.

§ 2º É competente para a execução o juízo:

I - da liquidação da sentença ou da ação condenatória, no caso de execução individual;

II - da ação condenatória, quando coletiva a execução.

Art. 99. Em caso de concurso de créditos decorrentes de condenação prevista na Lei n. 7.347, de 24 de julho de 1985 e de indenizações pelos prejuízos individuais resultantes do mesmo evento danoso, estas terão preferência no pagamento.

- art. 103, § 3º, deste Código.
- Lei 7.347/1985 (Lei da Ação Civil Pública).

Parágrafo único. Para efeito do disposto neste artigo, a destinação da importância recolhida ao fundo criado pela Lei n. 7.347, de 24 de julho de 1985, ficará sustada enquanto pendentes de decisão de segundo grau as ações de indenização pelos danos individuais, salvo na hipótese de o patrimônio do devedor ser manifestamente suficiente para responder pela integralidade das dívidas.

- art. 57 deste Código.
- Dec. 1.306/1994 (Regulamenta o Fundo de Defesa de Direitos Difusos).

Art. 100. Decorrido o prazo de um ano sem habilitação de interessados em número compatível com a gravidade do dano, poderão os legitimados do art. 82 promover a liquidação e execução da indenização devida.

- art. 57 deste Código.
- art. 13, Lei 7.347/1985 (Lei da Ação Civil Pública).
- Dec. 1.306/1994 (Regulamenta o Fundo de Defesa de Direitos Difusos).

Parágrafo único. O produto da indenização devida reverterá para o fundo criado pela Lei n. 7.347, de 24 de julho de 1985.

- art. 13, Lei 7.347/1985 (Lei da Ação Civil Pública).
- art. 2º, III, Dec. 1.306/1994 (Regulamenta o Fundo de Defesa de Direitos Difusos).

CAPÍTULO III DAS AÇÕES DE RESPONSABILIDADE DO FORNECEDOR DE PRODUTOS E SERVIÇOS

Art. 101. Na ação de responsabilidade civil do fornecedor de produtos e serviços, sem prejuízo do disposto nos Capítulos I e II deste Título, serão observadas as seguintes normas:

- arts. 27; e 81 a 100 deste Código.

I - a ação pode ser proposta no domicílio do autor;

- art. 22, NCPC.

II - o réu que houver contratado seguro de responsabilidade poderá chamar ao processo o segurador, vedada a integração do contraditório pelo Instituto de Resseguros do Brasil. Nesta hipótese, a sentença que julgar procedente o pedido condenará o réu nos termos do art. 80 do Código de Processo Civil. Se o réu houver sido declarado falido, o síndico será intimado a informar a existência de seguro de responsabilidade, facultando-se, em caso afirmativo, o ajuizamento de ação de indenização diretamente contra o segurador, vedada a denunciação da lide ao Instituto de Resseguros do Brasil e dispensado o litisconsórcio obrigatório com este.

- Refere-se ao CPC/1973.
- arts. 53, 125 a 128, 130 a 132, NCPC.
- arts. 21 a 25, Lei 11.101/2005 (Lei de Recuperação de Empresas e Falências).

Art. 102. Os legitimados a agir na forma deste Código poderão propor ação visando compelir o Poder Público competente a proibir, em todo o território nacional, a produção, divulgação distribuição ou venda, ou a determinar a alteração na composição, estrutura, fórmula ou acondicionamento de produto, cujo uso ou consumo regular se revele nocivo ou perigoso à saúde pública e à incolumidade pessoal.

- art. 82 deste Código.

§§ 1º e 2º (Vetados.)

CAPÍTULO IV DA COISA JULGADA

Art. 103. Nas ações coletivas de que trata este Código, a sentença fará coisa julgada:

- arts. 496 e 502 a 508, NCPC.

I - *erga omnes*, exceto se o pedido for julgado improcedente por insuficiência de provas, hipótese em que qualquer legitimado poderá intentar outra ação, com idêntico fundamento valendo-se de nova prova, na hipótese do inciso I do parágrafo único do art. 81;

II - *ultra partes*, mas limitadamente ao grupo, categoria ou classe, salvo improcedência por insuficiência de provas, nos termos do inciso anterior, quando se tratar da hipótese prevista no inciso II do parágrafo único do art. 81;

- art. 104 deste Código.

III - *erga omnes*, apenas no caso de procedência do pedido, para beneficiar todas as vítimas e seus sucessores, na hipótese do inciso III do parágrafo único do art. 81.

- art. 104 deste Código.

§ 1º Os efeitos da coisa julgada previstos nos incisos I e II não prejudicarão interesses e direitos individuais dos integrantes da coletividade, do grupo, categoria ou classe.

§ 2º Na hipótese prevista no inciso III, em caso de improcedência do pedido, os interessados que não tiverem intervindo no processo como litisconsortes poderão propor ação de indenização a título individual.

§ 3º Os efeitos da coisa julgada de que cuida o art. 16, combinado com o art. 13 da Lei n. 7.347, de 24 de julho de 1985, não prejudicarão as ações de indenização por danos pessoalmente sofridos, propostas individualmente ou na forma prevista neste Código, mas, se procedente o pedido, beneficiarão as vítimas e seus sucessores, que poderão proceder à liquidação e à execução, nos termos dos arts. 96 a 99.

- O referido art. 96 foi vetado.
- Lei 7.347/1985 (Lei da Ação Civil Pública).

§ 4º Aplica-se o disposto no parágrafo anterior à sentença penal condenatória.

Art. 104. As ações coletivas, previstas nos incisos I e II e do parágrafo único do art. 81, não induzem litispendência para as ações individuais, mas os efeitos da coisa julgada *erga omnes* ou *ultra partes* a que aludem os incisos II e III do artigo anterior não beneficiarão os autores das ações individuais, se não for requerida sua suspensão no prazo de trinta dias, a contar da ciência nos autos do ajuizamento da ação coletiva.

- arts. 81, p.u., II e III, deste Código.
- art. 337, NCPC.

TÍTULO IV DO SISTEMA NACIONAL DE DEFESA DO CONSUMIDOR

Art. 105. Integram o Sistema Nacional de Defesa do Consumidor (SNDC), os órgãos federais, estaduais, do Distrito Federal e municipais e as entidades privadas de defesa do consumidor.

- art. 2º, Dec. 2.181/1997 (Dispõe sobre a organização do Sistema Nacional de Defesa do Consumidor – SNDC, e estabelece normas gerais de aplicação das sanções administrativas previstas nesta Lei).

Art. 106. O Departamento Nacional de Defesa do Consumidor, da Secretaria Nacional de Direito Econômico (MJ), ou órgão federal que venha substituí-lo, é organismo de coordenação da política do Sistema Nacional de Defesa do Consumidor, cabendo-lhe:

- art. 3º, Dec. 2.181/1997 (Dispõe sobre a organização do Sistema Nacional de Defesa do Consumidor – SNDC, e estabelece normas gerais de aplicação das sanções administrativas previstas nesta Lei).

I - planejar, elaborar, propor, coordenar e executar a política nacional de proteção ao consumidor;

II - receber, analisar, avaliar e encaminhar consultas, denúncias ou sugestões apresentadas por entidades representativas ou pessoas jurídicas de direito público ou privado;

III - prestar aos consumidores orientação permanente sobre seus direitos e garantias;

IV - informar, conscientizar e motivar o consumidor através dos diferentes meios de comunicação;

V - solicitar à polícia judiciária a instauração de inquérito policial para a apreciação de delito contra os consumidores, nos termos da legislação vigente;

VI - representar ao Ministério Público competente para fins de adoção de medidas processuais no âmbito de suas atribuições;

VII - levar ao conhecimento dos órgãos competentes as infrações de ordem administrativa que violarem os interesses difusos, coletivos ou individuais dos consumidores;

VIII - solicitar o concurso de órgãos e entidades da União, Estados, do Distrito Federal e Municípios, bem como auxiliar a fiscalização de preços, abastecimento, quantidade e segurança de bens e serviços;

IX - incentivar, inclusive com recursos financeiros e outros programas especiais, a formação de entidades de defesa do consumidor pela população e pelos órgãos públicos estaduais e municipais;

X a XII - (Vetados.)

XIII - desenvolver outras atividades compatíveis com suas finalidades.

Parágrafo único. Para a consecução de seus objetivos, o Departamento Nacional de Defesa do Consumidor poderá solicitar o concurso de órgãos e entidades de notória especialização técnico-científica.

TÍTULO V
DA CONVENÇÃO COLETIVA DE CONSUMO

Art. 107. As entidades civis de consumidores e as associações de fornecedores ou sindicatos de categoria econômica podem regular, por convenção escrita, relações de consumo que tenham por objeto estabelecer condições relativas ao preço, à qualidade, à quantidade, à garantia e características de produtos e serviços, bem como à reclamação e composição do conflito de consumo.

§ 1º A convenção tornar-se-á obrigatória a partir do registro do instrumento no cartório de títulos e documentos.

§ 2º A convenção somente obrigará os filiados às entidades signatárias.

§ 3º Não se exime de cumprir a convenção o fornecedor que se desligar da entidade em data posterior ao registro do instrumento.

Art. 108. (Vetado.)

TÍTULO VI
DISPOSIÇÕES FINAIS

Art. 109. (Vetado.)

Art. 110. Acrescente-se o seguinte inciso IV ao art. 1º da Lei n. 7.347, de 24 de julho de 1985:

- Alteração promovida no texto da referida lei.

Art. 111. O inciso II do art. 5º da Lei n. 7.347, de 24 de julho de 1985, passa a ter a seguinte redação:

- Alteração promovida no texto da referida lei.

Art. 112. O § 3º do art. 5º da Lei n. 7.347, de 24 de julho de 1985, passa a ter a seguinte redação:

- Alteração promovida no texto da referida lei.

Art. 113. Acrescentem-se os seguintes §§ 4º, 5º e 6º ao art. 5º da Lei n. 7.347, de 24 de julho de 1985:

- Alteração promovida no texto da referida lei.

Art. 114. O art. 15 da Lei n. 7.347, de 24 de julho de 1985, passa a ter a seguinte redação:

- Alteração promovida no texto da referida lei.

Art. 115. Suprima-se o *caput* do art. 17 da Lei n. 7.347, de 24 de julho de 1985, passando o parágrafo único a constituir o *caput*, com a seguinte redação:

- Alteração promovida no texto da referida lei.

Art. 116. Dê-se a seguinte redação ao art. 18 da Lei n. 7.347, de 24 de julho de 1985:

- Alteração promovida no texto da referida lei.

Art. 117. Acrescente-se à Lei n. 7.347, de 24 de julho de 1985, o seguinte dispositivo, renumerando-se os seguintes:

- Alteração promovida no texto da referida lei.

Art. 118. Este Código entrará em vigor dentro de cento e oitenta dias a contar de sua publicação.

Art. 119. Revogam-se as disposições em contrário.

Brasília, 11 de setembro de 1990; 169º da Independência e 102º da República.

Fernando Collor

ÍNDICE ALFABÉTICO-REMISSIVO DO CÓDIGO DE DEFESA DO CONSUMIDOR

– A –

AÇÃO
- cumprimento da obrigação de fazer ou não fazer em tutela específica: art. 84
- defesa dos direitos e interesses do consumidor: art. 83
- possibilidade de ajuizamento de ação de regresso: art. 88

AÇÃO CIVIL COLETIVA
- exercício do direito de ação: art. 81
- legitimidade ativa: art. 82
- Ministério Público como fiscal da lei: art. 92
- propositura em nome próprio ou em nome das vítimas: 91

AÇÃO CONDENATÓRIA
- art. 98, § 2º, I e II

AÇÃO DE INDENIZAÇÃO
- art. 103, § 2º

AÇÃO DE REGRESSO
- art. 88

AÇÃO DE RESPONSABILIDADE CIVIL DO FORNECEDOR DE PRODUTOS E SERVIÇOS
- foro competente: art. 101, I
- ingresso no feito: art. 102, § 2º
- legitimados: art. 102
- normas de procedimento: art. 101
- réu; chamamento à lide do segurador: art. 101, II
- réu falido: art. 101, II

AÇÃO PENAL SUBSIDIÁRIA
- art. 80

ACESSO AO JUDICIÁRIO
- art. 6º, VII

AÇÕES COLETIVAS
- adiantamento de custas, emolumentos e despesas: art. 87
- caracterização da coisa julgada: art. 103
- competência: art. 93
- concurso de créditos de condenação prevista na Lei nº 7.347/85: art. 99
- execução coletiva: art. 98
- legitimados: art. 91
- liquidação e execução da sentença: art. 97
- litigância de má-fé e responsabilidade por perdas e danos: art. 87, par. único
- litispendência: art. 104
- natureza da condenação e e responsabilidade do réu: art. 95

ADMINISTRAÇÃO PÚBLICA
- legitimação: art. 82, III
- fornecimento de serviços: art. 22

ALIENAÇÃO FIDUCIÁRIA EM GARANTIA
- art. 53

ALVARÁ
- art. 59

AMOSTRAS GRÁTIS
- art. 39, par. único.

APREENSÃO
- arts. 56 e 58

ASSISTÊNCIA JURÍDICA
- arts. 5º, I

ASSOCIAÇÕES DE DEFESA DO CONSUMIDOR
- criação: art. 5º, V
- legitimação concorrente: art. 82, IV

ATOS ABUSIVOS OU ILEGAIS
- art. 28

– B –

BANCO DE DADOS E CADASTROS DE CONSUMIDORES
- acesso às informações: art. 43
- correção de informações: art. 73

BUSCA E APREENSÃO
- art. 84, § 5º

– C –

CIRCUNSTÂNCIAS AGRAVANTES DE CRIMES
- art. 76

CLÁUSULAS CONTRATUAIS
- clausula resolutória em contrato de adesão: art. 54, § 2º
- clausulas resolutórias: art. 54, § 2º
- hipóteses de nulidade: art. 53
- limitação de direito do consumidor: art. 54, § 4º
- requerimento de nulidade ao Ministério Público: art. 51, § 4º
- validade do contrato: art. 51, § 2º

COBRANÇA DE DÍVIDAS
- exposição ao ridículo: art. 42
- infração penal: art. 71

CÓDIGO DE PROCESSO CIVIL
- art. 90

COISA JULGADA
- arts. 103 e 104

COMERCIANTE
- art. 13

COMPRA E VENDA DE IMÓVEIS
- art. 53

CONCURSO DE AGENTES
- art. 75

CONCURSO DE CRÉDITOS
- art. 99

CONSÓRCIO DE BENS DURÁVEIS
- art. 53, § 2º

CONSTRUTOR
- art. 12

CONSUMIDOR
- acesso a informações em cadastros e bancos de dados: art. 43
- assistência jurídica: art. 5º, I
- cobrança de débitos: art. 42
- defesa em juízo: arts. 81 a 104
- delegacias de polícia especializadas: art. 5º, III
- desfazimento de negócio: art. 41
- devolução de valores eventualmente pagos: art. 49, par. único
- direitos básicos: arts. 5º e 6º
- entidades civis: art. 107
- equiparação: arts. 2º, par. único, 17 e 29
- exercício do direito de arrependimento: art. 49, par. ún.
- natureza jurídica: art. 2º
- outorga ou concessão de financiamento: art. 52
- prescrição de débitos: art. 43, § 5º
- princípios de atendimento: art. 4º
- recusa do fornecedor de cumprimento da oferta: art. 35
- repetição do indébito por cobrança indevida: art. 42, par. único
- substituição das partes viciadas: art. 18

CONTRAPROPAGANDA
- art. 60

CONTRATOS
- adesão: art. 54
- alcance da nulidade: art. 51, § 2º
- alienação fiduciária em garantia: art. 51, § 2º
- arrependimento pelo consumidor: art. 49, par. único
- intervenção pelo Ministério Público: art. 51, § 4º
- hipótese de rescisão: art. 35, III
- cláusulas abusivas: arts. 51 a 53
- compra e venda de móveis ou imóveis: art. 53
- consórcios de produtos duráveis: art. 53, § 2º
- construção: art. 12
- declarações de vontade: art. 48
- desistência: art. 49
- regras gerais: art. 46
- empreitada: art. 40
- exoneração contratual: art. 25
- garantia: art. 50
- inadimplemento da obrigação: art. 52, § 1º
- interpretação das regras contratuais: art. 47
- liquidação antecipada do débito: art. 52, § 2º
- não obrigarão o consumidor: art. 46
- nulidade de cláusulas contratuais: art. 51
- outorga de crédito ou concessão de financiamento: art. 52

CONTROLE DE QUALIDADE
- art. 4º, V

CONVENÇÃO COLETIVA DE CONSUMO
- art. 107

CRIMES
- circunstâncias agravantes: art. 76

ÍNDICE-REMISSIVO DO CÓDIGO DE DEFESA DO CONSUMIDOR

- contra as relações de consumo: arts. 61 a 74
- disposições: arts. 61 a 80

CUSTAS E EMOLUMENTOS
- art. 87

- D -

DANOS
- ação de indenização: art. 103, § 3º
- direito de regresso: art. 13, par. único
- habilitação de interessados: art. 100
- obrigação de reparar: art. 12
- prevenção e reparação: arts. 8º a 25

DECADÊNCIA E PRESCRIÇÃO
- arts. 26 e 27

DEFESA COLETIVA
- art. 81, par. ún.

DEFESA DO CONSUMIDOR EM JUÍZO
- arts. 81 a 104
- ação para cumprimento de obrigação de fazer ou não fazer: art. 84
- ações coletivas para a defesa de interesses individuais homogêneos: arts. 91 a 100
- ações de responsabilidade do fornecedor de produtos e serviços: arts. 101 e 102
- admissibilidade de ação para defesa: art. 83
- aplicação das regras do Código de Processo Civil: art. 90
- legitimação concorrente em caso de defesa coletiva: art. 82
- regras gerais: arts. 81 a 90

DENUNCIAÇÃO À LIDE
- art. 88

DESCONSIDERAÇÃO DA PERSONALIDADE JURÍDICA
- art. 28

DESISTÊNCIA DO CONTRATO
- art. 49

DIREITOS DO CONSUMIDOR
- arts. 6º e 7º.

- E -

EXCESSO DE PODER
- art. 28

EXECUÇÃO ESPECÍFICA
- arts. 48 e 84

- F -

FABRICANTE
- ausência de responsabilidade: art. 12, § 3º
- nome do fabricante na embalagem
- peças de reposição: art. 32
- prestação de informações: art. 8ª, par. ún.
- reparação de danos: art. 12

FALÊNCIA
- art. 28

FATO OU ATO ILICITO
- art. 28

FIANÇA
- art. 79 e art. 79, par. único

FORNECEDORES
- ação de responsabilidade civil: arts. 101 e 102
- cadastros atualizados de reclamações: art. 44
- controle ou tabelamento de preços: art. 41
- convenção coletiva de consumo: art. 107
- declarações de vontade: art. 48
- delegação da reexecução de serviços: art. 20, § 1º
- financiamento ao consumidor: art. 52
- ignorância do fornecedor sobre vícios: art. 23
- informação ou publicidade de oferta: art. 30
- informações sobre o produto: art. 8º
- natureza jurídica: art. 3º
- obrigação de entrega de orçamento prévio: art. 40
- obrigação de entrega do orçamento prévio discriminado: art. 40
- produtos e serviços potencialmente nocivos ou perigosos: art. 9º
- recusa ao cumprimento da oferta: art. 35
- responsabilidade pesagem ou medição com vícios: art. 19, § 2º
- responsabilidade por vícios de produtos duráveis e não duráveis: art. 18
- responsabilidade por vícios de qualidade em serviços: arts. 14 e 20
- responsabilidade solidária: arts. 19 e 34
- vedação quanto a produtos de alto grau de nocividade ou periculosidade: art. 10
- vício de qualidade: art. 20

- G -

GARANTIA
- afirmação falsa ou enganosa: art. 66
- contratual: art. 50, *caput*
- dos produtos e serviços: art. 31
- legal: art. 24
- prestação de orientação: art. 106, III
- termo de garantia: art. 50, par. único

- I -

IMPORTADOR
- art. 12

INDENIZAÇÃO
- limitação em cláusulas abusivas: art. 51, I
- liquidação pelos legitimados: art. 100, *caput*
- responsabilidade pelo fato do produto: arts. 12 a 28

INFRAÇÕES
- da lei: art. 28
- penais: arts. 61 a 80
- sanções administrativas: art. 56

INQUÉRITO CIVIL
- disposições: art. 90
- instauração: art. 26, III
- policial: 106, V

INTERESSES
- coletivos: art. 81, II
- difusos: art. 81, I
- individuais: art. 81, III

INVERSÃO DO ÔNUS DA PROVA
- em prejuízo do consumidor: art. 51, VI
- facilitação da defesa: art. 6º, VIII

- J -

JUIZ
- individualização de multa: art. 77
- desconsideração da personalidade jurídica: art. 28

JUIZADOS ESPECIAIS DE PEQUENAS CAUSAS
- art. 5º, IV

- L -

LEGITIMADOS
- no processo penal: art. 80
- de forma concorrente: art. 82

LITISCONSORTES
- intervenção: art. 94
- ações coletivas: art. 103, § 2º

LITISPENDÊNCIA
- art. 104

- M -

MINISTÉRIO PÚBLICO
- ação para declaração de nulidade de cláusula: art. 51, § 4º
- assistentes do Ministério Público: art. 80
- atuação como fiscal da lei: art. 92
- instituição de Promotorias de Justiça de Defesa do Consumidor: art. 5º, II
- legitimação concorrente: art. 82, I
- representação: art. 106, VI

MULTAS
- decorrente de infração penal: art. 77
- diárias; hipótese: art. 86, § 4º
- imposição: arts. 56, I, e 57
- mora: art. 52, § 1º

- N -

NOCIVIDADE DE PRODUTOS
- arts. 63 a 65

NULIDADE
- cláusulas contratuais: art. 53
- cláusula contratual abusiva: art. 51, § 2º

- O -

OFERTA
- regras gerais: arts. 30 a 35
- garantia de componentes: art. 32
- patrocínio de oferta falsa: art. 66, § 1º
- recusa de cumprimento à oferta pelo fornecedor: art. 35
- telefone: art. 33

ÔNUS DA PROVA
- inversão: art. 6º, VIII
- veracidade e correção da publicidade: art. 38

ORÇAMENTO
- art. 40

- P -

PAGAMENTO EM PRESTAÇÕES
- art. 53

PEÇAS DE REPOSIÇÃO
- usados: art. 70
- condições: arts. 21 e 32

PENAS
- apreensão: art. 58
- cassação de alvará de licença: art. 59
- cassação de concessão: art. 59, § 1º
- cumulativas: art. 78
- fixação em dias-multa: art. 77
- imposição de contrapropaganda: art. 60
- interdição temporária de direitos: art. 78, I
- interdição: art. 59
- intervenção administrativa: art. 59, § 2º
- multa: art. 57
- pecuniária: art. 77
- prestação de serviços à comunidade: art. 78, III
- privativa de liberdade: art. 77
- publicação em órgãos de comunicação: art. 78, 11
- suspensão temporária da atividade: art. 59

PERDAS E DANOS
- conversão: art. 84, § 1º
- multa: art. 84, § 2º
- recusa ao cumprimento da oferta: art. 35, III

PERICULOSIDADE DO PRODUTO
- art. 64

PERICULOSIDADE DO SERVIÇO
- art. 65

PERSONALIDADE JURÍDICA
- desconsideração: art. 28
- entes desprovidos de personalidade jurídica: art. 82, III

POLÍTICA NACIONAL DAS RELAÇÕES DE CONSUMO
- instrumentos: art. 5º
- objetivo: art. 4º
- princípios: art. 4º, I a VIII

PRÁTICAS ABUSIVAS
- arts. 39 a 41

PRÁTICAS COMERCIAIS
- arts. 29 a 45

PRAZOS
- decadência e prescrição: arts. 26 e 27
- liquidação da execução: art. 100
- saneamento de vício do produto e do serviço: art. 18

PRESCRIÇÃO
- consumação: art. 43, § 5º
- prazo: arts. 26

PRODUTOR
- excludente de responsabilidade: art. 12, § 3º
- identificação no caso de produtos in natura: art. 18, § 5º
- responsabilidade: art. 12

PRODUTO
- caracterização: art. 3º, § 1º
- conceito de defeito: art. 12, § 1º
- consórcios envolvendo bens duráveis: art. 53, § 2º
- garantia legal de adequação: art. 24
- impróprios ao uso e consumo: art. 18, § 6º
- in natura: art. 18, § 5º
- informações do fabricante industrial: art. 8º, par. único
- normas administrativas: art. 55
- potencialmente nocivos ou perigosos à saúde: art. 9º.
- regime de controle ou tabelamento de preços: art. 41
- responsabilidade de reparação de danos: art. 12
- responsabilidade por vício do produto e do serviço: arts. 18 a 25

PROFISSIONAIS LIBERAIS
- art. 14, § 4º

PROTEÇÃO À SAÚDE E SEGURANÇA
- art. 8º

PROTEÇÃO CONTRATUAL
- cláusulas abusivas: arts. 51 a 53
- contratos de adesão: art. 54
- disposições gerais: arts. 46 a 50

PROVA
- inversão no processo civil: art. 6º, VIII
- ônus em caso de publicidade: art. 38

PUBLICIDADE
- conceito de publicidade enganosa: art. 37, § 1º
- contrapropaganda: art. 60
- crime por propaganda indutora de comportamento perigoso: art. 68
- disposições: arts. 36 a 38
- enganosa ou abusiva: art. 37
- enganosa por omissão: art. 37, § 3º
- fiscalização: art. 55, § 1º
- ônus da prova da correção da informação: art. 38
- tipo penal na hipótese de publicidade enganosa: art. 67
- veiculação: art. 36

- R -

REPARAÇÃO
- danos morais e patrimoniais: art. 6º, VI
- de produtos: art. 21
- responsabilidade: art. 12

REPETIÇÃO DE INDÉBITO
- art. 42, par. único

RESPONSABILIDADE
- caracterização da responsabilidade solidária: art. 7º, par, único
- dano por componente ou peça: art. 25, § 2º
- dos fornecedores de produtos de consumo: art. 18
- exercício do direito de regresso: art. 13, par. único
- hipóteses de isenção do fornecedor: art. 14, § 3º
- pelo fato do produto e do serviço: art. 12
- profissionais liberais: art. 14, § 4º
- sociedades coligadas: art. 28, § 4º
- sociedades consorciadas: art. 28, § 3º
- subsidiária de grupos societários e sociedades controladas: art. 28, § 2º.
- vícios de qualidade: art. 20

RESTITUIÇÃO DO PAGAMENTO
- arts. 18, § 1º, II, 19, IV e 20, II

- S -

SANÇÕES ADMINISTRATIVAS
- competência normativa: art. 55, § 1º
- fiscalização: art. 55, *caput*
- multa: art. 56, I e art. 57
- sanções: art. 56

SENTENÇA JUDICIAL
- coisa julgada da sentença penal condenatória: art. 103, § 4º
- execução da sentença: art. 97
- hipótese de execução coletiva: art. 98
- juízo competente: art. 98, § 2º

SERVIÇOS
- da qualidade dos serviços: arts. 8º a 26
- defeituoso: art. 14, § 1º
- exclusão de defeito por adoção de novas técnicas: art. 14, § 2º.
- execução de serviço de alto grau de periculosidade: art. 65
- fornecedor: art. 3º, § 2º
- impróprios: art. 20, § 2º
- prestação à comunidade: art. 78, III
- reexecução pelo fornecedor: art. 20, I
- reparação por serviço defeituoso: art. 14, *caput*
- reposição de componentes originais: art. 21
- responsabilidade do fornecedor por vício: art. 20
- serviço defeituoso: art. 14, § 1º

SISTEMA NACIONAL DE DEFESA DO CONSUMIDOR
- arts. 105 e 106

SOCIEDADES
- responsabilidade subsidiária: art. 28, § 2º
- desconsideração da personalidade jurídica: art. 28, *caput*

- T -

TERMO DE GARANTIA
- art. 74

TRATADOS INTERNACIONAIS
- art. 7º

- V -

VÍCIOS
- caducidade: art. 26
- ignorância do fornecedor: art. 23
- prazo decadencial do vício oculto: art. 26, § 3º
- da responsabilidade: arts. 18 a 25
- prazo para reparar o vício: 18, § 1º

CÓDIGO DE TRÂNSITO BRASILEIRO

ÍNDICE SISTEMÁTICO DO CÓDIGO DE TRÂNSITO BRASILEIRO

Capítulo I – Disposições Preliminares ..... arts. 1º a 4º

Capítulo II – Do Sistema Nacional de Trânsito ..... arts. 5º a 25-A

Seção I – Disposições Gerais ..... arts. 5º e 6º

Seção II – Da Composição e da Competência do Sistema Nacional de Trânsito ..... arts. 7º a 25

Capítulo III – Das Normas Gerais de Circulação e Conduta ..... arts. 26 a 67

Capítulo III-A – Da Condução de Veículos por Motoristas Profissionais ..... arts. 67-A a 67-E

Capítulo IV – Dos Pedestres e Condutores de Veículos não Motorizados ..... arts. 68 a 71

Capítulo V – Do Cidadão ..... arts. 72 e 73

Capítulo VI – Da Educação para o Trânsito ..... arts. 74 a 79

Capítulo VII – Da Sinalização de Trânsito ..... arts. 80 a 90

Capítulo VIII – Da Engenharia de Tráfego, da Operação, da Fiscalização e do Policiamento Ostensivo de Trânsitoarts. 91 a 95

Capítulo IX – Dos Veículos ..... arts. 96 a 117

Seção I – Disposições Gerais ..... arts. 96 a 102

Seção II – Da Segurança dos Veículos ..... arts. 103 a 113

Seção III – Da Identificação do Veículo ..... arts. 114 a 117

Capítulo X – Dos Veículos em Circulação Internacional ..... arts. 118 e 119

Capítulo XI – Do Registro de Veículos ..... arts. 120 a 129-B

Capítulo XII – Do Licenciamento ..... arts. 130 a 135

Capítulo XIII – Da Condução de Escolares ..... arts. 136 a 139

Capítulo XIII-A – Da Condução de Moto-Frete ..... arts. 139-A e 139-B

Capítulo XIV – Da Habilitação ..... arts. 140 a 160

Capítulo XV – Das Infrações ..... arts. 161 a 255

Capítulo XVI – Das Penalidades ..... arts. 256 a 268-A

Capítulo XVII – Das Medidas Administrativas ..... arts. 269 a 279

Capítulo XVIII – Do Processo Administrativo ..... arts. 280 a 290

Seção I – Da Autuação ..... art. 280

Seção II – Do Julgamento das Autuações e Penalidades ..... arts. 281 a 290

Capítulo XIX – Dos Crimes de Trânsito ..... arts. 291 a 312-B

Seção I – Disposições Gerais ..... arts. 291 a 301

Seção II – Dos Crimes em Espécie ..... arts. 302 a 312-B

Capítulo XX – Disposições Finais e Transitórias ..... arts. 313 a 341

ANEXO I – DOS CONCEITOS E DEFINIÇÕES 809

LEI N. 9.503, DE 23 DE SETEMBRO DE 1997

Institui o Código de Trânsito Brasileiro.

› DOU, 24.09.1997, retificada no DOU, 25.09.1997.

O Presidente da República. Faço saber que o Congresso Nacional decreta e eu sanciono a seguinte Lei:

CAPÍTULO I DISPOSIÇÕES PRELIMINARES

Art. 1º O trânsito de qualquer natureza nas vias terrestres do território nacional, abertas à circulação, rege-se por este Código.

§ 1º Considera-se trânsito a utilização das vias por pessoas, veículos e animais, isolados ou em grupos, conduzidos ou não, para fins de circulação, parada, estacionamento e operação de carga ou descarga.

§ 2º O trânsito, em condições seguras, é um direito de todos e dever dos órgãos e entidades componentes do Sistema Nacional de Trânsito, a estes cabendo, no âmbito das respectivas competências, adotar as medidas destinadas a assegurar esse direito.

§ 3º Os órgãos e entidades componentes do Sistema Nacional de Trânsito respondem, no âmbito das respectivas competências, objetivamente, por danos causados aos cidadãos em virtude de ação, omissão ou erro na execução e manutenção de programas, projetos e serviços que garantam o exercício do direito do trânsito seguro.

§ 4º (Vetado.)

§ 5º Os órgãos e entidades de trânsito pertencentes ao Sistema Nacional de Trânsito darão prioridade em suas ações à defesa da vida, nela incluída a preservação da saúde e do meio ambiente.

Art. 2º São vias terrestres urbanas e rurais as ruas, as avenidas, os logradouros, os caminhos, as passagens, as estradas e as rodovias, que terão seu uso regulamentado pelo órgão ou entidade com circunscrição sobre elas, de acordo com as peculiaridades locais e as circunstâncias especiais.

Parágrafo único. Para os efeitos deste Código, são consideradas vias terrestres as praias abertas à circulação pública, as vias internas pertencentes aos condomínios constituídos por unidades autônomas e as vias e áreas de estacionamento de estabelecimentos privados de uso coletivo. (Alterado pela Lei 13.146/2015.)

Art. 3º As disposições deste Código são aplicáveis a qualquer veículo, bem como aos proprietários, condutores dos veículos nacionais ou estrangeiros e às pessoas nele expressamente mencionadas.

Art. 4º Os conceitos e definições estabelecidos para os efeitos deste Código são os constantes do Anexo I.

CAPÍTULO II DO SISTEMA NACIONAL DE TRÂNSITO

SEÇÃO I DISPOSIÇÕES GERAIS

Art. 5º O Sistema Nacional de Trânsito é o conjunto de órgãos e entidades da União, dos Estados, do Distrito Federal e dos Municípios que tem por finalidade o exercício das atividades de planejamento, administração, normatização, pesquisa, registro e licenciamento de veículos, formação, habilitação e reciclagem de condutores, educação, engenharia, operação do sistema viário, policiamento, fiscalização, julgamento de infrações e de recursos e aplicação de penalidades.

Art. 6º São objetivos básicos do Sistema Nacional de Trânsito:

I - estabelecer diretrizes da Política Nacional de Trânsito, com vistas à segurança, à fluidez, ao conforto, à defesa ambiental e à educação para o trânsito, e fiscalizar seu cumprimento;

II - fixar, mediante normas e procedimentos, a padronização de critérios técnicos, financeiros e administrativos para a execução das atividades de trânsito;

III - estabelecer a sistemática de fluxos permanentes de informações entre os seus diversos órgãos e entidades, a fim de facilitar o processo decisório e a integração do Sistema.

SEÇÃO II DA COMPOSIÇÃO E DA COMPETÊNCIA DO SISTEMA NACIONAL DE TRÂNSITO

Art. 7º Compõem o Sistema Nacional de Trânsito os seguintes órgãos e entidades:

I - o Conselho Nacional de Trânsito - CONTRAN, coordenador do Sistema e órgão máximo normativo e consultivo;

II - os Conselhos Estaduais de Trânsito - CETRAN e o Conselho de Trânsito do Distrito Federal - CONTRANDIFE, órgãos normativos, consultivos e coordenadores;

III - os órgãos e entidades executivos de trânsito da União, dos Estados, do Distrito Federal e dos Municípios;

IV - os órgãos e entidades executivos rodoviários da União, dos Estados, do Distrito Federal e dos Municípios;

V - a Polícia Rodoviária Federal;

VI - as Polícias Militares dos Estados e do Distrito Federal; e

VII - as Juntas Administrativas de Recursos de Infrações - JARI.

Art. 7º-A. A autoridade portuária ou a entidade concessionária de porto organizado poderá celebrar convênios com os órgãos previstos no art. 7º, com a interveniência dos Municípios e Estados, juridicamente interessados, para o fim específico de facilitar a autuação por descumprimento da legislação de trânsito. (Incluído pela Lei 12.058/2009.)

§ 1º O convênio valerá para toda a área física do porto organizado, inclusive, nas áreas dos terminais alfandegados, nas estações de transbordo, nas instalações portuárias públicas de pequeno porte e nos respectivos estacionamentos ou vias de trânsito internas. (Incluído pela Lei 12.058/2009.)

§§ 2º e 3º (Vetados.) (Incluído pela Lei 12.058/2009.)

Art. 8º Os Estados, o Distrito Federal e os Municípios organizarão os respectivos órgãos e entidades executivos de trânsito e executivos rodoviários, estabelecendo os limites circunscricionais de suas atuações.

Art. 9º O Presidente da República designará o ministério ou órgão da Presidência responsável pela coordenação máxima do Sistema Nacional de Trânsito, ao qual estará vinculado o CONTRAN e subordinado o órgão máximo executivo de trânsito da União.

› Dec. 4.711/2003 (Dispõe sobre a coordenação do Sistema Nacional de Trânsito).

Art. 10. O Conselho Nacional de Trânsito (Contran), com sede no Distrito Federal e presidido pelo dirigente do órgão máximo executivo de trânsito da União, tem a seguinte composição: (Redação dada pela Lei nº 12.865, de 2013)

› **Atualização:** Art. 10. O Conselho Nacional de Trânsito (Contran), com sede no Distrito Federal, tem a seguinte composição: (Redação dada pela Lei 14.071/2020, em vigor após decorridos 180 dias de sua publicação oficial-DOU de 14.10 de 2020)

I - (Vetado)

II - (Vetado)

› **Atualização:** II-A - Ministro de Estado da Infraestrutura, que o presidirá; (Redação dada pela Lei 14.071/2020, em vigor após decorridos 180 dias de sua publicação oficial-DOU de 14.10 de 2020)

III - um representante do Ministério da Ciência e Tecnologia;

› **Atualização:** III - Ministro de Estado da Ciência, Tecnologia e Inovações; (Redação dada pela Lei 14.071/2020, em vigor após decorridos 180 dias de sua publicação oficial-DOU de 14.10 de 2020)

IV - um representante do Ministério da Educação e do Desporto;

› **Atualização:** IV - Ministro de Estado da Educação; (Redação dada pela Lei 14.071/2020, em vigor após decorridos 180 dias de sua publicação oficial-DOU de 14.10 de 2020)

V - um representante do Ministério do Exército;

› **Atualização:** V - Ministro de Estado da Defesa; (Redação dada pela Lei 14.071/2020, em vigor após decorridos 180 dias de sua publicação oficial-DOU de 14.10 de 2020)

VI - um representante do Ministério do Meio Ambiente e da Amazônia Legal;

› **Atualização:** VI - Ministro de Estado do Meio Ambiente; (Redação dada pela Lei 14.071/2020, em vigor após decorridos 180 dias de sua publicação oficial-DOU de 14.10 de 2020)

VII - um representante do Ministério dos Transportes;

› **Atualização:** VII - (Revogado pela Lei 14.071/2020, em vigor após decorridos 180 dias de sua publicação oficial-DOU de 14.10 de 2020)

VIII a XIX - (Vetados)

XX - um representante do ministério ou órgão coordenador máximo do Sistema Nacional de Trânsito;

› **Atualização:** XX - (Revogado pela Lei 14.071/2020, em vigor após decorridos 180 dias de sua publicação oficial-DOU de 14.10 de 2020)

XXI - (Vetado)

XXII - um representante do Ministério da Saúde. (Incluído pela Lei nº 9.602, de 1998)

› **Atualização:** XXII - Ministro de Estado da Saúde; (Redação dada pela Lei 14.071/2020, em vigor após decorridos 180 dias de sua publicação oficial-DOU de 14.10 de 2020)

XXIII - 1 (um) representante do Ministério da Justiça. (Incluído pela Lei nº 11.705, de 2008)

› **Atualização:** XXIII - Ministro de Estado da Justiça e Segurança Pública; (Redação dada pela Lei 14.071/2020, em vigor após decorridos 180 dias de sua publicação oficial-DOU de 14.10 de 2020)

XXIV - 1 (um) representante do Ministério do Desenvolvimento, Indústria e Comércio Exterior; (Incluído pela Lei nº 12.865, de 2013)

› **Atualização:** XXIV - Ministro de Estado das Relações Exteriores; (Redação dada pela Lei 14.071/2020, em vigor após decorridos 180 dias de sua publicação oficial-DOU de 14.10 de 2020)

XXV - 1 (um) representante da Agência Nacional de Transportes Terrestres (ANTT). (Incluído pela Lei nº 12.865, de 2013)

› **Atualização:** XXV - (Revogado pela Lei 14.071/2020, em vigor após decorridos 180 dias de sua publicação oficial-DOU de 14.10 de 2020)

XXVI - Ministro de Estado da Economia; e (Redação dada pela Lei 14.071/2020, em vigor após decorridos 180 dias de sua publicação oficial-DOU de 14.10 de 2020)

XXVII - Ministro de Estado da Agricultura, Pecuária e Abastecimento. (Redação dada pela Lei 14.071/2020, em vigor após decorridos 180 dias de sua publicação oficial-DOU de 14.10 de 2020)

§§ 1º a 3º (Vetados)

› **Atualização:** § 4º Os Ministros de Estado deverão indicar suplente, que será servidor de nível hierárquico igual ou superior ao nível 6 do Grupo-Direção e Assessoramento Superiores - DAS ou, no caso do Ministério da Defesa, alternativamente, Oficial-General. (Redação dada pela Lei 14.071/2020, em vigor após decorridos 180 dias de sua publicação oficial-DOU de 14.10 de 2020)

§ 5º Compete ao dirigente do órgão máximo executivo de trânsito da União atuar como Secretário-Executivo do Contran. (Redação dada pela Lei 14.071/2020, em vigor após decorridos 180 dias de sua publicação oficial-DOU de 14.10 de 2020)

§ 6º O quórum de votação e de aprovação no Contran é o de maioria absoluta. (Redação dada pela Lei 14.071/2020, em vigor após decorridos 180 dias de sua publicação oficial-DOU de 14.10 de 2020)

Art. 10-A. Poderão ser convidados a participar de reuniões do Contran, sem direito a voto, representantes de órgãos e entidades setoriais responsáveis ou impactados pelas propostas ou matérias em exame. (Redação dada pela Lei 14.071/2020, em vigor após decorridos 180 dias de sua publicação oficial-DOU de 14.10 de 2020)

Art. 11. (Vetado.)

Art. 12. Compete ao CONTRAN:

I - estabelecer as normas regulamentares referidas neste Código e as diretrizes da Política Nacional de Trânsito;

II - coordenar os órgãos do Sistema Nacional de Trânsito, objetivando a integração de suas atividades;

III - (Vetado.)

IV - criar Câmaras Temáticas;

V - estabelecer seu regimento interno e as diretrizes para o funcionamento dos CETRAN e CONTRANDIFE;

VI - estabelecer as diretrizes do regimento das JARI;

VII - zelar pela uniformidade e cumprimento das normas contidas neste Código e nas resoluções complementares;

VIII - estabelecer e normatizar os procedimentos para a aplicação das multas por infrações, a arrecadação e o repasse dos valores arrecadados; (Redação dada pela Lei nº 13.281, de 2016)

› **Atualização:** VIII - estabelecer e normatizar os procedimentos para o enquadramento das condutas expressamente referidas neste Código, para a fiscalização e a aplicação das medidas administrativas e das penalidades por infrações e para a arrecadação das multas aplicadas e o repasse dos valores arrecadados; (Redação dada pela Lei 14.071/2020, em vigor após decorridos 180 dias de sua publicação oficial-DOU de 14.10 de 2020)

IX – responder às consultas que lhe forem formuladas, relativas à aplicação da legislação de trânsito;

X – normatizar os procedimentos sobre a aprendizagem, habilitação, expedição de documentos de condutores, e registro e licenciamento de veículos;

XI – aprovar, complementar ou alterar os dispositivos de sinalização e os dispositivos e equipamentos de trânsito;

XII - apreciar os recursos interpostos contra as decisões das instâncias inferiores, na forma deste Código;

› **Atualização:** XII - (Revogado pela Lei 14.071/2020, em vigor após decorridos 180 dias de sua publicação oficial-DOU de 14.10 de 2020)

XIII - avocar, para análise e soluções, processos sobre conflitos de competência ou circunscrição, ou, quando necessário, unificar as decisões administrativas; e

XIV - dirimir conflitos sobre circunscrição e competência de trânsito no âmbito da União, dos Estados e do Distrito Federal.

XV - normatizar o processo de formação do candidato à obtenção da Carteira Nacional de Habilitação, estabelecendo seu conteúdo didático-pedagógico, carga horária, avaliações, exames, execução e fiscalização. (Incluído pela Lei nº 13.281, de 2016)

› **Atualização:** § 1º As propostas de normas regulamentares de que trata o inciso I do *caput* deste artigo serão submetidas a prévia consulta pública, por meio da rede mundial de computadores, pelo período mínimo de 30 (trinta) dias, antes do exame da matéria pelo Contran. (Redação dada pela Lei 14.071/2020, em vigor após decorridos 180 dias de sua publicação oficial-DOU de 14.10 de 2020)

§ 2º As contribuições recebidas na consulta pública de que trata o § 1º deste artigo ficarão à disposição do público pelo prazo de 2 (dois) anos, contado da data de encerramento da consulta pública. (Redação dada pela Lei 14.071/2020, em vigor após decorridos 180 dias de sua publicação oficial-DOU de 14.10 de 2020)

§ 3º Em caso de urgência e de relevante interesse público, o Presidente do Contran poderá editar deliberação, ad referendum do Conselho e com prazo de validade máximo de 90 (noventa) dias, para estabelecer norma regulamentar prevista no inciso I do *caput*, dispensado o cumprimento do disposto nos §§ 1º e 2º deste artigo, vedada a reedição. (Redação dada pela Lei 14.071/2020, em vigor após decorridos 180 dias de sua publicação oficial-DOU de 14.10 de 2020)

§ 4º Encerrado o prazo previsto no § 3º deste artigo sem o referendo do Contran, a deliberação perderá a sua eficácia, e permanecerão válidos os efeitos dela decorrentes. (Redação dada pela Lei 14.071/2020, em vigor após decorridos 180 dias de sua publicação oficial-DOU de 14.10 de 2020)

§ 5º Norma do Contran poderá dispor sobre o uso de sinalização horizontal ou vertical que utilize técnicas de estímulos comportamentais para a redução de acidentes de trânsito. (Redação dada pela Lei 14.071/2020, em vigor após decorridos 180 dias de sua publicação oficial-DOU de 14.10 de 2020)

Art. 13. As Câmaras Temáticas, órgãos técnicos vinculados ao CONTRAN, são integradas por especialistas e têm como objetivo estudar e oferecer sugestões e embasamento técnico sobre assuntos específicos para decisões daquele colegiado.

§ 1º Cada Câmara é constituída por especialistas representantes de órgãos e entidades executivos da União, dos Estados ou do Distrito Federal e dos Municípios, em igual número, pertencentes ao Sistema Nacional de Trânsito, além de especialistas representantes dos diversos segmentos da sociedade relacionados com o trânsito, todos indicados segundo regimento específico definido pelo CONTRAN e designados pelo ministro ou dirigente coordenador máximo do Sistema Nacional de Trânsito.

§ 2º Os segmentos da sociedade, relacionados no parágrafo anterior, serão representados por pessoa jurídica e devem atender aos requisitos estabelecidos pelo CONTRAN.

§ 3º Os coordenadores das Câmaras Temáticas serão eleitos pelos respectivos membros.

› **Atualização:** § 3º A coordenação das Câmaras Temáticas será exercida por representantes do órgão máximo executivo de trânsito da União ou dos Ministérios representados no Contran, conforme definido no ato de criação de cada Câmara Temática. (Redação dada pela Lei 14.071/2020, em vigor após decorridos 180 dias de sua publicação oficial-DOU de 14.10 de 2020)

§ 4º (Vetado.)

I a IV - (Vetados.)

Art. 14. Compete aos Conselhos Estaduais de Trânsito - CETRAN e ao Conselho de Trânsito do Distrito Federal - CONTRANDIFE:

I - cumprir e fazer cumprir a legislação e as normas de trânsito, no âmbito das respectivas atribuições;

II - elaborar normas no âmbito das respectivas competências;

III - responder a consultas relativas à aplicação da legislação e dos procedimentos normativos de trânsito;

IV - estimular e orientar a execução de campanhas educativas de trânsito;

V - julgar os recursos interpostos contra decisões:

a) das JARI;

b) dos órgãos e entidades executivos estaduais, nos casos de inaptidão permanente constatados nos exames de aptidão física, mental ou psicológica;

VI - indicar um representante para compor a comissão examinadora de candidatos portadores de deficiência física à habilitação para conduzir veículos automotores;

VII - (Vetado.)

VIII - acompanhar e coordenar as atividades de administração, educação, engenharia, fiscalização, policiamento ostensivo de trânsito, formação de condutores, registro e licenciamento de veículos, articulando os órgãos do Sistema no Estado, reportando-se ao CONTRAN;

IX - dirimir conflitos sobre circunscrição e competência de trânsito no âmbito dos Municípios;

X - informar o CONTRAN sobre o cumprimento das exigências definidas nos §§ 1º e 2º do art. 333; e

XI - designar, em caso de recursos deferidos e na hipótese de reavaliação dos exames, junta especial de saúde para examinar os candidatos à habilitação para conduzir veículos automotores. (Incluído pela Lei 9.602/1998.)

Parágrafo único. Dos casos previstos no inciso V, julgados pelo órgão, não cabe recurso na esfera administrativa.

Art. 15. Os presidentes dos CETRAN e do CONTRANDIFE são nomeados pelos Governadores dos Estados e do Distrito Federal, respectivamente, e deverão ter reconhecida experiência em matéria de trânsito.

§ 1º Os membros dos CETRAN e do CONTRANDIFE são nomeados pelos Governadores dos Estados e do Distrito Federal, respectivamente.

§ 2º Os membros do CETRAN e do CONTRANDIFE deverão ser pessoas de reconhecida experiência em trânsito.

§ 3º O mandato dos membros do CETRAN e do CONTRANDIFE é de dois anos, admitida a recondução.

Art. 16. Junto a cada órgão ou entidade executivos de trânsito ou rodoviário funcionarão Juntas Administrativas de Recursos de Infrações - JARI, órgãos colegiados responsáveis pelo julgamento dos recursos interpostos contra penalidades por eles impostas.

Parágrafo único. As JARI têm regimento próprio, observado o disposto no inciso VI do art. 12, e apoio administrativo e financeiro do órgão ou entidade junto ao qual funcionem.

Art. 17. Compete às JARI:

I - julgar os recursos interpostos pelos infratores;

II - solicitar aos órgãos e entidades executivos de trânsito e executivos rodoviários informações complementares relativas aos recursos, objetivando uma melhor análise da situação recorrida;

III - encaminhar aos órgãos e entidades executivos de trânsito e executivos rodoviários informações sobre problemas observados nas autuações e apontados em recursos, e que se repitam sistematicamente.

Art. 18. (Vetado.)

Art. 19. Compete ao órgão máximo executivo de trânsito da União:

I - cumprir e fazer cumprir a legislação de trânsito e a execução das normas e diretrizes estabelecidas pelo CONTRAN, no âmbito de suas atribuições;

II - proceder à supervisão, à coordenação, à correição dos órgãos delegados, ao controle e à fiscalização da execução da Política Nacional de Trânsito e do Programa Nacional de Trânsito;

III - articular-se com os órgãos dos Sistemas Nacionais de Trânsito, de Transporte e de Segurança Pública, objetivando o combate à violência no trânsito, promovendo, coordenando e executando o controle de ações para a preservação do ordenamento e da segurança do trânsito;

IV - apurar, prevenir e reprimir a prática de atos de improbidade contra a fé pública, o patrimônio, ou a administração pública ou privada, referentes à segurança do trânsito;

V - supervisionar a implantação de projetos e programas relacionados com a engenharia, educação, administração, policiamento e fiscalização do trânsito e outros, visando à uniformidade de procedimento;

VI - estabelecer procedimentos sobre a aprendizagem e habilitação de condutores de veículos, a expedição de documentos de condutores, de registro e licenciamento de veículos;

VII - expedir a Permissão para Dirigir, a Carteira Nacional de Habilitação, os Certificados de Registro e o de Licenciamento Anual mediante delegação aos órgãos executivos dos Estados e do Distrito Federal;

VIII - organizar e manter o Registro Nacional de Carteiras de Habilitação - RENACH;

IX - organizar e manter o Registro Nacional de Veículos Automotores - RENAVAM;

X - organizar a estatística geral de trânsito no território nacional, definindo os dados a serem fornecidos pelos demais órgãos e promover sua divulgação;

› Res. CONTRAN 607/2016 (Estabelece o Registro Nacional de Acidentes e Estatísticas de Trânsito – RENAEST).

XI - estabelecer modelo padrão de coleta de informações sobre as ocorrências de acidentes de trânsito e as estatísticas do trânsito;

XII - administrar fundo de âmbito nacional destinado à segurança e à educação de trânsito;

XIII - coordenar a administração do registro das infrações de trânsito, da pontuação e das penalidades aplicadas no prontuário do infrator, da arrecadação de multas e do repasse de que trata o § 1º do art. 320; (Alterado pela Lei 13.281/2016.)

XIV - fornecer aos órgãos e entidades do Sistema Nacional de Trânsito informações sobre registros de veículos e de condutores, mantendo o fluxo permanente de informações com os demais órgãos do Sistema;

XV - promover, em conjunto com os órgãos competentes do Ministério da Educação e do Desporto, de acordo com as diretrizes do CONTRAN, a elaboração e a implementação de programas de educação de trânsito nos estabelecimentos de ensino;

XVI - elaborar e distribuir conteúdos programáticos para a educação de trânsito;

XVII - promover a divulgação de trabalhos técnicos sobre o trânsito;

XVIII - elaborar, juntamente com os demais órgãos e entidades do Sistema Nacional de Trânsito, e submeter à aprovação do CONTRAN, a complementação ou alteração da sinalização e dos dispositivos e equipamentos de trânsito;

XIX - organizar, elaborar, complementar e alterar os manuais e normas de projetos de implementação da sinalização, dos dispositivos e equipamentos de trânsito aprovados pelo CONTRAN;

XX – expedir a permissão internacional para conduzir veículo e o certificado de passagem nas alfândegas mediante delegação aos órgãos executivos dos Estados e do Distrito Federal ou a entidade habilitada para esse fim pelo poder público federal; (Alterado pela Lei 13.258/2016.)

XXI - promover a realização periódica de reuniões regionais e congressos nacionais de trânsito, bem como propor a representação do Brasil em congressos ou reuniões internacionais;

XXII - propor acordos de cooperação com organismos internacionais, com vistas ao aperfeiçoamento das ações inerentes à segurança e educação de trânsito;

XXIII - elaborar projetos e programas de formação, treinamento e especialização do pessoal encarregado da execução das atividades de engenharia, educação, policiamento ostensivo, fiscalização, operação e administração de trânsito, propondo medidas que estimulem a pesquisa científica e o ensino técnico-profissional de interesse do trânsito, e promovendo a sua realização;

XXIV - opinar sobre assuntos relacionados ao trânsito interestadual e internacional;

XXV - elaborar e submeter à aprovação do CONTRAN as normas e requisitos de segurança veicular para fabricação e montagem de veículos, consoante sua destinação;

- Res. CONTRAN 426/2012 (Dispõe sobre o sistema de travamento do capuz e rodas dos veículos automotores, e seus elementos de fixação e enfeites.).

XXVI - estabelecer procedimentos para a concessão do código marca-modelo dos veículos para efeito de registro, emplacamento e licenciamento;

- Res. CONTRAN 291/2008 (Dispõe sobre a concessão de código de marca/modelo/versão para veículos).

XXVII - instruir os recursos interpostos das decisões do CONTRAN, ao ministro ou dirigente coordenador máximo do Sistema Nacional de Trânsito;

XXVIII - estudar os casos omissos na legislação de trânsito e submetê-los, com proposta de solução, ao Ministério ou órgão coordenador máximo do Sistema Nacional de Trânsito;

XXIX - prestar suporte técnico, jurídico, administrativo e financeiro ao CONTRAN.

XXX - organizar e manter o Registro Nacional de Infrações de Trânsito (Renainf). (Acrescentado pela Lei 13.281/2016.)

- **Atualização:** XXXI - organizar, manter e atualizar o Registro Nacional Positivo de Condutores. (Redação dada pela Lei 14.071/2020, em vigor após decorridos 180 dias de sua publicação oficial-DOU de 14.10 de 2020)

§ 1º Comprovada, por meio de sindicância, a deficiência técnica ou administrativa ou a prática constante de atos de improbidade contra a fé pública, contra o patrimônio ou contra a administração pública, o órgão executivo de trânsito da União, mediante aprovação do CONTRAN, assumirá, diretamente ou por delegação, a execução total ou parcial das atividades do órgão executivo de trânsito estadual que tenha motivado a investigação, até que as irregularidades sejam sanadas.

§ 2º O regimento interno do órgão executivo de trânsito da União disporá sobre sua estrutura organizacional e seu funcionamento.

§ 3º Os órgãos e entidades executivos de trânsito e executivos rodoviários da União, dos Estados, do Distrito Federal e dos Municípios fornecerão, obrigatoriamente, mês a mês, os dados estatísticos para os fins previstos no inciso X.

§ 4º (Vetado). (Acrescentado pela Lei 13.281/2016.)

Art. 20. Compete à Polícia Rodoviária Federal, no âmbito das rodovias e estradas federais:

I - cumprir e fazer cumprir a legislação e as normas de trânsito, no âmbito de suas atribuições;

II - realizar o patrulhamento ostensivo, executando operações relacionadas com a segurança pública, com o objetivo de preservar a ordem, incolumidade das pessoas, o patrimônio da União e o de terceiros;

III - aplicar e arrecadar as multas impostas por infrações de trânsito, as medidas administrativas decorrentes e os valores provenientes de estada e remoção de veículos, objetos, animais e escolta de veículos de cargas superdimensionadas ou perigosas;

- **Atualização:** III - executar a fiscalização de trânsito, aplicar as penalidades de advertência por escrito e multa e as medidas administrativas cabíveis, com a notificação dos infratores e a arrecadação das multas aplicadas e dos valores provenientes de estadia e remoção de veículos, objetos e animais e de escolta de veículos de cargas superdimensionadas ou perigosas; (Redação dada pela Lei 14.071/2020, em vigor após decorridos 180 dias de sua publicação oficial-DOU de 14.10 de 2020)

IV - efetuar levantamento dos locais de acidentes de trânsito e dos serviços de atendimento, socorro e salvamento de vítimas;

V - credenciar os serviços de escolta, fiscalizar e adotar medidas de segurança relativas aos serviços de remoção de veículos, escolta e transporte de carga indivisível;

VI - assegurar a livre circulação nas rodovias federais, podendo solicitar ao órgão rodoviário a adoção de medidas emergenciais, e zelar pelo cumprimento das normas legais relativas ao direito de vizinhança, promovendo a interdição de construções e instalações não autorizadas;

VII - coletar dados estatísticos e elaborar estudos sobre acidentes de trânsito e suas causas, adotando ou indicando medidas operacionais preventivas e encaminhando-os ao órgão rodoviário federal;

VIII - implementar as medidas da Política Nacional de Segurança e Educação de Trânsito;

IX - promover e participar de projetos e programas de educação e segurança, de acordo com as diretrizes estabelecidas pelo CONTRAN;

X - integrar-se a outros órgãos e entidades do Sistema Nacional de Trânsito para fins de arrecadação e compensação de multas impostas na área de sua competência, com vistas à unificação do licenciamento, à simplificação e à celeridade das transferências de veículos e de prontuários de condutores de uma para outra unidade da Federação;

XI - fiscalizar o nível de emissão de poluentes e ruído produzidos pelos veículos automotores ou pela sua carga, de acordo com o estabelecido no art. 66, além de dar apoio, quando solicitado, às ações específicas dos órgãos ambientais.

- art. 225, CF.
- Lei 8.723/1993 (Dispõe sobre a redução de emissão de poluentes por veículos automotores).
- **Atualização:** XII - aplicar a penalidade de suspensão do direito de dirigir, quando prevista de forma específica para a infração cometida, e comunicar a aplicação da penalidade ao órgão máximo executivo de trânsito da União. (Acrescido pela Lei 14.071/2020, em vigor após decorridos 180 dias de sua publicação oficial-DOU de 14.10 de 2020)

Art. 21. Compete aos órgãos e entidades executivos rodoviários da União, dos Estados, do Distrito Federal e dos Municípios, no âmbito de sua circunscrição:

I - cumprir e fazer cumprir a legislação e as normas de trânsito, no âmbito de suas atribuições;

II - planejar, projetar, regulamentar e operar o trânsito de veículos, de pedestres e de animais, e promover o desenvolvimento da circulação e da segurança de ciclistas;

III - implantar, manter e operar o sistema de sinalização, os dispositivos e os equipamentos de controle viário;

IV - coletar dados e elaborar estudos sobre os acidentes de trânsito e suas causas;

V - estabelecer, em conjunto com os órgãos de policiamento ostensivo de trânsito, as respectivas diretrizes para o policiamento ostensivo de trânsito;

VI - executar a fiscalização de trânsito, autuar, aplicar as penalidades de advertência, por escrito, e ainda as multas e medidas administrativas cabíveis, notificando os infratores e arrecadando as multas que aplicar;

VII - arrecadar valores provenientes de estada e remoção de veículos e objetos, e escolta de veículos de cargas superdimensionadas ou perigosas;

VIII - fiscalizar, autuar, aplicar as penalidades e medidas administrativas cabíveis, relativas a infrações por excesso de peso, dimensões e lotação dos veículos, bem como notificar e arrecadar as multas que aplicar;

IX - fiscalizar o cumprimento da norma contida no art. 95, aplicando as penalidades e arrecadando as multas nele previstas;

X - implementar as medidas da Política Nacional de Trânsito e do Programa Nacional de Trânsito;

XI - promover e participar de projetos e programas de educação e segurança, de acordo com as diretrizes estabelecidas pelo CONTRAN;

XII - integrar-se a outros órgãos e entidades do Sistema Nacional de Trânsito para fins de arrecadação e compensação de multas impostas na área de sua competência, com vistas à unificação do licenciamento, à simplificação e à celeridade das transferências de veículos e de prontuários de condutores de uma para outra unidade da Federação;

XIII - fiscalizar o nível de emissão de poluentes e ruído produzidos pelos veículos automotores ou pela sua carga, de acordo com o estabelecido no art. 66, além de dar apoio às ações específicas dos órgãos ambientais locais, quando solicitado;

- art. 225, CF.
- Lei 8.723/1993 (Dispõe sobre a redução de emissão de poluentes por veículos automotores).

XIV - vistoriar veículos que necessitem de autorização especial para transitar e estabelecer os requisitos técnicos a serem observados para a circulação desses veículos.

- **Atualização:** XV - aplicar a penalidade de suspensão do direito de dirigir, quando prevista de forma específica para a infração cometida, e comunicar a aplicação da penalidade ao órgão máximo executivo de trânsito da União. (Acrescido pela Lei 14.071/2020, em vigor após decorridos 180 dias de sua publicação oficial-DOU de 14.10 de 2020)

Parágrafo único. (Vetado.)

Art. 22. Compete aos órgãos ou entidades executivos de trânsito dos Estados e do Distrito Federal, no âmbito de sua circunscrição:

I - cumprir e fazer cumprir a legislação e as normas de trânsito, no âmbito das respectivas atribuições;

II - realizar, fiscalizar e controlar o processo de formação, aperfeiçoamento, reciclagem e suspensão de condutores, expedir e cassar Licença de Aprendizagem, Permissão para Dirigir e Carteira Nacional de Habilitação, mediante delegação do órgão federal competente;

- Res. 598/2016 (Regulamenta a produção e a expedição da CNH, com novo leiaute e requisitos de segurança.).
- **Atualização:** II - realizar, fiscalizar e controlar o processo de formação, de aperfeiçoamento, de reciclagem e de suspensão de condutores e expedir e cassar Licença de Aprendizagem, Permissão para Dirigir e Carteira Nacional de Habilitação, mediante delegação do órgão máximo executivo de trânsito da União; (Redação dada pela Lei 14.071/2020, em vigor após decorridos 180 dias de sua publicação oficial-DOU de 14.10 de 2020)

III - vistoriar, inspecionar quanto às condições de segurança veicular, registrar, emplacar, selar a placa e licenciar veículos, expedindo o Certificado de Registro e o Licenciamento Anual, mediante delegação do órgão federal competente;

- **Atualização:** III - vistoriar, inspecionar as condições de segurança veicular, registrar, emplacar e licenciar veículos, com a expedição dos Certificados de Registro de Veículo e de Licenciamento Anual, mediante delegação do órgão máximo executivo de trânsito da União; (Redação dada pela Lei 14.071/2020, em vigor após decorridos 180 dias de sua publicação oficial-DOU de 14.10 de 2020)

IV - estabelecer, em conjunto com as Polícias Militares, as diretrizes para o policiamento ostensivo de trânsito;

V - executar a fiscalização de trânsito, autuar e aplicar as medidas administrativas cabíveis pelas infrações previstas neste Código, excetuadas aquelas relacionadas nos incisos VI e VIII do art. 24, no exercício regular do Poder de Polícia de Trânsito;

VI - aplicar as penalidades por infrações previstas neste Código, com exceção daquelas relacionadas nos incisos VII e VIII do art. 24, notificando os infratores e arrecadando as multas que aplicar;

VII - arrecadar valores provenientes de estada e remoção de veículos e objetos;

VIII - comunicar ao órgão executivo de trânsito da União a suspensão e a cassação do direito de dirigir e o recolhimento da Carteira Nacional de Habilitação;

IX - coletar dados estatísticos e elaborar estudos sobre acidentes de trânsito e suas causas;

X - credenciar órgãos ou entidades para a execução de atividades previstas na legislação de trânsito, na forma estabelecida em norma do CONTRAN;

XI - implementar as medidas da Política Nacional de Trânsito e do Programa Nacional de Trânsito;

XII - promover e participar de projetos e programas de educação e segurança de trânsito de acordo com as diretrizes estabelecidas pelo CONTRAN;

XIII - integrar-se a outros órgãos e entidades do Sistema Nacional de Trânsito para fins de arrecadação e compensação de multas impostas na área de sua competência, com vistas à unificação do licenciamento, à simplificação e à celeridade das transferências de veículos e de prontuários de condutores de uma para outra unidade da Federação;

XIV - fornecer, aos órgãos e entidades executivos de trânsito e executivos rodoviários municipais, os dados cadastrais dos veículos registrados e dos condutores habilitados, para fins de imposição e notificação de penalidades e de arrecadação de multas nas áreas de suas competências;

XV - fiscalizar o nível de emissão de poluentes e ruído produzidos pelos veículos automotores ou pela sua carga, de acordo com o estabelecido no art. 66, além de dar apoio, quando solicitado, às ações específicas dos órgãos ambientais locais;

- art. 225, CF.
- Lei 8.723/1993 (Dispõe sobre a redução de emissão de poluentes por veículos automotores).

XVI - articular-se com os demais órgãos do Sistema Nacional de Trânsito no Estado, sob coordenação do respectivo CETRAN.

- **Atualização:** XVII - criar, implantar e manter escolas públicas de trânsito, destinadas à educação de crianças e adolescentes, por meio de aulas teóricas e práticas sobre legislação, sinalização e comportamento no trânsito. (Acrescido pela Lei 14.071/2020, em vigor após decorridos 180 dias de sua publicação oficial-DOU de 14.10 de 2020)

  Parágrafo único. As competências descritas no inciso II do *caput* deste artigo relativas ao processo de suspensão de condutores serão exercidas quando: (Acrescido pela Lei 14.071/2020, em vigor após decorridos 180 dias de sua publicação oficial-DOU de 14.10 de 2020)

  I - o condutor atingir o limite de pontos estabelecido no inciso I do art. 261 deste Código;

  II - a infração previr a penalidade de suspensão do direito de dirigir de forma específica e a autuação tiver sido efetuada pelo próprio órgão executivo estadual de trânsito

Art. 23. Compete às Polícias Militares dos Estados e do Distrito Federal:

- art. 144, § 5º, CF.

I e II - (Vetados.)

III - executar a fiscalização de trânsito, quando e conforme convênio firmado, como agente do órgão ou entidade executivos de trânsito ou executivos rodoviários, concomitantemente com os demais agentes credenciados;

IV a VII - (Vetados.)

Parágrafo único. (Vetado.)

Art. 24. Compete aos órgãos e entidades executivos de trânsito dos Municípios, no âmbito de sua circunscrição: (Alterado pela Lei 13.154/2015.)

I - cumprir e fazer cumprir a legislação e as normas de trânsito, no âmbito de suas atribuições;

II - planejar, projetar, regulamentar e operar o trânsito de veículos, de pedestres e de animais, e promover o desenvolvimento da circulação e da segurança de ciclistas;

- **Atualização:** II - planejar, projetar, regulamentar e operar o trânsito de veículos, de pedestres e de animais e promover o desenvolvimento, temporário ou definitivo, da circulação, da segurança e das áreas de proteção de ciclistas; (Redação dada pela Lei 14.071/2020, em vigor após decorridos 180 dias de sua publicação oficial-DOU de 14.10 de 2020)

III - implantar, manter e operar o sistema de sinalização, os dispositivos e os equipamentos de controle viário;

IV - coletar dados estatísticos e elaborar estudos sobre os acidentes de trânsito e suas causas;

V - estabelecer, em conjunto com os órgãos de polícia ostensiva de trânsito, as diretrizes para o policiamento ostensivo de trânsito;

VI - executar a fiscalização de trânsito em vias terrestres, edificações de uso público e edificações privadas de uso coletivo, autuar e aplicar as medidas administrativas cabíveis e as penalidades de advertência por escrito e multa, por infrações de circulação, estacionamento e parada previstas neste Código, no exercício regular do poder de polícia de trânsito, notificando os infratores e arrecadando as multas que aplicar, exercendo iguais atribuições no âmbito de edificações privadas de uso coletivo, somente para infrações de uso de vagas reservadas em estacionamentos; (Alterado pela Lei 13.281/2016.)

VII - aplicar as penalidades de advertência por escrito e multa, por infrações de circulação, estacionamento e parada previstas neste Código, notificando os infratores e arrecadando as multas que aplicar;

VIII - fiscalizar, autuar e aplicar as penalidades e medidas administrativas cabíveis relativas a infrações por excesso de peso, dimensões e lotação dos veículos, bem como notificar e arrecadar as multas que aplicar;

IX - fiscalizar o cumprimento da norma contida no art. 95, aplicando as penalidades e arrecadando as multas nele previstas;

X - implantar, manter e operar sistema de estacionamento rotativo pago nas vias;

XI - arrecadar valores provenientes de estada e remoção de veículos e objetos, e escolta de veículos de cargas superdimensionadas ou perigosas;

XII - credenciar os serviços de escolta, fiscalizar e adotar medidas de segurança relativas aos serviços de remoção de veículos, escolta e transporte de carga indivisível;

XIII - integrar-se a outros órgãos e entidades do Sistema Nacional de Trânsito para fins de arrecadação e compensação de multas impostas na área de sua competência, com vistas à unificação do licenciamento, à simplificação e à celeridade das transferências de veículos e de prontuários dos condutores de uma para outra unidade da Federação;

XIV - implantar as medidas da Política Nacional de Trânsito e do Programa Nacional de Trânsito;

XV - promover e participar de projetos e programas de educação e segurança de trânsito de acordo com as diretrizes estabelecidas pelo CONTRAN;

XVI - planejar e implantar medidas para redução da circulação de veículos e reorientação do tráfego, com o objetivo de diminuir a emissão global de poluentes;

XVII - registrar e licenciar, na forma da legislação, veículos de tração e propulsão humana e de tração animal, fiscalizando, autuando, aplicando penalidades e arrecadando multas decorrentes de infrações; (Alterado pela Lei 13.154/2015.)

XVIII - conceder autorização para conduzir veículos de propulsão humana e de tração animal;

XIX - articular-se com os demais órgãos do Sistema Nacional de Trânsito no Estado, sob coordenação do respectivo CETRAN;

XX - fiscalizar o nível de emissão de poluentes e ruído produzidos pelos veículos automotores ou pela sua carga, de acordo com o estabelecido no art. 66, além de dar apoio às ações específicas de órgão ambiental local, quando solicitado;

- art. 225, CF.
- Lei 8.723/1993 (Dispõe sobre a redução de emissão de poluentes por veículos automotores).

XXI - vistoriar veículos que necessitem de autorização especial para transitar e estabelecer os requisitos técnicos a serem observados para a circulação desses veículos.

- **Atualização:** XXII - aplicar a penalidade de suspensão do direito de dirigir, quando prevista de forma específica para a infração cometida, e comunicar a aplicação da penalidade ao órgão máximo executivo de trânsito da União; (Acrescido pela Lei 14.071/2020, em vigor após decorridos 180 dias de sua publicação oficial-DOU de 14.10 de 2020)

XXIII - criar, implantar e manter escolas públicas de trânsito, destinadas à educação de crianças e adolescentes, por meio de aulas teóricas e práticas sobre legislação, sinalização e comportamento no trânsito. (Acrescido pela Lei 14.071/2020, em vigor após decorridos 180 dias de sua publicação oficial-DOU de 14.10 de 2020)

§ 1º As competências relativas a órgão ou entidade municipal serão exercidas no Distrito Federal por seu órgão ou entidade executivos de trânsito.

§ 2º Para exercer as competências estabelecidas neste artigo, os Municípios deverão integrar-se ao Sistema Nacional de Trânsito, conforme previsto no art. 333 deste Código.

- **Atualização:** § 2º Para exercer as competências estabelecidas neste artigo, os Municípios deverão integrar-se ao Sistema Nacional de Trânsito, por meio de órgão ou entidade executivos de trânsito ou diretamente por meio da prefeitura municipal, conforme previsto no art. 333 deste Código. (Redação dada pela Lei 14.071/2020, em vigor após decorridos 180 dias de sua publicação oficial-DOU de 14.10 de 2020)

Art. 25. Os órgãos e entidades executivos do Sistema Nacional de Trânsito poderão celebrar convênio delegando as atividades previstas neste Código, com vistas à maior eficiência e à segurança para os usuários da via.

Parágrafo único. Os órgãos e entidades de trânsito poderão prestar serviços de capacitação técnica, assessoria e monitoramento das atividades relativas ao trânsito durante prazo a ser estabelecido entre as partes, com ressarcimento dos custos apropriados.

- **Atualização:** § 2º Quando não houver órgão ou entidade executivos de trânsito no respectivo Município, o convênio de que trata o *caput* deste artigo poderá ser celebrado diretamente pela prefeitura municipal com órgão ou entidade que integre o Sistema Nacional de Trânsito, permitido, inclusive, o consórcio com outro ente federativo. (Acrescido pela Lei 14.071/2020, em vigor após decorridos 180 dias de sua publicação oficial-DOU de 14.10 de 2020)

Art. 25-A. Os agentes dos órgãos policiais da Câmara dos Deputados e do Senado Federal, a que se referem o inciso IV do *caput* do art. 51 e o inciso XIII do *caput* do art. 52 da Constituição Federal, respectivamente, mediante convênio com o órgão ou entidade de trânsito com circunscrição sobre a via, poderão lavrar auto de infração de trânsito e remetê-lo ao órgão competente, nos casos em que a infração cometida nas adjacências do Congresso Nacional ou nos locais sob sua responsabilidade comprometer objetivamente os serviços ou colocar em risco a incolumidade das pessoas ou o patrimônio das respectivas Casas Legislativas. (Acrescido pela Lei 14.071/2020, em vigor após decorridos 180 dias de sua publicação oficial-DOU de 14.10 de 2020)

Parágrafo único. Para atuarem na fiscalização de trânsito, os agentes mencionados no *caput* deste artigo deverão receber treinamento específico para o exercício das atividades, conforme regulamentação do Contran.

CAPÍTULO III
DAS NORMAS GERAIS DE CIRCULAÇÃO E CONDUTA

Art. 26. Os usuários das vias terrestres devem:

I - abster-se de todo ato que possa constituir perigo ou obstáculo para o trânsito de veículos, de pessoas ou de animais, ou ainda causar danos a propriedades públicas ou privadas;

II - abster-se de obstruir o trânsito ou torná-lo perigoso, atirando, depositando ou abandonando na via objetos ou substâncias, ou nela criando qualquer outro obstáculo.

- arts. 173 e 245 deste Código.

Art. 27. Antes de colocar o veículo em circulação nas vias públicas, o condutor deverá verificar a existência e as boas condições de funcionamento dos equipamentos de uso obrigatório, bem como assegurar-se da existência de combustível suficiente para chegar ao local de destino.

- arts. 180 e 230, IX, deste Código.

Art. 28. O condutor deverá, a todo momento, ter domínio de seu veículo, dirigindo-o com atenção e cuidados indispensáveis à segurança do trânsito.

- art. 169 deste Código.

Art. 29. O trânsito de veículos nas vias terrestres abertas à circulação obedecerá às seguintes normas:

I - a circulação far-se-á pelo lado direito da via, admitindo-se as exceções devidamente sinalizadas;

- arts. 184 a 186 deste Código.

II - o condutor deverá guardar distância de segurança lateral e frontal entre o seu e os demais veículos, bem como em relação ao bordo da pista, considerando-se, no momento, a velocidade e as condições do local, da circulação, do veículo e as condições climáticas;

- arts. 192 e 201 deste Código.

III - quando veículos, transitando por fluxos que se cruzem, se aproximarem de local não sinalizado, terão preferência de passagem:

a) no caso de apenas um fluxo ser proveniente de rodovia, aquele que estiver circulando por ela;

b) no caso de rotatória, aquele que estiver circulando por ela;

c) nos demais casos, o que vier pela direita do condutor;

IV - quando uma pista de rolamento comportar várias faixas de circulação no mesmo sentido, são as da direita destinadas ao deslocamento dos veículos mais lentos e de maior porte, quando não houver faixa especial a eles destinada, e as da esquerda, destinadas à ultrapassagem e ao deslocamento dos veículos de maior velocidade;

V - o trânsito de veículos sobre passeios, calçadas e nos acostamentos, só poderá ocorrer para que se adentre ou se saia dos imóveis ou áreas especiais de estacionamento;

VI - os veículos precedidos de batedores terão prioridade de passagem, respeitadas as demais normas de circulação;

VII - os veículos destinados a socorro de incêndio e salvamento, os de polícia, os de fiscalização e operação de trânsito e as ambulâncias, além de prioridade de trânsito, gozam de livre-circulação, estacionamento e parada, quando em serviço de urgência e devidamente identificados por dispositivos regulamentares de alarme sonoro e iluminação vermelha intermitente, observadas as seguintes disposições:

› **Atualização:** VII - os veículos destinados a socorro de incêndio e salvamento, os de polícia, os de fiscalização e operação de trânsito e as ambulâncias, além de prioridade no trânsito, gozam de livre circulação, estacionamento e parada, quando em serviço de urgência, de policiamento ostensivo ou de preservação da ordem pública, observadas as seguintes disposições: (Redação dada pela Lei 14.071/2020, em vigor após decorridos 180 dias de sua publicação oficial-DOU de 14.10 de 2020)

a) quando os dispositivos estiverem acionados, indicando a proximidade dos veículos, todos os condutores deverão deixar livre a passagem pela faixa da esquerda, indo para a direita da via e parando, se necessário;

› **Atualização:** a) quando os dispositivos regulamentares de alarme sonoro e iluminação intermitente estiverem acionados, indicando a proximidade dos veículos, todos os condutores deverão deixar livre a passagem pela faixa da esquerda, indo para a direita da via e parando, se necessário; (Redação dada pela Lei 14.071/2020, em vigor após decorridos 180 dias de sua publicação oficial-DOU de 14.10 de 2020)

b) os pedestres, ao ouvir o alarme sonoro, deverão aguardar no passeio, só atravessando a via quando o veículo já tiver passado pelo local;

› **Atualização:** b) os pedestres, ao ouvirem o alarme sonoro ou avistarem a luz intermitente, deverão aguardar no passeio e somente atravessar a via quando o veículo já tiver passado pelo local; (Redação dada pela Lei 14.071/2020, em vigor após decorridos 180 dias de sua publicação oficial-DOU de 14.10 de 2020)

c) o uso de dispositivos de alarme sonoro e de iluminação vermelha intermitente só poderá ocorrer quando da efetiva prestação de serviço de urgência;

d) a prioridade de passagem na via e no cruzamento deverá se dar com velocidade reduzida e com os devidos cuidados de segurança, obedecidas as demais normas deste Código;

› **Atualização:** e) as prerrogativas de livre circulação e de parada serão aplicadas somente quando os veículos estiverem identificados por dispositivos regulamentares de alarme sonoro e iluminação intermitente; (Acrescido pela Lei 14.071/2020, em vigor após decorridos 180 dias de sua publicação oficial-DOU de 14.10 de 2020)

f) a prerrogativa de livre estacionamento será aplicada somente quando os veículos estiverem identificados por dispositivos regulamentares de iluminação intermitente; (Acrescido pela Lei 14.071/2020, em vigor após decorridos 180 dias de sua publicação oficial-DOU de 14.10 de 2020)

VIII - os veículos prestadores de serviços de utilidade pública, quando em atendimento na via, gozam de livre-parada e estacionamento no local da prestação de serviço, desde que devidamente sinalizados, devendo estar identificados na forma estabelecida pelo CONTRAN;

› art. 230, XII e XIII, deste Código.

IX - a ultrapassagem de outro veículo em movimento deverá ser feita pela esquerda, obedecida a sinalização regulamentar e as demais normas estabelecidas neste Código, exceto quando o veículo a ser ultrapassado estiver sinalizando o propósito de entrar à esquerda;

› arts. 199; 200; e 202, I, deste Código.

X - todo condutor deverá, antes de efetuar uma ultrapassagem, certificar-se de que:

a) nenhum condutor que venha atrás haja começado uma manobra para ultrapassá-lo;

b) quem o precede na mesma faixa de trânsito não haja indicado o propósito de ultrapassar um terceiro;

c) a faixa de trânsito que vai tomar esteja livre numa extensão suficiente para que sua manobra não ponha em perigo ou obstrua o trânsito que venha em sentido contrário;

› art. 191 deste Código.

XI - todo condutor ao efetuar a ultrapassagem deverá:

a) indicar com antecedência a manobra pretendida, acionando a luz indicadora de direção do veículo ou por meio de gesto convencional de braço;

› art. 196 deste Código.

b) afastar-se do usuário ou usuários aos quais ultrapassa, de tal forma que deixe livre uma distância lateral de segurança;

› arts. 192 e 201 deste Código.

c) retomar, após a efetivação da manobra, a faixa de trânsito de origem, acionando a luz indicadora de direção do veículo ou fazendo gesto convencional de braço, adotando os cuidados necessários para não pôr em perigo ou obstruir o trânsito dos veículos que ultrapassou;

XII - os veículos que se deslocam sobre trilhos terão preferência de passagem sobre os demais, respeitadas as normas de circulação.

› art. 212 deste Código.

XIII - (Vetado). (Acrescentado pela Lei 13.281/2016)

§ 1º As normas de ultrapassagem previstas nas alíneas *a* e *b* do inciso X e *a* e *b* do inciso XI aplicam-se à transposição de faixas, que pode ser realizada tanto pela faixa da esquerda como pela da direita.

§ 2º Respeitadas as normas de circulação e conduta estabelecidas neste artigo, em ordem decrescente, os veículos de maior porte serão sempre responsáveis pela segurança dos menores, os motorizados pelos não motorizados e, juntos, pela incolumidade dos pedestres.

› **Atualização:** § 3º Compete ao Contran regulamentar os dispositivos de alarme sonoro e iluminação intermitente previstos no inciso VII do *caput* deste artigo. (Acrescido pela Lei 14.071/2020, em vigor após decorridos 180 dias de sua publicação oficial-DOU de 14.10 de 2020)

§ 4º Em situações especiais, ato da autoridade máxima federal de segurança pública poderá dispor sobre a aplicação das exceções tratadas no inciso VII do *caput* deste artigo aos veículos oficiais descaracterizados. (Acrescido pela Lei 14.071/2020, em vigor após decorridos 180 dias de sua publicação oficial-DOU de 14.10 de 2020)

Art. 30. Todo condutor, ao perceber que outro que o segue tem o propósito de ultrapassá-lo, deverá:

I - se estiver circulando pela faixa da esquerda, deslocar-se para a faixa da direita, sem acelerar a marcha;

II - se estiver circulando pelas demais faixas, manter-se naquela na qual está circulando, sem acelerar a marcha.

› art. 198 deste Código.

Parágrafo único. Os veículos mais lentos, quando em fila, deverão manter distância suficiente entre si para permitir que veículos que os ultrapassem possam se intercalar na fila com segurança.

Art. 31. O condutor que tenha o propósito de ultrapassar um veículo de transporte coletivo que esteja parado, efetuando embarque ou desembarque de passageiros, deverá reduzir a velocidade, dirigindo com atenção redobrada ou parar o veículo com vistas à segurança dos pedestres.

Art. 32. O condutor não poderá ultrapassar veículos em vias com duplo sentido de direção e pista única, nos trechos em curvas e em aclives sem visibilidade suficiente, nas passagens de nível, nas pontes e viadutos e nas travessias de pedestres, exceto quando houver sinalização permitindo a ultrapassagem.

Art. 33. Nas interseções e suas proximidades, o condutor não poderá efetuar ultrapassagem.

Art. 34. O condutor que queira executar uma manobra deverá certificar-se de que pode executá-la sem perigo para os demais usuários da via que o seguem, precedem ou vão cruzar com ele, considerando sua posição, sua direção e sua velocidade.

Art. 35. Antes de iniciar qualquer manobra que implique um deslocamento lateral, o condutor deverá indicar seu propósito de forma clara e com a devida antecedência, por meio da luz indicadora de direção de seu veículo, ou fazendo gesto convencional de braço.

Parágrafo único. Entende-se por deslocamento lateral a transposição de faixas, movimentos de conversão à direita, à esquerda e retornos.

Art. 36. O condutor que for ingressar numa via, procedente de um lote lindeiro a essa via, deverá dar preferência aos veículos e pedestres que por ela estejam transitando.

Art. 37. Nas vias providas de acostamento, a conversão à esquerda e a operação de retorno deverão ser feitas nos locais apropriados e, onde estes não existirem, o condutor deverá aguardar no acostamento, à direita, para cruzar a pista com segurança.

Art. 38. Antes de entrar à direita ou à esquerda, em outra via ou em lotes lindeiros, o condutor deverá:

I - ao sair da via pelo lado direito, aproximar-se o máximo possível do bordo direito da pista e executar sua manobra no menor espaço possível;

II - ao sair da via pelo lado esquerdo, aproximar-se o máximo possível de seu eixo ou da linha divisória da pista, quando houver, caso se trate de uma pista com circulação nos dois sentidos, ou do bordo esquerdo, tratando-se de uma pista de um só sentido.

Parágrafo único. Durante a manobra de mudança de direção, o condutor deverá ceder passagem aos pedestres e ciclistas, aos veículos que transitem em sentido contrário pela pista da via da qual vai sair, respeitadas as normas de preferência de passagem.

Art. 39. Nas vias urbanas, a operação de retorno deverá ser feita nos locais para isto determinados, quer por meio de sinalização, quer pela existência de locais apropriados, ou, ainda, em outros locais que ofereçam condições de segurança e fluidez, observadas as características da via, do veículo, das condições meteorológicas e da movimentação de pedestres e ciclistas.

‣ art. 206 deste Código.

Art. 40. O uso de luzes em veículo obedecerá às seguintes determinações:

I - o condutor manterá acesos os faróis do veículo, utilizando luz baixa, durante a noite e durante o dia nos túneis providos de iluminação pública e nas rodovias; (Alterado pela Lei 13.290/2016.)

‣ art. 250, I, a e b, deste Código.

‣ **Atualização:** I - o condutor manterá acesos os faróis do veículo, por meio da utilização da luz baixa: (Redação dada pela Lei 14.071/2020, em vigor após decorridos 180 dias de sua publicação oficial-DOU de 14.10 de 2020)

a) à noite;

b) mesmo durante o dia, em túneis e sob chuva, neblina ou cerração;

II - nas vias não iluminadas o condutor deve usar luz alta, exceto ao cruzar com outro veículo ou ao segui-lo;

‣ art. 223 deste Código.

III - a troca de luz baixa e alta, de forma intermitente e por curto período de tempo, com o objetivo de advertir outros motoristas, só poderá ser utilizada para indicar a intenção de ultrapassar o veículo que segue à frente ou para indicar a existência de risco à segurança para os veículos que circulam no sentido contrário;

‣ art. 251, II, deste Código.

IV - o condutor manterá acesas pelo menos as luzes de posição do veículo quando sob chuva forte, neblina ou cerração;

‣ art. 250, II, deste Código.

‣ **Atualização:** IV - (Revogado pela Lei 14.071/2020, em vigor após decorridos 180 dias de sua publicação oficial-DOU de 14.10 de 2020)

V - O condutor utilizará o pisca-alerta nas seguintes situações:

a) em imobilizações ou situações de emergência;

b) quando a regulamentação da via assim o determinar;

‣ arts. 179 e 251, I, deste Código.

VI - durante a noite, em circulação, o condutor manterá acesa a luz de placa;

‣ art. 250, III, deste Código.

VII - o condutor manterá acesas, à noite, as luzes de posição quando o veículo estiver parado para fins de embarque ou desembarque de passageiros e carga ou descarga de mercadorias.

‣ art. 249 deste Código.

Parágrafo único. Os veículos de transporte coletivo regular de passageiros, quando circularem em faixas próprias a eles destinadas, e os ciclos motorizados deverão utilizar-se de farol de luz baixa durante o dia e a noite.

‣ **Atualização:** § 1º Os veículos de transporte coletivo de passageiros, quando circularem em faixas ou pistas a eles destinadas, e as motocicletas, motonetas e ciclomotores deverão utilizar-se de farol de luz baixa durante o dia e à noite. (Redação dada pela Lei 14.071/2020, em vigor após decorridos 180 dias de sua publicação oficial-DOU de 14.10 de 2020)

§ 2º Os veículos que não dispuserem de luzes de rodagem diurna deverão manter acesos os faróis nas rodovias de pista simples situadas fora dos perímetros urbanos, mesmo durante o dia. (Acrescido pela Lei 14.071/2020, em vigor após decorridos 180 dias de sua publicação oficial-DOU de 14.10 de 2020)

Art. 41. O condutor de veículo só poderá fazer uso de buzina, desde que em toque breve, nas seguintes situações:

I - para fazer as advertências necessárias a fim de evitar acidentes;

II - fora das áreas urbanas, quando for conveniente advertir a um condutor que se tem o propósito de ultrapassá-lo.

‣ art. 227 deste Código.

Art. 42. Nenhum condutor deverá frear bruscamente seu veículo, salvo por razões de segurança.

Art. 43. Ao regular a velocidade, o condutor deverá observar constantemente as condições físicas da via, do veículo e da carga, as condições meteorológicas e a intensidade do trânsito, obedecendo aos limites máximos de velocidade estabelecidos para a via, além de:

I - não obstruir a marcha normal dos demais veículos em circulação sem causa justificada, transitando a uma velocidade anormalmente reduzida;

II - sempre que quiser diminuir a velocidade de seu veículo deverá antes certificar-se de que pode fazê-lo sem risco nem inconvenientes para os outros condutores, a não ser que haja perigo iminente;

III - indicar, de forma clara, com a antecedência necessária e a sinalização devida, a manobra de redução de velocidade.

Art. 44. Ao aproximar-se de qualquer tipo de cruzamento, o condutor do veículo deve demonstrar prudência especial, transitando em velocidade moderada, de forma que possa deter seu veículo com segurança para dar passagem a pedestre e a veículos que tenham o direito de preferência.

‣ **Atualização:** Art. 44-A. É livre o movimento de conversão à direita diante de sinal vermelho do semáforo onde houver sinalização indicativa que permita essa conversão, observados os arts. 44, 45 e 70 deste Código (Acrescido pela Lei 14.071/2020, em vigor após decorridos 180 dias de sua publicação oficial-DOU de 14.10 de 2020)

Art. 45. Mesmo que a indicação luminosa do semáforo lhe seja favorável, nenhum condutor pode entrar em uma interseção se houver possibilidade de ser obrigado a imobilizar o veículo na área do cruzamento, obstruindo ou impedindo a passagem do trânsito transversal.

‣ art. 183 deste Código.

Art. 46. Sempre que for necessária a imobilização temporária de um veículo no leito viário, em situação de emergência, deverá ser providenciada a imediata sinalização de advertência, na forma estabelecida pelo CONTRAN.

‣ arts. 179; 180; 225, I; e 226 deste Código.

Art. 47. Quando proibido o estacionamento na via, a parada deverá restringir-se ao tempo indispensável para embarque ou desembarque de passageiros, desde que não interrompa ou perturbe o fluxo de veículos ou a locomoção de pedestres.

Parágrafo único. A operação de carga ou descarga será regulamentada pelo órgão ou entidade com circunscrição sobre a via e é considerada estacionamento.

Art. 48. Nas paradas, operações de carga ou descarga e nos estacionamentos, o veículo deverá ser posicionado no sentido do fluxo, paralelo ao bordo da pista de rolamento e junto à guia da calçada (meio-fio), admitidas as exceções devidamente sinalizadas.

‣ arts. 181, IV; e 182, IV, deste Código.

§ 1º Nas vias providas de acostamento, os veículos parados, estacionados ou em operação de carga ou descarga deverão estar situados fora da pista de rolamento.

§ 2º O estacionamento dos veículos motorizados de duas rodas será feito em posição perpendicular à guia da calçada (meio-fio) e junto a ela, salvo quando houver sinalização que determine outra condição.

§ 3º O estacionamento dos veículos sem abandono do condutor poderá ser feito somente nos locais previstos neste Código ou naqueles regulamentados por sinalização específica.

Art. 49. O condutor e os passageiros não deverão abrir a porta do veículo, deixá-la aberta ou descer do veículo sem antes se certificarem de que isso não constitui perigo para eles e para outros usuários da via.

Parágrafo único. O embarque e o desembarque devem ocorrer sempre do lado da calçada, exceto para o condutor.

Art. 50. O uso de faixas laterais de domínio e das áreas adjacentes às estradas e rodovias obedecerá às condições de segurança do trânsito estabelecidas pelo órgão ou entidade com circunscrição sobre a via.

Art. 51. Nas vias internas pertencentes a condomínios constituídos por unidades autônomas, a sinalização de regulamentação da via será implantada e mantida às expensas do condomínio, após aprovação dos projetos pelo órgão ou entidade com circunscrição sobre a via.

Art. 52. Os veículos de tração animal serão conduzidos pela direita da pista, junto à guia da calçada (meio-fio) ou acostamento, sempre que não houver faixa especial a eles destinada, devendo seus condutores obedecer, no que couber, às normas de circulação previstas neste Código e às que vierem a ser fixadas pelo órgão ou entidade com circunscrição sobre a via.

Art. 53. Os animais isolados ou em grupos só podem circular nas vias quando conduzidos por um guia, observado o seguinte:

I - para facilitar os deslocamentos, os rebanhos deverão ser divididos em grupos de tamanho moderado e separados uns dos outros por espaços suficientes para não obstruir o trânsito;

II - os animais que circularem pela pista de rolamento deverão ser mantidos junto ao bordo da pista.

Art. 54. Os condutores de motocicletas, motonetas e ciclomotores só poderão circular nas vias:

I - utilizando capacete de segurança, com viseira ou óculos protetores;

- arts. 230, X; e 244, I, deste Código.
- Res. CONTRAN 453/2013 (Disciplina o uso de capacete para condutor e passageiro de motocicletas, motonetas, ciclomotores, triciclos motorizados e quadriciclos motorizados).

II - segurando o guidom com as duas mãos;

III - usando vestuário de proteção, de acordo com as especificações do CONTRAN.

Art. 55. Os passageiros de motocicletas, motonetas e ciclomotores só poderão ser transportados:

I - utilizando capacete de segurança;

- arts. 230, X; e 244, II, deste Código.
- Res. CONTRAN 453/2013 (Disciplina o uso de capacete para condutor e passageiro de motocicletas, motonetas, ciclomotores, triciclos motorizados e quadriciclos motorizados).

II - em carro lateral acoplado aos veículos ou em assento suplementar atrás do condutor;

- art. 244, II, deste Código.

III - usando vestuário de proteção, de acordo com as especificações do CONTRAN.

Art. 56. (Vetado.)

- **Atualização:** Art. 56-A. (Vetado na Lei 14.071/2020, em vigor após decorridos 180 dias de sua publicação oficial-DOU de 14.10 de 2020)

Art. 57. Os ciclomotores devem ser conduzidos pela direita da pista de rolamento, preferencialmente no centro da faixa mais à direita ou no bordo direito da pista sempre que não houver acostamento ou faixa própria a eles destinada, proibida a sua circulação nas vias de trânsito rápido e sobre as calçadas das vias urbanas.

Parágrafo único. Quando uma via comportar duas ou mais faixas de trânsito e a da direita for destinada ao uso exclusivo de outro tipo de veículo, os ciclomotores deverão circular pela faixa adjacente à da direita.

- arts. 185, I; 193; e 244, § 2º, deste Código.

Art. 58. Nas vias urbanas e nas rurais de pista dupla, a circulação de bicicletas deverá ocorrer, quando não houver ciclovia, ciclofaixa, ou acostamento, ou quando não for possível a utilização destes, nos bordos da pista de rolamento, no mesmo sentido de circulação regulamentado para a via, com preferência sobre os veículos automotores.

Parágrafo único. A autoridade de trânsito com circunscrição sobre a via poderá autorizar a circulação de bicicletas no sentido contrário ao fluxo dos veículos automotores, desde que dotado o trecho com ciclofaixa.

Art. 59. Desde que autorizado e devidamente sinalizado pelo órgão ou entidade com circunscrição sobre a via, será permitida a circulação de bicicletas nos passeios.

- art. 255 deste Código.

Art. 60. As vias abertas à circulação, de acordo com sua utilização, classificam-se em:

I - vias urbanas:

a) via de trânsito rápido;

b) via arterial;

c) via coletora;

d) via local;

II - vias rurais:

a) rodovias;

b) estradas.

Art. 61. A velocidade máxima permitida para a via será indicada por meio de sinalização, obedecidas suas características técnicas e as condições de trânsito.

- Lei 12.436/2011 (Veda o emprego de práticas que estimulem o aumento de velocidade por motociclistas profissionais).

§ 1º Onde não existir sinalização regulamentadora, a velocidade máxima será de:

I - nas vias urbanas:

a) oitenta quilômetros por hora, nas vias de trânsito rápido:

b) sessenta quilômetros por hora, nas vias arteriais;

c) quarenta quilômetros por hora, nas vias coletoras;

d) trinta quilômetros por hora, nas vias locais;

II - nas vias rurais:

a) nas rodovias de pista dupla: (Alterado pela Lei 13.281/2016.)

1. 110 km/h (cento e dez quilômetros por hora) para automóveis, camionetas e motocicletas; (Alterado pela Lei 13.281/2016.)

2. 90 km/h (noventa quilômetros por hora) para os demais veículos; (Alterado pela Lei 13.281/2016.)

3. (revogado); (Alterado pela Lei 13.281/2016.)

b) nas rodovias de pista simples: (Alterado pela Lei 13.281/2016.)

1. 100 km/h (cem quilômetros por hora) para automóveis, camionetas e motocicletas; (Alterado pela Lei 13.281/2016.)

2. 90 km/h (noventa quilômetros por hora) para os demais veículos; (Alterado pela Lei 13.281/2016.)

c) nas estradas: 60 km/h (sessenta quilômetros por hora). (Alterado pela Lei 13.281/2016.)

§ 2º O órgão ou entidade de trânsito ou rodoviário com circunscrição sobre a via poderá regulamentar, por meio de sinalização, velocidades superiores ou inferiores àquelas estabelecidas no parágrafo anterior.

Art. 62. A velocidade mínima não poderá ser inferior à metade da velocidade máxima estabelecida, respeitadas as condições operacionais de trânsito e da via.

- art. 219 deste Código.

Art. 63. (Vetado.)

Art. 64. As crianças com idade inferior a dez anos devem ser transportadas nos bancos traseiros, salvo exceções regulamentadas pelo CONTRAN.

- art. 168 deste Código.
- Res. CONTRAN 277/2008 (Dispõe sobre o transporte de menores de 10 anos e a utilização do dispositivo de retenção para o transporte de crianças em veículos).

- **Atualização:** Art. 64. As crianças com idade inferior a 10 (dez) anos que não tenham atingido 1,45 m (um metro e quarenta e cinco centímetros) de altura devem ser transportadas nos bancos traseiros, em dispositivo de retenção adequado para cada idade, peso e altura, salvo exceções relacionadas a tipos específicos de veículos regulamentadas pelo Contran. (Redação dada pela Lei 14.071/2020, em vigor após decorridos 180 dias de sua publicação oficial-DOU de 14.10 de 2020)

  Parágrafo único. O Contran disciplinará o uso excepcional de dispositivos de retenção no banco dianteiro do veículo e as especificações técnicas dos dispositivos de retenção a que se refere o *caput* deste artigo. (Acrescido pela Lei 14.071/2020, em vigor após decorridos 180 dias de sua publicação oficial-DOU de 14.10 de 2020)

Art. 65. É obrigatório o uso do cinto de segurança para condutor e passageiros em todas as vias do território nacional, salvo em situações regulamentadas pelo CONTRAN.

- arts. 167 e 230, IX, deste Código.
- Res. CONTRAN 278/2008 (Proíbe a utilização de dispositivos que travem, afrouxem ou modifiquem o funcionamento dos cintos de segurança).

Art. 66. (Vetado.)

Art. 67. As provas ou competições desportivas, inclusive seus ensaios, em via aberta à circulação, só poderão ser realizadas mediante prévia permissão da autoridade de trânsito com circunscrição sobre a via e dependerão de:

I - autorização expressa da respectiva confederação desportiva ou de entidades estaduais a ela filiadas;

II - caução ou fiança para cobrir possíveis danos materiais à via;

III - contrato de seguro contra riscos e acidentes em favor de terceiros;

IV - prévio recolhimento do valor correspondente aos custos operacionais em que o órgão ou entidade permissionária incorrerá.

Parágrafo único. A autoridade com circunscrição sobre a via arbitrará os valores mínimos da caução ou fiança e do contrato de seguro.

CAPÍTULO III-A
DA CONDUÇÃO DE VEÍCULOS POR MOTORISTAS PROFISSIONAIS

- Acrescentado pela Lei 12.619/2012.

Art. 67-A. O disposto neste Capítulo aplica-se aos motoristas profissionais: (Alterado pela Lei 13.103/2015.)

I - de transporte rodoviário coletivo de passageiros; (Alterado pela Lei 13.103/2015.)

II - de transporte rodoviário de cargas. (Alterado pela Lei 13.103/2015.)

§§ 1º a 7º (Revogados). (Alterado pela Lei 13.103/2015.)

§ 8º (Vetado.) (Acrescentado pela Lei 12.619/2012.).

Art. 67-B. (Vetado.).

Art. 67-C. É vedado ao motorista profissional dirigir por mais de 5 (cinco) horas e meia ininterruptas veículos de transporte rodoviário coletivo de passageiros ou de transporte rodoviário de cargas. (Alterado pela Lei 13.103/2015.)

§ 1º Serão observados 30 (trinta) minutos para descanso dentro de cada 6 (seis) horas na condução de veículo de transporte de carga, sendo facultado o seu fracionamento e o do tempo de direção desde que não ultrapassadas 5 (cinco) horas e meia contínuas no exercício da condução. (Acrescentado pela Lei 13.103/2015.)

§ 1º-A. Serão observados 30 (trinta) minutos para descanso a cada 4 (quatro) horas na condução de veículo rodoviário de passageiros, sendo facultado o seu fracionamento e o do tempo de direção. (Acrescentado pela Lei 13.103/2015.)

§ 2º Em situações excepcionais de inobservância justificada do tempo de direção, devidamente registradas, o tempo de direção poderá ser elevado pelo período necessário para que o condutor, o veículo e a carga cheguem a um lugar que ofereça a segurança e o atendimento demandados, desde que não haja comprometimento da segurança rodoviária. (Acrescentado pela Lei 13.103/2015.)

§ 3º O condutor é obrigado, dentro do período de 24 (vinte e quatro) horas, a observar o mínimo de 11 (onze) horas de descanso, que podem ser fracionadas, usufruídas no veículo e coincidir com os intervalos mencionados no § 1º, observadas no primeiro período 8 (oito) horas ininterruptas de descanso. (Acrescentado pela Lei 13.103/2015.)

- Vigência: art. 12, Lei 13.103/2015.

§ 4º Entende-se como tempo de direção ou de condução apenas o período em que o condutor estiver efetivamente ao volante, em curso entre a origem e o destino. (Acrescentado pela Lei 13.103/2015.)

§ 5º Entende-se como início de viagem a partida do veículo na ida ou no retorno, com ou sem carga, considerando-se como sua continuação as partidas nos dias subsequentes até o destino. (Acrescentado pela Lei 13.103/2015.)

§ 6º O condutor somente iniciará uma viagem após o cumprimento integral do intervalo de descanso previsto no § 3º deste artigo. (Acrescentado pela Lei 13.103/2015.)

§ 7º Nenhum transportador de cargas ou coletivo de passageiros, embarcador, consignatário de cargas, operador de terminais de carga, operador de transporte multimodal de cargas ou agente de cargas ordenará a qualquer motorista a seu serviço, ainda que subcontratado, que conduza veículo referido no *caput* sem a observância do disposto no § 6º. (Acrescentado pela Lei 13.103/2015.)

Art. 67-D. (Vetado.).

- (Acrescentado pela Lei 12.619/2012.)

Art. 67-E. O motorista profissional é responsável por controlar e registrar o tempo de condução estipulado no art. 67-C, com vistas à sua estrita observância. (Acrescentado pela Lei 13.103/2015.)

§ 1º A não observância dos períodos de descanso estabelecidos no art. 67-C sujeitará o motorista profissional às penalidades daí decorrentes, previstas neste Código. (Acrescentado pela Lei 13.103/2015.)

§ 2º O tempo de direção será controlado mediante registrador instantâneo inalterável de velocidade e tempo e, ou por meio de anotação em diário de bordo, ou papeleta ou ficha de trabalho externo, ou por meios eletrônicos instalados no veículo, conforme norma do Contran. (Acrescentado pela Lei 13.103/2015.)

§ 3º O equipamento eletrônico ou registrador deverá funcionar de forma independente de qualquer interferência do condutor, quanto aos dados registrados. (Acrescentado pela Lei 13.103/2015.)

§ 4º A guarda, a preservação e a exatidão das informações contidas no equipamento registrador instantâneo inalterável de velocidade e de tempo são de responsabilidade do condutor. (Acrescentado pela Lei 13.103/2015.)

CAPÍTULO IV
DOS PEDESTRES E CONDUTORES DE VEÍCULOS NÃO MOTORIZADOS

Art. 68. É assegurada ao pedestre a utilização dos passeios ou passagens apropriadas das vias urbanas e dos acostamentos das vias rurais para circulação, podendo a autoridade competente permitir a utilização de parte da calçada para outros fins, desde que não seja prejudicial ao fluxo de pedestres.

§ 1º O ciclista desmontado empurrando a bicicleta equipara-se ao pedestre em direitos e deveres.

§ 2º Nas áreas urbanas, quando não houver passeios ou quando não for possível a utilização destes, a circulação de pedestres na pista de rolamento será feita com prioridade sobre os veículos, pelos bordos da pista, em fila única, exceto em locais proibidos pela sinalização e nas situações em que a segurança ficar comprometida.

§ 3º Nas vias rurais, quando não houver acostamento ou quando não for possível a utilização dele, a circulação de pedestres, na pista de rolamento, será feita com prioridade sobre os veículos, pelos bordos da pista, em fila única, em sentido contrário ao deslocamento de veículos, exceto em locais proibidos pela sinalização e nas situações em que a segurança ficar comprometida.

§ 4º (Vetado.)

§ 5º Nos trechos urbanos de vias rurais e nas obras de arte a serem construídas, deverá ser previsto passeio destinado à circulação dos pedestres, que não deverão, nessas condições, usar o acostamento.

§ 6º Onde houver obstrução da calçada ou da passagem para pedestres, o órgão ou entidade com circunscrição sobre a via deverá assegurar a devida sinalização e proteção para circulação de pedestres.

Art. 69. Para cruzar a pista de rolamento o pedestre tomará precauções de segurança, levando em conta, principalmente, a visibilidade, a distância e a velocidade dos veículos, utilizando sempre as faixas ou passagens a ele destinadas sempre que estas existirem numa distância de até cinquenta metros dele, observadas as seguintes disposições:

I - onde não houver faixa ou passagem, o cruzamento da via deverá ser feito em sentido perpendicular ao de seu eixo;

II - para atravessar uma passagem sinalizada para pedestres ou delimitada por marcas sobre a pista:

a) onde houver foco de pedestres, obedecer às indicações das luzes;

b) onde não houver foco de pedestres, aguardar que o semáforo ou o agente de trânsito interrompa o fluxo de veículos;

III - nas interseções e em suas proximidades, onde não existam faixas de travessia, os pedestres devem atravessar a via na continuação da calçada, observadas as seguintes normas:

a) não deverão adentrar na pista sem antes se certificar de que podem fazê-lo sem obstruir o trânsito de veículos;

b) uma vez iniciada a travessia de uma pista, os pedestres não deverão aumentar o seu percurso, demorar-se ou parar sobre ela sem necessidade.

Art. 70. Os pedestres que estiverem atravessando a via sobre as faixas delimitadas para esse fim terão prioridade de passagem, exceto nos locais com sinalização semafórica, onde deverão ser respeitadas as disposições deste Código.

Parágrafo único. Nos locais em que houver sinalização semafórica de controle de passagem será dada preferência aos pedestres que não tenham concluído a travessia, mesmo em caso de mudança do semáforo liberando a passagem dos veículos.

- arts. 214, I e II; e 270 deste Código.

Art. 71. O órgão ou entidade com circunscrição sobre a via manterá, obrigatoriamente, as faixas e passagens de pedestres em boas condições de visibilidade, higiene, segurança e sinalização.

CAPÍTULO V
DO CIDADÃO

Art. 72. Todo cidadão ou entidade civil tem o direito de solicitar, por escrito, aos órgãos ou entidades do Sistema Nacional de Trânsito, sinalização, fiscalização e implantação de equipamentos de segurança, bem como sugerir alterações em normas, legislação e outros assuntos pertinentes a este Código.

Art. 73. Os órgãos ou entidades pertencentes ao Sistema Nacional de Trânsito têm o dever de analisar as solicitações e responder, por escrito, dentro de prazos mínimos, sobre a possibilidade ou não de atendimento, esclarecendo ou justificando a análise efetuada, e, se pertinente, informando ao solicitante quando tal evento ocorrerá.

Parágrafo único. As campanhas de trânsito devem esclarecer quais as atribuições dos órgãos e entidades pertencentes ao Sistema Nacional de Trânsito e como proceder a tais solicitações.

CAPÍTULO VI
DA EDUCAÇÃO PARA O TRÂNSITO

Art. 74. A educação para o trânsito é direito de todos e constitui dever prioritário para os componentes do Sistema Nacional de Trânsito.

§ 1º É obrigatória a existência de coordenação educacional em cada órgão ou entidade componente do Sistema Nacional de Trânsito.

§ 2º Os órgãos ou entidades executivos de trânsito deverão promover, dentro de sua estrutura organizacional ou mediante convênio, o funcionamento de Escolas Públicas de Trânsito, nos moldes e padrões estabelecidos pelo CONTRAN.

- Res. CONTRAN 515/2014 (Estabelece critérios de padronização para funcionamento das Escolas Públicas de Trânsito).

Art. 75. O CONTRAN estabelecerá, anualmente, os temas e os cronogramas das campanhas de âmbito nacional que deverão ser promovidas por todos os órgãos ou entidades do Sistema Nacional de Trânsito, em especial nos períodos referentes às férias escolares, feriados prolongados e à Semana Nacional de Trânsito.

§ 1º Os órgãos ou entidades do Sistema Nacional de Trânsito deverão promover outras campanhas no âmbito de sua circunscrição e de acordo com as peculiaridades locais.

§ 2º As campanhas de que trata este artigo são de caráter permanente, e os serviços de rádio e difusão sonora de sons e imagens explorados pelo poder público são obrigados a difundi-las gratuitamente, com a frequência recomendada pelos órgãos competentes do Sistema Nacional de Trânsito.

Art. 76. A educação para o trânsito será promovida na pré-escola e nas escolas de 1º, 2º e 3º graus, por meio de planejamento e ações coordenadas entre os órgãos e entidades do Sistema Nacional de Trânsito e de Educação, da União, dos Estados, do Distrito Federal e dos Municípios, nas respectivas áreas de atuação.

Parágrafo único. Para a finalidade prevista neste artigo, o Ministério da Educação e do Desporto, mediante proposta do CONTRAN e do Conselho de Reitores das Universidades Brasileiras, diretamente ou mediante convênio, promoverá:

I - a adoção, em todos os níveis de ensino, de um currículo interdisciplinar com conteúdo programático sobre segurança de trânsito;

II - a adoção de conteúdos relativos à educação para o trânsito nas escolas de formação para o magistério e o treinamento de professores e multiplicadores;

III - a criação de corpos técnicos interprofissionais para levantamento e análise de dados estatísticos relativos ao trânsito;

IV - a elaboração de planos de redução de acidentes de trânsito junto aos núcleos interdisciplinares universitários de trânsito, com vistas à integração universidades-sociedade na área de trânsito.

Art. 77. No âmbito da educação para o trânsito caberá ao Ministério da Saúde, mediante proposta do CONTRAN, estabelecer campanha nacional esclarecendo condutas a serem seguidas nos primeiros socorros em caso de acidente de trânsito.

Parágrafo único. As campanhas terão caráter permanente por intermédio do Sistema Único de Saúde - SUS, sendo intensificadas nos períodos e na forma estabelecidos no art. 76.

Art. 77-A. São assegurados aos órgãos ou entidades componentes do Sistema Nacional de Trânsito os mecanismos instituídos nos arts. 77-B a 77-E para a veiculação de mensagens educativas de trânsito em todo o território nacional, em caráter suplementar às campanhas previstas nos arts. 75 e 77. (Incluído pela Lei 12.006/2009.)

Art. 77-B. Toda peça publicitária destinada à divulgação ou promoção, nos meios de comunicação social, de produto oriundo da indústria automobilística ou afim, incluirá, obrigatoriamente, mensagem educativa de trânsito a ser conjuntamente veiculada. (Incluído pela Lei 12.006/2009.)

§ 1º Para os efeitos dos arts. 77-A a 77-E, consideram-se produtos oriundos da indústria automobilística ou afins: (Incluído pela Lei 12.006/2009.)

I - os veículos rodoviários automotores de qualquer espécie, incluídos os de passageiros e os de carga; (Incluído pela Lei 12.006/2009.)

II - os componentes, as peças e os acessórios utilizados nos veículos mencionados no inciso I. (Incluído pela Lei 12.006/2009.)

§ 2º O disposto no *caput* deste artigo aplica-se à propaganda de natureza comercial, veiculada por iniciativa do fabricante do produto, em qualquer das seguintes modalidades: (Incluído pela Lei 12.006/2009.)

I - rádio; (Incluído pela Lei 12.006/2009.)

II - televisão; (Incluído pela Lei 12.006/2009.)

III - jornal; (Incluído pela Lei 12.006/2009.)

IV - revista; (Incluído pela Lei 12.006/2009.)

V - *outdoor*. (Incluído pela Lei 12.006/2009.)

§ 3º Para efeito do disposto no § 2º, equiparam-se ao fabricante o montador, o encarroçador, o importador e o revendedor autorizado dos veículos e demais produtos discriminados no § 1º deste artigo. (Incluído pela Lei 12.006/2009.)

Art. 77-C. Quando se tratar de publicidade veiculada em *outdoor* instalado à margem de rodovia, dentro ou fora da respectiva faixa de domínio, a obrigação prevista no art. 77-B estende-se à propaganda de qualquer tipo de produto e anunciante, inclusive àquela de caráter institucional ou eleitoral. (Incluído pela Lei 12.006/2009.)

Art. 77-D. O Conselho Nacional de Trânsito (CONTRAN) especificará o conteúdo e o padrão de apresentação das mensagens, bem como os procedimentos envolvidos na respectiva veiculação, em conformidade com as diretrizes fixadas para as campanhas educativas de trânsito a que se refere o art. 75. (Incluído pela Lei 12.006/2009.)

Art. 77-E. A veiculação de publicidade feita em desacordo com as condições fixadas nos arts. 77-A a 77-D constitui infração punível com as seguintes sanções: (Incluído pela Lei 12.006/2009.)

I - advertência por escrito; (Incluído pela Lei 12.006/2009.)

II - suspensão, nos veículos de divulgação da publicidade, de qualquer outra propaganda do produto, pelo prazo de até 60 (sessenta) dias; (Incluído pela Lei 12.006/2009.)

III - multa de R$ 1.627,00 (mil, seiscentos e vinte e sete reais) a R$ 8.135,00 (oito mil, cento e trinta e cinco reais), cobrada do dobro até o quíntuplo em caso de reincidência. (Alterado pela Lei 13.281/2016.)

§ 1º As sanções serão aplicadas isolada ou cumulativamente, conforme dispuser o regulamento. (Incluído pela Lei 12.006/2009.)

§ 2º Sem prejuízo do disposto no *caput* deste artigo, qualquer infração acarretará a imediata suspensão da veiculação da peça publicitária até que sejam cumpridas as exigências fixadas nos arts. 77-A a 77-D. (Incluído pela Lei 12.006/2009.)

Art. 78. Os Ministérios da Saúde, da Educação e do Desporto, do Trabalho, dos Transportes e da Justiça, por intermédio do CONTRAN, desenvolverão e implementarão programas destinados à prevenção de acidentes.

Parágrafo único. O percentual de dez por cento do total dos valores arrecadados destinados à Previdência Social, do Prêmio do Seguro Obrigatório de Danos Pessoais causados por Veículos Automotores de Via Terrestre - DPVAT, de que trata a Lei nº 6.194, de 19 de dezembro de 1974, serão repassados mensalmente ao Coordenador do Sistema Nacional de Trânsito para aplicação exclusiva em programas de que trata este artigo.

Art. 79. Os órgãos e entidades executivos de trânsito poderão firmar convênio com os órgãos de educação da União, dos Estados, do Distrito Federal e dos Municípios, objetivando o cumprimento das obrigações estabelecidas neste capítulo.

CAPÍTULO VII
DA SINALIZAÇÃO DE TRÂNSITO

Art. 80. Sempre que necessário, será colocada ao longo da via, sinalização prevista neste Código e em legislação complementar, destinada a condutores e pedestres, vedada a utilização de qualquer outra.

§ 1º A sinalização será colocada em posição e condições que a tornem perfeitamente visível e legível durante o dia e a noite, em distância compatível com a segurança do trânsito, conforme normas e especificações do CONTRAN.

§ 2º O CONTRAN poderá autorizar, em caráter experimental e por período prefixado, a utilização de sinalização não prevista neste Código.

- Res. CONTRAN 348/2010 (Estabelece o procedimento e os requisitos para apreciação dos equipamentos de trânsito e de sinalização não previstos neste Código).

§ 3º A responsabilidade pela instalação da sinalização nas vias internas pertencentes aos condomínios constituídos por unidades autônomas e nas vias e áreas de estacionamento de estabelecimentos privados de uso coletivo é de seu proprietário. (Acrescentado pela Lei 13.281/2016.)

Art. 81. Nas vias públicas e nos imóveis é proibido colocar luzes, publicidade, inscrições, vegetação e mobiliário que possam gerar confusão, interferir na visibilidade da sinalização e comprometer a segurança do trânsito.

Art. 82. É proibido afixar sobre a sinalização de trânsito e respectivos suportes, ou junto a ambos, qualquer tipo de publicidade, inscrições, legendas e símbolos que não se relacionem com a mensagem da sinalização.

Art. 83. A afixação de publicidade ou de quaisquer legendas ou símbolos ao longo das vias condiciona-se à prévia aprovação do órgão ou entidade com circunscrição sobre a via.

Art. 84. O órgão ou entidade de trânsito com circunscrição sobre a via poderá retirar ou determinar a imediata retirada de qualquer elemento que prejudique a visibilidade da sinalização viária e a segurança do trânsito, com ônus para quem o tenha colocado.

Art. 85. Os locais destinados pelo órgão ou entidade de trânsito com circunscrição sobre a via à travessia de pedestres deverão ser sinalizados com faixas pintadas ou demarcadas no leito da via.

Art. 86. Os locais destinados a postos de gasolina, oficinas, estacionamentos ou garagens de uso coletivo deverão ter suas entradas e saídas devidamente identificadas, na forma regulamentada pelo CONTRAN.

- Res. CONTRAN 28/1998 (Regulamento).

Art. 86-A. As vagas de estacionamento regulamentado de que trata o inciso XVII do art. 181 desta Lei deverão ser sinalizadas com as respectivas placas indicativas de destinação e com placas informando os dados sobre a infração por estacionamento indevido. (Acrescentado pela Lei 13.146/2015.)

Art. 87. Os sinais de trânsito classificam-se em:

I - verticais;

II - horizontais;

III - dispositivos de sinalização auxiliar;

IV - luminosos;

V - sonoros;

VI - gestos do agente de trânsito e do condutor.

Art. 88. Nenhuma via pavimentada poderá ser entregue após sua construção, ou reaberta ao trânsito após a realização de obras ou de manutenção, enquanto não estiver devidamente sinalizada, vertical e horizontalmente, de forma a garantir as condições adequadas de segurança na circulação.

Parágrafo único. Nas vias ou trechos de vias em obras deverá ser afixada sinalização específica e adequada.

Art. 89. A sinalização terá a seguinte ordem de prevalência:

I - as ordens do agente de trânsito sobre as normas de circulação e outros sinais;

- art. 195 deste Código.

II - as indicações do semáforo sobre os demais sinais;

III - as indicações dos sinais sobre as demais normas de trânsito.

Art. 90. Não serão aplicadas as sanções previstas neste Código por inobservância à sinalização quando esta for insuficiente ou incorreta.

§ 1º O órgão ou entidade de trânsito com circunscrição sobre a via é responsável pela implantação da sinalização, respondendo pela sua falta, insuficiência ou incorreta colocação.

- art. 51 deste Código.

§ 2º O CONTRAN editará normas complementares no que se refere à interpretação, colocação e uso da sinalização.

CAPÍTULO VIII
DA ENGENHARIA DE TRÁFEGO, DA OPERAÇÃO, DA FISCALIZAÇÃO E DO POLICIAMENTO OSTENSIVO DE TRÂNSITO

Art. 91. O CONTRAN estabelecerá as normas e regulamentos a serem adotados em todo o território nacional quando da implementação das soluções adotadas pela Engenharia de Tráfego, assim como padrões a serem praticados por todos os órgãos e entidades do Sistema Nacional de Trânsito.

Art. 92. (Vetado.)

Art. 93. Nenhum projeto de edificação que possa transformar-se em polo atrativo de trânsito poderá ser aprovado sem prévia anuência do órgão ou entidade com circunscrição sobre a via e sem que do projeto conste área para estacionamento e indicação das vias de acesso adequadas.

Art. 94. Qualquer obstáculo à livre circulação e à segurança de veículos e pedestres, tanto na via quanto na calçada, caso não possa ser retirado, deve ser devida e imediatamente sinalizado.

- art. 95, § 4º, deste Código.

Parágrafo único. É proibida a utilização das ondulações transversais e de sonorizadores como redutores de velocidade, salvo em casos especiais definidos pelo órgão ou entidade competente, nos padrões e critérios estabelecidos pelo CONTRAN.

Art. 95. Nenhuma obra ou evento que possa perturbar ou interromper a livre circulação de veículos e pedestres, ou colocar em risco sua segurança, será iniciada sem permissão prévia do órgão ou entidade de trânsito com circunscrição sobre a via.

- arts. 21, IX, e 24, IX, deste Código.
- Res. CONTRAN 482/2014 (Estabelece a competência e circunscrição sobre as vias de acesso aos aeroportos, abertas à circulação, integrantes das áreas que compõem os sítios aeroportuários).

§ 1º A obrigação de sinalizar é do responsável pela execução ou manutenção da obra ou do evento.

§ 2º Salvo em casos de emergência, a autoridade de trânsito com circunscrição sobre a via avisará a comunidade, por intermédio dos meios de comunicação social, com quarenta e oito horas de antecedência, de qualquer interdição da via, indicando-se os caminhos alternativos a serem utilizados.

§ 3º O descumprimento do disposto neste artigo será punido com multa de R$ 81,35 (oitenta e um reais e trinta e cinco centavos) a R$ 488,10 (quatrocentos e oitenta e oito reais e dez centavos), independentemente das cominações cíveis e penais cabíveis, além de multa diária no mesmo valor até a regularização da situação, a partir do prazo final concedido pela autoridade de trânsito, levando-se em consideração a dimensão da obra ou do evento e o prejuízo causado ao trânsito. (Alterado pela Lei 13.281/2016.)

§ 4º Ao servidor público responsável pela inobservância de qualquer das normas previstas neste e nos arts. 93 e 94, a autoridade de trânsito aplicará multa diária na base de cinquenta por cento do dia de vencimento ou remuneração devida enquanto permanecer a irregularidade.

CAPÍTULO IX
DOS VEÍCULOS

SEÇÃO I
DISPOSIÇÕES GERAIS

Art. 96. Os veículos classificam-se em:

I - quanto à tração:

a) automotor;

b) elétrico;

c) de propulsão humana;

d) de tração animal;

e) reboque ou semirreboque;

II - quanto à espécie:

a) de passageiros:

1 - bicicleta;

2 - ciclomotor;

3 - motoneta;

4 - motocicleta;

5 - triciclo;

6 - quadriciclo;

7 - automóvel;

8 - micro-ônibus;

9 - ônibus;

10 - bonde;

11 - reboque ou semirreboque;

12 - charrete;

b) de carga:

1 - motoneta;

2 - motocicleta;

3 - triciclo;

4 - quadriciclo;

5 - caminhonete;

6 - caminhão;

7 - reboque ou semirreboque;

8 - carroça;

9 - carro de mão;

c) misto:

1 - camioneta;

2 - utilitário;

3 - outros;

d) de competição;

e) de tração:

1 - caminhão-trator;

2 - trator de rodas;

3 - trator de esteiras;

4 - trator misto;

f) especial;

g) de coleção;

III - quanto à categoria:

a) oficial;

b) de representação diplomática, de repartições consulares de carreira ou organismos internacionais acreditados junto ao Governo brasileiro;

c) particular;

d) de aluguel;

e) de aprendizagem.

Art. 97. As características dos veículos, suas especificações básicas, configuração e condições essenciais para registro, licenciamento e circulação serão estabelecidas pelo CONTRAN, em função de suas aplicações.

Art. 98. Nenhum proprietário ou responsável poderá, sem prévia autorização da autoridade competente, fazer ou ordenar que sejam feitas no veículo modificações de suas características de fábrica.

› Res. CONTRAN 292/2008 (Dispõe sobre modificações previstas neste artigo).

Parágrafo único. Os veículos e motores novos ou usados que sofrerem alterações ou conversões são obrigados a atender aos mesmos limites e exigências de emissão de poluentes e ruído previstos pelos órgãos ambientais competentes e pelo CONTRAN, cabendo à entidade executora das modificações e ao proprietário do veículo a responsabilidade pelo cumprimento das exigências.

› art. 230, VII, deste Código.

› **Atualização:** § 2º Veículos classificados na espécie misto, tipo utilitário, carroçaria jipe poderão ter alterado o diâmetro externo do conjunto formado por roda e pneu, observadas restrições impostas pelo fabricante e exigências fixadas pelo Contran. (Acrescido pela Lei 14.071/2020, em vigor após decorridos 180 dias de sua publicação oficial-DOU de 14.10 de 2020)

Art. 99. Somente poderá transitar pelas vias terrestres o veículo cujo peso e dimensões atenderem aos limites estabelecidos pelo CONTRAN.

› art. 231, IV, deste Código.

› Res. CONTRAN 210/2006 (Estabelece os limites de peso e dimensões para veículos que transitem por vias terrestres).

§ 1º O excesso de peso será aferido por equipamento de pesagem ou pela verificação de documento fiscal, na forma estabelecida pelo CONTRAN.

§ 2º Será tolerado um percentual sobre os limites de peso bruto total e peso bruto transmitido por eixo de veículos à superfície das vias, quando aferido por equipamento, na forma estabelecida pelo CONTRAN.

§ 3º Os equipamentos fixos ou móveis utilizados na pesagem de veículos serão aferidos de acordo com a metodologia e na periodicidade estabelecidas pelo CONTRAN, ouvido o órgão ou entidade de metrologia legal.

Art. 100. Nenhum veículo ou combinação de veículos poderá transitar com lotação de passageiros, com peso bruto total, ou com peso bruto total combinado com peso por eixo, superior ao fixado pelo fabricante, nem ultrapassar a capacidade máxima de tração da unidade tratora.

§ 1º Os veículos de transporte coletivo de passageiros poderão ser dotados de pneus extralargos. (Alterado pela Lei 13.281/2016.)

› Res. CONTRAN 62/1998 (Estabelece o uso de pneus extralargos e define seus limites de peso).

§ 2º O Contran regulamentará o uso de pneus extralargos para os demais veículos. (Alterado pela Lei 13.281/2016.)

§ 3º É permitida a fabricação de veículos de transporte de passageiros de até 15 m (quinze metros) de comprimento na configuração de chassi 8x2. (Alterado pela Lei 13.281/2016.)

Art. 101. Ao veículo ou combinação de veículos utilizado no transporte de carga indivisível, que não se enquadre nos limites de peso e dimensões estabelecidos pelo CONTRAN, poderá ser concedida, pela autoridade com circunscrição sobre a via, autorização especial de trânsito, com prazo certo, válida para cada viagem, atendidas as medidas de segurança consideradas necessárias.

› **Atualização:** Art. 101. Ao veículo ou à combinação de veículos utilizados no transporte de carga que não se enquadre nos limites de peso e dimensões estabelecidos pelo Contran, poderá ser concedida, pela autoridade com circunscrição sobre a via, autorização especial de trânsito, com prazo certo, válida para cada viagem ou por período, atendidas as medidas de segurança consideradas necessárias, conforme regulamentação do Contran. (Redação dada pela Lei 14.071/2020, em vigor após decorridos 180 dias de sua publicação oficial-DOU de 14.10 de 2020)

§ 1º A autorização será concedida mediante requerimento que especificará as características do veículo ou combinação de veículos e de carga, o percurso, a data e o horário do deslocamento inicial.

› **Atualização:** § 1º (Vetado na Lei 14.071/2020, em vigor após decorridos 180 dias de sua publicação oficial-DOU de 14.10 de 2020)

§ 2º A autorização não exime o beneficiário da responsabilidade por eventuais danos que o veículo ou a combinação de veículos causar à via ou a terceiros.

§ 3º Aos guindastes autopropelidos ou sobre caminhões poderá ser concedida, pela autoridade com circunscrição sobre a via, autorização especial de trânsito, com prazo de seis meses, atendidas as medidas de segurança consideradas necessárias.

Art. 102. O veículo de carga deverá estar devidamente equipado quando transitar, de modo a evitar o derramamento da carga sobre a via.

Parágrafo único. O CONTRAN fixará os requisitos mínimos e a forma de proteção das cargas de que trata este artigo, de acordo com a sua natureza.

SEÇÃO II
DA SEGURANÇA DOS VEÍCULOS

Art. 103. O veículo só poderá transitar pela via quando atendidos os requisitos e condições de segurança estabelecidos neste Código e em normas do CONTRAN.

§ 1º Os fabricantes, os importadores, os montadores e os encarroçadores de veículos deverão emitir certificado de segurança, indispensável ao cadastramento no RENAVAM, nas condições estabelecidas pelo CONTRAN.

§ 2º O CONTRAN deverá especificar os procedimentos e a periodicidade para que os fabricantes, os importadores, os montadores e os encarroçadores comprovem o atendimento aos requisitos de segurança veicular, devendo, para isso, manter disponíveis a qualquer tempo os resultados dos testes e ensaios dos sistemas e componentes abrangidos pela legislação de segurança veicular.

Art. 104. Os veículos em circulação terão suas condições de segurança, de controle de emissão de gases poluentes e de ruído avaliadas mediante inspeção, que será obrigatória, na forma e periodicidade estabelecidas pelo CONTRAN para os itens de segurança e pelo CONAMA para emissão de gases poluentes e ruído.

§§ 1º a 4º (Vetados.)

§ 5º Será aplicada a medida administrativa de retenção aos veículos reprovados na inspeção de segurança e na de emissão de gases poluentes e ruído.

§ 6º Estarão isentos da inspeção de que trata o *caput*, durante 3 (três) anos a partir do primeiro licenciamento, os veículos novos classificados na categoria particular, com capacidade para até 7 (sete) passageiros, desde que mantenham suas características originais de fábrica e não se envolvam em acidente de trânsito com danos de média ou grande monta. (Acrescentado pela Lei 13.281/2016.)

§ 7º Para os demais veículos novos, o período de que trata o § 6º será de 2 (dois) anos, desde que mantenham suas características originais de fábrica e não se envolvam em acidente de trânsito com danos de média ou grande monta. (Acrescentado pela Lei 13.281/2016.)

Art. 105. São equipamentos obrigatórios dos veículos, entre outros a serem estabelecidos pelo CONTRAN:

- Res. CONTRAN 348/2010 (Estabelece o procedimento e os requisitos para apreciação dos equipamentos de trânsito e de sinalização não previstos neste Código).

I - cinto de segurança, conforme regulamentação específica do CONTRAN, com exceção dos veículos destinados ao transporte de passageiros em percursos em que seja permitido viajar em pé;

- Res. CONTRAN 518/2015 (Estabelece os requisitos de instalação e os procedimentos de ensaios de cintos de segurança, ancoragem e apoios de cabeça dos veículos automotores).

II - para os veículos de transporte e de condução escolar, os de transporte de passageiros com mais de dez lugares e os de carga com peso bruto total superior a quatro mil, quinhentos e trinta e seis quilogramas, equipamento registrador instantâneo inalterável de velocidade e tempo;

- art. 67-A deste Código.

III - encosto de cabeça, para todos os tipos de veículos automotores, segundo normas estabelecidas pelo CONTRAN;

- Res. CONTRAN 220/2007 (Estabelece requisitos para ensaios de resistência e ancoragem dos bancos e apoios de cabeça nos veículos).

IV - (Vetado.)

V - dispositivo destinado ao controle de emissão de gases poluentes e de ruído, segundo normas estabelecidas pelo CONTRAN.

VI - para as bicicletas, a campainha, sinalização noturna dianteira, traseira, lateral e nos pedais, e espelho retrovisor do lado esquerdo.

- Res. CONTRAN 46/1998 (Estabelece os equipamentos de segurança obrigatórios para as bicicletas).

VII - equipamento suplementar de retenção - *air bag* frontal para o condutor e o passageiro do banco dianteiro. (Incluído pela Lei 11.910/2009.)

- Res. CONTRAN 311/2009 (Dispõe sobre a obrigatoriedade do uso do equipamento suplementar de segurança passiva - Air Bag, na parte frontal dos veículos novos saídos de fábrica, nacionais e importados).

- **Atualização:** VIII - luzes de rodagem diurna. (Acrescido pela Lei 14.071/2020, em vigor após decorridos 180 dias de sua publicação oficial-DOU de 14.10 de 2020)

§ 1º O CONTRAN disciplinará o uso dos equipamentos obrigatórios dos veículos e determinará suas especificações técnicas.

§ 2º Nenhum veículo poderá transitar com equipamento ou acessório proibido, sendo o infrator sujeito às penalidades e medidas administrativas previstas neste Código.

§ 3º Os fabricantes, os importadores, os montadores, os encarroçadores de veículos e os revendedores devem comercializar os seus veículos com os equipamentos obrigatórios definidos neste artigo, e com os demais estabelecidos pelo CONTRAN.

§ 4º O CONTRAN estabelecerá o prazo para o atendimento do disposto neste artigo.

§ 5º A exigência estabelecida no inciso VII do *caput* deste artigo será progressivamente incorporada aos novos projetos de automóveis e dos veículos deles derivados, fabricados, importados, montados ou encarroçados, a partir do 1º (primeiro) ano após a definição pelo CONTRAN das especificações técnicas pertinentes e do respectivo cronograma de implantação e a partir do 5º (quinto) ano, após esta definição, para os demais automóveis zero quilômetro de modelos ou projetos já existentes e veículos deles derivados. (Incluído pela Lei 11.910/2009.)

§ 6º A exigência estabelecida no inciso VII do *caput* deste artigo não se aplica aos veículos destinados à exportação. (Acrescentado pela Lei 11.910/2009.)

Art. 106. No caso de fabricação artesanal ou de modificação de veículo ou, ainda, quando ocorrer substituição de equipamento de segurança especificado pelo fabricante, será exigido, para licenciamento e registro, certificado de segurança expedido por instituição técnica credenciada por órgão ou entidade de metrologia legal, conforme norma elaborada pelo CONTRAN.

- Res. CONTRAN 292/2008 (Dispõe sobre modificações de veículos previstas neste artigo).
- Res. CONTRAN 632/2016 (Estabelece procedimentos para a prestação de serviços por Instituição Técnica Licenciada "ITL" e Entidade Técnica Pública ou Paraestatal "ETP", para emissão do Certificado de Segurança Veicular "CSV", de que trata este artigo).

- **Atualização:** Parágrafo único. Quando se tratar de blindagem de veículo, não será exigido qualquer outro documento ou autorização para o registro ou o licenciamento. (Acrescido pela Lei 14.071/2020, em vigor após decorridos 180 dias de sua publicação oficial-DOU de 14.10 de 2020)

Art. 107. Os veículos de aluguel, destinados ao transporte individual ou coletivo de passageiros, deverão satisfazer, além das exigências previstas neste Código, às condições técnicas e aos requisitos de segurança, higiene e conforto estabelecidos pelo poder competente para autorizar, permitir ou conceder a exploração dessa atividade.

Art. 108. Onde não houver linha regular de ônibus, a autoridade com circunscrição sobre a via poderá autorizar, a título precário, o transporte de passageiros em veículo de carga ou misto, desde que obedecidas as condições de segurança estabelecidas neste Código e pelo CONTRAN.

Parágrafo único. A autorização citada no *caput* não poderá exceder a doze meses, prazo a partir do qual a autoridade pública responsável deverá implantar o serviço regular de transporte coletivo de passageiros, em conformidade com a legislação pertinente e com os dispositivos deste Código. (Incluído pela Lei 9.602/1998.)

Art. 109. O transporte de carga em veículos destinados ao transporte de passageiros só pode ser realizado de acordo com as normas estabelecidas pelo CONTRAN.

- Res. CONTRAN 26/1998 (Disciplina o transporte de carga em veículos destinados ao transporte de passageiros).
- Res. CONTRAN 349/2010 (Dispõe sobre o transporte eventual de cargas ou de bicicletas nos veículos classificados nas espécies automóvel, caminhonete, camioneta e utilitário).

Art. 110. O veículo que tiver alterada qualquer de suas características para competição ou finalidade análoga só poderá circular nas vias públicas com licença especial da autoridade de trânsito, em itinerário e horário fixados.

Art. 111. É vedado, nas áreas envidraçadas do veículo:

I - (Vetado.)

II - o uso de cortinas, persianas fechadas ou similares nos veículos em movimento, salvo nos que possuam espelhos retrovisores em ambos os lados.

III - aposição de inscrições, películas refletivas ou não, painéis decorativos ou pinturas, quando comprometer a segurança do veículo, na forma de regulamentação do CONTRAN. (Incluído pela Lei 9.602/1998.)

‣ Res. CONTRAN 254/2007 (Estabelece requisitos para os vidros de segurança e critérios para aplicação de inscrições, pictogramas e películas nas áreas envidraçadas dos veículos automotores, de acordo com este inciso).

Parágrafo único. É proibido o uso de inscrição de caráter publicitário ou qualquer outra que possa desviar a atenção dos condutores em toda a extensão do para-brisa e da traseira dos veículos, salvo se não colocar em risco a segurança do trânsito.

Art. 112. (Revogado pela Lei 9.792/1999.)

Art. 113. Os importadores, as montadoras, as encarroçadoras e fabricantes de veículos e autopeças são responsáveis civil e criminalmente por danos causados aos usuários, a terceiros, e ao meio ambiente, decorrentes de falhas oriundas de projetos e da qualidade dos materiais e equipamentos utilizados na sua fabricação.

SEÇÃO III
DA IDENTIFICAÇÃO DO VEÍCULO

Art. 114. O veículo será identificado obrigatoriamente por caracteres gravados no chassi ou no monobloco, reproduzidos em outras partes, conforme dispuser o CONTRAN.

‣ Res. CONTRAN 537/2015 (Dispõe sobre a implantação do Sistema Nacional de Identificação Automática de Veículos – SINIAV em todo o território nacional).

§ 1º A gravação será realizada pelo fabricante ou montador, de modo a identificar o veículo, seu fabricante e as suas características, além do ano de fabricação, que não poderá ser alterado.

§ 2º As regravações, quando necessárias, dependerão de prévia autorização da autoridade executiva de trânsito e somente serão processadas por estabelecimento por ela credenciado, mediante a comprovação de propriedade do veículo, mantida a mesma identificação anterior, inclusive o ano de fabricação.

§ 3º Nenhum proprietário poderá, sem prévia permissão da autoridade executiva de trânsito, fazer, ou ordenar que se faça, modificações da identificação de seu veículo.

Art. 115. O veículo será identificado externamente por meio de placas dianteira e traseira, sendo esta lacrada em sua estrutura, obedecidas as especificações e modelos estabelecidos pelo CONTRAN.

‣ Res. CONTRAN 780/2019 (Dispõe sobre o novo sistema de Placas de Identificação Veicular).

§ 1º Os caracteres das placas serão individualizados para cada veículo e o acompanharão até a baixa do registro, sendo vedado seu reaproveitamento.

§ 2º As placas com as cores verde e amarela da Bandeira Nacional serão usadas somente pelos veículos de representação pessoal do Presidente e do Vice-Presidente da República, dos Presidentes do Senado Federal e da Câmara dos Deputados, do Presidente e dos Ministros do Supremo Tribunal Federal, dos Ministros de Estado, do Advogado-Geral da União e do Procurador-Geral da República.

§ 3º Os veículos de representação dos Presidentes dos Tribunais Federais, dos Governadores, Prefeitos, Secretários Estaduais e Municipais, dos Presidentes das Assembleias Legislativas, das Câmaras Municipais, dos Presidentes dos Tribunais Estaduais e do Distrito Federal, e do respectivo chefe do Ministério Público e ainda dos Oficiais Generais das Forças Armadas terão placas especiais, de acordo com os modelos estabelecidos pelo CONTRAN.

‣ Res. CONTRAN 275/2008 (Estabelece modelo de placa para veículos de representação de acordo com este parágrafo).

§ 4º Os aparelhos automotores destinados a puxar ou a arrastar maquinaria de qualquer natureza ou a executar trabalhos de construção ou de pavimentação são sujeitos ao registro na repartição competente, se transitarem em via pública, dispensados o licenciamento e o emplacamento. (Alterado pela Lei 13.154/2015.)

‣ art. 2º, Lei 13.154/2015 (O registro de que trata esses parágrafos somente é exigível para os aparelhos ou máquinas produzidos a partir de 1º.01.2016).

§ 4º-A. Os tratores e demais aparelhos automotores destinados a puxar ou a arrastar maquinaria agrícola ou a executar trabalhos agrícolas, desde que facultados a transitar em via pública, são sujeitos ao registro único, sem ônus, em cadastro específico do Ministério da Agricultura, Pecuária e Abastecimento, acessível aos componentes do Sistema Nacional de Trânsito. (Alterado pela Lei 13.154/2015.)

‣ art. 2º, Lei 13.154/2015 (O registro de que trata esses parágrafos somente é exigível para os aparelhos ou máquinas produzidos a partir de 1º.01.2016).

§ 5º O disposto neste artigo não se aplica aos veículos de uso bélico.

§ 6º Os veículos de duas ou três rodas são dispensados da placa dianteira.

§ 7º Excepcionalmente, mediante autorização específica e fundamentada das respectivas corregedorias e com a devida comunicação aos órgãos de trânsito competentes, os veículos utilizados por membros do Poder Judiciário e do Ministério Público que exerçam competência ou atribuição criminal poderão temporariamente ter placas especiais, de forma a impedir a identificação de seus usuários específicos, na forma de regulamento a ser emitido, conjuntamente, pelo Conselho Nacional de Justiça - CNJ, pelo Conselho Nacional do Ministério Público - CNMP e pelo Conselho Nacional de Trânsito - CONTRAN. (Acrescentado pela Lei 12.694/2002.)

§ 8º Os veículos artesanais utilizados para trabalho agrícola (jericos), para efeito do registro de que trata o § 4º-A, ficam dispensados da exigência prevista no art. 106. (Acrescentado pela Lei 13.154/2015.)

§ 9º As placas que possuírem tecnologia que permita a identificação do veículo ao qual estão atreladas são dispensadas da utilização do lacre previsto no *caput*, na forma a ser regulamentada pelo Contran. (Acrescentado pela Lei 13.281/2016.)

Art. 116. Os veículos de propriedade da União, dos Estados e do Distrito Federal, devidamente registrados e licenciados, somente quando estritamente usados em serviço reservado de caráter policial, poderão usar placas particulares, obedecidos os critérios e limites estabelecidos pela legislação que regulamenta o uso de veículo oficial.

Art. 117. Os veículos de transporte de carga e os coletivos de passageiros deverão conter, em local facilmente visível, a inscrição indicativa de sua tara, do peso bruto total (PBT), do peso bruto total combinado (PBTC) ou capacidade máxima de tração (CMT) e de sua lotação, vedado o uso em desacordo com sua classificação.

‣ Res. CONTRAN 290/2008 (Disciplina a inscrição de pesos e capacidades em veículos de tração, de carga e de transporte coletivo de passageiros, de acordo com este artigo).

CAPÍTULO X
DOS VEÍCULOS EM CIRCULAÇÃO INTERNACIONAL

Art. 118. A circulação de veículo no território nacional, independentemente de sua origem, em trânsito entre o Brasil e os países com os quais exista acordo ou tratado internacional, reger-se-á pelas disposições deste Código, pelas convenções e acordos internacionais ratificados.

Art. 119. As repartições aduaneiras e os órgãos de controle de fronteira comunicarão diretamente ao RENAVAM a entrada e saída temporária ou definitiva de veículos.

§ 1º Os veículos licenciados no exterior não poderão sair do território nacional sem o prévio pagamento ou o depósito, judicial ou administrativo, dos valores correspondentes às infrações de trânsito cometidas e ao ressarcimento de danos que tiverem causado ao patrimônio público ou de particulares, independentemente da fase do processo administrativo ou judicial envolvendo a questão. (Acrescentado pela Lei 13.281/2016.)

‣ Res. CONTRAN 382/2011 (Dispõe sobre notificação e cobrança de multa por infração de trânsito praticada com veículo licenciado no exterior em trânsito no território nacional).

§ 2º Os veículos que saírem do território nacional sem o cumprimento do disposto no § 1º e que posteriormente forem flagrados tentando ingressar ou já em circulação no território nacional serão retidos até a regularização da situação. (Acrescentado pela Lei 13.281/2016.)

CAPÍTULO XI
DO REGISTRO DE VEÍCULOS

Art. 120. Todo veículo automotor, elétrico, articulado, reboque ou semirreboque, deve ser registrado perante o órgão executivo de trânsito do Estado ou do Distrito Federal, no Município de domicílio ou residência de seu proprietário, na forma da lei.

§ 1º Os órgãos executivos de trânsito dos Estados e do Distrito Federal somente registrarão veículos oficiais de propriedade da administração direta, da União, dos Estados, do Distrito Federal e dos Municípios, de qualquer um dos poderes, com indicação expressa, por pintura nas portas, do nome, sigla ou logotipo do órgão ou entidade em cujo nome o veículo será registrado, excetuando-se os veículos de representação e os previstos no art. 116.

§ 2º O disposto neste artigo não se aplica ao veículo de uso bélico.

Art. 121. Registrado o veículo, expedir-se-á o Certificado de Registro de Veículo - CRV de acordo com os modelos e especificações estabelecidos pelo CONTRAN, contendo as características e condições de invulnerabilidade à falsificação e à adulteração.

- Res. CONTRAN 209/2006 (Cria o código numérico de segurança para o Certificado de Registro de Veículo "CRV", e estabelece a sua configuração e utilização).

- **Atualização:** Art. 121. Registrado o veículo, expedir-se-á o Certificado de Registro de Veículo (CRV), em meio físico e/ou digital, à escolha do proprietário, de acordo com os modelos e com as especificações estabelecidos pelo Contran, com as características e as condições de invulnerabilidade à falsificação e à adulteração. (Redação dada pela Lei 14.071/2020, em vigor após decorridos 180 dias de sua publicação oficial--DOU de 14.10 de 2020)

Art. 122. Para a expedição do Certificado de Registro de Veículo o órgão executivo de trânsito consultará o cadastro do RENAVAM e exigirá do proprietário os seguintes documentos:

I - nota fiscal fornecida pelo fabricante ou revendedor, ou documento equivalente expedido por autoridade competente;

II - documento fornecido pelo Ministério das Relações Exteriores, quando se tratar de veículo importado por membro de missões diplomáticas, de repartições consulares de carreira, de representações de organismos internacionais e de seus integrantes.

Art. 123. Será obrigatória a expedição de novo Certificado de Registro de Veículo quando:

I - for transferida a propriedade;

II - o proprietário mudar o Município de domicílio ou residência;

III - for alterada qualquer característica do veículo;

IV - houver mudança de categoria.

§ 1º No caso de transferência de propriedade, o prazo para o proprietário adotar as providências necessárias à efetivação da expedição do novo Certificado de Registro de Veículo é de trinta dias, sendo que nos demais casos as providências deverão ser imediatas.

§ 2º No caso de transferência de domicílio ou residência no mesmo Município, o proprietário comunicará o novo endereço num prazo de trinta dias e aguardará o novo licenciamento para alterar o Certificado de Licenciamento Anual.

§ 3º A expedição do novo certificado será comunicada ao órgão executivo de trânsito que expediu o anterior e ao RENAVAM.

Art. 124. Para a expedição do novo Certificado de Registro de Veículo serão exigidos os seguintes documentos:

I - Certificado de Registro de Veículo anterior;

II - Certificado de Licenciamento Anual;

III - comprovante de transferência de propriedade, quando for o caso, conforme modelo e normas estabelecidas pelo CONTRAN;

IV - Certificado de Segurança Veicular e de emissão de poluentes e ruído, quando houver adaptação ou alteração de características do veículo;

V - comprovante de procedência e justificativa da propriedade dos componentes e agregados adaptados ou montados no veículo, quando houver alteração das características originais de fábrica;

VI - autorização do Ministério das Relações Exteriores, no caso de veículo da categoria de missões diplomáticas, de repartições consulares de carreira, de representações de organismos internacionais e de seus integrantes;

VII - certidão negativa de roubo ou furto de veículo, expedida no Município do registro anterior, que poderá ser substituída por informação do RENAVAM;

VIII - comprovante de quitação de débitos relativos a tributos, encargos e multas de trânsito vinculados ao veículo, independentemente da responsabilidade pelas infrações cometidas;

IX - (Revogado pela Lei 9.602/1998.)

X - comprovante relativo ao cumprimento do disposto no art. 98, quando houver alteração nas características originais do veículo que afetem a emissão de poluentes e ruído;

XI - comprovante de aprovação de inspeção veicular e de poluentes e ruído, quando for o caso, conforme regulamentações do CONTRAN e do CONAMA.

Parágrafo único. O disposto no inciso VIII do *caput* deste artigo não se aplica à regularização de bens apreendidos ou confiscados na forma da Lei nº 11.343, de 23 de agosto de 2006. (Acrescido pela Lei 13.886/2019)

Art. 125. As informações sobre o chassi, o monobloco, os agregados e as características originais do veículo deverão ser prestadas ao RENAVAM:

I - pelo fabricante ou montadora, antes da comercialização, no caso de veículo nacional;

II - pelo órgão alfandegário, no caso de veículo importado por pessoa física;

III - pelo importador, no caso de veículo importado por pessoa jurídica.

Parágrafo único. As informações recebidas pelo RENAVAM serão repassadas ao órgão executivo de trânsito responsável pelo registro, devendo este comunicar ao RENAVAM, tão logo seja o veículo registrado.

Art. 126. O proprietário de veículo irrecuperável, ou destinado à desmontagem, deverá requerer a baixa do registro, no prazo e forma estabelecidos pelo Contran, vedada a remontagem do veículo sobre o mesmo chassi de forma a manter o registro anterior. (Alterado pela Lei 12.977/2014. Vigência: um ano a partir da publicação oficial.)

Parágrafo único. A obrigação de que trata este artigo é da companhia seguradora ou do adquirente do veículo destinado à desmontagem, quando estes sucederem ao proprietário.

Art. 127. O órgão executivo de trânsito competente só efetuará a baixa do registro após prévia consulta ao cadastro do RENAVAM.

Parágrafo único. Efetuada a baixa do registro, deverá ser esta comunicada, de imediato, ao RENAVAM.

Art. 128. Não será expedido novo Certificado de Registro de Veículo enquanto houver débitos fiscais e de multas de trânsito e ambientais, vinculadas ao veículo, independentemente da responsabilidade pelas infrações cometidas.

Art. 129. O registro e o licenciamento dos veículos de propulsão humana e dos veículos de tração animal obedecerão à regulamentação estabelecida em legislação municipal do domicílio ou residência de seus proprietários. (Alterado pela Lei 13.154/2015.)

Art. 129-A. O registro dos tratores e demais aparelhos automotores destinados a puxar ou a arrastar maquinaria agrícola ou a executar trabalhos agrícolas será efetuado, sem ônus, pelo Ministério da Agricultura, Pecuária e Abastecimento, diretamente ou mediante convênio. (Acrescentado pela Lei 13.154/2015.)

- **Atualização:** Art. 129-B. O registro de contratos de garantias de alienação fiduciária em operações financeiras, consórcio, arrendamento mercantil, reserva de domínio ou penhor será realizado nos órgãos ou entidades executivos de trânsito dos Estados e do Distrito Federal, em observância ao disposto no § 1º do art. 1.361 da Lei nº 10.406, de 10 de janeiro de 2002 (Código Civil), e na Lei nº 13.709, de 14 de agosto de 2018 (Lei Geral de Proteção de Dados Pessoais). (Acrescido pela Lei 14.071/2020, em vigor após decorridos 180 dias de sua publicação oficial-DOU de 14.10 de 2020)

CAPÍTULO XII
DO LICENCIAMENTO

Art. 130. Todo veículo automotor, elétrico, articulado, reboque ou semirreboque, para transitar na via, deverá ser licenciado anualmente pelo órgão executivo de trânsito do Estado, ou do Distrito Federal, onde estiver registrado o veículo.

§ 1º O disposto neste artigo não se aplica a veículo de uso bélico.

§ 2º No caso de transferência de residência ou domicílio, é válido, durante o exercício, o licenciamento de origem.

Art. 131. O Certificado de Licenciamento Anual será expedido ao veículo licenciado, vinculado ao Certificado de Registro, no modelo e especificações estabelecidos pelo CONTRAN.

- Res. CONTRAN 306/2009 (Cria o código numérico de segurança para o Certificado de Registro e Licenciamento de Veículo – CRLV e estabelece a sua configuração e utilização).

- **Atualização:** Art. 131. O Certificado de Licenciamento Anual será expedido ao veículo licenciado, vinculado ao Certificado de Registro de Veículo, em meio físico e/ou digital, à escolha do proprietário, de acordo com o modelo e com as especificações estabelecidos pelo Contran. (Redação dada pela Lei 14.071/2020, em vigor após decorridos 180 dias de sua publicação oficial-DOU de 14.10 de 2020)

§ 1º O primeiro licenciamento será feito simultaneamente ao registro.

§ 2º O veículo somente será considerado licenciado estando quitados os débitos relativos a tributos, encargos e multas de trânsito e ambientais, vinculados ao veículo, independentemente da responsabilidade pelas infrações cometidas.

§ 3º Ao licenciar o veículo, o proprietário deverá comprovar sua aprovação nas inspeções de segurança veicular e de controle de emissões de gases poluentes e de ruído, conforme disposto no art. 104.

- **Atualização:** § 4º As informações referentes às campanhas de chamamento de consumidores para substituição ou reparo de veículos não atendidas no prazo de 1 (um) ano, contado da data de sua comunicação, deverão constar do Certificado de Licenciamento Anual. (Acrescido pela Lei 14.071/2020, em vigor após decorridos 180 dias de sua publicação oficial-DOU de 14.10 de 2020)

  § 5º Após a inclusão das informações de que trata o § 4º deste artigo no Certificado de Licenciamento Anual, o veículo somente será licenciado mediante comprovação do atendimento às campanhas de chamamento de consumidores para substituição ou reparo de veículos. (Acrescido pela Lei 14.071/2020, em vigor após decorridos 180 dias de sua publicação oficial-DOU de 14.10 de 2020)

Art. 132. Os veículos novos não estão sujeitos ao licenciamento e terão sua circulação regulada pelo CONTRAN durante o trajeto entre a fábrica e o Município de destino.

§ 1º O disposto neste artigo aplica-se, igualmente, aos veículos importados, durante o trajeto entre a alfândega ou entreposto alfandegário e o Município de destino. (Renumerado de p.u. pela Lei 13.103/2015.)

§ 2º (Revogado pela Lei 13.154/2015.)

Art. 133. É obrigatório o porte do Certificado de Licenciamento Anual.

- Res. CONTRAN 205/2006 (Dispõe sobre os documentos de porte obrigatório).

Parágrafo único. O porte será dispensado quando, no momento da fiscalização, for possível ter acesso ao devido sistema informatizado para verificar se o veículo está licenciado. (Acrescentado pela Lei 13.281/2016.)

Art. 134. No caso de transferência de propriedade, o proprietário antigo deverá encaminhar ao órgão executivo de trânsito do Estado dentro de um prazo de trinta dias, cópia autenticada do comprovante de transferência de propriedade, devidamente assinado e datado, sob pena de ter que se responsabilizar solidariamente pelas penalidades impostas e suas reincidências até a data da comunicação.

Parágrafo único. O comprovante de transferência de propriedade de que trata o *caput* poderá ser substituído por documento eletrônico, na forma regulamentada pelo Contran. (Acrescentado pela Lei 13.154/2015.)

- **Atualização:** Art. 134. No caso de transferência de propriedade, expirado o prazo previsto no § 1º do art. 123 deste Código sem que o novo proprietário tenha tomado as providências necessárias à efetivação da expedição do novo Certificado de Registro de Veículo, o antigo proprietário deverá encaminhar ao órgão executivo de trânsito do Estado ou do Distrito Federal, no prazo de 60 (sessenta) dias, cópia autenticada do comprovante de transferência de propriedade, devidamente assinado e datado, sob pena de ter que se responsabilizar solidariamente pelas penalidades impostas e suas reincidências até a data da comunicação.(Redação dada pela Lei 14.071/2020, em vigor após decorridos 180 dias de sua publicação oficial-DOU de 14.10 de 2020)

  Parágrafo único. O comprovante de transferência de propriedade de que trata o *caput* deste artigo poderá ser substituído por documento eletrônico com assinatura eletrônica válida, na forma regulamentada pelo Contran.

  Art. 134-A. O Contran especificará as bicicletas motorizadas e equiparados não sujeitos ao registro, ao licenciamento e ao emplacamento para circulação nas vias.(Acrescido pela Lei 14.071/2020, em vigor após decorridos 180 dias de sua publicação oficial-DOU de 14.10 de 2020)

Art. 135. Os veículos de aluguel, destinados ao transporte individual ou coletivo de passageiros de linhas regulares ou empregados em qualquer serviço remunerado, para registro, licenciamento e respectivo emplacamento de característica comercial, deverão estar devidamente autorizados pelo poder público concedente.

CAPÍTULO XIII
DA CONDUÇÃO DE ESCOLARES

Art. 136. Os veículos especialmente destinados à condução coletiva de escolares somente poderão circular nas vias com autorização emitida pelo órgão ou entidade executivos de trânsito dos Estados e do Distrito Federal, exigindo-se, para tanto:

I - registro como veículo de passageiros;

II - inspeção semestral para verificação dos equipamentos obrigatórios e de segurança;

III - pintura de faixa horizontal na cor amarela, com quarenta centímetros de largura, à meia altura, em toda a extensão das partes laterais e traseira da carroçaria, com o dístico ESCOLAR, em preto, sendo que, em caso de veículo de carroçaria pintada na cor amarela, as cores aqui indicadas devem ser invertidas;

IV - equipamento registrador instantâneo inalterável de velocidade e tempo;

V - lanternas de luz branca, fosca ou amarela dispostas nas extremidades da parte superior dianteira e lanternas de luz vermelha dispostas na extremidade superior da parte traseira;

VI - cintos de segurança em número igual à lotação;

VII - outros requisitos e equipamentos obrigatórios estabelecidos pelo CONTRAN.

Art. 137. A autorização a que se refere o artigo anterior deverá ser afixada na parte interna do veículo, em local visível, com inscrição da lotação permitida, sendo vedada a condução de escolares em número superior à capacidade estabelecida pelo fabricante.

Art. 138. O condutor de veículo destinado à condução de escolares deve satisfazer os seguintes requisitos:

I - ter idade superior a vinte e um anos;

II - ser habilitado na categoria D;

III - (Vetado.)

IV - não ter cometido nenhuma infração grave ou gravíssima, ou ser reincidente em infrações médias durante os doze últimos meses;

- **Atualização:** IV - não ter cometido mais de uma infração gravíssima nos 12 (doze) últimos meses; (Redação dada pela Lei 14.071/2020, em vigor após decorridos 180 dias de sua publicação oficial-DOU de 14.10 de 2020)

V - ser aprovado em curso especializado, nos termos da regulamentação do CONTRAN.

Art. 139. O disposto neste Capítulo não exclui a competência municipal de aplicar as exigências previstas em seus regulamentos, para o transporte de escolares.

CAPÍTULO XIII-A
DA CONDUÇÃO DE MOTO-FRETE

- Res. CONTRAN 356/2010 (Estabelece requisitos mínimos de segurança para o transporte remunerado de passageiros "mototáxi" e de cargas "motofrete" em motocicleta e motoneta).

Art. 139-A. As motocicletas e motonetas destinadas ao transporte remunerado de mercadorias - moto-frete - somente poderão circular nas vias com autorização emitida pelo órgão ou entidade executivo de trânsito dos Estados e do Distrito Federal, exigindo-se, para tanto: (Incluído pela Lei 12.009/2009.)

- Lei 12.436/2011 (Veda o emprego de práticas que estimulem o aumento de velocidade por motociclistas profissionais).

I - registro como veículo da categoria de aluguel; (Incluído pela Lei 12.009/2009.)

II - instalação de protetor de motor mata-cachorro, fixado no chassi do veículo, destinado a proteger o motor e a perna do condutor em caso de tombamento, nos termos de regulamentação do Conselho Nacional de Trânsito - CONTRAN; (Incluído pela Lei 12.009/2009.)

III - instalação de aparador de linha antena corta-pipas, nos termos de regulamentação do CONTRAN; (Incluído pela Lei 12.009/2009.)

IV - inspeção semestral para verificação dos equipamentos obrigatórios e de segurança. (Incluído pela Lei 12.009/2009.)

§ 1º A instalação ou incorporação de dispositivos para transporte de cargas deve estar de acordo com a regulamentação do CONTRAN. (Incluído pela Lei 12.009/2009.)

§ 2º É proibido o transporte de combustíveis, produtos inflamáveis ou tóxicos e de galões nos veículos de que trata este artigo, com exceção do gás de cozinha e de galões contendo água mineral, desde que com o auxílio de *side-car*, nos termos de regulamentação do CONTRAN. (Incluído pela Lei 12.009/2009.)

Art. 139-B. O disposto neste Capítulo não exclui a competência municipal ou estadual de aplicar as exigências previstas em seus regulamentos para as atividades de moto-frete no âmbito de suas circunscrições. (Incluído pela Lei 12.009/2009.)

CAPÍTULO XIV DA HABILITAÇÃO

Art. 140. A habilitação para conduzir veículo automotor e elétrico será apurada por meio de exames que deverão ser realizados junto ao órgão ou entidade executivos do Estado ou do Distrito Federal, do domicílio ou residência do candidato, ou na sede estadual ou distrital do próprio órgão, devendo o condutor preencher os seguintes requisitos:

I - ser penalmente imputável;

II - saber ler e escrever;

III - possuir Carteira de Identidade ou equivalente.

Parágrafo único. As informações do candidato à habilitação serão cadastradas no RENACH.

Art. 141. O processo de habilitação, as normas relativas à aprendizagem para conduzir veículos automotores e elétricos e à autorização para conduzir ciclomotores serão regulamentados pelo CONTRAN.

§ 1º A autorização para conduzir veículos de propulsão humana e de tração animal ficará a cargo dos Municípios.

§ 2º (Vetado.)

Art. 142. O reconhecimento de habilitação obtida em outro país está subordinado às condições estabelecidas em convenções e acordos internacionais e às normas do CONTRAN.

Art. 143. Os candidatos poderão habilitar-se nas categorias de A a E, obedecida a seguinte gradação:

I - Categoria A - condutor de veículo motorizado de duas ou três rodas, com ou sem carro lateral;

II - Categoria B - condutor de veículo motorizado, não abrangido pela categoria A, cujo peso bruto total não exceda a três mil e quinhentos quilogramas e cuja lotação não exceda a oito lugares, excluído o do motorista;

III - Categoria C - condutor de veículo motorizado utilizado em transporte de carga, cujo peso bruto total exceda a três mil e quinhentos quilogramas;

IV - Categoria D - condutor de veículo motorizado utilizado no transporte de passageiros, cuja lotação exceda a oito lugares, excluído o do motorista;

V - Categoria E - condutor de combinação de veículos em que a unidade tratora se enquadre nas categorias B, C ou D e cuja unidade acoplada, reboque, semirreboque, trailer ou articulada tenha 6.000 kg (seis mil quilogramas) ou mais de peso bruto total, ou cuja lotação exceda a 8 (oito) lugares. (Redação dada pela Lei 12.452/2011.)

§ 1º Para habilitar-se na categoria C, o condutor deverá estar habilitado no mínimo há um ano na categoria B e não ter cometido nenhuma infração grave ou gravíssima, ou ser reincidente em infrações médias, durante os últimos doze meses.

§ 2º São os condutores da categoria B autorizados a conduzir veículo automotor da espécie motor-casa, definida nos termos do Anexo I deste Código, cujo peso não exceda a 6.000 kg (seis mil quilogramas), ou cuja lotação não exceda a 8 (oito) lugares, excluído o do motorista. (Incluído pela Lei 12.452/2011.)

§ 3º Aplica-se o disposto no inciso V ao condutor da combinação de veículos com mais de uma unidade tracionada, independentemente da capacidade de tração ou do peso bruto total. (Renumerado pela Lei 12.452/2011.)

Art. 144. O trator de roda, o trator de esteira, o trator misto ou o equipamento automotor destinado à movimentação de cargas ou execução de trabalho agrícola, de terraplenagem, de construção ou de pavimentação só podem ser conduzidos na via pública por condutor habilitado nas categorias C, D ou E.

Parágrafo único. O trator de roda e os equipamentos automotores destinados a executar trabalhos agrícolas poderão ser conduzidos em via pública também por condutor habilitado na categoria B. (Acrescentado pela Lei 13.097/2015.)

Art. 145. Para habilitar-se nas categorias D e E ou para conduzir veículo de transporte coletivo de passageiros, de escolares, de emergência ou de produto perigoso, o candidato deverá preencher os seguintes requisitos:

I - ser maior de vinte e um anos;

II - estar habilitado:

a) no mínimo há dois anos na categoria B, ou no mínimo há um ano na categoria C, quando pretender habilitar-se na categoria D; e

b) no mínimo há um ano na categoria C, quando pretender habilitar-se na categoria E;

III - não ter cometido nenhuma infração grave ou gravíssima ou ser reincidente em infrações médias durante os últimos doze meses;

› **Atualização:** III - não ter cometido mais de uma infração gravíssima nos últimos 12 (doze) meses; (Redação dada pela Lei 14.071/2020, em vigor após decorridos 180 dias de sua publicação oficial-DOU de 14.10 de 2020)

IV - ser aprovado em curso especializado e em curso de treinamento de prática veicular em situação de risco, nos termos da normatização do CONTRAN.

Parágrafo único. A participação em curso especializado previsto no inciso IV independe da observância do disposto no inciso III. (Acrescentado pela Lei 12.619/2012.)

§ 2º (Vetado pela Lei 13.154/2015).

Art. 145-A. Além do disposto no art. 145, para conduzir ambulâncias, o candidato deverá comprovar treinamento especializado e reciclagem em cursos específicos a cada 5 (cinco) anos, nos termos da normatização do Contran (Acrescentado pela Lei 12.998/2014.)

Art. 146. Para conduzir veículos de outra categoria o condutor deverá realizar exames complementares exigidos para habilitação na categoria pretendida.

Art. 147. O candidato à habilitação deverá submeter-se a exames realizados pelo órgão executivo de trânsito, na seguinte ordem:

› **Atualização:** Art. 147. (Vetado na Lei 14.071/2020, em vigor após decorridos 180 dias de sua publicação oficial-DOU de 14.10 de 2020)

I - de aptidão física e mental;

II - (Vetado.)

III - escrito, sobre legislação de trânsito;

IV - de noções de primeiros socorros, conforme regulamentação do CONTRAN;

V - de direção veicular, realizado na via pública, em veículo da categoria para a qual estiver habilitando-se.

§ 1º Os resultados dos exames e a identificação dos respectivos examinadores serão registrados no RENACH. (Renumerado do parágrafo único pela Lei 9.602/1998.)

§ 2º O exame de aptidão física e mental será preliminar e renovável a cada cinco anos, ou a cada três anos para condutores com mais de sessenta e cinco anos de idade, no local de residência ou domicílio do examinado. (Incluído pela Lei 9.602/1998.)

› **Atualização:** § 2º O exame de aptidão física e mental, a ser realizado no local de residência ou domicílio do examinado, será preliminar e renovável com a seguinte periodicidade: (Redação dada pela Lei 14.071/2020, em vigor após decorridos 180 dias de sua publicação oficial-DOU de 14.10 de 2020)

I - a cada 10 (dez) anos, para condutores com idade inferior a 50 (cinquenta) anos;

II - a cada 5 (cinco) anos, para condutores com idade igual ou superior a 50 (cinquenta) anos e inferior a 70 (setenta) anos;

III - a cada 3 (três) anos, para condutores com idade igual ou superior a 70 (setenta) anos.

§ 3º O exame previsto no § 2º incluirá avaliação psicológica preliminar e complementar sempre que a ele se submeter o condutor que exerce atividade remunerada ao veículo, incluindo-se esta avaliação para os demais candidatos apenas no exame referente à primeira habilitação. (Redação dada pela Lei 10.350/2001.)

§ 4º Quando houver indícios de deficiência física, mental, ou de progressividade de doença que possa diminuir a capacidade para conduzir o veículo, o prazo previsto no § 2º poderá ser diminuído por proposta do perito examinador. (Incluído pela Lei 9.602/1998.)

› **Atualização:** § 4º Quando houver indícios de deficiência física ou mental, ou de progressividade de doença que possa diminuir a capacidade para conduzir o veículo, os prazos previstos nos incisos I, II e III do § 2º deste artigo poderão ser diminuídos por proposta do perito examinador. (Redação dada pela Lei 14.071/2020, em vigor após decorridos 180 dias de sua publicação oficial-DOU de 14.10 de 2020)

§ 5º O condutor que exerce atividade remunerada ao veículo terá essa informação incluída na sua Carteira Nacional de Habilitação, conforme especificações do Conselho Nacional de Trânsito - CONTRAN. (Incluído pela Lei 10.350/2001.)

› **Atualização:** § 6º Os exames de aptidão física e mental e a avaliação psicológica deverão ser analisados objetivamente pelos examinados, limitados aos aspectos técnicos dos procedimentos realizados, conforme regulamentação do Contran, e subsidiarão a fiscalização prevista no § 7º deste artigo. (Acrescido pela Lei 14.071/2020, em vigor após decorridos 180 dias de sua publicação oficial-DOU de 14.10 de 2020)

§ 7º Os órgãos ou entidades executivos de trânsito dos Estados e do Distrito Federal, com a colaboração dos conselhos profissionais de medicina e psicologia, deverão fiscalizar as entidades e os profissionais responsáveis pelos exames de aptidão física e mental e pela avaliação psicológica no mínimo 1 (uma) vez por ano. (Acrescido pela Lei 14.071/2020, em vigor após decorridos 180 dias de sua publicação oficial-DOU de 14.10 de 2020)

Art. 147-A. Ao candidato com deficiência auditiva é assegurada acessibilidade de comunicação, mediante emprego de tecnologias assistivas ou de ajudas técnicas em todas as etapas do processo de habilitação. (Acrescentado pela Lei 13.146/2015.)

§ 1º O material didático audiovisual utilizado em aulas teóricas dos cursos que precedem os exames previstos no art. 147 desta Lei deve ser acessível, por meio de subtitulação com legenda oculta associada à tradução simultânea em Libras. (Acrescentado pela Lei 13.146/2015.)

§ 2º É assegurado também ao candidato com deficiência auditiva requerer, no ato de sua inscrição, os serviços de intérprete da Libras, para acompanhamento em aulas práticas e teóricas. (Acrescentado pela Lei 13.146/2015.)

Art. 148. Os exames de habilitação, exceto os de direção veicular, poderão ser aplicados por entidades públicas ou privadas credenciadas pelo órgão executivo de trânsito dos Estados e do Distrito Federal, de acordo com as normas estabelecidas pelo CONTRAN.

› Res. CONTRAN 425/2012 (Dispõe sobre o exame de aptidão física e mental, a avaliação psicológica e o credenciamento das entidades públicas e privadas de que trata este artigo).

§ 1º A formação de condutores deverá incluir, obrigatoriamente, curso de direção defensiva e de conceitos básicos de proteção ao meio ambiente relacionados com o trânsito.

§ 2º Ao candidato aprovado será conferida Permissão para Dirigir, com validade de um ano.

§ 3º A Carteira Nacional de Habilitação será conferida ao condutor no término de um ano, desde que o mesmo não tenha cometido nenhuma infração de natureza grave ou gravíssima ou seja reincidente em infração média.

§ 4º A não obtenção da Carteira Nacional de Habilitação, tendo em vista a incapacidade de atendimento do disposto no parágrafo anterior, obriga o candidato a reiniciar todo o processo de habilitação.

§ 5º O Conselho Nacional de Trânsito - CONTRAN poderá dispensar os tripulantes de aeronaves que apresentarem o cartão de saúde expedido pelas Forças Armadas ou pelo Departamento de Aeronáutica Civil, respectivamente, da prestação do exame de aptidão física e mental. (Incluído pela Lei 9.602/1998.)

Art. 148-A. Os condutores das categorias C, D e E deverão submeter-se a exames toxicológicos para a habilitação e renovação da Carteira Nacional de Habilitação. (Acrescentado pela Lei 13.103/2015.)

› art. 13, Lei 13.103/2015 (prazo de exigência do exame toxicológico.)

› **Atualização:** Art. 148-A. Os condutores das categorias C, D e E deverão comprovar resultado negativo em exame toxicológico para a obtenção e a renovação da Carteira Nacional de Habilitação. (Redação dada pela Lei 14.071/2020, em vigor após decorridos 180 dias de sua publicação oficial-DOU de 14.10 de 2020)

§ 1º O exame de que trata este artigo buscará aferir o consumo de substâncias psicoativas que, comprovadamente, comprometam a capacidade de direção e deverá ter janela de detecção mínima de 90 (noventa) dias, nos termos das normas do Contran. (Acrescentado pela Lei 13.103/2015.)

§ 2º Os condutores das categorias C, D e E com Carteira Nacional de Habilitação com validade de 5 (cinco) anos deverão fazer o exame previsto no § 1º no prazo de 2 (dois) anos e 6 (seis) meses a contar da realização do disposto no *caput*. (Acrescentado pela Lei 13.103/2015.)

› art. 13, III, Lei 13.103/2015 (prazo de exigência do exame toxicológico.)

› **Atualização:** § 2º Além da realização do exame previsto no *caput* deste artigo, os condutores das categorias C, D e E com idade inferior a 70 (setenta) anos serão submetidos a novo exame a cada período de 2 (dois) anos e 6 (seis) meses, a partir da obtenção ou renovação da Carteira Nacional de Habilitação, independentemente da validade dos demais exames de que trata o inciso I do *caput* do art. 147 deste Código. (Redação dada pela Lei 14.071/2020, em vigor após decorridos 180 dias de sua publicação oficial-DOU de 14.10 de 2020)

§ 3º Os condutores das categorias C, D e E com Carteira Nacional de Habilitação com validade de 3 (três) anos deverão fazer o exame previsto no § 1º no prazo de 1 (um) ano e 6 (seis) meses a contar da realização do disposto no *caput*. (Acrescentado pela Lei 13.103/2015.)

› art. 13, IV, Lei 13.103/2015 (prazo de exigência do exame toxicológico.)

› **Atualização:** § 3º (Revogado pela Lei 14.071/2020, em vigor após decorridos 180 dias de sua publicação oficial-DOU de 14.10 de 2020)

§ 4º É garantido o direito de contraprova e de recurso administrativo no caso de resultado positivo para o exame de que trata o *caput*, nos termos das normas do Contran. (Acrescentado pela Lei 13.103/2015.)

› **Atualização:** § 4º É garantido o direito de contraprova e de recurso administrativo, sem efeito suspensivo, no caso de resultado positivo para os exames de que trata este artigo, nos termos das normas do Contran. (Redação dada pela Lei 14.071/2020, em vigor após decorridos 180 dias de sua publicação oficial-DOU de 14.10 de 2020)

§ 5º A reprovação no exame previsto neste artigo terá como consequência a suspensão do direito de dirigir pelo período de 3 (três) meses, condicionado o levantamento da suspensão ao resultado negativo em novo exame, e vedada a aplicação de outras penalidades, ainda que acessórias. (Acrescentado pela Lei 13.103/2015.)

› **Atualização:** § 5º O resultado positivo no exame previsto no § 2º deste artigo acarretará a suspensão do direito de dirigir pelo período de 3 (três) meses, condicionado o levantamento da suspensão à inclusão, no Renach, de resultado negativo em novo exame, e vedada a aplicação de outras penalidades, ainda que acessórias. (Redação dada pela Lei 14.071/2020, em vigor após decorridos 180 dias de sua publicação oficial-DOU de 14.10 de 2020)

§ 6º O resultado do exame somente será divulgado para o interessado e não poderá ser utilizado para fins estranhos ao disposto neste artigo ou no § 6º do art. 168 da Consolidação das Leis do Trabalho - CLT, aprovada pelo Decreto-Lei n. 5.452, de 1º de maio de 1943. (Acrescentado pela Lei 13.103/2015.)

§ 7º O exame será realizado, em regime de livre concorrência, pelos laboratórios credenciados pelo Departamento Nacional de Trânsito - DENATRAN, nos termos das normas do Contran, vedado aos entes públicos: (Acrescentado pela Lei 13.103/2015.)

I - fixar preços para os exames; (Acrescentado pela Lei 13.103/2015.)

II - limitar o número de empresas ou o número de locais em que a atividade pode ser exercida; e (Acrescentado pela Lei 13.103/2015.)

III - estabelecer regras de exclusividade territorial. (Acrescentado pela Lei 13.103/2015.)

Art. 149. (Vetado.)

Art. 150. Ao renovar os exames previstos no artigo anterior, o condutor que não tenha curso de direção defensiva e primeiros socorros deverá a eles ser submetido, conforme normatização do CONTRAN.

Parágrafo único. A empresa que utiliza condutores contratados para operar a sua frota de veículos é obrigada a fornecer curso de direção defensiva, primeiros socorros e outros conforme normatização do CONTRAN.

Art. 151. No caso de reprovação no exame escrito sobre legislação de trânsito ou de direção veicular, o candidato só poderá repetir o exame depois de quinze dias da divulgação do resultado.

› **Atualização:** Art. 151. (Revogado pela Lei 14.071/2020, em vigor após decorridos 180 dias de sua publicação oficial-DOU de 14.10 de 2020)

Art. 152. O exame de direção veicular será realizado perante comissão integrada por 3 (três) membros designados pelo dirigente do órgão executivo local de trânsito. (Alterado pela Lei 13.281/2016.)

§ 1º Na comissão de exame de direção veicular, pelo menos um membro deverá ser habilitado na categoria igual ou superior à pretendida pelo candidato.

§ 2º Os militares das Forças Armadas e os policiais e bombeiros dos órgãos de segurança pública da União, dos Estados e do Distrito Federal que possuírem curso de formação de condutor ministrado em suas corporações serão dispensados, para a concessão do documento de habilitação, dos exames aos quais se houverem submetido com aprovação naquele curso, desde que neles sejam observadas as normas estabelecidas pelo Contran. (Alterado pela Lei 13.281/2016.)

§ 3º O militar, o policial ou o bombeiro militar interessado na dispensa de que trata o § 2º instruirá seu requerimento com ofício do comandante, chefe ou diretor da unidade administrativa onde prestar serviço, do qual constarão o número do registro de identificação, naturalidade, nome, filiação, idade e categoria em que se habilitou a conduzir, acompanhado de cópia das atas dos exames prestados. (Alterado pela Lei 13.281/2016.)

§ 4º (Vetado.)

Art. 153. O candidato habilitado terá em seu prontuário a identificação de seus instrutores e examinadores, que serão passíveis de punição conforme regulamentação a ser estabelecida pelo CONTRAN.

Parágrafo único. As penalidades aplicadas aos instrutores e examinadores serão de advertência, suspensão e cancelamento da autorização para o exercício da atividade, conforme a falta cometida.

Art. 154. Os veículos destinados à formação de condutores serão identificados por uma faixa amarela, de vinte centímetros de largura, pintada ao longo da carroçaria, à meia altura, com a inscrição AUTOESCOLA na cor preta.

Parágrafo único. No veículo eventualmente utilizado para aprendizagem, quando autorizado para servir a esse fim, deverá ser afixada ao longo de sua carroçaria, à meia altura, faixa branca removível, de vinte centímetros de largura, com a inscrição AUTOESCOLA na cor preta.

Art. 155. A formação de condutor de veículo automotor e elétrico será realizada por instrutor autorizado pelo órgão executivo de trânsito dos Estados ou do Distrito Federal, pertencente ou não à entidade credenciada.

Parágrafo único. Ao aprendiz será expedida autorização para aprendizagem, de acordo com a regulamentação do CONTRAN, após aprovação nos exames de aptidão física, mental, de primeiros socorros e sobre legislação de trânsito. (Incluído pela Lei 9.602/1998.)

Art. 156. O CONTRAN regulamentará o credenciamento para prestação de serviço pelas autoescolas e outras entidades destinadas à formação de condutores e às exigências necessárias para o exercício das atividades de instrutor e examinador.

Art. 157. (Vetado.)

Art. 158. A aprendizagem só poderá realizar-se:

I - nos termos, horários e locais estabelecidos pelo órgão executivo de trânsito;

II - acompanhado o aprendiz por instrutor autorizado.

§ 1º Além do aprendiz e do instrutor, o veículo utilizado na aprendizagem poderá conduzir apenas mais um acompanhante. (Renumerado do parágrafo único pela Lei 12.217/2010.)

§ 2º Parte da aprendizagem será obrigatoriamente realizada durante a noite, cabendo ao CONTRAN fixar-lhe a carga horária mínima correspondente. (Incluído pela Lei 12.217/2010.)

› **Atualização:** § 2º (Revogado pela Lei 14.071/2020, em vigor após decorridos 180 dias de sua publicação oficial-DOU de 14.10 de 2020)

Art. 159. A Carteira Nacional de Habilitação, expedida em modelo único e de acordo com as especificações do CONTRAN, atendidos os pré-requisitos estabelecidos neste Código, conterá fotografia, identificação e CPF do condutor, terá fé pública e equivalerá a documento de identidade em todo o território nacional.

› Res. CONTRAN 205/2006 (Dispõe sobre os documentos de porte obrigatório).

› **Atualização:** Art. 159. A Carteira Nacional de Habilitação, expedida em meio físico e/ou digital, à escolha do condutor, em modelo único e de acordo com as especificações do Contran, atendidos os pré-requisitos estabelecidos neste Código, conterá fotografia, identificação e número de inscrição no Cadastro de Pessoas Físicas (CPF) do condutor, terá fé pública e equivalerá a documento de identidade em todo o território nacional. (Redação dada pela Lei 14.071/2020, em vigor após decorridos 180 dias de sua publicação oficial-DOU de 14.10 de 2020)

§ 1º É obrigatório o porte da Permissão para Dirigir ou da Carteira Nacional de Habilitação quando o condutor estiver à direção do veículo.

› **Atualização:** § 1º-A. O porte do documento de habilitação será dispensado quando, no momento da fiscalização, for possível ter acesso ao sistema informatizado para verificar se o condutor está habilitado. (Acrescido pela Lei 14.071/2020, em vigor após decorridos 180 dias de sua publicação oficial-DOU de 14.10 de 2020)

§ 2º (Vetado.)

§ 3º A emissão de nova via da Carteira Nacional de Habilitação será regulamentada pelo CONTRAN.

§ 4º (Vetado.)

§ 5º A Carteira Nacional de Habilitação e a Permissão para Dirigir somente terão validade para a condução de veículo quando apresentada em original.

§ 6º A identificação da Carteira Nacional de Habilitação expedida e a da autoridade expedidora serão registradas no RENACH.

§ 7º A cada condutor corresponderá um único registro no RENACH, agregando-se neste todas as informações.

§ 8º A renovação da validade da Carteira Nacional de Habilitação ou a emissão de uma nova via somente será realizada após quitação de débitos constantes do prontuário do condutor.

§ 9º (Vetado.)

§ 10. A validade da Carteira Nacional de Habilitação está condicionada ao prazo de vigência do exame de aptidão física e mental. (Incluído pela Lei 9.602/1998.)

§ 11. A Carteira Nacional de Habilitação, expedida na vigência do Código anterior, será substituída por ocasião do vencimento do prazo para revalidação do exame de aptidão física e mental, ressalvados os casos especiais previstos nesta Lei. (Incluído pela Lei 9.602/1998.)

› **Atualização:** § 11. (Revogado pela Lei 14.071/2020, em vigor após decorridos 180 dias de sua publicação oficial-DOU de 14.10 de 2020).

§ 12. Os órgãos ou entidades executivos de trânsito dos Estados e do Distrito Federal enviarão por meio eletrônico, com 30 (trinta) dias de antecedência, aviso de vencimento da validade da Carteira Nacional de Habilitação a todos os condutores cadastrados no Renach com endereço na respectiva unidade da Federação. (Acrescido pela Lei 14.071/2020, em vigor após decorridos 180 dias de sua publicação oficial-DOU de 14.10 de 2020)

Art. 160. O condutor condenado por delito de trânsito deverá ser submetido a novos exames para que possa voltar a dirigir, de acordo com as normas estabelecidas pelo CONTRAN, independentemente do reconhecimento da prescrição, em face da pena concretizada na sentença.

▸ Res. CONTRAN 300/2008 (Estabelece procedimento administrativo para submissão do condutor a novos exames para que possa voltar a dirigir quando condenado por crime de trânsito, ou quando envolvido em acidente grave, regulamentando este artigo).

§ 1º Em caso de acidente grave, o condutor nele envolvido poderá ser submetido aos exames exigidos neste artigo, a juízo da autoridade executiva estadual de trânsito, assegurada ampla defesa ao condutor.

§ 2º No caso do parágrafo anterior, a autoridade executiva estadual de trânsito poderá apreender o documento de habilitação do condutor até a sua aprovação nos exames realizados.

CAPÍTULO XV
DAS INFRAÇÕES

Art. 161. Constitui infração de trânsito a inobservância de qualquer preceito deste Código, da legislação complementar ou das resoluções do CONTRAN, sendo o infrator sujeito às penalidades e medidas administrativas indicadas em cada artigo, além das punições previstas no Capítulo XIX.

▸ ADI nº 2.998 (DOU 24.04.2019) - O STF declarou a nulidade da expressão "ou das resoluções do CONTRAN".

▸ **Atualização:** Art. 161. Constitui infração de trânsito a inobservância de qualquer preceito deste Código ou da legislação complementar, e o infrator sujeita-se às penalidades e às medidas administrativas indicadas em cada artigo deste Capítulo e às punições previstas no Capítulo XIX deste Código. (Redação dada pela Lei 14.071/2020, em vigor após decorridos 180 dias de sua publicação oficial-DOU de 14.10 de 2020)

Parágrafo único. As infrações cometidas em relação às resoluções do CONTRAN terão suas penalidades e medidas administrativas definidas nas próprias resoluções.

▸ ADI nº 2.998 (DOU 24.04.2019) - O STF deu interpretação conforme a CF a este p.u., para "afastar a possibilidade de estabelecimento de sanção por parte do CONTRAN)".

▸ **Atualização:** Parágrafo único. (Revogado pela Lei 14.071/2020, em vigor após decorridos 180 dias de sua publicação oficial-DOU de 14.10 de 2020).

Art. 162. Dirigir veículo:

I - sem possuir Carteira Nacional de Habilitação, Permissão para Dirigir ou Autorização para Conduzir Ciclomotor: (Alterado pela Lei 13.281/2016.)

Infração - gravíssima;

Penalidade - multa (três vezes);

Medida administrativa - retenção do veículo até a apresentação de condutor habilitado;

II - com Carteira Nacional de Habilitação, Permissão para Dirigir ou Autorização para Conduzir Ciclomotor cassada ou com suspensão do direito de dirigir: (Alterado pela Lei 13.281/2016.)

Infração - gravíssima;

Penalidade - multa (três vezes);

Medida administrativa - recolhimento do documento de habilitação e retenção do veículo até a apresentação de condutor habilitado;

III - com Carteira Nacional de Habilitação ou Permissão para Dirigir de categoria diferente da do veículo que esteja conduzindo: (Alterado pela Lei 13.281/2016.)

Infração - gravíssima;

Penalidade - multa (duas vezes);

Medida administrativa - retenção do veículo até a apresentação de condutor habilitado;

IV - (Vetado.)

V - com validade da Carteira Nacional de Habilitação vencida há mais de trinta dias:

Infração - Gravíssima;

Penalidade - Multa;

Medida administrativa - Recolhimento da Carteira Nacional de Habilitação e retenção do veículo até a apresentação de condutor habilitado;

VI - sem usar lentes corretoras de visão, aparelho auxiliar de audição, de prótese física ou as adaptações do veículo impostas por ocasião da concessão ou da renovação da licença para conduzir:

Infração - Gravíssima;

Penalidade - Multa;

Medida administrativa - Retenção do veículo até o saneamento da irregularidade ou apresentação de condutor habilitado.

Art. 163. Entregar a direção do veículo a pessoa nas condições previstas no artigo anterior:

Infração - As mesmas previstas no artigo anterior;

Penalidade - As mesmas previstas no artigo anterior;

Medida administrativa - a mesma prevista no inciso III do artigo anterior.

Art. 164. Permitir que pessoa nas condições referidas nos incisos do art. 162 tome posse do veículo automotor e passe a conduzi-lo na via:

Infração - As mesmas previstas nos incisos do art. 162;

Penalidade - As mesmas previstas no art. 162;

Medida administrativa - A mesma prevista no inciso III do art. 162.

Art. 165. Dirigir sob a influência de álcool ou de qualquer outra substância psicoativa que determine dependência: (Redação dada pela Lei 11.705/2008.)

Infração - Gravíssima; (Redação dada pela Lei 11.705/2008.)

Penalidade - multa (dez vezes) e suspensão do direito de dirigir por 12 (doze) meses. (Alterada pela Lei 12.760/2012.)

Medida administrativa - recolhimento do documento de habilitação e retenção do veículo, observado o disposto no § 4º do art. 270 da Lei n. 9.503, de 23 de setembro de 1997 - do Código de Trânsito Brasileiro. (Alterada pela Lei 12.760/2012.)

▸ arts. 276; 277 deste Código.

▸ Res. CONTRAN 432/2013 (Dispõe sobre os procedimentos a serem adotados pelas autoridades de trânsito e seus agentes na fiscalização do consumo de álcool ou de outra substância psicoativa que determine dependência, para aplicação do disposto neste artigo).

Parágrafo único. Aplica-se em dobro a multa prevista no *caput* em caso de reincidência no período de até 12 (doze) meses. (Alterado pela Lei 12.760/2012.)

Art. 165-A. Recusar-se a ser submetido a teste, exame clínico, perícia ou outro procedimento que permita certificar influência de álcool ou outra substância psicoativa, na forma estabelecida pelo art. 277: (Acrescentado pela Lei 13.281/2016.)

Infração - gravíssima;

Penalidade - multa (dez vezes) e suspensão do direito de dirigir por 12 (doze) meses;

Medida administrativa - recolhimento do documento de habilitação e retenção do veículo, observado o disposto no § 4º do art. 270.

Parágrafo único. Aplica-se em dobro a multa prevista no *caput* em caso de reincidência no período de até 12 (doze) meses. (Acrescentado pela Lei 13.281/2016.)

▸ **Atualização:** Art. 165-B. Conduzir veículo para o qual seja exigida habilitação nas categorias C, D ou E sem realizar o exame toxicológico previsto no § 2º do art. 148-A deste Código, após 30 (trinta) dias do vencimento do prazo estabelecido: (Acrescido pela Lei 14.071/2020, em vigor após decorridos 180 dias de sua publicação oficial-DOU de 14.10 de 2020)

Infração - gravíssima;

Penalidade - multa (cinco vezes) e suspensão do direito de dirigir por 3 (três) meses, condicionado o levantamento da suspensão à inclusão no Renach de resultado negativo em novo exame.

Parágrafo único. Incorre na mesma penalidade o condutor que exerce atividade remunerada ao veículo e não comprova a realização de exame toxicológico periódico exigido pelo § 2º do art. 148-A deste Código por ocasião da renovação do documento de habilitação nas categorias C, D ou E.

Art. 166. Confiar ou entregar a direção de veículo a pessoa que, mesmo habilitada, por seu estado físico ou psíquico, não estiver em condições de dirigi-lo com segurança:

Infração - Gravíssima;

Penalidade - Multa.

Art. 167. Deixar o condutor ou passageiro de usar o cinto de segurança, conforme previsto no art. 65:

Infração - Grave;

Penalidade - Multa;

Medida administrativa - Retenção do veículo até colocação do cinto pelo infrator.

Art. 168. Transportar crianças em veículo automotor sem observância das normas de segurança especiais estabelecidas neste Código:

Infração - Gravíssima;

Penalidade - Multa;

Medida administrativa - Retenção do veículo até que a irregularidade seja sanada.

- Res. CONTRAN 277/2008 (Dispõe sobre o transporte de menores de 10 anos e a utilização do dispositivo de retenção para o transporte de crianças em veículos).

Art. 169. Dirigir sem atenção ou sem os cuidados indispensáveis à segurança:

Infração - Leve;

Penalidade - Multa.

Art. 170. Dirigir ameaçando os pedestres que estejam atravessando a via pública, ou os demais veículos:

Infração - Gravíssima;

Penalidade - Multa e suspensão do direito de dirigir;

Medida administrativa - Retenção do veículo e recolhimento do documento de habilitação.

Art. 171. Usar o veículo para arremessar, sobre os pedestres ou veículos, água ou detritos:

Infração - Média;

Penalidade - Multa.

Art. 172. Atirar do veículo ou abandonar na via objetos ou substâncias:

Infração - Média;

Penalidade - Multa.

Art. 173. Disputar corrida: (Alterado pela Lei 12.971/2014)

Infração - Gravíssima;

Penalidade - Multa (dez vezes), suspensão do direito de dirigir e apreensão do veículo; (Alterado pela Lei 12.971/2014)

Medida administrativa - Recolhimento do documento de habilitação e remoção do veículo.

Parágrafo único. Aplica-se em dobro a multa prevista no *caput* em caso de reincidência no período de 12 (doze) meses da infração anterior. (Acrescentado pela Lei 12.971/2014)

Art. 174. Promover, na via, competição, eventos organizados, exibição e demonstração de perícia em manobra de veículo, ou deles participar, como condutor, sem permissão da autoridade de trânsito com circunscrição sobre a via: (Alterado pela Lei 12.971/2014)

Infração - Gravíssima;

Penalidade - Multa (dez vezes), suspensão do direito de dirigir e apreensão do veículo; (Alterado pela Lei 12.971/2014)

Medida administrativa - Recolhimento do documento de habilitação e remoção do veículo.

§ 1º As penalidades são aplicáveis aos promotores e aos condutores participantes. (Acrescentado pela Lei 12.971/2014)

§ 2º Aplica-se em dobro a multa prevista no *caput* em caso de reincidência no período de 12 (doze) meses da infração anterior. (Acrescentado pela Lei 12.971/2014)

Art. 175. Utilizar-se de veículo para demonstrar ou exibir manobra perigosa, mediante arrancada brusca, derrapagem ou frenagem com deslizamento ou arrastamento de pneus: (Alterado pela Lei 12.971/2014)

Infração - Gravíssima;

Penalidade - Multa (dez vezes), suspensão do direito de dirigir e apreensão do veículo; (Alterado pela Lei 12.971/2014)

Medida administrativa - Recolhimento do documento de habilitação e remoção do veículo.

Parágrafo único. Aplica-se em dobro a multa prevista no *caput* em caso de reincidência no período de 12 (doze) meses da infração anterior. (Acrescentado pela Lei 12.971/2014)

Art. 176. Deixar o condutor envolvido em acidente com vítima:

I - de prestar ou providenciar socorro à vítima, podendo fazê-lo;

II - de adotar providências, podendo fazê-lo, no sentido de evitar perigo para o trânsito no local;

III - de preservar o local, de forma a facilitar os trabalhos da polícia e da perícia;

IV - de adotar providências para remover o veículo do local, quando determinadas por policial ou agente da autoridade de trânsito;

V - de identificar-se ao policial e de lhe prestar informações necessárias à confecção do boletim de ocorrência:

Infração - Gravíssima;

Penalidade - Multa (cinco vezes) e suspensão do direito de dirigir;

Medida administrativa - Recolhimento do documento de habilitação.

Art. 177. Deixar o condutor de prestar socorro à vítima de acidente de trânsito quando solicitado pela autoridade e seus agentes:

Infração - Grave;

Penalidade - Multa.

Art. 178. Deixar o condutor, envolvido em acidente sem vítima, de adotar providências para remover o veículo do local, quando necessária tal medida para assegurar a segurança e a fluidez do trânsito:

Infração - Média;

Penalidade - Multa.

Art. 179. Fazer ou deixar que se faça reparo em veículo na via pública, salvo nos casos de impedimento absoluto de sua remoção e em que o veículo esteja devidamente sinalizado:

I - em pista de rolamento de rodovias e vias de trânsito rápido:

Infração - Grave;

Penalidade - Multa;

Medida administrativa - Remoção do veículo;

II - nas demais vias:

Infração - Leve;

Penalidade - Multa.

Art. 180. Ter seu veículo imobilizado na via por falta de combustível:

Infração - Média;

Penalidade - Multa;

Medida administrativa - Remoção do veículo.

Art. 181. Estacionar o veículo:

I - nas esquinas e a menos de cinco metros do bordo do alinhamento da via transversal:

Infração - Média;

Penalidade - Multa;

Medida administrativa - Remoção do veículo;

II - afastado da guia da calçada (meio-fio) de cinquenta centímetros a um metro:

Infração - Leve;

Penalidade - Multa;

Medida administrativa - Remoção do veículo;

III - afastado da guia da calçada (meio-fio) a mais de um metro:

Infração - Grave;

Penalidade - Multa;

Medida administrativa - Remoção do veículo;

IV - em desacordo com as posições estabelecidas neste Código:

Infração - Média;

Penalidade - Multa;

Medida administrativa - Remoção do veículo;

V - na pista de rolamento das estradas, das rodovias, das vias de trânsito rápido e das vias dotadas de acostamento:

Infração - Gravíssima;

Penalidade - Multa;

Medida administrativa - Remoção do veículo;

VI - junto ou sobre hidrantes de incêndio, registro de água ou tampas de poços de visita de galerias subterrâneas, desde que devidamente identificados, conforme especificação do CONTRAN:

- Res CONTRAN 31/1998 (Dispõe sobre a sinalização de identificação para hidrantes, registros de água, tampas de poços de visita de galerias subterrâneas).

Infração - Média;

Penalidade - Multa;

Medida administrativa - Remoção do veículo;

VII - nos acostamentos, salvo motivo de força maior:

Infração - Leve;

Penalidade - Multa;

Medida administrativa - Remoção do veículo;

VIII - no passeio ou sobre faixa destinada a pedestre, sobre ciclovia ou ciclofaixa, bem como nas ilhas, refúgios, ao lado ou sobre canteiros centrais, divisores de pista de rolamento, marcas de canalização, gramados ou jardim público:

Infração - Grave;

Penalidade - Multa;

Medida administrativa - Remoção do veículo;

IX - onde houver guia de calçada (meio-fio) rebaixada destinada à entrada ou saída de veículos:

Infração - Média;

Penalidade - Multa;

Medida administrativa - Remoção do veículo;

X - impedindo a movimentação de outro veículo:

Infração - Média;

Penalidade - Multa;

Medida administrativa - Remoção do veículo;

XI - ao lado de outro veículo em fila dupla:

Infração - Grave;

Penalidade - Multa;

Medida administrativa - Remoção do veículo;

XII - na área de cruzamento de vias, prejudicando a circulação de veículos e pedestres:

Infração - Grave;

Penalidade - Multa;

Medida administrativa - Remoção do veículo;

XIII - onde houver sinalização horizontal delimitadora de ponto de embarque ou desembarque de passageiros de transporte coletivo ou, na inexistência desta sinalização, no intervalo compreendido entre dez metros antes e depois do marco do ponto:

Infração - Média;

Penalidade - Multa;

Medida administrativa - Remoção do veículo;

XIV - nos viadutos, pontes e túneis:

Infração - Grave;

Penalidade - Multa;

Medida administrativa - Remoção do veículo;

XV - na contramão de direção:

Infração - Média;

Penalidade - Multa;

XVI - em aclive ou declive, não estando devidamente freado e sem calço de segurança, quando se tratar de veículo com peso bruto total superior a três mil e quinhentos quilogramas:

Infração - Grave;

Penalidade - Multa;

Medida administrativa - Remoção do veículo;

XVII - em desacordo com as condições regulamentadas especificamente pela sinalização (placa - Estacionamento Regulamentado):

Infração - grave; (Alterado pela Lei 13.146/2015.)

Penalidade - Multa;

Medida administrativa - Remoção do veículo;

XVIII - em locais e horários proibidos especificamente pela sinalização (placa - Proibido Estacionar):

Infração - Média;

Penalidade - Multa;

Medida administrativa - Remoção do veículo;

XIX - em locais e horários de estacionamento e parada proibidos pela sinalização (placa - Proibido Parar e Estacionar):

Infração - Grave;

Penalidade - Multa;

Medida administrativa - Remoção do veículo.

XX - nas vagas reservadas às pessoas com deficiência ou idosos, sem credencial que comprove tal condição: (Acrescentado pela Lei 13.281/2016.)

Infração - Gravíssima;

Penalidade - Multa;

Medida administrativa - Remoção do veículo.

§ 1º Nos casos previstos neste artigo, a autoridade de trânsito aplicará a penalidade preferencialmente após a remoção do veículo.

§ 2º No caso previsto no inciso XVI é proibido abandonar o calço de segurança na via.

Art. 182. Parar o veículo:

I - nas esquinas e a menos de cinco metros do bordo do alinhamento da via transversal:

Infração - Média;

Penalidade - Multa;

II - afastado da guia da calçada (meio-fio) de cinquenta centímetros a um metro:

Infração - Leve;

Penalidade - Multa;

III - afastado da guia da calçada (meio-fio) a mais de um metro:

Infração - Média;

Penalidade - Multa;

IV - em desacordo com as posições estabelecidas neste Código:

Infração - Leve;

Penalidade - Multa;

V - na pista de rolamento das estradas, das rodovias, das vias de trânsito rápido e das demais vias dotadas de acostamento:

Infração - Grave;

Penalidade - Multa;

VI - no passeio ou sobre faixa destinada a pedestres, nas ilhas, refúgios, canteiros centrais e divisores de pista de rolamento e marcas de canalização:

Infração - Leve;

Penalidade - Multa;

VII - na área de cruzamento de vias, prejudicando a circulação de veículos e pedestres:

Infração - Média;

Penalidade - Multa;

VIII - nos viadutos, pontes e túneis:

Infração - Média;

Penalidade - Multa;

IX - na contramão de direção:

Infração - Média;

Penalidade - Multa;

X - em local e horário proibidos especificamente pela sinalização (placa - Proibido Parar):

Infração - Média;

Penalidade - Multa.

> **Atualização:** XI - sobre ciclovia ou ciclofaixa: (Acrescido pela Lei 14.071/2020, em vigor após decorridos 180 dias de sua publicação oficial-DOU de 14.10 de 2020)
> Infração - grave;
> Penalidade - multa.

Art. 183. Parar o veículo sobre a faixa de pedestres na mudança de sinal luminoso:

Infração - Média;

Penalidade - Multa.

Art. 184. Transitar com o veículo:

I - na faixa ou pista da direita, regulamentada como de circulação exclusiva para determinado tipo de veículo, exceto para acesso a imóveis lindeiros ou conversões à direita:

Infração - Leve;

Penalidade - Multa;

II - na faixa ou pista da esquerda regulamentada como de circulação exclusiva para determinado tipo de veículo:

Infração - Grave;

Penalidade - Multa.

III - na faixa ou via de trânsito exclusivo, regulamentada com circulação destinada aos veículos de transporte público coletivo de passageiros, salvo casos de força maior e com autorização do poder público competente: (Acrescentado pela Lei 13.154/2015.)

Infração - Gravíssima; (Acrescentado pela Lei 13.154/2015.)

Penalidade - Multa e apreensão do veículo; (Acrescentado pela Lei 13.154/2015.)

Medida Administrativa - Remoção do veículo. (Acrescentado pela Lei 13.154/2015.)

Art. 185. Quando o veículo estiver em movimento, deixar de conservá-lo:

I - na faixa a ele destinada pela sinalização de regulamentação, exceto em situações de emergência;

II - nas faixas da direita, os veículos lentos e de maior porte:

Infração - Média;

Penalidade - Multa.

Art. 186. Transitar pela contramão de direção em:

I - vias com duplo sentido de circulação, exceto para ultrapassar outro veículo e apenas pelo tempo necessário, respeitada a preferência do veículo que transitar em sentido contrário:

Infração - Grave;

Penalidade - Multa;

CTB

II - vias com sinalização de regulamentação de sentido único de circulação:

Infração - Gravíssima;

Penalidade - Multa.

Art. 187. Transitar em locais e horários não permitidos pela regulamentação estabelecida pela autoridade competente:

I - para todos os tipos de veículos:

Infração - Média;

Penalidade - Multa;

II - (Revogado pela Lei 9.602/1998.)

Art. 188. Transitar ao lado de outro veículo, interrompendo ou perturbando o trânsito:

Infração - Média;

Penalidade - Multa.

Art. 189. Deixar de dar passagem aos veículos precedidos de batedores, de socorro de incêndio e salvamento, de polícia, de operação e fiscalização de trânsito e às ambulâncias, quando em serviço de urgência e devidamente identificados por dispositivos regulamentados de alarme sonoro e iluminação vermelha intermitentes:

Infração - Gravíssima;

Penalidade - Multa.

Art. 190. Seguir veículo em serviço de urgência, estando este com prioridade de passagem devidamente identificada por dispositivos regulamentares de alarme sonoro e iluminação vermelha intermitentes:

Infração - Grave;

Penalidade - Multa.

Art. 191. Forçar passagem entre veículos que, transitando em sentidos opostos, estejam na iminência de passar um pelo outro ao realizar operação de ultrapassagem:

Infração - Gravíssima;

Penalidade - Multa (dez vezes) e suspensão do direito de dirigir. (Alterado pela Lei 12.971/2014)

Parágrafo único. Aplica-se em dobro a multa prevista no *caput* em caso de reincidência no período de até 12 (doze) meses da infração anterior. (Acrescentado pela Lei 12.971/2014)

Art. 192. Deixar de guardar distância de segurança lateral e frontal entre o seu veículo e os demais, bem como em relação ao bordo da pista, considerando-se, no momento, a velocidade, as condições climáticas do local da circulação e do veículo:

Infração - Grave;

Penalidade - Multa.

Art. 193. Transitar com o veículo em calçadas, passeios, passarelas, ciclovias, ciclofaixas, ilhas, refúgios, ajardinamentos, canteiros centrais e divisores de pista de rolamento, acostamentos, marcas de canalização, gramados e jardins públicos:

Infração - Gravíssima;

Penalidade - Multa (três vezes).

Art. 194. Transitar em marcha à ré, salvo na distância necessária a pequenas manobras e de forma a não causar riscos à segurança:

Infração - Grave;

Penalidade - Multa.

Art. 195. Desobedecer às ordens emanadas da autoridade competente de trânsito ou de seus agentes:

Infração - Grave;

Penalidade - Multa.

Art. 196. Deixar de indicar com antecedência, mediante gesto regulamentar de braço ou luz indicadora de direção do veículo, o início da marcha, a realização da manobra de parar o veículo, a mudança de direção ou de faixa de circulação:

Infração - Grave;

Penalidade - Multa.

Art. 197. Deixar de deslocar, com antecedência, o veículo para a faixa mais à esquerda ou mais à direita, dentro da respectiva mão de direção, quando for manobrar para um desses lados:

Infração - Média;

Penalidade - Multa.

Art. 198. Deixar de dar passagem pela esquerda, quando solicitado:

Infração - Média;

Penalidade - Multa.

Art. 199. Ultrapassar pela direita, salvo quando o veículo da frente estiver colocado na faixa apropriada e der sinal de que vai entrar à esquerda:

Infração - Média;

Penalidade - Multa.

Art. 200. Ultrapassar pela direita veículo de transporte coletivo ou de escolares, parado para embarque ou desembarque de passageiros, salvo quando houver refúgio de segurança para o pedestre:

Infração - Gravíssima;

Penalidade - Multa.

Art. 201. Deixar de guardar a distância lateral de um metro e cinquenta centímetros ao passar ou ultrapassar bicicleta:

Infração - Média;

Penalidade - Multa.

Art. 202. Ultrapassar outro veículo:

I - pelo acostamento;

II - em interseções e passagens de nível;

Infração - Gravíssima. (Acrescentado pela Lei 12.971/2014)

Penalidade - Multa (cinco vezes). (Alterado pela Lei 12.971/2014)

Art. 203. Ultrapassar pela contramão outro veículo:

I - nas curvas, aclives e declives, sem visibilidade suficiente;

II - nas faixas de pedestre;

III - nas pontes, viadutos ou túneis;

IV - parado em fila junto a sinais luminosos, porteiras, cancelas, cruzamentos ou qualquer outro impedimento à livre-circulação;

V - onde houver marcação viária longitudinal de divisão de fluxos opostos do tipo linha dupla contínua ou simples contínua amarela:

Infração - Gravíssima; (Alterado pela Lei 12.971/2014)

Penalidade - Multa (cinco vezes). (Alterado pela Lei 12.971/2014)

Parágrafo único. Aplica-se em dobro a multa prevista no *caput* em caso de reincidência no período de até 12 (doze) meses da infração anterior. (Acrescentado pela Lei 12.971/2014)

Art. 204. Deixar de parar o veículo no acostamento à direita, para aguardar a oportunidade de cruzar a pista ou entrar à esquerda, onde não houver local apropriado para operação de retorno:

Infração - Grave;

Penalidade - Multa.

Art. 205. Ultrapassar veículo em movimento que integre cortejo, préstito, desfile e formações militares, salvo com autorização da autoridade de trânsito ou de seus agentes:

Infração - Leve;

Penalidade - Multa.

Art. 206. Executar operação de retorno:

I - em locais proibidos pela sinalização;

II - nas curvas, aclives, declives, pontes, viadutos e túneis;

III - passando por cima de calçada, passeio, ilhas, ajardinamento ou canteiros de divisões de pista de rolamento, refúgios e faixas de pedestres e nas de veículos não motorizados;

IV - nas interseções, entrando na contramão de direção da via transversal;

V - com prejuízo da livre circulação ou da segurança, ainda que em locais permitidos:

Infração - Gravíssima;

Penalidade - Multa.

Art. 207. Executar operação de conversão à direita ou à esquerda em locais proibidos pela sinalização:

Infração - Grave;

Penalidade - Multa.

Art. 208. Avançar o sinal vermelho do semáforo ou o de parada obrigatória:

Infração - Gravíssima;

Penalidade - Multa.

› **Atualização:** Art. 208. Avançar o sinal vermelho do semáforo ou o de parada obrigatória, exceto onde houver sinalização que permita a livre conversão à direita prevista no art. 44-A deste Código: (Redação dada pela Lei 14.071/2020, em vigor após decorridos 180 dias de sua publicação oficial-DOU de 14.10 de 2020)

Art. 209. Transpor, sem autorização, bloqueio viário com ou sem sinalização ou dispositivos auxiliares, deixar de adentrar as áreas destinadas à pesagem de veículos ou evadir-se para não efetuar o pagamento do pedágio:

Infração - Grave;

Penalidade - Multa.

Art. 210. Transpor, sem autorização, bloqueio viário policial:

Infração - Gravíssima;

Penalidade - Multa, apreensão do veículo e suspensão do direito de dirigir;

Medida administrativa - Remoção do veículo e recolhimento do documento de habilitação.

Art. 211. Ultrapassar veículos em fila, parados em razão de sinal luminoso, cancela, bloqueio viário parcial ou qualquer outro obstáculo, com exceção dos veículos não motorizados:

Infração - Grave;

Penalidade - Multa.

- **Atualização:** Parágrafo único. (VETADO na Lei 14.071/2020, em vigor após decorridos 180 dias de sua publicação oficial-DOU de 14.10 de 2020)

Art. 212. Deixar de parar o veículo antes de transpor linha férrea:

Infração - Gravíssima;

Penalidade - Multa.

Art. 213. Deixar de parar o veículo sempre que a respectiva marcha for interceptada:

I - por agrupamento de pessoas, como préstitos, passeatas, desfiles e outros:

Infração - Gravíssima;

Penalidade - Multa.

II - por agrupamento de veículos, como cortejos, formações militares e outros:

Infração - Grave;

Penalidade - Multa.

Art. 214. Deixar de dar preferência de passagem a pedestre e a veículo não motorizado:

I - que se encontre na faixa a ele destinada;

II - que não haja concluído a travessia mesmo que ocorra sinal verde para o veículo;

III - portadores de deficiência física, crianças, idosos e gestantes:

Infração - Gravíssima;

Penalidade - Multa.

IV - quando houver iniciado a travessia mesmo que não haja sinalização a ele destinada;

V - que esteja atravessando a via transversal para onde se dirige o veículo:

Infração - Grave;

Penalidade - Multa.

Art. 215. Deixar de dar preferência de passagem:

I - em interseção não sinalizada:

a) a veículo que estiver circulando por rodovia ou rotatória;

b) a veículo que vier da direita;

II - nas interseções com sinalização de regulamentação de Dê a Preferência:

Infração - Grave;

Penalidade - Multa.

Art. 216. Entrar ou sair de áreas lindeiras sem estar adequadamente posicionado para ingresso na via e sem as precauções com a segurança de pedestres e de outros veículos:

Infração - Média;

Penalidade - Multa.

Art. 217. Entrar ou sair de fila de veículos estacionados sem dar preferência de passagem a pedestres e a outros veículos:

Infração - Média;

Penalidade - Multa.

Art. 218. Transitar em velocidade superior à máxima permitida para o local, medida por instrumento ou equipamento hábil, em rodovias, vias de trânsito rápido, vias arteriais e demais vias: (Redação dada pela Lei 11.334/2006.)

I - quando a velocidade for superior à máxima em até 20% (vinte por cento): (Redação dada pela Lei 11.334/2006.)

Infração - Média; (Redação dada pela Lei 11.334/2006.)

Penalidade - Multa; (Redação dada pela Lei 11.334/2006.)

II - quando a velocidade for superior à máxima em mais de 20% (vinte por cento) até 50% (cinquenta por cento): (Redação dada pela Lei 11.334/2006.)

Infração - Grave; (Redação dada pela Lei 11.334/2006.)

Penalidade - Multa; (Redação dada pela Lei 11.334/2006.)

III - quando a velocidade for superior à máxima em mais de 50% (cinquenta por cento): (Incluído pela Lei 11.334/2006.)

Infração - Gravíssima; (Incluído pela Lei 11.334/2006.)

- **Atualização:** Infração - gravíssima; (Redação dada pela Lei 14.071/2020, em vigor após decorridos 180 dias de sua publicação oficial-DOU de 14.10 de 2020)

Penalidade - Multa [3 (três) vezes], suspensão imediata do direito de dirigir e apreensão do documento de habilitação. (Incluído pela Lei 11.334/2006.)

- **Atualização:** Penalidade - multa (três vezes) e suspensão do direito de dirigir. (Redação dada pela Lei 14.071/2020, em vigor após decorridos 180 dias de sua publicação oficial-DOU de 14.10 de 2020)

Art. 219. Transitar com o veículo em velocidade inferior à metade da velocidade máxima estabelecida para a via, retardando ou obstruindo o trânsito, a menos que as condições de tráfego e meteorológicas não o permitam, salvo se estiver na faixa da direita:

Infração - Média;

Penalidade - Multa.

Art. 220. Deixar de reduzir a velocidade do veículo de forma compatível com a segurança do trânsito:

I - quando se aproximar de passeatas, aglomerações, cortejos, préstitos e desfiles:

Infração - Gravíssima;

Penalidade - Multa;

II - nos locais onde o trânsito esteja sendo controlado pelo agente da autoridade de trânsito, mediante sinais sonoros ou gestos;

III - ao aproximar-se da guia da calçada (meio-fio) ou acostamento;

IV - ao aproximar-se de ou passar por interseção não sinalizada;

V - nas vias rurais cuja faixa de domínio não esteja cercada;

VI - nos trechos em curva de pequeno raio;

VII - ao aproximar-se de locais sinalizados com advertência de obras ou trabalhadores na pista;

VIII - sob chuva, neblina, cerração ou ventos fortes;

IX - quando houver má visibilidade;

X - quando o pavimento se apresentar escorregadio, defeituoso ou avariado;

XI - à aproximação de animais na pista;

XII - em declive;

- **Atualização:** Infração - grave; (Redação dada pela Lei 14.071/2020, em vigor após decorridos 180 dias de sua publicação oficial-DOU de 14.10 de 2020)
  Penalidade - multa; (Redação dada pela Lei 14.071/2020, em vigor após decorridos 180 dias de sua publicação oficial-DOU de 14.10 de 2020)

XIII - ao ultrapassar ciclista:

Infração - Grave;

- **Atualização:** Infração - gravíssima; (Redação dada pela Lei 14.071/2020, em vigor após decorridos 180 dias de sua publicação oficial-DOU de 14.10 de 2020)

Penalidade - Multa;

- **Atualização:** Penalidade - multa; (Redação dada pela Lei 14.071/2020, em vigor após decorridos 180 dias de sua publicação oficial-DOU de 14.10 de 2020)

XIV - nas proximidades de escolas, hospitais, estações de embarque e desembarque de passageiros ou onde haja intensa movimentação de pedestres:

Infração - Gravíssima;

Penalidade - Multa.

- art. 311 deste Código.

Art. 221. Portar no veículo placas de identificação em desacordo com as especificações e modelos estabelecidos pelo CONTRAN:

- Res. CONTRAN 780/2019 (Dispõe sobre o novo sistema de Placas de Identificação Veicular).

Infração - Média;

Penalidade - Multa;

Medida administrativa - Retenção do veículo para regularização e apreensão das placas irregulares.

Parágrafo único. Incide na mesma penalidade aquele que confeciona, distribui ou coloca, em veículo próprio ou de terceiros, placas de identificação não autorizadas pela regulamentação.

Art. 222. Deixar de manter ligado, nas situações de atendimento de emergência, o sistema de iluminação vermelha intermitente dos veículos de polícia, de socorro de incêndio e salvamento, de fiscalização de trânsito e das ambulâncias, ainda que parados:

Infração - Média;

Penalidade - Multa.

Art. 223. Transitar com o farol desregulado ou com o facho de luz alta de forma a perturbar a visão de outro condutor:

Infração - Grave;

Penalidade - Multa.

Medida administrativa - Retenção do veículo para regularização.

Art. 224. Fazer uso do facho de luz alta dos faróis em vias providas de iluminação pública:

Infração - Leve;

Penalidade - Multa.

Art. 225. Deixar de sinalizar a via, de forma a prevenir os demais condutores e, à noite, não manter acesas as luzes externas ou omitir-se quanto a providências necessárias para tornar visível o local, quando:

I - tiver de remover o veículo da pista de rolamento ou permanecer no acostamento;

II - a carga for derramada sobre a via e não puder ser retirada imediatamente:

Infração - Grave;

Penalidade - Multa.

Art. 226. Deixar de retirar todo e qualquer objeto que tenha sido utilizado para sinalização temporária da via:

Infração - Média;

Penalidade - Multa.

Art. 227. Usar buzina:

I - em situação que não a de simples toque breve como advertência ao pedestre ou a condutores de outros veículos;

II - prolongada e sucessivamente a qualquer pretexto;

III - entre as vinte e duas e as seis horas;

IV - em locais e horários proibidos pela sinalização;

V - em desacordo com os padrões e frequências estabelecidas pelo CONTRAN:

- Res. CONTRAN 35/1998 (Estabelece método de ensaio para medição de pressão sonora por buzina ou equipamento similar).

Infração - Leve;

Penalidade - Multa.

Art. 228. Usar no veículo equipamento com som em volume ou frequência que não sejam autorizados pelo CONTRAN:

- Res. CONTRAN 624/2016 (Regulamenta a fiscalização de sons produzidos por equipamentos utilizados em veículos, a que se refere este artigo).

Infração - Grave;

Penalidade - Multa;

Medida administrativa - Retenção do veículo para regularização.

- Res. 624/2016 (Regulamenta a fiscalização de sons produzidos por equipamentos utilizados em veículos, a que se refere este artigo).

Art. 229. Usar indevidamente no veículo aparelho de alarme ou que produza sons e ruído que perturbem o sossego público, em desacordo com normas fixadas pelo CONTRAN:

- Res. CONTRAN 37/1998 (Fixa normas de utilização de alarmes sonoros e outros acessórios de segurança contra furto ou roubo para os veículos automotores).

Infração - Média;

Penalidade - Multa e apreensão do veículo;

Medida administrativa - Remoção do veículo.

Art. 230. Conduzir o veículo:

I - com o lacre, a inscrição do chassi, o selo, a placa ou qualquer outro elemento de identificação do veículo violado ou falsificado;

II - transportando passageiros em compartimento de carga, salvo por motivo de força maior, com permissão da autoridade competente e na forma estabelecida pelo CONTRAN;

III - com dispositivo antirradar;

IV - sem qualquer uma das placas de identificação;

V - que não esteja registrado e devidamente licenciado;

VI - com qualquer uma das placas de identificação sem condições de legibilidade e visibilidade:

Infração - Gravíssima;

Penalidade - Multa e apreensão do veículo;

Medida administrativa - Remoção do veículo;

VII - com a cor ou característica alterada;

VIII - sem ter sido submetido à inspeção de segurança veicular, quando obrigatória;

IX - sem equipamento obrigatório ou estando este ineficiente ou inoperante;

X - com equipamento obrigatório em desacordo com o estabelecido pelo CONTRAN;

XI - com descarga livre ou silenciador de motor de explosão defeituoso, deficiente ou inoperante;

XII - com equipamento ou acessório proibido;

XIII - com o equipamento do sistema de iluminação e de sinalização alterados;

XIV - com registrador instantâneo inalterável de velocidade e tempo viciado ou defeituoso, quando houver exigência desse aparelho;

XV - com inscrições, adesivos, legendas e símbolos de caráter publicitário afixados ou pintados no para-brisa e em toda a extensão da parte traseira do veículo, excetuadas as hipóteses previstas neste Código;

XVI - com vidros total ou parcialmente cobertos por películas refletivas ou não, painéis decorativos ou pinturas;

XVII - com cortinas ou persianas fechadas, não autorizadas pela legislação;

XVIII - em mau estado de conservação, comprometendo a segurança, ou reprovado na avaliação de inspeção de segurança e de emissão de poluentes e ruído, prevista no art. 104;

XIX - sem acionar o limpador de para-brisa sob chuva:

Infração - Grave;

Penalidade - Multa;

Medida administrativa - Retenção do veículo para regularização;

XX - sem portar a autorização para condução de escolares, na forma estabelecida no art. 136:

Infração - gravíssima;

Penalidade - multa (cinco vezes);

Medida administrativa - remoção do veículo; (Redação dada pela Lei 13.855/2019)

XXI - de carga, com falta de inscrição da tara e demais inscrições previstas neste Código;

XXII - com defeito no sistema de iluminação, de sinalização ou com lâmpadas queimadas:

Infração - Média;

Penalidade - Multa.

XXIII - em desacordo com as condições estabelecidas no art. 67-C, relativamente ao tempo de permanência do condutor ao volante e aos intervalos para descanso, quando se tratar de veículo de transporte de carga ou coletivo de passageiros: (Alterado pela Lei 13.103/2015.)

- art. 22, Lei 13.103/2015 (Lei do Caminhoneiro). Dec. 8.433/2015 (Regulamento).

Infração - Média; (Alterado pela Lei 13.103/2015.)

Penalidade - Multa; (Alterado pela Lei 13.103/2015.)

Medida administrativa - Retenção do veículo para cumprimento do tempo de descanso aplicável. (Alterado pela Lei 13.103/2015.)

XXIV - (Vetado.).

§ 1º Se o condutor cometeu infração igual nos últimos 12 (doze) meses, será convertida, automaticamente, a penalidade disposta no inciso XXIII em infração grave. (Acrescentado pela Lei 13.103/2015.)

§ 2º Em se tratando de condutor estrangeiro, a liberação do veículo fica condicionada ao pagamento ou ao depósito, judicial ou administrativo, da multa. (Acrescentado pela Lei 13.103/2015.)

Art. 231. Transitar com o veículo:

I - danificando a via, suas instalações e equipamentos;

II - derramando, lançando ou arrastando sobre a via:

a) carga que esteja transportando;

b) combustível ou lubrificante que esteja utilizando;

c) qualquer objeto que possa acarretar risco de acidente:

Infração - Gravíssima;

Penalidade - Multa;

Medida administrativa - Retenção do veículo para regularização;

III - produzindo fumaça, gases ou partículas em níveis superiores aos fixados pelo CONTRAN;

- Res. CONTRAN 452/2013 (Dispõe sobre os procedimentos a serem adotados pelas autoridades de trânsito e seus agentes na fiscalização das emissões de gases de escapamento de veículos automotores de que trata este inciso).

IV - com suas dimensões ou de sua carga superiores aos limites estabelecidos legalmente ou pela sinalização, sem autorização:

Infração - Grave;

Penalidade - Multa;

Medida administrativa - Retenção do veículo para regularização;

V - com excesso de peso, admitido percentual de tolerância quando aferido por equipamento, na forma a ser estabelecida pelo CONTRAN:

- art. 22, Lei 13.103/2015 (Lei do Caminhoneiro). Dec. 8.433/2015 (Regulamento).

Infração - Média;

Penalidade - Multa acrescida a cada duzentos quilogramas ou fração de excesso de peso apurado, constante na seguinte tabela:

a) até 600 kg (seiscentos quilogramas) - R$ 5,32 (cinco reais e trinta e dois centavos); (Alterada pela Lei 13.281/2016)

b) de 601 (seiscentos e um) a 800 kg (oitocentos quilogramas) - R$ 10,64 (dez reais e sessenta e quatro centavos); (Alterada pela Lei 13.281/2016)

c) de 801 (oitocentos e um) a 1.000 kg (mil quilogramas) - R$ 21,28 (vinte e um reais e vinte e oito centavos); (Alterada pela Lei 13.281/2016)

d) de 1.001 (mil e um) a 3.000 kg (três mil quilogramas) - R$ 31,92 (trinta e um reais e noventa e dois centavos); (Alterada pela Lei 13.281/2016)

e) de 3.001 (três mil e um) a 5.000 kg (cinco mil quilogramas) - R$ 42,56 (quarenta e dois reais e cinquenta e seis centavos); (Alterada pela Lei 13.281/2016)

f) acima de 5.001 kg (cinco mil e um quilogramas) - R$ 53,20 (cinquenta e três reais e vinte centavos); (Alterada pela Lei 13.281/2016)

Medida administrativa - Retenção do veículo e transbordo da carga excedente.

VI - em desacordo com a autorização especial, expedida pela autoridade competente para transitar com dimensões excedentes, ou quando a mesma estiver vencida:

Infração - Grave;

Penalidade - Multa e apreensão do veículo;

Medida administrativa - Remoção do veículo;

VII - com lotação excedente;

VIII - efetuando transporte remunerado de pessoas ou bens, quando não for licenciado para esse fim, salvo casos de força maior ou com permissão da autoridade competente:

Infração - gravíssima;

Penalidade - multa;

Medida administrativa - remoção do veículo; (Redação dada pela Lei 13.855/2019)

IX - desligado ou desengrenado, em declive:

Infração - Média;

Penalidade - Multa;

Medida administrativa - Retenção do veículo;

X - excedendo a capacidade máxima de tração:

- Res. CONTRAN 258/2007 (Regulamenta este inciso).

Infração - de média a gravíssima, a depender da relação entre o excesso de peso apurado e a capacidade máxima de tração, a ser regulamentada pelo CONTRAN;

Penalidade - Multa;

Medida Administrativa - retenção do veículo e transbordo de carga excedente.

Parágrafo único. Sem prejuízo das multas previstas nos incisos V e X, o veículo que transitar com excesso de peso ou excedendo à capacidade máxima de tração, não computado o percentual tolerado na forma do disposto na legislação, somente poderá continuar viagem após descarregar o que exceder, segundo critérios estabelecidos na referida legislação complementar.

Art. 232. Conduzir veículo sem os documentos de porte obrigatório referidos neste Código:

- Res. CONTRAN 205/2006 (Dispõe sobre os documentos de porte obrigatório).

Infração - Leve;

Penalidade - Multa;

Medida administrativa - Retenção do veículo até a apresentação do documento.

Art. 233. Deixar de efetuar o registro de veículo no prazo de trinta dias, junto ao órgão executivo de trânsito, ocorridas as hipóteses previstas no art. 123:

Infração - Grave;

- **Atualização:** Infração - média; (Redação dada pela Lei 14.071/2020, em vigor após decorridos 180 dias de sua publicação oficial-DOU de 14.10 de 2020)

Penalidade - Multa;

- **Atualização:** Penalidade - multa; (Redação dada pela Lei 14.071/2020, em vigor após decorridos 180 dias de sua publicação oficial-DOU de 14.10 de 2020)

Medida administrativa - Retenção do veículo para regularização.

- **Atualização:** Medida administrativa - remoção do veículo. (Redação dada pela Lei 14.071/2020, em vigor após decorridos 180 dias de sua publicação oficial-DOU de 14.10 de 2020)

  Art. 233-A. (Vetado na Lei 14.071/2020, em vigor após decorridos 180 dias de sua publicação oficial-DOU de 14.10 de 2020)

Art. 234. Falsificar ou adulterar documento de habilitação e de identificação do veículo:

Infração - Gravíssima;

Penalidade - Multa e apreensão do veículo;

Medida administrativa - Remoção do veículo.

Art. 235. Conduzir pessoas, animais ou carga nas partes externas do veículo, salvo nos casos devidamente autorizados:

Infração - Grave;

Penalidade - Multa;

Medida administrativa - Retenção do veículo para transbordo.

Art. 236. Rebocar outro veículo com cabo flexível ou corda, salvo em casos de emergência:

Infração - Média;

Penalidade - Multa.

Art. 237. Transitar com o veículo em desacordo com as especificações, e com falta de inscrição e simbologia necessárias à sua identificação, quando exigidas pela legislação:

Infração - Grave;

Penalidade - Multa;

Medida administrativa - Retenção do veículo para regularização.

Art. 238. Recusar-se a entregar à autoridade de trânsito ou a seus agentes, mediante recibo, os documentos de habilitação, de registro, de licenciamento de veículo e outros exigidos por lei, para averiguação de sua autenticidade:

Infração - Gravíssima;

Penalidade - Multa e apreensão do veículo;

Medida administrativa - Remoção do veículo.

Art. 239. Retirar do local veículo legalmente retido para regularização, sem permissão da autoridade competente ou de seus agentes:

Infração - Gravíssima;

Penalidade - Multa e apreensão do veículo;

Medida administrativa - Remoção do veículo.

Art. 240. Deixar o responsável de promover a baixa do registro de veículo irrecuperável ou definitivamente desmontado:

Infração - Grave;

Penalidade - Multa;

Medida administrativa - Recolhimento do Certificado de Registro e do Certificado de Licenciamento Anual.

Art. 241. Deixar de atualizar o cadastro de registro do veículo ou de habilitação do condutor:

Infração - Leve;

Penalidade - Multa.

Art. 242. Fazer falsa declaração de domicílio para fins de registro, licenciamento ou habilitação:

Infração - Gravíssima;

Penalidade - Multa.

Art. 243. Deixar a empresa seguradora de comunicar ao órgão executivo de trânsito competente a ocorrência de perda total do veículo e de lhe devolver as respectivas placas e documentos:

Infração - Grave;

Penalidade - Multa;

Medida administrativa - Recolhimento das placas e dos documentos.

Art. 244. Conduzir motocicleta, motoneta e ciclomotor:

- Res. 453/2013 (Disciplina o uso de capacete para condutor e passageiro de motocicletas, motonetas, ciclomotores, triciclos motorizados e quadriciclos motorizados).

› **Atualização:** Art. 244. Conduzir motocicleta, motoneta ou ciclomotor: (Redação dada pela Lei 14.071/2020, em vigor após decorridos 180 dias de sua publicação oficial-DOU de 14.10 de 2020)

I - sem usar capacete de segurança com viseira ou óculos de proteção e vestuário de acordo com as normas e especificações aprovadas pelo CONTRAN;

› **Atualização:** I - sem usar capacete de segurança ou vestuário de acordo com as normas e as especificações aprovadas pelo Contran; (Redação dada pela Lei 14.071/2020, em vigor após decorridos 180 dias de sua publicação oficial-DOU de 14.10 de 2020)

II - transportando passageiro sem o capacete de segurança, na forma estabelecida no inciso anterior, ou fora do assento suplementar colocado atrás do condutor ou em carro lateral;

III - fazendo malabarismo ou equilibrando-se apenas em uma roda;

IV - com os faróis apagados;

› **Atualização:** IV - (Revogado pela Lei 14.071/2020, em vigor após decorridos 180 dias de sua publicação oficial-DOU de 14.10 de 2020)

V - transportando criança menor de sete anos ou que não tenha, nas circunstâncias, condições de cuidar de sua própria segurança:

Infração - Gravíssima;

Penalidade - Multa e suspensão do direito de dirigir;

Medida administrativa - Recolhimento do documento de habilitação;

› **Atualização:** V - transportando criança menor de 10 (dez) anos de idade ou que não tenha, nas circunstâncias, condições de cuidar da própria segurança: (Redação dada pela Lei 14.071/2020, em vigor após decorridos 180 dias de sua publicação oficial-DOU de 14.10 de 2020)

Infração - gravíssima;

Penalidade - multa e suspensão do direito de dirigir;

Medida administrativa - retenção do veículo até regularização e recolhimento do documento de habilitação;

VI - rebocando outro veículo;

VII - sem segurar o guidom com ambas as mãos, salvo eventualmente para indicação de manobras;

VIII - transportando carga incompatível com suas especificações ou em desacordo com o previsto no § 2º do art. 139-A desta Lei; (Redação dada pela Lei 12.009/2009.)

IX - efetuando transporte remunerado de mercadorias em desacordo com o previsto no art. 139-A desta Lei ou com as normas que regem a atividade profissional dos mototaxistas: (Incluído pela Lei 12.009/2009.)

› **Atualização:** X - com a utilização de capacete de segurança sem viseira ou óculos de proteção ou com viseira ou óculos de proteção em desacordo com a regulamentação do Contran;

XI - transportando passageiro com o capacete de segurança utilizado na forma prevista no inciso X do *caput* deste artigo: (Redação dada pela Lei 14.071/2020, em vigor após decorridos 180 dias de sua publicação oficial-DOU de 14.10 de 2020)

Infração - média;

Penalidade - multa;

Medida administrativa - retenção do veículo até regularização;

XII - (Vetado na Lei 14.071/2020, em vigor após decorridos 180 dias de sua publicação oficial-DOU de 14.10 de 2020)

Infração - Grave; (Incluído pela Lei 12.009/2009.)

Penalidade - Multa; (Incluído pela Lei 12.009/2009.)

Medida administrativa - Apreensão do veículo para regularização. (Incluído pela Lei 12.009/2009.)

§ 1º Para ciclos aplica-se o disposto nos incisos III, VII e VIII, além de:

a) conduzir passageiro fora da garupa ou do assento especial a ele destinado;

b) transitar em vias de trânsito rápido ou rodovias, salvo onde houver acostamento ou faixas de rolamento próprias;

c) transportar crianças que não tenham, nas circunstâncias, condições de cuidar de sua própria segurança.

§ 2º Aplica-se aos ciclomotores o disposto na alínea *b* do parágrafo anterior:

Infração - Média;

Penalidade - Multa.

§ 3º A restrição imposta pelo inciso VI do *caput* deste artigo não se aplica às motocicletas e motonetas que tracionem semirreboques especialmente projetados para esse fim e devidamente homologados pelo órgão competente. (Incluído pela Lei n. 10.517, de 2002.)

› Res. 273/2008 (Regulamenta este parágrafo).

Art. 245. Utilizar a via para depósito de mercadorias, materiais ou equipamentos, sem autorização do órgão ou entidade de trânsito com circunscrição sobre a via:

Infração - Grave;

Penalidade - Multa;

Medida administrativa - Remoção da mercadoria ou do material.

Parágrafo único. A penalidade e a medida administrativa incidirão sobre a pessoa física ou jurídica responsável.

Art. 246. Deixar de sinalizar qualquer obstáculo à livre circulação, à segurança de veículo e pedestres, tanto no leito da via terrestre como na calçada, ou obstaculizar a via indevidamente:

Infração - Gravíssima;

Penalidade - Multa, agravada em até cinco vezes, a critério da autoridade de trânsito, conforme o risco à segurança.

Parágrafo único. A penalidade será aplicada à pessoa física ou jurídica responsável pela obstrução, devendo a autoridade com circunscrição sobre a via providenciar a sinalização de emergência, às expensas do responsável, ou, se possível, promover a desobstrução.

Art. 247. Deixar de conduzir pelo bordo da pista de rolamento, em fila única, os veículos de tração ou propulsão humana e os de tração animal, sempre que não houver acostamento ou faixa a eles destinados:

Infração - Média;

Penalidade - Multa.

Art. 248. Transportar em veículo destinado ao transporte de passageiros carga excedente em desacordo com o estabelecido no art. 109:

Infração - Grave;

Penalidade - Multa;

Medida administrativa - Retenção para o transbordo.

Art. 249. Deixar de manter acesas, à noite, as luzes de posição, quando o veículo estiver parado, para fins de embarque ou desembarque de passageiros e carga ou descarga de mercadorias:

Infração - Média;

Penalidade - Multa.

Art. 250. Quando o veículo estiver em movimento:

I - deixar de manter acesa a luz baixa:

a) durante a noite;

b) de dia, nos túneis providos de iluminação pública e nas rodovias; (Alterado pela Lei 13.290/2016.)

› **Atualização:** b) de dia, em túneis e sob chuva, neblina ou cerração;(Redação dada pela Lei 14.071/2020, em vigor após decorridos 180 dias de sua publicação oficial-DOU de 14.10 de 2020)

c) de dia e de noite, tratando-se de veículo de transporte coletivo de passageiros, circulando em faixas ou pistas a eles destinadas;

› **Atualização:** c) de dia, no caso de veículos de transporte coletivo de passageiros em circulação em faixas ou pistas a eles destinadas;(Redação dada pela Lei 14.071/2020, em vigor após decorridos 180 dias de sua publicação oficial-DOU de 14.10 de 2020)

d) de dia e de noite, tratando-se de ciclomotores;

› **Atualização:** d) de dia, no caso de motocicletas, motonetas e ciclomotores;

e) de dia, em rodovias de pista simples situadas fora dos perímetros urbanos, no caso de veículos desprovidos de luzes de rodagem diurna;(Redação dada pela Lei 14.071/2020, em vigor após decorridos 180 dias de sua publicação oficial-DOU de 14.10 de 2020)

II - deixar de manter acesas pelo menos as luzes de posição sob chuva forte, neblina ou cerração;

› **Atualização:** II - (Revogado pela Lei 14.071/2020, em vigor após decorridos 180 dias de sua publicação oficial-DOU de 14.10 de 2020)

III - deixar de manter a placa traseira iluminada, à noite;

Infração - Média;

Penalidade - Multa.

Art. 251. Utilizar as luzes do veículo:

I - o pisca-alerta, exceto em imobilizações ou situações de emergência;

II - baixa e alta de forma intermitente, exceto nas seguintes situações:

a) a curtos intervalos, quando for conveniente advertir a outro condutor que se tem o propósito de ultrapassá-lo;

b) em imobilizações ou situação de emergência, como advertência, utilizando pisca-alerta;

c) quando a sinalização de regulamentação da via determinar o uso do pisca-alerta:

Infração - Média;

Penalidade - Multa.

Art. 252. Dirigir o veículo:

I - com o braço do lado de fora;

II - transportando pessoas, animais ou volume à sua esquerda ou entre os braços e pernas;

III - com incapacidade física ou mental temporária que comprometa a segurança do trânsito;

IV - usando calçado que não se firme nos pés ou que comprometa a utilização dos pedais;

V - com apenas uma das mãos, exceto quando deva fazer sinais regulamentares de braço, mudar a marcha do veículo, ou acionar equipamentos e acessórios do veículo;

VI - utilizando-se de fones nos ouvidos conectados a aparelhagem sonora ou de telefone celular;

Infração - Média;

Penalidade - Multa.

VII - realizando a cobrança de tarifa com o veículo em movimento: (Acrescentado pela Lei 13.154/2015.)

Infração - Média; (Acrescentado pela Lei 13.154/2015.)

Penalidade - Multa. (Acrescentado pela Lei 13.154/2015.)

Parágrafo único. A hipótese prevista no inciso V caracterizar-se-á como infração gravíssima no caso de o condutor estar segurando ou manuseando telefone celular. (Acrescentado pela Lei 13.281/2016.)

Art. 253. Bloquear a via com veículo:

Infração - Gravíssima;

Penalidade - Multa e apreensão do veículo;

Medida administrativa - Remoção do veículo.

Art. 253-A. Usar qualquer veículo para, deliberadamente, interromper, restringir ou perturbar a circulação na via sem autorização do órgão ou entidade de trânsito com circunscrição sobre ela: (Acrescentado pela Lei 13.281/2016.)

Infração - Gravíssima;

Penalidade - Multa (vinte vezes) e suspensão do direito de dirigir por 12 (doze) meses;

Medida administrativa - Remoção do veículo.

§ 1º Aplica-se a multa agravada em 60 (sessenta) vezes aos organizadores da conduta prevista no *caput*. (Acrescentado pela Lei 13.281/2016.)

§ 2º Aplica-se em dobro a multa em caso de reincidência no período de 12 (doze) meses. (Acrescentado pela Lei 13.281/2016.)

§ 3º As penalidades são aplicáveis a pessoas físicas ou jurídicas que incorram na infração, devendo a autoridade com circunscrição sobre a via restabelecer de imediato, se possível, as condições de normalidade para a circulação na via. (Acrescentado pela Lei 13.281/2016.)

Art. 254. É proibido ao pedestre:

I - permanecer ou andar nas pistas de rolamento, exceto para cruzá-las onde for permitido;

II - cruzar pistas de rolamento nos viadutos, pontes, ou túneis, salvo onde exista permissão;

III - atravessar a via dentro das áreas de cruzamento, salvo quando houver sinalização para esse fim;

IV - utilizar-se da via em agrupamentos capazes de perturbar o trânsito, ou para a prática de qualquer folguedo, esporte, desfiles e similares, salvo em casos especiais e com a devida licença da autoridade competente;

V - andar fora da faixa própria, passarela, passagem aérea ou subterrânea;

VI - desobedecer à sinalização de trânsito específica;

Infração - Leve;

Penalidade - Multa, em 50% (cinquenta por cento) do valor da infração de natureza leve.

VII - (Vetado). (Acrescentado pela Lei 13.281/2016.)

§§ 1º a 3º (Vetados). (Acrescentado pela Lei 13.281/2016.)

Art. 255. Conduzir bicicleta em passeios onde não seja permitida a circulação desta, ou de forma agressiva, em desacordo com o disposto no parágrafo único do art. 59:

Infração - Média;

Penalidade - Multa;

Medida administrativa - Remoção da bicicleta, mediante recibo para o pagamento da multa.

CAPÍTULO XVI
DAS PENALIDADES

Art. 256. A autoridade de trânsito, na esfera das competências estabelecidas neste Código e dentro de sua circunscrição, deverá aplicar, às infrações nele previstas, as seguintes penalidades:

I - advertência por escrito;

II - multa;

- Res. CONTRAN 299/2008 (Dispõe sobre a padronização dos procedimentos para apresentação de defesa de autuação e recurso, em 1ª e 2ª instâncias, contra a imposição de penalidade de multa de trânsito).

III - suspensão do direito de dirigir;

IV - (Revogado pela Lei 13.281/2016.)

V - cassação da Carteira Nacional de Habilitação;

VI - cassação da Permissão para Dirigir;

VII - frequência obrigatória em curso de reciclagem.

§ 1º A aplicação das penalidades previstas neste Código não elide as punições originárias de ilícitos penais decorrentes de crimes de trânsito, conforme disposições de lei.

§ 2º (Vetado.)

§ 3º A imposição da penalidade será comunicada aos órgãos ou entidades executivos de trânsito responsáveis pelo licenciamento do veículo e habilitação do condutor.

Art. 257. As penalidades serão impostas ao condutor, ao proprietário do veículo, ao embarcador e ao transportador, salvo os casos de descumprimento de obrigações e deveres impostos a pessoas físicas ou jurídicas expressamente mencionados neste Código.

§ 1º Aos proprietários e condutores de veículos serão impostas concomitantemente as penalidades de que trata este Código toda vez que houver responsabilidade solidária em infração dos preceitos que lhes couber observar, respondendo cada um de *per si* pela falta em comum que lhes for atribuída.

§ 2º Ao proprietário caberá sempre a responsabilidade pela infração referente à prévia regularização e preenchimento das formalidades e condições exigidas para o trânsito do veículo na via terrestre, conservação e inalterabilidade de suas características, componentes, agregados, habilitação legal e compatível de seus condutores, quando esta for exigida, e outras disposições que deva observar.

§ 3º Ao condutor caberá a responsabilidade pelas infrações decorrentes de atos praticados na direção do veículo.

§ 4º O embarcador é responsável pela infração relativa ao transporte de carga com excesso de peso nos eixos ou no peso bruto total, quando simultaneamente for o único remetente da carga e o peso declarado na nota fiscal, fatura ou manifesto for inferior àquele aferido.

§ 5º O transportador é o responsável pela infração relativa ao transporte de carga com excesso de peso nos eixos ou quando a carga proveniente de mais de um embarcador ultrapassar o peso bruto total.

§ 6º O transportador e o embarcador são solidariamente responsáveis pela infração relativa ao excesso de peso bruto total, se o peso declarado na nota fiscal, fatura ou manifesto for superior ao limite legal.

§ 7º Não sendo imediata a identificação do infrator, o principal condutor ou o proprietário do veículo terá quinze dias de prazo, após a notificação da autuação, para apresentá-lo, na forma em que dispuser o Conselho Nacional de Trânsito (Contran), ao fim do qual, não o fazendo, será considerado responsável pela infração o principal condutor ou, em sua ausência, o proprietário do veículo. (Redação dada pela Lei nº 13.495, de 2017)

- **Atualização:** § 7º Quando não for imediata a identificação do infrator, o principal condutor ou o proprietário do veículo terá o prazo de 30 (trinta) dias, contado da notificação da autuação, para apresentá-lo, na forma em que dispuser o Contran, e, transcorrido o prazo, se não o fizer, será considerado responsável pela infração o principal condutor ou, em sua ausência, o proprietário do veículo. (Redação dada pela Lei 14.071/2020, em vigor após decorridos 180 dias de sua publicação oficial-DOU de 14.10 de 2020)

§ 8º Após o prazo previsto no parágrafo anterior, não havendo identificação do infrator e sendo o veículo de propriedade de pessoa jurídica, será lavrada nova multa ao proprietário do veículo, mantida a originada pela infração, cujo valor é o da multa multiplicada pelo número de infrações iguais cometidas no período de doze meses.

- Res. CONTRAN 710/2017 (Regulamenta os procedimentos para a imposição da penalidade de multa à pessoa jurídica proprietária do veículo por não identificação do condutor infrator (multa NIC), nos termos deste parágrafo).

§ 9º O fato de o infrator ser pessoa jurídica não o exime do disposto no § 3º do art. 258 e no art. 259.

§ 10. O proprietário poderá indicar ao órgão executivo de trânsito o principal condutor do veículo, o qual, após aceitar a indicação, terá seu nome inscrito em campo próprio do cadastro do veículo no Renavam. (Incluído pela Lei nº 13.495, de 2017)

§ 11. O principal condutor será excluído do Renavam: (Incluído pela Lei nº 13.495, de 2017)

I - quando houver transferência de propriedade do veículo; (Incluído pela Lei nº 13.495, de 2017)

II - mediante requerimento próprio ou do proprietário do veículo; (Incluído pela Lei nº 13.495, de 2017)

III – a partir da indicação de outro principal condutor. (Incluído pela Lei nº 13.495, de 2017)

Art. 258. As infrações punidas com multa classificam-se, de acordo com sua gravidade, em quatro categorias:

I - infração de natureza gravíssima, punida com multa no valor de R$ 293,47 (duzentos e noventa e três reais e quarenta e sete centavos); (Alterado pela Lei 13.281/2016.)

II - infração de natureza grave, punida com multa no valor de R$ 195,23 (cento e noventa e cinco reais e vinte e três centavos); (Alterado pela Lei 13.281/2016.)

III - infração de natureza média, punida com multa no valor de R$ 130,16 (cento e trinta reais e dezesseis centavos); (Alterado pela Lei 13.281/2016.)

IV - infração de natureza leve, punida com multa no valor de R$ 88,38 (oitenta e oito reais e trinta e oito centavos). (Alterado pela Lei 13.281/2016.)

§ 1º (Revogado pela Lei 13.281/2016.)

§ 2º Quando se tratar de multa agravada, o fator multiplicador ou índice adicional específico é o previsto neste Código.

§§ 3º e 4º (Vetados.)

Art. 259. A cada infração cometida são computados os seguintes números de pontos:

I - gravíssima - sete pontos;
II - grave - cinco pontos;
III - média - quatro pontos;
IV - leve - três pontos.

§§ 1º e 2º (Vetados.)

§ 3º (Vetado.)

§ 4º Ao condutor identificado no ato da infração será atribuída pontuação pelas infrações de sua responsabilidade, nos termos previstos no § 3º do art. 257, excetuando-se aquelas praticadas por passageiros usuários do serviço de transporte rodoviário de passageiros em viagens de longa distância transitando em rodovias com a utilização de ônibus, em linhas regulares intermunicipal, interestadual, internacional e aquelas em viagem de longa distância por fretamento e turismo ou de qualquer modalidade, excetuadas as situações regulamentadas pelo Contran a teor do art. 65 da Lei n. 9.503, de 23 de setembro de 1997 - Código de Trânsito Brasileiro. (Acrescentado pela Lei 13.103/2015.)

- **Atualização:** § 4º Ao condutor identificado será atribuída pontuação pelas infrações de sua responsabilidade, nos termos previstos no § 3º do art. 257 deste Código, exceto aquelas: (Redação dada pela Lei 14.071/2020, em vigor após decorridos 180 dias de sua publicação oficial-DOU de 14.10 de 2020)

  I - praticadas por passageiros usuários do serviço de transporte rodoviário de passageiros em viagens de longa distância transitando em rodovias com a utilização de ônibus, em linhas regulares intermunicipal, interestadual, internacional e aquelas em viagem de longa distância por fretamento e turismo ou de qualquer modalidade, excluídas as situações regulamentadas pelo Contran conforme disposto no art. 65 deste Código;

  II - previstas no art. 221, nos incisos VII e XXI do art. 230 e nos arts. 232, 233, 233-A, 240 e 241 deste Código, sem prejuízo da aplicação das penalidades e medidas administrativas cabíveis;

  III - puníveis de forma específica com suspensão do direito de dirigir.

Art. 260. As multas serão impostas e arrecadadas pelo órgão ou entidade de trânsito com circunscrição sobre a via onde haja ocorrido a infração, de acordo com a competência estabelecida neste Código.

§ 1º As multas decorrentes de infração cometida em unidade da Federação diversa da do licenciamento do veículo serão arrecadadas e compensadas na forma estabelecida pelo CONTRAN.

§ 2º As multas decorrentes de infração cometida em unidade da Federação diversa daquela do licenciamento do veículo poderão ser comunicadas ao órgão ou entidade responsável pelo seu licenciamento, que providenciará a notificação.

§ 3º (Revogado pela Lei 9.602/1998.)

§ 4º Quando a infração for cometida com veículo licenciado no exterior, em trânsito no território nacional, a multa respectiva deverá ser paga antes de sua saída do país, respeitado o princípio de reciprocidade.

Art. 261. A penalidade de suspensão do direito de dirigir será imposta nos seguintes casos: (Alterado pela Lei 13.281/2016.)

I - sempre que o infrator atingir a contagem de 20 (vinte) pontos, no período de 12 (doze) meses, conforme a pontuação prevista no art. 259;

- **Atualização:** I - sempre que, conforme a pontuação prevista no art. 259 deste Código, o infrator atingir, no período de 12 (doze) meses, a seguinte contagem de pontos: (Redação dada pela Lei 14.071/2020, em vigor após decorridos 180 dias de sua publicação oficial-DOU de 14.10 de 2020)

  a) 20 (vinte) pontos, caso constem 2 (duas) ou mais infrações gravíssimas na pontuação;

  b) 30 (trinta) pontos, caso conste 1 (uma) infração gravíssima na pontuação;

  c) 40 (quarenta) pontos, caso não conste nenhuma infração gravíssima na pontuação;

II - por transgressão às normas estabelecidas neste Código, cujas infrações preveem, de forma específica, a penalidade de suspensão do direito de dirigir.

§ 1º Os prazos para aplicação da penalidade de suspensão do direito de dirigir são os seguintes: (Alterado pela Lei 13.281/2016.)

I - no caso do inciso I do *caput*: de 6 (seis) meses a 1 (um) ano e, no caso de reincidência no período de 12 (doze) meses, de 8 (oito) meses a 2 (dois) anos;

II - no caso do inciso II do *caput*: de 2 (dois) a 8 (oito) meses, exceto para as infrações com prazo descrito no dispositivo infracional, e, no caso de reincidência no período de 12 (doze) meses, de 8 (oito) a 18 (dezoito) meses, respeitado o disposto no inciso II do art. 263.

§ 2º Quando ocorrer a suspensão do direito de dirigir, a Carteira Nacional de Habilitação será devolvida a seu titular imediatamente após cumprida a penalidade e o curso de reciclagem.

§ 3º A imposição da penalidade de suspensão do direito de dirigir elimina os 20 (vinte) pontos computados para fins de contagem subsequente. (Acrescentado pela Lei 12.547/2011.)

- **Atualização:** § 3º A imposição da penalidade de suspensão do direito de dirigir elimina a quantidade de pontos computados, prevista no inciso I do *caput* ou no § 5º deste artigo, para fins de contagem subsequente. (Redação dada pela Lei 14.071/2020, em vigor após decorridos 180 dias de sua publicação oficial-DOU de 14.10 de 2020)

§ 4º (Vetado.) (Acrescentado pela Lei 12.619/2012.)

§ 5º O condutor que exerce atividade remunerada em veículo, habilitado na categoria C, D ou E, poderá optar por participar de curso preventivo de reciclagem sempre que, no período de 1 (um) ano, atingir 14 (quatorze) pontos, conforme regulamentação do Contran. (Alterado pela Lei 13.281/2016.)

- **Atualização:** § 5º No caso do condutor que exerce atividade remunerada ao veículo, a penalidade de suspensão do direito de dirigir de que trata o *caput* deste artigo será imposta quando o infrator atingir o limite de pontos previsto na alínea c do inciso I do *caput* deste artigo, independentemente da natureza das infrações cometidas, facultado a ele participar de curso preventivo de reciclagem sempre que, no período de 12 (doze) meses, atingir 30 (trinta) pontos, conforme regulamentação do Contran. (Redação dada pela Lei 14.071/2020, em vigor após decorridos 180 dias de sua publicação oficial-DOU de 14.10 de 2020)

§ 6º Concluído o curso de reciclagem previsto no § 5º, o condutor terá eliminados os pontos que lhe tiverem sido atribuídos, para fins de contagem subsequente. (Acrescentado pela Lei 13.154/2015.)

§ 7º O motorista que optar pelo curso previsto no § 5º não poderá fazer nova opção no período de 12 (doze) meses. (Alterado pela Lei 13.281/2016.)

§ 8º A pessoa jurídica concessionária ou permissionária de serviço público tem o direito de ser informada dos pontos atribuídos, na forma do art. 259, aos motoristas que integrem seu quadro funcional, exercendo atividade remunerada ao volante, na forma que dispuser o Contran. (Acrescentado pela Lei 13.154/2015.)

§ 9º Incorrerá na infração prevista no inciso II do art. 162 o condutor que, notificado da penalidade de que trata este artigo, dirigir veículo automotor em via pública. (Acrescentado pela Lei 13.281/2016.)

§ 10. O processo de suspensão do direito de dirigir referente ao inciso II do *caput* deste artigo deverá ser instaurado concomitantemente com o processo de aplicação da penalidade de multa. (Acrescentado pela Lei 13.281/2016.)

› **Atualização:** § 10. O processo de suspensão do direito de dirigir a que se refere o inciso II do *caput* deste artigo deverá ser instaurado concomitantemente ao processo de aplicação da penalidade de multa, e ambos serão de competência do órgão ou entidade responsável pela aplicação da multa, na forma definida pelo Contran. (Redação dada pela Lei 14.071/2020, em vigor após decorridos 180 dias de sua publicação oficial-DOU de 14.10 de 2020)

§ 11. O Contran regulamentará as disposições deste artigo. (Acrescentado pela Lei 13.281/2016.)

Art. 262. (Revogado pela Lei 13.281/2016.

Art. 263. A cassação do documento de habilitação dar-se-á:

I - quando, suspenso o direito de dirigir, o infrator conduzir qualquer veículo;

II - no caso de reincidência, no prazo de doze meses, das infrações previstas no inciso III do art. 162 e nos arts. 163, 164, 165, 173, 174 e 175;

III - quando condenado judicialmente por delito de trânsito, observado o disposto no art. 160.

§ 1º Constatada, em processo administrativo, a irregularidade na expedição do documento de habilitação, a autoridade expedidora promoverá o seu cancelamento.

§ 2º Decorridos dois anos da cassação da Carteira Nacional de Habilitação, o infrator poderá requerer sua reabilitação, submetendo-se a todos os exames necessários à habilitação, na forma estabelecida pelo CONTRAN.

Art. 264. (Vetado.)

Art. 265. As penalidades de suspensão do direito de dirigir e de cassação do documento de habilitação serão aplicadas por decisão fundamentada da autoridade de trânsito competente, em processo administrativo, assegurado ao infrator amplo direito de defesa.

Art. 266. Quando o infrator cometer, simultaneamente, duas ou mais infrações, ser-lhe-ão aplicadas, cumulativamente, as respectivas penalidades.

Art. 267. Poderá ser imposta a penalidade de advertência por escrito à infração de natureza leve ou média, passível de ser punida com multa, não sendo reincidente o infrator, na mesma infração, nos últimos doze meses, quando a autoridade, considerando o prontuário do infrator, entender esta providência como mais educativa.

› **Atualização:** Art. 267. Deverá ser imposta a penalidade de advertência por escrito à infração de natureza leve ou média, passível de ser punida com multa, caso o infrator não tenha cometido nenhuma outra infração nos últimos 12 (doze) meses.(Redação dada pela Lei 14.071/2020, em vigor após decorridos 180 dias de sua publicação oficial-DOU de 14.10 de 2020)

§ 1º A aplicação da advertência por escrito não elide o acréscimo do valor da multa prevista no § 3º do art. 258, imposta por infração posteriormente cometida.

› **Atualização:** § 1º (Revogado pela Lei 14.071/2020, em vigor após decorridos 180 dias de sua publicação oficial-DOU de 14.10 de 2020)

§ 2º O disposto neste artigo aplica-se igualmente aos pedestres, podendo a multa ser transformada na participação do infrator em cursos de segurança viária, a critério da autoridade de trânsito.

› **Atualização:** § 2º (Revogado pela Lei 14.071/2020, em vigor após decorridos 180 dias de sua publicação oficial-DOU de 14.10 de 2020)

Art. 268. O infrator será submetido a curso de reciclagem, na forma estabelecida pelo CONTRAN:

I - quando, sendo contumaz, for necessário à sua reeducação;

› **Atualização:** I- (Revogado pela Lei 14.071/2020, em vigor após decorridos 180 dias de sua publicação oficial-DOU de 14.10 de 2020)

II - quando suspenso do direito de dirigir;

III - quando se envolver em acidente grave para o qual haja contribuído, independentemente de processo judicial;

IV - quando condenado judicialmente por delito de trânsito;

V - a qualquer tempo, se for constatado que o condutor está colocando em risco a segurança do trânsito;

VI - em outras situações a serem definidas pelo CONTRAN.

› **Atualização:** VI- (Revogado pela Lei 14.071/2020, em vigor após decorridos 180 dias de sua publicação oficial-DOU de 14.10 de 2020)

Parágrafo único. (Vetado na Lei 14.071/2020, em vigor após decorridos 180 dias de sua publicação oficial-DOU de 14.10 de 2020)

Art. 268-A. Fica criado o Registro Nacional Positivo de Condutores (RNPC), administrado pelo órgão máximo executivo de trânsito da União, com a finalidade de cadastrar os condutores que não cometeram infração de trânsito sujeita à pontuação prevista no art. 259 deste Código, nos últimos 12 (doze) meses, conforme regulamentação do Contran. (Acrescido pela Lei 14.071/2020, em vigor após decorridos 180 dias de sua publicação oficial-DOU de 14.10 de 2020)

§ 1º O RNPC deverá ser atualizado mensalmente.

§ 2º A abertura de cadastro requer autorização prévia e expressa do potencial cadastrado.

§ 3º Após a abertura do cadastro, a anotação de informação no RNPC independe de autorização e de comunicação ao cadastrado.

§ 4º A exclusão do RNPC dar-se-á:

I - por solicitação do cadastrado;

II - quando for atribuída ao cadastrado pontuação por infração;

III - quando o cadastrado tiver o direito de dirigir suspenso;

IV - quando a Carteira Nacional de Habilitação do cadastrado estiver cassada ou com validade vencida há mais de 30 (trinta) dias;

V - quando o cadastrado estiver cumprindo pena privativa de liberdade.

§ 5º A consulta ao RNPC é garantida a todos os cidadãos, nos termos da regulamentação do Contran.

§ 6º A União, os Estados, o Distrito Federal e os Municípios poderão utilizar o RNPC para conceder benefícios fiscais ou tarifários aos condutores cadastrados, na forma da legislação específica de cada ente da Federação.

CAPÍTULO XVII
DAS MEDIDAS ADMINISTRATIVAS

Art. 269. A autoridade de trânsito ou seus agentes, na esfera das competências estabelecidas neste Código e dentro de sua circunscrição, deverá adotar as seguintes medidas administrativas:

I - retenção do veículo;

II - remoção do veículo;

III - recolhimento da Carteira Nacional de Habilitação;

IV - recolhimento da Permissão para Dirigir;

V - recolhimento do Certificado de Registro;

VI - recolhimento do Certificado de Licenciamento Anual;

VII - (Vetado.)

VIII - transbordo do excesso de carga;

IX - realização de teste de dosagem de alcoolemia ou perícia de substância entorpecente ou que determine dependência física ou psíquica;

X - recolhimento de animais que se encontrem soltos nas vias e na faixa de domínio das vias de circulação, restituindo-os aos seus proprietários, após o pagamento de multas e encargos devidos.

XI - realização de exames de aptidão física, mental, de legislação, de prática de primeiros socorros e de direção veicular. (Incluído pela Lei 9.602/1998.)

§ 1º A ordem, o consentimento, a fiscalização, as medidas administrativas e coercitivas adotadas pelas autoridades de trânsito e seus agentes terão por objetivo prioritário a proteção à vida e à incolumidade física da pessoa.

§ 2º As medidas administrativas previstas neste artigo não elidem a aplicação das penalidades impostas por infrações estabelecidas neste Código, possuindo caráter complementar a estas.

§ 3º São documentos de habilitação a Carteira Nacional de Habilitação e a Permissão para Dirigir.

§ 4º Aplica-se aos animais recolhidos na forma do inciso X o disposto nos arts. 271 e 328, no que couber.

› **Atualização:** § 5º No caso de documentos em meio digital, as medidas administrativas previstas nos incisos III, IV, V e VI do *caput* deste artigo serão realizadas por meio de registro no Renach ou Renavam, conforme o caso, na forma estabelecida pelo Contran. (Acrescido pela Lei 14.071/2020, em vigor após decorridos 180 dias de sua publicação oficial-DOU de 14.10 de 2020)

Art. 270. O veículo poderá ser retido nos casos expressos neste Código.

§ 1º Quando a irregularidade puder ser sanada no local da infração, o veículo será liberado tão logo seja regularizada a situação.

§ 2º Não sendo possível sanar a falha no local da infração, o veículo, desde que ofereça condições de segurança para circulação, poderá ser liberado e entregue a condutor regularmente habilitado, mediante recolhimento do Certificado de Licenciamento Anual, contra apresentação de recibo, assinalando-se prazo razoável ao condutor para regularizar a situação, para o que se considerará, desde logo, notificado. (Alterado pela Lei 13.160/2015. Vigência: 150 dias após publicação oficial: 26.08.2015.)

› **Atualização:** § 2º Quando não for possível sanar a falha no local da infração, o veículo, desde que ofereça condições de segurança para circulação, deverá ser liberado e entregue a condutor regularmente habilitado, mediante recolhimento do Certificado de Licenciamento Anual, contra apresentação de recibo, assinalando-se ao condutor prazo razoável, não superior a 30 (trinta) dias, para regularizar a situação, e será considerado notificado para essa finalidade na mesma ocasião. (Redação dada pela Lei 14.071/2020, em vigor após decorridos 180 dias de sua publicação oficial-DOU de 14.10 de 2020)

§ 3º O Certificado de Licenciamento Anual será devolvido ao condutor no órgão ou entidade aplicadores das medidas administrativas, tão logo o veículo seja apresentado à autoridade devidamente regularizado.

§ 4º Não se apresentando condutor habilitado no local da infração, o veículo será removido a depósito, aplicando-se neste caso o disposto no art. 271. (Alterado pela Lei 13.281/2016.)

§ 5º A critério do agente, não se dará a retenção imediata, quando se tratar de veículo de transporte coletivo transportando passageiros ou veículo transportando produto perigoso ou perecível, desde que ofereça condições de segurança para circulação em via pública.

§ 6º Não efetuada a regularização no prazo a que se refere o § 2º, será feito registro de restrição administrativa no Renavam por órgão ou entidade executivo de trânsito dos Estados e do Distrito Federal, que será retirada após comprovada a regularização. (Acrescentado pela Lei 13.160/2015. Vigência: 150 dias após publicação oficial: 26.08.2015.)

§ 7º O descumprimento das obrigações estabelecidas no § 2º resultará em recolhimento do veículo ao depósito, aplicando-se, nesse caso, o disposto no art. 271. (Acrescentado pela Lei 13.160/2015. Vigência: 150 dias após publicação oficial: 26.08.2015.)

Art. 271. O veículo será removido, nos casos previstos neste Código, para o depósito fixado pelo órgão ou entidade competente, com circunscrição sobre a via.

§ 1º A restituição do veículo removido só ocorrerá mediante prévio pagamento de multas, taxas e despesas com remoção e estada, além de outros encargos previstos na legislação específica. (Acrescentado pela Lei 13.160/2015. Vigência: 150 dias após publicação oficial: 26.08.2015.)

§ 2º A liberação do veículo removido é condicionada ao reparo de qualquer componente ou equipamento obrigatório que não esteja em perfeito estado de funcionamento. (Acrescentado pela Lei 13.160/2015. Vigência: 150 dias após publicação oficial: 26.08.2015.)

§ 3º Se o reparo referido no § 2º demandar providência que não possa ser tomada no depósito, a autoridade responsável pela remoção liberará o veículo para reparo, na forma transportada, mediante autorização, assinalando prazo para reapresentação. (Alterado pela Lei 13.281/2016.)

§ 4º Os serviços de remoção, depósito e guarda de veículo poderão ser realizados por órgão público, diretamente, ou por particular contratado por licitação pública, sendo o proprietário do veículo o responsável pelo pagamento dos custos desses serviços. (Alterado pela Lei 13.281/2016.)

§ 5º O proprietário ou o condutor deverá ser notificado, no ato de remoção do veículo, sobre as providências necessárias à sua restituição e sobre o disposto no art. 328, conforme regulamentação do CONTRAN. (Acrescentado pela Lei 13.160/2015. Vigência: 150 dias após publicação oficial: 26.08.2015.)

§ 6º Caso o proprietário ou o condutor não esteja presente no momento da remoção do veículo, a autoridade de trânsito, no prazo de 10 (dez) dias contado da data da remoção, deverá expedir ao proprietário a notificação prevista no § 5º, por remessa postal ou por outro meio tecnológico hábil que assegure a sua ciência, e, caso reste frustrada, a notificação poderá ser feita por edital. (Alterado pela Lei 13.281/2016.)

§ 7º A notificação devolvida por desatualização do endereço do proprietário do veículo ou por recusa desse de recebê-la será considerada recebida para todos os efeitos. (Acrescentado pela Lei 13.160/2015. Vigência: 150 dias após publicação oficial: 26.08.2015.)

§ 8º Em caso de veículo licenciado no exterior, a notificação será feita por edital. (Acrescentado pela Lei 13.160/2015. Vigência: 150 dias após publicação oficial: 26.08.2015.)

§ 9º Não caberá remoção nos casos em que a irregularidade puder ser sanada no local da infração. (Acrescentado pela Lei 13.160/2015. Vigência: 150 dias após publicação oficial: 26.08.2015.)

› **Atualização:** § 9º Não caberá remoção nos casos em que a irregularidade for sanada no local da infração.(Redação dada pela Lei 14.071/2020, em vigor após decorridos 180 dias de sua publicação oficial-DOU de 14.10 de 2020)

§ 10. O pagamento das despesas de remoção e estada será correspondente ao período integral, contado em dias, em que efetivamente o veículo permanecer em depósito, limitado ao prazo de 6 (seis) meses. (Acrescentado pela Lei 13.281/2016.)

§ 11. Os custos dos serviços de remoção e estada prestados por particulares poderão ser pagos pelo proprietário diretamente ao contratado. (Acrescentado pela Lei 13.281/2016.)

§ 12. O disposto no § 11 não afasta a possibilidade de o respectivo ente da Federação estabelecer a cobrança por meio de taxa instituída em lei. (Acrescentado pela Lei 13.281/2016.)

§ 13. No caso de o proprietário do veículo objeto do recolhimento comprovar, administrativa ou judicialmente, que o recolhimento foi indevido ou que houve abuso no período de retenção em depósito, é da responsabilidade do ente público a devolução das quantias pagas por força deste artigo, segundo os mesmos critérios da devolução de multas indevidas. (Acrescentado pela Lei 13.281/2016.)

Art. 272. O recolhimento da Carteira Nacional de Habilitação e da Permissão para Dirigir dar-se-á mediante recibo, além dos casos previstos neste Código, quando houver suspeita de sua inautenticidade ou adulteração.

Art. 273. O recolhimento do Certificado de Registro dar-se-á mediante recibo, além dos casos previstos neste Código, quando:

I - houver suspeita de inautenticidade ou adulteração;

II - se, alienado o veículo, não for transferida sua propriedade no prazo de trinta dias.

Art. 274. O recolhimento do Certificado de Licenciamento Anual dar-se-á mediante recibo, além dos casos previstos neste Código, quando:

I - houver suspeita de inautenticidade ou adulteração;

II - se o prazo de licenciamento estiver vencido;

III - no caso de retenção do veículo, se a irregularidade não puder ser sanada no local.

Art. 275. O transbordo da carga com peso excedente é condição para que o veículo possa prosseguir viagem e será efetuado às expensas do proprietário do veículo, sem prejuízo da multa aplicável.

Parágrafo único. Não sendo possível desde logo atender ao disposto neste artigo, o veículo será recolhido ao depósito, sendo liberado após sanada a irregularidade e pagas as despesas de remoção e estada.

Art. 276. Qualquer concentração de álcool por litro de sangue ou por litro de ar alveolar sujeita o condutor às penalidades previstas no art. 165. (Alterado pela Lei 12.760/2012.)

- Res. CONTRAN 432/2013 (Dispõe sobre os procedimentos a serem adotados pelas autoridades de trânsito e seus agentes na fiscalização do consumo de álcool ou de outra substância psicoativa que determine dependência, para aplicação do disposto neste artigo).

Parágrafo único. O Contran disciplinará as margens de tolerância quando a infração for apurada por meio de aparelho de medição, observada a legislação metrológica. (Alterado pela Lei 12.760/2012.)

Art. 277. O condutor de veículo automotor envolvido em acidente de trânsito ou que for alvo de fiscalização de trânsito poderá ser submetido a teste, exame clínico, perícia ou outro procedimento que, por meios técnicos ou científicos, na forma disciplinada pelo Contran, permita certificar influência de álcool ou outra substância psicoativa que determine dependência. (Alterado pela Lei 12.760/2012.)

§ 1º (Revogado pela Lei 12.760/2012.)

§ 2º A infração prevista no art. 165 também poderá ser caracterizada mediante imagem, vídeo, constatação de sinais que indiquem, na forma disciplinada pelo Contran, alteração da capacidade psicomotora ou produção de quaisquer outras provas em direito admitidas. (Alterado pela Lei 12.760/2012.)

§ 3º Serão aplicadas as penalidades e medidas administrativas estabelecidas no art. 165-A deste Código ao condutor que se recusar a se submeter a qualquer dos procedimentos previstos no *caput* deste artigo. (Alterado pela Lei 13.281/2016.)

Art. 278. Ao condutor que se evadir da fiscalização, não submetendo veículo à pesagem obrigatória nos pontos de pesagem, fixos ou móveis, será aplicada a penalidade prevista no art. 209, além da obrigação de retornar ao ponto de evasão para fim de pesagem obrigatória.

Parágrafo único. No caso de fuga do condutor à ação policial, a apreensão do veículo dar-se-á tão logo seja localizado, aplicando-se, além das penalidades em que incorre, as estabelecidas no art. 210.

Art. 278-A. O condutor que se utilize de veículo para a prática do crime de receptação, descaminho, contrabando, previstos nos arts. 180, 334 e 334-A do Decreto-Lei nº 2.848, de 7 de dezembro de 1940 (Código Penal), condenado por um desses crimes em decisão judicial transitada em julgado, terá cassado seu documento de habilitação ou será proibido de obter a habilitação para dirigir veículo automotor pelo prazo de 5 (cinco) anos. (Acrescido pela Lei 13.804/2019)

§ 1º O condutor condenado poderá requerer sua reabilitação, submetendo-se a todos os exames necessários à habilitação, na forma deste Código.

§ 2º No caso do condutor preso em flagrante na prática dos crimes de que trata o *caput* deste artigo, poderá o juiz, em qualquer fase da investigação ou da ação penal, se houver necessidade para a garantia da ordem pública, como medida cautelar, de ofício, ou a requerimento do Ministério Público ou ainda mediante representação da autoridade policial, decretar, em decisão motivada, a suspensão da permissão ou da habilitação para dirigir veículo automotor, ou a proibição de sua obtenção.

Art. 279. Em caso de acidente com vítima, envolvendo veículo equipado com registrador instantâneo de velocidade e tempo, somente o perito oficial encarregado do levantamento pericial poderá retirar o disco ou unidade armazenadora do registro.

CAPÍTULO XVIII
DO PROCESSO ADMINISTRATIVO

- Res. CONTRAN 619/2016 (Estabelece e normatiza os procedimentos para a aplicação das multas por infrações, a arrecadação e o repasse dos valores arrecadados, nos termos deste Capítulo).

SEÇÃO I
DA AUTUAÇÃO

Art. 280. Ocorrendo infração prevista na legislação de trânsito, lavrar-se-á auto de infração, do qual constará:

I - tipificação da infração;

II - local, data e hora do cometimento da infração;

III - caracteres da placa de identificação do veículo, sua marca e espécie, e outros elementos julgados necessários à sua identificação;

IV - o prontuário do condutor, sempre que possível;

V - identificação do órgão ou entidade e da autoridade ou agente autuador ou equipamento que comprovar a infração;

VI - assinatura do infrator, sempre que possível, valendo esta como notificação do cometimento da infração.

§ 1º (Vetado.)

§ 2º A infração deverá ser comprovada por declaração da autoridade ou do agente da autoridade de trânsito, por aparelho eletrônico ou por equipamento audiovisual, reações químicas ou qualquer outro meio tecnologicamente disponível, previamente regulamentado pelo CONTRAN.

§ 3º Não sendo possível a autuação em flagrante, o agente de trânsito relatará o fato à autoridade no próprio auto de infração, informando os dados a respeito do veículo, além dos constantes nos incisos I, II e III, para o procedimento previsto no artigo seguinte.

§ 4º O agente da autoridade de trânsito competente para lavrar o auto de infração poderá ser servidor civil, estatutário ou celetista ou, ainda, policial militar designado pela autoridade de trânsito com jurisdição sobre a via no âmbito de sua competência.

SEÇÃO II
DO JULGAMENTO DAS AUTUAÇÕES E PENALIDADES

Art. 281. A autoridade de trânsito, na esfera da competência estabelecida neste Código e dentro de sua circunscrição, julgará a consistência do auto de infração e aplicará a penalidade cabível.

Parágrafo único. O auto de infração será arquivado e seu registro julgado insubsistente:

I - se considerado inconsistente ou irregular;

II - se, no prazo máximo de trinta dias, não for expedida a notificação da autuação. (Redação dada pela Lei 9.602/1998.)

- **Atualização:** Art. 281-A. Na notificação de autuação e no auto de infração, quando valer como notificação de autuação, deverá constar o prazo para apresentação de defesa prévia, que não será inferior a 30 (trinta) dias, contado da data de expedição da notificação.(Acrescido pela Lei 14.071/2020, em vigor após decorridos 180 dias de sua publicação oficial-DOU de 14.10 de 2020)

Art. 282. Aplicada a penalidade, será expedida notificação ao proprietário do veículo ou ao infrator, por remessa postal ou por qualquer outro meio tecnológico hábil, que assegure a ciência da imposição da penalidade.

- Res. CONTRAN 622/2016 (Estabelece o Sistema de Notificação Eletrônica).

- **Atualização:** Art. 282. Caso a defesa prévia seja indeferida ou não seja apresentada no prazo estabelecido, será aplicada a penalidade e expedida notificação ao proprietário do veículo ou ao infrator, no prazo máximo de 180 (cento e oitenta) dias, contado da data do cometimento da infração, por remessa postal ou por qualquer outro meio tecnológico hábil que assegure a ciência da imposição da penalidade. (Redação dada pela Lei 14.071/2020, em vigor após decorridos 180 dias de sua publicação oficial-DOU de 14.10 de 2020)

§ 1º A notificação devolvida por desatualização do endereço do proprietário do veículo será considerada válida para todos os efeitos.

§ 2º A notificação a pessoal de missões diplomáticas, de repartições consulares de carreira e de representações de organismos internacionais e de seus integrantes será remetida ao Ministério das Relações Exteriores para as providências cabíveis e cobrança dos valores, no caso de multa.

§ 3º Sempre que a penalidade de multa for imposta a condutor, à exceção daquela de que trata o § 1º do art. 259, a notificação será encaminhada ao proprietário do veículo, responsável pelo seu pagamento.

§ 4º Da notificação deverá constar a data do término do prazo para apresentação de recurso pelo responsável pela infração, que não será inferior a trinta dias contados da data da notificação da penalidade. (Incluído pela Lei 9.602/1998.)

§ 5º No caso de penalidade de multa, a data estabelecida no parágrafo anterior será a data para o recolhimento de seu valor. (Incluído pela Lei 9.602/1998.)

› **Atualização:** § 6º Em caso de apresentação da defesa prévia em tempo hábil, o prazo previsto no *caput* deste artigo será de 360 (trezentos e sessenta) dias. (Acrescido pela Lei 14.071/2020, em vigor após decorridos 180 dias de sua publicação oficial-DOU de 14.10 de 2020)

§ 7º O descumprimento dos prazos previstos no *caput* ou no § 6º deste artigo implicará a decadência do direito de aplicar a penalidade. (Acrescido pela Lei 14.071/2020, em vigor após decorridos 180 dias de sua publicação oficial-DOU de 14.10 de 2020)

Art. 282-A. O proprietário do veículo ou o condutor autuado poderá optar por ser notificado por meio eletrônico se o órgão do Sistema Nacional de Trânsito responsável pela autuação oferecer essa opção. (Acrescentado pela Lei 13.281/2016.)

› **Atualização:** Art. 282-A. O órgão do Sistema Nacional de Trânsito responsável pela autuação deverá oferecer ao proprietário do veículo ou ao condutor autuado a opção de notificação por meio eletrônico, na forma definida pelo Contran. (Redação dada pela Lei 14.071/2020, em vigor após decorridos 180 dias de sua publicação oficial-DOU de 14.10 de 2020)

§ 1º O proprietário ou o condutor autuado que optar pela notificação por meio eletrônico deverá manter seu cadastro atualizado no órgão executivo de trânsito do Estado ou do Distrito Federal. (Acrescentado pela Lei 13.281/2016.)

› **Atualização:** § 1º O proprietário e o condutor autuado deverão manter seu cadastro atualizado no órgão executivo de trânsito do Estado ou do Distrito Federal. (Redação dada pela Lei 14.071/2020, em vigor após decorridos 180 dias de sua publicação oficial-DOU de 14.10 de 2020)

§ 2º Na hipótese de notificação por meio eletrônico, o proprietário ou o condutor autuado será considerado notificado 30 (trinta) dias após a inclusão da informação no sistema eletrônico. (Acrescentado pela Lei 13.281/2016.)

› **Atualização:** § 2º Na hipótese de notificação prevista no *caput* deste artigo, o proprietário ou o condutor autuado será considerado notificado 30 (trinta) dias após a inclusão da informação no sistema eletrônico e do envio da respectiva mensagem. (Redação dada pela Lei 14.071/2020, em vigor após decorridos 180 dias de sua publicação oficial-DOU de 14.10 de 2020)

§ 3º O sistema previsto no *caput* será certificado digitalmente, atendidos os requisitos de autenticidade, integridade, validade jurídica e interoperabilidade da Infraestrutura de Chaves Públicas Brasileira (ICP-Brasil). (Acrescentado pela Lei 13.281/2016.)

Art. 283. (Vetado.)

Art. 284. O pagamento da multa poderá ser efetuado até a data do vencimento expressa na notificação, por oitenta por cento do seu valor.

§ 1º Caso o infrator opte pelo sistema de notificação eletrônica, se disponível, conforme regulamentação do Contran, e opte por não apresentar defesa prévia nem recurso, reconhecendo o cometimento da infração, poderá efetuar o pagamento da multa por 60% (sessenta por cento) do seu valor, em qualquer fase do processo, até o vencimento da multa. (Alterado pela Lei 13.281/2016.)

› **Atualização:** § 1º Caso o infrator opte pelo sistema de notificação eletrônica, conforme regulamentação do Contran, e opte por não apresentar defesa prévia nem recurso, reconhecendo o cometimento da infração, poderá efetuar o pagamento da multa por 60% (sessenta por cento) do seu valor, em qualquer fase do processo, até o vencimento da multa. (Redação dada pela Lei 14.071/2020, em vigor após decorridos 180 dias de sua publicação oficial-DOU de 14.10 de 2020)

§ 2º O recolhimento do valor da multa não implica renúncia ao questionamento administrativo, que pode ser realizado a qualquer momento, respeitado o disposto no § 1º. (Acrescentado pela Lei 13.281/2016.)

§ 3º Não incidirá cobrança moratória e não poderá ser aplicada qualquer restrição, inclusive para fins de licenciamento e transferência, enquanto não for encerrada a instância administrativa de julgamento de infrações e penalidades. (Acrescentado pela Lei 13.281/2016.)

§ 4º Encerrada a instância administrativa de julgamento de infrações e penalidades, a multa não paga até o vencimento será acrescida de juros de mora equivalentes à taxa referencial do Sistema Especial de Liquidação e de Custódia (Selic) para títulos federais acumulada mensalmente, calculados a partir do mês subsequente ao da consolidação até o mês anterior ao do pagamento, e de 1% (um por cento) relativamente ao mês em que o pagamento estiver sendo efetuado. (Acrescentado pela Lei 13.281/2016.)

› **Atualização:** § 5º O sistema de notificação eletrônica, referido no § 1º deste artigo, deve disponibilizar, na mesma plataforma, campo destinado à apresentação de defesa prévia e de recurso, quando o condutor não reconhecer o cometimento da infração, na forma regulamentada pelo Contran. (Acrescido pela Lei 14.071/2020, em vigor após decorridos 180 dias de sua publicação oficial-DOU de 14.10 de 2020)

Art. 285. O recurso previsto no art. 283 será interposto perante a autoridade que impôs a penalidade, a qual remetê-lo-á à JARI, que deverá julgá-lo em até trinta dias.

› Res. CONTRAN 299/2008 (Dispõe sobre a padronização dos procedimentos para apresentação de defesa de autuação e recurso, em 1ª e 2ª instâncias, contra a imposição de penalidade de multa de trânsito).

§ 1º O recurso não terá efeito suspensivo.

§ 2º A autoridade que impôs a penalidade remeterá o recurso ao órgão julgador, dentro dos dez dias úteis subsequentes à sua apresentação, e, se o entender intempestivo, assinalará o fato no despacho de encaminhamento.

§ 3º Se, por motivo de força maior, o recurso não for julgado dentro do prazo previsto neste artigo, a autoridade que impôs a penalidade, de ofício, ou por solicitação do recorrente, poderá conceder-lhe efeito suspensivo.

› **Atualização:** § 4º Na apresentação de defesa ou recurso, em qualquer fase do processo, para efeitos de admissibilidade, não serão exigidos documentos ou cópia de documentos emitidos pelo órgão responsável pela autuação. (Acrescido pela Lei 14.071/2020, em vigor após decorridos 180 dias de sua publicação oficial-DOU de 14.10 de 2020)

Art. 286. O recurso contra a imposição de multa poderá ser interposto no prazo legal, sem o recolhimento do seu valor.

§ 1º No caso de não provimento do recurso, aplicar-se-á o estabelecido no parágrafo único do art. 284.

§ 2º Se o infrator recolher o valor da multa e apresentar recurso, se julgada improcedente a penalidade, ser-lhe-á devolvida a importância paga, atualizada em UFIR ou por índice legal de correção dos débitos fiscais.

Art. 287. Se a infração for cometida em localidade diversa daquela do licenciamento do veículo, o recurso poderá ser apresentado junto ao órgão ou entidade de trânsito da residência ou domicílio do infrator.

Parágrafo único. A autoridade de trânsito que receber o recurso deverá remetê-lo, de pronto, à autoridade que impôs a penalidade acompanhado das cópias dos prontuários necessários ao julgamento.

Art. 288. Das decisões da JARI cabe recurso a ser interposto, na forma do artigo seguinte, no prazo de trinta dias contado da publicação ou da notificação da decisão.

§ 1º O recurso será interposto, da decisão do não provimento, pelo responsável pela infração, e da decisão de provimento, pela autoridade que impôs a penalidade.

§ 2º (Revogado pela Lei 12.249/2010.)

Art. 289. O recurso de que trata o artigo anterior será apreciado no prazo de trinta dias:

I - tratando-se de penalidade imposta pelo órgão ou entidade de trânsito da União:

› **Atualização:** I - tratando-se de penalidade imposta por órgão ou entidade da União, por colegiado especial integrado pelo Coordenador-Geral da Jari, pelo Presidente da Junta que apreciou o recurso e por mais um Presidente de Junta; (Redação dada pela Lei 14.071/2020, em vigor após decorridos 180 dias de sua publicação oficial-DOU de 14.10 de 2020)

a) em caso de suspensão do direito de dirigir por mais de seis meses, cassação do documento de habilitação ou penalidade por infrações gravíssimas, pelo CONTRAN;

› **Atualização:** a) (Revogada pela Lei 14.071/2020, em vigor após decorridos

180 dias de sua publicação oficial-DOU de 14.10 de 2020);

b) nos demais casos, por colegiado especial integrado pelo Coordenador-Geral da JARI, pelo Presidente da Junta que apreciou o recurso e por mais um Presidente de Junta;

› **Atualização:** b) (Revogada pela Lei 14.071/2020, em vigor após decorridos 180 dias de sua publicação oficial-DOU de 14.10 de 2020);

II - tratando-se de penalidade imposta por órgão ou entidade de trânsito estadual, municipal ou do Distrito Federal, pelos CETRAN E CONTRANDIFE, respectivamente.

Parágrafo único. No caso da alínea *b* do inciso I, quando houver apenas uma JARI, o recurso será julgado por seus próprios membros.

› **Atualização:** Parágrafo único. No caso do inciso I do *caput* deste artigo, quando houver apenas uma Jari, o recurso será julgado por seus membros. (Redação dada pela Lei 14.071/2020, em vigor após decorridos 180 dias de sua publicação oficial-DOU de 14.10 de 2020)

Art. 290. Implicam encerramento da instância administrativa de julgamento de infrações e penalidades: (Alterado pela Lei 13.281/2016.)

I - o julgamento do recurso de que tratam os arts. 288 e 289; (Alterado pela Lei 13.281/2016.)

II - a não interposição do recurso no prazo legal; e (Alterado pela Lei 13.281/2016.)

III - o pagamento da multa, com reconhecimento da infração e requerimento de encerramento do processo na fase em que se encontra, sem apresentação de defesa ou recurso. (Alterado pela Lei 13.281/2016.)

Parágrafo único. Esgotados os recursos, as penalidades aplicadas nos termos deste Código serão cadastradas no RENACH.

CAPÍTULO XIX
DOS CRIMES DE TRÂNSITO

SEÇÃO I
DISPOSIÇÕES GERAIS

Art. 291. Aos crimes cometidos na direção de veículos automotores, previstos neste Código, aplicam-se as normas gerais do Código Penal e do Código de Processo Penal, se este Capítulo não dispuser de modo diverso, bem como a Lei n. 9.099, de 26 de setembro de 1995, no que couber.

§ 1º Aplica-se aos crimes de trânsito de lesão corporal culposa o disposto nos arts. 74, 76 e 88 da Lei n. 9.099, de 26 de setembro de 1995, exceto se o agente estiver: (Renumerado do parágrafo único pela Lei 11.705/2008.)

I - sob a influência de álcool ou qualquer outra substância psicoativa que determine dependência; (Incluído pela Lei 11.705/2008.)

II - participando, em via pública, de corrida, disputa ou competição automobilística, de exibição ou demonstração de perícia em manobra de veículo automotor, não autorizada pela autoridade competente; (Incluído pela Lei 11.705/2008.)

III - transitando em velocidade superior à máxima permitida para a via em 50 km/h (cinquenta quilômetros por hora). (Incluído pela Lei 11.705/2008.)

§ 2º Nas hipóteses previstas no § 1º deste artigo, deverá ser instaurado inquérito policial para a investigação da infração penal. (Incluído pela Lei 11.705/2008.)

§ 3º (Vetado.) (Incluído pela Lei 13.546/2017)

§ 4º O juiz fixará a pena-base segundo as diretrizes previstas no art. 59 do Decreto-Lei nº 2.848, de 7 de dezembro de 1940 (Código Penal), dando especial atenção à culpabilidade do agente e às circunstâncias e consequências do crime. (Incluido pela Lei 13.546/2017)

Art. 292. A suspensão ou a proibição de se obter a permissão ou a habilitação para dirigir veículo automotor pode ser imposta isolada ou cumulativamente com outras penalidades. (Alterado pela Lei 12.971/2014)

Art. 293. A penalidade de suspensão ou de proibição de se obter a permissão ou a habilitação, para dirigir veículo automotor, tem a duração de dois meses a cinco anos.

§ 1º Transitada em julgado a sentença condenatória, o réu será intimado a entregar à autoridade judiciária, em quarenta e oito horas, a Permissão para Dirigir ou a Carteira de Habilitação.

§ 2º A penalidade de suspensão ou de proibição de se obter a permissão ou a habilitação para dirigir veículo automotor não se inicia enquanto o sentenciado, por efeito de condenação penal, estiver recolhido a estabelecimento prisional.

Art. 294. Em qualquer fase da investigação ou da ação penal, havendo necessidade para a garantia da ordem pública, poderá o juiz, como medida cautelar, de ofício, ou a requerimento do Ministério Público ou ainda mediante representação da autoridade policial, decretar, em decisão motivada, a suspensão da permissão ou da habilitação para dirigir veículo automotor, ou a proibição de sua obtenção.

Parágrafo único. Da decisão que decretar a suspensão ou a medida cautelar, ou da que indeferir o requerimento do Ministério Público, caberá recurso em sentido estrito, sem efeito suspensivo.

› art. 581, CPP.

Art. 295. A suspensão para dirigir veículo automotor ou a proibição de se obter a permissão ou a habilitação será sempre comunicada pela autoridade judiciária ao Conselho Nacional de Trânsito - CONTRAN, e ao órgão de trânsito do Estado em que o indiciado ou réu for domiciliado ou residente.

Art. 296. Se o réu for reincidente na prática de crime previsto neste Código, o juiz aplicará a penalidade de suspensão da permissão ou habilitação para dirigir veículo automotor, sem prejuízo das demais sanções penais cabíveis. (Redação dada pela Lei 11.705/2008.)

Art. 297. A penalidade de multa reparatória consiste no pagamento, mediante depósito judicial em favor da vítima, ou seus sucessores, de quantia calculada com base no disposto no § 1º do art. 49 do Código Penal, sempre que houver prejuízo material resultante do crime.

§ 1º A multa reparatória não poderá ser superior ao valor do prejuízo demonstrado no processo.

§ 2º Aplica-se à multa reparatória o disposto nos arts. 50 a 52 do Código Penal.

§ 3º Na indenização civil do dano, o valor da multa reparatória será descontado.

Art. 298. São circunstâncias que sempre agravam as penalidades dos crimes de trânsito ter o condutor do veículo cometido a infração:

I - com dano potencial para duas ou mais pessoas ou com grande risco de grave dano patrimonial a terceiros;

II - utilizando o veículo sem placas, com placas falsas ou adulteradas;

III - sem possuir Permissão para Dirigir ou Carteira de Habilitação;

IV - com Permissão para Dirigir ou Carteira de Habilitação de categoria diferente da do veículo;

V - quando a sua profissão ou atividade exigir cuidados especiais com o transporte de passageiros ou de carga;

VI - utilizando veículo em que tenham sido adulterados equipamentos ou características que afetem a sua segurança ou o seu funcionamento de acordo com os limites de velocidade prescritos nas especificações do fabricante;

VII - sobre faixa de trânsito temporária ou permanentemente destinada a pedestres.

Arts. 299. e 300. (Vetados.)

Art. 301. Ao condutor de veículo, nos casos de acidentes de trânsito de que resulte vítima, não se imporá a prisão em flagrante, nem se exigirá fiança, se prestar pronto e integral socorro àquela.

SEÇÃO II
DOS CRIMES EM ESPÉCIE

Art. 302. Praticar homicídio culposo na direção de veículo automotor:

Penas - Detenção, de dois a quatro anos, e suspensão ou proibição de se obter a permissão ou a habilitação para dirigir veículo automotor.

§ 1º No homicídio culposo cometido na direção de veículo automotor, a pena é aumentada de 1/3 (um terço) à metade, se o agente: (Renumerado de p.u. pela Lei 12.971/2014.)

I - não possuir Permissão para Dirigir ou Carteira de Habilitação;

II - praticá-lo em faixa de pedestres ou na calçada;

III - deixar de prestar socorro, quando possível fazê-lo sem risco pessoal, à vítima do acidente;

IV - no exercício de sua profissão ou atividade, estiver conduzindo veículo de transporte de passageiros.

V - (Revogado pela Lei 11.705/2008.)

§ 2º (Revogado pela Lei 13.281/2016)

§ 3º Se o agente conduz veículo automotor sob a influência de álcool ou de qualquer outra substância psicoativa que determine dependência: (Incluído pela Lei 13.546/2017)

Penas - reclusão, de cinco a oito anos, e suspensão ou proibição do direito de se obter a permissão ou a habilitação para dirigir veículo automotor. (Incluído pela Lei 13.546/2017)

Art. 303. Praticar lesão corporal culposa na direção de veículo automotor:

Penas - Detenção, de seis meses a dois anos e suspensão ou proibição de se obter a permissão ou a habilitação para dirigir veículo automotor.

§ 1º Aumenta-se a pena de 1/3 (um terço) à metade, se ocorrer qualquer das hipóteses do § 1º do art. 302. (Parágrafo único renumerado para § 1º pela Lei 13.546/2017.)

§ 2º A pena privativa de liberdade é de reclusão de dois a cinco anos, sem prejuízo das outras penas previstas neste artigo, se o agente conduz o veículo com capacidade psicomotora alterada em razão da influência de álcool ou de outra substância psicoativa que determine dependência, e se do crime resultar lesão corporal de natureza grave ou gravíssima. (Incluído pela Lei 13.546/2017)

Art. 304. Deixar o condutor do veículo, na ocasião do acidente, de prestar imediato socorro à vítima, ou, não podendo fazê-lo diretamente, por justa causa, deixar de solicitar auxílio da autoridade pública:

Penas - Detenção, de seis meses a um ano, ou multa, se o fato não constituir elemento de crime mais grave.

Parágrafo único. Incide nas penas previstas neste artigo o condutor do veículo, ainda que a sua omissão seja suprida por terceiros ou que se trate de vítima com morte instantânea ou com ferimentos leves.

Art. 305. Afastar-se o condutor do veículo do local do acidente, para fugir à responsabilidade penal ou civil que lhe possa ser atribuída:

Penas - Detenção, de seis meses a um ano, ou multa.

Art. 306. Conduzir veículo automotor com capacidade psicomotora alterada em razão da influência de álcool ou de outra substância psicoativa que determine dependência: (Alterado pela Lei 12.760/2012.)

Penas - Detenção, de seis meses a três anos, multa e suspensão ou proibição de se obter a permissão ou a habilitação para dirigir veículo automotor.

- Res CONTRAN 432/2013 (Dispõe sobre os procedimentos a serem adotados pelas autoridades de trânsito e seus agentes na fiscalização do consumo de álcool ou de outra substância psicoativa que determine dependência, para aplicação do disposto neste artigo).

§ 1º As condutas previstas no *caput* serão constatadas por: (Acrescentado pela Lei 12.760/2012.)

I - concentração igual ou superior a 6 decigramas de álcool por litro de sangue ou igual ou superior a 0,3 miligrama de álcool por litro de ar alveolar; ou (Acrescentado pela Lei 12.760/2012.)

II - sinais que indiquem, na forma disciplinada pelo Contran, alteração da capacidade psicomotora. (Acrescentado pela Lei 12.760/2012.)

§ 2º A verificação do disposto neste artigo poderá ser obtida mediante teste de alcoolemia ou toxicológico, exame clínico, perícia, vídeo, prova testemunhal ou outros meios de prova em direito admitidos, observado o direito à contraprova. (Alterado pela Lei 12.971/2014)

§ 3º O Contran disporá sobre a equivalência entre os distintos testes de alcoolemia ou toxicológicos para efeito de caracterização do crime tipificado neste artigo. (Alterado pela Lei 12.971/2014)

§ 4º Poderá ser empregado qualquer aparelho homologado pelo Instituto Nacional de Metrologia, Qualidade e Tecnologia - INMETRO - para se determinar o previsto no *caput*. (Incluído pela Lei nº 13.840, de 2019)

Art. 307. Violar a suspensão ou a proibição de se obter a permissão ou a habilitação para dirigir veículo automotor imposta com fundamento neste Código:

Penas - Detenção, de seis meses a um ano e multa, com nova imposição adicional de idêntico prazo de suspensão ou de proibição.

Parágrafo único. Nas mesmas penas incorre o condenado que deixa de entregar, no prazo estabelecido no § 1º do art. 293, a Permissão para Dirigir ou a Carteira de Habilitação.

Art. 308. Participar, na direção de veículo automotor, em via pública, de corrida, disputa ou competição automobilística ou ainda de exibição ou demonstração de perícia em manobra de veículo automotor, não autorizada pela autoridade competente, gerando situação de risco à incolumidade pública ou privada: (Alterado pela Lei 13.546/2017)

Penas - Detenção, de 6 (seis) meses a 3 (três) anos, multa e suspensão ou proibição de se obter a permissão ou a habilitação para dirigir veículo automotor. (Alterado pela Lei 12.971/2014)

§ 1º Se da prática do crime previsto no *caput* resultar lesão corporal de natureza grave, e as circunstâncias demonstrarem que o agente não quis o resultado nem assumiu o risco de produzi-lo, a pena privativa de liberdade é de reclusão, de 3 (três) a 6 (seis) anos, sem prejuízo das outras penas previstas neste artigo. (Acrescentado pela Lei 12.971/2014)

§ 2º Se da prática do crime previsto no *caput* resultar morte, e as circunstâncias demonstrarem que o agente não quis o resultado nem assumiu o risco de produzi-lo, a pena privativa de liberdade é de reclusão de 5 (cinco) a 10 (dez) anos, sem prejuízo das outras penas previstas neste artigo. (Acrescentado pela Lei 12.971/2014)

Art. 309. Dirigir veículo automotor, em via pública, sem a devida Permissão para Dirigir ou Habilitação ou, ainda, se cassado o direito de dirigir, gerando perigo de dano:

Penas - Detenção, de seis meses a um ano, ou multa.

Art. 310. Permitir, confiar ou entregar a direção de veículo automotor a pessoa não habilitada, com habilitação cassada ou com o direito de dirigir suspenso, ou, ainda, a quem, por seu estado de saúde, física ou mental, ou por embriaguez, não esteja em condições de conduzi-lo com segurança:

Penas - Detenção, de seis meses a um ano, ou multa.

Art. 310-A. (Vetado pela Lei 12.619/2012.)

Art. 311. Trafegar em velocidade incompatível com a segurança nas proximidades de escolas, hospitais, estações de embarque e desembarque de passageiros, logradouros estreitos, ou onde haja grande movimentação ou concentração de pessoas, gerando perigo de dano:

Penas - Detenção, de seis meses a um ano, ou multa.

Art. 312. Inovar artificiosamente, em caso de acidente automobilístico com vítima, na pendência do respectivo procedimento policial preparatório, inquérito policial ou processo penal, o estado de lugar, de coisa ou de pessoa, a fim de induzir a erro o agente policial, o perito, ou juiz:

Penas - Detenção, de seis meses a um ano, ou multa.

- art. 347, CP.

Parágrafo único. Aplica-se o disposto neste artigo, ainda que não iniciados, quando da inovação, o procedimento preparatório, o inquérito ou o processo aos quais se refere.

Art. 312-A. Para os crimes relacionados nos arts. 302 a 312 deste Código, nas situações em que o juiz aplicar a substituição de pena privativa de liberdade por pena restritiva de direitos, esta deverá ser de prestação de serviço à comunidade ou a entidades públicas, em uma das seguintes atividades: (Acrescentado pela Lei 13.281/2016.)

I - trabalho, aos fins de semana, em equipes de resgate dos corpos de bombeiros e em outras unidades móveis especializadas no atendimento a vítimas de trânsito; (Acrescentado pela Lei 13.281/2016.)

II - trabalho em unidades de pronto-socorro de hospitais da rede pública que recebem vítimas de acidente de trânsito e politraumatizados; (Acrescentado pela Lei 13.281/2016.)

III - trabalho em clínicas ou instituições especializadas na recuperação de acidentados de trânsito; (Acrescentado pela Lei 13.281/2016.)

IV - outras atividades relacionadas ao resgate, atendimento e recuperação de vítimas de acidentes de trânsito. (Acrescentado pela Lei 13.281/2016.)

- **Atualização:** Art. 312-B. Aos crimes previstos no § 3º do art. 302 e no § 2º do art. 303 deste Código não se aplica o disposto no inciso I do *caput* do art. 44 do Decreto-Lei nº 2.848, de 7 de dezembro de 1940 (Código Penal). (Acrescido pela Lei 14.071/2020, em vigor após decorridos 180 dias de sua publicação oficial-DOU de 14.10 de 2020)

CAPÍTULO XX
DISPOSIÇÕES FINAIS E TRANSITÓRIAS

Art. 313. O Poder Executivo promoverá a nomeação dos membros do CONTRAN no prazo de sessenta dias da publicação deste Código.

Art. 314. O CONTRAN tem o prazo de duzentos e quarenta dias a partir da publicação deste Código para expedir as resoluções necessárias à sua melhor execução, bem como revisar todas as resoluções anteriores à sua publicação, dando prioridade àquelas que visam a diminuir o número de acidentes e a assegurar a proteção de pedestres.

Parágrafo único. As resoluções do CONTRAN, existentes até a data de publicação deste Código, continuam em vigor naquilo em que não conflitem com ele.

Art. 315. O Ministério da Educação e do Desporto, mediante proposta do CONTRAN, deverá, no prazo de duzentos e quarenta dias contado da publicação, estabelecer o currículo com conteúdo programático relativo à segurança e à educação de trânsito, a fim de atender o disposto neste Código.

Art. 316. O prazo de notificação previsto no inciso II do parágrafo único do art. 281 só entrará em vigor após duzentos e quarenta dias contados da publicação desta Lei.

Art. 317. Os órgãos e entidades de trânsito concederão prazo de até um ano para a adaptação dos veículos de condução de escolares e de aprendizagem às normas do inciso III do art. 136 e art. 154, respectivamente.

Art. 318. (Vetado.)

Art. 319. Enquanto não forem baixadas novas normas pelo CONTRAN, continua em vigor o disposto no art. 92 do Regulamento do Código Nacional de Trânsito - Decreto n. 62.127, de 16 de janeiro de 1968.

Art. 319-A. Os valores de multas constantes deste Código poderão ser corrigidos monetariamente pelo Contran, respeitado o limite da variação do Índice Nacional de Preços ao Consumidor Amplo (IPCA) no exercício anterior. (Acrescentado pela Lei 13.281/2016.)

Parágrafo único. Os novos valores decorrentes do disposto no *caput* serão divulgados pelo Contran com, no mínimo, 90 (noventa) dias de antecedência de sua aplicação. (Acrescentado pela Lei 13.281/2016.)

Art. 320. A receita arrecadada com a cobrança das multas de trânsito será aplicada, exclusivamente, em sinalização, engenharia de tráfego, de campo, policiamento, fiscalização e educação de trânsito.

- Res. CONTRAN 638/2016 (Dispõe sobre as formas de aplicação da receita arrecadada com a cobrança das multas de trânsito, conforme previsto neste artigo).

§ 1º O percentual de cinco por cento do valor das multas de trânsito arrecadadas será depositado, mensalmente, na conta de fundo de âmbito nacional destinado à segurança e educação de trânsito. (Acrescentado pela Lei 13.281/2016)

§ 2º O órgão responsável deverá publicar, anualmente, na rede mundial de computadores (internet), dados sobre a receita arrecadada com a cobrança de multas de trânsito e sua destinação. (Acrescentado pela Lei 13.281/2016.)

Art. 320-A. Os órgãos e as entidades do Sistema Nacional de Trânsito poderão integrar-se para a ampliação e o aprimoramento da fiscalização de trânsito, inclusive por meio do compartilhamento da receita arrecadada com a cobrança das multas de trânsito. (Acrescentado pela Lei 13.281/2016.)

Arts. 321. e 322. (Vetados.)

Art. 323. O CONTRAN, em cento e oitenta dias, fixará a metodologia de aferição de peso de veículos, estabelecendo percentuais de tolerância, sendo durante este período suspensa a vigência das penalidades previstas no inciso V do art. 231, aplicando-se a penalidade de vinte UFIR por duzentos quilogramas ou fração de excesso.

Parágrafo único. Os limites de tolerância a que se refere este artigo, até a sua fixação pelo CONTRAN, são aqueles estabelecidos pela Lei n. 7.408, de 25 de novembro de 1985.

- Res. CONTRAN 258/2007 (Regulamenta este artigo).

Art. 324. (Vetado.)

Art. 325. As repartições de trânsito conservarão por, no mínimo, 5 (cinco) anos os documentos relativos à habilitação de condutores, ao registro e ao licenciamento de veículos e aos autos de infração de trânsito. (Alterado pela Lei 13.281/2016.)

§ 1º Os documentos previstos no *caput* poderão ser gerados e tramitados eletronicamente, bem como arquivados e armazenados em meio digital, desde que assegurada a autenticidade, a fidedignidade, a confiabilidade e a segurança das informações, e serão válidos para todos os efeitos legais, sendo dispensada, nesse caso, a sua guarda física. (Acrescentado pela Lei 13.281/2016.)

§ 2º O Contran regulamentará a geração, a tramitação, o arquivamento, o armazenamento e a eliminação de documentos eletrônicos e físicos gerados em decorrência da aplicação das disposições deste Código. (Acrescentado pela Lei 13.281/2016.)

§ 3º Na hipótese prevista nos §§ 1º e 2º, o sistema deverá ser certificado digitalmente, atendidos os requisitos de autenticidade, integridade, validade jurídica e interoperabilidade da Infraestrutura de Chaves Públicas Brasileira (ICP-Brasil). (Acrescentado pela Lei 13.281/2016.)

Art. 326. A Semana Nacional de Trânsito será comemorada anualmente no período compreendido entre 18 e 25 de setembro.

Art. 326-A. A atuação dos integrantes do Sistema Nacional de Trânsito, no que se refere à política de segurança no trânsito, deverá voltar-se prioritariamente para o cumprimento de metas anuais de redução de índice de mortos por grupo de veículos e de índice de mortos por grupo de habitantes, ambos apurados por Estado e por ano, detalhando-se os dados levantados e as ações realizadas por vias federais, estaduais e municipais. (Artigo acrescentado pela Lei 13.614/2018)

§ 1° O objetivo geral do estabelecimento de metas é, ao final do prazo de dez anos, reduzir à metade, no mínimo, o índice nacional de mortos por grupo de veículos e o índice nacional de mortos por grupo de habitantes, relativamente aos índices apurados no ano da entrada em vigor da lei que cria o Plano Nacional de Redução de Mortes e Lesões no Trânsito (Pnatrans).

§ 2° As metas expressam a diferença a menor, em base percentual, entre os índices mais recentes, oficialmente apurados, e os índices que se pretende alcançar.

§ 3° A decisão que fixar as metas anuais estabelecerá as respectivas margens de tolerância.

§ 4° As metas serão fixadas pelo Contran para cada um dos Estados da Federação e para o Distrito Federal, mediante propostas fundamentadas dos Cetran, do Contrandife e do Departamento de Polícia Rodoviária Federal, no âmbito das respectivas circunscrições.

§ 5° Antes de submeterem as propostas ao Contran, os Cetran, o Contrandife e o Departamento de Polícia Rodoviária Federal realizarão consulta ou audiência pública para manifestação da sociedade sobre as metas a serem propostas.

§ 6° As propostas dos Cetran, do Contrandife e do Departamento de Polícia Rodoviária Federal serão encaminhadas ao Contran até o dia 1º de agosto de cada ano, acompanhadas de relatório analítico a respeito do cumprimento das metas fixadas para o ano anterior e de exposição de ações, projetos ou programas, com os respectivos orçamentos, por meio dos quais se pretende cumprir as metas propostas para o ano seguinte.

§ 7° As metas fixadas serão divulgadas em setembro, durante a Semana Nacional de Trânsito, assim como o desempenho, absoluto e relativo, de cada Estado e do Distrito Federal no cumprimento das metas vigentes no ano anterior, detalhados os dados levantados e as ações realizadas por vias federais, estaduais e municipais, devendo tais informações permanecer à disposição do público na rede mundial de computadores, em sítio eletrônico do órgão máximo executivo de trânsito da União.

§ 8° O Contran, ouvidos o Departamento de Polícia Rodoviária Federal e demais órgãos do Sistema Nacional de Trânsito, definirá as fórmulas para apuração dos índices de que trata este artigo, assim como a metodologia para a coleta e o tratamento dos dados estatísticos necessários para a composição dos termos das fórmulas.

§ 9° Os dados estatísticos coletados em cada Estado e no Distrito Federal serão tratados e consolidados pelo respectivo órgão ou entidade executivos de trânsito, que os repassará ao órgão máximo executivo de trânsito da União até o dia 1º de março, por meio do sistema de registro nacional de acidentes e estatísticas de trânsito.

§ 10. Os dados estatísticos sujeitos à consolidação pelo órgão ou entidade executivos de trânsito do Estado ou do Distrito Federal compreendem os coletados naquela circunscrição:

I - pela Polícia Rodoviária Federal e pelo órgão executivo rodoviário da União;

II - pela Polícia Militar e pelo órgão ou entidade executivos rodoviários do Estado ou do Distrito Federal;

III - pelos órgãos ou entidades executivos rodoviários e pelos órgãos ou entidades executivos de trânsito dos Municípios.

§ 11. O cálculo dos índices, para cada Estado e para o Distrito Federal, será feito pelo órgão máximo executivo de trânsito da União, ouvidos o Departamento de Polícia Rodoviária Federal e demais órgãos do Sistema Nacional de Trânsito.

§ 12. Os índices serão divulgados oficialmente até o dia 31 de março de cada ano.

§ 13. Com base em índices parciais, apurados no decorrer do ano, o Contran, os Cetran e o Contrandife poderão recomendar aos integrantes do Sistema Nacional de Trânsito alterações nas ações, projetos e programas em desenvolvimento ou previstos, com o fim de atingir as metas fixadas para cada um dos Estados e para o Distrito Federal.

§ 14. A partir da análise de desempenho a que se refere o § 7° deste artigo, o Contran elaborará e divulgará, também durante a Semana Nacional de Trânsito:

I - duas classificações ordenadas dos Estados e do Distrito Federal, uma referente ao ano analisado e outra que considere a evolução do desempenho dos Estados e do Distrito Federal desde o início das análises;

II - relatório a respeito do cumprimento do objetivo geral do estabelecimento de metas previsto no § 1° deste artigo.

Art. 327. A partir da publicação deste Código, somente poderão ser fabricados e licenciados veículos que obedeçam aos limites de peso e dimensões fixados na forma desta Lei, ressalvados os que vierem a ser regulamentados pelo CONTRAN.

Parágrafo único. (Vetado.)

Art. 328. O veículo apreendido ou removido a qualquer título e não reclamado por seu proprietário dentro do prazo de sessenta dias, contado da data de recolhimento, será avaliado e levado a leilão, a ser realizado preferencialmente por meio eletrônico. (Alterado pela Lei 13.160/2015.)

- Res. CONTRAN 623/2016 (Dispõe sobre a uniformização dos procedimentos administrativos quanto à remoção, custódia e para a realização de leilão de veículos removidos ou recolhidos a qualquer título, por órgãos e entidades componentes do Sistema Nacional de Trânsito – SNT, nos termos deste artigo).

§ 1º Publicado o edital do leilão, a preparação poderá ser iniciada após trinta dias, contados da data de recolhimento do veículo, o qual será classificado em duas categorias: (Acrescentado pela Lei 13.160/2015.)

I – conservado, quando apresenta condições de segurança para trafegar; e

II – sucata, quando não está apto a trafegar.

§ 2º Se não houver oferta igual ou superior ao valor da avaliação, o lote será incluído no leilão seguinte, quando será arrematado pelo maior lance, desde que por valor não inferior a cinquenta por cento do avaliado. (Acrescentado pela Lei 13.160/2015.)

§ 3º Mesmo classificado como conservado, o veículo que for levado a leilão por duas vezes e não for arrematado será leiloado como sucata. (Acrescentado pela Lei 13.160/2015.)

§ 4º É vedado o retorno do veículo leiloado como sucata à circulação. (Acrescentado pela Lei 13.160/2015.)

§ 5º A cobrança das despesas com estada no depósito será limitada ao prazo de seis meses. (Acrescentado pela Lei 13.160/2015.)

§ 6º Os valores arrecadados em leilão deverão ser utilizados para custeio da realização do leilão, dividindo-se os custos entre os veículos arrematados, proporcionalmente ao valor da arrematação, e destinando-se os valores remanescentes, na seguinte ordem, para: (Acrescentado pela Lei 13.160/2015.)

I – as despesas com remoção e estada;

II – os tributos vinculados ao veículo, na forma do § 10;

III – os credores trabalhistas, tributários e titulares de crédito com garantia real, segundo a ordem de preferência estabelecida no art. 186 da Lei n. 5.172, de 25 de outubro de 1966 (Código Tributário Nacional);

IV – as multas devidas ao órgão ou à entidade responsável pelo leilão;

V – as demais multas devidas aos órgãos integrantes do Sistema Nacional de Trânsito, segundo a ordem cronológica; e

VI – os demais créditos, segundo a ordem de preferência legal.

§ 7º Sendo insuficiente o valor arrecadado para quitar os débitos incidentes sobre o veículo, a situação será comunicada aos credores. (Acrescentado pela Lei 13.160/2015.)

§ 8º Os órgãos públicos responsáveis serão comunicados do leilão previamente para que formalizem a desvinculação dos ônus incidentes sobre o veículo no prazo máximo de dez dias. (Acrescentado pela Lei 13.160/2015.)

§ 9º Os débitos incidentes sobre o veículo antes da alienação administrativa ficam dele automaticamente desvinculados, sem prejuízo da cobrança contra o proprietário anterior. (Acrescentado pela Lei 13.160/2015.)

§ 10. Aplica-se o disposto no § 9º inclusive ao débito relativo a tributo cujo fato gerador seja a propriedade, o domínio útil, a posse, a circulação ou o licenciamento de veículo. (Acrescentado pela Lei 13.160/2015.)

§ 11. Na hipótese de o antigo proprietário reaver o veículo, por qualquer meio, os débitos serão novamente vinculados ao bem, aplicando-se, nesse caso, o disposto nos §§ 1º, 2º e 3º do art. 271. (Acrescentado pela Lei 13.160/2015.)

§ 12. Quitados os débitos, o saldo remanescente será depositado em conta específica do órgão responsável pela realização do leilão e ficará à disposição do antigo proprietário, devendo ser expedida notificação a ele, no máximo em trinta dias após a realização do leilão, para o levantamento do valor no prazo de cinco anos, após os quais o valor será transferido, definitivamente, para o fundo a que se refere o parágrafo único do art. 320. (Acrescentado pela Lei 13.160/2015.)

§ 13. Aplica-se o disposto neste artigo, no que couber, ao animal recolhido, a qualquer título, e não reclamado por seu proprietário no prazo de sessenta dias, a contar da data de recolhimento, conforme regulamentação do CONTRAN. (Acrescentado pela Lei 13.160/2015.)

§ 14. Se identificada a existência de restrição policial ou judicial sobre o prontuário do veículo, a autoridade responsável pela restrição será notificada para a retirada do bem do depósito, mediante a quitação das despesas com remoção e estada, ou para a autorização do leilão nos termos deste artigo. (Alterado pela Lei 13.281/2016.)

§ 15. Se no prazo de 60 (sessenta) dias, a contar da notificação de que trata o § 14, não houver manifestação da autoridade responsável pela restrição judicial ou policial, estará o órgão de trânsito autorizado a promover o leilão do veículo nos termos deste artigo. (Acrescentado pela Lei 13.281/2016.)

§ 16. Os veículos, sucatas e materiais inservíveis de bens automotores que se encontrarem nos depósitos há mais de 1 (um) ano poderão ser destinados à reciclagem, independentemente da existência de restrições sobre o veículo. (Acrescentado pela Lei 13.281/2016.)

§ 17. O procedimento de hasta pública na hipótese do § 16 será realizado por lote de tonelagem de material ferroso, observando-se, no que couber, o disposto neste artigo, condicionando-se a entrega do material arrematado aos procedimentos necessários à descaracterização total do bem e à destinação exclusiva, ambientalmente adequada, à reciclagem siderúrgica, vedado qualquer aproveitamento de peças e partes. (Acrescentado pela Lei 13.281/2016.)

§ 18. Os veículos sinistrados irrecuperáveis queimados, adulterados ou estrangeiros, bem como aqueles sem possibilidade de regularização perante o órgão de trânsito, serão destinados à reciclagem, independentemente do período em que estejam em depósito, respeitado o prazo previsto no *caput* deste artigo, sempre que a autoridade responsável pelo leilão julgar ser essa a medida apropriada. (Acrescentado pela Lei 13.281/2016.)

Art. 329. Os condutores dos veículos de que tratam os arts. 135 e 136, para exercerem suas atividades, deverão apresentar, previamente, certidão negativa do registro de distribuição criminal relativamente aos crimes de homicídio, roubo, estupro e corrupção de menores, renovável a cada cinco anos, junto ao órgão responsável pela respectiva concessão ou autorização.

Art. 330. Os estabelecimentos onde se executem reformas ou recuperação de veículos e os que comprem, vendam ou desmontem veículos, usados ou não, são obrigados a possuir livros de registro de seu movimento de entrada e saída e de uso de placas de experiência, conforme modelos aprovados e rubricados pelos órgãos de trânsito.

§ 1º Os livros indicarão:

I - data de entrada do veículo no estabelecimento;

II - nome, endereço e identidade do proprietário ou vendedor;

III - data da saída ou baixa, nos casos de desmontagem;

IV - nome, endereço e identidade do comprador;

V - características do veículo constantes do seu certificado de registro;

VI - número da placa de experiência.

§ 2º Os livros terão suas páginas numeradas tipograficamente e serão encadernados ou em folhas soltas, sendo que, no primeiro caso, conterão termo de abertura e encerramento lavrados pelo proprietário e rubricados pela repartição de trânsito, enquanto, no segundo, todas as folhas serão autenticadas pela repartição de trânsito.

§ 3º A entrada e a saída de veículos nos estabelecimentos referidos neste artigo registrar-se-ão no mesmo dia em que se verificarem assinaladas, inclusive, as horas a elas correspondentes, podendo os veículos irregulares lá encontrados ou suas sucatas ser apreendidos ou retidos para sua completa regularização.

§ 4º As autoridades de trânsito e as autoridades policiais terão acesso aos livros sempre que o solicitarem, não podendo, entretanto, retirá-los do estabelecimento.

§ 5º A falta de escrituração dos livros, o atraso, a fraude ao realizá-lo e a recusa de sua exibição serão punidas com a multa prevista para as infrações gravíssimas, independente das demais cominações legais cabíveis.

§ 6º Os livros previstos neste artigo poderão ser substituídos por sistema eletrônico, na forma regulamentada pelo Contran. (Acrescentado pela Lei 13.154/2015.)

- Res. CONTRAN 797/2020 (Institui o Registro Nacional de Veículos em Estoque "RENAVE" e dispõe sobre os procedimentos para registro e controle de compra e venda e de entrada e saída de veículos novos e usados, nos estabelecimentos de que trata este artigo).

Art. 331. Até a nomeação e posse dos membros que passarão a integrar os colegiados destinados ao julgamento dos recursos administrativos previstos na Seção II do Capítulo XVIII deste Código, o julgamento dos recursos ficará a cargo dos órgãos ora existentes.

Art. 332. Os órgãos e entidades integrantes do Sistema Nacional de Trânsito proporcionarão aos membros do CONTRAN, CETRAN e CONTRANDIFE, em serviço, todas as facilidades para o cumprimento de sua missão, fornecendo-lhes as informações que solicitarem, permitindo-lhes inspecionar a execução de quaisquer serviços e deverão atender prontamente suas requisições.

Art. 333. O CONTRAN estabelecerá, em até cento e vinte dias após a nomeação de seus membros, as disposições previstas nos arts. 91 e 92, que terão de ser atendidas pelos órgãos e entidades executivos de trânsito e executivos rodoviários para exercerem suas competências.

§ 1º Os órgãos e entidades de trânsito já existentes terão prazo de um ano, após a edição das normas, para se adequarem às novas disposições estabelecidas pelo CONTRAN, conforme disposto neste artigo.

§ 2º Os órgãos e entidades de trânsito a serem criados exercerão as competências previstas neste Código em cumprimento às exigências estabelecidas pelo CONTRAN, conforme disposto neste artigo, acompanhados pelo respectivo CETRAN, se órgão ou entidade municipal, ou CONTRAN, se órgão ou entidade estadual, do Distrito Federal ou da União, passando a integrar o Sistema Nacional de Trânsito.

Art. 334. As ondulações transversais existentes deverão ser homologadas pelo órgão ou entidade competente no prazo de um ano, a partir da publicação deste Código, devendo ser retiradas em caso contrário.

Art. 335. (Vetado.)

Art. 336. Aplicam-se os sinais de trânsito previstos no Anexo II até a aprovação pelo CONTRAN, no prazo de trezentos e sessenta dias da publicação desta Lei, após a manifestação da Câmara Temática de Engenharia, de Vias e Veículos e obedecidos os padrões internacionais.

Art. 337. Os CETRAN terão suporte técnico e financeiro dos Estados e Municípios que os compõem e, o CONTRANDIFE, do Distrito Federal.

Art. 338. As montadoras, encarroçadoras, os importadores e fabricantes, ao comerciarem veículos automotores de qualquer categoria e ciclos, são obrigados a fornecer, no ato da comercialização do respectivo veículo, manual contendo normas de circulação, infrações, penalidades, direção defensiva, primeiros socorros e Anexos do Código de Trânsito Brasileiro.

Art. 339. Fica o Poder Executivo autorizado a abrir crédito especial no valor de R$ 264.954,00 (duzentos e sessenta e quatro mil, novecentos e cinquenta e quatro reais), em favor do ministério ou órgão a que couber a coordenação máxima do Sistema Nacional de Trânsito, para atender as despesas decorrentes da implantação deste Código.

Art. 340. Este Código entra em vigor cento e vinte dias após a data de sua publicação.

Art. 341. Ficam revogadas as Leis n. 5.108, de 21 de setembro de 1966, 5.693, de 16 de agosto de 1971, 5.820, de 10 de novembro de 1972, 6.124, de 25 de outubro de 1974, 6.308, de 15 de dezembro de 1975, 6.369, de 27 de outubro de 1976, 6.731, de 04 de dezembro de 1979, 7.031, de 20 de setembro de 1982, 7.052, de 02 de dezembro de 1982, 8.102, de 10 de dezembro de 1990, os arts. 1º a 6º e 11 do Decreto-Lei n. 237, de 28 de fevereiro de 1967, e os Decretos-Leis n. 584, de 16 de maio de 1969, 912, de 02 de outubro de 1969, e 2.448, de 21 de julho de 1988.

Brasília, 23 de setembro de 1997; 176º da Independência e 109º da República.

Fernando Henrique Cardoso

ANEXO I
DOS CONCEITOS E DEFINIÇÕES

Para efeito deste Código adotam-se as seguintes definições:

ACOSTAMENTO - parte da via diferenciada da pista de rolamento destinada à parada ou estacionamento de veículos, em caso de emergência, e à circulação de pedestres e bicicletas, quando não houver local apropriado para esse fim.

AGENTE DA AUTORIDADE DE TRÂNSITO - pessoa, civil ou policial militar, credenciada pela autoridade de trânsito para o exercício das atividades de fiscalização, operação, policiamento ostensivo de trânsito ou patrulhamento.

AR ALVEOLAR - ar expirado pela boca de um indivíduo, originário dos alvéolos pulmonares. (Acrescentado pela Lei 12.760/2012.)

- **Atualização:** ÁREA DE ESPERA - área delimitada por 2 (duas) linhas de retenção, destinada exclusivamente à espera de motocicletas, motonetas e ciclomotores, junto à aproximação semafórica, imediatamente à frente da linha de retenção dos demais veículos. (Acrescido pela Lei 14.071/2020)

AUTOMÓVEL - veículo automotor destinado ao transporte de passageiros, com capacidade para até oito pessoas, exclusive o condutor.

AUTORIDADE DE TRÂNSITO - dirigente máximo de órgão ou entidade executivo inte-

grante do Sistema Nacional de Trânsito ou pessoa por ele expressamente credenciada.
BALANÇO TRASEIRO - distância entre o plano vertical passando pelos centros das rodas traseiras extremas e o ponto mais recuado do veículo, considerando-se todos os elementos rigidamente fixados ao mesmo.
BICICLETA - veículo de propulsão humana, dotado de duas rodas, não sendo, para efeito deste Código, similar à motocicleta, motoneta e ciclomotor.
BICICLETÁRIO - local, na via ou fora dela, destinado ao estacionamento de bicicletas.
BONDE - veículo de propulsão elétrica que se move sobre trilhos.
BORDO DA PISTA - margem da pista, podendo ser demarcada por linhas longitudinais de bordo que delineiam a parte da via destinada à circulação de veículos.
CALÇADA - parte da via, normalmente segregada e em nível diferente, não destinada à circulação de veículos, reservada ao trânsito de pedestres e, quando possível, à implantação de mobiliário urbano, sinalização, vegetação e outros fins.
CAMINHÃO-TRATOR - veículo automotor destinado a tracionar ou arrastar outro.
CAMINHONETE - veículo destinado ao transporte de carga com peso bruto total de até três mil e quinhentos quilogramas.
CAMIONETA - veículo misto destinado ao transporte de passageiros e carga no mesmo compartimento.
CANTEIRO CENTRAL - obstáculo físico construído como separador de duas pistas de rolamento, eventualmente substituído por marcas viárias (canteiro fictício).
CAPACIDADE MÁXIMA DE TRAÇÃO - máximo peso que a unidade de tração é capaz de tracionar, indicado pelo fabricante, baseado em condições sobre suas limitações de geração e multiplicação de momento de força e resistência dos elementos que compõem a transmissão.
CARREATA - deslocamento em fila na via de veículos automotores em sinal de regozijo, de reivindicação, de protesto cívico ou de uma classe.
CARRO DE MÃO - veículo de propulsão humana utilizado no transporte de pequenas cargas.
CARROÇA - veículo de tração animal destinado ao transporte de carga.
CATADIÓPTRICO - dispositivo de reflexão e refração da luz utilizado na sinalização de vias e veículos (olho de gato).
CHARRETE - veículo de tração animal destinado ao transporte de pessoas.
CICLO - veículo de pelo menos duas rodas a propulsão humana.
CICLOFAIXA - parte da pista de rolamento destinada à circulação exclusiva de ciclos, delimitada por sinalização específica.
CICLOMOTOR - veículo de duas ou três rodas, provido de um motor de combustão interna, cuja cilindrada não exceda a cinquenta centímetros cúbicos (3,05 polegadas cúbicas) e cuja velocidade máxima de fabricação não exceda a cinquenta quilômetros por hora.

› **Atualização:** CICLOMOTOR - veículo de 2 (duas) ou 3 (três) rodas, provido de motor de combustão interna, cuja cilindrada não exceda a 50 cm^3 (cinquenta centímetros cúbicos), equivalente a 3,05 pol^3 (três polegadas cúbicas e cinco centésimos), ou de motor de propulsão elétrica com potência máxima de 4 kW (quatro quilowatts), e cuja velocidade máxima de fabricação não exceda a 50 Km/h (cinquenta quilômetros por hora) (Acrescido pela Lei 14.071/2020)

CICLOVIA - pista própria destinada à circulação de ciclos, separada fisicamente do tráfego comum.
CONVERSÃO - movimento em ângulo, à esquerda ou à direita, de mudança da direção original do veículo.
CRUZAMENTO - interseção de duas vias em nível.
DISPOSITIVO DE SEGURANÇA - qualquer elemento que tenha a função específica de proporcionar maior segurança ao usuário da via, alertando-o sobre situações de perigo que possam colocar em risco sua integridade física e dos demais usuários da via, ou danificar seriamente o veículo.
ESTACIONAMENTO - imobilização de veículos por tempo superior ao necessário para embarque ou desembarque de passageiros.
ESTRADA - via rural não pavimentada.
ETILÔMETRO - aparelho destinado à medição do teor alcoólico no ar alveolar. (Acrescentado pela Lei 12.760/2012.)
FAIXAS DE DOMÍNIO - superfície lindeira às vias rurais, delimitada por lei específica e sob responsabilidade do órgão ou entidade de trânsito competente com circunscrição sobre a via.
FAIXAS DE TRÂNSITO - qualquer uma das áreas longitudinais em que a pista pode ser subdividida, sinalizada ou não por marcas viárias longitudinais, que tenham uma largura suficiente para permitir a circulação de veículos automotores.
FISCALIZAÇÃO - ato de controlar o cumprimento das normas estabelecidas na legislação de trânsito, por meio do poder de polícia administrativa de trânsito, no âmbito de circunscrição dos órgãos e entidades executivos de trânsito e de acordo com as competências definidas neste Código.
FOCO DE PEDESTRES - indicação luminosa de permissão ou impedimento de locomoção na faixa apropriada.
FREIO DE ESTACIONAMENTO - dispositivo destinado a manter o veículo imóvel na ausência do condutor ou, no caso de um reboque, se este se encontra desengatado.
FREIO DE SEGURANÇA OU MOTOR - dispositivo destinado a diminuir a marcha do veículo no caso de falha do freio de serviço.
FREIO DE SERVIÇO - dispositivo destinado a provocar a diminuição da marcha do veículo ou pará-lo.
GESTOS DE AGENTES - movimentos convencionais de braço, adotados exclusivamente pelos agentes de autoridades de trânsito nas vias, para orientar, indicar o direito de passagem dos veículos ou pedestres ou emitir ordens, sobrepondo-se ou completando outra sinalização ou norma constante deste Código.
GESTOS DE CONDUTORES - movimentos convencionais de braço, adotados exclusivamente pelos condutores, para orientar ou indicar que vão efetuar uma manobra de mudança de direção, redução brusca de velocidade ou parada.
ILHA - obstáculo físico, colocado na pista de rolamento, destinado à ordenação dos fluxos de trânsito em uma interseção.
INFRAÇÃO - inobservância a qualquer preceito da legislação de trânsito, às normas emanadas do Código de Trânsito, do Conselho Nacional de Trânsito e a regulamentação estabelecida pelo órgão ou entidade executiva do trânsito.
INTERSEÇÃO - todo cruzamento em nível, entroncamento ou bifurcação, incluindo as áreas formadas por tais cruzamentos, entroncamentos ou bifurcações.
INTERRUPÇÃO DE MARCHA - imobilização do veículo para atender circunstância momentânea do trânsito.
LICENCIAMENTO - procedimento anual, relativo a obrigações do proprietário de veículo, comprovado por meio de documento específico (Certificado de Licenciamento Anual).
LOGRADOURO PÚBLICO - espaço livre destinado pela municipalidade à circulação, parada ou estacionamento de veículos, ou à circulação de pedestres, tais como calçada, parques, áreas de lazer, calçadões.
LOTAÇÃO - carga útil máxima, incluindo condutor e passageiros, que o veículo transporta, expressa em quilogramas para os veículos de carga, ou número de pessoas, para os veículos de passageiros.
LOTE LINDEIRO - aquele situado ao longo das vias urbanas ou rurais e que com elas se limita.
LUZ ALTA - facho de luz do veículo destinado a iluminar a via até uma grande distância do veículo.
LUZ BAIXA - facho de luz do veículo destinada a iluminar a via diante do veículo, sem ocasionar ofuscamento ou incômodo injustificáveis aos condutores e outros usuários da via que venham em sentido contrário.
LUZ DE FREIO - luz do veículo destinada a indicar aos demais usuários da via, que se encontram atrás do veículo, que o condutor está aplicando o freio de serviço.
LUZ INDICADORA DE DIREÇÃO (pisca-pisca) - luz do veículo destinada a indicar aos demais usuários da via que o condutor tem o propósito de mudar de direção para a direita ou para a esquerda.
LUZ DE MARCHA A RÉ - luz do veículo destinada a iluminar atrás do veículo e advertir aos demais usuários da via que o veículo está efetuando ou a ponto de efetuar uma manobra de marcha a ré.
LUZ DE NEBLINA - luz do veículo destinada a aumentar a iluminação da via em caso de neblina, chuva forte ou nuvens de pó.
LUZ DE POSIÇÃO (lanterna) - luz do veículo destinada a indicar a presença e a largura do veículo.
MANOBRA - movimento executado pelo condutor para alterar a posição em que o veículo está no momento em relação à via.
MARCAS VIÁRIAS - conjunto de sinais constituídos de linhas, marcações, símbolos ou legendas, em tipos e cores diversas, apostos ao pavimento da via.
MICRO-ÔNIBUS - veículo automotor de transporte coletivo com capacidade para até vinte passageiros.
MOTOCICLETA - veículo automotor de duas rodas, com ou sem *side-car*, dirigido por condutor em posição montada.
MOTONETA - veículo automotor de duas rodas, dirigido por condutor em posição sentada.
MOTOR-CASA (*MOTOR-HOME*) - veículo automotor cuja carroçaria seja fechada e destinada a alojamento, escritório, comércio ou finalidades análogas.
NOITE - período do dia compreendido entre o pôr do sol e o nascer do sol.

ÔNIBUS - veículo automotor de transporte coletivo com capacidade para mais de vinte passageiros, ainda que, em virtude de adaptações com vista à maior comodidade destes, transporte número menor.
OPERAÇÃO DE CARGA E DESCARGA - imobilização do veículo, pelo tempo estritamente necessário ao carregamento ou descarregamento de animais ou carga, na forma disciplinada pelo órgão ou entidade executivo de trânsito competente com circunscrição sobre a via.
OPERAÇÃO DE TRÂNSITO - monitoramento técnico baseado nos conceitos de Engenharia de Tráfego, das condições de fluidez, de estacionamento e parada na via, de forma a reduzir as interferências tais como veículos quebrados, acidentados, estacionados irregularmente atrapalhando o trânsito, prestando socorros imediatos e informações aos pedestres e condutores.
PARADA - imobilização do veículo com a finalidade e pelo tempo estritamente necessário para efetuar embarque ou desembarque de passageiros.
PASSAGEM DE NÍVEL - todo cruzamento de nível entre uma via e uma linha férrea ou trilho de bonde com pista própria.
PASSAGEM POR OUTRO VEÍCULO - movimento de passagem à frente de outro veículo que se desloca no mesmo sentido, em menor velocidade, mas em faixas distintas da via.
PASSAGEM SUBTERRÂNEA - obra de arte destinada à transposição de vias, em desnível subterrâneo, e ao uso de pedestres ou veículos.
PASSARELA - obra de arte destinada à transposição de vias, em desnível aéreo, e ao uso de pedestres.
PASSEIO - parte da calçada ou da pista de rolamento, neste último caso, separada por pintura ou elemento físico separador, livre de interferências, destinada à circulação exclusiva de pedestres e, excepcionalmente, de ciclistas.
PATRULHAMENTO - função exercida pela Polícia Rodoviária Federal com o objetivo de garantir obediência às normas de trânsito, assegurando a livre-circulação e evitando acidentes.
PERÍMETRO URBANO - limite entre área urbana e área rural.
PESO BRUTO TOTAL - peso máximo que o veículo transmite ao pavimento, constituído da soma da tara mais a lotação.
PESO BRUTO TOTAL COMBINADO - peso máximo transmitido ao pavimento pela combinação de um caminhão-trator mais seu semirreboque ou do caminhão mais o seu reboque ou reboques.
PISCA-ALERTA - luz intermitente do veículo, utilizada em caráter de advertência, destinada a indicar aos demais usuários da via que o veículo está imobilizado ou em situação de emergência.
PISTA - parte da via normalmente utilizada para a circulação de veículos, identificada por elementos separadores ou por diferença de nível em relação às calçadas, ilhas ou aos canteiros centrais.
PLACAS - elementos colocados na posição vertical, fixados ao lado ou suspensos sobre a pista, transmitindo mensagens de caráter permanente e, eventualmente, variáveis, mediante símbolo ou legendas pré-reconhecidas e legalmente instituídas como sinais de trânsito.
POLICIAMENTO OSTENSIVO DE TRÂNSITO - função exercida pelas Polícias Militares com o objetivo de prevenir e reprimir atos relacionados com a segurança pública e de garantir obediência às normas relativas à segurança de trânsito, assegurando a livre-circulação e evitando acidentes.
PONTE - obra de construção civil destinada a ligar margens opostas de uma superfície líquida qualquer.
REBOQUE - veículo destinado a ser engatado atrás de um veículo automotor.
REGULAMENTAÇÃO DA VIA - implantação de sinalização de regulamentação pelo órgão ou entidade competente com circunscrição sobre a via, definindo, entre outros, sentido de direção, tipo de estacionamento, horários e dias.
REFÚGIO - parte da via, devidamente sinalizada e protegida, destinada ao uso de pedestres durante a travessia da mesma.
RENACH - Registro Nacional de Condutores Habilitados.
RENAVAM - Registro Nacional de Veículos Automotores.
RETORNO - movimento de inversão total de sentido da direção original de veículos.
RODOVIA - via rural pavimentada.
SEMIRREBOQUE - veículo de um ou mais eixos que se apoia na sua unidade tratora ou é a ela ligado por meio de articulação.
SINAIS DE TRÂNSITO - elementos de sinalização viária que se utilizam de placas, marcas viárias, equipamentos de controle luminosos, dispositivos auxiliares, apitos e gestos, destinados exclusivamente a ordenar ou dirigir o trânsito dos veículos e pedestres.
SINALIZAÇÃO - conjunto de sinais de trânsito e dispositivos de segurança colocados na via pública com o objetivo de garantir sua utilização adequada, possibilitando melhor fluidez no trânsito e maior segurança dos veículos e pedestres que nela circulam.
SONS POR APITO - sinais sonoros, emitidos exclusivamente pelos agentes da autoridade de trânsito nas vias, para orientar ou indicar o direito de passagem dos veículos ou pedestres, sobrepondo-se ou completando sinalização existente no local ou norma estabelecida neste Código.
TARA - peso próprio do veículo, acrescido dos pesos da carroçaria e equipamento, do combustível, das ferramentas e acessórios, da roda sobressalente, do extintor de incêndio e do fluido de arrefecimento, expresso em quilogramas.
TRAILER - reboque ou semirreboque tipo casa, com duas, quatro, ou seis rodas, acoplado ou adaptado à traseira de automóvel ou camionete, utilizado em geral em atividades turísticas como alojamento, ou para atividades comerciais.
TRÂNSITO - movimentação e imobilização de veículos, pessoas e animais nas vias terrestres.
TRANSPOSIÇÃO DE FAIXAS - passagem de um veículo de uma faixa demarcada para outra.
TRATOR - veículo automotor construído para realizar trabalho agrícola, de construção e pavimentação e tracionar outros veículos e equipamentos.
ULTRAPASSAGEM - movimento de passar à frente de outro veículo que se desloca no mesmo sentido, em menor velocidade e na mesma faixa de tráfego, necessitando sair e retornar à faixa de origem.
UTILITÁRIO - veículo misto caracterizado pela versatilidade do seu uso, inclusive fora de estrada.
VEÍCULO ARTICULADO - combinação de veículos acoplados, sendo um deles automotor.
VEÍCULO AUTOMOTOR - todo veículo a motor de propulsão que circule por seus próprios meios, e que serve normalmente para o transporte viário de pessoas e coisas, ou para a tração viária de veículos utilizados para o transporte de pessoas e coisas. O termo compreende os veículos conectados a uma linha elétrica e que não circulam sobre trilhos (ônibus elétrico).
VEÍCULO DE CARGA - veículo destinado ao transporte de carga, podendo transportar dois passageiros, exclusive o condutor.
VEÍCULO DE COLEÇÃO - aquele que, mesmo tendo sido fabricado há mais de trinta anos, conserva suas características originais de fabricação e possui valor histórico próprio.

- **Atualização:** VEÍCULO DE COLEÇÃO - veículo fabricado há mais de 30 (trinta) anos, original ou modificado, que possui valor histórico próprio. (Acrescido pela Lei 14.071/2020)

VEÍCULO CONJUGADO - combinação de veículos, sendo o primeiro um veículo automotor e os demais reboques ou equipamentos de trabalho agrícola, construção, terraplenagem ou pavimentação.
VEÍCULO DE GRANDE PORTE - veículo automotor destinado ao transporte de carga com peso bruto total máximo superior a dez mil quilogramas e de passageiros, superior a vinte passageiros.
VEÍCULO DE PASSAGEIROS - veículo destinado ao transporte de pessoas e suas bagagens.
VEÍCULO MISTO - veículo automotor destinado ao transporte simultâneo de carga e passageiro.
VIA - superfície por onde transitam veículos, pessoas e animais, compreendendo a pista, a calçada, o acostamento, ilha e canteiro central.
VIA DE TRÂNSITO RÁPIDO - aquela caracterizada por acessos especiais com trânsito livre, sem interseções em nível, sem acessibilidade direta aos lotes lindeiros e sem travessia de pedestres em nível.
VIA ARTERIAL - aquela caracterizada por interseções em nível, geralmente controlada por semáforo, com acessibilidade aos lotes lindeiros e às vias secundárias e locais, possibilitando o trânsito entre as regiões da cidade.
VIA COLETORA - aquela destinada a coletar e distribuir o trânsito que tenha necessidade de entrar ou sair das vias de trânsito rápido ou arteriais, possibilitando o trânsito dentro das regiões da cidade.
VIA LOCAL - aquela caracterizada por interseções em nível não semaforizadas, destinada apenas ao acesso local ou a áreas restritas.
VIA RURAL - estradas e rodovias.
VIA URBANA - ruas, avenidas, vielas ou caminhos e similares abertos à circulação pública, situados na área urbana, caracterizados principalmente por possuírem imóveis edificados ao longo de sua extensão.
VIAS E ÁREAS DE PEDESTRES - vias ou conjunto de vias destinadas à circulação prioritária de pedestres.
VIADUTO - obra de construção civil destinada a transpor uma depressão de terreno ou servir de passagem superior.

- deixamos de publicar o anexo II da norma.

ÍNDICE ALFABÉTICO-REMISSIVO DO CÓDIGO DE TRÂNSITO BRASILEIRO

– A –

AGENTE DE TRÂNSITO
- aplicação de medidas administrativas: art. 269
- prevalência das ordens de circulação e sinais de trânsito: art. 89, I

AIR BAG
- obrigatoriedade: art. 105, VII, §§ 5º e 6º

ANIMAIS
- circulação de animais isolados ou em grupos: art. 53
- transporte de animais em veículos: arts. 235 e 252, II

AUTO DE INFRAÇÃO
- comprovação: art. 280, § 2º
- expedição de notificação: art. 282
- lavratura e conteúdo: art. 280

AUTOESCOLAS
- aprendizagem, disposições: art. 158
- expedição para aprendizagem: art. 155, par. ún.
- normas ao seu credenciamento: art. 156

– B –

BAFÔMETRO
- art. 277
- realização do exame de alcoolemia: arts. 276 e 277

BICICLETAS
- acessórios obrigatórios: art. 105, VI
- ciclista desmontado: art. 68, § 1º
- circulação: arts. 58 e 59
- forma de condução: art. 255

BUZINA
- infrações de trânsito art. 227
- regras de utilização: art. 41

– C –

CÂMARAS TÉCNICAS
- art. 13

CÂMARAS TEMÁTICAS
- composição: art. 13, §§ 1º a 3º
- funcionamento: art. 8º, V, IX, X e XI

CARTEIRA NACIONAL DE HABILITAÇÃO
- cassação: art. 263
- categorias de habilitação: art. 146
- concessão: art. 148
- conferida ao condutor: art. 148, § 3º
- conteúdo: art. 159
- disposições gerais: art. 140
- emissão de nova via: art. 159, § 3º
- equivalência a documento de identidade: art. 159
- expedição: art. 19, VII
- falsificação ou adulteração: art. 234
- obrigatoriedade de seu porte: art. 159, § 1º
- prazo de validade: art. 159, § 10
- processo de habilitação: art. 141
- registro da identificação: art. 159, § 6º
- renovação da validade: art. 159, § 8º
- reprovação: art. 148, § 4º
- requisitos para habilitação nas categorias D e E: art. 145
- submissão a exames para sua obtenção: art. 147
- substituição pelo novo modelo: art. 159, § 11
- validade para condução: art. 159, § 5º

CERTIFICADO DE LICENCIAMENTO ANUAL – CLA
- competência para expedir: art. 19, VII
- formas de expedição: art. 131
- obrigatoriedade de seu porte: art. 133

CERTIFICADO DE REGISTRO DE VEÍCULO – CRV
- competência de expedição: art. 19, VII
- documentos exigidos: art. 122
- expedição; forma: art. 121
- obrigatoriedade de expedição de novo certificado: arts. 123 e 124
- pendência de débitos fiscais ou muitas: art. 128
- prazo para requerer: art. 123, §§ 1º e 2º

CICLOMOTOR
- normas para conduzir: arts. 244 e 250, I, d
- uso de capacete pelo condutor e passageiro: arts. 54, I, 55, I, e 244, I e II
- utilização pelo condutor: art. 244

CIDADÃO
- campanhas de trânsito: art. 73, par. ún.

CINTO DE SEGURANÇA
- arts. 65 e 167

CIRCULAÇÃO E CONDUTA
- abertura de portas do veículo: art. 49
- animais isolados ou em grupos: art. 53
- bicicletas: arts. 58 e 59
- ciclomotores: art. 57
- cinto de segurança: art. 65
- classificação de vias: art. 60
- condutor de motocicletas: art. 54
- conversão à esquerda ou retorno; normas: art. 37
- cruzamento: art. 45
- cuidados nos cruzamentos: art. 44
- deveres de usuários das vias terrestres: art. 26
- deveres do condutor: arts. 27 e 28
- entrada em outra via ou lotes lindeiros: art. 38, I e II
- execução de manobras: arts. 34 e 35
- frear bruscamente: art. 42
- imobilização temporária de veículo no leito viário: art. 46
- ingresso em via procedente de lote lindeiro: art. 36
- manobra de mudança de direção: art. 38, par. ún.
- normas gerais: arts. 26 a 67
- operações de retorno em vias urbanas: art. 39
- paradas, carga e descarga e estacionamentos: art. 48
- proibição de estacionamento na via: art. 47
- realização de provas ou competições: art. 67
- regulagem de velocidade: art. 43
- sinalização nas vias internas: art. 51
- transito de veiculas: art. 29
- transporte de crianças com idade inferior a 10 anos: art. 64
- transporte de passageiros de motocicletas: art. 55
- ultrapassagem: arts. 30 a 33
- uso de buzina: art. 41
- uso de faixas laterais de domínio: art. 50
- uso de luzes em veículo: art. 40
- veículos de carga: arts. 11, 11A e 12
- veículos de tração animal; normas de circulação: art. 52
- velocidades máxima e mínima: arts. 61 e 62

CONDUÇÃO DE ESCOLARES
- infrações de trânsito: arts. 230, XX, e 237
- normas de circulação: arts. 136 e 137
- requisitos do condutor: art. 138

CONDUTOR
- aplicabilidade das normas: art. 3º
- aprendiz: art. 155, par. ún.
- bêbado: arts. 276, 277 e 306
- buzina: art. 41
- condenado por delito de trânsito: art. 160
- condução de escolares: art. 138
- crimes: arts. 302 a 312
- cuidados nas manobras: art. 34
- cuidados nas operações de retorno: art. 39
- cuidados nos cruzamentos: art. 44
- deveres: art. 26
- embriagado: arts. 165, 276, 277 e 306
- evasão da fiscalização: art. 278
- formação deverá incluir curso de direção defensiva: art. 148, § 1º
- formação deverá ser realizada por instrutor devidamente autorizado: art. 155, *caput*
- impedimento para dirigir: art. 276
- infrações: arts. 161 a 255
- luzes: art. 40
- motocicleta: art. 54
- normas de circulação e conduta: arts. 26 a 67
- normas para conversão: art. 38
- procedente de lote lindeiro a uma via: art. 36
- proibição de frear bruscamente: art. 42
- proibição de ultrapassagem: arts. 32 e 33
- regulagem de velocidade: art. 43
- ultrapassagem: arts. 30 e 31

CONSELHO DE TRÂNSITO DO DISTRITO FEDERAL – CONTRANDIFE
- competência: art. 14
- membros: art. 15

CTB

CONSELHO NACIONAL DE TRÂNSITO – CONTRAN
- Câmaras Temáticas; composição: art. 13, §§ 1º a 3º
- competência: art. 12
- composição: art. 10
- normas para implementação das soluções adotadas pela Engenharia de Tráfego: art. 91
- órgão máximo normativo e consultivo; coordenador do Sistema: art. 7º, I
- presidência: art. 10
- vinculação de Câmaras Temáticas: art. 13

CONSELHOS ESTADUAIS DE TRÂNSITO – CETRAN
- competência: art. 14
- membros: art. 15
- presidência; nomeação: art. 15, *caput*

CRIMES DE TRÂNSITO
- aplicação subsidiária das normas CP e CPP: art. 291
- circunstâncias agravantes: art. 298
- competição automobilística não autorizada: art. 308
- confiar a direção do veículo a pessoa não habilitada: art. 310
- dirigir alcoolizado ou sob efeito de substância psicoativa: art. 306
- dirigir sem habilitação ou com habilitação cassada: art. 309
- disposições gerais: arts. 291 a 301
- fuga do local do acidente: art. 305
- homicídio culposo: art. 302
- induzir a erro o agente policial: art. 312
- lesão corporal culposa: art. 303
- omissão de socorro: art. 304
- tipificação: arts. 302 a 312
- trafegar em velocidade incompatível, gerando perigo de dano: art. 311
- violação de suspensão ou proibição para dirigir veículo: art. 307

CRUZAMENTO
- cuidados na aproximação: art. 44
- preferência de passagem em cruzamentos não sinalizados: arts. 29, III e 21 5, III

CURSO DE DIREÇÃO DEFENSIVA
- obrigatoriedade de oferecimento pelas empresas: art. 150, par. ún.
- obrigatoriedade na formação de condutores: art. 148, § 1º
- obrigatoriedade na renovação nos exames de habilitação: art. 150

CURSO DE RECICLAGEM
- art. 268

- D -

DOCUMENTOS
- certificado de licenciamento anual CLA (antigo CRLV): art. 131
- porte obrigatório: art. 133
- validade da CNH, apenas original: art. 159

- E -

EDUCAÇÃO NO TRÂNSITO
- CONTRAN: art. 75
- convênio entre órgãos de trânsito e de educação: art. 79
- direito de todos: art. 74
- prevenção de acidentes: art. 78
- primeiros socorros: art. 77
- promoção na pré-escola e escolas de 1º, 2º e 3º graus: art. 76

EMBRIAGUEZ
- arts. 165, 276, 277 e 306

ENGENHARIA DE TRÁFEGO
- aprovação de polo atrativo de trânsito: art. 93
- implementação de soluções: art. 91
- permissão para realização de obra ou evento: art. 95

EQUIPAMENTO
- airbag: art. 105, VII, §§ 5º e 6º

ESTACIONAMENTO DE VEÍCULOS
- art. 47
- conceito: anexo I
- normas gerais: art. 47
- penalidade: art. 181

EXAME DE APTIDÃO FÍSICA E MENTAL
- art. 147, I

EXAME DE DIREÇÃO VEICULAR
- art. 152

EXAME ESCRITO
- art. 151

- F -

FISCALIZAÇÃO DE TRÂNSITO
- arts. 22, V. e 24, VI, VIII e XII

FUGA DE BLOQUEIO POLICIAL
- arts. 210 e 278, par. ún.

- H -

HABILITAÇÃO
- atividade remunerada: art. 147, § 5º
- candidato aprovado: art. 148, § 2º
- candidato habilitado: art. 153
- cassação do documento: art. 263
- categorias: arts. 143 a 146
- concessão da Carteira Nacional de Habilitação: art. 148, §§ 3º e 4º
- dispensa de exame de capacidade física e mental: art. 148, § 5º
- exame de direção veicular: art. 152
- exames de legislação e direção veicular: art. 151
- exames requeridos: art. 147, §§ 1º a 4º
- meios de apuração: art. 140
- obtida em outro país: art. 142
- órgãos autorizados a aplicar os respectivos exames e cursos: art. 148
- processo: art. 141
- renovação de exames: art. 150
- suspensão do direito de dirigir: arts. 256, III e 265

HOMICÍDIO CULPOSO
- art. 302

- I -

INFRAÇÕES DE TRÂNSITO
- apuração na direção sob a influência de álcool ou de substância entorpecente: art. 165
- atirar do veículo ou abandonar na via objetos ou substâncias: art. 172
- atravessar a via dentro das áreas de cruzamento; exceções: art. 254, III
- avançar o sinal vermelho do semáforo ou de parada bloquear a via com veículo: art. 253
- bloqueio ou obstáculo semelhante: art. 211
- braço do lado de fora: art. 252, I
- cinto de segurança: art. 167
- classificação: art. 258
- CNH ou permissão para dirigir cassada ou com suspensão do direito de dirigir: art. 162, II
- CNH ou permissão para dirigir de categoria diferente da do veículo que esteja conduzindo: art. 162, III
- com pessoas, volumes ou animais à sua esquerda ou entre os braços e pernas: art. 252, II
- cometidas pelo pedestre: art. 254, V
- competentes a ocorrência de perda total do veículo, conceito: art. 161
- conduzir bicicleta onde não seja permitido ou de forma agressiva: art. 255
- conduzir motocicleta, motoneta ou ciclo motor em condições proibidas pelo CTB: art. 244
- conduzir o veículo em condições consideradas irregulares pelo CTB: art. 230, I a XXII
- conduzir pessoas, animais ou cargas nas partes externas do veículo: art. 235
- conduzir veículo sem os documentos de porte obrigatório: art. 232
- confeccionar, distribuir, colocar ou transitar com veículo com placas de identificação em desacordo com a regulamentação: art. 221
- confiar a direção de veículo á pessoa que não está, física ou psiquicamente, em condições de dirigir: art. 166
- cruzar pistas de rolamento nos viadutos, pontes e túneis; exceções: art. 254, II
- deixar a empresa seguradora de comunicar aos órgãos deixar de atualizar o cadastro de registro do veículo ou de habilitação do condutor: art. 241
- deixar de conduzir pelo bordo da pista de rolamento ou pelo acostamento; veículo de tração animal: art. 247
- deixar de conservar o veículo na faixa a ele destinada: art. 185, I
- deixar de dar passagem a pedestre ou veículo não motorizado: art. 214
- deixar de dar passagem ou seguir veículos especiais, devidamente identificados com alarme sonoro e iluminação: arts. 189 e 190
- deixar de dar passagem pela esquerda, quando solicitado: art. 198
- deixar de dar preferência de passagem: art. 215
- deixar de deslocar o veículo, com antecedência, para faixa adequada, quando for manobrar para um dos lados: art. 197
- deixar de guardar distância lateral de um metro e meio ao ultrapassar bicicleta: art. 201

- deixar de guardar distâncias seguras, lateral e frontal, em relação aos demais veículos e ao bordo da pista: art. 192
- deixar de indicar com antecedência, com gesto de braço ou luz, qualquer alteração de movimento do veículo art. 196
- deixar de manter acesas as luzes de posição: art. 249
- deixar de manter as luzes indicadas pelo CTB: art. 250
- deixar de manter ligado o sistema de iluminação vermelha intermitente dos veículos de polícia e assemelhados: art. 222
- deixar de parar o veículo antes de transpor linha férrea: art. 212
- deixar de parar o veículo no acostamento, antes de cruzar a pista: art. 204
- deixar de parar o veículo sempre que a marcha for interceptada por agrupamento de pessoas ou veículos: art. 213
- deixar de prestar socorro á vítima de acidente de trânsito quando solicitado por autoridades: art. 177
- deixar de promover a baixa de registro de veículo irrecuperável ou desmontado; pena: art. 240
- deixar de reduzir velocidade de forma compatível com a segurança: art. 220
- deixar de registrar o veículo no prazo legal: art. 233
- deixar de remover o veículo, para segurança e fluidez do trânsito, em caso de acidente sem vítima: art. 178
- deixar de retirar da via objetos utilizados para sua sinalização temporária: art. 226
- deixar de se conduzir conforme indicado no CTB, em caso de acidente com vítima: art. 176
- deixar de sinalizar a via, de forma a prevenir os demais condutores: art. 225
- deixar de sinalizar obstáculos à circulação de veículos e pedestres ou obstaculizar a via indevidamente: art. 246
- deixar o condutor ou o passageiro de usar cinto de segurança: art. 167
- desobedecer á sinalização de trânsito específica: art. 254, VI
- desobedecer as ordens da autoridade de trânsito: art. 195
- devolvendo placas e documentos: art. 243
- dirigir ameaçando os pedestres ou os demais veículos: art. 170
- dirigir sem atenção ou sem os cuidados de segurança: art. 169
- dirigir veículo com apenas uma das mãos: art. 252, V
- disposições gerais: art. 161
- disputar corrida por espírito de emulação: art. 173
- embriagado: art. 165
- entrar e sair de áreas lindeiras sem as devidas precauções: art. 216
- entrar e sair de fila de veículos estacionados sem dar preferência a pedestres e outros veículos: art. 217
- entregar a direção do veículo a pessoas não habilitadas ou permitir que estas tomem posse do veículo e passem a conduzi-lo: arts. 163 e 164
- estacionar o veículo em condições proibidas: art. 181
- exceção de conduzir sob a influência de álcool ou substância psicoativa: art. 165
- executar operação de retorno em condições e locais proibidos pelo CTB: art. 206
- executar operações de conversão em locais proibidos pela sinalização: art. 207
- facho de luz alta dos faróis em vias providas de iluminação pública: art. 224
- falsificar ou adulterar documento de habilitação e de identificação do veículo: art. 234
- fazer falsa declaração de domicílio para fins de registro, licenciamento ou habilitação: art. 242
- forçar passagem em situação perigosa: art. 191
- incapacidade física ou mental temporária: art. 252, III
- número de pontos computados para cada uma: art. 259
- obrigatória: art. 208
- pena: art. 192
- penalidades aplicáveis: arts. 256 e 257
- permanecer ou andar nas pistas de rolamento: art. 254, II
- pontuação: art. 259
- proibições ao pedestre: art. 254
- promover, na via, competição desportiva e assemelha dos, sem a competente autorização: art. 174
- quando estiver parado: art. 249
- rebocar outro veículo com cabo flexível ou corda: art. 136
- recusar-se a entregar à autoridade de trânsito documentos de habilitação e do veículo para averiguação: art. 238
- reparo do veículo em via pública: art. 179
- retirar do local veículo detido para regularização: art. 239
- seguir veículo em serviço de urgência: art. 190
- sem possuir CNH: art. 162, I
- sem usar lentes corretoras de visão, aparelho auxiliar de audição, prótese física ou adaptações de veículo legalmente impostas: art. 162, VI
- ter o veículo imobilizado na via, por falta de combustível: art. 180
- transitar ao lado de outro veículo, interrompendo ou perturbando o trânsito: art. 188
- transitar com o farol desregulado ou com o facho de luz alto de forma a perturbar a visão do outro condutor: art. 223
- transitar com o veículo em calçadas, jardins e assemelhados: art. 193
- transitar com o veículo na faixa ou pista de circulação exclusiva de determinado veículo: art. 184
- transitar com o veículo provocando danos: art. 231
- transitar com o veículo sem inscrição e simbologia exigidas em lei: art. 237
- transitar em locais e horários não permitidos em lei: art. 187
- transitar em marcha à ré; exceções: art. 194
- transitar em velocidade inferior à metade da máxima permitida: art. 219
- transitar em velocidade superior à máxima permitida, em locais e condições estabelecidas pelo CTB: art. 218
- transitar pela contramão de direção: art. 186
- transpor bloqueio viário, inclusive policial, ou desviar o veículo para evitar pesagem ou pedágio: arts. 209 e 210
- transportar carga excedente em veículos destinados a passageiros: art. 248
- transportar crianças em veículo automotor sem observância das normas legais de segurança: art. 168
- ultrapassar outro veículo pela contramão: art. 203
- ultrapassar outro veículo pelo acostamento ou interseções ou passagens de nível: art. 202
- ultrapassar pela direita: arts. 199 e 200
- ultrapassar veículos em fila devida a semáforo, cancela,
- ultrapassar veículos que integrem cortejos e assemelhados; exceções: art. 205
- usando calçados que comprometam a utilização dos pedais: art. 252, IV
- usar a buzina em locais e situações proibidas pelo CTB: art. 227
- usar no veículo aparelho de alarme que perturbe o sossego público: art. 229
- usar no veículo equipamento com som em volume ou frequência não autorizados por lei: art. 228
- usar o veículo para arremessar água ou detritos sobre os pedestres ou demais veículos: art. 171
- utilizando fones nos ouvidos: art. 252, VI
- utilizar a via para depósito de materiais e assemelhados, sem prévia autorização do órgão competente: art. 245
- utilizar o pisca alerta e as luzes baixa e alta, de forma intermitente: art. 251
- utilizar o veículo para efetuar manobra perigosa e assemelhados, em via pública: art. 175
- utilizar-se das vias em agrupamentos que perturbem o trânsito: exceções: art. 254, IV
- validade da CNH vencida há mais de trinta dias: art. 162, V
- veículo em condições e locais proibidos pelo CTB: art. 182
- veículo sobre a faixa de pedestres: art. 183

IMOBILIZAÇÃO DE EMERGÊNCIA
- arts. 46, 179, 180 e 225, I

INSPEÇÃO VEICULAR
- arts. 104, 131, § 3º, e 230, VIII e XVIII

- J -

JULGAMENTO DAS AUTUAÇÕES
- aplicação das penalidades: arts. 281 a 290
- recursos: arts. 285 a 290

JUNTAS ADMINISTRATIVAS DE RECURSOS DE INFRAÇÕES – JARIS
- competência: art. 17
- organização: art. 16

- L -

LESÃO CORPORAL CULPOSA
- art. 303

LICENCIAMENTO
- arts. 130 a 135
- veículo artesanal: art. 106
- veículo de propulsão humana, ciclomotores e veículos de tração animal: arts. 24, XVIII e 129

LOMBADA
- art. 94, par. ún.

LUZES DE FAROL
- baixas e altas: art. 251, II
- desreguladas ou ofuscando outro condutor: art. 223
- normas de uso: art. 40
- pisca alerta: art. 252, I
- posição: art. 249

- M -

MEDIDAS ADMINISTRATIVAS
- adoção: arts. 269 a 279
- competência para aplicação: art. 269
- recolhimento da Carteira Nacional de Habilitação: art. 272
- recolhimento do Certificado de Licenciamento Anual: art. 274
- recolhimento do Certificado de Registro: art. 273
- remoção do veículo: art. 271
- retenção do veículo: art. 270
- transbordo de carga: art. 275

MOTOBOY
- regulamento: art. 8º da Lei nº 12.009, de 2009

MOTOCICLETA
- condutor de motocicletas; normas de: art. 54
- transporte de passageiros de motocicletas: art. 55
- uso de capacete pelo condutor e passageiro: arts. 54, I, 55, I, e 244, I e II

MOTOFRETE
- autorização: arts. 139-A e 139-B
- regulamento: art. 8º da Lei nº 12.009, de 2972009

MOTONETA
- uso de capacete pelo condutor e passageiro: arts. 54, I, 55, I, e 244, I e II

MUDANÇA DE SINAL
- arts. 45 e 183

MULTAS
- aplicação da receita arrecadada: art. 320
- classificação das infrações punidas com multa: art. 258
- correção monetária do valor: art. 258, § Iº
- imposição e arrecadação: art. 260
- notificação e arrecadação: art. 260, §§ 1º, 2º e 4º
- pagamento das: art. 284
- recurso sem o recolhimento do seu valor: art. 286
- recurso: art. 285
- reparatória: art. 297
- responsabilidade pelo pagamento: art. 282
- valor em caso de infração com agravantes: art. 258, § 2º
- vinculadas ao veículo: art. 128

MUNICIPALIZAÇÃO DO TRÂNSITO – INTEGRAÇÃO DOS ÓRGÃOS MUNICIPAIS
- art. 24

- N -

NORMAS GERAIS DE CIRCULAÇÃO E CONDUTA
- arts. 26 e 27

NOTIFICAÇÃO
- autuação: art. 281, par. ún., 11
- encaminhamento: art. 282, § 311
- infrações cometidas por veículos de representação diplomática e consulares: art. 282, § 2º
- notificação da autuação: arts. 280, VI, e 281, par. ún., II
- notificação devolvida por desatualização do endereço: art. 282, § 1º
- penalidade: art. 282

- O -

OBSTRUÇÃO DO TRÂNSITO
- arts. 26, 11, 172 e 245

OMISSÃO DE SOCORRO
- causa de aumento de pena na lesão corporal culposa: art. 303, par. ún., elc art. 302, par. ún. III
- causa de aumento de pena no homicídio culposo: art. 302, par. ún., III
- condutor envolvido no acidente: art. 176, I
- condutor quando solicitado pela autoridade e seus agentes: art. 177
- crime em espécie: art. 304

OPERAÇÃO DE CARGA E DESCARGA
- conceito: art. 47, par. ún., e anexo I
- posição: art. 48

- P -

PEDESTRE
- assegurada a utilização dos passeios: art. 68
- circulação; normas: art. 68, §§ 20. a 511.
- circunstância aqravante-crirne em faixa de pedestre: art. 298, VII
- equiparação ao ciclista desmontado: art. 68, § 1º
- faixas: art. 71
- precauções ao cruzar a pista de rolamento: art. 69
- prioridade de passagem nas travessias: art. 70
- proibições; pena: art. 254
- utilização de passeios e passagens apropriados: art. 68, *caput* §§ 2º a 6º

PELÍCULA AUTOADESIVA
- arts. 111, III e 230, XVI

PENALIDADES
- advertência por escrito: art. 267
- aplicação cumulativa: art. 266
- aplicação não elide punições originárias de ilícito penal: art. 256, § 1º
- cadastramento no RENACH: art. 290
- cassação do documento de habilitação: art. 263
- competência para aplicação: art. 256, *caput*
- comunicação de sua aplicação aos órgãos responsáveis: art. 256, § 3º
- disposições: arts. 256 a 268
- evasão da fiscalização: art. 278
- expedição de notificação: art. 282
- falta de identificação do infrator: art. 257, §§ 7º e 8º
- infrator; curso de reciclagem: art. 268
- infrator pessoa jurídica: art. 257, § 9º
- multa: arts. 258 e 260
- responsabilidade do condutor: art. 257, § 3º
- responsabilidade do embarcador: art. 257, § 4º
- responsabilidade do proprietário: art. 257, § 2º
- responsabilidade do transportador: art. 257, § 5º
- responsabilidade solidária: art. 257, § 1º
- responsabilidade solidária do transportador e do em
- barcador: art. 257, § 6º
- sujeito passivo: art. 257
- suspensão do direito de dirigir; reciclagem: art. 261, § 2º
- tipos: art. 256, I a VII

PERMISSÃO PARA DIRIGIR
- competência para expedição: art. 19, VII
- concessão: art. 148, § 2º
- obrigatoriedade de seu porte: art. 159, § 1º

PLACAS DE IDENTIFICAÇÃO
- cores verde e amarela da Bandeira Nacional: art. 115, § 2º
- gravação dos caracteres nos vidros dos veículos: art. 114
- infrações de trânsito: arts. 221 e 230, I, IV e VI
- placa de experiência: art. 330
- regras gerais: arts. 115 e 221
- utilização de placas particulares por veículos oficiais: art. 116
- veículos de representação: art. 115, § 3º

PNATRANS
- Plano Nacional de Redução de Mortes e Lesões no Trânsito: art. 326-A

POLÍCIA RODOVIÁRIA FEDERAL
- art. 20

POLÍCIAS MILITARES DOS ESTADOS E DO DISTRITO FEDERAL
- art. 23, III

PRAIAS
- art. 2º, par. ún.

PREVENÇÃO E REPRESSÃO AO CONTRABANDO, AO DESCAMINHO E À RECEPTAÇÃO
- art. 278-A

PROCESSO ADMINISTRATIVO
- autuação: art. 280
- julgamento das autuações: arts. 281 a 290

PRODUTOS PERIGOSOS
- curso para transporte de produtos perigosos: art. 145, IV

PROVAS OU COMPETIÇÕES DESPORTIVAS
- aberta à circulação. art. 67
- realização em via: art. 174

PUBLICIDADE
- afixação ao longo das vias: art. 83

- proibição; comprometimento da segurança do trânsito: art. 81
- veiculação; mensagem educativa de trânsito: arts. 77-B a 77-E

- R -

RECURSOS
- contra decisões da JARI: art. 288
- contra penalidade aplicada: art. 285
- encerramento da instância administrativa: art. 14
- prazo para apreciação em primeira instância: art. 285
- prazo para apreciação em segunda instância: art. 289
- sem o recolhimento do valor da multa: art. 286

REGISTRO DE VEÍCULOS
- competência: art. 19, VII
- disposições: arts. 120 a 129
- documentos exigidos: art. 122
- forma: art. 121
- licenciamento; propulsão humana, ciclomotores e de tração animal: art. 129
- obrigatoriedade de expedição de novo certificado: arts. 123 e 124
- trânsito de veículos novos, antes do registro: art. 132

REGISTRO NACIONAL DE CARTEIRAS DE HABILITAÇÃO – RENACH
- art. 19, VIII

REGISTRO NACIONAL DE VEÍCULOS AUTOMOTORES – RENAVAM
- comunicação de baixa do registro: art. 127, par. ún.
- encaminhamento de informações sobre as características dos veículos: art. 125
- organização e manutenção: art. 19, IX

RESOLUÇÕES DO CONTRAN
- Infrações cometidas em relação a elas: art. 161, par. un.
- prazo para expedição de novas e revisão das anteriores ao CTB: art. 314

RODÍZIO DE VEÍCULOS
- art. 187, I

RODOVIAS E ESTRADAS FEDERAIS
- art. 20

- S -

SEGURADORAS
- art. 243

SEGURANÇA
- Política de: art. 326-A

SEGURO
- apólice: art. 12, § 3º
- cobertura: art. 30.
- seguradoras: art. 243

SEMANA NACIONAL DE TRÂNSITO
- art. 326

SERVIDOR PÚBLICO
- art. 95, § 4º

SINALIZAÇÃO DE TRÂNSITO
- classificação dos sinais de trânsito: art. 87
- disposições: arts. 80 a 90
- hipóteses e condições em que é cabível a sinalização de
- obrigatoriedade em obras ou eventos que perturbem ou interrompam o tráfego: art. 95
- obrigatoriedade em todas as vias pavimentadas abertas
- ordem de prevalência: art. 89
- proibição de lhes afixar qualquer tipo de publicidade: art. 82
- sinalização de obstáculos: art. 94
- trânsito: art. 80
- trânsito: art. 88

SISTEMA NACIONAL DE TRÂNSITO
- campanhas educativas; obrigatoriedade dos órgãos: art. 75
- composição e competência: arts. 7º a 25
- definição: art. 5º
- designação pelo órgão de coordenação: art. 9º
- direito de todo cidadão de solicitar sinalização: art. 72
- objetivos: art. 6º
- obrigatoriedade da coordenação educacional para o trânsito: art. 74, § 1º
- obrigatoriedade de assegurar o trânsito em condições seguras: art. 1º, § 2º
- organização dos órgãos executivos de trânsito; Estados, Distrito federal, Municípios: art. 8º
- órgão máximo executivo de trânsito da União: art. 19
- órgãos e entidades integrantes: art. 1º, § 5º
- órgãos executivos de trânsito nos Estados e Distrito federal: art. 22
- órgãos executivos rodoviários; União, Estados, Distrito Federal e Municípios: art. 21
- órgãos executivos; possibilidade de celebração de convênios para delegação de atividades: art. 25
- responsabilidade objetiva dos órgãos integrantes do Sistema: art. 1º, § 3º
- dever de análise das solicitações pelos órgãos integrantes do Sistema: art. 73
- órgãos executivos de trânsito nos Municípios: art. 24

- T -

TRANSFERÊNCIA
- expedição de novo CRV: art. 123, I
- infração; penalidade: art. 233
- propriedade de veículo: art. 134

TRÂNSITO
- campanhas educativas: arts. 75 a 77-B
- definição: art. 1º, § 1º
- deveres do usuário das vias terrestres: art. 26
- direito à educação para o trânsito: art. 74
- disposições finais e transitórias do CTB: art. 230, XIII
- disposições preliminares do CTB: arts. 313 a 341
- escolas públicas de trânsito: art. 74, § 2º
- garantia de condições seguras: art. 1º, § 2º
- normas aplicáveis ao transito de veículos nas vias terrestres: art. 29
- normas gerais de circulação e conduta: arts. 26 e 67
- permitido somente aos veicules que apresentarem requisitos de segurança: art. 103
- sinalização: art. 80
- vias terrestres: art. 1º, *caput*

TRANSPORTE
- de crianças em automóveis: arts. 64 e 168
- de crianças em motocicletas, motonetas e ciclomotores: art. 244, V
- escolares: arts. 136 a 139
- passageiros em veículo de carga: arts. 108 e 230, II

TRATORES
- habilitação dos condutores: art. 144
- identificação: art. 115, § 4º

- U -

ULTRAPASSAGEM
- arts. 29 a 31

- V -

VEÍCULOS
- acessórios contra roubo: art. 229
- alarme sonoro: art. 229
- alteração de características para competição: art. 110
- alteração de características: arts. 98, 106 e 230, VII
- aluguel: art. 107
- aplicabilidade das normas: art. 3º
- área envidraça: art. 111
- bloqueando a via: art. 253
- circulação internacional: arts. 118 e 119
- classificação: art. 96
- condução com habilitação suspensa: arts. 162, II e 307
- condução com qualquer elemento de identificação violado ou falsificado: art. 230, I
- condução em mau estado de conservação: art. 230, XVIII
- condução sem habilitação ou cassada: arts. 162, I e II e 309
- condução sob a influência de álcool ou substância psicoativa: arts. 165 e 306
- controle de emissão de poluentes: art. 104
- destinados à formação de condutores: art. 154
- domínio: art. 28
- equipamentos obrigatórios: art. 105
- excesso de peso; aferição e limites: art. 99, §§ 1º e 2º
- identificação: arts. 114 a 117
- imobilização temporária de emergência: art. 46
- Informações sobre chassi: art. 125
- inspeção obrigatória e periódica: art. 104
- irrecuperável ou definitivamente desmontado: arts. 126 e 240
- limitações de uso das áreas envidraçadas: art. 111
- luzes, normas ao seu uso: art. 40
- modificação de características de fábrica: art. 98
- modificação ou fabricação artesanal: art. 106

▸ normas de circulação: art. 29
▸ normas de uso da buzina: art. 41
▸ obrigatoriedade do uso de farol para transporte coletivo: art. 40, par. ún.
▸ oficiais em serviço reservado de caráter pessoal: art. 116
▸ permissão para transitar aos veículos cujo peso e dimensões atenderem ao estabelecido: art. 99
▸ peso acima do estabelecido: art. 101
▸ peso: art. 100
▸ placas: art. 115
▸ precedidos de batedores; prioridade: art. 29, VI
▸ preferência de passagem em locais não sinalizados: art. 29, III
▸ registro de: arts. 120 a 129
▸ regulagem da velocidade: art. 43
▸ responsabilidade por danos: art. 113
▸ retenção dos reprovados na inspeção de segurança e emissão de gases: art. 104, § 5º
▸ segurança: arts. 103 a 113
▸ tração animal: art. 52
▸ transitando com veículo em desacordo com as especificações: art. 237
▸ transitar com veículo danificando a via: art. 231
▸ trânsito permitido somente aos que atenderem aos requisitos de segurança: art. 103
▸ transporte coletivo e de carga: art. 117
▸ transporte de carga: art. 102
▸ transporte de crianças no banco traseiro: art. 64
▸ ultrapassagem de transporte coletivo: art. 30
▸ ultrapassagem: arts. 29, XI, 30, 32 e 33
▸ uso de luzes: art. 40
▸ velocidade máxima e mínima: arts. 61, 62, 218 e 219
▸ verificação das condições de funcionamento: art. 27

VELOCIDADE

▸ fiscalização eletrônica: art. 280, § 2º
▸ infrações de trânsito: arts. 218 a 220
▸ limite máximo, em local não sinalizado: art. 61
▸ limite mínimo: art. 62
▸ regras para regular a velocidade: art. 43

VIAS

▸ acostamento: art. 37
▸ arterial: art. 60, I, b
▸ bloqueada com o veículo: art. 253
▸ classificação: art. 60
▸ coletora: art. 60, I, c
▸ estradas: art. 60, li, b
▸ internas: art. 22, par. ún.
▸ local: art. 60, I, d
▸ praias abertas à circulação pública: art. 2º, par. ún.
▸ pública: arts. 81 e 83
▸ regras para paradas: arts. 47, par. ún., e 48
▸ rodovias: art. 60, II, a
▸ rural: art. 60, II
▸ terrestre; deveres dos usuários: art. 26
▸ terrestres abertas à circulação: art. 29
▸ terrestres; conceito: art. 211
▸ trânsito rápido: art. 60, I, a
▸ urbana: art. 60, I
▸ usuários: art. 26

CÓDIGO FLORESTAL

ÍNDICE SISTEMÁTICO DO CÓDIGO FLORESTAL

Capítulo I – Disposições Gerais .... arts. 1º a 3º

Capítulo II – Das Áreas de Preservação Permanente .... arts. 4º a 9º

Seção I – Da Delimitação das Áreas de Preservação Permanente .... arts. 4º a 6º

Seção II – Do Regime de Proteção das Áreas de Preservação Permanente .... arts. 7º a 9º

Capítulo III – Das Áreas de Uso Restrito .... arts. 10 e 11

Capítulo III-A – Do Uso Ecologicamente Sustentável dos Apicuns e Salgados .... art. 11-A

Capítulo IV – Da Área de Reserva Legal .... arts. 12 a 25

Seção I – Da Delimitação da Área de Reserva Legal .... arts. 12 a 16

Seção II – Do Regime de Proteção da Reserva Legal .... arts. 17 a 24

Seção III – Do Regime de Proteção das Áreas Verdes Urbanas .... art. 25

Capítulo V – Da Supressão de Vegetação para Uso Alternativo do Solo .... arts. 26 a 28

Capítulo VI – Do Cadastro Ambiental Rural .... arts. 29 e 30

Capítulo VII – Da Exploração Florestal .... arts. 31 a 34

Capítulo VIII – Do Controle da Origem dos Produtos Florestais .... arts. 35 a 37

Capítulo IX – Da Proibição do Uso De Fogo e do Controle dos Incêndios .... arts. 38 a 40

Capítulo X – Do Programa de Apoio e Incentivo à Preservação e Recuperação do Meio Ambiente .... arts. 41 a 50

Capítulo XI – Do Controle do Desmatamento .... art. 51

Capítulo XII – Da Agricultura Familiar .... arts. 52 a 58

Capítulo XIII – Disposições Transitórias .... arts. 59 a 68

Seção I – Disposições Gerais .... arts. 59 e 60

Seção II – Das Áreas Consolidadas em Áreas de Preservação Permanente .... arts. 61 a 65

Seção III – Das Áreas Consolidadas em Áreas de Reserva Legal .... arts. 66 a 68

Capítulo XIV – Disposições Complementares e Finais .... arts. 69 a 84

LEI N. 12.651, DE 25 DE MAIO DE 2012

Dispõe sobre a proteção da vegetação nativa; altera as Leis n. 6.938, de 31 de agosto de 1981, 9.393, de 19 de dezembro de 1996, e 11.428, de 22 de dezembro de 2006; revoga as Leis n. 4.771, de 15 de setembro de 1965, e 7.754, de 14 de abril de 1989, e a Medida Provisória n. 2.166-67, de 24 de agosto de 2001; e dá outras providências.

- *DOU*, 28.05.2012.
- Lei 12.854/2013 (Fomenta e incentiva ações que promovam a recuperação florestal e a implantação de sistemas agroflorestais em áreas rurais desapropriadas e em áreas degradadas, nos casos que especifica).
- Decreto 7.830/2012 (Dispõe sobre o Sistema de Cadastro Ambiental Rural, o Cadastro Ambiental Rural, estabelece normas de caráter geral aos Programas de Regularização Ambiental, de que trata a Lei 12.651/2012).
- Dec. 8.235/2014 (Estabelece normas gerais complementares aos Programas de Regularização Ambiental dos Estados e do Distrito Federal, de que trata este decreto, institui o Programa Mais Ambiente Brasil.)
- Dec. 8.576/2015 (Institui a Comissão Nacional para Redução das Emissões de Gases de Efeito Estufa Provenientes do Desmatamento e da Degradação Florestal, Conservação dos Estoques de Carbono Florestal, Manejo Sustentável de Florestas e Aumento de Estoques de Carbono Florestal - REDD+).
- Dec. 8.914/2016 (Institui o Centro Integrado Multiagências de Coordenação Operacional Nacional - Ciman).
- Dec. 8.972/2017 (Institui a Política Nacional de Recuperação da Vegetação Nativa).

A Presidenta da República. Faço saber que o Congresso Nacional decreta e eu sanciono a seguinte Lei:

CAPÍTULO I
DISPOSIÇÕES GERAIS

Art. 1º (Vetado.)

Art. 1º-A. Esta Lei estabelece normas gerais sobre a proteção da vegetação, áreas de Preservação Permanente e as áreas de Reserva Legal; a exploração florestal, o suprimento de matéria-prima florestal, o controle da origem dos produtos florestais e o controle e prevenção dos incêndios florestais, e prevê instrumentos econômicos e financeiros para o alcance de seus objetivos. (Alterado pela Lei 12.727/2012.)

Parágrafo único. Tendo como objetivo o desenvolvimento sustentável, esta Lei atenderá aos seguintes princípios: (Alterado pela Lei 12.727/2012.)

- Dec. 8.892/2016 (Cria a Comissão Nacional para os Objetivos de Desenvolvimento Sustentável).

I - afirmação do compromisso soberano do Brasil com a preservação das suas florestas e demais formas de vegetação nativa, bem como da biodiversidade, do solo, dos recursos hídricos e da integridade do sistema climático, para o bem estar das gerações presentes e futuras; (Acrescentado pela Lei 12.727/2012.)

II - reafirmação da importância da função estratégica da atividade agropecuária e do papel das florestas e demais formas de vegetação nativa na sustentabilidade, no crescimento econômico, na melhoria da qualidade de vida da população brasileira e na presença do País nos mercados nacional e internacional de alimentos e bioenergia; (Acrescentado pela Lei 12.727/2012.)

III - ação governamental de proteção e uso sustentável de florestas, consagrando o compromisso do País com a compatibilização e harmonização entre o uso produtivo da terra e a preservação da água, do solo e da vegetação; (Acrescentado pela Lei 12.727/2012.)

IV - responsabilidade comum da União, Estados, Distrito Federal e Municípios, em colaboração com a sociedade civil, na criação de políticas para a preservação e restauração da vegetação nativa e de suas funções ecológicas e sociais nas áreas urbanas e rurais; (Acrescentado pela Lei 12.727/2012.)

V - fomento à pesquisa científica e tecnológica na busca da inovação para o uso sustentável do solo e da água, a recuperação e a preservação das florestas e demais formas de vegetação nativa; (Acrescentado pela Lei 12.727/2012.)

VI - criação e mobilização de incentivos econômicos para fomentar a preservação e a recuperação da vegetação nativa e para promover o desenvolvimento de atividades produtivas sustentáveis. (Acrescentado pela Lei 12.727/2012.)

Art. 2º As florestas existentes no território nacional e as demais formas de vegetação nativa, reconhecidas de utilidade às terras que revestem, são bens de interesse comum a todos os habitantes do País, exercendo-se os direitos de propriedade com as limitações que a legislação em geral e especialmente esta Lei estabelecem.

§ 1º Na utilização e exploração da vegetação, as ações ou omissões contrárias às disposições desta Lei são consideradas uso irregular da propriedade, aplicando-se o procedimento sumário previsto no inciso II do art. 275 da Lei n. 5.869, de 11 de janeiro de 1973 - Código de Processo Civil, sem prejuízo da responsabilidade civil, nos termos do § 1º do art. 14 da Lei n. 6.938, de 31 de agosto de 1981, e das sanções administrativas, civis e penais.

- Refere-se ao CPC/1973.

§ 2º As obrigações previstas nesta Lei têm natureza real e são transmitidas ao sucessor, de qualquer natureza, no caso de transferência de domínio ou posse do imóvel rural.

Art. 3º Para os efeitos desta Lei, entende-se por:

I - Amazônia Legal: os Estados do Acre, Pará, Amazonas, Roraima, Rondônia, Amapá e Mato Grosso e as regiões situadas ao norte do paralelo 13º S, dos Estados de Tocantins e Goiás, e ao oeste do meridiano de 44º W, do Estado do Maranhão;

II - Área de Preservação Permanente - APP: área protegida, coberta ou não por vegetação nativa, com a função ambiental de preservar os recursos hídricos, a paisagem, a estabilidade geológica e a biodiversidade, facilitar o fluxo gênico de fauna e flora, proteger o solo e assegurar o bem-estar das populações humanas;

III - Reserva Legal: área localizada no interior de uma propriedade ou posse rural, delimitada nos termos do art. 12, com a função de assegurar o uso econômico de modo sustentável dos recursos naturais do imóvel rural, auxiliar a conservação e a reabilitação dos processos ecológicos e promover a conservação da biodiversidade, bem como o abrigo e a proteção de fauna silvestre e da flora nativa;

IV - área rural consolidada: área de imóvel rural com ocupação antrópica preexistente a 22 de julho de 2008, com edificações, benfeitorias ou atividades agrossilvipastoris, admitida, neste último caso, a adoção do regime de pousio;

V - pequena propriedade ou posse rural familiar: aquela explorada mediante o trabalho pessoal do agricultor familiar e empreendedor familiar rural, incluindo os assentamentos e projetos de reforma agrária, e que atenda ao disposto no art. 3º da Lei n. 11.326, de 24 de julho de 2006;

VI - uso alternativo do solo: substituição de vegetação nativa e formações sucessoras por outras coberturas do solo, como atividades agropecuárias, industriais, de geração e transmissão de energia, de mineração e de transporte, assentamentos urbanos ou outras formas de ocupação humana;

VII - manejo sustentável: administração da vegetação natural para a obtenção de benefícios econômicos, sociais e ambientais, respeitando-se os mecanismos de sustentação do ecossistema objeto do manejo e considerando-se, cumulativa ou alternativamente, a utilização de múltiplas espécies madeireiras ou não, de múltiplos produtos e subprodutos da flora, bem como a utilização de outros bens e serviços;

VIII - utilidade pública:

a) as atividades de segurança nacional e proteção sanitária;

b) as obras de infraestrutura destinadas às concessões e aos serviços públicos de transporte, sistema viário, inclusive aquele necessário aos parcelamentos de solo urbano aprovados pelos Municípios, saneamento, gestão de resíduos, energia, telecomunicações, radiodifusão, instalações necessárias à realização de competições esportivas estaduais, nacionais ou internacionais, bem como mineração, exceto, neste último caso, a extração de areia, argila, saibro e cascalho;

- ADC 42/2016, ADIN Nº 4.903/2013 e ADIN Nº 4.937/2013: o STF, em controle concentrado, declarou a inconstitucionalidade das expressões sublinhadas.

c) atividades e obras de defesa civil;

d) atividades que comprovadamente proporcionem melhorias na proteção das funções ambientais referidas no inciso II deste artigo;

e) outras atividades similares devidamente caracterizadas e motivadas em procedimento administrativo próprio, quando inexistir alternativa técnica e locacional ao empreendimento proposto, definidas em ato do Chefe do Poder Executivo federal;

IX - interesse social:

a) as atividades imprescindíveis à proteção da integridade da vegetação nativa, tais como prevenção, combate e controle do fogo, controle da erosão, erradicação de invasoras e proteção de plantios com espécies nativas;

b) a exploração agroflorestal sustentável praticada na pequena propriedade ou posse rural familiar ou por povos e comunidades tradicionais, desde que não descaracterize a cobertura vegetal existente e não prejudique a função ambiental da área;

- Lei 12.854/2013 (Fomenta e incentiva ações que promovam a recuperação florestal e a implantação de sistemas agroflorestais em áreas rurais desapropriadas e em áreas degradadas, nos casos que especifica).

c) a implantação de infraestrutura pública destinada a esportes, lazer e atividades educacionais e culturais ao ar livre em áreas urbanas e rurais consolidadas, observadas as condições estabelecidas nesta Lei;

d) a regularização fundiária de assentamentos humanos ocupados predominantemente por população de baixa renda em áreas urbanas consolidadas, observadas as condições estabelecidas na Lei n. 11.977, de 7 de julho de 2009;

e) implantação de instalações necessárias à captação e condução de água e de efluentes tratados para projetos cujos recursos hídricos são partes integrantes e essenciais da atividade;

f) as atividades de pesquisa e extração de areia, argila, saibro e cascalho, outorgadas pela autoridade competente;

g) outras atividades similares devidamente caracterizadas e motivadas em procedimento administrativo próprio, quando inexistir alternativa técnica e locacional à atividade proposta, definidas em ato do Chefe do Poder Executivo federal;

X - atividades eventuais ou de baixo impacto ambiental:

a) abertura de pequenas vias de acesso interno e suas pontes e pontilhões, quando necessárias à travessia de um curso d'água, ao acesso de pessoas e animais para a obtenção de água ou à retirada de produtos oriundos das atividades de manejo agroflorestal sustentável;

b) implantação de instalações necessárias à captação e condução de água e efluentes tratados, desde que comprovada a outorga do direito de uso da água, quando couber;

c) implantação de trilhas para o desenvolvimento do ecoturismo;

d) construção de rampa de lançamento de barcos e pequeno ancoradouro;

e) construção de moradia de agricultores familiares, remanescentes de comunidades quilombolas e outras populações extrativistas e tradicionais em áreas rurais, onde o abastecimento de água se dê pelo esforço próprio dos moradores;

f) construção e manutenção de cercas na propriedade;

g) pesquisa científica relativa a recursos ambientais, respeitados outros requisitos previstos na legislação aplicável;

h) coleta de produtos não madeireiros para fins de subsistência e produção de mudas, como sementes, castanhas e frutos, respeitada a legislação específica de acesso a recursos genéticos;

i) plantio de espécies nativas produtoras de frutos, sementes, castanhas e outros produtos vegetais, desde que não implique supressão da vegetação existente nem prejudique a função ambiental da área;

j) exploração agroflorestal e manejo florestal sustentável, comunitário e familiar, incluindo a extração de produtos florestais não madeireiros, desde que não descaracterizem a cobertura vegetal nativa existente nem prejudiquem a função ambiental da área;

- Lei 12.854/2013 (Fomenta e incentiva ações que promovam a recuperação florestal e a implantação de sistemas agroflorestais em áreas rurais desapropriadas e em áreas degradadas, nos casos que especifica).

k) outras ações ou atividades similares, reconhecidas como eventuais e de baixo impacto ambiental em ato do Conselho Nacional do Meio Ambiente - CONAMA ou dos Conselhos Estaduais de Meio Ambiente;

XI - (Vetado.);

XII - vereda: fitofisionomia de savana, encontrada em solos hidromórficos, usualmente com a palmeira arbórea Mauritia flexuosa - buriti emergente, sem formar dossel, em meio a agrupamentos de espécies arbustivo-herbáceas; (Alterado pela Lei 12.727/2012.)

XIII - manguezal: ecossistema litorâneo que ocorre em terrenos baixos, sujeitos à ação das marés, formado por vasas lodosas recentes ou arenosas, às quais se associa, predominantemente, a vegetação natural conhecida como mangue, com influência fluviomarinha, típica de solos limosos de regiões estuarinas e com dispersão descontínua ao longo da costa brasileira, entre os Estados do Amapá e de Santa Catarina;

XIV - salgado ou marismas tropicais hipersalinos: áreas situadas em regiões com frequências de inundações intermediárias entre marés de sizígias e de quadratura, com solos cuja salinidade varia entre 100 (cem) e 150 (cento e cinquenta) partes por 1.000 (mil), onde pode ocorrer a presença de vegetação herbácea específica;

XV - apicum: áreas de solos hipersalinos situadas nas regiões entremarés superiores, inundadas apenas pelas marés de sizígias, que apresentam salinidade superior a 150 (cento e cinquenta) partes por 1.000 (mil), desprovidas de vegetação vascular;

XVI - restinga: depósito arenoso paralelo à linha da costa, de forma geralmente alongada, produzido por processos de sedimentação, onde se encontram diferentes comunidades que recebem influência marinha, com cobertura vegetal em mosaico, encontrada em praias, cordões arenosos, dunas e depressões, apresentando, de acordo com o estágio sucessional, estrato herbáceo, arbustivo e arbóreo, este último mais interiorizado;

XVII - nascente: afloramento natural do lençol freático que apresenta perenidade e dá início a um curso d'água;

XVIII - olho d'água: afloramento natural do lençol freático, mesmo que intermitente;

XIX - leito regular: a calha por onde correm regularmente as águas do curso d'água durante o ano;

XX - área verde urbana: espaços, públicos ou privados, com predomínio de vegetação, preferencialmente nativa, natural ou recuperada, previstos no Plano Diretor, nas Leis de Zoneamento Urbano e Uso do Solo do Município, indisponíveis para construção de moradias, destinados aos propósitos de recreação, lazer, melhoria da qualidade ambiental urbana, proteção dos recursos hídricos, manutenção ou melhoria paisagística, proteção de bens e manifestações culturais;

XXI - várzea de inundação ou planície de inundação: áreas marginais a cursos d'água sujeitas a enchentes e inundações periódicas;

XXII - faixa de passagem de inundação: área de várzea ou planície de inundação adjacente a cursos d'água que permite o escoamento da enchente;

XXIII - relevo ondulado: expressão geomorfológica usada para designar área caracterizada por movimentações do terreno que geram depressões, cuja intensidade permite sua classificação como relevo suave ondulado, ondulado, fortemente ondulado e montanhoso.

XXIV - pousio: prática de interrupção temporária de atividades ou usos agrícolas, pecuários ou silviculturais, por no máximo 5 (cinco) anos, para possibilitar a recuperação da capacidade de uso ou da estrutura física do solo; (Acrescentado pela Lei 12.727/2012.)

XXV - áreas úmidas: pantanais e superfícies terrestres cobertas de forma periódica por águas, cobertas originalmente por florestas ou outras formas de vegetação adaptadas à inundação; (Acrescentado pela Lei 12.727/2012.)

XXVI – área urbana consolidada: aquela de que trata o inciso II do *caput* do art. 47 da Lei n. 11.977, de 7 de julho de 2009; e (Acrescentado pela Lei 12.727/2012.)

XXVII – crédito de carbono: título de direito sobre bem intangível e incorpóreo transacionável. (Acrescentado pela Lei 12.727/2012.)

Parágrafo único. Para os fins desta Lei, estende-se o tratamento dispensado aos imóveis a que se refere o inciso V deste artigo às propriedades e posses rurais com até 4 (quatro) módulos fiscais que desenvolvam atividades agrossilvipastoris, bem como às terras indígenas demarcadas e às demais áreas tituladas de povos e comunidades tradicionais que façam uso coletivo do seu território.

- ADC 42/2016 e ADIN Nº 4.903/2013: o STF, em controle concentrado, declarou a inconstitucionalidade das expressões sublinhadas.

CAPÍTULO II
DAS ÁREAS DE PRESERVAÇÃO PERMANENTE

SEÇÃO I
DA DELIMITAÇÃO DAS ÁREAS DE PRESERVAÇÃO PERMANENTE

Art. 4º Considera-se Área de Preservação Permanente, em zonas rurais ou urbanas, para os efeitos desta Lei:

I - as faixas marginais de qualquer curso d'água natural perene e intermitente, excluídos os efêmeros, desde a borda da calha do leito regular, em largura mínima de: (Alterado pela Lei 12.727/2012.)

a) 30 (trinta) metros, para os cursos d'água de menos de 10 (dez) metros de largura;

b) 50 (cinquenta) metros, para os cursos d'água que tenham de 10 (dez) a 50 (cinquenta) metros de largura;

c) 100 (cem) metros, para os cursos d'água que tenham de 50 (cinquenta) a 200 (duzentos) metros de largura;

d) 200 (duzentos) metros, para os cursos d'água que tenham de 200 (duzentos) a 600 (seiscentos) metros de largura;

e) 500 (quinhentos) metros, para os cursos d'água que tenham largura superior a 600 (seiscentos) metros;

II - as áreas no entorno dos lagos e lagoas naturais, em faixa com largura mínima de:

a) 100 (cem) metros, em zonas rurais, exceto para o corpo d'água com até 20 (vinte) hectares de superfície, cuja faixa marginal será de 50 (cinquenta) metros;

b) 30 (trinta) metros, em zonas urbanas;

III - as áreas no entorno dos reservatórios d'água artificiais, decorrentes de barramento ou represamento de cursos d'água naturais, na faixa definida na licença ambiental do empreendimento; (Alterado pela Lei 12.727/2012.)

IV – as áreas no entorno das nascentes e dos olhos d'água perenes, qualquer que seja sua situação topográfica, no raio mínimo de 50 (cinquenta) metros; (Alterado pela Lei 12.727/2012.)

V - as encostas ou partes destas com declividade superior a 45º, equivalente a 100% (cem por cento) na linha de maior declive;

VI - as restingas, como fixadoras de dunas ou estabilizadoras de mangues;

VII - os manguezais, em toda a sua extensão;

VIII - as bordas dos tabuleiros ou chapadas, até a linha de ruptura do relevo, em faixa nunca inferior a 100 (cem) metros em projeções horizontais;

IX - no topo de morros, montes, montanhas e serras, com altura mínima de 100 (cem) metros e inclinação média maior que 25º, as áreas delimitadas a partir da curva de nível correspondente a 2/3 (dois terços) da altura mínima da elevação sempre em relação à base, sendo esta definida pelo plano horizontal determinado por planície ou espelho d'água adjacente ou, nos relevos ondulados, pela cota do ponto de sela mais próximo da elevação;

X - as áreas em altitude superior a 1.800 (mil e oitocentos) metros, qualquer que seja a vegetação;

XI – em veredas, a faixa marginal, em projeção horizontal, com largura mínima de 50 (cinquenta) metros, a partir do espaço permanentemente brejoso e encharcado. (Alterado pela Lei 12.727/2012.)

§ 1º Não será exigida Área de Preservação Permanente no entorno de reservatórios artificiais de água que não decorram de barramento ou represamento de cursos d'água naturais. (Alterado pela Lei 12.727/2012.)

§ 2º (Revogado pela Lei 12.727/2012.)

§ 3º (Vetado.)

§ 4º Nas acumulações naturais ou artificiais de água com superfície inferior a 1 (um) hectare, fica dispensada a reserva da faixa de proteção prevista nos incisos II e III do *caput*, vedada nova supressão de áreas de vegetação nativa, salvo autorização do órgão ambiental competente do Sistema Nacional do Meio Ambiente - Sisnama. (Alterado pela Lei 12.727/2012.)

§ 5º É admitido, para a pequena propriedade ou posse rural familiar, de que trata o inciso V do art. 3º desta Lei, o plantio de culturas temporárias e sazonais de vazante de ciclo curto na faixa de terra que fica exposta no período de vazante dos rios ou lagos, desde que não implique supressão de novas áreas de vegetação nativa, seja conservada a qualidade da água e do solo e seja protegida a fauna silvestre.

§ 6º Nos imóveis rurais com até 15 (quinze) módulos fiscais, é admitida, nas áreas de que tratam os incisos I e II do *caput* deste artigo, a prática da aquicultura e a infraestrutura física diretamente a ela associada, desde que:

I - sejam adotadas práticas sustentáveis de manejo de solo e água e de recursos hídricos, garantindo sua qualidade e quantidade, de acordo com norma dos Conselhos Estaduais de Meio Ambiente;

II - esteja de acordo com os respectivos planos de bacia ou planos de gestão de recursos hídricos;

III - seja realizado o licenciamento pelo órgão ambiental competente;

IV - o imóvel esteja inscrito no Cadastro Ambiental Rural - CAR.

- Decreto 7.830/2012 (Dispõe sobre o Sistema de Cadastro Ambiental Rural, o Cadastro Ambiental Rural, estabelece normas de caráter geral aos Programas de Regularização Ambiental, de que trata a Lei 12.651/2012).

V – não implique novas supressões de vegetação nativa. (Alterado pela Lei 12.727/2012.)

§§ 7º e 8º (Vetados.)

§ 9º (Vetado pela Lei 12.727/2012.)

Art. 5º Na implantação de reservatório d'água artificial destinado a geração de energia ou abastecimento público, é obrigatória a aquisição, desapropriação ou instituição de servidão administrativa pelo empreendedor das Áreas de Preservação Permanente criadas em seu entorno, conforme estabelecido no licenciamento ambiental, observando-se a faixa mínima de 30 (trinta) metros e máxima de 100 (cem) metros em área rural, e a faixa mínima de 15 (quinze) metros e máxima de 30 (trinta) metros em área urbana. (Alterado pela Lei 12.727/2012.)

§ 1º Na implantação de reservatórios d'água artificiais de que trata o *caput*, o empreendedor, no âmbito do licenciamento ambiental, elaborará Plano Ambiental de Conservação e Uso do Entorno do Reservatório, em conformidade com termo de referência expedido pelo órgão competente do Sistema Nacional do Meio Ambiente - Sisnama, não podendo o uso exceder a 10% (dez por cento) do total da Área de Preservação Permanente. (Alterado pela Lei 12.727/2012.)

§ 2º O Plano Ambiental de Conservação e Uso do Entorno de Reservatório Artificial, para os empreendimentos licitados a partir da vigência desta Lei, deverá ser apresentado ao órgão ambiental concomitantemente com o Plano Básico Ambiental e aprovado até o início da operação do empreendimento, não constituindo a sua ausência impedimento para a expedição da licença de instalação.

§ 3º (Vetado.)

Art. 6º Consideram-se, ainda, de preservação permanente, quando declaradas de interesse social por ato do Chefe do Poder Executivo, as áreas cobertas com florestas ou outras formas de vegetação destinadas a uma ou mais das seguintes finalidades:

I - conter a erosão do solo e mitigar riscos de enchentes e deslizamentos de terra e de rocha;

II - proteger as restingas ou veredas;

III - proteger várzeas;

IV - abrigar exemplares da fauna ou da flora ameaçados de extinção;

V - proteger sítios de excepcional beleza ou de valor científico, cultural ou histórico;

VI - formar faixas de proteção ao longo de rodovias e ferrovias;

VII - assegurar condições de bem-estar público;

VIII - auxiliar a defesa do território nacional, a critério das autoridades militares.

IX – proteger áreas úmidas, especialmente as de importância internacional. (Alterado pela Lei 12.727/2012.)

SEÇÃO II
DO REGIME DE PROTEÇÃO DAS ÁREAS DE PRESERVAÇÃO PERMANENTE

Art. 7º A vegetação situada em Área de Preservação Permanente deverá ser mantida pelo proprietário da área, possuidor ou ocupante a qualquer título, pessoa física ou jurídica, de direito público ou privado.

§ 1º Tendo ocorrido supressão de vegetação situada em Área de Preservação Permanente, o proprietário da área, possuidor ou ocupante a qualquer título é obrigado a promover a recomposição da vegetação, ressalvados os usos autorizados previstos nesta Lei.

§ 2º A obrigação prevista no § 1º tem natureza real e é transmitida ao sucessor no caso de transferência de domínio ou posse do imóvel rural.

§ 3º No caso de supressão não autorizada de vegetação realizada após 22 de julho de 2008, é vedada a concessão de novas autorizações de supressão de vegetação enquanto não cumpridas as obrigações previstas no § 1º.

Art. 8º A intervenção ou a supressão de vegetação nativa em Área de Preservação Permanente somente ocorrerá nas hipóteses de utilidade pública, de interesse social ou de baixo impacto ambiental previstas nesta Lei.

§ 1º A supressão de vegetação nativa protetora de nascentes, dunas e restingas somente poderá ser autorizada em caso de utilidade pública.

§ 2º A intervenção ou a supressão de vegetação nativa em Área de Preservação Permanente de que tratam os incisos VI e VII do *caput* do art. 4º poderá ser autorizada, excepcionalmente, em locais onde a função ecológica do manguezal esteja comprometida, para execução de obras habitacionais e de urbanização, inseridas em projetos de regularização fundiária de interesse social, em áreas urbanas consolidadas ocupadas por população de baixa renda.

§ 3º É dispensada a autorização do órgão ambiental competente para a execução, em caráter de urgência, de atividades de segurança nacional e obras de interesse da defesa civil destinadas à prevenção e mitigação de acidentes em áreas urbanas.

§ 4º Não haverá, em qualquer hipótese, direito à regularização de futuras intervenções ou supressões de vegetação nativa, além das previstas nesta Lei.

Art. 9º É permitido o acesso de pessoas e animais às Áreas de Preservação Permanente para obtenção de água e para realização de atividades de baixo impacto ambiental.

CAPÍTULO III
DAS ÁREAS DE USO RESTRITO

Art. 10. Nos pantanais e planícies pantaneiras, é permitida a exploração ecologicamente sustentável, devendo-se considerar as recomendações técnicas dos órgãos oficiais de pesquisa, ficando novas supressões de vegetação nativa para uso alternativo do solo condicionadas à autorização do órgão estadual do meio ambiente, com base nas recomendações mencionadas neste artigo. (Alterado pela Lei 12.727/2012.)

Art. 11. Em áreas de inclinação entre 25º e 45º, serão permitidos o manejo florestal sustentável e o exercício de atividades agrossilvipastoris, bem como a manutenção da infraestrutura física associada ao desenvolvimento das atividades, observadas boas práticas agronômicas, sendo vedada a conversão de novas áreas, excetuadas as hipóteses de utilidade pública e interesse social.

CAPÍTULO III-A
DO USO ECOLOGICAMENTE SUSTENTÁVEL DOS APICUNS E SALGADOS

‣ (Acrescentado pela Lei 12.727/2012.)

Art. 11-A. A Zona Costeira é patrimônio nacional, nos termos do § 4º do art. 225 da Constituição Federal, devendo sua ocupação e exploração dar-se de modo ecologicamente sustentável. (Acrescentado pela Lei 12.727/2012.)

§ 1º Os apicuns e salgados podem ser utilizados em atividades de carcinicultura e salinas, desde que observados os seguintes requisitos: (Acrescentado pela Lei 12.727/2012.)

I - área total ocupada em cada Estado não superior a 10% (dez por cento) dessa modalidade de fitofisionomia no bioma amazônico e a 35% (trinta e cinco por cento) no restante do País, excluídas as ocupações consolidadas que atendam ao disposto no § 6º deste artigo; (Acrescentado pela Lei 12.727/2012.)

II - salvaguarda da absoluta integridade dos manguezais arbustivos e dos processos ecológicos essenciais a eles associados, bem como da sua produtividade biológica e condição de berçário de recursos pesqueiros; (Acrescentado pela Lei 12.727/2012.)

III - licenciamento da atividade e das instalações pelo órgão ambiental estadual, cientificado o Instituto Brasileiro do Meio Ambiente e dos Recursos Naturais Renováveis - IBAMA e, no caso de uso de terrenos de marinha ou outros bens da União, realizada regularização prévia da titulação perante a União; (Acrescentado pela Lei 12.727/2012.)

IV - recolhimento, tratamento e disposição adequados dos efluentes e resíduos; (Acrescentado pela Lei 12.727/2012.)

V - garantia da manutenção da qualidade da água e do solo, respeitadas as Áreas de Preservação Permanente; e (Acrescentado pela Lei 12.727/2012.)

VI - respeito às atividades tradicionais de sobrevivência das comunidades locais. (Acrescentado pela Lei 12.727/2012.)

§ 2º A licença ambiental, na hipótese deste artigo, será de 5 (cinco) anos, renovável apenas se o empreendedor cumprir as exigências da legislação ambiental e do próprio licenciamento, mediante comprovação anual, inclusive por mídia fotográfica. (Acrescentado pela Lei 12.727/2012.)

§ 3º São sujeitos à apresentação de Estudo Prévio de Impacto Ambiental - EPIA e Relatório de Impacto Ambiental - RIMA os novos empreendimentos: (Acrescentado pela Lei 12.727/2012.)

I - com área superior a 50 (cinquenta) hectares, vedada a fragmentação do projeto para ocultar ou camuflar seu porte; (Acrescentado pela Lei 12.727/2012.)

II - com área de até 50 (cinquenta) hectares, se potencialmente causadores de significativa degradação do meio ambiente; ou (Acrescentado pela Lei 12.727/2012.)

III - localizados em região com adensamento de empreendimentos de carcinicultura ou salinas cujo impacto afete áreas comuns. (Acrescentado pela Lei 12.727/2012.)

§ 4º O órgão licenciador competente, mediante decisão motivada, poderá, sem prejuízo das sanções administrativas, cíveis e penais cabíveis, bem como do dever de recuperar os danos ambientais causados, alterar as condicionantes e as medidas de controle e adequação, quando ocorrer: (Acrescentado pela Lei 12.727/2012.)

I - descumprimento ou cumprimento inadequado das condicionantes ou medidas de controle previstas no licenciamento, ou desobediência às normas aplicáveis; (Acrescentado pela Lei 12.727/2012.)

II - fornecimento de informação falsa, dúbia ou enganosa, inclusive por omissão, em qualquer fase do licenciamento ou período de validade da licença; ou (Acrescentado pela Lei 12.727/2012.)

III - superveniência de informações sobre riscos ao meio ambiente ou à saúde pública. (Acrescentado pela Lei 12.727/2012.)

§ 5º A ampliação da ocupação de apicuns e salgados respeitará o Zoneamento Ecológico-Econômico da Zona Costeira - ZEEZOC, com a individualização das áreas ainda passíveis de uso, em escala mínima de 1:10.000, que deverá ser concluído por cada Estado no prazo máximo de 1 (um) ano a partir da data da publicação desta Lei. (Acrescentado pela Lei 12.727/2012.)

§ 6º É assegurada a regularização das atividades e empreendimentos de carcinicultura e salinas cuja ocupação e implantação tenham ocorrido antes de 22 de julho de 2008, desde que o empreendedor, pessoa física ou jurídica, comprove sua localização em apicum ou salgado e se obrigue, por termo de compromisso, a proteger a integridade dos manguezais arbustivos adjacentes. (Acrescentado pela Lei 12.727/2012.)

§ 7º É vedada a manutenção, licenciamento ou regularização, em qualquer hipótese ou forma, de ocupação ou exploração irregular em apicum ou salgado, ressalvadas as exceções previstas neste artigo. (Acrescentado pela Lei 12.727/2012.)

CAPÍTULO IV
DA ÁREA DE RESERVA LEGAL

SEÇÃO I
DA DELIMITAÇÃO DA ÁREA DE RESERVA LEGAL

Art. 12. Todo imóvel rural deve manter área com cobertura de vegetação nativa, a título de Reserva Legal, sem prejuízo da aplicação das normas sobre as Áreas de Preservação Permanente, observados os seguintes percentuais mínimos em relação à área do imóvel, excetuados os casos previstos no art. 68 desta Lei: (Alterado pela Lei 12.727/2012.)

I - localizado na Amazônia Legal:

a) 80% (oitenta por cento), no imóvel situado em área de florestas;

b) 35% (trinta e cinco por cento), no imóvel situado em área de cerrado;

c) 20% (vinte por cento), no imóvel situado em área de campos gerais;

II - localizado nas demais regiões do País: 20% (vinte por cento.)

§ 1º Em caso de fracionamento do imóvel rural, a qualquer título, inclusive para assentamentos pelo Programa de Reforma Agrária, será considerada, para fins do disposto do *caput*, a área do imóvel antes do fracionamento.

§ 2º O percentual de Reserva Legal em imóvel situado em área de formações florestais, de cerrado ou de campos gerais na Amazônia Legal será definido considerando separadamente os índices contidos nas alíneas *a*, *b* e *c* do inciso I do *caput*.

§ 3º Após a implantação do CAR, a supressão de novas áreas de floresta ou outras formas de vegetação nativa apenas será autorizada pelo órgão ambiental estadual integrante do Sisnama se o imóvel estiver inserido no mencionado cadastro, ressalvado o previsto no art. 30.

§ 4º Nos casos da alínea *a* do inciso I, o poder público poderá reduzir a Reserva Legal para até 50% (cinquenta por cento), para fins de recomposição, quando o Município tiver mais de 50% (cinquenta por cento) da área ocupada por unidades de conservação da natureza de domínio público e por terras indígenas homologadas.

§ 5º Nos casos da alínea *a* do inciso I, o poder público estadual, ouvido o Conselho Estadual de Meio Ambiente, poderá reduzir a Reserva Legal para até 50% (cinquenta por cento), quando o Estado tiver Zoneamento Ecológico-Econômico aprovado e mais de 65% (sessenta e cinco por cento) do seu território ocupado por unidades de conservação da natureza de domínio público, devidamente regularizadas, e por terras indígenas homologadas.

§ 6º Os empreendimentos de abastecimento público de água e tratamento de esgoto não estão sujeitos à constituição de Reserva Legal.

§ 7º Não será exigido Reserva Legal relativa às áreas adquiridas ou desapropriadas por detentor de concessão, permissão ou autorização para exploração de potencial de energia hidráulica, nas quais funcionem empreendimentos de geração de energia elétrica, subestações ou sejam instaladas linhas de transmissão e de distribuição de energia elétrica.

§ 8º Não será exigido Reserva Legal relativa às áreas adquiridas ou desapropriadas com o objetivo de implantação e ampliação de capacidade de rodovias e ferrovias.

Art. 13. Quando indicado pelo Zoneamento Ecológico-Econômico - ZEE estadual, realizado segundo metodologia unificada, o poder público federal poderá:

I - reduzir, exclusivamente para fins de regularização, mediante recomposição, regeneração ou compensação da Reserva Legal de imóveis com área rural consolidada, situados em área de floresta localizada na Amazônia Legal, para até 50% (cinquenta por cento) da propriedade, excluídas as áreas prioritárias para conservação da biodiversidade e dos recursos hídricos e os corredores ecológicos;

II - ampliar as áreas de Reserva Legal em até 50% (cinquenta por cento) dos percentuais previstos nesta Lei, para cumprimento de metas nacionais de proteção à biodiversidade ou de redução de emissão de gases de efeito estufa.

§ 1º No caso previsto no inciso I do *caput*, o proprietário ou possuidor de imóvel rural que mantiver Reserva Legal conservada e averbada em área superior aos percentuais exigidos no referido inciso poderá instituir servidão ambiental sobre a área excedente, nos termos da Lei n. 6.938, de 31 de agosto de 1981, e Cota de Reserva Ambiental.

§ 2º Os Estados que não possuem seus Zoneamentos Ecológico-Econômicos - ZEEs segundo a metodologia unificada, estabelecida em norma federal, terão o prazo de 5 (cinco) anos, a partir da data da publicação desta Lei, para a sua elaboração e aprovação.

Art. 14. A localização da área de Reserva Legal no imóvel rural deverá levar em consideração os seguintes estudos e critérios:

I - o plano de bacia hidrográfica;

II - o Zoneamento Ecológico-Econômico

III - a formação de corredores ecológicos com outra Reserva Legal, com Área de Preservação Permanente, com Unidade de Conservação ou com outra área legalmente protegida;

IV - as áreas de maior importância para a conservação da biodiversidade; e

V - as áreas de maior fragilidade ambiental.

§ 1º O órgão estadual integrante do Sisnama ou instituição por ele habilitada deverá aprovar a localização da Reserva Legal após a inclusão do imóvel no CAR, conforme o art. 29 desta Lei.

§ 2º Protocolada a documentação exigida para a análise da localização da área de Reserva Legal, ao proprietário ou possuidor rural não poderá ser imputada sanção administrativa, inclusive restrição a direitos, por qualquer órgão ambiental competente integrante do Sisnama, em razão da não formalização da área de Reserva Legal. (Alterado pela Lei 12.727/2012.)

Art. 15. Será admitido o cômputo das Áreas de Preservação Permanente no cálculo do percentual da Reserva Legal do imóvel, desde que:

I - o benefício previsto neste artigo não implique a conversão de novas áreas para o uso alternativo do solo;

II - a área a ser computada esteja conservada ou em processo de recuperação, conforme comprovação do proprietário ao órgão estadual integrante do Sisnama; e

III - o proprietário ou possuidor tenha requerido inclusão do imóvel no Cadastro Ambiental Rural - CAR, nos termos desta Lei.

- Decreto 7.830/2012 (Dispõe sobre o Sistema de Cadastro Ambiental Rural, o Cadastro Ambiental Rural, estabelece normas de caráter geral aos Programas de Regularização Ambiental, de que trata a Lei 12.651/2012).

§ 1º O regime de proteção da Área de Preservação Permanente não se altera na hipótese prevista neste artigo.

§ 2º O proprietário ou possuidor de imóvel com Reserva Legal conservada e inscrita no Cadastro Ambiental Rural - CAR de que trata o art. 29, cuja área ultrapasse o mínimo exigido por esta Lei, poderá utilizar a área excedente para fins de constituição de servidão ambiental, Cota de Reserva Ambiental e outros instrumentos congêneres previstos nesta Lei.

- Decreto 7.830/2012 (Dispõe sobre o Sistema de Cadastro Ambiental Rural, o Cadastro Ambiental Rural, estabelece normas de caráter geral aos Programas de Regularização Ambiental, de que trata a Lei 12.651/2012).

§ 3º O cômputo de que trata o *caput* aplica-se a todas as modalidades de cumprimento da Reserva Legal, abrangendo a regeneração, a recomposição e a compensação. (Alterado pela Lei 12.727/2012.)

§ 4º É dispensada a aplicação do inciso I do *caput* deste artigo, quando as Áreas de Preservação Permanente conservadas ou em processo de recuperação, somadas às demais florestas e outras formas de vegetação nativa existentes em imóvel, ultrapassarem: (Acrescentado pela Lei 12.727/2012.)

I - 80% (oitenta por cento) do imóvel rural localizado em áreas de floresta na

Amazônia Legal; e (Acrescentado pela Lei 12.727/2012.)

II - (Vetado pela Lei 12.727/2012.)

Art. 16. Poderá ser instituído Reserva Legal em regime de condomínio ou coletiva entre propriedades rurais, respeitado o percentual previsto no art. 12 em relação a cada imóvel. (Alterado pela Lei 12.727/2012.)

Parágrafo único. No parcelamento de imóveis rurais, a área de Reserva Legal poderá ser agrupada em regime de condomínio entre os adquirentes.

SEÇÃO II
DO REGIME DE PROTEÇÃO DA RESERVA LEGAL

Art. 17. A Reserva Legal deve ser conservada com cobertura de vegetação nativa pelo proprietário do imóvel rural, possuidor ou ocupante a qualquer título, pessoa física ou jurídica, de direito público ou privado.

§ 1º Admite-se a exploração econômica da Reserva Legal mediante manejo sustentável, previamente aprovado pelo órgão competente do Sisnama, de acordo com as modalidades previstas no art. 20.

§ 2º Para fins de manejo de Reserva Legal na pequena propriedade ou posse rural familiar, os órgãos integrantes do Sisnama deverão estabelecer procedimentos simplificados de elaboração, análise e aprovação de tais planos de manejo.

§ 3º É obrigatória a suspensão imediata das atividades em área de Reserva Legal desmatada irregularmente após 22 de julho de 2008. (Alterado pela Lei 12.727/2012.)

§ 4º Sem prejuízo das sanções administrativas, cíveis e penais cabíveis, deverá ser iniciado, nas áreas de que trata o § 3º deste artigo, o processo de recomposição da Reserva Legal em até 2 (dois) anos contados a partir da data da publicação desta Lei, devendo tal processo ser concluído nos prazos estabelecidos pelo Programa de Regularização Ambiental - PRA, de que trata o art. 59. (Acrescentado pela Lei 12.727/2012.)

Art. 18. A área de Reserva Legal deverá ser registrada no órgão ambiental competente por meio de inscrição no CAR de que trata o art. 29, sendo vedada a alteração de sua destinação, nos casos de transmissão, a qualquer título, ou de desmembramento, com as exceções previstas nesta Lei.

§ 1º A inscrição da Reserva Legal no CAR será feita mediante a apresentação de planta e memorial descritivo, contendo a indicação das coordenadas geográficas com pelo menos um ponto de amarração, conforme ato do Chefe do Poder Executivo.

§ 2º Na posse, a área de Reserva Legal é assegurada por termo de compromisso firmado pelo possuidor com o órgão competente do Sisnama, com força de título executivo extrajudicial, que explicite, no mínimo, a localização da área de Reserva Legal e as obrigações assumidas pelo possuidor por força do previsto nesta Lei.

§ 3º A transferência da posse implica a sub-rogação das obrigações assumidas no termo de compromisso de que trata o § 2º.

§ 4º O registro da Reserva Legal no CAR desobriga a averbação no Cartório de Registro de Imóveis, sendo que, no período entre a data da publicação desta Lei e o registro no CAR, o proprietário ou possuidor rural que desejar fazer a averbação terá direito à gratuidade deste ato. (Alterado pela Lei 12.727/2012.)

Art. 19. A inserção do imóvel rural em perímetro urbano definido mediante lei municipal não desobriga o proprietário ou posseiro da manutenção da área de Reserva Legal, que só será extinta concomitantemente ao registro do parcelamento do solo para fins urbanos aprovado segundo a legislação específica e consoante as diretrizes do plano diretor de que trata o § 1º do art. 182 da Constituição Federal.

Art. 20. No manejo sustentável da vegetação florestal da Reserva Legal, serão adotadas práticas de exploração seletiva nas modalidades de manejo sustentável sem propósito comercial para consumo na propriedade e manejo sustentável para exploração florestal com propósito comercial.

Art. 21. É livre a coleta de produtos florestais não madeireiros, tais como frutos, cipós, folhas e sementes, devendo-se observar:

I - os períodos de coleta e volumes fixados em regulamentos específicos, quando houver;

II - a época de maturação dos frutos e sementes;

III - técnicas que não coloquem em risco a sobrevivência de indivíduos e da espécie coletada no caso de coleta de flores, folhas, cascas, óleos, resinas, cipós, bulbos, bambus e raízes.

Art. 22. O manejo florestal sustentável da vegetação da Reserva Legal com propósito comercial depende de autorização do órgão competente e deverá atender as seguintes diretrizes e orientações:

I - não descaracterizar a cobertura vegetal e não prejudicar a conservação da vegetação nativa da área;

II - assegurar a manutenção da diversidade das espécies;

III - conduzir o manejo de espécies exóticas com a adoção de medidas que favoreçam a regeneração de espécies nativas.

Art. 23. O manejo sustentável para exploração florestal eventual sem propósito comercial, para consumo no próprio imóvel, independe de autorização dos órgãos competentes, devendo apenas ser declarados previamente ao órgão ambiental a motivação da exploração e o volume explorado, limitada a exploração anual a 20 (vinte) metros cúbicos.

Art. 24. No manejo florestal nas áreas fora de Reserva Legal, aplica-se igualmente o disposto nos arts. 21, 22 e 23.

SEÇÃO III
DO REGIME DE PROTEÇÃO DAS ÁREAS VERDES URBANAS

Art. 25. O poder público municipal contará, para o estabelecimento de áreas verdes urbanas, com os seguintes instrumentos:

I - o exercício do direito de preempção para aquisição de remanescentes florestais relevantes, conforme dispõe a Lei n. 10.257, de 10 de julho de 2001;

II - a transformação das Reservas Legais em áreas verdes nas expansões urbanas

III - o estabelecimento de exigência de áreas verdes nos loteamentos, empreendimentos comerciais e na implantação de infraestrutura; e

IV - aplicação em áreas verdes de recursos oriundos da compensação ambiental.

CAPÍTULO V
DA SUPRESSÃO DE VEGETAÇÃO PARA USO ALTERNATIVO DO SOLO

Art. 26. A supressão de vegetação nativa para uso alternativo do solo, tanto de domínio público como de domínio privado, dependerá do cadastramento do imóvel no CAR, de que trata o art. 29, e de prévia autorização do órgão estadual competente do Sisnama.

§§ 1º e 2º (Vetados.)

§ 3º No caso de reposição florestal, deverão ser priorizados projetos que contemplem a utilização de espécies nativas do mesmo bioma onde ocorreu a supressão.

§ 4º O requerimento de autorização de supressão de que trata o *caput* conterá, no mínimo, as seguintes informações:

I - a localização do imóvel, das Áreas de Preservação Permanente, da Reserva Legal e das áreas de uso restrito, por coordenada geográfica, com pelo menos um ponto de amarração do perímetro do imóvel;

II - a reposição ou compensação florestal, nos termos do § 4º do art. 33;

III - a utilização efetiva e sustentável das áreas já convertidas;

IV - o uso alternativo da área a ser desmatada.

Art. 27. Nas áreas passíveis de uso alternativo do solo, a supressão de vegetação que abrigue espécie da flora ou da fauna ameaçada de extinção, segundo lista oficial publicada pelos órgãos federal ou estadual ou municipal do Sisnama, ou espécies migratórias, dependerá da adoção de medidas compensatórias e mitigadoras que assegurem a conservação da espécie.

Art. 28. Não é permitida a conversão de vegetação nativa para uso alternativo do solo no imóvel rural que possuir área abandonada.

CAPÍTULO VI
DO CADASTRO AMBIENTAL RURAL

- Decreto 7.830/2012 (Dispõe sobre o Sistema de Cadastro Ambiental Rural, o Cadastro Ambiental Rural, estabelece normas de caráter geral aos Programas de Regularização Ambiental, de que trata a Lei 12.651/2012).

Art. 29. É criado o Cadastro Ambiental Rural - CAR, no âmbito do Sistema Nacional de Informação sobre Meio Ambiente - SINIMA, registro público eletrônico de âmbito nacional, obrigatório para todos os imóveis rurais, com a finalidade de integrar as informações ambientais das propriedades e posses rurais, compondo base de dados para controle, monitoramento, planejamento ambiental e econômico e combate ao desmatamento.

§ 1º A inscrição do imóvel rural no CAR deverá ser feita, preferencialmente, no órgão ambiental municipal ou estadual, que, nos termos do regulamento, exigirá do proprietário ou possuidor rural: (Alterado pela Lei 12.727/2012.)

I - identificação do proprietário ou possuidor rural;

II - comprovação da propriedade ou posse;

III - identificação do imóvel por meio de planta e memorial descritivo, contendo a indicação das coordenadas geográficas com pelo menos um ponto de amarração do perímetro do imóvel, informando a localização dos remanescentes de vegetação nativa, das Áreas de Preservação Permanente, das Áreas de Uso Restrito, das áreas consolidadas e, caso existente, também da localização da Reserva Legal.

§ 2º O cadastramento não será considerado título para fins de reconhecimento do direito de propriedade ou posse, tampouco elimina a necessidade de cumprimento do disposto no art. 2º da Lei n. 10.267, de 28 de agosto de 2001.

§ 3º A inscrição no CAR é obrigatória e por prazo indeterminado para todas as propriedades e posses rurais. (Redação dada pela Lei 13.887/2019)

- Dec. 8.439/2015 (Delega competência ao Ministro de Estado do Meio Ambiente para prorrogação do prazo previsto neste parágrafo.)
- Vide Decreto nº 9.395/2018 que prorrogou até 31/12/2018 o prazo para requerer a inscrição no CAR.

§ 4º Os proprietários e possuidores dos imóveis rurais que os inscreverem no CAR até o dia 31 de dezembro de 2020 terão direito à adesão ao Programa de Regularização Ambiental (PRA), de que trata o art. 59 desta Lei. (Acrescido pela Lei 13.887/2019)

Art. 30. Nos casos em que a Reserva Legal já tenha sido averbada na matrícula do imóvel e em que essa averbação identifique o perímetro e a localização da reserva, o proprietário não será obrigado a fornecer ao órgão ambiental as informações relativas à Reserva Legal previstas no inciso III do § 1º do art. 29.

Parágrafo único. Para que o proprietário se desobrigue nos termos do *caput*, deverá apresentar ao órgão ambiental competente a certidão de registro de imóveis onde conste a averbação da Reserva Legal ou termo de compromisso já firmado nos casos de posse.

CAPÍTULO VII
DA EXPLORAÇÃO FLORESTAL

Art. 31. A exploração de florestas nativas e formações sucessoras, de domínio público ou privado, ressalvados os casos previstos nos arts. 21, 23 e 24, dependerá de licenciamento pelo órgão competente do Sisnama, mediante aprovação prévia de Plano de Manejo Florestal Sustentável - PMFS que contemple técnicas de condução, exploração, reposição florestal e manejo compatíveis com os variados ecossistemas que a cobertura arbórea forme.

§ 1º O PMFS atenderá os seguintes fundamentos técnicos e científicos:

I - caracterização dos meios físico e biológico;

II - determinação do estoque existente;

III - intensidade de exploração compatível com a capacidade de suporte ambiental da floresta;

IV - ciclo de corte compatível com o tempo de restabelecimento do volume de produto extraído da floresta;

V - promoção da regeneração natural da floresta;

VI - adoção de sistema silvicultural adequado;

VII - adoção de sistema de exploração adequado;

VIII - monitoramento do desenvolvimento da floresta remanescente;

IX - adoção de medidas mitigadoras dos impactos ambientais e sociais.

§ 2º A aprovação do PMFS pelo órgão competente do Sisnama confere ao seu detentor a licença ambiental para a prática do manejo florestal sustentável, não se aplicando outras etapas de licenciamento ambiental.

§ 3º O detentor do PMFS encaminhará relatório anual ao órgão ambiental competente com as informações sobre toda a área de manejo florestal sustentável e a descrição das atividades realizadas.

§ 4º O PMFS será submetido a vistorias técnicas para fiscalizar as operações e atividades desenvolvidas na área de manejo.

§ 5º Respeitado o disposto neste artigo, serão estabelecidas em ato do Chefe do Poder Executivo disposições diferenciadas sobre os PMFS em escala empresarial, de pequena escala e comunitário.

§ 6º Para fins de manejo florestal na pequena propriedade ou posse rural familiar, os órgãos do Sisnama deverão estabelecer procedimentos simplificados de elaboração, análise e aprovação dos referidos PMFS.

§ 7º Compete ao órgão federal de meio ambiente a aprovação de PMFS incidentes em florestas públicas de domínio da União.

Art. 32. São isentos de PMFS:

I - a supressão de florestas e formações sucessoras para uso alternativo do solo;

II - o manejo e a exploração de florestas plantadas localizadas fora das Áreas de Preservação Permanente e de Reserva Legal;

III - a exploração florestal não comercial realizada nas propriedades rurais a que se refere o inciso V do art. 3º ou por populações tradicionais.

Art. 33. As pessoas físicas ou jurídicas que utilizam matéria-prima florestal em suas atividades devem suprir-se de recursos oriundos de:

I - florestas plantadas;

II - PMFS de floresta nativa aprovado pelo órgão competente do Sisnama;

III - supressão de vegetação nativa autorizada pelo órgão competente do Sisnama;

IV - outras formas de biomassa florestal definidas pelo órgão competente do Sisnama.

§ 1º São obrigadas à reposição florestal as pessoas físicas ou jurídicas que utilizam matéria-prima florestal oriunda de supressão de vegetação nativa ou que detenham autorização para supressão de vegetação nativa.

§ 2º É isento da obrigatoriedade da reposição florestal aquele que utilize:

I - costaneiras, aparas, cavacos ou outros resíduos provenientes da atividade industrial

II - matéria-prima florestal:

a) oriunda de PMFS;

b) oriunda de floresta plantada;

c) não madeireira.

§ 3º A isenção da obrigatoriedade da reposição florestal não desobriga o interessado da comprovação perante a autoridade competente da origem do recurso florestal utilizado.

§ 4º A reposição florestal será efetivada no Estado de origem da matéria-prima utilizada, mediante o plantio de espécies preferencialmente nativas, conforme determinações do órgão competente do Sisnama.

Art. 34. As empresas industriais que utilizam grande quantidade de matéria-prima florestal são obrigadas a elaborar e implementar Plano de Suprimento Sustentável - PSS, a ser submetido à aprovação do órgão competente do Sisnama.

§ 1º O PSS assegurará produção equivalente ao consumo de matéria-prima florestal pela atividade industrial.

§ 2º O PSS incluirá, no mínimo:

I - programação de suprimento de matéria-prima florestal

II - indicação das áreas de origem da matéria-prima florestal georreferenciadas;

III - cópia do contrato entre os particulares envolvidos, quando o PSS incluir suprimento de matéria-prima florestal oriunda de terras pertencentes a terceiros.

§ 3º Admite-se o suprimento mediante matéria-prima em oferta no mercado:

I - na fase inicial de instalação da atividade industrial, nas condições e durante o período, não superior a 10 (dez) anos, previstos no PSS, ressalvados os contratos de suprimento mencionados no inciso III do § 2º;

II - no caso de aquisição de produtos provenientes do plantio de florestas exóticas, licenciadas por órgão competente do Sisnama, o suprimento será comprovado posteriormente mediante relatório anual em que conste a localização da floresta e as quantidades produzidas.

§ 4º O PSS de empresas siderúrgicas, metalúrgicas ou outras que consumam grandes quantidades de carvão vegetal ou lenha estabelecerá a utilização exclusiva de matéria-prima oriunda de florestas plantadas ou de PMFS e será parte integrante do processo de licenciamento ambiental do empreendimento.

§ 5º Serão estabelecidos, em ato do Chefe do Poder Executivo, os parâmetros de utilização de matéria-prima florestal para fins de enquadramento das empresas industriais no disposto no *caput*.

CAPÍTULO VIII
DO CONTROLE DA ORIGEM DOS PRODUTOS FLORESTAIS

Art. 35. O controle da origem da madeira, do carvão e de outros produtos ou subprodutos florestais incluirá sistema nacional que integre os dados dos diferentes entes federativos, coordenado, fiscalizado e regulamentado pelo órgão federal competente do Sisnama. (Alterado pela Lei 12.727/2012.)

§ 1º O plantio ou reflorestamento com espécies florestais nativas ou exóticas independem de autorização prévia, desde que observadas as limitações e condições previstas nesta Lei, devendo ser informados ao órgão competente, no prazo de até 1 (um) ano, para fins de controle de origem.

§ 2º É livre a extração de lenha e demais produtos de florestas plantadas nas áreas não consideradas Áreas de Preservação Permanente e Reserva Legal.

§ 3º O corte ou a exploração de espécies nativas plantadas em área de uso alternativo do solo serão permitidos independentemente de autorização prévia, devendo o plantio ou reflorestamento estar previamente cadastrado no órgão ambiental competente e a exploração ser previamente declarada nele para fins de controle de origem.

§ 4º Os dados do sistema referido no *caput* serão disponibilizados para acesso público por meio da rede mundial de computadores, cabendo ao órgão federal coordenador do sistema fornecer os programas de informática a serem utilizados e definir o prazo para integração dos dados e as informações que deverão ser aportadas ao sistema nacional.

§ 5º O órgão federal coordenador do sistema nacional poderá bloquear a emissão de Documento de Origem Florestal - DOF dos entes federativos não integrados ao sistema e fiscalizar os dados e relatórios respectivos. (Alterado pela Lei 12.727/2012.)

Art. 36. O transporte, por qualquer meio, e o armazenamento de madeira, lenha, carvão e outros produtos ou subprodutos florestais oriundos de florestas de espécies nativas, para fins comerciais ou industriais, requerem licença do órgão competente do Sisnama, observado o disposto no art. 35.

§ 1º A licença prevista no *caput* será formalizada por meio da emissão do DOF, que deverá acompanhar o material até o beneficiamento final.

§ 2º Para a emissão do DOF, a pessoa física ou jurídica responsável deverá estar registrada no Cadastro Técnico Federal de Atividades Potencialmente Poluidoras ou Utilizadoras de Recursos Ambientais, previsto no art. 17 da Lei n. 6.938, de 31 de agosto de 1981.

§ 3º Todo aquele que recebe ou adquire, para fins comerciais ou industriais, madeira, lenha, carvão e outros produtos ou subprodutos de florestas de espécies nativas é obrigado a exigir a apresentação do DOF e munir-se da via que deverá acompanhar o material até o beneficiamento final.

§ 4º No DOF deverão constar a especificação do material, sua volumetria e dados sobre sua origem e destino.

§ 5º O órgão ambiental federal do Sisnama regulamentará os casos de dispensa da licença prevista no *caput*. (Alterado pela Lei 12.727/2012.)

Art. 37. O comércio de plantas vivas e outros produtos oriundos da flora nativa dependerá de licença do órgão estadual competente do Sisnama e de registro no Cadastro Técnico Federal de Atividades Potencialmente Poluidoras ou Utilizadoras de Recursos Ambientais, previsto no art. 17 da Lei n. 6.938, de 31 de agosto de 1981, sem prejuízo de outras exigências cabíveis.

Parágrafo único. A exportação de plantas vivas e outros produtos da flora dependerá de licença do órgão federal competente do Sisnama, observadas as condições estabelecidas no *caput*.

CAPÍTULO IX
DA PROIBIÇÃO DO USO DE FOGO E DO CONTROLE DOS INCÊNDIOS

Art. 38. É proibido o uso de fogo na vegetação, exceto nas seguintes situações:

I - em locais ou regiões cujas peculiaridades justifiquem o emprego do fogo em práticas agropastoris ou florestais, mediante prévia aprovação do órgão estadual ambiental competente do Sisnama, para cada imóvel rural ou de forma regionalizada, que estabelecerá os critérios de monitoramento e controle;

II - emprego da queima controlada em Unidades de Conservação, em conformidade com o respectivo plano de manejo e mediante prévia aprovação do órgão gestor da Unidade de Conservação, visando ao manejo conservacionista da vegetação nativa, cujas características ecológicas estejam associadas evolutivamente à ocorrência do fogo;

III - atividades de pesquisa científica vinculada a projeto de pesquisa devidamente aprovado pelos órgãos competentes e realizada por instituição de pesquisa reconhecida, mediante prévia aprovação do órgão ambiental competente do Sisnama.

§ 1º Na situação prevista no inciso I, o órgão estadual ambiental competente do Sisnama exigirá que os estudos demandados para o licenciamento da atividade rural contenham planejamento específico sobre o emprego do fogo e o controle dos incêndios.

§ 2º Excetuam-se da proibição constante no *caput* as práticas de prevenção e combate aos incêndios e as de agricultura de subsistência exercidas pelas populações tradicionais e indígenas.

§ 3º Na apuração da responsabilidade pelo uso irregular do fogo em terras públicas ou particulares, a autoridade competente para fiscalização e autuação deverá comprovar o nexo de causalidade entre a ação do proprietário ou qualquer preposto e o dano efetivamente causado.

§ 4º É necessário o estabelecimento de nexo causal na verificação das responsabilidades por infração pelo uso irregular do fogo em terras públicas ou particulares.

Art. 39. Os órgãos ambientais do Sisnama, bem como todo e qualquer órgão público ou privado responsável pela gestão de áreas com vegetação nativa ou plantios florestais, deverão elaborar, atualizar e implantar planos de contingência para o combate aos incêndios florestais.

- Dec. 8.914/2016 (Institui o Centro Integrado Multiagências de Coordenação Operacional Nacional - Ciman).

Art. 40. O Governo Federal deverá estabelecer uma Política Nacional de Manejo e Controle de Queimadas, Prevenção e Combate aos Incêndios Florestais, que promova a articulação institucional com vistas na substituição do uso do fogo no meio rural, no controle de queimadas, na prevenção e no combate aos incêndios florestais e no manejo do fogo em áreas naturais protegidas.

- Dec. 8.914/2016 (Institui o Centro Integrado Multiagências de Coordenação Operacional Nacional - Ciman).

§ 1º A Política mencionada neste artigo deverá prever instrumentos para a análise dos impactos das queimadas sobre mudanças climáticas e mudanças no uso da terra, conservação dos ecossistemas, saúde pública e fauna, para subsidiar planos estratégicos de prevenção de incêndios florestais.

§ 2º A Política mencionada neste artigo deverá observar cenários de mudanças climáticas e potenciais aumentos de risco de ocorrência de incêndios florestais.

CAPÍTULO X
DO PROGRAMA DE APOIO E INCENTIVO À PRESERVAÇÃO E RECUPERAÇÃO DO MEIO AMBIENTE

Art. 41. É o Poder Executivo federal autorizado a instituir, sem prejuízo do cumprimento da legislação ambiental, programa de apoio e incentivo à conservação do meio ambiente, bem como para adoção de tecnologias e boas práticas que conciliem a produtividade agropecuária e florestal, com redução dos impactos ambientais, como forma de promoção do desenvolvimento ecologicamente sustentável, observados sempre os critérios de progressividade, abrangendo as seguintes categorias e linhas de ação: (Alterado pela Lei 12.727/2012.)

I - pagamento ou incentivo a serviços ambientais como retribuição, monetária ou não, às atividades de conservação e melhoria dos ecossistemas e que gerem serviços ambientais, tais como, isolada ou cumulativamente:

a) o sequestro, a conservação, a manutenção e o aumento do estoque e a diminuição do fluxo de carbono;

b) a conservação da beleza cênica natural;

c) a conservação da biodiversidade;

d) a conservação das águas e dos serviços hídricos;

e) a regulação do clima;

f) a valorização cultural e do conhecimento tradicional ecossistêmico;

g) a conservação e o melhoramento do solo;

h) a manutenção de Áreas de Preservação Permanente, de Reserva Legal e de uso restrito;

II - compensação pelas medidas de conservação ambiental necessárias para o cumprimento dos objetivos desta Lei, utilizando-se dos seguintes instrumentos, dentre outros:

a) obtenção de crédito agrícola, em todas as suas modalidades, com taxas de juros menores, bem como limites e prazos maiores que os praticados no mercado;

b) contratação do seguro agrícola em condições melhores que as praticadas no mercado;

c) dedução das Áreas de Preservação Permanente, de Reserva Legal e de uso restrito da base de cálculo do Imposto sobre a Propriedade Territorial Rural - ITR, gerando créditos tributários;

d) destinação de parte dos recursos arrecadados com a cobrança pelo uso da água, na forma da Lei n. 9.433, de 8 de janeiro de 1997, para a manutenção, recuperação ou recomposição das Áreas de Preservação Permanente, de Reserva Legal e de uso restrito na bacia de geração da receita;

e) linhas de financiamento para atender iniciativas de preservação voluntária de vegetação nativa, proteção de espécies da flora nativa ameaçadas de extinção, manejo florestal e agroflorestal sustentável realizados na propriedade ou posse rural, ou recuperação de áreas degradadas;

- Lei 12.854/2013 (Fomenta e incentiva ações que promovam a recuperação florestal e a implantação de sistemas agroflorestais em áreas rurais desapropriadas e em áreas degradadas, nos casos que especifica).

f) isenção de impostos para os principais insumos e equipamentos, tais como: fios de arame, postes de madeira tratada, bombas d'água, trado de perfuração de solo, dentre outros utilizados para os processos de recuperação e manutenção das Áreas de Preservação Permanente, de Reserva Legal e de uso restrito;

III - incentivos para comercialização, inovação e aceleração das ações de recuperação, conservação e uso sustentável das florestas e demais formas de vegetação nativa, tais como:

a) participação preferencial nos programas de apoio à comercialização da produção agrícola;

b) destinação de recursos para a pesquisa científica e tecnológica e a extensão rural relacionadas à melhoria da qualidade ambiental.

§ 1º Para financiar as atividades necessárias à regularização ambiental das propriedades rurais, o programa poderá prever:

I - destinação de recursos para a pesquisa científica e tecnológica e a extensão rural relacionadas à melhoria da qualidade ambiental;

II - dedução da base de cálculo do imposto de renda do proprietário ou possuidor de imóvel rural, pessoa física ou jurídica, de parte dos gastos efetuados com a recomposição das Áreas de Preservação Permanente, de Reserva Legal e de uso restrito cujo desmatamento seja anterior a 22 de julho de 2008;

III - utilização de fundos públicos para concessão de créditos reembolsáveis e não reembolsáveis destinados à compensação, recuperação ou recomposição das Áreas de Preservação Permanente, de Reserva Legal e de uso restrito cujo desmatamento seja anterior a 22 de julho de 2008.

§ 2º O programa previsto no *caput* poderá, ainda, estabelecer diferenciação tributária para empresas que industrializem ou comercializem produtos originários de propriedades ou posses rurais que cumpram os padrões e limites estabelecidos nos arts. 4º, 6º, 11 e 12 desta Lei, ou que estejam em processo de cumpri-los.

§ 3º Os proprietários ou possuidores de imóveis rurais inscritos no CAR, inadimplentes em relação ao cumprimento do termo de compromisso ou PRA ou que estejam sujeitos a sanções por infrações ao disposto nesta Lei, exceto aquelas suspensas em virtude do disposto no Capítulo XIII, não são elegíveis para os incentivos previstos nas alíneas *a* a *e* do inciso II do *caput* deste artigo até que as referidas sanções sejam extintas.

§ 4º As atividades de manutenção das Áreas de Preservação Permanente, de Reserva Legal e de uso restrito são elegíveis para quaisquer pagamentos ou incentivos por serviços ambientais, configurando adicionalidade para fins de mercados nacionais e internacionais de reduções de emissões certificadas de gases de efeito estufa.

§ 5º O programa relativo a serviços ambientais previsto no inciso I do *caput* deste artigo deverá integrar os sistemas em âmbito nacional e estadual, objetivando a criação de um mercado de serviços ambientais.

§ 6º Os proprietários localizados nas zonas de amortecimento de Unidades de Conservação de Proteção Integral são elegíveis para receber apoio técnico-financeiro da compensação prevista no art. 36 da Lei n. 9.985, de 18 de julho de 2000, com a finalidade de recuperação e manutenção de áreas prioritárias para a gestão da unidade.

§ 7º O pagamento ou incentivo a serviços ambientais a que se refere o inciso I deste artigo serão prioritariamente destinados aos agricultores familiares como definidos no inciso V do art. 3º desta Lei. (Acrescentado pela Lei 12.727/2012.)

Art. 42. O Governo Federal implantará programa para conversão da multa prevista no art. 50 do Decreto n. 6.514, de 22 de julho de 2008, destinado a imóveis rurais, referente a autuações vinculadas a desmatamentos em áreas onde não era vedada a supressão, que foram promovidos sem autorização ou licença, em data anterior a 22 de julho de 2008. (Acrescentado pela Lei 12.727/2012.)

Art. 43. (Vetado.)

Art. 44. É instituída a Cota de Reserva Ambiental - CRA, título nominativo representativo de área com vegetação nativa, existente ou em processo de recuperação:

- Decreto 9.640/2018 (Regulamenta a Cota de Reserva Ambiental).

I - sob regime de servidão ambiental, instituída na forma do art. 9º-A da Lei n. 6.938, de 31 de agosto de 1981;

II - correspondente à área de Reserva Legal instituída voluntariamente sobre a vegetação que exceder os percentuais exigidos no art. 12 desta Lei;

III - protegida na forma de Reserva Particular do Patrimônio Natural - RPPN, nos termos do art. 21 da Lei n. 9.985, de 18 de julho de 2000;

IV - existente em propriedade rural localizada no interior de Unidade de Conservação de domínio público que ainda não tenha sido desapropriada.

§ 1º A emissão de CRA será feita mediante requerimento do proprietário, após inclusão do imóvel no CAR e laudo comprobatório emitido pelo próprio órgão ambiental ou por entidade credenciada, assegurado o controle do órgão federal competente do Sisnama, na forma de ato do Chefe do Poder Executivo.

§ 2º A CRA não pode ser emitida com base em vegetação nativa localizada em área de RPPN instituída em sobreposição à Reserva Legal do imóvel.

§ 3º A Cota de Reserva Florestal - CRF emitida nos termos do art. 44-B da Lei n. 4.771, de 15 de setembro de 1965, passa a ser considerada, pelo efeito desta Lei, como Cota de Reserva Ambiental.

§ 4º Poderá ser instituída CRA da vegetação nativa que integra a Reserva Legal dos imóveis a que se refere o inciso V do art. 3º desta Lei.

Art. 45. A CRA será emitida pelo órgão competente do Sisnama em favor de proprietário de imóvel incluído no CAR que mantenha área nas condições previstas no art. 44.

§ 1º O proprietário interessado na emissão da CRA deve apresentar ao órgão referido no *caput* proposta acompanhada de:

I - certidão atualizada da matrícula do imóvel expedida pelo registro de imóveis competente;

II - cédula de identidade do proprietário, quando se tratar de pessoa física;

III - ato de designação de responsável, quando se tratar de pessoa jurídica;

IV - certidão negativa de débitos do Imposto sobre a Propriedade Territorial Rural - ITR;

V - memorial descritivo do imóvel, com a indicação da área a ser vinculada ao título, contendo pelo menos um ponto de amarração georreferenciado relativo ao perímetro do imóvel e um ponto de amarração georreferenciado relativo à Reserva Legal.

§ 2º Aprovada a proposta, o órgão referido no *caput* emitirá a CRA correspondente, identificando:

I - o número da CRA no sistema único de controle;

II - o nome do proprietário rural da área vinculada ao título;

III - a dimensão e a localização exata da área vinculada ao título, com memorial descritivo contendo pelo menos um ponto de amarração georreferenciado;

IV - o bioma correspondente à área vinculada ao título;

V - a classificação da área em uma das condições previstas no art. 46.

§ 3º O vínculo de área à CRA será averbado na matrícula do respectivo imóvel no registro de imóveis competente.

§ 4º O órgão federal referido no *caput* pode delegar ao órgão estadual competente atribuições para emissão, cancelamento e transferência da CRA, assegurada a implementação de sistema único de controle.

Art. 46. Cada CRA corresponderá a 1 (um) hectare:

I - de área com vegetação nativa primária ou com vegetação secundária em qualquer estágio de regeneração ou recomposição;

II - de áreas de recomposição mediante reflorestamento com espécies nativas.

§ 1º O estágio sucessional ou o tempo de recomposição ou regeneração da vegetação nativa será avaliado pelo órgão ambiental estadual competente com base em declaração do proprietário e vistoria de campo.

§ 2º A CRA não poderá ser emitida pelo órgão ambiental competente quando a regeneração ou recomposição da área forem improváveis ou inviáveis.

Art. 47. É obrigatório o registro da CRA pelo órgão emitente, no prazo de 30 (trinta) dias, contado da data da sua emissão, em bolsas de mercadorias de âmbito nacional ou em sistemas de registro e de liquidação financeira de ativos autorizados pelo Banco Central do Brasil.

Art. 48. A CRA pode ser transferida, onerosa ou gratuitamente, a pessoa física ou a pessoa jurídica de direito público ou privado, mediante termo assinado pelo titular da CRA e pelo adquirente.

§ 1º A transferência da CRA só produz efeito uma vez registrado o termo previsto no *caput* no sistema único de controle.

§ 2º A CRA só pode ser utilizada para compensar Reserva Legal de imóvel rural situado no mesmo bioma da área à qual o título está vinculado.

§ 3º A CRA só pode ser utilizada para fins de compensação de Reserva Legal se respeitados os requisitos estabelecidos no § 6º do art. 66.

§ 4º A utilização de CRA para compensação da Reserva Legal será averbada na matrícula do imóvel no qual se situa a área vinculada ao título e na do imóvel beneficiário da compensação.

Art. 49. Cabe ao proprietário do imóvel rural em que se situa a área vinculada à CRA a responsabilidade plena pela manutenção das condições de conservação da vegetação nativa da área que deu origem ao título.

§ 1º A área vinculada à emissão da CRA com base nos incisos I, II e III do art. 44 desta Lei poderá ser utilizada conforme PMFS.

§ 2º A transmissão *inter vivos* ou *causa mortis* do imóvel não elimina nem altera o vínculo de área contida no imóvel à CRA.

Art. 50. A CRA somente poderá ser cancelada nos seguintes casos:

I - por solicitação do proprietário rural, em caso de desistência de manter áreas nas condições previstas nos incisos I e II do art. 44;

II - automaticamente, em razão de término do prazo da servidão ambiental;

III - por decisão do órgão competente do Sisnama, no caso de degradação da vegetação nativa da área vinculada à CRA cujos custos e prazo de recuperação ambiental inviabilizem a continuidade do vínculo entre a área e o título.

§ 1º O cancelamento da CRA utilizada para fins de compensação de Reserva Legal só pode ser efetivado se assegurada Reserva Legal para o imóvel no qual a compensação foi aplicada.

§ 2º O cancelamento da CRA nos termos do inciso III do *caput* independe da aplicação das devidas sanções administrativas e penais decorrentes de infração à legislação ambiental, nos termos da Lei n. 9.605, de 12 de fevereiro de 1998.

§ 3º O cancelamento da CRA deve ser averbado na matrícula do imóvel no qual se situa a área vinculada ao título e do imóvel no qual a compensação foi aplicada.

CAPÍTULO XI
DO CONTROLE DO DESMATAMENTO

Art. 51. O órgão ambiental competente, ao tomar conhecimento do desmatamento em desacordo com o disposto nesta Lei, deverá embargar a obra ou atividade que deu causa ao uso alternativo do solo, como medida administrativa voltada a impedir a continuidade do dano ambiental, propiciar a regeneração do meio ambiente e dar viabilidade à recuperação da área degradada.

§ 1º O embargo restringe-se aos locais onde efetivamente ocorreu o desmatamento ilegal, não alcançando as atividades de subsistência ou as demais atividades realizadas no imóvel não relacionadas com a infração.

§ 2º O órgão ambiental responsável deverá disponibilizar publicamente as informações sobre o imóvel embargado, inclusive por meio da rede mundial de computadores, resguardados os dados protegidos por legislação específica, caracterizando o exato local da área embargada e informando em que estágio se encontra o respectivo procedimento administrativo.

§ 3º A pedido do interessado, o órgão ambiental responsável emitirá certidão em que conste a atividade, a obra e a parte da área do imóvel que são objetos do embargo, conforme o caso.

CAPÍTULO XII
DA AGRICULTURA FAMILIAR

Art. 52. A intervenção e a supressão de vegetação em Áreas de Preservação Permanente e de Reserva Legal para as atividades eventuais ou de baixo impacto ambiental, previstas no inciso X do art. 3º, excetuadas as alíneas *b* e *g*, quando desenvolvidas nos imóveis a que se refere o inciso V do art. 3º, dependerão de simples declaração ao órgão ambiental competente, desde que esteja o imóvel devidamente inscrito no CAR.

Art. 53. Para o registro no CAR da Reserva Legal, nos imóveis a que se refere o inciso V do art. 3º, o proprietário ou possuidor apresentará os dados identificando a área proposta de Reserva Legal, cabendo aos órgãos competentes integrantes do Sisnama, ou instituição por ele habilitada, realizar a captação das respectivas coordenadas geográficas.

Parágrafo único. O registro da Reserva Legal nos imóveis a que se refere o inciso V do art. 3º é gratuito, devendo o poder público prestar apoio técnico e jurídico.

Art. 54. Para cumprimento da manutenção da área de reserva legal nos imóveis a que se refere o inciso V do art. 3º, poderão ser computados os plantios de árvores frutíferas, ornamentais ou industriais, compostos por espécies exóticas, cultivadas em sistema intercalar ou em consórcio com espécies nativas da região em sistemas agroflorestais.

Parágrafo único. O poder público estadual deverá prestar apoio técnico para a recomposição da vegetação da Reserva Legal nos imóveis a que se refere o inciso V do art. 3º.

Art. 55. A inscrição no CAR dos imóveis a que se refere o inciso V do art. 3º observará procedimento simplificado no qual será obrigatória apenas a apresentação dos documentos mencionados nos incisos I e II do § 1º do art. 29 e de croqui indicando o perímetro do imóvel, as Áreas de Preservação Permanente e os remanescentes que formam a Reserva Legal.

Art. 56. O licenciamento ambiental de PMFS comercial nos imóveis a que se refere o inciso V do art. 3º se beneficiará de procedimento simplificado de licenciamento ambiental.

§ 1º O manejo sustentável da Reserva Legal para exploração florestal eventual, sem propósito comercial direto ou indireto, para consumo no próprio imóvel a que se refere o inciso V do art. 3º, independe de autorização dos órgãos ambientais competentes, limitada a retirada anual de material lenhoso a 2 (dois) metros cúbicos por hectare.

§ 2º O manejo previsto no § 1º não poderá comprometer mais de 15% (quinze por cento) da biomassa da Reserva Legal nem ser superior a 15 (quinze) metros cúbicos de lenha para uso doméstico e uso energético, por propriedade ou posse rural, por ano.

§ 3º Para os fins desta Lei, entende-se por manejo eventual, sem propósito comercial, o suprimento, para uso no próprio imóvel, de lenha ou madeira serrada destinada a benfeitorias e uso energético nas propriedades e posses rurais, em quantidade não superior ao estipulado no § 1º deste artigo.

§ 4º Os limites para utilização previstos no § 1º deste artigo no caso de posse coletiva de populações tradicionais ou de agricultura familiar serão adotados por unidade familiar.

§ 5º As propriedades a que se refere o inciso V do art. 3º são desobrigadas da reposição florestal se a matéria-prima florestal for utilizada para consumo próprio.

Art. 57. Nos imóveis a que se refere o inciso V do art. 3º, o manejo florestal madeireiro sustentável da Reserva Legal com propósito comercial direto ou indireto depende de autorização simplificada do órgão ambiental competente, devendo o interessado apresentar, no mínimo, as seguintes informações:

I - dados do proprietário ou possuidor rural;

II - dados da propriedade ou posse rural, incluindo cópia da matrícula do imóvel no Registro Geral do Cartório de Registro de Imóveis ou comprovante de posse;

III - croqui da área do imóvel com indicação da área a ser objeto do manejo seletivo, estimativa do volume de produtos e subprodutos florestais a serem obtidos com o manejo seletivo, indicação da sua destinação e cronograma de execução previsto.

Art. 58. Assegurado o controle e a fiscalização dos órgãos ambientais competentes dos respectivos planos ou projetos, assim como as obrigações do detentor do imóvel, o poder público poderá instituir programa de apoio técnico e incentivos financeiros, podendo incluir medidas indutoras e linhas de financiamento para atender, prioritariamente, os imóveis a que se refere o inciso V do *caput* do art. 3º, nas iniciativas de: (Alterado pela Lei 12.727/2012.)

I - preservação voluntária de vegetação nativa acima dos limites estabelecidos no art. 12;

II - proteção de espécies da flora nativa ameaçadas de extinção;

III - implantação de sistemas agroflorestal e agrossilvipastoril;

IV - recuperação ambiental de Áreas de Preservação Permanente e de Reserva Legal;

V - recuperação de áreas degradadas;

VI - promoção de assistência técnica para regularização ambiental e recuperação de áreas degradadas;

VII - produção de mudas e sementes;

VIII - pagamento por serviços ambientais.

CAPÍTULO XIII
DISPOSIÇÕES TRANSITÓRIAS

SEÇÃO I
DISPOSIÇÕES GERAIS

Art. 59. A União, os Estados e o Distrito Federal deverão implantar Programas de Regularização Ambiental (PRAs) de posses e propriedades rurais, com o objetivo de adequá-las aos termos deste Capítulo. (Redação dada pela Lei 13.887/2019)

§ 1º Na regulamentação dos PRAs, a União estabelecerá normas de caráter geral, e os Estados e o Distrito Federal ficarão incumbidos do seu detalhamento por meio da edição de normas de caráter específico, em razão de suas peculiaridades territoriais, climáticas, históricas, culturais, econômicas e sociais, conforme preceitua o art. 24 da Constituição Federal. (Redação dada pela Lei nº 13.887/2019)

§ 2º A inscrição do imóvel rural no CAR é condição obrigatória para a adesão ao PRA, que deve ser requerida em até 2 (dois) anos, observado o disposto no § 4º do art. 29 desta Lei. (Redação dada pela Lei nº 13.887/2019)

- Dec. 8.439/2015 (Delega competência ao Ministro de Estado do Meio Ambiente para prorrogação do prazo previsto neste parágrafo.)

§ 3º Com base no requerimento de adesão ao PRA, o órgão competente integrante do Sisnama convocará o proprietário ou possuidor para assinar o termo de compromisso, que constituirá título executivo extrajudicial.

§ 4º No período entre a publicação desta Lei e a implantação do PRA em cada Estado e no Distrito Federal, bem como após a adesão do interessado ao PRA e enquanto estiver sendo cumprido o termo de compromisso, o proprietário ou possuidor não poderá ser autuado por infrações cometidas antes de 22 de julho de 2008, relativas à supressão irregular de vegetação em Áreas de Preservação Permanente, de Reserva Legal e de uso restrito.

§ 5º A partir da assinatura do termo de compromisso, serão suspensas as sanções decorrentes das infrações mencionadas no § 4º deste artigo e, cumpridas as obrigações estabelecidas no PRA ou no termo de compromisso para a regularização ambiental das exigências desta Lei, nos prazos e condições neles estabelecidos, as multas referidas neste artigo serão consideradas como convertidas em serviços de preservação, melhoria e recuperação da qualidade do meio ambiente, regularizando o uso de áreas rurais consolidadas conforme definido no PRA.

§ 6º (Vetado pela Lei 12.727/2012.)

§ 7º Caso os Estados e o Distrito Federal não implantem o PRA até 31 de dezembro de 2020, o proprietário ou possuidor de imóvel rural poderá aderir ao PRA implantado pela União, observado o disposto no § 2º deste artigo. (Acrescido pela Lei 13.887/2019)

Art. 60. A assinatura de termo de compromisso para regularização de imóvel ou posse rural perante o órgão ambiental competente, mencionado no art. 59, suspenderá a punibilidade dos crimes previstos nos arts. 38, 39 e 48 da Lei n. 9.605, de 12 de fevereiro de 1998, enquanto o termo estiver sendo cumprido.

§ 1º A prescrição ficará interrompida durante o período de suspensão da pretensão punitiva.

§ 2º Extingue-se a punibilidade com a efetiva regularização prevista nesta Lei.

SEÇÃO II
DAS ÁREAS CONSOLIDADAS EM ÁREAS DE PRESERVAÇÃO PERMANENTE

Art. 61. (Vetado.)

Art. 61-A. Nas Áreas de Preservação Permanente, é autorizada, exclusivamente, a continuidade das atividades agrossilvipastoris, de ecoturismo e de turismo rural em áreas rurais consolidadas até 22 de julho de 2008. (Acrescentado pela Lei 12.727/2012.)

§ 1º Para os imóveis rurais com área de até 1 (um) módulo fiscal que possuam áreas consolidadas em Áreas de Preservação Permanente ao longo de cursos d'água naturais, será obrigatória a recomposição das respectivas faixas marginais em 5 (cinco) metros, contados da borda da calha do leito regular, independentemente da largura do curso d´água. (Acrescentado pela Lei 12.727/2012.)

§ 2º Para os imóveis rurais com área superior a 1 (um) módulo fiscal e de até 2 (dois) módulos fiscais que possuam áreas consolidadas em Áreas de Preservação Permanente ao longo de cursos d'água naturais, será obrigatória a recomposição das respectivas faixas marginais em

8 (oito) metros, contados da borda da calha do leito regular, independentemente da largura do curso d´água. (Acrescentado pela Lei 12.727/2012.)

§ 3º Para os imóveis rurais com área superior a 2 (dois) módulos fiscais e de até 4 (quatro) módulos fiscais que possuam áreas consolidadas em Áreas de Preservação Permanente ao longo de cursos d'água naturais, será obrigatória a recomposição das respectivas faixas marginais em 15 (quinze) metros, contados da borda da calha do leito regular, independentemente da largura do curso d'água. (Acrescentado pela Lei 12.727/2012.)

§ 4º Para os imóveis rurais com área superior a 4 (quatro) módulos fiscais que possuam áreas consolidadas em Áreas de Preservação Permanente ao longo de cursos d'água naturais, será obrigatória a recomposição das respectivas faixas marginais: (Acrescentado pela Lei 12.727/2012.)

I - (Vetado pela Lei 12.727/2012.) e

II - nos demais casos, conforme determinação do PRA, observado o mínimo de 20 (vinte) e o máximo de 100 (cem) metros, contados da borda da calha do leito regular. (Acrescentado pela Lei 12.727/2012.)

§ 5º Nos casos de áreas rurais consolidadas em Áreas de Preservação Permanente no entorno de nascentes e olhos d'água perenes, será admitida a manutenção de atividades agrossilvipastoris, de ecoturismo ou de turismo rural, sendo obrigatória a recomposição do raio mínimo de 15 (quinze) metros. (Acrescentado pela Lei 12.727/2012.)

§ 6º Para os imóveis rurais que possuam áreas consolidadas em Áreas de Preservação Permanente no entorno de lagos e lagoas naturais, será admitida a manutenção de atividades agrossilvipastoris, de ecoturismo ou de turismo rural, sendo obrigatória a recomposição de faixa marginal com largura mínima de: (Acrescentado pela Lei 12.727/2012.)

I - 5 (cinco) metros, para imóveis rurais com área de até 1 (um) módulo fiscal; (Acrescentado pela Lei 12.727/2012.)

II - 8 (oito) metros, para imóveis rurais com área superior a 1 (um) módulo fiscal e de até 2 (dois) módulos fiscais; (Acrescentado pela Lei 12.727/2012.)

III - 15 (quinze) metros, para imóveis rurais com área superior a 2 (dois) módulos fiscais e de até 4 (quatro) módulos fiscais; e (Acrescentado pela Lei 12.727/2012.)

IV - 30 (trinta) metros, para imóveis rurais com área superior a 4 (quatro) módulos fiscais. (Acrescentado pela Lei 12.727/2012.)

§ 7º Nos casos de áreas rurais consolidadas em veredas, será obrigatória a recomposição das faixas marginais, em projeção horizontal, delimitadas a partir do espaço brejoso e encharcado, de largura mínima de: (Acrescentado pela Lei 12.727/2012.)

I - 30 (trinta) metros, para imóveis rurais com área de até 4 (quatro) módulos fiscais; e (Acrescentado pela Lei 12.727/2012.)

II - 50 (cinquenta) metros, para imóveis rurais com área superior a 4 (quatro) módulos fiscais. (Acrescentado pela Lei 12.727/2012.)

§ 8º Será considerada, para os fins do disposto no *caput* e nos §§ 1º a 7º, a área detida pelo imóvel rural em 22 de julho de 2008. (Acrescentado pela Lei 12.727/2012.)

§ 9º A existência das situações previstas no *caput* deverá ser informada no CAR para fins de monitoramento, sendo exigida, nesses casos, a adoção de técnicas de conservação do solo e da água que visem à mitigação dos eventuais impactos. (Acrescentado pela Lei 12.727/2012.)

§ 10. Antes mesmo da disponibilização do CAR, no caso das intervenções já existentes, é o proprietário ou possuidor rural responsável pela conservação do solo e da água, por meio de adoção de boas práticas agronômicas. (Acrescentado pela Lei 12.727/2012.)

§ 11. A realização das atividades previstas no *caput* observará critérios técnicos de conservação do solo e da água indicados no PRA previsto nesta Lei, sendo vedada a conversão de novas áreas para uso alternativo do solo nesses locais. (Acrescentado pela Lei 12.727/2012.)

§ 12. Será admitida a manutenção de residências e da infraestrutura associada às atividades agrossilvipastoris, de ecoturismo e de turismo rural, inclusive o acesso a essas atividades, independentemente das determinações contidas no *caput* e nos §§ 1º a 7º, desde que não estejam em área que ofereça risco à vida ou à integridade física das pessoas. (Acrescentado pela Lei 12.727/2012.)

§ 13. A recomposição de que trata este artigo poderá ser feita, isolada ou conjuntamente, pelos seguintes métodos: (Acrescentado pela Lei 12.727/2012.)

I - condução de regeneração natural de espécies nativas; (Acrescentado pela Lei 12.727/2012.)

II - plantio de espécies nativas; (Acrescentado pela Lei 12.727/2012.)

III - plantio de espécies nativas conjugado com a condução da regeneração natural de espécies nativas; (Acrescentado pela Lei 12.727/2012.)

IV - plantio intercalado de espécies lenhosas, perenes ou de ciclo longo, exóticas com nativas de ocorrência regional, em até 50% (cinquenta por cento) da área total a ser recomposta, no caso dos imóveis a que se refere o inciso V do *caput* do art. 3º; (Acrescentado pela Lei 12.727/2012.)

V - (Vetado pela Lei 12.727/2012.)

§ 14. Em todos os casos previstos neste artigo, o poder público, verificada a existência de risco de agravamento de processos erosivos ou de inundações, determinará a adoção de medidas mitigadoras que garantam a estabilidade das margens e a qualidade da água, após deliberação do Conselho Estadual de Meio Ambiente ou de órgão colegiado estadual equivalente. (Acrescentado pela Lei 12.727/2012.)

§ 15. A partir da data da publicação desta Lei e até o término do prazo de adesão ao PRA de que trata o § 2º do art. 59, é autorizada a continuidade das atividades desenvolvidas nas áreas de que trata o *caput*, as quais deverão ser informadas no CAR para fins de monitoramento, sendo exigida a adoção de medidas de conservação do solo e da água. (Acrescentado pela Lei 12.727/2012.)

§ 16. As Áreas de Preservação Permanente localizadas em imóveis inseridos nos limites de Unidades de Conservação de Proteção Integral criadas por ato do poder público até a data de publicação desta Lei não são passíveis de ter quaisquer atividades consideradas como consolidadas nos termos do *caput* e dos §§ 1º a 15, ressalvado o que dispuser o Plano de Manejo elaborado e aprovado de acordo com as orientações emitidas pelo órgão competente do Sisnama, nos termos do que dispuser regulamento do Chefe do Poder Executivo, devendo o proprietário, possuidor rural ou ocupante a qualquer título adotar todas as medidas indicadas. (Acrescentado pela Lei 12.727/2012.)

§ 17. Em bacias hidrográficas consideradas críticas, conforme previsto em legislação específica, o Chefe do Poder Executivo poderá, em ato próprio, estabelecer metas e diretrizes de recuperação ou conservação da vegetação nativa superiores às definidas no *caput* e nos §§ 1º a 7º, como projeto prioritário, ouvidos o Comitê de Bacia Hidrográfica e o Conselho Estadual de Meio Ambiente. (Acrescentado pela Lei 12.727/2012.)

§ 18. (Vetado pela Lei 12.727/2012.)

Art. 61-B. Aos proprietários e possuidores dos imóveis rurais que, em 22 de julho de 2008, detinham até 10 (dez) módulos fiscais e desenvolviam atividades agrossilvipastoris nas áreas consolidadas em Áreas de Preservação Permanente é garantido que a exigência de recomposição, nos termos desta Lei, somadas todas as Áreas de Preservação Permanente do imóvel, não ultrapassará: (Acrescentado pela Lei 12.727/2012.)

I -10% (dez por cento) da área total do imóvel, para imóveis rurais com área de até 2 (dois) módulos fiscais; (Acrescentado pela Lei 12.727/2012.)

II - 20% (vinte por cento) da área total do imóvel, para imóveis rurais com área superior a 2 (dois) e de até 4 (quatro) módulos fiscais; (Acrescentado pela Lei 12.727/2012.)

III - (Vetado pela Lei 12.727/2012.)

Art. 61-C. Para os assentamentos do Programa de Reforma Agrária, a recomposição de áreas consolidadas em Áreas de Preservação Permanente ao longo ou no entorno de cursos d›água, lagos e lagoas naturais observará as exigências estabelecidas no art. 61-A, observados os limites de cada área demarcada individualmente, objeto de contrato de concessão de uso, até a titulação por parte do Instituto Nacional de Colonização e Reforma Agrária - Incra. (Acrescentado pela Lei 12.727/2012.)

Art. 62. Para os reservatórios artificiais de água destinados a geração de energia ou abastecimento público que foram registrados ou tiveram seus contratos de concessão ou autorização assinados anteriormente à Medida Provisória n. 2.166-67, de 24 de agosto de 2001, a faixa da Área de Preservação Permanente será a distância entre o nível máximo operativo normal e a cota máxima *maximorum*.

Art. 63. Nas áreas rurais consolidadas nos locais de que tratam os incisos V, VIII, IX e X do art. 4º, será admitida a manutenção de atividades florestais, culturas de espécies lenhosas, perenes ou de ciclo longo, bem como da infraestrutura física associada ao desenvolvimento de atividades agrossilvipastoris, vedada a conversão de novas áreas para uso alternativo do solo.

§ 1º O pastoreio extensivo nos locais referidos no *caput* deverá ficar restrito às áreas de vegetação campestre natural ou já convertidas para vegetação campestre, admitindo-se o consórcio com vegetação lenhosa perene ou de ciclo longo.

§ 2º A manutenção das culturas e da infraestrutura de que trata o *caput* é condicionada à adoção de práticas conservacionistas do solo e da água indicadas pelos órgãos de assistência técnica rural.

§ 3º Admite-se, nas Áreas de Preservação Permanente, previstas no inciso VIII do art. 4º, dos imóveis rurais de até 4 (quatro) módulos fiscais, no âmbito do PRA, a partir de boas práticas agronômicas e de conservação do solo e da água, mediante deliberação dos Conselhos Estaduais de Meio Ambiente ou órgãos colegiados estaduais equivalentes, a consolidação de outras atividades agrossilvipastoris, ressalvadas as situações de risco de vida.

Art. 64. Na Reurb-S dos núcleos urbanos informais que ocupam Áreas de Preservação Permanente, a regularização fundiária será admitida por meio da aprovação do projeto de regularização fundiária, na forma da lei específica de regularização fundiária urbana. (Redação dada pela Lei 13.465/2017)

§ 1º O projeto de regularização fundiária de interesse social deverá incluir estudo técnico que demonstre a melhoria das condições ambientais em relação à situação anterior com a adoção das medidas nele preconizadas.

§ 2º O estudo técnico mencionado no § 1º deverá conter, no mínimo, os seguintes elementos:

I - caracterização da situação ambiental da área a ser regularizada;

II - especificação dos sistemas de saneamento básico;

III - proposição de intervenções para a prevenção e o controle de riscos geotécnicos e de inundações;

IV - recuperação de áreas degradadas e daquelas não passíveis de regularização;

V - comprovação da melhoria das condições de sustentabilidade urbano-ambiental, considerados o uso adequado dos recursos hídricos, a não ocupação das áreas de risco e a proteção das unidades de conservação, quando for o caso;

VI - comprovação da melhoria da habitabilidade dos moradores propiciada pela regularização proposta; e

VII - garantia de acesso público às praias e aos corpos d'água.

Art. 65. Na Reurb-E dos núcleos urbanos informais que ocupam Áreas de Preservação Permanente não identificadas como áreas de risco, a regularização fundiária será admitida por meio da aprovação do projeto de regularização fundiária, na forma da lei específica de regularização fundiária urbana. (Redação dada pela Lei 13.465/2017).

§ 1º O processo de regularização fundiária de interesse específico deverá incluir estudo técnico que demonstre a melhoria das condições ambientais em relação à situação anterior e ser instruído com os seguintes elementos: (Redação dada pela Lei 13.465/2017)

I - a caracterização físico-ambiental, social, cultural e econômica da área;

II - a identificação dos recursos ambientais, dos passivos e fragilidades ambientais e das restrições e potencialidades da área;

III - a especificação e a avaliação dos sistemas de infraestrutura urbana e de saneamento básico implantados, outros serviços e equipamentos públicos;

IV - a identificação das unidades de conservação e das áreas de proteção de mananciais na área de influência direta da ocupação, sejam elas águas superficiais ou subterrâneas;

V - a especificação da ocupação consolidada existente na área;

VI - a identificação das áreas consideradas de risco de inundações e de movimentos de massa rochosa, tais como deslizamento, queda e rolamento de blocos, corrida de lama e outras definidas como de risco geotécnico;

VII - a indicação das faixas ou áreas em que devem ser resguardadas as características típicas da Área de Preservação Permanente com a devida proposta de recuperação de áreas degradadas e daquelas não passíveis de regularização;

VIII - a avaliação dos riscos ambientais;

IX - a comprovação da melhoria das condições de sustentabilidade urbano-ambiental e de habitabilidade dos moradores a partir da regularização; e

X - a demonstração de garantia de acesso livre e gratuito pela população às praias e aos corpos d'água, quando couber.

§ 2º Para fins da regularização ambiental prevista no *caput*, ao longo dos rios ou de qualquer curso d'água, será mantida faixa não edificável com largura mínima de 15 (quinze) metros de cada lado.

§ 3º Em áreas urbanas tombadas como patrimônio histórico e cultural, a faixa não edificável de que trata o § 2º poderá ser redefinida de maneira a atender aos parâmetros do ato do tombamento.

SEÇÃO III
DAS ÁREAS CONSOLIDADAS EM ÁREAS DE RESERVA LEGAL

Art. 66. O proprietário ou possuidor de imóvel rural que detinha, em 22 de julho de 2008, área de Reserva Legal em extensão inferior ao estabelecido no art. 12, poderá regularizar sua situação, independentemente da adesão ao PRA, adotando as seguintes alternativas, isolada ou conjuntamente:

I - recompor a Reserva Legal;

II - permitir a regeneração natural da vegetação na área de Reserva Legal;

III - compensar a Reserva Legal.

§ 1º A obrigação prevista no *caput* tem natureza real e é transmitida ao sucessor no caso de transferência de domínio ou posse do imóvel rural.

§ 2º A recomposição de que trata o inciso I do *caput* deverá atender os critérios estipulados pelo órgão competente do Sisnama e ser concluída em até 20 (vinte) anos, abrangendo, a cada 2 (dois) anos, no mínimo 1/10 (um décimo) da área total necessária à sua complementação.

§ 3º A recomposição de que trata o inciso I do *caput* poderá ser realizada mediante o plantio intercalado de espécies nativas com exóticas ou frutíferas, em sistema agroflorestal, observados os seguintes parâmetros: (Alterado pela Lei 12.727/2012.)

- Lei 12.854/2013 (Fomenta e incentiva ações que promovam a recuperação florestal e a implantação de sistemas agroflorestais em áreas rurais desapropriadas e em áreas degradadas, nos casos que especifica).

I - o plantio de espécies exóticas deverá ser combinado com as espécies nativas de ocorrência regional;

II - a área recomposta com espécies exóticas não poderá exceder a 50% (cinquenta por cento) da área total a ser recuperada.

§ 4º Os proprietários ou possuidores do imóvel que optarem por recompor a Reserva Legal na forma dos §§ 2º e 3º terão direito à sua exploração econômica, nos termos desta Lei.

§ 5º A compensação de que trata o inciso III do *caput* deverá ser precedida pela inscrição da propriedade no CAR e poderá ser feita mediante:

I - aquisição de Cota de Reserva Ambiental - CRA;

II - arrendamento de área sob regime de servidão ambiental ou Reserva Legal;

III - doação ao poder público de área localizada no interior de Unidade de Conservação de domínio público pendente de regularização fundiária;

IV - cadastramento de outra área equivalente e excedente à Reserva Legal, em imóvel de mesma titularidade ou adquirida em imóvel de terceiro, com vegetação nativa estabelecida, em regeneração ou recomposição, desde que localizada no mesmo bioma.

§ 6º As áreas a serem utilizadas para compensação na forma do § 5º deverão:

I - ser equivalentes em extensão à área da Reserva Legal a ser compensada;

II - estar localizadas no mesmo bioma da área de Reserva Legal a ser compensada;

III - se fora do Estado, estar localizadas em áreas identificadas como prioritárias pela União ou pelos Estados.

§ 7º A definição de áreas prioritárias de que trata o § 6º buscará favorecer, entre outros, a recuperação de bacias hidrográficas excessivamente desmatadas, a criação de corredores ecológicos, a conservação de grandes áreas protegidas e a conservação ou recuperação de ecossistemas ou espécies ameaçados.

§ 8º Quando se tratar de imóveis públicos, a compensação de que trata o inciso III do *caput* poderá ser feita mediante concessão de direito real de uso ou doação, por parte da pessoa jurídica de direito público proprietária de imóvel rural que não detém Reserva Legal em extensão suficiente, ao órgão público responsável pela Unidade de Conservação de área localizada no interior de Unidade de Conservação de domínio público, a ser criada ou pendente de regularização fundiária.

§ 9º As medidas de compensação previstas neste artigo não poderão ser utilizadas como forma de viabilizar a conversão de novas áreas para uso alternativo do solo.

Art. 67. Nos imóveis rurais que detinham, em 22 de julho de 2008, área de até 4 (quatro) módulos fiscais e que possuam remanescente de vegetação nativa em percentuais inferiores ao previsto no art. 12, a Reserva Legal será constituída com a área ocupada com a vegetação nativa existente em 22 de julho de 2008, vedadas novas conversões para uso alternativo do solo.

Art. 68. Os proprietários ou possuidores de imóveis rurais que realizaram supressão de vegetação nativa respeitando os percentuais de Reserva Legal previstos pela legislação em vigor à época em que ocorreu a supressão são dispensados de promover a recomposição, compensação ou regeneração para os percentuais exigidos nesta Lei.

§ 1º Os proprietários ou possuidores de imóveis rurais poderão provar essas situações consolidadas por documentos tais como a descrição de fatos históricos de ocupação da região, registros de comercialização, dados agropecuários da atividade, contratos e documentos bancários relativos à produção, e por todos os outros meios de prova em direito admitidos.

§ 2º Os proprietários ou possuidores de imóveis rurais, na Amazônia Legal, e seus herdeiros necessários que possuam índice de Reserva Legal maior que 50% (cinquenta por cento) de cobertura florestal e não realizaram a supressão da vegetação nos percentuais previstos pela legislação em vigor à época poderão utilizar a área excedente de Reserva Legal também para fins de constituição de servidão ambiental, Cota de Reserva Ambiental - CRA e outros instrumentos congêneres previstos nesta Lei.

CAPÍTULO XIV
DISPOSIÇÕES COMPLEMENTARES E FINAIS

Art. 69. São obrigados a registro no órgão federal competente do Sisnama os estabelecimentos comerciais responsáveis pela comercialização de motosserras, bem como aqueles que as adquirirem.

§ 1º A licença para o porte e uso de motosserras será renovada a cada 2 (dois) anos.

§ 2º Os fabricantes de motosserras são obrigados a imprimir, em local visível do equipamento, numeração cuja sequência será encaminhada ao órgão federal competente do Sisnama e constará nas correspondentes notas fiscais.

Art. 70. Além do disposto nesta Lei e sem prejuízo da criação de unidades de conservação da natureza, na forma da Lei n. 9.985, de 18 de julho de 2000, e de outras ações cabíveis voltadas à proteção das florestas e outras formas de vegetação, o poder público federal, estadual ou municipal poderá:

I - proibir ou limitar o corte das espécies da flora raras, endêmicas, em perigo ou ameaçadas de extinção, bem como das espécies necessárias à subsistência das populações tradicionais, delimitando as áreas compreendidas no ato, fazendo depender de autorização prévia, nessas áreas, o corte de outras espécies;

II - declarar qualquer árvore imune de corte, por motivo de sua localização, raridade, beleza ou condição de porta-sementes;

III - estabelecer exigências administrativas sobre o registro e outras formas de controle de pessoas físicas ou jurídicas que se dedicam à extração, indústria ou comércio de produtos ou subprodutos florestais.

Art. 71. A União, em conjunto com os Estados, o Distrito Federal e os Municípios, realizará o Inventário Florestal Nacional, para subsidiar a análise da existência e qualidade das florestas do País, em imóveis privados e terras públicas.

Parágrafo único. A União estabelecerá critérios e mecanismos para uniformizar a coleta, a manutenção e a atualização das informações do Inventário Florestal Nacional.

Art. 72. Para efeitos desta Lei, a atividade de silvicultura, quando realizada em área apta ao uso alternativo do solo, é equiparada à atividade agrícola, nos termos da Lei n. 8.171, de 17 de janeiro de 1991, que "dispõe sobre a política agrícola".

Art. 73. Os órgãos centrais e executores do Sisnama criarão e implementarão, com a participação dos órgãos estaduais, indicadores de sustentabilidade, a serem publicados semestralmente, com vistas em aferir a evolução dos componentes do sistema abrangidos por disposições desta Lei.

Art. 74. A Câmara de Comércio Exterior - CAMEX, de que trata o art. 20-B da Lei n. 9.649, de 27 de maio de 1998, com a redação dada pela Medida Provisória n. 2.216-37, de 31 de agosto de 2001, é autorizada a adotar medidas de restrição às importações de bens de origem agropecuária ou florestal produzidos em países que não observem normas e padrões de proteção do meio ambiente compatíveis com as estabelecidas pela legislação brasileira.

Art. 75. Os PRAs instituídos pela União, Estados e Distrito Federal deverão incluir mecanismo que permita o acompanhamento de sua implementação, considerando os objetivos e metas nacionais para florestas, especialmente a implementação dos instrumentos previstos nesta Lei, a adesão cadastral dos proprietários e possuidores de imóvel rural, a evolução da regularização das propriedades e posses rurais, o grau de regularidade do uso de matéria-prima florestal e o controle e prevenção de incêndios florestais.

Arts. 76. e 77. (Vetados.)

Art. 78. O art. 9º-A da Lei n. 6.938, de 31 de agosto de 1981, passa a vigorar com a seguinte redação:

- Alteração promovida no texto da referida lei.

Art. 78-A. Após 31 de dezembro de 2017, as instituições financeiras só concederão crédito agrícola, em qualquer de suas modalidades, para proprietários de imóveis rurais que estejam inscritos no CAR. (Alterado pela Lei 13.295/2016).

Parágrafo único. O prazo de que trata este artigo será prorrogado em observância aos novos prazos de que trata o § 3º do art. 29. (Acrescentado pela Lei 13.295/2016).

- Decreto 7.830/2012 (Dispõe sobre o Sistema de Cadastro Ambiental Rural, o Cadastro Ambiental Rural, estabelece normas de caráter geral aos Programas de Regularização Ambiental, de que trata a Lei 12.651/2012).

Art. 79. A Lei n. 6.938, de 31 de agosto de 1981, passa a vigorar acrescida dos seguintes arts. 9º-B e 9º-C:

- Dispositivos acrescentados no texto da referida lei.

Art. 80. A alínea *d* do inciso II do § 1º do art. 10 da Lei 9.393, de 19 de dezembro de 1996, passa a vigorar com a seguinte redação:

"Art. 10. [...]

§ 1º [...]

II – [...]

d) sob regime de servidão ambiental;

[...]" (NR)

Art. 81. O *caput* do art. 35 da Lei n. 11.428, de 22 de dezembro de 2006, passa a vigorar com a seguinte redação:

- Alteração promovida no texto da referida lei.

Art. 82. São a União, os Estados, o Distrito Federal e os Municípios autorizados a instituir, adaptar ou reformular, no prazo de 6 (seis) meses, no âmbito do Sisnama, instituições florestais ou afins, devidamente aparelhadas para assegurar a plena consecução desta Lei.

Parágrafo único. As instituições referidas no *caput* poderão credenciar, mediante edital de seleção pública, profissionais devidamente habilitados para apoiar a regularização ambiental das propriedades previstas no inciso V do art. 3º, nos termos de regulamento baixado por ato do Chefe do Poder Executivo.

Art. 83. Revogam-se as Leis n. 4.771, de 15 de setembro de 1965, e 7.754, de 14 de abril de 1989, e suas alterações posteriores, e a Medida Provisória n. 2.166-67, de 24 de agosto de 2001.

Art. 84. Esta Lei entra em vigor na data de sua publicação.

Brasília, 25 de maio de 2012; 191º da Independência e 124º da República.

Dilma Rousseff

ÍNDICE ALFABÉTICO-REMISSIVO DO CÓDIGO FLORESTAL

– A –

AGRICULTURA FAMILIAR

- arts. 52 a 58
- autorização simplificada manejo florestal madeireiro sustentável da Reserva Legal: art. 57
- controle e fiscalização dos órgãos ambientais: art. 58
- gratuidade do registro da Reserva Legal: art. 53, § 1º
- inscrição dos imóveis no Cadastro Ambiental Rural: arts. 29 e 55
- intervenção e supressão de vegetação em Áreas de Preservação Permanente e de Reserva Legal para as atividades eventuais ou de baixo impacto ambienta l: art. 52
- manejo eventual: art. 56, § 3º
- manutenção da área de reserva legal: art. 54
- procedimento simplificado: art. 56
- recomposição da vegetação da Reserva Legal: art. 54, § 1º
- registro no CAR da Reserva Legal: art. 53

AGROSSIVIPASTORIS

- vegetação; intervenção ou supressão: art. 8º

AMAZÔNIA LEGAL

- constituição de servidão ambiental e outros instrumentos congêneres: art. 68, § 2º
- definição: art. 3º, I
- dispensa do cômputo das Áreas de Preservação Permanente no cálculo do percentual da Reserva Legal: art. 15, § 4º, I
- percentual de Reserva Legal: art. 12, I e § 2º
- reduzir ZEE: art. 13, I

APICUM

- definição: art. 3º, XV
- ampliação da ocupação: art. 11-A, § 5º
- utilização em atividades de carcinicultura (requisitos): art. 11-A, § 1º
- estudo prévio de impacto ambiental – EPIA e relatório de impacto ambiental – RIMA: art. 11-A, § 3º
- licença ambiental: art. 11-A, § 2º
- medidas de controle e adequação: art. 11-A, § 4º
- regularização das atividades e empreendimentos: art. 11-A, § 6º
- uso ecologicamente sustentável: art. 11-A
- vedações: art. 11-A, § 7º

AQUICULTURA

- admissão da prática: art. 4º, § 6º, *caput*
- requisitos: art. 40, § 6º

ÁREA ABANDONADA

- imóvel rural: art. 3º, XXV, e 29

ÁREA DE PRESERVAÇÃO PERMANENTE – APP

- abrangência: art. 4º a 6º
- acesso de pessoas e animais: art. 9º
- continuidade das atividades agrossilvipastoris de ecoturismo e de turismo rural: art. 61-A
- definição: art. 3º, II
- dispensa da reserva da faixa de proteção: art. 4º, § 4º
- dispensa de autorização para atividades de segurança nacional e obras de interesse da defesa civil: art. 8º, § 3º
- exigência de recomposição: art. 61-B
- função ecológica do manguezal comprometida: art. 80, § 2º
- hipóteses: art. 4º
- implantação de reservatório d'água: art. 5º
- impossibilidade de regularização de futuras intervenções: art. 8º, § 4º
- interesse social: art. 6º
- intervenção ou a supressão de vegetação nativa: art. 8º
- não exigência: art. 40, § 1º
- plantio de culturas temporárias: art. 4º, § 5º
- recomposição de áreas consolidadas em Áreas de Preservação Permanente: art. 61-C
- regularização fundiária de interesse específico: art. 65
- regularização fundiária de interesse social: art. 64
- regime de proteção: art. 7º a 9º
- reservatórios artificiais de água: art. 62
- supressão de vegetação nativa (autorização): art. 8º, § 1º
- vegetação: art. 7º

ÁREA DE RESERVA LEGAL

- arts. 12 a 25
- abastecimento público e tratamento de esgoto: art. 12, § 6º
- ampliação da: art. 13, II
- área de formação florestal: art. 12, § 2º
- averbação na matrícula do imóvel: art. 30
- coleta de produtos florestais não madeireiros: art. 21
- cômputo das Áreas de Preservação Permanente: art. 15
- cômputo de área de preservação permanente: art. 15
- conservação de regime de proteção: art. 17 a 25
- constituição da reserva legal: art. 67
- delimitação: art. 12 a 16
- exploração energia hidráulica: art. 12, § 7º
- exploração seletiva: art. 20
- fracionamento do imóvel rural: art. 12, § 1º
- inscrição: art. 18, § 1º
- inserção de perímetro urbano: art. 19
- inserção do imóvel rural em perímetro urbano: art. 19
- localização no imóvel rural: art. 14
- manejo florestal sustentável com propósito comercial: art. 22
- manejo florestal sustentável sem propósito comercial: art. 23
- manejo sustentável: art. 20
- não exigência: art. 12, §§ 7º e 8º
- não sujeição: art. 12, § 6º
- recomposição, compensação ou regeneração (dispensa): art. 68
- redução de propriedade: art. 13, I
- regime de condomínio ou coletiva entre propriedades rurais: art. 16
- registro: art. 18
- regularização: art. 66
- zoneamento ecológico-econômico: art. 13

ÁREA DE USO ALTERNATIVO DO SOLO

- conversão de vegetação (não permissão): art. 28
- corte ou a exploração de espécies nativas: art. 35, § 3º
- pantanais e planícies pantaneiras: art. 10
- pessoas e animais: arts. 10 e 11
- supressão de vegetação: art. 27
- uso alternativo do solo: art. 26

ÁREA DE USO RESTRITO

- boas práticas agronômicas: art. 11
- exploração ecologicamente sustentável: art. 10

ÁREA RURAL CONSOLIDADA

- definição: art. 3º, IV
- reduzir ZEE: art. 13, I

ÁREA ÚMIDA

- definição: art. 3º, XXV
- importância internacional: art. 6º, IX

ÁREA URBANA

- dispensa de autorização para atividades de segurança nacional e obras de interesse da defesa civil: art. 8º, § 3º
- plano ambiental de conservação e uso do entorno do reservatório: art. 5º, § 1º
- plano ambiental de conservação e uso do entorno de reservatório artificial: art. 50, § 2º
- reservatório d'água artificial: art. 5º
- regularização fundiária de interesse social: art. 64

ÁREA URBANA CONSOLIDADA

- definição: art. 3º, XXVI
- regularização fundiária de interesse específico: art. 65

ÁREA VERDE URBANA

- definição: art. 3º, XX
- regime de proteção: art. 25

ÁRVORES

- declaração de imunidade de corte: art. 70, II
- frutíferas, ornamentais ou industriais: art. 54

ASSENTAMENTOS

- regularização fundiária de interesse específico: art. 65
- regularização fundiária de interesse social: art. 64

ATIVIDADES EVENTUAIS OU DE BAIXO IMPACTO AMBIENTAL
- definição: art. 3º, X
- intervenção e a supressão de vegetação em Áreas de Preservação Permanente e de Reserva Legal: art. 52

- B -

BACIAS HIDROGRÁFICAS
- proprietário ou possuidor de imóvel rural: art. 66, § 7º

BENS DE INTERESSE COMUM
- das florestas: art. 2º

BENS DE ORIGEM AGROPECUÁRIA OU FLORESTAL
- medidas de restrição às importações: art. 74

- C -

CADASTRO AMBIENTAL RURAL – CAR
- arts. 29 e 30
- averbação da matrícula: art. 30
- concessão de crédito agrícola: art. 78-A
- criação: art. 29
- direito de posse ou propriedade: art. 29, § 3º
- inscrição: art. 29, § 1º
- obrigatoriedade: art. 29, *caput* e § 3º
- registro da Reserva Legal: art. 18
- supressão de novas áreas de floresta ou outras formas de vegetação nativa: art. 12, § 3º
- uso alternativo do solo: art. 26

CADASTRAMENTO DO IMÓVEL
- no CAR; supressão de vegetação nativa: art. 26

COTA DE RESERVA AMBIENTAL – CRA
- abrangência: art. 46
- averbação: art. 45, § 3º
- cancelamento: art. 50
- definição e instituição: art. 44
- delegação de atribuições: art. 45, § 4º
- emissão: art. 44, § 1º e 2º; 45
- obrigatoriedade do registro: art. 47
- órgão emissor: art. 45
- responsabilidade plena pela manutenção da vegetação nativa: art. 49
- transferência: art. 48

CRÉDITO AGRÍCOLA
- art. 78-A

CRÉDITO DE CARBONO
- definição: art. 3º, XXVII

- D -

DESMATAMENTO
- anterior a 22 de julho de 2008: art. 41, § 1º, II
- autuações vinculadas: art. 42
- controle, monitoramento, planejamento ambiental e econômico e combate: art. 29 e 51
- ilegal: art. 51

DOCUMENTO DE ORIGEM FLORESTAL – DOF
- conteúdo: art. 36, § 4º
- dispensa: art. 35, § 5º
- emissão: art. 36, § 2º
- obrigatoriedade da apresentação: art. 36, § 3º
- licença: art. 36, § 1º

- E -

ECOTURISMO
- em área de preservação permanente: art. 61-A

EXPLORAÇÃO
- da vegetação: art. 2º, § 1º
- ecologicamente sustentável; planície pantaneira: art. 10
- florestal: arts. 31 a 34
- Plano de Manejo Florestal Sustentável – PMFS: arts. 31 e 32
- Plano de Suprimento Sustentável: art. 34

- F -

FAIXA DE PASSAGEM DE INUNDAÇÃO
- definição: art. 3º, XXII

FLORA RARA, ENDÊMICA, EM PERIGO OU AMEAÇADA DE EXTINÇÃO
- proibição ou limitação de corte: art. 70, I

FLORESTAS
- bens de interesse comum a todos os habitantes do País: art. 2º
- efetivação da reposição florestal: art. 33, § 4º
- Inventário Florestal Nacional: art. 71
- isenção de reposição florestal: art. 33, §§ 2º e 3º
- matéria-prima florestal: art. 33
- obrigatoriedade da reposição florestal: art. 33, § 1º
- Plano de Suprimento Sustentável: art. 34
- princípios: art. 1º-A, I a VI
- proteção, suprimento, controle da origem dos produtos e prevenção de incêndio: art. 1º-A
- reposição florestal: art. 26, § 3º
- requerimento de autorização de supressão: art. 26, § 4º
- requisitos de exploração florestal: art. 31

FOGO
- exceções: art. 38, I a III
- planos de contingência para o combate aos incêndios florestais: art. 39
- Política Nacional de Manejo e Controle de Queimadas, Prevenção e Combate aos Incêndios Florestais: art. 40
- responsabilidade por infração: art. 38, § 4º
- uso irregular: art. 38, § 3º

- I -

IMÓVEL RURAL
- área rural consolidada: art. 3º, IV
- áreas de cobertura: art. 12
- compensação CRA: art. 48, § 2º
- conservação da vegetação CRA: art. 49
- conservação de vegetação: art. 17
- conversão da multa prevista no art. 50 do Decreto nº 6.514/2008: art. 42
- conversão de vegetação: art. 28
- fogo; utilização: art. 40
- fracionamento: art. 12, § 1º
- isenção CRA: art. 29, § 1º
- obrigações previstas nesta Lei – natureza e transmissão: art. 2º, § 2º
- perímetro urbano; inserção: art. 19
- reserva legal: arts. 3º, III e 14

INCÊNDIOS FLORESTAIS
- art. 38
- combate: art. 39
- cf. FOGO

INCLINAÇÃO
- áreas de: art. 11

INTERESSE SOCIAL
- definição: art. 3º, IX

INVENTÁRIO FLORESTAL NACIONAL
- realização: art. 71

- L -

LEITO REGULAR
- definição: art. 3º, XIX

- M -

MANEJO SUSTENTÁVEL
- área de reserva legal: art. 20
- com propósito comercial: art. 22
- definição: art. 3º, VII
- sem propósito comercial: art. 20

MANGUEZAL
- definição: art. 3º, XIII
- função ecológica comprometida: art. 8º, § 2º

MARISMA TROPICAL HIPERSALINO
- definição: art. 3º, XIV

MEIO AMBIENTE
- programa de apoio e incentivo à preservação do: arts. 41 a 50

MOTOSSERRAS
- registro: art. 69
- licença para porte e uso: art. 69, § 1º
- numeração: art. 69, § 2º

- N -

NASCENTE
- área de preservação permanente em zonas rurais ou urbanas: art. 4º, IV
- definição: art. 3º, XVII

- O -

OLHO D'ÁGUA
- área de preservação permanente, em zonas rurais ou urbanas: art. 4º, IV
- definição: art. 3º, XVIII

- P -

PEQUENA PROPRIEDADE
- definição: art. 3º, V
- plantio de culturas temporárias e sazonais: art. 4º, § 5º

PLANÍCIE
- pantaneira: art. 10

PLANO AMBIENTAL DE CONSERVAÇÃO E USO DO ENTORNO DO RESERVATÓRIO
- apresentação: art. 5º, § 2º
- elaboração: art. 5º, § 1º

PLANO DE BACIA HIDROGRÁFICA
- reserva legal: art. 14, I

PLANO DE MANEJO FLORESTAL SUSTENTÁVEL
- aprovação prévia: art. 31

CFlo

- competência para aprovação: art. 31, § 7º
- efeito: art. 31, § 2º
- fundamentos técnicos e científicos: art. 31, § 1º
- isenção: art. 32
- vistoria técnica: art. 31, § 4º
- procedimentos simplificados de elaboração, análise e aprovação: art. 31, § 6º

PLANO DE SUPRIMENTO SUSTENTÁVEL – PSS
- admissão: art. 34, § 3º
- definição: art. 34, § 2º
- finalidade: art. 34, § 1º
- previsão: art. 34
- utilização exclusiva de matéria-prima oriunda de florestas plantadas ou de PMFS: art. 34, § 4º

POSSE RURAL FAMILIAR
- definição: art. 3º, V
- plantio de culturas temporárias e sazonais: art. 4º, § 5º

POUSIO
- definição: art. 3º, XXIV

PRODUÇÃO AGROPECUÁRIA
- sustentabilidade: art. 1º-A, III

PRODUTOS FLORESTAIS
- comércio de plantas vivas e outros produtos oriundos da flora nativa: art. 37
- controle da origem: art. 35
- corte ou exploração de espécies nativas plantadas em área de uso alternativo do solo: art. 35, § 3º
- livre extração de lenha e demais produtos de florestas plantadas: art. 35, § 2º
- obrigatoriedade da apresentação do DOF: art. 36, § 3º
- plantio ou reflorestamento com espécies florestais nativas: art. 35, § 1º
- registro e outras formas de controle à extração, indústria ou comércio: art. 70, III
- transporte e armazenamento: art. 36

PROGRAMA DE APOIO E INCENTIVO À PRESERVAÇÃO E RECUPERAÇÃO DO MEIO AMBIENTE
- arts. 41 a 50
- categorias e linhas de ação: art. 41, I a III
- diferenciação tributária: art. 41, § 2º
- financiamento: art. 41, § 1º
- instituição pelo Poder Executivo federal: art. 41

PROGRAMAS DE REGULARIZAÇÃO AMBIENTAL – PRAS – DE POSSES E PROPRIEDADES RURAIS
- adesão (condições): art. 59, § 2º
- implantação: art. 59
- interrupção da prescrição: art. 60, § 1º
- não autuação por infrações cometidas antes de 22 de julho de 2008: art. 59, § 4º
- regulamentação: art. 59, § 1º
- extinção da punibilidade: art. 60, § 2º
- mecanismo de acompanhamento de sua implementação: art. 75
- suspensão da punibilidade: art. 60
- suspensão das sanções: art. 59, § 5º
- termo de compromisso: art. 59, § 3º

PROPRIEDADE
- direito de: limitações: art. 2º

PROPRIEDADES E POSSES RURAIS COM ATÉ QUATRO MÓDULOS FISCAIS QUE DESENVOLVAM ATIVIDADES AGROSSILVIPASTORIS
- extensão do tratamento dispensado à pequena propriedade ou posse rural familiar: art. 3º, par. ún.

PROTEÇÃO
- da vegetação: art. 1º-A
- fauna silvestre: art. 3º, III
- flora nativa: arts. 3º, III; e 37

- R -

REGISTRO
- parcelamento do solo: art. 19
- plantas vivas; comércio: art. 37
- Sistema Nacional de Informação sobre Meio Ambiente – SINIMA: art. 29

REGULARIZAÇÃO
- imóvel ou posse rural: art. 60

RELEVO ONDULADO
- definição: art. 3º, XXIII

RESERVA LEGAL
- arts. 12 a 25
- áreas consolidadas: art. 66
- definição: art. 3º, III
- regularização: art. 66

RESERVATÓRIO D'ÁGUA ARTIFICIAL
- implantação: art. 5º
- Plano Ambiental de Conservação e Uso do Entorno do Reservatório: art. 5º, § 1º

RESTINGA
- área de preservação permanente, em zonas rurais ou urbanas: art. 4º, VI
- definição: art. 3º, XVI

- S -

SALGADO OU MARISMAS TROPICAIS HIPERSALINOS
- ampliação da ocupação: art. 11-A, § 5º
- definição: art. 3º, XIV
- regularização das atividades e empreendimentos: art. 11-A, § 6º
- uso ecologicamente sustentável: art. 11-A
- requisito de utilização em atividades de carcinicultura: art. 11-A, § 1º
- vedações: art. 11-A, § 7º

SILVICULTURA
- fundamentos técnicos e científicos do PMFS: art. 31, § 1º, VI
- equiparação à atividade agrícola: art. 72

SISTEMA NACIONAL DE INFORMAÇÃO SOBRE MEIO AMBIENTE – SINIMA
- cadastro ambiental rural: art. 29

SISTEMA NACIONAL DO MEIO AMBIENTE – SISNAMA
- CRA; emissão: art. 45
- exploração; de florestas nativas e formação sucessoras: art. 31
- indicadores de sustentabilidade: art. 73
- órgãos centrais e executores: art. 73
- Plano de Manejo Florestal Sustentável – PMFS: art. 31
- plantas vivas: comércio: art. 37
- adesão PRA: art. 59, § 2º
- supressão de vegetação nativa: art. 26
- uso alternativo do solo: art. 27

SUPRESSÃO DE VEGETAÇÃO
- conversão de vegetação: art. 28
- lista oficial: art. 27
- para uso alternativo do solo: arts. 26 a 28

SUSTENTABILIDADE
- indicadores de: art. 73

- T -

TERRAS INDÍGENAS DEMARCADAS E DEMAIS ÁREAS TITULADAS DE POVOS E COMUNIDADES TRADICIONAIS QUE FAÇAM USO COLETIVO DO SEU TERRITÓRIO
- extensão do tratamento dispensado à pequena propriedade ou posse rural familiar: art. 3º, par. ún.

TURISMO RURAL
- em área de preservação permanente: art. 61-A

- U -

UNIDADE DE CONSERVAÇÃO
- cadastramento do CRA: art. 27, § 1º, II e § 2º, II
- da natureza; criação: art. 70
- redução da reserva legal: art. 12, § 4º

USO ALTERNATIVO DO SOLO
- definição: art. 3º, VI

UTILIDADE PÚBLICA
- definição: art. 3º, VIII

- V -

VÁRZEA DE INUNDAÇÃO OU PLANÍCIE DE INUNDAÇÃO
- definição: art. 3º, XXI
- proteção: art. 6º, III

VEGETAÇÃO
- ações ou omissões contrárias na utilização e exploração: art. 2º, § 1º
- uso de fogo – proibição: art. 38

VEREDA
- definição: art. 3º, XII

- Z -

ZONA COSTEIRA
- ocupação e exploração: art. 11-A

ZONEAMENTO ECOLÓGICO-ECONÔMICO DA ZONA COSTEIRA – ZEEZOC
- ampliação da ocupação de apicuns e salgados: art. 11-A, § 5º

ZONEAMENTO ECOLÓGICO-ECONÔMICO – ZEE ESTADUAL
- área de reserva legal: art. 14, II
- poder público federal (possibilidades): art. 13

CONSOLIDAÇÃO DAS LEIS DO TRABALHO

ÍNDICE SISTEMÁTICO DA CONSOLIDAÇÃO DAS LEIS DO TRABALHO

TÍTULO I – INTRODUÇÃO ... arts. 1º a 12

TÍTULO II – DAS NORMAS GERAIS DE TUTELA DO TRABALHO ... arts. 13 a 223

Capítulo I – DA IDENTIFICAÇÃO PROFISSIONAL ... arts. 13 a 56

Seção I – Da Carteira de Trabalho e Previdência Social ... art. 13

Seção II – Da Emissão da Carteira ... arts. 14 a 24

Seção III – Da Entrega das Carteiras de Trabalho e Previdência Social ... arts. 25 a 28

Seção IV – Das Anotações ... arts. 29 a 35

Seção V – Das Reclamações Por Falta ou Recusa de Anotação ... arts. 36 a 39

Seção VI – Do Valor das Anotações ... art. 40

Seção VII – Dos Livros de Registro de Empregados ... arts. 41 a 48

Seção VIII – Das Penalidades ... arts. 49 a 56

Capítulo II – DA DURAÇÃO DO TRABALHO ... arts. 57 a 75

Seção I – Disposição Preliminar ... art. 57

Seção II – Da Jornada de Trabalho ... arts. 58 a 65

Seção III – Dos Períodos de Descanso ... arts. 66 a 72

Seção IV – Do Trabalho Noturno ... art. 73

Seção V – Do Quadro de Horário ... art. 74

Seção VI – Das Penalidades ... art. 75

Capítulo II-A - DO TELETRABALHO ... arts. 75-A a 75-E

Capítulo III – DO SALÁRIO MÍNIMO ... arts. 76 a 128

Seção I – Do Conceito ... arts. 76 a 83

Seção II – Das Regiões, Zonas Subzonas ... arts. 84 a 86

Seção III – Da Constituição das Comissões ... arts. 87 a 100

Seção IV – Das Atribuições das Comissões de Salário Mínimo ... arts. 101 a 111

Seção V – Da Fixação do Salário Mínimo ... arts. 112 a 116

Seção VI – Disposições Gerais ... arts. 117 a 128

Capítulo IV – DAS FÉRIAS ANUAIS ... arts. 129 a 153

Seção I – Do Direito a Férias e da sua Duração ... arts. 129 a 133

Seção II – Da Concessão e da Época das Férias ... arts. 134 a 138

Seção III – Das Férias Coletivas ... arts. 139 a 141

Seção IV – Da Remuneração e do Abono de Férias ... arts. 142 a 145

Seção V – Dos Efeitos da Cessação do Contrato de Trabalho ... arts. 146 a 148

Seção VI – Do Início da Prescrição ... art. 149

Seção VII – Disposições Especiais ... arts. 150 a 152

Seção VIII – Das Penalidades ... art. 153

Capítulo V – DA SEGURANÇA E DA MEDICINA DO TRABALHO ... arts. 154 a 223

Seção I – Disposições Gerais ... arts. 154 a 159

Seção II – Da Inspeção Prévia e do Embargo ou Interdição ... arts. 160 e 161

Seção III – Dos Órgãos de Segurança e de Medicina do Trabalho nas Empresas ... arts. 162 a 165

Seção IV – Do Equipamento de Proteção Individual ... arts. 166 e 167

Seção V – Das Medidas Preventivas de Medicina do Trabalho ... arts. 168 e 169

Seção VI – Das Edificações .... arts. 170 a 174
Seção VII – Da Iluminação .... art. 175
Seção VIII – Do Conforto Térmico .... arts. 176 a 178
Seção IX – Das Instalações Elétricas .... arts. 179 a 181
Seção X – Da Movimentação, Armazenagem e Manuseio de Materiais .... arts. 182 e 183
Seção XI – Das Máquinas e Equipamentos .... arts. 184 a 186
Seção XII – Das Caldeiras, Fornos e Recipientes Sob Pressão .... arts. 187 e 188
Seção XIII – Das Atividades Insalubres ou Perigosas .... arts. 189 a 197
Seção XIV – Da Prevenção da Fadiga .... arts. 198 e 199
Seção XV – Das Outras Medidas Especiais de Proteção .... art. 200
Seção XVI – Das Penalidades .... arts. 201 a 223

TÍTULO II-A - DO DANO EXTRAPATRIMONIAL .... Arts. 223-A a 223-G

TÍTULO III – DAS NORMAS ESPECIAIS DE TUTELA DO TRABALHO .... Arts. 224 a 441

Capítulo I – DAS DISPOSIÇÕES ESPECIAIS SOBRE DURAÇÃO E CONDIÇÕES DE TRABALHO .... arts. 224 a 351
Seção I – Dos Bancários .... arts. 224 a 226
Seção II – Dos Empregados nos Serviços de Telefonia, de Telegrafia Submarina e Subfluvial, de Radiotelegrafia e Radiotelefonia .... arts. 227 a 231
Seção III – Dos Músicos Profissionais .... arts. 232 e 233
Seção IV – Dos Operadores Cinematográficos .... arts. 234 e 235
Seção IV-A – Do Serviço do Motorista Profissional Empregado .... arts. 235-A a 235-H
Seção V – Do Serviço Ferroviário .... arts. 236 a 247
Seção VI – Das Equipagens das Embarcações da Marinha Mercante Nacional, de Navegação Fluvial e Lacustre, do Tráfego nos Portos e da Pesca .... arts. 248 a 252
Seção VII – Dos Serviços Frigoríficos .... art. 253
Seção VIII – Dos Serviços de Estiva .... arts. 254 a 284
Seção IX – Dos Serviços de Capatazias nos Portos .... arts. 285 a 292
Seção X – Do Trabalho em Minas de Subsolo .... arts. 293 a 301
Seção XI – Dos Jornalistas Profissionais .... arts. 302 a 316
Seção XII – Dos Professores .... arts. 317 a 324
Seção XIII – Dos Químicos .... arts. 325 a 350
Seção XIV – Das Penalidades .... art. 351
Capítulo II – DA NACIONALIZAÇÃO DO TRABALHO .... arts. 352 a 371
Seção I – Da Proporcionalidade de Empregados Brasileiros .... arts. 352 a 358
Seção II – Das Relações Anuais de Empregados .... arts. 359 a 362
Seção III – Das Penalidades .... arts. 363 e 364
Seção IV – Disposições Gerais .... arts. 365 a 367
Seção V – Das Disposições Especiais sobre a Nacionalização da Marinha Mercante .... arts. 368 a 371
Capítulo III – DA PROTEÇÃO DO TRABALHO DA MULHER .... arts. 372 a 401-B
Seção I – Da Duração, Condições do Trabalho e da Discriminação Contra a Mulher .... arts. 372 a 378
Seção II – Do Trabalho Noturno .... arts. 379 a 381
Seção III – Dos Períodos de Descanso .... arts. 382 a 386
Seção IV – Dos Métodos e Locais de Trabalho .... arts. 387 a 390-E
Seção V – Da Proteção à Maternidade .... arts. 391 a 400
Seção VI – Das Penalidades .... arts. 401 a 401-B
Capítulo IV – DA PROTEÇÃO DO TRABALHO DO MENOR .... arts. 402 a 441
Seção I – Disposições Gerais .... arts. 402 a 410

ÍNDICE SISTEMÁTICO DA CONSOLIDAÇÃO DAS LEIS DO TRABALHO

Seção II – Da Duração do Trabalho .... arts. 411 a 414

Seção III – Da Admissão em Emprego e da Carteira de Trabalho e Previdência Social. .... arts. 415 a 423

Seção IV – Dos Deveres dos Responsáveis Legais de Menores e dos Empregadores da Aprendizagem arts. 424 a 433

Seção V – Das Penalidades .... arts. 434 a 438

Seção VI – Disposições Finais .... arts. 439 a 441

TÍTULO IV – DO CONTRATO INDIVIDUAL DO TRABALHO .... arts. 442 a 510

Capítulo I – DISPOSIÇÕES GERAIS .... arts. 442 a 456-A

Capítulo II – DA REMUNERAÇÃO .... arts. 457 a 467

Capítulo III – DA ALTERAÇÃO .... arts. 468 a 470

Capítulo IV – DA SUSPENSÃO E DA INTERRUPÇÃO .... arts. 471 a 476-A

Capítulo V – DA RESCISÃO .... arts. 477 a 486

Capítulo VI – DO AVISO PRÉVIO .... arts. 487 a 491

Capítulo VII – DA ESTABILIDADE .... arts. 492 a 500

Capítulo VIII – DA FORÇA MAIOR .... arts. 501 a 504

Capítulo IX – DISPOSIÇÕES ESPECIAIS .... arts. 505 a 510

TÍTULO IV-A - DA REPRESENTAÇÃO DOS EMPREGADOS .... arts. 510-A a 510-D

TÍTULO V – DA ORGANIZAÇÃO SINDICAL .... arts. 511 a 610

Capítulo I – DA INSTITUIÇÃO SINDICAL .... arts. 511 a 569

Seção I – Da Associação em Sindicato .... arts. 511 a 514

Seção II – Do Reconhecimento e Investidura Sindical .... arts. 515 a 521

Seção III – Da Administração do Sindicato .... arts. 522 a 528

Seção IV – Das Eleições Sindicais .... arts. 529 a 532

Seção V – Das Associações Sindicais de Grau Superior .... arts. 533 a 539

Seção VI – Dos Direitos dos Exercentes de Atividades ou Profissões e dos Sindicalizados .... arts. 540 a 547

Seção VII – Da Gestão Financeira do Sindicato e sua Fiscalização .... arts. 548 a 552

Seção VIII – Das Penalidades .... arts. 553 a 557

Seção IX – Disposições Gerais .... arts. 558 a 569

Capítulo II – DO ENQUADRAMENTO SINDICAL .... arts. 570 a 577

Capítulo III – DA CONTRIBUIÇÃO SINDICAL .... arts. 578 a 610

Seção I – Da Fixação e do Recolhimento do Imposto Sindical .... arts. 578 a 591

Seção II – Da Aplicação da Contribuição Sindical .... arts. 592 a 594

Seção III – Da Comissão do Imposto Sindical .... arts. 595 a 597

Seção IV – Das Penalidades .... arts. 598 a 600

Seção V – Disposições Gerais .... arts. 601 a 610

TÍTULO VI – CONVENÇÕES COLETIVAS DE TRABALHO .... arts. 611 a 625

TÍTULO VI-A – DAS COMISSÕES DE CONCILIAÇÃO PRÉVIA .... arts. 625-A a 625-H

TÍTULO VII – DO PROCESSO DE MULTAS ADMINISTRATIVAS .... arts. 626 a 642

Capítulo I – DA FISCALIZAÇÃO, DA AUTUAÇÃO E DA IMPOSIÇÃO DE MULTAS .... arts. 626 a 634-C

Capítulo II – DOS RECURSOS .... arts. 635 a 638

Capítulo III – DO DEPÓSITO, DA INSCRIÇÃO E DA COBRANÇA .... arts. 639 a 642

TÍTULO VII-A – DA PROVA DE INEXISTÊNCIA DE DÉBITO TRABALHISTA .... arts. 642-A

ÍNDICE SISTEMÁTICO DA CONSOLIDAÇÃO DAS LEIS DO TRABALHO

TÍTULO VIII – DA JUSTIÇA DO TRABALHO .... arts. 643 a 735

Capítulo I – INTRODUÇÃO .... arts. 643 a 646

Capítulo II – DAS JUNTAS DE CONCILIAÇÃO E JULGAMENTO .... arts. 647 a 667

Seção I – Da Composição e Funcionamento .... arts. 647 a 649

Seção II – Da Jurisdição e Competência das Juntas .... arts. 650 a 653

Seção III – Dos Presidentes das Juntas .... arts. 654 a 659

Seção IV – Dos Vogais das Juntas .... arts. 660 a 667

Capítulo III – DOS JUÍZOS DE DIREITO .... arts. 668 e 669

Capítulo IV – DOS TRIBUNAIS REGIONAIS DO TRABALHO .... arts. 670 a 689

Seção I – Da Composição e do Funcionamento .... arts. 670 a 673

Seção II – Da Jurisdição e Competência .... arts. 674 a 680

Seção III – Dos Presidentes dos Tribunais Regionais .... arts. 681 a 683

Seção IV – Dos Juízes Representantes Classistas dos Tribunais Regionais .... arts. 684 a 689

Capítulo V – DO TRIBUNAL SUPERIOR DO TRABALHO .... arts. 690 a 709

Seção I – Disposições Preliminares .... arts. 690 a 692

Seção II – Da Composição e Funcionamento do Tribunal Superior do Trabalho .... arts. 693 a 701

Seção III – Da Competência do Conselho Pleno .... art. 702

Seção IV – Da Competência da Câmara de Justiça do Trabalho .... arts. 703 a 705

Seção V – Da Competência da Câmara de Previdência Social .... art. 706

Seção VI – Das Atribuições do Presidente do Tribunal Superior do Trabalho .... art. 707

Seção VII – Das Atribuições do Vice-Presidente .... art. 708

Seção VIII – Das Atribuições do Corregedor .... art. 709

Capítulo VI – DOS SERVIÇOS AUXILIARES DA JUSTIÇA DO TRABALHO .... arts. 710 a 721

Seção I – Da Secretaria das Juntas de Conciliação e Julgamento .... arts. 710 a 712

Seção II – Dos Distribuidores .... arts. 713 a 715

Seção III – Do Cartório dos Juízos de Direito .... arts. 716 e 717

Seção IV – Das Secretarias dos Tribunais Regionais .... arts. 718 a 720

Seção V – Dos Oficiais de Diligência .... art. 721

Capítulo VII – DAS PENALIDADES .... arts. 722 a 733

Seção I – Do "Lock-Out" e da Greve .... arts. 722 a 725

Seção II – Das Penalidades Contra os Membros da Justiça do Trabalho .... Arts. 726 a 728

Seção III – De Outras Penalidades .... arts. 729 a 733

Capítulo VIII – DISPOSIÇÕES GERAIS .... arts. 734 e 735

TÍTULO IX – DO MINISTÉRIO PÚBLICO DO TRABALHO .... arts. 736 a 762

Capítulo I – DISPOSIÇÕES GERAIS .... arts. 736 a 739

Capítulo II – DA PROCURADORIA DA JUSTIÇA DO TRABALHO .... arts. 740 a 754

Seção I – Da Organização .... arts. 740 a 745

Seção II – Da Competência da Procuradoria-Geral .... art. 746

Seção III – Da Competência das Procuradorias Regionais .... art. 747

Seção IV – Das Atribuições do Procurador-Geral .... art. 748

Seção V – Das Atribuições dos Procuradores .... art. 749

Seção VI – Das Atribuições dos Procuradores Regionais .... arts. 750 e 751

Seção VII – Da Secretaria .... arts. 752 a 754

Capítulo III – DA PROCURADORIA DE PREVIDÊNCIA SOCIAL .... arts. 755 a 762

Seção I – Da Organização .... arts. 755 e 756

Seção II – Da Competência da Procuradoria .... art. 757
Seção III – Das Atribuições do Procurador-Geral .... art. 758
Seção IV – Das Atribuições dos Procuradores .... art. 759
Seção V – Da Secretaria .... arts. 760 a 762

TÍTULO X – DO PROCESSO JUDICIÁRIO DO TRABALHO .... arts. 763 a 910
Capítulo I – DISPOSIÇÕES PRELIMINARES .... arts. 763 a 769
Capítulo II – DO PROCESSO EM GERAL .... arts. 770 a 836
Seção I – Dos Atos, Termos e Prazos Processuais .... arts. 770 a 782
Seção II – Da Distribuição .... arts. 783 a 788
Seção III – Das Custas e Emolumentos .... arts. 789 a 790-B
Seção IV – Das Partes e dos Procuradores .... arts. 791 a 793
Seção IV-A – Da Responsabilidade por Dano Processual .... arts. 793-A a 793-D
Seção V – Das Nulidades .... arts. 794 a 798
Seção VI – Das Exceções .... arts. 799 a 802
Seção VII – Dos Conflitos de Jurisdição .... arts. 803 a 812
Seção VIII – Das Audiências .... arts. 813 a 817
Seção IX – Das Provas .... arts. 818 a 830
Seção X – Da Decisão e sua Eficácia .... arts. 831 a 836
Capítulo III – DOS DISSÍDIOS INDIVIDUAIS .... arts. 837 a 855-A
Seção I – Da Forma de Reclamação e da Notificação .... arts. 837 a 842
Seção II – Da Audiência de Julgamento .... arts. 843 a 852
Seção II-A – Do Procedimento Sumaríssimo .... arts. 852-A a 852-I
Seção III – Do Inquérito para Apuração de Falta Grave .... arts. 853 a 855
Seção IV – Do Incidente de Desconsideração da Personalidade Jurídica .... art. 855-A
Capítulo III-A – DO PROCESSO DE JURISDIÇÃO VOLUNTÁRIA PARA HOMOLOGAÇÃO DE ACORDO EXTRAJUDICIAL .... arts. 855-B a 855-E
Capítulo IV – DOS DISSÍDIOS COLETIVOS .... arts. 856 a 875
Seção I – Da Instauração da Instância .... arts. 856 a 859
Seção II – Da Conciliação e do Julgamento .... arts. 860 a 867
Seção III – Da Extensão das Decisões .... arts. 868 a 871
Seção IV – Do Cumprimento das Decisões .... art. 872
Seção V – Da Revisão .... arts. 873 a 875
Capítulo V – DA EXECUÇÃO .... arts. 876 a 892
Seção I – Das Disposições Preliminares .... arts. 876 a 879
Seção II – Do Mandado e da Penhora .... arts. 880 a 883-A
Seção III – Dos Embargos à Execução e da sua Impugnação .... art. 884
Seção IV – Do Julgamento e dos Trâmites Finais da Execução .... arts. 885 a 889-A
Seção V – Da Execução por Prestações Sucessivas .... arts. 890 a 892
Capítulo VI – DOS RECURSOS .... arts. 893 a 902
Capítulo VII – DA APLICAÇÃO DAS PENALIDADES .... arts. 903 a 908
Capítulo VIII – DISPOSIÇÕES FINAIS .... arts. 909 e 910

TÍTULO XI – DISPOSIÇÕES FINAIS E TRANSITÓRIAS .... arts. 911 a 922

EXPOSIÇÃO DE MOTIVOS DA CONSOLIDAÇÃO DAS LEIS DO TRABALHO

Sr. Presidente da República:

Tenho grande honra de apresentar a Vossa Excelência o projeto definitivo de Consolidação das Leis de Proteção ao Trabalho, relevante cometimento jurídico e social, cuja redação última foi procedida, havendo sido escrupulosamente apreciadas as sugestões e emendas propostas ao anteprojeto, após uma verdadeira autocrítica, que a própria Comissão efetuou, do texto original divulgado pelo Diário Oficial de 5 de janeiro do corrente ano.

2. A Comissão cotejou e julgou cerca de dois mil reparos, observações ou comentários feitos à Consolidação.

3. Peço vênia a Vossa Excelência, preliminarmente, para ressaltar o esforço, a cultura, a inteligência com que, no desempenho da difícil incumbência, se houveram os signatários do Relatório incluso no aprofundado exame da matéria.

4. Durante quase um ano, em longas reuniões diárias entregaram-se à tarefa complexa e ilustre, com uma dedicação e um espírito público que bem demonstram o patriotismo que os inspirou. Desejo, por isso, antes de mais nada, e perante V. Exa., patentear o meu reconhecimento e a minha admiração por esses notáveis colaboradores da obra ministerial.

5. É da mais alta significação social e merece uma referência especial o interesse suscitado pela divulgação do anteprojeto.

6. Juristas e magistrados, entidades públicas, empresas privadas e associações culturais concorreram com a judiciosa reflexão de sua experiência para sugerir um ou outro retoque.

7. Revelando, não só a repercussão alcançada pelo monumento legal projetado, mas, principalmente, uma vigorosa consciência sindical – prova plena de um regime social já radicado – manifestaram-se as classes de empregadores e de empregados, através das respectivas instituições representativas. Esta foi, na realidade, a contribuição mais palpitante, trazida à Comissão, quer pelo teor original da discussão das teses, quer pela eficiência patente do sistema paritário de equilíbrio social, evidenciando-se, do contraste de interesses, sob a luz de um pensamento público de bem comum, a fórmula de composição harmônica das forças do capital e do trabalho.

8. A Consolidação corresponde a um estágio no desenvolvimento do progresso jurídico.

9. Entre a compilação ou coleção de leis e um código – que são, respectivamente, os momentos extremos de um processo de corporificação do direito – existe a consolidação, que é a fase própria da concatenação dos textos e da coordenação dos princípios, quando já se denuncia primeiro o pensamento do sistema depois de haverem sido reguladas, de modo amplo, relações sociais em determinado plano da vida política.

10. Projetada a ação do Estado em várias direções, para atender ao tratamento de situações especiais e constantes de uma mesma órbita jurídica, impõe-se, desde o instante em que se surpreende a unidade interna desses problemas, perscrutar a sua inteligência ordenadora, que será então a ratio legis do sistema normativo necessário.

11. Esse o significado da Consolidação, que não é uma coleção de leis, mas a sua coordenação sistematizada. Não é apenas um engenho de arquitetura legislativa, mas uma recapitulação de valores coerentes, que resultaram de uma grande expansão legislativa, anterior, em um dado ramo de direito.

12. É o diploma do idealismo excepcional do Brasil orientado pela clarividência genial de V. Exa., reajustando o imenso e fundamental processo de sua dinâmica econômica, nas suas relações com o trabalho, aos padrões mais altos de dignidade e de humanidade da justiça social. É incontestavelmente a síntese das instituições políticas estabelecidas por V. Exa. desde o início de seu governo.

13. Empenhou-se, por isso, a Comissão, na articulação dos textos legais vigentes, na exata dedução dos princípios, na concordância essencial das regras, na unidade interna do sistema. As lacunas preenchidas propuseram-se a tornar explícitas verdades inerentes às leis anteriores. Algumas inovações aparentes não passam de necessárias conseqüências da Constituição. As omissões intencionalmente ocorridas restringiram-se a excluir do conjunto as leis tipicamente transitórias e que, para atender a situações de emergência decorrentes do estado de guerra, ficaram à margem dos postulados do nosso direito social.

14. O que importa salientar é ter havido a preocupação dominante de subordinação às leis preexistentes e não como se procedesse à organização de um código, para o qual se permite modernamente a originalidade inicial e onde é mesmo espontânea e essencial a livre criação do direito, sem qualquer dependência do regime vigente.

15. A Consolidação representa, portanto, em sua substância normativa e em seu título, neste ano de 1943, não um ponto de partida, nem uma adesão recente a uma doutrina, mas a maturidade de uma ordem social há mais de um decênio instituída, que já se consagrou pelos benefícios distribuídos, como também pelo julgamento da opinião pública consciente, e sob cujo espírito de equidade confraternizaram as classes na vida econômica, instaurando nesse ambiente, antes instável e incerto, os mesmos sentimentos de humanismo cristão que encheram de generosidade e de nobreza os anais da nossa vida pública e social.

16. No relatório elaborado pela Comissão respectiva, que corresponde a um prefácio admirável da obra monumental, e no qual se filia a presente exposição de motivos, encontrará Vossa Excelência minucioso e brilhante estudo das doutrinas, dos sistemas, das leis, dos regulamentos e das emendas sugeridas comprovando que a Consolidação representa um documento resultante da instituição do gênio com que Vossa Excelência vem preparando o Brasil para uma missão universal.

17. A estrutura da Consolidação e a ordenada distribuição das matérias que lhe compõem o texto evidenciam claramente não só um plano lógico como também um pensamento doutrinário.

18. A sucessiva disposição das matérias, nos Títulos e Capítulos, corresponde a uma racional precedência.

19. Assim, sem fazer injúria ao bom senso geral, exemplificarei, entretanto: o contrato individual do trabalho pressupõe a regulamentação legal de tutela do empregado, não lhe podendo ser adversa; a organização sindical pressupõe igualmente a condição de emprego ou o exercício de profissão e a constituição da empresa; o contrato coletivo de trabalho seria, por sua vez, inviável sem a prévia formação sindical das classes.

20. Essa uma distribuição em que os institutos jurídico-políticos são alinhados, não ao saber de classificações subjetivas ou sob a sugestão irrefletida de padrões quaisquer, mas sim, e verdadeiramente, de acordo com dados racionais derivados do próprio valor e da função social que lhes é essencial.

21. Para melhor compreensão, dividiu a Comissão o Título II do anteprojeto em dois Títulos, visando a tornar ainda mais intuitivo o esquema da Consolidação: ocupando-se essas duas divisões, respectivamente, "Das Normas Gerais de Tutela do Trabalho" e "Das Normas Especiais de Tutela do Trabalho", que constituem exatamente os princípios institucionais e básicos da proteção do trabalho.

22. Mais uma vez nota-se nessa concepção um ânimo de ordem que resultou de uma meditação exclusiva sobre os institutos concatenados.

23. O pormenorizado exame, nesta exposição, de todos os temas ali discutidos, importaria reproduzir, quase na íntegra, o referido relatório, com prejuízo talvez de sua harmonia e da lógica irretorquível com que se apresenta.

24. Peço licença, entretanto, para assinalar alguns aspectos principais do trabalho da Comissão.

25. No concernente à identificação profissional, há quem incorra em absoluto equívoco, ignorando o sentido exato dessa instituição jurídica.

26. Houve quem lhe apontasse apenas a utilidade de mero instrumento de contrato do trabalho, quando, na verdade, é este, embora de grande alcance, apenas um aspecto da carteira profissional, cujo caráter fundamental é o de documento de qualificação profissional, constituindo mesmo a primeira manifestação de tutela do Estado ao trabalhador, antes formalmente "desqualificado" sob o ponto de vista profissional e a seguir, com a emissão daquele título, habilitado à ocupação de um emprego ou ao exercício de uma profissão. Não há como subordinar essa criação típica do Direito Social ao papel acessório de prova do contrato de trabalho, quando, como se vê, a sua emissão antecede livremente o ajuste do emprego e agora, pela Consolidação, passará até a constituir uma condição obrigatória para o trabalho.

27. Foi, aliás, considerando a importância da carteira profissional como elemento primacial para manutenção do cadastro profissional dos trabalhadores, como título de qualificação profissional, como documento indispensável à colocação e à inscrição sindical e, finalmente, por servir de instrumento prático do contrato individual do trabalho, que a Comissão encontrou razões bastantes para reputar uma instituição fundamental de proteção do trabalhador e não admitir fosse relegada à inoperância da franquia liberal, tornando-a, então, obrigatória.

28. Em relação aos contratos de trabalho, cumpre esclarecer que a precedência das "normas" de tutela sobre os "contratos" acentuou que a ordem institucional ou estatutária prevalece sobre a concepção contratualista.

29. A análise do conteúdo da nossa legislação social provava exuberantemente a primazia do caráter institucional sobre o efeito do contrato, restrito este à objetivação do ajuste, à determinação do salário e à estipulação da natureza dos serviços e isso mesmo dentro de standards e sob condições preestabelecidas na lei.

30. Ressaltar essa expressão peculiar constituiria certamente uma conformação com a realidade e com a filosofia do novo Direito justificando-se assim a ênfase inicial atribuída à enumeração das normas de proteção ao trabalho, para somente em seguida ser referido o contrato individual.

31. Nem há como contestar semelhante método, desde que o Direito Social é, por definição, um complexo de normas e de instituições voltadas à proteção do trabalho dependente na atividade privada.

32. Entre as inúmeras sugestões trazidas, uma houve que suscitou singular estranheza, dada a sua procedência de uma entidade representativa de empregados.

33. Objetava contra a exclusão da permissão contida no inciso final do parágrafo único do art. 42 da Lei nº 264, de 5 de outubro de 1936, e reclamava a sua incorporação à Consolidação.

34. Esse texto propositadamente omitido colidia rigorosamente com um dispositivo legal posterior art. 12 do Decreto-lei nº 2.308, de 13 de junho de 1942 – em que se anunciava uma regra irrecusável de proteção ao trabalhador.

35. Como se tolerar, efetivamente, que possa um empregado realizar os encargos de sua função, por mais rudimentar que esta seja, durante oito horas sucessivas, sem um intervalo para repouso ou alimentação?

36. Talvez uma incompreensão tivesse surgido na consideração desse preceito legal vigente: há, na realidade, determinadas funções de supervisão e de controle, tais como as exercidas por encarregados de estações ou usinas elétricas, cujo trabalho é intermitente, não exigindo uma atenção constante e um esforço continuado, sendo benéfica, então, para esses empregados, a exclusão da hora de repouso pela redução que se dá no tempo de permanência no serviço, facilitada, por outro lado, a organização das tabelas de rodízio dos ocupantes desses cargos pelas empresas.

37. Essa hipótese, constituindo tipicamente, o caso do trabalho descontínuo, segundo a conhecida definição de Barassi, não se enquadra, entretanto, na determinação do citado art. 12 do Decreto-lei nº 2.308, que apenas abrange o "trabalho contínuo", conforme foi incluído à Consolidação no Capítulo "Da Duração do Trabalho", parecendo, portanto, resolvida a dúvida.

38. O trabalho dos menores, entre catorze e dezoito anos, ou tem como finalidade a preparação dos mesmos para um ofício, uma profissão, ou, então, constitui uma exploração e um aniquilamento da juventude.

39. Esse pensamento fez com que o Decreto-lei nº 3.616, de 13 de setembro de 1941, salvo nos casos excepcionais de força maior ou de interesse público, proibisse para os menores a prorrogação da duração normal de trabalho. Tal a fonte do dispositivo idêntico que se encontra na Consolidação, sem incorrer em inovação.

40. Atentando, também, nos deveres impostos aos empregadores de menores, ver-se-á que são eles obrigados a permitir a esses seus empregados a frequência às aulas, quer às de instrução primária, conforme sempre foi estabelecido, como também às de formação profissional a cargo do Serviço Nacional de Aprendizagem dos Industriários, de acordo com o estatuído pelo Decreto-lei nº 4.481, de 16 de julho de 1942.

41. Acreditamos que não se levantará mais qualquer argumento contra a razoabilíssima disposição legal de proibição da prorrogação do horário normal do trabalho dos menores, justificada não só por óbvias considerações biológicas de preservação da saúde dos adolescentes, como também por motivos educacionais irrefutáveis.

42. A clara e total definição que do contrato individual do trabalho foi dada pelo anteprojeto da Consolidação, provocou algumas divergências de mero gosto polêmico.

43. A emenda então apresentada não pôde ser aceita. Revelava, primeiramente, incompreensão do espírito institucional tantas vezes salientado nesses empreendimentos. Repetia ainda um conceito prévio e básico já formulado, qual seja, o de empregado.

44. O que os objetantes não alcançaram foi o deliberado propósito de se reconhecer a correspondência e equivalência entre a "relação de emprego" e o "contrato individual do trabalho", para os efeitos da legislação social, correspondência essa que a escola contratualista italiana nega, exigindo a expressa pactuação.

45. Na concepção do projeto, admitido, como fundamento de contrato, o acordo tácito, é lógico que a "relação de emprego" constitui o ato jurídico suficiente para provocar a objetivação das medidas tutelares que se contêm no direito do trabalho em vigor.

46. O conceito firmado na Consolidação é tanto mais justo e relevante quanto é o que se evidencia em face de contratos formalmente nulos ou substancialmente contrários à ordem pública dos preceitos da legislação de proteção ao trabalho.

47. Embora seja plenamente positivo o texto da Consolidação, diante de dúvidas, propostas, urge repetir que o projeto não feriu nenhum direito, garantindo até simples expectativas de direito, uma vez que todos os empregados bancários admitidos até a data da vigência do decreto-lei que aprovar a Consolidação terão assegurada a estabilidade em dois anos, nos termos do art. 15 do mesmo Decreto nº 24.615, de 9 de julho de 1934.

48. O que não poderia ser admitido, em uma Consolidação que se propõe a sistematizar os princípios do nosso Direito Social, era a persistência de um singular privilégio para uma categoria de trabalhadores, quando o prestígio das instituições públicas exige exatamente uma igualdade de tratamento para situações sociais idênticas.

49. Fosse uma medida de proteção especial correlata de peculiares condições de trabalho, e não teria havido a menor dúvida em se manter tal regime, conforme aliás procedeu a Comissão, conservando do estatuto profissional dos bancários todos os preceitos que lhes fossem favoráveis e suprimindo os que não se equiparassem às disposições gerais de proteção à duração de trabalho, tais como os que legitimavam a prorrogação a horas suplementares independentemente de pagamento extraordinário.

50. Houve, portanto, estrita justiça.

51. Conforme ficou esclarecido, inicialmente, a redação final que tenho a subida honra de apresentar a Vossa Excelência foi precedida de um meticuloso exame de todas as sugestões apresentadas, não constituindo menor contribuição a que cada um dos membros da Comissão procurou fazer, corrigindo e completando o anteprojeto.

52. Na revisão realizada, a Comissão assumiu uma posição censora de sua própria obra, promovendo consequentemente o aprimoramento do respectivo teor.

53. Na introdução, aperfeiçoou a redação dos artigos; inseriu a definição de empregador, que integra o conceito definitivo da relação de emprego, acompanhando-a da noção legal de empregadora única dada pela Lei nº 435, de 17 de maio de 1937; removeu, outrossim, para o Capítulo pertinente, a declaração da igualdade de salário por trabalho do mesmo valor sem distinção de sexo. Foi, por outro lado, suprimida a afirmação concernente à proibição da renúncia de direitos, que entendeu a Comissão ser elementar do princípio de ordem pública, mediante o qual são nulos os atos praticados no intuito de excluir a eficácia da legislação social.

54. O Título das normas institucionais foi reconstituído em dois outros, para mais fácil apresentação dos preceitos nele contidos.

55. O Capítulo sobre a identificação profissional e os registros de empregados foi melhorando na nomenclatura, na redação e na disposição das Seções.

56. Sofreu alteração o texto que reproduziu o parágrafo único do art. 18 do Decreto nº 2.035, de 29 de outubro de 1932, eliminando-se agora da carteira profissional a averbação de notas desabonadoras, as quais, somente, quando resultarem de sentença transitada em julgado, serão inscritas no prontuário do portador da carteira.

57. Ligeiros retoques foram dados ao Capítulo sobre a duração geral do trabalho.

58. Considerou-se de justiça equiparar o regime de trabalho dos operadores das empresas de serviços telefônicos aos das que exploram serviços de telegrafia, radiotelegrafia e radiotelefonia, cujas condições de fadiga são idênticas.

59. A duração do trabalho nos serviços ferroviários foi reexaminada de acordo com sugestões do Sindicato dos Empregados Ferroviários do Rio de Janeiro, e das empresas responsáveis por esses serviços, principalmente a Companhia Paulista de Estradas de Ferro, cuja cooperação inteligente favoreceu a racionalização imprimida ao projeto, com a supressão, pela qual se batia a Comissão, do confuso e prejudicial sistema de ciclos de 96 horas em 14 dias, com duração máxima diária de 16 horas, do citado Decreto nº 279, de graves consequências para a saúde dos ferroviários.

60. As disposições destinadas à regulamentação das condições de trabalho nos serviços de estiva mereceram igual reexame, atendidas, em harmonia, as sugestões da Comissão de Marinha Mercante, do Sindicato dos Estivadores do Rio de Janeiro e do Sindicato dos Trabalhadores em Estiva de Minérios desta Capital.

61. Houve também a preocupação de atender tanto quanto possível à equiparação, pleiteada pelo Sindicato dos Operários nos Serviços Portuários de Santos, entre os serviços de estiva e os de capatazias, que realmente funcionam em necessária coordenação.

62. Uma lacuna estava a exigir, há longa data, fosse coberta na nossa legislação. Recomendado, reiteradas vezes, pelo Presidente da República, diante da insuficiência da lei geral, não se ultimara, entretanto, até o presente, o projetado Decreto-lei especial amparando as condições de trabalho em minas de subsolo. Coligindo os dados apurados pelo Departamento Nacional do Trabalho, depois de sucessivas e conclusivas investigações locais, foi constituída uma Seção prevendo as reduções do horário nos trabalhos em minas subterrâneas, trabalhos esses árduos e particularmente ruinosos para a vida dos respectivos operários.

63. Na Seção em que se regula o exercício da profissão de químico, foi adotada a indicação da Federação das Indústrias do Estado de São Paulo, no sentido de ficarem declinados os tipos de indústrias em que se torna obrigatória a admissão de um químico. De acordo com a sugestão e segundo o critério do Instituto Nacional de Tecnologia deste Ministério, ficou resolvida essa questão e homologada a orientação prática deste Ministério.

64. O Capítulo da Nacionalização do Trabalho recebeu pequenas emendas de redação, tendo sido suprimido o dispositivo do anteprojeto relativo aos cargos de chefia. Reconsiderando a matéria, verificou a Comissão que o problema, que suscitava a emenda aditiva ao anteprojeto, encontrava solução no próprio texto legal quando este disciplina que os ocupantes de funções técnicas somente ficarão à margem da proporcionalidade na falta de trabalhadores nacionais especializadas. Sem gerar confusões que não haviam sido, aliás, pretendidas pelo preceito ora suprimido, o qual não continha qualquer restrição à desejada colaboração de iniciativas e de capitais estrangeiros, restará sempre no dispositivo acima referido o remédio para o governo proporcionar garantias às elites de técnicos nacionais.

65. O regime de Higiene e Segurança do Trabalho, pela revisão efetuada, adquiriu maior eficácia, por força da explícita declaração que constitui formalidade longamente seguida, da exigência de prévia verificação e aprovação das instalações dos estabelecimentos industriais para o respectivo funcionamento.

66. Estabeleceu-se, igualmente, a obrigatoriedade do uso, pelos empregados, dos equipamentos de defesa pessoal fornecidos pelos empregadores e aprovados pelas autoridades de Higiene do Trabalho.

67. Quanto aos Capítulos da proteção ao trabalho das mulheres e dos menores, as correções limitaram-se a erros de impressão, tendo sido, por outro lado, restabelecido o preceito inscrito no parágrafo único do art. 16 do antigo Decreto nº 2.042, de 3 de novembro de 1932, que, pela referência feita no § 39 do art. 16 do Decreto-lei nº 3.616, de 13 de setembro de 1941, é intuitivo concluir fora omitido, involuntariamente, neste último diploma legal.

68. Os deveres impostos aos empregadores para o efeito da habilitação profissional dos respectivos empregados menores e consubstanciados no Decreto-lei nº 4.481, de 16 de julho de 1942, corporificando normas de tutela dessa classe de empregados, cujo trabalho tem de ser orientado pelo alto escopo da educação técnica, passaram a integrar a Seção correspondente do Capítulo versando esse regime especial.

69. É oportuno salientar que a legislação social, universalmente, vem atribuindo um remarcado desvelo pelas condições de trabalho dos menores.

70. Em consonância com as convenções internacionais e as recomendações de congressos, e mesmo a estas se antecipando, o Brasil, pela pessoal inspiração de Vossa Excelência, vem realizando, através deste Ministério, uma salutar ação pública de preservação da juventude que trabalha.

71. O prosseguimento dessa política especializada é um imperativo e pareceu à Comissão dever ser assim ponderado na revisão, a que se procede, do Código de Menores, pois os seus preceitos atinentes ao trabalho foram totalmente melhorados e anexados à nossa legislação trabalhista, cujo Decreto-lei nº 3.616, consolidado agora, consagra a melhor solução de articulação e distinção entre a competência dos magistrados de menores e a das autoridades de trabalho, conferindo àqueles a plenitude das funções morais, jurisdicionais e supletivas do pátrio poder, que lhes são eminentemente reservados, e atribuindo às autoridades deste Ministério a efetivação do regime de proteção ao trabalho.

72. O Título em que se compendiam as regras constitutivas do contrato individual de trabalho careceu apenas de pequenas especificações do pensamento já expresso, acrescentando-se-lhes, entretanto, as normas pertinentes aos contratos de artistas teatrais e congêneres, oriundos da celebrada Lei Getúlio Vargas, cuja atualização vinha sendo ultimamente promovida por uma Comissão Interministerial, da qual provieram os artigos de lei aditados ao presente projeto.

73. Estatuiu a Consolidação que aos trabalhadores rurais se aplicam as regras básicas do contrato individual do trabalho, inclusive o aviso prévio, não lhes atingindo, porém, o regime de garantias em caso de rescisão, a que não tenham dado motivo, nem o instituto da estabilidade. A essa conclusão chegou a Comissão, em voto preponderante, sob a alegação de serem imprescindíveis maiores esclarecimentos das exatas condições das classes rurais, inibidas, no momento, por falta de lei, da representação sindical dos respectivos interesses.

74. Em seu relatório, manifesta a Comissão, consequentemente e em princípio, a sua restrição quanto ao projeto do Código Rural, publicado no Diário Oficial de 16 de janeiro último, na parte referente ao Contrato de Trabalho, objeto preciso desta Consolidação e não de um Código em que, com exclusividade, deveriam ser tratados os problemas relativos à produção na agricultura e em atividades conexas.

75. A revisão dos artigos compreendidos no Título da Organização Sindical ofereceu oportunidade para pequenas adaptações, sem afetar o sistema.

76. Procedeu-se à consolidação do Decreto-lei nº 5.242, de 1 de fevereiro de 1943, que dispôs sobre a exigência da sindicalização para o exercício da função de representação social em órgão oficial bem como para o gozo de favores ou isenções tributárias.

77. Suprimiu-se a emenda constante do anteprojeto tendente à instituição do regime de tomada de contas dos sindicatos. A eficiência do sistema de controle contábil do patrimônio das entidades sindicais e o regime de recolhimento do imposto sindical, posteriormente criados pela Portaria Ministerial nº 884, de 5 de dezembro de 1942, veio indicar ser prescindível esse processo de tomada de contas, que poderia determinar a burocratização desses órgãos de classe, por todos os títulos evitável, a fim de se conservar a espontaneidade e originalidade do regime sindical.

78. A Federação das Indústrias do Estado de São Paulo propôs e foram aceitos os aumentos, de um para sete, do número máximo de membros da diretoria das entidades de grau superior, e de Cr$ 20,0 para Cr$ 30,0, a importância mínima correspondente ao imposto sindical de empregadores.

79. A Comissão de Enquadramento Sindical, dado o crescente desenvolvimento de sua atividade, teve a respectiva composição ampliada, incluindo um representante do Ministério da Agricultura na previsão da próxima sindicalização das classes rurais.

80. Ligeiros reparos foram feitos ao Capítulo do Imposto Sindical, na base do regime estabelecido pelo Decreto-lei nº 4.298, de 14 de maio de 1942, introduzindo-se apenas um artigo destinado a facultar a ação executiva, com os privilégios da Fazenda Pública, excluído o foro próprio, para a cobrança do imposto sindical, quando houver débito certificado pela autoridade competente deste Ministério.

81. Finalmente, quanto à Justiça do Trabalho, deliberou-se a exclusão de toda a parte consistente em regimento dos órgãos e serviços, bem como dos assuntos referentes à administração dos seguros sociais.

82. O julgamento dos agravos foi elevado ao seu verdadeiro nível, que é o da instância superior, necessário à adequada conceituação desses recursos e à jurídica apreciação da respectiva substância. Apurou-se, outrossim, a definição do Prejulgado, estabelecendo-se a forma do seu processamento e os efeitos que gera.

83. Tais, em rápida resenha, as principais modificações operadas no anteprojeto publicado. De todas essas alterações deflui um único pensamento – o de ajustar, mais e mais, a obra constituída às diretrizes da Política Social do Governo, fixadas de maneira tão ampla e coerente no magnífico quadro das disposições legais que acabam de ser recapituladas.

84. Ao pedir a atenção de Vossa Excelência para essa notável obra de construção jurídica, afirmo, com profunda convicção e de um modo geral, que, nesta hora dramática que o mundo sofre, a Consolidação constitui um marco venerável na história de nossa civilização, demonstra a vocação brasileira pelo direito e, na escureza que envolve a humanidade, representa a expressão de uma luz que não se apagou.

Apresento a Vossa Excelência os protestos do meu mais profundo respeito.

Rio de Janeiro, 19 de abril de 1943.

Alexandre Marcondes Filho

DECRETO-LEI 5.452, DE 1º DE MAIO DE 1943

Aprova a Consolidação das Leis do Trabalho.

O PRESIDENTE DA REPÚBLICA, usando da atribuição que lhe confere o art. 180 da Constituição, decreta:

› Refere-se à CF/1937.

› Art. 22, I da CF.

Art. 1º Fica aprovada a Consolidação das Leis do Trabalho, que a este Decreto-lei acompanha, com as alterações por ela introduzidas na legislação vigente.

Parágrafo único. Continuam em vigor as disposições legais transitórias ou de emergência, bem como as que não tenham aplicação em todo o território nacional.

Art. 2º O presente Decreto-lei entrará em vigor em 10 de novembro de 1943.

Rio de Janeiro, 1 de maio de 1943, 122º da Independência e 55º da República.

Getúlio Vargas.

CONSOLIDAÇÃO DAS LEIS DO TRABALHO

TÍTULO I INTRODUÇÃO

Art. 1º Esta Consolidação estatui as normas que regulam as relações individuais e coletivas de trabalho, nela previstas.

Art. 2º Considera-se empregador a empresa, individual ou coletiva, que, assumindo os riscos da atividade econômica, admite, assalaria e dirige a prestação pessoal de serviço.

› Arts. 10 e 448 da CLT.

› Arts. 3º e 4º da Lei 5.889/1973.

› Art. 3º, II, do Dec. 71.885/1973.

› Arts. 50 a 54 da LC 123/2006.

§ 1º Equiparam-se ao empregador, para os efeitos exclusivos da relação de emprego, os profissionais liberais, as instituições de beneficência, as associações recreativas ou outras instituições sem fins lucrativos, que admitirem trabalhadores como empregados.

› Art. 4º da Lei 5.889/1973.

§ 2° Sempre que uma ou mais empresas, tendo, embora, cada uma delas, personalidade jurídica própria, estiverem sob a direção, controle ou administração de outra, ou ainda quando, mesmo guardando cada uma sua autonomia, integrem grupo econômico, serão responsáveis solidariamente pelas obrigações decorrentes da relação de emprego.

› § 2° com a redação dada pela Lei 13.467/2017.

› Art. 3º, § 2º, da Lei 5.889/1973.

› Súm. 93, 129 e 239 do TST.

› Art. 3º, II, da Portaria MTE 1.964/1999.

§ 3° Não caracteriza grupo econômico a mera identidade de sócios, sendo necessárias, para a configuração do grupo, a demonstração do interesse integrado, a efetiva comunhão de interesses e a atuação conjunta das empresas dele integrantes.

› § 3° incluído pela Lei 13.467/2017.

Art. 3º Considera-se empregado toda pessoa física que prestar serviços de natureza não eventual a empregador, sob a dependência deste e mediante salário.

› Arts. 2º, 6º e 442, parágrafo único, da CLT.

› Art. 100 da Lei 9.504/1997.

› Art. 2º da Lei 5.889/1973.

› Art. 1º da LC 150/2015.

› Súm. 386 e 430 do TST.

› OJs 199 e 366 da SDI-1 do TST.

Parágrafo único. Não haverá distinções relativas à espécie de emprego e à condição de trabalhador, nem entre o trabalho intelectual, técnico e manual.

› Art. 7º, XXXII, da CF.

Art. 4º Considera-se como de serviço efetivo o período em que o empregado esteja à disposição do empregador, aguardando ou executando ordens, salvo disposição especial expressamente consignada.

› Arts. 58, §§ 1º e 2º, e 294 da CLT.

› Súm., 96, 118 e 428 do TST.

§ 1° Computar-se-ão, na contagem de tempo de serviço, para efeito de indenização e estabilidade, os períodos em que o empregado estiver afastado do trabalho prestando serviço militar e por motivo de acidente do trabalho.

› § 1º com redação dada pela Lei 13.467/2017.

§ 2° Por não se considerar tempo à disposição do empregador, não será computado como período extraordinário o que exceder a jornada normal, ainda que ultrapasse o limite de cinco minutos previsto no § 1° do art. 58 desta Consolidação, quando o empregado, por escolha própria, buscar proteção pessoal, em caso de insegurança nas vias públicas ou más condições climáticas, bem como adentrar ou permanecer nas dependências da empresa para exercer atividades particulares, entre outras:

I - práticas religiosas;

II - descanso;

III - lazer;

IV - estudo;

V - alimentação;

VI - atividades de relacionamento social;

VII - higiene pessoal;

VIII - troca de roupa ou uniforme, quando não houver obrigatoriedade de realizar a troca na empresa.

› § 2° incluído pela Lei 13.467/2017.

Art. 5º A todo trabalho de igual valor corresponderá salário igual, sem distinção de sexo.

› Arts. 5º, I e 7º, XXX da CF.

› Arts. 373-A, III, e 461 da CLT.

› Súm. 202 do STF.

› Súm. 6 do TST.

› OJ 297 da SDI-1 do TST.

Art. 6º Não se distingue entre o trabalho realizado no estabelecimento do empregador, o executado no domicílio do empregado e o realizado a distância, desde que estejam caracterizados os pressupostos da relação de emprego.

Parágrafo único. Os meios telemáticos e informatizados de comando, controle e supervisão se equiparam, para fins de subordinação jurídica, aos meios pessoais e diretos de comando, controle e supervisão do trabalho alheio.

› Art. 6º com a redação dada pela Lei 12.551/2011.

› Art. 83 da CLT.

Art. 7º Os preceitos constantes da presente Consolidação salvo quando for em cada caso, expressamente determinado em contrário, não se aplicam:

› *Caput* com a redação dada pelo Dec.-lei 8.079/1945.

a) aos empregados domésticos, assim considerados, de um modo geral, os que prestam serviços de natureza não econômica à pessoa ou à família, no âmbito residencial destas;

› Dec. 71.885/1973: Regulamenta o Trabalho Doméstico.

› Dec. 3.361/2000: Faculta o acesso do doméstico ao FGTS e ao Programa de Seguro-Desemprego.

› LC 150/2015 (Empregado Doméstico).

b) aos trabalhadores rurais, assim considerados aqueles que, exercendo funções diretamente ligadas à agricultura e à pecuária, não sejam empregados em atividades que, pelos métodos de execução dos respectivos trabalhos ou pela finalidade de suas operações, se classifiquem como Industriais ou comerciais;

› Lei 5.889/1973 (Trabalho Rural) e Dec. 73.626/1974 (Regulamento).

› Art. 7º, *caput*, e XXIX, da CF.

› Art. 505 da CLT.

› Art. 4º do Dec. 73.626/1974 (Regulamento do Trabalho Rural).

› Dec. 7.943/2013

› Súm. 196 do STF.

› OJ 417 da SDI-1 do TST.

c) aos funcionários públicos da União, dos Estados e dos Municípios e aos respectivos extranumerários em serviço nas próprias repartições;

- Lei 8.112/1990: Estatuto dos Servidores Públicos da União.

d) aos servidores de autarquias paraestatais, desde que sujeitos a regime próprio de proteção ao trabalho que lhes assegure situação análoga à dos funcionários públicos.

- Alíneas c e d com a redação dada pelo Dec.-lei 8.079/1945.

e) (Suprimida pelo Decreto-Lei 8.079/1945)

f) às atividades de direção e assessoramento nos órgãos, institutos e fundações dos partidos, assim definidas em normas internas de organização partidária. (Acrescida pela Lei 13.877/2019)

Parágrafo único. Revogado pelo Decreto-lei 8.249, de 1945.

Art. 8º As autoridades administrativas e a Justiça do Trabalho, na falta de disposições legais ou contratuais, decidirão, conforme o caso, pela jurisprudência, por analogia, por equidade e outros princípios e normas gerais de direito, principalmente do direito do trabalho, e, ainda, de acordo com os usos e costumes, o direito comparado, mas sempre de maneira que nenhum interesse de classe ou particular prevaleça sobre o interesse público.

- Art. 5º, XXXVI da CF.
- Arts. 4º e 5 da LINDB.
- Art. 140 do CPC.
- Súm. 229 e 346 do TST.

§ 1º O direito comum será fonte subsidiária do direito do trabalho.

- § 1º com redação dada pela Lei 13.467/2017).

§ 2º Súm. e outros enunciados de jurisprudência editados pelo Tribunal Superior do Trabalho e pelos Tribunais Regionais do Trabalho não poderão restringir direitos legalmente previstos nem criar obrigações que não estejam previstas em lei.

- § 2º incluído pela Lei 13.467/2017.

§ 3º No exame de convenção coletiva ou acordo coletivo de trabalho, a Justiça do Trabalho analisará exclusivamente a conformidade dos elementos essenciais do negócio jurídico, respeitado o disposto no art. 104 da Lei 10.406, de 10 de janeiro de 2002 (Código Civil), e balizará sua atuação pelo princípio da intervenção mínima na autonomia da vontade coletiva.

- § 3º incluído pela Lei 13.467/2017.

Art. 9º Serão nulos de pleno direito os atos praticados com o objetivo de desvirtuar, impedir ou fraudar a aplicação dos preceitos contidos na presente Consolidação.

- Arts. 197 a 207 do CP: Crimes contra a Organização do Trabalho.
- Súm. 77 do TST.
- OJ 30 da SDC do TST.

Art. 10. Qualquer alteração na estrutura jurídica da empresa não afetará os direitos adquiridos por seus empregados.

- Arts. 448 e 448-A da CLT.
- Arts. 60, parágrafo único, e 141, II e § 2º, da Lei 11.101/2005.
- OJs 92, 261, 408, 411 da SDI-1 do TST.

Art. 10-A. O sócio retirante responde subsidiariamente pelas obrigações trabalhistas da sociedade relativas ao período em que figurou como sócio, somente em ações ajuizadas até dois anos depois de averbada a modificação do contrato, observada a seguinte ordem de preferência:

- Artigo incluído pela Lei 13.467/2017.

I - a empresa devedora;

II - os sócios atuais; e

III - os sócios retirantes.

Parágrafo único. O sócio retirante responderá solidariamente com os demais quando ficar comprovada fraude na alteração societária decorrente da modificação do contrato.

Art. 11. A pretensão quanto a créditos resultantes das relações de trabalho prescreve em cinco anos para os trabalhadores urbanos e rurais, até o limite de dois anos após a extinção do contrato de trabalho.

- *Caput* com a redação dada pela Lei 13.467/2017.
- Art. 7º, XXIX, da CF.
- Súm. 308 do TST.

I e II - Revogados pela Lei 13.467/2017;

§ 1º O disposto neste artigo não se aplica às ações que tenham por objeto anotações para fins de prova junto à Previdência Social.

- Arts. 149, 440 e 625-G da CLT.
- Art. 197 a 199 do CC.
- Súm. 327, 349 e 403 do STF.
- Súm. 242 do STJ.
- Súm. 6, IX, 153, 156, 206, 268, 350, 362 e 382 do TST.
- OJs 83, 130, 375, 392 e 401 da SDI-1 do TST.

§ 2º Tratando-se de pretensão que envolva pedido de prestações sucessivas decorrente de alteração ou descumprimento do pactuado, a prescrição é total, exceto quando o direito à parcela esteja também assegurado por preceito de lei.

- § 2º com a redação dada pela Lei 13.467/2017.

§ 3º A interrupção da prescrição somente ocorrerá pelo ajuizamento de reclamação trabalhista, mesmo que em juízo incompetente, ainda que venha a ser extinta sem resolução do mérito, produzindo efeitos apenas em relação aos pedidos idênticos.

- § 3º incluído pela Lei 13.467/2017.

Art. 11-A. Ocorre a prescrição intercorrente no processo do trabalho no prazo de dois anos.

- Artigo incluído pela Lei 13.467/2017.
- Súm. 327 do STF.

§ 1º A fluência do prazo prescricional intercorrente inicia-se quando o exequente deixa de cumprir determinação judicial no curso da execução.

§ 2º A declaração da prescrição intercorrente pode ser requerida ou declarada de ofício em qualquer grau de jurisdição.

Art. 12. Os preceitos concernentes ao regime de seguro social são objeto de lei especial.

- Leis 8.212/1991, 8.213/1991 e Dec. 3.048/1999: Legislação previdenciária.

TÍTULO II
DAS NORMAS GERAIS DE TUTELA DO TRABALHO

CAPÍTULO I
DA IDENTIFICAÇÃO PROFISSIONAL

SEÇÃO I
DA CARTEIRA DE TRABALHO E PREVIDÊNCIA SOCIAL

- Título da Seção I com a redação dada pelo Dec.-lei 926/1969.

Art. 13. A Carteira de Trabalho e Previdência Social é obrigatória para o exercício de qualquer emprego, inclusive de natureza rural, ainda que em caráter temporário, e para o exercício por conta própria de atividade profissional remunerada.

- *Caput* com a redação dada pelo Dec.-lei 926/1969.
- Art. 14-A, § 3º, I e II, Lei 5.889/1973.
- Lei 6.019/1974
- Súm. 225 do STF.
- Súm. 12 do TST.
- OJ 82 da SDI-1 do TST.

§ 1º O disposto neste artigo aplica-se, igualmente, a quem:

I - proprietário rural ou não, trabalhe individualmente ou em regime de economia familiar, assim entendido o trabalho dos membros da mesma família, indispensável à própria subsistência, e exercido em condições de mútua dependência e colaboração;

II - em regime de economia familiar e sem empregado, explore área não excedente do módulo rural ou de outro limite que venha a ser fixado, para cada região, pelo Ministério do Trabalho e Previdência Social.

- Art. 4º, II e III, da Lei 4.504/1964.
- § 1º com a redação dada pelo Dec.-lei 926/1969.

§ 2º A Carteira de Trabalho e Previdência Social (CTPS) obedecerá aos modelos que o Ministério da Economia adotar. (Redação dada pela Lei 13.874/2019)

§ 3º (Revogado pela Lei 13.874/2019)

§ 4º (Revogado pela Lei 13.874/2019)

SEÇÃO II
DA EMISSÃO DA CARTEIRA

- Título da Seção II com a redação dada pelo Dec.-lei 926/1969.

Art. 14. A CTPS será emitida pelo Ministério da Economia preferencialmente em meio eletrônico. (Redação dada pela Lei 13.874/2019)

Parágrafo único. Excepcionalmente, a CTPS poderá ser emitida em meio físico, desde que: (Redação dada pela Lei 13.874/2019)

I - nas unidades descentralizadas do Ministério da Economia que forem habilitadas para a emissão; (Acrescido pela Lei 13.874/2019)

II - mediante convênio, por órgãos federais, estaduais e municipais da administração direta ou indireta; (Acrescido pela Lei 13.874/2019)

III - mediante convênio com serviços notariais e de registro, sem custos para a administração, garantidas as condições de segurança das informações. (Acrescido pela Lei 13.874/2019)

Art. 15. Os procedimentos para emissão da CTPS ao interessado serão estabelecidos pelo Ministério da Economia em regulamento próprio, privilegiada a emissão em formato eletrônico. (Redação dada pela Lei 13.874/2019)

Art. 16. A CTPS terá como identificação única do empregado o número de inscrição no Cadastro de Pessoas Físicas (CPF). (Redação dada pela Lei 13.874/2019)

I a IV - Revogados pela Lei 13.874/2019.

Parágrafo único. Revogado pela Lei 13.874/2019.

Art. 17. Revogado pela Lei 13.874/2019.

Arts. 18 e 19. Revogados pela Lei 7.855/1989.

Arts. 20 a 21. Revogados pela Lei 13.874/2019.

Arts. 22 a 24. Revogados pelo Dec.-lei 926/1969.

SEÇÃO III
DA ENTREGA DAS CARTEIRAS DE TRABALHO E PREVIDÊNCIA SOCIAL

Arts. 25 e 26. Revogados pela Lei 13.874/2019.

Arts. 27 e 28. Revogados pela Lei 7.855/1989.

SEÇÃO IV
DAS ANOTAÇÕES

Art. 29. O empregador terá o prazo de 5 (cinco) dias úteis para anotar na CTPS, em relação aos trabalhadores que admitir, a data de admissão, a remuneração e as condições especiais, se houver, facultada a adoção de sistema manual, mecânico ou eletrônico, conforme instruções a serem expedidas pelo Ministério da Economia. (Redação dada pela Lei 13.874/2019)

- Art. 53 da CLT.
- Art. 9° da LC 150/2015.
- Súm. 225 do STF.
- Súm. 12 do TST.

§ 1º As anotações concernentes à remuneração devem especificar o salário, qualquer que seja sua forma de pagamento, seja ele em dinheiro ou em utilidades, bem como a estimativa da gorjeta.

- § 1º com a redação dada pelo Dec.-lei 229/1967.

§ 2º As anotações na Carteira de Trabalho e Previdência Social serão feitas: (Redação dada pela Lei 7.855/1989)

a) na data-base;

b) a qualquer tempo, por solicitação do trabalhador;

c) no caso de rescisão contratual; ou

d) necessidade de comprovação perante a Previdência Social.

§ 3º A falta de cumprimento pelo empregador do disposto neste artigo acarretará a lavratura do auto de infração, pelo Fiscal do Trabalho, que deverá, de ofício, comunicar a falta de anotação ao órgão competente, para o fim de instaurar o processo de anotação. (Redação dada pela Lei 7.855/1989)

- Súm. 12 do TST.

§ 4º É vedado ao empregador efetuar anotações desabonadoras à conduta do empregado em sua Carteira de Trabalho e Previdência Social. (Incluído pela Lei 10.270/2001)

§ 5º O descumprimento do disposto no § 4º deste artigo submeterá o empregador ao pagamento de multa prevista no art. 52 deste Capítulo (Incluído pela Lei 10.270/2001)

§ 6º A comunicação pelo trabalhador do número de inscrição no CPF ao empregador equivale à apresentação da CTPS em meio digital, dispensado o empregador da emissão de recibo. (Parágrafo acrescido pela Lei 13.874/2019)

§ 7º Os registros eletrônicos gerados pelo empregador nos sistemas informatizados da CTPS em meio digital equivalem às anotações a que se refere esta Lei. (Parágrafo acrescido pela Lei 13.874/2019)

§ 8º O trabalhador deverá ter acesso às informações da sua CTPS no prazo de até 48 (quarenta e oito) horas a partir de sua anotação. (Parágrafo acrescido pela Lei 13.874/2019)

Arts. 30 a 34. Revogados pela Lei 13.874/2019.

Art. 35. Revogado pela Lei 6.533/1978.

SEÇÃO V
DAS RECLAMAÇÕES POR FALTA OU RECUSA DE ANOTAÇÃO

Art. 36. Recusando-se a empresa a fazer as anotações a que se refere o art. 29 ou a devolver a Carteira de Trabalho e Previdência Social recebida, poderá o empregado comparecer, pessoalmente ou por intermédio de seu sindicato perante a Delegacia Regional ou órgão autorizado, para apresentar reclamação.

- Art. 36 com redação dada pelo Dec.-lei 229/1967.

Art. 37. No caso do art. 36, lavrado o termo de reclamação, determinar-se-á a realização de diligência para instrução do feito, observado, se fôr o caso, o disposto no § 2º do art. 29, notificando-se posteriormente o reclamado por carta registrada, caso persista a recusa, para que, em dia e hora previamente designados, venha prestar esclarecimentos ou efetuar as devidas anotações na Carteira de Trabalho e Previdência Social ou sua entrega.

Parágrafo único. Não comparecendo o reclamado, lavrar-se-á termo de ausência, sendo considerado revel e confesso sobre os termos da reclamação feita, devendo as anotações ser efetuadas por despacho da autoridade que tenha processado a reclamação.

- Art. 37 com redação dada pelo Dec.-lei 229/1967.

Art. 38. Comparecendo o empregador e recusando-se a fazer as anotações reclamadas, será lavrado um termo de comparecimento, que deverá conter, entre outras indicações, o lugar, o dia e hora de sua lavratura, o nome e a residência do empregador, assegurando-se-lhe o prazo de 48 (quarenta e oito) horas, a contar do termo, para apresentar defesa.

Parágrafo único. Findo o prazo para a defesa, subirá o processo à autoridade administrativa de primeira instância, para se ordenarem diligências, que completem a instrução do feito, ou para julgamento, se o caso estiver suficientemente esclarecido.

Art. 39. Verificando-se que as alegações feitas pelo reclamado versam sobre a não existência de relação de emprego ou sendo impossível verificar essa condição pelos meios administrativos, será o processo encaminhado à Justiça do Trabalho ficando, nesse caso, sobrestado o julgamento do auto de infração que houver sido lavrado.

§ 1º Se não houver acordo, a Junta de Conciliação e Julgamento, em sua sentença ordenará que a Secretaria efetue as devidas anotações uma vez transitada em julgado, e faça a comunicação à autoridade competente para o fim de aplicar a multa cabível.

- Vide EC 24/1999.

§ 2º Igual procedimento observar-se-á no caso de processo trabalhista de qualquer natureza, quando for verificada a falta de anotações na Carteira de Trabalho e Previdência Social, devendo o Juiz, nesta hipótese, mandar proceder, desde logo, àquelas sobre as quais não houver controvérsia.

- Art. 39 com a redação dada pelo Dec.-lei 229/1967.

SEÇÃO VI
DO VALOR DAS ANOTAÇÕES

Art. 40. A CTPS regularmente emitida e anotada servirá de prova: (Redação dada pela Lei 13.874/2019)

I - Nos casos de dissídio na Justiça do Trabalho entre a empresa e o empregado por motivo de salário, férias ou tempo de serviço;

II - Revogado pela Lei 13.874/2019.

III - Para cálculo de indenização por acidente do trabalho ou moléstia profissional.

- Art. 40 com a redação dada pelo Dec.-lei 229/1967.
- Súm. 225 do STF.
- Súm. 12 do TST.

SEÇÃO VII
DOS LIVROS DE REGISTRO DE EMPREGADOS

Art. 41. Em todas as atividades será obrigatório para o empregador o registro dos respectivos trabalhadores, podendo ser adotados livros, fichas ou sistema eletrônico, conforme instruções a serem expedidas pelo Ministério do Trabalho.

Parágrafo único. Além da qualificação civil ou profissional de cada trabalhador, deverão ser anotados todos os dados relativos à sua admissão no emprego, duração e efetividade do trabalho, a férias, acidentes e demais circunstâncias que interessem à proteção do trabalhador.

- Art. 41 com a redação dada pela Lei 7.855/1989.

Art. 42. Revogado pela Lei 10.243/2001.

Arts. 43 e 44. Revogados pela Lei 7.855/1989.

Arts. 45 e 46. Revogados pelo Dec.-lei 229/1967.

Art. 47. O empregador que mantiver empregado não registrado nos termos do art. 41 desta Consolidação ficará sujeito a multa no valor de R$ 3.000,00 (três mil reais) por empregado não registrado, acrescido de igual valor em cada reincidência. (Redação dada pela Lei 13.467/2017)

§ 1° Especificamente quanto à infração a que se refere o *caput* deste artigo, o valor final da multa aplicada será de R$ 800,00 (oitocentos reais) por empregado não registrado, quando se tratar de microempresa ou empresa de pequeno porte. (Redação dada pela Lei 13.467/2017)

§ 2° A infração de que trata o *caput* deste artigo constitui exceção ao critério da dupla visita. (Incluído pela Lei 13.467/2017)

‣ Art. 7º, IV, da CF.

Art. 47-A. Na hipótese de não serem informados os dados a que se refere o parágrafo único do art. 41 desta Consolidação, o empregador ficará sujeito à multa de R$ 600,00 (seiscentos reais) por empregado prejudicado. (Incluído pela Lei 13.467/2017)

Art. 48. As multas previstas nesta Seção serão aplicadas pela autoridade de primeira instância no Distrito Federal, e pelas autoridades regionais do Ministério do Trabalho, Indústria e Comércio, nos Estados e no Território do Acre.

SEÇÃO VIII
DAS PENALIDADES

Art. 49. Para os efeitos da emissão, substituição ou anotação de Carteiras de Trabalho e Previdência Social, considerar-se-á, crime de falsidade, com as penalidades previstas no art. 299 do Código Penal:

I - Fazer, no todo ou em parte, qualquer documento falso ou alterar o verdadeiro;

II - Afirmar falsamente a sua própria identidade, filiação, lugar de nascimento, residência, profissão ou estado civil e beneficiários, ou atestar os de outra pessoa;

III - Servir-se de documentos, por qualquer forma falsificados;

IV - falsificar, fabricando ou alterando, ou vender, usar ou possuir Carteira de Trabalho e Previdência Social assim alteradas;

V - Anotar dolosamente em Carteira de Trabalho e Previdência Social ou registro de empregado, ou confessar ou declarar em juízo ou fora dele, data de admissão em emprego diversa da verdadeira.

‣ Art. 49 com a redação dada pelo Dec.-lei 229/1967.

Art. 50. Comprovando-se falsidade, quer nas declarações para emissão de Carteira de Trabalho e Previdência Social, quer nas respectivas anotações, o fato será levado ao conhecimento da autoridade que houver emitido a carteira, para fins de direito.

Art. 51. Incorrerá em multa de valor igual a 3 (três) vezes o salário mínimo regional aquele que, comerciante ou não, vender ou expuser à venda qualquer tipo de carteira igual ou semelhante ao tipo oficialmente adotado. (Redação dada pelo Dec.-lei 229/1967)

Art. 52. O extravio ou inutilização da Carteira de Trabalho e Previdência Social por culpa da empresa sujeitará esta à multa de valor igual á metade do salário mínimo regional. (Redação dada pelo Dec.-lei 926/1969)

‣ Art. 29, §§ 4º e 5º, da CLT.

Arts. 53 e 54. Revogados pela Lei 13.874/2019.

Art. 55. Incorrerá na multa de valor igual a 1 (um) salário mínimo regional a empresa que infringir o art. 13 e seus parágrafos. (Redação dada pelo Dec.-lei 229/1967)

Art. 56. Revogado pela Lei 13.874/2019.

CAPÍTULO II
DA DURAÇÃO DO TRABALHO

SEÇÃO I
DISPOSIÇÃO PRELIMINAR

Art. 57. Os preceitos deste Capítulo aplicam-se a todas as atividades, salvo as expressamente excluídas, constituindo exceções as disposições especiais, concernentes estritamente a peculiaridades profissionais constantes do Capítulo I do Título III.

‣ Art. 7º, parágrafo único, da CF.

‣ Arts. 7º, a, e 62 da CLT.

SEÇÃO II
DA JORNADA DE TRABALHO

Art. 58. A duração normal do trabalho, para os empregados em qualquer atividade privada, não excederá de 8 (oito) horas diárias, desde que não seja fixado expressamente outro limite.

‣ Art. 7º, XIII e XIV da CF.

‣ Arts. 4º, 65 e 414 da CLT.

‣ Súm. 370 e 423 do TST:

‣ OJs 274, 275, 360 da SDI-1 do TST.

§ 1º Não serão descontadas nem computadas como jornada extraordinária as variações de horário no registro de ponto não excedentes de cinco minutos, observado o limite máximo de dez minutos diários.

‣ § 1º incluído pela Lei 10.243/2001.

‣ Art. 74, § 2º, da CLT.

‣ Súm. 449 do TST.

§ 2° O tempo despendido pelo empregado desde a sua residência até a efetiva ocupação do posto de trabalho e para o seu retorno, caminhando ou por qualquer meio de transporte, inclusive o fornecido pelo empregador, não será computado na jornada de trabalho, por não ser tempo à disposição do empregador.

‣ § 2° com a redação dada pela Lei 13.467/2017.

‣ Súms. 90 e 320 do TST.

‣ OJ transitória 36 da SDI-1.

§ 3º Revogado pela Lei 13.467/2017.

Art. 58-A. Considera-se trabalho em regime de tempo parcial aquele cuja duração não exceda a trinta horas semanais, sem a possibilidade de horas suplementares semanais, ou, ainda, aquele cuja duração não exceda a vinte e seis horas semanais, com a possibilidade de acréscimo de até seis horas suplementares semanais.

‣ *Caput* com a redação dada pela Lei 13.467/2017.

§ 1º O salário a ser pago aos empregados sob o regime de tempo parcial será proporcional à sua jornada, em relação aos empregados que cumprem, nas mesmas funções, tempo integral.

‣ § 1° incluído pela MP 2.164-41/2001.

§ 2º Para os atuais empregados, a adoção do regime de tempo parcial será feita mediante opção manifestada perante a empresa, na forma prevista em instrumento decorrente de negociação coletiva.

‣ § 2° incluído pela MP 2.164-41/2001.

‣ OJ 358 da SDI-1 do TST.

§ 3° As horas suplementares à duração do trabalho semanal normal serão pagas com o acréscimo de 50% (cinquenta por cento) sobre o salário-hora normal.

§ 4° Na hipótese de o contrato de trabalho em regime de tempo parcial ser estabelecido em número inferior a vinte e seis horas semanais, as horas suplementares a este quantitativo serão consideradas horas extras para fins do pagamento estipulado no § 3º, estando também limitadas a seis horas suplementares semanais.

§ 5° As horas suplementares da jornada de trabalho normal poderão ser compensadas diretamente até a semana imediatamente posterior à da sua execução, devendo ser feita a sua quitação na folha de pagamento do mês subsequente, caso não sejam compensadas.

§ 6° É facultado ao empregado contratado sob regime de tempo parcial converter um terço do período de férias a que tiver direito em abono pecuniário.

§ 7° As férias do regime de tempo parcial são regidas pelo disposto no art. 130 desta Consolidação.

‣ §§ 3° a 7° incluídos pela Lei 13.467/2017.

Art. 59. A duração diária do trabalho poderá ser acrescida de horas extras, em número não excedente de duas, por acordo individual, convenção coletiva ou acordo coletivo de trabalho.

‣ *Caput* com a redação dada pela Lei 13.467/2017.

‣ Súm. 45, 63, 85, 102, 109, 110, 113, 115, 118, 132, 172, 253, 264, 291, 340, 347, 354, 376 e 444 do TST.

‣ OJs 47, 233, 235, 332, 394, 397 da SDI-1 do TST.

§ 1° A remuneração da hora extra será, pelo menos, 50% (cinquenta por cento) superior à da hora normal.

‣ § 1° com a redação dada pela Lei 13.467/2017.

‣ Art. 7º, XVI, da CF.

‣ Art. 20, § 2º, da Lei 8.906/1994.

§ 2º Poderá ser dispensado o acréscimo de salário se, por força de acordo ou convenção coletiva de trabalho, o excesso de horas em um dia for compensado pela correspondente diminuição em outro dia, de maneira que não exceda, no período máximo de um ano, à soma das jornadas semanais de trabalho previstas, nem seja ultrapassado o limite máximo de dez horas diárias.

- § 2º com a redação dada pela MP 2.164-41/2001.
- Súm. 85 do TST.

§ 3° Na hipótese de rescisão do contrato de trabalho sem que tenha havido a compensação integral da jornada extraordinária, na forma dos §§ 2° e 5° deste artigo, o trabalhador terá direito ao pagamento das horas extras não compensadas, calculadas sobre o valor da remuneração na data da rescisão.

- § 3° com a redação dada pela Lei 13.467/2017.
- Art. 59, § 2º, da CLT.

§ 4º Revogado pela Lei 13.467/2017.

§ 5° O banco de horas de que trata o § 2° deste artigo poderá ser pactuado por acordo individual escrito, desde que a compensação ocorra no período máximo de seis meses.

- § 5° incluído pela Lei 13.467/2017.

§ 6° É lícito o regime de compensação de jornada estabelecido por acordo individual, tácito ou escrito, para a compensação no mesmo mês.

- § 6° incluído pela Lei 13.467/2017.

Art. 59-A. Em exceção ao disposto no art. 59 desta Consolidação, é facultado às partes, mediante acordo individual escrito, convenção coletiva ou acordo coletivo de trabalho, estabelecer horário de trabalho de doze horas seguidas por trinta e seis horas ininterruptas de descanso, observados ou indenizados os intervalos para repouso e alimentação.

- Artigo incluído pela Lei 13.467/2017.

Parágrafo único. A remuneração mensal pactuada pelo horário previsto no *caput* deste artigo abrange os pagamentos devidos pelo descanso semanal remunerado e pelo descanso em feriados, e serão considerados compensados os feriados e as prorrogações de trabalho noturno, quando houver, de que tratam o art. 70 e o § 5º do art. 73 desta Consolidação.

Art. 59-B. O não atendimento das exigências legais para compensação de jornada, inclusive quando estabelecida mediante acordo tácito, não implica a repetição do pagamento das horas excedentes à jornada normal diária se não ultrapassada a duração máxima semanal, sendo devido apenas o respectivo adicional.

- Artigo incluído pela Lei 13.467/2017.

Parágrafo único. A prestação de horas extras habituais não descaracteriza o acordo de compensação de jornada e o banco de horas.

Art. 60. Nas atividades insalubres, assim consideradas as constantes dos quadros mencionados no Capítulo "Da Higiene e Segurança do Trabalho", ou que neles venham a ser incluídas por ato do Ministro do Trabalho, Indústria e Comércio, quaisquer prorrogações só poderão ser acordadas mediante licença prévia das autoridades competentes em matéria de higiene do trabalho, as quais, para esse efeito, procederão aos necessários exames locais e à verificação dos métodos e processos de trabalho, quer diretamente, quer por intermédio de autoridades sanitárias federais, estaduais e municipais, com quem entrarão em entendimento para tal fim.

- Art. 7º, XIII, da CF.
- A Lei 6.514/1977 alterou a denominação do Capítulo "Da Higiene e Segurança do Trabalho" para "Da Segurança e da Medicina do Trabalho".
- Portaria 702/2015 do MTE (Requisitos para a prorrogação de jornada em atividade insalubre).

Parágrafo único. Excetuam-se da exigência de licença prévia as jornadas de doze horas de trabalho por trinta e seis horas ininterruptas de descanso. (Incluído pela Lei 13.467/2017).

Art. 61. Ocorrendo necessidade imperiosa, poderá a duração do trabalho exceder do limite legal ou convencionado, seja para fazer face a motivo de força maior, seja para atender à realização ou conclusão de serviços inadiáveis ou cuja inexecução possa acarretar prejuízo manifesto.

- Arts. 413, II, e 501 da CLT.

§ 1° O excesso, nos casos deste artigo, pode ser exigido independentemente de convenção coletiva ou acordo coletivo de trabalho.

- § 1° com a redação dada pela Lei 13.467/2017.

§ 2º Nos casos de excesso de horário por motivo de força maior, a remuneração da hora excedente não será inferior à da hora normal. Nos demais casos de excesso previstos neste artigo, a remuneração será, pelo menos, 25% (vinte e cinco por cento) superior à da hora normal, e o trabalho não poderá exceder de 12 (doze) horas, desde que a lei não fixe expressamente outro limite.

- Art. 7º, XVI, da CF.

§ 3º Sempre que ocorrer interrupção do trabalho, resultante de causas acidentais, ou de força maior, que determinem a impossibilidade de sua realização, a duração do trabalho poderá ser prorrogada pelo tempo necessário até o máximo de 2 (duas) horas, durante o número de dias indispensáveis à recuperação do tempo perdido, desde que não exceda de 10 (dez) horas diárias, em período não superior a 45 (quarenta e cinco) dias por ano, sujeita essa recuperação à prévia autorização da autoridade competente.

Art. 62. Não são abrangidos pelo regime previsto neste capítulo:

- Art. 7º, parágrafo único, da CF.

I - os empregados que exercem atividade externa incompatível com a fixação de horário de trabalho, devendo tal condição ser anotada na Carteira de Trabalho e Previdência Social e no registro de empregados;

- OJ 332 da SDI-1 do TST.

II - os gerentes, assim considerados os exercentes de cargos de gestão, aos quais se equiparam, para efeito do disposto neste artigo, os diretores e chefes de departamento ou filial.

- *Caput* e incisos I e II com redação dada pela Lei 8.966/1994.

III - os empregados em regime de teletrabalho.

- Inciso III incluído pela Lei 13.467/2017.

Parágrafo único. O regime previsto neste capítulo será aplicável aos empregados mencionados no inciso II deste artigo, quando o salário do cargo de confiança, compreendendo a gratificação de função, se houver, for inferior ao valor do respectivo salário efetivo acrescido de 40% (quarenta por cento).

- Súm. 287 do TST.

Art. 63. Não haverá distinção entre empregados e interessados, e a participação em lucros e comissões, salvo em lucros de caráter social, não exclui o participante do regime deste Capítulo.

- Art. 7º, XI da CF.
- Súm. 451 do TST.

Art. 64. O salário-hora normal, no caso de empregado mensalista, será obtido dividindo-se o salário mensal correspondente à duração do trabalho, a que se refere o art. 58, por 30 (trinta) vezes o número de horas dessa duração.

Parágrafo único. Sendo o número de dias inferior a 30 (trinta), adotar-se-á para o cálculo, em lugar desse número, o de dias de trabalho por mês.

- Art. 7º, § 2º, da Lei 605/1949.
- Súm. 124, 264, 318, 347 e 431 do TST.

Art. 65. No caso do empregado diarista, o salário-hora normal será obtido dividindo-se o salário diário correspondente à duração do trabalho, estabelecido no art. 58, pelo número de horas de efetivo trabalho.

SEÇÃO III
DOS PERÍODOS DE DESCANSO

Art. 66. Entre 2 (duas) jornadas de trabalho haverá um período mínimo de 11 (onze) horas consecutivas para descanso.

- Arts. 235-C, § 3º, 245, 308 e 382 da CLT.
- Súm. 110 do TST.
- OJ 355 da SDI-1 do TST.

Art. 67. Será assegurado a todo empregado um descanso semanal de 24 (vinte e quatro) horas consecutivas, o qual, salvo motivo de conveniência pública ou necessidade imperiosa do serviço, deverá coincidir com o domingo, no todo ou em parte.

- Art. 235-C, § 3º, da CLT.
- Art. 7º, XV, da CF.
- Art. 6º Lei 10.101/2000.
- Súm. 461 do STF.
- Súm. 27, 113, 146, 172, 225, 351, 354 e 360 do TST
- OJ 410 da SDI-1 do TST.

Parágrafo único. Nos serviços que exijam trabalho aos domingos, com exceção quanto aos elencos teatrais, será estabelecida escala de revezamento, mensalmente organizada e constando de quadro sujeito à fiscalização.

- Lei 605/1949 e Decreto 27.048/1949: Repouso semanal remunerado e feriados.

Art. 68. O trabalho em domingo, seja total ou parcial, na forma do art. 67, será sempre subordinado à permissão prévia da autoridade competente em matéria de trabalho.

Parágrafo único. A permissão será concedida a título permanente nas atividades que, por sua natureza ou pela conveniência pública, devem ser exercidas aos domingos, cabendo ao Ministro do Trabalho, Indústria e Comércio, expedir instruções em que sejam especificadas tais atividades. Nos demais casos, ela será dada sob forma transitória, com discriminação do período autorizado, o qual, de cada vez, não excederá de 60 (sessenta) dias.

- Port. 945/2015, do MTE: Autorização transitória para trabalho aos domingos e feriados.

Art. 69. Na regulamentação do funcionamento de atividades sujeitas ao regime deste Capítulo, os municípios atenderão aos preceitos nele estabelecidos, e as regras que venham a fixar não poderão contrariar tais preceitos nem as instruções que, para seu cumprimento, forem expedidas pelas autoridades competentes em matéria de trabalho.

Art. 70. Salvo o disposto nos artigos 68 e 69, é vedado o trabalho em dias feriados nacionais e feriados religiosos, nos termos da legislação própria. (Redação dada pelo Dec.-lei 229/1967)

- Arts. 227, § 2°, 229, § 2°, 249, § 1° e 385, par. único da CLT.
- Leis 662/1949 e 6.802/1980 (Feriados Nacionais).

Art. 71. Em qualquer trabalho contínuo, cuja duração exceda de 6 (seis) horas, é obrigatória a concessão de um intervalo para repouso ou alimentação, o qual será, no mínimo, de 1 (uma) hora e, salvo acordo escrito ou contrato coletivo em contrário, não poderá exceder de 2 (duas) horas.

- Art. 5º e 6º da Lei 5.889/1973.
- Súm. 675 do STF.

§ 1º Não excedendo de 6 (seis) horas o trabalho, será, entretanto, obrigatório um intervalo de 15 (quinze) minutos quando a duração ultrapassar 4 (quatro) horas.

§ 2º Os intervalos de descanso não serão computados na duração do trabalho.

- OJ 178 da SDI-1 do TST.

§ 3º O limite mínimo de uma hora para repouso ou refeição poderá ser reduzido por ato do Ministro do Trabalho, Indústria e Comércio, quando ouvido o Serviço de Alimentação de Previdência Social, se verificar que o estabelecimento atende integralmente às exigências concernentes à organização dos refeitórios, e quando os respectivos empregados não estiverem sob regime de trabalho prorrogado a horas suplementares.

- Art. 383 da CLT.
- Arts. 5º e 6º da Lei 5.889/1973.
- Art. 1º da Portaria MTE 1.095/2010.

§ 4° A não concessão ou a concessão parcial do intervalo intrajornada mínimo, para repouso e alimentação, a empregados urbanos e rurais, implica o pagamento, de natureza indenizatória, apenas do período suprimido, com acréscimo de 50% (cinquenta por cento) sobre o valor da remuneração da hora normal de trabalho.

- § 4° com a redação dada pela Lei 13.467/2017.

§ 5º O intervalo expresso no *caput* poderá ser reduzido e/ou fracionado, e aquele estabelecido no § 1º poderá ser fracionado, quando compreendidos entre o término da primeira hora trabalhada e o início da última hora trabalhada, desde que previsto em convenção ou acordo coletivo de trabalho, ante a natureza do serviço e em virtude das condições especiais de trabalho a que são submetidos estritamente os motoristas, cobradores, fiscalização de campo e afins nos serviços de operação de veículos rodoviários, empregados no setor de transporte coletivo de passageiros, mantida a remuneração e concedidos intervalos para descanso menores ao final de cada viagem.

- § 5º com a redação dada pela Lei 13.103, de 02.03.2015.

Art. 72. Nos serviços permanentes de mecanografia (datilografia, escrituração ou cálculo), a cada período de 90 (noventa) minutos de trabalho consecutivo corresponderá um repouso de 10 (dez) minutos não deduzidos da duração normal de trabalho.

- Súm. 346 do TST.

SEÇÃO IV
DO TRABALHO NOTURNO

Art. 73. Salvo nos casos de revezamento semanal ou quinzenal, o trabalho noturno terá remuneração superior à do diurno e, para esse efeito, sua remuneração terá um acréscimo de 20% (vinte por cento), pelo menos, sobre a hora diurna.

- Art. 7º, IX, da CF.
- Súm. 213, 214, 313 e 402 do STF.
- Súm. 60, 140 e 265 do TST.
- OJ 388 e 395 da SDI-1 do TST.

§ 1º A hora do trabalho noturno será computada como de 52 (cinquenta e dois) minutos e 30 (trinta) segundos.

- Súm. 65 do TST.
- OJ 395 da SDI-1 do TST.

§ 2º Considera-se noturno, para os efeitos deste artigo, o trabalho executado entre as 22 (vinte e duas) horas de um dia e as 5 (cinco) horas do dia seguinte.

- Art. 7º da Lei 5.889/1973.
- Art. 20, § 3º da Lei 8.906/1994.

§ 3º O acréscimo a que se refere o presente artigo, em se tratando de empresas que não mantêm, pela natureza de suas atividades, trabalho noturno habitual, será feito tendo em vista os quantitativos pagos por trabalhos diurnos de natureza semelhante. Em relação às empresas cujo trabalho noturno decorra da natureza de suas atividades, o aumento será calculado sobre o salário mínimo geral vigente na região, não sendo devido quando exceder desse limite, já acrescido da percentagem.

§ 4º Nos horários mistos, assim entendidos os que abrangem períodos diurnos e noturnos, aplica-se às horas de trabalho noturno o disposto neste artigo e seus parágrafos.

- OJ 388 da SDI-1 do TST.

§ 5º Às prorrogações do trabalho noturno aplica-se o disposto neste Capítulo.

- Art. 73 com a redação dada pelo Dec.-lei 9.666/1946.
- Súm. 60, II, do TST.

SEÇÃO V
DO QUADRO DE HORÁRIO

Art. 74. O horário de trabalho será anotado em registro de empregados. (Redação dada pela Lei 13.874/2019)

§ 1º Revogado pela Lei 13.874/2019.

§ 2º Para os estabelecimentos com mais de 20 (vinte) trabalhadores será obrigatória a anotação da hora de entrada e de saída, em registro manual, mecânico ou eletrônico, conforme instruções expedidas pela Secretaria Especial de Previdência e Trabalho do Ministério da Economia, permitida a pré-assinalação do período de repouso. (Redação dada pela Lei 13.874/2019)

- Art. 58, § 1º, da CLT.
- Port. 1.510/2009 do MTE: Registro eletrônico de ponto.
- Súm. 338, 366 e 449 do TST.

§ 3º Se o trabalho for executado fora do estabelecimento, o horário dos empregados constará do registro manual, mecânico ou eletrônico em seu poder, sem prejuízo do que dispõe o *caput* deste artigo. (Redação dada pela Lei 13.874/2019)

§ 4º Fica permitida a utilização de registro de ponto por exceção à jornada regular de trabalho, mediante acordo individual escrito, convenção coletiva ou acordo coletivo de trabalho. (Redação dada pela Lei 13.874/2019)

SEÇÃO VI
DAS PENALIDADES

Art. 75. Os infratores dos dispositivos do presente Capítulo incorrerão na multa de cinquenta a cinco mil cruzeiros, segundo a natureza da infração, sua extensão e a intenção de quem a praticou, aplicada em dobro no caso de reincidência e oposição à fiscalização ou desacato à autoridade.

Parágrafo único. São competentes para impor penalidades, no Distrito Federal, a autoridade de 1ª instância do Departamento Nacional do Trabalho e, nos Estados e no Território do Acre, as autoridades regionais do Ministério do Trabalho, Indústria e Comércio.

CAPÍTULO II-A
DO TELETRABALHO

- Capítulo II-A incluído pela Lei 13.467/2017.

Art. 75-A. A prestação de serviços pelo empregado em regime de teletrabalho observará o disposto neste Capítulo.

- Artigos 75-A a 75-E incluídos pela Lei 13.467/2017.

Art. 75-B. Considera-se teletrabalho a prestação de serviços preponderantemente fora das dependências do empregador, com a utilização de tecnologias de informação e de comunicação que, por sua natureza, não se constituam como trabalho externo.

Parágrafo único. O comparecimento às dependências do empregador para a realização de atividades específicas que exijam a presença do empregado no estabelecimento não descaracteriza o regime de teletrabalho.

Art. 75-C. A prestação de serviços na modalidade de teletrabalho deverá constar expressamente do contrato individual de trabalho, que especificará as atividades que serão realizadas pelo empregado.

§ 1° Poderá ser realizada a alteração entre regime presencial e de teletrabalho desde que haja mútuo acordo entre as partes, registrado em aditivo contratual.

§ 2° Poderá ser realizada a alteração do regime de teletrabalho para o presencial por determinação do empregador, garantido prazo de transição mínimo de quinze dias, com correspondente registro em aditivo contratual.

Art. 75-D. As disposições relativas à responsabilidade pela aquisição, manutenção ou fornecimento dos equipamentos tecnológicos e da infraestrutura necessária e adequada à prestação do trabalho remoto, bem como ao reembolso de despesas arcadas pelo empregado, serão previstas em contrato escrito.

Parágrafo único. As utilidades mencionadas no *caput* deste artigo não integram a remuneração do empregado.

Art. 75-E. O empregador deverá instruir os empregados, de maneira expressa e ostensiva, quanto às precauções a tomar a fim de evitar doenças e acidentes de trabalho.

Parágrafo único. O empregado deverá assinar termo de responsabilidade comprometendo-se a seguir as instruções fornecidas pelo empregador.

CAPÍTULO III
DO SALÁRIO MÍNIMO

- Lei 14.013/2020: Estabelece que a partir de 1º de fevereiro de 2020 o salário-mínimo será de R$ 1.045,00.

SEÇÃO I
DO CONCEITO

Art. 76. Salário mínimo é a contraprestação mínima devida e paga diretamente pelo empregador a todo trabalhador, inclusive ao trabalhador rural, sem distinção de sexo, por dia normal de serviço, e capaz de satisfazer, em determinada época e região do País, as suas necessidades normais de alimentação, habitação, vestuário, higiene e transporte.

- Art. 7º, IV, da CF.
- Súm. Vinculante 4 do STF.
- Súm. 201 do STJ.
- Súm. 358 do TST.
- OJ 71 da SDI-2 do TST.

Art. 77. Revogado pela Lei 4.589, de 11.12.1964.

Art. 78. Quando o salário for ajustado por empreitada, ou convencionado por tarefa ou peça, será garantida ao trabalhador uma remuneração diária nunca inferior à do salário mínimo por dia normal da região, zona ou subzona.

Parágrafo único. Quando o salário mínimo mensal do empregado a comissão ou que tenha direito a percentagem for integrado por parte fixa e parte variável, ser-lhe-á sempre garantido o salário mínimo, vedado qualquer desconto em mês subsequente a título de compensação.

- Parágrafo único incluído pelo Dec.-lei 229/1967.

Art. 79. Revogado pela Lei 4.589/1964.

Art. 80. Revogado pela Lei 10.097/2000.

Art. 81. O salário mínimo será determinado pela fórmula Sm = a + b + c + d + e, em que "a", "b", "c", "d" e "e" representam, respectivamente, o valor das despesas diárias com alimentação, habitação, vestuário, higiene e transporte necessários à vida de um trabalhador adulto.

- Art. 7º, IV, da CF.

§ 1º A parcela correspondente à alimentação terá um valor mínimo igual aos valores da lista de provisões, constantes dos quadros devidamente aprovados e necessários à alimentação diária do trabalhador adulto.

§ 2º Poderão ser substituídos pelos equivalentes de cada grupo, também mencionados nos quadros a que alude o parágrafo anterior, os alimentos, quando as condições da região, zona ou subzona o aconselharem, respeitados os valores nutritivos determinados nos mesmos quadros.

§ 3º O Ministério do Trabalho, Indústria e Comércio fará, periodicamente, a revisão dos quadros a que se refere o § 1º deste artigo.

Art. 82. Quando o empregador fornecer, in natura, uma ou mais das parcelas do salário mínimo, o salário em dinheiro será determinado pela fórmula Sd = Sm – P, em que Sd representa o salário em dinheiro, Sm o salário mínimo e P a soma dos valores daquelas parcelas na região, zona ou subzona.

- Art. 458 da CLT.
- Súm. 258 do TST.

Parágrafo único. O salário mínimo pago em dinheiro não será inferior a 30% (trinta por cento) do salário mínimo fixado para a região, zona ou subzona.

- OJ 18 da SDC.

Art. 83. É devido o salário mínimo ao trabalhador em domicílio, considerado este como o executado na habitação do empregado ou em oficina de família, por conta de empregador que o remunere.

- Art. 6º da CLT.

SEÇÃO II
DAS REGIÕES, ZONAS E SUBZONAS

Art. 84. (Revogado pela Lei 13.467/2017).

Art. 85. (Revogado pela Lei 4.589/1964).

Art. 86. (Revogado pela Lei 13.4672017).

SEÇÃO III
DA CONSTITUIÇÃO DAS COMISSÕES

Arts. 87 a 100. (Revogados pela Lei 4.589/1964).

SEÇÃO IV
DAS ATRIBUIÇÕES DAS COMISSÕES DE SALÁRIO MÍNIMO

Arts. 101 a 111. (Revogados pela Lei 4.589, de 11.12.1964).

SEÇÃO V
DA FIXAÇÃO DO SALÁRIO MÍNIMO

Arts. 112 a 116. (Revogados pela Lei 4.589/1964).

SEÇÃO VI
DISPOSIÇÕES GERAIS

Art. 117. Será nulo de pleno direito, sujeitando o empregador às sanções do art. 120, qualquer contrato ou convenção que estipule remuneração inferior ao salário mínimo estabelecido na região, zona ou subzona, em que tiver de ser cumprido.

- OJ 358 da SDI-1 do TST.

Art. 118. O trabalhador a quem for pago salário inferior ao mínimo terá direito, não obstante qualquer contrato ou convenção em contrário, a reclamar do empregador o complemento de seu salário mínimo estabelecido na região, zona ou subzona, em que tiver de ser cumprido.

- Art. 78 da CLT.

Art. 119. Prescreve em 2 (dois) anos a ação para reaver a diferença, contados, para cada pagamento, da data em que o mesmo tenha sido efetuado.

- Art. 7º, XXIX, da CF.
- Arts. 11 e 440 da CLT.

Art. 120. Aquele que infringir qualquer dispositivo concernente ao salário mínimo será passível da multa de cinquenta e dois mil cruzeiros, elevada ao dobro na reincidência.

Art. 121. (Revogado pelo Dec.-lei 229/1967).

Arts. 122 e 123. (Revogados pela Lei 4.589/1964.)

Art. 124. A aplicação dos preceitos deste Capítulo não poderá, em caso algum, ser causa determinante da redução do salário.

Art. 125. (Revogado pela Lei 4.589/1964.)

Art. 126. O Ministro do Trabalho, Indústria e Comércio, expedirá as instruções necessárias à fiscalização do salário mínimo, podendo cometer essa fiscalização a qualquer dos órgãos componentes do respectivo Ministério, e, bem assim, aos fiscais dos Institutos de Aposentadoria e Pensões na forma da legislação em vigor.

Arts. 127 e 128. (Revogados pelo Dec.-lei 229/1967.)

CAPÍTULO IV DAS FÉRIAS ANUAIS

- Título do Capítulo IV com a redação dada pelo Dec.-lei 1.535/1977.

SEÇÃO I DO DIREITO A FÉRIAS E DA SUA DURAÇÃO

- Título da Seção I com a redação dada pelo Dec.-lei 1.535/1977.

Art. 129. Todo empregado terá direito anualmente ao gozo de um período de férias, sem prejuízo da remuneração.

- Art. 129 com a redação dada pelo Dec.-lei 1.535/1977.
- Art. 7º, XVII, da CF.
- Art. 2º do Dec. 71.885/1973.
- Súm. 198 a 200 do STF.
- Súm. 7, 10, 14, 81, 89, 149, 171, 253, 261 e 328 do TST.

Art. 130. Após cada período de 12 (doze) meses de vigência do contrato de trabalho, o empregado terá direito a férias, na seguinte proporção:

I - 30 (trinta) dias corridos, quando não houver faltado ao serviço mais de 5 (cinco) vezes;

II - 24 (vinte e quatro) dias corridos, quando houver tido de 6 (seis) a 14 (quatorze) faltas;

III - 18 (dezoito) dias corridos, quando houver tido de 15 (quinze) a 23 (vinte e três) faltas;

IV - 12 (doze) dias corridos, quando houver tido de 24 (vinte e quatro) a 32 (trinta e duas) faltas.

§ 1º É vedado descontar, do período de férias, as faltas do empregado ao serviço.

- Súm. 46 e 89 do TST.

§ 2º O período das férias será computado, para todos os efeitos, como tempo de serviço.

- Art. 130 com a redação dada pelo Dec.-lei 1.535/1977.

Art. 130-A. (Revogado pela Lei 13.467/2017).

Art. 131. Não será considerada falta ao serviço, para os efeitos do artigo anterior, a ausência do empregado:

- *Caput* com a redação dada pelo Dec.-lei 1.535/1977.
- Súm. 89 do TST.

I - nos casos referidos no art. 473;

- Inciso I com a redação determinada pelo Dec.-lei 1.535/1977.

II - durante o licenciamento compulsório da empregada por motivo de maternidade ou aborto, observados os requisitos para percepção do salário-maternidade custeado pela Previdência Social;

- Inciso II com a redação dada pela Lei 8.921/1994.
- Art. 395 da CLT.

III - por motivo de acidente do trabalho ou enfermidade atestada pelo Instituto Nacional do Seguro Social - INSS, excetuada a hipótese do inciso IV do art. 133;

- Inciso III com a redação dada pela Lei 8.726/1993.
- Súm. 46 do TST.

IV - justificada pela empresa, entendendo-se como tal a que não tiver determinado o desconto do correspondente salário;

V - durante a suspensão preventiva para responder a inquérito administrativo ou de prisão preventiva, quando for impronunciado ou absolvido; e

VI - nos dias em que não tenha havido serviço, salvo na hipótese do inciso III do art. 133.

- Incisos IV a VI incluídos pelo Dec.-lei 1.535/1977.

Art. 132. O tempo de trabalho anterior à apresentação do empregado para serviço militar obrigatório será computado no período aquisitivo, desde que ele compareça ao estabelecimento dentro de 90 (noventa) dias da data em que se verificar a respectiva baixa.

- Art. 132 com a redação dada pelo Dec.-lei 1.535/1977.
- Art. 472, § 1º, da CLT.

Art. 133. Não terá direito a férias o empregado que, no curso do período aquisitivo:

- *Caput* com a redação dada pelo Dec.-lei 1.535/1977.

I - deixar o emprego e não for readmitido dentro de 60 (sessenta) dias subsequentes à sua saída;

II - permanecer em gozo de licença, com percepção de salários, por mais de 30 (trinta) dias;

III - deixar de trabalhar, com percepção do salário, por mais de 30 (trinta) dias, em virtude de paralisação parcial ou total dos serviços da empresa; e

IV - tiver percebido da Previdência Social prestações de acidente de trabalho ou de auxílio-doença por mais de 6 (seis) meses, embora descontínuos.

- Incisos I a IV Incluídos pelo Dec.-lei 1.535/1977.
- Art. 131, III, da CLT.

§ 1º A interrupção da prestação de serviços deverá ser anotada na Carteira de Trabalho e Previdência Social.

§ 2º Iniciar-se-á o decurso de novo período aquisitivo quando o empregado, após o implemento de qualquer das condições previstas neste artigo, retornar ao serviço.

- §§ 1º e 2º incluídos pelo Dec.-lei 1.535/1977.

§ 3º Para os fins previstos no inciso III deste artigo a empresa comunicará ao órgão local do Ministério do Trabalho, com antecedência mínima de 15 (quinze) dias, as datas de início e fim da paralisação total ou parcial dos serviços da empresa, e, em igual prazo, comunicará, nos mesmos termos, ao sindicato representativo da categoria profissional, bem como afixará aviso nos respectivos locais de trabalho.

- § 3º incluído pela Lei 9.016/1995.

SEÇÃO II DA CONCESSÃO E DA ÉPOCA DAS FÉRIAS

- Título da Seção II com a redação dada pelo Dec.-lei 1.535/1977.

Art. 134. As férias serão concedidas por ato do empregador, em um só período, nos 12 (doze) meses subsequentes à data em que o empregado tiver adquirido o direito.

- *Caput* com redação dada pelo Dec.-lei 1.535/1977.

§ 1º Desde que haja concordância do empregado, as férias poderão ser usufruídas em até três períodos, sendo que um deles não poderá ser inferior a quatorze dias corridos e os demais não poderão ser inferiores a cinco dias corridos, cada um.

- § 1º com a redação dada pela Lei 13.467/2017.

§ 2º (Revogado pela Lei 13.467/2017);

§ 3º É vedado o início das férias no período de dois dias que antecede feriado ou dia de repouso semanal remunerado.

- § 3º incluído pela Lei 13.467/2017.

Art. 135. A concessão das férias será participada, por escrito, ao empregado, com antecedência de, no mínimo, 30 (trinta) dias. Dessa participação o interessado dará recibo.

- *Caput* com a redação dada pela Lei 7.414/1985.

§ 1º O empregado não poderá entrar no gozo das férias sem que apresente ao empregador sua Carteira de Trabalho e Previdência Social, para que nela seja anotada a respectiva concessão.

§ 2º A concessão das férias será, igualmente, anotada no livro ou nas fichas de registro dos empregados.

- §§ 1º e 2º incluídos pelo Dec.-lei 1.535/1977.
- Art. 51, II, da LC 123/2006 (Estatuto da Microempresa).

§ 3º Nos casos em que o empregado possua a CTPS em meio digital, a anotação será feita nos sistemas a que se refere o § 7º do art. 29 desta Consolidação, na forma do regulamento, dispensadas as anotações de que tratam os §§ 1º e 2º deste artigo. (Incluído pela Lei 13.874/2019)

Art. 136. A época da concessão das férias será a que melhor consulte os interesses do empregador.

§ 1º Os membros de uma família, que trabalharem no mesmo estabelecimento ou empresa, terão direito a gozar férias no mesmo período, se assim o desejarem e se disto não resultar prejuízo para o serviço.

§ 2º O empregado estudante, menor de 18 (dezoito) anos, terá direito a fazer coincidir suas férias com as férias escolares.

- Art. 136 com a redação dada pelo Dec.-lei 1.535/1977.

Art. 137. Sempre que as férias forem concedidas após o prazo de que trata o art. 134, o empregador pagará em dobro a respectiva remuneração.

- Art. 145 da CLT
- Súm. 7, 81 e 450 do TST.

§ 1º Vencido o mencionado prazo sem que o empregador tenha concedido as férias, o empregado poderá ajuizar reclamação pedindo a fixação, por sentença, da época de gozo das mesmas.

§ 2º A sentença cominará pena diária de 5% (cinco por cento) do salário mínimo da região, devida ao empregado até que seja cumprida.

§ 3º Cópia da decisão judicial transitada em julgado será remetida ao órgão local do Ministério do Trabalho, para fins de aplicação da multa de caráter administrativo.

- Art. 137 com a redação dada pelo Dec.-lei 1.535/1977.

Art. 138. Durante as férias, o empregado não poderá prestar serviços a outro empregador, salvo se estiver obrigado a fazê-lo em virtude de contrato de trabalho regularmente mantido com aquele.

- Art. 138 com a redação dada pelo Decreto-lei 1.535, de 13.4.1977.

SEÇÃO III
DAS FÉRIAS COLETIVAS

- Título da Seção III com a redação dada pelo Dec.-lei 1.535/1977.

Art. 139. Poderão ser concedidas férias coletivas a todos os empregados de uma empresa ou de determinados estabelecimentos ou setores da empresa.

§ 1º As férias poderão ser gozadas em 2 (dois) períodos anuais desde que nenhum deles seja inferior a 10 (dez) dias corridos.

- Art. 134, §§ 1º e 3º, da CLT.

§ 2º Para os fins previstos neste artigo, o empregador comunicará ao órgão local do Ministério do Trabalho, com a antecedência mínima de 15 (quinze) dias, as datas de início e fim das férias, precisando quais os estabelecimentos ou setores abrangidos pela medida.

- Art. 51, V, da LC 123/2006.

§ 3º Em igual prazo, o empregador enviará cópia da aludida comunicação aos sindicatos representativos da respectiva categoria profissional, e providenciará a afixação de aviso nos locais de trabalho.

- Art. 139 com a redação dada pelo Dec.-lei 1.535/1977.

Art. 140. Os empregados contratados há menos de 12 (doze) meses gozarão, na oportunidade, férias proporcionais, iniciando-se, então, novo período aquisitivo.

- Art. 140 com a redação dada pelo Dec.-lei 1.535/1977.

Art. 141. Revogado pela Lei 13.874/2019.

SEÇÃO IV
DA REMUNERAÇÃO E DO ABONO DE FÉRIAS

- Título da Seção IV com a redação dada pelo Dec.-lei 1.535/1977.

Art. 142. O empregado perceberá, durante as férias, a remuneração que lhe for devida na data da sua concessão.

- Súm. 253 e 328 do TST.

§ 1º Quando o salário for pago por hora com jornadas variáveis, apurar-se-á a média do período aquisitivo, aplicando-se o valor do salário na data da concessão das férias.

- Súm. 199 do STF.

§ 2º Quando o salário for pago por tarefa tomar-se-á por base a média da produção no período aquisitivo do direito a férias, aplicando-se o valor da remuneração da tarefa na data da concessão das férias.

- Súm. 149 do TST.

§ 3º Quando o salário for pago por percentagem, comissão ou viagem, apurar-se-á a média percebida pelo empregado nos 12 (doze) meses que precederem à concessão das férias.

- OJ 181, SDI-1, do TST.

§ 4º A parte do salário paga em utilidades será computada de acordo com a anotação na Carteira de Trabalho e Previdência Social.

§ 5º Os adicionais por trabalho extraordinário, noturno, insalubre ou perigoso serão computados no salário que servirá de base ao cálculo da remuneração das férias.

§ 6º Se, no momento das férias, o empregado não estiver percebendo o mesmo adicional do período aquisitivo, ou quando o valor deste não tiver sido uniforme será computada a média duodecimal recebida naquele período, após a atualização das importâncias pagas, mediante incidência dos percentuais dos reajustamentos salariais supervenientes.

- Art. 142 com a redação dada pelo Dec.-lei 1.535/1977.
- Súm. 253 do TST.

Art. 143. É facultado ao empregado converter 1/3 (um terço) do período de férias a que tiver direito em abono pecuniário, no valor da remuneração que lhe seria devida nos dias correspondentes.

- *Caput* com a redação dada pelo Dec.-lei 1.535/1977.

§ 1º O abono de férias deverá ser requerido até 15 (quinze) dias antes do término do período aquisitivo.

§ 2º Tratando-se de férias coletivas, a conversão a que se refere este artigo deverá ser objeto de acordo coletivo entre o empregador e o sindicato representativo da respectiva categoria profissional, independendo de requerimento individual a concessão do abono.

- §§ 1º e 2º incluídos pelo Dec.-lei 1.535/1977.

§ 3º (Revogado pela Lei 13.467/2017);

Art. 144. O abono de férias de que trata o artigo anterior, bem como o concedido em virtude de cláusula do contrato de trabalho, do regulamento da empresa, de convenção ou acordo coletivo, desde que não excedente de vinte dias do salário, não integrarão a remuneração do empregado para os efeitos da legislação do trabalho.

- Art. 144 com a redação dada pela Lei 9.528/1998.
- Súm. 386 do STJ.

Art. 145. O pagamento da remuneração das férias e, se for o caso, o do abono referido no art. 143 serão efetuados até 2 (dois) dias antes do início do respectivo período.

- Súm. 450 do TST.

Parágrafo único. O empregado dará quitação do pagamento, com indicação do início e do termo das férias.

- Art. 145 com a redação dada pelo Dec.-lei 1.535/1977.

SEÇÃO V
DOS EFEITOS DA CESSAÇÃO DO CONTRATO DE TRABALHO

- Título da Seção V com a redação dada pelo Dec.-lei 1.535/1977.

Art. 146. Na cessação do contrato de trabalho, qualquer que seja a sua causa, será devida ao empregado a remuneração simples ou em dobro, conforme o caso, correspondente ao período de férias cujo direito tenha adquirido.

Parágrafo único. Na cessação do contrato de trabalho, após 12 (doze) meses de serviço, o empregado, desde que não haja sido demitido por justa causa, terá direito à remuneração relativa ao período incompleto de férias, de acordo com o art. 130, na proporção de 1/12 (um doze avos) por mês de serviço ou fração superior a 14 (quatorze) dias.

- Art. 146 com a redação dada pelo Dec.-lei 1.535/1977.
- Súm. 171 e 261 do TST.

Art. 147. O empregado que for despedido sem justa causa, ou cujo contrato de trabalho se extinguir em prazo predeterminado, antes de completar 12 (doze) meses de serviço, terá direito à remuneração relativa ao período incompleto de férias, de conformidade com o disposto no artigo anterior.

- Art. 147 com a redação dada pelo Dec.-lei 1.535/1977.

Art. 148. A remuneração das férias, ainda quando devida após a cessação do contrato de trabalho, terá natureza salarial, para os efeitos do art. 449.

- Art. 148 com a redação dada pelo Dec.-lei 1.535/1977.

SEÇÃO VI
DO INÍCIO DA PRESCRIÇÃO

- Título da Seção VI com a redação dada pelo Dec.-lei 1.535/1977.

Art. 149. A prescrição do direito de reclamar a concessão das férias ou o pagamento da respectiva remuneração é contada do término do prazo mencionado no art. 134 ou, se for o caso, da cessação do contrato de trabalho.

- Art. 149 com a redação dada pelo Dec.-lei 1.535/1977.
- Art. 7º, XXIX da CF.
- Súm. 308 do TST.

SEÇÃO VII
DISPOSIÇÕES ESPECIAIS

- Título da Seção VII com a redação dada pelo Dec.-lei 1.535/1977.

Art. 150. O tripulante que, por determinação do armador, for transferido para o serviço de outro, terá computado, para o efeito de gozo de férias, o tempo de serviço prestado ao primeiro, ficando obrigado a concedê-las o armador em cujo serviço ele se encontra na época de gozá-las.

§ 1º As férias poderão ser concedidas, a pedido dos interessados e com aquiescência do armador, parceladamente, nos portos de escala de grande estadia do navio, aos tripulantes ali residentes.

§ 2º Será considerada grande estadia a permanência no porto por prazo excedente de 6 (seis) dias.

§ 3º Os embarcadiços, para gozarem férias nas condições deste artigo, deverão pedi-las, por escrito, ao armador, antes do início da viagem, no porto de registro ou armação.

§ 4º O tripulante, ao terminar as férias, apresentar-se-á ao armador, que deverá designá-lo para qualquer de suas embarcações ou o adir a algum dos seus serviços terrestres, respeitadas a condição pessoal e a remuneração.

§ 5º Em caso de necessidade, determinada pelo interesse público, e comprovada pela autoridade competente, poderá o armador ordenar a suspensão das férias já iniciadas ou a iniciar-se, ressalvado ao tripulante o direito ao respectivo gozo posteriormente.

§ 6º O Delegado do Trabalho Marítimo poderá autorizar a acumulação de 2 (dois) períodos de férias do marítimo, mediante requerimento justificado:

I - do sindicato, quando se tratar de sindicalizado; e

II - da empresa, quando o empregado não for sindicalizado.

› Art. 150 com a redação dada pelo Dec.-lei 1.535/1977.

Art. 151. Enquanto não se criar um tipo especial de caderneta profissional para os marítimos, as férias serão anotadas pela Capitania do Porto na caderneta-matrícula do tripulante, na página das observações.

› Art. 151 com a redação dada pelo Dec.-lei 1.535/1977.

Art. 152. A remuneração do tripulante, no gozo de férias, será acrescida da importância correspondente à etapa que estiver vencendo.

› Art. 152 com a redação dada pelo Dec.-lei 1.535/1977.

SEÇÃO VIII
DAS PENALIDADES

› Seção VIII incluída pelo Dec.-lei 1.535/1977.

Art. 153. As infrações ao disposto neste Capítulo serão punidas com multas de valor igual a 160 BTN por empregado em situação irregular. (Redação dada pela Lei 7.855/1989)

Parágrafo único. Em caso de reincidência, embaraço ou resistência à fiscalização, emprego de artifício ou simulação com o objetivo de fraudar a lei, a multa será aplicada em dobro.

CAPÍTULO V
DA SEGURANÇA E DA MEDICINA DO TRABALHO

› Título do Capítulo V com a redação dada pela Lei 6.514/1977.

› Art. 50 da LC 123/2006 (Estatuto da Microempresa).

› Port. 589/2014, do MTE: (Notificação de doenças e acidentes de trabalho).

SEÇÃO I
DISPOSIÇÕES GERAIS

Art. 154. A observância, em todos os locais de trabalho, do disposto neste Capítulo, não desobriga as empresas do cumprimento de outras disposições que, com relação à matéria, sejam incluídas em códigos de obras ou regulamentos sanitários dos Estados ou Municípios em que se situem os respectivos estabelecimentos, bem como daquelas oriundas de convenções coletivas de trabalho.

› Art. 154 com a redação dada pela Lei 6.514/1977.

› Súm. 39, 47 e 289 do TST.

Art. 155. Incumbe ao órgão de âmbito nacional competente em matéria de segurança e medicina do trabalho:

I - estabelecer, nos limites de sua competência, normas sobre a aplicação dos preceitos deste Capítulo, especialmente os referidos no art. 200;

II - coordenar, orientar, controlar e supervisionar a fiscalização e as demais atividades relacionadas com a segurança e a medicina do trabalho em todo o território nacional, inclusive a Campanha Nacional de Prevenção de Acidentes do Trabalho;

III - conhecer, em última instância, dos recursos, voluntários ou de ofício, das decisões proferidas pelos Delegados Regionais do Trabalho, em matéria de segurança e medicina do trabalho.

› Art. 155 com a redação dada pela Lei 6.514/1977.

Art. 156. Compete especialmente às Delegacias Regionais do Trabalho, nos limites de sua jurisdição:

I - promover a fiscalização do cumprimento das normas de segurança e medicina do trabalho;

II - adotar as medidas que se tornem exigíveis, em virtude das disposições deste Capítulo, determinando as obras e reparos que, em qualquer local de trabalho, se façam necessárias;

III - impor as penalidades cabíveis por descumprimento das normas constantes deste Capítulo, nos termos do art. 201.

› Art. 156 com a redação dada pela Lei 6.514/1977.

Art. 157. Cabe às empresas:

I - cumprir e fazer cumprir as normas de segurança e medicina do trabalho;

II - instruir os empregados, através de ordens de serviço, quanto às precauções a tomar no sentido de evitar acidentes do trabalho ou doenças ocupacionais;

III - adotar as medidas que lhes sejam determinadas pelo órgão regional competente;

IV - facilitar o exercício da fiscalização pela autoridade competente.

› Art. 157 com a redação dada pela Lei 6.514/1977.

› Súm. 289 do TST.

Art. 158. Cabe aos empregados:

I - observar as normas de segurança e medicina do trabalho, inclusive as instruções de que trata o item II do artigo anterior;

II - colaborar com a empresa na aplicação dos dispositivos deste Capítulo.

Parágrafo único. Constitui ato faltoso do empregado a recusa injustificada:

a) à observância das instruções expedidas pelo empregador na forma do item II do artigo anterior;

b) ao uso dos equipamentos de proteção individual fornecidos pela empresa.

› Art. 158 com a redação dada pela Lei 6.514/1977.

Art. 159. Mediante convênio autorizado pelo Ministro do Trabalho, poderão ser delegadas a outros órgãos federais, estaduais ou municipais atribuições de fiscalização ou orientação às empresas quanto ao cumprimento das disposições constantes deste Capítulo. (Redação dada pela Lei 6.514/1977)

SEÇÃO II
DA INSPEÇÃO PRÉVIA E DO EMBARGO OU INTERDIÇÃO

› Título da Seção II com a redação dada pela Lei 6.514/1977.

Art. 160. Nenhum estabelecimento poderá iniciar suas atividades sem prévia inspeção e aprovação das respectivas instalações pela autoridade regional competente em matéria de segurança e medicina do trabalho.(Redação dada pela Lei 6.514/1977)

§ 1º Nova inspeção deverá ser feita quando ocorrer modificação substancial nas instalações, inclusive equipamentos, que a empresa fica obrigada a comunicar, prontamente, à Delegacia Regional do Trabalho.

§ 2º É facultado às empresas solicitar prévia aprovação, pela Delegacia Regional do Trabalho, dos projetos de construção e respectivas instalações.

› Art. 21, XXIV, da CF.

Art. 161. O Delegado Regional do Trabalho, à vista do laudo técnico do serviço competente que demonstre grave e iminente risco para o trabalhador, poderá interditar estabelecimento, setor de serviço, máquina ou equipamento, ou embargar obra, indicando na decisão, tomada com a brevidade que a ocorrência exigir, as providências que deverão ser adotadas para prevenção de infortúnios de trabalho. (Redação dada pela Lei 6.514/1977)

§ 1º As autoridades federais, estaduais e municipais darão imediato apoio às medidas determinadas pelo Delegado Regional do Trabalho.

§ 2º A interdição ou embargo poderão ser requeridos pelo serviço competente da Delegacia Regional do Trabalho e, ainda, por agente da inspeção do trabalho ou por entidade sindical.

§ 3º Da decisão do Delegado Regional do Trabalho poderão os interessados recorrer, no prazo de 10 (dez) dias, para o órgão de âmbito nacional competente em matéria de segurança e medicina do trabalho, ao qual será facultado dar efeito suspensivo ao recurso.

§ 4º Responderá por desobediência, além das medidas penais cabíveis, quem, após determinada a interdição ou embargo, ordenar ou permitir o funcionamento do estabelecimento ou de um dos seus setores, a utilização de máquina ou equipamento, ou o prosseguimento de obra, se, em consequência, resultarem danos a terceiros. (Parágrafo acrescido pela Lei 6.514/1977)

§ 5º O Delegado Regional do Trabalho, independente de recurso, e após laudo técnico do serviço competente, poderá levantar a interdição.

§ 6º Durante a paralisação dos serviços, em decorrência da interdição ou embargo, os empregados receberão os salários como se estivessem em efetivo exercício.

SEÇÃO III
DOS ÓRGÃOS DE SEGURANÇA E DE MEDICINA DO TRABALHO NAS EMPRESAS

Art. 162. As empresas, de acordo com normas a serem expedidas pelo Ministério do Trabalho, estarão obrigadas a manter serviços especializados em segurança e em medicina do trabalho.

Parágrafo único. As normas a que se refere este artigo estabelecerão:

a) classificação das empresas segundo o número de empregados e a natureza do risco de suas atividades;

b) o número mínimo de profissionais especializados exigido de cada empresa, segundo o grupo em que se classifique, na forma da alínea anterior;

c) a qualificação exigida para os profissionais em questão e o seu regime de trabalho;

d) as demais características e atribuições dos serviços especializados em segurança e em medicina do trabalho, nas empresas.

- Art. 162 com a redação dada pela Lei 6.514/1977.

Art. 163. Será obrigatória a constituição de Comissão Interna de Prevenção de Acidentes (CIPA), de conformidade com instruções expedidas pelo Ministério do Trabalho, nos estabelecimentos ou locais de obra nelas especificadas.

Parágrafo único. O Ministério do Trabalho regulamentará as atribuições, a composição e o funcionamento das CIPA(s).

- Art. 163 com a redação dada pela Lei 6.514/1977.
- Vide NR 5 do MTE.

Art. 164. Cada CIPA será composta de representantes da empresa e dos empregados, de acordo com os critérios que vierem a ser adotados na regulamentação de que trata o parágrafo único do artigo anterior.

§ 1º Os representantes dos empregadores, titulares e suplentes, serão por eles designados.

§ 2º Os representantes dos empregados, titulares e suplentes, serão eleitos em escrutínio secreto, do qual participem, independentemente de filiação sindical, exclusivamente os empregados interessados.

§ 3º O mandato dos membros eleitos da CIPA terá a duração de 1 (um) ano, permitida uma reeleição.

§ 4º O disposto no parágrafo anterior não se aplicará ao membro suplente que, durante o seu mandato, tenha participado de menos da metade do número de reuniões da CIPA.

§ 5º O empregador designará, anualmente, dentre os seus representantes, o Presidente da CIPA e os empregados elegerão, dentre eles, o Vice-Presidente.

- Art. 164 com a redação dada pela Lei 6.514/1977.

Art. 165. Os titulares da representação dos empregados nas CIPA (s) não poderão sofrer despedida arbitrária, entendendo-se como tal a que não se fundar em motivo disciplinar, técnico, econômico ou financeiro.

Parágrafo único. Ocorrendo a despedida, caberá ao empregador, em caso de reclamação à Justiça do Trabalho, comprovar a existência de qualquer dos motivos mencionados neste artigo, sob pena de ser condenado a reintegrar o empregado.

- Art. 165 com a redação dada pela Lei 6.514/1977.
- Art. 10, II, a, do ADCT.
- Súm. 676 do STF.
- Súm. 339 do TST.
- OJ 6 da SDI-2 do TST.

SEÇÃO IV
DO EQUIPAMENTO DE PROTEÇÃO INDIVIDUAL

Art. 166. A empresa é obrigada a fornecer aos empregados, gratuitamente, equipamento de proteção individual adequado ao risco e em perfeito estado de conservação e funcionamento, sempre que as medidas de ordem geral não ofereçam completa proteção contra os riscos de acidentes e danos à saúde dos empregados.

- Art. 166 com a redação dada pela Lei 6.514/1977.
- Súm. 80 e 289 do TST.

Art. 167. O equipamento de proteção só poderá ser posto à venda ou utilizado com a indicação do Certificado de Aprovação do Ministério do Trabalho. (Redação dada pela Lei 6.514/1977)

SEÇÃO V
DAS MEDIDAS PREVENTIVAS DE MEDICINA DO TRABALHO

Art. 168. Será obrigatório exame médico, por conta do empregador, nas condições estabelecidas neste artigo e nas instruções complementares a serem expedidas pelo Ministério do Trabalho:

I - a admissão;

II - na demissão;

III - periodicamente.

§ 1º O Ministério do Trabalho baixará instruções relativas aos casos em que serão exigíveis exames:

a) por ocasião da demissão;

b) complementares.

§ 2º Outros exames complementares poderão ser exigidos, a critério médico, para apuração da capacidade ou aptidão física e mental do empregado para a função que deva exercer.

§ 3º O Ministério do Trabalho estabelecerá, de acordo com o risco da atividade e o tempo de exposição, a periodicidade dos exames médicos.

§ 4º O empregador manterá, no estabelecimento, o material necessário à prestação de primeiros socorros médicos, de acordo com o risco da atividade.

§ 5º O resultado dos exames médicos, inclusive o exame complementar, será comunicado ao trabalhador, observados os preceitos da ética médica.

- Art. 168 com a redação dada pela Lei 7.855/1989.

§ 6º Serão exigidos exames toxicológicos, previamente à admissão e por ocasião do desligamento, quando se tratar de motorista profissional, assegurados o direito à contraprova em caso de resultado positivo e a confidencialidade dos resultados dos respectivos exames.

- § 6º incluído pela Lei 13.103/2015.
- O art. 13 da Lei 13.103/2015 estabelece regras de vigência para esse parágrafo.
- Portaria 116/2015 do MTPS (Regulamenta a realização dos exames toxicológicos)

§ 7º Para os fins do disposto no § 6º, será obrigatório exame toxicológico com janela de detecção mínima de 90 (noventa) dias, específico para substâncias psicoativas que causem dependência ou, comprovadamente, comprometam a capacidade de direção, podendo ser utilizado para essa finalidade o exame toxicológico previsto na Lei 9.503, de 23 de setembro de 1997 – Código de Trânsito Brasileiro, desde que realizado nos últimos 60 (sessenta) dias.

- § 7º incluído pela Lei 13.103, de 02.03.2015.
- O art. 13 da Lei 13.103, de 03.03.2015 estabelece regras de vigência para esse parágrafo.
- Portaria 116/2015 do MTPS (Regulamenta a realização dos exames toxicológicos).

Art. 169. Será obrigatória a notificação das doenças profissionais e das produzidas em virtude de condições especiais de trabalho, comprovadas ou objeto de suspeita, de conformidade com as instruções expedidas pelo Ministério do Trabalho.

- Art. 169 com a redação dada pela Lei 6.514/1977.
- Art. 20 da Lei 8.213/1991.

SEÇÃO VI
DAS EDIFICAÇÕES

Art. 170. As edificações deverão obedecer aos requisitos técnicos que garantam perfeita segurança aos que nelas trabalhem.

- Art. 170 com a redação dada pela Lei 6.514/1977.

Art. 171. Os locais de trabalho deverão ter, no mínimo, 3 (três) metros de pé-direito, assim considerada a altura livre do piso ao teto.

Parágrafo único. Poderá ser reduzido esse mínimo desde que atendidas as condições de iluminação e conforto térmico compatíveis com a natureza do trabalho, sujeitando-se tal redução ao controle do órgão competente em matéria de segurança e medicina do trabalho.

- Art. 171 com a redação dada pela Lei 6.514/1977.

Art. 172. Os pisos dos locais de trabalho não deverão apresentar saliências nem depressões que prejudiquem a circulação de pessoas ou a movimentação de materiais.

- Art. 172 com a redação dada pela Lei 6.514/1977.

Art. 173. As aberturas nos pisos e paredes serão protegidas de forma que impeçam a queda de pessoas ou de objetos.

- Art. 173 com a redação dada pela Lei 6.514, de 22.12.1977.

Art. 174. As paredes, escadas, rampas de acesso, passarelas, pisos, corredores, coberturas e passagens dos locais de trabalho deverão obedecer às condições de segurança e de higiene do trabalho estabelecidas pelo Ministério do Trabalho e manter-se em perfeito estado de conservação e limpeza.

- Art. 174 com a redação dada pela Lei 6.514/1977.

SEÇÃO VII
DA ILUMINAÇÃO

Art. 175. Em todos os locais de trabalho deverá haver iluminação adequada, natural ou artificial, apropriada à natureza da atividade.

§ 1º A iluminação deverá ser uniformemente distribuída, geral e difusa, a fim de evitar ofuscamento, reflexos incômodos, sombras e contrastes excessivos.

§ 2º O Ministério do Trabalho estabelecerá os níveis mínimos de iluminamento a serem observados.

- Art. 175 com a redação dada pela Lei 6.514/1977.

SEÇÃO VIII
DO CONFORTO TÉRMICO

Art. 176. Os locais de trabalho deverão ter ventilação natural, compatível com o serviço realizado.

Parágrafo único. A ventilação artificial será obrigatória sempre que a natural não preencha as condições de conforto térmico.

- Art. 176 com a redação dada pela Lei 6.514/1977.

Art. 177. Se as condições de ambiente se tornarem desconfortáveis, em virtude de instalações geradoras de frio ou de calor, será obrigatório o uso de vestimenta adequada para o trabalho em tais condições ou de capelas, anteparos, paredes duplas, isolamento térmico e recursos similares, de forma que os empregados fiquem protegidos contra as radiações térmicas.

- Art. 177 com a redação dada pela Lei 6.514/1977.

Art. 178. As condições de conforto térmico dos locais de trabalho devem ser mantidas dentro dos limites fixados pelo Ministério do Trabalho.

- Art. 178 com a redação dada pela Lei 6.514/1977.

SEÇÃO IX
DAS INSTALAÇÕES ELÉTRICAS

Art. 179. O Ministério do Trabalho disporá sobre as condições de segurança e as medidas especiais a serem observadas relativamente a instalações elétricas, em qualquer das fases de produção, transmissão, distribuição ou consumo de energia.

- Art. 179 com a redação dada pela Lei 6.514/1977.

Art. 180. Somente profissional qualificado poderá instalar, operar, inspecionar ou reparar instalações elétricas.

- Art. 180 com a redação dada pela Lei 6.514/1977.

Art. 181. Os que trabalharem em serviços de eletricidade ou instalações elétricas devem estar familiarizados com os métodos de socorro a acidentados por choque elétrico.

- Art. 181 com a redação dada pela Lei 6.514/1977.

SEÇÃO X
DA MOVIMENTAÇÃO, ARMAZENAGEM E MANUSEIO DE MATERIAIS

Art. 182. O Ministério do Trabalho estabelecerá normas sobre:

I - as precauções de segurança na movimentação de materiais nos locais de trabalho, os equipamentos a serem obrigatoriamente utilizados e as condições especiais a que estão sujeitas a operação e a manutenção desses equipamentos, inclusive exigências de pessoal habilitado;

II - as exigências similares relativas ao manuseio e à armazenagem de materiais, inclusive quanto às condições de segurança e higiene relativas aos recipientes e locais de armazenagem e os equipamentos de proteção individual;

III - a obrigatoriedade de indicação de carga máxima permitida nos equipamentos de transporte, dos avisos de proibição de fumar e de advertência quanto à natureza perigosa ou nociva à saúde das substâncias em movimentação ou em depósito, bem como das recomendações de primeiros socorros e de atendimento médico e símbolo de perigo, segundo padronização internacional, nos rótulos dos materiais ou substâncias armazenados ou transportados.

Parágrafo único. As disposições relativas ao transporte de materiais aplicam-se, também, no que couber, ao transporte de pessoas nos locais de trabalho.

- Art. 182 com a redação dada pela Lei 6.514/1977.

Art. 183. As pessoas que trabalharem na movimentação de materiais deverão estar familiarizados com os métodos raciocinais de levantamento de cargas.

- Art. 183 com a redação dada pela Lei 6.514/1977.

SEÇÃO XI
DAS MÁQUINAS E EQUIPAMENTOS

- Título da Seção XI com a redação dada pela Lei 6.514/1977.

Art. 184. As máquinas e os equipamentos deverão ser dotados de dispositivos de partida e parada e outros que se fizerem necessários para a prevenção de acidentes do trabalho, especialmente quanto ao risco de acionamento acidental.

Parágrafo único. É proibida a fabricação, a importação, a venda, a locação e o uso de máquinas e equipamentos que não atendam ao disposto neste artigo.

- Art. 184 com a redação dada pela Lei 6.514/1977.

Art. 185. Os reparos, limpeza e ajustes somente poderão ser executados com as máquinas paradas, salvo se o movimento for indispensável à realização do ajuste.

- Art. 185 com a redação dada pela Lei 6.514/1977.

Art. 186. O Ministério do Trabalho estabelecerá normas adicionais sobre proteção e medidas de segurança na operação de máquinas e equipamentos, especialmente quanto à proteção das partes móveis, distância entre estas, vias de acesso às máquinas e equipamentos de grandes dimensões, emprego de ferramentas, sua adequação e medidas de proteção exigidas quando motorizadas ou elétricas.

- Art. 186 com a redação dada pela Lei 6.514/1977.

SEÇÃO XII
DAS CALDEIRAS, FORNOS E RECIPIENTES SOB PRESSÃO

Art. 187. As caldeiras, equipamentos e recipientes em geral que operam sob pressão deverão dispor de válvula e outros dispositivos de segurança, que evitem seja ultrapassada a pressão interna de trabalho compatível com a sua resistência.

Parágrafo único. O Ministério do Trabalho expedirá normas complementares quanto à segurança das caldeiras, fornos e recipientes sob pressão, especialmente quanto ao revestimento interno, à localização, à ventilação dos locais e outros meios de eliminação de gases ou vapores prejudiciais à saúde, e demais instalações ou equipamentos necessários à execução segura das tarefas de cada empregado.

- Art. 187 com a redação dada pela Lei 6.514/1977.

Art. 188. As caldeiras serão periodicamente submetidas a inspeções de segurança, por engenheiro ou empresa especializada, inscritos no Ministério do Trabalho, de conformidade com as instruções que, para esse fim, forem expedidas.

§ 1º Toda caldeira será acompanhada de "Prontuário", com documentação original do fabricante, abrangendo, no mínimo: especificação técnica, desenhos, detalhes, provas e testes realizados durante a fabricação e a montagem, características funcionais e a pressão máxima de trabalho permitida (PMTP), esta última indicada, em local visível, na própria caldeira.

§ 2º O proprietário da caldeira deverá organizar, manter atualizado e apresentar, quando exigido pela autoridade competente, o Registro de Segurança, no qual serão anotadas, sistematicamente, as indicações das provas efetuadas, inspeções, reparos e quaisquer outras ocorrências.

§ 3º Os projetos de instalação de caldeiras, fornos e recipientes sob pressão deverão ser submetidos à aprovação prévia do órgão regional competente em matéria de segurança do trabalho.

- Art. 188 com a redação dada pela Lei 6.514/1977.

SEÇÃO XIII
DAS ATIVIDADES INSALUBRES OU PERIGOSAS

- Seção XIII com a redação dada pela Lei 6.514/1977.

Art. 189. Serão consideradas atividades ou operações insalubres aquelas que, por sua natureza, condições ou métodos de trabalho, exponham os empregados a agentes nocivos à saúde, acima dos limites de tolerância fixados em razão da natureza e da intensidade do agente e do tempo de exposição aos seus efeitos.

- Art. 189 com a redação dada pela Lei 6.514/1977.

Art. 190. O Ministério do Trabalho aprovará o quadro das atividades e operações insalubres e adotará normas sobre os critérios de caracterização da insalubridade, os limites de tolerância aos agentes agressivos, meios de proteção e o tempo máximo de exposição do empregado a esses agentes.

Parágrafo único. As normas referidas neste artigo incluirão medidas de proteção do organismo do trabalhador nas operações que produzem aerodispersoides tóxicos, irritantes, alérgicos ou incômodos.

- Art. 190 com a redação dada pela Lei 6.514/1977.

Art. 191. A eliminação ou a neutralização da insalubridade ocorrerá:

- Súm. 289 do TST.

I - com a adoção de medidas que conservem o ambiente de trabalho dentro dos limites de tolerância;

II - com a utilização de equipamentos de proteção individual ao trabalhador, que diminuam a intensidade do agente agressivo a limites de tolerância.

Parágrafo único. Caberá às Delegacias Regionais do Trabalho, comprovada a insalubridade, notificar as empresas, estipulando prazos para sua eliminação ou neutralização, na forma deste artigo.

- Art. 191 com a redação dada pela Lei 6.514/1977.

Art. 192. O exercício de trabalho em condições insalubres, acima dos limites de tolerância estabelecidos pelo Ministério do Trabalho, assegura a percepção de adicional respectivamente de 40% (quarenta por cento), 20% (vinte por cento) e 10% (dez por cento) do salário mínimo da região, segundo se classifiquem nos graus máximo, médio e mínimo.

- Art. 192 com a redação dada pela Lei 6.514/1977.
- Art. 7º, XXIII, da CF.
- Súm. Vinculante 4 do STF.
- Súm. 194 e 460 do STF.
- Súm. 47, 80, 139, 228, 248, 289, 293 e 448 do TST.
- OJs 47, 103, 121, 165, 172, 173 e 278 da SDI-1 do TST.
- OJ 2 da SDI-2.

Art. 193. São consideradas atividades ou operações perigosas, na forma da regulamentação aprovada pelo Ministério do Trabalho e Emprego, aquelas que, por sua natureza ou métodos de trabalho, impliquem risco acentuado em virtude de exposição permanente do trabalhador a:

- *Caput* com redação dada pela Lei 12.740/2012.

I - inflamáveis, explosivos ou energia elétrica;

II - roubos ou outras espécies de violência física nas atividades profissionais de segurança pessoal ou patrimonial.

- Incisos I e II incluídos pela Lei 12.740/2012.
- Súm. 212 do STF.
- Súm. 39, 191, 364 e 453 do TST.
- OJs 165, 172, 345 e 385 da SDI-1 do TST.

§ 1º O trabalho em condições de periculosidade assegura ao empregado um adicional de 30% (trinta por cento) sobre o salário sem os acréscimos resultantes de gratificações, prêmios ou participações nos lucros da empresa.

- Parágrafo incluído pela Lei 6.514/1977.
- Súm. 132 do TST.
- OJ 259 da SDI-1 do TST.

§ 2º O empregado poderá optar pelo adicional de insalubridade que porventura lhe seja devido.

- Parágrafo incluído pela Lei 6.514/1977.

§ 3º Serão descontados ou compensados do adicional outros da mesma natureza eventualmente já concedidos ao vigilante por meio de acordo coletivo.

- Parágrafo incluído pela Lei 12.740/ 2012.

§ 4º São também consideradas perigosas as atividades de trabalhador em motocicleta.

- § 4º incluído pela Lei 12.997/2014.
- NR 16, Anexo 5, do MTE: Atividades perigosas em motocicleta.

Art. 194. O direito do empregado ao adicional de insalubridade ou de periculosidade cessará com a eliminação do risco à sua saúde ou integridade física, nos termos desta Seção e das normas expedidas pelo Ministério do Trabalho.

- Art. 194 com a redação dada pela Lei 6.514/1977.

Art. 195. A caracterização e a classificação da insalubridade e da periculosidade, segundo as normas do Ministério do Trabalho, far-se-ão através de perícia a cargo de Médico do Trabalho ou Engenheiro do Trabalho, registrados no Ministério do Trabalho.

§ 1º É facultado às empresas e aos sindicatos das categorias profissionais interessadas requererem ao Ministério do Trabalho a realização de perícia em estabelecimento ou setor deste, com o objetivo de caracterizar e classificar ou delimitar as atividades insalubres ou perigosas.

§ 2º Arguida em juízo insalubridade ou periculosidade, seja por empregado, seja por Sindicato em favor de grupo de associado, o juiz designará perito habilitado na forma deste artigo, e, onde não houver, requisitará perícia ao órgão competente do Ministério do Trabalho.

- OJ 165 da SDI-1 do TST.

§ 3º O disposto nos parágrafos anteriores não prejudica a ação fiscalizadora do Ministério do Trabalho, nem a realização ex officio da perícia.

- Art. 195 com a redação dada pela Lei 6.514/1977.

Art. 196. Os efeitos pecuniários decorrentes do trabalho em condições de insalubridade ou periculosidade serão devidos a contar da data da inclusão da respectiva atividade nos quadros aprovados pelo Ministro do Trabalho, respeitadas as normas do artigo 11.

- Art. 196 com a redação dada pela Lei 6.514/1977.

Art. 197. Os materiais e substâncias empregados, manipulados ou transportados nos locais de trabalho, quando perigosos ou nocivos à saúde, devem conter, no rótulo, sua composição, recomendações de socorro imediato e o símbolo de perigo correspondente, segundo a padronização internacional.

Parágrafo único. Os estabelecimentos que mantenham as atividades previstas neste artigo afixarão, nos setores de trabalho atingidos, avisos ou cartazes, com advertência quanto aos materiais e substâncias perigosos ou nocivos à saúde.

- Art. 197 com a redação dada pela Lei 6.514/1977.

SEÇÃO XIV
DA PREVENÇÃO DA FADIGA

Art. 198. É de 60 kg (sessenta quilogramas) o peso máximo que um empregado pode remover individualmente, ressalvadas as disposições especiais relativas ao trabalho do menor e da mulher.

Parágrafo único. Não está compreendida na proibição deste artigo a remoção de material feita por impulsão ou tração de vagonetes sobre trilhos, carros de mão ou quaisquer outros aparelhos mecânicos, podendo o Ministério do Trabalho, em tais casos, fixar limites diversos, que evitem sejam exigidos do empregado serviços superiores às suas forças.

- Art. 198 com a redação dada pela Lei 6.514/1977.
- Arts. 390, 405, § 5º, e 483, a, da CLT.

Art. 199. Será obrigatória a colocação de assentos que assegurem postura correta ao trabalhador, capazes de evitar posições incômodas ou forçadas, sempre que a execução da tarefa exija que trabalhe sentado.

Parágrafo único. Quando o trabalho deva ser executado de pé, os empregados terão à sua disposição assentos para serem utilizados nas pausas que o serviço permitir.

- Art. 199 com a redação dada pela Lei 6.514/1977.

SEÇÃO XV
DAS OUTRAS MEDIDAS ESPECIAIS DE PROTEÇÃO

Art. 200. Cabe ao Ministério do Trabalho estabelecer disposições complementares às normas de que trata este Capítulo, tendo em vista as peculiaridades de cada atividade ou setor de trabalho, especialmente sobre:

I - medidas de prevenção de acidentes e os equipamentos de proteção individual em obras de construção, demolição ou reparos;

II - depósitos, armazenagem e manuseio de combustíveis, inflamáveis e explosivos, bem como trânsito e permanência nas áreas respectivas;

III - trabalho em escavações, túneis, galerias, minas e pedreiras, sobretudo quanto à prevenção de explosões, incêndios, desmoronamentos e soterramentos, eliminação de poeiras, gases, etc. e facilidades de rápida saída dos empregados;

IV - proteção contra incêndio em geral e as medidas preventivas adequadas, com exigências ao especial revestimento de portas e paredes, construção de paredes contrafogo, diques e outros anteparos, assim como garantia geral de fácil circulação, corredores de acesso e saídas amplas e protegidas, com suficiente sinalização;

V - proteção contra insolação, calor, frio, umidade e ventos, sobretudo no trabalho a céu aberto, com provisão, quanto a este, de água potável, alojamento profilaxia de endemias;

VI - proteção do trabalhador exposto a substâncias químicas nocivas, radiações ionizantes e não ionizantes, ruídos, vibrações e trepidações ou pressões anormais ao ambiente de trabalho, com especificação das medidas cabíveis para eliminação ou atenuação desses efeitos limites máximos quanto ao tempo de exposição, à intensidade da ação ou de seus efeitos sobre o organismo do trabalhador, exames médicos obrigatórios, limites de idade controle permanente dos locais de trabalho e das demais exigências que se façam necessárias;

VII - higiene nos locais de trabalho, com discriminação das exigências, instalações sanitárias, com separação de sexos, chuveiros, lavatórios, vestiários e armários individuais, refeitórios ou condições de conforto por ocasião das refeições, fornecimento de água potável, condições de limpeza dos locais de trabalho e modo de sua execução, tratamento de resíduos Industriais;

VIII - emprego das cores nos locais de trabalho, inclusive nas sinalizações de perigo.

Parágrafo único. Tratando-se de radiações ionizantes e explosivos, as normas a que se referem este artigo serão expedidas de acordo com as resoluções a respeito adotadas pelo órgão técnico.

- Art. 200 com a redação dada pela Lei 6.514/1977.
- OJ 345 da SDI-1 do TST.

SEÇÃO XVI
DAS PENALIDADES

Art. 201. As infrações ao disposto neste Capítulo relativas à medicina do trabalho serão punidas com multa de 3 (três) a 30 (trinta) vezes o valor de referência previsto no artigo 2º, parágrafo único, da Lei 6.205, de 29 de abril de 1975, e as concernentes à segurança do trabalho com multa de 5 (cinco) a 50 (cinquenta) vezes o mesmo valor.

Parágrafo único. Em caso de reincidência, embaraço ou resistência à fiscalização, emprego de artifício ou simulação com o objetivo de fraudar a lei, a multa será aplicada em seu valor máximo.

- Art. 201 com a redação dada pela Lei 6.514/1977.

Arts. 202 a 223. (Revogados pela Lei 6.514/1977).

TÍTULO II-A
DO DANO EXTRAPATRIMONIAL

- Título II-A incluído pela Lei 13.467/2017.

Art. 223-A. Aplicam-se à reparação de danos de natureza extrapatrimonial decorrentes da relação de trabalho apenas os dispositivos deste Título.

- Artigos 223-A a 223-G incluídos pela Lei 13.467/2017.

Art. 223-B. Causa dano de natureza extrapatrimonial a ação ou omissão que ofenda a esfera moral ou existencial da pessoa física ou jurídica, as quais são as titulares exclusivas do direito à reparação.

Art. 223-C. A honra, a imagem, a intimidade, a liberdade de ação, a autoestima, a sexualidade, a saúde, o lazer e a integridade física são os bens juridicamente tutelados inerentes à pessoa física.

Art. 223-D. A imagem, a marca, o nome, o segredo empresarial e o sigilo da correspondência são bens juridicamente tutelados inerentes à pessoa jurídica.

Art. 223-E. São responsáveis pelo dano extrapatrimonial todos os que tenham colaborado para a ofensa ao bem jurídico tutelado, na proporção da ação ou da omissão.

Art. 223-F. A reparação por danos extrapatrimoniais pode ser pedida cumulativamente com a indenização por danos materiais decorrentes do mesmo ato lesivo.

§ 1º Se houver cumulação de pedidos, o juízo, ao proferir a decisão, discriminará os valores das indenizações a título de danos patrimoniais e das reparações por danos de natureza extrapatrimonial.

§ 2º A composição das perdas e danos, assim compreendidos os lucros cessantes e os danos emergentes, não interfere na avaliação dos danos extrapatrimoniais.

Art. 223-G. Ao apreciar o pedido, o juízo considerará:

I - a natureza do bem jurídico tutelado;

II - a intensidade do sofrimento ou da humilhação;

III - a possibilidade de superação física ou psicológica;

IV - os reflexos pessoais e sociais da ação ou da omissão;

V - a extensão e a duração dos efeitos da ofensa;

VI - as condições em que ocorreu a ofensa ou o prejuízo moral;

VII - o grau de dolo ou culpa;

VIII - a ocorrência de retratação espontânea;

IX - o esforço efetivo para minimizar a ofensa;

X - o perdão, tácito ou expresso;

XI - a situação social e econômica das partes envolvidas;

XII - o grau de publicidade da ofensa.

§ 1º Se julgar procedente o pedido, o juízo fixará a indenização a ser paga, a cada um dos ofendidos, em um dos seguintes parâmetros, vedada a acumulação:

I - ofensa de natureza leve, até três vezes o último salário contratual do ofendido;

II - ofensa de natureza média, até cinco vezes o último salário contratual do ofendido;

III - ofensa de natureza grave, até vinte vezes o último salário contratual do ofendido;

IV - ofensa de natureza gravíssima, até cinquenta vezes o último salário contratual do ofendido.

§ 2º Se o ofendido for pessoa jurídica, a indenização será fixada com observância dos mesmos parâmetros estabelecidos no § 1º deste artigo, mas em relação ao salário contratual do ofensor.

§ 3º Na reincidência entre partes idênticas, o juízo poderá elevar ao dobro o valor da indenização.

TÍTULO III
DAS NORMAS ESPECIAIS DE TUTELA DO TRABALHO

CAPÍTULO I
DAS DISPOSIÇÕES ESPECIAIS SOBRE DURAÇÃO E CONDIÇÕES DE TRABALHO

SEÇÃO I
DOS BANCÁRIOS

Art. 224. A duração normal do trabalho dos empregados em bancos, casas bancárias e Caixa Econômica Federal será de 6 (seis) horas continuas nos dias úteis, com exceção dos sábados, perfazendo um total de 30 (trinta) horas de trabalho por semana. (Redação dada pela Lei 7.430/1985)

- Súm. 55, 93, 102, 109, 113, 117, 119, 124, 199, 226, 239, 240, 247, 257 e 287 do TST.
- OJs 123, 178 e 379 da SDI-1 do TST.

§ 1º A duração normal do trabalho estabelecida neste artigo ficará compreendida entre 7 (sete) e 22 (vinte e duas) horas, assegurando-se ao empregado, no horário diário, um intervalo de 15 (quinze) minutos para alimentação.

- § 1º com a redação dada pelo Dec.-lei 229/1967.

§ 2º As disposições deste artigo não se aplicam aos que exercem funções de direção, gerência, fiscalização, chefia e equivalentes, ou que desempenhem outros cargos de confiança, desde que o valor da gratificação não seja inferior a 1/3 (um terço) do salário do cargo efetivo.

- § 2º com a redação dada pelo Dec.-lei 754/1969.
- Súm. 102, 240 e 287 do TST.

Art. 225. A duração normal de trabalho dos bancários poderá ser excepcionalmente prorrogada até 8 (oito) horas diárias, não excedendo de 40 (quarenta) horas semanais, observados os preceitos gerais sobre a duração do trabalho.

- Art. 225 com a redação dada pela Lei 6.637/1979.
- Súm. 199 do TST.

Art. 226. O regime especial de 6 (seis) horas de trabalho também se aplica aos empregados de portaria e de limpeza, tais como porteiros, telefonistas de mesa, contínuos e serventes, empregados em bancos e casas bancárias.

Parágrafo único. A direção de cada banco organizará a escala de serviço do estabelecimento de maneira a haver empregados do quadro da portaria em função, meia hora antes e até meia hora após o encerramento dos trabalhos, respeitado o limite de 6 (seis) horas diárias.

- Art. 226 com a redação dada pela Lei 3.488/1958.
- Súm. 117, 178 e 257 do TST.

SEÇÃO II
DOS EMPREGADOS NOS SERVIÇOS DE TELEFONIA, DE TELEGRAFIA SUBMARINA E SUBFLUVIAL, DE RADIOTELEGRAFIA E RADIOTELEFONIA

Art. 227. Nas empresas que explorem o serviço de telefonia, telegrafia submarina ou subfluvial, de radiotelegrafia ou de radiotelefonia, fica estabelecida para os respectivos operadores a duração máxima de seis horas contínuas de trabalho por dia ou 36 (trinta e seis) horas semanais.

- Súm. 178 do TST.
- OJ 213 da SDI-1 do TST.

§ 1º Quando, em caso de indeclinável necessidade, forem os operadores obrigados a permanecer em serviço além do período normal fixado neste artigo, a empresa pagar-lhes-á extraordinariamente o tempo excedente com acréscimo de 50% (cinquenta por cento) sobre o seu salário-hora normal.

§ 2º O trabalho aos domingos, feriados e dias santos de guarda será considerado extraordinário e obedecerá, quanto à sua execução e remuneração, ao que dispuserem empregadores e empregados em acordo, ou os respectivos sindicatos em contrato coletivo de trabalho.

Art. 228. Os operadores não poderão trabalhar, de modo ininterrupto, na transmissão manual, bem como na recepção visual, auditiva, com escrita manual ou datilográfica, quando a velocidade for superior a 25 (vinte e cinco) palavras por minuto.

Art. 229. Para os empregados sujeitos a horários variáveis, fica estabelecida a duração máxima de 7 (sete) horas diárias de trabalho e 17 (dezessete) horas de folga, deduzindo-se deste tempo 20 (vinte) minutos para descanso, de cada um dos empregados, sempre que se verificar um esforço contínuo de mais de 3 (três) horas.

§ 1º São considerados empregados sujeitos a horários variáveis, além dos operadores, cujas funções exijam classificação distinta, os que pertençam a seções de técnica, telefones, revisão, expedição, entrega e balcão.

§ 2º Quanto à execução e remuneração aos domingos, feriados e dias santos de guarda e às prorrogações de expediente, o trabalho dos empregados a que se refere o parágrafo anterior será regido pelo que se contém no § 1º do art. 227 desta Seção.

Art. 230. A direção das empresas deverá organizar as turmas de empregados, para a execução dos seus serviços, de maneira que prevaleça sempre o revezamento entre os que exercem a mesma função, quer em escalas diurnas, quer em noturnas.

§ 1º Aos empregados que exerçam a mesma função será permitida, entre si, a troca de turmas, desde que isso não importe em prejuízo dos serviços, cujo chefe ou encarregado resolverá sobre a oportunidade ou possibilidade dessa medida, dentro das prescrições desta Seção.

§ 2º As empresas não poderão organizar horários que obriguem os empregados a fazer a refeição do almoço antes das 10 (dez) e depois das 13 (treze) horas e a de jantar antes das 16 (dezesseis) e depois das 19:30 (dezenove e trinta) horas.

Art. 231. As disposições desta Seção não abrangem o trabalho dos operadores de radiotelegrafia embarcados em navios ou aeronaves.

SEÇÃO III
DOS MÚSICOS PROFISSIONAIS

- Arts. 232 e 233 revogados tacitamente Lei 3.857/1960, que regulamenta a profissão de músico.
- Súm. 312 do STF.

Art. 232. Será de seis horas a duração de trabalho dos músicos em teatro e congêneres.

Parágrafo único. Toda vez que o trabalho contínuo em espetáculo ultrapassar de seis horas, o tempo de duração excedente será pago com um acréscimo de 25 % (vinte e cinco por cento) sobre o salário da hora normal.

Art. 233. A duração normal de trabalho dos músicos profissionais poderá ser elevada até oito horas diárias, observados os preceitos gerais sobre duração do trabalho.

SEÇÃO IV
DOS OPERADORES CINEMATOGRÁFICOS

Art. 234. A duração normal do trabalho dos operadores cinematográficos e seus ajudantes não excederá de seis horas diárias, assim distribuídas:

a) 5 (cinco) horas consecutivas de trabalho em cabina, durante o funcionamento cinematográfico;

b) 1 (um) período suplementar, até o máximo de 1 (uma) hora para limpeza, lubrificação dos aparelhos de projeção, ou revisão de filmes.

Parágrafo único. Mediante remuneração adicional de 25% (vinte e cinco por cento) sobre o salário da hora normal e observado um intervalo de 2 (duas) horas para folga, entre o período a que se refere a alínea "b" deste artigo e o trabalho em cabina de que trata a alínea "a", poderá o trabalho dos operadores cinematográficos e seus ajudantes ter a duração prorrogada por 2 (duas) horas diárias, para exibições extraordinárias.

Art. 235. Nos estabelecimentos cujo funcionamento normal seja noturno, será facultado aos operadores cinematográficos e seus ajudantes, mediante acordo ou contrato coletivo de trabalho e com um acréscimo de 25% (vinte e cinco por cento) sobre o salário da hora normal, executar o trabalho em sessões diurnas extraordinárias e, cumulativamente, nas noturnas, desde que isso se verifique até 3 (três) vezes por semana e entre as sessões diurnas e as noturnas haja o intervalo de 1 (uma) hora, no mínimo, de descanso.

- O art. 7º, XVI da CF assegura um acréscimo de no mínimo 50% (cinquenta por cento) sobre o salário da hora normal.

§ 1º A duração de trabalho cumulativo a que alude o presente artigo não poderá exceder de 10 (dez) horas.

§ 2º Em seguida a cada período de trabalho haverá um intervalo de repouso no mínimo de 12 (doze) horas.

- Art. 66 da CLT.

SEÇÃO IV-A
DO SERVIÇO DO MOTORISTA PROFISSIONAL EMPREGADO

- Rubrica da Seção IV-A com a redação dada pela Lei 13.103/2015.
- Lei 13.103/2015: Motorista profissional.

Art. 235-A. Os preceitos especiais desta Seção aplicam-se ao motorista profissional empregado:

- *Caput* com a redação dada pela Lei 13.103/2015.

I - de transporte rodoviário coletivo de passageiros;

- Inciso I com a redação dada pela Lei 13.103/2015.

II - de transporte rodoviário de cargas.

- Inciso II com a redação dada pela Lei 13.103/2015.

Art. 235-B. São deveres do motorista profissional empregado:

- *Caput* com a redação dada pela Lei 13.103/2015.

I - estar atento às condições de segurança do veículo;

II - conduzir o veículo com perícia, prudência, zelo e com observância aos princípios de direção defensiva;

III - respeitar a legislação de trânsito e, em especial, as normas relativas ao tempo de direção e de descanso controlado e registrado na forma do previsto no art. 67-E da Lei 9.503, de 23 de setembro de 1997 - Código de Trânsito Brasileiro;

› Inciso III com a redação dada pela Lei 13.103/2015.

IV - zelar pela carga transportada e pelo veículo;

V - colocar-se à disposição dos órgãos públicos de fiscalização na via pública;

VI - Vetado;

VII - submeter-se a exames toxicológicos com janela de detecção mínima de 90 (noventa) dias e a programa de controle de uso de droga e de bebida alcoólica, instituído pelo empregador, com sua ampla ciência, pelo menos uma vez a cada 2 (dois) anos e 6 (seis) meses, podendo ser utilizado para esse fim o exame obrigatório previsto na Lei 9.503, de 23 de setembro de 1997 - Código de Trânsito Brasileiro, desde que realizado nos últimos 60 (sessenta) dias.

› Inciso IV com a redação dada pela Lei 13.103/2015.

› O art. 13 da Lei 13.103/2015 estabelece regras de vigência para esse inciso.

Parágrafo único. A recusa do empregado em submeter-se ao teste ou ao programa de controle de uso de droga e de bebida alcoólica previstos no inciso VII será considerada infração disciplinar, passível de penalização nos termos da lei.

› Parágrafo único com a redação dada pela Lei 13.103/2015

Art. 235-C. A jornada diária de trabalho do motorista profissional será de 8 (oito) horas, admitindo-se a sua prorrogação por até 2 (duas) horas extraordinárias ou, mediante previsão em convenção ou acordo coletivo, por até 4 (quatro) horas extraordinárias.

› *Caput* com a redação dada pela Lei 13.103/2015

§ 1º Será considerado como trabalho efetivo o tempo em que o motorista empregado estiver à disposição do empregador, excluídos os intervalos para refeição, repouso e descanso e o tempo de espera.

› § 1º com a redação dada pela Lei 13.103/2015.

§ 2º Será assegurado ao motorista profissional empregado intervalo mínimo de 1 (uma) hora para refeição, podendo esse período coincidir com o tempo de parada obrigatória na condução do veículo estabelecido pela Lei 9.503, de 23 de setembro de 1997 – Código de Trânsito Brasileiro, exceto quando se tratar do motorista profissional enquadrado no § 5º do art. 71 desta Consolidação.

› § 2º com a redação dada pela Lei 13.103/2015.

› Os arts. 11, 12 e 14 da Lei 13.103/2015 estabelecem regras de vigência para esse parágrafo.

§ 3º Dentro do período de 24 (vinte e quatro) horas, são asseguradas 11 (onze) horas de descanso, sendo facultados o seu fracionamento e a coincidência com os períodos de parada obrigatória na condução do veículo estabelecida pela Lei 9.503, de 23 de setembro de 1997 – Código de Trânsito Brasileiro, garantidos o mínimo de 8 (oito) horas ininterruptas no primeiro período e o gozo do remanescente dentro das 16 (dezesseis) horas seguintes ao fim do primeiro período.

› § 3º com a redação dada pela Lei 13.103, de 02.03.2015.

› Os arts. 11, 12 e 14 da Lei 13.103/2015 estabelecem regras de vigência para esse parágrafo.

§ 4º Nas viagens de longa distância, assim consideradas aquelas em que o motorista profissional empregado permanece fora da base da empresa, matriz ou filial e de sua residência por mais de 24 (vinte e quatro) horas, o repouso diário pode ser feito no veículo ou em alojamento do empregador, do contratante do transporte, do embarcador ou do destinatário ou em outro local que ofereça condições adequadas.

› § 4º com a redação dada pela Lei 13.103/2015.

§ 5º As horas consideradas extraordinárias serão pagas com o acréscimo estabelecido na Constituição Federal ou compensadas na forma do § 2º do art. 59 desta Consolidação.

› § 5º com a redação dada pela Lei 13.103/2015.

§ 6º À hora de trabalho noturno aplica-se o disposto no art. 73 desta Consolidação.

› § 6º com a redação dada pela Lei 13.103/2015.

§ 7º Vetado.

§ 8º São considerados tempo de espera as horas em que o motorista profissional empregado ficar aguardando carga ou descarga do veículo nas dependências do embarcador ou do destinatário e o período gasto com a fiscalização da mercadoria transportada em barreiras fiscais ou alfandegárias, não sendo computados como jornada de trabalho e nem como horas extraordinárias.

› § 8º com a redação dada pela Lei 13.103/2015.

§ 9º As horas relativas ao tempo de espera serão indenizadas na proporção de 30% (trinta por cento) do salário-hora normal.

› § 9º com a redação dada pela Lei 13.103/2015.

§ 10. Em nenhuma hipótese, o tempo de espera do motorista empregado prejudicará o direito ao recebimento da remuneração correspondente ao salário-base diário.

› § 10 incluído pela Lei 13.103/2015.

§ 11. Quando a espera de que trata o § 8º for superior a 2 (duas) horas ininterruptas e for exigida a permanência do motorista empregado junto ao veículo, caso o local ofereça condições adequadas, o tempo será considerado como de repouso para os fins do intervalo de que tratam os §§ 2º e 3º, sem prejuízo do disposto no § 9º.

› § 11 incluído pela Lei 13.103/2015.

§ 12. Durante o tempo de espera, o motorista poderá realizar movimentações necessárias do veículo, as quais não serão consideradas como parte da jornada de trabalho, ficando garantido, porém, o gozo do descanso de 8 (oito) horas ininterruptas aludido no § 3º.

› § 12 incluído pela Lei 13.103/2015.

§ 13. Salvo previsão contratual, a jornada de trabalho do motorista empregado não tem horário fixo de início, de final ou de intervalos.

› § 13 incluído pela Lei 13.103/2015.

§ 14. O empregado é responsável pela guarda, preservação e exatidão das informações contidas nas anotações em diário de bordo, papeleta ou ficha de trabalho externo, ou no registrador instantâneo inalterável de velocidade e tempo, ou nos rastreadores ou sistemas e meios eletrônicos, instalados nos veículos, normatizados pelo Contran, até que o veículo seja entregue à empresa.

› § 14 incluído pela Lei 13.103/2015.

§ 15. Os dados referidos no § 14 poderão ser enviados a distância, a critério do empregador, facultando-se a anexação do documento original posteriormente.

› § 15 incluído pela Lei 13.103/2015.

§ 16. Aplicam-se as disposições deste artigo ao ajudante empregado nas operações em que acompanhe o motorista.

› § 16 incluído pela Lei 13.103/2015

§ 17. O disposto no *caput* deste artigo aplica-se também aos operadores de automotores destinados a puxar ou a arrastar maquinaria de qualquer natureza ou a executar trabalhos de construção ou pavimentação e aos operadores de tratores, colheitadeiras, autopropelidos e demais aparelhos automotores destinados a puxar ou a arrastar maquinaria agrícola ou a executar trabalhos agrícolas.

› § 17 incluído pela Lei 13.154/2015.

Art. 235-D. Nas viagens de longa distância com duração superior a 7 (sete) dias, o repouso semanal será de 24 (vinte e quatro) horas por semana ou fração trabalhada, sem prejuízo do intervalo de repouso diário de 11 (onze) horas, totalizando 35 (trinta e cinco) horas, usufruído no retorno do motorista à base (matriz ou filial) ou ao seu domicílio, salvo se a empresa oferecer condições adequadas para o efetivo gozo do referido repouso.

› *Caput* com a redação dada pela Lei 13.103/2015.

I a III - (Revogados pela Lei 13.103/2015).

§ 1º É permitido o fracionamento do repouso semanal em 2 (dois) períodos, sendo um destes de, no mínimo, 30 (trinta) horas ininterruptas, a serem cumpridos na mesma semana e em continuidade a um período de repouso diário, que deverão ser usufruídos no retorno da viagem.

› § 1º incluído pela Lei 13.103/2015.

§ 2º A cumulatividade de descansos semanais em viagens de longa distância de que trata o *caput* fica limitada ao número de 3 (três) descansos consecutivos.

› § 2º incluído pela Lei 13.103/2015.

§ 3º O motorista empregado, em viagem de longa distância, que ficar com o veículo parado após o cumprimento da jornada normal ou das horas extraordinárias fica dispensado do serviço, exceto se for expressamente autorizada a sua permanência junto ao veículo pelo empregador, hipótese em que o tempo será considerado de espera.

‣ § 3º incluído pela Lei 13.103/2015.

§ 4º Não será considerado como jornada de trabalho, nem ensejará o pagamento de qualquer remuneração, o período em que o motorista empregado ou o ajudante ficarem espontaneamente no veículo usufruindo dos intervalos de repouso.

‣ § 4º incluído pela Lei 13.103/2015.

§ 5º Nos casos em que o empregador adotar 2 (dois) motoristas trabalhando no mesmo veículo, o tempo de repouso poderá ser feito com o veículo em movimento, assegurado o repouso mínimo de 6 (seis) horas consecutivas fora do veículo em alojamento externo ou, se na cabine leito, com o veículo estacionado, a cada 72 (setenta e duas) horas.

‣ § 5º incluído pela Lei 13.103/2015.

§ 6º Em situações excepcionais de inobservância justificada do limite de jornada de que trata o art. 235-C, devidamente registradas, e desde que não se comprometa a segurança rodoviária, a duração da jornada de trabalho do motorista profissional empregado poderá ser elevada pelo tempo necessário até o veículo chegar a um local seguro ou ao seu destino.

‣ § 6º incluído pela Lei 13.103/2015.

§ 7º Nos casos em que o motorista tenha que acompanhar o veículo transportado por qualquer meio onde ele siga embarcado e em que o veículo disponha de cabine leito ou a embarcação disponha de alojamento para gozo do intervalo de repouso diário previsto no § 3º do art. 235-C, esse tempo será considerado como tempo de descanso.

‣ § 7º incluído pela Lei 13.103/2015.

§ 8º Para o transporte de cargas vivas, perecíveis e especiais em longa distância ou em território estrangeiro poderão ser aplicadas regras conforme a especificidade da operação de transporte realizada, cujas condições de trabalho serão fixadas em convenção ou acordo coletivo de modo a assegurar as adequadas condições de viagem e entrega ao destino final.

‣ § 8º incluído pela Lei 13.103/2015.

Art. 235-E. Para o transporte de passageiros, serão observados os seguintes dispositivos:

‣ *Caput* com a redação dada pela Lei 13.103/2015.

I - é facultado o fracionamento do intervalo de condução do veículo previsto na Lei 9.503, de 23 de setembro de 1997 - Código de Trânsito Brasileiro, em períodos de no mínimo 5 (cinco) minutos;

‣ Inciso I incluído pela Lei 13.103/2015.

II - será assegurado ao motorista intervalo mínimo de 1 (uma) hora para refeição, podendo ser fracionado em 2 (dois) períodos e coincidir com o tempo de parada obrigatória na condução do veículo estabelecido pela Lei 9.503, de 23 de setembro de 1997 - Código de Trânsito Brasileiro, exceto quando se tratar do motorista profissional enquadrado no § 5º do art. 71 desta Consolidação;

‣ Inciso II incluído pela Lei 13.103/2015.

III - nos casos em que o empregador adotar 2 (dois) motoristas no curso da mesma viagem, o descanso poderá ser feito com o veículo em movimento, respeitando-se os horários de jornada de trabalho, assegurado, após 72 (setenta e duas) horas, o repouso em alojamento externo ou, se em poltrona correspondente ao serviço de leito, com o veículo estacionado.

‣ Inciso III incluído pela Lei 13.103, de 02.03.2015.

§ 1º (Revogado pela Lei 13.103/2015.)

§ 2º Vetado.

§§ 3º a 7º (Revogados pela Lei 13.103/2015).

§ 8º Vetado.

§§ 9º a 12. (Revogados pela Lei 13.103/2015).

Art. 235-F. Convenção e acordo coletivo poderão prever jornada especial de 12 (doze) horas de trabalho por 36 (trinta e seis) horas de descanso para o trabalho do motorista profissional empregado em regime de compensação.

‣ Art. 235-F com a redação dada pela Lei 13.103/2015.

Art. 235-G. É permitida a remuneração do motorista em função da distância percorrida, do tempo de viagem ou da natureza e quantidade de produtos transportados, inclusive mediante oferta de comissão ou qualquer outro tipo de vantagem, desde que essa remuneração ou comissionamento não comprometa a segurança da rodovia e da coletividade ou possibilite a violação das normas previstas nesta Lei.

‣ Art. 235-G com a redação dada pela Lei 13.103/2015.

Art. 235-H. (Revogado pela Lei 13.103/2015.)

SEÇÃO V
DO SERVIÇO FERROVIÁRIO

Art. 236. No serviço ferroviário – considerado este o de transporte em estradas de ferro abertas ao tráfego público, compreendendo a administração, construção, conservação e remoção das vias férreas e seus edifícios, obras de arte, material rodante, instalações complementares e acessórias, bem como o serviço de tráfego, de telegrafia, telefonia e funcionamento de todas as instalações ferroviárias – aplicam-se os preceitos especiais constantes desta Seção.

‣ Súm. 67 do TST.

Art. 237. O pessoal a que se refere o artigo antecedente fica dividido nas seguintes categorias:

a) funcionários de alta administração, chefes e ajudantes de departamentos e seções, engenheiros residentes, chefes de depósitos, inspetores e demais empregados que exercem funções administrativas ou fiscalizadoras;

b) pessoal que trabalhe em lugares ou trechos determinados e cujas tarefas requeiram atenção constante; pessoal de escritório, turmas de conservação e construção da via permanente, oficinas e estações principais, inclusive os respectivos telegrafistas; pessoal de tração, lastro e revistadores;

c) das equipagens de trens em geral;

d) pessoal cujo serviço é de natureza intermitente ou de pouca intensidade, embora com permanência prolongada nos locais de trabalho; vigias e pessoal das estações do interior, inclusive os respectivos telegrafistas.

Art. 238. Será computado como de trabalho efetivo todo o tempo, em que o empregado estiver à disposição da estrada.

‣ Art. 4º da CLT.

§ 1º Nos serviços efetuados pelo pessoal da categoria c, não será considerado como de trabalho efetivo o tempo gasto em viagens do local ou para o local de terminação e início dos mesmos serviços.

§ 2º Ao pessoal removido ou comissionado fora da sede será contado como de trabalho normal e efetivo o tempo gasto em viagens, sem direito à percepção de horas extraordinárias.

§ 3º No caso das turmas de conservação da via permanente, o tempo efetivo do trabalho será contado desde a hora da saída da casa da turma até a hora em que cessar o serviço em qualquer ponto compreendido dentro dos limites da respectiva turma. Quando o empregado trabalhar fora dos limites da sua turma, ser-lhe-á também computado como de trabalho efetivo o tempo gasto no percurso da volta a esses limites.

§ 4º Para o pessoal da equipagem de trens, só será considerado esse trabalho efetivo, depois de chegado ao destino, o tempo em que o ferroviário estiver ocupado ou retido à disposição da Estrada. Quando, entre dois períodos de trabalho, não mediar intervalo superior a uma hora, será essa intervalo computado como de trabalho efetivo.

§ 5º O tempo concedido para refeição não se computa como de trabalho efetivo, então para o pessoal da categoria c, quando as refeições forem tomadas em viagem ou nas estações durante as paradas. Esse tempo não será inferior a uma hora, exceto para o pessoal da referida categoria em serviço de trens.

Onde consta "então", leia-se "senão".

§ 6º No trabalho das turmas encarregadas da conservação de obras de arte, linhas telegráficas ou telefônicas e edifícios, não será contado, como de trabalho efetivo, o tempo de viagem para o local do serviço, sempre que não exceder de uma hora, seja para ida ou para volta, e a Estrada fornecer os meios de locomoção, computando-se, sempre o tempo excedente a esse limite.

‣ Art. 238. Restaurado pelo Dec.-lei nº 5/1966.

Art. 239. Para o pessoal da categoria "c", a prorrogação do trabalho independe de acordo ou contrato coletivo, não podendo, entretanto, exceder de 12 (doze) horas, pelo que as empresas organizarão, sempre que possível, os serviços de equipagens de trens com destacamentos nos trechos das linhas de modo a ser observada a duração normal de oito horas de trabalho.

§ 1º Para o pessoal sujeito ao regime do presente artigo, depois de cada jornada de trabalho haverá um repouso de 10 (dez) horas contínuas, no mínimo, observando-se, outrossim, o descanso semanal.

§ 2º Para o pessoal da equipagem de trens, a que se refere o presente artigo, quando a empresa não fornecer alimentação, em viagem, e hospedagem, no destino, concederá uma ajuda de custo para atender a tais despesas.

§ 3º As escalas do pessoal abrangido pelo presente artigo serão organizadas de modo que não caiba a qualquer empregado, quinzenalmente, um total de horas de serviço noturno superior às de serviço diurno.

§ 4º Os períodos de trabalho do pessoal a que alude o presente artigo serão registrados em cadernetas especiais, que ficarão sempre em poder do empregado, de acordo com o modelo aprovado pelo Ministro do Trabalho, Indústria e Comércio.

Art. 240. Nos casos de urgência ou de acidente, capazes de afetar a segurança ou regularidade do serviço, poderá a duração do trabalho ser excepcionalmente elevada a qualquer número de horas, incumbindo à Estrada zelar pela incolumidade dos seus empregados e pela possibilidade de revezamento de turmas, assegurando ao pessoal um repouso correspondente e comunicando a ocorrência ao Ministério do Trabalho, Indústria e Comércio, dentro de 10 (dez) dias da sua verificação.

Parágrafo único. Nos casos previstos neste artigo, a recusa, sem causa justificada, por parte de qualquer empregado, à execução de serviço extraordinário será considerada falta grave.

Art. 241. As horas excedentes das do horário normal de oito horas serão pagas como serviço extraordinário na seguinte base: as duas primeiras com o acréscimo de 25% (vinte e cinco por cento) sobre o salário-hora normal; as duas subsequentes com um adicional de 50% (cinquenta por cento) e as restantes com um adicional de 75% (setenta e cinco por cento).

‣ Art. 7º, XVI, da CF.

Parágrafo único. Para o pessoal da categoria "c", a primeira hora será majorada de 25% (vinte e cinco por cento), a segunda hora será paga com o acréscimo de 50% (cinquenta por cento) e as duas subsequentes com o de 60% (sessenta por cento), salvo caso de negligência comprovada.

Art. 242. As frações de meia hora superiores a 10 (dez) minutos serão computadas como meia hora.

Art. 243. Para os empregados de estações do interior, cujo serviço for de natureza intermitente ou de pouca intensidade, não se aplicam os preceitos gerais sobre duração do trabalho, sendo-lhes, entretanto, assegurado o repouso contínuo de dez horas, no mínimo, entre dois períodos de trabalho e descanso semanal.

Art. 244. As estradas de ferro poderão ter empregados extranumerários, de sobreaviso e de prontidão, para executarem serviços imprevistos ou para substituições de outros empregados que faltem à escala organizada.

§ 1º Considera-se "extranumerário" o empregado não efetivo, candidato efetivação, que se apresentar normalmente ao serviço, embora só trabalhe quando for necessário. O extranumerário só receberá os dias de trabalho efetivo.

§ 2º Considera-se de "sobreaviso" o empregado efetivo, que permanecer em sua própria casa, aguardando a qualquer momento o chamado para o serviço. Cada escala de "sobreaviso" será, no máximo, de vinte e quatro horas, As horas de "sobreaviso", para todos os efeitos, serão contadas à razão de 1/3 (um terço) do salário normal.

‣ Súm. 61, 132, 229 e 428 do TST.

§ 3º Considera-se de "prontidão" o empregado que ficar nas dependências da estrada, aguardando ordens. A escala de prontidão será, no máximo, de doze horas. As horas de prontidão serão, para todos os efeitos, contadas à razão de 2/3 (dois terços) do salário-hora normal.

§ 4º Quando, no estabelecimento ou dependência em que se achar o empregado, houver facilidade de alimentação, as doze horas do prontidão, a que se refere o parágrafo anterior, poderão ser contínuas. Quando não existir essa facilidade, depois de seis horas de prontidão, haverá sempre um intervalo de uma hora para cada refeição, que não será, nesse caso, computada como de serviço.

‣ Art. 244 restaurado pelo Decreto-lei nº 5, de 4.4.1966.

Art. 245. O horário normal de trabalho dos cabineiros nas estações de tráfego intenso não excederá de 8 (oito) horas e deverá ser dividido em 2 (dois) turnos com intervalo não inferior a 1 (uma) hora de repouso, não podendo nenhum turno ter duração superior a 5 (cinco) horas, com um período de descanso entre 2 (duas) jornadas de trabalho de 14 (quatorze) horas consecutivas.

Art. 246. O horário de trabalho dos operadores telegrafistas nas estações de tráfego intenso não excederá de 6 (seis) horas diárias.

Art. 247. As estações principais, estações de tráfego intenso e estações do interior serão classificadas para cada empresa pelo Departamento Nacional da Estradas de Ferro.

SEÇÃO VI
DAS EQUIPAGENS DAS EMBARCAÇÕES DA MARINHA MERCANTE NACIONAL, DE NAVEGAÇÃO FLUVIAL E LACUSTRE, DO TRÁFEGO NOS PORTOS E DA PESCA

Art. 248. Entre as horas 0 (zero) e 24 (vinte e quatro) de cada dia civil, o tripulante poderá ser conservado em seu posto durante 8 (oito) horas, quer de modo contínuo, quer de modo intermitente.

§ 1º A exigência do serviço contínuo ou intermitente ficará a critério do comandante e, neste último caso, nunca por período menor que 1 (uma) hora.

§ 2º Os serviços de quarto nas máquinas, passadiço, vigilância e outros que, consoante parecer médico, possam prejudicar a saúde do tripulante serão executados por períodos não maiores e com intervalos não menores de 4 (quatro) horas.

Art. 249. Todo o tempo de serviço efetivo, excedente de 8 (oito) horas, ocupado na forma do artigo anterior, será considerado de trabalho extraordinário, sujeito à compensação a que se refere o art. 250, exceto se se tratar de trabalho executado:

‣ Art. 7º, XVI, da CF.

‣ Súm. 96 do TST.

a) em virtude de responsabilidade pessoal do tripulante e no desempenho de funções de direção, sendo consideradas como tais todas aquelas que a bordo se achem constituídas em um único indivíduo com responsabilidade exclusiva e pessoal;

b) na iminência de perigo, para salvaguarda ou defesa da embarcação, dos passageiros, ou da carga, a juízo exclusivo do comandante ou do responsável pela segurança a bordo;

c) por motivo de manobras ou fainas gerais que reclamem a presença, em seus postos, de todo o pessoal de bordo;

d) na navegação lacustre e fluvial, quando se destina ao abastecimento do navio ou embarcação de combustível e rancho, ou por efeito das contingências da natureza da navegação, na transposição de passos ou pontos difíceis, inclusive operações de alívio ou transbordo de carga, para obtenção de calado menor para essa transposição.

§ 1º O trabalho executado aos domingos e feriados será considerado extraordinário, salvo se se destinar:

a) ao serviço de quartos e vigilância, movimentação das máquinas e aparelhos de bordo, limpeza e higiene da embarcação, preparo de alimentação da equipagem e dos passageiros, serviço pessoal destes e, bem assim, aos socorros de urgência ao navio ou ao pessoal;

b) ao fim da navegação ou das manobras para a entrada ou saída de portos, atracação, desatracação, embarque ou desembarque de carga e passageiros.

§ 2º Não excederá de 30 (trinta) horas semanais o serviço extraordinário prestado para o tráfego nos portos.

Art. 250. As horas de trabalho extraordinário serão compensadas, segundo a conveniência do serviço, por descanso em período equivalente no dia seguinte ou no subsequente dentro das do trabalho normal, ou no fim da viagem, ou pelo pagamento do salário correspondente.

Parágrafo único. As horas extraordinárias de trabalho são indivisíveis, computando-se a fração de hora como hora inteira.

Art. 251. Em cada embarcação haverá um livro em que serão anotadas as horas extraordinárias de trabalho de cada tripulante, e outro, do qual constarão, devidamente circunstanciadas, as transgressões dos mesmos tripulantes.

Parágrafo único. Os livros de que trata este artigo obedecerão a modelos organizados pelo Ministério do Trabalho, Indústria e Comércio, serão escriturados em dia pelo comandante da embarcação e ficam sujeitos às formalidades instituídas para os livros de registro de empregados em geral.

Art. 252. Qualquer tripulante que se julgue prejudicado por ordem emanada de superior hierárquico poderá interpor recurso, em termos, perante a Delegacia do Trabalho Marítimo, por intermédio do respectivo comandante, o qual deverá encaminhá-lo com a respectiva informação dentro de 5 (cinco) dias, contados de sua chegada ao porto.

› Súm. 96 do TST.

SEÇÃO VII
DOS SERVIÇOS FRIGORÍFICOS

Art. 253. Para os empregados que trabalham no interior das câmaras frigoríficas e para os que movimentam mercadorias do ambiente quente ou normal para o frio e vice-versa, depois de 1 (uma) hora e 40 (quarenta) minutos de trabalho contínuo, será assegurado um período de 20 (vinte) minutos de repouso, computado esse intervalo como de trabalho efetivo.

› Súm. 438 do TST.

Parágrafo único. Considera-se artificialmente frio, para os fins do presente artigo, o que for inferior, nas primeira, segunda e terceira zonas climáticas do mapa oficial do Ministério do Trabalho, Indústria e Comércio, a 15º (quinze graus), na quarta zona a 12º (doze graus), e nas quinta, sexta e sétima zonas a 10º (dez graus).

SEÇÃO VIII
DOS SERVIÇOS DE ESTIVA

Arts. 254 a 284. (Revogados pela Lei 8.630/1993.)

SEÇÃO IX
DOS SERVIÇOS DE CAPATAZIAS NOS PORTOS

Arts. 285 a 292. (Revogados pela Lei 8.630/1993.)

SEÇÃO X
DO TRABALHO EM MINAS DE SUBSOLO

Art. 293. A duração normal do trabalho efetivo para os empregados em minas no subsolo não excederá de 6 (seis) horas diárias ou de 36 (trinta e seis) semanais.

Art. 294. O tempo despendido pelo empregado da boca da mina ao local do trabalho e vice-versa será computado para o efeito de pagamento do salário.

› Art. 4º da CLT.

› Súm. 429 do TST.

Art. 295. A duração normal do trabalho efetivo no subsolo poderá ser elevada até 8 (oito) horas diárias ou 48 (quarenta e oito) semanais, mediante acordo escrito entre empregado e empregador ou contrato coletivo de trabalho, sujeita essa prorrogação à prévia licença da autoridade competente em matéria de higiene do trabalho.

Parágrafo único. A duração normal do trabalho efetivo no subsolo poderá ser inferior a 6 (seis) horas diárias, por determinação da autoridade de que trata este artigo, tendo em vista condições locais de insalubridade e os métodos e processos do trabalho adotado.

Art. 296. A remuneração da hora prorrogada será no mínimo de 25% (vinte e cinco por cento) superior à da hora normal e deverá constar do acordo ou contrato coletivo de trabalho.

› Art. 7º, XVI, da CF.

Art. 297. Ao empregado no subsolo será fornecida, pelas empresas exploradoras de minas, alimentação adequada à natureza do trabalho, de acordo com as instruções estabelecidas pelo Serviço de Alimentação da Previdência Social e aprovadas pelo Ministério do Trabalho, Indústria e Comércio.

Art. 298. Em cada período de 3 (três) horas consecutivas de trabalho, será obrigatória uma pausa de 15 (quinze) minutos para repouso, a qual será computada na duração normal de trabalho efetivo.

Art. 299. Quando nos trabalhos de subsolo ocorrer acontecimentos que possam comprometer a vida ou saúde do empregado, deverá a empresa comunicar o fato imediatamente à autoridade regional do trabalho, do Ministério do Trabalho, Indústria e Comércio.

Art. 300. Sempre que, por motivo de saúde, for necessária a transferência do empregado, a juízo da autoridade competente em matéria da segurança e da medicina do trabalho, dos serviços no subsolo para os de superfície, é a empresa obrigada a realizar essa transferência, assegurando ao transferido a remuneração atribuída ao trabalhador de superfície em serviço equivalente, respeitada a capacidade profissional do interessado.

Parágrafo único. No caso de recusa do empregado em atender a essa transferência, será ouvida a autoridade competente em matéria de higiene e segurança do trabalho, que decidirá a respeito.

› Art. 300 com a redação dada pela Lei 2.924/1956.

Art. 301. O trabalho no subsolo somente será permitido a homens, com idade compreendida entre 21 (vinte e um) e 50 (cinquenta) anos, assegurada a transferência para a superfície nos termos previstos no artigo anterior.

› Art. 7º, XXX, da CF.

› Art. 922 da CLT.

SEÇÃO XI
DOS JORNALISTAS PROFISSIONAIS

Art. 302. Os dispositivos da presente Seção se aplicam aos que nas empresas jornalísticas prestem serviços como jornalistas, revisores, fotógrafos, ou na ilustração, com as exceções nela previstas.

§ 1º Entende-se como jornalista o trabalhador intelectual cuja função se estende desde a busca de informações até a redação de notícias e artigos e a organização, orientação e direção desse trabalho.

§ 2º Consideram-se empresas jornalísticas, para os fins desta Seção, aquelas que têm a seu cargo a edição de jornais, revistas, boletins e periódicos, ou a distribuição de noticiário, e, ainda, a radiodifusão em suas seções destinadas à transmissão de notícias e comentários.

Art. 303. A duração normal do trabalho dos empregados compreendidos nesta Seção não deverá exceder de 5 (cinco) horas, tanto de dia como à noite.

› OJ 407 da SDI-1 do TST.

Art. 304. Poderá a duração normal do trabalho ser elevada a 7 (sete) horas, mediante acordo escrito, em que se estipule aumento de ordenado, correspondente ao excesso do tempo de trabalho, em que se fixe um intervalo destinado a repouso ou a refeição.

Parágrafo único. Para atender a motivos de força maior, poderá o empregado prestar serviços por mais tempo do que aquele permitido nesta Seção. Em tais casos, porém o excesso deve ser comunicado à Divisão de Fiscalização do Departamento Nacional do Trabalho ou às Delegacias Regionais do Ministério do Trabalho, Indústria e Comércio, dentro de 5 (cinco) dias, com a indicação expressa dos seus motivos.

Art. 305. As horas de serviço extraordinário, quer as prestadas em virtude de acordo, quer as que derivam das causas previstas no parágrafo único do artigo anterior, não poderão ser remuneradas com quantia inferior à que resulta do quociente da divisão da importância do salário mensal por 150 (cento e cinquenta) para os mensalistas, e do salário diário por 5 (cinco) para os diaristas, acrescido de, pelo menos, 25% (vinte e cinco por cento).

› Art. 7º, XVI da CF.

Art. 306. Os dispositivos dos arts. 303, 304 e 305 não se aplicam àqueles que exercem as funções de redator-chefe, secretário, subsecretário, chefe e subchefe de revisão, chefe de oficina, de ilustração e chefe de portaria.

Parágrafo único. Não se aplicam, do mesmo modo, os artigos acima referidos aos que se ocuparem unicamente em serviços externos.

Art. 307. A cada 6 (seis) dias de trabalho efetivo corresponderá 1 (um) dia de descanso obrigatório, que coincidirá com o domingo, salvo acordo escrito em contrário, no qual será expressamente estipulado o dia em que se deve verificar o descanso.

- Art. 7º, XV, da CF.
- Art. 67 da CLT.

Art. 308. Em seguida a cada período diário de trabalho haverá um intervalo mínimo de 10 (dez) horas, destinado ao repouso.

Art. 309. Será computado como de trabalho efetivo o tempo em que o empregado estiver à disposição do empregador.

- Art. 4º da CLT.

Art. 310. (Revogado pelo Dec.-lei 972/1969.)

Art. 311. Para o registro de que trata o artigo anterior, deve o requerente exibir os seguintes documentos:

a) prova de nacionalidade brasileira;

b) folha corrida;

c) prova de que não responde a processo ou não sofreu condenação por crime contra a segurança nacional;

d) carteira de trabalho e previdência social.

§ 1º Aos profissionais devidamente registrados será feita a necessária declaração na carteira de trabalho e previdência social.

§ 2º Aos novos empregados será concedido o prazo de 60 dias para a apresentação da carteira de trabalho e previdência social, fazendo-se o registro condicionado a essa apresentação e expedindo-se um certificado provisório para aquele período.

- Vide Dec.-lei 972/1969.

Art. 312. O registro dos diretores-proprietários de jornais será feito, no Distrito Federal e nos Estados, e independentemente da exigência constante do art. 311, letra "d", da presente seção.

§ 1º A prova de profissão, apresentada pelo diretor-proprietário juntamente com os demais documentos exigidos, consistirá em uma certidão, fornecida nos Estados e Território do Acre, pelas Juntas Comerciais ou Cartórios, e, no Distrito Federal, pela seção competente do Departamento Nacional de Indústria e Comércio, do Ministério do Trabalho, Indústria e Comércio.

§ 2º Aos diretores-proprietários regularmente inscritos será fornecido um certificado do qual deverão constar o livro e a folha em que houver sido feito o registro.

- Vide Dec.-lei 972/1969.

Art. 313. Aqueles que, sem caráter profissional, exercerem atividades jornalísticas, visando fins culturais, científicos ou religiosos, poderão promover sua inscrição como jornalistas, na forma desta seção.

§ 1º As repartições competentes do Ministério do Trabalho, Indústria e Comércio manterão, para os fins do artigo anterior, um registro especial, anexo ao dos jornalistas profissionais, nele inscrevendo os que satisfaçam os requisitos das alíneas "a", "b" e "c" do artigo 311 e apresentem prova do exercício de atividade jornalística não profissional, o que poderá ser feito por meio de atestado de associação cultural, científica ou religiosa idônea.

§ 2º O pedido de registro será submetido a despacho do ministro que, em cada caso, apreciará o valor da prova oferecida.

§ 3º O registro de que trata o presente artigo tem caráter puramente declaratório e não implica no reconhecimento de direitos que decorrem do exercício remunerado e profissional do jornalismo.

- Vide Dec.-lei 972/1969.

Art. 314. (Revogado pelo Dec.-lei 972/1969.)

Art. 315. O Governo Federal, de acordo com os governos estaduais, promoverá a criação de escolas de preparação ao jornalismo, destinadas à formação dos profissionais da imprensa.

Art. 316. A empresa jornalística que deixar de pagar pontualmente, e na forma acordada, os salários devidos a seus empregados, terá suspenso o seu funcionamento, até que se efetue o pagamento devido.

Parágrafo único. Para os efeitos do cumprimento deste artigo deverão os prejudicados reclamar contra a falta de pagamento perante a autoridade competente e, proferida a condenação, desde que a empresa não a cumpra, ou, em caso de recurso, não deposite o valor da indenização, a autoridade que proferir a condenação oficiará à autoridade competente, para a suspensão da circulação do jornal. Em igual pena de suspensão incorrerá a empresa que deixar de recolher as contribuições devidas às instituições de previdência social.

- Vide Dec.-lei 368/1968.

SEÇÃO XII
DOS PROFESSORES

- Art. 201, § 8º da CF.
- Súm. 10 e 351 do TST.

Art. 317. O exercício remunerado do magistério, em estabelecimentos particulares de ensino, exigirá apenas habilitação legal e registro no Ministério da Educação.

- Art. 317 com a redação dada pela Lei 7.855/1989.
- OJ 65 da SDI-1 do TST.

Art. 318. O professor poderá lecionar em um mesmo estabelecimento por mais de um turno, desde que não ultrapasse a jornada de trabalho semanal estabelecida legalmente, assegurado e não computado o intervalo para refeição.

- Art. 318 com a redação dada pela Lei 13.415/2017.
- OJs 206, 244 e 393 da SDI-1 do TST.

Art. 319. Aos professores é vedado, aos domingos, a regência de aulas e o trabalho em exames.

Art. 320. A remuneração dos professores será fixada pelo número de aulas semanais, na conformidade dos horários.

- Súm. 351 do TST.
- OJ 393 da SDI-1 do TST.

§ 1º O pagamento far-se-á mensalmente, considerando-se para este efeito cada mês constituído de quatro semanas e meia.

§ 2º Vencido cada mês, será descontada, na remuneração dos professores, a importância correspondente ao número de aulas a que tiverem faltado.

§ 3º Não serão descontadas, no decurso de 9 (nove) dias, as faltas verificadas por motivo de gala ou de luto em consequência de falecimento do cônjuge, do pai ou mãe, ou de filho.

- Art. 473, I e II, da CLT.

Art. 321. Sempre que o estabelecimento de ensino tiver necessidade de aumentar o número de aulas marcado nos horários, remunerará o professor, findo cada mês, com uma importância correspondente ao número de aulas excedentes.

Art. 322. No período de exames e no de férias escolares, é assegurado aos professores o pagamento, na mesma periodicidade contratual, da remuneração por eles percebida, na conformidade dos horários, durante o período de aulas.

- *Caput* com a redação dada pela Lei 9.013/1995.
- Súm. 10 do TST.

§ 1º Não se exigirá dos professores, no período de exames, a prestação de mais de 8 (oito) horas de trabalho diário, salvo mediante o pagamento complementar de cada hora excedente pelo preço correspondente ao de uma aula.

§ 2º No período de férias, não se poderá exigir dos professores outro serviço senão o relacionado com a realização de exames.

§ 3º Na hipótese de dispensa sem justa causa, ao término do ano letivo ou no curso das férias escolares, é assegurado ao professor o pagamento a que se refere o *caput* deste artigo.

- § 3º incluído pela Lei 9.013/1995.
- Súm. 10 do TST.

Art. 323. Não será permitido o funcionamento do estabelecimento particular de ensino que não remunere condignamente os seus professores, ou não lhes pague pontualmente a remuneração de cada mês.

Parágrafo único. Compete ao Ministério da Educação e Saúde fixar os critérios para a determinação da condigna remuneração devida aos professores bem como assegurar a execução do preceito estabelecido no presente artigo.

Art. 324. (Revogado pela Lei 7.855/1989.)

SEÇÃO XIII
DOS QUÍMICOS

Art. 325. É livre o exercício da profissão de químico em todo o território da República, observadas as condições de capacidade técnica e outras exigências previstas na presente Seção:

a) aos possuidores de diploma de químico, químico Industrial, químico Industrial agrícola ou engenheiro químico, concedido, no Brasil, por escola oficial ou oficialmente reconhecida;

b) aos diplomados em química por instituto estrangeiro de ensino superior, que tenham, de acordo com a lei e a partir de 14 de julho de 1934, revalidado os seus diplomas;

c) aos que, ao tempo da publicação do Decreto 24.693 de 12 de julho de 1934, se achavam no exercício efetivo de função pública ou particular, para a qual seja exigida a qualidade de químico, e que tenham requerido o respectivo registro até a extinção do prazo fixado pelo Decreto-lei 2.298, de 10 de junho de 1940.

§ 1º Aos profissionais incluídos na alínea "c" deste artigo, se dará, para os efeitos da presente Seção, a denominação de "licenciados".

§ 2º O livre exercício da profissão de que trata o presente artigo só é permitido a estrangeiros, quando compreendidos:

a) nas alíneas "a" e "b", independentemente de revalidação do diploma, se exerciam, legitimamente, na República, a profissão de químico em a data da promulgação da Constituição de 1934;

b) na alínea "b", se a seu favor militar a existência de reciprocidade internacional, admitida em lei, para o reconhecimento dos respectivos diplomas;

c) na alínea "c", satisfeitas as condições nela estabelecidas.

§ 3º O livre exercício da profissão a brasileiros naturalizados está subordinado à prévia prestação do serviço militar, no Brasil.

§ 4º Só aos brasileiros natos é permitida a revalidação dos diplomas de químicos, expedidos por institutos estrangeiros de ensino superior.

▸ Art. 12, § 2º da CF.

Art. 326. Todo aquele que exercer ou pretender exercer as funções de químico é obrigado ao uso de Carteira de Trabalho e Previdência Social, devendo os profissionais que se encontrarem nas condições das alíneas "a" e "b" do art. 325, registrar os seus diplomas de acordo com a legislação vigente.

§ 1º A requisição de Carteira de Trabalho e Previdência Social para uso dos químicos, além do disposto no capítulo "Da Identificação Profissional", somente será processada mediante apresentação dos seguintes documentos que provem:

a) ser o requerente brasileiro, nato ou naturalizado, ou estrangeiro;

b) estar, se for brasileiro, de posse dos direitos civis e políticos;

c) ter diploma de químico, químico Industrial, químico Industrial agrícola ou engenheiro químico, expedido por escola superior oficial ou oficializada;

d) ter, se diplomado no estrangeiro, o respectivo diploma revalidado nos termos da lei;

e) haver, o que for brasileiro naturalizado, prestado serviço militar no Brasil;

f) achar-se o estrangeiro, ao ser promulgada a Constituição de 1934, exercendo legitimamente, na República, a profissão de químico, ou concorrer a seu favor a existência de reciprocidade internacional, admitida em lei, para o reconhecimento dos diplomas dessa especialidade.

§ 2º A requisição de que trata o parágrafo anterior deve ser acompanhada:

a) do diploma devidamente autenticado no caso da alínea "b" do artigo precedente, e com as firmas reconhecidas no país de origem e na Secretaria de Estado das Relações Exteriores, ou da respectiva certidão, bem como do título de revalidação, ou certidão respectiva, de acordo com a legislação em vigor;

b) do certificado ou atestado comprobatório de se achar o requerente na hipótese da alínea "c" do referido artigo, ao tempo da publicação do Decreto 24.693 de 12 de julho de 1934, no exercício efetivo de função pública, ou particular, para a qual seja exigida a qualidade de químico, devendo esses documentos ser autenticados pelo Delegado Regional do Trabalho, quando se referirem a requerentes moradores nas capitais dos Estados, ou coletor federal, no caso de residirem os interessados nos municípios do interior;

c) de 3 (três) exemplares de fotografia exigida pelo art. 329 e de 1 (uma) folha com as declarações que devem ser lançadas na Carteira de Trabalho e Previdência Social de conformidade com o disposto nas alíneas do mesmo artigo e seu parágrafo único.

§ 3º Reconhecida a validade dos documentos apresentados, o Serviço de Identificação Profissional do Departamento Nacional do Trabalho, no Distrito Federal, ou os órgãos regionais do Ministério do Trabalho, Indústria e Comércio, nos Estados e no Território do Acre, registrarão, em livros próprios, os documentos a que se refere a alínea "c" do § 1º e, juntamente com a Carteira de Trabalho e Previdência Social emitida, os devolverão ao interessado.

Art. 327. Além dos emolumentos fixados no Capítulo "Da Identificação Profissional", o registro do diploma fica sujeito à taxa de Cr$ 30,00 (trinta cruzeiros).

Art. 328. Só poderão ser admitidos a registro os diplomas, certificados de diplomas, cartas e outros títulos, bem como atestados e certificados que estiverem na devida forma e cujas firmas hajam sido regularmente reconhecidas por tabelião público e, sendo estrangeiros, pela Secretaria do Estado das Relações Exteriores, acompanhados estes últimos da respectiva tradução, feita por intérprete comercial brasileiro.

Parágrafo único. O Departamento Nacional do Trabalho e as Delegacias Regionais do Ministério do Trabalho, Indústria e Comércio, nos Estados, publicarão, periodicamente, a lista dos químicos registrados na forma desta Seção.

Art. 329. A cada inscrito, e como documento comprobatório do registro, será fornecida pelo Departamento Nacional do Trabalho, no Distrito Federal, ou pelas Delegacias Regionais, nos Estados e no Território do Acre, uma Carteira de Trabalho e Previdência Social numerada, que, além da fotografia, medindo 3 (três) por 4 (quatro) centímetros, tirada de frente, com a cabeça descoberta, e das impressões do polegar, conterá as declarações seguintes:

a) o nome por extenso;

b) a nacionalidade e, se estrangeiro, a circunstância de ser ou não naturalizado;

c) a data e lugar do nascimento;

d) a denominação da escola em que houver feito o curso;

e) a data da expedição do diploma e o número do registro no Ministério do Trabalho, Indústria e Comércio;

f) a data da revalidação do diploma, se de instituto estrangeiro;

g) a especificação, inclusive data, de outro título ou títulos de habilitação;

h) a assinatura do inscrito.

Parágrafo único. A carteira destinada aos profissionais a que se refere o § 1º do art. 325 deverá, em vez das declarações indicadas nas alíneas "d", "e" e "f" deste artigo, e além do título – licenciado – posto em destaque, conter a menção do título de nomeação ou admissão e respectiva data, se funcionário público, ou do atestado relativo ao exercício, na qualidade de químico, de um cargo em empresa particular, com designação desta e da data inicial do exercício.

Art. 330. A carteira profissional, expedida nos termos deste secção, é obrigatória para o exercício da profissão, substitui em todos os casos o diploma ou título e servirá de carteira de identidade. (Redação dada pelo Dec.-lei 5.922/1943)

Art. 331. Nenhuma autoridade poderá receber impostos relativos ao exercício profissional de químico, senão à vista da prova de que o interessado se acha registrado de acordo com a presente Seção, e essa prova será também exigida para a realização de concursos periciais e todos os outros atos oficiais que exijam capacidade técnica de químico.

Art. 332. Quem, mediante anúncios, placas, cartões comerciais ou outros meios capazes de ser identificados, se propuser ao exercício da química, em qualquer dos seus ramos, sem que esteja devidamente registrado, fica sujeito às penalidades aplicáveis ao exercício ilegal da profissão.

Art. 333. Os profissionais a que se refere os dispositivos anteriores só poderão exercer legalmente as funções de químicos depois de satisfazerem as obrigações constantes do art. 330 desta Seção.

Art. 334. O exercício da profissão de químico compreende:

a) a fabricação de produtos e subprodutos químicos em seus diversos graus de pureza;

b) a análise química, a elaboração de pareceres, atestados e projetos de especialidade e sua execução, perícia civil ou judiciária sobre essa matéria, a direção e a responsabilidade de laboratórios ou departamentos químicos, de indústria e empresas comerciais;

c) o magistério nas cadeiras de química dos cursos superiores especializados em química;

d) a engenharia química.

§ 1º Aos químicos, químicos Industriais e químicos Industriais agrícolas que estejam nas condições estabelecidas no art. 325, alíneas "a" e "b", compete o exercício das atividades definidas nos itens "a", "b" e "c" deste artigo, sendo privativa dos engenheiros químicos a do item "d".

§ 2º Aos que estiverem nas condições do art. 325, alíneas "a" e "b", compete, como aos diplomados em medicina ou farmácia, as atividades definidas no art. 2º, alíneas "d", "e" e "f" do Decreto 20.377, de 8 de setembro de 1931, cabendo aos agrônomos e engenheiros agrônomos as que se acham especificadas no art. 6º, alínea "h", do Decreto 23.196, de 12 de outubro de 1933.

Art. 335. É obrigatória a admissão de químicos nos seguintes tipos de indústria:

a) de fabricação de produtos químicos;

b) que mantenham laboratório de controle químico;

c) de fabricação de produtos industriais que são obtidos por meio de reações químicas dirigidas, tais como: cimento, açúcar e álcool, vidro, curtume, massas plásticas artificiais, explosivos, derivados de carvão ou de petróleo, refinação de óleos vegetais ou minerais, sabão, celulose e derivados.

Art. 336. No preenchimento de cargos públicos, para os quais se faz mister a qualidade de químico, ressalvadas as especializações referidas no § 2º do art. 334, a partir da data da publicação do Decreto 24.693, de 12 de julho de 1934, requer-se, como condição essencial, que os candidatos previamente hajam satisfeito as exigências do art. 333 desta Seção.

Art. 337. Fazem fé pública os certificados de análises químicas, pareceres, atestados, laudos de perícias e projetos relativos a essa especialidade, assinados por profissionais que satisfaçam as condições estabelecidas nas alíneas "a" e "b" do art. 325.

Art. 338. É facultado aos químicos que satisfizerem as condições constantes do art. 325, alíneas "a" e "b", o ensino da especialidade a que se dedicarem, nas escolas superiores, oficiais ou oficializadas.

Parágrafo único. Na hipótese de concurso para o provimento de cargo ou emprego público, os químicos a que este artigo se refere terão preferência, em igualdade de condições.

Art. 339. O nome do químico responsável pela fabricação dos produtos de uma fábrica, usina ou laboratório deverá figurar nos respectivos rótulos, faturas e anúncios, compreendida entre estes últimos a legenda impressa em cartas e sobrecartas.

Art. 340. Somente os químicos habilitados, nos termos do art. 325, alíneas "a" e "b", poderão ser nomeados ex officio para os exames periciais de fábricas, laboratórios e usinas e de produtos aí fabricados.

Parágrafo único. Não se acham compreendidos no artigo anterior os produtos farmacêuticos e os laboratórios de produtos farmacêuticos.

Art. 341. Cabe aos químicos habilitados, conforme estabelece o art. 325, alíneas "a" e "b", a execução de todos os serviços que, não especificados no presente regulamento, exijam por sua natureza o conhecimento de química.

Art. 342. A fiscalização do exercício da profissão de químico incumbe ao Departamento Nacional do Trabalho no Distrito Federal e às autoridades regionais do Ministério do Trabalho, Indústria e Comércio, nos Estados e Território do Acre.

Art. 343. São atribuições dos órgãos de fiscalização:

a) examinar os documentos exigidos para o registro profissional de que trata o art. 326 e seus §§ 1º e 2º e o art. 327, proceder à respectiva inscrição e indeferir o pedido dos interessados que não satisfizerem as exigências desta Seção;

b) registrar as comunicações e contratos, a que aludem o art. 350 e seus parágrafos, e dar as respectivas baixas;

c) verificar o exato cumprimento das disposições desta Seção, realizando as investigações que forem necessárias, bem como o exame dos arquivos, livros de escrituração, folhas de pagamento, contratos e outros documentos de uso de firmas ou empresas Industriais ou comerciais, em cujos serviços tome parte 1 (um) ou mais profissionais que desempenhem função para a qual se deva exigir a qualidade de químico.

Art. 344. Aos sindicatos de químicos devidamente reconhecidos é facultado auxiliar a fiscalização, no tocante à observação da alínea "c" do artigo anterior.

Art. 345. Verificando-se, pelo Ministério do Trabalho, Indústria e Comércio, serem falsos os diplomas ou outros títulos dessa natureza, atestados, certificados e quaisquer documentos exibidos para os fins de que trata esta Seção, incorrerão os seus autores e cúmplices nas penalidades estabelecidas em lei.

Parágrafo único. A falsificação de diploma ou outros quaisquer títulos, uma vez verificada, será imediatamente comunicada ao Serviço de Identificação Profissional, do Departamento Nacional do Trabalho, remetendo-se-lhe os documentos falsificados, para instauração do processo que no caso couber.

- Art. 297 do CP.
- Súm. 104 do STJ.

Art. 346. Será suspenso do exercício de suas funções, independentemente de outras penas em que possa incorrer, o químico, inclusive o licenciado, que incidir em alguma das seguintes faltas:

a) revelar improbidade profissional, dar falso testemunho, quebrar o sigilo profissional e promover falsificações, referentes à prática de atos de que trata esta Seção;

b) concorrer com seus conhecimentos científicos para a prática de crime ou atentado contra a pátria, a ordem social ou a saúde pública;

c) deixar, no prazo marcado nesta Seção, de requerer a revalidação e registro do diploma estrangeiro, ou o seu registro profissional no Ministério do Trabalho, Indústria e Comércio.

Parágrafo único. O tempo de suspensão a que alude este artigo variará entre 1 (um) mês e 1 (um) ano, a critério do Departamento Nacional do Trabalho, após processo regular, ressalvada a ação da justiça pública.

Art. 347. Aqueles que exercerem a profissão de químico sem ter preenchido as condições do art. 325 e suas alíneas, nem promovido o seu registro, nos termos do art. 326, incorrerão na multa de 200 cruzeiros a 5.000 cruzeiros, que será elevada ao dobro, no caso de reincidência.

Art. 348. Aos licenciados a que alude o § 1º do art. 325 poderão, por ato do Departamento Nacional do Trabalho, sujeito à aprovação do Ministro, ser cassadas as garantias asseguradas por esta Seção, desde que interrompam, por motivo de falta prevista no art. 346, a função pública ou particular em que se encontravam por ocasião da publicação do Decreto 24.693, de 12 de julho de 1934.

Art. 349. O número de químicos estrangeiros a serviço de particulares, empresas ou companhias não poderá exceder de 1/3 (um terço) aos dos profissionais brasileiros compreendidos nos respectivos quadros.

Art. 350. O químico que assumir a direção técnica ou cargo de químico de qualquer usina, fábrica, ou laboratório Industrial ou de análise deverá, dentro de 24 (vinte e quatro) horas e por escrito, comunicar essa ocorrência ao órgão fiscalizador, contraindo, desde essa data, a responsabilidade da parte técnica referente à sua profissão, assim como a responsabilidade técnica dos produtos manufaturados.

§ 1º Firmando-se contrato entre o químico e o proprietário da usina, fábrica, ou laboratório, será esse documento apresentado, dentro do prazo de 30 (trinta) dias, para registro, ao órgão fiscalizador.

§ 2º Comunicação idêntica à de que trata a primeira parte deste artigo fará o químico quando deixar a direção técnica ou o cargo de químico, em cujo exercício se encontrava, a fim de ressalvar a sua responsabilidade e fazer-se o cancelamento do contrato. Em caso de falência do estabelecimento, a comunicação será feita pela firma proprietária.

- Art. 5º, XIII, da CF.
- Lei 11.101/2005 (Lei de Falência).

SEÇÃO XIV DAS PENALIDADES

Art. 351. Os infratores dos dispositivos do presente Capítulo incorrerão na multa de cinquenta a cinco mil cruzeiros, segundo a natureza da infração, sua extensão e a intenção de quem a praticou, aplicada em dobro no caso de reincidência, oposição à fiscalização ou desacato à autoridade.

Parágrafo único. São competentes para impor penalidades as autoridades de primeira instância incumbidas da fiscalização dos preceitos constantes do presente Capítulo.

CAPÍTULO II DA NACIONALIZAÇÃO DO TRABALHO

SEÇÃO I DA PROPORCIONALIDADE DE EMPREGADOS BRASILEIROS

Art. 352. As empresas, individuais ou coletivas, que explorem serviços públicos dados em concessão, ou que exerçam atividades industriais ou comerciais, são obrigadas a manter, no quadro do seu pessoal, quando composto de 3 (três) ou mais empregados, uma proporção de brasileiros não inferior à estabelecida no presente Capítulo.

- Arts. 5º, *Caput*, e 12, § 2º, da CF.

§ 1º Sob a denominação geral de atividades industriais e comerciais compreende-se, além de outras que venham a ser determinadas em portaria do Ministro do Trabalho, Indústria e Comércio, as exercidas:

a) nos estabelecimentos industriais em geral;

b) nos serviços de comunicações, de transportes terrestres, marítimos, fluviais, lacustres e aéreos;

c) nas garagens, oficinas de reparos e postos de abastecimento de automóveis e nas cocheiras;

d) na indústria da pesca;

e) nos estabelecimentos comerciais em geral;

f) nos escritórios comerciais em geral;

g) nos estabelecimentos bancários, ou de economia coletiva, nas empresas de seguros e nas de capitalização;

h) nos estabelecimentos jornalísticos, de publicidade e de radiodifusão;

i) nos estabelecimentos de ensino remunerado, excluídos os que neles trabalhem por força de voto religioso;

j) nas drogarias e farmácias;

k) nos salões de barbeiro ou cabeleireiro e de beleza;

l) nos estabelecimentos de diversões públicas, excluídos os elencos teatrais, e nos clubes esportivos;

m) nos hotéis, restaurantes, bares e estabelecimentos congêneres;

n) nos estabelecimentos hospitalares e fisioterápicos cujos serviços sejam remunerados, excluídos os que neles trabalhem por força de voto religioso;

o) nas empresas de mineração;

p) nas autarquias, empresas públicas, sociedades de economia mista e demais órgãos da Administração Pública, direta ou indireta que tenham em seus quadros de pessoal, empregados regidos pela Consolidação das Leis do Trabalho.

§ 2º Não se acham sujeitas às obrigações da proporcionalidade as indústrias rurais, as que, em zona agrícola, se destinem ao beneficiamento ou transformação de produtos da região e as atividades Industriais de natureza extrativa, salvo a mineração.

Art. 353. Equiparam-se aos brasileiros, para os fins deste Capítulo, ressalvado o exercício de profissões reservadas aos brasileiros natos ou aos brasileiros em geral, os estrangeiros que, residindo no País há mais de dez anos, tenham cônjuge ou filho brasileiro, e os portugueses.

- Art. 353 com a redação dada pela Lei 6.651/1979.
- Art. 12, § 3º, da CF: Cargos privativos de brasileiros natos.
- Art. 3º, XI, da Lei 13.445/2017 (Lei de Migração): Acesso a trabalho para o migrante.

Art. 354. A proporcionalidade será de 2/3 (dois terços) de empregados brasileiros, podendo, entretanto, ser fixada proporcionalidade inferior, em atenção às circunstâncias especiais de cada atividade, mediante ato do Poder Executivo, e depois de devidamente apurada pelo Departamento Nacional do Trabalho e pelo Serviço de Estatística de Previdência e Trabalho a insuficiência do número de brasileiros na atividade de que se tratar.

Parágrafo único. A proporcionalidade é obrigatória não só em relação à totalidade do quadro de empregados, com as exceções desta Lei, como ainda em relação à correspondente folha de salários.

Art. 355. Consideram-se como estabelecimentos autônomos, para os efeitos da proporcionalidade a ser observada, as sucursais, filiais e agências em que trabalhem 3 (três) ou mais empregados.

Art. 356. Sempre que uma empresa ou indivíduo explore atividades sujeitas a proporcionalidades diferentes, observar-se-á, em relação a cada uma delas, a que lhe corresponder.

Art. 357. Não se compreendem na proporcionalidade os empregados que exerçam funções técnicas especializadas, desde que, a juízo do Ministério do Trabalho, Indústria e Comércio, haja falta de trabalhadores nacionais.

Art. 358. Nenhuma empresa, ainda que não sujeita à proporcionalidade, poderá pagar a brasileiro que exerça função análoga, a juízo do Ministério do Trabalho, Indústria e Comércio, à que é exercida por estrangeiro a seu serviço, salário inferior ao deste, excetuando-se os casos seguintes:

a) quando, nos estabelecimentos que não tenham quadros de empregados organizados em carreira, o brasileiro contar menos de 2 (dois) anos de serviço, e o estrangeiro mais de 2 (dois) anos;

b) quando, mediante aprovação do Ministério do Trabalho, Indústria e Comércio, houver quadro organizado em carreira em que seja garantido o acesso por antiguidade;

c) quando o brasileiro for aprendiz, ajudante ou servente, e não o for o estrangeiro;

d) quando a remuneração resultar de maior produção, para os que trabalham à comissão ou por tarefa.

Parágrafo único. Nos casos de falta ou cessação de serviço, a dispensa do empregado estrangeiro deve preceder à de brasileiro que exerça função análoga.

SEÇÃO II DAS RELAÇÕES ANUAIS DE EMPREGADOS

Art. 359. Nenhuma empresa poderá admitir a seu serviço empregado estrangeiro sem que este exiba a carteira de identidade de estrangeiro devidamente anotada.

Parágrafo único. A empresa é obrigada a assentar no registro de empregados os dados referentes à nacionalidade de qualquer empregado estrangeiro e o número da respectiva carteira de identidade.

Art. 360. Toda empresa compreendida na enumeração do art. 352, § 1º, deste Capítulo, qualquer que seja o número de seus empregados, deve apresentar anualmente às repartições competentes do Ministério do Trabalho, de 2 de maio a 30 de junho, uma relação, em três vias, de todos os seus empregados, segundo o modelo que for expedido.

§ 1º As relações terão, na primeira via, o selo de três cruzeiros pela folha inicial e dois cruzeiros por folha excedente, além do selo do Fundo de Educação, e nelas será assinalada, em tinta vermelha, a modificação havida com referência à última relação apresentada. Se se tratar de nova empresa, a relação, encimada pelos dizeres – Primeira Relação – deverá ser feita dentro de 30 (trinta) dias de seu registro no Departamento Nacional da Indústria e Comércio ou repartições competentes.

§ 2º A entrega das relações far-se-á diretamente às repartições competentes do Ministério do Trabalho, Indústria e Comércio, ou, onde não as houver, às Coletorias Federais, que as remeterão desde logo àquelas repartições. A entrega operar-se-á contra recibo especial, cuja exibição é obrigatória, em caso de fiscalização, enquanto não for devolvida ao empregador a via autenticada da declaração.

§ 3º Quando não houver empregado far-se-á declaração negativa.

Art. 361. Apurando-se, das relações apresentadas, qualquer infração, será concedido ao infrator o prazo de 10 (dez) dias para defesa, seguindo-se o despacho pela autoridade competente.

Art. 362. As repartições às quais competir a fiscalização do disposto no presente Capítulo manterão fichário especial de empresas, do qual constem as anotações referentes ao respectivo cumprimento, e fornecerão aos interessados as certidões de quitação que se tornarem necessárias, no prazo de 30 (trinta) dias, contados da data do pedido.

§ 1º As certidões de quitação farão prova até 30 de setembro do ano seguinte àquele a que se referiram e estarão sujeitas à taxa correspondente a 1/10 (um décimo do salário mínimo regional. Sem elas nenhum fornecimento ou contrato poderá ser feito com o Governo da União, dos Estados ou Municípios, ou com as instituições paraestatais a eles subordinadas, nem será renovada autorização a empresa estrangeira para funcionar no País.

‣ Taxa extinta pela Lei 8.522/1992.

- Lei 13.999/2020, Art. 4º. Para fins de concessão de crédito no âmbito do Pronampe, as instituições financeiras participantes ficam dispensadas de observar as seguintes disposições: I – o § 1º do art. 362 da Consolidação das Leis do Trabalho (CLT), aprovada pelo Decreto-Lei nº 5.452, de 1º de maio de 1943.
- Lei 14.042/2020, Art. 28. Para fins de contratação das garantias e das operações de crédito de que trata esta Lei, fica dispensada a observância das seguintes disposições:: I - § 1º do art. 362 da Consolidação das Leis do Trabalho, aprovada pelo Decreto-Lei nº 5.452, de 1º de maio de 1943; (...)
- Lei 14.043/2020, Art. 7º. Para fins de concessão de crédito no âmbito do Programa Emergencial de Suporte a Empregos, as instituições financeiras dele participantes observarão políticas próprias de crédito e poderão considerar eventuais restrições em sistemas de proteção ao crédito na data da contratação e registros de inadimplência no sistema de informações de crédito mantido pelo Banco Central do Brasil nos 6 (seis) meses anteriores à contratação, sem prejuízo do disposto na legislação vigente. § 1º Para fins de contratação das operações de crédito no âmbito do Programa, as instituições financeiras privadas e públicas estaduais dele participantes ficam dispensadas de observar as seguintes disposições: I - § 1º do art. 362 da Consolidação das Leis do Trabalho, aprovada pelo Decreto-Lei nº 5.452, de 1º de maio de 1943; (...)

§ 2º A primeira via da relação, depois de considerada pela repartição fiscalizadora, será remetida anualmente ao Departamento Nacional de Mão de Obra (DNMO), como subsídio ao estudo das condições de mercado de trabalho, de um modo geral, e, em particular, no que se refere à mão de obra qualificada.

§ 3º A segunda via da relação será remetida pela repartição competente ao Serviço de Estatística da Previdência e Trabalho e a terceira via devolvida à empresa, devidamente autenticada.

‣ Art. 362 com a redação dada pelo Dec.-lei 229/1967.

SEÇÃO III
DAS PENALIDADES

Art. 363. O processo das infrações do presente Capítulo obedecerá ao disposto no Título "Do Processo de Multas Administrativas", no que lhe for aplicável, com observância dos modelos de auto a serem expedidos.

Art. 364. As infrações do presente Capítulo serão punidas com a multa de cem a dez mil cruzeiros.

Parágrafo único. Em se tratando de empresa concessionária de serviço público, ou de sociedade estrangeira autorizada a funcionar no País, se a infratora, depois de multada, não atender afinal ao cumprimento do texto infringido poderá ser-lhe cassada a concessão ou autorização.

SEÇÃO IV
DISPOSIÇÕES GERAIS

Art. 365. O presente Capítulo não derroga as restrições vigentes quanto às exigências de nacionalidade brasileira para o exercício de determinadas profissões nem as que vigoram para as faixas de fronteiras, na conformidade da respectiva legislação.

Art. 366. Enquanto não for expedida a carteira a que se refere o art. 359 deste Capítulo, valerá, a título precário, como documento hábil, uma certidão, passada pelo serviço competente do Registro de Estrangeiros, provando que o empregado requereu sua permanência no País.

Art. 367. A redução a que se refere o art. 354, enquanto o Serviço de Estatística da Previdência e Trabalho não dispuser dos dados estatísticos necessários à fixação da proporcionalidade conveniente para cada atividade, poderá ser feita por ato do Ministro do Trabalho, Indústria e Comércio, mediante representação fundamentada da associação sindical.

Parágrafo único. O Serviço de Estatística da Previdência e Trabalho deverá promover, e manter em dia, estudos necessários aos fins do presente Capítulo.

SEÇÃO V
DAS DISPOSIÇÕES ESPECIAIS SOBRE A NACIONALIZAÇÃO DA MARINHA MERCANTE

Art. 368. O comando de navio mercante nacional só poderá ser exercido por brasileiro nato.

‣ Art. 12, § 2°, da CF.

‣ Lei 6.192/1974: Vedação de distinção entre brasileiros natos e naturalizados.

Art. 369. A tripulação de navio ou embarcação nacional será constituída, pelo menos, de 2/3 (dois terços) de brasileiros natos.

Parágrafo único. O disposto neste artigo não se aplica aos navios nacionais de pesca, sujeitos a legislação específica.

‣ Art. 369 com a redação dada pela Lei 5.683/1971.

Art. 370. As empresas de navegação organizarão as relações dos tripulantes das respectivas embarcações, enviando-as no prazo a que se refere a Seção II deste Capítulo à Delegacia do Trabalho Marítimo onde as mesmas tiverem sede.

Parágrafo único. As relações a que alude o presente artigo obedecerão, na discriminação hierárquica e funcional do pessoal embarcadiço, ao quadro aprovado pelo regulamento das Capitanias dos Portos.

Art. 371. A presente Seção é também aplicável aos serviços de navegação fluvial e lacustre e à praticagem nas barras, portos, rios, lagos e canais.

CAPÍTULO III
DA PROTEÇÃO DO TRABALHO DA MULHER

SEÇÃO I
DA DURAÇÃO, CONDIÇÕES DO TRABALHO E DA DISCRIMINAÇÃO CONTRA A MULHER

‣ Seção I com a redação dada pela Lei 9.799/1999.

Art. 372. Os preceitos que regulam o trabalho masculino são aplicáveis ao trabalho feminino, naquilo em que não colidirem com a proteção especial instituída por este Capítulo.

‣ Art. 5°, I, da CF.

Parágrafo único. (Revogado pela Lei 13.467/2017).

‣ Art. 402, parágrafo único, da CLT.

Art. 373. A duração normal de trabalho da mulher será de 8 (oito) horas diárias, exceto nos casos para os quais for fixada duração inferior.

‣ Art. 7º, XIII, da CF.

Art. 373-A. Ressalvadas as disposições legais destinadas a corrigir as distorções que afetam o acesso da mulher ao mercado de trabalho e certas especificidades estabelecidas nos acordos trabalhistas, é vedado:

‣ Arts. 5º, *caput* e I, e 7º, XX e XXX, da CF.

‣ Vide Lei 9.029/1995 (Atestados de gravidez e esterilização).

‣ Dec. 4.377/2002 (Convenção sobre eliminação de todas as formas de discriminação contra a mulher).

‣ Súm. 683 do STF.

I - publicar ou fazer publicar anúncio de emprego no qual haja referência ao sexo, à idade, à cor ou situação familiar, salvo quando a natureza da atividade a ser exercida, pública e notoriamente, assim o exigir;

II - recusar emprego, promoção ou motivar a dispensa do trabalho em razão de sexo, idade, cor, situação familiar ou estado de gravidez, salvo quando a natureza da atividade seja notória e publicamente incompatível;

III - considerar o sexo, a idade, a cor ou situação familiar como variável determinante para fins de remuneração, formação profissional e oportunidades de ascensão profissional;

IV - exigir atestado ou exame, de qualquer natureza, para comprovação de esterilidade ou gravidez, na admissão ou permanência no emprego;

V - impedir o acesso ou adotar critérios subjetivos para deferimento de inscrição ou aprovação em concursos, em empresas privadas, em razão de sexo, idade, cor, situação familiar ou estado de gravidez;

VI - proceder o empregador ou preposto a revistas íntimas nas empregadas ou funcionárias.

› Arts. 5º, V e X, e 114, VI, da CF.

› Arts. 186 e 927 do CC.

› Súm. 392 do TST.

Parágrafo único. O disposto neste artigo não obsta a adoção de medidas temporárias que visem ao estabelecimento das políticas de igualdade entre homens e mulheres, em particular as que se destinam a corrigir as distorções que afetam a formação profissional, o acesso ao emprego e as condições gerais de trabalho da mulher.

› Art. 373-A acrescido pela Lei 9.799/1999.

Arts. 374 e 375. (Revogados pela Lei 7.855/1989.)

Art. 376. (Revogado pela Lei 10.244/2001.)

Art. 377. A adoção de medidas de proteção ao trabalho das mulheres é considerada de ordem pública, não justificando, em hipótese alguma, a redução de salário.

› Art. 7º, VI, da CF.

Art. 378. (Revogado pela Lei 7.855/1989.)

SEÇÃO II
DO TRABALHO NOTURNO

› Art. 7º, IX, da CF.

› Art. 73 da CLT.

Arts. 379 e 380. (Revogados pela Lei 7.855/1989.)

Art. 381. O trabalho noturno das mulheres terá salário superior ao diurno.

› Súm. 265 do TST.

§ 1º Para os fins desse artigo, os salários serão acrescidos duma percentagem adicional de 20% (vinte por cento) no mínimo.

§ 2º Cada hora do período noturno de trabalho das mulheres terá 52 (cinquenta e dois) minutos e 30 (trinta) segundos.

SEÇÃO III
DOS PERÍODOS DE DESCANSO

Art. 382. Entre 2 (duas) jornadas de trabalho, haverá um intervalo de 11(onze) horas consecutivas, no mínimo, destinado ao repouso.

› Art. 66 da CLT.

Art. 383. Durante a jornada de trabalho, será concedido à empregada um período para refeição e repouso não inferior a 1 (uma) hora nem superior a 2 (duas) horas salvo a hipótese prevista no art. 71, § 3º.

› Art. 71, *caput*, da CLT.

Art. 384. (Revogado pela Lei 13.467/2017).

Art. 385. O descanso semanal será de 24 (vinte e quatro) horas consecutivas e coincidirá no todo ou em parte com o domingo, salvo motivo de conveniência pública ou necessidade imperiosa de serviço, a juízo da autoridade competente, na forma das disposições gerais, caso em que recairá em outro dia.

Parágrafo único. Observar-se-ão, igualmente, os preceitos da legislação geral sobre a proibição de trabalho nos feriados civis e religiosos.

Art. 386. Havendo trabalho aos domingos, será organizada uma escala de revezamento quinzenal, que favoreça o repouso dominical.

SEÇÃO IV
DOS MÉTODOS E LOCAIS DE TRABALHO

Art. 387. (Revogado pela Lei 7.855/1989.)

Art. 388. Em virtude de exame e parecer da autoridade competente, o Ministro do Trabalho, Indústria e Comércio poderá estabelecer derrogações totais ou parciais às proibições a que alude o artigo anterior, quando tiver desaparecido, nos serviços considerados perigosos ou insalubres, todo e qualquer caráter perigoso ou prejudicial mediante a aplicação de novos métodos de trabalho ou pelo emprego de medidas de ordem preventiva.

Art. 389. Toda empresa é obrigada:

I - a prover os estabelecimentos de medidas concernentes à higienização dos métodos e locais de trabalho, tais como ventilação e iluminação e outros que se fizerem necessários à segurança e ao conforto das mulheres, a critério da autoridade competente;

II - a instalar bebedouros, lavatórios, aparelhos sanitários; dispor de cadeiras ou bancos, em número suficiente, que permitam às mulheres trabalhar sem grande esgotamento físico;

III - a instalar vestiários com armários individuais privativos das mulheres, exceto os estabelecimentos comerciais, escritórios, bancos e atividades afins, em que não seja exigida a troca de roupa e outros, a critério da autoridade competente em matéria de segurança e higiene do trabalho, admitindo-se como suficientes as gavetas ou escaninhos, onde possam as empregadas guardar seus pertences;

IV - a fornecer, gratuitamente, a juízo da autoridade competente, os recursos de proteção individual, tais como óculos, máscaras, luvas e roupas especiais, para a defesa dos olhos, do aparelho respiratório e da pele, de acordo com a natureza do trabalho.

§ 1º Os estabelecimentos em que trabalharem pelo menos 30 (trinta) mulheres com mais de 16 (dezesseis) anos de idade terão local apropriado onde seja permitido às empregadas guardar sob vigilância e assistência os seus filhos no período da amamentação.

› Art. 7º, XXV, da CF.

› Art. 1º da Portaria MTE 3.296/1986.

§ 2º A exigência do § 1º poderá ser suprida por meio de creches distritais mantidas, diretamente ou mediante convênios, com outras entidades públicas ou privadas, pelas próprias empresas, em regime comunitário, ou a cargo do SESI, do SESC, da LBA ou de entidades sindicais.

› Art. 389 com a redação dada pelo Dec.-lei 229/1967.

Art. 390. Ao empregador é vedado empregar a mulher em serviço que demande o emprego de força muscular superior a 20 (vinte) quilos para o trabalho contínuo, ou 25 (vinte e cinco) quilos para o trabalho ocasional.

Parágrafo único. Não está compreendida na determinação deste artigo a remoção de material feita por impulsão ou tração de vagonetes sobre trilhos, de carros de mão ou quaisquer aparelhos mecânicos.

› Arts. 198, 405, § 5º, e 483, a, da CLT.

Art. 390-A. Vetado. Incluído pela Lei 9.799/1999.

Art. 390-B. As vagas dos cursos de formação de mão de obra, ministrados por instituições governamentais, pelos próprios empregadores ou por qualquer órgão de ensino profissionalizante, serão oferecidas aos empregados de ambos os sexos.

› Art. 390-B incluído pela Lei 9.799/1999.

Art. 390-C. As empresas com mais de cem empregados, de ambos os sexos, deverão manter programas especiais de incentivos e aperfeiçoamento profissional da mão de obra.

› Art. 390-C incluído pela Lei 9.799/1999.

Art. 390-D. Vetado. Incluído pela Lei 9.799/1999.

Art. 390-E. A pessoa jurídica poderá associar-se a entidade de formação profissional, sociedades civis, sociedades cooperativas, órgãos e entidades públicas ou entidades sindicais, bem como firmar convênios para o desenvolvimento de ações conjuntas, visando à execução de projetos relativos ao incentivo ao trabalho da mulher.

› Art. 390-E incluído pela Lei 9.799/1999.

SEÇÃO V
DA PROTEÇÃO À MATERNIDADE

› Salário-maternidade: arts. 71 a 73 da Lei 8.213/1991.

› Lei 11.770/2008: (Licença-maternidade e Programa Empresa Cidadã).

Art. 391. Não constitui justo motivo para a rescisão do contrato de trabalho da mulher o fato de haver contraído matrimônio ou de encontrar-se em estado de gravidez.

› Art. 7º, XVIII, da CF.

› Art. 10, II, b, do ADCT.

› Art. 7º-A da Lei 8.906/1994 (Estatuto da OAB).

› Súm. 244 do TST.

Parágrafo único. Não serão permitidos em regulamentos de qualquer natureza contratos coletivos ou individuais de trabalho, restrições ao direito da mulher ao seu emprego, por motivo de casamento ou de gravidez.

› Artigo 25 da LC 150/2015.

Art. 391-A. A confirmação do estado de gravidez advindo no curso do contrato de trabalho, ainda que durante o prazo do aviso prévio trabalhado ou indenizado, garante à empregada gestante a estabilidade provisória prevista na alínea b do inciso II do art. 10 do Ato das Disposições Constitucionais Transitórias.

› *Caput* incluído pela Lei 12.812/2013.

› Art. 487, *caput*, da CLT.

› Lei 12.506/2011 (Aviso prévio).

› Art. 1º da LC 146/2014.

Parágrafo único. O disposto no *caput* deste artigo aplica-se ao empregado adotante ao qual tenha sido concedida guarda provisória para fins de adoção.

› Parágrafo único acrescentado pela Lei nº 13.509/2017.

Art. 392. A empregada gestante tem direito a licença-maternidade de 120 (cento e vinte) dias, sem prejuízo do emprego e do salário.

› *Caput* com a redação dada pela Lei 10.421/2002.

› Art. 7º, XVIII, da CF.

› Art. 395 da CLT.

› Lei 13.985/2020, art. 5º, I.

› Lei 11.770/2008 e Decreto 7.052/2009.

› Arts. 71 a 73 da Lei 8.213/1991.

› Arts. 93, *caput* e § 3º, a 103 do Dec. 3.048/1999.

› OJ 44 da SDI-1 do TST.

§ 1º A empregada deve, mediante atestado médico, notificar o seu empregador da data do início do afastamento do emprego, que poderá ocorrer entre o 28º (vigésimo oitavo) dia antes do parto e ocorrência deste.

§ 2º Os períodos de repouso, antes e depois do parto, poderão ser aumentados de 2 (duas) semanas cada um, mediante atestado médico.

§ 3º Em caso de parto antecipado, a mulher terá direito aos 120 (cento e vinte) dias previstos neste artigo.

› §§ 1º a 3º com a redação dada pela Lei 10.421/2002.

§ 4º É garantido à empregada, durante a gravidez, sem prejuízo do salário e demais direitos:

I - transferência de função, quando as condições de saúde o exigirem, assegurada a retomada da função anteriormente exercida, logo após o retorno ao trabalho;

II - dispensa do horário de trabalho pelo tempo necessário para a realização de, no mínimo, seis consultas médicas e demais exames complementares.

› § 4º com a redação dada pela Lei 9.799/1999.

§ 5º Vetado. Incluído pela Lei 10.421/2002.

Art. 392-A. À empregada que adotar ou obtiver guarda judicial para fins de adoção de criança ou adolescente será concedida licença-maternidade nos termos do art. 392 desta Lei.

› *Caput* com a redação dada pela Lei nº 13.509/2013.

› Art. 2º da Lei 8.069/1990 (ECA).

§§ 1º a 3º (Revogados pela Lei 12.010/2009.)

§ 4º A licença-maternidade só será concedida mediante apresentação do termo judicial de guarda à adotante ou guardiã.

› § 4º incluído pela Lei nº 10.421/2002.

§ 5º A adoção ou guarda judicial conjunta ensejará a concessão de licença-maternidade a apenas um dos adotantes ou guardiães empregado ou empregada.

› § 5º incluído pela Lei nº 12.873, de 2013.

Art. 392-B. Em caso de morte da genitora, é assegurado ao cônjuge ou companheiro empregado o gozo de licença por todo o período da licença-maternidade ou pelo tempo restante a que teria direito a mãe, exceto no caso de falecimento do filho ou de seu abandono.

› Artigo incluído pela Lei nº 12.873/2013.

Art. 392-C. Aplica-se, no que couber, o disposto no art. 392-A e 392-B ao empregado que adotar ou obtiver guarda judicial para fins de adoção.

› Artigo incluído pela Lei 12.873/2013.

Art. 393. Durante o período a que se refere o art. 392, a mulher terá direito ao salário integral e, quando variável, calculado de acordo com a média dos 6 (seis) últimos meses de trabalho, bem como os direitos e vantagens adquiridos, sendo-lhe ainda facultado reverter à função que anteriormente ocupava.

› Art. 393 com a redação dada pelo Dec.-lei 229/1967.

› Art. 72, § 1º, da Lei 8.213/1991.

Art. 394. Mediante atestado médico, à mulher grávida é facultado romper o compromisso resultante de qualquer contrato de trabalho, desde que este seja prejudicial à gestação.

Art. 394-A. Sem prejuízo de sua remuneração, nesta incluído o valor do adicional de insalubridade, a empregada deverá ser afastada de:

› *Caput* com a redação dada pela Lei 13.467/2017.

I - atividades consideradas insalubres em grau máximo, enquanto durar a gestação;

› Inciso I incluído pela Lei 13.467/2017.

II - atividades consideradas insalubres em grau médio ou mínimo, quando apresentar atestado de saúde, emitido por médico de confiança da mulher, que recomende o afastamento durante a gestação;

› Inciso II incluído pela Lei 13.467/2017.

› ADI 5938: Por maioria, o Tribunal confirmou a medida cautelar e julgou procedente o pedido formulado na ação direta para declarar a inconstitucionalidade da expressão "quando apresentar atestado de saúde, emitido por médico de confiança da mulher, que recomende o afastamento", contida nos incisos II e III do art. 394-A da Consolidação das Leis do Trabalho (CLT), inseridos pelo art. 1º da Lei 13.467/2017

III - atividades consideradas insalubres em qualquer grau, quando apresentar atestado de saúde, emitido por médico de confiança da mulher, que recomende o afastamento durante a lactação.

› Inciso III incluído pela Lei 13.467/2017.

› ADI 5938: Por maioria, o Tribunal confirmou a medida cautelar e julgou procedente o pedido formulado na ação direta para declarar a inconstitucionalidade da expressão "quando apresentar atestado de saúde, emitido por médico de confiança da mulher, que recomende o afastamento", contida nos incisos II e III do art. 394-A da Consolidação das Leis do Trabalho (CLT), inseridos pelo art. 1º da Lei 13.467/2017

§ 1º Vetado.

› Primitivo parágrafo único renumerado pela Lei 13.467/2017.

§ 2º Cabe à empresa pagar o adicional de insalubridade à gestante ou à lactante, efetivando-se a compensação, observado o disposto no art. 248 da Constituição Federal, por ocasião do recolhimento das contribuições incidentes sobre a folha de salários e demais rendimentos pagos ou creditados, a qualquer título, à pessoa física que lhe preste serviço.

› § 2º incluído pela Lei 13.467/2017.

§ 3º Quando não for possível que a gestante ou a lactante afastada nos termos do *caput* deste artigo exerça suas atividades em local salubre na empresa, a hipótese será considerada como gravidez de risco e ensejará a percepção de salário-maternidade, nos termos da Lei 8.213, de 24 de julho de 1991, durante todo o período de afastamento.

› § 3º incluído pela Lei 13.467/2017.

Art. 395. Em caso de aborto não criminoso, comprovado por atestado médico oficial, a mulher terá um repouso remunerado de 2 (duas) semanas, ficando-lhe assegurado o direito de retornar à função que ocupava antes de seu afastamento.

Art. 396. Para amamentar seu filho, inclusive se advindo de adoção, até que se complete 6 (seis) meses de idade, a mulher terá direito, durante a jornada de trabalho, a 2 (dois) descansos especiais de meia hora cada um.

› *Caput* com redação dada pela Lei 13.509/2017.

§ 1º Quando o exigir a saúde do filho, o período de seis meses poderá ser dilatado, a critério da autoridade competente.

› Primitivo parágrafo único renumerado pela Lei 13.467/2017.

§ 2º Os horários dos descansos previstos no *caput* deste artigo deverão ser definidos em acordo individual entre a mulher e o empregador.

› § 2º incluído pela Lei 13.467/2017.

Art. 397. O SESI, o SESC, a LBA e outras entidades públicas destinadas à assistência à infância manterão ou subvencionarão, de acordo com suas possibilidades financeiras, escolas maternais e jardins de infância, distribuídos nas zonas de maior densidade de trabalhadores, destinados especialmente aos filhos das mulheres empregadas.

› Art. 397 com a redação dada pelo Dec.-lei 229/1967.

Art. 398. (Revogado pelo Dec.-lei 229/1967.)

Art. 399. O Ministro do Trabalho, Indústria e Comércio conferirá diploma de benemerência aos empregadores que se distinguirem pela organização e manutenção de creches e de instituições de proteção aos menores em idade pré-escolar, desde que tais serviços se recomendem por sua generosidade e pela eficiência das respectivas instalações.

Art. 400. Os locais destinados à guarda dos filhos das operárias durante o período da amamentação deverão possuir, no mínimo, um berçário, uma saleta de amamentação, uma cozinha dietética e uma instalação sanitária.

- Art. 7º, XXV, da CF.

SEÇÃO VI
DAS PENALIDADES

Art. 401. Pela infração de qualquer dispositivo deste Capítulo, será imposta ao empregador a multa de cem a mil cruzeiros, aplicada, nesta Capital, pela autoridade competente de 1ª instância do Departamento Nacional do Trabalho, e, nos Estados e Território do Acre, pelas autoridades competentes do Ministério do Trabalho, Indústria e Comércio ou por aquelas que exerçam funções delegadas.

§ 1º A penalidade será sempre aplicada no grau máximo:

a) se ficar apurado o emprego de artifício ou simulação para fraudar a aplicação dos dispositivos deste Capítulo;

b) nos casos de reincidência.

§ 2º O processo na verificação das infrações, bem como na aplicação e cobrança das multas, será o previsto no título "Do Processo de Multas Administrativas", observadas as disposições deste artigo.

Arts. 401-A e 401-B. *Vetados.* Incluídos pela Lei 9.799/1999.

CAPÍTULO IV
DA PROTEÇÃO DO TRABALHO DO MENOR

- Lei 11.692/2008: Programa Nacional de Inclusão de Jovens - PROJOVEM

SEÇÃO I
DISPOSIÇÕES GERAIS

Art. 402. Considera-se menor para os efeitos desta Consolidação o trabalhador de quatorze até dezoito anos.

Parágrafo único. O trabalho do menor reger-se-á pelas disposições do presente Capítulo, exceto no serviço em oficinas em que trabalhem exclusivamente pessoas da família do menor e esteja este sob a direção do pai, mãe ou tutor, observado, entretanto, o disposto nos arts. 404, 405 e na Seção II.

- Art. 402 com a redação dada pelo Dec.-lei 229/1967.

Art. 403. É proibido qualquer trabalho a menores de dezesseis anos de idade, salvo na condição de aprendiz, a partir dos quatorze anos.

Parágrafo único. O trabalho do menor não poderá ser realizado em locais prejudiciais à sua formação, ao seu desenvolvimento físico, psíquico, moral e social e em horários e locais que não permitam a frequência à escola.

a) revogada;

b) revogada.

- Art. 403 com a redação dada pela Lei 10.097/2000.
- Art. 7º, XXXIII, da CF.
- Art. 60 da Lei 8.069/1990 (ECA).
- Art. 5º, parágrafo único, V, do CC.

Art. 404. Ao menor de 18 (dezoito) anos é vedado o trabalho noturno, considerado este o que for executado no período compreendido entre as 22 (vinte e duas) e as 5 (cinco) horas.

- Art. 7º, XXXIII, da CF.

Art. 405. Ao menor não será permitido o trabalho:

I - nos locais e serviços perigosos ou insalubres, constantes de quadro para esse fim aprovado pelo Diretor-Geral do Departamento de Segurança e Higiene do Trabalho;

- Decreto 6.481/2008: Lista das Piores Formas de Trabalho Infantil.

II - em locais ou serviços prejudiciais à sua moralidade.

§ 1º (Revogado pela Lei 10.097/2000.)

§ 2º O trabalho exercido nas ruas, praças e outros logradouros dependerá de prévia autorização do Juiz de Menores, ao qual cabe verificar se a ocupação é indispensável à sua própria subsistência ou à de seus pais, avós ou irmãos e se dessa ocupação não poderá advir prejuízo à sua formação moral.

§ 3º Considera-se prejudicial à moralidade do menor o trabalho:

a) prestado de qualquer modo, em teatros de revista, cinemas, boates, cassinos, cabarés, dancings e estabelecimentos análogos;

b) em empresas circenses, em funções de acrobata, saltimbanco, ginasta e outras semelhantes;

c) de produção, composição, entrega ou venda de escritos, impressos, cartazes, desenhos, gravuras, pinturas, emblemas, imagens e quaisquer outros objetos que possam, a juízo da autoridade competente, prejudicar sua formação moral;

d) consistente na venda, a varejo, de bebidas alcoólicas.

- Art. 67 do ECA.

§ 4º Nas localidades em que existirem, oficialmente reconhecidas, instituições destinadas ao amparo dos menores jornaleiros, só aos que se encontrem sob o patrocínio dessas entidades será outorgada a autorização do trabalho a que alude o § 2º.

§ 5º Aplica-se ao menor o disposto no art. 390 e seu parágrafo único.

- Art. 405 com a redação dada pelo Dec.-lei 229/1967.

Art. 406. O Juiz de Menores poderá autorizar ao menor o trabalho a que se referem as letras "a" e "b" do § 3º do art. 405:

I - desde que a representação tenha fim educativo ou a peça de que participe não possa ser prejudicial à sua formação moral;

II - desde que se certifique ser a ocupação do menor indispensável à própria subsistência ou à de seus pais, avós ou irmãos e não advir nenhum prejuízo à sua formação moral.

- Art. 406 com a redação dada pelo Dec.-lei 229/1967.

Art. 407. Verificado pela autoridade competente que o trabalho executado pelo menor é prejudicial à sua saúde, ao seu desenvolvimento físico ou a sua moralidade, poderá ela obrigá-lo a abandonar o serviço, devendo a respectiva empresa, quando for o caso, proporcionar ao menor todas as facilidades para mudar de funções.

Parágrafo único. Quando a empresa não tomar as medidas possíveis e recomendadas pela autoridade competente para que o menor mude de função, configurar-se-á a rescisão do contrato de trabalho, na forma do art. 483.

- Art. 407 com a redação dada pelo Dec.-lei 229/1967.

Art. 408. Ao responsável legal do menor é facultado pleitear a extinção do contrato de trabalho, desde que o serviço possa acarretar para ele prejuízos de ordem física ou moral.

- Art. 408 com a redação dada pelo Dec.-lei 229/1967.

Art. 409. Para maior segurança do trabalho e garantia da saúde dos menores, a autoridade fiscalizadora poderá proibir-lhes o gozo dos períodos de repouso nos locais de trabalho.

Art. 410. O Ministro do Trabalho, Indústria e Comércio poderá derrogar qualquer proibição decorrente do quadro a que se refere a alínea "a" do art. 405 quando se certificar haver desaparecido, parcial ou totalmente, o caráter perigoso ou insalubre, que determinou a proibição.

- Art. 194 da CLT.

SEÇÃO II
DA DURAÇÃO DO TRABALHO

Art. 411. A duração do trabalho do menor regular-se-á pelas disposições legais relativas à duração do trabalho em geral, com as restrições estabelecidas neste Capítulo.

- Art. 7º, XIII e XVI, da CF.
- Arts. 58 e 432, *caput*, da CLT.

Art. 412. Após cada período de trabalho efetivo, quer contínuo, quer dividido em 2 (dois) turnos, haverá um intervalo de repouso, não inferior a 11 (onze) horas.

- Art. 66 da CLT.

Art. 413. É vedado prorrogar a duração normal diária do trabalho do menor, salvo:

- Art. 432 da CLT.

I - até mais 2 (duas) horas, independentemente de acréscimo salarial, mediante convenção ou acordo coletivo nos termos do Título VI desta Consolidação, desde que o excesso de horas em um dia seja compensado pela diminuição em outro, de modo a ser observado o limite máximo de 48 (quarenta e oito) horas semanais ou outro inferior legalmente fixada;

- Art. 7º, XIII, da CF.
- Art. 59, § 2º, da CLT.

II - excepcionalmente, por motivo de força maior, até o máximo de 12 (doze) horas, com acréscimo salarial de, pelo menos, 25% (vinte e cinco por cento) sobre a hora normal e desde que o trabalho do menor seja imprescindível ao funcionamento do estabelecimento.

- Art. 7º, XVI, da CF.

▸ Arts. 61 e 501 da CLT.

Parágrafo único. Aplica-se à prorrogação do trabalho do menor o disposto no art. 375, no parágrafo único do art. 376, no art. 378 e no art. 384 desta Consolidação.

▸ Art. 413 com a redação dada pelo Dec.-lei 229/1967.

Art. 414. Quando o menor de 18 (dezoito) anos for empregado em mais de um estabelecimento, as horas de trabalho em cada um serão totalizadas.

SEÇÃO III
DA ADMISSÃO EM EMPREGO E DA CARTEIRA DE TRABALHO E PREVIDÊNCIA SOCIAL

▸ Dec.-lei 926/1969: Institui a Carteira de Trabalho e Previdência Social, altera dispositivos da Consolidação das leis do trabalho e do Estatuto do Trabalhador Rural.

Art. 415. Haverá a Carteira de Trabalho e Previdência Social para todos os menores de 18 anos, sem distinção do sexo, empregados em empresas ou estabelecimentos de fins econômicos e daqueles que lhes forem equiparados.

Parágrafo único. (Revogado pela Lei 13.874/2019)

Art. 416. Os menores de 18 anos só poderão ser admitidos, como empregados, nas empresas ou estabelecimentos de fins econômicos e naqueles que lhes forem equiparados, quando possuidores da carteira a que se refere o artigo anterior, salvo a hipótese do art. 422.

Art. 417. (Revogado pela Lei 13.874/2019)

Art. 418. (Revogado pela Lei 7.855/1989)

Arts. 419 a 422. (Revogados pela Lei 13.874/2019)

Art. 423. O empregador não poderá fazer outras anotações na carteira de trabalho e previdência social além das referentes ao salário, data da admissão, férias e saída.

SEÇÃO IV
DOS DEVERES DOS RESPONSÁVEIS LEGAIS DE MENORES E DOS EMPREGADORES DA APRENDIZAGEM

Art. 424. É dever dos responsáveis legais de menores, pais, mães, ou tutores, afastá-los de empregos que diminuam consideravelmente o seu tempo de estudo, reduzam o tempo de repouso necessário à sua saúde e constituição física, ou prejudiquem a sua educação moral.

▸ Art. 16 da Lei 5.889/1973: Trabalho rural.

▸ Lei 8.069/1990 (ECA).

Art. 425. Os empregadores de menores de 18 (dezoito) anos são obrigados a velar pela observância, nos seus estabelecimentos ou empresas, dos bons costumes e da decência pública, bem como das regras da segurança e da medicina do trabalho.

Art. 426. É dever do empregador, na hipótese do art. 407, proporcionar ao menor todas as facilidades para mudar de serviço.

Art. 427. O empregador, cuja empresa ou estabelecimento ocupar menores, será obrigado a conceder-lhes o tempo que for necessário para a frequência às aulas.

▸ Art. 227, § 3º da CF.

Parágrafo único. Os estabelecimentos situados em lugar onde a escola estiver a maior distância que 2 (dois) quilômetros, e que ocuparem, permanentemente, mais de 30 (trinta) menores analfabetos, de 14 (quatorze) a 18 (dezoito) anos, serão obrigados a manter local apropriado em que lhes seja ministrada a instrução primária.

▸ Art. 16 da Lei 5.889/1973.

Art. 428. Contrato de aprendizagem é o contrato de trabalho especial, ajustado por escrito e por prazo determinado, em que o empregador se compromete a assegurar ao maior de 14 (quatorze) e menor de 24 (vinte e quatro) anos inscrito em programa de aprendizagem formação técnico-profissional metódica, compatível com o seu desenvolvimento físico, moral e psicológico, e o aprendiz, a executar com zelo e diligência as tarefas necessárias a essa formação.

▸ *Caput* com a redação dada pela Lei 11.180/2005.

§ 1º A validade do contrato de aprendizagem pressupõe anotação na Carteira de Trabalho e Previdência Social, matrícula e frequência do aprendiz na escola, caso não haja concluído o ensino médio, e inscrição em programa de aprendizagem desenvolvido sob orientação de entidade qualificada em formação técnico-profissional metódica.

▸ § 1º com a redação dada pela Lei 11.788/2008.

§ 2º Ao aprendiz, salvo condição mais favorável, será garantido o salário mínimo hora.

▸ § 2º com a redação dada pela Lei 13.420/2017.

▸ Art. 7º, XXX, da CF.

▸ Súm. 205 do STF.

§ 3º O contrato de aprendizagem não poderá ser estipulado por mais de 2 (dois) anos, exceto quando se tratar de aprendiz portador de deficiência.

▸ § 3º com a redação dada pela Lei 11.788/2008.

§ 4º A formação técnico-profissional a que se refere o *caput* deste artigo caracteriza-se por atividades teóricas e práticas, metodicamente organizadas em tarefas de complexidade progressiva desenvolvidas no ambiente de trabalho.

▸ § 4º incluído pela Lei 10.097/2000.

§ 5º A idade máxima prevista no *caput* deste artigo não se aplica a aprendizes portadores de deficiência.

▸ § 5º acrescentado pela Lei nº 11.180/2005.

§ 6º Para os fins do contrato de aprendizagem, a comprovação da escolaridade de aprendiz com deficiência deve considerar, sobretudo, as habilidades e competências relacionadas com a profissionalização.

▸ § 6º com redação dada pela Lei nº 13.146/2015.

§ 7º Nas localidades onde não houver oferta de ensino médio para o cumprimento do disposto no § 1º deste artigo, a contratação do aprendiz poderá ocorrer sem a frequência à escola, desde que ele já tenha concluído o ensino fundamental.

▸ § 7º incluído pela Lei 11.788/2008.

§ 8º Para o aprendiz com deficiência com 18 (dezoito) anos ou mais, a validade do contrato de aprendizagem pressupõe anotação na CTPS e matrícula e frequência em programa de aprendizagem desenvolvido sob orientação de entidade qualificada em formação técnico-profissional metódica.

▸ § 8º incluído pela Lei 13.146/2015.

Art. 429. Os estabelecimentos de qualquer natureza são obrigados a empregar e matricular nos cursos dos Serviços Nacionais de Aprendizagem número de aprendizes equivalente a cinco por cento, no mínimo, e quinze por cento, no máximo, dos trabalhadores existentes em cada estabelecimento, cujas funções demandem formação profissional.

▸ *Caput* com redação dada pela Lei 10.097/2000.

▸ Art. 51, III, da LC 123/2006.

a) e b) Revogadas pela Lei 10.097/2000.

§ 1º As frações de unidade, no cálculo da percentagem de que trata o *caput*, darão lugar à admissão de um aprendiz.

§ 1º-A. O limite fixado neste artigo não se aplica quando o empregador for entidade sem fins lucrativos, que tenha por objetivo a educação profissional.

▸ § 1º-A incluído pela Lei 10.097/2000.

§ 1º-B. Os estabelecimentos a que se refere o *caput* poderão destinar o equivalente a até 10% (dez por cento) de sua cota de aprendizes à formação técnico-profissional metódica em áreas relacionadas a práticas de atividades desportivas, à prestação de serviços relacionados à infraestrutura, incluindo as atividades de construção, ampliação, recuperação e manutenção de instalações esportivas e à organização e promoção de eventos esportivos.

▸ § 1º-B incluído pela Lei 13.420/2017, vetado pelo Presidente da República e rejeitado o veto pelo Congresso Nacional (DOU 01.09.2017).

▸ Numeração conforme publicação oficial.

§ 2º Os estabelecimentos de que trata o *caput* ofertarão vagas de aprendizes a adolescentes usuários do Sistema Nacional de Atendimento Socioeducativo (Sinase) nas condições a serem dispostas em instrumentos de cooperação celebrados entre os estabelecimentos e os gestores dos Sistemas de Atendimento Socioeducativo locais.

▸ Redação dada pela Lei 12.594/2012.

§ 3º Os estabelecimentos de que trata o *caput* poderão ofertar vagas de aprendizes a adolescentes usuários do Sistema Nacional de Políticas Públicas sobre Drogas - SISNAD nas condições a serem dispostas em instrumentos de cooperação celebrados entre os estabelecimentos e os gestores locais responsáveis pela prevenção do uso indevido, atenção e reinserção social de usuários e dependentes de drogas. (Incluído pela Lei nº 13.840, de 2019)

Art. 430. Na hipótese de os Serviços Nacionais de Aprendizagem não oferecerem cursos ou vagas suficientes para atender à demanda dos estabelecimentos, esta poderá ser suprida por outras entidades qualificadas em formação técnico-profissional metódica, a saber:

› *Caput* com a redação dada pela Lei 10.097/2000.

I - Escolas Técnicas de Educação;

› Inciso I incluído pela Lei 10.097/2000.

II - entidades sem fins lucrativos, que tenham por objetivo a assistência ao adolescente e à educação profissional, registradas no Conselho Municipal dos Direitos da Criança e do Adolescente.

› Inciso II incluído pela Lei 10.097/2000.

III - entidades de prática desportiva das diversas modalidades filiadas ao Sistema Nacional do Desporto e aos Sistemas de Desporto dos Estados, do Distrito Federal e dos Municípios.

› Inciso III incluído pela Lei 13.420/2017.

§ 1º As entidades mencionadas neste artigo deverão contar com estrutura adequada ao desenvolvimento dos programas de aprendizagem, de forma a manter a qualidade do processo de ensino, bem como acompanhar e avaliar os resultados.

› § 1º incluído pela Lei 10.097/2000.

§ 2º Aos aprendizes que concluírem os cursos de aprendizagem, com aproveitamento, será concedido certificado de qualificação profissional.

› § 2º incluído pela Lei 10.097/2000.

§ 3º O Ministério do Trabalho fixará normas para avaliação da competência das entidades mencionadas nos incisos II e III deste artigo.

› § 3º com a redação dada pela Lei 13.420/2017.

§ 4º As entidades mencionadas nos incisos II e III deste artigo deverão cadastrar seus cursos, turmas e aprendizes matriculados no Ministério do Trabalho.

› § 4º incluído pela Lei 13.420/2017.

§ 5º As entidades mencionadas neste artigo poderão firmar parcerias entre si para o desenvolvimento dos programas de aprendizagem, conforme regulamento.

› § 5º incluído pela Lei 13.420/2017.

Art. 431. A contratação do aprendiz poderá ser efetivada pela empresa onde se realizará a aprendizagem ou pelas entidades mencionadas nos incisos II e III do art. 430, caso em que não gera vínculo de emprego com a empresa tomadora dos serviços.

› *Caput* com a redação dada pela Lei 13.420/2017.

a) a c) (Revogadas pela Lei 10.097/2000);

Parágrafo único. Vetado. Redação dada pela Lei 10.097, de 19.12.2000.

Art. 432. A duração do trabalho do aprendiz não excederá de seis horas diárias, sendo vedadas a prorrogação e a compensação de jornada.

§ 1º O limite previsto neste artigo poderá ser de até oito horas diárias para os aprendizes que já tiverem completado o ensino fundamental, se nelas forem computadas as horas destinadas à aprendizagem teórica.

§ 2º (Revogado pela Lei 10.097/2000).

› Art. 432 com a redação dada pela Lei 10.097, de 19.12.2000.

Art. 433. O contrato de aprendizagem extinguir-se-á no seu termo ou quando o aprendiz completar 24 (vinte e quatro) anos, ressalvada a hipótese prevista no § 5º do art. 428 desta Consolidação, ou ainda antecipadamente nas seguintes hipóteses:

› *Caput* com a redação dada pela Lei 11.180/2005.

a) e b) (Revogadas pela Lei 10.097/2000);

I - desempenho insuficiente ou inadaptação do aprendiz, salvo para o aprendiz com deficiência quando desprovido de recursos de acessibilidade, de tecnologias assistivas e de apoio necessário ao desempenho de suas atividades;

› Inciso I com redação dada pela Lei nº 13.146/2015.

II - falta disciplinar grave.

› Art. 482 da CLT.

III - ausência injustificada à escola que implique perda do ano letivo; ou

IV - a pedido do aprendiz.

› Incisos II a IV com a redação dada pela Lei 10.097, de 19.12.2000.

Parágrafo único. (Revogado pela Lei 10.097/2000.)

§ 2º Não se aplica o disposto nos arts. 479 e 480 desta Consolidação às hipóteses de extinção do contrato mencionadas neste artigo.

› § 2º incluído pela Lei 10.097/2000, que não renumerou o parágrafo anterior.

SEÇÃO V
DAS PENALIDADES

Art. 434. Os infratores das disposições deste Capítulo ficam sujeitos à multa de valor igual a 1 (um) salário mínimo regional, aplicada tantas vezes quantos forem os menores empregados em desacordo com a lei, não podendo, todavia, a soma das multas exceder a 5 (cinco) vezes o salário mínimo, salvo no caso de reincidência em que esse total poderá ser elevado ao dobro. (Redação dada pelo Dec.-lei 229/1967)

Art. 435. Fica sujeita à multa de valor igual a 1 (um) salário mínimo regional e ao pagamento da emissão de nova via a empresa que fizer na Carteira de Trabalho e Previdência Social anotação não prevista em lei. (Redação dada pelo Dec.-lei 229/1967)

Arts. 436 e 437. (Revogados pela Lei 10.097/2000.)

Art. 438. São competentes para impor as penalidades previstas neste Capítulo:

a) no Distrito Federal, a autoridade de 1ª instância do Departamento Nacional do Trabalho;

b) nos Estados e Território do Acre, os delegados regionais do Ministério do Trabalho, Indústria e Comércio ou os funcionários por eles designados para tal fim.

Parágrafo único. O processo, na verificação das infrações, bem como na aplicação e cobrança das multas, será o previsto no título "Do Processo de Multas Administrativas", observadas as disposições deste artigo.

SEÇÃO VI
DISPOSIÇÕES FINAIS

Art. 439. É lícito ao menor firmar recibo pelo pagamento dos salários. Tratando-se, porém, de rescisão do contrato de trabalho, é vedado ao menor de 18 (dezoito) anos dar, sem assistência dos seus responsáveis legais, quitação ao empregador pelo recebimento da indenização que lhe for devida.

Art. 440. Contra os menores de 18 (dezoito) anos não corre nenhum prazo de prescrição.

› Art. 7º, XXIX, da CF.

› Arts. 11 da CLT.

› Art. 198, I, do CC.

› Art. 10, *caput* e parágrafo único, da Lei 5.889/1973.

Art. 441. O quadro a que se refere o item I do art. 405 será revisto bienalmente.

› Art. 441 com a redação dada pelo Dec.-lei 229/1967.

TÍTULO IV
DO CONTRATO INDIVIDUAL DO TRABALHO

› Lei 9.601/1998: Contrato de trabalho por prazo determinado.

CAPÍTULO I
DISPOSIÇÕES GERAIS

Art. 442. Contrato individual de trabalho é o acordo tácito ou expresso, correspondente à relação de emprego.

Parágrafo único. Qualquer que seja o ramo de atividade da sociedade cooperativa, não existe vínculo empregatício entre ela e seus associados, nem entre estes e os tomadores de serviços daquela.

› Parágrafo único incluído pela Lei 8.949/1994.

› Súm. 129, 363 e 386 do TST.

› OJ 199 da SDI-1 do TST.

Art. 442-A. Para fins de contratação, o empregador não exigirá do candidato a emprego comprovação de experiência prévia por tempo superior a 6 (seis) meses no mesmo tipo de atividade.

› Art. 442-A incluído pela Lei 11.644/2008.

Art. 442-B. A contratação do autônomo, cumpridas por este todas as formalidades legais, com ou sem exclusividade, de forma contínua ou não, afasta a qualidade de empregado prevista no art. 3° desta Consolidação.

› Artigo incluído pela Lei 13.467/2017.

Art. 443. O contrato individual de trabalho poderá ser acordado tácita ou expressamente, verbalmente ou por escrito, por prazo determinado ou indeterminado, ou para prestação de trabalho intermitente.

- *Caput* com a redação dada pela Lei 13.467/2017).
- Lei 9.601/1998: Contrato de trabalho por prazo determinado.

§ 1º Considera-se como de prazo determinado o contrato de trabalho cuja vigência dependa de termo prefixado ou da execução de serviços especificados ou ainda da realização de certo acontecimento suscetível de previsão aproximada.

- Primitivo parágrafo único renumerado para § 1º pelo Dec.-lei nº 229/1967.

§ 2º O contrato por prazo determinado só será válido em se tratando:

- § 2º incluído pelo Dec.-lei nº 229/1967.
- Lei 9.615/1998.
- Lei 9.601/1998.
- Lei 6.533/1978.
- Lei 6.019/1974.
- Súm. 244, III, e 378, III, do TST.

a) de serviço cuja natureza ou transitoriedade justifique a predeterminação do prazo;

b) de atividades empresariais de caráter transitório;

c) de contrato de experiência.

- Art. 37, IX, da CF.
- Súm. 163 e 188 do TST.

§ 3° Considera-se como intermitente o contrato de trabalho no qual a prestação de serviços, com subordinação, não é contínua, ocorrendo com alternância de períodos de prestação de serviços e de inatividade, determinados em horas, dias ou meses, independentemente do tipo de atividade do empregado e do empregador, exceto para os aeronautas, regidos por legislação própria.

- § 3° incluído pela Lei 13.467/2017.

Art. 444. As relações contratuais de trabalho podem ser objeto de livre estipulação das partes interessadas em tudo quanto não contravenha às disposições de proteção ao trabalho, aos contratos coletivos que lhes sejam aplicáveis e às decisões das autoridades competentes.

- Art. 9º da CLT.

Parágrafo único. A livre estipulação a que se refere o *caput* deste artigo aplica-se às hipóteses previstas no art. 611-A desta Consolidação, com a mesma eficácia legal e preponderância sobre os instrumentos coletivos, no caso de empregado portador de diploma de nível superior e que perceba salário mensal igual ou superior a duas vezes o limite máximo dos benefícios do Regime Geral de Previdência Social.

- Parágrafo único incluído pela Lei 13.4672017.

Art. 445. O contrato de trabalho por prazo determinado não poderá ser estipulado por mais de 2 (dois) anos, observada a regra do art. 451.

Parágrafo único. O contrato de experiência não poderá exceder de 90 (noventa) dias.

- Art. 445 com a redação dada pelo Dec.-lei 229/1967.
- Art. 30 da Lei 9.615/1998.

Art. 446. (Revogado pela Lei 7.855/1989)

Art. 447. Na falta de acordo ou prova sobre condição essencial ao contrato verbal, esta se presume existente, como se a tivessem estatuído os interessados na conformidade dos preceitos jurídicos adequados à sua legitimidade.

- Art. 456 da CLT.

Art. 448. A mudança na propriedade ou na estrutura jurídica da empresa não afetará os contratos de trabalho dos respectivos empregados.

- Arts. 10 e 10-A da CLT.
- OJs 92, 261, 408 e 411 da SDI-1 do TST.

Art. 448-A. Caracterizada a sucessão empresarial ou de empregadores prevista nos arts. 10 e 448 desta Consolidação, as obrigações trabalhistas, inclusive as contraídas à época em que os empregados trabalhavam para a empresa sucedida, são de responsabilidade do sucessor.

- Artigo incluído pela Lei 13.467/2017.

Parágrafo único. A empresa sucedida responderá solidariamente com a sucessora quando ficar comprovada fraude na transferência.

Art. 449. Os direitos oriundos da existência do contrato de trabalho subsistirão em caso de falência, concordata ou dissolução da empresa.

- Art. 148 da CLT.

§ 1º Na falência constituirão créditos privilegiados a totalidade dos salários devidos ao empregado e a totalidade das indenizações a que tiver direito.

- § 1º com a redação dada pela Lei 6.449/1977.
- Art. 652, parágrafo único, e 768 da CLT.
- Art. 83 e 151 da Lei 11.101/2005.
- Súm. 219 do STJ.

§ 2º Havendo concordata na falência, será facultado aos contratantes tornar sem efeito a rescisão do contrato de trabalho e consequente indenização, desde que o empregador pague, no mínimo, a metade dos salários que seriam devidos ao empregado durante o interregno.

- Art. 186 do CTN.
- Arts. 83 e 84 da Lei 11.101/2005.
- Súm. 173 do TST e 227 do STF.

Art. 450. Ao empregado chamado a ocupar, em comissão, interinamente, ou em substituição eventual ou temporária, cargo diverso do que exercer na empresa, serão garantidas a contagem do tempo naquele serviço, bem como volta ao cargo anterior.

- Súm. 204 do STF.
- Súm. 159 do TST.

Art. 451. O contrato de trabalho por prazo determinado que, tácita ou expressamente, for prorrogado mais de uma vez passará a vigorar sem determinação de prazo.

- Art. 445 da CLT.
- Art. 30 da Lei 9.615/1998.
- Art. 1º, § 2º da Lei 9.601/1998.
- Súm. 188 do TST.

Art. 452. Considera-se por prazo indeterminado todo contrato que suceder, dentro de 6 (seis) meses, a outro contrato por prazo determinado, salvo se a expiração deste dependeu da execução de serviços especializados ou da realização de certos acontecimentos.

- Súm. 195 do STF.

Art. 452-A. O contrato de trabalho intermitente deve ser celebrado por escrito e deve conter especificamente o valor da hora de trabalho, que não pode ser inferior ao valor horário do salário mínimo ou àquele devido aos demais empregados do estabelecimento que exerçam a mesma função em contrato intermitente ou não.

- Artigo incluído pela Lei 13.467, de 13.07.2017, em vigor após decorridos 120 (cento e vinte) dias de sua publicação oficial (DOU 14.07.2017).

§ 1° O empregador convocará, por qualquer meio de comunicação eficaz, para a prestação de serviços, informando qual será a jornada, com, pelo menos, três dias corridos de antecedência.

§ 2° Recebida a convocação, o empregado terá o prazo de um dia útil para responder ao chamado, presumindo-se, no silêncio, a recusa.

§ 3° A recusa da oferta não descaracteriza a subordinação para fins do contrato de trabalho intermitente.

§ 4° Aceita a oferta para o comparecimento ao trabalho, a parte que descumprir, sem justo motivo, pagará à outra parte, no prazo de trinta dias, multa de 50% (cinquenta por cento) da remuneração que seria devida, permitida a compensação em igual prazo.

§ 5° O período de inatividade não será considerado tempo à disposição do empregador, podendo o trabalhador prestar serviços a outros contratantes.

§ 6° Ao final de cada período de prestação de serviço, o empregado receberá o pagamento imediato das seguintes parcelas:

I - remuneração;

II - férias proporcionais com acréscimo de um terço;

III - décimo terceiro salário proporcional;

IV - repouso semanal remunerado; e

V - adicionais legais.

§ 7° O recibo de pagamento deverá conter a discriminação dos valores pagos relativos a cada uma das parcelas referidas no § 6° deste artigo.

§ 8° O empregador efetuará o recolhimento da contribuição previdenciária e o depósito do Fundo de Garantia do Tempo de Serviço, na forma da lei, com base nos valores pagos no período mensal e fornecerá ao empregado comprovante do cumprimento dessas obrigações.

§ 9° A cada doze meses, o empregado adquire direito a usufruir, nos doze meses subsequentes, um mês de férias, período no qual não poderá ser convocado para prestar serviços pelo mesmo empregador.

Art. 453. No tempo de serviço do empregado, quando readmitido, serão computados os períodos, ainda que não contínuos, em que tiver trabalhado anteriormente na empresa, salvo se houver sido despedido por falta grave, recebido indenização legal ou se aposentado espontaneamente.

› *Caput* com a redação dada pela Lei 6.204/1975.

› Art. 1º Dec.-lei 691/1969.

› Súm. 138 e 156 do TST.

› OJ 361 da SDI-1 do TST.

§ 1º Na aposentadoria espontânea de empregados das empresas públicas e sociedades de economia mista é permitida sua readmissão desde que atendidos aos requisitos constantes do art. 37, inciso XVI, da Constituição, e condicionada à prestação de concurso público.

› § 1º incluído pela Lei 9.528/1997.

› O STF na ADIN 1.770-4, de 20.10.2006, declarou a inconstitucionalidade do dispositivo.

§ 2º O ato de concessão de benefício de aposentadoria a empregado que não tiver completado 35 (trinta e cinco) anos de serviço, se homem, ou trinta, se mulher, importa em extinção do vínculo empregatício.

› § 2º incluído pela Lei 9.528/1997.

› O STF na ADIN N.º 1.721-3, de 20.10.2006, declarou a inconstitucionalidade do dispositivo.

Art. 454. Na vigência do contrato de trabalho, as invenções do empregado, quando decorrentes de sua contribuição pessoal e da instalação ou equipamento fornecidos pelo empregador, serão de propriedade comum, em partes iguais, salvo se o contrato de trabalho tiver por objeto, implícita ou explicitamente, pesquisa científica.

› Lei 9.609/1998.

› Arts. 88 a 93 da Lei 9.279/1996.

Parágrafo único. Ao empregador caberá a exploração do invento, ficando obrigado a promovê-la no prazo de um ano da data da concessão da patente, sob pena de reverter em favor do empregado da plena propriedade desse invento.

Art. 455. Nos contratos de subempreitada responderá o subempreiteiro pelas obrigações derivadas do contrato de trabalho que celebrar, cabendo, todavia, aos empregados, o direito de reclamação contra o empreiteiro principal pelo inadimplemento daquelas obrigações por parte do primeiro.

Parágrafo único. Ao empreiteiro principal fica ressalvada, nos termos da lei civil, ação regressiva contra o subempreiteiro e a retenção de importâncias a este devidas, para a garantia das obrigações previstas neste artigo.

› Súm. 331, IV, do TST.

› OJ 191 da SDI-1 do TST.

Art. 456. A prova do contrato individual do trabalho será feita pelas anotações constantes da carteira profissional ou por instrumento escrito e suprida por todos os meios permitidos em direito.

› Súm. 225 do STF.

› Súm. 212 do TST.

Parágrafo único. A falta de prova ou inexistindo cláusula expressa a tal respeito, entender-se-á que o empregado se obrigou a todo e qualquer serviço compatível com a sua condição pessoal.

› Art. 447 da CLT.

› Art. 212 do CC.

Art. 456-A. Cabe ao empregador definir o padrão de vestimenta no meio ambiente laboral, sendo lícita a inclusão no uniforme de logomarcas da própria empresa ou de empresas parceiras e de outros itens de identificação relacionados à atividade desempenhada.

› Artigo incluído pela Lei 13.467/2017.

Parágrafo único. A higienização do uniforme é de responsabilidade do trabalhador, salvo nas hipóteses em que forem necessários procedimentos ou produtos diferentes dos utilizados para a higienização das vestimentas de uso comum.

CAPÍTULO II
DA REMUNERAÇÃO

Art. 457. Compreendem-se na remuneração do empregado, para todos os efeitos legais, além do salário devido e pago diretamente pelo empregador, como contraprestação do serviço, as gorjetas que receber.

› *Caput* com a redação dada pela Lei 1.999, de 1.10.1953.

› Art. 7º, VII, da CF.

› Art. 29, § 1º, da CLT.

› Art. 15 da Lei 8.036/1990.

› Art. 1º, § 1º da Lei 4.090/1962.

› Súm. 91 e 354 do TST.

§ 1º Integram o salário a importância fixa estipulada, as gratificações legais e as comissões pagas pelo empregador.

› § 1º com redação dada pela Lei 13.467/2017.

› Redação e numeração conforme publicação oficial.

› Súm. 207 e 209 do STF.

› Súm. 139, 152, 202, 203, 225 e 247 do TST.

› OJ 181 da SDI-1 do TST.

§ 2º As importâncias, ainda que habituais, pagas a título de ajuda de custo, auxílio-alimentação, vedado seu pagamento em dinheiro, diárias para viagem, prêmios e abonos não integram a remuneração do empregado, não se incorporam ao contrato de trabalho e não constituem base de incidência de qualquer encargo trabalhista e previdenciário.

› § 2º com a redação dada pela Lei 13.467/2017.

§ 3º Considera-se gorjeta não só a importância espontaneamente dada pelo cliente ao empregado, como também o valor cobrado pela empresa, como serviço ou adicional, a qualquer título, e destinado à distribuição aos empregados.

› § 3º com a redação dada pela Lei 13.419/2017.

› Súm. 354 do TST.

§ 4º Consideram-se prêmios as liberalidades concedidas pelo empregador em forma de bens, serviços ou valor em dinheiro a empregado ou a grupo de empregados, em razão de desempenho superior ao ordinariamente esperado no exercício de suas atividades.

› § 4º incluído pela Lei 13.467/2017.

› A Lei 13.467, de 13.07.2017, alterou o art. 457 e deixou de mencionar seus §§ 5º a 11.

§ 5º Inexistindo previsão em convenção ou acordo coletivo de trabalho, os critérios de rateio e distribuição da gorjeta e os percentuais de retenção previstos nos §§ 6º e 7º deste artigo serão definidos em assembleia geral dos trabalhadores, na forma do art. 612 desta Consolidação.

§ 6º As empresas que cobrarem a gorjeta de que trata o § 3º deverão:

I - para as empresas inscritas em regime de tributação federal diferenciado, lançá-la na respectiva nota de consumo, facultada a retenção de até 20% (vinte por cento) da arrecadação correspondente, mediante previsão em convenção ou acordo coletivo de trabalho, para custear os encargos sociais, previdenciários e trabalhistas derivados da sua integração à remuneração dos empregados, devendo o valor remanescente ser revertido integralmente em favor do trabalhador;

II - para as empresas não inscritas em regime de tributação federal diferenciado, lançá-la na respectiva nota de consumo, facultada a retenção de até 33% (trinta e três por cento) da arrecadação correspondente, mediante previsão em convenção ou acordo coletivo de trabalho, para custear os encargos sociais, previdenciários e trabalhistas derivados da sua integração à remuneração dos empregados, devendo o valor remanescente ser revertido integralmente em favor do trabalhador;

III - anotar na Carteira de Trabalho e Previdência Social e no contracheque de seus empregados o salário contratual fixo e o percentual percebido a título de gorjeta.

§ 7º A gorjeta, quando entregue pelo consumidor diretamente ao empregado, terá seus critérios definidos em convenção ou acordo coletivo de trabalho, facultada a retenção nos parâmetros do § 6º deste artigo.

§ 8º As empresas deverão anotar na Carteira de Trabalho e Previdência Social de seus empregados o salário fixo e a média dos valores das gorjetas referente aos últimos doze meses.

§ 9º Cessada pela empresa a cobrança da gorjeta de que trata o § 3º deste artigo, desde que cobrada por mais de doze meses, essa se incorporará ao salário do empregado, tendo como base a média dos últimos doze meses, salvo o estabelecido em convenção ou acordo coletivo de trabalho.

§ 10. Para empresas com mais de sessenta empregados, será constituída comissão de empregados, mediante previsão em convenção ou acordo coletivo de trabalho, para acompanhamento e fiscalização da regularidade da cobrança e distribuição da gorjeta de que trata o § 3º deste artigo, cujos representantes serão eleitos em assembleia geral convocada para esse fim pelo sindicato laboral e gozarão de garantia de emprego vinculada ao desempenho das funções para que foram eleitos, e, para as demais empresas, será constituída comissão intersindical para o referido fim.

§ 11. Comprovado o descumprimento do disposto nos §§ 4º, 6º, 7º e 9º deste artigo, o empregador pagará ao trabalhador prejudicado, a título de multa, o valor correspondente a 1/30 (um trinta avos) da média da gorjeta por dia de atraso, limitada ao piso da categoria, assegurados em qualquer hipótese o contraditório e a ampla defesa, observadas as seguintes regras:

I - a limitação prevista neste parágrafo será triplicada caso o empregador seja reincidente;

II - considera-se reincidente o empregador que, durante o período de doze meses, descumpre o disposto nos §§ 4º, 6º, 7º e 9º deste artigo por mais de sessenta dias.

Art. 458. Além do pagamento em dinheiro, compreende-se no salário, para todos os efeitos legais, a alimentação, habitação, vestuário ou outras prestações "in natura" que a empresa, por força do contrato ou do costume, fornecer habitualmente ao empregado. Em caso algum será permitido o pagamento com bebidas alcoólicas ou drogas nocivas. (Redação dada pelo Dec.-lei 229/1967)

- Art. 29, § 1º e 81 da CLT.
- Súm. 241, 248 e 367 do TST.
- OJs 123, 133 e 413 da SDI-1 do TST.

§ 1º Os valores atribuídos às prestações "in natura" deverão ser justos e razoáveis, não podendo exceder, em cada caso, os dos percentuais das parcelas componentes do salário mínimo (arts. 81 e 82).

- § 1º incluído pelo Dec.-lei 229/1967.

§ 2º Para os efeitos previstos neste artigo, não serão consideradas como salário as seguintes utilidades concedidas pelo empregador:

I - vestuários, equipamentos e outros acessórios fornecidos aos empregados e utilizados no local de trabalho, para a prestação do serviço;

II - educação, em estabelecimento de ensino próprio ou de terceiros, compreendendo os valores relativos a matrícula, mensalidade, anuidade, livros e material didático;

III - transporte destinado ao deslocamento para o trabalho e retorno, em percurso servido ou não por transporte público;

- Súm. 460 do TST.

IV - assistência médica, hospitalar e odontológica, prestada diretamente ou mediante seguro-saúde;

- Súm. 440 do TST.

V - seguros de vida e de acidentes pessoais;

VI - previdência privada;

VII - Vetado;

VIII - o valor correspondente ao vale-cultura.

- Inciso VIII acrescentado pela Lei 12.761, de 27.12.2012.

§ 3º A habitação e a alimentação fornecidas como salário-utilidade deverão atender aos fins a que se destinam e não poderão exceder, respectivamente, a 25% (vinte e cinco por cento) e 20% (vinte por cento) do salário-contratual.

- Súm. 258 do TST.
- Art. 9º da Lei 5.889/1973.

§ 4º Tratando-se de habitação coletiva, o valor do salário-utilidade a ela correspondente será obtido mediante a divisão do justo valor da habitação pelo número de coabitantes, vedada, em qualquer hipótese, a utilização da mesma unidade residencial por mais de uma família.

- §§ 3º e 4º incluídos pela Lei 8.860/1994.

§ 5º O valor relativo à assistência prestada por serviço médico ou odontológico, próprio ou não, inclusive o reembolso de despesas com medicamentos, óculos, aparelhos ortopédicos, próteses, órteses, despesas médico-hospitalares e outras similares, mesmo quando concedido em diferentes modalidades de planos e coberturas, não integram o salário do empregado para qualquer efeito nem o salário de contribuição, para efeitos do previsto na alínea q do § 9º do art. 28 da Lei nº 8.212, de 24 de julho de 1991. (Incluído pela Lei nº 13.467/2017)

Art. 459. O pagamento do salário, qualquer que seja a modalidade do trabalho, não deve ser estipulado por período superior a 1 (um) mês, salvo no que concerne a comissões, percentagens e gratificações.

- Art. 7º, VII, da CF.
- Súm. 381 do TST.

§ 1º Quando o pagamento houver sido estipulado por mês, deverá ser efetuado, o mais tardar, até o quinto dia útil do mês subsequente ao vencido.

- § 1º com a redação dada pela Lei 7.855/1989.
- OJ 159 da SDI-1 do TST.

Art. 460. Na falta de estipulação do salário ou não havendo prova sobre a importância ajustada, o empregado terá direito a perceber salário igual ao daquela que, na mesma empresa, fizer serviço equivalente ou do que for habitualmente pago para serviço semelhante.

Art. 461. Sendo idêntica a função, a todo trabalho de igual valor, prestado ao mesmo empregador, no mesmo estabelecimento empresarial, corresponderá igual salário, sem distinção de sexo, etnia, nacionalidade ou idade.

- *Caput* com a redação dada pela Lei 13.467/2017.
- Art. 7º, XXX e XXXI, da CF.
- Súm. 6, 127, 159 e 455 do TST.
- OJs 296, 297 e 383 da SDI-1.

§ 1° Trabalho de igual valor, para os fins deste Capítulo, será o que for feito com igual produtividade e com a mesma perfeição técnica, entre pessoas cuja diferença de tempo de serviço para o mesmo empregador não seja superior a quatro anos e a diferença de tempo na função não seja superior a dois anos.

- § 1° com a redação dada pela Lei 13.467/2017.

§ 2° Os dispositivos deste artigo não prevalecerão quando o empregador tiver pessoal organizado em quadro de carreira ou adotar, por meio de norma interna da empresa ou de negociação coletiva, plano de cargos e salários, dispensada qualquer forma de homologação ou registro em órgão público.

- § 2° com a redação dada pela Lei 13.467/2017.
- Súm. 6, 19, 127 e 275 do TST.

§ 3° No caso do § 2° deste artigo, as promoções poderão ser feitas por merecimento e por antiguidade, ou por apenas um destes critérios, dentro de cada categoria profissional.

- § 3° com a redação dada pela Lei 13.467/2017.
- OJ 418, SDI-1 do TST.

§ 4º O trabalhador readaptado em nova função por motivo de deficiência física ou mental atestada pelo órgão competente da Previdência Social não servirá de paradigma para fins de equiparação salarial.

- § 4º incluído pela Lei 5.798/1972.
- Art. 7º, XXXI, da CF.

§ 5° A equiparação salarial só será possível entre empregados contemporâneos no cargo ou na função, ficando vedada a indicação de paradigmas remotos, ainda que o paradigma contemporâneo tenha obtido a vantagem em ação judicial própria.

- § 5° incluído pela Lei 13.467/2017.

§ 6° No caso de comprovada discriminação por motivo de sexo ou etnia, o juízo determinará, além do pagamento das diferenças salariais devidas, multa, em favor do empregado discriminado, no valor de 50% (cinquenta por cento) do limite máximo dos benefícios do Regime Geral de Previdência Social.

- § 6° incluído pela Lei 13.467/2017.

Art. 462. Ao empregador é vedado efetuar qualquer desconto nos salários do empregado, salvo quando este resultar de adiantamentos, de dispositivos de lei ou de contrato coletivo.

- Art. 7º, X, da CF.
- Arts. 468 e 582 da CLT.
- Art. 833, IV, §§ 1º e 2º, do CPC.
- Lei 10.820/2003.
- Súm. 155, 342 e 368 do TST.
- OJs 160 e 251 da SDI-1 do TST.

§ 1º Em caso de dano causado pelo empregado, o desconto será lícito, desde de que esta possibilidade tenha sido acordada ou na ocorrência de dolo do empregado.

- Parágrafo único renumerado pelo Dec.-lei 229/1967.

§ 2º É vedado à empresa que mantiver armazém para venda de mercadorias aos empregados ou serviços estimados a proporcionar-lhes prestações "in natura" exercer qualquer coação ou induzimento no sentido de que os empregados se utilizem do armazém ou dos serviços.

- Art. 9º da Lei 5.889/1973.

§ 3º Sempre que não for possível o acesso dos empregados a armazéns ou serviços não mantidos pela Empresa, é lícito à autoridade competente determinar a adoção de medidas adequadas, visando a que as mercadorias sejam vendidas e os serviços prestados a preços razoáveis, sem intuito de lucro e sempre em benefício dos empregados.

§ 4º Observado o disposto neste Capítulo, é vedado às empresas limitar, por qualquer forma, a liberdade dos empregados de dispor do seu salário.

› §§ 2º a 4º incluídos pelo Dec.-lei 229/1967.

Art. 463. A prestação, em espécie, do salário será paga em moeda corrente do País.

› Art. 5º da Lei 7.064/1982.

Parágrafo único. O pagamento do salário realizado com inobservância deste artigo considera-se como não feito.

Art. 464. O pagamento do salário deverá ser efetuado contra recibo, assinado pelo empregado; em se tratando de analfabeto, mediante sua impressão digital, ou, não sendo esta possível, a seu rogo.

› Art. 439 da CLT.

Parágrafo único. Terá força de recibo o comprovante de depósito em conta bancária, aberta para esse fim em nome de cada empregado, com o consentimento deste, em estabelecimento de crédito próximo ao local de trabalho.

› Parágrafo incluído pela Lei 9.528/1997.

Art. 465. O pagamento dos salários será efetuado em dia útil e no local do trabalho, dentro do horário do serviço ou imediatamente após o encerramento deste, salvo quando efetuado por depósito em conta bancária, observado o disposto no artigo anterior.

› Art. 465 com a redação dada pela Lei 9.528/1997.

Art. 466. O pagamento de comissões e percentagens só é exigível depois de ultimada a transação a que se referem.

› Art. 7º, VII, da CF.

§ 1º Nas transações realizadas por prestações sucessivas, é exigível o pagamento das percentagens e comissões que lhes disserem respeito proporcionalmente à respectiva liquidação.

› Art. 5º e 7º da Lei 3.207/1957.

§ 2º A cessação das relações de trabalho não prejudica a percepção das comissões e percentagens devidas na forma estabelecida por este artigo.

Art. 467. Em caso de rescisão de contrato de trabalho, havendo controvérsia sobre o montante das verbas rescisórias, o empregador é obrigado a pagar ao trabalhador, à data do comparecimento à Justiça do Trabalho, a parte incontroversa dessas verbas, sob pena de pagá-las acrescidas de cinquenta por cento.

› *Caput* com a redação dada pela Lei 10.272/2001.

› Súm. 69, 173 e 388 do TST.

CAPÍTULO III
DA ALTERAÇÃO

Art. 468. Nos contratos individuais de trabalho só é lícita a alteração das respectivas condições por mútuo consentimento, e ainda assim desde que não resultem, direta ou indiretamente, prejuízos ao empregado, sob pena de nulidade da cláusula infringente desta garantia.

› Art. 7º, VI, da CF.

› Arts. 9º e 444 da CLT.

› Súm. 209 do STF.

› Súm. 51, 152, 159, 265, 288 e 391 do TST.

› OJs 159, 244, 308, 325 e 413 da SDI-1 do TST.

§ 1º Não se considera alteração unilateral a determinação do empregador para que o respectivo empregado reverta ao cargo efetivo, anteriormente ocupado, deixando o exercício de função de confiança.

› Primitivo parágrafo único renumerado pela Lei 13.467/2017.

› Súm. 372 do TST.

§ 2º A alteração de que trata o § 1º deste artigo, com ou sem justo motivo, não assegura ao empregado o direito à manutenção do pagamento da gratificação correspondente, que não será incorporada, independentemente do tempo de exercício da respectiva função.

› § 2º incluído pela Lei 13.467/2017.

Art. 469. Ao empregador é vedado transferir o empregado, sem a sua anuência, para localidade diversa da que resultar do contrato, não se considerando transferência a que não acarretar necessariamente a mudança do seu domicílio.

› Arts. 543, § 1º, e 659, IX, da CLT.

› Art. 2º da Lei 7.064/1982.

§ 1º Não estão compreendidos na proibição deste artigo: os empregados que exerçam cargo de confiança e aqueles cujos contratos tenham como condição, implícita ou explícita, a transferência, quando esta decorra de real necessidade de serviço.

› § 1º com a redação dada pela Lei 6.203, de 17.4.1975.

› Súm. 29 e 43 do TST.

§ 2º É lícita a transferência quando ocorrer extinção do estabelecimento em que trabalhar o empregado.

§ 3º Em caso de necessidade de serviço o empregador poderá transferir o empregado para localidade diversa da que resultar do contrato, não obstante as restrições do artigo anterior, mas, nesse caso, ficará obrigado a um pagamento suplementar, nunca inferior a 25% (vinte e cinco por cento) dos salários que o empregado percebia naquela localidade, enquanto durar essa situação.

› § 3º incluído pela Lei 6.203/1975.

› OJ 113 da SDI-1 do TST.

Art. 470. As despesas resultantes da transferência correrão por conta do empregador.

› Art. 470 com a redação dada pela Lei 6.203/1975.

› Súm. 29 do TST.

CAPÍTULO IV
DA SUSPENSÃO E DA INTERRUPÇÃO

Art. 471. Ao empregado afastado do emprego, são asseguradas, por ocasião de sua volta, todas as vantagens que, em sua ausência, tenham sido atribuídas à categoria a que pertencia na empresa.

› Súm. 440 do TST.

Art. 472. O afastamento do empregado em virtude das exigências do serviço militar, ou de outro encargo público, não constituirá motivo para alteração ou rescisão do contrato de trabalho por parte do empregador.

› Art. 4º, §§ 1º e 2º da CLT.

› Art. 60, § 1º, da Lei 4.375/1964.

› Art. 15, § 5º, da Lei 8.036/1990.

› Art. 28, I, do Dec. 99.684/1990.

› Súm. 269 do TST.

§ 1º Para que o empregado tenha direito a voltar a exercer o cargo do qual se afastou em virtude de exigências do serviço militar ou de encargo público, é indispensável que notifique o empregador dessa intenção, por telegrama ou carta registrada, dentro do prazo máximo de 30 (trinta) dias, contados da data em que se verificar a respectiva baixa ou a terminação do encargo a que estava obrigado.

› Art. 60 da Lei 4.375/1964.

§ 2º Nos contratos por prazo determinado, o tempo de afastamento, se assim acordarem as partes interessadas, não será computado na contagem do prazo para a respectiva terminação.

§ 3º Ocorrendo motivo relevante de interesse para a segurança nacional, poderá a autoridade competente solicitar o afastamento do empregado do serviço ou do local de trabalho, sem que se configure a suspensão do contrato de trabalho.

§ 4º O afastamento a que se refere o parágrafo anterior será solicitado pela autoridade competente diretamente ao empregador, em representação fundamentada com audiência da Procuradoria Regional do Trabalho, que providenciará desde logo a instauração do competente inquérito administrativo.

§ 5º Durante os primeiros 90 (noventa) dias desse afastamento, o empregado continuará percebendo sua remuneração.

› §§ 3º a 5º incluídos pelo Dec.-lei 3/1966.

Art. 473. O empregado poderá deixar de comparecer ao serviço sem prejuízo do salário:

› *Caput* com a redação dada pelo Dec.-lei 229/1967.

› Art. 392, § 4º, II, da CLT.

› Art. 6º, § 1º, a da Lei 605/1949.

› Súm. 15 do TST.

I - até 2 (dois) dias consecutivos, em caso de falecimento do cônjuge, ascendente, descendente, irmão ou pessoa que, declarada em sua carteira de trabalho e previdência social, viva sob sua dependência econômica;

› Art. 320, § 3º, da CLT.

II - até 3 (três) dias consecutivos, em virtude de casamento;

› Art. 320, § 3º, da CLT.

III - por um dia, em caso de nascimento de filho no decorrer da primeira semana;

› Art. 7º, XIX, da CF.

- Art. 10, § 1º, do ADCT.

IV - por um dia, em cada 12 (doze) meses de trabalho, em caso de doação voluntária de sangue devidamente comprovada;

V - até 2 (dois) dias consecutivos ou não, para o fim de se alistar eleitor, nos termos da lei respectiva.

- Incisos I a V com a redação dada pelo Dec.-lei 229/1967.
- Art. 48 da Lei 4.737/1965.

VI - no período de tempo em que tiver de cumprir as exigências do Serviço Militar referidas na letra "c" do art. 65 da Lei 4.375, de 17 de agosto de 1964 (Lei do Serviço Militar).

- Inciso VI incluído pelo Dec.-lei 757/1969.

VII - nos dias em que estiver comprovadamente realizando provas de exame vestibular para ingresso em estabelecimento de ensino superior.

- Inciso VII incluído pela Lei 9.471/1997.

VIII - pelo tempo que se fizer necessário, quando tiver que comparecer a juízo.

- Inciso VIII incluído pela Lei 9.853/1999.
- Arts. 729, §§ 1º e 2º, e 822 da CLT.
- Art. 441, CPP.
- Súm. 155 do TST.

IX - pelo tempo que se fizer necessário, quando, na qualidade de representante de entidade sindical, estiver participando de reunião oficial de organismo internacional do qual o Brasil seja membro.

- Inciso IX incluído pela Lei 11.304/ 2006.

X - até 2 (dois) dias para acompanhar consultas médicas e exames complementares durante o período de gravidez de sua esposa ou companheira;

- Inciso X incluído pela Lei 13.257/2016.

XI - por 1 (um) dia por ano para acompanhar filho de até 6 (seis) anos em consulta médica.

- Inciso XI incluído pela Lei 13.257/ 2016.

XII - até 3 (três) dias, em cada 12 (doze) meses de trabalho, em caso de realização de exames preventivos de câncer devidamente comprovada. (Incluída pela Lei 13.767/2018)

Art. 474. A suspensão do empregado por mais de 30 (trinta) dias consecutivos importa na rescisão injusta do contrato de trabalho.

Art. 475. O empregado que for aposentado por invalidez terá suspenso o seu contrato de trabalho durante o prazo fixado pelas leis de previdência social para a efetivação do benefício.

- Arts. 42 a 47 da Lei 8.213/1991.
- Súm. 217 do STF.
- Súm. 160 do TST.

§ 1º Recuperando o empregado a capacidade de trabalho e sendo a aposentadoria cancelada, ser-lhe-á assegurado o direito à função que ocupava ao tempo da aposentadoria, facultado, porém, ao empregador, o direito de indenizá-lo por rescisão do contrato de trabalho, nos termos dos arts. 477 e 478, salvo na hipótese de ser ele portador de estabilidade, quando a indenização deverá ser paga na forma do art. 497.

- § 1º com a redação dada pela Lei 4.824/1965.

§ 2º Se o empregador houver admitido substituto para o aposentado, poderá rescindir, com este, o respectivo contrato de trabalho sem indenização, desde que tenha havido ciência inequívoca da interinidade ao ser celebrado o contrato.

Art. 476. Em caso de seguro-doença ou auxílio-enfermidade, o empregado é considerado em licença não remunerada, durante o prazo desse benefício.

- Arts. 59 a 63 da Lei 8.213/1991.
- Art. 15, § 5º da Lei 8.036/1990.
- Art. 28, II, do Decreto 99.684/1990.
- Súm. 15, 371 e 440 do TST.
- OJ 375 da SDI-1 do TST.

Art. 476-A. O contrato de trabalho poderá ser suspenso, por um período de dois a cinco meses, para participação do empregado em curso ou programa de qualificação profissional oferecido pelo empregador, com duração equivalente à suspensão contratual, mediante previsão em convenção ou acordo coletivo de trabalho e aquiescência formal do empregado, observado o disposto no art. 471 desta Consolidação.

§ 1º Após a autorização concedida por intermédio de convenção ou acordo coletivo, o empregador deverá notificar o respectivo sindicato, com antecedência mínima de quinze dias da suspensão contratual.

§ 2º O contrato de trabalho não poderá ser suspenso em conformidade com o disposto no *caput* deste artigo mais de uma vez no período de dezesseis meses.

§ 3º O empregador poderá conceder ao empregado ajuda compensatória mensal, sem natureza salarial, durante o período de suspensão contratual nos termos do *caput* deste artigo, com valor a ser definido em convenção ou acordo coletivo.

§ 4º Durante o período de suspensão contratual para participação em curso ou programa de qualificação profissional, o empregado fará jus aos benefícios voluntariamente concedidos pelo empregador.

§ 5º Se ocorrer a dispensa do empregado no transcurso do período de suspensão contratual ou nos três meses subsequentes ao seu retorno ao trabalho, o empregador pagará ao empregado, além das parcelas indenizatórias previstas na legislação em vigor, multa a ser estabelecida em convenção ou acordo coletivo, sendo de, no mínimo, cem por cento sobre o valor da última remuneração mensal anterior à suspensão do contrato.

§ 6º Se durante a suspensão do contrato não for ministrado o curso ou programa de qualificação profissional, ou o empregado permanecer trabalhando para o empregador, ficará descaracterizada a suspensão, sujeitando o empregador ao pagamento imediato dos salários e dos encargos sociais referentes ao período, às penalidades cabíveis previstas na legislação em vigor, bem como às sanções previstas em convenção ou acordo coletivo.

§ 7º O prazo limite fixado no *caput* poderá ser prorrogado mediante convenção ou acordo coletivo de trabalho e aquiescência formal do empregado, desde que o empregador arque com o ônus correspondente ao valor da bolsa de qualificação profissional, no respectivo período.

- Art. 476-A incluído pela Medida Provisória 2.164-41, de 2001.
- Lei 7.988/1989.

CAPÍTULO V
DA RESCISÃO

Art. 477. Na extinção do contrato de trabalho, o empregador deverá proceder à anotação na Carteira de Trabalho e Previdência Social, comunicar a dispensa aos órgãos competentes e realizar o pagamento das verbas rescisórias no prazo e na forma estabelecidos neste artigo.

- *Caput* com a redação dada pela Lei 13.467/017.
- Súm. 242 e 314 do TST.
- OJ 207, SDI-1 do TST.

§ 1º (Revogado pela Lei 13.467/2017);

§ 2º O instrumento de rescisão ou recibo de quitação, qualquer que seja a causa ou forma de dissolução do contrato, deve ter especificada a natureza de cada parcela paga ao empregado e discriminado o seu valor, sendo válida a quitação, apenas, relativamente às mesmas parcelas.

- § 2º com a redação dada pela Lei 5.584/1970.
- Súm. 330 do TST.

§ 3º (Revogado pela Lei 13.467/2017).

§ 4º O pagamento a que fizer jus o empregado será efetuado:

- § 4º com a redação dada pela Lei 13.467/2017.

I - em dinheiro, depósito bancário ou cheque visado, conforme acordem as partes; ou

- Inciso I incluído pela Lei 13.467/2017.

II - em dinheiro ou depósito bancário quando o empregado for analfabeto.

- Inciso II incluído pela Lei 13.467/2017.

§ 5º Qualquer compensação no pagamento de que trata o parágrafo anterior não poderá exceder o equivalente a um mês de remuneração do empregado.

- § 5º com a redação dada pela Lei 5.584, de 26.6.1970.

§ 6º A entrega ao empregado de documentos que comprovem a comunicação da extinção contratual aos órgãos competentes bem como o pagamento dos valores constantes do instrumento de rescisão ou recibo de quitação deverão ser efetuados até dez dias contados a partir do término do contrato.

- § 6º com a redação dada pela Lei 13.467/2017.
- Art. 477, § 8º, da CLT.

a) e b) (Revogadas pela Lei 13.467/2017);

§ 7º (Revogado pela Lei 13.467/2017).

§ 8º A inobservância do disposto no § 6º deste artigo sujeitará o infrator à multa de 160 BTN, por trabalhador, bem assim ao pagamento da multa a favor do empregado, em valor equivalente ao seu salário, devidamente corrigido pelo índice de variação do BTN, salvo quando, comprovadamente, o trabalhador der causa à mora. (Incluído pela Lei 7.855/1989)

- Art. 477, § 6º, da CLT.
- Súm. 388, 445 e 462 do TST.
- OJs 162 e 238 da SDI-1 do TST.

§ 9º VETADO. Incluído pela Lei 7.855/1989.

§ 10. A anotação da extinção do contrato na Carteira de Trabalho e Previdência Social é documento hábil para requerer o benefício do seguro-desemprego e a movimentação da conta vinculada no Fundo de Garantia do Tempo de Serviço, nas hipóteses legais, desde que a comunicação prevista no *caput* deste artigo tenha sido realizada.

- § 10 incluído pela Lei 13.467/2017.

Art. 477-A. As dispensas imotivadas individuais, plúrimas ou coletivas equiparam-se para todos os fins, não havendo necessidade de autorização prévia de entidade sindical ou de celebração de convenção coletiva ou acordo coletivo de trabalho para sua efetivação.

- Artigo incluído pela Lei 13.467/2017.

Art. 477-B. Plano de Demissão Voluntária ou Incentivada, para dispensa individual, plúrima ou coletiva, previsto em convenção coletiva ou acordo coletivo de trabalho, enseja quitação plena e irrevogável dos direitos decorrentes da relação empregatícia, salvo disposição em contrário estipulada entre as partes.

- Artigo incluído pela Lei 13.467/2017.

Art. 478. A indenização devida pela rescisão de contrato por prazo indeterminado será de 1 (um) mês de remuneração por ano de serviço efetivo, ou por ano e fração igual ou superior a 6 (seis) meses.

§ 1º O primeiro ano de duração do contrato por prazo indeterminado é considerado como período de experiência, e, antes que se complete, nenhuma indenização será devida.

§ 2º Se o salário for pago por dia, o cálculo da indenização terá por base 25 (vinte e cinco) dias.

§ 3º Se pago por hora, a indenização apurar-se-á na base de 200 (duzentas) horas por mês.

§ 4º Para os empregados que trabalhem a comissão ou que tenham direito a percentagens, a indenização será calculada pela média das comissões ou percentagens percebidas nos últimos 12 (doze) meses de serviço.

- § 4º redação dada pelo Decreto-lei 229/1967.
- OJ 397, SDI-1 do TST.

§ 5º Para os empregados que trabalhem por tarefa ou serviço feito, a indenização será calculada na base média do tempo costumeiramente gasto pelo interessado para realização de seu serviço, calculando-se o valor do que seria feito durante 30 (trinta) dias.

Art. 479. Nos contratos que tenham termo estipulado, o empregador que, sem justa causa, despedir o empregado será obrigado a pagar-lhe, a título de indenização, e por metade, a remuneração a que teria direito até o termo do contrato.

- Art. 18, § 1º da Lei 8.036/1990.
- Art. 14 da Lei 5.889/1973.
- Art. 14 do Dec. 99.684/1990.

Parágrafo único. Para a execução do que dispõe o presente artigo, o cálculo da parte variável ou incerta dos salários será feito de acordo com o prescrito para o cálculo da indenização referente à rescisão dos contratos por prazo indeterminado.

Art. 480. Havendo termo estipulado, o empregado não se poderá desligar do contrato, sem justa causa, sob pena de ser obrigado a indenizar o empregador dos prejuízos que desse fato lhe resultarem.

§ 1º A indenização, porém, não poderá exceder àquela a que teria direito o empregado em idênticas condições.

- Parágrafo único renumerado pelo Dec.-lei 6.353/1944.

§ 2º (Revogado pela Lei 6.533/1978.)

Art. 481. Aos contratos por prazo determinado, que contiverem cláusula assecuratória do direito recíproco de rescisão antes de expirado o termo ajustado, aplicam-se, caso seja exercido tal direito por qualquer das partes, os princípios que regem a rescisão dos contratos por prazo indeterminado.

- Súm. 163 do TST.

Art. 482. Constituem justa causa para rescisão do contrato de trabalho pelo empregador:

- Arts. 158, parágrafo único, b, 235-B e 240 da CLT.
- Súm. 316 do STF.

a) ato de improbidade;

b) incontinência de conduta ou mau procedimento;

c) negociação habitual por conta própria ou alheia sem permissão do empregador, e quando constituir ato de concorrência à empresa para a qual trabalha o empregado, ou for prejudicial ao serviço;

d) condenação criminal do empregado, passada em julgado, caso não tenha havido suspensão da execução da pena;

e) desídia no desempenho das respectivas funções;

f) embriaguez habitual ou em serviço;

g) violação de segredo da empresa;

h) ato de indisciplina ou de insubordinação;

i) abandono de emprego;

- Súm. 32, 62 e 73 do TST.

j) ato lesivo da honra ou da boa fama praticado no serviço contra qualquer pessoa, ou ofensas físicas, nas mesmas condições, salvo em caso de legítima defesa, própria ou de outrem;

k) ato lesivo da honra ou da boa fama ou ofensas físicas praticadas contra o empregador e superiores hierárquicos, salvo em caso de legítima defesa, própria ou de outrem;

l) prática constante de jogos de azar.

m) perda da habilitação ou dos requisitos estabelecidos em lei para o exercício da profissão, em decorrência de conduta dolosa do empregado.

- Alínea m incluída pela Lei 13.467/2017.

Parágrafo único. Constitui igualmente justa causa para dispensa de empregado a prática, devidamente comprovada em inquérito administrativo, de atos atentatórios à segurança nacional.

- Parágrafo único incluído pelo Dec.-lei 3/1966.

Art. 483. O empregado poderá considerar rescindido o contrato e pleitear a devida indenização quando:

- Art. 487, § 4º, da CLT.
- Art. 216-A, CP.
- Súm. 13 do TST.

a) forem exigidos serviços superiores às suas forças, defesos por lei, contrários aos bons costumes, ou alheios ao contrato;

- Arts. 198, 390 e 405, § 5º, da CLT.

b) for tratado pelo empregador ou por seus superiores hierárquicos com rigor excessivo;

c) correr perigo manifesto de mal considerável;

d) não cumprir o empregador as obrigações do contrato;

- Art. 407, parágrafo único, da CLT.
- Art. 2º, § 1º, do Decreto-lei 368/1968.
- Súm. 13 do TST.

e) praticar o empregador ou seus prepostos, contra ele ou pessoas de sua família, ato lesivo da honra e boa fama;

f) o empregador ou seus prepostos ofenderem-no fisicamente, salvo em caso de legítima defesa, própria ou de outrem;

g) o empregador reduzir o seu trabalho, sendo este por peça ou tarefa, de forma a afetar sensivelmente a importância dos salários.

- Art. 407, parágrafo único, da CLT.

§ 1º O empregado poderá suspender a prestação dos serviços ou rescindir o contrato, quando tiver de desempenhar obrigações legais, incompatíveis com a continuação do serviço.

§ 2º No caso de morte do empregador constituído em empresa individual, é facultado ao empregado rescindir o contrato de trabalho.

§ 3º Nas hipóteses das letras "d" e "g", poderá o empregado pleitear a rescisão de seu contrato de trabalho e o pagamento das respectivas indenizações, permanecendo ou não no serviço até final decisão do processo.

- § 3º incluído pela Lei 4.825/1965.

Art. 484. Havendo culpa recíproca no ato que determinou a rescisão do contrato de trabalho, o tribunal de trabalho reduzirá a indenização à que seria devida em caso de culpa exclusiva do empregador, por metade.

› Arts. 18, § 2º, e 20, I, da Lei 8.036/1990.

› Súm. 14 do TST.

Art. 484-A. O contrato de trabalho poderá ser extinto por acordo entre empregado e empregador, caso em que serão devidas as seguintes verbas trabalhistas:

› Artigo incluído pela Lei 13.467/2017.

I - por metade:

a) o aviso prévio, se indenizado; e

b) a indenização sobre o saldo do Fundo de Garantia do Tempo de Serviço, prevista no § 1° do art. 18 da Lei 8.036, de 11 de maio de 1990;

II - na integralidade, as demais verbas trabalhistas.

§ 1° A extinção do contrato prevista no *caput* deste artigo permite a movimentação da conta vinculada do trabalhador no Fundo de Garantia do Tempo de Serviço na forma do inciso I-A do art. 20 da Lei 8.036, de 11 de maio de 1990, limitada até 80% (oitenta por cento) do valor dos depósitos.

§ 2° A extinção do contrato por acordo prevista no *caput* deste artigo não autoriza o ingresso no Programa de Seguro-Desemprego.

Art. 485. Quando cessar a atividade da empresa, por morte do empregador, os empregados terão direito, conforme o caso, à indenização a que se referem os art. 477 e 497.

› Súm. 44 do TST.

Art. 486. No caso de paralisação temporária ou definitiva do trabalho, motivada por ato de autoridade municipal, estadual ou federal, ou pela promulgação de lei ou resolução que impossibilite a continuação da atividade, prevalecerá o pagamento da indenização, que ficará a cargo do governo responsável.

› *Caput* com a redação dada pela Lei 1.530/1951.

§ 1º Sempre que o empregador invocar em sua defesa o preceito do presente artigo, o tribunal do trabalho competente notificará a pessoa de direito público apontada como responsável pela paralisação do trabalho, para que, no prazo de 30 (trinta) dias, alegue o que entender devido, passando a figurar no processo como chamada à autoria.

› § 1º com a redação dada Dec.-lei 6.110/1943.

§ 2º Sempre que a parte interessada, firmada em documento hábil, invocar defesa baseada na disposição deste artigo e indicar qual o juiz competente, será ouvida a parte contrária, para, dentro de 3 (três) dias, falar sobre essa alegação.

§ 3º Verificada qual a autoridade responsável, a Junta de Conciliação ou Juiz dar-se-á por incompetente, remetendo os autos ao Juiz Privativo da Fazenda, perante o qual correrá o feito nos termos previstos no processo comum.

› §§ 2º e 3º incluídos pela Lei 1.530/1951.

CAPÍTULO VI
DO AVISO PRÉVIO

› Vide Lei 12.506/2011, que dispõe sobre o aviso prévio e dá outras providências.

Art. 487. Não havendo prazo estipulado, a parte que, sem justo motivo, quiser rescindir o contrato deverá avisar a outra da sua resolução com a antecedência mínima de:

› Art. 7º, XXI e parágrafo único, da CF.

› Súm. 14, 44, 163, 182, 253, 276, 305, 348, 354, 369 V, 371, 380 e 441 do TST.

› OJ, 42 II, 82, 83, 268, 367 e 394 da SDI-1 do TST.

I - oito dias, se o pagamento for efetuado por semana ou tempo inferior;

II - trinta dias aos que perceberem por quinzena ou mês, ou que tenham mais de 12 (doze) meses de serviço na empresa.

› Incisos I e II com a redação dada pela Lei 1.530/1951.

§ 1º A falta do aviso prévio por parte do empregador dá ao empregado o direito aos salários correspondentes ao prazo do aviso, garantida sempre a integração desse período no seu tempo de serviço.

§ 2º A falta de aviso prévio por parte do empregado dá ao empregador o direito de descontar os salários correspondentes ao prazo respectivo.

§ 3º Em se tratando de salário pago na base de tarefa, o cálculo, para os efeitos dos parágrafos anteriores, será feito de acordo com a média dos últimos 12 (doze) meses de serviço.

§ 4º É devido o aviso prévio na despedida indireta.

› § 4º incluído pela Lei 7.108/1983.

§ 5º O valor das horas extraordinárias habituais integra o aviso prévio indenizado.

§ 6º O reajustamento salarial coletivo, determinado no curso do aviso prévio, beneficia o empregado pré-avisado da despedida, mesmo que tenha recebido antecipadamente os salários correspondentes ao período do aviso, que integra seu tempo de serviço para todos os efeitos legais.

› §§ 5º e 6º incluídos pela Lei 10.218/2001.

Art. 488. O horário normal de trabalho do empregado, durante o prazo do aviso, e se a rescisão tiver sido promovida pelo empregador, será reduzido de 2 (duas) horas diárias, sem prejuízo do salário integral.

› Art. 15, da Lei 5.889/1973.

› Súm. 230 do TST.

Parágrafo único. É facultado ao empregado trabalhar sem a redução das 2 (duas) horas diárias previstas neste artigo, caso em que poderá faltar ao serviço, sem prejuízo do salário integral, por 1 (um) dia, na hipótese do inciso I, e por 7 (sete) dias corridos, na hipótese do inciso II do art. 487 desta Consolidação.

› Parágrafo único incluído pela Lei 7.093/1983.

Art. 489. Dado o aviso prévio, a rescisão torna-se efetiva depois de expirado o respectivo prazo, mas, se a parte notificante reconsiderar o ato, antes de seu termo, à outra parte é facultado aceitar ou não a reconsideração.

Parágrafo único. Caso seja aceita a reconsideração ou continuando a prestação depois de expirado o prazo, o contrato continuará a vigorar, como se o aviso prévio não tivesse sido dado.

Art. 490. O empregador que, durante o prazo do aviso prévio dado ao empregado, praticar ato que justifique a rescisão imediata do contrato, sujeita-se ao pagamento da remuneração correspondente ao prazo do referido aviso, sem prejuízo da indenização que for devida.

Art. 491. O empregado que, durante o prazo do aviso prévio, cometer qualquer das faltas consideradas pela lei como justas para a rescisão, perde o direito ao restante do respectivo prazo.

› Súm. 73 do TST.

CAPÍTULO VII
DA ESTABILIDADE

Art. 492. O empregado que contar mais de 10 (dez) anos de serviço na mesma empresa não poderá ser despedido senão por motivo de falta grave ou circunstância de força maior, devidamente comprovadas.

› Art. 14 da Lei 8.036/1990.

Parágrafo único. Considera-se como de serviço todo o tempo em que o empregado esteja à disposição do empregador.

Art. 493. Constitui falta grave a prática de qualquer dos fatos a que se refere o art. 482, quando por sua repetição ou natureza representem séria violação dos deveres e obrigações do empregado.

Art. 494. O empregado acusado de falta grave poderá ser suspenso de suas funções, mas a sua despedida só se tornará efetiva após o inquérito e que se verifique a procedência da acusação.

› Art. 853 da CLT.

› Súm. 197 e 403 do STF.

› Súm. 379 do TST.

› OJ 137 da SDI-2 do TST.

Parágrafo único. A suspensão, no caso deste artigo, perdurará até a decisão final do processo.

Art. 495. Reconhecida a inexistência de falta grave praticada pelo empregado, fica o empregador obrigado a readmiti-lo no serviço e a pagar-lhe os salários a que teria direito no período da suspensão.

› Súm. 215 do STF.

Art. 496. Quando a reintegração do empregado estável for desaconselhável, dado o grau de incompatibilidade resultante do dissídio, especialmente quando for o empregador pessoa física, o tribunal do trabalho poderá converter aquela obrigação em indenização devida nos termos do artigo seguinte.

› Súm. 28 e 396 do TST.

› OJ 399 da SDI-1 do TST.

› Dec. 3.048/1999, art. 214, § 12.

Art. 497. Extinguindo-se a empresa, sem a ocorrência de motivo de força maior, ao empregado estável despedido é garantida a indenização por rescisão do contrato por prazo indeterminado, paga em dobro.

‣ Dec. 3.048/1999, art. 214, § 12.

Art. 498. Em caso de fechamento do estabelecimento, filial ou agência, ou supressão necessária de atividade, sem ocorrência de motivo de força maior, é assegurado aos empregados estáveis, que ali exerçam suas funções, direito à indenização, na forma do artigo anterior.

Art. 499. Não haverá estabilidade no exercício dos cargos de diretoria, gerência ou outros de confiança imediata do empregador, ressalvado o cômputo do tempo de serviço para todos os efeitos legais.

‣ Súm. 269 do TST.

§ 1º Ao empregado garantido pela estabilidade que deixar de exercer cargo de confiança, é assegurada, salvo no caso de falta grave, a reversão ao cargo efetivo que haja anteriormente ocupado.

§ 2º Ao empregado despedido sem justa causa, que só tenha exercido cargo de confiança e que contar mais de 10 (dez) anos de serviço na mesma empresa, é garantida a indenização proporcional ao tempo de serviço nos termos dos arts. 477 e 478.

§ 3º A despedida que se verificar com o fim de obstar ao empregado a aquisição de estabilidade sujeitará o empregador a pagamento em dobro da indenização prescrita nos arts. 477 e 478.

Art. 500. O pedido de demissão do empregado estável só será válido quando feito com a assistência do respectivo Sindicato e, se não o houver, perante autoridade local competente do Ministério do Trabalho e Previdência Social ou da Justiça do Trabalho.

‣ Art. 500 com redação dada pela Lei 5.584/1970.

‣ Art. 11, da Lei 4.725/1965.

CAPÍTULO VIII
DA FORÇA MAIOR

Art. 501. Entende-se como força maior todo acontecimento inevitável, em relação à vontade do empregador, e para a realização do qual este não concorreu, direta ou indiretamente.

§ 1º A imprevidência do empregador exclui a razão de força maior.

§ 2º À ocorrência do motivo de força maior que não afetar substancialmente, nem for suscetível de afetar, em tais condições, a situação econômica e financeira da empresa não se aplicam as restrições desta Lei referentes ao disposto neste Capítulo.

Art. 502. Ocorrendo motivo de força maior que determine a extinção da empresa, ou de um dos estabelecimentos em que trabalhe o empregado, é assegurada a este, quando despedido, uma indenização na forma seguinte:

I - sendo estável, nos termos dos arts. 477 e 478;

II - não tendo direito à estabilidade, metade da que seria devida em caso de rescisão sem justa causa;

III - havendo contrato por prazo determinado, aquela a que se refere o art. 479 desta Lei, reduzida igualmente à metade.

‣ Art. 18, § 1º, da Lei 8.036/1990.

‣ Súm. 221 do STF.

Art. 503. É lícita, em caso de força maior ou prejuízos devidamente comprovados, a redução geral dos salários dos empregados da empresa, proporcionalmente aos salários de cada um, não podendo, entretanto, ser superior a 25% (vinte e cinco por cento), respeitado, em qualquer caso, o salário mínimo da região.

Parágrafo único. Cessados os efeitos decorrentes do motivo de força maior, é garantido o restabelecimento dos salários reduzidos.

Art. 504. Comprovada a falsa alegação do motivo de força maior, é garantida a reintegração aos empregados estáveis, e aos não estáveis o complemento da indenização já percebida, assegurado a ambos o pagamento da remuneração atrasada.

CAPÍTULO IX
DISPOSIÇÕES ESPECIAIS

Art. 505. São aplicáveis aos trabalhadores rurais os dispositivos constantes dos Capítulos I, II e VI do presente Título.

‣ Art. 7º, *caput*, da CF.

‣ Art. 7º, b, da CLT.

‣ Lei 5.889/1973, regulamentada pelo Decreto 73.626/1974.

Art. 506. No contrato de trabalho agrícola é lícito o acordo que estabelecer a remuneração in natura, contanto que seja de produtos obtidos pela exploração do negócio e não exceda de 1/3 (um terço) do salário total do empregado.

‣ Art. 9º da Lei 5.889/1973.

Art. 507. As disposições do Capítulo VII do presente Título não serão aplicáveis aos empregados em consultórios ou escritórios de profissionais liberais.

Parágrafo único. (Revogado pela Lei 6.533/1978)

Art. 507-A. Nos contratos individuais de trabalho cuja remuneração seja superior a duas vezes o limite máximo estabelecido para os benefícios do Regime Geral de Previdência Social, poderá ser pactuada cláusula compromissória de arbitragem, desde que por iniciativa do empregado ou mediante a sua concordância expressa, nos termos previstos na Lei 9.307, de 23 de setembro de 1996.

‣ Artigo incluído pela Lei 13.467/2017.

Art. 507-B. É facultado a empregados e empregadores, na vigência ou não do contrato de emprego, firmar o termo de quitação anual de obrigações trabalhistas, perante o sindicato dos empregados da categoria.

‣ Artigo incluído pela Lei 13.467/2017.

Parágrafo único. O termo discriminará as obrigações de dar e fazer cumpridas mensalmente e dele constará a quitação anual dada pelo empregado, com eficácia liberatória das parcelas nele especificadas.

Art. 508. (Revogado pela Lei 12.347/2010.)

Art. 509. (Revogado pela Lei 6.533/1978.)

Art. 510. Pela infração das proibições constantes deste Título, será imposta à empresa a multa de valor igual a 1 (um) salário mínimo regional, elevada ao dobro, no caso de reincidência, sem prejuízo das demais cominações legais. (Redação dada pela Lei 5.562/1968)

TÍTULO IV-A
DA REPRESENTAÇÃO DOS EMPREGADOS

‣ Título IV-A incluído pela Lei 13.467/2017.

Art. 510-A. Nas empresas com mais de duzentos empregados, é assegurada a eleição de uma comissão para representá-los, com a finalidade de promover-lhes o entendimento direto com os empregadores.

‣ Artigo incluído pela Lei 13.467/2017.

§ 1º A comissão será composta:

I - nas empresas com mais de duzentos e até três mil empregados, por três membros;

II - nas empresas com mais de três mil e até cinco mil empregados, por cinco membros;

III - nas empresas com mais de cinco mil empregados, por sete membros.

§ 2º No caso de a empresa possuir empregados em vários Estados da Federação e no Distrito Federal, será assegurada a eleição de uma comissão de representantes dos empregados por Estado ou no Distrito Federal, na mesma forma estabelecida no § 1º deste artigo.

Art. 510-B. A comissão de representantes dos empregados terá as seguintes atribuições:

‣ Artigo incluído pela Lei 13.467/2017.

I - representar os empregados perante a administração da empresa;

II - aprimorar o relacionamento entre a empresa e seus empregados com base nos princípios da boa-fé e do respeito mútuo;

III - promover o diálogo e o entendimento no ambiente de trabalho com o fim de prevenir conflitos;

IV - buscar soluções para os conflitos decorrentes da relação de trabalho, de forma rápida e eficaz, visando à efetiva aplicação das normas legais e contratuais;

V - assegurar tratamento justo e imparcial aos empregados, impedindo qualquer forma de discriminação por motivo de sexo, idade, religião, opinião política ou atuação sindical;

VI - encaminhar reivindicações específicas dos empregados de seu âmbito de representação;

VII - acompanhar o cumprimento das leis trabalhistas, previdenciárias e das convenções coletivas e acordos coletivos de trabalho.

§ 1º As decisões da comissão de representantes dos empregados serão sempre colegiadas, observada a maioria simples.

§ 2º A comissão organizará sua atuação de forma independente.

Art. 510-C. A eleição será convocada, com antecedência mínima de trinta dias, contados do término do mandato anterior, por meio de edital que deverá ser fixado na empresa, com ampla publicidade, para inscrição de candidatura.

▸ Artigo incluído pela Lei 13.467/2017.

§ 1º Será formada comissão eleitoral, integrada por cinco empregados, não candidatos, para a organização e o acompanhamento do processo eleitoral, vedada a interferência da empresa e do sindicato da categoria.

§ 2º Os empregados da empresa poderão candidatar-se, exceto aqueles com contrato de trabalho por prazo determinado, com contrato suspenso ou que estejam em período de aviso prévio, ainda que indenizado.

§ 3º Serão eleitos membros da comissão de representantes dos empregados os candidatos mais votados, em votação secreta, vedado o voto por representação.

§ 4º A comissão tomará posse no primeiro dia útil seguinte à eleição ou ao término do mandato anterior.

§ 5º Se não houver candidatos suficientes, a comissão de representantes dos empregados poderá ser formada com número de membros inferior ao previsto no art. 510-A desta Consolidação.

§ 6º Se não houver registro de candidatura, será lavrada ata e convocada nova eleição no prazo de um ano.

Art. 510-D. O mandato dos membros da comissão de representantes dos empregados será de um ano.

▸ Artigo incluído pela Lei 13.467/2017.

§ 1º O membro que houver exercido a função de representante dos empregados na comissão não poderá ser candidato nos dois períodos subsequentes.

§ 2º O mandato de membro de comissão de representantes dos empregados não implica suspensão ou interrupção do contrato de trabalho, devendo o empregado permanecer no exercício de suas funções.

§ 3º Desde o registro da candidatura até um ano após o fim do mandato, o membro da comissão de representantes dos empregados não poderá sofrer despedida arbitrária, entendendo-se como tal a que não se fundar em motivo disciplinar, técnico, econômico ou financeiro.

§ 4º Os documentos referentes ao processo eleitoral devem ser emitidos em duas vias, as quais permanecerão sob a guarda dos empregados e da empresa pelo prazo de cinco anos, à disposição para consulta de qualquer trabalhador interessado, do Ministério Público do Trabalho e do Ministério do Trabalho.

TÍTULO V
DA ORGANIZAÇÃO SINDICAL

CAPÍTULO I
DA INSTITUIÇÃO SINDICAL

SEÇÃO I
DA ASSOCIAÇÃO EM SINDICATO

Art. 511. É lícita a associação para fins de estudo, defesa e coordenação dos seus interesses econômicos ou profissionais de todos os que, como empregadores, empregados, agentes ou trabalhadores autônomos ou profissionais liberais exerçam, respectivamente, a mesma atividade ou profissão ou atividades ou profissões similares ou conexas.

▸ Arts. 8º e 114, III, da CF.

▸ Art. 3º da Lei 8.073/1990.

▸ Súm. 374 do TST.

▸ OJ 9 da SDC.

§ 1º A solidariedade de interesses econômicos dos que empreendem atividades idênticas, similares ou conexas, constitui o vínculo social básico que se denomina categoria econômica.

§ 2º A similitude de condições de vida oriunda da profissão ou trabalho em comum, em situação de emprego na mesma atividade econômica ou em atividades econômicas similares ou conexas, compõe a expressão social elementar compreendida como categoria profissional.

§ 3º Categoria profissional diferenciada é a que se forma dos empregados que exerçam profissões ou funções diferenciadas por força de estatuto profissional especial ou em consequência de condições de vida singulares.

§ 4º Os limites de identidade, similaridade ou conexidade fixam as dimensões dentro das quais a categoria econômica ou profissional é homogênea e a associação é natural.

Art. 512. Somente as associações profissionais constituídas para os fins e na forma do artigo anterior e registradas de acordo com o art. 558 poderão ser reconhecidas como Sindicatos e investidas nas prerrogativas definidas nesta Lei.

▸ Súm. 677 do STF.

▸ OJ 15 da SDC do TST.

Art. 513. São prerrogativas dos sindicatos:

a) representar, perante as autoridades administrativas e judiciárias os interesses gerais da respectiva categoria ou profissão liberal ou interesses individuais dos associados relativos à atividade ou profissão exercida;

▸ Vide Lei 8.632/1993 (Anistia a dirigentes ou representantes sindicais).

▸ Arts. 5º, LXX, b, 8º, III e 103, IX da CF.

b) celebrar contratos coletivos de trabalho;

▸ Arts. 7º, XXVI, e 8º, VI, da CF.

▸ Súm. 286 do TST.

c) eleger ou designar os representantes da respectiva categoria ou profissão liberal;

d) colaborar com o Estado, como órgãos técnicos e consultivos, no estudo e solução dos problemas que se relacionam com a respectiva categoria ou profissão liberal;

e) impor contribuições a todos aqueles que participam das categorias econômicas ou profissionais ou das profissões liberais representadas.

Parágrafo único. Os sindicatos de empregados terão, outrossim, a prerrogativa de fundar e manter agências de colocação.

Art. 514. São deveres dos sindicatos:

▸ Art. 14 da Lei 5.584/1970.

▸ OJ 16 da SDC do TST.

a) colaborar com os poderes públicos no desenvolvimento da solidariedade social;

b) manter serviços de assistência judiciária para os associados;

c) promover a conciliação nos dissídios de trabalho;

d) sempre que possível, e de acordo com as suas possibilidades, manter no seu quadro de pessoal, em convênio com entidades assistenciais ou por conta própria, um assistente social com as atribuições específicas de promover a cooperação operacional na empresa e a integração profissional na Classe.

▸ Alínea d incluída pela Lei 6.200/1975.

Parágrafo único. Os sindicatos de empregados terão, outrossim, o dever de:

a) promover a fundação de cooperativas de consumo e de crédito;

b) fundar e manter escolas de alfabetização e pré-vocacionais.

SEÇÃO II
DO RECONHECIMENTO E INVESTIDURA SINDICAL

Art. 515. As associações profissionais deverão satisfazer os seguintes requisitos para serem reconhecidas como sindicatos:

a) reunião de um terço, no mínimo, de empresas legalmente constituídas, sob a forma individual ou de sociedade, se se tratar de associação de empregadores; ou de um terço dos que integrem a mesma categoria ou exerçam a mesma profissão liberal se se tratar de associação de empregados ou de trabalhadores ou agentes autônomos ou de profissão liberal;

b) duração de 3 (três) anos para o mandato da diretoria;

▸ Alínea b com a redação dada pelo Dec.-lei 771/1969.

c) exercício do cargo de presidente por brasileiro nato, e dos demais cargos de administração e representação por brasileiros.

▸ Lei 6.192/1974 (Restrições a brasileiros naturalizados.)

Parágrafo único. O ministro do Trabalho, Indústria, e Comércio poderá, excepcionalmente, reconhecer como sindicato a associação cujo número de associados seja inferior ao terço a que se refere a alínea a.

Art. 516. Não será reconhecido mais de um Sindicato representativo da mesma categoria econômica ou profissional, ou profissão liberal, em uma dada base territorial.

▸ Art. 8º, II, da CF.

▸ Súm. 677 do STF.

Art. 517. Os sindicatos poderão ser distritais, municipais, intermunicipais, estaduais e interestaduais. Excepcionalmente, e atendendo às peculiaridades de determinadas categorias ou profissões, o ministro do Trabalho, Indústria e Comércio poderá autorizar o reconhecimento de sindicatos nacionais.

§ 1º O ministro do Trabalho, Indústria e Comércio, outorgará e delimitará a base territorial do sindicato.

§ 2º Dentro da base territorial que lhe for determinada é facultado ao sindicato instituir delegacias ou secções para melhor proteção dos associados e da categoria econômica ou profissional ou profissão liberal representada.

Art. 518. O pedido de reconhecimento será dirigido ao ministro do Trabalho, Indústria e Comércio, instruído com exemplar ou cópia autenticada dos estatutos da associação.

‣ Art. 8º, I, da CF.

§ 1º Os estatutos deverão conter:

a) a denominação e a sede da associação;

b) a categoria econômica ou profissional ou a profissão liberal cuja representação é requerida;

c) a afirmação de que a associação agirá como órgão de colaboração com os poderes públicos e as demais associações no sentido da solidariedade social e da subordinação dos interesses econômicos ou profissionais ao interesse nacional;

d) as atribuições, o processo eleitoral e das votações, os casos de perda de mandato e de substituição dos administradores;

e) o modo de constituição e administração do patrimônio social e o destino que lhe será dado no caso de dissolução;

f) as condições em que se dissolverá associação.

‣ OJ 35 da SDC.

§ 2º O processo de reconhecimento será regulado em instruções baixadas pelo ministro do Trabalho, Indústria e Comércio.

Art. 519. A investidura sindical será conferida sempre à associação profissional mais representativa, a juízo do Ministro do Trabalho, constituindo elementos para essa apreciação, entre outros:

a) o número de associados;

b) os serviços sociais fundados e mantidos;

c) o valor do patrimônio.

Art. 520. Reconhecida como sindicato a associação profissional, ser-lhe-á expedida carta de reconhecimento, assinada pelo ministro do Trabalho, Indústria e Comércio, na qual será especificada a representação econômica ou profissional conferida e mencionada a base territorial outorgada.

‣ OJ 15 e 23 da SDC.

Parágrafo único. O reconhecimento investe a associação nas prerrogativas do art. 513 e a obriga aos deveres do art. 514, cujo inadimplemento a sujeitará às sanções desta lei.

Art. 521. São condições para o funcionamento do Sindicato:

a) proibição de qualquer propaganda de doutrinas incompatíveis com as instituições e os interesses da Nação, bem como de candidaturas a cargos eletivos estranhos ao sindicato.

‣ Alínea a com a redação dada pelo Dec.-lei 9.502/1946.

b) proibição de exercício de cargo eletivo cumulativamente com o de emprego remunerado pelo sindicato ou por entidade sindical de grau superior;

c) gratuidade do exercício dos cargos eletivos.

d) proibição de quaisquer atividades não compreendidas nas finalidades mencionadas no art. 511, inclusive as de caráter político-partidário;

e) proibição de cessão gratuita ou remunerada da respectiva sede a entidade de índole político-partidária.

‣ Alíneas d e e incluídas pelo Dec.-lei 9.502/1946.

Parágrafo único. Quando, para o exercício de mandato, tiver o associado de sindicato de empregados, de trabalhadores autônomos ou de profissionais liberais de se afastar do seu trabalho, poderá ser-lhe arbitrada pela assembleia-geral uma gratificação nunca excedente da importância de sua remuneração na profissão respectiva.

SEÇÃO III
DA ADMINISTRAÇÃO DO SINDICATO

Art. 522. A administração do sindicato será exercida por uma diretoria constituída no máximo de sete e no mínimo de três membros e de um Conselho Fiscal composto de três membros, eleitos esses órgãos pela Assembleia-Geral.

‣ Súm. 369, II, do TST.

‣ OJ 365 da SDI-1 do TST.

§ 1º A diretoria elegerá, dentre os seus membros, o presidente do sindicato.

§ 2º A competência do Conselho Fiscal é limitada à fiscalização da gestão financeira do sindicato.

§ 3º Constituirão atribuição exclusiva da Diretoria do Sindicato e dos Delegados Sindicais, a que se refere o art. 523, a representação e a defesa dos interesses da entidade perante os poderes públicos e as empresas, salvo mandatário com poderes outorgados por procuração da Diretoria, ou associado investido em representação prevista em lei.

‣ § 3º com a redação dada pelo Dec.-lei 9.502/1946.

Art. 523. Os Delegados Sindicais destinados à direção das delegacias ou seções instituídas na forma estabelecida no § 2º do art. 517 serão designados pela diretoria dentre os associados radicados no território da correspondente delegacia.

‣ OJ 369 da SDI-1 do TST.

Art. 524. Serão sempre tomadas por escrutínio secreto, na forma estatutária, as deliberações da Assembleia-Geral concernentes aos seguintes assuntos:

‣ *Caput* com a redação dada pela Lei 2.693/1955.

‣ OJs 8, 28, 29 e 35 da SDC do TST.

a) eleição de associado para representação da respectiva categoria prevista em lei;

b) tomada e aprovação de contas da diretoria;

c) aplicação do patrimônio;

d) julgamento dos atos da Diretoria, relativos a penalidades impostas a associados;

‣ Alíneas a a d com a redação dada pelo Dec.-lei 9.502/1946.

e) pronunciamento sobre relações ou dissídio de trabalho. Neste caso, as deliberações da Assembleia-Geral só serão consideradas válidas quando ela tiver sido especialmente convocada para esse fim, de acordo com as disposições dos estatutos da entidade sindical. O quorum para validade da Assembleia será de metade mais um dos associados quites; não obtido esse quorum em primeira convocação, reunir-se-á a Assembleia em segunda convocação com os presentes, considerando-se aprovadas as deliberações que obtiverem 2/3 (dois terços) dos votos.

‣ Alínea e com a redação pela Lei 2.693/1955.

‣ Art. 859 da CLT.

§ 1º A eleição para cargos de diretoria e conselho fiscal será realizada por escrutínio secreto, durante 6 (seis) horas contínuas, pelo menos, na sede do Sindicato, na de suas delegacias e seções e nos principais locais de trabalho, onde funcionarão as mesas coletoras designadas pelos Delegados Regionais do Trabalho.

§ 2º Concomitantemente ao término do prazo estipulado para a votação, instalar-se-á, em Assembleia Eleitoral pública e permanente, na sede do Sindicato, a mesa apuradora, para a qual serão enviadas, imediatamente, pelos presidentes das mesas coletoras, as urnas receptoras e as atas respectivas. Será facultada a designação de mesa apuradora supletiva sempre que as peculiaridades ou conveniências do pleito a exigirem.

§ 3º A mesa apuradora será presidida por membro do Ministério Público do Trabalho ou pessoa de notória idoneidade, designado pelo Procurador-Geral da Justiça do Trabalho ou Procuradores Regionais.

§ 4º O pleito só será válido na hipótese de participarem da votação mais de 2/3 (dois terços) dos associados com capacidade para votar. Não obtido esse coeficiente, será realizada nova eleição dentro de 15 (quinze) dias, a qual terá validade se nela tomarem parte mais de 50% (cinquenta por cento) dos referidos associados. Na hipótese de não ter sido alcançado, na segunda votação, o coeficiente exigido, será realizado o terceiro e último pleito, cuja validade dependerá do voto de mais de 40% (quarenta por cento) dos aludidos associados, proclamando o Presidente da mesa apuradora em qualquer hipóteses os eleitos, os quais serão empossados automaticamente na data do término do mandato expirante, não tendo efeito suspensivo os protestos ou recursos oferecidos na conformidade da lei.

§ 5º Não sendo atingido o coeficiente legal para eleição, o Ministério do Trabalho, Indústria e Comércio declarará a vacância da administração, a partir do término do mandato dos membros em exercício, e designará administrador para o Sindicato, realizando-se novas eleições dentro de 6 (seis) meses.

- §§ 1º a 5º incluídos pelo Dec.-lei 9.502/1946.

Art. 525. É vedada a pessoas físicas ou jurídicas, estranhas ao Sindicato, qualquer interferência na sua administração ou nos seus serviços.

- *Caput* com a redação dada pelo Dec.-lei 9.502/1946.

Parágrafo único. Estão excluídos dessa proibição:

a) os delegados do Ministério do Trabalho, Indústria e Comércio, especialmente designados pelo ministro ou por quem o represente;

b) os que, como empregados, exerçam cargos no Sindicato mediante autorização da Assembleia-Geral.

Art. 526. Os empregados do Sindicato serão nomeados pela diretoria respectiva ad referendum, da Assembleia-Geral, não podendo recair tal nomeação nos que estiverem nas condições previstas nos itens II, IV, V, VI, VII e VIII do art. 530 e, na hipótese de o nomeador haver sido dirigente sindical, também nas do item I do mesmo artigo.

- *Caput* com a redação dada pelo Dec.-lei 925/1969.

Parágrafo único. (Revogado pela Lei 11.295/2006.)

§ 2º Aplicam-se ao empregado de entidade sindical os preceitos das leis de proteção do trabalho e de previdência social, inclusive o direito de associação em sindicato.

- § 2º incluído pela Lei 11.295/2006.

Art. 527. Na sede de cada sindicato haverá um livro de registro, autenticado pelo funcionário competente do Ministério do Trabalho, Indústria e Comércio, e do qual deverão constar:

- Art. 8º, I, da CF.

a) tratando-se de sindicato de empregadores; a firma, individual ou coletiva, ou a denominação das empresas e sua sede, o nome, idade, estado civil, nacionalidade e residência dos respectivos sócios ou, em se tratando de sociedade por ações, dos diretores, bem como a indicação desses dados quanto ao sócio ou diretor que representar a empresa no sindicato;

b) tratando-se de sindicato de empregados ou de agentes ou trabalhadores autônomos ou de profissionais liberais, alem do nome, idade, estado civil, nacionalidade, profissão ou função e residência de cada associado, o estabelecimento ou lugar onde exerce a sua profissão ou função, o número e a série da respectiva carteira profissional e o número da inscrição na instituição de previdência a que pertencer.

Art. 528. Ocorrendo dissídio ou circunstâncias que perturbem o funcionamento de entidade sindical ou motivos relevantes de segurança nacional, o Ministro do Trabalho e Previdência Social poderá nela intervir, por intermédio de Delegado ou de Junta Interventora, com atribuições para administrá-la e executar ou propor as medidas necessárias para normalizar-lhe o funcionamento.

- Art. 528 com a redação dada pelo Dec.-lei 3/1966.

SEÇÃO IV
DAS ELEIÇÕES SINDICAIS

Art. 529. São condições para o exercício do direito do voto como para a investidura em cargo de administração ou representação econômica ou profissional:

- Art. 8º, VII da CF.

a) ter o associado mais de seis meses de inscrição no Quadro Social e mais de 2 (dois) anos de exercício da atividade ou da profissão;

- Alínea a com a redação dada pelo Dec.-lei 8.080/1945.

b) ser maior de 18 (dezoito) anos;

c) estar no gozo dos direitos sindicais.

Parágrafo único. É obrigatório aos associados o voto nas eleições sindicais.

- Parágrafo único incluído pelo Dec.-lei 229/1967.

Art. 530. Não podem ser eleitos para cargos administrativos ou de representação econômica ou profissional, nem permanecer no exercício desses cargos:

- *Caput* com a redação dada pelo Dec.-lei 229/1967.

I - os que não tiverem definitivamente aprovadas as suas contas de exercício em cargos de administração;

II - os que houverem lesado o patrimônio de qualquer entidade sindical;

III - os que não estiverem, desde dois (2) anos antes, pelo menos, no exercício efetivo da atividade ou da profissão dentro da base territorial do sindicato, ou no desempenho de representação econômica ou profissional;

IV - os que tiverem sido condenados por crime doloso enquanto persistirem os efeitos da pena;

V - os que não estiverem no gozo de seus direitos políticos;

- Incisos I a V com a redação da pelo Decreto-lei 229/1967.

VI - (Revogado pela Lei 8.865/1994.)

VII - má conduta, devidamente comprovada;

- Incisos VII incluído pelo Dec.-lei 507/1969.

VIII - (Revogado pela Lei 8.865/1994.)

Parágrafo único. (Revogado pela Lei 2.693/1955.)

Art. 531. Nas eleições para cargos de diretoria e do conselho fiscal serão considerados eleitos os candidatos que obtiverem maioria absoluta de votos em relação ao total dos associados eleitores.

§ 1º Não concorrendo à primeira convocação maioria absoluta de eleitores, ou não obtendo nenhum dos candidatos essa maioria, proceder-se-á à nova convocação para dia posterior, sendo então considerados eleitos os candidatos que obtiverem maioria dos eleitores presentes.

§ 2º Havendo somente uma chapa registrada para as eleições, poderá a assembleia em última convocação ser realizada duas horas após à primeira convocação desde que do edital respectivo conste essa advertência.

§ 3º Concorrendo mais de uma chapa poderá o Ministério do Trabalho, Indústria e Comércio designar o presidente da sessão eleitoral, desde que o requeiram os associados que encabeçarem as respectivas chapas.

- § 3º com a redação dada pelo Dec.-lei 8.080/1945.

§ 4º O ministro do Trabalho, Indústria e Comércio expedirá instruções regulando o processo das eleições.

Art. 532. As eleições para a renovação da Diretoria e do Conselho Fiscal deverão ser procedidas dentro do prazo máximo de 60 (sessenta) dias e mínimo de 30 (trinta) dias, antes do término do mandato dos dirigentes em exercício.

- *Caput* com a redação dada pelo Dec.-lei 8.080/1945.

§ 1º Não havendo protesto na ata da assembleia eleitoral ou recurso interposto por algum dos candidatos, dentro de 15 dias a contar da data das eleições, a posse da diretoria eleita independerá da aprovação das eleições pelo Ministério do Trabalho, Indústria e Comércio.

§ 2º Competirá, à diretoria em exercício, dentro de 30 dias da realização das eleições" e não tendo havido recurso, dar publicidade ao resultado do pleito, fazendo comunicação ao órgão local do Ministério do Trabalho, Indústria e Comércio, da relação dos eleitos, com os dados pessoais de cada um e a designação da função que vai exercer.

§ 3º Havendo protesto na ata da assembleia eleitoral ou recurso interposto dentro de 15 dias da realização das eleições, competirá a diretoria em exercício encaminhar, devidamente instruído, o processo eleitoral ao órgão local do Ministério do Trabalho, Indústria e Comércio, que o encaminhará para decisão do Ministro de Estado. Nesta hipótese, permanecerão na administração até despacho final do processo a diretoria e o conselho fiscal que se encontrarem em exercício.

§ 4º Não se verificando as hipóteses previstas no parágrafo anterior, a posse da nova diretoria deverá se verificar dentro de 30 dias subsequentes ao término do mandato da anterior.

- §§ 1º a 4º com a redação dada pelo Dec.-lei 8.080/1945.

§ 5º Ao assumir o cargo, o eleito prestará, por escrito e solenemente, o compromisso de respeitar, no exercício do mandato, a Constituição, as leis vigentes e os estatutos da entidade.

‣ § 5º incluído pelo Dec.-lei 229/1967.

SEÇÃO V
DAS ASSOCIAÇÕES SINDICAIS DE GRAU SUPERIOR

Art. 533. Constituem associações sindicais de grau superior as federações e confederações organizadas nos termos desta Lei.

Art. 534. É facultado aos Sindicatos, quando em número não inferior a 5 (cinco), desde que representem a maioria absoluta de um grupo de atividades ou profissões idênticas, similares ou conexas, organizarem-se em federação.

§ 1º Se já existir federação no grupo de atividades ou profissões em que deva ser constituída a nova entidade, a criação desta não poderá reduzir a menos de 5 (cinco) o número de Sindicatos que àquela devam continuar filiados.

§ 2º As federações serão constituídas por Estados, podendo o Ministro do Trabalho, Indústria e Comércio autorizar a constituição de Federações interestaduais ou nacionais.

§ 3º É permitido a qualquer federação, para o fim de lhes coordenar os interesses, agrupar os Sindicatos de determinado município ou região a ela filiados; mas a união não terá direito de representação das atividades ou profissões agrupadas.

‣ Art. 534 com a redação dada pela Lei 3.265/1957.

Art. 535. As Confederações organizar-se-ão com o mínimo de 3 (três) federações e terão sede na Capital da República.

§ 1º As confederações formadas por federações de Sindicatos de empregadores denominar-se-ão: Confederação Nacional da Indústria, Confederação Nacional do Comércio, Confederação Nacional de Transportes Marítimos, Fluviais e Aéreos, Confederação Nacional de Transportes Terrestres, Confederação Nacional de Comunicações e Publicidade, Confederação Nacional das Empresas de Crédito e Confederação Nacional de Educação e Cultura.

§ 2º As confederações formadas por federações de Sindicatos de empregados terão a denominação de: Confederação Nacional dos Trabalhadores na Indústria, Confederação Nacional dos Trabalhadores no Comércio, Confederação Nacional dos Trabalhadores em Transportes Marítimos, Fluviais e Aéreos, Confederação Nacional dos Trabalhadores em Transportes Terrestres, Confederação Nacional dos Trabalhadores em Comunicações e Publicidade, Confederação Nacional dos Trabalhadores nas Empresas de Crédito e Confederação Nacional dos Trabalhadores em Estabelecimentos de Educação e Cultura.

§ 3º Denominar-se-á Confederação Nacional das Profissões Liberais a reunião das respectivas federações.

§ 4º As associações sindicais de grau superior da Agricultura e Pecuária serão organizadas na conformidade do que dispuser a lei que regular a sindicalização dessas atividades ou profissões.

Art. 536. (Revogado pelo Dec.-lei 229/1967.)

Art. 537. O pedido de reconhecimento de uma federação será dirigido ao ministro do Trabalho, Indústria e Comércio, acompanhado de um exemplar dos respectivos estatutos e das cópias autenticadas das atas da assembleia de cada sindicato ou federação que autorizar a filiação.

§ 1º A organização das federações e confederações obedecerá às exigências contidas nas alíneas b e c do art. 515.

§ 2º A carta de reconhecimento das federações será expedida pelo ministro do Trabalho, Indústria e Comércio, na qual será especificada a coordenação econômica ou profissional conferida e mencionada a base territorial outorgada.

§ 3º O reconhecimento das confederações será feito por decreto do Presidente da República.

Art. 538. A administração das federações e confederações será exercida pelos seguintes órgãos:

‣ *Caput* com a redação dada pela Lei 2.693/1955.

a) Diretoria;

b) Conselho de Representantes;

c) Conselho Fiscal.

‣ Alíneas a a c com a redação dada pela Lei 2.693/1955.

§ 1º A Diretoria será constituída no mínimo de 3 (três) membros e de 3 (três) membros se comporá o Conselho Fiscal, os quais serão eleitos pelo Conselho de Representantes com mandato por 3 (três) anos.

‣ § 1º com a redação dada pelo Dec.-lei 771/1969.

§ 2º Só poderão ser eleitos os integrantes dos grupos das federações ou dos planos das confederações, respectivamente.

‣ § 2º com a redação dada pela Lei 2.693/1955.

§ 3º O Presidente da federação ou confederação será escolhido dentre os seus membros, pela Diretoria.

‣ § 3º com a redação dada pela Lei 2.693/1955.

§ 4º O Conselho de Representantes será formado pelas delegações dos Sindicatos ou das Federações filiadas, constituída cada delegação de 2 (dois) membros, com mandato por 3 (três) anos, cabendo 1 (um) voto a cada delegação.

‣ § 4º com a redação dada pelo Dec.-lei 771/1969.

§ 5º A competência do Conselho Fiscal é limitada à fiscalização da gestão financeira.

‣ § 5º com a redação dada pela Lei 2.693/1955.

Art. 539. Para a constituição e administração das Federações serão observadas, no que for aplicável, as disposições das Seções II e III do presente Capítulo.

SEÇÃO VI
DOS DIREITOS DOS EXERCENTES DE ATIVIDADES OU PROFISSÕES E DOS SINDICALIZADOS

Art. 540. A toda empresa, ou indivíduo que exerçam respectivamente atividade ou profissão, desde que satisfaçam as exigências desta lei, assiste o direito de ser admitido no sindicato da respectiva categoria.

§ 1º Perderá os direitos de associado o sindicalizado que, por qualquer motivo, deixar o exercício de atividade ou de profissão.

§ 2º Os associados de Sindicatos de empregados, de agentes ou trabalhadores autônomos e de profissões liberais que forem aposentados, estiverem em desemprego ou falta de trabalho ou tiverem sido convocados para prestação de serviço militar não perderão os respectivos direitos sindicais e ficarão isentos de qualquer contribuição, não podendo, entretanto, exercer cargo de administração sindical ou de representação econômica ou profissional.

Art. 541. Os que exercerem determinada atividade ou profissão onde não haja Sindicato da respectiva categoria, ou de atividade ou profissão similar ou conexa, poderão filiar-se a Sindicato de profissão idêntica, similar ou conexa, existente na localidade mais próxima.

Parágrafo único. O disposto neste artigo se aplica aos Sindicatos em relação às respectivas federações, na conformidade do Quadro de Atividades e Profissões a que se refere o art. 577.

Art. 542. De todo o ato lesivo de direitos ou contrário a esta lei, emanado da Diretoria, do Conselho ou da Assembleia-Geral da entidade sindical, poderá qualquer exercente de atividade ou profissão recorrer, dentro de 30 dias, para a autoridade competente do Ministério do Trabalho, Indústria e Comércio.

Art. 543. O empregado eleito para cargo de administração sindical ou representação profissional, inclusive junto a órgão de deliberação coletiva, não poderá ser impedido do exercício de suas funções, nem transferido para lugar ou mister que lhe dificulte ou torne impossível o desempenho das suas atribuições sindicais.

‣ *Caput* com a redação dada pelo Dec.-lei 229/1967.

‣ Art. 11 da CF.

§ 1º O empregado perderá o mandato se a transferência for por ele solicitada ou voluntariamente aceita.

§ 2º Considera-se de licença não remunerada, salvo assentimento da empresa ou cláusula contratual, o tempo em que o empregado se ausentar do trabalho no desempenho das funções a que se refere este artigo.

‣ §§ 1º e 2º com a redação dada pelo Dec.-lei 229/1967.

§ 3º Fica vedada a dispensa do empregado sindicalizado ou associado, a partir do momento do registro de sua candidatura a cargo de direção ou representação de entidade sindical ou de associação profissional, até 1 (um) ano após o final do seu mandato, caso seja eleito inclusive como suplente, salvo se cometer falta grave devidamente apurada nos termos desta Consolidação.

- § 3º com a redação dada pela Lei 7.543/1986 (Política Nacional do Cooperativismo).
- Art. 8º, VIII, da CF.
- Art. 55 da Lei 5.764/1971.
- Súm. 197 do STF.
- Súm. 369 e 379 do TST.
- OJs 365 e 369 da SDI-1 do TST.
- OJs 65, 137 e 142 da SDI-2 do TST.

§ 4º Considera-se cargo de direção ou de representação sindical aquele cujo exercício ou indicação decorre de eleição prevista em lei.

- § 4º com a redação dada pela Lei 7.223/1984.

§ 5º Para os fins deste artigo, a entidade sindical comunicará por escrito à empresa, dentro de 24 (vinte e quatro) horas, o dia e a hora do registro da candidatura do seu empregado e, em igual prazo, sua eleição e posse, fornecendo, outrossim, a este, comprovante no mesmo sentido. O Ministério do Trabalho e Previdência Social fará no mesmo prazo a comunicação no caso da designação referida no final do § 4º. (Incluído pelo Dec.-lei 229/1967)

- Súm. 369, I, do TST.

§ 6º A empresa que, por qualquer modo, procurar impedir que o empregado se associe a sindicato, organize associação profissional ou sindical ou exerça os direitos inerentes à condição de sindicalizado fica sujeita à penalidade prevista na letra a do art. 553, sem prejuízo da reparação a que tiver direito o empregado. (Incluído pelo Dec.-lei 229/1967)

Art. 544. É livre a associação profissional ou sindical, mas ao empregado sindicalizado é assegurada, em igualdade de condições, preferência:

- *Caput* com a redação dada pelo Dec.-lei 229/1967.
- Arts. 5º, XX, e 8º, V, da CF.

I - para a admissão nos trabalhos de empresa que explore serviços públicos ou mantenha contrato com os poderes públicos;

II - para ingresso em funções públicas ou assemelhadas, em caso de cessação coletiva de trabalho, por motivo de fechamento de estabelecimento;

III - nas concorrências para aquisição de casa própria, pelo Plano Nacional de Habitação ou por intermédio de quaisquer instituições públicas;

IV - nos loteamentos urbanos ou rurais, promovidos pela União, por seus órgãos de administração direta ou indireta ou sociedades de economia mista;

V - na locação ou compra de imóveis, de propriedade de pessoa de direito público ou sociedade de economia mista, quando sob ação de despejo em tramitação judicial;

VI - na concessão de empréstimos simples concedidos pelas agências financeiras do Governo ou a ele vinculadas;

VII - na aquisição de automóveis, outros veículos e instrumentos relativos ao exercício da profissão, quando financiados pelas autarquias, sociedades de economia mista ou agências financeiras do Governo;

- Incisos I a VII com a redação dada pelo Dec.-lei 229/1967.

VIII - (Revogado pela Lei 8.630/1993.)

IX - na concessão de bolsas de estudo para si ou para seus filhos, obedecida a legislação que regule a matéria.

- Inciso IX com a redação dada pelo Dec.-lei 229/1967.

Art. 545. Os empregadores ficam obrigados a descontar da folha de pagamento dos seus empregados, desde que por eles devidamente autorizados, as contribuições devidas ao sindicato, quando por este notificados. (Redação dada pela Lei 13.467/2017.)

- Art. 8º, IV, da CF.
- OJ 17 da SDC.
- Precedente Normativo 119 do TST.

Parágrafo único. O recolhimento à entidade sindical beneficiária do importe descontado deverá ser feito até o décimo dia subsequente ao do desconto, sob pena de juros de mora no valor de 10% (dez por cento) sobre o montante retido, sem prejuízo da multa prevista no art. 553 e das cominações penais relativas à apropriação indébita. (Parágrafo único incluído pelo Dec.-lei 925/1969)

Art. 546. Às empresas sindicalizadas é assegurada preferência, em igualdade de condições, nas concorrências para exploração de serviços públicos, bem como nas concorrências para fornecimento às repartições federais, estaduais e municipais e às entidades paraestatais.

Art. 547. É exigida a qualidade de sindicalizado para o exercício de qualquer função representativa de categoria econômica ou profissional, em órgão oficial de deliberação coletiva, bem como para o gozo de favores ou isenções tributárias, salvo em se tratando de atividades não econômicas.

Parágrafo único. Antes da posse ou exercício das funções a que alude o artigo anterior ou de concessão dos favores será indispensável comprovar a sindicalização, ou oferecer prova, mediante certidão negativa no Departamento Nacional do Trabalho, no Distrito Federal, ou da autoridade regional do Ministério do Trabalho, Indústria e Comércio, nos Estados e no Território do Acre, de que não existe sindicato no local onde o interessado exerce a respectiva atividade ou profissão.

- Arts. 5º, XX e 8º, V, da CF.

SEÇÃO VII
DA GESTÃO FINANCEIRA DO SINDICATO E SUA FISCALIZAÇÃO

Art. 548. Constituem o patrimônio das associações sindicais:

a) as contribuições devidas aos Sindicatos pelos que participem das categorias econômicas ou profissionais ou das profissões liberais representadas pelas referidas entidades, sob a denominação de imposto sindical, pagas e arrecadadas na forma do Capítulo III deste Título;

- Art. 35, V, do Dec.-lei 229/1967.

b) as contribuições dos associados, na forma estabelecida nos estatutos ou pelas Assembleias-Gerais;

c) os bens e valores adquiridos e as rendas produzidas pelos mesmos;

d) as doações e legados;

e) as multas e outras rendas eventuais.

Art. 549. A receita dos sindicatos, federações e confederações só poderá ter aplicação na forma prevista nos respectivos orçamentos anuais, obedecidas as disposições estabelecidas na lei e nos seus estatutos.

§ 1º Para alienação, locação ou aquisição de bens imóveis, ficam as entidades sindicais obrigadas a realizar avaliação prévia pela Caixa Econômica Federal ou pelo Banco Nacional da Habitação ou, ainda, por qualquer outra organização legalmente habilitada a tal fim.

§ 2º Os bens imóveis das entidades sindicais não serão alienados sem a prévia autorização das respectivas assembleias-gerais, reunidas com a presença da maioria absoluta dos associados com direito a voto ou dos Conselhos de Representantes com a maioria absoluta dos seus membros.

§ 3º Caso não seja obtido o quorum estabelecido no parágrafo anterior, a matéria poderá ser decidida em nova assembleia-geral, reunida com qualquer número de associados com direito a voto, após o transcurso de 10 (dez) dias da primeira convocação.

§ 4º Nas hipóteses previstas no § 2º e 3º a decisão somente terá validade se adotada pelo mínimo de 2/3 (dois terços) dos presentes, em escrutínio secreto.

§ 5º Da deliberação da assembleia-geral, concernente à alienação de bens imóveis, caberá recurso voluntário, dentro do prazo de 15 (quinze) dias, ao Ministro do Trabalho, com efeito suspensivo.

§ 6º A venda do imóvel será efetuada pela diretoria da entidade, após a decisão da Assembleia-Geral ou do Conselho de Representantes, mediante concorrência pública, com edital publicado no Diário oficial da União e na imprensa diária, com antecedência mínima de 30 (trinta) dias da data de sua realização.

§ 7º Os recursos destinados ao pagamento total ou parcelado dos bens imóveis adquiridos serão consignados, obrigatoriamente, nos orçamentos anuais das entidades sindicais.

- Art. 549 com a redação dada pela Lei 6.386/1976.

Art. 550. Os orçamentos das entidades sindicais serão aprovados, em escrutínio secreto, pelas respectivas Assembleias-Gerais ou Conselho de Representantes, até 30 (trinta) dias antes do início do exercício financeiro a que se referem, e conterão a discriminação da receita e da despesa, na forma das instruções e modelos expedidos pelo Ministério do Trabalho.

§ 1º Os orçamentos, após a aprovação prevista no presente artigo, serão publicados, em resumo, no prazo de 30 (trinta) dias, contados da data da realização da respectiva Assembleia-Geral ou da reunião do Conselho de Representantes, que os aprovou, observada a seguinte sistemática:

a) no Diário oficial da União – Seção I – Parte II, os orçamentos das confederações, federações e sindicatos de base interestadual ou nacional;

b) no órgão de imprensa oficial do Estado ou Território ou jornal de grande circulação local, os orçamentos das federações estaduais e sindicatos distritais municipais, intermunicipais e estaduais.

▸ Dec. 9.215/2017 (Publicação de atos oficiais no DOU.)

§ 2º As dotações orçamentárias que se apresentarem insuficientes para o atendimento das despesas, ou não incluídas nos orçamentos correntes, poderão ser ajustadas ao fluxo dos gastos, mediante a abertura de créditos adicionais solicitados pela Diretoria da entidade às respectivas Assembleias-Gerais ou Conselhos de Representantes, cujos atos concessórios serão publicados até o último dia do exercício correspondente, obedecida a mesma sistemática prevista no parágrafo anterior.

§ 3º Os créditos adicionais classificam-se em:

a) suplementares, os destinados a reforçar dotações alocadas no orçamento; e

b) especiais, os destinados a incluir dotações no orçamento, a fim de fazer face às despesas para as quais não se tenha consignado crédito específico.

§ 4º A abertura dos créditos adicionais depende da existência de receita para sua compensação, considerando-se, para esse efeito, desde que não comprometidos:

a) o superávit financeiro apurado em balanço do exercício anterior;

b) o excesso de arrecadação, assim entendido o saldo positivo da diferença entre a renda prevista e a realizada, tendo-se em conta, ainda, a tendência do exercício; e

c) a resultante da anulação parcial ou total de dotações alocadas no orçamento ou de créditos adicionais abertos no exercício.

§ 5º Para efeito orçamentário e contábil sindical, o exercício financeiro coincidirá com o ano civil, a ele pertencendo todas as receitas arrecadadas e as despesas compromissadas.

▸ Art. 550 com a redação dada pela Lei 6.386/1976.

Art. 551. Todas as operações de ordem financeira e patrimonial serão evidenciadas pelos registros contábeis das entidades sindicais, executados sob a responsabilidade de contabilista legalmente habilitado, em conformidade com o plano de contas e as instruções baixadas pelo Ministério do Trabalho.

§ 1º A escrituração contábil a que se refere este artigo será baseada em documentos de receita e despesa, que ficarão arquivados nos serviços de contabilidade, à disposição dos órgãos responsáveis pelo acompanhamento administrativo e da fiscalização financeira da própria entidade, ou do controle que poderá ser exercido pelos órgãos da União, em face da legislação específica.

§ 2º Os documentos comprobatórios dos atos de receita e despesa, a que se refere o parágrafo anterior, poderão ser incinerados, após decorridos 5 (cinco) anos da data de quitação das contas pelo órgão competente.

§ 3º É obrigatório o uso do livro Diário, encadernado, como folhas seguida e tipograficamente numeradas, para a escrituração, pelo método das partidas dobradas, diretamente ou por reprodução, dos atos ou operações que modifiquem ou venham a modificar a situação patrimonial da entidade, o qual conterá, respectivamente, na primeira e na última páginas, os termos de abertura e de encerramento.

§ 4º A entidade sindical que se utilizar de sistema mecânico ou eletrônico para sua escrituração contábil, poderá substituir o Diário e os livros facultativos ou auxiliares por fichas ou formulários contínuos, cujos lançamentos deverão satisfazer a todos os requisitos e normas de escrituração exigidos com relação aos livros mercantis, inclusive no que respeita a termos de abertura e de encerramento e numeração sequencial e tipográfica.

§ 5º Na escrituração por processos de fichas ou formulários contínuos, a entidade adotará livro próprio para inscrição do balanço patrimonial e da demonstração do resultado do exercício, o qual conterá os mesmos requisitos exigidos para os livros de escrituração.

§ 6º Os livros e fichas ou formulários contínuos serão obrigatoriamente submetidos a registro e autenticação das Delegacias Regionais do Trabalho localizadas na base territorial da entidade.

§ 7º As entidades sindicais manterão registro específico dos bens de qualquer natureza, de sua propriedade, em livros ou fichas próprias, que atenderão às mesmas formalidades exigidas para o livro Diário, inclusive no que se refere ao registro e autenticação da Delegacia Regional do Trabalho local.

§ 8º As contas dos administradores das entidades sindicais serão aprovadas, em escrutínio secreto, pelas respectivas Assembleias-Gerais ou Conselhos de Representantes, com prévio parecer do Conselho Fiscal, cabendo ao Ministro do Trabalho estabelecer prazos e procedimentos para a sua elaboração e destinação.

▸ Art. 551 com a redação dada pela Lei 6.386/1976.

Art. 552. Os atos que importem em malversação ou dilapidação do patrimônio das associações ou entidades sindicais ficam equiparados ao crime de peculato julgado e punido na conformidade da legislação penal.

▸ Art. 552 com a redação dada pelo Dec.-lei 925/1969.

SEÇÃO VIII
DAS PENALIDADES

Art. 553. As infrações ao disposto neste Capítulo serão punidas, segundo o seu caráter e a sua gravidade, com as seguintes penalidades:

a) multa de Cr$ 100 (cem cruzeiros) e 5.000 (cinco mil cruzeiros), dobrada na reincidência;

▸ Art. 19 da Lei 5.584/1970 (Normas de Direito Processual do Trabalho.)

b) suspensão de diretores por prazo não superior a 30 (trinta) dias;

c) destituição de diretores ou de membros de conselho;

d) fechamento de Sindicato, Federação ou Confederação por prazo nunca superior a 6 (seis) meses;

e) cassação da carta de reconhecimento;

f) multa de 1/30 (um trinta avos) do salário mínimo regional, aplicável ao associado que deixar de cumprir sem causa justificada, o disposto no parágrafo único do artigo 529.

▸ Alínea f incluída pelo Dec.-lei 229/1967.

§ 1º A imposição de penalidades aos administradores não exclui a aplicação das que este artigo prevê para a associação.

▸ Parágrafo único renumerado pelo Dec.-lei 925/1969.

§ 2º Poderá o Ministro do Trabalho e Previdência Social determinar o afastamento preventivo de cargo ou representação sindicais de seus exercentes, com fundamento em elementos constantes de denúncia formalizada que constituam indício veemente ou início de prova bastante do fato e da autoria denunciados.

▸ § 2º incluído pelo Dec.-lei 925/1969.

Art. 554. Destituída a administração na hipótese da alínea c do artigo anterior, o ministro do Trabalho, Indústria e Comércio nomeará um delegado para dirigir a associação e proceder, dentro do prazo de 90 dias, em assembleia-geral por ele convocada e presidida, à eleição dos novos diretores e membros do Conselho Fiscal.

▸ Art. 5º, XIX, da CF.

Art. 555. A pena de cassação da carta de reconhecimento será imposta à entidade sindical:

▸ Art. 5º, XIX, da CF.

a) que deixar de satisfazer as condições de constituição e funcionamento estabelecidas nesta Lei;

b) que se recusar ao cumprimento de ato do Presidente da República, no uso da faculdade conferida pelo art. 536;

▸ O referido art. 536 foi revogado pelo Dec.-lei 229/1967.

c) que criar obstáculos à execução da política econômica adotada pelo Governo.

› Alínea c com a redação dada pelo Dec.-lei 8.080/1945.

Art. 556. A cassação da carta de reconhecimento da entidade sindical não importará no cancelamento de seu registro, nem, consequentemente, a sua dissolução, que se processará de acordo com as disposições da lei que regulam a dissolução das associações civis.

Parágrafo único. No caso de dissolução, por se achar a associação incursa nas leis que definem crimes contra a personalidade internacional, a estrutura e a segurança do Estado e a ordem política e social, os seus bens, pagas as dívidas decorrentes das suas responsabilidades, serão incorporados ao patrimônio da União e aplicados em obras de assistência social.

Art. 557. As penalidades de que trata o art. 553 serão impostas:

a) as das alíneas a e b, pelo diretor-geral do Departamento Nacional do Trabalho, com recurso para o ministro de Estado;

b) as demais, pelo ministro de Estado.

§ 1º Quando se trata de associações de grau superior, as penalidades serão impostas pelo ministro de Estado, salvo se a pena for da cassação da carta de reconhecimento de confederação, caso em que a pena será imposta pelo Presidente da República.

§ 2º Nenhuma pena será imposta sem que seja assegurada defesa ao acusado.

SEÇÃO IX
DISPOSIÇÕES GERAIS

Art. 558. São obrigadas ao registro todas as associações profissionais constituídas por atividades ou profissões idênticas, similares ou conexas, de acordo com o art. 511 e na conformidade do Quadro de Atividades e Profissões a que alude o Capítulo II deste Título. As associações profissionais registradas nos termos deste artigo poderão representar, perante as autoridades administrativas e judiciárias, os interesses individuais dos associados relativos à sua atividade ou profissão, sendo-lhes também extensivas as prerrogativas contidas na alínea "d" e no parágrafo único do art. 513.

§ 1º O registro a que se refere o presente artigo competirá às Delegacias Regionais do Ministério do Trabalho e Previdência Social ou às repartições autorizadas em virtude da lei.

› § 1º com a redação dada pelo Dec.-lei 925/1969.

§ 2º O registro das associações far-se-á mediante requerimento, acompanhado da cópia autêntica dos estatutos e da declaração do número de associados, do patrimônio e dos serviços sociais organizados.

§ 3º As alterações dos estatutos das associações profissionais não entrarão em vigor sem aprovação da autoridade que houver concedido o respectivo registro.

Art. 559. O Presidente da República, excepcionalmente e mediante proposta do Ministro do Trabalho, fundada em razões de utilidade pública, poderá conceder, por decreto, às associações civis constituídas para a defesa e coordenação de interesses econômicos e profissionais e não obrigadas ao registro previsto no artigo anterior, a prerrogativa da alínea "d" do art. 513 deste Capítulo.

Art. 560. Não se reputará transmissão de bens, para efeitos fiscais, a incorporação do patrimônio de uma associação profissional ao da entidade sindical, ou das entidades aludidas entre si.

Art. 561. A denominação "sindicato" é privativa das associações profissionais de primeiro grau, reconhecidas na forma desta Lei.

Art. 562. As expressões "federação" e "confederação", seguidas da designação de uma atividade econômica ou profissional, constituem denominações privativas das entidades sindicais de grau superior.

Art. 563. (Revogado pelo Dec.-lei 925/1969.)

Art. 564. Às entidades sindicais, sendo-lhes peculiar e essencial a atribuição representativa e coordenadora das correspondentes categorias ou profissões, é vedado, direta ou indiretamente, o exercício de atividade econômica.

Art. 565. As entidades sindicais reconhecidas nos termos desta Lei não poderão filiar-se a organizações internacionais, nem com elas manter relações, sem prévia licença concedida por decreto do Presidente da República.

› Art. 565 com a redação dada pela Lei 2.802/1956.

Art. 566. Não podem sindicalizar-se os servidores do Estado e os das instituições paraestatais.

Parágrafo único. Excluem-se da proibição constante deste artigo os empregados das sociedades de economia mista, da Caixa Econômica Federal e das fundações criadas ou mantidas pelo Poder Público da União, dos Estados e Municípios.

› Parágrafo com a redação dada pela Lei 7.449/1985.

Arts. 567 a 569. (Revogados pelo Dec.-lei 229/1967.)

CAPÍTULO II
DO ENQUADRAMENTO SINDICAL

Art. 570. Os sindicatos constituir-se-ão, normalmente, por categorias econômicas ou profissionais, específicas, na conformidade da discriminação do quadro das atividades e profissões a que se refere o art. 577 ou segundo as subdivisões que, sob proposta da Comissão do Enquadramento Sindical, de que trata o art. 576, forem criadas pelo ministro do Trabalho, Indústria e Comércio.

› Súm. 374 do TST.

› OJ 9 da SDC do TST.

Parágrafo único. Quando os exercentes de quaisquer atividades ou profissões se constituírem, seja pelo número reduzido, seja pela natureza mesma dessas atividades ou profissões, seja pelas afinidades existentes entre elas, em condições tais que não se possam sindicalizar eficientemente pelo critério de especificidade de categoria, é-lhes permitido sindicalizar-se pelo critério de categorias similares ou conexas, entendendo-se como tais as que se acham compreendidas nos limites de cada grupo constante do Quadro de Atividades e Profissões.

Art. 571. Qualquer das atividades ou profissões concentradas na forma do parágrafo único do artigo anterior poderá dissociar-se do sindicato principal, formando um sindicato específico, desde que o novo sindicato, a juízo da Comissão do Enquadramento Sindical, ofereça possibilidade de vida associativa regular e de ação sindical eficiente.

Art. 572. Os sindicatos que se constituírem por categorias similares ou conexas, nos termos do parágrafo único do art. 570, adotarão denominação em que fiquem, tanto como possível, explicitamente mencionadas as atividades ou profissões concentradas, de conformidade com o quadro das atividades e profissões, ou se se tratar de subdivisões, de acordo com o que determinar a Comissão do Enquadramento Sindical.

Parágrafo único. Ocorrendo a hipótese do artigo anterior, o Sindicato principal terá a denominação alterada, eliminando-se-lhe a designação relativa à atividade ou profissão dissociada.

Art. 573. O agrupamento dos Sindicatos em Federações obedecerá às mesmas regras que as estabelecidas neste Capítulo para o agrupamento das atividades e profissões em Sindicatos.

Parágrafo único. As Federações de Sindicatos de profissões liberais poderão ser organizadas independentemente do grupo básico da Confederação, sempre que as respectivas profissões se acharem submetidas, por disposições de lei, a um único regulamento.

› § 1º renumerado para parágrafo único pelo Dec.-lei 229/1967.

Art. 574. Dentro da mesma base territorial, as empresas Industriais do tipo artesanal poderão constituir entidades sindicais, de primeiro e segundo graus, distintas das associações sindicais das empresas congêneres, de tipo diferente.

Parágrafo único. Compete à Comissão de Enquadramento Sindical definir, de modo genérico, com a aprovação do ministro do Trabalho, Indústria e Comércio, a dimensão e os demais característicos das empresas Industriais de tipo artesanal.

Art. 575. O quadro de atividades e profissões será revisto de dois em dois anos, por proposta da Comissão do Enquadramento Sindical, para o fim de ajustá-lo às condições da estrutura econômica e profissional do país.

§ 1º Antes de proceder à revisão do Quadro, a Comissão deverá solicitar sugestões às entidades sindicais e às associações profissionais.

§ 2º A proposta de revisão será submetida à aprovação do Ministro do Trabalho, Indústria e Comércio.

Art. 576. A Comissão do Enquadramento Sindical será constituída pelo Diretor-Geral do Departamento Nacional do Trabalho, que a presidirá, e pelos seguintes membros:

› *Caput* com a redação dada pela Lei 5.819/1972.

I - 2 (dois) representantes do Departamento Nacional do Trabalho;

II - 1 (um) representante do Departamento Nacional de Mão de Obra;

III - 1 (um) representante do Instituto Nacional de Tecnologia, do Ministério da Indústria e do Comércio;

IV - 1 (um) representante do Instituto Nacional de Colonização e Reforma Agrária, do Ministério da Agricultura;

V - 1 (um) representante do Ministério dos Transportes;

VI - 2 (dois) representantes das categorias econômicas; e

VII - 2 (dois) representantes das categorias profissionais.

› Incisos I a VII com a redação dada pela Lei 5.819/1972.

§ 1º Os membros da CES serão designados pelo Ministro do Trabalho e Previdência Social, mediante.

a) indicação dos titulares das Pastas, quanto aos representantes dos outros Ministérios;

b) indicação do respectivo Diretor-Geral, quanto ao do DNMO;

c) eleição pelas respectivas Confederações, em conjunto, quanto aos representantes das categorias econômicas e profissionais, de acordo com as instruções que forem expedidas pelo Ministro do Trabalho e Previdência Social.

§ 2º Cada Membro terá um suplente designado juntamente com o titular.

› §§ 1º e 2º com a redação dada pelo Dec.-lei 229/1967.

§ 3º Será de 3 (três) anos o mandato dos representantes das categorias econômica e profissional.

› § 3º com a redação dada pelo Dec.-lei 925/1969.

§ 4º Os integrantes da Comissão perceberão a gratificação de presença que for estabelecida por decreto executivo.

› § 4º com a redação dada pelo Dec.-lei 229/1967.

§ 5º Em suas faltas ou impedimentos o Diretor-Geral do DNT será substituído na presidência pelo Diretor substituto do Departamento ou pelo representante deste na Comissão, nesta ordem.

› § 5º com a redação dada pelo Dec.-lei 506/1969.

§ 6º Além das atribuições fixadas no presente Capítulo e concernentes ao enquadramento sindical, individual ou coletivo, e à classificação das atividades e profissões, competirá também à CES resolver, com recurso para o Ministro do Trabalho e Previdência Social, todas as dúvidas e controvérsias concernentes à organização sindical.

› § 6º com a redação dada pelo Dec.-lei 229/1967.

Art. 577. O Quadro de Atividades e Profissões em vigor fixará o plano básico do enquadramento sindical.

CAPÍTULO III
DA CONTRIBUIÇÃO SINDICAL

SEÇÃO I
DA FIXAÇÃO E DO RECOLHIMENTO DO IMPOSTO SINDICAL

› O art. 7º da Lei 11.648/2008, determina a vigência dos arts. 578 a 610 desta CLT até que a lei venha a disciplinar a contribuição negocial, vinculada ao exercício efetivo da negociação coletiva e à aprovação em assembleia-geral da categoria.

Art. 578. As contribuições devidas aos sindicatos pelos participantes das categorias econômicas ou profissionais ou das profissões liberais representadas pelas referidas entidades serão, sob a denominação de contribuição sindical, pagas, recolhidas e aplicadas na forma estabelecida neste Capítulo, desde que prévia e expressamente autorizadas. (Artigo com a redação dada pela Lei 13.467/2017.)

› Art. 149, da CF.

› OJ 17 da SDC.

Art. 579. O desconto da contribuição sindical está condicionado à autorização prévia e expressa dos que participarem de uma determinada categoria econômica ou profissional, ou de uma profissão liberal, em favor do sindicato representativo da mesma categoria ou profissão ou, inexistindo este, na conformidade do disposto no art. 591 desta Consolidação.(Artigo com a redação dada pela Lei 13.467/2017.)

Art. 580. A contribuição sindical será recolhida, de uma só vez, anualmente, e consistirá:

› *Caput* com a redação dada pela Lei 6.386/1976.

I - Na importância correspondente à remuneração de um dia de trabalho, para os empregados, qualquer que seja a forma da referida remuneração;

› Inciso I com a redação dada pela Lei 6.386/1976.

II - para os agentes ou trabalhadores autônomos e para os profissionais liberais, numa importância correspondente a 30% (trinta por cento) do maior valor de referência fixado pelo Poder Executivo, vigente à época em que é devida a contribuição sindical, arredondada para Cr$ 1,00 (um cruzeiro) a fração porventura existente;

III - para os empregadores, numa importância proporcional ao capital social da firma ou empresa, registrado nas respectivas Juntas Comerciais ou órgãos equivalentes, mediante a aplicação de alíquotas, conforme a seguinte tabela progressiva:

› Incisos II e III com a redação dada pela Lei 7.047/1982.

	Classe de Capital	Alíquota
1.	até 150 vezes o maior valor de referência	0,8%
2.	acima de 150 até 1.500 vezes o maior valor de referência	0,2%
3.	acima de 1.500 até 150.000 vezes o maior valor de referência	0,1%
4.	acima de 150.000 até 800.000 vezes o maior valor de referência	0,02%

§ 1º A contribuição sindical prevista na tabela constante do item III deste artigo corresponderá à soma da aplicação das alíquotas sobre a porção do capital distribuído em cada classe, observados os respectivos limites.

§ 2º Para efeito do cálculo de que trata a tabela progressiva inserta no item III deste artigo, considerar-se-á o valor de referência fixado pelo Poder Executivo, vigente à data de competência da contribuição, arredondando-se para Cr$ 1,00 (um cruzeiro) a fração porventura existente.

› §§ 1º e 2º com a redação dada pela Lei 6.386/1976.

§ 3º É fixada em 60% (sessenta por cento) do maior valor de referência, a que alude o parágrafo anterior, a contribuição mínima devida pelos empregadores, independentemente do capital social da firma ou empresa, ficando, do mesmo modo, estabelecido o capital equivalente a 800.000 (oitocentas mil) vezes o maior valor de referência, para efeito do cálculo da contribuição máxima, respeitada a Tabela progressiva constante do item III.

› § 3º com a redação dada pela Lei 7.047/1982.

§ 4º Os agentes ou trabalhadores autônomos e os profissionais liberais, organizados em firma ou empresa, com capital social registrado, recolherão a contribuição sindical de acordo com a tabela progressiva a que se refere o item III.

§ 5º As entidades ou instituições que não estejam obrigadas ao registro de capital social, considerarão, como capital, para efeito do cálculo de que trata a tabela progressiva constante do item III deste artigo, o valor resultante da aplicação do percentual de 40% (quarenta por cento) sobre o movimento econômico registrado no exercício imediatamente anterior, do que darão conhecimento à respectiva entidade sindical ou à Delegacia Regional do Trabalho, observados os limites estabelecidos no § 3º deste artigo.

§ 6º Excluem-se da regra do § 5º as entidades ou instituições que comprovarem, através de requerimento dirigido ao Ministério do Trabalho, que não exercem atividade econômica com fins lucrativos.

› §§ 4º a 6º com a redação dada pela Lei 6.386/1976.

Art. 581. Para os fins do item III do artigo anterior, as empresas atribuirão parte do respectivo capital às suas sucursais, filiais ou agências, desde que localizadas fora da base territorial da entidade sindical representativa da atividade econômica do estabelecimento principal, na proporção das correspondentes operações econômicas, fazendo a devida comunicação às Delegacias Regionais do Trabalho, conforme localidade da sede da empresa, sucursais, filiais ou agências.

› *Caput* com a redação dada pela Lei 6.386/1976.

§ 1º Quando a empresa realizar diversas atividades econômicas, sem que nenhuma delas seja preponderante, cada uma dessas atividades será incorporada à respectiva categoria econômica, sendo a contribuição sindical devida à entidade sindical representativa da mesma categoria, procedendo-se, em relação às correspondentes sucursais, agências ou filiais, na forma do presente artigo.

› § 1º com a redação dada pela Lei 6.386/1976.

§ 2º Entende-se por atividade preponderante a que caracterizar a unidade de produto, operação ou objetivo final, para cuja obtenção todas as demais atividades convirjam, exclusivamente em regime de conexão funcional.

› § 2º com a redação dada pela Lei 6.386/1976.

Art. 582. Os empregadores são obrigados a descontar da folha de pagamento de seus empregados relativa ao mês de março de cada ano a contribuição sindical dos empregados que autorizaram prévia e expressamente o seu recolhimento aos respectivos sindicatos. (*Caput* com a redação dada pela Lei 13.467/2017.)

§ 1º Considera-se um dia de trabalho, para efeito de determinação da importância a que alude o item I do Art. 580, o equivalente:

a) a uma jornada normal de trabalho, se o pagamento ao empregado for feito por unidade de tempo;

b) a 1/30 (um trinta avos) da quantia percebida no mês anterior, se a remuneração for paga por tarefa, empreitada ou comissão.

§ 2º Quando o salário for pago em utilidades, ou nos casos em que o empregado receba, habitualmente, gorjetas, a contribuição sindical corresponderá a 1/30 (um trinta avos) da importância que tiver servido de base, no mês de janeiro, para a contribuição do empregado à Previdência Social. (§§ 1º e 2º com a redação dada pela Lei 6.386/1976.)

Art. 583. O recolhimento da contribuição sindical referente aos empregados e trabalhadores avulsos será efetuado no mês de abril de cada ano, e o relativo aos agentes ou trabalhadores autônomos e profissionais liberais realizar-se-á no mês de fevereiro, observada a exigência de autorização prévia e expressa prevista no art. 579 desta Consolidação.

› *Caput* com a redação dada pela Lei 13.467/2017.

§ 1º O recolhimento obedecerá ao sistema de guias, de acordo com as instruções expedidas pelo Ministro do Trabalho.

§ 2º O comprovante de depósito da contribuição sindical será remetido ao respectivo Sindicato; na falta deste, à correspondente entidade sindical de grau superior, e, se for o caso, ao Ministério do Trabalho.

› §§ 1º e 2º com a redação dada pela Lei 6.386/1976.

Art. 584. Servirá de base para o pagamento da contribuição sindical, pelos agentes ou trabalhadores autônomos e profissionais liberais, a lista de contribuintes organizada pelos respectivos sindicatos e, na falta destes, pelas federações ou confederações coordenadoras da categoria.

› Art. 584 com a redação dada pela Lei 6.386/1976.

Art. 585. Os profissionais liberais poderão optar pelo pagamento da contribuição sindical unicamente à entidade sindical representativa da respectiva profissão, desde que a exerça, efetivamente, na firma ou empresa e como tal sejam nelas registrados.

Parágrafo único. Na hipótese referida neste artigo, à vista da manifestação do contribuinte e da exibição da prova de quitação da contribuição, dada por sindicato de profissionais liberais, o empregador deixará de efetuar, no salário do contribuinte, o desconto a que se refere o Art. 582.

› Art. 585 com a redação dada pela Lei 6.386/1976.

Art. 586. A contribuição sindical será recolhida, nos meses fixados no presente Capítulo, à Caixa Econômica Federal, ao Banco do Brasil S. A. ou aos estabelecimentos bancários nacionais integrantes do sistema de arrecadação dos tributos federais, os quais, de acordo com instruções expedidas pelo Conselho Monetário Nacional, repassarão à Caixa Econômica Federal as importâncias arrecadadas.

§ 1º Integrarão a rede arrecadadora as Caixas Econômicas Estaduais, nas localidades onde inexistam os estabelecimentos previstos no *caput* deste artigo.

§ 2º Tratando-se de empregador, agentes ou trabalhadores autônomos ou profissionais liberais o recolhimento será efetuado pelos próprios, diretamente ao estabelecimento arrecadador.

§ 3º A contribuição sindical devida pelos empregados e trabalhadores avulsos será recolhida pelo empregador e pelo sindicato, respectivamente.

› Art. 586 com a redação dada pela Lei 6.386/1976.

Art. 587. Os empregadores que optarem pelo recolhimento da contribuição sindical deverão fazê-lo no mês de janeiro de cada ano, ou, para os que venham a se estabelecer após o referido mês, na ocasião em que requererem às repartições o registro ou a licença para o exercício da respectiva atividade.

› Artigo com a redação dada pela Lei 13.467/2017.

Art. 588. A Caixa Econômica Federal manterá conta corrente intitulada "Depósitos da Arrecadação da Contribuição Sindical", em nome de cada uma das entidades sindicais beneficiadas, cabendo ao Ministério do Trabalho cientificá-la das ocorrências pertinentes à vida administrativa dessas entidades.

§ 1º Os saques na conta corrente referida no *caput* deste artigo far-se-ão mediante ordem bancária ou cheque com as assinaturas conjuntas do presidente e do tesoureiro da entidade sindical.

§ 2º A Caixa Econômica Federal remeterá, mensalmente, a cada entidade sindical, um extrato da respectiva conta corrente, e, quando solicitado, aos órgãos do Ministério do Trabalho.

› Art. 588 com a redação dada pela Lei 6.386/1976.

Art. 589. Da importância da arrecadação da contribuição sindical serão feitos os seguintes créditos pela Caixa Econômica Federal, na forma das instruções que forem expedidas pelo Ministro do Trabalho:

› *Caput* com a redação dada pela Lei 6.386/1976.

I - para os empregadores:

a) 5% (cinco por cento) para a confederação correspondente;

b) 15% (quinze por cento) para a federação;

c) 60% (sessenta por cento) para o sindicato respectivo; e

d) 20% (vinte por cento) para a 'Conta Especial Emprego e Salário';

II - para os trabalhadores:

a) 5% (cinco por cento) para a confederação correspondente;

b) 10% (dez por cento) para a central sindical;

c) 15% (quinze por cento) para a federação;

d) 60% (sessenta por cento) para o sindicato respectivo; e

e) 10% (dez por cento) para a 'Conta Especial Emprego e Salário';

› Incisos I e II com a redação dada pela Lei 11.648/2008.

III e IV - (Revogados pela Lei 11.648/2008.)

§ 1º O sindicato de trabalhadores indicará ao Ministério do Trabalho e Emprego a central sindical a que estiver filiado como beneficiária da respectiva contribuição sindical, para fins de destinação dos créditos previstos neste artigo.

§ 2º A central sindical a que se refere a alínea b do inciso II do *caput* deste artigo deverá atender aos requisitos de representatividade previstos na legislação específica sobre a matéria.

› §§ 1º e 2º incluídos pela Lei 11.648/2008.

Art. 590. Inexistindo confederação, o percentual previsto no art. 589 desta Consolidação caberá à federação representativa do grupo.

› *Caput* com a redação dada pela Lei 11.648/2008.

§§ 1º e 2º (Revogados pela Lei 11.648/2008.)

§ 3º Não havendo sindicato, nem entidade sindical de grau superior ou central sindical, a contribuição sindical será creditada, integralmente, à 'Conta Especial Emprego e Salário'.

▸ § 3º com a redação dada pela Lei 11.648/2008.

§ 4º Não havendo indicação de central sindical, na forma do § 1º do art. 589 desta Consolidação, os percentuais que lhe caberiam serão destinados à 'Conta Especial Emprego e Salário'.

▸ § 4º incluído pela Lei 11.648/2008.

Art. 591. Inexistindo sindicato, os percentuais previstos na alínea c do inciso I e na alínea d do inciso II do *caput* do art. 589 desta Consolidação serão creditados à federação correspondente à mesma categoria econômica ou profissional.

Parágrafo único. Na hipótese do *caput* deste artigo, os percentuais previstos nas alíneas a e b do inciso I e nas alíneas a e c do inciso II do *caput* do art. 589 desta Consolidação caberão à confederação.

▸ Art. 591 com a redação dada pela Lei 11.648/2008.

SEÇÃO II
DA APLICAÇÃO DO IMPOSTO SINDICAL

Art. 592. A contribuição sindical, além das despesas vinculadas à sua arrecadação, recolhimento e controle, será aplicada pelos sindicatos, na conformidade dos respectivos estatutos, usando aos seguintes objetivos:

I - Sindicatos de empregadores e de agentes autônomos:

a) assistência técnica e jurídica;

▸ Súm. 82 do TST.

b) assistência médica, dentária, hospitalar e farmacêutica;

c) realização de estudos econômicos e financeiros;

d) agências de colocação;

e) cooperativas;

f) bibliotecas;

g) creches;

h) congressos e conferências;

i) medidas de divulgação comercial e Industrial no País, e no estrangeiro, bem como em outras tendentes a incentivar e aperfeiçoar a produção nacional;

j) feiras e exposições;

l) prevenção de acidentes do trabalho;

m) finalidades desportivas.

II - Sindicatos de empregados:

a) assistência jurídica;

b) assistência médica, dentária, hospitalar e farmacêutica;

c) assistência à maternidade;

d) agências de colocação;

e) cooperativas;

f) bibliotecas;

g) creches;

h) congressos e conferências;

i) auxílio-funeral;

j) colônias de férias e centros de recreação;

l) prevenção de acidentes do trabalho;

m) finalidades desportivas e sociais;

n) educação e formação profissional;

o) bolsas de estudo.

III - Sindicatos de profissionais liberais:

a) assistência jurídica;

b) assistência médica, dentária, hospitalar e farmacêutica;

c) assistência à maternidade;

d) bolsas de estudo;

e) cooperativas;

f) bibliotecas;

g) creches;

h) congressos e conferências;

i) auxílio-funeral;

j) colônias de férias e centros de recreação;

l) estudos técnicos e científicos;

m) finalidades desportivas e sociais;

n) educação e formação profissional;

o) prêmios por trabalhos técnicos e científicos.

IV - Sindicatos de trabalhadores autônomos:

a) assistência técnica e jurídica;

b) assistência médica, dentária, hospitalar e farmacêutica;

c) assistência à maternidade;

d) bolsas de estudo;

e) cooperativas;

f) bibliotecas;

g) creches;

h) congressos e conferências;

i) auxílio-funeral;

j) colônias de férias e centros de recreação;

l) educação e formação profissional;

m) finalidades desportivas e sociais.

§ 1º A aplicação prevista neste artigo ficará a critério de cada entidade, que, para tal fim, obedecerá, sempre, às peculiaridades do respectivo grupo ou categoria, facultado ao Ministro do Trabalho permitir a inclusão de novos programas, desde que assegurados os serviços assistenciais fundamentais da entidade.

§ 2º Os sindicatos poderão destacar, em seus orçamentos anuais, até 20% (vinco por cento) dos recursos da contribuição sindical para o custeio das suas atividades administrativas, independentemente de autorização ministerial.

§ 3º O uso da contribuição sindical prevista no § 2º não poderá exceder do valor total das mensalidades sociais consignadas nos orçamentos dos sindicatos, salvo autorização expressa do Ministro do Trabalho.

▸ Art. 592 com a redação dada pela Lei 6.386/1976.

Art. 593. As percentagens atribuídas às entidades sindicais de grau superior e às centrais sindicais serão aplicadas de conformidade com o que dispuserem os respectivos conselhos de representantes ou estatutos.

Parágrafo único. Os recursos destinados às centrais sindicais deverão ser utilizados no custeio das atividades de representação geral dos trabalhadores decorrentes de suas atribuições legais.

▸ Art. 593 com a redação dada pela Lei 11.648/2008.

Art. 594. O "Fundo Social Sindical" será gerido e aplicado pela Comissão do Imposto Sindical em objetivos que atendam aos interesses gerais da organização sindical nacional ou à assistência social aos trabalhadores.

▸ Art. 594 com a redação dada pelo Decreto-lei 9.615, de 20.8.1946.

▸ A Lei 4.589/1964 extingue a Comissão do Imposto Sindical e a Comissão Técnica de Orientação Sindical.

SEÇÃO III
DA COMISSÃO DO IMPOSTO SINDICAL

Arts. 595 a 597. (Revogados pela Lei 4.589/1964.)

SEÇÃO IV
DAS PENALIDADES

Art. 598. Sem prejuízo da ação criminal e das penalidades previstas no art. 553, serão aplicadas multas de Cr$ 10,00 (dez cruzeiros) a Cr$ 10.000,00 (dez mil cruzeiros) pelas infrações deste Capítulo impostas no Distrito Federal pela autoridade competente de 1ª instância do Departamento Nacional do Trabalho e nos Estados e no Território do Acre pelas autoridades regionais do Ministério do Trabalho, Indústria e Comércio.

Parágrafo único. A gradação da multa atenderá à natureza da infração e às condições sociais e econômicas do infrator.

Art. 599. Para os profissionais liberais, a penalidade consistirá na suspensão do exercício profissional, até a necessária quitação, e será aplicada pelos órgãos públicos ou autárquicos disciplinadores das respectivas profissões mediante comunicação das autoridades fiscalizadoras.

Art. 600. O recolhimento da contribuição sindical efetuado fora do prazo referido neste Capítulo, quando espontâneo, será acrescido da multa de 10% (dez por cento), nos 30 (trinta) primeiros dias, com o adicional de 2% (dois por cento) por mês subsequente de atraso, além de juros de mora de 1 % (um por cento) ao mês e correção monetária, ficando, nesse caso, o infrator, isento de outra penalidade.

▸ Súm. 432 do TST.

§ 1º O montante das cominações previstas neste artigo reverterá sucessivamente:

a) ao Sindicato respectivo;

b) à Federação respectiva, na ausência de Sindicato;

c) à Confederação respectiva, inexistindo Federação.

§ 2º Na falta de Sindicato ou entidade de grau superior, o montante a que alude o parágrafo precedente reverterá à conta "Emprego e Salário".

▸ Art. 600 com a redação dada pela Lei 6.181/1974.

SEÇÃO V
DISPOSIÇÕES GERAIS

Art. 601. (Revogado pela Lei 13.467/2017).

Art. 602. Os empregados que não estiverem trabalhando no mês destinado ao desconto da contribuição sindical e que venham a autorizar prévia e expressamente o recolhimento serão descontados no primeiro mês subsequente ao do reinício do trabalho.

› *Caput* com a redação dada pela Lei 13.467/2017.

Parágrafo único. De igual forma se procederá com os empregados que forem admitidos depois daquela data e que não tenham trabalhado anteriormente nem apresentado a respectiva quitação.

Art. 603. Os empregadores são obrigados a prestar aos encarregados da fiscalização os esclarecimentos necessários ao desempenho de sua missão e a exibir-lhes, quando exigidos, na parte relativa ao pagamento de empregados, os seus livros, folhas de pagamento e outros documentos comprobatórios desses pagamentos, sob pena da multa cabível.

Art. 604. (Revogado pela Lei 13.467/2017.)

Art. 605. As entidades sindicais são obrigadas a promover a publicação de editais concernentes ao recolhimento do imposto sindical, durante 3 (três) dias, nos jornais de maior circulação local e até 10 (dez) dias da data fixada para depósito bancário.

Art. 606. Às entidades sindicais cabe, em caso de falta de pagamento da contribuição sindical, promover a respectiva cobrança judicial, mediante ação executiva, valendo como título de dívida a certidão expedida pelas autoridades regionais do Ministério do Trabalho e Previdência Social.

› *Caput* com a redação dada pelo Dec.-lei 925/1969.

§ 1º O Ministro do Trabalho, Indústria e Comércio baixará as instruções regulando a expedição das certidões a que se refere o presente artigo das quais deverá constar a individualização de contribuinte, a indicação do débito e a designação da entidade a favor da qual será recolhida a importância de imposto, de acordo com o respectivo enquadramento sindical.

§ 2º Para os fins da cobrança judicial do imposto sindical, são extensivos às entidades sindicais, com exceção do foro especial, os privilégios da Fazenda Pública, para cobrança da dívida ativa.

Art. 607. É considerado como documento essencial ao comparecimento às concorrências públicas ou administrativas e para o fornecimento às repartições paraestatais ou autárquicas a prova da quitação do respectivo imposto sindical e a de recolhimento do imposto sindical, descontado dos respectivos empregados.

› Art. 37, XXI, da CF.

› Lei 8.666/1993 (Licitações).

Art. 608. As repartições federais, estaduais ou municipais não concederão registro ou licenças para funcionamento ou renovação de atividades aos estabelecimentos de empregadores e aos escritórios ou congêneres dos agentes ou trabalhadores autônomos e profissionais liberais, nem concederão alvarás de licença ou localização, sem que sejam exibidas as provas de quitação do imposto sindical, na forma do artigo anterior.

Parágrafo único. A não observância do disposto neste artigo acarretará, de pleno direito, a nulidade dos atos nele referidos, bem como dos mencionados no artigo 607.

› Parágrafo incluído pela Lei 6.386/1976.

Art. 609. O recolhimento da contribuição sindical e todos os lançamentos e movimentos nas contas respectivas são isentos de selos e taxas federais, estaduais ou municipais.

Art. 610. As dúvidas no cumprimento deste Capítulo serão resolvidas pelo Diretor-Geral do Departamento Nacional do Trabalho, que expedirá as instruções que se tornarem necessárias à sua execução.

› Art. 610 com a redação dada pela Lei 4.589/1964.

TÍTULO VI
CONVENÇÕES COLETIVAS DE TRABALHO

› Título VI com a redação dada pelo Dec.-lei 229/1967.

Art. 611. Convenção Coletiva de Trabalho é o acordo de caráter normativo, pelo qual dois ou mais Sindicatos representativos de categorias econômicas e profissionais estipulam condições de trabalho aplicáveis, no âmbito das respectivas representações, às relações individuais de trabalho.

› Art. 8º, VI, da CF.

§ 1º É facultado aos Sindicatos representativos de categorias profissionais celebrar Acordos Coletivos com uma ou mais empresas da correspondente categoria econômica, que estipulem condições de trabalho, aplicáveis no âmbito da empresa ou das acordantes respectivas relações de trabalho.

§ 2º As Federações e, na falta desta, as Confederações representativas de categorias econômicas ou profissionais poderão celebrar convenções coletivas de trabalho para reger as relações das categorias a elas vinculadas, inorganizadas em Sindicatos, no âmbito de suas representações.

› Art. 611 com a redação dada pelo Dec.-lei 229/1967.

Art. 611-A. A convenção coletiva e o acordo coletivo de trabalho têm prevalência sobre a lei quando, entre outros, dispuserem sobre:

› Artigo incluído pela Lei 13.467/2017.

I - pacto quanto à jornada de trabalho, observados os limites constitucionais;

› Súmula 85 do TST.

II - banco de horas anual;

III - intervalo intrajornada, respeitado o limite mínimo de trinta minutos para jornadas superiores a seis horas;

IV - adesão ao Programa Seguro-Emprego (PSE), de que trata a Lei 13.189, de 19 de novembro de 2015;

V - plano de cargos, salários e funções compatíveis com a condição pessoal do empregado, bem como identificação dos cargos que se enquadram como funções de confiança;

VI - regulamento empresarial;

VII - representante dos trabalhadores no local de trabalho;

VIII - teletrabalho, regime de sobreaviso, e trabalho intermitente;

IX - remuneração por produtividade, incluídas as gorjetas percebidas pelo empregado, e remuneração por desempenho individual;

X - modalidade de registro de jornada de trabalho;

XI - troca do dia de feriado;

XII - enquadramento do grau de insalubridade;

XIII - prorrogação de jornada em ambientes insalubres, sem licença prévia das autoridades competentes do Ministério do Trabalho;

XIV - prêmios de incentivo em bens ou serviços, eventualmente concedidos em programas de incentivo;

XV - participação nos lucros ou resultados da empresa.

§ 1º No exame da convenção coletiva ou do acordo coletivo de trabalho, a Justiça do Trabalho observará o disposto no § 3º do art. 8º desta Consolidação.

§ 2º A inexistência de expressa indicação de contrapartidas recíprocas em convenção coletiva ou acordo coletivo de trabalho não ensejará sua nulidade por não caracterizar um vício do negócio jurídico.

§ 3º Se for pactuada cláusula que reduza o salário ou a jornada, a convenção coletiva ou o acordo coletivo de trabalho deverão prever a proteção dos empregados contra dispensa imotivada durante o prazo de vigência do instrumento coletivo.

§ 4º Na hipótese de procedência de ação anulatória de cláusula de convenção coletiva ou de acordo coletivo de trabalho, quando houver a cláusula compensatória, esta deverá ser igualmente anulada, sem repetição do indébito.

§ 5º Os sindicatos subscritores de convenção coletiva ou de acordo coletivo de trabalho deverão participar, como litisconsortes necessários, em ação individual ou coletiva, que tenha como objeto a anulação de cláusulas desses instrumentos.

Art. 611-B. Constituem objeto ilícito de convenção coletiva ou de acordo coletivo de trabalho, exclusivamente, a supressão ou a redução dos seguintes direitos:

› Artigo incluído pela Lei 13.467/2017.

I - normas de identificação profissional, inclusive as anotações na Carteira de Trabalho e Previdência Social;

II - seguro-desemprego, em caso de desemprego involuntário;

III - valor dos depósitos mensais e da indenização rescisória do Fundo de Garantia do Tempo de Serviço (FGTS);

IV - salário mínimo;
V - valor nominal do décimo terceiro salário;
VI - remuneração do trabalho noturno superior à do diurno;
VII - proteção do salário na forma da lei, constituindo crime sua retenção dolosa;
VIII - salário-família;
IX - repouso semanal remunerado;
X - remuneração do serviço extraordinário superior, no mínimo, em 50% (cinquenta por cento) à do normal;
XI - número de dias de férias devidas ao empregado;
XII - gozo de férias anuais remuneradas com, pelo menos, um terço a mais do que o salário normal;
XIII - licença-maternidade com a duração mínima de cento e vinte dias;
XIV - licença-paternidade nos termos fixados em lei;
XV - proteção do mercado de trabalho da mulher, mediante incentivos específicos, nos termos da lei;
XVI - aviso prévio proporcional ao tempo de serviço, sendo no mínimo de trinta dias, nos termos da lei;
XVII - normas de saúde, higiene e segurança do trabalho previstas em lei ou em normas regulamentadoras do Ministério do Trabalho;
XVIII - adicional de remuneração para as atividades penosas, insalubres ou perigosas;
XIX - aposentadoria;
XX - seguro contra acidentes de trabalho, a cargo do empregador;
XXI - ação, quanto aos créditos resultantes das relações de trabalho, com prazo prescricional de cinco anos para os trabalhadores urbanos e rurais, até o limite de dois anos após a extinção do contrato de trabalho;
XXII - proibição de qualquer discriminação no tocante a salário e critérios de admissão do trabalhador com deficiência;
XXIII - proibição de trabalho noturno, perigoso ou insalubre a menores de dezoito anos e de qualquer trabalho a menores de dezesseis anos, salvo na condição de aprendiz, a partir de quatorze anos;
XXIV - medidas de proteção legal de crianças e adolescentes;
XXV - igualdade de direitos entre o trabalhador com vínculo empregatício permanente e o trabalhador avulso;
XXVI - liberdade de associação profissional ou sindical do trabalhador, inclusive o direito de não sofrer, sem sua expressa e prévia anuência, qualquer cobrança ou desconto salarial estabelecidos em convenção coletiva ou acordo coletivo de trabalho;
XXVII - direito de greve, competindo aos trabalhadores decidir sobre a oportunidade de exercê-lo e sobre os interesses que devam por meio dele defender;
XXVIII - definição legal sobre os serviços ou atividades essenciais e disposições legais sobre o atendimento das necessidades inadiáveis da comunidade em caso de greve;
XXIX - tributos e outros créditos de terceiros;
XXX - as disposições previstas nos arts. 373-A, 390, 392, 392-A, 394, 394-A, 395, 396 e 400 desta Consolidação.

Parágrafo único. Regras sobre duração do trabalho e intervalos não são consideradas como normas de saúde, higiene e segurança do trabalho para os fins do disposto neste artigo.

Art. 612. Os Sindicatos só poderão celebrar Convenções ou Acordos Coletivos de Trabalho, por deliberação de Assembleia-Geral especialmente convocada para esse fim, consoante o disposto nos respectivos Estatutos, dependendo a validade da mesma do comparecimento e votação, em primeira convocação, de 2/3 (dois terços) dos associados da entidade, se se tratar de Convenção, e dos interessados, no caso de Acordo, e, em segunda, de 1/3 (um terço) dos membros.

› OJs 8, 29 e 35 da SDC do TST.

Parágrafo único. O "quorum" de comparecimento e votação será de 1/8 (um oitavo) dos associados em segunda convocação, nas entidades sindicais que tenham mais de 5.000 (cinco mil) associados.

› Art. 612 com a redação dada pelo Dec.-lei 229/1967.

Art. 613. As Convenções e os Acordos deverão conter obrigatoriamente:
I - Designação dos Sindicatos convenentes ou dos Sindicatos e empresas acordantes;
II - Prazo de vigência;
III - Categorias ou classes de trabalhadores abrangidas pelos respectivos dispositivos;
IV - Condições ajustadas para reger as relações individuais de trabalho durante sua vigência;
V - Normas para a conciliação das divergências sugeridas entre os convenentes por motivos da aplicação de seus dispositivos;
VI - Disposições sobre o processo de sua prorrogação e de revisão total ou parcial de seus dispositivos;
VII - Direitos e deveres dos empregados e empresas;
VIII - Penalidades para os Sindicatos convenentes, os empregados e as empresas em caso de violação de seus dispositivos.

Parágrafo único. As convenções e os Acordos serão celebrados por escrito, sem emendas nem rasuras, em tantas vias quantos forem os Sindicatos convenentes ou as empresas acordantes, além de uma destinada a registro.

› Art. 613 com a redação dada pelo Dec.-lei 229/1967.

Art. 614. Os Sindicatos convenentes ou as empresas acordantes promoverão, conjunta ou separadamente, dentro de 8 (oito) dias da assinatura da Convenção ou Acordo, o depósito de uma via do mesmo, para fins de registro e arquivo, no Departamento Nacional do Trabalho, em se tratando de instrumento de caráter nacional ou interestadual, ou nos órgãos regionais do Ministério do Trabalho e Previdência Social, nos demais casos.

› OJ 34 da SDC do TST.

§ 1º As Convenções e os Acordos entrarão em vigor 3 (três) dias após a data da entrega dos mesmos no órgão referido neste artigo.

§ 2º Cópias autênticas das Convenções e dos Acordos deverão ser afixados de modo visível, pelos Sindicatos convenentes, nas respectivas sedes e nos estabelecimentos das empresas compreendidas no seu campo de aplicação, dentro de 5 (cinco) dias da data do depósito previsto neste artigo.

› OJ 36 da SDI-1 do TST.

§ 3º Não será permitido estipular duração de convenção coletiva ou acordo coletivo de trabalho superior a dois anos, sendo vedada a ultratividade.

› § 3° com a redação dada pela Lei 13.467/2017.
› Súm. 277 do TST.

Art. 615. O processo de prorrogação, revisão, denúncia ou revogação total ou parcial de Convenção ou Acordo ficará subordinado, em qualquer caso, à aprovação de Assembleia-Geral dos Sindicatos convenentes ou partes acordantes, com observância do disposto no art. 612.

§ 1º O instrumento de prorrogação, revisão, denúncia ou revogação de Convenção ou Acordo será depositado para fins de registro e arquivamento, na repartição em que o mesmo originariamente foi depositado observado o disposto no art. 614.

§ 2º As modificações introduzidos em Convenção ou Acordo, por força de revisão ou de revogação parcial de suas cláusulas passarão a vigorar 3 (três) dias após a realização de depósito previsto no § 1º.

› Art. 615 com a redação dada pelo Dec.-lei 229/1967.

Art. 616. Os Sindicatos representativos de categorias econômicas ou profissionais e as empresas, inclusive as que não tenham representação sindical, quando provocados, não podem recusar-se à negociação coletiva.

› *Caput* com a redação dada pelo Dec.-lei 229/1967.

§ 1º Verificando-se recusa à negociação coletiva, cabe aos Sindicatos ou empresas interessadas dar ciência do fato, conforme o caso, ao Departamento Nacional do Trabalho ou aos órgãos regionais do Ministério do Trabalho e Previdência Social, para convocação compulsória dos Sindicatos ou empresas recalcitrantes.

§ 2º No caso de persistir a recusa à negociação coletiva, pelo desatendimento às convocações feitas pelo Departamento Nacional do Trabalho ou órgãos regionais do Ministério de Trabalho e Previdência Social, ou se malograr a negociação entabulada, é facultada aos Sindicatos ou empresas interessadas a instauração de dissídio coletivo.

› §§ 1º e 2º com a redação dada pelo Dec.-lei 229/1967.

- Art. 114, §§ 1° e 2° da CF.
- Art. 3° da Lei 7.783/1989.
- OJ 5 da SDC.

§ 3º Havendo convenção, acordo ou sentença normativa em vigor, o dissídio coletivo deverá ser instaurado dentro dos 60 (sessenta) dias anteriores ao respectivo termo final, para que o novo instrumento possa ter vigência no dia imediato a esse termo.

- § 3º com a redação dada pelo Dec.-lei 424, /1969.
- Súm. 277 do TST.

§ 4º Nenhum processo de dissídio coletivo de natureza econômica será admitido sem antes se esgotarem as medidas relativas à formalização da Convenção ou Acordo correspondente.

- § 4º com a redação dada pelo Dec.-lei 229/1967.

Art. 617. Os empregados de uma ou mais empresas que decidirem celebrar Acordo Coletivo de Trabalho com as respectivas empresas darão ciência de sua resolução, por escrito, ao Sindicato representativo da categoria profissional, que terá o prazo de 8 (oito) dias para assumir a direção dos entendimentos entre os interessados, devendo igual procedimento ser observado pelas empresas interessadas com relação ao Sindicato da respectiva categoria econômica.

§ 1º Expirado o prazo de 8 (oito) dias sem que o Sindicato tenha se desincumbido do encargo recebido, poderão os interessados dar conhecimento do fato à Federação a que estiver vinculado o Sindicato e, em falta dessa, à correspondente Confederação, para que, no mesmo prazo, assuma a direção dos entendimentos. Esgotado esse prazo, poderão os interessados prosseguir diretamente na negociação coletiva até final.

§ 2º Para o fim de deliberar sobre o Acordo, a entidade sindical convocará assembleia-geral dos diretamente interessados, sindicalizados ou não, nos termos do art. 612.

- Art. 617 com a redação dada pelo Dec.-lei 229/1967.
- OJ 29 da SDC do TST.

Art. 618. As empresas e instituições que não estiverem incluídas no enquadramento sindical a que se refere o art. 577 desta Consolidação poderão celebrar Acordos Coletivos de Trabalho com os Sindicatos representativos dos respectivos empregados, nos termos deste Título.

- Art. 618 com a redação dada pelo Dec.-lei 229/1967.

Art. 619. Nenhuma disposição de contrato individual de trabalho que contrarie normas de Convenção ou Acordo Coletivo de Trabalho poderá prevalecer na execução do mesmo, sendo considerada nula de pleno direito.

- Art. 619 com a redação dada pelo Dec.-lei 229/1967.
- Súm. 85, II, do TST.

Art. 620. As condições estabelecidas em acordo coletivo de trabalho sempre prevalecerão sobre as estipuladas em convenção coletiva de trabalho.

- Artigo com a redação dada pela Lei 13.467/2017.
- Súm. 202 do TST.

Art. 621. As Convenções e os Acordos poderão incluir entre suas cláusulas disposição sobre a constituição e funcionamento de comissões mistas de consulta e colaboração, no plano da empresa e sobre participação, nos lucros. Estas disposições mencionarão a forma de constituição, o modo de funcionamento e as atribuições das comissões, assim como o plano de participação, quando for o caso.

- Art. 621 com a redação dada pelo Dec.-lei 229/1967.
- Lei 10.101/2000 (Participação nos lucros e resultados).
- Súm. 451 do TST.

Art. 622. Os empregados e as empresas que celebrarem contratos individuais de trabalho, estabelecendo condições contrárias ao que tiver sido ajustado em Convenção ou Acordo que lhes for aplicável, serão passíveis da multa neles fixada.

- Súm. 384 do TST.
- OJ 54 da SDI-1 do TST.

Parágrafo único. A multa a ser imposta ao empregado não poderá exceder da metade daquela que, nas mesmas condições seja estipulada para a empresa.

- Art. 622 com a redação dada pelo Dec.-lei 229/1967.

Art. 623. Será nula de pleno direito disposição de Convenção ou Acordo que, direta ou indiretamente, contrarie proibição ou norma disciplinadora da política econômico-financeira do Governo ou concernente à política salarial vigente, não produzindo quaisquer efeitos perante autoridades e repartições públicas, inclusive para fins de revisão de preços e tarifas de mercadorias e serviços.

Parágrafo único. Na hipótese deste artigo, a nulidade será declarada, de ofício ou mediante representação, pelo Ministro do Trabalho e Previdência Social, ou pela Justiça do Trabalho em processo submetido ao seu julgamento.

- Art. 623 com a redação dada pelo Dec.-lei 229/1967.

Art. 624. A vigência de cláusula de aumento ou reajuste salarial, que implique elevação de tarifas ou de preços sujeitos à fixação por autoridade pública ou repartição governamental, dependerá de prévia audiência dessa autoridade ou repartição e sua expressa declaração no tocante à possibilidade de elevação da tarifa ou do preço e quanto ao valor dessa elevação.

- Art. 624 com a redação dada pelo Dec.-lei 229/1967.

Art. 625. As controvérsias resultantes da aplicação de Convenção ou de Acordo celebrado nos termos deste Título serão dirimidas pela Justiça do Trabalho.

- Art. 625 com a redação dada pelo Dec.-lei 229/1967.

TÍTULO VI-A
DAS COMISSÕES DE CONCILIAÇÃO PRÉVIA

- Título VI-A incluído pela Lei 9.958/2000.

Art. 625-A. As empresas e os sindicatos podem instituir Comissões de Conciliação Prévia, de composição paritária, com representante dos empregados e dos empregadores, com a atribuição de tentar conciliar os conflitos individuais do trabalho.

Parágrafo único. As Comissões referidas no *caput* deste artigo poderão ser constituídas por grupos de empresas ou ter caráter intersindical.

Art. 625-B. A Comissão instituída no âmbito da empresa será composta de, no mínimo, dois e, no máximo, dez membros, e observará as seguintes normas:

I - a metade de seus membros será indicada pelo empregador e outra metade eleita pelos empregados, em escrutínio, secreto, fiscalizado pelo sindicato de categoria profissional;

II - haverá na Comissão tantos suplentes quantos forem os representantes titulares;

III - o mandato dos seus membros, titulares e suplentes, é de um ano, permitida uma recondução.

§ 1º É vedada a dispensa dos representantes dos empregados membros da Comissão de Conciliação Prévia, titulares e suplentes, até um ano após o final do mandato, salvo se cometerem falta grave, nos termos da lei.

§ 2º O representante dos empregados desenvolverá seu trabalho normal na empresa afastando-se de suas atividades apenas quando convocado para atuar como conciliador, sendo computado como tempo de trabalho efetivo o despendido nessa atividade.

Art. 625-C. A Comissão instituída no âmbito do sindicato terá sua constituição e normas de funcionamento definidas em convenção ou acordo coletivo.

Art. 625-D. Qualquer demanda de natureza trabalhista será submetida à Comissão de Conciliação Prévia se, na localidade da prestação de serviços, houver sido instituída a Comissão no âmbito da empresa ou do sindicato da categoria.

§ 1º A demanda será formulada por escrito ou reduzida a termo por qualquer dos membros da Comissão, sendo entregue cópia datada e assinada pelo membro aos interessados.

§ 2º Não prosperando a conciliação, será fornecida ao empregado e ao empregador declaração da tentativa conciliatória frustrada com a descrição de seu objeto, firmada pelos membros da Comissão, que deverá ser juntada à eventual reclamação trabalhista.

§ 3º Em caso de motivo relevante que impossibilite a observância do procedimento previsto no *caput* deste artigo, será a circunstância declarada na petição da ação intentada perante a Justiça do Trabalho.

§ 4º Caso exista, na mesma localidade e para a mesma categoria, Comissão de empresa e Comissão sindical, o interessado optará por uma delas para submeter a sua demanda, sendo competente aquela que primeiro conhecer do pedido.

- ADI 2.139 e 2.160, DJE 23.10.2009: deferida parcialmente a cautelar para dar interpretação conforme a Constituição Federal relativamente ao art. 625-D, não estando o empregado obrigado a se submeter a Comissão de Conciliação Prévia antes de ingressar em juízo.
- ADI 2.237, DJE 06.08.2018: por maioria, julgou parcialmente procedentes os pedidos, para dar interpretação conforme a Constituição ao art. 625-D, § 1º a § 4º, da Consolidação das Leis do Trabalho, assentando que a Comissão de Conciliação Previa constitui meio legitimo, mas não obrigatório, de solução de conflitos, permanecendo o acesso a Justiça resguardado para todos os que venham a ajuizar demanda diretamente ao órgão judiciário competente, e para manter hígido o inciso II do art. 852-B da CLT, no sentido de se considerar legitima a citação nos termos estabelecidos na norma.

Art. 625-E. Aceita a conciliação, será lavrado termo assinado pelo empregado, pelo empregador ou seu proposto e pelos membros da Comissão, fornecendo-se cópia às partes.

Parágrafo único. O termo de conciliação é título executivo extrajudicial e terá eficácia liberatória geral, exceto quanto às parcelas expressamente ressalvadas.

- Arts. 876 e 877-A da CLT.
- OJ 270 da SDI-1 do TST.

Art. 625-F. As Comissões de Conciliação Prévia têm prazo de dez dias para a realização da sessão de tentativa de conciliação a partir da provocação do interessado.

Parágrafo único. Esgotado o prazo sem a realização da sessão, será fornecida, no último dia do prazo, a declaração a que se refere o § 2º do art. 625-D.

Art. 625-G. O prazo prescricional será suspenso a partir da provocação da Comissão de Conciliação Prévia, recomeçando a fluir, pelo que lhe resta, a partir da tentativa frustrada de conciliação ou do esgotamento do prazo previsto no art. 625-F.

Art. 625-H. Aplicam-se aos Núcleos Intersindicais de Conciliação Trabalhista em funcionamento ou que vierem a ser criados, no que couber, as disposições previstas neste Título, desde que observados os princípios da paridade e da negociação coletiva na sua constituição.

TÍTULO VII
DO PROCESSO DE MULTAS ADMINISTRATIVAS

CAPÍTULO I
DA FISCALIZAÇÃO, DA AUTUAÇÃO E DA IMPOSIÇÃO DE MULTAS

- Vide arts. 21, XXIV, e 114, VII, da CF.

Art. 626. Incumbe às autoridades competentes do Ministério do Trabalho, Indústria e Comércio, ou àquelas que exerçam funções delegadas, a fiscalização do fiel cumprimento das normas de proteção ao trabalho.

Parágrafo único. Os fiscais dos Institutos de Seguro Social e das entidades paraestatais em geral dependentes do Ministério do Trabalho, Indústria e Comércio serão competentes para a fiscalização a que se refere o presente artigo, na forma das instruções que forem expedidas pelo Ministro do Trabalho, Indústria e Comércio.

Art. 627. A fim de promover a instrução dos responsáveis no cumprimento das leis de proteção do trabalho, a fiscalização deverá observar o critério de dupla visita nos seguintes casos:

a) quando ocorrer promulgação ou expedição de novas leis, regulamentos ou instruções ministeriais, sendo que, com relação exclusivamente a esses atos, será feita apenas a instrução dos responsáveis;

b) em se realizando a primeira inspeção dos estabelecimentos ou dos locais de trabalho, recentemente inaugurados ou empreendidos.

Art. 627-A. Poderá ser instaurado procedimento especial para a ação fiscal, objetivando a orientação sobre o cumprimento das leis de proteção ao trabalho, bem como a prevenção e o saneamento de infrações à legislação mediante Termo de Compromisso, na forma a ser disciplinada no Regulamento da Inspeção do Trabalho. (Incluído pela MP 2.164-41/2001)

- Dec. 4.552/2002: Aprova o Regulamento da Inspeção do Trabalho.

Art. 628. Salvo o disposto nos arts. 627 e 627-A, a toda verificação em que o Auditor-Fiscal do Trabalho concluir pela existência de violação de preceito legal deve corresponder, sob pena de responsabilidade administrativa, a lavratura de auto de infração. (Redação dada pela MP 2.164-41/2001)

§ 1º Ficam as empresas obrigadas a possuir o livro intitulado "Inspeção do Trabalho", cujo modelo será aprovado por portaria Ministerial.

§ 2º Nesse livro, registrará o agente da inspeção sua visita ao estabelecimento, declarando a data e a hora do início e término da mesma, bem como o resultado da inspeção, nele consignando, se for o caso, todas as irregularidades verificadas e as exigências feitas, com os respectivos prazos para seu atendimento, e, ainda, de modo legível, os elementos de sua identificação funcional.

§ 3º Comprovada má-fé do agente da inspeção, quanto à omissão ou lançamento de qualquer elemento no livro, responderá ele por falta grave no cumprimento do dever, ficando passível, desde logo, da pena de suspensão até 30 (trinta) dias, instaurando-se, obrigatoriamente, em caso de reincidência, inquérito administrativo.

§ 4º A lavratura de autos contra empresas fictícias e de endereços inexistentes, assim como a apresentação de falsos relatórios, constituem falta grave, punível na forma do § 3º.

- §§ 1º a 4º incluídos pelo Dec.-lei 229/1967.

Art. 629. O auto de infração será lavrado em duplicata, nos termos dos modelos e instruções expedidos, sendo uma via entregue ao infrator, contra recibo, ou ao mesmo enviada, dentro de 10 (dez) dias da lavratura, sob pena de responsabilidade, em registro postal, com franquia e recibo de volta. (Redação dada pelo Dec.-lei 229/1967)

§ 1º O auto não terá o seu valor probante condicionado à assinatura do infrator ou de testemunhas, e será lavrado no local da inspeção, salvo havendo motivo justificado que será declarado no próprio auto, quando então deverá ser lavrado no prazo de 24 (vinte e quatro) horas, sob pena de responsabilidade. (Redação dada pelo Dec.-lei 229/1967)

§ 2º Lavrado o auto de infração, não poderá ele ser inutilizado, nem sustado o curso do respectivo processo, devendo o agente da inspeção apresentá-lo à autoridade competente, mesmo se incidir em erro. (Redação dada pelo Dec.-lei 229/1967)

§ 3º O infrator terá, para apresentar defesa, o prazo de 10 (dez) dias contados do recebimento do auto. (Redação dada pelo Dec.-lei 229/1967)

§ 4º O auto de infração será registrado com a indicação sumária de seus elementos característicos, em livro próprio que deverá existir em cada órgão fiscalizador, de modo a assegurar o controle do seu processamento. (Redação dada pelo Dec.-lei 229/1967)

Art. 630. Nenhum agente da inspeção poderá exercer as atribuições do seu cargo sem exibir a carteira de identidade fiscal, devidamente autenticada, fornecida pela autoridade competente.

§ 1º É proibida a outorga de identidade fiscal a quem não esteja autorizado, em razão do cargo ou função, a exercer ou praticar, no âmbito da legislação trabalhista, atos de fiscalização.

§ 2º A credencial a que se refere este artigo deverá ser devolvida para inutilização, sob as penas da lei em casos de provimentos em outro cargo público, exoneração ou demissão bem como nos de licenciamento por prazo superior a 60 (sessenta) dias e de suspensão do exercício do cargo.

§ 3º O agente da inspeção terá livre acesso a todas as dependências dos estabelecimentos sujeitos ao regime da legislação, sendo as empresas, por seus dirigentes ou prepostos, obrigadas a prestar-lhes os esclarecimentos necessários ao desempenho de suas atribuições legais e a exibir-lhes, quando exigidos, quaisquer documentos que digam respeito ao fiel cumprimento das normas de proteção ao trabalho.

§ 4º Os documentos sujeitos à inspeção deverão permanecer, sob as penas da lei nos locais de trabalho, somente se admitindo, por exceção, a critério da autoridade competente, sejam os mesmos apresentados em dia hora previamente fixados pelo agente da inspeção.

§ 5º No território do exercício de sua função, o agente da inspeção gozará de passe livre nas empresas de transportes, públicas ou privadas, mediante a apresentação da carteira de identidade fiscal.

§ 6º A inobservância do disposto nos §§ 3º, 4º e 5º configurará resistência ou embaraço à fiscalização e justificará a lavratura do respectivo auto de infração, cominada a multa de valor igual a meio (1/2) salário mínimo regional até 5 (cinco) vezes esse salário, levando-se em conta, além das circunstâncias atenuantes ou agravantes, a situação econômico-financeira do infrator e os meios a seu alcance para cumprir a lei.

§ 7º Para o efeito do disposto no § 5º, a autoridade competente divulgará em janeiro e julho, de cada ano, a relação dos agentes da inspeção titulares da carteira de identidade fiscal.

§ 8º As autoridades policiais, quando solicitadas, deverão prestar aos agentes da inspeção a assistência de que necessitarem para o fiel cumprimento de suas atribuições legais.

- Art. 630 com a redação dada pelo Dec.-lei 229/1967.

Art. 631. Qualquer funcionário público federal, estadual ou municipal, ou representante legal de associação sindical, poderá comunicar à autoridade competente do Ministério do Trabalho, Indústria e Comércio as infrações que verificar.

Parágrafo único. De posse dessa comunicação, a autoridade competente procederá desde logo às necessárias diligências, lavrando os autos de que haja mister.

Art. 632. Poderá o autuado requerer a audiência de testemunhas e as diligências que lhe parecerem necessárias à elucidação do processo, cabendo, porém, à autoridade, julgar da necessidade de tais provas.

Art. 633. Revogado pela Lei 13.874/2019.

Art. 634. Na falta de disposição especial, a imposição das multas incumbe às autoridades regionais competentes em matéria de trabalho, na forma estabelecida por este Título.

§ 1° A aplicação da multa não eximirá o infrator da responsabilidade em que incorrer por infração das leis penais. (Primitivo parágrafo único renumerado pela Lei 13.467/2017)

§ 2° Os valores das multas administrativas expressos em moeda corrente serão reajustados anualmente pela Taxa Referencial (TR), divulgada pelo Banco Central do Brasil, ou pelo índice que vier a substituí-lo. (Incluído pela Lei 13.467/2017)

- Art. 203 do CP.

CAPÍTULO II
DOS RECURSOS

Art. 635. De toda decisão que impuser multa por infração das leis e disposições reguladoras do trabalho, e não havendo forma especial de processo caberá recurso para o Diretor-Geral Departamento ou Serviço do Ministério do Trabalho e Previdência Social, que for competente na matéria. (Art. 635 com a redação dada pelo Dec.-lei 229/1967)

Parágrafo único. As decisões serão sempre fundamentadas.

Art. 636. Os recursos devem ser interpostos no prazo de 10 (dez) dias, contados do recebimento da notificação, perante autoridade que houver imposto a multa, a qual, depois de os informar encaminhá-los-á à autoridade de instância superior. (Art. 636 com a redação dada pelo Dec.-lei 229/1967)

§ 1º O recurso só terá seguimento se o interessado o instruir com a prova do depósito da multa.

- ADPF 156: declarada a não recepção deste parágrafo pela CF/1988.
- Art. 5º, LV, da CF.
- Art. 114, VIII, da CF.
- Súm. Vinculante 21 do STF.
- Súm. 373 do STJ.
- Súm. 424 do TST.

§ 2º A notificação somente será realizada por meio de edital, publicada no órgão oficial, quando o infrator estiver em lugar incerto e não sabido.

§ 3º A notificação de que trata este artigo fixará igualmente o prazo de 10 (dez) dias para que o infrator recolha o valor da multa, sob pena de cobrança executiva.

§ 4º As guias de depósito ou recolhimento serão emitidas em 3 (três) vias e o recolhimento da multa deverá preceder-se dentro de 5 (cinco) dias às repartições federais competentes, que escriturarão a receita a crédito do Ministério da Trabalho e Previdência Social.

§ 5º A segunda via da guia do recolhimento será devolvida pelo infrator à repartição que a emitiu, até o sexto dia depois de sua expedição, para a averbação no processo.

§ 6º A multa será reduzida de 50% (cinquenta por cento) se o infrator, renunciando ao recurso a recolher ao Tesouro Nacional dentro do prazo de 10 (dez) dias contados do recebimento da notificação ou da publicação do edital.

§ 7º Para a expedição da guia, no caso do § 6º, deverá o infrator juntar a notificação com a prova da data do seu recebimento, ou a folha do órgão oficial que publicou o edital.

Art. 637. De todas as decisões que proferirem em processos de infração das leis de proteção ao trabalho e que impliquem arquivamento destes, observado o disposto no parágrafo único do art. 635, deverão as autoridades prolatoras recorrer de ofício para a autoridade competente de instância superior. (Redação dada pelo Dec.-lei 229/1967)

Art. 638. Ao Ministro do Trabalho, Indústria e Comércio é facultado avocar ao seu exame e decisão, dentro de 90 (noventa) dias do despacho final do assunto, ou no curso do processo, as questões referentes à fiscalização dos preceitos estabelecidos nesta Consolidação.

CAPÍTULO III
DO DEPÓSITO, DA INSCRIÇÃO E DA COBRANÇA

Art. 639. Não sendo provido o recurso, o depósito se converterá em pagamento.

Art. 640. É facultado às Delegacias Regionais do Trabalho, na conformidade de instruções expedidas pelo Ministro de Estado, promover a cobrança amigável das multas antes do encaminhamento dos processos à cobrança executiva. (Redação dada pelo Dec.-lei 229/1967)

Art. 641. Não comparecendo o infrator, ou não depositando a importância da multa ou penalidade, far-se-á a competente inscrição em livro especial, existente nas repartições das quais se tiver originado a multa ou penalidade, ou de onde tenha provindo a reclamação que a determinou, sendo extraída cópia autentica dessa inscrição e enviada às autoridades competentes para a respectiva cobrança judicial, valendo tal instrumento como título de dívida líquida e certa.

Art. 642. A cobrança judicial das multas impostas pelas autoridades administrativas do trabalho obedecerá ao disposto na legislação aplicável à cobrança da dívida ativa da União, sendo promovida, no Distrito Federal e nas capitais dos Estados em que funcionarem Tribunais Regionais do Trabalho, pela Procuradoria da Justiça do Trabalho, e nas demais localidades, pelo Ministério Público Estadual e do Território do Acre, nos termos do Decreto-lei 960, de 17 de dezembro de 1938.

- Art. 114, VIII, da CF

Parágrafo único. No Estado de São Paulo a cobrança continuará a cargo da Procuradoria do Departamento Estadual do Trabalho, na forma do convênio em vigor.

TÍTULO VII-A
DA PROVA DE INEXISTÊNCIA DE DÉBITO TRABALHISTA

Art. 642-A. É instituída a Certidão Negativa de Débitos Trabalhistas (CNDT), expedida gratuita e eletronicamente, para comprovar a inexistência de débitos inadimplidos perante a Justiça do Trabalho.

§ 1º O interessado não obterá a certidão quando em seu nome constar:

I - o inadimplemento de obrigações estabelecidas em sentença condenatória transitada em julgado proferida pela Justiça do Trabalho ou em acordos judiciais trabalhistas, inclusive no concernente aos recolhimentos previdenciários, a honorários, a custas, a emolumentos ou a recolhimentos determinados em lei; ou

II - o inadimplemento de obrigações decorrentes de execução de acordos firmados perante o Ministério Público do Trabalho ou Comissão de Conciliação Prévia.

§ 2º Verificada a existência de débitos garantidos por penhora suficiente ou com exigibilidade suspensa, será expedida Certidão Positiva de Débitos Trabalhistas em nome do interessado com os mesmos efeitos da CNDT.

§ 3º A CNDT certificará a empresa em relação a todos os seus estabelecimentos, agências e filiais.

§ 4º O prazo de validade da CNDT é de 180 (cento e oitenta) dias, contado da data de sua emissão.

- Título VII-A incluído pela Lei 12.440/2011.

TÍTULO VIII DA JUSTIÇA DO TRABALHO

CAPÍTULO I INTRODUÇÃO

Art. 643. Os dissídios, oriundos das relações entre empregados e empregadores bem como de trabalhadores avulsos e seus tomadores de serviços, em atividades reguladas na legislação social, serão dirimidos pela Justiça do Trabalho, de acordo com o presente Título e na forma estabelecida pelo processo judiciário do trabalho.

- *Caput* com a redação dada pela Lei 7.494/1986.
- Arts. 109, I, e 114 da CF.
- Súm. Vinculantes 22 e 23 do STF.
- Súm. 433 e 736 do STF.
- Súm. 10, 97, 137, 170, 173, 218 e 367 do STJ.
- Súm. 189, 300, 368, 389 e 392 do TST.
- OJs 26 e 138 da SDI-1 do TST.

§ 1º As questões concernentes à Previdência Social serão decididas pelos órgãos e autoridades previstos no Capítulo V deste Título e na legislação sobre seguro social.

- Lei 3.807/1960 (Lei Orgânica da Previdência Social.)
- Leis 8.212 e 8.213/1991 (Seguridade e Previdência Social, respectivamente.)
- Art. 114, VIII, da CF.

§ 2º As questões referentes a acidentes do trabalho continuam sujeitas a justiça ordinária, na forma do Decreto 24.637, de 10 de julho de 1934, e legislação subsequente.

§ 3º A Justiça do Trabalho é competente, ainda, para processar e julgar as ações entre trabalhadores portuários e os operadores portuários ou o Órgão Gestor de Mão de Obra – OGMO decorrentes da relação de trabalho.

- § 3º incluído pela MP 2.164-41/2001.

Art. 644. São órgãos da Justiça do Trabalho:

a) o Tribunal Superior do Trabalho;

b) os Tribunais Regionais do Trabalho;

c) as Juntas de Conciliação e Julgamento ou os Juízos de Direito.

- Redação dada pelo Dec.-lei 9.797/1946.
- Art. 111 da CF.

Art. 645. O serviço da Justiça do Trabalho é relevante e obrigatório, ninguém dele podendo eximir-se, salvo motivo justificado.

Art. 646. Os órgãos da Justiça do Trabalho funcionarão perfeitamente coordenados, em regime de mútua colaboração, sob a orientação do presidente do Tribunal Superior do Trabalho.

CAPÍTULO II DAS JUNTAS DE CONCILIAÇÃO E JULGAMENTO

- A EC 24/1999 extinguiu as Juntas de Conciliação e Julgamento e a figura do juiz classista. Em seu lugar, estabeleceu a jurisdição singular do juiz togado, que a exercerá nas Varas do Trabalho.
- Art. 116 da CF.

SEÇÃO I DA COMPOSIÇÃO E FUNCIONAMENTO

Art. 647. Cada Junta de Conciliação e Julgamento terá a seguinte composição:

a) um juiz do trabalho, que será seu Presidente;

b) dois vogais, sendo um representante dos empregadores e outro dos empregados.

Parágrafo único. Haverá um suplente para cada vogal.

- Art. 647 com a redação dada pelo Dec.-lei 9.797/1946.
- Art. 111 da CF.

Art. 648. São incompatíveis entre si, para os trabalhos da mesma Junta, os parentes consanguíneos e afins até o terceiro grau civil.

Parágrafo único. A incompatibilidade resolve-se a favor do primeiro vogal designado ou empossado, ou por sorteio, se a designação ou posse for da mesma data.

Art. 649. As Juntas poderão conciliar, instruir ou julgar com qualquer número, sendo, porém, indispensável a presença do Presidente, cujo voto prevalecerá em caso de empate.

- As Juntas de Conciliação foram extintas pela EC 24/1999.

§ 1º No julgamento de embargos deverão estar presentes todos os membros da Junta.

§ 2º Na execução e na liquidação das decisões funciona apenas o Presidente.

- Art. 649 com a redação dada pelo Dec.-lei 8.737/1946.

SEÇÃO II DA JURISDIÇÃO E COMPETÊNCIA DAS JUNTAS

- As Juntas de Conciliação foram extintas pela EC 24/1999.

Art. 650. A jurisdição de cada Junta de Conciliação e Julgamento abrange todo o território da Comarca em que tem sede, só podendo ser estendida ou restringida por lei federal.

Parágrafo único. As leis locais de Organização Judiciária não influirão sobre a competência de Juntas de Conciliação e Julgamento já criadas até que lei federal assim determine.

- Art. 650 com a redação dada pela Lei 5.442/1968.
- Art. 112 da CF.

Art. 651. A competência das Juntas de Conciliação e Julgamento é determinada pela localidade onde o empregado, reclamante ou reclamado, prestar serviços ao empregador, ainda que tenha sido contratado noutro local ou no estrangeiro.

- Súm. 33 do STJ.

§ 1º Quando for parte de dissídio agente ou viajante comercial, a competência será da Junta da localidade em que a empresa tenha agência ou filial e a esta o empregado esteja subordinado e, na falta, será competente a Junta da localização em que o empregado tenha domicílio ou a localidade mais próxima.

- § 1º com a redação dada pela Lei 9.851/1999.

§ 2º A competência das Juntas de Conciliação e Julgamento, estabelecida neste artigo, estende-se aos dissídios ocorridos em agência ou filial no estrangeiro, desde que o empregado seja brasileiro e não haja convenção internacional dispondo em contrário.

- Lei 7.064/1982.
- OJs 232 e 416 da SDI-1 do TST.

§ 3º Em se tratando de empregador que promova realização de atividades fora do lugar do contrato de trabalho, é assegurado ao empregado apresentar reclamação no foro da celebração do contrato ou no da prestação dos respectivos serviços.

Art. 652. Compete às Varas do Trabalho:

- *Caput* com a redação dada pela Lei 13.467/2017.

a) conciliar e julgar:

I - os dissídios em que se pretenda o reconhecimento da estabilidade de empregado;

II - os dissídios concernentes a remuneração, férias e indenizações por motivo de rescisão do contrato individual de trabalho;

III - os dissídios resultantes de contratos de empreitadas em que o empreiteiro seja operário ou artífice;

IV - os demais dissídios concernentes ao contrato individual de trabalho;

- Súm. 300, 368, 389, 392 e 454 do TST.
- OJs 26 e 138 da SDI-1 do TST.

V - as ações entre trabalhadores portuários e os operadores portuários ou o Órgão Gestor de Mão de Obra - OGMO decorrentes da relação de trabalho;

- Inciso V incluído pela MP 2.164-41/2001.

b) processar e julgar os inquéritos para apuração de falta grave;

c) julgar os embargos opostos às suas próprias decisões;

- Súm. 419 do TST.

d) impor multas e demais penalidades relativas aos atos de sua competência;

- Alínea d com a redação dada pelo Dec.-lei 6.353/1944.

e) (Suprimida pelo Dec.-lei 6.353/1944.)

f) decidir quanto à homologação de acordo extrajudicial em matéria de competência da Justiça do Trabalho.

- Alínea f acrescida pela Lei 13.467/2017.
- Arts. 855-B a E da CLT.

Parágrafo único. Terão preferência para julgamento os dissídios sobre pagamento de salário e aqueles que derivarem da falência do empregador, podendo o Presidente da Junta, a pedido do interessado, constituir processo em separado, sempre que a reclamação também versar sobre outros assuntos.

Art. 653. Compete, ainda, às Juntas de Conciliação e Julgamento:

a) requisitar às autoridades competentes a realização das diligências necessárias ao esclarecimento dos feitos sob sua apreciação, representando contra aquelas que não atenderem a tais requisições;

b) realizar as diligências e praticar os atos processuais ordenados pelos Tribunais Regionais do Trabalho ou pelo Tribunal Superior do Trabalho;

c) julgar as suspeições arguidas contra os seus membros;

d) julgar as exceções de incompetência que lhes forem opostas;

e) expedir precatórias e cumprir as que lhes forem deprecadas;

f) exercer, em geral, no interesse da Justiça do Trabalho, quaisquer outras atribuições que decorram da sua jurisdição.

SEÇÃO III
DOS PRESIDENTES DAS JUNTAS

- As Juntas de Conciliação foram extintas pela EC 24/1999.

Art. 654. O ingresso na magistratura do trabalho far-se-á para o cargo de juiz do trabalho substituto. As nomeações subsequentes por promoção alternadamente, por antiguidade e merecimento.

- *Caput* com a redação dada pelo Dec.-lei 229/1967.
- Art. 92 da LC 35/1979.

§ 1º Nas 7ª e 8ª Regiões da Justiça do Trabalho, nas localidades fora das respectivas sedes, haverá suplentes de juiz do trabalho presidente de Junta, sem direito a acesso, nomeados pelo Presidente da República, dentre brasileiros, bacharéis em direito, de reconhecida idoneidade moral, especializados em direito do trabalho, pelo período de 2 (dois) anos, podendo ser reconduzidos.

§ 2º Os suplentes de juiz do trabalho receberão, quando em exercício, vencimentos iguais aos dos juízes que substituírem.

- §§ 1º e 2º com a redação dada pelo Dec.-lei 229/1967.

§ 3º Os juízes substitutos serão nomeados após aprovação em concurso público de provas e títulos realizado perante o Tribunal Regional do Trabalho da Região, válido por 2 (dois) anos e prorrogável, a critério do mesmo órgão, por igual período, uma só vez, e organizado de acordo com as instruções expedidas pelo Tribunal Superior do Trabalho.

- § 3º com a redação dada pela Lei 6.087/1974.
- Art. 37, III, da CF.
- Súm. 478 do STF.

§ 4º Os candidatos inscritos só serão admitidos ao concurso após apreciação prévia, pelo Tribunal Regional do Trabalho da respectiva Região, dos seguintes requisitos:

a) idade maior de 25 (vinte e cinco) anos e menor de 45 (quarenta e cinco) anos;

b) idoneidade para o exercício das funções.

- § 4º com a redação dada pelo Dec.-lei 229/1967.

§ 5º O preenchimento dos cargos do presidente de Junta, vagos ou criadas por lei, será feito dentro de cada Região:

- § 5º com a redação dada pelo Dec.-lei 229/1967.

a) pela remoção de outro presidente, prevalecendo a antiguidade no cargo, caso haja mais de um pedido, desde que a remoção tenha sido requerida, dentro de quinze dias, contados da abertura da vaga, ao Presidente do Tribunal Regional, a quem caberá expedir o respectivo ato.

- Alínea a com a redação dada pela Lei 6.090/1974.
- Res. 26/2006 do CSJT

b) pela promoção de substituto, cuja aceitação será facultativa, obedecido o critério alternado de antiguidade e merecimento.

- Alínea b com a redação dada pelo Dec.-lei 229/1967.

§ 6º Os juízes do trabalho, presidentes de Junta, juízes substitutos e suplentes de juiz tomarão posse perante o presidente do Tribunal da respectiva Região. Nos Estados que, não forem sede de Tribunal Regional do Trabalho, a posse dar-se-á perante o presidente do Tribunal de Justiça, que remeterá o termo ao presidente do Tribunal Regional da jurisdição do empossado. Nos Territórios a posse dar-se-á perante o presidente do Tribunal Regional do Trabalho da respectiva Região.

- § 6º com a redação dada pelo Dec.-lei 229/1967.

Art. 655. Os Presidentes e os Presidentes substitutos tomarão posse do cargo perante o presidente do Tribunal Regional da respectiva jurisdição.

§ 1º Nos Estados em que não houver sede de Tribunais a posse dar-se-á perante o presidente do Tribunal de Apelação, que remeterá o respectivo termo ao presidente do Tribunal Regional da Jurisdição do empossado.

§ 2º Nos Territórios a posse dar-se-á perante a Juiz de Direito da capital, que procederá na forma prevista no § 1º.

- Art. 655 com a redação dada pelo Dec.-lei 8.737/1946.

Art. 656. O Juiz do Trabalho Substituto, sempre que não estiver substituindo o Juiz-Presidente de Junta, poderá ser designado para atuar nas Juntas de Conciliação e Julgamento.

§ 1º Para o fim mencionado no *caput* deste artigo, o território da Região poderá ser dividido em zonas, compreendendo a jurisdição de uma ou mais Juntas, a juízo do Tribunal Regional do Trabalho respectivo.

§ 2º A designação referida no *caput* deste artigo será de atribuição do Juiz-Presidente do Tribunal Regional do Trabalho ou, não havendo disposição regimental específica, de quem este indicar.

§ 3º Os Juízes do Trabalho Substitutos, quando designados ou estiverem substituindo os Juízes Presidentes de Juntas, perceberão os vencimentos destes.

§ 4º O Juiz-Presidente do Tribunal Regional do Trabalho ou, não havendo disposição regimental específica, que este indicar, fará a lotação e a movimentação dos Juízes Substitutos entre as diferentes zonas da Região na hipótese de terem sido criadas na forma do § 1º deste artigo.

- Art. 656 com a redação dada pela Lei 8.432/1992.

Art. 657. Os Presidentes de Junta e os Presidentes Substitutos perceberão os vencimentos fixados em lei.

- Art. 657 com a redação dada pelo Dec.-lei 8.737/1946.

Art. 658. São deveres precípuos dos Presidentes das Juntas, além dos que decorram do exercício de sua função:

a) manter perfeita conduta pública e privada;

b) abster-se de atender a solicitações ou recomendações relativamente aos feitos que hajam sido ou tenham de ser submetidos à sua apreciação;

c) residir dentro dos limites de sua jurisdição, não podendo ausentar-se sem licença do Presidente do Tribunal Regional;

d) despachar e praticar todos os atos decorrentes de suas funções, dentro dos prazos estabelecidos, sujeitando-se ao desconto correspondente a 1 (um) dia de vencimento para cada dia de retardamento.

- Art. 658 com a redação dada pelo Dec.-lei 8.737/1946.

Art. 659. Competem privativamente aos Presidentes das Juntas, além das que lhes forem conferidas neste Título e das decorrentes de seu cargo, as seguintes atribuições:

I - presidir às audiências das Juntas;

II - executar as suas próprias decisões, as proferidas pela Junta e aquelas cuja execução lhes for deprecada;

III - dar posse aos vogais nomeados para a Junta, ao Secretário e aos demais funcionários da Secretaria;

- Vide EC 24/1999.

IV - convocar os suplentes dos vogais, no impedimento destes;

V - representar ao Presidente do Tribunal Regional da respectiva jurisdição, no caso de falta de qualquer vogal a 3 (três) reuniões consecutivas, sem motivo justificado, para os fins do art. 727;

VI - despachar os recursos interpostos pelas partes, fundamentando a decisão recorrida antes da remessa ao Tribunal Regional, ou submetendo-os à decisão da Junta, no caso do art. 894;

- IN 16/1999 do TST.

VII - assinar as folhas de pagamento dos membros e funcionários da Junta;

VIII - apresentar ao Presidente do Tribunal Regional, até 15 de fevereiro de cada ano, o relatório dos trabalhos do ano anterior;

IX - conceder medida liminar, até decisão final do processo, em reclamações trabalhistas que visem a tornar sem efeito transferência disciplinada pelos parágrafos do artigo 469 desta Consolidação.

- Inciso IX incluído pela Lei 6.203/1975.
- OJ 67 da SDI-2 do TST.

X - conceder medida liminar, até decisão final do processo, em reclamações trabalhistas que visem reintegrar no emprego dirigente sindical afastado, suspenso ou dispensado pelo empregador.

- Inciso X incluído pela Lei 9.270/1996.

SEÇÃO IV
DOS VOGAIS DAS JUNTAS

- As Juntas de Conciliação foram extintas pela EC 24/1999.

Art. 660. Os vogais das Juntas são designados pelo Presidente do Tribunal Regional da respectiva jurisdição.

Art. 661. Para o exercício da função de vogal da Junta ou suplente deste são exigidos os seguintes requisitos:

a) ser brasileiro;

- Alínea a com a redação dada pelo Dec.-lei 229/1967.

b) ter reconhecida idoneidade moral;

c) ser maior de 25 (vinte e cinco) anos e ter menos de 70 (setenta) anos;

- Alínea c com a redação dada pelo Dec.-lei 229/1967.

d) estar no gozo dos direitos civis e políticos;

e) estar quite com o serviço militar;

f) contar mais de 2 (dois) anos de efetivo exercício na profissão e ser sindicalizado.

Parágrafo único. A prova da qualidade profissional a que se refere a alínea "f" deste artigo é feita mediante declaração do respectivo Sindicato.

Art. 662. A escolha dos vogais das Juntas e seus suplentes far-se-á dentre os nomes constantes das listas que, para esse efeito, forem encaminhadas pelas associações sindicais de primeiro grau ao presidente do Tribunal Regional.

§ 1º Para esse fim, cada Sindicato de empregadores e de empregados, com base territorial extensiva à área de jurisdição da Junta, no todo ou em parte, procederá, na ocasião determinada pelo Presidente do Tribunal Regional, à escolha de 3 (três) nomes que comporão a lista, aplicando-se à eleição o disposto no art. 524 e seus §§ 1º a 3º.

- § 1º com a redação dada pela Lei 5.657/1971.

§ 2º Recebidas as listas pelo presidente do Tribunal Regional, designará este, dentro de cinco dias, os nomes dos vogais e dos respectivos suplentes, expedindo para cada um deles um título, mediante a apresentação do qual será empossado.

§ 3º Dentro de quinze dias, contados da data da posse, pode ser contestada a investidura do vogal ou do suplente, por qualquer interessado, sem efeito suspensivo, por meio de representação escrita, dirigida ao presidente do Tribunal Regional.

§ 4º Recebida a contestação, o Presidente do Tribunal designará imediatamente relator, o qual, se houver necessidade de ouvir testemunhas ou de proceder a quaisquer diligências, providenciará para que tudo se realize com a maior brevidade, submetendo, por fim, a contestação ao parecer do Tribunal, na primeira sessão.

- § 4º com a redação dada pela Lei 2.244/1954.

§ 5º Se o Tribunal julgar procedente a contestação, o Presidente providenciará a designação de novo vogal ou suplente.

- § 5º com a redação dada pelo Dec.-lei 229/1967.

§ 6º Em falta de indicação pelos Sindicatos, de nomes para representantes das respectivas categorias profissionais e econômicas nas Juntas de Conciliação e Julgamento, ou nas localidades onde não existirem Sindicatos, serão esses representantes livremente designados pelo Presidente do Tribunal Regional do Trabalho, observados os requisitos exigidos para o exercício da função.

- § 6º incluído pelo Dec.-lei 229/1967.

Art. 663. A investidura dos vogais das Juntas e seus suplentes é de 3 (três) anos, podendo, entretanto, ser dispensado, a pedido, aquele que tiver servido, sem interrupção, durante metade desse período.

- *Caput* com a redação dada pela Lei 2.244/1954.

§ 1º Na hipótese da dispensa do vogal a que alude este artigo, assim como nos casos de impedimento, morte ou renúncia, sua substituição far-se-á pelo suplente, mediante convocação do Presidente da Junta.

- § 1º com a redação dada pela Lei 2.244/1954.

§ 2º Na falta do suplente, por impedimento, morte ou renúncia serão designados novo vogal e o respectivo suplente, dentre os nomes constantes das listas a que se refere o art. 662, servindo os designados até o fim do período.

Art. 664. Os vogais das Juntas e seus suplentes tomam posse perante o Presidente da Junta em que têm de funcionar.

Art. 665. Enquanto durar sua investidura, gozam os vogais das Juntas e seus suplentes das prerrogativas asseguradas aos jurados.

Art. 666. Por audiência a que comparecerem, até o máximo de 20 (vinte) por mês, os vogais das Juntas e seus suplentes perceberão a gratificação fixada em lei.

Art. 667. São prerrogativas dos vogais das Juntas, além das referidas no art. 665:

a) tomar parte nas reuniões do Tribunal a que pertençam;

b) aconselhar às partes a conciliação;

c) votar no julgamento dos feitos e nas matérias de ordem interna do Tribunal, submetidas às suas deliberações;

d) pedir vista dos processos pelo prazo de 24 (vinte e quatro) horas;

e) formular, por intermédio do Presidente, aos litigantes, testemunhas e peritos, as perguntas que quiserem fazer, para esclarecimento do caso.

CAPÍTULO III
DOS JUÍZOS DE DIREITO

Art. 668. Nas localidades não compreendidas na jurisdição das Juntas de Conciliação e Julgamento, os Juízos de Direito são os órgãos de administração da Justiça do Trabalho, com a jurisdição que lhes for determinada pela lei de organização judiciária local.

- Art. 112 da CF.
- EC 24/1999.
- Súm. 10 e 180 do STJ.

Art. 669. A competência dos Juízos de Direito, quando investidos na administração da Justiça do Trabalho, é a mesma das Juntas de Conciliação e Julgamento, na forma da Seção II do Capítulo II.

§ 1º Nas localidades onde houver mais de um Juízo de Direito a competência é determinada, entre os Juízes do Cível, por distribuição ou pela divisão judiciária local, na conformidade da lei de organização respectiva.

§ 2º Quando o critério de competência da lei de organização judiciária for diverso do previsto no parágrafo anterior, será competente o Juiz do Cível mais antigo.

CAPÍTULO IV
DOS TRIBUNAIS REGIONAIS DO TRABALHO

SEÇÃO I
DA COMPOSIÇÃO E DO FUNCIONAMENTO

Art. 670. Os Tribunais Regionais das 1ª e 2ª Regiões compor-se-ão de onze juízes togados, vitalícios, e de seis juízes classistas, temporários; os da 3ª e 4ª Regiões, de oito juízes togados, vitalícios, e de quatro classistas, temporários; os da 5ª e 6ª Regiões, de sete juízes togados, vitalícios e de dois classistas, temporários; os da 7ª e 8ª Regiões, de seis juízes togados, vitalícios, e de dois classistas, temporários, todos nomeados pelo Presidente da República.

- *Caput* com a redação dada pela Lei 5.442/1968.
- Art. 674 da CLT.

§ 1º Há um primeiro suplente e um segundo suplente para o presidente e um suplente para cada vogal.

- § 1° com redação dada pelo Dec.-lei 9.797/1946.

§ 2º Nos Tribunais Regionais constituídos de seis ou mais juízes togados, e menos de onze, um deles será escolhido dentre advogados, um dentre membros do Ministério Público da União junto à Justiça do Trabalho e os demais dentre juízes do Trabalho Presidente de Junta da respectiva Região, na forma prevista no parágrafo anterior.

- § 2º com a redação dada pela Lei 5.442/1968.

§ 3º Nos Tribunais do Trabalho das demais Regiões, terão assento três juízes alheios aos interesses profissionais.

- § 3° com redação dada pelo Dec.-lei 9.797/1946.

§ 4º Os juízes classistas referidos neste artigo representarão, paritariamente, empregadores e empregados.

§ 5º Haverá um suplente para cada Juiz classista.

§ 6º Os Tribunais Regionais, no respectivo regimento interno, disporão sobre a substituição de seus juízes, observados, na convocação de juízes inferiores, os critérios de livre escolha e antiguidade, alternadamente.

§ 7º Dentre os seus juízes togados, os Tribunais Regionais elegerão os respectivos Presidente e Vice-Presidente, assim como os Presidentes de Turmas, onde as houver.

§ 8º Os Tribunais Regionais da 1ª e 2ª Regiões dividir-se-ão em Turmas, facultada essa divisão aos constituídos de pelo menos, doze juízes. Cada turma se comporá de três juízes togados e dois classistas, um representante dos empregados e outro dos empregadores.

- §§ 4º a 8º incluídos pela Lei 5.442/1968.

Art. 671. Para os trabalhos dos Tribunais Regionais existe a mesma incompatibilidade prevista no art. 648, sendo idêntica a forma de sua resolução.

Art. 672. Os Tribunais Regionais, em sua composição plena, deliberarão com a presença, além do Presidente, da metade e mais um, do número de seus juízes, dos quais, no mínimo, um representante dos empregados e outro dos empregadores.

§ 1º As Turmas somente poderão deliberar presentes, pelo menos, três dos seus juízes, entre eles os dois classistas. Para a integração desse quorum, poderá o Presidente de uma Turma convocar juízes de outra, da classe a que pertencer o ausente ou impedido.

§ 2º Nos Tribunais Regionais, as decisões tomar-se-ão pelo voto da maioria dos juízes presentes, ressalvada, no Tribunal Pleno, a hipótese de declaração de inconstitucionalidade de lei ou ato do poder público (artigo 111 da Constituição).

- Art. 97 da CF.
- Súm. Vinculante 10 do STF.

§ 3º O Presidente do Tribunal Regional, excetuada a hipótese de declaração de inconstitucionalidade de lei ou ato do poder público, somente terá voto de desempate. Nas sessões administrativas, o Presidente votará como os demais juízes, cabendo-lhe, ainda, o voto de qualidade.

§ 4º No julgamento de recursos contra decisão ou despacho do Presidente, do Vice-Presidente ou de Relator, ocorrendo empate, prevalecerá a decisão ou despacho recorrido.

- Art. 672 com a redação dada pela Lei 5.442/1968.

Art. 673. A ordem das sessões dos Tribunais Regionais será estabelecida no respectivo Regimento Interno.

SEÇÃO II
DA JURISDIÇÃO E COMPETÊNCIA

Art. 674. Para efeito da jurisdição dos Tribunais Regionais, o território nacional é dividido nas 24 regiões seguintes:

1ª Região – Estado do Rio de Janeiro; (Criada pela Lei nº 5.839/1972)

2ª Região – Estado de São Paulo; (Criada pela Lei nº 5.839/1972)

3ª Região – Estado de Minas Gerais; (Criada pela Lei nº 5.839/1972)

4ª Região – Estado do Rio Grande do Sul; (Criada pela Lei nº 5.839/1972)

5ª Região – Estado da Bahia; (Criada pela Lei nº 5.839/1972)

6ª Região – Estado Pernambuco; (Criada pela Lei nº 5.839/1972)

7ª Região – Estado do Ceará; (Criada pela Lei nº 5.839/1972)

8ª Região – Estados do Pará e Amapá; (Criada pela Lei nº 5.839/1972)

9ª Região – Estado do Paraná; (Criada pela Lei nº 6.241/1975)

10ª Região – Estado do Distrito Federal; (Criada pela Lei nº 6.927/1981)

11ª Região – Estados do Amazonas e de Roraima; (Criada pela Lei nº 6.915/1981)

12ª Região – Estado de Santa Catarina; (Criada pela Lei nº 6.928/1981)

13ª Região – Estado da Paraíba; (Criada pela Lei nº 7.324/1985)

14ª Região – Estados de Rondônia e Acre; (Criada pela Lei nº 7.523,/1986)

15ª Região – Estado de São Paulo; (Criada pela Lei nº 7.520/1986)

16ª Região – Estado do Maranhão; (Criada pela Lei nº 7.671/1988)

17ª Região – Estado do Espírito Santo; (Criada pela Lei nº 7.872/1989)

18ª Região – Estado de Goiás; (Criada pela Lei nº 7.873/1989)

19ª Região – Estado de Alagoas; (Criada pela Lei nº 8.219/1991)

20ª Região – Estado de Sergipe; (Criada pela Lei nº 8.233/1991)

21ª Região – Estado do Rio Grande do Norte; (Criada pela Lei nº 8.215/1991)

22ª Região – Estado do Piauí; (Criada pela Lei nº 8.221/1991)

23ª Região – Estado do Mato Grosso; (Criada pela Lei nº 8.430/1992)

24ª Região – Estado do Mato Grosso do Sul; (Criada pela Lei nº 8.431/1992)

- Artigo atualizado de acordo com as referidas Leis.

Parágrafo único. Os tribunais têm sede nas cidades: Rio de Janeiro (1ª Região), São Paulo (2ª Região), Belo Horizonte (3ª Região), Porto Alegre (4ª Região), Salvador (5ª Região), Recife (6ª Região), Fortaleza (7ª Região), Belém (8ª Região), Curitiba (9ª Região), Brasília (10ª Região), Manaus (11ª Região), Florianópolis (12ª Região), João Pessoa (13ª Região), Porto Velho (14ª Região), Campinas (15ª Região), São Luís (16ª Região), Vitória (17ª Região), Goiânia (18ª Região), Maceió (19ª Região), Aracaju (20ª Região), Natal (21ª Região), Teresina (22ª Região), Cuiabá (23ª Região) e Campo Grande (24ª Região).

- Sedes determinadas pelas Leis que criaram as Regiões.

Art. 675. (Revogado pela Lei 5.442/1968.)

Art. 676. O número de regiões, a jurisdição e a categoria dos Tribunais Regionais, estabelecidos nos artigos anteriores, somente podem ser alterados pelo Presidente da República.

Art. 677. A competência dos Tribunais Regionais determina-se pela forma indicada no art. 651 e seus parágrafos e, nos casos de dissídio coletivo, pelo local onde este ocorrer.

- Súm. 420 do TST.

Art. 678. Aos Tribunais Regionais, quando divididos em Turmas, compete:

- Súm. 433 do STF.

I - ao Tribunal Pleno, especialmente:

a) processar, conciliar e julgar originariamente os dissídios coletivos;

b) processar e julgar originariamente:

1) as revisões de sentenças normativas;

2) a extensão das decisões proferidas em dissídios coletivos;

3) os mandados de segurança;

4) as impugnações à investidura de vogais e seus suplentes nas Juntas de Conciliação e Julgamento;

c) processar e julgar em última instância:

1) os recursos das multas impostas pelas Turmas;

2) as ações rescisórias das decisões das Juntas de Conciliação e Julgamento, dos juízes de direito investidos na jurisdição trabalhista, das Turmas e de seus próprios acórdãos;

3) os conflitos de jurisdição entre as suas Turmas, os juízes de direito investidos na jurisdição trabalhista, as Juntas de Conciliação e Julgamento, ou entre aqueles e estas;

d) julgar em única ou última instâncias:

1) os processos e os recursos de natureza administrativa atinentes aos seus serviços auxiliares e respectivos servidores;

2) as reclamações contra atos administrativos de seu presidente ou de qualquer de seus membros, assim como dos juízes de primeira instância e de seus funcionários.

II - às Turmas:

a) julgar os recursos ordinários previstos no art. 895, alínea a;

b) julgar os agravos de petição e de instrumento, estes de decisões denegatórias de recursos de sua alçada;

c) impor multas e demais penalidades relativas e atos de sua competência jurisdicional, e julgar os recursos interpostos das decisões das Juntas dos juízes de direito que as impuserem.

Parágrafo único. Das decisões das Turmas não caberá recurso para o Tribunal Pleno, exceto no caso do item I, alínea "c", inciso 1, deste artigo.

- Art. 678 com a redação dada pela Lei 5.442/1968.

Art. 679. Aos Tribunais Regionais não divididos em Turmas, compete o julgamento das matérias a que se refere o artigo anterior, exceto a de que trata o inciso I da alínea c do Item I, como os conflitos de jurisdição entre Turmas.

‣ Art. 679 com a redação dada pela Lei 5.442/1968.

Art. 680. Compete, ainda, aos Tribunais Regionais, ou suas Turmas:

a) determinar às Juntas e aos juízes de direito a realização dos atos processuais e diligências necessárias ao julgamento dos feitos sob sua apreciação;

b) fiscalizar o cumprimento de suas próprias decisões;

c) declarar a nulidade dos atos praticados com infração de suas decisões;

d) julgar as suspeições arguidas contra seus membros;

e) julgar as exceções de incompetência que lhes forem opostas;

f) requisitar às autoridades competentes as diligências necessárias ao esclarecimento dos feitos sob apreciação, representando contra aquelas que não atenderem a tais requisições;

g) exercer, em geral, no interesse da Justiça do Trabalho, as demais atribuições que decorram de sua Jurisdição.

‣ Art. 680 restabelecido com nova redação pela Lei 5.442/1968.

SEÇÃO III
DOS PRESIDENTES DOS TRIBUNAIS REGIONAIS

Art. 681. Os presidentes e vice-presidentes dos Tribunais Regionais do Trabalho tomarão posse perante os respectivos Tribunais.

‣ *Caput* com a redação dada pela Lei 6.320/1976.

Parágrafo único. (Revogado pela Lei 6.320/1976.)

Art. 682. Competem privativamente aos Presidentes dos Tribunais Regionais, além das que forem conferidas neste e no título e das decorrentes do seu cargo, as seguintes atribuições:

‣ *Caput* com a redação dada pelo Dec.-lei 8.737/1946.

I - (Revogado pela Lei 5.442/1968.)

II - designar os vogais das Juntas e seus suplentes;

III - dar posse aos Presidentes de Juntas e Presidentes Substitutos, aos vogais e suplentes e funcionários do próprio Tribunal e conceder férias e licenças aos mesmos e aos vogais e suplentes das Juntas;

IV - presidir às sessões do Tribunal;

V - presidir às audiências de conciliação nos dissídios coletivos;

VI - executar suas próprias decisões e as proferidas pelo Tribunal;

VII - convocar suplentes dos vogais do Tribunal, nos impedimentos destes;

VIII - representar ao Presidente do Tribunal Superior do Trabalho contra os Presidentes e os vogais, nos casos previstos no art. 727 e seu parágrafo único;

IX - despachar os recursos interpostos pelas partes;

X - requisitar às autoridades competentes, nos casos de dissídio coletivo, a força necessária, sempre que houver ameaça de perturbação da ordem;

XI - exercer correição, pelo menos uma vez por ano, sobre as Juntas, ou parcialmente sempre que se fizer necessário, e solicitá-la, quando julgar conveniente, ao Presidente do Tribunal de Apelação relativamente aos Juízes de Direito investidos na administração da Justiça do Trabalho;

XII - distribuir os feitos, designando os vogais que os devem relatar;

XIII - designar, dentre os funcionários do Tribunal e das Juntas existentes em uma mesma localidade, o que deve exercer a função de distribuidor;

XIV - assinar as folhas de pagamento dos vogais e servidores do Tribunal.

‣ Incisos II a XIV com a redação dada pelo Dec.-lei 8.737/1946.

§ 1º Na falta ou impedimento do Presidente da Junta e do substituto da mesma localidade, é facultado ao Presidente do Tribunal Regional designar substituto de outra localidade, observada a ordem de antiguidade entre os substitutos desimpedidos.

§ 2º Na falta ou impedimento do Juiz classista da Junta e do respectivo suplente, é facultado ao Presidente do Tribunal Regional designar suplente de outra Junta, respeitada a categoria profissional ou econômica do representante e a ordem de antiguidade dos suplentes desimpedidos.

‣ §§ 1º e 2º com a redação dada pelo Dec.-lei 8.737/1946.

§ 3º Na falta ou impedimento de qualquer Juiz representante classista e seu respectivo suplente, é facultado ao Presidente do Tribunal Regional designar um dos Juízes classistas de Junta de Conciliação e Julgamento para funcionar nas sessões do Tribunal, respeitada a categoria profissional ou econômica do representante.

‣ § 3º incluído pela Lei 3.440/1958.

Art. 683. Na falta ou impedimento dos Presidentes dos Tribunais Regionais, e como auxiliares destes, sempre que necessário, funcionarão seus substitutos.

§ 1º Nos casos de férias, por 30 (trinta) dias, licença, morte ou renúncia, a convocação competirá diretamente ao Presidente do Tribunal Superior do Trabalho.

§ 2º Nos demais casos, mediante convocação do próprio Presidente do Tribunal ou comunicação do secretário deste, o Presidente Substituto assumirá imediatamente o exercício, ciente o Presidente do Tribunal Superior do Trabalho.

‣ Art. 683 com a redação dada pelo Dec.-lei 8.737/1946.

SEÇÃO IV
DOS JUÍZES REPRESENTANTES CLASSISTAS DOS TRIBUNAIS REGIONAIS

Art. 684. Os Juízes representantes classistas dos Tribunais Regionais são designados pelo Presidente da República.

Parágrafo único. Aos Juízes representantes classistas dos empregados e dos empregadores, nos Tribunais Regionais, aplicam-se as disposições do art. 661.

‣ § 1º renumerado para parágrafo único pela Lei 5.442/1968.

‣ § 2º (Revogado pela Lei 5.442/1968.)

Art. 685. A escolha dos vogais e suplentes dos Tribunais Regionais, representantes dos empregadores e empregados, é feita dentre os nomes constantes das listas para esse fim encaminhadas ao Presidente do Tribunal Superior do Trabalho pelas associações sindicais de grau superior com sede nas respectivas Regiões.

§ 1º Para o efeito deste artigo, o Conselho de Representantes de cada associação sindical de grau superior, na ocasião determinada pelo Presidente do Tribunal Superior do Trabalho, organizará, por maioria de votos, uma lista de 3 (três) nomes.

§ 2º O Presidente do Tribunal Superior do Trabalho submeterá os nomes constantes das listas ao Presidente da República, por intermédio do Ministro da Justiça e Negócios Interiores.

‣ § 2º com a redação dada pela Lei 2.244/1954.

Art. 686. (Suprimido pelo Dec.-lei 9.797/1946.)

Art. 687. Os juízes representantes classistas dos Tribunais Regionais tomam posse perante o respectivo Presidente.

‣ Expressão "vogais dos Conselhos Regionais" substituída por "juízes representantes classistas dos Tribunais Regionais" pelo Dec-Lei 9.797/1946.

Art. 688. Aos juízes representantes classistas dos Tribunais Regionais aplicam-se as disposições do art. 663, sendo a nova escolha feita dentre os nomes constantes das listas a que se refere o art. 685, ou na forma indicada no art. 686 e, bem assim, as dos arts. 665 e 667.

Art. 689. Por sessão a que comparecerem, até o máximo de quinze por mês, perceberão os Juízes representantes classistas e suplentes dos Tribunais Regionais a gratificação fixada em lei.

Parágrafo único. Os Juízes representantes classistas que retiverem processos além dos prazos estabelecidos no Regimento Interno dos Tribunais Regionais sofrerão automaticamente, na gratificação mensal a que teriam direito, desconto equivalente a 1/30 (um trinta avos) por processo retido.

‣ Art. 689 com a redação dada pelo Dec.-lei 8.737/1946.

CAPÍTULO V
DO TRIBUNAL SUPERIOR DO TRABALHO

‣ Arts. 111 e 111-A, da CF.

‣ Súm. 190 do TST.

SEÇÃO I
DISPOSIÇÕES PRELIMINARES

‣ Vide Resolução Administrativa do TST 1.295/2008 (Regimento Interno do TST).

Art. 690. O Tribunal Superior do Trabalho, com sede na Capital da República e jurisdição em todo o território nacional, é a instância suprema da Justiça do Trabalho.

Parágrafo único. O Tribunal funciona na plenitude de sua composição ou dividido em Turmas, com observância da paridade de representação de empregados e empregadores.

- Art. 690 com a redação dada pela Lei 2.244, de 23.6.1954.
- Súm. 190 do TST.

Arts. 691 e 692. (Suprimidos pelo Dec.-lei 8.737/1946.)

SEÇÃO II DA COMPOSIÇÃO E FUNCIONAMENTO DO TRIBUNAL SUPERIOR DO TRABALHO

Art. 693. O Tribunal Superior do Trabalho compõe-se de dezessete juízes com a denominação de Ministros, sendo:

- *Caput* com a redação dada pela Lei 5.442, de 24.5.1968.
- Art. 111-A, da CF.

a) onze togados e vitalícios, nomeados pelo Presidente da República, depois de aprovada a escolha pelo Senado Federal, dentre brasileiros natos, maiores de trinta e cinco anos, de notável saber jurídico e reputação ilibada;

b) seis classistas, com mandato de três anos, em representação paritária dos empregadores e dos empregados, nomeados pelo Presidente da República de conformidade com o disposto nos §§ 2º e 3º deste artigo.

- *Alíneas a* e *b* com a redação dada pela Lei 5.442/1968.

§ 1º Dentre os Juízes Togados do Tribunal Superior do Trabalho, alheios aos interesses profissionais, serão eleitos o Presidente, o Vice-Presidente e o corregedor, além dos presidentes das turmas na forma estabelecida em seu regimento interno.

§ 2º Para nomeação trienal dos juízes classistas, o Presidente do Tribunal Superior do Trabalho publicará edital, com antecedência mínima de 15 (quinze) dias, convocando as associações sindicais de grau superior, para que cada uma, mediante maioria de votos do respectivo Conselho de Representantes, organize uma lista de três nomes, que será encaminhada, por intermédio daquele Tribunal, ao Ministro da Justiça e Negócios Interiores dentro do prazo que for fixado no edital.

- §§ 1º e 2º com a redação dada pela Lei 2.244/1954.

§ 3º Na lista de que trata o parágrafo anterior figurarão somente brasileiros natos, de reconhecida idoneidade, maiores de 25 anos, quites com o serviço militar, que estejam no gozo de seus direitos civis e políticos e contem mais de dois anos de efetivo exercício da profissão ou se encontrem no desempenho de representação profissional prevista em lei.

- § 3º com a redação dada pelo Dec.-lei 9.797/1946.

Art. 694. Os juízes togados escolher-se-ão: sete, dentre magistrados da Justiça do Trabalho, dois, dentre advogados no efetivo exercício da profissão, e dois, dentre membros do Ministério Público da União junto à Justiça do Trabalho.

- Art. 694 restabelecido com nova redação dada pela Lei 5.442/1968.

Art. 695. (Suprimido pelo Dec.-lei 9.797/1946.)

Art. 696. Importará em renúncia o não comparecimento do membro do Conselho, sem motivo justificado, a mais de três sessões ordinárias consecutivas.

- *Caput* com a redação dada pelo Dec.-lei 8.737/1946.

§ 1º Ocorrendo a hipótese prevista neste artigo o Presidente do Tribunal comunicará imediatamente o fato ao Ministro da Justiça e Negócios Interiores, a fim de que seja feita a substituição do juiz renunciante, sem prejuízo das sanções cabíveis.

§ 2º Para os efeitos do parágrafo anterior, a designação do substituto será feita dentre os nomes constantes das listas de que trata o 2º do art. 693.

- §§ 1º e 2º incluídos pela Lei 2.244/1954.

Art. 697. Em caso de licença, superior a trinta dias, ou de vacância, enquanto não for preenchido o cargo, os Ministros do Tribunal poderão ser substituídos mediante convocação de Juízes, de igual categoria, de qualquer dos Tribunais Regionais do Trabalho, na forma que dispuser o Regimento do Tribunal Superior do Trabalho.

- Art. 697 com a redação dada pela Lei 6.289/1975.

Art. 698. (Suprimido pelo Dec.-lei 8.737/1946.)

Art. 699. O Tribunal Superior do Trabalho não poderá deliberar, na plenitude de sua composição senão com a presença de pelo menos nove de seus juízes, além do Presidente.

Parágrafo único. As turmas do Tribunal, compostas de 5 (cinco) juízes, só poderão deliberar com a presença de pelo menos, três de seus membros, além do respectivo presidente, cabendo também a este funcionar como relator ou revisor nos feitos que lhe forem distribuídos conforme estabelecer o regimento interno.

- Art. 699 com a redação dada pela Lei 2.244/1954.

Art. 700. O Tribunal reunir-se-á em dias previamente fixados pelo Presidente, o qual poderá, sempre que for necessário, convocar sessões extraordinárias.

- Art. 700 com a redação dada pelo Dec.-lei 8.737/1946.
- Art. 96, I, a, da CF.

Art. 701. As sessões do Tribunal serão públicas e começarão às 14 (quatorze) horas, terminando às 17 (dezessete) horas, mas poderão ser prorrogadas pelo Presidente em caso de manifesta necessidade.

§ 1º As sessões extraordinárias do Tribunal só se realizarão quando forem comunicadas aos seus membros com 24 (vinte e quatro) horas, no mínimo, de antecedência.

§ 2º Nas sessões do Tribunal, os debates poderão tornar-se secretos, desde que, por motivo de interesse público, assim resolva a maioria de seus membros.

- Art. 701 com a redação dada pelo Dec.-lei 8.737/1946.

SEÇÃO III DA COMPETÊNCIA DO CONSELHO PLENO

Art. 702. Ao Tribunal Pleno compete:

- *Caput* com a redação dada pela Lei 2.244/1954.
- Vide Lei 7.701/1988.

I - em única instância:

- Inciso I com a redação dada pela Lei 2.244/1954.

a) decidir sobre matéria constitucional, quando arguido, para invalidar lei ou ato do poder público;

b) conciliar e julgar os dissídios coletivos que excedam a jurisdição dos Tribunais Regionais do Trabalho, bem como estender ou rever suas próprias decisões normativas, nos casos previstos em lei;

c) homologar os acordos celebrados em dissídios de que trata a alínea anterior;

d) julgar os agravos dos despachos do presidente, nos casos previstos em lei;

e) julgar as suspeições arguidas contra o presidente e demais juízes do Tribunal, nos feitos pendentes de sua decisão;

- *Alíneas a* a *e* com a redação dada pela Lei 2.244/1954.

f) estabelecer ou alterar Súm. e outros enunciados de jurisprudência uniforme, pelo voto de pelo menos dois terços de seus membros, caso a mesma matéria já tenha sido decidida de forma idêntica por unanimidade em, no mínimo, dois terços das turmas em pelo menos dez sessões diferentes em cada uma delas, podendo, ainda, por maioria de dois terços de seus membros, restringir os efeitos daquela declaração ou decidir que ela só tenha eficácia a partir de sua publicação no Diário Oficial;

- *Alínea f* com a redação dada pela Lei 13.467/2017.

g) aprovar tabelas de custas emolumentos, nos termos da lei;

- *Alínea g* com a redação dada pela Lei 2.244/1954.

h) elaborar o Regimento Interno do Tribunal e exercer as atribuições administrativas previstas em lei, ou decorrentes da Constituição Federal.

II - em última instância:

- Inciso II com a redação dada pela Lei 2.244/1954.

a) julgar os recursos ordinários das decisões proferidas pelos Tribunais Regionais em processos de sua competência originária;

b) julgar os embargos opostos às decisões de que tratam as alíneas b e c do inciso I deste artigo;

- *Alíneas a* e *b* com a redação dada pela Lei 2.244/1954.

c) julgar embargos das decisões das Turmas, quando esta divirjam entre si ou de decisão proferida pelo próprio Tribunal Pleno, ou que forem contrárias à letra de lei federal;

- Alínea c com a redação dada pelo Dec.-lei 229/1967.

d) julgar os agravos de despachos denegatórios dos presidentes de turmas, em matéria de embargos na forma estabelecida no regimento interno;

e) julgar os embargos de declaração opostos aos seus acórdãos.

- Alíneas d e e com a redação dada pela Lei 2.244/1954.

§ 1º Quando adotada pela maioria de dois terços dos juízes do Tribunal Pleno, a decisão proferida nos embargos de que trata o inciso II, alínea "c", deste artigo, terá força de prejulgado, nos termos dos §§ 2º e 3º, do art. 902.

- O art. 902 da CLT foi revogado pela Lei 7.033/1982.

§ 2º É da competência de cada uma das turmas do Tribunal:

a) julgar, em única instância, os conflitos de jurisdição entre Tribunais Regionais do Trabalho e os que se suscitarem entre juízes de direito ou juntas de conciliação e julgamento de regiões diferentes;

b) julgar, em última instância, os recursos de revista interpostos de decisões dos Tribunais Regionais e das Juntas de Conciliação e julgamento ou juízes de direito, nos casos previstos em lei;

c) julgar os agravos de instrumento dos despachos que denegarem a interposição de recursos ordinários ou de revista;

d) julgar os embargos de declaração opostos aos seus acórdãos;

e) julgar as habilitações incidentes e arguições de falsidade, suspeição e outras nos casos pendentes de sua decisão.

- §§ 1º e 2º com a redação dada pela Lei 2.244/1954.

§ 3° As sessões de julgamento sobre estabelecimento ou alteração de Súm. e outros enunciados de jurisprudência deverão ser públicas, divulgadas com, no mínimo, trinta dias de antecedência, e deverão possibilitar a sustentação oral pelo Procurador-Geral do Trabalho, pelo Conselho Federal da Ordem dos Advogados do Brasil, pelo Advogado-Geral da União e por confederações sindicais ou entidades de classe de âmbito nacional.

- § 3° incluído pela Lei 13.467/2017.

§ 4° O estabelecimento ou a alteração de Súm. e outros enunciados de jurisprudência pelos Tribunais Regionais do Trabalho deverão observar o disposto na alínea f do inciso I e no § 3° deste artigo, com rol equivalente de legitimados para sustentação oral, observada a abrangência de sua circunscrição judiciária.

- § 4° incluído pela Lei 13.467/2017.

SEÇÃO IV
DA COMPETÊNCIA DA CÂMARA DE JUSTIÇA DO TRABALHO

Arts. 703 a 705. (Suprimidos pelo Dec.-lei 8.737/1946.)

SEÇÃO V
DA COMPETÊNCIA DA CÂMARA DE PREVIDÊNCIA SOCIAL

Art. 706. (Suprimido pelo Dec.-lei 8.737/1946.)

SEÇÃO VI
DAS ATRIBUIÇÕES DO PRESIDENTE DO TRIBUNAL SUPERIOR DO TRABALHO

Art. 707. Compete ao Presidente do Tribunal:

- Vide Lei 7.701/1998.

a) presidir às sessões do Tribunal, fixando os dias para a realização das sessões ordinárias e convocando as extraordinárias;

b) superintender todos os serviços do Tribunal;

c) expedir instruções e adotar as providências necessárias para o bom funcionamento do Tribunal e dos demais órgãos da Justiça do Trabalho;

d) fazer cumprir as decisões originárias do Tribunal, determinando aos Tribunais Regionais e aos demais órgãos da Justiça do Trabalho a realização dos atos processuais e das diligências necessárias;

e) submeter ao Tribunal os processos em que tenha de deliberar e designar, na forma do Regimento Interno, os respectivos relatores;

f) despachar os recursos interpostos pelas partes e os demais papéis em que deva deliberar;

g) determinar as alterações que se fizerem necessárias na lotação do pessoal da Justiça do Trabalho, fazendo remoções ex officio de servidores entre os Tribunais Regionais, Juntas de Conciliação e Julgamento e outros órgãos; bem como conceder as requeridas que julgar convenientes ao serviço, respeitada a lotação de cada órgão;

h) conceder licenças e férias aos servidores do Tribunal, bem como impor-lhes as penas disciplinares que excederem da alçada das demais autoridades;

i) dar posse e conceder licença aos membros do Tribunal, bem como conceder licenças e férias aos Presidentes dos Tribunais Regionais;

j) apresentar ao Ministro do Trabalho, Indústria e Comércio, até 31 de março de cada ano, o relatório das atividades do Tribunal e dos demais órgãos da Justiça do Trabalho.

Parágrafo único. O Presidente terá 1 (um) secretário por ele designado dentre os funcionários lotados no Tribunal, e será auxiliado por servidores designados nas mesmas condições.

- Art. 707 com a redação dada pelo Dec.-lei 8.737/1946.

SEÇÃO VII
DAS ATRIBUIÇÕES DO VICE-PRESIDENTE

Art. 708. Compete ao Vice-Presidente do Tribunal:

- Art. 96, I, a, da CF.

a) substituir o Presidente e o Corregedor em suas faltas e impedimentos;

b) (Suprimida pela Lei 2.244/1954):

Parágrafo único. Na ausência do Presidente e do Vice-Presidente, será o Tribunal presidido pelo Juiz togado mais antigo, ou pelo mais idoso quando igual a antiguidade.

- Art. 708 com a redação dada pela Lei 2.244/1954.

SEÇÃO VIII
DAS ATRIBUIÇÕES DO CORREGEDOR

Art. 709. Compete ao Corregedor, eleito dentre os Ministros togados do Tribunal Superior do Trabalho:

- *Caput* com a redação dada pelo Dec.-lei 229/1967.
- Vide Regimento Interno da Corregedoria-Geral da Justiça do Trabalho.

I - Exercer funções de inspeção e correição permanente com relação aos Tribunais Regionais e seus presidentes;

II - Decidir reclamações contra os atos atentatórios da boa ordem processual praticados pelos Tribunais Regionais e seus presidentes, quando inexistir recurso específico;

- Incisos I e II com a redação dada pelo Dec.-lei 229/1967.

III - (Revogado pela Lei 5.442/1968.)

§ 1º Das decisões proferidas pelo Corregedor, nos casos do artigo, caberá o agravo regimental, para o Tribunal Pleno.

- § 1º com a redação dada pelo Dec.-lei 229/1967.

§ 2º O Corregedor não integrará as Turmas do Tribunal, mas participará, com voto, das sessões do Tribunal Pleno, quando não se encontrar em correição ou em férias, embora não relate nem revise processos, cabendo-lhe, outrossim, votar em incidente de inconstitucionalidade, nos processos administrativos e nos feitos em que estiver vinculado por visto anterior à sua posse na Corregedoria.

- § 2º com a redação dada pela Lei 7.121/1983.

CAPÍTULO VI
DOS SERVIÇOS AUXILIARES DA JUSTIÇA DO TRABALHO

SEÇÃO I
DA SECRETARIA DAS JUNTAS DE CONCILIAÇÃO E JULGAMENTO

Art. 710. Cada Junta terá 1 (uma) secretaria, sob a direção de funcionário que o Presidente designar, para exercer a função de secretário, e que receberá, além dos vencimentos correspondentes ao seu padrão, a gratificação de função fixada em lei.

- Art. 710 com a redação dada pelo Dec.-lei 8.737/1946.
- Art. 112 da CF: Criação das varas da Justiça do Trabalho.

Art. 711. Compete à secretaria das Juntas:

a) o recebimento, a autuação, o andamento, a guarda e a conservação dos processos e outros papéis que lhe forem encaminhados;

b) a manutenção do protocolo de entrada e saída dos processos e demais papéis;

c) o registro das decisões;

d) a informação, às partes interessadas e seus procuradores, do andamento dos respectivos processos, cuja consulta lhes facilitará;

e) a abertura de vista dos processos às partes, na própria secretaria;

f) a contagem das custas devidas pelas partes, nos respectivos processos;

g) o fornecimento de certidões sobre o que constar dos livros ou do arquivamento da secretaria;

h) a realização das penhoras e demais diligências processuais;

i) o desempenho dos demais trabalhos que lhe forem cometidos pelo Presidente da Junta, para melhor execução dos serviços que lhe estão afetos.

Art. 712. Compete especialmente aos secretários das Juntas de Conciliação e Julgamento:

a) superintender os trabalhos da secretaria, velando pela boa ordem do serviço;

b) cumprir e fazer cumprir as ordens emanadas do Presidente e das autoridades superiores;

c) submeter a despacho e assinatura do Presidente o expediente e os papéis que devam ser por ele despachados e assinados;

d) abrir a correspondência oficial dirigida à Junta e ao seu Presidente, a cuja deliberação será submetida;

e) tomar por termo as reclamações verbais nos casos de dissídios individuais;

f) promover o rápido andamento dos processos, especialmente na fase de execução, e a pronta realização dos atos e diligências deprecadas pelas autoridades superiores;

g) secretariar as audiências da Junta, lavrando as respectivas atas;

- Súm. 30 do TST.

h) subscrever as certidões e os termos processuais;

i) dar aos litigantes ciência das reclamações e demais atos processuais de que devam ter conhecimento, assinando as respectivas notificações;

j) executar os demais trabalhos que lhe forem atribuídos pelo Presidente da Junta.

Parágrafo único. Os serventuários que, sem motivo justificado, não realizarem os atos, dentro dos prazos fixados, serão descontados em seus vencimentos, em tantos dias quantos os do excesso.

- Art. 712 com a redação dada pelo Dec-lei 8.737/1946.

SEÇÃO II
DOS DISTRIBUIDORES

Art. 713. Nas localidades em que existir mais de uma Junta de Conciliação e Julgamento haverá um distribuidor.

Art. 714. Compete ao distribuidor:

a) a distribuição, pela ordem rigorosa de entrada, e sucessivamente a cada Junta, dos feitos que, para esse fim, lhe forem apresentados pelos interessados;

b) o fornecimento, aos interessados, do recibo correspondente a cada feito distribuído;

c) a manutenção de 2 (dois) fichários dos feitos distribuídos, sendo um organizado pelos nomes dos reclamantes e o outro dos reclamados, ambos por ordem alfabética;

d) o fornecimento a qualquer pessoa que o solicite, verbalmente ou por certidão, de informações sobre os feitos distribuídos;

e) a baixa na distribuição dos feitos, quando isto lhe for determinado pelos Presidentes das Juntas, formando, com as fichas correspondentes, fichários à parte, cujos dados poderão ser consultados pelos interessados, mas não serão mencionados em certidões.

Art. 715. Os distribuidores são designados pelo Presidente do Tribunal Regional dentre os funcionários das Juntas e do Tribunal Regional, existentes na mesma localidade, e ao mesmo Presidente diretamente subordinados.

SEÇÃO III
DO CARTÓRIO DOS JUÍZOS DE DIREITO

Art. 716. Os cartórios dos Juízos de Direito, investidos na administração da Justiça do Trabalho, têm, para esse fim, as mesmas atribuições e obrigações conferidas na Seção I às secretarias das Juntas de Conciliação e Julgamento.

Parágrafo único. Nos Juízos em que houver mais de um cartório, far-se-á entre eles a distribuição alternada e sucessiva das reclamações.

Art. 717. Aos escrivães dos Juízos de Direito, investidos na administração da Justiça do Trabalho, competem especialmente as atribuições e obrigações dos secretários das Juntas; e aos demais funcionários dos cartórios, as que couberem nas respectivas funções, dentre as que competem às secretarias das Juntas, enumeradas no art. 711.

SEÇÃO IV
DAS SECRETARIAS DOS TRIBUNAIS REGIONAIS

Art. 718. Cada Tribunal Regional tem 1 (uma) secretaria, sob a direção do funcionário designado para exercer a função de secretário, com a gratificação de função fixada em lei.

- Art. 718 com a redação dada pelo Decreto-lei 8.737, de 19.1.1946.

Art. 719. Competem à Secretaria dos Conselhos, além das atribuições estabelecidas no art. 711, para a secretaria das Juntas, mais as seguintes:

a) a conclusão dos processos ao Presidente e sua remessa, depois de despachados, aos respectivos relatores;

b) a organização e a manutenção de um fichário de jurisprudência do Conselho, para consulta dos interessados.

Parágrafo único. No regimento interno dos Tribunais Regionais serão estabelecidas as demais atribuições, o funcionamento e a ordem dos trabalhos de suas secretarias.

Art. 720. Competem aos secretários dos Tribunais Regionais as mesmas atribuições conferidas no art. 712 aos secretários das Juntas, além das que lhes forem fixadas no regimento interno dos Conselhos.

SEÇÃO V
DOS OFICIAIS DE DILIGÊNCIA

Art. 721. Incumbe aos Oficiais de Justiça e Oficiais de Justiça Avaliadores da Justiça do Trabalho a realização dos atos decorrentes da execução dos julgados das Juntas de Conciliação e Julgamento e dos Tribunais Regionais do Trabalho, que lhes forem cometidos pelos respectivos Presidentes.

- OJ 164 da SBDI-1 do TST.

§ 1º Para efeito de distribuição dos referidos atos, cada Oficial de Justiça ou Oficial de Justiça Avaliador funcionará perante uma Junta de Conciliação e Julgamento, salvo quando da existência, nos Tribunais Regionais do Trabalho, de órgão específico, destinado à distribuição de mandados judiciais.

§ 2º Nas localidades onde houver mais de uma Junta, respeitado o disposto no parágrafo anterior, a atribuição para o cumprimento do ato deprecado ao Oficial de Justiça ou Oficial de Justiça Avaliador será transferida a outro Oficial, sempre que, após o decurso de 9 (nove) dias, sem razões que o justifiquem, não tiver sido cumprido o ato, sujeitando-se o serventuário às penalidades da lei.

§ 3º No caso de avaliação, terá o Oficial de Justiça Avaliador, para cumprimento da ato, o prazo previsto no art. 888.

§ 4º É facultado aos Presidentes dos Tribunais Regionais do Trabalho cometer a qualquer Oficial de Justiça ou Oficial de Justiça Avaliador a realização dos atos de execução das decisões desses Tribunais.

§ 5º Na falta ou impedimento do Oficial de Justiça ou Oficial de Justiça Avaliador, o Presidente da Junta poderá atribuir a realização do ato a qualquer serventuário.

- Art. 721 com a redação dada pela Lei 5.442/1968.

CAPÍTULO VII
DAS PENALIDADES

SEÇÃO I
DO "LOCK-OUT" E DA GREVE

- Arts. 9º e 114, II, da CF.
- Lei 7.783/1989.
- Súm. 316 do STF.

Art. 722. Os empregadores que, individual ou coletivamente, suspenderem os trabalhos dos seus estabelecimentos, sem prévia autorização do Tribunal competente, ou que violarem, ou se recusarem a cumprir decisão proferida em dissídio coletivo, incorrerão nas seguintes penalidades:

- Súm. 189 do TST.
- OJs 10, 11 e 38 da SDC do TST.

a) multa de cinco mil cruzeiros a cinquenta mil cruzeiros;

b) perda do cargo de representação profissional em cujo desempenho estiverem;

c) suspensão, pelo prazo de 2 (dois) a 5 (cinco) anos, do direito de serem eleitos para cargos de representação profissional.

§ 1º Se o empregador for pessoa jurídica, as penas previstas nas alíneas "b" e "c" incidirão sobre os administradores responsáveis.

§ 2º Se o empregador for concessionário de serviço público, as penas serão aplicadas em dobro. Nesse caso, se o concessionário for pessoa jurídica o Presidente do Tribunal que houver proferido a decisão poderá, sem prejuízo do cumprimento desta e da aplicação das penalidades cabíveis, ordenar o afastamento dos administradores responsáveis, sob pena de ser cassada a concessão.

§ 3º Sem prejuízo das sanções cominadas neste artigo, os empregadores ficarão obrigados a pagar os salários devidos aos seus empregados, durante o tempo de suspensão do trabalho.

Arts. 723 a 725. (Revogados pela Lei 9.842/1999.)

SEÇÃO II
DAS PENALIDADES CONTRA OS MEMBROS DA JUSTIÇA DO TRABALHO

Art. 726. Aquele que recusar o exercício da função de vogal de Junta de Conciliação e Julgamento ou de Tribunal Regional, sem motivo justificado, incorrerá nas seguintes penas:

a) sendo representante de empregadores, multa de Cr$ 100,00 (cem cruzeiros) a Cr$ 1.000,00 (mil cruzeiros) e suspensão do direito de representação profissional por 2 (dois) a 5 (cinco) anos;

b) sendo representante de empregados, multa de Cr$ 100,00 (cem cruzeiros) e suspensão do direito de representação profissional por 2 (dois) a 5 (cinco) anos.

Art. 727. Os vogais das Juntas de Conciliação e Julgamento, ou dos Tribunais Regionais, que faltarem a 3 (três) reuniões ou sessões consecutivas, sem motivo justificado, perderão o cargo, além de incorrerem nas penas do artigo anterior.

Parágrafo único. Se a falta for de presidente, incorrerá ele na pena de perda do cargo, além da perda dos vencimentos correspondentes aos dias em que tiver faltado às audiências ou sessões consecutivas.

Art. 728. Aos presidentes, membros, juízes, vogais, e funcionários auxiliares da Justiça do Trabalho, aplica-se o disposto no Título XI do Código Penal.

- Arts. 312 a 359-H do CP: Crimes contra a Administração Pública.

SEÇÃO III
DE OUTRAS PENALIDADES

Art. 729. O empregador que deixar de cumprir decisão passada em julgado sobre a readmissão ou reintegração de empregado, além do pagamento dos salários deste, incorrerá na multa de Cr$ 10,00 (dez cruzeiros) a Cr$ 50,00 (cinquenta cruzeiros) por dia, até que seja cumprida a decisão.

- Vide EC 24/1999, que extinguiu a representação classista na Justiça do Trabalho.
- Vide Leis 6.205/1978 c/c a 6.986/1982.
- Arts. 660 a 667 da CLT.

§ 1º O empregador que impedir ou tentar impedir que empregado seu sirva como vogal em Tribunal de Trabalho, ou que perante este preste depoimento, incorrerá na multa de Cr$ 500,00 (quinhentos cruzeiros) a Cr$ 5.000,00 (cinco mil cruzeiros).

§ 2º Na mesma pena do parágrafo anterior incorrerá o empregador que dispensar seu empregado pelo fato de haver servido como vogal ou prestado depoimento como testemunha, sem prejuízo da indenização que a lei estabeleça.

Art. 730. Aqueles que se recusarem a depor como testemunhas, sem motivo justificado, incorrerão na multa de Cr$ 50,00 (cinquenta cruzeiros) a Cr$ 500,00 (quinhentos cruzeiros).

Art. 731. Aquele que, tendo apresentado ao distribuidor reclamação verbal, não se apresentar, no prazo estabelecido no parágrafo único do art. 786, à Junta ou Juízo para fazê-lo tomar por termo, incorrerá na pena de perda, pelo prazo de 6 (seis) meses, do direito de reclamar perante a Justiça do Trabalho.

Art. 732. Na mesma pena do artigo anterior incorrerá o reclamante que, por 2 (duas) vezes seguidas, der causa ao arquivamento de que trata o art. 844.

- Súm. 268 do TST.

Art. 733. As infrações de disposições deste Título, para as quais não haja penalidades cominadas, serão punidas com a multa de Cr$ 50,00 (cinquenta cruzeiros) a Cr$ 5.000,00 (cinco mil cruzeiros), elevada ao dobro na reincidência.

CAPÍTULO VIII
DISPOSIÇÕES GERAIS

Art. 734. O ministro do Trabalho, Indústria e Comércio, poderá rever, ex officio, dentro do prazo de 30 (trinta) dias, contados de sua publicação no órgão oficial, ou mediante representação apresentada dentro de igual prazo:

a) as decisões da Câmara da Previdência Social, quando proferidas pelo voto de desempate, ou que violarem disposições expressas de direito ou modificarem jurisprudência até então observada;

b) as decisões do presidente do Tribunal Nacional do Trabalho em matéria de previdência social.

Parágrafo único. O ministro do Trabalho, Indústria e Comércio, poderá avocar ao seu conhecimento os assuntos de natureza administrativa referentes às instituições de previdência social, sempre que houver interesse público.

Art. 735. As repartições públicas e as associações sindicais são obrigadas a fornecer aos Juízes e Tribunais do Trabalho e à Procuradoria da Justiça do Trabalho as informações e os dados necessários à instrução e ao julgamento dos feitos submetidos à sua apreciação.

- Art. 370 do CPC.

Parágrafo único. A recusa de informações ou dados a que se refere este artigo, por parte de funcionários públicos, importa na aplicação das penalidades previstas pelo Estatuto dos Funcionários Públicos por desobediência.

TÍTULO IX
DO MINISTÉRIO PÚBLICO DO TRABALHO

- LC 75/1993 (Organização, atribuições e Estatuto do MPU e MPT).

CAPÍTULO I
DISPOSIÇÕES GERAIS

Art. 736. O Ministério Público do Trabalho é constituído por agentes diretos do Poder Executivo, tendo por função zelar pela exata observância da Constituição Federal, das leis e demais atos emanados dos poderes públicos, na esfera de suas atribuições.

- LC 75/1993 (Organização, atribuições e Estatuto do MPU e MPT).

Parágrafo único. Para o exercício de suas funções, o Ministério Público do Trabalho reger-se-á pelo que estatui esta Consolidação e, na falta de disposição expressa, pelas normas que regem o Ministério Público Federal.

- Arts. 127 a 130-A da CF.
- Súm. 407 do TST.
- OJs 130, 237 e 350 da SDI-1 do TST.

Art. 737. O Ministério Público do Trabalho compõe-se da Procuradoria da Justiça do Trabalho e da Procuradoria da Previdência Social aquela funcionando como órgão de coordenação entre a Justiça do Trabalho e o Ministério do Trabalho, Indústria e Comércio, ambas diretamente subordinadas ao Ministro de Estado.

- Art. 737 com a redação dada pelo Dec.-lei 8.737/1946.

Art. 738. Os procuradores, além dos vencimentos fixados na tabela constante do Decreto-lei 2.874, de 16 de dezembro de 1940, continuarão a perceber a percentagem de 8%, por motivo de cobrança da dívida ativa da União ou de multas impostas pelas autoridades administrativas e judiciárias do trabalho e da previdência social.

Parágrafo único. Essa percentagem será calculada sobre as somas efetivamente arrecadadas e rateada de acordo com as instruções expedidas pelos respectivos procuradores-gerais.

Art. 739. Não estão sujeitos a ponto os procuradores-gerais e os procuradores.

CAPÍTULO II
DA PROCURADORIA DA JUSTIÇA DO TRABALHO

SEÇÃO I
DA ORGANIZAÇÃO

Art. 740. A Procuradoria da Justiça do Trabalho compreende:

a) 1 (uma) Procuradoria-Geral, que funcionará junto ao Tribunal Superior do Trabalho;

b) 8 (oito) Procuradorias Regionais, que funcionarão junto aos Tribunais Regionais do Trabalho.

Art. 741. As Procuradorias Regionais são subordinadas diretamente ao procurador-geral.

Art. 742. A Procuradoria-Geral é constituída de 1 (um) procurador-geral e de procuradores.

Parágrafo único. As Procuradorias Regionais compõem-se de 1 (um) procurador regional, auxiliado, quando necessário, por procuradores adjuntos.

Art. 743. Haverá, nas Procuradorias Regionais, substitutos de procurador adjunto ou, quando não houver este cargo, de procurador regional, designados previamente por decreto do Presidente da República, sem ônus para os cofres públicos.

§ 1º O substituto tomará posse perante o respectivo procurador regional, que será a autoridade competente para convocá-lo.

§ 2º O procurador regional será substituído em suas faltas e impedimentos pelo procurador adjunto, quando houver, e, havendo mais de um, pelo que for por ele designado.

§ 3º O procurador adjunto será substituído, em suas faltas e impedimentos, pelo respectivo procurador substituto.

§ 4º Será dispensado, automaticamente, o substituto que não atender à convocação, salvo motivo de doença, devidamente comprovada.

§ 5º Nenhum direito ou vantagem terá o substituto além do vencimento do cargo do substituído e somente durante o seu impedimento legal.

Art. 744. A nomeação do procurador-geral deverá recair em bacharel em ciências jurídicas e sociais, que tenha exercido, por 5 (cinco) ou mais anos, cargo de magistratura ou de Ministério Público, ou a advocacia.

Art. 745. Para a nomeação dos demais procuradores, atender-se-á aos mesmos requisitos estabelecidos no artigo anterior, reduzido a 2 (dois) anos, no mínimo, o tempo de exercício.

SEÇÃO II
DA COMPETÊNCIA DA PROCURADORIA-GERAL

Art. 746. Compete à Procuradoria-Geral da Justiça do Trabalho:

a) oficiar, por escrito, em todos os processos e questões de trabalho de competência do Tribunal Superior do Trabalho;

b) funcionar nas sessões do mesmo Tribunal, opinando verbalmente sobre a matéria em debate e solicitando as requisições e diligências que julgar convenientes, sendo-lhe assegurado o direito de vista do processo em julgamento sempre que for suscitada questão nova, não examinada no parecer exarado;

c) requerer prorrogação das sessões do Tribunal, quando essa medida for necessária para que se ultime o julgamento;

d) exarar, por intermédio do procurador-geral, o seu "ciente" nos acórdãos do Tribunal;

e) proceder às diligências e inquéritos solicitados pelo Tribunal;

f) recorrer das decisões do Tribunal, nos casos previstos em lei;

g) promover, perante o Juízo competente, a cobrança executiva das multas impostas pelas autoridades administrativas e judiciárias do trabalho;

h) representar às autoridades competentes contra os que não cumprirem as decisões do Tribunal;

i) prestar às autoridades do Ministério do Trabalho, Indústria e Comércio as informações que lhe forem solicitadas sobre os dissídios submetidos à apreciação do Tribunal e encaminhar aos órgãos competentes cópia autenticada das decisões que por eles devam ser atendidas ou cumpridas;

j) requisitar, de quaisquer autoridades, inquéritos, exames periciais, diligências, certidões e esclarecimentos que se tornem necessários no desempenho de suas atribuições;

l) defender a jurisdição dos órgãos da Justiça do Trabalho;

m) suscitar conflitos de jurisdição.

‣ Art. 746 com a redação dada pelo Dec.-lei 8.737/1946.

SEÇÃO III
DA COMPETÊNCIA DAS PROCURADORIAS REGIONAIS

Art. 747. Compete às Procuradorias Regionais exercer, dentro da jurisdição do Tribunal Regional respectivo, as atribuições indicadas na Seção anterior.

SEÇÃO IV
DAS ATRIBUIÇÕES DO PROCURADOR-GERAL

Art. 748. Como chefe da Procuradoria-Geral da Justiça do Trabalho, incumbe ao procurador-geral:

a) dirigir os serviços da Procuradoria-Geral, orientar e fiscalizar as Procuradorias Regionais, expedindo as necessárias instruções;

b) funcionar nas sessões do Tribunal Superior do Trabalho, pessoalmente ou por intermédio do procurador que designar;

c) exarar o seu "ciente" nos acórdãos do Tribunal;

d) designar o procurador que o substitua nas faltas e impedimentos e o chefe da secretaria da Procuradoria;

e) apresentar, até o dia 31 de março, ao Ministro do Trabalho, Indústria e Comércio, relatório dos trabalhos da Procuradoria-Geral no ano anterior, com as observações e sugestões que julgar convenientes;

f) conceder férias aos procuradores e demais funcionários que sirvam na Procuradoria e impor-lhes penas disciplinares, observada, quanto aos procuradores, a legislação em vigor para o Ministério Público Federal;

g) funcionar em Juízo, em primeira instância, ou designar os procuradores que o devam fazer;

h) admitir e dispensar o pessoal extranumerário da secretaria e prorrogar o expediente remunerado dos funcionários e extranumerários.

‣ Art. 748 com a redação dada pelo Dec.-lei 8.737/1946.

SEÇÃO V
DAS ATRIBUIÇÕES DOS PROCURADORES

Art. 749. Incumbe aos procuradores com exercício na Procuradoria-Geral:

a) funcionar, por designação do procurador-geral, nas sessões do Tribunal Superior do Trabalho;

b) desempenhar os demais encargos que lhes forem atribuídos pelo procurador-geral.

Parágrafo único. Aos procuradores é facultado, nos processos em que oficiarem, requerer ao procurador-geral as diligências e investigações necessárias.

‣ Art. 749 com a redação dada pelo Dec.-lei 8.737/1946.

SEÇÃO VI
DAS ATRIBUIÇÕES DOS PROCURADORES REGIONAIS

Art. 750. Incumbe aos procuradores regionais:

a) dirigir os serviços da respectiva Procuradoria;

b) funcionar nas sessões do Tribunal Regional, pessoalmente ou por intermédio do procurador adjunto que designar;

c) apresentar, semestralmente, ao procurador-geral, um relatório das atividades da respectiva Procuradoria, bem como dados e informações sobre a administração da Justiça do Trabalho na respectiva região;

d) requerer e acompanhar perante as autoridades administrativas ou judiciárias as diligências necessárias à execução das medidas e providências ordenadas pelo procurador-geral;

e) prestar ao procurador-geral as informações necessárias sobre os feitos em andamento e consultá-lo nos casos de dúvidas;

f) funcionar em juízo, na sede do respectivo Tribunal Regional;

g) exarar o seu "ciente" nos acórdãos do Tribunal;

h) designar o procurador que o substitua nas faltas e impedimentos e o secretário da Procuradoria.

‣ Art. 750 com a redação dada pelo Dec.-lei 8.737/1946.

Art. 751. Incumbe aos procuradores adjuntos das Procuradorias Regionais:

a) funcionar por designação do procurador regional, nas sessões do Tribunal Regional;

b) desempenhar os demais encargos que lhes forem atribuídos pelo procurador regional.

‣ Art. 751 com a redação dada pelo Dec.-lei 8.737/1946.

SEÇÃO VII
DA SECRETARIA

Art. 752. A secretaria da Procuradoria-Geral funcionará sob a direção de um chefe designado pelo procurador-geral e terá o pessoal designado pelo Ministro do Trabalho, Indústria e Comércio.

‣ Art. 752 com a redação dada pelo Dec.-lei 8.737/1946.

Art. 753. Compete à secretaria:

a) receber, registrar e encaminhar os processos ou papéis entrados;

b) classificar e arquivar os pareceres e outros papéis;

c) prestar informações sobre os processos ou papéis sujeitos à apreciação da Procuradoria;

d) executar o expediente da Procuradoria;

e) providenciar sobre o suprimento do material necessário;

f) desempenhar os demais trabalhos que lhes forem cometidos pelo procurador-geral, para melhor execução dos serviços a seu cargo.

Art. 754. Nas Procuradorias Regionais, os trabalhos a que se refere o artigo anterior serão executados pelos funcionários para esse fim designados.

CAPÍTULO III
DA PROCURADORIA DE PREVIDÊNCIA SOCIAL

SEÇÃO I
DA ORGANIZAÇÃO

Art. 755. A Procuradoria de Previdência Social compõe-se de um procurador-geral e de procuradores.

Art. 756. Para a nomeação do procurador-geral e dos demais procuradores atender-se-á ao disposto nos arts. 744 e 745.

SEÇÃO II
DA COMPETÊNCIA DA PROCURADORIA

Art. 757. Compete à Procuradoria da Previdência Social:

a) oficiar, por escrito, nos processos que tenham de ser sujeitos à decisão do Conselho Superior de Previdência Social;

b) oficiar, por escrito, nos pedidos de revisão das decisões do mesmo Conselho;

c) funcionar nas sessões do mesmo Conselho, opinando verbalmente sobre a matéria em debate e solicitando as requisições e diligências que julgar convenientes, sendo-lhe assegurado o direito de vista do processo em julgamento, sempre que for suscitada questão nova, não examinada no parecer exarado;

d) opinar, quando solicitada, nos processos sujeitos à deliberação do Ministro de Estado, do Conselho Técnico do Departamento Nacional de Previdência Social ou do Diretor do mesmo Departamento, em que houver matéria jurídica a examinar;

e) funcionar, em primeira instância, nas ações propostas contra a União, no Distrito Federal, para anulação de atos e decisões do Conselho Superior de Previdência Social ou do Departamento Nacional de Previdência Social, bem como do Ministro do Trabalho, Industria e Comercio, em matéria de previdência social;

f) fornecer ao Ministério Público as informações por este solicitadas em virtude de ações propostas nos Estados e Territórios para execução ou anulação de atos e decisões dos órgãos ou da autoridade a que se refere a alínea anterior;

g) promover em juízo, no Distrito Federal, qualquer procedimento necessário ao cumprimento das decisões do Conselho Superior de Previdência Social e do Departamento Nacional de Previdência Social, bem como do Ministro do Trabalho, Indústria e Comércio, em matéria de previdência social;

h) recorrer das decisões dos órgãos e autoridades competentes em matéria de previdência social e requerer revisão das decisões do Conselho Superior de Previdência Social, que lhe pareçam contrárias à lei.

‣ Art. 757 com redação dada pela Lei 8.737/1946.

SEÇÃO III
DAS ATRIBUIÇÕES DO PROCURADOR-GERAL

Art. 758. Como chefe da Procuradoria da Previdência Social, incumbe ao Procurador-Geral:

a) dirigir os serviços da Procuradoria, expedindo as necessárias instruções;

b) funcionar nas sessões do Conselho Superior de Previdência Social, pessoalmente ou por intermédio do procurador que designar;

c) designar o procurador que o substitua nas faltas e impedimentos e o chefe da Secretaria da Procuradoria;

d) conceder férias aos procuradores e demais funcionários lotados na Procuradoria e impor-lhes penas disciplinares, observada, quanto aos procuradores, a legislação em vigor para o Ministério Público Federal;

e) funcionar em juízo, em primeira instância, ou designar os procuradores que devam fazê-lo;

f) admitir e dispensar o pessoal extranumerário da Secretária e prorrogar o expediente renumerado dos funcionários e extranumerários;

g) apresentar, até 31 de março de cada ano, ao Ministro do Trabalho, Industria e Comercio, o relatório dos trabalhos da Procuradoria no ano anterior, com as observações e sugestões que julgar convenientes.

‣ Art. 758 com redação dada pelo Dec.-lei 8.737/1946.

SEÇÃO IV
DAS ATRIBUIÇÕES DOS PROCURADORES

Art. 759. Aos procuradores e demais funcionários incumbe desempenhar os encargos que lhes forem cometidos pelo procurador-geral.

Parágrafo único. Aos procuradores é facultado, nos processos em que oficiarem, requerer ao procurador-geral as diligências e investigações necessárias.

SEÇÃO V
DA SECRETARIA

Art. 760. A Procuradoria da Previdência Social terá uma Secretaria dirigida por um chefe designado pelo Procurador-Geral.

Art. 761. A Secretaria terá o pessoal designado pelo Ministro do Trabalho, Indústria e Comércio.

Art. 762. À Secretaria da Procuradoria de Previdência Social compete executar serviços idênticos aos referidos no art. 753.

TÍTULO X
DO PROCESSO JUDICIÁRIO DO TRABALHO

CAPÍTULO I
DISPOSIÇÕES PRELIMINARES

Art. 763. O processo da Justiça do Trabalho, no que concerne aos dissídios individuais e coletivos e à aplicação de penalidades, reger-se-á, em todo o território nacional, pelas normas estabelecidas neste Título.

‣ Lei 5.584/1970 (Normas de Direito Processual do Trabalho).

Art. 764. Os dissídios individuais ou coletivos submetidos à apreciação da Justiça do Trabalho serão sempre sujeitos à conciliação.

‣ Súm. 259 do TST.

§ 1º Para os efeitos deste artigo, os juízes e Tribunais do Trabalho empregarão sempre os seus bons ofícios e persuasão no sentido de uma solução conciliatória dos conflitos.

‣ Art. 852-E da CLT.
‣ Súm. 418 do TST.
‣ OJ 376 da SDI-1 do TST.
‣ OJ 34 da SDC.

§ 2º Não havendo acordo, o juízo conciliatório converter-se-á obrigatoriamente em arbitral, proferindo decisão na forma prescrita neste Título.

§ 3º É lícito às partes celebrar acordo que ponha termo ao processo, ainda mesmo depois de encerrado o juízo conciliatório.

‣ Arts. 831, 832, § 6º, 846, 850, 852-E e 862 da CLT.

Art. 765. Os Juízos e Tribunais do Trabalho terão ampla liberdade na direção do processo e velarão pelo andamento rápido das causas, podendo determinar qualquer diligência necessária ao esclarecimento delas.

‣ Art. 370 do CPC.

Art. 766. Nos dissídios sobre estipulação de salários, serão estabelecidas condições que, assegurando justos salários aos trabalhadores, permitam também justa retribuição às empresas interessadas.

Art. 767. A compensação, ou retenção, só poderá ser arguida como matéria de defesa.

- Art. 477, § 5º, da CLT.
- Súm. 18, 48 e 109 do TST.

Art. 768. Terá preferência em todas as fases processuais o dissídio cuja decisão tiver de ser executada perante o Juízo da falência.

- Art. 449, § 1° da CLT.
- Art. 6º da Lei 11.101/2005.
- Súm. 86 e 388 do TST.

Art. 769. Nos casos omissos, o direito processual comum será fonte subsidiária do direito processual do trabalho, exceto naquilo em que for incompatível com as normas deste Título.

- Arts. 8º, § 1°, e 889 da CLT.

CAPÍTULO II
DO PROCESSO EM GERAL

SEÇÃO I
DOS ATOS, TERMOS E PRAZOS PROCESSUAIS

Art. 770. Os atos processuais serão públicos salvo quando o contrário determinar o interesse social, e realizar-se-ão nos dias úteis das 6 (seis) às 20 (vinte) horas.

- Arts. 5º, LX e 93, IX, da CF.
- Art. 813 da CLT.
- Art. 11, parágrafo único, 189, 212 e 368 do CPC.

Parágrafo único. A penhora poderá realizar-se em domingo ou dia feriado, mediante autorização expressa do juiz ou presidente.

- Art. 212, § 2º, do CPC.

Art. 771. Os atos e termos processuais poderão ser escritos a tinta, datilografados ou a carimbo.

Art. 772. Os atos e termos processuais, que devam ser assinados pelas partes interessadas, quando estas, por motivo justificado, não possam fazê-lo, serão firmados a rogo, na presença de 2 (duas) testemunhas, sempre que não houver procurador legalmente constituído.

- Art. 460, § 1º, do CPC.

Art. 773. Os termos relativos ao movimento dos processos constarão de simples notas, datadas e rubricadas pelos diretores de secretaria ou escrivães.

- Art. 773 atualizado pela Lei 409/1948.

Art. 774. Salvo disposição em contrário, os prazos previstos neste Título contam-se, conforme o caso, a partir da data em que for feita pessoalmente, ou recebida a notificação, daquela em que for publicado o edital no jornal oficial ou no que publicar o expediente da Justiça do Trabalho, ou, ainda, daquela em que for afixado o edital na sede da Junta, Juízo ou Tribunal.

- *Caput* com a redação dada pela Lei 2.244/1954.

Parágrafo único. Tratando-se de notificação postal, no caso de não ser encontrado o destinatário ou no de recusa de recebimento, o Correio ficará obrigado, sob pena de responsabilidade do servidor, a devolvê-la, no prazo de 48 (quarenta e oito) horas, ao Tribunal de origem.

- Parágrafo único com a redação dada pelo Dec.-lei 8.737/1946.
- Art. 230 do CPC.
- Súm. 310 do STF e 429 do STJ.
- Súm. 16 e 427 do TST.

Art. 775. Os prazos estabelecidos neste Título serão contados em dias úteis, com exclusão do dia do começo e inclusão do dia do vencimento.

- *Caput* com a redação dada pela Lei 13.467/2017.
- Arts. 218 a 235 do CPC.
- Súm. 1, 16, 30, 100, 197, 262, 385 e 387 do TST.

§ 1° Os prazos podem ser prorrogados, pelo tempo estritamente necessário, nas seguintes hipóteses:

- § 1º incluído pela Lei 13.467/2017.

I - quando o juízo entender necessário;

- Inciso I incluído pela Lei 13.467/2017.

II - em virtude de força maior, devidamente comprovada.

- Inciso II incluído pela Lei 13.467/2017.

§ 2° Ao juízo incumbe dilatar os prazos processuais e alterar a ordem de produção dos meios de prova, adequando-os às necessidades do conflito de modo a conferir maior efetividade à tutela do direito.

- § 2° incluído pela Lei 13.467/2017.
- Arts. 3º e 4º da Lei 11.419/2006.
- Art. 216, do CPC.

Art. 775-A. Suspende-se o curso do prazo processual nos dias compreendidos entre 20 de dezembro e 20 de janeiro, inclusive. (Artigo incluído pela Lei 13.545/2017)

- Art. 220 do CPC.

§ 1° Ressalvadas as férias individuais e os feriados instituídos por lei, os juízes, os membros do Ministério Público, da Defensoria Pública e da Advocacia Pública e os auxiliares da Justiça exercerão suas atribuições durante o período previsto no *caput* deste artigo.

§ 2° Durante a suspensão do prazo, não se realizarão audiências nem sessões de julgamento.

Art. 776. O vencimento dos prazos será certificado nos processos pelos escrivães ou diretores de secretaria.

- Art. 776 atualizado pela Lei 409/1948.

Art. 777. Os requerimentos e documentos apresentados, os atos e termos processuais, as petições ou razões de recursos e quaisquer outros papéis referentes aos feitos formarão os autos dos processos, os quais ficarão sob a responsabilidade dos escrivães ou diretores de secretaria.

- Art. 777 atualizado pela Lei 409/1948.

Art. 778. Os autos dos processos da Justiça do Trabalho, não poderão sair dos cartórios ou secretarias, salvo se solicitados por advogados regularmente constituído por qualquer das partes, ou quando tiverem de ser remetidos aos órgãos competentes, em caso de recurso ou requisição.

- Art. 778 com a redação dada pela Lei 6.598, de 1º.12.1978.

Art. 779. As partes, ou seus procuradores, poderão consultar, com ampla liberdade, os processos nos cartórios ou secretarias.

Art. 780. Os documentos juntos aos autos poderão ser desentranhados somente depois de findo o processo, ficando traslado.

Art. 781. As partes poderão requerer certidões dos processos em curso ou arquivados, as quais serão lavradas pelos escrivães ou diretores de secretaria.

- Art. 781 atualizado pela Lei 409/1948.

Parágrafo único. As certidões dos processos que correrem em segredo de justiça dependerão de despacho do juiz ou presidente.

Art. 782. São isentos de selo as reclamações, representações, requerimentos, atos e processos relativos à Justiça do Trabalho.

SEÇÃO II
DA DISTRIBUIÇÃO

Art. 783. A distribuição das reclamações será feita entre as Juntas de Conciliação e Julgamento, ou os Juízes de Direito do Cível, nos casos previstos no art. 669, § 1º, pela ordem rigorosa de sua apresentação ao distribuidor, quando o houver.

- Art. 93, XV, da CF.
- Arts. 713 a 715 e 838 da CLT.
- Art. 286 do CPC.

Art. 784. As reclamações serão registradas em livro próprio, rubricado em todas as folhas pela autoridade a que estiver subordinado o distribuidor.

Art. 785. O distribuidor fornecerá ao interessado um recibo do qual constarão, essencialmente, o nome do reclamante e do reclamado, a data da distribuição, o objeto da reclamação e a Junta ou o Juízo a que coube a distribuição.

Art. 786. A reclamação verbal será distribuída antes de sua redução a termo.

Parágrafo único. Distribuída a reclamação verbal, o reclamante deverá, salvo motivo de força maior, apresentar-se no prazo de 5 (cinco) dias, ao cartório ou à secretaria, para reduzi-la a termo, sob a pena estabelecida no art. 731.

- Arts. 840, §§ 2º e 3°, e 844 da CLT.

Art. 787. A reclamação escrita deverá ser formulada em 2 (duas) vias e desde logo acompanhada dos documentos em que se fundar.

- Art. 830 da CLT.

Art. 788. Feita a distribuição, a reclamação será remetida pelo distribuidor à Junta ou Juízo competente, acompanhada do bilhete de distribuição.

SEÇÃO III
DAS CUSTAS E EMOLUMENTOS

Art. 789. Nos dissídios individuais e nos dissídios coletivos do trabalho, nas ações e procedimentos de competência da Justiça do Trabalho, bem como nas demandas propostas perante a Justiça Estadual, no exercício da jurisdição trabalhista, as custas relativas ao processo de conhecimento incidirão à base de 2% (dois por cento), observado o mínimo de R$ 10,64 (dez reais e sessenta e quatro centavos) e o máximo de quatro vezes o limite máximo dos benefícios do Regime Geral de Previdência Social, e serão calculadas:

- *Caput* com a redação dada pela Lei 13.467/2017.
- Arts. 82 a 97 do CPC.
- Art. 832, § 2º, da CLT.
- Súm. 25, 36, 53, 86 e 170 do TST.
- OJs 33, 140 e 158 da SDI-1 do TST.
- OJ 148 da SDI-2 do TST.
- OJ 27 da SDC.

I - quando houver acordo ou condenação, sobre o respectivo valor;

II - quando houver extinção do processo, sem julgamento do mérito, ou julgado totalmente improcedente o pedido, sobre o valor da causa;

- OJ 88 da SDI-2.

III - no caso de procedência do pedido formulado em ação declaratória e em ação constitutiva, sobre o valor da causa;

IV - quando o valor for indeterminado, sobre o que o juiz fixar.

§ 1º As custas serão pagas pelo vencido, após o trânsito em julgado da decisão. No caso de recurso, as custas serão pagas e comprovado o recolhimento dentro do prazo recursal.

§ 2º Não sendo líquida a condenação, o juízo arbitrar-lhe-á o valor e fixará o montante das custas processuais.

§ 3º Sempre que houver acordo, se de outra forma não for convencionado, o pagamento das custas caberá em partes iguais aos litigantes.

§ 4º Nos dissídios coletivos, as partes vencidas responderão solidariamente pelo pagamento das custas, calculadas sobre o valor arbitrado na decisão, ou pelo Presidente do Tribunal.

- Incisos I a IV e §§ 1º a 4º incluídos pela Lei 10.537/2002.

Art. 789-A. No processo de execução são devidas custas, sempre de responsabilidade do executado e pagas ao final, de conformidade com a seguinte tabela:

I - autos de arrematação, de adjudicação e de remição: 5% (cinco por cento) sobre o respectivo valor, até o máximo de R$ 1.915,38 (um mil, novecentos e quinze reais e trinta e oito centavos);

II - atos dos oficiais de justiça, por diligência certificada:

a) em zona urbana: R$ 11,06 (onze reais e seis centavos);

b) em zona rural: R$ 22,13 (vinte e dois reais e treze centavos);

III - agravo de instrumento: R$ 44,26 (quarenta e quatro reais e vinte e seis centavos);

IV - agravo de petição: R$ 44,26 (quarenta e quatro reais e vinte e seis centavos);

V - embargos à execução, embargos de terceiro e embargos à arrematação: R$ 44,26 (quarenta e quatro reais e vinte e seis centavos);

VI - recurso de revista: R$ 55,35 (cinquenta e cinco reais e trinta e cinco centavos);

VII - impugnação à sentença de liquidação: R$ 55,35 (cinquenta e cinco reais e trinta e cinco centavos);

VIII - despesa de armazenagem em depósito judicial - por dia: 0,1% (um décimo por cento) do valor da avaliação;

IX - cálculos de liquidação realizados pelo contador do juízo - sobre o valor liquidado: 0,5% (cinco décimos por cento) até o limite de R$ 638,46 (seiscentos e trinta e oito reais e quarenta e seis centavos).

- Art. 789-A incluído pela Lei 10.537/2002.

Art. 789-B. Os emolumentos serão suportados pelo Requerente, nos valores fixados na seguinte tabela:

I - autenticação de traslado de peças mediante cópia reprográfica apresentada pelas partes - por folha: R$ 0,55 (cinquenta e cinco centavos de real);

II - fotocópia de peças - por folha: R$ 0,28 (vinte e oito centavos de real);

III - autenticação de peças - por folha: R$ 0,55 (cinquenta e cinco centavos de real);

IV - cartas de sentença, de adjudicação, de remição e de arrematação - por folha: R$ 0,55 (cinquenta e cinco centavos de real);

V - certidões - por folha: R$ 5,53 (cinco reais e cinquenta e três centavos).

- Art. 789-B incluído pela Lei 10.537/2002.

Art. 790. Nas Varas do Trabalho, nos Juízos de Direito, nos Tribunais e no Tribunal Superior do Trabalho, a forma de pagamento das custas e emolumentos obedecerá às instruções que serão expedidas pelo Tribunal Superior do Trabalho.

- *Caput* com a redação dada pela Lei 10.537/2002.
- Art. 24, IV, da CF.

§ 1º Tratando-se de empregado que não tenha obtido o benefício da justiça gratuita, ou isenção de custas, o sindicato que houver intervindo no processo responderá solidariamente pelo pagamento das custas devidas.

- § 1° com a redação dada pela Lei 10.537/2002.
- Súm. 223 do STF.

§ 2º No caso de não pagamento das custas, far-se-á execução da respectiva importância, segundo o procedimento estabelecido no Capítulo V deste Título.

- § 2° com a redação dada pela Lei 10.537/2002.

§ 3° É facultado aos juízes, órgãos julgadores e presidentes dos tribunais do trabalho de qualquer instância conceder, a requerimento ou de ofício, o benefício da justiça gratuita, inclusive quanto a traslados e instrumentos, àqueles que perceberem salário igual ou inferior a 40% (quarenta por cento) do limite máximo dos benefícios do Regime Geral de Previdência Social.

- § 3° com a redação dada pela Lei 13.467/2017.

§ 4° O benefício da justiça gratuita será concedido à parte que comprovar insuficiência de recursos para o pagamento das custas do processo.

- § 4° incluído pela Lei 13.467/2017.
- Arts. 98 a 102 do CPC.
- Súm. 481 do STJ.
- OJ 269 da SDI-1 do TST.

Art. 790-A. São isentos do pagamento de custas, além dos beneficiários de justiça gratuita:

I - a União, os Estados, o Distrito Federal, os Municípios e respectivas autarquias e fundações públicas federais, estaduais ou municipais que não explorem atividade econômica;

II - o Ministério Público do Trabalho.

Parágrafo único. A isenção prevista neste artigo não alcança as entidades fiscalizadoras do exercício profissional, nem exime as pessoas jurídicas referidas no inciso I da obrigação de reembolsar as despesas judiciais realizadas pela parte vencedora.

- Art. 790-A incluído pela Lei 10.537/2002.
- Súm. 86 e 170 do TST.

Art. 790-B. A responsabilidade pelo pagamento dos honorários periciais é da parte sucumbente na pretensão objeto da perícia, ainda que beneficiária da justiça gratuita.

- *Caput* com a redação dada pela Lei 13.467/2017.
- Art. 3º da Lei 5.584/1970.
- Súm. 341 e 457 do TST.
- OJs 165, 198 e 278 da SDI-1 do TST.
- OJ 98 da SDI-2 do TST.
- Art. 6º da IN 27/2005 do TST.
- Resolução 66/2010 e 78/2011 do CSJT.

§ 1° Ao fixar o valor dos honorários periciais, o juízo deverá respeitar o limite máximo estabelecido pelo Conselho Superior da Justiça do Trabalho.

- § 1° incluído pela Lei 13.467/2017.

§ 2° O juízo poderá deferir parcelamento dos honorários periciais.

- § 2º incluído pela Lei 13.467/2017.

§ 3° O juízo não poderá exigir adiantamento de valores para realização de perícias.

- § 3° incluído pela Lei 13.467, de 13.07.2017/2017.

§ 4° Somente no caso em que o beneficiário da justiça gratuita não tenha obtido em juízo créditos capazes de suportar a despesa referida no *caput*, ainda que em outro processo, a União responderá pelo encargo.

- § 4° incluído pela Lei 13.467/2017.

SEÇÃO IV
DAS PARTES E DOS PROCURADORES

Art. 791. Os empregados e os empregadores poderão reclamar pessoalmente perante a Justiça do Trabalho e acompanhar as suas reclamações até o final.

- Arts. 70 e s. do CPC.
- Art. 839, a, e 843 da CLT.
- Arts. 14 a 20 da Lei 5.584/1970.
- Súm. 329 e 425 do TST.

§ 1º Nos dissídios individuais os empregados e empregadores poderão fazer-se representar por intermédio do sindicato, advogado, solicitador, ou provisionado, inscrito na Ordem dos Advogados do Brasil.

› Arts. 75, 76 § 1º, 105 e 112 § 1º, do CPC/2015.

› Súm. 286, 329, 425, 427, 436 e 456 do TST.

› OJs 7, 75, 200, 255, 286, 318, 319, 348, 349, 371 e 374 da SDI-1 do TST.

§ 2º Nos dissídios coletivos é facultada aos interessados a assistência por advogado.

§ 3º A constituição de procurador com poderes para o foro em geral poderá ser efetivada, mediante simples registro em ata de audiência, a requerimento verbal do advogado interessado, com anuência da parte representada.

› § 3º incluído pela Lei 12.437, de 2011.

Art. 791-A. Ao advogado, ainda que atue em causa própria, serão devidos honorários de sucumbência, fixados entre o mínimo de 5% (cinco por cento) e o máximo de 15% (quinze por cento) sobre o valor que resultar da liquidação da sentença, do proveito econômico obtido ou, não sendo possível mensurá-lo, sobre o valor atualizado da causa.

› Artigo incluído pela Lei 13.467/2017.

§ 1º Os honorários são devidos também nas ações contra a Fazenda Pública e nas ações em que a parte estiver assistida ou substituída pelo sindicato de sua categoria.

§ 2º Ao fixar os honorários, o juízo observará:

I - o grau de zelo do profissional;
II - o lugar de prestação do serviço;
III - a natureza e a importância da causa;
IV - o trabalho realizado pelo advogado e o tempo exigido para o seu serviço.

§ 3º Na hipótese de procedência parcial, o juízo arbitrará honorários de sucumbência recíproca, vedada a compensação entre os honorários.

§ 4º Vencido o beneficiário da justiça gratuita, desde que não tenha obtido em juízo, ainda que em outro processo, créditos capazes de suportar a despesa, as obrigações decorrentes de sua sucumbência ficarão sob condição suspensiva de exigibilidade e somente poderão ser executadas se, nos dois anos subsequentes ao trânsito em julgado da decisão que as certificou, o credor demonstrar que deixou de existir a situação de insuficiência de recursos que justificou a concessão de gratuidade, extinguindo-se, passado esse prazo, tais obrigações do beneficiário.

§ 5º São devidos honorários de sucumbência na reconvenção.

Art. 792. (Revogado pela Lei 13.467/2017.)

Art. 793. A reclamação trabalhista do menor de 18 anos será feita por seus representantes legais e, na falta destes, pela Procuradoria da Justiça do Trabalho, pelo sindicato, pelo Ministério Público estadual ou curador nomeado em juízo.

› Art. 793 com a redação dada pela Lei 10.288/2001.

SEÇÃO IV-A
DA RESPONSABILIDADE POR DANO PROCESSUAL

› Seção IV-A incluída pela Lei 13.467/2017.

Art. 793-A. Responde por perdas e danos aquele que litigar de má-fé como reclamante, reclamado ou interveniente.

› Artigo incluído pela Lei 13.467/2017.

Art. 793-B. Considera-se litigante de má-fé aquele que:

› Artigo incluído pela Lei 13.467/2017.

I - deduzir pretensão ou defesa contra texto expresso de lei ou fato incontroverso;
II - alterar a verdade dos fatos;
III - usar do processo para conseguir objetivo ilegal;
IV - opuser resistência injustificada ao andamento do processo;
V - proceder de modo temerário em qualquer incidente ou ato do processo;
VI - provocar incidente manifestamente infundado;
VII - interpuser recurso com intuito manifestamente protelatório.

Art. 793-C. De ofício ou a requerimento, o juízo condenará o litigante de má-fé a pagar multa, que deverá ser superior a 1% (um por cento) e inferior a 10% (dez por cento) do valor corrigido da causa, a indenizar a parte contrária pelos prejuízos que esta sofreu e a arcar com os honorários advocatícios e com todas as despesas que efetuou.

› Artigo incluído pela Lei 13.467/2017.

§ 1º Quando forem dois ou mais os litigantes de má-fé, o juízo condenará cada um na proporção de seu respectivo interesse na causa ou solidariamente aqueles que se coligaram para lesar a parte contrária.

§ 2º Quando o valor da causa for irrisório ou inestimável, a multa poderá ser fixada em até duas vezes o limite máximo dos benefícios do Regime Geral de Previdência Social.

§ 3º O valor da indenização será fixado pelo juízo ou, caso não seja possível mensurá-lo, liquidado por arbitramento ou pelo procedimento comum, nos próprios autos.

Art. 793-D. Aplica-se a multa prevista no art. 793-C desta Consolidação à testemunha que intencionalmente alterar a verdade dos fatos ou omitir fatos essenciais ao julgamento da causa.

› Artigo incluído pela Lei 13.467/2017.

Parágrafo único. A execução da multa prevista neste artigo dar-se-á nos mesmos autos.

SEÇÃO V
DAS NULIDADES

Art. 794. Nos processos sujeitos à apreciação da Justiça do Trabalho só haverá nulidade quando resultar dos atos inquinados manifesto prejuízo às partes litigantes.

› Arts. 188, 276 e 277 do CPC.

Art. 795. As nulidades não serão declaradas senão mediante provocação das partes, as quais deverão argui-las à primeira vez em que tiverem de falar em audiência ou nos autos.

› Arts. 278 do CPC.

§ 1º Deverá, entretanto, ser declarada ex officio a nulidade fundada em incompetência de foro. Nesse caso, serão considerados nulos os atos decisórios.

› Arts. 64, § 4º, do CPC.

› Súm. 33 do STJ.

§ 2º O juiz ou Tribunal que se julgar incompetente determinará, na mesma ocasião, que se faça remessa do processo, com urgência, à autoridade competente, fundamentando sua decisão.

Art. 796. A nulidade não será pronunciada:

› Arts. 282 do CPC.

a) quando for possível suprir-se a falta ou repetir-se o ato;

b) quando arguida por quem lhe tiver dado causa.

› Arts. 276 do CPC.

Art. 797. O juiz ou Tribunal que pronunciar a nulidade declarará os atos a que ela se estende.

› Arts. 282, *caput*, do CPC.

Art. 798. A nulidade do ato não prejudicará senão os posteriores que dele dependam ou sejam consequência.

› Arts. 281 do CPC.

SEÇÃO VI
DAS EXCEÇÕES

Art. 799. Nas causas da jurisdição da Justiça do Trabalho, somente podem ser opostas, com suspensão do feito, as exceções de suspeição ou incompetência.

§ 1º As demais exceções serão alegadas como matéria de defesa.

› Art. 893, § 1º, da CLT.

› Súm. 214 do TST.

§ 2º Das decisões sobre exceções de suspeição e incompetência, salvo, quanto a estas, se terminativas do feito, não caberá recurso, podendo, no entanto, as partes alegá-las novamente no recurso que couber da decisão final.

› Art. 799 com a redação dada pelo Dec.-lei 8.737/1946.

Art. 800. Apresentada exceção de incompetência territorial no prazo de cinco dias a contar da notificação, antes da audiência e em peça que sinalize a existência desta exceção, seguir-se-á o procedimento estabelecido neste artigo.

› *Caput* com a redação dada pela Lei 13.467/2017.

§ 1º Protocolada a petição, será suspenso o processo e não se realizará a audiência a que se refere o art. 843 desta Consolidação até que se decida a exceção.

› § 1º incluído pela Lei 13.467/2017.

§ 2º Os autos serão imediatamente conclusos ao juiz, que intimará o reclamante e, se existentes, os litisconsortes, para manifestação no prazo comum de cinco dias.

› § 2º incluído pela Lei 13.467/2017.

§ 3º Se entender necessária a produção de prova oral, o juízo designará audiência, garantindo o direito de o excipiente e de suas testemunhas serem ouvidos, por carta precatória, no juízo que este houver indicado como competente.

- § 3º incluído pela Lei 13.467/2017.

§ 4º Decidida a exceção de incompetência territorial, o processo retomará seu curso, com a designação de audiência, a apresentação de defesa e a instrução processual perante o juízo competente.

- § 4º incluído pela Lei 13.467/2017.

Art. 801. O juiz, presidente ou vogal, é obrigado a dar-se por suspeito, e pode ser recusado, por algum dos seguintes motivos, em relação à pessoa dos litigantes:

a) inimizade pessoal;

b) amizade íntima;

c) parentesco por consanguinidade ou afinidade até o terceiro grau civil;

d) interesse particular na causa.

- Arts. 144 e 148 do CPC.

Parágrafo único. Se o recusante houver praticado algum ato pelo qual haja consentido na pessoa do juiz, não mais poderá alegar exceção de suspeição, salvo sobrevindo novo motivo. A suspeição não será também admitida, se do processo constar que o recusante deixou de alegá-la anteriormente, quando já a conhecia, ou que, depois de conhecida, aceitou o juiz recusado ou, finalmente, se procurou de propósito o motivo de que ela se originou.

Art. 802. Apresentada a exceção de suspeição, o juiz ou Tribunal designará audiência dentro de 48 (quarenta e oito) horas, para instrução e julgamento da exceção.

- Art. 146 do CPC.

§ 1º Nas Juntas de Conciliação e Julgamento e nos Tribunais Regionais, julgada procedente a exceção de suspeição, será logo convocado para a mesma audiência ou sessão, ou para a seguinte, o suplente do membro suspeito, o qual continuará a funcionar no feito até decisão final. Proceder-se-á da mesma maneira quando algum dos membros se declarar suspeito.

§ 2º Se se tratar de suspeição de Juiz de Direito, será este substituído na forma da organização judiciária local.

SEÇÃO VII
DOS CONFLITOS DE JURISDIÇÃO

Art. 803. Os conflitos de jurisdição podem ocorrer entre:

- Súm. 59 e 137 do STJ.
- Súm. 420 do TST.
- OJ 149 da SDI-2 do TST.

a) Juntas de Conciliação e Julgamento e Juízes de Direito investidos na administração da Justiça do Trabalho;

b) Tribunais Regionais do Trabalho;

c) Juízos e Tribunais do Trabalho e órgãos da Justiça Ordinária;

d) (Revogada pelo Dec.-lei 8.737/1946.)

Art. 804. Dar-se-á conflito de jurisdição:

a) quando ambas as autoridades se considerarem competentes;

- Art. 66 do CPC/2015.

b) quando ambas as autoridades se considerarem incompetentes.

Art. 805. Os conflitos de jurisdição podem ser suscitados:

a) pelos Juízes e Tribunais do Trabalho;

b) pelo procurador-geral e pelos procuradores regionais da Justiça do Trabalho;

c) pela parte interessada, ou o seu representante.

- Art. 951 e 953 do CPC/2015.

Art. 806. É vedado à parte interessada suscitar conflitos de jurisdição quando já houver oposto na causa exceção de incompetência.

- Art. 952 do CPC.

Art. 807. No ato de suscitar o conflito deverá a parte interessada produzir a prova de existência dele.

- Art. 953, parágrafo único, do CPC.

Art. 808. Os conflitos de jurisdição de que trata o art. 803 serão resolvidos:

- Arts. 102, I, o, 105, I, d, e 114, V, da CF.

a) pelos Tribunais Regionais, os suscitados entre Juntas e entre Juízos de Direito, ou entre uma e outras, nas respectivas regiões;

- Súm. 180 do STJ.

b) pela Câmara de Justiça do Trabalho, os suscitados entre Tribunais Regionais, ou entre Juntas e Juízos de Direito sujeitos à jurisdição de Tribunais Regionais diferentes;

- Art. 105, I, d, da CF.
- Súm. 236 do STJ.

c) pelo Conselho Pleno, os suscitados entre as Câmaras de Justiça do Trabalho e de Previdência Social;

d) pelo Supremo Tribunal Federal, os suscitados entre as autoridades da Justiça do Trabalho e as da Justiça Ordinária.

- Art. 102, I, o, da CF.

Art. 809. Nos conflitos de jurisdição entre as Juntas e os Juízos de Direito observar-se-á o seguinte:

I - o juiz ou presidente mandará extrair dos autos as provas do conflito e, com a sua informação, remeterá o processo assim formado, no mais breve prazo possível, ao Presidente do Tribunal Regional competente;

II - no Tribunal Regional, logo que der entrada o processo, o presidente determinará a distribuição do feito, podendo o relator ordenar imediatamente às Juntas e aos Juízos, nos casos de conflito positivo, que sobrestejam o andamento dos respectivos processos, e solicitar, ao mesmo tempo, quaisquer informações que julgue convenientes. Seguidamente, será ouvida a Procuradoria, após o que o relator submeterá o feito a julgamento na primeira sessão;

III - proferida a decisão, será a mesma comunicada, imediatamente, às autoridades em conflito, prosseguindo no foro julgado competente.

Art. 810. Aos conflitos de jurisdição entre os Tribunais Regionais aplicar-se-ão as normas estabelecidas no artigo anterior.

Art. 811. Nos conflitos suscitados na Justiça do Trabalho entre as autoridades desta e os órgãos da Justiça Ordinária, o processo do conflito, formado de acordo com o inciso I do art. 809, será remetido diretamente ao presidente do Supremo Tribunal Federal.

Art. 812. A ordem processual dos conflitos de jurisdição entre as Câmaras do Tribunal Superior do Trabalho será a estabelecida no seu regimento interno.

SEÇÃO VIII
DAS AUDIÊNCIAS

Art. 813. As audiências dos órgãos da Justiça do Trabalho serão públicas e realizar-se-ão na sede do Juízo ou Tribunal em dias úteis previamente fixados, entre 8 (oito) e 18 (dezoito) horas, não podendo ultrapassar 5 (cinco) horas seguidas, salvo quando houver matéria urgente.

- Arts. 5º, LX e 93, IX, da CF.
- Art. 770 da CLT.
- Art. 11, parágrafo único, 189 e 368 do CPC.

§ 1º Em casos especiais, poderá ser designado outro local para a realização das audiências, mediante edital afixado na sede do Juízo ou Tribunal, com a antecedência mínima de 24 (vinte e quatro) horas.

§ 2º Sempre que for necessário, poderão ser convocadas audiências extraordinárias, observado o prazo do parágrafo anterior.

Art. 814. Às audiências deverão estar presentes, comparecendo com a necessária antecedência os escrivães ou diretores de secretaria.

- Art. 814 atualizado pela Lei 409/1948.

Art. 815. À hora marcada, o juiz ou presidente declarará aberta a audiência, sendo feita pelo secretário ou escrivão a chamada das partes, testemunhas e demais pessoas que devam comparecer.

Parágrafo único. Se, até 15 (quinze) minutos após a hora marcada, o juiz ou presidente não houver comparecido, os presentes poderão retirar-se, devendo o ocorrido constar do livro de registro das audiências.

- OJ 245 da SDI-1 do TST.

Art. 816. O juiz ou presidente manterá a ordem nas audiências, podendo mandar retirar do recinto os assistentes que a perturbarem.

- Art. 360, II, do CPC.

Art. 817. O registro das audiências será feito em livro próprio, constando de cada registro os processos apreciados e a respectiva solução, bem como as ocorrências eventuais.

Parágrafo único. Do registro das audiências poderão ser fornecidas certidões às pessoas que o requererem.

SEÇÃO IX
DAS PROVAS

- Art. 5º, LVI, da CF.
- Arts. 369 e s. do CPC.
- Súm. 225 do STF.
- Súm. 212 do TST.

Art. 818. O ônus da prova incumbe:

- *Caput* com a redação dada pela Lei 13.467/2017.

I - ao reclamante, quanto ao fato constitutivo de seu direito;

- Inciso I incluído pela Lei 13.467/2017.

II - ao reclamado, quanto à existência de fato impeditivo, modificativo ou extintivo do direito do reclamante.

- Inciso II incluído pela Lei 13.467/2017.

§ 1° Nos casos previstos em lei ou diante de peculiaridades da causa relacionadas à impossibilidade ou à excessiva dificuldade de cumprir o encargo nos termos deste artigo ou à maior facilidade de obtenção da prova do fato contrário, poderá o juízo atribuir o ônus da prova de modo diverso, desde que o faça por decisão fundamentada, caso em que deverá dar à parte a oportunidade de se desincumbir do ônus que lhe foi atribuído.

- § 1° incluído pela Lei 13.467, de 13.07.2017/2017.

§ 2° A decisão referida no § 1° deste artigo deverá ser proferida antes da abertura da instrução e, a requerimento da parte, implicará o adiamento da audiência e possibilitará provar os fatos por qualquer meio em direito admitido.

- § 2° incluído pela Lei 13.467/2017.

§ 3° A decisão referida no § 1° deste artigo não pode gerar situação em que a desincumbência do encargo pela parte seja impossível ou excessivamente difícil.

- § 3° incluído pela Lei 13.467/2017.
- Art. 373 do CPC.
- Súm. 6, VIII, 212, 254, 338, 460 e 461 do TST.
- OJ 233 da SDI-1 do TST.

Art. 819. O depoimento das partes e testemunhas que não souberem falar a língua nacional será feito por meio de intérprete nomeado pelo juiz ou presidente.

- Art. 162 a 164 do CPC.

§ 1º Proceder-se-á da forma indicada neste artigo, quando se tratar de surdo-mudo, ou de mudo que não saiba escrever.

§ 2º As despesas decorrentes do disposto neste artigo correrão por conta da parte sucumbente, salvo se beneficiária de justiça gratuita. (Redação dada pela Lei nº 13.660, de 2018)

Art. 820. As partes e testemunhas serão inquiridas pelo juiz ou presidente, podendo ser reinquiridas, por seu intermédio, a requerimento dos vogais, das partes, seus representantes ou advogados.

- Art. 848 da CLT.
- Art. 229 do CC.

Art. 821. Cada uma das partes não poderá indicar mais de 3 (três) testemunhas, salvo quando se tratar de inquérito, caso em que esse número poderá ser elevado a 6 (seis).

- Art. 821 com a redação dada pelo Dec.-lei 8.737/1946.
- Art. 852-H, § 2º, da CLT.
- Art. 442 e 443 do CPC.

Art. 822. As testemunhas não poderão sofrer qualquer desconto pelas faltas ao serviço, ocasionadas pelo seu comparecimento para depor, quando devidamente arroladas ou convocadas.

- Art. 473, VIII, da CLT.
- Art. 462 e 463 do CPC.
- Súm. 155 do TST.

Art. 823. Se a testemunha for funcionário civil ou militar, e tiver de depor em hora de serviço, será requisitada ao chefe da repartição para comparecer à audiência marcada.

- Art. 454 do CPC.

Art. 824. O juiz ou presidente providenciará para que o depoimento de uma testemunha não seja ouvido pelas demais que tenham de depor no processo.

- Art. 451 e 456 do CPC/2015.

Art. 825. As testemunhas comparecerão a audiência independentemente de notificação ou intimação.

- Art. 845 da CLT.

Parágrafo único. As que não comparecerem serão intimadas, ex officio ou a requerimento da parte, ficando sujeitas a condução coercitiva, além das penalidades do art. 730, caso, sem motivo justificado, não atendam à intimação.

- Arts. 852-H, §§ 2º e 3º da CLT.

Art. 826. É facultado a cada uma das partes apresentar um perito ou técnico.

- O disposto no art. 826 ficou prejudicado pelo art. 3º da Lei 5.584/1970.
- Art. 465 do CPC.
- Resolução 66/2010 do CSJT.

Art. 827. O juiz ou presidente poderá arguir os peritos compromissados ou os técnicos, e rubricará, para ser junto ao processo, o laudo que os primeiros tiverem apresentado.

- Art. 477, § 3º, do CPC/2015.

Art. 828. Toda testemunha, antes de prestar o compromisso legal, será qualificada, indicando o nome, nacionalidade, profissão, idade, residência, e, quando empregada, o tempo de serviço prestado ao empregador, ficando sujeita, em caso de falsidade, às leis penais.

- Art. 457 do CPC.
- Art. 2º, § 3º, da Lei 5.584/1970.
- Art. 342 do CP.
- Súm. 165 do STJ.

Parágrafo único. Os depoimentos das testemunhas serão resumidos, por ocasião da audiência, pelo secretário da Junta ou funcionário para esse fim designado, devendo a Súm. ser assinada pelo Presidente do Tribunal e pelos depoentes.

Art. 829. A testemunha que for parente até o terceiro grau civil, amigo íntimo ou inimigo de qualquer das partes, não prestará compromisso, e seu depoimento valerá como simples informação.

- Art. 447 do CPC.
- Súm. 357 do TST.

Art. 830. O documento em cópia oferecido para prova poderá ser declarado autêntico pelo próprio advogado, sob sua responsabilidade pessoal.

Parágrafo único. Impugnada a autenticidade da cópia, a parte que a produziu será intimada para apresentar cópias devidamente autenticadas ou o original, cabendo ao serventuário competente proceder à conferência e certificar a conformidade entre esses documentos.

- Art. 830 com a redação dada pela Lei 11.925/2009.
- Art. 425, IV, do CPC.
- Lei 13.726/2018 (Dispensa de autenticação de cópias de documentos).
- Súm. 8 do TST.
- OJ 33, 36, 134 e 158 da SDI-1 do TST.

SEÇÃO X
DA DECISÃO E SUA EFICÁCIA

Art. 831. A decisão será proferida depois de rejeitada pelas partes a proposta de conciliação.

Parágrafo único. No caso de conciliação, o termo que for lavrado valerá como decisão irrecorrível, salvo para a Previdência Social quanto às contribuições que lhe forem devidas.

- Parágrafo único com a redação dada pela Lei 10.035/2000.
- Arts. 764, 846, 850, 852, 852-E e 860 a 867 da CLT.
- Súm. 259 do TST.

Art. 832. Da decisão deverão constar o nome das partes, o resumo do pedido e da defesa, a apreciação das provas, os fundamentos da decisão e a respectiva conclusão.

- Arts. 852 e 852-I da CLT.
- Art. 489 do CPC/2015.

§ 1º Quando a decisão concluir pela procedência do pedido, determinará o prazo e as condições para o seu cumprimento.

§ 2º A decisão mencionará sempre as custas que devam ser pagas pela parte vencida.

- Arts. 789 e seguintes da CLT.

§ 3º As decisões cognitivas ou homologatórias deverão sempre indicar a natureza jurídica das parcelas constantes da condenação ou do acordo homologado, inclusive o limite de responsabilidade de cada parte pelo recolhimento da contribuição previdenciária, se for o caso.

- § 3º incluído pela Lei 10.035/2000.
- Súm. 368 do TST e OJ 368 da SDI-1.

§ 3º-A. Para os fins do § 3º deste artigo, salvo na hipótese de o pedido da ação limitar-se expressamente ao reconhecimento de verbas de natureza exclusivamente indenizatória, a parcela referente às verbas de natureza remuneratória não poderá ter como base de cálculo valor inferior: (Incluído pela Lei 13.876/2019)

I - ao salário-mínimo, para as competências que integram o vínculo empregatício reconhecido na decisão cognitiva ou homologatória; ou

II - à diferença entre a remuneração reconhecida como devida na decisão cognitiva ou homologatória e a efetivamente paga pelo empregador, cujo valor total referente a cada competência não será inferior ao salário-mínimo.

§ 3º-B. Caso haja piso salarial da categoria definido por acordo ou convenção coletiva de trabalho, o seu valor deverá ser utilizado como base de cálculo para os fins do § 3º-A deste artigo. (Incluído pela Lei 13.876/2019)

§ 4º A União será intimada das decisões homologatórias de acordos que contenham parcela indenizatória, na forma do art. 20 da Lei 11.033, de 21 de dezembro de 2004, facultada a interposição de recurso relativo aos tributos que lhe forem devidos.

- § 4º com a redação dada pela Lei 11.457/2007.
- Art. 831 da CLT.

§ 5º Intimada da sentença, a União poderá interpor recurso relativo à discriminação de que trata o § 3º deste artigo.

§ 6º O acordo celebrado após o trânsito em julgado da sentença ou após a elaboração dos cálculos de liquidação de sentença não prejudicará os créditos da União.

- Art. 43, § 5º da Lei 8.212/1991.
- OJs 368, 376 e 398 da SDI-1 do TST.

§ 7º O Ministro de Estado da Fazenda poderá, mediante ato fundamentado, dispensar a manifestação da União nas decisões homologatórias de acordos em que o montante da parcela indenizatória envolvida ocasionar perda de escala decorrente da atuação do órgão jurídico.

- §§ 5º a 7º incluídos pela Lei 11.457/ 2007.

Art. 833. Existindo na decisão evidentes erros ou enganos de escrita, de datilografia ou de cálculo, poderão os mesmos, antes da execução, ser corrigidos, ex officio, ou a requerimento dos interessados ou da Procuradoria da Justiça do Trabalho.

- Art. 897-A, § 1º, da CLT.
- Art. 494 do CPC.

Art. 834. Salvo nos casos previstos nesta Consolidação, a publicação das decisões e sua notificação aos litigantes, ou a seus patronos, consideram-se realizadas nas próprias audiências em que forem as mesmas proferidas.

- Arts. 852 e 852-I, § 3º, da CLT.
- Súm. 30 e 197 do TST.

Art. 835. O cumprimento do acordo ou da decisão far-se-á no prazo e condições estabelecidas.

- Arts. 832, § 1º, da CLT.

Art. 836. É vedado aos órgãos da Justiça do Trabalho conhecer de questões já decididas, excetuados os casos expressamente previstos neste Título e a ação rescisória, que será admitida na forma do disposto no Capítulo IV do Título IX da Lei 5.869, de 11 de janeiro de 1973 – Código de Processo Civil, sujeita ao depósito prévio de 20% (vinte por cento) do valor da causa, salvo prova de miserabilidade jurídica do autor.

- *Caput* com a redação dada pela Lei 11.495/2007.
- Art. 966 e 975 do CPC.
- Súm. 514 do STF.
- Súm. 83, 99, 100, 192, 259, 298, 299, 303, 365, 397, 398, 399, 400 a 413 do TST.
- OJ 84, 157 e 158 da SDI-2 do TST.

Parágrafo único. A execução da decisão proferida em ação rescisória far-se-á nos próprios autos da ação que lhe deu origem, e será instruída com o acórdão da rescisória e a respectiva certidão de trânsito em julgado.

- Parágrafo único incluído pela MP 2.180-35/2001.

CAPÍTULO III
DOS DISSÍDIOS INDIVIDUAIS

SEÇÃO I
DA FORMA DE RECLAMAÇÃO E DA NOTIFICAÇÃO

Art. 837. Nas localidades em que houver apenas 1 (uma) Junta de Conciliação e Julgamento, ou 1 (um) escrivão do cível, a reclamação será apresentada diretamente à secretaria da Junta, ou ao cartório do Juízo.

Art. 838. Nas localidades em que houver mais de 1 (uma) Junta ou mais de 1 (um) Juízo, ou escrivão do cível, a reclamação será, preliminarmente, sujeita a distribuição, na forma do disposto no Capítulo II, Seção II, deste Título.

- Art. 93, XV, da CF.
- Arts. 713 a 715 e 783 a 788 da CLT.
- Art. 286 do CPC.

Art. 839. A reclamação poderá ser apresentada:

a) pelos empregados e empregadores, pessoalmente, ou por seus representantes, e pelos sindicatos de classe;

- Art. 8º, III, da CF.
- Art. 791 e 872, parágrafo único, da CLT.
- Súm. 425 do TST.

b) por intermédio das Procuradorias Regionais da Justiça do Trabalho.

Art. 840. A reclamação poderá ser escrita ou verbal.

§ 1° Sendo escrita, a reclamação deverá conter a designação do juízo, a qualificação das partes, a breve exposição dos fatos de que resulte o dissídio, o pedido, que deverá ser certo, determinado e com indicação de seu valor, a data e a assinatura do reclamante ou de seu representante.

- § 1° com a redação dada pela Lei 13.467/2017.
- Arts. 292, V e 319 a 331 do CPC.
- Súm. 263 e 268 do TST.

§ 2° Se verbal, a reclamação será reduzida a termo, em duas vias datadas e assinadas pelo escrivão ou secretário, observado, no que couber, o disposto no § 1° deste artigo.

- § 2°com a redação dada pela Lei 13.467/2017.

§ 3° Os pedidos que não atendam ao disposto no § 1° deste artigo serão julgados extintos sem resolução do mérito.

- § 3° incluído pela Lei 13.467/2017.
- Arts. 731 e 786 da CLT.

Art. 841. Recebida e protocolada a reclamação, o escrivão ou secretário, dentro de 48 (quarenta e oito) horas, remeterá a segunda via da petição, ou do termo, ao reclamado, notificando-o ao mesmo tempo, para comparecer à audiência do julgamento, que será a primeira desimpedida, depois de 5 (cinco) dias.

§ 1º A notificação será feita em registro postal com franquia. Se o reclamado criar embaraços ao seu recebimento ou não for encontrado, far-se-á a notificação por edital, inserto no jornal oficial ou no que publicar o expediente forense, ou, na falta, afixado na sede da Junta ou Juízo.

- Art. 852 e 852-B, II, da CLT.
- Art. 246, 247, 249, 252, 253 e 255 do CPC.
- Súm. 429 do STJ.
- Súm. 16 do TST.

§ 2º O reclamante será notificado no ato da apresentação da reclamação ou na forma do parágrafo anterior.

§ 3° Oferecida a contestação, ainda que eletronicamente, o reclamante não poderá, sem o consentimento do reclamado, desistir da ação.

- § 3° incluído pela Lei 13.467/2017.

Art. 842. Sendo várias as reclamações e havendo identidade de matéria, poderão ser acumuladas num só processo, se se tratar de empregados da mesma empresa ou estabelecimento.

- Art. 113 a 118 do CPC.
- Súm. 36 do TST.
- OJ 9 do Tribunal Pleno do TST.

SEÇÃO II
DA AUDIÊNCIA DE JULGAMENTO

Art. 843. Na audiência de julgamento deverão estar presentes o reclamante e o reclamado, independentemente do comparecimento de seus representantes salvo, nos casos de Reclamatórias Plúrimas ou Ações de Cumprimento, quando os empregados poderão fazer-se representar pelo Sindicato de sua categoria.

- *Caput* com a redação dada pela Lei 6.667/1979.
- Art. 861 da CLT.
- Art. 54 da LC 123/2006.

§ 1º É facultado ao empregador fazer-se substituir pelo gerente, ou qualquer outro preposto que tenha conhecimento do fato, e cujas declarações obrigarão o proponente.

- Súm. 377 do TST.

§ 2º Se por doença ou qualquer outro motivo poderoso, devidamente comprovado, não for possível ao empregado comparecer pessoalmente, poderá fazer-se representar por outro empregado que pertença à mesma profissão, ou pelo seu sindicato.

§ 3º O preposto a que se refere o § 1º deste artigo não precisa ser empregado da parte reclamada.

- § 3° incluído pela Lei 13.467/2017.

Art. 844. O não comparecimento do reclamante à audiência importa o arquivamento da reclamação, e o não comparecimento do reclamado importa revelia, além de confissão quanto à matéria de fato.

- Arts. 731 e 732 da CLT.
- Art. 344 a 346 e 392 do CPC.
- Súm. 9, 74 e 122 do TST.
- OJs 152 e 245 da SDI-1 do TST.

§ 1º Ocorrendo motivo relevante, poderá o juiz suspender o julgamento, designando nova audiência.

- § 1º com a redação dada pela Lei 13.467/2017.
- Art. 849 da CLT.

§ 2° Na hipótese de ausência do reclamante, este será condenado ao pagamento das custas calculadas na forma do art. 789 desta Consolidação, ainda que beneficiário da justiça gratuita, salvo se comprovar, no prazo de quinze dias, que a ausência ocorreu por motivo legalmente justificável.

- § 2° incluído pela Lei 13.467/2017.

§ 3° O pagamento das custas a que se refere o § 2° é condição para a propositura de nova demanda.

- § 3° incluído pela Lei 13.467/2017.

§ 4° A revelia não produz o efeito mencionado no *caput* deste artigo se:

- § 4° incluído pela Lei 13.467/2017.

I - havendo pluralidade de reclamados, algum deles contestar a ação;
II - o litígio versar sobre direitos indisponíveis;
III - a petição inicial não estiver acompanhada de instrumento que a lei considere indispensável à prova do ato;
IV - as alegações de fato formuladas pelo reclamante forem inverossímeis ou estiverem em contradição com prova constante dos autos.

§ 5° Ainda que ausente o reclamado, presente o advogado na audiência, serão aceitos a contestação e os documentos eventualmente apresentados.

- § 5° incluído pela Lei 13.467/2017.

Art. 845. O reclamante e o reclamado comparecerão à audiência acompanhados das suas testemunhas, apresentando, nessa ocasião, as demais provas.

- Arts. 825 e 852-H, § 2º, da CLT.

Art. 846. Aberta a audiência, o juiz ou presidente proporá a conciliação.

- Arts. 764, 831, 850 e 852-E da CLT.

§ 1º Se houver acordo lavrar-se-á termo, assinado pelo presidente e pelos litigantes, consignando-se o prazo e demais condições para seu cumprimento.

- Art. 764 e 850 da CLT.
- Art. 832, § 4º, da CLT.
- Súm. 100, V, 259, 368, I, e 418 do TST.
- OJs 368, 376 e 398 da SDI-1 do TST.
- OJ 132 SDI-2 do TST.

§ 2º Entre as condições a que se refere o parágrafo anterior, poderá ser estabelecida a de ficar a parte que não cumprir o acordo obrigada a satisfazer integralmente o pedido ou pagar uma indenização convencionada, sem prejuízo do cumprimento do acordo.

- Art. 846 com a redação dada pela Lei 9.022/1995.

Art. 847. Não havendo acordo, o reclamado terá vinte minutos para aduzir sua defesa, após a leitura da reclamação, quando esta não for dispensada por ambas as partes.

- *Caput* com redação dada pela Lei nº 9.022/1995.
- Art. 5°, LV, da CF.

Parágrafo único. A parte poderá apresentar defesa escrita pelo sistema de processo judicial eletrônico até a audiência.

- Parágrafo único incluído pela Lei 13.467/2017.

Art. 848. Terminada a defesa, seguir-se-á a instrução do processo, podendo o presidente, ex officio ou a requerimento de qualquer juiz temporário, interrogar os litigantes.

- Art. 848 com a redação dada pela Lei 9.022, de 5.4.1995.

§ 1º Findo o interrogatório, poderá qualquer dos litigantes retirar-se, prosseguindo a instrução com o seu representante.

§ 2º Serão, a seguir, ouvidas as testemunhas, os peritos e os técnicos, se houver.

Art. 849. A audiência de julgamento será contínua; mas, se não for possível, por motivo de força maior, concluí-la no mesmo dia, o juiz ou presidente marcará a sua continuação para a primeira desimpedida, independentemente de nova notificação.

- Arts. 765, 813 e 852-C da CLT.

Art. 850. Terminada a instrução, poderão as partes aduzir razões finais, em prazo não excedente de 10 (dez) minutos para cada uma. Em seguida, o juiz ou presidente renovará a proposta de conciliação, e não se realizando esta, será proferida a decisão.

Parágrafo único. O Presidente da Junta, após propor a solução do dissídio, tomará os votos dos vogais e, havendo divergência entre estes, poderá desempatar ou proferir decisão que melhor atenda ao cumprimento da lei e ao justo equilíbrio entre os votos divergentes e ao interesse social.

Art. 851. Os tramites de instrução e julgamento da reclamação serão resumidos em ata, de que constará, na íntegra, a decisão.

- Art. 852-F da CLT.

§ 1º Nos processos de exclusiva alçada das Juntas, será dispensável, a juízo do presidente, o resumo dos depoimentos, devendo constar da ata a conclusão do Tribunal quanto à matéria de fato.

- Art. 2º, § 3º, da Lei 5.584/1970.

§ 2º A ata será, pelo presidente ou juiz, junta ao processo, devidamente assinada, no prazo improrrogável de 48 (quarenta e oito) horas, contado da audiência de julgamento, e assinada pelos juízes classistas presentes à mesma audiência.

- Art. 851 com a redação pelo Dec.-lei 8.737/1946.
- Súm. 30 e 197 do TST.

Art. 852. Da decisão serão os litigantes notificados, pessoalmente, ou por seu representante, na própria audiência. No caso de revelia, a notificação far-se-á pela forma estabelecida no § 1º do art. 841.

SEÇÃO II-A
DO PROCEDIMENTO SUMARÍSSIMO

- Seção II-A incluída pela Lei 9.957/2000.

Art. 852-A. Os dissídios individuais cujo valor não exceda a quarenta vezes o salário mínimo vigente na data do ajuizamento da reclamação ficam submetidos ao procedimento sumaríssimo.

Parágrafo único. Estão excluídas do procedimento sumaríssimo as demandas em que é parte a Administração Pública direta, autárquica e fundacional.

- Art. 852-A incluído pela Lei 9.957/2000.
- Súm. 356 do TST.

Art. 852-B. Nas reclamações enquadradas no procedimento sumaríssimo:
I - o pedido deverá ser certo ou determinado e indicará o valor correspondente;
II - não se fará citação por edital, incumbindo ao autor a correta indicação do nome e endereço do reclamado;
III - a apreciação da reclamação deverá ocorrer no prazo máximo de quinze dias do seu ajuizamento, podendo constar de pauta especial, se necessário, de acordo com o movimento judiciário da Junta de Conciliação e Julgamento.

§ 1º O não atendimento, pelo reclamante, do disposto nos incisos I e II deste artigo importará no arquivamento da reclamação e condenação ao pagamento de custas sobre o valor da causa.

§ 2º As partes e advogados comunicarão ao juízo as mudanças de endereço ocorridas no curso do processo, reputando-se eficazes as intimações enviadas ao local anteriormente indicado, na ausência de comunicação.

- Art. 852-B incluído pela Lei 9.957/2000.

Art. 852-C. As demandas sujeitas a rito sumaríssimo serão instruídas e julgadas em audiência única, sob a direção de juiz presidente ou substituto, que poderá ser convocado para atuar simultaneamente com o titular.

- Art. 852-C incluído pela Lei 9.957/2000.

Art. 852-D. O juiz dirigirá o processo com liberdade para determinar as provas a serem produzidas, considerado o ônus probatório de cada litigante, podendo limitar ou excluir as que considerar excessivas, impertinentes ou protelatórias, bem como para apreciá-las e dar especial valor às regras de experiência comum ou técnica.

- Art. 852-D incluído pela Lei 9.957/2000.
- Art. 765 da CLT.
- Art. 370 e 371 e 392 do CPC/2015.

Art. 852-E. Aberta a sessão, o juiz esclarecerá as partes presentes sobre as vantagens da conciliação e usará os meios adequados de persuasão para a solução conciliatória do litígio, em qualquer fase da audiência.

- Art. 852-E incluído pela Lei 9.957/2000.
- Arts. 764, 846 e 850 da CLT.

Art. 852-F. Na ata de audiência serão registrados resumidamente os atos essenciais, as afirmações fundamentais das partes e as informações úteis à solução da causa trazidas pela prova testemunhal.

- Art. 852-F incluído pela Lei 9.957/2000.

Art. 852-G. Serão decididos, de plano, todos os incidentes e exceções que possam interferir no prosseguimento da audiência e do processo. As demais questões serão decididas na sentença.

- Art. 852-G incluído pela Lei 9.957/2000.

Art. 852-H. Todas as provas serão produzidas na audiência de instrução e julgamento, ainda que não requeridas previamente.

- Art. 845 da CLT.

§ 1º Sobre os documentos apresentados por uma das partes manifestar-se-á imediatamente a parte contrária, sem interrupção da audiência, salvo absoluta impossibilidade, a critério do juiz.

§ 2º As testemunhas, até o máximo de duas para cada parte, comparecerão à audiência de instrução e julgamento independentemente de intimação.

- Arts. 821, 825 e 845 da CLT.

§ 3º Só será deferida intimação de testemunha que, comprovadamente convidada, deixar de comparecer. Não comparecendo a testemunha intimada, o juiz poderá determinar sua imediata condução coercitiva.

- Art. 825, parágrafo único, da CLT.

§ 4º Somente quando a prova do fato o exigir, ou for legalmente imposta, será deferida prova técnica, incumbindo ao juiz, desde logo, fixar o prazo, o objeto da perícia e nomear perito.

- Art. 3º da Lei 5.584/1970.
- Súm. 341 do TST.
- OJs 165, 198 e 278 da SDI-1 do TST.
- OJ 98 da SDI-2 do TST.
- Art. 6º da IN 27/2005 do TST.
- Resolução 66/2010 e 78/2011 do CSJT.

§ 5º Vetado.

§ 6º As partes serão intimadas a manifestar-se sobre o laudo, no prazo comum de cinco dias.

§ 7º Interrompida a audiência, o seu prosseguimento e a solução do processo dar-se-ão no prazo máximo de trinta dias, salvo motivo relevante justificado nos autos pelo juiz da causa.

- Art. 852-H incluído pela Lei 9.957/2000.

Art. 852-I. A sentença mencionará os elementos de convicção do juízo, com resumo dos fatos relevantes ocorridos em audiência, dispensado o relatório.

§ 1º O juízo adotará em cada caso a decisão que reputar mais justa e equânime, atendendo aos fins sociais da lei e as exigências do bem comum.

§ 2º Vetado.

§ 3º As partes serão intimadas da sentença na própria audiência em que prolatada.

- Art. 852-I incluído pela Lei 9.957/2000.

SEÇÃO III
DO INQUÉRITO PARA APURAÇÃO DE FALTA GRAVE

Art. 853. Para a instauração do inquérito para apuração de falta grave contra empregado garantido com estabilidade, o empregador apresentará reclamação por escrito à Junta ou Juízo de Direito, dentro de 30 (trinta) dias, contados da data da suspensão do empregado.

- Art. 8º, VIII, da CF.
- Arts. 492, 494, 495, 543, § 3º, da CLT.
- Art. 3º, § 7º da Lei 8.213/1991.
- Súm. 197 e 403 do STF.
- Súm. 62 e 379 do TST.
- OJ 253 da SDI-1 do TST.
- OJ 137 da SDI-2 do TST.

Art. 854. O processo do inquérito perante a Junta ou Juízo obedecerá às normas estabelecidas no presente Capítulo, observadas as disposições desta Seção.

Art. 855. Se tiver havido prévio reconhecimento da estabilidade do empregado, o julgamento do inquérito pela Junta ou Juízo não prejudicará a execução para pagamento dos salários devidos ao empregado, até a data da instauração do mesmo inquérito.

- Art. 495 da CLT.

SEÇÃO IV
DO INCIDENTE DE DESCONSIDERAÇÃO DA PERSONALIDADE JURÍDICA

- Seção IV incluída pela Lei 13.467/2017.

Art. 855-A. Aplica-se ao processo do trabalho o incidente de desconsideração da personalidade jurídica previsto nos arts. 133 a 137 da Lei 13.105, de 16 de março de 2015 – Código de Processo Civil.

- Artigo incluído pela Lei 13.467/2017.

§ 1º Da decisão interlocutória que acolher ou rejeitar o incidente:

I - na fase de cognição, não cabe recurso de imediato, na forma do § 1º do art. 893 desta Consolidação;

II - na fase de execução, cabe agravo de petição, independentemente de garantia do juízo;

III - cabe agravo interno se proferida pelo relator em incidente instaurado originariamente no tribunal.

§ 2º A instauração do incidente suspenderá o processo, sem prejuízo de concessão da tutela de urgência de natureza cautelar de que trata o art. 301 da Lei 13.105, de 16 de março de 2015 (Código de Processo Civil).

CAPÍTULO III-A
DO PROCESSO DE JURISDIÇÃO VOLUNTÁRIA PARA HOMOLOGAÇÃO DE ACORDO EXTRAJUDICIAL

- Capítulo III-A incluído pela Lei 13.467/2017.

Art. 855-B. O processo de homologação de acordo extrajudicial terá início por petição conjunta, sendo obrigatória a representação das partes por advogado.

- Artigo incluído pela Lei 13.467/2017.

§ 1º As partes não poderão ser representadas por advogado comum.

§ 2º Faculta-se ao trabalhador ser assistido pelo advogado do sindicato de sua categoria.

Art. 855-C. O disposto neste Capítulo não prejudica o prazo estabelecido no § 6º do art. 477 desta Consolidação e não afasta a aplicação da multa prevista no § 8º art. 477 desta Consolidação.

- Artigo incluído pela Lei 13.467/2017.

Art. 855-D. No prazo de quinze dias a contar da distribuição da petição, o juiz analisará o acordo, designará audiência se entender necessário e proferirá sentença.

- Artigo incluído pela Lei 13.467/2017.

Art. 855-E. A petição de homologação de acordo extrajudicial suspende o prazo prescricional da ação quanto aos direitos nela especificados.

- Artigo incluído pela Lei 13.467/2017.

Parágrafo único. O prazo prescricional voltará a fluir no dia útil seguinte ao do trânsito em julgado da decisão que negar a homologação do acordo.

CAPÍTULO IV
DOS DISSÍDIOS COLETIVOS

SEÇÃO I
DA INSTAURAÇÃO DA INSTÂNCIA

Art. 856. A instância será instaurada mediante representação escrita ao Presidente do Tribunal. Poderá ser também instaurada por iniciativa do presidente, ou, ainda, a requerimento da Procuradoria da Justiça do Trabalho, sempre que ocorrer suspensão do trabalho.

- Arts. 8º, III, VI, 114, II e III, §§ 2º e 3º, da CF.
- Súm. 189 e 190 do TST.
- OJs 5, 7, 9, 11, 19, 22, 23, 28, 29 e 35 da SDC do TST.

Art. 857. A representação para instaurar a instância em dissídio coletivo constitui prerrogativa das associações sindicais, excluídas as hipóteses aludidas no art. 856, quando ocorrer suspensão do trabalho.

- *Caput* com a redação dada pelo Dec.-lei 7.321/1945.
- Súm. 286 do TST.
- OJ 15 e 19 da SDC do TST.

Parágrafo único. Quando não houver sindicato representativo da categoria econômica ou profissional, poderá a representação ser instaurada pelas federações correspondentes e, na falta destas, pelas confederações respectivas, no âmbito de sua representação.

- Parágrafo único com a redação dada pela Lei 2.693, de 23.12.1955.

Art. 858. A representação será apresentada em tantas vias quantos forem os reclamados e deverá conter:

a) designação e qualificação dos reclamantes e dos reclamados e a natureza do estabelecimento ou do serviço;

b) os motivos do dissídio e as bases da conciliação.

- OJ 8 da SDC do TST.

Art. 859. A representação dos sindicatos para instauração da instância fica subordinada à aprovação de assembleia, da qual participem os associados interessados na solução do dissídio coletivo, em primeira convocação, por maioria de 2/3 (dois terços) dos mesmos, ou, em segunda convocação, por 2/3 (dois terços) dos presentes.

- Art. 859 com a redação dada pelo Dec.-lei 7.321/1945.
- OJs 8, 19, 28 e 29, 35 da SDC do TST.

Parágrafo único. (Revogado pelo Dec.-lei 7.321/1945.)

SEÇÃO II
DA CONCILIAÇÃO E DO JULGAMENTO

Art. 860. Recebida e protocolada a representação, e estando na devida forma, o Presidente do Tribunal designará a audiência de conciliação, dentro do prazo de 10 (dez) dias, determinando a notificação dos dissidentes, com observância do disposto no art. 841.

Parágrafo único. Quando a instância for instaurada ex officio, a audiência deverá ser realizada dentro do prazo mais breve possível, após o reconhecimento do dissídio.

Art. 861. É facultado ao empregador fazer-se representar na audiência pelo gerente, ou por qualquer outro preposto que tenha conhecimento do dissídio, e por cujas declarações será sempre responsável.

- Art. 843, § 1º, da CLT.
- Art. 54 da LC 123/2006.

Art. 862. Na audiência designada, comparecendo ambas as partes ou seus representantes, o Presidente do Tribunal as convidará para se pronunciarem sobre as bases da conciliação. Caso não sejam aceitas as bases propostas, o Presidente submeterá aos interessados a solução que lhe pareça capaz de resolver o dissídio.

Art. 863. Havendo acordo, o Presidente o submeterá à homologação do Tribunal na primeira sessão.

- Súm. 190 do TST.

Art. 864. Não havendo acordo, ou não comparecendo ambas as partes ou uma delas, o presidente submeterá o processo a julgamento, depois de realizadas as diligências que entender necessárias e ouvida a Procuradoria.

- Art. 864 com a redação dada pelo Dec.-lei 8.737/1946.
- Art. 8º da Lei 5.584/1970.

Art. 865. Sempre que, no decorrer do dissídio, houver ameaça de perturbação da ordem, o presidente requisitará à autoridade competente as providências que se tornarem necessárias.

Art. 866. Quando o dissídio ocorrer fora da sede do Tribunal, poderá o presidente, se julgar conveniente, delegar à autoridade local as atribuições de que tratam os arts. 860 e 862. Nesse caso, não havendo conciliação, a autoridade delegada encaminhará o processo ao Tribunal, fazendo exposição circunstanciada dos fatos e indicando a solução que lhe parecer conveniente.

Art. 867. Da decisão do Tribunal serão notificadas as partes, ou seus representantes, em registrado postal, com franquia, fazendo-se, outrossim, a sua publicação no jornal oficial, para ciência dos demais interessados.

Parágrafo único. A sentença normativa vigorará:

- Art. 614, § 3º, da CLT.
- Súm. 277 do TST.
- PN 120 da SDC do TST.

a) a partir da data de sua publicação, quando ajuizado o dissídio após o prazo do art. 616, § 3º, ou, quando não existir acordo, convenção ou sentença normativa em vigor, da data do ajuizamento;

b) a partir do dia imediato ao termo final de vigência do acordo, convenção ou sentença normativa, quando ajuizado o dissídio no prazo do art. 616, § 3º.

- Parágrafo único incluído pelo Dec.-lei 424/1969.

SEÇÃO III
DA EXTENSÃO DAS DECISÕES

Art. 868. Em caso de dissídio coletivo que tenha por motivo novas condições de trabalho e no qual figure como parte apenas uma fração de empregados de uma empresa, poderá o Tribunal competente, na própria decisão, estender tais condições de trabalho, se julgar justo e conveniente, aos demais empregados da empresa que forem da mesma profissão dos dissidentes.

Parágrafo único. O Tribunal fixará a data em que a decisão deve entrar em execução, bem como o prazo de sua vigência, o qual não poderá ser superior a 4 (quatro) anos.

- Art. 614, § 3º, da CLT.
- Súm. 277 do TST.
- OJ 322 da SDI-1 do TST.
- OJ 2 da SDC do TST.
- PN 120 da SDC do TST.

Art. 869. A decisão sobre novas condições de trabalho poderá também ser estendida a todos os empregados da mesma categoria profissional compreendida na jurisdição do Tribunal:

a) por solicitação de 1 (um) ou mais empregadores, ou de qualquer sindicato destes;

b) por solicitação de 1 (um) ou mais sindicatos de empregados;

c) ex officio, pelo Tribunal que houver proferido a decisão;

d) por solicitação da Procuradoria da Justiça do Trabalho.

Art. 870. Para que a decisão possa ser estendida, na forma do artigo anterior, torna-se preciso que 3/4 (três quartos) dos empregadores e 3/4 (três quartos) dos empregados, ou os respectivos sindicatos, concordem com a extensão da decisão.

§ 1º O Tribunal competente marcará prazo, não inferior a 30 (trinta) nem superior a 60 (sessenta) dias, a fim de que se manifestem os interessados.

§ 2º Ouvidos os interessados e a Procuradoria da Justiça do Trabalho, será o processo submetido ao julgamento do Tribunal.

Art. 871. Sempre que o Tribunal estender a decisão, marcará a data em que a extensão deva entrar em vigor.

SEÇÃO IV
DO CUMPRIMENTO DAS DECISÕES

Art. 872. Celebrado o acordo, ou transitada em julgado a decisão, seguir-se-á o seu cumprimento, sob as penas estabelecidas neste Título.

- Súm. 246, 286, 350, 384 e 397 do TST.
- OJ 277 da SDI-1 do TST.

Parágrafo único. Quando os empregadores deixarem de satisfazer o pagamento de salários, na conformidade da decisão proferida, poderão os empregados ou seus sindicatos, independentes de outorga de poderes de seus associados, juntando certidão de tal decisão, apresentar reclamação à Junta ou Juízo competente, observado o processo previsto no Capítulo II deste Título, sendo vedado, porém, questionar sobre a matéria de fato e de direito já apreciada na decisão.

- Parágrafo único com a redação dada pela Lei 2.275/1954.

SEÇÃO V
DA REVISÃO

Art. 873. Decorrido mais de 1 (um) ano de sua vigência, caberá revisão das decisões que fixarem condições de trabalho, quando se tiverem modificado as circunstâncias que as ditaram, de modo que tais condições se hajam tornado injustas ou inaplicáveis.

Art. 874. A revisão poderá ser promovida por iniciativa do Tribunal prolator, da Procuradoria da Justiça do Trabalho, das associações sindicais ou de empregador ou empregadores interessados no cumprimento da decisão.

Parágrafo único. Quando a revisão for promovida por iniciativa do Tribunal prolator ou da Procuradoria, as associações sindicais e o empregador ou empregadores interessados serão ouvidos no prazo de 30 (trinta) dias. Quando promovida por uma das partes interessadas, serão as outras ouvidas também por igual prazo.

Art. 875. A revisão será julgada pelo Tribunal que tiver proferido a decisão, depois de ouvida a Procuradoria da Justiça do Trabalho.

CAPÍTULO V
DA EXECUÇÃO

- Arts. 771 e s. do CPC.

SEÇÃO I
DAS DISPOSIÇÕES PRELIMINARES

Art. 876. As decisões passadas em julgado ou das quais não tenha havido recurso com efeito suspensivo; os acordos, quando não cumpridos; os termos de ajuste de conduta firmados perante o Ministério Público do Trabalho e os termos de conciliação firmados perante as Comissões de Conciliação Prévia serão executada pela forma estabelecida neste Capítulo.

- *Caput* com a redação dada pela Lei 9.958/2000.
- Art. 114, VII, da CF.
- Art. 784, I, do CPC.

Parágrafo único. A Justiça do Trabalho executará, de ofício, as contribuições sociais previstas na alínea a do inciso I e no inciso II do *caput* do art. 195 da Constituição Federal, e seus acréscimos legais, relativas ao objeto da condenação constantes das sentenças que proferir e dos acordos que homologar.

- Parágrafo único com a redação dada pela Lei 13.467/2017.
- Art. 114, VIII, da CF.
- Art. 43, § 5º da Lei 8.212/1991.
- Súm. 368, I, do TST.
- OJs 376 e 398 da SDI-1 do TST.

Art. 877. É competente para a execução das decisões o Juiz ou Presidente do Tribunal que tiver conciliado ou julgado originariamente o dissídio.

- OJ 143 da SDI-1 do TST.

Art. 877-A. É competente para a execução de título executivo extrajudicial o juiz que teria competência para o processo de conhecimento relativo à matéria.

- Art. 877-A incluído pela Lei 9.958, de 25.10.2000.

Art. 878. A execução será promovida pelas partes, permitida a execução de ofício pelo juiz ou pelo Presidente do Tribunal apenas nos casos em que as partes não estiverem representadas por advogado.

- *Caput* com a redação dada pela Lei 13.467/2017.

Parágrafo único. (Revogado pela Lei 13.467/2017).

Art. 878-A. Faculta-se ao devedor o pagamento imediato da parte que entender devida à Previdência Social, sem prejuízo da cobrança de eventuais diferenças encontradas na execução ex officio.

- Art. 878-A incluído pela Lei 10.035/2000.

Art. 879. Sendo ilíquida a sentença exequenda, ordenar-se-á, previamente, a sua liquidação, que poderá ser feita por cálculo, por arbitramento ou por artigos.

- *Caput* com a redação dada pela Lei 2.244/1954.
- Art. 322, § 1º, 509, I e II do CPC/2015.
- Súm. 211 e 344 do STJ.

§ 1º Na liquidação, não se poderá modificar, ou inovar, a sentença liquidanda nem discutir matéria pertinente à causa principal.

- § 1º com a redação dada pela Lei 8.432, 11.6.1992.
- Art. 509, § 4º, do CPC.

§ 1º-A. A liquidação abrangerá, também, o cálculo das contribuições previdenciárias devidas.

§ 1º-B. As partes deverão ser previamente intimadas para a apresentação do cálculo de liquidação, inclusive da contribuição previdenciária incidente.

- §§ 1º-A e 1º-B incluído pela Lei 10.035/2000.

§ 2° Elaborada a conta e tornada líquida, o juízo deverá abrir às partes prazo comum de oito dias para impugnação fundamentada com a indicação dos itens e valores objeto da discordância, sob pena de preclusão.

- § 2° com a redação dada pela Lei 13.467/2017.

§ 3º Elaborada a conta pela parte ou pelos órgãos auxiliares da Justiça do Trabalho, o juiz procederá à intimação da União para manifestação, no prazo de 10 (dez) dias, sob pena de preclusão.

- § 3º com a redação dada pela Lei 11.457/2007.

§ 4º A atualização do crédito devido à Previdência Social observará os critérios estabelecidos na legislação previdenciária.

§ 5º O Ministro de Estado da Fazenda poderá, mediante ato fundamentado, dispensar a manifestação da União quando o valor total das verbas que integram o salário de contribuição, na forma do art. 28 da Lei 8.212, de 24 de julho de 1991, ocasionar perda de escala decorrente da atuação do órgão jurídico.

- §§ 4º e 5º incluídos pela Lei 11.457/2007.

§ 6º Tratando-se de cálculos de liquidação complexos, o juiz poderá nomear perito para a elaboração e fixará, depois da conclusão do trabalho, o valor dos respectivos honorários com observância, entre outros, dos critérios de razoabilidade e proporcionalidade.

- § 6º incluído pela Lei 12.405/2011.

§ 7° A atualização dos créditos decorrentes de condenação judicial será feita pela Taxa Referencial (TR), divulgada pelo Banco Central do Brasil, conforme a Lei 8.177, de 1° de março de 1991. (Incluído pela Lei 13.467/2017)

- Súm. 211 do TST.

SEÇÃO II
DO MANDADO E DA PENHORA

Art. 880. Requerida a execução, o juiz ou presidente do tribunal mandará expedir mandado de citação do executado, a fim de que cumpra a decisão ou o acordo no prazo, pelo modo e sob as cominações estabelecidas ou, quando se tratar de pagamento em dinheiro, inclusive de contribuições sociais devidas à União, para que o faça em 48 (quarenta e oito) horas ou garanta a execução, sob pena de penhora.

- *Caput* com a redação dada pela Lei 11.457/2007.

§ 1º O mandado de citação deverá conter a decisão exequenda ou o termo de acordo não cumprido.

§ 2º A citação será feita pelos oficiais de diligência.

§ 3º Se o executado, procurado por 2 (duas) vezes no espaço de 48 (quarenta e oito) horas, não for encontrado, far-se-á citação por edital, publicado no jornal oficial ou, na falta deste, afixado na sede da Junta ou Juízo, durante 5 (cinco) dias.

Art. 881. No caso de pagamento da importância reclamada, será este feito perante o escrivão ou diretor de secretaria, lavrando-se termo de quitação, em 2 (duas) vias, assinadas pelo exequente, pelo executado e pelo mesmo escrivão ou secretário, entregando-se a segunda via ao executado e juntando-se a outra ao processo.

- *Caput* atualizado pela Lei 409/1948.

Parágrafo único. Não estando presente o exequente, será depositada a importância, mediante guia, em estabelecimento oficial de crédito ou, em falta deste, em estabelecimento bancário idôneo.

- Parágrafo único com a redação dada pela Lei 7.305/1985.

Art. 882. O executado que não pagar a importância reclamada poderá garantir a execução mediante depósito da quantia correspondente, atualizada e acrescida das despesas processuais, apresentação de seguro-garantia judicial ou nomeação de bens à penhora, observada a ordem preferencial estabelecida no art. 835 da Lei 13.105, de 16 de março de 2015 – Código de Processo Civil.

- Artigo com a redação dada pela Lei 13.467/2017.
- Art. 11 da Lei 6.830/1980.
- Art. 835 do CPC/2015.

Art. 883. Não pagando o executado, nem garantindo a execução, seguir-se-á penhora dos bens, tantos quantos bastem ao pagamento da importância da condenação, acrescida de custas e juros de mora, sendo estes, em qualquer caso, devidos a partir da data em que for ajuizada a reclamação inicial.

- Art. 883 com a redação dada pela Lei 2.244/1954.
- Art. 879, § 7° da CLT.
- Art. 5º, XXVI, da CF.
- Arts. 1º e 3º da Lei 8.009/1990.
- Art. 833 do CPC/2015.
- Súm. 449, 464 e 486 do STJ.
- Súm. 187, 200, 211, 304, 311 e 417 do TST.
- OJs 226, 300 e 343 da SDI-1 do TST.
- OJs 59, 89, 93, 143 e 153 da SDI-2 do TST.

Art. 883-A. A decisão judicial transitada em julgado somente poderá ser levada a protesto, gerar inscrição do nome do executado em órgãos de proteção ao crédito ou no Banco Nacional de Devedores Trabalhistas (BNDT), nos termos da lei, depois de transcorrido o prazo de quarenta e cinco dias a contar da citação do executado, se não houver garantia do juízo.

- Artigo incluído pela Lei 13.467/2017.

SEÇÃO III
DOS EMBARGOS À EXECUÇÃO E DA SUA IMPUGNAÇÃO

Art. 884. Garantida a execução ou penhorados os bens, terá o executado 5 (cinco) dias para apresentar embargos, cabendo igual prazo ao exequente para impugnação.

- Art. 1°-B da Lei 9.494/1997.

§ 1º A matéria de defesa será restrita às alegações de cumprimento da decisão ou do acordo, quitação ou prescrição da dívida.

§ 2º Se na defesa tiverem sido arroladas testemunhas, poderá o Juiz ou o Presidente do Tribunal, caso julgue necessários seus depoimentos, marcar audiência para a produção das provas, a qual deverá realizar-se dentro de 5 (cinco) dias.

§ 3º Somente nos embargos à penhora poderá o executado impugnar a sentença de liquidação, cabendo ao exequente igual direito e no mesmo prazo.

- § 3º com a redação dada pela Lei 2.244/1954.

§ 4º Julgar-se-ão na mesma sentença os embargos e as impugnações à liquidação apresentadas pelos credores trabalhista e previdenciário.

- § 4º com a redação dada pela Lei 10.035/2000.

§ 5º Considera-se inexigível o título judicial fundado em lei ou ato normativo declarados inconstitucionais pelo Supremo Tribunal Federal ou em aplicação ou interpretação tidas por incompatíveis com a Constituição Federal.

- § 5º incluído pela MP 2.180-35/2001.
- Art. 525, § 12 do CPC.

§ 6º A exigência da garantia ou penhora não se aplica às entidades filantrópicas e/ou àqueles que compõem ou compuseram a diretoria dessas instituições.

- § 6º incluído pela Lei 13.467/2017.

SEÇÃO IV
DO JULGAMENTO E DOS TRÂMITES FINAIS DA EXECUÇÃO

Art. 885. Não tendo sido arroladas testemunhas na defesa, o juiz ou presidente, conclusos os autos, proferirá sua decisão, dentro de 5 (cinco) dias, julgando subsistente ou insubsistente a penhora.

Art. 886. Se tiverem sido arroladas testemunhas, finda a sua inquirição em audiência, o escrivão ou secretário fará, dentro de 48 (quarenta e oito) horas, conclusos os autos ao juiz ou presidente, que proferirá sua decisão, na forma prevista no artigo anterior.

§ 1º Proferida a decisão, serão da mesma notificadas as partes interessadas, em registrado postal, com franquia.

§ 2º Julgada subsistente a penhora, o juiz, ou presidente, mandará proceder logo à avaliação dos bens penhorados.

Art. 887. A avaliação dos bens penhorados em virtude da execução de decisão condenatória, será feita por avaliador escolhido de comum acordo pelas partes, que perceberá as custas arbitradas pelo juiz, ou presidente do tribunal trabalhista, de conformidade com a tabela a ser expedida pelo Tribunal Superior do Trabalho.

§ 1º Não acordando as partes quanto à designação de avaliador, dentro de cinco dias após o despacho que o determinou a avaliação, será o avaliador designado livremente pelo juiz ou presidente do tribunal.

§ 2º Os servidores da Justiça do Trabalho não poderão ser escolhidos ou designados para servir de avaliador.

- Art. 721 da CLT.

Art. 888. Concluída a avaliação, dentro de dez dias, contados da data da nomeação do avaliador, seguir-se-á a arrematação, que será anunciada por edital afixado na sede do juízo ou tribunal e publicado no jornal local, se houver, com a antecedência de vinte (20) dias.

§ 1º A arrematação far-se-á em dia, hora e lugar anunciados e os bens serão vendidos pelo maior lance, tendo o exequente preferência para a adjudicação.

- Súm. 458 do STF.

§ 2º O arrematante deverá garantir o lance com o sinal correspondente a 20% (vinte por cento) do seu valor.

§ 3º Não havendo licitante, e não requerendo o exequente a adjudicação dos bens penhorados, poderão os mesmos ser vendidos por leiloeiro nomeado pelo Juiz ou Presidente.

§ 4º Se o arrematante, ou seu fiador, não pagar dentro de 24 (vinte e quatro) horas o preço da arrematação, perderá, em benefício da execução, o sinal de que trata o § 2º deste artigo, voltando à praça os bens executados.

- Art. 888 com a redação dada pela Lei 5.584/1970.

Art. 889. Aos trâmites e incidentes do processo da execução são aplicáveis, naquilo em que não contravierem ao presente Título, os preceitos que regem o processo dos executivos fiscais para a cobrança judicial da dívida ativa da Fazenda Pública Federal.

- Vide Lei 6.830/1980 (Lei de Execução Fiscal).

Art. 889-A. Os recolhimentos das importâncias devidas, referentes às contribuições sociais, serão efetuados nas agências locais da Caixa Econômica Federal ou do Banco do Brasil S.A., por intermédio de documento de arrecadação da Previdência Social, dele se fazendo constar o número do processo.

- *Caput* incluído pela Lei 10.035/2000.

§ 1º Concedido parcelamento pela Secretaria da Receita Federal do Brasil, o devedor juntará aos autos a comprovação do ajuste, ficando a execução da contribuição social correspondente suspensa até a quitação de todas as parcelas.

§ 2º As Varas do Trabalho encaminharão mensalmente à Secretaria da Receita Federal do Brasil informações sobre os recolhimentos efetivados nos autos, salvo se outro prazo for estabelecido em regulamento.

- §§ 1º e 2º com a redação dada pela Lei 11.457/2007.

SEÇÃO V
DA EXECUÇÃO POR PRESTAÇÕES SUCESSIVAS

Art. 890. A execução para pagamento de prestações sucessivas far-se-á com observância das normas constantes desta Seção, sem prejuízo das demais estabelecidas neste Capítulo.

Art. 891. Nas prestações sucessivas por tempo determinado, a execução pelo não pagamento de uma prestação compreenderá as que lhe sucederem.

Art. 892. Tratando-se de prestações sucessivas por tempo indeterminado, a execução compreenderá inicialmente as prestações devidas até a data do ingresso na execução.

- Art. 323 do CPC/2015.

CAPÍTULO VI
DOS RECURSOS

- Ato 491/2014 do TST (Aplicação da Lei 13.015/2014).
- Art. 1º, § 2º da IN 39/2016 do TST

Art. 893. Das decisões são admissíveis os seguintes recursos:

I - embargos;
II - recurso ordinário;
III - recurso de revista;
IV - agravo.

- *Caput* com a redação dada pela Lei 861/1949.
- Arts. 2º, §§ 2º e 4º, da Lei 5.584/1970.
- Art. 1º, III, do Dec.-lei 779/1969.
- Súm. 640 do STF.
- Súm. 283 do TST.
- OJ 310 da SDI-1 do TST.

§ 1º Os incidentes do processo são resolvidos pelo próprio Juízo ou Tribunal, admitindo-se a apreciação do merecimento das decisões interlocutórias somente em recursos da decisão definitiva.

- Art. 799, § 2º, da CLT.
- Art. 2º, § 1º, da Lei 5.584/1970.
- Art. 203, § 2º, do CPC.
- Súm. 214, 414, II, e 458 do TST.

§ 2º A interposição de recurso para o Supremo Tribunal Federal não prejudicará a execução do julgado.

- §§ 1º e 2º com a redação dada pelo Dec.-lei 8.737/1946.
- Art. 995 do CPC.
- Súm. 228 do STF.
- OJ 56 da SDI-2 do TST.

Art. 894. No Tribunal Superior do Trabalho cabem embargos, no prazo de 8 (oito) dias:

I - de decisão não unânime de julgamento que:

a) conciliar, julgar ou homologar conciliação em dissídios coletivos que excedam a competência territorial dos Tribunais Regionais do Trabalho e estender ou rever as sentenças normativas do Tribunal Superior do Trabalho, nos casos previstos em lei; e

b) Vetado.

II - das decisões das Turmas que divergirem entre si ou das decisões proferidas pela Seção de Dissídios Individuais, ou contrárias a Súm. ou orientação jurisprudencial do Tribunal Superior do Trabalho ou Súm. vinculante do Supremo Tribunal Federal.

- Inciso II com redação dada pela Lei 13.015/2014.
- Súm. 458 do TST.

Parágrafo único. (Revogado pela Lei 11.496/2007)

- Súm. 126, 283 e 433 TST.
- OJs 95 e 378 da SDI-1 do TST.

§ 2º A divergência apta a ensejar os embargos deve ser atual, não se considerando tal a ultrapassada por Súm. do Tribunal Superior do Trabalho ou do Supremo Tribunal Federal, ou superada por iterativa e notória jurisprudência do Tribunal Superior do Trabalho.

‣ § 2º incluído pela Lei nº 13.015/2014.

§ 3º O Ministro Relator denegará seguimento aos embargos:

I - se a decisão recorrida estiver em consonância com Súm. da jurisprudência do Tribunal Superior do Trabalho ou do Supremo Tribunal Federal, ou com iterativa, notória e atual jurisprudência do Tribunal Superior do Trabalho, cumprindo-lhe indicá-la;

II - nas hipóteses de intempestividade, deserção, irregularidade de representação ou de ausência de qualquer outro pressuposto extrínseco de admissibilidade.

‣ § 3º incluído pela Lei nº 13.015/2014.

§ 4º Da decisão denegatória dos embargos caberá agravo, no prazo de 8 (oito) dias.

‣ § 4º incluído pela Lei nº 13.015/2014.

Art. 895. Cabe recurso ordinário para a instância superior:

I - das decisões definitivas ou terminativas das Varas e Juízos, no prazo de 8 (oito) dias; e

II - das decisões definitivas ou terminativas dos Tribunais Regionais, em processos de sua competência originária, no prazo de 8 (oito) dias, quer nos dissídios individuais, quer nos dissídios coletivos.

‣ Incisos I e II com a redação dada pela Lei 11.925/2009.

‣ Súm. 153, 158, 201, 283, 393 e 414 do TST.

‣ OJ 389 da SDI-1 do TST.

‣ OJs 69, 100 e 148 da SDI-2 do TST.

§ 1º Nas reclamações sujeitas ao procedimento sumaríssimo, o recurso ordinário:

‣ § 1º incluído pela Lei 9.957/2000.

I - Vetado.

II - será imediatamente distribuído, uma vez recebido no Tribunal, devendo o relator liberá-lo no prazo máximo de dez dias, e a Secretaria do Tribunal ou Turma colocá-lo imediatamente em pauta para julgamento, sem revisor;

III - terá parecer oral do representante do Ministério Público presente à sessão de julgamento, se este entender necessário o parecer, com registro na certidão;

IV - terá acórdão consistente unicamente na certidão de julgamento, com a indicação suficiente do processo e parte dispositiva, e das razões de decidir do voto prevalente. Se a sentença for confirmada pelos próprios fundamentos, a certidão de julgamento, registrando tal circunstância, servirá de acórdão.

‣ Incisos II a IV com a redação dada pela Lei 9.957/2000.

§ 2º Os Tribunais Regionais, divididos em Turmas, poderão designar Turma para o julgamento dos recursos ordinários interpostos das sentenças prolatadas nas demandas sujeitas ao procedimento sumaríssimo.

‣ § 2º incluído pela Lei 9.957/2000.

Art. 896. Cabe Recurso de Revista para Turma do Tribunal Superior do Trabalho das decisões proferidas em grau de recurso ordinário, em dissídio individual, pelos Tribunais Regionais do Trabalho, quando:

‣ Súm. 126, 218, 283, 297, 333, 337, 422 e 459 do TST.

‣ OJs 334 e 374 da SDI-1 do TST.

‣ OJ 78 da SDI-1 Transitória.

a) derem ao mesmo dispositivo de lei federal interpretação diversa da que lhe houver dado outro Tribunal Regional do Trabalho, no seu Pleno ou Turma, ou a Seção de Dissídios Individuais do Tribunal Superior do Trabalho, ou contrariarem súmula de jurisprudência uniforme dessa Corte ou Súm. vinculante do Supremo Tribunal Federal;

‣ Alínea a com redação dada pela Lei 13.015/2014.

‣ Súm. 296 do TST.

‣ OJs 111, 219 e 257 da SDI-1 do TST.

b) derem ao mesmo dispositivo de lei estadual, Convenção Coletiva de Trabalho, Acordo Coletivo, sentença normativa ou regulamento empresarial de observância obrigatória em área territorial que exceda a jurisdição do Tribunal Regional prolator da decisão recorrida, interpretação divergente, na forma da alínea a;

‣ Súm. 221 e 312 do TST.

‣ OJ 147 da SDI-1 do TST.

c) proferidas com violação literal de disposição de lei federal ou afronta direta e literal à Constituição Federal.

‣ *Caput* com a redação dada pela Lei 9.756/1998.

§ 1º O recurso de revista, dotado de efeito apenas devolutivo, será interposto perante o Presidente do Tribunal Regional do Trabalho, que, por decisão fundamentada, poderá recebê-lo ou denegá-lo.

‣ § 1º com redação dada pela Lei nº 13.015/2014.

§ 1º-A. Sob pena de não conhecimento, é ônus da parte:

‣ § 1º-A incluído pela Lei nº 13.015 2014.

I - indicar o trecho da decisão recorrida que consubstancia o prequestionamento da controvérsia objeto do recurso de revista;

‣ Inciso I incluído pela Lei nº 13.015/2014.

II - indicar, de forma explícita e fundamentada, contrariedade a dispositivo de lei, Súm. ou orientação jurisprudencial do Tribunal Superior do Trabalho que conflite com a decisão regional;

‣ Inciso II incluído pela Lei nº 13.015/2014.

III - expor as razões do pedido de reforma, impugnando todos os fundamentos jurídicos da decisão recorrida, inclusive mediante demonstração analítica de cada dispositivo de lei, da Constituição Federal, de Súm. ou orientação jurisprudencial cuja contrariedade aponte.

‣ Inciso III incluído pela Lei nº 13.015/2014.

IV - transcrever na peça recursal, no caso de suscitar preliminar de nulidade de julgado por negativa de prestação jurisdicional, o trecho dos embargos declaratórios em que foi pedido o pronunciamento do tribunal sobre questão veiculada no recurso ordinário e o trecho da decisão regional que rejeitou os embargos quanto ao pedido, para cotejo e verificação, de plano, da ocorrência da omissão.

‣ Inciso IV incluído pela Lei 13.467/2017.

§ 2º Das decisões proferidas pelos Tribunais Regionais do Trabalho ou por suas Turmas, em execução de sentença, inclusive em processo incidente de embargos de terceiro, não caberá Recurso de Revista, salvo na hipótese de ofensa direta e literal de norma da Constituição Federal.

‣ § 2º com a redação dada pela Lei 9.756/1998.

‣ Súm. 266 do TST.

§§ 3º a 6º (Revogados pela Lei 13.467/2017).

§ 7º A divergência apta a ensejar o recurso de revista deve ser atual, não se considerando como tal a ultrapassada por Súm. do Tribunal Superior do Trabalho ou do Supremo Tribunal Federal, ou superada por iterativa e notória jurisprudência do Tribunal Superior do Trabalho.

§ 8º Quando o recurso fundar-se em dissenso de julgados, incumbe ao recorrente o ônus de produzir prova da divergência jurisprudencial, mediante certidão, cópia ou citação do repositório de jurisprudência, oficial ou credenciado, inclusive em mídia eletrônica, em que houver sido publicada a decisão divergente, ou ainda pela reprodução de julgado disponível na internet, com indicação da respectiva fonte, mencionando, em qualquer caso, as circunstâncias que identifiquem ou assemelhem os casos confrontados.

§ 9º Nas causas sujeitas ao procedimento sumaríssimo, somente será admitido recurso de revista por contrariedade a Súm. de jurisprudência uniforme do Tribunal Superior do Trabalho ou a Súm. vinculante do Supremo Tribunal Federal e por violação direta da Constituição Federal.

‣ Súm. 442 do TST.

§ 10. Cabe recurso de revista por violação a lei federal, por divergência jurisprudencial e por ofensa à Constituição Federal nas execuções fiscais e nas controvérsias da fase de execução que envolvam a Certidão Negativa de Débitos Trabalhistas (CNDT), criada pela Lei 12.440, de 7 de julho de 2011.

§ 11. Quando o recurso tempestivo contiver defeito formal que não se repute grave, o Tribunal Superior do Trabalho poderá desconsiderar o vício ou mandar saná-lo, julgando o mérito.

§ 12. Da decisão denegatória caberá agravo, no prazo de 8 (oito) dias.

§ 13. Dada a relevância da matéria, por iniciativa de um dos membros da Seção Especializada em Dissídios Individuais do Tribunal Superior do Trabalho, aprovada pela maioria dos integrantes da Seção, o julgamento a que se refere o § 3º poderá ser afeto ao Tribunal Pleno.

‣ §§ 7º a 13 incluídos pela Lei nº 13.015, de 2014.

§ 14. O relator do recurso de revista poderá denegar-lhe seguimento, em decisão monocrática, nas hipóteses de intempestividade, deserção, irregularidade de representação ou de ausência de qualquer outro pressuposto extrínseco ou intrínseco de admissibilidade.

› § 14 incluído pela Lei 13.467/2017.

Art. 896-A. O Tribunal Superior do Trabalho, no recurso de revista, examinará previamente se a causa oferece transcendência com relação aos reflexos gerais de natureza econômica, política, social ou jurídica.

› Art. 896-A incluído pela MP 2.226/2001.

§ 1° São indicadores de transcendência, entre outros:

I - econômica, o elevado valor da causa;

II - política, o desrespeito da instância recorrida à jurisprudência sumulada do Tribunal Superior do Trabalho ou do Supremo Tribunal Federal;

III - social, a postulação, por reclamante-recorrente, de direito social constitucionalmente assegurado;

IV - jurídica, a existência de questão nova em torno da interpretação da legislação trabalhista.

§ 2° Poderá o relator, monocraticamente, denegar seguimento ao recurso de revista que não demonstrar transcendência, cabendo agravo desta decisão para o colegiado.

§ 3° Em relação ao recurso que o relator considerou não ter transcendência, o recorrente poderá realizar sustentação oral sobre a questão da transcendência, durante cinco minutos em sessão.

§ 4° Mantido o voto do relator quanto à não transcendência do recurso, será lavrado acórdão com fundamentação sucinta, que constituirá decisão irrecorrível no âmbito do tribunal.

§ 5° É irrecorrível a decisão monocrática do relator que, em agravo de instrumento em recurso de revista, considerar ausente a transcendência da matéria.

§ 6° O juízo de admissibilidade do recurso de revista exercido pela Presidência dos Tribunais Regionais do Trabalho limita-se à análise dos pressupostos intrínsecos e extrínsecos do apelo, não abrangendo o critério da transcendência das questões nele veiculadas.

› §§ 1° a 6° incluídos pela Lei 13.467/2017.

Art. 896-B. Aplicam-se ao recurso de revista, no que couber, as normas da Lei 5.869, de 11 de janeiro de 1973 (Código de Processo Civil), relativas ao julgamento dos recursos extraordinário e especial repetitivos.

› Art. 896-B incluído pela Lei 13.015/2014.

Art. 896-C. Quando houver multiplicidade de recursos de revista fundados em idêntica questão de direito, a questão poderá ser afetada à Seção Especializada em Dissídios Individuais ou ao Tribunal Pleno, por decisão da maioria simples de seus membros, mediante requerimento de um dos Ministros que compõem a Seção Especializada, considerando a relevância da matéria ou a existência de entendimentos divergentes entre os Ministros dessa Seção ou das Turmas do Tribunal.

§ 1º O Presidente da Turma ou da Seção Especializada, por indicação dos relatores, afetará um ou mais recursos representativos da controvérsia para julgamento pela Seção Especializada em Dissídios Individuais ou pelo Tribunal Pleno, sob o rito dos recursos repetitivos.

§ 2º O Presidente da Turma ou da Seção Especializada que afetar processo para julgamento sob o rito dos recursos repetitivos deverá expedir comunicação aos demais Presidentes de Turma ou de Seção Especializada, que poderão afetar outros processos sobre a questão para julgamento conjunto, a fim de conferir ao órgão julgador visão global da questão.

§ 3º O Presidente do Tribunal Superior do Trabalho oficiará os Presidentes dos Tribunais Regionais do Trabalho para que suspendam os recursos interpostos em casos idênticos aos afetados como recursos repetitivos, até o pronunciamento definitivo do Tribunal Superior do Trabalho.

§ 4º Caberá ao Presidente do Tribunal de origem admitir um ou mais recursos representativos da controvérsia, os quais serão encaminhados ao Tribunal Superior do Trabalho, ficando suspensos os demais recursos de revista até o pronunciamento definitivo do Tribunal Superior do Trabalho.

§ 5º O relator no Tribunal Superior do Trabalho poderá determinar a suspensão dos recursos de revista ou de embargos que tenham como objeto controvérsia idêntica à do recurso afetado como repetitivo.

§ 6º O recurso repetitivo será distribuído a um dos Ministros membros da Seção Especializada ou do Tribunal Pleno e a um Ministro revisor.

§ 7º O relator poderá solicitar, aos Tribunais Regionais do Trabalho, informações a respeito da controvérsia, a serem prestadas no prazo de 15 (quinze) dias.

§ 8º O relator poderá admitir manifestação de pessoa, órgão ou entidade com interesse na controvérsia, inclusive como assistente simples, na forma da Lei 5.869, de 11 de janeiro de 1973 (Código de Processo Civil).

§ 9º Recebidas as informações e, se for o caso, após cumprido o disposto no § 7º deste artigo, terá vista o Ministério Público pelo prazo de 15 (quinze) dias.

§ 10. Transcorrido o prazo para o Ministério Público e remetida cópia do relatório aos demais Ministros, o processo será incluído em pauta na Seção Especializada ou no Tribunal Pleno, devendo ser julgado com preferência sobre os demais feitos.

§ 11. Publicado o acórdão do Tribunal Superior do Trabalho, os recursos de revista sobrestados na origem:

I - terão seguimento denegado na hipótese de o acórdão recorrido coincidir com a orientação a respeito da matéria no Tribunal Superior do Trabalho; ou

II - serão novamente examinados pelo Tribunal de origem na hipótese de o acórdão recorrido divergir da orientação do Tribunal Superior do Trabalho a respeito da matéria.

§ 12. Na hipótese prevista no inciso II do § 11 deste artigo, mantida a decisão divergente pelo Tribunal de origem, far-se-á o exame de admissibilidade do recurso de revista.

§ 13. Caso a questão afetada e julgada sob o rito dos recursos repetitivos também contenha questão constitucional, a decisão proferida pelo Tribunal Pleno não obstará o conhecimento de eventuais recursos extraordinários sobre a questão constitucional.

§ 14. Aos recursos extraordinários interpostos perante o Tribunal Superior do Trabalho será aplicado o procedimento previsto no art. 543-B da Lei 5.869, de 11 de janeiro de 1973 (Código de Processo Civil), cabendo ao Presidente do Tribunal Superior do Trabalho selecionar um ou mais recursos representativos da controvérsia e encaminhá-los ao Supremo Tribunal Federal, sobrestando os demais até o pronunciamento definitivo da Corte, na forma do § 1º do art. 543-B da Lei 5.869, de 11 de janeiro de 1973 (Código de Processo Civil).

§ 15. O Presidente do Tribunal Superior do Trabalho poderá oficiar os Tribunais Regionais do Trabalho e os Presidentes das Turmas e da Seção Especializada do Tribunal para que suspendam os processos idênticos aos selecionados como recursos representativos da controvérsia e encaminhados ao Supremo Tribunal Federal, até o seu pronunciamento definitivo.

§ 16. A decisão firmada em recurso repetitivo não será aplicada aos casos em que se demonstrar que a situação de fato ou de direito é distinta das presentes no processo julgado sob o rito dos recursos repetitivos.

§ 17. Caberá revisão da decisão firmada em julgamento de recursos repetitivos quando se alterar a situação econômica, social ou jurídica, caso em que será respeitada a segurança jurídica das relações firmadas sob a égide da decisão anterior, podendo o Tribunal Superior do Trabalho modular os efeitos da decisão que a tenha alterado.

› Art. 896-C incluído pela Lei 13.015/2014.

Art. 897. Cabe agravo, no prazo de 8 (oito) dias:

› Súm. 218, 266 e 283 do TST.

a) de petição, das decisões do Juiz ou Presidente, nas execuções;

b) de instrumento, dos despachos que denegarem a interposição de recursos.

› *Caput* com a redação dada pela Lei 8.432/1992.

› OJs 282, 374 e 412 da SDI-1 do TST.

§ 1º O agravo de petição só será recebido quando o agravante delimitar, justificadamente, as matérias e os valores impugnados, permitida a execução imediata da parte remanescente até o final, nos próprios autos ou por carta de sentença.

§ 2º O agravo de instrumento interposto contra o despacho que não receber agravo de petição não suspende a execução da sentença.

- §§ 1º e 2º com a redação dada pela Lei 8.432/1992.

§ 3º Na hipótese da alínea a deste artigo, o agravo será julgado pelo próprio tribunal, presidido pela autoridade recorrida, salvo se se tratar de decisão de Juiz do Trabalho de 1ª Instância ou de Juiz de Direito, quando o julgamento competirá a uma das Turmas do Tribunal Regional a que estiver subordinado o prolator da sentença, observado o disposto no art. 679, a quem este remeterá as peças necessárias para o exame da matéria controvertida, em autos apartados, ou nos próprios autos, se tiver sido determinada a extração de carta de sentença.

- § 3º com a redação dada pela Lei 10.035/2000.

§ 4º Na hipótese da alínea b deste artigo, o agravo será julgado pelo Tribunal que seria competente para conhecer o recurso cuja interposição foi denegada.

- § 4º com a redação dada pela Lei 8.432/1992.

§ 5º Sob pena de não conhecimento, as partes promoverão a formação do instrumento do agravo de modo a possibilitar, caso provido, o imediato julgamento do recurso denegado, instruindo a petição de interposição:

- OJs 217, 283 e 286 da SDI-1 do TST.
- Resolução Administrativa TST 1.418/2010.

I - obrigatoriamente, com cópias da decisão agravada, da certidão da respectiva intimação, das procurações outorgadas aos advogados do agravante e do agravado, da petição inicial, da contestação, da decisão originária, do depósito recursal referente ao recurso que se pretende destrancar, da comprovação do recolhimento das custas e do depósito recursal a que se refere o § 7º do art. 899 desta Consolidação;

- Inciso I com a redação dada pela Lei 12.275/2010.

II - facultativamente, com outras peças que o agravante reputar úteis ao deslinde da matéria de mérito controvertida.

§ 6º O agravado será intimado para oferecer resposta ao agravo e ao recurso principal, instruindo-a com as peças que considerar necessárias ao julgamento de ambos os recursos.

§ 7º Provido o agravo, a Turma deliberará sobre o julgamento do recurso principal, observando-se, se for o caso, daí em diante, o procedimento relativo a esse recurso.

- §§ 5º a 7º incluídos pela Lei 9.756/1998.

§ 8º Quando o agravo de petição versar apenas sobre as contribuições sociais, o juiz da execução determinará a extração de cópias das peças necessárias, que serão autuadas em apartado, conforme dispõe o § 3º, parte final, e remetidas à instância superior para apreciação, após contraminuta.

- § 8º incluído pela Lei 10.035/2000.

Art. 897-A. Caberão embargos de declaração da sentença ou acórdão, no prazo de cinco dias, devendo seu julgamento ocorrer na primeira audiência ou sessão subsequente a sua apresentação, registrado na certidão, admitido efeito modificativo da decisão nos casos de omissão e contradição no julgado e manifesto equívoco no exame dos pressupostos extrínsecos do recurso.

- Art. 1.022 do CPC/2015.
- Súm. 184, 278, 297 e 421 do TST.
- OJs 142 e 192 da SDI-1 do TST.

§ 1º Os erros materiais poderão ser corrigidos de ofício ou a requerimento de qualquer das partes.

- Primitivo parágrafo único renumerado pela Lei nº 13.015/2014.

§ 2º Eventual efeito modificativo dos embargos de declaração somente poderá ocorrer em virtude da correção de vício na decisão embargada e desde que ouvida a parte contrária, no prazo de 5 (cinco) dias.

- § 2º incluído pela Lei 13.015/2014.

§ 3º Os embargos de declaração interrompem o prazo para interposição de outros recursos, por qualquer das partes, salvo quando intempestivos, irregular a representação da parte ou ausente a sua assinatura.

- § 3º incluído pela Lei 13.015/2014.

Art. 898. Das decisões proferidas em dissídio coletivo que afete empresa de serviço público, ou, em qualquer caso, das proferidas em revisão, poderão recorrer, além dos interessados, o Presidente do Tribunal e a Procuradoria da Justiça do Trabalho.

Art. 899. Os recursos serão interpostos por simples petição e terão efeito meramente devolutivo, salvo as exceções previstas neste Título, permitida a execução provisória até a penhora.

- *Caput* com a redação dada pela Lei 5.442/1968.

§ 1º Sendo a condenação de valor até 10 (dez) vezes o salário mínimo regional, nos dissídios individuais, só será admitido o recurso inclusive o extraordinário, mediante prévio depósito da respectiva importância. Transitada em julgado a decisão recorrida, ordenar-se-á o levantamento imediato da importância de depósito, em favor da parte vencedora, por simples despacho do juiz.

- Art. 1º, IV, do Dec.-lei 779/1969.
- Súm. 86, 99, 128, 161 e 217 do TST.
- OJ 140 SDI-1 do TST.

§ 2º Tratando-se de condenação de valor indeterminado, o depósito corresponderá ao que for arbitrado, para efeito de custas, pela Junta ou Juízo de Direito, até o limite de 10 (dez) vezes o salário mínimo da região.

- §§ 1º e 2º com a redação dada pela Lei 5.442/1968.

§ 3º (Revogado pela Lei 7.033/1982.)

§ 4º O depósito recursal será feito em conta vinculada ao juízo e corrigido com os mesmos índices da poupança.

- § 4º com a redação dada pela Lei 13.467/2017.

§ 5º (Revogado pela Lei 13.467/2017).

§ 6º Quando o valor da condenação, ou o arbitrado para fins de custas, exceder o limite de 10 (dez) vezes o salário mínimo da região, o depósito para fins de recursos será limitado a este valor.

- §§ 4º a 6º com a redação dada pela Lei 5.442/1968.

§ 7º No ato de interposição do agravo de instrumento, o depósito recursal corresponderá a 50% (cinquenta por cento) do valor do depósito do recurso ao qual se pretende destrancar.

- § 7º incluído pela Lei 12.275/2010.
- Súm. 245 do TST.

§ 8º Quando o agravo de instrumento tem a finalidade de destrancar recurso de revista que se insurge contra decisão que contraria a jurisprudência uniforme do Tribunal Superior do Trabalho, consubstanciada nas suas Súm. ou em orientação jurisprudencial, não haverá obrigatoriedade de se efetuar o depósito referido no § 7º deste artigo.

- § 8º incluído pela Lei nº 13.015/2014.

§ 9º O valor do depósito recursal será reduzido pela metade para entidades sem fins lucrativos, empregadores domésticos, microempreendedores individuais, microempresas e empresas de pequeno porte.

§ 10. São isentos do depósito recursal os beneficiários da justiça gratuita, as entidades filantrópicas e as empresas em recuperação judicial.

§ 11. O depósito recursal poderá ser substituído por fiança bancária ou seguro garantia judicial.

- §§ 9º a 11 incluídos pela Lei 13.467/2017.

Art. 900. Interposto o recurso, será notificado o recorrido para oferecer as suas razões, em prazo igual ao que tiver tido o recorrente.

Art. 901. Sem prejuízo dos prazos previstos neste Capítulo, terão as partes vistas dos autos em cartório ou na secretaria.

Parágrafo único. Salvo quando estiver correndo prazo comum, aos procuradores das partes será permitido ter vista dos autos fora do cartório ou secretaria.

- Parágrafo único incluído pela Lei 8.638/1993.

Art. 902. (Revogado pela Lei 7.033/1982.)

CAPÍTULO VII
DA APLICAÇÃO DAS PENALIDADES

Art. 903. As penalidades estabelecidas no título anterior serão aplicadas pelo juiz, ou tribunal que tiver de conhecer da desobediência, violação recusa, falta, ou coação, ex-officio, ou mediante, representação de qualquer interessado ou da Procuradoria da Justiça do Trabalho.

- Art. 903 com a redação dada pela Dec.-lei 8.737/1946.

Art. 904. As sanções em que incorrerem as autoridades da Justiça do Trabalho serão aplicadas pela autoridade ou Tribunal imediatamente superior, conforme o caso, ex officio, ou mediante representação de qualquer interessado ou da Procuradoria.

- *Caput* com a redação dada pelo Dec.-lei 8.737/1946.

Parágrafo único. Tratando de membro do Tribunal Superior do Trabalho será competente para a imposição de execuções o Conselho Federal.

Art. 905. Tomando conhecimento do fato imputado, o Juiz, ou Tribunal competente, mandará notificar o acusado, para apresentar, no prazo de 15 (quinze) dias, defesa por escrito.

§ 1º É facultado ao acusado, dentro do prazo estabelecido neste artigo, requerer a produção de testemunhas, até ao máximo de 5 (cinco). Nesse caso, será marcada audiência para a inquirição.

§ 2º Findo o prazo de defesa, o processo será imediatamente concluso para julgamento, que deverá ser proferido no prazo de 10 (dez) dias.

Art. 906. Da imposição das penalidades a que se refere este Capítulo, caberá recurso ordinário para o Tribunal Superior, no prazo de 10 (dez) dias, salvo se a imposição resultar de dissídio coletivo, caso em que o prazo será de 20 (vinte) dias.

Art. 907. Sempre que o infrator incorrer em pena criminal far-se-á remessa das peças necessárias à autoridade competente.

Art. 908. A cobrança das multas estabelecidas neste Título será feita mediante executivo fiscal, perante o Juiz competente para a cobrança de dívida ativa da Fazenda Pública Federal.

Parágrafo único. A cobrança das multas será promovida, no Distrito Federal e nos Estados em que funcionarem os Tribunais Regionais pela Procuradoria da Justiça do Trabalho, e, nos demais Estados, de acordo com o disposto no Decreto-lei 960, de 17 de dezembro de 1938.

- Lei 6.830/1980: Lei de Execução Fiscal.

CAPÍTULO VIII
DISPOSIÇÕES FINAIS

Art. 909. A ordem dos processos no Tribunal Superior do Trabalho será regulada em seu regimento interno.

Art. 910. Para os efeitos deste Título, equiparam-se aos serviços públicos os de utilidade pública, bem como os que forem prestados em armazéns de gêneros alimentícios, açougues, padarias, leiterias, farmácias, hospitais, minas, empresas de transportes e comunicações, bancos e estabelecimentos que interessem à segurança nacional.

TÍTULO XI
DISPOSIÇÕES FINAIS E TRANSITÓRIAS

Art. 911. Esta Consolidação entrará em vigor em 10 de novembro de 1943.

Art. 912. Os dispositivos de caráter imperativo terão aplicação imediata às relações iniciadas, mas não consumadas, antes da vigência desta Consolidação.

Art. 913. O Ministro do Trabalho, Indústria e Comércio expedirá instruções, quadros, tabelas e modelos que se tornarem necessários à execução desta Consolidação.

Parágrafo único. O Tribunal Superior do Trabalho adaptará o seu regimento interno e o dos Tribunais Regionais do Trabalho às normas contidas nesta Consolidação.

Art. 914. Continuarão em vigor os quadros, tabelas e modelos, aprovados em virtude de dispositivos não alterados pela presente Consolidação.

Art. 915. Não serão prejudicados os recursos interpostos com apoio em dispositivos alterados ou cujo prazo para interposição esteja em curso à data da vigência desta Consolidação.

Art. 916. Os prazos de prescrição fixados pela presente Consolidação começarão a correr da data da vigência desta, quando menores do que os previstos pela legislação anterior.

Art. 917. O Ministro do Trabalho, Indústria e Comércio marcará prazo para adaptação dos atuais estabelecimentos às exigências contidas no capítulo "Da Higiene e Segurança do Trabalho". Compete ainda àquela autoridade fixar os prazos dentro dos quais, em cada Estado, entrará em vigor a obrigatoriedade do uso da Carteira Profissional, para os atuais empregados.

Parágrafo único. O Ministro do Trabalho, Indústria e Comércio fixará, para cada Estado e quando julgar conveniente, o início da vigência de parte ou de todos os dispositivos contidos no Capítulo "Da Segurança e da Medicina do Trabalho".

Art. 918. Enquanto não for expedida a Lei Orgânica da Previdência Social, competirá ao presidente do Tribunal Superior do Trabalho julgar os recursos interpostos com apoio no art. 1º, alínea "c", do Decreto-lei nº 3.710, de 14 de outubro de 1941, cabendo recurso de suas decisões nos termos do disposto no art. 734, alínea "b", desta Consolidação.

Parágrafo único. Ao diretor do Departamento de Previdência Social incumbirá presidir as eleições para a constituição dos Conselhos Fiscais dos Institutos e Caixas de Aposentadoria e Pensões e julgar, com recurso para a instância superior, os recursos sobre matéria técnico-administrativa dessas instituições.

Art. 919. Ao empregado bancário, admitido até a data da vigência da presente Lei, fica assegurado o direito à aquisição da estabilidade nos termos do art. 15 do Decreto 24.615, de 9 de julho de 1934.

Art. 920. Enquanto não forem constituídas as confederações, ou, na falta destas, a representação de classes, econômicas ou profissionais, que derivar da indicação desses órgãos ou dos respectivos presidentes, será suprida por equivalente designação ou eleição realizada pelas correspondentes federações.

Art. 921. As empresas que não estiverem incluídas no enquadramento sindical em que trata o art. 577 poderão firmar contratos coletivos de trabalho com os sindicatos representativos da respectiva categoria profissional.

Art. 922. O disposto no art. 301 regerá somente as relações de empregos iniciadas depois da vigência desta Consolidação.

- Art. 922 incluído pelo Dec.-lei 6.353/1944.
- Optamos, nesta edição, pela não publicação do Anexo.

ÍNDICE ALFABÉTICO-REMISSIVO DA CONSOLIDAÇÃO DAS LEIS DO TRABALHO

- A -

ABANDONO DE EMPREGO
- justa causa: art. 482, *i*

ABONO
- de férias: arts. 143 a 145
- integração ao salário: art. 457, § 1º
- prazo; pagamento: art. 145

ABORTO
- ausência da empregada: art. 131, II
- comprovação: art. 395
- não criminoso; repouso remunerado: art. 395

AÇÃO
- cobrança judicial de contribuição sindical: art. 606
- cobrança judicial de multas administrativas: art. 642
- cumprimento das decisões: art. 872, par. único.
- declaratória: art. 11.
- desistência: art. 841, § 3º
- fiscal: art. 627-A
- regressiva contra subempreiteiro: art. 455
- rescisória: arts. 678, I, *c*, 2, e 836

ACIDENTE DE TRABALHO
- anotações na CTPS: arts 30 e 41, par, único
- competência: art. 643, § 2º
- direito a férias: art. 133, IV
- falta abonada: art. 131, III
- valor das anotações para cálculo de indenização: art. 40, III
- tempo de serviço: art. 4º, par. único

ACORDO
- audiência; instrução e julgamento: art. 846, §§ 1º e 2º
- coletivo de trabalho: arts. 611 a 625
- compensação de horas: art. 59, § 2º
- cumprimento no prazo e condições estabelecidas: art. 835
- dissídio coletivo: arts. 863 e 864
- dissídio individual: arts. 846 e 847
- extrajudicial: arts. 855-B ao 855-E
- jornada de trabalho; acréscimo de hora suplementar: art. 59
- reclamação; falta de anotação na CTPS: art. 39, § 1º

ACÚMULO
- férias: art. 137

ADIANTAMENTO SALARIAL
- desconto: art. 462

ADICIONAIS TRABALHISTAS
- de hora extra: arts. 59 a 62
- de insalubridade: arts. 192, e 194
- de periculosidade: art. 193, § 1º, e 194
- de trabalho noturno: arts. 73 e 381
- de transferência: art. 469, § 3º

ADMISSÃO DO EMPREGADO
- anotação em documento fornecido pelo empregador: art. 13, § 4º, I
- anotação em livro de registro de empregados: art. 41, par. único
- anotação falsa na CTPS: art. 49, V
- anotação na CTPS: art. 29
- realização de exame médico obrigatório: art. 168, I

AFASTAMENTO DO EMPREGADO
- gestação: art. 392
- invalidez: art. 475
- serviço eleitoral: art. 473, V
- serviço militar: art. 472
- vantagens asseguradas: art. 471

AGRAVO
- de instrumento: arts. 897, *b*, §§ 2º e 4º a 7º
- de petição: arts. 897, *a*, §§ 1º, 3º e 8º
- regimental: art. 709, § 1º

AJUDA DE CUSTO (*V. REMUNERAÇÃO)
- não integração ao salário: art. 457, § 2º
- serviço ferroviário: art. 239, § 2º

ALIMENTAÇÃO
- inclusão no salário: arts. 81, § 1º, e 458
- intervalo: art. 71
- horário obrigatório: art. 230, § 2º
- subsolo: art. 297

ALTERAÇÃO DO CONTRATO DE TRABALHO
- despesas; transferência: art. 470
- cargo de confiança; real necessidade de serviço: art. 469, § 1º
- extinção do estabelecimento: art. 469, § 2º
- requisitos: art. 468
- transferência do local de trabalho: art. 469

AMAMENTAÇÃO (*V. MULHER)
- descanso durante a jornada de trabalho: art. 396
- local apropriado; empresa com mais de 30 empregadas maiores de 16 anos: art. 389, § 1º
- local destinado à guarda dos filhos: art. 400

ANALFABETO
- CTPS; impressão digital ou assinatura a rogo: art. 17, § 2º
- emissão da CTPS ao menor: art. 419, § 1º
- empresa com mais de 30 menores analfabetos; local reservado à instrução primária: art. 427, par. único
- homologação da rescisão contratual; pagamento em dinheiro: art. 477, § 4º
- recibo de pagamento; impressão digital ou assinatura a rogo: art. 464

ANALOGIA
- aplicação; ausência de disposições legais ou contratuais: art. 8º

ANOTAÇÃO NA CTPS (*V. CARTEIRA DE TRABALHO E PREVIDÊNCIA SOCIAL – CTPS)
- acidente de trabalho: art. 30
- alteração de estado civil: arts. 20 e 32
- atividade externa incompatível com a fixação de horário de trabalho: art. 62, I
- ausência de anotação; empresa intimada: art. 54
- ausência de anotação; auto de infração: art. 29, § 3º
- cessação do contrato; anotação dos períodos aquisitivos: art. 141, § 3º
- desabonadoras: art. 29, § 4º
- imprestabilidade ou esgotamento do espaço destinado a registros e anotações: art. 21
- interrupção de serviço: art. 133, § 1º
- penalidades: arts. 49 a 56
- retenção: art. 53
- prazo para anotação: art. 29
- reclamação por falta ou recusa de anotação: arts. 36 a 39
- remuneração: art. 29, § 1º
- valor das anotações: art. 40

APOSENTADO
- invalidez: art. 475

APRENDIZAGEM (*V. MENOR)
- aprendiz; proporcionalidade salarial: art. 358, *c*
- contrato: art. 428
- deveres dos responsáveis legais e dos empregadores: art. 424 a 433
- duração do contrato: art. 432
- efetivação do contrato: art. 431
- extinção do contrato: art. 433
- penalidades: arts. 434 a 438

ARBITRAGEM
- cabimento: art. 507-A

ARMADOR
- art. 150

ARQUIVAMENTO
- não comparecimento do reclamante à audiência: art. 844
- penalidades: art. 732
- procedimento sumaríssimo: art. 852-B, § 1º

ARREMATAÇÃO
- procedimento: art. 888

ASSISTÊNCIA JUDICIÁRIA
- dever do sindicato: art. 514, *b*

ASSOCIAÇÃO SINDICAL
- categorias profissionais: art. 511
- deveres: art. 514
- legalidade: art. 511
- reconhecimento: art. 512

ATESTADO
- esterilidade ou gravidez; proibição: art. 373-A, IV
- médico; aborto não criminoso: art. 395
- médico; fornecido à gestante: arts. 392, §§ 1º e 2º, 394
- relação empregatícia: art. 13, § 4º, II

ATIVIDADE INDUSTRIAL E COMERCIAL
- conceito: art. 652, §1º

ATIVIDADES INSALUBRES
- adicional: arts. 192 e 194
- caracterização e classificação: art. 195
- conceito: art. 189
- efeitos pecuniários: art. 196
- eliminação ou neutralização da insalubridade: art. 191
- prorrogação de horário em atividade insalubre: art. 60, parágrafo único
- quadro das atividades e operações insalubres: art. 190

ATIVIDADES PERIGOSAS
- adicional: arts. 193, § 1º, e 194
- caracterização e classificação: art. 195
- conceito: art. 193
- efeitos pecuniários: art. 196
- opção pelo adicional de insalubridade: art. 193, § 2º
- trabalhador em motocicleta: art. 193, § 4º

ATO LESIVO DA HONRA OU BOA FAMA
- praticado contra o empregador ou superior hierárquico; justa causa: art. 482, *k*
- praticado contra qualquer pessoa; justa causa: art. 482, *j*
- praticado pelo empregador: art. 483, *e*

ATOS E TERMOS PROCESSUAIS
- arts. 770 a 782

AUDIÊNCIA
- abertura: art. 815
- ausência do reclamante: art. 844, §§ 2º a 5º
- disposições gerais: arts. 813 a 817
- dissídio coletivo: art. 860
- fornecimento de certidão: art. 817, par. único
- não comparecimento do juiz ou presidente: art. 815, par. único
- registro da audiência: art. 817

AUDIÊNCIA DE INSTRUÇÃO E JULGAMENTO
- abertura: art. 846
- acordo entre as partes: art. 846, § 1º
- ata: art. 851
- continuidade da audiência: art. 849
- não comparecimento do reclamado: art. 844
- não comparecimento do reclamante: art. 844
- razões finais: art. 850
- substituição do empregado pelo sindicato ou por outro empregado: art. 843, § 2º
- substituição do empregador pelo gerente ou preposto: art. 843, § 1º
- testemunhas e provas: art. 845

AUSÊNCIA
- empregado: art. 131, IV

AUTO DE INFRAÇÃO
- defesa; prazo: art. 629, § 3º
- lavratura: art. 628 e 629
- registro: art. 629, § 2º

AUTÔNOMO
- trabalhador: art. 442-B

AUXÍLIO
- doença: art. 133, IV
- enfermidade: art. 476
- funeral: art. 592, II, *i*, III, *i*
- maternidade: art. 393

AVISO-PRÉVIO
- ato do empregado que justifique a rescisão por justa causa: art. 491
- ato do empregador que justifique a rescisão imediata do contrato: art. 490
- despedida indireta: art. 487, § 4º
- jornada de trabalho reduzida: art. 488
- não concessão pelo empregador: art. 487, § 1º
- não cumprimento pelo empregado: art. 487, § 2º
- reajustamento salarial no período de aviso prévio: art. 487, § 6º
- reconsideração: art. 489
- requisitos: art. 487

– B –

BANCÁRIO
- direito à estabilidade: art. 919
- empregados de portaria e limpeza; regime especial: art. 226
- jornada de trabalho: art. 224
- prorrogação da jornada de trabalho: art. 225

BEBIDAS ALCOÓLICAS
- forma de pagamento do salário; proibição: art. 458
- motorista profissional submetido a teste: art. 235-B
- venda de bebidas alcoólicas por menor; proibição: art. 405, § 3º, *d*

BENS
- imóveis; alienação, locação ou aquisição por entidades sindicais: art. 549, §§ 1º a 7º
- patrimônio; associações sindicais: art. 548, *c*
- venda por arrematação: art. 888, § 1º

BERÇÁRIO
- local destinado à guarda dos filhos durante a amamentação: art. 400

BOLSA DE ESTUDO
- aplicação do imposto sindical: art. 592, II, *o*, III, *d*, IV, *d*
- concessão; preferência para o sindicalizado e filhos: art. 544, IX

BRASILEIRO
- proporcionalidade de empregados: arts. 352 a 358

– C –

CABINEIROS (*V. SERVIÇO FERROVIÁRIO)
- jornada de trabalho: art. 245

CALDEIRAS, FORNOS E RECIPIENTES SOB PRESSÃO
- dispositivos de segurança: art. 187
- inspeções de segurança: art. 188
- normas complementares: art. 187, par. único
- projetos de instalação: art. 188, § 3º
- prontuário: art. 188, § 1º
- registro de segurança: art. 188, § 2º

CAPACIDADE
- de trabalho: art. 475, § 1º

CARGO DE CONFIANÇA
- dispensa sem justa causa: art. 499, § 2º
- estabilidade: art. 499
- jornada de trabalho: art. 62, II e par. único
- reversão ao cargo anterior: art. 499, § 1º
- transferência; empregado: art. 469, § 1º

CARGO EM COMISSÃO
- art. 450

CARTA DE SENTENÇA
- extração para execução provisória: art. 899

CARTA PRECATÓRIA
- art. 721, § 2º

CARTEIRA DE IDENTIDADE
- estrangeiro: art. 359
- fiscal; exibição obrigatória: art. 630
- fiscal; passe livre para agente de inspeção: art. 630, §§ 5º e 7º

CARTEIRA DE TRABALHO E PREVIDÊNCIA SOCIAL – CTPS (*V. IDENTIFICAÇÃO PROFISSIONAL/*V. ANOTAÇÕES NA CTPS)
- abreviaturas: art. 33
- concessão de férias: art. 135, § 1º
- crime de falsidade: arts. 49 e 50
- destinatários: art. 13, *caput* e § 1º
- emissão: art. 14
- entrega: art. 25
- extravio ou inutilização: art. 52
- fornecimento; ausência de documentos suprida por declarações verbais: art. 17
- registro de empregado: art. 41
- requisitos: art. 16
- retenção pela empresa: art. 53
- retenção pelo sindicato: art. 56
- penalidades: arts. 49 a 56
- salário: art. 29, § 1º
- segunda via: art. 21
- venda ou exposição à venda de carteira igual ao tipo oficialmente adotado: art. 51

CARTÓRIO DOS JUÍZOS DE DIREITO (*V. SERVIÇOS AUXILIARES DA JUSTIÇA DO TRABALHO)

CASAMENTO
- falta abonada: art. 473, II
- restrição ao direito da mulher; proibição: art. 391

CATEGORIA
- econômica: art. 511, § 1º
- profissional: art. 511, § 2º

CERTIDÃO
- negativa de débitos trabalhistas; prova: art. 642-A
- registro de audiência: art. 817, par. único.

CENTRAIS SINDICAIS
- aplicação do imposto sindical: art. 593

- recebimento de contribuição sindical: arts. 589, II, *b*, §§ 1º e 2º, e 590

CHEQUE
- saque em conta corrente de entidade sindical: art. 588
- visado; forma de pagamento no ato da homologação: art. 477, § 4º

CITAÇÃO
- inclusão da decisão exequenda ou termo de acordo não cumprido: art. 880, § 1º
- pelo oficial de justiça: art. 880, § 2º
- por edital: art. 880, § 3º

COBRANÇA
- amigável: art. 650
- judicial; multa: arts. 641 e 642

COMISSÃO INTERNA DE PREVENÇÃO DE ACIDENTES – CIPA
- composição: art. 164
- constituição obrigatória: art. 163
- designação do presidente: art. 164, § 5º
- despedida arbitrária; proibição: art. 165
- duração do mandato dos membros eleitos: art. 164
- eleição do vice-presidente: art. 164, § 5º
- regulamentação das atribuições, composição e funcionamento: art. 163, par. único
- reintegração de membro da CIPA: art. 165, par. único

COMISSÕES
- integração ao salário: art. 457, § 1º
- pagamento: arts. 459 e 466
- participação em lucros e comissões: art. 63

COMISSÕES DE CONCILIAÇÃO PRÉVIA
- atribuição: art. 625-A
- composição no âmbito da empresa: art. 625-B
- composição no âmbito do sindicato: art. 625-C
- conciliador: art. 625-B, § 2º
- dispensa dos representantes da comissão; proibição: art. 625-B, § 1º
- Núcleos Intersindicais de Conciliação Trabalhista: art. 625-H
- prazo para tentativa de conciliação: art. 625-F
- procedimento: art. 625-D
- termo de conciliação: art. 625-E

COMPENSAÇÃO
- arguição como matéria de defesa: art. 767
- desconto no salário; proibição: art. 78, par. único
- jornada de trabalho; excesso de horas: art. 59, § 2º
- jornada de trabalho; não atendimento das exigências legais: art. 59-B
- rescisão do contrato de trabalho; compensação no pagamento: art. 477, § 5º

COMPETÊNCIA
- cartório dos Juízos de Direito: arts. 716 e 717
- Conselho Fiscal: arts. 522, § 2º, e 538, § 5º
- distribuidor das Juntas de Conciliação e Julgamento: art. 714
- homologação de acordo extrajudicial: art. 652, alínea "f"
- Juízos de Direito: art. 669
- Juntas de Conciliação e Julgamento: arts. 651 a 653
- Presidente do Tribunal Superior do Trabalho: art. 707
- Procuradoria-Geral da Justiça do Trabalho: art. 746
- secretaria das Juntas de Conciliação e Julgamento: arts. 711 e 712
- Vice-Presidente do Tribunal Superior do Trabalho: art. 708
- Tribunais Regionais: arts. 677 a 680
- Tribunal Pleno: art. 702

CÔMPUTO DO TEMPO DE SERVIÇO
- afastamento por serviço militar e acidente de trabalho: art. 4º, par. único

CONCILIAÇÃO
- dissídio coletivo: arts. 860 a 864
- proposta pelo juiz: art. 846
- termo: art. 625-E

CONCORDATA (ATUAL RECUPERAÇÃO JUDICIAL)
- subsistência de direitos oriundos do contrato de trabalho: art. 449, *caput* e § 2º

CONCORRÊNCIA PÚBLICA
- requisitos para a participação: art. 607
- venda de imóvel pelo sindicato: art. 549, § 6º

CONCURSO PÚBLICO
- impedimento ao acesso da mulher; discriminação: art. 373-A, V
- nomeação e aprovação de juízes substitutos: art. 654, §§ 3º e 4º

CONDENAÇÃO CRIMINAL DO EMPREGADO
- justa causa: art. 482, *d*

CONDUÇÃO COERCITIVA
- testemunhas: arts. 825, par. único, e 852-H, § 3º

CONFEDERAÇÃO
- administração: art. 538
- associação sindical de grau superior: art. 533
- composição: art. 535
- denominação: art. 562
- destinação de contribuição sindical: arts. 589, I, *a*, II, *a*, e 590
- receita: art. 549
- penalidades: art. 553

CONFISSÃO
- não comparecimento do reclamado: art. 844

CONFLITO DE JURISDIÇÃO
- competência para julgar: art. 808
- competência para suscitar: arts. 746, *m*, e 805
- durante a exceção de incompetência; vedação: art. 806
- entre Juntas e Juízos de Direito: art. 809
- entre Justiça Trabalhista e Justiça Ordinária: art. 811
- entre Tribunais Regionais: art. 810
- ocorrência: art. 803
- procedimento: art. 809
- prova da existência: art. 807

CONFORTO TÉRMICO
- arts. 176 a 178

CONSOLIDAÇÃO DAS LEIS DO TRABALHO – CLT
- regulamentação das relações individuais e coletivas de trabalho: art. 1º
- relações de trabalho inaplicáveis: art. 7º

CONTRATO DE APRENDIZAGEM
- conceito: art. 428
- duração: art. 432
- efetivação: art. 431
- menor: art. 428, § 2º

CONTRATO DE EXPERIÊNCIA
- prazo: art. 443, § 2º, c

CONTRATO INDIVIDUAL DE TRABALHO
- agrícola: art. 506
- conceito: art. 442
- disposições gerais: arts. 442 a 456
- disposições especiais: arts. 505 a 510
- empregados em consultórios ou escritórios de profissionais liberais: art. 505
- experiência: arts. 445, par. único, e 478, § 1º
- força maior: arts. 501 a 504
- forma: art. 443, *caput*
- invenções do empregado durante a vigência do contrato: art. 454
- livre estipulação: art. 444
- mudança na propriedade ou na estrutura jurídica da empresa: art. 448
- prazo determinado: arts. 443, §§ 1º e 2º, e 445
- prazo indeterminado: arts. 451 e 452
- prova: art. 456
- quitação anual: art. 507-B
- validade: art. 443, § 2º
- verbal: art. 447
- trabalhadores rurais: art. 505

CONTRIBUIÇÃO SINDICAL
- aplicação do imposto sindical: arts. 592 a 594
- cobrança judicial: art. 606
- desconto: arts. 579 e 582
- fixação e recolhimento de imposto: arts. 578 a 591
- penalidades: arts. 598 a 600
- prova de quitação: art. 601

CONVENÇÃO COLETIVA DE TRABALHO
- celebração: arts. 611, § 1º, 612, 617 e 618
- cláusula de aumento ou reajuste salarial: art. 624
- cláusula de constituição e funcionamento de comissões mistas: art. 621
- conceito: art. 611
- contrariedade às normas de Convenção ou Acordo Coletivo: art. 619
- denúncia: art. 615
- duração: art. 614, § 3º
- instauração do dissídio coletivo: art. 616, § 3º
- prorrogação: art. 615
- registro e arquivo: art. 614
- revisão: art. 615
- revogação total ou parcial: art. 615
- vigência: arts. 614, § 1º, 615, § 2º, e 616, § 3º

COOPERATIVA
- anotação na CTPS pelo representante: art. 34
- aplicação do imposto sindical: art. 592, I, *e*, II, *e*, III, *e*, IV, *e*
- de consumo e de crédito: art. 514, par. único, *a*
- inexistência de vínculo empregatício: art. 442, par. único

- possibilidade de associação das pessoas jurídicas: art. 390-E

CRECHES
- aplicação do imposto sindical: art. 592, I, *g*, II, *g*, III, *g*, IV, *g*
- distritais mantidas pela empresa: art. 389, § 2º
- organização e manutenção; diploma de benemerência aos empregadores: art. 399

CUSTAS
- arbitramento pelo juiz; bens penhorados: art. 887
- ausência de recolhimento; não fornecimento de Certidão Negativa de Débitos Trabalhistas: art. 642-A, § 1º, I
- competência para aprovação: art. 702, I, *g*
- competência para contagem: art. 711, *f*
- forma de pagamento: art. 790
- isenção de pagamento: art. 790-A
- processo de conhecimento: art. 789
- processo de execução: art. 789-A

- D -

DANO
- desconto no salário do empregado: art. 462, § 1º

DANOS EXTRAPATRIMONIAIS
- critérios: arts. 223-A a 223-G

DÉBITOS TRABALHISTAS (*V. CERTIDÃO NEGATIVA DE DÉBITOS TRABALHISTAS)

DECISÃO E SUA EFICÁCIA
- coisa julgada: art. 836
- conteúdo: art. 832
- créditos da União: art. 832, § 6º
- cumprimento no prazo e condições estabelecidas: art. 835
- custas: art. 832, § 2º
- decisões cognitivas ou homologatórias: art. 832, § 3º
- dispensa de manifestação da União: art. 832, § 7º
- erros ou enganos de escrita, de datilografia ou de cálculo: art. 833
- execução da decisão em ação rescisória: art. 836, par. único
- intimação da União: art. 832, § 4º
- irrecorrível; lavratura do termo de conciliação: art. 831, par. único
- momento: art. 831
- publicação: art. 834
- recurso interposto pela União: art. 832, § 5º
- requisitos: art. 832

DECISÃO INTERLOCUTÓRIA
- apreciação: art. 893, § 1º

DEFICIENTE FÍSICO
- art. 461, § 4º

DELEGACIA REGIONAL DO TRABALHO
- aprovação prévia de projetos de construção e instalações: art. 160, § 2º
- comunicação de inspeção prévia: art. 160, § 1º
- pedido de interdição ou embargo: art. 161

DEMISSÃO
- obrigatoriedade de exame médico: art. 168, II
- pedido do empregado estável: art. 500

DEPOIMENTO
- despesas: art. 819, § 2º
- dispensa de empregado que serviu de testemunha: art. 729, § 2º
- oitiva de informantes do juízo: art. 829
- oitiva de testemunhas em separado: art. 824
- partes e testemunhas que não souberem falar a língua nacional: art. 819
- resumo na ata de audiência: arts. 828, par. único, e 851, § 1º
- surdo-mudo e mudo: art. 819, § 1º

DEPÓSITO RECURSAL
- regras: art. 899, § 1º

DESCANSO (*V. PERÍODO DE DESCANSO)

DESCONTO SALARIAL
- adiantamento: art. 462
- contribuição sindical: arts. 582 e 585, par. único
- dano causado pelo empregado: art. 462, § 1º
- falta de aviso prévio por parte do empregado: art. 487, § 2º
- salário mínimo por comissão ou percentagem: art. 78, par. único
- variações de horário não excedentes de cinco minutos: art. 58, § 1º
- vedação: art. 462

DESÍDIA
- justa causa: art. 482, *e*

DESOBEDIÊNCIA
- determinação de interdição ou embargo: art. 161, § 4º

DESPEDIDA
- arbitrária: art. 165
- aviso prévio na despedida indireta: art. 487, § 4º
- empregado acusado de falta grave: art. 494
- obstativa à estabilidade: art. 499, § 3º
- sem justa causa: art. 147

DIÁRIAS PARA VIAGENS (*V. REMUNERAÇÃO)
- possibilidade de integração ao salário: art. 457, §§ 1º e 2º

DIARISTA
- cálculo da indenização: art. 478, § 2º
- cálculo do salário-hora: art. 65
- – férias; remuneração: art. 142, § 1º
- horas extras: art. 305

DIMENSÃO
- local de trabalho: art. 171, par. único

DINHEIRO
- anotação na CTPS; forma de pagamento do salário: art. 29, § 1º
- forma de pagamento no ato da homologação: art. 477, § 4º
- penhora: art. 880
- salário *in natura*: art. 82

DIREITO COMPARADO
- aplicação; ausência de disposições legais ou contratuais: art. 8º

DIREITO DO TRABALHO
- autonomia: art. 1º
- fonte subsidiária: art. 8º, par. único
- fontes auxiliares: art. 8º
- integração: art. 8º

DIREITO PROCESSUAL CIVIL
- fonte subsidiária do direito processual do trabalho: art. 769

DIRIGENTE SINDICAL
- estabilidade: art. 543, § 3º
- nomeador: art. 526
- reintegração no emprego; competência: art. 659, X

DISCRIMINAÇÃO
- emprego; proibição: art. 3º, par. único
- local de trabalho; proibição: art. 6º, *caput*
- trabalho, salário e sexo; proibição: art. 5º

DISPENSA COLETIVA E PLÚRIMA
- procedimento; autorização prévia: art. 477-A

DISSÍDIO COLETIVO
- acordo de conciliação: art. 863
- apresentação da representação sindical: art. 858
- audiência de conciliação: art. 860
- ausência das partes na audiência: art. 864
- conciliação e julgamento: arts. 860 a 867
- cumprimento das decisões: art. 872
- decisão: art. 862
- efeitos da sentença normativa: art. 867, par. único
- extensão das decisões: arts. 868 a 871
- inexistência de acordo de conciliação: art. 864
- instauração da instância: arts. 856 a 859
- notificação da decisão: art. 867
- pagamento das custas: art. 789, § 4º
- perturbação da ordem: art. 865
- prazo da representação sindical: art. 860
- representação sindical: art. 857
- revisão: arts. 873 a 875
- substituição do empregador pelo gerente ou preposto: art. 861
- vigência da decisão: art. 868, par. único

DISSÍDIO INDIVIDUAL
- ações plúrimas: art. 843
- apresentação da reclamação: arts. 837 e 839
- audiência de instrução e julgamento: arts. 843 a 852
- intimação do reclamado: art. 841
- intimação do reclamante: art. 841, § 2º
- reclamação escrita: art. 840, *caput* e § 1º
- reclamação verbal: art. 840, *caput* e § 2º

DISSOLUÇÃO DA EMPRESA
- subsistência dos direitos oriundos do contrato de trabalho: art. 449

DISTRATO
- extinção do contrato: art. 484-A

DISTRIBUIÇÃO DE RECLAMAÇÕES
- arts. 783 a 788

DOAÇÃO DE SANGUE
- falta abonada: art. 473, IV

DOENÇAS PROFISSIONAIS
- notificação obrigatória: art. 169

DOLO
- anotação dolosa na CTPS: art. 49, V
- desconto no salário do empregado: art. 462, § 1º

DOMÉSTICO
- doméstico: art. 7º, a

DOMICÍLIO DO EMPREGADO
- mudança: art. 469

DURAÇÃO DO TRABALHO
- bancário: arts. 224 e 225
- cabineiro: art. 245
- diarista: art. 65
- duração normal do trabalho: art. 58
- empregado em minas no subsolo: arts. 293 e 295
- empregados excluídos pelo regime de duração normal do trabalho: art. 62
- fotógrafo: art. 303
- gerente: art. 62, II
- jornalista: art. 303
- jornada 12 x 36: art. 59-A, *caput* e parágrafo único
- menor: arts. 411 a 414
- operador cinematográfico: art. 234
- operadores de telefonia, telegrafia submarina e subfluvial, radiotelegrafia e radiotelefonia: art. 227
- professor: art. 322, § 1º
- prorrogação em atividade insalubre: art. 60, parágrafo único
- revisor: art. 303
- teletrabalhador: art. 62, III
- tripulante: art. 248

- E -

EDIFICAÇÕES
- arts. 170 a 174

EDITAL
- citação do executado não encontrado: art. 880, § 3º
- convocação de associações sindicais de grau superior: art. 693, § 2º
- designação de local diverso para a realização de audiência: art. 813, § 1º
- eleições para cargo de diretoria e do conselho fiscal: art. 531, § 2º
- intimação do reclamado: art. 841, § 1º
- intimação do reclamante: art. 841, § 2º
- notificação do infrator em local incerto e não sabido: art. 636, § 2º
- venda de imóvel sindical: art. 549, § 6º

EFEITO
- devolutivo: art. 899
- suspensivo: art. 876

ELEIÇÃO SINDICAL
- cargo administrativo: art. 530
- cargo de diretoria: art. 531
- direito de voto: art. 529

EMBARGOS
- admissibilidade recursal: art. 883
- à execução: art. 884
- à penhora: art. 884, § 3º
- de declaração: art. 897-A
- de terceiro: art. 896, § 2º
- no TST: art. 894

EMBRIAGUEZ
- habitual ou em serviço; justa causa: art. 482, *f*

EMOLUMENTOS
- competência para aprovação: art. 702, I, *g*
- forma de pagamento: art. 790
- valores: art. 789-B

EMPREGADO
- conceito: art. 3º
- discriminação; proibição: art. 3º, par. único
- doméstico: art. 7º, *a*
- em consultório ou escritórios de profissionais liberais: art. 507
- estável: art. 492
- estrangeiro: art. 359
- estudante: art. 136, § 2º
- gestante: art. 392
- sindicalizado: art. 544
- serviço efetivo: art. 4º
- transferência: art. 469 e 470

EMPREGADOR
- conceito: art. 2º
- de menores de 18 anos: arts. 425 e 426
- equiparação: art. 2º, § 1º
- grupo industrial ou comercial: art. 2º, § 2º
- morte: art. 485

EMPREITADA
- anotação na CTPS: art. 34
- competência: art. 652, a, III
- remuneração não inferior ao salário mínimo: art. 78

EMPRESA
- alteração na estrutura jurídica: art. 10
- de transporte e comunicações: art. 910
- individual ou coletiva: art. 2º
- responsabilidade solidária entre a empresa principal e subordinada: art. 2º, § 2º

ENQUADRAMENTO SINDICAL
- arts. 570 a 577

EQUIDADE
- aplicação; ausência de disposições legais ou contratuais: art. 8º

EQUIPAMENTO
- de proteção individual: arts. 166 e 167
- eliminação ou neutralização da insalubridade: art. 191, II
- fornecido pelo empregador: art. 458, § 2º, I
- recusa injustificada no uso: art. 158, par. único, *b*

EQUIPARAÇÃO SALARIAL
- conceito: art. 461

ESCALA
- revezamento; trabalho aos domingos: arts. 67, par. único, e 386

ESTABILIDADE
- aposentado por invalidez: art. 475, § 1º
- cargo de confiança: art. 499
- conceito: art. 492
- contagem de tempo de serviço: art. 4º, par. único
- despedida obstativa: art. 499, § 3º
- dirigente sindical: art. 543, § 3º
- empregado estável acusado de falta grave: art. 494
- indenização; extinção da empresa com motivo de força maior: art. 502, I e II
- indenização; extinção da empresa sem motivo de força maior: arts. 497 e 498
- inquérito para apuração de falta grave: arts. 853 e 855
- membros da CIPA: art. 165
- pedido de demissão do empregado estável: art. 500
- reintegração do empregado estável: arts. 496 e 504

ESTRANGEIRO
- anotações na CTPS: art. 16, IV
- equiparação aos brasileiros: arts. 353 e 358
- químicos: arts. 325, § 2º, 326, § 1º, *a*, 328, 329, *b* e *f* e 349
- Registro de Estrangeiro: art. 366
- relação anual de empregado: art. 359

EXAME TOXICOLÓGICO
- motorista profissional: art. 168, §§ 6º e 7º

EXCEÇÕES
- suspeição ou incompetência: art. 799 a 802

EXECUÇÃO
- aplicação subsidiária; Lei 6.830/1980: art. 889
- citação: art. 880
- competência: arts. 877 e 877-A
- contribuições sociais: art. 876, parágrafo único
- disposições preliminares: arts. 876 a 879
- embargos: art. 884
- *ex officio*: art. 878
- garantia da execução mediante depósito: art. 882
- impugnação à sentença de liquidação: art. 884, § 3º
- julgamento: art. 885
- liquidação: art. 879
- penhora: art. 883
- prestações sucessivas: art. 890 a 892
- propositura por qualquer interessado: art. 878
- provisória: art. 899
- termo de quitação: art. 881

EXPERIÊNCIA
- comprovação: art. 442-A
- contrato: arts. 478, § 1º
- duração: art. 445, par. único
- validade: art. 443, § 2º, *c*

EXPLOSIVOS
- atividades ou operações perigosas: art. 193
- medidas especiais de proteção: art. 200, II e par. único

EXTINÇÃO DA EMPRESA
- força maior: art. 502
- indenização: art. 497

- F -

FALECIMENTO
- empregador: art. 485

FALÊNCIA
- preferência no julgamento: art. 652, par. único

- preferência em todas as fases processuais: art. 768
- remuneração de férias; crédito privilegiado: art. 148
- subsistência dos direitos oriundos do contrato de trabalho: art. 449

FALTA
- abonada: art. 473
- do empregado; cômputo do direito a férias: arts. 130, § 1º, 130-A, par. único, e 131
- grave; dispensa do empregado estável: arts. 492 e 493
- grave; instauração de inquérito: art. 853
- grave; recusa à execução de serviço extraordinário: art. 240
- grave; tempo de serviço do empregado: art. 453
- justificada: art. 473

FAZENDA PÚBLICA
- extensão dos privilégios para cobrança de contribuição sindical às entidades sindicais: art. 606, § 2º

FEDERAÇÃO
- administração: art. 538
- associação sindical de grau superior: art. 533
- composição: art. 534
- denominação: art. 562
- destinação de contribuição sindical: arts. 589, I, *b*, II, *b*, e 590
- receita: art. 549
- penalidades: art. 553

FERIADO
- descanso: art. 385, par. único
- proibição; trabalho: art. 70

FÉRIAS
- abono pecuniário: arts. 143 e 144
- anotação da concessão na CTPS: art. 135, § 1º
- apresentação para serviço militar: art. 132
- coletivas: arts. 139 a 141
- cômputo de horas extras e de adicionais como base de cálculo da remuneração: art. 142, § 5º
- concessão após o prazo: art. 137
- concessão em dois períodos: art. 134
- direito anual: art. 129
- duração: art. 130
- empregado do regime de tempo parcial: art. 130-A
- estudante: art. 136, § 2º
- início de novo período aquisitivo: art. 133, § 2º
- membros de uma mesma família: art. 136, § 1º
- menores de 18 e maiores de 50 anos: art. 134, § 2º
- parcelamento do período; concessão e época: art. 134, § § 1º a 3º
- penalidade: art. 137, § 2º
- perda do direito: art. 133
- prazo de pagamento: art. 145
- prestação de serviço a outro empregador; proibição: art. 138
- recibo: art. 135
- remuneração: art. 142
- salário pago por hora: art. 142, § 1º
- salário pago por percentagem: art. 142, § 3º
- salário pago por tarefa: art. 142, § 2º
- trabalho em regime de tempo parcial: art. 130-A

FERROVIÁRIO (*V. SERVIÇO FERROVIÁRIO)

FORÇA MAIOR
- conceito: art. 501
- dispensa do empregado estável: art. 492
- excesso de horário: art. 61, § 2º
- excesso de horário na jornada do jornalista: art. 304, par. único
- excesso de horário na jornada do menor: art. 413, II
- extinção da empresa: arts. 497, 498 e 502
- falsa alegação: art. 504
- redução geral dos salários: art. 503

FRIGORÍFICO (*V. SERVIÇOS FRIGORÍFICOS)

FUNCIONÁRIO PÚBLICO
- exclusão do regime da CLT: art. 7º, *a*
- recusa; informação: art. 735, par. único

- G -

GARANTIA DA EXECUÇÃO
- arts. 882 a 884

GERENTE
- excluídos do regime de duração do trabalho: art. 62, II
- substituição do empregador na audiência: arts. 843, § 1º, e 861

GORJETAS
- anotações na CTPS: art. 29, § 1º
- conceito: art. 457, § 3º
- integração à remuneração: art. 457

GRATIFICAÇÕES
- função: arts. 62, parágrafo único e 468, § 2º
- integração ao salário: art. 457, § 1º

GRAVIDEZ (*V. LICENÇA-MATERNIDADE)
- acesso da mulher ao mercado de trabalho; impedimento: art. 373-A, II, IV e V
- estabilidade: art. 391-A
- garantias à gestante: art. 392, § 4º
- proteção à maternidade: arts. 391 e 392
- transferência de função da empregada gestante: art. 392, § 4º

GREVE
- art. 722

GRUPO INDUSTRIAL, COMERCIAL OU OUTRA ATIVIDADE ECONÔMICA
- responsabilidade solidária; empresa principal e subordinadas: art. 2º, §§ 2º e 3º

- H -

HABITAÇÃO
- coletiva: art. 458, § 4º
- inclusão no salário: arts. 81 e 458

HOMOLOGAÇÃO
- acordo extrajudicial: arts. 652, alínea "f" e 855-B ao 855-E
- rescisão do contrato de trabalho; pagamento: art. 477, § 4º

HONORÁRIOS
- advocatícios; cabimento: art. 791-A
- periciais: art. 790-B

HORAS EXTRAS
- adicional: art. 59
- atividades insalubres: art. 60
- excluídos do regime de jornada de trabalho: art. 62
- horas não compensadas: art. 59, § 3º
- necessidade imperiosa de serviço: art. 61
- remuneração: art. 59, § 1º

HORAS *IN ITINERE*
- art. 58, § 2º

HORISTA
- cálculo da indenização: art. 478, § 3º

- I -

IDENTIFICAÇÃO PROFISSIONAL (*V. ANOTAÇÕES NA CTPS/*V. CARTEIRA DE TRABALHO E PREVIDÊNCIA SOCIAL – CTPS)
- anotações: arts. 29 a 34
- Carteira de Trabalho e Previdência Social: art. 13
- emissão da CTPS: arts. 14 a 21
- entrega da CTPS: arts. 25 e 26
- livros de registros de empregados: arts. 41, 47 e 48
- penalidades: arts. 49 a 56
- reclamações por falta ou recusa de anotação: arts. 36 a 39
- valor das anotações: art. 40

ILUMINAÇÃO: ART. 175

IMPROBIDADE
- justa causa: art. 482, *a*

INCIDENTE DE DESCONSIDERAÇÃO DA PERSONALIDADE JURÍDICA
- regras: art. 855-A

INCONTINÊNCIA DE CONDUTA
- justa causa: art. 482, *b*

INDENIZAÇÃO
- cessação da empresa por morte do empregador: art. 485
- cômputo do tempo de serviço: art. 4º, par. único
- culpa recíproca: art. 484
- despedida obstativa à estabilidade: art. 499, § 3º
- dispensa do empregado estável: arts. 497 e 498
- incompatibilidade na reintegração do empregado estável: art. 496
- paralisação por ato de autoridade: art. 486
- rescisão; contrato por prazo determinado: arts. 479 e 480
- rescisão; contrato por prazo indeterminado: arts. 477 e 478

INDISCIPLINA
- justa causa: art. 482, *h*

INFLAMÁVEIS
- atividades ou operações perigosas: art. 193
- medidas especiais de proteção: art. 200, II

INQUÉRITO PARA APURAÇÃO DE FALTA GRAVE
- empregado estável acusado de falta grave: art. 494

- execução para pagamento dos salários: art. 855
- instauração: art. 853
- processo: art. 854

INSALUBRIDADE (*V. ATIVIDADES INSALUBRES)

INSPEÇÃO
- segurança do trabalho: art. 162.

INSTALAÇÕES
- elétricas: arts. 179 a 181
- sanitárias: art. 200

INSUBORDINAÇÃO
- justa causa: art. 482, *h*

INTERRUPÇÃO
- prestação de serviços: art. 133, § 1º

INTERVALO (*V. PERÍODO DE DESCANSO)
- alimentação: art. 71
- entre jornadas: art. 66
- fracionado: art. 71, § 5º
- repouso (intrajornada): art. 71
- semanal: art. 67
- serviços de mecanografia: art. 72

INTIMAÇÃO
- comparecimento de testemunhas: art. 825
- condução coercitiva: art. 825, par. único
- juntada de cópia para formação do instrumento do agravo: art. 897, § 5º, I
- procedimento sumaríssimo: art. 852-H, §§ 2º, 3º e 6º
- União: art. 879, § 3º

ISENÇÃO
- de selos e taxas: art. 609

- J -

JOGOS DE AZAR
- prática constante; justa causa: art. 482, *l*

JORNADA DE TRABALHO (*V. HORAS EXTRAS/*V. INTERVALO/*V. PRORROGAÇÃO DA JORNADA DE TRABALHO)
- duração normal: art. 58
- duração em regime de tempo parcial: art. 58-A
- excluídos do regime: art. 62
- horas *in itinere*: art. 58, § 2º
- variações de horário no registro de ponto: art. 58, § 1º
- tempo despendido com transporte: art. 58, § 3º

JORNALISTA PROFISSIONAL
- conceito: art. 302, § 1º
- descanso: arts. 307 e 308
- duração normal do trabalho: art. 303
- empresas jornalísticas: art. 302, § 2º
- excluídos da duração normal do trabalho: art. 306
- hora extra: arts. 304 e 305
- registro: arts. 311 e 312
- tempo à disposição do empregador: art. 309

JUIZ
- Juízos de Direito: arts. 668 e 669
- manutenção da ordem na audiência: art. 816
- não comparecimento à audiência: art. 815
- órgão da Justiça do Trabalho: art. 644, *c*

JULGAMENTO
- audiência: arts. 843 a 852
- execução: arts. 885 a 889-A

JUNTAS DE CONCILIAÇÃO E JULGAMENTO
- composição e funcionamento: arts. 647 a 649
- jurisdição e competência: arts. 650 a 653
- Presidentes: arts. 654 a 659
- vogais: arts. 660 a 667

JURISPRUDÊNCIA
- aplicação; ausência de disposições legais ou contratuais: art. 8º

JUSTA CAUSA
- abandono de emprego: art. 482, *i*
- ato de improbidade: art. 482, *a*
- ato de indisciplina ou de insubordinação: art. 482, *h*
- ato lesivo da honra ou da boa fama: art. 482, *j* e *k*
- atos atentatórios à segurança nacional: art. 482, par. único
- condenação criminal passada em julgado: art. 482, *d*
- desídia: art. 482, *e*
- embriaguez habitual ou em serviço: art. 482, *f*
- *inabilitação para o exercício da profissão: art. 482, alínea "m"*
- incontinência de conduta ou mau procedimento: art. 482, *b*
- negociação habitual sem permissão do empregador: art. 482, *c*
- prática constante de jogos de azar: art. 482, *l*
- violação de segredo de empresa: art. 482, *g*

JUSTIÇA DO TRABALHO
- disposições gerais: art. 735
- Juntas de Conciliação e Julgamento: arts. 647 a 667
- Juízos de Direito: arts. 668 e 669
- penalidades: arts. 722 a 733
- serviços auxiliares: arts. 710 a 721
- Tribunais Regionais do Trabalho: arts. 670 a 689
- Tribunal Superior do Trabalho: arts. 690 a 709

JUSTIÇA GRATUITA
- concessão: arts. 790, § 3º, e 790-B

- L -

LAUDO
- juntada ao processo: art. 827
- manifestação das partes: art. 852-H
- perícia; químicos: art. 337
- técnico; interdição de estabelecimento: art. 161

LEILOEIRO
- art. 888, § 3º

LICENÇA-MATERNIDADE
- apresentação do termo judicial de guarda: art. 392-A, § 4º
- direito garantido à empregada adotante: art. 392-A
- direito garantido à empregada gestante: art. 392

LIQUIDAÇÃO
- impugnação da sentença nos embargos à penhora: art. 884, §§ 3º e 4º
- sentença ilíquida: art. 879
- tabela de custas: art. 789-A, VII e IX

LITIGÂNCIA DE MÁ-FÉ
- danos processuais: arts. 793-A ao 793-D

LIVROS DE REGISTRO DE EMPREGADOS
- arts. 41 a 48

LOCAL DE TRABALHO
- condições: art. 177
- obrigações da empresa: art. 389

LOCK-OUT
- art. 722

- M -

MAGISTRATURA
- ingresso: art. 654
- juiz substituto: art. 654, § 3º

MANDADO
- de citação: art. 880
- de segurança: art. 678, b, 3

MANDATO
- duração; administradores das federações e confederações: arts. 538, §§ 1º e 4º
- duração; classistas: art. 693, *b*
- duração; membros eleitos da CIPA: art. 164, §§ 3º e 4º
- duração; membros, titulares e suplentes de Comissão de Conciliação Prévia: art. 625-B, III
- duração; representantes das categorias econômica e profissional: arts. 576, § 3º
- exercício: art. 521, par. único
- perda; empregado eleito para administração sindical ou representação: art. 543, § 1º
- requisito; reconhecimento sindical: arts. 515, *b*, 518, *d*

MÃO DE OBRA
- curso de formação: art. 390-B
- programa de incentivo e aperfeiçoamento: art. 390-C

MATERNIDADE (*V. AMAMENTAÇÃO/*V. GRAVIDEZ/*V. MULHER)

MEDICINA DO TRABALHO (*V. SEGURANÇA E MEDICINA DO TRABALHO)

MEMBROS
- congregação religiosa: art. 317, § 3º

MENOR (*V. APRENDIZAGEM)
- admissão: art. 416
- analfabeto: arts. 419, §§ 1º e 2º, e 427, par. único
- aprendiz: art. 403
- CTPS: arts. 415, 420 a 423
- disposições gerais: arts. 402 a 410
- duração do trabalho: arts. 411 a 414
- emissão da CTPS: art. 417
- penalidades: arts. 434 a 438
- prescrição: art. 440
- recibo pelo pagamento de salários: art. 439
- trabalho noturno: art. 404
- trabalho proibido: art. 405

MENSALISTA
- salário: art. 64

MINAS DE SUBSOLOS
- duração do trabalho: arts. 293 e 295
- intervalo: art. 298
- tempo gasto da boca da mina até o local de trabalho: art. 294
- trabalho permitido a homens com idade entre 21 e 50 anos: art. 301
- transferência do empregado por motivo de saúde: art. 300

MINISTÉRIO PÚBLICO DO TRABALHO
- atribuições do Procurador-Geral e dos Procuradores: arts. 748, 749 a 751
- competência da Procuradoria-Geral da Justiça do Trabalho: art. 746
- competência das Procuradorias Regionais: art. 747
- competência da secretaria da Procuradoria-Geral: art. 753
- disposições gerais: arts. 736 a 739
- organização da Procuradoria da Justiça do Trabalho: arts. 740 a 745

MOTORISTA PROFISSIONAL EMPREGADO
- deveres do: art. 235-B
- exame toxicológico: art. 168, §§ 6º e 7º
- jornada diária de trabalho do: art. 235-C
- jornada especial; convenção ou acordo coletivo: art. 235-F
- preceitos especiais: art. 235-A
- remuneração do: art. 235-G
- repouso semanal: art. 235-D
- transporte de passageiros: art. 235-E

MULHER (*V. AMAMENTAÇÃO/*V. GRAVIDEZ)
- acesso ao mercado de trabalho: art. 373-A
- duração normal do trabalho: art. 373
- emprego de força muscular: art. 390
- local de trabalho: art. 389
- medidas de proteção ao trabalho: art. 377
- penalidades: art. 401
- período de descanso: arts. 382 a 386
- prorrogação da jornada de trabalho: art. 384
- proteção à maternidade: arts. 391 a 400
- trabalho noturno: art. 381

MULTA
- correção anual: art. 634, § 2º
- extravio ou inutilização de CTPS: art. 52
- falta de pagamento: art. 641
- falta de registro de empregado: art. 47
- concessão de férias fora do prazo: art. 137, § 3º

MULTAS ADMINISTRATIVAS (*V. PROCESSO DE MULTAS ADMINISTRATIVAS)

MÚSICO PROFISSIONAL:
- arts. 232 e 233

- N -

NACIONALIZAÇÃO DA MARINHA MERCANTE
- aprovação pelo regulamento das Capitanias dos Portos: art. 370, par. único
- comando por brasileiro: art. 368
- navegação fluvial, lacustre, praticagem nas barras, portos, rios, lagos e canais: art. 371
- relação de tripulantes: art. 370
- tripulação formada por 2/3 de brasileiros natos: art. 369

NACIONALIZAÇÃO DO TRABALHO (*V. NACIONALIZAÇÃO DA MARINHA MERCANTE)
- disposições gerais: arts. 365 a 367
- equiparação aos brasileiros: art. 353
- penalidades: arts. 363 e 364
- proporcionalidade; circunstâncias especiais de cada atividade: art. 354
- proporcionalidade; empregados brasileiros: art. 352
- relações anuais de empregados: arts. 359 a 362
- salário: art. 358

NEGOCIAÇÃO COLETIVA
- fonte: art. 8º, §§ 2º e 3º
- norma coletiva; eficácia no tempo: art. 614, § 3º
- norma coletiva; hierarquia: art. 620
- prevalência do negociado coletivamente sobre o legislado: arts. 611-A e 611-B
- prevalência do negociado individualmente sobre o legislado: art. 444, parágrafo único

NEGOCIAÇÃO HABITUAL
- sem permissão do empregador; justa causa: art. 482, *c*

NOTIFICAÇÃO
- comparecimento do reclamado à audiência: art. 841
- decisão: art. 852
- doenças profissionais: art. 169
- edital: art. 636, §§ 2º e 3º
- oferecimento das razões pelo recorrido: art. 900
- postal: art. 774, par. único

NULIDADE
- *ex officio*: art. 795, § 1º
- incompetência: art. 795, § 2º
- não declaração: arts. 796 e 796
- prejuízo às partes: art. 794
- provocação das partes: art. 795

- O -

OFICIAIS DE JUSTIÇA
- atribuições: art. 721
- falta ou impedimento: art. 721, § 5º
- prazo para cumprimento de avaliação: art. 721, § 3º

ÔNUS DA PROVA
- regras: art. 818

OPERADORES
- cinematográficos; duração normal do trabalho: art. 234
- cinematográficos; intervalo: art. 235, § 2º
- cinematográficos; trabalho noturno: art. 235
- radiotelefonia: art. 227

OPERADORES DE AUTOMOTORES
- art. 235-C, § 17º

ORGANIZAÇÃO SINDICAL (*V. SINDICATO)
- contribuição sindical: arts. 578 a 600
- eleição sindical: arts. 592 a 532
- enquadramento sindical: arts. 570 a 577
- instituição sindical: arts. 511 a 566

- P -

PAGAMENTO
- salário: art. 459

PARALISAÇÃO DO TRABALHO
- contagem do período aquisitivo de férias: art. 133
- interdição ou embargo do estabelecimento: art. 161, § 6º
- por ato de autoridade: art. 486

PARTES
- arts. 791 a 793

PENHORA
- bens do executado: arts. 880 e 883
- embargos: art. 884, § 3º

PERCENTAGENS
- integração ao salário: art. 457, § 1º

PERÍCIA
- caracterização e classificação da insalubridade e periculosidade: art. 195
- pagamento dos honorários: art. 790-B
- procedimento sumaríssimo: art. 852-H

PERICULOSIDADE (*V. ATIVIDADES PERIGOSAS)

PERÍODO
- aquisitivo de férias: arts. 132 e 133
- de concessão de férias: art. 134
- de serviço efetivo: art. 4º

PERÍODO DE DESCANSO
- domingos e feriados: arts. 67, 68 e 70
- ferroviário: art. 243
- fracionados ou menores: art. 71, § 5º
- interjornada: art. 66
- mulher; amamentação: art. 396
- mulher; antes de hora extra: art. 384
- mulher; entre duas jornadas: art. 382
- mulher; semanal: art. 385
- não computado na duração do trabalho: art. 71, § 2º
- semanal: art. 67

PLANO DE DEMISSÃO VOLUNTÁRIA
- eficácia: art. 477-B

PRAZO
- agravo: art. 897
- anotação na CTPS: art. 29
- audiência de conciliação no dissídio coletivo: art. 860
- aviso-prévio: art. 487
- certificação no processo do vencimento: art. 776
- comunicação de férias coletivas: art. 139, §§ 2º e 3º
- comunicação de horas extras: art. 61
- comunicação sobre paralisação do trabalho: art. 133, par. único
- contagem dos prazos processuais: art. 775

- defesa do empregador; recusa de anotação da CTPS: art. 38
- defesa do reclamado: art. 847
- devolução de notificação postal: art. 774, parágrafo único
- dias úteis: art. 775
- direção das negociações coletivas pelo sindicato: art. 617
- embargos de declaração: art. 897-A
- embargos do executado: art. 884
- embargos no TST: art. 894
- férias concedidas após o prazo legal: art. 137
- impugnação do exequente: art. 884
- início da contagem: art. 774
- instauração de dissídio coletivo: art. 616, § 3º
- instauração de inquérito para apuração de falta grave: art. 853
- intimação do reclamado para comparecer à audiência: art. 841
- julgamento da execução: art. 885
- manifestação sobre laudo no procedimento sumaríssimo: art. 852-H, § 6º
- notificação para eliminação e neutralização da insalubridade: art. 191, par. único
- permanência no porto: art. 150, § 2º
- prescricional do direito de reclamar a concessão de férias: art. 149
- processual; suspensão: art. 775-A
- prorrogação: art. 775
- razões finais: art. 850
- recurso à Secretaria de Segurança e Medicina do Trabalho: art. 161, § 3º
- recurso ordinário: art. 895
- recursos no processo de multas administrativas: art. 636
- redução a termo de reclamação verbal: art. 786, par. único
- revisão: art. 874, par. único
- tentativa de conciliação: arts. 625-F e 625-G

PRÊMIOS
- conceito: art. 457, § 4º

PREPOSTO
- art. 843, § 1º

PRESCRIÇÃO
- ação para reaver diferença de salário: art. 119
- direito de ação: art. 11
- direito de reclamar a concessão de férias: art. 149
- início: art. 916
- intercorrente: art. 11-A, *caput* e §§ 1º e 2º
- menores de 18 anos: art. 440
- prazo suspenso; Comissão de Conciliação Prévia: art. 625-G

PRESTAÇÕES *IN NATURA*
- integração ao salário: art. 458

PREVENÇÃO DA FADIGA
- arts. 198 e 199

PRINCÍPIOS E NORMAS GERAIS DE DIREITO
- aplicação; ausência de disposições legais ou contratuais: art. 8º

PROCEDIMENTO SUMARÍSSIMO
- arquivamento: art. 852-B, § 1º
- ata: art. 852-F
- audiência: art. 852-C
- citação por edital; proibição: art. 852-B, II
- conciliação: art. 852-E
- elementos da sentença: art. 852-I
- intimação da sentença: art. 852-I, § 3º
- intimação de testemunha: art. 852-H, § 3º
- número de testemunhas: art. 852-H, § 2º
- recurso ordinário: art. 895, §§ 1º e 2º
- produção de provas: art. 852-H
- perícia: art. 852-H, § 4º

PROCESSO DE MULTAS ADMINISTRATIVAS
- ação fiscal: art. 627-A
- audiência de testemunhas: art. 632
- auto de infração: arts. 628 e 629
- cobrança amigável de multas: art. 640
- conversão do depósito em pagamento: art. 639
- depósito, inscrição e cobrança: arts. 639 a 642
- diligências: art. 632
- dupla visita: art. 627
- fiscalização, autuação e imposição: arts. 626 a 634
- recursos: arts. 635 a 638

PROCESSO JUDICIÁRIO DO TRABALHO
- disposições finais: arts. 909 e 910
- disposições preliminares: arts. 763 a 769
- dissídios coletivos: arts. 856 a 875
- dissídios individuais: arts. 837 a 855
- execução: arts. 876 a 892
- penalidades: arts. 903 a 908
- processo em geral: arts. 770 a 836
- recursos: arts. 893 a 901

PROCURADORIA DA JUSTIÇA DO TRABALHO
- atribuições do Procurador-Geral: art. 748
- atribuições dos Procuradores: arts. 749 e 750
- competência da Procuradoria-Geral: art. 746
- competência das Procuradorias Regionais: art. 747
- composição: art. 742
- nomeação de Procuradores: art. 745
- nomeação do Procurador-Geral: art. 744
- organização: art. 740
- subordinação: art. 741

PROFESSOR
- aumento do número de aulas: art. 321
- limite de aulas: art. 318
- registro no Ministério da Educação: art. 317
- remuneração: art. 320
- remuneração durante as férias escolares: art. 322
- trabalho aos domingos: art. 319

PROFISSIONAIS LIBERAIS
- associação em sindicato: art. 511
- equiparação ao empregador: art. 2º, § 1º
- pagamento de contribuição sindical: arts. 580, II, § 4º, 583, 584 e 585
- penalidade: art. 599

PRORROGAÇÃO DA JORNADA DE TRABALHO
- limites: art. 59

PROPORCIONALIDADE DE EMPREGADOS BRASILEIROS
- arts. 352 a 358

PROTESTO
- decisão judicial: art. 883-A

PROVA (*V. DEPOIMENTO/*V. TESTEMUNHA)
- comparecimento de testemunhas: art. 825
- documento em cópia: art. 830
- falta abonada de testemunha: art. 822
- impugnação da autenticidade da cópia: art. 830, par. único
- número de testemunhas: art. 821
- oitiva das partes e testemunhas: art. 820
- ônus: art. 818
- pericial: art. 827
- requisição do funcionário público como testemunha: art. 823

- Q -

QUADRO DE ATIVIDADES E PROFISSÕES
- art. 577

QUADRO DE HORÁRIO
- art. 74

QUÍMICO
- admissão obrigatória: art. 335
- atribuições dos órgãos de fiscalização: art. 343
- cassação de licença: art. 348
- condições: art. 325
- estrangeiros: art. 349
- exercício da profissão: art. 334
- fiscalização do exercício da profissão: art. 342
- licenciados: art. 325, § 1º
- multa: art. 347
- nome em rótulos, faturas e anúncios: art. 339
- penalidades: art. 351
- registro: art. 328
- suspensão de funções: art. 346
- uso da CTPS: arts. 326, 329 e 330

QUITAÇÃO
- contribuição sindical: arts. 601, 607 e 608
- anual do contrato de trabalho: art. 507-B

- R -

RADIAÇÕES
- ionizantes; medidas especiais de proteção: art. 200, VI e par. único
- térmicas; condições de ambiente desconfortáveis: art. 177

RAZÕES FINAIS
- art. 850

REAJUSTAMENTO SALARIAL
- coletivo: art. 487, § 6º
- durante as férias: art. 142, § 6º

ÍNDICE REMISSIVO DA CONSOLIDAÇÃO DAS LEIS DO TRABALHO

RECLAMAÇÃO TRABALHISTA

- acumulação; processo único: art. 842
- apresentação: arts. 837 e 839
- arquivamento: art. 844
- distribuição: art. 838
- escrita: art. 840, *caput* e § 1º
- menor de 18 anos: art. 793
- notificação do reclamado: art. 841
- remessa de segunda via ao reclamado: art. 841
- verbal: arts. 731, 786 e 840, *caput* e § 2º

RECURSOS

- agravo de instrumento: arts. 897, *b*, §§ 2º, 4º a 7º, e 899, § 7º
- agravo de petição: arts. 897, *a*, §§ 1º, 3º e 8º
- agravo regimental: art. 709, § 1º
- custas: art. 789, § 1º
- de revista: arts. 896 a 896-B
- decisões proferidas em dissídio coletivo: art. 898
- efeito devolutivo: arts. 896, § 1º, e 899
- efeito modificativo: art. 897-A
- embargos de declaração: art. 897-A
- embargos no TST: arts. 894
- *ex officio*: art. 637
- incidentes processuais: art. 893, § 1º
- ordinário: art. 895
- razões: art. 900

REDUÇÃO GERAL DE SALÁRIOS

- força maior ou prejuízos devidamente comprovados: art. 503

REGISTRO DE PONTO

- registro manual, mecânico ou eletrônico: art. 74, § 2º
- trabalho externo: art. 74, § 3º
- variações de horário; jornada de trabalho: art. 58, § 1º

REINTEGRAÇÃO

- dirigente sindical: art. 659
- empregado estável: arts. 496 e 504
- membros da CIPA: art. 165, par. único
- multa pelo descumprimento de decisão: art. 729

RELAÇÃO DE EMPREGO

- alegações de inexistência pelo reclamado: art. 39
- caracterização: art. 6º
- instituições equiparadas ao empregador: art. 2º, § 1º
- responsabilidade solidária entre a empresa principal e subordinada: art. 2º, § 2º

REMUNERAÇÃO (*V. GORJETAS/*V. SALÁRIO)

- ajuda de custo: art. 457, § 2º
- anotação na CTPS: art. 29, *caput* e § 1º
- conceito: art. 457
- diárias: art. 457, §§ 1º e 2º
- férias: arts. 142 a 145

REPRESENTAÇÃO

- nos dissídios coletivos: arts. 858 e 859

REPRESENTANTE LEGAL

- associação sindical; comunicação de infrações: art. 631
- cooperativa; anotação na CTPS: art. 34
- dos empregados na empresa: arts. 510-A a 510-D
- menor; interposição de reclamação: art. 420

RESCISÃO DO CONTRATO DE TRABALHO

- controvérsia sobre verbas rescisórias: art. 467
- culpa recíproca: art. 484
- indenização: art. 477
- justa causa: art. 482
- morte do empregador empresário individual: art. 483, § 2º
- pagamento no ato da homologação: art. 477, § 4º
- pelo empregado: art. 483
- por prazo determinado: arts. 479 e 480
- por prazo indeterminado: art. 478
- recibo de quitação; assistência de sindicato: art. 477, § 1º

REVELIA

- não comparecimento do reclamado: art. 844
- notificação da decisão: art. 852

RURAL

- conceito: art. 7º, *b*– dispositivos aplicáveis da CLT: art. 505
- exclusão do regime da CLT: art. 7º, *b*

- S -

SALÁRIO

- cláusula de aumento ou reajuste: art. 624
- controvérsia sobre verbas rescisórias: art. 467
- desconto: art. 462
- empregado diarista: art. 65
- empregado mensalista: art. 64
- importâncias que integram o salário: art. 457, § 1º
- importâncias que não integram o salário: art. 457, § 2º
- pagamento em utilidade; cálculo da remuneração de férias: art. 142, § 4º
- por hora; cálculo da remuneração de férias: art. 142, § 1º
- por percentagem, comissão ou viagem; cálculo da remuneração de férias: art. 142, § 3º
- por tarefa; cálculo da remuneração de férias: art. 142, § 2º
- redução geral de salários: art. 503
- trabalho de igual valor: art. 5º

SALÁRIO MÍNIMO

- ação para reaver a diferença; prescrição: art. 119
- conceito: art. 76
- fiscalização: art. 126
- fórmula: art. 81
- *in natura*: arts. 82 e 458
- multa: art. 120
- por empreitada; remuneração: art. 78
- por tarefa ou peça; remuneração: art. 78
- remuneração inferior; direito à complementação: art. 118
- remuneração inferior prevista em contrato ou convenção; nulidade: art. 117
- trabalho em domicílio: art. 83

SEGURANÇA E MEDICINA DO TRABALHO (*V. COMISSÃO INTERNA DE PREVENÇÃO DE ACIDENTES – CIPA)

- atividades insalubres e perigosas: arts. 189 a 197
- caldeiras, fornos e recipientes sob pressão: arts. 187 e 188
- conforto térmico: arts. 176 a 178
- disposições gerais: arts. 154 a 159
- edificações: arts. 170 a 174
- embargo ou interdição: art. 161
- equipamento de proteção individual: arts. 166 a 167
- exame médico obrigatório: art. 168
- iluminação: art. 175
- inspeção prévia: art. 160
- instalações elétricas: art. 179 a 181
- máquinas e equipamentos: arts. 184 a 186
- medidas preventivas de medicina de trabalho: arts. 168 e 169
- movimentação, armazenagem e manuseio de materiais: arts. 182 e 183
- notificações de doenças profissionais: art. 169
- órgãos de segurança e medicina do trabalho nas empresas: arts. 162 a 165
- outras medidas especiais de proteção: art. 200
- penalidades: art. 201
- prevenção da fadiga: arts. 198 e 199

SEGURANÇA NACIONAL

- atos atentatórios; justa causa: art. 482, par. único

SEGURO

- de vida: art. 458, § 2º, V
- doença: art. 476

SENTENÇA

- inexigível: art. 884, § 5º
- proferimento: art. 831, par. único

SERVIÇO EFETIVO

- art. 4º

SERVIÇO FERROVIÁRIO

- ajuda de custo: art. 239, § 2º
- cabineiros: art. 245
- categorias: art. 237
- conceito: art. 236
- empregados extranumerários: art. 244, § 1º
- empregados de prontidão: art. 244, § 3º
- empregados de sobreaviso: art. 244, § 2º
- hora extra: art. 241
- jornada de trabalho: art. 238
- operadores telegrafistas: art. 246
- prorrogação da jornada de trabalho: art. 239
- recusa à execução de serviço extraordinário: art. 240, par. único

SERVIÇO MILITAR

- afastamento: art. 472

SERVIÇOS AUXILIARES DA JUSTIÇA DO TRABALHO

- cartório dos Juízos de Direito: arts. 716 e 717
- distribuidores: arts. 713 a 715
- oficiais de diligência: art. 721
- secretaria das Juntas de Conciliação e Julgamento: arts. 710 a 712
- secretaria dos Tribunais Regionais: arts. 718 a 720

SERVIÇOS DE TELEFONIA, DE TELEGRAFIA SUBMARINA E SUBFLUVIAL, DE RADIOTELEGRAFIA E RADIOTELEFONIA
- arts. 227 a 231

SERVIÇOS FRIGORÍFICOS
- art. 253

SINDICATO (*V. CONTRIBUIÇÃO SINDICAL/*V. ENQUADRAMENTO SINDICAL/*V. ORGANIZAÇÃO SINDICAL)
- administração: arts. 522 a 528
- associação: arts. 511 a 514
- associação sindical de grau superior: arts. 533 a 539
- base territorial: arts. 516 e 517
- condições para funcionamento: art. 521
- Delegados Sindicais: art. 523
- deliberações da Assembleia Geral: art. 524
- denominação: art. 561
- direitos dos exercentes de atividades ou profissões e dos sindicalizados: arts. 540 a 547
- eleições para cargos de diretoria e conselho fiscal: art. 524, § 1º
- eleições sindicais: arts. 529 a 532
- gestão financeira e fiscalização: arts. 548 a 552
- interferência na administração ou serviços; proibição: art. 525
- livro de registro: art. 527
- patrimônio: art. 548
- penalidades: arts. 553 a 557
- receita: art. 549
- reconhecimento e investidura sindical: arts. 515 a 521
- registro: art. 558

SÓCIOS
- responsabilidade; retirante: art. 10-A, incisos I a III e parágrafo único

SUBEMPREITADA
- art. 455

SUBSOLO
- trabalho; alimentação: art. 297
- trabalho; hora prorrogada: art. 296

SUCESSÃO EMPRESARIAL
- caracterização: art. 448-A

SUSPENSÃO
- do curso do prazo processual: art. 775-A

SUSPENSÃO E INTERRUPÇÃO DO CONTRATO DE TRABALHO
- afastamento por serviço militar: art. 472
- aposentado por invalidez: art. 475
- falta do empregado sem prejuízo do salário: art. 473
- participação em curso ou programa de qualificação profissional: art. 476-A
- seguro-doença ou auxílio-enfermidade: art. 476
- suspensão do empregado por mais de 30 dias: art. 474
- vantagens asseguradas durante a ausência do empregado: art. 471

- T -

TAREFA
- salário; cálculo da remuneração de férias: art. 142, § 2º

TELETRABALHO
- duração do trabalho: art. 62, III
- aspectos gerais: arts. 75-A a 75-B

TEMPO DE SERVIÇO
- aviso-prévio; reajustamento de salário coletivo: art. 487, § 6º
- caracterização: art. 4º, § 2º, incisos I a VIII
- cômputo do período de férias: art. 130, § 2º
- contagem para efeito de indenização e estabilidade: art. 4º, par. único

TESTEMUNHA
- comparecimento à audiência: arts. 825 e 845
- condução coercitiva: art. 825, par. único
- falta abonada: art. 822
- funcionário civil ou militar: art. 823
- informante: art. 829
- nomeação de intérprete: art. 819
- número máximo: art. 821
- oitiva: art. 820
- qualificação: art. 828
- resumo dos depoimentos: art. 828, par. único

TRABALHO DA MULHER
- aspectos gerais: arts. 372, 384, 394-A e 396, § 2º

TRABALHO EM REGIME DE TEMPO PARCIAL
- conceito: art. 58-A
- férias: arts. 130-A e 143, § 3º

TRABALHO INTERMITENTE
- aspectos gerais: art. 443, *caput* e § 3º e art. 452-A

TRABALHO NOTURNO
- adicional: art. 73
- cálculo da remuneração de férias: art. 142, § 5º
- cômputo da hora noturna: art. 73, § 1º
- conceito: art. 73, § 2º
- da mulher: art. 381
- do menor; proibição: art. 404
- horários mistos: art. 73, § 4º
- prorrogações: art. 73, § 5º

TRABALHO RURAL
- conceito: art. 7º, b

TRANSFERÊNCIA DO EMPREGADO
- adicional: art. 469, § 3º
- despesas: art. 470
- extinção do estabelecimento: art. 469, § 2º
- proibição: art. 469, *caput*

TRANSPORTE
- equiparação a serviço público: art. 910
- horas *in itinere*: art. 58, § 2º
- não integração ao salário: art. 458, § 2º, III
- necessidades normais; salário mínimo: art. 76

TRIBUNAIS REGIONAIS DO TRABALHO (TRT)
- composição e funcionamento: arts. 670 a 673
- Juízes representantes classistas: arts. 684 a 689
- jurisdição e competência: arts. 674 a 680
- Presidentes: arts. 681 a 683

TRIBUNAL SUPERIOR DO TRABALHO (TST)
- atribuições do Corregedor: art. 709
- atribuições do Presidente: art. 707
- atribuições do Vice-Presidente: art. 708
- competência do Pleno: art. 702
- composição e funcionamento: arts. 693 a 701
- disposições preliminares: art. 690

TRIPULANTE
- anotações de horas extras em livro próprio: art. 251
- concessão de férias: art. 150, § 1º
- remuneração: art. 152
- suspensão das férias: art. 150, § 5º
- transferência: art. 150

- U -

USOS E COSTUMES
- aplicação; ausência de disposições legais ou contratuais: art. 8º

UTILIDADES
- salário: art. 142, § 4º

- V -

VARAS DO TRABALHO
- competência: art. 650
- jurisdição: arts. 651 a 653

VESTIMENTAS
- poder diretivo do empregador; padrão de vestimenta: art. 456-A

VERBAS RESCISÓRIAS
- controvérsia no pagamento: art. 467

VENTILAÇÃO
- artificial do local de trabalho: art. 176, par. único
- natural do local de trabalho: art. 176, *caput*

VESTUÁRIO
- art. 458, *caput* e § 2º, I

VIOLAÇÃO DE SEGREDO DA EMPRESA
- justa causa: art. 482, *g*

VOTO
- eleições sindicais: art. 529, *caput* e par. único

ESTATUTOS

LEI Nº 8.069, DE 13 DE JULHO DE 1990

Dispõe sobre o Estatuto da Criança e do Adolescente e dá outras providências.

- DOU 16.7.1990; retificado em 27.9.1990.

O Presidente da República. Faço saber que o Congresso Nacional decreta e eu sanciono a seguinte Lei:

TÍTULO I
DAS DISPOSIÇÕES PRELIMINARES

Art. 1º Esta Lei dispõe sobre a proteção integral à criança e ao adolescente.

- Lei 12.852/2013 (Estatuto da Juventude).

Art. 2º Considera-se criança, para os efeitos desta lei, a pessoa até doze anos de idade incompletos, e adolescente aquela entre doze e dezoito anos de idade.

Parágrafo único. Nos casos expressos em lei, aplica-se excepcionalmente este Estatuto às pessoas entre dezoito e vinte e um anos de idade.

- art. 5º, CC.
- Súm. 605, STJ.

Art. 3º A criança e o adolescente gozam de todos os direitos fundamentais inerentes à pessoa humana, sem prejuízo da proteção integral de que trata esta Lei, assegurando-se-lhes, por lei ou por outros meios, todas as oportunidades e facilidades, a fim de lhes facultar o desenvolvimento físico, mental, moral, espiritual e social, em condições de liberdade e de dignidade.

Parágrafo único. Os direitos enunciados nesta Lei aplicam-se a todas as crianças e adolescentes, sem discriminação de nascimento, situação familiar, idade, sexo, raça, etnia ou cor, religião ou crença, deficiência, condição pessoal de desenvolvimento e aprendizagem, condição econômica, ambiente social, região e local de moradia ou outra condição que diferencie as pessoas, as famílias ou a comunidade em que vivem. (Acrescentado pela Lei 13.257/2016.)

Art. 4º É dever da família, da comunidade, da sociedade em geral e do Poder Público assegurar, com absoluta prioridade, a efetivação dos direitos referentes à vida, à saúde, à alimentação, à educação, ao esporte, ao lazer, à profissionalização, à cultura, à dignidade, ao respeito, à liberdade e à convivência familiar e comunitária.

Parágrafo único. A garantia de prioridade compreende:

a) primazia de receber proteção e socorro em quaisquer circunstâncias;

b) precedência de atendimento nos serviços públicos ou de relevância pública;

c) preferência na formulação e na execução das políticas sociais públicas;

- Lei 13.257/2016 (Dispõe sobre políticas para a primeira infância).

d) destinação privilegiada de recursos públicos nas áreas relacionadas com a proteção à infância e à juventude.

Art. 5º Nenhuma criança ou adolescente será objeto de qualquer forma de negligência, discriminação, exploração, violência, crueldade e opressão, punido na forma da lei qualquer atentado, por ação ou omissão, aos seus direitos fundamentais.

Art. 6º Na interpretação desta lei levar-se-ão em conta os fins sociais a que ela se dirige, as exigências do bem comum, os direitos e deveres individuais e coletivos, e a condição peculiar da criança e do adolescente como pessoas em desenvolvimento.

TÍTULO II
DOS DIREITOS FUNDAMENTAIS

CAPÍTULO I
DO DIREITO À VIDA E À SAÚDE

Art. 7º A criança e o adolescente têm direito a proteção à vida e à saúde, mediante a efetivação de políticas sociais públicas que permitam o nascimento e o desenvolvimento sadio e harmonioso, em condições dignas de existência.

- Lei 13.257/2016 (Dispõe sobre políticas para a primeira infância).

Art. 8º É assegurado a todas as mulheres o acesso aos programas e às políticas de saúde da mulher e de planejamento reprodutivo e, às gestantes, nutrição adequada, atenção humanizada à gravidez, ao parto e ao puerpério e atendimento pré-natal, perinatal e pós-natal integral no âmbito do Sistema Único de Saúde. (Alterado pela Lei 13.257/2016.)

§ 1º O atendimento pré-natal será realizado por profissionais da atenção primária. (Alterado pela Lei 13.257/2016.)

§ 2º Os profissionais de saúde de referência da gestante garantirão sua vinculação, no último trimestre da gestação, ao estabelecimento em que será realizado o parto, garantido o direito de opção da mulher. (Alterado pela Lei 13.257/2016.)

§ 3º Os serviços de saúde onde o parto for realizado assegurarão às mulheres e aos seus filhos recém-nascidos alta hospitalar responsável e contrarreferência na atenção primária, bem como o acesso a outros serviços e a grupos de apoio à amamentação. (Alterado pela Lei 13.257/2016.)

§ 4º Incumbe ao Poder Público proporcionar assistência psicológica à gestante e à mãe, no período pré e pós-natal, inclusive como forma de prevenir ou minorar as consequências do estado puerperal. (Incluído pela Lei 12.010/2009.)

§ 5º A assistência referida no § 4º deste artigo deverá ser prestada também a gestantes e mães que manifestem interesse em entregar seus filhos para adoção, bem como a gestantes e mães que se encontrem em situação de privação de liberdade. (Alterado pela Lei 13.257/2016.)

§ 6º A gestante e a parturiente têm direito a 1 (um) acompanhante de sua preferência durante o período do pré-natal, do trabalho de parto e do pós-parto imediato. (Acrescentado pela Lei 13.257/2016.)

§ 7º A gestante deverá receber orientação sobre aleitamento materno, alimentação complementar saudável e crescimento e desenvolvimento infantil, bem como sobre formas de favorecer a criação de vínculos afetivos e de estimular o desenvolvimento integral da criança. (Acrescentado pela Lei 13.257/2016.)

§ 8º A gestante tem direito a acompanhamento saudável durante toda a gestação e a parto natural cuidadoso, estabelecendo-se a aplicação de cesariana e outras intervenções cirúrgicas por motivos médicos. (Acrescentado pela Lei 13.257/2016.)

§ 9º A atenção primária à saúde fará a busca ativa da gestante que não iniciar ou que abandonar as consultas de pré-natal, bem como da puérpera que não comparecer às consultas pós-parto. (Acrescentado pela Lei 13.257/2016.)

§ 10. Incumbe ao poder público garantir, à gestante e à mulher com filho na primeira infância que se encontrem sob custódia em unidade de privação de liberdade, ambiência que atenda às normas sanitárias e assistenciais do Sistema Único de Saúde para o acolhimento do filho, em articulação com o sistema de ensino competente, visando ao desenvolvimento integral da criança. (Acrescentado pela Lei 13.257/2016.)

Art. 8º-A. Fica instituída a Semana Nacional de Prevenção da Gravidez na Adolescência, a ser realizada anualmente na semana que incluir o dia 1º de fevereiro, com o objetivo de disseminar informações sobre medidas preventivas e educativas que contribuam para a redução da incidência da gravidez na adolescência. *(Inserido pela Lei 13.798/2019)*

Parágrafo único. As ações destinadas a efetivar o disposto no *caput* deste artigo ficarão a cargo do poder público, em conjunto com organizações da sociedade civil, e serão dirigidas prioritariamente ao público adolescente.

Art. 9º O Poder Público, as instituições e os empregadores propiciarão condições adequadas ao aleitamento materno, inclusive aos filhos de mães submetidas à medida privativa de liberdade.

§ 1º Os profissionais das unidades primárias de saúde desenvolverão ações sistemáticas, individuais ou coletivas, visando ao planejamento, à implementação e à avaliação de ações de promoção, proteção e apoio ao aleitamento materno e à alimentação complementar saudável, de forma contínua. (Acrescentado pela Lei 13.257/2016.)

§ 2º Os serviços de unidades de terapia intensiva neonatal deverão dispor de banco de leite humano ou unidade de coleta de leite humano. (Acrescentado pela Lei 13.257/2016.)

Art. 10. Os hospitais e demais estabelecimentos de atenção à saúde de gestantes, públicos e particulares, são obrigados a:

I - manter registro das atividades desenvolvidas, através de prontuários individuais, pelo prazo de dezoito anos;

II - identificar o recém-nascido mediante o registro de sua impressão plantar e digital e da impressão digital da mãe, sem prejuízo de outras formas normatizadas pela autoridade administrativa competente;

III - proceder a exames visando ao diagnóstico e terapêutica de anormalidades no metabolismo do recém-nascido, bem como prestar orientação aos pais;

IV - fornecer declaração de nascimento onde constem necessariamente as intercorrências do parto e do desenvolvimento do neonato;

V - manter alojamento conjunto, possibilitando ao neonato a permanência junto à mãe;

VI - acompanhar a prática do processo de amamentação, prestando orientações quanto à técnica adequada, enquanto a mãe permanecer na unidade hospitalar, utilizando o corpo técnico já existente. (Acrescentado pela Lei 13.436/2017.)

Art. 11. É assegurado acesso integral às linhas de cuidado voltadas à saúde da criança e do adolescente, por intermédio do Sistema Único de Saúde, observado o princípio da equidade no acesso a ações e serviços para promoção, proteção e recuperação da saúde. (Alterado pela Lei 13.257/2016.)

§ 1º A criança e o adolescente com deficiência serão atendidos, sem discriminação ou segregação, em suas necessidades gerais de saúde e específicas de habilitação e reabilitação. (Alterado pela Lei 13.257/2016.)

§ 2º Incumbe ao poder público fornecer gratuitamente, àqueles que necessitarem, medicamentos, órteses, próteses e outras tecnologias assistivas relativas ao tratamento, habilitação ou reabilitação para crianças e adolescentes, de acordo com as linhas de cuidado voltadas às suas necessidades específicas. (Alterado pela Lei 13.257/2016.)

§ 3º Os profissionais que atuam no cuidado diário ou frequente de crianças na primeira infância receberão formação específica e permanente para a detecção de sinais de risco para o desenvolvimento psíquico, bem como para o acompanhamento que se fizer necessário. (Acrescentado pela Lei 13.257/2016.)

Art. 12. Os estabelecimentos de atendimento à saúde, inclusive as unidades neonatais, de terapia intensiva e de cuidados intermediários, deverão proporcionar condições para a permanência em tempo integral de um dos pais ou responsável, nos casos de internação de criança ou adolescente. (Alterado pela Lei 13.257/2016.)

Art. 13. Os casos de suspeita ou confirmação de castigo físico, de tratamento cruel ou degradante e de maus-tratos contra criança ou adolescente serão obrigatoriamente comunicados ao Conselho Tutelar da respectiva localidade, sem prejuízo de outras providências legais. (Alterado pela Lei 13.010/2014.)

§ 1º As gestantes ou mães que manifestem interesse em entregar seus filhos para adoção serão obrigatoriamente encaminhadas, sem constrangimento, à Justiça da Infância e da Juventude. (Alterado de p.u. pela Lei 13.257/2016.)

§ 2º Os serviços de saúde em suas diferentes portas de entrada, os serviços de assistência social em seu componente especializado, o Centro de Referência Especializado de Assistência Social (Creas) e os demais órgãos do Sistema de Garantia de Direitos da Criança e do Adolescente deverão conferir máxima prioridade ao atendimento das crianças na faixa etária da primeira infância com suspeita ou confirmação de violência de qualquer natureza, formulando projeto terapêutico singular que inclua intervenção em rede e, se necessário, acompanhamento domiciliar. (Acrescentado pela Lei 13.257/2016.)

Art. 14. O Sistema Único de Saúde promoverá programas de assistência médica e odontológica para a prevenção das enfermidades que ordinariamente afetam a população infantil, e campanhas de educação sanitária para pais, educadores e alunos.

§ 1º É obrigatória a vacinação das crianças nos casos recomendados pelas autoridades sanitárias. (Renumerado de p.u. pela Lei 13.257/2016.)

§ 2º O Sistema Único de Saúde promoverá a atenção à saúde bucal das crianças e das gestantes, de forma transversal, integral e intersetorial com as demais linhas de cuidado direcionadas à mulher e à criança. (Acrescentado pela Lei 13.257/2016.)

§ 3º A atenção odontológica à criança terá função educativa protetiva e será prestada, inicialmente, antes de o bebê nascer, por meio de aconselhamento pré-natal, e, posteriormente, no sexto e no décimo segundo anos de vida, com orientações sobre saúde bucal. (Acrescentado pela Lei 13.257/2016.)

§ 4º A criança com necessidade de cuidados odontológicos especiais será atendida pelo Sistema Único de Saúde. (Acrescentado pela Lei 13.257/2016.)

§ 5º É obrigatória a aplicação a todas as crianças, nos seus primeiros dezoito meses de vida, de protocolo ou outro instrumento construído com a finalidade de facilitar a detecção, em consulta pediátrica de acompanhamento da criança, de risco para o seu desenvolvimento psíquico. (Acrescentado pela Lei 13.438/2017)

CAPÍTULO II
DO DIREITO À LIBERDADE, AO RESPEITO E À DIGNIDADE

Art. 15. A criança e o adolescente têm direito à liberdade, ao respeito e à dignidade como pessoas humanas em processo de desenvolvimento e como sujeitos de direitos civis, humanos e sociais garantidos na Constituição e nas leis.

Art. 16. O direito à liberdade compreende os seguintes aspectos:

I - ir, vir e estar nos logradouros públicos e espaços comunitários, ressalvadas as restrições legais;

II - opinião e expressão;

III - crença e culto religioso;

IV - brincar, praticar esportes e divertir-se;

V - participar da vida familiar e comunitária, sem discriminação;

VI - participar da vida política, na forma da lei;

VII - buscar refúgio, auxílio e orientação.

Art. 17. O direito ao respeito consiste na inviolabilidade da integridade física, psíquica e moral da criança e do adolescente, abrangendo a preservação da imagem, da identidade, da autonomia, dos valores, ideias e crenças, dos espaços e objetos pessoais.

Art. 18. É dever de todos velar pela dignidade da criança e do adolescente, pondo-os a salvo de qualquer tratamento desumano, violento, aterrorizante, vexatório ou constrangedor.

- Lei 13.815/2015 (Institui o Programa de Combate à Intimidação Sistemática "Bullying").

Art. 18-A. A criança e o adolescente têm o direito de ser educados e cuidados sem o uso de castigo físico ou de tratamento cruel ou degradante, como formas de correção, disciplina, educação ou qualquer outro pretexto, pelos pais, pelos integrantes da família ampliada, pelos responsáveis, pelos agentes públicos executores de medidas socioeducativas ou por qualquer pessoa encarregada de cuidar deles, tratá-los, educá-los ou protegê-los. (Acrescentado pela Lei 13.010/2014.)

Parágrafo único. Para os fins desta Lei, considera-se: (Acrescentado pela Lei 13.010/2014.)

I - castigo físico: ação de natureza disciplinar ou punitiva aplicada com o uso da força física sobre a criança ou o adolescente que resulte em: (Acrescentado pela Lei 13.010/2014.)

a) sofrimento físico; ou (Acrescentado pela Lei 13.010/2014.)

b) lesão; (Acrescentado pela Lei 13.010/2014.)

II - tratamento cruel ou degradante: conduta ou forma cruel de tratamento em relação à criança ou ao adolescente que: (Acrescentado pela Lei 13.010/2014.)

a) humilhe; ou (Acrescentado pela Lei 13.010/2014.)

b) ameace gravemente; ou (Acrescentado pela Lei 13.010/2014.)

c) ridicularize. (Acrescentado pela Lei 13.010/2014.)

Art. 18-B. Os pais, os integrantes da família ampliada, os responsáveis, os agentes públicos executores de medidas socioeducativas ou qualquer pessoa encarregada de cuidar de crianças e de adolescentes, tratá-los, educá-los ou protegê-los que utilizarem castigo físico ou tratamento cruel ou degradante como formas de correção, disciplina, educação ou qualquer outro pretexto estarão sujeitos, sem prejuízo de outras sanções cabíveis, às seguintes medidas, que serão aplicadas de acordo com a gravidade do caso: (Acrescentado pela Lei 13.010/2014.)

I - encaminhamento a programa oficial ou comunitário de proteção à família; (Acrescentado pela Lei 13.010/2014.)

II - encaminhamento a tratamento psicológico ou psiquiátrico; (Acrescentado pela Lei 13.010/2014.)

III - encaminhamento a cursos ou programas de orientação; (Acrescentado pela Lei 13.010/2014.)

IV - obrigação de encaminhar a criança a tratamento especializado; (Acrescentado pela Lei 13.010/2014.)

V - advertência. (Acrescentado pela Lei 13.010/2014.)

Parágrafo único. As medidas previstas neste artigo serão aplicadas pelo Conselho Tutelar, sem prejuízo de outras providências legais. (Acrescentado pela Lei 13.010/2014.)

CAPÍTULO III
DO DIREITO À CONVIVÊNCIA FAMILIAR E COMUNITÁRIA

SEÇÃO I
DISPOSIÇÕES GERAIS

› Lei 12.318/2010 (Lei da Alienação Parental).

Art. 19. É direito da criança e do adolescente ser criado e educado no seio de sua família e, excepcionalmente, em família substituta, assegurada a convivência familiar e comunitária, em ambiente que garanta seu desenvolvimento integral. (Alterado pela Lei 13.257/2016.)

§ 1º Toda criança ou adolescente que estiver inserido em programa de acolhimento familiar ou institucional terá sua situação reavaliada, no máximo, a cada 3 (três) meses, devendo a autoridade judiciária competente, com base em relatório elaborado por equipe interprofissional ou multidisciplinar, decidir de forma fundamentada pela possibilidade de reintegração familiar ou pela colocação em família substituta, em quaisquer das modalidades previstas no art. 28 desta Lei. (Redação dada pela Lei nº 13.509, de 2017)

§ 2º A permanência da criança e do adolescente em programa de acolhimento institucional não se prolongará por mais de 18 (dezoito meses), salvo comprovada necessidade que atenda ao seu superior interesse, devidamente fundamentada pela autoridade judiciária. (Redação dada pela Lei nº 13.509, de 2017)

§ 3º A manutenção ou a reintegração de criança ou adolescente à sua família terá preferência em relação a qualquer outra providência, caso em que será esta incluída em serviços e programas de proteção, apoio e promoção, nos termos do § 1º do art. 23, dos incisos I e IV do *caput* do art. 101 e dos incisos I a IV do *caput* do art. 129 desta Lei. (Alterado pela Lei 13.257/2016.)

§ 4º Será garantida a convivência da criança e do adolescente com a mãe ou o pai privado de liberdade, por meio de visitas periódicas promovidas pelo responsável ou, nas hipóteses de acolhimento institucional, pela entidade responsável, independentemente de autorização judicial. (Acrescentado pela Lei 12.962/2014).

§ 5º Será garantida a convivência integral da criança com a mãe adolescente que estiver em acolhimento institucional. (Incluído pela Lei nº 13.509, de 2017)

§ 6º A mãe adolescente será assistida por equipe especializada multidisciplinar. (Incluído pela Lei nº 13.509, de 2017)

Art. 19-A. A gestante ou mãe que manifeste interesse em entregar seu filho para adoção, antes ou logo após o nascimento, será encaminhada à Justiça da Infância e da Juventude. (Incluído pela Lei nº 13.509, de 2017)

§ 1º A gestante ou mãe será ouvida pela equipe interprofissional da Justiça da Infância e da Juventude, que apresentará relatório à autoridade judiciária, considerando inclusive os eventuais efeitos do estado gestacional e puerperal. (Incluído pela Lei nº 13.509, de 2017)

§ 2º De posse do relatório, a autoridade judiciária poderá determinar o encaminhamento da gestante ou mãe, mediante sua expressa concordância, à rede pública de saúde e assistência social para atendimento especializado. (Incluído pela Lei nº 13.509, de 2017)

§ 3º A busca à família extensa, conforme definida nos termos do parágrafo único do art. 25 desta Lei, respeitará o prazo máximo de 90 (noventa) dias, prorrogável por igual período. (Incluído pela Lei nº 13.509, de 2017)

§ 4º Na hipótese de não haver a indicação do genitor e de não existir outro representante da família extensa apto a receber a guarda, a autoridade judiciária competente deverá decretar a extinção do poder familiar e determinar a colocação da criança sob a guarda provisória de quem estiver habilitado a adotá-la ou de entidade que desenvolva programa de acolhimento familiar ou institucional. (Incluído pela Lei nº 13.509, de 2017)

§ 5º Após o nascimento da criança, a vontade da mãe ou de ambos os genitores, se houver pai registral ou pai indicado, deve ser manifestada na audiência a que se refere o § 1º do art. 166 desta Lei, garantido o sigilo sobre a entrega. (Incluído pela Lei nº 13.509, de 2017)

§ 6º Na hipótese de não comparecerem à audiência nem o genitor nem representante da família extensa para confirmar a intenção de exercer o poder familiar ou a guarda, a autoridade judiciária suspenderá o poder familiar da mãe, e a criança será colocada sob a guarda provisória de quem esteja habilitado a adotá-la. (Incluído pela Lei nº 13.509, de 2017)

§ 7º Os detentores da guarda possuem o prazo de 15 (quinze) dias para propor a ação de adoção, contado do dia seguinte à data do término do estágio de convivência. (Incluído pela Lei nº 13.509, de 2017)

§ 8º Na hipótese de desistência pelos genitores - manifestada em audiência ou perante a equipe interprofissional – da entrega da criança após o nascimento, a criança será mantida com os genitores, e será determinado pela Justiça da Infância e da Juventude o acompanhamento familiar pelo prazo de 180 (cento e oitenta) dias. (Incluído pela Lei nº 13.509, de 2017)

§ 9º É garantido à mãe o direito ao sigilo sobre o nascimento, respeitado o disposto no art. 48 desta Lei. (Incluído pela Lei nº 13.509, de 2017)

§ 10. Serão cadastrados para adoção recém-nascidos e crianças acolhidas não procuradas por suas famílias no prazo de 30 (trinta) dias, contado a partir do dia do acolhimento. (Incluído pela Lei nº 13.509, de 2017)

Art. 19-B. A criança e o adolescente em programa de acolhimento institucional ou familiar poderão participar de programa de apadrinhamento. (Incluído pela Lei nº 13.509, de 2017)

§ 1º O apadrinhamento consiste em estabelecer e proporcionar à criança e ao adolescente vínculos externos à instituição para fins de convivência familiar e comunitária e colaboração com o seu desenvolvimento nos aspectos social, moral, físico, cognitivo, educacional e financeiro. (Incluído pela Lei nº 13.509, de 2017)

§ 2º Podem ser padrinhos ou madrinhas pessoas maiores de 18 (dezoito) anos não inscritas nos cadastros de adoção, desde que cumpram os requisitos exigidos pelo programa de apadrinhamento de que fazem parte. (Incluído pela Lei nº 13.509, de 2017)

§ 3º Pessoas jurídicas podem apadrinhar criança ou adolescente a fim de colaborar para o seu desenvolvimento. (Incluído pela Lei nº 13.509, de 2017)

§ 4º O perfil da criança ou do adolescente a ser apadrinhado será definido no âmbito de cada programa de apadrinhamento, com prioridade para crianças ou adolescentes com remota possibilidade de reinserção familiar ou colocação em família adotiva. (Incluído pela Lei nº 13.509, de 2017)

§ 5° Os programas ou serviços de apadrinhamento apoiados pela Justiça da Infância e da Juventude poderão ser executados por órgãos públicos ou por organizações da sociedade civil. (Incluído pela Lei nº 13.509, de 2017)

§ 6° Se ocorrer violação das regras de apadrinhamento, os responsáveis pelo programa e pelos serviços de acolhimento deverão imediatamente notificar a autoridade judiciária competente. (Incluído pela Lei nº 13.509, de 2017)

Art. 20. Os filhos, havidos ou não da relação do casamento, ou por adoção, terão os mesmos direitos e qualificações, proibidas quaisquer designações discriminatórias relativas à filiação.

- art. 1.596, CC.
- Lei 10.421/2002 (Estende à mãe adotiva direito à licença-maternidade e ao salário-maternidade).

Art. 21. O poder familiar será exercido, em igualdade de condições, pelo pai e pela mãe, na forma do que dispuser a legislação civil, assegurado a qualquer deles o direito de, em caso de discordância, recorrer à autoridade judiciária competente para a solução da divergência.

- arts. 1.630 a 1.638, CC.

Art. 22. Aos pais incumbe o dever de sustento, guarda e educação dos filhos menores, cabendo-lhes ainda, no interesse destes, a obrigação de cumprir e fazer cumprir as determinações judiciais.

Parágrafo único. A mãe e o pai, ou os responsáveis, têm direitos iguais e deveres e responsabilidades compartilhados no cuidado e na educação da criança, devendo ser resguardado o direito de transmissão familiar de suas crenças e culturas, assegurados os direitos da criança estabelecidos nesta Lei. (Acrescentado pela Lei 13.257/2016.)

Art. 23. A falta ou a carência de recursos materiais não constitui motivo suficiente para a perda ou a suspensão do poder familiar.

§ 1º Não existindo outro motivo que por si só autorize a decretação da medida, a criança ou o adolescente será mantido em sua família de origem, a qual deverá obrigatoriamente ser incluída em serviços e programas oficiais de proteção, apoio e promoção. (Alterado pela Lei 13.257/2016)

§ 2º A condenação criminal do pai ou da mãe não implicará a destituição do poder familiar, exceto na hipótese de condenação por crime doloso sujeito à pena de reclusão contra outrem igualmente titular do mesmo poder familiar ou contra filho, filha ou outro descendente. (Redação dada pela Lei 13.715/2018)

Art. 24. A perda e a suspensão do poder familiar serão decretadas judicialmente, em procedimento contraditório, nos casos previstos na legislação civil, bem como na hipótese de descumprimento injustificado dos deveres e obrigações a que alude o art. 22.

- arts. 1.630 a 1.638, CC.

SEÇÃO II
DA FAMÍLIA NATURAL

Art. 25. Entende-se por família natural a comunidade formada pelos pais ou qualquer deles e seus descendentes.

Parágrafo único. Entende-se por família extensa ou ampliada aquela que se estende para além da unidade pais e filhos ou da unidade do casal, formada por parentes próximos com os quais a criança ou adolescente convive e mantém vínculos de afinidade e afetividade. (Incluído pela Lei 12.010/2009.)

Art. 26. Os filhos havidos fora do casamento poderão ser reconhecidos pelos pais, conjunta ou separadamente, no próprio termo de nascimento, por testamento, mediante escritura ou outro documento público, qualquer que seja a origem da filiação.

- arts. 1.607; 1.609; 1.614, CC /2002.
- Lei 8.560/1992 (Lei de Investigação de Paternidade).
- Súm. 301, STJ.

Parágrafo único. O reconhecimento pode preceder o nascimento do filho ou suceder-lhe ao falecimento, se deixar descendentes.

- art. 1.609, CC.

Art. 27. O reconhecimento do estado de filiação é direito personalíssimo, indisponível e imprescritível, podendo ser exercitado contra os pais ou seus herdeiros, sem qualquer restrição, observado o segredo de Justiça.

- art. 1.606, CC.

SEÇÃO III
DA FAMÍLIA SUBSTITUTA

SUBSEÇÃO I
DISPOSIÇÕES GERAIS

Art. 28. A colocação em família substituta far-se-á mediante guarda, tutela ou adoção, independentemente da situação jurídica da criança ou adolescente, nos termos desta lei.

§ 1º Sempre que possível, a criança ou o adolescente será previamente ouvido por equipe interprofissional, respeitado seu estágio de desenvolvimento e grau de compreensão sobre as implicações da medida, e terá sua opinião devidamente considerada. (Redação dada pela Lei 12.010/2009.)

§ 2º Tratando-se de maior de 12 (doze) anos de idade, será necessário seu consentimento, colhido em audiência. (Redação dada pela Lei 12.010/2009.)

§ 3º Na apreciação do pedido levar-se-á em conta o grau de parentesco e a relação de afinidade ou de afetividade, a fim de evitar ou minorar as consequências decorrentes da medida. (Incluído pela Lei 12.010/2009.)

§ 4º Os grupos de irmãos serão colocados sob adoção, tutela ou guarda da mesma família substituta, ressalvada a comprovada existência de risco de abuso ou outra situação que justifique plenamente a excepcionalidade de solução diversa, procurando-se, em qualquer caso, evitar o rompimento definitivo dos vínculos fraternais. (Incluído pela Lei 12.010/2009.)

§ 5º A colocação da criança ou adolescente em família substituta será precedida de sua preparação gradativa e acompanhamento posterior, realizados pela equipe interprofissional a serviço da Justiça da Infância e da Juventude, preferencialmente com o apoio dos técnicos responsáveis pela execução da política municipal de garantia do direito à convivência familiar. (Incluído pela Lei 12.010/2009.)

§ 6º Em se tratando de criança ou adolescente indígena ou proveniente de comunidade remanescente de quilombo, é ainda obrigatório: (Incluído pela Lei 12.010/2009.)

I - que sejam consideradas e respeitadas sua identidade social e cultural, os seus costumes e tradições, bem como suas instituições, desde que não sejam incompatíveis com os direitos fundamentais reconhecidos por esta Lei e pela Constituição Federal; (Incluído pela Lei 12.010/2009.)

II - que a colocação familiar ocorra prioritariamente no seio de sua comunidade ou junto a membros da mesma etnia; (Incluído pela Lei 12.010/2009.)

III - a intervenção e oitiva de representantes do órgão federal responsável pela política indigenista, no caso de crianças e adolescentes indígenas, e de antropólogos, perante a equipe interprofissional ou multidisciplinar que irá acompanhar o caso. (Incluído pela Lei 12.010/2009.)

Art. 29. Não se deferirá colocação em família substituta a pessoa que revele, por qualquer modo, incompatibilidade com a natureza da medida ou não ofereça ambiente familiar adequado.

Art. 30. A colocação em família substituta não admitirá transferência da criança ou adolescente a terceiros ou a entidades governamentais ou não governamentais, sem autorização judicial.

Art. 31. A colocação em família substituta estrangeira constitui medida excepcional, somente admissível na modalidade de adoção.

Art. 32. Ao assumir a guarda ou a tutela, o responsável prestará compromisso de bem e fielmente desempenhar o encargo, mediante termo nos autos.

SUBSEÇÃO II
DA GUARDA

- arts. 1.566, IV;583 a 1.590; 1.634, II, CC.

Art. 33. A guarda obriga a prestação de assistência material, moral e educacional à criança ou adolescente, conferindo a seu detentor o direito de opor-se a terceiros, inclusive aos pais.

§ 1º A guarda destina-se a regularizar a posse de fato, podendo ser deferida, liminar ou incidentalmente, nos procedimentos de tutela e adoção, exceto no de adoção por estrangeiros.

§ 2º Excepcionalmente, deferir-se-á a guarda, fora dos casos de tutela e adoção, para atender a situações peculiares ou suprir a falta eventual dos pais ou responsável, podendo ser deferido o direito de representação para a prática de atos determinados.

§ 3º A guarda confere à criança ou adolescente a condição de dependente, para todos os fins e efeitos de direito, inclusive previdenciários.

§ 4º Salvo expressa e fundamentada determinação em contrário, da autoridade judiciária competente, ou quando a medida for aplicada em preparação para adoção, o deferimento da guarda de criança ou adolescente a terceiros não impede o exercício do direito de visitas pelos pais, assim como o dever de prestar alimentos, que serão objeto de regulamentação específica, a pedido do interessado ou do Ministério Público. (Incluído pela Lei 12.010/2009.)

Art. 34. O Poder Público estimulará, por meio de assistência jurídica, incentivos fiscais e subsídios, o acolhimento, sob a forma de guarda, de criança ou adolescente afastado do convívio familiar. (Redação dada pela Lei 12.010/2009.)

§ 1º A inclusão da criança ou adolescente em programas de acolhimento familiar terá preferência a seu acolhimento institucional, observado, em qualquer caso, o caráter temporário e excepcional da medida, nos termos desta lei. (Incluído pela Lei 12.010/2009.)

§ 2º Na hipótese do § 1º deste artigo a pessoa ou casal cadastrado no programa de acolhimento familiar poderá receber a criança ou adolescente mediante guarda, observado o disposto nos arts. 28 a 33 desta lei. (Incluído pela Lei 12.010/2009.)

§ 3º A União apoiará a implementação de serviços de acolhimento em família acolhedora como política pública, os quais deverão dispor de equipe que organize o acolhimento temporário de crianças e de adolescentes em residências de famílias selecionadas, capacitadas e acompanhadas que não estejam no cadastro de adoção. (Acrescentado pela Lei 13.257/2016.)

§ 4º Poderão ser utilizados recursos federais, estaduais, distritais e municipais para a manutenção dos serviços de acolhimento em família acolhedora, facultando-se o repasse de recursos para a própria família acolhedora. (Acrescentado pela Lei 13.257/2016.)

Art. 35. A guarda poderá ser revogada a qualquer tempo, mediante ato judicial fundamentado, ouvido o Ministério Público.

SUBSEÇÃO III
DA TUTELA

- arts. 1.728 a 1.766, CC.

Art. 36. A tutela será deferida, nos termos da lei civil, a pessoa de até 18 (dezoito) anos incompletos. (Redação dada pela Lei 12.010/2009.)

Parágrafo único. O deferimento da tutela pressupõe a prévia decretação da perda ou suspensão do poder familiar e implica necessariamente o dever de guarda.

Art. 37. O tutor nomeado por testamento ou qualquer documento autêntico, conforme previsto no parágrafo único do art. 1.729 da Lei n. 10.406, de 10 de janeiro de 2002 - Código Civil, deverá, no prazo de 30 (trinta) dias após a abertura da sucessão, ingressar com pedido destinado ao controle judicial do ato, observando o procedimento previsto nos arts. 165 a 170 desta lei. (Redação dada pela Lei 12.010/2009.)

Parágrafo único. Na apreciação do pedido, serão observados os requisitos previstos nos arts. 28 e 29 desta lei, somente sendo deferida a tutela à pessoa indicada na disposição de última vontade, se restar comprovado que a medida é vantajosa ao tutelando e que não existe outra pessoa em melhores condições de assumi-la. (Redação dada pela Lei 12.010/2009.)

Art. 38. Aplica-se à destituição da tutela o disposto no art. 24.

SUBSEÇÃO IV
DA ADOÇÃO

- arts. 1.618 e 1.619, CC.
- Lei 10.421/2002 (Estende à mãe adotiva direito à licença-maternidade e ao salário-maternidade).
- Lei 10.447/2002 (Institui o Dia Nacional da Adoção).
- Dec. 2.429/1997 (Promulga Convenção Interamericana sobre Conflito de Leis em Matéria de Adoção de Menores).
- Dec. 3.087/1999 (Promulga Convenção Relativa à Proteção das Crianças e à Cooperação em Matéria de Adoção Internacional, concluída em Haia, em 29.05.1993).
- Dec. 5.491/2005 (Regulamenta atuação de organismos estrangeiros e nacionais de adoção internacional).

Art. 39. A adoção de criança e de adolescente reger-se-á segundo o disposto nesta Lei.

- art. 1.623, *caput*, CC.

§ 1º A adoção é medida excepcional e irrevogável, à qual se deve recorrer apenas quando esgotados os recursos de manutenção da criança ou adolescente na família natural ou extensa, na forma do parágrafo único do art. 25 desta lei. (Incluído pela Lei 12.010/2009.)

§ 2º É vedada a adoção por procuração. (Incluído pela Lei 12.010/2009.)

§ 3º Em caso de conflito entre direitos e interesses do adotando e de outras pessoas, inclusive seus pais biológicos, devem prevalecer os direitos e os interesses do adotando. (Incluído pela Lei nº 13.509, de 2017)

Art. 40. O adotando deve contar com, no máximo, dezoito anos à data do pedido, salvo se já estiver sob a guarda ou tutela dos adotantes.

Art. 41. A adoção atribui a condição de filho ao adotado, com os mesmos direitos e deveres, inclusive sucessórios, desligando-o de qualquer vínculo com pais e parentes, salvo os impedimentos matrimoniais.

- arts. 1.521, III e V; 1.829 a 1.844, CC.

§ 1º Se um dos cônjuges ou concubinos adota o filho do outro, mantêm-se os vínculos de filiação entre o adotado e o cônjuge ou concubino do adotante e os respectivos parentes.

§ 2º É recíproco o direito sucessório entre o adotado, seus descendentes, o adotante, seus ascendentes, descendentes e colaterais até o 4º grau, observada a ordem de vocação hereditária.

Art. 42. Podem adotar os maiores de 18 (dezoito) anos, independentemente do estado civil. (Redação dada pela Lei 12.010/2009.)

§ 1º Não podem adotar os ascendentes e os irmãos do adotando.

§ 2º Para adoção conjunta, é indispensável que os adotantes sejam casados civilmente ou mantenham união estável, comprovada a estabilidade da família. (Redação dada pela Lei 12.010/2009.)

§ 3º O adotante há de ser, pelo menos, dezesseis anos mais velho do que o adotando.

- art. 1.619, CC.

§ 4º Os divorciados, os judicialmente separados e os ex-companheiros podem adotar conjuntamente, contanto que acordem sobre a guarda e o regime de visitas e desde que o estágio de convivência tenha sido iniciado na constância do período de convivência e que seja comprovada a existência de vínculos de afinidade e afetividade com aquele não detentor da guarda, que justifiquem a excepcionalidade da concessão. (Redação dada pela Lei 12.010/2009.)

§ 5º Nos casos do § 4º deste artigo, desde que demonstrado efetivo benefício ao adotando, será assegurada a guarda compartilhada, conforme previsto no art. 1.584 da Lei n. 10.406, de 10 de janeiro de 2002 - Código Civil. (Redação dada pela Lei 12.010/2009.)

§ 6º A adoção poderá ser deferida ao adotante que, após inequívoca manifestação de vontade, vier a falecer no curso do procedimento, antes de prolatada a sentença. (Incluído pela Lei 12.010/2009.)

Art. 43. A adoção será deferida quando apresentar reais vantagens para o adotando e fundar-se em motivos legítimos.

Art. 44. Enquanto não der conta de sua administração e saldar o seu alcance, não pode o tutor ou o curador adotar o pupilo ou o curatelado.

Art. 45. A adoção depende do consentimento dos pais ou do representante legal do adotando.

§ 1º O consentimento será dispensado em relação à criança ou adolescente cujos pais sejam desconhecidos ou tenham sido destituídos do poder familiar.

§ 2º Em se tratando de adotando maior de doze anos de idade, será também necessário o seu consentimento.

Art. 46. A adoção será precedida de estágio de convivência com a criança ou adolescente, pelo prazo máximo de 90 (noventa) dias, observadas a idade da criança ou adolescente e as peculiaridades do caso. (Redação dada pela Lei nº 13.509, de 2017)

§ 1º O estágio de convivência poderá ser dispensado se o adotando já estiver sob a tutela ou guarda legal do adotante durante tempo suficiente para que seja possível avaliar a conveniência da constituição do vínculo. (Redação dada pela Lei 12.010/2009.)

§ 2º A simples guarda de fato não autoriza, por si só, a dispensa da realização do estágio de convivência. (Redação dada pela Lei 12.010/2009.)

§ 2º-A. O prazo máximo estabelecido no *caput* deste artigo pode ser prorrogado por até igual período, mediante decisão fundamentada da autoridade judiciária. (Incluído pela Lei nº 13.509, de 2017)

§ 3º Em caso de adoção por pessoa ou casal residente ou domiciliado fora do País, o estágio de convivência será de, no mínimo, 30 (trinta) dias e, no máximo, 45 (quarenta e cinco) dias, prorrogável por até igual período, uma única vez, mediante decisão fundamentada da autoridade judiciária. (Redação dada pela Lei nº 13.509, de 2017)

§ 3º-A. Ao final do prazo previsto no § 3º deste artigo, deverá ser apresentado laudo fundamentado pela equipe mencionada no § 4o deste artigo, que recomendará ou não o deferimento da adoção à autoridade judiciária. (Incluído pela Lei nº 13.509, de 2017)

§ 4º O estágio de convivência será acompanhado pela equipe interprofissional a serviço da Justiça da Infância e da Juventude, preferencialmente com apoio dos técnicos responsáveis pela execução da política de garantia do direito à convivência familiar, que apresentarão relatório minucioso acerca da conveniência do deferimento da medida. (Incluído pela Lei 12.010/2009.)

§ 5º O estágio de convivência será cumprido no território nacional, preferencialmente na comarca de residência da criança ou adolescente, ou, a critério do juiz, em cidade limítrofe, respeitada, em qualquer hipótese, a competência do juízo da comarca de residência da criança. (Incluído pela Lei nº 13.509, de 2017)

Art. 47. O vínculo da adoção constitui-se por sentença judicial, que será inscrita no registro civil mediante mandado do qual não se fornecerá certidão.

§ 1º A inscrição consignará o nome dos adotantes como pais, bem como o nome de seus ascendentes.

§ 2º O mandado judicial, que será arquivado, cancelará o registro original do adotado.

§ 3º A pedido do adotante, o novo registro poderá ser lavrado no Cartório do Registro Civil do Município de sua residência. (Redação dada pela Lei 12.010/2009.)

§ 4º Nenhuma observação sobre a origem do ato poderá constar nas certidões do registro. (Redação dada pela Lei 12.010/2009.)

§ 5º A sentença conferirá ao adotado o nome do adotante e, a pedido de qualquer deles, poderá determinar a modificação do prenome. (Redação dada pela Lei 12.010/2009.)

§ 6º Caso a modificação de prenome seja requerida pelo adotante, é obrigatória a oitiva do adotando, observado o disposto nos §§ 1º e 2º do art. 28 desta lei. (Redação dada pela Lei 12.010/2009.)

§ 7º A adoção produz seus efeitos a partir do trânsito em julgado da sentença constitutiva, exceto na hipótese prevista no § 6º do art. 42 desta lei, caso em que terá força retroativa à data do óbito. (Incluído pela Lei 12.010/2009.)

§ 8º O processo relativo à adoção assim como outros a ele relacionados serão mantidos em arquivo, admitindo-se seu armazenamento em microfilme ou por outros meios, garantida a sua conservação para consulta a qualquer tempo. (Incluído pela Lei 12.010/2009.)

§ 9º Terão prioridade de tramitação os processos de adoção em que o adotando for criança ou adolescente com deficiência ou com doença crônica. (Acrescentado pela Lei 12.955/2014.)

§ 10. O prazo máximo para conclusão da ação de adoção será de 120 (cento e vinte) dias, prorrogável uma única vez por igual período, mediante decisão fundamentada da autoridade judiciária. (Incluído pela Lei nº 13.509, de 2017)

Art. 48. O adotado tem direito de conhecer sua origem biológica, bem como de obter acesso irrestrito ao processo no qual a medida foi aplicada e seus eventuais incidentes, após completar 18 (dezoito) anos. (Redação dada pela Lei 12.010/2009.)

Parágrafo único. O acesso ao processo de adoção poderá ser também deferido ao adotado menor de 18 (dezoito) anos, a seu pedido, assegurada orientação e assistência jurídica e psicológica. (Incluído pela Lei 12.010/2009.)

Art. 49. A morte dos adotantes não restabelece o poder familiar dos pais naturais.

Art. 50. A autoridade judiciária manterá, em cada comarca ou foro regional, um registro de crianças e adolescentes em condições de serem adotados e outro de pessoas interessadas na adoção.

§ 1º O deferimento da inscrição dar-se-á após prévia consulta aos órgãos técnicos do juizado, ouvido o Ministério Público.

§ 2º Não será deferida a inscrição se o interessado não satisfazer os requisitos legais, ou verificada qualquer das hipóteses previstas no art. 29.

§ 3º A inscrição de postulantes à adoção será precedida de um período de preparação psicossocial e jurídica, orientado pela equipe técnica da Justiça da Infância e da Juventude, preferencialmente com apoio dos técnicos responsáveis pela execução da política municipal de garantia do direito à convivência familiar. (Incluído pela Lei 12.010/2009.)

▸ art. 6º, Lei 12.010/2009 (Lei da Adoção).

§ 4º Sempre que possível e recomendável, a preparação referida no § 3º deste artigo incluirá o contato com crianças e adolescentes em acolhimento familiar ou institucional em condições de serem adotados, a ser realizado sob a orientação, supervisão e avaliação da equipe técnica da Justiça da Infância e da Juventude, com apoio dos técnicos responsáveis pelo programa de acolhimento e pela execução da política municipal de garantia do direito à convivência familiar. (Incluído pela Lei 12.010/2009.)

▸ art. 6º, Lei 12.010/2009 (Lei da Adoção).

§ 5º Serão criados e implementados cadastros estaduais e nacional de crianças e adolescentes em condições de serem adotados e de pessoas ou casais habilitados à adoção. (Incluído pela Lei 12.010/2009.)

▸ art. 258-A desta lei.

§ 6º Haverá cadastros distintos para pessoas ou casais residentes fora do país, que somente serão consultados na inexistência de postulantes nacionais habilitados nos cadastros mencionados no § 5º deste artigo. (Incluído pela Lei 12.010/2009.)

§ 7º As autoridades estaduais e federais em matéria de adoção terão acesso integral aos cadastros, incumbindo-lhes a troca de informações e a cooperação mútua, para melhoria do sistema. (Incluído pela Lei 12.010/2009.)

§ 8º A autoridade judiciária providenciará, no prazo de 48 (quarenta e oito) horas, a inscrição das crianças e adolescentes em condições de serem adotados que não tiveram colocação familiar na comarca de origem, e das pessoas ou casais que tiveram deferida sua habilitação à adoção nos cadastros estadual e nacional referidos no § 5º deste artigo, sob pena de responsabilidade. (Incluído pela Lei 12.010/2009.)

§ 9º Compete à Autoridade Central Estadual zelar pela manutenção e correta alimentação dos cadastros, com posterior comunicação à Autoridade Central Federal Brasileira. (Incluído pela Lei 12.010/2009.)

§ 10. Consultados os cadastros e verificada a ausência de pretendentes habilitados residentes no País com perfil compatível e interesse manifesto pela adoção de criança ou adolescente inscrito nos cadastros existentes, será realizado o encaminhamento da criança ou adolescente à adoção internacional. (Redação dada pela Lei nº 13.509, de 2017)

§ 11. Enquanto não localizada pessoa ou casal interessado em sua adoção, a criança ou o adolescente, sempre que possível e recomendável, será colocado sob guarda de família cadastrada em programa de acolhimento familiar. (Incluído pela Lei 12.010/2009.)

§ 12. A alimentação do cadastro e a convocação criteriosa dos postulantes à adoção serão fiscalizadas pelo Ministério Público. (Incluído pela Lei 12.010/2009.)

§ 13. Somente poderá ser deferida adoção em favor de candidato domiciliado no Brasil não cadastrado previamente nos termos desta lei quando: (Incluído pela Lei 12.010/2009.)

I - se tratar de pedido de adoção unilateral; (Incluído pela Lei 12.010/2009.)

II - for formulada por parente com o qual a criança ou adolescente mantenha vínculos de afinidade e afetividade; (Incluído pela Lei 12.010/2009.)

III - oriundo o pedido de quem detém a tutela ou guarda legal de criança maior de 3 (três) anos ou adolescente, desde que o lapso de tempo de convivência comprove a fixação de laços de afinidade e afetividade, e não seja constatada a ocorrência de má-fé ou qualquer das situações previstas nos arts. 237 ou 238 desta lei. (Incluído pela Lei 12.010/2009.)

§ 14. Nas hipóteses previstas no § 13 deste artigo, o candidato deverá comprovar, no curso do procedimento, que preenche os requisitos necessários à adoção, conforme previsto nesta Lei. (Incluído pela Lei 12.010/2009.)

§ 15. Será assegurada prioridade no cadastro a pessoas interessadas em adotar criança ou adolescente com deficiência, com doença crônica ou com necessidades específicas de saúde, além de grupo de irmãos. (Incluído pela Lei nº 13.509, de 2017)

Art. 51. Considera-se adoção internacional aquela na qual o pretendente possui residência habitual em país-parte da Convenção de Haia, de 29 de maio de 1993, Relativa à Proteção das Crianças e à Cooperação em Matéria de Adoção Internacional, promulgada pelo Decreto nº 3.087, de 21 junho de 1999, e deseja adotar criança em outro país-parte da Convenção. (Redação dada pela Lei nº 13.509, de 2017)

§ 1º A adoção internacional de criança ou adolescente brasileiro ou domiciliado no Brasil somente terá lugar quando restar comprovado: (Redação dada pela Lei 12.010/2009.)

I - que a colocação em família adotiva é a solução adequada ao caso concreto; (Redação dada pela Lei nº 13.509, de 2017)

II - que foram esgotadas todas as possibilidades de colocação da criança ou adolescente em família adotiva brasileira, com a comprovação, certificada nos autos, da inexistência de adotantes habilitados residentes no Brasil com perfil compatível com a criança ou adolescente, após consulta aos cadastros mencionados nesta Lei; (Redação dada pela Lei nº 13.509, de 2017)

III - que, em se tratando de adoção de adolescente, este foi consultado, por meios adequados ao seu estágio de desenvolvimento, e que se encontra preparado para a medida, mediante parecer elaborado por equipe interprofissional, observado o disposto nos §§ 1º e 2º do art. 28 desta lei. (Incluído pela Lei 12.010/2009.)

§ 2º Os brasileiros residentes no exterior terão preferência aos estrangeiros, nos casos de adoção internacional de criança ou adolescente brasileiro. (Redação dada pela Lei 12.010/2009.)

§ 3º A adoção internacional pressupõe a intervenção das Autoridades Centrais Estaduais e Federal em matéria de adoção internacional. (Redação dada pela Lei 12.010/2009.)

Art. 52. A adoção internacional observará o procedimento previsto nos arts. 165 a 170 desta lei, com as seguintes adaptações: (Redação dada pela Lei 12.010/2009.)

I - a pessoa ou casal estrangeiro, interessado em adotar criança ou adolescente brasileiro, deverá formular pedido de habilitação à adoção perante a Autoridade Central em matéria de adoção internacional no país de acolhida, assim entendido aquele onde está situada sua residência habitual; (Incluído pela Lei 12.010/2009.)

II - se a Autoridade Central do país de acolhida considerar que os solicitantes estão habilitados e aptos para adotar, emitirá um relatório que contenha informações sobre a identidade, a capacidade jurídica e adequação dos solicitantes para adotar, sua situação pessoal, familiar e médica, seu meio social, os motivos que os animam e sua aptidão para assumir uma adoção internacional; (Incluído pela Lei 12.010/2009.)

III - a Autoridade Central do país de acolhida enviará o relatório à Autoridade Central Estadual, com cópia para a Autoridade Central Federal Brasileira; (Incluído pela Lei 12.010/2009.)

IV - o relatório será instruído com toda a documentação necessária, incluindo estudo psicossocial elaborado por equipe interprofissional habilitada e cópia autenticada da legislação pertinente, acompanhada da respectiva prova de vigência; (Incluído pela Lei 12.010/2009.)

V - os documentos em língua estrangeira serão devidamente autenticados pela autoridade consular, observados os tratados e convenções internacionais, e acompanhados da respectiva tradução, por tradutor público juramentado; (Incluído pela Lei 12.010/2009.)

VI - a Autoridade Central Estadual poderá fazer exigências e solicitar complementação sobre o estudo psicossocial do postulante estrangeiro à adoção, já realizado no país de acolhida; (Incluído pela Lei 12.010/2009.)

VII - verificada, após estudo realizado pela Autoridade Central Estadual, a compatibilidade da legislação estrangeira com a nacional, além do preenchimento por parte dos postulantes à medida dos requisitos objetivos e subjetivos necessários ao seu deferimento, tanto à luz do que dispõe esta Lei como da legislação do país de acolhida, será expedido laudo de habilitação à adoção internacional, que terá validade por, no máximo, 1 (um) ano; (Incluído pela Lei 12.010/2009.)

VIII - de posse do laudo de habilitação, o interessado será autorizado a formalizar pedido de adoção perante o Juízo da Infância e da Juventude do local em que se encontra a criança ou adolescente, conforme indicação efetuada pela Autoridade Central Estadual. (Incluído pela Lei 12.010/2009.)

§ 1º Se a legislação do país de acolhida assim o autorizar, admite-se que os pedidos de habilitação à adoção internacional sejam intermediados por organismos credenciados. (Incluído pela Lei 12.010/2009.)

§ 2º Incumbe à Autoridade Central Federal Brasileira o credenciamento de organismos nacionais e estrangeiros encarregados de intermediar pedidos de habilitação à adoção internacional, com posterior comunicação às Autoridades Centrais Estaduais e publicação nos órgãos oficiais de imprensa e em sítio próprio da internet. (Incluído pela Lei 12.010/2009.)

§ 3º Somente será admissível o credenciamento de organismos que: (Incluído pela Lei 12.010/2009.)

I - sejam oriundos de países que ratificaram a Convenção de Haia e estejam devidamente credenciados pela Autoridade Central do país onde estiverem sediados e no país de acolhida do adotando para atuar em adoção internacional no Brasil; (Incluído pela Lei 12.010/2009.)

II - satisfizerem as condições de integridade moral, competência profissional, experiência e responsabilidade exigidas pelos países respectivos e pela Autoridade Central Federal Brasileira; (Incluído pela Lei 12.010/2009.)

III - forem qualificados por seus padrões éticos e sua formação e experiência para atuar na área de adoção internacional; (Incluído pela Lei 12.010/2009.)

IV - cumprirem os requisitos exigidos pelo ordenamento jurídico brasileiro e pelas normas estabelecidas pela Autoridade Central Federal Brasileira. (Incluído pela Lei 12.010/2009.)

§ 4º Os organismos credenciados deverão ainda: (Incluído pela Lei 12.010/2009.)

I - perseguir unicamente fins não lucrativos, nas condições e dentro dos limites fixados pelas autoridades competentes do país onde estiverem sediados, do país de acolhida e pela Autoridade Central Federal Brasileira; (Incluído pela Lei 12.010/2009.)

II - ser dirigidos e administrados por pessoas qualificadas e de reconhecida idoneidade moral, com comprovada formação ou experiência para atuar na área de adoção internacional, cadastradas pelo Departamento de Polícia Federal e aprovadas pela Autoridade Central Federal Brasileira, mediante publicação de portaria do órgão federal competente; (Incluída pela Lei 12.010/2009.)

III - estar submetidos à supervisão das autoridades competentes do país onde estiverem sediados e no país de acolhida, inclusive quanto à sua composição, funcionamento e situação financeira; (Incluído pela Lei 12.010/2009.)

IV - apresentar à Autoridade Central Federal Brasileira, a cada ano, relatório geral das atividades desenvolvidas, bem como relatório de acompanhamento das adoções internacionais efetuadas no período, cuja cópia será encaminhada ao Departamento de Polícia Federal; (Incluído pela Lei 12.010/2009.)

V - enviar relatório pós-adotivo semestral para a Autoridade Central Estadual, com cópia para a Autoridade Central Federal Brasileira, pelo período mínimo de 2 (dois) anos. O envio do relatório será mantido até a juntada de cópia autenticada do registro civil, estabelecendo a cidadania do país de acolhida para o adotado; (Incluído pela Lei 12.010/2009.)

VI - tomar as medidas necessárias para garantir que os adotantes encaminhem à Autoridade Central Federal Brasileira cópia da certidão de registro de nascimento estrangeira e do certificado de nacionalidade tão logo lhes sejam concedidos. (Incluído pela Lei 12.010/2009.)

§ 5º A não apresentação dos relatórios referidos no § 4º deste artigo pelo organismo credenciado poderá acarretar a suspensão de seu credenciamento. (Incluído pela Lei 12.010/2009.)

§ 6º O credenciamento de organismo nacional ou estrangeiro encarregado de intermediar pedidos de adoção internacional terá validade de 2 (dois) anos. (Incluído pela Lei 12.010/2009.)

§ 7º A renovação do credenciamento poderá ser concedida mediante requerimento protocolado na Autoridade Central Federal Brasileira nos 60 (sessenta) dias anteriores ao término do respectivo prazo de validade. (Incluído pela Lei 12.010/2009.)

§ 8º Antes de transitada em julgado a decisão que concedeu a adoção internacional, não será permitida a saída do adotando do território nacional. (Incluído pela Lei 12.010/2009.)

§ 9º Transitada em julgado a decisão, a autoridade judiciária determinará a expedição de alvará com autorização de viagem, bem como para obtenção de passaporte, constando, obrigatoriamente, as características da criança ou adolescente adotado, como idade, cor, sexo, eventuais sinais ou traços peculiares, assim como foto recente e a aposição da impressão digital do seu polegar direito, instruindo o documento com cópia autenticada da decisão e certidão de trânsito em julgado. (Incluído pela Lei 12.010/2009.)

§ 10. A Autoridade Central Brasileira poderá, a qualquer momento, solicitar informações sobre a situação das crianças e adolescentes adotados. (Incluído pela Lei 12.010/2009.)

§ 11. A cobrança de valores por parte dos organismos credenciados, que sejam considerados abusivos pela Autoridade Central Federal Brasileira e que não estejam devidamente comprovados, é causa de seu descredenciamento. (Incluído pela Lei 12.010/2009.)

§ 12. Uma mesma pessoa ou seu cônjuge não podem ser representados por mais de uma entidade credenciada para atuar na cooperação em adoção internacional. (Incluído pela Lei 12.010/2009.)

§ 13. A habilitação de postulante estrangeiro ou domiciliado fora do Brasil terá validade máxima de 1 (um) ano, podendo ser renovada. (Incluído pela Lei 12.010/2009.)

§ 14. É vedado o contato direto de representantes de organismos de adoção, nacionais ou estrangeiros, com dirigentes de programas de acolhimento institucional ou familiar, assim como com crianças e adolescentes em condições de serem adotados, sem a devida autorização judicial. (Incluído pela Lei 12.010/2009.)

§ 15. A Autoridade Central Federal Brasileira poderá limitar ou suspender a concessão de novos credenciamentos sempre que julgar necessário, mediante ato administrativo fundamentado. (Incluído pela Lei 12.010/2009.)

Art. 52-A. É vedado, sob pena de responsabilidade e descredenciamento, o repasse de recursos provenientes de organismos estrangeiros encarregados de intermediar pedidos de adoção internacional a organismos nacionais ou a pessoas físicas. (Incluído pela Lei 12.010/2009.)

Parágrafo único. Eventuais repasses somente poderão ser efetuados via Fundo dos Direitos da Criança e do Adolescente e estarão sujeitos às deliberações do respectivo Conselho de Direitos da Criança e do Adolescente. (Incluído pela Lei 12.010/2009.)

Art. 52-B. A adoção por brasileiro residente no exterior em país ratificante da Convenção de Haia, cujo processo de adoção tenha sido processado em conformidade com a legislação vigente no país de residência e atendido o disposto na alínea c do Artigo 17 da referida Convenção, será automaticamente recepcionada com o reingresso no Brasil. (Incluído pela Lei 12.010/2009.)

§ 1º Caso não tenha sido atendido o disposto na alínea *c* do Artigo 17 da Convenção de Haia, deverá a sentença ser homologada pelo Superior Tribunal de Justiça. (Incluído pela Lei 12.010/2009.)

§ 2º O pretendente brasileiro residente no exterior em país não ratificante da Convenção de Haia, uma vez reingressado no Brasil, deverá requerer a homologação da sentença estrangeira pelo Superior Tribunal de Justiça. (Incluído pela Lei 12.010/2009.)

Art. 52-C. Nas adoções internacionais, quando o Brasil for o país de acolhida, a decisão da autoridade competente do país de origem da criança ou do adolescente será conhecida pela Autoridade Central Estadual que tiver processado o pedido de habilitação dos pais adotivos, que comunicará o fato à Autoridade Central Federal e determinará as providências necessárias à expedição do Certificado de Naturalização Provisório. (Incluído pela Lei 12.010/2009.)

§ 1º A Autoridade Central Estadual, ouvido o Ministério Público, somente deixará de reconhecer os efeitos daquela decisão se restar demonstrado que a adoção é manifestamente contrária à ordem pública ou não atende ao interesse superior da criança ou do adolescente. (Incluído pela Lei 12.010/2009.)

§ 2º Na hipótese de não reconhecimento da adoção, prevista no § 1º deste artigo, o Ministério Público deverá imediatamente requerer o que for de direito para resguardar os interesses da criança ou do adolescente, comunicando-se as providências à Autoridade Central Estadual, que fará a comunicação à Autoridade Central Federal Brasileira e à Autoridade Central do país de origem. (Incluído pela Lei 12.010/2009.)

Art. 52-D. Nas adoções internacionais, quando o Brasil for o país de acolhida e a adoção não tenha sido deferida no país de origem porque a sua legislação a delega ao país de acolhida, ou, ainda, na hipótese de, mesmo com decisão, a criança ou o adolescente ser oriundo de país que não tenha aderido à Convenção referida, o processo de adoção seguirá as regras da adoção nacional. (Incluído pela Lei 12.010/2009.)

CAPÍTULO IV
DO DIREITO À EDUCAÇÃO, À CULTURA, AO ESPORTE E AO LAZER

Art. 53. A criança e o adolescente têm direito à educação, visando ao pleno desenvolvimento de sua pessoa, preparo para o exercício da cidadania e qualificação para o trabalho, assegurando-se-lhes:

I - igualdade de condições para o acesso e permanência na escola;

II - direito de ser respeitado por seus educadores;

III - direito de contestar critérios avaliativos, podendo recorrer às instâncias escolares superiores;

IV - direito de organização e participação em entidades estudantis;

V - acesso à escola pública e gratuita, próxima de sua residência, garantindo-se vagas no mesmo estabelecimento a irmãos que frequentem a mesma etapa ou ciclo de ensino da educação básica. (Redação dada pela Lei 13.845/2019)

Parágrafo único. É direito dos pais ou responsáveis ter ciência do processo pedagógico, bem como participar da definição das propostas educacionais.

Art. 53-A. É dever da instituição de ensino, clubes e agremiações recreativas e de estabelecimentos congêneres assegurar medidas de conscientização, prevenção e enfrentamento ao uso ou dependência de drogas ilícitas. (Incluído pela Lei nº 13.840, de 2019)

Art. 54. É dever do Estado assegurar à criança e ao adolescente:

I - ensino fundamental, obrigatório e gratuito, inclusive para os que a ele não tiveram acesso na idade própria;

II - progressiva extensão da obrigatoriedade e gratuidade ao ensino médio;

III - atendimento educacional especializado aos portadores de deficiência, preferencialmente na rede regular de ensino;

IV - atendimento em creche e pré-escola às crianças de zero a cinco anos de idade; (Alterado pela Lei 13.306/2016.)

- arts. 7º, XXV; 208, IV, CF.

V - acesso aos níveis mais elevados do ensino, da pesquisa e da criação artística, segundo a capacidade de cada um;

VI - oferta de ensino noturno regular, adequado às condições do adolescente trabalhador;

VII - atendimento no ensino fundamental, através de programas suplementares de material didático-escolar, transporte, alimentação e assistência à saúde.

§ 1º O acesso ao ensino obrigatório e gratuito é direito público subjetivo.

§ 2º O não oferecimento do ensino obrigatório pelo Poder Público ou sua oferta irregular importa responsabilidade da autoridade competente.

§ 3º Compete ao Poder Público recensear os educandos no ensino fundamental, fazer-lhes a chamada e zelar, junto aos pais ou responsável, pela frequência à escola.

Art. 55. Os pais ou responsável têm a obrigação de matricular seus filhos ou pupilos na rede regular de ensino.

Art. 56. Os dirigentes de estabelecimentos de ensino fundamental comunicarão ao Conselho Tutelar os casos de:

I - maus-tratos envolvendo seus alunos;

II - reiteração de faltas injustificadas e de evasão escolar, esgotados os recursos escolares;

III - elevados níveis de repetência.

Art. 57. O Poder Público estimulará pesquisas, experiências e novas propostas relativas a calendário, seriação, currículo, metodologia, didática e avaliação, com vistas à inserção de crianças e adolescentes excluídos do ensino fundamental obrigatório.

Art. 58. No processo educacional respeitar-se-ão os valores culturais, artísticos e históricos próprios do contexto social da criança e do adolescente, garantindo-se a estes a liberdade da criação e o acesso às fontes de cultura.

Art. 59. Os municípios, com apoio dos estados e da União, estimularão e facilitarão a destinação de recursos e espaços para programações culturais, esportivas e de lazer voltadas para a infância e a juventude.

CAPÍTULO V
DO DIREITO À PROFISSIONALIZAÇÃO E À PROTEÇÃO NO TRABALHO

- arts. 402 a 441, CLT.
- art. 149, CP.
- arts. 14 a 16, Lei 12.852/2013 (Estatuto da Juventude).
- Dec. 9.579/2018 (Regulamenta a contratação de aprendizes).

Art. 60. É proibido qualquer trabalho a menores de quatorze anos de idade, salvo na condição de aprendiz.

- art. 7º, XXXIII, CF.

Art. 61. A proteção ao trabalho dos adolescentes é regulada por legislação especial, sem prejuízo do disposto nesta Lei.

Art. 62. Considera-se aprendizagem a formação técnico-profissional ministrada segundo as diretrizes e bases da legislação de educação em vigor.

Art. 63. A formação técnico-profissional obedecerá aos seguintes princípios:

I - garantia de acesso e frequência obrigatória ao ensino regular;

II - atividade compatível com o desenvolvimento do adolescente;

III - horário especial para o exercício das atividades.

Art. 64. Ao adolescente até quatorze anos de idade é assegurada bolsa de aprendizagem.

Art. 65. Ao adolescente aprendiz, maior de quatorze anos, são assegurados os direitos trabalhistas e previdenciários.

Art. 66. Ao adolescente portador de deficiência é assegurado trabalho protegido.

Art. 67. Ao adolescente empregado, aprendiz, em regime familiar de trabalho, aluno de escola técnica, assistido em entidade governamental ou não governamental, é vedado trabalho:

I - noturno, realizado entre as vinte e duas horas de um dia e as cinco horas do dia seguinte;

II - perigoso, insalubre ou penoso;

III - realizado em locais prejudiciais à sua formação e ao seu desenvolvimento físico, psíquico, moral e social;

IV - realizado em horários e locais que não permitam a frequência à escola.

Art. 68. O programa social que tenha por base o trabalho educativo, sob responsabilidade de entidade governamental ou não governamental sem fins lucrativos, deverá assegurar ao adolescente que dele participe condições de capacitação para o exercício de atividade regular remunerada.

§ 1º Entende-se por trabalho educativo a atividade laboral em que as exigências pedagógicas relativas ao desenvolvimento pessoal e social do educando prevalecem sobre o aspecto produtivo.

§ 2º A remuneração que o adolescente recebe pelo trabalho efetuado ou a participação na venda dos produtos de seu trabalho não desfigura o caráter educativo.

Art. 69. O adolescente tem direito à profissionalização e à proteção no trabalho, observados os seguintes aspectos, entre outros:

I - respeito à condição peculiar de pessoa em desenvolvimento;

II - capacitação profissional adequada ao mercado de trabalho.

TÍTULO III
DA PREVENÇÃO

- Dec. 3.951/2001 (Designa a Autoridade Central para dar cumprimento às obrigações impostas pela Convenção sobre os Aspectos Civis do Sequestro Internacional de Crianças, cria o Conselho da Autoridade Central Administrativa Federal contra o Sequestro Internacional de Crianças e institui o Programa Nacional para Cooperação no Regresso de Crianças e Adolescentes Brasileiros Sequestrados Internacionalmente).

CAPÍTULO I
DISPOSIÇÕES GERAIS

Art. 70. É dever de todos prevenir a ocorrência de ameaça ou violação dos direitos da criança e do adolescente.

Art. 70-A. A União, os Estados, o Distrito Federal e os Municípios deverão atuar de forma articulada na elaboração de políticas públicas e na execução de ações destinadas a coibir o uso de castigo físico ou de tratamento cruel ou degradante e difundir formas não violentas de educação de crianças e de adolescentes, tendo como principais ações: (Acrescentado pela Lei 13.010/2014.)

I - a promoção de campanhas educativas permanentes para a divulgação do direito da criança e do adolescente de serem educados e cuidados sem o uso de castigo físico ou de tratamento cruel ou degradante e dos instrumentos de proteção aos direitos humanos; (Acrescentado pela Lei 13.010/2014.)

II - a integração com os órgãos do Poder Judiciário, do Ministério Público e da Defensoria Pública, com o Conselho Tutelar, com os Conselhos de Direitos da Criança e do Adolescente e com as entidades não governamentais que atuam na promoção, proteção e defesa dos direitos da criança e do adolescente; (Acrescentado pela Lei 13.010/2014.)

III - a formação continuada e a capacitação dos profissionais de saúde, educação e assistência social e dos demais agentes que atuam na promoção, proteção e defesa dos direitos da criança e do adolescente para o desenvolvimento das competências necessárias à prevenção, à identificação de evidências, ao diagnóstico e ao enfrentamento de todas as formas de violência contra a criança e o adolescente; (Acrescentado pela Lei 13.010/2014.)

IV - o apoio e o incentivo às práticas de resolução pacífica de conflitos que envolvam violência contra a criança e o adolescente; (Acrescentado pela Lei 13.010/2014.)

V - a inclusão, nas políticas públicas, de ações que visem a garantir os direitos da criança e do adolescente, desde a atenção pré-natal, e de atividades junto aos pais e responsáveis com o objetivo de promover a informação, a reflexão, o debate e a orientação sobre alternativas ao uso de castigo físico ou de tratamento cruel ou degradante no processo educativo; (Acrescentado pela Lei 13.010/2014.)

VI - a promoção de espaços intersetoriais locais para a articulação de ações e a elaboração de planos de atuação conjunta focados nas famílias em situação de violência, com participação de profissionais de saúde, de assistência social e de educação e de órgãos de promoção, proteção e defesa dos direitos da criança e do adolescente. (Acrescentado pela Lei 13.010/2014.)

Parágrafo único. As famílias com crianças e adolescentes com deficiência terão prioridade de atendimento nas ações e políticas públicas de prevenção e proteção. (Acrescentado pela Lei 13.010/2014.)

Art. 70-B. As entidades, públicas e privadas, que atuem nas áreas a que se refere o art. 71, dentre outras, devem contar, em seus quadros, com pessoas capacitadas a reconhecer e comunicar ao Conselho Tutelar suspeitas ou casos de maus-tratos praticados contra crianças e adolescentes. (Alterado pela Lei 13.046/2014.)

Parágrafo único. São igualmente responsáveis pela comunicação de que trata este artigo, as pessoas encarregadas, por razão de cargo, função, ofício, ministério, profissão ou ocupação, do cuidado, assistência ou guarda de crianças e adolescentes, punível, na forma deste Estatuto, o injustificado retardamento ou omissão, culposos ou dolosos. (Alterado pela Lei 13.046/2014.)

Art. 71. A criança e o adolescente têm direito a informação, cultura, lazer, esportes, diversões, espetáculos e produtos e serviços que respeitem sua condição peculiar de pessoa em desenvolvimento.

▸ Lei 12.933/2013 (Lei da meia-entrada).

Art. 72. As obrigações previstas nesta Lei não excluem da prevenção especial outras decorrentes dos princípios por ela adotados.

Art. 73. A inobservância das normas de prevenção importará em responsabilidade da pessoa física ou jurídica, nos termos desta lei.

▸ arts. 208 a 224 e 245 a 258, desta lei.

CAPÍTULO II
DA PREVENÇÃO ESPECIAL

SEÇÃO I
DA INFORMAÇÃO, CULTURA, LAZER, ESPORTES, DIVERSÕES E ESPETÁCULOS

Art. 74. O Poder Público, através do órgão competente, regulará as diversões e espetáculos públicos, informando sobre a natureza deles, as faixas etárias a que não se recomendem, locais e horários em que sua apresentação se mostre inadequada.

Parágrafo único. Os responsáveis pelas diversões e espetáculos públicos deverão afixar, em lugar visível e de fácil acesso, à entrada do local de exibição, informação destacada sobre a natureza do espetáculo e a faixa etária especificada no certificado de classificação.

Art. 75. Toda criança ou adolescente terá acesso às diversões e espetáculos públicos classificados como adequados à sua faixa etária.

Parágrafo único. As crianças menores de dez anos somente poderão ingressar e permanecer nos locais de apresentação ou exibição quando acompanhadas dos pais ou responsável.

Art. 76. As emissoras de rádio e televisão somente exibirão, no horário recomendado para o público infantojuvenil, programas com finalidades educativas, artísticas, culturais e informativas.

Parágrafo único. Nenhum espetáculo será apresentado ou anunciado sem aviso de sua classificação, antes de sua transmissão, apresentação ou exibição.

Art. 77. Os proprietários, diretores, gerentes e funcionários de empresas que explorem a venda ou aluguel de fitas de programação em vídeo cuidarão para que não haja venda ou locação em desacordo com a classificação atribuída pelo órgão competente.

Parágrafo único. As fitas a que alude este artigo deverão exibir, no invólucro, informação sobre a natureza da obra e a faixa etária a que se destinam.

Art. 78. As revistas e publicações contendo material impróprio ou inadequado a crianças e adolescentes deverão ser comercializadas em embalagem lacrada, com a advertência de seu conteúdo.

Parágrafo único. As editoras cuidarão para que as capas que contenham mensagens pornográficas ou obscenas sejam protegidas com embalagem opaca.

Art. 79. As revistas e publicações destinadas ao público infantojuvenil não poderão conter ilustrações, fotografias, legendas, crônicas ou anúncios de bebidas alcoólicas, tabaco, armas e munições, e deverão respeitar os valores éticos e sociais da pessoa e da família.

Art. 80. Os responsáveis por estabelecimentos que explorem comercialmente bilhar, sinuca ou congênere ou por casas de jogos, assim entendidas as que realizem apostas, ainda que eventualmente, cuidarão para que não seja permitida a entrada e a permanência de crianças e adolescentes no local, afixando aviso para orientação do público.

SEÇÃO II
DOS PRODUTOS E SERVIÇOS

Art. 81. É proibida a venda à criança ou ao adolescente de:

▸ Lei 12.291/2013 (Torna obrigatória a manutenção de exemplar do CDC nos estabelecimentos comerciais e de prestação de serviços).

I - armas, munições e explosivos;

II - bebidas alcoólicas;

▸ art. 258-C, desta lei.

III - produtos cujos componentes possam causar dependência física ou psíquica ainda que por utilização indevida;

IV - fogos de estampido e de artifício, exceto aqueles que pelo seu reduzido potencial sejam incapazes de provocar qualquer dano físico em caso de utilização indevida;

V - revistas e publicações a que alude o art. 78;

VI - bilhetes lotéricos e equivalentes.

Art. 82. É proibida a hospedagem de criança ou adolescente em hotel, motel, pensão ou estabelecimento congênere, salvo se autorizado ou acompanhado pelos pais ou responsável.

SEÇÃO III
DA AUTORIZAÇÃO PARA VIAJAR

Art. 83. Nenhuma criança ou adolescente menor de 16 (dezesseis) anos poderá viajar para fora da comarca onde reside desacompanhado dos pais ou dos responsáveis sem expressa autorização judicial. (Redação dada pela Lei nº 13.812, de 2019)

§ 1º A autorização não será exigida quando:

a) tratar-se de comarca contígua à da residência da criança ou do adolescente menor de 16 (dezesseis) anos, se na mesma unidade da Federação, ou incluída na mesma região metropolitana; (Redação dada pela Lei nº 13.812, de 2019)

b) a criança ou o adolescente menor de 16 (dezesseis) anos estiver acompanhado: (Redação dada pela Lei nº 13.812, de 2019)

1) de ascendente ou colateral maior, até o terceiro grau, comprovado documentalmente o parentesco;

2) de pessoa maior, expressamente autorizada pelo pai, mãe ou responsável.

§ 2º A autoridade judiciária poderá, a pedido dos pais ou responsável, conceder autorização válida por dois anos.

Art. 84. Quando se tratar de viagem ao exterior, a autorização é dispensável, se a criança ou adolescente:

I - estiver acompanhado de ambos os pais ou responsável;

II - viajar na companhia de um dos pais, autorizado expressamente pelo outro através de documento com firma reconhecida.

Art. 85. Sem prévia e expressa autorização judicial, nenhuma criança ou adolescente nascido em território nacional poderá sair do país em companhia de estrangeiro residente ou domiciliado no exterior.

PARTE ESPECIAL

TÍTULO I
DA POLÍTICA DE ATENDIMENTO

CAPÍTULO I
DISPOSIÇÕES GERAIS

Art. 86. A política de atendimento dos direitos da criança e do adolescente far-se-á através de um conjunto articulado de ações governamentais e não governamentais, da União, dos Estados, do Distrito Federal e dos Municípios.

Art. 87. São linhas de ação da política de atendimento:

I - políticas sociais básicas;

II - serviços, programas, projetos e benefícios de assistência social de garantia de proteção social e de prevenção e redução de violações de direitos, seus agravamentos ou reincidências; (Alterado pela Lei 13.257/2016.)

III - serviços especiais de prevenção e atendimento médico e psicossocial às vítimas de negligência, maus-tratos, exploração, abuso, crueldade e opressão;

IV - serviço de identificação e localização de pais, responsável, crianças e adolescentes desaparecidos;

› Lei 12.127/2009 (Cria o Cadastro Nacional de Crianças e Adolescentes Desaparecidos).

V - proteção jurídico-social por entidades de defesa dos direitos da criança e do adolescente;

VI - políticas e programas destinados a prevenir ou abreviar o período de afastamento do convívio familiar e a garantir o efetivo exercício do direito à convivência familiar de crianças e adolescentes; (Incluído pela Lei 12.010/2009.)

VII - campanhas de estímulo ao acolhimento sob forma de guarda de crianças e adolescentes afastados do convívio familiar e à adoção, especificamente inter-racial, de crianças maiores ou de adolescentes, com necessidades específicas de saúde ou com deficiências e de grupos de irmãos. (Incluído pela Lei 12.010/2009.)

Art. 88. São diretrizes da política de atendimento:

I - municipalização do atendimento;

II - criação de conselhos municipais, estaduais e nacional dos direitos da criança e do adolescente, órgãos deliberativos e controladores das ações em todos os níveis, assegurada a participação popular paritária por meio de organizações representativas, segundo leis federal, estaduais e municipais;

› art. 4º, § 1º, Lei 12.594/2012 (Institui o Sistema Nacional de Atendimento Socioeducativo – SINASE).

› Dec. 10.069/2019 (Dispõe sobre o Conselho Nacional de Juventude).

III - criação e manutenção de programas específicos, observada a descentralização político-administrativa;

IV - manutenção de fundos nacional, estaduais e municipais vinculados aos respectivos conselhos dos direitos da criança e do adolescente;

V - integração operacional de órgãos do Judiciário, Ministério Público, Defensoria, Segurança Pública e Assistência Social, preferencialmente em um mesmo local, para efeito de agilização do atendimento inicial a adolescente a quem se atribua autoria de ato infracional;

› art. 4º, VII, Lei 12.594/2012 (Institui o Sistema Nacional de Atendimento Socioeducativo – SINASE).

VI - integração operacional de órgãos do Judiciário, Ministério Público, Defensoria, Conselho Tutelar e encarregados da execução das políticas sociais básicas e de assistência social, para efeito de agilização do atendimento de crianças e de adolescentes inseridos em programas de acolhimento familiar ou institucional, com vista na sua rápida reintegração à família de origem ou, se tal solução se mostrar comprovadamente inviável, sua colocação em família substituta, em quaisquer das modalidades previstas no art. 28 desta lei; (Redação dada pela Lei 12.010/2009.)

VII - mobilização da opinião pública para a indispensável participação dos diversos segmentos da sociedade; (Incluído pela Lei 12.010/2009.)

VIII - especialização e formação continuada dos profissionais que trabalham nas diferentes áreas da atenção à primeira infância, incluindo os conhecimentos sobre direitos da criança e sobre desenvolvimento infantil; (Acrescentado pela Lei 13.257/2016.)

IX - formação profissional com abrangência dos diversos direitos da criança e do adolescente que favoreça a intersetorialidade no atendimento da criança e do adolescente e seu desenvolvimento integral; (Acrescentado pela Lei 13.257/2016.)

X - realização e divulgação de pesquisas sobre desenvolvimento infantil e sobre prevenção da violência. (Acrescentado pela Lei 13.257/2016.)

Art. 89. A função de membro do conselho nacional e dos conselhos estaduais e municipais dos direitos da criança e do adolescente é considerada de interesse público relevante e não será remunerada.

CAPÍTULO II
DAS ENTIDADES DE ATENDIMENTO

SEÇÃO I
DISPOSIÇÕES GERAIS

Art. 90. As entidades de atendimento são responsáveis pela manutenção das próprias unidades, assim como pelo planejamento e execução de programas de proteção e socioeducativos destinados a crianças e adolescentes, em regime de:

I - orientação e apoio sociofamiliar;

II - apoio socioeducativo em meio aberto;

III - colocação familiar;

IV - acolhimento institucional; (Redação dada pela Lei 12.010/2009.)

V - prestação de serviços à comunidade; (Acrescentado pela Lei 12.594/2012.)

VI - liberdade assistida;

VII - semiliberdade;

VIII - internação. (Incisos V a VIII renumerados pela Lei 12.594/2012).

§ 1º As entidades governamentais e não governamentais deverão proceder à inscrição de seus programas, especificando os regimes de atendimento, na forma definida neste artigo, no Conselho Municipal dos Direitos da Criança e do Adolescente, o qual manterá registro das inscrições e de suas alterações, do que fará comunicação ao Conselho Tutelar e à autoridade judiciária. (Incluído pela Lei 12.010/2009.)

§ 2º Os recursos destinados à implementação e manutenção dos programas relacionados neste artigo serão previstos nas dotações orçamentárias dos órgãos públicos encarregados das áreas de Educação, Saúde e Assistência Social, dentre outros, observando-se o princípio da prioridade absoluta à criança e ao adolescente preconizado pelo *caput* do art. 227 da Constituição Federal e pelo *caput* e parágrafo único do art. 4º desta lei. (Incluído pela Lei 12.010/2009.)

§ 3º Os programas em execução serão reavaliados pelo Conselho Municipal dos Direitos da Criança e do Adolescente, no máximo, a cada 2 (dois) anos, constituindo-se critérios para renovação da autorização de funcionamento: (Incluído pela Lei 12.010/2009.)

I - o efetivo respeito às regras e princípios desta lei, bem como às resoluções relativas à modalidade de atendimento prestado expedidas pelos Conselhos de Direitos da Criança e do Adolescente, em todos os níveis; (Incluído pela Lei 12.010/2009.)

II - a qualidade e eficiência do trabalho desenvolvido, atestadas pelo Conselho Tutelar, pelo Ministério Público e pela Justiça da Infância e da Juventude; (Incluído pela Lei 12.010/2009.)

III - em se tratando de programas de acolhimento institucional ou familiar, serão considerados os índices de sucesso na reintegração familiar ou de adaptação à família substituta, conforme o caso. (Incluído pela Lei 12.010/2009.)

Art. 91. As entidades não governamentais somente poderão funcionar depois de registradas no Conselho Municipal dos Direitos da Criança e do Adolescente, o qual comunicará o registro ao Conselho Tutelar e à autoridade judiciária da respectiva localidade.

§ 1º Será negado o registro à entidade que: (Incluído pela Lei 12.010/2009.)

a) não ofereça instalações físicas em condições adequadas de habitabilidade, higiene, salubridade e segurança;

b) não apresente plano de trabalho compatível com os princípios desta lei;

c) esteja irregularmente constituída;

d) tenha em seus quadros pessoas inidôneas;

e) não se adequar ou deixar de cumprir as resoluções e deliberações relativas à modalidade de atendimento prestado expedidas pelos Conselhos de Direitos da Criança e do Adolescente, em todos os níveis. (Incluída pela Lei 12.010/2009.)

§ 2º O registro terá validade máxima de 4 (quatro) anos, cabendo ao Conselho Municipal dos Direitos da Criança e do Adolescente, periodicamente, reavaliar o cabimento de sua renovação, observado o disposto no § 1º deste artigo. (Incluído pela Lei 12.010/2009.)

Art. 92. As entidades que desenvolvam programas de acolhimento familiar ou institucional deverão adotar os seguintes princípios: (Redação dada pela Lei 12.010/2009.)

I - preservação dos vínculos familiares e promoção da reintegração familiar; (Redação dada pela Lei 12.010/2009.)

II - integração em família substituta, quando esgotados os recursos de manutenção na família natural ou extensa;

III - atendimento personalizado e em pequenos grupos;

IV - desenvolvimento de atividades em regime de coeducação;

V - não desmembramento de grupos de irmãos;

VI - evitar, sempre que possível, a transferência para outras entidades de crianças e adolescentes abrigados;

VII - participação na vida da comunidade local;

VIII - preparação gradativa para o desligamento;

IX - participação de pessoas da comunidade no processo educativo.

§ 1º O dirigente de entidade que desenvolve programa de acolhimento institucional é equiparado ao guardião, para todos os efeitos de direito. (Incluído pela Lei 12.010/2009.)

§ 2º Os dirigentes de entidades que desenvolvem programas de acolhimento familiar ou institucional remeterão à autoridade judiciária, no máximo a cada 6 (seis) meses, relatório circunstanciado acerca da situação de cada criança ou adolescente acolhido e sua família, para fins da reavaliação prevista no § 1º do art. 19 desta lei. (Incluído pela Lei 12.010/2009.)

§ 3º Os entes federados, por intermédio dos Poderes Executivo e Judiciário, promoverão conjuntamente a permanente qualificação dos profissionais que atuam direta ou indiretamente em programas de acolhimento institucional e destinados à colocação familiar de crianças e adolescentes, incluindo membros do Poder Judiciário, Ministério Público e Conselho Tutelar. (Incluído pela Lei 12.010/2009.)

§ 4º Salvo determinação em contrário da autoridade judiciária competente, as entidades que desenvolvem programas de acolhimento familiar ou institucional, se necessário com o auxílio do Conselho Tutelar e dos órgãos de assistência social, estimularão o contato da criança ou adolescente com seus pais e parentes, em cumprimento ao disposto nos incisos I e VIII do *caput* deste artigo. (Incluído pela Lei 12.010/2009.)

§ 5º As entidades que desenvolvem programas de acolhimento familiar ou institucional somente poderão receber recursos públicos se comprovado o atendimento dos princípios, exigências e finalidades desta lei. (Incluído pela Lei 12.010/2009.)

§ 6º O descumprimento das disposições desta lei pelo dirigente de entidade que desenvolva programas de acolhimento familiar ou institucional é causa de sua destituição, sem prejuízo da apuração de sua responsabilidade administrativa, civil e criminal. (Incluído pela Lei 12.010/2009.)

§ 7º Quando se tratar de criança de 0 (zero) a 3 (três) anos em acolhimento institucional, dar-se-á especial atenção à atuação de educadores de referência estáveis e qualitativamente significativos, às rotinas específicas e ao atendimento das necessidades básicas, incluindo as de afeto como prioritárias. (Acrescentado pela Lei 13.257/2016.)

Art. 93. As entidades que mantenham programa de acolhimento institucional poderão, em caráter excepcional e de urgência, acolher crianças e adolescentes sem prévia determinação da autoridade competente, fazendo comunicação do fato em até 24 (vinte e quatro) horas ao Juiz da Infância e da Juventude, sob pena de responsabilidade. (Redação dada pela Lei 12.010/2009.)

Parágrafo único. Recebida a comunicação, a autoridade judiciária, ouvido o Ministério Público e se necessário com o apoio do Conselho Tutelar local, tomará as medidas necessárias para promover a imediata reintegração familiar da criança ou do adolescente ou, se por qualquer razão não for isso possível ou recomendável, para seu encaminhamento a programa de acolhimento familiar, institucional ou a família substituta, observado o disposto no § 2º do art. 101 desta lei. (Incluído pela Lei 12.010/2009.)

Art. 94. As entidades que desenvolvem programas de internação têm as seguintes obrigações, entre outras:

I - observar os direitos e garantias de que são titulares os adolescentes;

II - não restringir nenhum direito que não tenha sido objeto de restrição na decisão de internação;

III - oferecer atendimento personalizado, em pequenas unidades e grupos reduzidos;

IV - preservar a identidade e oferecer ambiente de respeito e dignidade ao adolescente;

V - diligenciar no sentido do restabelecimento e da preservação dos vínculos familiares;

VI - comunicar à autoridade judiciária, periodicamente, os casos em que se mostre inviável ou impossível o reatamento dos vínculos familiares;

VII - oferecer instalações físicas em condições adequadas de habitabilidade, higiene, salubridade e segurança e os objetos necessários à higiene pessoal;

VIII - oferecer vestuário e alimentação suficientes e adequados à faixa etária dos adolescentes atendidos;

IX - oferecer cuidados médicos, psicológicos, odontológicos e farmacêuticos;

X - propiciar escolarização e profissionalização;

XI - propiciar atividades culturais, esportivas e de lazer;

XII - propiciar assistência religiosa àqueles que desejarem, de acordo com suas crenças;

XIII - proceder a estudo social e pessoal de cada caso;

XIV - reavaliar periodicamente cada caso, com intervalo máximo de seis meses, dando ciência dos resultados à autoridade competente;

XV - informar, periodicamente, o adolescente internado sobre sua situação processual;

XVI - comunicar às autoridades competentes todos os casos de adolescentes portadores de moléstias infectocontagiosas;

XVII - fornecer comprovante de depósito dos pertences dos adolescentes;

XVIII - manter programas destinados ao apoio e acompanhamento de egressos;

XIX - providenciar os documentos necessários ao exercício da cidadania àqueles que não os tiverem;

XX - manter arquivo de anotações onde constem data e circunstâncias do atendimento, nome do adolescente, seus pais ou responsável, parentes, endereços, sexo, idade, acompanhamento da sua formação, relação de seus pertences e demais dados que possibilitem sua identificação e a individualização do atendimento.

§ 1º Aplicam-se, no que couber, as obrigações constantes deste artigo às entidades que mantêm programas de acolhimento institucional e familiar. (Redação dada pela Lei 12.010/2009.)

§ 2º No cumprimento das obrigações a que alude este artigo as entidades utilizarão preferencialmente os recursos da comunidade.

Art. 94-A. As entidades, públicas ou privadas, que abriguem ou recepcionem crianças e adolescentes, ainda que em caráter temporário, devem ter, em seus quadros, profissionais capacitados a reconhecer e reportar ao Conselho Tutelar suspeitas ou ocorrências de maus-tratos (Alterado pela Lei 13.046/2014.)

SEÇÃO II
DA FISCALIZAÇÃO DAS ENTIDADES

Art. 95. As entidades governamentais e não governamentais referidas no art. 90 serão fiscalizadas pelo Judiciário, pelo Ministério Público e pelos Conselhos Tutelares.

Art. 96. Os planos de aplicação e as prestações de contas serão apresentados ao estado ou ao município, conforme a origem das dotações orçamentárias.

Art. 97. São medidas aplicáveis às entidades de atendimento que descumprirem obrigação constante do art. 94, sem prejuízo da responsabilidade civil e criminal de seus dirigentes ou prepostos:

› Texto conforme publicação oficial.

I - às entidades governamentais:

a) advertência;

b) afastamento provisório de seus dirigentes;

c) afastamento definitivo de seus dirigentes;

d) fechamento de unidade ou interdição de programa.

II - às entidades não governamentais:

a) advertência;

b) suspensão total ou parcial do repasse de verbas públicas;

c) interdição de unidades ou suspensão de programa;

d) cassação do registro.

§ 1º Em caso de reiteradas infrações cometidas por entidades de atendimento, que coloquem em risco os direitos assegurados nesta Lei, deverá ser o fato comunicado ao Ministério Público ou representado perante autoridade judiciária competente para as providências cabíveis, inclusive suspensão das atividades ou dissolução da entidade. (Redação dada pela Lei 12.010/2009.)

§ 2º As pessoas jurídicas de direito público e as organizações não governamentais responderão pelos danos que seus agentes causarem às crianças e aos adolescentes, caracterizado o descumprimento dos princípios norteadores das atividades de proteção específica. (Redação dada pela Lei 12.010/2009.)

TÍTULO II
DAS MEDIDAS DE PROTEÇÃO

CAPÍTULO I
DISPOSIÇÕES GERAIS

Art. 98. As medidas de proteção à criança e ao adolescente são aplicáveis sempre que os direitos reconhecidos nesta Lei forem ameaçados ou violados:

› Súm. 594, do STJ.

I - por ação ou omissão da sociedade ou do Estado;

II - por falta, omissão ou abuso dos pais ou responsável;

III - em razão de sua conduta.

CAPÍTULO II
DAS MEDIDAS ESPECÍFICAS DE PROTEÇÃO

Art. 99. As medidas previstas neste Capítulo poderão ser aplicadas isolada ou cumulativamente, bem como substituídas a qualquer tempo.

Art. 100. Na aplicação das medidas levar-se-ão em conta as necessidades pedagógicas, preferindo-se aquelas que visem ao fortalecimento dos vínculos familiares e comunitários.

Parágrafo único. São também princípios que regem a aplicação das medidas: (Incluído pela Lei 12.010/2009.)

I - condição da criança e do adolescente como sujeitos de direitos: crianças e adolescentes são os titulares dos direitos previstos nesta e em outras Leis, bem como na Constituição Federal; (Incluído pela Lei 12.010/2009.)

II - proteção integral e prioritária: a interpretação e aplicação de toda e qualquer norma contida nesta Lei deve ser voltada à proteção integral e prioritária dos direitos de que crianças e adolescentes são titulares; (Incluído pela Lei 12.010/2009.)

III - responsabilidade primária e solidária do Poder Público: a plena efetivação dos direitos assegurados a crianças e a adolescentes por esta Lei e pela Constituição Federal, salvo nos casos por esta expressamente ressalvados, é de responsabilidade primária e solidária das 3 (três) esferas de governo, sem prejuízo da municipalização do atendimento e da possibilidade da execução de programas por entidades não governamentais; (Incluído pela Lei 12.010/2009.)

IV - interesse superior da criança e do adolescente: a intervenção deve atender prioritariamente aos interesses e direitos da criança e do adolescente, sem prejuízo da consideração que for devida a outros interesses legítimos no âmbito da pluralidade dos interesses presentes no caso concreto; (Incluído pela Lei 12.010/2009.)

V - privacidade: a promoção dos direitos e proteção da criança e do adolescente deve ser efetuada no respeito pela intimidade, direito à imagem e reserva da sua vida privada; (Incluído pela Lei 12.010/2009.)

VI - intervenção precoce: a intervenção das autoridades competentes deve ser efetuada logo que a situação de perigo seja conhecida; (Incluído pela Lei 12.010/2009.)

VII - intervenção mínima: a intervenção deve ser exercida exclusivamente pelas autoridades e instituições cuja ação seja indispensável à efetiva promoção dos direitos e à proteção da criança e do adolescente; (Incluído pela Lei 12.010/2009.)

VIII - proporcionalidade e atualidade: a intervenção deve ser a necessária e adequada à situação de perigo em que a criança ou o adolescente se encontram no momento em que a decisão é tomada; (Incluído pela Lei 12.010/2009.)

IX - responsabilidade parental: a intervenção deve ser efetuada de modo que os pais assumam os seus deveres para com a criança e o adolescente; (Incluído pela Lei 12.010/2009.)

X - prevalência da família: na promoção de direitos e na proteção da criança e do adolescente deve ser dada prevalência às medidas que os mantenham ou reintegrem na sua família natural ou extensa ou, se isso não for possível, que promovam a sua integração em família adotiva; (Redação dada pela Lei nº 13.509, de 2017)

XI - obrigatoriedade da informação: a criança e o adolescente, respeitado seu estágio de desenvolvimento e capacidade de compreensão, seus pais ou responsável devem ser informados dos seus direitos, dos motivos que determinaram a intervenção e da forma como esta se processa; (Incluído pela Lei 12.010/2009.)

XII - oitiva obrigatória e participação: a criança e o adolescente, em separado ou na companhia dos pais, de responsável ou de pessoa por si indicada, bem como os seus pais ou responsável, têm direito a ser ouvidos e a participar nos atos e na definição da medida de promoção dos direitos e de proteção, sendo sua opinião devidamente considerada pela autoridade judiciária competente, observado o disposto nos §§ 1º e 2º do art. 28 desta lei. (Incluído pela Lei 12.010/2009.)

Art. 101. Verificada qualquer das hipóteses previstas no art. 98, a autoridade competente poderá determinar, dentre outras, as seguintes medidas:

I - encaminhamento aos pais ou responsável, mediante termo de responsabilidade;

II - orientação, apoio e acompanhamento temporários;

III - matrícula e frequência obrigatórias em estabelecimento oficial de ensino fundamental;

IV - inclusão em serviços e programas oficiais ou comunitários de proteção, apoio e promoção da família, da criança e do adolescente; (Alterado pela Lei 13.257/2016.)

V - requisição de tratamento médico, psicológico ou psiquiátrico, em regime hospitalar ou ambulatorial;

VI - inclusão em programa oficial ou comunitário de auxílio, orientação e tratamento a alcoólatras e toxicômanos;

VII - acolhimento institucional; (Redação dada pela Lei 12.010/2009.)

VIII - inclusão em programa de acolhimento familiar; (Redação dada pela Lei 12.010/2009.)

IX - colocação em família substituta. (Incluído pela Lei 12.010/2009.)

§ 1º O acolhimento institucional e o acolhimento familiar são medidas provisórias e excepcionais, utilizáveis como forma de transição para reintegração familiar ou, não sendo esta possível, para colocação em família substituta, não implicando privação de liberdade. (Incluído pela Lei 12.010/2009.)

§ 2º Sem prejuízo da tomada de medidas emergenciais para proteção de vítimas de violência ou abuso sexual e das providências a que alude o art. 130 desta lei, o afastamento da criança ou adolescente do convívio familiar é de competência exclusiva da autoridade judiciária e importará na deflagração, a pedido do Ministério Público ou de quem tenha legítimo interesse, de procedimento judicial contencioso, no qual se garanta aos pais ou ao responsável legal o exercício do contraditório e da ampla defesa. (Incluído pela Lei 12.010/2009.)

§ 3º Crianças e adolescentes somente poderão ser encaminhados às instituições que executam programas de acolhimento institucional, governamentais ou não, por meio de uma Guia de Acolhimento, expedida pela autoridade judiciária, na qual obrigatoriamente constará, dentre outros: (Incluído pela Lei 12.010/2009.)

I - sua identificação e a qualificação completa de seus pais ou de seu responsável, se conhecidos; (Incluído pela Lei 12.010/2009.)

II - o endereço de residência dos pais ou do responsável, com pontos de referência; (Incluído pela Lei 12.010/2009.)

III - os nomes de parentes ou de terceiros interessados em tê-los sob sua guarda; (Incluído pela Lei 12.010/2009.)

IV - os motivos da retirada ou da não reintegração ao convívio familiar. (Incluído pela Lei 12.010/2009.)

§ 4º Imediatamente após o acolhimento da criança ou do adolescente, a entidade responsável pelo programa de acolhimento institucional ou familiar elaborará um plano individual de atendimento, visando à reintegração familiar, ressalvada a existência de ordem escrita e fundamentada em contrário de autoridade judiciária competente, caso em que também deverá contemplar sua colocação em família substituta, observadas as regras e princípios desta lei. (Incluído pela Lei 12.010/2009.)

§ 5º O plano individual será elaborado sob a responsabilidade da equipe técnica do respectivo programa de atendimento e levará em consideração a opinião da criança ou do adolescente e a oitiva dos pais ou do responsável. (Incluído pela Lei 12.010/2009.)

§ 6º Constarão do plano individual, dentre outros: (Incluído pela Lei 12.010/2009.)

I - os resultados da avaliação interdisciplinar; (Incluído pela Lei 12.010/2009.)

II - os compromissos assumidos pelos pais ou responsável; e (Incluído pela Lei 12.010/2009.)

III - a previsão das atividades a serem desenvolvidas com a criança ou com o adolescente acolhido e seus pais ou responsável, com vista na reintegração familiar ou, caso seja esta vedada por expressa e fundamentada determinação judicial, as providências a serem tomadas para sua colocação em família substituta, sob direta supervisão da autoridade judiciária. (Incluído pela Lei 12.010/2009.)

§ 7º O acolhimento familiar ou institucional ocorrerá no local mais próximo à residência dos pais ou do responsável e, como parte do processo de reintegração familiar, sempre que identificada a necessidade, a família de origem será incluída em programas oficiais de orientação, de apoio e de promoção social, sendo facilitado e estimulado o contato com a criança ou com o adolescente acolhido. (Incluído pela Lei 12.010/2009.)

§ 8º Verificada a possibilidade de reintegração familiar, o responsável pelo programa de acolhimento familiar ou institucional fará imediata comunicação à autoridade judiciária, que dará vista ao Ministério Público, pelo prazo de 5 (cinco) dias, decidindo em igual prazo. (Incluído pela Lei 12.010/2009.)

§ 9º Em sendo constatada a impossibilidade de reintegração da criança ou do adolescente à família de origem, após seu encaminhamento a programas oficiais ou comunitários de orientação, apoio e promoção social, será enviado relatório fundamentado ao Ministério Público, no qual conste a descrição pormenorizada das providências tomadas e a expressa recomendação, subscrita pelos técnicos da entidade ou responsáveis pela execução da política municipal de garantia do direito à convivência familiar, para a destituição do poder familiar, ou destituição de tutela ou guarda. (Incluído pela Lei 12.010/2009.)

§ 10. Recebido o relatório, o Ministério Público terá o prazo de 15 (quinze) dias para o ingresso com a ação de destituição do poder familiar, salvo se entender necessária a realização de estudos complementares ou de outras providências indispensáveis ao ajuizamento da demanda. (Redação dada pela Lei nº 13.509, de 2017)

§ 11. A autoridade judiciária manterá, em cada comarca ou foro regional, um cadastro contendo informações atualizadas sobre as crianças e adolescentes em regime de acolhimento familiar e institucional sob sua responsabilidade, com informações pormenorizadas sobre a situação jurídica de cada um, bem como as providências tomadas para sua reintegração familiar ou colocação em família substituta, em qualquer das modalidades previstas no art. 28 desta lei. (Incluído pela Lei 12.010/2009.)

‣ art. 258-A deste lei.

§ 12. Terão acesso ao cadastro o Ministério Público, o Conselho Tutelar, o órgão gestor da Assistência Social e os Conselhos Municipais dos Direitos da Criança e do Adolescente e da Assistência Social, aos quais incumbe deliberar sobre a implementação de políticas públicas que permitam reduzir o número de crianças e adolescentes afastados do convívio familiar e abreviar o período de permanência em programa de acolhimento. (Incluído pela Lei 12.010/2009.)

Art. 102. As medidas de proteção de que trata este Capítulo serão acompanhadas da regularização do registro civil.

§ 1º Verificada a inexistência de registro anterior, o assento de nascimento da criança ou adolescente será feito à vista dos elementos disponíveis, mediante requisição da autoridade judiciária.

§ 2º Os registros e certidões necessários à regularização de que trata este artigo são isentos de multas, custas e emolumentos, gozando de absoluta prioridade.

§ 3º Caso ainda não definida a paternidade, será deflagrado procedimento específico destinado à sua averiguação, conforme previsto pela Lei n. 8.560, de 29 de dezembro de 1992. (Incluído pela Lei 12.010/2009.)

§ 4º Nas hipóteses previstas no § 3º deste artigo, é dispensável o ajuizamento de ação de investigação de paternidade pelo Ministério Público se, após o não comparecimento ou a recusa do suposto pai em assumir a paternidade a ele atribuída, a criança for encaminhada para adoção. (Incluído pela Lei 12.010/2009.)

§ 5º Os registros e certidões necessários à inclusão, a qualquer tempo, do nome do pai no assento de nascimento são isentos de multas, custas e emolumentos, gozando de absoluta prioridade. (Acrescentado pela Lei 13.257/2016.)

§ 6º São gratuitas, a qualquer tempo, a averbação requerida do reconhecimento de paternidade no assento de nascimento e a certidão correspondente. (Acrescentado pela Lei 13.257/2016.)

TÍTULO III DA PRÁTICA DE ATO INFRACIONAL

CAPÍTULO I DISPOSIÇÕES GERAIS

Art. 103. Considera-se ato infracional a conduta descrita como crime ou contravenção penal.

Art. 104. São penalmente inimputáveis os menores de dezoito anos, sujeitos às medidas previstas nesta Lei.

Parágrafo único. Para os efeitos desta lei, deve ser considerada a idade do adolescente à data do fato.

‣ Súm. 605, STJ.

Art. 105. Ao ato infracional praticado por criança corresponderão as medidas previstas no art. 101.

CAPÍTULO II DOS DIREITOS INDIVIDUAIS

Art. 106. Nenhum adolescente será privado de sua liberdade senão em flagrante de ato infracional ou por ordem escrita e fundamentada da autoridade judiciária competente.

Parágrafo único. O adolescente tem direito à identificação dos responsáveis pela sua apreensão, devendo ser informado acerca de seus direitos.

‣ art. 5º, LXIV, CF

Art. 107. A apreensão de qualquer adolescente e o local onde se encontra recolhido serão incontinenti comunicados à autoridade judiciária competente e à família do apreendido ou à pessoa por ele indicada.

‣ art. 5º, LXII, CF.

Parágrafo único. Examinar-se-á, desde logo e sob pena de responsabilidade, a possibilidade de liberação imediata.

‣ art. 5º, LXV, CF.

Art. 108. A internação, antes da sentença, pode ser determinada pelo prazo máximo de quarenta e cinco dias.

Parágrafo único. A decisão deverá ser fundamentada e basear-se em indícios suficientes de autoria e materialidade, demonstrada a necessidade imperiosa da medida.

Art. 109. O adolescente civilmente identificado não será submetido à identificação compulsória pelos órgãos policiais, de proteção e judiciais, salvo para efeito de confrontação, havendo dúvida fundada.

- art. 5º, LVIII, CF.

CAPÍTULO III
DAS GARANTIAS PROCESSUAIS

Art. 110. Nenhum adolescente será privado de sua liberdade sem o devido processo legal.

- art. 5º, LIV, CF.
- Súm. 265 e 342, STJ.

Art. 111. São asseguradas ao adolescente, entre outras, as seguintes garantias:

I - pleno e formal conhecimento da atribuição de ato infracional, mediante citação ou meio equivalente;

II - igualdade na relação processual, podendo confrontar-se com vítimas e testemunhas e produzir todas as provas necessárias à sua defesa;

III - defesa técnica por advogado;

IV - assistência judiciária gratuita e integral aos necessitados, na forma da lei;

- arts. 5º, LXXIV e 134, CF.
- Lei 1.060/1950 (Lei de assistência judiciária).

V - direito de ser ouvido pessoalmente pela autoridade competente;

- Súm. 265, STJ.

VI - direito de solicitar a presença de seus pais ou responsável em qualquer fase do procedimento.

CAPÍTULO IV
DAS MEDIDAS SOCIOEDUCATIVAS

- Lei 12.106/2009 (Cria, no âmbito do Conselho Nacional de Justiça, o Departamento de Monitoramento e Fiscalização do Sistema Carcerário e do Sistema de Execução de Medidas Socioeducativas).
- Lei 12.594/2012 (Institui o Sistema Nacional de Atendimento Socioeducativo – SINASE).
- Súm. 338 e 342, STJ.

SEÇÃO I
DISPOSIÇÕES GERAIS

Art. 112. Verificada a prática de ato infracional, a autoridade competente poderá aplicar ao adolescente as seguintes medidas:

I - advertência;

II - obrigação de reparar o dano;

III - prestação de serviços à comunidade;

IV - liberdade assistida;

V - inserção em regime de semiliberdade;

VI - internação em estabelecimento educacional;

VII - qualquer uma das previstas no art. 101, I a VI.

- Súm. 108, STJ.

§ 1º A medida aplicada ao adolescente levará em conta a sua capacidade de cumpri-la, as circunstâncias e a gravidade da infração.

§ 2º Em hipótese alguma e sob pretexto algum, será admitida a prestação de trabalho forçado.

§ 3º Os adolescentes portadores de doença ou deficiência mental receberão tratamento individual e especializado, em local adequado às suas condições.

Art. 113. Aplica-se a este Capítulo o disposto nos arts. 99 e 100.

Art. 114. A imposição das medidas previstas nos incisos II a VI do art. 112 pressupõe a existência de provas suficientes da autoria e da materialidade da infração, ressalvada a hipótese de remissão, nos termos do art. 127.

Parágrafo único. A advertência poderá ser aplicada sempre que houver prova da materialidade e indícios suficientes da autoria.

SEÇÃO II
DA ADVERTÊNCIA

Art. 115. A advertência consistirá em admoestação verbal, que será reduzida a termo e assinada.

SEÇÃO III
DA OBRIGAÇÃO DE REPARAR O DANO

Art. 116. Em se tratando de ato infracional com reflexos patrimoniais, a autoridade poderá determinar, se for o caso, que o adolescente restitua a coisa, promova o ressarcimento do dano, ou, por outra forma, compense o prejuízo da vítima.

Parágrafo único. Havendo manifesta impossibilidade, a medida poderá ser substituída por outra adequada.

SEÇÃO IV
DA PRESTAÇÃO DE SERVIÇOS À COMUNIDADE

Art. 117. A prestação de serviços comunitários consiste na realização de tarefas gratuitas de interesse geral, por período não excedente a seis meses, junto a entidades assistenciais, hospitais, escolas e outros estabelecimentos congêneres, bem como em programas comunitários ou governamentais.

Parágrafo único. As tarefas serão atribuídas conforme as aptidões do adolescente, devendo ser cumpridas durante jornada máxima de oito horas semanais, aos sábados, domingos e feriados ou em dias úteis, de modo a não prejudicar a frequência à escola ou à jornada normal de trabalho.

SEÇÃO V
DA LIBERDADE ASSISTIDA

- arts. 42; 43, Lei 12.594/2012 (Institui o Sistema Nacional de Atendimento Socioeducativo – SINASE).

Art. 118. A liberdade assistida será adotada sempre que se afigurar a medida mais adequada para o fim de acompanhar, auxiliar e orientar o adolescente.

§ 1º A autoridade designará pessoa capacitada para acompanhar o caso, a qual poderá ser recomendada por entidade ou programa de atendimento.

§ 2º A liberdade assistida será fixada pelo prazo mínimo de seis meses, podendo a qualquer tempo ser prorrogada, revogada ou substituída por outra medida, ouvido o orientador, o Ministério Público e o defensor.

Art. 119. Incumbe ao orientador, com o apoio e a supervisão da autoridade competente, a realização dos seguintes encargos, entre outros:

I - promover socialmente o adolescente e sua família, fornecendo-lhes orientação e inserindo-os, se necessário, em programa oficial ou comunitário de auxílio e assistência social;

II - supervisionar a frequência e o aproveitamento escolar do adolescente, promovendo, inclusive, sua matrícula;

III - diligenciar no sentido da profissionalização do adolescente e de sua inserção no mercado de trabalho;

IV - apresentar relatório do caso.

SEÇÃO VI
DO REGIME DE SEMILIBERDADE

Art. 120. O regime de semiliberdade pode ser determinado desde o início, ou como forma de transição para o meio aberto, possibilitada a realização de atividades externas, independentemente de autorização judicial.

§ 1º São obrigatórias a escolarização e a profissionalização, devendo, sempre que possível, ser utilizados os recursos existentes na comunidade.

§ 2º A medida não comporta prazo determinado aplicando-se, no que couber, as disposições relativas à internação.

SEÇÃO VII
DA INTERNAÇÃO

Art. 121. A internação constitui medida privativa da liberdade, sujeita aos princípios de brevidade, excepcionalidade e respeito à condição peculiar de pessoa em desenvolvimento.

§ 1º Será permitida a realização de atividades externas, a critério da equipe técnica da entidade, salvo expressa determinação judicial em contrário.

§ 2º A medida não comporta prazo determinado, devendo sua manutenção ser reavaliada, mediante decisão fundamentada, no máximo a cada seis meses.

§ 3º Em nenhuma hipótese o período máximo de internação excederá a três anos.

§ 4º Atingido o limite estabelecido no parágrafo anterior, o adolescente deverá ser liberado, colocado em regime de semiliberdade ou de liberdade assistida.

§ 5º A liberação será compulsória aos vinte e um anos de idade.

- Súm. 605, STJ.

§ 6º Em qualquer hipótese a desinternação será precedida de autorização judicial, ouvido o Ministério Público.

§ 7º A determinação judicial mencionada no § 1º poderá ser revista a qualquer tempo pela autoridade judiciária. (Acrescentado pela Lei 12.594/2012.)

Art. 122. A medida de internação só poderá ser aplicada quando:

- Súm. 492, STJ.

I - tratar-se de ato infracional cometido mediante grave ameaça ou violência a pessoa;

II - por reiteração no cometimento de outras infrações graves;

III - por descumprimento reiterado e injustificável da medida anteriormente imposta.

§ 1º O prazo de internação na hipótese do inciso III deste artigo não poderá ser superior a 3 (três) meses, devendo ser decretada judicialmente após o devido processo legal. (Substituído pela Lei 12.594/2012.)

§ 2º Em nenhuma hipótese será aplicada a internação, havendo outra medida adequada.

Art. 123. A internação deverá ser cumprida em entidade exclusiva para adolescentes, em local distinto daquele destinado ao abrigo, obedecida rigorosa separação por critérios de idade, compleição física e gravidade da infração.

Parágrafo único. Durante o período de internação, inclusive provisória, serão obrigatórias atividades pedagógicas.

Art. 124. São direitos do adolescente privado de liberdade, entre outros, os seguintes:

- arts. 60 a 62, Lei 12.594/2012 (Institui o Sistema Nacional de Atendimento Socioeducativo – SINASE).

I - entrevistar-se pessoalmente com o representante do Ministério Público;

II - peticionar diretamente a qualquer autoridade;

- art. 5º, XXXIV, CF.

III - avistar-se reservadamente com seu defensor;

IV - ser informado de sua situação processual, sempre que solicitada;

V - ser tratado com respeito e dignidade;

VI - permanecer internado na mesma localidade ou naquela mais próxima ao domicílio de seus pais ou responsável;

VII - receber visitas, ao menos, semanalmente;

- arts. 67 a 70, Lei 12.594/2012 (Institui o Sistema Nacional de Atendimento Socioeducativo – SINASE)

VIII - corresponder-se com seus familiares e amigos;

IX - ter acesso aos objetos necessários à higiene e asseio pessoal;

X - habitar alojamento em condições adequadas de higiene e salubridade;

XI - receber escolarização e profissionalização;

XII - realizar atividades culturais, esportivas e de lazer;

XIII - ter acesso aos meios de comunicação social;

XIV - receber assistência religiosa, segundo a sua crença, e desde que assim o deseje;

XV - manter a posse de seus objetos pessoais e dispor de local seguro para guardá-los, recebendo comprovante daqueles porventura depositados em poder da entidade;

XVI - receber, quando de sua desinternação, os documentos pessoais indispensáveis à vida em sociedade.

§ 1º Em nenhum caso haverá incomunicabilidade.

§ 2º A autoridade judiciária poderá suspender temporariamente a visita, inclusive de pais ou responsável, se existirem motivos sérios e fundados de sua prejudicialidade aos interesses do adolescente.

Art. 125. É dever do Estado zelar pela integridade física e mental dos internos, cabendo-lhe adotar as medidas adequadas de contenção e segurança.

CAPÍTULO V
DA REMISSÃO

Art. 126. Antes de iniciado o procedimento judicial para apuração de ato infracional, o representante do Ministério Público poderá conceder a remissão, como forma de exclusão do processo, atendendo às circunstâncias e consequências do fato, ao contexto social, bem como à personalidade do adolescente e sua maior ou menor participação no ato infracional.

- Súm. 108, STJ.

Parágrafo único. Iniciado o procedimento, a concessão da remissão pela autoridade judiciária importará na suspensão ou extinção do processo.

Art. 127. A remissão não implica necessariamente o reconhecimento ou comprovação da responsabilidade, nem prevalece para efeito de antecedentes, podendo incluir eventualmente a aplicação de qualquer das medidas previstas em lei, exceto a colocação em regime de semiliberdade e a internação.

- Súm. 108, STJ.

Art. 128. A medida aplicada por força da remissão poderá ser revista judicialmente, a qualquer tempo, mediante pedido expresso do adolescente ou de seu representante legal, ou do Ministério Público.

TÍTULO IV
DAS MEDIDAS PERTINENTES AOS PAIS OU RESPONSÁVEL

Art. 129. São medidas aplicáveis aos pais ou responsável:

I - encaminhamento a serviços e programas oficiais ou comunitários de proteção, apoio e promoção da família; (Alterado pela Lei 13.257/2016.)

II - inclusão em programa oficial ou comunitário de auxílio, orientação e tratamento a alcoólatras e toxicômanos;

III - encaminhamento a tratamento psicológico ou psiquiátrico;

IV - encaminhamento a cursos ou programas de orientação;

V - obrigação de matricular o filho ou pupilo e acompanhar sua frequência e aproveitamento escolar;

VI - obrigação de encaminhar a criança ou adolescente a tratamento especializado;

VII - advertência;

VIII - perda da guarda;

IX - destituição da tutela;

X - suspensão ou destituição do poder familiar.

Parágrafo único. Na aplicação das medidas previstas nos incisos IX e X deste artigo, observar-se-á o disposto nos arts. 23 e 24.

Art. 130. Verificada a hipótese de maus-tratos, opressão ou abuso sexual impostos pelos pais ou responsável, a autoridade judiciária poderá determinar, como medida cautelar, o afastamento do agressor da moradia comum.

Parágrafo único. Da medida cautelar constará, ainda, a fixação provisória dos alimentos de que necessitem a criança ou o adolescente dependentes do agressor. (Incluído pela Lei 12.415/2011.)

TÍTULO V
DO CONSELHO TUTELAR

CAPÍTULO I
DISPOSIÇÕES GERAIS

Art. 131. O Conselho Tutelar é órgão permanente e autônomo, não jurisdicional, encarregado pela sociedade de zelar pelo cumprimento dos direitos da criança e do adolescente, definidos nesta Lei.

Art. 132. Em cada Município e em cada Região Administrativa do Distrito Federal haverá, no mínimo, 1 (um) Conselho Tutelar como órgão integrante da administração pública local, composto de 5 (cinco) membros, escolhidos pela população local para mandato de 4 (quatro) anos, permitida recondução por novos processos de escolha. (Artigo com redação dada pela Lei 13.824/2019)

Art. 133. Para a candidatura a membro do Conselho Tutelar, serão exigidos os seguintes requisitos:

I - reconhecida idoneidade moral;

II - idade superior a vinte e um anos;

III - residir no município.

Art. 134. Lei municipal ou distrital disporá sobre o local, dia e horário de funcionamento do Conselho Tutelar, inclusive quanto à remuneração dos respectivos membros, aos quais é assegurado o direito a:

I - cobertura previdenciária;

II - gozo de férias anuais remuneradas, acrescidas de 1/3 (um terço) do valor da remuneração mensal;

III - licença-maternidade;

IV - licença-paternidade;

V - gratificação natalina. (Alterado pela Lei 12.696/2012.)

Parágrafo único. Constará da lei orçamentária municipal e da do Distrito Federal previsão dos recursos necessários ao funcionamento do Conselho Tutelar e à remuneração e formação continuada dos conselheiros tutelares. (Alterado pelas Lei 12.696/2012)

Art. 135. O exercício efetivo da função de conselheiro constituirá serviço público relevante e estabelecerá presunção de idoneidade moral. (Alterado pela Lei 12.696/2012)

CAPÍTULO II
DAS ATRIBUIÇÕES DO CONSELHO

Art. 136. São atribuições do Conselho Tutelar:

I - atender as crianças e adolescentes nas hipóteses previstas nos arts. 98 e 105, aplicando as medidas previstas no art. 101, I a VII;

II - atender e aconselhar os pais ou responsável, aplicando as medidas previstas no art. 129, I a VII;

III - promover a execução de suas decisões, podendo para tanto:

a) requisitar serviços públicos nas áreas de saúde, educação, serviço social, previdência, trabalho e segurança;

b) representar junto à autoridade judiciária nos casos de descumprimento injustificado de suas deliberações.

IV - encaminhar ao Ministério Público notícia de fato que constitua infração administrativa ou penal contra os direitos da criança ou adolescente;

V - encaminhar à autoridade judiciária os casos de sua competência;

VI - providenciar a medida estabelecida pela autoridade judiciária, dentre as previstas no art. 101, de I a VI, para o adolescente autor de ato infracional;

VII - expedir notificações;

VIII - requisitar certidões de nascimento e de óbito de criança ou adolescente quando necessário;

IX - assessorar o Poder Executivo local na elaboração da proposta orçamentária para planos e programas de atendimento dos direitos da criança e do adolescente;

X - representar, em nome da pessoa e da família, contra a violação dos direitos previstos no art. 220, § 3º, inciso II, da Constituição Federal;

XI - representar ao Ministério Público para efeito das ações de perda ou suspensão do poder familiar, após esgotadas as possibilidades de manutenção da criança ou do adolescente junto à família natural. (Redação dada pela Lei 12.010/2009.)

XII - promover e incentivar, na comunidade e nos grupos profissionais, ações de divulgação e treinamento para o reconhecimento de sintomas de maus-tratos em crianças e adolescentes. (Inserido pela Lei 13.046/2014.)

Parágrafo único. Se, no exercício de suas atribuições, o Conselho Tutelar entender necessário o afastamento do convívio familiar, comunicará incontinenti o fato ao Ministério Público, prestando-lhe informações sobre os motivos de tal entendimento e as providências tomadas para a orientação, o apoio e a promoção social da família. (Incluído pela Lei 12.010/2009.)

Art. 137. As decisões do Conselho Tutelar somente poderão ser revistas pela autoridade judiciária a pedido de quem tenha legítimo interesse.

CAPÍTULO III
DA COMPETÊNCIA

Art. 138. Aplica-se ao Conselho Tutelar a regra de competência constante do art. 147.

CAPÍTULO IV
DA ESCOLHA DOS CONSELHEIROS

Art. 139. O processo para a escolha dos membros do Conselho Tutelar será estabelecido em lei municipal e realizado sob a responsabilidade do Conselho Municipal dos Direitos da Criança e do Adolescente, e a fiscalização do Ministério Público. (Redação dada pela Lei 8.242/1991.)

§ 1º O processo de escolha dos membros do Conselho Tutelar ocorrerá em data unificada em todo o território nacional a cada 4 (quatro) anos, no primeiro domingo do mês de outubro do ano subsequente ao da eleição presidencial. (Incluído pela Lei 12.696/2012.)

§ 2º A posse dos conselheiros tutelares ocorrerá no dia 10 de janeiro do ano subsequente ao processo de escolha. (Incluído pela Lei 12.696/2012.)

§ 3º No processo de escolha dos membros do Conselho Tutelar, é vedado ao candidato doar, oferecer, prometer ou entregar ao eleitor bem ou vantagem pessoal de qualquer natureza, inclusive brindes de pequeno valor. (Incluído pela Lei 12.696/2012.)

CAPÍTULO V
DOS IMPEDIMENTOS

Art. 140. São impedidos de servir no mesmo Conselho marido e mulher, ascendentes e descendentes, sogro e genro ou nora, irmãos, cunhados, durante o cunhadio, tio e sobrinho, padrasto ou madrasta e enteado.

Parágrafo único. Estende-se o impedimento do conselheiro, na forma deste artigo, em relação à autoridade judiciária e ao representante do Ministério Público com atuação na Justiça da Infância e da Juventude, em exercício na comarca, foro regional ou distrital.

TÍTULO VI
DO ACESSO À JUSTIÇA

CAPÍTULO I
DISPOSIÇÕES GERAIS

Art. 141. É garantido o acesso de toda criança ou adolescente à Defensoria Pública, ao Ministério Público e ao Poder Judiciário, por qualquer de seus órgãos.

‣ arts. 5º, LXXIV; 134, CF.

§ 1º A assistência judiciária gratuita será prestada aos que dela necessitarem, através de defensor público ou advogado nomeado.

‣ arts. 5º, LXXIV, CF

‣ Lei 1.060/1950 (Lei de Assistência Judiciária).

§ 2º As ações judiciais da competência da Justiça da Infância e da Juventude são isentas de custas e emolumentos, ressalvada a hipótese de litigância de má-fé.

Art. 142. Os menores de dezesseis anos serão representados e os maiores de dezesseis e menores de vinte e um anos assistidos por seus pais, tutores ou curadores, na forma da legislação civil ou processual.

‣ art. 5º, CC.

Parágrafo único. A autoridade judiciária dará curador especial à criança ou adolescente, sempre que os interesses destes colidirem com os de seus pais ou responsável, ou quando carecer de representação ou assistência legal ainda que eventual.

‣ art. 1.692, CC.

Art. 143. É vedada a divulgação de atos judiciais, policiais e administrativos que digam respeito a crianças e adolescentes a que se atribua autoria de ato infracional.

Parágrafo único. Qualquer notícia a respeito do fato não poderá identificar a criança ou adolescente, vedando-se fotografia, referência a nome, apelido, filiação, parentesco, residência e, inclusive, iniciais do nome e sobrenome. (Redação dada pela Lei 10.764/2003.)

Art. 144. A expedição de cópia ou certidão de atos a que se refere o artigo anterior somente será deferida pela autoridade judiciária competente, se demonstrado o interesse e justificada a finalidade.

CAPÍTULO II
DA JUSTIÇA DA INFÂNCIA E DA JUVENTUDE

SEÇÃO I
DISPOSIÇÕES GERAIS

Art. 145. Os estados e o Distrito Federal poderão criar varas especializadas e exclusivas da infância e da juventude, cabendo ao Poder Judiciário estabelecer sua proporcionalidade por número de habitantes, dotá-las de infraestrutura e dispor sobre o atendimento, inclusive em plantões.

SEÇÃO II
DO JUIZ

Art. 146. A autoridade a que se refere esta Lei é o Juiz da Infância e da Juventude, ou o juiz que exerce essa função, na forma da lei de organização judiciária local.

‣ Súm. 108, STJ.

Art. 147. A competência será determinada:

I - pelo domicílio dos pais ou responsável;

‣ Súm. 383, STJ.

II - pelo lugar onde se encontre a criança ou adolescente, à falta dos pais ou responsável.

§ 1º Nos casos de ato infracional, será competente a autoridade do lugar da ação ou omissão, observadas as regras de conexão, continência e prevenção.

§ 2º A execução das medidas poderá ser delegada à autoridade competente da residência dos pais ou responsável, ou do local onde sediar-se a entidade que abrigar a criança ou adolescente.

§ 3º Em caso de infração cometida através de transmissão simultânea de rádio ou televisão, que atinja mais de uma comarca, será competente, para aplicação da penalidade, a autoridade judiciária do local da sede estadual da emissora ou rede, tendo a sentença eficácia para todas as transmissoras ou retransmissoras do respectivo estado.

Art. 148. A Justiça da Infância e da Juventude é competente para:

I - conhecer de representações promovidas pelo Ministério Público, para apuração de ato infracional atribuído a adolescente, aplicando as medidas cabíveis;

II - conceder a remissão, como forma de suspensão ou extinção do processo;

III - conhecer de pedidos de adoção e seus incidentes;

IV - conhecer de ações civis fundadas em interesses individuais, difusos ou coletivos afetos à criança e ao adolescente, observado o disposto no art. 209;

V - conhecer de ações decorrentes de irregularidades em entidades de atendimento, aplicando as medidas cabíveis;

VI - aplicar penalidades administrativas nos casos de infrações contra norma de proteção à criança ou adolescente;

VII - conhecer de casos encaminhados pelo Conselho Tutelar, aplicando as medidas cabíveis.

‣ Súm. 108, STJ.

Parágrafo único. Quando se tratar de criança ou adolescente nas hipóteses do art. 98, é também competente a Justiça da Infância e da Juventude para o fim de:

a) conhecer de pedidos de guarda e tutela;

b) conhecer de ações de destituição do poder familiar, perda ou modificação da tutela ou guarda;

c) suprir a capacidade ou o consentimento para o casamento;

‣ art. 1.519, CC.

d) conhecer de pedidos baseados em discordância paterna ou materna, em relação ao exercício do poder familiar;

e) conceder a emancipação, nos termos da lei civil, quando faltarem os pais;

f) designar curador especial em casos de apresentação de queixa ou representação, ou de outros procedimentos judiciais ou extrajudiciais em que haja interesses de criança ou adolescente;

‣ art. 1.692, CC.

g) conhecer de ações de alimentos;

‣ Lei 5.478/1968 (Ação de Alimentos).

h) determinar o cancelamento, a retificação e o suprimento dos registros de nascimento e óbito.

‣ arts. 109 a 113, Lei 6.015/1973 (Lei de Registros Públicos).

Art. 149. Compete à autoridade judiciária disciplinar, através de portaria, ou autorizar, mediante alvará:

I - a entrada e permanência de criança ou adolescente, desacompanhado dos pais ou responsável, em:

a) estádio, ginásio e campo desportivo;

b) bailes ou promoções dançantes;

c) boate ou congêneres;

d) casa que explore comercialmente diversões eletrônicas;

e) estúdios cinematográficos, de teatro, rádio e televisão.

II - a participação de criança e adolescente em:

a) espetáculos públicos e seus ensaios;

b) certames de beleza.

§ 1º Para os fins do disposto neste artigo, a autoridade judiciária levará em conta, dentre outros fatores:

a) os princípios desta lei;

b) as peculiaridades locais;

c) a existência de instalações adequadas;

d) o tipo de frequência habitual ao local;

e) a adequação do ambiente a eventual participação ou frequência de crianças e adolescentes;

f) a natureza do espetáculo.

§ 2º As medidas adotadas na conformidade deste artigo deverão ser fundamentadas, caso a caso, vedadas as determinações de caráter geral.

SEÇÃO III
DOS SERVIÇOS AUXILIARES

Art. 150. Cabe ao Poder Judiciário, na elaboração de sua proposta orçamentária, prever recursos para manutenção de equipe interprofissional, destinada a assessorar a Justiça da Infância e da Juventude.

Art. 151. Compete à equipe interprofissional dentre outras atribuições que lhe forem reservadas pela legislação local, fornecer subsídios por escrito, mediante laudos, ou verbalmente, na audiência, e bem assim desenvolver trabalhos de aconselhamento, orientação, encaminhamento, prevenção e outros, tudo sob a imediata subordinação à autoridade judiciária, assegurada a livre manifestação do ponto de vista técnico.

Parágrafo único. Na ausência ou insuficiência de servidores públicos integrantes do Poder Judiciário responsáveis pela realização dos estudos psicossociais ou de quaisquer outras espécies de avaliações técnicas exigidas por esta Lei ou por determinação judicial, a autoridade judiciária poderá proceder à nomeação de perito, nos termos do art. 156 da Lei nº 13.105, de 16 de março de 2015 (Código de Processo Civil). (Incluído pela Lei nº 13.509, de 2017)

CAPÍTULO III
DOS PROCEDIMENTOS

SEÇÃO I
DISPOSIÇÕES GERAIS

Art. 152. Aos procedimentos regulados nesta Lei aplicam-se subsidiariamente as normas gerais previstas na legislação processual pertinente.

§ 1º É assegurada, sob pena de responsabilidade, prioridade absoluta na tramitação dos processos e procedimentos previstos nesta Lei, assim como na execução dos atos e diligências judiciais a eles referentes. (Incluído pela Lei 12.010/2009.)

§ 2º Os prazos estabelecidos nesta Lei e aplicáveis aos seus procedimentos são contados em dias corridos, excluído o dia do começo e incluído o dia do vencimento, vedado o prazo em dobro para a Fazenda Pública e o Ministério Público. (Incluído pela Lei nº 13.509, de 2017)

Art. 153. Se a medida judicial a ser adotada não corresponder a procedimento previsto nesta ou em outra lei, a autoridade judiciária poderá investigar os fatos e ordenar de ofício as providências necessárias, ouvido o Ministério Público.

Parágrafo único. O disposto neste artigo não se aplica para o fim de afastamento da criança ou do adolescente de sua família de origem e em outros procedimentos necessariamente contenciosos. (Incluído pela Lei 12.010/2009.)

Art. 154. Aplica-se às multas o disposto no art. 214.

SEÇÃO II
DA PERDA E DA SUSPENSÃO DO PODER FAMILIAR

Art. 155. O procedimento para a perda ou a suspensão do poder familiar terá início por provocação do Ministério Público ou de quem tenha legítimo interesse.

Art. 156. A petição inicial indicará:

I - a autoridade judiciária a que for dirigida;

II - o nome, o estado civil, a profissão e a residência do requerente e do requerido, dispensada a qualificação em se tratando de pedido formulado por representante do Ministério Público;

III - a exposição sumária do fato e o pedido;

IV - as provas que serão produzidas, oferecendo, desde logo, o rol de testemunhas e documentos.

Art. 157. Havendo motivo grave, poderá a autoridade judiciária, ouvido o Ministério Público, decretar a suspensão do poder familiar, liminar ou incidentalmente, até o julgamento definitivo da causa, ficando a criança ou adolescente confiado a pessoa idônea, mediante termo de responsabilidade.

§ 1º Recebida a petição inicial, a autoridade judiciária determinará, concomitantemente ao despacho de citação e independentemente de requerimento do interessado, a realização de estudo social ou perícia por equipe interprofissional ou multidisciplinar para comprovar a presença de uma das causas de suspensão ou destituição do poder familiar, ressalvado o disposto no § 10 do art. 101 desta Lei, e observada a Lei nº 13.431, de 4 de abril de 2017. (Incluído pela Lei nº 13.509, de 2017)

§ 2º Em sendo os pais oriundos de comunidades indígenas, é ainda obrigatória a intervenção, junto à equipe interprofissional ou multidisciplinar referida no § 1º deste artigo, de representantes do órgão federal responsável pela política indigenista, observado o disposto no § 6º do art. 28 desta Lei. (Incluído pela Lei nº 13.509, de 2017)

Art. 158. O requerido será citado para, no prazo de dez dias, oferecer resposta escrita, indicando as provas a serem produzidas e oferecendo desde logo o rol de testemunhas e documentos.

§ 1º A citação será pessoal, salvo se esgotados todos os meios para sua realização. (Acrescentado pela Lei 12.962/2014).

§ 2º O requerido privado de liberdade deverá ser citado pessoalmente. (Acrescentado pela Lei 12.962/2014).

§ 3º Quando, por 2 (duas) vezes, o oficial de justiça houver procurado o citando em seu domicílio ou residência sem o encontrar, deverá, havendo suspeita de ocultação, informar qualquer pessoa da família ou, em sua falta, qualquer vizinho do dia útil em que voltará a fim de efetuar a citação, na hora que designar, nos termos do art. 252 e seguintes da Lei n° 13.105, de 16 de março de 2015 (Código de Processo Civil). (Incluído pela Lei nº 13.509, de 2017)

§ 4º Na hipótese de os genitores encontrarem-se em local incerto ou não sabido, serão citados por edital no prazo de 10 (dez) dias, em publicação única, dispensado o envio de ofícios para a localização. (Incluído pela Lei nº 13.509, de 2017)

Art. 159. Se o requerido não tiver possibilidade de constituir advogado, sem prejuízo do próprio sustento e de sua família, poderá requerer, em cartório, que lhe seja nomeado dativo, ao qual incumbirá a apresentação de resposta, contando-se o prazo a partir da intimação do despacho de nomeação.

Parágrafo único. Na hipótese de requerido privado de liberdade, o oficial de justiça deverá perguntar, no momento da citação pessoal, se deseja que lhe seja nomeado defensor. (Acrescentado pela Lei 12.962/2014).

Art. 160. Sendo necessário, a autoridade judiciária requisitará de qualquer repartição ou órgão público a apresentação de documento que interesse à causa, de ofício ou a requerimento das partes ou do Ministério Público.

Art. 161. Se não for contestado o pedido e tiver sido concluído o estudo social ou a perícia realizada por equipe interprofissional ou multidisciplinar, a autoridade judiciária dará vista dos autos ao Ministério Público, por 5 (cinco) dias, salvo quando este for o requerente, e decidirá em igual prazo. (Redação dada pela Lei nº 13.509, de 2017)

§ 1º A autoridade judiciária, de ofício ou a requerimento das partes ou do Ministério Público, determinará a oitiva de testemunhas que comprovem a presença de uma das causas de suspensão ou destituição do poder familiar previstas nos arts. 1.637 e 1.638 da Lei n° 10.406, de 10 de janeiro de 2002 (Código Civil), ou no art. 24 desta Lei. (Redação dada pela Lei nº 13.509, de 2017)

§ 2º (*Revogado pela Lei n° 13.509, de 2017*))

§ 3º Se o pedido importar em modificação de guarda, será obrigatória, desde que possível e razoável, a oitiva da criança ou adolescente, respeitado seu estágio de desenvolvimento e grau de compreensão sobre as implicações da medida. (Incluído pela Lei 12.010/2009.)

§ 4º É obrigatória a oitiva dos pais sempre que eles forem identificados e estiverem em local conhecido, ressalvados os casos de não comparecimento perante a Justiça quando devidamente citados. (Redação dada pela Lei nº 13.509, de 2017)

§ 5º Se o pai ou a mãe estiverem privados de liberdade, a autoridade judicial requisitará sua apresentação para a oitiva. (Acrescentado pela Lei 12.962/2014).

Art. 162. Apresentada a resposta, a autoridade judiciária dará vista dos autos ao Ministério Público, por cinco dias, salvo quando este for o requerente, designando, desde logo, audiência de instrução e julgamento.

§ 1º (*Revogado pela Lei n° 13.509, de 2017*)

§ 2º Na audiência, presentes as partes e o Ministério Público, serão ouvidas as testemunhas, colhendo-se oralmente o parecer técnico, salvo quando apresentado por escrito, manifestando-se sucessivamente o requerente, o requerido e o Ministério Público, pelo tempo de 20 (vinte) minutos cada um, prorrogável por mais 10 (dez) minutos. (Redação dada pela Lei nº 13.509, de 2017)

§ 3º A decisão será proferida na audiência, podendo a autoridade judiciária, excepcionalmente, designar data para sua leitura no prazo máximo de 5 (cinco) dias. (Incluído pela Lei nº 13.509, de 2017)

§ 4º Quando o procedimento de destituição de poder familiar for iniciado pelo Ministério Público, não haverá necessidade de nomeação de curador especial em favor da criança ou adolescente. (Incluído pela Lei nº 13.509, de 2017)

Art. 163. O prazo máximo para conclusão do procedimento será de 120 (cento e vinte) dias, e caberá ao juiz, no caso de notória inviabilidade de manutenção do poder familiar, dirigir esforços para preparar a criança ou o adolescente com vistas à colocação em família substituta. (Redação dada pela Lei nº 13.509, de 2017)

Parágrafo único. A sentença que decretar a perda ou a suspensão do poder familiar será averbada à margem do registro de nascimento da criança ou do adolescente. (Incluído pela Lei 12.010/2009.)

SEÇÃO III
DA DESTITUIÇÃO DA TUTELA

Art. 164. Na destituição da tutela, observar-se-á o procedimento para a remoção de tutor previsto na lei processual civil e, no que couber, o disposto na seção anterior.

SEÇÃO IV
DA COLOCAÇÃO EM FAMÍLIA SUBSTITUTA

Art. 165. São requisitos para a concessão de pedidos de colocação em família substituta:

I - qualificação completa do requerente e de seu eventual cônjuge, ou companheiro, com expressa anuência deste;

II - indicação de eventual parentesco do requerente e de seu cônjuge, ou companheiro, com a criança ou adolescente, especificando se tem ou não parente vivo;

III - qualificação completa da criança ou adolescente e de seus pais, se conhecidos;

IV - indicação do cartório onde foi inscrito nascimento, anexando, se possível, uma cópia da respectiva certidão;

V - declaração sobre a existência de bens, direitos ou rendimentos relativos à criança ou ao adolescente.

Parágrafo único. Em se tratando de adoção, observar-se-ão também os requisitos específicos.

- Lei 10.421/2002 (Estende à mãe adotiva o direito à licença-maternidade e ao salário-maternidade).

Art. 166. Se os pais forem falecidos, tiverem sido destituídos ou suspensos do poder familiar, ou houverem aderido expressamente ao pedido de colocação em família substituta, este poderá ser formulado diretamente em cartório, em petição assinada pelos próprios requerentes, dispensada a assistência de advogado. (Redação dada pela Lei 12.010/2009.)

§ 1º Na hipótese de concordância dos pais, o juiz: (Redação dada pela Lei nº 13.509, de 2017)

I - na presença do Ministério Público, ouvirá as partes, devidamente assistidas por advogado ou por defensor público, para verificar sua concordância com a adoção, no prazo máximo de 10 (dez) dias, contado da data do protocolo da petição ou da entrega da criança em juízo, tomando por termo as declarações; e (Incluído pela Lei nº 13.509, de 2017)

II - declarará a extinção do poder familiar. (Incluído pela Lei nº 13.509, de 2017)

§ 2º O consentimento dos titulares do poder familiar será precedido de orientações e esclarecimentos prestados pela equipe interprofissional da Justiça da Infância e da Juventude, em especial, no caso de adoção, sobre a irrevogabilidade da medida. (Incluído pela Lei 12.010/2009.)

§ 3º São garantidos a livre manifestação de vontade dos detentores do poder familiar e o direito ao sigilo das informações. (Redação dada pela Lei nº 13.509, de 2017)

§ 4º O consentimento prestado por escrito não terá validade se não for ratificado na audiência a que se refere o § 1° deste artigo. (Redação dada pela Lei nº 13.509, de 2017)

§ 5º O consentimento é retratável até a data da realização da audiência especificada no § 1° deste artigo, e os pais podem exercer o arrependimento no prazo de 10 (dez) dias, contado da data de prolação da sentença de extinção do poder familiar. (Redação dada pela Lei nº 13.509, de 2017)

§ 6º O consentimento somente terá valor se for dado após o nascimento da criança. (Incluído pela Lei 12.010/2009.)

§ 7º A família natural e a família substituta receberão a devida orientação por intermédio de equipe técnica interprofissional a serviço da Justiça da Infância e da

Juventude, preferencialmente com apoio dos técnicos responsáveis pela execução da política municipal de garantia do direito à convivência familiar. (Redação dada pela Lei nº 13.509, de 2017)

Art. 167. A autoridade judiciária, de ofício ou a requerimento das partes ou do Ministério Público, determinará a realização de estudo social ou, se possível, perícia por equipe interprofissional, decidindo sobre a concessão de guarda provisória, bem como, no caso de adoção, sobre o estágio de convivência.

Parágrafo único. Deferida a concessão da guarda provisória ou do estágio de convivência, a criança ou o adolescente será entregue ao interessado, mediante termo de responsabilidade. (Incluído pela Lei 12.010/2009.)

Art. 168. Apresentado o relatório social ou o laudo pericial, e ouvida, sempre que possível, a criança ou o adolescente, dar-se-á vista dos autos ao Ministério Público, pelo prazo de cinco dias, decidindo a autoridade judiciária em igual prazo.

Art. 169. Nas hipóteses em que a destituição da tutela, a perda ou a suspensão do poder familiar constituir pressuposto lógico da medida principal de colocação em família substituta, será observado o procedimento contraditório previsto nas Seções II e III deste Capítulo.

Parágrafo único. A perda ou a modificação da guarda poderá ser decretada nos mesmos autos do procedimento, observado o disposto no art. 35.

Art. 170. Concedida a guarda ou a tutela, observar-se-á o disposto no art. 32, e, quanto à adoção, o contido no art. 47.

Parágrafo único. A colocação de criança ou adolescente sob a guarda de pessoa inscrita em programa de acolhimento familiar será comunicada pela autoridade judiciária à entidade por este responsável no prazo máximo de 5 (cinco) dias. (Incluído pela Lei 12.010/2009.)

SEÇÃO V
DA APURAÇÃO DE ATO INFRACIONAL ATRIBUÍDO A ADOLESCENTE

Art. 171. O adolescente apreendido por força de ordem judicial será, desde logo, encaminhado à autoridade judiciária.

Art. 172. O adolescente apreendido em flagrante de ato infracional será, desde logo, encaminhado à autoridade policial competente.

Parágrafo único. Havendo repartição policial especializada para atendimento de adolescente e em se tratando de ato infracional praticado em coautoria com maior, prevalecerá a atribuição da repartição especializada, que, após as providências necessárias e conforme o caso, encaminhará o adulto à repartição policial própria.

Art. 173. Em caso de flagrante de ato infracional cometido mediante violência ou grave ameaça a pessoa, a autoridade policial, sem prejuízo do disposto nos arts. 106, parágrafo único, e 107, deverá:

I - lavrar auto de apreensão, ouvidos as testemunhas e o adolescente;

II - apreender o produto e os instrumentos da infração;

III - requisitar os exames ou perícias necessários à comprovação da materialidade e autoria da infração.

Parágrafo único. Nas demais hipóteses de flagrante, a lavratura do auto poderá ser substituída por boletim de ocorrência circunstanciada.

Art. 174. Comparecendo qualquer dos pais ou responsável, o adolescente será prontamente liberado pela autoridade policial, sob termo de compromisso e responsabilidade de sua apresentação ao representante do Ministério Público, no mesmo dia ou, sendo impossível, no primeiro dia útil imediato, exceto quando, pela gravidade do ato infracional e sua repercussão social, deva o adolescente permanecer sob internação para garantia de sua segurança pessoal ou manutenção da ordem pública.

Art. 175. Em caso de não liberação, a autoridade policial encaminhará, desde logo, o adolescente ao representante do Ministério Público, juntamente com cópia do auto de apreensão ou boletim de ocorrência.

§ 1º Sendo impossível a apresentação imediata, a autoridade policial encaminhará o adolescente à entidade de atendimento, que fará a apresentação ao representante do Ministério Público no prazo de vinte e quatro horas.

§ 2º Nas localidades onde não houver entidade de atendimento, a apresentação far-se-á pela autoridade policial. À falta de repartição policial especializada, o adolescente aguardará a apresentação em dependência separada da destinada a maiores, não podendo, em qualquer hipótese, exceder o prazo referido no parágrafo anterior.

Art. 176. Sendo o adolescente liberado, a autoridade policial encaminhará imediatamente ao representante do Ministério Público cópia do auto de apreensão ou boletim de ocorrência.

Art. 177. Se, afastada a hipótese de flagrante, houver indícios de participação de adolescente na prática de ato infracional, a autoridade policial encaminhará ao representante do Ministério Público relatório das investigações e demais documentos.

Art. 178. O adolescente a quem se atribua autoria de ato infracional não poderá ser conduzido ou transportado em compartimento fechado de veículo policial, em condições atentatórias à sua dignidade, ou que impliquem risco à sua integridade física ou mental, sob pena de responsabilidade.

Art. 179. Apresentado o adolescente, o representante do Ministério Público, no mesmo dia e à vista do auto de apreensão, boletim de ocorrência ou relatório policial, devidamente autuados pelo cartório judicial e com informação sobre os antecedentes do adolescente, procederá imediata e informalmente à sua oitiva e, em sendo possível, de seus pais ou responsável, vítima e testemunhas.

Parágrafo único. Em caso de não apresentação, o representante do Ministério Público notificará os pais ou responsável para apresentação do adolescente, podendo requisitar o concurso das polícias civil e militar.

Art. 180. Adotadas as providências a que alude o artigo anterior, o representante do Ministério Público poderá:

I - promover o arquivamento dos autos;

II - conceder a remissão;

III - representar à autoridade judiciária para aplicação de medida socioeducativa.

‣ Súm. 108, STJ.

Art. 181. Promovido o arquivamento dos autos ou concedida a remissão pelo representante do Ministério Público, mediante termo fundamentado, que conterá o resumo dos fatos, os autos serão conclusos à autoridade judiciária para homologação.

§ 1º Homologado o arquivamento ou a remissão, a autoridade judiciária determinará, conforme o caso, o cumprimento da medida.

§ 2º Discordando, a autoridade judiciária fará remessa dos autos ao Procurador-Geral de Justiça, mediante despacho fundamentado, e este oferecerá representação, designará outro membro do Ministério Público para apresentá-la, ou ratificará o arquivamento ou a remissão, que só então estará a autoridade judiciária obrigada a homologar.

Art. 182. Se, por qualquer razão, o representante do Ministério Público não promover o arquivamento ou conceder a remissão, oferecerá representação à autoridade judiciária, propondo a instauração de procedimento para aplicação da medida socioeducativa que se afigurar a mais adequada.

‣ Súm. 108, STJ.

§ 1º A representação será oferecida por petição, que conterá o breve resumo dos fatos e a classificação do ato infracional e, quando necessário, o rol de testemunhas, podendo ser deduzida oralmente, em sessão diária instalada pela autoridade judiciária.

§ 2º A representação independe de prova pré-constituída da autoria e materialidade.

Art. 183. O prazo máximo e improrrogável para a conclusão do procedimento, estando o adolescente internado provisoriamente, será de quarenta e cinco dias.

Art. 184. Oferecida a representação, a autoridade judiciária designará audiência de apresentação do adolescente, decidindo, desde logo, sobre a decretação ou manutenção da internação, observado o disposto no art. 108 e parágrafo.

§ 1º O adolescente e seus pais ou responsável serão cientificados do teor da representação, e notificados a comparecer à audiência, acompanhados de advogado.

§ 2º Se os pais ou responsável não forem localizados, a autoridade judiciária dará curador especial ao adolescente.

§ 3º Não sendo localizado o adolescente, a autoridade judiciária expedirá mandado de busca e apreensão, determinando o sobrestamento do feito, até a efetiva apresentação.

§ 4º Estando o adolescente internado, será requisitada a sua apresentação, sem prejuízo da notificação dos pais ou responsável.

Art. 185. A internação, decretada ou mantida pela autoridade judiciária, não poderá ser cumprida em estabelecimento prisional.

§ 1º Inexistindo na comarca entidade com as características definidas no art. 123, o adolescente deverá ser imediatamente transferido para a localidade mais próxima.

§ 2º Sendo impossível a pronta transferência, o adolescente aguardará sua remoção em repartição policial, desde que em seção isolada dos adultos e com instalações apropriadas, não podendo ultrapassar o prazo máximo de cinco dias, sob pena de responsabilidade.

Art. 186. Comparecendo o adolescente, seus pais ou responsável, a autoridade judiciária procederá à oitiva dos mesmos, podendo solicitar opinião de profissional qualificado.

‣ Súm. 342, STJ.

§ 1º Se a autoridade judiciária entender adequada a remissão, ouvirá o representante do Ministério Público, proferindo decisão.

§ 2º Sendo o fato grave, passível de aplicação de medida de internação ou colocação em regime de semiliberdade, a autoridade judiciária, verificando que o adolescente não possui advogado constituído, nomeará defensor, designando, desde logo, audiência em continuação, podendo determinar a realização de diligências e estudo do caso.

§ 3º O advogado constituído ou o defensor nomeado, no prazo de três dias contado da audiência de apresentação, oferecerá defesa prévia e rol de testemunhas.

§ 4º Na audiência em continuação, ouvidas as testemunhas arroladas na representação e na defesa prévia, cumpridas as diligências e juntado o relatório da equipe interprofissional, será dada a palavra ao representante do Ministério Público e ao defensor, sucessivamente, pelo tempo de vinte minutos para cada um, prorrogável por mais dez, a critério da autoridade judiciária, que em seguida proferirá decisão.

Art. 187. Se o adolescente, devidamente notificado, não comparecer, injustificadamente à audiência de apresentação, a autoridade judiciária designará nova data, determinando sua condução coercitiva.

Art. 188. A remissão, como forma de extinção ou suspensão do processo, poderá ser aplicada em qualquer fase do procedimento, antes da sentença.

Art. 189. A autoridade judiciária não aplicará qualquer medida, desde que reconheça na sentença:

I - estar provada a inexistência do fato;

II - não haver prova da existência do fato;

III - não constituir o fato ato infracional;

IV - não existir prova de ter o adolescente concorrido para o ato infracional.

Parágrafo único. Na hipótese deste artigo, estando o adolescente internado, será imediatamente colocado em liberdade.

Art. 190. A intimação da sentença que aplicar medida de internação ou regime de semiliberdade será feita:

I - ao adolescente e ao seu defensor,

II - quando não for encontrado o adolescente, a seus pais ou responsável, sem prejuízo do defensor.

§ 1º Sendo outra a medida aplicada, a intimação far-se-á unicamente na pessoa do defensor.

§ 2º Recaindo a intimação na pessoa do adolescente, deverá este manifestar se deseja ou não recorrer da sentença.

SEÇÃO V-A
DA INFILTRAÇÃO DE AGENTES DE POLÍCIA PARA A INVESTIGAÇÃO DE CRIMES CONTRA A DIGNIDADE SEXUAL DE CRIANÇA E DE ADOLESCENTE

‣ Acrescentada pela Lei 13.441/2017.

Art. 190-A. A infiltração de agentes de polícia na internet com o fim de investigar os crimes previstos nos arts. 240, 241, 241-A, 241-B, 241-C e 241-D desta Lei e nos arts. 154-A, 217-A, 218, 218-A e 218-B do Decreto-Lei n. 2.848, de 7 de dezembro de 1940 (Código Penal), obedecerá às seguintes regras: (Acrescentado pela Lei 13.441/2017.)

I - será precedida de autorização judicial devidamente circunstanciada e fundamentada, que estabelecerá os limites da infiltração para obtenção de prova, ouvido o Ministério Público; (Acrescentado pela Lei 13.441/2017.)

II - dar-se-á mediante requerimento do Ministério Público ou representação de delegado de polícia e conterá a demonstração de sua necessidade, o alcance das tarefas dos policiais, os nomes ou apelidos das pessoas investigadas e, quando possível, os dados de conexão ou cadastrais que permitam a identificação dessas pessoas; (Acrescentado pela Lei 13.441/2017.)

III - não poderá exceder o prazo de 90 (noventa) dias, sem prejuízo de eventuais renovações, desde que o total não exceda a 720 (setecentos e vinte) dias e seja demonstrada sua efetiva necessidade, a critério da autoridade judicial. (Acrescentado pela Lei 13.441/2017.)

§ 1º A autoridade judicial e o Ministério Público poderão requisitar relatórios parciais da operação de infiltração antes do término do prazo de que trata o inciso II do § 1º deste artigo. (Acrescentado pela Lei 13.441/2017.)

§ 2º Para efeitos do disposto no inciso I do § 1º deste artigo, consideram-se: (Acrescentado pela Lei 13.441/ 2017.)

I - dados de conexão: informações referentes a hora, data, início, término, duração, endereço de Protocolo de Internet (IP) utilizado e terminal de origem da conexão; (Acrescentado pela Lei 13.441/2017.)

II - dados cadastrais: informações referentes a nome e endereço de assinante ou de usuário registrado ou autenticado para a conexão a quem endereço de IP, identificação de usuário ou código de acesso tenha sido atribuído no momento da conexão. (Acrescentado pela Lei 13.441/2017.)

§ 3º A infiltração de agentes de polícia na internet não será admitida se a prova puder ser obtida por outros meios. (Acrescentado pela Lei 13.441/2017.)

Art. 190-B. As informações da operação de infiltração serão encaminhadas diretamente ao juiz responsável pela autorização da medida, que zelará por seu sigilo. (Acrescentado pela Lei 13.441/2017.)

Parágrafo único. Antes da conclusão da operação, o acesso aos autos será reservado ao juiz, ao Ministério Público e ao delegado de polícia responsável pela operação, com o objetivo de garantir o sigilo das investigações. (Acrescentado pela Lei 13.441/2017.)

Art. 190-C. Não comete crime o policial que oculta a sua identidade para, por meio da internet, colher indícios de autoria e materialidade dos crimes previstos nos arts. 240, 241, 241-A, 241-B, 241-C e 241-D desta Lei e nos arts. 154-A, 217-A, 218, 218-A e 218-B do Decreto-Lei n. 2.848, de 7 de dezembro de 1940 (Código Penal). (Acrescentado pela Lei 13.441/2017.)

Parágrafo único. O agente policial infiltrado que deixar de observar a estrita finalidade da investigação responderá pelos excessos praticados. (Acrescentado pela Lei 13.441/2017.)

Art. 190-D. Os órgãos de registro e cadastro público poderão incluir nos bancos de dados próprios, mediante procedimento sigiloso e requisição da autoridade judicial, as informações necessárias à efetividade da identidade fictícia criada. (Acrescentado pela Lei 13.441/2017.)

Parágrafo único. O procedimento sigiloso de que trata esta Seção será numerado e tombado em livro específico. (Acrescentado pela Lei 13.441/2017.)

Art. 190-E. Concluída a investigação, todos os atos eletrônicos praticados durante a operação deverão ser registrados, gravados, armazenados e encaminhados ao juiz e ao Ministério Público, juntamente com relatório circunstanciado. (Acrescentado pela Lei 13.441/2017.)

Parágrafo único. Os atos eletrônicos registrados citados no *caput* deste artigo serão reunidos em autos apartados e apensados ao processo criminal juntamente com o inquérito policial, assegurando-se a preservação da identidade do agente policial infiltrado e a intimidade das crianças e dos adolescentes envolvidos. (Acrescentado pela Lei 13.441/2017.)

SEÇÃO VI
DA APURAÇÃO DE IRREGULARIDADES EM ENTIDADE DE ATENDIMENTO

Art. 191. O procedimento de apuração de irregularidades em entidade governamental e não governamental terá início mediante portaria da autoridade judiciária ou representação do Ministério Público ou do Conselho Tutelar, onde conste, necessariamente, resumo dos fatos.

Parágrafo único. Havendo motivo grave, poderá a autoridade judiciária, ouvido o Ministério Público, decretar liminarmente o afastamento provisório do dirigente da entidade, mediante decisão fundamentada.

Art. 192. O dirigente da entidade será citado para, no prazo de dez dias, oferecer resposta escrita, podendo juntar documentos e indicar as provas a produzir.

Art. 193. Apresentada ou não a resposta, e sendo necessário, a autoridade judiciária designará audiência de instrução e julgamento, intimando as partes.

§ 1º Salvo manifestação em audiência, as partes e o Ministério Público terão cinco dias para oferecer alegações finais, decidindo a autoridade judiciária em igual prazo.

§ 2º Em se tratando de afastamento provisório ou definitivo de dirigente de entidade governamental, a autoridade judiciária oficiará à autoridade administrativa imediatamente superior ao afastado, marcando prazo para a substituição.

§ 3º Antes de aplicar qualquer das medidas, a autoridade judiciária poderá fixar prazo para a remoção das irregularidades verificadas. Satisfeitas as exigências, o processo será extinto, sem julgamento de mérito.

§ 4º A multa e a advertência serão impostas ao dirigente da entidade ou programa de atendimento.

SEÇÃO VII
DA APURAÇÃO DE INFRAÇÃO ADMINISTRATIVA ÀS NORMAS DE PROTEÇÃO À CRIANÇA E AO ADOLESCENTE

Art. 194. O procedimento para imposição de penalidade administrativa por infração às normas de proteção à criança e ao adolescente terá início por representação do Ministério Público, ou do Conselho Tutelar, ou auto de infração elaborado por servidor efetivo ou voluntário credenciado, e assinado por duas testemunhas, se possível.

§ 1º No procedimento iniciado com o auto de infração, poderão ser usadas fórmulas impressas, especificando-se a natureza e as circunstâncias da infração.

§ 2º Sempre que possível, à verificação da infração seguir-se-á a lavratura do auto, certificando-se, em caso contrário, dos motivos do retardamento.

Art. 195. O requerido terá prazo de dez dias para apresentação de defesa, contado da data da intimação, que será feita:

I - pelo autuante, no próprio auto, quando este for lavrado na presença do requerido;

II - por oficial de justiça ou funcionário legalmente habilitado, que entregará cópia do auto ou da representação ao requerido, ou a seu representante legal, lavrando certidão;

III - por via postal, com aviso de recebimento, se não for encontrado o requerido ou seu representante legal;

IV - por edital, com prazo de trinta dias, se incerto ou não sabido o paradeiro do requerido ou de seu representante legal.

Art. 196. Não sendo apresentada a defesa no prazo legal, a autoridade judiciária dará vista dos autos do Ministério Público, por cinco dias, decidindo em igual prazo.

Art. 197. Apresentada a defesa, a autoridade judiciária procederá na conformidade do artigo anterior, ou, sendo necessário, designará audiência de instrução e julgamento. (Acrescentado pela Lei 12.010/2009.)

Parágrafo único. Colhida a prova oral, manifestar-se-ão sucessivamente o Ministério Público e o procurador do requerido, pelo tempo de vinte minutos para cada um, prorrogável por mais dez, a critério da autoridade judiciária, que em seguida proferirá sentença. (Acrescentado pela Lei 12.010/2009.)

SEÇÃO VIII
DA HABILITAÇÃO DE PRETENDENTES À ADOÇÃO

‣ Incluída pela Lei 12.010/2009.

Art. 197-A. Os postulantes à adoção, domiciliados no Brasil, apresentarão petição inicial na qual conste: (Incluído pela Lei 12.010/2009.)

I - qualificação completa; (Incluído pela Lei 12.010/2009.)

II - dados familiares; (Incluído pela Lei 12.010/2009.)

III - cópias autenticadas de certidão de nascimento ou casamento, ou declaração relativa ao período de união estável; (Incluído pela Lei 12.010/2009.)

IV - cópias da cédula de identidade e inscrição no Cadastro de Pessoas Físicas; (Incluído pela Lei 12.010/2009.)

V - comprovante de renda e domicílio; (Incluído pela Lei 12.010/2009.)

VI - atestados de sanidade física e mental; (Incluído pela Lei 12.010/2009.)

VII - certidão de antecedentes criminais; (Incluído pela Lei 12.010/2009.)

VIII - certidão negativa de distribuição cível. (Incluído pela Lei 12.010/2009.)

Art. 197-B. A autoridade judiciária, no prazo de 48 (quarenta e oito) horas, dará vista dos autos ao Ministério Público, que no prazo de 5 (cinco) dias poderá: (Incluído pela Lei 12.010/2009.)

I - apresentar quesitos a serem respondidos pela equipe interprofissional encarregada de elaborar o estudo técnico a que se refere o art. 197-C desta lei; (Incluído pela Lei 12.010/2009.)

II - requerer a designação de audiência para oitiva dos postulantes em juízo e testemunhas; (Incluído pela Lei 12.010/2009.)

III - requerer a juntada de documentos complementares e a realização de outras diligências que entender necessárias. (Incluído pela Lei 12.010/2009.)

Art. 197-C. Intervirá no feito, obrigatoriamente, equipe interprofissional a serviço da Justiça da Infância e da Juventude, que deverá elaborar estudo psicossocial, que conterá subsídios que permitam aferir a capacidade e o preparo dos postulantes para o exercício de uma paternidade ou maternidade responsável, à luz dos requisitos e princípios desta lei. (Incluído pela Lei 12.010/2009.)

§ 1º É obrigatória a participação dos postulantes em programa oferecido pela Justiça da Infância e da Juventude, preferencialmente com apoio dos técnicos responsáveis pela execução da política municipal de garantia do direito à convivência familiar e dos grupos de apoio à adoção devidamente habilitados perante a Justiça da Infância e da Juventude, que inclua preparação psicológica, orientação e estímulo à adoção inter-racial, de crianças ou de adolescentes com deficiência, com doenças crônicas ou com necessidades específicas de saúde, e de grupos de irmãos. (Redação dada pela Lei nº 13.509, de 2017)

§ 2º Sempre que possível e recomendável, a etapa obrigatória da preparação referida no § 1o deste artigo incluirá o contato com crianças e adolescentes em regime de acolhimento familiar ou institucional, a ser realizado sob orientação, supervisão e avaliação da equipe técnica da Justiça da Infância e da Juventude e dos grupos de apoio à adoção, com apoio dos técnicos responsáveis pelo programa de acolhimento familiar e institucional e pela execução da política municipal de garantia do direito à convivência familiar. (Redação dada pela Lei nº 13.509, de 2017)

§ 3º É recomendável que as crianças e os adolescentes acolhidos institucionalmente ou por família acolhedora sejam preparados por equipe interprofissional antes da inclusão em família adotiva. (Incluído pela Lei nº 13.509, de 2017)

Art. 197-D. Certificada nos autos a conclusão da participação no programa referido no art. 197-C desta lei, a autoridade judiciária, no prazo de 48 (quarenta e oito) horas, decidirá acerca das diligências requeridas pelo Ministério Público e determinará a juntada do estudo psicossocial, designando, conforme o caso, audiência de instrução e julgamento. (Incluído pela Lei 12.010/2009.)

Parágrafo único. Caso não sejam requeridas diligências, ou sendo essas indeferidas, a autoridade judiciária determinará a juntada do estudo psicossocial, abrindo a seguir vista dos autos ao Ministério Público, por 5 (cinco) dias, decidindo em igual prazo. (Incluído pela Lei 12.010/2009.)

Art. 197-E. Deferida a habilitação, o postulante será inscrito nos cadastros referidos no art. 50 desta lei, sendo a sua convocação para a adoção feita de acordo com ordem cronológica de habilitação e conforme a disponibilidade de crianças ou adolescentes adotáveis. (Incluído pela Lei 12.010/2009.)

§ 1º A ordem cronológica das habilitações somente poderá deixar de ser observada pela autoridade judiciária nas hipóteses previstas no § 13 do art. 50 desta lei, quando comprovado ser essa a melhor solução no interesse do adotando. (Incluído pela Lei 12.010/2009.)

§ 2º A habilitação à adoção deverá ser renovada no mínimo trienalmente mediante avaliação por equipe interprofissional. (Redação dada pela Lei nº 13.509, de 2017)

§ 3º Quando o adotante candidatar-se a uma nova adoção, será dispensável a renovação da habilitação, bastando a avaliação por equipe interprofissional. (Incluído pela Lei nº 13.509, de 2017)

§ 4º Após 3 (três) recusas injustificadas, pelo habilitado, à adoção de crianças ou adolescentes indicados dentro do perfil escolhido, haverá reavaliação da habilitação concedida. (Incluído pela Lei nº 13.509, de 2017)

§ 5º A desistência do pretendente em relação à guarda para fins de adoção ou a devolução da criança ou do adolescente depois do trânsito em julgado da sentença de adoção importará na sua exclusão dos cadastros de adoção e na vedação de renovação da habilitação, salvo decisão judicial fundamentada, sem prejuízo das demais sanções previstas na legislação vigente. (Incluído pela Lei nº 13.509, de 2017)

Art. 197-F. O prazo máximo para conclusão da habilitação à adoção será de 120 (cento e vinte) dias, prorrogável por igual período, mediante decisão fundamentada da autoridade judiciária. (Incluído pela Lei nº 13.509, de 2017)

CAPÍTULO IV
DOS RECURSOS

Art. 198. Nos procedimentos afetos à Justiça da Infância e da Juventude, inclusive os relativos à execução das medidas socioeducativas, adotar-se-á o sistema recursal da Lei n. 5.869, de 11 de janeiro de 1973 (Código de Processo Civil), com as seguintes adaptações: (Alterado pela Lei 12.594/2012.)

› arts. 994 a 1.044, NCPC.

I - os recursos serão interpostos independentemente de preparo;

II - em todos os recursos, salvo nos embargos de declaração, o prazo para o Ministério Público e para a defesa será sempre de 10 (dez) dias; (Substituído pela Lei 12.594/2012.)

III - os recursos terão preferência de julgamento e dispensarão revisor;

IV a VI - (Revogados pela Lei 12.010/2009.)

VII - antes de determinar a remessa dos autos à superior instância, no caso de apelação, ou do instrumento, no caso de agravo, a autoridade judiciária proferirá despacho fundamentado, mantendo ou reformando a decisão, no prazo de cinco dias;

VIII - mantida a decisão apelada ou agravada, o escrivão remeterá os autos ou o instrumento à superior instância dentro de vinte e quatro horas, independentemente de novo pedido do recorrente, se a reformar, a remessa dos autos dependerá de pedido expresso da parte interessada ou do Ministério Público, no prazo de cinco dias, contados da intimação.

Art. 199. Contra as decisões proferidas com base no art. 149 caberá recurso de apelação.

› arts. 1.009 e ss., NCPC.

Art. 199-A. A sentença que deferir a adoção produz efeito desde logo, embora sujeita a apelação, que será recebida exclusivamente no efeito devolutivo, salvo se se tratar de adoção internacional ou se houver perigo de dano irreparável ou de difícil reparação ao adotando. (Incluído pela Lei 12.010/2009.)

Art. 199-B. A sentença que destituir ambos ou qualquer dos genitores do poder familiar fica sujeita a apelação, que deverá ser recebida apenas no efeito devolutivo. (Incluído pela Lei 12.010/2009.)

Art. 199-C. Os recursos nos procedimentos de adoção e de destituição de poder familiar, em face da relevância das questões, serão processados com prioridade absoluta, devendo ser imediatamente distribuídos, ficando vedado que aguardem, em qualquer situação, oportuna distribuição, e serão colocados em mesa para julgamento sem revisão e com parecer urgente do Ministério Público. (Incluído pela Lei 12.010/2009.)

Art. 199-D. O relator deverá colocar o processo em mesa para julgamento no prazo máximo de 60 (sessenta) dias, contado da sua conclusão. (Incluído pela Lei 12.010/2009.)

Parágrafo único. O Ministério Público será intimado da data do julgamento e poderá na sessão, se entender necessário, apresentar oralmente seu parecer. (Incluído pela Lei 12.010/2009.)

Art. 199-E. O Ministério Público poderá requerer a instauração de procedimento para apuração de responsabilidades se constatar o descumprimento das providências e do prazo previstos nos artigos anteriores. (Incluído pela Lei 12.010/2009.)

CAPÍTULO V
DO MINISTÉRIO PÚBLICO

Art. 200. As funções do Ministério Público previstas nesta Lei serão exercidas nos termos da respectiva lei orgânica.

Art. 201. Compete ao Ministério Público:

I - conceder a remissão como forma de exclusão do processo;

II - promover e acompanhar os procedimentos relativos às infrações atribuídas a adolescentes;

III - promover e acompanhar as ações de alimentos e os procedimentos de suspensão e destituição do poder familiar, nomeação e remoção de tutores, curadores e guardiães, bem como oficiar em todos os demais procedimentos da competência da Justiça da Infância e da Juventude;

› Súm. 594, do STJ.

IV - promover, de ofício ou por solicitação dos interessados, a especialização e a inscrição de hipoteca legal e a prestação de contas dos tutores, curadores e quaisquer administradores de bens de crianças e adolescentes nas hipóteses do art. 98;

V - promover o inquérito civil e a ação civil pública para a proteção dos interesses individuais, difusos ou coletivos relativos à infância e à adolescência, inclusive os definidos no art. 220, § 3º inciso II, da Constituição Federal;

VI - instaurar procedimentos administrativos e, para instruí-los:

a) expedir notificações para colher depoimentos ou esclarecimentos e, em caso de não comparecimento injustificado, requisitar condução coercitiva, inclusive pela polícia civil ou militar;

b) requisitar informações, exames, perícias e documentos de autoridades municipais, estaduais e federais, da administração direta ou indireta, bem como promover inspeções e diligências investigatórias;

c) requisitar informações e documentos a particulares e instituições privadas;

VII - instaurar sindicâncias, requisitar diligências investigatórias e determinar a instauração de inquérito policial, para apuração de ilícitos ou infrações às normas de proteção à infância e à juventude;

VIII - zelar pelo efetivo respeito aos direitos e garantias legais assegurados às crianças e adolescentes, promovendo as medidas judiciais e extrajudiciais cabíveis;

IX - impetrar mandado de segurança, de injunção e *habeas corpus*, em qualquer juízo, instância ou tribunal, na defesa dos interesses sociais e individuais indisponíveis afetos à criança e ao adolescente;

X - representar ao juízo visando à aplicação de penalidade por infrações cometidas contra as normas de proteção à infância e à juventude, sem prejuízo da promoção da responsabilidade civil e penal do infrator, quando cabível;

XI - inspecionar as entidades públicas e particulares de atendimento e os programas de que trata esta Lei, adotando de pronto as medidas administrativas ou judiciais necessárias à remoção de irregularidades porventura verificadas;

XII - requisitar força policial, bem como a colaboração dos serviços médicos, hospitalares, educacionais e de assistência social, públicos ou privados, para o desempenho de suas atribuições.

§ 1º A legitimação do Ministério Público para as ações cíveis previstas neste artigo não impede a de terceiros, nas mesmas hipóteses, segundo dispuserem a Constituição e esta Lei.

§ 2º As atribuições constantes deste artigo não excluem outras, desde que compatíveis com a finalidade do Ministério Público.

§ 3º O representante do Ministério Público, no exercício de suas funções, terá livre acesso a todo local onde se encontre criança ou adolescente.

§ 4º O representante do Ministério Público será responsável pelo uso indevido das informações e documentos que requisitar, nas hipóteses legais de sigilo.

§ 5º Para o exercício da atribuição de que trata o inciso VIII deste artigo, poderá o representante do Ministério Público:

a) reduzir a termo as declarações do reclamante, instaurando o competente procedimento, sob sua presidência;

b) entender-se diretamente com a pessoa ou autoridade reclamada, em dia, local e horário previamente notificados ou acertados;

c) efetuar recomendações visando à melhoria dos serviços públicos e de relevância pública afetos à criança e ao adolescente, fixando prazo razoável para sua perfeita adequação.

Art. 202. Nos processos e procedimentos em que não for parte, atuará obrigatoriamente o Ministério Público na defesa dos direitos e interesses de que cuida esta Lei, hipótese em que terá vista dos autos depois das partes, podendo juntar documentos e requerer diligências, usando os recursos cabíveis.

Art. 203. A intimação do Ministério Público, em qualquer caso, será feita pessoalmente.

Art. 204. A falta de intervenção do Ministério Público acarreta a nulidade do feito, que será declarada de ofício pelo juiz ou a requerimento de qualquer interessado.

Art. 205. As manifestações processuais do representante do Ministério Público deverão ser fundamentadas.

CAPÍTULO VI
DO ADVOGADO

Art. 206. A criança ou o adolescente, seus pais ou responsável, e qualquer pessoa que tenha legítimo interesse na solução da lide poderão intervir nos procedimentos de que trata esta Lei, através de advogado, o qual será intimado para todos os atos, pessoalmente ou por publicação oficial, respeitado o segredo de justiça.

Parágrafo único. Será prestada assistência judiciária integral e gratuita àqueles que dela necessitarem.

Art. 207. Nenhum adolescente a quem se atribua a prática de ato infracional, ainda que ausente ou foragido, será processado sem defensor.

§ 1º Se o adolescente não tiver defensor, ser-lhe-á nomeado pelo juiz, ressalvado o direito de, a todo tempo, constituir outro de sua preferência.

§ 2º A ausência do defensor não determinará o adiamento de nenhum ato do processo, devendo o juiz nomear substituto, ainda que provisoriamente, ou para o só efeito do ato.

§ 3º Será dispensada a outorga de mandato, quando se tratar de defensor nomeado ou, sido constituído, tiver sido indicado por ocasião de ato formal com a presença da autoridade judiciária.

CAPÍTULO VII
DA PROTEÇÃO JUDICIAL DOS INTERESSES INDIVIDUAIS, DIFUSOS E COLETIVOS

Art. 208. Regem-se pelas disposições desta lei as ações de responsabilidade por ofensa aos direitos assegurados à criança e ao adolescente, referentes ao não oferecimento ou oferta irregular:

I - do ensino obrigatório;

II - de atendimento educacional especializado aos portadores de deficiência;

III - de atendimento em creche e pré-escola às crianças de zero a cinco anos de idade; (Alterado pela Lei 13.306/2016.)

IV - de ensino noturno regular, adequado às condições do educando;

V - de programas suplementares de oferta de material didático-escolar, transporte e assistência à saúde do educando do ensino fundamental;

VI - de serviço de assistência social visando à proteção à família, à maternidade, à infância e à adolescência, bem como ao amparo às crianças e adolescentes que dele necessitem;

VII - de acesso às ações e serviços de saúde;

VIII - de escolarização e profissionalização dos adolescentes privados de liberdade;

IX - de ações, serviços e programas de orientação, apoio e promoção social de famílias e destinados ao pleno exercício do direito à convivência familiar por crianças e adolescentes. (Incluído pela Lei 12.010/2009.)

X - de programas de atendimento para a execução das medidas socioeducativas e aplicação de medidas de proteção. (Acrescentado pela Lei 12.594/2012.)

XI - de políticas e programas integrados de atendimento à criança e ao adolescente vítima ou testemunha de violência. (Acrescentado pela Lei 13.431/2017.)

§ 1º As hipóteses previstas neste artigo não excluem da proteção judicial outros interesses individuais, difusos ou coletivos, próprios da infância e da adolescência, protegidos pela Constituição e pela Lei. (Renumerado do parágrafo único pela Lei 11.259/2005.)

§ 2º A investigação do desaparecimento de crianças ou adolescentes será realizada imediatamente após notificação aos órgãos competentes, que deverão comunicar o fato aos portos, aeroportos, Polícia Rodoviária e companhias de transporte interestaduais e internacionais, fornecendo-lhes todos os dados necessários à identificação do desaparecido. (Incluído pela Lei 11.259/2005.)

▸ Lei 12.127/2009 (Cria o Cadastro Nacional de Crianças e Adolescentes Desaparecidos).

Art. 209. As ações previstas neste Capítulo serão propostas no foro do local onde ocorreu ou deva ocorrer a ação ou omissão, cujo juízo terá competência absoluta para processar a causa, ressalvadas a competência da Justiça Federal e a competência originária dos tribunais superiores.

Art. 210. Para as ações cíveis fundadas em interesses coletivos ou difusos, consideram-se legitimados concorrentemente:

I - o Ministério Público;

II - a União, os Estados, os Municípios, o Distrito Federal e os Territórios;

III - as associações legalmente constituídas há pelo menos um ano e que incluam entre seus fins institucionais a defesa dos interesses e direitos protegidos por esta Lei, dispensada a autorização da assembleia, se houver prévia autorização estatutária.

§ 1º Admitir-se-á litisconsórcio facultativo entre os Ministérios Públicos da União e dos Estados na defesa dos interesses e direitos de que cuida esta Lei.

§ 2º Em caso de desistência ou abandono da ação por associação legitimada, o Ministério Público ou outro legitimado poderá assumir a titularidade ativa.

Art. 211. Os órgãos públicos legitimados poderão tomar dos interessados compromisso de ajustamento de sua conduta às exigências legais, o qual terá eficácia de título executivo extrajudicial.

Art. 212. Para defesa dos direitos e interesses protegidos por esta Lei, são admissíveis todas as espécies de ações pertinentes.

§ 1º Aplicam-se às ações previstas neste Capítulo as normas do Código de Processo Civil.

§ 2º Contra atos ilegais ou abusivos de autoridade pública ou agente de pessoa jurídica no exercício de atribuições do Poder Público, que lesem direito líquido e certo previsto nesta Lei, caberá ação mandamental, que se regerá pelas normas da lei do mandado de segurança.

Art. 213. Na ação que tenha por objeto o cumprimento de obrigação de fazer ou não fazer, o juiz concederá a tutela específica da obrigação ou determinará providências que assegurem o resultado prático equivalente ao do adimplemento.

§ 1º Sendo relevante o fundamento da demanda e havendo justificado receio de ineficácia do provimento final, é lícito ao juiz conceder a tutela liminarmente ou após justificação prévia, citando o réu.

§ 2º O juiz poderá, na hipótese do parágrafo anterior ou na sentença, impor multa diária ao réu, independentemente de pedido do autor, se for suficiente ou compatível com a obrigação, fixando prazo razoável para o cumprimento do preceito.

§ 3º A multa só será exigível do réu após o trânsito em julgado da sentença favorável ao autor, mas será devida desde o dia em que se houver configurado o descumprimento.

Art. 214. Os valores das multas reverterão ao fundo gerido pelo Conselho dos Direitos da Criança e do Adolescente do respectivo município.

§ 1º As multas não recolhidas até trinta dias após o trânsito em julgado da decisão serão exigidas através de execução promovida pelo Ministério Público, nos mesmos autos, facultada igual iniciativa aos demais legitimados.

§ 2º Enquanto o fundo não for regulamentado, o dinheiro ficará depositado em estabelecimento oficial de crédito, em conta com correção monetária.

Art. 215. O juiz poderá conferir efeito suspensivo aos recursos, para evitar dano irreparável à parte.

Art. 216. Transitada em julgado a sentença que impuser condenação ao Poder Público, o juiz determinará a remessa de peças à autoridade competente, para apuração da responsabilidade civil e administrativa do agente a que se atribua a ação ou omissão.

Art. 217. Decorridos sessenta dias do trânsito em julgado da sentença condenatória sem que a associação autora lhe promova a execução, deverá fazê-lo o Ministério Público, facultada igual iniciativa aos demais legitimados.

Art. 218. O juiz condenará a associação autora a pagar ao réu os honorários advocatícios arbitrados na conformidade do § 4º do art. 20 da Lei n. 5.869, de 11 de janeiro de 1973 (Código de Processo Civil), quando reconhecer que a pretensão é manifestamente infundada.

‣ Refere-se ao CPC/1973. art. 85, § 8º, NCPC.

Parágrafo único. Em caso de litigância de má-fé, a associação autora e os diretores responsáveis pela propositura da ação serão solidariamente condenados ao décuplo das custas, sem prejuízo de responsabilidade por perdas e danos.

Art. 219. Nas ações de que trata este Capítulo, não haverá adiantamento de custas, emolumentos, honorários periciais e quaisquer outras despesas.

Art. 220. Qualquer pessoa poderá e o servidor público deverá provocar a iniciativa do Ministério Público, prestando-lhe informações sobre fatos que constituam objeto de ação civil, e indicando-lhe os elementos de convicção.

Art. 221. Se, no exercício de suas funções, os juízos e tribunais tiverem conhecimento de fatos que possam ensejar a propositura de ação civil, remeterão peças ao Ministério Público para as providências cabíveis.

Art. 222. Para instruir a petição inicial, o interessado poderá requerer às autoridades competentes as certidões e informações que julgar necessárias, que serão fornecidas no prazo de quinze dias.

Art. 223. O Ministério Público poderá instaurar, sob sua presidência, inquérito civil, ou requisitar, de qualquer pessoa, organismo público ou particular, certidões, informações, exames ou perícias, no prazo que assinalar, o qual não poderá ser inferior a dez dias úteis.

§ 1º Se o órgão do Ministério Público, esgotadas todas as diligências, se convencer da inexistência de fundamento para a propositura da ação cível, promoverá o arquivamento dos autos do inquérito civil ou das peças informativas, fazendo-o fundamentadamente.

§ 2º Os autos do inquérito civil ou as peças de informação arquivados serão remetidos, sob pena de se incorrer em falta grave, no prazo de três dias, ao Conselho Superior do Ministério Público.

§ 3º Até que seja homologada ou rejeitada a promoção de arquivamento, em sessão do Conselho Superior do Ministério público, poderão as associações legitimadas apresentar razões escritas ou documentos, que serão juntados aos autos do inquérito ou anexados às peças de informação.

§ 4º A promoção de arquivamento será submetida a exame e deliberação do Conselho Superior do Ministério Público, conforme dispuser o seu regimento.

§ 5º Deixando o Conselho Superior de homologar a promoção de arquivamento, designará, desde logo, outro órgão do Ministério Público para o ajuizamento da ação.

Art. 224. Aplicam-se subsidiariamente, no que couber, as disposições da Lei n. 7.347, de 24 de julho de 1985.

TÍTULO VII
DOS CRIMES E DAS INFRAÇÕES ADMINISTRATIVAS

CAPÍTULO I
DOS CRIMES

SEÇÃO I
DISPOSIÇÕES GERAIS

Art. 225. Este Capítulo dispõe sobre crimes praticados contra a criança e o adolescente, por ação ou omissão, sem prejuízo do disposto na legislação penal.

Art. 226. Aplicam-se aos crimes definidos nesta Lei as normas da Parte Geral do Código Penal e, quanto ao processo, as pertinentes ao Código de Processo Penal.

‣ Súm. 338, STJ.

Art. 227. Os crimes definidos nesta Lei são de ação pública incondicionada.

Art. 227-A. Os efeitos da condenação prevista no inciso I do *caput* do art. 92 do Decreto-Lei nº 2.848, de 7 de dezembro de 1940 (Código Penal), para os crimes previstos nesta Lei, praticados por servidores públicos com abuso de autoridade, são condicionados à ocorrência de reincidência. (Acrescido pela Lei 13.869/2019)

Parágrafo único. A perda do cargo, do mandato ou da função, nesse caso, independerá da pena aplicada na reincidência.

SEÇÃO II
DOS CRIMES EM ESPÉCIE

Art. 228. Deixar o encarregado de serviço ou o dirigente de estabelecimento de atenção à saúde de gestante de manter registro das atividades desenvolvidas, na forma e prazo referidos no art. 10 desta lei, bem como de fornecer à parturiente ou a seu responsável, por ocasião da alta médica, declaração de nascimento, onde constem as intercorrências do parto e do desenvolvimento do neonato:

Pena - Detenção de seis meses a dois anos.

Parágrafo único. Se o crime é culposo:

Pena - Detenção de dois a seis meses, ou multa.

Art. 229. Deixar o médico, enfermeiro ou dirigente de estabelecimento de atenção à saúde de gestante de identificar corretamente o neonato e a parturiente, por ocasião do parto, bem como deixar de proceder aos exames referidos no art. 10 desta lei:

Pena - Detenção de seis meses a dois anos.

Parágrafo único. Se o crime é culposo:

Pena - Detenção de dois a seis meses, ou multa.

Art. 230. Privar a criança ou o adolescente de sua liberdade, procedendo à sua apreensão sem estar em flagrante de ato infracional ou inexistindo ordem escrita da autoridade judiciária competente:

Pena - Detenção de seis meses a dois anos.

Parágrafo único. Incide na mesma pena aquele que procede à apreensão sem observância das formalidades legais.

Art. 231. Deixar a autoridade policial responsável pela apreensão de criança ou adolescente de fazer imediata comunicação à autoridade judiciária competente e à família do apreendido ou à pessoa por ele indicada:

Pena - Detenção de seis meses a dois anos.

Art. 232. Submeter criança ou adolescente sob sua autoridade, guarda ou vigilância a vexame ou a constrangimento:

Pena - Detenção de seis meses a dois anos.

Art. 233. (Revogado pela Lei 9.455/1997.)

Art. 234. Deixar a autoridade competente, sem justa causa, de ordenar a imediata liberação de criança ou adolescente, tão logo tenha conhecimento da ilegalidade da apreensão:

Pena - Detenção de seis meses a dois anos.

Art. 235. Descumprir, injustificadamente, prazo fixado nesta Lei em benefício de adolescente privado de liberdade:

Pena - Detenção de seis meses a dois anos.

Art. 236. Impedir ou embaraçar a ação de autoridade judiciária, membro do Conselho Tutelar ou representante do Ministério Público no exercício de função prevista nesta Lei:

Pena - Detenção de seis meses a dois anos.

Art. 237. Subtrair criança ou adolescente ao poder de quem o tem sob sua guarda em virtude de lei ou ordem judicial, com o fim de colocação em lar substituto:

Pena - Reclusão de dois a seis anos, e multa.

Art. 238. Prometer ou efetivar a entrega de filho ou pupilo a terceiro, mediante paga ou recompensa:

Pena - Reclusão de um a quatro anos, e multa.

Parágrafo único. Incide nas mesmas penas quem oferece ou efetiva a paga ou recompensa.

Art. 239. Promover ou auxiliar a efetivação de ato destinado ao envio de criança ou adolescente para o exterior com inobservância das formalidades legais ou com o fito de obter lucro:

Pena - Reclusão de quatro a seis anos, e multa.

- art. 13-A, CPP.
- Lei 13.344/2016 (Dispõe sobre prevenção e repressão ao tráfico interno e internacional de pessoas e sobre medidas de atenção às vítimas).

Parágrafo único. Se há emprego de violência, grave ameaça ou fraude: (Incluído pela Lei 10.764/2003.)

Pena - Reclusão, de 6 (seis) a 8 (oito) anos, além da pena correspondente à violência.

Art. 240. Produzir, reproduzir, dirigir, fotografar, filmar ou registrar, por qualquer meio, cena de sexo explícito ou pornográfica, envolvendo criança ou adolescente: (Redação dada pela Lei 11.829/2008.)

Pena - Reclusão, de 4 (quatro) a 8 (oito) anos, e multa. (Redação dada pela Lei 11.829/2008.)

§ 1º Incorre nas mesmas penas quem agencia, facilita, recruta, coage, ou de qualquer modo intermedeia a participação de criança ou adolescente nas cenas referidas no *caput* deste artigo, ou ainda quem com esses contracena. (Redação dada pela Lei 11.829/2008.)

§ 2º Aumenta-se a pena de 1/3 (um terço) se o agente comete o crime: (Redação dada pela Lei 11.829/ 2008.)

I - no exercício de cargo ou função pública ou a pretexto de exercê-la; (Redação dada pela Lei 11.829/2008.)

II - prevalecendo-se de relações domésticas, de coabitação ou de hospitalidade; ou (Redação dada pela Lei 11.829/2008.)

III - prevalecendo-se de relações de parentesco consanguíneo ou afim até o terceiro grau, ou por adoção, de tutor, curador, preceptor, empregador da vítima ou de quem, a qualquer outro título, tenha autoridade sobre ela, ou com seu consentimento. (Incluído pela Lei 11.829/2008.)

Art. 241. Vender ou expor à venda fotografia, vídeo ou outro registro que contenha cena de sexo explícito ou pornográfica envolvendo criança ou adolescente: (Redação dada pela Lei 11.829/2008.)

Pena - Reclusão, de 4 (quatro) a 8 (oito) anos, e multa. (Redação dada pela Lei 11.829/2008)

Art. 241-A. Oferecer, trocar, disponibilizar, transmitir, distribuir, publicar ou divulgar por qualquer meio, inclusive por meio de sistema de informática ou telemático, fotografia, vídeo ou outro registro que contenha cena de sexo explícito ou pornográfica envolvendo criança ou adolescente: (Incluído pela Lei 11.829/2008.)

Pena - Reclusão, de 3 (três) a 6 (seis) anos, e multa. (Incluído pela Lei 11.829/2008.)

§ 1º Nas mesmas penas incorre quem: (Incluído pela Lei 11.829/2008.)

I - assegura os meios ou serviços para o armazenamento das fotografias, cenas ou imagens de que trata o *caput* deste artigo; (Incluído pela Lei 11.829/2008.)

II - assegura, por qualquer meio, o acesso por rede de computadores às fotografias, cenas ou imagens de que trata o *caput* deste artigo. (Incluído pela Lei 11.829/2008.)

§ 2º As condutas tipificadas nos incisos I e II do § 1º deste artigo são puníveis quando o responsável legal pela prestação do serviço, oficialmente notificado, deixa de desabilitar o acesso ao conteúdo ilícito de que trata o *caput* deste artigo. (Incluído pela Lei 11.829/2008.)

Art. 241-B. Adquirir, possuir ou armazenar, por qualquer meio, fotografia, vídeo ou outra forma de registro que contenha cena de sexo explícito ou pornográfica envolvendo criança ou adolescente: (Incluído pela Lei 11.829/2008.)

Pena - Reclusão, de 1 (um) a 4 (quatro) anos, e multa. (Incluído pela Lei 11.829/2008.)

§ 1º A pena é diminuída de 1 (um) a 2/3 (dois terços) se de pequena quantidade o material a que se refere o *caput* deste artigo. (Incluído pela Lei 11.829/2008.)

§ 2º Não há crime se a posse ou o armazenamento tem a finalidade de comunicar às autoridades competentes a ocorrência das condutas descritas nos arts. 240, 241, 241-A e 241-C desta lei, quando a comunicação for feita por: (Incluído pela Lei 11.829/2008.)

I - agente público no exercício de suas funções; (Incluído pela Lei 11.829/2008.)

II - membro de entidade, legalmente constituída, que inclua, entre suas finalidades institucionais, o recebimento, o processamento e o encaminhamento de notícia dos crimes referidos neste parágrafo; (Incluído pela Lei 11.829/2008.)

III - representante legal e funcionários responsáveis de provedor de acesso ou serviço prestado por meio de rede de computadores, até o recebimento do material relativo à notícia feita à autoridade policial, ao Ministério Público ou ao Poder Judiciário. (Incluído pela Lei 11.829/2008.)

§ 3º As pessoas referidas no § 2º deste artigo deverão manter sob sigilo o material ilícito referido. (Incluído pela Lei 11.829/2008.)

Art. 241-C. Simular a participação de criança ou adolescente em cena de sexo explícito ou pornográfica por meio de adulteração, montagem ou modificação de fotografia, vídeo ou qualquer outra forma de representação visual: (Incluído pela Lei 11.829/2008.)

Pena - Reclusão, de 1 (um) a 3 (três) anos, e multa. (Incluído pela Lei 11.829/2008.)

Parágrafo único. Incorre nas mesmas penas quem vende, expõe à venda, disponibiliza, distribui, publica ou divulga por qualquer meio, adquire, possui ou armazena o material produzido na forma do *caput* deste artigo. (Incluído pela Lei 11.829/2008.)

Art. 241-D. Aliciar, assediar, instigar ou constranger, por qualquer meio de comunicação, criança, com o fim de com ela praticar ato libidinoso: (Incluído pela Lei 11.829/2008.)

Pena - Reclusão, de 1 (um) a 3 (três) anos, e multa. (Incluído pela Lei 11.829/2008.)

Parágrafo único. Nas mesmas penas incorre quem: (Incluído pela Lei 11.829/2008.)

I - facilita ou induz o acesso à criança de material contendo cena de sexo explícito ou pornográfica com o fim de com ela praticar ato libidinoso; (Incluído pela Lei 11.829/2008.)

II - pratica as condutas descritas no *caput* deste artigo com o fim de induzir criança a se exibir de forma pornográfica ou sexualmente explícita. (Incluído pela Lei 11.829/2008.)

Art. 241-E. Para efeito dos crimes previstos nesta Lei, a expressão "cena de sexo explícito ou pornográfica" compreende qualquer situação que envolva criança ou adolescente em atividades sexuais explícitas, reais ou simuladas, ou exibição dos órgãos genitais de uma criança ou adolescente para fins primordialmente sexuais. (Incluído pela Lei 11.829/2008.)

Art. 242. Vender, fornecer ainda que gratuitamente ou entregar, de qualquer forma, a criança ou adolescente arma, munição ou explosivo:

Pena - Reclusão, de 3 (três) a 6 (seis) anos. (Redação dada pela Lei 10.764/2003.)

Art. 243. Vender, fornecer, servir, ministrar ou entregar, ainda que gratuitamente, de qualquer forma, a criança ou a adolescente, bebida alcoólica ou, sem justa causa, outros produtos cujos componentes possam causar dependência física ou psíquica: (Alterado pela Lei 13.106/2015.)

Pena - detenção, de 2 (dois) a 4 (quatro) anos, e multa, se o fato não constitui crime mais grave. (Alterado pela Lei 13.106/2015.)

Art. 244. Vender, fornecer ainda que gratuitamente ou entregar, de qualquer forma, a criança ou adolescente fogos de estampido ou de artifício, exceto aqueles que, pelo seu reduzido potencial, sejam incapazes de provocar qualquer dano físico em caso de utilização indevida:

Pena - Detenção de seis meses a dois anos, e multa.

Art. 244-A. Submeter criança ou adolescente, como tais definidos no *caput* do art. 2º desta lei, à prostituição ou à exploração sexual: (Incluído pela Lei 9.975/2000.)

Pena - reclusão de quatro a dez anos e multa, além da perda de bens e valores utilizados na prática criminosa em favor do Fundo dos Direitos da Criança e do Adolescente da unidade da Federação (Estado ou Distrito Federal) em que foi cometido o crime, ressalvado o direito de terceiro de boa-fé. (Alterado pela Lei 13.440/2017.)

- Lei 11.577/2007 (Torna obrigatória a divulgação de mensagem relativa à exploração sexual e tráfico de crianças e adolescentes apontando formas para efetuar denúncia).

§ 1º Incorrem nas mesmas penas o proprietário, o gerente ou o responsável pelo local em que se verifique a submissão de criança ou adolescente às práticas referidas no *caput* deste artigo. (Incluído pela Lei 9.975/2000.)

§ 2º Constitui efeito obrigatório da condenação a cassação da licença de localização e de funcionamento do estabelecimento. (Incluído pela Lei 9.975/2000.)

Art. 244-B. Corromper ou facilitar a corrupção de menor de 18 (dezoito) anos, com ele praticando infração penal ou induzindo-o a praticá-la: (Incluído pela Lei 12.015/2009.)

- Súm. 500, STJ.

Pena - Reclusão, de 1 (um) a 4 (quatro) anos. (Incluído pela Lei 12.015/2009.)

§ 1º Incorre nas penas previstas no *caput* deste artigo quem pratica as condutas ali tipificadas utilizando-se de quaisquer meios eletrônicos, inclusive salas de bate-papo da internet. (Incluído pela Lei 12.015/2009.)

§ 2º As penas previstas no *caput* deste artigo são aumentadas de um terço no caso de a infração cometida ou induzida estar incluída no rol do art. 1º da Lei n. 8.072, de 25 de julho de 1990. (Incluído pela Lei 12.015/2009.)

CAPÍTULO II
DAS INFRAÇÕES ADMINISTRATIVAS

Art. 245. Deixar o médico, professor ou responsável por estabelecimento de atenção à saúde e de ensino fundamental, pré-escola ou creche, de comunicar à autoridade competente os casos de que tenha conhecimento, envolvendo suspeita ou confirmação de maus-tratos contra criança ou adolescente:

Pena - Multa de três a vinte salários de referência, aplicando-se o dobro em caso de reincidência.

Art. 246. Impedir o responsável ou funcionário de entidade de atendimento o exercício dos direitos constantes nos incisos II, III, VII, VIII e XI do art. 124 desta lei:

Pena - Multa de três a vinte salários de referência, aplicando-se o dobro em caso de reincidência.

Art. 247. Divulgar, total ou parcialmente, sem autorização devida, por qualquer meio de comunicação, nome, ato ou documento de procedimento policial, administrativo ou judicial relativo a criança ou adolescente a que se atribua ato infracional:

Pena - Multa de três a vinte salários de referência, aplicando-se o dobro em caso de reincidência.

§ 1º Incorre na mesma pena quem exibe, total ou parcialmente, fotografia de criança ou adolescente envolvido em ato infracional, ou qualquer ilustração que lhe diga respeito ou se refira a atos que lhe sejam atribuídos, de forma a permitir sua identificação, direta ou indiretamente.

§ 2º Se o fato for praticado por órgão de imprensa ou emissora de rádio ou televisão, além da pena prevista neste artigo, a autoridade judiciária poderá determinar a apreensão da publicação ou a suspensão da programação da emissora até por dois dias, bem como da publicação do periódico até por dois números.

- O STF julgou procedente a ADIn 869-2 para declarar inconstitucional a expressão "ou na suspensão da programação da emissora até por dois dias, bem como da publicação do periódico até por dois números" contida neste parágrafo.

Art. 248. (Revogado pela Lei 13.431/2017.)

Art. 249. Descumprir, dolosa ou culposamente, os deveres inerentes ao poder familiar ou decorrente de tutela ou guarda, bem assim determinação da autoridade judiciária ou Conselho Tutelar:

Pena - Multa de três a vinte salários de referência, aplicando-se o dobro em caso de reincidência.

Art. 250. Hospedar criança ou adolescente desacompanhado dos pais ou responsável, ou sem autorização escrita desses ou da autoridade judiciária, em hotel, pensão, motel ou congênere: (Redação dada pela Lei 12.038/2009.)

Pena - Multa. (Redação dada pela Lei 12.038/2009.)

§ 1º Em caso de reincidência, sem prejuízo da pena de multa, a autoridade judiciária poderá determinar o fechamento do estabelecimento por até 15 (quinze) dias. (Incluído pela Lei 12.038/2009.)

§ 2º Se comprovada a reincidência em período inferior a 30 (trinta) dias, o estabelecimento será definitivamente fechado e terá sua licença cassada (Incluído pela Lei 12.038/2009.)

Art. 251. Transportar criança ou adolescente, por qualquer meio, com inobservância do disposto nos arts. 83, 84 e 85 desta lei:

Pena - Multa de três a vinte salários de referência, aplicando-se o dobro em caso de reincidência.

Art. 252. Deixar o responsável por diversão ou espetáculo público de afixar, em lugar visível e de fácil acesso, à entrada do local de exibição, informação destacada sobre a natureza da diversão ou espetáculo e a faixa etária especificada no certificado de classificação:

Pena - Multa de três a vinte salários de referência, aplicando-se o dobro em caso de reincidência.

Art. 253. Anunciar peças teatrais, filmes ou quaisquer representações ou espetáculos, sem indicar os limites de idade a que não se recomendem:

Pena - Multa de três a vinte salários de referência, duplicada em caso de reincidência, aplicável, separadamente, à casa de espetáculo e aos órgãos de divulgação ou publicidade.

Art. 254. Transmitir, através de rádio ou televisão, espetáculo em horário diverso do autorizado ou sem aviso de sua classificação:

- O STF julgou procedente a ADI 2.404/DF para declarar a inconstitucionalidade da expressão "em horário diverso do autorizado", constante deste artigo.

Pena - Multa de vinte a cem salários de referência, duplicada em caso de reincidência a autoridade judiciária poderá determinar a suspensão da programação da emissora por até dois dias.

Art. 255. Exibir filme, trailer, peça, amostra ou congênere classificado pelo órgão competente como inadequado às crianças ou adolescentes admitidos ao espetáculo:

Pena - Multa de vinte a cem salários de referência, na reincidência, a autoridade poderá determinar a suspensão do espetáculo ou o fechamento do estabelecimento por até quinze dias.

Art. 256. Vender ou locar a criança ou adolescente fita de programação em vídeo, em desacordo com a classificação atribuída pelo órgão competente:

Pena - Multa de três a vinte salários de referência; em caso de reincidência, a autoridade judiciária poderá determinar o fechamento do estabelecimento por até quinze dias.

Art. 257. Descumprir obrigação constante dos arts. 78 e 79 desta lei:

Pena - Multa de três a vinte salários de referência, duplicando-se a pena em caso de reincidência, sem prejuízo de apreensão da revista ou publicação.

Art. 258. Deixar o responsável pelo estabelecimento ou o empresário de observar o que dispõe esta Lei sobre o acesso de criança ou adolescente aos locais de diversão, ou sobre sua participação no espetáculo:

Pena - Multa de três a vinte salários de referência; em caso de reincidência, a autoridade judiciária poderá determinar o fechamento do estabelecimento por até quinze dias.

Art. 258-A. Deixar a autoridade competente de providenciar a instalação e operacionalização dos cadastros previstos no art. 50 e no § 11 do art. 101 desta lei: (Incluído pela Lei 12.010/2009.)

Pena - Multa de R$ 1.000,00 (mil reais) a R$ 3.000,00 (três mil reais). (Incluído pela Lei 12.010/2009.)

Parágrafo único. Incorre nas mesmas penas a autoridade que deixa de efetuar o cadastramento de crianças e de adolescentes em condições de serem adotadas, de pessoas ou casais habilitados à adoção e de crianças e adolescentes em regime de acolhimento institucional ou familiar. (Incluído pela Lei 12.010/2009.)

Art. 258-B. Deixar o médico, enfermeiro ou dirigente de estabelecimento de atenção à saúde de gestante de efetuar imediato encaminhamento à autoridade judiciária de caso de que tenha conhecimento de mãe ou gestante interessada em entregar seu filho para adoção: (Incluído pela Lei 12.010/2009.)

Pena - Multa de R$ 1.000,00 (mil reais) a R$ 3.000,00 (três mil reais). (Incluído pela Lei 12.010/2009.)

Parágrafo único. Incorre na mesma pena o funcionário de programa oficial ou comunitário destinado à garantia do direito à convivência familiar que deixa de efetuar a comunicação referida no *caput* deste artigo. (Incluído pela Lei 12.010/2009.)

Art. 258-C. Descumprir a proibição estabelecida no inciso II do art. 81: (Acrescentado pela Lei 13.106/2015.)

Pena - multa de R$ 3.000,00 (três mil reais) a R$ 10.000,00 (dez mil reais); (Acrescentado pela Lei 13.106/2015.)

Medida Administrativa - interdição do estabelecimento comercial até o recolhimento da multa aplicada. (Acrescentado pela Lei 13.106/2015.)

DISPOSIÇÕES FINAIS E TRANSITÓRIAS

Art. 259. A União, no prazo de noventa dias contados da publicação deste Estatuto, elaborará projeto de lei dispondo sobre a criação ou adaptação de seus órgãos às diretrizes da política de atendimento fixadas no art. 88 e ao que estabelece o Título V do Livro II.

Parágrafo único. Compete aos Estados e Municípios promoverem a adaptação de seus órgãos e programas às diretrizes e princípios estabelecidos nesta Lei.

Art. 260. Os contribuintes poderão efetuar doações aos Fundos dos Direitos da Criança e do Adolescente nacional, distrital, estaduais ou municipais, devidamente comprovadas, sendo essas integralmente deduzidas do imposto de renda, obedecidos os seguintes limites: (Alterado pela Lei 12.594/2012.)

- art. 91, I, Dec. 9.579/2018 (dispõe sobre as doações previstas neste artigo).

I - 1% (um por cento) do imposto sobre a renda devido apurado pelas pessoas jurídicas tributadas com base no lucro real; e

II - 6% (seis por cento) do imposto sobre a renda apurado pelas pessoas físicas na Declaração de Ajuste Anual, observado o disposto no art. 22 da Lei n. 9.532, de 10 de dezembro de 1997.

§ 1º (Revogado pela Lei 9.532/1997.)

§ 1º-A Na definição das prioridades a serem atendidas com os recursos captados pelos fundos nacional, estaduais e municipais dos direitos da criança e do adolescente, serão consideradas as disposições do Plano Nacional de Promoção, Proteção e Defesa do Direito de Crianças e Adolescentes à Convivência Familiar e Comunitária e as do Plano Nacional pela Primeira Infância. (Alterado pela Lei 13.257/2016.)

§ 2º Os conselhos nacional, estaduais e municipais dos direitos da criança e do adolescente fixarão critérios de utilização, por meio de planos de aplicação, das dotações subsidiadas e demais receitas, aplicando necessariamente percentual para incentivo ao acolhimento, sob a forma de guarda, de crianças e adolescentes e para programas de atenção integral à primeira infância em áreas de maior carência socioeconômica e em situações de calamidade. (Alterado pela Lei 13.257/2016.)

§ 3º O Departamento da Receita Federal, do Ministério da Economia, Fazenda e Planejamento, regulamentará a comprovação das doações feitas aos fundos, nos termos deste artigo. (Incluído pela Lei 8.242/1991.)

§ 4º O Ministério Público determinará em cada comarca a forma de fiscalização da aplicação, pelo Fundo Municipal dos Direitos da Criança e do Adolescente, dos incentivos fiscais referidos neste artigo. (Incluído pela Lei 8.242/1991.)

§ 5º Observado o disposto no § 4º do art. 3º da Lei n. 9.249, de 26 de dezembro de 1995, a dedução de que trata o inciso I do *caput*: (Alterado pela Lei 12.594/2012.)

I - será considerada isoladamente, não se submetendo a limite em conjunto com outras deduções do imposto; e

II - não poderá ser computada como despesa operacional na apuração do lucro real. (NR)

Art. 260-A. A partir do exercício de 2010, ano-calendário de 2009, a pessoa física poderá optar pela doação de que trata o inciso II do *caput* do art. 260 diretamente em sua Declaração de Ajuste Anual. (Acrescentado pela Lei 12.594/2012.)

§ 1º A doação de que trata o *caput* poderá ser deduzida até os seguintes percentuais aplicados sobre o imposto apurado na declaração:

I e II - (Vetados.)

III - 3% (três por cento) a partir do exercício de 2012.

§ 2º A dedução de que trata o *caput*:

I - está sujeita ao limite de 6% (seis por cento) do imposto sobre a renda apurado na declaração de que trata o inciso II do *caput* do art. 260;

II - não se aplica à pessoa física que:

a) utilizar o desconto simplificado;

b) apresentar declaração em formulário; ou

c) entregar a declaração fora do prazo;

III - só se aplica às doações em espécie; e

IV - não exclui ou reduz outros benefícios ou deduções em vigor.

§ 3º O pagamento da doação deve ser efetuado até a data de vencimento da primeira quota ou quota única do imposto, observadas instruções específicas da Secretaria da Receita Federal do Brasil.

§ 4º O não pagamento da doação no prazo estabelecido no § 3º implica a glosa definitiva desta parcela de dedução, ficando a pessoa física obrigada ao recolhimento da diferença de imposto devido apurado na Declaração de Ajuste Anual com os acréscimos legais previstos na legislação.

§ 5º A pessoa física poderá deduzir do imposto apurado na Declaração de Ajuste Anual as doações feitas, no respectivo ano-calendário, aos fundos controlados pelos Conselhos dos Direitos da Criança e do Adolescente municipais, distrital, estaduais e nacional concomitantemente com a opção de que trata o *caput*, respeitado o limite previsto no inciso II do art. 260.

Art. 260-B. A doação de que trata o inciso I do art. 260 poderá ser deduzida: (Acrescentado pela Lei 12.594/2012.)

I - do imposto devido no trimestre, para as pessoas jurídicas que apuram o imposto trimestralmente; e

II - do imposto devido mensalmente e no ajuste anual, para as pessoas jurídicas que apuram o imposto anualmente.

Parágrafo único. A doação deverá ser efetuada dentro do período a que se refere a apuração do imposto.

Art. 260-C. As doações de que trata o art. 260 desta Lei podem ser efetuadas em espécie ou em bens. (Acrescentado pela Lei 12.594/2012.)

Parágrafo único. As doações efetuadas em espécie devem ser depositadas em conta específica, em instituição financeira pública, vinculadas aos respectivos fundos de que trata o art. 260.

Art. 260-D. Os órgãos responsáveis pela administração das contas dos Fundos dos Direitos da Criança e do Adolescente nacional, estaduais, distrital e municipais devem emitir recibo em favor do doador, assinado por pessoa competente e pelo presidente do Conselho correspondente, especificando: (Acrescentado pela Lei 12.594/2012.)

I - número de ordem;

II - nome, Cadastro Nacional da Pessoa Jurídica (CNPJ) e endereço do emitente;

III - nome, CNPJ ou Cadastro de Pessoas Físicas (CPF) do doador;

IV - data da doação e valor efetivamente recebido; e

V - ano-calendário a que se refere a doação.

§ 1º O comprovante de que trata o *caput* deste artigo pode ser emitido anualmente, desde que discrimine os valores doados mês a mês.

§ 2º No caso de doação em bens, o comprovante deve conter a identificação dos bens, mediante descrição em campo próprio ou em relação anexa ao comprovante, informando também se houve avaliação, o nome, CPF ou CNPJ e endereço dos avaliadores.

Art. 260-E. Na hipótese da doação em bens, o doador deverá: (Acrescentado pela Lei 12.594/2012.)

I - comprovar a propriedade dos bens, mediante documentação hábil;

II - baixar os bens doados na declaração de bens e direitos, quando se tratar de pessoa física, e na escrituração, no caso de pessoa jurídica; e

III - considerar como valor dos bens doados:

a) para as pessoas físicas, o valor constante da última declaração do imposto de renda, desde que não exceda o valor de mercado;

b) para as pessoas jurídicas, o valor contábil dos bens.

Parágrafo único. O preço obtido em caso de leilão não será considerado na determinação do valor dos bens doados, exceto se o leilão for determinado por autoridade judiciária.

Art. 260-F. Os documentos a que se referem os arts. 260-D e 260-E devem ser mantidos pelo contribuinte por um prazo de 5 (cinco) anos para fins de comprovação da dedução perante a Receita Federal do Brasil. (Acrescentado pela Lei 12.594/2012.)

Art. 260-G. Os órgãos responsáveis pela administração das contas dos Fundos dos Direitos da Criança e do Adolescente nacional, estaduais, distrital e municipais devem: (Acrescentado pela Lei 12.594/2012.)

I - manter conta bancária específica destinada exclusivamente a gerir os recursos do Fundo;

II - manter controle das doações recebidas; e

III - informar anualmente à Secretaria da Receita Federal do Brasil as doações recebidas mês a mês, identificando os seguintes dados por doador:

a) nome, CNPJ ou CPF;

b) valor doado, especificando se a doação foi em espécie ou em bens.

Art. 260-H. Em caso de descumprimento das obrigações previstas no art. 260-G, a Secretaria da Receita Federal do Brasil dará conhecimento do fato ao Ministério Público. (Acrescentado pela Lei 12.594/2012.)

Art. 260-I. Os Conselhos dos Direitos da Criança e do Adolescente nacional, estaduais, distrital e municipais divulgarão amplamente à comunidade: (Acrescentado pela Lei 12.594/2012.)

I - o calendário de suas reuniões;

II - as ações prioritárias para aplicação das políticas de atendimento à criança e ao adolescente;

III - os requisitos para a apresentação de projetos a serem beneficiados com recursos dos Fundos dos Direitos da Criança e do Adolescente nacional, estaduais, distrital ou municipais;

IV - a relação dos projetos aprovados em cada ano-calendário e o valor dos recursos previstos para implementação das ações, por projeto;

V - o total dos recursos recebidos e a respectiva destinação, por projeto atendido, inclusive com cadastramento na base de dados do Sistema de Informações sobre a Infância e a Adolescência; e

VI - a avaliação dos resultados dos projetos beneficiados com recursos dos Fundos dos Direitos da Criança e do Adolescente nacional, estaduais, distrital e municipais.

Art. 260-J. O Ministério Público determinará, em cada Comarca, a forma de fiscalização da aplicação dos incentivos fiscais referidos no art. 260 desta Lei. (Acrescentado pela Lei 12.594/2012.)

Parágrafo único. O descumprimento do disposto nos arts. 260-G e 260-I sujeitará os infratores a responder por ação judicial proposta pelo Ministério Público, que poderá atuar de ofício, a requerimento ou representação de qualquer cidadão.

Art. 260-K. A Secretaria de Direitos Humanos da Presidência da República (SDH/PR) encaminhará à Secretaria da Receita Federal do Brasil, até 31 de outubro de cada ano, arquivo eletrônico contendo a relação atualizada dos Fundos dos Direitos da Criança e do Adolescente nacional, distrital, estaduais e municipais, com a indicação dos respectivos números de inscrição no CNPJ e das contas bancárias específicas mantidas em instituições financeiras públicas, destinadas exclusivamente a gerir os recursos dos Fundos. (Acrescentado pela Lei 12.594/2012.)

Art. 260-L. A Secretaria da Receita Federal do Brasil expedirá as instruções necessárias à aplicação do disposto nos arts. 260 a 260-K. (Acrescentado pela Lei 12.594/2012.)

Art. 261. Na falta dos Conselhos Municipais dos Direitos da Criança e do Adolescente, os registros, inscrições e alterações a que se referem os arts. 90, parágrafo único, e 91 desta Lei serão efetuados perante a autoridade judiciária da comarca a que pertencer a entidade.

Parágrafo único. A União fica autorizada a repassar aos Estados e Municípios, e os Estados aos Municípios, os recursos referentes aos programas e atividades previstos nesta Lei, tão logo estejam criados os Conselhos dos Direitos da Criança e do Adolescente nos seus respectivos níveis.

Art. 262. Enquanto não instalados os Conselhos Tutelares, as atribuições a eles conferidas serão exercidas pela autoridade judiciária.

Art. 263. O Decreto-Lei n. 2.848, de 07 de dezembro de 1940 (Código Penal), passa a vigorar com as seguintes alterações:

- Alteração promovida no texto do referido Código.

Art. 264. O art. 102 da Lei n. 6.015, de 31 de dezembro de 1973, fica acrescido do seguinte item:

- Alteração promovida no texto da referida lei.

Art. 265. A Imprensa Nacional e demais gráficas da União, da administração direta ou indireta, inclusive fundações instituídas e mantidas pelo Poder Público federal, promoverão edição popular do texto integral deste Estatuto, que será posto à disposição das escolas e das entidades de atendimento e de defesa dos direitos da criança e do adolescente.

Art. 265-A. O poder público fará periodicamente ampla divulgação dos direitos da criança e do adolescente nos meios de comunicação social. (Acrescentado pela Lei 13.257/2016.)

Parágrafo único. A divulgação a que se refere o *caput* será veiculada em linguagem clara, compreensível e adequada a crianças e adolescentes, especialmente às crianças com idade inferior a 6 (seis) anos. (Acrescentado pela Lei 13.257/2016.)

Art. 266. Esta Lei entra em vigor noventa dias após sua publicação.

Parágrafo único. Durante o período de vacância deverão ser promovidas atividades e campanhas de divulgação e esclarecimentos acerca do disposto nesta Lei.

Art. 267. Revogam-se as Leis n. 4.513, de 1964, e 6.697, de 10 de outubro de 1979 (Código de Menores), e as demais disposições em contrário.

Brasília, 13 de julho de 1990, 169º da Independência e 102º da República.

Fernando Collor

LEI Nº 10.257, DE 10 DE JULHO DE 2001

Regulamenta os arts. 182 e 183 da Constituição Federal, estabelece diretrizes gerais da política urbana e dá outras providências.

▸ DOU 11.7.2001; retificado em 17.7.2001.

O PRESIDENTE DA REPÚBLICA

Faço saber que o Congresso Nacional decreta e eu sanciono a seguinte Lei:

CAPÍTULO I
DIRETRIZES GERAIS

Art. 1º Na execução da política urbana, de que tratam os arts. 182 e 183 da Constituição Federal, será aplicado o previsto nesta Lei.

Parágrafo único. Para todos os efeitos, esta Lei, denominada Estatuto da Cidade, estabelece normas de ordem pública e interesse social que regulam o uso da propriedade urbana em prol do bem coletivo, da segurança e do bem-estar dos cidadãos, bem como do equilíbrio ambiental.

▸ arts. 182, § 2º; 225, CF.

▸ Lei 6.938/1981, dispõe sobre a Política Nacional do Meio Ambiente.

▸ Lei 9.605/1998, dispõe sobre os crimes ambientais.

▸ Lei 9.985/2000 (Institui o Sistema Nacional de Unidades de Conservação da Natureza).

▸ art. 9º, Lei 13.089/2015 (Estatuto da Metrópole).

Art. 2º A política urbana tem por objetivo ordenar o pleno desenvolvimento das funções sociais da cidade e da propriedade urbana, mediante as seguintes diretrizes gerais:

▸ art. 7º, Lei 13.089/2015 (Estatuto da Metrópole).

I - garantia do direito a cidades sustentáveis, entendido como o direito à terra urbana, à moradia, ao saneamento ambiental, à infraestrutura urbana, ao transporte e aos serviços públicos, ao trabalho e ao lazer, para as presentes e futuras gerações;

II - gestão democrática por meio da participação da população e de associações representativas dos vários segmentos da comunidade na formulação, execução e acompanhamento de planos, programas e projetos de desenvolvimento urbano;

III - cooperação entre os governos, a iniciativa privada e os demais setores da sociedade no processo de urbanização, em atendimento ao interesse social;

IV - planejamento do desenvolvimento das cidades, da distribuição espacial da população e das atividades econômicas do Município e do território sob sua área de influência, de modo a evitar e corrigir as distorções do crescimento urbano e seus efeitos negativos sobre o meio ambiente;

V - oferta de equipamentos urbanos e comunitários, transporte e serviços públicos adequados aos interesses e necessidades da população e às características locais;

VI - ordenação e controle do uso do solo, de forma a evitar:

a) a utilização inadequada dos imóveis urbanos;

b) a proximidade de usos incompatíveis ou inconvenientes;

c) o parcelamento do solo, a edificação ou o uso excessivos ou inadequados em relação à infraestrutura urbana;

d) a instalação de empreendimentos ou atividades que possam funcionar como polos geradores de tráfego, sem a previsão da infraestrutura correspondente;

e) a retenção especulativa de imóvel urbano, que resulte na sua subutilização ou não utilização;

f) a deterioração das áreas urbanizadas;

g) a poluição e a degradação ambiental;

▸ Lei 6.766/1979 (Dispõe sobre o parcelamento do solo urbano).

▸ Lei 9.605/1998, (Dispõe sobre os crimes ambientais).

h) a exposição da população a riscos de desastres. (Incluído dada pela Lei nº 12.608, de 2012)

VII - integração e complementaridade entre as atividades urbanas e rurais, tendo em vista o desenvolvimento socioeconômico do Município e do território sob sua área de influência;

VIII - adoção de padrões de produção e consumo de bens e serviços e de expansão urbana compatíveis com os limites da sustentabilidade ambiental, social e econômica do Município e do território sob sua área de influência;

IX - justa distribuição dos benefícios e ônus decorrentes do processo de urbanização;

X - adequação dos instrumentos de política econômica, tributária e financeira e dos gastos públicos aos objetivos do desenvolvimento urbano, de modo a privilegiar os investimentos geradores de bem-estar geral e a fruição dos bens pelos diferentes segmentos sociais;

XI - recuperação dos investimentos do Poder Público de que tenha resultado a valorização de imóveis urbanos;

XII - proteção, preservação e recuperação do meio ambiente natural e construído, do patrimônio cultural, histórico, artístico, paisagístico e arqueológico;

▸ arts. 5º, LXXIII; 23, III, IV; 24, VII; 170, VI; 216; 225, CF.

▸ Lei 7.347/1985 (Ação Civil Pública).

XIII - audiência do Poder Público municipal e da população interessada nos processos de implantação de empreendimentos ou atividades com efeitos potencialmente negativos sobre o meio ambiente natural ou construído, o conforto ou a segurança da população;

XIV - regularização fundiária e urbanização de áreas ocupadas por população de baixa renda mediante o estabelecimento de normas especiais de urbanização, uso e ocupação do solo e edificação, consideradas a situação socioeconômica da população e as normas ambientais;

XV - simplificação da legislação de parcelamento, uso e ocupação do solo e das normas edilícias, com vistas a permitir a redução dos custos e o aumento da oferta dos lotes e unidades habitacionais;

▸ Lei 6.766/1979 (Dispõe sobre o parcelamento do solo urbano).

XVI - isonomia de condições para os agentes públicos e privados na promoção de empreendimentos e atividades relativos ao processo de urbanização, atendido o interesse social.

XVII - estímulo à utilização, nos parcelamentos do solo e nas edificações urbanas, de sistemas operacionais, padrões construtivos e aportes tecnológicos que objetivem a redução de impactos ambientais e a economia de recursos naturais. (Incluído pela Lei nº 12.836, de 2013)

XVIII - tratamento prioritário às obras e edificações de infraestrutura de energia, telecomunicações, abastecimento de água e saneamento. (Incluído pela Lei nº 13.116, de 2015)

XIX - garantia de condições condignas de acessibilidade, utilização e conforto nas dependências internas das edificações urbanas, inclusive nas destinadas à moradia e ao serviço dos trabalhadores domésticos, observados requisitos mínimos de dimensionamento, ventilação, iluminação, ergonomia, privacidade e qualidade dos materiais empregados. (Acrescido pela Lei 13.699/2018)

Art. 3º Compete à União, entre outras atribuições de interesse da política urbana:

I - legislar sobre normas gerais de direito urbanístico;

II - legislar sobre normas para a cooperação entre a União, os Estados, o Distrito Federal e os Municípios em relação à política urbana, tendo em vista o equilíbrio do desenvolvimento e do bem-estar em âmbito nacional;

III - promover, por iniciativa própria e em conjunto com os Estados, o Distrito Federal e os Municípios, programas de construção de moradias e melhoria das condições habitacionais, de saneamento básico, das calçadas, dos passeios públicos, do mobiliário urbano e dos demais espaços de uso público; (Redação dada pela Lei nº 13.146, de 2015)

IV - instituir diretrizes para desenvolvimento urbano, inclusive habitação, saneamento básico, transporte e mobilidade urbana, que incluam regras de acessibilidade aos locais de uso público; (Redação dada pela Lei nº 13.146, de 2015)

V - elaborar e executar planos nacionais e regionais de ordenação do território e de desenvolvimento econômico e social.

CAPÍTULO II DOS INSTRUMENTOS DA POLÍTICA URBANA

SEÇÃO I DOS INSTRUMENTOS EM GERAL

Art. 4º Para os fins desta Lei, serão utilizados, entre outros instrumentos:

- art. 9º, Lei 13.089/2015 (Estatuto da Metrópole).

I - planos nacionais, regionais e estaduais de ordenação do território e de desenvolvimento econômico e social;

- art. 21, IX, CF.

II - planejamento das regiões metropolitanas, aglomerações urbanas e microrregiões;

III - planejamento municipal, em especial:

a) plano diretor;

b) disciplina do parcelamento, do uso e da ocupação do solo;

c) zoneamento ambiental;

d) plano plurianual;

e) diretrizes orçamentárias e orçamento anual;

f) gestão orçamentária participativa;

g) planos, programas e projetos setoriais;

h) planos de desenvolvimento econômico e social;

IV - institutos tributários e financeiros:

a) imposto sobre a propriedade predial e territorial urbana – IPTU;

b) contribuição de melhoria;

c) incentivos e benefícios fiscais e financeiros;

V - institutos jurídicos e políticos:

a) desapropriação;

- arts. 5º, XXIV; 22, II; 182, §§ 3º, 4º, III; 216, § 1º, CF.
- Dec.-lei 3.365/1941, (Lei das Desapropriações).

b) servidão administrativa;

c) limitações administrativas;

d) tombamento de imóveis ou de mobiliário urbano;

e) instituição de unidades de conservação;

f) instituição de zonas especiais de interesse social;

g) concessão de direito real de uso;

h) concessão de uso especial para fins de moradia;

- art. 183, § 1º, CF.
- MP 2.220/2001, dispõe sobre a concessão de uso especial de que trata o art. 183, § 1º da CF.

i) parcelamento, edificação ou utilização compulsórios;

j) usucapião especial de imóvel urbano;

l) direito de superfície;

m) direito de preempção;

n) outorga onerosa do direito de construir e de alteração de uso;

o) transferência do direito de construir;

p) operações urbanas consorciadas;

q) regularização fundiária;

r) assistência técnica e jurídica gratuita para as comunidades e grupos sociais menos favorecidos;

- Lei nº 1.060, de 5-2-1950, dispõe sobre assistência judiciária aos necessitados.
- Lei 11.888/2008 (Assegura às famílias de baixa renda assistência técnica pública e gratuita para o projeto e a construção de habitação de interesse social).

s) referendo popular e plebiscito;

- Lei 9.709/1998 (Lei da Soberania Popular).

t) demarcação urbanística para fins de regularização fundiária; (Incluído pela Lei nº 11.977, de 2009)

u) legitimação de posse. (Incluído pela Lei nº 11.977, de 2009)

VI - estudo prévio de impacto ambiental (EIA) e estudo prévio de impacto de vizinhança (EIV).

§ 1º Os instrumentos mencionados neste artigo regem-se pela legislação que lhes é própria, observado o disposto nesta Lei.

§ 2º Nos casos de programas e projetos habitacionais de interesse social, desenvolvidos por órgãos ou entidades da Administração Pública com atuação específica nessa área, a concessão de direito real de uso de imóveis públicos poderá ser contratada coletivamente.

§ 3º Os instrumentos previstos neste artigo que demandam dispêndio de recursos por parte do Poder Público municipal devem ser objeto de controle social, garantida a participação de comunidades, movimentos e entidades da sociedade civil.

SEÇÃO II DO PARCELAMENTO, EDIFICAÇÃO OU UTILIZAÇÃO COMPULSÓRIOS

Art. 5º Lei municipal específica para área incluída no plano diretor poderá determinar o parcelamento, a edificação ou a utilização compulsórios do solo urbano não edificado, subutilizado ou não utilizado, devendo fixar as condições e os prazos para implementação da referida obrigação.

§ 1º Considera-se subutilizado o imóvel:

I - cujo aproveitamento seja inferior ao mínimo definido no plano diretor ou em legislação dele decorrente;

II - (Vetado).

§ 2º O proprietário será notificado pelo Poder Executivo municipal para o cumprimento da obrigação, devendo a notificação ser averbada no cartório de registro de imóveis.

- Lei 6.015/1973 (Lei de Registros Públicos).

§ 3º A notificação far-se-á:

I - por funcionário do órgão competente do Poder Público municipal, ao proprietário do imóvel ou, no caso de este ser pessoa jurídica, a quem tenha poderes de gerência geral ou administração;

II - por edital quando frustrada, por três vezes, a tentativa de notificação na forma prevista pelo inciso I.

§ 4º Os prazos a que se refere o *caput* não poderão ser inferiores a:

I - um ano, a partir da notificação, para que seja protocolado o projeto no órgão municipal competente;

II - dois anos, a partir da aprovação do projeto, para iniciar as obras do empreendimento.

§ 5º Em empreendimentos de grande porte, em caráter excepcional, a lei municipal específica a que se refere o *caput* poderá prever a conclusão em etapas, assegurando-se que o projeto aprovado compreenda o empreendimento como um todo.

Art. 6º A transmissão do imóvel, por ato inter vivos ou causa mortis, posterior à data da notificação, transfere as obrigações de parcelamento, edificação ou utilização previstas no art. 5º desta Lei, sem interrupção de quaisquer prazos.

- arts. 155, I; 156, II, CF.

SEÇÃO III DO IPTU PROGRESSIVO NO TEMPO

- Súm. nº 668 do STF.

Art. 7º Em caso de descumprimento das condições e dos prazos previstos na forma do *caput* do art. 5º desta Lei, ou não sendo cumpridas as etapas previstas no § 5º do art. 5º desta Lei, o Município procederá à aplicação do imposto sobre a propriedade predial e territorial urbana (IPTU) progressivo no tempo, mediante a majoração da alíquota pelo prazo de cinco anos consecutivos.

§ 1º O valor da alíquota a ser aplicado a cada ano será fixado na lei específica a que se refere o *caput* do art. 5º desta Lei e não excederá a duas vezes o valor referente ao ano anterior, respeitada a alíquota máxima de quinze por cento.

§ 2º Caso a obrigação de parcelar, edificar ou utilizar não esteja atendida em cinco anos, o Município manterá a cobrança pela alíquota máxima, até que se cumpra a referida obrigação, garantida a prerrogativa prevista no art. 8º.

§ 3º É vedada a concessão de isenções ou de anistia relativas à tributação progressiva de que trata este artigo.

SEÇÃO IV DA DESAPROPRIAÇÃO COM PAGAMENTO EM TÍTULOS

Art. 8º Decorridos cinco anos de cobrança do IPTU progressivo sem que o proprietário tenha cumprido a obrigação de parcelamento, edificação ou utilização, o Município poderá proceder à desapropriação do imóvel, com pagamento em títulos da dívida pública.

- arts. 5º, XXIV; 22, II; 182, §§ 3º, 4º, III; 216, § 1º, CF.
- Dec.-lei 3.365/1941, (Lei das Desapropriações).

§ 1º Os títulos da dívida pública terão prévia aprovação pelo Senado Federal e serão resgatados no prazo de até dez anos, em prestações anuais, iguais e sucessivas, assegurados o valor real da indenização e os juros legais de seis por cento ao ano.

§ 2º O valor real da indenização:

I - refletirá o valor da base de cálculo do IPTU, descontado o montante incorporado em função de obras realizadas pelo Poder Público na área onde o mesmo se localiza após a notificação de que trata o § 2º do art. 5º desta Lei;

II - não computará expectativas de ganhos, lucros cessantes e juros compensatórios.

§ 3º Os títulos de que trata este artigo não terão poder liberatório para pagamento de tributos.

§ 4º O Município procederá ao adequado aproveitamento do imóvel no prazo máximo de cinco anos, contado a partir da sua incorporação ao patrimônio público.

§ 5º O aproveitamento do imóvel poderá ser efetivado diretamente pelo Poder Público ou por meio de alienação ou concessão a terceiros, observando-se, nesses casos, o devido procedimento licitatório.

- Lei 8.666/1993 (Lei de Licitações e Contratos da Administração Pública).

§ 6º Ficam mantidas para o adquirente de imóvel nos termos do § 5º as mesmas obrigações de parcelamento, edificação ou utilização previstas no art. 5º desta Lei.

SEÇÃO V
DA USUCAPIÃO ESPECIAL DE IMÓVEL URBANO

- arts. 183, §§ 1º a 3º; 191, p.ú., CF.
- arts. 1.238 a 1.244, CC.
- MP 2.220/2001, (Dispõe sobre a concessão de uso especial de que trata o art. 183, § 1º da CF).

Art. 9º Aquele que possuir como sua área ou edificação urbana de até duzentos e cinquenta metros quadrados, por cinco anos, ininterruptamente e sem oposição, utilizando-a para sua moradia ou de sua família, adquirir-lhe-á o domínio, desde que não seja proprietário de outro imóvel urbano ou rural.

§ 1º O título de domínio será conferido ao homem ou à mulher, ou a ambos, independentemente do estado civil.

- art. 5º, *caput*, CF.

§ 2º O direito de que trata este artigo não será reconhecido ao mesmo possuidor mais de uma vez.

- Lei 6.015/1973 (Lei de Registros Públicos).

§ 3º Para os efeitos deste artigo, o herdeiro legítimo continua, de pleno direito, a posse de seu antecessor, desde que já resida no imóvel por ocasião da abertura da sucessão.

Art. 10. Os núcleos urbanos informais existentes sem oposição há mais de cinco anos e cuja área total dividida pelo número de possuidores seja inferior a duzentos e cinquenta metros quadrados por possuidor são suscetíveis de serem usucapidos coletivamente, desde que os possuidores não sejam proprietários de outro imóvel urbano ou rural. (Redação dada pela Lei nº 13.465, de 2017)

§ 1º O possuidor pode, para o fim de contar o prazo exigido por este artigo, acrescentar sua posse à de seu antecessor, contanto que ambas sejam contínuas.

§ 2º A usucapião especial coletiva de imóvel urbano será declarada pelo juiz, mediante sentença, a qual servirá de título para registro no cartório de registro de imóveis.

§ 3º Na sentença, o juiz atribuirá igual fração ideal de terreno a cada possuidor, independentemente da dimensão do terreno que cada um ocupe, salvo hipótese de acordo escrito entre os condôminos, estabelecendo frações ideais diferenciadas.

§ 4º O condomínio especial constituído é indivisível, não sendo passível de extinção, salvo deliberação favorável tomada por, no mínimo, dois terços dos condôminos, no caso de execução de urbanização posterior à constituição do condomínio.

§ 5º As deliberações relativas à administração do condomínio especial serão tomadas por maioria de votos dos condôminos presentes, obrigando também os demais, discordantes ou ausentes.

Art. 11. Na pendência da ação de usucapião especial urbana, ficarão sobrestadas quaisquer outras ações, petitórias ou possessórias, que venham a ser propostas relativamente ao imóvel usucapiendo.

Art. 12. São partes legítimas para a propositura da ação de usucapião especial urbana:

I - o possuidor, isoladamente ou em litisconsórcio originário ou superveniente;

II - os possuidores, em estado de composse;

III - como substituto processual, a associação de moradores da comunidade, regularmente constituída, com personalidade jurídica, desde que explicitamente autorizada pelos representados.

§ 1º Na ação de usucapião especial urbana é obrigatória a intervenção do Ministério Público.

§ 2º O autor terá os benefícios da justiça e da assistência judiciária gratuita, inclusive perante o cartório de registro de imóveis.

- Lei 1.060/1950 (Lei de Assistência judiciária).

Art. 13. A usucapião especial de imóvel urbano poderá ser invocada como matéria de defesa, valendo a sentença que a reconhecer como título para registro no cartório de registro de imóveis.

- Lei 6.015/1973 (Lei de Registros Públicos).

Art. 14. Na ação judicial de usucapião especial de imóvel urbano, o rito processual a ser observado é o sumário.

- arts. 318 a 512, NCPC.

SEÇÃO VI
DA CONCESSÃO DE USO ESPECIAL PARA FINS DE MORADIA

- art. 183, § 1º, CF.
- MP nº 2.220/2001, dispõe sobre a concessão de uso especial de que trata o art. 183, § 1º da CF.

Arts. 15 a 20. (Vetados)

SEÇÃO VII
DO DIREITO DE SUPERFÍCIE

- arts. 1.369 a 1.377, CC.

Art. 21. O proprietário urbano poderá conceder a outrem o direito de superfície do seu terreno, por tempo determinado ou indeterminado, mediante escritura pública registrada no cartório de registro de imóveis.

- art. 1.369, *caput*, CC.
- art. 167, I-39, Lei 6.015/1973 (Lei de Registros Públicos).

§ 1º O direito de superfície abrange o direito de utilizar o solo, o subsolo ou o espaço aéreo relativo ao terreno, na forma estabelecida no contrato respectivo, atendida a legislação urbanística.

- art. 1.369, p.ú., CC.

§ 2º A concessão do direito de superfície poderá ser gratuita ou onerosa.

- art. 1.370, CC.

§ 3º O superficiário responderá integralmente pelos encargos e tributos que incidirem sobre a propriedade superficiária, arcando, ainda, proporcionalmente à sua parcela de ocupação efetiva, com os encargos e tributos sobre a área objeto da concessão do direito de superfície, salvo disposição em contrário do contrato respectivo.

- art. 1.371, CC.

§ 4º O direito de superfície pode ser transferido a terceiros, obedecidos os termos do contrato respectivo.

- art. 1.372, CC.

§ 5º Por morte do superficiário, os seus direitos transmitem-se a seus herdeiros.

- art. 1.372, CC.

Art. 22. Em caso de alienação do terreno, ou do direito de superfície, o superficiário e o proprietário, respectivamente, terão direito de preferência, em igualdade de condições à oferta de terceiros.

- art. 1.373, CC.

Art. 23. Extingue-se o direito de superfície:

I - pelo advento do termo;

II - pelo descumprimento das obrigações contratuais assumidas pelo superficiário.

Art. 24. Extinto o direito de superfície, o proprietário recuperará o pleno domínio do terreno, bem como das acessões e benfeitorias introduzidas no imóvel, independentemente de indenização, se as partes não houverem estipulado o contrário no respectivo contrato.

- art. 1.375, CC.

§ 1º Antes do termo final do contrato, extinguir-se-á o direito de superfície se o superficiário der ao terreno destinação diversa daquela para a qual for concedida.

- art. 1.374, CC.

§ 2º A extinção do direito de superfície será averbada no cartório de registro de imóveis.

- Lei 6.015/1973 (Lei de Registros Públicos).

SEÇÃO VIII
DO DIREITO DE PREEMPÇÃO

Art. 25. O direito de preempção confere ao Poder Público municipal preferência para aquisição de imóvel urbano objeto de alienação onerosa entre particulares.

§ 1º Lei municipal, baseada no plano diretor, delimitará as áreas em que incidirá o direito de preempção e fixará prazo de vigência, não superior a cinco anos, renovável a partir de um ano após o decurso do prazo inicial de vigência.

§ 2º O direito de preempção fica assegurado durante o prazo de vigência fixado na forma do § 1º, independentemente do número de alienações referentes ao mesmo imóvel.

Art. 26. O direito de preempção será exercido sempre que o Poder Público necessitar de áreas para:

I - regularização fundiária;

II - execução de programas e projetos habitacionais de interesse social;

III - constituição de reserva fundiária;

IV - ordenamento e direcionamento da expansão urbana;

V - implantação de equipamentos urbanos e comunitários;

VI - criação de espaços públicos de lazer e áreas verdes;

VII - criação de unidades de conservação ou proteção de outras áreas de interesse ambiental;

VIII - proteção de áreas de interesse histórico, cultural ou paisagístico;

IX - (Vetado)

Parágrafo único. A lei municipal prevista no § 1º do art. 25 desta Lei deverá enquadrar cada área em que incidirá o direito de preempção em uma ou mais das finalidades enumeradas por este artigo.

Art. 27. O proprietário deverá notificar sua intenção de alienar o imóvel, para que o Município, no prazo máximo de trinta dias, manifeste por escrito seu interesse em comprá-lo.

§ 1º À notificação mencionada no *caput* será anexada proposta de compra assinada por terceiro interessado na aquisição do imóvel, da qual constarão preço, condições de pagamento e prazo de validade.

§ 2º O Município fará publicar, em órgão oficial e em pelo menos um jornal local ou regional de grande circulação, edital de aviso da notificação recebida nos termos do *caput* e da intenção de aquisição do imóvel nas condições da proposta apresentada.

§ 3º Transcorrido o prazo mencionado no *caput* sem manifestação, fica o proprietário autorizado a realizar a alienação para terceiros, nas condições da proposta apresentada.

§ 4º Concretizada a venda a terceiro, o proprietário fica obrigado a apresentar ao Município, no prazo de trinta dias, cópia do instrumento público de alienação do imóvel.

§ 5º A alienação processada em condições diversas da proposta apresentada é nula de pleno direito.

§ 6º Ocorrida a hipótese prevista no § 5º o Município poderá adquirir o imóvel pelo valor da base de cálculo do IPTU ou pelo valor indicado na proposta apresentada, se este for inferior àquele.

SEÇÃO IX
DA OUTORGA ONEROSA DO DIREITO DE CONSTRUIR

› arts. 1.299 a 1.313, CC.

Art. 28. O plano diretor poderá fixar áreas nas quais o direito de construir poderá ser exercido acima do coeficiente de aproveitamento básico adotado, mediante contrapartida a ser prestada pelo beneficiário.

§ 1º Para os efeitos desta Lei, coeficiente de aproveitamento é a relação entre a área edificável e a área do terreno.

§ 2º O plano diretor poderá fixar coeficiente de aproveitamento básico único para toda a zona urbana ou diferenciado para áreas específicas dentro da zona urbana.

§ 3º O plano diretor definirá os limites máximos a serem atingidos pelos coeficientes de aproveitamento, considerando a proporcionalidade entre a infra-estrutura existente e o aumento de densidade esperado em cada área.

Art. 29. O plano diretor poderá fixar áreas nas quais poderá ser permitida alteração de uso do solo, mediante contrapartida a ser prestada pelo beneficiário.

Art. 30. Lei municipal específica estabelecerá as condições a serem observadas para a outorga onerosa do direito de construir e de alteração de uso, determinando:

I - a fórmula de cálculo para a cobrança;

II - os casos passíveis de isenção do pagamento da outorga;

III - a contrapartida do beneficiário.

Art. 31. Os recursos auferidos com a adoção da outorga onerosa do direito de construir e de alteração de uso serão aplicados com as finalidades previstas nos incisos I a IX do art. 26 desta Lei.

SEÇÃO X
DAS OPERAÇÕES URBANAS CONSORCIADAS

Art. 32. Lei municipal específica, baseada no plano diretor, poderá delimitar área para aplicação de operações consorciadas.

§ 1º Considera-se operação urbana consorciada o conjunto de intervenções e medidas coordenadas pelo Poder Público municipal, com a participação dos proprietários, moradores, usuários permanentes e investidores privados, com o objetivo de alcançar em uma área transformações urbanísticas estruturais, melhorias sociais e a valorização ambiental.

§ 2º Poderão ser previstas nas operações urbanas consorciadas, entre outras medidas:

I - a modificação de índices e características de parcelamento, uso e ocupação do solo e subsolo, bem como alterações das normas edilícias, considerado o impacto ambiental delas decorrente;

II - a regularização de construções, reformas ou ampliações executadas em desacordo com a legislação vigente.

III - a concessão de incentivos a operações urbanas que utilizam tecnologias visando a redução de impactos ambientais, e que comprovem a utilização, nas construções e uso de edificações urbanas, de tecnologias que reduzam os impactos ambientais e economizem recursos naturais, especificadas as modalidades de design e de obras a serem contempladas. (Incluído pela Lei nº 12.836, de 2013)

Art. 33. Da lei específica que aprovar a operação urbana consorciada constará o plano de operação urbana consorciada, contendo, no mínimo:

I - definição da área a ser atingida;

II - programa básico de ocupação da área;

III - programa de atendimento econômico e social para a população diretamente afetada pela operação;

IV - finalidades da operação;

V - estudo prévio de impacto de vizinhança;

VI - contrapartida a ser exigida dos proprietários, usuários permanentes e investidores privados em função da utilização dos benefícios previstos nos incisos I, II e III do § 2º do art. 32 desta Lei; (Redação dada pela Lei nº 12.836, de 2013)

VII - forma de controle da operação, obrigatoriamente compartilhado com representação da sociedade civil.

VIII - natureza dos incentivos a serem concedidos aos proprietários, usuários permanentes e investidores privados, uma vez atendido o disposto no inciso III do § 2º do art. 32 desta Lei. (Incluído pela Lei nº 12.836, de 2013)

§ 1º Os recursos obtidos pelo Poder Público municipal na forma do inciso VI deste artigo serão aplicados exclusivamente na própria operação urbana consorciada.

§ 2º A partir da aprovação da lei específica de que trata o *caput*, são nulas as licenças e autorizações a cargo do Poder Público municipal expedidas em desacordo com o plano de operação urbana consorciada.

Art. 34. A lei específica que aprovar a operação urbana consorciada poderá prever a emissão pelo Município de quantidade determinada de certificados de potencial adicional de construção, que serão alienados em leilão ou utilizados diretamente no pagamento das obras necessárias à própria operação.

§ 1º Os certificados de potencial adicional de construção serão livremente negociados, mas conversíveis em direito de construir unicamente na área objeto da operação.

§ 2º Apresentado pedido de licença para construir, o certificado de potencial adicional será utilizado no pagamento da área de construção que supere os padrões estabelecidos pela legislação de uso e ocupação do solo, até o limite fixado pela lei específica que aprovar a operação urbana consorciada.

Art. 34-A. Nas regiões metropolitanas ou nas aglomerações urbanas instituídas por lei complementar estadual, poderão ser realizadas operações urbanas consorciadas interfederativas, aprovadas por leis estaduais específicas. (Incluído pela Lei nº 13.089, de 2015)

Parágrafo único. As disposições dos arts. 32 a 34 desta Lei aplicam-se às operações urbanas consorciadas interfederativas previstas no *caput* deste artigo, no que couber. (Incluído pela Lei nº 13.089, de 2015)

SEÇÃO XI
DA TRANSFERÊNCIA DO DIREITO DE CONSTRUIR

Art. 35. Lei municipal, baseada no plano diretor, poderá autorizar o proprietário de imóvel urbano, privado ou público, a exercer em outro local, ou alienar, mediante escritura pública, o direito de construir previsto no plano diretor ou em legislação urbanística dele decorrente, quando o referido imóvel for considerado necessário para fins de:

I - implantação de equipamentos urbanos e comunitários;

II - preservação, quando o imóvel for considerado de interesse histórico, ambiental, paisagístico, social ou cultural;

III - servir a programas de regularização fundiária, urbanização de áreas ocupadas por população de baixa renda e habitação de interesse social.

§ 1º A mesma faculdade poderá ser concedida ao proprietário que doar ao Poder Público seu imóvel, ou parte dele, para os fins previstos nos incisos I a III do *caput*.

§ 2º A lei municipal referida no *caput* estabelecerá as condições relativas à aplicação da transferência do direito de construir.

SEÇÃO XII
DO ESTUDO DE IMPACTO DE VIZINHANÇA

Art. 36. Lei municipal definirá os empreendimentos e atividades privados ou públicos em área urbana que dependerão de elaboração de estudo prévio de impacto de vizinhança (EIV) para obter as licenças ou autorizações de construção, ampliação ou funcionamento a cargo do Poder Público municipal.

Art. 37. O EIV será executado de forma a contemplar os efeitos positivos e negativos do empreendimento ou atividade quanto à qualidade de vida da população residente na área e suas proximidades, incluindo a análise, no mínimo, das seguintes questões:

I - adensamento populacional;

II - equipamentos urbanos e comunitários;

III - uso e ocupação do solo;

IV - valorização imobiliária;

V - geração de tráfego e demanda por transporte público;

VI - ventilação e iluminação;

VII - paisagem urbana e patrimônio natural e cultural.

Parágrafo único. Dar-se-á publicidade aos documentos integrantes do EIV, que ficarão disponíveis para consulta, no órgão competente do Poder Público municipal, por qualquer interessado.

Art. 38. A elaboração do EIV não substitui a elaboração e a aprovação de estudo prévio de impacto ambiental (EIA), requeridas nos termos da legislação ambiental.

CAPÍTULO III
DO PLANO DIRETOR

Art. 39. A propriedade urbana cumpre sua função social quando atende às exigências fundamentais de ordenação da cidade expressas no plano diretor, assegurando o atendimento das necessidades dos cidadãos quanto à qualidade de vida, à justiça social e ao desenvolvimento das atividades econômicas, respeitadas as diretrizes previstas no art. 2º desta Lei.

Art. 40. O plano diretor, aprovado por lei municipal, é o instrumento básico da política de desenvolvimento e expansão urbana.

§ 1º O plano diretor é parte integrante do processo de planejamento municipal, devendo o plano plurianual, as diretrizes orçamentárias e o orçamento anual incorporar as diretrizes e as prioridades nele contidas.

§ 2º O plano diretor deverá englobar o território do Município como um todo.

§ 3º A lei que instituir o plano diretor deverá ser revista, pelo menos, a cada dez anos.

§ 4º No processo de elaboração do plano diretor e na fiscalização de sua implementação, os Poderes Legislativo e Executivo municipais garantirão:

I - a promoção de audiências públicas e debates com a participação da população e de associações representativas dos vários segmentos da comunidade;

II - a publicidade quanto aos documentos e informações produzidos;

III - o acesso de qualquer interessado aos documentos e informações produzidos.

§ 5º (Vetado)

Art. 41. O plano diretor é obrigatório para cidades:

I - com mais de vinte mil habitantes;

II - integrantes de regiões metropolitanas e aglomerações urbanas;

III - onde o Poder Público municipal pretenda utilizar os instrumentos previstos no § 4º do art. 182 da Constituição Federal;

IV - integrantes de áreas de especial interesse turístico;

V - inseridas na área de influência de empreendimentos ou atividades com significativo impacto ambiental de âmbito regional ou nacional.

VI - incluídas no cadastro nacional de Municípios com áreas suscetíveis à ocorrência de deslizamentos de grande impacto, inundações bruscas ou processos geológicos ou hidrológicos correlatos. (Incluído pela Lei nº 12.608, de 2012)

§ 1º No caso da realização de empreendimentos ou atividades enquadrados no inciso V do *caput*, os recursos técnicos e financeiros para a elaboração do plano diretor estarão inseridos entre as medidas de compensação adotadas.

§ 2º No caso de cidades com mais de quinhentos mil habitantes, deverá ser elaborado um plano de transporte urbano integrado, compatível com o plano diretor ou nele inserido.

- art. 24, § 1º, Lei nº 12.587/2012, dispõe sobre Política Nacional de Mobilidade Urbana.

§ 3º As cidades de que trata o *caput* deste artigo devem elaborar plano de rotas acessíveis, compatível com o plano diretor no qual está inserido, que disponha sobre os passeios públicos a serem implantados ou reformados pelo poder público, com vistas a garantir acessibilidade da pessoa com deficiência ou com mobilidade reduzida a todas as rotas e vias existentes, inclusive as que concentrem os focos geradores de maior circulação de pedestres, como os órgãos públicos e os locais de prestação de serviços públicos e privados de saúde, educação, assistência social, esporte, cultura, correios e telégrafos, bancos, entre outros, sempre que possível de maneira integrada com os sistemas de transporte coletivo de passageiros. (Incluído pela Lei nº 13.146, de 2015)

Art. 42. O plano diretor deverá conter no mínimo:

I - a delimitação das áreas urbanas onde poderá ser aplicado o parcelamento, edificação ou utilização compulsórios, considerando a existência de infraestrutura e de demanda para utilização, na forma do art. 5º desta Lei;

II - disposições requeridas pelos arts. 25, 28, 29, 32 e 35 desta Lei;

III - sistema de acompanhamento e controle.

Art. 42-A. Além do conteúdo previsto no art. 42, o plano diretor dos Municípios incluídos no cadastro nacional de municípios com áreas suscetíveis à ocorrência de deslizamentos de grande impacto, inundações bruscas ou processos geológicos ou hidrológicos correlatos deverá conter: (Incluído pela Lei nº 12.608, de 2012)

I - parâmetros de parcelamento, uso e ocupação do solo, de modo a promover a diversidade de usos e a contribuir para a geração de emprego e renda; (Incluído pela Lei nº 12.608, de 2012)

II - mapeamento contendo as áreas suscetíveis à ocorrência de deslizamentos de grande impacto, inundações bruscas ou processos geológicos ou hidrológicos correlatos; (Incluído pela Lei nº 12.608, de 2012)

III - planejamento de ações de intervenção preventiva e realocação de população de áreas de risco de desastre; (Incluído pela Lei nº 12.608, de 2012)

IV - medidas de drenagem urbana necessárias à prevenção e à mitigação de impactos de desastres; e (Incluído pela Lei nº 12.608, de 2012)

V - diretrizes para a regularização fundiária de assentamentos urbanos irregulares, se houver, observadas a Lei nº 11.977, de 7 de julho de 2009, e demais normas federais e estaduais pertinentes, e previsão de áreas para habitação de interesse social por meio da demarcação de zonas especiais de interesse social e de outros instrumentos de política urbana, onde o uso habitacional for permitido. (Incluído pela Lei nº 12.608, de 2012)

VI - identificação e diretrizes para a preservação e ocupação das áreas verdes municipais, quando for o caso, com vistas à redução da impermeabilização das cidades. (Incluído pela Lei nº 12.983, de 2014)

§ 1º A identificação e o mapeamento de áreas de risco levarão em conta as cartas geotécnicas. (Incluído pela Lei nº 12.608, de 2012)

§ 2º O conteúdo do plano diretor deverá ser compatível com as disposições insertas nos planos de recursos hídricos, formulados consoante a Lei nº 9.433, de 8 de janeiro de 1997. (Incluído pela Lei nº 12.608, de 2012)

§ 3º Os Municípios adequarão o plano diretor às disposições deste artigo, por ocasião de sua revisão, observados os prazos legais. (Incluído pela Lei nº 12.608, de 2012)

§ 4º Os Municípios enquadrados no inciso VI do art. 41 desta Lei e que não tenham plano diretor aprovado terão o prazo de 5 (cinco) anos para o seu encaminhamento para aprovação pela Câmara Municipal. (Incluído pela Lei nº 12.608, de 2012)

Art. 42-B. Os Municípios que pretendam ampliar o seu perímetro urbano após a data de publicação desta Lei deverão elaborar projeto específico que contenha, no mínimo: (Incluído pela Lei nº 12.608, de 2012)

I - demarcação do novo perímetro urbano; (Incluído pela Lei nº 12.608, de 2012)

II - delimitação dos trechos com restrições à urbanização e dos trechos sujeitos a controle especial em função de ameaça de desastres naturais; (Incluído pela Lei nº 12.608, de 2012)

III - definição de diretrizes específicas e de áreas que serão utilizadas para infraestrutura, sistema viário, equipamentos e instalações públicas, urbanas e sociais; (Incluído pela Lei nº 12.608, de 2012)

IV - definição de parâmetros de parcelamento, uso e ocupação do solo, de modo a promover a diversidade de usos e contribuir para a geração de emprego e renda; (Incluído pela Lei nº 12.608, de 2012)

V - a previsão de áreas para habitação de interesse social por meio da demarcação de zonas especiais de interesse social e de outros instrumentos de política urbana, quando o uso habitacional for permitido; (Incluído pela Lei nº 12.608, de 2012)

VI - definição de diretrizes e instrumentos específicos para proteção ambiental e do patrimônio histórico e cultural; e (Incluído pela Lei nº 12.608, de 2012)

VII - definição de mecanismos para garantir a justa distribuição dos ônus e benefícios decorrentes do processo de urbanização do território de expansão urbana e a recuperação para a coletividade da valorização imobiliária resultante da ação do poder público.

§ 1º O projeto específico de que trata o *caput* deste artigo deverá ser instituído por lei municipal e atender às diretrizes do plano diretor, quando houver. (Incluído pela Lei nº 12.608, de 2012)

§ 2º Quando o plano diretor contemplar as exigências estabelecidas no *caput*, o Município ficará dispensado da elaboração do projeto específico de que trata o *caput* deste artigo (Incluído pela Lei nº 12.608, de 2012)

§ 3º A aprovação de projetos de parcelamento do solo no novo perímetro urbano ficará condicionada à existência do projeto específico e deverá obedecer às suas disposições. (Incluído pela Lei nº 12.608, de 2012)

CAPÍTULO IV
DA GESTÃO DEMOCRÁTICA DA CIDADE

Art. 43. Para garantir a gestão democrática da cidade, deverão ser utilizados, entre outros, os seguintes instrumentos:

- art. 9º, Lei 13.089/2015 (Estatuto da Metrópole).

I - órgãos colegiados de política urbana, nos níveis nacional, estadual e municipal;

II - debates, audiências e consultas públicas;

III - conferências sobre assuntos de interesse urbano, nos níveis nacional, estadual e municipal;

IV - iniciativa popular de projeto de lei e de planos, programas e projetos de desenvolvimento urbano;

V - (Vetado)

Art. 44. No âmbito municipal, a gestão orçamentária participativa de que trata a alínea f do inciso III do art. 4º desta Lei incluirá a realização de debates, audiências e consultas públicas sobre as propostas do plano plurianual, da lei de diretrizes orçamentárias e do orçamento anual, como condição obrigatória para sua aprovação pela Câmara Municipal.

Art. 45. Os organismos gestores das regiões metropolitanas e aglomerações urbanas incluirão obrigatória e significativa participação da população e de associações representativas dos vários segmentos da comunidade, de modo a garantir o controle direto de suas atividades e o pleno exercício da cidadania.

CAPÍTULO V
DISPOSIÇÕES GERAIS

Art. 46. O poder público municipal poderá facultar ao proprietário da área atingida pela obrigação de que trata o *caput* do art. 5º desta Lei, ou objeto de regularização fundiária urbana para fins de regularização fundiária, o estabelecimento de consórcio imobiliário como forma de viabilização financeira do aproveitamento do imóvel. (Redação dada pela Lei nº 13.465, de 2017)

§ 1º Considera-se consórcio imobiliário a forma de viabilização de planos de urbanização, de regularização fundiária ou de reforma, conservação ou construção de edificação por meio da qual o proprietário transfere ao poder público municipal seu imóvel e, após a realização das obras, recebe, como pagamento, unidades imobiliárias devidamente urbanizadas ou edificadas, ficando as demais unidades incorporadas ao patrimônio público. (Redação dada pela Lei nº 13.465, de 2017)

§ 2º O valor das unidades imobiliárias a serem entregues ao proprietário será correspondente ao valor do imóvel antes da execução das obras. (Redação dada pela Lei nº 13.465, de 2017)

§ 3º A instauração do consórcio imobiliário por proprietários que tenham dado causa à formação de núcleos urbanos informais, ou por seus sucessores, não os eximirá das responsabilidades administrativa, civil ou criminal (incluído pela Lei nº 13.465, de 2017)

Art. 47. Os tributos sobre imóveis urbanos, assim como as tarifas relativas a serviços públicos urbanos, serão diferenciados em função do interesse social.

Art. 48. Nos casos de programas e projetos habitacionais de interesse social, desenvolvidos por órgãos ou entidades da Administração Pública com atuação específica nessa área, os contratos de concessão de direito real de uso de imóveis públicos:

I - terão, para todos os fins de direito, caráter de escritura pública, não se aplicando o disposto no inciso II do art. 134 do Código Civil;

- CC: art. 108.

II - constituirão título de aceitação obrigatória em garantia de contratos de financiamentos habitacionais.

Art. 49. Os Estados e Municípios terão o prazo de noventa dias, a partir da entrada em vigor desta Lei, para fixar prazos, por lei, para a expedição de diretrizes de empreendimentos urbanísticos, aprovação de projetos de parcelamento e de edificação, realização de vistorias e expedição de termo de verificação e conclusão de obras.

Parágrafo único. Não sendo cumprida a determinação do *caput*, fica estabelecido o prazo de sessenta dias para a realização de cada um dos referidos atos administrativos, que valerá até que os Estados e Municípios disponham em lei de forma diversa.

Art. 50. Os Municípios que estejam enquadrados na obrigação prevista nos incisos I e II do *caput* do art. 41 desta Lei e que não tenham plano diretor aprovado na data de entrada em vigor desta Lei deverão aprová-lo até 30 de junho de 2008. (Redação dada pela Lei nº 11.673, 2008)

Art. 51. Para os efeitos desta Lei, aplicam-se ao Distrito Federal e ao Governador do Distrito Federal as disposições relativas, respectivamente, a Município e a Prefeito.

Art. 52. Sem prejuízo da punição de outros agentes públicos envolvidos e da aplicação de outras sanções cabíveis, o Prefeito incorre em improbidade administrativa, nos termos da Lei nº 8.429, de 2 de junho de 1992, quando:

I - (Vetado)

II - deixar de proceder, no prazo de cinco anos, o adequado aproveitamento do imóvel incorporado ao patrimônio público, conforme o disposto no § 4º do art. 8º desta Lei;

III - utilizar áreas obtidas por meio do direito de preempção em desacordo com o disposto no art. 26 desta Lei;

IV - aplicar os recursos auferidos com a outorga onerosa do direito de construir e de alteração de uso em desacordo com o previsto no art. 31 desta Lei;

V - aplicar os recursos auferidos com operações consorciadas em desacordo com o previsto no § 1º do art. 33 desta Lei;

VI - impedir ou deixar de garantir os requisitos contidos nos incisos I a III do § 4º do art. 40 desta Lei;

VII - deixar de tomar as providências necessárias para garantir a observância do disposto no § 3º do art. 40 e no art. 50 desta Lei;

VIII - adquirir imóvel objeto de direito de preempção, nos termos dos arts. 25 a 27 desta Lei, pelo valor da proposta apresentada, se este for, comprovadamente, superior ao de mercado.

Art. 53. Revogado de acordo com a MP nº 2.180-35, de 24-8-2001.

Art. 54. O art. 4º da Lei nº 7.347, de 1985, passa a vigorar com a seguinte redação:

- Alteração incorporada ao texto da referida lei.

Art. 55. O art. 167, inciso I, item 28, da Lei nº 6.015, de 31 de dezembro de 1973, alterado pela Lei nº 6.216, de 30 de junho de 1975, passa a vigorar com a seguinte redação:

- Alteração incorporada ao texto da referida lei.
- MP 2.220/2001, dispõe sobre a concessão de uso especial de que trata o art. 183, § 1º da CF.

Art. 56. O art. 167, inciso I, da Lei nº 6.015, de 1973, passa a vigorar acrescido dos seguintes itens 37, 38 e 39:

- Acréscimos promovidos no texto da referida lei.
- art. 167, I, Lei 6.015/1973 (Lei de Registros Públicos).

Art. 57. O art. 167, inciso II, da Lei nº 6.015, de 1973, passa a vigorar acrescido dos seguintes itens 18, 19 e 20:

- Acréscimos promovidos no texto da referida lei.
- art. 167, II, Lei 6.015/1973 (Lei de Registros Públicos).

Art. 58. Esta Lei entra em vigor após decorridos noventa dias de sua publicação.

Brasília, 10 de julho de 2001;
180º da Independência e
113º da República.
Fernando Henrique Cardoso

LEI Nº 10.741, DE 1º DE OUTUBRO DE 2003

Dispõe sobre o Estatuto do Idoso e dá outras providências

› DOU 3.10.2003.

O PRESIDENTE DA REPÚBLICA

Faço saber que o Congresso Nacional decreta e eu sanciono a seguinte Lei:

TÍTULO I
DISPOSIÇÕES PRELIMINARES

Art. 1º É instituído o Estatuto do Idoso, destinado a regular os direitos assegurados às pessoas com idade igual ou superior a 60 (sessenta) anos.

Art. 2º O idoso goza de todos os direitos fundamentais inerentes à pessoa humana, sem prejuízo da proteção integral de que trata esta Lei, assegurando-se-lhe, por lei ou por outros meios, todas as oportunidades e facilidades, para preservação de sua saúde física e mental e seu aperfeiçoamento moral, intelectual, espiritual e social, em condições de liberdade e dignidade.

Art. 3º É obrigação da família, da comunidade, da sociedade e do Poder Público assegurar ao idoso, com absoluta prioridade, a efetivação do direito à vida, à saúde, à alimentação, à educação, à cultura, ao esporte, ao lazer, ao trabalho, à cidadania, à liberdade, à dignidade, ao respeito e à convivência familiar e comunitária.

§ 1º A garantia de prioridade compreende: (Anterior par. único renumerado para § 1º pela Lei nº 13.466, de 2017)

I - atendimento preferencial imediato e individualizado junto aos órgãos públicos e privados prestadores de serviços à população;

II - preferência na formulação e na execução de políticas sociais públicas específicas;

III - destinação privilegiada de recursos públicos nas áreas relacionadas com a proteção ao idoso;

IV - viabilização de formas alternativas de participação, ocupação e convívio do idoso com as demais gerações;

V - priorização do atendimento do idoso por sua própria família, em detrimento do atendimento asilar, exceto dos que não a possuam ou careçam de condições de manutenção da própria sobrevivência;

VI - capacitação e reciclagem dos recursos humanos nas áreas de geriatria e gerontologia e na prestação de serviços aos idosos;

VII - estabelecimento de mecanismos que favoreçam a divulgação de informações de caráter educativo sobre os aspectos biopsicossociais de envelhecimento;

VIII - garantia de acesso à rede de serviços de saúde e de assistência social locais.

IX - prioridade no recebimento da restituição do Imposto de Renda. (Incluído pela Lei nº 11.765, de 2008).

§ 2º Dentre os idosos, é assegurada prioridade especial aos maiores de oitenta anos, atendendo-se suas necessidades sempre preferencialmente em relação aos demais idosos. (Incluído pela Lei nº 13.466, de 2017)

Art. 4º Nenhum idoso será objeto de qualquer tipo de negligência, discriminação, violência, crueldade ou opressão, e todo atentado aos seus direitos, por ação ou omissão, será punido na forma da lei.

§ 1º É dever de todos prevenir a ameaça ou violação aos direitos do idoso.

§ 2º As obrigações previstas nesta Lei não excluem da prevenção outras decorrentes dos princípios por ela adotados.

Art. 5º A inobservância das normas de prevenção importará em responsabilidade à pessoa física ou jurídica nos termos da lei.

Art. 6º Todo cidadão tem o dever de comunicar à autoridade competente qualquer forma de violação a esta Lei que tenha testemunhado ou de que tenha conhecimento.

Art. 7º Os Conselhos Nacional, Estaduais, do Distrito Federal e Municipais do Idoso, previstos na Lei nº 8.842, de 4 de janeiro de 1994, zelarão pelo cumprimento dos direitos do idoso, definidos nesta Lei.

TÍTULO II
DOS DIREITOS FUNDAMENTAIS

CAPÍTULO I
DO DIREITO À VIDA

Art. 8º O envelhecimento é um direito personalíssimo e a sua proteção um direito social, nos termos desta Lei e da legislação vigente.

Art. 9º É obrigação do Estado, garantir à pessoa idosa a proteção à vida e à saúde, mediante efetivação de políticas sociais públicas que permitam um envelhecimento saudável e em condições de dignidade.

CAPÍTULO II
DO DIREITO À LIBERDADE, AO RESPEITO E À DIGNIDADE

Art. 10. É obrigação do Estado e da sociedade, assegurar à pessoa idosa a liberdade, o respeito e a dignidade, como pessoa humana e sujeito de direitos civis, políticos, individuais e sociais, garantidos na Constituição e nas leis.

§ 1º O direito à liberdade compreende, entre outros, os seguintes aspectos:

I - faculdade de ir, vir e estar nos logradouros públicos e espaços comunitários, ressalvadas as restrições legais;

II - opinião e expressão;

III - crença e culto religioso;

IV - prática de esportes e de diversões;

V - participação na vida familiar e comunitária;

VI - participação na vida política, na forma da lei;

VII - faculdade de buscar refúgio, auxílio e orientação.

§ 2º O direito ao respeito consiste na inviolabilidade da integridade física, psíquica e moral, abrangendo a preservação da imagem, da identidade, da autonomia, de valores, ideias e crenças, dos espaços e dos objetos pessoais.

§ 3º É dever de todos zelar pela dignidade do idoso, colocando-o a salvo de qualquer tratamento desumano, violento, aterrorizante, vexatório ou constrangedor.

CAPÍTULO III
DOS ALIMENTOS

Art. 11. Os alimentos serão prestados ao idoso na forma da lei civil.

› Lei 5.478/1968 (Lei de Alimentos).

Art. 12. A obrigação alimentar é solidária, podendo o idoso optar entre os prestadores.

› arts. 264 a 285, CC.

Art. 13. As transações relativas a alimentos poderão ser celebradas perante o Promotor de Justiça ou Defensor Público, que as referendará, e passarão a ter efeito de título executivo extrajudicial nos termos da lei processual civil. (Redação dada pela Lei nº 11.737, de 2008)

› arts. 771 e ss.; 784, II a IV, NCPC.

Art. 14. Se o idoso ou seus familiares não possuírem condições econômicas de prover o seu sustento, impõe-se ao Poder Público esse provimento, no âmbito da assistência social.

› arts. 203 e ss, CF.

› Lei 8.742/1993 (Dispõe sobre a organização da Assistência Social).

› Dec. 6.214/2007 (Regulamenta o benefício de prestação continuada da assistência social devido à pessoa com deficiência e ao idoso).

CAPÍTULO IV
DO DIREITO À SAÚDE

Art. 15. É assegurada a atenção integral à saúde do idoso, por intermédio do Sistema Único de Saúde – SUS, garantindo-lhe o acesso universal e igualitário, em conjunto articulado e contínuo das ações e serviços, para a prevenção, promoção, proteção e recuperação da saúde, incluindo a atenção especial às doenças que afetam preferencialmente os idosos.

‣ arts. 196 e ss., CF.

§ 1º A prevenção e a manutenção da saúde do idoso serão efetivadas por meio de:

I - cadastramento da população idosa em base territorial;

II - atendimento geriátrico e gerontológico em ambulatórios;

III - unidades geriátricas de referência, com pessoal especializado nas áreas de geriatria e gerontologia social;

IV - atendimento domiciliar, incluindo a internação, para a população que dele necessitar e esteja impossibilitada de se locomover, inclusive para idosos abrigados e acolhidos por instituições públicas, filantrópicas ou sem fins lucrativos e eventualmente conveniadas com o Poder Público, nos meios urbano e rural;

‣ art. 230, § 1º, CF.

V - reabilitação orientada pela geriatria e gerontologia, para redução das sequelas decorrentes do agravo da saúde.

§ 2º Incumbe ao Poder Público fornecer aos idosos, gratuitamente, medicamentos, especialmente os de uso continuado, assim como próteses, órteses e outros recursos relativos ao tratamento, habilitação ou reabilitação.

§ 3º É vedada a discriminação do idoso nos planos de saúde pela cobrança de valores diferenciados em razão da idade.

§ 4º Os idosos portadores de deficiência ou com limitação incapacitante terão atendimento especializado, nos termos da lei.

§ 5º É vedado exigir o comparecimento do idoso enfermo perante os órgãos públicos, hipótese na qual será admitido o seguinte procedimento: (Incluído pela Lei nº 12.896, de 2013)

I - quando de interesse do poder público, o agente promoverá o contato necessário com o idoso em sua residência; ou (Incluído pela Lei nº 12.896, de 2013)

II - quando de interesse do próprio idoso, este se fará representar por procurador legalmente constituído. (Incluído pela Lei nº 12.896, de 2013)

§ 6º É assegurado ao idoso enfermo o atendimento domiciliar pela perícia médica do Instituto Nacional do Seguro Social – INSS, pelo serviço público de saúde ou pelo serviço privado de saúde, contratado ou conveniado, que integre o Sistema Único de Saúde – SUS, para expedição do laudo de saúde necessário ao exercício de seus direitos sociais e de isenção tributária. (Incluído pela Lei nº 12.896, de 2013)

§ 7º Em todo atendimento de saúde, os maiores de oitenta anos terão preferência especial sobre os demais idosos, exceto em caso de emergência. (Incluído pela Lei nº 13.466, de 2017)

Art. 16. Ao idoso internado ou em observação é assegurado o direito a acompanhante, devendo o órgão de saúde proporcionar as condições adequadas para a sua permanência em tempo integral, segundo o critério médico.

Parágrafo único. Caberá ao profissional de saúde responsável pelo tratamento conceder autorização para o acompanhamento do idoso ou, no caso de impossibilidade, justificá-la por escrito.

Art. 17. Ao idoso que esteja no domínio de suas faculdades mentais é assegurado o direito de optar pelo tratamento de saúde que lhe for reputado mais favorável.

Parágrafo único. Não estando o idoso em condições de proceder à opção, esta será feita:

I - pelo curador, quando o idoso for interditado;

‣ arts. 1.767 a 1.783, CC.

II - pelos familiares, quando o idoso não tiver curador ou este não puder ser contactado em tempo hábil;

III - pelo médico, quando ocorrer iminente risco de vida e não houver tempo hábil para consulta a curador ou familiar;

IV - pelo próprio médico, quando não houver curador ou familiar conhecido, caso em que deverá comunicar o fato ao Ministério Público.

Art. 18. As instituições de saúde devem atender aos critérios mínimos para o atendimento às necessidades do idoso, promovendo o treinamento e a capacitação dos profissionais, assim como orientação a cuidadores familiares e grupos de auto-ajuda.

Art. 19. Os casos de suspeita ou confirmação de violência praticada contra idosos serão objeto de notificação compulsória pelos serviços de saúde públicos e privados à autoridade sanitária, bem como serão obrigatoriamente comunicados por eles a quaisquer dos seguintes órgãos: (Redação dada pela Lei nº 12.461, de 2011)

I - autoridade policial;

II - Ministério Público;

III - Conselho Municipal do Idoso;

IV - Conselho Estadual do Idoso;

V - Conselho Nacional do Idoso.

§ 1º Para os efeitos desta Lei, considera-se violência contra o idoso qualquer ação ou omissão praticada em local público ou privado que lhe cause morte, dano ou sofrimento físico ou psicológico. (Incluído pela Lei nº 12.461, de 2011)

§ 2º Aplica-se, no que couber, à notificação compulsória prevista no *caput* deste artigo, o disposto na Lei nº 6.259, de 30 de outubro de 1975. (Incluído pela Lei nº 12.461, de 2011)

CAPÍTULO V
DA EDUCAÇÃO, CULTURA, ESPORTE E LAZER

Art. 20. O idoso tem direito a educação, cultura, esporte, lazer, diversões, espetáculos, produtos e serviços que respeitem sua peculiar condição de idade.

Art. 21. O Poder Público criará oportunidades de acesso do idoso à educação, adequando currículos, metodologias e material didático aos programas educacionais a ele destinados.

§ 1º Os cursos especiais para idosos incluirão conteúdo relativo às técnicas de comunicação, computação e demais avanços tecnológicos, para sua integração à vida moderna.

§ 2º Os idosos participarão das comemorações de caráter cívico ou cultural, para transmissão de conhecimentos e vivências às demais gerações, no sentido da preservação da memória e da identidade culturais.

Art. 22. Nos currículos mínimos dos diversos níveis de ensino formal serão inseridos conteúdos voltados ao processo de envelhecimento, ao respeito e à valorização do idoso, de forma a eliminar o preconceito e a produzir conhecimentos sobre a matéria.

Art. 23. A participação dos idosos em atividades culturais e de lazer será proporcionada mediante descontos de pelo menos 50% (cinquenta por cento) nos ingressos para eventos artísticos, culturais, esportivos e de lazer, bem como o acesso preferencial aos respectivos locais.

‣ Lei 12.933/2013 (Lei da meia-entrada).

Art. 24. Os meios de comunicação manterão espaços ou horários especiais voltados aos idosos, com finalidade informativa, educativa, artística e cultural, e ao público sobre o processo de envelhecimento.

Art. 25. As instituições de educação superior ofertarão às pessoas idosas, na perspectiva da educação ao longo da vida, cursos e programas de extensão, presenciais ou a distância, constituídos por atividades formais e não formais. (Redação dada pela Lei n° 13.535, de 2017)

Parágrafo único. O poder público apoiará a criação de universidade aberta para as pessoas idosas e incentivará a publicação de livros e periódicos, de conteúdo e padrão editorial adequados ao idoso, que facilitem a leitura, considerada a natural redução da capacidade visual. (Incluído pela Lei nº 13.535, de 2017)

CAPÍTULO VI
DA PROFISSIONALIZAÇÃO E DO TRABALHO

Art. 26. O idoso tem direito ao exercício de atividade profissional, respeitadas suas condições físicas, intelectuais e psíquicas.

Art. 27. Na admissão do idoso em qualquer trabalho ou emprego, é vedada a discriminação e a fixação de limite máximo de idade, inclusive para concursos, ressalvados os casos em que a natureza do cargo o exigir.

‣ Súm. nº 683; 684; 686 do STF.

Parágrafo único. O primeiro critério de desempate em concurso público será a idade, dando-se preferência ao de idade mais elevada.

Art. 28. O Poder Público criará e estimulará programas de:

I - profissionalização especializada para os idosos, aproveitando seus potenciais e habilidades para atividades regulares e remuneradas;

II - preparação dos trabalhadores para a aposentadoria, com antecedência mínima de 1 (um) ano, por meio de estímulo a novos projetos sociais, conforme seus interesses, e de esclarecimento sobre os direitos sociais e de cidadania;

III - estímulo às empresas privadas para admissão de idosos ao trabalho.

CAPÍTULO VII
DA PREVIDÊNCIA SOCIAL

Art. 29. Os benefícios de aposentadoria e pensão do Regime Geral da Previdência Social observarão, na sua concessão, critérios de cálculo que preservem o valor real dos salários sobre os quais incidiram contribuição, nos termos da legislação vigente.

Parágrafo único. Os valores dos benefícios em manutenção serão reajustados na mesma data de reajuste do salário-mínimo, pro rata, de acordo com suas respectivas datas de início ou do seu último reajustamento, com base em percentual definido em regulamento, observados os critérios estabelecidos pela Lei nº 8.213, de 24 de julho de 1991.

Art. 30. A perda da condição de segurado não será considerada para a concessão da aposentadoria por idade, desde que a pessoa conte com, no mínimo, o tempo de contribuição correspondente ao exigido para efeito de carência na data de requerimento do benefício.

Parágrafo único. O cálculo do valor do benefício previsto no *caput* observará o disposto no *caput* e § 2º do art. 3º da Lei nº 9.876, de 26 de novembro de 1999, ou, não havendo salários-de-contribuição recolhidos a partir da competência de julho de 1994, o disposto no art. 35 da Lei nº 8.213, de 1991.

Art. 31. O pagamento de parcelas relativas a benefícios, efetuado com atraso por responsabilidade da Previdência Social, será atualizado pelo mesmo índice utilizado para os reajustamentos dos benefícios do Regime Geral de Previdência Social, verificado no período compreendido entre o mês que deveria ter sido pago e o mês do efetivo pagamento.

Art. 32. O Dia Mundial do Trabalho, 1º de Maio, é a data-base dos aposentados e pensionistas.

CAPÍTULO VIII
DA ASSISTÊNCIA SOCIAL

- arts. 203 e ss., CF.
- Lei 8.742/1993 (Dispõe sobre a organização da Assistência Social).
- Dec. 6.214/2007 (Regulamenta o benefício de prestação continuada da assistência social devido à pessoa com deficiência e ao idoso).

Art. 33. A assistência social aos idosos será prestada, de forma articulada, conforme os princípios e diretrizes previstos na Lei Orgânica da Assistência Social, na Política Nacional do Idoso, no Sistema Único de Saúde e demais normas pertinentes.

Art. 34. Aos idosos, a partir de 65 (sessenta e cinco) anos, que não possuam meios para prover sua subsistência, nem de tê-la provida por sua família, é assegurado o benefício mensal de 1 (um) salário-mínimo, nos termos da Lei Orgânica da Assistência Social – Loas.

- arts. 203, V, CF.
- Dec. 6.214/2007 (Regulamenta o benefício de prestação continuada da assistência social devido à pessoa com deficiência e ao idoso).

Parágrafo único. O benefício já concedido a qualquer membro da família nos termos do *caput* não será computado para os fins do cálculo da renda familiar per capita a que se refere a Loas.

Art. 35. Todas as entidades de longa permanência, ou casa-lar, são obrigadas a firmar contrato de prestação de serviços com a pessoa idosa abrigada.

§ 1º No caso de entidades filantrópicas, ou casa-lar, é facultada a cobrança de participação do idoso no custeio da entidade.

§ 2º O Conselho Municipal do Idoso ou o Conselho Municipal da Assistência Social estabelecerá a forma de participação prevista no § 1º, que não poderá exceder a 70% (setenta por cento) de qualquer benefício previdenciário ou de assistência social percebido pelo idoso.

§ 3º Se a pessoa idosa for incapaz, caberá a seu representante legal firmar o contrato a que se refere o *caput* deste artigo.

Art. 36. O acolhimento de idosos em situação de risco social, por adulto ou núcleo familiar, caracteriza a dependência econômica, para os efeitos legais.

CAPÍTULO IX
DA HABITAÇÃO

Art. 37. O idoso tem direito a moradia digna, no seio da família natural ou substituta, ou desacompanhado de seus familiares, quando assim o desejar, ou, ainda, em instituição pública ou privada.

§ 1º A assistência integral na modalidade de entidade de longa permanência será prestada quando verificada inexistência de grupo familiar, casa-lar, abandono ou carência de recursos financeiros próprios ou da família.

§ 2º Toda instituição dedicada ao atendimento ao idoso fica obrigada a manter identificação externa visível, sob pena de interdição, além de atender toda a legislação pertinente.

§ 3º As instituições que abrigarem idosos são obrigadas a manter padrões de habitação compatíveis com as necessidades deles, bem como provê-los com alimentação regular e higiene indispensáveis às normas sanitárias e com estas condizentes, sob as penas da lei.

Art. 38. Nos programas habitacionais, públicos ou subsidiados com recursos públicos, o idoso goza de prioridade na aquisição de imóvel para moradia própria, observado o seguinte:

I - reserva de pelo menos 3% (três por cento) das unidades habitacionais residenciais para atendimento aos idosos; (Redação dada pela Lei nº 12.418, de 2011)

II - implantação de equipamentos urbanos comunitários voltados ao idoso;

III - eliminação de barreiras arquitetônicas e urbanísticas, para garantia de acessibilidade ao idoso;

IV - critérios de financiamento compatíveis com os rendimentos de aposentadoria e pensão.

Parágrafo único. As unidades residenciais reservadas para atendimento a idosos devem situar-se, preferencialmente, no pavimento térreo. (Incluído pela Lei nº 12.419, de 2011)

CAPÍTULO X
DO TRANSPORTE

Art. 39. Aos maiores de 65 (sessenta e cinco) anos fica assegurada a gratuidade dos transportes coletivos públicos urbanos e semi-urbanos, exceto nos serviços seletivos e especiais, quando prestados paralelamente aos serviços regulares.

- art. 230, § 2º, CF.

§ 1º Para ter acesso à gratuidade, basta que o idoso apresente qualquer documento pessoal que faça prova de sua idade.

§ 2º Nos veículos de transporte coletivo de que trata este artigo, serão reservados 10% (dez por cento) dos assentos para os idosos, devidamente identificados com a placa de reservado preferencialmente para idosos.

§ 3º No caso das pessoas compreendidas na faixa etária entre 60 (sessenta) e 65 (sessenta e cinco) anos, ficará a critério da legislação local dispor sobre as condições para exercício da gratuidade nos meios de transporte previstos no *caput* deste artigo.

Art. 40. No sistema de transporte coletivo interestadual observar-se-á, nos termos da legislação específica: (Decreto nº 5.934, de 2006)

I - a reserva de 2 (duas) vagas gratuitas por veículo para idosos com renda igual ou inferior a 2 (dois) salários-mínimos;

II - desconto de 50% (cinquenta por cento), no mínimo, no valor das passagens, para os idosos que excederem as vagas gratuitas, com renda igual ou inferior a 2 (dois) salários-mínimos.

Parágrafo único. Caberá aos órgãos competentes definir os mecanismos e os critérios para o exercício dos direitos previstos nos incisos I e II.

Art. 41. É assegurada a reserva, para os idosos, nos termos da lei local, de 5% (cinco por cento) das vagas nos estacionamentos públicos e privados, as quais deverão ser posicionadas de forma a garantir a melhor comodidade ao idoso.

Art. 42. São asseguradas a prioridade e a segurança do idoso nos procedimentos de embarque e desembarque nos veículos do sistema de transporte coletivo. (Redação dada pela Lei nº 12.899, de 2013)

TÍTULO III DAS MEDIDAS DE PROTEÇÃO

CAPÍTULO I DAS DISPOSIÇÕES GERAIS

Art. 43. As medidas de proteção ao idoso são aplicáveis sempre que os direitos reconhecidos nesta Lei forem ameaçados ou violados:

I - por ação ou omissão da sociedade ou do Estado;

II - por falta, omissão ou abuso da família, curador ou entidade de atendimento;

III - em razão de sua condição pessoal.

CAPÍTULO II DAS MEDIDAS ESPECÍFICAS DE PROTEÇÃO

Art. 44. As medidas de proteção ao idoso previstas nesta Lei poderão ser aplicadas, isolada ou cumulativamente, e levarão em conta os fins sociais a que se destinam e o fortalecimento dos vínculos familiares e comunitários.

Art. 45. Verificada qualquer das hipóteses previstas no art. 43, o Ministério Público ou o Poder Judiciário, a requerimento daquele, poderá determinar, dentre outras, as seguintes medidas:

I - encaminhamento à família ou curador, mediante termo de responsabilidade;

II - orientação, apoio e acompanhamento temporários;

III - requisição para tratamento de sua saúde, em regime ambulatorial, hospitalar ou domiciliar;

IV - inclusão em programa oficial ou comunitário de auxílio, orientação e tratamento a usuários dependentes de drogas lícitas ou ilícitas, ao próprio idoso ou à pessoa de sua convivência que lhe cause perturbação;

V - abrigo em entidade;

VI - abrigo temporário.

TÍTULO IV DA POLÍTICA DE ATENDIMENTO AO IDOSO

CAPÍTULO I DISPOSIÇÕES GERAIS

Art. 46. A política de atendimento ao idoso far-se-á por meio do conjunto articulado de ações governamentais e não-governamentais da União, dos Estados, do Distrito Federal e dos Municípios.

Art. 47. São linhas de ação da política de atendimento:

I - políticas sociais básicas, previstas na Lei nº 8.842, de 4 de janeiro de 1994;

II - políticas e programas de assistência social, em caráter supletivo, para aqueles que necessitarem;

III - serviços especiais de prevenção e atendimento às vítimas de negligência, maus-tratos, exploração, abuso, crueldade e opressão;

IV - serviço de identificação e localização de parentes ou responsáveis por idosos abandonados em hospitais e instituições de longa permanência;

V - proteção jurídico-social por entidades de defesa dos direitos dos idosos;

VI - mobilização da opinião pública no sentido da participação dos diversos segmentos da sociedade no atendimento do idoso.

CAPÍTULO II DAS ENTIDADES DE ATENDIMENTO AO IDOSO

Art. 48. As entidades de atendimento são responsáveis pela manutenção das próprias unidades, observadas as normas de planejamento e execução emanadas do órgão competente da Política Nacional do Idoso, conforme a Lei nº 8.842, de 1994.

Parágrafo único. As entidades governamentais e não-governamentais de assistência ao idoso ficam sujeitas à inscrição de seus programas, junto ao órgão competente da Vigilância Sanitária e Conselho Municipal da Pessoa Idosa, e em sua falta, junto ao Conselho Estadual ou Nacional da Pessoa Idosa, especificando os regimes de atendimento, observados os seguintes requisitos:

I - oferecer instalações físicas em condições adequadas de habitabilidade, higiene, salubridade e segurança;

II - apresentar objetivos estatutários e plano de trabalho compatíveis com os princípios desta Lei;

III - estar regularmente constituída;

IV - demonstrar a idoneidade de seus dirigentes.

Art. 49. As entidades que desenvolvam programas de institucionalização de longa permanência adotarão os seguintes princípios:

I - preservação dos vínculos familiares;

II - atendimento personalizado e em pequenos grupos;

III - manutenção do idoso na mesma instituição, salvo em caso de força maior;

IV - participação do idoso nas atividades comunitárias, de caráter interno e externo;

V - observância dos direitos e garantias dos idosos;

VI - preservação da identidade do idoso e oferecimento de ambiente de respeito e dignidade.

Parágrafo único. O dirigente de instituição prestadora de atendimento ao idoso responderá civil e criminalmente pelos atos que praticar em detrimento do idoso, sem prejuízo das sanções administrativas.

Art. 50. Constituem obrigações das entidades de atendimento:

I - celebrar contrato escrito de prestação de serviço com o idoso, especificando o tipo de atendimento, as obrigações da entidade e prestações decorrentes do contrato, com os respectivos preços, se for o caso;

II - observar os direitos e as garantias de que são titulares os idosos;

III - fornecer vestuário adequado, se for pública, e alimentação suficiente;

IV - oferecer instalações físicas em condições adequadas de habitabilidade;

V - oferecer atendimento personalizado;

VI - diligenciar no sentido da preservação dos vínculos familiares;

VII - oferecer acomodações apropriadas para recebimento de visitas;

VIII - proporcionar cuidados à saúde, conforme a necessidade do idoso;

IX - promover atividades educacionais, esportivas, culturais e de lazer;

X - propiciar assistência religiosa àqueles que desejarem, de acordo com suas crenças;

XI - proceder a estudo social e pessoal de cada caso;

XII - comunicar à autoridade competente de saúde toda ocorrência de idoso portador de doenças infecto-contagiosas;

XIII - providenciar ou solicitar que o Ministério Público requisite os documentos necessários ao exercício da cidadania àqueles que não os tiverem, na forma da lei;

XIV - fornecer comprovante de depósito dos bens móveis que receberem dos idosos;

XV - manter arquivo de anotações onde constem data e circunstâncias do atendimento, nome do idoso, responsável, parentes, endereços, cidade, relação de seus pertences, bem como o valor de contribuições, e suas alterações, se houver, e demais dados que possibilitem sua identificação e a individualização do atendimento;

XVI - comunicar ao Ministério Público, para as providências cabíveis, a situação de abandono moral ou material por parte dos familiares;

XVII - manter no quadro de pessoal profissionais com formação específica.

Art. 51. As instituições filantrópicas ou sem fins lucrativos prestadoras de serviço ao idoso terão direito à assistência judiciária gratuita.

- Lei 1.060/1990 (Lei de Assistência Judiciária).

CAPÍTULO III DA FISCALIZAÇÃO DAS ENTIDADES DE ATENDIMENTO

Art. 52. As entidades governamentais e não-governamentais de atendimento ao idoso serão fiscalizadas pelos Conselhos do Idoso, Ministério Público, Vigilância Sanitária e outros previstos em lei.

Art. 53. O art. 7º da Lei nº 8.842, de 1994, passa a vigorar com a seguinte redação:

"Art. 7º Compete aos Conselhos de que trata o art. 6º desta Lei a supervisão, o acompanhamento, a fiscalização e a avaliação da política nacional do idoso, no âmbito das respectivas instâncias político-administrativas."

Art. 54. Será dada publicidade das prestações de contas dos recursos públicos e privados recebidos pelas entidades de atendimento.

Art. 55. As entidades de atendimento que descumprirem as determinações desta Lei ficarão sujeitas, sem prejuízo da responsabilidade civil e criminal de seus dirigentes ou prepostos, às seguintes penalidades, observado o devido processo legal:

I - as entidades governamentais:

a) advertência;

b) afastamento provisório de seus dirigentes;

c) afastamento definitivo de seus dirigentes;

d) fechamento de unidade ou interdição de programa;

II - as entidades não-governamentais:

a) advertência;

b) multa;

c) suspensão parcial ou total do repasse de verbas públicas;

d) interdição de unidade ou suspensão de programa;

e) proibição de atendimento a idosos a bem do interesse público.

§ 1º Havendo danos aos idosos abrigados ou qualquer tipo de fraude em relação ao programa, caberá o afastamento provisório dos dirigentes ou a interdição da unidade e a suspensão do programa.

§ 2º A suspensão parcial ou total do repasse de verbas públicas ocorrerá quando verificada a má aplicação ou desvio de finalidade dos recursos.

§ 3º Na ocorrência de infração por entidade de atendimento, que coloque em risco os direitos assegurados nesta Lei, será o fato comunicado ao Ministério Público, para as providências cabíveis, inclusive para promover a suspensão das atividades ou dissolução da entidade, com a proibição de atendimento a idosos a bem do interesse público, sem prejuízo das providências a serem tomadas pela Vigilância Sanitária.

§ 4º Na aplicação das penalidades, serão consideradas a natureza e a gravidade da infração cometida, os danos que dela provierem para o idoso, as circunstâncias agravantes ou atenuantes e os antecedentes da entidade.

CAPÍTULO IV DAS INFRAÇÕES ADMINISTRATIVAS

Art. 56. Deixar a entidade de atendimento de cumprir as determinações do art. 50 desta Lei:

Pena – multa de R$ 500,00 (quinhentos reais) a R$ 3.000,00 (três mil reais), se o fato não for caracterizado como crime, podendo haver a interdição do estabelecimento até que sejam cumpridas as exigências legais.

Parágrafo único. No caso de interdição do estabelecimento de longa permanência, os idosos abrigados serão transferidos para outra instituição, a expensas do estabelecimento interditado, enquanto durar a interdição.

Art. 57. Deixar o profissional de saúde ou o responsável por estabelecimento de saúde ou instituição de longa permanência de comunicar à autoridade competente os casos de crimes contra idoso de que tiver conhecimento:

Pena – multa de R$ 500,00 (quinhentos reais) a R$ 3.000,00 (três mil reais), aplicada em dobro no caso de reincidência.

Art. 58. Deixar de cumprir as determinações desta Lei sobre a prioridade no atendimento ao idoso:

Pena – multa de R$ 500,00 (quinhentos reais) a R$ 1.000,00 (um mil reais) e multa civil a ser estipulada pelo juiz, conforme o dano sofrido pelo idoso.

CAPÍTULO V DA APURAÇÃO ADMINISTRATIVA DE INFRAÇÃO ÀS NORMAS DE PROTEÇÃO AO IDOSO

Art. 59. Os valores monetários expressos no Capítulo IV serão atualizados anualmente, na forma da lei.

Art. 60. O procedimento para a imposição de penalidade administrativa por infração às normas de proteção ao idoso terá início com requisição do Ministério Público ou auto de infração elaborado por servidor efetivo e assinado, se possível, por duas testemunhas.

§ 1º No procedimento iniciado com o auto de infração poderão ser usadas fórmulas impressas, especificando-se a natureza e as circunstâncias da infração.

§ 2º Sempre que possível, à verificação da infração seguir-se-á a lavratura do auto, ou este será lavrado dentro de 24 (vinte e quatro) horas, por motivo justificado.

Art. 61. O autuado terá prazo de 10 (dez) dias para a apresentação da defesa, contado da data da intimação, que será feita:

I - pelo autuante, no instrumento de autuação, quando for lavrado na presença do infrator;

II - por via postal, com aviso de recebimento.

Art. 62. Havendo risco para a vida ou à saúde do idoso, a autoridade competente aplicará à entidade de atendimento as sanções regulamentares, sem prejuízo da iniciativa e das providências que vierem a ser adotadas pelo Ministério Público ou pelas demais instituições legitimadas para a fiscalização.

Art. 63. Nos casos em que não houver risco para a vida ou a saúde da pessoa idosa abrigada, a autoridade competente aplicará à entidade de atendimento as sanções regulamentares, sem prejuízo da iniciativa e das providências que vierem a ser adotadas pelo Ministério Público ou pelas demais instituições legitimadas para a fiscalização.

CAPÍTULO VI DA APURAÇÃO JUDICIAL DE IRREGULARIDADES EM ENTIDADE DE ATENDIMENTO

Art. 64. Aplicam-se, subsidiariamente, ao procedimento administrativo de que trata este Capítulo as disposições das Leis nºs 6.437, de 20 de agosto de 1977, e 9.784, de 29 de janeiro de 1999.

Art. 65. O procedimento de apuração de irregularidade em entidade governamental e não-governamental de atendimento ao idoso terá início mediante petição fundamentada de pessoa interessada ou iniciativa do Ministério Público.

Art. 66. Havendo motivo grave, poderá a autoridade judiciária, ouvido o Ministério Público, decretar liminarmente o afastamento provisório do dirigente da entidade ou outras medidas que julgar adequadas, para evitar lesão aos direitos do idoso, mediante decisão fundamentada.

Art. 67. O dirigente da entidade será citado para, no prazo de 10 (dez) dias, oferecer resposta escrita, podendo juntar documentos e indicar as provas a produzir.

Art. 68. Apresentada a defesa, o juiz procederá na conformidade do art. 69 ou, se necessário, designará audiência de instrução e julgamento, deliberando sobre a necessidade de produção de outras provas.

§ 1º Salvo manifestação em audiência, as partes e o Ministério Público terão 5 (cinco) dias para oferecer alegações finais, decidindo a autoridade judiciária em igual prazo.

§ 2º Em se tratando de afastamento provisório ou definitivo de dirigente de entidade governamental, a autoridade judiciária oficiará a autoridade administrativa imediatamente superior ao afastado, fixando-lhe prazo de 24 (vinte e quatro) horas para proceder à substituição.

§ 3º Antes de aplicar qualquer das medidas, a autoridade judiciária poderá fixar prazo para a remoção das irregularidades verificadas. Satisfeitas as exigências, o processo será extinto, sem julgamento do mérito.

§ 4º A multa e a advertência serão impostas ao dirigente da entidade ou ao responsável pelo programa de atendimento.

TÍTULO V DO ACESSO À JUSTIÇA

CAPÍTULO I DISPOSIÇÕES GERAIS

Art. 69. Aplica-se, subsidiariamente, às disposições deste Capítulo, o procedimento sumário previsto no Código de Processo Civil, naquilo que não contrarie os prazos previstos nesta Lei.

‣ arts. 318 e ss., NCPC.

Art. 70. O Poder Público poderá criar varas especializadas e exclusivas do idoso.

Art. 71. É assegurada prioridade na tramitação dos processos e procedimentos e na execução dos atos e diligências judiciais em que figure como parte ou interveniente pessoa com idade igual ou superior a 60 (sessenta) anos, em qualquer instância.

§ 1º O interessado na obtenção da prioridade a que alude este artigo, fazendo prova de sua idade, requererá o benefício à autoridade judiciária competente para decidir o feito, que determinará as providências a serem cumpridas, anotando-se essa circunstância em local visível nos autos do processo.

§ 2º A prioridade não cessará com a morte do beneficiado, estendendo-se em favor do cônjuge supérstite, companheiro ou companheira, com união estável, maior de 60 (sessenta) anos.

› arts. 1.723 a 1.727, CC.

§ 3º A prioridade se estende aos processos e procedimentos na Administração Pública, empresas prestadoras de serviços públicos e instituições financeiras, ao atendimento preferencial junto à Defensoria Pública da União, dos Estados e do Distrito Federal em relação aos Serviços de Assistência Judiciária.

› Lei 1.060/1950 (Lei de Assistência Judiciária).

§ 4º Para o atendimento prioritário será garantido ao idoso o fácil acesso aos assentos e caixas, identificados com a destinação a idosos em local visível e caracteres legíveis.

§ 5º Dentre os processos de idosos, dar-se-á prioridade especial aos maiores de oitenta anos. (Incluído pela Lei nº 13.466, de 2017)

CAPÍTULO II
DO MINISTÉRIO PÚBLICO

Art. 72. (Vetado)

Art. 73. As funções do Ministério Público, previstas nesta Lei, serão exercidas nos termos da respectiva Lei Orgânica.

› Lei 8.625/1993 (Lei Orgânica do Ministério Público).

Art. 74. Compete ao Ministério Público:

I - instaurar o inquérito civil e a ação civil pública para a proteção dos direitos e interesses difusos ou coletivos, individuais indisponíveis e individuais homogêneos do idoso;

II - promover e acompanhar as ações de alimentos, de interdição total ou parcial, de designação de curador especial, em circunstâncias que justifiquem a medida e oficiar em todos os feitos em que se discutam os direitos de idosos em condições de risco;

III - atuar como substituto processual do idoso em situação de risco, conforme o disposto no art. 43 desta Lei;

IV - promover a revogação de instrumento procuratório do idoso, nas hipóteses previstas no art. 43 desta Lei, quando necessário ou o interesse público justificar;

V - instaurar procedimento administrativo e, para instruí-lo:

a) expedir notificações, colher depoimentos ou esclarecimentos e, em caso de não comparecimento injustificado da pessoa notificada, requisitar condução coercitiva, inclusive pela Polícia Civil ou Militar;

b) requisitar informações, exames, perícias e documentos de autoridades municipais, estaduais e federais, da administração direta e indireta, bem como promover inspeções e diligências investigatórias;

c) requisitar informações e documentos particulares de instituições privadas;

VI - instaurar sindicâncias, requisitar diligências investigatórias e a instauração de inquérito policial, para a apuração de ilícitos ou infrações às normas de proteção ao idoso;

VII - zelar pelo efetivo respeito aos direitos e garantias legais assegurados ao idoso, promovendo as medidas judiciais e extrajudiciais cabíveis;

VIII - inspecionar as entidades públicas e particulares de atendimento e os programas de que trata esta Lei, adotando de pronto as medidas administrativas ou judiciais necessárias à remoção de irregularidades porventura verificadas;

IX - requisitar força policial, bem como a colaboração dos serviços de saúde, educacionais e de assistência social, públicos, para o desempenho de suas atribuições;

X - referendar transações envolvendo interesses e direitos dos idosos previstos nesta Lei.

§ 1º A legitimação do Ministério Público para as ações cíveis previstas neste artigo não impede a de terceiros, nas mesmas hipóteses, segundo dispuser a lei.

§ 2º As atribuições constantes deste artigo não excluem outras, desde que compatíveis com a finalidade e atribuições do Ministério Público.

§ 3º O representante do Ministério Público, no exercício de suas funções, terá livre acesso a toda entidade de atendimento ao idoso.

Art. 75. Nos processos e procedimentos em que não for parte, atuará obrigatoriamente o Ministério Público na defesa dos direitos e interesses de que cuida esta Lei, hipóteses em que terá vista dos autos depois das partes, podendo juntar documentos, requerer diligências e produção de outras provas, usando os recursos cabíveis.

Art. 76. A intimação do Ministério Público, em qualquer caso, será feita pessoalmente.

Art. 77. A falta de intervenção do Ministério Público acarreta a nulidade do feito, que será declarada de ofício pelo juiz ou a requerimento de qualquer interessado.

CAPÍTULO III
DA PROTEÇÃO JUDICIAL DOS INTERESSES DIFUSOS, COLETIVOS E INDIVIDUAIS INDISPONÍVEIS OU HOMOGÊNEOS

Art. 78. As manifestações processuais do representante do Ministério Público deverão ser fundamentadas.

Art. 79. Regem-se pelas disposições desta Lei as ações de responsabilidade por ofensa aos direitos assegurados ao idoso, referentes à omissão ou ao oferecimento insatisfatório de:

I - acesso às ações e serviços de saúde;

II - atendimento especializado ao idoso portador de deficiência ou com limitação incapacitante;

III - atendimento especializado ao idoso portador de doença infectocontagiosa;

IV - serviço de assistência social visando ao amparo do idoso.

Parágrafo único. As hipóteses previstas neste artigo não excluem da proteção judicial outros interesses difusos, coletivos, individuais indisponíveis ou homogêneos, próprios do idoso, protegidos em lei.

Art. 80. As ações previstas neste Capítulo serão propostas no foro do domicílio do idoso, cujo juízo terá competência absoluta para processar a causa, ressalvadas as competências da Justiça Federal e a competência originária dos Tribunais Superiores.

Art. 81. Para as ações cíveis fundadas em interesses difusos, coletivos, individuais indisponíveis ou homogêneos, consideram-se legitimados, concorrentemente:

I - o Ministério Público;

II - a União, os Estados, o Distrito Federal e os Municípios;

III - a Ordem dos Advogados do Brasil;

IV - as associações legalmente constituídas há pelo menos 1 (um) ano e que incluam entre os fins institucionais a defesa dos interesses e direitos da pessoa idosa, dispensada a autorização da assembleia, se houver prévia autorização estatutária.

§ 1º Admitir-se-á litisconsórcio facultativo entre os Ministérios Públicos da União e dos Estados na defesa dos interesses e direitos de que cuida esta Lei.

§ 2º Em caso de desistência ou abandono da ação por associação legitimada, o Ministério Público ou outro legitimado deverá assumir a titularidade ativa.

Art. 82. Para defesa dos interesses e direitos protegidos por esta Lei, são admissíveis todas as espécies de ação pertinentes.

Parágrafo único. Contra atos ilegais ou abusivos de autoridade pública ou agente de pessoa jurídica no exercício de atribuições de Poder Público, que lesem direito líquido e certo previsto nesta Lei, caberá ação mandamental, que se regerá pelas normas da lei do mandado de segurança.

› Lei 12.016/2009 (Lei do Mandado de Segurança Individual e Coletivo).

Art. 83. Na ação que tenha por objeto o cumprimento de obrigação de fazer ou não-fazer, o juiz concederá a tutela específica da obrigação ou determinará providências que assegurem o resultado prático equivalente ao adimplemento.

§ 1º Sendo relevante o fundamento da demanda e havendo justificado receio de ineficácia do provimento final, é lícito ao juiz conceder a tutela liminarmente ou após justificação prévia, na forma do art. 273 do Código de Processo Civil.

› Refere-se ao CPC/1973. Arts. 294 a 311, NCPC.

§ 2º O juiz poderá, na hipótese do § 1º ou na sentença, impor multa diária ao réu, independentemente do pedido do autor, se for suficiente ou compatível com a obrigação, fixando prazo razoável para o cumprimento do preceito.

§ 3º A multa só será exigível do réu após o trânsito em julgado da sentença favorável ao autor, mas será devida desde o dia em que se houver configurado.

Art. 84. Os valores das multas previstas nesta Lei reverterão ao Fundo do Idoso, onde houver, ou na falta deste, ao Fundo Municipal de Assistência Social, ficando vinculados ao atendimento ao idoso.

Parágrafo único. As multas não recolhidas até 30 (trinta) dias após o trânsito em julgado da decisão serão exigidas por meio de execução promovida pelo Ministério Público, nos mesmos autos, facultada igual iniciativa aos demais legitimados em caso de inércia daquele.

Art. 85. O juiz poderá conferir efeito suspensivo aos recursos, para evitar dano irreparável à parte.

Art. 86. Transitada em julgado a sentença que impuser condenação ao Poder Público, o juiz determinará a remessa de peças à autoridade competente, para apuração da responsabilidade civil e administrativa do agente a que se atribua a ação ou omissão.

Art. 87. Decorridos 60 (sessenta) dias do trânsito em julgado da sentença condenatória favorável ao idoso sem que o autor lhe promova a execução, deverá fazê-lo o Ministério Público, facultada, igual iniciativa aos demais legitimados, como assistentes ou assumindo o pólo ativo, em caso de inércia desse órgão.

Art. 88. Nas ações de que trata este Capítulo, não haverá adiantamento de custas, emolumentos, honorários periciais e quaisquer outras despesas.

Parágrafo único. Não se imporá sucumbência ao Ministério Público.

Art. 89. Qualquer pessoa poderá, e o servidor deverá, provocar a iniciativa do Ministério Público, prestando-lhe informações sobre os fatos que constituam objeto de ação civil e indicando-lhe os elementos de convicção.

Art. 90. Os agentes públicos em geral, os juízes e tribunais, no exercício de suas funções, quando tiverem conhecimento de fatos que possam configurar crime de ação pública contra idoso ou ensejar a propositura de ação para sua defesa, devem encaminhar as peças pertinentes ao Ministério Público, para as providências cabíveis.

Art. 91. Para instruir a petição inicial, o interessado poderá requerer às autoridades competentes as certidões e informações que julgar necessárias, que serão fornecidas no prazo de 10 (dez) dias.

Art. 92. O Ministério Público poderá instaurar sob sua presidência, inquérito civil, ou requisitar, de qualquer pessoa, organismo público ou particular, certidões, informações, exames ou perícias, no prazo que assinalar, o qual não poderá ser inferior a 10 (dez) dias.

§ 1º Se o órgão do Ministério Público, esgotadas todas as diligências, se convencer da inexistência de fundamento para a propositura da ação civil ou de peças informativas, determinará o seu arquivamento, fazendo-o fundamentadamente.

§ 2º Os autos do inquérito civil ou as peças de informação arquivados serão remetidos, sob pena de se incorrer em falta grave, no prazo de 3 (três) dias, ao Conselho Superior do Ministério Público ou à Câmara de Coordenação e Revisão do Ministério Público.

§ 3º Até que seja homologado ou rejeitado o arquivamento, pelo Conselho Superior do Ministério Público ou por Câmara de Coordenação e Revisão do Ministério Público, as associações legitimadas poderão apresentar razões escritas ou documentos, que serão juntados ou anexados às peças de informação.

§ 4º Deixando o Conselho Superior ou a Câmara de Coordenação e Revisão do Ministério Público de homologar a promoção de arquivamento, será designado outro membro do Ministério Público para o ajuizamento da ação.

TÍTULO VI
DOS CRIMES

CAPÍTULO I
DISPOSIÇÕES GERAIS

Art. 93. Aplicam-se subsidiariamente, no que couber, as disposições da Lei nº 7.347, de 24 de julho de 1985.

Art. 94. Aos crimes previstos nesta Lei, cuja pena máxima privativa de liberdade não ultrapasse 4 (quatro) anos, aplica-se o procedimento previsto na Lei nº 9.099, de 26 de setembro de 1995, e, subsidiariamente, no que couber, as disposições do Código Penal e do Código de Processo Penal.

- O STF julgou parcialmente procedente a ADIN 3.096-5, para dar interpretação conforme a CF a este artigo, com redução de texto, para suprimir a expressão "Código Penal e", no sentido de aplicar-se apenas o procedimento sumaríssimo previsto na Lei 9.099/1995, e não outros benefícios ali previstos (DOU 27.09.2010).

CAPÍTULO II
DOS CRIMES EM ESPÉCIE

Art. 95. Os crimes definidos nesta Lei são de ação penal pública incondicionada, não se lhes aplicando os arts. 181 e 182 do Código Penal.

Art. 96. Discriminar pessoa idosa, impedindo ou dificultando seu acesso a operações bancárias, aos meios de transporte, ao direito de contratar ou por qualquer outro meio ou instrumento necessário ao exercício da cidadania, por motivo de idade:

Pena – reclusão de 6 (seis) meses a 1 (um) ano e multa.

§ 1º Na mesma pena incorre quem desdenhar, humilhar, menosprezar ou discriminar pessoa idosa, por qualquer motivo.

§ 2º A pena será aumentada de 1/3 (um terço) se a vítima se encontrar sob os cuidados ou responsabilidade do agente.

Art. 97. Deixar de prestar assistência ao idoso, quando possível fazê-lo sem risco pessoal, em situação de iminente perigo, ou recusar, retardar ou dificultar sua assistência à saúde, sem justa causa, ou não pedir, nesses casos, o socorro de autoridade pública:

Pena – detenção de 6 (seis) meses a 1 (um) ano e multa.

Parágrafo único. A pena é aumentada de metade, se da omissão resulta lesão corporal de natureza grave, e triplicada, se resulta a morte.

Art. 98. Abandonar o idoso em hospitais, casas de saúde, entidades de longa permanência, ou congêneres, ou não prover suas necessidades básicas, quando obrigado por lei ou mandado:

Pena – detenção de 6 (seis) meses a 3 (três) anos e multa.

Art. 99. Expor a perigo a integridade e a saúde, física ou psíquica, do idoso, submetendo-o a condições desumanas ou degradantes ou privando-o de alimentos e cuidados indispensáveis, quando obrigado a fazê-lo, ou sujeitando-o a trabalho excessivo ou inadequado:

Pena – detenção de 2 (dois) meses a 1 (um) ano e multa.

§ 1º Se do fato resulta lesão corporal de natureza grave:

Pena – reclusão de 1 (um) a 4 (quatro) anos.

§ 2º Se resulta a morte:

Pena – reclusão de 4 (quatro) a 12 (doze) anos.

Art. 100. Constitui crime punível com reclusão de 6 (seis) meses a 1 (um) ano e multa:

I - obstar o acesso de alguém a qualquer cargo público por motivo de idade;

II - negar a alguém, por motivo de idade, emprego ou trabalho;

III - recusar, retardar ou dificultar atendimento ou deixar de prestar assistência à saúde, sem justa causa, a pessoa idosa;

IV - deixar de cumprir, retardar ou frustrar, sem justo motivo, a execução de ordem judicial expedida na ação civil a que alude esta Lei;

V - recusar, retardar ou omitir dados técnicos indispensáveis à propositura da ação civil objeto desta Lei, quando requisitados pelo Ministério Público.

Art. 101. Deixar de cumprir, retardar ou frustrar, sem justo motivo, a execução de ordem judicial expedida nas ações em que for parte ou interveniente o idoso:

Pena – detenção de 6 (seis) meses a 1 (um) ano e multa.

Art. 102. Apropriar-se de ou desviar bens, proventos, pensão ou qualquer outro rendimento do idoso, dando-lhes aplicação diversa da de sua finalidade:

Pena – reclusão de 1 (um) a 4 (quatro) anos e multa.

Art. 103. Negar o acolhimento ou a permanência do idoso, como abrigado, por recusa deste em outorgar procuração à entidade de atendimento:

Pena – detenção de 6 (seis) meses a 1 (um) ano e multa.

Art. 104. Reter o cartão magnético de conta bancária relativa a benefícios, proventos ou pensão do idoso, bem como qualquer outro documento com objetivo de assegurar recebimento ou ressarcimento de dívida:

Pena – detenção de 6 (seis) meses a 2 (dois) anos e multa.

Art. 105. Exibir ou veicular, por qualquer meio de comunicação, informações ou imagens depreciativas ou injuriosas à pessoa do idoso:

Pena – detenção de 1 (um) a 3 (três) anos e multa.

Art. 106. Induzir pessoa idosa sem discernimento de seus atos a outorgar procuração para fins de administração de bens ou deles dispor livremente:

Pena – reclusão de 2 (dois) a 4 (quatro) anos.

Art. 107. Coagir, de qualquer modo, o idoso a doar, contratar, testar ou outorgar procuração:

Pena – reclusão de 2 (dois) a 5 (cinco) anos.

Art. 108. Lavrar ato notarial que envolva pessoa idosa sem discernimento de seus atos, sem a devida representação legal:

Pena – reclusão de 2 (dois) a 4 (quatro) anos.

TÍTULO VII
DISPOSIÇÕES FINAIS E TRANSITÓRIAS

Art. 109. Impedir ou embaraçar ato do representante do Ministério Público ou de qualquer outro agente fiscalizador:

Pena – reclusão de 6 (seis) meses a 1 (um) ano e multa.

Art. 110. O Decreto-Lei nº 2.848, de 7 de dezembro de 1940, Código Penal, passa a vigorar com as seguintes alterações:

▸ alteração promovida no referido código.

Art. 111. O art. 21 do Decreto-Lei nº 3.688, de 3 de outubro de 1941, Lei das Contravenções Penais, passa a vigorar acrescido do seguinte parágrafo único:

▸ alteração promovida no referido Decreto-Lei.

Art. 112. O inciso II do § 4º do art. 1º da Lei nº 9.455, de 7 de abril de 1997, passa a vigorar com a seguinte redação:

▸ alteração promovida no texto da referida lei.

Art. 113. O inciso III do art. 18 da Lei nº 6.368, de 21 de outubro de 1976, passa a vigorar com a seguinte redação:

"Art. 18. [...]

[...]

III – se qualquer deles decorrer de associação ou visar a menores de 21 (vinte e um) anos ou a pessoa com idade igual ou superior a 60 (sessenta) anos ou a quem tenha, por qualquer causa, diminuída ou suprimida a capacidade de discernimento ou de autodeterminação:

[...]." (NR)

Art. 114. O art. 1º da Lei nº 10.048, de 8 de novembro de 2000, passa a vigorar com a seguinte redação:

▸ Alteração promovida no texto da referida lei.

Art. 115. O Orçamento da Seguridade Social destinará ao Fundo Nacional de Assistência Social, até que o Fundo Nacional do Idoso seja criado, os recursos necessários, em cada exercício financeiro, para aplicação em programas e ações relativos ao idoso.

Art. 116. Serão incluídos nos censos demográficos dados relativos à população idosa do País.

Art. 117. O Poder Executivo encaminhará ao Congresso Nacional projeto de lei revendo os critérios de concessão do Benefício de Prestação Continuada previsto na Lei Orgânica da Assistência Social, de forma a garantir que o acesso ao direito seja condizente com o estágio de desenvolvimento socioeconômico alcançado pelo País.

Art. 118. Esta Lei entra em vigor decorridos 90 (noventa) dias da sua publicação, ressalvado o disposto no *caput* do art. 36, que vigorará a partir de 1º de janeiro de 2004.

Brasília, 1º de outubro de 2003;
182º da Independência e
115º da República.

Luiz Inácio Lula da Silva

LEI Nº 10.826, DE 22 DE DEZEMBRO DE 2003

Dispõe sobre registro, posse e comercialização de armas de fogo e munição, sobre o Sistema Nacional de Armas – SINARM, define crimes e dá outras providências.

▸ DOU 23.12.2003.

O PRESIDENTE DA REPÚBLICA

Faço saber que o Congresso Nacional decreta e eu sanciono a seguinte Lei:

CAPÍTULO I
DO SISTEMA NACIONAL DE ARMAS

Art. 1º O Sistema Nacional de Armas – SINARM, instituído no Ministério da Justiça, no âmbito da Polícia Federal, tem circunscrição em todo o território nacional.

Art. 2º Ao SINARM compete:

I - identificar as características e a propriedade de armas de fogo, mediante cadastro;

II - cadastrar as armas de fogo produzidas, importadas e vendidas no País;

III - cadastrar as autorizações de porte de arma de fogo e as renovações expedidas pela Polícia Federal;

IV - cadastrar as transferências de propriedade, extravio, furto, roubo e outras ocorrências suscetíveis de alterar os dados cadastrais, inclusive as decorrentes de fechamento de empresas de segurança privada e de transporte de valores;

V - identificar as modificações que alterem as características ou o funcionamento de arma de fogo;

VI - integrar no cadastro os acervos policiais já existentes;

VII - cadastrar as apreensões de armas de fogo, inclusive as vinculadas a procedimentos policiais e judiciais;

VIII - cadastrar os armeiros em atividade no País, bem como conceder licença para exercer a atividade;

IX - cadastrar mediante registro os produtores, atacadistas, varejistas, exportadores e importadores autorizados de armas de fogo, acessórios e munições;

X - cadastrar a identificação do cano da arma, as características das impressões de raiamento e de microestriamento de projétil disparado, conforme marcação e testes obrigatoriamente realizados pelo fabricante;

XI - informar às Secretarias de Segurança Pública dos Estados e do Distrito Federal os registros e autorizações de porte de armas de fogo nos respectivos territórios, bem como manter o cadastro atualizado para consulta.

Parágrafo único. As disposições deste artigo não alcançam as armas de fogo das Forças Armadas e Auxiliares, bem como as demais que constem dos seus registros próprios.

CAPÍTULO II
DO REGISTRO

Art. 3º É obrigatório o registro de arma de fogo no órgão competente.

Parágrafo único. As armas de fogo de uso restrito serão registradas no Comando do Exército, na forma do regulamento desta Lei.

Art. 4º Para adquirir arma de fogo de uso permitido o interessado deverá, além de declarar a efetiva necessidade, atender aos seguintes requisitos:

I - comprovação de idoneidade, com a apresentação de certidões negativas de antecedentes criminais fornecidas pela Justiça Federal, Estadual, Militar e Eleitoral e de não estar respondendo a inquérito policial ou a processo criminal, que poderão ser fornecidas por meios eletrônicos; (Redação dada pela Lei nº 11.706, de 2008)

II - apresentação de documento comprobatório de ocupação lícita e de residência certa;

III - comprovação de capacidade técnica e de aptidão psicológica para o manuseio de arma de fogo, atestadas na forma disposta no regulamento desta Lei.

§ 1º O SINARM expedirá autorização de compra de arma de fogo após atendidos os requisitos anteriormente estabelecidos, em nome do requerente e para a arma indicada, sendo intransferível esta autorização.

§ 2º A aquisição de munição somente poderá ser feita no calibre correspondente à arma registrada e na quantidade estabelecida no regulamento desta Lei. (Redação dada pela Lei nº 11.706, de 2008)

§ 3º A empresa que comercializar arma de fogo em território nacional é obrigada a comunicar a venda à autoridade competente, como também a manter banco de dados com todas as características da arma e cópia dos documentos previstos neste artigo.

§ 4º A empresa que comercializa armas de fogo, acessórios e munições responde legalmente por essas mercadorias, ficando registradas como de sua propriedade enquanto não forem vendidas.

§ 5º A comercialização de armas de fogo, acessórios e munições entre pessoas físicas somente será efetivada mediante autorização do SINARM.

§ 6º A expedição da autorização a que se refere o § 1º será concedida, ou recusada com a devida fundamentação, no prazo de 30 (trinta) dias úteis, a contar da data do requerimento do interessado.

§ 7º O registro precário a que se refere o § 4º prescinde do cumprimento dos requisitos dos incisos I, II e III deste artigo.

§ 8º Estará dispensado das exigências constantes do inciso III do *caput* deste artigo, na forma do regulamento, o interessado em adquirir arma de fogo de uso permitido que comprove estar autorizado a portar arma com as mesmas características daquela a ser adquirida. (Incluído pela Lei nº 11.706, de 2008)

Art. 5º O certificado de Registro de Arma de Fogo, com validade em todo o território nacional, autoriza o seu proprietário a manter a arma de fogo exclusivamente no interior de sua residência ou domicílio, ou dependência desses, ou, ainda, no seu local de trabalho, desde que seja ele o titular ou o responsável legal pelo estabelecimento ou empresa. (Redação dada pela Lei nº 10.884, de 2004)

§ 1º O certificado de registro de arma de fogo será expedido pela Polícia Federal e será precedido de autorização do SINARM.

§ 2º Os requisitos de que tratam os incisos I, II e III do art. 4º deverão ser comprovados periodicamente, em período não inferior a 3 (três) anos, na conformidade do estabelecido no regulamento desta Lei, para a renovação do Certificado de Registro de Arma de Fogo.

§ 3º O proprietário de arma de fogo com certificados de registro de propriedade expedido por órgão estadual ou do Distrito Federal até a data da publicação desta Lei que não optar pela entrega espontânea prevista no art. 32 desta Lei deverá renová-lo mediante o pertinente registro federal, até o dia 31 de dezembro de 2008, ante a apresentação de documento de identificação pessoal e comprovante de residência fixa, ficando dispensado do pagamento de taxas e do cumprimento das demais exigências constantes dos incisos I a III do *caput* do art. 4º desta Lei. (Redação dada pela Lei nº 11.706, de 2008)

§ 4º Para fins do cumprimento do disposto no § 3º deste artigo, o proprietário de arma de fogo poderá obter, no Departamento de Polícia Federal, certificado de registro provisório, expedido na rede mundial de computadores – internet, na forma do regulamento e obedecidos os procedimentos a seguir: (Redação dada pela Lei nº 11.706, de 2008)

I - emissão de certificado de registro provisório pela internet, com validade inicial de 90 (noventa) dias; e (Incluído pela Lei nº 11.706, de 2008)

II - revalidação pela unidade do Departamento de Polícia Federal do certificado de registro provisório pelo prazo que estimar como necessário para a emissão definitiva do certificado de registro de propriedade. (Incluído pela Lei nº 11.706, de 2008)

§ 5º Aos residentes em área rural, para os fins do disposto no *caput* deste artigo, considera-se residência ou domicílio toda a extensão do respectivo imóvel rural. (Acrescido pela Lei 13.870/2019)

CAPÍTULO III
DO PORTE

Art. 6º É proibido o porte de arma de fogo em todo o território nacional, salvo para os casos previstos em legislação própria e para:

I - os integrantes das Forças Armadas;

II - os integrantes de órgãos referidos nos incisos I, II, III, IV e V do *caput* do art. 144 da Constituição Federal e os da Força Nacional de Segurança Pública (FNSP); (Redação dada pela Lei nº 13.500, de 2017)

III - os integrantes das guardas municipais das capitais dos Estados e dos Municípios com mais de 500.000 (quinhentos mil) habitantes, nas condições estabelecidas no regulamento desta Lei;

- Lei 13.022/2014 (Dispõe sobre o Estatuto Geral das Guardas Municipais).

IV - os integrantes das guardas municipais dos Municípios com mais de 50.000 (cinquenta mil) e menos de 500.000 (quinhentos mil) habitantes, quando em serviço; (Redação dada pela Lei nº 10.867, de 2004)

V - os agentes operacionais da Agência Brasileira de Inteligência e os agentes do Departamento de Segurança do Gabinete de Segurança Institucional da Presidência da República;

VI - os integrantes dos órgãos policiais referidos no art. 51, IV, e no art. 52, XIII, da Constituição Federal;

VII - os integrantes do quadro efetivo dos agentes e guardas prisionais, os integrantes das escoltas de presos e as guardas portuárias;

VIII - as empresas de segurança privada e de transporte de valores constituídas, nos termos desta Lei;

IX - para os integrantes das entidades de desporto legalmente constituídas, cujas atividades esportivas demandem o uso de armas de fogo, na forma do regulamento desta Lei, observando-se, no que couber, a legislação ambiental.

X - integrantes das Carreiras de Auditoria da Receita Federal do Brasil e de Auditoria-Fiscal do Trabalho, cargos de Auditor-Fiscal e Analista Tributário. (Redação dada pela Lei nº 11.501, de 2007)

XI - os tribunais do Poder Judiciário descritos no art. 92 da Constituição Federal e os Ministérios Públicos da União e dos Estados, para uso exclusivo de servidores de seus quadros pessoais que efetivamente estejam no exercício de funções de segurança, na forma de regulamento a ser emitido pelo Conselho Nacional de Justiça - CNJ e pelo Conselho Nacional do Ministério Público - CNMP. (Incluído pela Lei nº 12.694, de 2012)

§ 1º As pessoas previstas nos incisos I, II, III, V e VI do *caput* deste artigo terão direito de portar arma de fogo de propriedade particular ou fornecida pela respectiva corporação ou instituição, mesmo fora de serviço, nos termos do regulamento desta Lei, com validade em âmbito nacional para aquelas constantes dos incisos I, II, V e VI. (Redação dada pela Lei nº 11.706, de 2008)

§ 1º-A (Revogado de acordo com a Lei nº 11.706, de 2008)

§ 1º-B Os integrantes do quadro efetivo de agentes e guardas prisionais poderão portar arma de fogo de propriedade particular ou fornecida pela respectiva corporação ou instituição, mesmo fora de serviço, desde que estejam: (Incluído pela Lei nº 12.993, de 17/06/2014)

I - submetidos a regime de dedicação exclusiva; (Incluído pela Lei nº 12.993, de 17/06/2014)

II - sujeitos à formação funcional, nos termos do regulamento; e (Incluído pela Lei nº 12.993, de 17/06/2014)

III - subordinados a mecanismos de fiscalização e de controle interno. (Incluído pela Lei nº 12.993, de 17/06/2014)

§ 1º-C (Vetado) (Incluído pela Lei nº 12.993, de 17/06/2014)

§ 2º A autorização para o porte de arma de fogo aos integrantes das instituições descritas nos incisos V, VI, VII e X do *caput* deste artigo está condicionada à comprovação do requisito a que se refere o inciso III do *caput* do art. 4º desta Lei nas condições estabelecidas no regulamento desta Lei. (Redação dada pela Lei nº 11.706, de 2008)

§ 3º A autorização para o porte de arma de fogo das guardas municipais está condicionada à formação funcional de seus integrantes em estabelecimentos de ensino de atividade policial, à existência de mecanismos de fiscalização e de controle interno, nas condições estabelecidas no regulamento desta Lei, observada a supervisão do Ministério da Justiça. (Redação dada pela Lei nº 10.884, de 2004)

§ 4º Os integrantes das Forças Armadas, das polícias federais e estaduais e do Distrito Federal, bem como os militares dos Estados e do Distrito Federal, ao exercerem o direito descrito no art. 4º, ficam dispensados do cumprimento do disposto nos incisos I, II e III do mesmo artigo, na forma do regulamento desta Lei.

§ 5º Aos residentes em áreas rurais, maiores de 25 (vinte e cinco) anos que comprovem depender do emprego de arma de fogo para prover sua subsistência alimentar familiar será concedido pela Polícia Federal o porte de arma de fogo, na categoria caçador para subsistência, de uma arma de uso permitido, de tiro simples, com 1 (um) ou 2 (dois) canos, de alma lisa e de calibre igual ou inferior a 16 (dezesseis), desde que o interessado comprove a efetiva necessidade em requerimento ao qual deverão ser anexados os seguintes documentos: (Redação dada pela Lei nº 11.706, de 2008)

I - documento de identificação pessoal; (Incluído pela Lei nº 11.706, de 2008)

II - comprovante de residência em área rural; e (Incluído pela Lei nº 11.706, de 2008)

III - atestado de bons antecedentes. (Incluído pela Lei nº 11.706, de 2008)

§ 6º O caçador para subsistência que der outro uso à sua arma de fogo, independentemente de outras tipificações penais, responderá, conforme o caso, por porte ilegal ou por disparo de arma de fogo de uso permitido. (Redação dada pela Lei nº 11.706, de 2008)

§ 7º Aos integrantes das guardas municipais dos Municípios que integram regiões metropolitanas será autorizado porte de arma de fogo, quando em serviço. (Incluído pela Lei nº 11.706, de 2008)

Art. 7º As armas de fogo utilizadas pelos empregados das empresas de segurança privada e de transporte de valores, constituídas na forma da lei, serão de propriedade, responsabilidade e guarda das respectivas empresas, somente podendo ser utilizadas quando em serviço, devendo essas observar as condições de uso e de armazenagem estabelecidas pelo órgão competente, sendo o certificado de registro e a autorização de porte expedidos pela Polícia Federal em nome da empresa.

§ 1º O proprietário ou diretor responsável de empresa de segurança privada e de transporte de valores responderá pelo crime previsto no parágrafo único do art. 13 desta Lei, sem prejuízo das demais sanções administrativas e civis, se deixar de registrar ocorrência policial e de comunicar à Polícia Federal perda, furto, roubo ou outras formas de extravio de armas de fogo, acessórios e munições que estejam sob sua guarda, nas primeiras 24 (vinte e quatro) horas depois de ocorrido o fato.

§ 2º A empresa de segurança e de transporte de valores deverá apresentar documentação comprobatória do preenchimento dos requisitos constantes do art. 4º desta Lei quanto aos empregados que portarão arma de fogo.

§ 3º A listagem dos empregados das empresas referidas neste artigo deverá ser atualizada semestralmente junto ao SINARM.

Art. 7º-A. As armas de fogo utilizadas pelos servidores das instituições descritas no inciso XI do art. 6º serão de propriedade, responsabilidade e guarda das respectivas instituições, somente podendo ser utilizadas quando em serviço, devendo estas observar as condições de uso e de armazenagem estabelecidas pelo órgão competente, sendo o certificado de registro e a autorização de porte expedidos pela Polícia Federal em nome da instituição. (Incluído pela Lei nº 12.694, de 2012)

§ 1º A autorização para o porte de arma de fogo de que trata este artigo independe do pagamento de taxa. (Incluído pela Lei nº 12.694, de 2012)

§ 2º O presidente do tribunal ou o chefe do Ministério Público designará os servidores de seus quadros pessoais no exercício de funções de segurança que poderão portar arma de fogo, respeitado o limite máximo de 50% (cinquenta por cento) do número de servidores que exerçam funções de segurança. (Incluído pela Lei nº 12.694, de 2012)

§ 3º O porte de arma pelos servidores das instituições de que trata este artigo fica condicionado à apresentação de documentação comprobatória do preenchimento dos requisitos constantes do art. 4º desta Lei, bem como à formação funcional em estabelecimentos de ensino de atividade policial e à existência de mecanismos de fiscalização e de controle interno, nas condições estabelecidas no regulamento desta Lei. (Incluído pela Lei nº 12.694, de 2012)

§ 4º A listagem dos servidores das instituições de que trata este artigo deverá ser atualizada semestralmente no SINARM. (Incluído pela Lei nº 12.694, de 2012)

§ 5º As instituições de que trata este artigo são obrigadas a registrar ocorrência policial e a comunicar à Polícia Federal eventual perda, furto, roubo ou outras formas de extravio de armas de fogo, acessórios e munições que estejam sob sua guarda, nas primeiras 24 (vinte e quatro) horas depois de ocorrido o fato. (Incluído pela Lei nº 12.694, de 2012)

Art. 8º As armas de fogo utilizadas em entidades desportivas legalmente constituídas devem obedecer às condições de uso e de armazenagem estabelecidas pelo órgão competente, respondendo o possuidor ou o autorizado a portar a arma pela sua guarda na forma do regulamento desta Lei.

Art. 9º Compete ao Ministério da Justiça a autorização do porte de arma para os responsáveis pela segurança de cidadãos estrangeiros em visita ou sediados no Brasil e, ao Comando do Exército, nos termos do regulamento desta Lei, o registro e a concessão de porte de trânsito de arma de fogo para colecionadores, atiradores e caçadores e de representantes estrangeiros em competição internacional oficial de tiro realizada no território nacional.

Art. 10. A autorização para o porte de arma de fogo de uso permitido, em todo o território nacional, é de competência da Polícia Federal e somente será concedida após autorização do SINARM.

§ 1º A autorização prevista neste artigo poderá ser concedida com eficácia temporária e territorial limitada, nos termos de atos regulamentares, e dependerá de o requerente:

I - demonstrar a sua efetiva necessidade por exercício de atividade profissional de risco ou de ameaça à sua integridade física;

II - atender às exigências previstas no art. 4º desta Lei;

III - apresentar documentação de propriedade de arma de fogo, bem como o seu devido registro no órgão competente.

§ 2º A autorização de porte de arma de fogo, prevista neste artigo, perderá automaticamente sua eficácia caso o portador dela seja detido ou abordado em estado de embriaguez ou sob efeito de substâncias químicas ou alucinógenas.

Art. 11. Fica instituída a cobrança de taxas, nos valores constantes do Anexo desta Lei, pela prestação de serviços relativos:

- art. 8º, Lei 13.202/2015 (autoriza o Poder Executivo a atualizar monetariamente os valores das taxas descritas neste artigo).

I - ao registro de arma de fogo;

II - à renovação de registro de arma de fogo;

III - à expedição de segunda via de registro de arma de fogo;

IV - à expedição de porte federal de arma de fogo;

V - à renovação de porte de arma de fogo;

VI - à expedição de segunda via de porte federal de arma de fogo.

§ 1º Os valores arrecadados destinam-se ao custeio e à manutenção das atividades do SINARM, da Polícia Federal e do Comando do Exército, no âmbito de suas respectivas responsabilidades.

§ 2º São isentas do pagamento das taxas previstas neste artigo as pessoas e as instituições a que se referem os incisos I a VII e X e o § 5º do art. 6º desta Lei. (Redação dada pela Lei nº 11.706, de 2008)

Art. 11-A. O Ministério da Justiça disciplinará a forma e as condições do credenciamento de profissionais pela Polícia Federal para comprovação da aptidão psicológica e da capacidade técnica para o manuseio de arma de fogo. (Incluído pela Lei nº 11.706, de 2008)

§ 1º Na comprovação da aptidão psicológica, o valor cobrado pelo psicólogo não poderá exceder ao valor médio dos honorários profissionais para realização de avaliação psicológica constante do item 1.16 da tabela do Conselho Federal de Psicologia. (Incluído pela Lei nº 11.706, de 2008)

§ 2º Na comprovação da capacidade técnica, o valor cobrado pelo instrutor de armamento e tiro não poderá exceder R$ 80,00 (oitenta reais), acrescido do custo da munição. (Incluído pela Lei nº 11.706, de 2008)

§ 3º A cobrança de valores superiores aos previstos nos §§ 1º e 2º deste artigo implicará o descredenciamento do profissional pela Polícia Federal. (Incluído pela Lei nº 11.706, de 2008)

CAPÍTULO IV
DOS CRIMES E DAS PENAS

Posse irregular de arma de fogo de uso permitido

Art. 12. Possuir ou manter sob sua guarda arma de fogo, acessório ou munição, de uso permitido, em desacordo com determinação legal ou regulamentar, no interior de sua residência ou dependência desta, ou, ainda no seu local de trabalho, desde que seja o titular ou o responsável legal do estabelecimento ou empresa:

Pena – detenção, de 1 (um) a 3 (três) anos, e multa.

Omissão de cautela

Art. 13. Deixar de observar as cautelas necessárias para impedir que menor de 18 (dezoito) anos ou pessoa portadora de deficiência mental se apodere de arma de fogo que esteja sob sua posse ou que seja de sua propriedade:

Pena – detenção, de 1 (um) a 2 (dois) anos, e multa.

Parágrafo único. Nas mesmas penas incorrem o proprietário ou diretor responsável de empresa de segurança e transporte de valores que deixarem de registrar ocorrência policial e de comunicar à Polícia Federal perda, furto, roubo ou outras formas de extravio de arma de fogo, acessório ou munição que estejam sob sua guarda, nas primeiras 24 (vinte quatro) horas depois de ocorrido o fato.

Porte ilegal de arma de fogo de uso permitido

Art. 14. Portar, deter, adquirir, fornecer, receber, ter em depósito, transportar, ceder, ainda que gratuitamente, emprestar, remeter, empregar, manter sob guarda ou ocultar arma de fogo, acessório ou munição, de uso permitido, sem autorização e em desacordo com determinação legal ou regulamentar:

Pena – reclusão, de 2 (dois) a 4 (quatro) anos, e multa.

Parágrafo único. O crime previsto neste artigo é inafiançável, salvo quando a arma de fogo estiver registrada em nome do agente.

- O STF, ao julgar a ADIn 3.112-1, declarou a inconstitucionalidade deste p.u. DOU (10-05-2007).

Disparo de arma de fogo

Art. 15. Disparar arma de fogo ou acionar munição em lugar habitado ou em suas adjacências, em via pública ou em direção a ela, desde que essa conduta não tenha como finalidade a prática de outro crime:

Pena – reclusão, de 2 (dois) a 4 (quatro) anos, e multa.

Parágrafo único. O crime previsto neste artigo é inafiançável.

- O STF, ao julgar a ADIn 3.112-1, declarou a inconstitucionalidade deste p.u. DOU (10-05-2007).

Posse ou porte ilegal de arma de fogo de uso restrito

Art. 16. Possuir, deter, portar, adquirir, fornecer, receber, ter em depósito, transportar, ceder, ainda que gratuitamente, emprestar, remeter, empregar, manter sob sua guarda ou ocultar arma de fogo, acessório ou munição de uso restrito, sem autorização e em desacordo com determinação legal ou regulamentar: (Redação dada pela Lei 13.964/2019)

Pena – reclusão, de 3 (três) a 6 (seis) anos, e multa.

§ 1º Nas mesmas penas incorre quem:

I - suprimir ou alterar marca, numeração ou qualquer sinal de identificação de arma de fogo ou artefato;

II - modificar as características de arma de fogo, de forma a torná-la equivalente a arma de fogo de uso proibido ou restrito ou para fins de dificultar ou de qualquer modo induzir a erro autoridade policial, perito ou juiz;

III - possuir, detiver, fabricar ou empregar artefato explosivo ou incendiário, sem autorização ou em desacordo com determinação legal ou regulamentar;

IV - portar, possuir, adquirir, transportar ou fornecer arma de fogo com numeração, marca ou qualquer outro sinal de identificação raspado, suprimido ou adulterado;

V - vender, entregar ou fornecer, ainda que gratuitamente, arma de fogo, acessório, munição ou explosivo a criança ou adolescente; e

VI - produzir, recarregar ou reciclar, sem autorização legal, ou adulterar, de qualquer forma, munição ou explosivo.

§ 2º Se as condutas descritas no *caput* e no § 1º deste artigo envolverem arma de fogo de uso proibido, a pena é de reclusão, de 4 (quatro) a 12 (doze) anos. (Incluído pela Lei 13.964/2019)

Comércio ilegal de arma de fogo

Art. 17. Adquirir, alugar, receber, transportar, conduzir, ocultar, ter em depósito, desmontar, montar, remontar, adulterar, vender, expor à venda, ou de qualquer forma utilizar, em proveito próprio ou alheio, no exercício de atividade comercial ou industrial, arma de fogo, acessório ou munição, sem autorização ou em desacordo com determinação legal ou regulamentar:

Pena – reclusão, de 6 (seis) a 12 (doze) anos, e multa. (Redação dada pela Lei 13.964/2019)

- art. 1º, p.u., Lei 8.072/1990 (Lei dos Crimes Hediondos).

§ 1° Equipara-se à atividade comercial ou industrial, para efeito deste artigo, qualquer forma de prestação de serviços, fabricação ou comércio irregular ou clandestino, inclusive o exercido em residência.

§ 2° Incorre na mesma pena quem vende ou entrega arma de fogo, acessório ou munição, sem autorização ou em desacordo com a determinação legal ou regulamentar, a agente policial disfarçado, quando presentes elementos probatórios razoáveis de conduta criminal preexistente. (Incluído pela Lei 13.964/2019)

Tráfico internacional de arma de fogo

Art. 18. Importar, exportar, favorecer a entrada ou saída do território nacional, a qualquer título, de arma de fogo, acessório ou munição, sem autorização da autoridade competente:

Pena - reclusão, de 8 (oito) a 16 (dezesseis) anos, e multa. (Redação dada pela Lei 13.964/2019)

- art. 1º, p.u., Lei 8.072/1990 (Lei dos Crimes Hediondos).

Parágrafo único. Incorre na mesma pena quem vende ou entrega arma de fogo, acessório ou munição, em operação de importação, sem autorização da autoridade competente, a agente policial disfarçado, quando presentes elementos probatórios razoáveis de conduta criminal preexistente. (Incluído pela Lei 13.964/2019)

- Lei nº 7.170, de 14-12-1983, art. 12, dispõe sobre os Crimes contra a Segurança Nacional.

Art. 19. Nos crimes previstos nos arts. 17 e 18, a pena é aumentada da metade se a arma de fogo, acessório ou munição forem de uso proibido ou restrito.

Art. 20. Nos crimes previstos nos arts. 14, 15, 16, 17 e 18, a pena é aumentada da metade se: (Redação dada pela Lei 13.964/2019)

I - forem praticados por integrante dos órgãos e empresas referidas nos arts. 6º, 7º e 8° desta Lei; ou

II - o agente for reincidente específico em crimes dessa natureza.

Art. 21. Os crimes previstos nos arts. 16, 17 e 18 são insuscetíveis de liberdade provisória.

- O STF, ao julgar a ADIn 3.112-1, declarou a inconstitucionalidade deste artigo. DOU (10-05-2007).

CAPÍTULO V
DISPOSIÇÕES GERAIS

Art. 22. O Ministério da Justiça poderá celebrar convênios com os Estados e o Distrito Federal para o cumprimento do disposto nesta Lei.

Art. 23. A classificação legal, técnica e geral bem como a definição das armas de fogo e demais produtos controlados, de usos proibidos, restritos, permitidos ou obsoletos e de valor histórico serão disciplinadas em ato do chefe do Poder Executivo Federal, mediante proposta do Comando do Exército. (Redação dada pela Lei nº 11.706, de 2008)

§ 1º Todas as munições comercializadas no País deverão estar acondicionadas em embalagens com sistema de código de barras, gravado na caixa, visando possibilitar a identificação do fabricante e do adquirente, entre outras informações definidas pelo regulamento desta Lei.

§ 2º Para os órgãos referidos no art. 6º, somente serão expedidas autorizações de compra de munição com identificação do lote e do adquirente no culote dos projéteis, na forma do regulamento desta Lei.

§ 3º As armas de fogo fabricadas a partir de 1 (um) ano da data de publicação desta Lei conterão dispositivo intrínseco de segurança e de identificação, gravado no corpo da arma, definido pelo regulamento desta Lei, exclusive para os órgãos previstos no art. 6º.

§ 4º As instituições de ensino policial e as guardas municipais referidas nos incisos III e IV do *caput* do art. 6º desta Lei e no seu § 7º poderão adquirir insumos e máquinas de recarga de munição para o fim exclusivo de suprimento de suas atividades, mediante autorização concedida nos termos definidos em regulamento. (Incluído pela Lei nº 11.706, de 2008)

Art. 24. Excetuadas as atribuições a que se refere o art. 2º desta Lei, compete ao Comando do Exército autorizar e fiscalizar a produção, exportação, importação, desembaraço alfandegário e o comércio de armas de fogo e demais produtos controlados, inclusive o registro e o porte de trânsito de arma de fogo de colecionadores, atiradores e caçadores.

Art. 25. As armas de fogo apreendidas, após a elaboração do laudo pericial e sua juntada aos autos, quando não mais interessarem à persecução penal serão encaminhadas pelo juiz competente ao Comando do Exército, no prazo de até 48 (quarenta e oito) horas, para destruição ou doação aos órgãos de segurança pública ou às Forças Armadas, na forma do regulamento desta Lei. (Redação dada pela Lei 13.886/2019)

§ 1º As armas de fogo encaminhadas ao Comando do Exército que receberem parecer favorável à doação, obedecidos o padrão e a dotação de cada Força Armada ou órgão de segurança pública, atendidos os critérios de prioridade estabelecidos pelo Ministério da Justiça e ouvido o Comando do Exército, serão arroladas em relatório reservado trimestral a ser encaminhado àquelas instituições, abrindo-se-lhes prazo para manifestação de interesse. (Incluído pela Lei nº 11.706, de 2008)

§ 1º-A. As armas de fogo e munições apreendidas em decorrência do tráfico de drogas de abuso, ou de qualquer forma utilizadas em atividades ilícitas de produção ou comercialização de drogas abusivas, ou, ainda, que tenham sido adquiridas com recursos provenientes do tráfico de drogas de abuso, perdidas em favor da União e encaminhadas para o Comando do Exército, devem ser, após perícia ou vistoria que atestem seu bom estado, destinadas com prioridade para os órgãos de segurança pública e do sistema penitenciário da unidade da federação responsável pela apreensão. (Acrescido pela Lei 13.886/2019)

§ 2º O Comando do Exército encaminhará a relação das armas a serem doadas ao juiz competente, que determinará o seu perdimento em favor da instituição beneficiada. (Incluído pela Lei nº 11.706, de 2008)

§ 3º O transporte das armas de fogo doadas será de responsabilidade da instituição beneficiada, que procederá ao seu cadastramento no SINARM ou no Sigma. (Incluído pela Lei nº 11.706, de 2008)

§ 4º (Vetado) (Incluído pela Lei nº 11.706, de 2008)

§ 5º O Poder Judiciário instituirá instrumentos para o encaminhamento ao SINARM ou ao Sigma, conforme se trate de arma de uso permitido ou de uso restrito, semestralmente, da relação de armas acauteladas em juízo, mencionando suas características e o local onde se encontram. (Incluído pela Lei nº 11.706, de 2008)

Art. 26. São vedadas a fabricação, a venda, a comercialização e a importação de brinquedos, réplicas e simulacros de armas de fogo, que com estas se possam confundir.

Parágrafo único. Excetuam-se da proibição as réplicas e os simulacros destinados à instrução, ao adestramento, ou à coleção de usuário autorizado, nas condições fixadas pelo Comando do Exército.

Art. 27. Caberá ao Comando do Exército autorizar, excepcionalmente, a aquisição de armas de fogo de uso restrito.

Parágrafo único. O disposto neste artigo não se aplica às aquisições dos Comandos Militares.

Art. 28. É vedado ao menor de 25 (vinte e cinco) anos adquirir arma de fogo, ressalvados os integrantes das entidades constantes dos incisos I, II, III, V, VI, VII e X do *caput* do art. 6º desta Lei. (Redação dada pela Lei nº 11.706, de 2008)

Art. 29. As autorizações de porte de armas de fogo já concedidas expirar-se-ão 90 (noventa) dias após a publicação desta Lei.

Parágrafo único. O detentor de autorização com prazo de validade superior a 90 (noventa) dias poderá renová-la, perante a Polícia Federal, nas condições dos arts. 4º, 6º e 10 desta Lei, no prazo de 90 (noventa) dias após sua publicação, sem ônus para o requerente.

Art. 30. Os possuidores e proprietários de arma de fogo de uso permitido ainda não registrada deverão solicitar seu registro até o dia 31 de dezembro de 2008, mediante apresentação de documento de identificação pessoal e comprovante de residência fixa, acompanhados de nota fiscal de compra ou comprovação da origem lícita da posse, pelos meios de prova admitidos em direito, ou declaração firmada na qual constem as características da arma e a sua condição de proprietário, ficando este dispensado do pagamento de taxas e do cumprimento das demais exigências constantes dos incisos I a III do *caput* do art. 4º desta Lei. (Redação dada pela Lei nº 11.706, de 2008)

‣ Súm. 513, STJ.

Parágrafo único. Para fins do cumprimento do disposto no *caput* deste artigo, o proprietário de arma de fogo poderá obter, no Departamento de Polícia Federal, certificado de registro provisório, expedido na forma do § 4º do art. 5º desta Lei. (Incluído pela Lei nº 11.706, de 2008)

Art. 31. Os possuidores e proprietários de armas de fogo adquiridas regularmente poderão, a qualquer tempo, entregá-las à Polícia Federal, mediante recibo e indenização, nos termos do regulamento desta Lei.

Art. 32. Os possuidores e proprietários de arma de fogo poderão entregá-la, espontaneamente, mediante recibo, e, presumindo-se de boa-fé, serão indenizados, na forma do regulamento, ficando extinta a punibilidade de eventual posse irregular da referida arma. (Redação dada pela Lei nº 11.706, de 2008)

‣ Súm. 513, STJ.

Parágrafo único. Revogado de acordo com a Lei nº 11.706, de 2008.

Art. 33. Será aplicada multa de R$ 100.000,00 (cem mil reais) a R$ 300.000,00 (trezentos mil reais), conforme especificar o regulamento desta Lei:

I - à empresa de transporte aéreo, rodoviário, ferroviário, marítimo, fluvial ou lacustre que deliberadamente, por qualquer meio, faça, promova, facilite ou permita o transporte de arma ou munição sem a devida autorização ou com inobservância das normas de segurança;

II - à empresa de produção ou comércio de armamentos que realize publicidade para venda, estimulando o uso indiscriminado de armas de fogo, exceto nas publicações especializadas.

Art. 34. Os promotores de eventos em locais fechados, com aglomeração superior a 1000 (um mil) pessoas, adotarão, sob pena de responsabilidade, as providências necessárias para evitar o ingresso de pessoas armadas, ressalvados os eventos garantidos pelo inciso VI do art. 5º da Constituição Federal.

Parágrafo único. As empresas responsáveis pela prestação dos serviços de transporte internacional e interestadual de passageiros adotarão as providências necessárias para evitar o embarque de passageiros armados.

Art. 34-A. Os dados relacionados à coleta de registros balísticos serão armazenados no Banco Nacional de Perfis Balísticos. (Incluído pela Lei 13.964/2019)

§ 1º O Banco Nacional de Perfis Balísticos tem como objetivo cadastrar armas de fogo e armazenar características de classe e individualizadoras de projéteis e de estojos de munição deflagrados por arma de fogo.

§ 2º O Banco Nacional de Perfis Balísticos será constituído pelos registros de elementos de munição deflagrados por armas de fogo relacionados a crimes, para subsidiar ações destinadas às apurações criminais federais, estaduais e distritais.

§ 3º O Banco Nacional de Perfis Balísticos será gerido pela unidade oficial de perícia criminal.

§ 4º Os dados constantes do Banco Nacional de Perfis Balísticos terão caráter sigiloso, e aquele que permitir ou promover sua utilização para fins diversos dos previstos nesta Lei ou em decisão judicial responderá civil, penal e administrativamente.

§ 5º É vedada a comercialização, total ou parcial, da base de dados do Banco Nacional de Perfis Balísticos.

§ 6º A formação, a gestão e o acesso ao Banco Nacional de Perfis Balísticos serão regulamentados em ato do Poder Executivo federal.

CAPÍTULO VI
DISPOSIÇÕES FINAIS

Art. 35. É proibida a comercialização de arma de fogo e munição em todo o território nacional, salvo para as entidades previstas no art. 6º desta Lei.

§ 1º Este dispositivo, para entrar em vigor, dependerá de aprovação mediante referendo popular, a ser realizado em outubro de 2005.

§ 2º Em caso de aprovação do referendo popular, o disposto neste artigo entrará em vigor na data de publicação de seu resultado pelo Tribunal Superior Eleitoral.

Art. 36. É revogada a Lei nº 9.437, de 20 de fevereiro de 1997.

Art. 37. Esta Lei entra em vigor na data de sua publicação.

Brasília, 22 de dezembro de 2003;
182º da Independência e
115º da República.

Luiz Inácio Lula da Silva

ANEXO
TABELA DE TAXAS
(Redação dada pela Lei nº 11.706, de 2008)

ATO ADMINISTRATIVO	R$
I – Registro de arma de fogo:	
– até 31 de dezembro de 2008	Gratuito (art. 30)
– a partir de 1º de janeiro de 2009	60,00
II – Renovação do certificado de registro de arma de fogo:	
– até 31 de dezembro de 2008	Gratuito (art. 5º, § 3º)
– a partir de 1º de janeiro de 2009	60,00
III – Registro de arma de fogo para empresa de segurança privada e de transporte de valores	60,00
IV – Renovação do certificado de registro de arma de fogo para empresa de segurança privada e de transporte de valores:	
– até 30 de junho de 2008	30,00
– de 1º de julho de 2008 a 31 de outubro de 2008	45,00
– a partir de 1º de novembro de 2008	60,00
V – Expedição de porte de arma de fogo	1.000,00
VI – Renovação de porte de arma de fogo	1.000,00
VII – Expedição de segunda via de certificado de registro de arma de fogo	60,00
VIII – Expedição de segunda via de porte de arma de fogo	60,00

ESTATUTO DA MICROEMPRESA E DA EMPRESA DE PEQUENO PORTE

LEI COMPLEMENTAR Nº 123, DE 14 DE DEZEMBRO DE 2006

Institui o Estatuto Nacional da Microempresa e da Empresa de Pequeno Porte; altera dispositivos das Leis nº 8.212 e 8.213, ambas de 24 de julho de 1991, da Consolidação das Leis do Trabalho – CLT, aprovada pelo Decreto-Lei nº 5.452, de 1º de maio de 1943, da Lei nº 10.189, de 14 de fevereiro de 2001, da Lei Complementar nº 63, de 11 de janeiro de 1990; e revoga as Leis nº 9.317, de 5 de dezembro de 1996, e 9.841, de 5 de outubro de 1999.

- (Republicação em atendimento ao disposto no art. 5º da Lei Complementar nº 139, de 10 de novembro de 2011.).
- DOU 15.12.2006; republicada em 31.1.2009, em 31.1.2012 e em 6.3.2012.

O PRESIDENTE DA REPÚBLICA

Faço saber que o Congresso Nacional decreta e eu sanciono a seguinte Lei Complementar:

CAPÍTULO I
DISPOSIÇÕES PRELIMINARES

Art. 1º Esta Lei Complementar estabelece normas gerais relativas ao tratamento diferenciado e favorecido a ser dispensado às microempresas e empresas de pequeno porte no âmbito dos Poderes da União, dos Estados, do Distrito Federal e dos Municípios, especialmente no que se refere:

- art. 179, CF.

I - à apuração e recolhimento dos impostos e contribuições da União, dos Estados, do Distrito Federal e dos Municípios, mediante regime único de arrecadação, inclusive obrigações acessórias;

II - ao cumprimento de obrigações trabalhistas e previdenciárias, inclusive obrigações acessórias;

III - ao acesso a crédito e ao mercado, inclusive quanto à preferência nas aquisições de bens e serviços pelos Poderes Públicos, à tecnologia, ao associativismo e às regras de inclusão.

IV - ao cadastro nacional único de contribuintes a que se refere o inciso IV do parágrafo único do art. 146, in fine, da Constituição Federal. (Incluído pela Lei Complementar nº 147, de 2014)

§ 1º Cabe ao Comitê Gestor do Simples Nacional (CGSN) apreciar a necessidade de revisão, a partir de 1º de janeiro de 2015, dos valores expressos em moeda nesta Lei Complementar.

§ 2º Vetado.

§ 3º Ressalvado o disposto no Capítulo IV, toda nova obrigação que atinja as microempresas e empresas de pequeno porte deverá apresentar, no instrumento que a instituiu, especificação do tratamento diferenciado, simplificado e favorecido para cumprimento. (Incluído pela Lei Complementar nº 147, de 2014)

§ 4º Na especificação do tratamento diferenciado, simplificado e favorecido de que trata o § 3º, deverá constar prazo máximo, quando forem necessários procedimentos adicionais, para que os órgãos fiscalizadores cumpram as medidas necessárias à emissão de documentos, realização de vistorias e atendimento das demandas realizadas pelas microempresas e empresas de pequeno porte com o objetivo de cumprir a nova obrigação. (Incluído pela Lei Complementar nº 147, de 2014)

§ 5º Caso o órgão fiscalizador descumpra os prazos estabelecidos na especificação do tratamento diferenciado e favorecido, conforme o disposto no § 4º, a nova obrigação será inexigível até que seja realizada visita para fiscalização orientadora e seja reiniciado o prazo para regularização. (Incluído pela Lei Complementar nº 147, de 2014)

§ 6º A ausência de especificação do tratamento diferenciado, simplificado e favorecido ou da determinação de prazos máximos, de acordo com os §§ 3º e 4º, tornará a nova obrigação inexigível para as microempresas e empresas de pequeno porte. (Incluído pela Lei Complementar nº 147, de 2014)

§ 7º A inobservância do disposto nos §§ 3º a 6º resultará em atentado aos direitos e garantias legais assegurados ao exercício profissional da atividade empresarial. (Incluído pela Lei Complementar nº 147, de 2014)

Art. 2º O tratamento diferenciado e favorecido a ser dispensado às microempresas e empresas de pequeno porte de que trata o art. 1º desta Lei Complementar será gerido pelas instâncias a seguir especificadas:

I - Comitê Gestor do Simples Nacional, vinculado ao Ministério da Fazenda, composto por 4 (quatro) representantes da Secretaria da Receita Federal do Brasil, como representantes da União, 2 (dois) dos Estados e do Distrito Federal e 2 (dois) dos Municípios, para tratar dos aspectos tributários; e

II - Fórum Permanente das Microempresas e Empresas de Pequeno Porte, com a participação dos órgãos federais competentes e das entidades vinculadas ao setor, para tratar dos demais aspectos, ressalvado o disposto no inciso III do *caput* deste artigo;

- Dec. 8.364/2014 (Regulamenta o Fórum Permanente das Microempresas e Empresas de Pequeno Porte).

III - Comitê para Gestão da Rede Nacional para Simplificação do Registro e da Legalização de Empresas e Negócios - CGSIM, vinculado à Secretaria da Micro e Pequena Empresa da Presidência da República, composto por representantes da União, dos Estados e do Distrito Federal, dos Municípios e demais órgãos de apoio e de registro empresarial, na forma definida pelo Poder Executivo, para tratar do processo de registro e de legalização de empresários e de pessoas jurídicas. (Redação dada pela Lei Complementar nº 147, de 2014)

- art. 968, § 4º, CC.
- Dec. 9.927/2019 (Dispõe sobre o Comitê para Gestão da Rede Nacional para a Simplificação do Registro e da Legalização de Empresas e Negócios – CGSIM).

§ 1º Os Comitês de que tratam os incisos I e III do *caput* deste artigo serão presididos e coordenados por representantes da União.

§ 2º Os representantes dos Estados e do Distrito Federal nos Comitês referidos nos incisos I e III do *caput* deste artigo serão indicados pelo Conselho Nacional de Política Fazendária – Confaz e os dos Municípios serão indicados, um pela entidade representativa das Secretarias de Finanças das Capitais e outro pelas entidades de representação nacional dos Municípios brasileiros.

§ 3º As entidades de representação referidas no inciso III do *caput* e no § 2º deste artigo serão aquelas regularmente constituídas há pelo menos 1 (um) ano antes da publicação desta Lei Complementar.

§ 4º Os Comitês de que tratam os incisos I e III do *caput* deste artigo elaborarão seus regimentos internos mediante resolução.

§ 5º O Fórum referido no inciso II do *caput* deste artigo tem por finalidade orientar e assessorar a formulação e coordenação da política nacional de desenvolvimento das microempresas e empresas de pequeno porte, bem como acompanhar e avaliar a sua implantação, sendo presidido e coordenado pela Secretaria da Micro e Pequena Empresa da Presidência da República. (Redação dada pela Lei nº 12.792, de 2013)

§ 6º Ao Comitê de que trata o inciso I do *caput* deste artigo compete regulamentar a opção, exclusão, tributação, fiscalização, arrecadação, cobrança, dívida ativa, recolhimento e demais itens relativos ao regime de que trata o art. 12 desta Lei Complementar, observadas as demais disposições desta Lei Complementar.

§ 7º Ao Comitê de que trata o inciso III do *caput* deste artigo compete, na forma da lei, regulamentar a inscrição, cadastro, abertura, alvará, arquivamento, licenças, permissão, autorização, registros e demais itens relativos à abertura, legalização e funcionamento de empresários e de pessoas jurídicas de qualquer porte, atividade econômica ou composição societária.

§ 8º Os membros dos Comitês de que tratam os incisos I e III do *caput* deste artigo serão designados, respectivamente, pelos Ministros de Estado da Fazenda e da Secretaria da Micro e Pequena Empresa da Presidência da República, mediante indicação dos órgãos e entidades vinculados. (Redação dada pela Lei Complementar nº 147, de 2014)

§ 9º O CGSN poderá determinar, com relação à microempresa e à empresa de pequeno porte optante pelo Simples Nacional, a forma, a periodicidade e o prazo: (Incluído pela Lei Complementar nº 147, de 2014)

I - de entrega à Secretaria da Receita Federal do Brasil - RFB de uma única declaração com dados relacionados a fatos geradores, base de cálculo e valores da contribuição para a Seguridade Social devida sobre a remuneração do trabalho, inclusive a descontada dos trabalhadores a serviço da empresa, do Fundo de Garantia do Tempo de Serviço - FGTS e outras informações de interesse do Ministério do Trabalho e Emprego - MTE, do Instituto Nacional do Seguro Social - INSS e do Conselho Curador do FGTS, observado o disposto no § 7º deste artigo; e (Incluído pela Lei Complementar nº 147, de 2014)

II - do recolhimento das contribuições descritas no inciso I e do FGTS. (Incluído pela Lei Complementar nº 147, de 2014)

§ 10. O recolhimento de que trata o inciso II do § 9º deste artigo poderá se dar de forma unificada relativamente aos tributos apurados na forma do Simples Nacional. (Incluído pela Lei Complementar nº 147, de 2014)

§ 11. A entrega da declaração de que trata o inciso I do § 9º substituirá, na forma regulamentada pelo CGSN, a obrigatoriedade de entrega de todas as informações, formulários e declarações a que estão sujeitas as demais empresas ou equiparados que contratam trabalhadores, inclusive relativamente ao recolhimento do FGTS, à Relação Anual de Informações Sociais e ao Cadastro Geral de Empregados e Desempregados. (Incluído pela Lei Complementar nº 147, de 2014)

§ 12. Na hipótese de recolhimento do FGTS na forma do inciso II do § 9º deste artigo, deve-se assegurar a transferência dos recursos e dos elementos identificadores do recolhimento ao gestor desse fundo para crédito na conta vinculada do trabalhador. (Incluído pela Lei Complementar nº 147, de 2014)

§ 13. O documento de que trata o inciso I do § 9º tem caráter declaratório, constituindo instrumento hábil e suficiente para a exigência dos tributos, contribuições e dos débitos fundiários que não tenham sido recolhidos resultantes das informações nele prestadas. (Incluído pela Lei Complementar nº 147, de 2014)

CAPÍTULO II
DA DEFINIÇÃO DE MICROEMPRESA E DE EMPRESA DE PEQUENO PORTE

Art. 3º Para os efeitos desta Lei Complementar, consideram-se microempresas ou empresas de pequeno porte a sociedade empresária, a sociedade simples, a empresa individual de responsabilidade limitada e o empresário a que se refere o art. 966 da Lei nº 10.406, de 10 de janeiro de 2002 (Código Civil), devidamente registrados no Registro de Empresas Mercantis ou no Registro Civil de Pessoas Jurídicas, conforme o caso, desde que:

- arts. 967 e 998, CC.
- art. 16, § 1º, desta Lei.

I - no caso da microempresa, aufira, em cada ano-calendário, receita bruta igual ou inferior a R$ 360.000,00 (trezentos e sessenta mil reais); e

II - no caso de empresa de pequeno porte, aufira, em cada ano-calendário, receita bruta superior a R$ 360.000,00 (trezentos e sessenta mil reais) e igual ou inferior a R$ 4.800.000,00 (quatro milhões e oitocentos mil reais). (Redação dada pela Lei Complementar nº 155, de 2016)

§ 1º Considera-se receita bruta, para fins do disposto no *caput* deste artigo, o produto da venda de bens e serviços nas operações de conta própria, o preço dos serviços prestados e o resultado nas operações em conta alheia, não incluídas as vendas canceladas e os descontos incondicionais concedidos.

§ 2º No caso de início de atividade no próprio ano-calendário, o limite a que se refere o *caput* deste artigo será proporcional ao número de meses em que a microempresa ou a empresa de pequeno porte houver exercido atividade, inclusive as frações de meses.

§ 3º O enquadramento do empresário ou da sociedade simples ou empresária como microempresa ou empresa de pequeno porte bem como o seu desenquadramento não implicarão alteração, denúncia ou qualquer restrição em relação a contratos por elas anteriormente firmados.

§ 4º Não poderá se beneficiar do tratamento jurídico diferenciado previsto nesta Lei Complementar, incluído o regime de que trata o art. 12 desta Lei Complementar, para nenhum efeito legal, a pessoa jurídica:

I - de cujo capital participe outra pessoa jurídica;

II - que seja filial, sucursal, agência ou representação, no País, de pessoa jurídica com sede no exterior;

III - de cujo capital participe pessoa física que seja inscrita como empresário ou seja sócia de outra empresa que receba tratamento jurídico diferenciado nos termos desta Lei Complementar, desde que a receita bruta global ultrapasse o limite de que trata o inciso II do *caput* deste artigo;

IV - cujo titular ou sócio participe com mais de 10% (dez por cento) do capital de outra empresa não beneficiada por esta Lei Complementar, desde que a receita bruta global ultrapasse o limite de que trata o inciso II do *caput* deste artigo;

V - cujo sócio ou titular seja administrador ou equiparado de outra pessoa jurídica com fins lucrativos, desde que a receita bruta global ultrapasse o limite de que trata o inciso II do *caput* deste artigo;

VI - constituída sob a forma de cooperativas, salvo as de consumo;

VII - que participe do capital de outra pessoa jurídica;

VIII - que exerça atividade de banco comercial, de investimentos e de desenvolvimento, de caixa econômica, de sociedade de crédito, financiamento e investimento ou de crédito imobiliário, de corretora ou de distribuidora de títulos, valores mobiliários e câmbio, de empresa de arrendamento mercantil, de seguros privados e de capitalização ou de previdência complementar;

IX - resultante ou remanescente de cisão ou qualquer outra forma de desmembramento de pessoa jurídica que tenha ocorrido em um dos 5 (cinco) anos-calendário anteriores;

X - constituída sob a forma de sociedade por ações.

XI - cujos titulares ou sócios guardem, cumulativamente, com o contratante do serviço, relação de pessoalidade, subordinação e habitualidade. (Incluído pela Lei Complementar nº 147, de 2014)

§ 5º O disposto nos incisos IV e VII do § 4º deste artigo não se aplica à participação no capital de cooperativas de crédito, bem como em centrais de compras, bolsas de subcontratação, no consórcio referido no art. 50 desta Lei Complementar e na sociedade de propósito específico prevista no art. 56 desta Lei Complementar, e em associações assemelhadas, sociedades de interesse econômico, sociedades de garantia solidária e outros tipos de sociedade, que tenham como objetivo social a defesa exclusiva dos interesses econômicos das microempresas e empresas de pequeno porte.

§ 6º Na hipótese de a microempresa ou empresa de pequeno porte incorrer em alguma das situações previstas nos incisos do § 4º, será excluída do tratamento jurídico diferenciado previsto nesta Lei Complementar, bem como do regime de que trata o art. 12, com efeitos a partir do mês seguinte ao que incorrida a situação impeditiva.

§ 7º Observado o disposto no § 2º deste artigo, no caso de início de atividades, a microempresa que, no ano-calendário, exceder o limite de receita bruta anual previsto no inciso I do *caput* deste artigo passa, no ano-calendário seguinte, à condição de empresa de pequeno porte.

§ 8º Observado o disposto no § 2º deste artigo, no caso de início de atividades, a empresa de pequeno porte que, no ano-calendário, não ultrapassar o limite de receita bruta anual previsto no inciso I do *caput* deste artigo passa, no ano-calendário seguinte, à condição de microempresa.

§ 9º A empresa de pequeno porte que, no ano-calendário, exceder o limite de receita bruta anual previsto no inciso II do *caput* fica excluída, no mês subsequente à ocorrência do excesso, do tratamento jurídico diferenciado previsto nesta Lei Complementar, incluído o regime de que trata o art. 12, para todos os efeitos legais, ressalvado o disposto nos §§ 9º-A, 10 e 12.

§ 9º-A. Os efeitos da exclusão prevista no § 9º dar-se-ão no ano-calendário subsequente se o excesso verificado em relação à receita bruta não for superior a 20% (vinte por cento) do limite referido no inciso II do *caput*.

§ 10. A empresa de pequeno porte que no decurso do ano-calendário de início de atividade ultrapassar o limite proporcional de receita bruta de que trata o § 2º estará excluída do tratamento jurídico diferenciado previsto nesta Lei Complementar, bem como do regime de que trata o art. 12 desta Lei Complementar, com efeitos retroativos ao início de suas atividades.

- art. 31, III, b, desta Lei.

§ 11. Na hipótese de o Distrito Federal, os Estados e os respectivos Municípios adotarem um dos limites previstos nos incisos I e II do *caput* do art. 19 e no art. 20, caso a receita bruta auferida pela empresa durante o ano-calendário de início de atividade ultrapasse 1/12 (um doze avos) do limite estabelecido multiplicado pelo número de meses de funcionamento nesse período, a empresa não poderá recolher o ICMS e o ISS na forma do Simples Nacional, relativos ao estabelecimento localizado na unidade da federação que os houver adotado, com efeitos retroativos ao início de suas atividades.

§ 12. A exclusão de que trata o § 10 não retroagirá ao início das atividades se o excesso verificado em relação à receita bruta não for superior a 20% (vinte por cento) do respectivo limite referido naquele parágrafo, hipótese em que os efeitos da exclusão dar-se-ão no ano-calendário subsequente.

§ 13. O impedimento de que trata o § 11 não retroagirá ao início das atividades se o excesso verificado em relação à receita bruta não for superior a 20% (vinte por cento) dos respectivos limites referidos naquele parágrafo, hipótese em que os efeitos do impedimento ocorrerão no ano-calendário subsequente.

§ 14. Para fins de enquadramento como microempresa ou empresa de pequeno porte, poderão ser auferidas receitas no mercado interno até o limite previsto no inciso II do *caput* ou no § 2º, conforme o caso, e, adicionalmente, receitas decorrentes da exportação de mercadorias ou serviços, inclusive quando realizada por meio de comercial exportadora ou da sociedade de propósito específico prevista no art. 56 desta Lei Complementar, desde que as receitas de exportação também não excedam os referidos limites de receita bruta anual. (Redação dada pela Lei Complementar nº 147, de 2014)

§ 15. Na hipótese do § 14, para fins de determinação da alíquota de que trata o § 1º do art. 18, da base de cálculo prevista em seu § 3º e das majorações de alíquotas previstas em seus §§ 16, 16-A, 17 e 17-A, serão consideradas separadamente as receitas brutas auferidas no mercado interno e aquelas decorrentes da exportação. (Redação dada pela Lei Complementar nº 147, de 2014)

§ 16. O disposto neste artigo será regulamentado por resolução do CGSN. (Incluído pela Lei Complementar nº 147, de 2014)

§ 17. (Vetado). (Incluído pela Lei Complementar nº 155, de 2016)

§ 18. (Vetado). (Incluído pela Lei Complementar nº 155, de 2016)

Art. 3º-A. Aplica-se ao produtor rural pessoa física e ao agricultor familiar conceituado na Lei nº 11.326, de 24 de julho de 2006, com situação regular na Previdência Social e no Município que tenham auferido receita bruta anual até o limite de que trata o inciso II do *caput* do art. 3º o disposto nos arts. 6º e 7º, nos Capítulos V a X, na Seção IV do Capítulo XI e no Capítulo XII desta Lei Complementar, ressalvadas as disposições da Lei nº 11.718, de 20 de junho de 2008. (Incluído pela Lei Complementar nº 147, de 2014)

Parágrafo único. A equiparação de que trata o *caput* não se aplica às disposições do Capítulo IV desta Lei Complementar. (Incluído pela Lei Complementar nº 147, de 2014)

Art. 3º-B. Os dispositivos desta Lei Complementar, com exceção dos dispostos no Capítulo IV, são aplicáveis a todas as microempresas e empresas de pequeno porte, assim definidas pelos incisos I e II do *caput* e § 4º do art. 3º, ainda que não enquadradas no regime tributário do Simples Nacional, por vedação ou por opção. (Incluído pela Lei Complementar nº 147, de 2014).

CAPÍTULO III
DA INSCRIÇÃO E DA BAIXA

Art. 4º Na elaboração de normas de sua competência, os órgãos e entidades envolvidos na abertura e fechamento de empresas, dos 3 (três) âmbitos de governo, deverão considerar a unicidade do processo de registro e de legalização de empresários e de pessoas jurídicas, para tanto devendo articular as competências próprias com aquelas dos demais membros, e buscar, em conjunto, compatibilizar e integrar procedimentos, de modo a evitar a duplicidade de exigências e garantir a linearidade do processo, da perspectiva do usuário.

§ 1º O processo de abertura, registro, alteração e baixa da microempresa e empresa de pequeno porte, bem como qualquer exigência para o início de seu funcionamento, deverão ter trâmite especial e simplificado, preferencialmente eletrônico, opcional para o empreendedor, observado o seguinte: (Redação dada pela Lei Complementar nº 147, de 2014)

I - poderão ser dispensados o uso da firma, com a respectiva assinatura autógrafa, o capital, requerimentos, demais assinaturas, informações relativas ao estado civil e regime de bens, bem como remessa de documentos, na forma estabelecida pelo CGSIM; e

II - (Revogado). (Redação dada pela Lei Complementar nº 147, de 2014)

§ 2º (Revogado pela Lei Complementar nº 139, de 2011)

§ 3º Ressalvado o disposto nesta Lei Complementar, ficam reduzidos a 0 (zero) todos os custos, inclusive prévios, relativos à abertura, à inscrição, ao registro, ao funcionamento, ao alvará, à licença, ao cadastro, às alterações e procedimentos de baixa e encerramento e aos demais itens relativos ao Microempreendedor Individual, incluindo os valores referentes a taxas, a emolumentos e a demais contribuições relativas aos órgãos de registro, de licenciamento, sindicais, de regulamentação, de anotação de responsabilidade técnica, de vistoria e de fiscalização do exercício de profissões regulamentadas. (Redação dada pela Lei Complementar nº 147, de 2014)

§ 3º-A. O agricultor familiar, definido conforme a Lei nº 11.326, de 24 de julho de 2006, e identificado pela Declaração de Aptidão ao Pronaf – DAP física ou jurídica, bem como o MEI e o empreendedor de economia solidária ficam isentos de taxas e outros valores relativos à fiscalização da vigilância sanitária. (Incluído pela Lei Complementar nº 147, de 2014)

§ 4º No caso do MEI, de que trata o art. 18-A desta Lei Complementar, a cobrança associativa ou oferta de serviços privados relativos aos atos de que trata o § 3º deste artigo somente poderá ser efetuada a partir de demanda prévia do próprio MEI, firmado por meio de contrato com assinatura autógrafa, observando-

-se que: (Incluído pela Lei Complementar nº 147, de 2014)

I - para a emissão de boletos de cobrança, os bancos públicos e privados deverão exigir das instituições sindicais e associativas autorização prévia específica a ser emitida pelo CGSIM; (Incluído pela Lei Complementar nº 147, de 2014)

II - o desrespeito ao disposto neste parágrafo configurará vantagem ilícita pelo induzimento ao erro em prejuízo do MEI, aplicando-se as sanções previstas em lei. (Incluído pela Lei Complementar nº 147, de 2014)

§ 5º (Vetado). (Incluído pela Lei Complementar nº 147, de 2014).

§ 6º Na ocorrência de fraude no registro do Microempreendedor Individual – MEI feito por terceiros, o pedido de baixa deve ser feito por meio exclusivamente eletrônico, com efeitos retroativos à data de registro, na forma a ser regulamentada pelo CGSIM, não sendo aplicáveis os efeitos do § 1º do art. 29 desta Lei Complementar. (Incluído pela Lei Complementar nº 155, de 2016)

Art. 5º Os órgãos e entidades envolvidos na abertura e fechamento de empresas, dos 3 (três) âmbitos de governo, no âmbito de suas atribuições, deverão manter à disposição dos usuários, de forma presencial e pela rede mundial de computadores, informações, orientações e instrumentos, de forma integrada e consolidada, que permitam pesquisas prévias às etapas de registro ou inscrição, alteração e baixa de empresários e pessoas jurídicas, de modo a prover ao usuário certeza quanto à documentação exigível e quanto à viabilidade do registro ou inscrição.

Parágrafo único. As pesquisas prévias à elaboração de ato constitutivo ou de sua alteração deverão bastar a que o usuário seja informado pelos órgãos e entidades competentes:

I - da descrição oficial do endereço de seu interesse e da possibilidade de exercício da atividade desejada no local escolhido;

II - de todos os requisitos a serem cumpridos para obtenção de licenças de autorização de funcionamento, segundo a atividade pretendida, o porte, o grau de risco e a localização; e

III - da possibilidade de uso do nome empresarial de seu interesse.

Art. 6º Os requisitos de segurança sanitária, metrologia, controle ambiental e prevenção contra incêndios, para os fins de registro e legalização de empresários e pessoas jurídicas, deverão ser simplificados, racionalizados e uniformizados pelos órgãos envolvidos na abertura e fechamento de empresas, no âmbito de suas competências.

§ 1º Os órgãos e entidades envolvidos na abertura e fechamento de empresas que sejam responsáveis pela emissão de licenças e autorizações de funcionamento somente realizarão vistorias após o início de operação do estabelecimento, quando a atividade, por sua natureza, comportar grau de risco compatível com esse procedimento.

§ 2º Os órgãos e entidades competentes definirão, em 6 (seis) meses, contados da publicação desta Lei Complementar, as atividades cujo grau de risco seja considerado alto e que exigirão vistoria prévia.

§ 3º Na falta de legislação estadual, distrital ou municipal específica relativa à definição do grau de risco da atividade aplicar-se-á resolução do CGSIM. (Incluído pela Lei Complementar nº 147, de 2014).

§ 4º A classificação de baixo grau de risco permite ao empresário ou à pessoa jurídica a obtenção do licenciamento de atividade mediante o simples fornecimento de dados e a substituição da comprovação prévia do cumprimento de exigências e restrições por declarações do titular ou responsável. (Incluído pela Lei Complementar nº 147, de 2014)

§ 5º O disposto neste artigo não é impeditivo da inscrição fiscal. (Incluído pela Lei Complementar nº 147, de 2014)

Art. 7º Exceto nos casos em que o grau de risco da atividade seja considerado alto, os Municípios emitirão Alvará de Funcionamento Provisório, que permitirá o início de operação do estabelecimento imediatamente após o ato de registro.

Parágrafo único. Nos casos referidos no *caput* deste artigo, poderá o Município conceder Alvará de Funcionamento Provisório para o microempreendedor individual, para microempresas e para empresas de pequeno porte:

I - instaladas em área ou edificação desprovidas de regulação fundiária e imobiliária, inclusive habite-se; ou (Incluído pela Lei Complementar nº 147, de 2014)

II - em residência do microempreendedor individual ou do titular ou sócio da microempresa ou empresa de pequeno porte, na hipótese em que a atividade não gere grande circulação de pessoas.

Art. 8º Será assegurado aos empresários e pessoas jurídicas: (Redação dada pela Lei Complementar nº 147, de 2014)

I - entrada única de dados e documentos; (Incluído pela Lei Complementar nº 147, de 2014)

II - processo de registro e legalização integrado entre os órgãos e entes envolvidos, por meio de sistema informatizado que garanta: (Incluído pela Lei Complementar nº 147, de 2014)

a) sequenciamento das seguintes etapas: consulta prévia de nome empresarial e de viabilidade de localização, registro empresarial, inscrições fiscais e licenciamento de atividade; (Incluído pela Lei Complementar nº 147, de 2014)

b) criação da base nacional cadastral única de empresas; (Incluído pela Lei Complementar nº 147, de 2014)

III - identificação nacional cadastral única que corresponderá ao número de inscrição no Cadastro Nacional de Pessoas Jurídicas - CNPJ. (Incluído pela Lei Complementar nº 147, de 2014)

§ 1º O sistema de que trata o inciso II do *caput* deve garantir aos órgãos e entidades integrados: (Incluído pela Lei Complementar nº 147, de 2014)

I - compartilhamento irrestrito dos dados da base nacional única de empresas; (Incluído pela Lei Complementar nº 147, de 2014)

II - autonomia na definição das regras para comprovação do cumprimento de exigências nas respectivas etapas do processo. (Incluído pela Lei Complementar nº 147, de 2014)

§ 2º A identificação nacional cadastral única substituirá para todos os efeitos as demais inscrições, sejam elas federais, estaduais ou municipais, após a implantação do sistema a que se refere o inciso II do *caput*, no prazo e na forma estabelecidos pelo CGSIM. (Incluído pela Lei Complementar nº 147, de 2014)

§ 3º É vedado aos órgãos e entidades integrados ao sistema informatizado de que trata o inciso II do *caput* o estabelecimento de exigências não previstas em lei. (Incluído pela Lei Complementar nº 147, de 2014)

§ 4º A coordenação do desenvolvimento e da implantação do sistema de que trata o inciso II do *caput* ficará a cargo do CGSIM. (Incluído pela Lei Complementar nº 147, de 2014)

Art. 9º O registro dos atos constitutivos, de suas alterações e extinções (baixas), referentes a empresários e pessoas jurídicas em qualquer órgão dos 3 (três) âmbitos de governo ocorrerá independentemente da regularidade de obrigações tributárias, previdenciárias ou trabalhistas, principais ou acessórias, do empresário, da sociedade, dos sócios, dos administradores ou de empresas de que participem, sem prejuízo das responsabilidades do empresário, dos titulares, dos sócios ou dos administradores por tais obrigações, apuradas antes ou após o ato de extinção. (Redação dada pela Lei Complementar nº 147, de 2014)

§ 1º O arquivamento, nos órgãos de registro, dos atos constitutivos de empresários, de sociedades empresárias e de demais equiparados que se enquadrarem como microempresa ou empresa de pequeno porte bem como o arquivamento de suas alterações são dispensados das seguintes exigências:

I - certidão de inexistência de condenação criminal, que será substituída por declaração do titular ou administrador, firmada sob as penas da lei, de não estar impedido de exercer atividade mercantil ou a administração de sociedade, em virtude de condenação criminal;

II - prova de quitação, regularidade ou inexistência de débito referente a tributo ou contribuição de qualquer natureza.

§ 2º Não se aplica às microempresas e às empresas de pequeno porte o disposto no § 2º do art. 1º da Lei nº 8.906, de 4 de julho de 1994.

§ 3º (Revogado pela Lei Complementar nº 147, de 2014).

§ 4º A baixa do empresário ou da pessoa jurídica não impede que, posteriormente, sejam lançados ou cobrados tributos, contribuições e respectivas penalidades, decorrentes da falta do cumprimento de obrigações ou da prática comprovada e apurada em processo administrativo ou judicial de outras irregularidades praticadas pelos empresários, pelas pessoas jurídicas ou por seus titulares, sócios ou administradores. (Redação dada pela Lei Complementar nº 147, de 2014).

§ 5º A solicitação de baixa do empresário ou da pessoa jurídica importa responsabilidade solidária dos empresários, dos titulares, dos sócios e dos administradores no período da ocorrência dos respectivos fatos geradores. (Redação dada pela Lei Complementar nº 147, de 2014)

§ 6º Os órgãos referidos no *caput* deste artigo terão o prazo de 60 (sessenta) dias para efetivar a baixa nos respectivos cadastros.

§ 7º Ultrapassado o prazo previsto no § 6º deste artigo sem manifestação do órgão competente, presumir-se-á a baixa dos registros das microempresas e a das empresas de pequeno porte.

§§ 8º a 12. (Revogados pela Lei Complementar nº 147, de 2014).

Art. 10. Não poderão ser exigidos pelos órgãos e entidades envolvidos na abertura e fechamento de empresas, dos 3 (três) âmbitos de governo:

I - excetuados os casos de autorização prévia, quaisquer documentos adicionais aos requeridos pelos órgãos executores do Registro Público de Empresas Mercantis e Atividades Afins e do Registro Civil de Pessoas Jurídicas;

- Lei 8.934/1994 (Dispõe sobre o registro público de empresas mercantis e atividades afins).

II - documento de propriedade ou contrato de locação do imóvel onde será instalada a sede, filial ou outro estabelecimento, salvo para comprovação do endereço indicado;

III - comprovação de regularidade de prepostos dos empresários ou pessoas jurídicas com seus órgãos de classe, sob qualquer forma, como requisito para deferimento de ato de inscrição, alteração ou baixa de empresa, bem como para autenticação de instrumento de escrituração.

Art. 11. Fica vedada a instituição de qualquer tipo de exigência de natureza documental ou formal, restritiva ou condicionante, pelos órgãos envolvidos na abertura e fechamento de empresas, dos 3 (três) âmbitos de governo, que exceda o estrito limite dos requisitos pertinentes à essência do ato de registro, alteração ou baixa da empresa.

CAPÍTULO IV. DOS TRIBUTOS E CONTRIBUIÇÕES

SEÇÃO I. DA INSTITUIÇÃO E ABRANGÊNCIA

Art. 12. Fica instituído o Regime Especial Unificado de Arrecadação de Tributos e Contribuições devidos pelas Microempresas e Empresas de Pequeno Porte – Simples Nacional.

- art. 146, III, d e par. ún., CF.
- Lei 11.488/2007 (Cria o Regime Especial de Incentivos para o Desenvolvimento da Infraestrutura – REIDI).
- Súm. nº 448, STJ.

Parágrafo único. (Vetado). (Incluído pela Lei Complementar nº 155, de 2016)

Art. 13. O Simples Nacional implica o recolhimento mensal, mediante documento único de arrecadação, dos seguintes impostos e contribuições:

I - Imposto sobre a Renda da Pessoa Jurídica - IRPJ;

- Súm. nº 184, STJ.

II - Imposto sobre Produtos Industrializados - IPI, observado o disposto no inciso XII do § 1º deste artigo;

III - Contribuição Social sobre o Lucro Líquido - CSLL;

IV - Contribuição para o Financiamento da Seguridade Social - Cofins, observado o disposto no inciso XII do § 1º deste artigo;

V - contribuição para o PIS/Pasep, observado o disposto no inciso XII do § 1º deste artigo;

VI - Contribuição Patronal Previdenciária - CPP para a Seguridade Social, a cargo da pessoa jurídica, de que trata o art. 22 da Lei nº 8.212, de 24 de julho de 1991, exceto no caso da microempresa e da empresa de pequeno porte que se dedique às atividades de prestação de serviços referidas no § 5º-C do art. 18 desta Lei Complementar;

- Súm. nº 425, STJ.

VII - Imposto sobre Operações Relativas à Circulação de Mercadorias e Sobre Prestações de Serviços de Transporte Interestadual e Intermunicipal e de Comunicação - ICMS;

- art. 18-A, § 3º, V, b, desta lei.

VIII - Imposto sobre Serviços de Qualquer Natureza - ISS.

- art. 18-A, § 3º, V, c, desta lei.

§ 1º O recolhimento na forma deste artigo não exclui a incidência dos seguintes impostos ou contribuições, devidos na qualidade de contribuinte ou responsável, em relação aos quais será observada a legislação aplicável às demais pessoas jurídicas:

- art. 18-A, § 3º, VI, desta lei.

I - Imposto sobre Operações de Crédito, Câmbio e Seguro, ou Relativas a Títulos ou Valores Mobiliários - IOF;

II - Imposto sobre a Importação de Produtos Estrangeiros - II;

III - Imposto sobre a Exportação, para o Exterior, de Produtos Nacionais ou Nacionalizados - IE;

IV - Imposto sobre a Propriedade Territorial Rural - ITR;

V - Imposto de Renda, relativo aos rendimentos ou ganhos líquidos auferidos em aplicações de renda fixa ou variável;

VI - Imposto de Renda relativo aos ganhos de capital auferidos na alienação de bens do ativo permanente;

VII - Contribuição Provisória sobre Movimentação ou Transmissão de Valores e de Créditos e Direitos de Natureza Financeira - CPMF;

VIII - Contribuição para o Fundo de Garantia do Tempo de Serviço - FGTS;

IX - Contribuição para manutenção da Seguridade Social, relativa ao trabalhador;

X - Contribuição para a Seguridade Social, relativa à pessoa do empresário, na qualidade de contribuinte individual;

- art. 18-A, § 3º, IV, desta lei.

XI - Imposto de Renda relativo aos pagamentos ou créditos efetuados pela pessoa jurídica a pessoas físicas;

XII - Contribuição para o PIS/Pasep, Cofins e IPI incidentes na importação de bens e serviços;

XIII - ICMS devido:

a) nas operações sujeitas ao regime de substituição tributária, tributação concentrada em uma única etapa (monofásica) e sujeitas ao regime de antecipação do recolhimento do imposto com encerramento de tributação, envolvendo combustíveis e lubrificantes; energia elétrica; cigarros e outros produtos derivados do fumo; bebidas; óleos e azeites vegetais comestíveis; farinha de trigo e misturas de farinha de trigo; massas alimentícias; açúcares; produtos lácteos; carnes e suas preparações; preparações à base de cereais; chocolates; produtos de padaria e da indústria de bolachas e biscoitos; sorvetes e preparados para fabricação de sorvetes em máquinas; cafés e mates, seus extratos, essências e concentrados; preparações para molhos e molhos preparados; preparações de produtos vegetais; rações para animais domésticos; veículos automotivos e automotores, suas peças, componentes e acessórios; pneumáticos; câmaras de ar e protetores de borracha; medicamentos e outros produtos farmacêuticos para uso humano ou veterinário; cosméticos; produtos de perfumaria e de higiene pessoal; papéis; plásticos; canetas e malas; cimentos; cal e argamassas; produtos cerâmicos; vidros; obras de metal e plástico para construção; telhas e caixas d'água; tintas e vernizes; produtos eletrônicos, eletroeletrônicos e eletrodomésticos; fios; cabos e outros condutores; transformadores elétricos e reatores; disjuntores; interruptores e tomadas; isoladores; para-raios e lâmpadas; máquinas e aparelhos de ar-condicionado; centrifugadores de uso doméstico; aparelhos e instrumentos de pesagem de uso doméstico; extintores; aparelhos ou máquinas de barbear; máquinas de cortar o cabelo ou de tosquiar; aparelhos de depilar, com motor elétrico incorporado; aquecedores elétricos de água para uso doméstico e termômetros; ferramentas; álcool etílico; sabões em pó e líquidos para roupas; detergentes; alvejantes; esponjas; palhas de aço e amaciantes de roupas; venda de mercadorias pelo sistema porta a porta; nas operações sujeitas ao regime de substituição tributária pelas operações anteriores; e nas prestações de serviços sujeitas aos regimes de substituição tributária e de antecipação de recolhimento do imposto com encerramento de tributação;(Redação dada pela Lei Complementar nº 147, de 2014)

b) por terceiro, a que o contribuinte se ache obrigado, por força da legislação estadual ou distrital vigente;

c) na entrada, no território do Estado ou do Distrito Federal, de petróleo, inclusive lubrificantes e combustíveis líquidos e gasosos dele derivados, bem como energia elétrica, quando não destinados à comercialização ou industrialização;

d) por ocasião do desembaraço aduaneiro;

e) na aquisição ou manutenção em estoque de mercadoria desacobertada de documento fiscal;

f) na operação ou prestação desacobertada de documento fiscal;

g) nas operações com bens ou mercadorias sujeitas ao regime de antecipação do recolhimento do imposto, nas aquisições em outros Estados e Distrito Federal:

1. com encerramento da tributação, observado o disposto no inciso IV do § 4º do art. 18 desta Lei Complementar;

2. sem encerramento da tributação, hipótese em que será cobrada a diferença entre a alíquota interna e a interestadual, sendo vedada a agregação de qualquer valor;

h) nas aquisições em outros Estados e no Distrito Federal de bens ou mercadorias, não sujeitas ao regime de antecipação do recolhimento do imposto, relativo à diferença entre a alíquota interna e a interestadual;

XIV - ISS devido:

a) em relação aos serviços sujeitos à substituição tributária ou retenção na fonte;

b) na importação de serviços;

XV - demais tributos de competência da União, dos Estados, do Distrito Federal ou dos Municípios, não relacionados nos incisos anteriores.

§ 1º-A. Os valores repassados aos profissionais de que trata a Lei nº 12.592, de 18 de janeiro de 2012, contratados por meio de parceria, nos termos da legislação civil, não integrarão a receita bruta da empresa contratante para fins de tributação, cabendo ao contratante a retenção e o recolhimento dos tributos devidos pelo contratado. (Incluído pela Lei Complementar nº 155, de 2016)

§ 2º Observada a legislação aplicável, a incidência do imposto de renda na fonte, na hipótese do inciso V do § 1º deste artigo, será definitiva.

§ 3º As microempresas e empresas de pequeno porte optantes pelo Simples Nacional ficam dispensadas do pagamento das demais contribuições instituídas pela União, inclusive as contribuições para as entidades privadas de serviço social e de formação profissional vinculadas ao sistema sindical, de que trata o art. 240 da Constituição Federal, e demais entidades de serviço social autônomo.

▸ art. 18-A, § 3º, IV, desta lei.

§ 4º (Vetado).

§ 5º A diferença entre a alíquota interna e a interestadual de que tratam as alíneas g e h do inciso XIII do § 1º deste artigo será calculada tomando-se por base as alíquotas aplicáveis às pessoas jurídicas não optantes pelo Simples Nacional.

§ 6º O Comitê Gestor do Simples Nacional:

I - disciplinará a forma e as condições em que será atribuída à microempresa ou empresa de pequeno porte optante pelo Simples Nacional a qualidade de substituta tributária; e

II - poderá disciplinar a forma e as condições em que será estabelecido o regime de antecipação do ICMS previsto na alínea g do inciso XIII do § 1º deste artigo.

§ 7º O disposto na alínea a do inciso XIII do § 1º será disciplinado por convênio celebrado pelos Estados e pelo Distrito Federal, ouvidos o CGSN e os representantes dos segmentos econômicos envolvidos.(Incluído pela Lei Complementar nº 147, de 2014)

§ 8º Em relação às bebidas não alcóolicas, massas alimentícias, produtos lácteos, carnes e suas preparações, preparações à base de cereais, chocolates, produtos de padaria e da indústria de bolachas e biscoitos, preparações para molhos e molhos preparados, preparações de produtos vegetais, telhas e outros produtos cerâmicos para construção e detergentes, aplica-se o disposto na alínea a do inciso XIII do § 1º aos fabricados em escala industrial relevante em cada segmento, observado o disposto no § 7º (Incluído pela Lei Complementar nº 147, de 2014)

Art. 13-A. Para efeito de recolhimento do ICMS e do ISS no Simples Nacional, o limite máximo de que trata o inciso II do *caput* do art. 3º será de R$ 3.600.000,00 (três milhões e seiscentos mil reais), observado o disposto nos §§ 11, 13, 14 e 15 do mesmo artigo, nos §§ 17 e 17-A do art. 18 e no § 4º do art. 19. (Incluído pela Lei Complementar nº 155, de 2016)

Art. 14. Consideram-se isentos do imposto de renda, na fonte e na declaração de ajuste do beneficiário, os valores efetivamente pagos ou distribuídos ao titular ou sócio da microempresa ou empresa de pequeno porte optante pelo Simples Nacional, salvo os que corresponderem a pró-labore, aluguéis ou serviços prestados.

§ 1º A isenção de que trata o *caput* deste artigo fica limitada ao valor resultante da aplicação dos percentuais de que trata o art. 15 da Lei nº 9.249, de 26 de dezembro de 1995, sobre a receita bruta mensal, no caso de antecipação de fonte, ou da receita bruta total anual, tratando-se de declaração de ajuste, subtraído do valor devido na forma do Simples Nacional no período.

▸ art. 15, Lei nº 9.249/1995 (dispõe a base cálculo do imposto de renda).

§ 2º O disposto no § 1º deste artigo não se aplica na hipótese de a pessoa jurídica manter escrituração contábil e evidenciar lucro superior àquele limite.

Art. 15. (Vetado).

Art. 16. A opção pelo Simples Nacional da pessoa jurídica enquadrada na condição de microempresa e empresa de pequeno porte dar-se-á na forma a ser estabelecida em ato do Comitê Gestor, sendo irretratável para todo o ano-calendário.

▸ art. 4º, LC 174/2020. (Autoriza a extinção de créditos tributários apurados na forma do Regime Especial Unificado de Arrecadação de Tributos e Contribuições devidos pelas Microempresas e Empresas de Pequeno Porte (Simples Nacional), mediante celebração de transação resolutiva de litígio; e prorroga o prazo para enquadramento no Simples Nacional em todo o território brasileiro, no ano de 2020, para microempresas e empresas de pequeno porte em início de atividade).

§ 1º Para efeito de enquadramento no Simples Nacional, considerar-se-á microempresa ou empresa de pequeno porte aquela cuja receita bruta no ano-calendário anterior ao da opção esteja compreendida dentro dos limites previstos no art. 3º desta Lei Complementar.

§ 1º-A. A opção pelo Simples Nacional implica aceitação de sistema de comunicação eletrônica, destinado, dentre outras finalidades, a:

I - cientificar o sujeito passivo de quaisquer tipos de atos administrativos, incluídos os relativos ao indeferimento de opção, à exclusão do regime e a ações fiscais;

II - encaminhar notificações e intimações; e

III - expedir avisos em geral.

§ 1º-B. O sistema de comunicação eletrônica de que trata o § 1º-A será regulamentado pelo CGSN, observando-se o seguinte:

I - as comunicações serão feitas, por meio eletrônico, em portal próprio, dispensando-se a sua publicação no Diário Oficial e o envio por via postal;

II - a comunicação feita na forma prevista no *caput* será considerada pessoal para todos os efeitos legais;

III - a ciência por meio do sistema de que trata o § 1º-A com utilização de certificação digital ou de código de acesso possuirá os requisitos de validade;

IV - considerar-se-á realizada a comunicação no dia em que o sujeito passivo efetivar a consulta eletrônica ao teor da comunicação; e

V - na hipótese do inciso IV, nos casos em que a consulta se dê em dia não útil, a comunicação será considerada como realizada no primeiro dia útil seguinte.

§ 1º-C. A consulta referida nos incisos IV e V do § 1º-B deverá ser feita em até 45 (quarenta e cinco) dias contados da data da disponibilização da comunicação no portal a que se refere o inciso I do § 1º-B, ou em prazo superior estipulado pelo CGSN, sob pena de ser considerada automaticamente realizada na data do término desse prazo.

§ 1º-D. Enquanto não editada a regulamentação de que trata o § 1º-B, os entes federativos poderão utilizar sistemas de comunicação eletrônica, com regras próprias, para as finalidades previstas no § 1º-A, podendo a referida regulamentação prever a adoção desses sistemas como meios complementares de comunicação.

§ 2º A opção de que trata o *caput* deste artigo deverá ser realizada no mês de janeiro, até o seu último dia útil, produzindo efeitos a partir do 1º (primeiro) dia do ano-calendário da opção, ressalvado o disposto no § 3º deste artigo.

§ 3º A opção produzirá efeitos a partir da data do início de atividade, desde que exercida nos termos, prazo e condições a serem estabelecidos no ato do Comitê Gestor a que se refere o *caput* deste artigo.

§ 4º Serão consideradas inscritas no Simples Nacional, em 1º de julho de 2007, as microempresas e empresas de pequeno porte regularmente optantes pelo regime tributário de que trata a Lei nº 9.317, de 5 de dezembro de 1996, salvo as que estiverem impedidas de optar por alguma vedação imposta por esta Lei Complementar.

§ 5º O Comitê Gestor regulamentará a opção automática prevista no § 4º deste artigo.

§ 6º O indeferimento da opção pelo Simples Nacional será formalizado mediante ato da Administração Tributária segundo regulamentação do Comitê Gestor.

SEÇÃO II
DAS VEDAÇÕES AO INGRESSO NO SIMPLES NACIONAL

Art. 17. Não poderão recolher os impostos e contribuições na forma do Simples Nacional a microempresa ou empresa de pequeno porte: (Redação dada pela LC nº 167, de 2019):

‣ art. 31, § 2º, desta lei.

I - que explore atividade de prestação cumulativa e contínua de serviços de assessoria creditícia, gestão de crédito, seleção e riscos, administração de contas a pagar e a receber, gerenciamento de ativos (*asset management*) ou compra de direitos creditórios resultantes de vendas mercantis a prazo ou de prestação de serviços (*factoring*) ou que execute operações de empréstimo, de financiamento e de desconto de títulos de crédito, exclusivamente com recursos próprios, tendo como contrapartes microempreendedores individuais, microempresas e empresas de pequeno porte, inclusive sob a forma de empresa simples de crédito; (Redação dada pela LC nº 167, de 2019);

II - que tenha sócio domiciliado no exterior;

III - de cujo capital participe entidade da administração pública, direta ou indireta, federal, estadual ou municipal;

IV - Revogado.

V - que possua débito com o Instituto Nacional do Seguro Social - INSS, ou com as Fazendas Públicas Federal, Estadual ou Municipal, cuja exigibilidade não esteja suspensa;

‣ art. 31, IV, desta lei.

VI - que preste serviço de transporte intermunicipal e interestadual de passageiros, exceto quando na modalidade fluvial ou quando possuir características de transporte urbano ou metropolitano ou realizar-se sob fretamento contínuo em área metropolitana para o transporte de estudantes ou trabalhadores; (Redação dada pela Lei Complementar nº 147, de 2014)

VII - que seja geradora, transmissora, distribuidora ou comercializadora de energia elétrica;

VIII - que exerça atividade de importação ou fabricação de automóveis e motocicletas;

IX - que exerça atividade de importação de combustíveis;

X - que exerça atividade de produção ou venda no atacado de:

a) cigarros, cigarrilhas, charutos, filtros para cigarros, armas de fogo, munições e pólvoras, explosivos e detonantes;

b) bebidas não alcoólicas a seguir descritas: (Redação dada pela Lei Complementar nº 155, de 2016)

1. (Revogado pela Lei Complementar nº 155, de 2016);

2 e 3. (Revogados pela Lei Complementar nº 147, de 2014);

4. cervejas sem álcool;

c) bebidas alcoólicas, exceto aquelas produzidas ou vendidas no atacado por: (Incluída pela Lei Complementar nº 155, de 2016)

1. micro e pequenas cervejarias; (Incluída pela Lei Complementar nº 155, de 2016)

2. micro e pequenas vinícolas; (Incluída pela Lei Complementar nº 155, de 2016)

3. produtores de licores; (Incluída pela Lei Complementar nº 155, de 2016)

4. micro e pequenas destilarias; (Incluída pela Lei Complementar nº 155, de 2016)

XI - (Revogado) (Redação dada pela Lei Complementar nº 147, de 2014).

XII - que realize cessão ou locação de mão de obra;

‣ art. 18, § 5º-H, desta lei.

XIII - (Revogado) (Redação dada pela Lei Complementar nº 147, de 2014).

XIV - que se dedique ao loteamento e à incorporação de imóveis;

XV - que realize atividade de locação de imóveis próprios, exceto quando se referir a prestação de serviços tributados pelo ISS;

XVI - com ausência de inscrição ou com irregularidade em cadastro fiscal federal, municipal ou estadual, quando exigível.

§ 1º As vedações relativas a exercício de atividades previstas no *caput* deste artigo não se aplicam às pessoas jurídicas que se dediquem exclusivamente às atividades referidas nos §§ 5º-B a 5º-E do art. 18 desta Lei Complementar, ou as exerçam em conjunto com outras atividades que não tenham sido objeto de vedação no *caput* deste artigo.

I a XXI - (Revogados pela LC nº 128/08)

XXII - Vetado.

XXIII a XXVII - (Revogados pela LC nº 128/08)

XXVIII - Vetado.

§ 2º Também poderá optar pelo Simples Nacional a microempresa ou empresa de pequeno porte que se dedique à prestação de outros serviços que não tenham sido objeto de vedação expressa neste artigo, desde que não incorra em nenhuma das hipóteses de vedação previstas nesta Lei Complementar.

§ 3º (Vetado).

§ 4º Na hipótese do inciso XVI do *caput*, deverá ser observado, para o MEI, o disposto no art. 4º desta Lei Complementar.

§ 5º As empresas que exerçam as atividades previstas nos itens da alínea c do inciso X do *caput* deste artigo deverão obrigatoriamente ser registradas no Ministério da Agricultura, Pecuária e Abastecimento e obedecerão também à regulamentação da Agência Nacional de Vigilância Sanitária e da Secretaria da Receita Federal do Brasil quanto à produção e à comercialização de bebidas alcoólicas. (Incluído pela Lei Complementar nº 155, de 2016)

SEÇÃO III
DAS ALÍQUOTAS E BASE DE CÁLCULO

Art. 18. O valor devido mensalmente pela microempresa ou empresa de pequeno porte optante pelo Simples Nacional será determinado mediante aplicação das alíquotas efetivas, calculadas a partir das alíquotas nominais constantes das tabelas dos Anexos I a V desta Lei Complementar, sobre a base de cálculo de que trata o § 3º deste artigo, observado o disposto no § 15 do art. 3º (Redação dada pela Lei Complementar nº 155, de 2016)

§ 1º Para efeito de determinação da alíquota nominal, o sujeito passivo utilizará a receita bruta acumulada nos doze meses anteriores ao do período de apuração. (Redação dada pela Lei Complementar nº 155, de 2016)

§ 1º-A. A alíquota efetiva é o resultado de:

$$\frac{RBT12 \times Aliq - PD}{RBT12}$$

em que: (Incluído pela Lei Complementar nº 155, de 2016)

I - RBT12: receita bruta acumulada nos doze meses anteriores ao período de apuração; (Incluído pela Lei Complementar nº 155, de 2016)

II - Aliq: alíquota nominal constante dos Anexos I a V desta Lei Complementar; (Incluído pela Lei Complementar nº 155, de 2016)

III - PD: parcela a deduzir constante dos Anexos I a V desta Lei Complementar. (Incluído pela Lei Complementar nº 155, de 2016)

§ 1º-B. Os percentuais efetivos de cada tributo serão calculados a partir da alíquota efetiva, multiplicada pelo percentual de repartição constante dos Anexos I a V desta Lei Complementar, observando-se que: (Incluído pela Lei Complementar nº 155, de 2016)

I - o percentual efetivo máximo destinado ao ISS será de 5% (cinco por cento), transferindo-se eventual diferença, de forma proporcional, aos tributos federais da mesma faixa de receita bruta anual; (Incluído pela Lei Complementar nº 155, de 2016)

II - eventual diferença centesimal entre o total dos percentuais e a alíquota efetiva será transferida para o tributo com maior percentual de repartição na respectiva faixa de receita bruta. (Incluído pela Lei Complementar nº 155, de 2016)

§ 1º-C. Na hipótese de transformação, extinção, fusão ou sucessão dos tributos referidos nos incisos IV e V do art. 13, serão mantidas as alíquotas nominais e efetivas previstas neste artigo e nos Anexos I a V desta Lei Complementar, e lei ordinária disporá sobre a repartição dos valores arrecadados para os tributos federais, sem alteração no total dos percentuais de repartição a eles devidos, e mantidos os percentuais de repartição destinados ao ICMS e ao ISS. (Incluído pela Lei Complementar nº 155, de 2016)

§ 2º Em caso de início de atividade, os valores de receita bruta acumulada constantes dos Anexos I a V desta Lei Complementar devem ser proporcionalizados ao número de meses de atividade no período. (Redação dada pela Lei Complementar nº 155, de 2016)

§ 3º Sobre a receita bruta auferida no mês incidirá a alíquota efetiva determinada na forma do *caput* e dos §§ 1º, 1º-A e 2º deste artigo, podendo tal incidência se dar, à opção do contribuinte, na forma regulamentada pelo Comitê Gestor, sobre a receita recebida no mês, sendo essa opção irretratável para todo o ano-calendário. (Redação dada pela Lei Complementar nº 155, de 2016)

§ 4º O contribuinte deverá considerar, destacadamente, para fim de pagamento, as receitas decorrentes da: (Redação dada pela Lei Complementar nº 147, de 2014)

I - revenda de mercadorias, que serão tributadas na forma do Anexo I desta Lei Complementar; (Redação dada pela Lei Complementar nº 147, de 2014)

II - venda de mercadorias industrializadas pelo contribuinte, que serão tributadas na forma do Anexo II desta Lei Complementar; (Redação dada pela Lei Complementar nº 147, de 2014)

III - prestação de serviços de que trata o § 5º-B deste artigo e dos serviços vinculados à locação de bens imóveis e corretagem de imóveis desde que observado o disposto no inciso XV do art. 17, que serão tributados na forma do Anexo III desta Lei Complementar; (Redação dada pela Lei Complementar nº 147, de 2014)

IV - prestação de serviços de que tratam os §§ 5º-C a 5º-F e 5º-I deste artigo, que serão tributadas na forma prevista naqueles parágrafos; (Redação dada pela Lei Complementar nº 147, de 2014)

V - locação de bens móveis, que serão tributadas na forma do Anexo III desta Lei Complementar, deduzida a parcela correspondente ao ISS; (Redação dada pela Lei Complementar nº 147, de 2014)

VI - atividade com incidência simultânea de IPI e de ISS, que serão tributadas na forma do Anexo II desta Lei Complementar, deduzida a parcela correspondente ao ICMS e acrescida a parcela correspondente ao ISS prevista no Anexo III desta Lei Complementar; (Incluído pela Lei Complementar nº 147, de 2014)

VII - comercialização de medicamentos e produtos magistrais produzidos por manipulação de fórmulas: (Incluído pela Lei Complementar nº 147, de 2014)

a) sob encomenda para entrega posterior ao adquirente, em caráter pessoal, mediante prescrições de profissionais habilitados ou indicação pelo farmacêutico, produzidos no próprio estabelecimento após o atendimento inicial, que serão tributadas na forma do Anexo III desta Lei Complementar; (Incluído pela Lei Complementar nº 147, de 2014)

b) nos demais casos, quando serão tributadas na forma do Anexo I desta Lei Complementar. (Incluído pela Lei Complementar nº 147, de 2014)

§ 4º-A. O contribuinte deverá segregar, também, as receitas: (Incluído pela Lei Complementar nº 147, de 2014)

I - decorrentes de operações ou prestações sujeitas à tributação concentrada em uma única etapa (monofásica), bem como, em relação ao ICMS, que o imposto já tenha sido recolhido por substituto tributário ou por antecipação tributária com encerramento de tributação; (Incluído pela Lei Complementar nº 147, de 2014)

II - sobre as quais houve retenção de ISS na forma do § 6º deste artigo e § 4º do art. 21 desta Lei Complementar, ou, na hipótese do § 22-A deste artigo, seja devido em valor fixo ao respectivo município; (Incluído pela Lei Complementar nº 147, de 2014)

III - sujeitas à tributação em valor fixo ou que tenham sido objeto de isenção ou redução de ISS ou de ICMS na forma prevista nesta Lei Complementar; (Incluído pela Lei Complementar nº 147, de 2014)

IV - decorrentes da exportação para o exterior, inclusive as vendas realizadas por meio de comercial exportadora ou da sociedade de propósito específico prevista no art. 56 desta Lei Complementar; (Incluído pela Lei Complementar nº 147, de 2014)

V - sobre as quais o ISS seja devido a Município diverso do estabelecimento prestador, quando será recolhido no Simples Nacional. (Incluído pela Lei Complementar nº 147, de 2014)

§ 5º As atividades industriais serão tributadas na forma do Anexo II desta Lei Complementar.

I a VII - (Revogados pela LC 128/08)

§ 5º-A. (Revogado). (Redação dada pela Lei Complementar nº 147, de 2014)

§ 5º-B. Sem prejuízo do disposto no § 1º do art. 17 desta Lei Complementar, serão tributadas na forma do Anexo III desta Lei Complementar as seguintes atividades de prestação de serviços:

I - creche, pré-escola e estabelecimento de ensino fundamental, escolas técnicas, profissionais e de ensino médio, de línguas estrangeiras, de artes, cursos técnicos de pilotagem, preparatórios para concursos, gerenciais e escolas livres, exceto as previstas nos incisos II e III do § 5º-D deste artigo;

- Súm. nº 448, STJ.

II - agência terceirizada de correios;

III - agência de viagem e turismo;

IV - centro de formação de condutores de veículos automotores de transporte terrestre de passageiros e de carga;

V - agência lotérica;

VI a VIII - (Revogados pela LC nº 128/08)

IX - serviços de instalação, de reparos e de manutenção em geral, bem como de usinagem, solda, tratamento e revestimento em metais;

X a XII - (Revogados pela LC nº 128/08)

XIII - transporte municipal de passageiros;

XIV - escritórios de serviços contábeis, observado o disposto nos §§ 22-B e 22-C deste artigo;

XV - produções cinematográficas, audiovisuais, artísticas e culturais, sua exibição ou apresentação, inclusive no caso de música, literatura, artes cênicas, artes visuais, cinematográficas e audiovisuais.

XVI - fisioterapia; (Incluído pela Lei Complementar nº 147, de 2014)

XVII - corretagem de seguros. (Incluído pela Lei Complementar nº 147, de 2014)

XVIII - arquitetura e urbanismo; (Acrescentado pela LC 155/2016)

XIX - medicina, inclusive laboratorial, e enfermagem; (Acrescentado pela LC 155/2016)

XX - odontologia e prótese dentária; (Acrescentado pela LC 155/2016)

XXI - psicologia, psicanálise, terapia ocupacional, acupuntura, podologia, fonoaudiologia, clínicas de nutrição e de vacinação e bancos de leite. (Acrescentado pela LC 155/2016)

§ 5º-C. Sem prejuízo do disposto no § 1º do art. 17 desta Lei Complementar, as atividades de prestação de serviços seguintes serão tributadas na forma do Anexo IV desta Lei Complementar, hipótese em que não estará incluída no Simples Nacional a contribuição prevista no inciso VI do *caput* do art. 13 desta Lei Complementar, devendo ela ser recolhida segundo a legislação prevista para os demais contribuintes ou responsáveis:

› art. 33, § 2º, desta lei.

I - construção de imóveis e obras de engenharia em geral, inclusive sob a forma de subempreitada, execução de projetos e serviços de paisagismo, bem como decoração de interiores;

II a V - (Revogados pela LC nº 128/08)

VI - serviço de vigilância, limpeza ou conservação.

VII - serviços advocatícios. (Incluído pela Lei Complementar nº 147, de 2014)

§ 5º-D. Sem prejuízo do disposto no § 1º do art. 17 desta Lei Complementar, as seguintes atividades de prestação de serviços serão tributadas na forma do Anexo III desta Lei Complementar: (Redação dada pela Lei Complementar nº 155, de 2016)

I - administração e locação de imóveis de terceiros; (Redação dada pela Lei Complementar nº 147, de 2014)

II - academias de dança, de capoeira, de ioga e de artes marciais;

III - academias de atividades físicas, desportivas, de natação e escolas de esportes;

IV - elaboração de programas de computadores, inclusive jogos eletrônicos, desde que desenvolvidos em estabelecimento do optante;

V - licenciamento ou cessão de direito de uso de programas de computação;

VI - planejamento, confecção, manutenção e atualização de páginas eletrônicas, desde que realizados em estabelecimento do optante;

VII e VIII (Revogados pela LC nº 128/08)

IX - empresas montadoras de estandes para feiras;

X e XI - (Revogados pela LC nº 128/08)

XII - laboratórios de análises clínicas ou de patologia clínica;

XIII - serviços de tomografia, diagnósticos médicos por imagem, registros gráficos e métodos óticos, bem como ressonância magnética;

XIV - serviços de prótese em geral.

§ 5º-E. Sem prejuízo do disposto no § 1º do art. 17 desta Lei Complementar, as atividades de prestação de serviços de comunicação e de transportes interestadual e intermunicipal de cargas, e de transportes autorizados no inciso VI do *caput* do art. 17, inclusive na modalidade fluvial, serão tributadas na forma do Anexo III, deduzida a parcela correspondente ao ISS e acrescida a parcela correspondente ao ICMS prevista no Anexo I.(Redação dada pela Lei Complementar 147, de 2014)

§ 5º-F. As atividades de prestação de serviços referidas no § 2º do art. 17 desta Lei Complementar serão tributadas na forma do Anexo III desta Lei Complementar, salvo se, para alguma dessas atividades, houver previsão expressa de tributação na forma dos Anexos IV ou V desta Lei Complementar. (Redação dada pela Lei Complementar nº 155, de 2016)

§ 5º-G. (Revogado). (Redação dada pela Lei Complementar nº 147, de 2014)

§ 5º-H. A vedação de que trata o inciso XII do *caput* do art. 17 desta Lei Complementar não se aplica às atividades referidas no § 5º-C deste artigo.

§ 5º-I. Sem prejuízo do disposto no § 1º do art. 17 desta Lei Complementar, as seguintes atividades de prestação de serviços serão tributadas na forma do Anexo V desta Lei Complementar: (Redação dada pela Lei Complementar nº 155, de 2016)

I - (Revogado pela Lei Complementar nº 155, de 2016);

II - medicina veterinária; (Incluído pela Lei Complementar nº 147, de 2014)

III - (Revogado pela Lei Complementar nº 155, de 2016);

IV - (Revogado pela Lei Complementar nº 155, de 2016);

V - serviços de comissária, de despachantes, de tradução e de interpretação; (Incluído pela Lei Complementar nº 147, de 2014)

VI - engenharia, medição, cartografia, topografia, geologia, geodésia, testes, suporte e análises técnicas e tecnológicas, pesquisa, design, desenho e agronomia; (Redação dada pela Lei Complementar nº 155, de 2016)

VII - representação comercial e demais atividades de intermediação de negócios e serviços de terceiros; (Incluído pela Lei Complementar nº 147, de 2014)

VIII - perícia, leilão e avaliação; (Incluído pela Lei Complementar nº 147, de 2014)

IX - auditoria, economia, consultoria, gestão, organização, controle e administração; (Incluído pela Lei Complementar nº 147, de 2014)

X - jornalismo e publicidade; (Incluído pela Lei Complementar nº 147, de 2014)

XI - agenciamento, exceto de mão de obra; (Incluído pela Lei Complementar nº 147, de 2014)

XII - outras atividades do setor de serviços que tenham por finalidade a prestação de serviços decorrentes do exercício de atividade intelectual, de natureza técnica, científica, desportiva, artística ou cultural, que constitua profissão regulamentada ou não, desde que não sujeitas à tributação na forma dos Anexos III ou IV desta Lei Complementar. (Redação dada pela Lei Complementar nº 155, de 2016)

§ 5º-J. As atividades de prestação de serviços a que se refere o § 5º-I serão tributadas na forma do Anexo III desta Lei Complementar caso a razão entre a folha de salários e a receita bruta da pessoa jurídica seja igual ou superior a 28% (vinte e oito por cento). (Incluído pela Lei Complementar nº 155, de 2016)

§ 5º-K. Para o cálculo da razão a que se referem os §§ 5º-J e 5º-M, serão considerados, respectivamente, os montantes pagos e auferidos nos doze meses anteriores ao período de apuração para fins de enquadramento no regime tributário do Simples Nacional. ((Incluído pela Lei Complementar nº 155, de 2016)

§ 5º-L (Vetado). (Incluído pela Lei Complementar nº 155, de 2016)

§ 5º-M Quando a relação entre a folha de salários e a receita bruta da microempresa ou da empresa de pequeno porte for inferior a 28% (vinte e oito por cento), serão tributadas na forma do Anexo V desta Lei Complementar as atividades previstas: (Incluído pela Lei Complementar nº 155, de 2016)

I - nos incisos XVI, XVIII, XIX, XX e XXI do § 5º-B deste artigo; (Incluído pela Lei Complementar nº 155, de 2016)

II - no § 5º-D deste artigo. (Incluído pela Lei Complementar nº 155, de 2016)

§ 6º No caso dos serviços previstos no § 2º do art. 6º da Lei Complementar nº 116, de 31 de julho de 2003, prestados pelas microempresas e pelas empresas de pequeno porte, o tomador do serviço deverá reter o montante correspondente na forma da legislação do município onde estiver localizado, observado o disposto no § 4º do art. 21 desta Lei Complementar.

§ 7º A sociedade de propósito específico de que trata o art. 56 desta Lei Complementar que houver adquirido mercadorias de microempresa ou empresa de pequeno porte que seja sua sócia, bem como a empresa comercial exportadora que houver adquirido mercadorias ou serviços de empresa optante pelo Simples Nacional, com o fim específico de exportação para o exterior, que, no prazo de 180 (cento e oitenta) dias, contado da data da emissão da nota fiscal pela vendedora, não comprovar o seu embarque para o exterior ficará sujeita ao pagamento de todos os impostos e contribuições que deixaram de ser pagos pela empresa vendedora, acrescidos de juros de mora e multa, de mora ou de ofício, calculados na forma da legislação relativa à cobrança do tributo não pago, aplicável à sociedade de propósito específico ou à própria comercial exportadora. (Redação dada pela Lei Complementar nº 147, de 2014)

§ 8º Para efeito do disposto no § 7º deste artigo, considera-se vencido o prazo para o pagamento na data em que a empresa vendedora deveria fazê-lo, caso a venda houvesse sido efetuada para o mercado interno.

§ 9º Relativamente à contribuição patronal previdenciária, devida pela vendedora, a sociedade de propósito específico de que trata o art. 56 desta Lei Complementar ou a comercial exportadora deverão recolher, no prazo previsto no § 8º deste artigo, o valor correspondente a 11% (onze por cento) do valor das mercadorias não exportadas nos termos do § 7º deste artigo.

§ 10. Na hipótese do § 7º deste artigo, a sociedade de propósito específico de que trata o art. 56 desta Lei Complementar ou a empresa comercial exportadora não poderão deduzir do montante devido qualquer valor a título de crédito de Imposto sobre Produtos Industrializados – IPI da Contribuição para o PIS/Pasep ou da Cofins, decorrente da aquisição das mercadorias e serviços objeto da incidência.

§ 11. Na hipótese do § 7º deste artigo, a sociedade de propósito específico ou a empresa comercial exportadora deverão pagar, também, os impostos e contribuições devidos nas vendas para o mercado interno, caso, por qualquer forma, tenham alienado ou utilizado as mercadorias.

§ 12. Na apuração do montante devido no mês relativo a cada tributo, para o contribuinte que apure receitas mencionadas nos incisos I a III e V do § 4º-A deste artigo, serão consideradas as reduções relativas aos tributos já recolhidos, ou sobre os quais tenha havido tributação monofásica, isenção, redução ou, no caso do ISS, que o valor tenha sido objeto de retenção ou seja devido diretamente ao Município. (Redação dada pela Lei Complementar nº 147, de 2014)

§ 13. Para efeito de determinação da redução de que trata o § 12 deste artigo, as receitas serão discriminadas em comerciais, industriais ou de prestação de serviços, na forma dos Anexos I, II, III, IV e V desta Lei Complementar. (Redação dada pela Lei Complementar nº 155, de 2016)

§ 14. A redução no montante a ser recolhido no Simples Nacional relativo aos valores das receitas decorrentes da exportação de que trata o inciso IV do § 4º-A deste artigo corresponderá tão somente às alíquotas efetivas relativas à Cofins, à Contribuição para o PIS/Pasep, ao IPI, ao ICMS e ao ISS, apuradas com base nos Anexos I a V desta Lei Complementar. (Redação dada pela Lei Complementar nº 155, de 2016)

I - (Revogado). (Redação dada pela Lei Complementar nº 147, de 2014)

II - (Revogado). (Redação dada pela Lei Complementar nº 147, de 2014)

§ 15. Será disponibilizado sistema eletrônico para realização do cálculo simplificado do valor mensal devido referente ao Simples Nacional.

§ 15-A. As informações prestadas no sistema eletrônico de cálculo de que trata o § 15:

I - têm caráter declaratório, constituindo confissão de dívida e instrumento hábil e suficiente para a exigência dos tributos e contribuições que não tenham sido recolhidos resultantes das informações nele prestadas; e

II - deverão ser fornecidas à Secretaria da Receita Federal do Brasil até o vencimento do prazo para pagamento dos tributos devidos no Simples Nacional em cada mês, relativamente aos fatos geradores ocorridos no mês anterior.

§ 16. Na hipótese do § 12 do art. 3º, a parcela de receita bruta que exceder o montante determinado no § 10 daquele artigo estará sujeita às alíquotas máximas previstas nos Anexos I a V desta Lei Complementar, proporcionalmente, conforme o caso. (Redação dada pela Lei Complementar nº 155, de 2016)

§ 16-A. O disposto no § 16 aplica-se, ainda, às hipóteses de que trata o § 9º do art. 3º, a partir do mês em que ocorrer o excesso do limite da receita bruta anual e até o mês anterior aos efeitos da exclusão.

§ 17. Na hipótese do § 13 do art. 3º, a parcela de receita bruta que exceder os montantes determinados no § 11 daquele artigo estará sujeita, em relação aos percentuais aplicáveis ao ICMS e ao ISS, às alíquotas máximas correspondentes a essas faixas previstas nos Anexos I a V desta Lei Complementar, proporcionalmente, conforme o caso. (Redação dada pela Lei Complementar nº 155, de 2016)

§ 17-A. O disposto no § 17 aplica-se, ainda, à hipótese de que trata o § 1º do art. 20, a partir do mês em que ocorrer o excesso do limite da receita bruta anual e até o mês anterior aos efeitos do impedimento.

§ 18. Os Estados, o Distrito Federal e os Municípios, no âmbito das respectivas competências, poderão estabelecer, na forma definida pelo Comitê Gestor, independentemente da receita bruta recebida no mês pelo contribuinte, valores fixos mensais para o recolhimento do ICMS e do ISS devido por microempresa que aufira receita bruta, no ano-calendário anterior, de até o limite máximo previsto na segunda faixa de receitas brutas anuais constantes dos Anexos I a VI, ficando a microempresa sujeita a esses valores durante todo o ano-calendário, ressalvado o disposto no § 18-A. (Redação dada pela Lei Complementar nº 147, de 2014)

§ 18-A. A microempresa que, no ano-calendário, exceder o limite de receita bruta previsto no § 18 fica impedida de recolher o ICMS ou o ISS pela sistemática de valor fixo, a partir do mês subsequente à ocorrência do excesso, sujeitando-se à apuração desses tributos na forma das demais empresas optantes pelo Simples Nacional. (Incluído pela Lei Complementar nº 147, de 2014)

§ 19. Os valores estabelecidos no § 18 deste artigo não poderão exceder a 50% (cinquenta por cento) do maior recolhimento possível do tributo para a faixa de enquadramento prevista na tabela do *caput* deste artigo, respeitados os acréscimos decorrentes do tipo de atividade da empresa estabelecidos no § 5º deste artigo.

§ 20. Na hipótese em que o Estado, o Município ou o Distrito Federal concedam isenção ou redução do ICMS ou do ISS devido por microempresa ou empresa de pequeno porte, ou ainda determine recolhimento de valor fixo para esses tributos, na forma do § 18 deste artigo, será realizada redução proporcional ou ajuste do valor a ser recolhido, na forma definida em resolução do Comitê Gestor.

§ 20-A. A concessão dos benefícios de que trata o § 20 deste artigo poderá ser realizada:

I - mediante deliberação exclusiva e unilateral do Estado, do Distrito Federal ou do Município concedente;

II - de modo diferenciado para cada ramo de atividade.

§ 20-B. A União, os Estados e o Distrito Federal poderão, em lei específica destinada à ME ou EPP optante pelo Simples Nacional, estabelecer isenção ou redução de COFINS, Contribuição para o PIS/PASEP e ICMS para produtos da cesta básica, discriminando a abrangência da sua concessão. (Incluído pela Lei Complementar nº 147, de 2014)

§ 21. O valor a ser recolhido na forma do disposto no § 20 deste artigo, exclusivamente na hipótese de isenção, não integrará o montante a ser partilhado com o respectivo Município, Estado ou Distrito Federal.

§ 22. (Revogado pela LC 128/08)

§ 22-A. A atividade constante do inciso XIV do § 5º-B deste artigo recolherá o ISS em valor fixo, na forma da legislação municipal.

§ 22-B. Os escritórios de serviços contábeis, individualmente ou por meio de suas entidades representativas de classe, deverão:

I - promover atendimento gratuito relativo à inscrição, à opção de que trata o art. 18-A desta Lei Complementar e à primeira declaração anual simplificada da microempresa individual, podendo, para tanto, por meio de suas entidades representativas de classe, firmar convênios e acordos com a União, os Estados, o Distrito Federal e os Municípios, por intermédio dos seus órgãos vinculados;

II - fornecer, na forma estabelecida pelo Comitê Gestor, resultados de pesquisas quantitativas e qualitativas relativas às microempresas e empresas de pequeno porte optantes pelo Simples Nacional por eles atendidas;

III - promover eventos de orientação fiscal, contábil e tributária para as microempresas e empresas de pequeno porte optantes pelo Simples Nacional por eles atendidas.

§ 22-C. Na hipótese de descumprimento das obrigações de que trata o § 22-B deste artigo, o escritório será excluído do Simples Nacional, com efeitos a partir do mês subsequente ao do descumprimento, na forma regulamentada pelo Comitê Gestor.

§ 23. Da base de cálculo do ISS será abatido o material fornecido pelo prestador dos serviços previstos nos itens 7.02 e 7.05 da lista de serviços anexa à Lei Complementar nº 116, de 31 de julho de 2003.

§ 24. Para efeito de aplicação do § 5º-K, considera-se folha de salários, incluídos encargos, o montante pago, nos doze meses anteriores ao período de apuração, a título de remunerações a pessoas físicas decorrentes do trabalho, acrescido do montante efetivamente recolhido a título de contribuição patronal previdenciária e FGTS, incluídas as retiradas de pró-labore. (Redação dada pela Lei Complementar nº 155, de 2016)

§ 25. Para efeito do disposto no § 24 deste artigo, deverão ser consideradas tão somente as remunerações informadas na forma prevista no inciso IV do *caput* do art. 32 da Lei nº 8.212, de 24 de julho de 1991.

§ 26. Não são considerados, para efeito do disposto no § 24, valores pagos a título de aluguéis e de distribuição de lucros, observado o disposto no § 1º do art. 14.

§ 27. (Vetado). (Incluído pela Lei Complementar nº 155, de 2016)

Art. 18-A. O Microempreendedor Individual – MEI poderá optar pelo recolhimento dos impostos e contribuições abrangidos pelo Simples Nacional em valores fixos mensais, independentemente da receita bruta por ele auferida no mês, na forma prevista neste artigo.

- art. 36-A desta lei.
- art. 968, §§ 4º, 5º, CC.
- arts. 21, § 2º, II, a, 24; 72, Lei nº 8.212/1991 (Dispõe sobre a organização da Seguridade Social, institui Plano de Custeio).

§ 1º Para os efeitos desta Lei Complementar, considera-se MEI o empresário individual que se enquadre na definição do art. 966 da Lei nº 10.406, de 10 de janeiro de 2002 – Código Civil, ou o empreendedor que exerça as atividades de industrialização, comercialização e prestação de serviços no âmbito rural, que tenha auferido receita bruta, no ano-calendário anterior, de até R$ 81.000,00 (oitenta e um mil reais), que seja optante pelo Simples Nacional e que não esteja impedido de optar pela sistemática prevista neste artigo. (Redação dada pela Lei Complementar nº 155, de 2016)

§ 2º No caso de início de atividades, o limite de que trata o § 1º será de R$ 6.750,00 (seis mil, setecentos e cinquenta reais) multiplicados pelo número de meses compreendido entre o início da atividade e o final do respectivo ano-calendário, consideradas as frações de meses como um mês inteiro. (Redação dada pela Lei Complementar nº 155, de 2016)

§ 3º Na vigência da opção pela sistemática de recolhimento prevista no *caput* deste artigo:

I - não se aplica o disposto no § 18 do art. 18 desta Lei Complementar;

II - não se aplica a redução prevista no § 20 do art. 18 desta Lei Complementar ou qualquer dedução na base de cálculo;

III - não se aplicam as isenções específicas para as microempresas e empresas de pequeno porte concedidas pelo Estado, Município ou Distrito Federal a partir de 1º de julho de 2007 que abranjam integralmente a faixa de receita bruta anual até o limite previsto no § 1º;

IV - a opção pelo enquadramento como Microempreendedor Individual importa opção pelo recolhimento da contribuição referida no inciso X do § 1º do art. 13 desta Lei Complementar na forma prevista no § 2º do art. 21 da Lei nº 8.212, de 24 de julho de 1991;

V - o MEI, com receita bruta anual igual ou inferior a R$ 81.000,00 (oitenta e um mil reais), recolherá, na forma regulamentada pelo Comitê Gestor, valor fixo mensal correspondente à soma das seguintes parcelas: (Redação dada pela Lei Complementar nº 155, de 2016)

a) R$ 45,65 (quarenta e cinco reais e sessenta e cinco centavos), a título da contribuição prevista no inciso IV deste parágrafo;

b) R$ 1,00 (um real), a título do imposto referido no inciso VII do *caput* do art. 13 desta Lei Complementar, caso seja contribuinte do ICMS; e

c) R$ 5,00 (cinco reais), a título do imposto referido no inciso VIII do *caput* do art. 13 desta Lei Complementar, caso seja contribuinte do ISS;

VI - sem prejuízo do disposto nos §§ 1º a 3º do art. 13, o MEI terá isenção dos tributos referidos nos incisos I a VI do *caput* daquele artigo, ressalvado o disposto no art. 18-C.

§ 4º Não poderá optar pela sistemática de recolhimento prevista no *caput* deste artigo o MEI:

I - cuja atividade seja tributada na forma dos Anexos V ou VI desta Lei Complementar, salvo autorização relativa a exercício de atividade isolada na forma regulamentada pelo CGSN; (Redação dada pela Lei Complementar nº 147, de 2014)

II - que possua mais de um estabelecimento;

III - que participe de outra empresa como titular, sócio ou administrador; ou

IV - (Revogado pela Lei Complementar nº 155, de 2016)

V - constituído na forma de *startup*. (Incluído pela LC nº 167, de 2019)

§ 4º-A. Observadas as demais condições deste artigo, poderá optar pela sistemática de recolhimento prevista no *caput* o empresário individual que exerça atividade de comercialização e processamento de produtos de natureza extrativista.

§ 4º-B. O CGSN determinará as atividades autorizadas a optar pela sistemática de recolhimento de que trata este artigo, de forma a evitar a fragilização das relações de trabalho, bem como sobre a incidência do ICMS e do ISS.

§ 5º A opção de que trata o *caput* deste artigo dar-se-á na forma a ser estabelecida em ato do Comitê Gestor, observando-se que:

I - será irretratável para todo o ano-calendário;

II - deverá ser realizada no início do ano-calendário, na forma disciplinada pelo Comitê Gestor, produzindo efeitos a partir do primeiro dia do ano-calendário da opção, ressalvado o disposto no inciso III;

III - produzirá efeitos a partir da data do início de atividade desde que exercida nos termos, prazo e condições a serem estabelecidos em ato do Comitê Gestor a que se refere o *caput* deste parágrafo.

§ 6º O desenquadramento da sistemática de que trata o *caput* deste artigo será realizado de ofício ou mediante comunicação do MEI.

§ 7º O desenquadramento mediante comunicação do MEI à Secretaria da Receita Federal do Brasil – RFB dar-se-á:

I - por opção, que deverá ser efetuada no início do ano-calendário, na forma disciplinada pelo Comitê Gestor, produzindo efeitos a partir de 1º de janeiro do ano-calendário da comunicação;

II - obrigatoriamente, quando o MEI incorrer em alguma das situações previstas no § 4º deste artigo, devendo a comunicação ser efetuada até o último dia útil do mês subsequente àquele em que ocorrida a situação de vedação, produzindo efeitos a partir do mês subsequente ao da ocorrência da situação impeditiva;

III - obrigatoriamente, quando o MEI exceder, no ano-calendário, o limite de receita bruta previsto no § 1º deste artigo, devendo a comunicação ser efetuada até o último dia útil do mês subsequente àquele em que ocorrido o excesso, produzindo efeitos:

a) a partir de 1º de janeiro do ano-calendário subsequente ao da ocorrência do excesso, na hipótese de não ter ultrapassado o referido limite em mais de 20% (vinte por cento);

b) retroativamente a 1º de janeiro do ano-calendário da ocorrência do excesso, na hipótese de ter ultrapassado o referido limite em mais de 20% (vinte por cento);

IV - obrigatoriamente, quando o MEI exceder o limite de receita bruta previsto no § 2º deste artigo, devendo a comunicação ser efetuada até o último dia útil do mês subsequente àquele em que ocorrido o excesso, produzindo efeitos:

a) a partir de 1º de janeiro do ano-calendário subsequente ao da ocorrência do excesso, na hipótese de não ter ultrapassado o referido limite em mais de 20% (vinte por cento);

b) retroativamente ao início de atividade, na hipótese de ter ultrapassado o referido limite em mais de 20% (vinte por cento).

§ 8º O desenquadramento de ofício dar-se-á quando verificada a falta de comunicação de que trata o § 7º deste artigo.

§ 9º O Empresário Individual desenquadrado da sistemática de recolhimento prevista no *caput* deste artigo passará a recolher os tributos devidos pela regra geral do Simples Nacional a partir da data de início dos efeitos do desenquadramento, ressalvado o disposto no § 10 deste artigo.

§ 10. Nas hipóteses previstas nas alíneas a dos incisos III e IV do § 7º deste artigo, o MEI deverá recolher a diferença, sem acréscimos, em parcela única, juntamente com a da apuração do mês de janeiro do ano-calendário subsequente ao do excesso, na forma a ser estabelecida em ato do Comitê Gestor.

§ 11. O valor referido na alínea a do inciso V do § 3º deste artigo será reajustado, na forma prevista em lei ordinária, na mesma data de reajustamento dos benefícios de que trata a Lei nº 8.213, de 24 de julho de 1991, de forma a manter equivalência com a contribuição de que trata o § 2º do art. 21 da Lei nº 8.212, de 24 de julho de 1991.

§ 12. Aplica-se ao MEI que tenha optado pela contribuição na forma do § 1º deste artigo o disposto no § 4º do art. 55 e no § 2º do art. 94, ambos da Lei nº 8.213, de 24 de julho de 1991, exceto se optar pela complementação da contribuição previdenciária a que se refere o § 3º do art. 21 da Lei nº 8.212, de 24 de julho de 1991.

§ 13. O MEI está dispensado, ressalvado o disposto no art. 18-C desta Lei Complementar, de:

I - atender o disposto no inciso IV do *caput* do art. 32 da Lei nº 8.212, de 24 de julho de 1991;

II - apresentar a Relação Anual de Informações Sociais (Rais); e

III - declarar ausência de fato gerador para a Caixa Econômica Federal para emissão da Certidão de Regularidade Fiscal perante o FGTS.

§ 14. O Comitê Gestor disciplinará o disposto neste artigo.

§ 15. A inadimplência do recolhimento do valor previsto na alínea a do inciso V do § 3º tem como consequência a não contagem da competência em atraso para fins de carência para obtenção dos benefícios previdenciários respectivos.

§ 15-A. Ficam autorizados os Estados, o Distrito Federal e os Municípios a promover a remissão dos débitos decorrentes dos valores previstos nas alíneas b e c do inciso V do § 3º, inadimplidos isolada ou simultaneamente. (Incluído pela Lei Complementar nº 147, de 2014).

§ 15-B. O MEI poderá ter sua inscrição automaticamente cancelada após período de 12 (doze) meses consecutivos sem recolhimento ou declarações, independentemente de qualquer notificação, devendo a informação ser publicada no Portal do Empreendedor, na forma regulamentada pelo CGSIM. (Incluído pela Lei Complementar nº 147, de 2014)

§ 16. O CGSN estabelecerá, para o MEI, critérios, procedimentos, prazos e efeitos diferenciados para desenquadramento da sistemática de que trata este artigo, cobrança, inscrição em dívida ativa e exclusão do Simples Nacional.

§ 16-A. A baixa do MEI via portal eletrônico dispensa a comunicação aos órgãos da administração pública. (Incluído pela Lei Complementar nº 155, de 2016)

§ 17. A alteração de dados no CNPJ informada pelo empresário à Secretaria da Receita Federal do Brasil equivalerá à comunicação obrigatória de desenquadramento da sistemática de recolhimento de que trata este artigo, nas seguintes hipóteses:

I - alteração para natureza jurídica distinta de empresário individual a que se refere o art. 966 da Lei nº 10.406, de 10 de janeiro de 2002 (Código Civil);

II - inclusão de atividade econômica não autorizada pelo CGSN;

III - abertura de filial.

§ 18. Os Municípios somente poderão realizar o cancelamento da inscrição do MEI caso tenham regulamentação própria de classificação de risco e o respectivo processo simplificado de inscrição e legalização, em conformidade com esta Lei Complementar e com as resoluções do CGSIM. (Incluído pela Lei Complementar nº 147, de 2014)

§ 19. Fica vedada aos conselhos representativos de categorias econômicas a exigência de obrigações diversas das estipuladas nesta Lei Complementar para inscrição do MEI em seus quadros, sob pena de responsabilidade. (Incluído pela Lei Complementar nº 147, de 2014)

§ 19-A. O MEI inscrito no conselho profissional de sua categoria na qualidade de pessoa física é dispensado de realizar nova inscrição no mesmo conselho na qualidade de empresário individual. (Incluído pela Lei Complementar nº 155, de 2016)

§ 19-B. São vedadas aos conselhos profissionais, sob pena de responsabilidade, a exigência de inscrição e a execução de qualquer tipo de ação fiscalizadora quando a ocupação do MEI não exigir registro profissional da pessoa física. (Incluído pela Lei Complementar nº 155, de 2016)

§ 20. Os documentos fiscais das microempresas e empresas de pequeno porte poderão ser emitidos diretamente por sistema nacional informatizado e pela internet, sem custos para o empreendedor, na forma regulamentada pelo Comitê Gestor do Simples Nacional. (Incluído pela Lei Complementar nº 147, de 2014)

§ 21. Assegurar-se-á o registro nos cadastros oficiais ao guia de turismo inscrito como MEI. (Incluído pela Lei Complementar nº 147, de 2014)

§ 22. Fica vedado às concessionárias de serviço público o aumento das tarifas pagas pelo MEI por conta da modificação da sua condição de pessoa física para pessoa jurídica. (Incluído pela Lei Complementar nº 147, de 2014)

§ 23. (Vetado). (Incluído pela Lei Complementar nº 147, de 2014)

§ 24. Aplica-se ao MEI o disposto no inciso XI do § 4º do art. 3º (Incluído pela Lei Complementar nº 147, de 2014)

§ 25. O MEI poderá utilizar sua residência como sede do estabelecimento, quando não for indispensável a existência de local próprio para o exercício da atividade. (Incluído pela Lei Complementar nº 154, de 2016)

Art. 18-B. A empresa contratante de serviços executados por intermédio do MEI mantém, em relação a esta contratação, a obrigatoriedade de recolhimento da contribuição a que se refere o inciso III do *caput* e o § 1º do art. 22 da Lei nº 8.212, de 24 de julho de 1991, e o cumprimento das obrigações acessórias relativas à contratação de contribuinte individual.

§ 1º Aplica-se o disposto neste artigo exclusivamente em relação ao MEI que for contratado para prestar serviços de hidráulica, eletricidade, pintura, alvenaria, carpintaria e de manutenção ou reparo de veículos. (Redação dada pela Lei Complementar nº 147, de 2014)

§ 2º O disposto no *caput* e no § 1º não se aplica quando presentes os elementos da relação de emprego, ficando a contratante sujeita a todas as obrigações dela decorrentes, inclusive trabalhistas, tributárias e previdenciárias.

Art. 18-C. Observado o disposto no *caput* e nos §§ 1º a 25 do art. 18-A desta Lei Complementar, poderá enquadrar-se como MEI o empresário individual ou o empreendedor que exerça as atividades de industrialização, comercialização e prestação de serviços no âmbito rural que possua um único empregado que receba exclusivamente um salário mínimo ou o piso salarial da categoria profissional. (Redação dada pela Lei Complementar nº 155, de 2016)

§ 1º Na hipótese referida no *caput*, o MEI:

I - deverá reter e recolher a contribuição previdenciária relativa ao segurado a seu serviço na forma da lei, observados prazo e condições estabelecidos pelo CGSN;

II - é obrigado a prestar informações relativas ao segurado a seu serviço, na forma estabelecida pelo CGSN; e

III - está sujeito ao recolhimento da contribuição de que trata o inciso VI do *caput* do art. 13, calculada à alíquota de 3% (três por cento) sobre o salário de contribuição previsto no *caput*, na forma e prazos estabelecidos pelo CGSN.

§ 2º Para os casos de afastamento legal do único empregado do MEI, será permitida a contratação de outro empregado, inclusive por prazo determinado, até que cessem as condições do afastamento, na forma estabelecida pelo Ministério do Trabalho e Emprego.

§ 3º O CGSN poderá determinar, com relação ao MEI, a forma, a periodicidade e o prazo:

I - de entrega à Secretaria da Receita Federal do Brasil de uma única declaração com dados relacionados a fatos geradores, base de cálculo e valores dos tributos previstos nos arts. 18-A e 18-C, da contribuição para a Seguridade Social descontada do empregado e do Fundo de Garantia do Tempo de Serviço (FGTS), e outras informações de interesse do Ministério do Trabalho e Emprego, do Instituto Nacional do Seguro Social (INSS) e do Conselho Curador do FGTS, observado o disposto no § 7º do art. 26;

II - do recolhimento dos tributos previstos nos arts. 18-A e 18-C, bem como do FGTS e da contribuição para a Seguridade Social descontada do empregado.

§ 4º A entrega da declaração única de que trata o inciso I do § 3º substituirá, na forma regulamentada pelo CGSN, a obrigatoriedade de entrega de todas as informações, formulários e declarações a que estão sujeitas as demais empresas ou equiparados que contratam empregados, inclusive as relativas ao recolhimento do FGTS, à Relação Anual de Informações Sociais

(Rais) e ao Cadastro Geral de Empregados e Desempregados (Caged).

§ 5º Na hipótese de recolhimento do FGTS na forma do inciso II do § 3º, deve-se assegurar a transferência dos recursos e dos elementos identificadores do recolhimento ao gestor desse fundo para crédito na conta vinculada do trabalhador.

§ 6º O documento de que trata o inciso I do § 3º deste artigo tem caráter declaratório, constituindo instrumento hábil e suficiente para a exigência dos tributos e dos débitos fundiários que não tenham sido recolhidos resultantes das informações nele prestadas. (Incluído pela Lei Complementar nº 147, de 2014)

Art. 18-D. A tributação municipal do imposto sobre imóveis prediais urbanos deverá assegurar tratamento mais favorecido ao MEI para realização de sua atividade no mesmo local em que residir, mediante aplicação da menor alíquota vigente para aquela localidade, seja residencial ou comercial, nos termos da lei, sem prejuízo de eventual isenção ou imunidade existente. (Incluído pela Lei Complementar nº 147, de 2014)

Art. 18-E. O instituto do MEI é uma política pública que tem por objetivo a formalização de pequenos empreendimentos e a inclusão social e previdenciária. (Incluído pela Lei Complementar nº 147, de 2014)

§ 1º A formalização de MEI não tem caráter eminentemente econômico ou fiscal. (Incluído pela Lei Complementar nº 147, de 2014)

§ 2º Todo benefício previsto nesta Lei Complementar aplicável à microempresa estende-se ao MEI sempre que lhe for mais favorável. (Incluído pela Lei Complementar nº 147, de 2014)

§ 3º O MEI é modalidade de microempresa. (Incluído pela Lei Complementar nº 147, de 2014)

§ 4º É vedado impor restrições ao MEI relativamente ao exercício de profissão ou participação em licitações, em função da sua natureza jurídica, inclusive por ocasião da contratação dos serviços previstos no § 1º do art. 18-B desta Lei Complementar. (Redação dada pela Lei Complementar nº 155, de 2016)

§ 5º O empreendedor que exerça as atividades de industrialização, comercialização e prestação de serviços no âmbito rural que efetuar seu registro como MEI não perderá a condição de segurado especial da Previdência Social. (Incluído pela Lei Complementar nº 155, de 2016)

§ 6º O disposto no § 5º e o licenciamento simplificado de atividades para o empreendedor que exerça as atividades de industrialização, comercialização e prestação de serviços no âmbito rural serão regulamentados pelo CGSIM em até cento e oitenta dias. (Incluído pela Lei Complementar nº 155, de 2016)

§ 7º O empreendedor que exerça as atividades de industrialização, comercialização e prestação de serviços no âmbito rural manterá todas as suas obrigações relativas à condição de produtor rural ou de agricultor familiar. (Incluído pela Lei Complementar nº 155, de 2016)

Art. 19. Sem prejuízo da possibilidade de adoção de todas as faixas de receita previstas nos Anexos I a V desta Lei Complementar, os Estados cuja participação no Produto Interno Bruto brasileiro seja de até 1% (um por cento) poderão optar pela aplicação de sublimite para efeito de recolhimento do ICMS na forma do Simples Nacional nos respectivos territórios, para empresas com receita bruta anual de até R$ 1.800.000,00 (um milhão e oitocentos mil reais). (Redação dada pela Lei Complementar nº 155, de 2016)

I - (Revogado pela Lei Complementar nº 155, de 2016)

II - (Revogado pela Lei Complementar nº 155, de 2016)

III - (Revogado pela Lei Complementar nº 155, de 2016)

§ 1º A participação no Produto Interno Bruto brasileiro será apurada levando em conta o último resultado divulgado pelo Instituto Brasileiro de Geografia e Estatística ou outro órgão que o substitua.

§ 2º A opção prevista no *caput* produzirá efeitos somente para o ano-calendário subsequente, salvo deliberação do CGSN. (Redação dada pela Lei Complementar nº 155, de 2016)

§ 3º O disposto neste artigo aplica-se ao Distrito Federal.

§ 4º Para os Estados que não tenham adotado sublimite na forma do *caput* e para aqueles cuja participação no Produto Interno Bruto brasileiro seja superior a 1% (um por cento), para efeito de recolhimento do ICMS e do ISS, observar-se-á obrigatoriamente o sublimite no valor de R$ 3.600.000,00 (três milhões e seiscentos mil reais). (Incluído pela Lei Complementar nº 155, de 2016)

Art. 20. A opção feita na forma do art. 19 desta Lei Complementar pelos Estados importará adoção do mesmo limite de receita bruta anual para efeito de recolhimento na forma do ISS dos Municípios nele localizados, bem como para o do ISS devido no Distrito Federal.

§ 1º A empresa de pequeno porte que ultrapassar os limites a que se referem o *caput* e o § 4º do art. 19 estará automaticamente impedida de recolher o ICMS e o ISS na forma do Simples Nacional, a partir do mês subsequente àquele em que tiver ocorrido o excesso, relativamente aos seus estabelecimentos localizados na unidade da Federação que os houver adotado, ressalvado o disposto nos §§ 11 e 13 do art. 3º (Redação dada pela Lei Complementar nº 155, de 2016)

§ 1º-A. Os efeitos do impedimento previsto no § 1º ocorrerão no ano-calendário subsequente se o excesso verificado não for superior a 20% (vinte por cento) dos limites referidos.

§ 2º O disposto no § 1º deste artigo não se aplica na hipótese de o Estado ou de o Distrito Federal adotarem, compulsoriamente ou por opção, a aplicação de faixa de receita bruta superior à que vinha sendo utilizada no ano-calendário em que ocorreu o excesso da receita bruta.

§ 3º Na hipótese em que o recolhimento do ICMS ou do ISS não esteja sendo efetuado por meio do Simples Nacional por força do disposto neste artigo e no art. 19 desta Lei Complementar, as faixas de receita do Simples Nacional superiores àquela que tenha sido objeto de opção pelos Estados ou pelo Distrito Federal sofrerão, para efeito de recolhimento do Simples Nacional, redução da alíquota efetiva desses impostos, apurada de acordo com os Anexos I a V desta Lei Complementar, conforme o caso. (Redação dada pela Lei Complementar nº 155, de 2016)

§ 4º O Comitê Gestor regulamentará o disposto neste artigo e no art. 19 desta Lei Complementar.

SEÇÃO IV
DO RECOLHIMENTO DOS TRIBUTOS DEVIDOS

Art. 21. Os tributos devidos, apurados na forma dos arts. 18 a 20 desta Lei Complementar, deverão ser pagos:

I - por meio de documento único de arrecadação, instituído pelo Comitê Gestor;

II - (Revogado pela LC nº 128/08)

III - enquanto não regulamentado pelo Comitê Gestor, até o último dia útil da primeira quinzena do mês subsequente àquele a que se referir;

IV - em banco integrante da rede arrecadadora do Simples Nacional, na forma regulamentada pelo Comitê Gestor.

§ 1º Na hipótese de a microempresa ou a empresa de pequeno porte possuir filiais, o recolhimento dos tributos do Simples Nacional dar-se-á por intermédio da matriz.

§ 2º Poderá ser adotado sistema simplificado de arrecadação do Simples Nacional, inclusive sem utilização da rede bancária, mediante requerimento do Estado, Distrito Federal ou Município ao Comitê Gestor.

§ 3º O valor não pago até a data do vencimento sujeitar-se-á à incidência de encargos legais na forma prevista na legislação do imposto sobre a renda.

§ 4º A retenção na fonte de ISS das microempresas ou das empresas de pequeno porte optantes pelo Simples Nacional somente será permitida se observado o disposto no art. 3º da Lei Complementar nº 116, de 31 de julho de 2003, e deverá observar as seguintes normas:

I - a alíquota aplicável na retenção na fonte deverá ser informada no documento fiscal e corresponderá à alíquota efetiva de ISS a que a microempresa ou a empresa de pequeno porte estiver sujeita no mês anterior ao da prestação; (Redação dada pela Lei Complementar nº 155, de 2016)

II - na hipótese de o serviço sujeito à retenção ser prestado no mês de início de atividades da microempresa ou da empresa de pequeno porte, deverá ser aplicada pelo tomador a alíquota efetiva de 2% (dois por cento); (Redação dada pela Lei Complementar nº 155, de 2016)

III - na hipótese do inciso II deste parágrafo, constatando-se que houve diferença entre a alíquota utilizada e a efetivamente apurada, caberá à microempresa ou empresa de pequeno porte prestadora dos serviços efetuar o recolhimento dessa diferença no mês subsequente ao do início de atividade em guia própria do Município;

IV - na hipótese de a microempresa ou empresa de pequeno porte estar sujeita à tributação do ISS no Simples Nacional por valores fixos mensais, não caberá a retenção a que se refere o *caput* deste parágrafo;

V - na hipótese de a microempresa ou a empresa de pequeno porte não informar a alíquota de que tratam os incisos I e II deste parágrafo no documento fiscal, aplicar-se-á a alíquota efetiva de 5% (cinco por cento); (Redação dada pela Lei Complementar nº 155, de 2016)

VI - não será eximida a responsabilidade do prestador de serviços quando a alíquota do ISS informada no documento fiscal for inferior à devida, hipótese em que o recolhimento dessa diferença será realizado em guia própria do Município;

VII - o valor retido, devidamente recolhido, será definitivo, não sendo objeto de partilha com os municípios, e sobre a receita de prestação de serviços que sofreu a retenção não haverá incidência de ISS a ser recolhido no Simples Nacional.

§ 4º-A. Na hipótese de que tratam os incisos I e II do § 4º, a falsidade na prestação dessas informações sujeitará o responsável, o titular, os sócios ou os administradores da microempresa e da empresa de pequeno porte, juntamente com as demais pessoas que para ela concorrerem, às penalidades previstas na legislação criminal e tributária.

§ 5º O CGSN regulará a compensação e a restituição dos valores do Simples Nacional recolhidos indevidamente ou em montante superior ao devido.

§ 6º O valor a ser restituído ou compensado será acrescido de juros obtidos pela aplicação da taxa referencial do Sistema Especial de Liquidação e de Custódia (Selic) para títulos federais, acumulada mensalmente, a partir do mês subsequente ao do pagamento indevido ou a maior que o devido até o mês anterior ao da compensação ou restituição, e de 1% (um por cento) relativamente ao mês em que estiver sendo efetuada.

§ 7º Os valores compensados indevidamente serão exigidos com os acréscimos moratórios de que trata o art. 35.

§ 8º Na hipótese de compensação indevida, quando se comprove falsidade de declaração apresentada pelo sujeito passivo, o contribuinte estará sujeito à multa isolada aplicada no percentual previsto no inciso I do *caput* do art. 44 da Lei nº 9.430, de 27 de dezembro de 1996, aplicado em dobro, e terá como base de cálculo o valor total do débito indevidamente compensado.

§ 9º É vedado o aproveitamento de créditos não apurados no Simples Nacional, inclusive de natureza não tributária, para extinção de débitos do Simples Nacional.

§ 10. Os créditos apurados no Simples Nacional não poderão ser utilizados para extinção de outros débitos para com as Fazendas Públicas, salvo por ocasião da compensação de ofício oriunda de deferimento em processo de restituição ou após a exclusão da empresa do Simples Nacional.

§ 11. No Simples Nacional, é permitida a compensação tão somente de créditos para extinção de débitos para com o mesmo ente federado e relativos ao mesmo tributo.

§ 12. Na restituição e compensação no Simples Nacional serão observados os prazos de decadência e prescrição previstos na Lei nº 5.172, de 25 de outubro de 1966 (Código Tributário Nacional).

§ 13. É vedada a cessão de créditos para extinção de débitos no Simples Nacional.

§ 14. Aplica-se aos processos de restituição e de compensação o rito estabelecido pelo CGSN.

§ 15. Compete ao CGSN fixar critérios, condições para rescisão, prazos, valores mínimos de amortização e demais procedimentos para parcelamento dos recolhimentos em atraso dos débitos tributários apurados no Simples Nacional, observado o disposto no § 3º deste artigo e no art. 35 e ressalvado o disposto no § 19 deste artigo.

- LC 162/2018 (Institui o Programa Especial de Regularização Tributária das Microempresas e Empresas de Pequeno Porte optantes pelo Simples Nacional "Pert-SN").

§ 16. Os débitos de que trata o § 15 poderão ser parcelados em até 60 (sessenta) parcelas mensais, na forma e condições previstas pelo CGSN.

§ 17. O valor de cada prestação mensal, por ocasião do pagamento, será acrescido de juros equivalentes à taxa referencial do Sistema Especial de Liquidação e de Custódia (Selic) para títulos federais, acumulada mensalmente, calculados a partir do mês subsequente ao da consolidação até o mês anterior ao do pagamento, e de 1% (um por cento) relativamente ao mês em que o pagamento estiver sendo efetuado, na forma regulamentada pelo CGSN.

§ 18. Será admitido reparcelamento de débitos constantes de parcelamento em curso ou que tenha sido rescindido, podendo ser incluídos novos débitos, na forma regulamentada pelo CGSN.

§ 19. Os débitos constituídos de forma isolada por parte de Estado, do Distrito Federal ou de Município, em face de ausência de aplicativo para lançamento unificado, relativo a tributo de sua competência, que não estiverem inscritos em Dívida Ativa da União, poderão ser parcelados pelo ente responsável pelo lançamento de acordo com a respectiva legislação, na forma regulamentada pelo CGSN.

§ 20. O pedido de parcelamento deferido importa confissão irretratável do débito e configura confissão extrajudicial.

§ 21. Serão aplicadas na consolidação as reduções das multas de lançamento de ofício previstas na legislação federal, conforme regulamentação do CGSN.

§ 22. O repasse para os entes federados dos valores pagos e da amortização dos débitos parcelados será efetuado proporcionalmente ao valor de cada tributo na composição da dívida consolidada.

§ 23. No caso de parcelamento de débito inscrito em dívida ativa, o devedor pagará custas, emolumentos e demais encargos legais.

§ 24. Implicará imediata rescisão do parcelamento e remessa do débito para inscrição em dívida ativa ou prosseguimento da execução, conforme o caso, até deliberação do CGSN, a falta de pagamento:

I - de 3 (três) parcelas, consecutivas ou não; ou

II - de 1 (uma) parcela, estando pagas todas as demais.

§ 25. O documento previsto no inciso I do *caput* deste artigo deverá conter a partilha discriminada de cada um dos tributos abrangidos pelo Simples Nacional, bem como os valores destinados a cada ente federado. (Incluído pela Lei Complementar nº 155, de 2016)

Art. 21-A. A inscrição de microempresa ou empresa de pequeno porte no Cadastro Informativo dos créditos não quitados do setor público federal – CADIN, somente ocorrerá mediante notificação prévia com prazo para contestação. (Incluído pela Lei Complementar nº 147, de 2014)

Art. 21-B. Os Estados e o Distrito Federal deverão observar, em relação ao ICMS, o prazo mínimo de 60 (sessenta) dias, contado a partir do primeiro dia do mês do fato gerador da obrigação tributária, para estabelecer a data de vencimento do imposto devido por substituição tributária, tributação concentrada em uma única etapa (monofásica) e por antecipação tributária com ou sem encerramento de tributação, nas hipóteses em que a responsabilidade recair sobre operações ou prestações subsequentes, na forma regulamentada pelo Comitê Gestor. (Incluído pela Lei Complementar nº 147, de 2014)

SEÇÃO V
DO REPASSE DO PRODUTO DA ARRECADAÇÃO

Art. 22. O Comitê Gestor definirá o sistema de repasses do total arrecadado, inclusive encargos legais, para o:

I - Município ou Distrito Federal, do valor correspondente ao ISS;

II - Estado ou Distrito Federal, do valor correspondente ao ICMS;

III - Instituto Nacional do Seguro Social, do valor correspondente à Contribuição para manutenção da Seguridade Social.

Parágrafo único. Enquanto o Comitê Gestor não regulamentar o prazo para o repasse previsto no inciso II do *caput* deste artigo, esse será efetuado nos prazos estabelecidos nos convênios celebrados no âmbito do colegiado a que se refere a alínea g do inciso XII do § 2º do art. 155 da Constituição Federal.

SEÇÃO VI
DOS CRÉDITOS

Art. 23. As microempresas e as empresas de pequeno porte optantes pelo Simples Nacional não farão jus à apropriação nem transferirão créditos relativos a impostos ou contribuições abrangidos pelo Simples Nacional.

§ 1º As pessoas jurídicas e aquelas a elas equiparadas pela legislação tributária não optantes pelo Simples Nacional terão direito a crédito correspondente ao ICMS incidente sobre as suas aquisições de mercadorias de microempresa ou empresa de pequeno porte optante pelo Simples Nacional, desde que destinadas à comercialização ou industrialização e observado, como limite, o ICMS efetivamente devido pelas optantes pelo Simples Nacional em relação a essas aquisições.

§ 2º A alíquota aplicável ao cálculo do crédito de que trata o § 1º deste artigo deverá ser informada no documento fiscal e corresponderá ao percentual de ICMS previsto nos Anexos I ou II desta Lei Complementar para a faixa de receita bruta a que a microempresa ou a empresa de pequeno porte estiver sujeita no mês anterior ao da operação.

§ 3º Na hipótese de a operação ocorrer no mês de início de atividades da microempresa ou empresa de pequeno porte optante pelo Simples Nacional, a alíquota aplicável ao cálculo do crédito de que trata o § 1º deste artigo corresponderá ao percentual de ICMS referente à menor alíquota prevista nos Anexos I ou II desta Lei Complementar.

§ 4º Não se aplica o disposto nos §§ 1º a 3º deste artigo quando:

I - a microempresa ou empresa de pequeno porte estiver sujeita à tributação do ICMS no Simples Nacional por valores fixos mensais;

II - a microempresa ou a empresa de pequeno porte não informar a alíquota de que trata o § 2º deste artigo no documento fiscal;

III - houver isenção estabelecida pelo Estado ou Distrito Federal que abranja a faixa de receita bruta a que a microempresa ou a empresa de pequeno porte estiver sujeita no mês da operação;

IV - o remetente da operação ou prestação considerar, por opção, que a alíquota determinada na forma do *caput* e dos §§ 1º e 2º do art. 18 desta Lei Complementar deverá incidir sobre a receita recebida no mês.

§ 5º Mediante deliberação exclusiva e unilateral dos Estados e do Distrito Federal, poderá ser concedido às pessoas jurídicas e àquelas a elas equiparadas pela legislação tributária não optantes pelo Simples Nacional crédito correspondente ao ICMS incidente sobre os insumos utilizados nas mercadorias adquiridas de indústria optante pelo Simples Nacional, sendo vedado o estabelecimento de diferenciação no valor do crédito em razão da procedência dessas mercadorias.

§ 6º O Comitê Gestor do Simples Nacional disciplinará o disposto neste artigo.

Art. 24. As microempresas e as empresas de pequeno porte optantes pelo Simples Nacional não poderão utilizar ou destinar qualquer valor a título de incentivo fiscal.

§ 1º Não serão consideradas quaisquer alterações em bases de cálculo, alíquotas e percentuais ou outros fatores que alterem o valor de imposto ou contribuição apurado na forma do Simples Nacional, estabelecidas pela União, Estado, Distrito Federal ou Município, exceto as previstas ou autorizadas nesta Lei Complementar. (Incluído pela Lei Complementar nº 155, de 2016)

§ 2º (Vetado). (Incluído pela Lei Complementar nº 155, de 2016)

SEÇÃO VII
DAS OBRIGAÇÕES FISCAIS ACESSÓRIAS

Art. 25. A microempresa ou empresa de pequeno porte optante pelo Simples Nacional deverá apresentar anualmente à Secretaria da Receita Federal do Brasil declaração única e simplificada de informações socioeconômicas e fiscais, que deverá ser disponibilizada aos órgãos de fiscalização tributária e previdenciária, observados prazo e modelo aprovados pelo CGSN e observado o disposto no § 15-A do art. 18.

‣ arts. 26, II, § 3º; 38; 41, § 4º, II, desta lei.

§ 1º A declaração de que trata o *caput* deste artigo constitui confissão de dívida e instrumento hábil e suficiente para a exigência dos tributos e contribuições que não tenham sido recolhidos resultantes das informações nela prestadas.

§ 2º A situação de inatividade deverá ser informada na declaração de que trata o *caput* deste artigo, na forma regulamentada pelo Comitê Gestor.

§ 3º Para efeito do disposto no § 2º deste artigo, considera-se em situação de inatividade a microempresa ou a empresa de pequeno porte que não apresente mutação patrimonial e atividade operacional durante todo o ano-calendário.

§ 4º A declaração de que trata o *caput* deste artigo, relativa ao MEI definido no art. 18-A desta Lei Complementar, conterá, para efeito do disposto no art. 3º da Lei Complementar nº 63, de 11 de janeiro de 1990, tão somente as informações relativas à receita bruta total sujeita ao ICMS, sendo vedada a instituição de declarações adicionais em decorrência da referida Lei Complementar.

§ 5º A declaração de que trata o *caput*, a partir das informações relativas ao ano-calendário de 2012, poderá ser prestada por meio da declaração de que trata o § 15-A do art. 18 desta Lei Complementar, na periodicidade e prazos definidos pelo CGSN. (Incluído pela Lei Complementar nº 147, de 2014)

Art. 26. As microempresas e empresas de pequeno porte optantes pelo Simples Nacional ficam obrigadas a:

I - emitir documento fiscal de venda ou prestação de serviço, de acordo com instruções expedidas pelo Comitê Gestor;

‣ art. 29, XI, desta lei.

II - manter em boa ordem e guarda os documentos que fundamentaram a apuração dos impostos e contribuições devidos e o cumprimento das obrigações acessórias a que se refere o art. 25 desta Lei Complementar enquanto não decorrido o prazo decadencial e não prescritas eventuais ações que lhes sejam pertinentes.

§ 1º O MEI fará a comprovação da receita bruta mediante apresentação do registro de vendas ou de prestação de serviços na forma estabelecida pelo CGSN, ficando dispensado da emissão do documento fiscal previsto no inciso I do *caput*, ressalvadas as hipóteses de emissão obrigatória previstas pelo referido Comitê.

I a III - (Revogados pela LC nº 128/08)

§ 2º As demais microempresas e as empresas de pequeno porte, além do disposto nos incisos I e II do *caput* deste artigo, deverão, ainda, manter o livro-caixa em que será escriturada sua movimentação financeira e bancária.

§ 3º A exigência de declaração única a que se refere o *caput* do art. 25 desta Lei Complementar não desobriga a prestação de informações relativas a terceiros.

§ 4º É vedada a exigência de obrigações tributárias acessórias relativas aos tributos apurados na forma do Simples Nacional além daquelas estipuladas pelo CGSN e atendidas por meio do Portal do Simples Nacional, bem como, o estabelecimento de exigências adicionais e unilaterais pelos entes federativos, exceto os programas de cidadania fiscal. (Redação dada pela Lei Complementar nº 147, de 2014)

§ 4º-A. A escrituração fiscal digital ou obrigação equivalente não poderá ser exigida da microempresa ou empresa de pequeno porte optante pelo Simples Nacional, salvo se, cumulativamente, houver: (Incluído pela Lei Complementar nº 147, de 2014)

I - autorização específica do CGSN, que estabelecerá as condições para a obrigatoriedade; (Incluído pela Lei Complementar nº 147, de 2014)

II - disponibilização por parte da administração tributária estipulante de aplicativo gratuito para uso da empresa optante. (Incluído pela Lei Complementar nº 147, de 2014)

§ 4º-B. A exigência de apresentação de livros fiscais em meio eletrônico aplicar-se-á somente na hipótese de substituição da entrega em meio convencional, cuja obrigatoriedade tenha sido prévia e específicamente estabelecida pelo CGSN. (Incluído pela Lei Complementar nº 147, de 2014)

§ 4º-C. Até a implantação de sistema nacional uniforme estabelecido pelo CGSN com compartilhamento de informações com os entes federados, permanece válida norma publicada por ente federado até o primeiro trimestre de 2014 que tenha veiculado exigência vigente de a microempresa ou empresa de pequeno porte apresentar escrituração fiscal digital ou obrigação equivalente. (Incluído pela Lei Complementar nº 147, de 2014)

§ 5º As microempresas e empresas de pequeno porte ficam sujeitas à entrega de declaração eletrônica que deva conter os dados referentes aos serviços prestados ou tomados de terceiros, na conformidade do que dispuser o Comitê Gestor.

§ 6º Na hipótese do § 1º deste artigo:

I - deverão ser anexados ao registro de vendas ou de prestação de serviços, na forma regulamentada pelo Comitê Gestor, os documentos fiscais comprobatórios das entradas de mercadorias e serviços tomados referentes ao período, bem como os documentos fiscais relativos às operações ou prestações realizadas eventualmente emitidos;

II - será obrigatória a emissão de documento fiscal nas vendas e nas prestações de serviços realizadas pelo MEI para destinatário cadastrado no Cadastro Nacional da Pessoa Jurídica (CNPJ), ficando dispensado desta emissão para o consumidor final.

§ 7º Cabe ao CGSN dispor sobre a exigência da certificação digital para o cumprimento de obrigações principais e acessórias por parte da microempresa, inclusive o MEI, ou empresa de pequeno porte optante pelo Simples Nacional, inclusive para o recolhimento do FGTS.

§ 8º O CGSN poderá disciplinar sobre a disponibilização, no portal do SIMPLES Nacional, de documento fiscal eletrônico de venda ou de prestação de serviço para o MEI, microempresa ou empresa de pequeno porte optante pelo Simples Nacional. (Incluído pela Lei Complementar nº 147, de 2014)

§ 9º O desenvolvimento e a manutenção das soluções de tecnologia, capacitação e orientação aos usuários relativas ao disposto no § 8º, bem como as demais relativas ao Simples Nacional, poderão ser apoiadas pelo Serviço Brasileiro de Apoio às Micro e Pequenas Empresas – SEBRAE. (Incluído pela Lei Complementar nº 147, de 2014)

§ 10. O ato de emissão ou de recepção de documento fiscal por meio eletrônico estabelecido pelas administrações tributárias, em qualquer modalidade, de entrada, de saída ou de prestação, na forma estabelecida pelo CGSN, representa sua própria escrituração fiscal e elemento suficiente para a fundamentação e a constituição do crédito tributário. (Incluído pela Lei Complementar nº 147, de 2014)

§ 11. Os dados dos documentos fiscais de qualquer espécie podem ser compartilhados entre as administrações tributárias da União, Estados, Distrito Federal e Municípios e, quando emitidos por meio eletrônico, na forma estabelecida pelo CGSN, a microempresa ou empresa de pequeno porte optante pelo Simples Nacional fica desobrigada de transmitir seus dados às administrações tributárias. (Incluído pela Lei Complementar nº 147, de 2014)

§ 12. As informações a serem prestadas relativas ao ICMS devido na forma prevista nas alíneas a, g e h do inciso XIII do § 1º do art. 13 serão fornecidas por meio de aplicativo único. (Incluído pela Lei Complementar nº 147, de 2014)

§ 13. Fica estabelecida a obrigatoriedade de utilização de documentos fiscais eletrônicos estabelecidos pelo Confaz nas operações e prestações relativas ao ICMS efetuadas por microempresas e empresas de pequeno porte nas hipóteses previstas nas alíneas a, g e h do inciso XIII do § 1º do art. 13. (Incluído pela Lei Complementar nº 147, de 2014)

§ 14. Os aplicativos necessários ao cumprimento do disposto nos §§ 12 e 13 deste artigo serão disponibilizados, de forma gratuita, no portal do Simples Nacional. (Incluído pela Lei Complementar nº 147, de 2014)

§ 15. O CGSN regulamentará o disposto neste artigo. (Incluído pela Lei Complementar nº 147, de 2014)

Art. 27. As microempresas e empresas de pequeno porte optantes pelo Simples Nacional poderão, opcionalmente, adotar contabilidade simplificada para os registros e controles das operações realizadas, conforme regulamentação do Comitê Gestor.

- Dec. nº 6.451/2008 (Dispõe sobre a constituição do Consórcio Simples por Microempresas e EPP optantes pelo Simples Nacional).

SEÇÃO VIII
DA EXCLUSÃO DO SIMPLES NACIONAL

Art. 28. A exclusão do Simples Nacional será feita de ofício ou mediante comunicação das empresas optantes.

Parágrafo único. As regras previstas nesta seção e o modo de sua implementação serão regulamentados pelo Comitê Gestor.

Art. 29. A exclusão de ofício das empresas optantes pelo Simples Nacional dar-se-á quando:

I - verificada a falta de comunicação de exclusão obrigatória;

- art. 33 desta lei.

II - for oferecido embaraço à fiscalização, caracterizado pela negativa não justificada de exibição de livros e documentos a que estiverem obrigadas, bem como pelo não fornecimento de informações sobre bens, movimentação financeira, negócio ou atividade que estiverem intimadas a apresentar, e nas demais hipóteses que autorizam a requisição de auxílio da força pública;

III - for oferecida resistência à fiscalização, caracterizada pela negativa de acesso ao estabelecimento, ao domicílio fiscal ou a qualquer outro local onde desenvolvam suas atividades ou se encontrem bens de sua propriedade;

IV - a sua constituição ocorrer por interpostas pessoas;

V - tiver sido constatada prática reiterada de infração ao disposto nesta Lei Complementar;

VI - a empresa for declarada inapta, na forma dos arts. 81 e 82 da Lei nº 9.430, de 27 de dezembro de 1996, e alterações posteriores;

VII - comercializar mercadorias objeto de contrabando ou descaminho;

VIII - houver falta de escrituração do livro-caixa ou não permitir a identificação da movimentação financeira, inclusive bancária;

IX - for constatado que durante o ano-calendário o valor das despesas pagas supera em 20% (vinte por cento) o valor de ingressos de recursos no mesmo período, excluído o ano de início de atividade;

X - for constatado que durante o ano-calendário o valor das aquisições de mercadorias para comercialização ou industrialização, ressalvadas hipóteses justificadas de aumento de estoque, for superior a 80% (oitenta por cento) dos ingressos de recursos no mesmo período, excluído o ano de início de atividade;

XI - houver descumprimento reiterado da obrigação contida no inciso I do *caput* do art. 26;

XII - omitir de forma reiterada da folha de pagamento da empresa ou de documento de informações previsto pela legislação previdenciária, trabalhista ou tributária, segurado empregado, trabalhador avulso ou contribuinte individual que lhe preste serviço.

§ 1º Nas hipóteses previstas nos incisos II a XII do *caput* deste artigo, a exclusão produzirá efeitos a partir do próprio mês em que incorridas, impedindo a opção pelo regime diferenciado e favorecido desta Lei Complementar pelos próximos 3 (três) anos-calendário seguintes.

§ 2º O prazo de que trata o § 1º deste artigo será elevado para 10 (dez) anos caso seja constatada a utilização de artifício, ardil ou qualquer outro meio fraudulento que induza ou mantenha a fiscalização em erro, com o fim de suprimir ou reduzir o pagamento de tributo apurável segundo o regime especial previsto nesta Lei Complementar.

§ 3º A exclusão de ofício será realizada na forma regulamentada pelo Comitê Gestor, cabendo o lançamento dos tributos e contribuições apurados aos respectivos entes tributantes.

§ 4º (Revogado)

§ 5º A competência para exclusão de ofício do Simples Nacional obedece ao disposto no art. 33, e o julgamento administrativo, ao disposto no art. 39, ambos desta Lei Complementar.

§ 6º Nas hipóteses de exclusão previstas no *caput*, a notificação:

I - será efetuada pelo ente federativo que promoveu a exclusão; e

II - poderá ser feita por meio eletrônico, observada a regulamentação do CGSN.

§ 7º (Revogado pela LC 128/08)

§ 8º A notificação de que trata o § 6º aplica-se ao indeferimento da opção pelo Simples Nacional.

§ 9º Considera-se prática reiterada, para fins do disposto nos incisos V, XI e XII do *caput*:

I - a ocorrência, em 2 (dois) ou mais períodos de apuração, consecutivos ou alternados, de idênticas infrações, inclusive de natureza acessória, verificada em relação aos últimos 5 (cinco) anos-calendário, formalizadas por intermédio de auto de infração ou notificação de lançamento; ou

II - a segunda ocorrência de idênticas infrações, caso seja constatada a utilização de artifício, ardil ou qualquer outro meio fraudulento que induza ou mantenha a fiscalização em erro, com o fim de suprimir ou reduzir o pagamento de tributo.

Art. 30. A exclusão do Simples Nacional, mediante comunicação das microempresas ou das empresas de pequeno porte, dar-se-á:

I - por opção;

II - obrigatoriamente, quando elas incorrerem em qualquer das situações de vedação previstas nesta Lei Complementar; ou

III - obrigatoriamente, quando ultrapassado, no ano-calendário de início de atividade, o limite proporcional de receita bruta de que trata o § 2º do art. 3º;

IV - obrigatoriamente, quando ultrapassado, no ano-calendário, o limite de receita bruta previsto no inciso II do *caput* do art. 3º, quando não estiver no ano-calendário de início de atividade.

§ 1º A exclusão deverá ser comunicada à Secretaria da Receita Federal:

▸ art. 36 desta lei.

I - na hipótese do inciso I do *caput* deste artigo, até o último dia útil do mês de janeiro;

II - na hipótese do inciso II do *caput* deste artigo, até o último dia útil do mês subsequente àquele em que ocorrida a situação de vedação;

III - na hipótese do inciso III do *caput*:

a) até o último dia útil do mês seguinte àquele em que tiver ultrapassado em mais de 20% (vinte por cento) o limite proporcional de que trata o § 10 do art. 3º; ou

b) até o último dia útil do mês de janeiro do ano-calendário subsequente ao de início de atividades, caso o excesso seja inferior a 20% (vinte por cento) do respectivo limite;

IV - na hipótese do inciso IV do *caput*:

a) até o último dia útil do mês subsequente à ultrapassagem em mais de 20% (vinte por cento) do limite de receita bruta previsto no inciso II do *caput* do art. 3º; ou

b) até o último dia útil do mês de janeiro do ano-calendário subsequente, na hipótese de não ter ultrapassado em mais de 20% (vinte por cento) o limite de receita bruta previsto no inciso II do *caput* do art. 3º.

§ 2º A comunicação de que trata o *caput* deste artigo dar-se-á na forma a ser estabelecida pelo Comitê Gestor.

§ 3º A alteração de dados no CNPJ, informada pela ME ou EPP à Secretaria da Receita Federal do Brasil, equivalerá à comunicação obrigatória de exclusão do Simples Nacional nas seguintes hipóteses:

I - alteração de natureza jurídica para Sociedade Anônima, Sociedade Empresária em Comandita por Ações, Sociedade em Conta de Participação ou Estabelecimento, no Brasil, de Sociedade Estrangeira;

II - inclusão de atividade econômica vedada à opção pelo Simples Nacional;

III - inclusão de sócio pessoa jurídica;

IV - inclusão de sócio domiciliado no exterior;

V - cisão parcial; ou

VI - extinção da empresa.

Art. 31. A exclusão das microempresas ou das empresas de pequeno porte do Simples Nacional produzirá efeitos:

I - na hipótese do inciso I do *caput* do art. 30 desta Lei Complementar, a partir de 1º de janeiro do ano-calendário subsequente, ressalvado o disposto no § 4º deste artigo;

II - na hipótese do inciso II do *caput* do art. 30 desta Lei Complementar, a partir do mês seguinte da ocorrência da situação impeditiva;

III - na hipótese do inciso III do *caput* do art. 30 desta Lei Complementar:

a) desde o início das atividades;

b) a partir de 1º de janeiro do ano-calendário subsequente, na hipótese de não ter ultrapassado em mais de 20% (vinte por cento) o limite proporcional de que trata o § 10 do art. 3º;

IV - na hipótese do inciso V do *caput* do art. 17 desta Lei Complementar, a partir do ano-calendário subsequente ao da ciência da comunicação da exclusão.

V - na hipótese do inciso IV do *caput* do art. 30:

a) a partir do mês subsequente à ultrapassagem em mais de 20% (vinte por cento) do limite de receita bruta previsto no inciso II do art. 3º;

b) a partir de 1º de janeiro do ano-calendário subsequente, na hipótese de não ter ultrapassado em mais de 20% (vinte por cento) o limite de receita bruta previsto no inciso II do art. 3º.

§ 1º Na hipótese prevista no inciso III do *caput* do art. 30 desta Lei Complementar, a microempresa ou empresa de pequeno porte não poderá optar, no ano-calendário subsequente ao do início de atividades, pelo Simples Nacional.

§ 2º Na hipótese dos incisos V e XVI do *caput* do art. 17, será permitida a permanência da pessoa jurídica como optante pelo Simples Nacional mediante a comprovação da regularização do débito ou do cadastro fiscal no prazo de até 30 (trinta) dias contados a partir da ciência da comunicação da exclusão.

§ 3º O CGSN regulamentará os procedimentos relativos ao impedimento de recolher o ICMS e o ISS na forma do Simples Nacional, em face da ultrapassagem dos limites estabelecidos na forma dos incisos I ou II do art. 19 e do art. 20.

§ 4º No caso de a microempresa ou a empresa de pequeno porte ser excluída do Simples Nacional no mês de janeiro, na hipótese do inciso I do *caput* do art. 30 desta Lei Complementar, os efeitos da exclusão dar-se-ão nesse mesmo ano.

§ 5º Na hipótese do inciso II do *caput* deste artigo, uma vez que o motivo da exclusão deixe de existir, havendo a exclusão retroativa de ofício no caso do inciso I do *caput* do art. 29 desta Lei Complementar, o efeito desta dar-se-á a partir do mês seguinte ao da ocorrência da situação impeditiva, limitado, porém, ao último dia do ano-calendário em que a referida situação deixou de existir.

Art. 32. As microempresas ou as empresas de pequeno porte excluídas do Simples Nacional sujeitar-se-ão, a partir do período em que se processarem os efeitos da exclusão, às normas de tributação aplicáveis às demais pessoas jurídicas.

§ 1º Para efeitos do disposto no *caput* deste artigo, na hipótese da alínea a do inciso III do *caput* do art. 31 desta Lei Complementar, a microempresa ou a empresa de pequeno porte desenquadrada ficará sujeita ao pagamento da totalidade ou diferença dos respectivos impostos e contribuições, devidos de conformidade com as normas gerais de incidência, acrescidos, tão somente, de juros de mora, quando efetuado antes do início de procedimento de ofício.

§ 2º Para efeito do disposto no *caput* deste artigo, o sujeito passivo poderá optar pelo recolhimento do imposto de renda e da Contribuição Social sobre o Lucro Líquido na forma do lucro presumido, lucro real trimestral ou anual.

§ 3º Aplica-se o disposto no *caput* e no § 1º em relação ao ICMS e ao ISS à empresa impedida de recolher esses impostos na forma do Simples Nacional, em face da ultrapassagem dos limites a que se referem os incisos I e II do *caput* do art. 19, relativamente ao estabelecimento localizado na unidade da federação que os houver adotado.

SEÇÃO IX
DA FISCALIZAÇÃO

Art. 33. A competência para fiscalizar o cumprimento das obrigações principais e acessórias relativas ao Simples Nacional e para verificar a ocorrência das hipóteses previstas no art. 29 desta Lei Complementar é da Secretaria da Receita Federal e das Secretarias de Fazenda ou de Finanças do Estado ou do Distrito Federal, segundo a localização do estabelecimento, e, tratando-se de prestação de serviços incluídos na competência tributária municipal, a competência será também do respectivo Município.

§ 1º As Secretarias de Fazenda ou Finanças dos Estados poderão celebrar convênio com os Municípios de sua jurisdição para atribuir a estes a fiscalização a que se refere o *caput* deste artigo.

§ 1º-A. Dispensa-se o convênio de que trata o § 1º na hipótese de ocorrência de prestação de serviços sujeita ao ISS por estabelecimento localizado no Município.

§ 1º-B. A fiscalização de que trata o *caput*, após iniciada, poderá abranger todos os demais estabelecimentos da microempresa ou da empresa de pequeno porte, independentemente da atividade por eles exercida ou de sua localização, na forma e condições estabelecidas pelo CGSN.

§ 1º-C. As autoridades fiscais de que trata o *caput* têm competência para efetuar o lançamento de todos os tributos previstos nos incisos I a VIII do art. 13, apurados na forma do Simples Nacional, relativamente a todos os estabelecimentos da empresa, independentemente do ente federado instituidor.

§ 1º-D. A competência para autuação por descumprimento de obrigação acessória é privativa da administração tributária perante a qual a obrigação deveria ter sido cumprida.

§ 2º Na hipótese de a microempresa ou empresa de pequeno porte exercer alguma das atividades de prestação de serviços previstas no § 5º-C do art. 18 desta Lei Complementar, caberá à Secretaria da Receita Federal do Brasil a fiscalização da Contribuição para a Seguridade Social, a cargo da empresa, de que trata o art. 22 da Lei nº 8.212, de 24 de julho de 1991.

§ 3º O valor não pago, apurado em procedimento de fiscalização, será exigido em lançamento de ofício pela autoridade competente que realizou a fiscalização.

§ 4º O Comitê Gestor disciplinará o disposto neste artigo.

SEÇÃO X
DA OMISSÃO DE RECEITA

Art. 34. Aplicam-se à microempresa e à empresa de pequeno porte optantes pelo Simples Nacional todas as presunções de omissão de receita existentes nas legislações de regência dos impostos e contribuições incluídos no Simples Nacional.

§ 1º É permitida a prestação de assistência mútua e a permuta de informações entre a Fazenda Pública da União e as dos Estados, do Distrito Federal e dos Municípios, relativas às microempresas e às empresas de pequeno porte, para fins de planejamento ou de execução de procedimentos fiscais ou preparatórios. (Incluído pela Lei Complementar nº 155, de 2016)

§ 2º (Vetado). (Incluído pela Lei Complementar nº 155, de 2016)

§ 3º Sem prejuízo de ação fiscal individual, as administrações tributárias poderão utilizar procedimento de notificação prévia visando à autorregularização, na forma e nos prazos a serem regulamentados pelo CGSN, que não constituirá início de procedimento fiscal. (Incluído pela Lei Complementar nº 155, de 2016)

§ 4º (Vetado). (Incluído pela Lei Complementar nº 155, de 2016)

SEÇÃO XI
DOS ACRÉSCIMOS LEGAIS

Art. 35. Aplicam-se aos impostos e contribuições devidos pela microempresa e pela empresa de pequeno porte, inscritas no Simples Nacional, as normas relativas aos juros e multa de mora e de ofício previstas para o imposto de renda, inclusive, quando for o caso, em relação ao ICMS e ao ISS.

Art. 36. A falta de comunicação, quando obrigatória, da exclusão da pessoa jurídica do Simples Nacional, nos prazos determinados no § 1º do art. 30 desta Lei Complementar, sujeitará a pessoa jurídica a multa correspondente a 10% (dez por cento) do total dos impostos e contribuições devidos de conformidade com o Simples Nacional no mês que anteceder o início dos efeitos da exclusão, não inferior a R$ 200,00 (duzentos reais), insusceptível de redução.

Art. 36-A. A falta de comunicação, quando obrigatória, do desenquadramento do microempreendedor individual da sistemática de recolhimento prevista no art. 18-A desta Lei Complementar nos prazos determinados em seu § 7º sujeitará o microempreendedor individual a multa no valor de R$ 50,00 (cinquenta reais), insusceptível de redução.

Art. 37. A imposição das multas de que trata esta Lei Complementar não exclui a aplicação das sanções previstas na legislação penal, inclusive em relação a declaração falsa, adulteração de documentos e emissão de nota fiscal em desacordo com a operação efetivamente praticada, a que estão sujeitos o titular ou sócio da pessoa jurídica.

Art. 38. O sujeito passivo que deixar de apresentar a Declaração Simplificada da Pessoa Jurídica a que se refere o art. 25 desta Lei Complementar, no prazo fixado, ou que a apresentar com incorreções ou omissões, será intimado a apresentar declaração original, no caso de não apresentação, ou a prestar esclarecimentos, nos demais casos, no prazo estipulado pela autoridade fiscal, na forma definida pelo Comitê Gestor, e sujeitar-se-á às seguintes multas:

I - de 2% (dois por cento) ao mês-calendário ou fração, incidentes sobre o montante dos tributos e contribuições informados na Declaração Simplificada da Pessoa Jurídica, ainda que integralmente pago, no caso de falta de entrega da declaração ou entrega após o prazo, limitada a 20% (vinte por cento), observado o disposto no § 3º deste artigo;

II - de R$ 100,00 (cem reais) para cada grupo de 10 (dez) informações incorretas ou omitidas.

§ 1º Para efeito de aplicação da multa prevista no inciso I do *caput* deste artigo, será considerado como termo inicial o dia seguinte ao término do prazo originalmente fixado para a entrega da declaração e como termo final a data da efetiva entrega ou, no caso de não apresentação, da lavratura do auto de infração.

§ 2º Observado o disposto no § 3º deste artigo, as multas serão reduzidas:

I - à ½ (metade), quando a declaração for apresentada após o prazo, mas antes de qualquer procedimento de ofício;

II - a 75% (setenta e cinco por cento), se houver a apresentação da declaração no prazo fixado em intimação.

§ 3º A multa mínima a ser aplicada será de R$ 200,00 (duzentos reais).

§ 4º Considerar-se-á não entregue a declaração que não atender às especificações técnicas estabelecidas pelo Comitê Gestor.

§ 5º Na hipótese do § 4º deste artigo, o sujeito passivo será intimado a apresentar nova declaração, no prazo de 10 (dez) dias, contados da ciência da intimação, e sujeitar-se-á à multa prevista no inciso I do *caput* deste artigo, observado o disposto nos §§ 1º a 3º deste artigo.

§ 6º A multa mínima de que trata o § 3º deste artigo a ser aplicada ao Microempreendedor Individual na vigência da opção de que trata o art. 18-A desta Lei Complementar será de R$ 50,00 (cinquenta reais).

Art. 38-A. O sujeito passivo que deixar de prestar as informações no sistema eletrônico de cálculo de que trata o § 15 do art. 18, no prazo previsto no § 15-A do mesmo artigo, ou que as prestar com incorreções ou omissões, será intimado a fazê-lo, no caso de não apresentação, ou a prestar esclarecimentos, nos demais casos, no prazo estipulado pela autoridade fiscal, na forma definida pelo CGSN, e sujeitar-se-á às seguintes multas, para cada mês de referência: (Incluído pela Lei Complementar nº 139, de 2011)

I - de 2% (dois por cento) ao mês-calendário ou fração, a partir do primeiro dia do quarto mês do ano subsequente à ocorrência dos fatos geradores, incidentes sobre o montante dos impostos e contribuições decorrentes das informações prestadas no sistema eletrônico de cálculo de que trata o § 15 do art. 18, ainda que integralmente pago, no caso de ausência de prestação de informações ou sua efetuação após o prazo, limitada a 20% (vinte por cento), observado o disposto no § 2º deste artigo; e (Incluído pela Lei Complementar nº 139, de 2011)

II - de R$ 20,00 (vinte reais) para cada grupo de 10 (dez) informações incorretas ou omitidas. (Incluído pela Lei Complementar nº 139, de 2011)

§ 1º Para efeito de aplicação da multa prevista no inciso I do *caput*, será considerado como termo inicial o primeiro dia do quarto mês do ano subsequente à ocorrência dos fatos geradores e como termo final a data da efetiva prestação ou, no caso de não prestação, da lavratura do auto de infração. (Incluído pela Lei Complementar nº 139, de 2011)

§ 2º A multa mínima a ser aplicada será de R$ 50,00 (cinquenta reais) para cada mês de referência. (Incluído pela Lei Complementar nº 139, de 2011)

§ 3º Aplica-se ao disposto neste artigo o disposto nos §§ 2º, 4º e 5º do art. 38. (Incluído pela Lei Complementar nº 139, de 2011)

§ 4º O CGSN poderá estabelecer data posterior à prevista no inciso I do *caput* e no § 1º (Incluído pela Lei Complementar nº 139, de 2011)

Art. 38-B. As multas relativas à falta de prestação ou à incorreção no cumprimento de obrigações acessórias para com os órgãos e entidades federais, estaduais, distritais e municipais, quando em valor fixo ou mínimo, e na ausência de previsão legal de valores específicos e mais favoráveis para MEI, microempresa ou empresa de pequeno porte, terão redução de: (Incluído pela Lei Complementar nº 147, de 2014)

I - 90% (noventa por cento) para os MEI; (Incluído pela Lei Complementar nº 147, de 2014)

II - 50% (cinquenta por cento) para as microempresas ou empresas de pequeno porte optantes pelo Simples Nacional. (Incluído pela Lei Complementar nº 147, de 2014)

Parágrafo único. As reduções de que tratam os incisos I e II do *caput* não se aplicam na: (Incluído pela Lei Complementar nº 147, de 2014)

I - hipótese de fraude, resistência ou embaraço à fiscalização; (Incluído pela Lei Complementar nº 147, de 2014)

II - ausência de pagamento da multa no prazo de 30 (trinta) dias após a notificação. (Incluído pela Lei Complementar nº 147, de 2014)

SEÇÃO XII
DO PROCESSO ADMINISTRATIVO FISCAL

- Dec. 70.235/1972 (Dispõe sobre o Processo Administrativo Fiscal).

Art. 39. O contencioso administrativo relativo ao Simples Nacional será de competência do órgão julgador integrante da estrutura administrativa do ente federativo que efetuar o lançamento, o indeferimento da opção ou a exclusão de ofício, observados os dispositivos legais atinentes aos processos administrativos fiscais desse ente.

- art. 55, § 4º, desta lei.

§ 1º O Município poderá, mediante convênio, transferir a atribuição de julgamento exclusivamente ao respectivo Estado em que se localiza.

§ 2º No caso em que o contribuinte do Simples Nacional exerça atividades incluídas no campo de incidência do ICMS e do ISS e seja apurada omissão de receita de que não se consiga identificar a origem, a autuação será feita utilizando a maior alíquota prevista nesta Lei Complementar, e a parcela autuada que não seja correspondente aos tributos e contribuições federais será rateada entre Estados e Municípios ou Distrito Federal.

§ 3º Na hipótese referida no § 2º deste artigo, o julgamento caberá ao Estado ou ao Distrito Federal.

§ 4º A intimação eletrônica dos atos do contencioso administrativo observará o disposto nos §§ 1º-A a 1º-D do art. 16.

§ 5º A impugnação relativa ao indeferimento da opção ou à exclusão poderá ser decidida em órgão diverso do previsto no *caput*, na forma estabelecida pela respectiva administração tributária.

§ 6º Na hipótese prevista no § 5º, o CGSN poderá disciplinar procedimentos e prazos, bem como, no processo de exclusão, prever efeito suspensivo na hipótese de apresentação de impugnação, defesa ou recurso.

Art. 40. As consultas relativas ao Simples Nacional serão solucionadas pela Secretaria da Receita Federal, salvo quando se referirem a tributos e contribuições de competência estadual ou municipal, que serão solucionadas conforme a respectiva competência tributária, na forma disciplinada pelo Comitê Gestor.

- art. 55, § 4º, desta lei.

SEÇÃO XIII
DO PROCESSO JUDICIAL

Art. 41. Os processos relativos a impostos e contribuições abrangidos pelo Simples Nacional serão ajuizados em face da União, que será representada em juízo pela Procuradoria-Geral da Fazenda Nacional, observado o disposto no § 5º deste artigo.

§ 1º Os Estados, Distrito Federal e Municípios prestarão auxílio à Procuradoria-Geral da Fazenda Nacional, em relação aos tributos de sua competência, na forma a ser disciplinada por ato do Comitê Gestor.

§ 2º Os créditos tributários oriundos da aplicação desta Lei Complementar serão apurados, inscritos em Dívida Ativa da União e cobrados judicialmente pela Procuradoria-Geral da Fazenda Nacional, observado o disposto no inciso V do § 5º deste artigo.

§ 3º Mediante convênio, a Procuradoria-Geral da Fazenda Nacional poderá delegar aos Estados e Municípios a inscrição em dívida ativa estadual e municipal e a cobrança judicial dos tributos estaduais e municipais a que se refere esta Lei Complementar.

§ 4º Aplica-se o disposto neste artigo aos impostos e contribuições que não tenham sido recolhidos resultantes das informações prestadas:

I - no sistema eletrônico de cálculo dos valores devidos no Simples Nacional de que trata o § 15 do art. 18;

II - na declaração a que se refere o art. 25.

§ 5º Excetuam-se do disposto no *caput* deste artigo:

I - os mandados de segurança nos quais se impugnem atos de autoridade coatora pertencente a Estado, Distrito Federal ou Município;

II - as ações que tratem exclusivamente de tributos de competência dos Estados, do Distrito Federal ou dos Municípios, as quais serão propostas em face desses entes federativos, representados em juízo por suas respectivas procuradorias;

III - as ações promovidas na hipótese de celebração do convênio de que trata o § 3º deste artigo.

IV - o crédito tributário decorrente de auto de infração lavrado exclusivamente em face de descumprimento de obrigação acessória, observado o disposto no § 1º-D do art. 33.

V - o crédito tributário relativo ao ICMS e ao ISS de que tratam as alíneas b e c do inciso V do § 3º do art. 18-A desta Lei Complementar. (Redação dada pela Lei Complementar nº 147, de 2014)

CAPÍTULO V
DO ACESSO AOS MERCADOS

- (Redação dada pela Lei Complementar nº 147, de 2014)

SEÇÃO I
DAS AQUISIÇÕES PÚBLICAS

- (Redação dada pela Lei Complementar nº 147, de 2014)
- Dec. 8.538/2015 (Regulamenta o tratamento favorecido, diferenciado e simplificado para microempresas, empresas de pequeno porte, agricultores familiares, produtores rurais pessoa física, microempreendedores individuais e sociedades cooperativas nas contratações públicas de bens, serviços e obras no âmbito da administração pública federal).

Art. 42. Nas licitações públicas, a comprovação de regularidade fiscal e trabalhista das microempresas e das empresas de pequeno porte somente será exigida para efeito de assinatura do contrato. (Redação dada pela Lei Complementar nº 155, de 2016)

Art. 43. As microempresas e as empresas de pequeno porte, por ocasião da participação em certames licitatórios, deverão apresentar toda a documentação exigida para efeito de comprovação de regularidade fiscal e trabalhista, mesmo que esta apresente alguma restrição. (Redação dada pela Lei Complementar nº 155, de 2016)

§ 1º Havendo alguma restrição na comprovação da regularidade fiscal e trabalhista, será assegurado o prazo de cinco dias úteis, cujo termo inicial corresponderá ao momento em que o proponente for declarado vencedor do certame, prorrogável por igual período, a critério da administração pública, para regularização da documentação, para pagamento ou parcelamento do débito e para emissão de eventuais certidões negativas ou positivas com efeito de certidão negativa. (Redação dada pela Lei Complementar nº 155, de 2016)

§ 2º A não regularização da documentação, no prazo previsto no § 1º deste artigo, implicará decadência do direito à contratação, sem prejuízo das sanções previstas no art. 81 da Lei nº 8.666, de 21 de junho de 1993, sendo facultado à Administração convocar os licitantes remanescentes, na ordem de classificação, para a assinatura do contrato, ou revogar a licitação.

- Lei 8.666/1993 (Lei de Licitações e Contratos da Administração Pública).

Art. 44. Nas licitações será assegurada, como critério de desempate, preferência de contratação para as microempresas e empresas de pequeno porte.

§ 1º Entende-se por empate aquelas situações em que as propostas apresentadas pelas microempresas e empresas de pequeno porte sejam iguais ou até 10% (dez por cento) superiores à proposta mais bem classificada.

§ 2º Na modalidade de pregão, o intervalo percentual estabelecido no § 1º deste artigo será de até 5% (cinco por cento) superior ao melhor preço.

Art. 45. Para efeito do disposto no art. 44 desta Lei Complementar, ocorrendo o empate, proceder-se-á da seguinte forma:

I - a microempresa ou empresa de pequeno porte mais bem classificada poderá apresentar proposta de preço inferior àquela considerada vencedora do certame, situação em que será adjudicado em seu favor o objeto licitado;

II - não ocorrendo a contratação da microempresa ou empresa de pequeno porte, na forma do inciso I do *caput* deste artigo, serão convocadas as remanescentes que porventura se enquadrem na hipótese dos §§ 1º e 2º do art. 44 desta Lei Complementar, na ordem classificatória, para o exercício do mesmo direito;

III - no caso de equivalência dos valores apresentados pelas microempresas e empresas de pequeno porte que se encontrem nos intervalos estabelecidos nos §§ 1º e 2º do art. 44 desta Lei Complementar, será realizado sorteio entre elas para que se identifique aquela que primeiro poderá apresentar melhor oferta.

§ 1º Na hipótese da não contratação nos termos previstos no *caput* deste artigo, o objeto licitado será adjudicado em favor da proposta originalmente vencedora do certame.

§ 2º O disposto neste artigo somente se aplicará quando a melhor oferta inicial não tiver sido apresentada por microempresa ou empresa de pequeno porte.

§ 3º No caso de pregão, a microempresa ou empresa de pequeno porte mais bem classificada será convocada para apresentar nova proposta no prazo máximo de 5 (cinco) minutos após o encerramento dos lances, sob pena de preclusão.

Art. 46. A microempresa e a empresa de pequeno porte titular de direitos creditórios decorrentes de empenhos liquidados por órgãos e entidades da União, Estados, Distrito Federal e Município não pagos em até 30 (trinta) dias contados da data de liquidação poderão emitir cédula de crédito microempresarial.

Parágrafo único. (Revogado pela Lei Complementar nº 147, de 2014).

Art. 47. Nas contratações públicas da administração direta e indireta, autárquica e fundacional, federal, estadual e municipal, deverá ser concedido tratamento diferenciado e simplificado para as microempresas e empresas de pequeno porte objetivando a promoção do desenvolvimento econômico e social no âmbito municipal e regional, a ampliação da eficiência das políticas públicas e o incentivo à inovação tecnológica. (Redação dada pela Lei Complementar nº 147, de 2014).

Parágrafo único. No que diz respeito às compras públicas, enquanto não sobrevier legislação estadual, municipal ou regulamento específico de cada órgão mais favorável à microempresa e empresa de pequeno porte, aplica-se a legislação federal. (Incluído pela Lei Complementar nº 147, de 2014)

Art. 48. Para o cumprimento do disposto no art. 47 desta Lei Complementar, a administração pública: (Redação dada pela Lei Complementar nº 147, de 2014)

I - deverá realizar processo licitatório destinado exclusivamente à participação de microempresas e empresas de pequeno porte nos itens de contratação cujo valor seja de até R$ 80.000,00 (oitenta mil reais); (Redação dada pela Lei Complementar nº 147, de 2014)

II - poderá, em relação aos processos licitatórios destinados à aquisição de obras e serviços, exigir dos licitantes a subcontratação de microempresa ou empresa de pequeno porte; (Redação dada pela Lei Complementar nº 147, de 2014)

III - deverá estabelecer, em certames para aquisição de bens de natureza divisível, cota de até 25% (vinte e cinco por cento) do objeto para a contratação de microempresas e empresas de pequeno porte. (Redação dada pela Lei Complementar nº 147, de 2014)

§ 1º (Revogado pela Lei Complementar nº 147, de 2014).

§ 2º Na hipótese do inciso II do *caput* deste artigo, os empenhos e pagamentos do órgão ou entidade da administração pública poderão ser destinados diretamente às microempresas e empresas de pequeno porte subcontratadas.

§ 3º Os benefícios referidos no *caput* deste artigo poderão, justificadamente, estabelecer a prioridade de contratação para as microempresas e empresas de pequeno porte sediadas local ou regionalmente, até o limite de 10% (dez por cento) do melhor preço válido. (Incluído pela Lei Complementar nº 147, de 2014)

Art. 49. Não se aplica o disposto nos arts. 47 e 48 desta Lei Complementar quando:

I - (Revogado) (Redação dada pela Lei Complementar nº 147, de 2014)

II - não houver um mínimo de 3 (três) fornecedores competitivos enquadrados como microempresas ou empresas de pequeno porte sediados local ou regionalmente e capazes de cumprir as exigências estabelecidas no instrumento convocatório;

III - o tratamento diferenciado e simplificado para as microempresas e empresas de pequeno porte não for vantajoso para a administração pública ou representar prejuízo ao conjunto ou complexo do objeto a ser contratado;

IV - a licitação for dispensável ou inexigível, nos termos dos arts. 24 e 25 da Lei nº 8.666, de 21 de junho de 1993, excetuando-se as dispensas tratadas pelos incisos I e II do art. 24 da mesma Lei, nas quais a compra deverá ser feita preferencialmente de microempresas e empresas de pequeno porte, aplicando-se o disposto no inciso I do art. 48. (Redação dada pela Lei Complementar nº 147, de 2014)

SEÇÃO II
ACESSO AO MERCADO EXTERNO

- (Redação dada pela Lei Complementar nº 147, de 2014)

Art. 49-A. A microempresa e a empresa de pequeno porte beneficiárias do SIMPLES usufruirão de regime de exportação que contemplará procedimentos simplificados de habilitação, licenciamento, despacho aduaneiro e câmbio, na forma do regulamento. (Incluído pela Lei Complementar nº 147, de 2014)

- Dec. 8.870/2016 (Dispõe sobre a aplicação de procedimentos simplificados nas operações de exportação realizadas por microempresas e empresas de pequeno porte optantes pelo Simples Nacional).

Parágrafo único. As pessoas jurídicas prestadoras de serviço de logística internacional, quando contratadas pelas empresas descritas nesta Lei Complementar, estão autorizadas a realizar atividades relativas a licenciamento administrativo, despacho aduaneiro, consolidação e desconsolidação de carga e a contratar seguro, câmbio, transporte e armazenagem de mercadorias, objeto da prestação do serviço, de forma simplificada e por meio eletrônico, na forma de regulamento. (Redação dada pela Lei Complementar nº 155, de 2016)

Art. 49-B. (Vetado). (Incluído pela Lei Complementar nº 155, de 2016)

CAPÍTULO VI
DA SIMPLIFICAÇÃO DAS RELAÇÕES DE TRABALHO

SEÇÃO I
DA SEGURANÇA E DA MEDICINA DO TRABALHO

Art. 50. As microempresas e as empresas de pequeno porte serão estimuladas pelo poder público e pelos Serviços Sociais Autônomos a formar consórcios para acesso a serviços especializados em segurança e medicina do trabalho.

SEÇÃO II.
DAS OBRIGAÇÕES TRABALHISTAS

Art. 51. As microempresas e as empresas de pequeno porte são dispensadas:

I - da afixação de Quadro de Trabalho em suas dependências;

II - da anotação das férias dos empregados nos respectivos livros ou fichas de registro;

III - de empregar e matricular seus aprendizes nos cursos dos Serviços Nacionais de Aprendizagem;

IV - da posse do livro intitulado "Inspeção do Trabalho"; e

V - de comunicar ao Ministério do Trabalho e Emprego a concessão de férias coletivas.

Art. 52. O disposto no art. 51 desta Lei Complementar não dispensa as microempresas e as empresas de pequeno porte dos seguintes procedimentos:

I - anotações na Carteira de Trabalho e Previdência Social - CTPS;

II - arquivamento dos documentos comprobatórios de cumprimento das obrigações trabalhistas e previdenciárias, enquanto não prescreverem essas obrigações;

III - apresentação da Guia de Recolhimento do Fundo de Garantia do Tempo de Serviço e Informações à Previdência Social - GFIP;

IV - apresentação das Relações Anuais de Empregados e da Relação Anual de Informações Sociais - RAIS e do Cadastro Geral de Empregados e Desempregados - CAGED.

Parágrafo único. (Vetado).

Art. 53. (Revogado pela LC nº 128/08)

SEÇÃO III
DO ACESSO À JUSTIÇA DO TRABALHO

Art. 54. É facultado ao empregador de microempresa ou de empresa de pequeno porte fazer-se substituir ou representar perante a Justiça do Trabalho por terceiros que conheçam dos fatos, ainda que não possuam vínculo trabalhista ou societário.

- art. 843, § 1º, CLT.
- Súm. 377, TST.

CAPÍTULO VII
DA FISCALIZAÇÃO ORIENTADORA

Art. 55. A fiscalização, no que se refere aos aspectos trabalhista, metrológico, sanitário, ambiental, de segurança, de relações de consumo e de uso e ocupação do solo das microempresas e das empresas de pequeno porte, deverá ser prioritariamente orientadora quando a atividade ou situação, por sua natureza, comportar grau de risco compatível com esse procedimento. (Redação dada pela Lei Complementar nº 155, de 2016)

§ 1º Será observado o critério de dupla visita para lavratura de autos de infração, salvo quando for constatada infração por falta de registro de empregado ou anotação da Carteira de Trabalho e Previdência Social – CTPS, ou, ainda, na ocorrência de reincidência, fraude, resistência ou embaraço à fiscalização.

§ 2º (Vetado).

§ 3º Os órgãos e entidades competentes definirão, em 12 (doze) meses, as atividades e situações cujo grau de risco seja considerado alto, as quais não se sujeitarão ao disposto neste artigo.

§ 4º O disposto neste artigo não se aplica ao processo administrativo fiscal relativo a tributos, que se dará na forma dos arts. 39 e 40 desta Lei Complementar.

§ 5º O disposto no § 1º aplica-se à lavratura de multa pelo descumprimento de obrigações acessórias relativas às matérias do *caput*, inclusive quando previsto seu cumprimento de forma unificada com matéria de outra natureza, exceto a trabalhista. (Incluído pela Lei Complementar nº 147, de 2014)

§ 6º A inobservância do critério de dupla visita implica nulidade do auto de infração lavrado sem cumprimento ao disposto neste artigo, independentemente da natureza principal ou acessória da obrigação. (Incluído pela Lei Complementar 147, de 2014)

§ 7º Os órgãos e entidades da administração pública federal, estadual, distrital e municipal deverão observar o princípio do tratamento diferenciado, simplificado e favorecido por ocasião da fixação de valores decorrentes de multas e demais sanções administrativas. (Incluído pela Lei Complementar nº 147, de 2014)

§ 8º A inobservância do disposto no *caput* deste artigo implica atentado aos direitos e garantias legais assegurados ao exercício profissional da atividade empresarial. (Incluído pela Lei Complementar nº 147, de 2014)

§ 9º O disposto no *caput* deste artigo não se aplica a infrações relativas à ocupação irregular da reserva de faixa não edificável, de área destinada a equipamentos urbanos, de áreas de preservação permanente e nas faixas de domínio público das rodovias, ferrovias e dutovias ou de vias e logradouros públicos. (Incluído pela Lei Complementar nº 147, de 2014)

CAPÍTULO VIII
DO ASSOCIATIVISMO

SEÇÃO ÚNICA
DA SOCIEDADE DE PROPÓSITO ESPECÍFICO FORMADA POR MICROEMPRESAS E EMPRESAS DE PEQUENO PORTE OPTANTES PELO SIMPLES NACIONAL

Art. 56. As microempresas ou as empresas de pequeno porte poderão realizar negócios de compra e venda de bens e serviços para os mercados nacional e internacional, por meio de sociedade de propósito específico, nos termos e condições estabelecidos pelo Poder Executivo federal. (Redação dada pela Lei Complementar nº 147, de 2014)

- art. 9º, Lei 11.709/2004 (Institui normas gerais para licitação e contratação de parceria público-privada no âmbito da administração pública).

§ 1º Não poderão integrar a sociedade de que trata o *caput* deste artigo pessoas jurídicas não optantes pelo Simples Nacional.

§ 2º A sociedade de propósito específico de que trata este artigo:

I - terá seus atos arquivados no Registro Público de Empresas Mercantis;

II - terá por finalidade realizar:

a) operações de compras para revenda às microempresas ou empresas de pequeno porte que sejam suas sócias;

b) operações de venda de bens adquiridos das microempresas e empresas de pequeno porte que sejam suas sócias para pessoas jurídicas que não sejam suas sócias;

III - poderá exercer atividades de promoção dos bens referidos na alínea b do inciso II deste parágrafo;

IV - apurará o imposto de renda das pessoas jurídicas com base no lucro real, devendo manter a escrituração dos livros Diário e Razão;

V - apurará a Cofins e a Contribuição para o PIS/Pasep de modo não cumulativo;

VI - exportará, exclusivamente, bens a ela destinados pelas microempresas e empresas de pequeno porte que dela façam parte;

VII - será constituída como sociedade limitada;

VIII - deverá, nas revendas às microempresas ou empresas de pequeno porte que sejam suas sócias, observar preço no mínimo igual ao das aquisições realizadas para revenda; e

IX - deverá, nas revendas de bens adquiridos de microempresas ou empresas de pequeno porte que sejam suas sócias, observar preço no mínimo igual ao das aquisições desses bens.

§ 3º A aquisição de bens destinados à exportação pela sociedade de propósito específico não gera direito a créditos relativos a impostos ou contribuições abrangidos pelo Simples Nacional.

§ 4º A microempresa ou a empresa de pequeno porte não poderá participar simultaneamente de mais de uma sociedade de propósito específico de que trata este artigo.

§ 5º A sociedade de propósito específico de que trata este artigo não poderá:

I - ser filial, sucursal, agência ou representação, no País, de pessoa jurídica com sede no exterior;

II - ser constituída sob a forma de cooperativas, inclusive de consumo;

III - participar do capital de outra pessoa jurídica;

IV - exercer atividade de banco comercial, de investimentos e de desenvolvimento, de caixa econômica, de sociedade de crédito, financiamento e investimento ou de crédito imobiliário, de corretora ou de distribuidora de títulos, valores mobiliários e câmbio, de empresa de arrendamento mercantil, de seguros privados e de capitalização ou de previdência complementar;

V - ser resultante ou remanescente de cisão ou qualquer outra forma de desmembramento de pessoa jurídica que tenha ocorrido em um dos 5 (cinco) anos-calendário anteriores;

VI - exercer a atividade vedada às microempresas e empresas de pequeno porte optantes pelo Simples Nacional.

§ 6º A inobservância do disposto no § 4º deste artigo acarretará a responsabilidade solidária das microempresas ou empresas de pequeno porte sócias da sociedade de propósito específico de que trata este artigo na hipótese em que seus titulares, sócios ou administradores conhecessem ou devessem conhecer tal inobservância.

§ 7º O Poder Executivo regulamentará o disposto neste artigo até 31 de dezembro de 2008.

§ 8º (Vetado). (Incluído pela Lei Complementar nº 155, de 2016)

CAPÍTULO IX
DO ESTÍMULO AO CRÉDITO E À CAPITALIZAÇÃO

SEÇÃO I
DISPOSIÇÕES GERAIS

Art. 57. O Poder Executivo federal proporá, sempre que necessário, medidas no sentido de melhorar o acesso das microempresas e empresas de pequeno porte aos mercados de crédito e de capitais, objetivando a redução do custo de transação, a elevação da eficiência alocativa, o incentivo ao ambiente concorrencial e a qualidade do conjunto informacional, em especial o acesso e portabilidade das informações cadastrais relativas ao crédito.

Art. 58. Os bancos comerciais públicos e os bancos múltiplos públicos com carteira comercial, a Caixa Econômica Federal e o Banco Nacional do Desenvolvimento Econômico e Social – BNDES manterão linhas de crédito específicas para as microempresas e para as empresas de pequeno porte, vinculadas à reciprocidade social, devendo o montante disponível e suas condições de acesso ser expressos nos respectivos orçamentos e amplamente divulgados. (Redação dada pela Lei Complementar nº 155, de 2016)

§ 1º As instituições mencionadas no *caput* deste artigo deverão publicar, juntamente com os respectivos balanços, relatório circunstanciado dos recursos alocados às linhas de crédito referidas no *caput* e daqueles efetivamente utilizados, consignando, obrigatoriamente, as justificativas do desempenho alcançado. (Redação dada pela Lei Complementar nº 155, de 2016)

§ 2º O acesso às linhas de crédito específicas previstas no *caput* deste artigo deverá ter tratamento simplificado e ágil, com divulgação ampla das respectivas condições e exigências. (Incluído pela Lei Complementar nº 147, de 2014)

§ 3º (Vetado). (Incluído pela Lei Complementar nº 155, de 2016)

§ 4º O Conselho Monetário Nacional – CMN regulamentará o percentual mínimo de direcionamento dos recursos de que trata o *caput*, inclusive no tocante aos recursos de que trata a alínea b do inciso III do art. 10 da Lei nº 4.595, de 31 de dezembro de 1964. (Incluído pela Lei Complementar nº 155, de 2016)

Art. 58-A. Os bancos públicos e privados não poderão contabilizar, para cumprimento de metas, empréstimos realizados a pessoas físicas, ainda que sócios de empresas, como disponibilização de crédito para microempresas e empresas de pequeno porte. (Incluído pela Lei Complementar nº 147, de 2014)

Art. 59. As instituições referidas no *caput* do art. 58 desta Lei Complementar devem se articular com as respectivas entidades de apoio e representação das microempresas e empresas de pequeno porte, no sentido de proporcionar e desenvolver programas de treinamento, desenvolvimento gerencial e capacitação tecnológica.

Art. 60. (Vetado).

Art. 60-A. Poderá ser instituído Sistema Nacional de Garantias de Crédito pelo Poder Executivo, com o objetivo de facilitar o acesso das microempresas e empresas de pequeno porte a crédito e demais serviços das instituições financeiras, o qual, na forma de regulamento, proporcionará a elas tratamento diferenciado, favorecido e simplificado, sem prejuízo de atendimento a outros públicos-alvo.

Parágrafo único. O Sistema Nacional de Garantias de Crédito integrará o Sistema Financeiro Nacional.

Art. 60-B. Os fundos garantidores de risco de crédito empresarial que possuam participação da União na composição do seu capital atenderão, sempre que possível, as operações de crédito que envolvam microempresas e empresas de pequeno porte, definidas na forma do art. 3º desta Lei.(Incluído pela Lei Complementar nº 147, de 2014)

Art. 60-C. (Vetado). (Incluído pela Lei Complementar nº 147, de 2014)

Art. 61. Para fins de apoio creditício às operações de comércio exterior das microempresas e das empresas de pequeno porte, serão utilizados os parâmetros de enquadramento ou outros instrumentos de alta significância para as microempresas, empresas de pequeno porte exportadoras segundo o porte de empresas, aprovados pelo Mercado Comum do Sul – Mercosul.

Art. 61-A. Para incentivar as atividades de inovação e os investimentos produtivos, a sociedade enquadrada como microempresa ou empresa de pequeno porte, nos termos desta Lei Complementar, poderá admitir o aporte de capital, que não integrará o capital social da empresa. (Incluído pela Lei Complementar nº 155, de 2016)

§ 1º As finalidades de fomento a inovação e investimentos produtivos deverão constar do contrato de participação, com vigência não superior a sete anos. (Incluído pela Lei Complementar nº 155, de 2016)

§ 2º O aporte de capital poderá ser realizado por pessoa física ou por pessoa jurídica, denominadas investidor-anjo. (Incluído pela Lei Complementar nº 155, de 2016)

§ 3º A atividade constitutiva do objeto social é exercida unicamente por sócios regulares, em seu nome individual e sob sua exclusiva responsabilidade. (Incluído pela Lei Complementar nº 155, de 2016)

§ 4º O investidor-anjo: (Incluído pela Lei Complementar nº 155, de 2016)

I - não será considerado sócio nem terá qualquer direito a gerência ou voto na administração da empresa; (Incluído pela Lei Complementar nº 155, de 2016)

II - não responderá por qualquer dívida da empresa, inclusive em recuperação judicial, não se aplicando a ele o art. 50 da Lei nº 10.406, de 10 de janeiro de 2002 - Código Civil; (Incluído pela Lei Complementar nº 155, de 2016)

III - será remunerado por seus aportes, nos termos do contrato de participação, pelo prazo máximo de cinco anos. (Incluído pela Lei Complementar nº 155, de 2016)

§ 5º Para fins de enquadramento da sociedade como microempresa ou empresa de pequeno porte, os valores de capital aportado não são considerados receitas da sociedade. (Incluído pela Lei Complementar nº 155, de 2016)

§ 6º Ao final de cada período, o investidor-anjo fará jus à remuneração correspondente aos resultados distribuídos, conforme contrato de participação, não superior a 50% (cinquenta por cento) dos lucros da sociedade enquadrada como microempresa ou empresa de pequeno porte. (Incluído pela Lei Complementar nº 155, de 2016)

§ 7º O investidor-anjo somente poderá exercer o direito de resgate depois de decorridos, no mínimo, dois anos do aporte de capital, ou prazo superior estabelecido no contrato de participação, e seus haveres serão pagos na forma do art. 1.031 da Lei nº 10.406, de 10 de janeiro de 2002 – Código Civil, não podendo ultrapassar o valor investido devidamente corrigido. (Incluído pela Lei Complementar nº 155, de 2016)

§ 8º O disposto no § 7º deste artigo não impede a transferência da titularidade do aporte para terceiros. (Incluído pela Lei Complementar nº 155, de 2016)

§ 9º A transferência da titularidade do aporte para terceiro alheio à sociedade dependerá do consentimento dos sócios, salvo estipulação contratual expressa em contrário. (Incluído pela Lei Complementar nº 155, de 2016)

§ 10. O Ministério da Fazenda poderá regulamentar a tributação sobre retirada do capital investido. (Incluído pela Lei Complementar nº 155, de 2016)

Art. 61-B. A emissão e a titularidade de aportes especiais não impedem a fruição do Simples Nacional. (Incluído pela Lei Complementar nº 155, de 2016)

Art. 61-C. Caso os sócios decidam pela venda da empresa, o investidor-anjo terá direito de preferência na aquisição, bem como direito de venda conjunta da titularidade do aporte de capital, nos mesmos termos e condições que forem ofertados aos sócios regulares. (Incluído pela Lei Complementar nº 155, de 2016)

Art. 61-D. Os fundos de investimento poderão aportar capital como investidores-anjos em microempresas e empresas de pequeno porte. (Incluído pela Lei Complementar nº 155, de 2016)

SEÇÃO I-A
DA SOCIEDADE DE GARANTIA SOLIDÁRIA E DA SOCIEDADE DE CONTRAGARANTIA

‣ (Seção acrescida pela LC 169/2019)

Art. 61-E. É autorizada a constituição de sociedade de garantia solidária (SGS), sob a forma de sociedade por ações, para a concessão de garantia a seus sócios participantes. (Acrescido pela LC 169/2019 – DOU 03.12.2019, em vigor 180 dias após a publicação)

§ 1º (Vetado na LC 169/2019)

§ 2º (Vetado na LC 169/2019)

§ 3º Os atos da sociedade de garantia solidária serão arquivados no Registro Público de Empresas Mercantis e Atividades Afins. (Acrescido pela LC 169/2019)

§ 4º É livre a negociação, entre sócios participantes, de suas ações na respectiva sociedade de garantia solidária, respeitada a participação máxima que cada sócio pode atingir. (Acrescido pela LC 169/2019)

§ 5º Podem ser admitidos como sócios participantes os pequenos empresários, microempresários e microempreendedores e as pessoas jurídicas constituídas por esses associados. (Acrescido pela LC 169/2019 – DOU 03.12.2019)

§ 6º (Vetado na LC 169/2019).

§ 7º Sem prejuízo do disposto nesta Lei Complementar, aplicam-se à sociedade de garantia solidária as disposições da lei que rege as sociedades por ações. (Acrescido pela LC 169/2019)

Art. 61-F. O contrato de garantia solidária tem por finalidade regular a concessão da garantia pela sociedade ao sócio participante, mediante o recebimento de taxa de remuneração pelo serviço prestado, devendo fixar as cláusulas necessárias ao cumprimento das obrigações do sócio beneficiário perante a sociedade. (Acrescido pela LC 169/2019)

Parágrafo único. Para a concessão da garantia, a sociedade de garantia solidária poderá exigir contragarantia por parte do sócio participante beneficiário, respeitados os princípios que orientam a existência daquele tipo de sociedade.

Art. 61-G. A sociedade de garantia solidária pode conceder garantia sobre o montante de recebíveis de seus sócios participantes que sejam objeto de securitização. (Acrescido pela LC 169/2019)

Art. 61-H. É autorizada a constituição de sociedade de contragarantia, que tem como finalidade o oferecimento de contragarantias à sociedade de garantia solidária, nos termos a serem definidos por regulamento. (Acrescido pela LC 169/2019)

Art. 61-I. A sociedade de garantia solidária e a sociedade de contragarantia integrarão o Sistema Financeiro Nacional e terão sua constituição, organização e funcionamento disciplinados pelo Conselho Monetário Nacional, observado o disposto nesta Lei Complementar. (Acrescido pela LC 169/2019 – DOU 03.12.2019)

SEÇÃO II
DAS RESPONSABILIDADES DO BANCO CENTRAL DO BRASIL

Art. 62. O Banco Central do Brasil disponibilizará dados e informações das instituições financeiras integrantes do Sistema Financeiro Nacional, inclusive por meio do Sistema de Informações de Crédito – SCR, de modo a ampliar o acesso ao crédito para microempresas e empresas de pequeno porte e fomentar a competição bancária. (Redação dada pela Lei Complementar nº 147, de 2014)

§ 1º O disposto no *caput* deste artigo alcança a disponibilização de dados e informações específicas relativas ao histórico de relacionamento bancário e creditício das microempresas e das empresas de pequeno porte, apenas aos próprios titulares.

§ 2º O Banco Central do Brasil poderá garantir o acesso simplificado, favorecido e diferenciado dos dados e informações constantes no § 1º deste artigo aos seus respectivos interessados, podendo a instituição optar por realizá-lo por meio das instituições financeiras, com as quais o próprio cliente tenha relacionamento.

SEÇÃO III
DAS CONDIÇÕES DE ACESSO AOS DEPÓSITOS ESPECIAIS DO FUNDO DE AMPARO AO TRABALHADOR – FAT

Art. 63. O Codefat poderá disponibilizar recursos financeiros por meio da criação de programa específico para as cooperativas de crédito de cujos quadros de cooperados participem microempreendedores, empreendedores de microempresa e empresa de pequeno porte bem como suas empresas.

Parágrafo único. Os recursos referidos no *caput* deste artigo deverão ser destinados exclusivamente às microempresas e empresas de pequeno porte.

SEÇÃO IV
(VETADO)

Arts. 63-A a 63-E. (Vetados na Lei Complementar nº 155, de 2016)

CAPÍTULO X
DO ESTÍMULO À INOVAÇÃO

SEÇÃO I
DISPOSIÇÕES GERAIS

Art. 64. Para os efeitos desta Lei Complementar considera-se:

I - inovação: a concepção de um novo produto ou processo de fabricação, bem como a agregação de novas funcionalidades ou características ao produto ou processo que implique melhorias incrementais e efetivo ganho de qualidade ou produtividade, resultando em maior competitividade no mercado;

II - agência de fomento: órgão ou instituição de natureza pública ou privada que tenha entre os seus objetivos o financiamento de ações que visem a estimular e promover o desenvolvimento da ciência, da tecnologia e da inovação;

III - Instituição Científica e Tecnológica - ICT: órgão ou entidade da administração pública que tenha por missão institucional, dentre outras, executar atividades de pesquisa básica ou aplicada de caráter científico ou tecnológico;

IV - núcleo de inovação tecnológica: núcleo ou órgão constituído por uma ou mais ICT com a finalidade de gerir sua política de inovação;

V - instituição de apoio: instituições criadas sob o amparo da Lei nº 8.958, de 20 de dezembro de 1994, com a finalidade de dar apoio a projetos de pesquisa, ensino e extensão e de desenvolvimento institucional, científico e tecnológico.

VI - instrumentos de apoio tecnológico para a inovação: qualquer serviço disponibilizado presencialmente ou na internet que possibilite acesso a informações, orientações, bancos de dados de soluções de informações, respostas técnicas, pesquisas e atividades de apoio complementar desenvolvidas pelas instituições previstas nos incisos II a V deste artigo. (Incluído pela Lei Complementar nº 147, de 2014)

SEÇÃO II
DO APOIO À INOVAÇÃO E DO INOVA SIMPLES DA EMPRESA SIMPLES DE INOVAÇÃO

‣ (Redação dada pela LC nº 167, de 2019)

Art. 65. A União, os Estados, o Distrito Federal e os Municípios, e as respectivas agências de fomento, as ICT, os núcleos de inovação tecnológica e as instituições de apoio manterão programas específicos para as microempresas e para as empresas de pequeno porte, inclusive quando estas revestirem a forma de incubadoras, observando-se o seguinte:

I - as condições de acesso serão diferenciadas, favorecidas e simplificadas;

II - o montante disponível e suas condições de acesso deverão ser expressos nos respectivos orçamentos e amplamente divulgados.

§ 1º As instituições deverão publicar, juntamente com as respectivas prestações de contas, relatório circunstanciado das estratégias para maximização da participação do segmento, assim como dos recursos alocados às ações referidas no *caput* deste artigo e aqueles efetivamente utilizados, consignando, obrigatoriamente, as justificativas do desempenho alcançado no período.

§ 2º As pessoas jurídicas referidas no *caput* deste artigo terão por meta a aplicação de, no mínimo, 20% (vinte por cento) dos recursos destinados à inovação para o desenvolvimento de tal atividade nas microempresas ou nas empresas de pequeno porte.

§ 3º Os órgãos e entidades integrantes da administração pública federal, estadual e municipal atuantes em pesquisa, desenvolvimento ou capacitação tecnológica terão por meta efetivar suas aplicações, no percentual mínimo fixado neste artigo, em programas e projetos de apoio às microempresas ou às empresas de pequeno porte, transmitindo ao Ministério da Ciência, Tecnologia e Inovação, no primeiro trimestre de cada ano, informação relativa aos valores alocados e a respectiva relação percentual em relação ao total dos recursos destinados para esse fim. (Redação dada pela Lei Complementar nº 147, de 2014)

§ 4º Ficam autorizados a reduzir a 0 (zero) as alíquotas dos impostos e contribuições a seguir indicados, incidentes na aquisição, ou importação, de equipamentos, máquinas, aparelhos, instrumentos, acessórios, sobressalentes e ferramentas que os acompanhem, na forma definida em regulamento, quando adquiridos, ou importados, diretamente por microempresas ou empresas de pequeno porte para incorporação ao seu ativo imobilizado:

I - a União, em relação ao IPI, à Cofins, à Contribuição para o PIS/Pasep, à Cofins-Importação e à Contribuição para o PIS/Pasep-Importação; e

II - os Estados e o Distrito Federal, em relação ao ICMS.

§ 5º A microempresa ou empresa de pequeno porte, adquirente de bens com o benefício previsto no § 4º deste artigo, fica obrigada, nas hipóteses previstas em regulamento, a recolher os impostos e contribuições que deixaram de ser pagos, acrescidos de juros e multa, de mora ou de ofício, contados a partir da data da aquisição, no mercado interno, ou do registro da declaração de importação – DI, calculados na forma da legislação que rege a cobrança do tributo não pago.

§ 6º Para efeito da execução do orçamento previsto neste artigo, os órgãos e instituições poderão alocar os recursos destinados à criação e ao custeio de ambientes de inovação, incluindo incubadoras, parques e centros vocacionais tecnológicos, laboratórios metrológicos, de ensaio, de pesquisa ou apoio ao treinamento, bem como custeio de bolsas de extensão e remuneração de professores, pesquisadores e agentes envolvidos nas atividades de apoio tecnológico complementar. (Incluído pela Lei Complementar nº 147, de 2014)

Art. 65-A. É criado o Inova Simples, regime especial simplificado que concede às iniciativas empresariais de caráter incremental ou disruptivo que se autodeclarem como startups ou empresas de inovação tratamento diferenciado com vistas a estimular sua criação, formalização, desenvolvimento e consolidação como agentes indutores de avanços tecnológicos e da geração de emprego e renda. (Incluído pela LC nº 167, de 2019)

§ 1º Para os fins desta Lei Complementar, considera-se startup a empresa de caráter inovador que visa a aperfeiçoar sistemas, métodos ou modelos de negócio, de produção, de serviços ou de produtos, os quais, quando já existentes, caracterizam startups de natureza incremental, ou, quando relacionados à criação de algo totalmente novo, caracterizam startups de natureza disruptiva. (Incluído pela LC nº 167, de 2019)

§ 2º As startups caracterizam-se por desenvolver suas inovações em condições de incerteza que requerem experimentos e validações constantes, inclusive mediante comercialização experimental provisória, antes de procederem à comercialização plena e à obtenção de receita. (Incluído pela LC nº 167, de 2019)

§ 3º O tratamento diferenciado a que se refere o *caput* deste artigo consiste na fixação de rito sumário para abertura e fechamento de empresas sob o regime do Inova Simples, que se dará de forma simplificada e automática, no mesmo ambiente digital do portal da Rede Nacional para a Simplificação do Registro e da Legalização de Empresas e Negócios (Redesim), em sítio eletrônico oficial do governo federal, por meio da utilização de formulário digital próprio, disponível em janela ou ícone intitulado Inova Simples. (Incluído pela LC nº 167, de 2019)

§ 4º Os titulares de empresa submetida ao regime do Inova Simples preencherão cadastro básico com as seguintes informações:

I - qualificação civil, domicílio e CPF;

II - descrição do escopo da intenção empresarial inovadora e definição da razão social, que deverá conter obrigatoriamente a expressão "Inova Simples (I.S.)";

III - autodeclaração, sob as penas da lei, de que o funcionamento da empresa submetida ao regime do Inova Simples não produzirá poluição, barulho e aglomeração de tráfego de veículos, para fins de caracterizar baixo grau de risco, nos termos do § 4º do art. 6º desta Lei Complementar;

IV - definição do local da sede, que poderá ser comercial, residencial ou de uso misto, sempre que não proibido pela legislação municipal ou distrital, admitindo-se a possibilidade de sua instalação em locais onde funcionam parques tecnológicos, instituições de ensino, empresas juniores, incubadoras, aceleradoras e espaços compartilhados de trabalho na forma de *coworking*; e

V - em caráter facultativo, a existência de apoio ou validação de instituto técnico, científico ou acadêmico, público ou privado, bem como de incubadoras, aceleradoras e instituições de ensino, nos parques tecnológicos e afins. (Incluído pela LC nº 167, de 2019)

§ 5º Realizado o correto preenchimento das informações, será gerado automaticamente número de CNPJ específico, em nome da denominação da empresa Inova Simples, em código próprio Inova Simples. (Incluído pela LC nº 167, de 2019)

§ 6º A empresa submetida ao regime do Inova Simples constituída na forma deste artigo deverá abrir, imediatamente, conta bancária de pessoa jurídica, para fins de captação e integralização de capital, proveniente de aporte próprio de seus titulares ou de investidor domiciliado no exterior, de linha de crédito público ou privado e de outras fontes previstas em lei. (Incluído pela LC nº 167, de 2019)

§ 7º No portal da Redesim, no espaço destinado ao preenchimento de dados do Inova Simples, deverá ser criado campo ou ícone para comunicação automática ao Instituto Nacional da Propriedade Industrial (INPI) do conteúdo inventivo do escopo da iniciativa empresarial, se houver, para fins de registro de marcas e patentes, sem prejuízo de o titular providenciar os registros de propriedade intelectual e industrial diretamente, de moto próprio, no INPI. (Incluído pela LC nº 167, de 2019)

§ 8º O INPI deverá criar mecanismo que concatene desde a recepção dos dados ao processamento sumário das solicitações de marcas e patentes de empresas Inova Simples. (Incluído pela LC nº 167, de 2019)

§ 9º Os recursos capitalizados não constituirão renda e destinar-se-ão exclusivamente ao custeio do desenvolvimento de projetos de startup de que trata o § 1º deste artigo. (Incluído pela LC nº 167, de 2019)

§ 10. É permitida a comercialização experimental do serviço ou produto até o limite fixado para o MEI nesta Lei Complementar. (Incluído pela LC nº 167, de 2019)

§ 11. Na eventualidade de não lograr êxito no desenvolvimento do escopo pretendido, a baixa do CNPJ será automática, mediante procedimento de autodeclaração no portal da Redesim. (Incluído pela LC nº 167, de 2019)

§ 12. (Vetado) (Incluído pela LC nº 167, de 2019)

§ 13. O disposto neste artigo será regulamentado pelo Comitê Gestor do Simples Nacional. (Incluído pela LC nº 167, de 2019)

Art. 66. No primeiro trimestre do ano subsequente, os órgãos e entidades a que alude o art. 67 desta Lei Complementar transmitirão ao Ministério da Ciência e Tecnologia relatório circunstanciado dos projetos realizados, compreendendo a análise do desempenho alcançado.

Art. 67. Os órgãos congêneres ao Ministério da Ciência e Tecnologia estaduais e municipais deverão elaborar e divulgar relatório anual indicando o valor dos recursos recebidos, inclusive por transferência de terceiros, que foram aplicados diretamente ou por organizações vinculadas, por Fundos Setoriais e outros, no segmento das microempresas e empresas de pequeno porte, retratando e avaliando os resultados obtidos e indicando as previsões de ações e metas para ampliação de sua participação no exercício seguinte.

SEÇÃO III
DO APOIO À CERTIFICAÇÃO

- (Incluído pela Lei Complementar nº 155, de 2016)

Art. 67-A. O órgão competente do Poder Executivo disponibilizará na internet informações sobre certificação de qualidade de produtos e processos para microempresas e empresas de pequeno porte. (Incluído pela Lei Complementar nº 155, de 2016)

Parágrafo único. Os órgãos da administração direta e indireta e as entidades certificadoras privadas, responsáveis pela criação, regulação e gestão de processos de certificação de qualidade de produtos e processos, deverão, sempre que solicitados, disponibilizar ao órgão competente do Poder Executivo informações referentes a procedimentos e normas aplicáveis aos processos de certificação em seu escopo de atuação. (Incluído pela Lei Complementar nº 155, de 2016)

CAPÍTULO XI
DAS REGRAS CIVIS E EMPRESARIAIS

SEÇÃO I
DAS REGRAS CIVIS

SUBSEÇÃO I
DO PEQUENO EMPRESÁRIO

Art. 68. Considera-se pequeno empresário, para efeito de aplicação do disposto nos arts. 970 e 1.179 da Lei nº 10.406, de 2002, o empresário individual caracterizado como microempresa na forma desta Lei Complementar que aufira receita bruta anual até o limite previsto no § 1º do art. 18-A.

SUBSEÇÃO II
(VETADO)

Art. 69. (Vetado).

SEÇÃO II
DAS DELIBERAÇÕES SOCIAIS E DA ESTRUTURA ORGANIZACIONAL

Art. 70. As microempresas e as empresas de pequeno porte são desobrigadas da realização de reuniões e assembleias em qualquer das situações previstas na legislação civil, as quais serão substituídas por deliberação representativa do primeiro número inteiro superior à ½ (metade) do capital social.

§ 1º O disposto no *caput* deste artigo não se aplica caso haja disposição contratual em contrário, caso ocorra hipótese de justa causa que enseje a exclusão de sócio ou caso um ou mais sócios ponham em risco a continuidade da empresa em virtude de atos de inegável gravidade.

§ 2º Nos casos referidos no § 1º deste artigo, realizar-se-á reunião ou assembleia de acordo com a legislação civil.

Art. 71. Os empresários e as sociedades de que trata esta Lei Complementar, nos termos da legislação civil, ficam dispensados da publicação de qualquer ato societário.

SEÇÃO III
DO NOME EMPRESARIAL

Art. 72. (Revogado pela Lei Complementar nº 155, de 2016).

SEÇÃO IV
DO PROTESTO DE TÍTULOS

Art. 73. O protesto de título, quando o devedor for microempresário ou empresa de pequeno porte, é sujeito às seguintes condições:

- Lei nº 9.492/1997 (Define competência, regulamenta os serviços concernentes ao protesto de títulos e outros documentos de dívida).

I - sobre os emolumentos do tabelião não incidirão quaisquer acréscimos a título de taxas, custas e contribuições para o Estado ou Distrito Federal, carteira de previdência, fundo de custeio de atos gratuitos, fundos especiais do Tribunal de Justiça, bem como de associação de classe, criados ou que venham a ser criados sob qualquer título ou denominação, ressalvada a cobrança do devedor das despesas de correio, condução e publicação de edital para realização da intimação;

II - para o pagamento do título em cartório, não poderá ser exigido cheque de emissão de estabelecimento bancário, mas, feito o pagamento por meio de cheque, de emissão de estabelecimento bancário ou não, a quitação dada pelo tabelionato de protesto será condicionada à efetiva liquidação do cheque;

III - o cancelamento do registro de protesto, fundado no pagamento do título, será feito independentemente de declaração de anuência do credor, salvo no caso de impossibilidade de apresentação do original protestado;

IV - para os fins do disposto no *caput* e nos incisos I, II e III do *caput* deste artigo, o devedor deverá provar sua qualidade de microempresa ou de empresa de pequeno porte perante o tabelionato de protestos de títulos, mediante documento expedido pela Junta Comercial ou pelo Registro Civil das Pessoas Jurídicas, conforme o caso;

V - quando o pagamento do título ocorrer com cheque sem a devida provisão de fundos, serão automaticamente suspensos pelos cartórios de protesto, pelo prazo de 1 (um) ano, todos os benefícios previstos para o devedor neste artigo, independentemente da lavratura e registro do respectivo protesto.

Art. 73-A. São vedadas cláusulas contratuais relativas à limitação da emissão ou circulação de títulos de crédito ou direitos creditórios originados de operações de compra e venda de produtos e serviços por microempresas e empresas de pequeno porte. (Incluído pela Lei Complementar nº 147, de 2014)

CAPÍTULO XII
DO ACESSO À JUSTIÇA

SEÇÃO I
DO ACESSO AOS JUIZADOS ESPECIAIS

Art. 74. Aplica-se às microempresas e às empresas de pequeno porte de que trata esta Lei Complementar o disposto no § 1º do art. 8º da Lei nº 9.099, de 26 de setembro de 1995, e no inciso I do *caput* do art. 6º da Lei nº 10.259, de 12 de julho de 2001, as quais, assim como as pessoas físicas capazes, passam a ser admitidas como proponentes de ação perante o Juizado Especial, excluídos os cessionários de direito de pessoas jurídicas.

Art. 74-A. O Poder Judiciário, especialmente por meio do Conselho Nacional de Justiça – CNJ, e o Ministério da Justiça implementarão medidas para disseminar o tratamento diferenciado e favorecido às microempresas e empresas de pequeno porte em suas respectivas áreas de competência. (Incluído pela Lei Complementar nº 147, de 2014)

SEÇÃO II
DA CONCILIAÇÃO PRÉVIA, MEDIAÇÃO E ARBITRAGEM

Art. 75. As microempresas e empresas de pequeno porte deverão ser estimuladas a utilizar os institutos de conciliação prévia, mediação e arbitragem para solução dos seus conflitos.

- Lei 9.307/1996 (Lei da Arbitragem).

§ 1º Serão reconhecidos de pleno direito os acordos celebrados no âmbito das comissões de conciliação prévia.

- arts. 625-A e ss., CLT.

§ 2º O estímulo a que se refere o *caput* deste artigo compreenderá campanhas de divulgação, serviços de esclarecimento e tratamento diferenciado, simplificado e favorecido no tocante aos custos administrativos e honorários cobrados.

SEÇÃO III
DAS PARCERIAS

Art. 75-A. Para fazer face às demandas originárias do estímulo previsto nos arts. 74 e 75 desta Lei Complementar, entidades privadas, públicas, inclusive o Poder Judiciário, poderão firmar parcerias entre si, objetivando a instalação ou utilização de ambientes propícios para a realização dos procedimentos inerentes a busca da solução de conflitos.

Art. 75-B. (Vetado). (Incluído pela Lei Complementar nº 155, de 2016)

CAPÍTULO XIII
DO APOIO E DA REPRESENTAÇÃO

Art. 76. Para o cumprimento do disposto nesta Lei Complementar, bem como para desenvolver e acompanhar políticas públicas voltadas às microempresas e empresas de pequeno porte, o poder público, em consonância com o Fórum Permanente das Microempresas e Empresas de Pequeno Porte, sob a coordenação da Secretaria da Micro e Pequena Empresa da Presidência da República, deverá incentivar e apoiar a criação de fóruns com participação dos órgãos públicos competentes e das entidades vinculadas ao setor. (Redação dada pela Lei 12.792, de 2013)

- Dec. 8.364/2014 (Regulamenta o Fórum Permanente das Microempresas e Empresas de Pequeno Porte).

Parágrafo único. A Secretaria da Micro e Pequena Empresa da Presidência da República coordenará com as entidades representativas das microempresas e empresas de pequeno porte a implementação dos fóruns regionais nas unidades da federação. (Redação dada pela Lei 12.792, de 2013)

Art. 76-A. As instituições de representação e apoio empresarial deverão promover programas de sensibilização, de informação, de orientação e apoio, de educação fiscal, de regularidade dos contratos de trabalho e de adoção de sistemas informatizados e eletrônicos, como forma de estímulo à formalização de empreendimentos, de negócios e empregos, à ampliação da competitividade e à disseminação do associativismo entre as microempresas, os microempreendedores individuais, as empresas de pequeno porte e equiparados. (Incluído pela Lei Complementar nº 147, de 2014)

CAPÍTULO XIV
DISPOSIÇÕES FINAIS E TRANSITÓRIAS

Art. 77. Promulgada esta Lei Complementar, o Comitê Gestor expedirá, em 30 (trinta) meses, as instruções que se fizerem necessárias à sua execução.

§ 1º O Ministério do Trabalho e Emprego, a Secretaria da Receita Federal, a Secretaria da Receita Previdenciária, os Estados, o Distrito Federal e os Municípios deverão editar, em 1 (um) ano, as leis e demais atos necessários para assegurar o pronto e imediato tratamento jurídico diferenciado, simplificado e favorecido às microempresas e às empresas de pequeno porte.

§ 2º A administração direta e indireta federal, estadual e municipal e as entidades paraestatais acordarão, no prazo previsto no § 1º deste artigo, as providências necessárias à adaptação dos respectivos atos normativos ao disposto nesta Lei Complementar.

§ 3º (Vetado).

§ 4º O Comitê Gestor regulamentará o disposto no inciso I do § 6º do art. 13 desta Lei Complementar até 31 de dezembro de 2008.

§ 5º A partir de 1º de janeiro de 2009, perderão eficácia as substituições tributárias que não atenderem à disciplina estabelecida na forma do § 4º deste artigo.

§ 6º O Comitê de que trata o inciso III do *caput* do art. 2º desta Lei Complementar expedirá, até 31 de dezembro de 2009, as instruções que se fizerem necessárias relativas a sua competência.

Art. 78. (Revogado pela LC nº 128/08)

Art. 79. Será concedido, para ingresso no Simples Nacional, parcelamento, em até 100 (cem) parcelas mensais e sucessivas, dos débitos com o Instituto Nacional do Seguro Social – INSS, ou com as Fazendas Públicas federal, estadual ou municipal, de responsabilidade da microempresa ou empresa de pequeno porte e de seu titular ou sócio, com vencimento até 30 de junho de 2008.

§ 1º O valor mínimo da parcela mensal será de R$ 100,00 (cem reais), considerados isoladamente os débitos para com a Fazenda Nacional, para com a Seguridade Social, para com a Fazenda dos Estados, dos Municípios ou do Distrito Federal.

§ 2º Esse parcelamento alcança inclusive débitos inscritos em dívida ativa.

§ 3º O parcelamento será requerido à respectiva Fazenda para com a qual o sujeito passivo esteja em débito.

§ 3º-A. O parcelamento deverá ser requerido no prazo estabelecido em regulamentação do Comitê Gestor.

§ 4º Aplicam-se ao disposto neste artigo as demais regras vigentes para parcelamento de tributos e contribuições federais, na forma regulamentada pelo Comitê Gestor.

§§ 5º a 8º (Vetado).

§ 9º O parcelamento de que trata o *caput* deste artigo não se aplica na hipótese de reingresso de microempresa ou empresa de pequeno porte no Simples Nacional.

Art. 79-A. (Vetado).

Art. 79-B. Excepcionalmente para os fatos geradores ocorridos em julho de 2007, os tributos apurados na forma dos arts. 18 a 20 desta Lei Complementar deverão ser pagos até o último dia útil de agosto de 2007.

Art. 79-C. A microempresa e a empresa de pequeno porte que, em 30 de junho de 2007, se enquadravam no regime previsto na Lei nº 9.317, de 5 de dezembro de 1996, e que não ingressaram no regime previsto no art. 12 desta Lei Complementar sujeitar-se-ão, a partir de 1º de julho de 2007, às normas de tributação aplicáveis às demais pessoas jurídicas.

§ 1º Para efeito do disposto no *caput* deste artigo, o sujeito passivo poderá optar pelo recolhimento do Imposto sobre a Renda da Pessoa Jurídica – IRPJ e da Contribuição Social sobre o Lucro Líquido – CSLL na forma do lucro real, trimestral ou anual, ou do lucro presumido.

§ 2º A opção pela tributação com base no lucro presumido dar-se-á pelo pagamento, no vencimento, do IRPJ e da CSLL devidos, correspondente ao 3º (terceiro) trimestre de 2007 e, no caso do lucro real anual, com o pagamento do IRPJ e da CSLL relativos ao mês de julho de 2007 com base na estimativa mensal.

Art. 79-D. Excepcionalmente, para os fatos geradores ocorridos entre 1º de julho de 2007 e 31 de dezembro de 2008, as pessoas jurídicas que exerçam atividade sujeita simultaneamente à incidência do IPI e do ISS deverão recolher o ISS diretamente ao Município em que este imposto é devido até o último dia útil de fevereiro de 2009, aplicando-se, até esta data, o disposto no parágrafo único do art. 100 da Lei nº 5.172, de 25 de outubro de 1966 – Código Tributário Nacional – CTN.

Art. 79-E. A empresa de pequeno porte optante pelo Simples Nacional em 31 de dezembro de 2017 que durante o ano calendário de 2017 auferir receita bruta total anual entre R$ 3.600.000,01 (três milhões, seiscentos mil reais e um centavo) e R$ 4.800.000,00 (quatro milhões e oitocentos mil reais) continuará automaticamente incluída no Simples Nacional com efeitos a partir de 1º de janeiro de 2018, ressalvado o direito de exclusão por comunicação da optante. (Redação dada pela Lei Complementar nº 155, de 2016)

Art. 80. O art. 21 da Lei nº 8.212, de 24 de julho de 1991, fica acrescido dos seguintes §§ 2º e 3º, passando o parágrafo único a vigorar como § 1º:

- Alterações incorporadas ao texto da referida lei.

Art. 81. O art. 45 da Lei nº 8.212, de 24 de julho de 1991, passa a vigorar com as seguintes alterações:

- Alterações incorporadas ao texto da referida lei.

Art. 82. A Lei nº 8.213, de 24 de julho de 1991, passa a vigorar com as seguintes alterações:

- Alterações incorporadas ao texto da referida lei.

Art. 83. O art. 94 da Lei nº 8.213, de 24 de julho de 1991, fica acrescido do seguinte § 2º, passando o parágrafo único a vigorar como § 1º:

- Alterações incorporadas ao texto da referida lei.

Art. 84. O art. 58 da Consolidação das Leis do Trabalho – CLT, aprovada pelo Decreto-Lei nº 5.452, de 1º de maio de 1943, passa a vigorar acrescido do seguinte § 3º:

- Alteração incorporada ao texto da referida lei.

Art. 85. (Vetado).

Art. 85-A. Caberá ao Poder Público Municipal designar Agente de Desenvolvimento para a efetivação do disposto nesta Lei Complementar, observadas as especificidades locais.

§ 1º A função de Agente de Desenvolvimento caracteriza-se pelo exercício de articulação das ações públicas para a promoção do desenvolvimento local e territorial, mediante ações locais ou comunitárias, individuais ou coletivas, que visem ao cumprimento das disposições e diretrizes contidas nesta Lei Complementar, sob supervisão do órgão gestor local responsável pelas políticas de desenvolvimento.

§ 2º O Agente de Desenvolvimento deverá preencher os seguintes requisitos:

I - residir na área da comunidade em que atuar;

II - haver concluído, com aproveitamento, curso de qualificação básica para a formação de Agente de Desenvolvimento; e

III - possuir formação ou experiência compatível com a função a ser exercida; (Redação dada pela Lei Complementar nº 147, de 2014)

IV - ser preferencialmente servidor efetivo do Município. (Incluído pela Lei Complementar nº 147, de 2014)

§ 3º A Secretaria da Micro e Pequena Empresa da Presidência da República juntamente com as entidades municipalistas e de apoio e representação empresarial prestarão suporte aos referidos agentes na forma de capacitação, estudos e pesquisas, publicações, promoção de intercâmbio de informações e experiências. (Redação dada pela Lei nº 12.792, de 2013)

Art. 86. As matérias tratadas nesta Lei Complementar que não sejam reservadas constitucionalmente a lei complementar poderão ser objeto de alteração por lei ordinária.

Art. 87. O § 1º do art. 3º da Lei Complementar nº 63, de 11 de janeiro de 1990, passa a vigorar com a seguinte redação:

‣ Alteração incorporada ao texto da referida lei.

Art. 87-A. Os Poderes Executivos da União, Estados, Distrito Federal e Municípios expedirão, anualmente, até o dia 30 de novembro, cada um, em seus respectivos âmbitos de competência, decretos de consolidação da regulamentação aplicável relativamente às microempresas e empresas de pequeno porte. (Incluído pela Lei Complementar nº 147, de 2014)

Art. 88. Esta Lei Complementar entra em vigor na data de sua publicação, ressalvado o regime de tributação das microempresas e empresas de pequeno porte, que entra em vigor em 1º de julho de 2007.

Art. 89. Ficam revogadas, a partir de 1º de julho de 2007, a Lei nº 9.317, de 5 de dezembro de 1996, e a Lei nº 9.841, de 5 de outubro de 1999.

Brasília, 14 de dezembro de 2006; 185º da Independência e 118º da República.

Luiz Inácio Lula da Silva

‣ Optamos, nesta edição, pela não publicação dos anexos.

LEI Nº 12.288, DE 20 DE JULHO DE 2010

Institui o Estatuto da Igualdade Racial; altera as Leis nº 7.716, de 5 de janeiro de 1989, 9.029, de 13 de abril de 1995, 7.347, de 24 de julho de 1985, e 10.778, de 24 de novembro de 2003.

› DOU 21.7.2010.

O PRESIDENTE DA REPÚBLICA

Faço saber que o Congresso Nacional decreta e eu sanciono a seguinte Lei:

TÍTULO I
DISPOSIÇÕES PRELIMINARES

Art. 1º Esta Lei institui o Estatuto da Igualdade Racial, destinado a garantir à população negra a efetivação da igualdade de oportunidades, a defesa dos direitos étnicos individuais, coletivos e difusos e o combate à discriminação e às demais formas de intolerância étnica.

› arts. 3º, IV; 4º, VIII; 5º, XLI, XLII, CF.

Parágrafo único. Para efeito deste Estatuto, considera-se:

I - discriminação racial ou étnico-racial: toda distinção, exclusão, restrição ou preferência baseada em raça, cor, descendência ou origem nacional ou étnica que tenha por objeto anular ou restringir o reconhecimento, gozo ou exercício, em igualdade de condições, de direitos humanos e liberdades fundamentais nos campos político, econômico, social, cultural ou em qualquer outro campo da vida pública ou privada;

› Lei nº 7.716, de 5-1-1989, dispõe sobre os crimes resultantes de preconceitos de raça ou de cor.

II - desigualdade racial: toda situação injustificada de diferenciação de acesso e fruição de bens, serviços e oportunidades, nas esferas pública e privada, em virtude de raça, cor, descendência ou origem nacional ou étnica;

III - desigualdade de gênero e raça: assimetria existente no âmbito da sociedade que acentua a distância social entre mulheres negras e os demais segmentos sociais;

IV - população negra: o conjunto de pessoas que se autodeclaram pretas e pardas, conforme o quesito cor ou raça usado pela Fundação Instituto Brasileiro de Geografia e Estatística (IBGE), ou que adotam autodefinição análoga;

V - políticas públicas: as ações, iniciativas e programas adotados pelo Estado no cumprimento de suas atribuições institucionais;

VI - ações afirmativas: os programas e medidas especiais adotados pelo Estado e pela iniciativa privada para a correção das desigualdades raciais e para a promoção da igualdade de oportunidades.

Art. 2º É dever do Estado e da sociedade garantir a igualdade de oportunidades, reconhecendo a todo cidadão brasileiro, independentemente da etnia ou da cor da pele, o direito à participação na comunidade, especialmente nas atividades políticas, econômicas, empresariais, educacionais, culturais e esportivas, defendendo sua dignidade e seus valores religiosos e culturais.

Art. 3º Além das normas constitucionais relativas aos princípios fundamentais, aos direitos e garantias fundamentais e aos direitos sociais, econômicos e culturais, o Estatuto da Igualdade Racial adota como diretriz político-jurídica a inclusão das vítimas de desigualdade étnico-racial, a valorização da igualdade étnica e o fortalecimento da identidade nacional brasileira.

Art. 4º A participação da população negra, em condição de igualdade de oportunidade, na vida econômica, social, política e cultural do País será promovida, prioritariamente, por meio de:

I - inclusão nas políticas públicas de desenvolvimento econômico e social;

II - adoção de medidas, programas e políticas de ação afirmativa;

III - modificação das estruturas institucionais do Estado para o adequado enfrentamento e a superação das desigualdades étnicas decorrentes do preconceito e da discriminação étnica;

IV - promoção de ajustes normativos para aperfeiçoar o combate à discriminação étnica e às desigualdades étnicas em todas as suas manifestações individuais, institucionais e estruturais;

V - eliminação dos obstáculos históricos, socioculturais e institucionais que impedem a representação da diversidade étnica nas esferas pública e privada;

VI - estímulo, apoio e fortalecimento de iniciativas oriundas da sociedade civil direcionadas à promoção da igualdade de oportunidades e ao combate às desigualdades étnicas, inclusive mediante a implementação de incentivos e critérios de condicionamento e prioridade no acesso aos recursos públicos;

VII - implementação de programas de ação afirmativa destinados ao enfrentamento das desigualdades étnicas no tocante à educação, cultura, esporte e lazer, saúde, segurança, trabalho, moradia, meios de comunicação de massa, financiamentos públicos, acesso à terra, à Justiça, e outros.

› art. 56 desta lei.

Parágrafo único. Os programas de ação afirmativa constituir-se-ão em políticas públicas destinadas a reparar as distorções e desigualdades sociais e demais práticas discriminatórias adotadas, nas esferas pública e privada, durante o processo de formação social do País.

Art. 5º Para a consecução dos objetivos desta Lei, é instituído o Sistema Nacional de Promoção da Igualdade Racial (SINAPIR), conforme estabelecido no Título III.

TÍTULO II
DOS DIREITOS FUNDAMENTAIS

CAPÍTULO I
DO DIREITO À SAÚDE

Art. 6º O direito à saúde da população negra será garantido pelo poder público mediante políticas universais, sociais e econômicas destinadas à redução do risco de doenças e de outros agravos.

§ 1º O acesso universal e igualitário ao Sistema Único de Saúde (SUS) para promoção, proteção e recuperação da saúde da população negra será de responsabilidade dos órgãos e instituições públicas federais, estaduais, distritais e municipais, da administração direta e indireta.

§ 2º O poder público garantirá que o segmento da população negra vinculado aos seguros privados de saúde seja tratado sem discriminação.

Art. 7º O conjunto de ações de saúde voltadas à população negra constitui a Política Nacional de Saúde Integral da População Negra, organizada de acordo com as diretrizes abaixo especificadas:

I - ampliação e fortalecimento da participação de lideranças dos movimentos sociais em defesa da saúde da população negra nas instâncias de participação e controle social do SUS;

II - produção de conhecimento científico e tecnológico em saúde da população negra;

III - desenvolvimento de processos de informação, comunicação e educação para contribuir com a redução das vulnerabilidades da população negra.

Art. 8º Constituem objetivos da Política Nacional de Saúde Integral da População Negra:

I - a promoção da saúde integral da população negra, priorizando a redução das desigualdades étnicas e o combate à discriminação nas instituições e serviços do SUS;

II - a melhoria da qualidade dos sistemas de informação do SUS no que tange à coleta, ao processamento e à análise dos dados desagregados por cor, etnia e gênero;

III - o fomento à realização de estudos e pesquisas sobre racismo e saúde da população negra;

IV - a inclusão do conteúdo da saúde da população negra nos processos de formação e educação permanente dos trabalhadores da saúde;

V - a inclusão da temática saúde da população negra nos processos de formação política das lideranças de movimentos sociais para o exercício da participação e controle social no SUS.

Parágrafo único. Os moradores das comunidades de remanescentes de quilombos serão beneficiários de incentivos específicos para a garantia do direito à saúde, incluindo melhorias nas condições ambientais, no saneamento básico, na segurança alimentar e nutricional e na atenção integral à saúde.

CAPÍTULO II
DO DIREITO À EDUCAÇÃO, À CULTURA, AO ESPORTE E AO LAZER

SEÇÃO I
DISPOSIÇÕES GERAIS

Art. 9º A população negra tem direito a participar de atividades educacionais, culturais, esportivas e de lazer adequadas a seus interesses e condições, de modo a contribuir para o patrimônio cultural de sua comunidade e da sociedade brasileira.

Art. 10. Para o cumprimento do disposto no art. 9º, os governos federal, estaduais, distrital e municipais adotarão as seguintes providências:

I - promoção de ações para viabilizar e ampliar o acesso da população negra ao ensino gratuito e às atividades esportivas e de lazer;

II - apoio à iniciativa de entidades que mantenham espaço para promoção social e cultural da população negra;

III - desenvolvimento de campanhas educativas, inclusive nas escolas, para que a solidariedade aos membros da população negra faça parte da cultura de toda a sociedade;

IV - implementação de políticas públicas para o fortalecimento da juventude negra brasileira.

SEÇÃO II
DA EDUCAÇÃO

Art. 11. Nos estabelecimentos de ensino fundamental e de ensino médio, públicos e privados, é obrigatório o estudo da história geral da África e da história da população negra no Brasil, observado o disposto na Lei nº 9.394, de 20 de dezembro de 1996.

› Lei 9.394/1996 (Lei de Diretrizes e Bases da Educação Nacional).

§ 1º Os conteúdos referentes à história da população negra no Brasil serão ministrados no âmbito de todo o currículo escolar, resgatando sua contribuição decisiva para o desenvolvimento social, econômico, político e cultural do País.

§ 2º O órgão competente do Poder Executivo fomentará a formação inicial e continuada de professores e a elaboração de material didático específico para o cumprimento do disposto no *caput* deste artigo.

§ 3º Nas datas comemorativas de caráter cívico, os órgãos responsáveis pela educação incentivarão a participação de intelectuais e representantes do movimento negro para debater com os estudantes suas vivências relativas ao tema em comemoração.

Art. 12. Os órgãos federais, distritais e estaduais de fomento à pesquisa e à pós-graduação poderão criar incentivos a pesquisas e a programas de estudo voltados para temas referentes às relações étnicas, aos quilombos e às questões pertinentes à população negra.

Art. 13. O Poder Executivo federal, por meio dos órgãos competentes, incentivará as instituições de ensino superior públicas e privadas, sem prejuízo da legislação em vigor, a:

I - resguardar os princípios da ética em pesquisa e apoiar grupos, núcleos e centros de pesquisa, nos diversos programas de pós-graduação que desenvolvam temáticas de interesse da população negra;

II - incorporar nas matrizes curriculares dos cursos de formação de professores temas que incluam valores concernentes à pluralidade étnica e cultural da sociedade brasileira;

III - desenvolver programas de extensão universitária destinados a aproximar jovens negros de tecnologias avançadas, assegurado o princípio da proporcionalidade de gênero entre os beneficiários;

IV - estabelecer programas de cooperação técnica, nos estabelecimentos de ensino públicos, privados e comunitários, com as escolas de educação infantil, ensino fundamental, ensino médio e ensino técnico, para a formação docente baseada em princípios de equidade, de tolerância e de respeito às diferenças étnicas.

Art. 14. O poder público estimulará e apoiará ações socioeducacionais realizadas por entidades do movimento negro que desenvolvam atividades voltadas para a inclusão social, mediante cooperação técnica, intercâmbios, convênios e incentivos, entre outros mecanismos.

Art. 15. O poder público adotará programas de ação afirmativa.

Art. 16. O Poder Executivo federal, por meio dos órgãos responsáveis pelas políticas de promoção da igualdade e de educação, acompanhará e avaliará os programas de que trata esta seção.

SEÇÃO III
DA CULTURA

Art. 17. O poder público garantirá o reconhecimento das sociedades negras, clubes e outras formas de manifestação coletiva da população negra, com trajetória histórica comprovada, como patrimônio histórico e cultural, nos termos dos arts. 215 e 216 da Constituição Federal.

Art. 18. É assegurado aos remanescentes das comunidades dos quilombos o direito à preservação de seus usos, costumes, tradições e manifestos religiosos, sob a proteção do Estado.

› art. 5º, VI, CF.

Parágrafo único. A preservação dos documentos e dos sítios detentores de reminiscências históricas dos antigos quilombos, tombados nos termos do § 5º do art. 216 da Constituição Federal, receberá especial atenção do poder público.

Art. 19. O poder público incentivará a celebração das personalidades e das datas comemorativas relacionadas à trajetória do samba e de outras manifestações culturais de matriz africana, bem como sua comemoração nas instituições de ensino públicas e privadas.

Art. 20. O poder público garantirá o registro e a proteção da capoeira, em todas as suas modalidades, como bem de natureza imaterial e de formação da identidade cultural brasileira, nos termos do art. 216 da Constituição Federal.

Parágrafo único. O poder público buscará garantir, por meio dos atos normativos necessários, a preservação dos elementos formadores tradicionais da capoeira nas suas relações internacionais.

SEÇÃO IV
DO ESPORTE E LAZER

Art. 21. O poder público fomentará o pleno acesso da população negra às práticas desportivas, consolidando o esporte e o lazer como direitos sociais.

Art. 22. A capoeira é reconhecida como desporto de criação nacional, nos termos do art. 217 da Constituição Federal.

§ 1º A atividade de capoeirista será reconhecida em todas as modalidades em que a capoeira se manifesta, seja como esporte, luta, dança ou música, sendo livre o exercício em todo o território nacional.

§ 2º É facultado o ensino da capoeira nas instituições públicas e privadas pelos capoeiristas e mestres tradicionais, pública e formalmente reconhecidos.

CAPÍTULO III
DO DIREITO À LIBERDADE DE CONSCIÊNCIA E DE CRENÇA E AO LIVRE EXERCÍCIO DOS CULTOS RELIGIOSOS

› art. 5º, VI a VIII, CF.

Art. 23. É inviolável a liberdade de consciência e de crença, sendo assegurado o livre exercício dos cultos religiosos e garantida, na forma da lei, a proteção aos locais de culto e a suas liturgias.

Art. 24. O direito à liberdade de consciência e de crença e ao livre exercício dos cultos religiosos de matriz africana compreende:

I - a prática de cultos, a celebração de reuniões relacionadas à religiosidade e a fundação e manutenção, por iniciativa privada, de lugares reservados para tais fins;

II - a celebração de festividades e cerimônias de acordo com preceitos das respectivas religiões;

III - a fundação e a manutenção, por iniciativa privada, de instituições beneficentes ligadas às respectivas convicções religiosas;

IV - a produção, a comercialização, a aquisição e o uso de artigos e materiais religiosos adequados aos costumes e às práticas fundadas na respectiva religiosidade, ressalvadas as condutas vedadas por legislação específica;

- Lei 9.605/1998 (dispõe sobre as sanções penais e administrativas derivadas de condutas e atividades lesivas ao meio ambiente).

V - a produção e a divulgação de publicações relacionadas ao exercício e à difusão das religiões de matriz africana;

VI - a coleta de contribuições financeiras de pessoas naturais e jurídicas de natureza privada para a manutenção das atividades religiosas e sociais das respectivas religiões;

VII - o acesso aos órgãos e aos meios de comunicação para divulgação das respectivas religiões;

VIII - a comunicação ao Ministério Público para abertura de ação penal em face de atitudes e práticas de intolerância religiosa nos meios de comunicação e em quaisquer outros locais.

Art. 25. É assegurada a assistência religiosa aos praticantes de religiões de matrizes africanas internados em hospitais ou em outras instituições de internação coletiva, inclusive àqueles submetidos a pena privativa de liberdade.

- art. 5º, VII, CF.
- Lei 9.982/2000 (Dispõe sobre a prestação de assistência religiosa nas entidades hospitalares públicas e privadas, bem como nos estabelecimentos prisionais civis e militares).

Art. 26. O poder público adotará as medidas necessárias para o combate à intolerância com as religiões de matrizes africanas e à discriminação de seus seguidores, especialmente com o objetivo de:

I - coibir a utilização dos meios de comunicação social para a difusão de proposições, imagens ou abordagens que exponham pessoa ou grupo ao ódio ou ao desprezo por motivos fundados na religiosidade de matrizes africanas;

II - inventariar, restaurar e proteger os documentos, obras e outros bens de valor artístico e cultural, os monumentos, mananciais, flora e sítios arqueológicos vinculados às religiões de matrizes africanas;

- art. 216, CF.

III - assegurar a participação proporcional de representantes das religiões de matrizes africanas, ao lado da representação das demais religiões, em comissões, conselhos, órgãos e outras instâncias de deliberação vinculadas ao poder público.

CAPÍTULO IV
DO ACESSO À TERRA E À MORADIA ADEQUADA

- art. 6º, CF.

SEÇÃO I
DO ACESSO À TERRA

Art. 27. O poder público elaborará e implementará políticas públicas capazes de promover o acesso da população negra à terra e às atividades produtivas no campo.

Art. 28. Para incentivar o desenvolvimento das atividades produtivas da população negra no campo, o poder público promoverá ações para viabilizar e ampliar o seu acesso ao financiamento agrícola.

Art. 29. Serão assegurados à população negra a assistência técnica rural, a simplificação do acesso ao crédito agrícola e o fortalecimento da infraestrutura de logística para a comercialização da produção.

Art. 30. O poder público promoverá a educação e a orientação profissional agrícola para os trabalhadores negros e as comunidades negras rurais.

Art. 31. Aos remanescentes das comunidades dos quilombos que estejam ocupando suas terras é reconhecida a propriedade definitiva, devendo o Estado emitir-lhes os títulos respectivos.

- art. 68, ADCT.

Art. 32. O Poder Executivo federal elaborará e desenvolverá políticas públicas especiais voltadas para o desenvolvimento sustentável dos remanescentes das comunidades dos quilombos, respeitando as tradições de proteção ambiental das comunidades.

- art. 28, § 6º, Lei 8.069/1990 (ECA).

Art. 33. Para fins de política agrícola, os remanescentes das comunidades dos quilombos receberão dos órgãos competentes tratamento especial diferenciado, assistência técnica e linhas especiais de financiamento público, destinados à realização de suas atividades produtivas e de infraestrutura.

Art. 34. Os remanescentes das comunidades dos quilombos se beneficiarão de todas as iniciativas previstas nesta e em outras leis para a promoção da igualdade étnica.

SEÇÃO II
DA MORADIA

Art. 35. O poder público garantirá a implementação de políticas públicas para assegurar o direito à moradia adequada da população negra que vive em favelas, cortiços, áreas urbanas subutilizadas, degradadas ou em processo de degradação, a fim de reintegrá-las à dinâmica urbana e promover melhorias no ambiente e na qualidade de vida.

Parágrafo único. O direito à moradia adequada, para os efeitos desta Lei, inclui não apenas o provimento habitacional, mas também a garantia da infraestrutura urbana e dos equipamentos comunitários associados à função habitacional, bem como a assistência técnica e jurídica para a construção, a reforma ou a regularização fundiária da habitação em área urbana.

Art. 36. Os programas, projetos e outras ações governamentais realizadas no âmbito do Sistema Nacional de Habitação de Interesse Social (SNHIS), regulado pela Lei nº 11.124, de 16 de junho de 2005, devem considerar as peculiaridades sociais, econômicas e culturais da população negra.

Parágrafo único. Os Estados, o Distrito Federal e os Municípios estimularão e facilitarão a participação de organizações e movimentos representativos da população negra na composição dos conselhos constituídos para fins de aplicação do Fundo Nacional de Habitação de Interesse Social (FNHIS).

Art. 37. Os agentes financeiros, públicos ou privados, promoverão ações para viabilizar o acesso da população negra aos financiamentos habitacionais.

CAPÍTULO V
DO TRABALHO

- Lei 12.990/2014 (Reserva aos negros 20%, vinte por cento, das vagas oferecidas nos concursos públicos para provimento de cargos efetivos e empregos públicos no âmbito da administração pública federal, das autarquias, das fundações públicas, das empresas públicas e das sociedades de economia mista controladas pela União).

Art. 38. A implementação de políticas voltadas para a inclusão da população negra no mercado de trabalho será de responsabilidade do poder público, observando-se:

I - o instituído neste Estatuto;

II - os compromissos assumidos pelo Brasil ao ratificar a Convenção Internacional sobre a Eliminação de Todas as Formas de Discriminação Racial, de 1965;

- Dec. 4.738/2003 (Promulga a Declaração Facultativa prevista no art. 14 da Convenção Internacional sobre a Eliminação de Todas as Formas de Discriminação Racial, reconhecendo a competência do Comitê Internacional para a Eliminação da Discriminação Racial para receber e analisar denúncias de violação dos direitos humanos cobertos na mencionada Convenção).

III - os compromissos assumidos pelo Brasil ao ratificar a Convenção nº 111, de 1958, da Organização Internacional do Trabalho (OIT), que trata da discriminação no emprego e na profissão;

IV - os demais compromissos formalmente assumidos pelo Brasil perante a comunidade internacional.

Art. 39. O poder público promoverá ações que assegurem a igualdade de oportunidades no mercado de trabalho para a população negra, inclusive mediante a implementação de medidas visando à promoção da igualdade nas contratações do setor público e o incentivo à adoção de medidas similares nas empresas e organizações privadas.

- Dec. 9.427/2018 (reserva aos negros 30% das vagas oferecidas nas seleções para estágio no âmbito da administração pública federal indireta, autárquica e fundacional).

§ 1º A igualdade de oportunidades será lograda mediante a adoção de políticas e programas de formação profissional, de emprego e de geração de renda voltados para a população negra.

§ 2º As ações visando a promover a igualdade de oportunidades na esfera da administração pública far-se-ão por meio de normas estabelecidas ou a serem estabelecidas em legislação específica e em seus regulamentos.

§ 3º O poder público estimulará, por meio de incentivos, a adoção de iguais medidas pelo setor privado.

§ 4º As ações de que trata o *caput* deste artigo assegurarão o princípio da proporcionalidade de gênero entre os beneficiários.

§ 5º Será assegurado o acesso ao crédito para a pequena produção, nos meios rural e urbano, com ações afirmativas para mulheres negras.

§ 6º O poder público promoverá campanhas de sensibilização contra a marginalização da mulher negra no trabalho artístico e cultural.

§ 7º O poder público promoverá ações com o objetivo de elevar a escolaridade e a qualificação profissional nos setores da economia que contem com alto índice de ocupação por trabalhadores negros de baixa escolarização.

Art. 40. O Conselho Deliberativo do Fundo de Amparo ao Trabalhador (Codefat) formulará políticas, programas e projetos voltados para a inclusão da população negra no mercado de trabalho e orientará a destinação de recursos para seu financiamento.

Art. 41. As ações de emprego e renda, promovidas por meio de financiamento para constituição e ampliação de pequenas e médias empresas e de programas de geração de renda, contemplarão o estímulo à promoção de empresários negros.

Parágrafo único. O poder público estimulará as atividades voltadas ao turismo étnico com enfoque nos locais, monumentos e cidades que retratem a cultura, os usos e os costumes da população negra.

Art. 42. O Poder Executivo federal poderá implementar critérios para provimento de cargos em comissão e funções de confiança destinados a ampliar a participação de negros, buscando reproduzir a estrutura da distribuição étnica nacional ou, quando for o caso, estadual, observados os dados demográficos oficiais.

CAPÍTULO VI
DOS MEIOS DE COMUNICAÇÃO

Art. 43. A produção veiculada pelos órgãos de comunicação valorizará a herança cultural e a participação da população negra na história do País.

Art. 44. Na produção de filmes e programas destinados à veiculação pelas emissoras de televisão e em salas cinematográficas, deverá ser adotada a prática de conferir oportunidades de emprego para atores, figurantes e técnicos negros, sendo vedada toda e qualquer discriminação de natureza política, ideológica, étnica ou artística.

Parágrafo único. A exigência disposta no *caput* não se aplica aos filmes e programas que abordem especificidades de grupos étnicos determinados.

Art. 45. Aplica-se à produção de peças publicitárias destinadas à veiculação pelas emissoras de televisão e em salas cinematográficas o disposto no art. 44.

Art. 46. Os órgãos e entidades da administração pública federal direta, autárquica ou fundacional, as empresas públicas e as sociedades de economia mista federais deverão incluir cláusulas de participação de artistas negros nos contratos de realização de filmes, programas ou quaisquer outras peças de caráter publicitário.

§ 1º Os órgãos e entidades de que trata este artigo incluirão, nas especificações para contratação de serviços de consultoria, conceituação, produção e realização de filmes, programas ou peças publicitárias, a obrigatoriedade da prática de iguais oportunidades de emprego para as pessoas relacionadas com o projeto ou serviço contratado.

§ 2º Entende-se por prática de iguais oportunidades de emprego o conjunto de medidas sistemáticas executadas com a finalidade de garantir a diversidade étnica, de sexo e de idade na equipe vinculada ao projeto ou serviço contratado.

§ 3º A autoridade contratante poderá, se considerar necessário para garantir a prática de iguais oportunidades de emprego, requerer auditoria por órgão do poder público federal.

§ 4º A exigência disposta no *caput* não se aplica às produções publicitárias quando abordarem especificidades de grupos étnicos determinados.

TÍTULO III
DO SISTEMA NACIONAL DE PROMOÇÃO DA IGUALDADE RACIAL (SINAPIR)

CAPÍTULO I
DISPOSIÇÃO PRELIMINAR

- Dec. 8.136/2013 (Aprova o regulamento do Sistema Nacional de Promoção da Igualdade Racial – Sinapir).

Art. 47. É instituído o Sistema Nacional de Promoção da Igualdade Racial (SINAPIR) como forma de organização e de articulação voltadas à implementação do conjunto de políticas e serviços destinados a superar as desigualdades étnicas existentes no País, prestados pelo poder público federal.

§ 1º Os Estados, o Distrito Federal e os Municípios poderão participar do SINAPIR mediante adesão.

§ 2º O poder público federal incentivará a sociedade e a iniciativa privada a participar do SINAPIR.

CAPÍTULO II
DOS OBJETIVOS

Art. 48. São objetivos do SINAPIR:

I - promover a igualdade étnica e o combate às desigualdades sociais resultantes do racismo, inclusive mediante adoção de ações afirmativas;

II - formular políticas destinadas a combater os fatores de marginalização e a promover a integração social da população negra;

III - descentralizar a implementação de ações afirmativas pelos governos estaduais, distrital e municipais;

IV - articular planos, ações e mecanismos voltados à promoção da igualdade étnica;

V - garantir a eficácia dos meios e dos instrumentos criados para a implementação das ações afirmativas e o cumprimento das metas a serem estabelecidas.

CAPÍTULO III
DA ORGANIZAÇÃO E COMPETÊNCIA

Art. 49. O Poder Executivo federal elaborará plano nacional de promoção da igualdade racial contendo as metas, princípios e diretrizes para a implementação da Política Nacional de Promoção da Igualdade Racial (PNPIR).

§ 1º A elaboração, implementação, coordenação, avaliação e acompanhamento da PNPIR, bem como a organização, articulação e coordenação do SINAPIR, serão efetivados pelo órgão responsável pela política de promoção da igualdade étnica em âmbito nacional.

§ 2º É o Poder Executivo federal autorizado a instituir fórum intergovernamental de promoção da igualdade étnica, a ser coordenado pelo órgão responsável pelas políticas de promoção da igualdade étnica, com o objetivo de implementar estratégias que visem à incorporação da política nacional de promoção da igualdade étnica nas ações governamentais de Estados e Municípios.

§ 3º As diretrizes das políticas nacional e regional de promoção da igualdade étnica serão elaboradas por órgão colegiado que assegure a participação da sociedade civil.

Art. 50. Os Poderes Executivos estaduais, distrital e municipais, no âmbito das respectivas esferas de competência, poderão instituir conselhos de promoção da igualdade étnica, de caráter permanente e consultivo, compostos por igual número de representantes de órgãos e entidades públicas e de organizações da sociedade civil representativas da população negra.

Parágrafo único. O Poder Executivo priorizará o repasse dos recursos referentes aos programas e atividades previstos nesta Lei aos Estados, Distrito Federal e Municípios que tenham criado conselhos de promoção da igualdade étnica.

CAPÍTULO V
DAS OUVIDORIAS PERMANENTES E DO ACESSO À JUSTIÇA E À SEGURANÇA

Art. 51. O poder público federal instituirá, na forma da lei e no âmbito dos Poderes Legislativo e Executivo, Ouvidorias Permanentes em Defesa da Igualdade Racial, para receber e encaminhar denúncias de preconceito e discriminação com base em etnia ou cor e acompanhar a implementação de medidas para a promoção da igualdade.

Art. 52. É assegurado às vítimas de discriminação étnica o acesso aos órgãos de Ouvidoria Permanente, à Defensoria Pública, ao Ministério Público e ao Poder Judiciário, em todas as suas instâncias, para a garantia do cumprimento de seus direitos.

Parágrafo único. O Estado assegurará atenção às mulheres negras em situação de violência, garantida a assistência física, psíquica, social e jurídica.

› Lei 11.340/2006 (Lei Maria da Penha).

Art. 53. O Estado adotará medidas especiais para coibir a violência policial incidente sobre a população negra.

Parágrafo único. O Estado implementará ações de ressocialização e proteção da juventude negra em conflito com a lei e exposta a experiências de exclusão social.

› Lei 8.069/1990 (ECA).

Art. 54. O Estado adotará medidas para coibir atos de discriminação e preconceito praticados por servidores públicos em detrimento da população negra, observado, no que couber, o disposto na Lei nº 7.716, de 5 de janeiro de 1989.

Art. 55. Para a apreciação judicial das lesões e das ameaças de lesão aos interesses da população negra decorrentes de situações de desigualdade étnica, recorrer-se-á, entre outros instrumentos, à ação civil pública, disciplinada na Lei nº 7.347, de 24 de julho de 1985.

CAPÍTULO V
DO FINANCIAMENTO DAS INICIATIVAS DE PROMOÇÃO DA IGUALDADE RACIAL

Art. 56. Na implementação dos programas e das ações constantes dos planos plurianuais e dos orçamentos anuais da União, deverão ser observadas as políticas de ação afirmativa a que se refere o inciso VII do art. 4º desta Lei e outras políticas públicas que tenham como objetivo promover a igualdade de oportunidades e a inclusão social da população negra, especialmente no que tange a:

I - promoção da igualdade de oportunidades em educação, emprego e moradia;

II - financiamento de pesquisas, nas áreas de educação, saúde e emprego, voltadas para a melhoria da qualidade de vida da população negra;

III - incentivo à criação de programas e veículos de comunicação destinados à divulgação de matérias relacionadas aos interesses da população negra;

IV - incentivo à criação e à manutenção de microempresas administradas por pessoas autodeclaradas negras;

V - iniciativas que incrementem o acesso e a permanência das pessoas negras na educação fundamental, média, técnica e superior;

VI - apoio a programas e projetos dos governos estaduais, distrital e municipais e de entidades da sociedade civil voltados para a promoção da igualdade de oportunidades para a população negra;

VII - apoio a iniciativas em defesa da cultura, da memória e das tradições africanas e brasileiras.

§ 1º O Poder Executivo federal é autorizado a adotar medidas que garantam, em cada exercício, a transparência na alocação e na execução dos recursos necessários ao financiamento das ações previstas neste Estatuto, explicitando, entre outros, a proporção dos recursos orçamentários destinados aos programas de promoção da igualdade, especialmente nas áreas de educação, saúde, emprego e renda, desenvolvimento agrário, habitação popular, desenvolvimento regional, cultura, esporte e lazer.

§ 2º Durante os 5 (cinco) primeiros anos, a contar do exercício subsequente à publicação deste Estatuto, os órgãos do Poder Executivo federal que desenvolvem políticas e programas nas áreas referidas no § 1º deste artigo discriminarão em seus orçamentos anuais a participação nos programas de ação afirmativa referidos no inciso VII do art. 4º desta Lei.

§ 3º O Poder Executivo é autorizado a adotar as medidas necessárias para a adequada implementação do disposto neste artigo, podendo estabelecer patamares de participação crescente dos programas de ação afirmativa nos orçamentos anuais a que se refere o § 2º deste artigo.

§ 4º O órgão colegiado do Poder Executivo federal responsável pela promoção da igualdade racial acompanhará e avaliará a programação das ações referidas neste artigo nas propostas orçamentárias da União.

Art. 57. Sem prejuízo da destinação de recursos ordinários, poderão ser consignados nos orçamentos fiscal e da seguridade social para financiamento das ações de que trata o art. 56:

I - transferências voluntárias dos Estados, do Distrito Federal e dos Municípios;

II - doações voluntárias de particulares;

III - doações de empresas privadas e organizações não governamentais, nacionais ou internacionais;

IV - doações voluntárias de fundos nacionais ou internacionais;

V - doações de Estados estrangeiros, por meio de convênios, tratados e acordos internacionais.

TÍTULO IV
DISPOSIÇÕES FINAIS

Art. 58. As medidas instituídas nesta Lei não excluem outras em prol da população negra que tenham sido ou venham a ser adotadas no âmbito da União, dos Estados, do Distrito Federal ou dos Municípios.

Art. 59. O Poder Executivo federal criará instrumentos para aferir a eficácia social das medidas previstas nesta Lei e efetuará seu monitoramento constante, com a emissão e a divulgação de relatórios periódicos, inclusive pela rede mundial de computadores.

Art. 60. Os arts. 3º e 4º da Lei nº 7.716, de 1989, passam a vigorar com a seguinte redação:

› Alterações incorporadas no texto da referida lei.

Art. 61. Os arts. 3º e 4º da Lei nº 9.029, de 13 de abril de 1995, passam a vigorar com a seguinte redação:

› Alterações incorporadas no texto da referida lei.

Art. 62. O art. 13 da Lei nº 7.347, de 1985, passa a vigorar acrescido do seguinte § 2º, renumerando-se o atual parágrafo único como § 1º:

› Alterações incorporadas no texto da referida lei.

Art. 63. O § 1º do art. 1º da Lei nº 10.778, de 24 de novembro de 2003, passa a vigorar com a seguinte redação:

"Art. 1º [...]

§ 1º Para os efeitos desta Lei, entende-se por violência contra a mulher qualquer ação ou conduta, baseada no gênero, inclusive decorrente de discriminação ou desigualdade étnica, que cause morte, dano ou sofrimento físico, sexual ou psicológico à mulher, tanto no âmbito público quanto no privado.

[...]" (NR)

Art. 64. O § 3º do art. 20 da Lei nº 7.716, de 1989, passa a vigorar acrescido do seguinte inciso III:

› Alterações incorporadas no texto da referida lei.

Art. 65. Esta Lei entra em vigor 90 (noventa) dias após a data de sua publicação.

Brasília, 20 de julho de 2010;
189º da Independência e
122º da República.

Luiz Inácio Lula da Silva

LEI Nº 12.852, DE 05 DE AGOSTO DE 2013

Institui o Estatuto da Juventude e dispõe sobre os direitos dos jovens, os princípios e diretrizes das políticas públicas de juventude e o Sistema Nacional de Juventude - SINAJUVE.

▸ DOU 6.8.2013.

A Presidenta da República.

Faço saber que o Congresso Nacional decreta e eu sanciono a seguinte Lei:

TÍTULO I DOS DIREITOS E DAS POLÍTICAS PÚBLICAS DE JUVENTUDE

CAPÍTULO I DOS PRINCÍPIOS E DIRETRIZES DAS POLÍTICAS PÚBLICAS DE JUVENTUDE

Art. 1º Esta Lei institui o Estatuto da Juventude e dispõe sobre os direitos dos jovens, os princípios e diretrizes das políticas públicas de juventude e o Sistema Nacional de Juventude - SINAJUVE.

▸ art. 227, § 8º, CF.

§ 1º Para os efeitos desta Lei, são consideradas jovens as pessoas com idade entre 15 (quinze) e 29 (vinte e nove) anos de idade.

§ 2º Aos adolescentes com idade entre 15 (quinze) e 18 (dezoito) anos aplica-se a Lei n. 8.069, de 13 de julho de 1990 - Estatuto da Criança e do Adolescente, e, excepcionalmente, este Estatuto, quando não conflitar com as normas de proteção integral do adolescente.

SEÇÃO I DOS PRINCÍPIOS

Art. 2º O disposto nesta Lei e as políticas públicas de juventude são regidos pelos seguintes princípios:

I - promoção da autonomia e emancipação dos jovens;

II - valorização e promoção da participação social e política, de forma direta e por meio de suas representações;

III - promoção da criatividade e da participação no desenvolvimento do País;

IV - reconhecimento do jovem como sujeito de direitos universais, geracionais e singulares;

V - promoção do bem-estar, da experimentação e do desenvolvimento integral do jovem;

VI - respeito à identidade e à diversidade individual e coletiva da juventude;

VII - promoção da vida segura, da cultura da paz, da solidariedade e da não discriminação; e

VIII - valorização do diálogo e convívio do jovem com as demais gerações.

Parágrafo único. A emancipação dos jovens a que se refere o inciso I do *caput* refere-se à trajetória de inclusão, liberdade e participação do jovem na vida em sociedade, e não ao instituto da emancipação disciplinado pela Lei n. 10.406, de 10 de janeiro de 2002 - Código Civil.

▸ arts. 5º, p.u.; 9º, II, 1.635, II; 1.763, I, CC.

▸ art. 148, p.u., e, Lei 8.069/1991 (ECA).

SEÇÃO II DIRETRIZES GERAIS

Art. 3º Os agentes públicos ou privados envolvidos com políticas públicas de juventude devem observar as seguintes diretrizes:

I - desenvolver a intersetorialidade das políticas estruturais, programas e ações;

II - incentivar a ampla participação juvenil em sua formulação, implementação e avaliação;

III - ampliar as alternativas de inserção social do jovem, promovendo programas que priorizem o seu desenvolvimento integral e participação ativa nos espaços decisórios;

▸ Lei 11.129/2005 (Institui o Programa Nacional de Jovens – PROJOVEM).

IV - proporcionar atendimento de acordo com suas especificidades perante os órgãos públicos e privados prestadores de serviços à população, visando ao gozo de direitos simultaneamente nos campos da saúde, educacional, político, econômico, social, cultural e ambiental;

▸ arts. 6º; 215, CF.

V - garantir meios e equipamentos públicos que promovam o acesso à produção cultural, à prática esportiva, à mobilidade territorial e à fruição do tempo livre;

▸ arts. 5º, XV; 215; 216-A; 217, CF.

▸ Lei 8.313/1991 (institui o Programa Nacional de Apoio à Cultura – Pronac). Dec. 5.761/2006 (Regulamento).

VI - promover o território como espaço de integração;

VII - fortalecer as relações institucionais com os entes federados e as redes de órgãos, gestores e conselhos de juventude;

VIII - estabelecer mecanismos que ampliem a gestão de informação e produção de conhecimento sobre juventude;

IX - promover a integração internacional entre os jovens, preferencialmente no âmbito da América Latina e da África, e a cooperação internacional;

X - garantir a integração das políticas de juventude com os Poderes Legislativo e Judiciário, com o Ministério Público e com a Defensoria Pública; e

XI - zelar pelos direitos dos jovens com idade entre 18 (dezoito) e 29 (vinte e nove) anos privados de liberdade e egressos do sistema prisional, formulando políticas de educação e trabalho, incluindo estímulos à sua reinserção social e laboral, bem como criando e estimulando oportunidades de estudo e trabalho que favoreçam o cumprimento do regime semiaberto.

CAPÍTULO II DOS DIREITOS DOS JOVENS

SEÇÃO I DO DIREITO À CIDADANIA, À PARTICIPAÇÃO SOCIAL E POLÍTICA E À REPRESENTAÇÃO JUVENIL

Art. 4º O jovem tem direito à participação social e política e na formulação, execução e avaliação das políticas públicas de juventude.

Parágrafo único. Entende-se por participação juvenil:

I - a inclusão do jovem nos espaços públicos e comunitários a partir da sua concepção como pessoa ativa, livre, responsável e digna de ocupar uma posição central nos processos políticos e sociais;

▸ Lei 11.129/2005 (Institui o Programa Nacional de Jovens – PROJOVEM).

II - o envolvimento ativo dos jovens em ações de políticas públicas que tenham por objetivo o próprio benefício, o de suas comunidades, cidades e regiões e o do País;

III - a participação individual e coletiva do jovem em ações que contemplem a defesa dos direitos da juventude ou de temas afetos aos jovens; e

IV - a efetiva inclusão dos jovens nos espaços públicos de decisão com direito a voz e voto.

▸ art. 14, § 1º, CF.

▸ art. 42 e ss., CE.

Art. 5º A interlocução da juventude com o poder público pode realizar-se por intermédio de associações, redes, movimentos e organizações juvenis.

▸ art. 5º, XVII, CF.

Parágrafo único. É dever do poder público incentivar a livre associação dos jovens.

Art. 6º São diretrizes da interlocução institucional juvenil:

I - a definição de órgão governamental específico para a gestão das políticas públicas de juventude;

II - o incentivo à criação de conselhos de juventude em todos os entes da Federação.

Parágrafo único. Sem prejuízo das atribuições do órgão governamental específico para a gestão das políticas públicas de juventude e dos conselhos de juventude com relação aos direitos previstos neste Estatuto, cabe ao órgão governamental de gestão e aos conselhos dos direitos da criança e do adolescente a interlocução institucional com adolescentes de idade entre 15 (quinze) e 18 (dezoito) anos.

SEÇÃO II
DO DIREITO À EDUCAÇÃO

Art. 7º O jovem tem direito à educação de qualidade, com a garantia de educação básica, obrigatória e gratuita, inclusive para os que a ela não tiveram acesso na idade adequada.

- arts. 6º; 205, CF.

§ 1º A educação básica será ministrada em língua portuguesa, assegurada aos jovens indígenas e de povos e comunidades tradicionais a utilização de suas línguas maternas e de processos próprios de aprendizagem.

- Lei 6.001/1973 (Estatuto do Índio).
- Dec. 6.861/2009 (Dispõe sobre a Educação Escolar Indígena e define sua organização em territórios etnoeducacionais).

§ 2º É dever do Estado oferecer aos jovens que não concluíram a educação básica programas na modalidade da educação de jovens e adultos, adaptados às necessidades e especificidades da juventude, inclusive no período noturno, ressalvada a legislação educacional específica.

§ 3º São assegurados aos jovens com surdez o uso e o ensino da Língua Brasileira de Sinais - LIBRAS, em todas as etapas e modalidades educacionais.

- Lei 10.436/2002 (Dispõe sobre a Língua Brasileira de Sinais – Libras).

§ 4º É assegurada aos jovens com deficiência a inclusão no ensino regular em todos os níveis e modalidades educacionais, incluindo o atendimento educacional especializado, observada a acessibilidade a edificações, transportes, espaços, mobiliários, equipamentos, sistemas e meios de comunicação e assegurados os recursos de tecnologia assistiva e adaptações necessárias a cada pessoa.

- Lei 7.853/1989 (Dispõe sobre o apoio às pessoas portadoras de deficiência, sua integração social, sobre a Coordenadoria Nacional para Integração da Pessoa Portadora de Deficiência - Corde, institui a tutela jurisdicional de interesses coletivos ou difusos dessas pessoas, disciplina a atuação do Ministério Público e define crimes),
- Dec. 7.611/2011 (Dispõe sobre a educação especial, o atendimento educacional especializado).

§ 5º A Política Nacional de Educação no Campo contemplará a ampliação da oferta de educação para os jovens do campo, em todos os níveis e modalidades educacionais.

Art. 8º O jovem tem direito à educação superior, em instituições públicas ou privadas, com variados graus de abrangência do saber ou especialização do conhecimento, observadas as regras de acesso de cada instituição.

- Lei 10.260/2001 (Dispõe sobre o Fundo de Financiamento ao estudante do Ensino Superior).
- Lei 11.096/2005 (Institui o Programa Universidade para Todos – PROUNI e regula a atuação de entidades beneficentes de assistência social no ensino superior).

§ 1º É assegurado aos jovens negros, indígenas e alunos oriundos da escola pública o acesso ao ensino superior nas instituições públicas por meio de políticas afirmativas, nos termos da lei.

- Lei 12.711/2012 (Dispõe sobre o ingresso nas universidades federais e nas instituições federais de ensino técnico de nível médio e dá outras providências). Dec. 7.824/2012 (Regulamento).

§ 2º O poder público promoverá programas de expansão da oferta de educação superior nas instituições públicas, de financiamento estudantil e de bolsas de estudos nas instituições privadas, em especial para jovens com deficiência, negros, indígenas e alunos oriundos da escola pública.

- Lei 11.692/2008 (Dispõe sobre o Programa Nacional de Inclusão de Jovens – Projovem).
- Dec. 7.790/2012 (Dispõe sobre financiamento do Fundo de Financiamento Estudantil – FIES).

Art. 9º O jovem tem direito à educação profissional e tecnológica, articulada com os diferentes níveis e modalidades de educação, ao trabalho, à ciência e à tecnologia, observada a legislação vigente.

- Lei 12.513/2011 (Institui o Programa Nacional de Acesso ao Ensino Técnico e Emprego – Pronatec).

Art. 10. É dever do Estado assegurar ao jovem com deficiência o atendimento educacional especializado gratuito, preferencialmente, na rede regular de ensino.

- Dec.-Lei 1.044/1969 (Dispõe sobre o tratamento excepcional para os alunos portadores das afecções que indica).
- Dec. 7.611/2011 (Dispõe sobre a educação especial, o atendimento educacional especializado).

Art. 11. O direito ao programa suplementar de transporte escolar de que trata o art. 4º da Lei n. 9.394, de 20 de dezembro de 1996, será progressivamente estendido ao jovem estudante do ensino fundamental, do ensino médio e da educação superior, no campo e na cidade.

- Lei 10.880/2004 (Institui o Programa Nacional de Apoio ao Transporte do Escolar - PNATE e o Programa de Apoio aos Sistemas de Ensino para Atendimento à Educação de Jovens e Adultos, dispõe sobre o repasse de recursos financeiros do Programa Brasil Alfabetizado).

§§ 1º e 2º (Vetados.).

Art. 12. É garantida a participação efetiva do segmento juvenil, respeitada sua liberdade de organização, nos conselhos e instâncias deliberativas de gestão democrática das escolas e universidades.

Art. 13. As escolas e as universidades deverão formular e implantar medidas de democratização do acesso e permanência, inclusive programas de assistência estudantil, ação afirmativa e inclusão social para os jovens estudantes.

SEÇÃO III
DO DIREITO À PROFISSIONALIZAÇÃO, AO TRABALHO E À RENDA

Art. 14. O jovem tem direito à profissionalização, ao trabalho e à renda, exercido em condições de liberdade, equidade e segurança, adequadamente remunerado e com proteção social.

- art. 7º, XXXIII, CF.
- arts. 402 e ss., CLT.

Art. 15. A ação do poder público na efetivação do direito do jovem à profissionalização, ao trabalho e à renda contempla a adoção das seguintes medidas:

I - promoção de formas coletivas de organização para o trabalho, de redes de economia solidária e da livre associação;

II - oferta de condições especiais de jornada de trabalho por meio de:

a) compatibilização entre os horários de trabalho e de estudo;

- arts. 411 a 414, CLT.

b) oferta dos níveis, formas e modalidades de ensino em horários que permitam a compatibilização da frequência escolar com o trabalho regular;

III - criação de linha de crédito especial destinada aos jovens empreendedores;

IV - atuação estatal preventiva e repressiva quanto à exploração e precarização do trabalho juvenil;

V - adoção de políticas públicas voltadas para a promoção do estágio, aprendizagem e trabalho para a juventude;

- arts. 428 e ss., CLT.
- Lei 11.788/2008 (Dispõe sobre o estágio de estudantes).

VI - apoio ao jovem trabalhador rural na organização da produção da agricultura familiar e dos empreendimentos familiares rurais, por meio das seguintes ações:

- Dec. 7.352/2010 (Dispõe sobre a política de educação do campo e o Programa Nacional de Educação na Reforma Agrária – PRONERA).

a) estímulo à produção e à diversificação de produtos;

b) fomento à produção sustentável baseada na agroecologia, nas agroindústrias familiares, na integração entre lavoura, pecuária e floresta e no extrativismo sustentável;

c) investimento em pesquisa de tecnologias apropriadas à agricultura familiar e aos empreendimentos familiares rurais;

d) estímulo à comercialização direta da produção da agricultura familiar, aos empreendimentos familiares rurais e à formação de cooperativas;

e) garantia de projetos de infraestrutura básica de acesso e escoamento de produção, priorizando a melhoria das estradas e do transporte;

f) promoção de programas que favoreçam o acesso ao crédito, à terra e à assistência técnica rural;

VII - apoio ao jovem trabalhador com deficiência, por meio das seguintes ações:

a) estímulo à formação e à qualificação profissional em ambiente inclusivo;

b) oferta de condições especiais de jornada de trabalho;

c) estímulo à inserção no mercado de trabalho por meio da condição de aprendiz.

Art. 16. O direito à profissionalização e à proteção no trabalho dos adolescentes com idade entre 15 (quinze) e 18 (dezoito) anos de idade será regido pelo disposto na Lei n. 8.069, de 13 de julho de 1990 - Estatuto da Criança e do Adolescente, e em leis específicas, não se aplicando o previsto nesta Seção.

SEÇÃO IV
DO DIREITO À DIVERSIDADE E À IGUALDADE

Art. 17. O jovem tem direito à diversidade e à igualdade de direitos e de oportunidades e não será discriminado por motivo de:

- art. 3º, IV; 5º, XLI, CF.

I - etnia, raça, cor da pele, cultura, origem, idade e sexo;

II - orientação sexual, idioma ou religião;

III - opinião, deficiência e condição social ou econômica.

Art. 18. A ação do poder público na efetivação do direito do jovem à diversidade e à igualdade contempla a adoção das seguintes medidas:

I - adoção, nos âmbitos federal, estadual, municipal e do Distrito Federal, de programas governamentais destinados a assegurar a igualdade de direitos aos jovens de todas as raças e etnias, independentemente de sua origem, relativamente à educação, à profissionalização, ao trabalho e renda, à cultura, à saúde, à segurança, à cidadania e ao acesso à justiça;

- Lei 12.288/2010 (Estatuto da Igualdade Racial).

II - capacitação dos professores dos ensinos fundamental e médio para a aplicação das diretrizes curriculares nacionais no que se refere ao enfrentamento de todas as formas de discriminação;

III - inclusão de temas sobre questões étnicas, raciais, de deficiência, de orientação sexual, de gênero e de violência doméstica e sexual praticada contra a mulher na formação dos profissionais de educação, de saúde e de segurança pública e dos operadores do direito;

IV - observância das diretrizes curriculares para a educação indígena como forma de preservação dessa cultura;

V - inclusão, nos conteúdos curriculares, de informações sobre a discriminação na sociedade brasileira e sobre o direito de todos os grupos e indivíduos a tratamento igualitário perante a lei; e

VI - inclusão, nos conteúdos curriculares, de temas relacionados à sexualidade, respeitando a diversidade de valores e crenças.

SEÇÃO V
DO DIREITO À SAÚDE

- arts. 196 e ss., CF.

Art. 19. O jovem tem direito à saúde e à qualidade de vida, considerando suas especificidades na dimensão da prevenção, promoção, proteção e recuperação da saúde de forma integral.

Art. 20. A política pública de atenção à saúde do jovem será desenvolvida em consonância com as seguintes diretrizes:

I - acesso universal e gratuito ao Sistema Único de Saúde - SUS e a serviços de saúde humanizados e de qualidade, que respeitem as especificidades do jovem;

II - atenção integral à saúde, com especial ênfase ao atendimento e à prevenção dos agravos mais prevalentes nos jovens;

III - desenvolvimento de ações articuladas entre os serviços de saúde e os estabelecimentos de ensino, a sociedade e a família, com vistas à prevenção de agravos;

IV - garantia da inclusão de temas relativos ao consumo de álcool, tabaco e outras drogas, à saúde sexual e reprodutiva, com enfoque de gênero e dos direitos sexuais e reprodutivos nos projetos pedagógicos dos diversos níveis de ensino;

V - reconhecimento do impacto da gravidez planejada ou não, sob os aspectos médico, psicológico, social e econômico;

VI - capacitação dos profissionais de saúde, em uma perspectiva multiprofissional, para lidar com temas relativos à saúde sexual e reprodutiva dos jovens, inclusive com deficiência, e ao abuso de álcool, tabaco e outras drogas pelos jovens;

VII - habilitação dos professores e profissionais de saúde e de assistência social para a identificação dos problemas relacionados ao uso abusivo e à dependência de álcool, tabaco e outras drogas e o devido encaminhamento aos serviços assistenciais e de saúde;

VIII - valorização das parcerias com instituições da sociedade civil na abordagem das questões de prevenção, tratamento e reinserção social dos usuários e dependentes de álcool, tabaco e outras drogas;

- Lei 11.343/2006 (Lei Antidrogas).

IX - proibição de propagandas de bebidas contendo qualquer teor alcoólico com a participação de pessoa com menos de 18 (dezoito) anos de idade;

- arts. 79; 81, II, ECA.

X - veiculação de campanhas educativas relativas ao álcool, ao tabaco e a outras drogas como causadores de dependência; e

- art. 81, II, Lei 8.069/1991 (ECA).
- Lei 9.294/1996 (Dispõe sobre as restrições ao uso e à propaganda de produtos fumígeros, bebidas alcoólicas, medicamentos, terapias e defensivos agrícolas, nos termos do § 4º do art. 220 da CF).

XI - articulação das instâncias de saúde e justiça na prevenção do uso e abuso de álcool, tabaco e outras drogas, inclusive esteróides anabolizantes e, especialmente, crack.

SEÇÃO VI
DO DIREITO À CULTURA

- arts. 215 a 216-A, CF.
- Lei 12.761/2013 (Institui o Programa de Cultura do Trabalhador e cria o vale-cultura).

Art. 21. O jovem tem direito à cultura, incluindo a livre criação, o acesso aos bens e serviços culturais e a participação nas decisões de política cultural, à identidade e diversidade cultural e à memória social.

- Lei 8.313/1991 (institui o Programa Nacional de Apoio à Cultura – Pronac). Dec. 5.761/2006 (Regulamento).

Art. 22. Na consecução dos direitos culturais da juventude, compete ao poder público:

I - garantir ao jovem a participação no processo de produção, reelaboração e fruição dos bens culturais;

II - propiciar ao jovem o acesso aos locais e eventos culturais, mediante preços reduzidos, em âmbito nacional;

III - incentivar os movimentos de jovens a desenvolver atividades artístico-culturais e ações voltadas à preservação do patrimônio histórico;

IV - valorizar a capacidade criativa do jovem, mediante o desenvolvimento de programas e projetos culturais;

V - propiciar ao jovem o conhecimento da diversidade cultural, regional e étnica do País;

VI - promover programas educativos e culturais voltados para a problemática do jovem nas emissoras de rádio e televisão e nos demais meios de comunicação de massa;

VII - promover a inclusão digital dos jovens, por meio do acesso às novas tecnologias da informação e comunicação;

VIII - assegurar ao jovem do campo o direito à produção e à fruição cultural e aos equipamentos públicos que valorizem a cultura camponesa; e

IX - garantir ao jovem com deficiência acessibilidade e adaptações razoáveis.

- Lei 7.853/1989 (Dispõe sobre o apoio às pessoas portadoras de deficiência, sua integração social, sobre a Coordenadoria Nacional para Integração da Pessoa Portadora de Deficiência - Corde, institui a tutela jurisdicional de interesses coletivos ou difusos dessas pessoas, disciplina a atuação do Ministério Público e define crimes).

Parágrafo único. A aplicação dos incisos I, III e VIII do *caput* deve observar a legislação específica sobre o direito à profissionalização e à proteção no trabalho dos adolescentes.

- arts. 402 a 441, CLT.
- arts. 60 e ss., Lei 8.069/1991 (ECA).

Art. 23. É assegurado aos jovens de até 29 (vinte e nove) anos pertencentes a famílias de baixa renda e aos estudantes, na forma do regulamento, o acesso a salas de cinema, cineclubes, teatros, espetáculos musicais e circenses, eventos educativos, esportivos, de lazer e entretenimento, em todo o território nacional, promovidos por quaisquer entidades e realizados em estabelecimentos públicos ou particulares, mediante pagamento da metade do preço do ingresso cobrado do público em geral.

- Lei 12.761/2013 (Institui o Programa de Cultura do Trabalhador e cria o vale-cultura).

› Lei 12.933/2013 (Lei 12.933/2013 (Lei da meia-entrada).

§ 1º Terão direito ao benefício previsto no *caput* os estudantes regularmente matriculados nos níveis e modalidades de educação e ensino previstos no Título V da Lei n. 9.394, de 20 de dezembro de 1996 - Lei de Diretrizes e Bases da Educação Nacional, que comprovem sua condição de discente, mediante apresentação, no momento da aquisição do ingresso e na portaria do local de realização do evento, da Carteira de Identificação Estudantil - CIE.

§ 2º A CIE será expedida preferencialmente pela Associação Nacional de Pós-Graduandos, pela União Nacional dos Estudantes, pela União Brasileira dos Estudantes Secundaristas e por entidades estudantis estaduais e municipais a elas filiadas.

§ 3º É garantida a gratuidade na expedição da CIE para estudantes pertencentes a famílias de baixa renda, nos termos do regulamento.

§ 4º As entidades mencionadas no § 2º deste artigo deverão tornar disponível, para eventuais consultas pelo poder público e pelos estabelecimentos referidos no *caput*, banco de dados com o nome e o número de registro dos estudantes portadores da Carteira de Identificação Estudantil, expedida nos termos do § 3º deste artigo.

§ 5º A CIE terá validade até o dia 31 de março do ano subsequente à data de sua expedição.

§ 6º As entidades mencionadas no § 2º deste artigo são obrigadas a manter o documento comprobatório do vínculo do aluno com o estabelecimento escolar, pelo mesmo prazo de validade da respectiva Carteira de Identificação Estudantil.

§ 7º Caberá aos órgãos públicos competentes federais, estaduais, municipais e do Distrito Federal a fiscalização do cumprimento do disposto neste artigo e a aplicação das sanções cabíveis, nos termos do regulamento.

§ 8º Os benefícios previstos neste artigo não incidirão sobre os eventos esportivos de que tratam as Leis n. 12.663, de 5 de junho de 2012, e 12.780, de 9 de janeiro de 2013.

§ 9º Considera-se de baixa renda, para os fins do disposto no *caput*, a família inscrita no Cadastro Único para Programas Sociais do Governo Federal - CadÚnico cuja renda mensal seja de até 2 (dois) salários mínimos.

§ 10. A concessão do benefício da meia-entrada de que trata o *caput* é limitada a 40% (quarenta por cento) do total de ingressos disponíveis para cada evento.

Art. 24. O poder público destinará, no âmbito dos respectivos orçamentos, recursos financeiros para o fomento dos projetos culturais destinados aos jovens e por eles produzidos.

Art. 25. Na destinação dos recursos do Fundo Nacional da Cultura - FNC, de que trata a Lei n. 8.313, de 23 de dezembro de 1991, serão consideradas as necessidades específicas dos jovens em relação à ampliação do acesso à cultura e à melhoria das condições para o exercício do protagonismo no campo da produção cultural.

Parágrafo único. As pessoas físicas ou jurídicas poderão optar pela aplicação de parcelas do imposto sobre a renda a título de doações ou patrocínios, de que trata a Lei n. 8.313, de 23 de dezembro de 1991, no apoio a projetos culturais apresentados por entidades juvenis legalmente constituídas há, pelo menos, 1 (um) ano.

SEÇÃO VII
DO DIREITO À COMUNICAÇÃO E À LIBERDADE DE EXPRESSÃO

› arts. 5º, IV, IX, XIV; 220, CF.

Art. 26. O jovem tem direito à comunicação e à livre expressão, à produção de conteúdo, individual e colaborativo, e ao acesso às tecnologias de informação e comunicação.

Art. 27. A ação do poder público na efetivação do direito do jovem à comunicação e à liberdade de expressão contempla a adoção das seguintes medidas:

I - incentivar programas educativos e culturais voltados para os jovens nas emissoras de rádio e televisão e nos demais meios de comunicação de massa;

II - promover a inclusão digital dos jovens, por meio do acesso às novas tecnologias de informação e comunicação;

III - promover as redes e plataformas de comunicação dos jovens, considerando a acessibilidade para os jovens com deficiência;

IV - incentivar a criação e manutenção de equipamentos públicos voltados para a promoção do direito do jovem à comunicação; e

V - garantir a acessibilidade à comunicação por meio de tecnologias assistivas e adaptações razoáveis para os jovens com deficiência.

SEÇÃO VIII
DO DIREITO AO DESPORTO E AO LAZER

› art. 217, CF.

› Lei 9.615/1998 (Institui normas gerais sobre desportos).

Art. 28. O jovem tem direito à prática desportiva destinada a seu pleno desenvolvimento, com prioridade para o desporto de participação.

Parágrafo único. O direito à prática desportiva dos adolescentes deverá considerar sua condição peculiar de pessoa em desenvolvimento.

Art. 29. A política pública de desporto e lazer destinada ao jovem deverá considerar:

I - a realização de diagnóstico e estudos estatísticos oficiais acerca da educação física e dos desportos e dos equipamentos de lazer no Brasil;

II - a adoção de lei de incentivo fiscal para o esporte, com critérios que priorizem a juventude e promovam a equidade;

III - a valorização do desporto e do paradesporto educacional;

IV - a oferta de equipamentos comunitários que permitam a prática desportiva, cultural e de lazer.

Art. 30. Todas as escolas deverão buscar pelo menos um local apropriado para a prática de atividades poliesportivas.

SEÇÃO IX
DO DIREITO AO TERRITÓRIO E À MOBILIDADE

Art. 31. O jovem tem direito ao território e à mobilidade, incluindo a promoção de políticas públicas de moradia, circulação e equipamentos públicos, no campo e na cidade.

› Art. 5º, XV, CF.

Parágrafo único. Ao jovem com deficiência devem ser garantidas a acessibilidade e as adaptações necessárias.

Art. 32. No sistema de transporte coletivo interestadual, observar-se-á, nos termos da legislação específica:

› art. 13, Dec. 8.537/2015 (Regulamenta este artigo).

I - a reserva de 2 (duas) vagas gratuitas por veículo para jovens de baixa renda;

II - a reserva de 2 (duas) vagas por veículo com desconto de 50% (cinquenta por cento), no mínimo, no valor das passagens, para os jovens de baixa renda, a serem utilizadas após esgotadas as vagas previstas no inciso I.

Parágrafo único. Os procedimentos e os critérios para o exercício dos direitos previstos nos incisos I e II serão definidos em regulamento.

Art. 33. A União envidará esforços, em articulação com os Estados, o Distrito Federal e os Municípios, para promover a oferta de transporte público subsidiado para os jovens, com prioridade para os jovens em situação de pobreza e vulnerabilidade, na forma do regulamento.

SEÇÃO X
DO DIREITO À SUSTENTABILIDADE E AO MEIO AMBIENTE

Art. 34. O jovem tem direito à sustentabilidade e ao meio ambiente ecologicamente equilibrado, bem de uso comum do povo, essencial à sadia qualidade de vida, e o dever de defendê-lo e preservá-lo para a presente e as futuras gerações.

Art. 35. O Estado promoverá, em todos os níveis de ensino, a educação ambiental voltada para a preservação do meio ambiente e a sustentabilidade, de acordo com a Política Nacional do Meio Ambiente.

Art. 36. Na elaboração, na execução e na avaliação de políticas públicas que incorporem a dimensão ambiental, o poder público deverá considerar:

I - o estímulo e o fortalecimento de organizações, movimentos, redes e outros coletivos de juventude que atuem no âmbito das questões ambientais e em prol do desenvolvimento sustentável;

II - o incentivo à participação dos jovens na elaboração das políticas públicas de meio ambiente;

III - a criação de programas de educação ambiental destinados aos jovens; e
IV - o incentivo à participação dos jovens em projetos de geração de trabalho e renda que visem ao desenvolvimento sustentável nos âmbitos rural e urbano.

Parágrafo único. A aplicação do disposto no inciso IV do *caput* deve observar a legislação específica sobre o direito à profissionalização e à proteção no trabalho dos adolescentes.

SEÇÃO XI
DO DIREITO À SEGURANÇA PÚBLICA E AO ACESSO À JUSTIÇA

▸ art. 5º, XXXIV, CF.

Art. 37. Todos os jovens têm direito de viver em um ambiente seguro, sem violência, com garantia da sua incolumidade física e mental, sendo-lhes asseguradas a igualdade de oportunidades e facilidades para seu aperfeiçoamento intelectual, cultural e social.

Art. 38. As políticas de segurança pública voltadas para os jovens deverão articular ações da União, dos Estados, do Distrito Federal e dos Municípios e ações não governamentais, tendo por diretrizes:
I - a integração com as demais políticas voltadas à juventude;
II - a prevenção e enfrentamento da violência;
III - a promoção de estudos e pesquisas e a obtenção de estatísticas e informações relevantes para subsidiar as ações de segurança pública e permitir a avaliação periódica dos impactos das políticas públicas quanto às causas, às consequências e à frequência da violência contra os jovens;
IV - a priorização de ações voltadas para os jovens em situação de risco, vulnerabilidade social e egressos do sistema penitenciário nacional;
V - a promoção do acesso efetivo dos jovens à Defensoria Pública, considerando as especificidades da condição juvenil; e

▸ arts. 134; 135, CF.

VI - a promoção do efetivo acesso dos jovens com deficiência à justiça em igualdade de condições com as demais pessoas, inclusive mediante a provisão de adaptações processuais adequadas a sua idade.

TÍTULO II
DO SISTEMA NACIONAL DE JUVENTUDE

▸ Dec. 9.306/2018 (Dispõe sobre o Sistema Nacional de Juventude).

CAPÍTULO I
DO SISTEMA NACIONAL DE JUVENTUDE - SINAJUVE

Art. 39. É instituído o Sistema Nacional de Juventude - SINAJUVE, cujos composição, organização, competência e funcionamento serão definidos em regulamento.

Art. 40. O financiamento das ações e atividades realizadas no âmbito do Sinajuve será definido em regulamento.

CAPÍTULO II
DAS COMPETÊNCIAS

Art. 41. Compete à União:
I - formular e coordenar a execução da Política Nacional de Juventude;
II - coordenar e manter o Sinajuve;
III - estabelecer diretrizes sobre a organização e o funcionamento do Sinajuve;
IV - elaborar o Plano Nacional de Políticas de Juventude, em parceria com os Estados, o Distrito Federal, os Municípios e a sociedade, em especial a juventude;
V - convocar e realizar, em conjunto com o Conselho Nacional de Juventude, as Conferências Nacionais de Juventude, com intervalo máximo de 4 (quatro) anos;
VI - prestar assistência técnica e suplementação financeira aos Estados, ao Distrito Federal e aos Municípios para o desenvolvimento de seus sistemas de juventude;
VII - contribuir para a qualificação e ação em rede do Sinajuve em todos os entes da Federação;
VIII - financiar, com os demais entes federados, a execução das políticas públicas de juventude;
IX - estabelecer formas de colaboração com os Estados, o Distrito Federal e os Municípios para a execução das políticas públicas de juventude; e
X - garantir a publicidade de informações sobre repasses de recursos para financiamento das políticas públicas de juventude aos conselhos e gestores estaduais, do Distrito Federal e municipais.

Art. 42. Compete aos Estados:
I - coordenar, em âmbito estadual, o Sinajuve;
II - elaborar os respectivos planos estaduais de juventude, em conformidade com o Plano Nacional, com a participação da sociedade, em especial da juventude;
III - criar, desenvolver e manter programas, ações e projetos para a execução das políticas públicas de juventude;
IV - convocar e realizar, em conjunto com o Conselho Estadual de Juventude, as Conferências Estaduais de Juventude, com intervalo máximo de 4 (quatro) anos;
V - editar normas complementares para a organização e o funcionamento do Sinajuve, em âmbito estadual e municipal;
VI - estabelecer com a União e os Municípios formas de colaboração para a execução das políticas públicas de juventude; e
VII - cofinanciar, com os demais entes federados, a execução de programas, ações e projetos das políticas públicas de juventude.

Parágrafo único. Serão incluídos nos censos demográficos dados relativos à população jovem do País.

Art. 43. Compete aos Municípios:
I - coordenar, em âmbito municipal, o Sinajuve;
II - elaborar os respectivos planos municipais de juventude, em conformidade com os respectivos Planos Nacional e Estadual, com a participação da sociedade, em especial da juventude;
III - criar, desenvolver e manter programas, ações e projetos para a execução das políticas públicas de juventude;
IV - convocar e realizar, em conjunto com o Conselho Municipal de Juventude, as Conferências Municipais de Juventude, com intervalo máximo de 4 (quatro) anos;
V - editar normas complementares para a organização e funcionamento do Sinajuve, em âmbito municipal;
VI - cofinanciar, com os demais entes federados, a execução de programas, ações e projetos das políticas públicas de juventude; e
VII - estabelecer mecanismos de cooperação com os Estados e a União para a execução das políticas públicas de juventude.

Parágrafo único. Para garantir a articulação federativa com vistas ao efetivo cumprimento das políticas públicas de juventude, os Municípios podem instituir os consórcios de que trata a Lei n. 11.107, de 6 de abril de 2005, ou qualquer outro instrumento jurídico adequado, como forma de compartilhar responsabilidades.

Art. 44. As competências dos Estados e Municípios são atribuídas, cumulativamente, ao Distrito Federal.

CAPÍTULO III
DOS CONSELHOS DE JUVENTUDE

Art. 45. Os conselhos de juventude são órgãos permanentes e autônomos, não jurisdicionais, encarregados de tratar das políticas públicas de juventude e da garantia do exercício dos direitos do jovem, com os seguintes objetivos:
I - auxiliar na elaboração de políticas públicas de juventude que promovam o amplo exercício dos direitos dos jovens estabelecidos nesta Lei;
II - utilizar instrumentos de forma a buscar que o Estado garanta aos jovens o exercício dos seus direitos;
III - colaborar com os órgãos da administração no planejamento e na implementação das políticas de juventude;
IV - estudar, analisar, elaborar, discutir e propor a celebração de instrumentos de cooperação, visando à elaboração de programas, projetos e ações voltados para a juventude;
V - promover a realização de estudos relativos à juventude, objetivando subsidiar o planejamento das políticas públicas de juventude;
VI - estudar, analisar, elaborar, discutir e propor políticas públicas que permitam e garantam a integração e a participação do jovem nos processos social, econômico, político e cultural no respectivo ente federado;
VII - propor a criação de formas de participação da juventude nos órgãos da administração pública;
VIII - promover e participar de seminários, cursos, congressos e eventos correlatos para o debate de temas relativos à juventude;
IX - desenvolver outras atividades relacionadas às políticas públicas de juventude.

§ 1º A lei, em âmbito federal, estadual, do Distrito Federal e municipal, disporá sobre a organização, o funcionamento e a composição dos conselhos de juventude, observada a participação da sociedade civil mediante critério, no mínimo, paritário com os representantes do poder público.

§ 2º (Vetado).

Art. 46. São atribuições dos conselhos de juventude:

I - encaminhar ao Ministério Público notícia de fato que constitua infração administrativa ou penal contra os direitos do jovem garantidos na legislação;

II - encaminhar à autoridade judiciária os casos de sua competência;

III - expedir notificações;

IV - solicitar informações das autoridades públicas;

V - assessorar o Poder Executivo local na elaboração dos planos, programas, projetos, ações e proposta orçamentária das políticas públicas de juventude.

Art. 47. Sem prejuízo das atribuições dos conselhos de juventude com relação aos direitos previstos neste Estatuto, cabe aos conselhos de direitos da criança e do adolescente deliberar e controlar as ações em todos os níveis relativas aos adolescentes com idade entre 15 (quinze) e 18 (dezoito) anos.

Art. 48. Esta Lei entra em vigor após decorridos 180 (cento e oitenta) dias de sua publicação oficial.

Brasília, 5 de agosto de 2013; 192º da Independência e 125º da República.

Dilma Rousseff

LEI Nº 13.022, DE 8 DE AGOSTO DE 2014

Dispõe sobre o Estatuto Geral das Guardas Municipais

▸ DOU 11.8.2014, edição extra.

A PRESIDENTA DA REPÚBLICA

Faço saber que o Congresso Nacional decreta e eu sanciono a seguinte Lei:

CAPÍTULO I
DISPOSIÇÕES PRELIMINARES

Art. 1º Esta Lei institui normas gerais para as guardas municipais, disciplinando o § 8º do art. 144 da Constituição Federal.

Art. 2º Incumbe às guardas municipais, instituições de caráter civil, uniformizadas e armadas conforme previsto em lei, a função de proteção municipal preventiva, ressalvadas as competências da União, dos Estados e do Distrito Federal.

CAPÍTULO II
DOS PRINCÍPIOS

Art. 3º São princípios mínimos de atuação das guardas municipais:

I - proteção dos direitos humanos fundamentais, do exercício da cidadania e das liberdades públicas;

II - preservação da vida, redução do sofrimento e diminuição das perdas;

III - patrulhamento preventivo;

IV - compromisso com a evolução social da comunidade; e

V - uso progressivo da força.

CAPÍTULO III
DAS COMPETÊNCIAS

Art. 4º É competência geral das guardas municipais a proteção de bens, serviços, logradouros públicos municipais e instalações do Município.

▸ arts. 30, IX; 144, § 8º, CF.

Parágrafo único. Os bens mencionados no *caput* abrangem os de uso comum, os de uso especial e os dominiais.

Art. 5º São competências específicas das guardas municipais, respeitadas as competências dos órgãos federais e estaduais:

I - zelar pelos bens, equipamentos e prédios públicos do Município;

II - prevenir e inibir, pela presença e vigilância, bem como coibir, infrações penais ou administrativas e atos infracionais que atentem contra os bens, serviços e instalações municipais;

III - atuar, preventiva e permanentemente, no território do Município, para a proteção sistêmica da população que utiliza os bens, serviços e instalações municipais;

IV - colaborar, de forma integrada com os órgãos de segurança pública, em ações conjuntas que contribuam com a paz social;

▸ art. 144, CF.

V - colaborar com a pacificação de conflitos que seus integrantes presenciarem, atentando para o respeito aos direitos fundamentais das pessoas;

VI - exercer as competências de trânsito que lhes forem conferidas, nas vias e logradouros municipais, nos termos da Lei nº 9.503, de 23 de setembro de 1997 (Código de Trânsito Brasileiro), ou de forma concorrente, mediante convênio celebrado com órgão de trânsito estadual ou municipal;

▸ arts. 21; 24, CTB.

VII - proteger o patrimônio ecológico, histórico, cultural, arquitetônico e ambiental do Município, inclusive adotando medidas educativas e preventivas;

▸ arts. 23, III; 30, IX, CF.

VIII - cooperar com os demais órgãos de defesa civil em suas atividades;

IX - interagir com a sociedade civil para discussão de soluções de problemas e projetos locais voltados à melhoria das condições de segurança das comunidades;

X - estabelecer parcerias com os órgãos estaduais e da União, ou de Municípios vizinhos, por meio da celebração de convênios ou consórcios, com vistas ao desenvolvimento de ações preventivas integradas;

XI - articular-se com os órgãos municipais de políticas sociais, visando à adoção de ações interdisciplinares de segurança no Município;

XII - integrar-se com os demais órgãos de poder de polícia administrativa, visando a contribuir para a normatização e a fiscalização das posturas e ordenamento urbano municipal;

XIII - garantir o atendimento de ocorrências emergenciais, ou prestá-lo direta e imediatamente quando deparar-se com elas;

XIV - encaminhar ao delegado de polícia, diante de flagrante delito, o autor da infração, preservando o local do crime, quando possível e sempre que necessário;

▸ art. 301, CPP.

XV - contribuir no estudo de impacto na segurança local, conforme plano diretor municipal, por ocasião da construção de empreendimentos de grande porte;

XVI - desenvolver ações de prevenção primária à violência, isoladamente ou em conjunto com os demais órgãos da própria municipalidade, de outros Municípios ou das esferas estadual e federal;

XVII - auxiliar na segurança de grandes eventos e na proteção de autoridades e dignatários; e

XVIII - atuar mediante ações preventivas na segurança escolar, zelando pelo entorno e participando de ações educativas com o corpo discente e docente das unidades de ensino municipal, de forma a colaborar com a implantação da cultura de paz na comunidade local.

Parágrafo único. No exercício de suas competências, a guarda municipal poderá colaborar ou atuar conjuntamente com órgãos de segurança pública da União, dos Estados e do Distrito Federal ou de congêneres de Municípios vizinhos e, nas hipóteses previstas nos incisos XIII e XIV deste artigo, diante do comparecimento de órgão descrito nos incisos do *caput* do art. 144 da Constituição Federal, deverá a guarda municipal prestar todo o apoio à continuidade do atendimento.

CAPÍTULO IV
DA CRIAÇÃO

Art. 6º O Município pode criar, por lei, sua guarda municipal.

Parágrafo único. A guarda municipal é subordinada ao chefe do Poder Executivo municipal.

Art. 7º As guardas municipais não poderão ter efetivo superior a:

I - 0,4% (quatro décimos por cento) da população, em Municípios com até 50.000 (cinquenta mil) habitantes;

II - 0,3% (três décimos por cento) da população, em Municípios com mais de 50.000 (cinquenta mil) e menos de 500.000 (quinhentos mil) habitantes, desde que o efetivo não seja inferior ao disposto no inciso I;

III - 0,2% (dois décimos por cento) da população, em Municípios com mais de 500.000 (quinhentos mil) habitantes, desde que o efetivo não seja inferior ao disposto no inciso II.

Parágrafo único. Se houver redução da população referida em censo ou estimativa oficial da Fundação Instituto Brasileiro de Geografia e Estatística (IBGE), é garantida a preservação do efetivo existente, o qual deverá ser ajustado à variação populacional, nos termos de lei municipal.

Art. 8º Municípios limítrofes podem, mediante consórcio público, utilizar, reciprocamente, os serviços da guarda municipal de maneira compartilhada.

Art. 9º A guarda municipal é formada por servidores públicos integrantes de carreira única e plano de cargos e salários, conforme disposto em lei municipal.

CAPÍTULO V
DAS EXIGÊNCIAS PARA INVESTIDURA

Art. 10. São requisitos básicos para investidura em cargo público na guarda municipal:

I - nacionalidade brasileira;

II - gozo dos direitos políticos;

III - quitação com as obrigações militares e eleitorais;

IV - nível médio completo de escolaridade;

V - idade mínima de 18 (dezoito) anos;

VI - aptidão física, mental e psicológica; e

VII - idoneidade moral comprovada por investigação social e certidões expedidas perante o Poder Judiciário estadual, federal e distrital.

Parágrafo único. Outros requisitos poderão ser estabelecidos em lei municipal.

CAPÍTULO VI
DA CAPACITAÇÃO

Art. 11. O exercício das atribuições dos cargos da guarda municipal requer capacitação específica, com matriz curricular compatível com suas atividades.

Parágrafo único. Para fins do disposto no *caput*, poderá ser adaptada a matriz curricular nacional para formação em segurança pública, elaborada pela Secretaria Nacional de Segurança Pública (Senasp) do Ministério da Justiça.

Art. 12. É facultada ao Município a criação de órgão de formação, treinamento e aperfeiçoamento dos integrantes da guarda municipal, tendo como princípios norteadores os mencionados no art. 3º

§ 1º Os Municípios poderão firmar convênios ou consorciar-se, visando ao atendimento do disposto no *caput* deste artigo.

§ 2º O Estado poderá, mediante convênio com os Municípios interessados, manter órgão de formação e aperfeiçoamento centralizado, em cujo conselho gestor seja assegurada a participação dos Municípios conveniados.

§ 3º O órgão referido no § 2º não pode ser o mesmo destinado a formação, treinamento ou aperfeiçoamento de forças militares.

CAPÍTULO VII
DO CONTROLE

Art. 13. O funcionamento das guardas municipais será acompanhado por órgãos próprios, permanentes, autônomos e com atribuições de fiscalização, investigação e auditoria, mediante:

I - controle interno, exercido por corregedoria, naquelas com efetivo superior a 50 (cinquenta) servidores da guarda e em todas as que utilizam arma de fogo, para apurar as infrações disciplinares atribuídas aos integrantes de seu quadro; e

II - controle externo, exercido por ouvidoria, independente em relação à direção da respectiva guarda, qualquer que seja o número de servidores da guarda municipal, para receber, examinar e encaminhar reclamações, sugestões, elogios e denúncias acerca da conduta de seus dirigentes e integrantes e das atividades do órgão, propor soluções, oferecer recomendações e informar os resultados aos interessados, garantindo-lhes orientação, informação e resposta.

› art. 129, VII, CF.

§ 1º O Poder Executivo municipal poderá criar órgão colegiado para exercer o controle social das atividades de segurança do Município, analisar a alocação e aplicação dos recursos públicos e monitorar os objetivos e metas da política municipal de segurança e, posteriormente, a adequação e eventual necessidade de adaptação das medidas adotadas face aos resultados obtidos.

§ 2º Os corregedores e ouvidores terão mandato cuja perda será decidida pela maioria absoluta da Câmara Municipal, fundada em razão relevante e específica prevista em lei municipal.

Art. 14. Para efeito do disposto no inciso I do *caput* do art. 13, a guarda municipal terá código de conduta próprio, conforme dispuser lei municipal.

Parágrafo único. As guardas municipais não podem ficar sujeitas a regulamentos disciplinares de natureza militar.

CAPÍTULO VIII
DAS PRERROGATIVAS

Art. 15. Os cargos em comissão das guardas municipais deverão ser providos por membros efetivos do quadro de carreira do órgão ou entidade.

§ 1º Nos primeiros 4 (quatro) anos de funcionamento, a guarda municipal poderá ser dirigida por profissional estranho a seus quadros, preferencialmente com experiência ou formação na área de segurança ou defesa social, atendido o disposto no *caput*.

§ 2º Para ocupação dos cargos em todos os níveis da carreira da guarda municipal, deverá ser observado o percentual mínimo para o sexo feminino, definido em lei municipal.

§ 3º Deverá ser garantida a progressão funcional da carreira em todos os níveis.

Art. 16. Aos guardas municipais é autorizado o porte de arma de fogo, conforme previsto em lei.

› art. 6º, III, IV; 7º, Lei 10.826/2003 (Estatuto do Desarmamento).

Parágrafo único. Suspende-se o direito ao porte de arma de fogo em razão de restrição médica, decisão judicial ou justificativa da adoção da medida pelo respectivo dirigente.

Art. 17. A Agência Nacional de Telecomunicações (Anatel) destinará linha telefônica de número 153 e faixa exclusiva de frequência de rádio aos Municípios que possuam guarda municipal.

Art. 18. É assegurado ao guarda municipal o recolhimento à cela, isoladamente dos demais presos, quando sujeito à prisão antes de condenação definitiva.

CAPÍTULO IX
DAS VEDAÇÕES

Art. 19. A estrutura hierárquica da guarda municipal não pode utilizar denominação idêntica à das forças militares, quanto aos postos e graduações, títulos, uniformes, distintivos e condecorações.

CAPÍTULO X
DA REPRESENTATIVIDADE

Art. 20. É reconhecida a representatividade das guardas municipais no Conselho Nacional de Segurança Pública, no Conselho Nacional das Guardas Municipais e, no interesse dos Municípios, no Conselho Nacional de Secretários e Gestores Municipais de Segurança Pública.

CAPÍTULO XI
DISPOSIÇÕES DIVERSAS E TRANSITÓRIAS

Art. 21. As guardas municipais utilizarão uniforme e equipamentos padronizados, preferencialmente, na cor azul-marinho.

Art. 22. Aplica-se esta Lei a todas as guardas municipais existentes na data de sua publicação, a cujas disposições devem adaptar-se no prazo de 2 (dois) anos.

Parágrafo único. É assegurada a utilização de outras denominações consagradas pelo uso, como guarda civil, guarda civil municipal, guarda metropolitana e guarda civil metropolitana.

Art. 23. Esta Lei entra em vigor na data de sua publicação.

Brasília, 8 de agosto de 2014; 193o da Independência e 126º da República.

Dilma Rousseff

LEI Nº 13.089, DE 12 DE JANEIRO DE 2015

Institui o Estatuto da Metrópole, altera a Lei n. 10.257, de 10 de julho de 2001, e dá outras providências.

▸ DOU, 13.1.2015.

A Presidenta da República

Faço saber que o Congresso Nacional decreta e eu sanciono a seguinte Lei:

CAPÍTULO I
DISPOSIÇÕES PRELIMINARES

Art. 1º Esta Lei, denominada Estatuto da Metrópole, estabelece diretrizes gerais para o planejamento, a gestão e a execução das funções públicas de interesse comum em regiões metropolitanas e em aglomerações urbanas instituídas pelos Estados, normas gerais sobre o plano de desenvolvimento urbano integrado e outros instrumentos de governança interfederativa, e critérios para o apoio da União a ações que envolvam governança interfederativa no campo do desenvolvimento urbano, com base nos incisos XX do art. 21, IX do art. 23 e I do art. 24, no § 3º do art. 25 e no art. 182 da Constituição Federal.

§ 1º Além das regiões metropolitanas e das aglomerações urbanas, as disposições desta Lei aplicam-se, no que couber:

I - às microrregiões instituídas pelos Estados com fundamento em funções públicas de interesse comum com características predominantemente urbanas;

II - (Vetado.)

III - às unidades regionais de saneamento básico definidas pela Lei nº 11.445, de 5 de janeiro de 2007. (Acrescido pela Lei 14.026/2020)

§ 2º Na aplicação das disposições desta Lei, serão observadas as normas gerais de direito urbanístico estabelecidas na Lei nº 10.257, de 10 de julho de 2001 (Estatuto da Cidade). (Redação dada pela Lei nº 13.683/2018)

Art. 2º Para os efeitos desta Lei, consideram-se:

I - aglomeração urbana: unidade territorial urbana constituída pelo agrupamento de 2 (dois) ou mais Municípios limítrofes, caracterizada por complementaridade funcional e integração das dinâmicas geográficas, ambientais, políticas e socioeconômicas;

II - função pública de interesse comum: política pública ou ação nela inserida cuja realização por parte de um Município, isoladamente, seja inviável ou cause impacto em Municípios limítrofes;

III - gestão plena: condição de região metropolitana ou de aglomeração urbana que possui:

a) formalização e delimitação mediante lei complementar estadual;

b) estrutura de governança interfederativa própria, nos termos do art. 8º desta Lei; e

c) plano de desenvolvimento urbano integrado aprovado mediante lei estadual;

IV - governança interfederativa: compartilhamento de responsabilidades e ações entre entes da Federação em termos de organização, planejamento e execução de funções públicas de interesse comum;

V - metrópole: espaço urbano com continuidade territorial que, em razão de sua população e relevância política e socioeconômica, tem influência nacional ou sobre uma região que configure, no mínimo, a área de influência de uma capital regional, conforme os critérios adotados pela Fundação Instituto Brasileiro de Geografia e Estatística - IBGE;

VI - plano de desenvolvimento urbano integrado: instrumento que estabelece, com base em processo permanente de planejamento, viabilização econômico-financeira e gestão, as diretrizes para o desenvolvimento territorial estratégico e os projetos estruturantes da região metropolitana e aglomeração urbana; (Redação dada pela Lei nº 13.683/2018)

VII - região metropolitana: unidade regional instituída pelos Estados, mediante lei complementar, constituída por agrupamento de Municípios limítrofes para integrar a organização, o planejamento e a execução de funções públicas de interesse comum; (Redação dada pela Lei nº 13.683/2018)

VIII - área metropolitana: representação da expansão contínua da malha urbana da metrópole, conurbada pela integração dos sistemas viários, abrangendo, especialmente, áreas habitacionais, de serviços e industriais com a presença de deslocamentos pendulares no território; (Incluído pela Lei nº 13.683/2018)

IX - governança interfederativa das funções públicas de interesse comum: compartilhamento de responsabilidades e ações entre entes da Federação em termos de organização, planejamento e execução de funções públicas de interesse comum, mediante a execução de um sistema integrado e articulado de planejamento, de projetos, de estruturação financeira, de implantação, de operação e de gestão. (Incluído pela Lei nº 13.683/2018)

Parágrafo único. Cabe ao colegiado da microrregião decidir sobre a adoção do Plano de Desenvolvimento Urbano ou quaisquer matérias de impacto. (Parágrafo único com redação dada pela Lei nº 13.683/2018)

CAPÍTULO II
DA INSTITUIÇÃO DE REGIÕES METROPOLITANAS E DE AGLOMERAÇÕES URBANAS

Art. 3º Os Estados, mediante lei complementar, poderão instituir regiões metropolitanas e aglomerações urbanas, constituídas por agrupamento de Municípios limítrofes, para integrar a organização, o planejamento e a execução de funções públicas de interesse comum.

§ 1º O Estado e os Municípios inclusos em região metropolitana ou em aglomeração urbana formalizada e delimitada na forma do *caput* deste artigo deverão promover a governança interfederativa, sem prejuízo de outras determinações desta Lei. (Parágrafo único transformado em § 1º, com redação dada pela Lei nº 13.683/2018)

§ 2º A criação de uma região metropolitana, de aglomeração urbana ou de microrregião deve ser precedida de estudos técnicos e audiências públicas que envolvam todos os Municípios pertencentes à unidade territorial. (Incluído pela Lei nº 13.683/2018)

Art. 4º A instituição de região metropolitana ou de aglomeração urbana que envolva Municípios pertencentes a mais de um Estado será formalizada mediante a aprovação de leis complementares pelas assembleias legislativas de cada um dos Estados envolvidos.

Parágrafo único. Até a aprovação das leis complementares previstas no *caput* por todos os Estados envolvidos, a região metropolitana ou a aglomeração urbana terá validade apenas para os Municípios dos Estados que já houverem aprovado a respectiva lei.

Art. 5º As leis complementares estaduais referidas nos arts. 3º e 4º desta Lei definirão, no mínimo:

I - os Municípios que integram a unidade territorial urbana;

II - os campos funcionais ou funções públicas de interesse comum que justificam a instituição da unidade territorial urbana;

III - a conformação da estrutura de governança interfederativa, incluindo a organização administrativa e o sistema integrado de alocação de recursos e de prestação de contas; e

IV - os meios de controle social da organização, do planejamento e da execução de funções públicas de interesse comum.

§ 1º No processo de elaboração da lei complementar, serão explicitados os critérios técnicos adotados para a definição do conteúdo previsto nos incisos I e II do *caput* deste artigo.

§ 2º Respeitadas as unidades territoriais urbanas criadas mediante lei complementar estadual até a data de entrada em vigor desta Lei, a instituição de região metropolitana impõe a observância do conceito estabelecido no inciso VII do *caput* do art. 2º.

CAPÍTULO III
A GOVERNANÇA INTERFEDERATIVA DE REGIÕES METROPOLITANAS E DE AGLOMERAÇÕES URBANAS

Art. 6º A governança interfederativa das regiões metropolitanas e das aglomerações urbanas respeitará os seguintes princípios:

I - prevalência do interesse comum sobre o local;

II - compartilhamento de responsabilidades e de gestão para a promoção do desenvolvimento urbano integrado; (Redação dada pela Lei nº 13.683/2018)

III - autonomia dos entes da Federação;

IV - observância das peculiaridades regionais e locais;

V - gestão democrática da cidade, consoante os arts. 43 a 45 da Lei n. 10.257, de 10 de julho de 2001;

VI - efetividade no uso dos recursos públicos;

VII - busca do desenvolvimento sustentável.

- V. Dec. 8.892/2016 (Cria a Comissão Nacional para os Objetivos de Desenvolvimento Sustentável).

Art. 7º Além das diretrizes gerais estabelecidas no art. 2º da Lei n. 10.257, de 10 de julho de 2001, a governança interfederativa das regiões metropolitanas e das aglomerações urbanas observará as seguintes diretrizes específicas:

I - implantação de processo permanente e compartilhado de planejamento e de tomada de decisão quanto ao desenvolvimento urbano e às políticas setoriais afetas às funções públicas de interesse comum;

II - estabelecimento de meios compartilhados de organização administrativa das funções públicas de interesse comum;

III - estabelecimento de sistema integrado de alocação de recursos e de prestação de contas;

IV - execução compartilhada das funções públicas de interesse comum, mediante rateio de custos previamente pactuado no âmbito da estrutura de governança interfederativa;

V - participação de representantes da sociedade civil nos processos de planejamento e de tomada de decisão; (Redação dada pela Lei nº 13.683/2018)

VI - compatibilização dos planos plurianuais, leis de diretrizes orçamentárias e orçamentos anuais dos entes envolvidos na governança interfederativa;

VII - compensação por serviços ambientais ou outros serviços prestados pelo Município à unidade territorial urbana, na forma da lei e dos acordos firmados no âmbito da estrutura de governança interfederativa.

Parágrafo único. Na aplicação das diretrizes estabelecidas neste artigo, devem ser consideradas as especificidades dos Municípios integrantes da unidade territorial urbana quanto à população, à renda, ao território e às características ambientais.

Art. 7º-A. No exercício da governança das funções públicas de interesse comum, o Estado e os Municípios da unidade territorial deverão observar as seguintes diretrizes gerais: (Incluído pela Lei nº 13.683/2018)

I - compartilhamento da tomada de decisões com vistas à implantação de processo relativo ao planejamento, à elaboração de projetos, à sua estruturação econômico-financeira, à operação e à gestão do serviço ou da atividade; e

II - compartilhamento de responsabilidades na gestão de ações e projetos relacionados às funções públicas de interesse comum, os quais deverão ser executados mediante a articulação de órgãos e entidades dos entes federados.

Art. 8º A governança interfederativa das regiões metropolitanas e das aglomerações urbanas compreenderá em sua estrutura básica:

I - instância executiva composta pelos representantes do Poder Executivo dos entes federativos integrantes das unidades territoriais urbanas;

II - instância colegiada deliberativa com representação da sociedade civil;

III - organização pública com funções técnico-consultivas; e

IV - sistema integrado de alocação de recursos e de prestação de contas.

CAPÍTULO IV
DOS INSTRUMENTOS DE DESENVOLVIMENTO URBANO INTEGRADO

Art. 9º Sem prejuízo da lista apresentada no art. 4º da Lei n. 10.257, de 10 de julho 2001, no desenvolvimento urbano integrado de regiões metropolitanas e de aglomerações urbanas serão utilizados, entre outros, os seguintes instrumentos:

I - plano de desenvolvimento urbano integrado;

II - planos setoriais interfederativos;

III - fundos públicos;

IV - operações urbanas consorciadas interfederativas;

V - zonas para aplicação compartilhada dos instrumentos urbanísticos previstos na Lei n. 10.257, de 10 de julho de 2001;

VI - consórcios públicos, observada a Lei n. 11.107, de 6 de abril de 2005;

VII - convênios de cooperação;

VIII - contratos de gestão;

IX - compensação por serviços ambientais ou outros serviços prestados pelo Município à unidade territorial urbana, conforme o inciso VII do *caput* do art. 7º desta Lei;

X - parcerias público-privadas interfederativas.

Art. 10. As regiões metropolitanas e as aglomerações urbanas deverão contar com plano de desenvolvimento urbano integrado, aprovado mediante lei estadual.

§ 1º Respeitadas as disposições do plano previsto no *caput* deste artigo, poderão ser formulados planos setoriais interfederativos para políticas públicas direcionadas à região metropolitana ou à aglomeração urbana.

§ 2º A elaboração do plano previsto no *caput* deste artigo não exime o Município integrante da região metropolitana ou aglomeração urbana da formulação do respectivo plano diretor, nos termos do § 1º do art. 182 da Constituição Federal e da Lei n. 10.257, de 10 de julho de 2001.

§ 3º Nas regiões metropolitanas e nas aglomerações urbanas instituídas mediante lei complementar estadual, o Município deverá compatibilizar seu plano diretor com o plano de desenvolvimento urbano integrado da unidade territorial urbana.

§ 4º O plano previsto no *caput* deste artigo será elaborado de forma conjunta e cooperada por representantes do Estado, dos Municípios integrantes da unidade regional e da sociedade civil organizada e será aprovado pela instância colegiada a que se refere o art. 8º desta Lei, antes de seu encaminhamento à apreciação da Assembleia Legislativa. (Redação dada pela Lei nº 13.683/2018)

Art. 11. A lei estadual que instituir o plano de desenvolvimento urbano integrado de região metropolitana ou de aglomeração urbana deverá ser revista, pelo menos, a cada 10 (dez) anos.

Art. 12. O plano de desenvolvimento urbano integrado de região metropolitana ou de aglomeração urbana deverá considerar o conjunto de Municípios que compõem a unidade territorial urbana e abranger áreas urbanas e rurais.

§ 1º O plano previsto no *caput* deste artigo deverá contemplar, no mínimo:

I - as diretrizes para as funções públicas de interesse comum, incluindo projetos estratégicos e ações prioritárias para investimentos;

II - o macrozoneamento da unidade territorial urbana;

III - as diretrizes quanto à articulação dos Municípios no parcelamento, uso e ocupação no solo urbano;

IV - as diretrizes quanto à articulação intersetorial das políticas públicas afetas à unidade territorial urbana;

V - a delimitação das áreas com restrições à urbanização visando à proteção do patrimônio ambiental ou cultural, bem como das áreas sujeitas a controle especial pelo risco de desastres naturais, se existirem; (Redação dada pela Lei nº 13.683, de 2018)

VI - o sistema de acompanhamento e controle de suas disposições; e (Redação dada pela Lei nº 13.683/2018)

VII - as diretrizes mínimas para implementação de efetiva política pública de regularização fundiária urbana, nos termos da Lei nº 13.465, de 11 de julho de 2017. (Incluído pela Lei nº 13.683/2018)

§ 2º No processo de elaboração do plano previsto no *caput* deste artigo e na fiscalização de sua aplicação, serão assegurados:

I - a promoção de audiências públicas e debates com a participação de representantes da sociedade civil e da população, em todos os Municípios integrantes da unidade territorial urbana;

II - a publicidade quanto aos documentos e informações produzidos; e

III - o acompanhamento pelo Ministério Público.

§ 3º As audiências públicas a que se refere o inciso I do § 2º deste artigo serão precedidas de ampla divulgação em todos os Municípios integrantes da unidade territorial urbana. (Incluído pela Lei nº 13.683/2018)

§ 4º A realização de audiências públicas ocorrerá segundo os critérios estabelecidos pela instância colegiada deliberativa a que se refere o inciso II do *caput* do art. 8º, respeitadas as disposições desta Lei e das leis complementares que instituírem as unidades territoriais. (Incluído pela Lei nº 13.683/2018)

CAPÍTULO V
DA ATUAÇÃO DA UNIÃO

SEÇÃO I
DO APOIO DA UNIÃO AO DESENVOLVIMENTO URBANO INTEGRADO

Art. 13. Em suas ações inclusas na política nacional de desenvolvimento urbano, a União apoiará as iniciativas dos Estados e dos Municípios voltadas à governança interfederativa, observados as diretrizes e os objetivos do plano plurianual, as metas e as prioridades fixadas pelas leis de diretrizes orçamentárias e o limite das disponibilidades propiciadas pelas leis orçamentárias anuais.

Art. 14. Para o apoio da União à governança interfederativa em região metropolitana ou em aglomeração urbana, será exigido que a unidade territorial urbana possua gestão plena, nos termos do inciso III do *caput* do art. 2º desta Lei.

§ 1º Além do disposto no *caput* deste artigo, o apoio da União à governança interfederativa em região metropolitana impõe a observância do inciso VII do *caput* do art. 2º desta Lei.

§ 2º Admite-se o apoio da União para a elaboração e a revisão do plano de desenvolvimento urbano integrado de que tratam os arts. 10, 11 e 12 desta Lei, dispensado, na primeira hipótese, o cumprimento da exigência constante da alínea c do inciso III do art. 2º desta Lei. (Redação dada pela Lei nº 13.683/2018)

§ 3º Serão estabelecidos em regulamento requisitos adicionais para o apoio da União à governança interfederativa, bem como para as microrregiões e cidades referidas no § 1º do art. 1º desta Lei e para os consórcios públicos constituídos para atuação em funções públicas de interesse comum no campo do desenvolvimento urbano.

Art. 15. A região metropolitana instituída mediante lei complementar estadual que não atenda o disposto no inciso VII do *caput* do art. 2º desta Lei será enquadrada como aglomeração urbana para efeito das políticas públicas a cargo do Governo Federal, independentemente de as ações nesse sentido envolverem ou não transferência de recursos financeiros.

Art. 16. A União manterá ações voltadas à integração entre cidades gêmeas localizadas na faixa de fronteira com outros países, em relação à mobilidade urbana, como previsto na Lei n. 12.587, de 3 de janeiro de 2012, e a outras políticas públicas afetas ao desenvolvimento urbano.

Art. 16-A. A União apoiará as iniciativas dos Estados e dos Municípios voltadas à governança interfederativa e promoverá a instituição de um sistema nacional de informações urbanas e metropolitanas, observadas as diretrizes do plano plurianual, as metas e as prioridades fixadas pela leis orçamentárias anuais. (Incluído pela Lei nº 13.683/2018)

SEÇÃO II
DO FUNDO NACIONAL DE DESENVOLVIMENTO URBANO INTEGRADO

Arts. 17. e 18. (Vetados.)

CAPÍTULO VI
DISPOSIÇÕES FINAIS

Art. 19. (Vetado.)

Arts. 20 e 21. (Revogados pela Lei nº 13.683/2018)

Art. 22. As disposições desta Lei aplicam-se, no que couber, às regiões integradas de desenvolvimento que tenham características de região metropolitana ou de aglomeração urbana, criadas mediante lei complementar federal, com base no art. 43 da Constituição Federal, até a data de entrada em vigor desta Lei.

Parágrafo único. A partir da data de entrada em vigor desta Lei, a instituição de unidades territoriais urbanas que envolvam Municípios pertencentes a mais de um Estado deve ocorrer na forma prevista no art. 4º, sem prejuízo da possibilidade de constituição de consórcios intermunicipais.

Art. 23. Independentemente das disposições desta Lei, os Municípios podem formalizar convênios de cooperação e constituir consórcios públicos para atuação em funções públicas de interesse comum no campo do desenvolvimento urbano, observada a Lei n. 11.107, de 6 de abril de 2005.

Art. 24. A Lei n. 10.257, de 10 de julho de 2001, passa a vigorar acrescida do seguinte art. 34-A:

- Alterações promovidas no texto da referida lei.

Art. 25. Esta Lei entra em vigor na data de sua publicação.

Brasília, 12 de janeiro de 2015; 194º da Independência e 127º da República.

Dilma Rousseff

LEI Nº 13.146, DE 6 DE JULHO DE 2015

Institui a Lei Brasileira de Inclusão da Pessoa com Deficiência (Estatuto da Pessoa com Deficiência).

▸ DOU 7.7.2015.

LIVRO I
PARTE GERAL

TÍTULO I
DISPOSIÇÕES PRELIMINARES

CAPÍTULO I
DISPOSIÇÕES GERAIS

Art. 1º É instituída a Lei Brasileira de Inclusão da Pessoa com Deficiência (Estatuto da Pessoa com Deficiência), destinada a assegurar e a promover, em condições de igualdade, o exercício dos direitos e das liberdades fundamentais por pessoa com deficiência, visando à sua inclusão social e cidadania.

▸ arts. 5º; 6º; 7º, XXXI; 23, II; 24, XIV; 37, VIII; 40, § 4º; 201, § 1º; 203, IV, V; 208, III; 227, §§ 1º e 2º; 244, CF.

Parágrafo único. Esta Lei tem como base a Convenção sobre os Direitos das Pessoas com Deficiência e seu Protocolo Facultativo, ratificados pelo Congresso Nacional por meio do Decreto Legislativo nº 186, de 9 de julho de 2008, em conformidade com o procedimento previsto no § 3º do art. 5º da Constituição da República Federativa do Brasil, em vigor para o Brasil, no plano jurídico externo, desde 31 de agosto de 2008, e promulgados pelo Decreto nº 6.949, de 25 de agosto de 2009, data de início de sua vigência no plano interno.

Art. 2º Considera-se pessoa com deficiência aquela que tem impedimento de longo prazo de natureza física, mental, intelectual ou sensorial, o qual, em interação com uma ou mais barreiras, pode obstruir sua participação plena e efetiva na sociedade em igualdade de condições com as demais pessoas.

▸ art. 2º, I, Dec. 10.415/2020. (Institui o Grupo de Trabalho Interinstitucional sobre o Modelo Único de Avaliação Biopsicossocial da Deficiência).

§ 1º A avaliação da deficiência, quando necessária, será biopsicossocial, realizada por equipe multiprofissional e interdisciplinar e considerará:

▸ art. 124 desta lei.

I - os impedimentos nas funções e nas estruturas do corpo;

II - os fatores socioambientais, psicológicos e pessoais;

III - a limitação no desempenho de atividades; e

IV - a restrição de participação.

§ 2º O Poder Executivo criará instrumentos para avaliação da deficiência.

Art. 3º Para fins de aplicação desta Lei, consideram-se:

I - acessibilidade: possibilidade e condição de alcance para utilização, com segurança e autonomia, de espaços, mobiliários, equipamentos urbanos, edificações, transportes, informação e comunicação, inclusive seus sistemas e tecnologias, bem como de outros serviços e instalações abertos ao público, de uso público ou privados de uso coletivo, tanto na zona urbana como na rural, por pessoa com deficiência ou com mobilidade reduzida;

II - desenho universal: concepção de produtos, ambientes, programas e serviços a serem usados por todas as pessoas, sem necessidade de adaptação ou de projeto específico, incluindo os recursos de tecnologia assistiva;

III - tecnologia assistiva ou ajuda técnica: produtos, equipamentos, dispositivos, recursos, metodologias, estratégias, práticas e serviços que objetivem promover a funcionalidade, relacionada à atividade e à participação da pessoa com deficiência ou com mobilidade reduzida, visando à sua autonomia, independência, qualidade de vida e inclusão social;

IV - barreiras: qualquer entrave, obstáculo, atitude ou comportamento que limite ou impeça a participação social da pessoa, bem como o gozo, a fruição e o exercício de seus direitos à acessibilidade, à liberdade de movimento e de expressão, à comunicação, ao acesso à informação, à compreensão, à circulação com segurança, entre outros, classificadas em:

a) barreiras urbanísticas: as existentes nas vias e nos espaços públicos e privados abertos ao público ou de uso coletivo;

b) barreiras arquitetônicas: as existentes nos edifícios públicos e privados;

c) barreiras nos transportes: as existentes nos sistemas e meios de transportes;

d) barreiras nas comunicações e na informação: qualquer entrave, obstáculo, atitude ou comportamento que dificulte ou impossibilite a expressão ou o recebimento de mensagens e de informações por intermédio de sistemas de comunicação e de tecnologia da informação;

e) barreiras atitudinais: atitudes ou comportamentos que impeçam ou prejudiquem a participação social da pessoa com deficiência em igualdade de condições e oportunidades com as demais pessoas;

f) barreiras tecnológicas: as que dificultam ou impedem o acesso da pessoa com deficiência às tecnologias;

V - comunicação: forma de interação dos cidadãos que abrange, entre outras opções, as línguas, inclusive a Língua Brasileira de Sinais (Libras), a visualização de textos, o Braille, o sistema de sinalização ou de comunicação tátil, os caracteres ampliados, os dispositivos multimídia, assim como a linguagem simples, escrita e oral, os sistemas auditivos e os meios de voz digitalizados e os modos, meios e formatos aumentativos e alternativos de comunicação, incluindo as tecnologias da informação e das comunicações;

VI - adaptações razoáveis: adaptações, modificações e ajustes necessários e adequados que não acarretem ônus desproporcional e indevido, quando requeridos em cada caso, a fim de assegurar que a pessoa com deficiência possa gozar ou exercer, em igualdade de condições e oportunidades com as demais pessoas, todos os direitos e liberdades fundamentais;

VII - elemento de urbanização: quaisquer componentes de obras de urbanização, tais como os referentes a pavimentação, saneamento, encanamento para esgotos, distribuição de energia elétrica e de gás, iluminação pública, serviços de comunicação, abastecimento e distribuição de água, paisagismo e os que materializam as indicações do planejamento urbanístico;

VIII - mobiliário urbano: conjunto de objetos existentes nas vias e nos espaços públicos, superpostos ou adicionados aos elementos de urbanização ou de edificação, de forma que sua modificação ou seu traslado não provoque alterações substanciais nesses elementos, tais como semáforos, postes de sinalização e similares, terminais e pontos de acesso coletivo às telecomunicações, fontes de água, lixeiras, toldos, marquises, bancos, quiosques e quaisquer outros de natureza análoga;

IX - pessoa com mobilidade reduzida: aquela que tenha, por qualquer motivo, dificuldade de movimentação, permanente ou temporária, gerando redução efetiva da mobilidade, da flexibilidade, da coordenação motora ou da percepção, incluindo idoso, gestante, lactante, pessoa com criança de colo e obeso;

X - residências inclusivas: unidades de oferta do Serviço de Acolhimento do Sistema Único de Assistência Social (Suas) localizadas em áreas residenciais da comunidade, com estruturas adequadas, que possam contar com apoio psicossocial para o atendimento das necessidades da pessoa acolhida, destinadas a jovens e adultos com deficiência, em situação de dependência, que não dispõem de condições de autossustentabilidade e com vínculos familiares fragilizados ou rompidos;

XI - moradia para a vida independente da pessoa com deficiência: moradia com estruturas adequadas capazes de proporcionar serviços de apoio coletivos e individualizados que respeitem e ampliem o grau de autonomia de jovens e adultos com deficiência;

XII - atendente pessoal: pessoa, membro ou não da família, que, com ou sem remuneração, assiste ou presta cuidados básicos e essenciais à pessoa com deficiência no exercício de suas atividades diárias, excluídas as técnicas ou os procedimentos identificados com profissões legalmente estabelecidas;

XIII - profissional de apoio escolar: pessoa que exerce atividades de alimentação, higiene e locomoção do estudante com deficiência e atua em todas as atividades escolares nas quais se fizer necessária, em todos os níveis e modalidades de ensino, em instituições públicas e privadas, excluídas as técnicas ou os procedimentos identificados com profissões legalmente estabelecidas;

XIV - acompanhante: aquele que acompanha a pessoa com deficiência, podendo ou não desempenhar as funções de atendente pessoal.

CAPÍTULO II
DA IGUALDADE E DA NÃO DISCRIMINAÇÃO

▸ Lei 7.853/1989 (Dispõe sobre o apoio às pessoas portadoras de deficiência, sua integração social, sobre a Coordenadoria Nacional para Integração da Pessoa Portadora de Deficiência - Corde, institui a tutela jurisdicional de interesses coletivos ou difusos dessas pessoas, disciplina a atuação do Ministério Público e define crimes).

Art. 4º Toda pessoa com deficiência tem direito à igualdade de oportunidades com as demais pessoas e não sofrerá nenhuma espécie de discriminação.

§ 1º Considera-se discriminação em razão da deficiência toda forma de distinção, restrição ou exclusão, por ação ou omissão, que tenha o propósito ou o efeito de prejudicar, impedir ou anular o reconhecimento ou o exercício dos direitos e das liberdades fundamentais de pessoa com deficiência, incluindo a recusa de adaptações razoáveis e de fornecimento de tecnologias assistivas.

§ 2º A pessoa com deficiência não está obrigada à fruição de benefícios decorrentes de ação afirmativa.

Art. 5º A pessoa com deficiência será protegida de toda forma de negligência, discriminação, exploração, violência, tortura, crueldade, opressão e tratamento desumano ou degradante.

Parágrafo único. Para os fins da proteção mencionada no *caput* deste artigo, são considerados especialmente vulneráveis a criança, o adolescente, a mulher e o idoso, com deficiência.

Art. 6º A deficiência não afeta a plena capacidade civil da pessoa, inclusive para:

I - casar-se e constituir união estável;

II - exercer direitos sexuais e reprodutivos;

III - exercer o direito de decidir sobre o número de filhos e de ter acesso a informações adequadas sobre reprodução e planejamento familiar;

IV - conservar sua fertilidade, sendo vedada a esterilização compulsória;

V - exercer o direito à família e à convivência familiar e comunitária; e

VI - exercer o direito à guarda, à tutela, à curatela e à adoção, como adotante ou adotando, em igualdade de oportunidades com as demais pessoas.

▸ arts. 1.583 e ss.; 1.618; 1.619; 1.728 e ss., CC.

Art. 7º É dever de todos comunicar à autoridade competente qualquer forma de ameaça ou de violação aos direitos da pessoa com deficiência.

Parágrafo **único.** Se, no exercício de suas funções, os juízes e os tribunais tiverem conhecimento de fatos que caracterizem as violações previstas nesta Lei, devem remeter peças ao Ministério Público para as providências cabíveis.

Art. 8º É dever do Estado, da sociedade e da família assegurar à pessoa com deficiência, com prioridade, a efetivação dos direitos referentes à vida, à saúde, à sexualidade, à paternidade e à maternidade, à alimentação, à habitação, à educação, à profissionalização, ao trabalho, à previdência social, à habilitação e à reabilitação, ao transporte, à acessibilidade, à cultura, ao desporto, ao turismo, ao lazer, à informação, à comunicação, aos avanços científicos e tecnológicos, à dignidade, ao respeito, à liberdade, à convivência familiar e comunitária, entre outros decorrentes da Constituição Federal, da Convenção sobre os Direitos das Pessoas com Deficiência e seu Protocolo Facultativo e das leis e de outras normas que garantam seu bem-estar pessoal, social e econômico.

SEÇÃO ÚNICA
DO ATENDIMENTO PRIORITÁRIO

Art. 9º A pessoa com deficiência tem direito a receber atendimento prioritário, sobretudo com a finalidade de:

I - proteção e socorro em quaisquer circunstâncias;

II - atendimento em todas as instituições e serviços de atendimento ao público;

III - disponibilização de recursos, tanto humanos quanto tecnológicos, que garantam atendimento em igualdade de condições com as demais pessoas;

IV - disponibilização de pontos de parada, estações e terminais acessíveis de transporte coletivo de passageiros e garantia de segurança no embarque e no desembarque;

V - acesso a informações e disponibilização de recursos de comunicação acessíveis;

VI - recebimento de restituição de imposto de renda;

VII - tramitação processual e procedimentos judiciais e administrativos em que for parte ou interessada, em todos os atos e diligências.

§ 1º Os direitos previstos neste artigo são extensivos ao acompanhante da pessoa com deficiência ou ao seu atendente pessoal, exceto quanto ao disposto nos incisos VI e VII deste artigo.

§ 2º Nos serviços de emergência públicos e privados, a prioridade conferida por esta Lei é condicionada aos protocolos de atendimento médico.

TÍTULO II
DOS DIREITOS FUNDAMENTAIS

CAPÍTULO I
DO DIREITO À VIDA

Art. 10. Compete ao poder público garantir a dignidade da pessoa com deficiência ao longo de toda a vida.

Parágrafo **único.** Em situações de risco, emergência ou estado de calamidade pública, a pessoa com deficiência será considerada vulnerável, devendo o poder público adotar medidas para sua proteção e segurança.

Art. 11. A pessoa com deficiência não poderá ser obrigada a se submeter a intervenção clínica ou cirúrgica, a tratamento ou a institucionalização forçada.

Parágrafo único. O consentimento da pessoa com deficiência em situação de curatela poderá ser suprido, na forma da lei.

Art. 12. O consentimento prévio, livre e esclarecido da pessoa com deficiência é indispensável para a realização de tratamento, procedimento, hospitalização e pesquisa científica.

§ 1º Em caso de pessoa com deficiência em situação de curatela, deve ser assegurada sua participação, no maior grau possível, para a obtenção de consentimento.

▸ arts. 1.728 e ss., CC.

§ 2º A pesquisa científica envolvendo pessoa com deficiência em situação de tutela ou de curatela deve ser realizada, em caráter excepcional, apenas quando houver indícios de benefício direto para sua saúde ou para a saúde de outras pessoas com deficiência e desde que não haja outra opção de pesquisa de eficácia comparável com participantes não tutelados ou curatelados.

Art. 13. A pessoa com deficiência somente será atendida sem seu consentimento prévio, livre e esclarecido em casos de risco de morte e de emergência em saúde, resguardado seu superior interesse e adotadas as salvaguardas legais cabíveis.

CAPÍTULO II
DO DIREITO À HABILITAÇÃO E À REABILITAÇÃO

▸ Dec. 8.725/2016 (Institui a Rede Intersetorial de Reabilitação Integral e dá outras providências.).

Art. 14. O processo de habilitação e de reabilitação é um direito da pessoa com deficiência.

Parágrafo único. O processo de habilitação e de reabilitação tem por objetivo o desenvolvimento de potencialidades, talentos, habilidades e aptidões físicas, cognitivas, sensoriais, psicossociais, atitudinais, profissionais e artísticas que contribuam para a conquista da autonomia da pessoa com deficiência e de sua participação social em igualdade de condições e oportunidades com as demais pessoas.

- Lei 10.216/2001 (Dispõe sobre a proteção e os direitos das pessoas portadoras de transtornos mentais e redireciona o modelo assistencial em saúde mental).

Art. 15. O processo mencionado no art. 14 desta Lei baseia-se em avaliação multidisciplinar das necessidades, habilidades e potencialidades de cada pessoa, observadas as seguintes diretrizes:

I - diagnóstico e intervenção precoces;

II - adoção de medidas para compensar perda ou limitação funcional, buscando o desenvolvimento de aptidões;

III - atuação permanente, integrada e articulada de políticas públicas que possibilitem a plena participação social da pessoa com deficiência;

IV - oferta de rede de serviços articulados, com atuação intersetorial, nos diferentes níveis de complexidade, para atender às necessidades específicas da pessoa com deficiência;

V - prestação de serviços próximo ao domicílio da pessoa com deficiência, inclusive na zona rural, respeitadas a organização das Redes de Atenção à Saúde (RAS) nos territórios locais e as normas do Sistema Único de Saúde (SUS).

Art. 16. Nos programas e serviços de habilitação e de reabilitação para a pessoa com deficiência, são garantidos:

I - organização, serviços, métodos, técnicas e recursos para atender às características de cada pessoa com deficiência;

II - acessibilidade em todos os ambientes e serviços;

III - tecnologia assistiva, tecnologia de reabilitação, materiais e equipamentos adequados e apoio técnico profissional, de acordo com as especificidades de cada pessoa com deficiência;

IV - capacitação continuada de todos os profissionais que participem dos programas e serviços.

Art. 17. Os serviços do SUS e do Suas deverão promover ações articuladas para garantir à pessoa com deficiência e sua família a aquisição de informações, orientações e formas de acesso às políticas públicas disponíveis, com a finalidade de propiciar sua plena participação social.

Parágrafo único. Os serviços de que trata o *caput* deste artigo podem fornecer informações e orientações nas áreas de saúde, de educação, de cultura, de esporte, de lazer, de transporte, de previdência social, de assistência social, de habitação, de trabalho, de empreendedorismo, de acesso ao crédito, de promoção, proteção e defesa de direitos e nas demais áreas que possibilitem à pessoa com deficiência exercer sua cidadania.

CAPÍTULO III
DO DIREITO À SAÚDE

Art. 18. É assegurada atenção integral à saúde da pessoa com deficiência em todos os níveis de complexidade, por intermédio do SUS, garantido acesso universal e igualitário.

§ 1º É assegurada a participação da pessoa com deficiência na elaboração das políticas de saúde a ela destinadas.

§ 2º É assegurado atendimento segundo normas éticas e técnicas, que regulamentarão a atuação dos profissionais de saúde e contemplarão aspectos relacionados aos direitos e às especificidades da pessoa com deficiência, incluindo temas como sua dignidade e autonomia.

§ 3º Aos profissionais que prestam assistência à pessoa com deficiência, especialmente em serviços de habilitação e de reabilitação, deve ser garantida capacitação inicial e continuada.

§ 4º As ações e os serviços de saúde pública destinados à pessoa com deficiência devem assegurar:

I - diagnóstico e intervenção precoces, realizados por equipe multidisciplinar;

II - serviços de habilitação e de reabilitação sempre que necessários, para qualquer tipo de deficiência, inclusive para a manutenção da melhor condição de saúde e qualidade de vida;

III - atendimento domiciliar multidisciplinar, tratamento ambulatorial e internação;

IV - campanhas de vacinação;

V - atendimento psicológico, inclusive para seus familiares e atendentes pessoais;

VI - respeito à especificidade, à identidade de gênero e à orientação sexual da pessoa com deficiência;

VII - atenção sexual e reprodutiva, incluindo o direito à fertilização assistida;

VIII - informação adequada e acessível à pessoa com deficiência e a seus familiares sobre sua condição de saúde;

IX - serviços projetados para prevenir a ocorrência e o desenvolvimento de deficiências e agravos adicionais;

X - promoção de estratégias de capacitação permanente das equipes que atuam no SUS, em todos os níveis de atenção, no atendimento à pessoa com deficiência, bem como orientação a seus atendentes pessoais;

XI - oferta de órteses, próteses, meios auxiliares de locomoção, medicamentos, insumos e fórmulas nutricionais, conforme as normas vigentes do Ministério da Saúde.

§ 5º As diretrizes deste artigo aplicam-se também às instituições privadas que participem de forma complementar do SUS ou que recebam recursos públicos para sua manutenção.

Art. 19. Compete ao SUS desenvolver ações destinadas à prevenção de deficiências por causas evitáveis, inclusive por meio de:

I - acompanhamento da gravidez, do parto e do puerpério, com garantia de parto humanizado e seguro;

II - promoção de práticas alimentares adequadas e saudáveis, vigilância alimentar e nutricional, prevenção e cuidado integral dos agravos relacionados à alimentação e nutrição da mulher e da criança;

III - aprimoramento e expansão dos programas de imunização e de triagem neonatal;

IV - identificação e controle da gestante de alto risco.

Art. 20. As operadoras de planos e seguros privados de saúde são obrigadas a garantir à pessoa com deficiência, no mínimo, todos os serviços e produtos ofertados aos demais clientes.

- Lei 9.656/1998 (Dispõe sobre os planos e seguros privados de assistência à saúde).

Art. 21. Quando esgotados os meios de atenção à saúde da pessoa com deficiência no local de residência, será prestado atendimento fora de domicílio, para fins de diagnóstico e de tratamento, garantidos o transporte e a acomodação da pessoa com deficiência e de seu acompanhante.

Art. 22. À pessoa com deficiência internada ou em observação é assegurado o direito a acompanhante ou a atendente pessoal, devendo o órgão ou a instituição de saúde proporcionar condições adequadas para sua permanência em tempo integral.

§ 1º Na impossibilidade de permanência do acompanhante ou do atendente pessoal junto à pessoa com deficiência, cabe ao profissional de saúde responsável pelo tratamento justificá-la por escrito.

§ 2º Na ocorrência da impossibilidade prevista no § 1º deste artigo, o órgão ou a instituição de saúde deve adotar as providências cabíveis para suprir a ausência do acompanhante ou do atendente pessoal.

Art. 23. São vedadas todas as formas de discriminação contra a pessoa com deficiência, inclusive por meio de cobrança de valores diferenciados por planos e seguros privados de saúde, em razão de sua condição.

Art. 24. É assegurado à pessoa com deficiência o acesso aos serviços de saúde, tanto públicos como privados, e às informações prestadas e recebidas, por meio de recursos de tecnologia assistiva e de todas as formas de comunicação previstas no inciso V do art. 3º desta Lei.

Art. 25. Os espaços dos serviços de saúde, tanto públicos quanto privados, devem assegurar o acesso da pessoa com deficiência, em conformidade com a legislação em vigor, mediante a remoção de barreiras, por meio de projetos arquitetônico, de ambientação de interior e de comunicação que atendam às especificidades das pessoas com deficiência física, sensorial, intelectual e mental.

Art. 26. Os casos de suspeita ou de confirmação de violência praticada contra a pessoa com deficiência serão objeto de notificação compulsória pelos serviços de saúde públicos e privados à autoridade policial e ao Ministério Público, além dos Conselhos dos Direitos da Pessoa com Deficiência.

Parágrafo único. Para os efeitos desta Lei, considera-se violência contra a pessoa com deficiência qualquer ação ou omissão, praticada em local público ou privado, que lhe cause morte ou dano ou sofrimento físico ou psicológico.

CAPÍTULO IV
DO DIREITO À EDUCAÇÃO

▸ arts. 58 a 60, Lei 9.394/1996 (Lei de Diretrizes e Bases da Educação Nacional).

Art. 27. A educação constitui direito da pessoa com deficiência, assegurados sistema educacional inclusivo em todos os níveis e aprendizado ao longo de toda a vida, de forma a alcançar o máximo desenvolvimento possível de seus talentos e habilidades físicas, sensoriais, intelectuais e sociais, segundo suas características, interesses e necessidades de aprendizagem.

Parágrafo único. É dever do Estado, da família, da comunidade escolar e da sociedade assegurar educação de qualidade à pessoa com deficiência, colocando-a a salvo de toda forma de violência, negligência e discriminação.

Art. 28. Incumbe ao poder público assegurar, criar, desenvolver, implementar, incentivar, acompanhar e avaliar:

I - sistema educacional inclusivo em todos os níveis e modalidades, bem como o aprendizado ao longo de toda a vida;

II - aprimoramento dos sistemas educacionais, visando a garantir condições de acesso, permanência, participação e aprendizagem, por meio da oferta de serviços e de recursos de acessibilidade que eliminem as barreiras e promovam a inclusão plena;

III - projeto pedagógico que institucionalize o atendimento educacional especializado, assim como os demais serviços e adaptações razoáveis, para atender às características dos estudantes com deficiência e garantir o seu pleno acesso ao currículo em condições de igualdade, promovendo a conquista e o exercício de sua autonomia;

IV - oferta de educação bilíngue, em Libras como primeira língua e na modalidade escrita da língua portuguesa como segunda língua, em escolas e classes bilíngues e em escolas inclusivas;

V - adoção de medidas individualizadas e coletivas em ambientes que maximizem o desenvolvimento acadêmico e social dos estudantes com deficiência, favorecendo o acesso, a permanência, a participação e a aprendizagem em instituições de ensino;

VI - pesquisas voltadas para o desenvolvimento de novos métodos e técnicas pedagógicas, de materiais didáticos, de equipamentos e de recursos de tecnologia assistiva;

VII - planejamento de estudo de caso, de elaboração de plano de atendimento educacional especializado, de organização de recursos e serviços de acessibilidade e de disponibilização e usabilidade pedagógica de recursos de tecnologia assistiva;

VIII - participação dos estudantes com deficiência e de suas famílias nas diversas instâncias de atuação da comunidade escolar;

IX - adoção de medidas de apoio que favoreçam o desenvolvimento dos aspectos linguísticos, culturais, vocacionais e profissionais, levando-se em conta o talento, a criatividade, as habilidades e os interesses do estudante com deficiência;

X - adoção de práticas pedagógicas inclusivas pelos programas de formação inicial e continuada de professores e oferta de formação continuada para o atendimento educacional especializado;

XI - formação e disponibilização de professores para o atendimento educacional especializado, de tradutores e intérpretes da Libras, de guias intérpretes e de profissionais de apoio;

XII - oferta de ensino da Libras, do Sistema Braille e de uso de recursos de tecnologia assistiva, de forma a ampliar habilidades funcionais dos estudantes, promovendo sua autonomia e participação;

XIII - acesso à educação superior e à educação profissional e tecnológica em igualdade de oportunidades e condições com as demais pessoas;

XIV - inclusão em conteúdos curriculares, em cursos de nível superior e de educação profissional técnica e tecnológica, de temas relacionados à pessoa com deficiência nos respectivos campos de conhecimento;

XV - acesso da pessoa com deficiência, em igualdade de condições, a jogos e a atividades recreativas, esportivas e de lazer, no sistema escolar;

XVI - acessibilidade para todos os estudantes, trabalhadores da educação e demais integrantes da comunidade escolar às edificações, aos ambientes e às atividades concernentes a todas as modalidades, etapas e níveis de ensino;

XVII - oferta de profissionais de apoio escolar;

XVIII - articulação intersetorial na implementação de políticas públicas.

§ 1º Às instituições privadas, de qualquer nível e modalidade de ensino, aplica-se obrigatoriamente o disposto nos incisos I, II, III, V, VII, VIII, IX, X, XI, XII, XIII, XIV, XV, XVI, XVII e XVIII do *caput* deste artigo, sendo vedada a cobrança de valores adicionais de qualquer natureza em suas mensalidades, anuidades e matrículas no cumprimento dessas determinações.

§ 2º Na disponibilização de tradutores e intérpretes da Libras a que se refere o inciso XI do *caput* deste artigo, deve-se observar o seguinte:

I - os tradutores e intérpretes da Libras atuantes na educação básica devem, no mínimo, possuir ensino médio completo e certificado de proficiência na Libras;

II - os tradutores e intérpretes da Libras, quando direcionados à tarefa de interpretar nas salas de aula dos cursos de graduação e pós-graduação, devem possuir nível superior, com habilitação, prioritariamente, em Tradução e Interpretação em Libras.

Art. 29. (Vetado).

Art. 30. Nos processos seletivos para ingresso e permanência nos cursos oferecidos pelas instituições de ensino superior e de educação profissional e tecnológica, públicas e privadas, devem ser adotadas as seguintes medidas:

I - atendimento preferencial à pessoa com deficiência nas dependências das Instituições de Ensino Superior (IES) e nos serviços;

II - disponibilização de formulário de inscrição de exames com campos específicos para que o candidato com deficiência informe os recursos de acessibilidade e de tecnologia assistiva necessários para sua participação;

III - disponibilização de provas em formatos acessíveis para atendimento às necessidades específicas do candidato com deficiência;

IV - disponibilização de recursos de acessibilidade e de tecnologia assistiva adequados, previamente solicitados e escolhidos pelo candidato com deficiência;

V - dilação de tempo, conforme demanda apresentada pelo candidato com deficiência, tanto na realização de exame para seleção quanto nas atividades acadêmicas, mediante prévia solicitação e comprovação da necessidade;

VI - adoção de critérios de avaliação das provas escritas, discursivas ou de redação que considerem a singularidade linguística da pessoa com deficiência, no domínio da modalidade escrita da língua portuguesa;

VII - tradução completa do edital e de suas retificações em Libras.

CAPÍTULO V
DO DIREITO À MORADIA

Art. 31. A pessoa com deficiência tem direito à moradia digna, no seio da família natural ou substituta, com seu cônjuge ou companheiro ou desacompanhada, ou em moradia para a vida independente da pessoa com deficiência, ou, ainda, em residência inclusiva.

§ 1º O poder público adotará programas e ações estratégicas para apoiar a criação e a manutenção de moradia para a vida independente da pessoa com deficiência.

§ 2º A proteção integral na modalidade de residência inclusiva será prestada no âmbito do Suas à pessoa com deficiência em situação de dependência que não disponha de condições de autossustentabilidade, com vínculos familiares fragilizados ou rompidos.

Art. 32. Nos programas habitacionais, públicos ou subsidiados com recursos públicos, a pessoa com deficiência ou o seu responsável goza de prioridade na aquisição de imóvel para moradia própria, observado o seguinte:

I - reserva de, no mínimo, 3% (três por cento) das unidades habitacionais para pessoa com deficiência;

II - (Vetado);

III - em caso de edificação multifamiliar, garantia de acessibilidade nas áreas de uso comum e nas unidades habitacionais no piso térreo e de acessibilidade ou de adaptação razoável nos demais pisos;

IV - disponibilização de equipamentos urbanos comunitários acessíveis;

V - elaboração de especificações técnicas no projeto que permitam a instalação de elevadores.

§ 1º O direito à prioridade, previsto no *caput* deste artigo, será reconhecido à pessoa com deficiência beneficiária apenas uma vez.

§ 2º Nos programas habitacionais públicos, os critérios de financiamento devem ser compatíveis com os rendimentos da pessoa com deficiência ou de sua família.

§ 3º Caso não haja pessoa com deficiência interessada nas unidades habitacionais reservadas por força do disposto no inciso I do *caput* deste artigo, as unidades não utilizadas serão disponibilizadas às demais pessoas.

Art. 33. Ao poder público compete:

I - adotar as providências necessárias para o cumprimento do disposto nos arts. 31 e 32 desta Lei; e

II - divulgar, para os agentes interessados e beneficiários, a política habitacional prevista nas legislações federal, estaduais, distrital e municipais, com ênfase nos dispositivos sobre acessibilidade.

CAPÍTULO VI
DO DIREITO AO TRABALHO

SEÇÃO I
DISPOSIÇÕES GERAIS

Art. 34. A pessoa com deficiência tem direito ao trabalho de sua livre escolha e aceitação, em ambiente acessível e inclusivo, em igualdade de oportunidades com as demais pessoas.

§ 1º As pessoas jurídicas de direito público, privado ou de qualquer natureza são obrigadas a garantir ambientes de trabalho acessíveis e inclusivos.

§ 2º A pessoa com deficiência tem direito, em igualdade de oportunidades com as demais pessoas, a condições justas e favoráveis de trabalho, incluindo igual remuneração por trabalho de igual valor.

§ 3º É vedada restrição ao trabalho da pessoa com deficiência e qualquer discriminação em razão de sua condição, inclusive nas etapas de recrutamento, seleção, contratação, admissão, exames admissional e periódico, permanência no emprego, ascensão profissional e reabilitação profissional, bem como exigência de aptidão plena.

§ 4º A pessoa com deficiência tem direito à participação e ao acesso a cursos, treinamentos, educação continuada, planos de carreira, promoções, bonificações e incentivos profissionais oferecidos pelo empregador, em igualdade de oportunidades com os demais empregados.

§ 5º É garantida aos trabalhadores com deficiência acessibilidade em cursos de formação e de capacitação.

Art. 35. É finalidade primordial das políticas públicas de trabalho e emprego promover e garantir condições de acesso e de permanência da pessoa com deficiência no campo de trabalho.

Parágrafo único. Os programas de estímulo ao empreendedorismo e ao trabalho autônomo, incluídos o cooperativismo e o associativismo, devem prever a participação da pessoa com deficiência e a disponibilização de linhas de crédito, quando necessárias.

‣ art. 1º, § 3º, LC 123/2006 (Estatuto Nacional da Microempresa e da Empresa de Pequeno Porte).

SEÇÃO II
DA HABILITAÇÃO PROFISSIONAL E REABILITAÇÃO PROFISSIONAL

Art. 36. O poder público deve implementar serviços e programas completos de habilitação profissional e de reabilitação profissional para que a pessoa com deficiência possa ingressar, continuar ou retornar ao campo do trabalho, respeitados sua livre escolha, sua vocação e seu interesse.

‣ art. 428, §§ 3º, 5º, 6º, CLT.

§ 1º Equipe multidisciplinar indicará, com base em critérios previstos no § 1º do art. 2º desta Lei, programa de habilitação ou de reabilitação que possibilite à pessoa com deficiência restaurar sua capacidade e habilidade profissional ou adquirir novas capacidades e habilidades de trabalho.

§ 2º A habilitação profissional corresponde ao processo destinado a propiciar à pessoa com deficiência aquisição de conhecimentos, habilidades e aptidões para exercício de profissão ou de ocupação, permitindo nível suficiente de desenvolvimento profissional para ingresso no campo de trabalho.

‣ art. 461, § 4º, CLT.

§ 3º Os serviços de habilitação profissional, de reabilitação profissional e de educação profissional devem ser dotados de recursos necessários para atender a toda pessoa com deficiência, independentemente de sua característica específica, a fim de que ela possa ser capacitada para trabalho que lhe seja adequado e ter perspectivas de obtê-lo, de conservá-lo e de nele progredir.

‣ art. 7º, XXXI, CF.

§ 4º Os serviços de habilitação profissional, de reabilitação profissional e de educação profissional deverão ser oferecidos em ambientes acessíveis e inclusivos.

§ 5º A habilitação profissional e a reabilitação profissional devem ocorrer articuladas com as redes públicas e privadas, especialmente de saúde, de ensino e de assistência social, em todos os níveis e modalidades, em entidades de formação profissional ou diretamente com o empregador.

§ 6º A habilitação profissional pode ocorrer em empresas por meio de prévia formalização do contrato de emprego da pessoa com deficiência, que será considerada para o cumprimento da reserva de vagas prevista em lei, desde que por tempo determinado e concomitante com a inclusão profissional na empresa, observado o disposto em regulamento.

§ 7º A habilitação profissional e a reabilitação profissional atenderão à pessoa com deficiência.

SEÇÃO III
DA INCLUSÃO DA PESSOA COM DEFICIÊNCIA NO TRABALHO

‣ Dec. 9.508/2018 (Reserva às pessoas com deficiência percentual de cargos e de empregos públicos ofertados em concursos públicos e em processos seletivos no âmbito da administração pública federal direta e indireta).

Art. 37. Constitui modo de inclusão da pessoa com deficiência no trabalho a colocação competitiva, em igualdade de oportunidades com as demais pessoas, nos termos da legislação trabalhista e previdenciária, na qual devem ser atendidas as regras de acessibilidade, o fornecimento de recursos de tecnologia assistiva e a adaptação razoável no ambiente de trabalho.

Parágrafo único. A colocação competitiva da pessoa com deficiência pode ocorrer por meio de trabalho com apoio, observadas as seguintes diretrizes:

I - prioridade no atendimento à pessoa com deficiência com maior dificuldade de inserção no campo de trabalho;

II - provisão de suportes individualizados que atendam a necessidades específicas da pessoa com deficiência, inclusive a disponibilização de recursos de tecnologia assistiva, de agente facilitador e de apoio no ambiente de trabalho;

III - respeito ao perfil vocacional e ao interesse da pessoa com deficiência apoiada;

IV - oferta de aconselhamento e de apoio aos empregadores, com vistas à definição de estratégias de inclusão e de superação de barreiras, inclusive atitudinais;

V - realização de avaliações periódicas;

VI - articulação intersetorial das políticas públicas;

VII - possibilidade de participação de organizações da sociedade civil.

Art. 38. A entidade contratada para a realização de processo seletivo público ou privado para cargo, função ou emprego está obrigada à observância do disposto nesta Lei e em outras normas de acessibilidade vigentes.

CAPÍTULO VII
DO DIREITO À ASSISTÊNCIA SOCIAL

Art. 39. Os serviços, os programas, os projetos e os benefícios no âmbito da política pública de assistência social à pessoa com deficiência e sua família têm como objetivo a garantia da segurança de renda, da acolhida, da habilitação e da reabilitação, do desenvolvimento da autonomia e da convivência familiar e comunitária, para a promoção do acesso a direitos e da plena participação social.

▸ arts. 23, II; 24, XIV, CF.

§ 1º A assistência social à pessoa com deficiência, nos termos do *caput* deste artigo, deve envolver conjunto articulado de serviços do âmbito da Proteção Social Básica e da Proteção Social Especial, ofertados pelo Suas, para a garantia de seguranças fundamentais no enfrentamento de situações de vulnerabilidade e de risco, por fragilização de vínculos e ameaça ou violação de direitos.

§ 2º Os serviços socioassistenciais destinados à pessoa com deficiência em situação de dependência deverão contar com cuidadores sociais para prestar-lhe cuidados básicos e instrumentais.

Art. 40. É assegurado à pessoa com deficiência que não possua meios para prover sua subsistência nem de tê-la provida por sua família o benefício mensal de 1 (um) salário-mínimo, nos termos da Lei nº 8.742, de 7 de dezembro de 1993.

▸ arts. 2º, I, e; 20, Lei 8.742/1993 (Dispõe sobre a organização da Assistência Social).

CAPÍTULO VIII
DO DIREITO À PREVIDÊNCIA SOCIAL

Art. 41. A pessoa com deficiência segurada do Regime Geral de Previdência Social (RGPS) tem direito à aposentadoria nos termos da Lei Complementar nº 142, de 8 de maio de 2013.

CAPÍTULO IX
DO DIREITO À CULTURA, AO ESPORTE, AO TURISMO E AO LAZER

Art. 42. A pessoa com deficiência tem direito à cultura, ao esporte, ao turismo e ao lazer em igualdade de oportunidades com as demais pessoas, sendo-lhe garantido o acesso:

I - a bens culturais em formato acessível;

II - a programas de televisão, cinema, teatro e outras atividades culturais e desportivas em formato acessível; e

III - a monumentos e locais de importância cultural e a espaços que ofereçam serviços ou eventos culturais e esportivos.

§ 1º É vedada a recusa de oferta de obra intelectual em formato acessível à pessoa com deficiência, sob qualquer argumento, inclusive sob a alegação de proteção dos direitos de propriedade intelectual.

§ 2º O poder público deve adotar soluções destinadas à eliminação, à redução ou à superação de barreiras para a promoção do acesso a todo patrimônio cultural, observadas as normas de acessibilidade, ambientais e de proteção do patrimônio histórico e artístico nacional.

Art. 43. O poder público deve promover a participação da pessoa com deficiência em atividades artísticas, intelectuais, culturais, esportivas e recreativas, com vistas ao seu protagonismo, devendo:

I - incentivar a provisão de instrução, de treinamento e de recursos adequados, em igualdade de oportunidades com as demais pessoas;

II - assegurar acessibilidade nos locais de eventos e nos serviços prestados por pessoa ou entidade envolvida na organização das atividades de que trata este artigo; e

III - assegurar a participação da pessoa com deficiência em jogos e atividades recreativas, esportivas, de lazer, culturais e artísticas, inclusive no sistema escolar, em igualdade de condições com as demais pessoas.

Art. 44. Nos teatros, cinemas, auditórios, estádios, ginásios de esporte, locais de espetáculos e de conferências e similares, serão reservados espaços livres e assentos para a pessoa com deficiência, de acordo com a capacidade de lotação da edificação, observado o disposto em regulamento.

§ 1º Os espaços e assentos a que se refere este artigo devem ser distribuídos pelo recinto em locais diversos, de boa visibilidade, em todos os setores, próximos aos corredores, devidamente sinalizados, evitando-se áreas segregadas de público e obstrução das saídas, em conformidade com as normas de acessibilidade.

§ 2º No caso de não haver comprovada procura pelos assentos reservados, esses podem, excepcionalmente, ser ocupados por pessoas sem deficiência ou que não tenham mobilidade reduzida, observado o disposto em regulamento.

§ 3º Os espaços e assentos a que se refere este artigo devem situar-se em locais que garantam a acomodação de, no mínimo, 1 (um) acompanhante da pessoa com deficiência ou com mobilidade reduzida, resguardado o direito de se acomodar proximamente a grupo familiar e comunitário.

§ 4º Nos locais referidos no *caput* deste artigo, deve haver, obrigatoriamente, rotas de fuga e saídas de emergência acessíveis, conforme padrões das normas de acessibilidade, a fim de permitir a saída segura da pessoa com deficiência ou com mobilidade reduzida, em caso de emergência.

§ 5º Todos os espaços das edificações previstas no *caput* deste artigo devem atender às normas de acessibilidade em vigor.

§ 6º As salas de cinema devem oferecer, em todas as sessões, recursos de acessibilidade para a pessoa com deficiência.

▸ art. 125, II, desta lei.

§ 7º O valor do ingresso da pessoa com deficiência não poderá ser superior ao valor cobrado das demais pessoas.

Art. 45. Os hotéis, pousadas e similares devem ser construídos observando-se os princípios do desenho universal, além de adotar todos os meios de acessibilidade, conforme legislação em vigor.

▸ Dec. 9.296/2018 (Regulamenta este artigo).

§ 1º Os estabelecimentos já existentes deverão disponibilizar, pelo menos, 10% (dez por cento) de seus dormitórios acessíveis, garantida, no mínimo, 1 (uma) unidade acessível.

§ 2º Os dormitórios mencionados no § 1º deste artigo deverão ser localizados em rotas acessíveis.

CAPÍTULO X
DO DIREITO AO TRANSPORTE E À MOBILIDADE

Art. 46. O direito ao transporte e à mobilidade da pessoa com deficiência ou com mobilidade reduzida será assegurado em igualdade de oportunidades com as demais pessoas, por meio de identificação e de eliminação de todos os obstáculos e barreiras ao seu acesso.

▸ arts. 24, I, IV; Lei 12.587/2012 (Institui as diretrizes da Política Nacional de Mobilidade Urbana).

§ 1º Para fins de acessibilidade aos serviços de transporte coletivo terrestre, aquaviário e aéreo, em todas as jurisdições, consideram-se como integrantes desses serviços os veículos, os terminais, as estações, os pontos de parada, o sistema viário e a prestação do serviço.

§ 2º São sujeitas ao cumprimento das disposições desta Lei, sempre que houver interação com a matéria nela regulada, a outorga, a concessão, a permissão, a autorização, a renovação ou a habilitação de linhas e de serviços de transporte coletivo.

§ 3º Para colocação do símbolo internacional de acesso nos veículos, as empresas de transporte coletivo de passageiros dependem da certificação de acessibilidade emitida pelo gestor público responsável pela prestação do serviço.

Art. 47. Em todas as áreas de estacionamento aberto ao público, de uso público ou privado de uso coletivo e em vias públicas, devem ser reservadas vagas próximas aos acessos de circulação de pedestres, devidamente sinalizadas, para veículos que transportem pessoa com deficiência com comprometimento de mobilidade, desde que devidamente identificados.

§ 1º As vagas a que se refere o *caput* deste artigo devem equivaler a 2% (dois por cento) do total, garantida, no mínimo, 1 (uma) vaga devidamente sinalizada e com as especificações de desenho e traçado de acordo com as normas técnicas vigentes de acessibilidade.

§ 2º Os veículos estacionados nas vagas reservadas devem exibir, em local de ampla visibilidade, a credencial de beneficiário, a ser confeccionada e fornecida pelos órgãos de trânsito, que disciplinarão suas características e condições de uso.

§ 3º A utilização indevida das vagas de que trata este artigo sujeita os infratores às sanções previstas no inciso XX do art. 181 da Lei nº 9.503, de 23 de setembro de 1997 (Código de Trânsito Brasileiro). (Redação dada pela Lei nº 13.281, de 2016)

§ 4º A credencial a que se refere o § 2º deste artigo é vinculada à pessoa com deficiência que possui comprometimento de mobilidade e é válida em todo o território nacional.

Art. 48. Os veículos de transporte coletivo terrestre, aquaviário e aéreo, as instalações, as estações, os portos e os terminais em operação no País devem ser acessíveis, de forma a garantir o seu uso por todas as pessoas.

§ 1º Os veículos e as estruturas de que trata o *caput* deste artigo devem dispor de sistema de comunicação acessível que disponibilize informações sobre todos os pontos do itinerário.

§ 2º São asseguradas à pessoa com deficiência prioridade e segurança nos procedimentos de embarque e de desembarque nos veículos de transporte coletivo, de acordo com as normas técnicas.

§ 3º Para colocação do símbolo internacional de acesso nos veículos, as empresas de transporte coletivo de passageiros dependem da certificação de acessibilidade emitida pelo gestor público responsável pela prestação do serviço.

Art. 49. As empresas de transporte de fretamento e de turismo, na renovação de suas frotas, são obrigadas ao cumprimento do disposto nos arts. 46 e 48 desta Lei.

Art. 50. O poder público incentivará a fabricação de veículos acessíveis e a sua utilização como táxis e vans, de forma a garantir o seu uso por todas as pessoas.

Art. 51. As frotas de empresas de táxi devem reservar 10% (dez por cento) de seus veículos acessíveis à pessoa com deficiência.

§ 1º É proibida a cobrança diferenciada de tarifas ou de valores adicionais pelo serviço de táxi prestado à pessoa com deficiência.

§ 2º O poder público é autorizado a instituir incentivos fiscais com vistas a possibilitar a acessibilidade dos veículos a que se refere o *caput* deste artigo.

- Dec. 9.762/2019 (Regulamenta este artigo).

Art. 52. As locadoras de veículos são obrigadas a oferecer 1 (um) veículo adaptado para uso de pessoa com deficiência, a cada conjunto de 20 (vinte) veículos de sua frota.

Parágrafo único. O veículo adaptado deverá ter, no mínimo, câmbio automático, direção hidráulica, vidros elétricos e comandos manuais de freio e de embreagem.

- Dec. 9.762/2019 (Regulamenta este artigo).

TÍTULO III
DA ACESSIBILIDADE

CAPÍTULO I
DISPOSIÇÕES GERAIS

Art. 53. A acessibilidade é direito que garante à pessoa com deficiência ou com mobilidade reduzida viver de forma independente e exercer seus direitos de cidadania e de participação social.

- Lei 10.098/2000 (Estabelece normas gerais e critérios básicos para a promoção da acessibilidade das pessoas portadoras de deficiência ou com mobilidade reduzida).

Art. 54. São sujeitas ao cumprimento das disposições desta Lei e de outras normas relativas à acessibilidade, sempre que houver interação com a matéria nela regulada:

I - a aprovação de projeto arquitetônico e urbanístico ou de comunicação e informação, a fabricação de veículos de transporte coletivo, a prestação do respectivo serviço e a execução de qualquer tipo de obra, quando tenham destinação pública ou coletiva;

II - a outorga ou a renovação de concessão, permissão, autorização ou habilitação de qualquer natureza;

III - a aprovação de financiamento de projeto com utilização de recursos públicos, por meio de renúncia ou de incentivo fiscal, contrato, convênio ou instrumento congênere; e

IV - a concessão de aval da União para obtenção de empréstimo e de financiamento internacionais por entes públicos ou privados.

Art. 55. A concepção e a implantação de projetos que tratem do meio físico, de transporte, de informação e comunicação, inclusive de sistemas e tecnologias da informação e comunicação, e de outros serviços, equipamentos e instalações abertos ao público, de uso público ou privado de uso coletivo, tanto na zona urbana como na rural, devem atender aos princípios do desenho universal, tendo como referência as normas de acessibilidade.

§ 1º O desenho universal será sempre tomado como regra de caráter geral.

§ 2º Nas hipóteses em que comprovadamente o desenho universal não possa ser empreendido, deve ser adotada adaptação razoável.

§ 3º Caberá ao poder público promover a inclusão de conteúdos temáticos referentes ao desenho universal nas diretrizes curriculares da educação profissional e tecnológica e do ensino superior e na formação das carreiras de Estado.

§ 4º Os programas, os projetos e as linhas de pesquisa a serem desenvolvidos com o apoio de organismos públicos de auxílio à pesquisa e de agências de fomento deverão incluir temas voltados para o desenho universal.

§ 5º Desde a etapa de concepção, as políticas públicas deverão considerar a adoção do desenho universal.

Art. 56. A construção, a reforma, a ampliação ou a mudança de uso de edificações abertas ao público, de uso público ou privadas de uso coletivo deverão ser executadas de modo a serem acessíveis.

§ 1º As entidades de fiscalização profissional das atividades de Engenharia, de Arquitetura e correlatas, ao anotarem a responsabilidade técnica de projetos, devem exigir a responsabilidade profissional declarada de atendimento às regras de acessibilidade previstas em legislação e em normas técnicas pertinentes.

§ 2º Para a aprovação, o licenciamento ou a emissão de certificado de projeto executivo arquitetônico, urbanístico e de instalações e equipamentos temporários ou permanentes e para o licenciamento ou a emissão de certificado de conclusão de obra ou de serviço, deve ser atestado o atendimento às regras de acessibilidade.

§ 3º O poder público, após certificar a acessibilidade de edificação ou de serviço, determinará a colocação, em espaços ou em locais de ampla visibilidade, do símbolo internacional de acesso, na forma prevista em legislação e em normas técnicas correlatas.

Art. 57. As edificações públicas e privadas de uso coletivo já existentes devem garantir acessibilidade à pessoa com deficiência em todas as suas dependências e serviços, tendo como referência as normas de acessibilidade vigentes.

Art. 58. O projeto e a construção de edificação de uso privado multifamiliar devem atender aos preceitos de acessibilidade, na forma regulamentar.

- Dec. 9.451/2018 (Regulamenta este artigo).

§ 1º As construtoras e incorporadoras responsáveis pelo projeto e pela construção das edificações a que se refere o *caput* deste artigo devem assegurar percentual mínimo de suas unidades internamente acessíveis, na forma regulamentar.

§ 2º É vedada a cobrança de valores adicionais para a aquisição de unidades internamente acessíveis a que se refere o § 1º deste artigo.

Art. 59. Em qualquer intervenção nas vias e nos espaços públicos, o poder público e as empresas concessionárias responsáveis pela execução das obras e dos serviços devem garantir, de forma segura, a fluidez do trânsito e a livre circulação e acessibilidade das pessoas, durante e após sua execução.

Art. 60. Orientam-se, no que couber, pelas regras de acessibilidade previstas em legislação e em normas técnicas, observado o disposto na Lei nº 10.098, de 19 de dezembro de 2000, nº 10.257, de 10 de julho de 2001, e nº 12.587, de 3 de janeiro de 2012:

I - os planos diretores municipais, os planos diretores de transporte e trânsito, os planos de mobilidade urbana e os planos de preservação de sítios históricos elaborados ou atualizados a partir da publicação desta Lei;

II - os códigos de obras, os códigos de postura, as leis de uso e ocupação do solo e as leis do sistema viário;

III - os estudos prévios de impacto de vizinhança;

IV - as atividades de fiscalização e a imposição de sanções; e

V - a legislação referente à prevenção contra incêndio e pânico.

§ 1º A concessão e a renovação de alvará de funcionamento para qualquer atividade são condicionadas à observação e à certificação das regras de acessibilidade.

§ 2º A emissão de carta de habite-se ou de habilitação equivalente e sua renovação, quando esta tiver sido emitida anteriormente às exigências de acessibilidade, é condicionada à observação e à certificação das regras de acessibilidade.

Art. 61. A formulação, a implementação e a manutenção das ações de acessibilidade atenderão às seguintes premissas básicas:

I - eleição de prioridades, elaboração de cronograma e reserva de recursos para implementação das ações; e

II - planejamento contínuo e articulado entre os setores envolvidos.

Art. 62. É assegurado à pessoa com deficiência, mediante solicitação, o recebimento de contas, boletos, recibos, extratos e cobranças de tributos em formato acessível.

CAPÍTULO II
DO ACESSO À INFORMAÇÃO E À COMUNICAÇÃO

Art. 63. É obrigatória a acessibilidade nos sítios da internet mantidos por empresas com sede ou representação comercial no País ou por órgãos de governo, para uso da pessoa com deficiência, garantindo-lhe acesso às informações disponíveis, conforme as melhores práticas e diretrizes de acessibilidade adotadas internacionalmente.

§ 1º Os sítios devem conter símbolo de acessibilidade em destaque.

§ 2º Telecentros comunitários que receberem recursos públicos federais para seu custeio ou sua instalação e lan houses devem possuir equipamentos e instalações acessíveis.

§ 3º Os telecentros e as lan houses de que trata o § 2º deste artigo devem garantir, no mínimo, 10% (dez por cento) de seus computadores com recursos de acessibilidade para pessoa com deficiência visual, sendo assegurado pelo menos 1 (um) equipamento, quando o resultado percentual for inferior a 1 (um).

Art. 64. A acessibilidade nos sítios da internet de que trata o art. 63 desta Lei deve ser observada para obtenção do financiamento de que trata o inciso III do art. 54 desta Lei.

Art. 65. As empresas prestadoras de serviços de telecomunicações deverão garantir pleno acesso à pessoa com deficiência, conforme regulamentação específica.

Art. 66. Cabe ao poder público incentivar a oferta de aparelhos de telefonia fixa e móvel celular com acessibilidade que, entre outras tecnologias assistivas, possuam possibilidade de indicação e de ampliação sonoras de todas as operações e funções disponíveis.

Art. 67. Os serviços de radiodifusão de sons e imagens devem permitir o uso dos seguintes recursos, entre outros:

I - subtitulação por meio de legenda oculta;

II - janela com intérprete da Libras;

III - audiodescrição.

‣ arts. 218; 219-A; 219-B, CF.

Art. 68. O poder público deve adotar mecanismos de incentivo à produção, à edição, à difusão, à distribuição e à comercialização de livros em formatos acessíveis, inclusive em publicações da administração pública ou financiadas com recursos públicos, com vistas a garantir à pessoa com deficiência o direito de acesso à leitura, à informação e à comunicação.

§ 1º Nos editais de compras de livros, inclusive para o abastecimento ou a atualização de acervos de bibliotecas em todos os níveis e modalidades de educação e de bibliotecas públicas, o poder público deverá adotar cláusulas de impedimento à participação de editoras que não ofertem sua produção também em formatos acessíveis.

§ 2º Consideram-se formatos acessíveis os arquivos digitais que possam ser reconhecidos e acessados por softwares leitores de telas ou outras tecnologias assistivas que vierem a substituí-los, permitindo leitura com voz sintetizada, ampliação de caracteres, diferentes contrastes e impressão em Braille.

§ 3º O poder público deve estimular e apoiar a adaptação e a produção de artigos científicos em formato acessível, inclusive em Libras.

Art. 69. O poder público deve assegurar a disponibilidade de informações corretas e claras sobre os diferentes produtos e serviços ofertados, por quaisquer meios de comunicação empregados, inclusive em ambiente virtual, contendo a especificação correta de quantidade, qualidade, características, composição e preço, bem como sobre os eventuais riscos à saúde e à segurança do consumidor com deficiência, em caso de sua utilização, aplicando-se, no que couber, os arts. 30 a 41 da Lei nº 8.078, de 11 de setembro de 1990.

§ 1º Os canais de comercialização virtual e os anúncios publicitários veiculados na imprensa escrita, na internet, no rádio, na televisão e nos demais veículos de comunicação abertos ou por assinatura devem disponibilizar, conforme a compatibilidade do meio, os recursos de acessibilidade de que trata o art. 67 desta Lei, a expensas do fornecedor do produto ou do serviço, sem prejuízo da observância do disposto nos arts. 36 a 38 da Lei nº 8.078, de 11 de setembro de 1990.

§ 2º Os fornecedores devem disponibilizar, mediante solicitação, exemplares de bulas, prospectos, textos ou qualquer outro tipo de material de divulgação em formato acessível.

Art. 70. As instituições promotoras de congressos, seminários, oficinas e demais eventos de natureza científico-cultural devem oferecer à pessoa com deficiência, no mínimo, os recursos de tecnologia assistiva previstos no art. 67 desta Lei.

Art. 71. Os congressos, os seminários, as oficinas e os demais eventos de natureza científico-cultural promovidos ou financiados pelo poder público devem garantir as condições de acessibilidade e os recursos de tecnologia assistiva.

Art. 72. Os programas, as linhas de pesquisa e os projetos a serem desenvolvidos com o apoio de agências de financiamento e de órgãos e entidades integrantes da administração pública que atuem no auxílio à pesquisa devem contemplar temas voltados à tecnologia assistiva.

Art. 73. Caberá ao poder público, diretamente ou em parceria com organizações da sociedade civil, promover a capacitação de tradutores e intérpretes da Libras, de guias intérpretes e de profissionais habilitados em Braille, audiodescrição, estenotipia e legendagem.

CAPÍTULO III
DA TECNOLOGIA ASSISTIVA

Art. 74. É garantido à pessoa com deficiência acesso a produtos, recursos, estratégias, práticas, processos, métodos e serviços de tecnologia assistiva que maximizem sua autonomia, mobilidade pessoal e qualidade de vida.

Art. 75. O poder público desenvolverá plano específico de medidas, a ser renovado em cada período de 4 (quatro) anos, com a finalidade de:

I - facilitar o acesso a crédito especializado, inclusive com oferta de linhas de crédito subsidiadas, específicas para aquisição de tecnologia assistiva;

II - agilizar, simplificar e priorizar procedimentos de importação de tecnologia assistiva, especialmente as questões atinentes a procedimentos alfandegários e sanitários;

III - criar mecanismos de fomento à pesquisa e à produção nacional de tecnologia assistiva, inclusive por meio de concessão de linhas de crédito subsidiado e de parcerias com institutos de pesquisa oficiais;

IV - eliminar ou reduzir a tributação da cadeia produtiva e de importação de tecnologia assistiva;

V - facilitar e agilizar o processo de inclusão de novos recursos de tecnologia assistiva no rol de produtos distribuídos no âmbito do SUS e por outros órgãos governamentais.

Parágrafo único. Para fazer cumprir o disposto neste artigo, os procedimentos constantes do plano específico de medidas deverão ser avaliados, pelo menos, a cada 2 (dois) anos.

CAPÍTULO IV
DO DIREITO À PARTICIPAÇÃO NA VIDA PÚBLICA E POLÍTICA

Art. 76. O poder público deve garantir à pessoa com deficiência todos os direitos políticos e a oportunidade de exercê-los em igualdade de condições com as demais pessoas.

§ 1º À pessoa com deficiência será assegurado o direito de votar e de ser votada, inclusive por meio das seguintes ações:

I - garantia de que os procedimentos, as instalações, os materiais e os equipamentos para votação sejam apropriados, acessíveis a todas as pessoas e de fácil compreensão e uso, sendo vedada a instalação de seções eleitorais exclusivas para a pessoa com deficiência;

II - incentivo à pessoa com deficiência a candidatar-se e a desempenhar quaisquer funções públicas em todos os níveis de governo, inclusive por meio do uso de novas tecnologias assistivas, quando apropriado;

III - garantia de que os pronunciamentos oficiais, a propaganda eleitoral obrigatória e os debates transmitidos pelas emissoras de televisão possuam, pelo menos, os recursos elencados no art. 67 desta Lei;

IV - garantia do livre exercício do direito ao voto e, para tanto, sempre que necessário e a seu pedido, permissão para que a pessoa com deficiência seja auxiliada na votação por pessoa de sua escolha.

§ 2º O poder público promoverá a participação da pessoa com deficiência, inclusive quando institucionalizada, na condução das questões públicas, sem discriminação e em igualdade de oportunidades, observado o seguinte:

I - participação em organizações não governamentais relacionadas à vida pública e à política do País e em atividades e administração de partidos políticos;

II - formação de organizações para representar a pessoa com deficiência em todos os níveis;

III - participação da pessoa com deficiência em organizações que a representem.

TÍTULO IV
DA CIÊNCIA E TECNOLOGIA

‣ arts. 218; 219-A; 219-B, CF.

Art. 77. O poder público deve fomentar o desenvolvimento científico, a pesquisa e a inovação e a capacitação tecnológicas, voltados à melhoria da qualidade de vida e ao trabalho da pessoa com deficiência e sua inclusão social.

§ 1º O fomento pelo poder público deve priorizar a geração de conhecimentos e técnicas que visem à prevenção e ao tratamento de deficiências e ao desenvolvimento de tecnologias assistiva e social.

§ 2º A acessibilidade e as tecnologias assistiva e social devem ser fomentadas mediante a criação de cursos de pós-graduação, a formação de recursos humanos e a inclusão do tema nas diretrizes de áreas do conhecimento.

§ 3º Deve ser fomentada a capacitação tecnológica de instituições públicas e privadas para o desenvolvimento de tecnologias assistiva e social que sejam voltadas para melhoria da funcionalidade e da participação social da pessoa com deficiência.

§ 4º As medidas previstas neste artigo devem ser reavaliadas periodicamente pelo poder público, com vistas ao seu aperfeiçoamento.

Art. 78. Devem ser estimulados a pesquisa, o desenvolvimento, a inovação e a difusão de tecnologias voltadas para ampliar o acesso da pessoa com deficiência às tecnologias da informação e comunicação e às tecnologias sociais.

Parágrafo único. Serão estimulados, em especial:

I - o emprego de tecnologias da informação e comunicação como instrumento de superação de limitações funcionais e de barreiras à comunicação, à informação, à educação e ao entretenimento da pessoa com deficiência;

II - a adoção de soluções e a difusão de normas que visem a ampliar a acessibilidade da pessoa com deficiência à computação e aos sítios da internet, em especial aos serviços de governo eletrônico.

LIVRO II
PARTE ESPECIAL

TÍTULO I
DO ACESSO À JUSTIÇA

CAPÍTULO I
DISPOSIÇÕES GERAIS

Art. 79. O poder público deve assegurar o acesso da pessoa com deficiência à justiça, em igualdade de oportunidades com as demais pessoas, garantindo, sempre que requeridos, adaptações e recursos de tecnologia assistiva.

§ 1º A fim de garantir a atuação da pessoa com deficiência em todo o processo judicial, o poder público deve capacitar os membros e os servidores que atuam no Poder Judiciário, no Ministério Público, na Defensoria Pública, nos órgãos de segurança pública e no sistema penitenciário quanto aos direitos da pessoa com deficiência.

§ 2º Devem ser assegurados à pessoa com deficiência submetida a medida restritiva de liberdade todos os direitos e garantias a que fazem jus os apenados sem deficiência, garantida a acessibilidade.

§ 3º A Defensoria Pública e o Ministério Público tomarão as medidas necessárias à garantia dos direitos previstos nesta Lei.

Art. 80. Devem ser oferecidos todos os recursos de tecnologia assistiva disponíveis para que a pessoa com deficiência tenha garantido o acesso à justiça, sempre que figure em um dos polos da ação ou atue como testemunha, partícipe da lide posta em juízo, advogado, defensor público, magistrado ou membro do Ministério Público.

Parágrafo único. A pessoa com deficiência tem garantido o acesso ao conteúdo de todos os atos processuais de seu interesse, inclusive no exercício da advocacia.

‣ art. 228, º 2º, CC.

‣ art. 208, CPP.

Art. 81. Os direitos da pessoa com deficiência serão garantidos por ocasião da aplicação de sanções penais.

Art. 82. (Vetado).

Art. 83. Os serviços notariais e de registro não podem negar ou criar óbices ou condições diferenciadas à prestação de seus serviços em razão de deficiência do solicitante, devendo reconhecer sua capacidade legal plena, garantida a acessibilidade.

Parágrafo único. O descumprimento do disposto no *caput* deste artigo constitui discriminação em razão de deficiência.

CAPÍTULO II
DO RECONHECIMENTO IGUAL PERANTE A LEI

Art. 84. A pessoa com deficiência tem assegurado o direito ao exercício de sua capacidade legal em igualdade de condições com as demais pessoas.

‣ art. 208, CPP.

§ 1º Quando necessário, a pessoa com deficiência será submetida à curatela, conforme a lei.

§ 2º É facultado à pessoa com deficiência a adoção de processo de tomada de decisão apoiada.

§ 3º A definição de curatela de pessoa com deficiência constitui medida protetiva extraordinária, proporcional às necessidades e às circunstâncias de cada caso, e durará o menor tempo possível.

§ 4º Os curadores são obrigados a prestar, anualmente, contas de sua administração ao juiz, apresentando o balanço do respectivo ano.

Art. 85. A curatela afetará tão somente os atos relacionados aos direitos de natureza patrimonial e negocial.

§ 1º A definição da curatela não alcança o direito ao próprio corpo, à sexualidade, ao matrimônio, à privacidade, à educação, à saúde, ao trabalho e ao voto.

§ 2º A curatela constitui medida extraordinária, devendo constar da sentença as razões e motivações de sua definição, preservados os interesses do curatelado.

§ 3º No caso de pessoa em situação de institucionalização, ao nomear curador, o juiz deve dar preferência a pessoa que tenha vínculo de natureza familiar, afetiva ou comunitária com o curatelado.

Art. 86. Para emissão de documentos oficiais, não será exigida a situação de curatela da pessoa com deficiência.

Art. 87. Em casos de relevância e urgência e a fim de proteger os interesses da pessoa com deficiência em situação de curatela, será lícito ao juiz, ouvido o Ministério Público, de ofício ou a requerimento do interessado, nomear, desde logo, curador provisório, o qual estará sujeito, no que couber, às disposições do Código de Processo Civil.

TÍTULO II
DOS CRIMES E DAS INFRAÇÕES ADMINISTRATIVAS

Art. 88. Praticar, induzir ou incitar discriminação de pessoa em razão de sua deficiência:

Pena – reclusão, de 1 (um) a 3 (três) anos, e multa.

› art. 140, § 3º, CP.

§ 1º Aumenta-se a pena em 1/3 (um terço) se a vítima encontrar-se sob cuidado e responsabilidade do agente.

§ 2º Se qualquer dos crimes previstos no *caput* deste artigo é cometido por intermédio de meios de comunicação social ou de publicação de qualquer natureza:

Pena – reclusão, de 2 (dois) a 5 (cinco) anos, e multa.

§ 3º Na hipótese do § 2º deste artigo, o juiz poderá determinar, ouvido o Ministério Público ou a pedido deste, ainda antes do inquérito policial, sob pena de desobediência:

I - recolhimento ou busca e apreensão dos exemplares do material discriminatório;

II - interdição das respectivas mensagens ou páginas de informação na internet.

§ 4º Na hipótese do § 2º deste artigo, constitui efeito da condenação, após o trânsito em julgado da decisão, a destruição do material apreendido.

Art. 89. Apropriar-se de ou desviar bens, proventos, pensão, benefícios, remuneração ou qualquer outro rendimento de pessoa com deficiência:

Pena – reclusão, de 1 (um) a 4 (quatro) anos, e multa.

Parágrafo único. Aumenta-se a pena em 1/3 (um terço) se o crime é cometido:

› art. 168-A, CP.

I - por tutor, curador, síndico, liquidatário, inventariante, testamenteiro ou depositário judicial; ou

II - por aquele que se apropriou em razão de ofício ou de profissão.

› arts. 312 e ss., CP.

Art. 90. Abandonar pessoa com deficiência em hospitais, casas de saúde, entidades de abrigamento ou congêneres:

Pena – reclusão, de 6 (seis) meses a 3 (três) anos, e multa.

Parágrafo único. Na mesma pena incorre quem não prover as necessidades básicas de pessoa com deficiência quando obrigado por lei ou mandado.

› arts. 133; 244, CP.

Art. 91. Reter ou utilizar cartão magnético, qualquer meio eletrônico ou documento de pessoa com deficiência destinados ao recebimento de benefícios, proventos, pensões ou remuneração ou à realização de operações financeiras, com o fim de obter vantagem indevida para si ou para outrem:

Pena – detenção, de 6 (seis) meses a 2 (dois) anos, e multa.

Parágrafo único. Aumenta-se a pena em 1/3 (um terço) se o crime é cometido por tutor ou curador.

TÍTULO III
DISPOSIÇÕES FINAIS E TRANSITÓRIAS

Art. 92. É criado o Cadastro Nacional de Inclusão da Pessoa com Deficiência (Cadastro-Inclusão), registro público eletrônico com a finalidade de coletar, processar, sistematizar e disseminar informações georreferenciadas que permitam a identificação e a caracterização socioeconômica da pessoa com deficiência, bem como das barreiras que impedem a realização de seus direitos.

§ 1º O Cadastro-Inclusão será administrado pelo Poder Executivo federal e constituído por base de dados, instrumentos, procedimentos e sistemas eletrônicos.

§ 2º Os dados constituintes do Cadastro-Inclusão serão obtidos pela integração dos sistemas de informação e da base de dados de todas as políticas públicas relacionadas aos direitos da pessoa com deficiência, bem como por informações coletadas, inclusive em censos nacionais e nas demais pesquisas realizadas no País, de acordo com os parâmetros estabelecidos pela Convenção sobre os Direitos das Pessoas com Deficiência e seu Protocolo Facultativo.

§ 3º Para coleta, transmissão e sistematização de dados, é facultada a celebração de convênios, acordos, termos de parceria ou contratos com instituições públicas e privadas, observados os requisitos e procedimentos previstos em legislação específica.

§ 4º Para assegurar a confidencialidade, a privacidade e as liberdades fundamentais da pessoa com deficiência e os princípios éticos que regem a utilização de informações, devem ser observadas as salvaguardas estabelecidas em lei.

§ 5º Os dados do Cadastro-Inclusão somente poderão ser utilizados para as seguintes finalidades:

I - formulação, gestão, monitoramento e avaliação das políticas públicas para a pessoa com deficiência e para identificar as barreiras que impedem a realização de seus direitos;

II - realização de estudos e pesquisas.

§ 6º As informações a que se refere este artigo devem ser disseminadas em formatos acessíveis.

Art. 93. Na realização de inspeções e de auditorias pelos órgãos de controle interno e externo, deve ser observado o cumprimento da legislação relativa à pessoa com deficiência e das normas de acessibilidade vigentes.

Art. 94. Terá direito a auxílio-inclusão, nos termos da lei, a pessoa com deficiência moderada ou grave que:

I - receba o benefício de prestação continuada previsto no art. 20 da Lei nº 8.742, de 7 de dezembro de 1993, e que passe a exercer atividade remunerada que a enquadre como segurado obrigatório do RGPS;

II - tenha recebido, nos últimos 5 (cinco) anos, o benefício de prestação continuada previsto no art. 20 da Lei nº 8.742, de 7 de dezembro de 1993, e que exerça atividade remunerada que a enquadre como segurado obrigatório do RGPS.

Art. 95. É vedado exigir o comparecimento de pessoa com deficiência perante os órgãos públicos quando seu deslocamento, em razão de sua limitação funcional e de condições de acessibilidade, imponha-lhe ônus desproporcional e indevido, hipótese na qual serão observados os seguintes procedimentos:

I - quando for de interesse do poder público, o agente promoverá o contato necessário com a pessoa com deficiência em sua residência;

II - quando for de interesse da pessoa com deficiência, ela apresentará solicitação de atendimento domiciliar ou fará representar-se por procurador constituído para essa finalidade.

Parágrafo único. É assegurado à pessoa com deficiência atendimento domiciliar pela perícia médica e social do Instituto Nacional do Seguro Social (INSS), pelo serviço público de saúde ou pelo serviço privado de saúde, contratado ou conveniado, que integre o SUS e pelas entidades da rede socioassistencial integrantes do Suas, quando seu deslocamento, em razão de sua limitação funcional e de condições de acessibilidade, imponha-lhe ônus desproporcional e indevido.

Art. 96. O § 6º-A do art. 135 da Lei nº 4.737, de 15 de julho de 1965 (Código Eleitoral), passa a vigorar com a seguinte redação:

› Alterações já incorporadas ao texto da referida lei.

Art. 97. A Consolidação das Leis do Trabalho (CLT), aprovada pelo Decreto-Lei nº 5.452, de 1º de maio de 1943, passa a vigorar com as seguintes alterações:

› Alterações já incorporadas ao texto da referida lei.

Art. 98. A Lei nº 7.853, de 24 de outubro de 1989, passa a vigorar com as seguintes alterações:

› Alterações já incorporadas ao texto da referida lei.

Art. 99. O art. 20 da Lei nº 8.036, de 11 de maio de 1990, passa a vigorar acrescido do seguinte inciso XVIII:

› Alterações já incorporadas ao texto da referida lei.

Art. 100. A Lei nº 8.078, de 11 de setembro de 1990 (Código de Defesa do Consumidor), passa a vigorar com as seguintes alterações:

› Alterações já incorporadas ao texto da referida lei.

Art. 101. A Lei nº 8.213, de 24 de julho de 1991, passa a vigorar com as seguintes alterações:

› Alterações já incorporadas ao texto da referida lei.

Art. 102. O art. 2º da Lei nº 8.313, de 23 de dezembro de 1991, passa a vigorar acrescido do seguinte § 3º:

"Art. 2º [...]

[...]

§ 3º Os incentivos criados por esta Lei somente serão concedidos a projetos culturais que forem disponibilizados, sempre que tecnicamente possível, também em formato acessível à pessoa com deficiência, observado o disposto em regulamento." (NR)

Art. 103. O art. 11 da Lei nº 8.429, de 2 de junho de 1992, passa a vigorar acrescido do seguinte inciso IX:

‣ Alterações já incorporadas ao texto da referida lei.

Art. 104. A Lei nº 8.666, de 21 de junho de 1993, passa a vigorar com as seguintes alterações:

‣ Alterações já incorporadas ao texto da referida lei.

Art. 105. O art. 20 da Lei nº 8.742, de 7 de dezembro de 1993, passa a vigorar com as seguintes alterações:

‣ Alterações já incorporadas ao texto da referida lei.

Art. 106. (Vetado).

Art. 107. A Lei nº 9.029, de 13 de abril de 1995, passa a vigorar com as seguintes alterações:

‣ Alterações já incorporadas ao texto da referida lei.

Art. 108. O art. 35 da Lei nº 9.250, de 26 de dezembro de 1995, passa a vigorar acrescido do seguinte § 5º:

"Art. 35. [...]

[...]

§ 5º Sem prejuízo do disposto no inciso IX do parágrafo único do art. 3º da Lei nº 10.741, de 1º de outubro de 2003, a pessoa com deficiência, ou o contribuinte que tenha dependente nessa condição, tem preferência na restituição referida no inciso III do art. 4º e na alínea "c" do inciso II do art. 8º." (NR)

Art. 109. A Lei nº 9.503, de 23 de setembro de 1997 (Código de Trânsito Brasileiro), passa a vigorar com as seguintes alterações:

‣ Alterações já incorporadas ao texto da referida lei.

Art. 110. O inciso VI e o § 1º do art. 56 da Lei nº 9.615, de 24 de março de 1998, passam a vigorar com a seguinte redação:

"Art. 56. [...]

[...]

VI – 2,7% (dois inteiros e sete décimos por cento) da arrecadação bruta dos concursos de prognósticos e loterias federais e similares cuja realização estiver sujeita a autorização federal, deduzindo-se esse valor do montante destinado aos prêmios;

[...]

§ 1º Do total de recursos financeiros resultantes do percentual de que trata o inciso VI do *caput*, 62,96% (sessenta e dois inteiros e noventa e seis centésimos por cento) serão destinados ao Comitê Olímpico Brasileiro (COB) e 37,04% (trinta e sete inteiros e quatro centésimos por cento) ao Comitê Paralímpico Brasileiro (CPB), devendo ser observado, em ambos os casos, o conjunto de normas aplicáveis à celebração de convênios pela União.

[...]" (NR)

Art. 111. O art. 1º da Lei nº 10.048, de 8 de novembro de 2000, passa a vigorar com a seguinte redação:

‣ Alterações já incorporadas ao texto da referida lei.

Art. 112. A Lei nº 10.098, de 19 de dezembro de 2000, passa a vigorar com as seguintes alterações:

‣ Alterações já incorporadas ao texto da referida lei.

Art. 113. A Lei nº 10.257, de 10 de julho de 2001 (Estatuto da Cidade), passa a vigorar com as seguintes alterações:

‣ Alterações já incorporadas ao texto da referida lei.

Art. 114. A Lei nº 10.406, de 10 de janeiro de 2002 (Código Civil), passa a vigorar com as seguintes alterações:

‣ Alterações já incorporadas ao texto da referida lei.

Art. 115. O Título IV do Livro IV da Parte Especial da Lei nº 10.406, de 10 de janeiro de 2002 (Código Civil), passa a vigorar com a seguinte redação:

‣ Alterações já incorporadas ao texto da referida lei.

Art. 116. O Título IV do Livro IV da Parte Especial da Lei nº 10.406, de 10 de janeiro de 2002 (Código Civil), passa a vigorar acrescido do seguinte Capítulo III:

‣ Alterações já incorporadas ao texto da referida lei.

Art. 117. O art. 1º da Lei nº 11.126, de 27 de junho de 2005, passa a vigorar com a seguinte redação:

"Art. 1º É assegurado à pessoa com deficiência visual acompanhada de cão-guia o direito de ingressar e de permanecer com o animal em todos os meios de transporte e em estabelecimentos abertos ao público, de uso público e privados de uso coletivo, desde que observadas as condições impostas por esta Lei.

[...]

§ 2º O disposto no *caput* deste artigo aplica-se a todas as modalidades e jurisdições do serviço de transporte coletivo de passageiros, inclusive em esfera internacional com origem no território brasileiro." (NR)

Art. 118. O inciso IV do art. 46 da Lei nº 11.904, de 14 de janeiro de 2009, passa a vigorar acrescido da seguinte alínea "k":

"Art. 46. [...]

[...]

IV – [...]

[...]

k) de acessibilidade a todas as pessoas.

[...]" (NR)

Art. 119. A Lei nº 12.587, de 3 de janeiro de 2012, passa a vigorar acrescida do seguinte art. 12-B:

‣ Alterações já incorporadas ao texto da referida lei.

Art. 120. Cabe aos órgãos competentes, em cada esfera de governo, a elaboração de relatórios circunstanciados sobre o cumprimento dos prazos estabelecidos por força das Leis nº 10.048, de 8 de novembro de 2000, e nº 10.098, de 19 de dezembro de 2000, bem como o seu encaminhamento ao Ministério Público e aos órgãos de regulação para adoção das providências cabíveis.

Parágrafo **único.** Os relatórios a que se refere o *caput* deste artigo deverão ser apresentados no prazo de 1 (um) ano a contar da entrada em vigor desta Lei.

Art. 121. Os direitos, os prazos e as obrigações previstos nesta Lei não excluem os já estabelecidos em outras legislações, inclusive em pactos, tratados, convenções e declarações internacionais aprovados e promulgados pelo Congresso Nacional, e devem ser aplicados em conformidade com as demais normas internas e acordos internacionais vinculantes sobre a matéria.

Parágrafo único. Prevalecerá a norma mais benéfica à pessoa com deficiência.

Art. 122. Regulamento disporá sobre a adequação do disposto nesta Lei ao tratamento diferenciado, simplificado e favorecido a ser dispensado às microempresas e às empresas de pequeno porte, previsto no § 3º do art. 1º da Lei Complementar nº 123, de 14 de dezembro de 2006.

Art. 123. Revogam-se os seguintes dispositivos:

I - o inciso II do § 2º do art. 1º da Lei nº 9.008, de 21 de março de 1995;

II - os incisos I, II e III do art. 3º da Lei nº 10.406, de 10 de janeiro de 2002 (Código Civil);

III - os incisos II e III do art. 228 da Lei nº 10.406, de 10 de janeiro de 2002 (Código Civil);

IV - o inciso I do art. 1.548 da Lei nº 10.406, de 10 de janeiro de 2002 (Código Civil);

V - o inciso IV do art. 1.557 da Lei nº 10.406, de 10 de janeiro de 2002 (Código Civil);

VI - os incisos II e IV do art. 1.767 da Lei nº 10.406, de 10 de janeiro de 2002 (Código Civil);

VII - os arts. 1.776 e 1.780 da Lei nº 10.406, de 10 de janeiro de 2002 (Código Civil).

Art. 124. O § 1º do art. 2º desta Lei deverá entrar em vigor em até 2 (dois) anos, contados da entrada em vigor desta Lei.

Art. 125. Devem ser observados os prazos a seguir discriminados, a partir da entrada em vigor desta Lei, para o cumprimento dos seguintes dispositivos:

I - incisos I e II do § 2º do art. 28, 48 (quarenta e oito) meses;

II - § 6º do art. 44, 60 (sessenta) meses; (Redação dada pela Lei 14.009/2020)

III - art. 45, 24 (vinte e quatro) meses;

IV - art. 49, 48 (quarenta e oito) meses.

Art. 126. Prorroga-se até 31 de dezembro de 2021 a vigência da Lei nº 8.989, de 24 de fevereiro de 1995.

Art. 127. Esta Lei entra em vigor após decorridos 180 (cento e oitenta) dias de sua publicação oficial.

Brasília, 6 de julho de 2015; 194º da Independência e 127º da República.

Dilma Rousseff

LEI Nº 13.257, DE 8 DE MARÇO DE 2016

Dispõe sobre as políticas públicas para a primeira infância e altera a Lei nº 8.069, de 13 de julho de 1990 (Estatuto da Criança e do Adolescente), o Decreto-Lei nº 3.689, de 3 de outubro de 1941 (Código de Processo Penal), a Consolidação das Leis do Trabalho (CLT), aprovada pelo Decreto-Lei nº 5.452, de 1º de maio de 1943, a Lei nº 11.770, de 9 de setembro de 2008, e a Lei nº 12.662, de 5 de junho de 2012.

- DOU 9.3.2016.

A PRESIDENTA DA REPÚBLICA

Faço saber que o Congresso Nacional decreta e eu sanciono a seguinte Lei:

Art. 1º Esta Lei estabelece princípios e diretrizes para a formulação e a implementação de políticas públicas para a primeira infância em atenção à especificidade e à relevância dos primeiros anos de vida no desenvolvimento infantil e no desenvolvimento do ser humano, em consonância com os princípios e diretrizes da Lei nº 8.069, de 13 de julho de 1990 (Estatuto da Criança e do Adolescente); altera a Lei nº 8.069, de 13 de julho de 1990 (Estatuto da Criança e do Adolescente); altera os arts. 6º, 185, 304 e 318 do Decreto-Lei nº 3.689, de 3 de outubro de 1941 (Código de Processo Penal); acrescenta incisos ao art. 473 da Consolidação das Leis do Trabalho (CLT), aprovada pelo Decreto-Lei nº 5.452, de 1º de maio de 1943; altera os arts. 1º, 3º, 4º e 5º da Lei nº 11.770, de 9 de setembro de 2008; e acrescenta parágrafos ao art. 5º da Lei nº 12.662, de 5 de junho de 2012.

- Dec. 9.579/2018 (Consolida atos normativos editados pelo Poder Executivo federal que dispõem sobre a temática do lactente, da criança e do adolescente e do aprendiz, e sobre o Conselho Nacional dos Direitos da Criança e do Adolescente, o Fundo Nacional para a Criança e o Adolescente e os programas federais da criança e do adolescente).

Art. 2º Para os efeitos desta Lei, considera-se primeira infância o período que abrange os primeiros 6 (seis) anos completos ou 72 (setenta e dois) meses de vida da criança.

Art. 3º A prioridade absoluta em assegurar os direitos da criança, do adolescente e do jovem, nos termos do art. 227 da Constituição Federal e do art. 4º da Lei nº 8.069, de 13 de julho de 1990, implica o dever do Estado de estabelecer políticas, planos, programas e serviços para a primeira infância que atendam às especificidades dessa faixa etária, visando a garantir seu desenvolvimento integral.

Art. 4º As políticas públicas voltadas ao atendimento dos direitos da criança na primeira infância serão elaboradas e executadas de forma a:

I - atender ao interesse superior da criança e à sua condição de sujeito de direitos e de cidadã;

II - incluir a participação da criança na definição das ações que lhe digam respeito, em conformidade com suas características etárias e de desenvolvimento;

III - respeitar a individualidade e os ritmos de desenvolvimento das crianças e valorizar a diversidade da infância brasileira, assim como as diferenças entre as crianças em seus contextos sociais e culturais;

IV - reduzir as desigualdades no acesso aos bens e serviços que atendam aos direitos da criança na primeira infância, priorizando o investimento público na promoção da justiça social, da equidade e da inclusão sem discriminação da criança;

V - articular as dimensões ética, humanista e política da criança cidadã com as evidências científicas e a prática profissional no atendimento da primeira infância;

VI - adotar abordagem participativa, envolvendo a sociedade, por meio de suas organizações representativas, os profissionais, os pais e as crianças, no aprimoramento da qualidade das ações e na garantia da oferta dos serviços;

VII - articular as ações setoriais com vistas ao atendimento integral e integrado;

VIII - descentralizar as ações entre os entes da Federação;

IX - promover a formação da cultura de proteção e promoção da criança, com apoio dos meios de comunicação social.

Parágrafo único. A participação da criança na formulação das políticas e das ações que lhe dizem respeito tem o objetivo de promover sua inclusão social como cidadã e dar-se-á de acordo com a especificidade de sua idade, devendo ser realizada por profissionais qualificados em processos de escuta adequados às diferentes formas de expressão infantil.

Art. 5º Constituem áreas prioritárias para as políticas públicas para a primeira infância a saúde, a alimentação e a nutrição, a educação infantil, a convivência familiar e comunitária, a assistência social à família da criança, a cultura, o brincar e o lazer, o espaço e o meio ambiente, bem como a proteção contra toda forma de violência e de pressão consumista, a prevenção de acidentes e a adoção de medidas que evitem a exposição precoce à comunicação mercadológica.

Art. 6º A Política Nacional Integrada para a primeira infância será formulada e implementada mediante abordagem e coordenação intersetorial que articule as diversas políticas setoriais a partir de uma visão abrangente de todos os direitos da criança na primeira infância.

Art. 7º A União, os Estados, o Distrito Federal e os Municípios poderão instituir, nos respectivos âmbitos, comitê intersetorial de políticas públicas para a primeira infância com a finalidade de assegurar a articulação das ações voltadas à proteção e à promoção dos direitos da criança, garantida a participação social por meio dos conselhos de direitos.

§ 1º Caberá ao Poder Executivo no âmbito da União, dos Estados, do Distrito Federal e dos Municípios indicar o órgão responsável pela coordenação do comitê intersetorial previsto no *caput* deste artigo.

§ 2º O órgão indicado pela União nos termos do § 1º deste artigo manterá permanente articulação com as instâncias de coordenação das ações estaduais, distrital e municipais de atenção à criança na primeira infância, visando à complementaridade das ações e ao cumprimento do dever do Estado na garantia dos direitos da criança.

Art. 8º O pleno atendimento dos direitos da criança na primeira infância constitui objetivo comum de todos os entes da Federação, segundo as respectivas competências constitucionais e legais, a ser alcançado em regime de colaboração entre a União, os Estados, o Distrito Federal e os Municípios.

Parágrafo único. A União buscará a adesão dos Estados, do Distrito Federal e dos Municípios à abordagem multi e intersetorial no atendimento dos direitos da criança na primeira infância e oferecerá assistência técnica na elaboração de planos estaduais, distrital e municipais para a primeira infância que articulem os diferentes setores.

Art. 9º As políticas para a primeira infância serão articuladas com as instituições de formação profissional, visando à adequação dos cursos às características e necessidades das crianças e à formação de profissionais qualificados, para possibilitar a expansão com qualidade dos diversos serviços.

Art. 10. Os profissionais que atuam nos diferentes ambientes de execução das políticas e programas destinados à criança na primeira infância terão acesso garantido e prioritário à qualificação, sob a forma de especialização e atualização, em programas que contemplem, entre outros temas, a especificidade da primeira infância, a estratégia da intersetorialidade na promoção do desenvolvimento integral e a prevenção e a proteção contra toda forma de violência contra a criança.

Art. 11. As políticas públicas terão, necessariamente, componentes de monitoramento e coleta sistemática de dados, avaliação periódica dos elementos que constituem a oferta dos serviços à criança e divulgação dos seus resultados.

§ 1º A União manterá instrumento individual de registro unificado de dados do crescimento e desenvolvimento da criança, assim como sistema informatizado, que inclua as redes pública e privada de saúde, para atendimento ao disposto neste artigo.

§ 2º A União informará à sociedade a soma dos recursos aplicados anualmente no conjunto dos programas e serviços para a primeira infância e o percentual que os valores representam em relação ao respectivo orçamento realizado, bem como colherá informações sobre os valores aplicados pelos demais entes da Federação.

Art. 12. A sociedade participa solidariamente com a família e o Estado da proteção e da promoção da criança na primeira infância, nos termos do *caput* e do § 7º do art. 227, combinado com o inciso II do art. 204 da Constituição Federal, entre outras formas:

I - formulando políticas e controlando ações, por meio de organizações representativas;

II - integrando conselhos, de forma paritária com representantes governamentais, com funções de planejamento, acompanhamento, controle social e avaliação;

III - executando ações diretamente ou em parceria com o poder público;

IV - desenvolvendo programas, projetos e ações compreendidos no conceito de responsabilidade social e de investimento social privado;

V - criando, apoiando e participando de redes de proteção e cuidado à criança nas comunidades;

VI - promovendo ou participando de campanhas e ações que visem a aprofundar a consciência social sobre o significado da primeira infância no desenvolvimento do ser humano.

Art. 13. A União, os Estados, o Distrito Federal e os Municípios apoiarão a participação das famílias em redes de proteção e cuidado da criança em seus contextos sociofamiliar e comunitário visando, entre outros objetivos, à formação e ao fortalecimento dos vínculos familiares e comunitários, com prioridade aos contextos que apresentem riscos ao desenvolvimento da criança.

Art. 14. As políticas e programas governamentais de apoio às famílias, incluindo as visitas domiciliares e os programas de promoção da paternidade e maternidade responsáveis, buscarão a articulação das áreas de saúde, nutrição, educação, assistência social, cultura, trabalho, habitação, meio ambiente e direitos humanos, entre outras, com vistas ao desenvolvimento integral da criança.

› Lei 11.770/2008 (Cria o Programa Empresa Cidadã, destinado à prorrogação da licença-maternidade mediante concessão de incentivo fiscal).

§ 1º Os programas que se destinam ao fortalecimento da família no exercício de sua função de cuidado e educação de seus filhos na primeira infância promoverão atividades centradas na criança, focadas na família e baseadas na comunidade.

§ 2º As famílias identificadas nas redes de saúde, educação e assistência social e nos órgãos do Sistema de Garantia dos Direitos da Criança e do Adolescente que se encontrem em situação de vulnerabilidade e de risco ou com direitos violados para exercer seu papel protetivo de cuidado e educação da criança na primeira infância, bem como as que têm crianças com indicadores de risco ou deficiência, terão prioridade nas políticas sociais públicas.

§ 3º As gestantes e as famílias com crianças na primeira infância deverão receber orientação e formação sobre maternidade e paternidade responsáveis, aleitamento materno, alimentação complementar saudável, crescimento e desenvolvimento infantil integral, prevenção de acidentes e educação sem uso de castigos físicos, nos termos da Lei 13.010, de 26 de junho de 2014, com o intuito de favorecer a formação e a consolidação de vínculos afetivos e estimular o desenvolvimento integral na primeira infância.

§ 4º A oferta de programas e de ações de visita domiciliar e de outras modalidades que estimulem o desenvolvimento integral na primeira infância será considerada estratégia de atuação sempre que respaldada pelas políticas públicas sociais e avaliada pela equipe profissional responsável.

§ 5º Os programas de visita domiciliar voltados ao cuidado e educação na primeira infância deverão contar com profissionais qualificados, apoiados por medidas que assegurem sua permanência e formação continuada.

Art. 15. As políticas públicas criarão condições e meios para que, desde a primeira infância, a criança tenha acesso à produção cultural e seja reconhecida como produtora de cultura.

Art. 16. A expansão da educação infantil deverá ser feita de maneira a assegurar a qualidade da oferta, com instalações e equipamentos que obedeçam a padrões de infraestrutura estabelecidos pelo Ministério da Educação, com profissionais qualificados conforme dispõe a Lei nº 9.394, de 20 de dezembro de 1996 (Lei de Diretrizes e Bases da Educação Nacional), e com currículo e materiais pedagógicos adequados à proposta pedagógica.

Parágrafo único. A expansão da educação infantil das crianças de 0 (zero) a 3 (três) anos de idade, no cumprimento da meta do Plano Nacional de Educação, atenderá aos critérios definidos no território nacional pelo competente sistema de ensino, em articulação com as demais políticas sociais.

Art. 17. A União, os Estados, o Distrito Federal e os Municípios deverão organizar e estimular a criação de espaços lúdicos que propiciem o bem-estar, o brincar e o exercício da criatividade em locais públicos e privados onde haja circulação de crianças, bem como a fruição de ambientes livres e seguros em suas comunidades.

Art 18. O art. 3º da Lei nº 8.069, de 13 de julho de 1990 (Estatuto da Criança e do Adolescente), passa a vigorar acrescido do seguinte parágrafo único:

› Alteração incorporada ao texto da referida lei.

Art. 19. O art. 8º da Lei nº 8.069, de 13 de julho de 1990, passa a vigorar com a seguinte redação:

› Alteração incorporada ao texto da referida lei.

Art. 20. O art. 9º da Lei nº 8.069, de 13 de julho de 1990, passa a vigorar acrescido dos seguintes §§ 1º e 2º:

› Alteração incorporada ao texto da referida lei.

Art. 21. O art. 11 da Lei nº 8.069, de 13 de julho de 1990, passa a vigorar com a seguinte redação:

› Alteração incorporada ao texto da referida lei.

Art. 22. O art. 12 da Lei nº 8.069, de 13 de julho de 1990, passa a vigorar com a seguinte redação:

› Alteração incorporada ao texto da referida lei.

Art. 23. O art. 13 da Lei nº 8.069, de 13 de julho de 1990, passa a vigorar acrescido do seguinte § 2º, numerando-se o atual parágrafo único como § 1º:

› Alteração incorporada ao texto da referida lei.

Art. 24. O art. 14 da Lei nº 8.069, de 13 de julho de 1990, passa a vigorar acrescido dos seguintes §§ 2º, 3º e 4º, numerando-se o atual parágrafo único como § 1º:

› Alteração incorporada ao texto da referida lei.

Art. 25. O art. 19 da Lei nº 8.069, de 13 de julho de 1990, passa a vigorar com a seguinte redação:

› Alteração incorporada ao texto da referida lei.

Art. 26. O art. 22 da Lei nº 8.069, de 13 de julho de 1990, passa a vigorar acrescido do seguinte parágrafo único:

› Alteração incorporada ao texto da referida lei.

Art. 27. O § 1º do art. 23 da Lei nº 8.069, de 13 de julho de 1990, passa a vigorar com a seguinte redação:

› Alteração incorporada ao texto da referida lei.

Art. 28. O art. 34 da Lei nº 8.069, de 13 de julho de 1990, passa a vigorar acrescido dos seguintes §§ 3º e 4º:

› Alteração incorporada ao texto da referida lei.

Art. 29. O inciso II do art. 87 da Lei nº 8.069, de 13 de julho de 1990, passa a vigorar com a seguinte redação:

› Alteração incorporada ao texto da referida lei.

Art. 30. O art. 88 da Lei nº 8.069, de 13 de julho de 1990, passa a vigorar acrescido dos seguintes incisos VIII, IX e X:

› Alteração incorporada ao texto da referida lei.

Art. 31. O art. 92 da Lei nº 8.069, de 13 de julho de 1990, passa a vigorar acrescido do seguinte § 7º:

› Alteração incorporada ao texto da referida lei.

Art. 32. O inciso IV do *caput* do art. 101 da Lei nº 8.069, de 13 de julho de 1990, passa a vigorar com a seguinte redação:

› Alteração incorporada ao texto da referida lei.

Art. 33. O art. 102 da Lei nº 8.069, de 13 de julho de 1990, passa a vigorar acrescido dos seguintes §§ 5º e 6º:

› Alteração incorporada ao texto da referida lei.

Art. 34. O inciso I do art. 129 da Lei nº 8.069, de 13 de julho de 1990, passa a vigorar com a seguinte redação:

› Alteração incorporada ao texto da referida lei.

Art. 35. Os §§ 1º-A e 2º do art. 260 da Lei nº 8.069, de 13 de julho de 1990, passam a vigorar com a seguinte redação:

› Alteração incorporada ao texto da referida lei.

Art. 36. A Lei nº 8.069, de 13 de julho de 1990, passa a vigorar acrescida do seguinte art. 265-A:

› Alteração incorporada ao texto da referida lei.

Art. 37. O art. 473 da Consolidação das Leis do Trabalho (CLT), aprovada pelo Decreto-Lei nº 5.452, de 1º de maio de 1943, passa a vigorar acrescido dos seguintes incisos X e XI:

› Alteração incorporada ao texto da referida lei.

Art. 38. Os arts. 1º, 3º, 4º e 5º da Lei nº 11.770, de 9 de setembro de 2008, passam a vigorar com as seguintes alterações:

› Alteração incorporada ao texto da referida lei.

Art. 39. O Poder Executivo, com vistas ao cumprimento do disposto no inciso II do *caput* do art. 5º e nos arts. 12 e 14 da Lei Complementar nº 101, de 4 de maio de 2000, estimará o montante da renúncia fiscal decorrente do disposto no art. 38 desta Lei e o incluirá no demonstrativo a que se refere o § 6º do art. 165 da Constituição Federal, que acompanhará o projeto de lei orçamentária cuja apresentação se der após decorridos 60 (sessenta) dias da publicação desta Lei.

Art. 40. Os arts. 38 e 39 desta Lei produzem efeitos a partir do primeiro dia do exercício subsequente àquele em que for implementado o disposto no art. 39.

Art. 41. Os arts. 6º, 185, 304 e 318 do Decreto-Lei nº 3.689, de 3 de outubro de 1941 (Código de Processo Penal), passam a vigorar com as seguintes alterações:

› Alteração incorporada ao texto da referida lei.

Art. 42. O art. 5º da Lei nº 12.662, de 5 de junho de 2012, passa a vigorar acrescido dos seguintes §§ 3º e 4º:

› Alteração incorporada ao texto da referida lei.

Art. 43. Esta Lei entra em vigor na data de sua publicação.

Brasília, 8 de março de 2016; 195º da Independência e 128º da República.

Dilma Rousseff

ESTATUTO JURÍDICO DA EMPRESA PÚBLICA, DA SOCIEDADE DE ECONOMIA MISTA E DE SUAS SUBSIDIÁRIAS

LEI Nº 13.303, DE 30 DE JUNHO DE 2016

Dispõe sobre o estatuto jurídico da empresa pública, da sociedade de economia mista e de suas subsidiárias, no âmbito da União, dos Estados, do Distrito Federal e dos Municípios.

▸ DOU 1º.7.2016

TÍTULO I
DISPOSIÇÕES APLICÁVEIS ÀS EMPRESAS PÚBLICAS E ÀS SOCIEDADES DE ECONOMIA MISTA

CAPÍTULO I
DISPOSIÇÕES PRELIMINARES

Art. 1º Esta Lei dispõe sobre o estatuto jurídico da empresa pública, da sociedade de economia mista e de suas subsidiárias, abrangendo toda e qualquer empresa pública e sociedade de economia mista da União, dos Estados, do Distrito Federal e dos Municípios que explore atividade econômica de produção ou comercialização de bens ou de prestação de serviços, ainda que a atividade econômica esteja sujeita ao regime de monopólio da União ou seja de prestação de serviços públicos.

§ 1º O Título I desta Lei, exceto o disposto nos arts. 2º, 3º, 4º, 5º, 6º, 7º, 8º, 11, 12 e 27, não se aplica à empresa pública e à sociedade de economia mista que tiver, em conjunto com suas respectivas subsidiárias, no exercício social anterior, receita operacional bruta inferior a R$ 90.000.000,00 (noventa milhões de reais).

§ 2º O disposto nos Capítulos I e II do Título II desta Lei aplica-se inclusive à empresa pública dependente, definida nos termos do inciso III do art. 2º da Lei Complementar nº 101, de 4 de maio de 2000, que explore atividade econômica, ainda que a atividade econômica esteja sujeita ao regime de monopólio da União ou seja de prestação de serviços públicos.

§ 3º Os Poderes Executivos poderão editar atos que estabeleçam regras de governança destinadas às suas respectivas empresas públicas e sociedades de economia mista que se enquadrem na hipótese do § 1º, observadas as diretrizes gerais desta Lei.

§ 4º A não edição dos atos de que trata o § 3º no prazo de 180 (cento e oitenta) dias a partir da publicação desta Lei submete as respectivas empresas públicas e sociedades de economia mista às regras de governança previstas no Título I desta Lei.

§ 5º Submetem-se ao regime previsto nesta Lei a empresa pública e a sociedade de economia mista que participem de consórcio, conforme disposto no art. 279 da Lei nº 6.404, de 15 de dezembro de 1976, na condição de operadora.

§ 6º Submete-se ao regime previsto nesta Lei a sociedade, inclusive a de propósito específico, que seja controlada por empresa pública ou sociedade de economia mista abrangidas no *caput*.

§ 7º Na participação em sociedade empresarial em que a empresa pública, a sociedade de economia mista e suas subsidiárias não detenham o controle acionário, essas deverão adotar, no dever de fiscalizar, práticas de governança e controle proporcionais à relevância, à materialidade e aos riscos do negócio do qual são partícipes, considerando, para esse fim:

I - documentos e informações estratégicos do negócio e demais relatórios e informações produzidos por força de acordo de acionistas e de Lei considerados essenciais para a defesa de seus interesses na sociedade empresarial investida;

II - relatório de execução do orçamento e de realização de investimentos programados pela sociedade, inclusive quanto ao alinhamento dos custos orçados e dos realizados com os custos de mercado;

III - informe sobre execução da política de transações com partes relacionadas;

IV - análise das condições de alavancagem financeira da sociedade;

V - avaliação de inversões financeiras e de processos relevantes de alienação de bens móveis e imóveis da sociedade;

VI - relatório de risco das contratações para execução de obras, fornecimento de bens e prestação de serviços relevantes para os interesses da investidora;

VII - informe sobre execução de projetos relevantes para os interesses da investidora;

VIII - relatório de cumprimento, nos negócios da sociedade, de condicionantes socioambientais estabelecidas pelos órgãos ambientais;

IX - avaliação das necessidades de novos aportes na sociedade e dos possíveis riscos de redução da rentabilidade esperada do negócio;

X - qualquer outro relatório, documento ou informação produzido pela sociedade empresarial investida considerado relevante para o cumprimento do comando constante do *caput*.

Art. 2º A exploração de atividade econômica pelo Estado será exercida por meio de empresa pública, de sociedade de economia mista e de suas subsidiárias.

§ 1º A constituição de empresa pública ou de sociedade de economia mista dependerá de prévia autorização legal que indique, de forma clara, relevante interesse coletivo ou imperativo de segurança nacional, nos termos do *caput* do art. 173 da Constituição Federal.

§ 2º Depende de autorização legislativa a criação de subsidiárias de empresa pública e de sociedade de economia mista, assim como a participação de qualquer delas em empresa privada, cujo objeto social deve estar relacionado ao da investidora, nos termos do inciso XX do art. 37 da Constituição Federal.

§ 3º A autorização para participação em empresa privada prevista no § 2º não se aplica a operações de tesouraria, adjudicação de ações em garantia e participações autorizadas pelo Conselho de Administração em linha com o plano de negócios da empresa pública, da sociedade de economia mista e de suas respectivas subsidiárias.

Art. 3º Empresa pública é a entidade dotada de personalidade jurídica de direito privado, com criação autorizada por lei e com patrimônio próprio, cujo capital social é integralmente detido pela União, pelos Estados, pelo Distrito Federal ou pelos Municípios.

Parágrafo único. Desde que a maioria do capital votante permaneça em propriedade da União, do Estado, do Distrito Federal ou do Município, será admitida, no capital da empresa pública, a participação de outras pessoas jurídicas de direito público interno, bem como de entidades da administração indireta da União, dos Estados, do Distrito Federal e dos Municípios.

Art. 4º Sociedade de economia mista é a entidade dotada de personalidade jurídica de direito privado, com criação autorizada por lei, sob a forma de sociedade anônima, cujas ações com direito a voto pertençam em sua maioria à União, aos Estados, ao Distrito Federal, aos Municípios ou a entidade da administração indireta.

§ 1º A pessoa jurídica que controla a sociedade de economia mista tem os deveres e as responsabilidades do acionista controlador, estabelecidos na Lei nº 6.404, de 15 de dezembro de 1976, e deverá exercer o poder de controle no interesse da companhia, respeitado o interesse público que justificou sua criação.

§ 2º Além das normas previstas nesta Lei, a sociedade de economia mista com registro na Comissão de Valores Mobiliários sujeita-se às disposições da Lei nº 6.385, de 7 de dezembro de 1976.

CAPÍTULO II
DO REGIME SOCIETÁRIO DA EMPRESA PÚBLICA E DA SOCIEDADE DE ECONOMIA MISTA

SEÇÃO I
DAS NORMAS GERAIS

Art. 5º A sociedade de economia mista será constituída sob a forma de sociedade anônima e, ressalvado o disposto nesta Lei, estará sujeita ao regime previsto na Lei nº 6.404, de 15 de dezembro de 1976.

Art. 6º O estatuto da empresa pública, da sociedade de economia mista e de suas subsidiárias deverá observar regras de governança corporativa, de transparência e de estruturas, práticas de gestão de riscos e de controle interno, composição da administração e, havendo acionistas, mecanismos para sua proteção, todos constantes desta Lei.

Art. 7º Aplicam-se a todas as empresas públicas, as sociedades de economia mista de capital fechado e as suas subsidiárias as disposições da Lei nº 6.404, de 15 de dezembro de 1976, e as normas da Comissão de Valores Mobiliários sobre escrituração e elaboração de demonstrações financeiras, inclusive a obrigatoriedade de auditoria independente por auditor registrado nesse órgão.

Art. 8º As empresas públicas e as sociedades de economia mista deverão observar, no mínimo, os seguintes requisitos de transparência:

I - elaboração de carta anual, subscrita pelos membros do Conselho de Administração, com a explicitação dos compromissos de consecução de objetivos de políticas públicas pela empresa pública, pela sociedade de economia mista e por suas subsidiárias, em atendimento ao interesse coletivo ou ao imperativo de segurança nacional que justificou a autorização para suas respectivas criações, com definição clara dos recursos a serem empregados para esse fim, bem como dos impactos econômico-financeiros da consecução desses objetivos, mensuráveis por meio de indicadores objetivos;

II - adequação de seu estatuto social à autorização legislativa de sua criação;

III - divulgação tempestiva e atualizada de informações relevantes, em especial as relativas a atividades desenvolvidas, estrutura de controle, fatores de risco, dados econômico-financeiros, comentários dos administradores sobre o desempenho, políticas e práticas de governança corporativa e descrição da composição e da remuneração da administração;

IV - elaboração e divulgação de política de divulgação de informações, em conformidade com a legislação em vigor e com as melhores práticas;

V - elaboração de política de distribuição de dividendos, à luz do interesse público que justificou a criação da empresa pública ou da sociedade de economia mista;

VI - divulgação, em nota explicativa às demonstrações financeiras, dos dados operacionais e financeiros das atividades relacionadas à consecução dos fins de interesse coletivo ou de segurança nacional;

VII - elaboração e divulgação da política de transações com partes relacionadas, em conformidade com os requisitos de competitividade, conformidade, transparência, equidade e comutatividade, que deverá ser revista, no mínimo, anualmente e aprovada pelo Conselho de Administração;

VIII - ampla divulgação, ao público em geral, de carta anual de governança corporativa, que consolide em um único documento escrito, em linguagem clara e direta, as informações de que trata o inciso III;

IX - divulgação anual de relatório integrado ou de sustentabilidade.

§ 1º O interesse público da empresa pública e da sociedade de economia mista, respeitadas as razões que motivaram a autorização legislativa, manifesta-se por meio do alinhamento entre seus objetivos e aqueles de políticas públicas, na forma explicitada na carta anual a que se refere o inciso I do *caput*.

§ 2º Quaisquer obrigações e responsabilidades que a empresa pública e a sociedade de economia mista que explorem atividade econômica assumam em condições distintas às de qualquer outra empresa do setor privado em que atuam deverão:

I - estar claramente definidas em lei ou regulamento, bem como previstas em contrato, convênio ou ajuste celebrado com o ente público competente para estabelecê-las, observada a ampla publicidade desses instrumentos;

II - ter seu custo e suas receitas discriminados e divulgados de forma transparente, inclusive no plano contábil.

§ 3º Além das obrigações contidas neste artigo, as sociedades de economia mista com registro na Comissão de Valores Mobiliários sujeitam-se ao regime informacional estabelecido por essa autarquia e devem divulgar as informações previstas neste artigo na forma fixada em suas normas.

§ 4º Os documentos resultantes do cumprimento dos requisitos de transparência constantes dos incisos I a IX do *caput* deverão ser publicamente divulgados na internet de forma permanente e cumulativa.

Art. 9º A empresa pública e a sociedade de economia mista adotarão regras de estruturas e práticas de gestão de riscos e controle interno que abranjam:

I - ação dos administradores e empregados, por meio da implementação cotidiana de práticas de controle interno;

II - área responsável pela verificação de cumprimento de obrigações e de gestão de riscos;

III - auditoria interna e Comitê de Auditoria Estatutário.

§ 1º Deverá ser elaborado e divulgado Código de Conduta e Integridade, que disponha sobre:

I - princípios, valores e missão da empresa pública e da sociedade de economia mista, bem como orientações sobre a prevenção de conflito de interesses e vedação de atos de corrupção e fraude;

II - instâncias internas responsáveis pela atualização e aplicação do Código de Conduta e Integridade;

III - canal de denúncias que possibilite o recebimento de denúncias internas e externas relativas ao descumprimento do Código de Conduta e Integridade e das demais normas internas de ética e obrigacionais;

IV - mecanismos de proteção que impeçam qualquer espécie de retaliação a pessoa que utilize o canal de denúncias;

V - sanções aplicáveis em caso de violação às regras do Código de Conduta e Integridade;

VI - previsão de treinamento periódico, no mínimo anual, sobre Código de Conduta e Integridade, a empregados e administradores, e sobre a política de gestão de riscos, a administradores.

§ 2º A área responsável pela verificação de cumprimento de obrigações e de gestão de riscos deverá ser vinculada ao diretor-presidente e liderada por diretor estatutário, devendo o estatuto social prever as atribuições da área, bem como estabelecer mecanismos que assegurem atuação independente.

§ 3º A auditoria interna deverá:

I - ser vinculada ao Conselho de Administração, diretamente ou por meio do Comitê de Auditoria Estatutário;

II - ser responsável por aferir a adequação do controle interno, a efetividade do gerenciamento dos riscos e dos processos de governança e a confiabilidade do processo de coleta, mensuração, classificação, acumulação, registro e divulgação de eventos e transações, visando ao preparo de demonstrações financeiras.

§ 4º O estatuto social deverá prever, ainda, a possibilidade de que a área de compliance se reporte diretamente ao Conselho de Administração em situações em que se suspeite do envolvimento do diretor-presidente em irregularidades ou quando este se furtar à obrigação de adotar medidas necessárias em relação à situação a ele relatada.

Art. 10. A empresa pública e a sociedade de economia mista deverão criar comitê estatutário para verificar a conformidade do processo de indicação e de avaliação de membros para o Conselho de Administração e para o Conselho Fiscal, com competência para auxiliar o acionista controlador na indicação desses membros.

Parágrafo único. Devem ser divulgadas as atas das reuniões do comitê estatutário referido no *caput* realizadas com o fim de verificar o cumprimento, pelos membros indicados, dos requisitos definidos na política de indicação, devendo ser registradas as eventuais manifestações divergentes de conselheiros.

Art. 11. A empresa pública não poderá:

I - lançar debêntures ou outros títulos ou valores mobiliários, conversíveis em ações;

II - emitir partes beneficiárias.

Art. 12. A empresa pública e a sociedade de economia mista deverão:

I - divulgar toda e qualquer forma de remuneração dos administradores;

II - adequar constantemente suas práticas ao Código de Conduta e Integridade e a outras regras de boa prática de governança corporativa, na forma estabelecida na regulamentação desta Lei.

Parágrafo único. A sociedade de economia mista poderá solucionar, mediante arbitragem, as divergências entre acionistas e a sociedade, ou entre acionistas controladores e acionistas minoritários, nos termos previstos em seu estatuto social.

› Lei 9.307/1996 (Lei da Arbitragem).

Art. 13. A lei que autorizar a criação da empresa pública e da sociedade de economia mista deverá dispor sobre as diretrizes e restrições a serem consideradas na elaboração do estatuto da companhia, em especial sobre:

I - constituição e funcionamento do Conselho de Administração, observados o número mínimo de 7 (sete) e o número máximo de 11 (onze) membros;

II - requisitos específicos para o exercício do cargo de diretor, observado o número mínimo de 3 (três) diretores;

III - avaliação de desempenho, individual e coletiva, de periodicidade anual, dos administradores e dos membros de comitês, observados os seguintes quesitos mínimos:

a) exposição dos atos de gestão praticados, quanto à licitude e à eficácia da ação administrativa;

b) contribuição para o resultado do exercício;

c) consecução dos objetivos estabelecidos no plano de negócios e atendimento à estratégia de longo prazo;

IV - constituição e funcionamento do Conselho Fiscal, que exercerá suas atribuições de modo permanente;

V - constituição e funcionamento do Comitê de Auditoria Estatutário;

VI - prazo de gestão dos membros do Conselho de Administração e dos indicados para o cargo de diretor, que será unificado e não superior a 2 (dois) anos, sendo permitidas, no máximo, 3 (três) reconduções consecutivas;

VII - (Vetado);

VIII - prazo de gestão dos membros do Conselho Fiscal não superior a 2 (dois) anos, permitidas 2 (duas) reconduções consecutivas.

SEÇÃO II
DO ACIONISTA CONTROLADOR

Art. 14. O acionista controlador da empresa pública e da sociedade de economia mista deverá:

I - fazer constar do Código de Conduta e Integridade, aplicável à alta administração, a vedação à divulgação, sem autorização do órgão competente da empresa pública ou da sociedade de economia mista, de informação que possa causar impacto na cotação dos títulos da empresa pública ou da sociedade de economia mista e em suas relações com o mercado ou com consumidores e fornecedores;

II - preservar a independência do Conselho de Administração no exercício de suas funções;

III - observar a política de indicação na escolha dos administradores e membros do Conselho Fiscal.

Art. 15. O acionista controlador da empresa pública e da sociedade de economia mista responderá pelos atos praticados com abuso de poder, nos termos da Lei nº 6.404, de 15 de dezembro de 1976.

§ 1º A ação de reparação poderá ser proposta pela sociedade, nos termos do art. 246 da Lei nº 6.404, de 15 de dezembro de 1976, pelo terceiro prejudicado ou pelos demais sócios, independentemente de autorização da assembleia-geral de acionistas.

§ 2º Prescreve em 6 (seis) anos, contados da data da prática do ato abusivo, a ação a que se refere o § 1º.

SEÇÃO III
DO ADMINISTRADOR

Art. 16. Sem prejuízo do disposto nesta Lei, o administrador de empresa pública e de sociedade de economia mista é submetido às normas previstas na Lei nº 6.404, de 15 de dezembro de 1976.

Parágrafo único. Consideram-se administradores da empresa pública e da sociedade de economia mista os membros do Conselho de Administração e da diretoria.

Art. 17. Os membros do Conselho de Administração e os indicados para os cargos de diretor, inclusive presidente, diretor-geral e diretor-presidente, serão escolhidos entre cidadãos de reputação ilibada e de notório conhecimento, devendo ser atendidos, alternativamente, um dos requisitos das alíneas "a", "b" e "c" do inciso I e, cumulativamente, os requisitos dos incisos II e III:

I - ter experiência profissional de, no mínimo:

a) 10 (dez) anos, no setor público ou privado, na área de atuação da empresa pública ou da sociedade de economia mista ou em área conexa àquela para a qual forem indicados em função de direção superior; ou

b) 4 (quatro) anos ocupando pelo menos um dos seguintes cargos:

1. cargo de direção ou de chefia superior em empresa de porte ou objeto social semelhante ao da empresa pública ou da sociedade de economia mista, entendendo-se como cargo de chefia superior aquele situado nos 2 (dois) níveis hierárquicos não estatutários mais altos da empresa;

2. cargo em comissão ou função de confiança equivalente a DAS-4 ou superior, no setor público;

3. cargo de docente ou de pesquisador em áreas de atuação da empresa pública ou da sociedade de economia mista;

c) 4 (quatro) anos de experiência como profissional liberal em atividade direta ou indiretamente vinculada à área de atuação da empresa pública ou sociedade de economia mista;

II - ter formação acadêmica compatível com o cargo para o qual foi indicado; e

III - não se enquadrar nas hipóteses de inelegibilidade previstas nas alíneas do inciso I do *caput* do art. 1º da Lei Complementar nº 64, de 18 de maio de 1990, com as alterações introduzidas pela Lei Complementar nº 135, de 4 de junho de 2010.

§ 1º O estatuto da empresa pública, da sociedade de economia mista e de suas subsidiárias poderá dispor sobre a contratação de seguro de responsabilidade civil pelos administradores.

› art. 787, CC.

§ 2º É vedada a indicação, para o Conselho de Administração e para a diretoria:

I - de representante do órgão regulador ao qual a empresa pública ou a sociedade de economia mista está sujeita, de Ministro de Estado, de Secretário de Estado, de Secretário Municipal, de titular de cargo, sem vínculo permanente com o serviço público, de natureza especial ou de direção e assessoramento superior na administração pública, de dirigente estatutário de partido político e de titular de mandato no Poder Legislativo de qualquer ente da federação, ainda que licenciados do cargo;

II - de pessoa que atuou, nos últimos 36 (trinta e seis) meses, como participante de estrutura decisória de partido político ou em trabalho vinculado a organização, estruturação e realização de campanha eleitoral;

III - de pessoa que exerça cargo em organização sindical;

IV - de pessoa que tenha firmado contrato ou parceria, como fornecedor ou comprador, demandante ou ofertante, de bens ou serviços de qualquer natureza, com a pessoa político-administrativa controladora da empresa pública ou da sociedade de economia mista ou com a própria empresa ou sociedade em período inferior a 3 (três) anos antes da data de nomeação;

V - de pessoa que tenha ou possa ter qualquer forma de conflito de interesse com a pessoa político-administrativa controladora da empresa pública ou da sociedade de economia mista ou com a própria empresa ou sociedade.

§ 3º A vedação prevista no inciso I do § 2º estende-se também aos parentes consanguíneos ou afins até o terceiro grau das pessoas nele mencionadas.

§ 4º Os administradores eleitos devem participar, na posse e anualmente, de treinamentos específicos sobre legislação societária e de mercado de capitais, divulgação de informações, controle interno, código de conduta, a Lei nº 12.846, de 1º de agosto de 2013 (Lei Anticorrupção), e demais temas relacionados às atividades da empresa pública ou da sociedade de economia mista.

§ 5º Os requisitos previstos no inciso I do *caput* poderão ser dispensados no caso de indicação de empregado da empresa pública ou da sociedade de economia mista para cargo de administrador ou como membro de comitê, desde que atendidos os seguintes quesitos mínimos:

I - o empregado tenha ingressado na empresa pública ou na sociedade de economia mista por meio de concurso público de provas ou de provas e títulos;

II - o empregado tenha mais de 10 (dez) anos de trabalho efetivo na empresa pública ou na sociedade de economia mista;

III - o empregado tenha ocupado cargo na gestão superior da empresa pública ou da sociedade de economia mista, comprovando sua capacidade para assumir as responsabilidades dos cargos de que trata o *caput*.

SEÇÃO IV
DO CONSELHO DE ADMINISTRAÇÃO

Art. 18. Sem prejuízo das competências previstas no art. 142 da Lei nº 6.404, de 15 de dezembro de 1976, e das demais atribuições previstas nesta Lei, compete ao Conselho de Administração:

I - discutir, aprovar e monitorar decisões envolvendo práticas de governança corporativa, relacionamento com partes interessadas, política de gestão de pessoas e código de conduta dos agentes;

II - implementar e supervisionar os sistemas de gestão de riscos e de controle interno estabelecidos para a prevenção e mitigação dos principais riscos a que está exposta a empresa pública ou a sociedade de economia mista, inclusive os riscos relacionados à integridade das informações contábeis e financeiras e os relacionados à ocorrência de corrupção e fraude;

III - estabelecer política de porta-vozes visando a eliminar risco de contradição entre informações de diversas áreas e as dos executivos da empresa pública ou da sociedade de economia mista;

IV - avaliar os diretores da empresa pública ou da sociedade de economia mista, nos termos do inciso III do art. 13, podendo contar com apoio metodológico e procedimental do comitê estatutário referido no art. 10.

Art. 19. É garantida a participação, no Conselho de Administração, de representante dos empregados e dos acionistas minoritários.

§ 1º As normas previstas na Lei nº 12.353, de 28 de dezembro de 2010, aplicam-se à participação de empregados no Conselho de Administração da empresa pública, da sociedade de economia mista e de suas subsidiárias e controladas e das demais empresas em que a União, direta ou indiretamente, detenha a maioria do capital social com direito a voto.

§ 2º É assegurado aos acionistas minoritários o direito de eleger 1 (um) conselheiro, se maior número não lhes couber pelo processo de voto múltiplo previsto na Lei nº 6.404, de 15 de dezembro de 1976.

▸ art. 141, Lei 6.404/1976 (Dispõe sobre as sociedades por ações).

Art. 20. É vedada a participação remunerada de membros da administração pública, direta ou indireta, em mais de 2 (dois) conselhos, de administração ou fiscal, de empresa pública, de sociedade de economia mista ou de suas subsidiárias.

Art. 21. (Vetado).

SEÇÃO V
DO MEMBRO INDEPENDENTE DO CONSELHO DE ADMINISTRAÇÃO

Art. 22. O Conselho de Administração deve ser composto, no mínimo, por 25% (vinte e cinco por cento) de membros independentes ou por pelo menos 1 (um), caso haja decisão pelo exercício da faculdade do voto múltiplo pelos acionistas minoritários, nos termos do art. 141 da Lei nº 6.404, de 15 de dezembro de 1976.

§ 1º O conselheiro independente caracteriza-se por:

I - não ter qualquer vínculo com a empresa pública ou a sociedade de economia mista, exceto participação de capital;

II - não ser cônjuge ou parente consanguíneo ou afim, até o terceiro grau ou por adoção, de chefe do Poder Executivo, de Ministro de Estado, de Secretário de Estado ou Município ou de administrador da empresa pública ou da sociedade de economia mista;

III - não ter mantido, nos últimos 3 (três) anos, vínculo de qualquer natureza com a empresa pública, a sociedade de economia mista ou seus controladores, que possa vir a comprometer sua independência;

IV - não ser ou não ter sido, nos últimos 3 (três) anos, empregado ou diretor da empresa pública, da sociedade de economia mista ou de sociedade controlada, coligada ou subsidiária da empresa pública ou da sociedade de economia mista, exceto se o vínculo for exclusivamente com instituições públicas de ensino ou pesquisa;

V - não ser fornecedor ou comprador, direto ou indireto, de serviços ou produtos da empresa pública ou da sociedade de economia mista, de modo a implicar perda de independência;

VI - não ser funcionário ou administrador de sociedade ou entidade que esteja oferecendo ou demandando serviços ou produtos à empresa pública ou à sociedade de economia mista, de modo a implicar perda de independência;

VII - não receber outra remuneração da empresa pública ou da sociedade de economia mista além daquela relativa ao cargo de conselheiro, à exceção de proventos em dinheiro oriundos de participação no capital.

§ 2º Quando, em decorrência da observância do percentual mencionado no *caput*, resultar número fracionário de conselheiros, proceder-se-á ao arredondamento para o número inteiro:

I - imediatamente superior, quando a fração for igual ou superior a 0,5 (cinco décimos);

II - imediatamente inferior, quando a fração for inferior a 0,5 (cinco décimos).

§ 3º Não serão consideradas, para o cômputo das vagas destinadas a membros independentes, aquelas ocupadas pelos conselheiros eleitos por empregados, nos termos do § 1º do art. 19.

§ 4º Serão consideradas, para o cômputo das vagas destinadas a membros independentes, aquelas ocupadas pelos conselheiros eleitos por acionistas minoritários, nos termos do § 2º do art. 19.

§ 5º (Vetado).

SEÇÃO VI
DA DIRETORIA

Art. 23. É condição para investidura em cargo de diretoria da empresa pública e da sociedade de economia mista a assunção de compromisso com metas e resultados específicos a serem alcançados, que deverá ser aprovado pelo Conselho de Administração, a quem incumbe fiscalizar seu cumprimento.

§ 1º Sem prejuízo do disposto no *caput*, a diretoria deverá apresentar, até a última reunião ordinária do Conselho de Administração do ano anterior, a quem compete sua aprovação:

I - plano de negócios para o exercício anual seguinte;

II - estratégia de longo prazo atualizada com análise de riscos e oportunidades para, no mínimo, os próximos 5 (cinco) anos.

§ 2º Compete ao Conselho de Administração, sob pena de seus integrantes responderem por omissão, promover anualmente análise de atendimento das metas e resultados na execução do plano de negócios e da estratégia de longo prazo, devendo publicar suas conclusões e informá-las ao Congresso Nacional, às Assembleias Legislativas, à Câmara Legislativa do Distrito Federal ou às Câmaras Municipais e aos respectivos tribunais de contas, quando houver.

§ 3º Excluem-se da obrigação de publicação a que se refere o § 2º as informações de natureza estratégica cuja divulgação possa ser comprovadamente prejudicial ao interesse da empresa pública ou da sociedade de economia mista.

SEÇÃO VII
DO COMITÊ DE AUDITORIA ESTATUTÁRIO

Art. 24. A empresa pública e a sociedade de economia mista deverão possuir em sua estrutura societária Comitê de Auditoria Estatutário como órgão auxiliar do Conselho de Administração, ao qual se reportará diretamente.

§ 1º Competirá ao Comitê de Auditoria Estatutário, sem prejuízo de outras competências previstas no estatuto da empresa pública ou da sociedade de economia mista:

I - opinar sobre a contratação e destituição de auditor independente;

II - supervisionar as atividades dos auditores independentes, avaliando sua independência, a qualidade dos serviços prestados e a adequação de tais serviços às necessidades da empresa pública ou da sociedade de economia mista;

III - supervisionar as atividades desenvolvidas nas áreas de controle interno, de auditoria interna e de elaboração das demonstrações financeiras da empresa pública ou da sociedade de economia mista;

IV - monitorar a qualidade e a integridade dos mecanismos de controle interno, das demonstrações financeiras e das informações e medições divulgadas pela empresa pública ou pela sociedade de economia mista;

V - avaliar e monitorar exposições de risco da empresa pública ou da sociedade de economia mista, podendo requerer, entre outras, informações detalhadas sobre políticas e procedimentos referentes a:

a) remuneração da administração;

b) utilização de ativos da empresa pública ou da sociedade de economia mista;

c) gastos incorridos em nome da empresa pública ou da sociedade de economia mista;

VI - avaliar e monitorar, em conjunto com a administração e a área de auditoria interna, a adequação das transações com partes relacionadas;

VII - elaborar relatório anual com informações sobre as atividades, os resultados, as conclusões e as recomendações do Comitê de Auditoria Estatutário, registrando, se houver, as divergências significativas entre administração, auditoria independente e Comitê de Auditoria Estatutário em relação às demonstrações financeiras;

VIII - avaliar a razoabilidade dos parâmetros em que se fundamentam os cálculos atuariais, bem como o resultado atuarial dos planos de benefícios mantidos pelo fundo de pensão, quando a empresa pública ou a sociedade de economia mista for patrocinadora de entidade fechada de previdência complementar.

§ 2º O Comitê de Auditoria Estatutário deverá possuir meios para receber denúncias, inclusive sigilosas, internas e externas à empresa pública ou à sociedade de economia mista, em matérias relacionadas ao escopo de suas atividades.

§ 3º O Comitê de Auditoria Estatutário deverá se reunir quando necessário, no mínimo bimestralmente, de modo que as informações contábeis sejam sempre apreciadas antes de sua divulgação.

§ 4º A empresa pública e a sociedade de economia mista deverão divulgar as atas das reuniões do Comitê de Auditoria Estatutário.

§ 5º Caso o Conselho de Administração considere que a divulgação da ata possa pôr em risco interesse legítimo da empresa pública ou da sociedade de economia mista, a empresa pública ou a sociedade de economia mista divulgará apenas o extrato das atas.

§ 6º A restrição prevista no § 5º não será oponível aos órgãos de controle, que terão total e irrestrito acesso ao conteúdo das atas do Comitê de Auditoria Estatutário, observada a transferência de sigilo.

§ 7º O Comitê de Auditoria Estatutário deverá possuir autonomia operacional e dotação orçamentária, anual ou por projeto, dentro de limites aprovados pelo Conselho de Administração, para conduzir ou determinar a realização de consultas, avaliações e investigações dentro do escopo de suas atividades, inclusive com a contratação e utilização de especialistas externos independentes.

Art. 25. O Comitê de Auditoria Estatutário será integrado por, no mínimo, 3 (três) e, no máximo, 5 (cinco) membros, em sua maioria independentes.

§ 1º São condições mínimas para integrar o Comitê de Auditoria Estatutário:

I - não ser ou ter sido, nos 12 (doze) meses anteriores à nomeação para o Comitê:

a) diretor, empregado ou membro do conselho fiscal da empresa pública ou sociedade de economia mista ou de sua controladora, controlada, coligada ou sociedade em controle comum, direta ou indireta;

b) responsável técnico, diretor, gerente, supervisor ou qualquer outro integrante com função de gerência de equipe envolvida nos trabalhos de auditoria na empresa pública ou sociedade de economia mista;

II - não ser cônjuge ou parente consanguíneo ou afim, até o segundo grau ou por adoção, das pessoas referidas no inciso I;

III - não receber qualquer outro tipo de remuneração da empresa pública ou sociedade de economia mista ou de sua controladora, controlada, coligada ou sociedade em controle comum, direta ou indireta, que não seja aquela relativa à função de integrante do Comitê de Auditoria Estatutário;

IV - não ser ou ter sido ocupante de cargo público efetivo, ainda que licenciado, ou de cargo em comissão da pessoa jurídica de direito público que exerça o controle acionário da empresa pública ou sociedade de economia mista, nos 12 (doze) meses anteriores à nomeação para o Comitê de Auditoria Estatutário.

§ 2º Ao menos 1 (um) dos membros do Comitê de Auditoria Estatutário deve ter reconhecida experiência em assuntos de contabilidade societária.

§ 3º O atendimento às previsões deste artigo deve ser comprovado por meio de documentação mantida na sede da empresa pública ou sociedade de economia mista pelo prazo mínimo de 5 (cinco) anos, contado a partir do último dia de mandato do membro do Comitê de Auditoria Estatutário.

SEÇÃO VIII
DO CONSELHO FISCAL

Art. 26. Além das normas previstas nesta Lei, aplicam-se aos membros do Conselho Fiscal da empresa pública e da sociedade de economia mista as disposições previstas na Lei nº 6.404, de 15 de dezembro de 1976, relativas a seus poderes, deveres e responsabilidades, a requisitos e impedimentos para investidura e a remuneração, além de outras disposições estabelecidas na referida Lei.

§ 1º Podem ser membros do Conselho Fiscal pessoas naturais, residentes no País, com formação acadêmica compatível com o exercício da função e que tenham exercido, por prazo mínimo de 3 (três) anos, cargo de direção ou assessoramento na administração pública ou cargo de conselheiro fiscal ou administrador em empresa.

§ 2º O Conselho Fiscal contará com pelo menos 1 (um) membro indicado pelo ente controlador, que deverá ser servidor público com vínculo permanente com a administração pública.

CAPÍTULO III
DA FUNÇÃO SOCIAL DA EMPRESA PÚBLICA E DA SOCIEDADE DE ECONOMIA MISTA

Art. 27. A empresa pública e a sociedade de economia mista terão a função social de realização do interesse coletivo ou de atendimento a imperativo da segurança nacional expressa no instrumento de autorização legal para a sua criação.

§ 1º A realização do interesse coletivo de que trata este artigo deverá ser orientada para o alcance do bem-estar econômico e para a alocação socialmente eficiente dos recursos geridos pela empresa pública e pela sociedade de economia mista, bem como para o seguinte:

I - ampliação economicamente sustentada do acesso de consumidores aos produtos e serviços da empresa pública ou da sociedade de economia mista;

II - desenvolvimento ou emprego de tecnologia brasileira para produção e oferta de produtos e serviços da empresa pública ou da sociedade de economia mista, sempre de maneira economicamente justificada.

§ 2º A empresa pública e a sociedade de economia mista deverão, nos termos da lei, adotar práticas de sustentabilidade ambiental e de responsabilidade social corporativa compatíveis com o mercado em que atuam.

§ 3º A empresa pública e a sociedade de economia mista poderão celebrar convênio ou contrato de patrocínio com pessoa física ou com pessoa jurídica para promoção de atividades culturais, sociais, esportivas, educacionais e de inovação tecnológica, desde que comprovadamente vinculadas ao fortalecimento de sua marca, observando-se, no que couber, as normas de licitação e contratos desta Lei.

TÍTULO II
DISPOSIÇÕES APLICÁVEIS ÀS EMPRESAS PÚBLICAS, ÀS SOCIEDADES DE ECONOMIA MISTA E ÀS SUAS SUBSIDIÁRIAS QUE EXPLOREM ATIVIDADE ECONÔMICA DE PRODUÇÃO OU COMERCIALIZAÇÃO DE BENS OU DE PRESTAÇÃO DE SERVIÇOS, AINDA QUE A ATIVIDADE ECONÔMICA ESTEJA SUJEITA AO REGIME DE MONOPÓLIO DA UNIÃO OU SEJA DE PRESTAÇÃO DE SERVIÇOS PÚBLICOS

CAPÍTULO I
DAS LICITAÇÕES

SEÇÃO I
DA EXIGÊNCIA DE LICITAÇÃO E DOS CASOS DE DISPENSA E DE INEXIGIBILIDADE

Art. 28. Os contratos com terceiros destinados à prestação de serviços às empresas públicas e às sociedades de economia mista, inclusive de engenharia e de publicidade, à aquisição e à locação de bens, à alienação de bens e ativos integrantes do respectivo patrimônio ou à execução de obras a serem integradas a esse patrimônio, bem como à implementação de ônus real sobre tais bens, serão precedidos de licitação nos termos desta Lei, ressalvadas as hipóteses previstas nos arts. 29 e 30.

§ 1º Aplicam-se às licitações das empresas públicas e das sociedades de economia mista as disposições constantes dos arts. 42 a 49 da Lei Complementar nº 123, de 14 de dezembro de 2006.

§ 2º O convênio ou contrato de patrocínio celebrado com pessoas físicas ou jurídicas de que trata o § 3º do art. 27 observará, no que couber, as normas de licitação e contratos desta Lei.

§ 3º São as empresas públicas e as sociedades de economia mista dispensadas da observância dos dispositivos deste Capítulo nas seguintes situações:

I - comercialização, prestação ou execução, de forma direta, pelas empresas mencionadas no *caput*, de produtos, serviços ou obras especificamente relacionados com seus respectivos objetos sociais;

II - nos casos em que a escolha do parceiro esteja associada a suas características particulares, vinculada a oportunidades de negócio definidas e específicas, justificada a inviabilidade de procedimento competitivo.

§ 4º Consideram-se oportunidades de negócio a que se refere o inciso II do § 3º a formação e a extinção de parcerias e outras formas associativas, societárias ou contratuais, a aquisição e a alienação de participação em sociedades e outras formas associativas, societárias ou contratuais e as operações realizadas no âmbito do mercado de capitais, respeitada a regulação pelo respectivo órgão competente.

Art. 29. É dispensável a realização de licitação por empresas públicas e sociedades de economia mista:

I - para obras e serviços de engenharia de valor até R$ 100.000,00 (cem mil reais), desde que não se refiram a parcelas de uma mesma obra ou serviço ou ainda a obras e serviços de mesma natureza e no mesmo local que possam ser realizadas conjunta e concomitantemente;

II - para outros serviços e compras de valor até R$ 50.000,00 (cinquenta mil reais) e para alienações, nos casos previstos nesta Lei, desde que não se refiram a parcelas de um mesmo serviço, compra ou alienação de maior vulto que possa ser realizado de uma só vez;

III - quando não acudirem interessados à licitação anterior e essa, justificadamente, não puder ser repetida sem prejuízo para a empresa pública ou a sociedade de economia mista, bem como para suas respectivas subsidiárias, desde que mantidas as condições preestabelecidas;

IV - quando as propostas apresentadas consignarem preços manifestamente superiores aos praticados no mercado nacional ou incompatíveis com os fixados pelos órgãos oficiais competentes;

V - para a compra ou locação de imóvel destinado ao atendimento de suas finalidades precípuas, quando as necessidades de instalação e localização condicionarem a escolha do imóvel, desde que o preço seja compatível com o valor de mercado, segundo avaliação prévia;

VI - na contratação de remanescente de obra, de serviço ou de fornecimento, em consequência de rescisão contratual, desde que atendida a ordem de classificação da licitação anterior e aceitas as mesmas condições do contrato encerrado por rescisão ou distrato, inclusive quanto ao preço, devidamente corrigido;

VII - na contratação de instituição brasileira incumbida regimental ou estatutariamente da pesquisa, do ensino ou do desenvolvimento institucional ou de instituição dedicada à recuperação social do preso, desde que a contratada detenha inquestionável reputação ético-profissional e não tenha fins lucrativos;

VIII - para a aquisição de componentes ou peças de origem nacional ou estrangeira necessários à manutenção de equipamentos durante o período de garantia técnica, junto ao fornecedor original desses equipamentos, quando tal condição de exclusividade for indispensável para a vigência da garantia;

IX - na contratação de associação de pessoas com deficiência física, sem fins lucrativos e de comprovada idoneidade, para a prestação de serviços ou fornecimento de mão de obra, desde que o preço contratado seja compatível com o praticado no mercado;

X - na contratação de concessionário, permissionário ou autorizado para fornecimento ou suprimento de energia elétrica ou gás natural e de outras prestadoras de serviço público, segundo as normas da legislação específica, desde que o objeto do contrato tenha pertinência com o serviço público.

XI - nas contratações entre empresas públicas ou sociedades de economia mista e suas respectivas subsidiárias, para aquisição ou alienação de bens e prestação ou obtenção de serviços, desde que os preços sejam compatíveis com os praticados no mercado e que o objeto do contrato tenha relação com a atividade da contratada prevista em seu estatuto social;

XII - na contratação de coleta, processamento e comercialização de resíduos sólidos urbanos recicláveis ou reutilizáveis, em áreas com sistema de coleta seletiva de lixo, efetuados por associações ou cooperativas formadas exclusivamente por pessoas físicas de baixa renda que tenham como ocupação econômica a coleta de materiais recicláveis, com o uso de equipamentos compatíveis com as normas técnicas, ambientais e de saúde pública;

XIII - para o fornecimento de bens e serviços, produzidos ou prestados no País, que envolvam, cumulativamente, alta complexidade tecnológica e defesa nacional, mediante parecer de comissão especialmente designada pelo dirigente máximo da empresa pública ou da sociedade de economia mista;

XIV - nas contratações visando ao cumprimento do disposto nos arts. 3º, 4º, 5º e 20 da Lei nº 10.973, de 2 de dezembro de 2004, observados os princípios gerais de contratação dela constantes;

XV - em situações de emergência, quando caracterizada urgência de atendimento de situação que possa ocasionar prejuízo ou comprometer a segurança de pessoas, obras, serviços, equipamentos e outros bens, públicos ou particulares, e somente para os bens necessários ao atendimento da situação emergencial e para as parcelas de obras e serviços que possam ser concluídas no prazo máximo de 180 (cento e oitenta) dias consecutivos e ininterruptos, contado da ocorrência da emergência, vedada a prorrogação dos respectivos contratos, observado o disposto no § 2º;

XVI - na transferência de bens a órgãos e entidades da administração pública, inclusive quando efetivada mediante permuta;

XVII - na doação de bens móveis para fins e usos de interesse social, após avaliação de sua oportunidade e conveniência socioeconômica relativamente à escolha de outra forma de alienação;

XVIII - na compra e venda de ações, de títulos de crédito e de dívida e de bens que produzam ou comercializem.

§ 1º Na hipótese de nenhum dos licitantes aceitar a contratação nos termos do inciso VI do *caput*, a empresa pública e a sociedade de economia mista poderão convocar os licitantes remanescentes, na ordem de classificação, para a celebração do contrato nas condições ofertadas por estes, desde que o respectivo valor seja igual ou inferior ao orçamento estimado para a contratação, inclusive quanto aos preços atualizados nos termos do instrumento convocatório.

§ 2º A contratação direta com base no inciso XV do *caput* não dispensará a responsabilização de quem, por ação ou omissão, tenha dado causa ao motivo ali descrito, inclusive no tocante ao disposto na Lei nº 8.429, de 2 de junho de 1992.

§ 3º Os valores estabelecidos nos incisos I e II do *caput* podem ser alterados, para refletir a variação de custos, por deliberação do Conselho de Administração da empresa pública ou sociedade de economia mista, admitindo-se valores diferenciados para cada sociedade.

Art. 30. A contratação direta será feita quando houver inviabilidade de competição, em especial na hipótese de:

I - aquisição de materiais, equipamentos ou gêneros que só possam ser fornecidos por produtor, empresa ou representante comercial exclusivo;

II - contratação dos seguintes serviços técnicos especializados, com profissionais ou empresas de notória especialização, vedada a inexigibilidade para serviços de publicidade e divulgação:

a) estudos técnicos, planejamentos e projetos básicos ou executivos;

b) pareceres, perícias e avaliações em geral;

c) assessorias ou consultorias técnicas e auditorias financeiras ou tributárias;

d) fiscalização, supervisão ou gerenciamento de obras ou serviços;

e) patrocínio ou defesa de causas judiciais ou administrativas;

f) treinamento e aperfeiçoamento de pessoal;

g) restauração de obras de arte e bens de valor histórico.

§ 1º Considera-se de notória especialização o profissional ou a empresa cujo conceito no campo de sua especialidade, decorrente de desempenho anterior, estudos, experiência, publicações, organização, aparelhamento, equipe técnica ou outros requisitos relacionados com suas atividades, permita inferir que o seu trabalho é essencial e indiscutivelmente o mais adequado à plena satisfação do objeto do contrato.

§ 2º Na hipótese do *caput* e em qualquer dos casos de dispensa, se comprovado, pelo órgão de controle externo, sobrepreço ou superfaturamento, respondem solidariamente pelo dano causado quem houver decidido pela contratação direta e o fornecedor ou o prestador de serviços.

§ 3º O processo de contratação direta será instruído, no que couber, com os seguintes elementos:

I - caracterização da situação emergencial ou calamitosa que justifique a dispensa, quando for o caso;

II - razão da escolha do fornecedor ou do executante;

III - justificativa do preço.

SEÇÃO II
DISPOSIÇÕES DE CARÁTER GERAL SOBRE LICITAÇÕES E CONTRATOS

Art. 31. As licitações realizadas e os contratos celebrados por empresas públicas e sociedades de economia mista destinam-se a assegurar a seleção da proposta mais vantajosa, inclusive no que se refere ao ciclo de vida do objeto, e a evitar operações em que se caracterize sobrepreço ou superfaturamento, devendo observar os princípios da impessoalidade, da moralidade, da igualdade, da publicidade, da eficiência, da probidade administrativa, da economicidade, do desenvolvimento nacional sustentável, da vinculação ao instrumento convocatório, da obtenção de competitividade e do julgamento objetivo.

§ 1º Para os fins do disposto no *caput*, considera-se que há:

I - sobrepreço quando os preços orçados para a licitação ou os preços contratados são expressivamente superiores aos preços referenciais de mercado, podendo referir-se ao valor unitário de um item, se a licitação ou a contratação for por preços unitários de serviço, ou ao valor global do objeto, se a licitação ou a contratação for por preço global ou por empreitada;

II - superfaturamento quando houver dano ao patrimônio da empresa pública ou da sociedade de economia mista caracterizado, por exemplo:

a) pela medição de quantidades superiores às efetivamente executadas ou fornecidas;

b) pela deficiência na execução de obras e serviços de engenharia que resulte em diminuição da qualidade, da vida útil ou da segurança;

c) por alterações no orçamento de obras e de serviços de engenharia que causem o desequilíbrio econômico-financeiro do contrato em favor do contratado;

d) por outras alterações de cláusulas financeiras que gerem recebimentos contratuais antecipados, distorção do cronograma físico-financeiro, prorrogação injustificada do prazo contratual com custos adicionais para a empresa pública ou a sociedade de economia mista ou reajuste irregular de preços.

§ 2º O orçamento de referência do custo global de obras e serviços de engenharia deverá ser obtido a partir de custos unitários de insumos ou serviços menores ou iguais à mediana de seus correspondentes no Sistema Nacional de Pesquisa de Custos e Índices da Construção Civil (Sinapi), no caso de construção civil em geral, ou no Sistema de Custos Referenciais de Obras (Sicro), no caso de obras e serviços rodoviários, devendo ser observadas as peculiaridades geográficas.

§ 3º No caso de inviabilidade da definição dos custos consoante o disposto no § 2º, a estimativa de custo global poderá ser apurada por meio da utilização de dados contidos em tabela de referência formalmente aprovada por órgãos ou entidades da administração pública federal, em publicações técnicas especializadas, em banco de dados e sistema específico instituído para o setor ou em pesquisa de mercado.

§ 4º A empresa pública e a sociedade de economia mista poderão adotar procedimento de manifestação de interesse privado para o recebimento de propostas e projetos de empreendimentos com vistas a atender necessidades previamente identificadas, cabendo a regulamento a definição de suas regras específicas.

§ 5º Na hipótese a que se refere o § 4º, o autor ou financiador do projeto poderá participar da licitação para a execução do empreendimento, podendo ser ressarcido pelos custos aprovados pela empresa pública ou sociedade de economia mista caso não vença o certame, desde que seja promovida a cessão de direitos de que trata o art. 80.

Art. 32. Nas licitações e contratos de que trata esta Lei serão observadas as seguintes diretrizes:

I - padronização do objeto da contratação, dos instrumentos convocatórios e das minutas de contratos, de acordo com normas internas específicas;

II - busca da maior vantagem competitiva para a empresa pública ou sociedade de economia mista, considerando custos e benefícios, diretos e indiretos, de natureza econômica, social ou ambiental, inclusive os relativos à manutenção, ao desfazimento de bens e resíduos, ao índice de depreciação econômica e a outros fatores de igual relevância;

III - parcelamento do objeto, visando a ampliar a participação de licitantes, sem perda de economia de escala, e desde que não atinja valores inferiores aos limites estabelecidos no art. 29, incisos I e II;

IV - adoção preferencial da modalidade de licitação denominada pregão, instituída pela Lei nº 10.520, de 17 de julho de 2002, para a aquisição de bens e serviços comuns, assim considerados aqueles cujos padrões de desempenho e qualidade possam ser objetivamente definidos pelo edital, por meio de especificações usuais no mercado;

- Dec. 3.555/2000 (Aprova o Regulamento para a modalidade de licitação denominada pregão, para aquisição de bens e serviços comuns).

V - observação da política de integridade nas transações com partes interessadas.

§ 1º As licitações e os contratos disciplinados por esta Lei devem respeitar, especialmente, as normas relativas à:

I - disposição final ambientalmente adequada dos resíduos sólidos gerados pelas obras contratadas;

II - mitigação dos danos ambientais por meio de medidas condicionantes e de compensação ambiental, que serão definidas no procedimento de licenciamento ambiental;

III - utilização de produtos, equipamentos e serviços que, comprovadamente, reduzam o consumo de energia e de recursos naturais;

IV - avaliação de impactos de vizinhança, na forma da legislação urbanística;

V - proteção do patrimônio cultural, histórico, arqueológico e imaterial, inclusive por meio da avaliação do impacto direto ou indireto causado por investimentos realizados por empresas públicas e sociedades de economia mista;

VI - acessibilidade para pessoas com deficiência ou com mobilidade reduzida.

§ 2º A contratação a ser celebrada por empresa pública ou sociedade de economia mista da qual decorra impacto negativo sobre bens do patrimônio cultural, histórico, arqueológico e imaterial tombados dependerá de autorização da esfera de governo encarregada da proteção do respectivo patrimônio, devendo o impacto ser compensado por meio de medidas determinadas pelo dirigente máximo da empresa pública ou sociedade de economia mista, na forma da legislação aplicável.

§ 3º As licitações na modalidade de pregão, na forma eletrônica, deverão ser realizadas exclusivamente em portais de compras de acesso público na internet.

§ 4º Nas licitações com etapa de lances, a empresa pública ou sociedade de economia mista disponibilizará ferramentas eletrônicas para envio de lances pelos licitantes.

Art. 33. O objeto da licitação e do contrato dela decorrente será definido de forma sucinta e clara no instrumento convocatório.

Art. 34. O valor estimado do contrato a ser celebrado pela empresa pública ou pela sociedade de economia mista será sigiloso, facultando-se à contratante, mediante justificação na fase de preparação prevista no inciso I do art. 51 desta Lei, conferir publicidade ao valor estimado do objeto da licitação, sem prejuízo da divulgação do detalhamento dos quantitativos e das demais informações necessárias para a elaboração das propostas.

§ 1º Na hipótese em que for adotado o critério de julgamento por maior desconto, a informação de que trata o *caput* deste artigo constará do instrumento convocatório.

§ 2º No caso de julgamento por melhor técnica, o valor do prêmio ou da remuneração será incluído no instrumento convocatório.

§ 3º A informação relativa ao valor estimado do objeto da licitação, ainda que tenha caráter sigiloso, será disponibilizada a órgãos de controle externo e interno, devendo a empresa pública ou a sociedade de economia mista registrar em documento formal sua disponibilização aos órgãos de controle, sempre que solicitado.

§ 4º (Vetado).

Art. 35. Observado o disposto no art. 34, o conteúdo da proposta, quando adotado o modo de disputa fechado e até sua abertura, os atos e os procedimentos praticados em decorrência desta Lei submetem-se à legislação que regula o acesso dos cidadãos às informações detidas pela administração pública, particularmente aos termos da Lei nº 12.527, de 18 de novembro de 2011.

Art. 36. A empresa pública e a sociedade de economia mista poderão promover a pré-qualificação de seus fornecedores ou produtos, nos termos do art. 64.

Art. 37. A empresa pública e a sociedade de economia mista deverão informar os dados relativos às sanções por elas aplicadas aos contratados, nos termos definidos no art. 83, de forma a manter atualizado o cadastro de empresas inidôneas de que trata o art. 23 da Lei nº 12.846, de 1º de agosto de 2013.

§ 1º O fornecedor incluído no cadastro referido no *caput* não poderá disputar licitação ou participar, direta ou indiretamente, da execução de contrato.

§ 2º Serão excluídos do cadastro referido no *caput*, a qualquer tempo, fornecedores que demonstrarem a superação dos motivos que deram causa à restrição contra eles promovida.

Art. 38. Estará impedida de participar de licitações e de ser contratada pela empresa pública ou sociedade de economia mista a empresa:

I - cujo administrador ou sócio detentor de mais de 5% (cinco por cento) do capital social seja diretor ou empregado da empresa pública ou sociedade de economia mista contratante;

II - suspensa pela empresa pública ou sociedade de economia mista;

III - declarada inidônea pela União, por Estado, pelo Distrito Federal ou pela unidade federativa a que está vinculada a empresa pública ou sociedade de economia mista, enquanto perdurarem os efeitos da sanção;

IV - constituída por sócio de empresa que estiver suspensa, impedida ou declarada inidônea;

V - cujo administrador seja sócio de empresa suspensa, impedida ou declarada inidônea;

VI - constituída por sócio que tenha sido sócio ou administrador de empresa suspensa, impedida ou declarada inidônea, no período dos fatos que deram ensejo à sanção;

VII - cujo administrador tenha sido sócio ou administrador de empresa suspensa, impedida ou declarada inidônea, no período dos fatos que deram ensejo à sanção;

VIII - que tiver, nos seus quadros de diretoria, pessoa que participou, em razão de vínculo de mesma natureza, de empresa declarada inidônea.

Parágrafo único. Aplica-se a vedação prevista no *caput*:

I - à contratação do próprio empregado ou dirigente, como pessoa física, bem como à participação dele em procedimentos licitatórios, na condição de licitante;

II - a quem tenha relação de parentesco, até o terceiro grau civil, com:

a) dirigente de empresa pública ou sociedade de economia mista;

b) empregado de empresa pública ou sociedade de economia mista cujas atribuições envolvam a atuação na área responsável pela licitação ou contratação;

c) autoridade do ente público a que a empresa pública ou sociedade de economia mista esteja vinculada.

III - cujo proprietário, mesmo na condição de sócio, tenha terminado seu prazo de gestão ou rompido seu vínculo com a respectiva empresa pública ou sociedade de economia mista promotora da licitação ou contratante há menos de 6 (seis) meses.

Art. 39. Os procedimentos licitatórios, a pré-qualificação e os contratos disciplinados por esta Lei serão divulgados em portal específico mantido pela empresa pública ou sociedade de economia mista na internet, devendo ser adotados os seguintes prazos mínimos para apresentação de propostas ou lances, contados a partir da divulgação do instrumento convocatório:

I - para aquisição de bens:

a) 5 (cinco) dias úteis, quando adotado como critério de julgamento o menor preço ou o maior desconto;

b) 10 (dez) dias úteis, nas demais hipóteses;

II - para contratação de obras e serviços:

a) 15 (quinze) dias úteis, quando adotado como critério de julgamento o menor preço ou o maior desconto;

b) 30 (trinta) dias úteis, nas demais hipóteses;

III - no mínimo 45 (quarenta e cinco) dias úteis para licitação em que se adote como critério de julgamento a melhor técnica ou a melhor combinação de técnica e preço, bem como para licitação em que haja contratação semi-integrada ou integrada.

Parágrafo único. As modificações promovidas no instrumento convocatório serão objeto de divulgação nos mesmos termos e prazos dos atos e procedimentos originais, exceto quando a alteração não afetar a preparação das propostas.

Art. 40. As empresas públicas e as sociedades de economia mista deverão publicar e manter atualizado regulamento interno de licitações e contratos, compatível com o disposto nesta Lei, especialmente quanto a:

I - glossário de expressões técnicas;

II - cadastro de fornecedores;

III - minutas-padrão de editais e contratos;

IV - procedimentos de licitação e contratação direta;

V - tramitação de recursos;

VI - formalização de contratos;

VII - gestão e fiscalização de contratos;

VIII - aplicação de penalidades;

IX - recebimento do objeto do contrato.

Art. 41. Aplicam-se às licitações e contratos regidos por esta Lei as normas de direito penal contidas nos arts. 89 a 99 da Lei nº 8.666, de 21 de junho de 1993.

SEÇÃO III
DAS NORMAS ESPECÍFICAS PARA OBRAS E SERVIÇOS

Art. 42. Na licitação e na contratação de obras e serviços por empresas públicas e sociedades de economia mista, serão observadas as seguintes definições:

I - empreitada por preço unitário: contratação por preço certo de unidades determinadas;

II - empreitada por preço global: contratação por preço certo e total;

III - tarefa: contratação de mão de obra para pequenos trabalhos por preço certo, com ou sem fornecimento de material;

IV - empreitada integral: contratação de empreendimento em sua integralidade, com todas as etapas de obras, serviços e instalações necessárias, sob inteira responsabilidade da contratada até a sua entrega ao contratante em condições de entrada em operação, atendidos os requisitos técnicos e legais para sua utilização em condições de segurança estrutural e operacional e com as características adequadas às finalidades para as quais foi contratada;

V - contratação semi-integrada: contratação que envolve a elaboração e o desenvolvimento do projeto executivo, a execução de obras e serviços de engenharia, a montagem, a realização de testes, a pré-operação e as demais operações necessárias e suficientes para a entrega final do objeto, de acordo com o estabelecido nos § 1º e 3º deste artigo;

VI - contratação integrada: contratação que envolve a elaboração e o desenvolvimento dos projetos básico e executivo, a execução de obras e serviços de engenharia, a montagem, a realização de testes, a pré-operação e as demais operações necessárias e suficientes para a entrega final do objeto, de acordo com o estabelecido nos § 1º, 2º e 3º deste artigo;

VII - anteprojeto de engenharia: peça técnica com todos os elementos de contornos necessários e fundamentais à elaboração do projeto básico, devendo conter minimamente os seguintes elementos:

a) demonstração e justificativa do programa de necessidades, visão global dos investimentos e definições relacionadas ao nível de serviço desejado;

b) condições de solidez, segurança e durabilidade e prazo de entrega;

c) estética do projeto arquitetônico;

d) parâmetros de adequação ao interesse público, à economia na utilização, à facilidade na execução, aos impactos ambientais e à acessibilidade;

e) concepção da obra ou do serviço de engenharia;

f) projetos anteriores ou estudos preliminares que embasaram a concepção adotada;

g) levantamento topográfico e cadastral;

h) pareceres de sondagem;

i) memorial descritivo dos elementos da edificação, dos componentes construtivos e dos materiais de construção, de forma a estabelecer padrões mínimos para a contratação;

VIII - projeto básico: conjunto de elementos necessários e suficientes, com nível de precisão adequado, para, observado o disposto no § 3º, caracterizar a obra ou o serviço, ou o complexo de obras ou de serviços objeto da licitação, elaborado com base nas indicações dos estudos técnicos preliminares, que assegure a viabilidade técnica e o adequado tratamento do impacto ambiental do empreendimento e que possibilite a avaliação do custo da obra e a definição dos métodos e do prazo de execução, devendo conter os seguintes elementos:

a) desenvolvimento da solução escolhida, de forma a fornecer visão global da obra e a identificar todos os seus elementos constitutivos com clareza;

b) soluções técnicas globais e localizadas, suficientemente detalhadas, de forma a minimizar a necessidade de reformulação ou de variantes durante as fases de elaboração do projeto executivo e de realização das obras e montagem;

c) identificação dos tipos de serviços a executar e de materiais e equipamentos a incorporar à obra, bem como suas especificações, de modo a assegurar os melhores resultados para o empreendimento, sem frustrar o caráter competitivo para a sua execução;

d) informações que possibilitem o estudo e a dedução de métodos construtivos, instalações provisórias e condições organizacionais para a obra, sem frustrar o caráter competitivo para a sua execução;

e) subsídios para montagem do plano de licitação e gestão da obra, compreendendo a sua programação, a estratégia de suprimentos, as normas de fiscalização e outros dados necessários em cada caso;

f) (Vetado);

IX - projeto executivo: conjunto dos elementos necessários e suficientes à execução completa da obra, de acordo com as normas técnicas pertinentes;

X - matriz de riscos: cláusula contratual definidora de riscos e responsabilidades entre as partes e caracterizadora do equilíbrio econômico-financeiro inicial do contrato, em termos de ônus financeiro decorrente de eventos supervenientes à contratação, contendo, no mínimo, as seguintes informações:

a) listagem de possíveis eventos supervenientes à assinatura do contrato, impactantes no equilíbrio econômico-financeiro da avença, e previsão de eventual necessidade de prolação de termo aditivo quando de sua ocorrência;

b) estabelecimento preciso das frações do objeto em que haverá liberdade das contratadas para inovar em soluções metodológicas ou tecnológicas, em obrigações de resultado, em termos de modificação das soluções previamente delineadas no anteprojeto ou no projeto básico da licitação;

c) estabelecimento preciso das frações do objeto em que não haverá liberdade das contratadas para inovar em soluções metodológicas ou tecnológicas, em obrigações de meio, devendo haver obrigação de identidade entre a execução e a solução pré-definida no anteprojeto ou no projeto básico da licitação.

§ 1º As contratações semi-integradas e integradas referidas, respectivamente, nos incisos V e VI do *caput* deste artigo restringir-se-ão a obras e serviços de engenharia e observarão os seguintes requisitos:

I - o instrumento convocatório deverá conter:

a) anteprojeto de engenharia, no caso de contratação integrada, com elementos técnicos que permitam a caracterização da obra ou do serviço e a elaboração e comparação, de forma isonômica, das propostas a serem ofertadas pelos particulares;

b) projeto básico, nos casos de empreitada por preço unitário, de empreitada por preço global, de empreitada integral e de contratação semi-integrada, nos termos definidos neste artigo;

c) documento técnico, com definição precisa das frações do empreendimento em que haverá liberdade de as contratadas inovarem em soluções metodológicas ou tecnológicas, seja em termos de modificação das soluções previamente delineadas no anteprojeto ou no projeto básico da licitação, seja em termos de detalhamento dos sistemas e procedimentos construtivos previstos nessas peças técnicas;

d) matriz de riscos;

II - o valor estimado do objeto a ser licitado será calculado com base em valores de mercado, em valores pagos pela administração pública em serviços e obras similares ou em avaliação do custo global da obra, aferido mediante orçamento sintético ou metodologia expedita ou paramétrica;

III - o critério de julgamento a ser adotado será o de menor preço ou de melhor combinação de técnica e preço, pontuando-se na avaliação técnica as vantagens e os benefícios que eventualmente forem oferecidos para cada produto ou solução;

IV - na contratação semi-integrada, o projeto básico poderá ser alterado, desde que demonstrada a superioridade das inovações em termos de redução de custos, de aumento da qualidade, de redução do prazo de execução e de facilidade de manutenção ou operação.

§ 2º No caso dos orçamentos das contratações integradas:

I - sempre que o anteprojeto da licitação, por seus elementos mínimos, assim o permitir, as estimativas de preço devem se basear em orçamento tão detalhado quanto possível, devendo a utilização de estimativas paramétricas e a avaliação aproximada baseada em outras obras similares ser realizadas somente nas frações do empreendimento não suficientemente detalhadas no anteprojeto da licitação, exigindo-se das contratadas, no mínimo, o mesmo nível de detalhamento em seus demonstrativos de formação de preços;

II - quando utilizada metodologia expedita ou paramétrica para abalizar o valor do empreendimento ou de fração dele, consideradas as disposições do inciso I, entre 2 (duas) ou mais técnicas estimativas possíveis, deve ser utilizada nas estimativas de preço-base a que viabilize a maior precisão orçamentária, exigindo-se das licitantes, no mínimo, o mesmo nível de detalhamento na motivação dos respectivos preços ofertados.

§ 3º Nas contratações integradas ou semi-integradas, os riscos decorrentes de fatos supervenientes à contratação associados à escolha da solução de projeto básico pela contratante deverão ser alocados como de sua responsabilidade na matriz de riscos.

§ 4º No caso de licitação de obras e serviços de engenharia, as empresas públicas e as sociedades de economia mista abrangidas por esta Lei deverão utilizar a contratação semi-integrada, prevista no inciso V do *caput*, cabendo a elas a elaboração ou a contratação do projeto básico antes da licitação de que trata este parágrafo, podendo ser utilizadas outras modalidades previstas nos incisos do *caput* deste artigo, desde que essa opção seja devidamente justificada.

§ 5º Para fins do previsto na parte final do § 4º, não será admitida, por parte da empresa pública ou da sociedade de economia mista, como justificativa para a adoção da modalidade de contratação integrada, a ausência de projeto básico.

Art. 43. Os contratos destinados à execução de obras e serviços de engenharia admitirão os seguintes regimes:

I - empreitada por preço unitário, nos casos em que os objetos, por sua natureza, possuam imprecisão inerente de quantitativos em seus itens orçamentários;

II - empreitada por preço global, quando for possível definir previamente no projeto básico, com boa margem de precisão, as quantidades dos serviços a serem posteriormente executados na fase contratual;

III - contratação por tarefa, em contratações de profissionais autônomos ou de pequenas empresas para realização de serviços técnicos comuns e de curta duração;

IV - empreitada integral, nos casos em que o contratante necessite receber o empreendimento, normalmente de alta complexidade, em condição de operação imediata;

V - contratação semi-integrada, quando for possível definir previamente no projeto básico as quantidades dos serviços a serem posteriormente executados na fase contratual, em obra ou serviço de engenharia que possa ser executado com diferentes metodologias ou tecnologias;

VI - contratação integrada, quando a obra ou o serviço de engenharia for de natureza predominantemente intelectual e de inovação tecnológica do objeto licitado ou puder ser executado com diferentes metodologias ou tecnologias de domínio restrito no mercado.

§ 1º Serão obrigatoriamente precedidas pela elaboração de projeto básico, disponível para exame de qualquer interessado, as licitações para a contratação de obras e serviços, com exceção daquelas em que for adotado o regime previsto no inciso VI do *caput* deste artigo.

§ 2º É vedada a execução, sem projeto executivo, de obras e serviços de engenharia.

Art. 44. É vedada a participação direta ou indireta nas licitações para obras e serviços de engenharia de que trata esta Lei:

I - de pessoa física ou jurídica que tenha elaborado o anteprojeto ou o projeto básico da licitação;

II - de pessoa jurídica que participar de consórcio responsável pela elaboração do anteprojeto ou do projeto básico da licitação;

III - de pessoa jurídica da qual o autor do anteprojeto ou do projeto básico da licitação seja administrador, controlador, gerente, responsável técnico, subcontratado ou sócio, neste último caso quando a participação superar 5% (cinco por cento) do capital votante.

§ 1º A elaboração do projeto executivo constituirá encargo do contratado, consoante preço previamente fixado pela empresa pública ou pela sociedade de economia mista.

§ 2º É permitida a participação das pessoas jurídicas e da pessoa física de que tratam os incisos II e III do *caput* deste artigo em licitação ou em execução de contrato, como consultor ou técnico, nas funções de fiscalização, supervisão ou gerenciamento, exclusivamente a serviço da empresa pública e da sociedade de economia mista interessadas.

§ 3º Para fins do disposto no *caput*, considera-se participação indireta a existência de vínculos de natureza técnica, comercial, econômica, financeira ou trabalhista entre o autor do projeto básico, pessoa física ou jurídica, e o licitante ou responsável pelos serviços, fornecimentos e obras, incluindo-se os fornecimentos de bens e serviços a estes necessários.

§ 4º O disposto no § 3º deste artigo aplica-se a empregados incumbidos de levar a efeito atos e procedimentos realizados pela empresa pública e pela sociedade de economia mista no curso da licitação.

Art. 45. Na contratação de obras e serviços, inclusive de engenharia, poderá ser estabelecida remuneração variável vinculada ao desempenho do contratado, com base em metas, padrões de qualidade, critérios de sustentabilidade ambiental e prazos de entrega definidos no instrumento convocatório e no contrato.

Parágrafo único. A utilização da remuneração variável respeitará o limite orçamentário fixado pela empresa pública ou pela sociedade de economia mista para a respectiva contratação.

Art. 46. Mediante justificativa expressa e desde que não implique perda de economia de escala, poderá ser celebrado mais de um contrato para executar serviço de mesma natureza quando o objeto da contratação puder ser executado de forma concorrente e simultânea por mais de um contratado.

§ 1º Na hipótese prevista no *caput* deste artigo, será mantido controle individualizado da execução do objeto contratual relativamente a cada um dos contratados.

§ 2º (Vetado).

SEÇÃO IV
DAS NORMAS ESPECÍFICAS PARA AQUISIÇÃO DE BENS

Art. 47. A empresa pública e a sociedade de economia mista, na licitação para aquisição de bens, poderão:

I - indicar marca ou modelo, nas seguintes hipóteses:

a) em decorrência da necessidade de padronização do objeto;

b) quando determinada marca ou modelo comercializado por mais de um fornecedor constituir o único capaz de atender o objeto do contrato;

c) quando for necessária, para compreensão do objeto, a identificação de determinada marca ou modelo apto a servir como referência, situação em que será obrigatório o acréscimo da expressão "ou similar ou de melhor qualidade";

II - exigir amostra do bem no procedimento de pré-qualificação e na fase de julgamento das propostas ou de lances, desde que justificada a necessidade de sua apresentação;

III - solicitar a certificação da qualidade do produto ou do processo de fabricação, inclusive sob o aspecto ambiental, por instituição previamente credenciada.

Parágrafo único. O edital poderá exigir, como condição de aceitabilidade da proposta, a adequação às normas da Associação Brasileira de Normas Técnicas (ABNT) ou a certificação da qualidade do produto por instituição credenciada pelo Sistema Nacional de Metrologia, Normalização e Qualidade Industrial (Sinmetro).

Art. 48. Será dada publicidade, com periodicidade mínima semestral, em sítio eletrônico oficial na internet de acesso irrestrito, à relação das aquisições de bens efetivadas pelas empresas públicas e pelas sociedades de economia mista, compreendidas as seguintes informações:

I - identificação do bem comprado, de seu preço unitário e da quantidade adquirida;
II - nome do fornecedor;
III - valor total de cada aquisição.

SEÇÃO V
DAS NORMAS ESPECÍFICAS PARA ALIENAÇÃO DE BENS

Art. 49. A alienação de bens por empresas públicas e por sociedades de economia mista será precedida de:

I - avaliação formal do bem contemplado, ressalvadas as hipóteses previstas nos incisos XVI a XVIII do art. 29;
II - licitação, ressalvado o previsto no § 3º do art. 28.

Art. 50. Estendem-se à atribuição de ônus real a bens integrantes do acervo patrimonial de empresas públicas e de sociedades de economia mista as normas desta Lei aplicáveis à sua alienação, inclusive em relação às hipóteses de dispensa e de inexigibilidade de licitação.

SEÇÃO VI
DO PROCEDIMENTO DE LICITAÇÃO

Art. 51. As licitações de que trata esta Lei observarão a seguinte sequência de fases:

I - preparação;
II - divulgação;
III - apresentação de lances ou propostas, conforme o modo de disputa adotado;
IV - julgamento;
V - verificação de efetividade dos lances ou propostas;
VI - negociação;
VII - habilitação;
VIII - interposição de recursos;
IX - adjudicação do objeto;
X - homologação do resultado ou revogação do procedimento.

§ 1º A fase de que trata o inciso VII do *caput* poderá, excepcionalmente, anteceder as referidas nos incisos III a VI do *caput*, desde que expressamente previsto no instrumento convocatório.

§ 2º Os atos e procedimentos decorrentes das fases enumeradas no *caput* praticados por empresas públicas, por sociedades de economia mista e por licitantes serão efetivados preferencialmente por meio eletrônico, nos termos definidos pelo instrumento convocatório, devendo os avisos contendo os resumos dos editais das licitações e contratos abrangidos por esta Lei ser previamente publicados no Diário Oficial da União, do Estado ou do Município e na internet.

Art. 52. Poderão ser adotados os modos de disputa aberto ou fechado, ou, quando o objeto da licitação puder ser parcelado, a combinação de ambos, observado o disposto no inciso III do art. 32 desta Lei.

§ 1º No modo de disputa aberto, os licitantes apresentarão lances públicos e sucessivos, crescentes ou decrescentes, conforme o critério de julgamento adotado.

§ 2º No modo de disputa fechado, as propostas apresentadas pelos licitantes serão sigilosas até a data e a hora designadas para que sejam divulgadas.

Art. 53. Quando for adotado o modo de disputa aberto, poderão ser admitidos:

I - a apresentação de lances intermediários;
II - o reinício da disputa aberta, após a definição do melhor lance, para definição das demais colocações, quando existir diferença de pelo menos 10% (dez por cento) entre o melhor lance e o subsequente.

Parágrafo único. Consideram-se intermediários os lances:

I - iguais ou inferiores ao maior já ofertado, quando adotado o julgamento pelo critério da maior oferta;
II - iguais ou superiores ao menor já ofertado, quando adotados os demais critérios de julgamento.

Art. 54. Poderão ser utilizados os seguintes critérios de julgamento:

I - menor preço;
II - maior desconto;
III - melhor combinação de técnica e preço;
IV - melhor técnica;
V - melhor conteúdo artístico;
VI - maior oferta de preço;
VII - maior retorno econômico;
VIII - melhor destinação de bens alienados.

§ 1º Os critérios de julgamento serão expressamente identificados no instrumento convocatório e poderão ser combinados na hipótese de parcelamento do objeto, observado o disposto no inciso III do art. 32.

§ 2º Na hipótese de adoção dos critérios referidos nos incisos III, IV, V e VII do *caput* deste artigo, o julgamento das propostas será efetivado mediante o emprego de parâmetros específicos, definidos no instrumento convocatório, destinados a limitar a subjetividade do julgamento.

§ 3º Para efeito de julgamento, não serão consideradas vantagens não previstas no instrumento convocatório.

§ 4º O critério previsto no inciso II do *caput*:

I - terá como referência o preço global fixado no instrumento convocatório, estendendo-se o desconto oferecido nas propostas ou lances vencedores a eventuais termos aditivos;
II - no caso de obras e serviços de engenharia, o desconto incidirá de forma linear sobre a totalidade dos itens constantes do orçamento estimado, que deverá obrigatoriamente integrar o instrumento convocatório.

§ 5º Quando for utilizado o critério referido no inciso III do *caput*, a avaliação das propostas técnicas e de preço considerará o percentual de ponderação mais relevante, limitado a 70% (setenta por cento).

§ 6º Quando for utilizado o critério referido no inciso VII do *caput*, os lances ou propostas terão o objetivo de proporcionar economia à empresa pública ou à sociedade de economia mista, por meio da redução de suas despesas correntes, remunerando-se o licitante vencedor com base em percentual da economia de recursos gerada.

§ 7º Na implementação do critério previsto no inciso VIII do *caput* deste artigo, será obrigatoriamente considerada, nos termos do respectivo instrumento convocatório, a repercussão, no meio social, da finalidade para cujo atendimento o bem será utilizado pelo adquirente.

§ 8º O descumprimento da finalidade a que se refere o § 7º deste artigo resultará na imediata restituição do bem alcançado ao acervo patrimonial da empresa pública ou da sociedade de economia mista, vedado, nessa hipótese, o pagamento de indenização em favor do adquirente.

Art. 55. Em caso de empate entre 2 (duas) propostas, serão utilizados, na ordem em que se encontram enumerados, os seguintes critérios de desempate:

I - disputa final, em que os licitantes empatados poderão apresentar nova proposta fechada, em ato contínuo ao encerramento da etapa de julgamento;
II - avaliação do desempenho contratual prévio dos licitantes, desde que exista sistema objetivo de avaliação instituído;
III - os critérios estabelecidos no art. 3º da Lei nº 8.248, de 23 de outubro de 1991, e no § 2º do art. 3º da Lei nº 8.666, de 21 de junho de 1993;
IV - sorteio.

Art. 56. Efetuado o julgamento dos lances ou propostas, será promovida a verificação de sua efetividade, promovendo-se a desclassificação daqueles que:

I - contenham vícios insanáveis;
II - descumpram especificações técnicas constantes do instrumento convocatório;
III - apresentem preços manifestamente inexequíveis;
IV - se encontrem acima do orçamento estimado para a contratação de que trata o § 1º do art. 57, ressalvada a hipótese prevista no *caput* do art. 34 desta Lei;
V - não tenham sua exequibilidade demonstrada, quando exigido pela empresa pública ou pela sociedade de economia mista;
VI - apresentem desconformidade com outras exigências do instrumento convocatório, salvo se for possível a acomodação a seus termos antes da adjudicação do objeto e sem que se prejudique a atribuição de tratamento isonômico entre os licitantes.

§ 1º A verificação da efetividade dos lances ou propostas poderá ser feita exclusivamente em relação aos lances e propostas mais bem classificados.

§ 2º A empresa pública e a sociedade de economia mista poderão realizar diligências para aferir a exequibilidade das propostas ou exigir dos licitantes que ela seja demonstrada, na forma do inciso V do *caput*.

§ 3º Nas licitações de obras e serviços de engenharia, consideram-se inexequíveis as propostas com valores globais inferiores a 70% (setenta por cento) do menor dos seguintes valores:

I - média aritmética dos valores das propostas superiores a 50% (cinquenta por cento) do valor do orçamento estimado pela empresa pública ou sociedade de economia mista; ou

II - valor do orçamento estimado pela empresa pública ou sociedade de economia mista.

§ 4º Para os demais objetos, para efeito de avaliação da exequibilidade ou de sobrepreço, deverão ser estabelecidos critérios de aceitabilidade de preços que considerem o preço global, os quantitativos e os preços unitários, assim definidos no instrumento convocatório.

Art. 57. Confirmada a efetividade do lance ou proposta que obteve a primeira colocação na etapa de julgamento, ou que passe a ocupar essa posição em decorrência da desclassificação de outra que tenha obtido colocação superior, a empresa pública e a sociedade de economia mista deverão negociar condições mais vantajosas com quem o apresentou.

§ 1º A negociação deverá ser feita com os demais licitantes, segundo a ordem inicialmente estabelecida, quando o preço do primeiro colocado, mesmo após a negociação, permanecer acima do orçamento estimado.

§ 2º (Vetado).

§ 3º Se depois de adotada a providência referida no § 1º deste artigo não for obtido valor igual ou inferior ao orçamento estimado para a contratação, será revogada a licitação.

Art. 58. A habilitação será apreciada exclusivamente a partir dos seguintes parâmetros:

I - exigência da apresentação de documentos aptos a comprovar a possibilidade da aquisição de direitos e da contratação de obrigações por parte do licitante;

II - qualificação técnica, restrita a parcelas do objeto técnica ou economicamente relevantes, de acordo com parâmetros estabelecidos de forma expressa no instrumento convocatório;

III - capacidade econômica e financeira;

IV - recolhimento de quantia a título de adiantamento, tratando-se de licitações em que se utilize como critério de julgamento a maior oferta de preço.

§ 1º Quando o critério de julgamento utilizado for a maior oferta de preço, os requisitos de qualificação técnica e de capacidade econômica e financeira poderão ser dispensados.

§ 2º Na hipótese do § 1º, reverterá a favor da empresa pública ou da sociedade de economia mista o valor de quantia eventualmente exigida no instrumento convocatório a título de adiantamento, caso o licitante não efetue o restante do pagamento devido no prazo para tanto estipulado.

Art. 59. Salvo no caso de inversão de fases, o procedimento licitatório terá fase recursal única.

§ 1º Os recursos serão apresentados no prazo de 5 (cinco) dias úteis após a habilitação e contemplarão, além dos atos praticados nessa fase, aqueles praticados em decorrência do disposto nos incisos IV e V do *caput* do art. 51 desta Lei.

§ 2º Na hipótese de inversão de fases, o prazo referido no § 1º será aberto após a habilitação e após o encerramento da fase prevista no inciso V do *caput* do art. 51, abrangendo o segundo prazo também atos decorrentes da fase referida no inciso IV do *caput* do art. 51 desta Lei.

Art. 60. A homologação do resultado implica a constituição de direito relativo à celebração do contrato em favor do licitante vencedor.

Art. 61. A empresa pública e a sociedade de economia mista não poderão celebrar contrato com preterição da ordem de classificação das propostas ou com terceiros estranhos à licitação.

Art. 62. Além das hipóteses previstas no § 3º do art. 57 desta Lei e no inciso II do § 2º do art. 75 desta Lei, quem dispuser de competência para homologação do resultado poderá revogar a licitação por razões de interesse público decorrentes de fato superveniente que constitua óbice manifesto e incontornável, ou anulá-la por ilegalidade, de ofício ou por provocação de terceiros, salvo quando for viável a convalidação do ato ou do procedimento viciado.

§ 1º A anulação da licitação por motivo de ilegalidade não gera obrigação de indenizar, observado o disposto no § 2º deste artigo.

§ 2º A nulidade da licitação induz à do contrato.

§ 3º Depois de iniciada a fase de apresentação de lances ou propostas, referida no inciso III do *caput* do art. 51 desta Lei, a revogação ou a anulação da licitação somente será efetivada depois de se conceder aos licitantes que manifestem interesse em contestar o respectivo ato prazo apto a lhes assegurar o exercício do direito ao contraditório e à ampla defesa.

§ 4º O disposto no *caput* e nos § 1º e 2º deste artigo aplica-se, no que couber, aos atos por meio dos quais se determine a contratação direta.

SEÇÃO VII
DOS PROCEDIMENTOS AUXILIARES DAS LICITAÇÕES

Art. 63. São procedimentos auxiliares das licitações regidas por esta Lei:

I - pré-qualificação permanente;

II - cadastramento;

III - sistema de registro de preços;

IV - catálogo eletrônico de padronização.

Parágrafo único. Os procedimentos de que trata o *caput* deste artigo obedecerão a critérios claros e objetivos definidos em regulamento.

Art. 64. Considera-se pré-qualificação permanente o procedimento anterior à licitação destinado a identificar:

› art. 36 desta lei.

I - fornecedores que reúnam condições de habilitação exigidas para o fornecimento de bem ou a execução de serviço ou obra nos prazos, locais e condições previamente estabelecidos;

II - bens que atendam às exigências técnicas e de qualidade da administração pública.

§ 1º O procedimento de pré-qualificação será público e permanentemente aberto à inscrição de qualquer interessado.

§ 2º A empresa pública e a sociedade de economia mista poderão restringir a participação em suas licitações a fornecedores ou produtos pré-qualificados, nas condições estabelecidas em regulamento.

§ 3º A pré-qualificação poderá ser efetuada nos grupos ou segmentos, segundo as especialidades dos fornecedores.

§ 4º A pré-qualificação poderá ser parcial ou total, contendo alguns ou todos os requisitos de habilitação ou técnicos necessários à contratação, assegurada, em qualquer hipótese, a igualdade de condições entre os concorrentes.

§ 5º A pré-qualificação terá validade de 1 (um) ano, no máximo, podendo ser atualizada a qualquer tempo.

§ 6º Na pré-qualificação aberta de produtos, poderá ser exigida a comprovação de qualidade.

§ 7º É obrigatória a divulgação dos produtos e dos interessados que forem pré-qualificados.

Art. 65. Os registros cadastrais poderão ser mantidos para efeito de habilitação dos inscritos em procedimentos licitatórios e serão válidos por 1 (um) ano, no máximo, podendo ser atualizados a qualquer tempo.

§ 1º Os registros cadastrais serão amplamente divulgados e ficarão permanentemente abertos para a inscrição de interessados.

§ 2º Os inscritos serão admitidos segundo requisitos previstos em regulamento.

§ 3º A atuação do licitante no cumprimento de obrigações assumidas será anotada no respectivo registro cadastral.

§ 4º A qualquer tempo poderá ser alterado, suspenso ou cancelado o registro do inscrito que deixar de satisfazer as exigências estabelecidas para habilitação ou para admissão cadastral.

Art. 66. O Sistema de Registro de Preços especificamente destinado às licitações de que trata esta Lei reger-se-á pelo disposto em decreto do Poder Executivo e pelas seguintes disposições:

§ 1º Poderá aderir ao sistema referido no *caput* qualquer órgão ou entidade responsável pela execução das atividades contempladas no art. 1º desta Lei.

§ 2º O registro de preços observará, entre outras, as seguintes condições:

I - efetivação prévia de ampla pesquisa de mercado;

II - seleção de acordo com os procedimentos previstos em regulamento;

III - desenvolvimento obrigatório de rotina de controle e atualização periódicos dos preços registrados;

IV - definição da validade do registro;

V - inclusão, na respectiva ata, do registro dos licitantes que aceitarem cotar os bens ou serviços com preços iguais ao do licitante vencedor na sequência da classificação do certame, assim como dos licitantes que mantiverem suas propostas originais.

§ 3º A existência de preços registrados não obriga a administração pública a firmar os contratos que deles poderão advir, sendo facultada a realização de licitação específica, assegurada ao licitante registrado preferência em igualdade de condições.

Art. 67. O catálogo eletrônico de padronização de compras, serviços e obras consiste em sistema informatizado, de gerenciamento centralizado, destinado a permitir a padronização dos itens a serem adquiridos pela empresa pública ou sociedade de economia mista que estarão disponíveis para a realização de licitação.

Parágrafo único. O catálogo referido no *caput* poderá ser utilizado em licitações cujo critério de julgamento seja o menor preço ou o maior desconto e conterá toda a documentação e todos os procedimentos da fase interna da licitação, assim como as especificações dos respectivos objetos, conforme disposto em regulamento.

CAPÍTULO II
DOS CONTRATOS

SEÇÃO I
DA FORMALIZAÇÃO DOS CONTRATOS

Art. 68. Os contratos de que trata esta Lei regulam-se pelas suas cláusulas, pelo disposto nesta Lei e pelos preceitos de direito privado.

Art. 69. São cláusulas necessárias nos contratos disciplinados por esta Lei:

I - o objeto e seus elementos característicos;

II - o regime de execução ou a forma de fornecimento;

III - o preço e as condições de pagamento, os critérios, a data-base e a periodicidade do reajustamento de preços e os critérios de atualização monetária entre a data do adimplemento das obrigações e a do efetivo pagamento;

IV - os prazos de início de cada etapa de execução, de conclusão, de entrega, de observação, quando for o caso, e de recebimento;

V - as garantias oferecidas para assegurar a plena execução do objeto contratual, quando exigidas, observado o disposto no art. 68;

VI - os direitos e as responsabilidades das partes, as tipificações das infrações e as respectivas penalidades e valores das multas;

VII - os casos de rescisão do contrato e os mecanismos para alteração de seus termos;

VIII - a vinculação ao instrumento convocatório da respectiva licitação ou ao termo que a dispensou ou a inexigiu, bem como ao lance ou proposta do licitante vencedor;

IX - a obrigação do contratado de manter, durante a execução do contrato, em compatibilidade com as obrigações por ele assumidas, as condições de habilitação e qualificação exigidas no curso do procedimento licitatório;

X - matriz de riscos.

§ 1º (Vetado).

§ 2º Nos contratos decorrentes de licitações de obras ou serviços de engenharia em que tenha sido adotado o modo de disputa aberto, o contratado deverá reelaborar e apresentar à empresa pública ou à sociedade de economia mista e às suas respectivas subsidiárias, por meio eletrônico, as planilhas com indicação dos quantitativos e dos custos unitários, bem como do detalhamento das Bonificações e Despesas Indiretas (BDI) e dos Encargos Sociais (ES), com os respectivos valores adequados ao lance vencedor, para fins do disposto no inciso III do *caput* deste artigo.

Art. 70. Poderá ser exigida prestação de garantia nas contratações de obras, serviços e compras.

§ 1º Caberá ao contratado optar por uma das seguintes modalidades de garantia:

I - caução em dinheiro;

II - seguro-garantia;

III - fiança bancária.

§ 2º A garantia a que se refere o *caput* não excederá a 5% (cinco por cento) do valor do contrato e terá seu valor atualizado nas mesmas condições nele estabelecidas, ressalvado o previsto no § 3º deste artigo.

§ 3º Para obras, serviços e fornecimentos de grande vulto envolvendo complexidade técnica e riscos financeiros elevados, o limite de garantia previsto no § 2º poderá ser elevado para até 10% (dez por cento) do valor do contrato.

§ 4º A garantia prestada pelo contratado será liberada ou restituída após a execução do contrato, devendo ser atualizada monetariamente na hipótese do inciso I do § 1º deste artigo.

Art. 71. A duração dos contratos regidos por esta Lei não excederá a 5 (cinco) anos, contados a partir de sua celebração, exceto:

I - para projetos contemplados no plano de negócios e investimentos da empresa pública ou da sociedade de economia mista;

II - nos casos em que a pactuação por prazo superior a 5 (cinco) anos seja prática rotineira de mercado e a imposição desse prazo inviabilize ou onere excessivamente a realização do negócio.

Parágrafo único. É vedado o contrato por prazo indeterminado.

Art. 72. Os contratos regidos por esta Lei somente poderão ser alterados por acordo entre as partes, vedando-se ajuste que resulte em violação da obrigação de licitar.

Art. 73. A redução a termo do contrato poderá ser dispensada no caso de pequenas despesas de pronta entrega e pagamento das quais não resultem obrigações futuras por parte da empresa pública ou da sociedade de economia mista.

Parágrafo único. O disposto no *caput* não prejudicará o registro contábil exaustivo dos valores despendidos e a exigência de recibo por parte dos respectivos destinatários.

Art. 74. É permitido a qualquer interessado o conhecimento dos termos do contrato e a obtenção de cópia autenticada de seu inteiro teor ou de qualquer de suas partes, admitida a exigência de ressarcimento dos custos, nos termos previstos na Lei nº 12.527, de 18 de novembro de 2011.

Art. 75. A empresa pública e a sociedade de economia mista convocarão o licitante vencedor ou o destinatário de contratação com dispensa ou inexigibilidade de licitação para assinar o termo de contrato, observados o prazo e as condições estabelecidos, sob pena de decadência do direito à contratação.

§ 1º O prazo de convocação poderá ser prorrogado 1 (uma) vez, por igual período.

§ 2º É facultado à empresa pública ou à sociedade de economia mista, quando o convocado não assinar o termo de contrato no prazo e nas condições estabelecidos:

I - convocar os licitantes remanescentes, na ordem de classificação, para fazê-lo em igual prazo e nas mesmas condições propostas pelo primeiro classificado, inclusive quanto aos preços atualizados em conformidade com o instrumento convocatório;

II - revogar a licitação.

Art. 76. O contratado é obrigado a reparar, corrigir, remover, reconstruir ou substituir, às suas expensas, no total ou em parte, o objeto do contrato em que se verificarem vícios, defeitos ou incorreções resultantes da execução ou de materiais empregados, e responderá por danos causados diretamente a terceiros ou à empresa pública ou sociedade de economia mista, independentemente da comprovação de sua culpa ou dolo na execução do contrato.

Art. 77. O contratado é responsável pelos encargos trabalhistas, fiscais e comerciais resultantes da execução do contrato.

§ 1º A inadimplência do contratado quanto aos encargos trabalhistas, fiscais e comerciais não transfere à empresa pública ou à sociedade de economia mista a responsabilidade por seu pagamento, nem poderá onerar o objeto do contrato ou restringir a regularização e o uso das obras e edificações, inclusive perante o Registro de Imóveis.

§ 2º (Vetado).

Art. 78. O contratado, na execução do contrato, sem prejuízo das responsabilidades contratuais e legais, poderá subcontratar partes da obra, serviço ou fornecimento, até o limite admitido, em cada caso, pela empresa pública ou pela sociedade de economia mista, conforme previsto no edital do certame.

§ 1º A empresa subcontratada deverá atender, em relação ao objeto da subcontratação, as exigências de qualificação técnica impostas ao licitante vencedor.

§ 2º É vedada a subcontratação de empresa ou consórcio que tenha participado:

I - do procedimento licitatório do qual se originou a contratação;

II - direta ou indiretamente, da elaboração de projeto básico ou executivo.

§ 3º As empresas de prestação de serviços técnicos especializados deverão garantir que os integrantes de seu corpo técnico executem pessoal e diretamente as obrigações a eles imputadas, quando a respectiva relação for apresentada em procedimento licitatório ou em contratação direta.

Art. 79. Na hipótese do § 6º do art. 54, quando não for gerada a economia prevista no lance ou proposta, a diferença entre a economia contratada e a efetivamente obtida será descontada da remuneração do contratado.

Parágrafo único. Se a diferença entre a economia contratada e a efetivamente obtida for superior à remuneração do contratado, será aplicada a sanção prevista no contrato, nos termos do inciso VI do *caput* do art. 69 desta Lei.

Art. 80. Os direitos patrimoniais e autorais de projetos ou serviços técnicos especializados desenvolvidos por profissionais autônomos ou por empresas contratadas passam a ser propriedade da empresa pública ou sociedade de economia mista que os tenha contratado, sem prejuízo da preservação da identificação dos respectivos autores e da responsabilidade técnica a eles atribuída.

SEÇÃO II
DA ALTERAÇÃO DOS CONTRATOS

Art. 81. Os contratos celebrados nos regimes previstos nos incisos I a V do art. 43 contarão com cláusula que estabeleça a possibilidade de alteração, por acordo entre as partes, nos seguintes casos:

I - quando houver modificação do projeto ou das especificações, para melhor adequação técnica aos seus objetivos;

II - quando necessária a modificação do valor contratual em decorrência de acréscimo ou diminuição quantitativa de seu objeto, nos limites permitidos por esta Lei;

III - quando conveniente a substituição da garantia de execução;

IV - quando necessária a modificação do regime de execução da obra ou serviço, bem como do modo de fornecimento, em face de verificação técnica da inaplicabilidade dos termos contratuais originários;

V - quando necessária a modificação da forma de pagamento, por imposição de circunstâncias supervenientes, mantido o valor inicial atualizado, vedada a antecipação do pagamento, com relação ao cronograma financeiro fixado, sem a correspondente contraprestação de fornecimento de bens ou execução de obra ou serviço;

VI - para restabelecer a relação que as partes pactuaram inicialmente entre os encargos do contratado e a retribuição da administração para a justa remuneração da obra, serviço ou fornecimento, objetivando a manutenção do equilíbrio econômico-financeiro inicial do contrato, na hipótese de sobrevirem fatos imprevisíveis, ou previsíveis porém de consequências incalculáveis, retardadores ou impeditivos da execução do ajustado, ou, ainda, em caso de força maior, caso fortuito ou fato do príncipe, configurando álea econômica extraordinária e extracontratual.

§ 1º O contratado poderá aceitar, nas mesmas condições contratuais, os acréscimos ou supressões que se fizerem nas obras, serviços ou compras, até 25% (vinte e cinco por cento) do valor inicial atualizado do contrato, e, no caso particular de reforma de edifício ou de equipamento, até o limite de 50% (cinquenta por cento) para os seus acréscimos.

§ 2º Nenhum acréscimo ou supressão poderá exceder os limites estabelecidos no § 1º, salvo as supressões resultantes de acordo celebrado entre os contratantes.

§ 3º Se no contrato não houverem sido contemplados preços unitários para obras ou serviços, esses serão fixados mediante acordo entre as partes, respeitados os limites estabelecidos no § 1º.

§ 4º No caso de supressão de obras, bens ou serviços, se o contratado já houver adquirido os materiais e posto no local dos trabalhos, esses materiais deverão ser pagos pela empresa pública ou sociedade de economia mista pelos custos de aquisição regularmente comprovados e monetariamente corrigidos, podendo caber indenização por outros danos eventualmente decorrentes da supressão, desde que regularmente comprovados.

§ 5º A criação, a alteração ou a extinção de quaisquer tributos ou encargos legais, bem como a superveniência de disposições legais, quando ocorridas após a data da apresentação da proposta, com comprovada repercussão nos preços contratados, implicarão a revisão destes para mais ou para menos, conforme o caso.

§ 6º Em havendo alteração do contrato que aumente os encargos do contratado, a empresa pública ou a sociedade de economia mista deverá restabelecer, por aditamento, o equilíbrio econômico-financeiro inicial.

§ 7º A variação do valor contratual para fazer face ao reajuste de preços previsto no próprio contrato e as atualizações, compensações ou penalizações financeiras decorrentes das condições de pagamento nele previstas, bem como o empenho de dotações orçamentárias suplementares até o limite do seu valor corrigido, não caracterizam alteração do contrato e podem ser registrados por simples apostila, dispensada a celebração de aditamento.

§ 8º É vedada a celebração de aditivos decorrentes de eventos supervenientes alocados, na matriz de riscos, como de responsabilidade da contratada.

SEÇÃO III
DAS SANÇÕES ADMINISTRATIVAS

Art. 82. Os contratos devem conter cláusulas com sanções administrativas a serem aplicadas em decorrência de atraso injustificado na execução do contrato, sujeitando o contratado a multa de mora, na forma prevista no instrumento convocatório ou no contrato.

§ 1º A multa a que alude este artigo não impede que a empresa pública ou a sociedade de economia mista rescinda o contrato e aplique as outras sanções previstas nesta Lei.

§ 2º A multa, aplicada após regular processo administrativo, será descontada da garantia do respectivo contratado.

§ 3º Se a multa for de valor superior ao valor da garantia prestada, além da perda desta, responderá o contratado pela sua diferença, a qual será descontada dos pagamentos eventualmente devidos pela empresa pública ou pela sociedade de economia mista ou, ainda, quando for o caso, cobrada judicialmente.

Art. 83. Pela inexecução total ou parcial do contrato a empresa pública ou a sociedade de economia mista poderá, garantida a prévia defesa, aplicar ao contratado as seguintes sanções:

I - advertência;

II - multa, na forma prevista no instrumento convocatório ou no contrato;

III - suspensão temporária de participação em licitação e impedimento de contratar com a entidade sancionadora, por prazo não superior a 2 (dois) anos.

§ 1º Se a multa aplicada for superior ao valor da garantia prestada, além da perda desta, responderá o contratado pela sua diferença, que será descontada dos pagamentos eventualmente devidos pela empresa pública ou pela sociedade de economia mista ou cobrada judicialmente.

§ 2º As sanções previstas nos incisos I e III do *caput* poderão ser aplicadas juntamente com a do inciso II, devendo a defesa prévia do interessado, no respectivo processo, ser apresentada no prazo de 10 (dez) dias úteis.

Art. 84. As sanções previstas no inciso III do art. 83 poderão também ser aplicadas às empresas ou aos profissionais que, em razão dos contratos regidos por esta Lei:

I - tenham sofrido condenação definitiva por praticarem, por meios dolosos, fraude fiscal no recolhimento de quaisquer tributos;

II - tenham praticado atos ilícitos visando a frustrar os objetivos da licitação;

III - demonstrem não possuir idoneidade para contratar com a empresa pública ou a sociedade de economia mista em virtude de atos ilícitos praticados.

CAPÍTULO III
DA FISCALIZAÇÃO PELO ESTADO E PELA SOCIEDADE

Art. 85. Os órgãos de controle externo e interno das 3 (três) esferas de governo fiscalizarão as empresas públicas e as sociedades de economia mista a elas relacionadas, inclusive aquelas domiciliadas no exterior, quanto à legitimidade, à economicidade e à eficácia da aplicação de seus recursos, sob o ponto de vista contábil, financeiro, operacional e patrimonial.

§ 1º Para a realização da atividade fiscalizatória de que trata o *caput*, os órgãos de controle deverão ter acesso irrestrito aos documentos e às informações necessários à realização dos trabalhos, inclusive aqueles classificados como sigilosos pela empresa pública ou pela sociedade de economia mista, nos termos da Lei nº 12.527, de 18 de novembro de 2011.

▸ arts. 5º, XXXIII; 37, § 3º, II; 216, § 2º, CF.

§ 2º O grau de confidencialidade será atribuído pelas empresas públicas e sociedades de economia mista no ato de entrega dos documentos e informações solicitados, tornando-se o órgão de controle com o qual foi compartilhada a informação sigilosa corresponsável pela manutenção do seu sigilo.

§ 3º Os atos de fiscalização e controle dispostos neste Capítulo aplicar-se-ão, também, às empresas públicas e às sociedades de economia mista de caráter e constituição transnacional no que se refere aos atos de gestão e aplicação do capital nacional, independentemente de estarem incluídos ou não em seus respectivos atos e acordos constitutivos.

Art. 86. As informações das empresas públicas e das sociedades de economia mista relativas a licitações e contratos, inclusive aqueles referentes a bases de preços, constarão de bancos de dados eletrônicos atualizados e com acesso em tempo real aos órgãos de controle competentes.

§ 1º As demonstrações contábeis auditadas da empresa pública e da sociedade de economia mista serão disponibilizadas no sítio eletrônico da empresa ou da sociedade na internet, inclusive em formato eletrônico editável.

§ 2º As atas e demais expedientes oriundos de reuniões, ordinárias ou extraordinárias, dos conselhos de administração ou fiscal das empresas públicas e das sociedades de economia mista, inclusive gravações e filmagens, quando houver, deverão ser disponibilizados para os órgãos de controle sempre que solicitados, no âmbito dos trabalhos de auditoria.

§ 3º O acesso dos órgãos de controle às informações referidas no *caput* e no § 2º será restrito e individualizado.

§ 4º As informações que sejam revestidas de sigilo bancário, estratégico, comercial ou industrial serão assim identificadas, respondendo o servidor administrativa, civil e penalmente pelos danos causados à empresa pública ou à sociedade de economia mista e a seus acionistas em razão de eventual divulgação indevida.

§ 5º Os critérios para a definição do que deve ser considerado sigilo estratégico, comercial ou industrial serão estabelecidos em regulamento.

Art. 87. O controle das despesas decorrentes dos contratos e demais instrumentos regidos por esta Lei será feito pelos órgãos do sistema de controle interno e pelo tribunal de contas competente, na forma da legislação pertinente, ficando as empresas públicas e as sociedades de economia mista responsáveis pela demonstração da legalidade e da regularidade da despesa e da execução, nos termos da Constituição.

§ 1º Qualquer cidadão é parte legítima para impugnar edital de licitação por irregularidade na aplicação desta Lei, devendo protocolar o pedido até 5 (cinco) dias úteis antes da data fixada para a ocorrência do certame, devendo a entidade julgar e responder à impugnação em até 3 (três) dias úteis, sem prejuízo da faculdade prevista no § 2º.

§ 2º Qualquer licitante, contratado ou pessoa física ou jurídica poderá representar ao tribunal de contas ou aos órgãos integrantes do sistema de controle interno contra irregularidades na aplicação desta Lei, para os fins do disposto neste artigo.

§ 3º Os tribunais de contas e os órgãos integrantes do sistema de controle interno poderão solicitar para exame, a qualquer tempo, documentos de natureza contábil, financeira, orçamentária, patrimonial e operacional das empresas públicas, das sociedades de economia mista e de suas subsidiárias no Brasil e no exterior, obrigando-se, os jurisdicionados, à adoção das medidas corretivas pertinentes que, em função desse exame, lhes forem determinadas.

Art. 88. As empresas públicas e as sociedades de economia mista deverão disponibilizar para conhecimento público, por meio eletrônico, informação completa mensalmente atualizada sobre a execução de seus contratos e de seu orçamento, admitindo-se retardo de até 2 (dois) meses na divulgação das informações.

§ 1º A disponibilização de informações contratuais referentes a operações de perfil estratégico ou que tenham por objeto segredo industrial receberá proteção mínima necessária para lhes garantir confidencialidade.

§ 2º O disposto no § 1º não será oponível à fiscalização dos órgãos de controle interno e do tribunal de contas, sem prejuízo da responsabilização administrativa, civil e penal do servidor que der causa à eventual divulgação dessas informações.

Art. 89. O exercício da supervisão por vinculação da empresa pública ou da sociedade de economia mista, pelo órgão a que se vincula, não pode ensejar a redução ou a supressão da autonomia conferida pela lei específica que autorizou a criação da entidade supervisionada ou da autonomia inerente a sua natureza, nem autoriza a ingerência do supervisor em sua administração e funcionamento, devendo a supervisão ser exercida nos limites da legislação aplicável.

Art. 90. As ações e deliberações do órgão ou ente de controle não podem implicar interferência na gestão das empresas públicas e das sociedades de economia mista a ele submetidas nem ingerência no exercício de suas competências ou na definição de políticas públicas.

TÍTULO III
DISPOSIÇÕES FINAIS E TRANSITÓRIAS

Art. 91. A empresa pública e a sociedade de economia mista constituídas anteriormente à vigência desta Lei deverão, no prazo de 24 (vinte e quatro) meses, promover as adaptações necessárias à adequação ao disposto nesta Lei.

§ 1º A sociedade de economia mista que tiver capital fechado na data de entrada em vigor desta Lei poderá, observado o prazo estabelecido no *caput*, ser transformada em empresa pública, mediante resgate, pela empresa, da totalidade das ações de titularidade de acionistas privados, com base no valor de patrimônio líquido constante do último balanço aprovado pela assembleia-geral.

§ 2º (Vetado).

§ 3º Permanecem regidos pela legislação anterior procedimentos licitatórios e contratos iniciados ou celebrados até o final do prazo previsto no *caput*.

Art. 92. O Registro Público de Empresas Mercantis e Atividades Afins manterá banco de dados público e gratuito, disponível na internet, contendo a relação de todas as empresas públicas e as sociedades de economia mista.

Parágrafo único. É a União proibida de realizar transferência voluntária de recursos a Estados, ao Distrito Federal e a Municípios que não fornecerem ao Registro Público de Empresas Mercantis e Atividades Afins as informações relativas às empresas públicas e às sociedades de economia mista a eles vinculadas.

Art. 93. As despesas com publicidade e patrocínio da empresa pública e da sociedade de economia mista não ultrapassarão, em cada exercício, o limite de

0,5% (cinco décimos por cento) da receita operacional bruta do exercício anterior.

§ 1º O limite disposto no *caput* poderá ser ampliado, até o limite de 2% (dois por cento) da receita bruta do exercício anterior, por proposta da diretoria da empresa pública ou da sociedade de economia mista justificada com base em parâmetros de mercado do setor específico de atuação da empresa ou da sociedade e aprovada pelo respectivo Conselho de Administração.

§ 2º É vedado à empresa pública e à sociedade de economia mista realizar, em ano de eleição para cargos do ente federativo a que sejam vinculadas, despesas com publicidade e patrocínio que excedam a média dos gastos nos 3 (três) últimos anos que antecedem o pleito ou no último ano imediatamente anterior à eleição.

Art. 94. Aplicam-se à empresa pública, à sociedade de economia mista e às suas subsidiárias as sanções previstas na Lei nº 12.846, de 1º de agosto de 2013, salvo as previstas nos incisos II, III e IV do *caput* do art. 19 da referida Lei.

Art. 95. A estratégia de longo prazo prevista no art. 23 deverá ser aprovada em até 180 (cento e oitenta) dias da data de publicação da presente Lei.

Art. 96. Revogam-se:

I - o § 2º do art. 15 da Lei nº 3.890-A, de 25 de abril de 1961, com a redação dada pelo art. 19 da Lei nº 11.943, de 28 de maio de 2009;

II - os arts. 67 e 68 da Lei nº 9.478, de 6 de agosto de 1997.

Art. 97. Esta Lei entra em vigor na data de sua publicação.

Brasília, 30 de junho de 2016;
195º da Independência e 128º da República.

Michel Temer

LEI N. 8.906, DE 04 DE JULHO DE 1994

Dispõe sobre o Estatuto da Advocacia e da Ordem dos Advogados do Brasil (OAB).

‣ DOU, 05.07.1994.

O PRESIDENTE DA REPÚBLICA

Faço saber que o Congresso Nacional decreta e eu sanciono a seguinte lei:

TÍTULO I
DA ADVOCACIA

CAPÍTULO I
DA ATIVIDADE DE ADVOCACIA

‣ art. 5º, Regulamento Geral.

Art. 1º São atividades privativas de advocacia:

‣ art. 133, CF.

‣ art. 103, NCPC.

‣ Súm. Vinc. 5, STF.

‣ Súm. 343, STF.

I - a postulação a qualquer órgão do Poder Judiciário e aos juizados especiais;

‣ O STF julgou procedente a ADIn 1.127-8 (DOU, 26.05.2006)para declarar a inconstitucionalidade da expressão "qualquer" contida neste inciso.

II - as atividades de consultoria, assessoria e direção jurídicas.

§ 1º Não se inclui na atividade privativa de advocacia a impetração de *habeas corpus* em qualquer instância ou tribunal.

§ 2º Os atos e contratos constitutivos de pessoas jurídicas, sob pena de nulidade, só podem ser admitidos a registro, nos órgãos competentes, quando visados por advogados.

‣ art. 9º, § 2º, LC 123/2006 (Estatuto Nacional da Microempresa e da Empresa de Pequeno Porte).

§ 3º É vedada a divulgação de advocacia em conjunto com outra atividade.

Art. 2º O advogado é indispensável à administração da justiça.

§ 1º No seu ministério privado, o advogado presta serviço público e exerce função social.

§ 2º No processo judicial, o advogado contribui, na postulação de decisão favorável ao seu constituinte, ao convencimento do julgador, e seus atos constituem múnus público.

§ 3º No exercício da profissão, o advogado é inviolável por seus atos e manifestações, nos limites desta lei.

Art. 3º O exercício da atividade de advocacia no território brasileiro e a denominação de advogado são privativos dos inscritos na Ordem dos Advogados do Brasil (OAB),

§ 1º Exercem atividade de advocacia, sujeitando-se ao regime desta lei, além do regime próprio a que se subordinem, os integrantes da Advocacia-Geral da União, da Procuradoria da Fazenda Nacional, da Defensoria Pública e das Procuradorias e Consultorias Jurídicas dos Estados, do Distrito Federal, dos Municípios e das respectivas entidades de administração indireta e fundacional.

§ 2º O estagiário de advocacia, regularmente inscrito, pode praticar os atos previstos no art. 1º, na forma do regimento geral, em conjunto com advogado e sob responsabilidade deste.

Art. 3º-A. Os serviços profissionais de advogado são, por sua natureza, técnicos e singulares, quando comprovada sua notória especialização, nos termos da lei.

Parágrafo único. Considera-se notória especialização o profissional ou a sociedade de advogados cujo conceito no campo de sua especialidade, decorrente de desempenho anterior, estudos, experiências, publicações, organização, aparelhamento, equipe técnica ou de outros requisitos relacionados com suas atividades, permita inferir que o seu trabalho é essencial e indiscutivelmente o mais adequado à plena satisfação do objeto do contrato. (Acrescido pela Lei 14.039/2020)

Art. 4º São nulos os atos privativos de advogado praticados por pessoa não inscrita na OAB, sem prejuízo das sanções civis, penais e administrativas.

Parágrafo único. São também nulos os atos praticados por advogado impedido - no âmbito do impedimento - suspenso, licenciado ou que passar a exercer atividade incompatível com a advocacia.

Art. 5º O advogado postula, em juízo ou fora dele, fazendo prova do mandato.

§ 1º O advogado, afirmando urgência, pode atuar sem procuração, obrigando-se a apresentá-la no prazo de quinze dias, prorrogável por igual período.

§ 2º A procuração para o foro em geral habilita o advogado a praticar todos os atos judiciais, em qualquer juízo ou instância, salvo os que exijam poderes especiais.

§ 3º O advogado que renunciar ao mandato continuará, durante os dez dias seguintes à notificação da renúncia, a representar o mandante, salvo se for substituído antes do término desse prazo.

CAPÍTULO II
DOS DIREITOS DO ADVOGADO

Art. 6º Não há hierarquia nem subordinação entre advogados, magistrados e membros do Ministério Público, devendo todos tratar-se com consideração e respeito recíprocos.

Parágrafo único. As autoridades, os servidores públicos e os serventuários da justiça devem dispensar ao advogado, no exercício da profissão, tratamento compatível com a dignidade da advocacia e condições adequadas a seu desempenho.

‣ Súm. Vinc. 14, STF.

Art. 7º São direitos do advogado:

I - exercer, com liberdade, a profissão em todo o território nacional;

II - a inviolabilidade de seu escritório ou local de trabalho, bem como de seus instrumentos de trabalho, de sua correspondência escrita, eletrônica, telefônica e telemática, desde que relativas ao exercício da advocacia; (Redação dada pela Lei 11.767/2008.)

III - comunicar-se com seus clientes, pessoal e reservadamente, mesmo sem procuração, quando estes se acharem presos, detidos ou recolhidos em estabelecimentos civis ou militares, ainda que considerados incomunicáveis;

IV - ter a presença de representante da OAB, quando preso em flagrante, por motivo ligado ao exercício da advocacia, para lavratura do auto respectivo, sob pena de nulidade e, nos demais casos, a comunicação expressa à seccional da OAB;

V - não ser recolhido preso, antes de sentença transitada em julgado, senão em sala de Estado Maior, com instalações e comodidades condignas, assim reconhecidas pela OAB, e, na sua falta, em prisão domiciliar;

‣ O STF julgou procedente a ADIn 1.127-8 (DOU, 26.05.2006) para declarar a inconstitucionalidade da expressão "assim reconhedias pela OAB", contida neste inciso.

VI - ingressar livremente:

a) nas salas de sessões dos tribunais, mesmo além dos cancelos que separam a parte reservada aos magistrados;

b) nas salas e dependências de audiências, secretarias, cartórios, ofícios de justiça, serviços notariais e de registro, e, no caso de delegacias e prisões, mesmo fora da hora de expediente e independentemente da presença de seus titulares;

c) em qualquer edifício ou recinto em que funcione repartição judicial ou outro serviço público onde o advogado deva praticar ato ou colher prova ou informação útil ao exercício da atividade profissional, dentro do expediente ou fora dele, e ser atendido, desde que se ache presente qualquer servidor ou empregado;

d) em qualquer assembleia ou reunião de que participe ou possa participar o seu cliente, ou perante a qual este deva comparecer, desde que munido de poderes especiais;

VII - permanecer sentado ou em pé e retirar-se de quaisquer locais indicados no inciso anterior, independentemente de licença;

VIII - dirigir-se diretamente aos magistrados nas salas e gabinetes de trabalho, independentemente de horário previamente marcado ou outra condição, observando-se a ordem de chegada;

IX - sustentar oralmente as razões de qualquer recurso ou processo, nas sessões de julgamento, após o voto do relator, em instância judicial ou administrativa, pelo prazo de quinze minutos, salvo se prazo maior for concedido;

- O STF julgou procedente as ADIns 1.127-8 (DOU, 26.05.2006) e 1.105-7 (26.05.2006) para declarar a inconstitucionalidade deste inciso.

X - usar da palavra, pela ordem, em qualquer juízo ou tribunal, mediante intervenção sumária, para esclarecer equívoco ou dúvida surgida em relação a fatos, documentos ou afirmações que influam no julgamento, bem como para replicar acusação ou censura que lhe forem feitas;

XI - reclamar, verbalmente ou por escrito, perante qualquer juízo, tribunal ou autoridade, contra a inobservância de preceito de lei, regulamento ou regimento;

XII - falar, sentado ou em pé, em juízo, tribunal ou órgão de deliberação coletiva da Administração Pública ou do Poder Legislativo;

XIII - examinar, em qualquer órgão dos Poderes Judiciário e Legislativo, ou da Administração Pública em geral, autos de processos findos ou em andamento, mesmo sem procuração, quando não estiverem sujeitos a sigilo ou segredo de justiça, assegurada a obtenção de cópias, com possibilidade de tomar apontamentos; (Redação dada pela Lei 13.793/2019)

- Súm. Vinc. 14, STF.

XIV - examinar, em qualquer instituição responsável por conduzir investigação, mesmo sem procuração, autos de flagrante e de investigações de qualquer natureza, findos ou em andamento, ainda que conclusos à autoridade, podendo copiar peças e tomar apontamentos, em meio físico ou digital; (Alterado pela Lei 13.245/2016.)

- Súm. Vinc. 14, STF.

XV - ter vista dos processos judiciais ou administrativos de qualquer natureza, em cartório ou na repartição competente, ou retirá-los pelos prazos legais;

XVI - retirar autos de processos findos, mesmo sem procuração, pelo prazo de dez dias;

XVII - ser publicamente desagravado, quando ofendido no exercício da profissão ou em razão dela;

XVIII - usar os símbolos privativos da profissão de advogado;

XIX - recusar-se a depor como testemunha em processo no qual funcionou ou deva funcionar, ou sobre fato relacionado com pessoa de quem seja ou foi advogado, mesmo quando autorizado ou solicitado pelo constituinte, bem como sobre fato que constitua sigilo profissional;

XX - retirar-se do recinto onde se encontre aguardando pregão para ato judicial, após trinta minutos do horário designado e ao qual ainda não tenha comparecido a autoridade que deva presidir a ele, mediante comunicação protocolizada em juízo;

XXI - assistir a seus clientes investigados durante a apuração de infrações, sob pena de nulidade absoluta do respectivo interrogatório ou depoimento e, subsequentemente, de todos os elementos investigatórios e probatórios dele decorrentes ou derivados, direta ou indiretamente, podendo, inclusive, no curso da respectiva apuração: (Acrescentado pela Lei 13.245/2016.)

a) apresentar razões e quesitos;

b) (Vetado). (Acrescentado pela Lei 13.245/2016.)

§ 1º Não se aplica o disposto nos incisos XV e XVI:

1) aos processos sob regime de segredo de justiça;

2) quando existirem nos autos documentos originais de difícil restauração ou ocorrer circunstância relevante que justifique a permanência dos autos no cartório, secretaria ou repartição, reconhecida pela autoridade em despacho motivado, proferido de ofício, mediante representação ou a requerimento da parte interessada;

3) até o encerramento do processo, ao advogado que houver deixado de devolver os respectivos autos no prazo legal, e só o fizer depois de intimado.

§ 2º O advogado tem imunidade profissional, não constituindo injúria, difamação ou desacato puníveis qualquer manifestação de sua parte, no exercício de sua atividade, em juízo ou fora dele, sem prejuízo das sanções disciplinares perante a OAB, pelos excessos que cometer.

- O STF julgou procedente a ADIn 1.127-8 (DOU, 26.05.2006)para declarar inconstitucional a expressão "ou desacato" presente neste parágrafo.

§ 3º O advogado somente poderá ser preso em flagrante, por motivo de exercício da profissão, em caso de crime inafiançável, observado o disposto no inciso IV deste artigo.

§ 4º O Poder Judiciário e o Poder Executivo devem instalar, em todos os juizados, fóruns, tribunais, delegacias de polícia e presídios, salas especiais permanentes para os advogados, com uso e controle assegurados à OAB.

- O STF julgou procedente a ADIn 1.127-8 (DOU, 26.05.2006)para declarar inconstitucional a expressão "e controle" presente neste parágrafo.

§ 5º No caso de ofensa a inscrito na OAB, no exercício da profissão ou de cargo ou função de órgão da OAB, o conselho competente deve promover o desagravo público do ofendido, sem prejuízo da responsabilidade criminal em que incorrer o infrator.

§ 6º Presentes indícios de autoria e materialidade da prática de crime por parte de advogado, a autoridade judiciária competente poderá decretar a quebra da inviolabilidade de que trata o inciso II do *caput* deste artigo, em decisão motivada, expedindo mandado de busca e apreensão, específico e pormenorizado, a ser cumprido na presença de representante da OAB, sendo, em qualquer hipótese, vedada a utilização dos documentos, das mídias e dos objetos pertencentes a clientes do advogado averiguado, bem como dos demais instrumentos de trabalho que contenham informações sobre clientes. (Incluído pela Lei 11.767/2008)

§ 7º A ressalva constante do § 6º deste artigo não se estende a clientes do advogado averiguado que estejam sendo formalmente investigados como seus partícipes ou coautores pela prática do mesmo crime que deu causa à quebra da inviolabilidade. (Incluído pela Lei 11.767/2008)

§§ 8º e 9º (Vetados.) (Incluídos pela Lei 11.767/2008.)

§ 10. Nos autos sujeitos a sigilo, deve o advogado apresentar procuração para o exercício dos direitos de que trata o inciso XIV. (Acrescentado pela Lei 13.245/2016.)

§ 11. No caso previsto no inciso XIV, a autoridade competente poderá delimitar o acesso do advogado aos elementos de prova relacionados a diligências em andamento e ainda não documentados nos autos, quando houver risco de comprometimento da eficiência, da eficácia ou da finalidade das diligências. (Acrescentado pela Lei 13.245/2016.)

§ 12. A inobservância aos direitos estabelecidos no inciso XIV, o fornecimento incompleto de autos ou o fornecimento de autos em que houve a retirada de peças já incluídas no caderno investigativo implicará responsabilização criminal e funcional por abuso de autoridade do responsável que impedir o acesso do advogado com o intuito de prejudicar o exercício da defesa, sem prejuízo do direito subjetivo do advogado de requerer acesso aos autos ao juiz competente. (Acrescentado pela Lei 13.245/2016.)

§ 13. O disposto nos incisos XIII e XIV do *caput* deste artigo aplica-se integralmente a processos e a procedimentos eletrônicos, ressalvado o disposto nos §§ 10 e 11 deste artigo. (Inserido pela Lei 13.793/2019)

Art. 7º-A. São direitos da advogada: (Acrescentado pela Lei 13.363/2016.)

I - gestante: (Acrescentado pela Lei 13.363/2016.)

a) entrada em tribunais sem ser submetida a detectores de metais e aparelhos de raios X;

b) reserva de vaga em garagens dos fóruns dos tribunais;

II - lactante, adotante ou que der à luz, acesso a creche, onde houver, ou a local adequado ao atendimento das necessidades do bebê; (Acrescentado pela Lei 13.363/2016.)

III - gestante, lactante, adotante ou que der à luz, preferência na ordem das sustentações orais e das audiências a serem realizadas a cada dia, mediante comprovação de sua condição; (Acrescentado pela Lei 13.363/2016.)

IV - adotante ou que der à luz, suspensão de prazos processuais quando for a única patrona da causa, desde que haja notificação por escrito ao cliente. (Acrescentado pela Lei 13.363/2016.)

§ 1º Os direitos previstos à advogada gestante ou lactante aplicam-se enquanto perdurar, respectivamente, o estado gravídico ou o período de amamentação. (Acrescentado pela Lei 13.363/2016.)

§ 2º Os direitos assegurados nos incisos II e III deste artigo à advogada adotante ou que der à luz serão concedidos pelo prazo previsto no art. 392 do Decreto-Lei n. 5.452, de 1º de maio de 1943 (Consolidação das Leis do Trabalho). (Acrescentado pela Lei 13.363/2016.)

§ 3º O direito assegurado no inciso IV deste artigo à advogada adotante ou que der à luz será concedido pelo prazo previsto no § 6º do art. 313 da Lei n. 13.105, de 16 de março de 2015 (Código de Processo Civil). (Acrescentado pela Lei 13.363/2016.)

Art. 7º-B. Constitui crime violar direito ou prerrogativa de advogado previstos nos incisos II, III, IV e V do *caput* do art. 7º desta Lei: *(Artigo vetado pelo Presidente da República na Lei 13.869/2019, mantido pelo Congresso Nacional, publicado em 30.09.2019)*

Pena - detenção, de 3 (três) meses a 1 (um) ano, e multa.

CAPÍTULO III
DA INSCRIÇÃO

Art. 8º Para inscrição como advogado é necessário:

I - capacidade civil;

II - diploma ou certidão de graduação em direito, obtido em instituição de ensino oficialmente autorizada e credenciada;

III - título de eleitor e quitação do serviço militar, se brasileiro;

IV - aprovação em Exame de Ordem;

› Prov. 144/2011 do Conselho Federal da OAB (Dispõe sobre o Exame de Ordem).

V - não exercer atividade incompatível com a advocacia;

VI - idoneidade moral;

VII - prestar compromisso perante o conselho.

§ 1º O Exame da Ordem é regulamentado em provimento do Conselho Federal da OAB.

› Prov. 144/2011 do Conselho Federal da OAB (Dispõe sobre o Exame de Ordem).

§ 2º O estrangeiro ou brasileiro, quando não graduado em direito no Brasil, deve fazer prova do título de graduação, obtido em instituição estrangeira, devidamente revalidado, além de atender aos demais requisitos previstos neste artigo.

› Prov. 129/2008, Conselho Federal da OAB (Regulamenta inscrição de advogados de nacionalidade portuguesa na OAB).

§ 3º A inidoneidade moral, suscitada por qualquer pessoa, deve ser declarada mediante decisão que obtenha no mínimo dois terços dos votos de todos os membros do conselho competente, em procedimento que observe os termos do processo disciplinar.

§ 4º Não atende ao requisito de idoneidade moral aquele que tiver sido condenado por crime infamante, salvo reabilitação judicial.

Art. 9º Para inscrição como estagiário é necessário:

I - preencher os requisitos mencionados nos incisos I, III, V, VI e VII do art. 8º;

II - ter sido admitido em estágio profissional de advocacia.

§ 1º O estágio profissional de advocacia, com duração de dois anos, realizado nos últimos anos do curso jurídico, pode ser mantido pelas respectivas instituições de ensino superior pelos Conselhos da OAB, ou por setores, órgãos jurídicos e escritórios de advocacia credenciados pela OAB, sendo obrigatório o estudo deste Estatuto e do Código de Ética e Disciplina.

§ 2º A inscrição do estagiário é feita no Conselho Seccional em cujo território se localize seu curso jurídico.

§ 3º O aluno de curso jurídico que exerça atividade incompatível com a advocacia pode frequentar o estágio ministrado pela respectiva instituição de ensino superior, para fins de aprendizagem, vedada a inscrição na OAB.

§ 4º O estágio profissional poderá ser cumprido por bacharel em Direito que queira se inscrever na Ordem.

Art. 10. A inscrição principal do advogado deve ser feita no Conselho Seccional em cujo território pretende estabelecer o seu domicílio profissional, na forma do regulamento geral.

§ 1º Considera-se domicílio profissional a sede principal da atividade de advocacia, prevalecendo, na dúvida, o domicílio da pessoa física do advogado.

§ 2º Além da principal, o advogado deve promover a inscrição suplementar nos Conselhos Seccionais em cujos territórios passar a exercer habitualmente a profissão considerando-se habitualidade a intervenção judicial que exceder de cinco causas por ano.

§ 3º No caso de mudança efetiva de domicílio profissional para outra unidade federativa, deve o advogado requerer a transferência de sua inscrição para o Conselho Seccional correspondente.

§ 4º O Conselho Seccional deve suspender o pedido de transferência ou de inscrição suplementar, ao verificar a existência de vício ou ilegalidade na inscrição principal, contra ela representando ao Conselho Federal.

Art. 11. Cancela-se a inscrição do profissional que:

I - assim o requerer;

II - sofrer penalidade de exclusão;

III - falecer;

IV - passar a exercer, em caráter definitivo, atividade incompatível com a advocacia;

V - perder qualquer um dos requisitos necessários para inscrição.

§ 1º Ocorrendo uma das hipóteses dos incisos II, III e IV, o cancelamento deve ser promovido, de ofício, pelo conselho competente ou em virtude de comunicação por qualquer pessoa.

§ 2º Na hipótese de novo pedido de inscrição - que não restaura o número de inscrição anterior - deve o interessado fazer prova dos requisitos dos incisos I, V, VI e VII do art. 8º.

§ 3º Na hipótese do inciso II deste artigo, o novo pedido de inscrição também deve ser acompanhado de provas de reabilitação.

Art. 12. Licencia-se o profissional que:

I - assim o requerer, por motivo justificado;

II - passar a exercer, em caráter temporário, atividade incompatível com o exercício da advocacia;

III - sofrer doença mental considerada curável.

Art. 13. O documento de identidade profissional, na forma prevista no regulamento geral, é de uso obrigatório no exercício da atividade de advogado ou de estagiário e constitui prova de identidade civil para todos os fins legais.

Art. 14. É obrigatória a indicação do nome e do número de inscrição em todos os documentos assinados pelo advogado, no exercício de sua atividade.

Parágrafo único. É vedado anunciar ou divulgar qualquer atividade relacionada com o exercício da advocacia ou o uso da expressão escritório de advocacia, sem indicação expressa do nome e do número de inscrição dos advogados que o integrem ou o número de registro da sociedade de advogados na OAB.

CAPÍTULO IV
DA SOCIEDADE DE ADVOGADOS

› Prov. 170/2016 (Dispõe sobre as sociedades unipessoais de advocacia).

Art. 15. Os advogados podem reunir-se em sociedade simples de prestação de serviços de advocacia ou constituir sociedade unipessoal de advocacia, na forma disciplinada nesta Lei e no regulamento geral. (Alterado pela Lei 13.247/2016.)

§ 1º A sociedade de advogados e a sociedade unipessoal de advocacia adquirem personalidade jurídica com o registro aprovado dos seus atos constitutivos no Conselho Seccional da OAB em cuja base territorial tiver sede. (Alterado pela Lei 13.247/2016.)

§ 2º Aplica-se à sociedade de advogados e à sociedade unipessoal de advocacia o Código de Ética e Disciplina, no que couber. (Alterado pela Lei 13.247/2016.)

§ 3º As procurações devem ser outorgadas individualmente aos advogados e indicar a sociedade de que façam parte.

§ 4º Nenhum advogado pode integrar mais de uma sociedade de advogados, constituir mais de uma sociedade unipessoal de advocacia, ou integrar, simultaneamente, uma sociedade de advogados e uma sociedade unipessoal de advocacia, com sede ou filial na mesma área territorial do respectivo Conselho Seccional. (Alterado pela Lei 13.247/2016.)

§ 5º O ato de constituição de filial deve ser averbado no registro da sociedade e arquivado no Conselho Seccional onde se instalar, ficando os sócios, inclusive o titular da sociedade unipessoal de advocacia, obrigados à inscrição suplementar. (Alterado pela Lei 13.247/2016.)

§ 6º Os advogados sócios de uma mesma sociedade profissional não podem representar em juízo clientes de interesses opostos.

§ 7º A sociedade unipessoal de advocacia pode resultar da concentração por um advogado das quotas de uma sociedade de advogados, independentemente das razões que motivaram tal concentração. (Acrescentado pela Lei 13.247/2016.)

Art. 16. Não são admitidas a registro nem podem funcionar todas as espécies de sociedades de advogados que apresentem forma ou características de sociedade empresária, que adotem denominação de fantasia, que realizem atividades estranhas à advocacia, que incluam como sócio ou titular de sociedade unipessoal de advocacia pessoa não inscrita como advogado ou totalmente proibida de advogar. (Alterado pela Lei 13.247/2016.)

§ 1º A razão social deve ter, obrigatoriamente, o nome de, pelo menos, um advogado responsável pela sociedade, podendo permanecer o de sócio falecido, desde que prevista tal possibilidade no ato constitutivo.

§ 2º O licenciamento do sócio para exercer atividade incompatível com a advocacia em caráter temporário deve ser averbado no registro da sociedade, não alterando sua constituição.

§ 3º É proibido o registro, nos cartórios de registro civil de pessoas jurídicas e nas juntas comerciais, de sociedade que inclua, entre outras finalidades, a atividade de advocacia.

§ 4º A denominação da sociedade unipessoal de advocacia deve ser obrigatoriamente formada pelo nome do seu titular, completo ou parcial, com a expressão 'Sociedade Individual de Advocacia'. (Acrescentado pela Lei 13.247/2016.)

Art. 17. Além da sociedade, o sócio e o titular da sociedade individual de advocacia respondem subsidiária e ilimitadamente pelos danos causados aos clientes por ação ou omissão no exercício da advocacia, sem prejuízo da responsabilidade disciplinar em que possam incorrer. (Alterado pela Lei 13.247/2016.)

CAPÍTULO V
DO ADVOGADO EMPREGADO

Art. 18. A relação de emprego, na qualidade de advogado, não retira a isenção técnica nem reduz a independência profissional inerentes à advocacia.

Parágrafo único. O advogado empregado não está obrigado à prestação de serviços profissionais de interesse pessoal dos empregadores, fora da relação de emprego.

Art. 19. O salário-mínimo profissional do advogado será fixado em sentença normativa, salvo se ajustado em acordo ou convenção coletiva de trabalho.

Art. 20. A jornada de trabalho do advogado empregado, no exercício da profissão, não poderá exceder a duração diária de quatro horas contínuas e a de vinte horas semanais, salvo acordo ou convenção coletiva ou em caso de dedicação exclusiva.

- OJ SBDI-1 403, TST.

§ 1º Para efeitos deste artigo, considera-se como período de trabalho o tempo em que o advogado estiver à disposição do empregador, aguardando ou executando ordens, no seu escritório ou em atividades externas, sendo-lhe reembolsadas as despesas feitas com transporte, hospedagem e alimentação.

§ 2º As horas trabalhadas que excederem a jornada normal são remuneradas por um adicional não inferior a cem por cento sobre o valor da hora normal, mesmo havendo contrato escrito.

§ 3º As horas trabalhadas no período das vinte horas de um dia até as cinco horas do dia seguinte são remuneradas como noturnas, acrescidas do adicional de vinte e cinco por cento.

Art. 21. Nas causas em que for parte o empregador, ou pessoa por este representada, os honorários de sucumbência são devidos aos advogados empregados.

- O STF julgou parcialmente procedente a ADIn 1.194 (DOU 28.09.2009) para dar interpretação conforme a CF a este *caput* e p.u., estabelecendo que "os honorários sucumbenciais podem ser tanto do advogado quanto da sociedade ou de ambos, dependendo de disposição contratual".

Parágrafo único. Os honorários de sucumbência, percebidos por advogado empregado de sociedade de advogados são partilhados entre ele e a empregadora, na forma estabelecida em acordo.

CAPÍTULO VI
DOS HONORÁRIOS ADVOCATÍCIOS

Art. 22. A prestação de serviço profissional assegura aos inscritos na OAB o direito aos honorários convencionados, aos fixados por arbitramento judicial e aos de sucumbência.

§ 1º O advogado, quando indicado para patrocinar causa de juridicamente necessitado, no caso de impossibilidade da Defensoria Pública no local da prestação de serviço, tem direito aos honorários fixados pelo juiz, segundo tabela organizada pelo Conselho Seccional da OAB, e pagos pelo Estado.

§ 2º Na falta de estipulação ou de acordo, os honorários são fixados por arbitramento judicial, em remuneração compatível com o trabalho e o valor econômico da questão, não podendo ser inferiores aos estabelecidos na tabela organizada pelo Conselho Seccional da OAB.

§ 3º Salvo estipulação em contrário, um terço dos honorários é devido no início do serviço, outro terço até a decisão de primeira instância e o restante no final.

§ 4º Se o advogado fizer juntar aos autos o seu contrato de honorários antes de expedir-se o mandado de levantamento ou precatório, o juiz deve determinar que lhe sejam pagos diretamente, por dedução da quantia a ser recebida pelo constituinte, salvo se este provar que já os pagou.

- Súm. Vinc. 47, STF.

§ 5º O disposto neste artigo não se aplica quando se tratar de mandato outorgado por advogado para defesa em processo oriundo de ato ou omissão praticada no exercício da profissão.

§ 6º O disposto neste artigo aplica-se aos honorários assistenciais, compreendidos como os fixados em ações coletivas propostas por entidades de classe em substituição processual, sem prejuízo aos honorários convencionais. (Parágrafo acrescido pela Lei 13.725/2018)

§ 7º Os honorários convencionados com entidades de classe para atuação em substituição processual poderão prever a faculdade de indicar os beneficiários que, ao optarem por adquirir os direitos, assumirão as obrigações decorrentes do contrato originário a partir do momento em que este foi celebrado, sem a necessidade de mais formalidades. (Parágrafo acrescido pela Lei 13.725/2018)

Art. 23. Os honorários incluídos na condenação, por arbitramento ou sucumbência, pertencem ao advogado, tendo este direito autônomo para executar a sentença nesta parte, podendo requerer que o precatório, quando necessário, seja expedido em seu favor.

- Súm. Vinc. 47, STF.
- Súm. 306, STJ.

Art. 24. A decisão judicial que fixar ou arbitrar honorários e o contrato escrito que os estipular são títulos executivos e constituem crédito privilegiado na falência, concordata, concurso de credores, insolvência civil e liquidação extrajudicial.

- Lei 11.101/2005 (Lei de Recuperação de Empresas e Falência) - A expressão "Concordata" foi substituída por "Recuperação judicial".
- arts. 585, VII, e 745, CPC.

§ 1º A execução dos honorários pode ser promovida nos mesmos autos da ação em que tenha atuado o advogado, se assim lhe convier.

§ 2º Na hipótese de falecimento ou incapacidade civil do advogado, os honorários de sucumbência, proporcionais ao trabalho realizado, são recebidos por seus sucessores ou representantes legais.

§ 3º É nula qualquer disposição, cláusula, regulamento ou convenção individual ou coletiva que retire do advogado o direito ao recebimento dos honorários de sucumbência.

- O STF julgou procedente a ADIn 1.194-4 (DOU, 28.05.2009) para declarar a inconstitucionalidade deste parágrafo.

§ 4º O acordo feito pelo cliente do advogado e a parte contrária, salvo aquiescência do profissional, não lhe prejudica os honorários, quer os convencionados, quer os concedidos por sentença.

Art. 25. Prescreve em cinco anos a ação de cobrança de honorários de advogado, contado o prazo:

I - do vencimento do contrato, se houver;
II - do trânsito em julgado da decisão que os fixar;
III - da ultimação do serviço extrajudicial;
IV - da desistência ou transação;
V - da renúncia ou revogação do mandato.

Art. 25-A. Prescreve em cinco anos a ação de prestação de contas pelas quantias recebidas pelo advogado de seu cliente, ou de terceiros por conta dele (art. 34, XXI). (Incluído pela Lei 11.902/2009.)

Art. 26. O advogado substabelecido, com reserva de poderes, não pode cobrar honorários sem a intervenção daquele que lhe conferiu o substabelecimento.

CAPÍTULO VII
DAS INCOMPATIBILIDADES E IMPEDIMENTOS

Art. 27. A incompatibilidade determina a proibição total, e o impedimento, a proibição parcial do exercício da advocacia.

Art. 28. A advocacia é incompatível, mesmo em causa própria, com as seguintes atividades:

I - chefe do Poder Executivo e membros da Mesa do Poder Legislativo e seus substitutos legais;

II - membros de órgãos do Poder Judiciário, do Ministério Público, dos tribunais e conselhos de contas, dos juizados especiais, da justiça de paz, juízes classistas, bem como de todos os que exerçam função de julgamento em órgãos de deliberação coletiva da administração pública direta e indireta;

- O STF julgou parcialmente procedente a ADIn 1.127-8 (DOU, 26.05.2006). para "excluir da abrangência deste inciso os juízes eleitorais e seus suplentes".

III - ocupantes de cargos ou funções de direção em Órgãos da Administração Pública direta ou indireta, em suas fundações e em suas empresas controladas ou concessionárias de serviço público;
IV - ocupantes de cargos ou funções vinculados direta ou indiretamente a qualquer órgão do Poder Judiciário e os que exercem serviços notariais e de registro;
V - ocupantes de cargos ou funções vinculados direta ou indiretamente a atividade de policial de qualquer natureza;
VI - militares de qualquer natureza, na ativa;
VII - ocupantes de cargos ou funções que tenham competência de lançamento, arrecadação ou fiscalização de tributos e contribuições parafiscais;
VIII - ocupantes de funções de direção e gerência em instituições financeiras, inclusive privadas.

§ 1º A incompatibilidade permanece mesmo que o ocupante do cargo ou função deixe de exercê-lo temporariamente.

§ 2º Não se incluem nas hipóteses do inciso III os que não detenham poder de decisão relevante sobre interesses de terceiro, a juízo do conselho competente da OAB, bem como a administração acadêmica diretamente relacionada ao magistério jurídico.

Art. 29. Os Procuradores Gerais, Advogados Gerais, Defensores Gerais e dirigentes de órgãos jurídicos da Administração Pública direta, indireta e fundacional são exclusivamente legitimados para o exercício da advocacia vinculada à função que exerçam, durante o período da investidura.

Art. 30. São impedidos de exercer a advocacia:

I - os servidores da administração direta, indireta e fundacional, contra a Fazenda Pública que os remunere ou à qual seja vinculada a entidade empregadora;
II - os membros do Poder Legislativo, em seus diferentes níveis, contra ou a favor das pessoas jurídicas de direito público, empresas públicas, sociedades de economia mista, fundações públicas, entidades paraestatais ou empresas concessionárias ou permissionárias de serviço público.

Parágrafo único. Não se incluem nas hipóteses do inciso I os docentes dos cursos jurídicos.

CAPÍTULO VIII
DA ÉTICA DO ADVOGADO

Art. 31. O advogado deve proceder de forma que o torne merecedor de respeito e que contribua para o prestígio da classe e da advocacia.

§ 1º O advogado, no exercício da profissão, deve manter independência em qualquer circunstância.

§ 2º Nenhum receio de desagradar a magistrado ou a qualquer autoridade, nem de incorrer em impopularidade, deve deter o advogado no exercício da profissão.

Art. 32. O advogado é responsável pelos atos que, no exercício profissional, praticar com dolo ou culpa.

Parágrafo único. Em caso de lide temerária, o advogado será solidariamente responsável com seu cliente, desde que coligado com este para lesar a parte contrária, o que será apurado em ação própria.

Art. 33. O advogado obriga-se a cumprir rigorosamente os deveres consignados no Código de Ética e Disciplina.

Parágrafo único. O Código de Ética e Disciplina regula os deveres do advogado para com a comunidade, o cliente, o outro profissional e, ainda, a publicidade, a recusa do patrocínio, o dever de assistência jurídica, o dever geral de urbanidade e os respectivos procedimentos disciplinares.

CAPÍTULO IX
DAS INFRAÇÕES E SANÇÕES DISCIPLINARES

Art. 34. Constitui infração disciplinar:

I - exercer a profissão, quando impedido de fazê-lo, ou facilitar, por qualquer meio, o seu exercício aos não inscritos, proibidos ou impedidos;
II - manter sociedade profissional fora das normas e preceitos estabelecidos nesta lei;
III - valer-se de agenciador de causas, mediante participação nos honorários a receber;
IV - angariar ou captar causas, com ou sem a intervenção de terceiros;
V - assinar qualquer escrito destinado a processo judicial ou para fim extrajudicial que não tenha feito, ou em que não tenha colaborado;
VI - advogar contra literal disposição de lei, presumindo-se a boa-fé quando fundamentado na inconstitucionalidade, na injustiça da lei ou em pronunciamento judicial anterior;
VII - violar, sem justa causa, sigilo profissional;
VIII - estabelecer entendimento com a parte adversa sem autorização do cliente ou ciência do advogado contrário;
IX - prejudicar, por culpa grave, interesse confiado ao seu patrocínio;
X - acarretar, conscientemente, por ato próprio, a anulação ou a nulidade do processo em que funcione;
XI - abandonar a causa sem justo motivo ou antes de decorridos dez dias da comunicação da renúncia;
XII - recusar-se a prestar, sem justo motivo, assistência jurídica, quando nomeado em virtude de impossibilidade da Defensoria Pública;
XIII - fazer publicar na imprensa, desnecessária e habitualmente, alegações forenses ou relativas a causas pendentes;
XIV - deturpar o teor de dispositivo de lei, de citação doutrinária ou de julgado, bem como de depoimentos, documentos e alegações da parte contrária, para confundir o adversário ou iludir o juiz da causa;
XV - fazer, em nome do constituinte, sem autorização escrita deste, imputação a terceiro de fato definido como crime;
XVI - deixar de cumprir, no prazo estabelecido, determinação emanada do órgão ou de autoridade da Ordem, em matéria da competência desta, depois de regularmente notificado;
XVII - prestar concurso a clientes ou a terceiros para realização de ato contrário à lei ou destinado a fraudá-la;
XVIII - solicitar ou receber de constituinte qualquer importância para aplicação ilícita ou desonesta;
XIX - receber valores, da parte contrária ou de terceiro, relacionados com o obje-

to do mandato, sem expressa autorização do constituinte;

XX - locupletar-se, por qualquer forma, à custa do cliente ou da parte adversa, por si ou interposta pessoa;

XXI - recusar-se, injustificadamente, a prestar contas ao cliente de quantias recebidas dele ou de terceiros por conta dele;

› art. 25-A desta lei.

XXII - reter, abusivamente, ou extraviar autos recebidos com vista ou em confiança;

XXIII - deixar de pagar as contribuições, multas e preços de serviços devidos à OAB, depois de regularmente notificado a fazê-lo;

XXIV - incidir em erros reiterados que evidenciem inépcia profissional;

XXV - manter conduta incompatível com a advocacia;

XXVI - fazer falsa prova de qualquer dos requisitos para inscrição na OAB;

XXVII - tornar-se moralmente inidôneo para o exercício da advocacia;

XXVIII - praticar crime infamante;

XXIX - praticar, o estagiário, ato excedente de sua habilitação.

Parágrafo único. Inclui-se na conduta incompatível:

a) prática reiterada de jogo de azar, não autorizado por lei;

b) incontinência pública e escandalosa;

c) embriaguez ou toxicomania habituais.

Art. 35. As sanções disciplinares consistem em:

I - censura;

II - suspensão;

III - exclusão;

IV - multa.

Parágrafo único. As sanções devem constar dos assentamentos do inscrito, após o trânsito em julgado da decisão, não podendo ser objeto de publicidade a de censura.

Art. 36. A censura é aplicável nos casos de:

I - infrações definidas nos incisos I a XVI e XXIX do art. 34;

II - violação a preceito do Código de Ética e Disciplina;

III - violação a preceito desta lei, quando para a infração não se tenha estabelecido sanção mais grave.

Parágrafo único. A censura pode ser convertida em advertência, em ofício reservado, sem registro nos assentamentos do inscrito, quando presente circunstância atenuante.

Art. 37. A suspensão é aplicável nos casos de:

I - infrações definidas nos incisos XVII a XXV do art. 34;

II - reincidência em infração disciplinar.

§ 1º A suspensão acarreta ao infrator a interdição do exercício profissional, em todo o território nacional, pelo prazo de trinta dias a doze meses, de acordo com os critérios de individualização previstos neste capítulo.

§ 2º Nas hipóteses dos incisos XXI e XXIII do art. 34, a suspensão perdura até que satisfaça integralmente a dívida, inclusive com correção monetária.

§ 3º Na hipótese do inciso XXIV do art. 34, a suspensão perdura até que preste novas provas de habilitação.

Art. 38. A exclusão é aplicável nos casos de:

I - aplicação, por três vezes, de suspensão;

II - infrações definidas nos incisos XXVI a XXVIII do art. 34.

Parágrafo único. Para a aplicação da sanção disciplinar de exclusão, é necessária a manifestação favorável de dois terços dos membros do Conselho Seccional competente.

Art. 39. A multa, variável entre o mínimo correspondente ao valor de uma anuidade e o máximo de seu décuplo, é aplicável cumulativamente com a censura ou suspensão, em havendo circunstâncias agravantes.

Art. 40. Na aplicação das sanções disciplinares, são consideradas, para fins de atenuação, as seguintes circunstâncias, entre outras:

I - falta cometida na defesa de prerrogativa profissional;

II - ausência de punição disciplinar anterior;

III - exercício assíduo e proficiente de mandato ou cargo em qualquer órgão da OAB;

IV - prestação de relevantes serviços à advocacia ou à causa pública.

Parágrafo único. Os antecedentes profissionais do inscrito, as atenuantes, o grau de culpa por ele revelada, as circunstâncias e as consequências da infração são considerados para o fim de decidir:

a) sobre a conveniência da aplicação cumulativa da multa e de outra sanção disciplinar;

b) sobre o tempo de suspensão e o valor da multa aplicáveis.

Art. 41. É permitido ao que tenha sofrido qualquer sanção disciplinar requerer, um ano após seu cumprimento, a reabilitação, em face de provas efetivas de bom comportamento.

Parágrafo único. Quando a sanção disciplinar resultar da prática de crime, o pedido de reabilitação depende também da correspondente reabilitação criminal.

Art. 42. Fica impedido de exercer o mandato o profissional a quem forem aplicadas as sanções disciplinares de suspensão ou exclusão.

Art. 43. A pretensão à punibilidade das infrações disciplinares prescreve em cinco anos, contados da data da constatação oficial do fato.

§ 1º Aplica-se a prescrição a todo processo disciplinar paralisado por mais de três anos, pendente de despacho ou julgamento, devendo ser arquivado de ofício, ou a requerimento da parte interessada, sem prejuízo de serem apuradas as responsabilidades pela paralisação.

§ 2º A prescrição interrompe-se:

I - pela instauração de processo disciplinar ou pela notificação válida feita diretamente ao representado;

II - pela decisão condenatória recorrível de qualquer órgão julgador da OAB.

TÍTULO II
DA ORDEM DOS ADVOGADOS DO BRASIL

CAPÍTULO I
DOS FINS E DA ORGANIZAÇÃO

Art. 44. A Ordem dos Advogados do Brasil (OAB), serviço público, dotada de personalidade jurídica e forma federativa, tem por finalidade:

I - defender a Constituição, a ordem jurídica do Estado democrático de direito, os direitos humanos, a justiça social, e pugnar pela boa aplicação das leis, pela rápida administração da justiça e pelo aperfeiçoamento da cultura e das instituições jurídicas;

II - promover, com exclusividade, a representação, a defesa, a seleção e a disciplina dos advogados em toda a República Federativa do Brasil.

§ 1º A OAB não mantém com órgãos da Administração Pública qualquer vínculo funcional ou hierárquico.

§ 2º O uso da sigla OAB é privativo da Ordem dos Advogados do Brasil.

Art. 45. São órgãos da OAB:

I - o Conselho Federal;

II - os Conselhos Seccionais;

III - as Subseções;

IV - as Caixas de Assistência dos Advogados.

§ 1º O Conselho Federal, dotado de personalidade jurídica própria, com sede na capital da República, é o órgão supremo da OAB.

§ 2º Os Conselhos Seccionais, dotados de personalidade jurídica própria, têm jurisdição sobre os respectivos territórios dos Estados-membros, do Distrito Federal e dos Territórios.

§ 3º As Subseções são partes autônomas do Conselho Seccional, na forma desta lei e de seu ato constitutivo.

§ 4º As Caixas de Assistência dos Advogados, dotadas de personalidade jurídica própria, são criadas pelos Conselhos Seccionais, quando estes contarem com mais de mil e quinhentos inscritos.

§ 5º A OAB, por constituir serviço público, goza de imunidade tributária total em relação a seus bens, rendas e serviços.

§ 6º Os atos, as notificações e as decisões dos órgãos da OAB, salvo quando reservados ou de administração interna, serão publicados no Diário Eletrônico da Ordem dos Advogados do Brasil, a ser disponibilizado na internet, podendo ser afixados no fórum local, na íntegra ou em resumo. (*Redação dada pela Lei 13.688/2018*).

Art. 46. Compete à OAB fixar e cobrar, de seus inscritos, contribuições, preços de serviços e multas.

Parágrafo único. Constitui título executivo extrajudicial a certidão passada pela diretoria do Conselho competente, relativa a crédito previsto neste artigo.

Art. 47. O pagamento da contribuição anual à OAB isenta os inscritos nos seus quadros do pagamento obrigatório da contribuição sindical.

Art. 48. O cargo de conselheiro ou de membro de diretoria de órgão da OAB é de exercício gratuito e obrigatório, considerado serviço público relevante, inclusive para fins de disponibilidade e aposentadoria.

Art. 49. Os Presidentes dos Conselhos e das Subseções da OAB têm legitimidade para agir, judicial e extrajudicialmente, contra qualquer pessoa que infringir as disposições ou os fins desta lei.

Parágrafo único. As autoridades mencionadas no *caput* deste artigo têm, ainda, legitimidade para intervir, inclusive como assistentes, nos inquéritos e processos em que sejam indiciados, acusados ou ofendidos os inscritos na OAB.

Art. 50. Para os fins desta lei, os Presidentes dos Conselhos da OAB e das Subseções podem requisitar cópias de peças de autos e documentos a qualquer tribunal, magistrado, cartório e órgão da Administração Pública direta, indireta e fundacional.

- O STF, por maioria de votos, julgou parcialmente procedente a ADIn 1.127-8 (DOU, 26.05.2006) para dar interpretação a este artigo conforme a constituição nos seguintes termos: "de modo a fazer compreender a palavra 'requisitar' como dependente de motivação, compatibilização com as finalidades da lei e atendimento de custos desta requisição. Ficam ressalvados, desde já, os documentos cobertos por sigilo".

CAPÍTULO II
DO CONSELHO FEDERAL

Art. 51. O Conselho Federal compõe-se:

I - dos conselheiros federais, integrantes das delegações de cada unidade federativa;

II - dos seus ex-presidentes, na qualidade de membros honorários vitalícios.

§ 1º Cada delegação é formada por três conselheiros federais.

§ 2º Os ex-presidentes têm direito apenas a voz nas sessões.

Art. 52. Os presidentes dos Conselhos Seccionais, nas sessões do Conselho Federal, têm lugar reservado junto à delegação respectiva e direito somente a voz.

Art. 53. O Conselho Federal tem sua estrutura e funcionamento definidos no Regulamento Geral da OAB.

§ 1º O Presidente, nas deliberações do Conselho, tem apenas o voto de qualidade.

§ 2º O voto é tomado por delegação, e não pode ser exercido nas matérias de interesse da unidade que represente.

§ 3º Na eleição para a escolha da Diretoria do Conselho Federal, cada membro da delegação terá direito a 1 (um) voto, vedado aos membros honorários vitalícios. (Incluído pela Lei 11.179/2005)

Art. 54. Compete ao Conselho Federal:

I - dar cumprimento efetivo às finalidades da OAB;

II - representar, em juízo ou fora dele, os interesses coletivos ou individuais dos advogados;

III - velar pela dignidade, independência, prerrogativas e valorização da advocacia;

IV - representar, com exclusividade, os advogados brasileiros nos órgãos e eventos internacionais da advocacia;

V - editar e alterar o Regulamento Geral, o Código de Ética e Disciplina, e os Provimentos que julgar necessários;

VI - adotar medidas para assegurar o regular funcionamento dos Conselhos Seccionais;

VII - intervir nos Conselhos Seccionais, onde e quando constatar grave violação desta lei ou do regulamento geral;

VIII - cassar ou modificar, de ofício ou mediante representação, qualquer ato, de órgão ou autoridade da OAB, contrário a esta lei, ao regulamento geral, ao Código de Ética e Disciplina, e aos Provimentos, ouvida a autoridade ou o órgão em causa;

IX - julgar, em grau de recurso, as questões decididas pelos Conselhos Seccionais, nos casos previstos neste estatuto e no regulamento geral;

X - dispor sobre a identificação dos inscritos na OAB e sobre os respectivos símbolos privativos;

XI - apreciar o relatório anual e deliberar sobre o balanço e as contas de sua diretoria;

XII - homologar ou mandar suprir relatório anual, o balanço e as contas dos Conselhos Seccionais;

XIII - elaborar as listas constitucionalmente previstas, para o preenchimento dos cargos nos tribunais judiciários de âmbito nacional ou interestadual, com advogados que estejam em pleno exercício da profissão, vedada a inclusão de nome de membro do próprio Conselho ou de outro órgão da OAB;

XIV - ajuizar ação direta de inconstitucionalidade de normas legais e atos normativos, ação civil pública, mandado de segurança coletivo, mandado de injunção e demais ações cuja legitimação lhe seja outorgada por lei;

- Lei 13.300/2016 (Disciplina o processo e o julgamento dos mandados de injunção individual e coletivo).

XV - colaborar com o aperfeiçoamento dos cursos jurídicos, e opinar, previamente, nos pedidos apresentados aos órgãos competentes para criação, reconhecimento ou credenciamento desses cursos;

XVI - autorizar, pela maioria absoluta das delegações, a oneração ou alienação de seus bens imóveis;

XVII - participar de concursos públicos, nos casos previstos na Constituição e na lei, em todas as suas fases, quando tiverem abrangência nacional ou interestadual;

XVIII - resolver os casos omissos neste estatuto.

Parágrafo único. A intervenção referida no inciso VII deste artigo depende de prévia aprovação por dois terços das delegações, garantido o amplo direito de defesa do Conselho Seccional respectivo, nomeando-se diretoria provisória para o prazo que se fixar.

Art. 55. A diretoria do Conselho Federal é composta de um Presidente, de um Vice-Presidente, de um Secretário-Geral, de um Secretário-Geral Adjunto e de um Tesoureiro.

§ 1º O Presidente exerce a representação nacional e internacional da OAB, competindo-lhe convocar o Conselho Federal, presidi-lo, representá-lo ativa e passivamente, em juízo ou fora dele, promover-lhe a administração patrimonial e dar execução às suas decisões.

§ 2º O regulamento geral define as atribuições dos membros da diretoria e a ordem de substituição em caso de vacância, licença, falta ou impedimento.

§ 3º Nas deliberações do Conselho Federal, os membros da diretoria votam como membros de suas delegações, cabendo ao Presidente, apenas, o voto de qualidade e o direito de embargar a decisão, se esta não for unânime.

CAPÍTULO III
DO CONSELHO SECCIONAL

Art. 56. O Conselho Seccional compõe-se de conselheiros em número proporcional ao de seus inscritos, segundo critérios estabelecidos no regulamento geral.

§ 1º São membros honorários vitalícios os seus ex-presidentes, somente com direito a voz em suas sessões.

§ 2º O Presidente do Instituto dos Advogados local é membro honorário, somente com direito a voz nas sessões do Conselho.

§ 3º Quando presentes às sessões do Conselho Seccional, o Presidente do Conselho Federal, os Conselheiros Federais integrantes da respectiva delegação, o Presidente da Caixa de Assistência dos Advogados e os Presidentes das Subseções, têm direito a voz.

Art. 57. O Conselho Seccional exerce e observa, no respectivo território, as competências, vedações e funções atribuídas ao Conselho Federal, no que couber e no âmbito de sua competência material e territorial, e as normas gerais estabelecidas nesta lei, no regulamento geral, no Código de Ética e Disciplina, e nos Provimentos.

Art. 58. Compete privativamente ao Conselho Seccional:

I - editar seu regimento interno e resoluções;

II - criar as Subseções e a Caixa de Assistência dos Advogados;

III - julgar, em grau de recurso, as questões decididas por seu Presidente, por sua diretoria, pelo Tribunal de Ética e Disciplina, pelas diretorias das Subseções e da Caixa de Assistência dos Advogados;
IV - fiscalizar a aplicação da receita, apreciar o relatório anual e deliberar sobre o balanço e as contas de sua diretoria, das diretorias das Subseções e da Caixa de Assistência dos Advogados;
V - fixar a tabela de honorários, válida para todo o território estadual;
VI - realizar o Exame de Ordem;
VII - decidir os pedidos de inscrição nos quadros de advogados e estagiários;
VIII - manter cadastro de seus inscritos;
IX - fixar, alterar e receber contribuições obrigatórias, preços de serviços e multas;
X - participar da elaboração dos concursos públicos, em todas as suas fases, nos casos previstos na Constituição e nas leis, no âmbito do seu território;
XI - determinar, com exclusividade, critérios para o traje dos advogados, no exercício profissional;
XII - aprovar e modificar seu orçamento anual;
XIII - definir a composição e o funcionamento do Tribunal de Ética e Disciplina, e escolher seus membros;
XIV - eleger as listas, constitucionalmente previstas, para preenchimento dos cargos nos tribunais judiciários, no âmbito de sua competência e na forma do Provimento do Conselho Federal, vedada a inclusão de membros do próprio Conselho e de qualquer órgão da OAB;
XV - intervir nas Subseções e na Caixa de Assistência dos Advogados;
XVI - desempenhar outras atribuições previstas no regulamento geral.

Art. 59. A diretoria do Conselho Seccional tem composição idêntica e atribuições equivalentes às do Conselho Federal, na forma do regimento interno daquele.

CAPÍTULO IV
DA SUBSEÇÃO

Art. 60. A Subseção pode ser criada pelo Conselho Seccional, que fixa sua área territorial e seus limites de competência e autonomia.

§ 1º A área territorial da Subseção pode abranger um ou mais municípios, ou parte de município, inclusive da capital do Estado, contando com um mínimo de quinze advogados, nela profissionalmente domiciliados.

§ 2º A Subseção é administrada por uma diretoria, com atribuições e composição equivalentes às da diretoria do Conselho Seccional.

§ 3º Havendo mais de cem advogados, a Subseção pode ser integrada, também, por um conselho em número de membros fixado pelo Conselho Seccional.

§ 4º Os quantitativos referidos nos §§ 1º e 3º deste artigo podem ser ampliados, na forma do regimento interno do Conselho Seccional.

§ 5º Cabe ao Conselho Seccional fixar, em seu orçamento, dotações específicas destinadas à manutenção das Subseções.

§ 6º O Conselho Seccional, mediante o voto de dois terços de seus membros, pode intervir nas Subseções, onde constatar grave violação desta lei ou do regimento interno daquele.

Art. 61. Compete à Subseção, no âmbito de seu território:

I - dar cumprimento efetivo às finalidades da OAB;
II - velar pela dignidade, independência e valorização da advocacia, e fazer valer as prerrogativas do advogado;
III - representar a OAB perante os poderes constituídos;
IV - desempenhar as atribuições previstas no regulamento geral ou por delegação de competência do Conselho Seccional.

Parágrafo único. Ao Conselho da Subseção, quando houver, compete exercer as funções e atribuições do Conselho Seccional, na forma do regimento interno deste, e ainda:

a) editar seu regimento interno, a ser referendado pelo Conselho Seccional;
b) editar resoluções, no âmbito de sua competência;
c) instaurar e instruir processos disciplinares, para julgamento pelo Tribunal de Ética e Disciplina;
d) receber pedido de inscrição nos quadros de advogado e estagiário, instruindo e emitindo parecer prévio, para decisão do Conselho Seccional.

CAPÍTULO V
DA CAIXA DE ASSISTÊNCIA DOS ADVOGADOS

Art. 62. A Caixa de Assistência dos Advogados, com personalidade jurídica própria, destina-se a prestar assistência aos inscritos no Conselho Seccional a que se vincule.

§ 1º A Caixa é criada e adquire personalidade jurídica com a aprovação e registro de seu estatuto pelo respectivo Conselho Seccional da OAB, na forma do regulamento geral.

§ 2º A Caixa pode, em benefício dos advogados, promover a seguridade complementar.

§ 3º Compete ao Conselho Seccional fixar contribuição obrigatória devida por seus inscritos, destinada à manutenção do disposto no parágrafo anterior, incidente sobre atos decorrentes do efetivo exercício da advocacia.

§ 4º A diretoria da Caixa é composta de cinco membros, com atribuições definidas no seu regimento interno.

§ 5º Cabe à Caixa a metade da receita das anuidades recebidas pelo Conselho Seccional, considerado o valor resultante após as deduções regulamentares obrigatórias.

§ 6º Em caso de extinção ou desativação da Caixa, seu patrimônio se incorpora ao do Conselho Seccional respectivo.

§ 7º O Conselho Seccional, mediante voto de dois terços de seus membros, poderá intervir na Caixa de Assistência dos Advogados, no caso de descumprimento de suas finalidades, designando diretoria provisória, enquanto durar a intervenção.

CAPÍTULO VI
DAS ELEIÇÕES E DOS MANDATOS

Art. 63. A eleição dos membros de todos os órgãos da OAB será realizada na segunda quinzena do mês de novembro, do último ano do mandato, mediante cédula única e votação direta dos advogados regularmente inscritos.

§ 1º A eleição, na forma e segundo os critérios e procedimentos estabelecidos no regulamento geral, é de comparecimento obrigatório para todos os advogados inscritos na OAB.

§ 2º O candidato deve comprovar situação regular perante a OAB, não ocupar cargo exonerável *ad nutum*, não ter sido condenado por infração disciplinar, salvo reabilitação, e exercer efetivamente a profissão há mais de 3 (três) anos, nas eleições para os cargos de Conselheiro Seccional e das Subseções, quando houver, e há mais de 5 (cinco) anos, nas eleições para os demais cargos. (Parágrafo com redação dada pela Lei nº 13.875, de 20/9/2019)

Art. 64. Consideram-se eleitos os candidatos integrantes da chapa que obtiver a maioria dos votos válidos.

§ 1º A chapa para o Conselho Seccional deve ser composta dos candidatos ao conselho e à sua diretoria e, ainda, à delegação ao Conselho Federal e à Diretoria da Caixa de Assistência dos Advogados para eleição conjunta.

§ 2º A chapa para a Subseção deve ser composta com os candidatos à diretoria, e de seu conselho quando houver.

Art. 65. O mandato em qualquer órgão da OAB é de três anos, iniciando-se em primeiro de janeiro do ano seguinte ao da eleição, salvo o Conselho Federal.

Parágrafo único. Os conselheiros federais eleitos iniciam seus mandatos em primeiro de fevereiro do ano seguinte ao da eleição.

Art. 66. Extingue-se o mandato automaticamente, antes do seu término, quando:

I - ocorrer qualquer hipótese de cancelamento de inscrição ou de licenciamento do profissional;
II - o titular sofrer condenação disciplinar;
III - o titular faltar, sem motivo justificado, a três reuniões ordinárias consecutivas de cada órgão deliberativo do conselho ou da diretoria da Subseção ou da Caixa de Assistência dos Advogados, não podendo ser reconduzido no mesmo período de mandato.

Parágrafo único. Extinto qualquer mandato, nas hipóteses deste artigo, cabe ao Conselho Seccional escolher o substituto, caso não haja suplente.

Art. 67. A eleição da Diretoria do Conselho Federal, que tomará posse no dia 1º de fevereiro, obedecerá às seguintes regras:

I - será admitido registro, junto ao Conselho Federal, de candidatura à presidência, desde seis meses até um mês antes da eleição;

II - o requerimento de registro deverá vir acompanhado do apoiamento de, no mínimo, seis Conselhos Seccionais;

III - até um mês antes das eleições, deverá ser requerido o registro da chapa completa, sob pena de cancelamento da candidatura respectiva;

IV - no dia 31 de janeiro do ano seguinte ao da eleição, o Conselho Federal elegerá, em reunião presidida pelo conselheiro mais antigo, por voto secreto e para mandato de 3 (três) anos, sua diretoria, que tomará posse no dia seguinte; (Redação dada pela Lei 11.179/2005)

V - será considerada eleita a chapa que obtiver maioria simples dos votos dos Conselheiros Federais, presente a metade mais 1 (um) de seus membros. (Redação dada pela Lei 11.179/2005)

Parágrafo único. Com exceção do candidato a Presidente, os demais integrantes da chapa deverão ser conselheiros federais eleitos.

TÍTULO III
DO PROCESSO NA OAB

CAPÍTULO I
DISPOSIÇÕES GERAIS

Art. 68. Salvo disposição em contrário, aplicam-se subsidiariamente ao processo disciplinar as regras da legislação processual penal comum e, aos demais processos, as regras gerais do procedimento administrativo comum e da legislação processual civil, nessa ordem.

Art. 69. Todos os prazos necessários à manifestação de advogados, estagiários e terceiros, nos processos em geral da OAB, são de quinze dias, inclusive para interposição de recursos.

§ 1º Nos casos de comunicação por ofício reservado, ou de notificação pessoal, o prazo se conta a partir do dia útil imediato ao da notificação do recebimento.

§ 2º No caso de atos, notificações e decisões divulgados por meio do Diário Eletrônico da Ordem dos Advogados do Brasil, o prazo terá início no primeiro dia útil seguinte à publicação, assim considerada o primeiro dia útil seguinte ao da disponibilização da informação no Diário. (*Redação dada pela Lei 13.688/2018*).

CAPÍTULO II
DO PROCESSO DISCIPLINAR

Art. 70. O poder de punir disciplinarmente os inscritos na OAB compete exclusivamente ao Conselho Seccional em cuja base territorial tenha ocorrido a infração, salvo se a falta for cometida perante o Conselho Federal.

‣ arts. 51; 52, Código de Ética OAB.

§ 1º Cabe ao Tribunal de Ética e Disciplina, do Conselho Seccional competente, julgar os processos disciplinares, instruídos pelas Subseções ou por relatores do próprio conselho.

§ 2º A decisão condenatória irrecorrível deve ser imediatamente comunicada ao Conselho Seccional onde o representado tenha inscrição principal, para constar dos respectivos assentamentos.

‣ art. 24, § 3º, Regulamento Geral da OAB.

§ 3º O Tribunal de Ética e Disciplina do Conselho onde o acusado tenha inscrição principal pode suspendê-lo preventivamente, em caso de repercussão prejudicial à dignidade da advocacia, depois de ouvi-lo em sessão especial para a qual deve ser notificado a comparecer, salvo se não atender à notificação. Neste caso, o processo disciplinar deve ser concluído no prazo máximo de noventa dias.

Art. 71. A jurisdição disciplinar não exclui a comum e, quando o fato constituir crime ou contravenção, deve ser comunicado às autoridades competentes.

Art. 72. O processo disciplinar instaura-se de ofício ou mediante representação de qualquer autoridade ou pessoa interessada.

§ 1º O Código de Ética e Disciplina estabelece os critérios de admissibilidade da representação e os procedimentos disciplinares.

§ 2º O processo disciplinar tramita em sigilo, até o seu término, só tendo acesso às suas informações as partes, seus defensores e a autoridade judiciária competente.

Art. 73. Recebida a representação, o Presidente deve designar relator, a quem compete a instrução do processo e o oferecimento de parecer preliminar a ser submetido ao Tribunal de Ética e Disciplina.

§ 1º Ao representado deve ser assegurado amplo direito de defesa, podendo acompanhar o processo em todos os termos, pessoalmente ou por intermédio de procurador, oferecendo defesa prévia após ser notificado, razões finais após a instrução e defesa oral perante o Tribunal de Ética e Disciplina, por ocasião do julgamento.

§ 2º Se, após a defesa prévia, o relator se manifestar pelo indeferimento liminar da representação, este deve ser decidido pelo Presidente do Conselho Seccional, para determinar seu arquivamento.

§ 3º O prazo para defesa prévia pode ser prorrogado por motivo relevante, a juízo do relator.

§ 4º Se o representado não for encontrado, ou for revel, o Presidente do Conselho ou da Subseção deve designar-lhe defensor dativo;

§ 5º É também permitida a revisão do processo disciplinar, por erro de julgamento ou por condenação baseada em falsa prova.

Art. 74. O Conselho Seccional pode adotar as medidas administrativas e judiciais pertinentes, objetivando a que o profissional suspenso ou excluído devolva os documentos de identificação.

CAPÍTULO III
DOS RECURSOS

Art. 75. Cabe recurso ao Conselho Federal de todas as decisões definitivas proferidas pelo Conselho Seccional, quando não tenham sido unânimes ou, sendo unânimes, contrariem esta lei, decisão do Conselho Federal ou de outro Conselho Seccional e, ainda, o regulamento geral, o Código de Ética e Disciplina e os Provimentos.

Parágrafo único. Além dos interessados, o Presidente do Conselho Seccional é legitimado a interpor o recurso referido neste artigo.

Art. 76. Cabe recurso ao Conselho Seccional de todas as decisões proferidas por seu Presidente, pelo Tribunal de Ética e Disciplina, ou pela diretoria da Subseção ou da Caixa de Assistência dos Advogados.

Art. 77. Todos os recursos têm efeito suspensivo, exceto quando tratarem de eleições (arts. 63 e seguintes), de suspensão preventiva decidida pelo Tribunal de Ética e Disciplina, e de cancelamento da inscrição obtida com falsa prova.

Parágrafo único. O regulamento geral disciplina o cabimento de recursos específicos, no âmbito de cada órgão julgador.

TÍTULO IV
DAS DISPOSIÇÕES GERAIS E TRANSITÓRIAS

Art. 78. Cabe ao Conselho Federal da OAB, por deliberação de dois terços, pelo menos, das delegações, editar o regulamento geral deste estatuto, no prazo de seis meses, contados da publicação desta lei.

Art. 79. Aos servidores da OAB, aplica-se o regime trabalhista.

§ 1º Aos servidores da OAB, sujeitos ao regime da Lei n. 8.112, de 11 de dezembro de 1990, é concedido o direito de opção pelo regime trabalhista, no prazo de noventa dias a partir da vigência desta lei, sendo assegurado aos optantes o pagamento de indenização, quando da aposentadoria, correspondente a cinco vezes o valor da última remuneração.

§ 2º Os servidores que não optarem pelo regime trabalhista serão posicionados no quadro em extinção, assegurado o direito adquirido ao regime legal anterior.

Art. 80. Os Conselhos Federal e Seccionais devem promover trienalmente as respectivas Conferências, em data não coincidente com o ano eleitoral, e, periodicamente, reunião do colégio de presidentes a eles vinculados, com finalidade consultiva.

Art. 81. Não se aplicam aos que tenham assumido originariamente o cargo de Presidente do Conselho Federal ou dos Conselhos Seccionais, até a data da publicação desta lei, as normas contidas no

Título II, acerca da composição desses Conselhos, ficando assegurado o pleno direito de voz e voto em suas sessões.

Art. 82. Aplicam-se as alterações previstas nesta lei, quanto a mandatos, eleições, composição e atribuições dos órgãos da OAB, a partir do término do mandato dos atuais membros, devendo os Conselhos Federal e Seccionais disciplinarem os respectivos procedimentos de adaptação.

Parágrafo único. Os mandatos dos membros dos órgãos da OAB, eleitos na primeira eleição sob a vigência desta lei, e na forma do Capítulo VI do Título II, terão início no dia seguinte ao término dos atuais mandatos, encerrando-se em 31 de dezembro do terceiro ano do mandato e em 31 de janeiro do terceiro ano do mandato, neste caso com relação ao Conselho Federal.

Art. 83. Não se aplica o disposto no art. 28, inciso II, desta lei, aos membros do Ministério Público que, na data de promulgação da Constituição, se incluam na previsão do art. 29, § 3º, do seu Ato das Disposições Constitucionais Transitórias.

Art. 84. O estagiário, inscrito no respectivo quadro, fica dispensado do Exame de Ordem, desde que comprove, em até dois anos da promulgação desta lei, o exercício e resultado do estágio profissional ou a conclusão, com aproveitamento, do estágio de Prática Forense e Organização Judiciária, realizado junto à respectiva faculdade, na forma da legislação em vigor.

Art. 85. O Instituto dos Advogados Brasileiros e as instituições a ele filiadas têm qualidade para promover perante a OAB o que julgarem do interesse dos advogados em geral ou de qualquer dos seus membros.

Art. 86. Esta lei entra em vigor na data de sua publicação.

Art. 87. Revogam-se as disposições em contrário, especialmente a Lei n. 4.215, de 27 de abril de 1963, a Lei n. 5.390, de 23 de fevereiro de 1968, o Decreto-Lei n. 505, de 18 de março de 1969, a Lei n. 5.681, de 20 de julho de 1971, a Lei n. 5.842, de 06 de dezembro de 1972, a Lei n. 5.960, de 10 de dezembro de 1973, a Lei n. 6.743, de 05 de dezembro de 1979, a Lei n. 6.884, de 09 de dezembro de 1980, a Lei n. 6.994, de 26 de maio de 1982, mantidos os efeitos da Lei n. 7.346, de 22 de julho de 1985.

Brasília, 04 de julho de 1994; 173º da Independência e 106º da República.

Itamar Franco

REGULAMENTO GERAL DO ESTATUTO DA ADVOCACIA E DA OAB

Dispõe sobre o Regulamento Geral previsto na Lei n. 8.906, de 04 de julho de 1994.

▸ DJU 16.11.1994.

O Conselho Federal da Ordem dos Advogados do Brasil, no uso das atribuições conferidas pelos artigos 54, V, e 78 da Lei n. 8.906, de 04 de julho de 1994,

Resolve:

TÍTULO I
DA ADVOCACIA

CAPÍTULO I
DA ATIVIDADE DE ADVOCACIA

SEÇÃO I
DA ATIVIDADE DE ADVOCACIA EM GERAL

Art. 1º A atividade de advocacia é exercida com observância da Lei n. 8.906/94 (Estatuto), deste Regulamento Geral, do Código de Ética e Disciplina e dos Provimentos.

Art. 2º O visto do advogado em atos constitutivos de pessoas jurídicas, indispensável ao registro e arquivamento nos órgãos competentes, deve resultar da efetiva constatação, pelo profissional que os examinar, de que os respectivos instrumentos preenchem as exigências legais pertinentes.

▸ Redação determinada pelo Conselho Pleno, CFOAB (DJU, 12.12.2000).

Parágrafo único. Estão impedidos de exercer o ato de advocacia referido neste artigo os advogados que prestem serviços a órgãos ou entidades da Administração Pública direta ou indireta, da unidade federativa a que se vincule a Junta Comercial, ou a quaisquer repartições administrativas competentes para o mencionado registro.

Art. 3º É defeso ao advogado funcionar no mesmo processo, simultaneamente, como patrono e preposto do empregador ou cliente.

Art. 4º A prática de atos privativos de advocacia, por profissionais e sociedades não inscritos na OAB, constitui exercício ilegal da profissão.

Parágrafo único. É defeso ao advogado prestar serviços de assessoria e consultoria jurídicas para terceiros, em sociedades que não possam ser registradas na OAB.

Art. 5º Considera-se efetivo exercício da atividade de advocacia a participação anual mínima em cinco atos privativos previstos no artigo 1º do Estatuto, em causas ou questões distintas.

Parágrafo único. A comprovação do efetivo exercício faz-se mediante:

a) certidão expedida por cartórios ou secretarias judiciais;

b) cópia autenticada de atos privativos;

c) certidão expedida pelo órgão público no qual o advogado exerça função privativa do seu ofício, indicando os atos praticados.

Art. 6º O advogado deve notificar o cliente da renúncia ao mandato (art. 5º, § 3º, do Estatuto), preferencialmente mediante carta com aviso de recepção, comunicando, após, o Juízo.

Art. 7º A função de diretoria e gerência jurídicas em qualquer empresa pública, privada ou paraestatal, inclusive em instituições financeiras, é privativa de advogado, não podendo ser exercida por quem não se encontre inscrito regularmente na OAB.

Art. 8º A incompatibilidade prevista no art. 28, II do Estatuto, não se aplica aos advogados que participam dos órgãos nele referidos, na qualidade de titulares ou suplentes, como representantes dos advogados.

▸ Redação determinada pelo Conselho Pleno, CFOAB (DJU, 12.12.2000).

§ 1º Ficam, entretanto, impedidos de exercer a advocacia perante os órgãos em que atuam, enquanto durar a investidura.

§ 2º A indicação dos representantes dos advogados nos juizados especiais deverá ser promovida pela Subseção ou, na sua ausência, pelo Conselho Seccional.

SEÇÃO II
DA ADVOCACIA PÚBLICA

Art. 9º Exercem a advocacia pública os integrantes da Advocacia-Geral da União, da Defensoria Pública e das Procuradorias e Consultorias Jurídicas dos Estados, do Distrito Federal, dos Municípios, das autarquias e das fundações públicas, estando obrigados à inscrição na OAB, para o exercício de suas atividades.

Parágrafo único. Os integrantes da advocacia pública são elegíveis e podem integrar qualquer órgão da OAB.

Art. 10. Os integrantes da advocacia pública, no exercício de atividade privativa prevista no art. 1º do Estatuto, sujeitam-se ao regime do Estatuto, deste Regulamento Geral e do Código de Ética e Disciplina, inclusive quanto às infrações e sanções disciplinares.

SEÇÃO III
DO ADVOGADO EMPREGADO

Art. 11. Compete a sindicato de advogados e, na sua falta, a federação ou confederação de advogados, a representação destes nas convenções coletivas celebradas com as entidades sindicais representativas dos empregadores, nos acordos coletivos celebrados com a empresa empregadora e nos dissídios coletivos perante a Justiça do Trabalho, aplicáveis às relações de trabalho.

Art. 12. Para os fins do art. 20 da Lei n. 8.906/94, considera-se de dedicação exclusiva o regime de trabalho que for expressamente previsto em contrato individual de trabalho.

Parágrafo único. Em caso de dedicação exclusiva, serão remuneradas como extraordinárias as horas trabalhadas que excederem a jornada normal de oito horas diárias.

Art. 13. (Revogado pelo Conselho Pleno, CFOAB (*DJU*, 12.12.2000).

Art. 14. Os honorários de sucumbência, por decorrerem precipuamente do exercício da advocacia e só acidentalmente da relação de emprego, não integram o salário ou a remuneração, não podendo, assim, ser considerados para efeitos trabalhistas ou previdenciários.

Parágrafo único. Os honorários de sucumbência dos advogados empregados constituem fundo comum, cuja destinação é decidida pelos profissionais integrantes do serviço jurídico da empresa ou por seus representantes.

CAPÍTULO II
DOS DIREITOS E DAS PRERROGATIVAS

SEÇÃO I
DA DEFESA JUDICIAL DOS DIREITOS E DAS PRERROGATIVAS

Art. 15. Compete ao Presidente do Conselho Federal, do Conselho Seccional ou da Subseção, ao tomar conhecimento de fato que possa causar, ou que já causou, violação de direitos ou prerrogativas da profissão, adotar as providências judiciais e extrajudiciais cabíveis para prevenir ou restaurar o império do Estatuto, em sua plenitude, inclusive mediante representação administrativa.

Parágrafo único. O Presidente pode designar advogado, investido de poderes bastantes, para as finalidades deste artigo.

Art. 16. Sem prejuízo da atuação de seu defensor, contará o advogado com a assistência de representante da OAB nos inquéritos policiais ou nas ações penais em que figurar como indiciado, acusado ou ofendido, sempre que o fato a ele imputado decorrer do exercício da profissão ou a este vincular-se.

▸ Redação determinada pelo Conselho Pleno, CFOAB (DJU, 24.11.1997).

Art. 17. Compete ao Presidente do Conselho ou da Subseção representar contra o responsável por abuso de autoridade, quando configurada hipótese de atentado à garantia legal de exercício profissional, prevista na Lei n. 4.898, de 09 de dezembro de 1965.

› Lei 13.869/2019 (Lei do Abuso de Autoridade).

SEÇÃO II
DO DESAGRAVO PÚBLICO

Art. 18. O inscrito na OAB, quando ofendido comprovadamente em razão do exercício profissional ou de cargo ou função da OAB, tem direito ao desagravo público promovido pelo Conselho competente, de ofício, a seu pedido ou de qualquer pessoa.

› Redação determinada pelo Conselho Pleno, CFOAB (DJU, 24.11.1997).

§ 1º O pedido será submetido à Diretoria do Conselho competente, que poderá, nos casos de urgência e notoriedade, conceder imediatamente o desagravo, ad referendum do órgão competente do Conselho, conforme definido em regimento interno. (Redação dada pela Res. 1/2018, do CFOAB)

§ 2º Nos demais casos, a Diretoria remeterá o pedido de desagravo ao órgão competente para instrução e decisão, podendo o relator, convencendo-se da existência de prova ou indício de ofensa relacionada ao exercício da profissão ou de cargo da OAB, solicitar informações da pessoa ou autoridade ofensora, no prazo de 15 (quinze) dias, sem que isso configure condição para a concessão do desagravo. (Redação dada pela Res. 1/2018, do CFOAB)

§ 3º O relator pode propor o arquivamento do pedido se a ofensa for pessoal, se não estiver relacionada com o exercício profissional ou com as prerrogativas gerais do advogado ou se configurar crítica de caráter doutrinário, político ou religioso. (Redação dada pela Res. 1/2018, do CFOAB)

§ 4º Recebidas ou não as informações e convencendo-se da procedência da ofensa, o relator emite parecer que é submetido ao órgão competente do Conselho, conforme definido em regimento interno. (Redação dada pela Res. 1/2018, do CFOAB)

§ 5º Os desagravos deverão ser decididos no prazo máximo de 60 (sessenta) dias. (Redação dada pela Res. 1/2018, do CFOAB)

§ 6º Em caso de acolhimento do parecer, é designada a sessão de desagravo, amplamente divulgada, devendo ocorrer, no prazo máximo de 30 (trinta) dias, preferencialmente, no local onde a ofensa foi sofrida ou onde se encontre a autoridade ofensora.(Redação dada pela Res. 1/2018, do CFOAB)

§ 7º Na sessão de desagravo o Presidente lê a nota a ser publicada na imprensa, encaminhada ao ofensor e às autoridades, e registrada nos assentamentos do inscrito e no Registro Nacional de Violações de Prerrogativas.(Redação dada pela Res. 1/2018, do CFOAB)

§ 8º Ocorrendo a ofensa no território da Subseção a que se vincule o inscrito, a sessão de desagravo pode ser promovida pela diretoria ou conselho da Subseção, com representação do Conselho Seccional.(Acrescentado pela Res. 1/2018, do CFOAB)

§ 9º O desagravo público, como instrumento de defesa dos direitos e prerrogativas da advocacia, não depende de concordância do ofendido, que não pode dispensá-lo, devendo ser promovido a critério do Conselho. (Acrescentado pela Res. 1/2018, do CFOAB)

Art. 19. Compete ao Conselho Federal promover o desagravo público de Conselheiro Federal ou de Presidente de Conselho Seccional, quando ofendidos no exercício das atribuições de seus cargos e ainda quando a ofensa a advogado se revestir de relevância e grave violação às prerrogativas profissionais, com repercussão nacional.

Parágrafo único. O Conselho Federal, observado o procedimento previsto no art. 18 deste Regulamento, indica seus representantes para a sessão pública de desagravo, na sede do Conselho Seccional, salvo no caso de ofensa a Conselheiro Federal.

CAPÍTULO III
DA INSCRIÇÃO NA OAB

Art. 20. O requerente à inscrição principal no quadro de advogados presta o seguinte compromisso perante o Conselho Seccional, a Diretoria ou o Conselho da Subseção:

"Prometo exercer a advocacia com dignidade e independência, observar a ética, os deveres e prerrogativas profissionais e defender a Constituição, a ordem jurídica do Estado Democrático, os direitos humanos, a justiça social, a boa aplicação das leis, a rápida administração da justiça e o aperfeiçoamento da cultura e das instituições jurídicas."

§ 1º É indelegável, por sua natureza solene e personalíssima, o compromisso referido neste artigo.

§ 2º A conduta incompatível com a advocacia, comprovadamente imputável ao requerente, impede a inscrição no quadro de advogados.

› Primitivo § 3º renumerado após supressão do primitivo § 2º, pelo Conselho Pleno, CFOAB, DJU, 24.11.1997.

Art. 21. O advogado pode requerer o registro, nos seus assentamentos, de fatos comprovados de sua atividade profissional ou cultural, ou a ela relacionados, e de serviços prestados à classe, à OAB e ao País.

Art. 22. O advogado, regularmente notificado, deve quitar seu débito relativo às anuidades, no prazo de 15 dias da notificação, sob pena de suspensão, aplicada em processo disciplinar.

Parágrafo único. Cancela-se a inscrição quando ocorrer a terceira suspensão, relativa ao não pagamento de anuidades distintas.

› Prazo alterado pelo Conselho Pleno, CFOAB (DJU, 13.11.1999 - Processo 4393/98/COP).

Art. 23. O requerente à inscrição no quadro de advogados, na falta de diploma regularmente registrado, apresenta certidão de graduação em direito, acompanhada de cópia autenticada do respectivo histórico escolar.

Parágrafo único. (Revogado pelo Conselho Pleno, CFOAB) (*DJU*, 12.12.2000.)

Art. 24. Aos Conselhos Seccionais da OAB incumbe alimentar, automaticamente, por via eletrônica, o Cadastro Nacional dos Advogados - CNA, mantendo as informações correspondentes constantemente atualizadas. (Alterado pela Res. 5/2016, CFOAB.)

§ 1º O CNA deve conter o nome completo de cada advogado, o nome social, o número da inscrição, o Conselho Seccional e a Subseção a que está vinculado, o número de inscrição no CPF, a filiação, o sexo, a data de inscrição na OAB e sua modalidade, a existência de penalidades eventualmente aplicadas, estas em campo reservado, a fotografia, o endereço completo e o número de telefone profissional, o endereço do correio eletrônico e o nome da sociedade de advogados de que eventualmente faça parte, ou esteja associado, e, opcionalmente, o nome profissional, a existência de deficiência de que seja portador, opção para doação de órgãos, Registro Geral, data e órgão emissor, número do título de eleitor, zona, seção, UF eleitoral, certificado militar e passaporte. (Alterado pela Res. 5/2016, CFOAB.)

§ 2º No cadastro são incluídas, igualmente, informações sobre o cancelamento das inscrições.

§ 3º Conselho Seccional em que o advogado mantenha inscrição suplementar deverá registrar a punição disciplinar imposta por outra Seccional, no CNA, em até 24 (vinte e quatro) horas, a contar da comunicação de que trata o art. 70, § 2º, do EAOAB. (Acrescentado pela Res. 3/2018, do CFOAB)

Art. 24-A. Aos Conselhos Seccionais da OAB incumbe alimentar, automaticamente e em tempo real, por via eletrônica, o Cadastro Nacional das Sociedades de Advogados - CNSA, mantendo as informações correspondentes constantemente atualizadas.

§ 1º O CNSA deve conter a razão social, o número de registro perante a seccional, a data do pedido de registro e a do efetivo registro, o prazo de duração, o endereço completo, inclusive telefone e correio eletrônico, nome, nome social e qualificação de todos os sócios e as modificações ocorridas em seu quadro social. (Alterado pela Res. 5/2016, CFOAB.)

§ 2º Mantendo a sociedade filiais, os dados destas, bem como os números de inscrição suplementar de seus sócios (Provimento n. 112/2006, art. 7º, § 1º), após averbados no Conselho Seccional no qual se localiza o escritório sede, serão averbados no CNSA.

§ 3º São igualmente averbados no CNSA os ajustes de associação ou de colaboração.

§ 4º São proibidas razões sociais iguais ou semelhantes, prevalecendo a razão social da sociedade com inscrição mais antiga.

§ 5º Constatando-se semelhança ou identidade de razões sociais, o Conselho Federal da OAB solicitará, de ofício, a alteração da razão social mais recente, caso a sociedade com registro mais recente não requeira a alteração da sua razão social, acrescentando ou excluindo dados que a distinga da sociedade precedentemente registrada.

§ 6º Verificado conflito de interesses envolvendo sociedades em razão de identidade ou semelhança de razões sociais, em Estados diversos, a questão será apreciada pelo Conselho Federal da OAB, garantindo-se o devido processo legal.

› Art. 24-A acrescido pela Res. OAB 01/2012.

Art. 24-B. Aplicam-se ao Cadastro Nacional das Sociedades de Advogados - CNSA as normas estabelecidas no Provimento n. 95/2000 para os advogados, assim como as restrições quanto à divulgação das informações nele inseridas.

› Art. 24-B acrescido pela Res. OAB 01/2012.

Art. 25. Os pedidos de transferência de inscrição de advogados são regulados em Provimento do Conselho Federal.

› Redação determinada pelo Conselho Pleno, CFOAB (DJU, 24.11.1997).

Art. 26. O advogado fica dispensado de comunicar o exercício eventual da profissão, até o total de cinco causas por ano, acima do qual obriga-se à inscrição suplementar.

CAPÍTULO IV
DO ESTÁGIO PROFISSIONAL

Art. 27. O estágio profissional de advocacia, inclusive para graduados, é requisito necessário à inscrição no quadro de estagiários da OAB e meio adequado de aprendizagem prática.

§ 1º O estágio profissional de advocacia pode ser oferecido pela instituição de ensino superior autorizada e credenciada, em convênio com a OAB, complementando-se a carga horária do estágio curricular supervisionado com atividades práticas típicas de advogado e de estudo do Estatuto e do Código de Ética e Disciplina, observado o tempo conjunto mínimo de 300 (trezentas) horas, distribuído em dois ou mais anos.

§ 2º A complementação da carga horária, no total estabelecido no convênio, pode ser efetivada na forma de atividades jurídicas no núcleo de prática jurídica da instituição de ensino, na Defensoria Pública, em escritórios de advocacia ou em setores jurídicos públicos ou privados, credenciados e fiscalizados pela OAB.

§ 3º As atividades de estágio ministrado por instituição de ensino, para fins de convênio com a OAB, são exclusivamente práticas, incluindo a redação de atos processuais e profissionais, as rotinas processuais, a assistência e a atuação em audiências e sessões, as visitas a órgãos judiciários, a prestação de serviços jurídicos e as técnicas de negociação coletiva, de arbitragem e de conciliação.

Art. 28. O estágio realizado na Defensoria Pública da União, do Distrito Federal ou dos Estados, na forma do artigo 145 da Lei Complementar n. 80, de 12 de janeiro de 1994, é considerado válido para fins de inscrição no quadro de estagiários da OAB.

Art. 29. Os atos de advocacia, previstos no art. 1º do Estatuto, podem ser subscritos por estagiário inscrito na OAB, em conjunto com o advogado ou o defensor público.

§ 1º O estagiário inscrito na OAB pode praticar isoladamente os seguintes atos, sob a responsabilidade do advogado:

I - retirar e devolver autos em cartório, assinando a respectiva carga;

II - obter junto aos escrivães e chefes de secretarias certidões de peças ou autos de processos em curso ou findos;

III - assinar petições de juntada de documentos a processos judiciais ou administrativos.

§ 2º Para o exercício de atos extrajudiciais, o estagiário pode comparecer isoladamente, quando receber autorização ou substabelecimento do advogado.

Art. 30. O estágio profissional de advocacia, realizado integralmente fora da instituição de ensino, compreende as atividades fixadas em convênio entre o escritório de advocacia ou entidade que receba o estagiário e a OAB.

Art. 31. Cada Conselho Seccional mantém uma Comissão de Estágio e Exame de Ordem, a quem incumbe coordenar, fiscalizar e executar as atividades decorrentes do estágio profissional da advocacia.

§ 1º Os convênios de estágio profissional e suas alterações, firmados pelo Presidente do Conselho ou da Subseção, quando esta receber delegação de competência, são previamente elaborados pela Comissão, que tem poderes para negociá-los com as instituições interessadas.

§ 2º A Comissão pode instituir subcomissões nas Subseções.

§ 3º (Revogado.)

§ 4º Compete ao Presidente do Conselho Seccional designar a Comissão, que pode ser composta por advogados não integrantes do Conselho.

CAPÍTULO V
DA IDENTIDADE PROFISSIONAL

Art. 32. São documentos de identidade profissional a carteira e o cartão emitidos pela OAB, de uso obrigatório pelos advogados e estagiários inscritos, para o exercício de suas atividades, os quais podem ser emitidos de forma digital. (Alterado pela Resolução 01/2020)

Parágrafo único. O uso do cartão dispensa o da carteira.

Art. 33. A carteira de identidade do advogado, relativa à inscrição originária, tem as dimensões de 7,00 (sete) x 11,00 (onze) centímetros e observa os seguintes critérios:

I - a capa, em fundo vermelho, contém as armas da República e as expressões "Ordem dos Advogados do Brasil" e "Carteira de Identidade de Advogado";

II - a primeira página repete o conteúdo da capa, acrescentado da expressão "Conselho Seccional de (...)" e do inteiro teor do art. 13 do Estatuto;

III - a segunda página destina-se aos dados de identificação do advogado, na seguinte ordem: número da inscrição, nome, nome social, filiação, naturalidade, data do nascimento, nacionalidade, data da colação de grau, data do compromisso e data da expedição, e à assinatura do Presidente do Conselho Seccional; (Alterado pela Res. 5/2016, CFOAB.)

IV - a terceira página é dividida para os espaços de uma foto 3 (três) x 4 (quatro) centímetros, da impressão digital e da assinatura do portador;

V - as demais páginas, em branco e numeradas, destinam-se ao reconhecimento de firma dos signatários e às anotações da OAB, firmadas pelo Secretário-Geral ou Adjunto, incluindo as incompatibilidades e os impedimentos, o exercício de mandatos, as designações para comissões, as funções na OAB, os serviços relevantes à profissão e os dados da inscrição suplementar, pelo Conselho que a deferir;

VI - a última página destina-se à transcrição do art. 7º do Estatuto.

Parágrafo único. O nome social é a designação pela qual a pessoa travesti ou transexual se identifica e é socialmente reconhecida e será inserido na identificação do advogado mediante requerimento. (Acrescentado pela Res. 5/2016, CFOAB.)

Art. 34. O cartão de identidade tem o mesmo modelo e conteúdo do cartão de identificação pessoal (registro geral), com as seguintes adaptações, segundo o modelo aprovado pela Diretoria do Conselho Federal:

I - o fundo é de cor branca e a impressão dos caracteres e armas da República, de cor vermelha;

II - O anverso contém os seguintes dados, nesta sequência: Ordem dos Advogados do Brasil, Conselho Seccional de (...), Identidade de Advogado (em destaque), n. da inscrição, nome, nome social, filiação, data do nascimento e data da expedição, e a assinatura do Presidente, podendo ser acrescentados os dados de identificação de registro geral, de CPF, eleitoral e outros; (Acrescentado pela Res. 5/2016, CFOAB.)

III - o verso destina-se à fotografia, observações e assinatura do portador.

§ 1º No caso de inscrição suplementar o cartão é específico, indicando-se: "N.

da Inscrição Suplementar:" (em negrito ou sublinhado).

§ 2º Os Conselhos Federal e Seccionais podem emitir cartão de identidade para os seus membros e para os membros das Subseções, acrescentando, abaixo do termo "Identidade de Advogado", sua qualificação de conselheiro ou dirigente da OAB e, no verso, o prazo de validade, coincidente com o mandato.

§ 3º O cartão de identidade profissional digital dos advogados e estagiários, constituindo versão eletrônica de identidade para todos os fins legais (art. 13 da Lei n. 8.906/94 – EAOAB), submete-se à disciplina prevista no presente artigo. (Incluído pela Resolução 01/2020)

Art. 35. O cartão de identidade do estagiário tem o mesmo modelo e conteúdo do cartão de identidade do advogado, com a indicação de "Identidade de Estagiário", em destaque, e do prazo de validade, que não pode ultrapassar três anos nem ser prorrogado.

Parágrafo único. O cartão de identidade do estagiário perde sua validade imediatamente após a prestação do compromisso como advogado.

› Redação determinada pelo Conselho Pleno, CFOAB (DJU, 24.11.1997).

Art. 36. O suporte material do cartão de identidade é resistente, devendo conter dispositivo para armazenamento de certificado digital.

CAPÍTULO VI
DAS SOCIEDADES DE ADVOGADOS

› Prov. 170/2016 (Dispõe sobre as sociedades unipessoais de advocacia).

Art. 37. Os advogados podem constituir sociedade simples, unipessoal ou pluripessoal, de prestação de serviços de advocacia, a qual deve ser regularmente registrada no Conselho Seccional da OAB em cuja base territorial tiver sede. (Alterado pela Res. CFOAB 2/2016.)

§ 1º As atividades profissionais privativas dos advogados são exercidas individualmente, ainda que revertam à sociedade os honorários respectivos. (Alterado pela Res. CFOAB 2/2016.)

§ 2º As sociedades unipessoais e as pluripessoais de advocacia são reguladas em Provimento do Conselho Federal. (Alterado pela Res. CFOAB 2/2016.)

Art. 38. O nome completo ou abreviado, ou o nome social de, no mínimo, um advogado responsável pela sociedade consta obrigatoriamente da razão social, podendo permanecer o nome ou o nome social de sócio falecido se, no ato constitutivo ou na alteração contratual em vigor, essa possibilidade tiver sido prevista. (Alterado pela Res. 5/2016, CFOAB.)

Art. 39. A sociedade de advogados pode associar-se com advogados, sem vínculo de emprego, para participação nos resultados.

› Prov. 169/2015.

Parágrafo único. Os contratos referidos neste artigo são averbados no registro da sociedade de advogados.

Art. 40. Os advogados sócios e os associados respondem subsidiária e ilimitadamente pelos danos causados diretamente ao cliente, nas hipóteses de dolo ou culpa e por ação ou omissão, no exercício dos atos privativos da advocacia, sem prejuízo da responsabilidade disciplinar em que possam incorrer.

Art. 41. As sociedades de advogados podem adotar qualquer forma de administração social, permitida a existência de sócios gerentes, com indicação dos poderes atribuídos.

Art. 42. Podem ser praticados pela sociedade de advogados, com uso da razão social, os atos indispensáveis às suas finalidades, que não sejam privativos de advogado.

Art. 43. O registro da sociedade de advogados observa os requisitos e procedimentos previstos em Provimento do Conselho Federal.

› Redação determinada pelo Conselho Pleno, CFOAB (DJU, 24.11.1997).

TÍTULO II
DA ORDEM DOS ADVOGADOS DO BRASIL (OAB)

CAPÍTULO I
DOS FINS E DA ORGANIZAÇÃO

Art. 44. As finalidades da OAB, previstas no art. 44 do Estatuto, são cumpridas pelos Conselhos Federal e Seccionais e pelas Subseções, de modo integrado, observadas suas competências específicas.

Art. 45. A exclusividade da representação dos advogados pela OAB, prevista no art. 44, II, do Estatuto, não afasta a competência própria dos sindicatos e associações sindicais de advogados, quanto à defesa dos direitos peculiares da relação de trabalho do profissional empregado.

Art. 46. Os novos Conselhos Seccionais serão criados mediante Resolução do Conselho Federal.

Art. 47. O patrimônio do Conselho Federal, do Conselho Seccional, da Caixa de Assistência dos Advogados e da Subseção é constituído de bens móveis e imóveis e outros bens e valores que tenham adquirido ou venham a adquirir.

Art. 48. A alienação ou oneração de bens imóveis depende de aprovação do Conselho Federal ou do Conselho Seccional, competindo à Diretoria do órgão decidir pela aquisição de qualquer bem e dispor sobre os bens móveis.

Parágrafo único. A alienação ou oneração de bens imóveis depende de autorização da maioria das delegações, no Conselho Federal, e da maioria dos membros efetivos, no Conselho Seccional.

Art. 49. Os cargos da Diretoria do Conselho Seccional têm as mesmas denominações atribuídas aos da Diretoria do Conselho Federal.

Parágrafo único. Os cargos da Diretoria da Subseção e da Caixa de Assistência dos Advogados têm as seguintes denominações: Presidente, Vice-Presidente, Secretário, Secretário Adjunto e Tesoureiro.

Art. 50. Ocorrendo vaga de cargo de diretoria do Conselho Federal ou do Conselho Seccional, inclusive do Presidente, em virtude de perda do mandato (art. 66 do Estatuto), morte ou renúncia, o substituto é eleito pelo Conselho a que se vincule, dentre os seus membros.

Art. 51. A elaboração das listas constitucionalmente previstas, para preenchimento dos cargos nos tribunais judiciários, é disciplinada em Provimento do Conselho Federal.

Art. 52. A OAB participa dos concursos públicos, previstos na Constituição e nas leis, em todas as suas fases, por meio de representante do Conselho competente, designado pelo Presidente, incumbindo-lhe apresentar relatório sucinto de suas atividades.

Parágrafo único. Incumbe ao representante da OAB velar pela garantia da isonomia e da integridade do certame, retirando-se quando constatar irregularidades ou favorecimentos e comunicando os motivos ao Conselho.

Art. 53. Os conselheiros e dirigentes dos órgãos da OAB tomam posse firmando, juntamente com o Presidente, o termo específico, após prestar o seguinte compromisso: "Prometo manter, defender e cumprir os princípios e finalidades da OAB, exercer com dedicação e ética as atribuições que me são delegadas e pugnar pela dignidade, independência, prerrogativas e valorização da advocacia."

Art. 54. Compete à Diretoria dos Conselhos Federal e Seccionais, da Subseção ou da Caixa de Assistência declarar extinto o mandato, ocorrendo uma das hipóteses previstas no art. 66 do Estatuto, encaminhando ofício ao Presidente do Conselho Seccional.

§ 1º A Diretoria, antes de declarar extinto o mandato, salvo no caso de morte ou renúncia, ouve o interessado no prazo de quinze dias, notificando-o mediante ofício com aviso de recebimento.

§ 2º Havendo suplentes de Conselheiros, a ordem de substituição é definida no Regimento Interno do Conselho Seccional.

§ 3º Inexistindo suplentes, o Conselho Seccional elege, na sessão seguinte à data do recebimento do ofício, o Conselheiro Federal, o diretor do Conselho Seccional, o Conselheiro Seccional, o diretor da Subseção ou o diretor da Caixa de Assistência dos Advogados, onde se deu a vaga.

§ 4º Na Subseção onde houver conselho, este escolhe o substituto.

CAPÍTULO II
DA RECEITA

Art. 55. Aos inscritos na OAB incumbe o pagamento das anuidades, contribuições, multas e preços de serviços fixados pelo Conselho Seccional.

› Redação determinada pelo Conselho Pleno, CFOAB (DJU, 24.11.1997).

§ 1º As anuidades, contribuições, multas e preços de serviços previstos no *caput* deste artigo serão fixados pelo Conselho Seccional, devendo seus valores ser comunicados ao Conselho Federal até o dia 30 de novembro do ano anterior, salvo em ano eleitoral, quando serão determinadas e comunicadas ao Conselho Federal até o dia 31 de janeiro do ano da posse, podendo ser estabelecidos pagamentos em cotas periódicas.

› Redação determinada pelo Conselho Pleno, CFOAB 2/2007 (DJU, 24.10.2007).

§ 2º (Revogado pelo Conselho Pleno, CFOAB)

§ 3º O edital a que se refere o *caput* do art. 128 deste Regulamento divulgará a possibilidade de parcelamento e o número máximo de parcelas.

› Acrescentado pelo Conselho Pleno, CFOAB (DJU, 12.12.2000).

Art. 56. As receitas brutas mensais das anuidades, incluídas as eventuais atualizações monetárias e juros, serão deduzidas em 60% (sessenta por cento) para seguinte destinação: (Alterado pela Res. CFOAB 2/2013.)

I - 10% (dez por cento) para o Conselho Federal;

II - 3% (três por cento) para o Fundo Cultural;

III - 2% (dois por cento) para o Fundo de Integração e Desenvolvimento Assistencial dos Advogados - FIDA, regulamentado em Provimento do Conselho Federal.

IV - 45% (quarenta e cinco por cento) para as despesas administrativas e manutenção do Conselho Seccional.

§ 1º Os repasses das receitas previstas neste artigo efetuam-se em instituição financeira, indicada pelo Conselho Federal em comum acordo com o Conselho Seccional, através de compartilhamento obrigatório, automático e imediato, com destinação em conta-corrente específica deste, do Fundo Cultural, do Fundo de Integração e Desenvolvimento Assistencial dos Advogados - FIDA e da Caixa de Assistência dos Advogados, vedado o recebimento na Tesouraria do Conselho Seccional, exceto quanto às receitas de preços e serviços, e observados os termos do modelo aprovado pelo Diretor-Tesoureiro do Conselho Federal, sob pena de aplicação do art. 54, VII, do Estatuto da Advocacia e da OAB.

§ 2º O Fundo Cultural será administrado pela Escola Superior de Advocacia, mediante deliberação da Diretoria do Conselho Seccional.

§ 3º O Fundo de Integração e Desenvolvimento Assistencial dos Advogados - FIDA será administrado por um Conselho Gestor designado pela Diretoria do Conselho Federal.

§ 4º Os Conselhos Seccionais elaborarão seus orçamentos anuais considerando o limite disposto no inciso IV para manutenção da sua estrutura administrativa e das subseções, utilizando a margem resultante para suplementação orçamentária do exercício, caso se faça necessária.

§ 5º Qualquer transferência de bens ou recursos de um Conselho Seccional a outro depende de autorização do Conselho Federal.

Art. 57. Cabe à Caixa de Assistência dos Advogados a metade da receita das anuidades, incluídas as eventuais atualizações monetárias e juros, recebidas pelo Conselho Seccional, considerado o valor resultante após as deduções obrigatórias, nos percentuais previstos no art. 56 do Regulamento Geral. (Alterado pela Res. CFOAB 2/2013.)

§ 1º Poderão ser deduzidas despesas nas receitas destinadas à Caixa de Assistência, desde que previamente pactuadas.

§ 2º A aplicação dos recursos da Caixa de Assistência deverá estar devidamente demonstrada nas prestações de contas periódicas do Conselho Seccional, obedecido o disposto no § 5º do art. 60 do Regulamento Geral.

Art. 58. Compete privativamente ao Conselho Seccional, na primeira sessão ordinária do ano, apreciar o relatório anual e deliberar sobre o balanço e as contas da Diretoria do Conselho Seccional, da Caixa de Assistência dos Advogados e das Subseções, referentes ao exercício anterior, na forma de seu Regimento Interno.

§ 1º O Conselho Seccional elege, dentre seus membros, uma comissão de orçamento e contas para fiscalizar a aplicação da receita e opinar previamente sobre a proposta de orçamento anual e as contas.

§ 2º O Conselho Seccional pode utilizar os serviços de auditoria independente para auxiliar a comissão de orçamento e contas.

§ 3º O exercício financeiro dos Conselhos Federal e Seccionais encerra-se no dia 31 de dezembro de cada ano.

Art. 59. Deixando o cargo, por qualquer motivo, no curso do mandato, os Presidentes do Conselho Federal, do Conselho Seccional, da Caixa de Assistência e da Subseção apresentam, de forma sucinta, relatório e contas ao seu sucessor.

Art. 60. Os Conselhos Seccionais aprovarão seus orçamentos anuais, para o exercício seguinte, até o mês de outubro e o Conselho Federal até a última sessão do ano, permitida a alteração dos mesmos no curso do exercício, mediante justificada necessidade, devidamente aprovada pelos respectivos colegiados.

› Sessões plenárias dos dias 17 de junho, 17 de agosto e 17 de novembro de 1997 (DJ, 24.11.1997, p. 61.378, S.1).

§ 1º O orçamento do Conselho Seccional, incluindo as Subseções, estima a receita, fixa a despesa e prevê as deduções destinadas ao Conselho Federal, ao Fundo Cultural, ao Fundo de Integração e Desenvolvimento Assistencial dos Advogados - FIDA e à Caixa de Assistência, e deverá ser encaminhado, mediante cópia, até o dia 10 do mês subsequente, ao Conselho Federal, podendo o seu Diretor-Tesoureiro, após análise prévia, devolvê-lo à Seccional, para os devidos ajustes.

§ 2º Aprovado o orçamento e, igualmente, as eventuais suplementações orçamentárias, encaminhar-se-á cópia ao Conselho Federal, até o dia 10 do mês subsequente, para os fins regulamentares.

› Sessões plenárias dos dias 17 de junho, 17 de agosto e 17 de novembro de 1997 (DJ, 24.11.1997, p. 61.378, S.1).

§ 3º O Conselho Seccional recém empossado deverá promover, se necessário, preferencialmente nos dois primeiros meses de gestão, a reformulação do orçamento anual, encaminhando cópia do instrumento respectivo ao Conselho Federal, até o dia 10 do mês de março do ano em curso.

§ 4º A Caixa de Assistência dos Advogados aprovará seu orçamento para o exercício seguinte, até a última sessão do ano.

§ 5º O Conselho Seccional fixa o modelo e os requisitos formais e materiais para o orçamento, o relatório e as contas da Caixa de Assistência e das Subseções.

Art. 61. O relatório, o balanço e as contas dos Conselhos Seccionais e da Diretoria do Conselho Federal, na forma prevista em Provimento, são julgados pela Terceira Câmara do Conselho Federal, com recurso para o Órgão Especial.

§ 1º Cabe à Terceira Câmara fixar os modelos dos orçamentos, balanços e contas da Diretoria do Conselho Federal e dos Conselhos Seccionais.

§ 2º A Terceira Câmara pode determinar a realização de auditoria independente nas contas do Conselho Seccional, com ônus para este, sempre que constatar a existência de graves irregularidades.

§ 3º O relatório, o balanço e as contas dos Conselhos Seccionais do ano anterior serão remetidos à Terceira Câmara até o final do quarto mês do ano seguinte.

› Sessões plenárias dos dias 17 de junho, 17 de agosto e 17 de novembro de 1997 (DJ, 24.11.1997, p. 61.378, S.1).

§ 4º O relatório, o balanço e as contas da Diretoria do Conselho Federal são apreciados pela Terceira Câmara a partir da primeira sessão ordinária do ano seguinte ao do exercício.

§ 5º Os Conselhos Seccionais só podem pleitear recursos materiais e financeiros ao Conselho Federal se comprovadas as seguintes condições:

a) remessa de cópia do orçamento e das eventuais suplementações orçamentárias, no prazo estabelecido pelo § 2º do art. 60;

b) prestação de contas aprovada na forma regulamentar; e

c) repasse atualizado da receita devida ao Conselho Federal, suspendendo-se o pedido, em caso de controvérsia, até decisão definitiva sobre a liquidez dos valores correspondentes.

- Sessões plenárias dos dias 17 de junho, 17 de agosto e 17 de novembro de 1997 (DJ, 24.11.1997, p. 61.378, S.1).

CAPÍTULO III
DO CONSELHO FEDERAL

SEÇÃO I
DA ESTRUTURA E DO FUNCIONAMENTO

Art. 62. O Conselho Federal, órgão supremo da OAB, com sede na Capital da República, compõe-se de um Presidente, dos Conselheiros Federais integrantes das delegações de cada unidade federativa e de seus ex-presidentes.

§ 1º Os ex-presidentes têm direito a voz nas sessões do Conselho, sendo assegurado o direito de voto aos que exerceram mandato antes de 05 de julho de 1994 ou em seu exercício se encontravam naquela data.

- Sessões plenárias dos dias 17 de junho, 17 de agosto e 17 de novembro de 1997 (DJ, 24.11.1997, p. 61.379, S.1) e Res. 001/2006 (DJ, 04.09.2006, p. 775, S.1).

§ 2º O Presidente, nas suas relações externas, apresenta-se como Presidente Nacional da OAB.

§ 3º O Presidente do Conselho Seccional tem lugar reservado junto à delegação respectiva e direito a voz em todas as sessões do Conselho e de suas Câmaras.

Art. 63. O Presidente do Instituto dos Advogados Brasileiros e os agraciados com a "Medalha Rui Barbosa" podem participar das sessões do Conselho Pleno, com direito a voz.

Art. 64. O Conselho Federal atua mediante os seguintes órgãos:

I - Conselho Pleno;
II - Órgão Especial do Conselho Pleno;
III - Primeira, Segunda e Terceira Câmaras;
IV - Diretoria;
V - Presidente.

Parágrafo único. Para o desempenho de suas atividades, o Conselho conta também com comissões permanentes, definidas em Provimento, e com comissões temporárias, todas designadas pelo Presidente, integradas ou não por Conselheiros Federais, submetidas a um regimento interno único, aprovado pela Diretoria do Conselho Federal, que o levará ao conhecimento do Conselho Pleno.

Art. 65. No exercício do mandato, o Conselheiro Federal atua no interesse da advocacia nacional e não apenas no de seus representados diretos.

§ 1º O cargo de Conselheiro Federal é incompatível com o de membro de outros órgãos da OAB, exceto quando se tratar de ex-presidente do Conselho Federal e do Conselho Seccional, ficando impedido de debater e votar as matérias quando houver participado da deliberação local.

§ 2º Na apuração da antiguidade do Conselheiro Federal somam-se todos os períodos de mandato, mesmo que interrompidos.

Art. 66. Considera-se ausente das sessões ordinárias mensais dos órgãos deliberativos do Conselho Federal o Conselheiro que, sem motivo justificado, faltar a qualquer uma.

Parágrafo único. Compete ao Conselho Federal fornecer ajuda de transporte e hospedagem aos Conselheiros Federais integrantes das bancadas dos Conselho Seccionais que não tenham capacidade financeira para suportar a despesa correspondente.

- Sessões plenárias dos dias 17 de junho, 17 de agosto e 17 de novembro de 1997 (DJ, 24.11.1997, p. 61.379, S.1).

Art. 67. Os Conselheiros Federais, integrantes de cada delegação, após a posse, são distribuídos pelas três Câmaras especializadas, mediante deliberação da própria delegação, comunicada ao Secretário-Geral, ou, na falta desta, por decisão do Presidente, dando-se preferência ao mais antigo no Conselho e, havendo coincidência, ao de inscrição mais antiga.

§ 1º O Conselheiro, na sua delegação, é substituto dos demais, em qualquer órgão do Conselho, nas faltas ou impedimentos ocasionais ou no caso de licença.

§ 2º Quando estiverem presentes dois substitutos, concomitantemente, a preferência é do mais antigo no Conselho e, em caso de coincidência, do que tiver inscrição mais antiga.

§ 3º A delegação indica seu representante ao Órgão Especial do Conselho Pleno.

Art. 68. O voto em qualquer órgão colegiado do Conselho Federal é tomado por delegação, em ordem alfabética, seguido dos ex-presidentes presentes, com direito a voto.

§ 1º Os membros da Diretoria votam como integrantes de suas delegações.

§ 2º O Conselheiro Federal opina mas não participa da votação de matéria de interesse específico da unidade que representa.

§ 3º Na eleição dos membros da Diretoria do Conselho Federal, somente votam os Conselheiros Federais, individualmente.

Art. 69. A seleção das decisões dos órgãos deliberativos do Conselho Federal é periodicamente divulgada em forma de ementário.

Art. 70. Os órgãos deliberativos do Conselho Federal podem cassar ou modificar atos ou deliberações de órgãos ou autoridades da OAB, ouvidos estes e os interessados previamente, no prazo de quinze dias, contado do recebimento da notificação, sempre que contrariem o Estatuto, este Regulamento Geral, o Código de Ética e Disciplina e os Provimentos.

Art. 71. Toda matéria pertinente às finalidades e às competências do Conselho Federal da OAB será distribuída automaticamente no órgão colegiado competente a um relator, mediante sorteio eletrônico, com inclusão na pauta da sessão seguinte, organizada segundo critério de antiguidade. (Alterado pela Res. CFOAB 1/2013.)

§ 1º Se o relator determinar alguma diligência, o processo é retirado da ordem do dia, figurando em anexo da pauta com indicação da data do despacho.

§ 2º Incumbe ao relator apresentar na sessão seguinte, por escrito, o relatório, o voto e a proposta de ementa.

§ 3º O relator pode determinar diligências, requisitar informações, instaurar representação incidental, propor ao Presidente a redistribuição da matéria e o arquivamento, quando for irrelevante ou impertinente às finalidades da OAB, ou o encaminhamento do processo ao Conselho Seccional competente, quando for de interesse local.

§ 4º Em caso de inevitável perigo de demora da decisão, pode o relator conceder provimento cautelar, com recurso de ofício ao órgão colegiado, para apreciação preferencial na sessão posterior.

§ 5º O relator notifica o Conselho Seccional e os interessados, quando forem necessárias suas manifestações.

§ 6º Compete ao relator manifestar-se sobre as desistências, prescrições, decadências e intempestividades dos recursos, para decisão do Presidente do órgão colegiado.

Art. 72. O processo será redistribuído automaticamente caso o relator, após a inclusão em pauta, não o apresente para julgamento na sessão seguinte ou quando, fundamentadamente e no prazo de 05 (cinco) dias, a contar do recebimento dos autos, declinar da relatoria. (Alterado pela Res. CFOAB 1/2013.)

§ 1º O presidente do colegiado competente poderá deferir a prorrogação do prazo de apresentação do processo para julgamento estipulado no *caput*, por 01 (uma) sessão, mediante requerimento por escrito e fundamentado do relator. (Acrescentado pela Res. CFOAB 1/2013.)

§ 2º Redistribuído o processo, caso os autos encontrem-se com o relator, o presidente do órgão colegiado determinará sua devolução à secretaria, em até 05 (cinco) dias.(Acrescentado pela Res. CFOAB 1/2013.)

Art. 73. Em caso de matéria complexa, o Presidente designa uma comissão em vez de relator individual.

Parágrafo único. A comissão escolhe um relator e delibera coletivamente, não sendo considerados os votos minoritários para fins de relatório e voto.

SEÇÃO II
DO CONSELHO PLENO

Art. 74. O Conselho Pleno é integrado pelos Conselheiros Federais de cada delegação e pelos ex-presidentes, sendo presidido pelo Presidente do Conselho Federal e secretariado pelo Secretário-Geral.

Art. 75. Compete ao Conselho Pleno deliberar, em caráter nacional, sobre propostas e indicações relacionadas às finalidades institucionais da OAB (art. 44, I, do Estatuto) e sobre as demais atribuições previstas no art. 54 do Estatuto, respeitadas as competências privativas dos demais órgãos deliberativos do Conselho Federal, fixadas neste Regulamento Geral, e ainda:

I - eleger o sucessor dos membros da Diretoria do Conselho Federal, em caso de vacância;

II - regular, mediante resolução, matérias de sua competência que não exijam edição de Provimento;

III - instituir, mediante Provimento, comissões permanentes para assessorar o Conselho Federal e a Diretoria.

- Sessões plenárias dos dias 16 de outubro, 06 e 07 de novembro de 2000 (DJ, 12.12.2000, p. 574, S.1), Prov. 115/2007 e 163/2015.

Parágrafo único. O Conselho Pleno pode decidir sobre todas as matérias privativas de seu órgão Especial, quando o Presidente atribuir-lhes caráter de urgência e grande relevância.

Art. 76. As proposições e os requerimentos deverão ser oferecidos por escrito, cabendo ao relator apresentar relatório e voto na sessão seguinte, acompanhados de ementa do acórdão. (Alterado pela Res. CFOAB 1/2013.)

§ 1º No Conselho Pleno, o Presidente, em caso de urgência e relevância, pode designar relator para apresentar relatório e voto orais na mesma sessão.

§ 2º Quando a proposta importar despesas não previstas no orçamento, pode ser apreciada apenas depois de ouvido o Diretor Tesoureiro quanto às disponibilidades financeiras para sua execução.

Art. 77. O voto da delegação é o de sua maioria, havendo divergência entre seus membros, considerando-se invalidado em caso de empate.

§ 1º O Presidente não integra a delegação de sua unidade federativa de origem e não vota, salvo em caso de empate.

§ 2º Os ex-Presidentes empossados antes de 5 de julho de 1994 têm direito de voto equivalente ao de uma delegação, em todas as matérias, exceto na eleição dos membros da Diretoria do Conselho Federal.

Art. 78. Para editar e alterar o Regulamento Geral, o Código de Ética e Disciplina e os Provimentos e para intervir nos Conselhos Seccionais é indispensável o *quorum* de dois terços das delegações.

Parágrafo único. Para as demais matérias prevalece o *quorum* de instalação e de votação estabelecido neste Regulamento Geral.

Art. 79. A proposta que implique baixar normas gerais de competência do Conselho Pleno ou encaminhar projeto legislativo ou emendas aos Poderes competentes somente pode ser deliberada se o relator ou a comissão designada elaborar o texto normativo, a ser remetido aos Conselheiros juntamente com a convocação da sessão.

§ 1º Antes de apreciar proposta de texto normativo, o Conselho Pleno delibera sobre a admissibilidade da relevância da matéria.

§ 2º Admitida a relevância, o Conselho passa a decidir sobre o conteúdo da proposta do texto normativo, observados os seguintes critérios:

a) procede-se à leitura de cada dispositivo, considerando-o aprovado se não houver destaque levantado por qualquer membro ou encaminhado por Conselho Seccional;

b) havendo destaque, sobre ele manifesta-se apenas aquele que o levantou e a comissão relatora ou o relator, seguindo-se a votação.

§ 3º Se vários membros levantarem destaque sobre o mesmo ponto controvertido, um, dentre eles, é eleito como porta-voz.

§ 4º Se o texto for totalmente rejeitado ou prejudicado pela rejeição, o Presidente designa novo relator ou comissão revisora para redigir outro.

Art. 80. A OAB pode participar e colaborar em eventos internacionais, de interesse da advocacia, mas somente se associa a organismos internacionais que congreguem entidades congêneres.

Parágrafo único. Os Conselhos Seccionais podem representar a OAB em geral ou os advogados brasileiros em eventos internacionais ou no exterior, quando autorizados pelo Presidente Nacional.

Art. 81. Constatando grave violação do Estatuto ou deste Regulamento Geral, a Diretoria do Conselho Federal notifica o Conselho Seccional para apresentar defesa e, havendo necessidade, designa representantes para promover verificação ou sindicância, submetendo o relatório ao Conselho Pleno.

§ 1º Se o relatório concluir pela intervenção, notifica-se o Conselho Seccional para apresentar defesa por escrito e oral perante o Conselho Pleno, no prazo e tempo fixados pelo Presidente.

§ 2º Se o Conselho Pleno decidir pela intervenção, fixa prazo determinado, que pode ser prorrogado, cabendo à Diretoria designar diretoria provisória.

§ 3º Ocorrendo obstáculo imputável à Diretoria do Conselho Seccional para a sindicância, ou no caso de irreparabilidade do perigo pela demora, o Conselho Pleno pode aprovar liminarmente a intervenção provisória.

Art. 82. As indicações de ajuizamento de ação direta de inconstitucionalidade submetem-se ao juízo prévio de admissibilidade da Diretoria para aferição da relevância da defesa dos princípios e normas constitucionais e, sendo admitidas, observam o seguinte procedimento:

I - o relator, designado pelo Presidente, independentemente da decisão da Diretoria, pode levantar preliminar de inadmissibilidade perante o Conselho Pleno, quando não encontrar norma ou princípio constitucional violados pelo ato normativo;

II - aprovado o ajuizamento da ação, esta será proposta pelo Presidente do Conselho Federal;

- Sessões plenárias dos dias 16 de outubro, 06 e 07 de novembro de 2000 (DJ, 12.12.2000, p. 574, S.1).

III - cabe à assessoria do Conselho acompanhar o andamento da ação.

§ 1º Em caso de urgência que não possa aguardar a sessão ordinária do Conselho Pleno, ou durante o recesso do Conselho Federal, a Diretoria decide quanto ao mérito, *ad referendum* daquele.

§ 2º Quando a indicação for subscrita por Conselho Seccional da OAB, por entidade de caráter nacional ou por delegação do Conselho Federal, a matéria não se sujeita ao juízo de admissibilidade da Diretoria.

Art. 83. Compete à Comissão Nacional de Educação Jurídica do Conselho Federal opinar previamente nos pedidos para criação, reconhecimento e credenciamento dos cursos jurídicos referidos no art. 54, XV, do Estatuto.

§ 1º O Conselho Seccional em cuja área de atuação situar-se a instituição de ensino superior interessada será ouvido, preliminarmente, nos processos que tratem das matérias referidas neste artigo, devendo a seu respeito manifestar-se no prazo de 30 (trinta) dias.

§ 2º A manifestação do Conselho Seccional terá em vista, especialmente, os seguintes aspectos:

a) a verossimilhança do projeto pedagógico do curso, em face da realidade local;

b) a necessidade social da criação do curso, aferida em função dos critérios estabelecidos pela Comissão de Ensino Jurídico do Conselho Federal;

c) a situação geográfica do município sede do curso, com indicação de sua população e das condições de desenvolvimento cultural e econômico que apresente, bem como da distância em relação ao município mais próximo onde haja curso jurídico;

d) as condições atuais das instalações físicas destinadas ao funcionamento do curso;

e) a existência de biblioteca com acervo adequado, a que tenham acesso direto os estudantes.

§ 3º A manifestação do Conselho Seccional deverá informar sobre cada um dos itens mencionados no parágrafo anterior, abstendo-se, porém, de opinar, conclusivamente, sobre a conveniência ou não da criação do curso.

§ 4º O Conselho Seccional encaminhará sua manifestação diretamente à Comissão de Ensino Jurídico do Conselho Federal, dela não devendo fornecer cópia à instituição interessada ou a terceiro antes do pronunciamento final do Conselho Federal.

SEÇÃO III
DO ÓRGÃO ESPECIAL DO CONSELHO PLENO

Art. 84. O Órgão Especial é composto por um Conselheiro Federal integrante de cada delegação, sem prejuízo de sua participação no Conselho Pleno, e pelos ex-Presidentes, sendo presidido pelo Vice-Presidente e secretariado pelo Secretário-Geral Adjunto.

Parágrafo único. O Presidente do Órgão Especial, além de votar por sua delegação, tem o voto de qualidade, no caso de empate, salvo quando se tratar de procedimento disciplinar passível de aplicação de sanção prevista no art. 35 do Estatuto da Advocacia e da OAB, caso em que, quando houver empate de votos, o Presidente votará apenas por sua delegação, prevalecendo a decisão mais favorável ao advogado representado. (Redação dada pela Res. 01/2019)

Art. 85. Compete ao Órgão Especial deliberar, privativamente e em caráter irrecorrível, sobre:

I - recurso contra decisões das Câmaras, quando não tenham sido unânimes ou, sendo unânimes, contrariem a Constituição, as leis, o Estatuto, decisões do Conselho Federal, este Regulamento Geral, o Código de Ética e Disciplina ou os Provimentos;

II - recurso contra decisões unânimes das Turmas, quando estas contrariarem a Constituição, as leis, o Estatuto, decisões do Conselho Federal, este Regulamento Geral, o Código de Ética e Disciplina ou os Provimentos;

III - recurso contra decisões do Presidente ou da Diretoria do Conselho Federal e do Presidente do Órgão Especial;

IV - consultas escritas, formuladas em tese, relativas às matérias de competência das Câmaras especializadas ou à interpretação do Estatuto, deste Regulamento Geral, do Código de Ética e Disciplina e dos Provimentos, devendo todos os Conselhos Seccionais ser cientificados do conteúdo das respostas;

V - conflitos ou divergências entre órgãos da OAB;

VI - determinação ao Conselho Seccional competente para instaurar processo, quando, em autos ou peças submetidos ao conhecimento do Conselho Federal, encontrar fato que constitua infração disciplinar.

§ 1º Os recursos ao Órgão Especial podem ser manifestados pelo Presidente do Conselho Federal, pelas partes ou pelos recorrentes originários.

§ 2º O relator pode propor ao Presidente do Órgão Especial o arquivamento da consulta, quando não se revestir de caráter geral ou não tiver pertinência com as finalidades da OAB, ou o seu encaminhamento ao Conselho Seccional, quando a matéria for de interesse local.

Art. 86. A decisão do Órgão Especial constitui orientação dominante da OAB sobre a matéria, quando consolidada em súmula publicada no Diário Eletrônico da OAB. *(Redação dada pela Res. 5/2018).*

SEÇÃO IV
DAS CÂMARAS

Art. 87. As Câmaras são presididas:

I - a Primeira, pelo Secretário-Geral;

II - a Segunda, pelo Secretário-Geral Adjunto;

III - a Terceira, pelo Tesoureiro.

§ 1º Os Secretários das Câmaras são designados, dentre seus integrantes, por seus Presidentes.

§ 2º Nas suas faltas e impedimentos, os Presidentes e Secretários das Câmaras são substituídos pelos Conselheiros mais antigos e, havendo coincidência, pelos de inscrição mais antiga.

§ 3º O Presidente da Câmara, além de votar por sua delegação, tem o voto de qualidade, no caso de empate, salvo quando se tratar de procedimento disciplinar passível de aplicação de sanção prevista no art. 35 do Estatuto da Advocacia e da OAB, caso em que, quando houver empate de votos, o Presidente votará apenas por sua delegação, prevalecendo a decisão mais favorável ao advogado representado. (Redação dada pela Res. 01/2019)

Art. 88. Compete à Primeira Câmara:

I - decidir os recursos sobre:

a) atividade de advocacia e direitos e prerrogativas dos advogados e estagiários;

b) inscrição nos quadros da OAB;

c) incompatibilidades e impedimentos.

II - expedir resoluções regulamentando o Exame de Ordem, para garantir sua eficiência e padronização nacional, ouvida a Comissão Nacional de Exame de Ordem;

- Sessões plenárias dos dias 16 de outubro, 06 e 07 de novembro de 2000 (DJ, 12.12.2000, p. 574, S.1); Prov. 144/2011;

III - julgar as representações sobre as matérias de sua competência;

- Sessões plenárias dos dias 17 de junho, 17 de agosto e 17 de novembro de 1997 (DJ, 24.11.1997, p. 61.379, S.1).

IV - propor, instruir e julgar os incidentes de uniformização de decisões de sua competência.

- Sessões plenárias dos dias 17 de junho, 17 de agosto e 17 de novembro de 1997 (DJ, 24.11.1997, p. 61.379, S.1).

V - determinar ao Conselho Seccional competente a instauração de processo quando, em autos ou peças submetidas ao seu julgamento, tomar conhecimento de fato que constitua infração disciplinar;

VI - julgar os recursos interpostos contra decisões de seu Presidente.

Art. 89. Compete à Segunda Câmara:

I - decidir os recursos sobre ética e deveres do advogado, infrações e sanções disciplinares;

II - promover em âmbito nacional a ética do advogado, juntamente com os Tribunais de Ética e Disciplina, editando resoluções regulamentares ao Código de Ética e Disciplina.

III - julgar as representações sobre as matérias de sua competência;

- Sessões plenárias dos dias 17 de junho, 17 de agosto e 17 de novembro de 1997 (DJ, 24.11.1997, p. 61.379, S.1).

IV - propor, instruir e julgar os incidentes de uniformização de decisões de sua competência;

- Sessões plenárias dos dias 17 de junho, 17 de agosto e 17 de novembro de 1997 (DJ, 24.11.1997, p. 61.379, S.1).

V - determinar ao Conselho Seccional competente a instauração de processo quando, em autos ou peças submetidas ao seu julgamento, tomar conhecimento de fato que constitua infração disciplinar;

- Sessões plenárias dos dias 16 de outubro, 06 e 07 de novembro de 2000 (DJ, 12.12.2000, p. 574, S.1).

VI - julgar os recursos interpostos contra decisões de seu Presidente;

- Sessões plenárias dos dias 16 de outubro, 06 e 07 de novembro de 2000 (DJ, 12.12.2000, p. 574, S.1).

VII - eleger, dentre seus integrantes, os membros da Corregedoria do Processo Disciplinar, em número máximo de três, com atribuição, em caráter nacional, de orientar e fiscalizar a tramitação dos processos disciplinares de competência da OAB, podendo, para tanto, requerer informações e realizar diligências, elaborando relatório anual dos processos em trâmite no Conselho Federal e nos Conselhos Seccionais e Subseções.

Art. 89-A. A Segunda Câmara será dividida em três Turmas, entre elas repartindo-se, com igualdade, os processos recebidos pela Secretaria.

§ 1º Na composição das Turmas, que se dará por ato do Presidente da Segunda Câmara, será observado o critério de representatividade regional, de sorte a nelas estarem presentes todas as Regiões do País.

§ 2º As Turmas serão presididas pelo Conselheiro presente de maior antiguidade no Conselho Federal, admitindo-se o revezamento, a critério dos seus membros, salvo a Turma integrada pelo Presidente da Segunda Câmara, que será por ele presidida.

§ 3º Das decisões não unânimes das Turmas caberá recurso para o Pleno da Segunda Câmara.

§ 4º No julgamento do recurso, o relator ou qualquer membro da Turma poderá propor que esta o afete ao Pleno da Câmara, em vista da relevância ou especial complexidade da matéria versada, podendo proceder do mesmo modo quando suscitar questões de ordem que impliquem a adoção de procedimentos comuns pelas Turmas.

Art. 90. Compete à Terceira Câmara:

I - decidir os recursos relativos à estrutura, aos órgãos e ao processo eleitoral da OAB;

II - decidir os recursos sobre sociedades de advogados, advogados associados e advogados empregados;

III - apreciar os relatórios anuais e deliberar sobre o balanço e as contas da Diretoria do Conselho Federal e dos Conselhos Seccionais;

IV - suprir as omissões ou regulamentar as normas aplicáveis às Caixas de Assistência dos Advogados, inclusive mediante resoluções;

V - modificar ou cancelar, de ofício ou a pedido de qualquer pessoa, dispositivo do Regimento Interno do Conselho Seccional que contrarie o Estatuto ou este Regulamento Geral;

VI - julgar as representações sobre as matérias de sua competência;

- Sessões plenárias dos dias 17 de junho, 17 de agosto e 17 de novembro de 1997 (DJ, 24.11.97, p. 61.379, S.1).

VII - propor, instruir e julgar os incidentes de uniformização de decisões de sua competência;

- Sessões plenárias dos dias 17 de junho, 17 de agosto e 17 de novembro de 1997 (DJ, 24.11.1997, p. 61.379, S.1).

VIII - determinar ao Conselho Seccional competente a instauração de processo quando, em autos ou peças submetidas ao seu julgamento, tomar conhecimento de fato que constitua infração disciplinar;

- Sessões plenárias dos dias 16 de outubro, 06 e 07 de novembro de 2000 (DJ, 12.12.2000, p. 575, S.1).

IX - julgar os recursos interpostos contra decisões de seu Presidente.

- Sessões plenárias dos dias 16 de outubro, 06 e 07 de novembro de 2000 (DJ, 12.12.2000, p. 575, S.1).

SEÇÃO V
DAS SESSÕES

Art. 91. Os órgãos colegiados do Conselho Federal reúnem-se ordinariamente nos meses de fevereiro a dezembro de cada ano, em sua sede no Distrito Federal, nas datas fixadas pela Diretoria.

§ 1º Em caso de urgência ou no período de recesso (janeiro), o Presidente ou um terço das delegações do Conselho Federal pode convocar sessão extraordinária.

§ 2º A sessão extraordinária, em caráter excepcional e de grande relevância, pode ser convocada para local diferente da sede do Conselho Federal.

§ 3º As convocações para as sessões ordinárias são acompanhadas de minuta da ata da sessão anterior e dos demais documentos necessários.

§ 4º Mediante prévia deliberação do Conselho Pleno, poderá ser dispensada a realização da sessão ordinária do mês de julho, sem prejuízo da regular fruição dos prazos processuais e regulamentares.

Art. 92. Para instalação e deliberação dos órgãos colegiados do Conselho Federal da OAB exige-se a presença de metade das delegações, salvo nos casos de *quorum* qualificado, previsto neste Regulamento Geral.

§ 1º A deliberação é tomada pela maioria de votos dos presentes.

§ 2º Comprova-se a presença pela assinatura no documento próprio, sob controle do Secretário da sessão.

§ 3º Qualquer membro presente pode requerer a verificação do *quorum*, por chamada.

§ 4º A ausência à sessão, depois da assinatura de presença, não justificada ao Presidente, é contada para efeito de perda do mandato.

Art. 93. Nas sessões observa-se a seguinte ordem:

I - verificação do *quorum* e abertura;

II - leitura, discussão e aprovação da ata da sessão anterior;

III - comunicações do Presidente;

IV - ordem do dia;

V - expediente e comunicações dos presentes.

Parágrafo único. A ordem dos trabalhos ou da pauta pode ser alterada pelo Presidente, em caso de urgência ou de pedido de preferência.

Art. 94. O julgamento de qualquer processo ocorre do seguinte modo:

I - leitura do relatório, do voto e da proposta de ementa do acórdão, todos escritos, pelo relator;

II - sustentação oral pelo interessado ou seu advogado, com o prazo de 15 (quinze) minutos, a qual, em se tratando de embargos de declaração, somente será admitida se estes tiverem efeitos infringentes, caso em que a sustentação se dará no limite de 5 (cinco) minutos, tendo o respectivo processo preferência no julgamento; (Redação dada pela Res. 04/2019)

III - discussão da matéria, dentro do prazo máximo fixado pelo Presidente, não podendo cada Conselheiro fazer uso da palavra mais de uma vez nem por mais de três minutos, salvo se lhe for concedida prorrogação;

IV - votação da matéria, não sendo permitidas questões de ordem ou justificativa oral de voto, precedendo as questões prejudiciais e preliminares às de mérito;

V - a votação da matéria será realizada mediante chamada em ordem alfabética das bancadas, iniciando-se com a delegação integrada pelo relator do processo em julgamento; (Acrescentado pela Res. CFOAB 3/2013.)

VI - proclamação do resultado pelo Presidente, com leitura da súmula da decisão. (Renumerado pela Res. CFOAB 3/2013.)

§ 1º Os apartes só serão admitidos quando concedidos pelo orador. Não será admitido aparte:

- Sessões plenárias dos dias 16 de outubro, 06 e 07 de novembro de 2000 (DJ, 12.12.2000, p. 575, S.1).

a) à palavra do Presidente;

b) ao Conselheiro que estiver suscitando questão de ordem.

§ 2º Se durante a discussão o Presidente julgar que a matéria é complexa e não se encontra suficientemente esclarecida, suspende o julgamento, designando revisor para sessão seguinte.

§ 3º A justificação escrita do voto pode ser encaminhada à Secretaria até quinze dias após a votação da matéria.

§ 4º O Conselheiro pode pedir preferência para antecipar seu voto se necessitar ausentar-se justificadamente da sessão.

§ 5º O Conselheiro pode eximir-se de votar se não tiver assistido à leitura do relatório.

§ 6º O relatório e o voto do relator, na ausência deste, são lidos pelo Secretário.

§ 7º Vencido o relator, o autor do voto vencedor lavra o acórdão.

Art. 95. O pedido justificado de vista por qualquer Conselheiro, quando não for em mesa, não adia a discussão, sendo deliberado como preliminar antes da votação da matéria.

Parágrafo único. A vista concedida é coletiva, permanecendo os autos do processo na Secretaria, com envio de cópias aos que as solicitarem, devendo a matéria ser julgada na sessão ordinária seguinte, com preferência sobre as demais, ainda que ausentes o relator ou o Conselheiro requerente.

Art. 96. As decisões coletivas são formalizadas em acórdãos, assinados pelo Presidente e pelo relator, e publicadas.

§ 1º As manifestações gerais do Conselho Pleno podem dispensar a forma de acórdão.

§ 2º As ementas têm numeração sucessiva e anual, relacionada ao órgão deliberativo.

Art. 97. As pautas e decisões são publicadas no Diário Eletrônico da OAB, ou comunicadas pessoalmente aos interessados, e afixadas em local de fácil acesso na sede do Conselho Federal. *(Redação dada pela Res. 5/2018)*

Art. 97-A. Será admitido o julgamento de processos dos órgãos colegiados em ambiente telepresencial, denominado Sessão Virtual, observando-se, quando cabíveis, as disposições dos arts. 91 a 97 deste Regulamento Geral. (Inserido pela Resolução 19/2020)

§ 1º Poderão ser incluídos nas sessões virtuais processos que tenham sido pautados em sessões ordinárias ou extraordinárias presenciais anteriores, para início ou continuidade de julgamento.

§ 2º As sessões virtuais serão convocadas pelos presidentes dos órgãos colegiados, com, pelo menos, 15 (quinze) dias úteis de antecedência.

§ 3º As partes, os interessados e seus procuradores serão notificados pelo Diário Eletrônico da OAB de que o julgamento se dará em ambiente telepresencial.

§ 4º Nas hipóteses regulamentares em que couber sustentação oral, facultada à parte, ao interessado ou a seus procuradores, esta, com duração de, no máximo, 15 (quinze) minutos, será realizada na sessão virtual, após a leitura do relatório e do voto pelo Relator.

§ 5º A sustentação oral de que trata o parágrafo anterior, bem como a participação telepresencial, deverá ser previamente requerida pela parte, pelo interessado ou por seus procuradores, em até 24 (vinte e quatro) horas antes do início da sessão virtual.

§ 6º O requerimento previsto no parágrafo anterior deverá ser realizado por correio eletrônico ou petição nos autos, com a identificação do processo, do órgão julgador, da data da sessão virtual de julgamento e do endereço eletrônico do requerente, que será utilizado para incluí-lo na respectiva sessão.

§ 7º A sustentação oral ou a participação telepresencial será realizada por videoconferência, com a utilização de plataforma disponibilizada pelo Conselho Federal, sendo de inteira responsabilidade da parte, do interessado ou de seus advogados toda a infraestrutura tecnológica necessária para sua participação na sessão virtual.

§ 8º Não serão incluídos na sessão virtual, ou dela serão excluídos, os seguintes processos:

I - os indicados pelo Relator, mediante despacho fundamentado, para julgamento em sessão presencial;

II - os destacados por um ou mais conselheiros para julgamento em sessão presencial, após o encerramento da fase de debates, mediante acolhimento ou não do presidente do órgão colegiado correspondente;

III - os que tiverem pedido de sustentação oral presencial e os destacados por quaisquer das partes, dos interessados ou de seus procuradores, desde que requerido em até 24 (vinte e quatro) horas antes do início da sessão virtual, e deferido pelo relator.

§ 9º Os julgamentos em sessão virtual serão públicos e poderão ser acompanhados pela rede mundial de computadores (internet), exceto no tocante aos processos que tramitam em sigilo, aos quais terão acesso somente as partes, os interessados e seus procuradores.

SEÇÃO VI
DA DIRETORIA DO CONSELHO FEDERAL

Art. 98. O Presidente é substituído em suas faltas, licenças e impedimentos pelo Vice-Presidente, pelo Secretário-Geral, pelo Secretário-Geral Adjunto e pelo Tesoureiro, sucessivamente.

§ 1º O Vice-Presidente, o Secretário-Geral, o Secretário-Geral Adjunto e o Tesoureiro substituem-se nessa ordem, em suas faltas e impedimentos ocasionais, sendo o último substituído pelo Conselheiro Federal mais antigo e, havendo coincidência de mandatos, pelo de inscrição mais antiga.

§ 2º No caso de licença temporária, o Diretor é substituído pelo Conselheiro designado pelo Presidente.

§ 3º No caso de vacância de cargo da Diretoria, em virtude de perda do mandato, morte ou renúncia, o sucessor é eleito pelo Conselho Pleno.

§ 4º Para o desempenho de suas atividades, a Diretoria contará, também, com dois representantes institucionais permanentes, cujas funções serão exercidas por Conselheiros Federais por ela designados, *ad referendum* do Conselho Pleno, destinadas ao acompanhamento dos interesses da Advocacia no Conselho Nacional de Justiça e no Conselho Nacional do Ministério Público. (Acrescentado pela Res. CFOAB 1/2015.)

Art. 99. Compete à Diretoria, coletivamente:

I - dar execução às deliberações dos órgãos deliberativos do Conselho;

II - elaborar e submeter à Terceira Câmara, na forma e prazo estabelecidos neste Regulamento Geral, o orçamento anual da receita e da despesa, o relatório anual, o balanço e as contas;

III - elaborar estatística anual dos trabalhos e julgados do Conselho;

IV - distribuir e redistribuir as atribuições e competências entre os seus membros;

V - elaborar e aprovar o plano de cargos e salários e a política de administração de pessoal do Conselho, propostos pelo Secretário-Geral;

VI - promover assistência financeira aos órgãos da OAB, em caso de necessidade comprovada e de acordo com previsão orçamentária;

VII - definir critérios para despesas com transporte e hospedagem dos Conselheiros, membros das comissões e convidados;

VIII - alienar ou onerar bens móveis;

IX - resolver os casos omissos no Estatuto e no Regulamento Geral, *ad referendum* do Conselho Pleno.

Art. 100. Compete ao Presidente:

I - representar a OAB em geral e os advogados brasileiros, no país e no exterior, em juízo ou fora dele;

II - representar o Conselho Federal, em juízo ou fora dele;

III - convocar e presidir o Conselho Federal e executar suas decisões;

IV - adquirir, onerar e alienar bens imóveis, quando autorizado, e administrar o patrimônio do Conselho Federal, juntamente com o Tesoureiro;

V - aplicar penas disciplinares, no caso de infração cometida no âmbito do Conselho Federal;

VI - assinar, com o Tesoureiro, cheques e ordens de pagamento;

VII - executar e fazer executar o Estatuto e a legislação complementar.

Art. 101. Compete ao Vice-Presidente:

I - presidir o órgão Especial e executar suas decisões;

II - executar as atribuições que lhe forem cometidas pela Diretoria ou delegadas, por portaria, pelo Presidente.

Art. 102. Compete ao Secretário-Geral:

I - presidir a Primeira Câmara e executar suas decisões;

II - dirigir todos os trabalhos de Secretaria do Conselho Federal;

III - secretariar as sessões do Conselho Pleno;

IV - manter sob sua guarda e inspeção todos os documentos do Conselho Federal;

V - controlar a presença e declarar a perda de mandato dos Conselheiros Federais;

VI - executar a administração do pessoal do Conselho Federal;

VII - emitir certidões e declarações do Conselho Federal.

Art. 103. Compete ao Secretário-Geral Adjunto:

I - presidir a Segunda Câmara e executar suas decisões;

II - organizar e manter o cadastro nacional dos advogados e estagiários, requisitando os dados e informações necessários aos Conselhos Seccionais e promovendo as medidas necessárias;

‣ Provimentos n. 95/2000, CFOAB (Dispõe sobre o Cadastro Nacional dos Advogados).

III - executar as atribuições que lhe forem cometidas pela Diretoria ou delegadas pelo Secretário-Geral;

IV - secretariar o Órgão Especial.

Art. 104. Compete ao Tesoureiro:

I - presidir a Terceira Câmara e executar suas decisões;

II - manter sob sua guarda os bens e valores e o almoxarifado do Conselho;

III - administrar a Tesouraria, controlar e pagar todas as despesas autorizadas e assinar cheques e ordens de pagamento com o Presidente;

IV - elaborar a proposta de orçamento anual, o relatório, os balanços e as contas mensais e anuais da Diretoria;

V - propor à Diretoria a tabela de custas do Conselho Federal;

VI - fiscalizar e cobrar as transferências devidas pelos Conselhos Seccionais ao Conselho Federal, propondo à Diretoria a intervenção nas Tesourarias dos inadimplentes;

VII - manter inventário dos bens móveis e imóveis do Conselho Federal, atualizado anualmente;

VIII - receber e dar quitação dos valores recebidos pelo Conselho Federal.

§ 1º Em casos imprevistos, o Tesoureiro pode realizar despesas não constantes do orçamento anual, quando autorizadas pela Diretoria.

§ 2º Cabe ao Tesoureiro propor à Diretoria o regulamento para aquisições de material de consumo e permanente.

CAPÍTULO IV
DO CONSELHO SECCIONAL

Art. 105. Compete ao Conselho Seccional, além do previsto nos arts. 57 e 58 do Estatuto:

I - cumprir o disposto nos incisos I, II e III do art. 54 do Estatuto;

II - adotar medidas para assegurar o regular funcionamento das Subseções;

III - intervir, parcial ou totalmente, nas Subseções e na Caixa de Assistência dos Advogados, onde e quando constatar grave violação do Estatuto, deste Regulamento Geral e do Regimento Interno do Conselho Seccional;

IV - cassar ou modificar, de ofício ou mediante representação, qualquer ato de sua diretoria e dos demais órgãos executivos e deliberativos, da diretoria ou do conselho da Subseção e da diretoria da Caixa de Assistência dos Advogados, contrários ao Estatuto, ao Regulamento Geral, aos Provimentos, ao Código de Ética e Disciplina, ao seu Regimento Interno e às suas Resoluções;

V - ajuizar, após deliberação:

a) ação direta de inconstitucionalidade de leis ou atos normativos estaduais e municipais, em face da Constituição Estadual ou da Lei Orgânica do Distrito Federal;

b) ação civil pública, para defesa de interesses difusos de caráter geral e coletivos e individuais homogêneos;

▸ Sessões plenárias dos dias 16 de outubro, 06 e 07 de novembro de 2000 (DJ, 12.12.2000, p. 575, S.1).

c) mandado de segurança coletivo, em defesa de seus inscritos, independentemente de autorização pessoal dos interessados;

d) mandado de injunção, em face da Constituição Estadual ou da Lei Orgânica do Distrito Federal.

▸ Lei 13.300/2016 (Disciplina o processo e o julgamento dos mandados de injunção individual e coletivo).

Parágrafo único. O ajuizamento é decidido pela Diretoria, no caso de urgência ou recesso do Conselho Seccional.

Art. 106. Os Conselhos Seccionais são compostos de conselheiros eleitos, incluindo os membros da Diretoria, proporcionalmente ao número de advogados com inscrição concedida, observados os seguintes critérios:

I - abaixo de 3.000 (três mil) inscritos, até 30 (trinta) membros;

II - a partir de 3.000 (três mil) inscritos, mais um membro por grupo completo de 3.000 (três mil) inscritos, até o total de 80 (oitenta) membros.

§ 1º Cabe ao Conselho Seccional, observado o número da última inscrição concedida, fixar o número de seus membros, mediante resolução, sujeita a referendo do Conselho Federal, que aprecia a base de cálculo e reduz o excesso, se houver.

§ 2º O Conselho Seccional, a delegação do Conselho Federal, a diretoria da Caixa de Assistência dos Advogados, a diretoria e o conselho da Subseção podem ter suplentes, eleitos na chapa vencedora, em número fixado entre a metade e o total de conselheiros titulares.

▸ § 2º alterado pela Res. OAB 03/2012.

§ 3º Não se incluem no cálculo da composição dos elegíveis ao Conselho seus ex-Presidentes e o Presidente do Instituto dos Advogados.

Art. 107. Todos os órgãos vinculados ao Conselho Seccional reúnem-se, ordinariamente, nos meses de fevereiro a dezembro, em suas sedes, e para a sessão de posse no mês de janeiro do primeiro ano do mandato.

§ 1º Em caso de urgência ou nos períodos de recesso (janeiro), os Presidentes dos órgãos ou um terço de seus membros podem convocar sessão extraordinária.

§ 2º As convocações para as sessões ordinárias são acompanhadas de minuta da ata da sessão anterior e dos demais documentos necessários.

Art. 108. Para aprovação ou alteração do Regimento Interno do Conselho, de criação e intervenção em Caixa de Assistência dos Advogados e Subseções e para aplicação da pena de exclusão de inscrito é necessário *quorum* de presença de dois terços dos conselheiros.

§ 1º Para as demais matérias exige-se *quorum* de instalação e deliberação de metade dos membros de cada órgão deliberativo, não se computando no cálculo os ex-Presidentes presentes, com direito a voto.

§ 2º A deliberação é tomada pela maioria dos votos dos presentes, incluindo os ex-Presidentes com direito a voto.

§ 3º Comprova-se a presença pela assinatura no documento próprio, sob controle do Secretário da sessão.

§ 4º Qualquer membro presente pode requerer a verificação do *quorum*, por chamada.

§ 5º A ausência à sessão depois da assinatura de presença, não justificada ao Presidente, é contada para efeito de perda do mandato.

Art. 109. O Conselho Seccional pode dividir-se em órgãos deliberativos e instituir comissões especializadas, para melhor desempenho de suas atividades.

§ 1º Os órgãos do Conselho podem receber a colaboração gratuita de advogados não conselheiros, inclusive para instrução processual, considerando-se função relevante em benefício da advocacia.

§ 2º No Conselho Seccional e na Subseção que disponha de conselho é obrigatória a instalação e o funcionamento da Comissão de Direitos Humanos, da Comissão de Orçamento e Contas e da Comissão de Estágio e Exame de Ordem.

§ 3º Os suplentes podem desempenhar atividades permanentes e temporárias, na forma do Regimento Interno.

§ 4º As Câmaras e os órgãos julgadores em que se dividirem os Conselhos Seccionais para o exercício das respectivas competências serão integradas exclusivamente por Conselheiros eleitos, titulares ou suplentes.

Art. 110. Os relatores dos processos em tramitação no Conselho Seccional têm competência para instrução, podendo ouvir depoimentos, requisitar documentos, determinar diligências e propor o arquivamento ou outra providência porventura cabível ao Presidente do órgão colegiado competente.

Art. 111. O Conselho Seccional fixa tabela de honorários advocatícios, definindo as referências mínimas e as proporções, quando for o caso.

Parágrafo único. A tabela é amplamente divulgada entre os inscritos e encaminhada ao Poder Judiciário para os fins do art. 22 do Estatuto.

Art. 112. O Exame de Ordem será regulamentado por Provimento editado pelo Conselho Federal.

§ 1º O Exame de Ordem é organizado pela Coordenação Nacional de Exame de Ordem, na forma de Provimento do Conselho Federal.

§ 2º Às Comissões de Estágio e Exame de Ordem dos Conselhos Seccionais compete fiscalizar a aplicação da prova e verificar o preenchimento dos requisitos exigidos dos examinandos quando dos pedidos de inscrição, assim como difundir as diretrizes e defender a necessidade do Exame de Ordem.

Art. 113. O Regimento Interno do Conselho Seccional define o procedimento de intervenção total ou parcial nas Subseções e na Caixa de Assistência dos Advogados, observados os critérios estabelecidos neste Regulamento Geral para a intervenção no Conselho Seccional.

Art. 114. Os Conselhos Seccionais definem nos seus Regimentos Internos a composição, o modo de eleição e o funcionamento dos Tribunais de Ética e Disciplina, observados os procedimentos do Código de Ética e Disciplina.

§ 1º Os membros dos Tribunais de Ética e Disciplina, inclusive seus Presidentes, são eleitos na primeira sessão ordinária após a posse dos Conselhos Seccionais, dentre os seus integrantes ou advogados de notável reputação ético-profissional, observados os mesmos requisitos para a eleição do Conselho Seccional.

§ 2º O mandato dos membros dos Tribunais de Ética e Disciplina tem a duração de três anos.

§ 3º Ocorrendo qualquer das hipóteses do art. 66 do Estatuto, o membro do Tribunal de Ética e Disciplina perde o mandato antes do seu término, cabendo ao Conselho Seccional eleger o substituto.

CAPÍTULO V
DAS SUBSEÇÕES

Art. 115. Compete às subseções dar cumprimento às finalidades previstas no art. 61 do Estatuto e neste Regulamento Geral.

Art. 116. O Conselho Seccional fixa, em seu orçamento anual, dotações específicas para as subseções, e as repassa segundo programação financeira aprovada ou em duodécimos.

Art. 117. A criação de Subseção depende, além da observância dos requisitos estabelecidos no Regimento Interno do Conselho Seccional, de estudo preliminar de viabilidade realizado por comissão especial designada pelo Presidente do Conselho Seccional, incluindo o número de advogados efetivamente residentes na base territorial, a existência de comarca judiciária, o levantamento e a perspecti-

ESTATUTOS

va do mercado de trabalho, o custo de instalação e de manutenção.

Art. 118. A resolução do Conselho Seccional que criar a Subseção deve:

I - fixar sua base territorial;

II - definir os limites de suas competências e autonomia;

III - fixar a data da eleição da diretoria e do conselho, quando for o caso, e o início do mandato com encerramento coincidente com o do Conselho Seccional;

IV - definir a composição do conselho da Subseção e suas atribuições, quando for o caso.

§ 1º Cabe à Diretoria do Conselho Seccional encaminhar cópia da resolução ao Conselho Federal, comunicando a composição da diretoria e do conselho.

§ 2º Os membros da diretoria da Subseção integram seu conselho, que tem o mesmo Presidente.

Art. 119. Os conflitos de competência entre subseções e entre estas e o Conselho Seccional são por este decididos, com recurso voluntário ao Conselho Federal.

Art. 120. Quando a Subseção dispuser de conselho, o Presidente deste designa um de seus membros, como relator, para instruir processo de inscrição no quadro da OAB, para os residentes em sua base territorial, ou processo disciplinar, quando o fato tiver ocorrido na sua base territorial.

§ 1º Os relatores dos processos em tramitação na Subseção têm competência para instrução, podendo ouvir depoimentos, requisitar documentos, determinar diligências e propor o arquivamento ou outra providência ao Presidente.

§ 2º Concluída a instrução do pedido de inscrição, o relator submete parecer prévio ao conselho da Subseção, que pode ser acompanhado pelo relator do Conselho Seccional.

§ 3º Concluída a instrução do processo disciplinar, nos termos previstos no Estatuto e no Código de Ética e Disciplina, o relator emite parecer prévio, o qual, se homologado pelo Conselho da Subseção, é submetido ao julgamento do Tribunal de Ética e Disciplina.

§ 4º Os demais processos, até mesmo os relativos à atividade de advocacia, incompatibilidades e impedimentos, obedecem a procedimento equivalente.

CAPÍTULO VI
DAS CAIXAS DE ASSISTÊNCIA DOS ADVOGADOS

Art. 121. As Caixas de Assistência dos Advogados são criadas mediante aprovação e registro de seus estatutos pelo Conselho Seccional.

Art. 122. O estatuto da Caixa define as atividades da Diretoria e a sua estrutura organizacional.

§ 1º A Caixa pode contar com departamentos específicos, integrados por profissionais designados por sua Diretoria.

§ 2º O plano de empregos e salários do pessoal da Caixa é aprovado por sua Diretoria e homologado pelo Conselho Seccional.

Art. 123. A assistência aos inscritos na OAB é definida no estatuto da Caixa e está condicionada à:

I - regularidade do pagamento, pelo inscrito, da anuidade à OAB;

II - carência de um ano, após o deferimento da inscrição;

III - disponibilidade de recursos da Caixa.

Parágrafo único. O estatuto da Caixa pode prever a dispensa dos requisitos de que cuidam os incisos I e II, em casos especiais.

Art. 124. A seguridade complementar pode ser implementada pela Caixa, segundo dispuser seu estatuto.

Art. 125. As Caixas promovem entre si convênios de colaboração e execução de suas finalidades.

Art. 126. A Coordenação Nacional das Caixas, por elas mantida, composta de seus presidentes, é órgão de assessoramento do Conselho Federal da OAB para a política nacional de assistência e seguridade dos advogados, tendo seu Coordenador direito a voz nas sessões, em matéria a elas pertinente.

Art. 127. O Conselho Federal pode constituir fundos nacionais de seguridade e assistência dos advogados, coordenados pelas Caixas, ouvidos os Conselhos Seccionais.

CAPÍTULO VII
DAS ELEIÇÕES

Art. 128. O Conselho Seccional, até 45 (quarenta e cinco) dias antes da data da votação, no último ano do mandato, convocará os advogados inscritos para a votação obrigatória, mediante edital resumido, publicado no Diário Eletrônico da OAB, do qual constarão, dentre outros, os seguintes itens: (Redação dada pela Res. 5/2018.).

I - dia da eleição, na segunda quinzena de novembro, dentro do prazo contínuo de oito horas, com início fixado pelo Conselho Seccional;

II - prazo para o registro das chapas, na Secretaria do Conselho, até trinta dias antes da votação;

III - modo de composição da chapa, incluindo o número de membros do Conselho Seccional;

IV - prazo de três dias úteis, tanto para a impugnação das chapas quanto para a defesa, após o encerramento do prazo do pedido de registro (item II), e de cinco dias úteis para a decisão da Comissão Eleitoral;

V - nominata dos membros da Comissão Eleitoral escolhida pela Diretoria;

VI - locais de votação;

VII - referência a este capítulo do Regulamento Geral, cujo conteúdo estará à disposição dos interessados.

§ 1º O edital define se as chapas concorrentes às Subseções são registradas nestas ou na Secretaria do próprio Conselho.

§ 2º Cabe aos Conselhos Seccionais promover ampla divulgação das eleições, em seus meios de comunicação, não podendo recusar a publicação, em condições de absoluta igualdade, do programa de todas as chapas.

- Sessões plenárias dos dias 16 de outubro, 06 e 07 de novembro de 2000 (DJ, 12.12.2000, p. 575, S.1).

§ 3º Mediante requerimento escrito formulado pela chapa e assinado por seu representante legal, dirigido ao Presidente da Comissão Eleitoral, esta fornecerá, em 72 (setenta e duas) horas, listagem atualizada com nome, nome social e endereço postal dos advogados. (Alterado pela Res. 5/2016, CFOAB.)

§ 4º A listagem a que se refere o parágrafo 3º será fornecida mediante o pagamento das taxas fixadas pelo Conselho Seccional, não se admitindo mais de um requerimento por chapa concorrente.

Art. 128-A. A Diretoria do Conselho Federal, no mês de fevereiro do ano das eleições, designará Comissão Eleitoral Nacional, composta por 05 (cinco) advogados e presidida preferencialmente por Conselheiro Federal que não seja candidato, como órgão deliberativo encarregado de supervisionar, com função correcional e consultiva, as eleições seccionais e a eleição para a Diretoria do Conselho Federal. (Acrescentado pela Res. CFOAB 1/2014.)

Art. 129. A Comissão Eleitoral é composta de cinco advogados, sendo um Presidente, que não integrem qualquer das chapas concorrentes.

§ 1º A Comissão Eleitoral utiliza os serviços das Secretarias do Conselho Seccional e das subseções, com o apoio necessário de suas Diretorias, convocando ou atribuindo tarefas aos respectivos servidores.

§ 2º No prazo de cinco dias úteis, após a publicação do edital de convocação das eleições, qualquer advogado pode arguir a suspeição de membro da Comissão Eleitoral, a ser julgada pelo Conselho Seccional.

§ 3º A Comissão Eleitoral pode designar Subcomissões para auxiliar suas atividades nas subseções.

§ 4º As mesas eleitorais são designadas pela Comissão Eleitoral.

§ 5º A Diretoria do Conselho Seccional pode substituir os membros da Comissão Eleitoral quando, comprovadamente, não estejam cumprindo suas atividades, em prejuízo da organização e da execução das eleições.

Art. 130. Contra decisão da Comissão Eleitoral cabe recurso ao Conselho Seccional, no prazo de quinze dias, e deste para o Conselho Federal, no mesmo prazo, ambos sem efeito suspensivo.

Parágrafo único. Quando a maioria dos membros do Conselho Seccional estiver concorrendo às eleições, o recurso contra decisão da Comissão Eleitoral será encaminhado diretamente ao Conselho Federal.

Art. 131. São admitidas a registro apenas chapas completas, que deverão atender ao mínimo de 30% (trinta por cento) e ao máximo de 70% (setenta por cento) para candidaturas de cada sexo, com indicação dos candidatos aos cargos de diretoria do Conselho Seccional, de conselheiros seccionais, de conselheiros federais, de diretoria da Caixa de Assistência dos Advogados, bem como do Conselho Federal e das Subseções, sendo vedadas candidaturas isoladas ou que integrem mais de uma chapa. (Alterado pela Res. 4/2018, do CFOAB)

§ 1º O percentual mínimo previsto no *caput* deste artigo aplicar-se-á quanto às diretorias dos Conselhos Seccionais, das Caixas de Assistência e do Conselho Federal e deverá incidir sobre os cargos de titulares e de suplentes, se houver. (Alterado pela Res. 4/2018, do CFOAB)

§ 2º Para o alcance do percentual mínimo previsto no *caput* deste artigo, far-se-á o arredondamento de fração para cima somente quando esta for superior a 0,5 (zero vírgula cinco). (Alterado pela Res. 4/2018, do CFOAB)

§ 3º As regras deste artigo aplicam-se também à chapas das Subseções. (Alterado pela Res. 4/2018, do CFOAB)

§ 4º O requerimento de inscrição, dirigido ao Presidente da Comissão Eleitoral, é subscrito pelo candidato a Presidente e por 02 (dois) outros candidatos à Diretoria, contendo nome completo, nome social, nº de inscrição na OAB e endereço profissional de cada candidato, com indicação do cargo a que concorre, acompanhado das autorizações escritas dos integrantes da chapa. (Alterado pela Res. 5/2016, CFOAB.)

§ 5º Somente integra chapa o candidato que, cumulativamente: (Alterado pela Res. CFOAB 1/2014.)

a) seja advogado regularmente inscrito na respectiva Seccional da OAB, com inscrição principal ou suplementar; (Alterado pela Res. CFOAB 1/2014.)

b) esteja em dia com as anuidades; (Alterado pela Res. CFOAB 1/2014.)

c) não ocupe cargos ou funções incompatíveis com a advocacia, referidos no art. 28 do Estatuto, em caráter permanente ou temporário, ressalvado o disposto no art. 83 da mesma Lei; (Alterado pela Res. CFOAB 1/2014.)

d) não ocupe cargos ou funções dos quais possa ser exonerável ad nutum, mesmo que compatíveis com a advocacia; (Alterado pela Res. CFOAB 1/2014.)

e) não tenha sido condenado em definitivo por qualquer infração disciplinar, salvo se reabilitado pela OAB, ou não tenha representação disciplinar em curso, já julgada procedente por órgão do Conselho Federal; (Alterado pela Res. CFOAB 1/2014.)

f) exerça efetivamente a profissão, há mais de cinco anos, excluído o período de estagiário, sendo facultado à Comissão Eleitoral exigir a devida comprovação; (Alterado pela Res. CFOAB 1/2014.)

g) não esteja em débito com a prestação de contas ao Conselho Federal, na condição de dirigente do Conselho Seccional ou da Caixa de Assistência dos Advogados, responsável pelas referidas contas, ou não tenha tido prestação de contas rejeitada, após apreciação do Conselho Federal, com trânsito em julgado, nos 08 (oito) anos seguintes; (Alterado pela Res. CFOAB 1/2014.)

h) com contas rejeitadas segundo o disposto na alínea "a" do inciso II do art. 7º do Provimento n. 101/2003, ressarcir o dano apurado pelo Conselho Federal, sem prejuízo do cumprimento do prazo de 08 (oito) anos previsto na alínea "g"; (Alterado pela Res. CFOAB 1/2014.)

i) não integre listas, com processo em tramitação, para provimento de cargos nos tribunais judiciais ou administrativos. (Alterado pela Res. CFOAB 1/2014.)

§ 6º A Comissão Eleitoral publica no quadro de avisos das Secretarias do Conselho Seccional e das subseções a composição das chapas com registro requerido, para fins de impugnação por qualquer advogado inscrito. (Alterado pela Res. CFOAB 1/2014.)

§ 7º A Comissão Eleitoral suspende o registro da chapa incompleta ou que inclua candidato inelegível na forma do § 5º, concedendo ao candidato a Presidente do Conselho Seccional prazo improrrogável de cinco dias úteis para sanar a irregularidade, devendo a Secretaria e a Tesouraria do Conselho ou da Subseção prestar as informações necessárias. (Alterado pela Res. CFOAB 1/2014.)

§ 8º A chapa é registrada com denominação própria, observada a preferência pela ordem de apresentação dos requerimentos, não podendo as seguintes utilizar termos, símbolos ou expressões iguais ou assemelhados. (Alterado pela Res. CFOAB 1/2014.)

§ 9º Em caso de desistência, morte ou inelegibilidade de qualquer integrante da chapa, a substituição pode ser requerida, sem alteração da cédula única já composta, considerando-se votado o substituído. (Alterado pela Res. CFOAB 1/2014.)

§ 10. Os membros dos órgãos da OAB, no desempenho de seus mandatos, podem neles permanecer se concorrerem às eleições. (Alterado pela Res. CFOAB 1/2014.)

Art. 131-A. São condições de elegibilidade: ser o candidato advogado inscrito na Seccional, com inscrição principal ou suplementar, em efetivo exercício há mais de 05 (cinco) anos, e estar em dia com as anuidades na data de protocolo do pedido de registro de candidatura, considerando-se regulares aqueles que parcelaram seus débitos e estão adimplentes com a quitação das parcelas. (Acrescentado pela Res. CFOAB 2/2011.)

§ 1º O candidato deverá comprovar sua adimplência junto à OAB por meio da apresentação de certidão da Seccional onde é candidato. (Acrescentado pela Res. CFOAB 2/2011.)

§ 2º Sendo o candidato inscrito em várias Seccionais, deverá, ainda, quando da inscrição da chapa na qual concorrer, declarar, sob a sua responsabilidade e sob as penas legais, que se encontra adimplente com todas elas. (Acrescentado pela Res. CFOAB 2/2011.)

§ 3º O período de 05 (cinco) anos estabelecido no *caput* deste artigo é o que antecede imediatamente a data da posse, computado continuamente. (Acrescentado pela Res. CFOAB 2/2011.)

Art. 131-B. Desde o pedido de registro da chapa, poderá ser efetuada doação para a campanha por advogados, inclusive candidatos, sendo vedada a doação por pessoas físicas que não sejam advogados e por qualquer empresa ou pessoa jurídica, sob pena de indeferimento de registro ou cassação do mandato. (Acrescentado pela Res. CFOAB 1/2014.)

§ 1º Será obrigatória a prestação de contas de campanha por parte das chapas concorrentes, devendo ser fixado pelo Conselho Federal o limite máximo de gastos. (Alterado pela Res. 2/2018, do CFOAB)

§ 2º Também será fixado pelo Conselho Federal o limite máximo de doações para as campanhas eleitorais por parte de quem não é candidato. (Alterado pela Res. 2/2018, do CFOAB)

Art. 132. A votação será realizada, preferencialmente, através de urnas eletrônicas, devendo ser feita no número atribuído a cada chapa, por ordem de inscrição.

§ 1º Caso não seja adotada a votação eletrônica, a cédula eleitoral será única, contendo as chapas concorrentes na ordem em que foram registradas, com uma só quadrícula ao lado de cada denominação, e agrupadas em colunas, observada a seguinte ordem.

I - denominação da chapa e nome ou nome social do candidato a Presidente, em destaque; (Alterado pela Res. 5/2016, CFOAB.)

II - Diretoria do Conselho Seccional;

III - Conselheiros Seccionais;

IV - Conselheiros Federais;

V - Diretoria da Caixa de Assistência dos Advogados;

VI - Suplentes.

§ 2º Nas Subseções, não sendo adotado o voto eletrônico, além da cédula referida neste Capítulo, haverá outra cédula para as chapas concorrentes à Diretoria da Subseção e do respectivo Conselho, se houver, observando-se idêntica forma.

§ 3º O Conselho Seccional, ao criar o Conselho da Subseção, fixará, na resolução, a data da eleição suplementar, regulamentando-a segundo as regras deste Capítulo.

ESTATUTOS

§ 4º Os eleitos ao primeiro Conselho da Subseção complementam o prazo do mandato da Diretoria.

Art. 133. Perderá o registro a chapa que praticar ato de abuso de poder econômico, político e dos meios de comunicação, ou for diretamente beneficiada, ato esse que se configura por:

I - propaganda transmitida por meio de emissora de televisão ou rádio, permitindo-se entrevistas e debates com os candidatos;

II - propaganda por meio de *outdoors* ou com emprego de carros de som ou assemelhados;

III - propaganda na imprensa, a qualquer título, ainda que gratuita, que exceda, por edição, a um oitavo de página de jornal padrão e a um quarto de página de revista ou tabloide;

IV - uso de bens imóveis e móveis pertencentes à OAB, à Administração direta ou indireta da União, dos Estados, do Distrito Federal e dos Municípios, ou de serviços por estes custeados, em benefício de chapa ou de candidato, ressalvados os espaços da Ordem que devam ser utilizados, indistintamente, pelas chapas concorrentes;

V - pagamento, por candidato ou chapa, de anuidades de advogados ou fornecimento de quaisquer outros tipos de recursos financeiros ou materiais que possam desvirtuar a liberdade do voto;

VI - utilização de servidores da OAB em atividades de campanha eleitoral.

§ 1º A propaganda eleitoral, que só poderá ter início após o pedido de registro da chapa, tem como finalidade apresentar e debater propostas e ideias relacionadas às finalidades da OAB e aos interesses da Advocacia, sendo vedada a prática de atos que visem a exclusiva promoção pessoal de candidatos e, ainda, a abordagem de temas de modo a comprometer a dignidade da profissão e da Ordem dos Advogados do Brasil ou ofender a honra e imagem de candidatos. (Alterado pela Res. CFOAB 1/2014.)

§ 2º A propaganda antecipada ou proibida importará em notificação de advertência a ser expedida pela Comissão Eleitoral competente para que, em 24 (vinte e quatro horas), seja suspensa, sob pena de aplicação de multa correspondente ao valor de 01(uma) até 10 (dez) anuidades. (Alterado pela Res. CFOAB 1/2014.)

§ 3º Havendo recalcitrância ou reincidência, a Comissão Eleitoral procederá à abertura de procedimento de indeferimento ou cassação de registro da chapa ou do mandato, se já tiver sido eleita. (Alterado pela Res. CFOAB 1/2014.)

§ 4º Se a Comissão Eleitoral entender que qualquer ato configure infração disciplinar, deverá notificar os órgãos correcionais competentes da OAB. (Alterado pela Res. CFOAB 1/2014.)

§ 5º É vedada: (Alterado pela Res. CFOAB 1/2014.)

I - no período de 15 (quinze) dias antes da data das eleições, a divulgação de pesquisa eleitoral; (Alterado pela Res. CFOAB 1/2014.)

II - no período de 30 (trinta) dias antes da data das eleições, a regularização da situação financeira de advogado perante a OAB para torná-lo apto a votar; (Alterado pela Res. CFOAB 1/2014.)

III - no período de 60 (sessenta) dias antes das eleições, a promoção pessoal de candidatos na inauguração de obras e serviços da OAB; (Alterado pela Res. CFOAB 1/2014.)

IV - no período de 90 (noventa) dias antes da data das eleições, a concessão ou distribuição, às Seccionais e Subseções, por dirigente, candidato ou chapa, de recursos financeiros, salvo os destinados ao pagamento de despesas de pessoal e de custeio ou decorrentes de obrigações e de projetos preexistentes, bem como de máquinas, equipamentos, móveis e utensílios, ressalvados os casos de reposição, e a convolação de débitos em auxílios financeiros, salvo quanto a obrigações e a projetos preexistentes. (Alterado pela Res. CFOAB 1/2014.)

§ 6º Qualquer chapa pode representar, à Comissão Eleitoral, relatando fatos e indicando provas, indícios e circunstâncias, para que se promova a apuração de abuso. (Alterado pela Res. CFOAB 1/2014.)

§ 7º Cabe ao Presidente da Comissão Eleitoral, de ofício ou mediante representação, até a proclamação do resultado do pleito, instaurar processo e determinar a notificação da chapa representada, por intermédio de qualquer dos candidatos à Diretoria do Conselho ou, se for o caso, da Subseção, para que apresente defesa no prazo de 5 (cinco) dias, acompanhada de documentos e rol de testemunhas. (Alterado pela Res. CFOAB 1/2014.)

§ 8º Pode o Presidente da Comissão Eleitoral determinar à representada que suspenda o ato impugnado, se entender relevante o fundamento e necessária a medida para preservar a normalidade e legitimidade do pleito, cabendo recurso, à Comissão Eleitoral, no prazo de 3 (três) dias. (Alterado pela Res. CFOAB 1/2014.)

§ 9º Apresentada ou não a defesa, a Comissão Eleitoral procede, se for o caso, a instrução do processo, pela requisição de documentos e a oitiva de testemunhas, no prazo de 3 (três) dias. (Alterado pela Res. CFOAB 1/2014.)

§ 10. Encerrada a dilação probatória, as partes terão prazo comum de 2 (dois) dias para apresentação das alegações finais. (Alterado pela Res. CFOAB 1/2014.)

§ 11. Findo o prazo de alegações finais, a Comissão Eleitoral decidirá, em no máximo 2 (dois) dias, notificando as partes da decisão, podendo, para isso, valer-se do uso de fax. (Alterado pela Res. CFOAB 1/2014.)

§ 12. A decisão que julgar procedente a representação implica no cancelamento de registro da chapa representada e, se for o caso, na anulação dos votos, com a perda do mandato de seus componentes. (Alterado pela Res. CFOAB 1/2014.)

§ 13. Se a nulidade atingir mais da metade dos votos a eleição estará prejudicada, convocando-se outra no prazo de 30 (trinta) dias. (Alterado pela Res. CFOAB 1/2014.)

§ 14. Os candidatos da chapa que tiverem dado causa à anulação da eleição não podem concorrer no pleito que se realizar em complemento.

§ 15. Ressalvado o disposto no § 7º deste artigo, os prazos correm em Secretaria, publicando-se, no quadro de avisos do Conselho Seccional ou da Subseção, se for o caso, os editais relativos aos atos do processo eleitoral. (Alterado pela Res. CFOAB 1/2014.)

Art. 134. O voto é obrigatório para todos os advogados inscritos da OAB, sob pena de multa equivalente a 20% (vinte por cento) do valor da anuidade, salvo ausência justificada por escrito, a ser apreciada pela Diretoria do Conselho Seccional.

§ 1º O eleitor faz prova de sua legitimação apresentando sua carteira ou cartão de identidade profissional e o comprovante de quitação com a OAB, suprível por listagem atualizada da Tesouraria do Conselho ou da Subseção.

§ 2º O eleitor, na cabine indevassável, deverá assinalar o quadrículo correspondente à chapa de sua escolha, na cédula fornecida e rubricada pelo presidente da mesa eleitoral.

- Sessões plenárias dos dias 16 de outubro, 06 e 07 de novembro de 2000 (DJ, 12.12.2000, p. 575, S.1).

§ 3º Não pode o eleitor suprir ou acrescentar nomes ou rasurar a cédula, sob pena de nulidade do voto.

§ 4º O advogado com inscrição suplementar pode exercer opção de voto, comunicando ao Conselho onde tenha inscrição principal.

§ 5º O eleitor somente pode votar no local que lhe for designado, sendo vedada a votação em trânsito.

§ 6º Na hipótese de voto eletrônico, adotar-se-ão, no que couber, as regras estabelecidas na legislação eleitoral.

- Sessões plenárias dos dias 17 de junho, 17 de agosto e 17 de novembro de 1997 (DJ, 24.11.97, p. 61.379, S.1) e Res. 16/2003 (DJ, 14.07.03, p. 86, S.1).

§ 7º A transferência do domicílio eleitoral para exercício do voto somente poderá ser requerida até as 18 (dezoito) horas do dia anterior à publicação do edital de abertura do período eleitoral da respectiva Seccional, observado o art. 10 do Estatuto e ressalvados os casos do § 4º do art. 134 do Regulamento Geral e dos novos inscritos. (Acrescentado pela Res. 04/2012.)

Art. 135. Encerrada a votação, as mesas receptoras apuram os votos das respectivas urnas, nos mesmos locais ou em outros designados pela Comissão Eleitoral, preenchendo e assinando os documentos dos resultados e entregando todo o material à Comissão Eleitoral ou à Subcomissão.

§ 1º As chapas concorrentes podem credenciar até dois fiscais para atuar alternadamente junto a cada mesa eleitoral e assinar os documentos dos resultados.

§ 2º As impugnações promovidas pelos fiscais são registradas nos documentos dos resultados, pela mesa, para decisão da Comissão Eleitoral ou de sua Subcomissão, mas não prejudicam a contagem de cada urna.

§ 3º As impugnações devem ser formuladas às mesas eleitorais, sob pena de preclusão.

Art. 136. Concluída a totalização da apuração pela Comissão Eleitoral, esta proclamará o resultado, lavrando ata encaminhada ao Conselho Seccional.

§ 1º São considerados eleitos os integrantes da chapa que obtiver a maioria dos votos válidos, proclamada vencedora pela Comissão Eleitoral, sendo empossados no primeiro dia do início de seus mandatos.

§ 2º A totalização dos votos relativos às eleições para diretoria da Subseção e do conselho, quando houver, é promovida pela Subcomissão Eleitoral, que proclama o resultado, lavrando ata encaminhada à Subseção e ao Conselho Seccional.

Art. 137. A eleição para a Diretoria do Conselho Federal observa o disposto no art. 67 do Estatuto.

§ 1º O requerimento de registro das candidaturas, a ser apreciado pela Diretoria do Conselho Federal, deve ser protocolado ou postado com endereçamento ao Presidente da entidade:

I - de 31 de julho a 31 de dezembro do ano anterior à eleição, para registro de candidatura à Presidência, acompanhado das declarações de apoio de, no mínimo, seis Conselhos Seccionais;

II - até 31 de dezembro do ano anterior à eleição, para registro de chapa completa, com assinaturas, nomes, nomes sociais, números de inscrição na OAB e comprovantes de eleição para o Conselho Federal, dos candidatos aos demais cargos da Diretoria. (Alterado pela Res. 5/2016, CFOAB.)

§ 2º Os recursos interpostos nos processos de registro de chapas serão decididos pelo Conselho Pleno do Conselho Federal.

§ 3º A Diretoria do Conselho Federal concederá o prazo de cinco dias úteis para a correção de eventuais irregularidades sanáveis.

§ 4º O Conselho Federal confecciona as cédulas únicas, com indicação dos nomes das chapas, dos respectivos integrantes e dos cargos a que concorrem, na ordem em que forem registradas.

§ 5º O eleitor indica seu voto assinalando a quadrícula ao lado da chapa escolhida.

§ 6º Não pode o eleitor suprimir ou acrescentar nomes ou rasurar a cédula, sob pena de nulidade do voto.

Art. 137-A. A eleição dos membros da Diretoria do Conselho Federal será realizada às 19 horas do dia 31 de janeiro do ano seguinte ao da eleição nas Seccionais.

§ 1º Comporão o colégio eleitoral os Conselheiros Federais eleitos no ano anterior, nas respectivas Seccionais.

§ 2º O colégio eleitoral será presidido pelo mais antigo dos Conselheiros Federais eleitos, e, em caso de empate, o de inscrição mais antiga, o qual designará um dos membros como Secretário.

§ 3º O colégio eleitoral reunir-se-á no Plenário do Conselho Federal, devendo os seus membros ocupar as bancadas das respectivas Unidades federadas.

§ 4º Instalada a sessão, com a presença da maioria absoluta dos Conselheiros Federais eleitos, será feita a distribuição da cédula de votação a todos os eleitores, incluído o Presidente.

§ 5º As cédulas serão rubricadas pelo Presidente e pelo Secretário-Geral e distribuídas entre todos os membros presentes.

§ 6º O colégio eleitoral contará com serviços de apoio de servidores do Conselho Federal, especificamente designados pela Diretoria.

§ 7º As cédulas deverão ser recolhidas mediante o chamamento dos representantes de cada uma das Unidades federadas, observada a ordem alfabética, devendo ser depositadas em urna colocada na parte central e à frente da mesa, após o que o eleitor deverá assinar lista de frequência, sob guarda do Secretário-Geral.

§ 8º Imediatamente após a votação, será feita a apuração dos votos por comissão de três membros, designada pelo Presidente, dela não podendo fazer parte eleitor da mesma Unidade federada dos integrantes das chapas.

§ 9º Será proclamada eleita a chapa que obtiver a maioria simples do colegiado, presente metade mais um dos eleitores.

§ 10. No caso de nenhuma das chapas atingir a maioria indicada no § 9º, haverá outra votação, na qual concorrerão as duas chapas mais votadas, repetindo-se a votação até que a maioria seja atingida.

§ 11. Proclamada a chapa eleita, será suspensa a reunião para a elaboração da ata, que deverá ser lida, discutida e votada, considerada aprovada se obtiver a maioria de votos dos presentes. As impugnações serão apreciadas imediatamente pelo colégio eleitoral.

Art. 137-B. Os membros do colegiado tomarão posse para o exercício do mandato trienal de Conselheiro Federal, em reunião realizada no Plenário, presidida pelo Presidente do Conselho Federal, após prestarem o respectivo compromisso.

Art. 137-C. Na ausência de normas expressas no Estatuto e neste Regulamento, ou em Provimento, aplica-se, supletivamente, no que couber, a legislação eleitoral.

CAPÍTULO VIII
DAS NOTIFICAÇÕES E DOS RECURSOS

Art. 137-D. A notificação inicial para a apresentação de defesa prévia ou manifestação em processo administrativo perante a OAB deverá ser feita através de correspondência, com aviso de recebimento, enviada para o endereço profissional ou residencial constante do cadastro do Conselho Seccional.

§ 1º Incumbe ao advogado manter sempre atualizado o seu endereço residencial e profissional no cadastro do Conselho Seccional, presumindo-se recebida a correspondência enviada para o endereço nele constante.

§ 2º Frustrada a entrega da notificação de que trata o *caput* deste artigo, será a mesma realizada através de edital, a ser publicado no Diário Eletrônico da OAB. (Redação dada pela Res. 5/2018)

§ 3º Quando se tratar de processo disciplinar, a notificação inicial feita através de edital deverá respeitar o sigilo de que trata o artigo 72, § 2º, da Lei 8.906/94, dele não podendo constar qualquer referência de que se trate de matéria disciplinar, constando apenas o nome completo do advogado, nome social, o seu número de inscrição e a observação de que ele deverá comparecer à sede do Conselho Seccional ou da Subseção para tratar de assunto de seu interesse. (Alterado pela Res. 5/2016, CFOAB.)

§ 4º As demais notificações no curso do processo disciplinar serão feitas através de correspondência, na forma prevista no *caput* deste artigo, ou através de publicação no Diário Eletrônico da OAB, devendo, as publicações, observar que o nome e o nome social do representado deverão ser substituídos pelas suas respectivas iniciais, indicando-se o nome completo do seu procurador ou os seus, na condição de advogado, quando postular em causa própria. (Redação dada pela Res. 5/2018)

§ 5º A notificação de que trata o inciso XXIII, do artigo 34, da Lei 8.906/1994 será feita na forma prevista no *caput* deste artigo ou através de edital coletivo publicado no Diário Eletrônico da OAB. (Redação dada pela Res. 5/2018)

Art. 138. À exceção dos embargos de declaração, os recursos são dirigidos ao órgão julgador superior competente, embora interpostos perante a autoridade ou órgão que proferiu a decisão recorrida.

§ 1º O juízo de admissibilidade é do relator do órgão julgador a que se dirige o recurso, não podendo a autoridade ou órgão recorrido rejeitar o encaminhamento.

§ 2º O recurso tem efeito suspensivo, exceto nas hipóteses previstas no Estatuto.

§ 3º Os embargos de declaração são dirigidos ao relator da decisão recorrida, que lhes pode negar seguimento, fundamentadamente, se os tiver por manifestamente protelatórios, intempestivos ou carentes dos pressupostos legais para interposição.

§ 4º Admitindo os embargos de declaração, o relator os colocará em mesa para julgamento, independentemente de inclusão em pauta ou publicação, na primeira sessão seguinte, salvo justificado impedimento.

§ 5º Não cabe recurso contra as decisões referidas nos §§ 3º e 4º

§ 6º Excetuando-se os processos ético-disciplinares, nos casos de nulidade ou extinção processual para retorno dos autos à origem, com regular prosseguimento do feito, o órgão recursal deve logo julgar o mérito da causa, desde que presentes as condições de imediato julgamento. (Inserido pela Res. 03/2019)

Art. 139. Todos os prazos processuais necessários à manifestação de advogados, estagiários e terceiros, nos processos em geral da OAB, são de quinze dias, computados somente os dias úteis e contados do primeiro dia útil seguinte, seja da publicação da decisão no Diário Eletrônico da OAB, seja da data do recebimento da notificação, anotada pela Secretaria do órgão da OAB ou pelo agente dos Correios. (Redação dada pela Res. 5/2018)

§ 1º O recurso poderá ser interposto via *fac-símile* ou similar, devendo o original ser entregue até 10 (dez) dias da data da interposição.

§ 2º Os recursos poderão ser protocolados nos Conselhos Seccionais ou nas Subseções nos quais se originaram os processos correspondentes, devendo o interessado indicar a quem recorre e remeter cópia integral da peça, no prazo de 10 (dez) dias, ao órgão julgador superior competente, via sistema postal rápido, fac-símile ou correio eletrônico.

- § 2º alterado pela Res. OAB 02/2012.

§ 3º Entre os dias 20 e 31 de dezembro e durante o período de recesso (janeiro) do Conselho da OAB que proferiu a decisão recorrida, os prazos são suspensos, reiniciando-se no primeiro dia útil após o seu término. (Alterado pela Res. 10/2016, CFOAB.)

§ 4º A contagem dos prazos processuais em dias úteis prevista neste artigo passará a vigorar a partir de 1º de janeiro de 2017, devendo ser adotada nos processos administrativos em curso. (Acrescentado pela Res. 9/2016, CFOAB).

Art. 140. O relator, ao constatar intempestividade ou ausência dos pressupostos legais para interposição do recurso, profere despacho indicando ao Presidente do órgão julgador o indeferimento liminar, devolvendo-se o processo ao órgão recorrido para executar a decisão.

Parágrafo único. Contra a decisão do Presidente, referida neste artigo, cabe recurso voluntário ao órgão julgador.

Art. 141. Se o relator da decisão recorrida também integrar o órgão julgador superior, fica neste impedido de relatar o recurso.

Art. 142. Quando a decisão, inclusive dos Conselhos Seccionais, conflitar com orientação de órgão colegiado superior, fica sujeita ao duplo grau de jurisdição.

Art. 143. Contra decisão do Presidente ou da Diretoria da Subseção cabe recurso ao Conselho Seccional, mesmo quando houver conselho na Subseção.

Art. 144. Contra a decisão do Tribunal de Ética e Disciplina cabe recurso ao plenário ou órgão especial equivalente do Conselho Seccional.

Parágrafo único. O Regimento Interno do Conselho Seccional disciplina o cabimento dos recursos no âmbito de cada órgão julgador.

Art. 144-A. Para a formação do recurso interposto contra decisão de suspensão preventiva de advogado (art. 77, Lei n. 8.906/1994), dever-se-á juntar cópia integral dos autos da representação disciplinar, permanecendo o processo na origem para cumprimento da pena preventiva e tramitação final, nos termos do artigo 70, § 3º, do Estatuto.

- Sessões plenárias dos dias 16 de outubro, 06 e 07 de novembro de 2000 (DJ, 12.12.2000, p. 575, S.1).

Art. 144-B. Não se pode decidir, em grau algum de julgamento, com base em fundamento a respeito do qual não se tenha dado às partes oportunidade de se manifestar anteriormente, ainda que se trate de matéria sobre a qual se deva decidir de ofício, salvo quanto às medidas de urgência previstas no Estatuto. (Inserido pela Res. 02/2019)

CAPÍTULO IX
DAS CONFERÊNCIAS E DOS COLÉGIOS DE PRESIDENTES

Art. 145. A Conferência Nacional da Advocacia Brasileira é órgão consultivo máximo do Conselho Federal, reunindo-se trienalmente, no segundo ano do mandato, tendo por objetivo o estudo e o debate das questões e problemas que digam respeito às finalidades da OAB e ao congraçamento da advocacia. (Alterado pela Res. CFOAB 8/2016).

§ 1º As Conferências da Advocacia dos Estados e do Distrito Federal são órgãos consultivos dos Conselhos Seccionais, reunindo-se trienalmente, no segundo ano do mandato. (Alterado pela Res. CFOAB 8/2016).

§ 2º No primeiro ano do mandato do Conselho Federal ou do Conselho Seccional, decidem-se a data, o local e o tema central da Conferência.

§ 3º As conclusões das Conferências têm caráter de recomendação aos Conselhos correspondentes.

Art. 146. São membros das Conferências:

I - efetivos: os Conselheiros e Presidentes dos órgãos da OAB presentes, os advogados e estagiários inscritos na Conferência, todos com direito a voto;

II - convidados: as pessoas a quem a Comissão Organizadora conceder tal qualidade, sem direito a voto, salvo se for advogado.

§ 1º Os convidados, expositores e membros dos órgãos da OAB têm identificação especial durante a Conferência.

§ 2º Os estudantes de direito, mesmo inscritos como estagiários na OAB, são membros ouvintes, escolhendo um porta-voz entre os presentes em cada sessão da Conferência.

Art. 147. A Conferência é dirigida por uma Comissão Organizadora, designada pelo Presidente do Conselho, por ele presidida e integrada pelos membros da Diretoria e outros convidados.

§ 1º O Presidente pode desdobrar a Comissão Organizadora em comissões específicas, definindo suas composições e atribuições.

§ 2º Cabe à Comissão Organizadora definir a distribuição do temário, os nomes dos expositores, a programação dos trabalhos, os serviços de apoio e infraestrutura e o regimento interno da Conferência.

Art. 148. Durante o funcionamento da Conferência, a Comissão Organizadora é representada pelo Presidente, com poderes para cumprir a programação estabelecida e decidir as questões ocorrentes e os casos omissos.

Art. 149. Os trabalhos da Conferência desenvolvem-se em sessões plenárias, painéis ou outros modos de exposição ou atuação dos participantes.

§ 1º As sessões são dirigidas por um Presidente e um Relator, escolhidos pela Comissão Organizadora.

§ 2º Quando as sessões se desenvolvem em forma de painéis, os expositores ocupam a metade do tempo total e a outra metade é destinada aos debates e votação de propostas ou conclusões pelos participantes.

§ 3º É facultado aos expositores submeter as suas conclusões à aprovação dos participantes.

Art. 150. O Colégio de Presidentes dos Conselhos Seccionais é regulamentado em Provimento.

Parágrafo único. O Colégio de Presidentes das subseções é regulamentado no Regimento Interno do Conselho Seccional.

TÍTULO III
DAS DISPOSIÇÕES GERAIS E TRANSITÓRIAS

Art. 151. Os órgãos da OAB não podem se manifestar sobre questões de natureza pessoal, exceto em caso de homenagem a quem tenha prestado relevantes serviços à sociedade e à advocacia.

Parágrafo único. As salas e dependências dos órgãos da OAB não podem receber nomes de pessoas vivas ou inscrições estranhas às suas finalidades, respeitadas as situações já existentes na data da publicação deste Regulamento Geral.

Art. 152. A "Medalha Rui Barbosa" é a comenda máxima conferida pelo Conselho Federal às grandes personalidades da advocacia brasileira.

Parágrafo único. A Medalha só pode ser concedida uma vez, no prazo do mandato do Conselho, e será entregue ao homenageado em sessão solene.

Art. 153. Os estatutos das Caixas criadas anteriormente ao advento do Estatuto serão a ele adaptados e submetidos ao Conselho Seccional, no prazo de cento e vinte dias, contado da publicação deste Regulamento Geral.

Art. 154. Os Provimentos editados pelo Conselho Federal complementam este Regulamento Geral, no que não sejam com ele incompatíveis.

Parágrafo único. Todas as matérias relacionadas à Ética do advogado, às infrações e sanções disciplinares e ao processo disciplinar são regulamentadas pelo Código de Ética e Disciplina.

Art. 155. Os Conselhos Seccionais, até o dia 31 de dezembro de 2007, adotarão os documentos de identidade profissional na forma prevista nos artigos 32 a 36 deste Regulamento.

§ 1º Os advogados inscritos até a data da implementação a que se refere o *caput* deste artigo deverão substituir os cartões de identidade até 31 de janeiro de 2009.

§ 2º Facultar-se-á ao advogado inscrito até 31 de dezembro de 1997 o direito de usar e permanecer exclusivamente com a carteira de identidade, desde que, até 31 de dezembro de 1999, assim solicite formalmente.

› Sessões plenárias dos dias 17 de junho, 17 de agosto e 17 de novembro de 1997 (DJ, 24.11.1997, p. 61.379, S.1).

§ 3º O pedido de uso e permanência da carteira de identidade, que impede a concessão de uma nova, deve ser anotado no documento profissional, como condição de sua validade.

› Sessões plenárias dos dias 17 de junho, 17 de agosto e 17 de novembro de 1997 (DJ, 24.11.1997, p. 61.379, S.1).

§ 4º Salvo nos casos previstos neste artigo, findos os prazos nele fixados, os atuais documentos perderão a validade, mesmo que permaneçam em poder de seus portadores.

Art. 156. Os processos em pauta para julgamento das Câmaras Reunidas serão apreciados pelo Órgão Especial, a ser instalado na primeira sessão após a publicação deste Regulamento Geral, mantidos os relatores anteriormente designados, que participarão da respectiva votação.

Art. **156-A.** Excetuados os prazos regulados pelo Provimento n. 102/2004, previstos em editais próprios, ficam suspensos até 1º de agosto de 2010 os prazos processuais iniciados antes ou durante o mês de julho de 2010.

Art. 156-B. As alterações das regras estabelecidas no art. 131, *caput* e parágrafos 1º, 2º e 3º, deste Regulamento Geral, promovidas em 2018, passarão a vigorar a partir das eleições de 2021, inclusive. (Acrescido pela Res. 4/2018, do CFOAB)

Art. 156-C. As eleições nos Conselhos Seccionais e nas Subseções em 2018 e no Conselho Federal em 2019 serão regidas pelas regras do Provimento n. 146/2011 e deste Regulamento Geral, vigentes em 2018. (Acrescido pela Res. 4/2018, do CFOAB)

Art. 156-D. O uso de meio eletrônico na tramitação de processos administrativos, comunicação de atos e transmissão de peças processuais será admitido mediante instituição de Sistema de Processo Eletrônico, nos termos de ato normativo a ser editado pelo Conselho Pleno do Conselho Federal da OAB. (Acrescido pela Res. 05/2019)

Art. 157. Revogam-se as disposições em contrário, especialmente os Provimentos de n. 1, 2, 3, 5, 6, 7, 9, 10, 11, 12, 13, 14, 15, 16, 17, 18, 19, 20, 21, 22, 24, 25, 27, 28, 29, 30, 31, 32, 33, 34, 35, 36, 38, 39, 40, 41, 46, 50, 51, 52, 54, 57, 59, 60, 63, 64, 65, 67 e 71, e o Regimento Interno do Conselho Federal, mantidos os efeitos das Resoluções n. 01/1994 e 02/1994.

Art. 158. Este Regulamento Geral entra em vigor na data de sua publicação.

Sala das Sessões, em Brasília, 16 de outubro e 06 de novembro de 1994.

José Roberto Batochio
Presidente

Paulo Luiz Netto Lôbo
Relator

RESOLUÇÃO Nº 02/2015, DO CONSELHO FEDERAL DA OAB

Aprova o Código de Ética e Disciplina da Ordem dos Advogados do Brasil – OAB.

- DOU, S. 1, de 04.11.2015, p. 77-80.
- Vigência: 02.05.2016, 180 dias após a sua publicação.

O CONSELHO FEDERAL DA ORDEM DOS ADVOGADOS DO BRASIL, no uso das atribuições que lhe são conferidas pelos arts. 33 e 54, V, da Lei n. 8.906, de 04 de julho de 1994 – Estatuto da Advocacia e da OAB, e considerando o decidido nos autos da Proposição n. 49.0000.2015.000250-3/COP;

Considerando que a realização das finalidades institucionais da Ordem dos Advogados do Brasil inclui o permanente zelo com a conduta dos profissionais inscritos em seus quadros;

Considerando que o advogado é indispensável à administração da Justiça, devendo guardar atuação compatível com a elevada função social que exerce, velando pela observância dos preceitos éticos e morais no exercício de sua profissão;

Considerando que as mudanças na dinâmica social exigem a inovação na regulamentação das relações entre os indivíduos, especialmente na atuação do advogado em defesa dos direitos do cidadão;

Considerando a necessidade de modernização e atualização das práticas advocatícias, em consonância com a dinamicidade das transformações sociais e das novas exigências para a defesa efetiva dos direitos de seus constituintes e da ordem jurídica do Estado Democrático de Direito;

Considerando que, uma vez aprovado o texto do novo Código de Ética e Disciplina, cumpre publicá-lo para que entre em vigor 180 (cento e oitenta) dias após a data de sua publicação, segundo o disposto no seu art. 79;

Considerando que, com a publicação, tem-se como editado o Código de Ética e Disciplina da Ordem dos Advogados do Brasil – OAB:

Resolve:

Art. 1º Fica aprovado o Código de Ética e Disciplina da Ordem dos Advogados do Brasil – OAB, na forma do Anexo Único da presente Resolução.

Art. 2º Esta Resolução entra em vigor na data da sua publicação, revogadas as disposições em contrário.

Brasília, 19 de outubro de 2015.

Marcus Vinicius Furtado Coêlho

Presidente Nacional da OAB

ANEXO ÚNICO DA RESOLUÇÃO CFOAB N. 02/2015

CÓDIGO DE ÉTICA E DISCIPLINA DA ORDEM DOS ADVOGADOS DO BRASIL – OAB

O CONSELHO FEDERAL DA ORDEM DOS ADVOGADOS DO BRASIL, ao instituir o Código de Ética e Disciplina, norteou-se por princípios que formam a consciência profissional do advogado e representam imperativos de sua conduta, os quais se traduzem nos seguintes mandamentos: lutar sem receio pelo primado da Justiça; pugnar pelo cumprimento da Constituição e pelo respeito à Lei, fazendo com que o ordenamento jurídico seja interpretado com retidão, em perfeita sintonia com os fins sociais a que se dirige e as exigências do bem comum; ser fiel à verdade para poder servir à Justiça como um de seus elementos essenciais; proceder com lealdade e boa-fé em suas relações profissionais e em todos os atos do seu ofício; empenhar-se na defesa das causas confiadas ao seu patrocínio, dando ao constituinte o amparo do Direito, e proporcionando-lhe a realização prática de seus legítimos interesses; comportar-se, nesse mister, com independência e altivez, defendendo com o mesmo denodo humildes e poderosos; exercer a advocacia com o indispensável senso profissional, mas também com desprendimento, jamais permitindo que o anseio de ganho material sobreleve a finalidade social do seu trabalho; aprimorar-se no culto dos princípios éticos e no domínio da ciência jurídica, de modo a tornar-se merecedor da confiança do cliente e da sociedade como um todo, pelos atributos intelectuais e pela probidade pessoal; agir, em suma, com a dignidade e a correção dos profissionais que honram e engrandecem a sua classe. Inspirado nesses postulados, o Conselho Federal da Ordem dos Advogados do Brasil, no uso das atribuições que lhe são conferidas pelos arts. 33 e 54, V, da Lei n. 8.906, de 04 de julho de 1994, aprova e edita este Código, exortando os advogados brasileiros à sua fiel observância.

TÍTULO I
DA ÉTICA DO ADVOGADO

CAPÍTULO I
DOS PRINCÍPIOS FUNDAMENTAIS

Art. 1º O exercício da advocacia exige conduta compatível com os preceitos deste Código, do Estatuto, do Regulamento Geral, dos Provimentos e com os princípios da moral individual, social e profissional.

Art. 2º O advogado, indispensável à administração da Justiça, é defensor do Estado Democrático de Direito, dos direitos humanos e garantias fundamentais, da cidadania, da moralidade, da Justiça e da paz social, cumprindo-lhe exercer o seu ministério em consonância com a sua elevada função pública e com os valores que lhe são inerentes.

Parágrafo único. São deveres do advogado:

I - preservar, em sua conduta, a honra, a nobreza e a dignidade da profissão, zelando pelo caráter de essencialidade e indispensabilidade da advocacia;

II - atuar com destemor, independência, honestidade, decoro, veracidade, lealdade, dignidade e boa-fé;

III - velar por sua reputação pessoal e profissional;

IV - empenhar-se, permanentemente, no aperfeiçoamento pessoal e profissional;

V - contribuir para o aprimoramento das instituições, do Direito e das leis;

VI - estimular, a qualquer tempo, a conciliação e a mediação entre os litigantes, prevenindo, sempre que possível, a instauração de litígios;

VII - desaconselhar lides temerárias, a partir de um juízo preliminar de viabilidade jurídica;

VIII - abster-se de:

a) utilizar de influência indevida, em seu benefício ou do cliente;

b) vincular seu nome ou nome social a empreendimentos sabidamente escusos; (Alterado pela Res. 07/2016, CFOAB.)

c) emprestar concurso aos que atentem contra a ética, a moral, a honestidade e a dignidade da pessoa humana;

d) entender-se diretamente com a parte adversa que tenha patrono constituído, sem o assentimento deste;

e) ingressar ou atuar em pleitos administrativos ou judiciais perante autoridades com as quais tenha vínculos negociais ou familiares;

f) contratar honorários advocatícios em valores aviltantes.

IX - pugnar pela solução dos problemas da cidadania e pela efetivação dos direitos individuais, coletivos e difusos;

X - adotar conduta consentânea com o papel de elemento indispensável à administração da Justiça;

XI - cumprir os encargos assumidos no âmbito da Ordem dos Advogados do Brasil ou na representação da classe;

XII - zelar pelos valores institucionais da OAB e da advocacia;

XIII - ater-se, quando no exercício da função de defensor público, à defesa dos necessitados.

Art. 3º O advogado deve ter consciência de que o Direito é um meio de mitigar as desigualdades para o encontro de soluções justas e que a lei é um instrumento para garantir a igualdade de todos.

Art. 4º O advogado, ainda que vinculado ao cliente ou constituinte, mediante relação empregatícia ou por contrato de prestação permanente de serviços, ou como integrante de departamento jurídico, ou de órgão de assessoria jurídica, público ou privado, deve zelar pela sua liberdade e independência.

Parágrafo único. É legítima a recusa, pelo advogado, do patrocínio de causa e de manifestação, no âmbito consultivo, de pretensão concernente a direito que também lhe seja aplicável ou contrarie orientação que tenha manifestado anteriormente.

Art. 5º O exercício da advocacia é incompatível com qualquer procedimento de mercantilização.

Art. 6º É defeso ao advogado expor os fatos em Juízo ou na via administrativa falseando deliberadamente a verdade e utilizando de má-fé.

Art. 7º É vedado o oferecimento de serviços profissionais que implique, direta ou indiretamente, angariar ou captar clientela.

CAPÍTULO II
DA ADVOCACIA PÚBLICA

Art. 8º As disposições deste Código obrigam igualmente os órgãos de advocacia pública, e advogados públicos, incluindo aqueles que ocupem posição de chefia e direção jurídica.

§ 1º O advogado público exercerá suas funções com independência técnica, contribuindo para a solução ou redução de litigiosidade, sempre que possível.

§ 2º O advogado público, inclusive o que exerce cargo de chefia ou direção jurídica, observará nas relações com os colegas, autoridades, servidores e o público em geral, o dever de urbanidade, tratando a todos com respeito e consideração, ao mesmo tempo em que preservará suas prerrogativas e o direito de receber igual tratamento das pessoas com as quais se relacione.

CAPÍTULO III
DAS RELAÇÕES COM O CLIENTE

Art. 9º O advogado deve informar o cliente, de modo claro e inequívoco, quanto a eventuais riscos da sua pretensão, e das consequências que poderão advir da demanda. Deve, igualmente, denunciar, desde logo, a quem lhe solicite parecer ou patrocínio, qualquer circunstância que possa influir na resolução de submeter-lhe a consulta ou confiar-lhe a causa.

Art. 10. As relações entre advogado e cliente baseiam-se na confiança recíproca. Sentindo o advogado que essa confiança lhe falta, é recomendável que externe ao cliente sua impressão e, não se dissipando as dúvidas existentes, promova, em seguida, o substabelecimento do mandato ou a ele renuncie.

Art. 11. O advogado, no exercício do mandato, atua como patrono da parte, cumprindo-lhe, por isso, imprimir à causa orientação que lhe pareça mais adequada, sem se subordinar a intenções contrárias do cliente, mas, antes, procurando esclarecê-lo quanto à estratégia traçada.

Art. 12. A conclusão ou desistência da causa, tenha havido, ou não, extinção do mandato, obriga o advogado a devolver ao cliente bens, valores e documentos que lhe hajam sido confiados e ainda estejam em seu poder, bem como a prestar-lhe contas, pormenorizadamente, sem prejuízo de esclarecimentos complementares que se mostrem pertinentes e necessários.

Parágrafo único. A parcela dos honorários paga pelos serviços até então prestados não se inclui entre os valores a ser devolvidos.

Art. 13. Concluída a causa ou arquivado o processo, presume-se cumprido e extinto o mandato.

Art. 14. O advogado não deve aceitar procuração de quem já tenha patrono constituído, sem prévio conhecimento deste, salvo por motivo plenamente justificável ou para adoção de medidas judiciais urgentes e inadiáveis.

Art. 15. O advogado não deve deixar ao abandono ou ao desamparo as causas sob seu patrocínio, sendo recomendável que, em face de dificuldades insuperáveis ou inércia do cliente quanto a providências que lhe tenham sido solicitadas, renuncie ao mandato.

Art. 16. A renúncia ao patrocínio deve ser feita sem menção do motivo que a determinou, fazendo cessar a responsabilidade profissional pelo acompanhamento da causa, uma vez decorrido o prazo previsto em lei (EAOAB, art. 5º, § 3º).

§ 1º A renúncia ao mandato não exclui responsabilidade por danos eventualmente causados ao cliente ou a terceiros.

§ 2º O advogado não será responsabilizado por omissão do cliente quanto a documento ou informação que lhe devesse fornecer para a prática oportuna de ato processual do seu interesse.

Art. 17. A revogação do mandato judicial por vontade do cliente não o desobriga do pagamento das verbas honorárias contratadas, assim como não retira o direito do advogado de receber o quanto lhe seja devido em eventual verba honorária de sucumbência, calculada proporcionalmente em face do serviço efetivamente prestado.

Art. 18. O mandato judicial ou extrajudicial não se extingue pelo decurso de tempo, salvo se o contrário for consignado no respectivo instrumento.

Art. 19. Os advogados integrantes da mesma sociedade profissional, ou reunidos em caráter permanente para cooperação recíproca, não podem representar, em juízo ou fora dele, clientes com interesses opostos.

Art. 20. Sobrevindo conflitos de interesse entre seus constituintes e não conseguindo o advogado harmonizá-los, caber-lhe-á optar, com prudência e discrição, por um dos mandatos, renunciando aos demais, resguardado sempre o sigilo profissional.

Art. 21. O advogado, ao postular em nome de terceiros, contra ex-cliente ou ex-empregador, judicial e extrajudicialmente, deve resguardar o sigilo profissional.

Art. 22. Ao advogado cumpre abster-se de patrocinar causa contrária à validade ou legitimidade de ato jurídico em cuja formação haja colaborado ou intervindo de qualquer maneira; da mesma forma, deve declinar seu impedimento ou o da sociedade que integre quando houver conflito de interesses motivado por intervenção anterior no trato de assunto que se prenda ao patrocínio solicitado.

Art. 23. É direito e dever do advogado assumir a defesa criminal, sem considerar sua própria opinião sobre a culpa do acusado.

Parágrafo único. Não há causa criminal indigna de defesa, cumprindo ao advogado agir, como defensor, no sentido de que a todos seja concedido tratamento condizente com a dignidade da pessoa humana, sob a égide das garantias constitucionais.

Art. 24. O advogado não se sujeita à imposição do cliente que pretenda ver com ele atuando outros advogados, nem fica na contingência de aceitar a indicação de outro profissional para com ele trabalhar no processo.

Art. 25. É defeso ao advogado funcionar no mesmo processo, simultaneamente, como patrono e preposto do empregador ou cliente.

Art. 26. O substabelecimento do mandato, com reserva de poderes, é ato pessoal do advogado da causa.

§ 1º O substabelecimento do mandato sem reserva de poderes exige o prévio e inequívoco conhecimento do cliente.

§ 2º O substabelecido com reserva de poderes deve ajustar antecipadamente seus honorários com o substabelecente.

CAPÍTULO IV
DAS RELAÇÕES COM OS COLEGAS, AGENTES POLÍTICOS, AUTORIDADES, SERVIDORES PÚBLICOS E TERCEIROS

Art. 27. O advogado observará, nas suas relações com os colegas de profissão, agentes políticos, autoridades, servidores públicos e terceiros em geral, o dever de urbanidade, tratando a todos com respeito e consideração, ao mesmo tempo em que preservará seus direitos e prerrogativas, devendo exigir igual tratamento de todos com quem se relacione.

§ 1º O dever de urbanidade há de ser observado, da mesma forma, nos atos e manifestações relacionados aos pleitos eleitorais no âmbito da Ordem dos Advogados do Brasil.

§ 2º No caso de ofensa à honra do advogado ou à imagem da instituição, adotar-se-ão as medidas cabíveis, instaurando-se processo ético-disciplinar e dando-se ciência às autoridades competentes para apuração de eventual ilícito penal.

Art. 28. Consideram-se imperativos de uma correta atuação profissional o emprego de linguagem escorreita e polida, bem como a observância da boa técnica jurídica.

Art. 29. O advogado que se valer do concurso de colegas na prestação de serviços advocatícios, seja em caráter individual, seja no âmbito de sociedade de advogados ou de empresa ou entidade em que trabalhe, dispensar-lhes-á tratamento condigno, que não os torne subalternos seus nem lhes avilte os serviços prestados mediante remuneração incompatível com a natureza do trabalho profissional ou inferior ao mínimo fixado pela Tabela de Honorários que for aplicável.

Parágrafo único. Quando o aviltamento de honorários for praticado por empresas ou entidades públicas ou privadas, os advogados responsáveis pelo respectivo departamento ou gerência jurídica serão instados a corrigir o abuso, inclusive intervindo junto aos demais órgãos competentes e com poder de decisão da pessoa jurídica de que se trate, sem prejuízo das providências que a Ordem dos Advogados do Brasil possa adotar com o mesmo objetivo.

CAPÍTULO V
DA ADVOCACIA *PRO BONO*

- Prov. CFOAB 166/2015 (Dispõe sobre a advocacia pro bono).

Art. 30. No exercício da advocacia *pro bono*, e ao atuar como defensor nomeado, conveniado ou dativo, o advogado empregará o zelo e a dedicação habituais, de forma que a parte por ele assistida se sinta amparada e confie no seu patrocínio.

§ 1º Considera-se advocacia *pro bono* a prestação gratuita, eventual e voluntária de serviços jurídicos em favor de instituições sociais sem fins econômicos e aos seus assistidos, sempre que os beneficiários não dispuserem de recursos para a contratação de profissional.

§ 2º A advocacia *pro bono* pode ser exercida em favor de pessoas naturais que, igualmente, não dispuserem de recursos para, sem prejuízo do próprio sustento, contratar advogado.

§ 3º A advocacia *pro bono* não pode ser utilizada para fins político-partidários ou eleitorais, nem beneficiar instituições que visem a tais objetivos, ou como instrumento de publicidade para captação de clientela.

CAPÍTULO VI
DO EXERCÍCIO DE CARGOS E FUNÇÕES NA OAB E NA REPRESENTAÇÃO DA CLASSE

Art. 31. O advogado, no exercício de cargos ou funções em órgãos da Ordem dos Advogados do Brasil ou na representação da classe junto a quaisquer instituições, órgãos ou comissões, públicos ou privados, manterá conduta consentânea com as disposições deste Código e que revele plena lealdade aos interesses, direitos e prerrogativas da classe dos advogados que representa.

Art. 32. Não poderá o advogado, enquanto exercer cargos ou funções em órgãos da OAB ou representar a classe junto a quaisquer instituições, órgãos ou comissões, públicos ou privados, firmar contrato oneroso de prestação de serviços ou fornecimento de produtos com tais entidades nem adquirir bens imóveis ou móveis infungíveis de quaisquer órgãos da OAB, ou a estes aliená-los. (Alterado pela Res. 04/2016, CFOAB.)

Parágrafo único. Não há impedimento ao exercício remunerado de atividade de magistério na Escola Nacional de Advocacia - ENA, nas Escolas de Advocacia - ESAs e nas Bancas do Exame de Ordem, observados os princípios da moralidade e da modicidade dos valores estabelecidos a título de remuneração. (Acrescentado pela Res. 04/2016, CFOAB.)

Art. 33. Salvo em causa própria, não poderá o advogado, enquanto exercer cargos ou funções em órgãos da OAB ou tiver assento, em qualquer condição, nos seus Conselhos, atuar em processos que tramitem perante a entidade nem oferecer pareceres destinados a instruí-los.

Parágrafo único. A vedação estabelecida neste artigo não se aplica aos dirigentes de Seccionais quando atuem, nessa qualidade, como legitimados a recorrer nos processos em trâmite perante os órgãos da OAB.

Art. 34. Ao submeter seu nome à apreciação do Conselho Federal ou dos Conselhos Seccionais com vistas à inclusão em listas destinadas ao provimento de vagas reservadas à classe nos tribunais, no Conselho Nacional de Justiça, no Conselho Nacional do Ministério Público e em outros colegiados, o candidato assumirá o compromisso de respeitar os direitos e prerrogativas do advogado, não praticar nepotismo nem agir em desacordo com a moralidade administrativa e com os princípios deste Código, no exercício de seu mister.

CAPÍTULO VII
DO SIGILO PROFISSIONAL

Art. 35. O advogado tem o dever de guardar sigilo dos fatos de que tome conhecimento no exercício da profissão.

Parágrafo único. O sigilo profissional abrange os fatos de que o advogado tenha tido conhecimento em virtude de funções desempenhadas na Ordem dos Advogados do Brasil.

Art. 36. O sigilo profissional é de ordem pública, independendo de solicitação de reserva que lhe seja feita pelo cliente.

§ 1º Presumem-se confidenciais as comunicações de qualquer natureza entre advogado e cliente.

§ 2º O advogado, quando no exercício das funções de mediador, conciliador e árbitro, se submete às regras de sigilo profissional.

Art. 37. O sigilo profissional cederá em face de circunstâncias excepcionais que configurem justa causa, como nos casos de grave ameaça ao direito à vida e à honra ou que envolvam defesa própria.

Art. 38. O advogado não é obrigado a depor, em processo ou procedimento judicial, administrativo ou arbitral, sobre fatos a cujo respeito deva guardar sigilo profissional.

CAPÍTULO VIII
DA PUBLICIDADE PROFISSIONAL

- Art. 1º, § 3º, Lei 8.906/1994 (EOAB).
- Prov. 94/2000 da OAB (Dispõe sobre a publicidade, a propaganda e a informação da advocacia).

Art. 39. A publicidade profissional do advogado tem caráter meramente informativo e deve primar pela discrição e sobriedade, não podendo configurar captação de clientela ou mercantilização da profissão.

Art. 40. Os meios utilizados para a publicidade profissional hão de ser compatíveis com a diretriz estabelecida no artigo anterior, sendo vedados:

I - a veiculação da publicidade por meio de rádio, cinema e televisão;

II - o uso de outdoors, painéis luminosos ou formas assemelhadas de publicidade;

III - as inscrições em muros, paredes, veículos, elevadores ou em qualquer espaço público;

IV - a divulgação de serviços de advocacia juntamente com a de outras atividades ou a indicação de vínculos entre uns e outras;

V - o fornecimento de dados de contato, como endereço e telefone, em colunas ou artigos literários, culturais, acadêmicos ou jurídicos, publicados na imprensa, bem assim quando de eventual participação em programas de rádio ou televisão, ou em veiculação de matérias pela internet, sendo permitida a referência a e-mail;

VI - a utilização de mala direta, a distribuição de panfletos ou formas assemelhadas de publicidade, com o intuito de captação de clientela.

Parágrafo único. Exclusivamente para fins de identificação dos escritórios de advocacia, é permitida a utilização de placas, painéis luminosos e inscrições em suas fachadas, desde que respeitadas as diretrizes previstas no artigo 39.

Art. 41. As colunas que o advogado mantiver nos meios de comunicação social ou os textos que por meio deles divulgar não deverão induzir o leitor a litigar nem promover, dessa forma, captação de clientela.

Art. 42. É vedado ao advogado:

I - responder com habitualidade a consulta sobre matéria jurídica, nos meios de comunicação social;

II - debater, em qualquer meio de comunicação, causa sob o patrocínio de outro advogado;

III - abordar tema de modo a comprometer a dignidade da profissão e da instituição que o congrega;

IV - divulgar ou deixar que sejam divulgadas listas de clientes e demandas;

V - insinuar-se para reportagens e declarações públicas.

Art. 43. O advogado que eventualmente participar de programa de televisão ou de rádio, de entrevista na imprensa, de reportagem televisionada ou veiculada por qualquer outro meio, para manifestação profissional, deve visar a objetivos exclusivamente ilustrativos, educacionais e instrutivos, sem propósito de promoção pessoal ou profissional, vedados pronunciamentos sobre métodos de trabalho usados por seus colegas de profissão.

Parágrafo único. Quando convidado para manifestação pública, por qualquer modo e forma, visando ao esclarecimento de tema jurídico de interesse geral, deve o advogado evitar insinuações com o sentido de promoção pessoal ou profissional, bem como o debate de caráter sensacionalista.

Art. 44. Na publicidade profissional que promover ou nos cartões e material de escritório de que se utilizar, o advogado fará constar seu nome, nome social ou o da sociedade de advogados, o número ou os números de inscrição na OAB. (Alterado pela Res. 07/2016, CFOAB.)

- Prov. 169/2015, CFOAB (sociedade de advogados).

§ 1º Poderão ser referidos apenas os títulos acadêmicos do advogado e as distinções honoríficas relacionadas à vida profissional, bem como as instituições jurídicas de que faça parte, e as especialidades a que se dedicar, o endereço, e-mail, site, página eletrônica, QR code, logotipo e a fotografia do escritório, o horário de atendimento e os idiomas em que o cliente poderá ser atendido.

§ 2º É vedada a inclusão de fotografias pessoais ou de terceiros nos cartões de visitas do advogado, bem como menção a qualquer emprego, cargo ou função ocupado, atual ou pretérito, em qualquer órgão ou instituição, salvo o de professor universitário.

Art. 45. São admissíveis como formas de publicidade o patrocínio de eventos ou publicações de caráter científico ou cultural, assim como a divulgação de boletins, por meio físico ou eletrônico, sobre matéria cultural de interesse dos advogados, desde que sua circulação fique adstrita a clientes e a interessados do meio jurídico.

Art. 46. A publicidade veiculada pela internet ou por outros meios eletrônicos deverá observar as diretrizes estabelecidas neste capítulo. Parágrafo único. A telefonia e a internet podem ser utilizadas como veículo de publicidade, inclusive para o envio de mensagens a destinatários certos, desde que estas não impliquem o oferecimento de serviços ou representem forma de captação de clientela.

Art. 47. As normas sobre publicidade profissional constantes deste capítulo poderão ser complementadas por outras que o Conselho Federal aprovar, observadas as diretrizes do presente Código.

Art. 47-A. Será admitida a celebração de termo de ajustamento de conduta no âmbito dos Conselhos Seccionais e do Conselho Federal para fazer cessar a publicidade irregular praticada por advogados e estagiários. (Acrescido pela Resolução 04/2020)

Parágrafo único. O termo previsto neste artigo será regulamentado mediante edição de provimento do Conselho Federal, que estabelecerá seus requisitos e condições.

CAPÍTULO IX
DOS HONORÁRIOS PROFISSIONAIS

- arts. 21 a 26; 34, III, Lei 8.906/1994 (EOAB).
- Súm. 201, STJ.

Art. 48. A prestação de serviços profissionais por advogado, individualmente ou integrado em sociedades, será contratada, preferentemente, por escrito.

§ 1º O contrato de prestação de serviços de advocacia não exige forma especial, devendo estabelecer, porém, com clareza e precisão, o seu objeto, os honorários ajustados, a forma de pagamento, a extensão do patrocínio, esclarecendo se este abrangerá todos os atos do processo ou limitar-se-á a determinado grau de jurisdição, além de dispor sobre a hipótese de a causa encerrar-se mediante transação ou acordo.

§ 2º A compensação de créditos, pelo advogado, de importâncias devidas ao cliente, somente será admissível quando o contrato de prestação de serviços a autorizar ou quando houver autorização especial do cliente para esse fim, por este firmada.

§ 3º O contrato de prestação de serviços poderá dispor sobre a forma de contratação de profissionais para serviços auxiliares, bem como sobre o pagamento de custas e emolumentos, os quais, na ausência de disposição em contrário, presumem-se devam ser atendidos pelo cliente. Caso o contrato preveja que o advogado antecipe tais despesas, ser-lhe-á lícito reter o respectivo valor atualizado, no ato de prestação de contas, mediante comprovação documental.

§ 4º As disposições deste capítulo aplicam-se à mediação, à conciliação, à arbitragem ou a qualquer outro método adequado de solução dos conflitos.

§ 5º É vedada, em qualquer hipótese, a diminuição dos honorários contratados em decorrência da solução do litígio por qualquer mecanismo adequado de solução extrajudicial.

§ 6º Deverá o advogado observar o valor mínimo da Tabela de Honorários instituída pelo respectivo Conselho Seccional onde for realizado o serviço, inclusive aquele referente às diligências, sob pena de caracterizar-se aviltamento de honorários.

§ 7º O advogado promoverá, preferentemente, de forma destacada a execução dos honorários contratuais ou sucumbenciais.

Art. 49. Os honorários profissionais devem ser fixados com moderação, atendidos os elementos seguintes:

I - a relevância, o vulto, a complexidade e a dificuldade das questões versadas;

II - o trabalho e o tempo a ser empregados;

III - a possibilidade de ficar o advogado impedido de intervir em outros casos, ou de se desavir com outros clientes ou terceiros;

IV - o valor da causa, a condição econômica do cliente e o proveito para este resultante do serviço profissional;

V - o caráter da intervenção, conforme se trate de serviço a cliente eventual, frequente ou constante;

VI - o lugar da prestação dos serviços, conforme se trate do domicílio do advogado ou de outro;

VII - a competência do profissional;

VIII - a praxe do foro sobre trabalhos análogos.

Art. 50. Na hipótese da adoção de cláusula quota litis, os honorários devem ser necessariamente representados por pecúnia e, quando acrescidos dos honorários da sucumbência, não podem ser superiores às vantagens advindas a favor do cliente.

§ 1º A participação do advogado em bens particulares do cliente só é admitida em caráter excepcional, quando esse, comprovadamente, não tiver condições pecuniárias de satisfazer o débito de honorários e ajustar com o seu patrono, em instrumento contratual, tal forma de pagamento.

§ 2º Quando o objeto do serviço jurídico versar sobre prestações vencidas e vincendas, os honorários advocatícios poderão incidir sobre o valor de umas e outras, atendidos os requisitos da moderação e da razoabilidade.

Art. 51. Os honorários da sucumbência e os honorários contratuais, pertencendo ao advogado que houver atuado na causa, poderão ser por ele executados, assistindo-lhe direito autônomo para promover a execução do capítulo da sentença que os estabelecer ou para postular, quando for o caso, a expedição de precatório ou requisição de pequeno valor em seu favor.

§ 1º No caso de substabelecimento, a verba correspondente aos honorários da sucumbência será repartida entre o substabelecente e o substabelecido, proporcionalmente à atuação de cada um no processo ou conforme haja sido entre eles ajustado.

§ 2º Quando for o caso, a Ordem dos Advogados do Brasil ou os seus Tribunais de Ética e Disciplina poderão ser solicitados a indicar mediador que contribua no sentido de que a distribuição dos honorários da sucumbência, entre advogados, se faça segundo o critério estabelecido no § 1º

§ 3º Nos processos disciplinares que envolverem divergência sobre a percepção de honorários da sucumbência, entre advogados, deverá ser tentada a conciliação destes, preliminarmente, pelo relator.

Art. 52. O crédito por honorários advocatícios, seja do advogado autônomo, seja de sociedade de advogados, não autoriza o saque de duplicatas ou qualquer outro título de crédito de natureza mercantil, podendo, apenas, ser emitida fatura, quando o cliente assim pretender, com fundamento no contrato de prestação de serviços, a qual, porém, não poderá ser levada a protesto.

Parágrafo único. Pode, todavia, ser levado a protesto o cheque ou a nota promissória emitido pelo cliente em favor do advogado, depois de frustrada a tentativa de recebimento amigável.

Art. 53. É lícito ao advogado ou à sociedade de advogados empregar, para o recebimento de honorários, sistema de cartão de crédito, mediante credenciamento junto a empresa operadora do ramo.

Parágrafo único. Eventuais ajustes com a empresa operadora que impliquem pagamento antecipado não afetarão a responsabilidade do advogado perante o cliente, em caso de rescisão do contrato de prestação de serviços, devendo ser observadas as disposições deste quanto à hipótese.

Art. 54. Havendo necessidade de promover arbitramento ou cobrança judicial de honorários, deve o advogado renunciar previamente ao mandato que recebera do cliente em débito.

TÍTULO II
DO PROCESSO DISCIPLINAR

CAPÍTULO I
DOS PROCEDIMENTOS

Art. 55. O processo disciplinar instaura-se de ofício ou mediante representação do interessado.

§ 1º A instauração, de ofício, do processo disciplinar dar-se-á em função do conhecimento do fato, quando obtido por meio de fonte idônea ou em virtude de comunicação da autoridade competente.

§ 2º Não se considera fonte idônea a que consistir em denúncia anônima.

Art. 56. A representação será formulada ao Presidente do Conselho Seccional ou ao Presidente da Subseção, por escrito ou verbalmente, devendo, neste último caso, ser reduzida a termo.

Parágrafo único. Nas Seccionais cujos Regimentos Internos atribuírem competência ao Tribunal de Ética e Disciplina para instaurar o processo ético disciplinar, a representação poderá ser dirigida ao seu Presidente ou será a este encaminhada por qualquer dos dirigentes referidos no *caput* deste artigo que a houver recebido.

Art. 57. A representação deverá conter:

I - a identificação do representante, com a sua qualificação civil e endereço;

II - a narração dos fatos que a motivam, de forma que permita verificar a existência, em tese, de infração disciplinar;

III - os documentos que eventualmente a instruam e a indicação de outras provas a ser produzidas, bem como, se for o caso, o rol de testemunhas, até o máximo de cinco;

IV - a assinatura do representante ou a certificação de quem a tomou por termo, na impossibilidade de obtê-la.

Art. 58. Recebida a representação, o Presidente do Conselho Seccional ou o da Subseção, quando esta dispuser de Conselho, designa relator, por sorteio, um de seus integrantes, para presidir a instrução processual.

§ 1º Os atos de instrução processual podem ser delegados ao Tribunal de Ética e Disciplina, conforme dispuser o regimento interno do Conselho Seccional, caso em que caberá ao seu Presidente, por sorteio, designar relator.

§ 2º Antes do encaminhamento dos autos ao relator, serão juntadas a ficha cadastral do representado e certidão negativa ou positiva sobre a existência de punições anteriores, com menção das faltas atribuídas. Será providenciada, ainda, certidão sobre a existência ou não de representações em andamento, a qual, se positiva, será acompanhada da informação sobre as faltas imputadas.

§ 3º O relator, atendendo aos critérios de admissibilidade, emitirá parecer propondo a instauração de processo disciplinar ou o arquivamento liminar da representação, no prazo de 30 (trinta) dias, sob pena de redistribuição do feito pelo Presidente do Conselho Seccional ou da Subseção para outro relator, observando-se o mesmo prazo. 28

§ 4º O Presidente do Conselho competente ou, conforme o caso, o do Tribunal de Ética e Disciplina, proferirá despacho declarando instaurado o processo disciplinar ou determinando o arquivamento da representação, nos termos do parecer do relator ou segundo os fundamentos que adotar.

§ 5º A representação contra membros do Conselho Federal e Presidentes de Conselhos Seccionais é processada e julgada pelo Conselho Federal, sendo competente a Segunda Câmara reunida em sessão plenária. A representação contra membros da diretoria do Conselho Federal, Membros Honorários Vitalícios e detentores da Medalha Rui Barbosa será processada e julgada pelo Conselho Federal, sendo competente o Conselho Pleno.

§ 6º A representação contra dirigente de Subseção é processada e julgada pelo Conselho Seccional.

§ 7º Os Conselhos Seccionais poderão instituir Comissões de Admissibilidade no âmbito dos Tribunais de Ética e Disciplina, compostas por seus membros ou por Conselheiros Seccionais, com atribuição de análise prévia dos pressupostos de admissibilidade das representações ético-disciplinares, podendo propor seu arquivamento liminar. (Acrescentado pela Res. 04/2016, CFOAB.)

Art. 58-A. Nos casos de infração ético-disciplinar punível com censura, será admissível a celebração de termo de ajustamento de conduta, se o fato apurado não tiver gerado repercussão negativa à advocacia. (Acrescido pela Resolução 04/2020)

Parágrafo único. O termo de ajustamento de conduta previsto neste artigo será regulamentado em provimento do Conselho Federal da OAB.

Art. 59. Compete ao relator do processo disciplinar determinar a notificação dos interessados para prestar esclarecimentos ou a do representado para apresentar defesa prévia, no prazo de 15 (quinze) dias, em qualquer caso.

§ 1º A notificação será expedida para o endereço constante do cadastro de inscritos do Conselho Seccional, observando-se, quanto ao mais, o disposto no Regulamento Geral.

§ 2º Se o representado não for encontrado ou ficar revel, o Presidente do Conselho competente ou, conforme o caso, o do Tribunal de Ética e Disciplina designar-lhe-á defensor dativo.

§ 3º Oferecida a defesa prévia, que deve ser acompanhada dos documentos que possam instruí-la e do rol de testemunhas, até o limite de 5 (cinco), será proferido despacho saneador e, ressalvada a hipótese do § 2º do art. 73 do EAOAB, designada, se for o caso, audiência para oitiva do representante, do representado e das testemunhas.

§ 4º O representante e o representado incumbir-se-ão do comparecimento de suas testemunhas, salvo se, ao apresentarem o respectivo rol, requererem, por motivo justificado, sejam elas notificadas a comparecer à audiência de instrução do processo.

§ 5º O relator pode determinar a realização de diligências que julgar convenientes, cumprindo-lhe dar andamento ao processo, de modo que este se desenvolva por impulso oficial.

§ 6º O relator somente indeferirá a produção de determinado meio de prova quando esse for ilícito, impertinente, desnecessário ou protelatório, devendo fazê-lo fundamentadamente.

§ 7º Concluída a instrução, o relator profere parecer preliminar, a ser submetido ao Tribunal de Ética e Disciplina, dando enquadramento legal aos fatos imputados ao representado.

§ 8º Abre-se, em seguida, prazo comum de 15 (quinze) dias para apresentação de razões finais.

Art. 60. O Presidente do Tribunal de Ética e Disciplina, após o recebimento do processo, devidamente instruído, designa, por sorteio, relator para proferir voto.

§ 1º Se o processo já estiver tramitando perante o Tribunal de Ética e Disciplina ou perante o Conselho competente, o relator não será o mesmo designado na fase de instrução.

§ 2º O processo será incluído em pauta na primeira sessão de julgamentos após a distribuição ao relator. (Alterado pela Res. 1/2016, CFOAB.)

§ 3º O representante e o representado são notificados pela Secretaria do Tribunal, com 15 (quinze) dias de antecedência, para comparecerem à sessão de julgamento.

§ 4º Na sessão de julgamento, após o voto do relator, é facultada a sustentação oral pelo tempo de 15 (quinze) minutos, primeiro pelo representante e, em seguida, pelo representado.

Art. 61. Do julgamento do processo disciplinar lavrar-se-á acórdão, do qual constarão, quando procedente a representação, o enquadramento legal da infração, a sanção aplicada, o quórum de instalação e o de deliberação, a indicação de haver sido esta adotada com base no voto do relator ou em voto divergente, bem como as circunstâncias agravantes ou atenuantes consideradas e as razões determinantes de eventual conversão da censura aplicada em advertência sem registro nos assentamentos do inscrito.

Art. 62. Nos acórdãos serão observadas, ainda, as seguintes regras:

§ 1º O acórdão trará sempre a ementa, contendo a essência da decisão.

§ 2º O autor do voto divergente que tenha prevalecido figurará como redator para o acórdão.

§ 3º O voto condutor da decisão deverá ser lançado nos autos, com os seus fundamentos.

§ 4º O voto divergente, ainda que vencido, deverá ter seus fundamentos lançados nos autos, em voto escrito ou em transcrição na ata de julgamento do voto oral proferido, com seus fundamentos.

§ 5º Será atualizado nos autos o relatório de antecedentes do representado, sempre que o relator o determinar.

Art. 63. Na hipótese prevista no art. 70, § 3º, do EAOAB, em sessão especial designada pelo Presidente do Tribunal, serão facultadas ao representado ou ao seu defensor a apresentação de defesa, a produção de prova e a sustentação oral.

Art. 64. As consultas submetidas ao Tribunal de Ética e Disciplina receberão autuação própria, sendo designado relator, por sorteio, para o seu exame, podendo o Presidente, em face da complexidade da questão, designar, subsequentemente, revisor.

Parágrafo único. O relator e o revisor têm prazo de 10 (dez) dias cada um para elaboração de seus pareceres, apresentando-os na primeira sessão seguinte, para deliberação.

Art. 65. As sessões do Tribunal de Ética e Disciplina obedecerão ao disposto no respectivo Regimento Interno, aplicando-se-lhes, subsidiariamente, o do Conselho Seccional.

Art. 66. A conduta dos interessados, no processo disciplinar, que se revele temerária ou caracterize a intenção de alterar a verdade dos fatos, assim como a interposição de recursos com intuito manifestamente protelatório, contrariam os princípios deste Código, sujeitando os responsáveis à correspondente sanção.

Art. 67. Os recursos contra decisões do Tribunal de Ética e Disciplina, ao Conselho Seccional, regem-se pelas disposições do Estatuto da Advocacia e da Ordem dos Advogados do Brasil, do Regulamento Geral e do Regimento Interno do Conselho Seccional.

Parágrafo único. O Tribunal dará conhecimento de todas as suas decisões ao Conselho Seccional, para que determine periodicamente a publicação de seus julgados.

Art. 68. Cabe revisão do processo disciplinar, na forma prevista no Estatuto da Advocacia e da Ordem dos Advogados do Brasil (art. 73, § 5º).

§ 1º Tem legitimidade para requerer a revisão o advogado punido com a sanção disciplinar.

§ 2º A competência para processar e julgar o processo de revisão é do órgão de que emanou a condenação final.

§ 3º Quando o órgão competente for o Conselho Federal, a revisão processar-se-á perante a Segunda Câmara, reunida em sessão plenária.

§ 4º Observar-se-á, na revisão, o procedimento do processo disciplinar, no que couber.

§ 5º O pedido de revisão terá autuação própria, devendo os autos respectivos ser apensados aos do processo disciplinar a que se refira.

§ 6º O pedido de revisão não suspende os efeitos da decisão condenatória, salvo quando o relator, ante a relevância dos fundamentos e o risco de consequências irreparáveis para o requerente, conceder tutela cautelar para que se suspenda a execução. (Acrescentado pela Res. 04/2016, CFOAB.)

§ 7º A parte representante somente será notificada para integrar o processo de revisão quando o relator entender que deste poderá resultar dano ao interesse jurídico que haja motivado a representação. (Acrescentado pela Res. 04/2016, CFOAB.)

Art. 69. O advogado que tenha sofrido sanção disciplinar poderá requerer reabilitação, no prazo e nas condições previstos no Estatuto da Advocacia e da Ordem dos Advogados do Brasil (art. 41).

§ 1º A competência para processar e julgar o pedido de reabilitação é do Conselho Seccional em que tenha sido aplicada a sanção disciplinar. Nos casos de competência originária do Conselho Federal, perante este tramitará o pedido de reabilitação.

§ 2º Observar-se-á, no pedido de reabilitação, o procedimento do processo disciplinar, no que couber.

§ 3º O pedido de reabilitação terá autuação própria, devendo os autos respectivos ser apensados aos do processo disciplinar a que se refira.

§ 4º O pedido de reabilitação será instruído com provas de bom comportamento, no exercício da advocacia e na vida social, cumprindo à Secretaria do Conselho competente certificar, nos autos, o efetivo cumprimento da sanção disciplinar pelo requerente.

§ 5º Quando o pedido não estiver suficientemente instruído, o relator assinará prazo ao requerente para que complemente a documentação; não cumprida a determinação, o pedido será liminarmente arquivado.

CAPÍTULO II
DOS ÓRGÃOS DISCIPLINARES

SEÇÃO I
DOS TRIBUNAIS DE ÉTICA E DISCIPLINA

▸ arts. 58, III, p.u. c; 68; 70 a 74, Lei 8.906/1994 (EOAB).

Art. 70. O Tribunal de Ética e Disciplina poderá funcionar dividido em órgãos fracionários, de acordo com seu regimento interno.

Art. 71. Compete aos Tribunais de Ética e Disciplina:

I - julgar, em primeiro grau, os processos ético-disciplinares;

II - responder a consultas formuladas, em tese, sobre matéria éticodisciplinar;

III - exercer as competências que lhe sejam conferidas pelo Regimento Interno da Seccional ou por este Código para a instauração, instrução e julgamento de processos ético-disciplinares;

IV - suspender, preventivamente, o acusado, em caso de conduta suscetível de acarretar repercussão prejudicial à advocacia, nos termos do Estatuto da Advocacia e da Ordem dos Advogados do Brasil;

V - organizar, promover e ministrar cursos, palestras, seminários e outros eventos da mesma natureza acerca da ética profissional do advogado ou estabelecer parcerias com as Escolas de Advocacia, com o mesmo objetivo;

VI - atuar como órgão mediador ou conciliador nas questões que envolvam:

a) dúvidas e pendências entre advogados;

b) partilha de honorários contratados em conjunto ou decorrentes de substabelecimento, bem como os que resultem de sucumbência, nas mesmas hipóteses;

c) controvérsias surgidas quando da dissolução de sociedade de advogados.

SEÇÃO II
DAS CORREGEDORIAS-GERAIS

Art. 72. As Corregedorias-Gerais integram o sistema disciplinar da Ordem dos Advogados do Brasil.

§ 1º O Secretário-Geral Adjunto exerce, no âmbito do Conselho Federal, as funções de Corregedor-Geral, cuja competência é definida em Provimento.

§ 2º Nos Conselhos Seccionais, as Corregedorias-Gerais terão atribuições da mesma natureza, observando, no que couber, Provimento do Conselho Federal sobre a matéria.

§ 3º A Corregedoria-Geral do Processo Disciplinar coordenará ações do Conselho Federal e dos Conselhos Seccionais voltadas para o objetivo de reduzir a ocorrência das infrações disciplinares mais frequentes.

TÍTULO III
DAS DISPOSIÇÕES GERAIS E TRANSITÓRIAS

Art. 73. O Conselho Seccional deve oferecer os meios e o suporte de apoio material, logístico, de informática e de pessoal necessários ao pleno funcionamento e ao desenvolvimento das atividades do Tribunal de Ética e Disciplina.

§ 1º Os Conselhos Seccionais divulgarão, trimestralmente, na internet, a quantidade de processos ético-disciplinares em andamento e as punições decididas em caráter definitivo, preservadas as regras de sigilo.

§ 2º A divulgação das punições referidas no parágrafo anterior destacará cada infração tipificada no artigo 34 da Lei n. 8.906/94.

Art. 74. Em até 180 (cento e oitenta) dias após o início da vigência do presente Código de Ética e Disciplina da OAB, os Conselhos Seccionais e os Tribunais de Ética e Disciplina deverão elaborar ou rever seus Regimentos Internos, adaptando-os às novas regras e disposições deste Código. No caso dos Tribunais de Ética e Disciplina, os Regimentos Internos serão submetidos à aprovação do respectivo Conselho Seccional e, subsequentemente, do Conselho Federal.

Art. 75. A pauta de julgamentos do Tribunal é publicada no Diário Eletrônico da OAB e no quadro de avisos gerais, na sede do Conselho Seccional, com antecedência de 15 (quinze) dias, devendo ser dada prioridade, nos julgamentos, aos processos cujos interessados estiverem presentes à respectiva sessão. (Redação dada pela Res. 5/2018)

Art. 76. As disposições deste Código obrigam igualmente as sociedades de advogados, os consultores e as sociedades consultoras em direito estrangeiro e os estagiários, no que lhes forem aplicáveis.

Art. 77. As disposições deste Código aplicam-se, no que couber, à mediação, à conciliação e à arbitragem, quando exercidas por advogados.

Art. 78. Os autos do processo disciplinar podem ter caráter virtual, mediante adoção de processo eletrônico.

Parágrafo único. O Conselho Federal da OAB regulamentará em Provimento o processo ético-disciplinar por meio eletrônico.

Art. 79. Este Código entra em vigor a 1º de setembro de 2016, cabendo ao Conselho Federal e aos Conselhos Seccionais, bem como às Subseções da OAB, promover-lhe ampla divulgação. (Alterado pela Res. 3/2016, CFOAB.)

Art. 80. Fica revogado o Código de Ética e Disciplina editado em 13 de fevereiro de 1995, bem como as demais disposições em contrário.

Brasília, 19 de outubro de 2015.

Marcus Vinicius Furtado Coêlho
Presidente Nacional da OAB

Paulo Roberto de Gouvêa Medina
Relator originário e para sistematização final

Humberto Henrique Costa Fernandes do Rêgo
Relator em Plenário

ÍNDICE ALFABÉTICO-REMISSIVO DO CÓDIGO DE ÉTICA E DISCIPLINA DA OAB

- A -

ABANDONO DE CAUSA
- art. 15

ADMINISTRAÇÃO DA JUSTIÇA
- art. 2º

ADVERTÊNCIA
- conversão da sanção disciplinar de censura: art. 61

ADVOCACIA
- advocacia pública: art. 8º:

ADVOCACIA *PRO BONO*
- art. 30
- beneficiários: art. 30
- contrato de honorários -art. 48, § 1º
- divulgação com outras atividades -art. 40, IV
- exercício: art. 1º
- fins político-partidários: art. 30
- independência: art. 2º, II
- mercantilização: art. 5º
- pessoas naturais: art. 30
- publicidade: arts. 39 a 47
- reabilitação: art. 69, § 4º
- suspensão preventiva: art. 71, IV
- zelo e dedicação: art. 30

ADVOCACIA PÚBLICA
- art. 8º

ADVOGADO
- conciliação e mediação: arts. 2º, VI
- deveres: art. 2º, parágrafo único
- deveres de abstenção: art. 2º, VIII
- honorários: arts. 48 a 54
- igual tratamento: art. 27
- independência: art. 2º, II; art. 8º, § 1º; art. 11; art. 24
- indispensabilidade: art. 2º
- mercantilização: art. 5º
- patrono e preposto: art. 25
- prestação de contas: art. 12
- recusa a patrocínio: art. 4º, parágrafo único
- relação empregatícia: art. 4º
- sociedade profissional – art. 19

ARQUIVAMENTO LIMINAR
- admissibilidade: art. 58, § 3º
- competência: art. 58, § 4º

- C -

CAPTAÇÃO DE CLIENTELA
- oferecimento de serviços: art. 7º

CARGOS E FUNÇÕES NA OAB
- exercício pelo advogado: art. 31
- compromisso: art. 34
- contratos com entidades: art. 32
- processos em trâmite na entidade: art. 33

CONSELHO FEDERAL
- representação: art. 58, § 5º
- reabilitação: competência: art. 69, § 1º
- normas sobre publicidade: art. 47

CONSELHO SECCIONAL
- ciência das decisões do TED: art. 73, § 1º
- corregedoria-geral: art. 72, § 2º
- recursos: art. 67
- reabilitação: competência: art. 69, § 1º
- sessões: art. 65
- suporte ao TED: art. 73

CORREGEDORIA GERAL
- órgão do sistema disciplinar: art. 72
- corregedor-geral: art. 72, § 1º
- atribuições: art. 72, § 2º
- ações educativas: art. 72, § 3º

- D -

DEFENSOR DATIVO
- designação: art. 59

DEFENSOR PÚBLICO
- defesa dos necessitados: art. 2º, XIII

DEFESA CRIMINAL
- art. 23

DEVERES DO ADVOGADO
- reputação profissional: art. 2º, III
- aperfeiçoamento profissional: art. 2º, IV
- aprimoramento das instituições: art. 2º, V
- conciliação e mediação: art. 2º, VI
- lides temerárias: art. 2º, VII
- influência indevida: art. 2º, VIII, a
- empreendimentos escusos: art. 2º, VIII, b
- entendimento com a parte adversa: art. 2º, VIII, d
- efetivação dos direitos: art. 2º, IX
- conduta consentânea: art. 2º, X
- encargos: art. 2º, XI
- valores institucionais: art. 2º, XII
- defesa dos necessitados: art. 2º, XIII

DIREITOS DO ADVOGADO
- defesa criminal: art. 23
- independência: art. 2º, II
- indispensabilidade: art. 2º, I
- sustentação oral: art. 60, § 4º
- testemunha: art. 38
- tratamento: art. 44
- uso da palavra: art. 53, § 3º

DIREITOS HUMANOS
- advogado: art. 2º

DISTRIBUIÇÃO
- art. 60

- E -

ESCOLA DE ADVOCACIA
- art. 71, V

ESCRITÓRIO DE ADVOCACIA
- identificação: art. 40, parágrafo único
- publicidade: art. 44

ÉTICA DO ADVOGADO
- conduta temerária: art. 66
- princípios fundamentais: arts. 1º a 7º
- cursos e eventos: art. 71, V

- H -

HONORÁRIOS ADVOCATÍCIOS
- arbitramento: art. 54
- bens particulares: art. 50, § 1º
- compensação: art. 48, § 2º
- cartão de crédito: art. 53
- contratação preferentemente por escrito: art. 48, *caput*
- execução: art. 51
- emissão de fatura: art. 52
- fixação: art. 49
- mediação, conciliação e arbitragem: art. 48, § 4º
- serviços já prestados: art. 12
- solução extrajudicial: art. 48, § 5º
- revogação do mandato: art. 17
- prestações vincendas: art. 50, § 2º
- profissionais auxiliares: art. 48, § 3º
- quota *litis*: art. 50
- requisitos do contrato: art. 48, § 1º
- valor mínimo: art. 48, § 6º

- I -

INDEPENDÊNCIA
- advogado: arts. 2º, II
- advogado empregado: art. 4º
- advogado público: art. 8, § 1º
- atuação com outros advogados: art. 24
- independência técnica: art. 11

INDISPENSABILIDADE DO ADVOGADO
- administração da justiça: art. 2º

- M -

MANDATO EXTRAJUDICIAL
- art. 18

MANDATO JUDICIAL
- abandono: art. 15
- extinção: art. 13; art. 18
- honorários: art. 17
- patrono da parte: art. 11
- prestação de contas: art. 12
- renúncia: art. 16; art. 20
- responsabilidade: art. 16, §§ 1º e 2º
- sociedade de advogados: art. 19
- substabelecimento: art. 26

MEDIAÇÃO, CONCILIAÇÃO E ARBITRAGEM
- conciliação entre advogados: art. 51, § 2º
- dever de estimular: art. 2º, VI
- honorários: art. 48, § 4º
- mediação entre advogados- art. 51, § 2º
- sigilo: art. 36, § 2º
- Tribunais de Ética e Disciplina: art. 71, VI
- vedação de diminuição de honorários: art. 48, § 5º

- N -

NOTIFICAÇÃO
- defesa prévia: art. 59
- sessão de julgamento: art. 60, §§ 2º e 3º

- O -

OAB
- aviltamento de honorários: art. 29, parágrafo único
- cargos e funções: art. 31
- corregedorias-gerais: art. 72
- dever de urbanidade: art. 27, § 1º
- indicação de mediador: art. 51, § 2º
- valores institucionais: art. 2º, XII

ESTATUTOS

- sigilo profissional: art. 35, parágrafo único

ÓRGÃOS
- assessoria jurídica: art. 4º
- aviltamento de honorários: art. 29, parágrafo único
- da Ordem dos Advogados do Brasil: art. 31
- de advocacia pública: art. 8º
- disciplinares: Título III
- pauta de julgamentos: art. 75
- publicidade: art. 44, § 2º
- revisão (competência): art. 68, § 2º
- tribunal de ética e disciplina: art. 71

- P -

PRAZO
- defesa oral: art. 60, § 4º
- consulta: art. 64, parágrafo único
- defesa prévia: art. 59
- esclarecimentos preliminares: art. 59
- parecer: art. 57, § 3º
- pauta de julgamento: art. 60, § 2º
- razões finais: art. 59, § 8º
- sessão de julgamento: art. 60, § 3º

PRESIDENTE
- arquivamento laminar: art. 58, § 4º
- designação de defensor dativo: art. 59, § 2º
- designação de relator: art. 58
- designação de revisor: art. 64
- do tribunal de ética: art. 63
- foro por prerrogativa: art. 58, § 5º
- instauração de processo: art. 58, § 4º
- redistribuição: art. 58, § 3º
- representação: art. 56

PRESTAÇÃO DE CONTAS
- conclusão da causa – art. 12

PROCEDIMENTO
- ata da sessão de julgamento: art. 62
- acórdão: art. 61
- conduta temerária: art. 66
- legitimidade: art. 55
- instauração de processo: art. 58
- representação: art. 56

PROCESSO DISCIPLINAR
- audiência de instrução: art. 59, § 3º
- conduta temerária: art. 66
- consultas: art. 64
- defesa prévia: art. 59
- defensor dativo: art. 59, § 2º
- designação de relator: art. 60
- diligências: art. 59, § 5º
- distribuição: art. 58
- divergência entre advogados: art. 51, § 3º
- infração ético-disciplinar - art. 58-A
- instauração: art. 55
- instrução: art. 58, § 1º
- julgamento: arts. 61 e 62
- parecer preliminar: art. 59, § 7º
- razões finais: art. 59, § 8º
- reabilitação: art. 69
- recursos: art. 67
- representação: art. 56
- revisão: art. 68
- sessão de julgamento: art. 60, § 4º
- suspensão preventiva: art. 63
- testemunhas: art. 59, § 4º

PROCURAÇÃO
- duplo patrocínio: art. 14
- substabelecimento: art. 26

PUBLICAÇÃO
- convocação: eleição: (RG) art. 128
- decisões da OAB: art. 45, § 6º; (RG) arts. 86, 96, 97; (CED) art. 56, § 5º, 60, parágrafo único
- desagravo: art. 18, § 5º
- notificações: (RG) art. 137-D, §§ 1º ao 5º
- pauta de julgamento (TED): (CED) art. 64
- provimentos: Provimentos n. 26/1966, 47/1979
- recurso: prazo: art. 69, § 2º; (RG) art. 139

PUBLICIDADE
- caráter informativo: art. 39
- cartões de material de escritório: art. 44
- eventos de caráter científico: art. 45
- fotografias: art. 44, § 2º
- internet: art. 46
- meios de publicidade: art. 40
- meios de comunicação social: art. 41
- painéis luminosos: art. 40, parágrafo único
- programa de televisão: art. 43
- vedações: art. 42

- R -

REABILITAÇÃO
- legitimidade: art. 69
- competência: art. 69, § 1º
- provas e documentos: art. 69, §§ 4º e 5º

RECURSO
- art. 67

REGIMENTO INTERNO
- adaptação às novas regras: art. 74
- funcionamento do TED: art. 70
- sessões de julgamento: art. 65

REGULAMENTO GERAL
- exercício da advocacia: art. 1º
- notificações: art. 59, § 1º
- recursos: art. 67

REINCIDÊNCIA
- infração disciplinar: art. 37, II

RELAÇÃO EMPREGATÍCIA
- art. 4º

RELAÇÕES COM CLIENTE
- indicação de outro profissional: art. 24
- informações: art. 9º
- interesses opostos: art. 19
- devolução de bens: art. 12
- defesa criminal: art. 23
- extinção do mandato: art. 13
- opção por um dos mandatos: art. 20
- patrono e preposto do empregador: art. 25
- patrono já constituído: art. 14
- renúncia: art. 16
- sigilo profissional: art. 21
- substabelecimento: art. 26

RELAÇÕES COM COLEGAS
- dever de urbanidade: art. 27
- pleitos eleitorais: art. 27
- boa técnica jurídica: art. 28
- concurso de colegas: art. 29

REPRESENTAÇÃO
- arquivamento liminar: art. 58
- dirigente de subseção: art. 58
- endereçamento: art. 56
- legitimidade: art. 55
- membros do Conselho Federal: art. 58
- requisitos: art. 57

REVISÃO DE PROCESSO DISCIPLINAR
- art. 68

- S -

SEGUNDA CÂMARA
- revisão de processo disciplinar: art. 68, § 3º

SERVIDORES PÚBLICOS
- tratamento: advogado: art. 27

SIGILO
- lista de processos: art. 73, § 1º

SIGILO PROFISSIONAL
- circunstâncias excepcionais: art. 37
- conflito de interesses: art. 20; art. 22; art. 19
- depoimento: art. 38
- dever de guardar sigilo: art. 35
- mediação, conciliação e arbitragem: art. 36, § 2º
- ordem pública: art. 36
- postulação contra ex-cliente: art. 21

SOCIEDADES DE ADVOGADOS
- aplicabilidade: art. 76
- concurso de colegas: art. 29
- conflito de interesses: art. 22
- contrato de honorários: art. 48
- dissolução: art. 71, VI, c
- interesses opostos: art. 19
- saque de duplicatas: art. 52
- sistema de cartão de crédito: art. 53

SUBSTABELECIMENTO
- ajuste prévio de honorários: art. 26, § 2º
- com reserva de poderes: art. 26
- mediação: art. 71, VI, b
- relação com o cliente: art. 10
- sem reserva de poderes: art. 26, § 1º
- sucumbência: art. 51, §1º

SUSTENTAÇÃO ORAL
- art. 60, § 4º

- T -

TABELA DE HONORÁRIOS
- valor mínimo: art. 48, § 6º

TERMO DE AJUSTAMENTO DE CONDUTA
- admissibilidade - arts. 47-A e 58-A

TESTEMUNHA
- do representante: art. 57, III
- do representado: art. 59, § 3º
- recusa do advogado: art. 38

TÍTULOS ACADÊMICOS
- art. 44

TRIBUNAL DE ÉTICA E DISCIPLINA
- atos de instrução: art. 58, § 1º
- competência: art. 71
- consultas: art. 64
- mediação: honorários: art. 51, § 2º
- pauta de julgamento: publicação: art. 75
- regimento interno: 74
- suspensão preventiva: art. 63

LEGISLAÇÃO COMPLEMENTAR

DECRETO Nº 22.626, DE 7 DE ABRIL DE 1933

Dispõe sobre os juros nos contratos e dá outras providências.

‣ *Lei de usura*

‣ Revigorado pelo Decreto de 29 de novembro de 1991.

O Chefe do Governo Provisório da República dos Estados Unidos do Brasil:

Considerando que todas as legislações modernas adotam normas severas para regular, impedir e reprimir os excessos praticados pela usura;

Considerando que é de interesse superior da economia do país não tenha o capital remuneração exagerada impedindo o desenvolvimento das classes produtoras; decreta:

Art. 1º. É vedado, e será punido nos termos desta Lei, estipular em quaisquer contratos taxas de juros superiores ao dobro da taxa legal.

‣ Súm. 596 do STF.

‣ Súm. 283 do STJ.

‣ CC: arts. 406, 407, 833 e 869.

‣ CTN: art. 161.

§ 1º. (*Revogado pelo Decreto-lei nº 182, de 1938*).

§ 2º. (*Revogado pelo Decreto-lei nº 182, de 1938*).

§ 3º. A taxa de juros deve ser estipulada em escritura pública ou escrito particular, e não o sendo, entender-se-á que as partes acordaram nos juros de 6% (seis por cento) ao ano, a contar da data da propositura da respectiva ação ou do protesto cambial.

Art. 2º. É vedado, a pretexto de comissão; receber taxas maiores do que as permitidas por esta Lei.

Art. 3º. As taxas de juros estabelecidas nesta Lei entrarão em vigor com a sua publicação e a partir desta data serão aplicáveis aos contratos existentes ou já ajuizados.

Art. 4º. É proibido contar juros dos juros; esta proibição não compreende a acumulação de juros vencidos aos saldos líquidos em conta-corrente de ano a ano.

‣ Súm. 121 do STF.

‣ Súm. 93 e 102 do STJ.

Art. 5º. Admite-se que pela mora dos juros contratados estes sejam elevados de 1% (um por cento) e não mais.

Art. 6º. Tratando-se de operações a prazo superior a 6 (seis) meses, quando os juros ajustados forem pagos por antecipação, o calculo deve ser feito de modo que a importância desses juros não exceda a que produziria a importância líquida da operação no prazo convencionado, as taxas máximas que esta Lei permite.

Art. 7º. O devedor poderá sempre liquidar ou amortizar a dívida quando hipotecária ou pignoratícia antes do vencimento, sem sofrer imposição de multa, gravame ou encargo de qualquer natureza por motivo dessa antecipação.

‣ Vide art. 1.421 do CC.

§ 1º. O credor poderá exigir que a amortização não seja inferior a 25% (vinte e cinco por cento) do valor inicial da dívida.

§ 2º. Em caso de amortização, os juros só serão devidos sobre o saldo devedor.

Art. 8º. As multas ou cláusulas penais, quando convencionadas, reputam-se estabelecidas para atender a despesas judiciais e honorários de advogados, e não poderão ser exigidas quando não for intentada ação judicial para cobrança da respectiva obrigação.

Parágrafo único. Quando se tratar de empréstimo até Cr$ 100.000,00 (cem mil cruzeiros) e com garantia hipotecária, as multas ou cláusulas penais convencionadas reputam-se estabelecidas para atender, apenas, a honorários de advogados, sendo as despesas judiciais pagas de acordo com a conta feita nos autos da ação judicial para cobrança da respectiva obrigação.

Art. 9º. Não é válida a cláusula penal superior à importância de 10% (dez por cento) do valor da dívida.

‣ CC: art. 412.

Art. 10. As dívidas a que se refere o art. 1º, § 1º, *in-fine*, e 2º, se existentes ao tempo da publicação desta Lei, quando efetivamente cobertas, poderão ser pagas em 10 (dez) prestações anuais iguais e continuadas, si assim entender o devedor.

Parágrafo único. A falta de pagamento de uma prestação, decorrido um ano da publicação desta Lei, determina o vencimento da dívida e dá ao credor o direito de excussão.

Art. 11. O contrato celebrado com infração desta Lei é nulo de pleno direito, ficando assegurado ao devedor a repetição do que houver pago a mais.

Art. 12. Os corretores e intermediários, que aceitarem negócios contrários ao texto da presente Lei, incorrerão em multa de cinco a vinte contos de réis, aplicada pelo ministro da fazenda e, em caso de reincidência, serão demitidos, sem prejuízo de outras penalidades aplicáveis.

Art. 13. É considerado delito de usura, toda a simulação ou prática tendente a ocultar a verdadeira taxa do juro ou a fraudar os dispositivos desta Lei, para o fim de sujeitar o devedor a maiores prestações ou encargos, além dos estabelecidos no respectivo título ou instrumento.

‣ Lei 1.521/1951: art. 4º.

Penas – prisão por 6 (seis) meses a 1 (um) ano e multas de 5 (cinco) contos a cinquenta contos de réis.

No caso de reincidência, tais penas serão elevadas ao dobro.

‣ Vide art. 2º da Lei 7.209/1984.

Parágrafo único. Serão responsáveis como coautores o agente e o intermediário, e, em se tratando de pessoa jurídica, os que tiverem qualidade para representá-la.

Art. 14. A tentativa deste crime é punível nos termos da lei penal vigente.

Art. 15. São consideradas circunstâncias agravantes o fato de, para conseguir aceitação de exigências contrárias a esta Lei, valer-se o credor da inexperiência ou das paixões do menor, ou da deficiência ou doença mental de alguém, ainda que não esteja interdito, ou de circunstâncias aflitivas em que se encontre o devedor.

Art. 16. Continuam em vigor, os arts. 24, parágrafo único, n. 4 e 27 do Decreto nº 5.746, de 9 de Dezembro de 1929, e art. 44, n. 1, do Decreto nº 2.044, de 17 de dezembro de 1908, e as disposições do Código Comercial, no que não contravierem com esta Lei.

Art. 17. O governo federal baixará uma lei especial, dispondo sobre as casas de empréstimos sobre penhores e congêneres.

‣ Vide Decreto-lei 1.113/1939 (Taxas de juros nos empréstimos sob penhor).

Art. 18. O teor desta Lei será transmitido por telegrama a todos os interventores federais, para que a façam publicar incontinenti.

Art. 19. Revogam-se as disposições em contrário.

Rio de Janeiro, 7 de abril de 1933, 112º da Independência e 45º da República.

GETÚLIO VARGAS

D.O.U. 8.4.1933; ret. 17.4.1933

DECRETO-LEI Nº 2.627, DE 26 DE SETEMBRO DE 1940

Dispõe sobre as sociedades por ações.

‣ *Sociedade anônima*

O PRESIDENTE DA REPÚBLICA, usando da atribuição que lhe confere o art. 180 da Constituição, decreta:

CAPÍTULO I. DAS CARACTERÍSTICAS E NATUREZA DA SOCIEDADE ANÔNIMA OU COMPANHIA

Arts. 1º a 3º. (Revogados pela Lei nº 6.404, de 1976).

CAPÍTULO II. DO CAPITAL SOCIAL

Arts. 4º a 8º. (Revogados pela Lei nº 6.404, de 1976)

CAPÍTULO III. DAS AÇÕES

Arts. 9º a 30. (Revogados pela Lei nº 6.404, de 1976)

CAPÍTULO IV.
DAS PARTES BENEFICIÁRIAS

Arts. 31 a 37. (Revogados pela Lei nº 6.404, de 1976).

CAPÍTULO V.
DA CONSTITUIÇÃO DA SOCIEDADE ANÔNIMA OU COMPANHIA

Arts. 38 a 49. (Revogados pela Lei nº 6.404, de 1976).

CAPÍTULO VI.
DO ARQUIVAMENTO E DA PUBLICIDADE DOS ATOS CONSTITUTIVOS

Arts. 50 a 55. (Revogados pela Lei nº 6.404, de 1976).

CAPÍTULO VII.
DOS LIVROS

Arts. 56 a 58. (Revogados pela Lei nº 6.404, de 1976).

CAPÍTULO VIII.
DA SOCIEDADE ANÔNIMA OU COMPANHIA CUJO FUNCIONAMENTO DEPENDE DE AUTORIZAÇÃO DO GOVERNO, SOCIEDADES ANÔNIMAS OU COMPANHIAS NACIONAIS E ESTRANGEIRAS.

Art. 59. A sociedade anônima ou companhia que dependa de autorização do Governo para funcionar, reger-se-á por esta lei, sem prejuízo do que estabelecer a lei especial.

Parágrafo único. A competência para a autorização é sempre do Governo Federal.

Art. 60. São nacionais as sociedades organizadas na conformidade da lei brasileira e que têm no país a sede de sua administração.

Parágrafo único. Quando a lei exigir que todos os acionistas ou certo número deles sejam brasileiros, as ações da companhia ou sociedade anônima revestirão a forma nominativa. Na sede da sociedade ficará arquivada uma cópia autêntica do documento comprobatório da nacionalidade.

Art. 61. O requerimento ou pedido de autorização das sociedades nacionais deve ser acompanhado:

a) do projeto dos estatutos;

b) da lista dos subscritores, organizada como se prescreve em o art. 42;

c) do documento comprobatório do depósito, em dinheiro, da décima parte do capital, se maior percentagem não for exigida pela lei especial (art. 38);

d) de cópia autêntica da ata da assembleia de constituição ou certidão da escritura pública, se por essa forma se houver constituído a sociedade.

§ 1º. O Governo poderá determinar alterações ou aditamentos nos estatutos da sociedade. Verificada tal hipótese, os fundadores convocarão os subscritores, afim de que deliberem, em assembleia, que funcionará na forma prevista no art. 44, sobre as alterações ou aditamentos exigidos pelo Governo; aprovadas as alterações ou aditamentos, os fundadores juntarão ao processo de autorização cópia autêntica da ata.

§ 2º. O Governo poderá ordenar que a sociedade, cumpridas as formalidades legais para o seu funcionamento, promova, na Bolsa de Valores da Capital da República, a cotação de seus títulos. Essa determinação é obrigatória para as sociedades que gozem, ou venham a gozar, de favores do Governo Federal.

§ 3º. Concedida a autorização, o respectivo decreto e os demais atos a que alude este artigo deverão, mediante certidões passadas pela repartição competente e dentro de 30 (trinta) dias, depois de pagos os emolumentos e impostos devidos, ser publicados no órgão oficial da União, do qual se arquivará um exemplar no Registro do Comércio da sede da sociedade.

§ 4º. A certidão do arquivamento será publicada no referido órgão oficial.

§ 5º. Qualquer alteração ou modificação dos estatutos sociais dependerá de aprovação do Governo Federal.

Art. 62. O Governo Federal poderá recusar a autorização pedida, se a sociedade anônima ou companhia não satisfizer as condições econômicas, financeiras ou jurídicas especificadas na lei, ou quando sua criação contrariar os interesses da economia nacional.

Art. 63. As sociedades anônimas ou companhias nacionais, que dependem de autorização do Governo para funcionar, não poderão constituir-se sem prévia autorização, quando seus fundadores pretenderem recorrer a subscrição pública para a formação do capital.

Parágrafo único. Os fundadores deverão juntar ao seu requerimento cópias autênticas do projeto dos estatutos e do prospecto (artigo 40, I e II), observando-se o disposto nos §§ 1º e 2º do art. 61. Obtida a autorização e constituída a sociedade, serão os respectivos atos arquivados e publicados, como dispõem os arts. 51 a 54.

Art. 64. As sociedades anônimas ou companhias estrangeiras, qualquer que seja o seu objeto, não podem, sem autorização do Governo Federal, funcionar no país, por si mesmas, ou por filiais, sucursais, agências, ou estabelecimentos que as representem, podendo, todavia, ressalvados os casos expressos em lei, ser acionistas de sociedade anônima brasileira (art. 60).

Parágrafo único. O pedido ou requerimento de autorização deve ser instruído com:

a) prova de achar-se a sociedade constituída conforme a lei de seu país;

b) o inteiro teor dos estatutos;

c) a lista dos acionistas, com os nomes, profissões, domicílios e número de ações de cada um, salvo quando, por serem as ações ao portador, for impossível cumprir tal exigência;

d) cópia da ata da assembleia geral que autorizou o funcionamento no Brasil e fixou o capital destinado às operações no território nacional;

e) prova de nomeação do representante no Brasil, ao qual devem ser concedidos poderes para aceitar as condições em que é dada a autorização;

f) o último balanço.

Todos os documentos devem estar autenticados, na conformidade da lei nacional da sociedade anônima requerente, e legalizados no Consulado Brasileiro da sede respectiva.

Com os documentos originais, serão oferecidas as respectivas traduções em vernáculo, feitas por tradutor público juramentado.

Art. 65. O Governo Federal, na autorização, poderá estabelecer as condições que julgar convenientes à defesa dos interesses nacionais, além das exigidas por lei especial, inclusive a constante do art. 61, § 2º.

Aceitas as condições pelo representante da sociedade anônima requerente, o Governo expedirá o decreto de autorização, observando-se, em seguida, as prescrições dos §§ 3º e 4º do art. 61.

Parágrafo único. Será também arquivado o documento comprobatório do depósito, em dinheiro, da parte do capital destinado às operações no país, capital que o Governo fixará no decreto de autorização.

Art. 66. As sociedades anônimas estrangeiras funcionarão no território nacional com a mesma denominação que tiverem no seu país de origem, podendo, entretanto, acrescentar as palavras – "do Brasil" ou "para o Brasil".

Art. 67. As sociedades anônimas estrangeiras, autorizadas a funcionar, são obrigadas a ter, permanentemente, representante no Brasil, com plenos poderes para tratar de quaisquer questões e resolvê-las definitivamente, podendo ser demandado e receber citação inicial pela sociedade.

Parágrafo único. Só depois de arquivado no Registro do Comércio o instrumento de sua nomeação poderá o representante entrar em relação com terceiros.

Art. 68. As sociedades anônimas estrangeiras autorizadas a funcionar ficarão sujeitas às leis e aos tribunais brasileiros quanto aos atos ou operações que praticarem no Brasil.

Art. 69. Qualquer alteração que a sociedade anônima estrangeira fizer nos seus estatutos dependerá de aprovação do Governo Federal para produzir efeitos em território brasileiro.

Art. 70. As sociedades anônimas estrangeiras devem, sob pena de ser-lhes cassada a autorização para funcionar no país, reproduzir no órgão oficial da União, e do Estado, si for caso (art. 173), as publicações que, segundo a sua lei nacional ou de origem, sejam obrigadas a fazer relativamente ao balanço, conta de lucros e perdas e atos de sua administração.

Parágrafo único. Sob a mesma pena, deverão as referidas sociedades publicar o balanço anual e a conta de lucros e perdas das sucursais, filiais ou agências existentes no país.

Art. 71. A sociedade anônima estrangeira, autorizada a funcionar no país, pode, mediante autorização do Governo Federal, nacionalizar-se, transferindo sua sede para o Brasil.

§ 1º. Para esse fim, deverá, por seus representantes habilitados; oferecer, com o requerimento, os documentos exigidos no art. 64, parágrafo único, letras a, b e c, sem a exceção admitida nesta letra, e f, a prova da realização do capital, pela forma declarada nos estatutos, e a ata, da assembleia geral em que foi resolvida a nacionalização.

§ 2º. O Governo Federal poderá impor as condições que julgar convenientes à defesa dos interesses nacionais.

§ 3º. Aceitas pelo representante habilitado as condições, expedirá o Governo Federal o decreto de nacionalização, observando-se, em seguida, o disposto nos §§ 3º o 4º do art. 61.

Art. 72. A sociedade anônima ou companhia brasileira somente poderá mudar de nacionalidade mediante o consentimento unânime dos acionistas.

Art. 73. O Governo Federal poderá, a qualquer tempo, e sem prejuízo da responsabilidade penal que couber, cassar a autorização, concedida às sociedades anônimas, nacionais ou estrangeiras, quando infringirem disposição de ordem pública ou praticarem atos contrários aos fins declarados nos estatutos ou nocivos à economia nacional.

CAPÍTULO IX. DAS RELAÇÕES ENTRE A SOCIEDADE ANÔNIMA OU COMPANHIA E SEUS ACIONISTAS

Arts. 74 a 85. (Revogados pela Lei nº 6.404, de 1976).

CAPÍTULO X. DA ASSEMBLEIA GERAL

SEÇÃO I. DISPOSIÇÕES GERAIS

Arts. 86 a 97. (Revogados pela Lei nº 6.404, de 1976).

SEÇÃO II. DA ASSEMBLEIA GERAL ORDINÁRIA

Arts. 98 a 103. (Revogados pela Lei nº 6.404, de 1976).

SEÇÃO III. DA ASSEMBLEIA GERAL EXTRAORDINÁRIA REFORMA DOS ESTATUTOS

Arts. 104 a 115. (Revogados pela Lei nº 6.404, de 1976)

CAPÍTULO XI. DA DIRETORIA

Arts. 116 a 123. (Revogados pela Lei nº 6.404, de 1976)

CAPÍTULO XII. DO CONSELHO FISCAL

Arts. 124 a 128. (Revogados pela Lei nº 6.404, de 1976).

CAPÍTULO XIII. DO EXERCÍCIO SOCIAL BALANÇO, AMORTIZAÇÕES, RESERVAS E DIVIDENDOS

Arts. 129 a 136. (Revogados pela Lei nº 6.404, de 1976).

CAPÍTULO XIV. DA LIQUIDAÇÃO

Arts. 137 a 148. (Revogados pela Lei nº 6.404, de 1976).

CAPÍTULO XV. DA TRANSFORMAÇÃO, DA INCORPORAÇÃO E DA FUSÃO

Arts. 149 a 154. (Revogados pela Lei nº 6.404, de 1976).

CAPÍTULO XVI. DAS AÇÕES, DA PRESCRIÇÃO E DA CADUCIDADE

Arts. 155 a 162. (Revogados pela Lei nº 6.404, de 1976).

CAPÍTULO XVII. DAS SOCIEDADES EM COMANDITA POR AÇÕES

Arts. 163 a 166. (Revogados pela Lei nº 6.404, de 1976).

CAPÍTULO XVIII. DISPOSIÇÕES PENAIS

Arts. 167 a 172. (Revogados pela Lei nº 6.404, de 1976).

CAPÍTULO XIX. DISPOSIÇÕES GERAIS

Arts. 173 a 177. (Revogados pela Lei nº 6.404, de 1976).

CAPÍTULO XX. DISPOSIÇÕES TRANSITÓRIAS

Art. 178. A presente lei entrará em vigor sessenta dias depois de publicada; aplicando-se, todavia, a partir da data da publicação às sociedades por ações que se constituirem.

Arts. 179 e 180. (Revogados pela Lei 6.404, de 1976).

Rio de Janeiro, 26 de setembro de 1940, 119º da Independência e 52º da República.

GETÚLIO VARGAS

D.O.U. de 1º.10.1988

DECRETO-LEI Nº 3.365, DE 21 DE JUNHO DE 1941

Dispõe sobre desapropriações por utilidade pública.

› *Desapropriação por utilidade pública*

O PRESIDENTE DA REPÚBLICA, usando da atribuição que lhe confere o art. 180 da Constituição, decreta:

DISPOSIÇÕES PRELIMINARES

Art. 1º. A desapropriação por utilidade pública regular-se-á por esta Lei, em todo o território nacional.

› CF/1988: arts. 5º, XXIV, 22, II, 182, §§ 3º e 4º, III, 184 a 186.

› CC: arts. 1.228, § 3º, e 1.275, V.

› Lei 4.504/1964: arts. 17, a, 18 a 23.

› Lei 4.132/1962 – Desapropriação por interesse social.

Art. 2º. Mediante declaração de utilidade pública, todos os bens poderão ser desapropriados, pela União, pelos Estados, Municípios, Distrito Federal e Territórios.

§ 1º. A desapropriação do espaço aéreo ou do subsolo só se tornará necessária, quando de sua utilização resultar prejuízo patrimonial do proprietário do solo.

› CF/1988: art. 176.

§ 2º. Os bens do domínio dos Estados, Municípios, Distrito Federal e Territórios poderão ser desapropriados pela União, e os dos Municípios pelos Estados, mas, em qualquer caso, ao ato deverá preceder autorização legislativa.

§ 3º. É vedada a desapropriação, pelos Estados, Distrito Federal, Territórios e Municípios, de ações, cotas e direitos representativos do capital de instituições e empresas cujo funcionamento dependa de autorização do Governo Federal e se subordine à sua fiscalização, salvo mediante prévia autorização, por decreto do Presidente da República. (Incluído pelo Decreto-lei nº 856, de 1969)

› Súm. 157 do STF.

Art. 3º. Os concessionários de serviços públicos e os estabelecimentos de carater público ou que exerçam funções delegadas de poder público poderão promover desapropriações mediante autorização expressa, constante de lei ou contrato.

Art. 4º. A desapropriação poderá abranger a área contígua necessária ao desenvolvimento da obra a que se destina, e as zonas que se valorizarem extraordinariamente, em consequência da realização do serviço. Em qualquer caso, a declaração de utilidade pública deverá compreendê-las, mencionando-se quais as indispensáveis à continuação da obra e as que se destinam à revenda.

Parágrafo único. Quando a desapropriação destinar-se à urbanização ou à reurbanização realizada mediante concessão ou parceria público-privada, o edital de licitação poderá prever que a receita decorrente da revenda ou utilização imobiliária integre projeto associado por conta e risco do concessionário, garantido ao poder concedente no mínimo o ressarcimento dos desembolsos com indenizações, quando estas ficarem sob sua responsabilidade. (Incluído pela Lei nº 12.873, de 2013)

Art. 5º. Consideram-se casos de utilidade pública:

› Súm. 476 do STF.

a) a segurança nacional;

b) a defesa do Estado;

c) o socorro público em caso de calamidade;

d) a salubridade pública;

e) a criação e melhoramento de centros de população, seu abastecimento regular de meios de subsistência;

f) o aproveitamento industrial das minas e das jazidas minerais, das águas e da energia hidráulica;

g) a assistência pública, as obras de higiene e decoração, casas de saúde, clínicas, estações de clima e fontes medicinais;

h) a exploração ou a conservação dos serviços públicos;

i) a abertura, conservação e melhoramento de vias ou logradouros públicos; a execução de planos de urbanização; o parcelamento do solo, com ou sem edificação, para sua melhor utilização econômica, higiênica ou estética; a construção ou ampliação de distritos industriais; (Redação dada pela Lei nº 9.785, de 1999)

j) o funcionamento dos meios de transporte coletivo;

k) a preservação e conservação dos monumentos históricos e artísticos, isolados ou integrados em conjuntos urbanos ou rurais, bem como as medidas necessárias a manter-lhes e realçar-lhes os aspectos mais valiosos ou característicos e, ainda, a proteção de paisagens e locais particularmente dotados pela natureza;

l) a preservação e a conservação adequada de arquivos, documentos e outros bens móveis de valor histórico ou artístico;

m) a construção de edifícios públicos, monumentos comemorativos e cemitérios;

n) a criação de estádios, aeródromos ou campos de pouso para aeronaves;

o) a reedição ou divulgação de obra ou invento de natureza científica, artística ou literária;

p) os demais casos previstos por leis especiais.

§ 1º. A construção ou ampliação de distritos industriais, de que trata a alínea *i* do *caput* deste artigo, inclui o loteamento das áreas necessárias à instalação de indústrias e atividades correlatas, bem como a revenda ou locação dos respectivos lotes a empresas previamente qualificadas. (Incluído pela Lei nº 6.602, de 1978)

§ 2º. A efetivação da desapropriação para fins de criação ou ampliação de distritos industriais depende de aprovação, prévia e expressa, pelo Poder Público competente, do respectivo projeto de implantação. (Incluído pela Lei nº 6.602, de 1978)

§ 3º Ao imóvel desapropriado para implantação de parcelamento popular, destinado às classes de menor renda, não se dará outra utilização nem haverá retrocessão. (Incluído pela Lei nº 9.785, de 1999)

Art. 6º. A declaração de utilidade pública far-se-á por decreto do Presidente da República, governador, interventor ou prefeito.

Art. 7º. Declarada a utilidade pública, ficam as autoridades administrativas autorizadas a penetrar nos prédios compreendidos na declaração, podendo recorrer, em caso de oposição, ao auxílio de força policial.

Àquele que for molestado por excesso ou abuso de poder, cabe indenização por perdas e danos, sem prejuízo da ação penal.

Art. 8º. O Poder Legislativo poderá tomar a iniciativa da desapropriação, cumprindo, neste caso, ao Executivo, praticar os atos necessários à sua efetivação.

Art. 9º. Ao Poder Judiciário é vedado, no processo de desapropriação, decidir se se verificam ou não os casos de utilidade pública.

Art. 10. A desapropriação deverá efetivar-se mediante acordo ou intentar-se judicialmente dentro de 5 (cinco) anos, contados da data da expedição do respectivo decreto e findos os quais este caducará.

Neste caso, somente decorrido 1 (um) ano, poderá ser o mesmo bem objeto de nova declaração.

Parágrafo único. Extingue-se em 5 (cinco) anos o direito de propor ação que vise a indenização por restrições decorrentes de atos do Poder Público. (Incluído pela Medida Provisória nº 2.183-56, de 2001)

Art. 10-A. O poder público deverá notificar o proprietário e apresentar-lhe oferta de indenização. (Acrescido pela Lei 13.867/2019)

§ 1º A notificação de que trata o *caput* deste artigo conterá:

I - cópia do ato de declaração de utilidade pública;

II - planta ou descrição dos bens e suas confrontações;

III - valor da oferta;

IV - informação de que o prazo para aceitar ou rejeitar a oferta é de 15 (quinze) dias e de que o silêncio será considerado rejeição;

V - (VETADO na Lei 13.867/2019)

§ 2º Aceita a oferta e realizado o pagamento, será lavrado acordo, o qual será título hábil para a transcrição no registro de imóveis.

§ 3º Rejeitada a oferta, ou transcorrido o prazo sem manifestação, o poder público procederá na forma dos arts. 11 e seguintes deste Decreto-Lei.

Art. 10-B. Feita a opção pela mediação ou pela via arbitral, o particular indicará um dos órgãos ou instituições especializados em mediação ou arbitragem previamente cadastrados pelo órgão responsável pela desapropriação. (Acrescido pela Lei 13.867/2019)

§ 1º A mediação seguirá as normas da Lei nº 13.140, de 26 de junho de 2015, e, subsidiariamente, os regulamentos do órgão ou instituição responsável.

§ 2º Poderá ser eleita câmara de mediação criada pelo poder público, nos termos do art. 32 da Lei nº 13.140, de 26 de junho de 2015.

§ 3º (VETADO na Lei 13.867/2019)

§ 4º A arbitragem seguirá as normas da Lei nº 9.307, de 23 de setembro de 1996, e, subsidiariamente, os regulamentos do órgão ou instituição responsável.

§ 5º (VETADO na Lei 13.867/2019)

Art. 11. A ação, quando a União for autora, será proposta no Distrito Federal ou no foro da Capital do Estado onde for domiciliado o réu, perante o juízo privativo, se houver; sendo outro o autor, no foro da situação dos bens.

- Súmulas 150 e 324 do STJ.
- CF/1988: art. 109, I.

Art. 12. Somente os juízes que tiverem garantia da vitaliciedade, inamovibilidade e irredutibilidade de vencimentos poderão conhecer dos processos de desapropriação.

Art. 13. A petição inicial, além dos requisitos previstos no Código de Processo Civil, conterá a oferta do preço e será instruída com um exemplar do contrato, ou do jornal oficial que houver publicado o decreto de desapropriação, ou cópia autenticada dos mesmos, e a planta ou descrição dos bens e suas confrontações.

- Lei 13.105/15: arts. 319 a 321, e 334.

Parágrafo único. Sendo o valor da causa igual ou inferior a dois contos de réis, dispensam-se os autos suplementares.

Art. 14. Ao despachar a inicial, o juiz designará um perito de sua livre escolha, sempre que possível, técnico, para proceder à avaliação dos bens.

Parágrafo único. O autor e o réu poderão indicar assistente técnico do perito.

Art. 15. Se o expropriante alegar urgência e depositar quantia arbitrada de conformidade com o art. 685 do Código de Processo Civil, o juiz mandará imiti-lo provisoriamente na posse dos bens.

- Súmulas 164 e 476 do STF.
- Súmulas 69 e 70 do STJ.
- Lei 13.105/15: arts. 371, 307 e 874.

§ 1º. A imissão provisória poderá ser feita, independentemente da citação do réu, mediante o depósito: (Incluído pela Lei nº 2.786, de 1956)

- Súmula 652 do STF.

a) do preço oferecido, se este for superior a 20 (vinte) vezes o valor locativo, caso o imóvel esteja sujeito ao imposto predial; (Incluído pela Lei nº 2.786, de 1956)

b) da quantia correspondente a 20 (vinte) vezes o valor locativo, estando o imóvel sujeito ao imposto predial e sendo menor o preço oferecido; (Incluído pela Lei nº 2.786, de 1956)

c) do valor cadastral do imóvel, para fins de lançamento do imposto territorial, urbano ou rural, caso o referido valor tenha sido atualizado no ano fiscal imediatamente anterior; (Incluído pela Lei nº 2.786, de 1956)

d) não tendo havido a atualização a que se refere o inciso c, o juiz fixará, independentemente de avaliação, a importância do depósito, tendo em vista a época em que houver sido fixado originariamente o valor cadastral e a valorização ou desvalorização posterior do imóvel. (Incluído pela Lei nº 2.786, de 1956)

§ 2º. A alegação de urgência, que não poderá ser renovada, obrigará o expropriante a requerer a imissão provisória dentro do prazo improrrogável de 120 (cento e vinte) dias. (Incluído pela Lei nº 2.786, de 1956)

§ 3º. Excedido o prazo fixado no parágrafo anterior não será concedida a imissão provisória. (Incluído pela Lei nº 2.786, de 1956)

§ 4º. A imissão provisória na posse será registrada no registro de imóveis competente. (Incluído pela Lei nº 11.977, de 2009)

Art. 15-A. No caso de imissão prévia na posse, na desapropriação por necessidade ou utilidade pública e interesse social, inclusive para fins de reforma agrária, havendo divergência entre o preço ofertado em juízo e o valor do bem, fixado na sentença, expressos em termos reais, incidirão juros compensatórios de até seis por cento ao ano sobre o valor da diferença eventualmente apurada, a contar da imissão na posse, vedado o cálculo de juros compostos. (Incluído pela Medida Provisória nº 2.183-56, de 2001)

- ADIn 2.332-2 (DJ 28.05.2018): o STF declarou a inconstitucionalidade do vocábulo "até", e interpretar conforme a Constituição o *caput* deste artigo.

§ 1º. Os juros compensatórios destinam-se, apenas, a compensar a perda de renda comprovadamente sofrida pelo proprietário. (Incluído pela Medida Provisória nº 2.183-56, de 2001)

§ 2º. Não serão devidos juros compensatórios quando o imóvel possuir graus de utilização da terra e de eficiência na exploração iguais a zero. (Incluído pela Medida Provisória nº 2.183-56, de 2001)

§ 3º. O disposto no *caput* deste artigo aplica-se também às ações ordinárias de indenização por apossamento administrativo ou desapropriação indireta, bem assim às ações que visem a indenização por restrições decorrentes de atos do Poder Público, em especial aqueles destinados à proteção ambiental, incidindo os juros sobre o valor fixado na sentença. (Incluído pela Medida Provisória nº 2.183-56, de 2001)

§ 4º. Nas ações referidas no § 3o, não será o Poder Público onerado por juros compensatórios relativos a período anterior à aquisição da propriedade ou posse titulada pelo autor da ação. (Incluído pela Medida Provisória nº 2.183-56, de 2001)

- ADIn 2.332-2 (DJ 28.05.2018): o STF, em controle concentrado, declarou inconstitucional o parágrafo.

Art. 15-B. Nas ações a que se refere o art. 15-A, os juros moratórios destinam-se a recompor a perda decorrente do atraso no efetivo pagamento da indenização fixada na decisão final de mérito, e somente serão devidos à razão de até 6% (seis por cento) ao ano, a partir de 1º de janeiro do exercício seguinte àquele em que o pagamento deveria ser feito, nos termos do art. 100 da Constituição. (Incluído pela Medida Provisória nº 2.183-56, de 2001)

Art. 16. A citação far-se-á por mandado na pessoa do proprietário dos bens; a do marido dispensa a da mulher; a de um sócio, ou administrador, a dos demais, quando o bem pertencer a sociedade; a do administrador da coisa, no caso de condomínio, exceto o de edifício de apartamento constituindo cada um propriedade autônoma, a dos demais condôminos e a do inventariante, e, se não houver, a do cônjuge, herdeiro, ou legatário, detentor da herança, a dos demais interessados, quando o bem pertencer a espólio.

Parágrafo único. Quando não encontrar o citando, mas ciente de que se encontra no território da jurisdição do juiz, o oficial portador do mandado marcará desde logo hora certa para a citação, ao fim de 48 (quarenta e oito) horas, independentemente de nova diligência ou despacho.

Art. 17. Quando a ação não for proposta no foro do domicílio ou da residência do réu, a citação far-se-á por precatória, se o mesmo estiver em lugar certo, fora do território da jurisdição do juiz.

- Lei 13.105/15: arts. 260 a 268, e 960.

Art. 18. A citação far-se-á por edital se o citando não for conhecido, ou estiver em lugar ignorado, incerto ou inacessível, ou, ainda, no estrangeiro, o que dois oficiais do juízo certificarão.

- Lei 13.105/15: arts. 256 a 258.

Art. 19. Feita a citação, a causa seguirá com o rito ordinário.

- Lei 13.105/15: arts. 146, 294, 297, 302 a 337, 341 a 248, 356, parágrafo único, 358 a 362, 367, § 6º, 368, 369, 371, 373, 375 a 380, 385 a 410, 412 a 435, 437, § 1º, 438, 442 a 448, 449, parágrafo único, 450 a 470, 472, 473, § 3º, 474 a 483, 489, 490, 492 a 495, 497, 499, 500 a 508, e 536 a 538.

Art. 20. A contestação só poderá versar sobre vício do processo judicial ou impugnação do preço; qualquer outra questão deverá ser decidida por ação direta.

Art. 21. A instância não se interrompe. No caso de falecimento do réu, ou perda de sua capacidade civil, o juiz, logo que disso tenha conhecimento, nomeará curador à lide, até que se habilite o interessado.

Parágrafo único. Os atos praticados da data do falecimento ou perda da capacidade à investidura do curador à lide poderão ser ratificados ou impugnados por ele, ou pelo representante do espólio ou do incapaz.

Art. 22. Havendo concordância sobre o preço, o juiz o homologará por sentença no despacho saneador.

- Lei 13.105/15: arts. 203, § 1º, e 487, II, b.

Art. 23. Findo o prazo para a contestação e não havendo concordância expressa quanto ao preço, o perito apresentará o laudo em cartório até 5 (cinco) dias, pelo menos, antes da audiência de instrução e julgamento.

§ 1º. O perito poderá requisitar das autoridades públicas os esclarecimentos ou documentos que se tornarem necessários à elaboração do laudo, e deverá indicar nele, entre outras circunstâncias atendíveis para a fixação da indenização, as enumeradas no art. 27. Ser-lhe-ão abonadas, como custas, as despesas com certidões e, a arbítrio do juiz, as de outros documentos que juntar ao laudo.

§ 2º. Antes de proferido o despacho saneador, poderá o perito solicitar prazo especial para apresentação do laudo.

Art. 24. Na audiência de instrução e julgamento proceder-se-á na conformidade do Código de Processo Civil. Encerrado o debate, o juiz proferirá sentença fixando o preço da indenização.

- Lei 13.105/15: arts. 356, parágrafo único, 358 a 361, 364 a 368.

Parágrafo único. Se não se julgar habilitado a decidir, o juiz designará desde logo outra audiência que se realizará dentro de 10 (dez) dias, a fim de publicar a sentença.

Art. 25. O principal e os acessórios serão computados em parcelas autônomas.

Parágrafo único. O juiz poderá arbitrar quantia módica para desmonte e transporte de maquinismos instalados e em funcionamento.

Art. 26. No valor da indenização que será contemporâneo da avaliação não se incluirão direitos de terceiros contra o expropriado. (Redação dada pela Lei nº 2.786, de 1956)

- Súmulas 69 e 70 do STJ.

§ 1º. Serão atendidas as benfeitorias necessárias feitas após a desapropriação; as úteis, quando feitas com autorização do expropriante. (Renumerado pela Lei nº 4.686, de 1965)

- Súmula 23 do STF.

§ 2º. Decorrido prazo superior a 1 (um) ano a partir da avaliação, o juiz ou o tribunal, antes da decisão final, determinará a correção monetária do valor apurado, conforme índice que será fixado, trimestralmente, pela Secretaria de Planejamento da Presidência da República. (Redação dada pela Lei nº 6.306, de 1975)

- Súmulas 164, 254, 475 e 618 do STF.
- Súmulas 12, 56, 102, 113 e 114 do STJ.

Art. 27. O juiz indicará na sentença os fatos que motivaram o seu convencimento e deverá atender, especialmente, à estimação dos bens para efeitos fiscais; ao preço de aquisição e interesse que deles aufere o proprietário; à sua situação, estado de conservação e segurança; ao valor venal dos da mesma espécie, nos últimos 5 (cinco) anos, à valorização ou depreciação de área remanescente, pertencente ao réu.

- Súmula 617 do STF.

§ 1º. A sentença que fixar o valor da indenização quando este for superior ao preço oferecido condenará o desapropriante a pagar honorários do advogado, que serão fixados entre meio e cinco por cento do valor da diferença, observado o disposto no § 4º do art. 20 do Código de Processo Civil, não podendo os honorários ultrapassar R$ 151.000,00 (cento e cinquenta e um mil reais). (Redação dada pela Medida Provisória nº 2.183-56, de 2001)

- Súmula 141 do STJ.
- ADIn 2.332-2 (DJ 28.05.2018): o STF declarou a inconstitucionalidade da expressão "não podendo os honorários ultrapassar R$ 151.000,00 (cento e cinqüenta e um mil reais)", contido neste parágrafo.
- Lei 13.105/15: arts. 82, 84 e 85.

§ 2º. A transmissão da propriedade decorrente de desapropriação amigável ou judicial não ficará sujeita ao Imposto de Lucro Imobiliário. (Incluído pela Lei nº 2.786, de 1956)

§ 3º. O disposto no § 1º deste artigo se aplica: (Incluído pela Medida Provisória nº 2.183-56, de 2001)

I – ao procedimento contraditório especial, de rito sumário, para o processo de desapropriação de imóvel rural, por interesse social, para fins de reforma agrária; (Incluído pela Medida Provisória nº 2.183-56, de 2001)

II – às ações de indenização por apossamento administrativo ou desapropriação indireta. (Incluído pela Medida Provisória nº 2.183-56, de 2001)

§ 4º. O valor a que se refere o § 1º será atualizado, a partir de maio de 2000, no dia 1º de janeiro de cada ano, com base na variação acumulada do Índice de Preços ao Consumidor Amplo – IPCA do respectivo período. (Incluído pela Medida Provisória nº 2.183-56, de 2001)

Art. 28. Da sentença que fixar o preço da indenização caberá apelação com efeito simplesmente devolutivo, quando interposta pelo expropriado, e com ambos os efeitos, quando o for pelo expropriante.

§ 1º. A sentença que condenar a Fazenda Pública em quantia superior ao dobro da oferecida fica sujeita ao duplo grau de jurisdição. (Redação dada pela Lei nº 6.071, de 1974)

§ 2º. Nas causas de valor igual ou inferior a dois contos de réis observar-se-á o disposto no art. 839 do Código de Processo Civil.

Art. 29. Efetuando o pagamento ou a consignação, expedir-se-á, em favor do expropriante, mandado de imissão de posse valendo a sentença como título hábil para a transcrição no Registro de Imóveis.

Art. 30. As custas serão pagas pelo autor se o réu aceitar o preço oferecido; em caso contrário, pelo vencido, ou em proporção, na forma da lei.

DISPOSIÇÕES FINAIS

Art. 31. Ficam sub-rogados no preço quaisquer ônus ou direitos que recaiam sobre o bem expropriado.

Art. 32. O pagamento do preço será prévio e em dinheiro. (Redação dada pela Lei nº 2.786, de 1956)

- Súmula 416 do STF.

§ 1º. As dívidas fiscais serão deduzidas dos valores depositados, quando inscritas e ajuizadas. (Incluído pela Lei nº 11.977, de 2009)

§ 2º Incluem-se na disposição prevista no § 1º as multas decorrentes de inadimplemento e de obrigações fiscais. (Incluído pela Lei nº 11.977, de 2009)

§ 3º A discussão acerca dos valores inscritos ou executados será realizada em ação própria. (Incluído pela Lei nº 11.977, de 2009)

Art. 33. O depósito do preço fixado por sentença, à disposição do juiz da causa, é considerado pagamento prévio da indenização.

§ 1º. O depósito far-se-á no Banco do Brasil ou, onde este não tiver agência, em estabelecimento bancário acreditado, a critério do juiz. (Renumerado pela Lei nº 2.786, de 1956)

§ 2º. O desapropriado, ainda que discorde do preço oferecido, do arbitrado ou do fixado pela sentença, poderá levantar até 80% (oitenta por cento) do depósito feito para o fim previsto neste e no art. 15, observado o processo estabelecido no art. 34. (Incluído pela Lei nº 2.786, de 1956)

Art. 34. O levantamento do preço será deferido mediante prova de propriedade, de quitação de dívidas fiscais que recaiam sobre o bem expropriado, e publicação de editais, com o prazo de 10 (dez) dias, para conhecimento de terceiros.

Parágrafo único. Se o juiz verificar que há dúvida fundada sobre o domínio, o preço ficará em depósito, ressalvada aos interessados a ação própria para disputá-lo.

Art. 34-A. Se houver concordância, reduzida a termo, do expropriado, a decisão concessiva da imissão provisória na posse implicará a aquisição da propriedade pelo expropriante com o consequente registro da propriedade na matrícula do imóvel. (Incluído pela Lei nº 13.465, de 2017)

§ 1º. A concordância escrita do expropriado não implica renúncia ao seu direito de questionar o preço ofertado em juízo. (Incluído pela Lei nº 13.465, de 2017)

§ 2º. Na hipótese deste artigo, o expropriado poderá levantar 100% (cem por cento) do depósito de que trata o art. 33 deste Decreto-Lei. (Incluído pela Lei nº 13.465, de 2017)

§ 3º. Do valor a ser levantado pelo expropriado devem ser deduzidos os valores dispostos nos §§ 1º e 2º do art. 32 deste Decreto-Lei, bem como, a critério do juiz, aqueles tidos como necessários para o custeio das despesas processuais. (Incluído pela Lei nº 13.465, de 2017)

Art. 35. Os bens expropriados, uma vez incorporados à Fazenda Pública, não podem ser objeto de reivindicação, ainda que fundada em nulidade do processo de desapropriação. Qualquer ação, julgada procedente, resolver-se-á em perdas e danos.

- Súmula 111 do STF.

Art. 36. É permitida a ocupação temporária, que será indenizada, a final, por ação própria, de terrenos não edificados, vizinhos às obras e necessários à sua realização. O expropriante prestará caução, quando exigida.

Art. 37. Aquele cujo bem for prejudicado extraordinariamente em sua destinação econômica pela desapropriação de áreas contíguas terá direito a reclamar perdas e danos do expropriante.

Art. 38. O réu responderá perante terceiros, e por ação própria, pela omissão ou sonegação de quaisquer informações que possam interessar à marcha do processo ou ao recebimento da indenização.

Art. 39. A ação de desapropriação pode ser proposta durante as férias forenses, e não se interrompe pela superveniência destas.

Art. 40. O expropriante poderá constituir servidões, mediante indenização na forma desta Lei.

Art. 41. As disposições desta Lei aplicam-se aos processos de desapropriação em curso, não se permitindo depois de sua vigência outros termos e atos além dos por ela admitidos, nem o seu processamento por forma diversa da que por ela é regulada.

Art. 42. No que esta Lei for omissa aplica-se o Código de Processo Civil.

- Lei 13.105/2015 – CPC.

Art. 43. Esta Lei entrará em vigor 10 (dez) dias depois de publicada, no Distrito Federal, e 30 (trinta) dias nos Estados e Território do Acre; revogadas as disposições em contrário.

Rio de Janeiro, em 21 de junho de 1941; 120º da Independência e 53º da República.

GETÚLIO VARGAS

D.O.U. de 18.7.1941

DECRETO-LEI Nº 3.688, DE 3 DE OUTUBRO DE 1941

- *Lei das Contravenções Penais*

O PRESIDENTE DA REPÚBLICA, usando das atribuições que lhe confere o artigo 180 da Constituição, decreta:

O Art. 2º da Lei nº 7.209/1984 cancelou, na Parte Especial do Código Penal e nas leis especiais alcançadas pelo art. 12 do Código Penal, quaisquer referências a valores de multas, substituindo-se a expressão multa de por multa. (*D.O.U.* de 13.7.1984).

LEI DAS CONTRAVENÇÕES PENAIS PARTE GERAL

A aplicação das regras gerais do Código Penal

Art. 1º. Aplicam-se as contravenções às regras gerais do Código Penal, sempre que a presente lei não disponha de modo diverso.

Territorialidade

Art. 2º. A lei brasileira só é aplicável à contravenção praticada no território nacional.

Voluntariedade. Dolo e culpa

Art. 3º. Para a existência da contravenção, basta a ação ou omissão voluntária. Deve-se, todavia, ter em conta o dolo ou a culpa, se a lei faz depender, de um ou de outra, qualquer efeito jurídico.

Tentativa

Art. 4º. Não é punível a tentativa de contravenção.

Penas principais

Art. 5º. As penas principais são:

I – prisão simples.

II – multa.

Prisão simples

Art. 6º. A pena de prisão simples deve ser cumprida, sem rigor penitenciário, em estabelecimento especial ou seção especial de prisão comum, em regime semiaberto ou aberto. (Redação dada pela Lei nº 6.416, de 1977)

§ 1º. O condenado a pena de prisão simples fica sempre separado dos condenados a pena de reclusão ou de detenção.

§ 2º. O trabalho é facultativo, se a pena aplicada, não excede a quinze dias.

Reincidência

Art. 7º. Verifica-se a reincidência quando o agente pratica uma contravenção depois de passar em julgado a sentença que o tenha condenado, no Brasil ou no estrangeiro, por qualquer crime, ou, no Brasil, por motivo de contravenção.

Erro de direito

Art. 8º. No caso de ignorância ou de errada compreensão da lei, quando escusáveis, a pena pode deixar de ser aplicada.

Conversão da multa em prisão simples

Art. 9º. A multa converte-se em prisão simples, de acordo com o que dispõe o Código Penal sobre a conversão de multa em detenção.

Parágrafo único. Se a multa é a única pena cominada, a conversão em prisão simples se faz entre os limites de quinze dias e três meses.

Limites das penas

Art. 10. A duração da pena de prisão simples não pode, em caso algum, ser superior a 5 (cinco) anos, nem a importância das multas ultrapassar cinquenta contos.

Suspensão condicional da pena de prisão simples

Art. 11. Desde que reunidas as condições legais, o juiz pode suspender por tempo não inferior a 1 (um) ano nem superior a 3 (três), a execução da pena de prisão simples, bem como conceder livramento condicional. (Redação dada pela Lei nº 6.416, de 1977)

Penas acessórias

Art. 12. As penas acessórias são a publicação da sentença e as seguintes interdições de direitos:

I – a incapacidade temporária para profissão ou atividade, cujo exercício dependa de habilitação especial, licença ou autorização do poder público;

II – a suspensão dos direitos políticos.

Parágrafo único. Incorrem:

a) na interdição sob n. I, por 1 (um) mês a 2 (dois) anos, o condenado por motivo de contravenção cometida com abuso de profissão ou atividade ou com infração de dever a ela inerente;

b) na interdição sob n. II, o condenado a pena privativa de liberdade, enquanto dure a execução da pena ou a aplicação da medida de segurança detentiva.

Medidas de segurança

Art. 13. Aplicam-se, por motivo de contravenção, as medidas de segurança estabelecidas no Código Penal, à exceção do exílio local.

Presunção de periculosidade

Art. 14. Presumem-se perigosos, além dos indivíduos a que se referem os ns. I e II do art. 78 do Código Penal:

I – o condenado por motivo de contravenção cometido, em estado de embriaguez pelo álcool ou substância de efeitos análogos, quando habitual a embriaguez;

II – o condenado por vadiagem ou mendicância;

III – (*Revogado pela Lei nº 6.416, de 1977*);

IV – (*Revogado pela Lei nº 6.416, de 1977*).

Internação em colônia agrícola ou em instituto de trabalho, de reeducação ou de ensino profissional

Art. 15. São internados em colônia agrícola ou em instituto de trabalho, de reeducação ou de ensino profissional, pelo prazo mínimo de 1 (um) ano:

I – o condenado por vadiagem (art. 59);

II – o condenado por mendicância (art. 60 e seu parágrafo);

III – (*Revogado pela Lei nº 6.416, de 1977*).

Internação em manicômio judiciário ou em casa de custódia e tratamento

Art. 16. O prazo mínimo de duração da internação em manicômio judiciário ou em casa de custódia e tratamento é de 6 (seis) meses.

Parágrafo único. O juiz, entretanto, pode, ao invés de decretar a internação, submeter o indivíduo a liberdade vigiada.

Ação penal

Art. 17. A ação penal é pública, devendo a autoridade proceder de ofício.

PARTE ESPECIAL

CAPÍTULO I. DAS CONTRAVENÇÕES REFERENTES À PESSOA

Fabrico, comércio, ou detenção de armas ou munição

Art. 18. Fabricar, importar, exportar, ter em depósito ou vender, sem permissão da autoridade, arma ou munição:

Pena – prisão simples, de 3 (três) meses a 1 (um) ano, ou multa, de um a cinco contos de réis, ou ambas cumulativamente, se o fato não constitui crime contra a ordem política ou social.

Porte de arma

Art. 19. Trazer consigo arma fora de casa ou de dependência desta, sem licença da autoridade:

Pena – prisão simples, de quinze dias a seis meses, ou multa, de duzentos mil réis a três contos de réis, ou ambas cumulativamente.

§ 1º. A pena é aumentada de 1/3 (um terço) até 1/2 (metade), se o agente já foi condenado, em sentença irrecorrível, por violência contra pessoa.

§ 2º. Incorre na pena de prisão simples, de 15 (quinze) dias a 3 (três) meses, ou multa, de duzentos mil réis a um conto de réis, quem, possuindo arma ou munição:

a) deixa de fazer comunicação ou entrega à autoridade, quando a lei o determina;

b) permite que alienado menor de 18 anos ou pessoa inexperiente no manejo de arma a tenha consigo;

c) omite as cautelas necessárias para impedir que dela se apodere facilmente alienado, menor de 18 (dezoito) anos ou pessoa inexperiente em manejá-la.

Anúncio de meio abortivo

Art. 20. Anunciar processo, substância ou objeto destinado a provocar aborto: (Redação dada pela Lei nº 6.734, de 1979)

Pena – multa de hum mil cruzeiros a dez mil cruzeiros. (Redação dada pela Lei nº 6.734, de 1979)

Vias de fato

Art. 21. Praticar vias de fato contra alguém:

Pena – prisão simples, de 15 (quinze) dias a 3 (três) meses, ou multa, de cem mil réis a um conto de réis, se o fato não constitui crime.

Parágrafo único. Aumenta-se a pena de 1/3 (um terço) até a 1/2 metade se a vítima é maior de 60 (sessenta) anos. (Incluído pela Lei nº 10.741, de 2003)

Internação irregular em estabelecimento psiquiátrico

Art. 22. Receber em estabelecimento psiquiátrico, e nele internar, sem as formalidades legais, pessoa apresentada como doente mental:

Pena – multa, de trezentos mil réis a três contos de réis.

§ 1º. Aplica-se a mesma pena a quem deixa de comunicar a autoridade competente, no prazo legal, internação que tenha admitido, por motivo de urgência, sem as formalidades legais.

§ 2º. Incorre na pena de prisão simples, de 15 (quinze) dias a 3 (três) meses, ou multa de quinhentos mil réis a cinco contos de réis, aquele que, sem observar as prescrições legais, deixa retirar-se ou despede de estabelecimento psiquiátrico pessoa nele, internada.

Indevida custódia de doente mental

Art. 23. Receber e ter sob custódia doente mental, fora do caso previsto no artigo anterior, sem autorização de quem de direito:

Pena – prisão simples, de 15 (quinze) dias a 3 (três) meses, ou multa, de quinhentos mil réis a cinco contos de réis.

CAPÍTULO II. DAS CONTRAVENÇÕES REFERENTES AO PATRIMÔNIO

Instrumento de emprego usual na prática de furto

Art. 24. Fabricar, ceder ou vender gazua ou instrumento empregado usualmente na prática de crime de furto:

Pena – prisão simples, de 6 (seis) meses a 2 (dois) anos, e multa, de trezentos mil réis a três contos de réis.

Posse não justificada de instrumento de emprego usual na prática de furto

Art. 25. Ter alguém em seu poder, depois de condenado, por crime de furto ou roubo, ou enquanto sujeito à liberdade vigiada ou quando conhecido como vadio ou mendigo, gazuas, chaves falsas ou alteradas ou instrumentos empregados usualmente na prática de crime de furto, desde que não prove destinação legítima:

Pena – prisão simples, de 2 (dois) meses a 1 (um) ano, e multa de duzentos mil réis a dois contos de réis.

Violação de lugar ou objeto

Art. 26. Abrir alguém, no exercício de profissão de serralheiro ou ofício análogo, a pedido ou por incumbência de pessoa de cuja legitimidade não se tenha certificado previamente, fechadura ou qualquer outro aparelho destinado à defesa de lugar ou objeto:

Pena – prisão simples, de 15 (quinze) dias a 3 (três) meses, ou multa, de duzentos mil réis a um conto de réis.

Exploração da credulidade pública

Art. 27. (*Revogado pela Lei nº 9.521, de 1997*).

CAPÍTULO III. DAS CONTRAVENÇÕES REFERENTES À INCOLUMIDADE PÚBLICA

Disparo de arma de fogo

Art. 28. Disparar arma de fogo em lugar habitado ou em suas adjacências, em via pública ou em direção a ela:

Pena – prisão simples, de 1 (um) a 6 (seis) meses, ou multa, de trezentos mil réis a três contos de réis.

Parágrafo único. Incorre na pena de prisão simples, de 15 (quinze) dias a 2 (dois) meses, ou multa, de duzentos mil réis a dois contos de réis, quem, em lugar habitado ou em suas adjacências, em via pública ou em direção a ela, sem licença da autoridade, causa deflagração perigosa, queima fogo de artifício ou solta balão aceso.

Desabamento de construção

Art. 29. Provocar o desabamento de construção ou, por erro no projeto ou na execução, dar-lhe causa:

Pena – multa, de um a dez contos de réis, se o fato não constitui crime contra a incolumidade pública.

Perigo de desabamento

Art. 30. Omitir alguém a providência reclamada pelo Estado ruinoso de construção que lhe pertence ou cuja conservação lhe incumbe:

Pena – multa, de um a cinco contos de réis.

Omissão de cautela na guarda ou condução de animais

Art. 31. Deixar em liberdade, confiar à guarda de pessoa inexperiente, ou não guardar com a devida cautela animal perigoso:

Pena – prisão simples, de 10 (dez) dias a 2 (dois) meses, ou multa, de cem mil réis a um conto de réis.

Parágrafo único. Incorre na mesma pena quem:

a) na via pública, abandona animal de tiro, carga ou corrida, ou o confia à pessoa inexperiente;

b) excita ou irrita animal, expondo a perigo a segurança alheia;

c) conduz animal, na via pública, pondo em perigo a segurança alheia.

Falta de habilitação para dirigir veículo

Art. 32. Dirigir, sem a devida habilitação, veículo na via pública, ou embarcação a motor em águas públicas:

‣ Súm. 720 do STF.

Pena – multa, de duzentos mil réis a dois contos de réis.

Direção não licenciada de aeronave

Art. 33. Dirigir aeronave sem estar devidamente licenciado:

Pena – prisão simples, de 15 (quinze) dias a 3 (três) meses, e multa, de duzentos mil réis a dois contos de réis.

Direção perigosa de veículo na via pública

Art. 34. Dirigir veículos na via pública, ou embarcações em águas públicas, pondo em perigo a segurança alheia:

Pena – prisão simples, de 15 (quinze) das a 3 (três) meses, ou multa, de trezentos mil réis a dois contos de réis.

Abuso na prática da aviação

Art. 35. Entregar-se na prática da aviação, a acrobacias ou a voos baixos, fora da zona em que a lei o permite, ou fazer descer a aeronave fora dos lugares destinados a esse fim:

Pena – prisão simples, de 15 (quinze) dias a 3 (três) meses, ou multa, de quinhentos mil réis a cinco contos de réis.

Sinais de perigo

Art. 36. Deixar de colocar na via pública, sinal ou obstáculo, determinado em lei ou pela autoridade e destinado a evitar perigo a transeuntes:

Pena – prisão simples, de 10 (dez) dias a 2 (dois) meses, ou multa, de duzentos mil réis a dois contos de réis.

Parágrafo único. Incorre na mesma pena quem:

a) apaga sinal luminoso, destrói ou remove sinal de outra natureza ou obstáculo destinado a evitar perigo a transeuntes;

b) remove qualquer outro sinal de serviço público.

Arremesso ou colocação perigosa

Art. 37. Arremessar ou derramar em via pública, ou em lugar de uso comum, ou do uso alheio, coisa que possa ofender, sujar ou molestar alguém:

Pena – multa, de duzentos mil réis a dois contos de réis.

Parágrafo único. Na mesma pena incorre aquele que, sem as devidas cautelas, coloca ou deixa suspensa coisa que, caindo em via pública ou em lugar de uso comum ou de uso alheio, possa ofender, sujar ou molestar alguém.

Emissão de fumaça, vapor ou gás

Art. 38. Provocar, abusivamente, emissão de fumaça, vapor ou gás, que possa ofender ou molestar alguém:

Pena – multa, de duzentos mil réis a dois contos de réis.

CAPÍTULO IV. DAS CONTRAVENÇÕES REFERENTES À PAZ PÚBLICA

Associação secreta

Art. 39. Participar de associação de mais de 5 (cinco) pessoas, que se reúnam periodicamente, sob compromisso de ocultar à autoridade a existência, objetivo, organização ou administração da associação:

Pena – prisão simples, de 1 (um) a 6 (seis) meses, ou multa, de trezentos mil réis a três contos de réis.

§ 1º. Na mesma pena incorre o proprietário ou ocupante de prédio que o cede, no todo ou em parte, para reunião de associação que saiba ser de caráter secreto.

§ 2º. O juiz pode, tendo em vista as circunstâncias, deixar de aplicar a pena, quando lícito o objeto da associação.

Provocação de tumulto. Conduta inconveniente

Art. 40. Provocar tumulto ou portar-se de modo inconveniente ou desrespeitoso, em solenidade ou ato oficial, em assembleia ou espetáculo público, se o fato não constitui infração penal mais grave;

Pena – prisão simples, de 15 (quinze) dias a 6 (seis) meses, ou multa, de duzentos mil réis a dois contos de réis.

Falso alarma

Art. 41. Provocar alarma, anunciando desastre ou perigo inexistente, ou praticar qualquer ato capaz de produzir pânico ou tumulto:

Pena – prisão simples, de 15 (quinze) dias a 6 (seis) meses, ou multa, de duzentos mil réis a dois contos de réis.

Perturbação do trabalho ou do sossego alheios

Art. 42. Perturbar alguém o trabalho ou o sossego alheios:

I – com gritaria ou algazarra;

II – exercendo profissão incômoda ou ruidosa, em desacordo com as prescrições legais;

III – abusando de instrumentos sonoros ou sinais acústicos;

IV – provocando ou não procurando impedir barulho produzido por animal de que tem a guarda:

Pena – prisão simples, de 15 (quinze) dias a 3 (três) meses, ou multa, de duzentos mil réis a dois contos de réis.

CAPÍTULO V. DAS CONTRAVENÇÕES REFERENTES À FÉ PÚBLICA

Recusa de moeda de curso legal

Art. 43. Recusar-se a receber, pelo seu valor, moeda de curso legal no país:

Pena – multa, de duzentos mil réis a dois contos de réis.

Imitação de moeda para propaganda

Art. 44. Usar, como propaganda, de impresso ou objeto que pessoa inexperiente ou rústica possa confundir com moeda:

Pena – multa, de duzentos mil réis a dois contos de réis.

Simulação da qualidade de funcionário

Art. 45. Fingir-se funcionário público:

Pena – prisão simples, de 1 (um) a 3 (três) meses, ou multa, de quinhentos mil réis a três contos de réis.

Uso ilegítimo de uniforme ou distintivo

Art. 46. Usar, publicamente, de uniforme, ou distintivo de função pública que não exerce; usar, indevidamente, de sinal, distintivo ou denominação cujo emprego seja regulado por lei. (Redação dada pelo Decreto-lei nº 6.916, de 1944)

Pena – multa, de duzentos a dois mil cruzeiros, se o fato não constitui infração penal mais grave. (Redação dada pelo Decreto-lei nº 6.916, de 1944)

CAPÍTULO VI. DAS CONTRAVENÇÕES RELATIVAS À ORGANIZAÇÃO DO TRABALHO

Exercício ilegal de profissão ou atividade

Art. 47. Exercer profissão ou atividade econômica ou anunciar que a exerce, sem preencher as condições a que por lei está subordinado o seu exercício:

Pena – prisão simples, de 15 (quinze) dias a 3 (três) meses, ou multa, de quinhentos mil réis a cinco contos de réis.

Exercício ilegal do comércio de coisas antigas e obras de arte

Art. 48. Exercer, sem observância das prescrições legais, comércio de antiguidades, de obras de arte, ou de manuscritos e livros antigos ou raros:

Pena – prisão simples de 1 (um) a 6 (seis) meses, ou multa, de um a dez contos de réis.

Matrícula ou escrituração de indústria e profissão

Art. 49. Infringir determinação legal relativa à matrícula ou à escrituração de indústria, de comércio, ou de outra atividade:

Pena – multa, de duzentos mil réis a cinco contos de réis.

CAPÍTULO VII. DAS CONTRAVENÇÕES RELATIVAS À POLÍCIA DE COSTUMES

Jogo de azar

Art. 50. Estabelecer ou explorar jogo de azar em lugar público ou acessível ao público, mediante o pagamento de entrada ou sem ele:

Pena – prisão simples, de 3 (três) meses a 1 (um) ano, e multa, de dois a quinze contos de réis, estendendo-se os efeitos da condenação à perda dos móveis e objetos de decoração do local.

§ 1º. A pena é aumentada de um terço, se existe entre os empregados ou participa do jogo pessoa menor de dezoito anos.

§ 2º. Incorre na pena de multa, de R$ 2.000,00 (dois mil reais) a R$ 200.000,00 (duzentos mil reais), quem é encontrado a participar do jogo, ainda que pela internet ou por qualquer outro meio de comunicação, como ponteiro ou apostador. (Redação dada pela Lei nº 13.155, de 2015)

§ 3º. Consideram-se, jogos de azar:

a) o jogo em que o ganho e a perda dependem exclusiva ou principalmente da sorte;

b) as apostas sobre corrida de cavalos fora de hipódromo ou de local onde sejam autorizadas;

c) as apostas sobre qualquer outra competição esportiva.

§4º. Equiparam-se, para os efeitos penais, a lugar acessível ao público:

a) a casa particular em que se realizam jogos de azar, quando deles habitualmente participam pessoas que não sejam da família de quem a ocupa;

b) o hotel ou casa de habitação coletiva, a cujos hóspedes e moradores se proporciona jogo de azar;

c) a sede ou dependência de sociedade ou associação, em que se realiza jogo de azar;

d) o estabelecimento destinado à exploração de jogo de azar, ainda que se dissimule esse destino.

Loteria não autorizada

Art. 51. Promover ou fazer extrair loteria, sem autorização legal:

Pena – prisão simples, de 6 (seis) meses a 2 (dois) anos, e multa, de cinco a dez contos de réis, estendendo-se os efeitos da condenação à perda dos móveis existentes no local.

§ 1º. Incorre na mesma pena quem guarda, vende ou expõe à venda, tem sob sua guarda para o fim de venda, introduz ou tenta introduzir na circulação bilhete de loteria não autorizada.

§ 2º. Considera-se loteria toda operação que, mediante a distribuição de bilhete, listas, cupões, vales, sinais, símbolos ou meios análogos, faz depender de sorteio a obtenção de prêmio em dinheiro ou bens de outra natureza.

§ 3º. Não se compreendem na definição do parágrafo anterior os sorteios autorizados na legislação especial.

Loteria estrangeira

Art. 52. Introduzir, no país, para o fim de comércio, bilhete de loteria, rifa ou tômbola estrangeiras:

Pena – prisão simples, de 4 (quatro) meses a 1 (um) ano, e multa, de um a cinco contos de réis.

Parágrafo único. Incorre na mesma pena quem vende, expõe à venda, tem sob sua guarda, para o fim de venda, introduz ou tenta introduzir na circulação, bilhete de loteria estrangeira.

Loteria estadual

Art. 53. Introduzir, para o fim de comércio, bilhete de loteria estadual em território onde não possa legalmente circular:

Pena – prisão simples, de 2 (dois) a 6 (seis) meses, e multa, de um a três contos de réis.

Parágrafo único. Incorre na mesma pena quem vende, expõe à venda, tem sob sua guarda, para o fim de venda, introduz ou torta introduzir na circulação, bilhete de loteria estadual, em território onde não possa legalmente circular.

Exibição ou guarda de lista de sorteio

Art. 54. Exibir ou ter sob sua guarda lista de sorteio de loteria estrangeira:

Pena – prisão simples, de 1 (um) a 3 (três) meses, e multa, de duzentos mil réis a um conto de réis.

Parágrafo único. Incorre na mesma pena quem exibe ou tem sob sua guarda lista de sorteio de loteria estadual, em território onde esta não possa legalmente circular.

Impressão de bilhetes, listas ou anúncios

Art. 55. Imprimir ou executar qualquer serviço de feitura de bilhetes, lista de sorteio, avisos ou cartazes relativos a loteria, em lugar onde ela não possa legalmente circular:

Pena – prisão simples, de 1 (um) a 6 (seis) meses, e multa, de duzentos mil réis a dois contos de réis.

Distribuição ou transporte de listas ou avisos

Art. 56. Distribuir ou transportar cartazes, listas de sorteio ou avisos de loteria, onde ela não possa legalmente circular:

Pena – prisão simples, de 1 (um) a 3 (três) meses, e multa, de cem a quinhentos mil réis.

Publicidade de sorteio

Art. 57. Divulgar, por meio de jornal ou outro impresso, de rádio, cinema, ou qualquer outra forma, ainda que disfarçadamente, anúncio, aviso ou resultado de extração de loteria, onde a circulação dos seus bilhetes não seria legal:

Pena – multa, de 1 (um) a 10 (dez) contos de réis.

Jogo do bicho

Art. 58. Explorar ou realizar a loteria denominada jogo do bicho, ou praticar qualquer ato relativo à sua realização ou exploração:

Pena – prisão simples, de 4 (quatro) meses a 1 (um) ano, e multa, de dois a vinte contos de réis.

Parágrafo único. Incorre na pena de multa, de duzentos mil réis a dois contos de réis, aquele que participa da loteria, visando a obtenção de prêmio, para si ou para terceiro.

Vadiagem

Art. 59. Entregar-se alguém habitualmente à ociosidade, sendo válido para o trabalho, sem ter renda que lhe assegure meios bastantes de subsistência, ou prover à própria subsistência mediante ocupação ilícita:

Pena – prisão simples, de 15 (quinze) dias a 3 (três) meses.

Parágrafo único. A aquisição superveniente de renda, que assegure ao condenado meios bastantes de subsistência, extingue a pena.

Mendicância

Art. 60. (*Revogado pela Lei nº 11.983, de 2009*).

Importunação ofensiva ao pudor

Art. 61. (*Revogado pela Lei 13.718/2018*).

Embriaguez

Art. 62. Apresentar-se publicamente em estado de embriaguez, de modo que cause escândalo ou ponha em perigo a segurança própria ou alheia:

Pena – prisão simples, de 15 (quinze) dias a 3 (três) meses, ou multa, de duzentos mil réis a dois contos de réis.

Parágrafo único. Se habitual a embriaguez, o contraventor é internado em casa de custódia e tratamento.

Bebidas alcoólicas

Art. 63. Servir bebidas alcoólicas:

I – (*Revogado pela Lei nº 13.106, de 2015*);

II – a quem se acha em estado de embriaguez;

III – a pessoa que o agente sabe sofrer das faculdades mentais;

IV – a pessoa que o agente sabe estar judicialmente proibida de frequentar lugares onde se consome bebida de tal natureza:

Pena – prisão simples, de 2 (dois) meses a 1 (um) ano, ou multa, de quinhentos mil réis a cinco contos de réis.

Crueldade contra animais

Art. 64. Tratar animal com crueldade ou submetê-lo a trabalho excessivo:

Pena – prisão simples, de 10 (dez) dias a 1 (um) mês, ou multa, de cem a quinhentos mil réis.

§ 1º. Na mesma pena incorre aquele que, embora para fins didáticos ou científicos, realiza em lugar público ou exposto ao publico, experiência dolorosa ou cruel em animal vivo.

§ 2º. Aplica-se a pena com aumento de metade, se o animal é submetido a trabalho excessivo ou tratado com crueldade, em exibição ou espetáculo público.

Perturbação da tranquilidade

Art. 65. Molestar alguém ou perturbar-lhe a tranquilidade, por acinte ou por motivo reprovável:

Pena – prisão simples, de 15 (quinze) dias a 2 (dois) meses, ou multa, de duzentos mil réis a dois contos de réis.

CAPÍTULO VIII. DAS CONTRAVENÇÕES REFERENTES À ADMINISTRAÇÃO PÚBLICA

Omissão de comunicação de crime

Art. 66. Deixar de comunicar à autoridade competente:

I – crime de ação pública, de que teve conhecimento no exercício de função pública, desde que a ação penal não dependa de representação;

II – crime de ação pública, de que teve conhecimento no exercício da medicina ou de outra profissão sanitária, desde que a ação penal não dependa de representação e a comunicação não exponha o cliente a procedimento criminal:

Pena – multa, de trezentos mil réis a três contos de réis.

Inumação ou exumação de cadáver

Art. 67. Inumar ou exumar cadáver, com infração das disposições legais:

Pena – prisão simples, de 1 (um) mês a 1 (um) ano, ou multa, de duzentos mil réis a dois contos de réis.

Recusa de dados sobre própria identidade ou qualificação

Art. 68. Recusar à autoridade, quando por esta, justificadamente solicitados ou exigidos, dados ou indicações concernentes à própria identidade, estado, profissão, domicílio e residência:

Pena – multa, de duzentos mil réis a dois contos de réis.

Parágrafo único. Incorre na pena de prisão simples, de 1 (um) a 6 (seis) meses, e multa, de duzentos mil réis a dois contos de réis, se o fato não constitui infração penal mais grave, quem, nas mesmas circunstâncias, faz declarações inverídicas a respeito de sua identidade pessoal, estado, profissão, domicílio e residência.

Proibição de atividade remunerada a estrangeiro

Art. 69. (*Revogado pela Lei nº 6.815, de 1980*).

Violação do privilégio postal da União

Art. 70. Praticar qualquer ato que importe violação do monopólio postal da União:

Pena – prisão simples, de 3 (três) meses a 1 (um) ano, ou multa, de três a dez contos de réis, ou ambas cumulativamente.

Disposições finais

Art. 71. Ressalvada a legislação especial sobre florestas, caça e pesca, revogam-se as disposições em contrário.

Art. 72. Esta lei entrará em vigor no dia 1º de janeiro de 1942.

Rio de Janeiro, 3 de outubro de 1941; 120º da Independência e 58º da República.

GETÚLIO VARGAS
Francisco Campos
D.O.U. de 3.10.1941

DECRETO-LEI Nº 4.597, DE 19 DE AGOSTO DE 1942

Dispõe sobre a prescrição das ações contra a Fazenda Pública e dá outras providências.

▸ *Fazenda Pública*

▸ A ementa refere-se à Constituição de 1937.

O PRESIDENTE DA REPÚBLICA, usando da atribuição que lhe confere o art. 180 da Constituição, decreta:

Art. 1º. Salvo o caso do foro do contrato, compete, à justiça de cada Estado e à do Distrito Federal, processar e julgar as causas em que for interessado, como autor, réu assistente ou opoente, respectivamente, o mesmo Estado ou seus Municípios, e o Distrito Federal.

▸ CF/88: art. 100.

Parágrafo único. O disposto neste artigo não se aplica às causas já ajuizadas.

Art. 2º. O Dec. 20.910, de 6 de janeiro de 1932, que regula a prescrição quinquenal, abrange as dívidas passivas das autarquias, ou entidades e órgãos paraestatais, criados por lei e mantidos mediante impostos, taxas ou quaisquer contribuições exigidas em virtude de lei federal, estadual ou municipal, bem como a todo e qualquer direito e ação contra os mesmos.

▸ CTN: arts. 156, V, e 174.

Art. 3º. A prescrição das dívidas, direitos e ações a que se refere o Dec. 20.910, de 6 de janeiro de 1932, somente pode ser interrompida uma vez, e recomeça a correr, pela metade do prazo, da data do ato que a interrompeu, ou do último do processo para a interromper; consumar-se-á a prescrição no curso da lide sempre que a partir do último ato ou termo da mesma, inclusive da sentença nela proferida, embora passada em julgado, decorrer o prazo de dois anos e meio.

▸ Súm. 383 do STF.

Art. 4º. As disposições do artigo anterior aplicam-se desde logo a todas as dívidas, direitos e ações a que se referem, ainda não extintos por qualquer causa, ajuizados ou não, devendo a prescrição ser alegada e decretada em qualquer tempo e instância, inclusive nas execuções de sentença.

Art. 5º. Este Decreto-lei entrará em vigor na data de sua publicação, revogadas as disposições em contrário.

Rio de Janeiro, 19 de agosto de 1942; 121º da Independência e 54º da República.

GETÚLIO VARGAS

D.O.U. 20.8.1942

LEI Nº 605, DE 5 DE JANEIRO DE 1949

Repouso semanal remunerado e o pagamento de salário nos dias feriados civis e religiosos.

- *Repouso semanal remunerado*

O PRESIDENTE DA REPÚBLICA Faço saber que o Congresso Nacional decreta e eu sanciono a seguinte lei:

- CF/1988: art. 7º, XV.
- Decreto 83.842/1979 – Delega competência ao Ministro do Trabalho para autorizar o funcionamento de empresas aos domingos e feriados civis e religiosos.
- Decreto 27.048/1949 – Apro o regulamento da Lei 605/1949, que dispõe sobre o repouso semanal remunerado e o pagamento de salário nos dias feriados civis e religiosos.

Art. 1º. Todo empregado tem direito ao repouso semanal remunerado de vinte e quatro horas consecutivas, preferentemente aos domingos e, nos limites das exigências técnicas das empresas, nos feriados civis e religiosos, de acordo com a tradição local.

Art. 2º. Entre os empregados a que se refere esta lei, incluem-se os trabalhos rurais, salvo os que operem em qualquer regime de parceria, meação, ou forma semelhante de participação na produção.

Art. 3º. O regime desta lei será extensivo àqueles que, sob forma autônoma, trabalhem agrupados, por intermédio de Sindicato, Caixa Portuária, ou entidade congênere. A remuneração do repouso obrigatório, nesse caso, consistirá no acréscimo de um 1/6 (um sexto) calculado sobre os salários efetivamente percebidos pelo trabalhador e paga juntamente com os mesmos.

Art. 4º. É devido o repouso semanal remunerado, nos termos desta lei, aos trabalhadores das autarquias e de empresas industriais, ou sob administração da União, dos Estados e dos Municípios ou incorporadas nos seus patrimônios, que não estejam subordinados ao regime do funcionalismo público.

Art. 5º. Esta lei não se aplica às seguintes pessoas:

a) (*Revogada pela Lei nº 11.324, de 2006*).

b) aos funcionários públicos da União, dos Estados e dos Municípios e aos respectivos extranumerários em serviço nas próprias repartições;

c) aos servidores de autarquias paraestatais, desde que sujeitos a regime próprio de proteção ao trabalho que lhes assegure situação análoga à dos funcionários públicos.

Parágrafo único. São exigências técnicas, para os efeitos desta lei, as que, pelas condições peculiares às atividades da empresa, ou em razão do interesse público, tornem indispensável a continuidade do serviço.

Art. 6º. Não será devida a remuneração quando, sem motivo justificado, o empregado não tiver trabalhado durante toda a semana anterior, cumprindo integralmente o seu horário de trabalho.

§ 1º. São motivos justificados:

a) os previstos no artigo 473 e seu parágrafo único da Consolidação das Leis do Trabalho;

b) a ausência do empregado devidamente justificada, a critério da administração do estabelecimento;

c) a paralisação do serviço nos dias em que, por conveniência do empregador, não tenha havido trabalho;

d) a ausência do empregado, até três dias consecutivos, em virtude do seu casamento;

e) a falta ao serviço com fundamento na lei sobre acidente do trabalho;

f) a doença do empregado, devidamente comprovada.

§ 2º. A doença será comprovada mediante atestado de médico da instituição da previdência social a que estiver filiado o empregado, e, na falta deste e sucessivamente, de médico do Serviço Social do Comércio ou da Indústria; de médico da empresa ou por ela designado; de médico a serviço de representação federal, estadual ou municipal incumbido de assuntos de higiene ou de saúde pública; ou não existindo estes, na localidade em que trabalhar, de médico de sua escolha. (Redação dada pela Lei nº 2.761, de 1956)

§ 3º. Nas empresas em que vigorar regime de trabalho reduzido, a frequência exigida corresponderá ao número de dias em que o empregado tiver de trabalhar.

Art. 7º. A remuneração do repouso semanal corresponderá:

a) para os que trabalham por dia, semana, quinzena ou mês, à de um dia de serviço, computadas as horas extraordinárias habitualmente prestadas; (Redação dada pela Lei nº 7.415, de 1985)

b) para os que trabalham por hora, à sua jornada norma de trabalho, computadas as horas extraordinárias habitualmente prestadas; (Redação dada pela Lei nº 7.415, de 1985)

c) para os que trabalham por tarefa ou peça, o equivalente ao salário correspondente às tarefas ou peças feitas durante a semana, no horário normal de trabalho, dividido pelos dias de serviço efetivamente prestados ao empregador;

d) para o empregado em domicílio, o equivalente ao quociente da divisão por 6 (seis) da importância total da sua produção na semana.

§ 1º. Os empregados cujos salários não sofram descontos por motivo de feriados civis ou religiosos são considerados já remunerados nesses mesmos dias de repouso, conquanto tenham direito à remuneração dominical.

§ 2º. Consideram-se já remunerados os dias de repouso semanal do empregado mensalista ou quinzenalista cujo cálculo de salário mensal ou quinzenal, ou cujos descontos por falta sejam efetuados na base do número de dias do mês ou de 30 (trinta) e 15 (quinze) diárias, respectivamente.

Art. 8º. Excetuados os casos em que a execução do serviço for imposta pelas exigências técnicas das empresas, é vedado o trabalho em dias feriados, civis e religiosos, garantida, entretanto, aos empregados a remuneração respectiva, observados os dispositivos dos artigos 6º e 7º desta lei.

Art. 9º. Nas atividades em que não for possível, em virtude das exigências técnicas das empresas, a suspensão do trabalho, nos dias feriados civis e religiosos, a remuneração será paga em dobro, salvo se o empregador determinar outro dia de folga.

Art. 10. Na verificação das exigências técnicas a que se referem os artigos anteriores, ter-se-ão em vista as de ordem econômica, permanentes ou ocasionais, bem como as peculiaridades locais.

Parágrafo único. O Poder Executivo, em decreto especial ou no regulamento que expedir par fiel execução desta lei, definirá as mesmas exigências e especificará, tanto quanto possível, as empresas a elas sujeitas, ficando desde já incluídas entre elas as de serviços públicos e de transportes.

Art. 11. (*Revogado pela Lei nº 9.093, de 1995*).

Art. 12. As infrações ao disposto nesta Lei serão punidas, com multa de R$ 40,25 (quarenta reais e vinte e cinco centavos) a R$ 4.025,33 (quatro mil e vinte e cinco reais e trinta e três centavos), segundo a natureza da infração, sua extensão e a intenção de quem a praticou, aplicada em dobro no caso de reincidência e oposição à fiscalização ou desacato à autoridade. *(Redação dada pela Lei nº 12.544, de 2011)*

Art. 13. Serão originariamente competentes, para a imposição das multas de que trata a presente lei, os delegados regionais do Ministério do Trabalho e, nos Estados, onde houver delegação de atribuições, a autoridade delegada.

Art. 14. A fiscalização da execução da presente lei, o processo de autuação dos seus infratores, os recursos e a cobrança das multas reger-se-ão pelo disposto no Título VII da Consolidação das Leis do Trabalho.

Art. 15. A presente lei entrará em vigor na data de sua publicação.

Art. 16. Revogam-se as disposições em contrário.

Rio de Janeiro, 5 de janeiro de 1949; 128º da Independência e 61º da República.

EURICO GASPAR DUTRA

D.O.U. de 14.1.1949

LEI Nº 1.060, DE 5 DE FEVEREIRO DE 1950

Estabelece normas para a concessão de assistência judiciária aos necessitados.

- *Assistência judiciária gratuita*

O PRESIDENTE DA REPÚBLICA Faço saber que o Congresso Nacional decreta e eu sanciono a seguinte Lei:

- CF/1988: arts. 134 e 135.
- CPC/15: arts. 185 a 187.
- LC 80/1994 - Organiza a Defensoria Pública da União, do Distrito Federal e dos Territórios e prescre normas gerais para sua organização nos Estados, e dá outras providências.

Art. 1º. Os poderes públicos federal e estadual, independentemente da colaboração que possam receber dos municípios e da Ordem dos Advogados do Brasil – OAB, concederão assistência judiciária aos necessitados, nos termos desta Lei *(vetado)*. (Redação dada pela Lei 7.510, de 1986)

- Súm. 79 do JEF.
- CF/88: art. 5º, LXXIV.
- CPC/15: arts. 26, *caput*, II, 82, e 98 a 102.

Art. 2º. *(Revogado pela Lei nº 13.105, de 2015)*

Art. 3º. *(Revogado pela Lei nº 13.105, de 2015)*

Art. 4º. *(Revogado pela Lei nº 13.105, de 2015)*

Art. 5º. O juiz, se não tiver fundadas razões para indeferir o pedido, deverá julgá-lo de plano, motivando ou não o deferimento dentro do prazo de 72 (setenta e duas) horas.

§ 1º. Deferido o pedido, o juiz determinará que o serviço de assistência judiciária, organizado e mantido pelo Estado, onde houver, indique, no prazo de 2 (dois) dias úteis, o advogado que patrocinará a causa do necessitado.

§ 2º. Se no Estado não houver serviço de assistência judiciária, por ele mantido, caberá a indicação à Ordem dos Advogados, por suas seções estaduais, ou subseções municipais.

§ 3º. Nos municípios em que não existem Subseções da Ordem dos Advogados do Brasil, o próprio juiz fará a nomeação do advogado que patrocinará a causa do necessitado.

§ 4º. Será preferido para a defesa da causa o advogado que o interessado indicar e que declare aceitar o encargo.

§ 5º. Nos Estados onde a Assistência Judiciária seja organizada e por eles mantida, o Defensor Público, ou quem exerça cargo equivalente, será intimado pessoalmente de todos os atos do processo, em ambas as Instâncias, contando-se lhes em dobro todos os prazos. (Incluído pela Lei nº 7.871, de 1989)

Art. 6º. *(Revogado pela Lei nº 13.105, de 2015)*

Art. 7º. *(Revogado pela Lei nº 13.105, de 2015)*

Parágrafo único. Tal requerimento não suspenderá o curso da ação e se processará pela forma estabelecida no final do art. 6º desta Lei.

Art. 8º. Ocorrendo as circunstâncias mencionadas no artigo anterior, poderá o juiz, *ex officio*, decretar a revogação dos benefícios, ouvida a parte interessada dentro de 48 (quarenta e oito) horas improrrogáveis.

Art. 9º. Os benefícios da assistência judiciária compreendem todos os atos do processo até decisão final do litígio, em todas as instâncias.

Art. 10. São individuais e concedidos em cada caso ocorrente os benefícios de assistência judiciária que se não transmitem ao cessionário de direito e se extinguem pela morte do beneficiário, podendo, entretanto, ser concedidos aos herdeiros que continuarem a demanda, e que necessitarem de tais favores na forma estabelecida nesta Lei.

Art. 11. *(Revogado pela Lei nº 13.105, de 2015)*

Art. 12. *(Revogado pela Lei nº 13.105, de 2015)*

Art. 13. Se o assistido puder atender, em parte, às despesas do processo, o juiz mandará pagar as custas, que serão rateadas entre os que tiverem direito ao seu recebimento.

Art. 14. Os profissionais liberais designados para o desempenho do encargo de defensor ou de perito, conforme o caso, salvo justo motivo previsto em lei ou, na sua omissão, a critério da autoridade judiciária competente, são obrigados ao respectivo cumprimento, sob pena de multa de mil cruzeiros a dez mil cruzeiros, sujeita ao reajustamento estabelecido na Lei nº 6.205, de 29 de abril de 1975, sem prejuízo da sanção disciplinar cabível. (Redação dada pela Lei nº 6.465, de 1977)

§ 1º. Na falta de indicação pela assistência ou pela própria parte, o juiz solicitará a do órgão de classe respectivo. (Incluído pela Lei nº 6.465, de 1977)

§ 2º. A multa prevista neste artigo reverterá em benefício do profissional que assumir o encargo na causa. (Renumerado do Parágrafo único, com nova redação, pela Lei nº 6.465, de 1977)

Art. 15. São motivos para a recusa do mandato pelo advogado designado ou nomeado:

1º) estar impedido de exercer a advocacia;

2º) ser procurador constituído pela parte contrária ou ter com ela relações profissionais de interesse atual;

3º) ter necessidade de se ausentar da sede do juízo para atender a outro mandato anteriormente outorgado ou para defender interesses próprios inadiáveis;

4º) já haver manifestado, por escrito, sua opinião contrária ao direito que o necessitado pretende pleitear;

5º) haver dado à parte contrária parecer escrito sobre a contenda.

Parágrafo único. A recusa será solicitada ao juiz que, de plano, a concederá, temporária ou definitivamente, ou a denegará.

Art. 16. Se o advogado, ao comparecer em juízo, não exibir o instrumento de mandato outorgado pelo assistido, o juiz determinará que se exarem na ata da audiência os termos da referida outorga.

Parágrafo único. O instrumento de mandato não será exigido, quando a parte for representada em juízo por advogado integrante de entidade de direito público incumbido, na forma da lei, de prestação de assistência judiciária gratuita, ressalvados: (Incluído pela Lei nº 6.248, de 1975)

a) os atos previstos no art. 38 do Código de Processo Civil; (Incluído pela Lei nº 6.248, de 1975)

- CPC/15: art. 105.

b) o requerimento de abertura de inquérito por crime de ação privada, a proposição de ação penal privada ou o oferecimento de representação por crime de ação pública condicionada. (Incluído pela Lei nº 6.248, de 1975)

Art. 17. *(Revogado pela Lei nº 13.105, de 2015)*

Art. 18. Os acadêmicos de direito, a partir da 4ª série, poderão ser indicados pela assistência judiciária, ou nomeados pelo juiz para auxiliar o patrocínio das causas dos necessitados, ficando sujeitos às mesmas obrigações impostas por esta Lei aos advogados.

Art. 19. Esta Lei entrará em vigor 30 (trinta) dias depois de sua publicação no *Diário Oficial da União*, revogadas as disposições em contrário.

Rio de Janeiro, 5 de fevereiro de 1950; 129º da Independência e 62º da República.

EURICO G. DUTRA

D.O.U. 13.2.1950

LEI Nº 1.079, DE 10 DE ABRIL DE 1950

Define os crimes de responsabilidade e regula o respectivo processo de julgamento.

- *Crimes de responsabilidade*

O PRESIDENTE DA REPÚBLICA Faço saber que o Congresso Nacional decreta e eu sanciono a seguinte Lei:

PARTE PRIMEIRA. DO PRESIDENTE DA REPÚBLICA E MINISTROS DE ESTADO

Art. 1º. São crimes de responsabilidade os que esta Lei especifica.

- Súm. Vinculante 46 do STF.
- Súm. 396 e 451 do STF.

- Decreto-lei 201/1967 – Dispõe sobre a responsabilidade dos Prefeitos e Vereadores.

Art. 2º. Os crimes definidos nesta Lei, ainda quando simplesmente tentados, são passíveis da pena de perda do cargo, com inabilitação, até 5 (cinco) anos, para o exercício de qualquer função pública, imposta pelo Senado Federal nos processos contra o Presidente da República ou ministros de Estado, contra os ministros do Supremo Tribunal Federal ou contra o procurador-geral da República.

- CF/1988: arts. 52 e 85.

Art. 3º. A imposição da pena referida no artigo anterior não exclui o processo e julgamento do acusado por crime comum, na justiça ordinária, nos termos das leis de processo penal.

Art. 4º. São crimes de responsabilidade os atos do Presidente da República que atentarem contra a Constituição Federal, e, especialmente, contra:

I – a existência da União;

II – o livre exercício do poder Legislativo, do Poder Judiciário e dos poderes constitucionais dos Estados;

III – o exercício dos direitos políticos, individuais e sociais;

IV – a segurança interna do País;

V – a probidade na administração;

VI – a lei orçamentária;

VII – a guarda e o legal emprego dos dinheiros públicos;

VIII – o cumprimento das decisões judiciárias (Constituição, art. 89).

- Refere-se à Constituição de 1946.
- CF/1988: art. 85.

TÍTULO I.

CAPÍTULO I. DOS CRIMES CONTRA A EXISTÊNCIA DA UNIÃO

Art. 5º. São crimes de responsabilidade contra a existência política da União:

- CF/1988: art. 85, I.
- Lei 7.170/1983 – Define os crimes contra a segurança nacional, a ordem política e social, estabelece seu processo e julgamento.

1) entreter, direta ou indiretamente, inteligência com governo estrangeiro, provocando-o a fazer guerra ou cometer hostilidade contra a República, prometer-lhe assistência ou favor, ou dar-lhe qualquer auxílio nos preparativos ou planos de guerra contra a República;

2) tentar, diretamente, e por fatos, submeter a União ou algum dos Estados ou Territórios a domínio estrangeiro, ou dela separar qualquer Estado ou porção do território nacional;

3) cometer ato de hostilidade contra nação estrangeira, expondo a República ao perigo da guerra, ou comprometendo-lhe a neutralidade;

4) revelar negócios políticos ou militares, que devam ser mantidos secretos a bem da defesa da segurança externa ou dos interesses da Nação;

5) auxiliar, por qualquer modo, nação inimiga a fazer a guerra ou a cometer hostilidade contra a República;

6) celebrar tratados, convenções ou ajustes que comprometam a dignidade da Nação;

7) violar a imunidade dos embaixadores ou ministros estrangeiros acreditados no País;

8) declarar a guerra, salvo os casos de invasão ou agressão estrangeira, ou fazer a paz, sem autorização do Congresso Nacional;

9) não empregar contra o inimigo os meios de defesa de que poderia dispor;

10) permitir o Presidente da República, durante as sessões legislativas e sem autorização do Congresso Nacional, que forças estrangeiras transitem pelo território do País, ou, por motivo de guerra, nele permaneçam temporariamente;

11) violar tratados legitimamente feitos com nações estrangeiras.

CAPÍTULO II. DOS CRIMES CONTRA O LIVRE EXERCÍCIO DOS PODERES CONSTITUCIONAIS

Art. 6º. São crimes de responsabilidade contra o livre exercício dos Poderes Legislativo e Judiciário e dos poderes constitucionais dos Estados:

- CF/1988: arts. 49, II, e 85, II.

1) tentar dissolver o Congresso Nacional, impedir a reunião ou tentar impedir por qualquer modo o funcionamento de qualquer de suas Câmaras;

2) usar de violência ou ameaça contra algum representante da nação para afastá-lo da Câmara a que pertença ou para coagi-lo no modo de exercer o seu mandato bem como conseguir ou tentar conseguir o mesmo objetivo mediante suborno ou outras formas de corrupção;

3) violar as imunidades asseguradas aos membros do Congresso Nacional, das Assembleias Legislativas dos Estados, da Câmara dos Vereadores do Distrito Federal e das Câmaras Municipais;

4) permitir que força estrangeira transite pelo território do país ou nele permaneça quando a isso se oponha o Congresso Nacional;

- CF/1988: art. 84, XXII.

5) opor-se diretamente e por fatos ao livre exercício do Poder Judiciário, ou obstar, por meios violentos, ao efeito dos seus atos, mandados ou sentenças;

6) usar de violência ou ameaça, para constranger juiz, ou jurado, a proferir ou deixar de proferir despacho, sentença ou voto, ou a fazer ou deixar de fazer ato do seu ofício;

7) praticar contra os poderes estaduais ou municipais ato definido como crime neste artigo;

8) intervir em negócios peculiares aos Estados ou aos Municípios com desobediência às normas constitucionais.

CAPÍTULO III. DOS CRIMES CONTRA O EXERCÍCIO DOS DIREITOS POLÍTICOS, INDIVIDUAIS E SOCIAIS

Art. 7º. São crimes de responsabilidade contra o livre exercício dos direitos políticos, individuais e sociais:

- CF/1988: art. 85, III.
- Lei 7.170/1983 – Define os crimes contra a segurança nacional, a ordem política e social, estabelece seu processo e julgamento.

1) impedir por violência, ameaça ou corrupção, o livre exercício do voto;

2) obstar ao livre exercício das funções dos mesários eleitorais;

3) violar o escrutínio de seção eleitoral ou inquinar de nulidade o seu resultado pela subtração, desvio ou inutilização do respectivo material;

4) utilizar o poder federal para impedir a livre execução da lei eleitoral;

5) servir-se das autoridades sob sua subordinação imediata para praticar abuso do poder, ou tolerar que essas autoridades o pratiquem sem repressão sua;

6) subverter ou tentar subverter por meios violentos a ordem política e social;

7) incitar militares à desobediência à lei ou infração à disciplina;

8) provocar animosidade entre as classes armadas ou contra elas, ou delas contra as instituições civis;

9) violar patentemente qualquer direito ou garantia individual constante do art. 141, e bem assim os direitos sociais assegurados no art. 157 da Constituição;

- Refere-se à Constituição de 1946.
- CF/1988: arts. 5º, 7º, e 201.

10) tomar ou autorizar, durante o estado de sítio, medidas de repressão que excedam os limites estabelecidos na Constituição.

CAPÍTULO IV. DOS CRIMES CONTRA A SEGURANÇA INTERNA DO PAÍS

Art. 8º. São crimes contra a segurança interna do país:

- CF/1988: art. 85, IV.
- Lei 7.170/1983 – Define os crimes contra a segurança nacional, a ordem política e social, estabelece seu processo e julgamento.

1) tentar mudar por violência a forma de governo da República;

2) tentar mudar por violência a Constituição Federal ou de algum dos Estados, ou lei da União, de Estado ou Município;

3) decretar o estado de sítio, estando reunido o Congresso Nacional, ou no recesso deste, não havendo comoção interna grave nem fatos que evidenciem estar a mesma a irromper ou não ocorrendo guerra externa;

4) praticar ou concorrer para que se perpetre qualquer dos crimes contra a segurança interna, definidos na legislação penal;

5) não dar as providências de sua competência para impedir ou frustrar a execução desses crimes;

6) ausentar-se do País sem autorização do Congresso Nacional;

7) permitir, de forma expressa ou tácita, a infração de lei federal de ordem pública;

8) deixar de tomar, nos prazos fixados, as providências determinadas por lei ou tratado federal e necessárias à sua execução e cumprimento.

CAPÍTULO V. DOS CRIMES CONTRA A PROBIDADE NA ADMINISTRAÇÃO

Art. 9º. São crimes de responsabilidade contra a probidade na administração:

- CF/1988: arts. 37, § 4º, e 84, V.
- Lei 8.429/1992 – Dispõe sobre as sanções aplicáveis aos agentes públicos nos casos de enriquecimento ilícito no exercício de mandato, cargo, emprego ou função na administração pública direta, indireta ou fundacional. (Lei de Improbidade Administrativa)

1) omitir ou retardar dolosamente a publicação das leis e resoluções do Poder Legislativo ou dos atos do Poder Executivo;

2) não prestar ao Congresso Nacional, dentro de 60 (sessenta) dias após a abertura da sessão legislativa, as contas relativas ao exercício anterior;

3) não tornar efetiva a responsabilidade dos seus subordinados, quando manifesta em delitos funcionais ou na prática de atos contrários à Constituição;

4) expedir ordens ou fazer requisição de forma contrária às disposições expressas da Constituição;

5) infringir, no provimento dos cargos públicos, as normas legais;

6) usar de violência ou ameaça contra funcionário público para coagi-lo a proceder ilegalmente, bem como utilizar-se de suborno ou de qualquer outra forma de corrupção para o mesmo fim;

7) proceder de modo incompatível com a dignidade, a honra e o decoro do cargo.

CAPÍTULO VI. DOS CRIMES CONTRA A LEI ORÇAMENTÁRIA

- CF/1988: art. 85, VI.
- Lei 1.079/1950 – Define os crimes de responsabilidade e regula o respecti processo de julgamento.

Art. 10. São crimes de responsabilidade contra a lei orçamentária:

1) não apresentar ao Congresso Nacional a proposta do orçamento da República dentro dos primeiros dois meses de cada sessão legislativa;

2) exceder ou transportar, sem autorização legal, as verbas do orçamento;

3) realizar o estorno de verbas;

4) infringir, patentemente, e de qualquer modo, dispositivo da lei orçamentária;

5) deixar de ordenar a redução do montante da dívida consolidada, nos prazos estabelecidos em lei, quando o montante ultrapassar o valor resultante da aplicação do limite máximo fixado pelo Senado Federal; (Incluído pela Lei nº 10.028, de 2000)

- CF/1988: art. 52, VI.

6) ordenar ou autorizar a abertura de crédito em desacordo com os limites estabelecidos pelo Senado Federal, sem fundamento na lei orçamentária ou na de crédito adicional ou com inobservância de prescrição legal; (Incluído pela Lei nº 10.028, de 2000)

- CF/1988: arts. 98, § 5º, 165, § 8º, 167, V, § 3º.

7) deixar de promover ou ordenar na forma de lei, o cancelamento, a amortização ou a constituição de reserva para anular os efeitos da operação de crédito realizada com inobservância de limite, condição ou montante estabelecido em lei; (Incluído pela Lei nº 10.028, de 2000)

- CF/1988: art. 99, § 5º.

8) deixar de promover ou de ordenar a liquidação integral de operação de crédito por antecipação de receita orçamentária, inclusive os respectivos juros e demais encargos, até o encerramento do exercício financeiro; (Incluído pela Lei nº 10.028, de 2000)

9) ordenar ou autorizar, em desacordo com a lei, a realização de operação de crédito com qualquer um dos demais entes da Federação, inclusive suas entidades de administração indireta, ainda que na forma de novação, refinanciamento ou postergação de dívida contraída anteriormente; (Incluído pela Lei nº 10.028, de 2000)

10) captar recursos a título de antecipação de receita de tributo ou contribuição cujo fato gerador ainda não tenha ocorrido; (Incluído pela Lei nº 10.028, de 2000)

11) ordenar ou autorizar a destinação de recursos provenientes da emissão de títulos para finalidade diversa da prevista na lei que a autorizou; (Incluído pela Lei nº 10.028, de 2000)

12) realizar ou receber transferência voluntária em desacordo com limite ou condição estabelecida em lei. (Incluído pela Lei nº 10.028, de 2000)

CAPÍTULO VII. DOS CRIMES CONTRA A GUARDA E LEGAL EMPREGO DOS DINHEIROS PÚBLICOS

- Lei 8.429/1992 – Dispõe sobre as sanções aplicáveis aos agentes públicos nos casos de enriquecimento ilícito no exercício de mandato, cargo, emprego ou função na administração pública direta, indireta ou fundacional. (Lei de Improbidade Administrativa)

Art. 11. São crimes de responsabilidade contra a guarda e o legal emprego dos dinheiros públicos:

1) ordenar despesas não autorizadas por lei ou sem observância das prescrições legais relativas às mesmas;

2) abrir crédito sem fundamento em lei ou sem as formalidades legais;

3) contrair empréstimo, emitir moeda corrente ou apólices, ou efetuar operação de crédito sem autorização legal;

4) alienar imóveis nacionais ou empenhar rendas públicas sem autorização em lei;

5) negligenciar a arrecadação das rendas, impostos e taxas, bem como a conservação do patrimônio nacional.

CAPÍTULO VIII. DOS CRIMES CONTRA O CUMPRIMENTO DAS DECISÕES JUDICIÁRIAS

Art. 12. São crimes de responsabilidade contra as decisões judiciárias:

- CF/1988: art. 85, VII.
- CP: arts. 329 e 330.

1) impedir, por qualquer meio, o efeito dos atos, mandados ou decisões do Poder Judiciário;

2) recusar o cumprimento das decisões do Poder Judiciário no que depender do exercício das funções do Poder Executivo;

3) deixar de atender a requisição de intervenção federal do Supremo Tribunal Federal ou do Tribunal Superior Eleitoral;

- CF/88: arts. 49, IV e 84, X.

4) impedir ou frustrar pagamento determinado por sentença judiciária.

TÍTULO II. DOS MINISTROS DE ESTADO

- CF/1988: arts. 87 e 88.

Art. 13. São crimes de responsabilidade dos ministros de Estado:

- Lei 8.429/1992 – Dispõe sobre as sanções aplicáveis aos agentes públicos nos casos de enriquecimento ilícito no exercício de mandato, cargo, emprego ou função na administração pública direta, indireta ou fundacional. (Lei de Improbidade Administrativa)

1) os atos definidos nesta Lei, quando por eles praticados ou ordenados;

2) os atos previstos nesta Lei, que os ministros assinarem com o Presidente da República ou por ordem deste praticarem;

3) a falta de comparecimento sem justificação, perante a Câmara dos Deputados ou o Senado Federal, ou qualquer das suas comissões, quando uma ou outra casa do Congresso os convocar para, pessoalmente, prestarem informações acerca de assunto previamente determinado;

4) não prestarem dentro em 30 (trinta) dias e sem motivo justo, a qualquer das Câmaras do Congresso Nacional, as informações que ela lhes solicitar por escrito, ou prestarem-nas com falsidade.

PARTE SEGUNDA. PROCESSO E JULGAMENTO

TÍTULO ÚNICO. DO PRESIDENTE DA REPÚBLICA E MINISTROS DE ESTADO

- CF/1988: arts. 85 e 88.

CAPÍTULO I. DA DENÚNCIA

Art. 14. É permitido a qualquer cidadão denunciar o Presidente da República ou ministro de Estado, por crime de responsabilidade, perante a Câmara dos Deputados.

Art. 15. A denúncia só poderá ser recebida enquanto o denunciado não tiver, por qualquer motivo, deixado definitivamente o cargo.

Art. 16. A denúncia assinada pelo denunciante e com a firma reconhecida, deve ser acompanhada dos documentos que a comprovem, ou da declaração de impossibilidade de apresentá-los, com a indicação do local onde possam ser encontrados. Nos crimes de que haja prova testemunhal, a denúncia deverá conter o rol das testemunhas, em número de cinco no mínimo.

Art. 17. No processo de crime de responsabilidade, servirá de escrivão um funcionário da secretaria da Câmara dos Deputados, ou do Senado, conforme se achar o mesmo em uma ou outra casa do Congresso Nacional.

Art. 18. As testemunhas arroladas no processo deverão comparecer para prestar o seu depoimento, e a mesa da Câmara dos Deputados ou do Senado, por ordem de quem serão notificadas, tomará as providências legais que se tornarem necessárias para compeli-las à obediência.

CAPÍTULO II. DA ACUSAÇÃO

▸ CF/1988: arts. 52, I, 86, e 102, II, b.

Art. 19. Recebida a denúncia, será lida no expediente da sessão seguinte e despachada a uma comissão especial eleita, da qual participem, observada a respectiva proporção, representantes de todos os partidos para opinar sobre a mesma.

Art. 20. A comissão a que alude o artigo anterior se reunirá dentro de 48 (quarenta e oito) horas e, depois de eleger seu presidente e relator, emitirá parecer, dentro do prazo de 10 (dez) dias, sobre se a denúncia deve ser ou não julgada objeto de deliberação. Dentro desse período poderá a comissão proceder as diligências que julgar necessárias ao esclarecimento da denúncia.

§ 1º. O parecer da comissão especial será lido no expediente da sessão da Câmara dos Deputados e publicado integralmente no Diário do Congresso Nacional e em avulsos, juntamente com a denúncia, devendo as publicações ser distribuídas a todos os deputados.

§ 2º. Quarenta e oito horas após a publicação oficial do parecer da comissão especial, será o mesmo incluído, em primeiro lugar, na ordem do dia da Câmara dos Deputados, para uma discussão única.

Art. 21. Cinco representantes de cada partido poderão falar, durante uma hora, sobre o parecer, ressalvado ao relator da comissão especial o direito de responder a cada um.

Art. 22. Encerrada a discussão do parecer, e submetido o mesmo a votação nominal, será a denúncia, com os documentos que a instruam, arquivada, se não for considerada objeto de deliberação. No caso contrário, será remetida por cópia autêntica ao denunciado, que terá o prazo de 20 (vinte) dias para contestá-la e indicar os meios de prova com que pretenda demonstrar a verdade do alegado.

§ 1º. Findo esse prazo e com ou sem a contestação, a comissão especial determinará as diligências requeridas, ou que julgar convenientes, e realizará as sessões necessárias para a tomada do depoimento das testemunhas de ambas as partes, podendo ouvir o denunciante e o denunciado, que poderá assistir pessoalmente, ou por seu procurador, a todas as audiências e diligências realizadas pela comissão, interrogando e contestando as testemunhas e requerendo a reinquirição ou acareação das mesmas.

§ 2º. Findas essas diligências, a comissão especial proferirá, no prazo de 10 (dez) dias, parecer sobre a procedência ou improcedência da denúncia.

§ 3º. Publicado e distribuído esse parecer na forma do § 1º do art. 20, será o mesmo incluído na ordem do dia da sessão imediata para ser submetido a duas discussões, com o interregno de 48 (quarenta e oito) horas entre uma e outra.

§ 4º. Nas discussões do parecer sobre a procedência ou improcedência da denúncia, cada representante de partido poderá falar uma só vez e durante uma hora, ficando as questões de ordem subordinadas ao disposto no § 2º do art. 20.

Art. 23. Encerrada a discussão do parecer, será o mesmo submetido a votação nominal, não sendo permitida, então, questões de ordem, nem encaminhamento de votação.

§ 1º. Se da aprovação do parecer resultar a procedência da denúncia, considerar-se-á decretada a acusação pela Câmara dos Deputados.

§ 2º. Decretada a acusação, será o denunciado intimado imediatamente pela mesa da Câmara dos Deputados, por intermédio do 1º secretário.

§ 3º. Se o denunciado estiver ausente do Distrito Federal, a sua intimação será solicitada pela mesa da Câmara dos Deputados, ao presidente do Tribunal de Justiça do Estado em que ele se encontrar.

§ 4º. A Câmara dos Deputados elegerá uma comissão de três membros para acompanhar o julgamento do acusado.

§ 5º. São efeitos imediatos ao decreto da acusação do Presidente da República, ou de ministro de Estado, a suspensão do exercício das funções do acusado e da metade do subsídio ou do vencimento, até sentença final.

§ 6º. Conforme se trate da acusação de crime comum ou de responsabilidade, o processo será enviado ao Supremo Tribunal Federal ou ao Senado Federal.

CAPÍTULO III. DO JULGAMENTO

▸ CF/1988: art. 52, par. único.

Art. 24. Recebido no Senado o decreto de acusação com o processo enviado pela Câmara dos Deputados e apresentado o libelo pela comissão acusadora, remeterá o presidente cópia de tudo ao acusado, que, na mesma ocasião e nos termos dos §§ 2º e 3º do art. 23, será notificado para comparecer em dia prefixado perante o Senado.

Parágrafo único. Ao presidente do Supremo Tribunal Federal enviar-se-á o processo em original, com a comunicação do dia designado para o julgamento.

Art. 25. O acusado comparecerá, por si ou pelos seus advogados, podendo, ainda, oferecer novos meios de prova.

Art. 26. No caso de revelia, marcará o presidente novo dia para o julgamento e nomeará para a defesa do acusado um advogado, a quem se facultará o exame de todas as peças de acusação.

Art. 27. No dia aprazado para o julgamento, presentes o acusado, seus advogados, ou o defensor nomeado a sua revelia, e a comissão acusadora, o presidente do Supremo Tribunal Federal, abrindo a sessão, mandará ler o processo preparatório, o libelo e os artigos de defesa; em seguida inquirirá as testemunhas, que deverão depor publicamente e fora da presença umas das outras.

Art. 28. Qualquer membro da comissão acusadora ou do Senado, e bem assim o acusado ou seus advogados poderão requerer que se façam às testemunhas perguntas que julgarem necessárias.

Parágrafo único. A comissão acusadora, ou o acusado ou seus advogados, poderão contestar ou arguir as testemunhas sem contudo interrompê-las e requerer a acareação.

Art. 29. Realizar-se-á a seguir o debate verbal entre a comissão acusadora e o acusado ou os seus advogados pelo prazo que o presidente fixar e que não poderá exceder de 2 (duas) horas.

Art. 30. Findos os debates orais e retiradas as partes, abrir-se-á discussão sobre o objeto da acusação.

Art. 31. Encerrada a discussão o presidente do Supremo Tribunal Federal fará relatório resumido da denúncia e das provas da acusação e da defesa e submeterá à votação nominal dos senadores o julgamento.

Art. 32. Se o julgamento for absolutório produzirá, desde logo, todos os efeitos a favor do acusado.

Art. 33. No caso de condenação, o Senado por iniciativa do presidente fixará o prazo de inabilitação do condenado para o exercício de qualquer função pública; e no caso de haver crime comum deliberará ainda sobre se o presidente o deverá submeter à justiça ordinária, independentemente da ação de qualquer interessado.

Art. 34. Proferida a sentença condenatória, o acusado estará, *ipso facto*, destituído do cargo.

Art. 35. A resolução do Senado constará da sentença que será lavrada, nos autos do processo, pelo presidente do Supremo Tribunal Federal, assinada pelos senadores que funcionarem como juízes, transcrita na ata da sessão e, dentro desta, publicada no *Diário Oficial* e no *Diário do Congresso Nacional*.

Art. 36. Não pode interferir, em nenhuma fase do processo de responsabilidade do Presidente da República ou dos Ministros de Estado, o deputado ou senador:

a) que tiver parentesco consanguíneo ou afim, com o acusado, em linha reta; em linha colateral, os irmãos, cunhados, enquanto durar o cunhadio, e os primos coirmãos;

b) que, como testemunha do processo, tiver deposto de ciência própria.

Art. 37. O Congresso Nacional deverá ser convocado, extraordinariamente, pelo terço de uma de suas câmaras, caso a sessão legislativa se encerre sem que se tenha ultimado o julgamento do Presidente da República, ou de ministro de Estado, bem como no caso de ser necessário o início imediato do processo.

Art. 38. No processo e julgamento do Presidente da República e dos ministros de Estado, serão subsidiários desta lei naquilo em que lhes forem aplicáveis, assim os regimentos internos da Câmara dos Deputados e do Senado Federal, como o Código de Processo Penal.

PARTE TERCEIRA.

TÍTULO I.

CAPÍTULO I. DOS MINISTROS DO SUPREMO TRIBUNAL FEDERAL

› CF/1988: arts. 101 a 103-B.

Art. 39. São crimes de responsabilidade dos ministros do Supremo Tribunal Federal:

1) alterar, por qualquer forma, exceto por via de recurso, a decisão ou voto já proferido em sessão do tribunal;

2) proferir julgamento, quando, por lei, seja suspeito na causa;

3) exercer atividade político-partidária;

4) ser patentemente desidioso no cumprimento dos deveres do cargo;

5) proceder de modo incompatível com a honra, dignidade e decoro de suas funções.

Art. 39-A. Constituem, também, crimes de responsabilidade do Presidente do Supremo Tribunal Federal ou de seu substituto quando no exercício da Presidência, as condutas previstas no art. 10 desta Lei, quando por eles ordenadas ou praticadas. (Incluído pela Lei nº 10.028, de 2000)

Parágrafo único. O disposto neste artigo aplica-se aos Presidentes, e respectivos substitutos quando no exercício da Presidência, dos Tribunais Superiores, dos Tribunais de Contas, dos Tribunais Regionais Federais, do Trabalho e Eleitorais, dos Tribunais de Justiça e de Alçada dos Estados e do Distrito Federal, e aos Juízes Diretores de Foro ou função equivalente no primeiro grau de jurisdição. (Incluído pela Lei nº 10.028, de 2000)

› Com a promulgação da Constituição de 1946, o Tribunal de Apelação passou a ter a denominação Tribunal de Justiça.

› EC 45/2004: art. 4º. Ficam extintos os tribunais de Alçada, onde houver, passando os seus membros a integrar os Tribunais de Justiça dos respectivos Estados, respeitadas a antiguidade e classe de origem. (...)

CAPÍTULO II. DO PROCURADOR-GERAL DA REPÚBLICA

› CF/1988: art. 52, II.

Art. 40. São crimes de responsabilidade do procurador-geral da República:

1) emitir parecer, quando, por lei, seja suspeito na causa;

2) recusar-se à prática de ato que lhe incumba;

3) ser patentemente desidioso no cumprimento de suas atribuições;

4) proceder de modo incompatível com a dignidade e o decoro do cargo.

Art. 40-A. Constituem, também, crimes do Procurador-Geral da República, ou de seu substituto quando no exercício da chefia do Ministério Público da União, as condutas previstas no art. 10 desta Lei, quando por eles ordenadas ou praticadas. (Incluído pela Lei nº 10.028, de 2000)

Parágrafo único. O disposto neste artigo aplica-se: (Incluído pela Lei nº 10.028, de 2000)

I – ao Advogado-Geral da União; (Incluído pela Lei nº 10.028, de 2000)

II – aos Procuradores-Gerais do Trabalho, Eleitoral e Militar, aos Procuradores-Gerais de Justiça dos Estados e do Distrito Federal, aos Procuradores-Gerais dos Estados e do Distrito Federal, e aos membros do Ministério Público da União e dos Estados, da Advocacia-Geral da União, das Procuradorias dos Estados e do Distrito Federal, quando no exercício de função de chefia das unidades regionais ou locais das respectivas instituições. (Incluído pela Lei nº 10.028, de 2000)

TÍTULO II. DO PROCESSO E JULGAMENTO

CAPÍTULO I. DA DENÚNCIA

Art. 41. É permitido a todo cidadão denunciar, perante o Senado Federal, os ministros do Supremo Tribunal Federal e o procurador-geral da República, pelos crimes de responsabilidade que cometerem (arts. 39 e 40).

› CF/1988: art. 52, II.

Art. 41-A. Respeitada a prerrogativa de foro que assiste às autoridades a que se referem o parágrafo único do art. 39-A e o inciso II do parágrafo único do art. 40-A, as ações penais contra elas ajuizadas pela prática dos crimes de responsabilidade previstos no art. 10 desta Lei serão processadas e julgadas de acordo com o rito instituído pela Lei nº 8.038, de 28 de maio de 1990, permitido, a todo cidadão, o oferecimento da denúncia. (Incluído pela Lei nº 10.028, de 2000)

Art. 42. A denúncia só poderá ser recebida se o denunciado não tiver, por qualquer motivo, deixado definitivamente o cargo.

Art. 43. A denúncia, assinada pelo denunciante com a firma reconhecida, deve ser acompanhada dos documentos que a comprovem ou da declaração de impossibilidade de apresentá-los, com a indicação do local onde possam ser encontrados. Nos crimes de que haja prova testemunhal, a denúncia deverá conter o rol das testemunhas, em número de cinco, no mínimo.

Art. 44. Recebida a denúncia pela mesa do Senado, será lida no expediente da sessão seguinte e despachada a uma comissão especial, eleita para opinar sobre a mesma.

Art. 45. A comissão a que alude o artigo anterior, reunir-se-á dentro de 48 (quarenta e oito) horas e, depois de eleger o seu presidente e relator, emitirá parecer no prazo de 10 (dez) dias sobre se a denúncia deve ser, ou não, julgada objeto de deliberação. Dentro desse período poderá a comissão proceder às diligências que julgar necessárias.

Art. 46. O parecer da comissão, com a denúncia e os documentos que a instruírem será lido no expediente de sessão do Senado, publicado no *Diário do Congresso Nacional* e em avulsos, que deverão ser distribuídos entre os senadores, e dado para ordem do dia da sessão seguinte.

Art. 47. O parecer será submetido a uma só discussão, e a votação nominal, considerando-se aprovado se reunir a maioria simples de votos.

Art. 48. Se o Senado resolver que a denúncia não deve constituir objeto de deliberação, serão os papéis arquivados.

Art. 49. Se a denúncia for considerada objeto de deliberação, a mesa remeterá cópia de tudo ao denunciado, para responder à acusação no prazo de 10 (dez) dias.

Art. 50. Se o denunciado estiver fora do Distrito Federal, a cópia lhe será entregue pelo presidente do Tribunal de Justiça do Estado em que se achar. Caso se ache fora do País ou em lugar incerto e não sabido, o que será verificado pelo 1º secretário do Senado, a intimação far-se-á por edital, publicado no *Diário do Congresso Nacional*, com a antecedência de 60 (sessenta) dias, aos quais se acrescerá, em comparecendo o denunciado, o prazo do art. 49.

Art. 51. Findo o prazo para a resposta do denunciado, seja esta recebida, ou não, a comissão dará parecer, dentro de 10 (dez) dias, sobre a procedência ou improcedência da acusação.

Art. 52. Perante a comissão, o denunciante e o denunciado poderão comparecer pessoalmente ou por procurador, assistir a todos os atos e diligências por ela praticados, inquirir, reinquirir, contestar testemunhas e requerer a sua acareação. Para esse efeito, a comissão dará aos interessados conhecimento das suas reuniões e das diligências a que deva proceder, com a indicação de lugar, dia e hora.

Art. 53. Findas as diligências, a comissão emitirá sobre elas o seu parecer, que será publicado e distribuído, com todas as peças que o instruírem, e dado para ordem do dia 48 (quarenta e oito) horas, no mínimo, depois da distribuição.

Art. 54. Esse parecer terá uma só discussão e considerar-se-á aprovado se, em votação nominal, reunir a maioria simples dos votos.

Art. 55. Se o Senado entender que não procede a acusação, serão os papéis arquivados. Caso decida o contrário, a mesa dará imediato conhecimento dessa decisão ao Supremo Tribunal Federal, ao Presidente da República, ao denunciante e ao denunciado.

Art. 56. Se o denunciado não estiver no Distrito Federal, a decisão ser-lhe-á comunicada à requisição da mesa, pelo presidente do Tribunal de Justiça do Estado onde se achar. Se estiver fora do País ou em lugar incerto e não sabido, o que será verificado pelo 1º secretário do Senado, far-se-á a intimação mediante edital pelo *Diário do Congresso Nacional*, com a antecedência de 60 (sessenta) dias.

Art. 57. A decisão produzirá desde a data da sua intimação os seguintes efeitos contra o denunciado:

a) ficar suspenso do exercício das suas funções até sentença final;

b) ficar sujeito à acusação criminal;

c) perder, até sentença final, 1/3 (um terço) dos vencimentos, que lhe será pago no caso de absolvição.

CAPÍTULO II. DA ACUSAÇÃO E DA DEFESA

Art. 58. Intimado o denunciante ou o seu procurador da decisão a que aludem os três últimos artigos, ser-lhe-á dada vista do processo, na secretaria do Senado, para, dentro de 48 (quarenta e oito) horas, oferecer o libelo acusatório e o rol das testemunhas. Em seguida abrir-se-á vista ao denunciado ou ao seu defensor, pelo mesmo prazo para oferecer a contrariedade e o rol das testemunhas.

Art. 59. Decorridos esses prazos, com o libelo e a contrariedade ou sem eles, serão os autos remetidos, em original, ao presidente do Supremo Tribunal Federal, ou ao seu substituto legal, quando seja ele o denunciado, comunicando-se-lhe o dia designado para o julgamento e convidando-o para presidir a sessão.

Art. 60. O denunciante e o acusado serão notificados pela forma estabelecida no art. 56, para assistirem ao julgamento, devendo as testemunhas ser, por um magistrado, intimadas a comparecer à requisição da mesa.

Parágrafo único. Entre a notificação e o julgamento deverá mediar o prazo mínimo de 10 (dez) dias.

Art. 61. No dia e hora marcados para o julgamento, o Senado reunir-se-á, sob a presidência do presidente do Supremo Tribunal Federal ou do seu substituto legal. Verificada a presença de número legal de senadores, será aberta a sessão e feita a chamada das partes, acusador e acusado, que poderão comparecer pessoalmente ou pelos seus procuradores.

Art. 62. A revelia do acusador não importará transferência do julgamento, nem perempção da acusação.

§ 1º. A revelia do acusado determinará o adiamento do julgamento, para o qual o presidente designará novo dia, nomeando um advogado para defender o revel.

§ 2º. Ao defensor nomeado será facultado o exame de todas as peças do processo.

Art. 63. No dia definitivamente aprazado para o julgamento, verificado o número legal de senadores, será aberta a sessão e facultado o ingresso às partes ou aos seus procuradores. Serão juízes todos os senadores presentes, com exceção dos impedidos nos termos do art. 36.

Parágrafo único. O impedimento poderá ser oposto pelo acusador ou pelo acusado e invocado por qualquer senador.

Art. 64. Constituído o Senado em tribunal de julgamento, o presidente mandará ler o processo e, em seguida, inquirirá publicamente as testemunhas, fora da presença umas das outras.

Art. 65. O acusador e o acusado, ou os seus procuradores, poderão reinquirir as testemunhas, contestá-las sem interrompê-las e requerer a sua acareação. Qualquer senador poderá requerer sejam feitas as perguntas que julgar necessárias.

Art. 66. Finda a inquirição, haverá debate oral, facultadas a réplica e a tréplica entre o acusador e o acusado, pelo prazo que o presidente determinar.

Parágrafo único. Ultimado o debate, retirar-se-ão as partes do recinto da sessão e abrir-se-á uma discussão única entre os senadores sobre o objeto da acusação.

Art. 67. Encerrada a discussão, fará o presidente um relatório resumido dos fundamentos da acusação e da defesa, bem como das respectivas provas, submetendo em seguida o caso a julgamento.

CAPÍTULO III. DA SENTENÇA

Art. 68. O julgamento será feito, em votação nominal pelos senadores desimpedidos que responderão "sim" ou "não" à seguinte pergunta enunciada pelo presidente: "Cometeu o acusado F o crime que lhe é imputado e deve ser condenado à perda do seu cargo?"

Parágrafo único. Se a resposta afirmativa obtiver, pelo menos, 2/3 (dois terços) dos votos dos senadores presentes, o presidente fará nova consulta ao plenário sobre o tempo não excedente de 5 (cinco) anos, durante o qual o condenado deverá ficar inabilitado para o exercício de qualquer função pública.

Art. 69. De acordo com a decisão do Senado, o presidente lavrará, nos autos, a sentença que será assinada por ele e pelos senadores, que tiverem tomado parte no julgamento, e transcrita na ata.

Art. 70. No caso de condenação, fica o acusado desde logo destituído do seu cargo. Se a sentença for absolutória, produzirá a imediata reabilitação do acusado, que voltará ao exercício do cargo, com direito à parte dos vencimentos de que tenha sido privado.

Art. 71. Da sentença, dar-se-á imediato conhecimento ao Presidente da República, ao Supremo Tribunal Federal e ao acusado.

Art. 72. SE no dia do encerramento do Congresso Nacional não estiver concluído o processo ou julgamento de ministro do Supremo Tribunal Federal ou do procurador-geral da República, deverá ele ser convocado extraordinariamente pelo terço do Senado Federal.

Art. 73. No processo e julgamento de ministro do Supremo Tribunal, ou do procurador-geral da República, serão subsidiários desta lei, naquilo em que lhes forem aplicáveis, o Regimento Interno do Senado Federal e o Código de Processo Penal.

PARTE QUARTA.

TÍTULO ÚNICO.

CAPÍTULO I. DOS GOVERNADORES E SECRETÁRIOS DOS ESTADOS

Art. 74. Constituem crimes de responsabilidade dos governadores dos Estados ou dos seus secretários, quando por eles praticados, os atos definidos como crime nesta Lei.

- CPP: art. 87.
- Lei 7.106/1983 – Crimes de responsabilidade do Governador do Distrito Federal, dos Governadores dos Territórios Federais e de seus respectivos Secretários.

CAPÍTULO II. DA DENÚNCIA, ACUSAÇÃO E JULGAMENTO

Art. 75. É permitido a todo cidadão denunciar o governador perante a Assembleia Legislativa, por crime de responsabilidade.

Art. 76. A denúncia, assinada pelo denunciante e com a firma reconhecida, deve ser acompanhada dos documentos que a comprovem, ou da declaração de impossibilidade de apresentá-los, com a indicação do local em que possam ser encontrados. Nos crimes de que houver prova testemunhal, conterá o rol das testemunhas, em número de cinco pelo menos.

Parágrafo único. Não será recebida a denúncia depois que o governador, por qualquer motivo, houver deixado definitivamente o cargo.

Art. 77. Apresentada a denúncia e julgada objeto de deliberação, se a Assembleia Legislativa, por maioria absoluta, decretar a procedência da acusação, será o governador imediatamente suspenso de suas funções.

Art. 78. O governador será julgado, nos crimes de responsabilidade, pela forma que determinar a Constituição do Estado e não poderá ser condenado, senão à perda do cargo, com inabilitação, até 5 (cinco) anos, para o exercício de qualquer função pública, sem prejuízo da ação da justiça comum.

§ 1º. Quando o tribunal de julgamento for de jurisdição mista, serão iguais, pelo número, os representantes dos órgãos que o integrarem, excluído o presidente, que será o presidente do Tribunal de Justiça.

§ 2º. Em qualquer hipótese, só poderá ser decretada a condenação pelo voto de 2/3 (dois terços) dos membros de que se compuser o tribunal de julgamento.

§ 3º. Nos Estados, onde as Constituições não determinarem o processo nos crimes de responsabilidade dos governadores, aplicar-se-á o disposto nesta lei, devendo, porém, o julgamento ser proferido por um tribunal composto de cinco membros do Legislativo e de cinco desembargadores, sob a presidência do Tribunal de Justiça local, que terá direito de voto no caso de empate. A escolha desse tribunal será feita: a dos membros do Legislativo, mediante eleição pela Assembleia; a dos desembargadores, mediante sorteio.

§ 4º. Esses atos deverão ser executados dentro em 5 (cinco) dias contados da data em que a Assembleia enviar ao presidente do Tribunal de Justiça os autos do processo, depois de decretada a procedência da acusação.

Art. 79. No processo e julgamento do governador serão subsidiários desta lei naquilo em que lhe forem aplicáveis, assim o regimento interno da Assembleia Legislativa e do Tribunal de Justiça, como o Código de Processo Penal.

Parágrafo único. Os secretários de Estado, nos crimes conexos com os dos governadores, serão sujeitos ao mesmo processo e julgamento.

DISPOSIÇÕES GERAIS

Art. 80. Nos crimes de responsabilidade do Presidente da República e dos ministros de Estado, a Câmara dos Deputados é tribunal de pronúncia e o Senado Federal, tribunal de julgamento; nos crimes de responsabilidade dos ministros do Supremo Tribunal Federal e do procurador-geral da República, o Senado Federal é, simultaneamente, tribunal de pronúncia e julgamento.

Parágrafo único. O Senado Federal, na apuração e julgamento dos crimes de responsabilidade, funciona sob a presidência do presidente do Supremo Tribunal, e só proferirá sentença condenatória pelo voto de 2/3 (dois terços) dos seus membros.

Art. 81. A declaração de procedência da acusação nos crimes de responsabilidade só poderá ser decretada pela maioria absoluta da Câmara que a proferir.

Art. 82. Não poderá exceder de 120 (cento e vinte) dias, contados da data da declaração da procedência da acusação, o prazo para o processo e julgamento dos crimes definidos nesta Lei.

Art. 83. Esta Lei entrará em vigor na data da sua publicação, revogadas as disposições em contrário.

Rio de Janeiro, 10 de abril de 1950; 129º da Independência e 62º da República.

EURICO G. DUTRA

D.O.U. de 12.4.1950

LEI Nº 1.408, DE 9 DE AGOSTO DE 1951

Prorroga vencimento de prazos judiciais e dá outras providências.

› *Prazos judiciais*

O PRESIDENTE DA REPÚBLICA Faço saber que o Congresso Nacional decreta e eu sanciono a seguinte Lei:

Art. 1º. Sempre que, por motivo de ordem pública, se fizer necessário o fechamento do Foro, de edifícios anexos ou de quaisquer dependências do serviço judiciário ou o respectivo expediente tiver de ser encerrado antes da hora legal, observar-se-á o seguinte:

a) os prazos serão restituídos aos interessados na medida que houverem sido atingidos pela providência tomada;

b) as audiências, que ficarem prejudicadas, serão realizadas em outro dia mediante designação da autoridade competente.

Art. 2º. O fechamento extraordinário do Foro e dos edifícios anexos e as demais medidas, a que se refere o art. 1º, poderão ser determinados pelo presidente dos Tribunais de Justiça, nas comarcas onde esses tribunais tiverem a sede e pelos juízes de direito nas respectivas comarcas.

Art. 3º. Os prazos judiciais que se iniciarem ou vencerem aos sábados serão prorrogados por 1 (um) dia útil. (Redação dada pela Lei nº 4.674, de 1965)

Art. 4º. Se o jornal, que divulgar o expediente oficial do Foro, se publicar à tarde, serão dilatados de 1 (um) dia os prazos que devam correr de sua inserção nessa folha e feitas, na véspera da realização do ato oficial, as publicações que devam ser efetuadas no dia fixado para esse ato.

Art. 5º. Não haverá expediente no Foro e nos ofícios de justiça, no "Dia da Justiça", nos feriados nacionais, na terça-feira de Carnaval, na Sexta-Feira Santa, e nos dias que a lei estadual designar.

Parágrafo único. Os casamentos e ato de registro civil serão realizados em qualquer dia.

Art. 6º. Esta Lei entrará em vigor na data de sua publicação, revogadas as disposições em contrário.

Rio de Janeiro, 9 de agosto de 1951; 130º da Independência e 63º da República.

GETÚLIO VARGAS

D.O.U. de 13.8.1951

LEI Nº 1.521, DE 26 DE DEZEMBRO DE 1951

Altera dispositivos da legislação vigente sobre crimes contra a economia popular.

› *Crimes contra a economia popular*

O PRESIDENTE DA REPÚBLICA Faço saber que o Congresso Nacional decreta e eu sanciono a seguinte Lei:

› Lei 12.529/2011 – Estrutura o Sistema Brasileiro de Defesa da Concorrência; dispõe sobre a prevenção e repressão às infrações contra a ordem econômica; altera a Lei 8.137/1990, o Decreto-Lei 3.689/1941 (Código de Processo Penal), e a Lei 7.347/1985; revoga dispositivos da Lei 8.884/1994, e a Lei 9.781/1999.

› Lei 8.137/1990 – Define crimes contra a ordem tributária, econômica e contra as relações de consumo.

› Lei 8.078/1990 (CDC): arts. 61 e ss.

› Lei 7.492/1986 – Define os crimes contra o sistema financeiro nacional.

Art. 1º. Serão punidos, na forma desta Lei, os crimes e as contravenções contra a economia popular. Esta Lei regulará o seu julgamento.

Art. 2º. São crimes desta natureza:

I – recusar individualmente em estabelecimento comercial a prestação de serviços essenciais à subsistência; sonegar mercadoria ou recusar vendê-la a quem esteja em condições de comprar a pronto pagamento;

› CDC: art. 39, II e IX.

II – favorecer ou preferir comprador ou freguês em detrimento de outro, ressalvados os sistemas de entrega ao consumo por intermédio de distribuidores ou revendedores;

III – expor à venda ou vender mercadoria ou produto alimentício, cujo fabrico haja desatendido a determinações oficiais, quanto ao peso e composição;

› CDC: arts. 18, § 6º e 39, VIII.

IV – negar ou deixar o fornecedor de serviços essenciais de entregar ao freguês a nota relativa à prestação de serviço, desde que a importância exceda de 15 (quinze) cruzeiros, e com a indicação do preço, do nome e endereço do estabelecimento, do nome da firma ou responsável, da data e do local da transação e do nome e residência do freguês;

V – misturar gêneros e mercadorias de espécies diferentes, expô-los à venda ou vendê-los, como puros; misturar gêneros e mercadorias de qualidades desiguais para expô-los à venda ou vendê-lo por preço marcado para os de mais alto custo;

› CDC: art. 18, § 6º.

VI – transgredir tabelas oficiais de gêneros e mercadorias, ou de serviços essenciais, bem como expor à venda ou oferecer ao público ou vender tais gêneros, mercadorias ou serviços, por preço superior ao tabelado, assim como não manter afixadas, em lugar visível e de fácil leitura, as tabelas de preços aprovadas pelos órgãos competentes;

- CDC: art. 39, X.

VII – negar ou deixar o vendedor de fornecer nota ou caderno de venda de gêneros de primeira necessidade, seja à vista ou a prazo, e cuja a importância exceda de dez cruzeiros, ou de especificar na nota ou caderno – que serão isentos de selo – o preço da mercadoria vendida, o nome e o endereço do estabelecimento, a firma ou o responsável, a data e local da transação e o nome e residência do freguês;

VIII – celebrar ajuste para impor determinado preço de revenda ou exigir do comprador que não compre de outro vendedor;

IX – obter ou tentar obter ganhos ilícitos em detrimento do povo ou de número indeterminado de pessoas mediante especulações ou processos fraudulentos ("bola de neve", "cadeias", "pichardismo" e quaisquer outros equivalentes);

X – violar contrato de venda a prestações, fraudando sorteios ou deixando de entregar a coisa vendida, sem devolução das prestações pagas, ou descontar destas, nas vendas com reserva de domínio, quando o contrato for rescindido por culpa do comprador, quantia maior do que a correspondente à depreciação do objeto;

XI – fraudar pesos ou medidas padronizados em lei ou regulamentos; possuí-los ou detê-los, para efeitos de comércio, sabendo estarem fraudados.

- CDC: art. 18, § 6º, II.

Pena – detenção, de 6 (seis) meses a 2 (dois) anos, e multa de dois mil a cinquenta mil cruzeiros.

Parágrafo único. Na configuração dos crimes previstos nesta Lei, bem como na de qualquer outro de defesa da economia popular, sua guarda e seu emprego considerar-se-ão como de primeira necessidade ou necessários ao consumo do povo, os gêneros, artigos, mercadorias e qualquer outra espécie de coisas ou bens indispensáveis à subsistência do indivíduo em condições higiênicas e ao exercício normal de suas atividades. Estão compreendidos nesta definição os artigos destinados à alimentação, ao vestuário e à iluminação, os terapêuticos ou sanitários, o combustível, a habitação e os materiais de construção.

Art. 3º. São também crimes desta natureza:

I – destruir ou inutilizar, intencionalmente e sem autorização legal, com o fim de determinar alta de preços, em proveito próprio ou de terceiro, matérias-primas ou produtos necessários ao consumo do povo;

II – abandonar ou fazer abandonar lavoura ou plantações, suspender ou fazer suspender a atividade de fábricas, usinas ou quaisquer estabelecimentos de produção, ou meios de transporte, mediante indenização paga pela desistência da competição;

III – promover ou participar de consórcio, convênio, ajuste, aliança ou fusão de capitais, com o fim de impedir ou dificultar, para o efeito de aumento arbitrário de lucros, a concorrência em matéria de produção, transportes ou comércio;

IV – reter ou açambarcar matérias-primas, meios de produção ou produtos necessários ao consumo do povo, com o fim de dominar o mercado em qualquer ponto do País e provocar a alta dos preços;

V – vender mercadorias abaixo do preço de custo com o fim de impedir a concorrência;

VI – provocar a alta ou baixa de preços de mercadorias, títulos públicos, valores ou salários por meio de notícias falsas, operações fictícias ou qualquer outro artifício;

VII – dar indicações ou fazer afirmações falsas em prospectos ou anúncios, para fim de substituição, compra ou venda de títulos, ações ou quotas;

VIII – exercer funções de direção, administração ou gerência de mais de uma empresa ou sociedade do mesmo ramo de indústria ou comércio com o fim de impedir ou dificultar a concorrência;

IX – gerir fraudulenta ou temerariamente bancos ou estabelecimentos bancários, ou de capitalização; sociedades de seguros, pecúlios ou pensões vitalícias; sociedades para empréstimos ou financiamento de construções e de vendas de imóveis a prestações, com ou sem sorteio ou preferência por meio de pontos ou quotas; caixas econômicas; caixas Raiffeisen; caixas mútuas de beneficência, socorros ou empréstimos; caixas de pecúlios, pensão e aposentadoria; caixas construtoras; cooperativas; sociedades de economia coletiva, levando-as à falência ou à insolvência, ou não cumprindo qualquer das cláusulas contratuais com prejuízo dos interessados;

X – fraudar de qualquer modo escriturações, lançamentos, registros, relatórios, pareceres e outras informações devidas a sócios de sociedades civis ou comerciais, em que o capital seja fracionado em ações, ou quotas de valor nominativo igual ou inferior a um mil cruzeiros com o fim de sonegar lucros, dividendos, percentagens, rateios ou bonificações, ou de desfalcar ou desviar fundos de reserva ou reservas técnicas.

Pena – detenção, de 2 (dois) anos a 10 (dez) anos, e multa de vinte mil a cem mil cruzeiros.

Art. 4º. Constitui crime da mesma natureza a usura pecuniária ou real, assim se considerando:

a) cobrar juros, comissões ou descontos percentuais, sobre dívidas em dinheiro, superiores à taxa permitida por lei; cobrar ágio superior à taxa oficial de câmbio, sobre quantia permutada por moeda estrangeira; ou, ainda, emprestar sob penhor que seja privativo de instituição oficial de crédito;

- Lei 1.807/1953: art. 10.

b) obter, ou estipular, em qualquer contrato, abusando da premente necessidade, inexperiência ou leviandade de outra parte, lucro patrimonial que exceda o quinto do valor corrente ou justo da prestação feita ou prometida.

- CDC: art. 39, IV.

Pena – detenção, de 6 (seis) meses a 2 (dois) anos, e multa de cinco mil a vinte mil cruzeiros.

§ 1º. Nas mesmas penas incorrerão os procuradores, mandatários ou mediadores que intervierem na operação usurária, bem como os cessionários de crédito usurário que, cientes de sua natureza ilícita, o fizerem valer em sucessiva transmissão ou execução judicial.

§ 2º. São circunstâncias agravantes do crime de usura:

I – ser cometido em época de grave crise econômica;

II – ocasionar grave dano individual;

III – dissimular-se a natureza usurária do contrato;

IV – quando cometido:

a) por militar, funcionário público, ministro de culto religioso; por pessoa cuja condição econômico-social seja manifestamente superior à da vítima;

b) em detrimento de operário ou de agricultor; de menor de 18 (dezoito) anos ou de deficiente mental, interditado ou não.

§ 3º. A estipulação de juros ou lucros usurários será nula, devendo o juiz ajustá-los à medida legal, ou, caso já tenha sido cumprida, ordenar a restituição da quantia para em excesso, com os juros legais a contar da data do pagamento indevido. (Eficácia suspensa pela Medida Provisória nº 2.172-32, de 2001)

Art. 5º. Nos crimes definidos nesta lei, haverá suspensão da pena e livramento condicional em todos os casos permitidos pela legislação comum. Será a fiança concedida nos termos da legislação em vigor, devendo ser arbitrada dentro dos limites de cinco mil cruzeiros a cinquenta mil cruzeiros, nas hipóteses do artigo 2º, e dentro dos limites de dez mil cruzeiros a cem mil cruzeiros nos demais casos, reduzida a metade dentro desses limites, quando o infrator for empregado do estabelecimento comercial ou industrial, ou não ocupe cargo ou posto de direção dos negócios. (Redação dada pela Lei nº 3.290, de 1957)

- CP: arts. 77 e 78.
- Lei 9.099/1995: art. 89.

Art. 6º. Verificado qualquer crime contra a economia popular ou contra a saúde pública (Capítulo III do Título VIII do Código Penal) e atendendo à gravidade do fato, sua repercussão e efeitos, o juiz, na sentença, declarará a interdição de direito, determinada no art. 69, IV, do Código Penal, de 6 (seis) meses a 1 (um) ano, assim como, mediante representação da autoridade policial, poderá decretar, dentro de 48 (quarenta e oito) horas, a suspensão provisória, pelo prazo de 15 (quinze) dias, do exercício da profissão ou atividade do infrator.

- A referência antecede a Lei 7.209/1984.
- CP: art. 47.

Art. 7º. Os juízes recorrerão de ofício sempre que absolverem os acusados em processo por crime contra a economia popular ou contra a saúde pública, ou quando determinarem o arquivamento dos autos do respectivo inquérito policial.

Art. 8º. Nos crimes contra a saúde pública, os exames periciais serão realizados, no Distrito Federal, pelas repartições da Secretaria-Geral da Saúde e Assistência e da Secretaria da Agricultura, Indústria e Comércio da Prefeitura ou pelo Gabinete de Exames Periciais do Departamento de Segurança Pública e nos Estados e Territórios pelos serviços congêneres, valendo qualquer dos laudos como corpo de delito.

Art. 9º. *(Revogado pela Lei nº 6.649, de 1979).*

Art. 10. Terá forma sumária, nos termos do Capítulo V, Título II, Livro II, do Código de Processo Penal, o processo das contravenções e dos crimes contra a economia popular, não submetidos ao julgamento pelo júri.

§ 1º. Os atos policiais (inquérito ou processo iniciado por portaria) deverão terminar no prazo de 10 (dez) dias.

§ 2º. O prazo para oferecimento da denúncia será de 2 (dois) dias, esteja ou não o réu preso.

§ 3º. A sentença do juiz será proferida dentro do prazo de 30 (trinta) dias contados do recebimento dos autos da autoridade policial (art. 536 do Código de Processo Penal).

§ 4º. A retardação injustificada, pura e simples, dos prazos indicados nos parágrafos anteriores, importa em crime de prevaricação (art. 319 do Código Penal).

Art. 11. No Distrito Federal, o processo das infrações penais relativas à economia popular caberá, indistintamente, a todas as varas criminais com exceção das 1ª e 20ª, observadas as disposições quanto aos crimes da competência do júri de que trata o art. 12.

Art. 12 a 32. *(Artigos inaplicáveis, conforme EC 1/1969).*

Art. 33. Esta Lei entrará em vigor 60 (sessenta) dias depois de sua publicação, aplicando-se aos processos iniciados na sua vigência.

Art. 34. Revogam-se as disposições em contrário.

Rio de Janeiro, 26 de dezembro de 1951; 130º da Independência e 63º da República.

GETÚLIO VARGAS

D.O.U. de 27.12.1951

LEI Nº 4.090, DE 13 DE JULHO DE 1962

Institui a gratificação de Natal para os trabalhadores.

- *Gratificação de Natal*

O PRESIDENTE DA REPÚBLICA Faço saber que o Congresso Nacional decreta e eu sanciono a seguinte Lei:

Art. 1º. No mês de dezembro de cada ano, a todo empregado será paga, pelo empregador, uma gratificação salarial, independentemente da remuneração a que fizer jus.

- CF/88: art. 201, § 6º.
- Decreto 57.155/1965 – Expede no regulamentação da Lei 4.090/1962, que institui a gratificação de Natal para os trabalhadores, com as alterações introduzidas pela Lei 4.749/1965.

§ 1º. A gratificação corresponderá a 1/12 (um doze avos) da remuneração devida em dezembro, por mês de serviço, do ano correspondente.

§ 2º. A fração igual ou superior a 15 (quinze) dias de trabalho será havida como mês integral para os efeitos do parágrafo anterior.

§ 3º. A gratificação será proporcional: (Incluído pela Lei nº 9.011, de 1995)

I – na extinção dos contratos a prazo, entre estes incluídos os de safra, ainda que a relação de emprego haja findado antes de dezembro; e (Incluído pela Lei nº 9.011, de 1995)

II – na cessação da relação de emprego resultante da aposentadoria do trabalhador, ainda que verificada antes de dezembro. (Incluído pela Lei nº 9.011, de 1995)

Art. 2º. As faltas legais e justificadas ao serviço não serão deduzidas para os fins previstos no § 1º do art. 1º desta Lei.

Art. 3º. Ocorrendo rescisão, sem justa causa, do contrato de trabalho, o empregado receberá a gratificação devida nos termos dos §§ 1º e 2º do art. 1º desta Lei, calculada sobre a remuneração do mês da rescisão.

- CLT: art. 477.

Art. 4º. Esta Lei entrará em vigor na data de sua publicação, revogadas as disposições em contrário.

Brasília, 13 de julho de 1962; 141º da Independência e 74º da República.

JOÃO GOULART

D.O.U. de 26.7.1962

LEI Nº 4.591, DE 16 DE DEZEMBRO DE 1964

Dispõe sobre o condomínio em edificações e as incorporações imobiliárias.

- *Lei do condomínio*

O PRESIDENTE DA REPÚBLICA Faço saber que o Congresso Nacional decreta e eu sanciono a seguinte Lei:

TÍTULO I. DO CONDOMÍNIO

- CC: arts. 1.331 a 1.358.

Art. 1º. As edificações ou conjuntos de edificações, de um ou mais pavimentos, construídos sob a forma de unidades isoladas entre si, destinadas a fins residenciais ou não residenciais, poderão ser alienados, no todo ou em parte, objetivamente considerados, e constituirá, cada unidade, propriedade autônoma, sujeita às limitações desta Lei.

§ 1º. Cada unidade será assinalada por designação especial, numérica ou alfabética, para efeitos de identificação e discriminação.

§ 2º. A cada unidade caberá, como parte inseparável, uma fração ideal do terreno e coisas comuns, expressa sob forma decimal ou ordinária.

Art. 2º. Cada unidade com saída para a via pública, diretamente ou por processo de passagem comum, será sempre tratada como objeto de propriedade exclusiva, qualquer que seja o número de suas peças e sua destinação, inclusive (*vetado*) edifício-garagem, com ressalva das restrições que se lhe imponham.

- Súm. 449 do STJ.

§ 1º. O direito à guarda de veículos nas garagens ou locais a isso destinados nas edificações ou conjuntos de edificações será tratado como objeto de propriedade exclusiva, com ressalva das restrições que ao mesmo sejam impostas por instrumentos contratuais adequados, e será vinculada à unidade habitacional a que corresponder, no caso de não lhe ser atribuída fração ideal específica de terreno. (Incluído pela Lei nº 4.864, de 1965)

§ 2º. O direito de que trata o § 1º deste artigo poderá ser transferido a outros condôminos independentemente da alienação da unidade a que corresponder, vedada sua transferência a pessoas estranhas ao condomínio. (Incluído pela Lei nº 4.864, de 1965)

§ 3º. Nos edifícios-garagem, às vagas serão atribuídas frações ideais de terreno específicas. (Incluído pela Lei nº 4.864, de 1965)

Art. 3º. O terreno em que se levantam a edificação ou o conjunto de edificações e suas instalações, bem como as fundações, paredes externas, o teto, as áreas internas de ventilação, e tudo o mais que sirva a qualquer dependência de uso comum dos proprietários ou titulares de direito à aquisição de unidades ou ocupantes, constituirão condomínio de todos, e serão insuscetíveis de divisão, ou de alienação destacada da respectiva unidade. Serão, também, insuscetíveis de utilização exclusiva por qualquer condômino (*vetado*).

Art. 4º. A alienação de cada unidade, a transferência de direitos pertinentes à sua aquisição e a constituição de direitos reais sobre ela independerão do consentimento dos condôminos (*vetado*).

Parágrafo único. A alienação ou transferência de direitos de que trata este artigo dependerá de prova de quitação das obrigações do alienante para com o respectivo condomínio. (Redação dada pela Lei nº 7.182, de 1984)

- Lei 7.433/1985: art. 2º, § 2º.

Art. 5º. O condomínio por meação de parede, soalhos e tetos das unidades isoladas regular-se-á pelo disposto no Código Civil, no que lhe for aplicável.

› CC: art. 1.327.

Art. 6º. Sem prejuízo do disposto nesta Lei, regular-se-á pelas disposições de direito comum o condomínio por quota ideal de mais de uma pessoa sobre a mesma unidade autônoma.

Art. 7º. O condomínio por unidades autônomas instituir-se-á por ato entre vivos ou por testamento, com inscrição obrigatória no Registro de Imóveis, dele constando: a individualização de cada unidade, sua identificação e discriminação, bem como a fração ideal sobre o terreno e partes comuns, atribuída a cada unidade, dispensando-se a descrição interna da unidade.

› CC: art. 1.332.

Art. 8º. Quando, em terreno onde não houver edificação, o proprietário, o promitente comprador, o cessionário deste ou o promitente cessionário sobre ele desejar erigir mais de uma edificação, observar-se-á também o seguinte:

a) em relação às unidades autônomas que se constituírem em casas térreas ou assobradadas, será discriminada a parte do terreno ocupada pela edificação e também aquela eventualmente reservada como de utilização exclusiva dessas casas, como jardim e quintal, bem assim a fração ideal do todo do terreno e de partes comuns, que corresponderá às unidades;

b) em relação às unidades autônomas que constituírem edifícios de dois ou mais pavimentos, será discriminada a parte do terreno ocupada pela edificação, aquela que eventualmente for reservada como de utilização exclusiva, correspondente às unidades do edifício, e ainda a fração ideal do todo do terreno e de partes comuns, que corresponderá a cada uma das unidades;

c) serão discriminadas as partes do total do terreno que poderão ser utilizadas em comum pelos titulares de direito sobre os vários tipos de unidades autônomas;

d) serão discriminadas as áreas que se constituírem em passagem comum para as vias públicas ou para as unidades entre si.

CAPÍTULO II. DA CONVENÇÃO DE CONDOMÍNIO

› CC: arts. 1.333 e 1.334.

Art. 9º. Os proprietários, promitentes compradores, cessionários ou promitentes cessionários dos direitos pertinentes à aquisição de unidades autônomas, em edificações a serem construídas, em construção ou já construídas, elaborarão, por escrito, a Convenção de Condomínio, e deverão, também, por contrato ou por deliberação, em assembleia, aprovar o Regimento Interno da edificação ou conjunto de edificações.

§ 1º. Far-se-á o registro da Convenção no Registro de Imóveis, bem como a averbação das suas eventuais alterações.

§ 2º. Considera-se aprovada, e obrigatória para os proprietários de unidades, promitentes compradores, cessionários e promitentes cessionários, atuais e futuros, como para qualquer ocupante, a Convenção que reúna as assinaturas de titulares de direitos que representem, no mínimo, 2/3 (dois terços) das frações ideais que compõem o condomínio.

§ 3º. Além de outras normas aprovadas pelos interessados, a Convenção deverá conter:

a) a discriminação das partes de propriedade exclusiva, e as de condomínio, com especificações das diferentes áreas;

b) o destino das diferentes partes;

c) o modo de usar as coisas e serviços comuns;

d) encargos, forma e proporção das contribuições dos condôminos para as despesas de custeio e para as extraordinárias;

e) o modo de escolher o síndico e o Conselho Consultivo;

f) as atribuições do síndico, além das legais;

g) a definição da natureza gratuita ou remunerada de suas funções;

h) o modo e o prazo de convocação das assembleias gerais dos condôminos;

i) o *quorum* para os diversos tipos de votações;

j) a forma de contribuição para constituição de fundo de reserva;

l) a forma e o *quorum* para as alterações de convenção;

m) a forma e o *quorum* para a aprovação do Regimento Interno, quando não incluídos na própria Convenção.

§ 4º. No caso de conjunto de edificações, a que se refere o art. 8º, a Convenção de Condomínio fixará os direitos e as relações de propriedade entre os condôminos das várias edificações, podendo estipular formas pelas quais se possam desmembrar e alienar porções do terreno, inclusive as edificadas. (Incluído pela Lei nº 4.864, de 1965)

Art. 10. É defeso a qualquer condômino:

› CC: art. 1.336.

I – alterar a forma externa da fachada;

II – decorar as partes e esquadrias externas com tonalidades ou cores diversas das empregadas no conjunto da edificação;

III – destinar a unidade a utilização diversa da finalidade do prédio, ou usá-la de forma nociva ou perigosa ao sossego, à salubridade e à segurança dos demais condôminos;

IV – embaraçar o uso das partes comuns.

§ 1º. O transgressor ficará sujeito ao pagamento de multa prevista na Convenção ou no Regulamento do Condomínio, além de ser compelido a desfazer a obra ou abster-se da prática do ato, cabendo, ao síndico, com autorização judicial, mandar desmanchá-la, à custa do transgressor, se este não a desfizer no prazo que lhe for estipulado.

§ 2º. O proprietário ou titular de direito à aquisição de unidade poderá fazer obra que (*vetado*) ou modifique sua fachada, se obtiver a aquiescência da unanimidade dos condôminos.

Art. 11. Para efeitos tributários, cada unidade autônoma será tratada como prédio isolado, contribuindo o respectivo condômino, diretamente, com as importâncias relativas aos impostos e taxas federais, estaduais e municipais, na forma dos respectivos lançamentos.

CAPÍTULO III. DAS DESPESAS DO CONDOMÍNIO

Art. 12. Cada condômino concorrerá nas despesas do condomínio, recolhendo, nos prazos previstos na Convenção, a quota-parte que lhe couber em rateio.

› CC: art. 1.336, I, e §§ 1º e 2º.

§ 1º. Salvo disposição em contrário na Convenção, a fixação da quota do rateio corresponderá à fração ideal de terreno de cada unidade.

§ 2º. Cabe ao síndico arrecadar as contribuições, competindo-lhe promover, por via executiva, a cobrança judicial das quotas atrasadas.

§ 3º. O condômino que não pagar a sua contribuição no prazo fixado na Convenção fica sujeito ao juro moratório de 1% (um por cento) ao mês, e multa de até 20% (vinte por cento) sobre o débito, que será atualizado, se o estipular a Convenção, com a aplicação dos índices de correção monetária levantados pelo Conselho Nacional de Economia, no caso de mora por período igual ou superior a seis meses.

§ 4º. As obras que interessarem à estrutura integral da edificação ou conjunto de edificações, ou ao serviço comum, serão feitas com o concurso pecuniário de todos os proprietários ou titulares de direito à aquisição de unidades, mediante orçamento prévio aprovado em Assembleia Geral, podendo incumbir-se de sua execução o síndico, ou outra pessoa, com aprovação da assembleia.

§ 5º. A renúncia de qualquer condômino aos seus direitos, em caso algum valerá como escusa para exonerá-lo de seus encargos.

CAPÍTULO IV. DO SEGURO, DO INCÊNDIO, DA DEMOLIÇÃO E DA RECONSTRUÇÃO OBRIGATÓRIA

Art. 13. Proceder-se-á ao seguro da edificação ou do conjunto de edificações, neste caso, discriminadamente, abrangendo todas as unidades autônomas e partes comuns, contra incêndio ou outro sinistro que cause destruição no todo ou em parte, computando-se o prêmio nas despesas ordinárias do condomínio.

Parágrafo único. O seguro de que trata este artigo será obrigatoriamente feito dentro de 120 (cento e vinte) dias, contados da data da concessão do "habite-se", sob pena de ficar o condomínio sujeito à multa mensal equivalente a 1/12 (um doze avos) do imposto predial, cobrável executivamente pela Municipalidade.

Art. 14. Na ocorrência de sinistro total, ou que destrua mais de 2/3 (dois terços) de uma edificação, seus condôminos reunir-se-ão em assembleia especial, e deliberarão sobre a sua reconstrução ou venda do terreno e materiais, por *quorum* mínimo de votos que representem metade mais uma das frações ideais do respectivo terreno.

§ 1º. Rejeitada a proposta de reconstrução, a mesma assembleia, ou outra para este fim convocada, decidirá, pelo mesmo *quorum*, do destino a ser dado ao terreno, e aprovará a partilha do valor do seguro entre os condôminos, sem prejuízo do que receber cada um pelo seguro facultativo de sua unidade.

§ 2º. Aprovada, a reconstrução será feita, guardados, obrigatoriamente, o mesmo destino, a mesma forma externa e a mesma disposição interna.

§ 3º. Na hipótese do parágrafo anterior, a minoria não poderá ser obrigada a contribuir para a reedificação, caso em que a maioria poderá adquirir as partes dos dissidentes, mediante avaliação judicial, feita em vistoria.

Art. 15. Na hipótese de que trata o § 3º do artigo antecedente, à maioria poderão ser adjudicadas, por sentença, as frações ideais da minoria.

§ 1º. Como condição para o exercício da ação prevista neste artigo, com a inicial, a maioria oferecerá e depositará, à disposição do juízo, as importâncias arbitradas na vistoria para avaliação, prevalecendo as de eventual desempatador.

§ 2º. Feito o depósito de que trata o parágrafo anterior, o juiz, liminarmente, poderá autorizar a adjudicação à maioria, e a minoria poderá levantar as importâncias depositadas; o oficial de registro de imóveis, nestes casos, fará constar do registro que a adjudicação foi resultante de medida liminar.

§ 3º. Feito o depósito, será expedido o mandado de citação, com o prazo de 10 (dez) dias para a contestação (*vetado*).

§ 4º. Se não contestado, o juiz, imediatamente, julgará o pedido.

§ 5º. Se contestado o pedido, seguirá o processo o rito ordinário.

§ 6º. Se a sentença fixar valor superior ao da avaliação feita na vistoria, o condomínio, em execução, restituirá à minoria a respectiva diferença, acrescida de juros de mora à razão de 1% (um por cento) ao mês, desde a data da concessão de eventual liminar, ou pagará o total devido, com os juros de mora a contar da citação.

§ 7º. Transitada em julgado a sentença, servirá ela de título definitivo para a maioria, que deverá registrá-la no Registro de Imóveis.

§ 8º. A maioria poderá pagar e cobrar da minoria, em execução de sentença, encargos fiscais necessários à adjudicação definitiva a cujo pagamento se recusar a minoria.

Art. 16. Em caso de sinistro que destrua menos de 2/3 (dois terços) da edificação, o síndico promoverá o recebimento do seguro e a reconstrução ou os reparos nas partes danificadas.

Art. 17. Os condôminos que representem, pelo menos, 2/3 (dois terços) do total de unidades isoladas e frações ideais correspondentes a 80% (oitenta por cento) do terreno e coisas comuns poderão decidir sobre a demolição e reconstrução do prédio, ou sua alienação, por motivos urbanísticos ou arquitetônicos, ou, ainda, no caso de condenação do edifício pela autoridade pública, em razão de sua insegurança ou insalubridade. (Redação dada pela Lei nº 6.709, de 1979)

§ 1º. A minoria não fica obrigada a contribuir para as obras, mas assegura-se à maioria o direito de adquirir as partes dos dissidentes, mediante avaliação judicial, aplicando-se o processo previsto no art. 15. (Redação dada pela Lei nº 6.709, de 1979)

§ 2º. Ocorrendo desgaste, pela ação do tempo, das unidades habitacionais de uma edificação, que deprecie seu valor unitário em relação ao valor global do terreno onde se acha construída, os condôminos, pelo *quorum* mínimo de votos que representem 2/3 (dois terços) das unidades isoladas e frações ideais correspondentes a 80% (oitenta por cento) do terreno e coisas comuns, poderão decidir por sua alienação total, procedendo-se em relação à minoria na forma estabelecida no art. 15, e seus parágrafos, desta Lei. (Redação dada pela Lei nº 6.709, de 1979)

§ 3º. Decidida por maioria a alienação do prédio, o valor atribuído à quota dos condôminos vencidos será correspondente ao preço efetivo e, no mínimo, à avaliação prevista no § 2º ou, a critério desses, a imóvel localizado em área próxima ou adjacente com a mesma área útil de construção. (Redação dada pela Lei nº 6.709, de 1979)

Art. 18. A aquisição parcial de uma edificação, ou de um conjunto de edificações, ainda que por força de desapropriação, importará no ingresso do adquirente no condomínio, ficando sujeito às disposições desta Lei, bem assim às da Convenção do Condomínio e do Regulamento Interno. (Redação dada pelo Decreto-lei nº 981, de 1969)

CAPÍTULO V. UTILIZAÇÃO DA EDIFICAÇÃO OU DO CONJUNTO DE EDIFICAÇÕES

Art. 19. Cada condômino tem o direito de usar e fruir, com exclusividade, de sua unidade autônoma, segundo suas conveniências e interesses, condicionados, umas e outros, às normas de boa vizinhança, e poderá usar as partes e coisas comuns de maneira a não causar dano ou incômodo aos demais condôminos ou moradores, nem obstáculo ou embaraço ao bom uso das mesmas partes por todos.

Parágrafo único. *(VETADO)*.

Art. 20. Aplicam-se ao ocupante do imóvel, a qualquer título, todas as obrigações referentes ao uso, fruição e destino da unidade.

Art. 21. A violação de qualquer dos deveres estipulados na Convenção sujeitará o infrator à multa fixada na própria Convenção ou no Regimento Interno, sem prejuízo da responsabilidade civil ou criminal que, no caso, couber.

Parágrafo único. Compete ao síndico a iniciativa do processo e a cobrança da multa, por via executiva, em benefício do condomínio, e, em caso de omitir-se ele, a qualquer condômino.

CAPÍTULO VI. DA ADMINISTRAÇÃO DO CONDOMÍNIO

Art. 22. Será eleito, na forma prevista pela Convenção, um síndico do condomínio, cujo mandato não poderá exceder a dois anos, permitida a reeleição.

§ 1º. Compete ao síndico:

a) representar, ativa e passivamente, o condomínio, em juízo ou fora dele, e praticar os atos de defesa dos interesses comuns, nos limites das atribuições conferidas por esta Lei ou pela Convenção;

b) exercer a administração interna da edificação ou do conjunto de edificações, no que respeita à sua vigilância, moralidade e segurança, bem como aos serviços que interessam a todos os moradores;

c) praticar os atos que lhe atribuírem as leis, a Convenção e o Regimento Interno;

d) impor as multas estabelecidas na Lei, na Convenção ou no Regimento Interno;

e) cumprir e fazer cumprir a Convenção e o Regimento Interno, bem como executar e fazer executar as deliberações da Assembleia;

f) prestar contas à Assembleia dos condôminos;

g) manter guardada durante o prazo de 5 (cinco) anos, para eventuais necessidades de verificação contábil, toda a documentação relativa ao condomínio. (Incluído pela Lei nº 6.434, de 1977)

§ 2º. As funções administrativas podem ser delegadas a pessoas de confiança do síndico, e sob a sua inteira responsabilidade, mediante aprovação da Assembleia Geral dos condôminos.

§ 3º. A Convenção poderá estipular que dos atos do síndico caiba recurso para a Assembleia, convocada pelo interessado.

§ 4º. Ao síndico, que poderá ser condômino ou pessoa física ou jurídica estranha ao condomínio, será fixada a remuneração pela mesma assembleia que o eleger, salvo se a Convenção dispuser diferentemente.

§ 5º. O síndico poderá ser destituído pela forma e sob as condições previstas na Convenção, ou, no silêncio desta, pelo voto de 2/3 (dois terços) dos condôminos, presentes, em assembleia geral especialmente convocada.

§ 6º. A Convenção poderá prever a eleição de subsíndicos, definindo-lhes atribuições e fixando-lhes o mandato, que não poderá exceder de 2 (dois) anos, permitida a reeleição.

Art. 23. Será eleito, na forma prevista na Convenção, um Conselho Consultivo, constituído de três condôminos, com mandatos que não poderão exceder de 2 (dois) anos, permitida a reeleição.

Parágrafo único. Funcionará o Conselho como órgão consultivo do síndico, para assessorá-lo na solução dos problemas que digam respeito ao condomínio, podendo a Convenção definir suas atribuições específicas.

CAPÍTULO VII. DA ASSEMBLEIA GERAL

- CC: arts. 1.347 a 1.356.

Art. 24. Haverá, anualmente, uma assembleia geral ordinária dos condôminos, convocada pelo síndico na forma prevista na Convenção, à qual compete, além das demais matérias inscritas na ordem do dia, aprovar, por maioria dos presentes, as verbas para as despesas de condomínio, compreendendo as de conservação da edificação ou conjunto de edificações, manutenção de seus serviços e correlatas.

§ 1º. As decisões da Assembleia, tomadas, em cada caso, pelo *quorum* que a Convenção fixar, obrigam todos os condôminos.

§ 2º. O síndico, nos oito dias subsequentes à Assembleia, comunicará aos condôminos o que tiver sido deliberado, inclusive no tocante à previsão orçamentária, o rateio das despesas, e promoverá a arrecadação, tudo na forma que a Convenção previr.

§ 3º. Nas Assembleias Gerais, os votos serão proporcionais às frações ideais do terreno e partes comuns, pertencentes a cada condômino, salvo disposição diversa da Convenção.

§ 4º. Nas decisões da Assembleia que não envolvam despesas extraordinárias do condomínio, o locatário poderá votar, caso o condômino-locador a ela não compareça. (Redação dada pela Lei nº 9.267, de 1996)

Art. 25. Ressalvado o disposto no § 3º do art. 22, poderá haver Assembleias Gerais Extraordinárias, convocadas pelo síndico ou por condôminos que representem 1/4 (um quarto), no mínimo, do condomínio, sempre que o exigirem os interesses gerais.

Parágrafo único. Salvo estipulação diversa da Convenção, esta só poderá ser modificada em Assembleia Geral Extraordinária, pelo voto mínimo de condôminos que representem 2/3 (dois terços) do total das frações ideais.

Art. 26. *(VETADO).*

Art. 27. Se a Assembleia não se reunir para exercer qualquer dos poderes que lhe competem, quinze dias após o pedido de convocação, o juiz decidirá a respeito, mediante requerimento dos interessados.

TÍTULO II. DAS INCORPORAÇÕES

CAPÍTULO I. DISPOSIÇÕES GERAIS

Art. 28. As incorporações imobiliárias, em todo o território nacional, reger-se-ão pela presente Lei.

- Lei 10.931/2004 – Dispõe sobre o patrimônio de afetação de incorporações imobiliárias, Letra de Crédito Imobiliário, Cédula de Crédito Imobiliário, Cédula de Crédito Bancário, altera o Decreto-Lei 911/1969, as Leis 4.591/1964, 4.728/1965, e 10.406/2002.

Parágrafo único. Para efeito desta Lei, considera-se incorporação imobiliária a atividade exercida com o intuito de promover e realizar a construção, para alienação total ou parcial, de edificações, ou conjunto de edificações compostas de unidades autônomas (*vetado*).

Art. 29. Considera-se incorporador a pessoa física ou jurídica, comerciante ou não, que, embora não efetuando a construção, compromisse ou efetive a venda de frações ideais de terreno objetivando a vinculação de tais frações a unidades autônomas (*vetado*), em edificações a serem construídas ou em construção sob regime condominial, ou que meramente aceita propostas para efetivação de tais transações, coordenando e levando a termo a incorporação e responsabilizando-se, conforme o caso, pela entrega, a certo prazo, preço e determinadas condições, das obras concluídas.

Parágrafo único. Presume-se a vinculação entre a alienação das frações do terreno e o negócio de construção, se, ao ser contratada a venda, ou promessa de venda ou de cessão das frações de terreno, já houver sido aprovado e estiver em vigor, ou pender de aprovação de autoridade administrativa, o respectivo projeto de construção, respondendo o alienante como incorporador.

Art. 30. Estende-se a condição de incorporador aos proprietários e titulares de direitos aquisitivos que contratem a construção de edifícios que se destinem a constituição em condomínio, sempre que iniciarem as alienações antes da conclusão das obras.

Arts. 30-A a 30-G. *(Revogados pela Lei nº 10.931, de 2004).*

Art. 31. A iniciativa e a responsabilidade das incorporações imobiliárias caberão ao incorporador, que somente poderá ser:

a) o proprietário do terreno, o promitente comprador, o cessionário deste ou promitente cessionário com título que satisfaça os requisitos da alínea *a* do art. 32;

b) o construtor (Decretos nº 23.569, de 11 de dezembro de 1933, e 3.995, de 31 de dezembro de 1941, e Dec.-lei nº 8.620, de 10 de janeiro de 1946) ou corretor de imóveis (Lei nº 4.116, de 27 de agosto de 1962);

c) o ente da Federação imitido na posse a partir de decisão proferida em processo judicial de desapropriação em curso ou o cessionário deste, conforme comprovado mediante registro no registro de imóveis competente. (Incluído pela Lei nº 12.424, de 2011)

§ 1º. No caso da alínea *b*, o incorporador será investido, pelo proprietário do terreno, o promitente comprador e cessionário deste ou o promitente cessionário, de mandato outorgado por instrumento público, onde se faça menção expressa desta Lei e se transcreva o disposto no § 4º do art. 35, para concluir todos os negócios tendentes à alienação das frações ideais do terreno, mas se obrigará pessoalmente pelos atos que praticar na qualidade de incorporador.

§ 2º. Nenhuma incorporação poderá ser proposta à venda sem a indicação expressa do incorporador, devendo também seu nome permanecer indicado ostensivamente no local da construção.

§ 3º. Toda e qualquer incorporação, independentemente da forma por que seja constituída, terá um ou mais incorporadores solidariamente responsáveis, ainda que em fase subordinada a período de carência, referido no art. 34.

CAPÍTULO I-A. DO PATRIMÔNIO DE AFETAÇÃO

(Incluído pela Lei nº 10.931, de 2004)

Art. 31-A. A critério do incorporador, a incorporação poderá ser submetida ao regime da afetação, pelo qual o terreno e as acessões objeto de incorporação imobiliária, bem como os demais bens e direitos a ela vinculados, manter-se-ão apartados do patrimônio do incorporador e constituirão patrimônio de afetação, destinado à consecução da incorporação correspondente e à entrega das unidades imobiliárias aos respectivos adquirentes. (Incluído pela Lei nº 10.931, de 2004)

§ 1º. O patrimônio de afetação não se comunica com os demais bens, direitos e obrigações do patrimônio geral do incorporador ou de outros patrimônios de afetação por ele constituídos e só responde por dívidas e obrigações vinculadas à incorporação respectiva. (Incluído pela Lei nº 10.931, de 2004)

§ 2º. O incorporador responde pelos prejuízos que causar ao patrimônio de afetação. (Incluído pela Lei nº 10.931, de 2004)

§ 3º. Os bens e direitos integrantes do patrimônio de afetação somente poderão ser objeto de garantia real em operação de crédito cujo produto seja integralmente destinado à consecução da edificação correspondente e à entrega das unidades imobiliárias aos respectivos adquirentes. (Incluído pela Lei nº 10.931, de 2004)

§ 4º. No caso de cessão, plena ou fiduciária, de direitos creditórios oriundos da comercialização das unidades imobiliárias componentes da incorporação, o produto da cessão também passará a integrar o patrimônio de afetação, observado o disposto no § 6º. (Incluído pela Lei nº 10.931, de 2004)

§ 5º. As quotas de construção correspondentes a acessões vinculadas a frações ideais serão pagas pelo incorporador até que a responsabilidade pela sua construção tenha sido assumida por terceiros, nos termos da parte final do § 6º do art. 35. (Incluído pela Lei nº 10.931, de 2004)

§ 6º. Os recursos financeiros integrantes do patrimônio de afetação serão utilizados para pagamento ou reembolso das despesas inerentes à incorporação. (Incluído pela Lei nº 10.931, de 2004)

§ 7º. O reembolso do preço de aquisição do terreno somente poderá ser feito quando da alienação das unidades autônomas, na proporção das respectivas frações ideais, considerando-se tão somente os valores efetivamente recebidos pela alienação. (Incluído pela Lei nº 10.931, de 2004)

§ 8º. Excluem-se do patrimônio de afetação: (Incluído pela Lei nº 10.931, de 2004)

I – os recursos financeiros que excederem a importância necessária à conclusão da obra (art. 44), considerando-se os valores a receber até sua conclusão e, bem assim, os recursos necessários à quitação de financiamento para a construção, se houver; e (Incluído pela Lei nº 10.931, de 2004)

II – o valor referente ao preço de alienação da fração ideal de terreno de cada unidade vendida, no caso de incorporação em que a construção seja contratada sob o regime por empreitada (art. 55) ou por administração (art. 58). (Incluído pela Lei nº 10.931, de 2004)

§ 9º. No caso de conjuntos de edificações de que trata o art. 8º, poderão ser constituídos patrimônios de afetação separados, tantos quantos forem os: (Incluído pela Lei nº 10.931, de 2004)

I – subconjuntos de casas para as quais esteja prevista a mesma data de conclusão (art. 8º, alínea *a*); e (Incluído pela Lei nº 10.931, de 2004)

II – edifícios de dois ou mais pavimentos (art. 8º, alínea *b*). (Incluído pela Lei nº 10.931, de 2004)

§ 10. A constituição de patrimônios de afetação separados de que trata o § 9º deverá estar declarada no memorial de incorporação. (Incluído pela Lei nº 10.931, de 2004)

§ 11. Nas incorporações objeto de financiamento, a comercialização das unidades deverá contar com a anuência da instituição financiadora ou deverá ser a ela cientificada, conforme vier a ser estabelecido no contrato de financiamento. (Incluído pela Lei nº 10.931, de 2004)

§ 12. A contratação de financiamento e constituição de garantias, inclusive mediante transmissão, para o credor, da propriedade fiduciária sobre as unidades imobiliárias integrantes da incorporação, bem como a cessão, plena ou fiduciária, de direitos creditórios decorrentes da comercialização dessas unidades, não implicam a transferência para o credor de nenhuma das obrigações ou responsabilidades do cedente, do incorporador ou do construtor, permanecendo estes como únicos responsáveis pelas obrigações e pelos deveres que lhes são imputáveis. (Incluído pela Lei nº 10.931, de 2004)

Art. 31-B. Considera-se constituído o patrimônio de afetação mediante averbação, a qualquer tempo, no Registro de Imóveis, de termo firmado pelo incorporador e, quando for o caso, também pelos titulares de direitos reais de aquisição sobre o terreno. (Incluído pela Lei nº 10.931, de 2004)

Parágrafo único. A averbação não será obstada pela existência de ônus reais que tenham sido constituídos sobre o imóvel objeto da incorporação para garantia do pagamento do preço de sua aquisição ou do cumprimento de obrigação de construir o empreendimento. (Incluído pela Lei nº 10.931, de 2004)

Art. 31-C. A Comissão de Representantes e a instituição financiadora da construção poderão nomear, às suas expensas, pessoa física ou jurídica para fiscalizar e acompanhar o patrimônio de afetação. (Incluído pela Lei nº 10.931, de 2004)

§ 1º. A nomeação a que se refere o *caput* não transfere para o nomeante qualquer responsabilidade pela qualidade da obra, pelo prazo de entrega do imóvel ou por qualquer outra obrigação decorrente da responsabilidade do incorporador ou do construtor, seja legal ou a oriunda dos contratos de alienação das unidades imobiliárias, de construção e de outros contratos eventualmente vinculados à incorporação. (Incluído pela Lei nº 10.931, de 2004)

§ 2º. A pessoa que, em decorrência do exercício da fiscalização de que trata o *caput* deste artigo, obtiver acesso às informações comerciais, tributárias e de qualquer outra natureza referentes ao patrimônio afetado responderá pela falta de zelo, dedicação e sigilo destas informações. (Incluído pela Lei nº 10.931, de 2004)

§ 3º. A pessoa nomeada pela instituição financiadora deverá fornecer cópia de seu relatório ou parecer à Comissão de Representantes, a requerimento desta, não constituindo esse fornecimento quebra de sigilo de que trata o § 2º deste artigo. (Incluído pela Lei nº 10.931, de 2004)

Art. 31-D. Incumbe ao incorporador: (Incluído pela Lei nº 10.931, de 2004)

I – promover todos os atos necessários à boa administração e à preservação do patrimônio de afetação, inclusive mediante adoção de medidas judiciais; (Incluído pela Lei nº 10.931, de 2004)

II – manter apartados os bens e direitos objeto de cada incorporação; (Incluído pela Lei nº 10.931, de 2004)

III – diligenciar a captação dos recursos necessários à incorporação e aplicá-los na forma prevista nesta Lei, cuidando de preservar os recursos necessários à conclusão da obra; (Incluído pela Lei nº 10.931, de 2004)

IV – entregar à Comissão de Representantes, no mínimo a cada três meses, demonstrativo do estado da obra e de sua correspondência com o prazo pactuado ou com os recursos financeiros que integrem o patrimônio de afetação recebidos no período, firmados por profissionais habilitados, ressalvadas eventuais modificações sugeridas pelo incorporador e aprovadas pela Comissão de Representantes; (Incluído pela Lei nº 10.931, de 2004)

V – manter e movimentar os recursos financeiros do patrimônio de afetação em conta de depósito aberta especificamente para tal fim; (Incluído pela Lei nº 10.931, de 2004)

VI – entregar à Comissão de Representantes balancetes coincidentes com o trimestre civil, relativos a cada patrimônio de afetação; (Incluído pela Lei nº 10.931, de 2004)

VII – assegurar à pessoa nomeada nos termos do art. 31-C o livre acesso à obra, bem como aos livros, contratos, movimentação da conta de depósito exclusiva referida no inciso V deste artigo e quaisquer outros documentos relativos ao patrimônio de afetação; e (Incluído pela Lei nº 10.931, de 2004)

VIII – manter escrituração contábil completa, ainda que esteja desobrigado pela legislação tributária. (Incluído pela Lei nº 10.931, de 2004)

Art. 31-E. O patrimônio de afetação extinguir-se-á pela: (Incluído pela Lei nº 10.931, de 2004)

I – averbação da construção, registro dos títulos de domínio ou de direito de aquisição em nome dos respectivos adquirentes e, quando for o caso, extinção das obrigações do incorporador perante a instituição financiadora do empreendimento; (Incluído pela Lei nº 10.931, de 2004)

II – revogação em razão de denúncia da incorporação, depois de restituídas aos adquirentes as quantias por eles pagas (art. 36), ou de outras hipóteses previstas em lei; e (Incluído pela Lei nº 10.931, de 2004)

III – liquidação deliberada pela assembleia geral nos termos do art. 31-F, § 1º. (Incluído pela Lei nº 10.931, de 2004)

Art. 31-F. Os efeitos da decretação da falência ou da insolvência civil do incorporador não atingem os patrimônios de afetação constituídos, não integrando a massa concursal o terreno, as acessões e demais bens, direitos creditórios, obrigações e encargos objeto da incorporação. (Incluído pela Lei nº 10.931, de 2004)

§ 1º. Nos 60 (sessenta) dias que se seguirem à decretação da falência ou da insolvência civil do incorporador, o condomínio dos adquirentes, por convocação da sua Comissão de Representantes ou, na sua falta, de 1/6 (um sexto) dos titulares de frações ideais, ou, ainda, por determinação do juiz prolator da decisão, realizará assembleia geral, na qual, por maioria simples, ratificará o mandato da Comissão de Representantes ou elegerá novos membros, e, em primeira convocação, por 2/3 (dois terços) dos votos dos adquirentes ou, em segunda convocação, pela maioria absoluta desses votos, instituirá o condomínio da construção, por instrumento público ou particular, e deliberará sobre os termos da continuação da obra ou da liquidação do patrimônio de afetação (art. 43, inciso III); havendo financiamento para construção, a convocação poderá ser feita pela instituição financiadora. (Incluído pela Lei nº 10.931, de 2004)

§ 2º. O disposto no § 1º aplica-se também à hipótese de paralisação das obras prevista no art. 43, inciso VI. (Incluído pela Lei nº 10.931, de 2004)

§ 3º. Na hipótese de que tratam os §§ 1º e 2º, a Comissão de Representantes ficará investida de mandato irrevogável para firmar com os adquirentes das unidades autônomas o contrato definitivo a que estiverem obrigados o incorporador, o titular do domínio e o titular dos direitos aquisitivos do imóvel objeto da incorporação em decorrência de contratos preliminares. (Incluído pela Lei nº 10.931, de 2004)

§ 4º. O mandato a que se refere o § 3º será válido mesmo depois de concluída a obra. (Incluído pela Lei nº 10.931, de 2004)

§ 5º. O mandato outorgado à Comissão de Representantes confere poderes para transmitir domínio, direito, posse e ação, manifestar a responsabilidade do alienante pela evicção e imitir os adquirentes na posse das unidades respectivas. (Incluído pela Lei nº 10.931, de 2004)

§ 6º. Os contratos definitivos serão celebrados mesmo com os adquirentes que tenham obrigações a cumprir perante o incorporador ou a instituição financiadora, desde que comprovadamente adimplentes, situação em que a outorga do contrato fica condicionada à constituição de garantia real sobre o imóvel, para assegurar o pagamento do débito remanescente. (Incluído pela Lei nº 10.931, de 2004)

§ 7º. Ainda na hipótese dos §§ 1º e 2º, a Comissão de Representantes ficará investida de mandato irrevogável para, em nome dos adquirentes, e em cumprimento da decisão da assembleia geral que deliberar pela liquidação do patrimônio de afetação, efetivar a alienação do terreno e das acessões, transmitindo posse, direito, domínio e ação, manifestar a responsabilidade pela evicção, imitir os futuros adquirentes na posse do terreno e das acessões. (Incluído pela Lei nº 10.931, de 2004)

§ 8º. Na hipótese do § 7º, será firmado o respectivo contrato de venda, promessa de venda ou outra modalidade de contrato compatível com os direitos objeto da transmissão. (Incluído pela Lei nº 10.931, de 2004)

§ 9º. A Comissão de Representantes cumprirá o mandato nos termos e nos limites estabelecidos pela deliberação da assembleia geral e prestará contas aos adquirentes, entregando-lhes o produto líquido da alienação, no prazo de 5 (cinco) dias da data em que tiver recebido o preço ou cada parcela do preço. (Incluído pela Lei nº 10.931, de 2004)

§ 10. Os valores pertencentes aos adquirentes não localizados deverão ser depositados em Juízo pela Comissão de Representantes. (Incluído pela Lei nº 10.931, de 2004)

§ 11. Caso decidam pela continuação da obra, os adquirentes ficarão automaticamente sub-rogados nos direitos, nas obrigações e nos encargos relativos à incorporação, inclusive aqueles relativos ao contrato de financiamento da obra, se houver. (Incluído pela Lei nº 10.931, de 2004)

§ 12. Para os efeitos do § 11 deste artigo, cada adquirente responderá individualmente pelo saldo porventura existente entre as receitas do empreendimento e o custo da conclusão da incorporação na proporção dos coeficientes de construção atribuíveis às respectivas unidades, se outro critério de rateio não for deliberado em assembleia geral por 2/3 (dois terços) dos votos dos adquirentes, observado o seguinte: (Incluído pela Lei nº 10.931, de 2004)

I – os saldos dos preços das frações ideais e acessões integrantes da incorporação que não tenham sido pagos ao incorporador até a data da decretação da falência ou da insolvência civil passarão a ser pagos à Comissão de Representantes, permanecendo o somatório desses recursos submetido à afetação, nos termos do art. 31-A, até o limite necessário à conclusão da incorporação; (Incluído pela Lei nº 10.931, de 2004)

II – para cumprimento do seu encargo de administradora da incorporação, a Comissão de Representantes fica investida de mandato legal, em caráter irrevogável, para, em nome do incorporador ou do condomínio de construção, conforme o caso, receber as parcelas do saldo do preço e dar quitação, bem como promover as medidas extrajudiciais ou judiciais necessárias a esse recebimento, praticando todos os atos relativos ao leilão de que trata o art. 63 ou os atos relativos à consolidação da propriedade e ao leilão de que tratam os arts. 26 e 27 da Lei nº 9.514, de 20 de novembro de 1997, devendo realizar a garantia e aplicar na incorporação todo o produto do recebimento do saldo do preço e do leilão; (Incluído pela Lei nº 10.931, de 2004)

III – consideram-se receitas do empreendimento os valores das parcelas a receber, vincendas e vencidas e ainda não pagas, de cada adquirente, correspondentes ao preço de aquisição das respectivas unidades ou do preço de custeio de construção, bem como os recursos disponíveis afetados; e (Incluído pela Lei nº 10.931, de 2004)

IV – compreendem-se no custo de conclusão da incorporação todo o custeio da construção do edifício e a averbação da construção das edificações para efeito de individualização e discriminação das unidades, nos termos do art. 44. (Incluído pela Lei nº 10.931, de 2004)

§ 13. Havendo saldo positivo entre as receitas da incorporação e o custo da conclusão da incorporação, o valor correspondente a esse saldo deverá ser entregue à massa falida pela Comissão de Representantes. (Incluído pela Lei nº 10.931, de 2004)

§ 14. Para assegurar as medidas necessárias ao prosseguimento das obras ou à liquidação do patrimônio de afetação, a Comissão de Representantes, no prazo de 60 (sessenta) dias, a contar da data de realização da assembleia geral de que trata o § 1º, promoverá, em leilão público, com observância dos critérios estabelecidos pelo art. 63, a venda das frações ideais e respectivas acessões que, até a data da decretação da falência ou insolvência não tiverem sido alienadas pelo incorporador. (Incluído pela Lei nº 10.931, de 2004)

§ 15. Na hipótese de que trata o § 14, o arrematante ficará sub-rogado, na proporção atribuível à fração e acessões adquiridas, nos direitos e nas obrigações relativas ao empreendimento, inclusive nas obrigações de eventual financiamento, e, em se tratando da hipótese do art. 39 desta Lei, nas obrigações perante o proprietário do terreno. (Incluído pela Lei nº 10.931, de 2004)

§ 16. Dos documentos para anúncio da venda de que trata o § 14 e, bem assim, o inciso III do art. 43, constarão o valor das acessões não pagas pelo incorporador (art. 35, § 6º) e o preço da fração ideal do terreno e das acessões (arts. 40 e 41). (Incluído pela Lei nº 10.931, de 2004)

§ 17. No processo de venda de que trata o § 14, serão asseguradas, sucessivamente, em igualdade de condições com terceiros: (Incluído pela Lei nº 10.931, de 2004)

I – ao proprietário do terreno, nas hipóteses em que este seja pessoa distinta da pessoa do incorporador, a preferência para aquisição das acessões vinculadas à fração objeto da venda, a ser exercida nas vinte e quatro horas seguintes à data designada para a venda; e (Incluído pela Lei nº 10.931, de 2004)

II – ao condomínio, caso não exercida a preferência de que trata o inciso I, ou caso não haja licitantes, a preferência para aquisição da fração ideal e acessões, desde que deliberada em assembleia geral, pelo voto da maioria simples dos adquirentes presentes, e exercida no prazo de 48 (quarenta e oito) horas a contar da data designada para a venda. (Incluído pela Lei nº 10.931, de 2004)

§ 18. Realizada a venda prevista no § 14, incumbirá à Comissão de Representantes, sucessivamente, nos 5 (cinco) dias que se seguirem ao recebimento do preço: (Incluído pela Lei nº 10.931, de 2004)

I – pagar as obrigações trabalhistas, previdenciárias e tributárias, vinculadas ao respectivo patrimônio de afetação, observada a ordem de preferência prevista na legislação, em especial o disposto no art. 186 do Código Tributário Nacional; (Incluído pela Lei nº 10.931, de 2004)

II – reembolsar aos adquirentes as quantias que tenham adiantado, com recursos próprios, para pagamento das obrigações referidas no inciso I; (Incluído pela Lei nº 10.931, de 2004)

III – reembolsar à instituição financiadora a quantia que esta tiver entregue para a construção, salvo se outra forma for convencionada entre as partes interessadas; (Incluído pela Lei nº 10.931, de 2004)

IV – entregar ao condomínio o valor que este tiver desembolsado para construção das acessões de responsabilidade do incorporador (§ 6º do art. 35 e § 5º do art. 31-A), na proporção do valor obtido na venda; (Incluído pela Lei nº 10.931, de 2004)

V – entregar ao proprietário do terreno, nas hipóteses em que este seja pessoa distinta da pessoa do incorporador, o valor apurado na venda, em proporção ao valor atribuído à fração ideal; e (Incluído pela Lei nº 10.931, de 2004)

VI – entregar à massa falida o saldo que porventura remanescer. (Incluído pela Lei nº 10.931, de 2004)

§ 19. O incorporador deve assegurar à pessoa nomeada nos termos do art. 31-C, o acesso a todas as informações necessárias à verificação do montante das obrigações referidas no § 12, inciso I, do art. 31-F vinculadas ao respectivo patrimônio de afetação. (Incluído pela Lei nº 10.931, de 2004)

§ 20. Ficam excluídas da responsabilidade dos adquirentes as obrigações relativas, de maneira direta ou indireta, ao imposto de renda e à contribuição social sobre o lucro, devidas pela pessoa jurídica do incorporador, inclusive por equiparação, bem como as obrigações oriundas de outras atividades do incorporador não relacionadas diretamente com as incorporações objeto de afetação. (Incluído pela Lei nº 10.931, de 2004)

CAPÍTULO II. DAS OBRIGAÇÕES E DIREITOS DO INCORPORADOR

Art. 32. O incorporador somente poderá negociar sobre unidades autônomas após ter arquivado, no cartório competente de Registro de Imóveis, os seguintes documentos:

a) título de propriedade de terreno, ou de promessa, irrevogável e irretratável, de compra e venda ou de cessão de direitos ou de permuta, do qual conste cláusula de imissão na posse do imóvel, não haja estipulações impeditivas de sua alienação em frações ideais e inclua consentimento para demolição e construção, devidamente registrado;

b) certidões negativas de impostos federais, estaduais e municipais, de protesto de títulos, de ações cíveis e criminais e de ônus reais relativamente ao imóvel, aos alienantes do terreno e ao incorporador;

c) histórico dos títulos de propriedade do imóvel, abrangendo os últimos 20 anos, acompanhado de certidão dos respectivos registros;

d) projeto de construção devidamente aprovado pelas autoridades competentes;

e) cálculo das áreas das edificações, discriminando, além da global, a das partes comuns, e indicando, para cada tipo de unidade, a respectiva metragem de área construída;

f) certidão negativa de débito para com a Previdência Social, quando o titular de direitos sobre o terreno for responsável pela arrecadação das respectivas contribuições;

g) memorial descritivo das especificações da obra projetada, segundo modelo a que se refere o inciso IV, do art. 53, desta Lei;

h) avaliação do custo global da obra, atualizada à data do arquivamento, calculada de acordo com a norma do inciso III, do art. 53, com base nos custos unitários referidos no art. 54, discriminando-se, também, o custo de construção de cada unidade, devidamente autenticada pelo profissional responsável pela obra;

i) discriminação das frações ideais de terreno, com as unidades autônomas que a elas corresponderão;

j) minuta da futura Convenção de Condomínio que regerá a edificação ou o conjunto de edificações;

l) declaração em que se defina a parcela do preço de que trata o inciso II, do art. 39;

m) certidão do instrumento público de mandato, referido no § 1º do art. 31;

n) declaração expressa em que se fixe, se houver, o prazo de carência (art. 34);

o) atestado de idoneidade financeira, fornecido por estabelecimento de crédito que opere no País há mais de cinco anos;

p) declaração, acompanhada de plantas elucidativas, sobre o número de veículos que a garagem comporta e os locais destinados à guarda dos mesmos. (Incluído pela Lei nº 4.864, de 1965)

§ 1º. A documentação referida neste artigo, após o exame do oficial de registro de imóveis, será arquivada em cartório, fazendo-se o competente registro.

§ 2º. Os contratos de compra e venda, promessa de venda, cessão ou promessa de cessão de unidades autônomas são irretratáveis e, uma vez registrados, conferem direito real oponível a terceiros, atribuindo direito a adjudicação compulsória perante o incorporador ou a quem o suceder, inclusive na hipótese de insolvência posterior ao término da obra. (Redação dada pela Lei nº 10.931, de 2004)

§ 3º. O número do registro referido no § 1º, bem como a indicação do cartório competente, constará, obrigatoriamente, dos anúncios, impressos, publicações, propostas, contratos, preliminares ou definitivos, referentes à incorporação, salvo dos anúncios "classificados".

§ 4º. O Registro de Imóveis dará certidão ou fornecerá, a quem o solicitar, cópia fotostática, heliográfica, termofax, microfilmagem ou outra equivalente, dos documentos especificados neste artigo, ou autenticará cópia apresentada pela parte interessada.

§ 5º. A existência de ônus fiscais ou reais, salvo os impeditivos de alienação, não impedem o registro, que será feito com as devidas ressalvas, mencionando-se, em todos os documentos, extraídos do Registro, a existência e a extensão dos ônus.

§ 6º. Os oficiais de Registro de Imóveis terão 15 (quinze) dias para apresentar, por escrito, todas as exigências que julgarem necessárias ao arquivamento, e, satisfeitas as referidas exigências, terão o prazo de 15 (quinze) dias para fornecer certidão, relacionando a documentação apresentada, e devolver, autenticadas, as segundas vias da mencionada documentação, com exceção dos documentos públicos. Em casos de divergência, o oficial levantará a dúvida segundo as normas processuais aplicáveis.

§ 7º. O oficial do registro de imóveis responde, civil e criminalmente, se efetuar o arquivamento de documentação contraveniente à lei ou der certidão (*vetado*) sem o arquivamento de todos os documentos exigidos.

§ 8º. O oficial do registro de imóveis que não observar os prazos previstos no § 6º ficará sujeito à penalidade imposta pela autoridade judiciária competente em montante igual ao dos emolumentos devidos pelo registro de que trata este artigo, aplicável por quinzena ou fração de quinzena de superação de cada um daqueles prazos. (Incluído pela Lei nº 4.864, de 1965)

§ 9º. O oficial do registro de imóveis não responde pela exatidão dos documentos que lhe forem apresentados para arquivamento em obediência ao disposto nas alíneas *e, g, h, l* e *p* deste artigo, desde que assinados pelo profissional responsável pela obra. (Incluído pela Lei nº 4.864, de 1965)

§ 10. As plantas do projeto aprovado (alínea *d* deste artigo) poderão ser apresentadas em cópia autenticada pelo profissional responsável pela obra, acompanhada de cópia de licença de construção. (Incluído pela Lei nº 4.864, de 1965)

§ 11. Até 30 de junho de 1966, se, dentro de 15 dias da entrega ao Cartório do Registro de Imóveis da documentação completa prevista neste artigo, feita por carta enviada pelo Ofício de Títulos e Documentos, não tiver o Cartório de Imóveis entregue a certidão de arquivamento e registro, nem formulado, por escrito, as exigências previstas no § 6º, considerar-se-á de pleno direito completado o registro provisório. (Incluído pela Lei nº 4.864, de 1965)

§ 12. O registro provisório previsto no parágrafo anterior autoriza o incorporador a negociar as unidades da incorporação, indicando na sua publicação o número do Registro de Títulos e Documentos referente à remessa dos documentos ao Cartório de Imóveis, sem prejuízo, todavia, da sua responsabilidade perante o adquirente da unidade e da obrigação de satisfazer as exigências posteriormente formuladas pelo Cartório, bem como de completar o registro definitivo. (Incluído pela Lei nº 4.864, de 1965)

§ 13. Na incorporação sobre imóvel objeto de imissão na posse registrada conforme item 36 do inciso I do art. 167 da Lei nº 6.015, de 31 de dezembro de 1973, fica dispensada a apresentação, relativamente ao ente público, dos documentos mencionados nas alíneas *a, b, c, f* e *o* deste artigo, devendo o incorporador celebrar contrato de cessão de posse com os adquirentes das unidades autônomas, aplicando-se a regra prevista nos §§ 4º, 5º e 6º do art. 26 da Lei nº 6.766, de 19 de dezembro de 1979. (Incluído pela Lei nº 12.424, de 2011)

Art. 33. O registro da incorporação será válido pelo prazo de 120 (cento e vinte) dias, findo o qual, se ela ainda não se houver concretizado, o incorporador só poderá negociar unidades depois de atualizar a documentação a que se refere o artigo anterior, revalidado o registro por igual prazo.

› Lei 4.864/1965: art. 12, (o prazo foi elevado para 180 dias).

Art. 34. O incorporador poderá fixar, para efetivação da incorporação, prazo de carência, dentro do qual lhe é lícito desistir do empreendimento.

§ 1º. A fixação do prazo de carência será feita pela declaração a que se refere a alínea *n*, do art. 32, onde se fixem as condições que autorizarão o incorporador a desistir do empreendimento.

§ 2º. Em caso algum poderá o prazo de carência ultrapassar o termo final do prazo da validade do registro ou, se for o caso, de sua revalidação.

§ 3º. Os documentos preliminares de ajuste, se houver, mencionarão, obrigatoriamente, o prazo de carência, inclusive para efeitos do art. 45.

§ 4º. A desistência da incorporação será denunciada, por escrito, ao Registro de Imóveis (*vetado*) e comunicada, por escrito, a cada um dos adquirentes ou candidatos à aquisição, sob pena de responsabilidade civil e criminal do incorporador.

§ 5º. Será averbada no registro da incorporação a desistência de que trata o parágrafo anterior, arquivando-se em cartório o respectivo documento.

§ 6º. O prazo de carência é improrrogável.

Art. 35. O incorporador terá o prazo máximo de 45 (quarenta e cinco) dias, a contar do termo final do prazo de carência, se houver, para promover a celebração do competente contrato relativo à fração ideal de terreno, e, bem assim, do contrato de construção e da Convenção do Condomínio, de acordo com discriminação constante da alínea *i* do art. 32.

› Lei 4.864/1965: art. 13 (o prazo foi elevado para 60 dias).

§ 1º. No caso de não haver prazo de carência, o prazo acima se contará da data de qualquer documento de ajuste preliminar.

§ 2º. Quando houver prazo de carência, a obrigação somente deixará de existir se o incorporador tiver denunciado, dentro do mesmo prazo e nas condições previamente estabelecidas, por escrito, ao Registro de Imóveis, a não concretização do empreendimento.

§ 3º. Se, dentro do prazo de carência, o incorporador não denunciar a incorporação, embora não se tenham reunido as condições a que se refere o § 1º, o outorgante do mandato, de que trata o § 1º, do art. 31, poderá fazê-lo nos cinco dias subsequentes ao prazo de carência, e nesse caso ficará solidariamente responsável com o incorporador pela devolução das quantias que os adquirentes ou candidatos à aquisição houverem entregue ao incorporador, resguardado o direito de regresso sobre eles, dispensando-se, então, do cumprimento da obrigação fixada no *caput* deste artigo.

§ 4º. Descumprida pelo incorporador e pelo mandante de que trata o § 1º do art. 31, a obrigação da outorga dos contratos referidos no *caput* deste artigo nos prazos ora fixados, a carta-proposta ou o documento de ajuste preliminar poderão ser averbados no Registro de Imóveis, averbação que conferirá direito real oponível a terceiros, com o consequente direito à obtenção compulsória do contrato correspondente.

§ 5º. Na hipótese do parágrafo anterior, o incorporador incorrerá também na multa de 50% (cinquenta por cento) sobre a quantia que efetivamente tiver recebido, cobrável por via executiva, em favor do adquirente ou candidato à aquisição.

§ 6º. Ressalvado o disposto no art. 43, do contrato de construção deverá constar expressamente a menção dos responsáveis pelo pagamento da construção de cada uma das unidades. O incorporador responde, em igualdade de condições, com os demais contratantes, pelo pagamento da construção das unidades que não tenham tido a responsabilidade pela sua construção assumida por terceiros e até que o tenham.

Art. 35-A. Os contratos de compra e venda, promessa de venda, cessão ou promessa de cessão de unidades autônomas integrantes de incorporação imobiliária serão iniciados por quadro-resumo, que deverá conter: *(Incluído pela Lei 13.786/2018)*

I - o preço total a ser pago pelo imóvel;

II - o valor da parcela do preço a ser tratada como entrada, a sua forma de pagamento, com destaque para o valor pago à vista, e os seus percentuais sobre o valor total do contrato;

III - o valor referente à corretagem, suas condições de pagamento e a identificação precisa de seu beneficiário;

IV - a forma de pagamento do preço, com indicação clara dos valores e vencimentos das parcelas;

V - os índices de correção monetária aplicáveis ao contrato e, quando houver pluralidade de índices, o período de aplicação de cada um;

VI - as consequências do desfazimento do contrato, seja por meio de distrato, seja por meio de resolução contratual motivada por inadimplemento de obrigação do adquirente ou do incorporador, com destaque negritado para as penalidades aplicáveis e para os prazos para devolução de valores ao adquirente;

VII - as taxas de juros eventualmente aplicadas, se mensais ou anuais, se nominais ou efetivas, o seu período de incidência e o sistema de amortização;

VIII - as informações acerca da possibilidade do exercício, por parte do adquirente do imóvel, do direito de arrependimento previsto no art. 49 da Lei nº 8.078, de 11 de setembro de 1990 (Código de Defesa do Consumidor), em todos os contratos firmados em estandes de vendas e fora da sede do incorporador ou do estabelecimento comercial;

IX - o prazo para quitação das obrigações pelo adquirente após a obtenção do auto de conclusão da obra pelo incorporador;

X - as informações acerca dos ônus que recaiam sobre o imóvel, em especial quando o vinculem como garantia real do financiamento destinado à construção do investimento;

XI - o número do registro do memorial de incorporação, a matrícula do imóvel e a identificação do cartório de registro de imóveis competente;

XII - o termo final para obtenção do auto de conclusão da obra (habite-se) e os efeitos contratuais da intempestividade prevista no art. 43-A desta Lei.

§ 1º Identificada a ausência de quaisquer das informações previstas no *caput* deste artigo, será concedido prazo de 30 (trinta) dias para aditamento do contrato e saneamento da omissão, findo o qual, essa omissão, se não sanada, caracterizará justa causa para rescisão contratual por parte do adquirente.

§ 2º A efetivação das consequências do desfazimento do contrato, referidas no inciso VI do *caput* deste artigo, dependerá de anuência prévia e específica do adquirente a seu respeito, mediante assinatura junto a essas cláusulas, que deverão ser redigidas conforme o disposto no § 4º do art. 54 da Lei nº 8.078, de 11 de setembro de 1990 *(Código de Defesa do Consumidor)*.

Art. 36. No caso de denúncia de incorporação, nos termos do art. 34, se o incorporador, até 30 (trinta) dias a contar da denúncia, não restituir aos adquirentes as importâncias pagas, estes poderão cobrá-la por via executiva, reajustado o seu valor a contar da data do recebimento, em função do índice geral de preços mensalmente publicado pelo Conselho Nacional de Economia, que reflita as variações no poder aquisitivo da moeda nacional, e acrescido de juros de 6% (seis por cento) ao ano, sobre o total corrigido.

Art. 37. Se o imóvel estiver gravado de ônus real ou fiscal ou se contra os alienantes houver qualquer ação que possa comprometê-lo, o fato será obrigatoriamente mencionado em todos os documentos de ajuste, com a indicação de sua natureza e das condições de liberação.

Art. 38. Também constará, obrigatoriamente, dos documentos de ajuste, se for o caso, o fato de encontrar-se ocupado o imóvel, esclarecendo-se a que título se deve esta ocupação e quais as condições de desocupação.

Art. 39. Nas incorporações em que a aquisição do terreno se der com pagamento total ou parcial em unidades a serem construídas, deverão ser discriminadas em todos os documentos de ajuste:

I – a parcela que, se houver, será paga em dinheiro;

II – a quota-parte da área das unidades a serem entregues em pagamento do terreno que corresponderá a cada uma das unidades, a qual deverá ser expressa em metros quadrados.

Parágrafo único. Deverá constar, também, de todos os documentos de ajuste, se o alienante do terreno ficou ou não sujeito a qualquer prestação ou encargo.

Art. 40. No caso de rescisão de contrato de alienação do terreno ou de fração ideal, ficarão rescindidas as cessões ou promessas de cessão de direitos correspondentes à aquisição do terreno.

§ 1º. Nesta hipótese, consolidar-se-á, no alienante em cujo favor se opera a resolução, o direito sobre a construção porventura existente.

§ 2º. No caso do parágrafo anterior, cada um dos ex-titulares de direito à aquisição de unidades autônomas haverá do mencionado alienante o valor da parcela de construção que haja adicionado à unidade, salvo se a rescisão houver sido causada pelo ex-titular.

§ 3º. Na hipótese dos parágrafos anteriores, sob pena de nulidade, não poderá o alienante em cujo favor se operou a resolução voltar a negociar seus direitos sobre a unidade autônoma, sem a prévia indenização aos titulares, de que trata o § 2º.

§ 4º. No caso do parágrafo anterior, se os ex-titulares tiverem de recorrer à cobrança judicial do que lhes for devido, somente poderão garantir o seu pagamento a unidade e respectiva fração de terreno objeto do presente artigo.

Art. 41. Quando as unidades imobiliárias forem contratadas pelo incorporador por preço global compreendendo quota de terreno e construção, inclusive com parte do pagamento após a entrega da unidade, discriminar-se-ão, no contrato, o preço da quota de terreno e o da construção.

§ 1º. Poder-se-á estipular que, na hipótese de o adquirente atrasar o pagamento de parcela relativa à construção, os efeitos da mora recairão não apenas sobre a aquisição da parte construída, mas, também, sobre a fração ideal de terreno, ainda que esta tenha sido totalmente paga.

§ 2º. Poder-se-á também estipular que, na hipótese de o adquirente atrasar o pagamento da parcela relativa à fração ideal de terreno, os efeitos da mora recairão não apenas sobre a aquisição da fração ideal, mas, também, sobre a parte construída, ainda que totalmente paga.

Art. 42. No caso de rescisão do contrato relativo à fração ideal de terreno e partes comuns, a pessoa em cujo favor se tenha operado a resolução sub-rogar-se-á nos direitos e obrigações contratualmente atribuídos ao inadimplente, com relação à construção.

Art. 43. Quando o incorporador contratar a entrega da unidade a prazo e preços certos, determinados ou determináveis, mesmo quando pessoa física, ser-lhe-ão impostas as seguintes normas:

I – informar obrigatoriamente aos adquirentes, por escrito, no mínimo de seis em seis meses, o estado da obra;

II – responder civilmente pela execução da incorporação, devendo indenizar os adquirentes ou compromissários, dos prejuízos que a estes advierem do fato de não se concluir a edificação ou de se retardar injustificadamente a conclusão das obras, cabendo-lhe ação regressiva contra o construtor, se for o caso e se a este couber a culpa;

III – em caso de falência do incorporador, pessoa física ou jurídica, e não ser possível à maioria prosseguir na construção das edificações, os subscritores ou candidatos à aquisição de unidades serão credores privilegiados pelas quantias que houverem pago ao incorporador, respondendo subsidiariamente os bens pessoais deste;

IV – é vedado ao incorporador alterar o projeto, especialmente no que se refere à unidade do adquirente e às partes comuns, modificar as especificações, ou desviar-se do plano da construção, salvo autorização unânime dos interessados ou exigência legal;

V – não poderá modificar as condições de pagamento nem reajustar o preço das unidades, ainda no caso de elevação dos preços dos materiais e da mão de obra, salvo se tiver sido expressamente ajustada a faculdade de reajustamento, procedendo-se, então, nas condições estipuladas;

VI – se o incorporador, sem justa causa devidamente comprovada, paralisar as obras por mais de 30 (trinta) dias, ou retardar-lhes excessivamente o andamento, poderá o juiz notificá-lo para que no prazo mínimo de 30 (trinta) dias as reinicie ou torne a dar-lhes o andamento normal. Desatendida a notificação, poderá o incorporador ser destituído pela maioria absoluta dos votos dos adquirentes, sem prejuízo da responsabilidade civil ou penal que couber, sujeito à cobrança executiva das importâncias comprovadamente devidas, facultando-se aos interessados prosseguir na obra (*vetado*).

VII – em caso de insolvência do incorporador que tiver optado pelo regime da afetação e não sendo possível à maioria prosseguir na construção, a assembleia geral poderá, pelo voto de 2/3 (dois terços) dos adquirentes, deliberar pela venda do terreno, das acessões e demais bens e direitos integrantes do patrimônio de afetação, mediante leilão ou outra forma que estabelecer, distribuindo entre si, na proporção dos recursos que comprovadamente tiverem aportado, o resultado líquido da venda, depois de pagas as dívidas do patrimônio de afetação e deduzido e entregue ao proprietário do terreno a quantia que lhe couber, nos termos do art. 40; não se obtendo, na venda, a reposição dos aportes efetivados pelos adquirentes, reajustada na forma da lei e de acordo com os critérios do contrato celebrado com o incorporador, os adquirentes serão credores privilegiados pelos valores da diferença não reembolsada, respondendo subsidiariamente os bens pessoais do incorporador. (Incluído pela Lei nº 10.931, de 2004)

Art. 43-A. A entrega do imóvel em até 180 (cento e oitenta) dias corridos da data estipulada contratualmente como data prevista para conclusão do empreendimento, desde que expressamente pactuado, de forma clara e destacada, não dará causa à resolução do contrato por parte do adquirente nem ensejará o pagamento de qualquer penalidade pelo incorporador. *(Incluído pela Lei 13.786/2018)*

§ 1º Se a entrega do imóvel ultrapassar o prazo estabelecido no *caput* deste artigo, desde que o adquirente não tenha dado causa ao atraso, poderá ser promovida por este a resolução do contrato, sem prejuízo da devolução da integralidade de todos os valores pagos e da multa estabelecida, em até 60 (sessenta) dias corridos contados da resolução, corrigidos nos termos do § 8º do art. 67-A desta Lei.

§ 2º Na hipótese de a entrega do imóvel estender-se por prazo superior àquele previsto no *caput* deste artigo, e não se tratar de resolução do contrato, será devida ao adquirente adimplente, por ocasião da entrega da unidade, indenização de 1% (um por cento) do valor efetivamente pago à incorporadora, para cada mês de atraso, *pro rata die*, corrigido monetariamente conforme índice estipulado em contrato.

§ 3º A multa prevista no § 2º deste artigo, referente a mora no cumprimento da obrigação, em hipótese alguma poderá ser cumulada com a multa estabelecida no § 1º deste artigo, que trata da inexecução total da obrigação.

Art. 44. Após a concessão do "habite-se" pela autoridade administrativa, o incorporador deverá requerer (*vetado*) a averbação da construção das edificações, para efeito de individualização e discriminação das unidades, respondendo perante os adquirentes pelas perdas e danos que resultem da demora no cumprimento dessa obrigação.

§ 1º. Se o incorporador não requerer a averbação (*vetado*) o construtor requerê-la-á (*vetado*) sob pena de ficar solidariamente responsável com o incorporador perante os adquirentes.

§ 2º. Na omissão do incorporador e do construtor, a averbação poderá ser requerida por qualquer dos adquirentes de unidade.

Art. 45. É lícito ao incorporador recolher o Imposto do Selo devido, mediante apresentação dos contratos preliminares, até 10 (dez) dias a contar do vencimento do prazo de carência a que se refere o art. 34, extinta a obrigação se, dentro deste prazo, for denunciada a incorporação.

Art. 46. Quando o pagamento do Imposto sobre Lucro Imobiliário e respectivos acréscimos e adicionais for de responsabilidade do vendedor do terreno, será lícito ao adquirente reter o pagamento das últimas prestações anteriores à data limite em que é lícito pagar, sem reajuste, o referido imposto e os adicionais, caso o vendedor não apresente a quitação até 10 (dez) dias antes do vencimento das prestações cujo pagamento torne inferior ao débito fiscal a parte do preço a ser ainda paga até a referida data limite.

Parágrafo único. No caso de retenção pelo adquirente, esse ficará responsável, para todos os efeitos, perante o Fisco, pelo recolhimento do tributo, adicionais e acréscimos, inclusive pelos reajustamentos que vier a sofrer o débito fiscal (*vetado*).

Art. 47. Quando se fixar no contrato que a obrigação do pagamento do Imposto sobre Lucro Imobiliário, acréscimos e adicionais devidos pelo alienante é transferida ao adquirente, dever-se-á explicitar o montante que tal obrigação atingiria, se sua satisfação se desse na data da escritura.

§ 1º. Neste caso, o adquirente será tido, para todos os efeitos, como responsável perante o Fisco.

§ 2º. Havendo parcela restituível, a restituição será feita ao adquirente e, se for o caso, em nome deste serão emitidas as Obrigações do Tesouro Nacional a que se refere o art. 4º da Lei nº 4.357, de 16 de julho de 1964.

§ 3º. Para efeitos fiscais, não importará em aumento do preço de aquisição a circunstância de obrigar-se o adquirente ao pagamento do Imposto sobre Lucro Imobiliário, seus acréscimos e adicionais.

CAPÍTULO III. DA CONSTRUÇÃO DE EDIFICAÇÕES EM CONDOMÍNIO

SEÇÃO I. DA CONSTRUÇÃO EM GERAL

Art. 48. A construção de imóveis, objeto de incorporação nos moldes previstos nesta Lei, poderá ser contratada sob o regime da empreitada ou de administração, conforme adiante definidos, e poderá estar incluída no contrato com o incorporador (*vetado*), ou ser contratada diretamente entre os adquirentes e o construtor.

§ 1º. O projeto e o memorial descritivo das edificações farão parte integrante e complementar do contrato.

§ 2º. Do contrato deverá constar o prazo da entrega das obras e as condições e formas de sua eventual prorrogação.

Art. 49. Os contratantes da construção, inclusive no caso do art. 43, para tratar de seus interesses, com relação a ela, poderão reunir-se em assembleia, cujas deliberações, desde que aprovadas por maioria simples dos votos presentes, serão válidas e obrigatórias para todos eles, salvo no que afetar ao direito de propriedade previsto na legislação.

§ 1º. As Assembleias serão convocadas, pelo menos, por 1/3 (um terço) dos votos dos contratantes, pelo incorporador ou pelo construtor, com menção expressa do assunto a tratar, sendo admitido comparecimento de procurador bastante.

§ 2º. A convocação da Assembleia será feita por carta registrada ou protocolo, com antecedência mínima de 5 (cinco) dias para a primeira convocação, e mais 3 (três) dias para a segunda, podendo ambas as convocações ser feitas no mesmo aviso.

§ 3º. A Assembleia instalar-se-á, no mínimo, com metade dos contratantes, em primeira convocação, e com qualquer número, em segunda, sendo, porém, obrigatória a presença, em qualquer caso, do incorporador ou do construtor, quando convocantes, e, pelo menos, com metade dos contratantes que a tenham convocado, se for o caso.

§ 4º. Na assembleia os votos dos contratantes serão proporcionais às respectivas frações ideais de terreno.

Art. 50. Será designada no contrato de construção ou eleita em assembleia geral uma Comissão de Representantes composta de três membros, pelo menos, escolhidos entre os adquirentes, para representá-los perante o construtor ou, no caso do art. 43, ao incorporador, em tudo o que interessar ao bom andamento da incorporação, e, em especial, perante terceiros, para praticar os atos resultantes da aplicação dos arts. 31-A a 31-F. (Redação dada pela Lei nº 10.931, de 2004)

§ 1º. Uma vez eleita a Comissão, cuja constituição se comprovará com a ata da Assembleia, devidamente inscrita no Registro de Títulos e Documentos, esta ficará de pleno direito investida dos poderes necessários para exercer todas as atribuições e praticar todos os atos que esta Lei e o contrato de construção lhe deferirem, sem necessidade de instrumento especial outorgado pelos contratantes ou, se for o caso, pelos que se sub-rogarem nos direitos e obrigações destes.

§ 2º. A assembleia geral poderá, pela maioria absoluta dos votos dos adquirentes, alterar a composição da Comissão de Representantes e revogar qualquer de suas decisões, ressalvados os direitos de terceiros quanto aos efeitos já produzidos. (Redação dada pela Lei nº 10.931, de 2004)

§ 3º. Respeitados os limites constantes desta Lei, o contrato poderá discriminar as atribuições da Comissão e deverá dispor sobre os mandatos de seus membros, sua destituição e a forma de preenchimento das vagas eventuais, sendo lícita a estipulação de que o mandato conferido a qualquer membro, no caso de sub-rogação de seu contrato a terceiros, se tenha por transferido, de pleno direito, ao sub-rogatário, salvo se este não o aceitar.

§ 4º. Nas incorporações em que o número de contratantes de unidades for igual ou inferior a três, a totalidade deles exercerá, em conjunto, as atribuições que esta Lei confere à Comissão, aplicando-se, no que couber, o disposto nos parágrafos anteriores.

Art. 51. Nos contratos de construção, seja qual for seu regime, deverá constar expressamente a quem caberão as despesas com ligações de serviços públicos, devidas ao Poder Público, bem como as despesas indispensáveis à instalação, funcionamento e regulamentação do condomínio.

Parágrafo único. Quando o serviço público for explorado mediante concessão, os contratos de construção deverão também especificar a quem caberão as despesas com as ligações que incumbam às concessionárias, no caso de não estarem elas obrigadas a fazê-las, ou, em o estando, se a isto se recusarem ou alegarem impossibilidade.

Art. 52. Cada contratante da construção só será imitido na posse de sua unidade se estiver em dia com as obrigações assumidas, inclusive as relativas à construção, exercendo o construtor e o condomínio, até então, o direito de retenção sobre a respectiva unidade; no caso do art. 43, este direito será exercido pelo incorporador.

Art. 53. O Poder Executivo, através do Banco Nacional da Habitação, promoverá a celebração de contratos com a Associação Brasileira de Normas Técnicas (ABNT), no sentido de que esta, tendo em vista o disposto na Lei nº 4.150, de 21 de novembro de 1962, prepare, no prazo máximo de 120 (cento e vinte) dias, normas que estabeleçam, para cada tipo de prédio que padronizar:

I – critérios e normas para cálculo de custos unitários de construção, para uso dos sindicatos, na forma do art. 54;

II – critérios e normas para execução de orçamentos de custos de construção, para fins do disposto no art. 59;

III – critérios e normas para a avaliação de custo global de obra, para fins da alínea *h*, do art. 32;

IV – modelo de memorial descritivo dos acabamentos de edificação, para fins do disposto no art. 32;

V – critério para entrosamento entre o cronograma das obras e o pagamento das prestações, que poderá ser introduzido nos contratos de incorporação inclusive para o efeito de aplicação do disposto no § 2º do art. 48.

§ 1º. O número de tipos padronizados deverá ser reduzido e na fixação se atenderá primordialmente:

a) o número de pavimentos e a existência de pavimentos especiais (subsolo, pilotis etc.);

b) o padrão da construção (baixo, normal, alto), tendo em conta as condições de acabamento, a qualidade dos materiais empregados, os equipamentos, o número de elevadores e as inovações de conforto;

c) as áreas de construção.

§ 2º. Para custear o serviço a ser feito pela ABNT, definido neste artigo, fica autorizado o Poder Executivo a abrir um crédito especial no valor de Cr$ 10.000.000,00 (dez milhões de cruzeiros), em favor do Banco Nacional da Habitação, vinculado a este fim, podendo o Banco adiantar a importância à ABNT, se necessário.

§ 3º. No contrato a ser celebrado com a ABNT, estipular-se-á a atualização periódica das normas previstas neste artigo, mediante remuneração razoável.

Art. 54. Os sindicatos estaduais da indústria da construção civil ficam obrigados a divulgar mensalmente, até o dia 5 de cada mês, os custos unitários de construção a serem adotados nas respectivas regiões jurisdicionais, calculados com observância dos critérios e normas a que se refere o inciso I do artigo anterior.

§ 1º. O sindicato estadual que deixar de cumprir a obrigação prevista neste artigo deixará de receber dos cofres públicos, enquanto perdurar a omissão, qualquer subvenção ou auxílio que pleiteie ou a que tenha direito.

§ 2º. Na ocorrência de omissão de sindicato estadual, o construtor usará os índices fixados por outro sindicato estadual, em cuja região os custos de construção mais lhe pareçam aproximados dos da sua.

§ 3º. Os orçamentos ou estimativas baseados nos custos unitários a que se refere este artigo só poderão ser considerados atualizados, em certo mês, para os efeitos desta Lei, se baseados em custos unitários relativos ao próprio mês ou a um dos dois meses anteriores.

SEÇÃO II. DA CONSTRUÇÃO POR EMPREITADA

Art. 55. Nas incorporações em que a construção seja feita pelo regime de empreitada, esta poderá ser a preço fixo ou a preço reajustável por índices previamente determinados.

§ 1º. Na empreitada a preço fixo, o preço da construção será irreajustável, independentemente das variações que sofrer o custo efetivo das obras e quaisquer que sejam suas causas.

§ 2º. Na empreitada a preço reajustável, o preço fixado no contrato será reajustado na forma e nas épocas nele expressamente previstas, em função da variação dos índices adotados, também previstos obrigatoriamente no contrato.

§ 3º. Nos contratos de construção por empreitada, a Comissão de Representantes fiscalizará o andamento da obra e a obediência ao projeto e às especificações, exercendo as demais obrigações inerentes à sua função representativa dos contratantes e fiscalizadora da construção.

§ 4º. Nos contratos de construção fixados sob regime de empreitada, reajustável, a Comissão de Representantes fiscalizará, também, o cálculo do reajustamento.

§ 5º. No contrato deverá ser mencionado o montante do orçamento atualizado da obra, calculado de acordo com as normas do inciso III do art. 53, com base nos custos unitários referidos no art. 54, quando o preço estipulado for inferior ao mesmo.

§ 6º. Na forma de expressa referência, os contratos de empreitada entendem-se como sendo a preço fixo.

Art. 56. Em toda a publicidade ou propaganda escrita, destinada a promover a venda de incorporação com construção pelo regime de empreitada reajustável, em que conste preço, serão discriminados explicitamente o preço da fração ideal do terreno e o preço da construção, com indicação expressa da reajustabilidade.

§ 1º. As mesmas indicações deverão constar em todos os papéis utilizados para a realização da incorporação, tais como cartas, propostas, escrituras, contratos e documentos semelhantes.

§ 2º. Esta exigência será dispensada nos anúncios "classificados" dos jornais.

Art. 57. Ao construtor que contratar, por empreitada a preço fixo, uma obra de incorporação, aplicar-se-á, no que couber, o disposto nos itens II, III, IV (*vetado*) e VI do art. 43.

SEÇÃO III. DA CONSTRUÇÃO POR ADMINISTRAÇÃO

Art. 58. Nas incorporações em que a construção for contratada pelo regime de administração, também chamado "a preço de custo", será de responsabilidade dos proprietários ou adquirentes o pagamento do custo integral de obra, observadas as seguintes disposições:

I – todas as faturas, duplicatas, recibos e quaisquer documentos referentes às transações ou aquisições para construção serão emitidos em nome do condomínio dos contratantes da construção;

II – todas as contribuições dos condôminos para qualquer fim relacionado com a construção serão depositadas em contas abertas em nome do condomínio dos contratantes em estabelecimentos bancários, as quais serão movimentadas pela forma que for fixada no contrato.

Art. 59. No regime de construção por administração será obrigatório constar do respectivo contrato o montante do orçamento do custo da obra, elaborado com estrita observância dos critérios e normas referidos no inciso II do art. 53, e a data em que se iniciará efetivamente a obra.

§ 1º. Nos contratos lavrados até o término das fundações, este montante não poderá ser inferior ao da estimativa atualizada, a que se refere o § 3º do art. 54.

§ 2º. Nos contratos celebrados após o término das fundações, este montante não poderá ser inferior à última revisão efetivada na forma do artigo seguinte.

§ 3º. Às transferências e sub-rogações do contrato, em qualquer fase da obra, aplicar-se-á o disposto neste artigo.

Art. 60. As revisões da estimativa de custo da obra serão efetuadas, pelo menos semestralmente, em comum entre a Comissão de Representantes e o construtor. O contrato poderá estipular que, em função das necessidades da obra, sejam alteráveis os esquemas de contribuições quanto ao total, ao número, ao valor e à distribuição no tempo das prestações.

Parágrafo único. Em caso de majoração de prestações, o novo esquema deverá ser comunicado aos contratantes, com antecedência mínima de 45 (quarenta e cinco) dias da data em que deverão ser efetuados os depósitos das primeiras prestações alteradas.

Art. 61. A Comissão de Representantes terá poderes para, em nome de todos os contratantes e na forma prevista no contrato:

a) examinar os balancetes organizados pelos construtores, dos recebimentos e despesas do condomínio dos contratantes, aprová-los ou impugná-los, examinando a documentação respectiva;

b) fiscalizar concorrências relativas às compras dos materiais necessários à obra ou aos serviços a ela pertinentes;

c) contratar, em nome do condomínio, com qualquer condômino, modificações por ele solicitadas em sua respectiva unidade, a serem administradas pelo construtor, desde que não prejudiquem unidade de outro condômino e não estejam em desacordo com o parecer técnico do construtor;

d) fiscalizar a arrecadação das contribuições destinadas à construção;

e) exercer as demais obrigações inerentes a sua função representativa dos contratantes e fiscalizadora da construção, e praticar todos os atos necessários ao funcionamento regular do condomínio.

Art. 62. Em toda publicidade ou propaganda escrita destinada a promover a venda de incorporação com construção, pelo regime de administração em que conste preço, serão discriminados explicitamente o preço da fração ideal de terreno e o montante do orçamento atualizado do custo da construção, na forma dos arts. 59 e 60, com a indicação do mês a que se refere o dito orçamento e do tipo padronizado a que se vincule o mesmo.

§ 1º. As mesmas indicações deverão constar em todos os papéis utilizados para a realização da incorporação, tais como cartas, propostas, escrituras, contratos e documentos semelhantes.

§ 2º. Esta exigência será dispensada nos anúncios "classificados" dos jornais.

CAPÍTULO IV.
DAS INFRAÇÕES

Art. 63. É lícito estipular no contrato, sem prejuízo de outras sanções, que a falta de pagamento, por parte do adquirente ou contratante, de três prestações do preço da construção, quer estabelecidas inicialmente, quer alteradas ou criadas posteriormente, quando for o caso, depois de prévia notificação com o prazo de 10 (dez) dias para purgação da mora, implique na rescisão do contrato, conforme nele se fixar, ou que, na falta de pagamento pelo débito respondem os direitos à respectiva fração ideal de terreno e à parte construída adicionada, na forma abaixo estabelecida, se outra forma não fixar o contrato.

§ 1º. Se o débito não for liquidado no prazo de 10 (dez) dias, após solicitação da Comissão de Representantes, esta ficará, desde logo, de pleno direito, autorizada a efetuar, no prazo que fixar, em público leilão anunciado pela forma que o contrato previr, a venda, promessa de venda ou de cessão, ou a cessão da quota de terreno e correspondente parte construída e direitos, bem como a sub-rogação do contrato de construção.

§ 2º. Se o maior lanço obtido for inferior ao desembolso efetuado pelo inadimplente, para a quota do terreno e a construção, despesas acarretadas e as percentagens expressas no parágrafo seguinte, será realizada nova praça no prazo estipulado no contrato. Nesta segunda praça, será aceito o maior lanço apurado, ainda que inferior àquele total (*vetado*).

§ 3º. No prazo de 24 (vinte e quatro) horas após a realização do leilão final, o condomínio, por decisão unânime de Assembleia Geral, em condições de igualdade com terceiros, terá preferência na aquisição dos bens, caso em que serão adjudicados ao condomínio.

§ 4º. Do preço que for apurado no leilão, serão deduzidas as quantias em débito, todas as despesas ocorridas, inclusive honorários de advogado e anúncios, e mais 5% (cinco por cento) a título de comissão e 10% (dez por cento) de multa compensatória, que reverterão em benefício do condomínio de todos os contratantes, com exceção do faltoso, ao qual será entregue o saldo, se houver.

§ 5º. Para os fins das medidas estipuladas neste artigo, a Comissão de Representantes ficará investida de mandato irrevogável, isento do Imposto do Selo, na vigência do contrato geral de construção da obra, com poderes necessários para, em nome do condômino inadimplente, efetuar as citadas transações, podendo para este fim fixar preços, ajustar condições, sub-rogar o arrematante nos direitos e obrigações decorrentes do contrato de construção e da quota de terreno e construção; outorgar as competentes escrituras e contratos, receber preços, dar quitações; imitir o arrematante na posse do imóvel; transmitir domínio, direito e ação; responder pela evicção; receber citação, propor e variar de ações; e também dos poderes *ad judicia*, a serem substabelecidos a advogado legalmente habilitado.

§ 6º. A morte, falência ou concordata do condômino ou sua dissolução, se se tratar de sociedade, não revogará o mandato de que trata o parágrafo anterior, o qual poderá ser exercido pela Comissão de Representantes até a conclusão dos pagamentos devidos, ainda que a unidade pertença a menor de idade.

§ 7º. Os eventuais débitos, fiscais ou para com a Previdência Social, não impedirão a alienação por leilão público. Neste caso, ao condômino somente será entregue o saldo, se houver, desde que prove estar quite com o Fisco e a Previdência Social, devendo a Comissão de Representantes, em caso contrário, consignar judicialmente a importância equivalente aos débitos existentes, dando ciência do fato à entidade credora.

§ 8º. Independentemente das disposições deste artigo e seus parágrafos, e como penalidades preliminares, poderá o contrato de construção estabelecer a incidência de multas e juros de mora em caso de atraso no depósito de contribuições, sem prejuízo do disposto no parágrafo seguinte.

§ 9º. O contrato poderá dispor que o valor das prestações pagas com atraso seja corrigível em função da variação do índice geral de preços mensalmente publicado pelo Conselho Nacional de Economia, que reflita as oscilações do poder aquisitivo da moeda nacional.

§ 10. O membro da Comissão de Representantes que incorrer na falta prevista neste artigo estará sujeito à perda automática do mandato e deverá ser substituído segundo dispuser o contrato.

Art. 64. Os órgãos de informação e publicidade que divulgarem publicidade sem os requisitos exigidos pelo § 3º do art. 32 e pelos arts. 56 e 62, desta Lei, sujeitar-se-ão à multa em importância correspondente ao dobro do preço pago pelo anunciante, a qual reverterá em favor da respectiva Municipalidade.

Art. 65. É crime contra a economia popular promover incorporação, fazendo, em proposta, contratos, prospectos ou comunicação ao público ou aos interessados, afirmação falsa sobre a constituição do condomínio, alienação das frações ideais do terreno ou sobre a construção das edificações.

Pena – reclusão de 1 (um) a 4 (quatro) anos e multa de cinco a cinquenta vezes o maior salário mínimo legal vigente no País.

§ 1º. Incorrem na mesma pena:

I – o incorporador, o corretor e o construtor, individuais, bem como os diretores ou gerentes de empresa coletiva, incorporadora, corretora ou construtora que, em proposta, contrato, publicidade, prospecto, relatório, parecer, balanço ou comunicação ao público ou aos condôminos, candidatos ou subscritores de unidades, fizerem afirmação falsa sobre a constituição do condomínio, alienação das frações ideais ou sobre a construção das edificações;

II – o incorporador, o corretor e o construtor individuais, bem como os diretores ou gerentes de empresa coletiva, incorporadora, corretora ou construtora que usar, ainda que a título de empréstimo, em proveito próprio ou de terceiro, bens ou haveres destinados a incorporação contratada por administração, sem prévia autorização dos interessados.

§ 2º. O julgamento destes crimes será de competência de juízo singular, aplicando-se os arts. 5º, 6º e 7º da Lei nº 1.521, de 26 de dezembro de 1951.

§ 3º. Em qualquer fase do procedimento criminal objeto deste artigo, a prisão do indiciado dependerá sempre de mandado do juízo referido no § 2º. (Incluído pela Lei nº 4.864, de 1965)

Art. 66. São contravenções relativas à economia popular, puníveis na forma do art. 10 da Lei nº 1.521, de 26 de dezembro de 1951:

I – negociar o incorporador frações ideais de terreno, sem previamente satisfazer às exigências constantes desta Lei;

II – omitir o incorporador, em qualquer documento de ajuste, as indicações a que se referem os arts. 37 e 38, desta Lei;

III – deixar o incorporador, sem justa causa, no prazo do art. 35 e ressalvada a hipótese de seus §§ 2º e 3º, de promover a celebração do contrato relativo à fração ideal de terreno, do contrato de construção ou da Convenção do Condomínio;

IV – (*VETADO*);

V – omitir o incorporador, no contrato, a indicação a que se refere o § 5º do art. 55 desta Lei;

VI – paralisar o incorporador a obra, por mais de 30 (trinta) dias, ou retardar-lhe excessivamente o andamento sem justa causa.

Pena – multa de cinco a vinte vezes o maior salário mínimo legal vigente no País.

Parágrafo único. No caso de contratos relativos a incorporações, de que não participe o incorporador, responderão solidariamente pelas faltas capituladas neste artigo o construtor, o corretor, o proprietário ou titular de direitos aquisitivos do terreno, desde que figurem no contrato, com direito regressivo sobre o incorporador, se as faltas cometidas lhe forem imputáveis.

CAPÍTULO V. DAS DISPOSIÇÕES FINAIS E TRANSITÓRIAS

Art. 67. Os contratos poderão consignar exclusivamente as cláusulas, termos ou condições variáveis ou específicas.

§ 1º. As cláusulas comuns a todos os adquirentes não precisarão figurar expressamente nos respectivos contratos.

§ 2º. Os contratos, no entanto, consignarão obrigatoriamente que as partes contratantes adotem e se comprometam a cumprir as cláusulas, termos e condições contratuais a que se refere o parágrafo anterior, sempre transcritas, verbo *ad verbum*, no respectivo cartório ou ofício, mencionando, inclusive, o número do Livro e das folhas do competente registro.

§ 3º. Aos adquirentes, ao receberem os respectivos instrumentos, será obrigatoriamente entregue cópia, impressa ou mimeografada, autenticada, do contrato padrão contendo as cláusulas, termos e condições referidas no § 1º deste artigo.

§ 4º. Os Cartórios de Registro de Imóveis, para os devidos efeitos, receberão dos incorporadores, autenticadamente, o instrumento a que se refere o parágrafo anterior.

Art. 67-A. Em caso de desfazimento do contrato celebrado exclusivamente com o incorporador, mediante distrato ou resolução por inadimplemento absoluto de obrigação do adquirente, este fará jus à restituição das quantias que houver pago diretamente ao incorporador, atualizadas com base no índice contratualmente estabelecido para a correção monetária das parcelas do preço do imóvel, delas deduzidas, cumulativamente: *(Incluído pela Lei 13.786/2018)*

I - a integralidade da comissão de corretagem;

II - a pena convencional, que não poderá exceder a 25% (vinte e cinco por cento) da quantia paga.

§ 1º Para exigir a pena convencional, não é necessário que o incorporador alegue prejuízo.

§ 2º Em função do período em que teve disponibilizada a unidade imobiliária, responde ainda o adquirente, em caso de resolução ou de distrato, sem prejuízo do disposto no *caput* e no § 1º deste artigo, pelos seguintes valores:

I - quantias correspondentes aos impostos reais incidentes sobre o imóvel;

II - cotas de condomínio e contribuições devidas a associações de moradores;

III - valor correspondente à fruição do imóvel, equivalente à 0,5% (cinco décimos por cento) sobre o valor atualizado do contrato, *pro rata die*;

IV - demais encargos incidentes sobre o imóvel e despesas previstas no contrato.

§ 3º Os débitos do adquirente correspondentes às deduções de que trata o § 2º deste artigo poderão ser pagos mediante compensação com a quantia a ser restituída.

§ 4º Os descontos e as retenções de que trata este artigo, após o desfazimento do contrato, estão limitados aos valores efetivamente pagos pelo adquirente, salvo em relação às quantias relativas à fruição do imóvel.

§ 5º Quando a incorporação estiver submetida ao regime do patrimônio de afetação, de que tratam os arts. 31-A a 31-F desta Lei, o incorporador restituirá os valores pagos pelo adquirente, deduzidos os valores descritos neste artigo e atualizados com base no índice contratualmente estabelecido para a correção monetária das parcelas do preço do imóvel, no prazo máximo de 30 (trinta) dias após o habite-se ou documento equivalente expedido pelo órgão público municipal competente, admitindose, nessa hipótese, que a pena referida no inciso II do *caput* deste artigo seja estabelecida até o limite de 50% (cinquenta por cento) da quantia paga.

§ 6º Caso a incorporação não esteja submetida ao regime do patrimônio de afetação de que trata a Lei nº 10.931, de 2 de agosto de 2004, e após as deduções a que se referem os parágrafos anteriores, se houver remanescente a ser ressarcido ao adquirente, o pagamento será realizado em parcela única, após o prazo de 180 (cento e oitenta) dias, contado da data do desfazimento do contrato.

§ 7º Caso ocorra a revenda da unidade antes de transcorrido o prazo a que se referem os §§ 5º ou 6º deste artigo, o valor remanescente devido ao adquirente será pago em até 30 (trinta) dias da revenda.

§ 8º O valor remanescente a ser pago ao adquirente nos termos do § 7º deste artigo deve ser atualizado com base no índice contratualmente estabelecido para a correção monetária das parcelas do preço do imóvel.

§ 9º Não incidirá a cláusula penal contratualmente prevista na hipótese de o adquirente que der causa ao desfazimento do contrato encontrar comprador substituto que o sub-rogue nos direitos e obrigações originalmente assumidos, desde que haja a devida anuência do incorporador e a aprovação dos cadastros e da capacidade financeira e econômica do comprador substituto.

§ 10. Os contratos firmados em estandes de vendas e fora da sede do incorporador permitem ao adquirente o exercício do direito de arrependimento, durante o prazo improrrogável de 7 (sete) dias, com a devolução de todos os valores eventualmente antecipados, inclusive a comissão de corretagem.

§ 11. Caberá ao adquirente demonstrar o exercício tempestivo do direito de arrependimento por meio de carta registrada, com aviso de recebimento, considerada a data da postagem como data inicial da contagem do prazo a que se refere o § 10 deste artigo.

§ 12. Transcorrido o prazo de 7 (sete) dias a que se refere o § 10 deste artigo sem que tenha sido exercido o direito de arrependimento, será observada a irretratabilidade do contrato de incorporação imobiliária, conforme disposto no § 2º do art. 32 da Lei nº 4.591, de 16 de dezembro de 1964.

§ 13. Poderão as partes, em comum acordo, por meio de instrumento específico de distrato, definir condições diferenciadas das previstas nesta Lei.

§ 14. Nas hipóteses de leilão de imóvel objeto de contrato de compra e venda com pagamento parcelado, com ou sem garantia real, de promessa de compra e venda ou de cessão e de compra e venda com pacto adjeto de alienação fiduciária em garantia, realizado o leilão no contexto de execução judicial ou de procedimento extrajudicial de execução ou de resolução, a restituição far-se-á de acordo com os critérios estabelecidos na respectiva lei especial ou com as normas aplicáveis à execução em geral.

Art. 68. Os proprietários ou titulares de direito aquisitivo sobre as terras rurais ou os terrenos onde pretendam construir ou mandar construir habitações isoladas para aliená-las antes de concluídas, mediante pagamento do preço a prazo, deverão, previamente, satisfazer às exigências constantes no art. 32, ficando sujeitos ao regime instituído nesta Lei para os incorporadores, no que lhes for aplicável.

Art. 69. O Poder Executivo baixará, no prazo de 90 (noventa) dias, regulamento sobre o registro no Registro de Imóveis (*vetado*).

Art. 70. A presente Lei entrará em vigor na data de sua publicação, revogados o Dec. nº 5.481, de 25 de junho de 1928 e quaisquer disposições em contrário.

Brasília, 16 de dezembro de 1964; 143º da Independência e 76º da República.

H. CASTELLO BRANCO

D.O.U. de 21.12.1964

LEI Nº 4.717, DE 29 DE JUNHO DE 1965

Regula a ação popular.

‣ *Ação popular*

O PRESIDENTE DA REPÚBLICA Faço saber que o Congresso Nacional decreta e eu sanciono a seguinte Lei:

Art. 1º. Qualquer cidadão será parte legítima para pleitear a anulação ou a declaração de nulidade de atos lesivos ao patrimônio da União, do Distrito Federal, dos Estados, dos Municípios, de entidades autárquicas, de sociedades de economia mista (Constituição, art. 141, § 38), de sociedades mútuas de seguro nas quais a União represente os segurados ausentes, de empresas públicas, de serviços sociais autônomos, de instituições ou fundações para cuja criação ou custeio o tesouro público haja concorrido ou concorra com mais de cinquenta por cento do patrimônio ou da receita ânua, de empresas incorporadas ao patrimônio da União, do Distrito Federal, dos Estados e dos Municípios, e de quaisquer pessoas jurídicas ou entidades subvencionadas pelos cofres públicos.

- Refere-se à Constituição de 1946.
- CF/88: arts. 5º, LXXIII e 129, III.

§ 1º. Consideram-se patrimônio público para os fins referidos neste artigo, os bens e direitos de valor econômico, artístico, estético, histórico ou turístico. (Redação dada pela Lei nº 6.513, de 1977)

§ 2º. Em se tratando de instituições ou fundações, para cuja criação ou custeio o tesouro público concorra com menos de cinquenta por cento do patrimônio ou da receita ânua, bem como de pessoas jurídicas ou entidades subvencionadas, as consequências patrimoniais da invalidez dos atos lesivos terão por limite a repercussão deles sobre a contribuição dos cofres públicos.

§ 3º. A prova da cidadania, para ingresso em juízo, será feita com o título eleitoral, ou com documento que a ele corresponda.

§ 4º. Para instruir a inicial, o cidadão poderá requerer às entidades, a que se refere este artigo, as certidões e informações que julgar necessárias, bastando para isso indicar a finalidade das mesmas.

§ 5º. As certidões e informações, a que se refere o parágrafo anterior, deverão ser fornecidas dentro de 15 (quinze) dias da entrega, sob recibo, dos respectivos requerimentos, e só poderão ser utilizadas para a instrução de ação popular.

§ 6º. Somente nos casos em que o interesse público, devidamente justificado, impuser sigilo, poderá ser negada certidão ou informação.

§ 7º. Ocorrendo a hipótese do parágrafo anterior, a ação poderá ser proposta desacompanhada das certidões ou informações negadas, cabendo ao juiz, após apreciar os motivos do indeferimento, e salvo em se tratando de razão de segurança nacional, requisitar umas e outras; feita a requisição, o processo correrá em segredo de justiça, que cessará com o trânsito em julgado de sentença condenatória.

Art. 2º. São nulos os atos lesivos ao patrimônio das entidades mencionadas no artigo anterior, nos casos de:

a) incompetência;

b) vício de forma;

c) ilegalidade do objeto;

d) inexistência dos motivos;

e) desvio de finalidade.

Parágrafo único. Para a conceituação dos casos de nulidade observar-se-ão as seguintes normas:

a) a incompetência fica caracterizada quando o ato não se incluir nas atribuições legais do agente que o praticou;

b) o vício de forma consiste na omissão ou na observância incompleta ou irregular de formalidades indispensáveis à existência ou seriedade do ato;

c) a ilegalidade do objeto ocorre quando o resultado do ato importa em violação de lei, regulamento ou outro ato normativo;

d) a inexistência dos motivos se verifica quando a matéria de fato ou de direito, em que se fundamenta o ato, é materialmente inexistente ou juridicamente inadequada ao resultado obtido;

e) o desvio de finalidade se verifica quando o agente pratica o ato visando a fim diverso daquele previsto, explícita ou implicitamente, na regra de competência.

Art. 3º. Os atos lesivos ao patrimônio das pessoas de direito público ou privado, ou das entidades mencionadas no art. 1º, cujos vícios não se compreendam nas especificações do artigo anterior, serão anuláveis, segundo as prescrições legais, enquanto compatíveis com a natureza deles.

Art. 4º. São também nulos os seguintes atos ou contratos, praticados ou celebrados por quaisquer das pessoas ou entidades referidas no art. 1º.

I – A admissão ao serviço público remunerado, com desobediência, quanto às condições de habilitação, das normas legais, regulamentares ou constantes de instruções gerais.

II – A operação bancária ou de crédito real, quando:

a) for realizada com desobediência a normas legais, regulamentares, estatutárias, regimentais ou internas;

b) o valor real do bem dado em hipoteca ou penhor for inferior ao constante de escritura, contrato ou avaliação.

III – A empreitada, a tarefa e a concessão do serviço público, quando:

a) o respectivo contrato houver sido celebrado sem prévia concorrência pública ou administrativa, sem que essa condição seja estabelecida em lei, regulamento ou norma geral;

b) no edital de concorrência forem incluídas cláusulas ou condições, que comprometam o seu caráter competitivo;

c) a concorrência administrativa for processada em condições que impliquem na limitação das possibilidades normais de competição.

IV – As modificações ou vantagens, inclusive prorrogações que forem admitidas, em favor do adjudicatário, durante a execução dos contratos de empreitada, tarefa e concessão de serviço público, sem que estejam previstas em lei ou nos respectivos instrumentos;

V – A compra e venda de bens móveis ou imóveis, nos casos em que não cabível concorrência pública ou administrativa, quando:

a) for realizada com desobediência a normas legais, regulamentares, ou constantes de instruções gerais;

b) o preço de compra dos bens for superior ao corrente no mercado, na época da operação;

c) o preço de venda dos bens for inferior ao corrente no mercado, na época da operação.

VI – A concessão de licença de exportação ou importação, qualquer que seja a sua modalidade, quando:

a) houver sido praticada com violação das normas legais e regulamentares ou de instruções e ordens de serviço;

b) resultar em exceção ou privilégio, em favor de exportador ou importador.

VII – A operação de redesconto quando sob qualquer aspecto, inclusive o limite de valor, desobedecer a normas legais, regulamentares ou constantes de instruções gerais.

VIII – O empréstimo concedido pelo Banco Central da República, quando:

a) concedido com desobediência de quaisquer normas legais, regulamentares, regimentais ou constantes de instruções gerias:

b) o valor dos bens dados em garantia, na época da operação, for inferior ao da avaliação.

IX – A emissão, quando efetuada sem observância das normas constitucionais, legais e regulamentadoras que regem a espécie.

DA COMPETÊNCIA

Art. 5º. Conforme a origem do ato impugnado, é competente para conhecer da ação, processá-la e julgá-la o juiz que, de acordo com a organização judiciária de cada Estado, o for para as causas que interessem à União, ao Distrito Federal, ao Estado ou ao Município.

§ 1º. Para fins de competência, equiparam-se atos da União, do Distrito Federal, do Estado ou dos Municípios os atos das pessoas criadas ou mantidas por essas pessoas jurídicas de direito público, bem como os atos das sociedades de que elas sejam acionistas e os das pessoas ou entidades por elas subvencionadas ou em relação às quais tenham interesse patrimonial.

§ 2º. Quando o pleito interessar simultaneamente à União e a qualquer outra pessoa ou entidade, será competente o juiz das causas da União, se houver; quando interessar simultaneamente ao Estado e ao Município, será competente o juiz das causas do Estado, se houver.

§ 3º. A propositura da ação prevenirá a jurisdição do juízo para todas as ações, que forem posteriormente intentadas contra as mesmas partes e sob os mesmos fundamentos.

§ 4º. Na defesa do patrimônio público caberá a suspensão liminar do ato lesivo impugnado. (Incluído pela Lei nº 6.513, de 1977)

DOS SUJEITOS PASSIVOS DA AÇÃO E DOS ASSISTENTES

Art. 6º. A ação será proposta contra as pessoas públicas ou privadas e as entidades referidas no art. 1º, contra as autoridades, funcionários ou administradores que houverem autorizado, aprovado, ratificado ou praticado o ato impugnado, ou que, por omissas, tiverem dado oportunidade à lesão, e contra os beneficiários diretos do mesmo.

§ 1º. Se não houver benefício direto do ato lesivo, ou se for ele indeterminado ou desconhecido, a ação será proposta somente contra as outras pessoas indicadas neste artigo.

§ 2º. No caso de que trata o inciso II, item b, do art. 4º, quando o valor real do bem for inferior ao da avaliação, citar-se-ão como réus, além das pessoas públicas ou privadas e entidades referidas no art. 1º, apenas os responsáveis pela avaliação inexata e os beneficiários da mesma.

§ 3º. A pessoas jurídica de direito público ou de direito privado, cujo ato seja objeto de impugnação, poderá abster-se de contestar o pedido, ou poderá atuar ao lado do autor, desde que isso se afigure útil ao interesse público, a juízo do respectivo representante legal ou dirigente.

§ 4º. O Ministério Público acompanhará a ação, cabendo-lhe apressar a produção da prova e promover a responsabilidade, civil ou criminal, dos que nela incidirem, sendo-lhe vedado, em qualquer hipótese, assumir a defesa do ato impugnado ou dos seus autores.

§ 5º. É facultado a qualquer cidadão habilitar-se como litisconsorte ou assistente do autor da ação popular.

DO PROCESSO

Art. 7º. A ação obedecerá ao procedimento ordinário, previsto no Código de Processo Civil, observadas as seguintes normas modificativas:

‣ CPC/15: art. 318 e ss.

I – Ao despachar a inicial, o juiz ordenará:

a) além da citação dos réus, a intimação do representante do Ministério Público;

‣ CF/88: art. 127.

b) a requisição, às entidades indicadas na petição inicial, dos documentos que tiverem sido referidos pelo autor (art. 1º, § 6º), bem como a de outros que se lhe afigurem necessários ao esclarecimento dos fatos, fixando prazos de 15 (quinze) a 30 (trinta) dias para o atendimento.

§ 1º. O representante do Ministério Público providenciará para que as requisições, a que se refere o inciso anterior, sejam atendidas dentro dos prazos fixados pelo juiz.

‣ CF/88: art. 127.

§ 2º. Se os documentos e informações não puderem ser oferecidos nos prazos assinalados, o juiz poderá autorizar prorrogação dos mesmos, por prazo razoável.

II – Quando o autor o preferir, a citação dos beneficiários far-se-á por edital com o prazo de 30 (trinta) dias, afixado na sede do juízo e publicado três vezes no jornal oficial do Distrito Federal, ou da Capital do Estado ou Território em que seja ajuizada a ação. A publicação será gratuita e deverá iniciar-se no máximo 3 (três) dias após a entrega, na repartição competente, sob protocolo, de uma via autenticada do mandado.

III – Qualquer pessoa, beneficiada ou responsável pelo ato impugnado, cuja existência ou identidade se torne conhecida no curso do processo e antes de proferida a sentença final de primeira instância, deverá ser citada para a integração do contraditório, sendo-lhe restituído o prazo para contestação e produção de provas, Salvo, quanto a beneficiário, se a citação se houver feito na forma do inciso anterior.

IV – O prazo de contestação é de 20 (vinte) dias, prorrogáveis por mais 20 (vinte), a requerimento do interessado, se particularmente difícil a produção de prova documental, e será comum a todos os interessados, correndo da entrega em cartório do mandado cumprido, ou, quando for o caso, do decurso do prazo assinado em edital.

V – Caso não requerida, até o despacho saneador, a produção de prova testemunhal ou pericial, o juiz ordenará vista às partes por 10 (dez) dias, para alegações, sendo-lhe os autos conclusos, para sentença, 48 (quarenta e oito) horas após a expiração desse prazo; havendo requerimento de prova, o processo tomará o rito ordinário.

VI – A sentença, quando não prolatada em audiência de instrução e julgamento, deverá ser proferida dentro de 15 (quinze) dias do recebimento dos autos pelo juiz.

Parágrafo único. O proferimento da sentença além do prazo estabelecido privará o juiz da inclusão em lista de merecimento para promoção, durante 2 (dois) anos, e acarretará a perda, para efeito de promoção por antiguidade, de tantos dias quantos forem os do retardamento, salvo motivo justo, declinado nos autos e comprovado perante o órgão disciplinar competente.

Art. 8º. Ficará sujeita à pena de desobediência, salvo motivo justo devidamente comprovado, a autoridade, o administrador ou o dirigente, que deixar de fornecer, no prazo fixado no art. 1º, § 5º, ou naquele que tiver sido estipulado pelo juiz (art. 7º, n. I, letra b), informações e certidão ou fotocópia de documento necessários à instrução da causa.

‣ CP: art. 330.

Parágrafo único. O prazo contar-se-á do dia em que entregue, sob recibo, o requerimento do interessado ou o ofício de requisição (art. 1º, § 5º, e art. 7º, n. I, letra b).

Art. 9º. Se o autor desistir da ação ou der motivo à absolvição da instância, serão publicados editais nos prazos e condições previstos no art. 7º, inciso II, ficando assegurado a qualquer cidadão, bem como ao representante do Ministério Público, dentro do prazo de 90 (noventa) dias da última publicação feita, promover o prosseguimento da ação.

Art. 10. As partes só pagarão custas e preparo a final.

Art. 11. A sentença que, julgando procedente a ação popular, decretar a invalidade do ato impugnado, condenará ao pagamento de perdas e danos os responsáveis pela sua prática e os beneficiários dele, ressalvada a ação regressiva contra os funcionários causadores de dano, quando incorrerem em culpa.

Art. 12. A sentença incluirá sempre, na condenação dos réus, o pagamento, ao autor, das custas e demais despesas, judiciais e extrajudiciais, diretamente relacionadas com a ação e comprovadas, bem como o dos honorários de advogado.

Art. 13. A sentença que, apreciando o fundamento de direito do pedido, julgar a lide manifestamente temerária, condenará o autor ao pagamento do décuplo das custas.

Art. 14. Se o valor da lesão ficar provado no curso da causa, será indicado na sentença; se depender de avaliação ou perícia, será apurado na execução.

§ 1º. Quando a lesão resultar da falta ou isenção de qualquer pagamento, a condenação imporá o pagamento devido, com acréscimo de juros de mora e multa legal ou contratual, se houver.

§ 2º. Quando a lesão resultar da execução fraudulenta, simulada ou irreal de contratos, a condenação versará sobre a reposição do débito, com juros de mora.

§ 3º. Quando o réu condenado perceber dos cofres públicos, a execução far-se-á por desconto em folha até o integral ressarcimento do dano causado, se assim mais convier ao interesse público.

§ 4º. A parte condenada a restituir bens ou valores ficará sujeita a sequestro e penhora, desde a prolação da sentença condenatória.

Art. 15. Se, no curso da ação, ficar provada a infringência da lei penal ou a prática de falta disciplinar a que a lei comine a pena de demissão ou a de rescisão de contrato de trabalho, o juiz, *ex officio*, determinará a remessa de cópia autenticada das peças necessárias às autoridades ou aos administradores a quem competir aplicar a sanção.

Art. 16. Caso decorridos 60 (sessenta) dias da publicação da sentença condenatória de segunda instância, sem que o autor ou terceiro promova a respectiva execução o representante do Ministério Público a promoverá nos 30 (trinta) dias seguintes, sob pena de falta grave.

Art. 17. É sempre permitida às pessoas ou entidades referidas no art. 1º, ainda que hajam contestado a ação, promover, em qualquer tempo, e no que as beneficiar, a execução da sentença contra os demais réus.

Art. 18. A sentença terá eficácia de coisa julgada oponível erga omnes, exceto no caso de haver sido a ação julgada improcedente por deficiência de prova; neste caso, qualquer cidadão poderá intentar outra ação com idêntico fundamento, valendo-se de nova prova.

Art. 19. A sentença que concluir pela carência ou pela improcedência da ação está sujeita ao duplo grau de jurisdição, não produzindo efeito senão depois de confirmada pelo tribunal; da que julgar a ação procedente caberá apelação, com efeito suspensivo. (Redação dada pela Lei nº 6.014, de 1973)

§ 1º. Das decisões interlocutórias cabe agravo de instrumento. (Redação dada pela Lei nº 6.014, de 1973)

§ 2º. Das sentenças e decisões proferidas contra o autor da ação e suscetíveis de recurso, poderá recorrer qualquer cidadão e também o Ministério Público. (Redação dada pela Lei nº 6.014, de 1973)

DISPOSIÇÕES GERAIS

Art. 20. Para os fins desta lei, consideram-se entidades autárquicas:

a) o serviço estatal descentralizado com personalidade jurídica, custeado mediante orçamento próprio, independente do orçamento geral;

b) as pessoas jurídicas especialmente instituídas por lei, para a execução de serviços de interesse público ou social, custeados por tributos de qualquer natureza ou por outros recursos oriundos do Tesouro Público;

c) as entidades de direito público ou privado a que a lei tiver atribuído competência para receber e aplicar contribuições parafiscais.

Art. 21. A ação prevista nesta lei prescreve em 5 (cinco) anos.

Art. 22. Aplicam-se à ação popular as regras do Código de Processo Civil, naquilo em que não contrariem os dispositivos desta Lei, nem a natureza específica da ação.

▸ Lei 13.105/2015 – Código de Processo Civil.

Brasília, 29 de junho de 1965; 144º da Independência e 77º da República.

H. CASTELLO BRANCO

D.O.U. de 5.7.1965, rep. 8.4.1974

LEI Nº 5.474, DE 18 DE JULHO DE 1968

Dispõe sobre as duplicatas e dá outras providências.

▸ *Lei da duplicata*

O PRESIDENTE DA REPÚBLICA Faço saber que o Congresso Nacional decreta e eu sanciono a seguinte Lei:

CAPÍTULO I. DA FATURA E DA DUPLICATA

Art. 1º. Em todo o contrato de compra e venda mercantil entre partes domiciliadas no território brasileiro, com prazo não inferior a 30 (trinta) dias, contado da data da entrega ou despacho das mercadorias, o vendedor extrairá a respectiva fatura para apresentação ao comprador.

§ 1º. A fatura discriminará as mercadorias vendidas ou, quando convier ao vendedor, indicará somente os números e valores das notas parciais expedidas por ocasião das vendas, despachos ou entregas das mercadorias.

§ 2º. *(Revogado pelo Decreto-lei nº 436, de 1969)*

Art. 2º. No ato da emissão da fatura, dela poderá ser extraída uma duplicata para circulação como efeito comercial, não sendo admitida qualquer outra espécie de título de crédito para documentar o saque do vendedor pela importância faturada ao comprador.

§ 1º. A duplicata conterá:

I – a denominação "duplicata", a data de sua emissão e o número de ordem;

II – o número da fatura;

III – a data certa do vencimento ou a declaração de ser a duplicata à vista;

IV – o nome e domicílio do vendedor e do comprador;

V – a importância a pagar, em algarismos e por extenso;

VI – a praça de pagamento;

VII – a cláusula à ordem;

VIII – a declaração do reconhecimento de sua exatidão e da obrigação de pagá-la, a ser assinada pelo comprador, como aceite cambial;

IX – a assinatura do emitente.

§ 2º. Uma só duplicata não pode corresponder a mais de uma fatura.

§ 3º. Nos casos de venda para pagamento em parcelas, poderá ser emitida duplicata única, em que se discriminarão todas as prestações e seus vencimentos, ou série de duplicatas, uma para cada prestação, distinguindo-se a numeração a que se refere o item I do § 1º deste artigo, pelo acréscimo de letra do alfabeto, em sequência.

Art. 3º. A duplicata indicará sempre o valor total da fatura, ainda que o comprador tenha direito a qualquer rebate, mencionando o vendedor o valor líquido que o comprador deverá reconhecer como obrigação de pagar.

§ 1º. Não se incluirão no valor total da duplicata os abatimentos de preços das mercadorias feitos pelo vendedor até o ato do faturamento, desde que constem da fatura.

§ 2º. A venda mercantil para pagamento contra a entrega da mercadoria ou do conhecimento de transporte, sejam ou não da mesma praça vendedor e comprador, ou para pagamento em prazo inferior a 30 (trinta) dias, contado da entrega ou despacho das mercadorias, poderá representar-se, também, por duplicata, em que se declarará que o pagamento será feito nessas condições.

Art. 4º. Nas vendas realizadas por consignatários ou comissários e faturadas em nome e por conta do consignante ou comitente, caberá àqueles cumprir os dispositivos desta Lei.

Art. 5º. Quando a mercadoria for vendida por conta do consignatário, este é obrigado, na ocasião de expedir a fatura e a duplicata, a comunicar a venda ao consignante.

§ 1º. Por sua vez, o consignante expedirá fatura e duplicata correspondente à mesma venda, a fim de ser esta assinada pelo consignatário, mencionando-se o prazo estipulado para a liquidação do saldo da conta.

§ 2º. Fica o consignatário dispensado de emitir duplicata quando na comunicação a que se refere o § 1º declarar que o produto líquido apurado está à disposição do consignante.

CAPÍTULO II. DA REMESSA E DA DEVOLUÇÃO DA DUPLICATA

Art. 6º. A remessa de duplicata poderá ser feita diretamente pelo vendedor ou por seus representantes, por intermédio de instituições financeiras, procuradores ou correspondentes que se incumbam de apresentá-la ao comprador na praça ou no lugar de seu estabelecimento, podendo os intermediários devolvê-la, depois de assinada, ou conservá-la em seu poder até o momento do resgate, segundo as instruções de quem lhes cometeu o encargo.

§ 1º. O prazo para remessa da duplicata será de 30 (trinta) dias, contado da data de sua emissão.

§ 2º. Se a remessa for feita por intermédio de representantes, instituições financeiras, procuradores ou correspondentes, estes deverão apresentar o título ao comprador dentro de dez dias, contados da data de seu recebimento na praça de pagamento.

Art. 7º. A duplicata, quando não for à vista, deverá ser devolvida pelo comprador ao apresentante dentro do prazo de 10 (dez) dias, contados da data de sua apresentação, devidamente assinada ou acompanhada de declaração, por escrito, contendo as razões da falta do aceite.

§ 1º. Havendo expressa concordância da instituição financeira cobradora, o sacado poderá reter a duplicata em seu poder até a data do vencimento, desde que comunique, por escrito, à apresentante, o aceite e a retenção.

§ 2º. A comunicação de que trata o parágrafo anterior substituirá, quando necessário, no ato do protesto ou na execução judicial, a duplicata a que se refere. (Redação dada pela Lei nº 6.458, de 1977)

Art. 8º. O comprador só poderá deixar de aceitar a duplicata por motivo de:

I – avaria ou não recebimento das mercadorias, quando não expedidas ou não entregues por sua conta e risco;

II – vícios, defeitos e diferenças na qualidade ou na quantidade das mercadorias, devidamente comprovados;

III – divergência nos prazos ou nos preços ajustados.

CAPÍTULO III. DO PAGAMENTO DAS DUPLICATAS

Art. 9º. É lícito ao comprador resgatar a duplicata antes de aceitá-la ou antes da data do vencimento.

§ 1º. A prova do pagamento é o recibo, passado pelo legítimo portador ou por seu representante com poderes especiais, no verso do próprio título ou em documento, em separado, com referência expressa à duplicata.

- CC: art. 324.

§ 2º. Constituirá, igualmente, prova de pagamento, total ou parcial, da duplicata, a liquidação de cheque, a favor do estabelecimento endossatário, no qual conste, no verso, que seu valor se destina à amortização ou liquidação da duplicata nele caracterizada.

Art. 10. No pagamento da duplicata poderão ser deduzidos quaisquer créditos a favor do devedor, resultantes de devolução de mercadorias, diferenças de preço, enganos verificados, pagamentos por conta e outros motivos assemelhados, desde que devidamente autorizados.

Art. 11. A duplicata admite reforma ou prorrogação do prazo de vencimento mediante declaração em separado ou nela escrita, assinada pelo vendedor ou endossatário, ou por representante com poderes especiais.

Parágrafo único. A reforma ou prorrogação de que trata este artigo, para manter a coobrigação dos demais intervenientes por endosso ou aval, requer a anuência expressa destes.

Art. 12. O pagamento da duplicata poderá ser assegurado por aval, sendo o avalista equiparado àquele cujo nome indicar; na falta da indicação, àquele abaixo de cuja firma lançar a sua; fora desses casos, ao comprador.

Parágrafo único. O aval dado posteriormente ao vencimento do título produzirá os mesmos efeitos que o prestado anteriormente àquela ocorrência.

CAPÍTULO IV. DO PROTESTO

- Lei 9.492/1997 – Define competência, regulamenta os serviços concernentes ao protesto de títulos e outros documentos de dívida.

Art. 13. A duplicata é protestável por falta de aceite, de devolução ou de pagamento. (Redação dada pelo Decreto-lei nº 436, de 1969)

§ 1º. Por falta de aceite, de devolução ou de pagamento, o protesto será tirado, conforme o caso, mediante apresentação da duplicata, da triplicata, ou, ainda, por simples indicações do portador, na falta de devolução do título. (Redação dada pelo Decreto-lei nº 436, de 1969)

§ 2º. O fato de não ter sido exercida a faculdade de protestar o título, por falta de aceite ou de devolução, não elide a possibilidade de protesto por falta de pagamento. (Redação dada pelo Decreto-lei nº 436, de 1969)

§ 3º. O protesto será tirado na praça de pagamento constante do título. (Redação dada pelo Decreto-lei nº 436, de 1969)

§ 4º. O portador que não tirar o protesto da duplicata, em forma regular e dentro do prazo de 30 (trinta) dias, contado da data de seu vencimento, perderá o direito de regresso contra os endossantes e respectivos avalistas. (Redação dada pelo Decreto-lei nº 436, de 1969)

Art. 14. Nos casos de protesto, por falta de aceite, de devolução ou de pagamento, ou feitos por indicações do portador o instrumento de protesto deverá conter os requisitos enumerados no art. 29 do Dec. 2.044, de 31 de dezembro de 1908, exceto a transcrição mencionada no inciso II, que será substituída pela reprodução das indicações feitas pelo portador do título. (Redação dada pelo Decreto-lei nº 436, de 1969)

CAPÍTULO V. DO PROCESSO PARA COBRANÇA DA DUPLICATA

Art. 15. A cobrança judicial de duplicata ou triplicata será efetuada de conformidade com o processo aplicável aos títulos executivos extrajudiciais, de que cogita o Livro II do Código de Processo Civil, quando se tratar: (Redação dada pela Lei nº 6.458, de 1977)

- CPC/15: arts. 771 e ss.

I – de duplicata ou triplicata aceita, protestada ou não; (Redação dada pela Lei nº 6.458, de 1977)

II – de duplicata ou triplicata não aceita, contanto que, cumulativamente: (Redação dada pela Lei nº 6.458, de 1977)

a) haja sido protestada; (Redação dada pela Lei nº 6.458, de 1977)

b) esteja acompanhada de documento hábil comprobatório da entrega e recebimento da mercadoria; e (Redação dada pela Lei nº 6.458, de 1977)

c) o sacado não tenha, comprovadamente, recusado o aceite, no prazo, nas condições e pelos motivos previstos nos arts. 7º e 8º desta Lei. (Redação dada pela Lei nº 6.458, de 1977)

§ 1º. Contra o sacador, os endossantes e respectivos avalistas caberá o processo de execução referido neste artigo, quaisquer que sejam a forma e as condições do protesto. (Redação dada pela Lei nº 6.458, de 1977)

§ 2º. Processar-se-á também da mesma maneira a execução de duplicata ou triplicata não aceita e não devolvida, desde que haja sido protestada mediante indicações do credor ou do apresentante do título, nos termos do art. 14, preenchidas as condições do inciso II deste artigo. (Redação dada pela Lei nº 6.458, de 1977)

Art. 16. Aplica-se o procedimento ordinário previsto no Código de Processo Civil à ação do credor contra o devedor, por duplicata ou triplicata que não preencha os requisitos do art. 15, I e II, e §§ 1º e 2º, bem como à ação para ilidir as razões invocadas pelo devedor para o não aceite do título, nos casos previstos no art. 8º. (Redação dada pela Lei nº 6.458, de 1977)

Art. 17. O foro competente para a cobrança judicial da duplicata ou da triplicata é o da praça de pagamento constante do título, ou outra de domicílio do comprador e, no caso de ação regressiva, a dos sacadores, dos endossantes e respectivos avalistas. (Redação dada pela Lei nº 6.458, de 1977)

Art. 18. A pretensão à execução da duplicata prescreve: (Redação dada pela Lei nº 6.458, de 1977)

I – contra o sacado e respectivos avalistas, em três anos, contados da data do vencimento do título; (Redação dada pela Lei nº 6.458, de 1977)

II – contra endossante e seus avalistas, em um ano, contado da data do protesto; (Redação dada pela Lei nº 6.458, de 1977)

III – de qualquer dos coobrigados, contra os demais, em um ano, contado da data em que haja sido efetuado o pagamento do título. (Redação dada pela Lei nº 6.458, de 1977)

§ 1º. A cobrança judicial poderá ser proposta contra um ou contra todos os coobrigados, sem observância da ordem em que figurem no título. (Redação dada pela Lei nº 6.458, de 1977)

§ 2º. Os coobrigados da duplicata respondem solidariamente pelo aceite e pelo pagamento. (Redação dada pela Lei nº 6.458, de 1977)

CAPÍTULO VI. DA ESCRITA ESPECIAL

Art. 19. A adoção do regime de vendas de que trata o art. 2º desta Lei obriga o vendedor a ter e a escriturar o Livro de Registro de Duplicatas.

- CC: art. 1.180.

§ 1º. No Registro de Duplicatas serão escrituradas, cronologicamente, todas as duplicatas emitidas, com o número de ordem, data e valor das faturas originárias e data de sua expedição; nome e domicílio do comprador; anotações das reformas; prorrogações e outras circunstâncias necessárias.

§ 2º. Os Registros de Duplicatas, que não poderão conter emendas, borrões, rasuras ou entrelinhas, deverão ser conservados nos próprios estabelecimentos.

§ 3º. O Registro de Duplicatas poderá ser substituído por qualquer sistema mecanizado, desde que os requisitos deste artigo sejam observados.

CAPÍTULO VII. DAS DUPLICATAS DE PRESTAÇÃO DE SERVIÇOS

Art. 20. As empresas, individuais ou coletivas, fundações ou sociedades civis, que se dediquem à prestação de serviços, poderão, também, na forma desta Lei, emitir fatura e duplicata.

§ 1º. A fatura deverá discriminar a natureza dos serviços prestados.

§ 2º. A soma a pagar em dinheiro corresponderá ao preço dos serviços prestados.

§ 3º. Aplicam-se à fatura e à duplicata ou triplicata de prestação de serviços, com as adaptações cabíveis, as disposições referentes à fatura e à duplicata ou triplicata de venda mercantil, constituindo documento hábil, para transcrição do instrumento de protesto, qualquer documento que comprove a efetiva prestação dos serviços e o vínculo contratual que a autorizou. (Incluído pelo Decreto- lei nº 436, de 1969)

Art. 21. O sacado poderá deixar de aceitar a duplicata de prestação de serviços por motivo de:

I – não correspondência com os serviços efetivamente contratados;

II – vícios ou defeitos na qualidade dos serviços prestados, devidamente comprovados;

III – divergências nos prazos ou nos preços ajustados.

Art. 22. Equiparam-se às entidades constantes do art. 20, para os efeitos da presente Lei, ressalvado o disposto no Capítulo VI, os profissionais liberais e os que prestam serviço de natureza eventual, desde que o valor do serviço ultrapasse a cem cruzeiros novos.

§ 1º. Nos casos deste artigo, o credor enviará ao devedor fatura ou conta que mencione a natureza e valor dos serviços prestados, data e local do pagamento e o vínculo contratual que deu origem aos serviços executados.

§ 2º. Registrada a fatura ou conta no Cartório de Títulos e Documentos, será ela remetida ao devedor, com as cautelas constantes do art. 6º.

§ 3º. O não pagamento da fatura ou conta no prazo nela fixado autorizará o credor a levá-la a protesto, valendo, na ausência do original, certidão do cartório competente.

§ 4º. O instrumento do protesto, elaborado com as cautelas do art. 14, discriminando a fatura ou conta original ou a certidão do Cartório de Títulos e Documentos, autorizará o ajuizamento do competente processo de execução na forma prescrita nesta Lei. (Redação dada pela Lei nº 6.458, de 1977)

CAPÍTULO VIII. DAS DISPOSIÇÕES GERAIS

Art. 23. A perda ou extravio da duplicata obrigará o vendedor a extrair triplicata, que terá os mesmos efeitos e requisitos e obedecerá às mesmas formalidades daquela.

Art. 24. Da duplicata poderão constar outras indicações, desde que não alterem sua feição característica.

Art. 25. Aplicam-se à duplicata e à triplicata, no que couber, os dispositivos da legislação sobre emissão, circulação e pagamento das Letras de Câmbio.

Art. 26. O art. 172 do Código Penal (Dec.-lei nº 2.848, de 7 de dezembro de 1940) passa a vigorar com a seguinte redação:

- Alteração incorporada ao texto do referido CP.

Art. 27. O Conselho Monetário Nacional, por proposta do Ministério da Indústria e do Comércio, baixará, dentro de 120 (cento e vinte) dias da data da publicação desta Lei, normas para padronização formal dos títulos e documentos nela referidos fixando prazo para sua adoção obrigatória.

Art. 28. Esta Lei entrará em vigor 30 (trinta) dias após a data de sua publicação, revogando-se a Lei nº 187, de 15 de janeiro de 1936, a Lei nº 4.068, de 9 de junho de 1962, os Decs.-leis nºs 265, de 28 de fevereiro de 1967; 320, de 29 de março de 1967; 331, de 21 de setembro de 1967 e 345, de 28 de dezembro de 1967, na parte referente às duplicatas e todas as demais disposições em contrário.

Brasília, 18 de julho de 1968; 147º da Independência e 80º da República.

A. COSTA E SILVA
D.O.U. de 19.7.1968

LEI Nº 5.478, DE 25 DE JULHO DE 1968

Dispõe sobre ação de alimentos e dá outras providências.

- *Lei de alimentos*

O PRESIDENTE DA REPÚBLICA Faço saber que o Congresso Nacional decreta e eu sanciono a seguinte Lei:

- CPC/15: arts. 22, I, 53, II, 189, II, 215, II, 292, III, 528 a 533, 693, par. único, 911 a 913, e 1.012.
- Decreto 56.826/1965 – Promulga a Convenção sobre a prestação de alimentos no estrangeiro.

Art. 1º. A ação de alimentos é de rito especial, independe de prévia distribuição e de anterior concessão do benefício de gratuidade.

- CC: arts. 1.590, e 1.694 a 1.710.
- CPC/15: art. 189, II.
- Lei 6.515/1977: arts. 16, 19 a 23, e 28 a 30.
- Lei 1.060/1950 – Estabelece normas para a concessão de assistência judiciária aos necessitados.

§ 1º. A distribuição será determinada posteriormente por ofício do juízo, inclusive para o fim de registro do feito.

§ 2º. A parte que não estiver em condições de pagar as custas do processo, sem prejuízo do sustento próprio ou de sua família, gozará do benefício da gratuidade, por simples afirmativa dessas condições perante o juiz, sob pena de pagamento até o décuplo das custas judiciais.

§ 3º. Presume-se pobre, até prova em contrário, quem afirmar essa condição, nos termos desta Lei.

§ 4º. A impugnação do direito à gratuidade não suspende o curso do processo de alimentos e será feita em autos apartados.

Art. 2º. O credor, pessoalmente ou por intermédio de advogado, dirigir-se-á ao juiz competente, qualificando-se, e exporá suas necessidades, provando, apenas, o parentesco ou a obrigação de alimentar do devedor, indicando seu nome e sobrenome, residência ou local de trabalho, profissão e naturalidade, quanto ganha aproximadamente ou os recursos de que dispõe.

§ 1º. Dispensar-se-á a produção inicial de documentos probatórios:

I – quando existente em notas, registros, repartições ou estabelecimentos públicos e ocorrer impedimento ou demora em extrair certidões;

II – quando estiverem em poder do obrigado as prestações alimentícias ou de terceiro residente em lugar incerto ou não sabido.

§ 2º. Os documentos públicos ficam isentos de reconhecimento de firma.

§ 3º. Se o credor comparecer pessoalmente e não indicar profissional que haja concordado em assisti-lo, o juiz designará desde logo quem o deva fazer.

Art. 3º. O pedido será apresentado por escrito, em três vias, e deverá conter a indicação do juiz a quem for dirigido, os elementos referidos no artigo anterior e um histórico sumário dos fatos.

§ 1º. Se houver sido designado pelo juiz defensor para assistir o solicitante, na forma prevista no art. 2º, formulará o designado, dentro de 24 (vinte e quatro) horas da nomeação, o pedido, por escrito, podendo, se achar conveniente, indicar seja a solicitação verbal reduzida a termo.

§ 2º. O termo previsto no parágrafo anterior será em três vias, datadas e assinadas pelo escrivão, observado, no que couber, o disposto no *caput* do presente artigo.

Art. 4º. Ao despachar o pedido, o juiz fixará desde logo alimentos provisórios a serem pagos pelo devedor, salvo se o credor expressamente declarar que deles não necessita.

- CPC/15: art. 693, par. único.

Parágrafo único. Se se tratar de alimentos provisórios pedidos pelo cônjuge, casado pelo regime da comunhão universal de bens, o juiz determinará igualmente que seja entregue ao credor, mensalmente, parte da renda líquida dos bens comuns, administrados pelo devedor.

Art. 5º. O escrivão, dentro de 48 (quarenta e oito) horas, remeterá ao devedor a segunda via da petição ou do termo, juntamente com a cópia do despacho do juiz, e a comunicação do dia e hora da realização da audiência de conciliação e julgamento.

§ 1º. Na designação da audiência o juiz fixará o prazo razoável que possibilite ao réu a contestação da ação proposta e a eventualidade de citação por edital.

§ 2º. A comunicação, que será feita mediante registro postal isento de taxas e com aviso de recebimento, importa em citação, para todos os efeitos legais.

§ 3º. Se o réu criar embaraços ao recebimento da citação, ou não for encontrado, repetir-se-á a diligência por intermédio do oficial de justiça, servindo de mandado a terceira via da petição ou do termo.

§ 4º. Impossibilitada a citação do réu por qualquer dos modos acima previstos, será ele citado por edital afixado na sede do juízo e publicado três vezes consecutivas no órgão oficial do Estado, correndo a despesa por conta do vencido, a final, sendo previamente a conta juntada aos autos.

§ 5º. O edital deverá conter um resumo do pedido inicial, a íntegra do despacho nele exarado, a data e a hora da audiência.

§ 6º. O autor será notificado da data e hora da audiência no ato de recebimento da petição, ou da lavratura do termo.

§ 7º. O juiz, ao marcar a audiência, oficiará ao empregador do réu, ou, se o mesmo for funcionário público, ao responsável por sua repartição, solicitando o envio, no máximo até a data marcada para a audiência, de informações sobre o salário ou os vencimentos do devedor, sob as penas previstas no art. 22 desta Lei.

§ 8º. A citação do réu, mesmo no caso dos arts. 200 e 201 do Código de Processo Civil, far-se-á na forma do § 2º do art. 5º desta Lei. (Redação dada pela Lei nº 6.014, de 1973)

Art. 6º. Na audiência de conciliação e julgamento deverão estar presentes autor e réu, independentemente de intimação e de comparecimento de seus representantes.

Art. 7º. O não comparecimento do autor determina o arquivamento do pedido, e a ausência do réu importa em revelia, além de confissão quanto à matéria de fato.

‣ CPC/15: arts. 329, II, e 344 a 346.

Art. 8º. Autor e réu comparecerão à audiência acompanhados de suas testemunhas, três no máximo, apresentando, nessa ocasião, as demais provas.

Art. 9º. Aberta a audiência, lida a petição, ou o termo, e a resposta, se houver, ou dispensada a leitura, o juiz ouvirá as partes litigantes e o representante do Ministério Público, propondo conciliação. (Redação dada pela Lei nº 6.014, de 1973)

§ 1º. Se houver acordo, lavrar-se-á o respectivo termo, que será assinado pelo juiz, escrivão, partes e representantes do Ministério Público.

§ 2º. Não havendo acordo, o juiz tomará o depoimento pessoal das partes e das testemunhas, ouvidos os peritos se houver, podendo julgar o feito sem a mencionada produção de provas, se as partes concordarem.

Art. 10. A audiência de julgamento será contínua; mas, se não for possível por motivo de força maior concluí-la no mesmo dia, o juiz marcará a sua continuação para o primeiro dia desimpedido, independentemente de novas intimações.

Art. 11. Terminada a instrução poderão as partes e o Ministério Público aduzir alegações finais, em prazo não excedente de 10 (dez) minutos para cada um.

Parágrafo único. Em seguida, o juiz renovará a proposta de conciliação e, não sendo aceita, ditará sua sentença, que conterá sucinto relatório do ocorrido na audiência.

Art. 12. Da sentença serão as partes intimadas, pessoalmente ou através de seus representantes, na própria audiência, ainda quando ausentes, desde que intimadas de sua realização.

Art. 13. O disposto nesta Lei aplica-se igualmente, no que couber, às ações ordinárias de desquite, nulidade e anulação de casamento, à revisão de sentenças proferidas em pedidos de alimentos e respectivas execuções.

§ 1º. Os alimentos provisórios fixados na inicial poderão ser revistos a qualquer tempo, se houver modificação na situação financeira das partes, mas o pedido será sempre processado em apartado.

§ 2º. Em qualquer caso, os alimentos fixados retroagem à data da citação.

‣ Súmula 621, STJ.

§ 3º. Os alimentos provisórios serão devidos até a decisão final, inclusive o julgamento do recurso extraordinário.

Art. 14. Da sentença caberá apelação no efeito devolutivo. (Redação dada pela Lei nº 6.014, de 1973)

Art. 15. A decisão judicial sobre alimentos não transita em julgado e pode a qualquer tempo ser revista em face da modificação da situação financeira dos interessados.

Art. 16. *(Revogado pela Lei nº 13.105, de 2015).*

Art. 17. *(Revogado pela Lei nº 13.105, de 2015)*

Art. 18. *(Revogado pela Lei nº 13.105, de 2015)*

Art. 19. O juiz, para instrução da causa, ou na execução da sentença ou do acordo, poderá tomar todas as providências necessárias para seu esclarecimento ou para o cumprimento do julgado ou do acordo, inclusive a decretação de prisão do devedor até 60 (sessenta) dias.

‣ CF/88: art. 5º, LXVII.

§ 1º. O cumprimento integral da pena de prisão não eximirá o devedor do pagamento das prestações alimentícias, vincendas ou vencidas e não pagas. (Redação dada pela Lei nº 6.014, de 1973)

§ 2º. Da decisão que decretar a prisão do devedor, caberá agravo de instrumento. (Redação dada pela Lei nº 6.014, de 1973)

§ 3º. A interposição do agravo não suspende a execução da ordem de prisão. (Redação dada pela Lei nº 6.014, de 1973)

Art. 20. As repartições públicas, civis ou militares, inclusive do Imposto de Renda, darão todas as informações necessárias à instrução dos processos previstos nesta Lei e à execução do que for decidido ou acordado em juízo.

Art. 21. O art. 244 do Código Penal passa a vigorar com a seguinte redação:

‣ Alteração incorporada ao texto do Código Penal.

Art. 22. Constitui crime contra a administração da Justiça deixar o empregador ou funcionário público de prestar ao juízo competente as informações necessárias à instrução de processo ou execução de sentença ou acordo que fixe pensão alimentícia:

Pena – detenção de 6 (seis) meses a 1 (um) ano, sem prejuízo da pena acessória de suspensão do emprego de 30 (trinta) a 90 (noventa) dias.

Parágrafo único. Nas mesmas penas incide quem, de qualquer modo, ajuda o devedor a eximir-se ao pagamento de pensão alimentícia judicialmente acordada, fixada ou majorada, ou se recusa, ou procrastina a executar ordem de descontos em folhas de pagamento, expedida pelo juiz competente.

Art. 23. A prescrição quinquenal referida no art. 178, § 10, I, do Código Civil só alcança as prestações mensais e não o direito a alimentos, que, embora irrenunciável, pode ser provisoriamente dispensado.

Art. 24. A parte responsável pelo sustento da família, e que deixar a residência comum por motivo que não necessitará declarar, poderá tomar a iniciativa de comunicar ao juízo os rendimentos de que dispõe e de pedir a citação do credor, para comparecer à audiência de conciliação e julgamento destinada à fixação dos alimentos a que está obrigado.

Art. 25. A prestação não pecuniária estabelecida no art. 403 do Código Civil só pode ser autorizada pelo juiz se a ela anuir o alimentando capaz.

‣ Referência ao CC/1916.

Art. 26. É competente para as ações de alimentos decorrentes da aplicação do Dec. Leg. 10, de 13 de novembro de 1958, e Dec. 56.826, de 2 de setembro de 1965, o juízo federal da capital da Unidade Federativa Brasileira em que reside o devedor, sendo considerada instituição intermediária, para os fins dos referidos decretos, a Procuradoria-Geral da República.

Parágrafo único. Nos termos do inciso III do art. 2º da Convenção Internacional sobre Ações de Alimentos, o Governo Brasileiro comunicará, sem demora, ao secretário-geral das Nações Unidas, o disposto neste artigo.

Art. 27. Aplicam-se supletivamente nos processos regulados por esta Lei as disposições do Código de Processo Civil.

‣ Lei 13.105/2015 – Código de Processo Civil.

Art. 28. Esta Lei entrará em vigor 30 (trinta) dias depois de sua publicação.

Art. 29. Revogam-se as disposições em contrário.

Brasília, 25 de julho de 1968; 147º da Independência e 80º da República.

A. COSTA E SILVA

D.O.U. de 26.7.1968

DECRETO-LEI Nº 911, DE 1º DE OUTUBRO DE 1969

Altera a redação do art. 66 da Lei nº 4.728, de 14 de julho de 1965, estabelece normas de processo sobre alienação fiduciária, e dá outras providências.

▸ *Alienação fiduciária*

▸ CC: arts. 1.361 a 1.368-A.

▸ Lei 9.514/1997: arts. 22 a 33.

Os Ministros da Marinha de Guerra, do Exército e da Aeronáutica Militar, usando das atribuições que lhes confere o art. 1º do Ato Institucional 5, de 13 de dezembro de 1968, decretam:

Art. 1º. O art. 66, da Lei nº 4.728, de 14 de julho de 1965, passa a ter a seguinte redação:

▸ O mencionado art. 66 foi revogado pela Lei 10.931/2004.

"Art. 66. A alienação fiduciária em garantia transfere ao credor o domínio resolúvel e a posse indireta da coisa móvel alienada, independentemente da tradição efetiva do bem, tornando-se o alienante ou devedor em possuidor direto e depositário com todas as responsabilidades e encargos que lhe incumbem de acordo com a lei civil e penal.

§ 1º A alienação fiduciária somente se prova por escrito e seu instrumento, público ou particular, qualquer que seja o seu valor, será obrigatoriamente arquivado, por cópia ou microfilme, no Registro de Títulos e Documentos do domicílio do credor, sob pena de não valer contra terceiros, e conterá, além de outros dados, os seguintes:

a) o total da dívida ou sua estimativa;

b) o local e a data do pagamento;

c) a taxa de juros, as comissões cuja cobrança for permitida e, eventualmente, a cláusula penal e a estipulação de correção monetária, com indicação dos índices aplicáveis;

d) a descrição do bem objeto da alienação fiduciária e os elementos indispensáveis à sua identificação.

§ 2º Se, na data do instrumento de alienação fiduciária, o devedor ainda não for proprietário da coisa objeto do contrato, o domínio fiduciário desta se transferirá ao credor no momento da aquisição da propriedade pelo devedor, independentemente de qualquer formalidade posterior.

§ 3º Se a coisa alienada em garantia não se identifica por números, marcas e sinais indicados no instrumento de alienação fiduciária, cabe ao proprietário fiduciário o ônus da prova, contra terceiros, da identidade dos bens do seu domínio que se encontram em poder do devedor.

§ 4º No caso de inadimplemento da obrigação garantida, o proprietário fiduciário pode vender a coisa a terceiros e aplicar preço da venda no pagamento do seu crédito e das despesas decorrentes da cobrança, entregando ao devedor o saldo porventura apurado, se houver.

§ 5º Se o preço da venda da coisa não bastar para pagar o crédito do proprietário fiduciário e despesas, na forma do parágrafo anterior, o devedor continuará pessoalmente obrigado a pagar o saldo devedor apurado.

§ 6º É nula a cláusula que autoriza o proprietário fiduciário a ficar com a coisa alienada em garantia, se a dívida não for paga no seu vencimento.

§ 7º Aplica-se à alienação fiduciária em garantia o disposto nos artigos 758, 762, 763 e 802 do Código Civil, no que couber.

§ 8º O devedor que alienar, ou der em garantia a terceiros, coisa que já alienara fiduciariamente em garantia, ficará sujeito à pena prevista no art. 171, § 2º, inciso I, do Código Penal.

§ 9º Não se aplica à alienação fiduciária o disposto no artigo 1.279 do Código Civil.

§ 10. A alienação fiduciária em garantia do veículo automotor, deverá, para fins probatórios, constar do certificado de Registro, a que se refere o artigo 52 do Código Nacional de Trânsito."

Art. 2º. No caso de inadimplemento ou mora nas obrigações contratuais garantidas mediante alienação fiduciária, o proprietário fiduciário ou credor poderá vender a coisa a terceiros, independentemente de leilão, hasta pública, avaliação prévia ou qualquer outra medida judicial ou extrajudicial, salvo disposição expressa em contrário prevista no contrato, devendo aplicar o preço da venda no pagamento de seu crédito e das despesas decorrentes e entregar ao devedor o saldo apurado, se houver, com a devida prestação de contas. (Redação dada pela Lei nº 13.043, de 2014)

▸ Súm. 384 do STJ.

▸ CC: art. 1.364.

§ 1º. O crédito a que se refere o presente artigo abrange o principal, juros e comissões, além das taxas, cláusula penal e correção monetária, quando expressamente convencionados pelas partes.

§ 2º. A mora decorrerá do simples vencimento do prazo para pagamento e poderá ser comprovada por carta registrada com aviso de recebimento, não se exigindo que a assinatura constante do referido aviso seja a do próprio destinatário. (Redação dada pela Lei nº 13.043, de 2014)

▸ Súm. 72 e 245 do STJ.

§ 3º. A mora e o inadimplemento de obrigações contratuais garantidas por alienação fiduciária, ou a ocorrência legal ou convencional de algum dos casos de antecipação de vencimento da dívida, facultarão ao credor considerar, de pleno direito, vencidas todas as obrigações contratuais, independentemente de aviso ou notificação judicial ou extrajudicial.

▸ Súm. 72 do STJ.

▸ CC: arts. 394 a 401.

§ 4º. Os procedimentos previstos no *caput* e no seu § 2º aplicam-se às operações de arrendamento mercantil previstas na forma da Lei 6.099, de 12 de setembro de 1974. (Incluído pela Lei nº 13.043, de 2014)

Art. 3º. O proprietário fiduciário ou credor poderá, desde que comprovada a mora, na forma estabelecida pelo § 2º do art. 2º, ou o inadimplemento, requerer contra o devedor ou terceiro a busca e apreensão do bem alienado fiduciariamente, a qual será concedida liminarmente, podendo ser apreciada em plantão judiciário. (Redação dada pela Lei nº 13.043, de 2014)

§ 1º. Cinco dias após executada a liminar mencionada no *caput*, consolidar-se-ão a propriedade e a posse plena e exclusiva do bem no patrimônio do credor fiduciário, cabendo às repartições competentes, quando for o caso, expedir novo certificado de registro de propriedade em nome do credor, ou de terceiro por ele indicado, livre do ônus da propriedade fiduciária. (Redação dada pela Lei nº 10.931, de 2004)

§ 2º. No prazo do § 1º, o devedor fiduciante poderá pagar a integralidade da dívida pendente, segundo os valores apresentados pelo credor fiduciário na inicial, hipótese na qual o bem lhe será restituído livre do ônus. (Redação dada pela Lei nº 10.931, de 2004)

§ 3º. O devedor fiduciante apresentará resposta no prazo de 15 (quinze) dias da execução da liminar. (Redação dada pela Lei nº 10.931, de 2004)

§ 4º. A resposta poderá ser apresentada ainda que o devedor tenha se utilizado da faculdade do § 2º, caso entenda ter havido pagamento a maior e desejar restituição. (Redação dada pela Lei nº 10.931, de 2004)

§ 5º. Da sentença cabe apelação apenas no efeito devolutivo. (Redação dada pela Lei nº 10.931, de 2004)

▸ CPC: arts. 513 e 521.

§ 6º. Na sentença que decretar a improcedência da ação de busca e apreensão, o juiz condenará o credor fiduciário ao pagamento de multa, em favor do devedor fiduciante, equivalente a 50% (cinquenta por cento) do valor originalmente financiado, devidamente atualizado, caso o bem já tenha sido alienado. (Redação dada pela Lei nº 10.931, de 2004)

§ 7º. A multa mencionada no § 6º não exclui a responsabilidade do credor fiduciário por perdas e danos. (Incluído pela Lei nº 10.931, de 2004)

▸ CC: art. 402.

§ 8º. A busca e apreensão prevista no presente artigo constitui processo autônomo e independente de qualquer procedimento posterior. (Incluído pela Lei nº 10.931, de 2004)

§ 9º. Ao decretar a busca e apreensão de veículo, o juiz, caso tenha acesso à base de dados do Registro Nacional de Veículos Automotores – Renavam, inserirá diretamente a restrição judicial na base de dados do Renavam, bem como retirará tal restrição após a apreensão. (Incluído pela Lei nº 13.043, de 2014)

§ 10. Caso o juiz não tenha acesso à base de dados prevista no § 9º, deverá oficiar ao departamento de trânsito competente para que: (Incluído pela Lei nº 13.043, de 2014)

I – registre o gravame referente à decretação da busca e apreensão do veículo; e (Incluído pela Lei nº 13.043, de 2014)

II – retire o gravame após a apreensão do veículo. (Incluído pela Lei nº 13.043, de 2014)

§ 11. O juiz também determinará a inserção do mandado a que se refere o § 9º em banco próprio de mandados. (Incluído pela Lei nº 13.043, de 2014)

§ 12. A parte interessada poderá requerer diretamente ao juízo da comarca onde foi localizado o veículo com vistas à sua apreensão, sempre que o bem estiver em comarca distinta daquela da tramitação da ação, bastando que em tal requerimento conste a cópia da petição inicial da ação e, quando for o caso, a cópia do despacho que concedeu a busca e apreensão do veículo. (Incluído pela Lei nº 13.043, de 2014)

§ 13. A apreensão do veículo será imediatamente comunicada ao juízo, que intimará a instituição financeira para retirar o veículo do local depositado no prazo máximo de 48 (quarenta e oito) horas. (Incluído pela Lei nº 13.043, de 2014)

§ 14. O devedor, por ocasião do cumprimento do mandado de busca e apreensão, deverá entregar o bem e seus respectivos documentos. (Incluído pela Lei nº 13.043, de 2014)

§ 15. As disposições deste artigo aplicam-se no caso de reintegração de posse de veículos referente às operações de arrendamento mercantil previstas na Lei 6.099, de 12 de setembro de 1974. (Incluído pela Lei nº 13.043, de 2014)

Art. 4º. Se o bem alienado fiduciariamente não for encontrado ou não se achar na posse do devedor, fica facultado ao credor requerer, nos mesmos autos, a conversão do pedido de busca e apreensão em ação executiva, na forma prevista no Capítulo II do Livro II da Lei nº 5.869, de 11 de janeiro de 1973 – Código de Processo Civil. (Redação dada pela Lei nº 13.043, de 2014)

- Súm. Vinculante 25 do STF.
- CPC: arts. 901 a 906.

Art. 5º. Se o credor preferir recorrer à ação executiva, direta ou a convertida na forma do art. 4º, ou, se for o caso ao executivo fiscal, serão penhorados, a critério do autor da ação, bens do devedor quantos bastem para assegurar a execução. (Redação dada pela Lei nº 13.043, de 2014)

Parágrafo único. Não se aplica à alienação fiduciária o disposto nos incisos VI e VIII do art. 649 do Código de Processo Civil. (Redação dada pela Lei nº 6.071, de 1974)

Art. 6º. O avalista, fiador ou terceiro interessado que pagar a dívida do alienante ou devedor, se sub-rogará, de pleno direito, no crédito e na garantia constituída pela alienação fiduciária.

- CC: arts. 346 a 351.
- Lei 9.514/1997: art. 31.

Art. 6º-A. O pedido de recuperação judicial ou extrajudicial pelo devedor nos termos da Lei nº 11.101, de 9 de fevereiro de 2005, não impede a distribuição e a busca e apreensão do bem. (Incluído pela Lei nº 13.043, de 2014)

Art. 7º. Na falência do devedor alienante, fica assegurado ao credor ou proprietário fiduciário o direito de pedir, na forma prevista na lei, a restituição do bem alienado fiduciariamente.

Parágrafo único. Efetivada a restituição, o proprietário fiduciário agirá na forma prevista neste Decreto-lei.

- Lei 9.514/1997: art. 32.
- Lei 11.101/2005: arts. 49, § 3º, e 85 a 93.

Art. 7º-A. Não será aceito bloqueio judicial de bens constituídos por alienação fiduciária nos termos deste Decreto-Lei, sendo que, qualquer discussão sobre concursos de preferências deverá ser resolvida pelo valor da venda do bem, nos termos do art. 2º.ç,l. (Incluído pela Lei nº 13.043, de 2014)

Art. 8º. O Conselho Nacional de Trânsito, no prazo máximo de 60 (sessenta) dias, a contar da vigência do presente Decreto-lei, expedirá normas regulamentares relativas à alienação fiduciária de veículos automotores.

Art. 8º-A. O procedimento judicial disposto neste Decreto-lei aplica-se exclusivamente às hipóteses da Seção XIV da Lei nº 4.728, de 14 de julho de 1965, ou quando o ônus da propriedade fiduciária tiver sido constituído para fins de garantia de débito fiscal ou previdenciário. (Incluído pela Lei nº 10.931, de 2004)

Art. 9º. O presente Decreto-lei entrará em vigor na data de sua publicação, aplicando-se, desde logo, aos processos em curso, revogadas as disposições em contrário.

Brasília, 1º de outubro de 1969; 148º da Independência e 81º da República.

AUGUSTO HAMANN RADEMAKER GRÜNEWALD

D.O.U. de 3.10.1969

LEI Nº 5.584, DE 26 DE JUNHO DE 1970

Dispõe sobre normas de direito processual do trabalho, altera dispositivo da Consolidação das Leis do Trabalho, disciplina a concessão e prestação de assistência judiciária na Justiça do Trabalho e dá outras providências.

- *Assistência judiciária – Processo do Trabalho*

O PRESIDENTE DA REPÚBLICA Faço saber que o Congresso Nacional decreta e eu sanciono a seguinte Lei:

Art. 1º. Nos processos perante a Justiça do Trabalho, observar-se-ão os princípios estabelecidos nesta Lei.

- Súm. 633 do STF.

Art. 2º. Nos dissídios individuais, proposta a conciliação, e não havendo acordo, o presidente da Junta ou o Juiz, antes de passar à instrução da causa, fixar-lhe-á o valor para a determinação da alçada, se este for indeterminado no pedido.

§ 1º. Em audiência, ao aduzir razões finais, poderá qualquer das partes impugnar o valor fixado e, se o juiz o mantiver, pedir revisão da decisão, no prazo de 48 (quarenta e oito) horas, ao presidente do Tribunal Regional.

§ 2º. O pedido de revisão, que não terá efeito suspensivo, deverá ser instruído com a petição inicial e a Ata da Audiência, em cópia autenticada pela Secretaria da Junta, e será julgado em 48 (quarenta e oito) horas, a partir do seu recebimento pelo presidente do Tribunal Regional.

§ 3º. Quando o valor fixado para a causa, na forma deste artigo, não exceder de 2 (duas) vezes o salário mínimo vigente na sede do Juízo, será dispensável o resumo dos depoimentos, devendo constar da Ata a conclusão da Junta quanto à matéria de fato.

§ 4º. Salvo se versarem sobre matéria constitucional, nenhum recurso caberá das sentenças proferidas nos dissídios da alçada a que se refere o parágrafo anterior, considerado, para esse fim, o valor do salário mínimo à data do ajuizamento da ação. (Redação dada pela Lei nº 7.402, de 1985)

Art. 3º. Os exames periciais serão realizados por perito único designado pelo juiz, que fixará o prazo para entrega do laudo.

Parágrafo único. Permitir-se-á a cada parte a indicação de um assistente, cujo laudo terá que ser apresentado no mesmo prazo assinado para o perito, sob pena de ser desentranhado dos autos.

Art. 4º. Nos dissídios de alçada exclusiva das Juntas e naqueles em que os empregados ou empregadores reclamarem pessoalmente, o processo poderá ser impulsionado de ofício pelo juiz.

Art. 5º. Para exarar parecer, terá o órgão do Ministério Público da União, junto à Justiça do Trabalho, o prazo de 8 (oito) dias, contados da data em que lhe for distribuído o processo.

Art. 6º. Será de 8 (oito) dias o prazo para interpor e contra-arrazoar qualquer recurso (CLT, art. 893).

Art. 7º. A comprovação do depósito da condenação (CLT, art. 899, §§ 1º a 5º) terá que ser feita dentro do prazo para a interposição do recurso, sob pena de ser este considerado deserto.

Art. 8º. Das decisões proferidas nos dissídios coletivos poderá a União interpor recurso, o qual será sempre recebido no efeito suspensivo quanto à parte que exceder o índice fixado pela política salarial do Governo.

Art. 9º. No Tribunal Superior do Trabalho, quando o pedido do recorrente contrariar súmula de jurisprudência uniforme deste Tribunal já compendiada, poderá o relator negar prosseguimento ao recurso, indicando a correspondente súmula. (Redação dada pela Lei nº 7.033, de 1982)

Art. 10. O art. 477 da Consolidação das Leis do Trabalho, alterado pela Lei nº 5.562, de 12.12.1968, e pelo Decreto-lei nº 766, de 15.8.1969, passa a vigorar com a seguinte redação:

- Alteração incorporada ao texto da CLT.

Art. 11. O art. 500 da Consolidação das Leis do Trabalho, revogado pela Lei nº 5.562, de 12.12.1968, passa a vigorar com a seguinte redação:

- Alteração incorporada ao texto da CLT.

Art. 12. O art. 888 da Consolidação das Leis do Trabalho passa a vigorar com a seguinte redação:

- Alteração incorporada ao texto da CLT.

Art. 13. Em qualquer hipótese, a remição só será deferível ao executado se este oferecer preço igual ao valor da condenação.

DA ASSISTÊNCIA JUDICIÁRIA

Art. 14. Na Justiça do Trabalho, a assistência judiciária a que se refere a Lei nº 1.060, de 5 de fevereiro de 1950, será prestada pelo Sindicato da categoria profissional a que pertencer o trabalhador.

§ 1º. A assistência é devida a todo aquele que perceber salário igual ou inferior ao dobro do mínimo legal, ficando assegurado igual benefício ao trabalhador de maior salário, uma vez provado que sua situação econômica não lhe permite demandar, sem prejuízo do sustento próprio ou da família.

§ 2º. A situação econômica do trabalhador será comprovada em atestado fornecido pela autoridade local do Ministério do Trabalho e Previdência Social, mediante diligência sumária, que não poderá exceder de 48 (quarenta e oito) horas.

§ 3º. Não havendo no local a autoridade referida no parágrafo anterior, o atestado deverá ser expedido pelo Delegado de Polícia da circunscrição onde resida o empregado.

Art. 15. Para auxiliar no patrocínio das causas, observados os arts. 50 e 72 da Lei nº 4.215, de 27 de abril de 1963, poderão ser designados pelas Diretorias dos Sindicatos Acadêmicos, de Direito, a partir da 4ª série, comprovadamente matriculados em estabelecimento de ensino oficial ou sob fiscalização do Governo Federal.

- Lei 8.906/1994 revogou a Lei 4.215/1963.

Art. 16. (Revogado pela Lei 13.725/2018).

Art. 17. Quando, nas respectivas comarcas, não houver Juntas de Conciliação e Julgamento ou não existir Sindicato da categoria profissional do trabalhador, é atribuído aos Promotores Públicos ou Defensores Públicos o encargo de prestar a assistência judiciária prevista nesta Lei.

Parágrafo único. Na hipótese prevista neste artigo, a importância proveniente da condenação nas despesas processuais será recolhida ao Tesouro do respectivo Estado.

Art. 18. A assistência judiciária, nos termos da presente lei, será prestada ao trabalhador ainda que não seja associado do respectivo Sindicato.

Art. 19. Os diretores do Sindicato que, sem comprovado motivo de ordem financeira, deixarem de dar cumprimento às disposições desta Lei ficarão sujeitos à penalidade prevista no art. 553, alínea *a*, da Consolidação das Leis do Trabalho.

Art. 20. Esta Lei entra em vigor na data de sua publicação, revogadas as disposições em contrário.

Brasília, 26 de junho de 1970; 149º da Independência e 82º da República.

EMÍLIO G. MÉDICI

D.O.U. de 29.6.1970

DECRETO Nº 70.235, DE 6 DE MARÇO DE 1972

Dispõe sobre o processo administrativo fiscal e dá outras providências.

- *Processo administrativo fiscal*

O PRESIDENTE DA REPÚBLICA, usando das atribuições que lhe confere o art. 81, III, da Constituição e tendo em vista o disposto no art. 2º do Dec.-lei nº 822, de 5 de setembro de 1969, decreta:

- Lei 13.140/2015 – Dispõe sobre a mediação entre particulares como meio de solução de controvérsias e sobre a autocomposição de conflitos no âmbito da administração pública.
- Lei 11.941/2009 – Altera a legislação tributária federal relati ao parcelamento ordinário de débitos tributários; concede remissão nos casos em que especifica.
- Lei 11.457/2007 – Dispõe sobre a Administração Tributária Federal.
- Lei 9.784/1999 – Regula o processo administrati no âmbito da Administração Pública Federal.
- Decreto 8.539/2015 – Dispõe sobre o uso do meio eletrônico para a realização do processo administrati no âmbito dos órgãos e das entidades da administração pública federal direta, autárquica e fundacional.
- Decreto 7.574/2011 – Regulamenta o processo de determinação e de exigência de créditos tributários da União, o processo de consulta relati à interpretação da legislação tributária e aduaneira, à classificação fiscal de mercadorias, à classificação de serviços, intangíveis e de outras operações que produzam variações no patrimônio e de outros processos que especifica, sobre matérias administradas pela Secretaria da Receita Federal do Brasil. (Redação dada pelo Decreto 8.853/2016).
- Decreto 6.104/2007: art. 2º.
- Decreto 6.103/2007: art. 1º.

DISPOSIÇÃO PRELIMINAR

Art. 1º. Este Decreto rege o processo administrativo de determinação e exigência dos créditos tributários da União e o de consulta sobre a aplicação da legislação tributária federal.

CAPÍTULO I. DO PROCESSO FISCAL

SEÇÃO I. DOS ATOS E TERMOS PROCESSUAIS

Art. 2º. Os atos e termos processuais, quando a lei não prescrever forma determinada, conterão somente o indispensável à sua finalidade, sem espaço em branco, e sem entrelinhas, rasuras ou emendas não ressalvadas.

- Lei 9.784/1999: art. 22.

Parágrafo único. Os atos e termos processuais poderão ser formalizados, tramitados, comunicados e transmitidos em formato digital, conforme disciplinado em ato da administração tributária. (Redação dada pela Lei nº 12.865, de 2013)

Art. 3º. A autoridade local fará realizar, no prazo de 30 (trinta) dias, os atos processuais que devam ser praticados em sua jurisdição, por solicitação de outra autoridade preparadora ou julgadora.

Art. 4º. Salvo disposição em contrário, o servidor executará os atos processuais no prazo de 8 (oito) dias.

SEÇÃO II. DOS PRAZOS

Art. 5º. Os prazos serão contínuos, excluindo-se na sua contagem o dia do início e incluindo-se o do vencimento.

- CTN: art. 210.

Parágrafo único. Os prazos só se iniciam ou vencem no dia de expediente normal no órgão em que corra o processo ou deva ser praticado o ato.

- CTN: art. 210, par. único..

Art. 6º. *(Revogado pela Lei nº 8.748, de 1993).*

SEÇÃO III. DO PROCEDIMENTO

Art. 7º. O procedimento fiscal tem início com:

- CTN: art. 142.

I – o primeiro ato de ofício, escrito, praticado por servidor competente, cientificado o sujeito passivo da obrigação tributária ou seu preposto;

II – a apreensão de mercadorias, documentos ou livros;

III – o começo de despacho aduaneiro de mercadoria importada.

§ 1º. O início do procedimento exclui a espontaneidade do sujeito passivo em relação aos atos anteriores e, independentemente de intimação, a dos demais envolvidos nas infrações verificadas.

§ 2º. Para os efeitos do disposto no § 1º, os atos referidos nos incisos I e II valerão pelo prazo de 60 (sessenta) dias, prorrogável, sucessivamente, por igual período com qualquer outro ato escrito que indique o prosseguimento dos trabalhos.

Art. 8º. Os termos decorrentes de atividade fiscalizadora serão lavrados, sempre que possível, em livro fiscal, extraindo-se cópia para anexação ao processo; quando não lavrados em livro, entregar-se-á cópia autenticada à pessoa sob fiscalização.

Art. 9º. A exigência do crédito tributário e a aplicação de penalidade isolada serão formalizados em autos de infração ou notificações de lançamento, distintos para cada tributo ou penalidade, os quais deverão estar instruídos com todos os termos, depoimentos, laudos e demais elementos de prova indispensáveis à comprovação do ilícito. (Redação dada pela Lei nº 11.941, de 2009)

§ 1º. Os autos de infração e as notificações de lançamento de que trata o *caput* deste artigo, formalizados em relação ao mesmo sujeito passivo, podem ser objeto de um único processo, quando a comprovação dos ilícitos depender dos mesmos elementos de prova. (Redação dada pela Lei nº 11.196, de 2005)

§ 2º. Os procedimentos de que tratam este artigo e o art. 7º serão válidos, mesmo que formalizados por servidor competente de jurisdição diversa da do domicílio tributário do sujeito passivo. (Redação dada pela Lei nº 8.748, de 1993)

§ 3º. A formalização da exigência, nos termos do parágrafo anterior, previne a jurisdição e prorroga a competência da autoridade que dela primeiro conhecer. (Incluído pela Lei nº 8.748, de 1993)

§ 4º. O disposto no *caput* deste artigo aplica-se também nas hipóteses em que, constatada infração à legislação tributária, dela não resulte exigência de crédito tributário. (Incluído pela Lei nº 11.941, de 2009)

§ 5º. Os autos de infração e as notificações de lançamento de que trata o *caput* deste artigo, formalizados em decorrência de fiscalização relacionada a regime especial unificado de arrecadação de tributos, poderão conter lançamento único para todos os tributos por eles abrangidos. (Incluído pela Lei nº 11.941, de 2009)

§ 6º. O disposto no *caput* deste artigo não se aplica às contribuições de que trata o art. 3º da Lei nº 11.457, de 16 de março de 2007. (Incluído pela Lei nº 11.941, de 2009)

Art. 10. O auto de infração será lavrado por servidor competente, no local da verificação da falta, e conterá obrigatoriamente:

I – a qualificação do autuado;

II – o local, a data e a hora da lavratura;

III – a descrição do fato;

IV – a disposição legal infringida e a penalidade aplicável;

V – a determinação da exigência e a intimação para cumpri-la ou impugná-la no prazo de 30 (trinta) dias;

VI – a assinatura do autuante e a indicação de seu cargo ou função e o número de matrícula.

Art. 11. A notificação de lançamento será expedida pelo órgão que administra o tributo e conterá obrigatoriamente:

I – a qualificação do notificado;

II – o valor do crédito tributário e o prazo para recolhimento ou impugnação;

III – a disposição legal infringida, se for o caso;

IV – a assinatura do chefe do órgão expedidor ou de outro servidor autorizado e a indicação de seu cargo ou função e o número de matrícula.

Parágrafo único. Prescinde de assinatura a notificação de lançamento emitida por processo eletrônico.

Art. 12. O servidor que verificar a ocorrência de infração à legislação tributária federal e não for competente para formalizar a exigência comunicará o fato, em representação circunstanciada, a seu chefe imediato, que adotará as providências necessárias.

› Lei 9.430/1996: art. 83.

Art. 13. A autoridade preparadora determinará que seja informado, no processo, se o infrator é reincidente, conforme definição da lei específica, se essa circunstância não tiver sido declarada na formalização da exigência.

Art. 14. A impugnação da exigência instaura a fase litigiosa do procedimento.

Art. 14-A. No caso de determinação e exigência de créditos tributários da União cujo sujeito passivo seja órgão ou entidade de direito público da administração pública federal, a submissão do litígio à composição extrajudicial pela Advocacia-Geral da União é considerada reclamação, para fins do disposto no inciso III do art. 151 da Lei nº 5.172, de 25 de outubro de 1966 – Código Tributário Nacional. (Incluído pela Lei nº 13.140, de 2015)

Art. 15. A impugnação, formalizada por escrito e instruída com os documentos em que se fundamentar, será apresentada ao órgão preparador no prazo de 30 (trinta) dias, contados da data em que for feita a intimação da exigência.

Parágrafo único. *(Revogado pela Lei nº 11.941, de 2009).*

Art. 16. A impugnação mencionará:

I – a autoridade julgadora a quem é dirigida;

II – a qualificação do impugnante;

III – os motivos de fato e de direito em que se fundamenta, os pontos de discordância e as razões e provas que possuir; (Redação dada pela Lei nº 8.748, de 1993)

IV – as diligências, ou perícias que o impugnante pretenda sejam efetuadas, expostos os motivos que as justifiquem, com a formulação dos quesitos referentes aos exames desejados, assim como, no caso de perícia, o nome, o endereço e a qualificação profissional do seu perito; (Redação dada pela Lei nº 8.748, de 1993)

V – se a matéria impugnada foi submetida à apreciação judicial, devendo ser juntada cópia da petição. (Incluído pela Lei nº 11.196, de 2005)

§ 1º. Considerar-se-á não formulado o pedido de diligência ou perícia que deixar de atender aos requisitos previstos no inciso IV do art. 16. (Incluído pela Lei nº 8.748, de 1993)

§ 2º. É defeso ao impugnante, ou a seu representante legal, empregar expressões injuriosas nos escritos apresentados no processo, cabendo ao julgador, de ofício ou a requerimento do ofendido, mandar riscá-las. (Incluído pela Lei nº 8.748, de 1993)

§ 3º. Quando o impugnante alegar direito municipal, estadual ou estrangeiro, provar-lhe-á o teor e a vigência, se assim o determinar o julgador. (Incluído pela Lei nº 8.748, de 1993)

§ 4º. A prova documental será apresentada na impugnação, precluindo o direito de o impugnante fazê-lo em outro momento processual, a menos que: (Redação dada pela Lei nº 9.532, de 1997)

a) fique demonstrada a impossibilidade de sua apresentação oportuna por motivo de força maior; (Redação dada pela Lei nº 9.532, de 1997)

b) refira-se a fato ou a direito superveniente; (Redação dada pela Lei nº 9.532, de 1997)

c) destine-se a contrapor fatos ou razões posteriormente trazidas aos autos. (Redação dada pela Lei nº 9.532, de 1997)

§ 5º. A juntada de documentos após a impugnação deverá ser requerida à autoridade julgadora, mediante petição em que se demonstre, com fundamentos, a ocorrência de uma das condições previstas nas alíneas do parágrafo anterior. (Incluído pela Lei nº 9.532, de 1997)

§ 6º. Caso já tenha sido proferida a decisão, os documentos apresentados permanecerão nos autos para, se for interposto recurso, serem apreciados pela autoridade julgadora de segunda instância. (Incluído pela Lei nº 9.532, de 1997)

Art. 17. Considerar-se-á não impugnada a matéria que não tenha sido expressamente contestada pelo impugnante. (Redação dada pela Lei nº 9.532, de 1997)

Art. 18. A autoridade julgadora de primeira instância determinará, de ofício ou a requerimento do impugnante, a realização de diligências ou perícias, quando entendê-las necessárias, indeferindo as que considerar prescindíveis ou impraticáveis, observando o disposto no art. 28, *in fine*. (Redação dada pela Lei nº 8.748, de 1993)

§ 1º. Deferido o pedido de perícia, ou determinada de ofício, sua realização, a autoridade designará servidor para, como perito da União, a ela proceder e intimará o perito do sujeito passivo a realizar o exame requerido, cabendo a ambos apresentar os respectivos laudos em prazo que será fixado segundo o grau de complexidade dos trabalhos a serem executados. (Redação dada pela Lei nº 8.748, de 1993)

§ 2º. Os prazos para realização de diligência ou perícia poderão ser prorrogados, a juízo da autoridade. (Redação dada pela Lei nº 8.748, de 1993)

§ 3º. Quando, em exames posteriores, diligências ou perícias, realizados no curso do processo, forem verificadas incorreções, omissões ou inexatidões de que resultem agravamento da exigência inicial, inovação ou alteração da fundamentação legal da exigência, será lavrado auto de infração ou emitida notificação de lançamento complementar, devolvendo-se, ao sujeito passivo, prazo para impugnação no concernente à matéria modificada. (Redação dada pela Lei nº 8.748, de 1993)

Art. 19. *(Revogado pela Lei nº 8.748, de 1993).*

Art. 20. No âmbito da Secretaria da Receita Federal, a designação de servidor para proceder aos exames relativos a diligências ou perícias recairá sobre Auditor-Fiscal do Tesouro Nacional. (Redação dada pela Lei nº 8.748, de 1993)

Art. 21. Não sendo cumprida nem impugnada a exigência, a autoridade preparadora declarará a revelia, permanecendo o processo no órgão preparador, pelo prazo de 30 (trinta) dias, para cobrança amigável. (Redação dada pela Lei nº 8.748, de 1993)

§ 1º. No caso de impugnação parcial, não cumprida a exigência relativa à parte não litigiosa do crédito, o órgão preparador, antes da remessa dos autos a julgamento, providenciará a formação de autos apartados para a imediata cobrança da parte não contestada, consignando essa circunstância no processo original. (Redação dada pela Lei nº 8.748, de 1993)

§ 2º. A autoridade preparadora, após a declaração de revelia e findo o prazo previsto no *caput* deste artigo, procederá, em relação às mercadorias e outros bens perdidos em razão de exigência não impugnada, na forma do art. 63. (Redação dada pela Lei nº 8.748, de 1993)

§ 3º. Esgotado o prazo de cobrança amigável sem que tenha sido pago o crédito tributário, o órgão preparador declarará o sujeito passivo devedor remisso e encaminhará o processo à autoridade competente para promover a cobrança executiva.

§ 4º. O disposto no parágrafo anterior aplicar-se-á aos casos em que o sujeito passivo não cumprir as condições estabelecidas para a concessão de moratória.

Art. 22. O processo será organizado em ordem cronológica e terá suas folhas numeradas e rubricadas.

SEÇÃO IV. DA INTIMAÇÃO

Art. 23. Far-se-á a intimação:

I – pessoal, pelo autor do procedimento ou por agente do órgão preparador, na repartição ou fora dela, provada com a assinatura do sujeito passivo, seu mandatário ou preposto, ou, no caso de recusa, com declaração escrita de quem o intimar; (Redação dada pela Lei nº 9.532, de 1997)

II – por via postal, telegráfica ou por qualquer outro meio ou via, com prova de recebimento no domicílio tributário eleito pelo sujeito passivo; (Redação dada pela Lei nº 9.532, de 1997)

III – por meio eletrônico, com prova de recebimento, mediante: (Redação dada pela Lei nº 11.196, de 2005)

a) envio ao domicílio tributário do sujeito passivo; ou (Incluído pela Lei nº 11.196, de 2005)

b) registro em meio magnético ou equivalente utilizado pelo sujeito passivo. (Incluído pela Lei nº 11.196, de 2005)

§ 1º. Quando resultar improfícuo um dos meios previstos no *caput* deste artigo ou quando o sujeito passivo tiver sua inscrição declarada inapta perante o cadastro fiscal, a intimação poderá ser feita por edital publicado: (Redação dada pela Lei nº 11.941, de 2009)

I – no endereço da administração tributária na internet; (Incluído pela Lei nº 11.196, de 2005)

II – em dependência, franqueada ao público, do órgão encarregado da intimação; ou (Incluído pela Lei nº 11.196, de 2005)

III – uma única vez, em órgão da imprensa oficial local. (Incluído pela Lei nº 11.196, de 2005)

§ 2º. Considera-se feita a intimação:

I – na data da ciência do intimado ou da declaração de quem fizer a intimação, se pessoal;

II – no caso do inciso II do *caput* deste artigo, na data do recebimento ou, se omitida, 15 (quinze) dias após a data da expedição da intimação; (Redação dada pela Lei nº 9.532, de 1997)

III – se por meio eletrônico: (Redação dada pela Lei nº 12.844, de 2013)

a) 15 (quinze) dias contados da data registrada no comprovante de entrega no domicílio tributário do sujeito passivo; (Redação dada pela Lei nº 12.844, de 2013)

b) na data em que o sujeito passivo efetuar consulta no endereço eletrônico a ele atribuído pela administração tributária, se ocorrida antes do prazo previsto na alínea a; ou (Redação dada pela Lei nº 12.844, de 2013)

c) na data registrada no meio magnético ou equivalente utilizado pelo sujeito passivo; (Incluído pela Lei nº 12.844, de 2013)

IV – 15 (quinze) dias após a publicação do edital, se este for o meio utilizado. (Incluído pela Lei nº 11.196, de 2005)

§ 3º. Os meios de intimação previstos nos incisos do *caput* deste artigo não estão sujeitos a ordem de preferência. (Redação dada pela Lei nº 11.196, de 2005)

§ 4º. Para fins de intimação, considera-se domicílio tributário do sujeito passivo: (Redação dada pela Lei nº 11.196, de 2005)

I – o endereço postal por ele fornecido, para fins cadastrais, à administração tributária; e (Incluído pela Lei nº 11.196, de 2005)

II – o endereço eletrônico a ele atribuído pela administração tributária, desde que autorizado pelo sujeito passivo. (Incluído pela Lei nº 11.196, de 2005)

§ 5º. O endereço eletrônico de que trata este artigo somente será implementado com expresso consentimento do sujeito passivo, e a administração tributária informar-lhe-á as normas e condições de sua utilização e manutenção. (Incluído pela Lei nº 11.196, de 2005)

§ 6º. As alterações efetuadas por este artigo serão disciplinadas em ato da administração tributária. (Incluído pela Lei nº 11.196, de 2005)

§ 7º. Os Procuradores da Fazenda Nacional serão intimados pessoalmente das decisões do Conselho de Contribuintes e da Câmara Superior de Recursos Fiscais, do Ministério da Fazenda na sessão das respectivas câmaras subsequente à formalização do acórdão. (Incluído pela Lei nº 11.457, de 2007)

§ 8º. Se os Procuradores da Fazenda Nacional não tiverem sido intimados pessoalmente em até 40 (quarenta) dias contados da formalização do acórdão do Conselho de Contribuintes ou da Câmara Superior de Recursos Fiscais, do Ministério da Fazenda, os respectivos autos serão remetidos e entregues, mediante protocolo, à Procuradoria da Fazenda Nacional, para fins de intimação. (Incluído pela Lei nº 11.457, de 2007)

§ 9º. Os Procuradores da Fazenda Nacional serão considerados intimados pessoalmente das decisões do Conselho de Contribuintes e da Câmara Superior de Recursos Fiscais, do Ministério da Fazenda, com o término do prazo de 30 (trinta) dias contados da data em que os respectivos autos forem entregues à Procuradoria na forma do § 8º deste artigo. (Incluído pela Lei nº 11.457, de 2007)

SEÇÃO V. DA COMPETÊNCIA

Art. 24. O preparo do processo compete à autoridade local do órgão encarregado da administração do tributo.

Parágrafo único. Quando o ato for praticado por meio eletrônico, a administração tributária poderá atribuir o preparo do processo a unidade da administração tributária diversa da prevista no *caput* deste artigo. (Incluído pela Lei nº 11.941, de 2009)

Art. 25. O julgamento do processo de exigência de tributos ou contribuições administrados pela Secretaria da Receita Federal compete: (Redação dada pela Medida Provisória nº 2.158-35, de 2001)

I – em primeira instância, às Delegacias da Receita Federal de Julgamento, órgãos de deliberação interna e natureza colegiada da Secretaria da Receita Federal; (Redação dada pela Medida Provisória nº 2.158-35, de 2001)

a) aos Delegados da Receita Federal, titulares de Delegacias especializadas nas atividades concernentes a julgamento de processos, quanto aos tributos e contribuições administrados pela Secretaria da Receita Federal. (Redação dada pela Lei nº 8.748, de 1993)

b) às autoridades mencionadas na legislação de cada um dos demais tributos ou, na falta dessa indicação, aos chefes da projeção regional ou local da entidade que administra o tributo, conforme for por ela estabelecido.

II – em segunda instância, ao Conselho Administrativo de Recursos Fiscais, órgão colegiado, paritário, integrante da estrutura do Ministério da Fazenda, com atribuição de julgar recursos de ofício e voluntários de decisão de primeira instância, bem como recursos de natureza especial. (Redação dada pela Lei nº 11.941, de 2009)

§ 1º. O Conselho Administrativo de Recursos Fiscais será constituído por seções e pela Câmara Superior de Recursos Fiscais. (Redação dada pela Lei nº 11.941, de 2009)

I – *(Revogado pela Lei nº 11.941, de 2009).*

II – *(Revogado pela Lei nº 11.941, de 2009).*

III – *(Revogado pela Lei nº 11.941, de 2009).*

IV – *(Revogado pela Lei nº 11.941, de 2009).*

§ 2º. As seções serão especializadas por matéria e constituídas por câmaras. (Redação dada pela Lei nº 11.941, de 2009)

§ 3º. A Câmara Superior de Recursos Fiscais será constituída por turmas, compostas pelos Presidentes e Vice-Presidentes das câmaras. (Redação dada pela Lei nº 11.941, de 2009)

§ 4º. As câmaras poderão ser divididas em turmas. (Redação dada pela Lei nº 11.941, de 2009)

§ 5º. O Ministro de Estado da Fazenda poderá criar, nas seções, turmas especiais, de caráter temporário, com competência para julgamento de processos que envolvam valores reduzidos, que poderão funcionar nas cidades onde estão localizadas as Superintendências Regionais da Receita Federal do Brasil. (Redação dada pela Lei nº 11.941, de 2009)

§ 6º. *(VETADO)*. (Incluído pela Lei nº 11.941, de 2009)

§ 7º. As turmas da Câmara Superior de Recursos Fiscais serão constituídas pelo Presidente do Conselho Administrativo de Recursos Fiscais, pelo Vice-Presidente, pelos Presidentes e pelos Vice-Presidentes das câmaras, respeitada a paridade. (Incluído pela Lei nº 11.941, de 2009)

§ 8º. A presidência das turmas da Câmara Superior de Recursos Fiscais será exercida pelo Presidente do Conselho Administrativo de Recursos Fiscais e a vice-presidência, por conselheiro representante dos contribuintes. (Incluído pela Lei nº 11.941, de 2009)

§ 9º. Os cargos de Presidente das Turmas da Câmara Superior de Recursos Fiscais, das câmaras, das suas turmas e das turmas especiais serão ocupados por conselheiros representantes da Fazenda Nacional, que, em caso de empate, terão o voto de qualidade, e os cargos de Vice-Presidente, por representantes dos contribuintes. (Incluído pela Lei nº 11.941, de 2009)

§ 10. Os conselheiros serão designados pelo Ministro de Estado da Fazenda para mandato, limitando-se as reconduções, na forma e no prazo estabelecidos no regimento interno. (Incluído pela Lei nº 11.941, de 2009)

§ 11. O Ministro de Estado da Fazenda, observado o devido processo legal, decidirá sobre a perda do mandato dos conselheiros que incorrerem em falta grave, definida no regimento interno. (Incluído pela Lei nº 11.941, de 2009)

Art. 26. Compete ao Ministro da Fazenda, em instância especial:

I – julgar recursos de decisões dos Conselhos de Contribuintes, interpostos pelos procuradores representantes da Fazenda junto aos mesmos Conselhos;

II – decidir sobre as propostas de aplicação de equidade apresentadas pelos Conselhos de Contribuintes.

Art. 26-A. No âmbito do processo administrativo fiscal, fica vedado aos órgãos de julgamento afastar a aplicação ou deixar de observar tratado, acordo internacional, lei ou decreto, sob fundamento de inconstitucionalidade. (Redação dada pela Lei nº 11.941, de 2009)

§ 1º a 5º. *(Revogados pela Lei nº 11.941, de 2009).*

§ 6º. O disposto no *caput* deste artigo não se aplica aos casos de tratado, acordo internacional, lei ou ato normativo: (Incluído pela Lei nº 11.941, de 2009)

I – que já tenha sido declarado inconstitucional por decisão definitiva plenária do Supremo Tribunal Federal; (Incluído pela Lei nº 11.941, de 2009)

II – que fundamente crédito tributário objeto de: (Incluído pela Lei nº 11.941, de 2009)

a) dispensa legal de constituição ou de ato declaratório do Procurador-Geral da Fazenda Nacional, na forma dos arts. 18 e 19 da Lei nº 10.522, de 19 de julho de 2002; (Incluído pela Lei nº 11.941, de 2009)

b) súmula da Advocacia-Geral da União, na forma do art. 43 da Lei Complementar nº 73, de 10 de fevereiro de 1993; ou (Incluído pela Lei nº 11.941, de 2009)

c) pareceres do Advogado-Geral da União aprovados pelo Presidente da República, na forma do art. 40 da Lei Complementar nº 73, de 10 de fevereiro de 1993. (Incluído pela Lei nº 11.941, de 2009)

SEÇÃO VI.
DO JULGAMENTO EM PRIMEIRA INSTÂNCIA

Art. 27. Os processos remetidos para a apreciação da autoridade julgadora de primeira instância deverão ser qualificados e identificados, tendo prioridade no julgamento aqueles em que estiverem presentes as circunstâncias de crime contra a ordem tributária ou de elevado valor, este definido em ato do Ministro de Estado da Fazenda. (Redação dada pela Lei nº 9.532, de 1997)

Parágrafo único. Os processos serão julgados na ordem e nos prazos estabelecidos em ato do Secretário da Receita Federal, observada a prioridade de que trata o *caput* deste artigo. (Incluído pela Lei nº 9.532, de 1997)

Art. 28. Na decisão em que for julgada questão preliminar será também julgado o mérito, salvo quando incompatíveis, e dela constará o indeferimento fundamentado do pedido de diligência ou perícia, se for o caso. (Redação dada pela Lei nº 8.748, de 1993)

Art. 29. Na apreciação da prova, a autoridade julgadora formará livremente sua convicção, podendo determinar as diligências que entender necessárias.

Art. 30. Os laudos ou pareceres do Laboratório Nacional de Análises, do Instituto Nacional de Tecnologia e de outros órgãos federais congêneres serão adotados nos aspectos técnicos de sua competência, salvo se comprovada a improcedência desses laudos ou pareceres.

§ 1º. Não se considera como aspecto técnico a classificação fiscal de produtos.

§ 2º. A existência no processo de laudos ou pareceres técnicos não impede a autoridade julgadora de solicitar outros a qualquer dos órgãos referidos neste artigo.

§ 3º. Atribuir-se-á eficácia aos laudos e pareceres técnicos sobre produtos, exarados em outros processos administrativos fiscais e transladados mediante certidão de inteiro teor ou cópia fiel, nos seguintes casos: (Incluído pela Lei nº 9.532, de 1997)

a) quando tratarem de produtos originários do mesmo fabricante, com igual denominação, marca e especificação; (Incluído pela Lei nº 9.532, de 1997)

b) quando tratarem de máquinas, aparelhos, equipamentos, veículos e outros produtos complexos de fabricação em série, do mesmo fabricante, com iguais especificações, marca e modelo. (Incluído pela Lei nº 9.532, de 1997)

Art. 31. A decisão conterá relatório resumido do processo, fundamentos legais, conclusão e ordem de intimação, devendo referir-se, expressamente, a todos os autos de infração e notificações de lançamento objeto do processo, bem como às razões de defesa suscitadas pelo impugnante contra todas as exigências. (Redação dada pela Lei nº 8.748, de 1993)

Art. 32. As inexatidões materiais devidas a lapso manifesto e os erros de escrita ou de cálculos existentes na decisão poderão ser corrigidos de ofício ou a requerimento do sujeito passivo.

Art. 33. Da decisão caberá recurso voluntário, total ou parcial, com efeito suspensivo, dentro dos 30 (trinta) dias seguintes à ciência da decisão.

§ 1º. *(Revogado pela Lei nº 12.096, de 2009).*

§ 2º. Em qualquer caso, o recurso voluntário somente terá seguimento se o recorrente arrolar bens e direitos de valor equivalente a 30% (trinta por cento) da exigência fiscal definida na decisão, limitado o arrolamento, sem prejuízo do seguimento do recurso, ao total do ativo permanente se pessoa jurídica ou ao patrimônio se pessoa física. (Incluído pela Lei nº 10.522, de 2002)

- ADIn 1976-6/DF: O STF "julgou, por unanimidade, procedente a ação direta para declarar a inconstitucionalidade do art. 32 da Medida Provisória 1.699-41/1998, convertida na Lei 10.522/2002, que deu no redação ao art. 33, § 2º, do Decreto 70.235/1972". (D.J.U. 18.5.2007)

§ 3º. O arrolamento de que trata o § 2º será realizado preferencialmente sobre bens imóveis. (Incluído pela Lei nº 10.522, de 2002)

§ 4º. O Poder Executivo editará as normas regulamentares necessárias à operacionalização do arrolamento previsto no § 2º. (Incluído pela Lei nº 10.522, de 2002)

Art. 34. A autoridade de primeira instância recorrerá de ofício sempre que a decisão:

I – exonerar o sujeito passivo do pagamento de tributo e encargos de multa de valor total (lançamento principal e decorrentes) a ser fixado em ato do Ministro de Estado da Fazenda; (Redação dada pela Lei nº 9.532, de 1997)

II – deixar de aplicar pena de perda de mercadorias ou outros bens cominados à infração denunciada na formalização da exigência.

§ 1º. O recurso será interposto mediante declaração na própria decisão.

§ 2º. Não sendo interposto o recurso, o servidor que verificar o fato representará à autoridade julgadora, por intermédio de seu chefe imediato, no sentido de que seja observada aquela formalidade.

Art. 35. O recurso, mesmo perempto, será encaminhado ao órgão de segunda instância, que julgará a perempção.

Art. 36. Da decisão de primeira instância não cabe pedido de reconsideração.

SEÇÃO VII.
DO JULGAMENTO EM SEGUNDA INSTÂNCIA

Art. 37. O julgamento no Conselho Administrativo de Recursos Fiscais far-se-á conforme dispuser o regimento interno. (Redação dada pela Lei nº 11.941, de 2009)

§ 1º. *(Revogado pelo Decreto nº 83.304, de 1979).*

§ 2º. Caberá recurso especial à Câmara Superior de Recursos Fiscais, no prazo de 15 (quinze) dias da ciência do acórdão ao interessado: (Redação dada pela Lei nº 11.941, de 2009)

I – *(VETADO). (Incluído* pela Lei nº 11.941, de 2009)

II – de decisão que der à lei tributária interpretação divergente da que lhe tenha dado outra Câmara, turma de Câmara, turma especial ou a própria Câmara Superior de Recursos Fiscais. (Incluído pela Lei nº 11.941, de 2009)

§ 3º. Caberá pedido de reconsideração, com efeito suspensivo, no prazo de trinta dias, contados da ciência:

- Lei 8.541/1992: art. 50.

I – *(Revogado pela Lei nº 11.941, de 2009).*
II – *(Revogado pela Lei nº 11.941, de 2009).*

Art. 38. O julgamento em outros órgãos da administração federal far-se-á de acordo com a legislação própria, ou, na sua falta, conforme dispuser o órgão que administra o tributo.

SEÇÃO VIII.
DO JULGAMENTO EM INSTÂNCIA ESPECIAL

Art. 39. Não cabe pedido de reconsideração de ato do Ministro da Fazenda que julgar ou decidir as matérias de sua competência.

Art. 40. As propostas de aplicação de equidade apresentadas pelos Conselhos de Contribuintes atenderão às características pessoais ou materiais da espécie julgada e serão restritas à dispensa total ou parcial de penalidade pecuniária, nos casos em que não houver reincidência nem sonegação, fraude ou conluio.

Art. 41. O órgão preparador dará ciência ao sujeito passivo da decisão do Ministro da Fazenda, intimando-o, quando for o caso, a cumpri-la, no prazo de 30 (trinta) dias.

SEÇÃO IX.
DA EFICÁCIA E EXECUÇÃO DAS DECISÕES

Art. 42. São definitivas as decisões:

I – de primeira instância, esgotado o prazo para recurso voluntário sem que este tenha sido interposto;

II – de segunda instância, de que não caiba recurso ou, se cabível, quando decorrido o prazo sem sua interposição;

III – de instância especial.

Parágrafo único. Serão também definitivas as decisões de primeira instância na parte que não for objeto de recurso voluntário ou não estiver sujeita a recurso de ofício.

Art. 43. A decisão definitiva contrária ao sujeito passivo será cumprida no prazo para cobrança amigável fixado no art. 21, aplicando-se, no caso de descumprimento, o disposto no § 3º do mesmo artigo.

§ 1º. A quantia depositada para evitar a correção monetária do crédito tributário ou para liberar mercadoria será convertida em renda se o sujeito passivo não comprovar, no prazo legal, a propositura de ação judicial.

§ 2º. Se o valor depositado não for suficiente para cobrir o crédito tributário, aplicar-se-á à cobrança do restante o disposto no *caput* deste artigo; se exceder o exigido, a autoridade promoverá a restituição da quantia excedente, na forma da legislação específica.

Art. 44. A decisão que declarar a perda de mercadoria ou outros bens será executada pelo órgão preparador, findo o prazo previsto no art. 21, segundo dispuser a legislação aplicável.

Art. 45. No caso de decisão definitiva favorável ao sujeito passivo, cumpre à autoridade preparadora exonerá-lo, de ofício, dos gravames decorrentes do litígio.

CAPÍTULO II.
DO PROCESSO DA CONSULTA

Art. 46. O sujeito passivo poderá formular consulta sobre dispositivos da legislação tributária aplicáveis a fato determinado.

Parágrafo único. Os órgãos da administração pública e as entidades representativas de categorias econômicas ou profissionais também poderão formular consulta.

Art. 47. A consulta deverá ser apresentada por escrito, no domicílio tributário do consulente, ao órgão local da entidade incumbida de administrar o tributo sobre que versa.

Art. 48. Salvo o disposto no artigo seguinte, nenhum procedimento fiscal será instaurado contra o sujeito passivo relativamente à espécie consultada, a partir da apresentação da consulta até o trigésimo dia subsequente à data da ciência:

I – de decisão de primeira instância da qual não haja sido interposto recurso;

II – de decisão de segunda instância.

Art. 49. A consulta não suspende o prazo para recolhimento de tributo, retido na fonte ou auto lançado antes ou depois de sua apresentação, nem o prazo para apresentação de declaração de rendimentos.

Art. 50. A decisão de segunda instância não obriga ao recolhimento de tributo que deixou de ser retido ou auto lançado após a decisão reformada e de acordo com a orientação desta, no período compreendido entre as datas de ciência das duas decisões.

Art. 51. No caso de consulta formulada por entidade representativa de categoria econômica ou profissional, os efeitos referidos no art. 48 só alcançam seus associados ou filiados depois de cientificado o consulente da decisão.

Art. 52. Não produzirá efeito a consulta formulada:

I – em desacordo com os arts. 46 e 47;

II – por quem tiver sido intimado a cumprir obrigação relativa ao fato objeto da consulta;

III – por quem estiver sob procedimento fiscal iniciado para apurar fatos que se relacionem com a matéria consultada;

IV – quando o fato já houver sido objeto de decisão anterior, ainda não modificada, proferida em consulta ou litígio em que tenha sido parte o consulente;

V – quando o fato estiver disciplinado em ato normativo, publicado antes de sua apresentação;

VI – quando o fato estiver definido ou declarado em disposição literal da lei;

VII – quando o fato for definido como crime ou contravenção penal;

VIII – quando não descrever, completa ou exatamente, a hipótese a que se referir, ou não contiver os elementos necessários à sua solução, salvo se a inexatidão ou omissão for escusável, a critério da autoridade julgadora.

Art. 53. O preparo do processo compete ao órgão local da entidade encarregada da administração do tributo.

Art. 54. O julgamento compete:

I – em primeira instância:

a) aos superintendentes regionais da Receita Federal, quanto aos tributos administrados pela Secretaria da Receita Federal, atendida, no julgamento, a orientação emanada dos atos normativos da Coordenação do Sistema de Tributação;

- Lei 11.457/2007: art. 1º (a Secretaria da Receita Federal passa a denominar-se Secretaria da Receita Federal do Brasil).

b) às autoridades referidas na alínea *b* do inciso I do art. 25;

II – em segunda instância:

a) ao coordenador do Sistema de Tributação da Secretaria da Receita Federal, salvo quanto aos tributos incluídos na competência julgadora de outro órgão da administração federal;

- Lei 11.457/2007: art. 1º (a Secretaria da Receita Federal passa a denominar-se Secretaria da Receita Federal do Brasil).

b) à autoridade mencionada na legislação dos tributos ressalvados na alínea precedente ou, na falta dessa indicação, à que for designada pela entidade que administra o tributo;

III – em instância única, ao coordenador do Sistema de Tributação, quanto às consultas relativas aos tributos administrados pela Secretaria da Receita Federal e formuladas:

- Lei 11.457/2007: art. 1º (a Secretaria da Receita Federal passa a denominar-se Secretaria da Receita Federal do Brasil).

a) sobre classificação fiscal de mercadorias;

b) pelos órgãos centrais da administração pública;

c) por entidades representativas de categorias econômicas ou profissionais, de âmbito nacional.

Art. 55. Compete à autoridade julgadora declarar a ineficácia da consulta.

Art. 56. Cabe recurso voluntário, com efeito suspensivo, de decisão de primeira instância, dentro de 30 (trinta) dias, contados da ciência.

Art. 57. A autoridade de primeira instância recorrerá de ofício de decisão favorável ao consulente.

Art. 58. Não cabe pedido de reconsideração de decisão proferida em processo de consulta, inclusive da que declarar a sua ineficácia.

CAPÍTULO III. DAS NULIDADES

Art. 59. São nulos:

- Decreto 7.574/2011: art. 12.

I – os atos e termos lavrados por pessoa incompetente;

II – os despachos e decisões proferidos por autoridade incompetente ou com preterição do direito de defesa.

§ 1º. A nulidade de qualquer ato só prejudica os posteriores que dele diretamente dependam ou sejam consequência.

§ 2º. Na declaração de nulidade, a autoridade dirá os atos alcançados e determinará as providências necessárias ao prosseguimento ou solução do processo.

§ 3º. Quando puder decidir do mérito a favor do sujeito passivo a quem aproveitaria a declaração de nulidade, a autoridade julgadora não a pronunciará nem mandará repetir o ato ou suprir-lhe a falta. (Incluído pela Lei nº 8.748, de 1993)

Art. 60. As irregularidades, incorreções e omissões diferentes das referidas no artigo anterior não importarão em nulidade e serão sanadas quando resultarem em prejuízo para o sujeito passivo, salvo se este lhes houver dado causa, ou quando não influírem na solução do litígio.

- Decreto 7.574/2011: art. 13.

Art. 61. A nulidade será declarada pela autoridade competente para praticar o ato ou julgar a sua legitimidade.

- Decreto 7.574/2011: art. 14.

CAPÍTULO IV. DISPOSIÇÕES FINAIS E TRANSITÓRIAS

Art. 62. Durante a vigência de medida judicial que determinar a suspensão da cobrança do tributo não será instaurado procedimento fiscal contra o sujeito passivo favorecido pela decisão, relativamente à matéria sobre que versar a ordem de suspensão.

Parágrafo único. Se a medida referir-se a matéria objeto de processo fiscal, o curso deste não será suspenso exceto quanto aos atos executórios.

Art. 63. A destinação de mercadorias ou outros bens apreendidos ou dados em garantia de pagamento do crédito tributário obedecerá às normas estabelecidas na legislação aplicável.

Art. 64. Os documentos que instruem o processo poderão ser restituídos, em qualquer fase, a requerimento do sujeito passivo, desde que a medida não prejudique a instrução e deles fique cópia autenticada no processo.

Art. 64-A. Os documentos que instruem o processo poderão ser objeto de digitalização, observado o disposto nos arts. 1º e 3º da Lei nº 12.682, de 9 de julho de 2012. (Incluído pela Lei nº 12.865, de 2013)

Art. 64-B. No processo eletrônico, os atos, documentos e termos que o instruem poderão ser natos digitais ou produzidos por meio de digitalização, observado o disposto na Medida Provisória 2.200-2, de 24 de agosto de 2001. (Incluído pela Lei nº 12.865, de 2013)

§ 1º. Os atos, termos e documentos submetidos a digitalização pela administração tributária e armazenados eletronicamente possuem o mesmo valor probante de seus originais. (Incluído pela Lei nº 12.865, de 2013)

§ 2º. Os autos de processos eletrônicos, ou parte deles, que tiverem de ser remetidos a órgãos ou entidades que não disponham de sistema compatível de armazenagem e tramitação poderão ser encaminhados impressos em papel ou por meio digital, conforme disciplinado em ato da administração tributária. (Incluído pela Lei nº 12.865, de 2013)

§ 3º. As matrizes físicas dos atos, dos termos e dos documentos digitalizados e armazenados eletronicamente, nos termos do § 1º, poderão ser descartadas, conforme regulamento. (Incluído pela Lei nº 13.097, de 2015)

Art. 65. O disposto neste Decreto não prejudicará a validade dos atos praticados na vigência da legislação anterior.

§ 1º. O preparo dos processos em curso, até a decisão de primeira instância, continuará regido pela legislação precedente.

§ 2º. Não se modificarão os prazos iniciados antes da entrada em vigor deste Decreto.

Art. 66. O Conselho Superior de Tarifa passa a denominar-se 4º Conselho de Contribuintes.

Art. 67. Os Conselhos de Contribuintes, no prazo de 90 (noventa) dias, adaptarão seus regimentos internos às disposições deste Decreto.

Art. 68. Revogam-se as disposições em contrário.

Brasília, 6 de março de 1972; 151º da Independência e 84º da República.

EMÍLIO G. MÉDICI

D.O.U. 7.3.1972

LEI Nº 6.015, DE 31 DE DEZEMBRO DE 1973

Dispõe sobre os Registros Públicos e dá outras providências.

- *Lei de registros públicos*

O PRESIDENTE DA REPÚBLICA Faço saber que o Congresso Nacional decreta e eu sanciono a seguinte Lei:

- LC 116/2003: Item 21 da lista de serviços.
- Lei 10.150/2000: art. 35.
- Lei 9.534/1997 – Dá no redação ao art. 30 da Lei 6.015/1973, que dispõe sobre os registros públicos; acrescenta inciso ao art. 1º da Lei 9.265/1996, que trata da gratuidade dos atos necessários ao exercício da cidadania; e altera os arts. 30 e 45 da Lei 8.935/1994, que dispõe sobre os serviços notariais e de registro.
- Lei 8.935/1994 – Regulamenta o art. 236 da CF, dispondo sobre serviços notariais e de registro. (Lei dos cartórios).
- Lei 7.433/1985 – Dispõe sobre os requisitos para a lavratura de escrituras públicas.
- Decreto 6.289/2007 – Estabelece o Compromisso Nacional pela Erradicação do Sub-registro Civil de Nascimento e Ampliação do Acesso à Documentação Básica, institui o Comitê Gestor Nacional do Plano Social Registro Civil de Nascimento e Documentação Básica e a Semana Nacional de Mobilização para o Registro Civil de Nascimento e a Documentação Básica.

TÍTULO I. DAS DISPOSIÇÕES GERAIS

CAPÍTULO I. DAS ATRIBUIÇÕES

Art. 1º. Os serviços concernentes aos Registros Públicos, estabelecidos pela legislação civil para autenticidade, segurança e eficácia dos atos jurídicos, ficam sujeitos ao regime estabelecido nesta Lei. (Redação dada pela Lei nº 6.216, de 1974)

- CC: arts. 9º e 10.

§ 1º. Os registros referidos neste artigo são os seguintes: (Redação dada pela Lei nº 6.216, de 1974)

I – o registro civil de pessoas naturais; (Redação dada pela Lei nº 6.216, de 1974)

- CC: arts. 1º a 40.

II – o registro civil de pessoas jurídicas; (Redação dada pela Lei nº 6.216, de 1974)

› CC: arts. 44 a 46.

III – o registro de títulos e documentos; (Redação dada pela Lei nº 6.216, de 1974)

› CC: art. 1.245.

IV – o registro de imóveis. (Redação dada pela Lei nº 6.216, de 1974)

› CC: arts. 1.245 a 1.247.

§ 2º. Os demais registros reger-se-ão por leis próprias. (Redação dada pela Lei nº 6.216, de 1974)

§ 3º Os registros poderão ser escriturados, publicitados e conservados em meio eletrônico, obedecidos os padrões tecnológicos estabelecidos em regulamento. *(Acrescido pela Lei 13.874/2019)*

Art. 2º. Os registros indicados no § 1º do artigo anterior ficam a cargo de serventuários privativos nomeados de acordo com o estabelecido na Lei de Organização Administrativa e Judiciária do Distrito Federal e dos Territórios e nas Resoluções sobre a Divisão e Organização Judiciária dos Estados, e serão feitos: (Redação dada pela Lei nº 6.216, de 1974)

› CF/88: art. 236.

I – o do item I, nos ofícios privativos, ou nos Cartórios de Registro de Nascimentos, Casamentos e Óbitos; (Redação dada pela Lei nº 6.216, de 1974)

II – os dos itens II e III, nos ofícios privativos, ou nos Cartórios de Registro de Títulos e Documentos; (Redação dada pela Lei nº 6.216, de 1974)

III – o do item IV, nos ofícios privativos, ou nos Cartórios de Registro de Imóveis. (Redação dada pela Lei nº 6.216, de 1974)

CAPÍTULO II. DA ESCRITURAÇÃO

Art. 3º. A escrituração será feita em livros encadernados, que obedecerão aos modelos anexos a esta Lei, sujeitos à correição da autoridade judiciária competente.

§ 1º. Os livros podem ter 0,22m até 0,40m de largura e de 0,33m até 0,55m de altura, cabendo ao oficial a escolha, dentro dessas dimensões, de acordo com a conveniência do serviço.

§ 2º. Para facilidade do serviço podem os livros ser escriturados mecanicamente, em folhas soltas, obedecidos os modelos aprovados pela autoridade judiciária competente.

Art. 4º. Os livros de escrituração serão abertos, numerados, autenticados e encerrados pelo oficial do registro, podendo ser utilizado, para tal fim, processo mecânico de autenticação previamente aprovado pela autoridade judiciária competente.

Parágrafo único. Os livros notariais, nos modelos existentes, em folhas fixas ou soltas, serão também abertos, numerados, autenticados e encerrados pelo tabelião, que determinará a respectiva quantidade a ser utilizada, de acordo com a necessidade do serviço. (Incluído pela Lei nº 9.955, de 2000)

Art. 5º. Considerando a quantidade dos registros o juiz poderá autorizar a diminuição do número de páginas dos livros respectivos, até a terça parte do consignado nesta Lei.

Art. 6º. Findando-se um livro, o imediato tomará o número seguinte, acrescido à respectiva letra, salvo no registro de imóveis, em que o número será conservado, com a adição sucessiva de letras, na ordem alfabética simples, e, depois, repetidas em combinações com a primeira, com a segunda, e assim indefinidamente. Exemplos: 2-A a 2-Z; 2-AA a 2-AZ; 2-BA a 2-BZ etc.

Art. 7º. Os números de ordem dos registros não serão interrompidos no fim de cada livro, mas continuarão, indefinidamente, nos seguintes da mesma espécie.

CAPÍTULO III. DA ORDEM DO SERVIÇO

Art. 8º. O serviço começará e terminará às mesmas horas em todos os dias úteis.

Parágrafo único. O Registro Civil de Pessoas Naturais funcionará todos os dias, sem exceção.

Art. 9º. Será nulo o registro lavrado fora das horas regulamentares ou em dias em que não houver expediente, sendo civil e criminalmente responsável o oficial que der causa à nulidade.

› CC: art. 166, VII.

Art. 10. Todos os títulos, apresentados no horário regulamentar e que não forem registrados até a hora do encerramento do serviço, aguardarão o dia seguinte, no qual serão registrados, preferencialmente, aos apresentados nesse dia.

Parágrafo único. O registro civil de pessoas naturais não poderá, entretanto, ser adiado.

Art. 11. Os oficiais adotarão o melhor regime interno de modo a assegurar às partes a ordem de precedência na apresentação dos seus títulos, estabelecendo-se, sempre, o número de ordem geral.

Art. 12. Nenhuma exigência fiscal, ou dívida, obstará a apresentação de um título e o seu lançamento do Protocolo com o respectivo número de ordem, nos casos em que da precedência decorra prioridade de direitos para o apresentante.

Parágrafo único. Independem de apontamento no Protocolo os títulos apresentados apenas para exame e cálculo dos respectivos emolumentos.

Art. 13. Salvo as anotações e as averbações obrigatórias, os atos do registro serão praticados:

I – por ordem judicial;

II – a requerimento verbal ou escrito dos interessados;

III – a requerimento do Ministério Público, quando a lei autorizar.

§ 1º. O reconhecimento de firma nas comunicações ao Registro Civil pode ser exigido pelo respectivo oficial.

§ 2º. A emancipação concedida por sentença judicial será anotada às expensas do interessado.

Art. 14. Pelos atos que praticarem, em decorrência desta Lei, os oficiais do registro terão direito, a título de remuneração, aos emolumentos fixados nos Regimentos de Custas do Distrito Federal, dos Estados e dos Territórios, os quais serão pagos, pelo interessado que os requerer, no ato de requerimento ou no da apresentação do título. (Redação dada pela Lei nº 6.216, de 1974)

Parágrafo único. O valor correspondente às custas de escrituras, certidões, buscas, averbações, registros de qualquer natureza, emolumentos e despesas legais constará, obrigatoriamente, do próprio documento, independentemente da expedição do recibo, quando solicitado. (Incluído pela Lei nº 6.724, de 1979)

› Lei 10.150/2000: art. 35.

Art. 15. Quando o interessado no registro for o oficial encarregado de fazê-lo ou algum parente seu, em grau que determine impedimento, o ato incumbe ao substituto legal do oficial.

CAPÍTULO IV. DA PUBLICIDADE

Art. 16. Os oficiais e os encarregados das repartições em que se façam os registros são obrigados:

› CF/1988: art. 5º, LXXVI, a.

1º) a lavrar certidão do que lhes for requerido;

2º) a fornecer às partes as informações solicitadas.

Art. 17. Qualquer pessoa pode requerer certidão do registro sem informar ao oficial ou ao funcionário o motivo ou interesse do pedido.

Parágrafo único. O acesso ou envio de informações aos Registros Públicos, quando forem realizados por meio da rede mundial de computadores (internet) deverão ser assinados com uso de certificado digital, que atenderá os requisitos da Infraestrutura de Chaves Públicas Brasileira – ICP. (Incluído pela Lei nº 11.977, de 2009)

Art. 18. Ressalvado o disposto nos arts. 45, 57, § 7º, e 95, parágrafo único, a certidão será lavrada independentemente de despacho judicial, devendo mencionar o livro de registro ou o documento arquivado no cartório. (Redação dada pela Lei nº 9.807, de 1999)

Art. 19. A certidão será lavrada em inteiro teor, em resumo, ou em relatório, conforme quesitos, e devidamente autenticada pelo oficial ou seus substitutos legais, não podendo ser retardada por mais de 5 (cinco) dias. (Redação dada pela Lei nº 6.216, de 1974)

§ 1º. A certidão, de inteiro teor, poderá ser extraída por meio datilográfico ou reprográfico. (Redação dada pela Lei nº 6.216, de 1974)

§ 2º. As certidões do Registro Civil de Pessoas Naturais mencionarão, sempre, a data em que foi lavrado o assento e serão manuscritas ou datilografadas e, no caso de adoção de papéis impressos, os claros serão preenchidos também em manuscrito ou datilografados. (Redação dada pela Lei nº 6.216, de 1974)

§ 3º. Nas certidões de Registro Civil, não se mencionará a circunstância de ser legítima, ou não, a filiação, salvo a requerimento do próprio interessado, ou em virtude de determinação judicial. (Redação dada pela Lei nº 6.216, de 1974)

§ 4º. As certidões de nascimento mencionarão a data em que foi feito o assento, a data, por extenso, do nascimento e, ainda, expressamente, a naturalidade. (Redação dada pela Lei nº 13.484, de 2017)

§ 5º. As certidões extraídas dos Registros Públicos deverão ser fornecidas em papel e mediante escrita que permitam a sua reprodução por fotocópia, ou outro processo equivalente. (Incluído pela Lei nº 6.216, de 1974)

Art. 20. No caso de recusa ou retardamento na expedição da certidão, o interessado poderá reclamar à autoridade competente, que aplicará, se for o caso, a pena disciplinar cabível.

Parágrafo único. Para a verificação do retardamento, o oficial, logo que receber alguma petição, fornecerá à parte uma nota de entrega devidamente autenticada.

Art. 21. Sempre que houver qualquer alteração posterior ao ato cuja certidão é pedida, deve o Oficial mencioná-la, obrigatoriamente, não obstante as especificações do pedido, sob pena de responsabilidade civil e penal, ressalvado o disposto nos artigos 45 e 95. (Redação dada pela Lei nº 6.216, de 1974)

Parágrafo único. A alteração a que se refere este artigo deverá ser anotada na própria certidão, contendo a inscrição de que "a presente certidão envolve elementos de averbação à margem do termo. (Incluído pela Lei nº 6.216, de 1974)

CAPÍTULO V. DA CONSERVAÇÃO

Art. 22. Os livros de registro, bem como as fichas que os substituam, somente sairão do respectivo cartório mediante autorização judicial. (Redação dada pela Lei nº 6.216, de 1974)

Art. 23. Todas as diligências judiciais e extrajudiciais que exigirem a apresentação de qualquer livro, ficha substitutiva de livro ou documento, efetuar-se-ão no próprio cartório. (Redação dada pela Lei nº 6.216, de 1974)

Art. 24. Os oficiais devem manter em segurança, permanentemente, os livros e documentos e respondem pela sua ordem e conservação.

Art. 25. Os papéis referentes ao serviço do registro serão arquivados em cartório mediante utilização de processos racionais que facilitem as buscas, facultada a utilização de microfilmagem e de outros meios de reprodução autorizados em lei.

Art. 26. Os livros e papéis pertencentes ao arquivo do cartório ali permanecerão indefinidamente.

Art. 27. Quando a lei criar novo cartório, e enquanto este não for instalado, os registros continuarão a ser feitos no cartório que sofreu o desmembramento, não sendo necessário repeti-los no novo ofício.

Parágrafo único. O arquivo do antigo cartório continuará a pertencer-lhe.

CAPÍTULO VI. DA RESPONSABILIDADE

Art. 28. Além dos casos expressamente consignados, os oficiais são civilmente responsáveis por todos os prejuízos que, pessoalmente, ou pelos prepostos ou substitutos que indicarem, causarem, por culpa ou dolo, aos interessados no registro.

Parágrafo único. A responsabilidade civil independe da criminal pelos delitos que cometerem.

TÍTULO II. DO REGISTRO DE PESSOAS NATURAIS

CAPÍTULO I. DISPOSIÇÕES GERAIS

Art. 29. Serão registrados no Registro Civil de Pessoas Naturais:

- Decreto 7.231/2010 – Regulamenta o art. 29, incisos I, II e III, da Lei 6.015/1973, que dispõe sobre os registros públicos.

I – os nascimentos;

- Lei 13.257/2016 – Dispõe sobre as políticas públicas para a primeira infância e altera a Lei 8.069/1990 (Estatuto da Criança e do Adolescente), o Dec.-lei 3.689/1941 (Código de Processo Penal), a Consolidação das Leis do Trabalho (CLT), aprovada pelo Dec.-lei 5.452/1943, a Lei 11.770/2008, e a Lei 12.662/2012.
- Lei 12.662/2012 – Assegura validade nacional à Declaração de Nascido Vi (DNV), regula sua expedição, altera a Lei 6.015/1973.
- Lei 8.560/1992 – Regula a investigação de paternidade dos filhos havidos fora do casamento.

II – os casamentos;

- CC: arts. 1.525 a 1.547.
- Lei 1.110/1950 – Regula o reconhecimento dos efeitos civis ao casamento religioso.
- Resolução 175/2013 do CNJ – Dispõe sobre a habilitação, celebração de casamento civil, ou de conversão de união estável em casamento, entre pessoas de mesmo sexo.

III – os óbitos;

- CC: art. 9º, I.

IV – as emancipações;

- CC: arts. 5º, par. único, e 9º, I.

V – as interdições;

- CC: art. 9º, III.
- CPC/15: art. 755, § 3º.

VI – as sentenças declaratórias de ausência;

- CPC/15: art. 744.

VII – as opções de nacionalidade;

VIII – as sentenças que deferirem a legitimação adotiva.

- CF/88: art. 227, § 6º.

§ 1º. Serão averbados:

a) as sentenças que decidirem a nulidade ou anulação do casamento, o desquite e o restabelecimento da sociedade conjugal;

b) as sentenças que julgarem ilegítimos os filhos concebidos na constância do casamento e as que declararem a filiação legítima;

c) os casamentos de que resultar a legitimação de filhos havidos ou concebidos anteriormente;

d) os atos judiciais ou extrajudiciais de reconhecimento de filhos ilegítimos;

e) as escrituras de adoção e os atos que a dissolverem;

f) as alterações ou abreviaturas de nomes.

§ 2º. É competente para a inscrição da opção de nacionalidade o cartório da residência do optante, ou de seus pais. Se forem residentes no estrangeiro, far-se-á o registro no Distrito Federal.

§ 3º. Os ofícios do registro civil das pessoas naturais são considerados ofícios da cidadania e estão autorizados a prestar outros serviços remunerados, na forma prevista em convênio, em credenciamento ou em matrícula com órgãos públicos e entidades interessadas. (Incluído pela Lei n° 13.484/2017)

§ 4º. O convênio referido no § 3º deste artigo independe de homologação e será firmado pela entidade de classe dos registradores civis de pessoas naturais de mesma abrangência territorial do órgão ou da entidade interessada. (Incluído pela Lei n° 13.484/2017)

- ADIn 5.885 (DOU, 24.04.2019) - Declarada a nulidade parcial com redução de texto da expressão "independe de homologação".

Art. 30. Não serão cobrados emolumentos pelo registro civil de nascimento e pelo assento de óbito, bem como pela primeira certidão respectiva. (Redação dada pela Lei nº 9.534, de 1997)

§ 1º. Os reconhecidamente pobres estão isentos de pagamento de emolumentos pelas demais certidões extraídas pelo cartório de registro civil. (Redação dada pela Lei nº 9.534, de 1997)

§ 2º. O estado de pobreza será comprovado por declaração do próprio interessado ou a rogo, tratando-se de analfabeto, neste caso, acompanhada da assinatura de duas testemunhas. (Redação dada pela Lei nº 9.534, de 1997)

§ 3º. A falsidade da declaração ensejará a responsabilidade civil e criminal do interessado. (Incluído pela Lei nº 9.534, de 1997)

§ 3º-A. Comprovado o descumprimento, pelos oficiais de Cartórios de Registro Civil, do disposto no *caput* deste artigo, aplicar-se-ão as penalidades previstas nos arts. 32 e 33 da Lei 8.935, de 18 de novembro de 1994. (Incluído pela Lei nº 9.812, de 1999)

§ 3º-B. Esgotadas as penalidades a que se refere o parágrafo anterior e verificando-se novo descumprimento, aplicar-se-á o disposto no art. 39 da Lei nº 8.935, de 18 de novembro de 1994. (Incluído pela Lei nº 9.812, de 1999)

§ 3º-C. Os cartórios de Registros Públicos deverão afixar, em local de grande visibilidade, que permita fácil leitura e acesso ao público, quadros contendo tabelas atualizadas das custas e emolumentos, além de informações claras sobre a gratuidade prevista no *caput* deste artigo. (Incluído pela Lei nº 11.802, de 2008)

§ 4º. É proibida a inserção nas certidões de que trata o § 1º deste artigo de expressões que indiquem condição de pobreza ou semelhantes. (Incluído pela Lei nº 11.789, de 2008)

§ 5º. *(VETADO). (Incluído* pela Lei nº 9.534, de 1997)

§ 6º. *(VETADO). (Incluído* pela Lei nº 9.534, de 1997)

§ 7º. *(VETADO). (Incluído* pela Lei nº 9.534, de 1997)

§ 8º *(VETADO). (Incluído* pela Lei nº 9.534, de 1997)

Art. 31. Os fatos concernentes ao registro civil, que se derem a bordo dos navios de guerra e mercantes, em viagem, e no exército, em campanha, serão imediatamente registrados e comunicados em tempo oportuno, por cópia autêntica, aos respectivos Ministérios, a fim de que, através do Ministério da Justiça, sejam ordenados os assentamentos, notas ou averbações nos livros competentes das circunscrições a que se referirem.

Art. 32. Os assentos de nascimento, óbito e de casamento de brasileiros em país estrangeiro serão considerados autênticos, nos termos da lei do lugar em que forem feitos, legalizadas as certidões pelos cônsules ou, quando por estes tomados, nos termos do regulamento consular.

§ 1º. Os assentos de que trata este artigo serão, porém, trasladados nos cartórios do 1º Ofício do domicílio do registrado ou no 1º Ofício do Distrito Federal, em falta de domicílio conhecido, quando tiverem de produzir efeito no País, ou, antes, por meio de segunda via que os cônsules serão obrigados a remeter por intermédio do Ministério das Relações Exteriores.

§ 2º. O filho de brasileiro ou brasileira, nascido no estrangeiro, e cujos pais não estejam ali a serviço do Brasil, desde que registrado em consulado brasileiro ou não registrado, venha a residir no território nacional antes de atingir a maioridade, poderá requerer, no juízo de seu domicílio, se registre, no livro "E" do 1º Ofício do Registro Civil, o termo de nascimento.

§ 3º. Do termo e das respectivas certidões do nascimento registrado na forma do parágrafo antecedente constará que só valerão como prova de nacionalidade brasileira, até 4 (quatro) anos depois de atingida a maioridade.

§ 4º. Dentro do prazo de 4 (quatro) anos, depois de atingida a maioridade pelo interessado referido no § 2º deverá ele manifestar a sua opção pela nacionalidade brasileira perante o juízo federal. Deferido o pedido, proceder-se-á ao registro no livro "E" do Cartório do 1º Ofício do domicílio do optante.

§ 5º. Não se verificando a hipótese prevista no parágrafo anterior, o oficial cancelará, de ofício, o registro provisório efetuado na forma do § 2º.

CAPÍTULO II. DA ESCRITURAÇÃO E ORDEM DE SERVIÇO

Art. 33. Haverá, em cada cartório, os seguintes livros, todos com 300 (trezentas) folhas cada um: (Redação dada pela Lei nº 6.216, de 1974)

I – "A" - de registro de nascimento; (Redação dada pela Lei nº 6.216, de 1974)

II – "B" - de registro de casamento; (Redação dada pela Lei nº 6.216, de 1974)

III – "B Auxiliar" - de registro de casamento Religioso para Efeitos Civis; (Redação dada pela Lei nº 6.216, de 1974)

IV – "C" - de registro de óbitos; (Redação dada pela Lei nº 6.216, de 1974)

V – "C Auxiliar" - de registro de natimortos; (Incluído pela Lei nº 6.216, de 1974)

VI – "D" - de registro de proclama. (Incluído pela Lei nº 6.216, de 1974)

Parágrafo único. No Cartório do 1º Ofício ou da 1ª subdivisão judiciária, em cada comarca, haverá outro livro para inscrição dos demais atos relativos ao estado civil, designado sob a letra "E", com 150 (cento e cinquenta) folhas, podendo o juiz competente, nas comarcas de grande movimento, autorizar o seu desdobramento, pela natureza dos atos que nele devam ser registrados, em livros especiais.

Art. 34. O oficial juntará, a cada um dos livros, índice alfabético dos assentos lavrados pelos nomes das pessoas a quem se referirem.

Parágrafo único. O índice alfabético poderá, a critério do oficial, ser organizado pelo sistema de fichas, desde que preencham estas os requisitos de segurança, comodidade e pronta busca.

Art. 35. A escrituração será feita seguidamente, em ordem cronológica de declarações, sem abreviaturas, nem algarismos; no fim de cada assento e antes da subscrição e das assinaturas, serão ressalvadas as emendas, entrelinhas ou outras circunstâncias que puderem ocasionar dúvidas. Entre um assento e outro, será traçada uma linha de intervalo, tendo cada um o seu número de ordem.

Art. 36. Os livros de registro serão divididos em três partes, sendo na da esquerda lançado o número de ordem e na central o assento, ficando na da direita espaço para as notas, averbações e retificações.

Art. 37. As partes, ou seus procuradores, bem como as testemunhas, assinarão os assentos, inserindo-se neles as declarações feitas de acordo com a lei ou ordenadas por sentença. As procurações serão arquivadas, declarando-se no termo a data, o livro, a folha e o ofício em que foram lavradas, quando constarem de instrumento público.

§ 1º. Se os declarantes, ou as testemunhas não puderem, por qualquer circunstância, assinar, far-se-á declaração no assento, assinando a rogo outra pessoa e tomando-se a impressão dactiloscópica da que não assinar, à margem do assento.

§ 2º. As custas com o arquivamento das procurações ficarão a cargo dos interessados.

Art. 38. Antes da assinatura dos assentos, serão estes lidos às partes e às testemunhas, do que se fará menção.

Art. 39. Tendo havido omissão ou erro de modo que seja necessário fazer adição ou emenda, estas serão feitas antes da assinatura ou ainda em seguida, mas antes de outro assento, sendo a ressalva novamente por todos assinada.

Art. 40. Fora da retificação feita no ato, qualquer outra só poderá ser efetuada nos termos dos arts. 109 a 112 desta Lei. (Redação dada pela Lei nº 12.100, de 2009)

Art. 41. Reputam-se inexistentes e sem efeitos jurídicos quaisquer emendas ou alterações posteriores, não ressalvadas ou não lançadas na forma indicada nos artigos 39 e 40.

Art. 42. A testemunha para os assentos de registro deve satisfazer às condições exigidas pela lei civil, sendo admitido o parente, em qualquer grau, do registrado.

Parágrafo único. Quando a testemunha não for conhecida do oficial do registro, deverá apresentar documento hábil da sua identidade, do qual se fará, no assento, expressa menção.

Art. 43. Os livros de proclamas serão escriturados cronologicamente com o resumo do que constar dos editais expedidos pelo próprio cartório ou recebidos de outros, todos assinados pelo oficial.

Parágrafo único. As despesas de publicação do edital serão pagas pelo interessado.

Art. 44. O registro do edital de casamento conterá todas as indicações quanto à época de publicação e aos documentos apresentados, abrangendo também o edital remetido por outro oficial processante.

Art. 45. A certidão relativa ao nascimento de filho legitimado por subsequente matrimônio deverá ser fornecida sem o teor da declaração ou averbação a esse respeito, como se fosse legítimo; na certidão de casamento também será omitida a referência àquele filho, salvo havendo em qualquer dos casos, determinação judicial, deferida em favor de quem demonstre legítimo interesse em obtê-la.

CAPÍTULO III. DAS PENALIDADES

Art. 46. As declarações de nascimento feitas após o decurso do prazo legal serão registradas no lugar de residência do interessado. (Redação dada pela Lei nº 11.790, de 2008)

§ 1º. O requerimento de registro será assinado por 2 (duas) testemunhas, sob as penas da lei. (Redação dada pela Lei nº 11.790, de 2008)

§ 2º. (*Revogado pela Lei nº 10.215, de 2001*).

§ 3º. O oficial do Registro Civil, se suspeitar da falsidade da declaração, poderá exigir prova suficiente. (Redação dada pela Lei nº 11.790, de 2008)

§ 4º. Persistindo a suspeita, o oficial encaminhará os autos ao juízo competente. (Redação dada pela Lei nº 11.790, de 2008)

§ 5º. Se o juiz não fixar prazo menor, o oficial deverá lavrar o assento dentro em 5 (cinco) dias, sob pena de pagar multa correspondente a um salário mínimo da região.

Art. 47. Se o oficial do registro civil recusar fazer ou retardar qualquer registro, averbação ou anotação, bem como o fornecimento de certidão, as partes prejudicadas poderão queixar-se à autoridade judiciária, a qual, ouvindo o acusado, decidirá dentro de 5 (cinco) dias.

§ 1º. Se for injusta a recusa ou injustificada a demora, o juiz que tomar conhecimento do fato poderá impor ao oficial multa de um a dez salários mínimos da região, ordenando que, no prazo improrrogável de 24 (vinte e quatro) horas, seja feito o registro, a averbação, a anotação ou fornecida certidão, sob pena de prisão de 5 (cinco) a 20 (vinte) dias.

§ 2º. Os pedidos de certidão feitos por via postal, telegráfica ou bancária serão obrigatoriamente atendidos pelo oficial do registro civil, satisfeitos os emolumentos devidos, sob as penas previstas no parágrafo anterior.

Art. 48. Os juízes farão correição e fiscalização nos livros de registro, conforme as normas da organização judiciária.

Art. 49. Os oficiais do registro civil remeterão à Fundação Instituto Brasileiro de Geografia e Estatística, dentro dos primeiros oito dias dos meses de janeiro, abril, julho e outubro de cada ano, um mapa dos nascimentos, casamentos e óbitos ocorridos no trimestre anterior. (Redação dada pela Lei nº 6.140, de 1974)

§ 1º. A Fundação Instituto Brasileiro de Geografia e Estatística fornecerá mapas para a execução do disposto neste artigo, podendo requisitar aos oficiais do registro que façam as correções que forem necessárias. (Redação dada pela Lei nº 6.140, de 1974)

§ 2º. Os oficiais que, no prazo legal, não remeterem os mapas, incorrerão na multa de um a cinco salários mínimos da região, que será cobrada como dívida ativa da União, sem prejuízo da ação penal que no caso couber. (Redação dada pela Lei nº 6.140, de 1974)

§ 3º. No mapa de que trata o *caput* deverá ser informado o número da identificação da Declaração de Nascido Vivo. (Incluído pela Lei nº 12.662, de 2012)

§ 4º. Os mapas dos nascimentos deverão ser remetidos aos órgãos públicos interessados no cruzamento das informações do registro civil e da Declaração de Nascido Vivo conforme o regulamento, com o objetivo de integrar a informação e promover a busca ativa de nascimentos. (Incluído pela Lei nº 12.662, de 2012)

§ 5º. Os mapas previstos no *caput* e no § 4º deverão ser remetidos por meio digital quando o registrador detenha capacidade de transmissão de dados. (Incluído pela Lei nº 12.662, de 2012)

CAPÍTULO IV. DO NASCIMENTO

Art. 50. Todo nascimento que ocorrer no território nacional deverá ser dado a registro, no lugar em que tiver ocorrido o parto ou no lugar da residência dos pais, dentro do prazo de 15 (quinze) dias, que será ampliado em até 3 (três) meses para os lugares distantes mais de trinta quilômetros da sede do cartório. (Redação dada pela Lei nº 9.053, de 1995)

- Lei 8.560/1992 – Regula a investigação de paternidade dos filhos havidos fora do casamento.

§ 1º. Quando for diverso o lugar da residência dos pais, observar-se-á a ordem contida nos itens 1º e 2º do art. 52. (Incluído pela Lei nº 9.053, de 1995)

§ 2º. Os índios, enquanto não integrados, não estão obrigados a inscrição do nascimento. Este poderá ser feito em livro próprio do órgão federal de assistência aos índios. (Renumerado pela Lei nº 9.053, de 1995)

§ 3º. Os menores de 21 (vinte um) anos e maiores de 18 (dezoito) anos poderão, pessoalmente e isentos de multa, requerer o registro de seu nascimento. (Renumerado pela Lei nº 9.053, de 1995)

§ 4º. É facultado aos nascidos anteriormente à obrigatoriedade do registro civil requerer, isentos de multa, a inscrição de seu nascimento. (Renumerado pela Lei nº 9.053, de 1995)

§ 5º. Aos brasileiros nascidos no estrangeiro aplicará o disposto neste artigo, ressalvadas as prescrições legais relativas aos consulados. (Renumerado pela Lei nº 9.053, de 1995)

Art. 51. Os nascimentos ocorridos a bordo, quando não registrados nos termos do artigo 65, deverão ser declarados dentro de cinco (5) dias, a contar da chegada do navio ou aeronave ao local do destino, no respectivo cartório ou consulado. (Renumerado do art. 52, pela Lei nº 6.216, de 1975).

Art. 52. São obrigados a fazer a declaração de nascimento: (Renumerado do art. 53, pela Lei nº 6.216, de 1975).

- Lei 8.560/1992 – Regula a investigação de paternidade dos filhos havidos fora do casamento.

1º) o pai ou a mãe, isoladamente ou em conjunto, observado o disposto no § 2º do art. 54; (Redação dada pela Lei nº 13.112, de 2015)

2º) no caso de falta ou de impedimento de um dos indicados no item 1º, outro indicado, que terá o prazo para declaração prorrogado por 45 (quarenta e cinco) dias; (Redação dada pela Lei nº 13.112, de 2015)

3º) no impedimento de ambos, o parente mais próximo, sendo maior e achando-se presente;

4º) em falta ou impedimento do parente referido no número anterior, os administradores de hospitais ou os médicos e parteiras, que tiverem assistido o parto;

5º) pessoa idônea da casa em que ocorrer, sendo fora da residência da mãe;

6º) finalmente, as pessoas (vetado) encarregadas da guarda do menor. (Redação dada pela Lei nº 6.216, de 1975)

§ 1º. Quando o oficial tiver motivo para duvidar da declaração, poderá ir à casa do recém-nascido verificar a sua existência, ou exigir atestação do médico ou parteira que tiver assistido o parto, ou o testemunho de duas pessoas que não forem os pais e tiverem visto o recém-nascido.

§ 2º. Tratando-se de registro fora do prazo legal, o oficial, em caso de dúvida, poderá requerer ao juiz as providências que forem cabíveis para esclarecimento do fato.

§ 3º. O oficial de registro civil comunicará o registro de nascimento ao Ministério da Economia e ao INSS pelo Sistema Nacional de Informações de Registro Civil (Sirc) ou por outro meio que venha a substituí-lo. (Redação dada pela Lei nº 13.846/2019)

Art. 53. No caso de ter a criança nascido morta ou no de ter morrido na ocasião do parto, será, não obstante, feito o assento com os elementos que couberem e com remissão ao do óbito. (Renumerado do art. 54, com nova redação, pela Lei nº 6.216, de 1975).

§ 1º. No caso de ter a criança nascido morta, será o registro feito no livro "C Auxiliar", com os elementos que couberem. (Incluído pela Lei nº 6.216, de 1975).

§ 2º. No caso de a criança morrer na ocasião do parto, tendo, entretanto, respirado, serão feitos os dois assentos, o de nascimento e o de óbito, com os elementos cabíveis e com remissões recíprocas. (Incluído pela Lei nº 6.216, de 1975).

Art. 54. O assento do nascimento deverá conter: (Renumerado do art. 55, pela Lei nº 6.216, de 1975).

- Lei 8.560/1992: art. 5º.

1º) o dia, mês, ano e lugar do nascimento e a hora certa, sendo possível determiná-la, ou aproximada;

2º) o sexo do registrando; (Redação dada pela Lei nº 6.216, de 1975).

3º) o fato de ser gêmeo, quando assim tiver acontecido;

4º) o nome e o prenome, que forem postos à criança;

5º) a declaração de que nasceu morta, ou morreu no ato ou logo depois do parto;

6º) a ordem de filiação de outros irmãos do mesmo prenome que existirem ou tiverem existido;

7º) os nomes e prenomes, a naturalidade, a profissão dos pais, o lugar e cartório onde se casaram, a idade da genitora, do registrando em anos completos, na ocasião do parto, e o domicílio ou a residência do casal; (Redação dada pela Lei nº 6.140, de 1974)

8º) os nomes e prenomes dos avós paternos e maternos;

9°) os nomes e prenomes, a profissão e a residência das duas testemunhas do assento, quando se tratar de parto ocorrido sem assistência médica em residência ou fora de unidade hospitalar ou casa de saúde; (Redação dada pela Lei n° 13.484/2017)

10) o número de identificação da Declaração de Nascido Vivo, com controle do dígito verificador, exceto na hipótese de registro tardio previsto no art. 46 desta Lei; e (Redação dada pela Lei n° 13.484/2017)

11) a naturalidade do registrando. (Incluído pela Lei n° 13.484/2017)

§ 1º. Não constituem motivo para recusa, devolução ou solicitação de retificação da Declaração de Nascido Vivo por parte do Registrador Civil das Pessoas Naturais: (Incluído pela Lei nº 12.662, de 2012)

I – equívocos ou divergências que não comprometam a identificação da mãe; (Incluído pela Lei nº 12.662, de 2012)

II – omissão do nome do recém-nascido ou do nome do pai; (Incluído pela Lei nº 12.662, de 2012)

III – divergência parcial ou total entre o nome do recém-nascido constante da declaração e o escolhido em manifestação perante o registrador no momento do registro de nascimento, prevalecendo este último; (Incluído pela Lei nº 12.662, de 2012)

IV – divergência parcial ou total entre o nome do pai constante da declaração e o verificado pelo registrador nos termos da legislação civil, prevalecendo este último; (Incluído pela Lei nº 12.662, de 2012)

V – demais equívocos, omissões ou divergências que não comprometam informações relevantes para o registro de nascimento. (Incluído pela Lei nº 12.662, de 2012)

§ 2º. O nome do pai constante da Declaração de Nascido Vivo não constitui prova ou presunção da paternidade, somente podendo ser lançado no registro de nascimento quando verificado nos termos da legislação civil vigente. (Incluído pela Lei nº 12.662, de 2012)

§ 3º. Nos nascimentos frutos de partos sem assistência de profissionais da saúde ou parteiras tradicionais, a Declaração de Nascido Vivo será emitida pelos Oficiais de Registro Civil que lavrarem o registro de nascimento, sempre que haja demanda das Secretarias Estaduais ou Municipais de Saúde para que realizem tais emissões. (Incluído pela Lei nº 12.662, de 2012)

§ 4°. A naturalidade poderá ser do Município em que ocorreu o nascimento ou do Município de residência da mãe do registrando na data do nascimento, desde que localizado em território nacional, e a opção caberá ao declarante no ato de registro do nascimento. (Incluído pela Lei n° 13.484/2017)

Art. 55. Quando o declarante não indicar o nome completo, o oficial lançará adiante do prenome escolhido o nome do pai, e, na falta, o da mãe, se forem conhecidos e não o impedir a condição de ilegitimidade, salvo reconhecimento no ato. (Renumerado do art. 56, pela Lei nº 6.216, de 1975).

Parágrafo único. Os oficiais do registro civil não registrarão prenomes suscetíveis de expor ao ridículo os seus portadores. Quando os pais não se conformarem com a recusa do oficial, este submeterá por escrito o caso, independente da cobrança de quaisquer emolumentos, à decisão do juiz competente.

Art. 56. O interessado, no primeiro ano após ter atingido a maioridade civil, poderá, pessoalmente ou por procurador bastante, alterar o nome, desde que não prejudique os apelidos de família, averbando-se a alteração que será publicada pela imprensa. (Renumerado do art. 57, pela Lei nº 6.216, de 1975).

Art. 57. A alteração posterior de nome, somente por exceção e motivadamente, após audiência do Ministério Público, será permitida por sentença do juiz a que estiver sujeito o registro, arquivando-se o mandado e publicando-se a alteração pela imprensa, ressalvada a hipótese do art. 110 desta Lei. (Redação dada pela Lei nº 12.100, de 2009)

§ 1º. Poderá, também, ser averbado, nos mesmos termos, o nome abreviado, usado como firma comercial registrada ou em qualquer atividade profissional. (Incluído pela Lei nº 6.216, de 1975).

§ 2º. A mulher solteira, desquitada ou viúva, que viva com homem solteiro desquitado ou viúvo, excepcionalmente e havendo motivo ponderável, poderá requerer ao juiz competente que, no registro de nascimento, seja averbado o patronímico de seu companheiro, sem prejuízo dos apelidos próprios, de família, desde que haja impedimento legal para o casamento, decorrente do estado civil de qualquer das partes ou de ambas. (Incluído pela Lei nº 6.216, de 1975).

§ 3º. O juiz competente somente processará o pedido, se tiver expressa concordância do companheiro, e se da vida em comum houverem decorrido, no mínimo, 5 (cinco) anos ou existirem filhos da união. (Incluído pela Lei nº 6.216, de 1975).

§ 4º. O pedido de averbação só terá curso, quando desquitado o companheiro, se a ex-esposa houver sido condenada ou tiver renunciado ao uso dos apelidos do marido, ainda que dele receba pensão alimentícia. (Incluído pela Lei nº 6.216, de 1975).

§ 5º. O aditamento regulado nesta Lei será cancelado a requerimento de uma das partes, ouvida a outra. (Incluído pela Lei nº 6.216, de 1975)

§ 6º. Tanto o aditamento quanto o cancelamento da averbação previstos neste artigo serão processados em segredo de justiça. (Incluído pela Lei nº 6.216, de 1975)

§ 7º. Quando a alteração de nome for concedida em razão de fundada coação ou ameaça decorrente de colaboração com a apuração de crime, o juiz competente determinará que haja a averbação no registro de origem de menção da existência de sentença concessiva da alteração, sem a averbação do nome alterado, que somente poderá ser procedida mediante determinação posterior, que levará em consideração a cessação da coação ou ameaça que deu causa à alteração. (Incluído pela Lei nº 9.807, de 1999)

§ 8º. O enteado ou a enteada, havendo motivo ponderável e na forma dos §§ 2º e 7º deste artigo, poderá requerer ao juiz competente que, no registro de nascimento, seja averbado o nome de família de seu padrasto ou de sua madrasta, desde que haja expressa concordância destes, sem prejuízo de seus apelidos de família. (Incluído pela Lei nº 11.924, de 2009)

Art. 58. O prenome será definitivo, admitindo-se, todavia, a sua substituição por apelidos públicos notórios. (Redação dada pela Lei nº 9.708, de 1998)

- ADI 4.275 (DJE 09.03.2018).

Parágrafo único. A substituição do prenome será ainda admitida em razão de fundada coação ou ameaça decorrente da colaboração com a apuração de crime, por determinação, em sentença, de juiz competente, ouvido o Ministério Público. (Redação dada pela Lei nº 9.807, de 1999)

Art. 59. Quando se tratar de filho ilegítimo, não será declarado o nome do pai sem que este expressamente o autorize e compareça, por si ou por procurador especial, para, reconhecendo-o, assinar, ou não sabendo ou não podendo, mandar assinar a seu rogo o respectivo assento com duas testemunhas. (Renumerado do art. 60, pela Lei nº 6.216, de 1975).

- Lei 8.560/1992 – Regula a investigação de paternidade dos filhos havidos fora do casamento.

Art. 60. O registro conterá o nome do pai ou da mãe, ainda que ilegítimos, quando qualquer deles for o declarante. (Renumerado do art. 61, pela Lei nº 6.216, de 1975).

Art. 61. Tratando-se de exposto, o registro será feito de acordo com as declarações que os estabelecimentos de caridade, as autoridades ou os particulares comunicarem ao oficial competente, nos prazos mencionados no artigo 51, a partir do achado ou entrega, sob a pena do art. 46, apresentando ao oficial, salvo motivo de força maior comprovada, o exposto e os objetos a que se refere o parágrafo único deste artigo. (Renumerado do art. 62, pela Lei nº 6.216, de 1975).

Parágrafo único. Declarar-se-á o dia, mês e ano, lugar em que foi exposto, a hora em que foi encontrado e a sua idade aparente. Nesse caso, o envoltório, roupas e quaisquer outros objetos e sinais que trouxer a criança e que possam a todo tempo fazê-la reconhecer, serão numerados, alistados e fechados em caixa lacrada e selada, com o seguinte rótulo: "Pertence ao exposto tal, assento de fls.. do livro..." e remetidos imediatamente, com uma guia em duplicata, ao juiz, para serem recolhidos a lugar seguro. Recebida e arquivada a duplicata com o competente recibo do depósito, far-se-á à margem do assento a correspondente anotação.

Art. 62. O registro do nascimento do menor abandonado, sob jurisdição do juiz de menores, poderá fazer-se por iniciativa deste, à vista dos elementos de que dispuser e com observância, no que for aplicável, do que preceitua o artigo anterior. (Renumerado do art 63, pela Lei nº 6.216, de 1975).

Art. 63. No caso de gêmeos, será declarada no assento especial de cada um a ordem de nascimento. Os gêmeos que tiverem o prenome igual deverão ser inscritos com duplo prenome ou nome completo diverso, de modo que possam distinguir-se. (Renumerado do art. 64, pela Lei nº 6.216, de 1975)

Parágrafo único. Também serão obrigados a duplo prenome, ou a nome completo diverso, os irmãos a que se pretender dar o mesmo prenome.

Art. 64. Os assentos de nascimentos em navio brasileiro mercante ou de guerra serão lavrados, logo que o fato se verificar, pelo modo estabelecido na legislação de marinha, devendo, porém, observar-se as disposições da presente Lei. (Renumerado do art. 65, pela Lei nº 6.216, de 1975)

Art. 65. No primeiro porto a que se chegar, o comandante depositará imediatamente, na capitania do porto, ou em sua falta, na estação fiscal, ou ainda, no consulado, em se tratando de porto estrangeiro, duas cópias autenticadas dos assentos referidos no artigo anterior, uma das quais será remetida, por intermédio do Ministério da Justiça, ao oficial do registro, para o registro, no lugar de residência dos pais ou, se não for possível descobri-lo, no 1º Ofício do Distrito Federal. Uma terceira cópia será entregue pelo comandante ao interessado que, após conferência na capitania do porto, por ela poderá, também, promover o registro no cartório competente. (Renumerado do art. 66, pela Lei nº 6.216, de 1975).

Parágrafo único. Os nascimentos ocorridos a bordo de quaisquer aeronaves, ou de navio estrangeiro, poderão ser dados a registro pelos pais brasileiros no cartório ou consulado do local do desembarque.

Art. 66. Pode ser tomado assento de nascimento de filho de militar ou assemelhado em livro criado pela administração militar mediante declaração feita pelo interessado ou remetida pelo comandante de unidade, quando em campanha. Esse assento será publicado em boletim da unidade e, logo que possível, trasladado por cópia autenticada, *ex officio* ou a requerimento do interessado, para o Cartório de Registro Civil a que competir ou para o do 1º Ofício do Distrito Federal, quando não puder ser conhecida a residência do pai. (Renumerado do art. 67, pela Lei nº 6.216, de 1975).

Parágrafo único. A providência de que trata este artigo será extensiva ao assento de nascimento de filho de civil, quando, em consequência de operações de guerra, não funcionarem os cartórios locais.

CAPÍTULO V. DA HABILITAÇÃO PARA O CASAMENTO

- CC: arts. 1.525 a 1.532.
- Resolução 175/2013 do CNJ – Dispõe sobre a habilitação, celebração de casamento civil, ou de conversão de união estável em casamento, entre pessoas de mesmo sexo.

Art. 67. Na habilitação para o casamento, os interessados, apresentando os documentos exigidos pela lei civil, requererão ao oficial do registro do distrito de residência de um dos nubentes, que lhes expeça certidão de que se acham habilitados para se casarem. (Renumerado do art. 68, pela Lei nº 6.216, de 1975).

§ 1º. Autuada a petição com os documentos, o oficial mandará afixar proclamas de casamento em lugar ostensivo de seu cartório e fará publicá-los na imprensa local, se houver. Em seguida, abrirá vista dos autos ao órgão do Ministério Público, para manifestar-se sobre o pedido e requerer o que for necessário à sua regularidade, podendo exigir a apresentação de atestado de residência, firmado por autoridade policial, ou qualquer outro elemento de convicção admitido em direito. (Redação dada pela Lei nº 6.216, de 1975).

§ 2º. Se o órgão do Ministério Público impugnar o pedido ou a documentação, os autos serão encaminhados ao juiz, que decidirá sem recurso.

§ 3º. Decorrido o prazo de 15 (quinze) dias a contar da afixação do edital em cartório, se não aparecer quem oponha impedimento nem constar algum dos que de ofício deva declarar, ou se tiver sido rejeitada a impugnação do órgão do Ministério Público, o oficial do registro certificará a circunstância nos autos e entregará aos nubentes certidão de que estão habilitados para se casar dentro do prazo previsto em lei.

§ 4º. Se os nubentes residirem em diferentes distritos do Registro Civil, em um e em outro se publicará e se registrará o edital.

§ 5º. Se houver apresentação de impedimento, o oficial dará ciência do fato aos nubentes, para que indiquem em 3 (três) dias prova que pretendam produzir, e remeterá os autos a juízo; produzidas as provas pelo oponente e pelos nubentes, no prazo de 10 (dez) dias, com ciência do Ministério Público, e ouvidos os interessados e o órgão do Ministério Público em 5 (cinco) dias, decidirá o juiz em igual prazo.

§ 6º. Quando o casamento se der em circunscrição diferente daquela da habilitação, o oficial do registro comunicará ao da habilitação esse fato, com os elementos necessários às anotações nos respectivos autos. (Incluído pela Lei nº 6.216, de 1975).

Art. 68. Se o interessado quiser justificar fato necessário à habilitação para o casamento, deduzirá sua intenção perante o juiz competente, em petição circunstanciada, indicando testemunhas e apresentando documentos que comprovem as alegações. (Renumerado do art. 69, pela Lei nº 6.216, de 1975)

§ 1º. Ouvidas as testemunhas, se houver, dentro do prazo de 5 (cinco) dias, com a ciência do órgão do Ministério Público, este terá o prazo de 24 (vinte e quatro) horas para manifestar-se, decidindo o juiz em igual prazo, sem recurso.

§ 2º. Os autos da justificação serão encaminhados ao oficial do registro para serem anexados ao processo da habilitação matrimonial.

Art. 69. Para a dispensa de proclamas, nos casos previstos em lei, os contraentes, em petição dirigida ao juiz, deduzirão os motivos de urgência do casamento, provando-a, desde logo, com documentos ou indicando outras provas para demonstração do alegado. (Renumerado do art. 70, pela Lei nº 6.216, de 1975)

§ 1º. Quando o pedido se fundar em crime contra os costumes, a dispensa de proclamas será precedida da audiência dos contraentes, separadamente e em segredo de justiça.

§ 2º. Produzidas as provas dentro de 5 (cinco) dias, com a ciência do órgão do Ministério Público, que poderá manifestar-se, a seguir, em 24 (vinte e quatro) horas, o juiz decidirá, em igual prazo, sem recurso, remetendo os autos para serem anexados ao processo de habilitação matrimonial.

CAPÍTULO VI. DO CASAMENTO

Art. 70. Do matrimônio, logo depois de celebrado, será lavrado assento, assinado pelo presidente do ato, os cônjuges, as testemunhas e o oficial, sendo exarados: (Renumerado do art. 71, pela Lei nº 6.216, de 1975).

- CC: art. 1.536.

1º) os nomes, prenomes, nacionalidade, naturalidade, data de nascimento, profissão, domicílio e residência atual dos cônjuges; (Redação dada pela Lei nº 13.484/2017)

2º) os nomes, prenomes, nacionalidade, data de nascimento ou de morte, domicílio e residência atual dos pais;

3º) os nomes e prenomes do cônjuge precedente e a data da dissolução do casamento anterior, quando for o caso;

4º) a data da publicação dos proclamas e da celebração do casamento;

5º) a relação dos documentos apresentados ao oficial do registro;

6º) os nomes, prenomes, nacionalidade, profissão, domicílio e residência atual das testemunhas;

7º) o regime de casamento, com declaração da data e do cartório em cujas notas foi tomada a escritura antenupcial, quando o regime não for o da comunhão ou o legal que, sendo conhecido, será declarado expressamente;

8º) o nome, que passa a ter a mulher, em virtude do casamento;

9º) os nomes e as idades dos filhos havidos de matrimônio anterior ou legitimados pelo casamento;

10) à margem do termo, a impressão digital do contraente que não souber assinar o nome. (Incluído pela Lei nº 6.216, de 1975)

Parágrafo único. As testemunhas serão, pelo menos, duas, não dispondo a lei de modo diverso.

CAPÍTULO VII. DO REGISTRO DO CASAMENTO RELIGIOSO PARA EFEITOS CIVIS

- CF/88: art. 226, § 2º.
- Lei 1.110/1950 – Regula o reconhecimento dos efeitos civis ao casamento religioso.

Art. 71. Os nubentes habilitados para o casamento poderão pedir ao oficial que lhes forneça a respectiva certidão, para se casarem perante autoridade ou ministro religioso, nela mencionando o prazo legal de validade da habilitação. (Renumerado do art. 72 pela Lei nº 6.216, de 1975)

Art. 72. O termo ou assento do casamento religioso, subscrito pela autoridade ou ministro que o celebrar, pelos nubentes e por duas testemunhas, conterá os requisitos do artigo 71, exceto o 5º. (Renumerado do art. 73 pela Lei nº 6.216, de 1975).

Art. 73. No prazo de 30 (trinta) dias a contar da realização, o celebrante ou qualquer interessado poderá, apresentando o assento ou termo do casamento religioso, requerer-lhe o registro ao oficial do cartório que expediu a certidão. (Renumerado do art. 74, pela Lei nº 6.216, de 1975)

§ 1º. O assento ou termo conterá a data da celebração, o lugar, o culto religioso, o nome do celebrante, sua qualidade, o cartório que expediu a habilitação, sua data, os nomes, profissões, residências, nacionalidades das testemunhas que o assinarem e os nomes dos contraentes. (Redação dada pela Lei nº 6.216, de 1975)

§ 2º. Anotada a entrada do requerimento o oficial fará o registro no prazo de 24 (vinte e quatro) horas. (Redação dada pela Lei nº 6.216, de 1975)

§ 3º. A autoridade ou ministro celebrante arquivará a certidão de habilitação que lhe foi apresentada, devendo, nela, anotar a data da celebração do casamento.

Art. 74. O casamento religioso, celebrado sem a prévia habilitação, perante o oficial de registro público, poderá ser registrado desde que apresentados pelos nubentes, com o requerimento de registro, a prova do ato religioso e os documentos exigidos pelo Código Civil, suprindo eles eventual falta de requisitos no termo da celebração. (Renumerado do art. 75, pela Lei nº 6.216, de 1975)

- CC: art. 1.516.

Parágrafo único. Processada a habilitação com a publicação dos editais e certificada a inexistência de impedimentos, o oficial fará o registro do casamento religioso, de acordo com a prova do ato e os dados constantes do processo, observado o disposto no artigo 70.

Art. 75. O registro produzirá efeitos jurídicos a contar da celebração do casamento. (Renumerado do art. 76, pela Lei nº 6.216, de 1975)

Parágrafo único. O oficial de registro civil comunicará o registro ao Ministério da Economia e ao INSS pelo Sistema Nacional de Informações de Registro Civil (Sirc) ou por outro meio que venha a substituí-lo. (Redação dada pela Lei nº 13.846, de 2019)

CAPÍTULO VIII. DO CASAMENTO EM IMINENTE RISCO DE VIDA

Art. 76. Ocorrendo iminente risco de vida de algum dos contraentes, e não sendo possível a presença da autoridade competente para presidir o ato, o casamento poderá realizar-se na presença de seis testemunhas, que comparecerão, dentro de 5 (cinco) dias, perante a autoridade judiciária mais próxima, a fim de que sejam reduzidas a termo suas declarações. (Renumerado do art. 77, com nova redação pela Lei nº 6.216, de 1975)

- CC: arts. 1.539 a 1.541.

§ 1º. Não comparecendo as testemunhas, espontaneamente, poderá qualquer interessado requerer a sua intimação.

§ 2º. Autuadas as declarações e encaminhadas à autoridade judiciária competente, se outra for a que as tomou por termo, será ouvido o órgão do Ministério Público e se realizarão as diligências necessárias para verificar a inexistência de impedimento para o casamento.

§ 3º. Ouvidos dentro de 5 (cinco) dias os interessados que o requerem e o órgão do Ministério Público, o juiz decidirá em igual prazo.

§ 4º. Da decisão caberá apelação com ambos os efeitos.

§ 5º. Transitada em julgado a sentença, o juiz mandará registrá-la no Livro de Casamento.

CAPÍTULO IX. DO ÓBITO

- CC: art. 9º, I.
- Lei 11.789/2008 – Proíbe a inserção nas certidões de nascimento e de óbito de expressões que indiquem condição de pobreza ou semelhantes.

Art. 77. Nenhum sepultamento será feito sem certidão do oficial de registro do lugar do falecimento ou do lugar de residência do de cujus, quando o falecimento ocorrer em local diverso do seu domicílio, extraída após a lavratura do assento de óbito, em vista do atestado de médico, se houver no lugar, ou em caso contrário, de duas pessoas qualificadas que tiverem presenciado ou verificado a morte. (Redação dada pela Lei nº 13.484/2017)

§ 1º. Antes de proceder ao assento de óbito de criança de menos de 1 (um) ano, o oficial verificará se houve registro de nascimento, que, em caso de falta, será previamente feito. (Redação dada pela Lei nº 6.216, de 1975)

§ 2º. A cremação de cadáver somente será feita daquele que houver manifestado a vontade de ser incinerado ou no interesse da saúde pública e se o atestado de óbito houver sido firmado por 2 (dois) médicos ou por 1 (um) médico legista e, no caso de morte violenta, depois de autorizada pela autoridade judiciária. (Incluído pela Lei nº 6.216, de 1975)

Art. 78. Na impossibilidade de ser feito o registro dentro de 24 (vinte e quatro) horas do falecimento, pela distância ou qualquer outro motivo relevante, o assento será lavrado depois, com a maior urgência, e dentro dos prazos fixados no artigo 50. (Renumerado do art. 79 pela Lei nº 6.216, de 1975)

Art. 79. São obrigados a fazer declaração de óbito: (Renumerado do art. 80 pela Lei nº 6.216, de 1975)

1º) o chefe de família, a respeito de sua mulher, filhos, hóspedes, agregados e fâmulos;

2º) a viúva, a respeito de seu marido, e de cada uma das pessoas indicadas no número antecedente;

3º) o filho, a respeito do pai ou da mãe; o irmão, a respeito dos irmãos e demais pessoas de casa, indicadas no n. 1; o parente mais próximo maior e presente;

4º) o administrador, diretor ou gerente de qualquer estabelecimento público ou particular, a respeito dos que nele faleceram, salvo se estiver presente algum parente em grau acima indicado;

5º) na falta de pessoa competente, nos termos dos números anteriores, a que tiver assistido aos últimos momentos do finado, o médico, o sacerdote ou vizinho que do falecimento tiver notícia;

6º) a autoridade policial, a respeito de pessoas encontradas mortas.

Parágrafo único. A declaração poderá ser feita por meio de preposto, autorizando-o o declarante em escrito, de que constem os elementos necessários ao assento de óbito.

Art. 80. O assento de óbito deverá conter: (Renumerado do art. 81 pela Lei nº 6.216, de 1975)

1º) a hora, se possível, dia, mês e ano do falecimento;

2º) o lugar do falecimento, com indicação precisa;

3º) o prenome, nome, sexo, idade, cor, estado, profissão, naturalidade, domicílio e residência do morto;

4º) se era casado, o nome do cônjuge sobrevivente, mesmo quando desquitado; se viúvo, o do cônjuge pré-defunto; e o cartório de casamento em ambos os casos;

5º) os nomes, prenomes, profissão, naturalidade e residência dos pais;

6º) se faleceu com testamento conhecido;

7º) se deixou filhos, nome e idade de cada um;

8º) se a morte foi natural ou violenta e a causa conhecida, com o nome dos atestantes;

9º) o lugar do sepultamento;

10) se deixou bens e herdeiros menores ou interditos;

11) se era eleitor;

12) pelo menos uma das informações a seguir arroladas: número de inscrição do PIS/Pasep; número de inscrição no Instituto Nacional do Seguro Social – INSS, se contribuinte individual; número de benefício previdenciário – NB, se a pessoa falecida for titular de qualquer benefício pago pelo INSS; número do CPF; número de registro da Carteira de Identidade e respectivo órgão emissor; número do título de eleitor; número do registro de nascimento, com informação do livro, da folha e do termo; número e série da Carteira de Trabalho. (Incluído pela Medida Provisória nº 2.187-13, de 2001)

Parágrafo único. O oficial de registro civil comunicará o óbito à Receita Federal e à Secretaria de Segurança Pública da unidade da Federação que tenha emitido a cédula de identidade, exceto se, em razão da idade do falecido, essa informação for manifestamente desnecessária. (Incluído pela Lei nº 13.114, de 2015)

Art. 81. Sendo o finado desconhecido, o assento deverá conter declaração de estatura ou medida, se for possível, cor, sinais aparentes, idade presumida, vestuário e qualquer outra indicação que possa auxiliar de futuro o seu reconhecimento; e, no caso de ter sido encontrado morto, serão mencionados esta circunstância e o lugar em que se achava e o da necropsia, se tiver havido. (Renumerado do art. 82 pela Lei nº 6.216, de 1975)

Parágrafo único. Neste caso, será extraída a individual dactiloscópica, se no local existir esse serviço.

Art. 82. O assento deverá ser assinado pela pessoa que fizer a comunicação ou por alguém a seu rogo, se não souber ou não puder assinar. (Renumerado do art. 83 pela Lei nº 6.216, de 1975).

Art. 83. Quando o assento for posterior ao enterro, faltando atestado de médico ou de duas pessoas qualificadas, assinarão, com a que fizer a declaração, duas testemunhas que tiverem assistido ao falecimento ou ao funeral e puderem atestar, por conhecimento próprio ou por informação que tiverem colhido, a identidade do cadáver. (Renumerado do art. 84 pela Lei nº 6.216, de 1975)

Art. 84. Os assentos de óbitos de pessoas falecidas a bordo de navio brasileiro serão lavrados de acordo com as regras estabelecidas para os nascimentos, no que lhes for aplicável, com as referências constantes do artigo 80, salvo se o enterro for no porto, onde será tomado o assento. (Renumerado do art. 85 Lei nº 6.216, de 1975)

Art. 85. Os óbitos, verificados em campanha, serão registrados em livro próprio, para esse fim designado, nas formações sanitárias e corpos de tropas, pelos oficiais da corporação militar correspondente, autenticado cada assento com a rubrica do respectivo médico chefe, ficando a cargo da unidade que proceder ao sepultamento o registro, nas condições especificadas, dos óbitos que se derem no próprio local de combate. (Renumerado do art. 86, pela Lei nº 6.216, de 1975)

Art. 86. Os óbitos a que se refere o artigo anterior, serão publicados em boletim da corporação e registrados no Registro Civil, mediante relações autenticadas, remetidas ao Ministério da Justiça, contendo os nomes dos mortos, idade, naturalidade, estado civil, designação dos corpos a que pertenciam, lugar da residência ou de mobilização, dia, mês, ano e lugar do falecimento e do sepultamento para, à vista dessas relações, se fazerem os assentamentos de conformidade com o que a respeito está disposto no artigo 66. (Renumerado do art. 87 pela Lei nº 6.216, de 1975)

Art. 87. O assentamento de óbito ocorrido em hospital, prisão ou outro qualquer estabelecimento público será feito, em falta de declaração de parentes, segundo a da respectiva administração, observadas as disposições dos artigos 80 a 83; e o relativo a pessoa encontrada acidental ou violentamente morta, segundo a comunicação, *ex officio*, das autoridades policiais, às quais incumbe fazê-la logo que tenham conhecimento do fato. (Renumerado do art. 88, pela Lei nº 6.216, de 1975)

Art. 88. Poderão os juízes togados admitir justificação para o assento de óbito de pessoas desaparecidas em naufrágio, inundação, incêndio, terremoto ou qualquer outra catástrofe, quando estiver provada a sua presença no local do desastre e não for possível encontrar-se o cadáver para exame. (Renumerado do art. 89 pela Lei nº 6.216, de 1975)

Parágrafo único. Será também admitida a justificação no caso de desaparecimento em campanha, provados a impossibilidade de ter sido feito o registro nos termos do artigo 85 e os fatos que convençam da ocorrência do óbito.

CAPÍTULO X. DA EMANCIPAÇÃO, INTERDIÇÃO E AUSÊNCIA

- CC: arts. 5º, par. único, 9º, II e III, 22 a 25, 1.635, II e 1.782.
- Lei 2.375/1954 – Dispõe sobre a inscrição no Registro Público da emancipação por outorga do pai ou da mãe.

Art. 89. No Cartório do 1º Ofício ou da 1ª subdivisão judiciária de cada comarca serão registrados, em livro especial, as sentenças de emancipação, bem como os atos dos pais que a concederem, em relação aos menores nela domiciliados. (Renumerado do art 90 pela Lei nº 6.216, de 1975)

Art. 90. O registro será feito mediante trasladação da sentença oferecida em certidão ou do instrumento, limitando-se, se for de escritura pública, às referências da data, livro, folha e ofício em que for lavrada sem dependência, em qualquer dos casos, da presença de testemunhas, mas com a assinatura do apresentante. Dele sempre constarão: (Renumerado do art. 91 pela Lei nº 6.216, de 1975)

1º) data do registro e da emancipação;

2º) nome, prenome, idade, filiação, profissão, naturalidade e residência do emancipado; data e cartório em que foi registrado o seu nascimento;

3º) nome, profissão, naturalidade e residência dos pais ou do tutor.

Art. 91. Quando o juiz conceder emancipação, deverá comunicá-la, de ofício, ao oficial de registro, se não constar dos autos haver sido efetuado este dentro de 8 (oito) dias. (Renumerado do art. 92 pela Lei nº 6.216, de 1975)

Parágrafo único. Antes do registro, a emancipação, em qualquer caso, não produzirá efeito.

Art. 92. As interdições serão registradas no mesmo cartório e no mesmo livro de que trata o artigo 89, salvo a hipótese prevista na parte final do parágrafo único do artigo 33, declarando-se: (Renumerado do art. 93 pela Lei nº 6.216, de 1975)

1º) data do registro;

2º) nome, prenome, idade, estado civil, profissão, naturalidade, domicílio e residência do interdito, data e cartório em que forem registrados o nascimento e o casamento, bem como o nome do cônjuge, se for casado;

3º) data da sentença, nome e vara do juiz que a proferiu;

4º) nome, profissão, estado civil, domicílio e residência do curador;

5º) nome do requerente da interdição e causa desta;

6º) limites da curadoria, quando for parcial a interdição;

7º) lugar onde está internado o interdito.

Art. 93. A comunicação, com os dados necessários, acompanhados de certidão de sentença, será remetida pelo juiz ao cartório para registro de ofício, se o curador ou promovente não o tiver feito dentro de 8 (oito) dias. (Renumerado do art. 94 pela Lei nº 6.216, de 1975)

Parágrafo único. Antes de registrada a sentença, não poderá o curador assinar o respectivo termo.

Art. 94. O registro das sentenças declaratórias de ausência, que nomearem curador, será feito no cartório do domicílio anterior do ausente, com as mesmas cautelas e efeitos do registro de interdição, declarando-se: (Renumerado do art. 95 pela Lei nº 6.216, de 1975)

1º) data do registro;

2º) nome, idade, estado civil, profissão e domicílio anterior do ausente, data e cartório em que foram registrados o nascimento e o casamento, bem como o nome do cônjuge, se for casado;

3º) tempo de ausência até a data da sentença;

4º) nome do promotor do processo;

5º) data da sentença, nome e vara do juiz que a proferiu;

6º) nome, estado civil, profissão, domicílio e residência do curador e os limites da curatela.

CAPÍTULO XI. DA LEGITIMAÇÃO ADOTIVA

- CC: arts. 10, II, 1.596, 1.618, 1.619, 1.635, IV, e 1.763, II.
- Lei 12.010/2009 – Dispõe sobre adoção; altera as Leis 8.069/1990 (Estatuto da Criança e do Adolescente), 8.560/1992; revoga dispositivos da Lei 10.406/2002 (Código Civil), e da Consolidação das Leis do Trabalho (CLT), aprovada pelo Decreto-Lei 5.452/1943.

Art. 95. Serão registradas no registro de nascimento as sentenças de legitimação adotiva, consignando-se nele os nomes dos pais adotivos como pais legítimos e os dos ascendentes dos mesmos se já falecidos, ou sendo vivos, se houverem, em qualquer tempo, manifestado por escrito sua adesão ao ato (Lei nº 4.655, de 2 de junho de 1965, art. 6º). (Renumerado do art. 96 pela Lei nº 6.216, de 1975)

Parágrafo único. O mandado será arquivado, dele não podendo o oficial fornecer certidão, a não ser por determinação judicial e em segredo de justiça, para salvaguarda de direitos (Lei nº 4.655, de 2.6.1965, art. 8º, parágrafo único).

- CF/88: art. 227, §§ 5º e 6º.

Art. 96. Feito o registro, será cancelado o assento de nascimento original do menor. (Renumerado do art. 97 pela Lei nº 6.216, de 1975)

CAPÍTULO XII. DA AVERBAÇÃO

Art. 97. A averbação será feita pelo oficial do cartório em que constar o assento à vista da carta de sentença, de mandado ou de petição acompanhada de certidão ou documento legal e autêntico. (Redação dada pela Lei nº 13.484/2017)

Parágrafo único. Nas hipóteses em que o oficial suspeitar de fraude, falsidade ou má-fé nas declarações ou na documentação apresentada para fins de averbação, não praticará o ato pretendido e submeterá o caso ao representante do Ministério Público para manifestação, com a indicação, por escrito, dos motivos da suspeita. (Incluído pela Lei nº 13.484/2017)

Art. 98. A averbação será feita à margem do assento e, quando não houver espaço, no livro corrente, com as notas e remissões recíprocas, que facilitem a busca. (Renumerado do art. 99 pela Lei nº 6.216, de 1975)

Art. 99. A averbação será feita mediante a indicação minuciosa da sentença ou ato que a determinar. (Renumerado do art. 100 pela Lei nº 6.216, de 1975)

Art. 100. No livro de casamento, será feita averbação da sentença de nulidade e anulação de casamento, bem como de desquite, declarando-se a data em que o juiz a proferiu, a sua conclusão, os nomes das partes e o trânsito em julgado. (Renumerado do art. 101 pela Lei nº 6.216, de 1975)

§ 1º. Antes de averbação, as sentenças não produzirão efeito contra terceiros.

§ 2º. As sentenças de nulidade ou anulação de casamento não serão averbadas enquanto sujeitas a recurso, qualquer que seja o seu efeito.

§ 3º. A averbação a que se refere o parágrafo anterior será feita à vista da carta de sentença, subscrita pelo presidente ou outro juiz do tribunal que julgar a ação em grau de recurso, da qual constem os requisitos mencionados neste artigo e, ainda, certidão do trânsito em julgado do acórdão.

§ 4º. O oficial do registro comunicará, dentro de 48 (quarenta e oito) horas, o lançamento da averbação respectiva ao juiz que houver subscrito a carta de sentença mediante ofício sob registro postal.

§ 5º. Ao oficial, que deixar de cumprir as obrigações consignadas nos parágrafos anteriores, será imposta a multa de cinco salários mínimos da região e a suspensão do cargo até 6 (seis) meses; em caso de reincidência ser-lhe-á aplicada, em dobro, a pena pecuniária, ficando sujeito à perda do cargo.

Art. 101. Será também averbado, com as mesmas indicações e efeitos, o ato de restabelecimento de sociedade conjugal. (Renumerado do art. 102 pela Lei nº 6.216, de 1975)

Art. 102. No livro de nascimento serão averbados: (Renumerado do art. 103 pela Lei nº 6.216, de 1975)

1º) as sentenças que julgarem ilegítimos os filhos concebidos nas constância do casamento;

2º) as sentenças que declararem legítima a filiação;

3º) as escrituras de adoção e os atos que a dissolverem;

4º) o reconhecimento judicial ou voluntário dos filhos ilegítimos;

5º) a perda de nacionalidade brasileira, quando comunicada pelo Ministério da Justiça;

6º) a perda e a suspensão do pátrio poder. (Incluído pela Lei nº 8.069, de 1990)

Art. 103. Será feita, ainda de ofício, diretamente quando no mesmo cartório, ou por comunicação do oficial que registrar o casamento, a averbação da legitimação dos filhos por subsequente matrimônio dos pais, quando tal circunstância constar do assento de casamento. (Renumerado do art. 104 pela Lei nº 6.216, de 1975)

Art. 104. No livro de emancipação, interdições e ausências, será feita a averbação das sentenças que puserem termo à interdição, das substituições dos curadores de interditos ou ausentes, das alterações dos limites de curatela, da cessação ou mudança de internação, bem como da cessação de ausência pelo aparecimento do ausente, de acordo com o disposto nos artigos anteriores. (Renumerado do art. 105 pela Lei nº 6.216, de 1975)

- CC: art. 5º, par. único.

Parágrafo único. Averbar-se-á, também, no assento de ausência, a sentença de abertura de sucessão provisória, após o trânsito em julgado, com referência especial ao testamento do ausente se houver e indicação de seus herdeiros habilitados. (Renumerado com nova redação pela Lei nº 6.216, de 1975)

Art. 105. Para a averbação de escritura de adoção de pessoa cujo registro de nascimento haja sido fora do País, será trasladado, sem ônus para os interessados, no livro "A" do Cartório do 1º Ofício ou da 1ª subdivisão judiciária da comarca em que for domiciliado o adotante, aquele registro, legalmente traduzido, se for o caso, para que se faça, à margem dele, a competente averbação. (Renumerado do art. 106 pela Lei nº 6.216, de 1975)

- ECA: art. 47, §§ 3º e 4º.

CAPÍTULO XIII. DAS ANOTAÇÕES

Art. 106. Sempre que o oficial fizer algum registro ou averbação, deverá, no prazo de 5 (cinco) dias, anotá-lo nos atos anteriores, com remissões recíprocas, se lançados em seu cartório, ou fará comunicação, com resumo do assento, ao oficial em cujo cartório estiverem os registros primitivos, obedecendo-se sempre à forma prescrita no artigo 98. (Renumerado do art. 107 pela Lei nº 6.216, de 1975)

Parágrafo único. As comunicações serão feitas mediante cartas relacionadas em protocolo, anotando-se à margem ou sob o ato comunicado, o número do protocolo e ficarão arquivadas no cartório que as receber.

Art. 107. O óbito deverá ser anotado, com as remissões recíprocas, nos assentos de casamento e nascimento, e o casamento no deste. (Renumerado do art. 108 pela Lei nº 6.216, de 1975)

§ 1º. A emancipação, a interdição e a ausência serão anotadas pela mesma forma, nos assentos de nascimento e casamento, bem como a mudança do nome da mulher, em virtude de casamento, ou sua dissolução, anulação ou desquite.

§ 2º. A dissolução e a anulação do casamento e o restabelecimento da sociedade conjugal serão, também, anotados nos assentos de nascimento dos cônjuges.

Art. 108. Os oficiais, além das penas disciplinares em que incorrerem, são responsáveis civil e criminalmente pela omissão ou atraso na remessa de comunicações a outros cartórios. (Renumerado do art. 109 pela Lei nº 6.216, de 1975)

CAPÍTULO XIV. DAS RETIFICAÇÕES, RESTAURAÇÕES E SUPRIMENTOS

Art. 109. Quem pretender que se restaure, supra ou retifique assentamento no Registro Civil, requererá, em petição fundamentada e instruída com documentos ou com indicação de testemunhas, que o juiz o ordene, ouvido o órgão do Ministério Público e os interessados, no prazo de 5 (cinco) dias, que correrá em cartório. (Renumerado do art. 110 pela Lei nº 6.216, de 1975)

§ 1º. Se qualquer interessado ou o órgão do Ministério Público impugnar o pedido, o juiz determinará a produção da prova, dentro do prazo de 10 (dez) dias e ouvidos, sucessivamente, em 3 (três) dias, os interessados e o órgão do Ministério Público, decidirá em 5 (cinco) dias.

§ 2º. Se não houver impugnação ou necessidade de mais provas, o juiz decidirá no prazo de 5 (cinco) dias.

§ 3º. Da decisão do juiz, caberá o recurso de apelação com ambos os efeitos.

- CPC/15: art. 938, § 1º, 1.007, § 6º, 1.009, 1.010, 1.012 a 1.015.

§ 4º. Julgado procedente o pedido, o juiz ordenará que se expeça mandado para que seja lavrado, restaurado ou retificado o assentamento, indicando, com precisão, os fatos ou circunstâncias que devam ser retificados, e em que sentido, ou os que devam ser objeto do novo assentamento.

§ 5º. Se houver de ser cumprido em jurisdição diversa, o mandado será remetido, por ofício, ao juiz sob cuja jurisdição estiver o cartório do Registro Civil e, com o seu "cumpra-se", executar-se-á.

§ 6º. As retificações serão feitas à margem do registro, com as indicações necessárias, ou, quando for o caso, com a trasladação do mandado, que ficará arquivado. Se não houver espaço, far-se-á o transporte do assento, com as remissões à margem do registro original.

Art. 110. O oficial retificará o registro, a averbação ou a anotação, de ofício ou a requerimento do interessado, mediante petição assinada pelo interessado, representante legal ou procurador, independentemente de prévia autorização judicial ou manifestação do Ministério Público, nos casos de: (Redação dada pela Lei nº 13.484, de 2017)

I – erros que não exijam qualquer indagação para a constatação imediata de necessidade de sua correção; (Incluído pela Lei n° 13.484/2017)

II – erro na transposição dos elementos constantes em ordens e mandados judiciais, termos ou requerimentos, bem como outros títulos a serem registrados, averbados ou anotados, e o documento utilizado para a referida averbação e/ou retificação ficará arquivado no registro no cartório; (Incluído pela Lei n° 13.484/2017)

III – inexatidão da ordem cronológica e sucessiva referente à numeração do livro, da folha, da página, do termo, bem como da data do registro; (Incluído pela Lei n° 13.484/2017)

IV – ausência de indicação do Município relativo ao nascimento ou naturalidade do registrado, nas hipóteses em que existir descrição precisa do endereço do local do nascimento; (Incluído pela Lei n° 13.484/2017)

V – elevação de Distrito a Município ou alteração de suas nomenclaturas por força de lei.(Incluído pela Lei n° 13.484/2017)

§ 1º. (Revogado). (Redação dada pela Lei n° 13.484/2017)

§ 2º. (Revogado). (Redação dada pela Lei n° 13.484/2017)

§ 3º. (Revogado). (Redação dada pela Lei n° 13.484/2017)

§ 4º. (Revogado). (Redação dada pela Lei n° 13.484/2017)

§ 5° Nos casos em que a retificação decorra de erro imputável ao oficial, por si ou por seus prepostos, não será devido pelos interessados o pagamento de selos e taxas. (Incluído pela Lei n° 13.484/2017)

Art. 111. Nenhuma justificação em matéria de registro civil, para retificação, restauração ou abertura de assento, será entregue à parte. (Renumerado do art. 112 pela Lei nº 6.216, de 1975)

Art. 112. Em qualquer tempo poderá ser apreciado o valor probante da justificação, em original ou por traslado, pela autoridade judiciária competente ao conhecer de ações que se relacionem com os fatos justificados. (Renumerado do art. 113 pela Lei nº 6.216, de 1975)

Art. 113. As questões de filiação legítima ou ilegítima serão decididas em processo contencioso para anulação ou reforma de assento. (Renumerado do art. 114 pela Lei nº 6.216, de 1975)

TÍTULO III. DO REGISTRO CIVIL DE PESSOAS JURÍDICAS

CAPÍTULO I DA ESCRITURAÇÃO

Art. 114. No Registro Civil de Pessoas Jurídicas serão inscritos: (Renumerado do art. 115 pela Lei nº 6.216, de 1975)

I – os contratos, os atos constitutivos, o estatuto ou compromissos das sociedades civis, religiosas, pias, morais, científicas ou literárias, bem como o das fundações e das associações de utilidade pública;

- CC: art. 45.

II – as sociedades civis que revestirem as formas estabelecidas nas leis comerciais, salvo as anônimas;

III – os atos constitutivos e os estatutos dos partidos políticos. (Incluído pela Lei nº 9.096, de 1995)

Parágrafo único. No mesmo cartório será feito o registro dos jornais, periódicos, oficinas impressoras, empresas de radiodifusão e agências de notícias a que se refere o art. 8º da Lei nº 5.250, de 9/2/1967.

Art. 115. Não poderão ser registrados os atos constitutivos de pessoas jurídicas, quando o seu objeto ou circunstâncias relevantes indiquem destino ou atividades ilícitos ou contrários, nocivos ou perigosos ao bem público, à segurança do Estado e da coletividade, à ordem pública ou social, à moral e aos bons costumes. (Renumerado do art. 116 pela Lei nº 6.216, de 1975).

Parágrafo único. Ocorrendo qualquer dos motivos previstos neste artigo, o oficial do registro, de ofício ou por provocação de qualquer autoridade, sobrestará no processo de registro e suscitará dúvida para o juiz, que a decidirá.

Art. 116. Haverá, para o fim previsto nos artigos anteriores, os seguintes livros: (Renumerado do art. 117 pela Lei nº 6.216, de 1975)

I – Livro A, para os fins indicados nos números I e II, do art. 114, com 300 folhas;

II – Livro B, para matrícula das oficinas impressoras, jornais, periódicos, empresas de radiodifusão e agências de notícias, com 150 folhas.

Art. 117. Todos os exemplares de contratos, de atos, de estatuto e de publicações, registrados e arquivados, serão encadernados por períodos certos, acompanhados de índice que facilite a busca e o exame. (Renumerado do art. 118 pela Lei nº 6.216, de 1975)

Art. 118. Os oficiais farão índices, pela ordem cronológica e alfabética, de todos os registros e arquivamentos, podendo adotar o sistema de fichas, mas ficando sempre responsáveis por qualquer erro ou omissão. (Renumerado do art. 119 pela Lei nº 6.216, de 1975)

Art. 119. A existência legal das pessoas jurídicas só começa com o registro de seus atos constitutivos. (Renumerado do art. 120 pela Lei nº 6.216, de 1975)

Parágrafo único. Quando o funcionamento da sociedade depender de aprovação da autoridade, sem esta não poderá ser feito o registro.

CAPÍTULO II. DA PESSOA JURÍDICA

Art. 120. O registro das sociedades, fundações e partidos políticos consistirá na declaração, feita em livro, pelo oficial, do número de ordem, da data da apresentação e da espécie do ato constitutivo, com as seguintes indicações: (Redação dada pela Lei nº 9.096, de 1995)

- Decreto-lei 9.085/1946 – Dispõe sobre o registro civil das pessoas jurídicas.

I – a denominação, o fundo social, quando houver, os fins e a sede da associação ou fundação, bem como o tempo de sua duração;

II – o modo por que se administra e representa a sociedade, ativa e passivamente, judicial e extrajudicialmente;

III – se o estatuto, o contrato ou o compromisso é reformável, no tocante à administração, e de que modo;

IV – se os membros respondem ou não, subsidiariamente, pelas obrigações sociais;

V – as condições de extinção da pessoa jurídica e nesse caso o destino do seu patrimônio;

VI – os nomes dos fundadores ou instituidores e dos membros da diretoria, provisória ou definitiva, com indicação da nacionalidade, estado civil e profissão de cada um, bem como o nome e residência do apresentante dos exemplares.

Parágrafo único. Para o registro dos partidos políticos, serão obedecidos, além dos requisitos deste artigo, os estabelecidos em lei específica. (Incluído pela Lei nº 9.096, de 1995)

Art. 121. Para o registro serão apresentadas duas vias do estatuto, compromisso ou contrato, pelas quais far-se-á o registro mediante petição do representante legal da sociedade, lançando o oficial, nas duas vias, a competente certidão do registro, com o respectivo número de ordem, livro e folha. Uma das vias será entregue ao representante e a outra arquivada em cartório, rubricando o oficial as folhas em que estiver impresso o contrato, compromisso ou estatuto. (Redação dada pela Lei nº 9.042, de 1995)

CAPÍTULO III. DO REGISTRO DE JORNAIS, OFICINAS IMPRESSORAS, EMPRESAS DE RADIODIFUSÃO E AGÊNCIAS DE NOTÍCIAS

Art. 122. No Registro Civil das Pessoas Jurídicas serão matriculados: (Renumerado do art. 123 pela Lei nº 6.216, de 1975)

I – os jornais e demais publicações periódicas;

II – as oficinas impressoras de qualquer natureza, pertencentes a pessoas naturais ou jurídicas;

III – as empresas de radiodifusão que mantenham serviços de notícias, reportagens, comentários, debates e entrevistas;

IV – as empresas que tenham por objeto o agenciamento de notícias.

Art. 123. O pedido de matrícula conterá as informações e será instruído com os documentos seguintes: (Renumerado do art. 124 pela Lei nº 6.216, de 1975)

I – no caso de jornais ou outras publicações periódicas:

a) título do jornal ou periódico, sede da redação, administração e oficinas impressoras, esclarecendo, quanto a estas, se são próprias ou de terceiros, e indicando, neste caso, os respectivos proprietários;

b) nome, idade, residência e prova da nacionalidade do diretor ou redator-chefe;

c) nome, idade, residência e prova da nacionalidade do proprietário;

d) se propriedade de pessoa jurídica, exemplar do respectivo estatuto ou contrato social e nome, idade, residência e prova da nacionalidade dos diretores, gerentes e sócios da pessoa jurídica proprietária;

II – nos casos de oficinas impressoras:

a) nome, nacionalidade, idade e residência do gerente e do proprietário, se pessoa natural;

b) sede da administração, lugar, rua e número onde funcionam as oficinas e denominação destas;

c) exemplar do contrato ou estatuto social, se pertencentes a pessoa jurídica;

III – no caso de empresas de radiodifusão:

a) designação da emissora, sede de sua administração e local das instalações do estúdio;

b) nome, idade, residência e prova de nacionalidade do diretor ou redator-chefe responsável pelos serviços de notícias, reportagens, comentários, debates e entrevistas;

IV – no caso de empresas noticiosas:

a) nome, nacionalidade, idade e residência do gerente e do proprietário, se pessoa natural;

b) sede da administração;

c) exemplar do contrato ou estatuto social, se pessoa jurídica.

§ 1º. As alterações em qualquer dessas declarações ou documentos deverão ser averbadas na matrícula, no prazo de 8 (oito) dias.

§ 2º. A cada declaração a ser averbada deverá corresponder um requerimento.

Art. 124. A falta de matrícula das declarações, exigidas no artigo anterior, ou da averbação da alteração, será punida com multa que terá o valor de meio a dois salários mínimos da região. (Renumerado do art. 125 pela Lei nº 6.216, de 1975)

§ 1º. A sentença que impuser a multa fixará prazo, não inferior a 20 (vinte) dias, para matrícula ou alteração das declarações.

§ 2º. A multa será aplicada pela autoridade judiciária em representação feita pelo oficial, e cobrada por processo executivo, mediante ação do órgão competente.

§ 3º. Se a matrícula ou alteração não for efetivada no prazo referido no § 1º deste artigo, o juiz poderá impor nova multa, agravando-a de 50% (cinquenta por cento) toda vez que seja ultrapassado de 10 (dez) dias o prazo assinalado na sentença.

Art. 125. Considera-se clandestino o jornal, ou outra publicação periódica, não matriculado nos termos do artigo 122 ou de cuja matrícula não constem os nomes e as qualificações do diretor ou redator e do proprietário. (Renumerado do art. 126 pela Lei nº 6.216, de 1975)

Art. 126. O processo de matrícula será o mesmo do registro prescrito no artigo 121. (Renumerado do art. 127 pela Lei nº 6.216, de 1975)

TÍTULO IV. DO REGISTRO DE TÍTULOS E DOCUMENTOS

CAPÍTULO I. DAS ATRIBUIÇÕES

Art. 127. No Registro de Títulos e Documentos será feita a transcrição: (Renumerado do art. 128 pela Lei nº 6.216, de 1975)

I – dos instrumentos particulares, para a prova das obrigações convencionais de qualquer valor;

- CC: art. 221.

II – do penhor comum sobre coisas móveis;

- CC: arts. 1.431 e 1.432.

III – da caução de títulos de crédito pessoal e da dívida pública federal, estadual ou municipal, ou de bolsa ao portador;

IV – do contrato de penhor de animais, não compreendido nas disposições do art. 10 da Lei 492, de 30/08/1934;

- CC: art. 1.444.

V – do contrato de parceria agrícola ou pecuária;

VI – do mandado judicial de renovação do contrato de arrendamento para sua vigência, quer entre as partes contratantes, quer em face de terceiros (art. 19, § 2º, do Decreto 24.150, de 20 de abril de 1934);

- Lei 8.245/1991 revogou o Decreto 24.150/1934..

VII – facultativa, de quaisquer documentos, para sua conservação.

Parágrafo único. Caberá ao Registro de Títulos e Documentos a realização de quaisquer registros não atribuídos expressamente a outro ofício.

Art. 128. À margem dos respectivos registros, serão averbadas quaisquer ocorrências que os alterem, quer em relação às obrigações, quer em atinência às pessoas que nos atos figurarem, inclusive quanto à prorrogação dos prazos. (Renumerado do art. 129 pela Lei nº 6.216, de 1975)

Art. 129. Estão sujeitos a registro, no Registro de Títulos e Documentos, para surtir efeitos em relação a terceiros: (Renumerado do art. 130 pela Lei nº 6.216, de 1975)

1º) os contratos de locação de prédios, sem prejuízo do disposto no artigo 167, I, 3;

2º) os documentos decorrentes de depósitos, ou de cauções feitos em garantia de cumprimento de obrigações contratuais, ainda que em separado dos respectivos instrumentos;

3º) as cartas de fiança, em geral, feitas por instrumento particular, seja qual for a natureza do compromisso por elas abonado;

4º) os contratos de locação de serviços não atribuídos a outras repartições;

5º) os contratos de compra e venda em prestações, com reserva de domínio ou não, qualquer que seja a forma de que se revistam, os de alienação ou de promessas de venda referentes a bens móveis e os de alienação fiduciária;

6º) todos os documentos de procedência estrangeira, acompanhados das respectivas traduções, para produzirem efeitos em repartições da União, dos Estados, do Distrito Federal, dos Territórios e dos Municípios ou em qualquer instância, juízo ou tribunal;

7º) as quitações, recibos e contratos de compra e venda de automóveis, bem como o penhor destes, qualquer que seja a forma que revistam;

- Súm. 132 do STJ.

8º) os atos administrativos expedidos para cumprimento de decisões judiciais, sem trânsito em julgado, pelas quais for determinada a entrega, pelas alfândegas e mesas de renda, de bens e mercadorias procedentes do exterior;

9º) os instrumentos de cessão de direitos e de créditos, de sub-rogação e de dação em pagamento.

Art. 130. Dentro do prazo de 20 (vinte) dias da data da sua assinatura pelas partes, todos os atos enumerados nos arts. 128 e 129 serão registrados no domicílio das partes contratantes e, quando residam estas em circunscrições territoriais diversas, far-se-á o registro em todas elas. (Renumerado do art. 131 pela Lei nº 6.216, de 1975)

Parágrafo único. Os registros de documentos apresentados, depois de findo o prazo, produzirão efeitos a partir da data da apresentação.

Art. 131. Os registros referidos nos artigos anteriores serão feitos independentemente de prévia distribuição. (Renumerado do art. 132 pela Lei nº 6.216, de 1975)

CAPÍTULO II. DA ESCRITURAÇÃO

Art. 132. No Registro de Títulos e Documentos haverá os seguintes livros, todos com 300 folhas: (Renumerado do art. 133 pela Lei nº 6.216, de 1975)

I – Livro A – protocolo para apontamentos de todos os títulos, documentos e papéis apresentados, diariamente, para serem registrados, ou averbados;

II – Livro B – para trasladação integral de títulos e documentos, sua conservação e validade contra terceiros, ainda que registrados por extratos em outros livros;

III – Livro C – para inscrição, por extração, de títulos e documentos, a fim de surtirem efeitos em relação a terceiros e autenticação de data;

IV – Livro D – indicador pessoal, substituível pelo sistema de fichas, a critério e sob a responsabilidade do oficial, o qual é obrigado a fornecer, com presteza, as certidões pedidas pelos nomes das partes que figurarem, por qualquer modo, nos livros de registros.

Art. 133. Na parte superior de cada página do livro se escreverá o título, a letra com o número e o ano em que começar. (Renumerado do art. 134 pela Lei nº 6.216, de 1975)

Art. 134. O juiz, em caso de afluência de serviço, poderá autorizar o desdobramento dos livros de registro para escrituração das várias espécies de atos, sem prejuízo da unidade do protocolo e de sua numeração em ordem rigorosa. (Renumerado do art. 135 pela Lei nº 6.216, de 1975)

Parágrafo único. Esses livros desdobrados terão as indicações de E, F, G, H etc.

Art. 135. O protocolo deverá conter colunas para as seguintes anotações: (Renumerado do art. 136 pela Lei nº 6.216, de 1975)

1º) número de ordem, continuando, indefinidamente, nos seguintes;

2º) dia e mês;

3º) natureza do título e qualidade do lançamento (integral, resumido, penhor etc.);

4º) o nome do apresentante;

5º) anotações e averbações.

Parágrafo único. Em seguida ao registro, far-se-á, no protocolo, remissão ao número da página do livro em que foi ele lançado, mencionando-se, também, o número e a página de outros livros em que houver qualquer nota ou declaração concernente ao mesmo ato.

Art. 136. O livro de registro integral de títulos será escriturado nos termos do artigo 142, lançando-se, antes de cada registro, o número de ordem, a data do protocolo e o nome do apresentante, e conterá colunas para as seguintes declarações: (Renumerado do art. 137 pela Lei nº 6.216, de 1975)

1º) número de ordem;

2º) dia e mês;

3º) transcrição;

4º) anotações e averbações.

Art. 137. O livro de registro, por extrato, conterá colunas para as seguintes declarações: (Renumerado do art. 138 pela Lei nº 6.216, de 1975)

1º) número de ordem;

2º) dia e mês;

3º) espécie e resumo do título;

4º) anotações e averbações.

Art. 138. O indicador pessoal será dividido alfabeticamente para a indicação do nome de todas as pessoas que, ativa ou passivamente, individual ou coletivamente, figurarem nos livros de registro e deverá conter, além dos nomes das pessoas, referências aos números de ordem e páginas dos outros livros e anotações. (Renumerado do art. 139 pela Lei nº 6.216, de 1975)

Art. 139. Se a mesma pessoa já estiver mencionada no indicador, somente se fará, na coluna das anotações, uma referência ao número de ordem, página e número do livro em que estiver lançado o novo registro ou averbação. (Renumerado do art. 140 pela Lei nº 6.216, de 1975)

Art. 140. Se no mesmo registro ou averbação, figurar mais de uma pessoa, ativa ou passivamente, o nome de cada uma será lançado distintamente, no indicador, com referência recíproca na coluna das anotações. (Renumerado do art. 141 pela Lei nº 6.216, de 1975)

Art. 141. Sem prejuízo do disposto no art. 161, ao oficial é facultado efetuar o registro por meio de microfilmagem, desde que, por lançamentos remissivos, com menção ao protocolo, ao nome dos contratantes, à data e à natureza dos documentos apresentados, sejam os microfilmes havidos como partes integrantes dos livros de registro, nos seus termos de abertura e encerramento. (Renumerado do art. 142 pela Lei nº 6.216, de 1975)

CAPÍTULO III. DA TRANSCRIÇÃO E DA AVERBAÇÃO

Art. 142. O registro integral dos documentos consistirá na trasladação dos mesmos, com a mesma ortografia e pontuação, com referência às entrelinhas ou quaisquer acréscimos, alterações, defeitos ou vícios que tiver o original apresentado, e, bem assim, com menção precisa aos seus característicos exteriores e às formalidades legais, podendo a transcrição dos documentos mercantis, quando levados a registro, ser feita na mesma disposição gráfica em que estiverem escritos, se o interessado assim o desejar. (Renumerado do art. 143 pela Lei nº 6.216, de 1975)

§ 1º. Feita a trasladação, na última linha, de maneira a não ficar espaço em branco, será conferida e realizado o seu encerramento, depois do que o oficial, seu substituto legal ou escrevente designado pelo oficial e autorizado pelo juiz competente, ainda que o primeiro não esteja afastado, assinará o seu nome por inteiro.

§ 2º. Tratando-se de documento impresso, idêntico a outro já anteriormente registrado na íntegra, no mesmo livro, poderá o registro limitar-se a consignar o nome das partes contratantes, as características do objeto e demais dados constantes dos claros preenchidos, fazendo-se remissão, quanto ao mais, àquele já registrado.

Art. 143. O registro resumido consistirá na declaração da natureza do título, do documento ou papel, valor, prazo, lugar em que tenha sido feito, nome e condição jurídica das partes, nomes das testemunhas, data da assinatura e do reconhecimento de firma por tabelião, se houver, o nome deste, o do apresentante, o número de ordem e a data do protocolo, e da averbação, a importância e a qualidade do imposto pago, depois do que será datado e rubricado pelo oficial ou servidores referidos no artigo 142, § 1º. (Renumerado do art. 144 pela Lei nº 6.216, de 1975)

Art. 144. O registro de contratos de penhor, caução e parceria será feito com declaração do nome, profissão e domicílio do credor e do devedor, valor da dívida, juros, penas, vencimento e especificações dos objetos apenhados, pessoa em poder de quem ficam, espécie do título, condições do contrato, data e número de ordem. (Renumerado do art. 145 pela Lei nº 6.216, de 1975)

Parágrafo único. Nos contratos de parceria, serão considerados credor o parceiro proprietário e devedor, o parceiro cultivador ou criador.

Art. 145. Qualquer dos interessados poderá levar a registro os contratos de penhor ou caução. (Renumerado do art. 146 pela Lei nº 6.216, de 1975)

CAPÍTULO IV. DA ORDEM DO SERVIÇO

Art. 146. Apresentado o título ou documento para registro ou averbação, serão anotados, no protocolo, a data de sua apresentação, sob o número de ordem que se seguir imediatamente, a natureza do instrumento, a espécie de lançamento a fazer (registro integral ou resumido, ou averbação), o nome do apresentante, reproduzindo-se as declarações relativas ao número de ordem, à data, e à espécie de lançamento a fazer no corpo do título, do documento ou do papel. (Renumerado do art. 147 pela Lei nº 6.216, de 1975)

Art. 147. Protocolizado o título ou documento, far-se-á, em seguida, no livro respectivo, o lançamento (registro integral ou resumido, ou averbação) e, concluído este, declarar-se-á no corpo do título, documento ou papel, o número de ordem e a data do procedimento no livro competente, rubricando o oficial ou os servidores referidos no art. 142, § 1º, esta declaração e as demais folhas do título, do documento ou do papel. (Renumerado do art. 148 pela Lei nº 6.216, de 1975)

Art. 148. Os títulos, documentos e papéis escritos em língua estrangeira, uma vez adotados os caracteres comuns, poderão ser registrados no original, para o efeito da sua conservação ou perpetuidade. Para produzirem efeitos legais no País e para valerem contra terceiros, deverão, entretanto, ser vertidos em vernáculo e registrada a tradução, o que, também, se observará em relação às procurações lavradas em língua estrangeira. (Renumerado do art. 149 pela Lei nº 6.216, de 1975)

Parágrafo único. Para o registro resumido, os títulos, documentos ou papéis em língua estrangeira, deverão ser sempre traduzidos.

Art. 149. Depois de concluídos os lançamentos nos livros respectivos, será feita, nas anotações do protocolo, referência ao número de ordem sob o qual tiver sido feito o registro, ou a averbação, no livro respectivo, datando e rubricando, em seguida, o oficial ou os servidores referidos no art. 142, § 1º. (Renumerado do art. 150 pela Lei nº 6.216, de 1975)

Art. 150. O apontamento do título, documento ou papel no protocolo será feito, seguida e imediatamente um depois do outro. Sem prejuízo da numeração individual de cada documento, se a mesma pessoa apresentar simultaneamente diversos documentos de idêntica natureza, para lançamento da mesma espécie, serão eles lançados no protocolo englobadamente. (Renumerado do art. 151 pela Lei nº 6.216, de 1975)

Parágrafo único. Onde terminar cada apontamento, será traçada uma linha horizontal, separando-o do seguinte, sendo lavrado, no fim do expediente diário, o termo de encerramento do próprio punho do oficial por este datado e assinado.

Art. 151. O lançamento dos registros e das averbações nos livros respectivos será feito, também seguidamente, na ordem de prioridade do seu apontamento no protocolo, quando não for obstado por ordem de autoridade judiciária competente, ou por dúvida superveniente; neste caso, seguir-se-ão os registros ou averbações dos imediatos, sem prejuízo da data autenticada pelo competente apontamento. (Renumerado do art. 152 pela Lei nº 6.216, de 1975)

Art. 152. Cada registro ou averbação será datado e assinado por inteiro, pelo oficial ou pelos servidores referidos no artigo 142, § 1º, separados, um do outro, por uma linha horizontal. (Renumerado do art. 153 pela Lei nº 6.216, de 1975)

Art. 153. Os títulos terão sempre um número diferente, segundo a ordem de apresentação, ainda que se refiram à mesma pessoa. O registro e a averbação deverão ser imediatos e, quando não o puderem ser, por acúmulo de serviço, o lançamento será feito no prazo estritamente necessário, e sem prejuízo da ordem da prenotação. Em qualquer desses casos, o oficial, depois de haver dado entrada no protocolo e lançado no corpo do título as declarações prescritas, fornecerá um recibo contendo a declaração da data da apresentação, o número de ordem desta no protocolo e a indicação do dia em que deverá ser entregue, devidamente legalizado; o recibo será restituído pelo apresentante contra a devolução do documento. (Renumerado do art. 154 pela Lei nº 6.216, de 1975)

Art. 154. Nos termos de encerramento diário do protocolo, lavrados ao findar a hora regulamentar, deverão ser mencionados, pelos respectivos números, os títulos apresentados cujos registros ficarem adiados, com a declaração dos motivos do adiamento. (Renumerado do art. 155 pela Lei nº 6.216, de 1975)

Parágrafo único. Ainda que o expediente continue para ultimação do serviço, nenhuma nova apresentação será admitida depois da hora regulamentar.

Art. 155. Quando o título, já registrado por extrato, for levado a registro integral, ou for exigido simultaneamente pelo apresentante o duplo registro, mencionar-se-á essa circunstância no lançamento posterior e, nas anotações do protocolo, far-se-ão referências recíprocas para verificação das diversas espécies de lançamento do mesmo título. (Renumerado do art. 156 pela Lei nº 6.216, de 1975)

Art. 156. O oficial deverá recusar registro a título e a documento que não se revistam das formalidades legais. (Renumerado do art. 157 pela Lei nº 6.216, de 1975)

Parágrafo único. Se tiver suspeita de falsificação, poderá o oficial sobrestar no registro, depois de protocolado o documento, até notificar o apresentante dessa circunstância; se este insistir, o registro será feito com essa nota, podendo o oficial, entretanto, submeter a dúvida ao juiz competente, ou notificar o signatário para assistir ao registro, mencionando também as alegações pelo último aduzidas.

Art. 157. O oficial, salvo quando agir de má-fé, devidamente comprovada, não será responsável pelos danos decorrentes da anulação do registro, ou da averbação, por vício intrínseco ou extrínseco do documento, título ou papel, mas, tão somente, pelos erros ou vícios no processo de registro. (Renumerado do art. 158 pela Lei nº 6.216, de 1975)

Art. 158. As procurações deverão trazer reconhecidas as firmas dos outorgantes. (Renumerado do art. 159 pela Lei nº 6.216, de 1975)

Art. 159. As folhas do título, documento ou papel que tiver sido registrado e as das certidões serão rubricadas pelo oficial, antes de entregues aos apresentantes. As declarações no protocolo, bem como as dos registros e das averbações lançadas no título, documento ou papel e as respectivas datas poderão ser apostas por carimbo, sendo, porém, para autenticação, de próprio punho do oficial, ou de quem suas vezes fizer, a assinatura ou a rubrica. (Renumerado do art. 160 pela Lei nº 6.216, de 1975)

Art. 160. O oficial será obrigado, quando o apresentante o requerer, a notificar do registro ou da averbação os demais interessados que figurarem no título, documento, o papel apresentado, e a quaisquer terceiros que lhes sejam indicados, podendo requisitar dos oficiais de registro em outros Municípios, as notificações necessárias. Por esse processo, também, poderão ser feitos avisos, denúncias e notificações, quando não for exigida a intervenção judicial. (Renumerado do art. 161 pela Lei nº 6.216, de 1975)

§ 1º. Os certificados de notificação ou da entrega de registros serão lavrados nas colunas das anotações, no livro competente, à margem dos respectivos registros.

§ 2º. O serviço das notificações e demais diligências poderá ser realizado por escreventes designados pelo oficial e autorizados pelo juiz competente.

Art. 161. As certidões do registro integral de títulos terão o mesmo valor probante dos originais, ressalvado o incidente de falsidade destes, oportunamente levantado em juízo. (Renumerado do art. 162 pela Lei nº 6.216, de 1975)

§ 1º. O apresentante do título para registro integral poderá também deixá-lo arquivado em cartório ou a sua fotocópia, autenticada pelo oficial, circunstâncias que serão declaradas no registro e nas certidões.

§ 2º. Quando houver acúmulo de trabalho, um dos suboficiais poderá ser autorizado pelo juiz, a pedido do oficial e sob sua responsabilidade, a lavrar e subscrever certidão.

Art. 162. O fato da apresentação de um título, documento ou papel, para registro ou averbação, não constituirá, para o apresentante, direito sobre o mesmo, desde que não seja o próprio interessado. (Renumerado do art. 163 pela Lei nº 6.216, de 1975)

Art. 163. Os tabeliães e escrivão, nos atos que praticarem, farão sempre referência ao livro e à folha do registro de títulos e documentos em que tenham sido trasladados os mandatos de origem estrangeira, a que tenham de reportar-se. (Renumerado do art. 164 pela Lei nº 6.216, de 1975)

CAPÍTULO V. DO CANCELAMENTO

Art. 164. O cancelamento poderá ser feito em virtude de sentença ou de documento autêntico de quitação ou de exoneração do título registrado. (Renumerado do art. 165 pela Lei nº 6.216, de 1975)

Art. 165. Apresentado qualquer dos documentos referidos no artigo anterior, o oficial certificará, na coluna das averbações do livro respectivo, o cancelamento e a razão dele, mencionando-se o documento que o autorizou, datando e assinando a certidão, de tudo fazendo referência nas anotações do protocolo. (Renumerado do art. 166 pela Lei nº 6.216, de 1975)

Parágrafo único. Quando não for suficiente o espaço da coluna das averbações, será feito novo registro, com referências recíprocas, na coluna própria.

Art. 166. Os requerimentos de cancelamento serão arquivados com os documentos que os instruírem. (Renumerado do art. 167 pela Lei nº 6.216, de 1975)

TÍTULO V. DO REGISTRO DE IMÓVEIS

CAPÍTULO I. DAS ATRIBUIÇÕES

- Lei 10.169/2000 – Regula o § 2º do art. 236 da CF, mediante o estabelecimento de normas gerais para a fixação de emolumentos relativos aos atos praticados pelos serviços notariais e de registro.
- Lei 8.935/1994 – Regulamenta o art. 236 da CF, dispondo sobre serviços notariais e de registro.

Art. 167. No Registro de Imóveis, além da matrícula, serão feitos: (Renumerado do art. 168 com nova redação pela Lei nº 6.216, de 1975)

- CPC/15: art. 406.

I – o registro: (Redação dada pela Lei nº 6.216, de 1975)

1) da instituição de bem de família;

- CC: arts. 1.711 a 1.722.
- Lei 8.009/1990 – Dispõe sobre a impenhorabilidade do bem de família.

2) das hipotecas legais, judiciais e convencionais;

- CC: arts. 1.225, IX, 1.419 a 1.430, e 1.473 a 1.505.

3) dos contratos de locação de prédios, nos quais tenha sido consignada cláusula de vigência no caso de alienação da coisa locada;

- CC: art. 576.
- Lei 8.245/1991: art. 8º.

4) do penhor de máquinas e de aparelhos utilizados na indústria, instalados e em funcionamento, com os respectivos pertences ou sem eles;

5) das penhoras, arrestos e sequestro de imóveis;

6) das servidões em geral;

- CC: arts. 1.378 a 1.389.

7) do usufruto e do uso sobre imóveis e da habitação, quando não resultarem do direito de família;

- CC: arts. 1.390 a 1.416.

8) das rendas constituídas sobre imóveis ou a eles vinculadas por disposição de última vontade;

- CC: arts. 803 a 813.

9) dos contratos de compromisso de compra e venda de cessão deste e de promessa de cessão, com ou sem cláusula de arrependimento, que tenham por objeto imóveis não loteados e cujo preço tenha sido pago no ato de sua celebração, ou deva sê-lo a prazo, de uma só vez ou em prestações;

- CC: arts. 1.417 a 1.418.

10) da enfiteuse;

11) da anticrese;

- CC: arts. 1.506 a 1.510.

12) das convenções antenupciais;

13) *(Revogado pela Lei 13.986/2020)*

14) das cédulas de crédito, industrial;

15) dos contratos de penhor rural;

16) dos empréstimos por obrigações ao portador ou debêntures, inclusive as conversíveis em ações;

17) das incorporações, instituições e convenções de condomínio;

- CC: arts. 1.331 a 1.358.
- Lei 4.591/1964: arts. 9º, 32 e 33.

18) dos contratos de promessa de venda, cessão ou promessa de cessão de unidades autônomas condominiais a que alude a Lei nº 4.591, de 16 de dezembro de 1964, quando a incorporação ou a instituição de condomínio se formalizar na vigência desta Lei;

19) dos loteamentos urbanos e rurais;

- Lei 6.766/1979 – Dispõe sobre o Parcelamento do Solo Urbano.

20) dos contratos de promessa de compra e venda de terrenos loteados em conformidade com o Decreto-lei 58, de 10 de dezembro de 1937, e respectiva cessão e promessa de cessão, quando o loteamento se formalizar na vigência desta Lei;

- CC: arts. 1.417 e 1.418.

21) das citações de ações reais ou pessoais reipersecutórias, relativas a imóveis;

22) *(Revogado pela Lei nº 6.850, de 1980)*;

23) dos julgados e atos jurídicos entre vivos que dividirem imóveis ou os demarcarem inclusive nos casos de incorporação que resultarem em constituição de condomínio e atribuírem uma ou mais unidades aos incorporadores;

24) das sentenças que nos inventários, arrolamentos e partilhas, adjudicarem bens de raiz em pagamento das dívidas da herança;

25) dos atos de entrega de legados de imóveis, dos formais de partilha e das sentenças de adjudicação em inventário ou arrolamento quando não houver partilha;

- CPC/15: art. 655.

26) da arrematação e da adjudicação em hasta pública;

- CPC/15: arts. 879 a 903.

27) do dote;

28) das sentenças declaratórias de usucapião; (Redação dada pela Medida Provisória nº 2.220, de 2001)

29) da compra e venda pura e da condicional;

30) da permuta;

31) da dação em pagamento;

- CC: arts. 356 a 359.

32) da transferência, de imóvel a sociedade, quando integrar quota social;

33) da doação entre vivos;

34) da desapropriação amigável e das sentenças que, em processo de desapropriação, fixarem o valor da indenização;

35) da alienação fiduciária em garantia de coisa imóvel; (Incluído pela Lei nº 9.514, de 1997)

36) da imissão provisória na posse, quando concedida à União, aos Estados, ao Distrito Federal, aos Municípios ou às suas entidades delegadas, e respectiva cessão e promessa de cessão; (Redação dada pela Lei nº 12.424, de 2011)

37) dos termos administrativos ou das sentenças declaratórias da concessão de uso especial para fins de moradia; (Redação dada pela Medida Provisória nº 2.220, de 2001)

38) *(VETADO)*. *(Incluído* pela Lei nº 10.257, de 2001)

39) da constituição do direito de superfície de imóvel urbano; (Incluído pela Lei nº 10.257, de 2001)

- CC: art. 167, I, 39.

40) do contrato de concessão de direito real de uso de imóvel público; (Incluído pela Medida Provisória nº 2.220, de 2001)

41) da legitimação de posse; (Incluído pela Lei nº 11.977, de 2009)

42) da conversão da legitimação de posse em propriedade, prevista no art. 60 da Lei 11.977, de 7 de julho de 2009; (Incluído pela Lei nº 12.424, de 2011)

43) da Certidão de Regularização Fundiária (CRF); (Redação dada pela Lei nº 13.465, de 2017)

44) da legitimação fundiária. (Redação dada pela Lei nº 13.465, de 2017)

45) do contrato de pagamento por serviços ambientais, quando este estipular obrigações de natureza *propter rem*; (Acrescido pela Lei 14.119/2021)

II – a averbação: (Redação dada pela Lei nº 6.216, de 1975)

1) das convenções antenupciais e do regime de bens diversos do legal, nos registros referentes a imóveis ou a direitos reais pertencentes a qualquer dos cônjuges, inclusive os adquiridos posteriormente ao casamento;

- CC: arts. 979, 1.536, VII, 1.640, par. único, e 1.653 a 1.657.

2) por cancelamento, da extinção dos ônus e direitos reais;

3) dos contratos de promessa de compra e venda, das cessões e das promessas de cessão a que alude o Decreto-lei nº 58, de 10 de dezembro de 1937, quando o loteamento se tiver formalizado anteriormente à vigência desta Lei;

4) da mudança de denominação e de numeração dos prédios, da edificação, da reconstrução, da demolição, do desmembramento e do loteamento de imóveis;

5) da alteração do nome por casamento ou por desquite, ou, ainda, de outras circunstâncias que, de qualquer modo, tenham influência no registro ou nas pessoas nele interessadas;

- Lei 6.515/1977: arts. 17 e 18.

6) dos atos pertinentes a unidades autônomas condominiais a que alude a Lei nº 4.591, de 16 de dezembro de 1964, quando a incorporação tiver sido formalizada anteriormente à vigência desta Lei;

7) das cédulas hipotecárias;

8) da caução e da cessão fiduciária de direitos relativos a imóveis;

9) das sentenças de separação de dote;

10) do restabelecimento da sociedade conjugal;

11) das cláusulas de inalienabilidade, impenhorabilidade e incomunicabilidade impostas a imóveis, bem como da constituição de fideicomisso;

12) das decisões, recursos e seus efeitos, que tenham por objeto atos ou títulos registrados ou averbados;

13) *ex officio*, dos nomes dos logradouros, decretados pelo poder público;

14) das sentenças de separação judicial, de divórcio e de nulidade ou anulação de casamento, quando nas respectivas partilhas existirem imóveis ou direitos reais sujeitos a registro; (Incluído pela Lei nº 6.850, de 1980)

15) da rerratificação do contrato de mútuo com pacto adjeto de hipoteca em favor de entidade integrante do Sistema Financeiro da Habitação, ainda que importando elevação da dívida, desde que mantidas as mesmas partes e que inexista outra hipoteca registrada em favor de terceiros; (Incluído pela Lei nº 6.941, de 1981)

16) do contrato de locação, para os fins de exercício de direito de preferência; (Incluído pela Lei nº 8.245, de 1991)

17) do Termo de Securitização de créditos imobiliários, quando submetidos a regime fiduciário; (Incluído pela Lei nº 9.514, de 1997)

18) da notificação para parcelamento, edificação ou utilização compulsórios de imóvel urbano; (Incluído pela Lei nº 10.257, de 2001)

19) da extinção da concessão de uso especial para fins de moradia; (Incluído pela Lei nº 10.257, de 2001)

20) da extinção do direito de superfície do imóvel urbano; (Incluído pela Lei nº 10.257, de 2001)

21) da cessão de crédito imobiliário. (Incluído pela Lei nº 10.931, de 2004)

22) da reserva legal; (Incluído pela Lei nº 11.284, de 2006)

23) da servidão ambiental. (Incluído pela Lei nº 11.284, de 2006)

24) do destaque de imóvel de gleba pública originária. (Incluído pela Lei nº 11.952, de 2009)

25) *(v. MP 458/2009 e Lei 11.952/2009).*

26) do auto de demarcação urbanística. (Incluído pela Lei nº 11.977, de 2009)

27) da extinção da legitimação de posse; (Incluído pela Lei nº 12.424, de 2011)

28) da extinção da concessão de uso especial para fins de moradia; (Incluído pela Lei nº 12.424, de 2011)

29) da extinção da concessão de direito real de uso. (Incluído pela Lei nº 12.424, de 2011)

30) da sub-rogação de dívida, da respectiva garantia fiduciária ou hipotecária e da alteração das condições contratuais, em nome do credor que venha a assumir tal condição na forma do disposto pelo art. 31 da Lei nº 9.514, de 20 de novembro de 1997, ou do art. 347 da Lei nº 10.406, de 10 de janeiro de 2002 – Código Civil, realizada em ato único, a requerimento do interessado instruído com documento comprobatório firmado pelo credor original e pelo mutuário. (Redação dada pela Lei nº 12.810, de 2013)

31) da certidão de liberação de condições resolutivas dos títulos de domínio resolúvel emitidos pelos órgãos fundiários; (Redação dada pela Lei nº 13.465, de 2017)

32) do termo de quitação de contrato de compromisso de compra e venda registrado e do termo de quitação dos instrumentos públicos ou privados oriundos da implantação de empreendimentos ou de processo de regularização fundiária, firmado pelo empreendedor proprietário de imóvel ou pelo promotor do empreendimento ou da regularização fundiária objeto de loteamento, desmembramento, condomínio de qualquer modalidade ou de regularização fundiária, exclusivamente para fins de exoneração da sua responsabilidade sobre tributos municipais incidentes sobre o imóvel perante o Município, não implicando transferência de domínio ao compromissário comprador ou ao beneficiário da regularização. (Incluído pela Lei nº 13.465, de 2017)

Art. 168. Na designação genérica de registro, consideram-se englobadas a inscrição e a transcrição a que se referem as leis civis. (Renumerado do art. 168 § 2º para artigo autônomo pela Lei nº 6.216, de 1975)

Art. 169. Todos os atos enumerados no art. 167 são obrigatórios e efetuar-se-ão no cartório da situação do imóvel, salvo: (Redação dada pela Lei nº 6.216, de 1975)

I – as averbações, que serão efetuadas na matrícula ou à margem do registro a que se referirem, ainda que o imóvel tenha passado a pertencer a outra circunscrição; (Incluído pela Lei nº 6.216, de 1975)

II – os registros relativos a imóveis situados em comarcas ou circunscrições limítrofes, que serão feitos em todas elas, devendo os Registros de Imóveis fazer constar dos registros tal ocorrência; (Redação dada pela Lei nº 10.267, de 2001)

III – o registro previsto no n. 3 do inciso I do art. 167, e a averbação prevista no n. 16 do inciso II do art. 167 serão efetuados no cartório onde o imóvel esteja matriculado mediante apresentação de qualquer das vias do contrato, assinado pelas partes e subscrito por duas testemunhas, bastando a coincidência entre o nome de um dos proprietários e o locador. (Incluído pela Lei nº 8.245, de 1991)

Art. 170. O desmembramento territorial posterior ao registro não exige sua repetição no novo cartório. (Incluído pela Lei nº 6.216, de 1975)

Art. 171. Os atos relativos a vias férreas serão registrados na circunscrição imobiliária onde se situe o imóvel. (Redação dada pela Lei nº 13.465, de 2017)

Parágrafo único. A requerimento do interessado, o oficial do cartório do registro de imóveis da circunscrição a que se refere o *caput* deste artigo abrirá a matrícula da área correspondente, com base em planta, memorial descritivo e certidão atualizada da matrícula ou da transcrição do imóvel, caso exista, podendo a apuração do remanescente ocorrer em momento posterior. (Redação dada pela Lei nº 13.465, de 2017)

CAPÍTULO II. DA ESCRITURAÇÃO

Art. 172. No Registro de Imóveis serão feitos, nos termos desta Lei, o registro e a averbação dos títulos ou atos constitutivos, declaratórios, translativos e extintivos de direitos reais sobre imóveis reconhecidos em lei, *inter vivos* ou *mortis causa*, quer para sua constituição, transferência e extinção, quer para sua validade em relação a terceiros, quer para a sua disponibilidade. (Renumerado do art. 168 § 1º para artigo autônomo com nova redação pela Lei nº 6.216, de 1975)

Art. 173. Haverá, no Registro de Imóveis, os seguintes livros: (Renumerado do art. 171 com nova redação pela Lei nº 6.216, de 1975)

I – Livro n. 1 – Protocolo;
II – Livro n. 2 – Registro Geral;
III – Livro n. 3 – Registro Auxiliar;
IV – Livro n. 4 – Indicador Real;
V – Livro n. 5 – Indicador Pessoal.

Parágrafo único. Observado o disposto no § 2º do art. 3º, desta Lei, os Livros ns. 2, 3, 4 e 5 poderão ser substituídos por fichas.

Art. 174. O Livro n. 1 – Protocolo – servirá para apontamento de todos os títulos apresentados diariamente, ressalvado o disposto no parágrafo único do art. 12 desta Lei. (Renumerado do art. 172 com nova redação pela Lei nº 6.216, de 1975)

Art. 175. São requisitos da escrituração do Livro n. 1 – Protocolo: (Renumerado do art. 172 parágrafo único para artigo autônomo com nova redação pela Lei nº 6.216, de 1975)

I – o número de ordem, que seguirá indefinidamente nos livros da mesma espécie;
II – a data da apresentação;
III – o nome do apresentante;
IV – a natureza formal do título;
V – os atos que formalizar, resumidamente mencionados.

Art. 176. O Livro n. 2 – Registro Geral – será destinado, à matrícula dos imóveis e ao registro ou averbação dos atos relacionados no art. 167 e não atribuídos ao Livro n. 3. (Renumerado do art. 173 com nova redação pela Lei nº 6.216, de 1975)

§ 1º. A escrituração do Livro nº 2 obedecerá às seguintes normas: (Renumerado pela Lei nº 6.688, de 1979)

I – cada imóvel terá matrícula própria, que será aberta por ocasião do primeiro registro a ser feito na vigência desta Lei;

II – são requisitos da matrícula:

1) o número de ordem, que seguirá ao infinito;

2) a data;

3) a identificação do imóvel, que será feita com indicação: (Redação dada pela Lei nº 10.267, de 2001)

a) se rural, do código do imóvel, dos dados constantes do CCIR, da denominação e de suas características, confrontações, localização e área; (Incluída pela Lei nº 10.267, de 2001)

b) se urbano, de suas características e confrontações, localização, área, logradouro, número e de sua designação cadastral, se houver. (Incluída pela Lei nº 10.267, de 2001)

4) o nome, domicílio e nacionalidade do proprietário, bem como:

a) tratando-se de pessoa física, o estado civil, a profissão, o número de inscrição no Cadastro de Pessoas Físicas do Ministério da Fazenda ou do Registro Geral da cédula de identidade, ou à falta deste, sua filiação;

b) tratando-se de pessoa jurídica, a sede social e o número de inscrição no Cadastro Geral de Contribuintes do Ministério da Fazenda;

5) o número do registro anterior.

6) tratando-se de imóvel em regime de multipropriedade, a indicação da existência de matrículas, nos termos do § 10 deste artigo; *(Incluído pela Lei 13.777/2018, publicada no DOU de 21/12/2018, em vigor 45 dias após a publicação)*

III – são requisitos do registro no Livro n. 2:

1) a data;

2) o nome, domicílio e nacionalidade do transmitente, ou do devedor, e do adquirente, ou credor, bem como:

a) tratando-se de pessoa física, o estado civil, a profissão e o número de inscrição no Cadastro de Pessoas Físicas do Ministério da Fazenda ou do Registro Geral da cédula de identidade, ou, à falta deste, sua filiação;

b) tratando-se de pessoa jurídica, a sede social e o número de inscrição no Cadastro Geral de Contribuintes do Ministério da Fazenda;

3) o título da transmissão ou do ônus;

4) a forma do título, sua procedência e caracterização;

5) o valor do contrato, da coisa ou da dívida, prazo desta, condições e mais especificações, inclusive os juros, se houver.

§ 2º. Para a matrícula e registro das escrituras e partilhas, lavradas ou homologadas na vigência do Decreto nº 4.857, de 9 de novembro de 1939, não serão observadas as exigências deste artigo, devendo tais atos obedecer ao disposto na legislação anterior. (Incluído pela Lei nº 6.688, de 1979)

§ 3º. Nos casos de desmembramento, parcelamento ou remembramento de imóveis rurais, a identificação prevista na alínea *a* do item 3 do inciso II do § 1º será obtida a partir de memorial descritivo, assinado por profissional habilitado e com a devida Anotação de Responsabilidade Técnica – ART, contendo as coordenadas dos vértices definidores dos limites dos imóveis rurais, georreferenciadas ao Sistema Geodésico Brasileiro e com precisão posicional a ser fixada pelo Incra, garantida a isenção de custos financeiros aos proprietários de imóveis rurais cuja somatória da área não exceda a quatro módulos fiscais. (Incluído pela Lei nº 10.267, de 2001)

§ 4º. A identificação de que trata o § 3º tornar-se-á obrigatória para efetivação de registro, em qualquer situação de transferência de imóvel rural, nos prazos fixados por ato do Poder Executivo. (Incluído pela Lei nº 10.267, de 2001)

§ 5º. Nas hipóteses do § 3º, caberá ao Incra certificar que a poligonal objeto do memorial descritivo não se sobrepõe a nenhuma outra constante de seu cadastro georreferenciado e que o memorial atende às exigências técnicas, conforme ato normativo próprio. (Incluído pela Lei nº 11.952, de 2009)

§ 6º. A certificação do memorial descritivo de glebas públicas será referente apenas ao seu perímetro originário. (Incluído pela Lei nº 11.952, de 2009)

§ 7º. Não se exigirá, por ocasião da efetivação do registro do imóvel destacado de glebas públicas, a retificação do memorial descritivo da área remanescente, que somente ocorrerá a cada 3 (três) anos, contados a partir do primeiro destaque, englobando todos os destaques realizados no período. (Incluído pela Lei nº 11.952, de 2009)

§ 8º. O ente público proprietário ou imitido na posse a partir de decisão proferida em processo judicial de desapropriação em curso poderá requerer a abertura de matrícula de parte de imóvel situado em área urbana ou de expansão urbana, previamente matriculado ou não, com base em planta e memorial descritivo, podendo a apuração de remanescente ocorrer em momento posterior. (Incluído pela Lei nº 12.424, de 2011)

§ 9º A instituição do direito real de laje ocorrerá por meio da abertura de uma matrícula própria no registro de imóveis e por meio da averbação desse fato na matrícula da construção-base e nas matrículas de lajes anteriores, com remissão recíproca. (Redação dada pela Lei nº 13.465, de 2017)

§ 10. Quando o imóvel se destinar ao regime da multipropriedade, além da matrícula do imóvel, haverá uma matrícula para cada fração de tempo, na qual se registrarão e averbarão os atos referentes à respectiva fração de tempo, ressalvado o disposto no § 11 deste artigo. *(Incluído pela Lei 13.777/2018, publicada no DOU de 21/12/2018, em vigor 45 dias após a publicação)*

§ 11. Na hipótese prevista no § 10 deste artigo, cada fração de tempo poderá, em função de legislação tributária municipal, ser objeto de inscrição imobiliária individualizada. *(Incluído pela Lei 13.777/2018, publicada no DOU de 21/12/2018, em vigor 45 dias após a publicação)*

§ 12. Na hipótese prevista no inciso II do § 1º do art. 1.358-N da Lei nº 10.406, de 10 de janeiro de 2002 (Código Civil), a fração de tempo adicional, destinada à realização de reparos, constará da matrícula referente à fração de tempo principal de cada multiproprietário e não será objeto de matrícula específica. *(Incluído pela Lei 13.777/2018, publicada no DOU de 21/12/2018, em vigor 45 dias após a publicação)*

§ 13. Para a identificação de que tratam os §§ 3º e 4º deste artigo, é dispensada a anuência dos confrontantes, bastando para tanto a declaração do requerente de que respeitou os limites e as confrontações. *(Incluído pela Lei nº 13.838, de 2019)*

Art. 177. O Livro n. 3 – Registro Auxiliar – será destinado ao registro dos atos que, sendo atribuídos ao Registro de Imóveis por disposição legal, não digam respeito diretamente a imóvel matriculado. (Renumerado do art. 174 com nova redação pela Lei nº 6.216, de 1975)

Art. 178. Registrar-se-ão no Livro n. 3 – Registro Auxiliar: (Renumerado do art. 175 com nova redação pela Lei nº 6.216, de 1975)

I – a emissão de debêntures, sem prejuízo do registro eventual e definitivo, na matrícula do imóvel, da hipoteca, anticrese ou penhor que abonarem especialmente tais emissões, firmando-se pela ordem do registro a prioridade entre as séries de obrigações emitidas pela sociedade;

II – as cédulas de crédito industrial, sem prejuízo do registro da hipoteca cedular; *(Redação dada pela Lei 13.986/2020)*

III – as convenções de condomínio edilício, condomínio geral voluntário e condomínio em multipropriedade; *(Redação dada pela Lei 13.777/2018, publicada no DOU de 21/12/2018, em vigor 45 dias após a publicação)*

IV – o penhor de máquinas e de aparelhos utilizados na indústria, instalados e em funcionamento, com os respectivos pertences ou sem eles;

V – as convenções antenupciais;

VI – os contratos de penhor rural;

VII – os títulos que, a requerimento do interessado, forem registrados no seu inteiro teor, sem prejuízo do ato, praticado no Livro n. 2.

Art. 179. O Livro n. 4 – Indicador Real – será o repositório de todos os imóveis que figurarem nos demais livros, devendo conter sua identificação, referência aos números de ordem dos outros livros e anotações necessárias. (Renumerado do art. 176 com nova redação pela Lei nº 6.216, de 1975)

§ 1º. Se não for utilizado o sistema de fichas, o Livro n. 4 conterá, ainda, o número de ordem, que seguirá indefinidamente, nos livros da mesma espécie.

§ 2º. Adotado o sistema previsto no parágrafo precedente, os oficiais deverão ter, para auxiliar a consulta, um livro-índice ou fichas pelas ruas, quando se tratar de imóveis urbanos, e pelos nomes e situações, quando rurais.

Art. 180. O Livro n. 5 – Indicador Pessoal – dividido alfabeticamente, será o repositório dos nomes de todas as pessoas que, individual ou coletivamente, ativa ou passivamente, direta ou indiretamente, figurarem nos demais livros, fazendo-se referência aos respectivos números de ordem. (Renumerado do art. 177 com nova redação pela Lei nº 6.216, de 1975)

Parágrafo único. Se não for utilizado o sistema de fichas, o Livro n. 5 conterá, ainda, o número de ordem de cada letra do alfabeto, que seguirá indefinidamente, nos livros da mesma espécie. Os oficiais poderão adotar, para auxiliar as buscas, um livro-índice ou fichas em ordem alfabética.

Art. 181. Poderão ser abertos e escriturados, concomitantemente, até 10 (dez) livros de "Registro Geral", obedecendo, neste caso, a sua escrituração ao algarismo final da matrícula, sendo as matrículas de número final 1 (um) feitas no Livro 2-1, as de final 2 (dois) no Livro 2-2 e as de final 3 (três) no Livro 2-3, e assim, sucessivamente. (Incluído pela Lei nº 6.216, de 1975)

Parágrafo único. Também poderão ser desdobrados, a critério do oficial, os Livros ns. 3 "Registro Auxiliar", 4 "Indicador Real" e 5 "Indicador Pessoal". (Incluído pela Lei nº 6.216, de 1975)

CAPÍTULO III. DO PROCESSO DO REGISTRO

Art. 182. Todos os títulos tomarão, no Protocolo, o número de ordem que lhes competir em razão da sequência rigorosa de sua apresentação. (Renumerado do art. 185 com nova redação pela Lei nº 6.216, de 1975)

Art. 183. Reproduzir-se-á, em cada título, o número de ordem respectivo e a data de sua prenotação. (Renumerado do art. 185 parágrafo único para artigo autônomo com nova redação pela Lei nº 6.216, de 1975)

Art. 184. O Protocolo será encerrado diariamente. (Incluído pela Lei nº 6.216, de 1975)

Art. 185. A escrituração do Protocolo incumbirá tanto ao oficial titular como ao seu substituto legal, podendo, ser feita, ainda, por escrevente auxiliar expressamente designado pelo oficial titular ou pelo seu substituto legal mediante autorização do juiz competente, ainda que os primeiros não estejam nem afastados nem impedidos. (Renumerado do art. 186 com nova redação pela Lei nº 6.216, de 1975)

Art. 186. O número de ordem determinará a prioridade do título, e esta a preferência dos direitos reais, ainda que apresentados pela mesma pessoa mais de um título simultaneamente. (Renumerado do art. 187 com nova redação pela Lei nº 6.216, de 1975)

Art. 187. Em caso de permuta, e pertencendo os imóveis à mesma circunscrição, serão feitos os registros nas matrículas correspondentes, sob um único número de ordem no Protocolo. (Renumerado do art. 188 com nova redação pela Lei nº 6.216, de 1975)

Art. 188. Protocolizado o título, proceder-se-á ao registro, dentro do prazo de 30 (trinta) dias, salvo nos casos previstos nos artigos seguintes. (Renumerado do art. 189 com nova redação pela Lei nº 6.216, de 1975)

Art. 189. Apresentado título de segunda hipoteca, com referência expressa à existência de outra anterior, o oficial, depois de prenotá-lo, aguardará durante 30 (trinta) dias que os interessados na primeira promovam a inscrição. Esgotado esse prazo, que correrá da data da prenotação, sem que seja apresentado o título anterior, o segundo será inscrito e obterá preferência sobre aquele. (Renumerado do art. 190 com nova redação pela Lei nº 6.216, de 1975)

Art. 190. Não serão registrados, no mesmo dia, títulos pelos quais se constituam direitos reais contraditórios sobre o mesmo imóvel. (Renumerado do art. 191 com nova redação pela Lei nº 6.216, de 1975)

Art. 191. Prevalecerão, para efeito de prioridade de registro, quando apresentados no mesmo dia, os títulos prenotados no Protocolo sob número de ordem mais baixo, protelando-se o registro dos apresentados posteriormente, pelo prazo correspondente a, pelo menos, 1 (um) dia útil. (Renumerado do art. 192 com nova redação pela Lei nº 6.216, de 1975)

Art. 192. O disposto nos arts. 190 e 191 não se aplica às escrituras públicas, da mesma data e apresentadas no mesmo dia, que determinem, taxativamente, a hora da sua lavratura, prevalecendo, para efeito de prioridade, a que foi lavrada em primeiro lugar. (Renumerado do artigo 192 parágrafo único pela Lei nº 6.216, de 1975)

Art. 193. O registro será feito pela simples exibição do título, sem dependência de extratos.

Art. 194. O título de natureza particular apresentado em uma só via será arquivado em cartório, fornecendo o oficial, a pedido, certidão do mesmo. (Redação dada pela Lei nº 6.216, de 1975)

Art. 195. Se o imóvel não estiver matriculado ou registrado em nome do outorgante, o oficial exigirá a prévia matrícula e o registro do título anterior, qualquer que seja a sua natureza, para manter a continuidade do registro. (Renumerado do art. 197 com nova redação pela Lei nº 6.216, de 1975)

Art. 195-A. O Município poderá solicitar ao cartório de registro de imóveis competente a abertura de matrícula de parte ou da totalidade de imóveis públicos oriundos de parcelamento do solo urbano implantado, ainda que não inscrito ou registrado, por meio de requerimento acompanhado dos seguintes documentos: (Redação dada pela Lei nº 13.465, de 2017)

I – planta e memorial descritivo do imóvel público a ser matriculado, dos quais constem a sua descrição, com medidas perimetrais, área total, localização, confrontantes e coordenadas preferencialmente georreferenciadas dos vértices definidores de seus limites; (Incluído pela Lei nº 12.424, de 2011)

II – comprovação de intimação dos confrontantes para que informem, no prazo de 15 (quinze) dias, se os limites definidos na planta e no memorial descritivo do imóvel público a ser matriculado se sobrepõem às suas respectivas áreas, se for o caso; (Incluído pela Lei nº 12.424, de 2011)

III – as respostas à intimação prevista no inciso II, quando houver; e (Incluído pela Lei nº 12.424, de 2011)

IV - planta de parcelamento ou do imóvel público a ser registrado, assinada pelo loteador ou elaborada e assinada por agente público da prefeitura, acompanhada de declaração de que o parcelamento encontra-se implantado, na hipótese de este não ter sido inscrito ou registrado. (Redação dada pela Lei nº 13.465, de 2017)

§ 1º. Apresentados pelo Município os documentos relacionados no *caput*, o registro de imóveis deverá proceder ao registro dos imóveis públicos decorrentes do parcelamento do solo urbano na matrícula ou transcrição da gleba objeto de parcelamento. (Incluído pela Lei nº 12.424, de 2011)

§ 2º. Na abertura de matrícula de imóvel público oriundo de parcelamento do solo urbano, havendo divergência nas medidas perimetrais de que resulte, ou não, alteração de área, a situação de fato implantada do bem deverá prevalecer sobre a situação constante do registro ou da planta de parcelamento, respeitados os limites dos particulares lindeiros. (Incluído pela Lei nº 12.424, de 2011)

§ 3º. Não será exigido, para transferência de domínio, formalização da doação de áreas públicas pelo loteador nos casos de parcelamentos urbanos realizados na vigência do Decreto-Lei nº 58, de 10 de dezembro de 1937. (Incluído pela Lei nº 12.424, de 2011)

§ 4º. Recebido o requerimento e verificado o atendimento aos requisitos previstos neste artigo, o oficial do registro de imóveis abrirá a matrícula em nome do Município. (Incluído pela Lei nº 12.424, de 2011)

§ 5º. A abertura de matrícula de que trata o *caput* independe do regime jurídico do bem público. (Incluído pela Lei nº 12.424, de 2011)

§ 6º Na hipótese de haver área remanescente, a sua apuração poderá ocorrer em momento posterior. (Redação dada pela Lei nº 13.465, de 2017)

§ 7º O procedimento definido neste artigo poderá ser adotado para abertura de matrícula de glebas municipais adquiridas por lei ou por outros meios legalmente admitidos, inclusive para as terras devolutas transferidas ao Município em razão de legislação estadual ou federal, dispensado o procedimento discriminatório administrativo ou judicial. (Redação dada pela Lei nº 13.465, de 2017)

§ 8º O disposto neste artigo aplica-se, em especial, às áreas de uso público utilizadas pelo sistema viário do parcelamento urbano irregular. (Redação dada pela Lei nº 13.465, de 2017)

Art. 195-B. A União, os Estados e o Distrito Federal poderão solicitar ao registro de imóveis competente a abertura de matrícula de parte ou da totalidade de imóveis urbanos sem registro anterior, cujo domínio lhes tenha sido assegurado pela legislação, por meio de requerimento acompanhado dos documentos previstos nos incisos I, II e III do *caput* do art. 195-A, inclusive para as terras devolutas, dispensado o procedimento discriminatório administrativo ou judicial. (Redação dada pela Lei nº 13.465, de 2017)

§ 1º. Recebido o requerimento na forma prevista no *caput* deste artigo, o oficial do registro de imóveis abrirá a matrícula em nome do requerente, observado o disposto nos §§ 5º e 6º do art. 195-A. (Redação dada pela Lei nº 13.465, de 2017)

§ 2º. O Município poderá realizar, em acordo com o Estado, o procedimento de que trata este artigo e requerer, em nome deste, no registro de imóveis competente a abertura de matrícula de imóveis urbanos situados nos limites do respectivo território municipal. (Incluído pela Lei nº 12.424, de 2011)

§ 3º. O procedimento de que trata este artigo poderá ser adotado pela União para o registro de imóveis rurais de sua propriedade, observado o disposto nos §§ 3º, 4º, 5º, 6º e 7º do art. 176 desta Lei. (Incluído pela Lei nº 13.465, de 2017)

§ 4º. Para a abertura de matrícula em nome da União com base neste artigo, a comprovação de que trata o inciso II do *caput* do art. 195-A será realizada, no que couber, mediante o procedimento de notificação previsto nos arts. 12-A e 12-B do Decreto-Lei no 9.760, de 5 de setembro de 1946, com ressalva quanto ao prazo para apresentação de eventuais impugnações, que será de quinze dias, na hipótese de notificação pessoal, e de trinta dias, na hipótese de notificação por edital. (Incluído pela Lei nº 13.465, de 2017)

Art. 196. A matrícula será feita à vista dos elementos constantes do título apresentado e do registro anterior que constar do próprio cartório. (Renumerado do art. 197 § 1º com nova redação pela Lei nº 6.216, de 1975)

Art. 197. Quando o título anterior estiver registrado em outro cartório, o novo título será apresentado juntamente com certidão atualizada, comprobatória do registro anterior, e da existência ou inexistência de ônus. (Renumerado do art. 197 § 2º com nova redação pela Lei nº 6.216, de 1975)

Art. 198. Havendo exigência a ser satisfeita, o oficial indicá-la-á por escrito. Não se conformando o apresentante com a exigência do oficial, ou não a podendo satisfazer, será o título, a seu requerimento e com a declaração de dúvida, remetido ao juízo competente para dirimi-la, obedecendo-se ao seguinte: (Renumerado do art 198 a 201 *"caput"* com nova redação pela Lei nº 6.216, de 1975)

I – no Protocolo, anotará o oficial, à margem da prenotação, a ocorrência da dúvida;

II – após certificar, no título, a prenotação e a suscitação da dúvida, rubricará o oficial todas as suas folhas;

III – em seguida, o oficial dará ciência dos termos da dúvida ao apresentante, fornecendo-lhe cópia da suscitação e notificando-o para impugná-la, perante o juízo competente, no prazo de 15 (quinze) dias;

IV – certificado o cumprimento do disposto no item anterior, remeter-se-ão ao juízo competente, mediante carga, as razões da dúvida, acompanhadas do título.

Art. 199. Se o interessado não impugnar a dúvida no prazo referido no item III do artigo anterior, será ela, ainda assim, julgada por sentença. (Renumerado do art. 201 § 1º com nova redação pela Lei nº 6.216, de 1975)

Art. 200. Impugnada a dúvida com os documentos que o interessado apresentar, será ouvido o Ministério Público, no prazo de 10 (dez) dias. (Renumerado do art. 202 com nova redação pela Lei nº 6.216, de 1975)

Art. 201. Se não forem requeridas diligências, o juiz proferirá decisão no prazo de 15 (quinze) dias, com base nos elementos constantes dos autos. (Renumerado do art. 202 com nova redação pela Lei nº 6.216, de 1975)

Art. 202. Da sentença, poderão interpor apelação, com os efeitos devolutivo e suspensivo, o interessado, o Ministério Público e o terceiro prejudicado. (Renumerado do parágrafo único do art. 202 com nova redação pela Lei nº 6.216, de 1975)

Art. 203. Transitada em julgado a decisão da dúvida, proceder-se-á do seguinte modo: (Renumerado dos arts. 203 e 204 com nova redação pela Lei nº 6.216, de 1975)

I – se for julgada procedente, os documentos serão restituídos à parte, independentemente de traslado, dando-se ciência da decisão ao oficial, para que a consigne no Protocolo e cancele a prenotação;

II – se for julgada improcedente, o interessado apresentará, de novo, os seus documentos, com o respectivo mandado, ou certidão da sentença, que ficarão arquivados, para que, desde logo, se proceda ao registro, declarando o oficial o fato na coluna de anotações do Protocolo.

Art. 204. A decisão da dúvida tem natureza administrativa e não impede o uso do processo contencioso competente. (Renumerado do art. 205 com nova redação pela Lei nº 6.216, de 1975)

Art. 205. Cessarão automaticamente os efeitos da prenotação se, decorridos 30 (trinta) dias do seu lançamento no Protocolo, o título não tiver sido registrado por omissão do interessado em atender às exigências legais. (Renumerado do art. 206 com nova redação pela Lei nº 6.216, de 1975)

Parágrafo único. Nos procedimentos de regularização fundiária de interesse social, os efeitos da prenotação cessarão decorridos 60 (sessenta) dias de seu lançamento no protocolo. (Incluído pela Lei nº 12.424, de 2011)

Art. 206. Se o documento, uma vez prenotado, não puder ser registrado, ou o apresentante desistir do seu registro, a importância relativa às despesas previstas no art. 14 será restituída, deduzida a quantia correspondente às buscas e à prenotação. (Renumerado do art. 207 com nova redação pela Lei nº 6.216, de 1975)

Art. 207. No processo, de dúvida, somente serão devidas custas, a serem pagas pelo interessado, quando a dúvida for julgada procedente. (Renumerado do art. 208 com nova redação pela Lei nº 6.216, de 1975)

Art. 208. O registro começado dentro das horas fixadas não será interrompido, salvo motivo de força maior declarado, prorrogando-se o expediente até ser concluído. (Renumerado do art. 209 com nova redação pela Lei nº 6.216, de 1975)

Art. 209. Durante a prorrogação nenhuma nova apresentação será admitida, lavrando o termo de encerramento no Protocolo. (Renumerado do art. 210 com nova redação pela Lei nº 6.216, de 1975)

Art. 210. Todos os atos serão assinados e encerrados pelo oficial, por seu substituto legal, ou por escrevente expressamente designado pelo oficial ou por seu substituto legal e autorizado pelo juiz competente ainda que os primeiros não estejam nem afastados nem impedidos. (Renumerado do art. 211 com nova redação pela Lei nº 6.216, de 1975)

Art. 211. Nas vias dos títulos restituídas aos apresentantes, serão declarados resumidamente, por carimbo, os atos praticados. (Renumerado do art. 212 com nova redação pela Lei nº 6.216, de 1975)

Art. 212. Se o registro ou a averbação for omissa, imprecisa ou não exprimir a verdade, a retificação será feita pelo Oficial do Registro de Imóveis competente, a requerimento do interessado, por meio do procedimento administrativo previsto no art. 213, facultado ao interessado requerer a retificação por meio de procedimento judicial. (Redação dada pela Lei nº 10.931, de 2004)

Parágrafo único. A opção pelo procedimento administrativo previsto no art. 213 não exclui a prestação jurisdicional, a requerimento da parte prejudicada. (Incluído pela Lei nº 10.931, de 2004)

Art. 213. O oficial retificará o registro ou a averbação: (Redação dada pela Lei nº 10.931, de 2004)

I – de ofício ou a requerimento do interessado nos casos de: (Incluído pela Lei nº 10.931, de 2004)

a) omissão ou erro cometido na transposição de qualquer elemento do título; (Incluído pela Lei nº 10.931, de 2004)

b) indicação ou atualização de confrontação; (Incluído pela Lei nº 10.931, de 2004)

c) alteração de denominação de logradouro público, comprovada por documento oficial; (Incluído pela Lei nº 10.931, de 2004)

d) retificação que vise a indicação de rumos, ângulos de deflexão ou inserção de coordenadas georeferenciadas, em que não haja alteração das medidas perimetrais; (Incluída pela Lei nº 10.931, de 2004)

e) alteração ou inserção que resulte de mero cálculo matemático feito a partir das medidas perimetrais constantes do registro; (Incluída pela Lei nº 10.931, de 2004)

f) reprodução de descrição de linha divisória de imóvel confrontante que já tenha sido objeto de retificação; (Incluída pela Lei nº 10.931, de 2004)

g) inserção ou modificação dos dados de qualificação pessoal das partes, comprovada por documentos oficiais, ou mediante despacho judicial quando houver necessidade de produção de outras provas; (Incluída pela Lei nº 10.931, de 2004)

II – a requerimento do interessado, no caso de inserção ou alteração de medida perimetral de que resulte, ou não, alteração de área, instruído com planta e memorial descritivo assinado por profissional legalmente habilitado, com prova de anotação de responsabilidade técnica no competente Conselho Regional de Engenharia e Arquitetura – Crea, bem assim pelos confrontantes. (Incluído pela Lei nº 10.931, de 2004)

- Lei 12.378/2010 – Regulamenta o exercício da Arquitetura e Urbanismo; cria o Conselho de Arquitetura e Urbanismo do Brasil – CAU/BR e os Conselhos de Arquitetura e Urbanismo dos Estados e do Distrito Federal – CAUs.

§ 1º. Uma vez atendidos os requisitos de que trata o *caput* do art. 225, o oficial averbará a retificação. (Redação dada pela Lei nº 10.931, de 2004)

§ 2º. Se a planta não contiver a assinatura de algum confrontante, este será notificado pelo Oficial de Registro de Imóveis competente, a requerimento do interessado, para se manifestar em 15 (quinze) dias, promovendo-se a notificação pessoalmente ou pelo correio, com aviso de recebimento, ou, ainda, por solicitação do Oficial de Registro de Imóveis, pelo Oficial de Registro de Títulos e Documentos da comarca da situação do imóvel ou do domicílio de quem deva recebê-la. (Redação dada pela Lei nº 10.931, de 2004)

§ 3º. A notificação será dirigida ao endereço do confrontante constante do Registro de Imóveis, podendo ser dirigida ao próprio imóvel contíguo ou àquele fornecido pelo requerente; não sendo encontrado o confrontante ou estando em lugar incerto e não sabido, tal fato será certificado pelo oficial encarregado da diligência, promovendo-se a notificação do confrontante mediante edital, com o mesmo prazo fixado no § 2º, publicado por duas vezes em jornal local de grande circulação. (Redação dada pela Lei nº 10.931, de 2004)

§ 4º. Presumir-se-á a anuência do confrontante que deixar de apresentar impugnação no prazo da notificação. (Redação dada pela Lei nº 10.931, de 2004)

§ 5º. Findo o prazo sem impugnação, o oficial averbará a retificação requerida; se houver impugnação fundamentada por parte de algum confrontante, o oficial intimará o requerente e o profissional que houver assinado a planta e o memorial a fim de que, no prazo de 5 (cinco) dias, se manifestem sobre a impugnação. (Redação dada pela Lei nº 10.931, de 2004)

§ 6º. Havendo impugnação e se as partes não tiverem formalizado transação amigável para solucioná-la, o oficial remeterá o processo ao juiz competente, que decidirá de plano ou após instrução sumária, salvo se a controvérsia versar sobre o direito de propriedade de alguma das partes, hipótese em que remeterá o interessado para as vias ordinárias. (Incluído pela Lei nº 10.931, de 2004)

§ 7º. Pelo mesmo procedimento previsto neste artigo poderão ser apurados os remanescentes de áreas parcialmente alienadas, caso em que serão considerados como confrontantes tão somente os confinantes das áreas remanescentes. (Incluído pela Lei nº 10.931, de 2004)

§ 8º. As áreas públicas poderão ser demarcadas ou ter seus registros retificados pelo mesmo procedimento previsto neste artigo, desde que constem do registro ou sejam logradouros devidamente averbados. (Incluído pela Lei nº 10.931, de 2004)

§ 9º. Independentemente de retificação, dois ou mais confrontantes poderão, por meio de escritura pública, alterar ou estabelecer as divisas entre si e, se houver transferência de área, com o recolhimento do devido imposto de transmissão e desde que preservadas, se rural o imóvel, a fração mínima de parcelamento e, quando urbano, a legislação urbanística. (Incluído pela Lei nº 10.931, de 2004)

§ 10. Entendem-se como confrontantes não só os proprietários dos imóveis contíguos, mas, também, seus eventuais ocupantes; o condomínio geral, de que tratam os arts. 1.314 e seguintes do Código Civil, será representado por qualquer dos condôminos e o condomínio edilício, de que tratam os arts. 1.331 e seguintes do Código Civil, será representado, conforme o caso, pelo síndico ou pela Comissão de Representantes. (Incluído pela Lei nº 10.931, de 2004)

§ 11. Independe de retificação: (Incluído pela Lei nº 10.931, de 2004)

I – a regularização fundiária de interesse social realizada em Zonas Especiais de Interesse Social, promovida por Município ou pelo Distrito Federal, quando os lotes já estiverem cadastrados individualmente ou com lançamento fiscal há mais de 10 (dez) anos; (Redação dada pela Lei nº 12.424, de 2011)

II – a adequação da descrição de imóvel rural às exigências dos arts. 176, §§ 3º e 4º, e 225, § 3º, desta Lei. (Incluído pela Lei nº 10.931, de 2004)

III – a adequação da descrição de imóvel urbano decorrente de transformação de coordenadas geodésicas entre os sistemas de georreferenciamento oficiais; (Incluído pela Lei nº 12.424, de 2011)

IV – a averbação do auto de demarcação urbanística e o registro do parcelamento decorrente de projeto de regularização fundiária de interesse social de que trata a Lei 11.977, de 7 de julho de 2009; e (Incluído pela Lei nº 12.424, de 2011)

V – o registro do parcelamento de glebas para fins urbanos anterior a 19 de dezembro de 1979, que esteja implantado e integrado à cidade, nos termos do art. 71 da Lei nº 11.977, de 7 de julho de 2009. (Incluído pela Lei nº 12.424, de 2011)

§ 12. Poderá o oficial realizar diligências no imóvel para a constatação de sua situação em face dos confrontantes e localização na quadra. (Incluído pela Lei nº 10.931, de 2004)

§ 13. Não havendo dúvida quanto à identificação do imóvel, o título anterior à retificação poderá ser levado a registro desde que requerido pelo adquirente, promovendo-se o registro em conformidade com a nova descrição. (Incluído pela Lei nº 10.931, de 2004)

§ 14. Verificado a qualquer tempo não serem verdadeiros os fatos constantes do memorial descritivo, responderão os requerentes e o profissional que o elaborou pelos prejuízos causados, independentemente das sanções disciplinares e penais. (Incluído pela Lei nº 10.931, de 2004)

§ 15. Não são devidos custas ou emolumentos notariais ou de registro decorrentes de regularização fundiária de interesse social a cargo da administração pública. (Incluído pela Lei nº 10.931, de 2004)

§ 16. Na retificação de que trata o inciso II do *caput*, serão considerados confrontantes somente os confinantes de divisas que forem alcançadas pela inserção ou alteração de medidas perimetrais. (Incluído pela Lei nº 12.424, de 2011)

Art. 214. As nulidades de pleno direito do registro, uma vez provadas, invalidam-no, independentemente de ação direta. (Renumerado do art. 215 com nova redação pela Lei nº 6.216, de 1975)

§ 1º. A nulidade será decretada depois de ouvidos os atingidos. (Incluído pela Lei nº 10.931, de 2004)

§ 2º Da decisão tomada no caso do § 1º caberá apelação ou agravo conforme o caso. (Incluído pela Lei nº 10.931, de 2004)

§ 3º Se o juiz entender que a superveniência de novos registros poderá causar danos de difícil reparação poderá determinar de ofício, a qualquer momento, ainda que sem oitiva das partes, o bloqueio da matrícula do imóvel. (Incluído pela Lei nº 10.931, de 2004)

§ 4º Bloqueada a matrícula, o oficial não poderá mais nela praticar qualquer ato, salvo com autorização judicial, permitindo-se, todavia, aos interessados a prenotação de seus títulos, que ficarão com o prazo prorrogado até a solução do bloqueio. (Incluído pela Lei nº 10.931, de 2004)

§ 5º A nulidade não será decretada se atingir terceiro de boa-fé que já tiver preenchido as condições de usucapião do imóvel. (Incluído pela Lei nº 10.931, de 2004)

Art. 215. São nulos os registros efetuados após sentença de abertura de falência, ou do termo legal nele fixado, salvo se a apresentação tiver sido feita anteriormente. (Renumerado do art. 216 com nova redação pela Lei nº 6.216, de 1975)

Art. 216. O registro poderá também ser retificado ou anulado por sentença em processo contencioso, ou por efeito do julgado em ação de anulação ou de declaração de nulidade de ato jurídico, ou de julgado sobre fraude à execução. (Renumerado do art. 217 com nova redação pela Lei nº 6.216, de 1975)

Art. 216-A. Sem prejuízo da via jurisdicional, é admitido o pedido de reconhecimento extrajudicial de usucapião, que será processado diretamente perante o cartório do registro de imóveis da comarca em que estiver situado o imóvel usucapiendo, a requerimento do interessado, representado por advogado, instruído com: (Incluído pela Lei nº 13.105, de 2015)

I - ata notarial lavrada pelo tabelião, atestando o tempo de posse do requerente e de seus antecessores, conforme o caso e suas circunstâncias, aplicando-se o disposto no art. 384 da Lei no 13.105, de 16 de março de 2015 (Código de Processo Civil); (Redação dada pela Lei nº 13.465, de 2017)

II - planta e memorial descritivo assinado por profissional legalmente habilitado, com prova de anotação de responsabilidade técnica no respectivo conselho de fiscalização profissional, e pelos titulares de direitos registrados ou averbados na matrícula do imóvel usucapiendo ou na matrícula dos imóveis confinantes; (Redação dada pela Lei nº 13.465, de 2017)

III – certidões negativas dos distribuidores da comarca da situação do imóvel e do domicílio do requerente; (Incluído pela Lei nº 13.105, de 2015)

IV – justo título ou quaisquer outros documentos que demonstrem a origem, a continuidade, a natureza e o tempo da posse, tais como o pagamento dos impostos e das taxas que incidirem sobre o imóvel. (Incluído pela Lei nº 13.105, de 2015)

§ 1º. O pedido será autuado pelo registrador, prorrogando-se o prazo da prenotação até o acolhimento ou a rejeição do pedido. (Incluído pela Lei nº 13.105, de 2015)

§ 2º. Se a planta não contiver a assinatura de qualquer um dos titulares de direitos registrados ou averbados na matrícula do imóvel usucapiendo ou na matrícula dos imóveis confinantes, o titular será notificado pelo registrador competente, pessoalmente ou pelo correio com aviso de recebimento, para manifestar consentimento expresso em quinze dias, interpretado o silêncio como concordância. (Redação dada pela Lei nº 13.465, de 2017)

§ 3º. O oficial de registro de imóveis dará ciência à União, ao Estado, ao Distrito Federal e ao Município, pessoalmente, por intermédio do oficial de registro de títulos e documentos, ou pelo correio com aviso de recebimento, para que se manifestem, em 15 (quinze) dias, sobre o pedido. (Incluído pela Lei nº 13.105, de 2015)

§ 4º. O oficial de registro de imóveis promoverá a publicação de edital em jornal de grande circulação, onde houver, para a ciência de terceiros eventualmente interessados, que poderão se manifestar em 15 (quinze) dias. (Incluído pela Lei nº 13.105, de 2015)

§ 5º. Para a elucidação de qualquer ponto de dúvida, poderão ser solicitadas ou realizadas diligências pelo oficial de registro de imóveis. (Incluído pela Lei nº 13.105, de 2015)

§ 6º Transcorrido o prazo de que trata o § 4º deste artigo, sem pendência de diligências na forma do § 5º deste artigo e achando-se em ordem a documentação, o oficial de registro de imóveis registrará a aquisição do imóvel com as descrições apresentadas, sendo permitida a abertura de matrícula, se for o caso. (Redação dada pela Lei nº 13.465, de 2017)

§ 7º. Em qualquer caso, é lícito ao interessado suscitar o procedimento de dúvida, nos termos desta Lei. (Incluído pela Lei nº 13.105, de 2015)

§ 8º. Ao final das diligências, se a documentação não estiver em ordem, o oficial de registro de imóveis rejeitará o pedido. (Incluído pela Lei nº 13.105, de 2015)

§ 9º. A rejeição do pedido extrajudicial não impede o ajuizamento de ação de usucapião. (Incluído pela Lei nº 13.105, de 2015)

§ 10. Em caso de impugnação do pedido de reconhecimento extrajudicial de usucapião, apresentada por qualquer um dos titulares de direito reais e de outros direitos registrados ou averbados na matrícula do imóvel usucapiendo e na matrícula dos imóveis confinantes, por algum dos entes públicos ou por algum terceiro interessado, o oficial de registro de imóveis remeterá os autos ao juízo competente da comarca da situação do imóvel, cabendo ao requerente emendar a petição inicial para adequá-la ao procedimento comum. (Incluído pela Lei nº 13.105, de 2015)

§ 11. No caso de o imóvel usucapiendo ser unidade autônoma de condomínio edilício, fica dispensado consentimento dos titulares de direitos reais e outros direitos registrados ou averbados na matrícula dos imóveis confinantes e bastará a notificação do síndico para se manifestar na forma do § 2º deste artigo. (Incluído pela Lei nº 13.465, de 2017)

§ 12. Se o imóvel confinante contiver um condomínio edilício, bastará a notificação do síndico para o efeito do § 2º deste artigo, dispensada a notificação de todos os condôminos. (Incluído pela Lei nº 13.465, de 2017)

§ 13. Para efeito do § 2º deste artigo, caso não seja encontrado o notificando ou caso ele esteja em lugar incerto ou não sabido, tal fato será certificado pelo registrador, que deverá promover a sua notificação por edital mediante publicação, por duas vezes, em jornal local de grande circulação, pelo prazo de quinze dias cada um, interpretado o silêncio do notificando como concordância. (Incluído pela Lei nº 13.465, de 2017)

§ 14. Regulamento do órgão jurisdicional competente para a correição das serventias poderá autorizar a publicação do edital em meio eletrônico, caso em que ficará dispensada a publicação em jornais de grande circulação. (Incluído pela Lei nº 13.465, de 2017)

§ 15. No caso de ausência ou insuficiência dos documentos de que trata o inciso IV do *caput* deste artigo, a posse e os demais dados necessários poderão ser comprovados em procedimento de justificação administrativa perante a serventia extrajudicial, que obedecerá, no que couber, ao disposto no § 5º do art. 381 e ao rito previsto nos arts. 382 e 383 da Lei no 13.105, de 16 março de 2015 (Código de Processo Civil). (Incluído pela Lei nº 13.465, de 2017)

CAPÍTULO IV. DAS PESSOAS

Art. 217. O registro e a averbação poderão ser provocados por qualquer pessoa, incumbindo-lhe as despesas respectivas. (Renumerado do art. 218 com nova redação pela Lei nº 6.216, de 1975)

Art. 218. Nos atos a título gratuito, o registro pode também ser promovido pelo transferente, acompanhado da prova de aceitação do beneficiado. (Renumerado do art. 219 com nova redação pela Lei nº 6.216, de 1975)

Art. 219. O registro do penhor rural independe do consentimento do credor hipotecário. (Renumerado do art. 220 com nova redação pela Lei nº 6.216, de 1975)

Art. 220. São considerados, para fins de escrituração, credores e devedores, respectivamente: (Renumerado do art. 221 com nova redação pela Lei nº 6.216, de 1975)

I – nas servidões, o dono do prédio dominante e dono do prédio serviente;

II – no uso, o usuário e o proprietário;

III – na habitação, o habitante e proprietário;

IV – na anticrese, o mutuante e mutuário;

V – no usufruto, o usufrutuário e o nu-proprietário;

VI – na enfiteuse, o senhorio e o enfiteuta;

VII – na constituição de renda, o beneficiário e o rendeiro censuário;

VIII – na locação, o locatário e o locador;

IX – nas promessas de compra e venda, o promitente comprador e o promitente vendedor;

X – nas penhoras e ações, o autor e o réu;

XI – nas cessões de direitos, o cessionário e o cedente;

XII – nas promessas de cessão de direitos, o promitente cessionário e o promitente cedente.

CAPÍTULO V. DOS TÍTULOS

- Lei 6.739/1979 – Dispõe sobre a Matrícula e o Registro de Imóveis Rurais.

Art. 221. Somente são admitidos a registro: (Renumerado do art. 222 com nova redação pela Lei nº 6.216, de 1975)

I – escrituras públicas, inclusive as lavradas em consulados brasileiros;

II – escritos particulares autorizados em lei, assinados pelas partes e testemunhas, com as firmas reconhecidas, dispensado o reconhecimento quando se tratar de atos praticados por entidades vinculadas ao Sistema Financeiro da Habitação;

III – atos autênticos de países estrangeiros, com força de instrumento público, legalizados e traduzidos na forma da lei, e registrados no Cartório do Registro de Títulos e Documentos, assim como sentenças proferidas por tribunais estrangeiros após homologação pelo Supremo Tribunal Federal;

IV – cartas de sentença, formais de partilha, certidões e mandados extraídos de autos de processo.

V – contratos ou termos administrativos, assinados com a União, Estados, Municípios ou o Distrito Federal, no âmbito de programas de regularização fundiária e de programas habitacionais de interesse social, dispensado o reconhecimento de firma. (Redação dada pela Lei nº 12.424, de 2011)

§ 1º. Serão registrados os contratos e termos mencionados no inciso V do *caput* assinados a rogo com a impressão dactiloscópica do beneficiário, quando este for analfabeto ou não puder assinar, acompanhados da assinatura de 2 (duas) testemunhas. (Incluído pela Lei nº 12.424, de 2011)

§ 2º. Os contratos ou termos administrativos mencionados no inciso V do *caput* poderão ser celebrados constando apenas o nome e o número de documento oficial do beneficiário, podendo sua qualificação completa ser efetuada posteriormente, no momento do registro do termo ou contrato, mediante simples requerimento do interessado dirigido ao registro de imóveis. (Incluído pela Lei nº 12.424, de 2011)

§ 3º. Fica dispensada a apresentação dos títulos previstos nos incisos I a V do *caput* deste artigo quando se tratar de registro do projeto de regularização fundiária e da constituição de direito real, sendo o ente público promotor da regularização fundiária urbana responsável pelo fornecimento das informações necessárias ao registro, ficando dispensada a apresentação de título individualizado, nos termos da legislação específica. (Redação dada pela Lei nº 13.465, de 2017)

Art. 222. Em todas as escrituras e em todos os atos relativos a imóveis, bem como nas cartas de sentença e formais de partilha, o tabelião ou escrivão deve fazer referência à matrícula ou ao registro anterior, seu número e cartório. (Renumerado do art 223 com nova redação pela Lei nº 6.216, de 1975)

Art. 223. Ficam sujeitas à obrigação, a que alude o artigo anterior, as partes que, por instrumento particular, celebrarem atos relativos a imóveis. (Renumerado do § 1º do art. 223 com nova redação pela Lei nº 6.216, de 1975)

Art. 224. Nas escrituras, lavradas em decorrência de autorização judicial, serão mencionados, por certidão, em breve relatório com todas as minúcias que permitam identificá-los, os respectivos alvarás. (Renumerado do § 2º do art. 223 com nova redação pela Lei nº 6.216, de 1975)

Art. 225. Os tabeliães, escrivães e juízes farão com que, nas escrituras e nos autos judiciais, as partes indiquem, com precisão, os característicos, as confrontações e as localizações dos imóveis, mencionando os nomes dos confrontantes e, ainda, quando se tratar só de terreno, se esse fica do lado par ou do lado ímpar do logradouro, em que quadra e a que distância métrica da edificação ou da esquina mais próxima, exigindo dos interessados certidão do Registro Imobiliário. (Renumerado do art. 228 com nova redação pela Lei nº 6.216, de 1975)

§ 1º. As mesmas minúcias, com relação à caracterização do imóvel, devem constar dos instrumentos particulares apresentados em cartório para registro.

§ 2º. Consideram-se irregulares, para efeito de matrícula, os títulos nos quais a caracterização do imóvel não coincida com a que consta do registro anterior.

§ 3º. Nos autos judiciais que versem sobre imóveis rurais, a localização, os limites e as confrontações serão obtidos a partir de memorial descritivo assinado por profissional habilitado e com a devida Anotação de Responsabilidade Técnica – ART, contendo as coordenadas dos vértices definidores dos limites dos imóveis rurais, georreferenciadas ao Sistema Geodésico Brasileiro e com precisão posicional a ser fixada pelo Incra, garantida a isenção de custos financeiros aos proprietários de imóveis rurais cuja somatória da área não exceda a quatro módulos fiscais. (Incluído pela Lei nº 10.267, de 2001)

Art. 226. Tratando-se de usucapião, os requisitos da matrícula devem constar do mandado judicial. (Renumerado do art. 229 com nova redação pela Lei nº 6.216, de 1975)

CAPÍTULO VI. DA MATRÍCULA

- Lei 6.739/1979 – Dispõe sobre a Matrícula e o Registro de Imóveis Rurais.

Art. 227. Todo imóvel objeto de título a ser registrado deve estar matriculado no Livro n. 2 – Registro Geral – obedecido o disposto no art. 176. (Renumerado do art. 224 com nova redação pela Lei nº 6.216, de 1975)

Art. 228. A matrícula será efetuada por ocasião do primeiro registro a ser lançado na vigência desta Lei, mediante os elementos constantes do título apresentado e do registro anterior nele mencionado.

(Renumerado do art. 225 com nova redação pela Lei nº 6.216, de 1975)

- CPC/15: art. 406.

Art. 229. Se o registro anterior foi efetuado em outra circunscrição, a matrícula será aberta com os elementos constantes do título apresentado e da certidão atualizada daquele registro, a qual ficará arquivada em cartório. (Renumerado do § 1º do art. 225 com nova redação pela Lei nº 6.216, de 1975)

Art. 230. Se na certidão constar ônus, o oficial fará a matrícula, e, logo em seguida ao registro, averbará a existência do ônus, sua natureza e valor, certificando o fato no título que devolver à parte, o que ocorrerá, também, quando o ônus estiver lançado no próprio cartório. (Incluído pela Lei nº 6.216, de 1975)

Art. 231. No preenchimento dos livros, observar-se-ão as seguintes normas: (Incluído pela Lei nº 6.216, de 1975)

I – no alto da face de cada folha será lançada a matrícula do imóvel, com os requisitos constantes do art. 176, e no espaço restante e no verso, serão lançados por ordem cronológica e em forma narrativa, os registros e averbações dos atos pertinentes ao imóvel matriculado;

II – preenchida uma folha, será feito o transporte para a primeira folha em branco do mesmo livro ou do livro da mesma série que estiver em uso, onde continuarão os lançamentos, com remissões recíprocas.

Art. 232. Cada lançamento de registro será precedido pela letra "R" e o da averbação pelas letras "AV", seguindo-se o número de ordem do lançamento e o da matrícula (ex.: R-1-1, R-2-1, AV-3-1, R-4-1, AV-5-1 etc.) (Incluído pela Lei nº 6.216, de 1975)

Art. 233. A matrícula será cancelada: (Renumerado do art. 230 com nova redação pela Lei nº 6.216, de 1975).

I – por decisão judicial;

II – quando em virtude de alienações parciais, o imóvel for inteiramente transferido a outros proprietários;

III – pela fusão, nos termos do artigo seguinte.

Art. 234. Quando dois ou mais imóveis contíguos pertencentes ao mesmo proprietário, constarem de matrículas autônomas, pode ele requerer a fusão destas em uma só, de novo número, encerrando-se as primitivas. (Renumerado do art. 231 com nova redação pela Lei nº 6.216, de 1975).

Art. 235. Podem, ainda, ser unificados, com abertura de matrícula única: (Incluído pela Lei nº 6.216, de 1975)

I – dois ou mais imóveis constantes de transcrições anteriores a esta Lei, à margem das quais será averbada a abertura da matrícula que os unificar; (Incluído pela Lei nº 6.216, de 1975)

II – dois ou mais imóveis, registrados por ambos os sistemas, caso em que, nas transcrições, será feita a averbação prevista no item anterior, as matrículas serão encerradas na forma do artigo anterior. (Incluído pela Lei nº 6.216, de 1975)

III – 2 (dois) ou mais imóveis contíguos objeto de imissão provisória na posse registrada em nome da União, Estado, Município ou Distrito Federal. (Incluído pela Lei nº 12.424, de 2011)

§ 1º. Os imóveis de que trata este artigo, bem como os oriundos de desmembramentos, partilha e glebas destacadas de maior porção, serão desdobrados em novas matrículas, juntamente com os ônus que sobre eles existirem, sempre que ocorrer a transferência de 1 (uma) ou mais unidades, procedendo-se, em seguida, ao que estipula o inciso II do art. 233. (Incluído pela Lei nº 12.424, de 2011)

§ 2º. A hipótese de que trata o inciso III somente poderá ser utilizada nos casos de imóveis inseridos em área urbana ou de expansão urbana e com a finalidade de implementar programas habitacionais ou de regularização fundiária, o que deverá ser informado no requerimento de unificação. (Incluído pela Lei nº 12.424, de 2011)

§ 3º. Na hipótese de que trata o inciso III, a unificação das matrículas poderá abranger um ou mais imóveis de domínio público que sejam contíguos à área objeto da imissão provisória na posse. (Incluído pela Lei nº 12.424, de 2011)

Art. 235-A. Fica instituído o Código Nacional de Matrícula (CNM) que corresponde à numeração única de matrículas imobiliárias em âmbito nacional. (Incluído pela Lei nº 13.465, de 2017)

§ 1º. O CNM referente a matrícula encerrada ou cancelada não poderá ser reutilizado. (Incluído pela Lei nº 13.465, de 2017)

§ 2º. Ato da Corregedoria Nacional de Justiça do Conselho Nacional de Justiça regulamentará as características e a forma de implementação do CNM. (Incluído pela Lei nº 13.465, de 2017)

CAPÍTULO VII. DO REGISTRO

- Lei 6.739/1979 – Dispõe sobre a Matrícula e o Registro de Imóveis Rurais.

Art. 236. Nenhum registro poderá ser feito sem que o imóvel a que se referir esteja matriculado. (Incluído pela Lei nº 6.216, de 1975)

Art. 237. Ainda que o imóvel esteja matriculado, não se fará registro que dependa da apresentação de título anterior, a fim de que se preserve a continuidade do registro. (Renumerado do art. 235 e parágrafo único com nova redação pela Lei nº 6.216, de 1975)

Art. 237-A. Após o registro do parcelamento do solo ou da incorporação imobiliária, até a emissão da carta de habite-se, as averbações e registros relativos à pessoa do incorporador ou referentes a direitos reais de garantias, cessões ou demais negócios jurídicos que envolvam o empreendimento serão realizados na matrícula de origem do imóvel e em cada uma das matrículas das unidades autônomas eventualmente abertas. (Incluído pela Lei nº 11.977, de 2009)

§ 1º. Para efeito de cobrança de custas e emolumentos, as averbações e os registros relativos ao mesmo ato jurídico ou negócio jurídico e realizados com base no *caput* serão considerados como ato de registro único, não importando a quantidade de unidades autônomas envolvidas ou de atos intermediários existentes. (Redação dada pela Lei nº 12.424, de 2011)

§ 2º. Nos registros decorrentes de processo de parcelamento do solo ou de incorporação imobiliária, o registrador deverá observar o prazo máximo de 15 (quinze) dias para o fornecimento do número do registro ao interessado ou a indicação das pendências a serem satisfeitas para sua efetivação. (Incluído pela Lei nº 11.977, de 2009)

§ 3º. O registro da instituição de condomínio ou da especificação do empreendimento constituirá ato único para fins de cobrança de custas e emolumentos. (Incluído pela Lei nº 12.424, de 2011)

Art. 238. O registro de hipoteca convencional valerá pelo prazo de 30 (trinta) anos, findo o qual só será mantido o número anterior se reconstituída por novo título e novo registro. (Renumerado do art. 241 com nova redação pela Lei nº 6.216, de 1975)

Art. 239. As penhoras, arrestos e sequestros de imóveis serão registrados depois de pagas as custas do registro pela parte interessada, em cumprimento de mandado ou à vista de certidão do escrivão, de que constem, além dos requisitos exigidos para o registro, os nomes do juiz, do depositário, das partes e a natureza do processo. (Renumerado do art 244 com nova redação pela Lei nº 6.216, de 1975)

Parágrafo único. A certidão será lavrada pelo escrivão do feito, com a declaração do fim especial a que se destina, após a entrega, em cartório, do mandado devidamente cumprido.

Art. 240. O registro da penhora faz prova quanto à fraude de qualquer transação posterior. (Renumerado do art. 245 com nova redação pela Lei nº 6.216, de 1975)

Art. 241. O registro da anticrese no Livro n. 2 declarará, também, o prazo, a época do pagamento e a forma de administração. (Renumerado do art. 238 com nova redação pela Lei nº 6.216, de 1975)

Art. 242. O contrato de locação, com cláusula expressa de vigência no caso de alienação do imóvel, registrado no Livro n. 2, consignará também, o seu valor, a renda, o prazo, o tempo e o lugar do pagamento, bem como pena convencional. (Renumerado do art. 239 com nova redação pela Lei nº 6.216, de 1975)

Art. 243. A matrícula do imóvel promovida pelo titular do domínio direto aproveita ao titular do domínio útil, e vice-versa. (Renumerado do art. 236 com nova redação pela Lei nº 6.216, de 1975)

Art. 244. As escrituras antenupciais serão registradas no Livro n. 3 do cartório do domicílio conjugal, sem prejuízo de sua averbação obrigatória no lugar da situação dos imóveis de propriedade do casal, ou dos que forem sendo adquiridos e sujeitos a regime de bens diverso do comum, com a declaração das respectivas cláusulas, para ciência de terceiros. (Renumerado do art. 243 com nova redação pela Lei nº 6.216, de 1975)

Art. 245. Quando o regime de separação de bens for determinado por lei, far-se-á a respectiva averbação nos termos do artigo anterior, incumbindo ao Ministério Público zelar pela fiscalização e observância dessa providência. (Renumerado do parágrafo único do art. 243 com nova redação pela Lei nº 6.216, de 1975)

CAPÍTULO VIII. DA AVERBAÇÃO E DO CANCELAMENTO

- CC: arts. 346 a 351.

Art. 246. Além dos casos expressamente indicados no item II do artigo 167, serão averbadas na matrícula as sub-rogações e outras ocorrências que, por qualquer modo, alterem o registro. (Renumerado do art. 247 com nova redação pela Lei nº 6.216, de 1975)

§ 1º. As averbações a que se referem os itens 4 e 5 do inciso II do art. 167 serão as feitas a requerimento dos interessados, com firma reconhecida, instruído com documento dos interessados, com firma reconhecida, instruído com documento comprobatório fornecido pela autoridade competente. A alteração do nome só poderá ser averbada quando devidamente comprovada por certidão do Registro Civil. (Incluído pela Lei nº 10.267, de 2001)

§ 2º. Tratando-se de terra indígena com demarcação homologada, a União promoverá o registro da área em seu nome. (Incluído pela Lei nº 10.267, de 2001)

§ 3º. Constatada, durante o processo demarcatório, a existência de domínio privado nos limites da terra indígena, a União requererá ao Oficial de Registro a averbação, na respectiva matrícula, dessa circunstância. (Incluído pela Lei nº 10.267, de 2001)

§ 4º. As providências a que se referem os §§ 2º e 3º deste artigo deverão ser efetivadas pelo cartório, no prazo de 30 (trinta) dias, contado a partir do recebimento da solicitação de registro e averbação, sob pena de aplicação de multa diária no valor de R$ 1.000,00 (mil reais), sem prejuízo da responsabilidade civil e penal do Oficial de Registro. (Incluído pela Lei nº 10.267, de 2001)

Art. 247. Averbar-se-á, também, na matrícula, a declaração de indisponibilidade de bens, na forma prevista na Lei. (incluído pela Lei nº 6.216, de 1975)

Art. 247-A. É dispensado o habite-se expedido pela prefeitura municipal para a averbação de construção residencial urbana unifamiliar de um só pavimento finalizada há mais de 5 (cinco) anos em área ocupada predominantemente por população de baixa renda, inclusive para o fim de registro ou averbação decorrente de financiamento à moradia. (Acrescido pela Lei 13.865/2019)

Art. 248. O cancelamento efetuar-se-á mediante averbação, assinada pelo oficial, seu substituto legal ou escrevente autorizado, e declarará o motivo que o determinou, bem como o título em virtude do qual foi feito. (Renumerado do art. 249 com nova redação pela Lei nº 6.216, de 1975)

Art. 249. O cancelamento poderá ser total ou parcial e referir-se a qualquer dos atos do registro. (Renumerado do art. 250 com nova redação pela Lei nº 6.216, de 1975)

Art. 250. Far-se-á o cancelamento: (incluído pela Lei nº 6.216, de 1975)

I – em cumprimento de decisão judicial transitada em julgado; (incluído pela Lei nº 6.216, de 1975)

II – a requerimento unânime das partes que tenham participado do ato registrado, se capazes, com as firmas reconhecidas por tabelião; (incluído pela Lei nº 6.216, de 1975)

III – a requerimento do interessado, instruído com documento hábil. (incluído pela Lei nº 6.216, de 1975)

IV – a requerimento da Fazenda Pública, instruído com certidão de conclusão de processo administrativo que declarou, na forma da lei, a rescisão do título de domínio ou de concessão de direito real de uso de imóvel rural, expedido para fins de regularização fundiária, e a reversão do imóvel ao patrimônio público. (Incluído pela Lei nº 11.952, de 2009)

Art. 251. O cancelamento de hipoteca só pode ser feito: (Renumerado do art. 254 com nova redação pela Lei nº 6.216, de 1975)

I – à vista de autorização expressa ou quitação outorgada pelo credor ou seu sucessor, em instrumento público ou particular;

II – em razão de procedimento administrativo ou contencioso, no qual o credor tenha sido intimado (art. 698 do Código de Processo Civil);

- CPC/15: art. 889, V.

III – na conformidade da legislação referente às cédulas hipotecárias.

Art. 252. O registro, enquanto não cancelado, produz todos os efeitos legais ainda que, por outra maneira, se prove que o título está desfeito, anulado, extinto ou rescindido. (Renumerado do art. 255 com nova redação pela Lei nº 6.216, de 1975)

Art. 253. Ao terceiro prejudicado é lícito, em juízo, fazer prova da extinção dos ônus, reais, e promover o cancelamento do seu registro. (Renumerado do art. 255, parágrafo único, com nova redação pela Lei nº 6.216, de 1975)

Art. 254. Se, cancelado o registro, subsistirem o título e os direitos dele decorrentes, poderá o credor promover novo registro, o qual só produzirá efeitos a partir da nova data. (Renumerado do art. 251 com nova redação pela Lei nº 6.216, de 1975)

Art. 255. Além dos casos previstos nesta Lei, a inscrição de incorporação ou loteamento só será cancelada a requerimento do incorporador ou loteador, enquanto nenhuma unidade ou lote for objeto de transação averbada, ou mediante o consentimento de todos os compromissários ou cessionários. (Renumerado do art. 259 com nova redação pela Lei nº 6.216, de 1975)

Art. 256. O cancelamento da servidão, quando o prédio dominante estiver hipotecado, só poderá ser feito com aquiescência do credor, expressamente manifestada. (Renumerado do art. 251 com nova redação pela Lei nº 6.216, de 1975)

Art. 257. O dono do prédio serviente terá, nos termos da lei, direito a cancelar a servidão. (Renumerado do art. 252 com nova redação pela Lei nº 6.216, de 1975)

Art. 258. O foreiro poderá, nos termos da lei, averbar a renúncia de seu direito, sem dependência do consentimento do senhorio direto. (Renumerado do art. 253 com nova redação pela Lei nº 6.216, de 1975)

Art. 259. O cancelamento não pode ser feito em virtude de sentença sujeita, ainda, a recurso. (Renumerado do art. 256 com nova redação pela Lei nº 6.216, de 1975)

CAPÍTULO IX. DO BEM DE FAMÍLIA

- CC: arts. 1.711 a 1.722.
- Lei 8.009/1990 – Dispõe sobre a impenhorabilidade do bem de família.

Art. 260. A instituição do bem de família far-se-á por escritura pública, declarando o instituidor que determinado prédio se destina a domicílio de sua família e ficará isento de execução por dívida. (Renumerado do art. 261, pela Lei nº 6.216, de 1975)

Art. 261. Para a inscrição do bem de família, o instituidor apresentará ao oficial do registro a escritura pública de instituição, para que mande publicá-la na imprensa local e, à falta, na da Capital do Estado ou do Território. (Renumerado do art. 262, pela Lei nº 6.216, de 1975)

Art. 262. Se não ocorrer razão para dúvida, o oficial fará a publicação, em forma de edital, do qual constará: (Renumerado do art. 263, pela Lei nº 6.216, de 1975)

I – o resumo da escritura, nome, naturalidade e profissão do instituidor, data do instrumento e nome do tabelião que o fez, situação e característicos do prédio;

II – o aviso de que, se alguém se julgar prejudicado, deverá, dentro em 30 (trinta) dias, contados da data da publicação, reclamar contra a instituição, por escrito e perante o oficial.

Art. 263. Findo o prazo do n. II do artigo anterior, sem que tenha havido reclamação, o oficial transcreverá a escritura, integralmente, no Livro n. 3 e fará a inscrição na competente matrícula, arquivando um exemplar do jornal em que a publicação houver sido feita e restituindo o instrumento ao apresentante, com a nota da inscrição. (Renumerado do art. 264, pela Lei nº 6.216, de 1975)

Art. 264. Se for apresentada reclamação, dela fornecerá o oficial, ao instituidor, cópia autêntica e lhe restituirá a escritura, com a declaração de haver sido suspenso o registro, cancelando a prenotação. (Renumerado do art. 265, pela Lei nº 6.216, de 1975)

§ 1º. O instituidor poderá requerer ao juiz que ordene o registro, sem embargo da reclamação.

§ 2º. Se o juiz determinar que se proceda ao registro, ressalvará ao reclamante o direito de recorrer à ação competente para anular a instituição ou de fazer execução sobre o prédio instituído, na hipótese de tratar-se de dívida anterior e cuja solução se tornou inexequível em virtude do ato da instituição.

§ 3º. O despacho do juiz será irrecorrível e, se deferir o pedido será transcrito integralmente, juntamente com o instrumento.

Art. 265. Quando o bem de família for instituído juntamente com a transmissão da propriedade (Decreto-Lei nº 3.200, de 14 de abril de 1941, art. 8º, § 5º), a inscrição far-se-á imediatamente após o registro da transmissão ou, se for o caso, com a matrícula. (Renumerado do art. 266, pela Lei nº 6.216, de 1975)

- Consta conforme publicação oficial. A data do Decreto-Lei é 19 de abril de 1941.

CAPÍTULO X. DA REMIÇÃO DO IMÓVEL HIPOTECADO

Art. 266. Para remir o imóvel hipotecado, o adquirente requererá, no prazo legal, a citação dos credores hipotecários propondo, para a remição, no mínimo, o preço por que adquiriu o imóvel. (Renumerado do art. 267, pela Lei nº 6.216, de 1975)

- CC: arts. 1.481 a 1.484.

Art. 267. Se o credor, citado, não se opuser à remição, ou não comparecer, lavrar-se-á termo de pagamento e quitação e o juiz ordenará, por sentença, o cancelamento da hipoteca. (Renumerado do art. 268, pela Lei nº 6.216, de 1975)

Parágrafo único. No caso de revelia, consignar-se-á o preço à custa do credor.

Art. 268. Se o credor, citado, comparecer e impugnar o preço oferecido, o juiz mandará promover a licitação entre os credores hipotecários, os fiadores e o próprio adquirente, autorizando a venda judicial a quem oferecer maior preço. (Renumerado do art. 269, pela Lei nº 6.216, de 1975)

§ 1º. Na licitação, será preferido, em igualdade de condições, o lanço do adquirente.

§ 2º. Na falta de arrematante, o valor será o proposto pelo adquirente.

Art. 269. Arrematado o imóvel e depositado, dentro de 48 (quarenta e oito) horas, o respectivo preço, o juiz mandará cancelar a hipoteca, sub-rogando-se no produto da venda os direitos do credor hipotecário. (Renumerado do art. 270, pela Lei nº 6.216, de 1975)

Art. 270. Se o credor de segunda hipoteca, embora não vencida a dívida, requerer a remição, juntará o título e certidão da inscrição da anterior e depositará a importância devida ao primeiro credor, pedindo a citação deste para levantar o depósito e a do devedor para dentro do prazo de 5 (cinco) dias remir a hipoteca, sob pena de ficar o requerente sub-rogado nos direitos creditórios, sem prejuízo dos que lhe couberem em virtude da segunda hipoteca. (Renumerado do art. 271, pela Lei nº 6.216, de 1975)

Art. 271. Se o devedor não comparecer ou não remir a hipoteca, os autos serão conclusos ao juiz para julgar por sentença a remição pedida pelo segundo credor. (Renumerado do art. 272, pela Lei nº 6.216, de 1975)

Art. 272. Se o devedor comparecer e quiser efetuar a remição, notificar-se-á o credor para receber o preço, ficando sem efeito o depósito realizado pelo autor. (Renumerado do art. 273, pela Lei nº 6.216, de 1975)

Art. 273. Se o primeiro credor estiver promovendo a execução da hipoteca, a remição, que abrangerá a importância das custas e despesas realizadas, não se efetuará antes da primeira praça, nem depois de assinado o auto de arrematação. (Renumerado do art. 274, pela Lei nº 6.216, de 1975)

Art. 274. Na remição de hipoteca legal em que haja interesse de incapaz intervirá o Ministério Público. (Renumerado do art. 275, pela Lei nº 6.216, de 1975)

Art. 275. Das sentenças que julgarem o pedido de remição caberá o recurso de apelação com ambos os efeitos. (Renumerado do art. 276, pela Lei nº 6.216, de 1975)

Art. 276. Não é necessária a remição quando o credor assinar, com o vendedor, escritura de venda do imóvel gravado. (Renumerado do art. 277, pela Lei nº 6.216, de 1975)

CAPÍTULO XI. DO REGISTRO TORRENS

Art. 277. Requerida a inscrição de imóvel rural no Registro Torrens, o oficial protocolizará e autuará o requerimento e documentos que o instruírem e verificará se o pedido se acha em termos de ser despachado. (Renumerado do art. 278, pela Lei nº 6.216, de 1975)

- CPC/15: art. 1.046.

Art. 278. O requerimento será instruído com: (Renumerado do art. 279, pela Lei nº 6.216, de 1975)

I – os documentos comprobatórios do domínio do requerente;

II – a prova de quaisquer atos que modifiquem ou limitem a sua propriedade;

III – o memorial de que constem os encargos do imóvel os nomes dos ocupantes, confrontantes, quaisquer interessados, e a indicação das respectivas residências;

IV – a planta do imóvel, cuja escala poderá variar entre os limites: 1:500m (1/500) e 1:5.000m (1/5.000).

§ 1º. O levantamento da planta obedecerá às seguintes regras:

a) empregar-se-ão goniômetros ou outros instrumentos de maior precisão;

b) a planta será orientada segundo o mediano do lugar, determinada a declinação magnética;

c) fixação dos pontos de referência necessários a verificações ulteriores e de marcos especiais, ligados a pontos certos e estáveis nas sedes das propriedades, de maneira que a planta possa incorporar-se à carta geral cadastral.

§ 2º. Às plantas serão anexados o memorial e as cadernetas das operações de campo, autenticadas pelo agrimensor.

Art. 279. O imóvel sujeito a hipoteca ou ônus real não será admitido a registro sem consentimento expresso do credor hipotecário ou da pessoa em favor de quem se tenha instituído o ônus. (Renumerado do art. 280, pela Lei nº 6.216, de 1975)

Art. 280. Se o oficial considerar irregular o pedido ou a documentação, poderá conceder o prazo de 30 (trinta) dias para que o interessado os regularize. Se o requerente não estiver de acordo com a exigência do oficial, este suscitará dúvida. (Renumerado do art. 281, pela Lei nº 6.216, de 1975)

Art. 281. Se o oficial considerar em termos o pedido, remetê-lo-á a juízo para ser despachado. (Renumerado do art. 282, pela Lei nº 6.216, de 1975)

Art. 282. O juiz, distribuído o pedido a um dos cartórios judiciais se entender que os documentos justificam a propriedade do requerente, mandará expedir edital que será afixado no lugar de costume e publicado uma vez no órgão oficial do Estado e 3 (três) vezes na imprensa local, se houver, marcando prazo não menor de 2 (dois) meses, nem maior de 4 (quatro) meses para que se ofereça oposição. (Renumerado do art. 283, pela Lei nº 6.216, de 1975)

Art. 283. O juiz ordenará, de ofício ou a requerimento da parte, que, à custa do peticionário, se notifiquem do requerimento as pessoas nele indicadas. (Renumerado do art. 284, pela Lei nº 6.216, de 1975)

Art. 284. Em qualquer hipótese, será ouvido o órgão do Ministério Público, que poderá impugnar o registro por falta de prova completa do domínio ou preterição de outra formalidade legal. (Renumerado do art. 285, pela Lei nº 6.216, de 1975)

Art. 285. Feita a publicação do edital, a pessoa que se julgar com direito sobre o imóvel, no todo ou em parte, poderá contestar o pedido no prazo de 15 (quinze) dias. (Renumerado do art. 286, pela Lei nº 6.216, de 1975)

§ 1º. A contestação mencionará o nome e a residência do réu, fará a descrição exata do imóvel e indicará os direitos reclamados e os títulos em que se fundarem.

§ 2º. Se não houver contestação, e se o Ministério Público não impugnar o pedido, o juiz ordenará que se inscreva o imóvel, que ficará, assim, submetido aos efeitos do Registro Torrens.

Art. 286. Se houver contestação ou impugnação, o procedimento será ordinário, cancelando-se, mediante mandado, a prenotação. (Renumerado do art. 287, pela Lei nº 6.216, de 1975)

Art. 287. Da sentença que deferir, ou não, o pedido, cabe o recurso de apelação, com ambos os efeitos. (Renumerado do art. 288, pela Lei nº 6.216, de 1975)

Art. 288. Transitada em julgado a sentença que deferir o pedido, o oficial inscreverá, na matrícula, o julgado que determinou a submissão do imóvel aos efeitos do Registro Torrens, arquivando em cartório a documentação autuada. (Renumerado do art. 289, pela Lei nº 6.216, de 1975)

CAPÍTULO XII. DO REGISTRO DA REGULARIZAÇÃO FUNDIÁRIA URBANA

(Incluído pela Lei nº 12.424, de 2011)

Art. 288-A. O procedimento de registro da regularização fundiária urbana observará o disposto em legislação específica. (Redação dada pela Lei 13.465/2017)

I a III - (Revogados pela Lei 13.465/2017)

§§ 1º a 4º (Revogados pela Lei 13.465/2017)

I e II - (Revogados pela Lei 13.465/2017)

Arts. 288-B a 288-G (Revogados pela Lei 13.465/2017)

TÍTULO VI. DAS DISPOSIÇÕES FINAIS E TRANSITÓRIAS

Art. 289. No exercício de suas funções, cumpre aos oficiais de registro fazer rigorosa fiscalização do pagamento dos impostos devidos por força dos atos que lhes forem apresentados em razão do ofício. (Renumerado do art. 305, pela Lei nº 6.216, de 1975)

Art. 290. Os emolumentos devidos pelos atos relacionados com a primeira aquisição imobiliária para fins residenciais, financiada pelo Sistema Financeiro da Habitação, serão reduzidos em 50% (cinquenta por cento). (Redação dada pela Lei nº 6.941, de 1981)

- Lei 10.169/2000 – Regula o § 2º do art. 236 da CF, mediante o estabelecimento de normas gerais para a fixação de emolumentos relativos aos atos praticados pelos serviços notariais e de registro.

§ 1º. O registro e a averbação referentes à aquisição da casa própria, em que seja parte cooperativa habitacional ou entidade assemelhada, serão considerados, para efeito de cálculo de custas e emolumentos, como um ato apenas, não podendo a sua cobrança exceder o limite correspondente a 40% (quarenta por cento) do Maior Valor de Referência. (Redação dada pela Lei nº 6.941, de 1981)

§ 2º. Nos demais programas de interesse social, executados pelas Companhias de Habitação Popular – Cohabs ou entidades assemelhadas, os emolumentos e as custas devidos pelos atos de aquisição de imóveis e pelos de averbação de construção estarão sujeitos às seguintes limitações: (Redação dada pela Lei nº 6.941, de 1981)

a) imóvel de até 60 m² (sessenta metros quadrados) de área construída: 10% (dez por cento) do Maior Valor de Referência; (Redação dada pela Lei nº 6.941, de 1981)

b) de mais de 60 m² (sessenta metros quadrados) até 70 m² (setenta metros quadrados) de área construída: 15% (quinze por cento) do Maior Valor de Referência; (Redação dada pela Lei nº 6.941, de 1981)

c) de mais de 70 m² (setenta metros quadrados) e até 80 m² (oitenta metros quadrados) de área construída: 20% (vinte por cento) do Maior Valor de Referência. (Redação dada pela Lei nº 6.941, de 1981)

§ 3º. Os emolumentos devidos pelos atos relativos a financiamento rural serão cobrados de acordo com a legislação federal. (Redação dada pela Lei nº 6.941, de 1981)

§ 4º. As custas e emolumentos devidos aos Cartórios de Notas e de Registro de Imóveis, nos atos relacionados com a aquisição imobiliária para fins residenciais, oriundas de programas e convênios com a União, Estados, Distrito Federal e Municípios, para a construção de habitações populares destinadas a famílias de baixa renda, pelo sistema de mutirão e autoconstrução orientada, serão reduzidos para 20% (vinte por cento) da tabela cartorária normal, considerando-se que o imóvel será limitado a até 69 m² de área construída, em terreno de até 250 m². (Incluído pela Lei nº 9.934, de 1999)

§ 5º. Os cartórios que não cumprirem o disposto no § 4º ficarão sujeitos a multa de até R$ 1.120,00 (um mil, cento e vinte reais) a ser aplicada pelo juiz, com a atualização que se fizer necessária, em caso de desvalorização da moeda. (Incluído pela Lei nº 9.934, de 1999)

Art. 290-A. Devem ser realizados independentemente do recolhimento de custas e emolumentos: (Incluído pela Lei nº 11.481, de 2007)

I – o primeiro registro de direito real constituído em favor de beneficiário de regularização fundiária de interesse social em áreas urbanas e em áreas rurais de agricultura familiar; (Incluído pela Lei nº 11.481, de 2007)

II – a primeira averbação de construção residencial de até 70 m² (setenta metros quadrados) de edificação em áreas urbanas objeto de regularização fundiária de interesse social (Incluído pela Lei nº 11.481, de 2007)

III – o registro de título de legitimação de posse, concedido pelo poder público, de que trata o art. 59 da Lei nº 11.977, de 7 de julho de 2009, e de sua conversão em propriedade. (Incluído pela Lei nº 12.424, de 2011)

§ 1º. O registro e a averbação de que tratam os incisos I, II e III do *caput* deste artigo independem da comprovação do pagamento de quaisquer tributos, inclusive previdenciários. (Redação dada pela Lei nº 12.424, de 2011)

§ 2º. *(Revogado pela Lei nº 12.424, de 2011).*

Art. 291. A emissão ou averbação da Cédula Hipotecária, consolidando créditos hipotecários de um só credor, não implica modificação da ordem preferencial dessas hipotecas em relação a outras que lhes sejam posteriores e que garantam créditos não incluídos na consolidação. (Incluído pela Lei nº 6.941, de 1981)

Art. 292. É vedado aos tabeliães e aos oficiais de registro de imóveis, sob pena de responsabilidade, lavrar ou registrar escritura ou escritos particulares autorizados por lei, que tenham por objeto imóvel hipotecado a entidade do Sistema Financeiro da Habitação, ou direitos a eles relativos, sem que conste dos mesmos, expressamente, a menção ao ônus real e ao credor, bem como a comunicação ao credor, necessariamente feita pelo alienante, com antecedência de, no mínimo 30 (trinta) dias. (Incluído pela Lei nº 6.941, de 1981)

Art. 293. Se a escritura deixar de ser lavrada no prazo de 60 (sessenta) dias a contar da data da comunicação do alienante, esta perderá a validade. (Redação dada pela Lei nº 6.941, de 1981)

Parágrafo único. A ciência da comunicação não importará consentimento tácito do credor hipotecário. (Incluído pela Lei nº 6.941, de 1981)

Art. 294. Nos casos de incorporação de bens imóveis do patrimônio público, para a formação ou integralização do capital de sociedade por ações da administração indireta ou para a formação do patrimônio de empresa pública, o oficial do respectivo registro de imóveis fará o novo registro em nome da entidade a que os mesmos forem incorporados ou transferidos, valendo-se, para tanto, dos dados característicos e confrontações constantes do anterior. (Renumerado pela Lei nº 6.941, de 1981)

§ 1º. Servirá como título hábil para o novo registro o instrumento pelo qual a incorporação ou transferência se verificou, em cópia autêntica, ou exemplar do órgão oficial no qual foi aquele publicado.

§ 2º. Na hipótese de não coincidência das características do imóvel com as constantes do registro existente, deverá a entidade, ao qual foi o mesmo incorporado ou transferido, promover a respectiva correção mediante termo aditivo ao instrumento de incorporação ou transferência e do qual deverão constar, entre outros elementos, seus limites ou confrontações, sua descrição e caracterização.

§ 3º. Para fins do registro de que trata o presente artigo, considerar-se-á, como valor de transferência dos bens, o constante do instrumento a que alude o § 1º.

Art. 295. O encerramento dos livros em uso, antes da vigência da presente Lei, não exclui a validade dos atos neles registrados, nem impede que, neles, se façam as averbações e anotações posteriores. (Renumerado pela Lei nº 6.941, de 1981)

Parágrafo único. Se a averbação ou anotação dever ser feita no Livro n. 2 do Registro de Imóvel, pela presente Lei, e não houver espaço nos anteriores Livros de Transcrição das Transmissões, será aberta a matrícula do imóvel.

Art. 296. Aplicam-se aos registros referidos no art. 1º, § 1º, I, II e III, desta Lei, as disposições relativas ao processo de dúvida no registro de imóveis. (Renumerado pela Lei nº 6.941, de 1981)

Art. 297. Os oficiais, na data de vigência desta Lei, lavrarão termo de encerramento nos livros, e dele remeterão cópia ao juiz a que estiverem subordinados. (Renumerado pela Lei nº 6.941, de 1981)

Parágrafo único. Sem prejuízo do cumprimento integral das disposições desta Lei, os livros antigos poderão ser aproveitados, até o seu esgotamento, mediante autorização judicial e adaptação aos novos modelos, iniciando-se nova numeração.

Art. 298. Esta Lei entrará em vigor no dia 1º de janeiro de 1976. (Renumerado pela Lei nº 6.941, de 1981)

Art. 299. Revogam-se a Lei nº 4.827, de 7 de março de 1924, os Decretos nºs 4.857, de 9 de novembro de 1939, 5.318, de 29 de fevereiro de 1940, 5.553, de 6 de maio de 1940, e as demais disposições em contrário. (Renumerado pela Lei nº 6.941, de 1981)

Brasília, 31 de dezembro de 1973; 152º da Independência e 85º da República.

EMÍLIO G. MÉDICI

D.O.U de 31.12.1973, rep. 16.9.1975 – supl.; ret. 30.10.1975

- Não publicamos os anexos desta lei.

LEI Nº 6.019, DE 3 DE JANEIRO DE 1974

Dispõe sobre o trabalho temporário nas empresas urbanas e dá outras providências.

- *Lei do Trabalho Temporário*

O PRESIDENTE DA REPÚBLICA Faço saber que o Congresso Nacional decreta e eu sanciono a seguinte Lei:

Art. 1º. As relações de trabalho na empresa de trabalho temporário, na empresa de prestação de serviços e nas respectivas tomadoras de serviço e contratante regem-se por esta Lei. (Redação dada pela Lei nº 13.429, de 2017)

- Lei 13.429/2017 – Altera dispositivos da Lei 6.019/1974, que dispõe sobre o trabalho temporário nas empresas urbanas; e dispõe sobre as relações de trabalho na empresa de prestação de serviços a terceiros.
- Decreto 73.841/1974 – Regulamenta a Lei 6.019/1974, que dispõe sobre o trabalho temporário.
- Instrução Normati 14/2009 do MTb – Contrato de trabalho temporário.
- Portaria 550/2010 do MTb – Contrato de trabalho temporário.

Art. 2º. Trabalho temporário é aquele prestado por pessoa física contratada por uma empresa de trabalho temporário que a coloca à disposição de uma empresa tomadora de serviços, para atender à necessidade de substituição transitória de pessoal permanente ou à demanda complementar de serviços. (Redação dada pela Lei nº 13.429, de 2017)

- CLT: art. 13.

§ 1º. É proibida a contratação de trabalho temporário para a substituição de trabalhadores em greve, salvo nos casos previstos em lei. (Incluído pela Lei nº 13.429, de 2017)

§ 2º. Considera-se complementar a demanda de serviços que seja oriunda de fatores imprevisíveis ou, quando decorrente de fatores previsíveis, tenha natureza intermitente, periódica ou sazonal. (Incluído pela Lei nº 13.429, de 2017)

Art. 3º. É reconhecida a atividade da empresa de trabalho temporário, que passa a integrar o plano básico do enquadramento sindical a que se refere o art. 577, da Consolidação das Leis do Trabalho.

Art. 4º. Empresa de trabalho temporário é a pessoa jurídica, devidamente registrada no Ministério do Trabalho, responsável pela colocação de trabalhadores à disposição de outras empresas temporariamente. (Redação dada pela Lei nº 13.429, de 2017)

Art. 4º-A. Considera-se prestação de serviços a terceiros a transferência feita pela contratante da execução de quaisquer de suas atividades, inclusive sua atividade principal, à pessoa jurídica de direito privado prestadora de serviços que possua capacidade econômica compatível com a sua execução. (Redação dada pela Lei nº 13.467/2017)

§ 1º. A empresa prestadora de serviços contrata, remunera e dirige o trabalho realizado por seus trabalhadores, ou subcontrata outras empresas para realização desses serviços. (Incluído pela Lei nº 13.429, de 2017)

§ 2º. Não se configura vínculo empregatício entre os trabalhadores, ou sócios das empresas prestadoras de serviços, qualquer que seja o seu ramo, e a empresa contratante. (Incluído pela Lei nº 13.429, de 2017)

Art. 4º-B. São requisitos para o funcionamento da empresa de prestação de serviços a terceiros: (Incluído pela Lei nº 13.429, de 2017)

I – prova de inscrição no Cadastro Nacional da Pessoa Jurídica (CNPJ); (Incluído pela Lei nº 13.429, de 2017)

II – registro na Junta Comercial; (Incluído pela Lei nº 13.429, de 2017)

III – capital social compatível com o número de empregados, observando-se os seguintes parâmetros: (Incluído pela Lei nº 13.429, de 2017)

a) empresas com até dez empregados – capital mínimo de R$ 10.000,00 (dez mil reais); (Incluído pela Lei nº 13.429, de 2017)

b) empresas com mais de dez e até vinte empregados – capital mínimo de R$ 25.000,00 (vinte e cinco mil reais); (Incluído pela Lei nº 13.429, de 2017)

c) empresas com mais de vinte e até cinquenta empregados – capital mínimo de R$ 45.000,00 (quarenta e cinco mil reais); (Incluído pela Lei nº 13.429, de 2017)

d) empresas com mais de cinquenta e até cem empregados – capital mínimo de R$ 100.000,00 (cem mil reais); e (Incluído pela Lei nº 13.429, de 2017)

e) empresas com mais de cem empregados – capital mínimo de R$ 250.000,00 (duzentos e cinquenta mil reais). (Incluído pela Lei nº 13.429, de 2017)

Art. 4º-C. São asseguradas aos empregados da empresa prestadora de serviços a que se refere o art. 4º-A desta Lei, quando e enquanto os serviços, que podem ser de qualquer uma das atividades da contratante, forem executados nas dependências da tomadora, as mesmas condições: (Incluído pela Lei nº 13.467/2017)

I - relativas a:

a) alimentação garantida aos empregados da contratante, quando oferecida em refeitórios;

b) direito de utilizar os serviços de transporte;

c) atendimento médico ou ambulatorial existente nas dependências da contratante ou local por ela designado;

d) treinamento adequado, fornecido pela contratada, quando a atividade o exigir.

II - sanitárias, de medidas de proteção à saúde e de segurança no trabalho e de instalações adequadas à prestação do serviço.

§ 1º Contratante e contratada poderão estabelecer, se assim entenderem, que os empregados da contratada farão jus a salário equivalente ao pago aos empregados da contratante, além de outros direitos não previstos neste artigo.

§ 2º Nos contratos que impliquem mobilização de empregados da contratada em número igual ou superior a 20% (vinte por cento) dos empregados da contratante, esta poderá disponibilizar aos empregados da contratada os serviços de alimentação e atendimento ambulatorial em outros locais apropriados e com igual padrão de atendimento, com vistas a manter o pleno funcionamento dos serviços existentes.

Art. 5º. Empresa tomadora de serviços é a pessoa jurídica ou entidade a ela equiparada que celebra contrato de prestação de trabalho temporário com a empresa definida no art. 4º desta Lei. (Redação dada pela Lei nº 13.429, de 2017)

Art. 5º-A. Contratante é a pessoa física ou jurídica que celebra contrato com empresa de prestação de serviços relacionados a quaisquer de suas atividades, inclusive sua atividade principal. (Redação dada pela Lei nº 13.467, de 2017)

§ 1º. É vedada à contratante a utilização dos trabalhadores em atividades distintas daquelas que foram objeto do contrato com a empresa prestadora de serviços. (Incluído pela Lei nº 13.429, de 2017)

§ 2º. Os serviços contratados poderão ser executados nas instalações físicas da empresa contratante ou em outro local, de comum acordo entre as partes. (Incluído pela Lei nº 13.429, de 2017)

§ 3º. É responsabilidade da contratante garantir as condições de segurança, higiene e salubridade dos trabalhadores, quando o trabalho for realizado em suas dependências ou local previamente convencionado em contrato. (Incluído pela Lei nº 13.429, de 2017)

§ 4º. A contratante poderá estender ao trabalhador da empresa de prestação de serviços o mesmo atendimento médico, ambulatorial e de refeição destinado aos seus empregados, existente nas dependências da contratante, ou local por ela designado. (Incluído pela Lei nº 13.429, de 2017)

§ 5º. A empresa contratante é subsidiariamente responsável pelas obrigações trabalhistas referentes ao período em que ocorrer a prestação de serviços, e o recolhimento das contribuições previdenciárias observará o disposto no art. 31 da Lei nº 8.212, de 24 de julho de 1991. (Incluído pela Lei nº 13.429, de 2017)

Art. 5º-B. O contrato de prestação de serviços conterá: (Incluído pela Lei nº 13.429, de 2017)

I – qualificação das partes; (Incluído pela Lei nº 13.429, de 2017)

II – especificação do serviço a ser prestado; (Incluído pela Lei nº 13.429, de 2017)

III – prazo para realização do serviço, quando for o caso; (Incluído pela Lei nº 13.429, de 2017)

IV – valor. (Incluído pela Lei nº 13.429, de 2017)

Art. 5º-C. Não pode figurar como contratada, nos termos do art. 4º-A desta Lei, a pessoa jurídica cujos titulares ou sócios tenham, nos últimos dezoito meses, prestado serviços à contratante na qualidade de empregado ou trabalhador sem vínculo empregatício, exceto se os referidos titulares ou sócios forem aposentados. (Incluído pela Lei nº 13.467/2017)

Art. 5º-D. O empregado que for demitido não poderá prestar serviços para esta mesma empresa na qualidade de empregado de empresa prestadora de serviços antes do decurso de prazo de dezoito meses, contados a partir da demissão do empregado. (Incluído pela Lei nº 13.467/2017)

Art. 6º. São requisitos para funcionamento e registro da empresa de trabalho temporário no Ministério do Trabalho: (Redação dada pela Lei nº 13.429, de 2017)

a) a f) (Revogadas pela Lei 13.429/2017)

I – prova de inscrição no Cadastro Nacional da Pessoa Jurídica (CNPJ), do Ministério da Fazenda; (Incluído pela Lei nº 13.429, de 2017)

II – prova do competente registro na Junta Comercial da localidade em que tenha sede; (Incluído pela Lei nº 13.429, de 2017)

III – prova de possuir capital social de, no mínimo, R$ 100.000,00 (cem mil reais). (Incluído pela Lei nº 13.429, de 2017)

Parágrafo único. (Revogada pela Lei nº 13.429, de 2017)

Art. 7º. A empresa de trabalho temporário que estiver funcionando na data da vigência desta Lei terá o prazo de 90 (noventa) dias para o atendimento das exigências contidas no artigo anterior.

Parágrafo único. A empresa infratora do presente artigo poderá ter o seu funcionamento suspenso, por ato do Diretor-Geral do Departamento Nacional de Mão de Obra, cabendo recurso ao Ministro de Estado, no prazo de 10 (dez) dias, a contar da publicação do ato no Diário Oficial da União.

Art. 8º. A empresa de trabalho temporário é obrigada a fornecer ao Departamento Nacional de Mão de Obra, quando solicitada, os elementos de informação julgados necessários ao estudo do mercado de trabalho.

Art. 9º. O contrato celebrado pela empresa de trabalho temporário e a tomadora de serviços será por escrito, ficará à disposição da autoridade fiscalizadora no estabelecimento da tomadora de serviços e conterá: (Redação dada pela Lei nº 13.429, de 2017)

I – qualificação das partes; (Incluído pela Lei nº 13.429, de 2017)

II – motivo justificador da demanda de trabalho temporário; (Incluído pela Lei nº 13.429, de 2017)

III – prazo da prestação de serviços; (Incluído pela Lei nº 13.429, de 2017)

IV – valor da prestação de serviços; (Incluído pela Lei nº 13.429, de 2017)

V – disposições sobre a segurança e a saúde do trabalhador, independentemente do local de realização do trabalho. (Incluído pela Lei nº 13.429, de 2017)

§ 1º. É responsabilidade da empresa contratante garantir as condições de segurança, higiene e salubridade dos trabalhadores, quando o trabalho for realizado em suas dependências ou em local por ela designado. (Incluído pela Lei nº 13.429, de 2017)

§ 2º. A contratante estenderá ao trabalhador da empresa de trabalho temporário o mesmo atendimento médico, ambulatorial e de refeição destinado aos seus empregados, existente nas dependências da contratante, ou local por ela designado. (Incluído pela Lei nº 13.429, de 2017)

§ 3º. O contrato de trabalho temporário pode versar sobre o desenvolvimento de atividades-meio e atividades-fim a serem executadas na empresa tomadora de serviços. (Incluído pela Lei nº 13.429, de 2017)

Art. 10. Qualquer que seja o ramo da empresa tomadora de serviços, não existe vínculo de emprego entre ela e os trabalhadores contratados pelas empresas de trabalho temporário. (Redação dada pela Lei nº 13.429, de 2017)

§ 1º. O contrato de trabalho temporário, com relação ao mesmo empregador, não poderá exceder ao prazo de cento e oitenta dias, consecutivos ou não. (Incluído pela Lei nº 13.429, de 2017)

§ 2º. O contrato poderá ser prorrogado por até noventa dias, consecutivos ou não, além do prazo estabelecido no § 1º deste artigo, quando comprovada a manutenção das condições que o ensejaram. (Incluído pela Lei nº 13.429, de 2017)

§ 3º (VETADO). (Incluído pela Lei nº 13.429, de 2017)

§ 4º. Não se aplica ao trabalhador temporário, contratado pela tomadora de serviços, o contrato de experiência previsto no parágrafo único do art. 445 da Consolidação das Leis do Trabalho (CLT), aprovada pelo Decreto-Lei nº 5.452, de 1º de maio de 1943. (Incluído pela Lei nº 13.429, de 2017)

§ 5º. O trabalhador temporário que cumprir o período estipulado nos §§ 1º e 2º deste artigo somente poderá ser colocado à disposição da mesma tomadora de serviços em novo contrato temporário, após noventa dias do término do contrato anterior. (Incluído pela Lei nº 13.429, de 2017)

§ 6º. A contratação anterior ao prazo previsto no § 5º deste artigo caracteriza vínculo empregatício com a tomadora.

§ 7º. A contratante é subsidiariamente responsável pelas obrigações trabalhistas referentes ao período em que ocorrer o trabalho temporário, e o recolhimento das contribuições previdenciárias observará o disposto no art. 31 da Lei nº 8.212, de 24 de julho de 1991. (Incluído pela Lei nº 13.429, de 2017)

Art. 11. O contrato de trabalho celebrado entre empresa de trabalho temporário e cada um dos assalariados colocados à disposição de uma empresa tomadora ou cliente será, obrigatoriamente, escrito e dele deverão constar, expressamente, os direitos conferidos aos trabalhadores por esta Lei.

Parágrafo único. Será nula de pleno direito qualquer cláusula de reserva, proibindo a contratação do trabalhador pela empresa tomadora ou cliente ao fim do prazo em que tenha sido colocado à sua disposição pela empresa de trabalho temporário.

Art. 12. Ficam assegurados ao trabalhador temporário os seguintes direitos:

a) remuneração equivalente à percebida pelos empregados de mesma categoria da empresa tomadora ou cliente calculados à base horária, garantida, em qualquer hipótese, a percepção do salário mínimo regional;

b) jornada de oito horas, remuneradas as horas extraordinárias não excedentes de duas, com acréscimo de 20% (vinte por cento);

▸ CLT: art. 58.

c) férias proporcionais, nos termos do art. 26 da Lei nº 5.107, de 13 de setembro de 1966;

- Lei 5.107/1966 foi revogada pela Lei 7.839/1989.
- Lei 7.839/1989 foi revogada pela Lei 8.036/1990.
- CLT: arts. 129 e 130.

d) repouso semanal remunerado;

- CLT: art. 71.

e) adicional por trabalho noturno;

- CLT: art. 381.

f) indenização por dispensa sem justa causa ou término normal do contrato, correspondente a 1/12 (um doze avos) do pagamento recebido;

- CLT: art. 479.

g) seguro contra acidente do trabalho;

h) proteção previdenciária nos termos do disposto na Lei Orgânica da Previdência Social, com as alterações introduzidas pela Lei nº 5.890, de 8 de junho de 1973 (art. 5º, item III, letra c, do Decreto nº 72.771, de 6 de setembro de 1973).

§ 1º. Registrar-se-á na Carteira de Trabalho e Previdência Social do trabalhador sua condição de temporário.

- CLT: arts. 13 e 14.
- Decreto-lei 926/1969 – Carteira de Trabalho e Previdência Social.
- Portaria 210/2008 do MTE – Carteira de Trabalho e Previdência Social (CTPS Informatizada).

§ 2º. A empresa tomadora ou cliente é obrigada a comunicar à empresa de trabalho temporário a ocorrência de todo acidente cuja vítima seja um assalariado posto à sua disposição, considerando-se local de trabalho, para efeito da legislação específica, tanto aquele onde se efetua a prestação do trabalho quanto a sede da empresa de trabalho temporário.

Art. 13. Constituem justa causa para rescisão do contrato do trabalhador temporário os atos e circunstâncias mencionados nos arts. 482 e 483, da Consolidação das Leis do Trabalho, ocorrentes entre o trabalhador e a empresa de trabalho temporário ou entre aquele e a empresa cliente onde estiver prestando serviço.

Art. 14. As empresas de trabalho temporário são obrigadas a fornecer às empresas tomadoras ou clientes, a seu pedido, comprovante da regularidade de sua situação com o Instituto Nacional de Previdência Social.

Art. 15. A fiscalização do trabalho poderá exigir da empresa tomadora ou cliente a apresentação do contrato firmado com a empresa de trabalho temporário, e, desta última, o contrato firmado com o trabalhador, bem como a comprovação do respectivo recolhimento das contribuições previdenciárias.

Art. 16. No caso de falência da empresa de trabalho temporário, a empresa tomadora ou cliente é solidariamente responsável pelo recolhimento das contribuições previdenciárias, no tocante ao tempo em que o trabalhador esteve sob suas ordens, assim como em referência ao mesmo período, pela remuneração e indenização previstas nesta Lei.

- CLT: art. 449.
- Lei 11.101/2005 – Regula a recuperação judicial, a extrajudicial e a falência do empresário e da sociedade empresária.

Art. 17. É defeso às empresas de prestação de serviço temporário a contratação de estrangeiros com visto provisório de permanência no País.

- CLT: art. 353.
- Lei 13.445/2017 (Lei de Migração).

Art. 18. É vedado à empresa de trabalho temporário cobrar do trabalhador qualquer importância, mesmo a título de mediação, podendo apenas efetuar os descontos previstos em Lei.

Parágrafo único. A infração deste artigo importa no cancelamento do registro para funcionamento da empresa de trabalho temporário, sem prejuízo das sanções administrativas e penais cabíveis.

Art. 19. Competirá à Justiça do Trabalho dirimir os litígios entre as empresas de serviço temporário e seus trabalhadores.

Art. 19-A. O descumprimento do disposto nesta Lei sujeita a empresa infratora ao pagamento de multa. (Incluído pela Lei nº 13.429, de 2017)

Parágrafo único. A fiscalização, a autuação e o processo de imposição das multas reger-se-ão pelo Título VII da Consolidação das Leis do Trabalho (CLT), aprovada pelo Decreto-Lei nº 5.452, de 1º de maio de 1943. (Incluído pela Lei nº 13.429, de 2017)

Art. 19-B. O disposto nesta Lei não se aplica às empresas de vigilância e transporte de valores, permanecendo as respectivas relações de trabalho reguladas por legislação especial, e subsidiariamente pela Consolidação das Leis do Trabalho (CLT), aprovada pelo Decreto-Lei nº 5.452, de 1º de maio de 1943. (Incluído pela Lei nº 13.429, de 2017)

Art. 19-C. Os contratos em vigência, se as partes assim acordarem, poderão ser adequados aos termos desta Lei. (Incluído pela Lei nº 13.429, de 2017)

Art. 20. Esta Lei entrará em vigor 60 (sessenta) dias após sua publicação, revogadas as disposições em contrário.

Brasília, 3 de janeiro de 1974; 153º da Independência e 86º da República.

EMÍLIO G. MÉDICI

D.O.U. de 4.1.1974

LEI Nº 6.024, DE 13 DE MARÇO DE 1974

Dispõe sobre a intervenção e a liquidação extrajudicial de instituições financeiras e dá outras providências.

- *Intervenções e liquidações extrajudiciais*

O PRESIDENTE DA REPÚBLICA Faço saber que o Congresso Nacional decreta e eu sanciono a seguinte Lei:

CAPÍTULO I. DISPOSIÇÃO PRELIMINAR

Art. 1º. As instituições financeiras privadas e as públicas não federais, assim como as cooperativas de crédito, estão sujeitas, nos termos desta Lei, à intervenção ou à liquidação extrajudicial, em ambos os casos efetuada e decretada pelo Banco Central do Brasil, sem prejuízo do disposto nos arts. 137 e 138 do Dec.-lei nº 2.627, de 26 de setembro de 1940, ou à falência, nos termos da legislação vigente.

- Lei 6.404/1976 revogou os arts. 137 e 138 do Dec.-lei 2.627/1940..
- Lei 11.101/2005: art. 2º, II.
- Lei 9.447/1997 – Responsabilidade solidária de controladores de instituições submetidas aos regimes de que tratam a Lei 6.024/1974, e o Decreto-lei 2.321/1987; sobre a indisponibilidade de seus bens; sobre a responsabilização das empresas de auditoria contábil ou dos auditores contábeis independentes; sobre privatização de instituições cujas ações sejam desapropriadas, na forma do Decreto-lei 2.321/1987.
- Lei 4.595/1964: arts. 17 e 45.
- Decreto-Lei 2.321/1987 – Institui, em defesa das finanças públicas, regime de administração especial temporária, nas instituições financeiras privadas e públicas não federais.

CAPÍTULO II. DA INTERVENÇÃO E SEU PROCESSO

SEÇÃO I. DA INTERVENÇÃO

Art. 2º. Far-se-á a intervenção quando se verificarem as seguintes anormalidades nos negócios sociais da instituição:

I – a entidade sofrer prejuízo, decorrente de má administração, que sujeite a riscos os seus credores;

II – forem verificadas reiteradas infrações a dispositivos da legislação bancária não regularizadas após as determinações do Banco Central do Brasil, no uso das suas atribuições de fiscalização;

III – na hipótese de ocorrer qualquer dos fatos mencionados nos arts. 1º e 2º do Dec.-lei nº 7.661, de 21 de junho de 1945 (Lei de Falências), houver possibilidade de evitar-se a liquidação extrajudicial.

- Lei 11.101/2005 revogou o Dec.-lei 7.661/1945.

Art. 3º. A intervenção será decretada *ex officio* pelo Banco Central do Brasil, ou por solicitação dos administradores da instituição – se o respectivo estatuto lhes conferir esta competência – com indicação das causas do pedido, sem prejuízo da responsabilidade civil e criminal em que incorrerem os mesmos administradores, pela indicação falsa ou dolosa.

Art. 4º. O período da intervenção não excederá a seis meses, o qual, por decisão do Banco Central do Brasil, poderá ser prorrogado, uma única vez, até o máximo de outros seis meses.

Art. 5º. A intervenção será executada por interventor nomeado pelo Banco Central do Brasil, com plenos poderes de gestão.

Parágrafo único. Dependerão de prévia e expressa autorização do Banco Central do Brasil os atos do interventor que impliquem em disposição ou oneração do patrimônio da sociedade, admissão e demissão de pessoal.

Art. 6º. A intervenção produzirá, desde sua decretação, os seguintes efeitos:

a) suspensão da exigibilidade das obrigações vencidas;

b) suspensão da fluência do prazo das obrigações vincendas anteriormente contraídas;

c) inexigibilidade dos depósitos já existentes à data de sua decretação.

Art. 7º. A intervenção cessará:

a) se os interessados, apresentando as necessárias condições de garantia, julgados a critério do Banco Central do Brasil, tomarem a si o prosseguimento das atividades econômicas da empresa;

b) quando, a critério do Banco Central do Brasil, a situação da entidade se houver normalizado;

c) se decretada a liquidação extrajudicial, ou a falência da entidade.

SEÇÃO II. DO PROCESSO DA INTERVENÇÃO

Art. 8º. Independentemente da publicação do ato de sua nomeação, o interventor será investido, de imediato, em suas funções, mediante termo de posse lavrado no "Diário" da entidade, ou, na falta deste, no livro que o substituir, com a transcrição do ato que houver decretado a medida e que o tenha nomeado.

Art. 9º. Ao assumir suas funções, o interventor:

a) arrecadará, mediante termo, todos os livros da entidade e os documentos de interesse da administração;

b) levantará o balanço geral e o inventário de todos os livros, documentos, dinheiro e demais bens da entidade, ainda que em poder de terceiros, a qualquer título.

Parágrafo único. O termo de arrecadação, o balanço geral e o inventário, deverão ser assinados também pelos administradores em exercício no dia anterior ao da posse do interventor, os quais poderão apresentar, em separado, as declarações e observações que julgarem a bem dos seus interesses.

Art. 10. Os ex-administradores da entidade deverão entregar ao interventor, dentro de cinco dias, contados da posse deste, declaração, assinada em conjunto por todos eles, de que conste a indicação:

a) do nome, nacionalidade, estado civil e endereço dos administradores e membros do Conselho Fiscal, que estiverem em exercício nos últimos 12 meses anteriores à decretação da medida;

b) dos mandatos que, porventura, tenham outorgado em nome da instituição, indicando o seu objeto, nome e endereço do mandatário;

c) dos bens imóveis, assim como dos móveis, que não se encontrem no estabelecimento;

d) da participação que, porventura, cada administrador ou membro do Conselho Fiscal tenha em outras sociedades, com a respectiva indicação.

Art. 11. O interventor, dentro em 60 dias, contados de sua posse, prorrogável se necessário, apresentará ao Banco Central do Brasil relatório, que conterá:

a) exame da escrituração, da aplicação dos fundos e disponibilidade, e da situação econômico-financeira da instituição;

b) indicação, devidamente comprovada, dos atos e omissões danosos que eventualmente tenha verificado;

c) proposta justificada da adoção das providências que lhe pareçam convenientes à instituição.

Parágrafo único. As disposições deste artigo não impedem que o interventor, antes da apresentação do relatório, proponha ao Banco Central do Brasil a adoção de qualquer providência que lhe pareça necessária e urgente.

Art. 12. À vista do relatório ou da proposta do interventor, o Banco Central do Brasil poderá:

a) determinar a cessação da intervenção, hipótese em que o interventor será autorizado a promover os atos que, nesse sentido, se tornarem necessários;

b) manter a instituição sob intervenção, até serem eliminadas as irregularidades que a motivaram, observado o disposto no art. 4º;

c) decretar a liquidação extrajudicial da entidade;

d) autorizar o interventor a requerer a falência da entidade quando o seu ativo não for suficiente para cobrir sequer metade do valor dos créditos quirografários, ou quando julgada inconveniente a liquidação extrajudicial, ou quando a complexidade dos negócios da instituição ou a gravidade dos fatos apurados aconselharem a medida.

Art. 13. Das decisões do interventor caberá recurso, sem efeito suspensivo, dentro de dez dias da respectiva ciência, para o Banco Central do Brasil, em única instância.

§ 1º. Findo o prazo, sem a interposição de recurso, a decisão assumirá caráter definitivo.

§ 2º. O recurso será entregue, mediante protocolo, ao interventor que o informará e o encaminhará, dentro em cinco dias, ao Banco Central do Brasil.

Art. 14. O interventor prestará contas ao Banco Central do Brasil, independentemente de qualquer exigência, no momento em que deixar suas funções, ou a qualquer tempo, quando solicitado, e responderá, civil e criminalmente, por seus atos.

CAPÍTULO III. DA LIQUIDAÇÃO EXTRAJUDICIAL

SEÇÃO I. DA APLICAÇÃO E DOS EFEITOS DA MEDIDA

Art. 15. Decretar-se-á a liquidação extrajudicial da instituição financeira:

I – *ex officio*:

a) em razão de ocorrências que comprometam sua situação econômica ou financeira especialmente quando deixar de satisfazer, com pontualidade, seus compromissos ou quando se caracterizar qualquer dos motivos que autorizem a declaração de falência;

b) quando a administração violar gravemente as normas legais e estatutárias que disciplinam a atividade da instituição, bem como as determinações do Conselho Monetário Nacional ou do Banco Central do Brasil, no uso de suas atribuições legais;

c) quando a instituição sofrer prejuízo que sujeite a risco anormal seus credores quirografários;

d) quando, cassada a autorização para funcionar, a instituição não iniciar, nos 90 dias seguintes, sua liquidação ordinária, ou quando, iniciada esta, verificar o Banco Central do Brasil que a morosidade de sua administração pode acarretar prejuízo para os credores;

II – a requerimento dos administradores da instituição – se o respectivo estatuto social lhes conferir esta competência ou por proposta do interventor, expostos circunstanciadamente os motivos justificadores da medida.

§ 1º. O Banco Central do Brasil decidirá sobre a gravidade dos fatos determinantes da liquidação extrajudicial, considerando as repercussões deste sobre os interesses dos mercados financeiro e de capitais, e, poderá, em lugar da liquidação, efetuar a intervenção, se julgar esta medida suficiente para a normalização dos negócios da instituição, e preservação daqueles interesses.

§ 2º. O ato do Banco Central do Brasil, que decretar a liquidação extrajudicial, indicará a data em que se tenha caracterizado o estado que a determinou, fixando o termo legal da liquidação que não poderá ser superior a 60 (sessenta) dias contados do primeiro protesto por falta de pagamento ou, na falta deste do ato que haja decretado a intervenção ou a liquidação.

Art. 16. A liquidação extrajudicial será executada por liquidante nomeado pelo Banco Central do Brasil, com amplos poderes de administração e liquidação, especialmente os de verificação e classificação dos créditos, podendo nomear e demitir funcionários, fixando-lhes os vencimentos, outorgar e cassar mandatos, propor ações e representar a massa em juízo ou fora dele.

§ 1º. Com prévia e expressa autorização do Banco Central do Brasil, poderá o liquidante, em benefício da massa, ultimar os negócios pendentes e, a qualquer tempo, onerar ou alienar seus bens, neste último caso através de licitações.

§ 2º. Os honorários do liquidante, a serem pagos por conta da liquidanda, serão fixados pelo Banco Central do Brasil.

Art. 17. Em todos os atos, documentos e publicações de interesse da liquidação, será usada, obrigatoriamente, a expressão "Em liquidação extrajudicial", em seguida à denominação da entidade.

Art. 18. A decretação da liquidação extrajudicial produzirá, de imediato, os seguintes efeitos:

a) suspensão das ações e execuções iniciadas sobre direitos e interesses relativos ao acervo da entidade liquidanda, não podendo ser intentadas quaisquer outras, enquanto durar a liquidação;

b) vencimento antecipado das obrigações da liquidanda;

▸ Lei 5.172/1966: art. 190.

c) não atendimento das cláusulas penais dos contratos unilaterais vencidos em virtude da decretação da liquidação extrajudicial;

d) não fluência de juros, mesmo que estipulados, contra a massa, enquanto não integralmente pago o passivo;

e) interrupção da prescrição relativa a obrigações de responsabilidade da instituição;

f) não reclamação de correção monetária de quaisquer dívidas passivas, nem de penas pecuniárias por infração de leis penais ou administrativas.

▸ Dec.-lei 1.477/1976: art. 2º.

Art. 19. A liquidação extrajudicial será encerrada: (Redação dada pela Lei nº 13.506, de 2017)

a) (Revogado). (Redação dada pela Lei nº 13.506, de 2017)

b) (Revogado). (Redação dada pela Lei nº 13.506, de 2017)

c) (Revogado). (Redação dada pela Lei nº 13.506, de 2017)

d) (Revogado). (Redação dada pela Lei nº 13.506, de 2017)

I – por decisão do Banco Central do Brasil, nas seguintes hipóteses: (Incluído pela Lei nº 13.506, de 2017)

a) pagamento integral dos credores quirografários; (Incluído pela Lei nº 13.506, de 2017)

b) mudança de objeto social da instituição para atividade econômica não integrante do Sistema Financeiro Nacional; (Incluído pela Lei nº 13.506, de 2017)

c) transferência do controle societário da instituição; (Incluído pela Lei nº 13.506, de 2017)

d) convolação em liquidação ordinária; (Incluído pela Lei nº 13.506, de 2017)

e) exaustão do ativo da instituição, mediante a sua realização total e a distribuição do produto entre os credores, ainda que não ocorra o pagamento integral dos créditos; ou (Incluído pela Lei nº 13.506, de 2017)

f) iliquidez ou difícil realização do ativo remanescente na instituição, reconhecidas pelo Banco Central do Brasil; (Incluído pela Lei nº 13.506, de 2017)

II – pela decretação da falência da instituição. (Incluído pela Lei nº 13.506, de 2017)

§ 1º Encerrada a liquidação extrajudicial nas hipóteses previstas nas alíneas "a", "b", "d", "e" e "f" do inciso I do *caput* deste artigo, o Banco Central do Brasil comunicará o encerramento ao órgão competente do registro do comércio, que deverá: (Incluído pela Lei nº 13.506, de 2017)

I – nas hipóteses das alíneas "b" e "d" do inciso I do *caput* deste artigo, promover as anotações pertinentes; (Incluído pela Lei nº 13.506, de 2017)

II – nas hipóteses das alíneas "a", "e" e "f" do inciso I do *caput* deste artigo, proceder à anotação do encerramento da liquidação extrajudicial no registro correspondente e substituir, na denominação da sociedade, a expressão "Em liquidação extrajudicial" por "Liquidação extrajudicial encerrada". (Incluído pela Lei nº 13.506, de 2017)

§ 2º Encerrada a liquidação extrajudicial nas hipóteses previstas no inciso I do *caput* deste artigo, o prazo prescricional relativo às obrigações da instituição voltará a contar da data da publicação do ato de encerramento do regime. (Incluído pela Lei nº 13.506, de 2017)

§ 3º O encerramento da liquidação extrajudicial nas hipóteses previstas nas alíneas "b" e "d" do inciso I do *caput* deste artigo pode ser proposto ao Banco Central do Brasil, após a aprovação por maioria simples dos presentes à assembleia geral de credores, pelos: (Incluído pela Lei nº 13.506, de 2017)

I – cooperados ou associados, autorizados pela assembleia geral; ou (Incluído pela Lei nº 13.506, de 2017)

II – controladores. (Incluído pela Lei nº 13.506, de 2017)

§ 4º A assembleia geral de credores a que se refere o § 3º será presidida pelo liquidante e nela poderão votar os titulares de créditos inscritos no quadro geral de credores, computados os votos proporcionalmente ao valor dos créditos dos presentes. (Incluído pela Lei nº 13.506, de 2017)

§ 5º Encerrada a liquidação extrajudicial nas hipóteses previstas no inciso I do *caput* deste artigo, o acervo remanescente da instituição, se houver, será restituído: (Incluído pela Lei nº 13.506, de 2017)

I – ao último sócio controlador ou a qualquer sócio participante do grupo de controle ou, na impossibilidade de identificá-lo ou localizá-lo, ao maior acionista ou cotista da sociedade; ou (Incluído pela Lei nº 13.506, de 2017)

II – a qualquer cooperado, no caso de cooperativa de crédito. (Incluído pela Lei nº 13.506, de 2017)

§ 6º As pessoas referidas no § 5º deste artigo não poderão recusar o recebimento do acervo remanescente e serão consideradas depositárias dos bens recebidos. (Incluído pela Lei nº 13.506, de 2017)

§ 7º Na hipótese em que o lugar em que se encontrarem as pessoas referidas no § 5º deste artigo for ignorado, incerto ou inacessível, ou na hipótese de suspeita de ocultação, é o liquidante autorizado a depositar o acervo remanescente em favor delas, no juízo ao qual caberia decretar a falência. (Incluído pela Lei nº 13.506, de 2017)

SEÇÃO II.
DO PROCESSO DA LIQUIDAÇÃO EXTRAJUDICIAL

Art. 20. Aplicam-se, ao processo da liquidação extrajudicial, as disposições relativas ao processo da intervenção, constantes dos arts. 8º, 9º, 10 e 11, desta Lei.

Art. 21. À vista do relatório ou da proposta previstos no art. 11, apresentados pelo liquidante na conformidade do artigo anterior, o Banco Central do Brasil poderá autorizá-lo a:

a) prosseguir na liquidação extrajudicial;

b) requerer a falência da entidade, quando o seu ativo não for suficiente para cobrir pelo menos a metade do valor dos créditos quirografários, ou quando houver fundados indícios de crimes falimentares.

Parágrafo único. Sem prejuízo do disposto neste artigo, em qualquer tempo, o Banco Central do Brasil poderá estudar pedidos de cessação da liquidação extrajudicial, formulados pelos interessados, concedendo ou recusando a medida pleiteada, segundo as garantias oferecidas e as conveniências de ordem geral.

Art. 22. Se determinado o prosseguimento da liquidação extrajudicial o liquidante fará publicar, no *Diário Oficial da União* e em jornal de grande circulação do local da sede da entidade, aviso aos credores para que declarem os respectivos créditos, dispensados desta formalidade os credores por depósitos ou por letras de câmbio de aceite da instituição financeira liquidanda.

§ 1º. No aviso de que trata este artigo, o liquidante fixará o prazo para a declaração dos créditos, o qual não será inferior a 20 (vinte), nem superior a 40 (quarenta) dias, conforme a importância da liquidação e os interesses nela envolvidos.

§ 2º. Relativamente aos créditos dispensados de habilitação, o liquidante manterá, na sede da liquidanda, relação nominal dos depositantes e respectivos saldos, bem como relação das letras de câmbio de seu aceite.

§ 3º. Aos credores obrigados à declaração assegurar-se-á o direito de obterem do liquidante as informações, extratos de contas, saldos e outros elementos necessários à defesa dos seus interesses e à prova dos respectivos créditos.

§ 4º. O liquidante dará sempre recibo das declarações de crédito e dos documentos recebidos.

Art. 23. O liquidante juntará a cada declaração a informação completa a respeito do resultado das averiguações a que procedeu nos livros, papéis e assentamentos da entidade, relativos ao crédito declarado, bem como sua decisão quanto à legitimidade, valor e classificação.

Parágrafo único. O liquidante poderá exigir dos ex-administradores da instituição que prestem informações sobre qualquer dos créditos declarados.

Art. 24. Os credores serão notificados, por escrito, da decisão do liquidante, os quais, a contar da data do recebimento da notificação, terão o prazo de 10 (dez) dias para recorrer, ao Banco Central do Brasil, do ato que lhes pareça desfavorável.

Art. 25. Esgotado o prazo para a declaração de créditos e julgados estes, o liquidante organizará o quadro geral de credores e publicará, na forma prevista no art. 22, aviso de que dito quadro, juntamente com o balanço geral, se acha fixado na sede e demais dependências da entidade, para conhecimento dos interessados.

Parágrafo único. Após a publicação mencionada neste artigo, qualquer interessado poderá impugnar a legitimidade, valor, ou a classificação dos créditos constantes do referido quadro.

Art. 26. A impugnação será apresentada por escrito, devidamente justificada com os documentos julgados convenientes, dentro de dez dias, contados da data da publicação de que trata o artigo anterior.

§ 1º. A entrega da impugnação será feita contra recibo, passado pelo liquidante, com cópia que será juntada ao processo.

§ 2º. O titular do crédito impugnado será notificado pelo liquidante e, a contar da data do recebimento da notificação, terá o prazo de 5 (cinco) dias para oferecer as alegações e provas que julgar convenientes à defesa dos seus direitos.

§ 3º. O liquidante encaminhará as impugnações com o seu parecer, juntando os elementos probatórios, à decisão do Banco Central do Brasil.

§ 4º. Julgadas todas as impugnações, o liquidante fará publicar avisos na forma do art. 22, sobre as eventuais modificações no quadro geral de credores que, a partir desse momento, será considerado definitivo.

Art. 27. Os credores que se julgarem prejudicados pelo não provimento do recurso interposto, ou pela decisão proferida na impugnação poderão prosseguir nas ações que tenham sido suspensas por força do art. 18, ou propor as que couberem, dando ciência do fato ao liquidante para que este reserve fundos suficientes à eventual satisfação dos respectivos pedidos.

Parágrafo único. Decairão do direito assegurado neste artigo os interessados que não o exercitarem dentro do prazo de 30 (trinta) dias, contados da data em que for considerado definitivo o quadro geral dos credores, com a publicação a que alude o § 4º do artigo anterior.

Art. 28. Nos casos de descoberta de falsidade, dolo, simulação, fraude, erro essencial, ou de documentos ignorados na época do julgamento dos créditos, o liquidante ou qualquer credor admitido pode pedir ao Banco Central do Brasil, até ao encerramento da liquidação, a exclusão, ou outra classificação, ou a simples retificação de qualquer crédito.

Parágrafo único. O titular desse crédito será notificado do pedido e, a contar da data do recebimento da notificação, terá o prazo de 5 (cinco) dias para oferecer as alegações e provas que julgar convenientes, sendo-lhe assegurado o direito a que se refere o artigo anterior, se se julgar prejudicado pela decisão proferida, que lhe será notificada por escrito, contando-se da data do recebimento da notificação o prazo de decadência fixado no parágrafo único do mesmo artigo.

Art. 29. Incluem-se, entre os encargos da massa, as quantias a ela fornecidas pelos credores, pelo liquidante ou pelo Banco Central do Brasil.

Art. 30. Salvo expressa disposição em contrário desta Lei, das decisões do liquidante caberá recurso, sem efeito suspensivo, dentro em dez dias da respectiva ciência, para o Banco Central do Brasil, em única instância.

§ 1º. Findo o prazo, sem a interposição de recurso, a decisão assumirá caráter definitivo.

§ 2º. O recurso será entregue, mediante protocolo, ao liquidante, que o informará e o encaminhará, dentro de cinco dias, ao Banco Central do Brasil.

Art. 31. No resguardo da economia pública, da poupança privada e da segurança nacional, sempre que a atividade da entidade liquidanda colidir com os interesses daquelas áreas, poderá o liquidante, prévia e expressamente autorizado pelo Banco Central do Brasil, adotar qualquer forma especial ou qualificada de realização do ativo e liquidação do passivo, ceder o ativo a terceiros, organizar ou reorganizar sociedade para continuação geral ou parcial do negócio ou atividade da liquidanda.

- Decreto 92.061/1985 – Regulamenta o artigo 31 da Lei 6.024/1974.

§ 1º. Os atos referidos neste artigo produzem efeitos jurídicos imediatos, independentemente de formalidades e registros.

§ 2º. Os registros correspondentes serão procedidos no prazo de 15 (quinze) dias, pelos Oficiais dos Registros de Imóveis e pelos Registros do Comércio, bem como pelos demais órgãos da administração pública, quando for o caso, à vista da comunicação formal, que lhes tenha sido feita pelo liquidante.

Art. 32. Apurados, no curso da liquidação, seguros elementos de prova, mesmo indiciária, da prática de contravenções penais ou crimes, por parte de qualquer dos antigos administradores e membros do Conselho Fiscal, o liquidante os encaminhará ao órgão do Ministério Público para que este promova a ação penal.

Art. 33. O liquidante prestará contas ao Banco Central do Brasil independentemente de qualquer exigência no momento em que deixar suas funções ou a qualquer tempo, quando solicitado, e responderá, civil e criminalmente, por seus atos.

Art. 34. Aplicam-se à liquidação extrajudicial no que couberem e não colidirem com os preceitos desta Lei, as disposições da Lei de Falências (Dec.-lei 7.661 de 21 de junho de 1945), equiparando-se ao síndico, o liquidante, ao juiz da falência, o Banco Central do Brasil, sendo competente para conhecer da ação revocatória prevista no art. 55 daquele Decreto-lei, o juiz a quem caberia processar e julgar a falência da instituição liquidanda.

- Lei 11.101/2005 revogou o Dec.-lei 7.661/1945.

Art. 35. Os atos indicados nos arts. 52 e 53 da Lei de Falências (Dec.-lei nº 7.661, de 1945) praticados pelos administradores da liquidanda poderão ser declarados nulos ou revogados, cumprindo o disposto nos arts. 54 e 58 da mesma Lei.

- Lei 11.101/2005 revogou o Dec.-lei 7.661/1945.

Parágrafo único. A ação revogatória será proposta pelo liquidante, observado o disposto nos arts. 55, 56 e 57 da Lei de Falências.

CAPÍTULO IV. DOS ADMINISTRADORES E MEMBROS DO CONSELHO FISCAL

SEÇÃO I. DA INDISPONIBILIDADE DOS BENS

Art. 36. Os administradores das instituições financeiras em intervenção, em liquidação extrajudicial ou em falência, ficarão com todos os seus bens indisponíveis, não podendo, por qualquer forma, direta ou indireta, aliená-los ou onerá-los, até apuração e liquidação final de suas responsabilidades.

§ 1º. A indisponibilidade prevista neste artigo decorre do ato que decretar a intervenção, a liquidação extrajudicial ou a falência, e atinge a todos aqueles que tenham estado no exercício das funções nos 12 meses anteriores ao mesmo ato.

§ 2º. Por proposta do Banco Central do Brasil, aprovada pelo Conselho Monetário Nacional, a indisponibilidade prevista neste artigo poderá ser estendida:

a) aos bens de gerentes, conselheiros fiscais e aos de todos aqueles que, até o limite da responsabilidade estimada de cada um, tenham concorrido, nos últimos 12 meses, para a decretação da intervenção ou da liquidação extrajudicial;

b) aos bens de pessoas que, nos últimos 12 meses, os tenham a qualquer título, adquirido de administradores da instituição, ou das pessoas referidas na alínea anterior, desde que haja seguros elementos de convicção de que se trata de simulada transferência com o fim de evitar os efeitos desta Lei.

§ 3º. Não se incluem nas disposições deste artigo os bens considerados inalienáveis ou impenhoráveis pela legislação em vigor.

§ 4º. Não são igualmente atingidos pela indisponibilidade os bens objeto de contrato de alienação, de promessa de compra e venda, de cessão ou promessa de cessão de direitos, desde que os respectivos instrumentos tenham sido levados ao competente registro público, anteriormente à data da decretação da intervenção, da liquidação extrajudicial ou da falência.

Art. 37. Os abrangidos pela indisponibilidade de bens de que trata o artigo anterior não poderão ausentar-se do foro da intervenção, da liquidação extrajudicial ou da falência, sem prévia e expressa autorização do Banco Central do Brasil ou do juiz da falência.

Art. 38. Decretada a intervenção, a liquidação extrajudicial ou a falência, o interventor, o liquidante ou escrivão da falência comunicará ao registro público competente e às Bolsas de Valores a indisponibilidade de bens imposta no art. 36.

Parágrafo único. Recebida a comunicação, a autoridade competente ficará relativamente a esses bens impedida de:

a) fazer transcrições, inscrições ou averbações de documentos públicos ou particulares;

b) arquivar atos ou contratos que importem em transferência de cotas sociais, ações ou partes beneficiárias;

c) realizar ou registrar operações e títulos de qualquer natureza;

d) processar a transferência de propriedade de veículos automotores.

SEÇÃO II. DA RESPONSABILIDADE DOS ADMINISTRADORES E MEMBROS DO CONSELHO FISCAL

Art. 39. Os administradores e membros do Conselho Fiscal de instituições financeiras responderão, a qualquer tempo, salvo prescrição extintiva, pelos atos que tiverem praticado ou omissões em que houverem incorrido.

Art. 40. Os administradores de instituições financeiras respondem solidariamente pelas obrigações por elas assumidas durante sua gestão, até que se cumpram.

› Lei 9.447/1997: arts. 1º a 3º.

Parágrafo único. A responsabilidade solidária se circunscreverá ao montante dos prejuízos causados.

Art. 41. Decretada a intervenção, a liquidação extrajudicial ou a falência de instituição financeira, o Banco Central do Brasil procederá a inquérito, a fim de apurar as causas que levaram a sociedade àquela situação e a responsabilidade de seus administradores e membros do Conselho Fiscal.

§ 1º. Para os efeitos deste artigo, decretada a falência, o escrivão do feito a comunicará, dentro em 24 horas, ao Banco Central do Brasil.

§ 2º. O inquérito será aberto imediatamente à decretação da intervenção ou da liquidação extrajudicial, ou ao recebimento da comunicação da falência, e concluído dentro em 120 (cento e vinte) dias, prorrogáveis, se absolutamente necessário, por igual prazo.

§ 3º. No inquérito, o Banco Central do Brasil poderá:

a) examinar, quando e quantas vezes julgar necessário, a contabilidade, os arquivos, os documentos, os valores e mais elementos das instituições;

b) tomar depoimentos solicitando para isso, se necessário, o auxílio da polícia;

c) solicitar informações a qualquer autoridade ou repartição pública, ao juiz da falência, ao órgão do Ministério Público, ao síndico, ao liquidante ou ao interventor;

d) examinar, por pessoa que designar, os autos da falência e obter, mediante solicitação escrita, cópias ou certidões de peças desses autos;

e) examinar a contabilidade e os arquivos de terceiros com os quais a instituição financeira tiver negociado e no que entender com esses negócios, bem como a contabilidade e os arquivos dos ex-administradores, se comerciantes ou industriais sob firma individual, e as respectivas contas junto a outras instituições financeiras.

§ 4º. Os ex-administradores poderão acompanhar o inquérito, oferecer documentos e indicar diligências.

Art. 42. Concluída a apuração, os ex-administradores serão convidados, por carta, a apresentar, por escrito, suas alegações e explicações dentro em cinco dias, comuns para todos.

Art. 43. Transcorrido o prazo do artigo anterior, com ou sem a defesa, será o inquérito encerrado com um relatório, do qual constarão, em síntese, a situação da entidade examinada, as causas de sua queda, o nome, a qualificação e a relação dos bens particulares dos que, nos últimos cinco anos, geriram a sociedade, bem como o montante ou a estimativa dos prejuízos apurados em cada gestão.

Art. 44. Se o inquérito concluir pela inexistência de prejuízo, será, no caso de intervenção e de liquidação extrajudicial, arquivado no próprio Banco Central do Brasil ou, no caso de falência, será remetido ao competente juiz, que o mandará apensar aos respectivos autos.

Parágrafo único. Na hipótese prevista neste artigo, o Banco Central do Brasil, nos casos de intervenção e de liquidação extrajudicial, ou o juiz, no caso de falência, de ofício ou a requerimento de qualquer interessado, determinará o levantamento da indisponibilidade de que trata o art. 36.

Art. 45. Concluindo o inquérito pela existência de prejuízos, será ele, com o respectivo relatório, remetido pelo Banco Central do Brasil ao juiz da falência, ou ao que for competente para decretá-la, o qual o fará com vista ao órgão do Ministério Público, que, em oito dias, sob pena de responsabilidade, requererá o sequestro dos bens dos ex-administradores, que não tinham sido atingidos pela indisponibilidade prevista no art. 36, quantos bastem para a efetivação da responsabilidade.

§ 1º. Em caso de intervenção ou liquidação extrajudicial, a distribuição do inquérito ao juízo competente, na forma deste artigo, previne a jurisdição do mesmo juízo na hipótese de vir a ser decretada a falência.

§ 2º. Feito o arresto, os bens serão depositados em mãos do interventor, do liquidante ou do síndico, conforme a hipótese, cumprindo ao depositário administrá-los, receber os respectivos rendimentos e prestar contas a final.

Art. 46. A responsabilidade dos ex-administradores, definida nesta Lei, será apurada em ação própria, proposta no juízo da falência ou no que for para ela competente.

Parágrafo único. O órgão do Ministério Público, nos casos de intervenção e liquidação extrajudicial, proporá a ação obrigatoriamente dentro em 30 (trinta) dias a contar da realização do arresto, sob pena de responsabilidade e preclusão da sua iniciativa. Findo esse prazo, ficarão os autos em cartório, à disposição de qualquer credor que poderá iniciar a ação, nos 15 dias seguintes. Se neste último prazo ninguém o fizer, levantar-se-ão o arresto e a indisponibilidade, apensando-se os autos aos da falência, se for o caso.

Art. 47. Se, decretado o arresto ou proposta a ação, sobrevier a falência da entidade, competirá ao síndico tomar, daí por diante, as providências necessárias ao efetivo cumprimento das determinações desta Lei, cabendo-lhe promover a devida substituição processual, no prazo de 30 (trinta) dias, contados da data do seu compromisso.

Art. 48. Independentemente do inquérito e do arresto, qualquer das partes, a que se refere o parágrafo único do art. 46, no prazo nele previsto, poderá propor a ação de responsabilidade dos ex-administradores, na forma desta Lei.

Art. 49. Passada em julgado a sentença que declarar a responsabilidade dos ex-administradores, o arresto e a indisponibilidade de bens se convolarão em penhora, seguindo-se o processo de execução.

§ 1º. Apurados os bens penhorados e pagas as custas judiciais, o líquido será entregue ao interventor, ao liquidante ou ao síndico, conforme o caso, para rateio entre os credores da instituição.

§ 2º. Se, no curso da ação ou da execução, encerrar-se a intervenção ou a liquidação extrajudicial, o interventor ou o liquidante, por ofício, dará conhecimento da ocorrência ao juiz, solicitando sua substituição como depositário dos bens arrestados ou penhorados, e fornecendo a relação nominal e respectivos saldos dos credores a serem, nesta hipótese, diretamente contemplados com o rateio previsto no parágrafo anterior.

CAPÍTULO V. DISPOSIÇÕES GERAIS

Art. 50. A intervenção determina a suspensão, e, a liquidação extrajudicial, a perda do mandato, respectivamente, dos administradores e membros do Conselho Fiscal e dos de quaisquer outros órgãos criados pelo estatuto, competindo, exclusivamente, ao interventor e ao liquidante a convocação da assembleia geral nos casos em que julgarem conveniente.

Art. 51. Com o objetivo de preservar os interesses da poupança popular e a integridade do acervo das entidades submetidas a intervenção ou a liquidação extrajudicial, o Banco Central do Brasil poderá estabelecer idêntico regime para as pessoas jurídicas que com elas tenham integração de atividade ou vínculo de interesse, ficando os seus administradores sujeitos aos preceitos desta Lei.

Parágrafo único. Verifica-se integração de atividade ou vínculo de interesse, quando as pessoas jurídicas referidas neste artigo forem devedoras da sociedade sob intervenção ou submetida a liquidação extrajudicial, ou quando seus sócios ou acionistas participarem do capital desta em importância superior a 10% (dez por cento), ou sejam cônjuges, ou parentes até o segundo grau, consanguíneos ou afins, de seus diretores ou membros dos conselhos consultivo, administrativo, fiscal ou semelhantes.

Art. 52. Aplicam-se as disposições da presente Lei às sociedades ou empresas que integram o sistema de distribuição de títulos ou valores mobiliários no mercado de capitais (art. 5º da Lei nº 4.728, de 14 de julho de 1965), assim como às sociedades ou empresas corretoras de câmbio.

§ 1º. A intervenção nessas sociedades ou empresas, ou sua liquidação extrajudicial, poderá ser decretada pelo Banco Central do Brasil por iniciativa própria ou por solicitação das Bolsas de Valores, quanto às corretoras a elas associadas, mediante representação fundamentada.

§ 2º. Por delegação de competência do Banco Central do Brasil e sem prejuízo de suas atribuições, a intervenção ou a liquidação extrajudicial das sociedades corretoras, membros das Bolsas de Valores, poderá ser processada por estas, sendo competente, no caso, aquela da área em que a sociedade tiver sede.

Art. 53. As sociedades ou empresas que integram o sistema de distribuição de títulos ou valores mobiliários no mercado de capitais, assim como as sociedades ou empresas corretoras de câmbio, não poderão como as instituições financeiras impetrar concordata.

Art. 54. As disposições da presente Lei estendem-se às intervenções e liquidações extrajudiciais em curso, no que couberem.

Art. 55. O Banco Central do Brasil é autorizado a prestar assistência financeira às Bolsas de Valores, nas condições fixadas pelo Conselho Monetário Nacional, quando, a seu critério, se fizer necessária para que elas se adaptem, inteiramente, às exigências do mercado de capitais.

Parágrafo único. A assistência financeira prevista neste artigo poderá ser estendida às Bolsas de Valores, nos casos de intervenção ou liquidação extrajudicial em sociedades corretoras de valores mobiliários e de câmbio, com vistas a resguardar legítimos interesses de investidores.

Art. 56. Ao art. 129 do Dec.-lei nº 2.627, de 26 de setembro de 1940, é acrescentado o seguinte parágrafo, além do que já lhe fora aditado pela Lei nº 5.589, de 3 de julho de 1970.

- Alteração incorporada ao texto do Decreto-lei.
- Lei 6.404/1976 revogou o art. 129 do Dec.-lei 2.627/1940..

Art. 57. Esta Lei entrará em vigor na data de sua publicação, revogada a Lei nº 1.808, de 7 de janeiro de 1953, os Decs.-leis nºs 9.228, de 3 de maio de 1946; 9.328, de 10 de junho de 1946; 9.346, de 10 de junho de 1946; 48, de 18 de novembro de 1966; 462, de 11 de fevereiro de 1969, e 685, de 17 de julho de 1969, e demais disposições gerais e especiais em contrário.

Brasília, 13 de março de 1974; 153º da Independência e 86º da República.

EMÍLIO G. MÉDICI

D.O.U. de 14.3.1974

LEI Nº 6.099, DE 12 DE SETEMBRO DE 1974

Dispõe sobre o tratamento tributário das operações de arrendamento mercantil, e dá outras providências.

- *Leasing - Arrendamento Mercantil*

O PRESIDENTE DA REPÚBLICA Faço saber que o Congresso Nacional decreta e eu sanciono a seguinte Lei:

Art. 1º. O tratamento tributário das operações de arrendamento mercantil reger-se-á pelas disposições desta Lei.

Parágrafo único. Considera-se arrendamento mercantil, para os efeitos desta Lei, o negócio jurídico realizado entre pessoa jurídica, na qualidade de arrendadora, e pessoa física ou jurídica, na qualidade de arrendatária, e que tenha por objeto o arrendamento de bens adquiridos pela arrendadora, segundo especificações da arrendatária e para uso próprio desta. (Redação dada pela Lei nº 7.132, de 1983)

Art. 2º. Não terá o tratamento previsto nesta Lei o arrendamento de bens contratado entre pessoas jurídicas direta ou indiretamente coligados ou interdependentes, assim como o contratado com o próprio fabricante.

§ 1º. O Conselho Monetário Nacional especificará em regulamento os casos de coligação e interdependência.

§ 2º. Somente farão jus ao tratamento previsto nesta Lei as operações realizadas ou por empresas arrendadoras que fizerem dessa operação o objeto principal de sua atividade ou que centralizarem tais operações em um departamento especializado com escrituração própria.

Art. 3º. Serão escriturados em conta especial do ativo imobilizado da arrendadora os bens destinados a arrendamento mercantil.

Art. 4º. A pessoa jurídica arrendadora manterá registro individualizado que permita a verificação do fator determinante da receita e do tempo efetivo de arrendamento.

Art. 5º. Os contratos de arrendamento mercantil conterão as seguintes disposições:

a) prazo do contrato;

b) valor de cada contraprestação por períodos determinados, não superiores a um semestre;

c) opção de compra ou renovação de contrato, como faculdade do arrendatário;

d) preço para opção de compra ou critério para sua fixação, quando for estipulada esta cláusula.

Parágrafo único. Poderá o Conselho Monetário Nacional, nas operações que venha a definir, estabelecer que as contraprestações sejam estipuladas por períodos superiores aos previstos na alínea *b* deste artigo. (Incluído pela Lei nº 7.132, de 1983)

Art. 6º. O Conselho Monetário Nacional poderá estabelecer índices máximos para a soma das contraprestações, acrescidas do preço para exercício da opção da compra nas operações de arrendamento mercantil.

§ 1º. Ficam sujeitas à regra deste artigo as prorrogações do arrendamento nele referido.

§ 2º. Os índices de que trata este artigo serão fixados, considerando o custo do arrendamento em relação ao do financiamento da compra e venda.

Art. 7º. Todas as operações de arrendamento mercantil subordinam-se ao controle e fiscalização do Banco Central do Brasil, segundo normas estabelecidas pelo Conselho Monetário Nacional, a elas se aplicando, no que couber, as disposições da Lei nº 4.595, de 31 de dezembro de 1964, e legislação posterior relativa ao Sistema Financeiro Nacional.

Art. 8º. O Conselho Monetário Nacional poderá baixar resolução disciplinando as condições segundo as quais as instituições financeiras poderão financiar suas controladas, coligadas ou interdependentes que se especializarem em operações de arrendamento mercantil. (Redação dada pela Lei nº 11.882, de 2008)

Parágrafo único. A aquisição de debêntures emitidas por sociedades de arrendamento mercantil em mercado primário ou secundário constitui obrigação de natureza cambiária, não caracterizando operação de empréstimo ou adiantamento. (Redação dada pela Lei nº 11.882, de 2008)

Art. 9º. As operações de arrendamento mercantil contratadas com o próprio vendedor do bem ou com pessoas jurídicas a ele vinculadas, mediante quaisquer das relações previstas no art. 2º desta Lei, poderão também ser realizadas por instituições financeiras expressamente autorizadas pelo Conselho Monetário Nacional, que estabelecerá as condições para a realização das operações previstas neste artigo. (Redação dada pela Lei nº 7.132, de 1983)

Parágrafo único. Nos casos deste artigo, o prejuízo decorrente da venda do bem não será dedutível na determinação do lucro real. (Incluído pela Lei nº 7.132, de 1983)

Art. 10. Somente poderão ser objeto de arrendamento mercantil os bens de produção estrangeira que forem enumerados pelo Conselho Monetário Nacional, que poderá, também, estabelecer condições para seu arrendamento a empresas cujo controle acionário pertencer a pessoas residentes no Exterior.

Art. 11. Serão considerados como custo ou despesa operacional da pessoa jurídica arrendatária as contraprestações pagas ou creditadas por força do contrato de arrendamento mercantil.

§ 1º. A aquisição pelo arrendatário de bens arrendados em desacordo com as disposições desta Lei será considerada operação de compra e venda a prestação.

§ 2º. O preço de compra e venda, no caso do parágrafo anterior, será o total das contraprestações pagas durante a vigência do arrendamento, acrescido da parcela paga a título de preço de aquisição.

§ 3º. Na hipótese prevista no § 1º deste artigo, as importâncias já deduzidas, como custo ou despesa operacional pela adquirente, acrescerão ao lucro tributável pelo Imposto de Renda, no exercício correspondente à respectiva dedução.

§ 4º. O imposto não recolhido, na hipótese do parágrafo anterior, será devido com acréscimo de juros e correção monetária, multa e demais penalidades legais.

Art. 12. Serão admitidas como custos das pessoas jurídicas arrendadoras as cotas de depreciação do preço de aquisição de bem arrendado, calculadas de acordo com a vida útil do bem.

§ 1º. Entende-se por vida útil do bem o prazo durante o qual se possa esperar a sua efetiva utilização econômica.

§ 2º. A Secretaria da Receita Federal publicará periodicamente o prazo de vida útil admissível, em condições normais, para cada espécie de bem.

§ 3º. Enquanto não forem publicados os prazos de vida útil de que trata o parágrafo anterior, a sua determinação se fará segundo as normas previstas pela legislação do Imposto de Renda para fixação da taxa de depreciação.

Art. 13. Nos casos de operações de vendas de bens que tenham sido objeto de arrendamento mercantil, o saldo não depreciado será admitido como custo para efeito de apuração do lucro tributável pelo Imposto de Renda.

Art. 14. Não será dedutível, para fins de apuração do lucro tributável pelo Imposto de Renda, a diferença a menor entre o valor contábil residual do bem arrendado e o seu preço de venda, quando do exercício da opção de compra.

Art. 15. (Revogado pela Lei nº 12.973, de 2014)

- Lei 12.973/2014: art. 119.

Parágrafo único. Entende-se como custo de aquisição para os fins deste artigo, o preço pago pelo arrendatário ao arrendador pelo exercício da opção de compra.

Art. 16. Os contratos de arrendamento mercantil celebrados com entidades domiciliadas no Exterior serão submetidos a registro no Banco Central do Brasil. (Redação dada pela Lei nº 7.132, de 1983)

§ 1º. O Conselho Monetário Nacional estabelecerá as normas para a concessão do registro a que se refere este artigo, observando as seguintes condições: (Redação dada pela Lei nº 7.132, de 1983)

a) razoabilidade da contraprestação e de sua composição; (Redação dada pela Lei nº 7.132, de 1983)

b) critérios para fixação do prazo de vida útil do bem; (Redação dada pela Lei nº 7.132, de 1983)

c) compatibilidade do prazo de arrendamento do bem com a sua vida útil; (Redação dada pela Lei nº 7.132, de 1983)

d) relação entre o preço internacional do bem e o custo total do arrendamento; (Redação dada pela Lei nº 7.132, de 1983)

e) cláusula de opção de compra ou renovação do contrato; (Redação dada pela Lei nº 7.132, de 1983)

f) outras cautelas ditadas pela política econômico-financeira nacional. (Redação dada pela Lei nº 7.132, de 1983)

§ 2º. Mediante prévia autorização do Banco Central do Brasil, segundo normas para este fim expedidas pelo Conselho Monetário Nacional, os bens objeto das operações de que trata este artigo poderão ser arrendados a sociedades arrendadoras domiciliadas no País, para o fim de subarrendamento. (Redação dada pela Lei nº 7.132, de 1983)

§ 3º. Estender-se-ão ao subarrendamento as normas aplicáveis aos contratos de arrendamento mercantil celebrados com entidades domiciliadas no Exterior. (Incluído pela Lei nº 7.132, de 1983)

§ 4º. No subarrendamento poderá haver vínculo de coligação ou de interdependência entre a entidade domiciliada no Exterior e a sociedade arrendatária subarrendadora, domiciliada no País. (Incluído pela Lei nº 7.132, de 1983)

§ 5º. Mediante as condições que estabelecer, o Conselho Monetário Nacional poderá autorizar o registro de contratos sem cláusula de opção de compra, bem como fixar prazos mínimos para as operações previstas neste artigo. (Incluído pela Lei nº 7.132, de 1983)

Art. 17. A entrada no território nacional dos bens objeto de arrendamento mercantil, contratado com entidades arrendadoras domiciliadas no Exterior, não se confunde com o regime de admissão temporária de que trata o Decreto-lei nº 37, de 18 de novembro de 1966, e se sujeitará a todas as normas legais que regem a importação. (Redação dada pela Lei nº 7.132, de 1983)

Art. 18. A base de cálculo, para efeito do Imposto sobre Produtos Industrializados, do fato gerador que ocorrer por ocasião da remessa de bens importados ao estabelecimento da empresa arrendatária, corresponderá ao preço atacado desse bem na praça em que a empresa arrendadora estiver domiciliada. (Redação dada pela Lei nº 7.132, de 1983)

§ 1º. *(Revogado pela Lei nº 9.532, de 1997).*

§ 2º. Nas hipóteses em que o preço dos bens importados para o fim de arrendamento for igual ou superior ao que seria pago pelo arrendatário se os importasse diretamente, a base de cálculo mencionada no *caput* deste artigo será o valor que servir de base para o recolhimento do Imposto sobre Produtos Industrializados, por ocasião do desembaraço alfandegário desses bens.

Art. 19. Fica equiparada à exportação a compra e venda de bens no mercado interno, para o fim específico de arrendamento pelo comprador a arrendatário domiciliado no Exterior.

Art. 20. São assegurados ao vendedor dos bens de que trata o artigo anterior todos os benefícios fiscais concedidos por lei para incentivo à exportação, observadas as condições de qualidade da pessoa do vendedor e outras exigidas para os casos de exportação direta ou indireta.

§ 1º. Os benefícios fiscais de que trata este artigo serão concedidos sobre o equivalente em moeda nacional de garantia irrevogável do pagamento das contraprestações do arrendamento contratado, limitada a base de cálculo ao preço da compra e venda.

§ 2º. Para os fins do disposto no § 1º, a equivalência em moeda nacional será determinada pela maior taxa de câmbio do dia da utilização dos benefícios fiscais, quando o pagamento das contraprestações do arrendamento contratado for efetivado em moeda estrangeira de livre conversibilidade. (Redação dada pela Lei nº 12.024, de 2009)

Art. 21. O Ministro da Fazenda poderá estender aos arrendatários de máquinas, aparelhos e equipamentos de produção nacional, objeto de arrendamento mercantil, os benefícios de que trata o Decreto-lei nº 1.136, de 7 de dezembro de 1970.

Art. 22. As pessoas jurídicas que estiverem operando com arrendamento de bens, e que se ajustarem às disposições desta Lei dentro em 180 (cento e oitenta) dias, a contar da sua vigência, terão as suas operações regidas por este diploma legal, desde que ajustem convenientemente os seus contratos, mediante instrumentos de aditamento.

Art. 23. Fica o Conselho Monetário Nacional autorizado a:

a) expedir normas que visem a estabelecer mecanismos reguladores das atividades previstas nesta Lei, inclusive excluir modalidades de operações do tratamento nela previsto e limitar ou proibir sua prática por determinadas categorias de pessoas físicas ou jurídicas; (Redação dada pela Lei nº 7.132, de 1983)

b) enumerar restritivamente os bens que não poderão ser objeto de arrendamento mercantil, tendo em vista a política econômico-financeira do País.

Art. 24. A cessão do contrato de arrendamento mercantil a entidade domiciliada no Exterior reger-se-á pelo disposto nesta Lei e dependerá de prévia autorização do Banco Central do Brasil, conforme normas expedidas pelo Conselho Monetário Nacional. (Incluído pela Lei nº 7.132, de 1983)

Parágrafo único. Observado o disposto neste artigo, poderão ser transferidos, exclusiva e independentemente da cessão do contrato, os direitos de crédito relativos às contraprestações devidas. (Incluído pela Lei nº 7.132, de 1983)

Art. 25. Esta Lei entra em vigor na data de sua publicação, revogadas as disposições em contrário. (Renumerado pela Lei nº 7.132, de 1983)

Brasília, 12 de setembro de 1974; 153º da Independência e 86º da República.

ERNESTO GEISEL

D.O.U. de 13.9.1974

LEI Nº 6.194, DE 19 DE DEZEMBRO DE 1974

Dispõe sobre Seguro Obrigatório de Danos Pessoais causados por veículos automotores de via terrestre, ou por sua carga, a pessoas transportadas ou não.

- *DPVAT*

O PRESIDENTE DA REPÚBLICA Faço saber que o Congresso Nacional decreta e eu sanciono a seguinte Lei:

- CC: arts. 757 a 777.
- Lei 8.441/1992 – Altera dispositivos da Lei 6.194/1974, que trata do Seguro Obrigatório de Danos Pessoais causados por Veículos Automotores de Vias Terrestres (DPVAT).

Art. 1º. A alínea *b* do artigo 20, do Decreto-lei 73, de 21 de novembro de 1966, passa a ter a seguinte redação:

- Alteração incorporada ao texto do referido Decreto-lei.

Art. 2º. Fica acrescida ao artigo 20, do Decreto-lei 73, de 21 de novembro de 1966, a alínea l nestes termos:

- Alteração incorporada ao texto do referido Decreto-lei.

Art. 3º. Os danos pessoais cobertos pelo seguro estabelecido no art. 2º desta Lei compreendem as indenizações por morte, por invalidez permanente, total ou parcial, e por despesas de assistência médica e suplementares, nos valores e conforme as regras que se seguem, por pessoa vitimada: (Redação dada pela Lei nº 11.945, de 2009)

a) (Revogada pela Lei nº 11.482, de 2007);

b) (Revogada pela Lei nº 11.482, de 2007);

c) (Revogada pela Lei nº 11.482, de 2007).

I – R$ 13.500,00 (treze mil e quinhentos reais) – no caso de morte; (Incluído pela Lei nº 11.482, de 2007)

II – até R$ 13.500,00 (treze mil e quinhentos reais) – no caso de invalidez permanente; e (Incluído pela Lei nº 11.482, de 2007)

III – até R$ 2.700,00 (dois mil e setecentos reais) – como reembolso à vítima – no caso de despesas de assistência médica e suplementares devidamente comprovadas. (Incluído pela Lei nº 11.482, de 2007)

§ 1º. No caso da cobertura de que trata o inciso II do *caput* deste artigo, deverão ser enquadradas na tabela anexa a esta Lei as lesões diretamente decorrentes de acidente e que não sejam suscetíveis de amenização proporcionada por qualquer medida terapêutica, classificando-se a invalidez permanente como total ou parcial, subdividindo-se a invalidez permanente parcial em completa e incompleta, conforme a extensão das perdas anatômicas ou funcionais, observado o disposto abaixo: (Incluído pela Lei nº 11.945, de 2009)

I – quando se tratar de invalidez permanente parcial completa, a perda anatômica ou funcional será diretamente enquadrada em um dos segmentos orgânicos ou corporais previstos na tabela anexa, correspondendo a indenização ao valor resultante da aplicação do percentual ali estabelecido ao valor máximo da cobertura; e (Incluído pela Lei nº 11.945, de 2009)

II – quando se tratar de invalidez permanente parcial incompleta, será efetuado o enquadramento da perda anatômica ou funcional na forma prevista no inciso I deste parágrafo, procedendo-se, em seguida, à redução proporcional da indenização que corresponderá a 75% (setenta e cinco por cento) para as perdas de repercussão intensa, 50% (cinquenta por cento) para as de média repercussão, 25% (vinte e cinco por cento) para as de leve repercussão, adotando-se ainda o percentual de 10% (dez por cento), nos casos de sequelas residuais. (Incluído pela Lei nº 11.945, de 2009)

§ 2º. Assegura-se à vítima o reembolso, no valor de até R$ 2.700,00 (dois mil e setecentos reais), previsto no inciso III do *caput* deste artigo, de despesas médico-hospitalares, desde que devidamente comprovadas, efetuadas pela rede credenciada junto ao Sistema Único de Saúde, quando em caráter privado, vedada a cessão de direitos. (Incluído pela Lei nº 11.945, de 2009)

§ 3º. As despesas de que trata o § 2º deste artigo em nenhuma hipótese poderão ser reembolsadas quando o atendimento for realizado pelo SUS, sob pena de descredenciamento do estabelecimento de saúde do SUS, sem prejuízo das demais penalidades previstas em lei. (Incluído pela Lei nº 11.945, de 2009)

Art. 4º. A indenização no caso de morte será paga de acordo com o disposto no art. 792 da Lei 10.406, de 10 de janeiro de 2002 – Código Civil. (Redação dada pela Lei nº 11.482, de 2007)

§ 1º. *(Revogado pela Lei nº 11.482, de 2007).*

§ 2º. *(Revogado pela Lei nº 11.482, de 2007).*

§ 3º. Nos demais casos, o pagamento será feito diretamente à vítima na forma que dispuser o Conselho Nacional de Seguros Privados – CNSP. (Incluído pela Lei nº 11.482, de 2007)

Art. 5º. O pagamento da indenização será efetuado mediante simples prova do acidente e do dano decorrente, independentemente da existência de culpa, haja ou não resseguro, abolida qualquer franquia de responsabilidade do segurado.

§ 1º. A indenização referida neste artigo será paga com base no valor vigente na época da ocorrência do sinistro, em cheque nominal aos beneficiários, descontável no dia e na praça da sucursal que fizer a liquidação, no prazo de 30 (trinta) dias da entrega dos seguintes documentos: (Redação dada pela Lei nº 11.482, de 2007)

a) certidão de óbito, registro da ocorrência no órgão policial competente e a prova de qualidade de beneficiários no caso de morte; (Redação dada pela Lei nº 8.441, de 1992)

b) Prova das despesas efetuadas pela vítima com o seu atendimento por hospital, ambulatório ou médico assistente e registro da ocorrência no órgão policial competente – no caso de danos pessoais.

§ 2º. Os documentos referidos no § 1º serão entregues à Sociedade Seguradora, mediante recibo, que os especificará.

§ 3º. Não se concluindo na certidão de óbito o nexo de causa e efeito entre a morte e o acidente, será acrescentada a certidão de auto de necrópsia, fornecida diretamente pelo instituto médico legal, independentemente de requisição ou autorização da autoridade policial ou da jurisdição do acidente. (Incluído pela Lei nº 8.441, de 1992)

§ 4º. Havendo dúvida quanto ao nexo de causa e efeito entre o acidente e as lesões, em caso de despesas médicas suplementares e invalidez permanente, poderá ser acrescentado ao boletim de atendimento hospitalar relatório de internamento ou tratamento, se houver, fornecido pela rede hospitalar e previdenciária, mediante pedido verbal ou escrito, pelos interessados, em formulário próprio da entidade fornecedora. (Incluído pela Lei nº 8.441, de 1992)

§ 5º. O Instituto Médico Legal da jurisdição do acidente ou da residência da vítima deverá fornecer, no prazo de até 90 (noventa) dias, laudo à vítima com a verificação da existência e quantificação das lesões permanentes, totais ou parciais. (Redação dada pela Lei nº 11.945, de 2009)

§ 6º. O pagamento da indenização também poderá ser realizado por intermédio de depósito ou Transferência Eletrônica de Dados – TED para a conta corrente ou conta de poupança do beneficiário, observada a legislação do Sistema de Pagamentos Brasileiro. (Incluído pela Lei nº 11.482, de 2007)

§ 7º. Os valores correspondentes às indenizações, na hipótese de não cumprimento do prazo para o pagamento da respectiva obrigação pecuniária, sujeitam-se à correção monetária segundo índice oficial regularmente estabelecido e juros moratórios com base em critérios fixados na regulamentação específica de seguro privado. (Incluído pela Lei nº 11.482, de 2007)

Art. 6º. No caso de ocorrência do sinistro do qual participem dois ou mais veículos, a indenização será paga pela Sociedade Seguradora do respectivo veículo em que cada pessoa vitimada era transportada.

§ 1º. Resultando do acidente vítimas não transportadas, as indenizações a elas correspondentes serão pagas, em partes iguais, pelas Sociedades Seguradoras dos veículos envolvidos.

§ 2º. Havendo veículos não identificados e identificados, a indenização será paga pelas Sociedades Seguradoras destes últimos.

Art. 7º. A indenização por pessoa vitimada por veículo não identificado, com seguradora não identificada, seguro não realizado ou vencido, será paga nos mesmos valores, condições e prazos dos demais casos por um consórcio constituído, obrigatoriamente, por todas as sociedades seguradoras que operem no seguro objeto desta lei. (Redação dada pela Lei nº 8.441, de 1992)

§ 1º. O consórcio de que trata este artigo poderá haver regressivamente do proprietário do veículo os valores que desembolsar, ficando o veículo, desde logo, como garantia da obrigação, ainda que vinculada a contrato de alienação fiduciária, reserva de domínio, *leasing* ou qualquer outro. (Redação dada pela Lei nº 8.441, de 1992)

§ 2º. O Conselho Nacional de Seguros Privados (CNSP) estabelecerá normas para atender ao pagamento das indenizações previstas neste artigo, bem como a forma de sua distribuição pelas Seguradoras participantes do Consórcio.

Art. 8º. Comprovado o pagamento, a Sociedade Seguradora que houver pago a indenização poderá, mediante ação própria, haver do responsável a importância efetivamente indenizada.

Art. 9º. Nos seguros facultativos de responsabilidade civil dos proprietários de veículos automotores de via terrestre, as indenizações por danos materiais causados a terceiros serão pagas independentemente da responsabilidade que for apurada em ação judicial contra o causador do dano, cabendo à Seguradora o direito de regresso contra o responsável.

Art. 10. Observar-se-á o procedimento sumaríssimo do Código de Processo Civil nas causas relativas aos danos pessoais mencionados na presente lei.

Art. 11. A sociedade seguradora que infringir as disposições desta Lei estará sujeita às penalidades previstas no art. 108 do Decreto-Lei nº 73, de 21 de novembro de 1966, de acordo com a gravidade da irregularidade, observado o disposto no art. 118 do referido Decreto-Lei. (Redação dada pela Lei nº 11.482, de 2007)

Art. 12. O Conselho Nacional de Seguros Privados expedirá normas disciplinadoras e tarifas que atendam ao disposto nesta lei.

§ 1º. O Conselho Nacional de Trânsito implantará e fiscalizará as medidas de sua competência, garantidoras do não licenciamento e não circulação de veículos automotores de vias terrestres, em via pública ou fora dela, a descoberto do seguro previsto nesta lei. (Incluído pela Lei nº 8.441, de 1992)

§ 2º. Para efeito do parágrafo anterior, o Conselho Nacional de Trânsito expedirá normas para o vencimento do seguro coincidir com o do IPVA, arquivando-se cópia do bilhete ou apólice no prontuário respectivo, bem como fazer constar no registro de ocorrências nome, qualificação, endereço residencial e profissional completos do proprietário do veículo, além do nome da seguradora, número e vencimento do bilhete ou apólice de seguro. (Incluído pela Lei nº 8.441, de 1992)

§ 3º. O CNSP estabelecerá anualmente o valor correspondente ao custo da emissão e da cobrança da apólice ou do bilhete do Seguro Obrigatório de Danos Pessoais causados por veículos automotores de vias terrestres. (Incluído pela Lei nº 11.945, de 2009)

§ 4º. O disposto no parágrafo único do art. 27 da Lei nº 8.212, de 24 de julho de 1991, não se aplica ao produto da arrecadação do ressarcimento do custo descrito no § 3º deste artigo. (Incluído pela Lei nº 11.945, de 2009)

Art. 13. Esta Lei entrará em vigor na data de sua publicação, revogados o Decreto-lei 814, de 4 de setembro de 1969, e demais disposições em contrário.

Brasília, 19 de dezembro de 1974; 153º da Independência e 86º da República.

ERNESTO GEISEL

D.O.U. de 20.12.1974; ret. 31.12.1974

ANEXO
(Art. 3º da Lei 6.194/1974)

Anexo com redação alterada pela Lei 11.945/2009.

Danos Corporais Totais Repercussão na Íntegra do Patrimônio Físico	**Percentual da Perda**
Perda anatômica e/ou funcional completa de ambos os membros superiores ou inferiores	
Perda anatômica e/ou funcional completa de ambas as mãos ou de ambos os pés	
Perda anatômica e/ou funcional completa de um membro superior e de um membro inferior	
Perda completa da visão em ambos os olhos (cegueira bilateral) ou cegueira legal bilateral	
Lesões neurológicas que cursem com: (a) dano cognitivo-comportamental alienante; (b) impedimento do senso de orientação espacial e/ou do livre deslocamento corporal; (c) perda completa do controle esfincteriano; (d) comprometimento de função vital ou autonômica	100
Lesões de órgãos e estruturas crânio-faciais, cervicais, torácicos, abdominais, pélvicos ou retroperitoneais cursando com prejuízos funcionais não compensáveis de ordem autonômica, respiratória, cardiovascular, digestiva, excretora ou de qualquer outra espécie, desde que haja comprometimento de função vital	
Danos Corporais Segmentares (Parciais) Repercussões em Partes de Membros Superiores e Inferiores	**Percentuais das Perdas**
Perda anatômica e/ou funcional completa de um dos membros superiores e/ou de uma das mãos	70
Perda anatômica e/ou funcional completa de um dos membros inferiores	
Perda anatômica e/ou funcional completa de um dos pés	50
Perda completa da mobilidade de um dos ombros, cotovelos, punhos ou dedo polegar	
Perda completa da mobilidade de um quadril, joelho ou tornozelo	25
Perda anatômica e/ou funcional completa de qualquer um dentre os outros dedos da mão	
Perda anatômica e/ou funcional completa de qualquer um dos dedos do pé	10
Danos Corporais Segmentares (Parciais) Outras Repercussões em Órgãos e Estruturas Corporais	**Percentuais das Perdas**

Perda auditiva total bilateral (surdez completa) ou da fonação (mudez completa) ou da visão de um olho	50
Perda completa da mobilidade de um segmento da coluna vertebral exceto o sacral	25
Perda integral (retirada cirúrgica) do baço	10

LEI Nº 6.385, DE 7 DE DEZEMBRO DE 1976

Dispõe sobre o mercado de valores mobiliários e cria a Comissão de Valores Mobiliários.

› *Comissão de valores mobiliários*

O PRESIDENTE DA REPÚBLICA Faço saber que o Congresso Nacional decretou e eu sanciono a seguinte Lei:

CAPÍTULO I. DAS DISPOSIÇÕES GERAIS

Art. 1º. Serão disciplinadas e fiscalizadas de acordo com esta Lei as seguintes atividades: (Redação dada pela Lei nº 10.303, de 2001)

I – a emissão e distribuição de valores mobiliários no mercado; (Redação dada pela Lei nº 10.303, de 2001)

II – a negociação e intermediação no mercado de valores mobiliários; (Redação dada pela Lei nº 10.303, de 2001)

III – a negociação e intermediação no mercado de derivativos; (Redação dada pela Lei nº 10.303, de 2001)

IV – a organização, o funcionamento e as operações das Bolsas de Valores; (Redação dada pela Lei nº 10.303, de 2001)

V – a organização, o funcionamento e as operações das Bolsas de Mercadorias e Futuros; (Redação dada pela Lei nº 10.303, de 2001)

VI – a administração de carteiras e a custódia de valores mobiliários; (Redação dada pela Lei nº 10.303, de 2001)

VII – a auditoria das companhias abertas; (Incluído pela Lei nº 10.303, de 2001)

VIII – os serviços de consultor e analista de valores mobiliários. (Incluído pela Lei nº 10.303, de 2001)

Art. 2º. São valores mobiliários sujeitos ao regime desta Lei: (Redação dada pela Lei nº 10.303, de 2001)

› Lei 10.198/2001 – Dispõe sobre a regulação, fiscalização e supervisão dos mercados de títulos ou contratos de investimento coletivo.

I – as ações, debêntures e bônus de subscrição; (Redação dada pela Lei nº 10.303, de 2001)

II – os cupons, direitos, recibos de subscrição e certificados de desdobramento relativos aos valores mobiliários referidos no inciso II; (Redação dada pela Lei nº 10.303, de 2001)

III – os certificados de depósito de valores mobiliários; (Redação dada pela Lei nº 10.303, de 2001)

IV – as cédulas de debêntures; (Incluído pela Lei nº 10.303, de 2001)

V – as cotas de fundos de investimento em valores mobiliários ou de clubes de investimento em quaisquer ativos; (Incluído pela Lei nº 10.303, de 2001)

VI – as notas comerciais; (Incluído pela Lei nº 10.303, de 2001)

VII – os contratos futuros, de opções e outros derivativos, cujos ativos subjacentes sejam valores mobiliários; (Incluído pela Lei nº 10.303, de 2001)

VIII – outros contratos derivativos, independentemente dos ativos subjacentes; e (Incluído pela Lei nº 10.303, de 2001)

IX – quando ofertados publicamente, quaisquer outros títulos ou contratos de investimento coletivo, que gerem direito de participação, de parceria ou de remuneração, inclusive resultante de prestação de serviços, cujos rendimentos advêm do esforço do empreendedor ou de terceiros. (Incluído pela Lei nº 10.303, de 2001)

§ 1º. Excluem-se do regime desta Lei: (Redação dada pela Lei nº 10.303, de 2001)

I – os títulos da dívida pública federal, estadual ou municipal; (Redação dada pela Lei nº 10.303, de 2001)

› Lei 10.179/2001 – Dispõe sobre os títulos da dívida pública de responsabilidade do Tesouro Nacional, consolidando a legislação em vigor sobre a matéria.

II – os títulos cambiais de responsabilidade de instituição financeira, exceto as debêntures. (Redação dada pela Lei nº 10.303, de 2001)

§ 2º. Os emissores dos valores mobiliários referidos neste artigo, bem como seus administradores e controladores, sujeitam-se à disciplina prevista nesta Lei, para as companhias abertas. (Incluído pela Lei nº 10.303, de 2001)

§ 3º. Compete à Comissão de Valores Mobiliários expedir normas para a execução do disposto neste artigo, podendo: (Incluído pela Lei nº 10.303, de 2001)

I – exigir que os emissores se constituam sob a forma de sociedade anônima; (Incluído pela Lei nº 10.303, de 2001)

II – exigir que as demonstrações financeiras dos emissores, ou que as informações sobre o empreendimento ou projeto, sejam auditadas por auditor independente nela registrado; (Incluído pela Lei nº 10.303, de 2001)

III – dispensar, na distribuição pública dos valores mobiliários referidos neste artigo, a participação de sociedade integrante do sistema previsto no art. 15 desta Lei; (Incluído pela Lei nº 10.303, de 2001)

IV – estabelecer padrões de cláusulas e condições que devam ser adotadas nos títulos ou contratos de investimento, destinados à negociação em bolsa ou balcão, organizado ou não, e recusar a admissão ao mercado da emissão que não satisfaça a esses padrões. (Incluído pela Lei nº 10.303, de 2001)

§ 4º. É condição de validade dos contratos derivativos, de que tratam os incisos VII e VIII do *caput*, celebrados a partir da entrada em vigor da Medida Provisória 539, de 26 de julho de 2011, o registro em câmaras ou prestadores de serviço de compensação, de liquidação e de registro autorizados pelo Banco Central do Brasil ou pela Comissão de Valores Mobiliários. (Incluído pela Lei nº 12.543, de 2011)

› CC: arts. 104 e 166, VII.

Art. 3º. Compete ao Conselho Monetário Nacional:

I – definir a política a ser observada na organização e no funcionamento do mercado de valores mobiliários;

II – regular a utilização do crédito nesse mercado;

III – fixar a orientação geral a ser observada pela Comissão de Valores Mobiliários no exercício de suas atribuições;

IV – definir as atividades da Comissão de Valores Mobiliários que devem ser exercidas em coordenação com o Banco Central do Brasil;

V – aprovar o Quadro e o Regulamento de Pessoal da Comissão de Valores Mobiliários, bem como fixar a retribuição do presidente, diretores, ocupantes de funções de confiança e demais servidores. (Incluído pela Lei nº 6.422, de 1977)

VI – estabelecer, para fins da política monetária e cambial, condições específicas para negociação de contratos derivativos, independentemente da natureza do investidor, podendo, inclusive: (Incluído pela Lei nº 12.543, de 2011)

a) determinar depósitos sobre os valores nocionais dos contratos; e (Incluído pela Lei nº 12.543, de 2011)

b) fixar limites, prazos e outras condições sobre as negociações dos contratos derivativos. (Incluído pela Lei nº 12.543, de 2011)

§ 1º. Ressalvado o disposto nesta Lei, a fiscalização do mercado financeiro e de capitais continuará a ser exercida, nos termos da legislação em vigor, pelo Banco Central do Brasil. (Incluído pela Lei nº 12.543, de 2011)

§ 2º. As condições específicas de que trata o inciso VI do *caput* deste artigo não poderão ser exigidas para as operações em aberto na data de publicação do ato que as estabelecer. (Incluído pela Lei nº 12.543, de 2011)

Art. 4º. O Conselho Monetário Nacional e a Comissão de Valores Mobiliários exercerão as atribuições previstas na Lei para o fim de:

I – estimular a formação de poupança e a sua aplicação em valores mobiliários;

II – promover a expansão e o funcionamento eficiente e regular do mercado de ações, e estimular as aplicações permanentes em ações do capital social de companhias abertas sob controle de capitais privados nacionais;

III – assegurar o funcionamento eficiente e regular dos mercados da Bolsa e do balcão;

IV – proteger os titulares de valores mobiliários e os investidores do mercado contra:

a) emissões irregulares de valores mobiliários;

b) atos ilegais de administradores e acionistas controladores das companhias abertas, ou de administradores de carteira de valores mobiliários;

c) o uso de informação relevante não divulgada no mercado de valores mobiliários. (Incluído pela Lei nº 10.303, de 2001)

V – evitar ou coibir modalidades de fraude ou manipulação destinada a criar condições artificiais de demanda, oferta ou preço dos valores mobiliários negociados no mercado;

VI – assegurar o acesso do público a informações sobre os valores mobiliários negociados e as companhias que os tenham emitido;

VII – assegurar a observância de práticas comerciais equitativas no mercado de valores mobiliários;

VIII – assegurar a observância, no mercado, das condições de utilização de crédito fixadas pelo Conselho Monetário Nacional.

CAPÍTULO II. DA COMISSÃO DE VALORES MOBILIÁRIOS

Art. 5º. É instituída a Comissão de Valores Mobiliários, entidade autárquica em regime especial, vinculada ao Ministério da Fazenda, com personalidade jurídica e patrimônio próprios, dotada de autoridade administrativa independente, ausência de subordinação hierárquica, mandato fixo e estabilidade de seus dirigentes, e autonomia financeira e orçamentária. (Redação dada pela Lei nº 10.411, de 2002)

Art. 6º. A Comissão de Valores Mobiliários será administrada por um Presidente e quatro Diretores, nomeados pelo Presidente da República, depois de aprovados pelo Senado Federal, dentre pessoas de ilibada reputação e reconhecida competência em matéria de mercado de capitais. (Redação dada pela Lei nº 10.411, de 2002)

§ 1º. O mandato dos dirigentes da Comissão será de 5 (cinco) anos, vedada a recondução, devendo ser renovado a cada ano 1/5 (um quinto) dos membros do Colegiado. (Redação dada pela Lei nº 10.411, de 2002)

§ 2º. Os dirigentes da Comissão somente perderão o mandato em virtude de renúncia, de condenação judicial transitada em julgado ou de processo administrativo disciplinar. (Redação dada pela Lei nº 10.411, de 2002)

§ 3º. Sem prejuízo do que preveem a lei penal e a lei de improbidade administrativa, será causa da perda do mandato a inobservância, pelo Presidente ou Diretor, dos deveres e das proibições inerentes ao cargo. (Redação dada pela Lei nº 10.411, de 2002)

§ 4º. Cabe ao Ministro de Estado da Fazenda instaurar o processo administrativo disciplinar, que será conduzido por comissão especial, competindo ao Presidente da República determinar o afastamento preventivo, quando for o caso, e proferir o julgamento. (Redação dada pela Lei nº 10.411, de 2002)

§ 5º. No caso de renúncia, morte ou perda de mandato do Presidente da Comissão de Valores Mobiliários, assumirá o Diretor mais antigo ou o mais idoso, nessa ordem, até nova nomeação, sem prejuízo de suas atribuições. (Redação dada pela Lei nº 10.411, de 2002)

§ 6º. No caso de renúncia, morte ou perda de mandato de Diretor, proceder-se-á a nova nomeação pela forma disposta nesta Lei, para completar o mandato do substituído. (Redação dada pela Lei nº 10.411, de 2002)

§ 7º. A Comissão funcionará como órgão de deliberação colegiada de acordo com o seu regimento interno, e no qual serão fixadas as atribuições do Presidente, dos Diretores e do Colegiado. (Incluído pelo Decreto nº 3.995, de 2001)

Art. 7º. A Comissão custeará as despesas necessárias ao seu funcionamento com os recursos provenientes de:

I – dotações das reservas monetárias a que se refere o art. 12 da Lei nº 5.143, de 20 de outubro de 1966, alterado pelo Decreto-lei nº 1.342, de 28 de agosto de 1974, que lhe forem atribuídas pelo Conselho Monetário Nacional;

II – dotações que lhe forem consignadas no orçamento federal;

III – receitas provenientes da prestação de serviços pela Comissão, observada a tabela aprovada pelo Conselho Monetário Nacional;

IV – renda de bens patrimoniais e receitas eventuais;

V – receitas de taxas decorrentes do exercício de seu poder de polícia, nos termos da lei. (Incluído pela Lei nº 10.303, de 2001)

Art. 8º. Compete à Comissão de Valores Mobiliários:

I – regulamentar, com observância da política definida pelo Conselho Monetário Nacional, as matérias expressamente previstas nesta Lei e na Lei de Sociedades por Ações;

II – administrar os registros instituídos por esta Lei;

III – fiscalizar permanentemente as atividades e os serviços do mercado de valores mobiliários, de que trata o art. 1º, bem como a veiculação de informações relativas ao mercado, às pessoas que dele participem, e aos valores nele negociados;

IV – propor ao Conselho Monetário Nacional a eventual fixação de limites máximos de preço, comissões, emolumentos e quaisquer outras vantagens cobradas pelos intermediários de mercado;

V – fiscalizar e inspecionar as companhias abertas, dada prioridade às que não apresentem lucro em balanço ou às que deixem de pagar o dividendo mínimo obrigatório.

§ 1º. O disposto neste artigo não exclui a competência das Bolsas de Valores, das Bolsas de Mercadorias e Futuros, e das entidades de compensação e liquidação com relação aos seus membros e aos valores mobiliários nelas negociados. (Redação dada pelo Decreto nº 3.995, de 2001)

§ 2º. Serão de acesso público todos os documentos e autos de processos administrativos, ressalvados aqueles cujo sigilo seja imprescindível para a defesa da intimidade ou do interesse social, ou cujo sigilo esteja assegurado por expressa disposição legal. (Redação dada pelo Decreto nº 3.995, de 2001)

§ 3º. Em conformidade com o que dispuser o seu Regimento, a Comissão de Valores Mobiliários poderá:

I – publicar projeto de ato normativo para receber sugestões de interessados;

II – convocar, a seu juízo, qualquer pessoa que possa contribuir com informações ou opiniões para o aperfeiçoamento das normas a serem promulgadas.

Art. 9º. A Comissão de Valores Mobiliários, observado o disposto no § 2º do art. 15, poderá: (Redação dada pelo Decreto nº 3.995, de 2001)

I – examinar e extrair cópias de registros contábeis, livros ou documentos, inclusive programas eletrônicos e arquivos magnéticos, ópticos ou de qualquer outra natureza, bem como papéis de trabalho de auditores independentes, devendo tais documentos ser mantidos em perfeita ordem e estado de conservação pelo prazo mínimo de 5 (cinco) anos: (Redação dada pelo Decreto nº 3.995, de 2001)

a) das pessoas naturais e jurídicas que integram o sistema de distribuição de valores mobiliários (art. 15);

b) das companhias abertas e demais emissoras de valores mobiliários e, quando houver suspeita fundada de atos ilegais, das respectivas sociedades controladoras, controladas, coligadas e sociedades sob controle comum; (Redação dada pela Lei nº 10.303, de 2001)

c) dos fundos e sociedades de investimento;

d) das carteiras e depósitos de valores mobiliários (arts. 23 e 24);

e) dos auditores independentes;

f) dos consultores e analistas de valores mobiliários;

g) de outras pessoas quaisquer, naturais ou jurídicas, quando da ocorrência de qualquer irregularidade a ser apurada nos termos do inciso V deste artigo, para efeito de verificação de ocorrência de atos ilegais ou práticas não equitativas; (Redação dada pelo Decreto nº 3.995, de 2001)

II – intimar as pessoas referidas no inciso I a prestar informações, ou esclarecimentos, sob cominação de multa, sem prejuízo da aplicação das penalidades previstas no art. 11; (Redação dada pela Lei nº 10.303, de 2001)

III – requisitar informações de qualquer órgão público, autarquia ou empresa pública;

IV – determinar às companhias abertas que republiquem, com correções ou aditamentos, demonstrações financeiras, relatórios ou informações divulgadas;

V – apurar, mediante processo administrativo, atos ilegais e práticas não equitativas de administradores, membros do conselho fiscal e acionistas de companhias abertas, dos intermediários e dos demais participantes do mercado; (Redação dada pela Lei nº 10.303, de 2001)

- Lei 6.404/1976: arts. 163, §§ 2º e 3º, 165 e 165-A.

VI – aplicar aos autores das infrações indicadas no inciso anterior as penalidades previstas no art. 11, sem prejuízo da responsabilidade civil ou penal.

§ 1º. Com o fim de prevenir ou corrigir situações anormais do mercado, a Comissão poderá: (Redação dada pelo Decreto nº 3.995, de 2001)

I – suspender a negociação de determinado valor mobiliário ou decretar o recesso de Bolsa de Valores;

II – suspender ou cancelar os registros de que trata esta Lei;

III – divulgar informações ou recomendações com o fim de esclarecer ou orientar os participantes do mercado;

IV – proibir aos participantes do mercado, sob cominação de multa, a prática de atos que especificar, prejudiciais ao seu funcionamento regular.

§ 2º. O processo, nos casos do inciso V deste artigo, poderá ser precedido de etapa investigativa, em que será assegurado o sigilo necessário à elucidação dos fatos ou exigido pelo interesse público, e observará o procedimento fixado pela Comissão. (Redação dada pelo Decreto nº 3.995, de 2001)

§ 3º. Quando o interesse público exigir, a Comissão poderá divulgar a instauração do procedimento investigativo a que se refere o § 2º. (Incluído pelo Decreto nº 3.995, de 2001)

§ 4º. Na apuração de infrações da legislação do mercado de valores mobiliários, a Comissão priorizará as infrações de natureza grave, cuja apenação proporcione maior efeito educativo e preventivo para os participantes do mercado, e poderá deixar de instaurar o processo administrativo sancionador, consideradas a pouca relevância da conduta, a baixa expressividade da lesão ao bem jurídico tutelado e a utilização de outros instrumentos e medidas de supervisão que julgar mais efetivos. (Redação dada pela Lei nº 13.506, de 2017)

§ 5º. As sessões de julgamento do Colegiado, no processo administrativo de que trata o inciso V deste artigo, serão públicas, podendo ser restringido o acesso de terceiros em função do interesse público envolvido. (Incluído pelo Decreto nº 3.995, de 2001)

§ 6º. A Comissão será competente para apurar e punir condutas fraudulentas no mercado de valores mobiliários sempre que: (Incluído pelo Decreto nº 3.995, de 2001)

I – seus efeitos ocasionem danos a pessoas residentes no território nacional, independentemente do local em que tenham ocorrido; e (Incluído pelo Decreto nº 3.995, de 2001)

II – os atos ou omissões relevantes tenham sido praticados em território nacional. (Incluído pelo Decreto nº 3.995, de 2001)

Art. 10. A Comissão de Valores Mobiliários poderá celebrar convênios com órgãos similares de outros países, ou com entidades internacionais, para assistência e cooperação na condução de investigações para apurar transgressões às normas atinentes ao mercado de valores mobiliários ocorridas no País e no exterior. (Redação dada pela Lei nº 10.303, de 2001)

§ 1º. A Comissão de Valores Mobiliários poderá se recusar a prestar a assistência referida no *caput* deste artigo quando houver interesse público a ser resguardado. (Incluído pela Lei nº 10.303, de 2001)

§ 2º. O disposto neste artigo aplica-se, inclusive, às informações que, por disposição legal, estejam submetidas a sigilo. (Incluído pela Lei nº 10.303, de 2001)

Art. 10-A. A Comissão de Valores Mobiliários, o Banco Central do Brasil e demais órgãos e agências reguladoras poderão celebrar convênio com entidade que tenha por objeto o estudo e a divulgação de princípios, normas e padrões de contabilidade e de auditoria, podendo, no exercício de suas atribuições regulamentares, adotar, no todo ou em parte, os pronunciamentos e demais orientações técnicas emitidas. (Incluído pela Lei nº 11.638, de 2007)

Parágrafo único. A entidade referida no *caput* deste artigo deverá ser majoritariamente composta por contadores, dela fazendo parte, paritariamente, representantes de entidades representativas de sociedades submetidas ao regime de elaboração de demonstrações financeiras previstas nesta Lei, de sociedades que auditam e analisam as demonstrações financeiras, do órgão federal de fiscalização do exercício da profissão contábil e de universidade ou instituto de pesquisa com reconhecida atuação na área contábil e de mercado de capitais. (Incluído pela Lei nº 11.638, de 2007).

Art. 11. A Comissão de Valores Mobiliários poderá impor aos infratores das normas desta Lei, da Lei no 6.404, de 15 de dezembro de 1976 (Lei de Sociedades por Ações), de suas resoluções e de outras normas legais cujo cumprimento lhe caiba fiscalizar as seguintes penalidades, isoladas ou cumulativamente: (Redação dada pela Lei nº 13.506, de 2017)

I – advertência;

II – multa;

III – (Revogado pela Lei nº 13.506, de 2017)

IV – inabilitação temporária, até o máximo de 20 (vinte) anos, para o exercício de cargo de administrador ou de conselheiro fiscal de companhia aberta, de entidade do sistema de distribuição ou de outras entidades que dependam de autorização ou registro na Comissão de Valores Mobiliários; (Redação dada pela Lei nº 13.506, de 2017)

V – suspensão da autorização ou registro para o exercício das atividades de que trata esta Lei;

VI – inabilitação temporária, até o máximo de 20 (vinte) anos, para o exercício das atividades de que trata esta Lei; (Redação dada pela Lei nº 13.506, de 2017)

VII – proibição temporária, até o máximo de 20 (vinte) anos, de praticar determinadas atividades ou operações, para os integrantes do sistema de distribuição ou de outras entidades que dependam de autorização ou registro na Comissão de Valores Mobiliários; (Incluído pela Lei nº 9.457, de 1997)

VIII – proibição temporária, até o máximo de 10 (dez) anos, de atuar, direta ou indiretamente, em uma ou mais modalidades de operação no mercado de valores mobiliários. (Incluído pela Lei nº 9.457, de 1997)

§ 1º. A multa deverá observar, para fins de dosimetria, os princípios da proporcionalidade e da razoabilidade, a capacidade econômica do infrator e os motivos que justifiquem sua imposição, e não deverá exceder o maior destes valores: (Redação dada pela Lei nº 13.506, de 2017)

I – R$ 50.000.000,00 (cinquenta milhões de reais); (Redação dada pela Lei nº 13.506, de 2017)

II – o dobro do valor da emissão ou da operação irregular; (Redação dada pela Lei nº 13.506, de 2017)

III – 3 (três) vezes o montante da vantagem econômica obtida ou da perda evitada em decorrência do ilícito; ou (Redação dada pela Lei nº 13.506, de 2017)

IV – o dobro do prejuízo causado aos investidores em decorrência do ilícito. (Redação dada pela Lei nº 13.506, de 2017)

§ 2º. Nas hipóteses de reincidência, poderá ser aplicada multa de até o triplo dos valores fixados no § 1° deste artigo. (Redação dada pela Lei nº 13.506, de 2017)

§ 3°. As penalidades previstas nos incisos IV, V, VI, VII e VIII do *caput* deste artigo somente serão aplicadas nos casos de infração grave, assim definidas em normas da Comissão de Valores Mobiliários, ou nos casos de reincidência. (Redação dada pela Lei nº 13.506, de 2017)

§ 4º. As penalidades somente serão impostas com observância do procedimento previsto no § 2º do art. 9º desta Lei, cabendo recurso para o Conselho de Recursos do Sistema Financeiro Nacional. (Redação dada pela Lei nº 9.457, de 1997)

§ 5º. A Comissão de Valores Mobiliários, após análise de conveniência e oportunidade, com vistas a atender ao interesse público, poderá deixar de instaurar ou suspender, em qualquer fase que preceda a tomada da decisão de primeira instância, o procedimento administrativo destinado à apuração de infração prevista nas normas legais e regulamentares cujo cumprimento lhe caiba fiscalizar, se o investigado assinar termo de compromisso no qual se obrigue a: (Redação dada pela Lei nº 13.506, de 2017)

I – cessar a prática de atividades ou atos considerados ilícitos pela Comissão de Valores Mobiliários; e

II – corrigir as irregularidades apontadas, inclusive indenizando os prejuízos.

§ 6º. O compromisso a que se refere o parágrafo anterior não importará confissão quanto à matéria de fato, nem reconhecimento de ilicitude da conduta analisada. (Incluído pela Lei nº 9.457, de 1997)

§ 7º. O termo de compromisso deverá ser publicado no sítio eletrônico da Comissão de Valores Mobiliários, com discriminação do prazo para cumprimento das obrigações eventualmente assumidas, e constituirá título executivo extrajudicial. (Redação dada pela Lei nº 13.506, de 2017)

§ 8º. Não cumpridas as obrigações no prazo, a Comissão de Valores Mobiliários dará continuidade ao procedimento administrativo anteriormente suspenso, para a aplicação das penalidades cabíveis. (Incluído pela Lei nº 9.457, de 1997)

§ 9º. Serão considerados, na aplicação de penalidades previstas na lei, o arrependimento eficaz e o arrependimento posterior ou a circunstância de qualquer pessoa, espontaneamente, confessar ilícito ou prestar informações relativas à sua materialidade. (Incluído pela Lei nº 9.457, de 1997)

§ 10. A Comissão de Valores Mobiliários regulamentará a aplicação do disposto nos §§ 5º a 9º deste artigo aos procedimentos conduzidos pelas Bolsas de Valores, Bolsas de Mercadorias e Futuros, entidades do mercado de balcão organizado e entidades de compensação e liquidação de operações com valores mobiliários. (Redação dada pelo Decreto nº 3.995, de 2001)

§ 11. A multa aplicada pela inexecução de ordem da Comissão de Valores Mobiliários, nos termos do inciso II do *caput* e do inciso IV do § 1° do art. 9° desta Lei, independentemente do processo administrativo previsto no inciso V do *caput* do art. 9o desta Lei, não excederá, por dia de atraso no seu cumprimento, o maior destes valores: (Redação dada pela Lei nº 13.506, de 2017)

I – 1/1.000 (um milésimo) do valor do faturamento total individual ou consolidado do grupo econômico, obtido no exercício anterior à aplicação da multa; ou (Incluído pela Lei nº 13.506, de 2017)

II – R$ 100.000,00 (cem mil reais). (Incluído pela Lei nº 13.506, de 2017)

§ 12. Da decisão que aplicar a multa prevista no parágrafo anterior caberá recurso voluntário, no prazo de 10 (dez) dias, ao Colegiado da Comissão de Valores Mobiliários, sem efeito suspensivo. (Incluído pela Lei nº 9.457, de 1997)

§ 13. Adicionalmente às penalidades previstas no *caput* deste artigo, a Comissão de Valores Mobiliários poderá proibir os acusados de contratar, por até de 5 (cinco) anos, com instituições financeiras oficiais e de participar de licitação que tenha por objeto aquisições, alienações, realizações de obras e serviços e concessões de serviços públicos, no âmbito da administração pública federal, estadual, distrital e municipal e das entidades da administração pública indireta. (Incluído pela Lei nº 13.506, de 2017)

§ 14. Os créditos oriundos de condenação do apenado ao pagamento de indenização em ação civil pública movida em benefício de investidores e demais credores do apenado e os créditos do Fundo Garantidor de Crédito (FGC) ou de outros mecanismos de ressarcimento aprovados pelo Banco Central do Brasil ou pela Comissão de Valores Mobiliários, se houver, preferirão aos créditos oriundos da aplicação da penalidade de multa. (Incluído pela Lei nº 13.506, de 2017)

§ 15. Em caso de falência, liquidação extrajudicial ou qualquer outra forma de concurso de credores do apenado, os créditos da Comissão de Valores Mobiliários oriundos da aplicação da penalidade de multa de que trata o inciso II do *caput* deste artigo serão subordinados. (Incluído pela Lei nº 13.506, de 2017)

Art. 12. Quando o inquérito, instaurado de acordo com o § 2º do art. 9º, concluir pela ocorrência de crime de ação pública, a Comissão de Valores Mobiliários oficiará ao Ministério Público, para a propositura da ação penal.

- CF/1988: art. 129, I.
- CP: art. 100, § 1º.

Art. 13. A Comissão de Valores Mobiliários manterá serviço para exercer atividade consultiva ou de orientação junto aos agentes do mercado de valores mobiliários ou a qualquer investidor.

Parágrafo único. Fica a critério da Comissão de Valores Mobiliários divulgar ou não as respostas às consultas ou aos critérios de orientação.

Art. 14. A Comissão de Valores Mobiliários poderá prever, em seu orçamento, dotações de verbas às Bolsas de Valores e às Bolsas de Mercadorias e Futuros. (Redação dada pela Lei nº 10.303, de 2001)

CAPÍTULO III. DO SISTEMA DE DISTRIBUIÇÃO

Art. 15. O sistema de distribuição de valores mobiliários compreende:

I – as instituições financeiras e demais sociedades que tenham por objeto distribuir emissão de valores mobiliários:

a) como agentes da companhia emissora;

b) por conta própria, subscrevendo ou comprando a emissão para a colocar no mercado;

II – as sociedades que tenham por objeto a compra de valores mobiliários em circulação no mercado, para os revender por conta própria;

III – as sociedades e os agentes autônomos que exerçam atividades de mediação na negociação de valores mobiliários, em Bolsas de Valores ou no mercado de balcão;

IV – as Bolsas de Valores;

V – entidades de mercado de balcão organizado; (Incluído pela Lei nº 9.457, de 1997)

VI – as corretoras de mercadorias, os operadores especiais e as Bolsas de Mercadorias e Futuros; e (Redação dada pela Lei nº 10.303, de 2001)

VII – as entidades de compensação e liquidação de operações com valores mobiliários. (Incluído pela Lei nº 10.303, de 2001)

§ 1º. Compete à Comissão de Valores Mobiliários definir: (Redação dada pelo Decreto nº 3.995, de 2001)

I – os tipos de instituição financeira que poderão exercer atividades no mercado de valores mobiliários, bem como as espécies de operação que poderão realizar e de serviços que poderão prestar nesse mercado;

II – a especialização de operações ou serviços a ser observada pelas sociedades do mercado, e as condições em que poderão cumular espécies de operação ou serviços.

§ 2º. Em relação às instituições financeiras e demais sociedades autorizadas a explorar simultaneamente operações ou serviços no mercado de valores mobiliários e nos mercados sujeitos à fiscalização do Banco Central do Brasil, as atribuições da Comissão de Valores Mobiliários serão limitadas às atividades submetidas ao regime da presente Lei, e serão exercidas sem prejuízo das atribuições daquele.

§ 3º. Compete ao Conselho Monetário Nacional regulamentar o disposto no parágrafo anterior, assegurando a coordenação de serviços entre o Banco Central do Brasil e a Comissão de Valores Mobiliários.

Art. 16. Depende de prévia autorização da Comissão de Valores Mobiliários o exercício das seguintes atividades:

I – distribuição de emissão no mercado (art. 15, I);

II – compra de valores mobiliários para revendê-los por conta própria (art. 15, II);

III – mediação ou corretagem de operações com valores mobiliários; e (Redação dada pela Lei nº 10.411, de 2002)

IV – compensação e liquidação de operações com valores mobiliários. (Redação dada pela Lei nº 10.411, de 2002)

Parágrafo único. Só os agentes autônomos e as sociedades com registro na Comissão poderão exercer a atividade de mediação ou corretagem de valores mobiliários fora da Bolsa.

Art. 17. As Bolsas de Valores, as Bolsas de Mercadorias e Futuros, as entidades do mercado de balcão organizado e as entidades de compensação e liquidação de operações com valores mobiliários terão autonomia administrativa, financeira e patrimonial, operando sob a supervisão da Comissão de Valores Mobiliários. (Redação dada pela Lei nº 10.303, de 2001)

§ 1º. Às Bolsas de Valores, às Bolsas de Mercadorias e Futuros, às entidades do mercado de balcão organizado e às entidades de compensação e liquidação de operações com valores mobiliários incumbe, como órgãos auxiliares da Comissão de Valores Mobiliários, fiscalizar os respectivos membros e as operações com valores mobiliários nelas realizadas. (Redação dada pela Lei nº 10.303, de 2001)

§ 2º. *(VETADO)*. *(Incluído pela Lei nº 10.303, de 2001)*

Art. 17-A. *(VETADO)*. *(Incluído* pela Lei nº 10.303, de 2001)

Art. 18. Compete à Comissão de Valores Mobiliários: (Redação dada pela Lei nº 10.411, de 2002)

I – editar normas gerais sobre: (Redação dada pela Lei nº 10.411, de 2002)

a) condições para obter autorização ou registro necessário ao exercício das atividades indicadas no art. 16, e respectivos procedimentos administrativos; (Redação dada pela Lei nº 10.411, de 2002)

b) requisitos de idoneidade, habilitação técnica e capacidade financeira a que deverão satisfazer os administradores de sociedades e demais pessoas que atuem no mercado de valores mobiliários; (Redação dada pela Lei nº 10.411, de 2002)

c) condições de constituição e extinção das Bolsas de Valores, entidades do mercado de balcão organizado e das entidades de compensação e liquidação de operações com valores mobiliários, forma jurídica, órgãos de administração e seu preenchimento; (Redação dada pela Lei nº 10.411, de 2002)

d) exercício do poder disciplinar pelas Bolsas e pelas entidades do mercado de balcão organizado, no que se refere às negociações com valores mobiliários, e pelas entidades de compensação e liquidação de operações com valores mobiliários, sobre os seus membros, imposição de penas e casos de exclusão; (Redação dada pela Lei nº 10.411, de 2002)

e) número de sociedades corretoras, membros da Bolsa; requisitos ou condições de admissão quanto à idoneidade, capacidade financeira e habilitação técnica dos seus administradores; e representação no recinto da Bolsa;

f) administração das Bolsas, das entidades do mercado de balcão organizado e das entidades de compensação e liquidação de operações com valores mobiliários; emolumentos, comissões e quaisquer outros custos cobrados pelas Bolsas e pelas entidades de compensação e liquidação de operações com valores mobiliários ou seus membros, quando for o caso; (Redação dada pela Lei nº 10.411, de 2002)

g) condições de realização das operações a termo;

h) condições de constituição e extinção das Bolsas de Mercadorias e Futuros, forma jurídica, órgãos de administração e seu preenchimento; (Incluída pela Lei nº 10.411, de 2002)

II – definir:

a) as espécies de operação autorizadas na Bolsa e no mercado de balcão; métodos e práticas que devem ser observados no mercado; e responsabilidade dos intermediários nas operações;

b) a configuração de condições artificiais de demanda, oferta ou preço de valores mobiliários, ou de manipulação de preço; operações fraudulentas e práticas não equitativas na distribuição ou intermediação de valores;

c) normas aplicáveis ao registro de operações a ser mantido pelas entidades do sistema de distribuição (art. 15).

CAPÍTULO IV. DA NEGOCIAÇÃO NO MERCADO

SEÇÃO I. EMISSÃO E DISTRIBUIÇÃO

Art. 19. Nenhuma emissão pública de valores mobiliários será distribuída no mercado sem prévio registro na Comissão.

› Lei 6.404/1976: arts. 82 a 87.

§ 1º. São atos de distribuição, sujeitos à norma deste artigo, a venda, promessa de venda, oferta à venda ou subscrição, assim como a aceitação de pedido de venda ou subscrição de valores mobiliários, quando os pratiquem a companhia emissora, seus fundadores ou as pessoas a ela equiparadas.

§ 2º. Equiparam-se à companhia emissora para os fins deste artigo:

I – o seu acionista controlador e as pessoas por ela controladas;

II – o coobrigado nos títulos;

III – as instituições financeiras e demais sociedades a que se refere o art. 15, I;

IV – quem quer que tenha subscrito valores da emissão, ou os tenha adquirido à companhia emissora, com o fim de os colocar no mercado.

§ 3º. Caracterizam a emissão pública:

I – a utilização de listas ou boletins de venda ou subscrição, folhetos, prospectos ou anúncios destinados ao público;

II – a procura de subscritores ou adquirentes para os títulos, por meio de empregados, agentes ou corretores;

III – a negociação feita em loja, escritório ou estabelecimento aberto ao público, com a utilização dos serviços públicos de comunicação.

§ 4º. A emissão pública só poderá ser colocada no mercado através do sistema previsto no art. 15, podendo a Comissão exigir a participação de instituição financeira.

› Lei 6.404/1976: art. 82.

§ 5º. Compete à Comissão expedir normas para a execução do disposto neste artigo, podendo:

I – definir outras situações que configurem emissão pública, para fins de registro, assim como os casos em que este poderá ser dispensado, tendo em vista o interesse do público investidor;

II – fixar o procedimento do registro e especificar as informações que devam instruir o seu pedido, inclusive sobre:

a) a companhia emissora, os empreendimentos ou atividades que explora ou pretende explorar, sua situação econômica e financeira, administração e principais acionistas;

b) as características da emissão e a aplicação a ser dada aos recursos dela provenientes;

c) o vendedor dos valores mobiliários, se for o caso;

d) os participantes na distribuição, sua remuneração e seu relacionamento com a companhia emissora ou com o vendedor.

§ 6º. A Comissão poderá subordinar o registro a capital mínimo da companhia emissora e a valor mínimo da emissão, bem como a que sejam divulgadas as informações que julgar necessárias para proteger os interesses do público investidor.

§ 7º. O pedido de registro será acompanhado dos prospectos e outros documentos quaisquer a serem publicados ou distribuídos, para oferta, anúncio ou promoção do lançamento.

Art. 20. A Comissão mandará suspender a emissão ou a distribuição que se esteja processando em desacordo com o artigo anterior, particularmente quando:

I – a emissão tenha sido julgada fraudulenta ou ilegal, ainda que após efetuado o registro;

II – a oferta, o lançamento, a promoção ou o anúncio dos valores se esteja fazendo em condições diversas das constantes do registro, ou com informações falsas, dolosas ou substancialmente imprecisas.

SEÇÃO II. NEGOCIAÇÃO NA BOLSA E NO MERCADO DE BALCÃO

Art. 21. A Comissão de Valores Mobiliários manterá, além do registro de que trata o art. 19:

I – o registro para negociação na Bolsa;

II – o registro para negociação no mercado de balcão, organizado ou não. (Redação dada pela Lei nº 9.457, de 1997)

§ 1º. Somente os valores mobiliários emitidos por companhia registrada nos termos deste artigo podem ser negociados na Bolsa e no mercado de balcão.

§ 2º. O registro do art. 19 importa registro para o mercado de balcão, mas não para a bolsa ou entidade de mercado de balcão organizado. (Redação dada pela Lei nº 9.457, de 1997)

§ 3º. São atividades do mercado de balcão não organizado as realizadas com a participação das empresas ou profissionais indicados no art. 15, incisos I, II e III, ou nos seus estabelecimentos, excluídas as operações efetuadas em bolsas ou em sistemas administrados por entidades de balcão organizado. (Redação dada pela Lei nº 9.457, de 1997)

§ 4º. Cada Bolsa de Valores ou entidade de mercado de balcão organizado poderá estabelecer requisitos próprios para que os valores sejam admitidos à negociação no seu recinto ou sistema, mediante prévia aprovação da Comissão de Valores Mobiliários. (Redação dada pela Lei nº 9.457, de 1997)

§ 5º. O mercado de balcão organizado será administrado por entidades cujo funcionamento dependerá de autorização da Comissão de Valores Mobiliários, que expedirá normas gerais sobre: (Redação dada pela Lei nº 9.457, de 1997)

I – condições de constituição e extinção, forma jurídica, órgãos de administração e seu preenchimento; (Incluído pela Lei nº 9.457, de 1997)

II – exercício do poder disciplinar pelas entidades, sobre os seus participantes ou membros, imposição de penas e casos de exclusão; (Incluído pela Lei nº 9.457, de 1997)

III – requisitos ou condições de admissão quanto à idoneidade, capacidade financeira e habilitação técnica dos administradores e representantes das sociedades participantes ou membros; (Incluído pela Lei nº 9.457, de 1997)

IV – administração das entidades, emolumentos, comissões e quaisquer outros custos cobrados pelas entidades ou seus participantes ou membros, quando for o caso.(Incluído pela Lei nº 9.457, de 1997)

§ 6º. Compete à Comissão expedir normas para a execução do disposto neste artigo, especificando:

I – casos em que os registros podem ser dispensados, recusados, suspensos ou cancelados;

II – informações e documentos que devam ser apresentados pela companhia para a obtenção do registro, e seu procedimento;

III – casos em que os valores mobiliários poderão ser negociados simultaneamente nos mercados de bolsa e de balcão, organizado ou não. (Incluído pela Lei nº 9.457, de 1997)

Art. 21-A. A Comissão de Valores Mobiliários poderá expedir normas aplicáveis à natureza das informações mínimas e à periodicidade de sua apresentação por qualquer pessoa que tenha acesso a informação relevante. (Incluído pelo Decreto nº 3.995, de 2001)

CAPÍTULO V. DAS COMPANHIAS ABERTAS

‣ Lei 6.404/1979: arts. 82 e 88.

Art. 22. Considera-se aberta a companhia cujos valores mobiliários estejam admitidos à negociação na Bolsa ou no mercado de balcão.

§ 1º. Compete à Comissão de Valores Mobiliários expedir normas aplicáveis às companhias abertas sobre: (Redação dada pelo Decreto nº 3.995, de 2001)

I – a natureza das informações que devam divulgar e a periodicidade da divulgação; (Redação dada pelo Decreto nº 3.995, de 2001)

II – relatório da administração e demonstrações financeiras; (Redação dada pelo Decreto nº 3.995, de 2001)

III – a compra de ações emitidas pela própria companhia e a alienação das ações em tesouraria; (Redação dada pelo Decreto nº 3.995, de 2001)

IV – padrões de contabilidade, relatórios e pareceres de auditores independentes; (Redação dada pelo Decreto nº 3.995, de 2001)

V – informações que devam ser prestadas por administradores, membros do conselho fiscal, acionistas controladores e minoritários, relativas à compra, permuta ou venda de valores mobiliários emitidas pela companhia e por sociedades controladas ou controladoras; (Redação dada pelo Decreto nº 3.995, de 2001)

VI – a divulgação de deliberações da assembleia geral e dos órgãos de administração da companhia, ou de fatos relevantes ocorridos nos seus negócios, que possam influir, de modo ponderável, na decisão dos investidores do mercado, de vender ou comprar valores mobiliários emitidos pela companhia; (Redação dada pelo Decreto nº 3.995, de 2001)

VII – a realização, pelas companhias abertas com ações admitidas à negociação em bolsa ou no mercado de balcão organizado, de reuniões anuais com seus acionistas e agentes do mercado de valores mobiliários, no local de maior negociação dos títulos da companhia no ano anterior, para a divulgação de informações quanto à respectiva situação econômico-financeira, projeções de resultados e resposta aos esclarecimentos que lhes forem solicitados; (Redação dada pelo Decreto nº 3.995, de 2001)

VIII – as demais matérias previstas em lei. (Redação dada pelo Decreto nº 3.995, de 2001)

§ 2º. As normas editadas pela Comissão de Valores Mobiliários em relação ao disposto nos incisos II e IV do § 1º aplicam-se às instituições financeiras e demais entidades autorizadas a funcionar pelo Banco Central do Brasil, no que não forem conflitantes com as normas por ele baixadas. (Redação dada pelo Decreto nº 3.995, de 2001)

CAPÍTULO VI. DA ADMINISTRAÇÃO DE CARTEIRAS E CUSTÓDIA DE VALORES MOBILIÁRIOS

Art. 23. O exercício profissional da administração de carteiras de valores mobiliários de outras pessoas está sujeito à autorização prévia da Comissão.

§ 1º. O disposto neste artigo se aplica à gestão profissional de recursos ou valores mobiliários entregues ao administrador, com autorização para que este compre ou venda valores mobiliários por conta do comitente.

§ 2º. Compete à Comissão estabelecer as normas a serem observadas pelos administradores na gestão de carteiras e sua remuneração, observado o disposto no art. 8º, IV.

Art. 24. Compete à Comissão autorizar a atividade de custódia de valores mobiliários, cujo exercício será privativo das instituições financeiras, entidades de compensação e das entidades autorizadas, na forma da lei, a prestar serviços de depósito centralizado. (Redação dada pela Lei nº 12.810, de 2013)

Parágrafo único. Considera-se custódia de valores mobiliários o depósito para guarda, recebimento de dividendos e bonificações, resgate, amortização ou reembolso, e exercício de direitos de subscrição, sem que o depositário tenha poderes, salvo autorização expressa do depositante em cada caso, para alienar os valores mobiliários depositados ou reaplicar as importâncias recebidas.

Art. 25. Salvo mandato expresso com prazo não superior a 1 (um) ano, o administrador de carteira e o depositário de valores mobiliários não podem exercer o direito de voto que couber às ações sob sua administração ou custódia.

CAPÍTULO VII. DOS AUDITORES INDEPENDENTES, CONSULTORES E ANALISTAS DE VALORES MOBILIÁRIOS

Art. 26. Somente as empresas de auditoria contábil ou auditores contábeis independentes, registrados na Comissão de Valores Mobiliários, poderão auditar, para os efeitos desta Lei, as demonstrações financeiras de companhias abertas e das instituições, sociedades ou empresas que integram o sistema de distribuição e intermediação de valores mobiliários.

§ 1º. A Comissão estabelecerá as condições para o registro e o seu procedimento, e definirá os casos em que poderá ser recusado, suspenso ou cancelado.

§ 2º. As empresas de auditoria contábil ou auditores contábeis independentes responderão, civilmente, pelos prejuízos que causarem a terceiros em virtude de culpa ou dolo no exercício das funções previstas neste artigo.

§ 3º. Sem prejuízo do disposto no parágrafo precedente, as empresas de auditoria contábil ou os auditores contábeis independentes responderão administrativamente, perante o Banco Central do Brasil, pelos atos praticados ou omissões em que houverem incorrido no desempenho das atividades de auditoria de instituições financeiras e demais instituições autorizadas a funcionar pelo Banco Central do Brasil. (Incluído pela Lei nº 9.447, de 1997)

§ 4º. (Revogado pela Lei nº 13.506, de 2017)

§ 5º. *(VETADO)*. *(Incluído* pela Lei nº 10.303, de 2001)

Art. 27. A Comissão poderá fixar normas sobre o exercício das atividades de consultor e analista de valores mobiliários.

CAPÍTULO VII-A. DO COMITÊ DE PADRÕES CONTÁBEIS

(Incluído pela Lei nº 10.303, de 2001)

Art. 27-A. *(VETADO). (Incluído* pela Lei nº 10.303, de 2001)

Art. 27-B. *(VETADO). (Incluído* pela Lei nº 10.303, de 2001)

CAPÍTULO VII-B. DOS CRIMES CONTRA O MERCADO DE CAPITAIS

(Incluído pela Lei nº 10.303, de 2001)

Manipulação do mercado

(Incluído pela Lei nº 10.303, de 31.10.2001)

Art. 27-C. Realizar operações simuladas ou executar outras manobras fraudulentas destinadas a elevar, manter ou baixar a cotação, o preço ou o volume negociado de um valor mobiliário, com o fim de obter vantagem indevida ou lucro, para si ou para outrem, ou causar dano a terceiros: (Redação dada pela Lei nº 13.506, de 2017)

Pena – reclusão, de 1 (um) a 8 (oito) anos, e multa de até três vezes o montante da vantagem ilícita obtida em decorrência do crime. (Incluído pela Lei nº 10.303, de 2001)

Uso indevido de informação privilegiada

(Incluído pela Lei nº 10.303, de 2001)

Art. 27-D. Utilizar informação relevante de que tenha conhecimento, ainda não divulgada ao mercado, que seja capaz de propiciar, para si ou para outrem, vantagem indevida, mediante negociação, em nome próprio ou de terceiros, de valores mobiliários: (Redação dada pela Lei nº 13.506, de 2017)

Pena – reclusão, de 1 (um) a 5 (cinco) anos, e multa de até 3 (três) vezes o montante da vantagem ilícita obtida em decorrência do crime. (Incluído pela Lei nº 10.303, de 2001)

Exercício irregular de cargo, profissão, atividade ou função

(Incluído pela Lei nº 10.303, de 2001)

§ 1º Incorre na mesma pena quem repassa informação sigilosa relativa a fato relevante a que tenha tido acesso em razão de cargo ou posição que ocupe em emissor de valores mobiliários ou em razão de relação comercial, profissional ou de confiança com o emissor. (Incluído pela Lei nº 13.506, de 2017)

§ 2º A pena é aumentada em 1/3 (um terço) se o agente comete o crime previsto no *caput* deste artigo valendo-se de informação relevante de que tenha conhecimento e da qual deva manter sigilo. (Incluído pela Lei nº 13.506, de 2017)

Art. 27-E. Exercer, ainda que a título gratuito, no mercado de valores mobiliários, a atividade de administrador de carteira, agente autônomo de investimento, auditor independente, analista de valores mobiliários, agente fiduciário ou qualquer outro cargo, profissão, atividade ou função, sem estar, para esse fim, autorizado ou registrado na autoridade administrativa competente, quando exigido por lei ou regulamento: (Redação dada pela Lei nº 13.506, de 2017)

Pena – detenção, de 6 (seis) meses a 2 (dois) anos, e multa. (Incluído pela Lei nº 10.303, de 2001)

Art. 27-F. As multas cominadas para os crimes previstos nos arts. 27-C e 27-D deverão ser aplicadas em razão do dano provocado ou da vantagem ilícita auferida pelo agente. (Incluído pela Lei nº 10.303, de 2001)

Parágrafo único. Nos casos de reincidência, a multa pode ser de até o triplo dos valores fixados neste artigo. (Incluído pela Lei nº 10.303, de 2001)

CAPÍTULO VIII. DAS DISPOSIÇÕES FINAIS E TRANSITÓRIAS

Art. 28. O Banco Central do Brasil, a Comissão de Valores Mobiliários, a Secretaria de Previdência Complementar, a Secretaria da Receita Federal e Superintendência de Seguros Privados manterão um sistema de intercâmbio de informações, relativas à fiscalização que exerçam, nas áreas de suas respectivas competências, no mercado de valores mobiliários. (Redação dada pela Lei nº 10.303, de 2001)

Parágrafo único. O dever de guardar sigilo de informações obtidas através do exercício do poder de fiscalização pelas entidades referidas no *caput* não poderá ser invocado como impedimento para o intercâmbio de que trata este artigo. (Incluído pela Lei nº 10.303, de 2001)

Art. 29. *(Revogado pela Lei nº 10.303, de 2001).*

Art. 30. *(Revogado pela Lei nº 10.303, de 2001).*

Art. 31. Nos processos judiciais que tenham por objeto matéria incluída na competência da Comissão de Valores Mobiliários, será esta sempre intimada para, querendo, oferecer parecer ou prestar esclarecimentos, no prazo de 15 (quinze) dias a contar da intimação. (Incluído pela Lei nº 6.616, de 1978)

§ 1º. A intimação far-se-á, logo após a contestação, por mandado ou por carta com aviso de recebimento, conforme a Comissão tenha, ou não, sede ou representação na comarca em que tenha sido proposta a ação. (Incluído pela Lei nº 6.616, de 1978)

§ 2º. Se a Comissão oferecer parecer ou prestar esclarecimentos, será intimada de todos os atos processuais subsequentes, pelo jornal oficial que publica expediente forense ou por carta com aviso de recebimento, nos termos do parágrafo anterior. (Incluído pela Lei nº 6.616, de 1978)

§ 3º. À Comissão é atribuída legitimidade para interpor recursos, quando as partes não o fizerem. (Incluído pela Lei nº 6.616, de 1978)

§ 4º. O prazo para os efeitos do parágrafo anterior começará a correr, independentemente de nova intimação, no dia imediato àquele em que findar o das partes. (Incluído pela Lei nº 6.616, de 1978)

Art. 32. As multas impostas pela Comissão de Valores Mobiliários, após a decisão final que as impôs na esfera administrativa, terão eficácia de título executivo e serão cobradas judicialmente, de acordo com o rito estabelecido pelo Código de Processo Civil para o processo de execução. (Incluído pela Lei nº 6.616, de 1978)

Art. 33. *(Revogado pela Lei nº 9.873, de 1999).*

Art. 34. Esta Lei entrará em vigor na data de sua publicação. (Renumerado pela Lei nº 9.457, de 1997)

Art. 35. Revogam-se as disposições em contrário. (Renumerado pela Lei nº 9.457, de 1997)

Brasília, 7 de dezembro de 1976; 155º da Independência e 88º da República.

ERNESTO GEISEL

D.O.U. de 9.12.1976

LEI Nº 6.404, DE 15 DE DEZEMBRO DE 1976

Dispõe sobre as sociedades por ações.

- *Sociedades anônimas*

- Lei 12.838/2013 – Dispõe sobre crédito presumido apurado com base em créditos decorrentes de diferenças temporárias oriundos de provisões para créditos de liquidação duvidosa nas condições que estabelece e dispõe sobre os títulos de crédito e instrumentos emitidos por instituições financeiras e demais instituições autorizadas a funcionar pelo Banco Central do Brasil, para composição de seu patrimônio de referência, e altera a Lei 12.249/2010.
- Lei 11.638/2007 – Altera e revoga dispositivos da Lei 6.404/1976, e da Lei 6.385/1976, e estende às sociedades de grande porte disposições relativas à elaboração e divulgação de demonstrações financeiras.
- Lei 6.385/1976 – Dispõe sobre o mercado de valores mobiliários e cria a Comissão de Valores Mobiliários.

O PRESIDENTE DA REPÚBLICA Faço saber que o Congresso Nacional decreta e eu sanciono a seguinte Lei:

CAPÍTULO I. CARACTERÍSTICAS E NATUREZA DA COMPANHIA OU SOCIEDADE ANÔNIMA

Características

Art. 1º. A companhia ou sociedade anônima terá o capital dividido em ações, e a responsabilidade dos sócios ou acionistas será limitada ao preço de emissão das ações subscritas ou adquiridas.

› CC: arts. 1.088 e 1.089, e 1.126 e 1.133.

Objetivo social

Art. 2º. Pode ser objeto da companhia qualquer empresa de fim lucrativo, não contrário à lei, à ordem pública e aos bons costumes.

§ 1º. Qualquer que seja o objeto, a companhia é mercantil e se rege pelas leis e usos do comércio.

§ 2º. O estatuto social definirá o objeto de modo preciso e completo.

§ 3º. A companhia pode ter por objeto participar de outras sociedades; ainda que não prevista no estatuto, a participação é facultada como meio de realizar o objeto social, ou para beneficiar-se de incentivos fiscais.

Denominação

Art. 3º. A sociedade será designada por denominação acompanhada das expressões "companhia", ou "sociedade anônima", expressas por extenso ou abreviadamente mas vedada a utilização da primeira ao final.

§ 1º. O nome do fundador, acionista, ou pessoa que por qualquer outro modo tenha concorrido para o êxito da empresa, poderá figurar na denominação.

§ 2º. Se a denominação for idêntica ou semelhante a de companhia já existente assistirá à prejudicada o direito de requerer a modificação, por via administrativa (artigo 97) ou em juízo, e demandar as perdas e danos resultantes.

› CC: art. 1.163.

› Lei 8.934/1994: art. 35, V.

Companhia aberta e fechada

Art. 4º. Para os efeitos desta Lei, a companhia é aberta ou fechada conforme os valores mobiliários de sua emissão estejam ou não admitidos à negociação no mercado de valores mobiliários. (Redação dada pela Lei nº 10.303, de 2001)

› Lei 6.385/1976 – Dispõe sobre o mercado de valores mobiliários e cria a Comissão de Valores Mobiliários.

§ 1º. Somente os valores mobiliários de emissão de companhia registrada na Comissão de Valores Mobiliários podem ser negociados no mercado de valores mobiliários. (Redação dada pela Lei nº 10.303, de 2001)

§ 2º. Nenhuma distribuição pública de valores mobiliários será efetivada no mercado sem prévio registro na Comissão de Valores Mobiliários. (Incluído pela Lei nº 10.303, de 2001)

§ 3º. A Comissão de Valores Mobiliários poderá classificar as companhias abertas em categorias, segundo as espécies e classes dos valores mobiliários por ela emitidos negociados no mercado, e especificará as normas sobre companhias abertas aplicáveis a cada categoria. (Incluído pela Lei nº 10.303, de 2001)

§ 4º. O registro de companhia aberta para negociação de ações no mercado somente poderá ser cancelado se a companhia emissora de ações, o acionista controlador ou a sociedade que a controle, direta ou indiretamente, formular oferta pública para adquirir a totalidade das ações em circulação no mercado, por preço justo, ao menos igual ao valor de avaliação da companhia, apurado com base nos critérios, adotados de forma isolada ou combinada, de patrimônio líquido contábil, de patrimônio líquido avaliado a preço de mercado, de fluxo de caixa descontado, de comparação por múltiplos, de cotação das ações no mercado de valores mobiliários, ou com base em outro critério aceito pela Comissão de Valores Mobiliários, assegurada a revisão do valor da oferta, em conformidade com o disposto no art. 4º-A. (Incluído pela Lei nº 10.303, de 2001)

§ 5º. Terminado o prazo da oferta pública fixado na regulamentação expedida pela Comissão de Valores Mobiliários, se remanescerem em circulação menos de 5% (cinco por cento) do total das ações emitidas pela companhia, a assembleia geral poderá deliberar o resgate dessas ações pelo valor da oferta de que trata o § 4º, desde que deposite em estabelecimento bancário autorizado pela Comissão de Valores Mobiliários, à disposição dos seus titulares, o valor de resgate, não se aplicando, nesse caso, o disposto no § 6º do art. 44. (Incluído pela Lei nº 10.303, de 2001)

§ 6º. O acionista controlador ou a sociedade controladora que adquirir ações da companhia aberta sob seu controle que elevem sua participação, direta ou indireta, em determinada espécie e classe de ações à porcentagem que, segundo normas gerais expedidas pela Comissão de Valores Mobiliários, impeça a liquidez de mercado das ações remanescentes, será obrigado a fazer oferta pública, por preço determinado nos termos do § 4º, para aquisição da totalidade das ações remanescentes no mercado. (Incluído pela Lei nº 10.303, de 2001)

Art. 4º-A. Na companhia aberta, os titulares de, no mínimo, 10% (dez por cento) das ações em circulação no mercado poderão requerer aos administradores da companhia que convoquem assembleia especial dos acionistas titulares de ações em circulação no mercado, para deliberar sobre a realização de nova avaliação pelo mesmo ou por outro critério, para efeito de determinação do valor de avaliação da companhia, referido no § 4º do art. 4º. (Incluído pela Lei nº 10.303, de 2001)

§ 1º. O requerimento deverá ser apresentado no prazo de 15 (quinze) dias da divulgação do valor da oferta pública, devidamente fundamentado e acompanhado de elementos de convicção que demonstrem a falha ou imprecisão no emprego da metodologia de cálculo ou no critério de avaliação adotado, podendo os acionistas referidos no *caput* convocar a assembleia quando os administradores não atenderem, no prazo de 8 (oito) dias, ao pedido de convocação. (Incluído pela Lei nº 10.303, de 2001)

§ 2º. Consideram-se ações em circulação no mercado todas as ações do capital da companhia aberta menos as de propriedade do acionista controlador, de diretores, de conselheiros de administração e as em tesouraria. (Incluído pela Lei nº 10.303, de 2001)

§ 3º. Os acionistas que requererem a realização de nova avaliação e aqueles que votarem a seu favor deverão ressarcir a companhia pelos custos incorridos, caso o novo valor seja inferior ou igual ao valor inicial da oferta pública. (Incluído pela Lei nº 10.303, de 2001)

§ 4º. Caberá à Comissão de Valores Mobiliários disciplinar o disposto no art. 4º e neste artigo, e fixar prazos para a eficácia desta revisão. (Incluído pela Lei nº 10.303, de 2001)

CAPÍTULO II. CAPITAL SOCIAL

SEÇÃO I. VALOR

Fixação no estatuto e moeda

Art. 5º. O estatuto da companhia fixará o valor do capital social, expresso em moeda nacional.

Parágrafo único. A expressão monetária do valor do capital social realizado será corrigida anualmente (artigo 167).

Alteração

Art. 6º. O capital social somente poderá ser modificado com observância dos preceitos desta Lei e do estatuto social (artigos 166 a 174).

SEÇÃO II. FORMAÇÃO

Dinheiro e bens

Art. 7º. O capital social poderá ser formado com contribuições em dinheiro ou em qualquer espécie de bens suscetíveis de avaliação em dinheiro.

Avaliação

Art. 8º. A avaliação dos bens será feita por 3 (três) peritos ou por empresa especializada, nomeados em assembleia geral dos subscritores, convocada pela imprensa e presidida por um dos fundadores, instalando-se em primeira convocação com a presença de subscritores que representem metade, pelo menos, do capital social, e em segunda convocação com qualquer número.

§ 1º. Os peritos ou a empresa avaliadora deverão apresentar laudo fundamentado, com a indicação dos critérios de avaliação e dos elementos de comparação adotados e instruído com os documentos relativos aos bens avaliados, e estarão presentes à assembleia que conhecer do laudo, a fim de prestarem as informações que lhes forem solicitadas.

§ 2º. Se o subscritor aceitar o valor aprovado pela assembleia, os bens incorporar-se-ão ao patrimônio da companhia, competindo aos primeiros diretores cumprir as formalidades necessárias à respectiva transmissão.

§ 3º. Se a assembleia não aprovar a avaliação, ou o subscritor não aceitar a avaliação aprovada, ficará sem efeito o projeto de constituição da companhia.

§ 4º. Os bens não poderão ser incorporados ao patrimônio da companhia por valor acima do que lhes tiver dado o subscritor.

§ 5º. Aplica-se à assembleia referida neste artigo o disposto nos §§ 1º e 2º do art. 115.

§ 6º. Os avaliadores e o subscritor responderão perante a companhia, os acionistas e terceiros, pelos danos que lhes causarem por culpa ou dolo na avaliação dos bens, sem prejuízo da responsabilidade penal em que tenham incorrido; no caso de bens em condomínio, a responsabilidade dos subscritores é solidária.

Transferência dos bens

Art. 9º. Na falta de declaração expressa em contrário, os bens transferem-se à companhia a título de propriedade.

Responsabilidade do subscritor

Art. 10. A responsabilidade civil dos subscritores ou acionistas que contribuírem com bens para a formação do capital social será idêntica à do vendedor.

Parágrafo único. Quando a entrada consistir em crédito, o subscritor ou acionista responderá pela solvência do devedor.

CAPÍTULO III. AÇÕES

SEÇÃO I. NÚMERO E VALOR NOMINAL

Fixação no estatuto

Art. 11. O estatuto fixará o número das ações em que se divide o capital social e estabelecerá se as ações terão, ou não, valor nominal.

§ 1º. Na companhia com ações sem valor nominal, o estatuto poderá criar uma ou mais classes de ações preferenciais com valor nominal.

§ 2º. O valor nominal será o mesmo para todas as ações da companhia.

§ 3º. O valor nominal das ações de companhia aberta não poderá ser inferior ao mínimo fixado pela Comissão de Valores Mobiliários.

› Lei 6.385/1976: art. 19, § 6º.

Alteração

Art. 12. O número e o valor nominal das ações somente poderão ser alterados nos casos de modificação do valor do capital social ou da sua expressão monetária, de desdobramento ou grupamento de ações, ou de cancelamento de ações autorizado nesta Lei.

SEÇÃO II. PREÇO DE EMISSÃO

› Súm. 371 do STJ.

Ações com valor nominal

Art. 13. É vedada a emissão de ações por preço inferior ao seu valor nominal.

§ 1º. A infração do disposto neste artigo importará nulidade do ato ou operação e responsabilidade dos infratores, sem prejuízo da ação penal que no caso couber.

§ 2º. A contribuição do subscritor que ultrapassar o valor nominal constituirá reserva de capital (artigo 182, § 1º).

AÇÕES SEM VALOR NOMINAL

Art. 14. O preço de emissão das ações sem valor nominal será fixado, na constituição da companhia, pelos fundadores, e no aumento de capital, pela assembleia geral ou pelo conselho de administração (artigos 166 e 170, § 2º).

Parágrafo único. O preço de emissão pode ser fixado com parte destinada à formação de reserva de capital; na emissão de ações preferenciais com prioridade no reembolso do capital, somente a parcela que ultrapassar o valor de reembolso poderá ter essa destinação.

SEÇÃO III. ESPÉCIES E CLASSES

Espécies

Art. 15. As ações, conforme a natureza dos direitos ou vantagens que confiram a seus titulares, são ordinárias, preferenciais, ou de fruição.

§ 1º. As ações ordinárias da companhia fechada e as ações preferenciais da companhia aberta e fechada poderão ser de uma ou mais classes.

§ 2º. O número de ações preferenciais sem direito a voto, ou sujeitas a restrição no exercício desse direito, não pode ultrapassar 50% (cinquenta por cento) do total das ações emitidas. (Redação dada pela Lei nº 10.303, de 2001)

Ações ordinárias

Art. 16. As ações ordinárias de companhia fechada poderão ser de classes diversas, em função de:

I – conversibilidade em ações preferenciais; (Redação dada pela Lei nº 9.457, de 1997)

II – exigência de nacionalidade brasileira do acionista; ou (Redação dada pela Lei nº 9.457, de 1997)

III – direito de voto em separado para o preenchimento de determinados cargos de órgãos administrativos. (Redação dada pela Lei nº 9.457, de 1997)

Parágrafo único. A alteração do estatuto na parte em que regula a diversidade de classes, se não for expressamente prevista e regulada, requererá a concordância de todos os titulares das ações atingidas.

Ações preferenciais

Art. 17. As preferências ou vantagens das ações preferenciais podem consistir: (Redação dada pela Lei nº 10.303, de 2001)

I – em prioridade na distribuição de dividendo, fixo ou mínimo; (Redação dada pela Lei nº 10.303, de 2001)

II – em prioridade no reembolso do capital, com prêmio ou sem ele; ou (Redação dada pela Lei nº 10.303, de 2001)

III – na acumulação das preferências e vantagens de que tratam os incisos I e II. (Incluído pela Lei nº 10.303, de 2001)

§ 1º. Independentemente do direito de receber ou não o valor de reembolso do capital com prêmio ou sem ele, as ações preferenciais sem direito de voto ou com restrição ao exercício deste direito, somente serão admitidas à negociação no mercado de valores mobiliários se a elas for atribuída pelo menos uma das seguintes preferências ou vantagens: (Redação dada pela Lei nº 10.303, de 2001)

I – direito de participar do dividendo a ser distribuído, correspondente a, pelo menos, 25% (vinte e cinco por cento) do lucro líquido do exercício, calculado na forma do art. 202, de acordo com o seguinte critério: (Incluído pela Lei nº 10.303, de 2001)

a) prioridade no recebimento dos dividendos mencionados neste inciso correspondente a, no mínimo, 3% (três por cento) do valor do patrimônio líquido da ação; e (Incluído pela Lei nº 10.303, de 2001)

b) direito de participar dos lucros distribuídos em igualdade de condições com as ordinárias, depois de a estas assegurado dividendo igual ao mínimo prioritário estabelecido em conformidade com a alínea a; ou (Incluído pela Lei nº 10.303, de 2001)

II – direito ao recebimento de dividendo, por ação preferencial, pelo menos 10% (dez por cento) maior do que o atribuído a cada ação ordinária; ou (Incluído pela Lei nº 10.303, de 2001)

III – direito de serem incluídas na oferta pública de alienação de controle, nas condições previstas no art. 254-A, assegurado o dividendo pelo menos igual ao das ações ordinárias. (Incluído pela Lei nº 10.303, de 2001)

§ 2º. Deverão constar do estatuto, com precisão e minúcia, outras preferências ou vantagens que sejam atribuídas aos acionistas sem direito a voto, ou com voto restrito, além das previstas neste artigo. (Redação dada pela Lei nº 10.303, de 2001)

§ 3º. Os dividendos, ainda que fixos ou cumulativos, não poderão ser distribuídos em prejuízo do capital social, salvo quando, em caso de liquidação da companhia, essa vantagem tiver sido expressamente assegurada. (Redação dada pela Lei nº 10.303, de 2001)

§ 4º. Salvo disposição em contrário no estatuto, o dividendo prioritário não é cumulativo, a ação com dividendo fixo não participa dos lucros remanescentes e a ação com dividendo mínimo participa dos lucros distribuídos em igualdade de condições com as ordinárias, depois de a estas assegurado dividendo igual ao mínimo. (Redação dada pela Lei nº 10.303, de 2001)

§ 5º. Salvo no caso de ações com dividendo fixo, o estatuto não pode excluir ou restringir o direito das ações preferenciais de participar dos aumentos de capital decorrentes da capitalização de reservas ou lucros (art. 169). (Redação dada pela Lei nº 10.303, de 2001)

§ 6º. O estatuto pode conferir às ações preferenciais com prioridade na distribuição de dividendo cumulativo, o direito de recebê-lo, no exercício em que o lucro for insuficiente, à conta das reservas de capital de que trata o § 1º do art. 182. (Redação dada pela Lei nº 10.303, de 2001)

§ 7º. Nas companhias objeto de desestatização poderá ser criada ação preferencial de classe especial, de propriedade exclusiva do ente desestatizante, à qual o estatuto social poderá conferir os poderes que especificar, inclusive o poder de veto às deliberações da assembleia geral nas matérias que especificar. (Incluído pela Lei nº 10.303, de 2001)

Vantagens políticas

Art. 18. O estatuto pode assegurar a uma ou mais classes de ações preferenciais o direito de eleger, em votação em separado, um ou mais membros dos órgãos de administração.

Parágrafo único. O estatuto pode subordinar as alterações estatutárias que especificar à aprovação, em assembleia especial, dos titulares de uma ou mais classes de ações preferenciais.

Regulação no estatuto

Art. 19. O estatuto da companhia com ações preferenciais declarará as vantagens ou preferências atribuídas a cada classe dessas ações e as restrições a que ficarão sujeitas, e poderá prever o resgate ou a amortização, a conversão de ações de uma classe em ações de outra e em ações ordinárias, e destas em preferenciais, fixando as respectivas condições.

SEÇÃO IV.
FORMA

Art. 20. As ações devem ser nominativas. (Redação dada pela Lei nº 8.021, de 1990)

Ações não integralizadas

Art. 21. Além dos casos regulados em lei especial, as ações terão obrigatoriamente forma nominativa ou endossável até o integral pagamento do preço de emissão.

Determinação no estatuto

Art. 22. O estatuto determinará a forma das ações e a conversibilidade de uma em outra forma.

Parágrafo único. As ações ordinárias da companhia aberta e ao menos uma das classes de ações ordinárias da companhia fechada, quando tiverem a forma ao portador, serão obrigatoriamente conversíveis, à vontade do acionista, em nominativas ou endossáveis.

SEÇÃO V.
CERTIFICADOS

Emissão

Art. 23. A emissão de certificado de ação somente será permitida depois de cumpridas as formalidades necessárias ao funcionamento legal da companhia.

§ 1º. A infração do disposto neste artigo importa nulidade do certificado e responsabilidade dos infratores.

§ 2º. Os certificados das ações, cujas entradas não consistirem em dinheiro, só poderão ser emitidos depois de cumpridas as formalidades necessárias à transmissão de bens, ou de realizados os créditos.

§ 3º. A companhia poderá cobrar o custo da substituição dos certificados, quando pedida pelo acionista.

Requisitos

Art. 24. Os certificados das ações serão escritos em vernáculo e conterão as seguintes declarações:

I – denominação da companhia, sua sede e prazo de duração;

II – o valor do capital social, a data do ato que o tiver fixado, o número de ações em que se divide e o valor nominal das ações, ou a declaração de que não têm valor nominal;

III – nas companhias com capital autorizado, o limite da autorização, em número de ações ou valor do capital social;

IV – o número de ações ordinárias e preferenciais das diversas classes, se houver, as vantagens ou preferências conferidas a cada classe e as limitações ou restrições a que as ações estiverem sujeitas;

V – o número de ordem do certificado e da ação, e a espécie e classe a que pertence;

VI – os direitos conferidos às partes beneficiárias, se houver;

VII – a época e o lugar da reunião da assembleia geral ordinária;

VIII – a data da constituição da companhia e do arquivamento e publicação de seus atos constitutivos;

IX – o nome do acionista; (Redação dada pela Lei nº 9.457, de 1997)

X – o débito do acionista e a época e o lugar de seu pagamento, se a ação não estiver integralizada; (Redação dada pela Lei nº 9.457, de 1997)

XI – a data da emissão do certificado e as assinaturas de dois diretores, ou do agente emissor de certificados (art. 27). (Redação dada pela Lei nº 9.457, de 1997)

§ 1º. A omissão de qualquer dessas declarações dá ao acionista direito à indenização por perdas e danos contra a companhia e os diretores na gestão dos quais os certificados tenham sido emitidos.

§ 2º. Os certificados de ações emitidas por companhias abertas podem ser assinados por 2 (dois) mandatários com poderes especiais, ou autenticados por chancela mecânica, observadas as normas expedidas pela Comissão de Valores Mobiliários. (Redação dada pela Lei nº 10.303, de 2001)

Títulos múltiplos e cautelas

Art. 25. A companhia poderá, satisfeitos os requisitos do artigo 24, emitir certificados de múltiplos de ações e, provisoriamente, cautelas que as representem.

Parágrafo único. Os títulos múltiplos das companhias abertas obedecerão à padronização de número de ações fixada pela Comissão de Valores Mobiliários.

Cupões

Art. 26. Aos certificados das ações ao portador podem ser anexados cupões relativos a dividendos ou outros direitos.

Parágrafo único. Os cupões conterão a denominação da companhia, a indicação do lugar da sede, o número de ordem do certificado, a classe da ação e o número de ordem do cupão.

Agente emissor de certificados

Art. 27. A companhia pode contratar a escrituração e a guarda dos livros de registro e transferência de ações e a emissão dos certificados com instituição financeira autorizada pela Comissão de Valores Mobiliários a manter esse serviço.

§ 1º. Contratado o serviço, somente o agente emissor poderá praticar os atos relativos aos registros e emitir certificados.

§ 2º. O nome do agente emissor constará das publicações e ofertas públicas de valores mobiliários feitas pela companhia.

§ 3º. Os certificados de ações emitidos pelo agente emissor da companhia deverão ser numerados seguidamente, mas a numeração das ações será facultativa.

SEÇÃO VI.
PROPRIEDADE E CIRCULAÇÃO INDIVISIBILIDADE

Art. 28. A ação é indivisível em relação à companhia.

Parágrafo único. Quando a ação pertencer a mais de uma pessoa, os direitos por ela conferidos serão exercidos pelo representante do condomínio.

Negociabilidade

Art. 29. As ações da companhia aberta somente poderão ser negociadas depois de realizados 30% (trinta por cento) do preço de emissão.

Parágrafo único. A infração do disposto neste artigo importa na nulidade do ato.

Negociação com as próprias ações

Art. 30. A companhia não poderá negociar com as próprias ações.

§ 1º. Nessa proibição não se compreendem:

a) as operações de resgate, reembolso ou amortização previstas em lei;

b) a aquisição, para permanência em tesouraria ou cancelamento, desde que até o valor do saldo de lucros ou reservas, exceto a legal, e sem diminuição do capital social ou por doação;

c) a alienação das ações adquiridas nos termos da alínea *b* e mantidas em tesouraria;

d) a compra quando, resolvida a redução do capital mediante restituição, em dinheiro, de parte do valor das ações, o preço destas em bolsa for inferior ou igual à importância que deve ser restituída.

§ 2º. A aquisição das próprias ações pela companhia aberta obedecerá, sob pena de nulidade, às normas expedidas pela Comissão de Valores Mobiliários, que poderá subordiná-la a prévia autorização em cada caso.

§ 3º. A companhia não poderá receber em garantia as próprias ações, salvo para assegurar a gestão dos seus administradores.

§ 4º. As ações adquiridas nos termos da alínea *b* do § 1º, enquanto mantidas em tesouraria, não terão direito a dividendo nem a voto.

§ 5º. No caso da alínea *d* do § 1º, as ações adquiridas serão retiradas definitivamente de circulação.

Ações nominativas

Art. 31. A propriedade das ações nominativas presume-se pela inscrição do nome do acionista no livro de "Registro de Ações Nominativas" ou pelo extrato que seja fornecido pela instituição custodiante, na qualidade de proprietária fiduciária das ações. (Redação dada pela Lei nº 10.303, de 2001)

§ 1º. A transferência das ações nominativas opera-se por termo lavrado no livro de "Transferência de Ações Nominativas", datado e assinado pelo cedente e pelo cessionário, ou seus legítimos representantes.

§ 2º. A transferência das ações nominativas em virtude de transmissão por sucessão universal ou legado, de arrematação, adjudicação ou outro ato judicial, ou por qualquer outro título, somente se fará mediante averbação no livro de "Registro de Ações Nominativas", à vista de documento hábil, que ficará em poder da companhia.

§ 3º. Na transferência das ações nominativas adquiridas em Bolsa de Valores, o cessionário será representado, independentemente de instrumento de procuração, pela sociedade corretora, ou pela caixa de liquidação da Bolsa de Valores.

Ações endossáveis

Art. 32. *(Revogado pela Lei nº 8.021, de 1990).*

Ações ao portador

Art. 33. *(Revogado pela Lei nº 8.021, de 1990).*

Ações escriturais

Art. 34. O estatuto da companhia pode autorizar ou estabelecer que todas as ações da companhia, ou uma ou mais classes delas, sejam mantidas em contas de depósito, em nome de seus titulares, na instituição que designar, sem emissão de certificados.

§ 1º. No caso de alteração estatutária, a conversão em ação escritural depende da apresentação e do cancelamento do respectivo certificado em circulação.

§ 2º. Somente as instituições financeiras autorizadas pela Comissão de Valores Mobiliários podem manter serviços de escrituração de ações e de outros valores mobiliários. (Redação dada pela Lei nº 12.810, de 2013)

› Lei 6.385/1976: arts. 19, § 4º.

§ 3º. A companhia responde pelas perdas e danos causados aos interessados por erros ou irregularidades no serviço de ações escriturais, sem prejuízo do eventual direito de regresso contra a instituição depositária.

Art. 35. A propriedade da ação escritural presume-se pelo registro na conta de depósito das ações, aberta em nome do acionista nos livros da instituição depositária.

§ 1º. A transferência da ação escritural opera-se pelo lançamento efetuado pela instituição depositária em seus livros, a débito da conta de ações do alienante e a crédito da conta de ações do adquirente, à vista de ordem escrita do alienante, ou de autorização ou ordem judicial, em documento hábil que ficará em poder da instituição.

§ 2º. A instituição depositária fornecerá ao acionista extrato da conta de depósito das ações escriturais, sempre que solicitado, ao término de todo mês em que for movimentada e, ainda que não haja movimentação, ao menos uma vez por ano.

§ 3º. O estatuto pode autorizar a instituição depositária a cobrar do acionista o custo do serviço de transferência da propriedade das ações escriturais, observados os limites máximos fixados pela Comissão de Valores Mobiliários.

Limitações à circulação

Art. 36. O estatuto da companhia fechada pode impor limitações à circulação das ações nominativas, contanto que regule minuciosamente tais limitações e não impeça a negociação, nem sujeite o acionista ao arbítrio dos órgãos de administração da companhia ou da maioria dos acionistas.

Parágrafo único. A limitação à circulação criada por alteração estatutária somente se aplicará às ações cujos titulares com ela expressamente concordarem, mediante pedido de averbação no livro de "Registro de Ações Nominativas".

Suspensão dos serviços de certificados

Art. 37. A companhia aberta pode, mediante comunicação às Bolsas de Valores em que suas ações forem negociadas e publicação de anúncio, suspender, por períodos que não ultrapassem, cada um, 15 (quinze) dias, nem o total de 90 (noventa) dias durante o ano, os serviços de transferência, conversão e desdobramento de certificados.

Parágrafo único. O disposto neste artigo não prejudicará o registro da transferência das ações negociadas em bolsa anteriormente ao início do período de suspensão.

Perda ou extravio

Art. 38. O titular de certificado perdido ou extraviado de ação ao portador ou endossável poderá, justificando a propriedade e a perda ou extravio, promover, na forma da lei processual, o procedimento de anulação e substituição para obter a expedição de novo certificado.

§ 1º. Somente será admitida a anulação e substituição de certificado ao portador ou endossado em branco à vista da prova, produzida pelo titular, da destruição ou inutilização do certificado a ser substituído.

§ 2º. Até que o certificado seja recuperado ou substituído, as transferências poderão ser averbadas sob condição, cabendo à companhia exigir do titular, para satisfazer dividendo e demais direitos, garantia idônea de sua eventual restituição.

SEÇÃO VII.
CONSTITUIÇÃO DE DIREITOS REAIS E OUTROS ÔNUS

Penhor

Art. 39. O penhor ou caução de ações se constitui pela averbação do respectivo instrumento no livro de Registro de Ações Nominativas. (Redação dada pela Lei nº 9.457, de 1997)

§ 1º. O penhor da ação escritural se constitui pela averbação do respectivo instrumento nos livros da instituição financeira, a qual será anotada no extrato da conta de depósito fornecido ao acionista.

§ 2º. Em qualquer caso, a companhia, ou a instituição financeira, tem o direito de exigir, para seu arquivo, um exemplar do instrumento de penhor.

Outros direitos e ônus

Art. 40. O usufruto, o fideicomisso, a alienação fiduciária em garantia e quaisquer cláusulas ou ônus que gravarem a ação deverão ser averbados:

I – se nominativa, no livro de "Registro de Ações Nominativas";

II – se escritural, nos livros da instituição financeira, que os anotará no extrato da conta de depósito fornecida ao acionista. (Redação dada pela Lei nº 9.457, de 1997)

Parágrafo único. Mediante averbação nos termos deste artigo, a promessa de venda da ação e o direito de preferência à sua aquisição são oponíveis a terceiros.

SEÇÃO VIII.
CUSTÓDIA DE AÇÕES FUNGÍVEIS

Art. 41. A instituição autorizada pela Comissão de Valores Mobiliários a prestar serviços de custódia de ações fungíveis pode contratar custódia em que as ações de cada espécie e classe da companhia sejam recebidas em depósito como valores fungíveis, adquirindo a instituição depositária a propriedade fiduciária das ações. (Redação dada pela Lei nº 10.303, de 2001)

§ 1º. A instituição depositária não pode dispor das ações e fica obrigada a devolver ao depositante a quantidade de ações recebidas, com as modificações resultantes de alterações no capital social ou no número de ações da companhia emissora, independentemente do número de ordem das ações ou dos certificados recebidos em depósito. (Redação dada pela Lei nº 10.303, de 2001)

§ 2º. Aplica-se o disposto neste artigo, no que couber, aos demais valores mobiliários. (Incluído pela Lei nº 10.303, de 2001)

§ 3º. A instituição depositária ficará obrigada a comunicar à companhia emissora: (Incluído pela Lei nº 10.303, de 2001)

I – imediatamente, o nome do proprietário efetivo quando houver qualquer evento societário que exija a sua identificação; e (Incluído pela Lei nº 10.303, de 2001)

II – no prazo de até 10 (dez) dias, a contratação da custódia e a criação de ônus ou gravames sobre as ações. (Incluído pela Lei nº 10.303, de 2001)

§ 4º. A propriedade das ações em custódia fungível será provada pelo contrato firmado entre o proprietário das ações e a instituição depositária. (Incluído pela Lei nº 10.303, de 2001)

§ 5º. A instituição tem as obrigações de depositária e responde perante o acionista e terceiros pelo descumprimento de suas obrigações. (Incluído pela Lei nº 10.303, de 2001)

Representação e responsabilidade

Art. 42. A instituição financeira representa, perante a companhia, os titulares das ações recebidas em custódia nos termos do artigo 41, para receber dividendos e ações bonificadas e exercer direito de preferência para subscrição de ações.

§ 1º. Sempre que houver distribuição de dividendos ou bonificação de ações e, em qualquer caso, ao menos uma vez por ano, a instituição financeira fornecerá à companhia a lista dos depositantes de ações recebidas nos termos deste artigo, assim como a quantidade de ações de cada um. (Redação dada pela Lei nº 9.457, de 1997)

§ 2º. O depositante pode, a qualquer tempo, extinguir a custódia e pedir a devolução dos certificados de suas ações.

§ 3º. A companhia não responde perante o acionista nem terceiros pelos atos da instituição depositária das ações.

SEÇÃO IX.
CERTIFICADO DE DEPÓSITO DE AÇÕES

Art. 43. A instituição financeira autorizada a funcionar como agente emissor de certificados (art. 27) pode emitir título representativo das ações que receber em depósito, do qual constarão: (Redação dada pela Lei nº 9.457, de 1997)

I – o local e a data da emissão;

II – o nome da instituição emitente e as assinaturas de seus representantes;

III – a denominação "Certificado de Depósito de Ações";

IV – a especificação das ações depositadas;

V – a declaração de que as ações depositadas, seus rendimentos e o valor recebido nos casos de resgate ou amortização somente serão entregues ao titular do certificado de depósito, contra apresentação deste;

VI – o nome e a qualificação do depositante;

VII – o preço do depósito cobrado pelo banco, se devido na entrega das ações depositadas;

VIII – o lugar da entrega do objeto do depósito.

§ 1º. A instituição financeira responde pela origem e autenticidade dos certificados das ações depositadas.

§ 2º. Emitido o certificado de depósito, as ações depositadas, seus rendimentos, o valor de resgate ou de amortização não poderão ser objeto de penhora, arresto, sequestro, busca ou apreensão, ou qualquer outro embaraço que impeça sua entrega ao titular do certificado, mas este poderá ser objeto de penhora ou de qualquer medida cautelar por obrigação do seu titular.

§ 3º. Os certificados de depósito de ações serão nominativos, podendo ser mantidos sob o sistema escritural. (Redação dada pela Lei nº 9.457, de 1997)

§ 4º. Os certificados de depósito de ações poderão, a pedido do seu titular, e por sua conta, ser desdobrados ou grupados.

§ 5º. Aplicam-se ao endosso do certificado, no que couber, as normas que regulam o endosso de títulos cambiários.

SEÇÃO X.
RESGATE, AMORTIZAÇÃO E REEMBOLSO

Resgate e amortização

Art. 44. O estatuto ou a assembleia geral extraordinária pode autorizar a aplicação de lucros ou reservas no resgate ou na amortização de ações, determinando as condições e o modo de proceder-se à operação.

§ 1º. O resgate consiste no pagamento do valor das ações para retirá-las definitivamente de circulação, com redução ou não do capital social; mantido o mesmo capital, será atribuído, quando for o caso, novo valor nominal às ações remanescentes.

§ 2º. A amortização consiste na distribuição aos acionistas, a título de antecipação e sem redução do capital social, de quantias que lhes poderiam tocar em caso de liquidação da companhia.

§ 3º. A amortização pode ser integral ou parcial e abranger todas as classes de ações ou só uma delas.

§ 4º. O resgate e a amortização que não abrangerem a totalidade das ações de uma mesma classe serão feitos mediante sorteio; sorteadas ações custodiadas nos termos do artigo 41, a instituição financeira especificará, mediante rateio, as resgatadas ou amortizadas, se outra forma não estiver prevista no contrato de custódia.

§ 5º. As ações integralmente amortizadas poderão ser substituídas por ações de fruição, com as restrições fixadas pelo estatuto ou pela assembleia geral que deliberar a amortização; em qualquer caso, ocorrendo liquidação da companhia, as ações amortizadas só concorrerão ao acervo líquido depois de assegurado às ações não amortizadas valor igual ao da amortização, corrigido monetariamente.

§ 6º. Salvo disposição em contrário do estatuto social, o resgate de ações de uma ou mais classes só será efetuado se, em assembleia especial convocada para deliberar essa matéria específica, for aprovado por acionistas que representem, no mínimo, a metade das ações da(s) classe(s) atingida(s). (Incluído pela Lei nº 10.303, de 2001)

Reembolso

Art. 45. O reembolso é a operação pela qual, nos casos previstos em lei, a companhia paga aos acionistas dissidentes de deliberação da assembleia geral o valor de suas ações.

§ 1º. O estatuto pode estabelecer normas para a determinação do valor de reembolso, que, entretanto, somente poderá ser inferior ao valor de patrimônio líquido constante do último balanço aprovado pela assembleia geral, observado o disposto no § 2º, se estipulado com base no valor econômico da companhia, a ser apurado em avaliação (§§ 3º e 4º). (Redação dada pela Lei nº 9.457, de 1997)

§ 2º. Se a deliberação da assembleia geral ocorrer mais de 60 (sessenta) dias depois da data do último balanço aprovado, será facultado ao acionista dissidente pedir, juntamente com o reembolso, levantamento de balanço especial em data que atenda àquele prazo. Nesse caso, a companhia pagará imediatamente 80% (oitenta por cento) do valor de reembolso calculado com base no último balanço e, levantado o balanço especial, pagará o saldo no prazo de 120 (cento e vinte), dias a contar da data da deliberação da assembleia geral.

§ 3º. Se o estatuto determinar a avaliação da ação para efeito de reembolso, o valor será o determinado por 3 (três) peritos ou empresa especializada, mediante laudo que satisfaça os requisitos do § 1º do art. 8º e com a responsabilidade prevista no § 6º do mesmo artigo. (Redação dada pela Lei nº 9.457, de 1997)

§ 4º. Os peritos ou empresa especializada serão indicados em lista sêxtupla ou tríplice, respectivamente, pelo conselho de administração ou, se não houver, pela diretoria, e escolhidos pela Assembleia geral em deliberação tomada por maioria absoluta de votos, não se computando os votos em branco, cabendo a cada ação, independentemente de sua espécie ou classe, o direito a um voto. (Redação dada pela Lei nº 9.457, de 1997)

§ 5º. O valor de reembolso poderá ser pago à conta de lucros ou reservas, exceto a legal, e nesse caso as ações reembolsadas ficarão em tesouraria. (Redação dada pela Lei nº 9.457, de 1997)

§ 6º. Se, no prazo de 120 (cento e vinte) dias, a contar da publicação da ata da assembleia, não forem substituídos os acionistas cujas ações tenham sido reembolsadas à conta do capital social, este considerar-se-á reduzido no montante correspondente, cumprindo aos órgãos da administração convocar a assembleia geral, dentro de cinco dias, para tomar conhecimento daquela redução. (Redação dada pela Lei nº 9.457, de 1997)

§ 7º. Se sobrevier a falência da sociedade, os acionistas dissidentes, credores pelo reembolso de suas ações, serão classificados como quirografários em quadro separado, e os rateios que lhes couberem serão imputados no pagamento dos créditos constituídos anteriormente à data da publicação da ata da assembleia. As quantias assim atribuídas aos créditos mais antigos não se deduzirão dos créditos dos ex-acionistas, que subsistirão integralmente para serem satisfeitos pelos bens da massa, depois de pagos os primeiros. (Incluído pela Lei nº 9.457, de 1997)

§ 8º. Se, quando ocorrer a falência, já se houver efetuado, à conta do capital social, o reembolso dos ex-acionistas, estes não tiverem sido substituídos, e a massa não bastar para o pagamento dos créditos mais antigos, caberá ação revocatória para restituição do reembolso pago com redução do capital social, até a concorrência do que remanescer dessa parte do passivo. A restituição será havida, na mesma proporção, de todos os acionistas cujas ações tenham sido reembolsadas. (Incluído pela Lei nº 9.457, de 1997)

CAPÍTULO IV. PARTES BENEFICIÁRIAS

Características

Art. 46. A companhia pode criar, a qualquer tempo, títulos negociáveis, sem valor nominal e estranhos ao capital social, denominados "partes beneficiárias".

§ 1º. As partes beneficiárias conferirão aos seus titulares direito de crédito eventual contra a companhia, consistente na participação nos lucros anuais (art. 190).

§ 2º. A participação atribuída às partes beneficiárias, inclusive para formação de reserva para resgate, se houver, não ultrapassará 0,1 (um décimo) dos lucros.

§ 3º. É vedado conferir às partes beneficiárias qualquer direito privativo de acionista, salvo o de fiscalizar, nos termos desta Lei, os atos dos administradores.

§ 4º. É proibida a criação de mais de uma classe ou série de partes beneficiárias.

Emissão

Art. 47. As partes beneficiárias poderão ser alienadas pela companhia, nas condições determinadas pelo estatuto ou pela assembleia geral, ou atribuídas a fundadores, acionistas ou terceiros, como remuneração de serviços prestados à companhia.

Parágrafo único. É vedado às companhias abertas emitir partes beneficiárias. (Redação dada pela Lei nº 10.303, de 2001)

Resgate e conversão

Art. 48. O estatuto fixará o prazo de duração das partes beneficiárias e, sempre que estipular resgate, deverá criar reserva especial para esse fim.

§ 1º. O prazo de duração das partes beneficiárias atribuídas gratuitamente, salvo as destinadas a sociedades ou fundações beneficentes dos empregados da companhia, não poderá ultrapassar 10 (dez) anos.

§ 2º. O estatuto poderá prever a conversão das partes beneficiárias em ações, mediante capitalização de reserva criada para esse fim.

§ 3º. No caso de liquidação da companhia, solvido o passivo exigível, os titulares das partes beneficiárias terão direito de preferência sobre o que restar do ativo até a importância da reserva para resgate ou conversão.

Certificados

Art. 49. Os certificados das partes beneficiárias conterão:

I – a denominação "Parte Beneficiária";

II – a denominação da companhia, sua sede e prazo de duração;

III – o valor do capital social, a data do ato que o fixou e o número de ações em que se divide;

IV – o número de partes beneficiárias criadas pela companhia e o respectivo número de ordem;

V – os direitos que lhes são atribuídos pelo estatuto, o prazo de duração e as condições de resgate, se houver;

VI – a data da constituição da companhia e do arquivamento e publicação dos seus atos constitutivos;

VII – o nome do beneficiário; (Redação dada pela Lei nº 9.457, de 1997)

VIII – a data da emissão do certificado e as assinaturas de dois diretores. (Redação dada pela Lei nº 9.457, de 1997)

Forma, propriedade, circulação e ônus

Art. 50. As partes beneficiárias serão nominativas e a elas se aplica, no que couber, o disposto nas seções V a VII do Capítulo III. (Redação dada pela Lei nº 9.457, de 1997)

§ 1º. As partes beneficiárias serão registradas em livros próprios, mantidos pela companhia. (Redação dada pela Lei nº 9.457, de 1997)

§ 2º. As partes beneficiárias podem ser objeto de depósito com emissão de certificado, nos termos do artigo 43.

Modificação dos direitos

Art. 51. A reforma do estatuto que modificar ou reduzir as vantagens conferidas às partes beneficiárias só terá eficácia quando aprovada pela metade, no mínimo, dos seus titulares, reunidos em assembleia geral especial.

§ 1º. A assembleia será convocada, através da imprensa, de acordo com as exigências para convocação das assembleias de acionistas, com 1 (um) mês de antecedência, no mínimo. Se, após 2 (duas) convocações, deixar de instalar-se por falta de número, somente 6 (seis) meses depois outra poderá ser convocada.

§ 2º. Cada parte beneficiária dá direito a 1 (um) voto, não podendo a companhia votar com os títulos que possuir em tesouraria.

§ 3º. A emissão de partes beneficiárias poderá ser feita com a nomeação de agente fiduciário dos seus titulares, observado, no que couber, o disposto nos artigos 66 a 71.

CAPÍTULO V. DEBÊNTURES

Características

Art. 52. A companhia poderá emitir debêntures que conferirão aos seus titulares direito de crédito contra ela, nas condições constantes da escritura de emissão e, se houver, do certificado. (Redação dada pela Lei nº 10.303, de 2001)

SEÇÃO I. DIREITO DOS DEBENTURISTAS

Emissões e séries

Art. 53. A companhia poderá efetuar mais de uma emissão de debêntures, e cada emissão pode ser dividida em séries.

Parágrafo único. As debêntures da mesma série terão igual valor nominal e conferirão a seus titulares os mesmos direitos.

Valor nominal

Art. 54. A debênture terá valor nominal expresso em moeda nacional, salvo nos casos de obrigação que, nos termos da legislação em vigor, possa ter o pagamento estipulado em moeda estrangeira.

§ 1º. A debênture poderá conter cláusula de correção monetária, com base nos coeficientes fixados para correção de títulos da dívida pública, na variação da taxa cambial ou em outros referenciais não expressamente vedados em lei. (Redação dada pela Lei nº 10.303, de 2001)

§ 2º. A escritura de debênture poderá assegurar ao debenturista a opção de escolher receber o pagamento do principal e acessórios, quando do vencimento, amortização ou resgate, em moeda ou em bens avaliados nos termos do art. 8º. (Incluído pela Lei nº 10.303, de 2001)

Vencimento, amortização e resgate

Art. 55. A época do vencimento da debênture deverá constar da escritura de emissão e do certificado, podendo a companhia estipular amortizações parciais de cada série, criar fundos de amortização e reservar-se o direito de resgate antecipado, parcial ou total, dos títulos da mesma série.

§ 1º. A amortização de debêntures da mesma série deve ser feita mediante rateio. (Redação dada pela Lei nº 12.431, de 2011)

§ 2º. O resgate parcial de debêntures da mesma série deve ser feito: (Redação dada pela Lei 12.431, de 2011)

I – mediante sorteio; ou (Incluído pela Lei nº 12.431, de 2011)

II – se as debêntures estiverem cotadas por preço inferior ao valor nominal, por compra no mercado organizado de valores mobiliários, observadas as regras expedidas pela Comissão de Valores Mobiliários. (Incluído pela Lei nº 12.431, de 2011)

§ 3º. É facultado à companhia adquirir debêntures de sua emissão: (Redação dada pela Lei nº 12.431, de 2011)

I – por valor igual ou inferior ao nominal, devendo o fato constar do relatório da administração e das demonstrações financeiras; ou (Incluído pela Lei nº 12.431, de 2011)

II – por valor superior ao nominal, desde que observe as regras expedidas pela Comissão de Valores Mobiliários. (Incluído pela Lei nº 12.431, de 2011)

§ 4º. A companhia poderá emitir debêntures cujo vencimento somente ocorra nos casos de inadimplência da obrigação de pagar juros e dissolução da companhia, ou de outras condições previstas no título. (Incluído pela Lei nº 12.431, de 2011)

Juros e outros direitos

Art. 56. A debênture poderá assegurar ao seu titular juros, fixos ou variáveis, participação no lucro da companhia e prêmio de reembolso.

Conversibilidade em ações

Art. 57. A debênture poderá ser conversível em ações nas condições constantes da escritura de emissão, que especificará:

I – as bases da conversão, seja em número de ações em que poderá ser convertida cada debênture, seja como relação entre o valor nominal da debênture e o preço de emissão das ações;

II – a espécie e a classe das ações em que poderá ser convertida;

III – o prazo ou época para o exercício do direito à conversão;

IV – as demais condições a que a conversão acaso fique sujeita.

§ 1º. Os acionistas terão direito de preferência para subscrever a emissão de debêntures com cláusula de conversibilidade em ações, observado o disposto nos artigos 171 e 172.

§ 2º. Enquanto puder ser exercido o direito à conversão, dependerá de prévia aprovação dos debenturistas, em assembleia especial, ou de seu agente fiduciário, a alteração do estatuto para:

a) mudar o objeto da companhia;

b) criar ações preferenciais ou modificar as vantagens das existentes, em prejuízo das ações em que são conversíveis as debêntures.

SEÇÃO II.
ESPÉCIES

Art. 58. A debênture poderá, conforme dispuser a escritura de emissão, ter garantia real ou garantia flutuante, não gozar de preferência ou ser subordinada aos demais credores da companhia.

› Lei 11.101/2005: arts. 83, II, V, VIII, a, e 124, parágrafo único.

§ 1º. A garantia flutuante assegura à debênture privilégio geral sobre o ativo da companhia, mas não impede a negociação dos bens que compõem esse ativo.

§ 2º. As garantias poderão ser constituídas cumulativamente.

§ 3º. As debêntures com garantia flutuante de nova emissão são preferidas pelas de emissão ou emissões anteriores, e a prioridade se estabelece pela data da inscrição da escritura de emissão; mas dentro da mesma emissão, as séries concorrem em igualdade.

§ 4º. A debênture que não gozar de garantia poderá conter cláusula de subordinação aos credores quirografários, preferindo apenas os acionistas no ativo remanescente, se houver, em caso de liquidação da companhia.

§ 5º. A obrigação de não alienar ou onerar bem imóvel ou outro bem sujeito a registro de propriedade, assumida pela companhia na escritura de emissão, é oponível a terceiros, desde que averbada no competente registro.

§ 6º. As debêntures emitidas por companhia integrante de grupo de sociedades (artigo 265) poderão ter garantia flutuante do ativo de 2 (duas) ou mais sociedades do grupo.

SEÇÃO III.
CRIAÇÃO E EMISSÃO

Competência

Art. 59. A deliberação sobre emissão de debêntures é da competência privativa da assembleia geral, que deverá fixar, observado o que a respeito dispuser o estatuto:

I – o valor da emissão ou os critérios de determinação do seu limite, e a sua divisão em séries, se for o caso;

II – o número e o valor nominal das debêntures;

III – as garantias reais ou a garantia flutuante, se houver;

IV – as condições de correção monetária, se houver;

V – a conversibilidade ou não em ações e as condições a serem observadas na conversão;

VI – a época e as condições de vencimento, amortização ou resgate;

VII – a época e as condições do pagamento dos juros, da participação nos lucros e do prêmio de reembolso, se houver;

VIII – o modo de subscrição ou colocação, e o tipo das debêntures.

§ 1º. Na companhia aberta, o conselho de administração pode deliberar sobre a emissão de debêntures não conversíveis em ações, salvo disposição estatutária em contrário. (Redação dada pela Lei nº 12.431, de 2011)

§ 2º. O estatuto da companhia aberta poderá autorizar o conselho de administração a, dentro dos limites do capital autorizado, deliberar sobre a emissão de debêntures conversíveis em ações, especificando o limite do aumento de capital decorrente da conversão das debêntures, em valor do capital social ou em número de ações, e as espécies e classes das ações que poderão ser emitidas. (Redação dada pela Lei nº 12.431, de 2011)

§ 3º. A assembleia geral pode deliberar que a emissão terá valor e número de série indeterminados, dentro dos limites por ela fixados. (Redação dada pela Lei nº 12.431, de 2011)

§ 4º. Nos casos não previstos nos §§ 1º e 2º, a assembleia geral pode delegar ao conselho de administração a deliberação sobre as condições de que tratam os incisos VI a VIII do *caput* e sobre a oportunidade da emissão. (Incluído pela Lei nº 12.431, de 2011)

Limite de emissão

Art. 60. *(Revogado pela Lei nº 12.431, de 2011).*

Escritura de emissão

Art. 61. A companhia fará constar da escritura de emissão os direitos conferidos pelas debêntures, suas garantias e demais cláusulas ou condições.

§ 1º. A escritura de emissão, por instrumento público ou particular, de debêntures distribuídas ou admitidas à negociação no mercado, terá obrigatoriamente a intervenção de agente fiduciário dos debenturistas (artigos 66 a 70).

§ 2º. Cada nova série da mesma emissão será objeto de aditamento à respectiva escritura.

§ 3º. A Comissão de Valores Mobiliários poderá aprovar padrões de cláusulas e condições que devam ser adotados nas escrituras de emissão de debêntures destinadas à negociação em bolsa ou no mercado de balcão, e recusar a admissão ao mercado da emissão que não satisfaça a esses padrões.

Registro

Art. 62. Nenhuma emissão de debêntures será feita sem que tenham sido satisfeitos os seguintes requisitos: (Redação dada pela Lei nº 10.303, de 2001)

I – arquivamento, no registro do comércio, e publicação da ata da assembleia geral, ou do conselho de administração, que deliberou sobre a emissão; (Redação dada pela Lei nº 10.303, de 2001)

II – inscrição da escritura de emissão no registro do comércio; (Redação dada pela Lei nº 10.303, de 2001)

III – constituição das garantias reais, se for o caso.

§ 1º. Os administradores da companhia respondem pelas perdas e danos causados à companhia ou a terceiros por infração deste artigo.

§ 2º. O agente fiduciário e qualquer debenturista poderão promover os registros requeridos neste artigo e sanar as lacunas e irregularidades porventura existentes nos registros promovidos pelos administradores da companhia; neste caso, o oficial do registro notificará a administração da companhia para que lhe forneça as indicações e documentos necessários.

§ 3º. Os aditamentos à escritura de emissão serão averbados nos mesmos registros.

§ 4º. Os registros do comércio manterão livro especial para inscrição das emissões de debêntures, no qual serão anotadas as condições essenciais de cada emissão. (Redação dada pela Lei nº 10.303, de 2001)

SEÇÃO IV.
FORMA, PROPRIEDADE, CIRCULAÇÃO E ÔNUS

Art. 63. As debêntures serão nominativas, aplicando-se, no que couber, o disposto nas seções V a VII do Capítulo III. (Redação dada pela Lei nº 9.457, de 1997)

§ 1º. As debêntures podem ser objeto de depósito com emissão de certificado, nos termos do art. 43. (Renumerado pela Lei nº 10.303, de 2001)

§ 2º. A escritura de emissão pode estabelecer que as debêntures sejam mantidas em contas de custódia, em nome de seus titulares, na instituição que designar, sem emissão de certificados, aplicando-se, no que couber, o disposto no art. 41. (Incluído pela Lei nº 10.303, de 2001)

SEÇÃO V.
CERTIFICADOS

Requisitos

Art. 64. Os certificados das debêntures conterão:

I – a denominação, sede, prazo de duração e objeto da companhia;
II – a data da constituição da companhia e do arquivamento e publicação dos seus atos constitutivos;
III – a data da publicação da ata da assembleia geral que deliberou sobre a emissão;
IV – a data e ofício do registro de imóveis em que foi inscrita a emissão;
V – a denominação "Debênture" e a indicação da sua espécie, pelas palavras "com garantia real", "com garantia flutuante", "sem preferência" ou "subordinada";
VI – a designação da emissão e da série;
VII – o número de ordem;
VIII – o valor nominal e a cláusula de correção monetária, se houver, as condições de vencimento, amortização, resgate, juros, participação no lucro ou prêmio de reembolso, e a época em que serão devidos;
IX – as condições de conversibilidade em ações, se for o caso;
X – o nome do debenturista; (Redação dada pela Lei nº 9.457, de 1997)
XI – o nome do agente fiduciário dos debenturistas, se houver; (Redação dada pela Lei nº 9.457, de 1997)
XII – a data da emissão do certificado e a assinatura de dois diretores da companhia; (Redação dada pela Lei nº 9.457, de 1997)
XIII – a autenticação do agente fiduciário, se for o caso. (Redação dada pela Lei nº 9.457, de 1997)

Títulos múltiplos e cautelas

Art. 65. A companhia poderá emitir certificados de múltiplos de debêntures e, provisoriamente, cautelas que as representem, satisfeitos os requisitos do artigo 64.

§ 1º. Os títulos múltiplos de debêntures das companhias abertas obedecerão à padronização de quantidade fixada pela Comissão de Valores Mobiliários.

§ 2º. Nas condições previstas na escritura de emissão com nomeação de agente fiduciário, os certificados poderão ser substituídos, desdobrados ou grupados.

SEÇÃO VI.
AGENTE FIDUCIÁRIO DOS DEBENTURISTAS

Requisitos e incompatibilidades

Art. 66. O agente fiduciário será nomeado e deverá aceitar a função na escritura de emissão das debêntures.

§ 1º. Somente podem ser nomeados agentes fiduciários as pessoas naturais que satisfaçam aos requisitos para o exercício de cargo em órgão de administração da companhia e as instituições financeiras que, especialmente autorizadas pelo Banco Central do Brasil, tenham por objeto a administração ou a custódia de bens de terceiros.

§ 2º. A Comissão de Valores Mobiliários poderá estabelecer que nas emissões de debêntures negociadas no mercado o agente fiduciário, ou um dos agentes fiduciários, seja instituição financeira.

§ 3º. Não pode ser agente fiduciário:

a) pessoa que já exerça a função em outra emissão da mesma companhia, a menos que autorizado, nos termos das normas expedidas pela Comissão de Valores Mobiliários; (Redação dada pela Lei nº 12.431, de 2011)

b) instituição financeira coligada à companhia emissora ou à entidade que subscreva a emissão para distribuí-la no mercado, e qualquer sociedade por elas controlada;

c) credor, por qualquer título, da sociedade emissora, ou sociedade por ele controlada;

d) instituição financeira cujos administradores tenham interesse na companhia emissora;

e) pessoa que, de qualquer outro modo, se coloque em situação de conflito de interesse pelo exercício da função.

§ 4º. O agente fiduciário que, por circunstâncias posteriores à emissão, ficar impedido de continuar a exercer a função deverá comunicar imediatamente o fato aos debenturistas e pedir sua substituição.

Substituição, remuneração e fiscalização

Art. 67. A escritura de emissão estabelecerá as condições de substituição e remuneração do agente fiduciário, observadas as normas expedidas pela Comissão de Valores Mobiliários.

Parágrafo único. A Comissão de Valores Mobiliários fiscalizará o exercício da função de agente fiduciário das emissões distribuídas no mercado, ou de debêntures negociadas em bolsa ou no mercado de balcão, podendo:

a) nomear substituto provisório, nos casos de vacância;

b) suspender o agente fiduciário de suas funções e dar-lhe substituto, se deixar de cumprir os seus deveres.

Deveres e atribuições

Art. 68. O agente fiduciário representa, nos termos desta Lei e da escritura de emissão, a comunhão dos debenturistas perante a companhia emissora.

§ 1º. São deveres do agente fiduciário:

a) proteger os direitos e interesses dos debenturistas, empregando no exercício da função o cuidado e a diligência que todo homem ativo e probo costuma empregar na administração de seus próprios bens;

b) elaborar relatório e colocá-lo anualmente à disposição dos debenturistas, dentro de 4 (quatro) meses do encerramento do exercício social da companhia, informando os fatos relevantes ocorridos durante o exercício, relativos à execução das obrigações assumidas pela companhia, aos bens garantidores das debêntures e à constituição e aplicação do fundo de amortização, se houver; do relatório constará, ainda, declaração do agente sobre sua aptidão para continuar no exercício da função;

c) notificar os debenturistas, no prazo máximo de 60 (sessenta) dias, de qualquer inadimplemento, pela companhia, de obrigações assumidas na escritura da emissão. (Redação dada pela Lei nº 10.303, de 2001)

§ 2º. A escritura de emissão disporá sobre o modo de cumprimento dos deveres de que tratam as alíneas *b* e *c* do parágrafo anterior.

§ 3º. O agente fiduciário pode usar de qualquer ação para proteger direitos ou defender interesses dos debenturistas, sendo-lhe especialmente facultado, no caso de inadimplemento da companhia:

a) declarar, observadas as condições da escritura de emissão, antecipadamente vencidas as debêntures e cobrar o seu principal e acessórios;

b) executar garantias reais, receber o produto da cobrança e aplicá-lo no pagamento, integral ou proporcional, dos debenturistas;

c) requerer a falência da companhia emissora, se não existirem garantias reais;

d) representar os debenturistas em processos de falência, concordata, intervenção ou liquidação extrajudicial da companhia emissora, salvo deliberação em contrário da assembleia dos debenturistas;

e) tomar qualquer providência necessária para que os debenturistas realizem os seus créditos.

§ 4º. O agente fiduciário responde perante os debenturistas pelos prejuízos que lhes causar por culpa ou dolo no exercício das suas funções.

§ 5º. O crédito do agente fiduciário por despesas que tenha feito para proteger direitos e interesses ou realizar créditos dos debenturistas será acrescido à dívida da companhia emissora, gozará das mesmas garantias das debêntures e preferirá a estas na ordem de pagamento.

§ 6º. Serão reputadas não escritas as cláusulas da escritura de emissão que restringirem os deveres, atribuições e responsabilidade do agente fiduciário previstos neste artigo.

Outras funções

Art. 69. A escritura de emissão poderá ainda atribuir ao agente fiduciário as funções de autenticar os certificados de debêntures, administrar o fundo de amortização, manter em custódia bens dados em garantia e efetuar os pagamentos de juros, amortização e resgate.

Substituição de garantias e modificação da escritura

Art. 70. A substituição de bens dados em garantia, quando autorizada na escritura de emissão, dependerá da concordância do agente fiduciário.

Parágrafo único. O agente fiduciário não tem poderes para acordar na modificação das cláusulas e condições da emissão.

SEÇÃO VII.
ASSEMBLEIA DE DEBENTURISTAS

Art. 71. Os titulares de debêntures da mesma emissão ou série podem, a qualquer tempo, reunir-se em assembleia a fim de deliberar sobre matéria de interesse da comunhão dos debenturistas.

§ 1º. A assembleia de debenturistas pode ser convocada pelo agente fiduciário, pela companhia emissora, por debenturistas que representem 10% (dez por cento), no mínimo, dos títulos em circulação, e pela Comissão de Valores Mobiliários.

§ 2º. Aplica-se à assembleia de debenturistas, no que couber, o disposto nesta Lei sobre a assembleia geral de acionistas.

§ 3º. A assembleia se instalará, em primeira convocação, com a presença de debenturistas que representem metade, no mínimo, das debêntures em circulação, e, em segunda convocação, com qualquer número.

§ 4º. O agente fiduciário deverá comparecer à assembleia e prestar aos debenturistas as informações que lhe forem solicitadas.

§ 5º. A escritura de emissão estabelecerá a maioria necessária, que não será inferior à metade das debêntures em circulação, para aprovar modificação nas condições das debêntures.

§ 6º. Nas deliberações da assembleia, a cada debênture caberá um voto.

SEÇÃO VIII.
CÉDULA DE DEBÊNTURES

(Redação dada pela Lei nº 9.457, de 1997)

Art. 72. As instituições financeiras autorizadas pelo Banco Central do Brasil a efetuar esse tipo de operação poderão emitir cédulas lastreadas em debêntures, com garantia própria, que conferirão a seus titulares direito de crédito contra o emitente, pelo valor nominal e os juros nela estipulados. (Redação dada pela Lei nº 9.457, de 1997)

§ 1º. A cédula será nominativa, escritural ou não. (Redação dada pela Lei nº 9.457, de 1997)

§ 2º. O certificado da cédula conterá as seguintes declarações:

a) o nome da instituição financeira emitente e as assinaturas dos seus representantes;

b) o número de ordem, o local e a data da emissão;

c) a denominação "Cédula de Debêntures"; (Redação dada pela Lei nº 9.457, de 1997)

d) o valor nominal e a data do vencimento;

e) os juros, que poderão ser fixos ou variáveis, e as épocas do seu pagamento;

f) o lugar do pagamento do principal e dos juros;

g) a identificação das debêntures-lastro, do seu valor e da garantia constituída; (Redação dada pela Lei nº 9.457, de 1997)

h) o nome do agente fiduciário dos debenturistas;

i) a cláusula de correção monetária, se houver;

j) o nome do titular; (Redação dada pela Lei nº 9.457, de 1997)

SEÇÃO IX.
EMISSÃO DE DEBÊNTURES NO ESTRANGEIRO

Art. 73. Somente com a prévia aprovação do Banco Central do Brasil as companhias brasileiras poderão emitir debêntures no Exterior com garantia real ou flutuante de bens situados no País.

§ 1º. Os credores por obrigações contraídas no Brasil terão preferência sobre os créditos por debêntures emitidas no Exterior por companhias estrangeiras autorizadas a funcionar no País, salvo se a emissão tiver sido previamente autorizada pelo Banco Central do Brasil e o seu produto aplicado em estabelecimento situado no território nacional.

§ 2º. Em qualquer caso, somente poderão ser remetidos para o Exterior o principal e os encargos de debêntures registradas no Banco Central do Brasil.

§ 3º. A emissão de debêntures no estrangeiro, além de observar os requisitos do artigo 62, requer a inscrição no registro de imóveis, do local da sede ou do estabelecimento, dos demais documentos exigidos pelas leis do lugar da emissão, autenticadas de acordo com a lei aplicável, legalizadas pelo consulado brasileiro no Exterior e acompanhadas de tradução em vernáculo, feita por tradutor público juramentado; e, no caso de companhia estrangeira, o arquivamento no registro do comércio e publicação do ato que, de acordo com o estatuto social e a lei do local da sede, tenha autorizado a emissão.

§ 4º. A negociação, no mercado de capitais do Brasil, de debêntures emitidas no estrangeiro, depende de prévia autorização da Comissão de Valores Mobiliários.

SEÇÃO X.
EXTINÇÃO

Art. 74. A companhia emissora fará, nos livros próprios, as anotações referentes à extinção das debêntures, e manterá arquivados, pelo prazo de 5 (cinco) anos, juntamente com os documentos relativos à extinção, os certificados cancelados ou os recibos dos titulares das contas das debêntures escriturais.

§ 1º. Se a emissão tiver agente fiduciário, caberá a este fiscalizar o cancelamento dos certificados.

§ 2º. Os administradores da companhia responderão solidariamente pelas perdas e danos decorrentes da infração do disposto neste artigo.

CAPÍTULO VI.
BÔNUS DE SUBSCRIÇÃO

Características

Art. 75. A companhia poderá emitir, dentro do limite de aumento de capital autorizado no estatuto (artigo 168), títulos negociáveis denominados "Bônus de Subscrição".

Parágrafo único. Os bônus de subscrição conferirão aos seus titulares, nas condições constantes do certificado, direito de subscrever ações do capital social, que será exercido mediante apresentação do título à companhia e pagamento do preço de emissão das ações.

Competência

Art. 76. A deliberação sobre emissão de bônus de subscrição compete à assembleia geral, se o estatuto não a atribuir ao conselho de administração.

Emissão

Art. 77. Os bônus de subscrição serão alienados pela companhia ou por ela atribuídos, como vantagem adicional, aos subscritores de emissões de suas ações ou debêntures.

Parágrafo único. Os acionistas da companhia gozarão, nos termos dos artigos 171 e 172, de preferência para subscrever a emissão de bônus.

Forma, propriedade e circulação

Art. 78. Os bônus de subscrição terão a forma nominativa. (Redação dada pela Lei nº 9.457, de 1997)

Parágrafo único. Aplica-se aos bônus de subscrição, no que couber, o disposto nas Seções V a VII do Capítulo III.

Certificados

Art. 79. O certificado de bônus de subscrição conterá as seguintes declarações:

I – as previstas nos números. I a IV do artigo 24;

II – a denominação "Bônus de Subscrição";

III – o número de ordem;

IV – o número, a espécie e a classe das ações que poderão ser subscritas, o preço de emissão ou os critérios para sua determinação;

V – a época em que o direito de subscrição poderá ser exercido e a data do término do prazo para esse exercício;

VI – o nome do titular; (Redação dada pela Lei nº 9.457, de 1997)

VII – a data da emissão do certificado e as assinaturas de dois diretores. (Redação dada pela Lei nº 9.457, de 1997)

CAPÍTULO VII. CONSTITUIÇÃO DA COMPANHIA

SEÇÃO I. REQUISITOS PRELIMINARES

Art. 80. A constituição da companhia depende do cumprimento dos seguintes requisitos preliminares:

I – subscrição, pelo menos por 2 (duas) pessoas, de todas as ações em que se divide o capital social fixado no estatuto;

II – realização, como entrada, de 10% (dez por cento), no mínimo, do preço de emissão das ações subscritas em dinheiro;

III – depósito, no Banco do Brasil S.A., ou em outro estabelecimento bancário autorizado pela Comissão de Valores Mobiliários, da parte do capital realizado em dinheiro.

Parágrafo único. O disposto no número II não se aplica às companhias para as quais a lei exige realização inicial de parte maior do capital social.

Depósito da entrada

Art. 81. O depósito referido no número III do artigo 80 deverá ser feito pelo fundador, no prazo de 5 (cinco) dias contados do recebimento das quantias, em nome do subscritor e a favor da sociedade em organização, que só poderá levantá-lo após haver adquirido personalidade jurídica.

Parágrafo único. Caso a companhia não se constitua dentro de 6 (seis) meses da data do depósito, o banco restituirá as quantias depositadas diretamente aos subscritores.

SEÇÃO II. CONSTITUIÇÃO POR SUBSCRIÇÃO PÚBLICA REGISTRO DA EMISSÃO

Art. 82. A constituição de companhia por subscrição pública depende do prévio registro da emissão na Comissão de Valores Mobiliários, e a subscrição somente poderá ser efetuada com a intermediação de instituição financeira.

§ 1º. O pedido de registro de emissão obedecerá às normas expedidas pela Comissão de Valores Mobiliários e será instruído com:

a) o estudo de viabilidade econômica e financeira do empreendimento;

b) o projeto do estatuto social;

c) o prospecto, organizado e assinado pelos fundadores e pela instituição financeira intermediária.

§ 2º. A Comissão de Valores Mobiliários poderá condicionar o registro a modificações no estatuto ou no prospecto e denegá-lo por inviabilidade ou temeridade do empreendimento, ou inidoneidade dos fundadores.

Projeto de estatuto

Art. 83. O projeto de estatuto deverá satisfazer a todos os requisitos exigidos para os contratos das sociedades mercantis em geral e aos peculiares às companhias, e conterá as normas pelas quais se regerá a companhia.

▸ CC: art. 997.

Prospecto

Art. 84. O prospecto deverá mencionar, com precisão e clareza, as bases da companhia e os motivos que justifiquem a expectativa de bom êxito do empreendimento, e em especial:

I – o valor do capital social a ser subscrito, o modo de sua realização e a existência ou não de autorização para aumento futuro;

II – a parte do capital a ser formada com bens, a discriminação desses bens e o valor a eles atribuídos pelos fundadores;

III – o número, as espécies e classes de ações em que se dividirá o capital; o valor nominal das ações, e o preço da emissão das ações;

IV – a importância da entrada a ser realizada no ato da subscrição;

V – as obrigações assumidas pelos fundadores, os contratos assinados no interesse da futura companhia e as quantias já despendidas e por despender;

VI – as vantagens particulares, a que terão direito os fundadores ou terceiros, e o dispositivo do projeto do estatuto que as regula;

VII – a autorização governamental para constituir-se a companhia, se necessária;

VIII – as datas de início e término da subscrição e as instituições autorizadas a receber as entradas;

IX – a solução prevista para o caso de excesso de subscrição;

X – o prazo dentro do qual deverá realizar-se a assembleia de constituição da companhia, ou a preliminar para avaliação dos bens, se for o caso;

XI – o nome, nacionalidade, estado civil, profissão e residência dos fundadores, ou, se pessoa jurídica, a firma ou denominação, nacionalidade e sede, bem como o número e espécie de ações que cada um houver subscrito;

XII – a instituição financeira intermediária do lançamento, em cujo poder ficarão depositados os originais do prospecto e do projeto de estatuto, com os documentos a que fizerem menção, para exame de qualquer interessado.

Lista, boletim e entrada

Art. 85. No ato da subscrição das ações a serem realizadas em dinheiro, o subscritor pagará entrada e assinará a lista ou o boletim individual autenticados pela instituição autorizada a receber as entradas, qualificando-se pelo nome, nacionalidade, residência, estado civil, profissão e documento de identidade, ou, se pessoa jurídica, pela firma ou denominação, nacionalidade e sede, devendo especificar o número das ações subscritas, a sua espécie e classe, se houver mais de uma, e o total da entrada.

§ 1º A subscrição poderá ser feita, nas condições previstas no prospecto, por carta à instituição, acompanhada das declarações a que se refere este artigo e do pagamento da entrada. (Parágrafo renumerado e com redação dada pela Lei 13.874/2019)

§ 2º Será dispensada a assinatura de lista ou de boletim a que se refere o *caput* deste artigo na hipótese de oferta pública cuja liquidação ocorra por meio de sistema administrado por entidade administradora de mercados organizados de valores mobiliários. (Acrescido pela Lei 13.874/2019)

CONVOCAÇÃO DE ASSEMBLEIA

Art. 86. Encerrada a subscrição e havendo sido subscrito todo o capital social, os fundadores convocarão a assembleia geral que deverá:

I – promover a avaliação dos bens, se for o caso (artigo 8º);

II – deliberar sobre a constituição da companhia.

Parágrafo único. Os anúncios de convocação mencionarão hora, dia e local da reunião e serão inseridos nos jornais em que houver sido feita a publicidade da oferta de subscrição.

Assembleia de constituição

Art. 87. A assembleia de constituição instalar-se-á, em primeira convocação, com a presença de subscritores que representem, no mínimo, metade do capital social, e, em segunda convocação, com qualquer número.

§ 1º. Na assembleia, presidida por um dos fundadores e secretariada por subscritor, será lido o recibo de depósito de que trata o número III do artigo 80, bem como discutido e votado o projeto de estatuto.

§ 2º. Cada ação, independentemente de sua espécie ou classe, dá direito a um voto; a maioria não tem poder para alterar o projeto de estatuto.

§ 3º. Verificando-se que foram observadas as formalidades legais e não havendo oposição de subscritores que representem mais da metade do capital social, o presidente declarará constituída a companhia, procedendo-se, a seguir, à eleição dos administradores e fiscais.

§ 4º. A ata da reunião, lavrada em duplicata, depois de lida e aprovada pela assembleia, será assinada por todos os subscritores presentes, ou por quantos bastem à validade das deliberações; um exemplar ficará em poder da companhia e o outro será destinado ao registro do comércio.

SEÇÃO III. CONSTITUIÇÃO POR SUBSCRIÇÃO PARTICULAR

Art. 88. A constituição da companhia por subscrição particular do capital pode fazer-se por deliberação dos subscritores em assembleia geral ou por escritura pública, considerando-se fundadores todos os subscritores.

§ 1º. Se a forma escolhida for a de assembleia geral observar-se-á o disposto nos artigos 86 e 87, devendo ser entregues à assembleia o projeto do estatuto, assinado em duplicata por todos os subscritores do capital, e as listas ou boletins de subscrição de todas as ações.

§ 2º. Preferida a escritura pública, será ela assinada por todos os subscritores, e conterá:

a) a qualificação dos subscritores, nos termos do artigo 85;

b) o estatuto da companhia;

c) a relação das ações tomadas pelos subscritores e a importância das entradas pagas;

d) a transcrição do recibo do depósito referido no número III do artigo 80;

e) a transcrição do laudo de avaliação dos peritos, caso tenha havido subscrição do capital social em bens (artigo 8º);

f) a nomeação dos primeiros administradores e, quando for o caso, dos fiscais.

SEÇÃO IV.
DISPOSIÇÕES GERAIS

Art. 89. A incorporação de imóveis para formação do capital social não exige escritura pública.

Art. 90. O subscritor pode fazer-se representar na assembleia geral ou na escritura pública por procurador com poderes especiais.

Art. 91. Nos atos e publicações referentes a companhia em constituição, sua denominação deverá ser aditada da cláusula "em organização".

Art. 92. Os fundadores e as instituições financeiras que participarem da constituição por subscrição pública responderão, no âmbito das respectivas atribuições, pelos prejuízos resultantes da inobservância de preceitos legais.

Parágrafo único. Os fundadores responderão, solidariamente, pelo prejuízo decorrente de culpa ou dolo em atos ou operações anteriores à constituição.

Art. 93. Os fundadores entregarão aos primeiros administradores eleitos todos os documentos, livros ou papéis relativos à constituição da companhia ou a esta pertencentes.

CAPÍTULO VIII. FORMALIDADES COMPLEMENTARES DA CONSTITUIÇÃO

Arquivamento e publicação

Art. 94. Nenhuma companhia poderá funcionar sem que sejam arquivados e publicados seus atos constitutivos.

Companhia constituída por assembleia

Art. 95. Se a companhia houver sido constituída por deliberação em assembleia geral, deverão ser arquivados no registro do comércio do lugar da sede:

I – um exemplar do estatuto social, assinado por todos os subscritores (artigo 88, § 1º) ou, se a subscrição houver sido pública, os originais do estatuto e do prospecto, assinados pelos fundadores, bem como do jornal em que tiverem sido publicados;

II – a relação completa, autenticada pelos fundadores ou pelo presidente da assembleia, dos subscritores do capital social, com a qualificação, número das ações e o total da entrada de cada subscritor (artigo 85);

III – o recibo do depósito a que se refere o número III do artigo 80;

IV – duplicata das atas das assembleias realizadas para a avaliação de bens quando for o caso (artigo 8º);

V – duplicata da ata da assembleia geral dos subscritores que houver deliberado a constituição da companhia (artigo 87).

Companhia constituída por escritura pública

Art. 96. Se a companhia tiver sido constituída por escritura pública, bastará o arquivamento de certidão do instrumento.

Registro do comércio

Art. 97. Cumpre ao registro do comércio examinar se as prescrições legais foram observadas na constituição da companhia, bem como se no estatuto existem cláusulas contrárias à lei, à ordem pública e aos bons costumes.

§ 1º. Se o arquivamento for negado, por inobservância de prescrição ou exigência legal ou por irregularidade verificada na constituição da companhia, os primeiros administradores deverão convocar imediatamente a assembleia geral para sanar a falta ou irregularidade, ou autorizar as providências que se fizerem necessárias. A instalação e funcionamento da assembleia obedecerão ao disposto no artigo 87, devendo a deliberação ser tomada por acionistas que representem, no mínimo, metade do capital social. Se a falta for do estatuto, poderá ser sanada na mesma assembleia, a qual deliberará, ainda, sobre se a companhia deve promover a responsabilidade civil dos fundadores (artigo 92).

§ 2º. Com a 2ª via da ata da assembleia e a prova de ter sido sanada a falta ou irregularidade, o registro do comércio procederá o arquivamento dos atos constitutivos da companhia.

§ 3º. A criação de sucursais, filiais ou agências, observado o disposto no estatuto, será arquivada no registro do comércio.

Publicação e transferência de bens

Art. 98. Arquivados os documentos relativos à constituição da companhia, os seus administradores providenciarão, nos 30 (trinta) dias subsequentes, a publicação deles, bem como a de certidão do arquivamento, em órgão oficial do local de sua sede.

§ 1º. Um exemplar do órgão oficial deverá ser arquivado no registro do comércio.

§ 2º. A certidão dos atos constitutivos da companhia, passada pelo registro do comércio em que foram arquivados, será o documento hábil para a transferência, por transcrição no registro público competente, dos bens com que o subscritor tiver contribuído para a formação do capital social (artigo 8º, § 2º).

§ 3º. A ata da assembleia geral que aprovar a incorporação deverá identificar o bem com precisão, mas poderá descrevê-lo sumariamente, desde que seja suplementada por declaração, assinada pelo subscritor, contendo todos os elementos necessários para a transcrição no registro público.

Responsabilidade dos primeiros administradores

Art. 99. Os primeiros administradores são solidariamente responsáveis perante a companhia pelos prejuízos causados pela demora no cumprimento das formalidades complementares à sua constituição.

Parágrafo único. A companhia não responde pelos atos ou operações praticadas pelos primeiros administradores antes de cumpridas as formalidades de constituição, mas a assembleia geral poderá deliberar em contrário.

CAPÍTULO IX. LIVROS SOCIAIS

Art. 100. A companhia deve ter, além dos livros obrigatórios para qualquer comerciante, os seguintes, revestidos das mesmas formalidades legais:

I – o livro de Registro de Ações Nominativas, para inscrição, anotação ou averbação: (Redação dada pela Lei nº 9.457, de 1997)

a) do nome do acionista e do número das suas ações;

b) das entradas ou prestações de capital realizado;

c) das conversões de ações, de uma em outra espécie ou classe; (Redação dada pela Lei nº 9.457, de 1997)

d) do resgate, reembolso e amortização das ações, ou de sua aquisição pela companhia;

e) das mutações operadas pela alienação ou transferência de ações;

f) do penhor, usufruto, fideicomisso, da alienação fiduciária em garantia ou de qualquer ônus que grave as ações ou obste sua negociação;

II – o livro de "Transferência de Ações Nominativas", para lançamento dos termos de transferência, que deverão ser assinados pelo cedente e pelo cessionário ou seus legítimos representantes;

III – o livro de "Registro de Partes Beneficiárias Nominativas" e o de "Transferência de Partes Beneficiárias Nominativas", se tiverem sido emitidas, observando-se, em ambos, no que couber, o disposto nos números I e II deste artigo;

IV – o livro de Atas das Assembleias-Gerais; (Redação dada pela Lei nº 9.457, de 1997)

V – o livro de Presença dos Acionistas; (Redação dada pela Lei nº 9.457, de 1997)

VI – os livros de Atas das Reuniões do Conselho de Administração, se houver, e de Atas das Reuniões de Diretoria; (Redação dada pela Lei nº 9.457, de 1997)

VII – o livro de Atas e Pareceres do Conselho Fiscal. (Redação dada pela Lei nº 9.457, de 1997)

§ 1º. A qualquer pessoa, desde que se destinem a defesa de direitos e esclarecimento de situações de interesse pessoal ou dos acionistas ou do mercado de valores mobiliários, serão dadas certidões dos assentamentos constantes dos livros mencionados nos incisos I a III, e por elas a companhia poderá cobrar o custo do serviço, cabendo, do indeferimento do pedido por parte da companhia, recurso à Comissão de Valores Mobiliários. (Redação dada pela Lei nº 9.457, de 1997)

§ 2º. Nas companhias abertas, os livros referidos nos incisos I a V do *caput* deste artigo poderão ser substituídos, observadas as normas expedidas pela Comissão de Valores Mobiliários, por registros mecanizados ou eletrônicos. (Redação dada pela Lei nº 12.431, de 2011)

Escrituração do agente emissor

Art. 101. O agente emissor de certificados (art. 27) poderá substituir os livros referidos nos incisos I a III do art. 100 pela sua escrituração e manter, mediante sistemas adequados, aprovados pela Comissão de Valores Mobiliários, os registros de propriedade das ações, partes beneficiárias, debêntures e bônus de subscrição, devendo uma vez por ano preparar lista dos seus titulares, com o número dos títulos de cada um, a qual será encadernada, autenticada no registro do comércio e arquivada na companhia. (Redação dada pela Lei nº 9.457, de 1997)

§ 1º. Os termos de transferência de ações nominativas perante o agente emissor poderão ser lavrados em folhas soltas, à vista do certificado da ação, no qual serão averbados a transferência e o nome e qualificação do adquirente.

§ 2º. Os termos de transferência em folhas soltas serão encadernados em ordem cronológica, em livros autenticados no registro do comércio e arquivados no agente emissor.

Ações escriturais

Art. 102. A instituição financeira depositária de ações escriturais deverá fornecer à companhia, ao menos uma vez por ano, cópia dos extratos das contas de depósito das ações e a lista dos acionistas com a quantidade das respectivas ações, que serão encadernadas em livros autenticados no registro do comércio e arquivados na instituição financeira.

Fiscalização e dúvidas no registro

Art. 103. Cabe à companhia verificar a regularidade das transferências e da constituição de direitos ou ônus sobre os valores mobiliários de sua emissão; nos casos dos artigos 27 e 34, essa atribuição compete, respectivamente, ao agente emissor de certificados e à instituição financeira depositária das ações escriturais.

Parágrafo único. As dúvidas suscitadas entre o acionista, ou qualquer interessado, e a companhia, o agente emissor de certificados ou a instituição financeira depositária das ações escriturais, a respeito das averbações ordenadas por esta Lei, ou sobre anotações, lançamentos ou transferências de ações, partes beneficiárias, debêntures, ou bônus de subscrição, nos livros de registro ou transferência, serão dirimidas pelo juiz competente para solucionar as dúvidas levantadas pelos oficiais dos registros públicos, excetuadas as questões atinentes à substância do direito.

Responsabilidade da companhia

Art. 104. A companhia é responsável pelos prejuízos que causar aos interessados por vícios ou irregularidades verificadas nos livros de que tratam os incisos I a III do art. 100. (Redação dada pela Lei nº 9.457, de 1997)

Parágrafo único. A companhia deverá diligenciar para que os atos de emissão e substituição de certificados, e de transferências e averbações nos livros sociais, sejam praticados no menor prazo possível, não excedente do fixado pela Comissão de Valores Mobiliários, respondendo perante acionistas e terceiros pelos prejuízos decorrentes de atrasos culposos.

Exibição dos livros

Art. 105. A exibição por inteiro dos livros da companhia pode ser ordenada judicialmente sempre que, a requerimento de acionistas que representem, pelo menos, 5% (cinco por cento) do capital social, sejam apontados atos violadores da lei ou do estatuto, ou haja fundada suspeita de graves irregularidades praticadas por qualquer dos órgãos da companhia.

CAPÍTULO X. ACIONISTAS

SEÇÃO I. OBRIGAÇÃO DE REALIZAR O CAPITAL

Condições e mora

Art. 106. O acionista é obrigado a realizar, nas condições previstas no estatuto ou no boletim de subscrição, a prestação correspondente às ações subscritas ou adquiridas.

§ 1º. Se o estatuto e o boletim forem omissos quanto ao montante da prestação e ao prazo ou data do pagamento, caberá aos órgãos da administração efetuar chamada, mediante avisos publicados na imprensa, por 3 (três) vezes, no mínimo, fixando prazo, não inferior a 30 (trinta) dias, para o pagamento.

§ 2º. O acionista que não fizer o pagamento nas condições previstas no estatuto ou boletim, ou na chamada, ficará de pleno direito constituído em mora, sujeitando-se ao pagamento dos juros, da correção monetária e da multa que o estatuto determinar, esta não superior a 10% (dez por cento) do valor da prestação.

Acionista remisso

Art. 107. Verificada a mora do acionista, a companhia pode, à sua escolha:

I – promover contra o acionista, e os que com ele forem solidariamente responsáveis (artigo 108), processo de execução para cobrar as importâncias devidas, servindo o boletim de subscrição e o aviso de chamada como título extrajudicial nos termos do Código de Processo Civil; ou

- Lei 13.105/2015 – CPC.

II – mandar vender as ações em Bolsa de Valores, por conta e risco do acionista.

§ 1º. Será havida como não escrita, relativamente à companhia, qualquer estipulação do estatuto ou do boletim de subscrição que exclua ou limite o exercício da opção prevista neste artigo, mas o subscritor de boa-fé terá ação, contra os responsáveis pela estipulação, para haver perdas e danos sofridos, sem prejuízo da responsabilidade penal que no caso couber.

§ 2º. A venda será feita em leilão especial na Bolsa de Valores do lugar da sede social, ou, se não houver, na mais próxima, depois de publicado aviso, por 3 (três) vezes, com antecedência mínima de 3 (três) dias. Do produto da venda serão deduzidos as despesas com a operação e, se previsto no estatuto, os juros, correção monetária e multa, ficando o saldo à disposição do ex-acionista, na sede da sociedade.

§ 3º. É facultado à companhia, mesmo após iniciada a cobrança judicial, mandar vender a ação em Bolsa de Valores; a companhia poderá também promover a cobrança judicial se as ações oferecidas em bolsa não encontrarem tomador, ou se o preço apurado não bastar para pagar os débitos do acionista.

§ 4º. Se a companhia não conseguir, por qualquer dos meios previstos neste artigo, a integralização das ações, poderá declará-las caducas e fazer suas as entradas realizadas, integralizando-as com lucros ou reservas, exceto a legal; se não tiver lucros e reservas suficientes, terá o prazo de 1 (um) ano para colocar as ações caídas em comisso, findo o qual, não tendo sido encontrado comprador, a assembleia geral deliberará sobre a redução do capital em importância correspondente.

Responsabilidade dos alienantes

Art. 108. Ainda quando negociadas as ações, os alienantes continuarão responsáveis, solidariamente com os adquirentes, pelo pagamento das prestações que faltarem para integralizar as ações transferidas.

Parágrafo único. Tal responsabilidade cessará, em relação a cada alienante, no fim de 2 (dois) anos a contar da data da transferência das ações.

SEÇÃO II. DIREITOS ESSENCIAIS

Art. 109. Nem o estatuto social nem a assembleia geral poderão privar o acionista dos direitos de:

I – participar dos lucros sociais;

II – participar do acervo da companhia, em caso de liquidação;

III – fiscalizar, na forma prevista nesta Lei, a gestão dos negócios sociais;

IV – preferência para subscrição de ações, partes beneficiárias conversíveis em ações, debêntures conversíveis em ações e bônus de subscrição, observado o disposto nos artigos 171 e 172;

V – retirar-se da sociedade nos casos previstos nesta Lei.

§ 1º. As ações de cada classe conferirão iguais direitos aos seus titulares.

§ 2º. Os meios, processos ou ações que a lei confere ao acionista para assegurar os seus direitos não podem ser elididos pelo estatuto ou pela assembleia geral.

§ 3º. O estatuto da sociedade pode estabelecer que as divergências entre os acionistas e a companhia, ou entre os acionistas controladores e os acionistas minoritários, poderão ser solucionadas mediante arbitragem, nos termos em que especificar. (Incluído pela Lei nº 10.303, de 2001)

SEÇÃO III.
DIREITO DE VOTO

Disposições gerais

Art. 110. A cada ação ordinária corresponde 1 (um) voto nas deliberações da assembleia geral.

§ 1º. O estatuto pode estabelecer limitação ao número de votos de cada acionista.

§ 2º. É vedado atribuir voto plural a qualquer classe de ações.

Ações preferenciais

Art. 111. O estatuto poderá deixar de conferir às ações preferenciais algum ou alguns dos direitos reconhecidos às ações ordinárias, inclusive o de voto, ou conferi-lo com restrições, observado o disposto no artigo 109.

§ 1º. As ações preferenciais sem direito de voto adquirirão o exercício desse direito se a companhia, pelo prazo previsto no estatuto, não superior a 3 (três) exercícios consecutivos, deixar de pagar os dividendos fixos ou mínimos a que fizerem jus, direito que conservarão até o pagamento, se tais dividendos não forem cumulativos, ou até que sejam pagos os cumulativos em atraso.

§ 2º. Na mesma hipótese e sob a mesma condição do § 1º, as ações preferenciais com direito de voto restrito terão suspensas as limitações ao exercício desse direito.

§ 3º. O estatuto poderá estipular que o disposto nos §§ 1º e 2º vigorará a partir do término da implantação do empreendimento inicial da companhia.

Não exercício de voto pelas ações ao portador

Art. 112. Somente os titulares de ações nominativas endossáveis e escriturais poderão exercer o direito de voto.

Parágrafo único. Os titulares de ações preferenciais ao portador que adquirirem direito de voto de acordo com o disposto nos §§ 1º e 2º do artigo 111, e enquanto dele gozarem, poderão converter as ações em nominativas ou endossáveis, independentemente de autorização estatutária.

Voto das ações empenhadas e alienadas fiduciariamente

Art. 113. O penhor da ação não impede o acionista de exercer o direito de voto; será lícito, todavia, estabelecer, no contrato, que o acionista não poderá, sem consentimento do credor pignoratício, votar em certas deliberações.

Parágrafo único. O credor garantido por alienação fiduciária da ação não poderá exercer o direito de voto; o devedor somente poderá exercê-lo nos termos do contrato.

Voto das ações gravadas com usufruto

Art. 114. O direito de voto da ação gravada com usufruto, se não for regulado no ato de constituição do gravame, somente poderá ser exercido mediante prévio acordo entre o proprietário e o usufrutuário.

Abuso do direito de voto e conflito de interesses

Art. 115. O acionista deve exercer o direito a voto no interesse da companhia; considerar-se-á abusivo o voto exercido com o fim de causar dano à companhia ou a outros acionistas, ou de obter, para si ou para outrem, vantagem a que não faz jus e de que resulte, ou possa resultar, prejuízo para a companhia ou para outros acionistas. (Redação dada pela Lei nº 10.303, de 2001)

§ 1º. O acionista não poderá votar nas deliberações da assembleia geral relativas ao laudo de avaliação de bens com que concorrer para a formação do capital social e à aprovação de suas contas como administrador, nem em quaisquer outras que puderem beneficiá-lo de modo particular, ou em que tiver interesse conflitante com o da companhia.

§ 2º. Se todos os subscritores forem condôminos de bem com que concorreram para a formação do capital social, poderão aprovar o laudo, sem prejuízo da responsabilidade de que trata o § 6º do artigo 8º.

§ 3º. O acionista responde pelos danos causados pelo exercício abusivo do direito de voto, ainda que seu voto não haja prevalecido.

§ 4º. A deliberação tomada em decorrência do voto de acionista que tem interesse conflitante com o da companhia é anulável; o acionista responderá pelos danos causados e será obrigado a transferir para a companhia as vantagens que tiver auferido.

§ § 5º a 10. *(VETADOS)*. *(Incluídos* pela Lei nº 10.303, de 2001)

SEÇÃO IV.
ACIONISTA CONTROLADOR

Deveres

Art. 116. Entende-se por acionista controlador a pessoa, natural ou jurídica, ou o grupo de pessoas vinculadas por acordo de voto, ou sob controle comum, que:

a) é titular de direitos de sócio que lhe assegurem, de modo permanente, a maioria dos votos nas deliberações da assembleia geral e o poder de eleger a maioria dos administradores da companhia; e

b) usa efetivamente seu poder para dirigir as atividades sociais e orientar o funcionamento dos órgãos da companhia.

Parágrafo único. O acionista controlador deve usar o poder com o fim de fazer a companhia realizar o seu objeto e cumprir sua função social, e tem deveres e responsabilidades para com os demais acionistas da empresa, os que nela trabalham e para com a comunidade em que atua, cujos direitos e interesses deve lealmente respeitar e atender.

Art. 116-A. O acionista controlador da companhia aberta e os acionistas, ou grupo de acionistas, que elegerem membro do conselho de administração ou membro do conselho fiscal, deverão informar imediatamente as modificações em sua posição acionária na companhia à Comissão de Valores Mobiliários e às Bolsas de Valores ou entidades do mercado de balcão organizado nas quais os valores mobiliários de emissão da companhia estejam admitidos à negociação, nas condições e na forma determinadas pela Comissão de Valores Mobiliários. (Incluído pela Lei nº 10.303, de 2001)

Responsabilidade

Art. 117. O acionista controlador responde pelos danos causados por atos praticados com abuso de poder.

§ 1º. São modalidades de exercício abusivo de poder:

a) orientar a companhia para fim estranho ao objeto social ou lesivo ao interesse nacional, ou levá-la a favorecer outra sociedade, brasileira ou estrangeira, em prejuízo da participação dos acionistas minoritários nos lucros ou no acervo da companhia, ou da economia nacional;

b) promover a liquidação de companhia próspera, ou a transformação, incorporação, fusão ou cisão da companhia, com o fim de obter, para si ou para outrem, vantagem indevida, em prejuízo dos demais acionistas, dos que trabalham na empresa ou dos investidores em valores mobiliários emitidos pela companhia;

c) promover alteração estatutária, emissão de valores mobiliários ou adoção de políticas ou decisões que não tenham por fim o interesse da companhia e visem a causar prejuízo a acionistas minoritários, aos que trabalham na empresa ou aos investidores em valores mobiliários emitidos pela companhia;

d) eleger administrador ou fiscal que sabe inapto, moral ou tecnicamente;

e) induzir, ou tentar induzir, administrador ou fiscal a praticar ato ilegal, ou, descumprindo seus deveres definidos nesta Lei e no estatuto, promover, contra o interesse da companhia, sua ratificação pela assembleia geral;

f) contratar com a companhia, diretamente ou através de outrem, ou de sociedade na qual tenha interesse, em condições de favorecimento ou não equitativas;

g) aprovar ou fazer aprovar contas irregulares de administradores, por favorecimento pessoal, ou deixar de apurar denúncia que saiba ou devesse saber procedente, ou que justifique fundada suspeita de irregularidade;

h) subscrever ações, para os fins do disposto no art. 170, com a realização em bens estranhos ao objeto social da companhia. (Incluído pela Lei nº 9.457, de 1997)

§ 2º. No caso da alínea *e* do § 1º, o administrador ou fiscal que praticar o ato ilegal responde solidariamente com o acionista controlador.

§ 3º. O acionista controlador que exerce cargo de administrador ou fiscal tem também os deveres e responsabilidades próprios do cargo.

SEÇÃO V.
ACORDO DE ACIONISTAS

Art. 118. Os acordos de acionistas, sobre a compra e venda de suas ações, preferência para adquiri-las, exercício do direito a voto, ou do poder de controle deverão ser observados pela companhia quando arquivados na sua sede. (Redação dada pela Lei nº 10.303, de 2001)

§ 1º. As obrigações ou ônus decorrentes desses acordos somente serão oponíveis a terceiros, depois de averbados nos livros de registro e nos certificados das ações, se emitidos.

§ 2º. Esses acordos não poderão ser invocados para eximir o acionista de responsabilidade no exercício do direito de voto (artigo 115) ou do poder de controle (artigos 116 e 117).

§ 3º. Nas condições previstas no acordo, os acionistas podem promover a execução específica das obrigações assumidas.

§ 4º. As ações averbadas nos termos deste artigo não poderão ser negociadas em bolsa ou no mercado de balcão.

§ 5º. No relatório anual, os órgãos da administração da companhia aberta informarão à assembleia geral as disposições sobre política de reinvestimento de lucros e distribuição de dividendos, constantes de acordos de acionistas arquivados na companhia.

§ 6º. O acordo de acionistas cujo prazo for fixado em função de termo ou condição resolutiva somente pode ser denunciado segundo suas estipulações. (Incluído pela Lei nº 10.303, de 2001)

§ 7º. O mandato outorgado nos termos de acordo de acionistas para proferir, em assembleia geral ou especial, voto contra ou a favor de determinada deliberação, poderá prever prazo superior ao constante do § 1º do art. 126 desta Lei. (Incluído pela Lei nº 10.303, de 2001)

§ 8º. O presidente da assembleia ou do órgão colegiado de deliberação da companhia não computará o voto proferido com infração de acordo de acionistas devidamente arquivado. (Incluído pela Lei nº 10.303, de 2001)

§ 9º. O não comparecimento à assembleia ou às reuniões dos órgãos de administração da companhia, bem como as abstenções de voto de qualquer parte de acordo de acionistas ou de membros do conselho de administração eleitos nos termos de acordo de acionistas, assegura à parte prejudicada o direito de votar com as ações pertencentes ao acionista ausente ou omisso e, no caso de membro do conselho de administração, pelo conselheiro eleito com os votos da parte prejudicada. (Incluído pela Lei nº 10.303, de 2001)

§ 10. Os acionistas vinculados a acordo de acionistas deverão indicar, no ato de arquivamento, representante para comunicar-se com a companhia, para prestar ou receber informações, quando solicitadas. (Incluído pela Lei nº 10.303, de 2001)

§ 11. A companhia poderá solicitar aos membros do acordo esclarecimento sobre suas cláusulas. (Incluído pela Lei nº 10.303, de 2001)

SEÇÃO VI.
REPRESENTAÇÃO DE ACIONISTA RESIDENTE OU DOMICILIADO NO EXTERIOR

Art. 119. O acionista residente ou domiciliado no Exterior deverá manter, no País, representante com poderes para receber citação em ações contra ele, propostas com fundamento nos preceitos desta Lei.

Parágrafo único. O exercício, no Brasil, de qualquer dos direitos de acionista, confere ao mandatário ou representante legal qualidade para receber citação judicial.

SEÇÃO VII.
SUSPENSÃO DO EXERCÍCIO DE DIREITOS

Art. 120. A assembleia geral poderá suspender o exercício dos direitos do acionista que deixar de cumprir obrigação imposta pela lei ou pelo estatuto, cessando a suspensão logo que cumprida a obrigação.

CAPÍTULO XI.
ASSEMBLEIA GERAL

SEÇÃO I.
DISPOSIÇÕES GERAIS

Art. 121. A assembleia geral, convocada e instalada de acordo com a lei e o estatuto, tem poderes para decidir todos os negócios relativos ao objeto da companhia e tomar as resoluções que julgar convenientes à sua defesa e desenvolvimento.

Parágrafo único. Nas companhias, abertas e fechadas, o acionista poderá participar e votar a distância em assembleia geral, nos termos do regulamento da Comissão de Valores Mobiliários e do órgão competente do Poder Executivo federal, respectivamente. (Redação dada pela Lei nº 14.030/2020)

Competência privativa

Art. 122. Compete privativamente à assembleia geral: (Redação dada pela Lei nº 12.431, de 2011)

I – reformar o estatuto social; (Redação dada pela Lei nº 10.303, de 2001)

II – eleger ou destituir, a qualquer tempo, os administradores e fiscais da companhia, ressalvado o disposto no inciso II do art. 142; (Redação dada pela Lei nº 10.303, de 2001)

III – tomar, anualmente, as contas dos administradores e deliberar sobre as demonstrações financeiras por eles apresentadas; (Redação dada pela Lei nº 10.303, de 2001)

IV – autorizar a emissão de debêntures, ressalvado o disposto nos §§ 1º, 2º e 4º do art. 59; (Redação dada pela Lei nº 12.431, de 2011)

V – suspender o exercício dos direitos do acionista (art. 120); (Redação dada pela Lei nº 10.303, de 2001)

VI – deliberar sobre a avaliação de bens com que o acionista concorrer para a formação do capital social; (Redação dada pela Lei nº 10.303, de 2001)

VII – autorizar a emissão de partes beneficiárias; (Redação dada pela Lei nº 10.303, de 2001)

VIII – deliberar sobre transformação, fusão, incorporação e cisão da companhia, sua dissolução e liquidação, eleger e destituir liquidantes e julgar-lhes as contas; e (Redação dada pela Lei nº 10.303, de 2001)

IX – autorizar os administradores a confessar falência e pedir concordata. (Redação dada pela Lei nº 10.303, de 2001)

Parágrafo único. Em caso de urgência, a confissão de falência ou o pedido de concordata poderá ser formulado pelos administradores, com a concordância do acionista controlador, se houver, convocando-se imediatamente a assembleia geral, para manifestar-se sobre a matéria. (Redação dada pela Lei nº 10.303, de 2001)

Competência para convocação

Art. 123. Compete ao conselho de administração, se houver, ou aos diretores, observado o disposto no estatuto, convocar a assembleia geral.

Parágrafo único. A assembleia geral pode também ser convocada:

a) pelo conselho fiscal, nos casos previstos no número V do artigo 163;

b) por qualquer acionista, quando os administradores retardarem, por mais de 60 (sessenta) dias, a convocação nos casos previstos em lei ou no estatuto;

c) por acionistas que representem 5% (cinco por cento), no mínimo, do capital social, quando os administradores não atenderem, no prazo de oito dias, a pedido de convocação que apresentarem, devidamente fundamentado, com indicação das matérias a serem tratadas; (Redação dada pela Lei nº 9.457, de 1997) *d)* por acionistas que representem 5% (cinco por cento), no mínimo, do capital votante, ou 5% (cinco por cento), no mínimo, dos acionistas sem direito a voto, quando os administradores não atenderem, no prazo de 8 (oito) dias, a pedido de convocação de assembleia para instalação do conselho fiscal. (Incluído pela Lei nº 9.457, de 1997)

Modo de convocação e local

Art. 124. A convocação far-se-á mediante anúncio publicado por 3 (três) vezes, no mínimo, contendo, além do local, data e hora da assembleia, a ordem do dia, e, no caso de reforma do estatuto, a indicação da matéria.

§ 1º. A primeira convocação da assembleia geral deverá ser feita: (Redação dada pela Lei nº 10.303, de 2001)

I – na companhia fechada, com 8 (oito) dias de antecedência, no mínimo, contado o prazo da publicação do primeiro anúncio; não se realizando a assembleia, será publicado novo anúncio, de segunda convocação, com antecedência mínima de 5 (cinco) dias; (Incluído pela Lei nº 10.303, de 2001)

II – na companhia aberta, o prazo de antecedência da primeira convocação será de 15 (quinze) dias e o da segunda convocação de 8 (oito) dias. (Incluído pela Lei nº 10.303, de 2001)

§ 2º. A assembleia geral deverá ser realizada, preferencialmente, no edifício onde a companhia tiver sede ou, por motivo de força maior, em outro lugar, desde que seja no mesmo Município da sede e seja indicado com clareza nos anúncios. (Redação dada pela Lei 14.030/2020)

§ 2º-A. Sem prejuízo do disposto no § 2º deste artigo, as companhias, abertas e fechadas, poderão realizar assembleia digital, nos termos do regulamento da Comissão de Valores Mobiliários e do órgão competente do Poder Executivo federal, respectivamente. (Redação dada pela Lei 14.030/2020)

§ 3º. Nas companhias fechadas, o acionista que representar 5% (cinco por cento), ou mais, do capital social, será convocado por telegrama ou carta registrada, expedidos com a antecedência prevista no § 1º, desde que o tenha solicitado, por escrito, à companhia, com a indicação do endereço completo e do prazo de vigência do pedido, não superior a 2 (dois) exercícios sociais, e renovável; essa convocação não dispensa a publicação do aviso previsto no § 1º, e sua inobservância dará ao acionista direito de haver, dos administradores da companhia, indenização pelos prejuízos sofridos.

§ 4º. Independentemente das formalidades previstas neste artigo, será considerada regular a assembleia geral a que comparecerem todos os acionistas.

§ 5º. A Comissão de Valores Mobiliários poderá, a seu exclusivo critério, mediante decisão fundamentada de seu Colegiado, a pedido de qualquer acionista, e ouvida a companhia: (Incluído pela Lei nº 10.303, de 2001)

I – aumentar, para até 30 (trinta) dias, a contar da data em que os documentos relativos às matérias a serem deliberadas forem colocados à disposição dos acionistas, o prazo de antecedência de publicação do primeiro anúncio de convocação da assembleia geral de companhia aberta, quando esta tiver por objeto operações que, por sua complexidade, exijam maior prazo para que possam ser conhecidas e analisadas pelos acionistas; (Incluído pela Lei nº 10.303, de 2001)

II – interromper, por até 15 (quinze) dias, o curso do prazo de antecedência da convocação de assembleia geral extraordinária de companhia aberta, a fim de conhecer e analisar as propostas a serem submetidas à assembleia e, se for o caso, informar à companhia, até o término da interrupção, as razões pelas quais entende que a deliberação proposta à assembleia viola dispositivos legais ou regulamentares. (Incluído pela Lei nº 10.303, de 2001)

§ 6º. As companhias abertas com ações admitidas à negociação em Bolsa de Valores deverão remeter, na data da publicação do anúncio de convocação da assembleia, à bolsa de valores em que suas ações forem mais negociadas, os documentos postos à disposição dos acionistas para deliberação na assembleia geral. (Incluído pela Lei nº 10.303, de 2001)

Quorum de instalação

Art. 125. Ressalvadas as exceções previstas em lei, a assembleia geral instalar-se-á, em primeira convocação, com a presença de acionistas que representem, no mínimo, 1/4 (um quarto) do capital social com direito de voto; em segunda convocação, instalar-se-á com qualquer número.

Parágrafo único. Os acionistas sem direito de voto podem comparecer à assembleia geral e discutir a matéria submetida à deliberação.

Legitimação e representação

Art. 126. As pessoas presentes à assembleia deverão provar a sua qualidade de acionista, observadas as seguintes normas:

I – os titulares de ações nominativas exibirão, se exigido, documento hábil de sua identidade;

II – os titulares de ações escriturais ou em custódia nos termos do art. 41, além do documento de identidade, exibirão, ou depositarão na companhia, se o estatuto o exigir, comprovante expedido pela instituição financeira depositária; (Redação dada pela Lei nº 9.457, de 1997)

III – os titulares de ações ao portador exibirão os respectivos certificados, ou documento de depósito nos termos do número II;

IV – os titulares de ações escriturais ou em custódia nos termos do artigo 41, além do documento de identidade, exibirão, ou depositarão na companhia, se o estatuto o exigir, comprovante expedido pela instituição financeira depositária.

§ 1º. O acionista pode ser representado na assembleia geral por procurador constituído há menos de 1 (um) ano, que seja acionista, administrador da companhia ou advogado; na companhia aberta, o procurador pode, ainda, ser instituição financeira, cabendo ao administrador de fundos de investimento representar os condôminos.

§ 2º. O pedido de procuração mediante correspondência, ou anúncio publicado, sem prejuízo da regulamentação que, sobre o assunto vier a baixar a Comissão de Valores Mobiliários, deverá satisfazer aos seguintes requisitos:

a) conter todos os elementos informativos necessários ao exercício do voto pedido;

b) facultar ao acionista o exercício de voto contrário à decisão com indicação de outro procurador para o exercício desse voto;

c) ser dirigido a todos os titulares de ações cujos endereços constem da companhia. (Redação dada pela Lei nº 9.457, de 1997)

§ 3º. É facultado a qualquer acionista, detentor de ações, com ou sem voto, que represente 0,5% (meio por cento), no mínimo, do capital social, solicitar relação de endereços dos acionistas, para os fins previstos no § 1º, obedecidos sempre os requisitos do parágrafo anterior. (Redação dada pela Lei nº 9.457, de 1997)

§ 4º. Têm a qualidade para comparecer à assembleia os representantes legais dos acionistas.

Livro de presença

Art. 127. Antes de abrir-se a assembleia, os acionistas assinarão o "Livro de Presença", indicando o seu nome, nacionalidade e residência, bem como a quantidade, espécie e classe das ações de que forem titulares.

Parágrafo único. Considera-se presente em assembleia geral, para todos os efeitos desta Lei, o acionista que registrar a distância sua presença, na forma prevista em regulamento da Comissão de Valores Mobiliários. (Incluído pela Lei nº 12.431, de 2011)

Mesa

Art. 128. Os trabalhos da assembleia serão dirigidos por mesa composta, salvo disposição diversa do estatuto, de presidente e secretário, escolhidos pelos acionistas presentes.

Quorum das deliberações

Art. 129. As deliberações da assembleia geral, ressalvadas as exceções previstas em lei, serão tomadas por maioria absoluta de votos, não se computando os votos em branco.

§ 1º. O estatuto da companhia fechada pode aumentar o *quorum* exigido para certas deliberações, desde que especifique as matérias.

§ 2º. No caso de empate, se o estatuto não estabelecer procedimento de arbitragem e não contiver norma diversa, a assembleia será convocada, com intervalo mínimo de 2 (dois) meses, para votar a deliberação; se permanecer o empate e os acionistas não concordarem em cometer a decisão a um terceiro, caberá ao Poder Judiciário decidir, no interesse da companhia.

Ata da assembleia

Art. 130. Dos trabalhos e deliberações da assembleia será lavrada, em livro próprio, ata assinada pelos membros da mesa e pelos acionistas presentes. Para validade da ata é suficiente a assinatura de quantos bastem para constituir a maioria necessária para as deliberações tomadas na assembleia. Da ata tirar-se-ão certidões ou cópias autênticas para os fins legais.

§ 1º. A ata poderá ser lavrada na forma de sumário dos fatos ocorridos, inclusive dissidências e protestos, e conter a transcrição apenas das deliberações tomadas, desde que:

a) os documentos ou propostas submetidas à assembleia, assim como as declarações de voto ou dissidência, referidos na ata, sejam numerados seguidamente, autenticados pela mesa e por qualquer acionista que o solicitar, e arquivados na companhia;

b) a mesa, a pedido de acionista interessado, autentique exemplar ou cópia de proposta, declaração de voto ou dissidência, ou protesto apresentado.

§ 2º. A assembleia geral da companhia aberta pode autorizar a publicação de ata com omissão das assinaturas dos acionistas.

§ 3º. Se a ata não for lavrada na forma permitida pelo § 1º, poderá ser publicado apenas o seu extrato, com o sumário dos fatos ocorridos e a transcrição das deliberações tomadas.

Espécies de assembleia

Art. 131. A assembleia geral é ordinária quando tem por objeto as matérias previstas no artigo 132, e extraordinária nos demais casos.

Parágrafo único. A assembleia geral ordinária e a assembleia geral extraordinária poderão ser, cumulativamente, convocadas e realizadas no mesmo local, data e hora, instrumentadas em ata única.

SEÇÃO II.
ASSEMBLEIA GERAL ORDINÁRIA

Objeto

Art. 132. Anualmente, nos 4 (quatro) primeiros meses seguintes ao término do exercício social, deverá haver 1 (uma) assembleia geral para:

I – tomar as contas dos administradores, examinar, discutir e votar as demonstrações financeiras;

II – deliberar sobre a destinação do lucro líquido do exercício e a distribuição de dividendos;

III – eleger os administradores e os membros do conselho fiscal, quando for o caso;

IV – aprovar a correção da expressão monetária do capital social (artigo 167).

Documentos da administração

Art. 133. Os administradores devem comunicar, até 1 (um) mês antes da data marcada para a realização da assembleia geral ordinária, por anúncios publicados na forma prevista no artigo 124, que se acham à disposição dos acionistas:

I – o relatório da administração sobre os negócios sociais e os principais fatos administrativos do exercício findo;

II – a cópia das demonstrações financeiras;

III – o parecer dos auditores independentes, se houver;

IV – o parecer do conselho fiscal, inclusive votos dissidentes, se houver; e (Incluído pela Lei nº 10.303, de 2001)

V – demais documentos pertinentes a assuntos incluídos na ordem do dia. (Incluído pela Lei 10.303, de 2001)

§ 1º. Os anúncios indicarão o local ou locais onde os acionistas poderão obter cópias desses documentos.

§ 2º. A companhia remeterá cópia desses documentos aos acionistas que o pedirem por escrito, nas condições previstas no § 3º do art. 124.

§ 3º. Os documentos referidos neste artigo, à exceção dos constantes dos incisos IV e V, serão publicados até 5 (cinco) dias, pelo menos, antes da data marcada para a realização da assembleia geral. (Redação dada pela Lei nº 10.303, de 2001)

§ 4º. A assembleia geral que reunir a totalidade dos acionistas poderá considerar sanada a falta de publicação dos anúncios ou a inobservância dos prazos referidos neste artigo; mas é obrigatória a publicação dos documentos antes da realização da assembleia.

§ 5º. A publicação dos anúncios é dispensada quando os documentos a que se refere este artigo são publicados até 1 (um) mês antes da data marcada para a realização da assembleia geral ordinária.

Procedimento

Art. 134. Instalada a assembleia geral, proceder-se-á, se requerida por qualquer acionista, à leitura dos documentos referidos no artigo 133 e do parecer do conselho fiscal, se houver, os quais serão submetidos pela mesa à discussão e votação.

§ 1º. Os administradores da companhia, ou ao menos um deles, e o auditor independente, se houver, deverão estar presentes à assembleia para atender a pedidos de esclarecimentos de acionistas, mas os administradores não poderão votar, como acionistas ou procuradores, os documentos referidos neste artigo.

§ 2º. Se a assembleia tiver necessidade de outros esclarecimentos, poderá adiar a deliberação e ordenar diligências; também será adiada a deliberação, salvo dispensa dos acionistas presentes, na hipótese de não comparecimento de administrador, membro do conselho fiscal ou auditor independente.

§ 3º. A aprovação, sem reserva, das demonstrações financeiras e das contas, exonera de responsabilidade os administradores e fiscais, salvo erro, dolo, fraude ou simulação (artigo 286).

§ 4º. Se a assembleia aprovar as demonstrações financeiras com modificação no montante do lucro do exercício ou no valor das obrigações da companhia, os administradores promoverão, dentro de 30 (trinta) dias, a republicação das demonstrações, com as retificações deliberadas pela assembleia; se a destinação dos lucros proposta pelos órgãos de administração não lograr aprovação (artigo 176, § 3º), as modificações introduzidas constarão da ata da assembleia.

§ 5º. A ata da assembleia geral ordinária será arquivada no registro do comércio e publicada.

§ 6º. As disposições do § 1º, segunda parte, não se aplicam quando, nas sociedades fechadas, os diretores forem os únicos acionistas.

SEÇÃO III.
ASSEMBLEIA GERAL EXTRAORDINÁRIA

Reforma do estatuto

Art. 135. A assembleia geral extraordinária que tiver por objeto a reforma do estatuto somente se instalará em primeira convocação com a presença de acionistas que representem 2/3 (dois terços), no mínimo, do capital com direito a voto, mas poderá instalar-se em segunda com qualquer número.

§ 1º. Os atos relativos a reformas do estatuto, para valerem contra terceiros, ficam sujeitos às formalidades de arquivamento e publicação, não podendo, todavia, a falta de cumprimento dessas formalidades ser oposta, pela companhia ou por seus acionistas, a terceiros de boa-fé.

§ 2º. Aplica-se aos atos de reforma do estatuto o disposto no artigo 97 e seus §§ 1º e 2º e no artigo 98 e seu § 1º.

§ 3º. Os documentos pertinentes à matéria a ser debatida na assembleia geral extraordinária deverão ser postos à disposição dos acionistas, na sede da companhia, por ocasião da publicação do primeiro anúncio de convocação da assembleia geral. (Incluído pela Lei nº 10.303, de 2001)

Quorum qualificado

Art. 136. É necessária a aprovação de acionistas que representem metade, no mínimo, das ações com direito a voto, se maior *quorum* não for exigido pelo estatuto da companhia cujas ações não estejam admitidas à negociação em bolsa ou no mercado de balcão, para deliberação sobre: (Redação dada pela Lei nº 9.457, de 1997)

I – criação de ações preferenciais ou aumento de classe de ações preferenciais existentes, sem guardar proporção com as demais classes de ações preferenciais, salvo se já previstos ou autorizados pelo estatuto; (Redação dada pela Lei nº 10.303, de 2001)

II – alteração nas preferências, vantagens e condições de resgate ou amortização de uma ou mais classes de ações preferenciais, ou criação de nova classe mais favorecida; (Redação dada pela Lei nº 9.457, de 1997)

III – redução do dividendo obrigatório; (Redação dada pela Lei nº 9.457, de 1997)

IV – fusão da companhia, ou sua incorporação em outra; (Redação dada pela Lei nº 9.457, de 1997)

V – participação em grupo de sociedades (art. 265); (Redação dada pela Lei nº 9.457, de 1997)

VI – mudança do objeto da companhia; (Redação dada pela Lei nº 9.457, de 1997)

VII – cessação do estado de liquidação da companhia; (Redação dada pela Lei nº 9.457, de 1997)

VIII – criação de partes beneficiárias; (Redação dada pela Lei nº 9.457, de 1997)

IX – cisão da companhia; (Incluído pela Lei nº 9.457, de 1997)

X – dissolução da companhia. (Incluído pela Lei nº 9.457, de 1997)

§ 1º. Nos casos dos incisos I e II, a eficácia da deliberação depende de prévia aprovação ou da ratificação, em prazo improrrogável de um ano, por titulares de mais da metade de cada classe de ações preferenciais prejudicadas, reunidos em assembleia especial convocada pelos administradores e instalada com as formalidades desta Lei. (Redação dada pela Lei nº 9.457, de 1997)

§ 2º. A Comissão de Valores Mobiliários pode autorizar a redução do *quorum* previsto neste artigo no caso de companhia aberta com a propriedade das ações dispersa no mercado, e cujas 3 (três) últimas assembleias tenham sido realizadas com a presença de acionistas representando menos da metade das ações com direito a voto. Neste caso, a autorização da Comissão de Valores Mobiliários será mencionada nos avisos de convocação e a deliberação com *quorum* reduzido somente poderá ser adotada em terceira convocação.

§ 3º. O disposto no § 2º deste artigo aplica-se também às assembleias especiais de acionistas preferenciais de que trata o § 1º. (Redação dada pela Lei nº 10.303, de 2001)

§ 4º. Deverá constar da ata da assembleia geral que deliberar sobre as matérias dos incisos I e II, se não houver prévia aprovação, que a deliberação só terá eficácia após a sua ratificação pela assembleia especial prevista no § 1º. (Incluído pela Lei nº 9.457, de 1997)

Direito de retirada

Art. 136-A. A aprovação da inserção de convenção de arbitragem no estatuto social, observado o quorum do art. 136, obriga a todos os acionistas, assegurado ao acionista dissidente o direito de retirar-se da companhia mediante o reembolso do valor de suas ações, nos termos do art. 45. (Incluído pela Lei nº 13.129, de 2015)

§ 1º. A convenção somente terá eficácia após o decurso do prazo de 30 (trinta) dias, contado da publicação da ata da assembleia geral que a aprovou. (Incluído pela Lei nº 13.129, de 2015)

§ 2º. O direito de retirada previsto no *caput* não será aplicável: (Incluído pela Lei nº 13.129, de 2015)

I – caso a inclusão da convenção de arbitragem no estatuto social represente condição para que os valores mobiliários de emissão da companhia sejam admitidos à negociação em segmento de listagem de bolsa de valores ou de mercado de balcão organizado que exija dispersão acionária mínima de 25% (vinte e cinco por cento) das ações de cada espécie ou classe; (Incluído pela Lei nº 13.129, de 2015)

II – caso a inclusão da convenção de arbitragem seja efetuada no estatuto social de companhia aberta cujas ações sejam dotadas de liquidez e dispersão no mercado, nos termos das alíneas a e b do inciso II do art. 137 desta Lei. (Incluído pela Lei nº 13.129, de 2015)

Art. 137. A aprovação das matérias previstas nos incisos I a VI e IX do art. 136 dá ao acionista dissidente o direito de retirar-se da companhia, mediante reembolso do valor das suas ações (art. 45), observadas as seguintes normas: (Redação dada pela Lei nº 10.303, de 2001)

I – nos casos dos incisos I e II do art. 136, somente terá direito de retirada o titular de ações de espécie ou classe prejudicadas; (Incluído pela Lei nº 9.457, de 1997)

II – nos casos dos incisos IV e V do art. 136, não terá direito de retirada o titular de ação de espécie ou classe que tenha liquidez e dispersão no mercado, considerando-se haver: (Redação dada pela Lei nº 10.303, de 2001)

a) liquidez, quando a espécie ou classe de ação, ou certificado que a represente, integre índice geral representativo de carteira de valores mobiliários admitido à negociação no mercado de valores mobiliários, no Brasil ou no exterior, definido pela Comissão de Valores Mobiliários; e (Redação dada pela Lei nº 10.303, de 2001)

b) dispersão, quando o acionista controlador, a sociedade controladora ou outras sociedades sob seu controle detiverem menos da metade da espécie ou classe de ação; (Redação dada pela Lei nº 10.303, de 2001)

III – no caso do inciso IX do art. 136, somente haverá direito de retirada se a cisão implicar: (Redação dada pela Lei nº 10.303, de 2001)

a) mudança do objeto social, salvo quando o patrimônio cindido for vertido para sociedade cuja atividade preponderante coincida com a decorrente do objeto social da sociedade cindida; (Incluído pela Lei nº 10.303, de 2001)

b) redução do dividendo obrigatório; ou (Incluído pela Lei nº 10.303, de 2001)

c) participação em grupo de sociedades; (Incluído pela Lei nº 10.303, de 2001)

IV – o reembolso da ação deve ser reclamado à companhia no prazo de 30 (trinta) dias contado da publicação da ata da assembleia geral; (Redação dada pela Lei nº 10.303, de 2001)

V – o prazo para o dissidente de deliberação de assembleia especial (art. 136, § 1º) será contado da publicação da respectiva ata; (Redação dada pela Lei nº 10.303, de 2001)

VI – o pagamento do reembolso somente poderá ser exigido após a observância do disposto no § 3º e, se for o caso, da ratificação da deliberação pela assembleia geral. (Incluído pela Lei nº 10.303, de 2001)

§ 1º. O acionista dissidente de deliberação da assembleia, inclusive o titular de ações preferenciais sem direito de voto, poderá exercer o direito de reembolso das ações de que, comprovadamente, era titular na data da primeira publicação do edital de convocação da assembleia, ou na data da comunicação do fato relevante objeto da deliberação, se anterior. (Redação dada pela Lei nº 9.457, de 1997)

§ 2º. O direito de reembolso poderá ser exercido no prazo previsto nos incisos IV ou V do *caput* deste artigo, conforme o caso, ainda que o titular das ações tenha se abstido de votar contra a deliberação ou não tenha comparecido à assembleia. (Redação dada pela Lei nº 10.303, de 2001)

§ 3º. Nos 10 (dez) dias subsequentes ao término do prazo de que tratam os incisos IV e V do *caput* deste artigo, conforme o caso, contado da publicação da ata da assembleia geral ou da assembleia especial que ratificar a deliberação, é facultado aos órgãos da administração convocar a assembleia geral para ratificar ou reconsiderar a deliberação, se entenderem que o pagamento do preço do reembolso das ações aos acionistas dissidentes que exerceram o direito de retirada porá em risco a estabilidade financeira da empresa. (Redação dada pela Lei nº 10.303, de 2001)

§ 4º. Decairá do direito de retirada o acionista que não o exercer no prazo fixado. (Incluído pela Lei nº 9.457, de 1997)

CAPÍTULO XII. CONSELHO DE ADMINISTRAÇÃO E DIRETORIA

Administração da companhia

Art. 138. A administração da companhia competirá, conforme dispuser o estatuto, ao conselho de administração e à diretoria, ou somente à diretoria.

§ 1º. O conselho de administração é órgão de deliberação colegiada, sendo a representação da companhia privativa dos diretores.

§ 2º. As companhias abertas e as de capital autorizado terão, obrigatoriamente, conselho de administração.

Art. 139. As atribuições e poderes conferidos por lei aos órgãos de administração não podem ser outorgados a outro órgão, criado por lei ou pelo estatuto.

SEÇÃO I. CONSELHO DE ADMINISTRAÇÃO

Composição

Art. 140. O conselho de administração será composto por, no mínimo, 3 (três) membros, eleitos pela assembleia geral e por ela destituíveis a qualquer tempo, devendo o estatuto estabelecer:

I – o número de conselheiros, ou o máximo e mínimo permitidos, e o processo de escolha e substituição do presidente do conselho pela assembleia ou pelo próprio conselho; (Redação dada pela Lei nº 10.303, de 2001)

II – o modo de substituição dos conselheiros;

III – o prazo de gestão, que não poderá ser superior a 3 (três) anos, permitida a reeleição;

IV – as normas sobre convocação, instalação e funcionamento do conselho, que deliberará por maioria de votos, podendo o estatuto estabelecer *quorum* qualificado para certas deliberações, desde que especifique as matérias. (Redação dada pela Lei nº 10.303, de 2001)

Parágrafo único. O estatuto poderá prever a participação no conselho de representantes dos empregados, escolhidos pelo voto destes, em eleição direta, organizada pela empresa, em conjunto com as entidades sindicais que os representem. (Incluído pela Lei nº 10.303, de 2001)

Voto múltiplo

Art. 141. Na eleição dos conselheiros, é facultado aos acionistas que representem, no mínimo, 0,1 (um décimo) do capital social com direito a voto, esteja ou não previsto no estatuto, requerer a adoção do processo de voto múltiplo, atribuindo-se a cada ação tantos votos quantos sejam os membros do conselho, e reconhecido ao acionista o direito de cumular os votos num só candidato ou distribuí-los entre vários.

§ 1º. A faculdade prevista neste artigo deverá ser exercida pelos acionistas até 48 (quarenta e oito) horas antes da assembleia geral, cabendo à mesa que dirigir os trabalhos da assembleia informar previamente aos acionistas, à vista do "Livro de Presença", o número de votos necessários para a eleição de cada membro do conselho.

§ 2º. Os cargos que, em virtude de empate, não forem preenchidos, serão objeto de nova votação, pelo mesmo processo, observado o disposto no § 1º, *in fine*.

§ 3º. Sempre que a eleição tiver sido realizada por esse processo, a destituição de qualquer membro do conselho de administração pela assembleia geral importará destituição dos demais membros, procedendo-se a nova eleição; nos demais casos de vaga, não havendo suplente, a primeira assembleia geral procederá à nova eleição de todo o conselho.

§ 4º. Terão direito de eleger e destituir um membro e seu suplente do conselho de administração, em votação em separado na assembleia geral, excluído o acionista controlador, a maioria dos titulares, respectivamente: (Redação dada pela Lei nº 10.303, de 2001)

I – de ações de emissão de companhia aberta com direito a voto, que representem, pelo menos, 15% (quinze por cento) do total das ações com direito a voto; e (Incluído pela Lei nº 10.303, de 2001)

II – de ações preferenciais sem direito a voto ou com voto restrito de emissão de companhia aberta, que representem, no mínimo, 10% (dez por cento) do capital social, que não houverem exercido o direito previsto no estatuto, em conformidade com o art. 18. (Incluído pela Lei nº 10.303, de 2001)

§ 5º. Verificando-se que nem os titulares de ações com direito a voto e nem os titulares de ações preferenciais sem direito a voto ou com voto restrito perfizeram, respectivamente, o *quorum* exigido nos incisos I e II do § 4º, ser-lhes-á facultado agregar suas ações para elegerem em conjunto um membro e seu suplente para o conselho de administração, observando-se, nessa hipótese, o *quorum* exigido pelo inciso II do § 4º. (Incluído pela Lei nº 10.303, de 2001)

§ 6º. Somente poderão exercer o direito previsto no § 4º os acionistas que comprovarem a titularidade ininterrupta da participação acionária ali exigida durante o período de 3 (três) meses, no mínimo, imediatamente anterior à realização da assembleia geral. (Incluído pela Lei nº 10.303, de 2001)

§ 7º. Sempre que, cumulativamente, a eleição do conselho de administração se der pelo sistema do voto múltiplo e os titulares de ações ordinárias ou preferenciais exercerem a prerrogativa de eleger conselheiro, será assegurado a acionista ou grupo de acionistas vinculados por acordo de votos que detenham mais do que 50% (cinquenta por cento) das ações com direito de voto o direito de eleger conselheiros em número igual ao dos eleitos pelos demais acionistas, mais um, independentemente do número de conselheiros que, segundo o estatuto, componha o órgão. (Incluído pela Lei nº 10.303, de 2001)

§ 8º. A companhia deverá manter registro com a identificação dos acionistas que exercerem a prerrogativa a que se refere o § 4º. (Incluído pela Lei nº 10.303, de 2001)

§ 9º. *(VETADO). (Incluído* pela Lei nº 10.303, de 2001)

Competência

Art. 142. Compete ao conselho de administração:

I – fixar a orientação geral dos negócios da companhia;

II – eleger e destituir os diretores da companhia e fixar-lhes as atribuições, observado o que a respeito dispuser o estatuto;

› Lei 6.404/1976: art. 122, II.

III – fiscalizar a gestão dos diretores, examinar, a qualquer tempo, os livros e papéis da companhia, solicitar informações sobre contratos celebrados ou em via de celebração, e quaisquer outros atos;

IV – convocar a assembleia geral quando julgar conveniente, ou no caso do artigo 132;

V – manifestar-se sobre o relatório da administração e as contas da diretoria;

VI – manifestar-se previamente sobre atos ou contratos, quando o estatuto assim o exigir;

VII – deliberar, quando autorizado pelo estatuto, sobre a emissão de ações ou de bônus de subscrição;

VIII – autorizar, se o estatuto não dispuser em contrário, a alienação de bens do ativo não circulante, a constituição de ônus reais e a prestação de garantias a obrigações de terceiros; (Redação dada pela Lei nº 11.941, de 2009)

IX – escolher e destituir os auditores independentes, se houver.

§ 1º. Serão arquivadas no registro do comércio e publicadas as atas das reuniões do conselho de administração que contiverem deliberação destinada a produzir efeitos perante terceiros. (Renumerado pela Lei nº 10.303, de 2001)

§ 2º. A escolha e a destituição do auditor independente ficará sujeita a veto, devidamente fundamentado, dos conselheiros eleitos na forma do art. 141, § 4º, se houver. (Incluído pela Lei nº 10.303, de 2001)

SEÇÃO II. DIRETORIA

Composição

Art. 143. A Diretoria será composta por 2 (dois) ou mais diretores, eleitos e destituíveis a qualquer tempo pelo conselho de administração, ou, se inexistente, pela assembleia geral, devendo o estatuto estabelecer:

I – o número de diretores, ou o máximo e o mínimo permitidos;

II – o modo de sua substituição;

III – o prazo de gestão, que não será superior a 3 (três) anos, permitida a reeleição;

IV – as atribuições e poderes de cada diretor.

§ 1º. Os membros do conselho de administração, até o máximo de 1/3 (um terço), poderão ser eleitos para cargos de diretores.

§ 2º. O estatuto pode estabelecer que determinadas decisões, de competência dos diretores, sejam tomadas em reunião da diretoria.

Representação

Art. 144. No silêncio do estatuto e inexistindo deliberação do conselho de administração (artigo 142, II e parágrafo único), competirão a qualquer diretor a representação da companhia e a prática dos atos necessários ao seu funcionamento regular.

Parágrafo único. Nos limites de suas atribuições e poderes, é lícito aos diretores constituir mandatários da companhia, devendo ser especificados no instrumento os atos ou operações que poderão praticar e a duração do mandato, que, no caso de mandato judicial, poderá ser por prazo indeterminado.

SEÇÃO III.
ADMINISTRADORES

Normas comuns

Art. 145. As normas relativas a requisitos, impedimentos, investidura, remuneração, deveres e responsabilidades dos administradores aplicam-se a conselheiros e diretores.

Requisitos e impedimentos

Art. 146. Poderão ser eleitas para membros dos órgãos de administração pessoas naturais, devendo os diretores ser residentes no País. (Redação dada pela Lei nº 12.431, de 2011)

§ 1º. A ata da assembleia geral ou da reunião do conselho de administração que eleger administradores deverá conter a qualificação e o prazo de gestão de cada um dos eleitos, devendo ser arquivada no registro do comércio e publicada. (Redação dada pela Lei nº 10.303, de 2001)

§ 2º. A posse do conselheiro residente ou domiciliado no exterior fica condicionada à constituição de representante residente no País, com poderes para receber citação em ações contra ele propostas com base na legislação societária, mediante procuração com prazo de validade que deverá estender-se por, no mínimo, 3 (três) anos após o término do prazo de gestão do conselheiro. (Redação dada pela Lei nº 10.303, de 2001)

Art. 147. Quando a lei exigir certos requisitos para a investidura em cargo de administração da companhia, a assembleia geral somente poderá eleger quem tenha exibido os necessários comprovantes, dos quais se arquivará cópia autêntica na sede social.

§ 1º. São inelegíveis para os cargos de administração da companhia as pessoas impedidas por lei especial, ou condenadas por crime falimentar, de prevaricação, peita ou suborno, concussão, peculato contra a economia popular, a fé pública ou a propriedade, ou a pena criminal que vede, ainda que temporariamente, o acesso a cargos públicos.

§ 2º. São ainda inelegíveis para os cargos de administração de companhia aberta as pessoas declaradas inabilitadas por ato da Comissão de Valores Mobiliários.

§ 3º. O conselheiro deve ter reputação ilibada, não podendo ser eleito, salvo dispensa da assembleia geral, aquele que: (Incluído pela Lei nº 10.303, de 2001)

I – ocupar cargos em sociedades que possam ser consideradas concorrentes no mercado, em especial, em conselhos consultivos, de administração ou fiscal; e (Incluído pela Lei nº 10.303, de 2001)

II – tiver interesse conflitante com a sociedade. (Incluído pela Lei nº 10.303, de 2001)

§ 4º. A comprovação do cumprimento das condições previstas no § 3º será efetuada por meio de declaração firmada pelo conselheiro eleito nos termos definidos pela Comissão de Valores Mobiliários, com vistas ao disposto nos arts. 145 e 159, sob as penas da lei. (Incluído pela Lei nº 10.303, de 2001)

Garantia da gestão

Art. 148. O estatuto pode estabelecer que o exercício do cargo de administrador deva ser assegurado, pelo titular ou por terceiro, mediante penhor de ações da companhia ou outra garantia.

Parágrafo único. A garantia só será levantada após aprovação das últimas contas apresentadas pelo administrador que houver deixado o cargo.

Investidura

Art. 149. Os conselheiros e diretores serão investidos nos seus cargos mediante assinatura de termo de posse no livro de atas do conselho de administração ou da diretoria, conforme o caso.

§ 1º. Se o termo não for assinado nos 30 (trinta) dias seguintes à nomeação, esta tornar-se-á sem efeito, salvo justificação aceita pelo órgão da administração para o qual tiver sido eleito. (Renumerado pela Lei nº 10.303, de 2001)

§ 2º. O termo de posse deverá conter, sob pena de nulidade, a indicação de pelo menos um domicílio no qual o administrador receberá as citações e intimações em processos administrativos e judiciais relativos a atos de sua gestão, as quais reputar-se-ão cumpridas mediante entrega no domicílio indicado, o qual somente poderá ser alterado mediante comunicação por escrito à companhia. (Incluído pela Lei nº 10.303, de 2001)

Substituição e término da gestão

Art. 150. No caso de vacância do cargo de conselheiro, salvo disposição em contrário do estatuto, o substituto será nomeado pelos conselheiros remanescentes e servirá até a primeira assembleia geral. Se ocorrer vacância da maioria dos cargos, a assembleia geral será convocada para proceder a nova eleição.

§ 1º. No caso de vacância de todos os cargos do conselho de administração, compete à diretoria convocar a assembleia geral.

§ 2º. No caso de vacância de todos os cargos da diretoria, se a companhia não tiver conselho de administração, compete ao conselho fiscal, se em funcionamento, ou a qualquer acionista, convocar a assembleia geral, devendo o representante de maior número de ações praticar, até a realização da assembleia, os atos urgentes de administração da companhia.

§ 3º. O substituto eleito para preencher cargo vago completará o prazo de gestão do substituído.

§ 4º. O prazo de gestão do conselho de administração ou da diretoria se estende até a investidura dos novos administradores eleitos.

Renúncia

Art. 151. A renúncia do administrador torna-se eficaz, em relação à companhia, desde o momento em que lhe for entregue a comunicação escrita do renunciante, e em relação a terceiros de boa-fé, após arquivamento no registro do comércio e publicação, que poderão ser promovidos pelo renunciante.

Remuneração

Art. 152. A assembleia geral fixará o montante global ou individual da remuneração dos administradores, inclusive benefícios de qualquer natureza e verbas de representação, tendo em conta suas responsabilidades, o tempo dedicado às suas funções, sua competência e reputação profissional e o valor dos seus serviços no mercado. (Redação dada pela Lei nº 9.457, de 1997)

§ 1º. O estatuto da companhia que fixar o dividendo obrigatório em 25% (vinte e cinco por cento) ou mais do lucro líquido, pode atribuir aos administradores participação no lucro da companhia, desde que o seu total não ultrapasse a remuneração anual dos administradores nem 0,1 (um décimo) dos lucros (artigo 190), prevalecendo o limite que for menor.

§ 2º. Os administradores somente farão jus à participação nos lucros do exercício social em relação ao qual for atribuído aos acionistas o dividendo obrigatório, de que trata o artigo 202.

SEÇÃO IV.
DEVERES E RESPONSABILIDADES

Dever de diligência

Art. 153. O administrador da companhia deve empregar, no exercício de suas funções, o cuidado e diligência que todo homem ativo e probo costuma empregar na administração dos seus próprios negócios.

Finalidades das atribuições e desvio de poder

Art. 154. O administrador deve exercer as atribuições que a lei e o estatuto lhe conferem para lograr os fins e no interesse da companhia, satisfeitas as exigências do bem público e da função social da empresa.

§ 1º. O administrador eleito por grupo ou classe de acionistas tem, para com a companhia, os mesmos deveres que os demais, não podendo, ainda que para defesa do interesse dos que o elegeram, faltar a esses deveres.

§ 2º. É vedado ao administrador:

a) praticar ato de liberdade à custa da companhia;

b) sem prévia autorização da assembleia geral ou do conselho de administração, tomar por empréstimo recursos ou bens da companhia, ou usar, em proveito próprio, de sociedade em que tenha interesse, ou de terceiros, os seus bens, serviços ou crédito;

c) receber de terceiros, sem autorizarão estatutária ou da assembleia geral, qualquer modalidade de vantagens pessoal, direta ou indireta, em razão do exercício de seu cargo.

§ 3º. As importâncias recebidas com infração ao disposto na alínea *c* do § 2º pertencerão à companhia.

§ 4º. O conselho de administração ou a diretoria podem autorizar a prática de atos gratuitos razoáveis em benefício dos empregados ou da comunidade de que participe a empresa, tendo em vista suas responsabilidades sociais.

Dever de lealdade

Art. 155. O administrador deve servir com lealdade à companhia e manter reserva sobre os seus negócios, sendo-lhe vedado:

I – usar, em benefício próprio ou de outrem, com ou sem prejuízo para a companhia, as oportunidades comerciais de que tenha conhecimento em razão do exercício de seu cargo;

II – omitir-se no exercício ou proteção de direitos da companhia ou, visando à obtenção de vantagens, para si ou para outrem, deixar de aproveitar oportunidades de negócio de interesse da companhia;

III – adquirir, para revender com lucro, bem ou direito que sabe necessário à companhia, ou que esta tencione adquirir.

§ 1º. Cumpre, ademais, ao administrador de companhia aberta, guardar sigilo sobre qualquer informação que ainda não tenha sido divulgada para conhecimento do mercado, obtida em razão do cargo e capaz de influir de modo ponderável na cotação de valores mobiliários, sendo-lhe vedado valer-se da informação para obter, para si ou para outrem, vantagem mediante compra ou venda de valores mobiliários.

§ 2º. O administrador deve zelar para que a violação do disposto no § 1º não possa ocorrer através de subordinados ou terceiros de sua confiança.

§ 3º. A pessoa prejudicada em compra e venda de valores mobiliários, contratada com infração do disposto nos §§ 1º e 2º, tem direito de haver do infrator indenização por perdas e danos, a menos que ao contratar já conhecesse a informação.

§ 4º. É vedada a utilização de informação relevante ainda não divulgada, por qualquer pessoa que a ela tenha tido acesso, com a finalidade de auferir vantagem, para si ou para outrem, no mercado de valores mobiliários. (Incluído pela Lei nº 10.303, de 2001)

Conflito de interesse

Art. 156. É vedado ao administrador intervir em qualquer posição social em que tiver interesse conflitante com o da companhia, bem como na deliberação que a respeito tomarem os demais administradores, cumprindo-lhe cientificá-los do seu impedimento e fazer consignar, em ata de reunião do conselho de administração ou da diretoria, a natureza e extensão do seu interesse.

§ 1º. Ainda que observado o disposto neste artigo, o administrador somente pode contratar com a companhia em condições razoáveis ou equitativas, idênticas às que prevalecem no mercado ou em que a companhia contrataria com terceiros.

§ 2º. O negócio contratado com infração do disposto no § 1º é anulável, e o administrador interessado será obrigado a transferir para a companhia as vantagens que dele tiver auferido.

Dever de informar

Art. 157. O administrador de companhia aberta deve declarar, ao firmar o termo de posse, o número de ações, bônus de subscrição, opções de compra de ações e debêntures conversíveis em ações, de emissão da companhia e de sociedades controladas ou do mesmo grupo, de que seja titular.

§ 1º. O administrador de companhia aberta é obrigado a revelar à assembleia geral ordinária, a pedido de acionistas que representem 5% (cinco por cento) ou mais do capital social:

a) o número dos valores mobiliários de emissão da companhia ou de sociedades controladas, ou do mesmo grupo, que tiver adquirido ou alienado, diretamente ou através de outras pessoas, no exercício anterior;

b) as opções de compra de ações que tiver contratado ou exercido no exercício anterior;

c) os benefícios ou vantagens, indiretas ou complementares, que tenha recebido ou esteja recebendo da companhia e de sociedades coligadas, controladas ou do mesmo grupo;

d) as condições dos contratos de trabalho que tenham sido firmados pela companhia com os diretores e empregados de alto nível;

e) quaisquer atos ou fatos relevantes nas atividades da companhia.

§ 2º. Os esclarecimentos prestados pelo administrador poderão, a pedido de qualquer acionista, ser reduzidos a escrito, autenticados pela mesa da assembleia, e fornecidos por cópia aos solicitantes.

§ 3º. A revelação dos atos ou fatos de que trata este artigo só poderá ser utilizada no legítimo interesse da companhia ou do acionista, respondendo os solicitantes pelos abusos que praticarem.

§ 4º. Os administradores da companhia aberta são obrigados a comunicar imediatamente à Bolsa de Valores e a divulgar pela imprensa qualquer deliberação da assembleia geral ou dos órgãos de administração da companhia, ou fato relevante ocorrido nos seus negócios, que possa influir, de modo ponderável, na decisão dos investidores do mercado de vender ou comprar valores mobiliários emitidos pela companhia.

§ 5º. Os administradores poderão recusar-se a prestar a informação (§ 1º, *e*), ou deixar de divulgá-la (§ 4º), se entenderem que sua revelação porá em risco interesse legítimo da companhia, cabendo à Comissão de Valores Mobiliários, a pedido dos administradores, de qualquer acionista, ou por iniciativa própria, decidir sobre a prestação de informação e responsabilizar os administradores, se for o caso.

§ 6º. Os administradores da companhia aberta deverão informar imediatamente, nos termos e na forma determinados pela Comissão de Valores Mobiliários, a esta e às Bolsas de Valores ou entidades do mercado de balcão organizado nas quais os valores mobiliários de emissão da companhia estejam admitidos à negociação, as modificações em suas posições acionárias na companhia. (Incluído pela Lei nº 10.303, de 2001)

Responsabilidade dos administradores

Art. 158. O administrador não é pessoalmente responsável pelas obrigações que contrair em nome da sociedade e em virtude de ato regular de gestão; responde, porém, civilmente, pelos prejuízos que causar, quando proceder:

I – dentro de suas atribuições ou poderes, com culpa ou dolo;

II – com violação da lei ou do estatuto.

§ 1º. O administrador não é responsável por atos ilícitos de outros administradores, salvo se com eles for conivente, se negligenciar em descobri-los ou se, deles tendo conhecimento, deixar de agir para impedir a sua prática. Exime-se de responsabilidade o administrador dissidente que faça consignar sua divergência em ata de reunião do órgão de administração ou, não sendo possível, dela dê ciência imediata e por escrito ao órgão da administração, ao conselho fiscal, se em funcionamento, ou à assembleia geral.

§ 2º. Os administradores são solidariamente responsáveis pelos prejuízos causados em virtude do não cumprimento dos deveres impostos por lei para assegurar o funcionamento normal da companhia, ainda que, pelo estatuto, tais deveres não caibam a todos eles.

§ 3º. Nas companhias abertas, a responsabilidade de que trata o § 2º ficará restrita, ressalvado o disposto no § 4º, aos administradores que, por disposição do estatuto, tenham atribuição específica de dar cumprimento àqueles deveres.

§ 4º. O administrador que, tendo conhecimento do não cumprimento desses deveres por seu predecessor, ou pelo administrador competente nos termos do § 3º, deixar de comunicar o fato à assembleia geral, tornar-se-á por ele solidariamente responsável.

§ 5º. Responderá solidariamente com o administrador quem, com o fim de obter vantagem para si ou para outrem, concorrer para a prática de ato com violação da lei ou do estatuto.

Ação de responsabilidade

Art. 159. Compete à companhia, mediante prévia deliberação da assembleia geral, a ação de responsabilidade civil contra o administrador, pelos prejuízos causados ao seu patrimônio.

§ 1º. A deliberação poderá ser tomada em assembleia geral ordinária e, se prevista na ordem do dia, ou for consequência direta de assunto nela incluído, em assembleia geral extraordinária.

§ 2º. O administrador ou administradores contra os quais deva ser proposta ação ficarão impedidos e deverão ser substituídos na mesma assembleia.

§ 3º. Qualquer acionista poderá promover a ação, se não for proposta no prazo de 3 (três) meses da deliberação da assembleia geral.

§ 4º. Se a assembleia deliberar não promover a ação, poderá ela ser proposta por acionistas que representem 5% (cinco por cento), pelo menos, do capital social.

§ 5º. Os resultados da ação promovida por acionista deferem-se à companhia, mas esta deverá indenizá-lo, até o limite daqueles resultados, de todas as despesas em que tiver incorrido, inclusive correção monetária e juros dos dispêndios realizados.

§ 6º. O juiz poderá reconhecer a exclusão da responsabilidade do administrador, se convencido de que este agiu de boa-fé e visando ao interesse da companhia.

§ 7º. A ação prevista neste artigo não exclui a que couber ao acionista ou terceiro diretamente prejudicado por ato de administrador.

Órgãos técnicos e consultivos

Art. 160. As normas desta Seção aplicam-se aos membros de quaisquer órgãos, criados pelo estatuto, com funções técnicas ou destinados a aconselhar os administradores.

CAPÍTULO XIII. CONSELHO FISCAL

Composição e funcionamento

Art. 161. A companhia terá um conselho fiscal e o estatuto disporá sobre seu funcionamento, de modo permanente ou nos exercícios sociais em que for instalado a pedido de acionistas.

§ 1º. O conselho fiscal será composto de, no mínimo, 3 (três) e, no máximo, 5 (cinco) membros, e suplentes em igual número, acionistas ou não, eleitos pela assembleia geral.

§ 2º. O conselho fiscal, quando o funcionamento não for permanente, será instalado pela assembleia geral a pedido de acionistas que representem, no mínimo, 0,1 (um décimo) das ações com direito a voto, ou 5% (cinco por cento) das ações sem direito a voto, e cada período de seu funcionamento terminará na primeira assembleia geral ordinária após a sua instalação.

§ 3º. O pedido de funcionamento do conselho fiscal, ainda que a matéria não conste do anúncio de convocação, poderá ser formulado em qualquer assembleia geral, que elegerá os seus membros.

§ 4º. Na constituição do conselho fiscal serão observadas as seguintes normas:

a) os titulares de ações preferenciais sem direito a voto, ou com voto restrito, terão direito de eleger, em votação em separado, 1 (um) membro e respectivo suplente; igual direito terão os acionistas minoritários, desde que representem, em conjunto, 10% (dez por cento) ou mais das ações com direito a voto;

b) ressalvado o disposto na alínea anterior, os demais acionistas com direito a voto poderão eleger os membros efetivos e suplentes que, em qualquer caso, serão em número igual ao dos eleitos nos termos da alínea *a*, mais um.

§ 5º. Os membros do conselho fiscal e seus suplentes exercerão seus cargos até a primeira assembleia-geral ordinária que se realizar após a sua eleição, e poderão ser reeleitos.

§ 6º. Os membros do conselho fiscal e seus suplentes exercerão seus cargos até a primeira assembleia geral ordinária que se realizar após a sua eleição, e poderão ser reeleitos. (Incluído pela Lei nº 10.303, de 2001)

§ 7º. A função de membro do conselho fiscal é indelegável. (Incluído pela Lei nº 10.303, de 2001)

Requisitos, impedimentos e remuneração

Art. 162. Somente podem ser eleitas para o conselho fiscal pessoas naturais, residentes no País, diplomadas em curso de nível universitário, ou que tenham exercido por prazo mínimo de 3 (três) anos, cargo de administrador de empresa ou de conselheiro fiscal.

§ 1º. Nas localidades em que não houver pessoas habilitadas, em número suficiente, para o exercício da função, caberá ao juiz dispensar a companhia da satisfação dos requisitos estabelecidos neste artigo.

§ 2º. Não podem ser eleitos para o conselho fiscal, além das pessoas enumeradas nos parágrafos do artigo 147, membros de órgãos de administração e empregados da companhia ou de sociedade controlada ou do mesmo grupo, e o cônjuge ou parente, até terceiro grau, de administrador da companhia.

§ 3º. A remuneração dos membros do conselho fiscal, além do reembolso, obrigatório, das despesas de locomoção e estada necessárias ao desempenho da função, será fixada pela assembleia geral que os eleger, e não poderá ser inferior, para cada membro em exercício, a 10% (dez por cento) da que, em média, for atribuída a cada diretor, não computados benefícios, verbas de representação e participação nos lucros. (Redação dada pela Lei nº 9.457, de 1997)

Competência

Art. 163. Compete ao conselho fiscal:

I – fiscalizar, por qualquer de seus membros, os atos dos administradores e verificar o cumprimento dos seus deveres legais e estatutários; (Redação dada pela Lei nº 10.303, de 2001)

II – opinar sobre o relatório anual da administração, fazendo constar do seu parecer as informações complementares que julgar necessárias ou úteis à deliberação da assembleia geral;

III – opinar sobre as propostas dos órgãos da administração, a serem submetidas à assembleia geral, relativas a modificação do capital social, emissão de debêntures ou bônus de subscrição, planos de investimento ou orçamentos de capital, distribuição de dividendos, transformação, incorporação, fusão ou cisão;

IV – denunciar, por qualquer de seus membros, aos órgãos de administração e, se estes não tomarem as providências necessárias para a proteção dos interesses da companhia, à assembleia geral, os erros, fraudes ou crimes que descobrirem, e sugerir providências úteis à companhia; (Redação dada pela Lei nº 10.303, de 2001)

V – convocar a assembleia geral ordinária, se os órgãos da administração retardarem por mais de 1 (um) mês essa convocação, e a extraordinária, sempre que ocorrerem motivos graves ou urgentes, incluindo na agenda das assembleias as matérias que considerarem necessárias;

VI – analisar, ao menos trimestralmente, o balancete e demais demonstrações financeiras elaboradas periodicamente pela companhia;

VII – examinar as demonstrações financeiras de exercício social e sobre elas opinar;

VIII – exercer essas atribuições, durante a liquidação, tendo em vista as disposições especiais que a regulam.

§ 1º. Os órgãos de administração são obrigados, através de comunicação por escrito, a colocar à disposição dos membros em exercício do conselho fiscal, dentro de 10 (dez) dias, cópias das atas de suas reuniões e, dentro de 15 (quinze) dias do seu recebimento, cópias dos balancetes e demais demonstrações financeiras elaboradas periodicamente e, quando houver, dos relatórios de execução de orçamentos.

§ 2º. O conselho fiscal, a pedido de qualquer dos seus membros, solicitará aos órgãos de administração esclarecimentos ou informações, desde que relativas à sua função fiscalizadora, assim como a elaboração de demonstrações financeiras ou contábeis especiais. (Redação dada pela Lei nº 10.303, de 2001)

§ 3º. Os membros do conselho fiscal assistirão às reuniões do conselho de administração, se houver, ou da diretoria, em que se deliberar sobre os assuntos em que devam opinar (ns. II, III e VII).

§ 4º. Se a companhia tiver auditores independentes, o conselho fiscal, a pedido de qualquer de seus membros, poderá solicitar-lhes esclarecimentos ou informações, e a apuração de fatos específicos. (Redação dada pela Lei nº 9.457, de 1997)

§ 5º. Se a companhia não tiver auditores independentes, o conselho fiscal poderá, para melhor desempenho das suas funções, escolher contador ou firma de auditoria e fixar-lhes os honorários, dentro de níveis razoáveis, vigentes na praça e compatíveis com a dimensão econômica da companhia, os quais serão pagos por esta.

§ 6º. O conselho fiscal deverá fornecer ao acionista, ou grupo de acionistas que representem, no mínimo, 5% (cinco por cento) do capital social, sempre que solicitadas, informações sobre matérias de sua competência.

§ 7º. As atribuições e poderes conferidos pela lei ao conselho fiscal não podem ser outorgados a outro órgão da companhia.

§ 8º. O conselho fiscal poderá, para apurar fato cujo esclarecimento seja necessário ao desempenho de suas funções, formular, com justificativa, questões a serem respondidas por perito e solicitar à diretoria que indique, para esse fim, no prazo máximo de 30 (trinta) dias, 3 (três) peritos, que podem ser pessoas físicas ou jurídicas, de notório conhecimento na área em questão, entre os quais o conselho fiscal escolherá um, cujos honorários serão pagos pela companhia. (Incluído pela Lei nº 9.457, de 1997)

Pareceres e representações

Art. 164. Os membros do conselho fiscal, ou ao menos um deles, deverão comparecer às reuniões da assembleia geral e responder aos pedidos de informações formulados pelos acionistas.

Parágrafo único. Os pareceres e representações do conselho fiscal, ou de qualquer um de seus membros, poderão ser apresentados e lidos na assembleia geral, independentemente de publicação e ainda que a matéria não conste da ordem do dia. (Redação dada pela Lei nº 10.303, de 2001)

Deveres e responsabilidades

Art. 165. Os membros do conselho fiscal têm os mesmos deveres dos administradores de que tratam os arts. 153 a 156 e respondem pelos danos resultantes de omissão no cumprimento de seus deveres e de atos praticados com culpa ou dolo, ou com violação da lei ou do estatuto. (Redação dada pela Lei nº 10.303, de 2001)

§ 1º. Os membros do conselho fiscal deverão exercer suas funções no exclusivo interesse da companhia; considerar-se-á abusivo o exercício da função com o fim de causar dano à companhia, ou aos seus acionistas ou administradores, ou de obter, para si ou para outrem, vantagem a que não faz jus e de que resulte, ou possa resultar, prejuízo para a companhia, seus acionistas ou administradores. (Redação dada pela Lei nº 10.303, de 2001)

§ 2º. O membro do conselho fiscal não é responsável pelos atos ilícitos de outros membros, salvo se com eles foi conivente, ou se concorrer para a prática do ato. (Redação dada pela Lei nº 10.303, de 2001)

§ 3º. A responsabilidade dos membros do conselho fiscal por omissão no cumprimento de seus deveres é solidária, mas dela se exime o membro dissidente que fizer consignar sua divergência em ata da reunião do órgão e a comunicar aos órgãos da administração e à assembleia geral. (Incluído pela Lei nº 10.303, de 2001)

Art. 165-A. Os membros do conselho fiscal da companhia aberta deverão informar imediatamente as modificações em suas posições acionárias na companhia à Comissão de Valores Mobiliários e às Bolsas de Valores ou entidades do mercado de balcão organizado nas quais os valores mobiliários de emissão da companhia estejam admitidos à negociação, nas condições e na forma determinadas pela Comissão de Valores Mobiliários. (Incluído pela Lei nº 10.303, de 2001)

CAPÍTULO XIV. MODIFICAÇÃO DO CAPITAL SOCIAL

SEÇÃO I. AUMENTO

Competência

Art. 166. O capital social pode ser aumentado:

I – por deliberação da assembleia geral ordinária, para correção da expressão monetária do seu valor (artigo 167);

II – por deliberação da assembleia geral ou do conselho de administração, observado o que a respeito dispuser o estatuto, nos casos de emissão de ações dentro do limite autorizado no estatuto (artigo 168);

III – por conversão, em ações, de debêntures ou partes beneficiárias e pelo exercício de direitos conferidos por bônus de subscrição, ou de opção de compra de ações;

IV – por deliberação da assembleia geral extraordinária convocada para decidir sobre reforma do estatuto social, no caso de inexistir autorização de aumento, ou de estar a mesma esgotada.

§ 1º. Dentro dos 30 (trinta) dias subsequentes à efetivação do aumento, a companhia requererá ao registro do comércio a sua averbação, nos casos dos números I a III, ou o arquivamento da ata da assembleia de reforma do estatuto, no caso do número IV.

§ 2º. O conselho fiscal, se em funcionamento, deverá, salvo nos casos do número III, ser obrigatoriamente ouvido antes da deliberação sobre o aumento de capital.

Correção monetária anual

Art. 167. A reserva de capital constituída por ocasião do balanço de encerramento do exercício social e resultante da correção monetária do capital realizado (artigo 182, § 2º) será capitalizada por deliberação da assembleia geral ordinária que aprovar o balanço.

§ 1º. Na companhia aberta, a capitalização prevista neste artigo será feita sem modificação do número de ações emitidas e com aumento do valor nominal das ações, se for o caso.

§ 2º. A companhia poderá deixar de capitalizar o saldo da reserva correspondente às frações de centavo do valor nominal das ações, ou, se não tiverem valor nominal, à fração inferior a 1% (um por cento) do capital social.

§ 3º. Se a companhia tiver ações com e sem valor nominal, a correção do capital correspondente às ações com valor nominal será feita separadamente, sendo a reserva resultante capitalizada em benefício dessas ações.

Capital autorizado

Art. 168. O estatuto pode conter autorização para aumento do capital social independentemente de reforma estatutária.

§ 1º. A autorização deverá especificar:

a) o limite de aumento, em valor do capital ou em número de ações, e as espécies e classes das ações que poderão ser emitidas;

b) o órgão competente para deliberar sobre as emissões, que poderá ser a assembleia geral ou o conselho de administração;

c) as condições a que estiverem sujeitas as emissões;

d) os casos ou as condições em que os acionistas terão direito de preferência para subscrição, ou de inexistência desse direito (artigo 172).

§ 2º. O limite de autorização, quando fixado em valor do capital social, será anualmente corrigido pela assembleia geral ordinária, com base nos mesmos índices adotados na correção do capital social.

§ 3º. O estatuto pode prever que a companhia, dentro do limite de capital autorizado, e de acordo com plano aprovado pela assembleia geral, outorgue opção de compra de ações a seus administradores ou empregados, ou a pessoas naturais que prestem serviços à companhia ou a sociedade sob seu controle.

Capitalização de lucros e reservas

Art. 169. O aumento mediante capitalização de lucros ou de reservas importará alteração do valor nominal das ações ou distribuição das ações novas, correspondentes ao aumento, entre acionistas, na proporção do número de ações que possuírem.

§ 1º. Na companhia com ações sem valor nominal, a capitalização de lucros ou de reservas poderá ser efetivada sem modificação do número de ações.

§ 2º. Às ações distribuídas de acordo com este artigo se estenderão, salvo cláusula em contrário dos instrumentos que os tenham constituído, o usufruto, o fideicomisso, a inalienabilidade e a incomunicabilidade que porventura gravarem as ações de que elas forem derivadas.

§ 3º. As ações que não puderem ser atribuídas por inteiro a cada acionista serão vendidas em Bolsa, dividindo-se o produto da venda, proporcionalmente, pelos titulares das frações; antes da venda, a companhia fixará prazo, não inferior a 30 (trinta) dias, durante o qual os acionistas poderão transferir as frações de ação.

Aumento mediante subscrição de ações

Art. 170. Depois de realizados 3/4 (três quartos), no mínimo, do capital social, a companhia pode aumentá-lo mediante subscrição pública ou particular de ações.

§ 1º. O preço de emissão deverá ser fixado, sem diluição injustificada da participação dos antigos acionistas, ainda que tenham direito de preferência para subscrevê-las, tendo em vista, alternativa ou conjuntamente: (Redação dada pela Lei nº 9.457, de 1997)

I – a perspectiva de rentabilidade da companhia; (Incluído pela Lei nº 9.457, de 1997)
II – o valor do patrimônio líquido da ação; (Incluído pela Lei nº 9.457, de 1997)
III – a cotação de suas ações em Bolsa de Valores ou no mercado de balcão organizado, admitido ágio ou deságio em função das condições do mercado. (Incluído pela Lei nº 9.457, de 1997)

§ 2º. A assembleia geral, quando for de sua competência deliberar sobre o aumento, poderá delegar ao conselho de administração a fixação do preço de emissão de ações a serem distribuídas no mercado.

§ 3º. A subscrição de ações para realização em bens será sempre procedida com observância do disposto no artigo 8º, e a ela se aplicará o disposto nos §§ 2º e 3º do artigo 98.

§ 4º. As entradas e as prestações da realização das ações poderão ser recebidas pela companhia independentemente de depósito bancário.

§ 5º. No aumento de capital observar-se-á, se mediante subscrição pública, o disposto no artigo 82, e se mediante subscrição particular, o que a respeito for deliberado pela assembleia geral ou pelo conselho de administração, conforme dispuser o estatuto.

§ 6º. Ao aumento de capital aplica-se, no que couber, o disposto sobre a constituição da companhia, exceto na parte final do § 2º do art. 82.

§ 7º. A proposta de aumento do capital deverá esclarecer qual o critério adotado, nos termos do § 1º deste artigo, justificando pormenorizadamente os aspectos econômicos que determinaram a sua escolha. (Incluído pela Lei nº 9.457, de 1997)

Direito de preferência

Art. 171. Na proporção do número de ações que possuírem, os acionistas terão preferência para a subscrição do aumento de capital.

§ 1º. Se o capital for dividido em ações de diversas espécies ou classes e o aumento for feito por emissão de mais de uma espécie ou classe, observar-se-ão as seguintes normas:

a) no caso de aumento, na mesma proporção, do número de ações de todas as espécies e classes existentes, cada acionista exercerá o direito de preferência sobre ações idênticas às de que for possuidor;

b) se as ações emitidas forem de espécies e classes existentes, mas importarem alteração das respectivas proporções no capital social, a preferência será exercida sobre ações de espécies e classes idênticas às de que forem possuidores os acionistas, somente se estendendo às demais se aquelas forem insuficientes para lhes assegurar, no capital aumentado, a mesma proporção que tinham no capital antes do aumento;

c) se houver emissão de ações de espécie ou classe diversa das existentes, cada acionista exercerá a preferência, na proporção do número de ações que possuir, sobre ações de todas as espécies e classes do aumento.

§ 2º. No aumento mediante capitalização de créditos ou subscrição em bens, será sempre assegurado aos acionistas o direito de preferência e, se for o caso, as importâncias por eles pagas serão entregues ao titular do crédito a ser capitalizado ou do bem a ser incorporado.

§ 3º. Os acionistas terão direito de preferência para subscrição das emissões de debêntures conversíveis em ações, bônus de subscrição e partes beneficiárias conversíveis em ações emitidas para alienação onerosa; mas na conversão desses títulos em ações, ou na outorga e no exercício de opção de compra de ações, não haverá direito de preferência.

§ 4º. O estatuto ou a assembleia geral fixará prazo de decadência, não inferior a 30 (trinta) dias, para o exercício do direito de preferência.

§ 5º. No usufruto e no fideicomisso, o direito de preferência, quando não exercido pelo acionista até 10 (dez) dias antes do vencimento do prazo, poderá sê-lo pelo usufrutuário ou fideicomissário.

§ 6º. O acionista poderá ceder seu direito de preferência.

§ 7º. Na companhia aberta, o órgão que deliberar sobre a emissão mediante subscrição particular deverá dispor sobre as sobras de valores mobiliários não subscritos, podendo:

a) mandar vendê-las em Bolsa, em benefício da companhia; ou

b) rateá-las, na proporção dos valores subscritos, entre os acionistas que tiverem pedido, no boletim ou lista de subscrição, reserva de sobras; nesse caso, a condição constará dos boletins e listas de subscrição e o saldo não rateado será vendido em Bolsa, nos termos da alínea anterior.

§ 8º. Na companhia fechada, será obrigatório o rateio previsto na alínea *b* do § 7º, podendo o saldo, se houver, ser subscrito por terceiros, de acordo com os critérios estabelecidos pela assembleia geral ou pelos órgãos da administração.

Exclusão do direito de preferência

Art. 172. O estatuto da companhia aberta que contiver autorização para o aumento do capital pode prever a emissão, sem direito de preferência para os antigos acionistas, ou com redução do prazo de que trata o § 4º do art. 171, de ações e debêntures conversíveis em ações, ou bônus de subscrição, cuja colocação seja feita mediante: (Redação dada pela Lei nº 10.303, de 2001)

I – venda em Bolsa de Valores ou subscrição pública; ou

II – permuta por ações, em oferta pública de aquisição de controle, nos termos dos arts. 257 e 263. (Redação dada pela Lei nº 10.303, de 2001)

Parágrafo único. O estatuto da companhia, ainda que fechada, pode excluir o direito de preferência para subscrição de ações nos termos de lei especial sobre incentivos fiscais.

SEÇÃO II.
REDUÇÃO

Art. 173. A assembleia geral poderá deliberar a redução do capital social se houver perda, até o montante dos prejuízos acumulados, ou se julgá-lo excessivo.

§ 1º. A proposta de redução do capital social, quando de iniciativa dos administradores, não poderá ser submetida à deliberação da assembleia geral sem o parecer do conselho fiscal, se em funcionamento.

§ 2º. A partir da deliberação de redução ficarão suspensos os direitos correspondentes às ações cujos certificados tenham sido emitidos, até que sejam apresentados à companhia para substituição.

Oposição dos credores

Art. 174. Ressalvado o disposto nos artigos 45 e 107, a redução do capital social com restituição aos acionistas de parte do valor das ações, ou pela diminuição do valor destas, quando não integralizadas, à importância das entradas, só se tornará efetiva 60 (sessenta) dias após a publicação da ata da assembleia geral que a tiver deliberado.

§ 1º. Durante o prazo previsto neste artigo, os credores quirografários por títulos anteriores à data da publicação da ata poderão, mediante notificação, de que se dará ciência ao registro do comércio da sede da companhia, opor-se à redução do capital; decairão desse direito os credores que o não exercerem dentro do prazo.

§ 2º. Findo o prazo, a ata da assembleia geral que houver deliberado a redução poderá ser arquivada se não tiver havido oposição ou, se tiver havido oposição de algum credor, desde que feita a prova do pagamento do seu crédito ou do depósito judicial da importância respectiva.

§ 3º. Se houver em circulação debêntures emitidas pela companhia, a redução do capital, nos casos previstos neste artigo, não poderá ser efetivada sem prévia aprovação pela maioria dos debenturistas, reunidos em assembleia especial.

CAPÍTULO XV. EXERCÍCIO SOCIAL E DEMONSTRAÇÕES FINANCEIRAS

SEÇÃO I. EXERCÍCIO SOCIAL

Art. 175. O exercício social terá duração de 1 (um) ano e a data do término será fixada no estatuto.

Parágrafo único. Na constituição da companhia e nos casos de alteração estatutária o exercício social poderá ter duração diversa.

SEÇÃO II. DEMONSTRAÇÕES FINANCEIRAS

Disposições gerais

Art. 176. Ao fim de cada exercício social, a diretoria fará elaborar, com base na escrituração mercantil da companhia, as seguintes demonstrações financeiras, que deverão exprimir com clareza a situação do patrimônio da companhia e as mutações ocorridas no exercício:

I – balanço patrimonial;

II – demonstração dos lucros ou prejuízos acumulados;

III – demonstração do resultado do exercício; e

IV – demonstração dos fluxos de caixa; e (Redação dada pela Lei nº 11.638, de 2007)

V – se companhia aberta, demonstração do valor adicionado. (Incluído pela Lei nº 11.638, de 2007)

§ 1º. As demonstrações de cada exercício serão publicadas com a indicação dos valores correspondentes das demonstrações do exercício anterior.

§ 2º. Nas demonstrações, as contas semelhantes poderão ser agrupadas; os pequenos saldos poderão ser agregados, desde que indicada a sua natureza e não ultrapassem 0,1 (um décimo) do valor do respectivo grupo de contas; mas é vedada a utilização de designações genéricas, como "diversas contas" ou "contas correntes".

§ 3º. As demonstrações financeiras registrarão a destinação dos lucros segundo a proposta dos órgãos da administração, no pressuposto de sua aprovação pela assembleia geral.

§ 4º. As demonstrações serão complementadas por notas explicativas e outros quadros analíticos ou demonstrações contábeis necessários para esclarecimento da situação patrimonial e dos resultados do exercício.

§ 5º. As notas explicativas devem: (Redação dada pela Lei nº 11.941, de 2009)

I – apresentar informações sobre a base de preparação das demonstrações financeiras e das práticas contábeis específicas selecionadas e aplicadas para negócios e eventos significativos; (Incluído pela Lei nº 11.941, de 2009)

II – divulgar as informações exigidas pelas práticas contábeis adotadas no Brasil que não estejam apresentadas em nenhuma outra parte das demonstrações financeiras; (Incluído pela Lei nº 11.941, de 2009)

III – fornecer informações adicionais não indicadas nas próprias demonstrações financeiras e consideradas necessárias para uma apresentação adequada; e (Incluído pela Lei nº 11.941, de 2009)

IV – indicar: (Incluído pela Lei nº 11.941, de 2009)

a) os principais critérios de avaliação dos elementos patrimoniais, especialmente estoques, dos cálculos de depreciação, amortização e exaustão, de constituição de provisões para encargos ou riscos, e dos ajustes para atender a perdas prováveis na realização de elementos do ativo; (Incluído pela Lei nº 11.941, de 2009)

b) os investimentos em outras sociedades, quando relevantes (art. 247, parágrafo único); (Incluído pela Lei nº 11.941, de 2009)

c) o aumento de valor de elementos do ativo resultante de novas avaliações (art. 182, § 3º); (Incluído pela Lei nº 11.941, de 2009)

d) os ônus reais constituídos sobre elementos do ativo, as garantias prestadas a terceiros e outras responsabilidades eventuais ou contingentes; (Incluído pela Lei nº 11.941, de 2009)

e) a taxa de juros, as datas de vencimento e as garantias das obrigações a longo prazo; (Incluído pela Lei nº 11.941, de 2009)

f) o número, espécies e classes das ações do capital social; (Incluído pela Lei nº 11.941, de 2009)

g) as opções de compra de ações outorgadas e exercidas no exercício; (Incluído pela Lei nº 11.941, de 2009)

h) os ajustes de exercícios anteriores (art. 186, § 1º); e (Incluído pela Lei nº 11.941, de 2009)

i) os eventos subsequentes à data de encerramento do exercício que tenham, ou possam vir a ter, efeito relevante sobre a situação financeira e os resultados futuros da companhia. (Incluído pela Lei nº 11.941, de 2009)

§ 6º. A companhia fechada com patrimônio líquido, na data do balanço, inferior a R$ 2.000.000,00 (dois milhões de reais) não será obrigada à elaboração e publicação da demonstração dos fluxos de caixa. (Redação dada pela Lei nº 11.638, de 2007)

§ 7º. A Comissão de Valores Mobiliários poderá, a seu critério, disciplinar de forma diversa o registro de que trata o § 3º deste artigo. (Incluído pela Lei nº 11.941, de 2009)

Escrituração

Art. 177. A escrituração da companhia será mantida em registros permanentes, com obediência aos preceitos da legislação comercial e desta Lei e aos princípios de contabilidade geralmente aceitos, devendo observar métodos ou critérios contábeis uniformes no tempo e registrar as mutações patrimoniais segundo o regime de competência.

§ 1º. As demonstrações financeiras do exercício em que houver modificação de métodos ou critérios contábeis, de efeitos relevantes, deverão indicá-la em nota e ressaltar esses efeitos.

§ 2º. A companhia observará exclusivamente em livros ou registros auxiliares, sem qualquer modificação da escrituração mercantil e das demonstrações reguladas nesta Lei, as disposições da lei tributária, ou de legislação especial sobre a atividade que constitui seu objeto, que prescrevam, conduzam ou incentivem a utilização de métodos ou critérios contábeis diferentes ou determinem registros, lançamentos ou ajustes ou a elaboração de outras demonstrações financeiras. (Redação dada pela Lei nº 11.941, de 2009)

I – *(Revogado pela Lei nº 11.941, de 2009).*

II – *(Revogado pela Lei nº 11.941, de 2009).*

§ 3º. As demonstrações financeiras das companhias abertas observarão, ainda, as normas expedidas pela Comissão de Valores Mobiliários e serão obrigatoriamente submetidas a auditoria por auditores independentes nela registrados. (Redação dada pela Lei nº 11.941, de 2009)

§ 4º. As demonstrações financeiras serão assinadas pelos administradores e por contabilistas legalmente habilitados.

§ 5º. As normas expedidas pela Comissão de Valores Mobiliários a que se refere o § 3º deste artigo deverão ser elaboradas em consonância com os padrões internacionais de contabilidade adotados nos principais mercados de valores mobiliários. (Incluído pela Lei nº 11.638, de 2007)

§ 6º. As companhias fechadas poderão optar por observar as normas sobre demonstrações financeiras expedidas pela Comissão de Valores Mobiliários para as companhias abertas. (Incluído pela Lei nº 11.638, de 2007)

§ 7º. *(Revogado pela Lei nº 11.941, de 2009).*

SEÇÃO III. BALANÇO PATRIMONIAL

Grupo de contas

Art. 178. No balanço, as contas serão classificadas segundo os elementos do patrimônio que registrem, e agrupadas de modo a facilitar o conhecimento e a análise da situação financeira da companhia.

§ 1º. No ativo, as contas serão dispostas em ordem decrescente de grau de liquidez dos elementos nelas registrados, nos seguintes grupos:

I – ativo circulante; e (Incluído pela Lei nº 11.941, de 2009)

II – ativo não circulante, composto por ativo realizável a longo prazo, investimentos, imobilizado e intangível. (Incluído pela Lei nº 11.941, de 2009)

§ 2º. No passivo, as contas serão classificadas nos seguintes grupos:

I – passivo circulante; (Incluído pela Lei nº 11.941, de 2009)

II – passivo não circulante; e (Incluído pela Lei nº 11.941, de 2009)

III – patrimônio líquido, dividido em capital social, reservas de capital, ajustes de avaliação patrimonial, reservas de lucros, ações em tesouraria e prejuízos acumulados. (Incluído pela Lei nº 11.941, de 2009)

§ 3º Os saldos devedores e credores que a companhia não tiver direito de compensar serão classificados separadamente.

Ativo

Art. 179. As contas serão classificadas do seguinte modo:

I – no ativo circulante: as disponibilidades, os direitos realizáveis no curso do exercício social subsequente e as aplicações de recursos em despesas do exercício seguinte;

II – no ativo realizável a longo prazo: os direitos realizáveis após o término do exercício seguinte, assim como os derivados de vendas, adiantamentos ou empréstimos a sociedades coligadas ou controladas (artigo 243), diretores, acionistas ou participantes no lucro da companhia, que não constituírem negócios usuais na exploração do objeto da companhia;

III – em investimentos: as participações permanentes em outras sociedades e os direitos de qualquer natureza, não classificáveis no ativo circulante, e que não se destinem à manutenção da atividade da companhia ou da empresa;

IV – no ativo imobilizado: os direitos que tenham por objeto bens corpóreos destinados à manutenção das atividades da companhia ou da empresa ou exercidos com essa finalidade, inclusive os decorrentes de operações que transfiram à companhia os benefícios, riscos e controle desses bens; (Redação dada pela Lei nº 11.638, de 2007)

V – *(Revogado pela Lei nº 11.941, de 2009).*

VI – no intangível: os direitos que tenham por objeto bens incorpóreos destinados à manutenção da companhia ou exercidos com essa finalidade, inclusive o fundo de comércio adquirido. (Incluído pela Lei nº 11.638, de 2007)

Parágrafo único. Na companhia em que o ciclo operacional da empresa tiver duração maior que o exercício social, a classificação no circulante ou longo prazo terá por base o prazo desse ciclo.

Passivo exigível

Art. 180. As obrigações da companhia, inclusive financiamentos para aquisição de direitos do ativo não circulante, serão classificadas no passivo circulante, quando se vencerem no exercício seguinte, e no passivo não circulante, se tiverem vencimento em prazo maior, observado o disposto no parágrafo único do art. 179 desta Lei. (Redação dada pela Lei nº 11.941, de 2009)

Resultados de exercícios futuros

Art. 181. *(Revogado pela Lei nº 11.941, de 2009).*

Patrimônio líquido

Art. 182. A conta do capital social discriminará o montante subscrito e, por dedução, a parcela ainda não realizada.

§ 1º. Serão classificadas como reservas de capital as contas que registrarem:

a) a contribuição do subscritor de ações que ultrapassar o valor nominal e a parte do preço de emissão das ações sem valor nominal que ultrapassar a importância destinada à formação do capital social, inclusive nos casos de conversão em ações de debêntures ou partes beneficiárias;

b) o produto da alienação de partes beneficiárias e bônus de subscrição;

c) (Revogada pela Lei nº 11.638, de 2007).

d) (Revogada pela Lei nº 11.638, de 2007).

§ 2º. Será ainda registrado como reserva de capital o resultado da correção monetária do capital realizado, enquanto não capitalizado.

§ 3º. Serão classificadas como ajustes de avaliação patrimonial, enquanto não computadas no resultado do exercício em obediência ao regime de competência, as contrapartidas de aumentos ou diminuições de valor atribuídos a elementos do ativo e do passivo, em decorrência da sua avaliação a valor justo, nos casos previstos nesta Lei ou, em normas expedidas pela Comissão de Valores Mobiliários, com base na competência conferida pelo § 3º do art. 177 desta Lei. (Redação dada pela Lei nº 11.941, de 2009)

§ 4º. Serão classificadas como reservas de lucros as contas constituídas pela apropriação de lucros da companhia.

§ 5º. As ações em tesouraria deverão ser destacadas no balanço como dedução da conta do patrimônio líquido que registrar a origem dos recursos aplicados na sua aquisição.

Critérios de avaliação do ativo

Art. 183. No balanço, os elementos do ativo serão avaliados segundo os seguintes critérios:

I – as aplicações em instrumentos financeiros, inclusive derivativos, e em direitos e títulos de créditos, classificados no ativo circulante ou no realizável a longo prazo: (Redação dada pela Lei nº 11.638, de 2007)

a) pelo seu valor justo, quando se tratar de aplicações destinadas à negociação ou disponíveis para venda; e (Redação dada pela Lei nº 11.941, de 2009)

b) pelo valor de custo de aquisição ou valor de emissão, atualizado conforme disposições legais ou contratuais, ajustado ao valor provável de realização, quando este for inferior, no caso das demais aplicações e os direitos e títulos de crédito; (Incluído pela Lei nº 11.638, de 2007)

II – os direitos que tiverem por objeto mercadorias e produtos do comércio da companhia, assim como matérias-primas, produtos em fabricação e bens em almoxarifado, pelo custo de aquisição ou produção, deduzido de provisão para ajustá-lo ao valor de mercado, quando este for inferior;

III – os investimentos em participação no capital social de outras sociedades, ressalvado o disposto nos artigos 248 a 250, pelo custo de aquisição, deduzido de provisão para perdas prováveis na realização do seu valor, quando essa perda estiver comprovada como permanente, e que não será modificado em razão do recebimento, sem custo para a companhia, de ações ou quotas bonificadas;

IV – os demais investimentos, pelo custo de aquisição, deduzido de provisão para atender às perdas prováveis na realização do seu valor, ou para redução do custo de aquisição ao valor de mercado, quando este for inferior;

V – os direitos classificados no imobilizado, pelo custo de aquisição, deduzido do saldo da respectiva conta de depreciação, amortização ou exaustão;

VI – *(Revogado pela Lei nº 11.941, de 2009).*

VII – os direitos classificados no intangível, pelo custo incorrido na aquisição deduzido do saldo da respectiva conta de amortização; (Incluído pela Lei nº 11.638, de 2007)

VIII – os elementos do ativo decorrentes de operações de longo prazo serão ajustados a valor presente, sendo os demais ajustados quando houver efeito relevante. (Incluído pela Lei nº 11.638, de 2007)

§ 1º. Para efeitos do disposto neste artigo, considera-se valor justo: (Redação dada pela Lei nº 11.941, de 2009)

a) das matérias-primas e dos bens em almoxarifado, o preço pelo qual possam ser repostos, mediante compra no mercado;

b) dos bens ou direitos destinados à venda, o preço líquido de realização mediante venda no mercado, deduzidos os impostos e demais despesas necessárias para a venda, e a margem de lucro;

c) dos investimentos, o valor líquido pelo qual possam ser alienados a terceiros.

d) dos instrumentos financeiros, o valor que pode se obter em um mercado ativo, decorrente de transação não compulsória realizada entre partes independentes; e, na ausência de um mercado ativo para um determinado instrumento financeiro: (Incluído pela Lei nº 11.638, de 2007)

1) o valor que se pode obter em um mercado ativo com a negociação de outro instrumento financeiro de natureza, prazo e risco similares; (Incluído pela Lei nº 11.638,de 2007)

2) o valor presente líquido dos fluxos de caixa futuros para instrumentos financeiros de natureza, prazo e risco similares; ou (Incluído pela Lei nº 11.638,de 2007)

3) o valor obtido por meio de modelos matemático-estatísticos de precificação de instrumentos financeiros. (Incluído pela Lei nº 11.638,de 2007)

§ 2º. A diminuição do valor dos elementos dos ativos imobilizado e intangível será registrada periodicamente nas contas de: (Redação dada pela Lei nº 11.941, de 2009)

a) depreciação, quando corresponder à perda do valor dos direitos que têm por objeto bens físicos sujeitos a desgaste ou perda de utilidade por uso, ação da natureza ou obsolescência;

b) amortização, quando corresponder à perda do valor do capital aplicado na aquisição de direitos da propriedade industrial ou comercial e quaisquer outros com existência ou exercício de duração limitada, ou cujo objeto sejam bens de utilização por prazo legal ou contratualmente limitado;

c) exaustão, quando corresponder à perda do valor, decorrente da sua exploração, de direitos cujo objeto sejam recursos minerais ou florestais, ou bens aplicados nessa exploração.

§ 3º. A companhia deverá efetuar, periodicamente, análise sobre a recuperação dos valores registrados no imobilizado e no intangível, a fim de que sejam: (Redação dada pela Lei nº 11.941, de 2009)

I – registradas as perdas de valor do capital aplicado quando houver decisão de interromper os empreendimentos ou atividades a que se destinavam ou quando comprovado que não poderão produzir resultados suficientes para recuperação desse valor; ou (Incluído pela Lei nº 11.638, de 2007)

II – revisados e ajustados os critérios utilizados para determinação da vida útil econômica estimada e para cálculo da depreciação, exaustão e amortização. (Incluído pela Lei nº 11.638, de 2007)

§ 4º. Os estoques de mercadorias fungíveis destinadas à venda poderão ser avaliados pelo valor de mercado, quando esse for o costume mercantil aceito pela técnica contábil.

Critérios de avaliação do passivo

Art. 184. No balanço, os elementos do passivo serão avaliados de acordo com os seguintes critérios:

I – as obrigações, encargos e riscos, conhecidos ou calculáveis, inclusive Imposto sobre a Renda a pagar com base no resultado do exercício, serão computados pelo valor atualizado até a data do balanço;

II – as obrigações em moeda estrangeira, com cláusula de paridade cambial, serão convertidas em moeda nacional à taxa de câmbio em vigor na data do balanço;

III – as obrigações, os encargos e os riscos classificados no passivo não circulante serão ajustados ao seu valor presente, sendo os demais ajustados quando houver efeito relevante. (Redação dada pela Lei nº 11.941, de 2009)

Critérios de avaliação em operações societárias

(Incluído pela Lei nº 11.941, de 2009)

Art. 184-A. A Comissão de Valores Mobiliários estabelecerá, com base na competência conferida pelo § 3º do art. 177 desta Lei, normas especiais de avaliação e contabilização aplicáveis à aquisição de controle, participações societárias ou negócios. (Incluído pela Lei nº 11.941, de 2009)

Correção monetária

Art. 185. *(Revogado pela Lei nº 7.730, de 1989).*

SEÇÃO IV.
DEMONSTRAÇÃO DE LUCROS OU PREJUÍZOS ACUMULADOS

Art. 186. A demonstração de lucros ou prejuízos acumulados discriminará:

I – o saldo do início do período, os ajustes de exercícios anteriores e a correção monetária do saldo inicial;

II – as reversões de reservas e o lucro líquido do exercício;

III – as transferências para reservas, os dividendos, a parcela dos lucros incorporada ao capital e o saldo ao fim do período.

§ 1º. Como ajustes de exercícios anteriores serão considerados apenas os decorrentes de efeitos da mudança de critério contábil, ou da retificação de erro imputável a determinado exercício anterior, e que não possam ser atribuídos a fatos subsequentes.

§ 2º. A demonstração de lucros ou prejuízos acumulados deverá indicar o montante do dividendo por ação do capital social e poderá ser incluída na demonstração das mutações do patrimônio líquido, se elaborada e publicada pela companhia.

SEÇÃO V.
DEMONSTRAÇÃO DO RESULTADO DO EXERCÍCIO

Art. 187. A demonstração do resultado do exercício discriminará:

I – a receita bruta das vendas e serviços, as deduções das vendas, os abatimentos e os impostos;

II – a receita líquida das vendas e serviços, o custo das mercadorias e serviços vendidos e o lucro bruto;

III – as despesas com as vendas, as despesas financeiras, deduzidas das receitas, as despesas gerais e administrativas, e outras despesas operacionais;

IV – o lucro ou prejuízo operacional, as outras receitas e as outras despesas; (Redação dada pela Lei nº 11.941, de 2009)

V – o resultado do exercício antes do Imposto sobre a Renda e a provisão para o imposto;

VI – as participações de debêntures, empregados, administradores e partes beneficiárias, mesmo na forma de instrumentos financeiros, e de instituições ou fundos de assistência ou previdência de empregados, que não se caracterizem como despesa; (Redação dada pela Lei nº 11.941, de 2009)

VII – o lucro ou prejuízo líquido do exercício e o seu montante por ação do capital social.

§ 1º. Na determinação do resultado do exercício serão computados:

a) as receitas e os rendimentos ganhos no período, independentemente da sua realização em moeda; e

b) os custos, despesas, encargos e perdas, pagos ou incorridos, correspondentes a essas receitas e rendimentos.

§ 2º. *(Revogado pela Lei nº 11.638, de 2007).*

SEÇÃO VI.
DEMONSTRAÇÕES DOS FLUXOS DE CAIXA E DO VALOR ADICIONADO

(Redação dada pela Lei nº 11.638, de 2007)

Art. 188. As demonstrações referidas nos incisos IV e V do *caput* do art. 176 desta Lei indicarão, no mínimo: (Redação dada pela Lei nº 11.638, de 2007)

I – demonstração dos fluxos de caixa – as alterações ocorridas, durante o exercício, no saldo de caixa e equivalentes de caixa, segregando-se essas alterações em, no mínimo, 3 (três) fluxos: (Redação dada pela Lei nº 11.638, de 2007)

a) das operações; (Redação dada pela Lei nº 11.638, de 2007)

b) dos financiamentos; e (Redação dada pela Lei nº 11.638, de 2007)

c) dos investimentos; (Redação dada pela Lei nº 11.638, de 2007)

II – demonstração do valor adicionado – o valor da riqueza gerada pela companhia, a sua distribuição entre os elementos que contribuíram para a geração dessa riqueza, tais como empregados, financiadores, acionistas, governo e outros, bem como a parcela da riqueza não distribuída. (Redação dada pela Lei nº 11.638, de 2007)

III – *(Revogado pela Lei nº 11.941, de 2009).*

IV – *(Revogado pela Lei nº 11.941, de 2009).*

CAPÍTULO XVI.
LUCROS, RESERVAS E DIVIDENDOS

SEÇÃO I.
LUCRO

Dedução de prejuízos e imposto sobre a renda

Art. 189. Do resultado do exercício serão deduzidos, antes de qualquer participação, os prejuízos acumulados e a provisão para o Imposto sobre a Renda.

Parágrafo único. O prejuízo do exercício será obrigatoriamente absorvido pelos lucros acumulados, pelas reservas de lucros e pela reserva legal, nessa ordem.

Participações

Art. 190. As participações estatutárias de empregados, administradores e partes beneficiárias serão determinadas, sucessivamente e nessa ordem, com base nos lucros que remanescerem depois de deduzida a participação anteriormente calculada.

Parágrafo único. Aplica-se ao pagamento das participações dos administradores e das partes beneficiárias o disposto nos parágrafos do artigo 201.

Lucro líquido

Art. 191. Lucro líquido do exercício é o resultado do exercício que remanescer depois de deduzidas as participações de que trata o artigo 190.

Proposta de destinação do lucro

Art. 192. Juntamente com as demonstrações financeiras do exercício, os órgãos da administração da companhia apresentarão à assembleia geral ordinária, observado o disposto nos artigos 193 a 203 e no estatuto, proposta sobre a destinação a ser dada ao lucro líquido do exercício.

SEÇÃO II. RESERVAS E RETENÇÃO DE LUCROS

Reserva legal

Art. 193. Do lucro líquido do exercício, 5% (cinco por cento) serão aplicados, antes de qualquer outra destinação, na constituição da reserva legal, que não excederá de 20% (vinte por cento) do capital social.

§ 1º. A companhia poderá deixar de constituir a reserva legal no exercício em que o saldo dessa reserva, acrescido do montante das reservas de capital de que trata o § 1º do artigo 182, exceder de 30% (trinta por cento) do capital social.

§ 2º. A reserva legal tem por fim assegurar a integridade do capital social e somente poderá ser utilizada para compensar prejuízos ou aumentar o capital.

Reservas estatutárias

Art. 194. O estatuto poderá criar reservas desde que, para cada uma:

I – indique, de modo preciso e completo, a sua finalidade;

II – fixe os critérios para determinar a parcela anual dos lucros líquidos que serão destinados à sua constituição; e

III – estabeleça o limite máximo da reserva.

Reservas para contingências

Art. 195. A assembleia geral poderá, por proposta dos órgãos da administração, destinar parte do lucro líquido à formação de reserva com a finalidade de compensar, em exercício futuro, a diminuição do lucro decorrente de perda julgada provável, cujo valor possa ser estimado.

§ 1º. A proposta dos órgãos da administração deverá indicar a causa da perda prevista e justificar, com as razões de prudência que a recomendem, a constituição da reserva.

§ 2º. A reserva será revertida no exercício em que deixarem de existir as razões que justificarem a sua constituição ou em que ocorrer a perda.

Reserva de incentivos fiscais

(Incluído pela Lei nº 11.638, de 2007)

Art. 195-A. A assembleia geral poderá, por proposta dos órgãos de administração, destinar para a reserva de incentivos fiscais a parcela do lucro líquido decorrente de doações ou subvenções governamentais para investimentos, que poderá ser excluída da base de cálculo do dividendo obrigatório (inciso I do *caput* do art. 202 desta Lei). (Incluído pela Lei nº 11.638, de 2007)

Retenção de lucros

Art. 196. A assembleia geral poderá, por proposta dos órgãos da administração, deliberar reter parcela do lucro líquido do exercício prevista em orçamento de capital por ela previamente aprovado.

§ 1º. O orçamento, submetido pelos órgãos da administração com a justificativa da retenção de lucros proposta, deverá compreender todas as fontes de recursos e aplicações de capital, fixo ou circulante, e poderá ter a duração de até 5 (cinco) exercícios, salvo no caso de execução, por prazo maior, de projeto de investimento.

§ 2º. O orçamento poderá ser aprovado pela assembleia geral ordinária que deliberar sobre o balanço do exercício e revisado anualmente, quando tiver duração superior a um exercício social. (Redação dada pela Lei nº 10.303, de 2001)

Reserva de lucros a realizar

Art. 197. No exercício em que o montante do dividendo obrigatório, calculado nos termos do estatuto ou do art. 202, ultrapassar a parcela realizada do lucro líquido do exercício, a assembleia geral poderá, por proposta dos órgãos de administração, destinar o excesso à constituição de reserva de lucros a realizar. (Redação dada pela Lei nº 10.303, de 2001)

§ 1º. Para os efeitos deste artigo, considera-se realizada a parcela do lucro líquido do exercício que exceder da soma dos seguintes valores: (Redação dada pela Lei nº 10.303, de 2001)

I – o resultado líquido positivo da equivalência patrimonial (art. 248); e (Incluído pela Lei nº 10.303, de 2001)

II – o lucro, rendimento ou ganho líquidos em operações ou contabilização de ativo e passivo pelo valor de mercado, cujo prazo de realização financeira ocorra após o término do exercício social seguinte. (Redação dada pela Lei nº 11.638, de 2007)

§ 2º. A reserva de lucros a realizar somente poderá ser utilizada para pagamento do dividendo obrigatório e, para efeito do inciso III do art. 202, serão considerados como integrantes da reserva os lucros a realizar de cada exercício que forem os primeiros a serem realizados em dinheiro. (Incluído pela Lei nº 10.303, de 2001)

Limite da constituição de reservas e retenção de lucros

Art. 198. A destinação dos lucros para constituição das reservas de que trata o artigo 194 e a retenção nos termos do artigo 196 não poderão ser aprovadas, em cada exercício, em prejuízo da distribuição do dividendo obrigatório (artigo 202).

Limite do saldo das reservas de lucro

(Redação dada pela Lei nº 11.638, de 2007)

Art. 199. O saldo das reservas de lucros, exceto as para contingências, de incentivos fiscais e de lucros a realizar, não poderá ultrapassar o capital social. Atingindo esse limite, a assembleia deliberará sobre aplicação do excesso na integralização ou no aumento do capital social ou na distribuição de dividendos. (Redação dada pela Lei nº 11.638, de 2007)

Reservas de capital

Art. 200. As reservas de capital somente poderão ser utilizadas para:

› Lei 6.404/1976: art. 192.

I – absorção de prejuízos que ultrapassarem os lucros acumulados e as reservas de lucros (artigo 189, parágrafo único);

II – resgate, reembolso ou compra de ações;

III – resgate de partes beneficiárias;

IV – incorporação ao capital social;

V – pagamento de dividendo a ações preferenciais, quando essa vantagem lhes for assegurada (artigo 17, § 5º).

Parágrafo único. A reserva constituída com o produto da venda de partes beneficiárias poderá ser destinada ao resgate desses títulos.

SEÇÃO III. DIVIDENDOS

Origem

Art. 201. A companhia somente pode pagar dividendos à conta de lucro líquido do exercício, de lucros acumulados e de reserva de lucros; e à conta de reserva de capital, no caso das ações preferenciais de que trata o § 5º do artigo 17.

§ 1º. A distribuição de dividendos com inobservância do disposto neste artigo implica responsabilidade solidária dos administradores e fiscais, que deverão repor à caixa social a importância distribuída, sem prejuízo da ação penal que no caso couber.

§ 2º. Os acionistas não são obrigados a restituir os dividendos que em boa-fé tenham recebido. Presume-se a má-fé quando os dividendos forem distribuídos sem o levantamento do balanço ou em desacordo com os resultados deste.

Dividendo obrigatório

Art. 202. Os acionistas têm direito de receber como dividendo obrigatório, em cada exercício, a parcela dos lucros estabelecida no estatuto ou, se este for omisso, a importância determinada de acordo com as seguintes normas: (Redação dada pela Lei nº 10.303, de 2001)

I – metade do lucro líquido do exercício diminuído ou acrescido dos seguintes valores: (Redação dada pela Lei nº 10.303, de 2001)

a) importância destinada à constituição da reserva legal (art. 193); e (Incluído pela Lei nº 10.303, de 2001)

b) importância destinada à formação da reserva para contingências (art. 195) e reversão da mesma reserva formada em exercícios anteriores; (Incluído pela Lei nº 10.303, de 2001)

II – o pagamento do dividendo determinado nos termos do inciso I poderá ser limitado ao montante do lucro líquido do exercício que tiver sido realizado, desde que a diferença seja registrada como reserva de lucros a realizar (art. 197); (Redação dada pela Lei nº 10.303, de 2001)

III – os lucros registrados na reserva de lucros a realizar, quando realizados e se não tiverem sido absorvidos por prejuízos em exercícios subsequentes, deverão ser acrescidos ao primeiro dividendo declarado após a realização. (Redação dada pela Lei nº 10.303, de 2001)

§ 1º. O estatuto poderá estabelecer o dividendo como porcentagem do lucro ou do capital social, ou fixar outros critérios para determiná-lo, desde que sejam regulados com precisão e minúcia e não sujeitem os acionistas minoritários ao arbítrio dos órgãos de administração ou da maioria.

§ 2º. Quando o estatuto for omisso e a assembleia geral deliberar alterá-lo para introduzir norma sobre a matéria, o dividendo obrigatório não poderá ser inferior a 25% (vinte e cinco por cento) do lucro líquido ajustado nos termos do inciso I deste artigo. (Redação dada pela Lei nº 10.303, de 2001)

§ 3º. A assembleia geral pode, desde que não haja oposição de qualquer acionista presente, deliberar a distribuição de dividendo inferior ao obrigatório, nos termos deste artigo, ou a retenção de todo o lucro líquido, nas seguintes sociedades: (Redação dada pela Lei nº 10.303, de 2001)

I – companhias abertas exclusivamente para a captação de recursos por debêntures não conversíveis em ações; (Incluído pela Lei nº 10.303, de 2001)

II – companhias fechadas, exceto nas controladas por companhias abertas que não se enquadrem na condição prevista no inciso I. (Incluído pela Lei nº 10.303, de 2001)

§ 4º. O dividendo previsto neste artigo não será obrigatório no exercício social em que os órgãos da administração informarem à assembleia geral ordinária ser ele incompatível com a situação financeira da companhia. O conselho fiscal, se em funcionamento, deverá dar parecer sobre essa informação e, na companhia aberta, seus administradores encaminharão à Comissão de Valores Mobiliários, dentro de 5 (cinco) dias da realização da assembleia geral, exposição justificativa da informação transmitida à assembleia.

§ 5º. Os lucros que deixarem de ser distribuídos nos termos do § 4º serão registrados como reserva especial e, se não absorvidos por prejuízos em exercícios subsequentes, deverão ser pagos como dividendo assim que o permitir a situação financeira da companhia.

§ 6º. Os lucros não destinados nos termos dos arts. 193 a 197 deverão ser distribuídos como dividendos. (Incluído pela Lei nº 10.303, de 2001)

Dividendos de ações preferenciais

Art. 203. O disposto nos artigos 194 a 197, e 202, não prejudicará o direito dos acionistas preferenciais de receber os dividendos fixos ou mínimos a que tenham prioridade, inclusive os atrasados, se cumulativos.

Dividendos intermediários

Art. 204. A companhia que, por força de lei ou de disposição estatutária, levantar balanço semestral, poderá declarar, por deliberação dos órgãos de administração, se autorizados pelo estatuto, dividendo à conta do lucro apurado nesse balanço.

§ 1º. A companhia poderá, nos termos de disposição estatutária, levantar balanço e distribuir dividendos em períodos menores, desde que o total dos dividendos pagos em cada semestre do exercício social não exceda o montante das reservas de capital de que trata o § 1º do artigo 182.

§ 2º. O estatuto poderá autorizar os órgãos de administração a declarar dividendos intermediários, à conta de lucros acumulados ou de reservas de lucros existentes no último balanço anual ou semestral.

Pagamento de dividendos

Art. 205. A companhia pagará o dividendo de ações nominativas à pessoa que, na data do ato de declaração do dividendo, estiver inscrita como proprietária ou usufrutuária da ação.

§ 1º. Os dividendos poderão ser pagos por cheque nominativo remetido por via postal para o endereço comunicado pelo acionista à companhia, ou mediante crédito em conta corrente bancária aberta em nome do acionista.

§ 2º. Os dividendos das ações em custódia bancária ou em depósito nos termos dos artigos 41 e 43 serão pagos pela companhia à instituição financeira depositária, que será responsável pela sua entrega aos titulares das ações depositadas.

§ 3º. O dividendo deverá ser pago, salvo deliberação em contrário da assembleia geral, no prazo de 60 (sessenta) dias da data em que for declarado e, em qualquer caso, dentro do exercício social.

CAPÍTULO XVII. DISSOLUÇÃO, LIQUIDAÇÃO E EXTINÇÃO

SEÇÃO I. DISSOLUÇÃO

Art. 206. Dissolve-se a companhia:

I – de pleno direito:

a) pelo término do prazo de duração;

b) nos casos previstos no estatuto;

c) por deliberação da assembleia geral (art. 136, X); (Redação dada pela Lei nº 9.457, de 1997)

d) pela existência de 1 (um) único acionista, verificada em assembleia geral ordinária, se o mínimo de 2 (dois) não for reconstituído até à do ano seguinte, ressalvado o disposto no artigo 251;

e) pela extinção, na forma da lei, da autorização para funcionar;

II – por decisão judicial:

a) quando anulada a sua constituição, em ação proposta por qualquer acionista;

b) quando provado que não pode preencher o seu fim, em ação proposta por acionistas que representem 5% (cinco por cento) ou mais do capital social;

c) em caso de falência, na forma prevista na respectiva lei;

III – por decisão de autoridade administrativa competente, nos casos e na forma previstos em lei especial.

Efeitos

Art. 207. A companhia dissolvida conserva a personalidade jurídica, até a extinção, com o fim de proceder à liquidação.

SEÇÃO II. LIQUIDAÇÃO

Liquidação pelos órgãos da companhia

Art. 208. Silenciando o estatuto, compete à assembleia geral, nos casos do número I do artigo 206, determinar o modo de liquidação e nomear o liquidante e o conselho fiscal que devam funcionar durante o período de liquidação.

§ 1º. A companhia que tiver conselho de administração poderá mantê-lo, competindo-lhe nomear o liquidante; o funcionamento do conselho fiscal será permanente ou a pedido de acionistas, conforme dispuser o estatuto.

§ 2º. O liquidante poderá ser destituído, a qualquer tempo, pelo órgão que o tiver nomeado.

Liquidação judicial

Art. 209. Além dos casos previstos no número II do artigo 206, a liquidação será processada judicialmente:

I – a pedido de qualquer acionista, se os administradores ou a maioria de acionistas deixarem de promover a liquidação, ou a ela se opuserem, nos casos do número I do artigo 206;

II – a requerimento do Ministério Público, à vista de comunicação da autoridade competente, se a companhia, nos 30 (trinta) dias subsequentes à dissolução, não iniciar a liquidação ou, se após iniciá-la, a interromper por mais de 15 (quinze) dias, no caso da alínea e do número I do artigo 301.

Parágrafo único. Na liquidação judicial será observado o disposto na lei processual, devendo o liquidante ser nomeado pelo juiz.

Deveres do liquidante

Art. 210. São deveres do liquidante:

I – arquivar e publicar a ata da assembleia geral, ou certidão de sentença, que tiver deliberado ou decidido a liquidação;

II – arrecadar os bens, livros e documentos da companhia, onde quer que estejam;

III – fazer levantar de imediato, em prazo não superior ao fixado pela assembleia geral ou pelo juiz, o balanço patrimonial da companhia;

IV – ultimar os negócios da companhia, realizar o ativo, pagar o passivo, e partilhar o remanescente entre os acionistas;

V – exigir dos acionistas, quando o ativo não bastar para a solução do passivo, a integralização de suas ações;

VI – convocar a assembleia geral, nos casos previstos em lei ou quando julgar necessário;

VII – confessar a falência da companhia e pedir concordata, nos casos previstos em lei;

VIII – finda a liquidação, submeter à assembleia geral relatório dos atos e operações da liquidação e suas contas finais;

IX – arquivar e publicar a ata da assembleia geral que houver encerrado a liquidação.

Poderes do liquidante

Art. 211. Compete ao liquidante representar a companhia e praticar todos os atos necessários à liquidação, inclusive alienar bens móveis ou imóveis, transigir, receber e dar quitação.

Parágrafo único. Sem expressa autorização da assembleia geral o liquidante não poderá gravar bens e contrair empréstimos, salvo quando indispensáveis ao pagamento de obrigações inadiáveis, nem prosseguir, ainda que para facilitar a liquidação, na atividade social.

Denominação da companhia

Art. 212. Em todos os atos ou operações, o liquidante deverá usar a denominação social seguida das palavras "em liquidação".

Assembleia geral

Art. 213. O liquidante convocará a assembleia geral cada 6 (seis) meses, para prestar-lhe contas dos atos e operações praticados no semestre e apresentar-lhe o relatório e o balanço do estado da liquidação; a assembleia geral pode fixar, para essas prestações de contas, períodos menores ou maiores que, em qualquer caso, não serão inferiores a 3 (três) nem superiores a 12 (doze) meses.

§ 1º. Nas assembleias-gerais da companhia em liquidação todas as ações gozam de igual direito de voto, tornando-se ineficazes as restrições ou limitações porventura existentes em relação às ações ordinárias ou preferenciais; cessando o estado de liquidação, restaura-se a eficácia das restrições ou limitações relativas ao direito de voto.

§ 2º. No curso da liquidação judicial, as assembleias-gerais necessárias para deliberar sobre os interesses da liquidação serão convocadas por ordem do juiz, a quem compete presidi-las e resolver, sumariamente, as dúvidas e litígios que forem suscitados. As atas das assembleias-gerais serão, por cópias autênticas, apensadas ao processo judicial.

Pagamento do passivo

Art. 214. Respeitados os direitos dos credores preferenciais, o liquidante pagará as dívidas sociais proporcionalmente e sem distinção entre vencidas e vincendas, mas, em relação a estas, com desconto às taxas bancárias.

Parágrafo único. Se o ativo for superior ao passivo, o liquidante poderá, sob sua responsabilidade pessoal, pagar integralmente as dívidas vencidas.

Partilha do ativo

Art. 215. A assembleia geral pode deliberar que antes de ultimada a liquidação, e depois de pagos todos os credores, se façam rateios entre os acionistas, à proporção que se forem apurando os haveres sociais.

§ 1º. É facultado à assembleia geral aprovar, pelo voto de acionistas que representem 90% (noventa por cento), no mínimo, das ações depois de pagos ou garantidos os credores, condições especiais para partilha do ativo remanescente, com a atribuição de bens aos sócios, pelo valor contábil ou outro por ela fixado.

§ 2º. Provado pelo acionista dissidente (artigo 216, § 2º) que as condições especiais de partilha visaram a favorecer a maioria, em detrimento da parcela que lhe tocaria, se inexistissem tais condições, será a partilha suspensa, se não consumada, ou, se já consumada, os acionistas majoritários indenizarão os minoritários pelos prejuízos apurados.

Prestação de contas

Art. 216. Pago o passivo e rateado o ativo remanescente, o liquidante convocará a assembleia geral para a prestação final das contas.

§ 1º. Aprovadas as contas, encerra-se a liquidação e a companhia se extingue.

§ 2º. O acionista dissidente terá o prazo de 30 (trinta) dias, a contar da publicação da ata, para promover a ação que lhe couber.

Responsabilidade na liquidação

Art. 217. O liquidante terá as mesmas responsabilidades do administrador, e os deveres e responsabilidades dos administradores, fiscais e acionistas subsistirão até a extinção da companhia.

Direito do credor não satisfeito

Art. 218. Encerrada a liquidação, o credor não satisfeito só terá direito de exigir dos acionistas, individualmente, o pagamento de seu crédito, até o limite da soma, por eles recebida, e de propor contra o liquidante, se for o caso, ação de perdas e danos. O acionista executado terá direito de haver dos demais a parcela que lhes couber no crédito pago.

SEÇÃO III.
EXTINÇÃO

Art. 219. Extingue-se a companhia:

I – pelo encerramento da liquidação;

II – pela incorporação ou fusão, e pela cisão com versão de todo o patrimônio em outras sociedades.

CAPÍTULO XVIII. TRANSFORMAÇÃO, INCORPORAÇÃO, FUSÃO E CISÃO

SEÇÃO I. TRANSFORMAÇÃO

Conceito e forma

Art. 220. A transformação é a operação pela qual a sociedade passa, independentemente de dissolução e liquidação, de um tipo para outro.

Parágrafo único. A transformação obedecerá aos preceitos que regulam a constituição e o registro do tipo a ser adotado pela sociedade.

Deliberação

Art. 221. A transformação exige o consentimento unânime dos sócios ou acionistas, salvo se prevista no estatuto ou no contrato social, caso em que o sócio dissidente terá o direito de retirar-se da sociedade.

Parágrafo único. Os sócios podem renunciar, no contrato social, ao direito da retirada no caso de transformação em companhia.

Direito dos credores

Art. 222. A transformação não prejudicará, em caso algum, os direitos dos credores, que continuarão, até o pagamento integral dos seus créditos, com as mesmas garantias que o tipo anterior de sociedade lhes oferecia.

Parágrafo único. A falência da sociedade transformada somente produzirá efeitos em relação aos sócios que, no tipo anterior, a eles estariam sujeitos, se o pedirem os titulares de créditos anteriores à transformação, e somente a estes beneficiará.

SEÇÃO II. INCORPORAÇÃO, FUSÃO E CISÃO COMPETÊNCIA E PROCESSO

‣ CC: arts. 1.113 a 1.122.

Art. 223. A incorporação, fusão e cisão podem ser operadas entre sociedades de tipos iguais ou diferentes e deverão ser deliberadas na forma prevista para a alteração dos respectivos estatutos ou contratos sociais.

§ 1º. Nas operações em que houver criação de sociedade serão observadas as normas reguladoras da constituição das sociedades do seu tipo.

§ 2º. Os sócios ou acionistas das sociedades incorporadas, fundidas ou cindidas receberão, diretamente da companhia emissora, as ações que lhes couberem.

§ 3º. Se a incorporação, fusão ou cisão envolverem companhia aberta, as sociedades que a sucederem serão também abertas, devendo obter o respectivo registro e, se for o caso, promover a admissão de negociação das novas ações no mercado secundário, no prazo máximo de cento e vinte dias, contados da data da assembleia geral que aprovou a operação, observando as normas pertinentes baixadas pela Comissão de Valores Mobiliários. (Incluído pela Lei nº 9.457, de 1997)

§ 4º. O descumprimento do previsto no parágrafo anterior dará ao acionista direito de retirar-se da companhia, mediante reembolso do valor das suas ações (art. 45), nos trinta dias seguintes ao término do prazo nele referido, observado o disposto nos §§ 1º e 4º do art. 137. (Incluído pela Lei nº 9.457, de 1997)

Protocolo

Art. 224. As condições da incorporação, fusão ou cisão com incorporação em sociedade existente constarão de protocolo firmado pelos órgãos de administração ou sócios das sociedades interessadas, que incluirá:

I – o número, espécie e classe das ações que serão atribuídas em substituição dos direitos de sócios que se extinguirão e os critérios utilizados para determinar as relações de substituição;

II – os elementos ativos e passivos que formarão cada parcela do patrimônio, no caso de cisão;

III – os critérios de avaliação do patrimônio líquido, a data a que será referida a avaliação, e o tratamento das variações patrimoniais posteriores;

IV – a solução a ser adotada quanto às ações ou quotas do capital de uma das sociedades possuídas por outra;

V – o valor do capital das sociedades a serem criadas ou do aumento ou redução do capital das sociedades que forem parte na operação;

VI – o projeto ou projetos de estatuto, ou de alterações estatutárias, que deverão ser aprovados para efetivar a operação;

VII – todas as demais condições a que estiver sujeita a operação.

Parágrafo único. Os valores sujeitos a determinação serão indicados por estimativa.

Justificação

Art. 225. As operações de incorporação, fusão e cisão serão submetidas à deliberação da assembleia geral das companhias interessadas mediante justificação, na qual serão expostos:

I – os motivos ou fins da operação, e o interesse da companhia na sua realização;

II – as ações que os acionistas preferenciais receberão e as razões para a modificação dos seus direitos, se prevista;

III – a composição, após a operação, segundo espécies e classes das ações, do capital das companhias que deverão emitir ações em substituição às que se deverão extinguir;

IV – o valor de reembolso das ações a que terão direito os acionistas dissidentes.

Transformação, incorporação, fusão e cisão

(Redação dada pela Lei nº 11.638, de 2007)

Art. 226. As operações de incorporação, fusão e cisão somente poderão ser efetivadas nas condições aprovadas se os peritos nomeados determinarem que o valor do patrimônio ou patrimônios líquidos a serem vertidos para a formação de capital social é, ao menos, igual ao montante do capital a realizar.§ 1º As ações ou quotas do capital da sociedade a ser incorporada que forem de propriedade da companhia incorporadora poderão, conforme dispuser o protocolo de incorporação, ser extintas, ou substituídas por ações em tesouraria da incorporadora, até o limite dos lucros acumulados e reservas, exceto a legal.

§ 2º. O disposto no § 1º aplicar-se-á aos casos de fusão, quando uma das sociedades fundidas for proprietária de ações ou quotas de outra, e de cisão com incorporação, quando a companhia que incorporar parcela do patrimônio da cindida for proprietária de ações ou quotas do capital desta.

§ 3º. A Comissão de Valores Mobiliários estabelecerá normas especiais de avaliação e contabilização aplicáveis às operações de fusão, incorporação e cisão que envolvam companhia aberta. (Incluído pela Lei nº 11.941, de 2009)

Incorporação

Art. 227. A incorporação é a operação pela qual uma ou mais sociedades são absorvidas por outra, que lhes sucede em todos os direitos e obrigações.

§ 1º. A assembleia geral da companhia incorporadora, se aprovar o protocolo da operação, deverá autorizar o aumento de capital a ser subscrito e realizado pela incorporada mediante versão do seu patrimônio líquido, e nomear os peritos que o avaliarão.

§ 2º. A sociedade que houver de ser incorporada, se aprovar o protocolo da operação, autorizará seus administradores a praticarem os atos necessários à incorporação, inclusive a subscrição do aumento de capital da incorporadora.

§ 3º. Aprovados pela assembleia geral da incorporadora o laudo de avaliação e a incorporação, extingue-se a incorporada, competindo à primeira promover o arquivamento e a publicação dos atos da incorporação.

Fusão

Art. 228. A fusão é a operação pela qual se unem duas ou mais sociedades para formar sociedade nova, que lhes sucederá em todos os direitos e obrigações.

§ 1º. A assembleia geral de cada companhia, se aprovar o protocolo de fusão, deverá nomear os peritos que avaliarão os patrimônios líquidos das demais sociedades.

§ 2º. Apresentados os laudos, os administradores convocarão os sócios ou acionistas das sociedades para uma assembleia geral, que deles tomará conhecimento e resolverá sobre a constituição definitiva da nova sociedade, vedado aos sócios ou acionistas votar o laudo de avaliação do patrimônio líquido da sociedade de que fazem parte.

§ 3º. Constituída a nova companhia, incumbirá aos primeiros administradores promover o arquivamento e a publicação da fusão.

Cisão

Art. 229. A cisão é a operação pela qual a companhia transfere parcelas do seu patrimônio para uma ou mais sociedades, constituídas para esse fim ou já existentes, extinguindo-se a companhia cindida, se houver versão de todo o seu patrimônio, ou dividindo-se o seu capital, se parcial a versão.

§ 1º. Sem prejuízo do disposto no artigo 233, a sociedade que absorver parcela do patrimônio da companhia cindida sucede a esta nos direitos e obrigações relacionados no ato da cisão; no caso de cisão com extinção, as sociedades que absorverem parcelas do patrimônio da companhia cindida sucederão a esta, na proporção dos patrimônios líquidos transferidos, nos direitos e obrigações não relacionados.

§ 2º. Na cisão com versão de parcela do patrimônio em sociedade nova, a operação será deliberada pela assembleia geral da companhia à vista de justificação que incluirá as informações de que tratam os números do artigo 224; a assembleia, se a aprovar, nomeará os peritos que avaliarão a parcela do patrimônio a ser transferida, e funcionará como assembleia de constituição da nova companhia.

§ 3º. A cisão com versão de parcela de patrimônio em sociedade já existente obedecerá às disposições sobre incorporação (artigo 227).

§ 4º. Efetivada a cisão com extinção da companhia cindida, caberá aos administradores das sociedades que tiverem absorvido parcelas do seu patrimônio promover o arquivamento e publicação dos atos da operação; na cisão com versão parcial do patrimônio, esse dever caberá aos administradores da companhia cindida e da que absorver parcela do seu patrimônio.

§ 5º. As ações integralizadas com parcelas de patrimônio da companhia cindida serão atribuídas a seus titulares, em substituição às extintas, na proporção das que possuíam; a atribuição em proporção diferente requer aprovação de todos os titulares, inclusive das ações sem direito a voto. (Redação dada pela Lei nº 9.457, de 1997)

Direito da retirada

Art. 230. Nos casos de incorporação ou fusão, o prazo para exercício do direito de retirada, previsto no art. 137, inciso II, será contado a partir da publicação da ata que aprovar o protocolo ou justificação, mas o pagamento do preço de reembolso somente será devido se a operação vier a efetivar-se. (Redação dada pela Lei nº 9.457, de 1997)

Direitos dos debenturistas

Art. 231. A incorporação, fusão ou cisão da companhia emissora de debêntures em circulação dependerá da prévia aprovação dos debenturistas, reunidos em assembleia especialmente convocada com esse fim.

§ 1º. Será dispensada a aprovação pela assembleia se for assegurado aos debenturistas que o desejarem, durante o prazo mínimo de 6 (seis) meses a contar da data da publicação das atas das assembleias relativas à operação, o resgate das debêntures de que forem titulares.

§ 2º. No caso do § 1º, a sociedade cindida e as sociedades que absorverem parcelas do seu patrimônio responderão solidariamente pelo resgate das debêntures.

Direitos dos credores na incorporação ou fusão

Art. 232. Até 60 (sessenta) dias depois de publicados os atos relativos à incorporação ou à fusão, o credor anterior por ela prejudicado poderá pleitear judicialmente a anulação da operação; findo o prazo, decairá do direito o credor que não o tiver exercido.

§ 1º. A consignação da importância em pagamento prejudicará a anulação pleiteada.

§ 2º. Sendo ilíquida a dívida, a sociedade poderá garantir-lhe a execução, suspendendo-se o processo de anulação.

§ 3º. Ocorrendo, no prazo deste artigo, a falência da sociedade incorporadora ou da sociedade nova, qualquer credor anterior terá o direito de pedir a separação dos patrimônios, para o fim de serem os créditos pagos pelos bens das respectivas massas.

Direitos dos credores na cisão

Art. 233. Na cisão com extinção da companhia cindida, as sociedades que absorverem parcelas do seu patrimônio responderão solidariamente pelas obrigações da companhia extinta. A companhia cindida que subsistir e as que absorverem parcelas do seu patrimônio responderão solidariamente pelas obrigações da primeira anteriores à cisão.

Parágrafo único. O ato de cisão parcial poderá estipular que as sociedades que absorverem parcelas do patrimônio da companhia cindida serão responsáveis apenas pelas obrigações que lhes forem transferidas, sem solidariedade entre si ou com a companhia cindida, mas, nesse caso, qualquer credor anterior poderá se opor à estipulação, em relação ao seu crédito, desde que notifique a sociedade no prazo de 90 (noventa) dias a contar da data da publicação dos atos da cisão.

Averbação da sucessão

Art. 234. A certidão, passada pelo registro do comércio, da incorporação, fusão ou cisão, é documento hábil para a averbação, nos registros públicos competentes, da sucessão, decorrente da operação, em bens, direitos e obrigações.

CAPÍTULO XIX. SOCIEDADES DE ECONOMIA MISTA

Legislação aplicável

Art. 235. As sociedades anônimas de economia mista estão sujeitas a esta Lei, sem prejuízo das disposições especiais de lei federal.

§ 1º. As companhias abertas de economia mista estão também sujeitas às normas expedidas pela Comissão de Valores Mobiliários.

§ 2º. As companhias de que participarem, majoritária ou minoritariamente, as sociedades de economia mista, estão sujeitas ao disposto nesta Lei, sem as exceções previstas neste Capítulo.

CONSTITUIÇÃO E AQUISIÇÃO DE CONTROLE

Art. 236. A constituição de companhia de economia mista depende de prévia autorização legislativa.

Parágrafo único. Sempre que pessoa jurídica de direito público adquirir, por desapropriação, o controle de companhia em funcionamento, os acionistas terão direito de pedir, dentro de 60 (sessenta) dias da publicação da primeira ata da assembleia geral, realizada após a aquisição do controle, o reembolso das suas ações, salvo se a companhia já se achava sob o controle, direto ou indireto, de outra pessoa jurídica de direito público, ou no caso de concessionária de serviço público.

Objeto

Art. 237. A companhia de economia mista somente poderá explorar os empreendimentos ou exercer as atividades previstas na lei que autorizou a sua constituição.

§ 1º. A companhia de economia mista somente poderá participar de outras sociedades quando autorizada por lei no exercício de opção legal para aplicar Imposto sobre a Renda ou investimentos para o desenvolvimento regional ou setorial.

§ 2º. As instituições financeiras de economia mista poderão participar de outras sociedades, observadas as normas estabelecidas pelo Banco Central do Brasil.

Acionista controlador

Art. 238. A pessoa jurídica que controla a companhia de economia mista tem os deveres e responsabilidades do acionista controlador (artigos 116 e 117), mas poderá orientar as atividades da companhia de modo a atender ao interesse público que justificou a sua criação.

Administração

Art. 239. As companhias de economia mista terão obrigatoriamente conselho de administração, assegurado à minoria o direito de eleger um dos conselheiros, se maior número não lhes couber pelo processo de voto múltiplo.

Parágrafo único. Os deveres e responsabilidades dos administradores das companhias de economia mista são os mesmos dos administradores das companhias abertas.

Conselho Fiscal

Art. 240. O funcionamento do conselho fiscal será permanente nas companhias de economia mista; um dos seus membros, e respectivo suplente, será eleito pelas ações ordinárias minoritárias e outro pelas ações preferenciais, se houver.

Correção monetária

Art. 241. *(Revogado pelo Decreto-lei nº 2.287, de 1986).*

Falência e responsabilidade subsidiária

Art. 242. *(Revogado pela Lei nº 10.303, de 2001).*

CAPÍTULO XX. SOCIEDADES COLIGADAS, CONTROLADORAS E CONTROLADAS

SEÇÃO I. INFORMAÇÕES NO RELATÓRIO DA ADMINISTRAÇÃO

Art. 243. O relatório anual da administração deve relacionar os investimentos da companhia em sociedades coligadas e controladas e mencionar as modificações ocorridas durante o exercício.

§ 1º. São coligadas as sociedades nas quais a investidora tenha influência significativa. (Redação dada pela Lei nº 11.941, de 2009)

› CC: arts. 1.097 a 1.101.

§ 2º. Considera-se controlada a sociedade na qual a controladora, diretamente ou através de outras controladas, é titular de direitos de sócio que lhe assegurem, de modo permanente, preponderância nas deliberações sociais e o poder de eleger a maioria dos administradores.

§ 3º. A companhia aberta divulgará as informações adicionais, sobre coligadas e controladas, que forem exigidas pela Comissão de Valores Mobiliários.

§ 4º. Considera-se que há influência significativa quando a investidora detém ou exerce o poder de participar nas decisões das políticas financeira ou operacional da investida, sem controlá-la. (Incluído pela Lei nº 11.941, de 2009)

§ 5º. É presumida influência significativa quando a investidora for titular de 20% (vinte por cento) ou mais do capital votante da investida, sem controlá-la. (Incluído pela Lei nº 11.941, de 2009)

SEÇÃO II. PARTICIPAÇÃO RECÍPROCA

Art. 244. É vedada a participação recíproca entre a companhia e suas coligadas ou controladas.

§ 1º. O disposto neste artigo não se aplica ao caso em que ao menos uma das sociedades participa de outra com observância das condições em que a lei autoriza a aquisição das próprias ações (artigo 30, § 1º, *b*).

§ 2º. As ações do capital da controladora, de propriedade da controlada, terão suspenso o direito de voto.

§ 3º. O disposto no § 2º do artigo 30 aplica-se à aquisição de ações da companhia aberta por suas coligadas e controladas.

§ 4º. No caso do § 1º, a sociedade deverá alienar, dentro de 6 (seis) meses, as ações ou quotas que excederem do valor dos lucros ou reservas, sempre que esses sofrerem redução.

§ 5º. A participação recíproca, quando ocorrer em virtude de incorporação, fusão ou cisão, ou da aquisição, pela companhia, do controle de sociedade, deverá ser mencionada nos relatórios e demonstrações financeiras de ambas as sociedades, e será eliminada no prazo máximo de 1 (um) ano; no caso de coligadas, salvo acordo em contrário, deverão ser alienadas as ações ou quotas de aquisição mais recente ou, se da mesma data, que representem menor porcentagem do capital social.

§ 6º. A aquisição de ações ou quotas de que resulte participação recíproca com violação ao disposto neste artigo importa responsabilidade civil solidária dos administradores da sociedade, equiparando-se, para efeitos penais, à compra ilegal das próprias ações.

SEÇÃO III.
RESPONSABILIDADE DOS ADMINISTRADORES E DAS SOCIEDADES CONTROLADORAS

Administradores

Art. 245. Os administradores não podem, em prejuízo da companhia, favorecer sociedade coligada, controladora ou controlada, cumprindo-lhes zelar para que as operações entre as sociedades, se houver, observem condições estritamente comutativas, ou com pagamento compensatório adequado; e respondem perante a companhia pelas perdas e danos resultantes de atos praticados com infração ao disposto neste artigo.

Sociedade controladora

Art. 246. A sociedade controladora será obrigada a reparar os danos que causar à companhia por atos praticados com infração ao disposto nos artigos 116 e 117.

§ 1º. A ação para haver reparação cabe:

a) a acionistas que representem 5% (cinco por cento) ou mais do capital social;

b) a qualquer acionista, desde que preste caução pelas custas e honorários de advogado devidos no caso de vir a ação ser julgada improcedente.

§ 2º. A sociedade controladora, se condenada, além de reparar o dano e arcar com as custas, pagará honorários de advogado de 20% (vinte por cento) e prêmio de 5% (cinco por cento) ao autor da ação, calculados sobre o valor da indenização.

SEÇÃO IV.
DEMONSTRAÇÕES FINANCEIRAS NOTAS EXPLICATIVAS

Art. 247. As notas explicativas dos investimentos a que se refere o art. 248 desta Lei devem conter informações precisas sobre as sociedades coligadas e controladas e suas relações com a companhia, indicando: (Redação dada pela Lei nº 11.941, de 2009)

I – a denominação da sociedade, seu capital social e patrimônio líquido;

II – o número, espécies e classes das ações ou quotas de propriedade da companhia, e o preço de mercado das ações, se houver;

III – o lucro líquido do exercício;

IV – os créditos e obrigações entre a companhia e as sociedades coligadas e controladas;

V – o montante das receitas e despesas em operações entre a companhia e as sociedades coligadas e controladas.

Parágrafo único. Considera-se relevante o investimento:

a) em cada sociedade coligada ou controlada, se o valor contábil é igual ou superior a 10% (dez por cento) do valor do patrimônio líquido da companhia;

b) no conjunto das sociedades coligadas e controladas, se o valor contábil é igual ou superior a 15% (quinze por cento) do valor do patrimônio líquido da companhia.

Avaliação do investimento em coligadas e controladas

Art. 248. No balanço patrimonial da companhia, os investimentos em coligadas ou em controladas e em outras sociedades que façam parte de um mesmo grupo ou estejam sob controle comum serão avaliados pelo método da equivalência patrimonial, de acordo com as seguintes normas: (Redação dada pela Lei nº 11.941, de 2009)

I – o valor do patrimônio líquido da coligada ou da controlada será determinado com base em balanço patrimonial ou balancete de verificação levantado, com observância das normas desta Lei, na mesma data, ou até 60 (sessenta) dias, no máximo, antes da data do balanço da companhia; no valor de patrimônio líquido não serão computados os resultados não realizados decorrentes de negócios com a companhia, ou com outras sociedades coligadas à companhia, ou por ela controladas;

II – o valor do investimento será determinado mediante a aplicação, sobre o valor de patrimônio líquido referido no número anterior, da porcentagem de participação no capital da coligada ou controlada;

III – a diferença entre o valor do investimento, de acordo com o número II, e o custo de aquisição corrigido monetariamente; somente será registrada como resultado do exercício:

a) se decorrer de lucro ou prejuízo apurado na coligada ou controlada;

b) se corresponder, comprovadamente, a ganhos ou perdas efetivas;

c) no caso de companhia aberta, com observância das normas expedidas pela Comissão de Valores Mobiliários.

§ 1º. Para efeito de determinar a relevância do investimento, nos casos deste artigo, serão computados como parte do custo de aquisição os saldos de créditos da companhia contra as coligadas e controladas.

§ 2º. A sociedade coligada, sempre que solicitada pela companhia, deverá elaborar e fornecer o balanço ou balancete de verificação previsto no número I.

Demonstrações consolidadas

Art. 249. A companhia aberta que tiver mais de 30% (trinta por cento) do valor do seu patrimônio líquido representado por investimentos em sociedades controladas deverá elaborar e divulgar, juntamente com suas demonstrações financeiras, demonstrações consolidadas nos termos do artigo 250.

Parágrafo único. A Comissão de Valores Mobiliários poderá expedir normas sobre as sociedades cujas demonstrações devam ser abrangidas na consolidação, e:

a) determinar a inclusão de sociedades que, embora não controladas, sejam financeira ou administrativamente dependentes da companhia;

b) autorizar, em casos especiais, a exclusão de uma ou mais sociedades controladas.

Normas sobre consolidação

Art. 250. Das demonstrações financeiras consolidadas serão excluídas:

I – as participações de uma sociedade em outra;

II – os saldos de quaisquer contas entre as sociedades;

III – as parcelas dos resultados do exercício, dos lucros ou prejuízos acumulados e do custo de estoques ou do ativo não circulante que corresponderem a resultados, ainda não realizados, de negócios entre as sociedades. (Redação dada pela Lei nº 11.941, de 2009)

§ 1º. A participação dos acionistas não controladores no patrimônio líquido e no lucro do exercício será destacada, respectivamente, no balanço patrimonial e na demonstração do resultado do exercício. (Redação dada pela Lei nº 9.457, de 1997)

§ 2º. A parcela do custo de aquisição do investimento em controlada, que não for absorvida na consolidação, deverá ser mantida no ativo não circulante, com dedução da provisão adequada para perdas já comprovadas, e será objeto de nota explicativa. (Redação dada pela Lei nº 11.941, de 2009)

§ 3º. O valor da participação que exceder do custo de aquisição constituirá parcela destacada dos resultados de exercícios futuros até que fique comprovada a existência de ganho efetivo.

§ 4º. Para fins deste artigo, as sociedades controladas, cujo exercício social termine mais de 60 (sessenta) dias antes da data do encerramento do exercício da companhia, elaborarão, com observância das normas desta Lei, demonstrações financeiras extraordinárias em data compreendida nesse prazo.

SEÇÃO V.
SUBSIDIÁRIA INTEGRAL

Art. 251. A companhia pode ser constituída, mediante escritura pública, tendo como único acionista sociedade brasileira.

§ 1º. A sociedade que subscrever em bens o capital de subsidiária integral deverá aprovar o laudo de avaliação de que trata o artigo 8º, respondendo nos termos do § 6º do artigo 8º e do artigo 10 e seu parágrafo único.

§ 2º. A companhia pode ser convertida em subsidiária integral mediante aquisição, por sociedade brasileira, de todas as suas ações, ou nos termos do artigo 252.

Incorporação de ações

Art. 252. A incorporação de todas as ações do capital social ao patrimônio de outra companhia brasileira, para convertê-la em subsidiária integral, será submetida à deliberação da assembleia geral das duas companhias mediante protocolo e justificação, nos termos dos artigos 224 e 225.

§ 1º. A assembleia geral da companhia incorporadora, se aprovar a operação, deverá autorizar o aumento do capital, a ser realizado com as ações a serem incorporadas e nomear os peritos que as avaliarão; os acionistas não terão direito de preferência para subscrever o aumento de capital, mas os dissidentes poderão retirar-se da companhia, observado o disposto no art. 137, II, mediante o reembolso do valor de suas ações, nos termos do art. 230. (Redação dada pela Lei nº 9.457, de 1997)

§ 2º. A assembleia geral da companhia cujas ações houverem de ser incorporadas somente poderá aprovar a operação pelo voto de metade, no mínimo, das ações com direito a voto, e se a aprovar, autorizará a diretoria a subscrever o aumento do capital da incorporadora, por conta dos seus acionistas; os dissidentes da deliberação terão direito de retirar-se da companhia, observado o disposto no art. 137, II, mediante o reembolso do valor de suas ações, nos termos do art. 230. (Redação dada pela Lei nº 9.457, de 1997)

§ 3º. Aprovado o laudo de avaliação pela assembleia geral da incorporadora, efetivar-se-á a incorporação e os titulares das ações incorporadas receberão diretamente da incorporadora as ações que lhes couberem.

§ 4º. A Comissão de Valores Mobiliários estabelecerá normas especiais de avaliação e contabilização aplicáveis às operações de incorporação de ações que envolvam companhia aberta. (Incluído pela Lei nº 11.941, de 2009)

Admissão de acionistas em subsidiária integral

Art. 253. Na proporção das ações que possuírem no capital da companhia, os acionistas terão direito de preferência para:

I – adquirir ações do capital da subsidiária integral, se a companhia decidir aliená-las no todo ou em parte; e

II – subscrever aumento de capital da subsidiária integral, se a companhia decidir admitir outros acionistas.

Parágrafo único. As ações ou o aumento de capital de subsidiária integral serão oferecidos aos acionistas da companhia em assembleia geral convocada para esse fim, aplicando-se à hipótese, no que couber, o disposto no artigo 171.

SEÇÃO VI.
ALIENAÇÃO DE CONTROLE

Divulgação

Art. 254. *(Revogado pela Lei nº 9.457, de 1997).*

Art. 254-A. A alienação, direta ou indireta, do controle de companhia aberta somente poderá ser contratada sob a condição, suspensiva ou resolutiva, de que o adquirente se obrigue a fazer oferta pública de aquisição das ações com direito a voto de propriedade dos demais acionistas da companhia, de modo a lhes assegurar o preço no mínimo igual a 80% (oitenta por cento) do valor pago por ação com direito a voto, integrante do bloco de controle. (Incluído pela Lei nº 10.303, de 2001)

§ 1º. Entende-se como alienação de controle a transferência, de forma direta ou indireta, de ações integrantes do bloco de controle, de ações vinculadas a acordos de acionistas e de valores mobiliários conversíveis em ações com direito a voto, cessão de direitos de subscrição de ações e de outros títulos ou direitos relativos a valores mobiliários conversíveis em ações que venham a resultar na alienação de controle acionário da sociedade. (Incluído pela Lei nº 10.303, de 2001)

§ 2º. A Comissão de Valores Mobiliários autorizará a alienação de controle de que trata o *caput*, desde que verificado que as condições da oferta pública atendem aos requisitos legais. (Incluído pela Lei nº 10.303, de 2001)

§ 3º. Compete à Comissão de Valores Mobiliários estabelecer normas a serem observadas na oferta pública de que trata o *caput*. (Incluído pela Lei nº 10.303, de 2001)

§ 4º. O adquirente do controle acionário de companhia aberta poderá oferecer aos acionistas minoritários a opção de permanecer na companhia, mediante o pagamento de um prêmio equivalente à diferença entre o valor de mercado das ações e o valor pago por ação integrante do bloco de controle. (Incluído pela Lei nº 10.303, de 2001)

§ 5º. (*VETADO*). (Incluído pela Lei nº 10.303, de 2001)

Companhia aberta sujeita a autorização

Art. 255. A alienação do controle de companhia aberta que dependa de autorização do governo para funcionar está sujeita à prévia autorização do órgão competente para aprovar a alteração do seu estatuto. (Redação dada pela Lei nº 9.457, de 1997)

§ 1º. *(Revogado pela Lei nº 9.457, de 1997).*

§ 2º. *(Revogado pela Lei nº 9.457, de 1997).*

Aprovação pela assembleia geral da compradora

Art. 256. A compra, por companhia aberta, do controle de qualquer sociedade mercantil, dependerá de deliberação da assembleia geral da compradora, especialmente convocada para conhecer da operação, sempre que:

I – o preço de compra constituir, para a compradora, investimento relevante (artigo 247, parágrafo único); ou

II – o preço médio de cada ação ou quota ultrapassar uma vez e meia o maior dos 3 (três) valores a seguir indicados:

a) cotação média das ações em bolsa ou no mercado de balcão organizado, durante os noventa dias anteriores à data da contratação; (Redação dada pela Lei nº 9.457, de 1997)

b) valor de patrimônio líquido (artigo 248) da ação ou quota, avaliado o patrimônio a preços de mercado (artigo 183, § 1º);

c) valor do lucro líquido da ação ou quota, que não poderá ser superior a 15 (quinze) vezes o lucro líquido anual por ação (artigo 187, VII) nos 2 (dois) últimos exercícios sociais, atualizado monetariamente.

§ 1º. A proposta ou o contrato de compra, acompanhado de laudo de avaliação, observado o disposto no art. 8º, §§ 1º e 6º, será submetido à prévia autorização da assembleia geral, ou à sua ratificação, sob pena de responsabilidade dos administradores, instruído com todos os elementos necessários à deliberação. (Redação dada pela Lei nº 9.457, de 1997)

§ 2º. Se o preço da aquisição ultrapassar uma vez e meia o maior dos três valores de que trata o inciso II do *caput*, o acionista dissidente da deliberação da assembleia que a aprovar terá o direito de retirar-se da companhia mediante reembolso do valor de suas ações, nos termos do art. 137, observado o disposto em seu inciso II. (Redação dada pela Lei nº 9.457, de 1997)

SEÇÃO VII.
AQUISIÇÃO DE CONTROLE MEDIANTE OFERTA PÚBLICA

Requisitos

Art. 257. A oferta pública para aquisição de controle de companhia aberta somente poderá ser feita com a participação de instituição financeira que garanta o cumprimento das obrigações assumidas pelo ofertante.

§ 1º. Se a oferta contiver permuta, total ou parcial, dos valores mobiliários, somente poderá ser efetuada após prévio registro na Comissão de Valores Mobiliários.

§ 2º. A oferta deverá ter por objeto ações com direito a voto em número suficiente para assegurar o controle da companhia e será irrevogável.

§ 3º. Se o ofertante já for titular de ações votantes do capital da companhia, a oferta poderá ter por objeto o número de ações necessário para completar o controle, mas o ofertante deverá fazer prova, perante a Comissão de Valores Mobiliários, das ações de sua propriedade.

§ 4º. A Comissão de Valores Mobiliários poderá expedir normas sobre oferta pública de aquisição de controle.

Instrumento da oferta de compra

Art. 258. O instrumento de oferta de compra, firmado pelo ofertante e pela instituição financeira que garante o pagamento, será publicado na imprensa e deverá indicar:

I – o número mínimo de ações que o ofertante se propõe a adquirir e, se for o caso, o número máximo;

II – o preço e as condições de pagamento;

III – a subordinação da oferta ao número mínimo de aceitantes e a forma de rateio entre os aceitantes, se o número deles ultrapassar o máximo fixado;

IV – o procedimento que deverá ser adotado pelos acionistas aceitantes para manifestar a sua aceitação e efetivar a transferência das ações;

V – o prazo de validade da oferta, que não poderá ser inferior a 20 (vinte) dias;

VI – informações sobre o ofertante.

Parágrafo único. A oferta será comunicada à Comissão de Valores Mobiliários dentro de 24 (vinte e quatro) horas da primeira publicação.

Instrumento de oferta de permuta

Art. 259. O projeto de instrumento de oferta de permuta será submetido à Comissão de Valores Mobiliários com o pedido de registro prévio da oferta e deverá conter, além das referidas no artigo 258, informações sobre os valores mobiliários oferecidos em permuta e as companhias emissoras desses valores.

Parágrafo único. A Comissão de Valores Mobiliários poderá fixar normas sobre o instrumento de oferta de permuta e o seu registro prévio.

Sigilo

Art. 260. Até a publicação da oferta, o ofertante, a instituição financeira intermediária e a Comissão de Valores Mobiliários devem manter sigilo sobre a oferta projetada, respondendo o infrator pelos danos que causar.

Processamento da oferta

Art. 261. A aceitação da oferta deverá ser feita nas instituições financeiras ou do mercado de valores mobiliários indicadas no instrumento de oferta e os aceitantes deverão firmar ordens irrevogáveis de venda ou permuta, nas condições ofertadas, ressalvado o disposto no § 1º do artigo 262.

§ 1º. É facultado ao ofertante melhorar, uma vez, as condições de preço ou forma de pagamento, desde que em porcentagem igual ou superior a 5% (cinco por cento) e até 10 (dez) dias antes do término do prazo da oferta; as novas condições se estenderão aos acionistas que já tiverem aceito a oferta.

§ 2º. Findo o prazo da oferta, a instituição financeira intermediária comunicará o resultado à Comissão de Valores Mobiliários e, mediante publicação pela imprensa, aos aceitantes.

§ 3º. Se o número de aceitantes ultrapassar o máximo, será obrigatório o rateio, na forma prevista no instrumento da oferta.

Oferta concorrente

Art. 262. A existência de oferta pública em curso não impede oferta concorrente, desde que observadas as normas desta Seção.

§ 1º. A publicação de oferta concorrente torna nulas as ordens de venda que já tenham sido firmadas em aceitação de oferta anterior.

§ 2º. É facultado ao primeiro ofertante prorrogar o prazo de sua oferta até fazê-lo coincidir com o da oferta concorrente.

Negociação durante a oferta

Art. 263. A Comissão de Valores Mobiliários poderá expedir normas que disciplinem a negociação das ações objeto da oferta durante o seu prazo.

SEÇÃO VIII.
INCORPORAÇÃO DE COMPANHIA CONTROLADA

Art. 264. Na incorporação, pela controladora, de companhia controlada, a justificação, apresentada à assembleia geral da controlada, deverá conter, além das informações previstas nos arts. 224 e 225, o cálculo das relações de substituição das ações dos acionistas não controladores da controlada com base no valor do patrimônio líquido das ações da controladora e da controlada, avaliados os dois patrimônios segundo os mesmos critérios e na mesma data, a preços de mercado, ou com base em outro critério aceito pela Comissão de Valores Mobiliários, no caso de companhias abertas. (Redação dada pela Lei nº 10.303, de 2001)

§ 1º. A avaliação dos dois patrimônios será feita por três peritos ou empresa especializada e, no caso de companhias abertas, por empresa especializada. (Redação dada pela Lei nº 10.303, de 2001)

§ 2º. Para efeito da comparação referida neste artigo, as ações do capital da controlada de propriedade da controladora serão avaliadas, no patrimônio desta, em conformidade com o disposto no *caput*. (Redação dada pela Lei nº 10.303, de 2001)

§ 3º. Se as relações de substituição das ações dos acionistas não controladores, previstas no protocolo da incorporação, forem menos vantajosas que as resultantes da comparação prevista neste artigo, os acionistas dissidentes da deliberação da assembleia geral da controlada que aprovar a operação, poderão optar, no prazo previsto no art. 230, entre o valor de reembolso fixado nos termos do art. 45 e o valor apurado em conformidade com o disposto no *caput*, observado o disposto no art. 137, inciso II. (Redação dada pela Lei nº 10.303, de 2001)

§ 4º. Aplicam-se as normas previstas neste artigo à incorporação de controladora por sua controlada, à fusão de companhia controladora com a controlada, à incorporação de ações de companhia controlada ou controladora, à incorporação, fusão e incorporação de ações de sociedades sob controle comum. (Redação dada pela Lei nº 10.303, de 2001)

§ 5º. O disposto neste artigo não se aplica no caso de as ações do capital da controlada terem sido adquiridas no pregão da Bolsa de Valores ou mediante oferta pública nos termos dos artigos 257 e 263.

CAPÍTULO XXI.
GRUPO DE SOCIEDADES

SEÇÃO I.
CARACTERÍSTICAS E NATUREZA

Características

Art. 265. A sociedade controladora e suas controladas podem constituir, nos termos deste Capítulo, grupo de sociedades, mediante convenção pela qual se obriguem a combinar recursos ou esforços para a realização dos respectivos objetos, ou a participar de atividades ou empreendimentos comuns.

§ 1º. A sociedade controladora, ou de comando do grupo, deve ser brasileira, e exercer, direta ou indiretamente, e de modo permanente, o controle das sociedades filiadas, como titular de direitos de sócio ou acionista, ou mediante acordo com outros sócios ou acionistas.

§ 2º. A participação recíproca das sociedades do grupo obedecerá ao disposto no artigo 244.

Natureza

Art. 266. As relações entre as sociedades, a estrutura administrativa do grupo e a coordenação ou subordinação dos administradores das sociedades filiadas serão estabelecidas na convenção do grupo, mas cada sociedade conservará personalidade e patrimônios distintos.

Designação

Art. 267. O grupo de sociedades terá designação de que constarão as palavras "grupo de sociedades" ou "grupo".

Parágrafo único. Somente os grupos organizados de acordo com este Capítulo poderão usar designação com as palavras "grupo" ou "grupo de sociedades".

Companhias sujeitas a autorização para funcionar

Art. 268. A companhia que, por seu objeto, depende de autorização para funcionar, somente poderá participar de grupo de sociedades após a aprovação da convenção do grupo pela autoridade competente para aprovar suas alterações estatutárias.

SEÇÃO II.
CONSTITUIÇÃO, REGISTRO E PUBLICIDADE

Art. 269. O grupo de sociedades será constituído por convenção aprovada pelas sociedades que o componham, a qual deverá conter:

I – a designação do grupo;

II – a indicação da sociedade de comando e das filiadas;

III – as condições de participação das diversas sociedades;

IV – o prazo de duração, se houver, e as condições de extinção;

V – as condições para admissão de outras sociedades e para a retirada das que o componham;

VI – os órgãos e cargos da administração do grupo, suas atribuições e as relações entre a estrutura administrativa do grupo e as das sociedades que o componham;

VII – a declaração da nacionalidade do controle do grupo;

VIII – as condições para alteração da convenção.

Parágrafo único. Para os efeitos do número VII, o grupo de sociedades considera-se sob controle brasileiro se a sua sociedade de comando está sob o controle de:

a) pessoas naturais residentes ou domiciliadas no Brasil;

b) pessoas jurídicas de direito público interno; ou

c) sociedade ou sociedades brasileiras que, direta ou indiretamente, estejam sob controle das pessoas referidas nas alíneas *a* e *b*.

Aprovação pelos sócios das sociedades

Art. 270. A convenção de grupo deve ser aprovada com observância das normas para alteração do contrato social ou do estatuto (art. 136, V). (Redação dada pela Lei nº 9.457, de 1997)

Parágrafo único. Os sócios ou acionistas dissidentes da deliberação de se associar a grupo têm direito, nos termos do artigo 137, ao reembolso de suas ações ou quotas.

Registro e publicidade

Art. 271. Considera-se constituído o grupo a partir da data do arquivamento, no registro do comércio da sede da sociedade de comando, dos seguintes documentos:

I – convenção de constituição do grupo;

II – atas das assembleias-gerais, ou instrumentos de alteração contratual, de todas as sociedades que tiverem aprovado a constituição do grupo;

III – declaração autenticada do número das ações ou quotas de que a sociedade de comando e as demais sociedades integrantes do grupo são titulares em cada sociedade filiada, ou exemplar de acordo de acionistas que assegura o controle da sociedade filiada.

§ 1º. Quando as sociedades filiadas tiverem sede em locais diferentes, deverão ser arquivadas no registro do comércio das respectivas sedes as atas de assembleia ou alterações contratuais que tiverem aprovado a convenção, sem prejuízo do registro na sede da sociedade de comando.

§ 2º. As certidões de arquivamento no Registro do comércio serão publicadas.

§ 3º. A partir da data do arquivamento, a sociedade de comando e as filiadas passarão a usar as respectivas denominações acrescidas da designação do grupo.

§ 4º. As alterações da convenção do grupo serão arquivadas e publicadas nos termos deste artigo, observando-se o disposto no § 1º do artigo 135.

SEÇÃO III.
ADMINISTRAÇÃO

Administradores do grupo

Art. 272. A convenção deve definir a estrutura administrativa do grupo de sociedades, podendo criar órgãos de deliberação colegiada e cargos de direção-geral.

Parágrafo único. A representação das sociedades perante terceiros, salvo disposição expressa na convenção do grupo, arquivada no registro do comércio e publicada, caberá exclusivamente aos administradores de cada sociedade, de acordo com os respectivos estatutos ou contratos sociais.

Administradores das sociedades filiadas

Art. 273. Aos administradores das sociedades filiadas, sem prejuízo de suas atribuições, poderes e responsabilidades, de acordo com os respectivos estatutos ou contratos sociais, compete observar a orientação geral estabelecida e as instruções expedidas pelos administradores do grupo que não importem violação da lei ou da convenção do grupo.

Remuneração

Art. 274. Os administradores do grupo e os investidos em cargos de mais de uma sociedade poderão ter a sua remuneração rateada entre as diversas sociedades, e a gratificação dos administradores, se houver, poderá ser fixada, dentro dos limites do § 1º do artigo 152 com base nos resultados apurados nas demonstrações financeiras consolidadas do grupo.

SEÇÃO IV.
DEMONSTRAÇÕES FINANCEIRAS

Art. 275. O grupo de sociedades publicará, além das demonstrações financeiras referentes a cada uma das companhias que o compõem, demonstrações consolidadas, compreendendo todas as sociedades do grupo, elaboradas com observância do disposto no artigo 250.

§ 1º. As demonstrações consolidadas do grupo serão publicadas juntamente com as da sociedade de comando.

§ 2º. A sociedade de comando deverá publicar demonstrações financeiras nos termos desta Lei, ainda que não tenha a forma de companhia.

§ 3º. As companhias filiadas indicarão, em nota às suas demonstrações financeiras publicadas, o órgão que publicou a última demonstração consolidada do grupo a que pertencer.

§ 4º. As demonstrações consolidadas de grupo de sociedades que inclua companhia aberta serão obrigatoriamente auditadas por auditores independentes registrados na Comissão de Valores Mobiliários, e observarão as normas expedidas por essa Comissão.

SEÇÃO V.
PREJUÍZOS RESULTANTES DE ATOS CONTRÁRIOS À CONVENÇÃO

Art. 276. A combinação de recursos e esforços, a subordinação dos interesses de uma sociedade aos de outra, ou do grupo, e a participação em custos, receitas ou resultados de atividades ou empreendimentos somente poderão ser opostos aos sócios minoritários das sociedades filiadas nos termos da convenção do grupo.

§ 1º. Consideram-se minoritários, para os efeitos deste artigo, todos os sócios da filiada, com exceção da sociedade de comando e das demais filiadas do grupo.

§ 2º. A distribuição de custos, receitas e resultados e as compensações entre sociedades, previstas na convenção do grupo, deverão ser determinadas e registradas no balanço de cada exercício social das sociedades interessadas.

§ 3º. Os sócios minoritários da filiada terão ação contra os seus administradores e contra a sociedade de comando do grupo para haver reparação de prejuízos resultantes de atos praticados com infração das normas deste artigo, observado o disposto nos parágrafos do artigo 246.

Conselho Fiscal das filiadas

Art. 277. O funcionamento do conselho fiscal da companhia filiada a grupo, quando não for permanente, poderá ser pedido por acionistas não controladores que representem, no mínimo, 5% (cinco por cento) das ações ordinárias, ou das ações preferenciais sem direito de voto.

§ 1º. Na constituição do conselho fiscal da filiada serão observadas as seguintes normas:

a) os acionistas não controladores votarão em separado, cabendo às ações com direito a voto o direito de eleger 1 (um) membro e respectivo suplente e às ações sem direito a voto, ou com voto restrito, o de eleger outro;

b) a sociedade de comando e as filiadas poderão eleger número de membros, e respectivos suplentes, igual ao dos eleitos nos termos da alínea *a*, mais um.

§ 2º. O conselho fiscal da sociedade filiada poderá solicitar aos órgãos de administração da sociedade de comando, ou de outras filiadas, os esclarecimentos ou informações que julgar necessários para fiscalizar a observância da convenção do grupo.

CAPÍTULO XXII.
CONSÓRCIO

Art. 278. As companhias e quaisquer outras sociedades, sob o mesmo controle ou não, podem constituir consórcio para executar determinado empreendimento, observado o disposto neste Capítulo.

§ 1º. O consórcio não tem personalidade jurídica e as consorciadas somente se obrigam nas condições previstas no respectivo contrato, respondendo cada uma por suas obrigações, sem presunção de solidariedade.

§ 2º. A falência de uma consorciada não se estende às demais, subsistindo o consórcio com as outras contratantes; os créditos que porventura tiver a falida serão apurados e pagos na forma prevista no contrato de consórcio.

Art. 279. O consórcio será constituído mediante contrato aprovado pelo órgão da sociedade competente para autorizar a alienação de bens do ativo não circulante, do qual constarão: (Redação dada pela Lei nº 11.941, de 2009)

‣ Lei 8.934/1994: art. 32, II, b.

I – a designação do consórcio, se houver;
II – o empreendimento que constitua o objeto do consórcio;
III – a duração, endereço e foro;
IV – a definição das obrigações e responsabilidade de cada sociedade consorciada, e das prestações específicas;
V – normas sobre recebimento de receitas e partilha de resultados;
VI – normas sobre administração do consórcio, contabilização, representação das sociedades consorciadas e taxa de administração, se houver;
VII – forma de deliberação sobre assuntos de interesse comum, com o número de votos que cabe a cada consorciado;
VIII – contribuição de cada consorciado para as despesas comuns, se houver.

Parágrafo único. O contrato de consórcio e suas alterações serão arquivados no registro do comércio do lugar da sua sede, devendo a certidão do arquivamento ser publicada.

CAPÍTULO XXIII. SOCIEDADES EM COMANDITA POR AÇÕES

‣ CC: arts. 1.045 a 1.051.

Art. 280. A sociedade em comandita por ações terá o capital dividido em ações e reger-se-á pelas normas relativas às companhias ou sociedades anônimas, sem prejuízo das modificações constantes deste Capítulo.

Art. 281. A sociedade poderá comerciar sob firma ou razão social, da qual só farão parte os nomes dos sócios-diretores ou gerentes. Ficam ilimitada e solidariamente responsáveis, nos termos desta Lei, pelas obrigações sociais, os que, por seus nomes figurarem na firma ou razão social.

Parágrafo único. A denominação ou a firma deve ser seguida das palavras "Comandita por Ações", por extenso ou abreviadamente.

Art. 282. Apenas o sócio ou acionista tem qualidade para administrar ou gerir a sociedade, e, como diretor ou gerente, responder, subsidiária mas ilimitada e solidariamente, pelas obrigações da sociedade.

§ 1º. Os diretores ou gerentes serão nomeados, sem limitação de tempo, no estatuto da sociedade, e somente poderão ser destituídos por deliberação de acionistas que representem 2/3 (dois terços), no mínimo, do capital social.

§ 2º. O diretor ou gerente que for destituído ou se exonerar continuará responsável pelas obrigações sociais contraídas sob sua administração.

Art. 283. A assembleia geral não pode, sem o consentimento dos diretores ou gerentes, mudar o objeto essencial da sociedade, prorrogar-lhe o prazo de duração, aumentar ou diminuir o capital social, emitir debêntures ou criar partes beneficiárias nem aprovar a participação em grupo de sociedade. (Redação dada pela Lei nº 9.457, de 1997)

Art. 284. Não se aplica à sociedade em comandita por ações o disposto nesta Lei sobre conselho de administração, autorização estatutária de aumento de capital e emissão de bônus de subscrição.

CAPÍTULO XXIV. PRAZOS DE PRESCRIÇÃO

Art. 285. A ação para anular a constituição da companhia, por vício ou defeito, prescreve em 1 (um) ano, contado da publicação dos atos constitutivos.

Parágrafo único. Ainda depois de proposta a ação, é lícito à companhia, por deliberação da assembleia geral, providenciar para que seja sanado o vício ou defeito.

Art. 286. A ação para anular as deliberações tomadas em assembleia geral ou especial, irregularmente convocada ou instalada, violadoras da lei ou do estatuto, ou eivadas de erro, dolo, fraude ou simulação prescreve em 2 (dois) anos, contados da deliberação.

Art. 287. Prescreve:

I – em, 1 (um) ano:

a) a ação contra peritos e subscritores do capital, para deles haver reparação civil pela avaliação de bens, contado o prazo da publicação da ata da assembleia geral que aprovar o laudo;

b) a ação dos credores não pagos contra os acionistas e os liquidantes, contado o prazo da publicação da ata de encerramento da liquidação da companhia;

II – em 3 (três) anos:

a) a ação para haver dividendos, contado o prazo da data em que tenham sido postos à disposição do acionista;

b) a ação contra os fundadores, acionistas, administradores, liquidantes, fiscais ou sociedade de comando, para deles haver reparação civil por atos culposos ou dolosos, no caso de violação da lei, do estatuto ou da convenção do grupo, contado o prazo:

1) para os fundadores, da data da publicação dos atos constitutivos da companhia;

2) para os acionistas, administradores, fiscais e sociedades de comando, da data da publicação da ata que aprovar o balanço referente ao exercício em que a violação tenha ocorrido;

3) para os liquidantes, da data da publicação da ata da primeira assembleia geral posterior à violação;

c) a ação contra acionistas para restituição de dividendos recebidos de má-fé, contado o prazo da data da publicação da ata de assembleia geral ordinária do exercício em que os dividendos tenham sido declarados;

d) a ação contra os administradores ou titulares de partes beneficiárias para restituição das participações no lucro recebidas de má-fé, contado o prazo da data da publicação da ata da assembleia geral ordinária do exercício em que as participações tenham sido pagas;

e) a ação contra o agente fiduciário de debenturistas ou titulares de partes beneficiárias para dele haver reparação civil por atos culposos ou dolosos, no caso de violação da lei ou da escritura de emissão, a contar da publicação da ata da assembleia geral que tiver tomado conhecimento da violação;

f) a ação contra o violador do dever de sigilo de que trata o artigo 260 para dele haver reparação civil, a contar da data da publicação da oferta;

g) a ação movida pelo acionista contra a companhia, qualquer que seja o seu fundamento. (Incluído pela Lei nº 10.303, de 2001)

Art. 288. Quando a ação se originar de fato que deva ser apurado no juízo criminal, não ocorrerá prescrição antes da respectiva sentença definitiva, ou da prescrição da ação penal.

CAPÍTULO XXV. DISPOSIÇÕES GERAIS

Art. 289. As publicações ordenadas pela presente lei serão feitas no órgão oficial da União ou do Estado ou do Distrito Federal, conforme o lugar em que esteja situada a sede da companhia, e em outro jornal de grande circulação editado na localidade em que está situada a sede da companhia.

‣ **Atualização:** Art. 289. As publicações ordenadas por esta Lei obedecerão às seguintes condições: (Redação dada pela Lei 13.818/2019, em vigor em 01.01.2022)

I - deverão ser efetuadas em jornal de grande circulação editado na localidade em que esteja situada a sede da companhia, de forma resumida e com divulgação simultânea da íntegra dos documentos na página do mesmo jornal na internet, que deverá providenciar certificação digital da autenticidade dos documentos mantidos na página própria emitida por autoridade certificadora credenciada no âmbito da Infraestrutura de Chaves Públicas Brasileiras (ICP-Brasil); (Incluído pela Lei 13.818/2019, em vigor em 01.01.2022)

II - no caso de demonstrações financeiras, a publicação de forma resumida deverá conter, no mínimo, em comparação com os dados do exercício social anterior, informações ou valores globais relativos a cada grupo e a respectiva classificação de contas ou registros, assim como extratos das informações relevantes contempladas nas notas explicativas e nos pareceres dos auditores independentes e do conselho fiscal, se houver. (Incluído pela Lei 13.818/2019, em vigor em 01.01.2022)

§ 1º A Comissão de Valores Mobiliários poderá determinar que as publicações ordenadas por esta Lei sejam feitas, também, em jornal de grande circulação nas localidades em que os valores mobiliários da companhia sejam negociados em bolsa ou em mercado de balcão, ou disseminadas por algum outro meio que assegure sua ampla divulgação e imediato acesso às informações. (Redação dada pela Lei nº 9.457, de 1997)

§ 2º Se no lugar em que estiver situada a sede da companhia não for editado jornal, a publicação se fará em órgão de grande circulação local.

§ 3º A companhia deve fazer as publicações previstas nesta Lei sempre no mesmo jornal, e qualquer mudança deverá ser precedida de aviso aos acionistas no extrato da ata da assembleia geral ordinária.

§ 4º O disposto no final do § 3º não se aplica à eventual publicação de atas ou balanços em outros jornais.

§ 5º Todas as publicações ordenadas nesta Lei deverão ser arquivadas no registro do comércio.

§ 6º As publicações do balanço e da demonstração de lucros e perdas poderão ser feitas adotando-se como expressão monetária o milhar de reais. (Redação dada pela Lei nº 9.457, de 1997)

§ 7º Sem prejuízo do disposto no *caput* deste artigo, as companhias abertas poderão, ainda, disponibilizar as referidas publicações pela rede mundial de computadores. (Incluído pela Lei nº 10.303, de 2001)

Art. 290. A indenização por perdas e danos em ações com fundamento nesta Lei será corrigida monetariamente até o trimestre civil em que for efetivamente liquidada.

Art. 291. A Comissão de Valores Mobiliários poderá reduzir, mediante fixação de escala em função do valor do capital social, a porcentagem mínima aplicável às companhias abertas, estabelecida no art. 105; na alínea *c* do parágrafo único do art. 123; no *caput* do art. 141; no § 1º do art. 157; no § 4º do art. 159; no § 2º do art. 161; no § 6º do art. 163; na alínea *a* do § 1º do art. 246; e no art. 277. (Redação dada pela Lei nº 10.303, de 2001)

Parágrafo único. A Comissão de Valores Mobiliários poderá reduzir a porcentagem de que trata o artigo 249.

Art. 292. As sociedades de que trata o artigo 62 da Lei 4.728, de 14 de julho de 1965, podem ter suas ações ao portador.

Art. 293. A Comissão de Valores Mobiliários autorizará as Bolsas de Valores a prestar os serviços previstos nos artigos 27; 34, § 2º; 39, § 1º; 40; 41; 42; 43; 44; 72; 102 e 103.

Parágrafo único. *(Revogado pela Lei nº 12.810, de 2013).*

Art. 294. A companhia fechada que tiver menos de 20 (vinte) acionistas, com patrimônio líquido de até R$ 10.000.000,00 (dez milhões de reais), poderá: (Redação dada pela Lei 13.818/2019):

I – convocar assembleia geral por anúncio entregue a todos os acionistas, contrarrecibo, com a antecedência prevista no artigo 124; e

II – deixar de publicar os documentos de que trata o artigo 133, desde que sejam, por cópias autenticadas, arquivados no registro do comércio juntamente com a ata da assembleia que sobre eles deliberar.

§ 1º. A companhia deverá guardar os recibos de entrega dos anúncios de convocação e arquivar no registro de comércio, juntamente com a ata da assembleia, cópia autenticada dos mesmos.

§ 2º. Nas companhias de que trata este artigo, o pagamento da participação dos administradores poderá ser feita sem observância do disposto no § 2º do artigo 152, desde que aprovada pela unanimidade dos acionistas.

§ 3º. O disposto neste artigo não se aplica à companhia controladora de grupo de sociedade, ou a ela filiadas.

CAPÍTULO XXVI. DISPOSIÇÕES TRANSITÓRIAS

Art. 295. A presente Lei entrará em vigor 60 (sessenta) dias após a sua publicação, aplicando-se, todavia, a partir da data da publicação, às companhias que se constituírem.

§ 1º. O disposto neste artigo não se aplica às disposições sobre:

a) elaboração das demonstrações financeiras, que serão observadas pelas companhias existentes a partir do exercício social que se iniciar após 1º de janeiro de 1978;

b) a apresentação, nas demonstrações financeiras, de valores do exercício anterior (artigo 176, § 1º), que será obrigatória a partir do balanço do exercício social subsequente ao referido na alínea anterior;

c) elaboração e publicação de demonstrações financeiras consolidadas, que somente serão obrigatórias para os exercícios iniciados a partir de 1º de janeiro de 1978.

§ 2º. A participação dos administradores nos lucros sociais continuará a regular-se pelas disposições legais e estatutárias em vigor, aplicando-se o disposto nos §§ 1º e 2º do artigo 152 a partir do exercício social que se iniciar no curso do ano de 1977.

§ 3º. A restrição ao direito de voto das ações ao portador (artigo 112) só vigorará a partir de 1 (um) ano a contar da data em que esta Lei entrar em vigor.

Art. 296. As companhias existentes deverão proceder à adaptação do seu estatuto aos preceitos desta Lei no prazo de 1 (um) ano a contar da data em que ela entrar em vigor, devendo para esse fim ser convocada assembleia geral dos acionistas.

§ 1º. Os administradores e membros do conselho fiscal respondem pelos prejuízos que causarem pela inobservância do disposto neste artigo.

§ 2º. O disposto neste artigo não prejudicará os direitos pecuniários conferidos por partes beneficiárias e debêntures em circulação na data da publicação desta Lei, que somente poderão ser modificados ou reduzidos com observância do disposto no artigo 51 e no § 5º do artigo 71.

§ 3º. As companhias existentes deverão eliminar, no prazo de 5 (cinco) anos a contar da data da entrada em vigor desta Lei, as participações recíprocas vedadas pelo artigo 244 e seus parágrafos.

§ 4º. As companhias existentes, cujo estatuto for omisso quanto à fixação do dividendo, ou que o estabelecer em condições que não satisfaçam aos requisitos do § 1º do artigo 202 poderão, dentro do prazo previsto neste artigo, fixá-lo em porcentagem inferior à prevista no § 2º do artigo 202, mas os acionistas dissidentes dessa deliberação terão direito de retirar-se da companhia, mediante reembolso do valor de suas ações, com observância do disposto nos artigos 45 e 137.

§ 5º. O disposto no artigo 199 não se aplica às reservas constituídas e aos lucros acumulados em balanços levantados antes de 1º de janeiro de 1977.

§ 6º. O disposto nos §§ 1º e 2º do artigo 237 não se aplica às participações existentes na data da publicação desta Lei.

Art. 297. As companhias existentes que tiverem ações preferenciais com prioridade na distribuição de dividendo fixo ou mínimo ficarão dispensadas do disposto no artigo 167 e seu § 1º, desde que no prazo de que trata o artigo 296 regulem no estatuto a participação das ações preferenciais na correção anual do capital social, com observância das seguintes normas:

I – o aumento de capital poderá ficar na dependência de deliberação da assembleia geral, mas será obrigatório quando o saldo da conta de que trata o § 3º do artigo 182 ultrapassar 50% (cinquenta por cento) do capital social;

II – a capitalização da reserva poderá ser procedida mediante aumento do valor nominal das ações ou emissões de novas ações bonificadas, cabendo à assembleia geral escolher, em cada aumento de capital, o modo a ser adotado;

III – em qualquer caso, será observado o disposto no § 4º do artigo 17;

IV – as condições estatutárias de participação serão transcritas nos certificados das ações da companhia.

Art. 298. As companhias existentes, com capital inferior a Cr$ 5.000.000,00 (cinco milhões de cruzeiros), poderão, no prazo de que trata o artigo 296, deliberar, pelo voto de acionistas que representem 2/3 (dois terços) do capital social, a sua transformação em sociedade por quotas, de responsabilidade limitada, observadas as seguintes normas:

I – na deliberação da assembleia a cada ação caberá 1 (um) voto, independentemente de espécie ou classe;

II – a sociedade por quotas resultante da transformação deverá ter o seu capital integralizado e o seu contrato social assegurará aos sócios a livre transferência das quotas, entre si ou para terceiros;

III – o acionista dissidente da deliberação da assembleia poderá pedir o reembolso das ações pelo valor de patrimônio líquido a preços de mercado, observado o disposto nos artigos 45 e 137;

IV – o prazo para o pedido de reembolso será de 90 (noventa) dias a partir da data da publicação da ata da assembleia, salvo para os titulares de ações nominativas, que será contado da data do recebimento de aviso por escrito da companhia.

Art. 299. Ficam mantidas as disposições sobre sociedades por ações, constantes de legislação especial sobre a aplicação de incentivos fiscais nas áreas da Sudene, Sudam, Sudepe, Embratur e Reflorestamento, bem como todos os dispositivos das Leis nºs 4.131, de 3 de setembro de 1962, e 4.390, de 29 de agosto de 1964.

Art. 299-A. O saldo existente em 31 de dezembro de 2008 no ativo diferido que, pela sua natureza, não puder ser alocado a outro grupo de contas, poderá permanecer no ativo sob essa classificação até sua completa amortização, sujeito à análise sobre a recuperação de que trata o § 3º do art. 183 desta Lei. (Incluído pela Lei nº 11.941, de 2009)

Art. 299-B. O saldo existente no resultado de exercício futuro em 31 de dezembro de 2008 deverá ser reclassificado para o passivo não circulante em conta representativa de receita diferida. (Incluído pela Lei nº 11.941, de 2009)

Parágrafo único. O registro do saldo de que trata o *caput* deste artigo deverá evidenciar a receita diferida e o respectivo custo diferido. (Incluído pela Lei nº 11.941, de 2009)

Art. 300. Ficam revogados o Decreto-Lei 2.627, de 26 de setembro de 1940, com exceção dos artigos 59 a 73, e demais disposições em contrário.

Brasília, 15 de dezembro de 1976;
155º da Independência e
88º da República.
ERNESTO GEISEL
D.O.U. de 17.12.1976

LEI Nº 6.515, DE 26 DE DEZEMBRO DE 1977

Regula os casos de dissolução da sociedade conjugal e do casamento, seus efeitos e respectivos processos, e dá outras providências.

› *Divórcio*

O PRESIDENTE DA REPÚBLICA, faço saber que o Congresso Nacional decreta e eu sanciono a seguinte Lei:

Art. 1º. A separação judicial, a dissolução do casamento, ou a cessação de seus efeitos civis, de que trata a Emenda Constitucional nº 9, de 28 de junho de 1977, ocorrerão nos casos e segundo a forma que esta Lei regula.

CAPÍTULO I. DA DISSOLUÇÃO DA SOCIEDADE CONJUGAL

Art. 2º. A Sociedade Conjugal termina:

› CC: art. 1.571.

I – pela morte de um dos cônjuges;

II – pela nulidade ou anulação do casamento;

III – pela separação judicial;

IV – pelo divórcio.

Parágrafo único. O casamento válido somente se dissolve pela morte de um dos cônjuges ou pelo divórcio.

› CC: art. 1.571, § 1º.

SEÇÃO I. DOS CASOS E EFEITOS DA SEPARAÇÃO JUDICIAL

Art. 3º. A separação judicial põe termo aos deveres de coabitação, fidelidade recíproca e ao regime matrimonial de bens, como se o casamento fosse dissolvido.

› CC: art. 1.576.

§ 1º. O procedimento judicial da separação caberá somente aos cônjuges, e, no caso de incapacidade, serão representados por curador, ascendente ou irmão.

› CC: art. 1.582, par. único.

§ 2º. O juiz deverá promover todos os meios para que as partes se reconciliem ou transijam, ouvindo pessoal e separadamente cada uma delas e, a seguir, reunindo-as em sua presença, se assim considerar necessário.

§ 3º. Após a fase prevista no parágrafo anterior, se os cônjuges pedirem, os advogados deverão ser chamados a assistir aos entendimentos e deles participar.

Art. 4º. Dar-se-á a separação judicial por mútuo consentimento dos cônjuges, se forem casados há mais de 2 (dois) anos, manifestado perante o juiz e devidamente homologado.

› CC: art. 1.574.

Art. 5º. A separação judicial pode ser pedida por um só dos cônjuges quando imputar ao outro conduta desonrosa ou qualquer ato que importe em grave violação dos deveres do casamento e tornem insuportável a vida em comum.

› CC: arts. 1.572 e 1.573.

§ 1º. A separação judicial pode, também, ser pedida se um dos cônjuges provar a ruptura da vida em comum há mais de um ano consecutivo, e a impossibilidade de sua reconstituição. (Redação dada pela Lei nº 8.408, de 1992)

› CC: art. 1.574.

§ 2º. O cônjuge pode ainda pedir a separação judicial quando o outro estiver acometido de grave doença mental, manifestada após o casamento, que torne impossível a continuação da vida em comum, desde que, após uma duração de 5 (cinco) anos, a enfermidade tenha sido reconhecida de cura improvável.

› CC: art. 1.572, § 2º.

§ 3º. Nos casos dos parágrafos anteriores, reverterão, ao cônjuge que não houver pedido a separação judicial, os remanescentes dos bens que levou para o casamento, e, se o regime de bens adotado o permitir, também a meação nos adquiridos na constância da sociedade conjugal.

Art. 6º. Nos casos dos §§ 1º e 2º do artigo anterior, a separação judicial poderá ser negada, se constituir respectivamente, causa de agravamento das condições pessoais ou da doença do outro cônjuge, ou determinar, em qualquer caso, consequências morais de excepcional gravidade para os filhos menores.

› CC: art. 1.574, par. único.

Art. 7º. A separação judicial importará na separação de corpos e na partilha de bens.

› CC: art. 1.575.

§ 1º. A separação de corpos poderá ser determinada como medida cautelar (art. 796 do CPC).

› Refere-se ao CPC de 1973.

› CC: art. 1.580.

§ 2º. A partilha de bens poderá ser feita mediante proposta dos cônjuges e homologada pelo juiz ou por este decidida.

› CC: art. 1.575, par. único.

Art. 8º. A sentença que julgar a separação judicial produz seus efeitos à data de seu trânsito em julgado, o à da decisão que tiver concedido separação cautelar.

SEÇÃO II. DA PROTEÇÃO DA PESSOA DOS FILHOS

› Lei 11.698/2008 – Altera os arts. 1.583 e 1.584 da Lei 10.406/2002 – Código Civil, para instituir e disciplinar a guarda compartilhada.

Art. 9º. No caso de dissolução da sociedade conjugal pela separação judicial consensual (art. 4º), observar-se-á o que os cônjuges acordarem sobre a guarda dos filhos.

› CC: art. 1.579.

Art. 10. Na separação judicial fundada no *caput* do art. 5º, os filhos menores ficarão com o cônjuge que a e não houver dado causa.

§ 1º. Se pela separação judicial forem responsáveis ambos os cônjuges; os filhos menores ficarão em poder da mãe, salvo se o juiz verificar que de tal solução possa advir prejuízo de ordem moral para eles.

§ 2º. Verificado que não devem os filhos permanecer em poder da mãe nem do pai, deferirá o juiz a sua guarda a pessoa notoriamente idônea da família de qualquer dos cônjuges.

Art. 11. Quando a separação judicial ocorrer com fundamento no § 1º do art. 5º, os filhos ficarão em poder do cônjuge em cuja companhia estavam durante o tempo de ruptura da vida em comum.

Art. 12. Na separação judicial fundada no § 2º do art. 5º, o juiz deferirá a entrega dos filhos ao cônjuge que estiver em condições de assumir, normalmente, a responsabilidade de sua guarda e educação.

Art. 13. Se houver motivos graves, poderá o juiz, em qualquer caso, a bem dos filhos, regular por maneira diferente da estabelecida nos artigos anteriores a situação deles com os pais.

Art. 14. No caso de anulação do casamento, havendo filhos comuns, observar-se-á o disposto nos arts. 10 e 13.

Parágrafo único. Ainda que nenhum dos cônjuges esteja de boa-fé ao contrair o casamento, seus efeitos civis aproveitarão aos filhos comuns.

Art. 15. Os pais, em cuja guarda não estejam os filhos, poderão visitá-los e tê-los em sua companhia, segundo fixar o juiz, bem como fiscalizar sua manutenção e educação.

Art. 16. As disposições relativas à guarda e à prestação de alimentos aos filhos menores estendem-se aos filhos maiores inválidos.

SEÇÃO III.
DO USO DO NOME

‣ CC: arts. 1.571, § 2º e 1.578.

Art. 17. Vencida na ação de separação judicial (art. 5º, *caput*), voltará a mulher a usar o nome de solteira.

§ 1º. Aplica-se, ainda, o disposto neste artigo, quando é da mulher a iniciativa da separação judicial com fundamento nos §§ 1º e 2º do art. 5º.

§ 2º. Nos demais casos, caberá à mulher a opção pela conservação do nome de casada.

Art. 18. Vencedora na ação de separação judicial (art. 5º, *caput*), poderá a mulher renunciar, a qualquer momento, o direito de usar o nome do marido.

SEÇÃO IV.
DOS ALIMENTOS

‣ CPC/15: arts. 22, I, 53, II, 189, II, 215, II, 292, III, 528 a 533, 693, par. único, 911 a 913, e 1.012, § 1º, II.

‣ Lei 5.478/1968 – Dispõe sobre ação de alimentos.

Art. 19. O cônjuge responsável pela separação judicial prestará ao outro, se dela necessitar, a pensão que o juiz fixar.

Art. 20. Para manutenção dos filhos, os cônjuges, separados judicialmente, contribuirão na proporção de seus recursos.

Art. 21. Para assegurar o pagamento da pensão alimentícia, o juiz poderá determinar a constituição de garantia real ou fidejussória.

§ 1º. Se o cônjuge credor preferir, o juiz poderá determinar que a pensão consista no usufruto de determinados bens do cônjuge devedor.

§ 2º. Aplica-se, também, o disposto no parágrafo anterior, se o cônjuge credor justificar a possibilidade do não recebimento regular da pensão.

Art. 22. Salvo decisão judicial, as prestações alimentícias, de qualquer natureza, serão corrigidas monetariamente na forma dos índices de atualização das Obrigações Reajustáveis do Tesouro Nacional – ORTN.

Parágrafo único. No caso do não pagamento das referidas prestações no vencimento, o devedor responderá, ainda, por custas e honorários de advogado apurados simultaneamente.

Art. 23. A obrigação de prestar alimentos transmite-se aos herdeiros do devedor, na forma do art. 1.796 do Código Civil.

CAPÍTULO II.
DO DIVÓRCIO

Art. 24. O divórcio põe termo ao casamento e aos efeitos civis do matrimônio religioso.

Parágrafo único. O pedido somente competirá aos cônjuges, podendo, contudo, ser exercido, em caso de incapacidade, por curador, ascendente ou irmão.

‣ CC: art. 1.582, par. único.

Art. 25. A conversão em divórcio da separação judicial dos cônjuges existente há mais de um ano, contada da data da decisão ou da que concedeu a medida cautelar correspondente (art. 8°), será decretada por sentença, da qual não constará referência à causa que a determinou. (Redação dada pela Lei nº 8.408, de 1992)

Parágrafo único. A sentença de conversão determinará que a mulher volte a usar o nome que tinha antes de contrair matrimônio, só conservando o nome de família do ex-marido se alteração prevista neste artigo acarretar: (Incluído pela Lei nº 8.408, de 1992)

I – evidente prejuízo para a sua identificação; (Incluído pela Lei nº 8.408, de 1992)

II – manifesta distinção entre o seu nome de família e dos filhos havidos da união dissolvida; (Incluído pela Lei nº 8.408, de 1992)

III – dano grave reconhecido em decisão judicial. (Incluído pela Lei nº 8.408, de 1992)

Art. 26. No caso de divórcio resultante da separação prevista nos §§ 1º e 2º do art. 5º, o cônjuge que teve a iniciativa da separação continuará com o dever de assistência ao outro. (Código Civil – art. 231, n. III).

Art. 27. O divórcio não modificará os direitos e deveres dos pais em relação aos filhos.

‣ CC: art. 1.579.

Parágrafo único. O novo casamento de qualquer dos pais ou de ambos também não importará restrição a esses direitos e deveres.

Art. 28. Os alimentos devidos pelos pais e fixados na sentença de separação poderão ser alterados a qualquer tempo.

Art. 29. O novo casamento do cônjuge credor da pensão extinguirá a obrigação do cônjuge devedor.

Art. 30. Se o cônjuge devedor da pensão vier a casar-se, o novo casamento não alterará sua obrigação.

Art. 31. Não se decretará o divórcio se ainda não houver sentença definitiva de separação judicial, ou se esta não tiver decidido sobre a partilha dos bens.

Art. 32. A sentença definitiva do divórcio produzirá efeitos depois de registrada no Registro Público competente.

Art. 33. Se os cônjuges divorciados quiserem restabelecer a união conjugal só poderão fazê-lo mediante novo casamento.

CAPÍTULO III.
DO PROCESSO

Art. 34. A separação judicial consensual se fará pelo procedimento previsto nos arts. 1.120 e 1.124 do Código de Processo Civil, e as demais pelo procedimento ordinário.

‣ Refere-se ao CPC de 1973.

‣ CPC/15: arts. 731 a 734.

§ 1º. A petição será também assinada pelos advogados das partes ou pelo advogado escolhido de comum acordo.

§ 2º. O juiz pode recusar a homologação e não decretar a separação judicial, se comprovar que a convenção não preserva suficientemente os interesses dos filhos ou de um dos cônjuges.

§ 3º. Se os cônjuges não puderem ou não souberem assinar, é lícito que outrem o faça a rogo deles.

§ 4º. As assinaturas, quando não lançadas na presença do juiz, serão, obrigatoriamente, reconhecidas por tabelião.

Art. 35. A conversão da separação judicial em divórcio será feita mediante pedido de qualquer dos cônjuges.

Parágrafo único. O pedido será apensado aos autos da separação judicial. (art. 48)

Art. 36. Do pedido referido no artigo anterior, será citado o outro cônjuge, em cuja resposta não caberá reconvenção.

Parágrafo único. A contestação só pode fundar-se em:

I – falta do decurso de 1 (um) ano da separação judicial; (Redação dada pela Lei nº 7.841, de 1989)

II – descumprimento das obrigações assumidas pelo requerente na separação.

Art. 37. O juiz conhecerá diretamente do pedido, quando não houver contestação ou necessidade de produzir prova em audiência, e proferirá sentença dentro em 10 (dez) dias.

§ 1º. A sentença limitar-se-á à conversão da separação em divórcio, que não poderá ser negada, salvo se provada qualquer das hipóteses previstas no parágrafo único do artigo anterior.

§ 2º. A improcedência do pedido de conversão não impede que o mesmo cônjuge o renove, desde que satisfeita a condição anteriormente descumprida.

Art. 38. *(Revogado pela Lei nº 7.841, de 1989).*

Art. 39. O capítulo III do Título II do Livro IV do Código de Processo Civil, as expressões "desquite por mútuo consentimento", "desquite" e "desquite litigioso" são substituídas por "separação consensual" e "separação judicial".

CAPÍTULO IV. DAS DISPOSIÇÕES FINAIS E TRANSITÓRIAS

Art. 40. No caso de separação de fato, e desde que completados 2 (dois) anos consecutivos, poderá ser promovida ação de divórcio, na qual deverá ser comprovado decurso do tempo da separação. (Redação dada pela Lei nº 7.841, de 1989)

§ 1º. *(Revogado pela Lei nº 7.841, de 1989).*

§ 2º. No divórcio consensual, o procedimento adotado será o previsto nos artigos 1.120 a 1.124 do Código de Processo Civil, observadas, ainda, as seguintes normas:

I – a petição conterá a indicação dos meios probatórios da separação de fato, e será instruída com a prova documental já existente;

II – a petição fixará o valor da pensão do cônjuge que dela necessitar para sua manutenção, e indicará as garantias para o cumprimento da obrigação assumida;

III – se houver prova testemunhal, ela será produzida na audiência de ratificação do pedido de divórcio a qual será obrigatoriamente realizada.

IV – a partilha dos bens deverá ser homologada pela sentença do divórcio.

§ 3º. Nos demais casos, adotar-se-á o procedimento ordinário.

Art. 41. As causas de desquite em curso na data da vigência desta Lei, tanto as que se processam pelo procedimento especial quanto as de procedimento ordinário, passam automaticamente a visar à separação judicial.

Art. 42. As sentenças já proferidas em causas de desquite são equiparadas, para os efeitos desta Lei, às de separação judicial.

Art. 43. Se, na sentença do desquite, não tiver sido homologada ou decidida a partilha dos bens, ou quando esta não tenha sido feita posteriormente, a decisão de conversão disporá sobre ela.

Art. 44. Contar-se-á o prazo de separação judicial a partir da data em que, por decisão judicial proferida em qualquer processo, mesmo nos de jurisdição voluntária, for determinada ou presumida a separação dos cônjuges.

Art. 45. Quando o casamento se seguir a uma comunhão de vida entre os nubentes, existentes antes de 28 de junho de 1977, que haja perdurado por 10 (dez) anos consecutivos ou da qual tenha resultado filhos, o regime matrimonial de bens será estabelecido livremente, não se lhe aplicando o disposto no artigo 258, parágrafo único, n. II, do Código Civil.

Art. 46. Seja qual for a causa da separação judicial, e o modo como esta se faça, é permitido aos cônjuges restabelecer a todo o tempo a sociedade conjugal, nos termos sem que fora constituída, contanto que o façam mediante requerimento nos autos da ação de separação.

Parágrafo único. A reconciliação em nada prejudicará os direitos de terceiros, adquiridos antes e durante a separação, seja qual for o regime de bens.

Art. 47. Se os autos do desquite ou os da separação judicial tiverem sido extraviados, ou se encontrarem em outra circunscrição judiciária, o pedido de conversão em divórcio será instruído com a certidão da sentença, ou da sua averbação no assento de casamento.

Art. 48. Aplica-se o disposto no artigo anterior, quando a mulher desquitada tiver domicílio diverso daquele em que se julgou o desquite.

Art. 49. Os §§ 5º e 6º do art. 7º da Lei de Introdução ao Código Civil passam a vigorar com a seguinte redação:

‣ Alteração incorporada ao texto da referida Lei de Introdução ao Código Civil.

Art. 50. São introduzidas no Código Civil as alterações seguintes:

‣ Alteração incorporada ao texto do referido Código Civil.

Art. 51. A Lei nº 883, de 21 de outubro de 1949 passa a vigorar com as seguintes alterações:

1) "Art. 1º. (...)

Parágrafo único. Ainda na vigência do casamento qualquer dos cônjuges poderá reconhecer o filho havido fora do matrimônio, em testamento cerrado, aprovado antes ou depois do nascimento do filho, e, nessa parte, irrevogável."

2) "Art. 2º. Qualquer que seja a natureza da filiação, o direito à herança será reconhecido em igualdade de condições."

3) "Art. 4º. (...)

Parágrafo único. Dissolvida a sociedade conjugal do que foi condenado a prestar alimentos, quem os obteve não precisa propor ação de investigação para ser reconhecido, cabendo, porém, aos interessados o direito de impugnar a filiação."

4) "Art. 9º. O filho havido fora do casamento e reconhecido pode ser privado da herança nos casos dos arts. 1.595 e 1.744 do Código Civil."

Art. 52. O n. I do art. 100, o n. II do art. 155 e o § 2º do art. 733 do Código de Processo Civil passam a vigorar com a seguinte redação:

‣ Refere-se ao CPC de 1973.

"Art. 100. [...]

I – da residência da mulher, para a ação de separação dos cônjuges e a conversão desta em divórcio, e para a anulação de casamento.

Art. 155. [...]

II – que dizem respeito a casamento, filiação, separação dos cônjuges, conversão desta em divórcio, alimentos e guarda de menores."

"Art. 733. [...]

§ 2º - O cumprimento da pena não exime o devedor do pagamento das prestações vencidas e vincendas."

Art. 53. A presente Lei entrará em vigor na data de sua publicação.

Art. 54. Revogam-se os arts. 315 a 328 e o § 1º do art. 1605 do Código Civil e as demais disposições em contrário.

Brasília, em 26 de dezembro de 1977; 156º da Independência e 89º da República.

Ernesto Geisel

D.O.U. 27.12.1977

LEI Nº 6.830, DE 22 DE SETEMBRO DE 1980

Dispõe sobre a cobrança judicial da Dívida Ativa da Fazenda Pública e dá outras providências.

‣ *Execução fiscal*

O PRESIDENTE DA REPÚBLICA Faço saber que o Congresso Nacional decreta e eu sanciono a seguinte Lei:

Art. 1º. A execução judicial para cobrança da Dívida Ativa da União, dos Estados, do Distrito Federal, dos Municípios e respectivas autarquias será regida por esta Lei e, subsidiariamente, pelo Código de Processo Civil.

‣ Súm. 521 do STJ.

‣ CPC/15: arts. 46, § 5º e 782, § 2º.

Art. 2º. Constitui Dívida Ativa da Fazenda Pública aquela definida como tributária ou não tributária na Lei nº 4.320, de 17 de março de 1964, com as alterações posteriores, que estatui normas gerais de direito financeiro para elaboração e controle dos orçamentos e balanços da União, dos Estados, dos Municípios e do Distrito Federal.

§ 1º. Qualquer valor, cuja cobrança seja atribuída por lei às entidades de que trata o art. 1º, será considerado Dívida Ativa da Fazenda Pública.

§ 2º. A Dívida Ativa da Fazenda Pública, compreendendo a tributária e a não tributária, abrange atualização monetária, juros e multa de mora e demais encargos previstos em lei ou contrato.

‣ CTN: art. 161, § 1º.

§ 3º. A inscrição, que se constitui no ato de controle administrativo da legalidade, será feita pelo órgão competente para apurar a liquidez e certeza do crédito e suspenderá a prescrição, para todos os efeitos de direito, por 180 (cento e oitenta) dias ou até a distribuição da execução fiscal, se esta ocorrer antes de findo aquele prazo.

‣ CTN: art. 174, par. único.

§ 4º. A Dívida Ativa da União será apurada e inscrita na Procuradoria da Fazenda Nacional.

‣ Súm. 139 do STJ.

‣ Lei 8.022/1990: art. 1º.

§ 5º. O Termo de Inscrição de Dívida Ativa deverá conter:

‣ CTN: art. 202.

I – o nome do devedor, dos corresponsáveis e, sempre que conhecido, o domicílio ou residência de um e de outros;

II – o valor originário da dívida, bem como o termo inicial e a forma de calcular os juros de mora e demais encargos previstos em lei ou contrato;

III – a origem, a natureza e o fundamento legal ou contratual da dívida;

IV – a indicação, se for o caso, de estar a dívida sujeita à atualização monetária, bem como o respectivo fundamento legal e o termo inicial para o cálculo;

V – a data e o número da inscrição, no Registro de Dívida Ativa; e

VI – o número do processo administrativo ou do auto de infração, se neles estiver apurado o valor da dívida.

§ 6º. A Certidão de Dívida Ativa conterá os mesmos elementos do Termo de Inscrição e será autenticada pela autoridade competente.

§ 7º. O Termo de Inscrição e a Certidão de Dívida Ativa poderão ser preparados e numerados por processo manual, mecânico ou eletrônico.

§ 8º. Até a decisão de primeira instância, a Certidão de Dívida Ativa poderá ser emendada ou substituída, assegurada ao executado a devolução do prazo para embargos.

§ 9º. O prazo para a cobrança das contribuições previdenciárias continua a ser o estabelecido no art. 144 da Lei nº 3.807, de 26 de agosto de 1960.

Art. 3º. A Dívida Ativa regularmente inscrita goza da presunção de certeza e liquidez.

- CTN: art. 204, par. único.

Parágrafo único. A presunção a que se refere este artigo é relativa e pode ser ilidida por prova inequívoca, a cargo do executado ou de terceiro, a quem aproveite.

Art. 4º. A execução fiscal poderá ser promovida contra:

- CPC/15: art. 779.

I – o devedor;

II – o fiador;

III – o espólio;

IV – a massa;

V – o responsável, nos termos da lei, por dívidas, tributárias ou não, de pessoas físicas ou pessoas jurídicas de direito privado; e

VI – os sucessores a qualquer título.

§ 1º. Ressalvado o disposto no art. 31, o síndico, o comissário, o liquidante, o inventariante e o administrador, nos casos de falência, concordata, liquidação, inventário, insolvência ou concurso de credores, se, antes de garantidos os créditos da Fazenda Pública, alienarem ou derem em garantia quaisquer dos bens administrados, respondem, solidariamente, pelo valor desses bens.

- Lei. 11.101/2005 – Regula a recuperação judicial, a extrajudicial e a falência do empresário e da sociedade empresária.

§ 2º. À Dívida Ativa da Fazenda Pública, de qualquer natureza, aplicam-se as normas relativas à responsabilidade prevista na legislação tributária, civil e comercial.

§ 3º. Os responsáveis, inclusive as pessoas indicadas no § 1º deste artigo, poderão nomear bens livres e desembaraçados do devedor, tantos quantos bastem para pagar a dívida. Os bens dos responsáveis ficarão, porém, sujeitos à execução, se os do devedor forem insuficientes à satisfação da dívida.

- CPC/15: art. 794.

§ 4º. Aplica-se à Dívida Ativa da Fazenda Pública de natureza não tributária o disposto nos arts. 186 e 188 a 192 do Código Tributário Nacional.

Art. 5º. A competência para processar e julgar a execução da Dívida Ativa da Fazenda Pública exclui a de qualquer outro juízo, inclusive o da falência, da concordata, da liquidação, da insolvência ou do inventário.

- Súm. 66 do STJ.
- CF/88: art. 109, § 3º.
- Lei. 11.101/2005 – Regula a recuperação judicial, a extrajudicial e a falência do empresário e da sociedade empresária.

Art. 6º. A petição inicial indicará apenas:

- Súm. 58, 66, 121, 153, 190, 251, 314, 393, 409, 414, 515, 558 e 559 do STJ.
- CPC/15: art. 319.

I – o juiz a quem é dirigida;

II – o pedido; e

III – o requerimento para a citação.

§ 1º. A petição inicial será instruída com a Certidão da Dívida Ativa, que dela fará parte integrante, como se estivesse transcrita.

§ 2º. A petição inicial e a Certidão de Dívida Ativa poderão constituir um único documento, preparado inclusive por processo eletrônico.

§ 3º. A produção de provas pela Fazenda Pública independe de requerimento na petição inicial.

§ 4º. O valor da causa será o da dívida constante da certidão, com os encargos legais.

Art. 7º. O despacho do juiz que deferir a inicial importa em ordem para:

I – citação, pelas sucessivas modalidades previstas no art. 8º;

- Súm. 414 do STJ.

II – penhora, se não for paga a dívida, nem garantida a execução, por meio de depósito, fiança ou seguro garantia; (Redação dada pela Lei nº 13.043, de 2014)

III – arresto, se o executado não tiver domicílio ou dele se ocultar;

IV – registro da penhora ou do arresto, independentemente do pagamento de custas ou outras despesas, observado o disposto no art. 14; e

V – avaliação dos bens penhorados ou arrestados.

Art. 8º. O executado será citado para, no prazo de 5 (cinco) dias, pagar a dívida com os juros e multa de mora e encargos indicados na Certidão de Dívida Ativa, ou garantir a execução, observadas as seguintes normas:

- CPC/15: art. 828, *caput*.

I – a citação será feita pelo correio, com aviso de recepção, se a Fazenda Pública não a requerer por outra forma;

- Súm. 58 do STJ.
- CPC/15: art. 248.

II – a citação pelo correio considera-se feita na data da entrega da carta no endereço do executado; ou, se a data for omitida, no aviso de recepção, 10 (dez) dias após a entrega da carta à agência postal;

III – se o aviso de recepção não retornar no prazo de 15 (quinze) dias da entrega da carta à agência postal, a citação será feita por oficial de justiça ou por edital;

- Súm. 414 do STJ.

IV – o edital de citação será afixado na sede do juízo, publicado uma só vez no órgão oficial, gratuitamente, como expediente judiciário, com o prazo de 30 (trinta) dias, e conterá, apenas, a indicação da exequente, o nome do devedor e dos corresponsáveis, a quantia devida, a natureza da dívida, a data e o número da inscrição no Registro da Dívida Ativa, o prazo e o endereço da sede do juízo.

- Súm. 414 do STJ.

§ 1º. O executado ausente do País será citado por edital, com prazo de 60 (sessenta) dias.

- Súm. 414 do STJ.

§ 2º. O despacho do juiz, que ordenar a citação, interrompe a prescrição.

- CTN: art. 174, par. único, I.

Art. 9º. Em garantia da execução, pelo valor da dívida, juros e multa de mora e encargos indicados na Certidão da Dívida Ativa, o executado poderá:

I – efetuar depósito em dinheiro, à ordem do juízo em estabelecimento oficial de crédito, que assegure atualização monetária;

II – oferecer fiança bancária ou seguro garantia; (Redação dada pela Lei nº 13.043, de 2014)

III – nomear bens à penhora, observada a ordem do art. 11; ou

IV – indicar à penhora bens oferecidos por terceiros e aceitos pela Fazenda Pública.

§ 1º. O executado só poderá indicar e o terceiro oferecer bem imóvel à penhora com o consentimento expresso do respectivo cônjuge.

§ 2º. Juntar-se-á aos autos a prova do depósito, da fiança bancária, do seguro garantia ou da penhora dos bens do executado ou de terceiros. (Redação dada pela Lei nº 13.043, de 2014)

§ 3º. A garantia da execução, por meio de depósito em dinheiro, fiança bancária ou seguro garantia, produz os mesmos efeitos da penhora. (Redação dada pela Lei nº 13.043, de 2014)

§ 4º. Somente o depósito em dinheiro, na forma do art. 32, faz cessar a responsabilidade pela atualização monetária e juros de mora.

§ 5º. A fiança bancária prevista no inciso II obedecerá às condições preestabelecidas pelo Conselho Monetário Nacional.

§ 6º. O executado poderá pagar parcela da dívida, que julgar incontroversa, e garantir a execução do saldo devedor.

Art. 10. Não ocorrendo o pagamento, nem a garantia da execução de que trata o art. 9º, a penhora poderá recair em qualquer bem do executado, exceto os que a lei declare absolutamente impenhoráveis.

Art. 11. A penhora ou arresto de bens obedecerá à seguinte ordem:

I – dinheiro;

II – título da dívida pública, bem como título de crédito, que tenham cotação em Bolsa;

III – pedras e metais preciosos;

IV – imóveis;

V – navios e aeronaves;

VI – veículos;

VII – móveis ou semoventes; e

VIII – direitos e ações.

§ 1º. Excepcionalmente, a penhora poderá recair sobre estabelecimento comercial, industrial ou agrícola, bem como em plantações ou edifícios em construção.

§ 2º. A penhora efetuada em dinheiro será convertida no depósito de que trata o inciso I do art. 9º.

§ 3º. O juiz ordenará a remoção do bem penhorado para depósito judicial, particular ou da Fazenda Pública exequente, sempre que esta o requerer, em qualquer fase do processo.

Art. 12. Na execução fiscal, far-se-á a intimação da penhora ao executado, mediante publicação, no órgão oficial, do ato de juntada do termo ou do auto de penhora.

§ 1º. Nas comarcas do interior dos Estados, a intimação poderá ser feita pela remessa de cópia do termo ou do auto de penhora, pelo correio, na forma estabelecida no art. 8º, I e II, para a citação.

§ 2º. Se a penhora recair sobre imóvel, far-se-á a intimação ao cônjuge, observadas as normas previstas para a citação.

§ 3º. Far-se-á a intimação da penhora pessoalmente ao executado se, na citação feita pelo correio, o aviso de recepção não contiver a assinatura do próprio executado, ou de seu representante legal.

Art. 13. O termo ou auto de penhora conterá, também, a avaliação dos bens penhorados, efetuada por quem o lavrar.

§ 1º. Impugnada a avaliação, pelo executado, ou pela Fazenda Pública, antes de publicado o edital de leilão, o juiz, ouvida a outra parte, nomeará avaliador oficial para proceder a nova avaliação dos bens penhorados.

- Súm. 121 e 128 do STJ.

§ 2º. Se não houver, na comarca, avaliador oficial ou este não puder apresentar o laudo de avaliação no prazo de 15 (quinze) dias, será nomeada pessoa ou entidade habilitada, a critério do juiz.

§ 3º. Apresentado o laudo, o juiz decidirá de plano sobre a avaliação.

Art. 14. O oficial de justiça entregará contrafé e cópia do termo ou do auto de penhora ou arresto, com a ordem de registro de que trata o art. 7º, IV:

I – no Ofício próprio, se o bem for imóvel ou a ele equiparado;

II – na repartição competente para emissão de certificado de registro, se for veículo;

III – na Junta Comercial, na Bolsa de Valores, e na sociedade comercial, se forem ações, debênture, parte beneficiária, cota ou qualquer outro título, crédito ou direito societário nominativo.

Art. 15. Em qualquer fase do processo, será deferida pelo juiz:

I – ao executado, a substituição da penhora por depósito em dinheiro, fiança bancária ou seguro garantia; e (Redação dada pela Lei nº 13.043, de 2014)

II – à Fazenda Pública, a substituição dos bens penhorados por outros, independentemente da ordem enumerada no art. 11, bem como o reforço da penhora insuficiente.

- CPC/15: art. 874, II.

Art. 16. O executado oferecerá embargos, no prazo de 30 (trinta) dias, contados:

I – do depósito;

II – da juntada da prova da fiança bancária ou do seguro garantia; (Redação dada pela Lei nº 13.043, de 2014)

III – da intimação da penhora.

§ 1º. Não são admissíveis embargos do executado antes de garantida a execução.

§ 2º. No prazo dos embargos, o executado deverá alegar toda matéria útil à defesa, requerer provas e juntar aos autos os documentos e rol de testemunhas, até três, ou, a critério do juiz, até o dobro desse limite.

§ 3º. Não será admitida reconvenção, nem compensação, e as exceções, salvo as de suspeição, incompetência e impedimentos, serão arguidas como matéria preliminar e serão processadas e julgadas com os embargos.

- Súm. 276 e 277 do STF.
- Súm. 393 do STJ.

Art. 17. Recebidos os embargos, o juiz mandará intimar a Fazenda, para impugná-los no prazo de 30 (trinta) dias, designando, em seguida, audiência de instrução e julgamento.

Parágrafo único. Não se realizará audiência, se os embargos versarem sobre matéria de direito ou, sendo de direito e de fato, a prova for exclusivamente documental, caso em que o juiz proferirá a sentença no prazo de 30 (trinta) dias.

Art. 18. Caso não sejam oferecidos os embargos, a Fazenda Pública manifestar-se-á sobre a garantia da execução.

Art. 19. Não sendo embargada a execução ou sendo rejeitados os embargos, no caso de garantia prestada por terceiro, será este intimado, sob pena de contra ele prosseguir a execução nos próprios autos, para, no prazo de 15 (quinze) dias:

I – remir o bem, se a garantia for real; ou

II – pagar o valor da dívida, juros e multa de mora e demais encargos, indicados na Certidão de Dívida Ativa, pelos quais se obrigou, se a garantia for fidejussória.

Art. 20. Na execução por carta, os embargos do executado serão oferecidos no juízo deprecado, que os remeterá ao juízo deprecante, para instrução e julgamento.

Parágrafo único. Quando os embargos tiverem por objeto vícios ou irregularidades de atos do próprio juízo deprecado, caber-lhe-á unicamente o julgamento dessa matéria.

Art. 21. Na hipótese de alienação antecipada dos bens penhorados, o produto será depositado em garantia da execução, nos termos previstos no art. 9º, I.

- CPC/15: art. 730.

Art. 22. A arrematação será precedida de edital, afixado no local do costume, na sede do juízo, e publicado, em resumo, uma só vez, gratuitamente, como expediente judiciário, no órgão oficial.

- Súm. 121 e 128 do STJ.

§ 1º. O prazo entre as datas de publicação do edital e do leilão não poderá ser superior a 30 (trinta), nem inferior a 10 (dez) dias.

§ 2º. O representante judicial da Fazenda Pública será intimado, pessoalmente, da realização do leilão, com a antecedência prevista no parágrafo anterior.

Art. 23. A alienação de quaisquer bens penhorados será feita em leilão público, no lugar designado pelo juiz.

§ 1º. A Fazenda Pública e o executado poderão requerer que os bens sejam leiloados englobadamente ou em lotes que indicarem.

- CPC/15: art. 891.

§ 2º. Cabe ao arrematante o pagamento da comissão do leiloeiro e demais despesas indicadas no edital.

- CPC/15: art. 884, par. único.

Art. 24. A Fazenda Pública poderá adjudicar os bens penhorados:

I – antes do leilão, pelo preço da avaliação, se a execução não for embargada ou se rejeitados os embargos;

II – findo o leilão:

a) se não houver licitante, pelo preço da avaliação;

b) havendo licitantes, com preferência, em igualdade de condições com a melhor oferta, no prazo de 30 (trinta) dias.

Parágrafo único. Se o preço da avaliação ou o valor da melhor oferta for superior ao dos créditos da Fazenda Pública, a adjudicação somente será deferida pelo juiz se a diferença for depositada, pela exequente, à ordem do juízo, no prazo de 30 (trinta) dias.

Art. 25. Na execução fiscal, qualquer intimação ao representante judicial da Fazenda Pública será feita pessoalmente.

- Súm. 121 do STJ.

Parágrafo único. A intimação de que trata este artigo poderá ser feita mediante vista dos autos, com imediata remessa ao representante judicial da Fazenda Pública, pelo cartório ou secretaria.

Art. 26. Se, antes da decisão de primeira instância, a inscrição de Dívida Ativa for, a qualquer título, cancelada, a execução fiscal será extinta, sem qualquer ônus para as partes.

Art. 27. As publicações de atos processuais poderão ser feitas resumidamente ou reunir num só texto os de diferentes processos.

Parágrafo único. As publicações farão sempre referência ao número do processo no respectivo juízo e ao número da correspondente inscrição de Dívida Ativa, bem como ao nome das partes e de seus advogados, suficientes para a sua identificação.

Art. 28. O juiz, a requerimento das partes, poderá, por conveniência da unidade da garantia da execução, ordenar a reunião de processos contra o mesmo devedor.

- Súmula 515 do STJ.
- CPC/15: arts. 57 e 58.

Parágrafo único. Na hipótese deste artigo, os processos serão redistribuídos ao juízo da primeira distribuição.

Art. 29. A cobrança judicial da Dívida Ativa da Fazenda Pública não é sujeita a concurso de credores ou habilitação em falência, concordata, liquidação, inventário ou arrolamento.

Parágrafo único. O concurso de preferência somente se verifica entre pessoas jurídicas de direito público, na seguinte ordem:

- Súm. 497 do STJ.

I – União e suas autarquias;

II – Estados, Distrito Federal e Territórios e suas autarquias, conjuntamente e *pro rata*;

III – Municípios e suas autarquias, conjuntamente e *pro rata*.

Art. 30. Sem prejuízo dos privilégios especiais sobre determinados bens, que sejam previstos em lei, responde pelo pagamento da Dívida Ativa da Fazenda Pública a totalidade dos bens e das rendas, de qualquer origem ou natureza, do sujeito passivo, seu espólio ou sua massa, inclusive os gravados por ônus real ou cláusula de inalienabilidade ou impenhorabilidade, seja qual for a data da constituição do ônus ou da cláusula, excetuados unicamente os bens e rendas que a lei declara absolutamente impenhoráveis.

Art. 31. Nos processos de falência, concordata, liquidação, inventário, arrolamento ou concurso de credores, nenhuma alienação será judicialmente autorizada sem a prova de quitação da Dívida Ativa ou a concordância da Fazenda Pública.

- Lei. 11.101/2005 – Regula a recuperação judicial, a extrajudicial e a falência do empresário e da sociedade empresária.

Art. 32. Os depósitos judiciais em dinheiro serão obrigatoriamente feitos:

I – na Caixa Econômica Federal, de acordo com o Dec.-lei nº 1.737, de 20 de dezembro de 1979, quando relacionados com a execução fiscal proposta pela União ou suas autarquias;

II – na Caixa Econômica ou no banco oficial da unidade federativa ou, à sua falta, na Caixa Econômica Federal, quando relacionados com execução fiscal proposta pelo Estado, Distrito Federal, Municípios e suas autarquias.

§ 1º. Os depósitos de que trata este artigo estão sujeitos à atualização monetária, segundo os índices estabelecidos para os débitos tributários federais.

§ 2º. Após o trânsito em julgado da decisão, o depósito, monetariamente atualizado, será devolvido ao depositante ou entregue à Fazenda Pública, mediante ordem do juízo competente.

Art. 33. O juízo, de ofício, comunicará à repartição competente da Fazenda Pública, para fins de averbação no Registro da Dívida Ativa, a decisão final, transitada em julgado, que der por improcedente a execução, total ou parcialmente.

Art. 34. Das sentenças de primeira instância proferidas em execuções de valor igual ou inferior a 50 (cinquenta) Obrigações Reajustáveis do Tesouro Nacional – ORTN, só se admitirão embargos infringentes e de declaração.

- Súm. 640 do STF.

§ 1º. Para os efeitos deste artigo, considerar-se-á o valor da dívida monetariamente atualizado e acrescido de multa e juros de mora e demais encargos legais, na data da distribuição.

§ 2º. Os embargos infringentes, instruídos, ou não, com documentos novos, serão deduzidos, no prazo de 10 (dez) dias perante o mesmo juízo, em petição fundamentada.

§ 3º. Ouvido o embargado, no prazo de 10 (dez) dias, serão os autos conclusos ao juiz, que, dentro de 20 (vinte) dias, os rejeitará ou reformará a sentença.

Art. 35. Nos processos regulados por esta Lei, poderá ser dispensada a audiência de revisor, no julgamento das apelações.

Art. 36. Compete à Fazenda Pública baixar normas sobre o recolhimento da Dívida Ativa respectiva, em juízo ou fora dele, e aprovar, inclusive, os modelos de documentos de arrecadação.

Art. 37. O auxiliar de justiça que, por ação ou omissão, culposa ou dolosa, prejudicar a execução, será responsabilizado, civil, penal e administrativamente.

Parágrafo único. O oficial de justiça deverá efetuar, em 10 (dez) dias, as diligências que lhe forem ordenadas, salvo motivo de força maior devidamente justificado perante o juízo.

Art. 38. A discussão judicial da Dívida Ativa da Fazenda Pública só é admissível em execução, na forma desta Lei, salvo as hipóteses de mandado de segurança, ação de repetição do indébito ou ação anulatória do ato declarativo da dívida, esta precedida do depósito preparatório do valor do débito, monetariamente corrigido e acrescido dos juros e multa de mora e demais encargos.

- CTN: arts. 165 a 169.
- CPC/15: arts. 19 e 20.
- Lei 12.016/2009 – Disciplina o mandado de segurança individual e coletivo.

Parágrafo único. A propositura, pelo contribuinte, da ação prevista neste artigo importa em renúncia ao poder de recorrer na esfera administrativa e desistência do recurso acaso interposto.

Art. 39. A Fazenda Pública não está sujeita ao pagamento de custas e emolumentos. A prática dos atos judiciais de seu interesse independerá de preparo ou de prévio depósito.

Parágrafo único. Se vencida, a Fazenda Pública ressarcirá o valor das despesas feitas pela parte contrária.

- CPC/15: arts. 84 e 85.

Art. 40. O juiz suspenderá o curso da execução, enquanto não for localizado o devedor ou encontrados bens sobre os quais possa recair a penhora, e, nesses casos, não correrá o prazo de prescrição.

- Súm. 314 do STJ.
- CPC/15: art. 921.
- CTN: art. 174, par. único.

§ 1º. Suspenso o curso da execução, será aberta vista dos autos ao representante judicial da Fazenda Pública.

- CTN: art. 151.

§ 2º. Decorrido o prazo máximo de 1 (um) ano, sem que seja localizado o devedor ou encontrados bens penhoráveis, o juiz ordenará o arquivamento dos autos.

§ 3º. Encontrados que sejam, a qualquer tempo, o devedor ou os bens, serão desarquivados os autos para prosseguimento da execução.

§ 4º. Se da decisão que ordenar o arquivamento tiver decorrido o prazo prescricional, o juiz, depois de ouvida a Fazenda Pública, poderá, de ofício, reconhecer a prescrição intercorrente e decretá-la de imediato. (Incluído pela Lei nº 11.051, de 2004)

- Súm. 314 do STJ.

§ 5º. A manifestação prévia da Fazenda Pública prevista no § 4º deste artigo será dispensada no caso de cobranças judiciais cujo valor seja inferior ao mínimo fixado por ato do Ministro de Estado da Fazenda. (Incluído pela Lei nº 11.960, de 2009)

Art. 41. O processo administrativo correspondente à inscrição de Dívida Ativa, à execução fiscal ou à ação proposta contra a Fazenda Pública será mantido na repartição competente, dele se extraindo as cópias autenticadas ou certidões, que forem requeridas pelas partes ou requisitadas pelo juiz ou pelo Ministério Público.

- Dec. 70.235/1972 – Dispõe sobre o processo administrati fiscal.

Parágrafo único. Mediante requisição do juiz à repartição competente, com dia e hora previamente marcados, poderá o processo administrativo ser exibido na sede do juízo, pelo funcionário para esse fim designado, lavrando o serventuário termo da ocorrência, com indicação, se for o caso, das peças a serem trasladadas.

Art. 42. Revogadas as disposições em contrário, esta Lei entrará em vigor 90 (noventa) dias após a data de sua publicação.

Brasília, em 22 de setembro de 1980; 159º da Independência e 92º da República.

JOÃO FIGUEIREDO

D.O.U. 24.9.1980

LEI Nº 6.938, DE 31 DE AGOSTO DE 1981

Dispõe sobre a Política Nacional do Meio Ambiente, seus fins e mecanismos de formulação e aplicação, e dá outras providências.

- *Política Nacional do Meio Ambiente*
- Lei 12.651/2012 – Dispõe sobre a proteção da vegetação nativa; altera as Leis 6.938/1981, 9.393/1996, e 11.428/2006; revoga as Leis 4.771/1965, e 7.754/1989, e a MP 2.166-67/2001. (Novo Código Florestal)
- Lei 11.105/2005 – Regulamenta os incisos II, IV e V do § 1º do art. 225 da CF.
- Lei 9.985/2000 – Regulamenta o art. 225, § 1º, incisos I, II, III e VII da CF, institui o Sistema Nacional de Unidades de Conservação da Natureza.
- Lei 9.605/1998 – Dispõe sobre as sanções penais e administrativas derivadas de condutas e atividades lesivas ao meio ambiente. (Lei de crimes ambientais)
- Decreto 7.830/2012 – Dispõe sobre o Sistema de Cadastro Ambiental Rural, o Cadastro Ambiental Rural, estabelece normas de caráter geral aos Programas de Regularização Ambiental, de que trata a Lei 12.651/2012..
- Decreto de 15 de setembro de 2010 – Institui o Plano de Ação para Prevenção e Controle do Desmatamento e das Queimadas no Bioma Cerrado (PP Cerrado).
- Decreto 6.514/2008 – Dispõe sobre as infrações e sanções administrativas ao meio ambiente, estabelece o processo administrativo federal para apuração destas infrações.
- Decreto 6.321/2007 – Dispõe sobre ações relativas à prevenção, monitoramento e controle de desmatamento no Bioma Amazônia.
- Decreto 5.092/2004 – Define regras para identificação de áreas prioritárias para a conservação, utilização sustentável e repartição dos benefícios da biodiversidade, no âmbito das atribuições do Ministério do Meio Ambiente.
- Decreto 4.339/2002 – Institui princípios e diretrizes para a implementação da Política Nacional da Biodiversidade.
- Decreto 99.274/1990 – Regulamenta a Lei nº 6.902, de 27 de abril de 1981, e a Lei nº 6.938, de 31 de agosto de 1981, que dispõem, respectivamente sobre a criação de Estações Ecológicas e Áreas de Proteção Ambiental e sobre a Política Nacional do Meio Ambiente.

O PRESIDENTE DA REPÚBLICA, faço saber que o Congresso Nacional decreta e eu sanciono a seguinte Lei:

Art. 1º. Esta Lei, com fundamento nos incisos VI e VII do art. 23 e no art. 235 da Constituição, estabelece a Política Nacional do Meio Ambiente, seus fins e mecanismos de formulação e aplicação, constitui o Sistema Nacional do Meio Ambiente (Sisnama) e institui o Cadastro de Defesa Ambiental. (Redação dada pela Lei nº 8.028, de 1990)

- Consta conforme publicação oficial. Onde se lê "art. 235"; leia-se "art. 225".

DA POLÍTICA NACIONAL DO MEIO AMBIENTE

Art. 2º. A Política Nacional do Meio Ambiente tem por objetivo a preservação, melhoria e recuperação da qualidade ambiental propícia à vida, visando assegurar, no País, condições ao desenvolvimento socioeconômico, aos interesses da segurança nacional e à proteção da dignidade da vida humana, atendidos os seguintes princípios:

I – ação governamental na manutenção do equilíbrio ecológico, considerando o meio ambiente como um patrimônio público a ser necessariamente assegurado e protegido, tendo em vista o uso coletivo;

- CF/88: art. 225, § 1º, VII.
- Lei 12.651/2012: art. 1º-A
- Decreto 99.274/1990: art. 1º.

II – racionalização do uso do solo, do subsolo, da água e do ar;

III – planejamento e fiscalização do uso dos recursos ambientais;

IV – proteção dos ecossistemas, com a preservação de áreas representativas;

V – controle e zoneamento das atividades potencial ou efetivamente poluidoras;

VI – incentivos ao estudo e à pesquisa de tecnologias orientadas para o uso racional e a proteção dos recursos ambientais;

VII – acompanhamento do estado da qualidade ambiental;

VIII – recuperação de áreas degradadas;

- Decreto 97.632/1989 – Regulamenta o inciso VIII do art. 2º da Lei 6.938/1981.

IX – proteção de áreas ameaçadas de degradação;

X – educação ambiental a todos os níveis do ensino, inclusive a educação da comunidade, objetivando capacitá-la para participação ativa na defesa do meio ambiente.

Art. 3º. Para os fins previstos nesta Lei, entende-se por:

- Lei 12.651/2012: art. 3º.

I – meio ambiente, o conjunto de condições, leis, influências e interações de ordem física, química e biológica, que permite, abriga e rege a vida em todas as suas formas;

II – degradação da qualidade ambiental, a alteração adversa das características do meio ambiente;

III – poluição, a degradação da qualidade ambiental resultante de atividades que direta ou indiretamente:

a) prejudiquem a saúde, a segurança e o bem-estar da população;

b) criem condições adversas às atividades sociais e econômicas;

c) afetem desfavoravelmente a biota;

d) afetem as condições estéticas ou sanitárias do meio ambiente;

e) lancem matérias ou energia em desacordo com os padrões ambientais estabelecidos;

IV – poluidor, a pessoa física ou jurídica, de direito público ou privado, responsável, direta ou indiretamente, por atividade causadora de degradação ambiental;

V – recursos ambientais: a atmosfera, as águas interiores, superficiais e subterrâneas, os estuários, o mar territorial, o solo, o subsolo, os elementos da biosfera, a fauna e a flora. (Redação dada pela Lei nº 7.804, de 1989)

DOS OBJETIVOS DA POLÍTICA NACIONAL DO MEIO AMBIENTE

Art. 4º. A Política Nacional do Meio Ambiente visará:

I – à compatibilização do desenvolvimento econômico-social com a preservação da qualidade do meio ambiente e do equilíbrio ecológico;

II – à definição de áreas prioritárias de ação governamental relativa à qualidade e ao equilíbrio ecológico, atendendo aos interesses da União, dos Estados, do Distrito Federal, dos Territórios e dos Municípios;

III – ao estabelecimento de critérios e padrões da qualidade ambiental e de normas relativas ao uso e manejo de recursos ambientais;

- Decreto 5.975/2006 – Regulamenta o inciso III do art. 4º da Lei 6.938/1981.

IV – ao desenvolvimento de pesquisas e de tecnologias nacionais orientadas para o uso racional de recursos ambientais;

V – à difusão de tecnologias de manejo do meio ambiente, à divulgação de dados e informações ambientais e à formação de uma consciência pública sobre a necessidade de preservação da qualidade ambiental e do equilíbrio ecológico;

VI – à preservação e restauração dos recursos ambientais com vistas à sua utilização racional e disponibilidade permanente, concorrendo para a manutenção do equilíbrio ecológico propício à vida;

VII – à imposição, ao poluidor e ao predador, da obrigação de recuperar e/ou indenizar os danos causados e, ao usuário, da contribuição pela utilização de recursos ambientais com fins econômicos.

Art. 5º. As diretrizes da Política Nacional do Meio Ambiente serão formuladas em normas e planos, destinados a orientar a ação dos governos da União, dos Estados, do Distrito Federal, dos Territórios e dos Municípios no que se relaciona com a preservação da qualidade ambiental e manutenção do equilíbrio ecológico, observados os princípios estabelecidos no art. 2º desta Lei.

- Decreto 5.098/2004 – Plano Nacional de Prevenção, Preparação e Resposta Rápida a Emergências Ambientais com Produtos Químicos Perigosos (P2R2).

Parágrafo único. As atividades empresariais públicas ou privadas serão exercidas em consonância com as diretrizes da Política Nacional do Meio Ambiente.

DO SISTEMA NACIONAL DO MEIO AMBIENTE

Art. 6º. Os órgãos e entidades da União, dos Estados, do Distrito Federal, dos Territórios e dos Municípios, bem como as fundações instituídas pelo Poder Público, responsáveis pela proteção e melhoria da qualidade ambiental, constituirão o Sistema Nacional do Meio Ambiente – Sisnama, assim estruturado:

I – órgão superior: o Conselho de Governo, com a função de assessorar o Presidente da República na formulação da política nacional e nas diretrizes governamentais para o meio ambiente e os recursos ambientais; (Redação dada pela Lei nº 8.028, de 1990)

II – órgão consultivo e deliberativo: o Conselho Nacional do Meio Ambiente – Conama, com a finalidade de assessorar, estudar e propor ao Conselho de Governo, diretrizes de políticas governamentais para o meio ambiente e os recursos naturais e deliberar, no âmbito de sua competência, sobre normas e padrões compatíveis com o meio ambiente ecologicamente equilibrado e essencial à sadia qualidade de vida; (Redação dada pela Lei nº 8.028, de 1990)

III – órgão central: a Secretaria do Meio Ambiente da Presidência da República, com a finalidade de planejar, coordenar, supervisionar e controlar, como órgão federal, a política nacional e as diretrizes governamentais fixadas para o meio ambiente; (Redação dada pela Lei nº 8.028, de 1990)

IV – órgãos executores: o Instituto Brasileiro do Meio Ambiente e dos Recursos Naturais Renováveis – IBAMA e o Instituto Chico Mendes de Conservação da Biodiversidade – Instituto Chico Mendes, com a finalidade de executar e fazer executar a política e as diretrizes governamentais fixadas para o meio ambiente, de acordo com as respectivas competências; (Redação dada pela Lei nº 12.856, de 2013)

V – órgãos seccionais: os órgãos ou entidades estaduais responsáveis pela execução de programas, projetos e pelo controle e fiscalização de atividades capazes de provocar a degradação ambiental; (Redação dada pela Lei nº 7.804, de 1989)

VI – órgãos locais: os órgãos ou entidades municipais, responsáveis pelo controle e fiscalização dessas atividades, nas suas respectivas jurisdições. (Redação dada pela Lei nº 7.804, de 1989)

§ 1º. Os Estados, na esfera de suas competências e nas áreas de sua jurisdição, elaborarão normas supletivas e complementares e padrões relacionados com o meio ambiente, observados os que forem estabelecidos pelo Conama.

§ 2º. Os Municípios, observadas as normas e os padrões federais e estaduais, também poderão elaborar as normas mencionadas no parágrafo anterior.

§ 3º. Os órgãos central, setoriais, seccionais e locais mencionados neste artigo deverão fornecer os resultados das análises efetuadas e sua fundamentação, quando solicitados por pessoa legitimamente interessada.

§ 4º De acordo com a legislação em vigor, é o Poder Executivo autorizado a criar uma Fundação de apoio técnico científico às atividades do IBAMA. (Redação dada pela Lei nº 7.804, de 1989)

DO CONSELHO NACIONAL DO MEIO AMBIENTE

Art. 7º. (Revogado pela Lei nº 8.028, de 1990).

Art. 8º. Compete ao Conama: (Redação dada pela Lei nº 8.028, de 1990)

I – estabelecer, mediante proposta do IBAMA, normas e critérios para o licenciamento de atividades efetiva ou potencialmente poluidoras, a ser concedido pelos Estados e supervisionado pelo IBAMA; (Redação dada pela Lei nº 7.804, de 1989)

II – determinar, quando julgar necessário, a realização de estudos das alternativas e das possíveis consequências ambientais de projetos públicos ou privados, requisitando aos órgãos federais, estaduais e municipais, bem assim a entidades privadas, as informações indispensáveis para apreciação dos estudos de impacto ambiental, e respectivos relatórios, no caso de obras ou atividades de significativa degradação ambiental, especialmente nas áreas consideradas patrimônio nacional; (Redação dada pela Lei nº 8.028, de 1990)

III – (Revogado pela Lei nº 11.941, de 2009).

IV – homologar acordos visando à transformação de penalidades pecuniárias na obrigação de executar medidas de interesse para a proteção ambiental; (vetado);

V – determinar, mediante representação do Ibama, a perda ou restrição de benefícios fiscais concedidos pelo Poder Público, em caráter geral ou condicional, e a perda ou suspensão de participação em linhas de financiamento em estabelecimentos oficiais de crédito;

VI – estabelecer, privativamente, normas e padrões nacionais de controle da poluição por veículos automotores, aeronaves e embarcações, mediante audiência dos Ministérios competentes;

VII – estabelecer normas, critérios e padrões relativos ao controle e à manutenção da qualidade do meio ambiente com vistas ao uso racional dos recursos ambientais, principalmente os hídricos.

- Lei 9.433/1997 – Institui a Política Nacional de Recursos Hídricos, cria o Sistema Nacional de Gerenciamento de Recursos Hídricos, regulamenta o inciso XIX do art. 21 da CF, e altera o art. 1º da Lei 8.001/1990, que modificou a Lei 7.990/1989.

Parágrafo único. O Secretário do Meio Ambiente é, sem prejuízo de suas funções, o Presidente do Conama. (Incluído pela Lei nº 8.028, de 1990)

DOS INSTRUMENTOS DA POLÍTICA NACIONAL DO MEIO AMBIENTE

Art. 9º. São instrumentos da Política Nacional do Meio Ambiente:

I – o estabelecimento de padrões de qualidade ambiental;

II – o zoneamento ambiental;

- Decreto 4.297/2002 – Regulamenta o inc. II do art. 9º da Lei 6.938/1981.
- Decreto 7.378/2010 – Macrozoneamento Ecológico-Econômico da Amazônia Legal (MacroZEE) da Amazônia Legal.

III – a avaliação de impactos ambientais;

IV – o licenciamento e a revisão de atividades efetiva ou potencialmente poluidoras;

V – os incentivos à produção e instalação de equipamentos e a criação ou absorção de tecnologia, voltados para a melhoria da qualidade ambiental;

VI – a criação de espaços territoriais especialmente protegidos pelo Poder Público federal, estadual e municipal, tais como áreas de proteção ambiental, de relevante interesse ecológico e reservas extrativistas; (Redação dada pela Lei nº 7.804, de 1989)

- Lei 9.985/2000: art. 18, *caput*.

VII – o sistema nacional de informações sobre o meio ambiente;

VIII – o Cadastro Técnico Federal de Atividades e Instrumentos de Defesa Ambiental;

IX – as penalidades disciplinares ou compensatórias ao não cumprimento das medidas necessárias à preservação ou correção da degradação ambiental;

X – a instituição do Relatório de Qualidade do Meio Ambiente, a ser divulgado anualmente pelo Instituto Brasileiro do Meio Ambiente e Recursos Naturais Renováveis – Ibama; (Incluído pela Lei nº 7.804, de 1989)

XI – a garantia da prestação de informações relativas ao Meio Ambiente, obrigando-se o Poder Público a produzi-las, quando inexistentes; (Incluído pela Lei nº 7.804, de 1989)

XII – o Cadastro Técnico Federal de atividades potencialmente poluidoras e/ou utilizadoras dos recursos ambientais. (Incluído pela Lei nº 7.804, de 1989)

XIII – instrumentos econômicos, como concessão florestal, servidão ambiental, seguro ambiental e outros. (Incluído pela Lei nº 11.284, de 2006)

Art. 9º-A. O proprietário ou possuidor de imóvel, pessoa natural ou jurídica, pode, por instrumento público ou particular ou por termo administrativo firmado perante órgão integrante do Sisnama, limitar o uso de toda a sua propriedade ou de parte dela para preservar, conservar ou recuperar os recursos ambientais existentes, instituindo servidão ambiental. (Redação dada pela Lei nº 12.651, de 2012)

- CC: art. 1.378 e ss.

§ 1º. O instrumento ou termo de instituição da servidão ambiental deve incluir, no mínimo, os seguintes itens: (Redação dada pela Lei nº 12.651, de 2012)

I – memorial descritivo da área da servidão ambiental, contendo pelo menos um ponto de amarração georreferenciado; (Incluído pela Lei nº 12.651, de 2012).

II – objeto da servidão ambiental; (Incluído pela Lei nº 12.651, de 2012).

III – direitos e deveres do proprietário ou possuidor instituidor; (Incluído pela Lei nº 12.651, de 2012).

IV – prazo durante o qual a área permanecerá como servidão ambiental. (Incluído pela Lei nº 12.651, de 2012).

§ 2º. A servidão ambiental não se aplica às Áreas de Preservação Permanente e à Reserva Legal mínima exigida. (Redação dada pela Lei nº 12.651, de 2012)

› Lei 12.651/2012: art. 44, I.

§ 3º. A restrição ao uso ou à exploração da vegetação da área sob servidão ambiental deve ser, no mínimo, a mesma estabelecida para a Reserva Legal. (Redação dada pela Lei nº 12.651, de 2012)

§ 4º. Devem ser objeto de averbação na matrícula do imóvel no registro de imóveis competente: (Redação dada pela Lei nº 12.651, de 2012)

I – o instrumento ou termo de instituição da servidão ambiental; (Incluído pela Lei nº 12.651, de 2012)

II – o contrato de alienação, cessão ou transferência da servidão ambiental. (Incluído pela Lei nº 12.651, de 2012)

§ 5º. Na hipótese de compensação de Reserva Legal, a servidão ambiental deve ser averbada na matrícula de todos os imóveis envolvidos. (Redação dada pela Lei nº 12.651, de 2012)

§ 6º. É vedada, durante o prazo de vigência da servidão ambiental, a alteração da destinação da área, nos casos de transmissão do imóvel a qualquer título, de desmembramento ou de retificação dos limites do imóvel. (Incluído pela Lei nº 12.651, de 2012)

§ 7º. As áreas que tenham sido instituídas na forma de servidão florestal, nos termos do art. 44-A da Lei nº 4.771, de 15 de setembro de 1965, passam a ser consideradas, pelo efeito desta Lei, como de servidão ambiental. (Incluído pela Lei nº 12.651, de 2012)

› Lei 12.651/2012 revogou a Lei 4.771/1965.

Art. 9º-B. A servidão ambiental poderá ser onerosa ou gratuita, temporária ou perpétua. (Incluído pela Lei nº 12.651, de 2012)

§ 1º. O prazo mínimo da servidão ambiental temporária é de 15 (quinze) anos. (Incluído pela Lei nº 12.651, de 2012)

§ 2º. A servidão ambiental perpétua equivale, para fins creditícios, tributários e de acesso aos recursos de fundos públicos, à Reserva Particular do Patrimônio Natural – RPPN, definida no art. 21 da Lei nº 9.985, de 18 de julho de 2000. (Incluído pela Lei nº 12.651, de 2012)

§ 3º. O detentor da servidão ambiental poderá aliená-la, cedê-la ou transferi-la, total ou parcialmente, por prazo determinado ou em caráter definitivo, em favor de outro proprietário ou de entidade pública ou privada que tenha a conservação ambiental como fim social. (Incluído pela Lei nº 12.651, de 2012)

Art. 9º-C. O contrato de alienação, cessão ou transferência da servidão ambiental deve ser averbado na matrícula do imóvel. (Incluído pela Lei nº 12.651, de 2012)

§ 1º. O contrato referido no *caput* deve conter, no mínimo, os seguintes itens: (Incluído pela Lei nº 12.651, de 2012)

I – a delimitação da área submetida a preservação, conservação ou recuperação ambiental; (Incluído pela Lei nº 12.651, de 2012)

II – o objeto da servidão ambiental; (Incluído pela Lei nº 12.651, de 2012)

III – os direitos e deveres do proprietário instituidor e dos futuros adquirentes ou sucessores; (Incluído pela Lei nº 12.651, de 2012)

IV – os direitos e deveres do detentor da servidão ambiental; (Incluído pela Lei nº 12.651, de 2012)

V – os benefícios de ordem econômica do instituidor e do detentor da servidão ambiental; (Incluído pela Lei nº 12.651, de 2012)

VI – a previsão legal para garantir o seu cumprimento, inclusive medidas judiciais necessárias, em caso de ser descumprido. (Incluído pela Lei nº 12.651, de 2012)

§ 2º. São deveres do proprietário do imóvel serviente, entre outras obrigações estipuladas no contrato: (Incluído pela Lei nº 12.651, de 2012)

I – manter a área sob servidão ambiental; (Incluído pela Lei nº 12.651, de 2012)

II – prestar contas ao detentor da servidão ambiental sobre as condições dos recursos naturais ou artificiais; (Incluído pela Lei nº 12.651, de 2012)

III – permitir a inspeção e a fiscalização da área pelo detentor da servidão ambiental; (Incluído pela Lei nº 12.651, de 2012)

IV – defender a posse da área serviente, por todos os meios em direito admitidos. (Incluído pela Lei nº 12.651, de 2012)

› CC: art. 1.210, § 1º.

§ 3º. São deveres do detentor da servidão ambiental, entre outras obrigações estipuladas no contrato: (Incluído pela Lei nº 12.651, de 2012)

I – documentar as características ambientais da propriedade; (Incluído pela Lei nº 12.651, de 2012)

II – monitorar periodicamente a propriedade para verificar se a servidão ambiental está sendo mantida; (Incluído pela Lei nº 12.651, de 2012)

III – prestar informações necessárias a quaisquer interessados na aquisição ou aos sucessores da propriedade; (Incluído pela Lei nº 12.651, de 2012)

IV – manter relatórios e arquivos atualizados com as atividades da área objeto da servidão; (Incluído pela Lei nº 12.651, de 2012)

V – defender judicialmente a servidão ambiental. (Incluído pela Lei nº 12.651, de 2012)

Art. 10. A construção, instalação, ampliação e funcionamento de estabelecimentos e atividades utilizadores de recursos ambientais, efetiva ou potencialmente poluidores ou capazes, sob qualquer forma, de causar degradação ambiental dependerão de prévio licenciamento ambiental. (Redação dada pela Lei Complementar nº 140, de 2011)

› Lei 12.651/2012: art. 11-A, § 3º.

§ 1º. Os pedidos de licenciamento, sua renovação e a respectiva concessão serão publicados no jornal oficial, bem como em periódico regional ou local de grande circulação, ou em meio eletrônico de comunicação mantido pelo órgão ambiental competente. (Redação dada pela Lei Complementar nº 140, de 2011)

§ 2º. (Revogado pela Lei Complementar nº 140, de 2011)

§ 3º. (Revogado pela Lei Complementar nº 140, de 2011)

§ 4º. (Revogado pela Lei Complementar nº 140, de 2011)

Art. 11. Compete ao Ibama propor ao Conama normas e padrões para implantação, acompanhamento e fiscalização do licenciamento previsto no artigo anterior, além das que forem oriundas do próprio Conama. (Redação dada pela Lei nº 7.804, de 1989)

§ 1º. (Revogado pela Lei Complementar nº 140, de 2011).

§ 2º. Inclui-se na competência da fiscalização e controle a análise de projetos de entidades, públicas ou privadas, objetivando a preservação ou a recuperação de recursos ambientais, afetados por processos de exploração predatórios ou poluidores.

Art. 12. As entidades e órgãos de financiamento e incentivos governamentais condicionarão a aprovação de projetos habilitados a esses benefícios ao licenciamento, na forma desta Lei, e ao cumprimento das normas, dos critérios e dos padrões expedidos pelo Conama.

Parágrafo único. As entidades e órgãos referidos no *caput* deste artigo deverão fazer constar dos projetos a realização de obras e aquisição de equipamentos destinados ao controle de degradação ambiental e à melhoria da qualidade do meio ambiente.

Art. 13. O Poder Executivo incentivará as atividades voltadas ao meio ambiente, visando:

I – ao desenvolvimento, no País, de pesquisas e processos tecnológicos destinados a reduzir a degradação da qualidade ambiental;

II – à fabricação de equipamentos antipoluidores;

III – a outras iniciativas que propiciem a racionalização do uso de recursos ambientais.

Parágrafo único. Os órgãos, entidades, e programas do Poder Público, destinados ao incentivo das pesquisas científicas e tecnológicas, considerarão, entre as suas metas prioritárias, o apoio aos projetos que visem a adquirir e desenvolver conhecimentos básicos e aplicáveis na área ambiental e ecológica.

Art. 14. Sem prejuízo das penalidades definidas pela legislação federal, estadual e municipal, o não cumprimento das medidas necessárias à preservação ou correção dos inconvenientes e danos causados pela degradação da qualidade ambiental sujeitará os transgressores:

› Súmula 629, STJ.

I – à multa simples ou diária, nos valores correspondentes, no mínimo, a 10 (dez) e, no máximo, a 1.000 (mil) Obrigações do Tesouro Nacional – OTNs, agravada em casos de reincidência específica, conforme dispuser o regulamento, vedada a sua cobrança pela União se já tiver sido aplicada pelo Estado, Distrito Federal, Territórios ou pelos Municípios;

II – à perda ou restrição de incentivos e benefícios fiscais concedidos pelo Poder Público;

III – à perda ou suspensão de participação em linhas de financiamento em estabelecimentos oficiais de crédito;

IV – à suspensão de sua atividade.

§ 1º. Sem obstar a aplicação das penalidades previstas neste artigo, é o poluidor obrigado, independentemente da existência de culpa, a indenizar ou reparar os danos causados ao meio ambiente e a terceiros, afetados por sua atividade. O Ministério Público da União e dos Estados terá legitimidade para propor ação de responsabilidade civil e criminal, por danos causados ao meio ambiente.

› Súmula 623, STJ.

§ 2º. No caso de omissão da autoridade estadual ou municipal, caberá ao Secretário do Meio Ambiente a aplicação das penalidades pecuniárias previstas neste artigo.

§ 3º. Nos casos previstos nos incisos II e III deste artigo, o ato declaratório da perda, restrição ou suspensão será atribuição da autoridade administrativa ou financeira que concedeu os benefícios, incentivos ou financiamento, cumprindo resolução do Conama.

§ 4º. (Revogado pela Lei nº 9.966, de 2000).

§ 5º. A execução das garantias exigidas do poluidor não impede a aplicação das obrigações de indenização e reparação de danos previstas no § 1º deste artigo. (Incluído pela Lei nº 11.284, de 2006)

Art. 15. O poluidor que expuser a perigo a incolumidade humana, animal ou vegetal, ou estiver tornando mais grave situação de perigo existente, fica sujeito à pena de reclusão de 1 (um) a 3 (três) anos e multa de 100 (cem) a 1.000 (mil) MVR. (Redação dada pela Lei nº 7.804, de 1989)

§ 1º. A pena é aumentada até o dobro se: (Redação dada pela Lei nº 7.804, de 1989)

I – resultar: (Incluído pela Lei nº 7.804, de 1989)

a) dano irreversível à fauna, à flora e ao meio ambiente; (Incluído pela Lei nº 7.804, de 1989)

b) lesão corporal grave; (Incluído pela Lei nº 7.804, de 1989)

II – a poluição é decorrente de atividade industrial ou de transporte; (Incluído pela Lei nº 7.804, de 1989)

III – o crime é praticado durante a noite, em domingo ou em feriado. (Incluído pela Lei nº 7.804, de 1989)

§ 2º. Incorre no mesmo crime a autoridade competente que deixar de promover as medidas tendentes a impedir a prática das condutas acima descritas. (Incluído pela Lei nº 7.804, de 1989)

Art. 16. (Revogado pela Lei nº 7.804, de 1989).

Art. 17. Fica instituído, sob a administração do Instituto Brasileiro do Meio Ambiente e Recursos Naturais Renováveis – Ibama: (Redação dada pela Lei nº 7.804, de 1989)

I – Cadastro Técnico Federal de Atividades e Instrumentos de Defesa Ambiental, para registro obrigatório de pessoas físicas ou jurídicas que se dedicam à consultoria técnica sobre problemas ecológicos e ambientais e à indústria e comércio de equipamentos, aparelhos e instrumentos destinados ao controle de atividades efetiva ou potencialmente poluidoras; (Incluído pela Lei nº 7.804, de 1989)

› Decreto 6.514/2008: art. 76.

II – Cadastro Técnico Federal de Atividades Potencialmente Poluidoras ou Utilizadoras de Recursos Ambientais, para registro obrigatório de pessoas físicas ou jurídicas que se dedicam a atividades potencialmente poluidoras e/ou à extração, produção, transporte e comercialização de produtos potencialmente perigosos ao meio ambiente, assim como de produtos e subprodutos da fauna e flora. (Incluído pela Lei nº 7.804, de 1989)

Art. 17-A. São estabelecidos os preços dos serviços e produtos do Instituto Brasileiro do Meio Ambiente e dos Recursos Naturais Renováveis – Ibama, a serem aplicados em âmbito nacional, conforme Anexo a esta Lei. (Incluído pela Lei nº 9.960, de 2000)

Art. 17-B. Fica instituída a Taxa de Controle e Fiscalização Ambiental – TCFA, cujo fato gerador é o exercício regular do poder de polícia conferido ao Instituto Brasileiro do Meio Ambiente e dos Recursos Naturais Renováveis – Ibama para controle e fiscalização das atividades potencialmente poluidoras e utilizadoras de recursos naturais. (Redação dada pela Lei nº 10.165, de 2000)

§ 1º. (Revogado pela Lei nº 10.165, de 2000).

§ 2º. (Revogado pela Lei nº 10.165, de 2000).

Art. 17-C. É sujeito passivo da TCFA todo aquele que exerça as atividades constantes do Anexo VIII desta Lei. (Redação dada pela Lei nº 10.165, de 2000)

§ 1º. O sujeito passivo do TCFA é obrigado a entregar até o dia 31 de março de cada ano relatório das atividades exercidas no ano anterior, cujo modelo será definido pelo Ibama, para o fim de colaborar com os procedimentos de controle e fiscalização. (Redação dada pela Lei nº 10.165, de 2000)

§ 2º. O descumprimento da providência determinada no § 1º sujeita o infrator a multa equivalente a 20% (vinte por cento) da TCFA devida, sem prejuízo da exigência desta. (Redação dada pela Lei nº 10.165, de 2000)

§ 3º. (Revogado pela Lei nº 10.165, de 2000).

Art. 17-D. A TCFA é devida por estabelecimento e os seus valores são os fixados no Anexo IX desta Lei. (Redação dada pela Lei nº 10.165, de 2000)

§ 1º. Para os fins desta Lei, consideram-se: (Incluído pela Lei nº 10.165, de 2000)

I – microempresa e empresa de pequeno porte, as pessoas jurídicas que se enquadrem, respectivamente, nas descrições dos incisos I e II do *caput* do art. 2º da Lei 9.841, de 5 de outubro de 1999; (Incluído pela Lei nº 10.165, de 2000)

› LC 123/2006 revogou a citada lei.

II – empresa de médio porte, a pessoa jurídica que tiver receita bruta anual superior a R$ 1.200.000,00 (um milhão e duzentos mil reais) e igual ou inferior a R$ 12.000.000,00 (doze milhões de reais); (Incluído pela Lei nº 10.165, de 2000)

III – empresa de grande porte, a pessoa jurídica que tiver receita bruta anual superior a R$ 12.000.000,00 (doze milhões de reais). (Incluído pela Lei nº 10.165, de 2000)

§ 2º. O potencial de poluição (PP) e o grau de utilização (GU) de recursos naturais de cada uma das atividades sujeitas à fiscalização encontram-se definidos no Anexo VIII desta Lei. (Incluído pela Lei nº 10.165, de 2000)

§ 3º. Caso o estabelecimento exerça mais de uma atividade sujeita à fiscalização, pagará a taxa relativamente a apenas uma delas, pelo valor mais elevado. (Incluído pela Lei nº 10.165, de 2000)

Art. 17-E. É o Ibama autorizado a cancelar débitos de valores inferiores a R$ 40,00 (quarenta reais), existentes até 31 de dezembro de 1999. (Incluído pela Lei nº 9.960, de 2000)

Art. 17-F. São isentas do pagamento da TCFA as entidades públicas federais, distritais, estaduais e municipais, as entidades filantrópicas, aqueles que praticam agricultura de subsistência e as populações tradicionais. (Redação dada pela Lei nº 10.165, de 2000)

Art. 17-G. A TCFA será devida no último dia útil de cada trimestre do ano civil, nos valores fixados no Anexo IX desta Lei, e o recolhimento será efetuado em conta bancária vinculada ao Ibama, por intermédio de documento próprio de arrecadação, até o quinto dia útil do mês subsequente. (Redação dada pela Lei nº 10.165, de 2000)

Parágrafo único. (Revogado pela Lei nº 10.165, de 2000).

› Consta conforme publicação oficial.

§ 2º. Os recursos arrecadados com a TCFA terão utilização restrita em atividades de controle e fiscalização ambiental. (Incluído pela Lei nº 11.284, de 2006)

› Consta conforme publicação oficial.

Art. 17-H. A TCFA não recolhida nos prazos e nas condições estabelecidas no artigo anterior será cobrada com os seguintes acréscimos: (Redação dada pela Lei nº 10.165, de 2000)

I – juros de mora, na via administrativa ou judicial, contados do mês seguinte ao do vencimento, à razão de 1% (um por cento); (Redação dada pela Lei nº 10.165, de 2000)

II – multa de mora de 20% (vinte por cento), reduzida a 10% (dez por cento) se o pagamento for efetuado até o último dia útil do mês subsequente ao do vencimento; (Redação dada pela Lei nº 10.165, de 2000)

III – encargo de 20% (vinte por cento), substitutivo da condenação do devedor em honorários de advogado, calculado sobre o total do débito inscrito como Dívida Ativa, reduzido para 10% (dez por cento) se o pagamento for efetuado antes do ajuizamento da execução. (Incluído pela Lei nº 10.165, de 2000)

§ 1º-A. Os juros de mora não incidem sobre o valor da multa de mora. (Incluído pela Lei nº 10.165, de 2000)

› Consta conforme publicação oficial.

§ 1º. Os débitos relativos à TCFA poderão ser parcelados de acordo com os critérios fixados na legislação tributária, conforme dispuser o regulamento desta Lei. (Redação dada pela Lei nº 10.165, de 2000)

› Consta conforme publicação oficial.

Art. 17-I. As pessoas físicas e jurídicas que exerçam as atividades mencionadas nos incisos I e II do art. 17 e que não estiverem inscritas nos respectivos cadastros até o último dia útil do terceiro mês que se seguir ao da publicação desta Lei incorrerão em infração punível com multa de: (Redação dada pela Lei nº 10.165, de 2000)

I – R$ 50,00 (cinquenta reais), se pessoa física; (Incluído pela Lei nº 10.165, de 2000)

II – R$ 150,00 (cento e cinquenta reais), se microempresa; (Incluído pela Lei nº 10.165, de 2000)

III – R$ 900,00 (novecentos reais), se empresa de pequeno porte; (Incluído pela Lei nº 10.165, de 2000)

IV – R$ 1.800,00 (mil e oitocentos reais), se empresa de médio porte; (Incluído pela Lei nº 10.165, de 2000)

V – R$ 9.000,00 (nove mil reais), se empresa de grande porte. (Incluído pela Lei nº 10.165, de 2000)

Parágrafo único. (Revogado pela Lei nº 10.165, de 2000)

Art. 17-J. (Revogado pela Lei nº 10.165, de 2000).

Art. 17-L. As ações de licenciamento, registro, autorizações, concessões e permissões relacionadas à fauna, à flora, e ao controle ambiental são de competência exclusiva dos órgãos integrantes do Sistema Nacional do Meio Ambiente. (Incluído pela Lei nº 9.960, de 2000)

Art. 17-M. Os preços dos serviços administrativos prestados pelo Ibama, inclusive os referentes à venda de impressos e publicações, assim como os de entrada, permanência e utilização de áreas ou instalações nas unidades de conservação, serão definidos em portaria do Ministro de Estado do Meio Ambiente, mediante proposta do Presidente daquele Instituto. (Incluído pela Lei nº 9.960, de 2000)

Art. 17-N. Os preços dos serviços técnicos do Laboratório de Produtos Florestais do Ibama, assim como os para venda de produtos da flora, serão, também, definidos em portaria do Ministro de Estado do Meio Ambiente, mediante proposta do Presidente daquele Instituto. (Incluído pela Lei nº 9.960, de 2000)

Art. 17-O. Os proprietários rurais que se beneficiarem com redução do valor do Imposto sobre a Propriedade Territorial Rural – ITR, com base em Ato Declaratório Ambiental – ADA, deverão recolher ao Ibama a importância prevista no item 3.11 do Anexo VII da Lei nº 9.960, de 29 de janeiro de 2000, a título de Taxa de Vistoria. (Redação dada pela Lei nº 10.165, de 2000)

§ 1º-A. A Taxa de Vistoria a que se refere o *caput* deste artigo não poderá exceder a 10% (dez por cento) do valor da redução do imposto proporcionada pelo ADA. (Incluído pela Lei nº 10.165, de 2000)

› Consta conforme publicação oficial.

§ 1º. A utilização do ADA para efeito de redução do valor a pagar do ITR é obrigatória. (Redação dada pela Lei nº 10.165, de 2000)

› Consta conforme publicação oficial.

§ 2º. O pagamento de que trata o *caput* deste artigo poderá ser efetivado em cota única ou em parcelas, nos mesmos moldes escolhidos pelo contribuinte para o pagamento do ITR, em documento próprio de arrecadação do Ibama. (Redação dada pela Lei nº 10.165, de 2000)

§ 3º. Para efeito de pagamento parcelado, nenhuma parcela poderá ser inferior a R$ 50,00 (cinquenta reais). (Redação dada pela Lei nº 10.165, de 2000)

§ 4º. O inadimplemento de qualquer parcela ensejará a cobrança de juros e multa nos termos dos incisos I e II do *caput* e §§ 1º-A e 1º, todos do art. 17-H desta Lei. (Redação dada pela Lei nº 10.165, de 2000)

§ 5º. Após a vistoria, realizada por amostragem, caso os dados constantes do ADA não coincidam com os efetivamente levantados pelos técnicos do Ibama, estes lavrarão, de ofício, novo ADA, contendo os dados reais, o qual será encaminhado à Secretaria da Receita Federal, para as providências cabíveis. (Redação dada pela Lei nº 10.165, de 2000)

Art. 17-P. Constitui crédito para compensação com o valor devido a título de TCFA, até o limite de 60% (sessenta por cento) e relativamente ao mesmo ano, o montante efetivamente pago pelo estabelecimento ao Estado, ao Município e ao Distrito Federal em razão de taxa de fiscalização ambiental. (Incluído pela Lei nº 10.165, de 2000)

§ 1º. Valores recolhidos ao Estado, ao Município e ao Distrito Federal a qualquer outro título, tais como taxas ou preços públicos de licenciamento e venda de produtos, não constituem crédito para compensação com a TCFA. (Incluído pela Lei nº 10.165, de 2000)

§ 2º. A restituição, administrativa ou judicial, qualquer que seja a causa que a determine, da taxa de fiscalização ambiental estadual ou distrital compensada com a TCFA restaura o direito de crédito do Ibama contra o estabelecimento, relativamente ao valor compensado. (Incluído pela Lei nº 10.165, de 2000)

Art. 17-Q. É o Ibama autorizado a celebrar convênios com os Estados, os Municípios e o Distrito Federal para desempenharem atividades de fiscalização ambiental, podendo repassar-lhes parcela da receita obtida com a TCFA. (Incluído pela Lei nº 10.165, de 2000)

Art. 18. (Revogado pela Lei nº 9.985, de 2000).

Art. 19. Ressalvado o disposto nas Leis nºs 5.357, de 17 de novembro de 1967, e 7.661, de 16 de maio de 1988, a receita proveniente da aplicação desta Lei será recolhida de acordo com o disposto no art. 4º da Lei nº 7.735, de 22 de fevereiro de 1989. (Incluído pela Lei nº 7.804, de 1989)

› Lei 9.966/2000 revogou a Lei 5.357/1967.

Art. 20. Esta Lei entrará em vigor na data de sua publicação.

Art. 21. Revogam-se as disposições em contrário.

Brasília, em 31 de agosto de 1981; 160º da Independência e 93º da República.

JOÃO FIGUEIREDO

D.O.U. de 2.9.1981

› Deixamos de publicar os Anexos I a IX desta Lei.

LEI Nº 7.210, DE 11 DE JULHO DE 1984

Institui a Lei de Execução Penal.

› *Lei de Execução Penal*

O PRESIDENTE DA REPÚBLICA, faço saber que o Congresso Nacional decreta e eu sanciono a seguinte Lei:

TÍTULO I. DO OBJETO E DA APLICAÇÃO DA LEI DE EXECUÇÃO PENAL

Art. 1º. A execução penal tem por objetivo efetivar as disposições de sentença ou decisão criminal e proporcionar condições para a harmônica integração social do condenado e do internado.

› CF/88: art. 5º, XLVI a L.

› Lei 12.714/2012 – Dispõe sobre o sistema de acompanhamento da execução das penas, da prisão cautelar e da medida de segurança.

Art. 2º. A jurisdição penal dos juízes ou tribunais da justiça ordinária, em todo o território nacional, será exercida, no processo de execução, na conformidade desta Lei e do Código de Processo Penal.

- Súm. 611 do STF.
- Súm. 192 do STJ.
- CPP: arts. 1º, e 668 a 779.
- Lei 7.210/1984: art. 194.

Parágrafo único. Esta Lei aplicar-se-á igualmente ao preso provisório e ao condenado pela Justiça Eleitoral ou Militar, quando recolhido a estabelecimento sujeito à jurisdição ordinária.

- Súm. 717 do STF.
- CPP: art. 319, VII.

Art. 3º. Ao condenado e ao internado serão assegurados todos os direitos não atingidos pela sentença ou pela Lei.

- CF/88: arts. 5º, XLIX, e 15, III.

Parágrafo único. Não haverá qualquer distinção de natureza racial, social, religiosa ou política.

- CF/88: arts. 3º, IV, e 4º, VIII.

Art. 4º. O Estado deverá recorrer à cooperação da comunidade nas atividades de execução da pena e da medida de segurança.

- Lei 7.210/1984: arts. 78 a 81.

TÍTULO II. DO CONDENADO E DO INTERNADO

CAPÍTULO I. DA CLASSIFICAÇÃO

Art. 5º. Os condenados serão classificados, segundo os seus antecedentes e personalidade, para orientar a individualização da execução penal.

- CF/88: art. 5º, XLVI.
- CP: art. 59.

Art. 6º. A classificação será feita por Comissão Técnica de Classificação que elaborará o programa individualizador da pena privativa de liberdade adequada ao condenado ou preso provisório. (Redação dada pela Lei nº 10.792, de 2003)

Art. 7º. A Comissão Técnica de Classificação, existente em cada estabelecimento, será presidida pelo diretor e composta, no mínimo, por 2 (dois) chefes de serviço, 1 (um) psiquiatra, 1 (um) psicólogo e 1 (um) assistente social, quando se tratar de condenado à pena privativa da liberdade.

Parágrafo único. Nos demais casos a Comissão atuará junto ao Juízo da Execução e será integrada por fiscais do Serviço Social.

Art. 8º. O condenado ao cumprimento de pena privativa de liberdade, em regime fechado, será submetido a exame criminológico para a obtenção dos elementos necessários a uma adequada classificação e com vistas à individualização da execução.

- Súm. Vinculante 26 do STF.
- Súm. 439 doSTJ.
- CP: art. 34.

Parágrafo único. Ao exame de que trata este artigo poderá ser submetido o condenado ao cumprimento da pena privativa de liberdade em regime semiaberto.

- CP: art. 35.

Art. 9º. A Comissão, no exame para a obtenção de dados reveladores da personalidade, observando a ética profissional e tendo sempre presentes peças ou informações do processo, poderá:

I – entrevistar pessoas;

II – requisitar, de repartições ou estabelecimentos privados, dados e informações a respeito do condenado;

III – realizar outras diligências e exames necessários.

Art. 9º-A. Os condenados por crime praticado, dolosamente, com violência de natureza grave contra pessoa, ou por qualquer dos crimes previstos no art. 1º da Lei nº 8.072, de 25 de julho de 1990, serão submetidos, obrigatoriamente, à identificação do perfil genético, mediante extração de DNA - ácido desoxirribonucleico, por técnica adequada e indolor. (Incluído pela Lei 12.654/2012)

- A alteração do *caput* proposta pela Lei 13.964/2019, foi vetada pelo Presidente da República.
- CF/88: art. 5º, LVIII.
- Lei 12.037/2009 – Identificação criminal do civilmente identificado.
- Lei 7.210/1984: art. 174.
- Decreto 7.950/2013 – Institui o Banco Nacional de Perfis Genéticos e a Rede Integrada de Bancos de Perfis Genéticos.

§ 1º. A identificação do perfil genético será armazenada em banco de dados sigiloso, conforme regulamento a ser expedido pelo Poder Executivo. (Incluído pela Lei nº 12.654, de 2012)

§ 1º-A A regulamentação deverá fazer constar garantias mínimas de proteção de dados genéticos, observando as melhores práticas da genética forense. (Incluído pela Lei 13.964/2019)

§ 2º. A autoridade policial, federal ou estadual, poderá requerer ao juiz competente, no caso de inquérito instaurado, o acesso ao banco de dados de identificação de perfil genético. (Incluído pela Lei nº 12.654, de 2012)

§ 3º Deve ser viabilizado ao titular de dados genéticos o acesso aos seus dados constantes nos bancos de perfis genéticos, bem como a todos os documentos da cadeia de custódia que gerou esse dado, de maneira que possa ser contraditado pela defesa. (Incluído pela Lei 13.964/2019)

§ 4º O condenado pelos crimes previstos no *caput* deste artigo que não tiver sido submetido à identificação do perfil genético por ocasião do ingresso no estabelecimento prisional deverá ser submetido ao procedimento durante o cumprimento da pena. (Incluído pela Lei 13.964/2019)

§§ 5º a 7º Vetados na Lei 13.964/2019.

§ 8º Constitui falta grave a recusa do condenado em submeter-se ao procedimento de identificação do perfil genético. (Incluído pela Lei 13.964/2019)

CAPÍTULO II. DA ASSISTÊNCIA

SEÇÃO I. DISPOSIÇÕES GERAIS

Art. 10. A assistência ao preso e ao internado é dever do Estado, objetivando prevenir o crime e orientar o retorno à convivência em sociedade.

Parágrafo único. A assistência estende-se ao egresso.

- Lei 7.210/1984: art. 26.

Art. 11. A assistência será:

- Lei 7.210/1984: art. 41, VII.

I – material;

II – à saúde;

III – jurídica;

IV – educacional;

V – social;

VI – religiosa.

- CF/88: art. 5º, VII.

SEÇÃO II. DA ASSISTÊNCIA MATERIAL

Art. 12. A assistência material ao preso e ao internado consistirá no fornecimento de alimentação, vestuário e instalações higiênicas.

- Lei 7.210/1984: arts. 39, IX e 41, I.

Art. 13. O estabelecimento disporá de instalações e serviços que atendam aos presos nas suas necessidades pessoais, além de locais destinados à venda de produtos e objetos permitidos e não fornecidos pela Administração.

SEÇÃO III. DA ASSISTÊNCIA À SAÚDE

Art. 14. A assistência à saúde do preso e do internado, de caráter preventivo e curativo, compreenderá atendimento médico, farmacêutico e odontológico.

- Lei 7.210/1984: arts. 41, VII, 43 e 120, II.

§ 1º. (*VETADO*).

§ 2º. Quando o estabelecimento penal não estiver aparelhado para prover a assistência médica necessária, esta será prestada em outro local, mediante autorização da direção do estabelecimento.

§ 3º. Será assegurado acompanhamento médico à mulher, principalmente no pré-natal e no pós-parto, extensivo ao recém-nascido. (Incluído pela Lei nº 11.942, de 2009)

- CF/88: art. 5º, L.
- Lei 7.210/1984: art. 89.

SEÇÃO IV. DA ASSISTÊNCIA JURÍDICA

Art. 15. A assistência jurídica é destinada aos presos e aos internados sem recursos financeiros para constituir advogado.

- CF/88: art. 5º, LXIII e LXXIV.
- CPP: arts. 261 e 263.
- Lei 7.210/1984: art. 41, VII.
- Lei 1.060/1950 – Estabelece normas para a concessão de assistência judiciária aos necessitados.

Art. 16. As Unidades da Federação deverão ter serviços de assistência jurídica, integral e gratuita, pela Defensoria Pública, dentro e fora dos estabelecimentos penais. (Redação dada pela Lei nº 12.313, de 2010)

› CF/88: art. 134.

› LC 80/1994 – Organiza a Defensoria Pública da União, do Distrito Federal e dos Territórios e prescre normas gerais para sua organização nos Estados.

§ 1º. As Unidades da Federação deverão prestar auxílio estrutural, pessoal e material à Defensoria Pública, no exercício de suas funções, dentro e fora dos estabelecimentos penais. (Incluído pela Lei nº 12.313, de 2010)

§ 2º. Em todos os estabelecimentos penais, haverá local apropriado destinado ao atendimento pelo Defensor Público. (Incluído pela Lei nº 12.313, de 2010)

› Lei 7.210/1984: art. 41, IX.

§ 3º. Fora dos estabelecimentos penais, serão implementados Núcleos Especializados da Defensoria Pública para a prestação de assistência jurídica integral e gratuita aos réus, sentenciados em liberdade, egressos e seus familiares, sem recursos financeiros para constituir advogado. (Incluído pela Lei nº 12.313, de 2010)

SEÇÃO V. DA ASSISTÊNCIA EDUCACIONAL

Art. 17. A assistência educacional compreenderá a instrução escolar e a formação profissional do preso e do internado.

› CF/88: arts. 205 e 208.

› Lei 7.210/1984: art. 41, VI, 83, e 126, *caput*, §§ 5º e 6º.

Art. 18. O ensino de 1º grau será obrigatório, integrando-se no sistema escolar da unidade federativa.

Art. 18-A. O ensino médio, regular ou supletivo, com formação geral ou educação profissional de nível médio, será implantado nos presídios, em obediência ao preceito constitucional de sua universalização. (Incluído pela Lei nº 13.163, de 2015)

§ 1º. O ensino ministrado aos presos e presas integrar-se-á ao sistema estadual e municipal de ensino e será mantido, administrativa e financeiramente, com o apoio da União, não só com os recursos destinados à educação, mas pelo sistema estadual de justiça ou administração penitenciária. (Incluído pela Lei nº 13.163, de 2015)

§ 2º. Os sistemas de ensino oferecerão aos presos e às presas cursos supletivos de educação de jovens e adultos. (Incluído pela Lei nº 13.163, de 2015)

§ 3º. A União, os Estados, os Municípios e o Distrito Federal incluirão em seus programas de educação à distância e de utilização de novas tecnologias de ensino, o atendimento aos presos e às presas. (Incluído pela Lei nº 13.163, de 2015)

Art. 19. O ensino profissional será ministrado em nível de iniciação ou de aperfeiçoamento técnico.

Parágrafo único. A mulher condenada terá ensino profissional adequado à sua condição.

Art. 20. As atividades educacionais podem ser objeto de convênio com entidades públicas ou particulares, que instalem escolas ou ofereçam cursos especializados.

Art. 21. Em atendimento às condições locais, dotar-se-á cada estabelecimento de uma biblioteca, para uso de todas as categorias de reclusos, provida de livros instrutivos, recreativos e didáticos.

Art. 21-A. O censo penitenciário deverá apurar: (Incluído pela Lei nº 13.163, de 2015)

I – o nível de escolaridade dos presos e das presas; (Incluído pela Lei nº 13.163, de 2015)

II – a existência de cursos nos níveis fundamental e médio e o número de presos e presas atendidos; (Incluído pela Lei nº 13.163, de 2015)

III – a implementação de cursos profissionais em nível de iniciação ou aperfeiçoamento técnico e o número de presos e presas atendidos; (Incluído pela Lei nº 13.163, de 2015)

IV – a existência de bibliotecas e as condições de seu acervo; (Incluído pela Lei nº 13.163, de 2015)

V – outros dados relevantes para o aprimoramento educacional de presos e presas. (Incluído pela Lei nº 13.163, de 2015)

SEÇÃO VI. DA ASSISTÊNCIA SOCIAL

Art. 22. A assistência social tem por finalidade amparar o preso e o internado e prepará-los para o retorno à liberdade.

› Lei 7.210/1984: art. 41, VII.

Art. 23. Incumbe ao serviço de assistência social:

I – conhecer os resultados dos diagnósticos e exames;

II – relatar, por escrito, ao diretor do estabelecimento, os problemas e as dificuldades enfrentados pelo assistido;

III – acompanhar o resultado das permissões de saídas e das saídas temporárias;

IV – promover, no estabelecimento, pelos meios disponíveis, a recreação;

V – promover a orientação do assistido, na fase final do cumprimento da pena, e do liberando, de modo a facilitar o seu retorno à liberdade;

VI – providenciar a obtenção de documentos, dos benefícios da previdência social e do seguro por acidente no trabalho;

VII – orientar e amparar, quando necessário, a família do preso, do internado e da vítima.

SEÇÃO VII. DA ASSISTÊNCIA RELIGIOSA

Art. 24. A assistência religiosa, com liberdade de culto, será prestada aos presos e aos internados, permitindo-se-lhes a participação nos serviços organizados no estabelecimento penal, bem como a posse de livros de instrução religiosa.

› CF/88: art. 5º, VI.

› Lei 7.210/1984: art. 41, VII.

§ 1º. No estabelecimento haverá local apropriado para os cultos religiosos.

§ 2º. Nenhum preso ou internado poderá ser obrigado a participar de atividade religiosa.

SEÇÃO VIII. DA ASSISTÊNCIA AO EGRESSO

Art. 25. A assistência ao egresso consiste:

I – na orientação e apoio para reintegrá-lo à vida em liberdade;

II – na concessão, se necessário, de alojamento e alimentação, em estabelecimento adequado, pelo prazo de 2 (dois) meses.

Parágrafo único. O prazo estabelecido no inciso II poderá ser prorrogado uma única vez, comprovado, por declaração do assistente social, o empenho na obtenção de emprego.

Art. 26. Considera-se egresso para os efeitos desta Lei:

› Decreto 3.048/1999.

I – o liberado definitivo, pelo prazo de 1 (um) ano a contar da saída do estabelecimento;

II – o liberado condicional, durante o período de prova.

Art. 27. O serviço de assistência social colaborará com o egresso para a obtenção de trabalho.

CAPÍTULO III. DO TRABALHO

SEÇÃO I. DISPOSIÇÕES GERAIS

Art. 28. O trabalho do condenado, como dever social e condição de dignidade humana, terá finalidade educativa e produtiva.

› CF/88: arts. 1º, III e 5º, XLVII, c.

› Lei 7.210/1984: arst. 39, V, 126 e 130.

§ 1º. Aplicam-se à organização e aos métodos de trabalho as precauções relativas à segurança e à higiene.

§ 2º. O trabalho do preso não está sujeito ao regime da Consolidação das Leis do Trabalho.

Art. 29. O trabalho do preso será remunerado, mediante prévia tabela, não podendo ser inferior a 3/4 (três quartos) do salário mínimo.

› CP: art. 39.

§ 1º. O produto da remuneração pelo trabalho deverá atender:

a) à indenização dos danos causados pelo crime, desde que determinados judicialmente e não reparados por outros meios;

b) à assistência à família;

c) a pequenas despesas pessoais;

d) ao ressarcimento ao Estado das despesas realizadas com a manutenção do condenado, em proporção a ser fixada e sem prejuízo da destinação prevista nas letras anteriores.

§ 2º. Ressalvadas outras aplicações legais, será depositada a parte restante para constituição do pecúlio, em cadernetas de poupança, que será entregue ao condenado quando posto em liberdade.

Art. 30. As tarefas executadas como prestação de serviço à comunidade não serão remuneradas.

- CP: art. 46, § 1º.

SEÇÃO II.
DO TRABALHO INTERNO

Art. 31. O condenado à pena privativa de liberdade está obrigado ao trabalho na medida de suas aptidões e capacidade.

- CF/88: arts. 1º, III e 5º, XLVII, c.
- CP: arts. 34, §§ 1º e 3º, e 35.
- Lei 7.210/1984: arts. 39, V, 41, II, 50, VI, e 126 a 130.

Parágrafo único. Para o preso provisório, o trabalho não é obrigatório e só poderá ser executado no interior do estabelecimento.

Art. 32. Na atribuição do trabalho deverão ser levadas em conta a habilitação, a condição pessoal e as necessidades futuras do preso, bem como as oportunidades oferecidas pelo mercado.

§ 1º. Deverá ser limitado, tanto quanto possível, o artesanato sem expressão econômica, salvo nas regiões de turismo.

§ 2º. Os maiores de 60 anos poderão solicitar ocupação adequada à sua idade.

- Lei 10.741/2003: art. 26.

§ 3º. Os doentes ou deficientes físicos somente exercerão atividades apropriadas ao seu estado.

Art. 33. A jornada normal de trabalho não será inferior a 6 (seis), nem superior a 8 (oito) horas, com descanso nos domingos e feriados.

Parágrafo único. Poderá ser atribuído horário especial de trabalho aos presos designados para os serviços de conservação e manutenção do estabelecimento penal.

Art. 34. O trabalho poderá ser gerenciado por fundação, ou empresa pública, com autonomia administrativa, e terá por objetivo a formação profissional do condenado.

§ 1º. Nessa hipótese, incumbirá à entidade gerenciadora promover e supervisionar a produção, com critérios e métodos empresariais, encarregar-se de sua comercialização, bem como suportar despesas, inclusive pagamento de remuneração adequada. (Renumerado pela Lei nº 10.792, de 2003)

§ 2º. Os governos federal, estadual e municipal poderão celebrar convênio com a iniciativa privada, para implantação de oficinas de trabalho referentes a setores de apoio dos presídios. (Incluído pela Lei nº 10.792, de 2003)

Art. 35. Os órgãos da administração direta ou indireta da União, Estados, Territórios, Distrito Federal e dos Municípios adquirirão, com dispensa de concorrência pública, os bens ou produtos do trabalho prisional, sempre que não for possível ou recomendável realizar-se a venda a particulares.

Parágrafo único. Todas as importâncias arrecadadas com as vendas reverterão em favor da fundação ou empresa pública a que alude o artigo anterior ou, na sua falta, do estabelecimento penal.

SEÇÃO III.
DO TRABALHO EXTERNO

Art. 36. O trabalho externo será admissível para os presos em regime fechado somente em serviço ou obras públicas realizadas por órgãos da administração direta ou indireta, ou entidades privadas, desde que tomadas as cautelas contra a fuga e em favor da disciplina.

- CP: art. 34, § 3º.

§ 1º. O limite máximo do número de presos será de 10% (dez por cento) do total de empregados na obra.

§ 2º. Caberá ao órgão da administração, à entidade ou à empresa empreiteira a remuneração desse trabalho.

§ 3º. A prestação de trabalho a entidade privada depende do consentimento expresso do preso.

Art. 37. A prestação de trabalho externo, a ser autorizada pela direção do estabelecimento, dependerá de aptidão, disciplina e responsabilidade, além do cumprimento mínimo de 1/6 (um sexto) da pena.

- Súm. 40 do STJ.

Parágrafo único. Revogar-se-á a autorização de trabalho externo ao preso que vier a praticar fato definido como crime, for punido por falta grave, ou tiver comportamento contrário aos requisitos estabelecidos neste artigo.

- Lei 7.210/1984: art. 50.

CAPÍTULO IV.
DOS DEVERES, DOS DIREITOS E DA DISCIPLINA

SEÇÃO I.
DOS DEVERES

Art. 38. Cumpre ao condenado, além das obrigações legais inerentes ao seu estado, submeter-se às normas de execução da pena.

Art. 39. Constituem deveres do condenado:

I – comportamento disciplinado e cumprimento fiel da sentença;

II – obediência ao servidor e respeito a qualquer pessoa com quem deva relacionar-se;

- Lei 7.210/1984: arts. 50, VI e 51, III.

III – urbanidade e respeito no trato com os demais condenados;

IV – conduta oposta aos movimentos individuais ou coletivos de fuga ou de subversão à ordem ou à disciplina;

V – execução do trabalho, das tarefas e das ordens recebidas;

- Lei 7.210/1984: arts. 50, VI e 51, III.

VI – submissão à sanção disciplinar imposta;

VII – indenização à vítima ou aos seus sucessores;

- CP: arts. 83, IV, e 91, I.

VIII – indenização ao Estado, quando possível, das despesas realizadas com a sua manutenção, mediante desconto proporcional da remuneração do trabalho;

IX – higiene pessoal e asseio da cela ou alojamento;

- Lei 7.210/1984: art. 88.

X – conservação dos objetos de uso pessoal.

Parágrafo único. Aplica-se ao preso provisório, no que couber, o disposto neste artigo.

SEÇÃO II.
DOS DIREITOS

Art. 40. Impõe-se a todas as autoridades o respeito à integridade física e moral dos condenados e dos presos provisórios.

- CF/88: art. 5º, III e XLIX.
- CP: art. 38.
- Decreto 8.858/2016 – Regulamenta o disposto no art. 199 da Lei 7.210/1984 (LEP).

Art. 41. Constituem direitos do preso:

I – alimentação suficiente e vestuário;

II – atribuição de trabalho e sua remuneração;

III – previdência social;

IV – constituição de pecúlio;

V – proporcionalidade na distribuição do tempo para o trabalho, o descanso e a recreação;

VI – exercício das atividades profissionais, intelectuais, artísticas e desportivas anteriores, desde que compatíveis com a execução da pena;

VII – assistência material, à saúde, jurídica, educacional, social e religiosa;

- Lei 7.210/1984: Arts. 10 e 11.

VIII – proteção contra qualquer forma de sensacionalismo;

- Lei 7.210/1984: art. 198.

IX – entrevista pessoal e reservada com o advogado;

- Lei 8.906/1994: art. 7º, III.

X – visita do cônjuge, da companheira, de parentes e amigos em dias determinados;

- Lei 7.210/1984: art. 52, III.

XI – chamamento nominal;

XII – igualdade de tratamento salvo quanto às exigências da individualização da pena;

- CF/88: art. 5º, XLVI.

XIII – audiência especial com o diretor do estabelecimento;

XIV – representação e petição a qualquer autoridade, em defesa de direito;

- CF/88: art. 5º, XXXIV e XXXV.

XV – contato com o mundo exterior por meio de correspondência escrita, da leitura e de outros meios de informação que não comprometam a moral e os bons costumes;

XVI – atestado de pena a cumprir, emitido anualmente, sob pena da responsabilidade da autoridade judiciária competente. (Incluído pela Lei nº 10.713, de 2003)

Parágrafo único. Os direitos previstos nos incisos V, X e XV poderão ser suspensos ou restringidos mediante ato motivado do diretor do estabelecimento.

› Súm. 533 do STJ.

› Lei 7.210/1984: art. 53, III.

Art. 42. Aplica-se ao preso provisório e ao submetido à medida de segurança, no que couber, o disposto nesta Seção.

Art. 43. É garantida a liberdade de contratar médico de confiança pessoal do internado ou do submetido a tratamento ambulatorial, por seus familiares ou dependentes, a fim de orientar e acompanhar o tratamento.

Parágrafo único. As divergências entre o médico oficial e o particular serão resolvidas pelo juiz de execução.

› CPP: art. 180.

SEÇÃO III. DA DISCIPLINA

SUBSEÇÃO I. DISPOSIÇÕES GERAIS

Art. 44. A disciplina consiste na colaboração com a ordem, na obediência às determinações das autoridades e seus agentes e no desempenho do trabalho.

› Lei 7.210/1984: arts. 39, V, 41, V, VI e XIV.

Parágrafo único. Estão sujeitos à disciplina o condenado à pena privativa de liberdade ou restritiva de direitos e o preso provisório.

Art. 45. Não haverá falta nem sanção disciplinar sem expressa e anterior previsão legal ou regulamentar.

› CF/88: art. 5º, XXXIX.

› CP: art. 1º.

§ 1º. As sanções não poderão colocar em perigo a integridade física e moral do condenado.

› CF/88: art. 5º, XLIX.

§ 2º. É vedado o emprego de cela escura.

› CF/88: art. 5º, XLVII, e.

› Lei 7.210/1984: art. 52, II.

§ 3º. São vedadas as sanções coletivas.

› CF/88: art. 5º, XLV.

Art. 46. O condenado ou denunciado, no início da execução da pena ou da prisão, será cientificado das normas disciplinares.

Art. 47. O poder disciplinar, na execução da pena privativa de liberdade, será exercido pela autoridade administrativa conforme as disposições regulamentares.

› Lei 7.210/1984: arts. 53 a 60.

Art. 48. Na execução das penas restritivas de direitos, o poder disciplinar será exercido pela autoridade administrativa a que estiver sujeito o condenado.

Parágrafo único. Nas faltas graves, a autoridade representará ao juiz da execução para os fins dos arts. 118, inciso I, 125, 127, 181, §§ 1º, letra *d*, e 2º desta Lei.

SUBSEÇÃO II. DAS FALTAS DISCIPLINARES

› Súm. 533 do STJ.

Art. 49. As faltas disciplinares classificam-se em leves, médias e graves. A legislação local especificará as leves e médias, bem assim as respectivas sanções.

› CF/88: art. 24, I.

› Lei 7.210/1984: arts. 45 e 53.

Parágrafo único. Pune-se a tentativa com a sanção correspondente à falta consumada.

Art. 50. Comete falta grave o condenado à pena privativa de liberdade que:

› Súm. 534 e 535 do STJ.

I – incitar ou participar de movimento para subverter a ordem ou a disciplina;

› CP: arts. 352 e 354.

II – fugir;

III – possuir, indevidamente, instrumento capaz de ofender a integridade física de outrem;

IV – provocar acidente de trabalho;

V – descumprir, no regime aberto, as condições impostas;

› Lei 7.210/1984: art. 115.

VI – inobservar os deveres previstos nos incisos II e V do art. 39 desta Lei.

VII – tiver em sua posse, utilizar ou fornecer aparelho telefônico, de rádio ou similar, que permita a comunicação com outros presos ou com o ambiente externo. (Incluído pela Lei nº 11.466, de 2007)

› CP: arts. 319-A e 349-A.

VIII - recusar submeter-se ao procedimento de identificação do perfil genético. (Incluído pela Lei 13.964/2019)

Parágrafo único. O disposto neste artigo aplica-se, no que couber, ao preso provisório.

Art. 51. Comete falta grave o condenado à pena restritiva de direitos que:

› Súm. 534 e 535 do STJ.

I – descumprir, injustificadamente, a restrição imposta;

› CP: art. 44, § 4º, 1ª parte.

› Lei 7.210/1984: art. 181, § 1º, "b" e "c".

II – retardar, injustificadamente, o cumprimento da obrigação imposta;

III – inobservar os deveres previstos nos incisos II e V do art. 39 desta Lei.

Art. 52. A prática de fato previsto como crime doloso constitui falta grave e, quando ocasionar subversão da ordem ou disciplina internas, sujeitará o preso provisório, ou condenado, nacional ou estrangeiro, sem prejuízo da sanção penal, ao regime disciplinar diferenciado, com as seguintes características: (Redação dada pela Lei 13.964/2019)

I - duração máxima de até 2 (dois) anos, sem prejuízo de repetição da sanção por nova falta grave de mesma espécie; (Redação dada pela Lei 13.964/2019)

II - recolhimento em cela individual; (Redação dada pela Lei 13.964/2019)

III - visitas quinzenais, de 2 (duas) pessoas por vez, a serem realizadas em instalações equipadas para impedir o contato físico e a passagem de objetos, por pessoa da família ou, no caso de terceiro, autorizado judicialmente, com duração de 2 (duas) horas; (Redação dada pela Lei 13.964/2019)

IV - direito do preso à saída da cela por 2 (duas) horas diárias para banho de sol, em grupos de até 4 (quatro) presos, desde que não haja contato com presos do mesmo grupo cri-minoso; (Redação dada pela Lei 13.964/2019)

V - entrevistas sempre monitoradas, exceto aquelas com seu defensor, em instalações equipadas para impedir o contato físico e a passagem de objetos, salvo expressa autorização judicial em contrário; (Incluído pela Lei 13.964/2019)

VI - fiscalização do conteúdo da correspondência; (Incluído pela Lei 13.964/2019)

VII - participação em audiências judiciais preferencialmente por videoconferência, garantindo-se a participação do defensor no mesmo ambiente do preso. (Incluído pela Lei 13.964/2019)

§ 1º O regime disciplinar diferenciado também será aplicado aos presos provisórios ou condenados, nacionais ou estrangeiros: (Redação dada pela Lei 13.964/2019)

I - que apresentem alto risco para a ordem e a segurança do estabelecimento penal ou da sociedade;

II - sob os quais recaiam fundadas suspeitas de envolvimento ou participação, a qualquer título, em organização criminosa, associação criminosa ou milícia privada, independente-mente da prática de falta grave.

§ 2º (Revogado pela Lei 13.964/2019)

§ 3º Existindo indícios de que o preso exerce liderança em organização criminosa, associação criminosa ou milícia privada, ou que tenha atuação criminosa em 2 (dois) ou mais Estados da Federação, o regime disciplinar diferenciado será obrigatoriamente cumprido em estabelecimento prisional federal. (Incluído pela Lei 13.964/2019)

§ 4º Na hipótese dos parágrafos anteriores, o regime disciplinar diferenciado poderá ser prorrogado sucessivamente, por períodos de 1 (um) ano, existindo indícios de que o preso: (Incluído pela Lei 13.964/2019)

I - continua apresentando alto risco para a ordem e a segurança do estabelecimento penal de origem ou da sociedade;

II - mantém os vínculos com organização criminosa, associação criminosa ou milícia privada, considerados também o perfil criminal e a função desempenhada por ele no grupo criminoso, a operação duradoura do grupo, a superveniência de novos processos criminais e os resultados do tratamento penitenciário.

§ 5° Na hipótese prevista no § 3° deste artigo, o regime disciplinar diferenciado deverá contar com alta segurança interna e externa, principalmente no que diz respeito à necessidade de se evitar contato do preso com membros de sua organização criminosa, associação criminosa ou milícia privada, ou de grupos rivais. (Incluído pela Lei 13.964/2019)

§ 6° A visita de que trata o inciso III do *caput* deste artigo será gravada em sistema de áudio ou de áudio e vídeo e, com autorização judicial, fiscalizada por agente penitenciário. (Incluído pela Lei 13.964/2019)

§ 7° Após os primeiros 6 (seis) meses de regime disciplinar diferenciado, o preso que não receber a visita de que trata o inciso III do *caput* deste artigo poderá, após prévio agen-damento, ter contato telefônico, que será gravado, com uma pessoa da família, 2 (duas) vezes por mês e por 10 (dez) minutos. (Incluído pela Lei 13.964/2019)

SUBSEÇÃO III. DAS SANÇÕES E DAS RECOMPENSAS

Art. 53. Constituem sanções disciplinares:

› Súm. 534 e 535 do STJ.

I – advertência verbal;

II – repreensão;

III – suspensão ou restrição de direitos (art. 41, parágrafo único);

IV – isolamento na própria cela, ou em local adequado, nos estabelecimentos que possuam alojamento coletivo, observado o disposto no art. 88 desta Lei;

V – inclusão no regime disciplinar diferenciado. (Incluído pela Lei nº 10.792, de 2003)

Art. 54. As sanções dos incisos I a IV do art. 53 serão aplicadas por ato motivado do diretor do estabelecimento e a do inciso V, por prévio e fundamentado despacho do juiz competente. (Redação da pela Lei nº 10.792, de 2003)

› Súm. 533 do STJ.

§ 1º. A autorização para a inclusão do preso em regime disciplinar dependerá de requerimento circunstanciado elaborado pelo diretor do estabelecimento ou outra autoridade administrativa. (Incluído pela Lei nº 10.792, de 2003)

§ 2º. A decisão judicial sobre inclusão de preso em regime disciplinar será precedida de manifestação do Ministério Público e da defesa e prolatada no prazo máximo de 15 (quinze) dias. (Incluído pela Lei nº 10.792, de 2003)

› Lei 7.210/1984: art. 60.

Art. 55. As recompensas têm em vista o bom comportamento reconhecido em favor do condenado, de sua colaboração com a disciplina e de sua dedicação ao trabalho.

Art. 56. São recompensas:

I – o elogio;

II – a concessão de regalias.

Parágrafo único. A legislação local e os regulamentos estabelecerão a natureza e a forma de concessão de regalias.

SUBSEÇÃO IV. DA APLICAÇÃO DAS SANÇÕES

Art. 57. Na aplicação das sanções disciplinares, levar-se-ão em conta a natureza, os motivos, as circunstâncias e consequências do fato, bem como a pessoa do faltoso e seu tempo de prisão. (Redação dada pela Lei nº 10.792, de 2003)

› CP: art. 59.

Parágrafo único. Nas faltas graves, aplicam-se as sanções previstas nos incisos III a V do art. 53 desta Lei. (Redação dada pela Lei nº 10.792, de 2003)

Art. 58. O isolamento, a suspensão e a restrição de direitos não poderão exceder a 30 (trinta) dias, ressalvada a hipótese do regime disciplinar diferenciado. (Redação dada pela Lei nº 10.792, de 2003)

Parágrafo único. O isolamento será sempre comunicado ao juiz da execução.

› Lei 7.210/1984: art. 66, VI e VII.

SUBSEÇÃO V. DO PROCEDIMENTO DISCIPLINAR

Art. 59. Praticada a falta disciplinar, deverá ser instaurado o procedimento para sua apuração, conforme regulamento, assegurado o direito de defesa.

› Súm. 533 do STJ.

Parágrafo único. A decisão será motivada.

Art. 60. A autoridade administrativa poderá decretar o isolamento preventivo do faltoso pelo prazo de até 10 (dez) dias. A inclusão do preso no regime disciplinar diferenciado, no interesse da disciplina e da averiguação do fato, dependerá de despacho do juiz competente. (Redação dada pela Lei nº 10.792, de 2003)

Parágrafo único. O tempo de isolamento ou inclusão preventiva no regime disciplinar diferenciado será computado no período de cumprimento da sanção disciplinar. (Redação dada pela Lei nº 10.792, de 2003)

› CP: art. 42.

TÍTULO III. DOS ÓRGÃOS DA EXECUÇÃO PENAL

CAPÍTULO I. DISPOSIÇÕES GERAIS

Art. 61. São órgãos da execução penal:

I – o Conselho Nacional de Política Criminal e Penitenciária;

II – o Juízo da Execução;

III – o Ministério Público;

› LC 75/1993: art. 38, VII.

IV – o Conselho Penitenciário;

› Lei 7.210/1984: art. 69, § 1º.

V – os Departamentos Penitenciários;

› Lei 7.210/1984: arts. 71 e 72.

VI – o Patronato;

› Lei 7.210/1984: art. 79.

VII – o Conselho da Comunidade;

› Lei 7.210/1984: arts. 66, IX e 80.

VIII – a Defensoria Pública. (Incluído pela Lei nº 12.313, de 2010)

› CF/88: art. 134.

› LC 80/1994 – Organiza a Defensoria Pública da União, do Distrito Federal e dos Territórios e prescre normas gerais para sua organização nos Estados.

CAPÍTULO II. DO CONSELHO NACIONAL DE POLÍTICA CRIMINAL E PENITENCIÁRIA

Art. 62. O Conselho Nacional de Política Criminal e Penitenciária, com sede na Capital da República, é subordinado ao Ministério da Justiça.

› Lei 13.341/2016: art. 2º, IV.

Art. 63. O Conselho Nacional de Política Criminal e Penitenciária será integrado por 13 (treze) membros designados através de ato do Ministério da Justiça, dentre professores e profissionais da área do Direito Penal, Processual Penal, Penitenciário e ciências correlatas, bem como por representantes da comunidade e dos Ministérios da área social.

› Lei 13.341/2016: art. 2º, IV.

Parágrafo único. O mandato dos membros do Conselho terá duração de 2 (dois) anos, renovado 1/3 (um terço) em cada ano.

Art. 64. Ao Conselho Nacional de Política Criminal e Penitenciária, no exercício de suas atividades, em âmbito federal ou estadual, incumbe:

I – propor diretrizes da política criminal quanto à prevenção do delito, administração da justiça criminal e execução das penas e das medidas de segurança;

II – contribuir na elaboração de planos nacionais de desenvolvimento, sugerindo as metas e prioridades da política criminal e penitenciária;

III – promover a avaliação periódica do sistema criminal para a sua adequação às necessidades do País;

IV – estimular e promover a pesquisa criminológica;

V – elaborar programa nacional penitenciário de formação e aperfeiçoamento do servidor;

VI – estabelecer regras sobre a arquitetura e construção de estabelecimentos penais e casas de albergados;

VII – estabelecer os critérios para a elaboração da estatística criminal;

VIII – inspecionar e fiscalizar os estabelecimentos penais, bem assim informar-se, mediante relatório do Conselho Penitenciário, requisições, visitas ou outros meios, acerca do desenvolvimento da execução penal nos Estados, Territórios e Distrito Federal, propondo às autoridades dela incumbidas as medidas necessárias ao seu aprimoramento;

IX – representar ao juiz da execução ou à autoridade administrativa para instauração de sindicância ou procedimento administrativo, em caso de violação das normas referentes à execução penal;

X – representar à autoridade competente para a interdição, no todo ou em parte, de estabelecimento penal.

CAPÍTULO III. DO JUÍZO DA EXECUÇÃO

Art. 65. A execução penal competirá ao juiz indicado na lei local de organização judiciária e, na sua ausência, ao da sentença.

- Súm. 192 do STJ.
- CPP: art. 668.

Art. 66. Compete ao juiz da execução:

- Súm. 192 do STJ.

I – aplicar aos casos julgados lei posterior que de qualquer modo favorecer o condenado;

- Súm. 611 do STF.
- CF/88: art. 5º, XL.
- CP: art. 2º, par. único.

II – declarar extinta a punibilidade;

- CP: art. 107.

III – decidir sobre:

a) soma ou unificação de penas;

- CP: arts. 69 a 71, e 75.
- CPP: arts. 81 e 82.

b) progressão ou regressão nos regimes;

- Súm. Vinculante 26 do STF.
- CP: art. 33, § 2º.
- Lei 8.072/1990: art. 2º, § 2º.
- Lei 7.210/1984: arts. 110 a 119.

c) detração e remição da pena;

- CP: art. 42.
- Lei 7.210/1984: arts. 126 a 130.

d) suspensão condicional da pena;

- CPP: arts. 581, XI, e 696 a 709.
- Lei 7.210/1984: arts. 156 a 163.

e) livramento condicional;

- CP: arts. 83 a 90.
- CPP: arts. 710 a 733.
- Lei 7.210/1984: arts. 131 a 146.

f) incidentes da execução;

- Lei 7.210/1984: arts. 180, 181, 183 e 184.

IV – autorizar saídas temporárias;

- Lei 7.210/1984: arts. 120 a 125.

V – determinar:

a) a forma de cumprimento da pena restritiva de direitos e fiscalizar sua execução;

- Lei 7.210/1984: arts. 147 a 158.

b) a conversão da pena restritiva de direitos e de multa em privativa de liberdade;

- CP: art. 51.

c) a conversão da pena privativa de liberdade em restritiva de direitos;

- CP: art. 44.
- Lei 7.284/1984: art. 180.

d) a aplicação da medida de segurança, bem como a substituição da pena por medida de segurança;

- CP: arts. 96 e ss.
- Lei 7.210/1984: art. 183.

e) a revogação da medida de segurança;

- CP: art. 97, § 3º.
- Lei 7.210/1984: arts. 175 a 179.

f) a desinternação e o restabelecimento da situação anterior;

- CP: art. 96, §§ 3º e 4º.
- Lei 7.210/1984: art. 178.

g) o cumprimento de pena ou medida de segurança em outra comarca;

h) a remoção do condenado na hipótese prevista no § 1º do art. 86 desta Lei;

i) (VETADA); (Incluído pela Lei nº 12.258, de 2010)

VI – zelar pelo correto cumprimento da pena e da medida de segurança;

VII – inspecionar, mensalmente, os estabelecimentos penais, tomando providências para o adequado funcionamento e promovendo, quando for o caso, a apuração de responsabilidade;

VIII – interditar, no todo ou em parte, estabelecimento penal que estiver funcionando em condições inadequadas ou com infringência aos dispositivos desta Lei;

IX – compor e instalar o Conselho da Comunidade;

- Lei 7.210/1984: arts. 80 e 81.

X – emitir anualmente atestado de pena a cumprir. (Incluído pela Lei nº 10.713, de 2003)

CAPÍTULO IV. DO MINISTÉRIO PÚBLICO

Art. 67. O Ministério Público fiscalizará a execução da pena e da medida de segurança, oficiando no processo executivo e nos incidentes da execução.

- Lei 8.625/1993 – Institui a Lei Orgânica Nacional do Ministério Público, dispõe sobre normas gerais para a organização do Ministério Público dos Estados.
- Lei 7.210/1984: art. 196.

Art. 68. Incumbe, ainda, ao Ministério Público:

I – fiscalizar a regularidade formal das guias de recolhimento e de internamento;

II – requerer:

a) todas as providências necessárias ao desenvolvimento do processo executivo;

b) a instauração dos incidentes de excesso ou desvio de execução;

c) a aplicação de medida de segurança, bem como a substituição da pena por medida de segurança;

d) a revogação da medida de segurança;

e) a conversão de pena, a progressão ou regressão nos regimes e a revogação da suspensão condicional da pena e do livramento condicional;

f) a internação, a desinternação e o restabelecimento da situação anterior;

III – interpor recursos de decisões proferidas pela autoridade judiciária, durante a execução.

Parágrafo único. O órgão do Ministério Público visitará mensalmente os estabelecimentos penais, registrando a sua presença em livro próprio.

- Lei 11.671/2008: Art. 8º.
- Lei 7.210/1984: art. 66, VII.

CAPÍTULO V. DO CONSELHO PENITENCIÁRIO

Art. 69. O Conselho Penitenciário é órgão consultivo e fiscalizador da execução da pena.

§ 1º. O Conselho será integrado por membros nomeados pelo governador do Estado, do Distrito Federal e dos Territórios, dentre professores e profissionais da área de Direito Penal, Processual Penal, Penitenciário e ciências correlatas, bem como por representantes da comunidade. A legislação federal e estadual regulará o seu funcionamento.

§ 2º. O mandato dos membros do Conselho Penitenciário terá a duração de 4 (quatro) anos.

Art. 70. Incumbe ao Conselho Penitenciário:

- Lei 7.210/1984: arts. 131, 143, 145, 186 e 187.

I – emitir parecer sobre indulto e comutação de pena, excetuada a hipótese de pedido de indulto com base no estado de saúde do preso; (Redação dada pela Lei nº 10.792, de 2003)

- CF/88: art. 84, XII.
- CP: art. 107, II.

II – inspecionar os estabelecimentos e serviços penais;

III – apresentar, no primeiro trimestre de cada ano, ao Conselho Nacional de Política Criminal e Penitenciária, relatório dos trabalhos efetuados no exercício anterior;

IV – supervisionar os patronatos, bem como a assistência aos egressos.

CAPÍTULO VI. DOS DEPARTAMENTOS PENITENCIÁRIOS

SEÇÃO I. DO DEPARTAMENTO PENITENCIÁRIO NACIONAL

Art. 71. O Departamento Penitenciário Nacional, subordinado ao Ministério da Justiça, é órgão executivo da Política Penitenciária Nacional e de apoio administrativo e financeiro do Conselho Nacional de Política Criminal e Penitenciária.

Art. 72. São atribuições do Departamento Penitenciário Nacional:

I – acompanhar a fiel aplicação das normas de execução penal em todo o território nacional;

II – inspecionar e fiscalizar periodicamente os estabelecimentos e serviços penais;

III – assistir tecnicamente as unidades federativas na implementação dos princípios e regras estabelecidos nesta Lei;

IV – colaborar com as unidades federativas, mediante convênios, na implantação de estabelecimentos e serviços penais;

V – colaborar com as unidades federativas para a realização de cursos de formação de pessoal penitenciário e de ensino profissionalizante do condenado e do internado;

VI – estabelecer, mediante convênios com as unidades federativas, o cadastro nacional das vagas existentes em estabelecimentos locais destinadas ao cumprimento de penas privativas de liberdade aplicadas pela justiça de outra unidade federativa, em especial para presos sujeitos a regime disciplinar. (Incluído pela Lei nº 10.792, de 2003)

VII – acompanhar a execução da pena das mulheres beneficiadas pela progressão especial de que trata o § 3º do art. 112 desta Lei, monitorando sua integração social e a ocorrência de reincidência, específica ou não, mediante a realização de avaliações periódicas e de estatísticas criminais. *(Incluído pela Lei 13.769/2018)*

§ 1º Incumbe também ao Departamento a coordenação e supervisão dos estabelecimentos penais e de internamento federais. *(Renumerado pela Lei 13.769/2018)*

§ 2º Os resultados obtidos por meio do monitoramento e das avaliações periódicas previstas no inciso VII do *caput* deste artigo serão utilizados para, em função da efetividade da progressão especial para a ressocialização das mulheres de que trata o § 3º do art. 112 desta Lei, avaliar eventual desnecessidade do regime fechado de cumprimento de pena para essas mulheres nos casos de crimes cometidos sem violência ou grave ameaça. *(Incluído pela Lei 13.769/2018)*

SEÇÃO II. DO DEPARTAMENTO PENITENCIÁRIO LOCAL

Art. 73. A legislação local poderá criar Departamento Penitenciário ou órgão similar, com as atribuições que estabelecer.

Art. 74. O Departamento Penitenciário local, ou órgão similar, tem por finalidade supervisionar e coordenar os estabelecimentos penais da unidade da Federação a que pertencer.

Parágrafo único. Os órgãos referidos no *caput* deste artigo realizarão o acompanhamento de que trata o inciso VII do *caput* do art. 72 desta Lei e encaminharão ao Departamento Penitenciário Nacional os resultados obtidos. *(Incluído pela Lei 13.769/2018)*

SEÇÃO III. DA DIREÇÃO E DO PESSOAL DOS ESTABELECIMENTOS PENAIS

Art. 75. O ocupante do cargo de diretor de estabelecimento deverá satisfazer os seguintes requisitos:

I – ser portador de diploma de nível superior de Direito, ou Psicologia, ou Ciências Sociais, ou Pedagogia, ou Serviços Sociais;

II – possuir experiência administrativa na área;

III – ter idoneidade moral e reconhecida aptidão para o desempenho da função.

Parágrafo único. O diretor deverá residir no estabelecimento, ou nas proximidades, e dedicará tempo integral à sua função.

Art. 76. O Quadro do Pessoal Penitenciário será organizado em diferentes categorias funcionais, segundo as necessidades do serviço, com especificação de atribuições relativas às funções de direção, chefia e assessoramento do estabelecimento e às demais funções.

Art. 77. A escolha do pessoal administrativo, especializado, de instrução técnica e de vigilância atenderá a vocação, preparação profissional e antecedentes pessoais do candidato.

§ 1º. O ingresso do pessoal penitenciário, bem como a progressão ou a ascensão funcional dependerão de cursos específicos de formação, procedendo-se à reciclagem periódica dos servidores em exercício.

§ 2º. No estabelecimento para mulheres somente se permitirá o trabalho de pessoal do sexo feminino, salvo quando se tratar de pessoal técnico especializado.

CAPÍTULO VII. DO PATRONATO

Art. 78. O Patronato público ou particular destina-se a prestar assistência aos albergados e aos egressos (art. 26).

- Lei 7.210/1984: arts. 61, VI, 139 e 158, § 3º.

Art. 79. Incumbe também ao Patronato:

I – orientar os condenados à pena restritiva de direitos;

II – fiscalizar o cumprimento das penas de prestação de serviço à comunidade e de limitação de fim de semana;

III – colaborar na fiscalização do cumprimento das condições da suspensão e do livramento condicional.

CAPÍTULO VIII. DO CONSELHO DA COMUNIDADE

Art. 80. Haverá, em cada comarca, um Conselho da Comunidade composto, no mínimo, por 1 (um) representante de associação comercial ou industrial, 1 (um) advogado indicado pela Seção da Ordem dos Advogados do Brasil, 1 (um) Defensor Público indicado pelo Defensor Público Geral e 1 (um) assistente social escolhido pela Delegacia Seccional do Conselho Nacional de Assistentes Sociais. (Redação dada pela Lei nº 12.313, de 2010)

- Lei 7.210/1984: arts. 61, VII, 66, IX, 139 e 158, § 3º.

Parágrafo único. Na falta da representação prevista neste artigo, ficará a critério do juiz da execução a escolha dos integrantes do Conselho.

Art. 81. Incumbe ao Conselho da Comunidade:

I – visitar, pelo menos mensalmente, os estabelecimentos penais existentes na comarca;

II – entrevistar presos;

III – apresentar relatórios mensais ao juiz da execução e ao Conselho Penitenciário;

IV – diligenciar a obtenção de recursos materiais e humanos para melhor assistência ao preso ou internado, em harmonia com a direção do estabelecimento.

CAPÍTULO IX. DA DEFENSORIA PÚBLICA

- (Incluído pela Lei nº 12.313, de 2010)
- CF/88: arts. 134 e 135.
- LC 80/1994 – Organiza a Defensoria Pública da União, do Distrito Federal e dos Territórios e prescre normas gerais para sua organização nos Estados.

Art. 81-A. A Defensoria Pública velará pela regular execução da pena e da medida de segurança, oficiando, no processo executivo e nos incidentes da execução, para a defesa dos necessitados em todos os graus e instâncias, de forma individual e coletiva. (Incluído pela Lei nº 12.313, de 2010)

Art. 81-B. Incumbe, ainda, à Defensoria Pública: (Incluído pela Lei nº 12.313, de 2010)

I – requerer: (Incluído pela Lei nº 12.313, de 2010)

a) todas as providências necessárias ao desenvolvimento do processo executivo; (Incluído pela Lei nº 12.313, de 2010)

b) a aplicação aos casos julgados de lei posterior que de qualquer modo favorecer o condenado; (Incluído pela Lei nº 12.313, de 2010)

c) a declaração de extinção da punibilidade; (Incluído pela Lei nº 12.313, de 2010)

d) a unificação de penas; (Incluído pela Lei nº 12.313, de 2010)

e) a detração e remição da pena; (Incluído pela Lei nº 12.313, de 2010)

f) a instauração dos incidentes de excesso ou desvio de execução; (Incluído pela Lei nº 12.313, de 2010)

g) a aplicação de medida de segurança e sua revogação, bem como a substituição da pena por medida de segurança; (Incluído pela Lei nº 12.313, de 2010)

h) a conversão de penas, a progressão nos regimes, a suspensão condicional da pena, o livramento condicional, a comutação de pena e o indulto; (Incluído pela Lei nº 12.313, de 2010)

i) a autorização de saídas temporárias; (Incluído pela Lei nº 12.313, de 2010)

j) a internação, a desinternação e o restabelecimento da situação anterior; (Incluído pela Lei nº 12.313, de 2010)

k) o cumprimento de pena ou medida de segurança em outra comarca; (Incluído pela Lei nº 12.313, de 2010)

l) a remoção do condenado na hipótese prevista no § 1º do art. 86 desta Lei; (Incluído pela Lei nº 12.313, de 2010)

II – requerer a emissão anual do atestado de pena a cumprir; (Incluído pela Lei nº 12.313, de 2010)

III – interpor recursos de decisões proferidas pela autoridade judiciária ou administrativa durante a execução; (Incluído pela Lei nº 12.313, de 2010)

IV – representar ao Juiz da execução ou à autoridade administrativa para instauração de sindicância ou procedimento administrativo em caso de violação das normas referentes à execução penal; (Incluído pela Lei nº 12.313, de 2010)

V – visitar os estabelecimentos penais, tomando providências para o adequado funcionamento, e requerer, quando for o caso, a apuração de responsabilidade; (Incluído pela Lei nº 12.313, de 2010)

VI – requerer à autoridade competente a interdição, no todo ou em parte, de estabelecimento penal. (Incluído pela Lei nº 12.313, de 2010)

Parágrafo único. O órgão da Defensoria Pública visitará periodicamente os estabelecimentos penais, registrando a sua presença em livro próprio. (Incluído pela Lei nº 12.313, de 2010)

TÍTULO IV. DOS ESTABELECIMENTOS PENAIS

CAPÍTULO I. DISPOSIÇÕES GERAIS

Art. 82. Os estabelecimentos penais destinam-se ao condenado, ao submetido à medida de segurança, ao preso provisório e ao egresso.

- Lei 7.210/1984: arts. 25, II e 26.

§ 1º. A mulher e o maior de 60 (sessenta) anos, separadamente, serão recolhidos a estabelecimento próprio e adequado à sua condição pessoal. (Redação dada pela Lei nº 9.460, de 1997)

- CF/88: art. 5º, XLVIII.
- CP: art. 37.

§ 2º. O mesmo conjunto arquitetônico poderá abrigar estabelecimentos de destinação diversa desde que devidamente isolados.

Art. 83. O estabelecimento penal, conforme a sua natureza, deverá contar em suas dependências com áreas e serviços destinados a dar assistência, educação, trabalho, recreação e prática esportiva.

§ 1º. Haverá instalação destinada a estágio de estudantes universitários. (Renumerado pela Lei nº 9.046, de 1995)

§ 2º. Os estabelecimentos penais destinados a mulheres serão dotados de berçário, onde as condenadas possam cuidar de seus filhos, inclusive amamentá-los, no mínimo, até 6 (seis) meses de idade. (Redação dada pela Lei nº 11.942, de 2009)

- CF/88: art. 5º, L.
- ECA: arts. 8º, § 10, e 9º.

§ 3º. Os estabelecimentos de que trata o § 2º deste artigo deverão possuir, exclusivamente, agentes do sexo feminino na segurança de suas dependências internas. (Incluído pela Lei nº 12.121, de 2009)

- CF/88: art. 5º, XLVIII e XLIX.
- CPP: art. 249.

§ 4º. Serão instaladas salas de aulas destinadas a cursos do ensino básico e profissionalizante. (Incluído pela Lei nº 12.245, de 2010)

- Lei 9.394/1996: arts. 21, I, 32, 35 e 36-B.

§ 5º. Haverá instalação destinada à Defensoria Pública. (Incluído pela Lei nº 12.313, de 2010)

- CF/88: art. 134.
- LC 80/1994 – Organiza a Defensoria Pública da União, do Distrito Federal e dos Territórios e prescre normas gerais para sua organização nos Estados.

Art. 83-A. Poderão ser objeto de execução indireta as atividades materiais acessórias, instrumentais ou complementares desenvolvidas em estabelecimentos penais, e notadamente: (Incluído pela Lei nº 13.190, de 2015)

I – serviços de conservação, limpeza, informática, copeiragem, portaria, recepção, reprografia, telecomunicações, lavanderia e manutenção de prédios, instalações e equipamentos internos e externos; (Incluído pela Lei nº 13.190, de 2015)

II – serviços relacionados à execução de trabalho pelo preso. (Incluído pela Lei nº 13.190, de 2015)

§ 1º. A execução indireta será realizada sob supervisão e fiscalização do poder público. (Incluído pela Lei nº 13.190, de 2015)

§ 2º. Os serviços relacionados neste artigo poderão compreender o fornecimento de materiais, equipamentos, máquinas e profissionais. (Incluído pela Lei nº 13.190, de 2015)

Art. 83-B. São indelegáveis as funções de direção, chefia e coordenação no âmbito do sistema penal, bem como todas as atividades que exijam o exercício do poder de polícia, e notadamente: (Incluído pela Lei nº 13.190, de 2015)

I – classificação de condenados; (Incluído pela Lei nº 13.190, de 2015)

II – aplicação de sanções disciplinares; (Incluído pela Lei nº 13.190, de 2015)

III – controle de rebeliões; (Incluído pela Lei nº 13.190, de 2015)

IV – transporte de presos para órgãos do Poder Judiciário, hospitais e outros locais externos aos estabelecimentos penais. (Incluído pela Lei nº 13.190, de 2015)

Art. 84. O preso provisório ficará separado do condenado por sentença transitada em julgado.

§ 1º. Os presos provisórios ficarão separados de acordo com os seguintes critérios: (Redação dada pela Lei nº 13.167, de 2015)

I – acusados pela prática de crimes hediondos ou equiparados; (Incluído pela Lei nº 13.167, de 2015)

- Lei 8.072/1990: art. 1º

II – acusados pela prática de crimes cometidos com violência ou grave ameaça à pessoa; (Incluído pela Lei nº 13.167, de 2015)

III – acusados pela prática de outros crimes ou contravenções diversos dos apontados nos incisos I e II. (Incluído pela Lei nº 13.167, de 2015)

§ 2º. O preso que, ao tempo do fato, era funcionário da administração da Justiça criminal ficará em dependência separada.

§ 3º. Os presos condenados ficarão separados de acordo com os seguintes critérios: (Incluído pela Lei nº 13.167, de 2015)

I – condenados pela prática de crimes hediondos ou equiparados; (Incluído pela Lei nº 13.167, de 2015)

- Lei 8.072/1990: art. 1º

II – reincidentes condenados pela prática de crimes cometidos com violência ou grave ameaça à pessoa; (Incluído pela Lei nº 13.167, de 2015)

- CP: arts. 63 e 64.

III – primários condenados pela prática de crimes cometidos com violência ou grave ameaça à pessoa; (Incluído pela Lei nº 13.167, de 2015)

IV – demais condenados pela prática de outros crimes ou contravenções em situação diversa das previstas nos incisos I, II e III. (Incluído pela Lei nº 13.167, de 2015)

§ 4º. O preso que tiver sua integridade física, moral ou psicológica ameaçada pela convivência com os demais presos ficará segregado em local próprio. (Incluído pela Lei nº 13.167, de 2015)

Art. 85. O estabelecimento penal deverá ter lotação compatível com a sua estrutura e finalidade.

- Lei 7.210/1984: art. 66, VI a VIII.

Parágrafo único. O Conselho Nacional de Política Criminal e Penitenciária determinará o limite máximo de capacidade do estabelecimento, atendendo a sua natureza e peculiaridades.

Art. 86. As penas privativas de liberdade aplicadas pela justiça de uma unidade federativa podem ser executadas em outra unidade, em estabelecimento local ou da União.

- Lei 7.210/1984: art. 66, V, g e h.

§ 1º. A União Federal poderá construir estabelecimento penal em local distante da condenação para recolher os condenados, quando a medida se justifique no interesse da segurança pública ou do próprio condenado. (Redação dada pela Lei nº 10.792, de 2003)

- Lei 11.671/2008 : art. 3º.
- Lei 8.072/1990: art. 3º.

§ 2º. Conforme a natureza do estabelecimento, nele poderão trabalhar os liberados ou egressos que se dediquem a obras públicas ou ao aproveitamento de terras ociosas.

- Lei 7.210/1984: arts. 26, 132, § 1º, a, e 178.

§ 3º. Caberá ao juiz competente, a requerimento da autoridade administrativa definir o estabelecimento prisional adequado para abrigar o preso provisório ou condenado, em atenção ao regime e aos requisitos estabelecidos. (Incluído pela Lei nº 10.792, de 2003)

CAPÍTULO II. DA PENITENCIÁRIA

Art. 87. A Penitenciária destina-se ao condenado à pena de reclusão, em regime fechado.

- CP: arts. 33 e 34.

Parágrafo único. A União Federal, os Estados, o Distrito Federal e os Territórios poderão construir Penitenciárias destinadas, exclusivamente, aos presos provisórios e condenados que estejam em regime fechado, sujeitos ao regime disciplinar diferenciado, nos termos do art. 52 desta Lei. (Incluído pela Lei nº 10.792, de 2003)

Art. 88. O condenado será alojado em cela individual que conterá dormitório, aparelho sanitário e lavatório.

- Decreto 6.049/2007: art. 6º.

Parágrafo único. São requisitos básicos da unidade celular:

a) salubridade do ambiente pela concorrência dos fatores de aeração, insolação e condicionamento térmico adequado à existência humana;

b) área mínima de 6 m².

Art. 89. Além dos requisitos referidos no art. 88, a penitenciária de mulheres será dotada de seção para gestante e parturiente e de creche para abrigar crianças maiores de 6 (seis) meses e menores de 7 (sete) anos, com a finalidade de assistir a criança desamparada cuja responsável estiver presa. (Redação dada pela Lei nº 11.942, de 2009)

- CP: art. 37.
- ECA: arts. 8º, § 10, e 9º.
- Lei 7.210/1984: art. 14, § 3º.

Parágrafo único. São requisitos básicos da seção e da creche referidas neste artigo: (Incluído pela Lei nº 11.942, de 2009)

I – atendimento por pessoal qualificado, de acordo com as diretrizes adotadas pela legislação educacional e em unidades autônomas; e (Incluído pela Lei nº 11.942, de 2009)

II – horário de funcionamento que garanta a melhor assistência à criança e à sua responsável. (Incluído pela Lei nº 11.942, de 2009)

Art. 90. A penitenciária de homens será construída em local afastado do centro urbano a distância que não restrinja a visitação.

CAPÍTULO III. DA COLÔNIA AGRÍCOLA, INDUSTRIAL OU SIMILAR

Art. 91. A Colônia Agrícola, Industrial ou similar destina-se ao cumprimento da pena em regime semiaberto.

- arts. 33, § 1º e 35, § 1º.

Art. 92. O condenado poderá ser alojado em compartimento coletivo, observados os requisitos da letra *a* do parágrafo único do art. 88 desta Lei.

- Lei 7.210/1984: art. 53, IV.

Parágrafo único. São também requisitos básicos das dependências coletivas:

a) a seleção adequada dos presos;

b) o limite de capacidade máxima que atenda os objetivos de individualização da pena.

CAPÍTULO IV. DA CASA DO ALBERGADO

Art. 93. A Casa do Albergado destina-se ao cumprimento de pena privativa de liberdade, em regime aberto, e da pena de limitação de fim de semana.

- CP: arts. 35, § 1º, e 48.
- Lei 7.210/1984: art. 117.

Art. 94. O prédio deverá situar-se em centro urbano, separado dos demais estabelecimentos, e caracterizar-se pela ausência de obstáculos físicos contra a fuga.

Art. 95. Em cada região haverá, pelo menos, 1 (uma) Casa de Albergado, a qual deverá conter, além dos aposentos para acomodar os presos, local adequado para cursos e palestras.

- CP: art. 48, par. único.

Parágrafo único. O estabelecimento terá instalações para os serviços de fiscalização e orientação dos condenados.

CAPÍTULO V. DO CENTRO DE OBSERVAÇÃO

Art. 96. No Centro de Observação realizar-se-ão os exames gerais e o criminológico, cujos resultados serão encaminhados à Comissão Técnica de Classificação.

- CP: arts. 34 e 35.

Parágrafo único. No Centro poderão ser realizadas pesquisas criminológicas.

Art. 97. O Centro de Observação será instalado em unidade autônoma ou em anexo a estabelecimento penal.

Art. 98. Os exames poderão ser realizados pela Comissão Técnica de Classificação, na falta do Centro de Observação.

CAPÍTULO VI. DO HOSPITAL DE CUSTÓDIA E TRATAMENTO PSIQUIÁTRICO

Art. 99. O Hospital de Custódia e Tratamento Psiquiátrico destina-se aos inimputáveis e semi-imputáveis referidos no art. 26 e seu parágrafo único do Código Penal.

- CP: arts. 41 e 42.
- CPP: arts. 149 a 154, e 682.

Parágrafo único. Aplica-se ao Hospital, no que couber, o disposto no parágrafo único do art. 88 desta Lei.

Art. 100. O exame psiquiátrico e os demais exames necessários ao tratamento são obrigatórios para todos os internados.

- Lei 7.210/1984: art. 175.

Art. 101. O tratamento ambulatorial, previsto no art. 97, segunda parte, do Código Penal, será realizado no Hospital de Custódia e Tratamento Psiquiátrico ou em outro local com dependência médica adequada.

CAPÍTULO VII. DA CADEIA PÚBLICA

Art. 102. A Cadeia Pública destina-se ao recolhimento de presos provisórios.

Art. 103. Cada comarca terá, pelo menos, 1 (uma) Cadeia Pública a fim de resguardar o interesse da administração da justiça criminal e a permanência do preso em local próximo ao seu meio social e familiar.

Art. 104. O estabelecimento de que trata este Capítulo será instalado próximo de centro urbano, observando-se na construção as exigências mínimas referidas no art. 88 e seu parágrafo único desta Lei.

TÍTULO V. DA EXECUÇÃO DAS PENAS EM ESPÉCIE

CAPÍTULO I. DAS PENAS PRIVATIVAS DE LIBERDADE

SEÇÃO I. DISPOSIÇÕES GERAIS

Art. 105. Transitando em julgado a sentença que aplicar pena privativa de liberdade, se o réu estiver ou vier a ser preso, o juiz ordenará a expedição de guia de recolhimento para a execução.

Art. 106. A guia de recolhimento, extraída pelo escrivão, que a rubricará em todas as folhas e a assinará com o juiz, será remetida à autoridade administrativa incumbida da execução e conterá:

I – o nome do condenado;

II – a sua qualificação civil e o número do registro geral no órgão oficial de identificação;

III – o inteiro teor da denúncia e da sentença condenatória, bem como certidão do trânsito em julgado;

IV – a informação sobre os antecedentes e o grau de instrução;

V – a data da terminação da pena;

VI – outras peças do processo reputadas indispensáveis ao adequado tratamento penitenciário.

§ 1º. Ao Ministério Público se dará ciência da guia de recolhimento.

§ 2º. A guia de recolhimento será retificada sempre que sobrevier modificação quanto ao início da execução, ou ao tempo de duração da pena.

§ 3º. Se o condenado, ao tempo do fato, era funcionário da administração da justiça criminal, far-se-á, na guia, menção dessa circunstância, para fins do disposto no § 2º do art. 84 desta Lei.

Art. 107. Ninguém será recolhido, para cumprimento de pena privativa de liberdade, sem a guia expedida pela autoridade judiciária.

§ 1º. A autoridade administrativa incumbida da execução passará recibo da guia de recolhimento, para juntá-la aos autos do processo, e dará ciência dos seus termos ao condenado.

§ 2º. As guias de recolhimento serão registradas em livro especial, segundo a ordem cronológica do recebimento, e anexadas ao prontuário do condenado, aditando-se, no curso da execução, o cálculo das remições e de outras retificações posteriores.

Art. 108. O condenado a quem sobrevier doença mental será internado em Hospital de Custódia e Tratamento Psiquiátrico.

› Lei 7.210/1984: art. 183.

Art. 109. Cumprida ou extinta a pena, o condenado será posto em liberdade, mediante alvará do juiz, se por outro motivo não estiver preso.

› CP: art. 107.

SEÇÃO II.
DOS REGIMES

Art. 110. O juiz, na sentença, estabelecerá o regime no qual o condenado iniciará o cumprimento da pena privativa de liberdade, observado o disposto no art. 33 e seus parágrafos do Código Penal.

Art. 111. Quando houver condenação por mais de um crime, no mesmo processo ou em processos distintos, a determinação do regime de cumprimento será feita pelo resultado da soma ou unificação das penas, observada, quando for o caso, a detração ou remição.

› CP: arts. 42 e 71.

› Lei 7.210/1984: arts. 66, III, a, e 126, § 1º.

Parágrafo único. Sobrevindo condenação no curso da execução, somar-se-á a pena ao restante da que está sendo cumprida, para determinação do regime.

Art. 112. A pena privativa de liberdade será executada em forma progressiva com a transferência para regime menos rigoroso, a ser determinada pelo juiz, quando o preso tiver cumprido ao menos: (Redação dada pela Lei 13.964/2019)

I - 16% (dezesseis por cento) da pena, se o apenado for primário e o crime tiver sido cometido sem violência à pessoa ou grave ameaça;

II - 20% (vinte por cento) da pena, se o apenado for reincidente em crime cometido sem violência à pessoa ou grave ameaça;

III - 25% (vinte e cinco por cento) da pena, se o apenado for primário e o crime tiver sido cometido com violência à pessoa ou grave ameaça;

IV - 30% (trinta por cento) da pena, se o apenado for reincidente em crime cometido com violência à pessoa ou grave ameaça;

V - 40% (quarenta por cento) da pena, se o apenado for condenado pela prática de crime hediondo ou equiparado, se for primário;

VI - 50% (cinquenta por cento) da pena, se o apenado for:

a) condenado pela prática de crime hediondo ou equiparado, com resultado morte, se for primário, vedado o livramento condicional;

b) condenado por exercer o comando, individual ou coletivo, de organização criminosa estruturada para a prática de crime hediondo ou equiparado; ou

c) condenado pela prática do crime de constituição de milícia privada;

VII - 60% (sessenta por cento) da pena, se o apenado for reincidente na prática de crime hediondo ou equiparado;

VIII - 70% (setenta por cento) da pena, se o apenado for reincidente em crime hediondo ou equiparado com resultado morte, vedado o livramento condicional.

§ 1º Em todos os casos, o apenado só terá direito à progressão de regime se ostentar boa conduta carcerária, comprovada pelo diretor do estabelecimento, respeitadas as normas que vedam a progressão. (Redação dada pela Lei 13.964/2019)

§ 2º A decisão do juiz que determinar a progressão de regime será sempre motivada e precedida de manifestação do Ministério Público e do defensor, procedimento que também será adotado na concessão de livramento condicional, indulto e comutação de penas, respeitados os prazos previstos nas normas vigentes. (Redação dada pela Lei 13.964/2019)

§ 3º No caso de mulher gestante ou que for mãe ou responsável por crianças ou pessoas com deficiência, os requisitos para progressão de regime são, cumulativamente: *(Incluído pela Lei 13.769/2018)*

I - não ter cometido crime com violência ou grave ameaça a pessoa;

II - não ter cometido o crime contra seu filho ou dependente;

III - ter cumprido ao menos 1/8 (um oitavo) da pena no regime anterior;

IV - ser primária e ter bom comportamento carcerário, comprovado pelo diretor do estabelecimento;

V - não ter integrado organização criminosa.

§ 4º O cometimento de novo crime doloso ou falta grave implicará a revogação do benefício previsto no § 3º deste artigo. *(Incluído pela Lei 13.769/2018)*

§ 5º Não se considera hediondo ou equiparado, para os fins deste artigo, o crime de tráfico de drogas previsto no § 4° do art. 33 da Lei nº 11.343, de 23 de agosto de 2006. (Incluído pela Lei 13.964/2019)

§ 6º O cometimento de falta grave durante a execução da pena privativa de liberdade interrompe o prazo para a obtenção da progressão no regime de cumprimento da pena, caso em que o reinício da contagem do requisito objetivo terá como base a pena remanescente. (Incluído pela Lei 13.964/2019)

§ 7º Vetado na Lei 13.964/2019.

Art. 113. O ingresso do condenado em regime aberto supõe a aceitação de seu programa e das condições impostas pelo juiz.

› CP: art. 36.

Art. 114. Somente poderá ingressar no regime aberto o condenado que:

I – estiver trabalhando ou comprovar a possibilidade de fazê-lo imediatamente;

II – apresentar, pelos seus antecedentes ou pelo resultado dos exames a que foi submetido, fundados indícios de que irá ajustar-se, com autodisciplina e senso de responsabilidade, ao novo regime.

Parágrafo único. Poderão ser dispensadas do trabalho as pessoas referidas no art. 117 desta Lei.

Art. 115. O juiz poderá estabelecer condições especiais para a concessão de regime aberto, sem prejuízo das seguintes condições gerais e obrigatórias:

I – permanecer no local que for designado, durante o repouso e nos dias de folga;

II – sair para o trabalho e retornar, nos horários fixados;

III – não se ausentar da cidade onde reside, sem autorização judicial;

IV – comparecer a juízo, para informar e justificar as suas atividades, quando for determinado.

Art. 116. O juiz poderá modificar as condições estabelecidas, de ofício, a requerimento do Ministério Público, da autoridade administrativa ou do condenado, desde que as circunstâncias assim o recomendem.

Art. 117. Somente se admitirá o recolhimento do beneficiário de regime aberto em residência particular quando se tratar de:

I – condenado maior de 70 (setenta) anos;

II – condenado acometido de doença grave;

III – condenada com filho menor ou deficiente físico ou mental;

IV – condenada gestante.

Art. 118. A execução da pena privativa de liberdade ficará sujeita à forma regressiva, com a transferência para qualquer dos regimes mais rigorosos, quando o condenado:

I – praticar fato definido como crime doloso ou falta grave;

› Súm. 526 do STJ.

II – sofrer condenação, por crime anterior, cuja pena, somada ao restante da pena em execução, torne incabível o regime (art. 111).

§ 1º. O condenado será transferido do regime aberto se, além das hipóteses referidas nos incisos anteriores, frustrar os fins da execução ou não pagar, podendo, a multa cumulativamente imposta.

› CP: art. 51.

§ 2º. Nas hipóteses do inciso I e do parágrafo anterior, deverá ser ouvido, previamente, o condenado.

Art. 119. A legislação local poderá estabelecer normas complementares para o cumprimento da pena privativa de liberdade em regime aberto (art. 36, § 1º, do Código Penal).

SEÇÃO III.
DAS AUTORIZAÇÕES DE SAÍDA

SUBSEÇÃO I.
DA PERMISSÃO DE SAÍDA

› Súm. 520 do STJ.

Art. 120. Os condenados que cumprem pena em regime fechado ou semiaberto e os presos provisórios poderão obter permissão para sair do estabelecimento, mediante escolta, quando ocorrer um dos seguintes fatos:

I – falecimento ou doença grave do cônjuge, companheira, ascendente, descendente ou irmão;

II – necessidade de tratamento médico (parágrafo único do art. 14).

› Refere-se ao § 2º do art. 14.

Parágrafo único. A permissão de saída será concedida pelo diretor do estabelecimento onde se encontra o preso.

Art. 121. A permanência do preso fora do estabelecimento terá duração necessária à finalidade da saída.

SUBSEÇÃO II.
DA SAÍDA TEMPORÁRIA

Art. 122. Os condenados que cumprem pena em regime semiaberto poderão obter autorização para saída temporária do estabelecimento, sem vigilância direta, nos seguintes casos:

› Súm. 40 do STJ.

I – visita à família;

II – frequência a curso supletivo profissionalizante, bem como de instrução do 2º grau ou superior, na comarca do Juízo da Execução;

III – participação em atividades que concorram para o retorno ao convívio social.

§ 1° A ausência de vigilância direta não impede a utilização de equipamento de monitoração eletrônica pelo condenado, quando assim determinar o juiz da execução. (Incluído pela Lei nº 12.258, de 2010)

› CPP: art. 319, IX.

› Lei 7.210/1984: arts. 146-A a 146-D.

› Decreto 7.627/2011 – Regulamenta a monitoração eletrônica de pessoas prevista no Decreto-Lei 3.689/1941 (CPP), e na Lei 7.210/1984 (LEP).

§ 2° Não terá direito à saída temporária a que se refere o *caput* deste artigo o condenado que cumpre pena por praticar crime hediondo com resultado morte. (Incluído pela Lei 13.964/2019)

Art. 123. A autorização será concedida por ato motivado do juiz da execução, ouvidos o Ministério Público e a administração penitenciária, e dependerá da satisfação dos seguintes requisitos:

I – comportamento adequado;

II – cumprimento mínimo de 1/6 (um sexto) da pena, se o condenado for primário, e 1/4 (um quarto), se reincidente;

› Súm. 40 do STJ.

› CP: art. 35, § 2º.

III – compatibilidade do benefício com os objetivos da pena.

Art. 124. A autorização será concedida por prazo não superior a 7 (sete) dias, podendo ser renovada por mais 4 (quatro) vezes durante o ano.

§ 1º. Ao conceder a saída temporária, o juiz imporá ao beneficiário as seguintes condições, entre outras que entender compatíveis com as circunstâncias do caso e a situação pessoal do condenado: (Incluído pela Lei nº 12.258, de 2010)

› CP: art. 47, IV.

I – fornecimento do endereço onde reside a família a ser visitada ou onde poderá ser encontrado durante o gozo do benefício; (Incluído pela Lei nº 12.258, de 2010)

II – recolhimento à residência visitada, no período noturno; (Incluído pela Lei nº 12.258, de 2010)

III – proibição de frequentar bares, casas noturnas e estabelecimentos congêneres. (Incluído pela Lei nº 12.258, de 2010)

§ 2º. Quando se tratar de frequência a curso profissionalizante, de instrução de ensino médio ou superior, o tempo de saída será o necessário para o cumprimento das atividades discentes. (Renumerado pela Lei nº 12.258, de 2010)

§ 3º. Nos demais casos, as autorizações de saída somente poderão ser concedidas com prazo mínimo de 45 (quarenta e cinco) dias de intervalo entre uma e outra. (Incluído pela Lei nº 12.258, de 2010)

Art. 125. O benefício será automaticamente revogado quando o condenado praticar fato definido como crime doloso, for punido por falta grave, desatender as condições impostas na autorização ou revelar baixo grau de aproveitamento do curso.

Parágrafo único. A recuperação do direito à saída temporária dependerá da absolvição no processo penal, do cancelamento da punição disciplinar ou da demonstração do merecimento do condenado.

SEÇÃO IV.
DA REMIÇÃO

Art. 126. O condenado que cumpre a pena em regime fechado ou semiaberto poderá remir, por trabalho ou por estudo, parte do tempo de execução da pena. (Redação dada pela Lei nº 12.433, de 2011)

› Súm. 341 do STJ.

› Lei 7.210/1984: art. 39, V.

§ 1º. A contagem de tempo referida no *caput* será feita à razão de: (Redação dada pela Lei nº 12.433, de 2011)

I – 1 (um) dia de pena a cada 12 (doze) horas de frequência escolar – atividade de ensino fundamental, médio, inclusive profissionalizante, ou superior, ou ainda de requalificação profissional – divididas, no mínimo, em 3 (três) dias; (Incluído pela Lei nº 12.433, de 2011)

II – 1 (um) dia de pena a cada 3 (três) dias de trabalho. (Incluído pela Lei nº 12.433, de 2011)

› Lei 7.210/1984: art. 33.

§ 2º. As atividades de estudo a que se refere o § 1º deste artigo poderão ser desenvolvidas de forma presencial ou por metodologia de ensino a distância e deverão ser certificadas pelas autoridades educacionais competentes dos cursos frequentados. (Redação dada pela Lei nº 12.433, de 2011)

§ 3º. Para fins de cumulação dos casos de remição, as horas diárias de trabalho e de estudo serão definidas de forma a se compatibilizarem. (Redação dada pela Lei nº 12.433, de 2011)

§ 4º. O preso impossibilitado, por acidente, de prosseguir no trabalho ou nos estudos continuará a beneficiar-se com a remição. (Incluído pela Lei nº 12.433, de 2011)

§ 5º. O tempo a remir em função das horas de estudo será acrescido de 1/3 (um terço) no caso de conclusão do ensino fundamental, médio ou superior durante o cumprimento da pena, desde que certificada pelo órgão competente do sistema de educação. (Incluído pela Lei nº 12.433, de 2011)

§ 6º. O condenado que cumpre pena em regime aberto ou semiaberto e o que usufrui liberdade condicional poderão remir, pela frequência a curso de ensino regular ou de educação profissional, parte do tempo de execução da pena ou do período de prova, observado o disposto no inciso I do § 1º deste artigo. (Incluído pela Lei nº 12.433, de 2011)

§ 7º. O disposto neste artigo aplica-se às hipóteses de prisão cautelar. (Incluído pela Lei nº 12.433, de 2011)

§ 8º. A remição será declarada pelo juiz da execução, ouvidos o Ministério Público e a defesa. (Incluído pela Lei nº 12.433, de 2011)

Art. 127. Em caso de falta grave, o juiz poderá revogar até 1/3 (um terço) do tempo remido, observado o disposto no art. 57, recomeçando a contagem a partir da data da infração disciplinar. (Redação dada pela Lei nº 12.433, de 2011)

› Súm. Vinculante 9 do STF.

› Súm. 534 e 535 do STJ.

› Lei 7.210/1984: arts. 48, par. único, 50, 51 e 52.

Art. 128. O tempo remido será computado como pena cumprida, para todos os efeitos. (Redação dada pela Lei nº 12.433, de 2011)

Art. 129. A autoridade administrativa encaminhará mensalmente ao juízo da execução cópia do registro de todos os condenados que estejam trabalhando ou estudando, com informação dos dias de trabalho ou das horas de frequência escolar ou de atividades de ensino de cada um deles. (Redação dada pela Lei nº 12.433, de 2011)

§ 1º. O condenado autorizado a estudar fora do estabelecimento penal deverá comprovar mensalmente, por meio de declaração da respectiva unidade de ensino, a frequência e o aproveitamento escolar. (Incluído pela Lei nº 12.433, de 2011)

§ 2º. Ao condenado dar-se-á a relação de seus dias remidos. (Incluído pela Lei nº 12.433, de 2011)

Art. 130. Constitui o crime do art. 299 do Código Penal declarar ou atestar falsamente prestação de serviço para fim de instruir pedido de remição.

SEÇÃO V.
DO LIVRAMENTO CONDICIONAL

Art. 131. O livramento condicional poderá ser concedido pelo juiz da execução, presentes os requisitos do art. 83, incisos e parágrafo único, do Código Penal, ouvidos o Ministério Público e o Conselho Penitenciário.

- Súm. 441 do STJ.
- CP: art. 83.
- CPP: arts. 710 a 733.
- Lei 7.210/1984: art. 112, § 2º.

Art. 132. Deferido o pedido, o juiz especificará as condições a que fica subordinado o livramento.

§ 1º. Serão sempre impostas ao liberado condicional as obrigações seguintes:

a) obter ocupação lícita, dentro de prazo razoável se for apto para o trabalho;

b) comunicar periodicamente ao juiz sua ocupação;

c) não mudar do território da comarca do Juízo da Execução, sem prévia autorização deste.

§ 2º. Poderão ainda ser impostas ao liberado condicional, entre outras obrigações, as seguintes:

a) não mudar de residência sem comunicação ao juiz e à autoridade incumbida da observação cautelar e de proteção;

b) recolher-se à habitação em hora fixada;

c) não frequentar determinados lugares.

d) (*VETADA*). (Incluído pela Lei nº 12.258, de 2010)

Art. 133. Se for permitido ao liberado residir fora da comarca do Juízo da Execução, remeter-se-á cópia da sentença do livramento ao juízo do lugar para onde ele se houver transferido e à autoridade incumbida da observação cautelar e de proteção.

Art. 134. O liberado será advertido da obrigação de apresentar-se imediatamente às autoridades referidas no artigo anterior.

Art. 135. Reformada a sentença denegatória do livramento, os autos baixarão ao Juízo da Execução, para as providências cabíveis.

- Lei 7.210/1984: art. 197.

Art. 136. Concedido o benefício, será expedida a carta de livramento com a cópia integral da sentença em 2 (duas) vias, remetendo-se uma à autoridade administrativa incumbida da execução e outra ao Conselho Penitenciário.

- Lei 7.210/1984: art. 69.

Art. 137. A cerimônia do livramento condicional será realizada solenemente no dia marcado pelo presidente do Conselho Penitenciário, no estabelecimento onde está sendo cumprida a pena, observando-se o seguinte:

I – a sentença será lida ao liberando, na presença dos demais condenados, pelo presidente do Conselho Penitenciário ou membro por ele designado, ou, na falta, pelo juiz;

II – a autoridade administrativa chamará a atenção do liberando para as condições impostas na sentença de livramento;

III – o liberando declarará se aceita as condições.

§ 1º. De tudo, em livro próprio, será lavrado termo subscrito por quem presidir a cerimônia e pelo liberando, ou alguém a seu rogo, se não souber ou não puder escrever.

§ 2º. Cópia desse termo deverá ser remetida ao juiz da execução.

Art. 138. Ao sair o liberado do estabelecimento penal, ser-lhe-á entregue, além do saldo de seu pecúlio e do que lhe pertencer, uma caderneta, que exibirá à autoridade judiciária ou administrativa sempre que lhe for exigida.

§ 1º. A caderneta conterá:

a) a identificação do liberado;

b) o texto impresso do presente Capítulo;

c) as condições impostas.

§ 2º. Na falta de caderneta, será entregue ao liberado um salvo-conduto, em que constem as condições do livramento, podendo substituir-se a ficha de identificação ou o seu retrato pela descrição dos sinais que possam identificá-lo.

§ 3º. Na caderneta e no salvo-conduto deverá haver espaço para consignar-se o cumprimento das condições referidas no art. 132 desta Lei.

Art. 139. A observação cautelar e a proteção realizadas por serviço social penitenciário, Patronato ou Conselho da Comunidade terão a finalidade de:

I – fazer observar o cumprimento das condições especificadas na sentença concessiva do benefício;

II – proteger o beneficiário, orientando-o na execução de suas obrigações e auxiliando-o na obtenção de atividade laborativa.

Parágrafo único. A entidade encarregada da observação cautelar e da proteção do liberado apresentará relatório ao Conselho Penitenciário, para efeito da representação prevista nos arts. 143 e 144 desta Lei.

- Lei 7.210/1984: art. 70.

Art. 140. A revogação do livramento condicional dar-se-á nas hipóteses previstas nos arts. 86 e 87 do Código Penal.

Parágrafo único. Mantido o livramento condicional, na hipótese da revogação facultativa, o juiz deverá advertir o liberado ou agravar as condições.

Art. 141. Se a revogação for motivada por infração penal anterior à vigência do livramento, computar-se-á como tempo de cumprimento da pena o período de prova, sendo permitida, para a concessão de novo livramento, a soma do tempo das 2 (duas) penas.

Art. 142. No caso de revogação por outro motivo, não se computará na pena o tempo em que esteve solto o liberado, e tampouco se concederá, em relação à mesma pena, novo livramento.

Art. 143. A revogação será decretada a requerimento do Ministério Público, mediante representação do Conselho Penitenciário, ou de ofício, pelo juiz, ouvido o liberado.

Art. 144. O Juiz, de ofício, a requerimento do Ministério Público, da Defensoria Pública ou mediante representação do Conselho Penitenciário, e ouvido o liberado, poderá modificar as condições especificadas na sentença, devendo o respectivo ato decisório ser lido ao liberado por uma das autoridades ou funcionários indicados no inciso I do *caput* do art. 137 desta Lei, observado o disposto nos incisos II e III e §§ 1º e 2º do mesmo artigo. (Redação dada pela Lei nº 12.313, de 2010)

Art. 145. Praticada pelo liberado outra infração penal, o juiz poderá ordenar a sua prisão, ouvidos o Conselho Penitenciário e o Ministério Público, suspendendo o curso do livramento condicional, cuja revogação, entretanto, ficará dependendo da decisão final.

- CP: art. 89.

Art. 146. O juiz, de ofício, a requerimento do interessado, do Ministério Público ou mediante representação do Conselho Penitenciário, julgará extinta a pena privativa de liberdade, se expirar o prazo do livramento sem revogação.

- CP: art. 90.

SEÇÃO VI.
DA MONITORAÇÃO ELETRÔNICA

(Incluído pela Lei nº 12.258, de 2010)

Art. 146-A. (*VETADO*). (Incluído pela Lei nº 12.258, de 2010)

Art. 146-B. O juiz poderá definir a fiscalização por meio da monitoração eletrônica quando: (Incluído pela Lei nº 12.258, de 2010)

- CPP: art. 319, IX.
- Decreto 7.627/2011 – Regulamenta a monitoração eletrônica de pessoas prevista no Decreto-Lei 3.689/1941 (CPP), e na Lei 7.210/1984 (LEP).

I – (*VETADO*); (Incluído pela Lei nº 12.258, de 2010)

II – autorizar a saída temporária no regime semiaberto; (Incluído pela Lei nº 12.258, de 2010)

III – (*VETADO*); (Incluído pela Lei nº 12.258, de 2010)

IV – determinar a prisão domiciliar; (Incluído pela Lei nº 12.258, de 2010)

- Lei 7.210/1984: art. 117.

V – (*VETADO*); (Incluído pela Lei nº 12.258, de 2010)

Parágrafo único. (*VETADO*). (Incluído pela Lei nº 12.258, de 2010)

Art. 146-C. O condenado será instruído acerca dos cuidados que deverá adotar com o equipamento eletrônico e dos seguintes deveres: (Incluído pela Lei nº 12.258, de 2010)

I – receber visitas do servidor responsável pela monitoração eletrônica, responder aos seus contatos e cumprir suas orientações; (Incluído pela Lei nº 12.258, de 2010)
II – abster-se de remover, de violar, de modificar, de danificar de qualquer forma o dispositivo de monitoração eletrônica ou de permitir que outrem o faça; (Incluído pela Lei nº 12.258, de 2010)
III – (*VETADO*); (Incluído pela Lei nº 12.258, de 2010)

Parágrafo único. A violação comprovada dos deveres previstos neste artigo poderá acarretar, a critério do juiz da execução, ouvidos o Ministério Público e a defesa: (Incluído pela Lei nº 12.258, de 2010)
I – a regressão do regime; (Incluído pela Lei nº 12.258, de 2010)
II – a revogação da autorização de saída temporária; (Incluído pela Lei nº 12.258, de 2010)
III – (*VETADO*); (Incluído pela Lei nº 12.258, de 2010)
IV – (*VETADO*); (Incluído pela Lei nº 12.258, de 2010)
V – (*VETADO*); (Incluído pela Lei nº 12.258, de 2010)
VI – a revogação da prisão domiciliar; (Incluído pela Lei nº 12.258, de 2010)
VII – advertência, por escrito, para todos os casos em que o juiz da execução decida não aplicar alguma das medidas previstas nos incisos de I a VI deste parágrafo. (Incluído pela Lei nº 12.258, de 2010)

Art. 146-D. A monitoração eletrônica poderá ser revogada: (Incluído pela Lei nº 12.258, de 2010)
I – quando se tornar desnecessária ou inadequada; (Incluído pela Lei nº 12.258, de 2010)
II – se o acusado ou condenado violar os deveres a que estiver sujeito durante a sua vigência ou cometer falta grave. (Incluído pela Lei nº 12.258, de 2010)

CAPÍTULO II. DAS PENAS RESTRITIVAS DE DIREITO

SEÇÃO I. DISPOSIÇÕES GERAIS

Art. 147. Transitada em julgado a sentença que aplicou a pena restritiva de direitos, o juiz de execução, de ofício ou a requerimento do Ministério Público, promoverá a execução, podendo, para tanto, requisitar, quando necessário, a colaboração de entidades públicas ou solicitá-la a particulares.

‣ CP: arts. 43 a 48.

Art. 148. Em qualquer fase da execução, poderá o juiz, motivadamente, alterar a forma de cumprimento das penas de prestação de serviços à comunidade e de limitação de fim de semana, ajustando-as às condições pessoais do condenado e às características do estabelecimento, da entidade ou do programa comunitário ou estatal.

SEÇÃO II. DA PRESTAÇÃO DE SERVIÇOS À COMUNIDADE

Art. 149. Caberá ao juiz da execução:

‣ CP: arts. 43, IV e 46.

I – designar a entidade ou programa comunitário ou estatal, devidamente credenciado ou convencionado, junto ao qual o condenado deverá trabalhar gratuitamente, de acordo com as suas aptidões;
II – determinar a intimação do condenado, cientificando-o da entidade, dias e horário em que deverá cumprir a pena;
III – alterar a forma de execução, a fim de ajustá-la às modificações ocorridas na jornada de trabalho.

§ 1º. O trabalho terá a duração de 8 (oito) horas semanais e será realizado aos sábados, domingos e feriados, ou em dias úteis, de modo a não prejudicar a jornada normal de trabalho, nos horários estabelecidos pelo juiz.

‣ CP: art. 46, §§ 3º e 4º.

§ 2º. A execução terá início a partir da data do primeiro comparecimento.

‣ CP: art. 117, V.

Art. 150. A entidade beneficiada com a prestação de serviços encaminhará mensalmente, ao juiz da execução, relatório circunstanciado das atividades do condenado, bem como, a qualquer tempo, comunicação sobre ausência ou falta disciplinar.

‣ Lei 7.210/1984: arts. 51 e 181, § 1º.

SEÇÃO III. DA LIMITAÇÃO DE FIM DE SEMANA

Art. 151. Caberá ao juiz da execução determinar a intimação do condenado, cientificando-o do local, dias e horário em que deverá cumprir a pena.

‣ CP: art. 48.

Parágrafo único. A execução terá início a partir da data do primeiro comparecimento.

Art. 152. Poderão ser ministrados ao condenado, durante o tempo de permanência, cursos e palestras, ou atribuídas atividades educativas.

Parágrafo único. Nos casos de violência doméstica contra a mulher, o juiz poderá determinar o comparecimento obrigatório do agressor a programas de recuperação e reeducação. (Incluído pela Lei nº 11.340, de 2006)

‣ Lei 11.340/2006: art. 17.

Art. 153. O estabelecimento designado encaminhará, mensalmente, ao juiz da execução, relatório, bem assim comunicará, a qualquer tempo, a ausência ou falta disciplinar do condenado.

‣ Lei 7.210/1984: arts. 51 e 181, § 2º.

SEÇÃO IV. DA INTERDIÇÃO TEMPORÁRIA DE DIREITOS

‣ CP: art. 47, IV e V.

Art. 154. Caberá ao juiz da execução comunicar à autoridade competente a pena aplicada, determinada a intimação do condenado.

§ 1º. Na hipótese de pena de interdição do art. 47, I, do Código Penal, a autoridade deverá, em 24 (vinte e quatro) horas, contadas do recebimento do ofício, baixar ato, a partir do qual a execução terá seu início.

§ 2º. Nas hipóteses do art. 47, II e III, do Código Penal, o Juízo da Execução determinará a apreensão dos documentos, que autorizam o exercício do direito interditado.

‣ CTB: arts. 292 e 293.

Art. 155. A autoridade deverá comunicar imediatamente ao juiz da execução o descumprimento da pena.

Parágrafo único. A comunicação prevista neste artigo poderá ser feita por qualquer prejudicado.

CAPÍTULO III. DA SUSPENSÃO CONDICIONAL

Art. 156. O juiz poderá suspender, pelo período de 2 (dois) a 4 (quatro) anos, a execução da pena privativa de liberdade, não superior a 2 (dois) anos, na forma prevista nos arts. 77 a 82 do Código Penal.

‣ CP: arts. 77 a 82.
‣ CPP: arts. 696 a 709.

Art. 157. O juiz ou tribunal, na sentença que aplicar pena privativa de liberdade, na situação determinada no artigo anterior, deverá pronunciar-se, motivadamente, sobre a suspensão condicional, quer a conceda, quer a denegue.

Art. 158. Concedida a suspensão, o juiz especificará as condições a que fica sujeito o condenado, pelo prazo fixado, começando este a correr da audiência prevista no art. 160 desta Lei.

§ 1º. As condições serão adequadas ao fato e à situação pessoal do condenado, devendo ser incluída entre as mesmas a de prestar serviços à comunidade, ou limitação de fim de semana, salvo hipótese do art. 78, § 2º, do Código Penal.

§ 2º. O juiz poderá, a qualquer tempo, de ofício, a requerimento do Ministério Público ou mediante proposta do Conselho Penitenciário, modificar as condições e regras estabelecidas na sentença, ouvido o condenado.

§ 3º. A fiscalização do cumprimento das condições, regulada nos Estados, Territórios e Distrito Federal por normas supletivas, será atribuída a serviço social penitenciário, Patronato, Conselho da Comunidade ou instituição beneficiada com a prestação de serviços, inspecionados pelo Conselho Penitenciário, pelo Ministério Público, ou ambos, devendo o juiz da execução suprir, por ato, a falta das normas supletivas.

§ 4º. O beneficiário, ao comparecer periodicamente à entidade fiscalizadora, para comprovar a observância das condições a que está sujeito, comunicará, também, a sua ocupação e os salários ou proventos de que vive.

§ 5º. A entidade fiscalizadora deverá comunicar imediatamente ao órgão de inspeção, para os fins legais, qualquer fato capaz de acarretar a revogação do benefício, a prorrogação do prazo ou a modificação das condições.

› CP: art. 81.

§ 6º. Se for permitido ao beneficiário mudar-se, será feita comunicação ao juiz e à entidade fiscalizadora do local da nova residência, aos quais o primeiro deverá apresentar-se imediatamente.

Art. 159. Quando a suspensão condicional da pena for concedida por tribunal, a este caberá estabelecer as condições do benefício.

› CP: arts. 78 e 79.

§ 1º. De igual modo proceder-se-á quando o tribunal modificar as condições estabelecidas na sentença recorrida.

§ 2º. O tribunal, ao conceder a suspensão condicional da pena, poderá, todavia, conferir ao Juízo da Execução a incumbência de estabelecer as condições do benefício, e, em qualquer caso, a de realizar a audiência admonitória.

Art. 160. Transitada em julgado a sentença condenatória, o juiz a lerá ao condenado, em audiência, advertindo-o das consequências de nova infração penal e do descumprimento das condições impostas.

Art. 161. Se, intimado pessoalmente ou por edital com prazo de 20 (vinte) dias, o réu não comparecer injustificadamente à audiência admonitória, a suspensão ficará sem efeito e será executada imediatamente a pena.

Art. 162. A revogação da suspensão condicional da pena e a prorrogação do período de prova dar-se-ão na forma do art. 81 e respectivos parágrafos do Código Penal.

Art. 163. A sentença condenatória será registrada, com a nota de suspensão, em livro especial do juízo a que couber a execução da pena.

§ 1º. Revogada a suspensão ou extinta a pena, será o fato averbado à margem do registro.

§ 2º. O registro e a averbação serão sigilosos, salvo para efeito de informações requisitadas por órgão judiciário ou pelo Ministério Público, para instruir processo penal.

CAPÍTULO IV. DA PENA DE MULTA

Art. 164. Extraída certidão da sentença condenatória com trânsito em julgado, que valerá como título executivo judicial, o Ministério Público requererá, em autos apartados, a citação do condenado para, no prazo de 10 (dez) dias, pagar o valor da multa ou nomear bens à penhora.

› CP: art. 49 a 52, 58, 60, e 81, II.

› CPP: arts. 686 690.

§ 1º. Decorrido o prazo sem o pagamento da multa, ou o depósito da respectiva importância, proceder-se-á à penhora de tantos bens quantos bastem para garantir a execução.

§ 2º. A nomeação de bens à penhora e a posterior execução seguirão o que dispuser a lei processual civil.

Art. 165. Se a penhora recair em bem imóvel, os autos apartados serão remetidos ao juízo cível para prosseguimento.

Art. 166. Recaindo a penhora em outros bens, dar-se-á prosseguimento nos termos do § 2º do art. 164 desta Lei.

Art. 167. A execução da pena de multa será suspensa quando sobrevier ao condenado doença mental (art. 52 do Código Penal).

Art. 168. O juiz poderá determinar que a cobrança da multa se efetue mediante desconto no vencimento ou salário do condenado, nas hipóteses do art. 50, § 1º, do Código Penal, observando-se o seguinte:

I – o limite máximo do desconto mensal será o da quarta parte da remuneração e o mínimo o de um décimo;

II – o desconto será feito mediante ordem do juiz a quem de direito;

III – o responsável pelo desconto será intimado a recolher mensalmente, até o dia fixado pelo juiz, a importância determinada.

Art. 169. Até o término do prazo a que se refere o art. 164 desta Lei, poderá o condenado requerer ao juiz o pagamento da multa em prestações mensais, iguais e sucessivas.

§ 1º. O juiz, antes de decidir, poderá determinar diligências para verificar a real situação econômica do condenado e, ouvido o Ministério Público, fixará o número de prestações.

§ 2º. Se o condenado for impontual ou se melhorar de situação econômica, o juiz, de ofício ou a requerimento do Ministério Público, revogará o benefício executando-se a multa, na forma prevista neste Capítulo, ou prosseguindo-se na execução já iniciada.

Art. 170. Quando a pena de multa for aplicada cumulativamente com pena privativa da liberdade, enquanto esta estiver sendo executada, poderá aquela ser cobrada mediante desconto na remuneração do condenado (art. 168).

§ 1º. Se o condenado cumprir a pena privativa de liberdade ou obtiver livramento condicional, sem haver resgatado a multa, far-se-á a cobrança nos termos deste Capítulo.

§ 2º. Aplicar-se-á o disposto no parágrafo anterior aos casos em que for concedida a suspensão condicional da pena.

TÍTULO VI. DA EXECUÇÃO DAS MEDIDAS DE SEGURANÇA

CAPÍTULO I. DISPOSIÇÕES GERAIS

Art. 171. Transitada em julgado a sentença que aplicar medida de segurança, será ordenada a expedição de guia para a execução.

› CP: arts. 9, II, 97, e 98.

› CPP: arts. 751 a 779.

Art. 172. Ninguém será internado em Hospital de Custódia e Tratamento Psiquiátrico, ou submetido a tratamento ambulatorial, para cumprimento de medida de segurança, sem a guia expedida pela autoridade judiciária.

› CPP: art. 150.

› Lei 7.210/1984: art. 107.

Art. 173. A guia de internamento ou de tratamento ambulatorial, extraída pelo escrivão, que a rubricará em todas as folhas e a subscreverá com o juiz, será remetida à autoridade administrativa incumbida da execução e conterá:

I – a qualificação do agente e o número do registro geral do órgão oficial de identificação;

II – o inteiro teor da denúncia e da sentença que tiver aplicado a medida de segurança, bem como a certidão do trânsito em julgado;

III – a data em que terminará o prazo mínimo de internação, ou do tratamento ambulatorial;

IV – outras peças do processo reputadas indispensáveis ao adequado tratamento ou internamento.

§ 1º. Ao Ministério Público será dada ciência da guia de recolhimento e de sujeição a tratamento.

§ 2º. A guia será retificada sempre que sobrevier modificação quanto ao prazo de execução.

Art. 174. Aplicar-se-á, na execução da medida de segurança, naquilo que couber, o disposto nos arts. 8º e 9º desta Lei.

CAPÍTULO II. DA CESSAÇÃO DA PERICULOSIDADE

Art. 175. A cessação da periculosidade será averiguada no fim do prazo mínimo de duração da medida de segurança, pelo exame das condições pessoais do agente, observando-se o seguinte:

› CP: arts. 26 e 97, § 1º.

I – a autoridade administrativa, até 1 (um) mês antes de expirar o prazo de duração mínima da medida, remeterá ao juiz minucioso relatório que o habilite a resolver sobre a revogação ou permanência da medida;

II – o relatório será instruído com o laudo psiquiátrico;

› CPP: art. 159.

› Lei 7.210/1984: art. 43.

III – juntado aos autos o relatório ou realizadas as diligências, serão ouvidos, sucessivamente, o Ministério Público e o curador ou defensor, no prazo de 3 (três) dias para cada um;

› CPP: art. 149, § 2º.

IV – o juiz nomeará curador ou defensor para o agente que não o tiver;

V – o juiz, de ofício ou a requerimento de qualquer das partes, poderá determinar novas diligências, ainda que expirado o prazo de duração mínima da medida de segurança;

VI – ouvidas as partes ou realizadas as diligências a que se refere o inciso anterior, o juiz proferirá a sua decisão, no prazo de 5 (cinco) dias.

Art. 176. Em qualquer tempo, ainda no decorrer do prazo mínimo de duração da medida de segurança, poderá o juiz da execução, diante de requerimento fundamentado do Ministério Público ou do interessado, seu procurador ou defensor, ordenar o exame para que se verifique a cessação da periculosidade, procedendo-se nos termos do artigo anterior.

Art. 177. Nos exames sucessivos para verificar-se a cessação da periculosidade, observar-se-á, no que lhes for aplicável, o disposto no artigo anterior.

Art. 178. Nas hipóteses de desinternação ou de liberação (art. 97, § 3º, do Código Penal), aplicar-se-á o disposto nos arts. 132 e 133 desta Lei.

Art. 179. Transitada em julgado a sentença, o juiz expedirá ordem para a desinternação ou a liberação.

TÍTULO VII. DOS INCIDENTES DE EXECUÇÃO

CAPÍTULO I. DAS CONVERSÕES

Art. 180. A pena privativa de liberdade, não superior a 2 (dois) anos, poderá ser convertida em restritiva de direitos, desde que:

- CP: art. 44, §§ 4º e 5º.

I – o condenado a esteja cumprindo em regime aberto;

II – tenha sido cumprido pelo menos 1/4 (um quarto) da pena;

III – os antecedentes e a personalidade do condenado indiquem ser a conversão recomendável.

Art. 181. A pena restritiva de direitos será convertida em privativa de liberdade nas hipóteses e na forma do art. 45 e seus incisos do Código Penal.

- Consta conforme publicação oficial. Onde se lê "incisos"; leia-se "parágrafos".

§ 1º. A pena de prestação de serviços à comunidade será convertida quando o condenado:

a) não for encontrado por estar em lugar incerto e não sabido, ou desatender à intimação por edital;

b) não comparecer, injustificadamente, à entidade ou programa em que deva prestar serviço;

c) recusar-se, injustificadamente, a prestar o serviço que lhe foi imposto;

d) praticar falta grave;

- Lei 7.210/1984: art. 51.

e) sofrer condenação por outro crime à pena privativa de liberdade, cuja execução não tenha sido suspensa.

- CP: art. 44, § 5º.

§ 2º. A pena de limitação de fim de semana será convertida quando o condenado não comparecer ao estabelecimento designado para o cumprimento da pena, recusar-se a exercer a atividade determinada pelo juiz ou se ocorrer qualquer das hipóteses das letras *a*, *d* e *e* do parágrafo anterior.

§ 3º. A pena de interdição temporária de direitos será convertida quando o condenado exercer, injustificadamente, o direito interditado ou se ocorrer qualquer das hipóteses das letras *a* e *e* do § 1º deste artigo.

Art. 182. *(Revogado pela Lei nº 9.268, de 1996).*

Art. 183. Quando, no curso da execução da pena privativa de liberdade, sobrevier doença mental ou perturbação da saúde mental, o Juiz, de ofício, a requerimento do Ministério Público, da Defensoria Pública ou da autoridade administrativa, poderá determinar a substituição da pena por medida de segurança. (Redação dada pela Lei nº 12.313, de 2010)

- CP: arts. 41, 75 e 91, § 1º.

Art. 184. O tratamento ambulatorial poderá ser convertido em internação se o agente revelar incompatibilidade com a medida.

- CP: art. 97, § 4º.

Parágrafo único. Nesta hipótese, o prazo mínimo de internação será de 1 (um) ano.

CAPÍTULO II. DO EXCESSO OU DESVIO

Art. 185. Haverá excesso ou desvio de execução sempre que algum ato for praticado além dos limites fixados na sentença, em normas legais ou regulamentares.

Art. 186. Podem suscitar o incidente de excesso ou desvio de execução:

I – o Ministério Público;

II – o Conselho Penitenciário;

III – o sentenciado;

IV – qualquer dos demais órgãos da execução penal.

CAPÍTULO III. DA ANISTIA E DO INDULTO

Art. 187. Concedida a anistia, o juiz, de ofício, a requerimento do interessado ou do Ministério Público, por proposta da autoridade administrativa ou do Conselho Penitenciário, declarará extinta a punibilidade.

- CF/88: arts. 5º, XLII, 20, XVII, e 48, VIII.
- ADCT: art. 8º.
- CP: art. 107, II.
- CPP: art. 742.
- Lei 8.072/1990: art. 2º, I.

Art. 188. O indulto individual poderá ser provocado por petição do condenado, por iniciativa do Ministério Público, do Conselho Penitenciário, ou da autoridade administrativa.

- CF/88: art. 84, XII.
- CP: art. 107, II.
- CPP: art. 741.

Art. 189. A petição do indulto, acompanhada dos documentos que a instruírem, será entregue ao Conselho Penitenciário, para a elaboração de parecer e posterior encaminhamento ao Ministério da Justiça.

Art. 190. O Conselho Penitenciário, à vista dos autos do processo e do prontuário, promoverá as diligências que entender necessárias e fará, em relatório, a narração do ilícito penal e dos fundamentos da sentença condenatória, a exposição dos antecedentes do condenado e do procedimento deste depois da prisão, emitindo seu parecer sobre o mérito do pedido e esclarecendo qualquer formalidade ou circunstâncias omitidas na petição.

Art. 191. Processada no Ministério da Justiça com documentos e o relatório do Conselho Penitenciário, a petição será submetida a despacho do Presidente da República, a quem serão presentes os autos do processo ou a certidão de qualquer de suas peças, se ele o determinar.

Art. 192. Concedido o indulto e anexada aos autos cópia do decreto, o juiz declarará extinta a pena ou ajustará a execução aos termos do decreto, no caso de comutação.

Art. 193. Se o sentenciado for beneficiado por indulto coletivo, o juiz, de ofício, a requerimento do interessado, do Ministério Público, ou por iniciativa do Conselho Penitenciário ou da autoridade administrativa, providenciará de acordo com o disposto no artigo anterior.

TÍTULO VIII. DO PROCEDIMENTO JUDICIAL

Art. 194. O procedimento correspondente às situações previstas nesta Lei será judicial, desenvolvendo-se perante o Juízo da Execução.

Art. 195. O procedimento judicial iniciar-se-á de ofício, a requerimento do Ministério Público, do interessado, de quem o represente, de seu cônjuge, parente ou descendente, mediante proposta do Conselho Penitenciário, ou, ainda, da autoridade administrativa.

Art. 196. A portaria ou petição será autuada ouvindo-se, em 3 (três) dias, o condenado e o Ministério Público, quando não figurem como requerentes da medida.

§ 1º. Sendo desnecessária a produção de prova, o juiz decidirá de plano, em igual prazo.

§ 2º. Entendendo indispensável a realização de prova pericial ou oral, o juiz a ordenará, decidindo após a produção daquela ou na audiência designada.

Art. 197. Das decisões proferidas pelo juiz caberá recurso de agravo, sem efeito suspensivo.

TÍTULO IX. DAS DISPOSIÇÕES FINAIS E TRANSITÓRIAS

Art. 198. É defesa ao integrante dos órgãos da execução penal, e ao servidor a divulgação de ocorrência que perturbe a segurança e a disciplina dos estabelecimentos, bem como exponha o preso a inconveniente notoriedade, durante o cumprimento da pena.

Art. 199. O emprego de algemas será disciplinado por decreto federal.

- Súm. Vinculante 11 do STF.
- CPP: arts. 284, 292 e 474, § 3º.
- Decreto 8.858/2016 – Regulamenta o disposto no art. 199 da Lei 7.210/1984 (LEP).
- Decreto 6.049/2007: art. 58, III.

Art. 200. O condenado por crime político não está obrigado ao trabalho.

Art. 201. Na falta de estabelecimento adequado, o cumprimento da prisão civil e da prisão administrativa se efetivará em seção especial da Cadeia Pública.

Art. 202. Cumprida ou extinta a pena, não constarão da folha corrida, atestados ou certidões fornecidas por autoridade policial ou por auxiliares da Justiça, qualquer notícia ou referência à condenação, salvo para instruir processo pela prática de nova infração penal ou outros casos expressos em lei.

- CP: arts. 93 a 95.
- CPP: arts. 743 a 750.

Art. 203. No prazo de 6 (seis) meses, a contar da publicação desta Lei, serão editadas as normas complementares ou regulamentares, necessárias à eficácia dos dispositivos não autoaplicáveis.

§ 1º. Dentro do mesmo prazo deverão as unidades federativas, em convênio com o Ministério da Justiça, projetar a adaptação, construção e equipamento de estabelecimentos e serviços penais previstos nesta Lei.

§ 2º. Também, no mesmo prazo, deverá ser providenciada a aquisição ou desapropriação de prédios para instalação de casas de albergados.

§ 3º. O prazo a que se refere o *caput* deste artigo poderá ser ampliado, por ato do Conselho Nacional de Política Criminal e Penitenciária, mediante justificada solicitação, instruída com os projetos de reforma ou de construção de estabelecimentos.

§ 4º. O descumprimento injustificado dos deveres estabelecidos para as unidades federativas implicará na suspensão de qualquer ajuda financeira a elas destinada pela União, para atender às despesas de execução das penas e medidas de segurança.

Art. 204. Esta Lei entra em vigor concomitantemente com a lei de reforma da Parte Geral do Código Penal, revogadas as disposições em contrário, especialmente a Lei 3.274, de 2 de outubro de 1957.

Brasília, em 11 de julho de 1984; 163º da Independência e 96º da República.

JOÃO FIGUEIREDO

D.O.U de 13.7.1984

LEI Nº 7.347, DE 24 DE JULHO DE 1985

Disciplina a ação civil pública de responsabilidade por danos causados ao meio ambiente, ao consumidor, a bens e direitos de valor artístico, estético, histórico, turístico e paisagístico (vetado) e dá outras providências.

- *Ação civil pública*

O PRESIDENTE DA REPÚBLICA Faço saber que o Congresso Nacional decreta e eu sanciono a seguinte Lei:

Art. 1º. Regem-se pelas disposições desta Lei, sem prejuízo da ação popular, as ações de responsabilidade por danos morais e patrimoniais causados: (Redação dada pela Lei nº 12.529, de 2011)

- CF/88: arts. 5º, LXXIII, e 129, III.
- Lei 7.913/1989 – Dispõe sobre a ação civil pública de responsabilidade por danos causados aos investidores no mercado de valores mobiliários.
- Lei 4.717/1965 – Regula a Ação popular.

I – ao meio ambiente;

- CF/1988: arts. 24, VIII, 170, VI, e 225, § 3º.
- Lei 9.605/1998 – Dispõe sobre as sanções penais e administrativas derivadas de condutas e atividades lesivas ao meio ambiente.

II – ao consumidor;

- Lei 8.078/1990: arts. 81, 82 e 91.

III – aos bens e direitos de valor artístico, estético, histórico, turístico e paisagístico;

- CF/1988: art. 216, § 1º.
- MP 2.180-35/2001: art. 21.

IV – a qualquer outro interesse difuso ou coletivo; (Incluído pela Lei nº 8.078, de 1990)

V – por infração da ordem econômica; (Redação dada pela Lei nº 12.529, de 2011)

- Lei 7.913/1989: art. 3º.

VI – à ordem urbanística. (Incluído pela Medida Provisória nº 2.180-35, de 2001)

- Lei 10.257/2001: art. 8º, § 4º.

VII – à honra e à dignidade de grupos raciais, étnicos ou religiosos. (Incluído pela Lei nº 12.966, de 2014)

VIII – ao patrimônio público e social. (Incluído pela Lei nº 13.004, de 2014)

Parágrafo único. Não será cabível ação civil pública para veicular pretensões que envolvam tributos, contribuições previdenciárias, o Fundo de Garantia do Tempo de Serviço – FGTS ou outros fundos de natureza institucional cujos beneficiários podem ser individualmente determinados. (Incluído pela Medida Provisória nº 2.180-35, de 2001)

Art. 2º. As ações previstas nesta Lei serão propostas no foro do local onde ocorrer o dano, cujo juízo terá competência funcional para processar e julgar a causa.

- CF/88: art. 109, § 3º.
- CPC/15: art. 53, IV, a.
- Lei 8.078/1991: art. 93.

Parágrafo único. A propositura da ação prevenirá a jurisdição do juízo para todas as ações posteriormente intentadas que possuam a mesma causa de pedir ou o mesmo objeto. (Incluído pela Medida Provisória nº 2.180-35, de 2001)

- CPC/15: art. 59.

Art. 3º. A ação civil poderá ter por objeto a condenação em dinheiro ou o cumprimento de obrigação de fazer ou não fazer.

- Lei 8.078/1991: art. 84.

Art. 4º. Poderá ser ajuizada ação cautelar para os fins desta Lei, objetivando, inclusive, evitar dano ao patrimônio público e social, ao meio ambiente, ao consumidor, à honra e à dignidade de grupos raciais, étnicos ou religiosos, à ordem urbanística ou aos bens e direitos de valor artístico, estético, histórico, turístico e paisagístico. (Redação dada pela Lei nº 13.004, de 2014)

- CPC/15: arts. 305 a 310.
- Lei 8.078/1991: art. 84, § 3º.

Art. 5º. Têm legitimidade para propor a ação principal e a ação cautelar: (Redação dada pela Lei nº 11.448, de 2007)

I – o Ministério Público; (Redação dada pela Lei nº 11.448, de 2007)

- Súm. 643 do STF.
- Súm. 329 e 470 do STJ.
- CF/88: art. 129, III e § 1º.

II – a Defensoria Pública; (Redação dada pela Lei nº 11.448, de 2007)

- CF/88: art. 134.

III – a União, os Estados, o Distrito Federal e os Municípios; (Incluído pela Lei nº 11.448, de 2007)

- CF/88: art. 24, VIII.

IV – a autarquia, empresa pública, fundação ou sociedade de economia mista; (Incluído pela Lei nº 11.448, de 2007)

V – a associação que, concomitantemente: (Incluído pela Lei nº 11.448, de 2007)

- CF/1988: art. 5º, XXI.
- CC: arts. 53 a 61.

a) esteja constituída há pelo menos 1 (um) ano nos termos da lei civil; (Incluído pela Lei nº 11.448, de 2007)

b) inclua, entre suas finalidades institucionais, a proteção ao patrimônio público e social, ao meio ambiente, ao consumidor, à ordem econômica, à livre concorrência, aos direitos de grupos raciais, étnicos ou religiosos ou ao patrimônio artístico, estético, histórico, turístico e paisagístico. (Redação dada pela Lei 13.004, de 2014)

§ 1º. O Ministério Público, se não intervier no processo como parte, atuará obrigatoriamente como fiscal da lei.

- CC: arts. 176 a 181.

§ 2º. Fica facultado ao Poder Público e a outras associações legitimadas nos termos deste artigo habilitar-se como litisconsortes de qualquer das partes.

- CC: arts. 113 a 118.

§ 3º. Em caso de desistência infundada ou abandono da ação por associação legitimada, o Ministério Público ou outro legitimado assumirá a titularidade ativa. (Redação dada pela Lei nº 8.078, de 1990)

§ 4º. O requisito da pré-constituição poderá ser dispensado pelo juiz, quando haja manifesto interesse social evidenciado pela dimensão ou característica do dano, ou pela relevância do bem jurídico a ser protegido. (Incluído pela Lei nº 8.078, de 1990)

- Lei 8.078/1991: art. 84, § 1º.

§ 5º. Admitir-se-á o litisconsórcio facultativo entre os Ministérios Públicos da União, do Distrito Federal e dos Estados na defesa dos interesses e direitos de que cuida esta Lei. (Incluído pela Lei nº 8.078, de 1990)

§ 6º. Os órgãos públicos legitimados poderão tomar dos interessados compromisso de ajustamento de sua conduta às exigências legais, mediante cominações, que terá eficácia de título executivo extrajudicial. (Incluído pela Lei nº 8.078, de 1990)

- Lei 9.469/1997: art. 4º-A.

Art. 6º. Qualquer pessoa poderá e o servidor público deverá provocar a iniciativa do Ministério Público, ministrando-lhe informações sobre fatos que constituam objeto da ação civil e indicando-lhe os elementos de convicção.

- CF/88: art. 129, § 1º.

Art. 7º. Se, no exercício de suas funções, os juízes e tribunais tiverem conhecimento de fatos que possam ensejar a propositura da ação civil, remeterão peças ao Ministério Público para as providências cabíveis.

- CF/88: art. 129, § 1º.

Art. 8º. Para instruir a inicial, o interessado poderá requerer às autoridades competentes as certidões e informações que julgar necessárias, a serem fornecidas no prazo de 15 (quinze) dias.

§ 1º. O Ministério Público poderá instaurar, sob sua presidência, inquérito civil, ou requisitar, de qualquer organismo público ou particular, certidões, informações, exames ou perícias, no prazo que assinalar, o qual não poderá ser inferior a 10 (dez) dias úteis.

- CF/88: art. 129, VI.

§ 2º. Somente nos casos em que a lei impuser sigilo, poderá ser negada certidão ou informação, hipótese em que a ação poderá ser proposta desacompanhada daqueles documentos, cabendo ao juiz requisitá-los.

Art. 9º. Se o órgão do Ministério Público, esgotadas todas as diligências, se convencer da inexistência de fundamento para a propositura da ação civil, promoverá o arquivamento dos autos do inquérito civil ou das peças informativas, fazendo-o fundamentadamente.

- CPP: art. 28.
- Lei 8.069/1990: art. 23.

§ 1º. Os autos do inquérito civil ou das peças de informação arquivadas serão remetidos, sob pena de se incorrer em falta grave, no prazo de 3 (três) dias, ao Conselho Superior do Ministério Público.

§ 2º. Até que, em sessão do Conselho Superior do Ministério Público, seja homologada ou rejeitada a promoção de arquivamento, poderão as associações legitimadas apresentar razões escritas ou documentos, que serão juntados aos autos do inquérito ou anexados às peças de informação.

§ 3º. A promoção de arquivamento será submetida a exame e deliberação do Conselho Superior do Ministério Público, conforme dispuser o seu regimento.

§ 4º. Deixando o Conselho Superior de homologar a promoção de arquivamento, designará, desde logo, outro órgão do Ministério Público para o ajuizamento da ação.

Art. 10. Constitui crime, punido com pena de reclusão de 1 (um) a 3 (três) anos, mais multa de dez a 1.000 Obrigações do Tesouro Nacional – OTN, a recusa, o retardamento ou a omissão de dados técnicos indispensáveis à propositura da ação civil, quando requisitados pelo Ministério Público.

- Lei 7.730/1989: art. 15.

Art. 11. Na ação que tenha por objeto o cumprimento de obrigação de fazer ou não fazer, o juiz determinará o cumprimento da prestação da atividade devida ou a cessação da atividade nociva, sob pena de execução específica, ou de cominação de multa diária, se esta for suficiente ou compatível, independentemente de requerimento do autor.

- CPC/15: arts. 497, 499, 500, 536, § 1º e 537, § 1º.
- Lei 8.078/1991: art. 84.

Art. 12. Poderá o juiz conceder mandado liminar, com ou sem justificação prévia, em decisão sujeita a agravo.

- CPC/15: arts. 995 e 1.019, I.
- Lei 7.347/1985: art. 14.

§ 1º. A requerimento de pessoa jurídica de direito público interessada, e para evitar grave lesão à ordem, à saúde, à segurança e à economia pública, poderá o Presidente do Tribunal a que competir o conhecimento do respectivo recurso suspender a execução da liminar, em decisão fundamentada, da qual caberá agravo para uma das turmas julgadoras, no prazo de 5 (cinco) dias a partir da publicação do ato.

- Lei 12.016/2009: art. 15.

§ 2º. A multa cominada liminarmente só será exigível do réu após o trânsito em julgado da decisão favorável ao autor, mas será devida desde o dia em que se houver configurado o descumprimento.

Art. 13. Havendo condenação em dinheiro, a indenização pelo dano causado reverterá a um fundo gerido por um Conselho Federal ou por Conselhos Estaduais de que participarão necessariamente o Ministério Público e representantes da comunidade, sendo seus recursos destinados à reconstituição dos bens lesados.

- Lei 9.008/1995 – Cria, na estrutura organizacional do Ministério da Justiça, o Conselho Federal de que trata o art. 13 da Lei 7.347/1985.
- Decreto 1.306/1994 – Regulamenta o Fundo de Defesa de Direitos Difusos, de que tratam os arts. 13 e 20 da Lei 7.347/1985.

§ 1º. Enquanto o fundo não for regulamentado, o dinheiro ficará depositado em estabelecimento oficial de crédito, em conta com correção monetária. (Renumerado para § 1º pela Lei nº 12.288, de 2010)

§ 2º. Havendo acordo ou condenação com fundamento em dano causado por ato de discriminação étnica nos termos do disposto no art. 1º desta Lei, a prestação em dinheiro reverterá diretamente ao fundo de que trata o *caput* e será utilizada para ações de promoção da igualdade étnica, conforme definição do Conselho Nacional de Promoção da Igualdade Racial, na hipótese de extensão nacional, ou dos Conselhos de Promoção de Igualdade Racial estaduais ou locais, nas hipóteses de danos com extensão regional ou local, respectivamente. (Incluído pela Lei nº 12.288, de 2010)

Art. 14. O juiz poderá conferir efeito suspensivo aos recursos, para evitar dano irreparável à parte.

- CPC/15: arts. 995 e 1.019, I.

Art. 15. Decorridos 60 (sessenta) dias do trânsito em julgado da sentença condenatória, sem que a associação autora lhe promova a execução, deverá fazê-lo o Ministério Público, facultada igual iniciativa aos demais legitimados. (Redação dada pela Lei nº 8.078, de 1990)

Art. 16. A sentença civil fará coisa julgada *erga omnes*, nos limites da competência territorial do órgão prolator, exceto se o pedido for julgado improcedente por insuficiência de provas, hipótese em que qualquer legitimado poderá intentar outra ação com idêntico fundamento, valendo-se de nova prova. (Redação dada pela Lei nº 9.494, de 1997)

- Lei 8.078/1991: art. 103, I e § 3º.

Art. 17. Em caso de litigância de má-fé, a associação autora e os diretores responsáveis pela propositura da ação serão solidariamente condenados em honorários advocatícios e ao décuplo das custas, sem prejuízo da responsabilidade por perdas e danos. (Redação dada pela Lei nº 8.078, de 1990)

- CPC/15: arts. 141 e 777.
- Lei 8.078/1991: art. 87, par. único.

Art. 18. Nas ações de que trata esta Lei, não haverá adiantamento de custas, emolumentos, honorários periciais e quaisquer outras despesas, nem condenação da associação autora, salvo comprovada má-fé, em honorários de advogado, custas e despesas processuais. (Redação dada pela Lei nº 8.078, de 1990)

- Lei 8.078/1991: art. 87.

Art. 19. Aplica-se à ação civil pública, prevista nesta Lei, o Código de Processo Civil, aprovado pela Lei 5.869, de 11 de janeiro de 1973, naquilo em que não contrarie suas disposições.

- Referida Lei 5.869/1973 foi revogado pela Lei 13.105/2015.

Art. 20. O fundo de que trata o art. 13 desta Lei será regulamentado pelo Poder Executivo no prazo de 90 (noventa) dias.

- Decreto 1.306/1994 – Regulamenta o Fundo de Defesa de Direitos Difusos, de que tratam os arts. 13 e 20 da Lei 7.347/1985.

Art. 21. Aplicam-se à defesa dos direitos e interesses difusos, coletivos e individuais, no que for cabível, os dispositivos do Título III da Lei que instituiu o Código de Defesa do Consumidor. (Incluído pela Lei nº 8.078, de 1990)

- CF/1988: art. 5º, XXXII.
- Lei 8.078/1991: arts. 81 a 104.

Art. 22. Esta Lei entra em vigor na data de sua publicação. (Renumerado pela Lei nº 8.078, de 1990)

Art. 23. Revogam-se as disposições em contrário. (Renumerado pela Lei nº 8.078, de 1990)

Brasília, 24 de julho de 1985; 164º da Independência e 97º da República.

JOSÉ SARNEY

D.O.U. de 25.7.1985

LEI Nº 7.357, DE 2 DE SETEMBRO DE 1985

Dispõe sobre o cheque e dá outras providências.

› *Lei do cheque*

O PRESIDENTE DA REPÚBLICA, faço saber que o Congresso Nacional decreta e eu sanciono a seguinte Lei:

› Decreto 1.240/1994 – Promulga a Convenção Interamericana sobre Conflitos de Leis em Matéria de Cheques, adotada em Montevidéu, em 8 de maio de 1979.

CAPÍTULO I. DA EMISSÃO E DA FORMA DO CHEQUE

Art. 1º. O cheque contém:

› CC: art. 887.

I – a denominação "cheque" inscrita no contexto do título e expressa na língua em que este é regido;

II – a ordem incondicional de pagar quantia determinada;

III – o nome do banco ou da instituição financeira que deve pagar (sacado);

IV – a indicação do lugar de pagamento;

V – a indicação da data e do lugar de emissão;

VI – a assinatura do emitente (sacador), ou de seu mandatário com poderes especiais.

Parágrafo único. A assinatura do emitente ou da de seu mandatário com poderes especiais pode ser constituída, na forma de legislação específica, por chancela mecânica ou processo equivalente.

Art. 2º. O título a que falte qualquer dos requisitos enumerados no artigo precedente não vale como cheque, salvo nos casos determinados a seguir:

› CC: arts. 888 e 891.

I – na falta de indicação especial, é considerado lugar de pagamento o lugar designado junto ao nome do sacado; se designados vários lugares, o cheque é pagável no primeiro deles; não existindo qualquer indicação, o cheque é pagável no lugar de sua emissão;

II – não indicado o lugar de emissão, considera-se emitido o cheque no lugar indicado junto ao nome do emitente.

Art. 3º. O cheque é emitido contra banco, ou instituição financeira que lhe seja equiparada, sob pena de não valer como cheque.

Art. 4º. O emitente deve ter fundos disponíveis em poder do sacado e estar autorizado a sobre eles emitir cheque, em virtude de contrato expresso ou tácito. A infração desses preceitos não prejudica a validade do título como cheque.

§ 1º. A existência de fundos disponíveis é verificada no momento da apresentação do cheque para pagamento.

§ 2º. Consideram-se fundos disponíveis:

a) os créditos constantes de conta corrente bancária não subordinados a termo;

b) o saldo exigível de conta corrente contratual;

c) a soma proveniente de abertura de crédito.

Art. 5º. *(VETADO).*

Art. 6º. O cheque não admite aceite, considerando-se não escrita qualquer declaração com esse sentido.

Art. 7º. Pode o sacado, a pedido do emitente ou do portador legitimado, lançar e assinar, no verso do cheque não ao portador e ainda não endossado, visto, certificação ou outra declaração equivalente, datada e por quantia igual à indicada no título.

§ 1º. A aposição de visto, certificação ou outra declaração equivalente obriga o sacado a debitar à conta do emitente a quantia indicada no cheque e a reservá-la em benefício do portador legitimado, durante o prazo de apresentação, sem que fiquem exonerados o emitente, endossantes e demais coobrigados.

§ 2º. O sacado creditará à conta do emitente a quantia reservada, uma vez vencido o prazo de apresentação; e, antes disso, se o cheque lhe for entregue para inutilização.

Art. 8º. Pode-se estipular no cheque que seu pagamento seja feito:

I – a pessoa nomeada, com ou sem cláusula expressa "à ordem";

II – a pessoa nomeada, com a cláusula "não à ordem", ou outra equivalente;

› Lei 7.357/1985: art. 17, § 1º.

III – ao portador.

› Lei 9.069/1995: art. 69.

Parágrafo único. Vale como cheque ao portador o que não contém indicação do beneficiário e o emitido em favor de pessoa nomeada com a cláusula "ou ao portador", ou expressão equivalente.

› CC: arts. 904 a 909.

Art. 9º. O cheque pode ser emitido:

I – à ordem do próprio sacador;

II – por conta de terceiro;

III – contra o próprio banco sacador, desde que não ao portador.

Art. 10. Considera-se não escrita a estipulação de juros inserida no cheque.

Art. 11. O cheque pode ser pagável no domicílio de terceiro, quer na localidade em que o sacado tenha domicílio, quer em outra, desde que o terceiro seja banco.

Art. 12. Feita a indicação da quantia em algarismos e por extenso, prevalece esta no caso de divergência. Indicada a quantia mais de uma vez, quer por extenso, quer por algarismo, prevalece no caso de divergência, a indicação da menor quantia.

Art. 13. As obrigações contraídas do cheque são autônomas e independentes.

Parágrafo único. A assinatura de pessoa capaz cria obrigações para o signatário, mesmo que o cheque contenha assinatura de pessoas incapazes de se obrigar por cheque, ou assinaturas falsas, ou assinaturas de pessoas fictícias, ou assinaturas que, por qualquer outra razão, não poderiam obrigar as pessoas que assinaram o cheque, ou em nome das quais ele foi assinado.

Art. 14. Obriga-se pessoalmente quem assina cheque como mandatário ou representante, sem ter poderes para tal, ou excedendo os que lhe foram conferidos. Pagando o cheque, tem os mesmos direitos daquele em cujo nome assinou.

Art. 15. O emitente garante o pagamento, considerando-se não escrita a declaração pela qual se exima dessa garantia.

Art. 16. Se o cheque, incompleto no ato da emissão, for completado com inobservância do convencionado com o emitente, tal fato não pode ser oposto ao portador, a não ser que este tenha adquirido o cheque de má-fé.

CAPÍTULO II. DA TRANSMISSÃO

Art. 17. O cheque pagável a pessoa nomeada, com ou sem cláusula expressa "à ordem", é transmissível por via de endosso.

§ 1º. O cheque pagável a pessoa nomeada, com a cláusula "não à ordem", ou outra equivalente, só é transmissível pela forma e com os efeitos de cessão.

› CC: arts. 286 a 298, e 893.

§ 2º. O endosso pode ser feito ao emitente, ou a outro obrigado, que podem novamente endossar o cheque.

Art. 18. O endosso deve ser puro e simples, reputando-se não escrita qualquer condição a que seja subordinado.

› CC: art. 912.

§ 1º. São nulos o endosso parcial e o do sacado.

§ 2º. Vale como em branco o endosso ao portador. O endosso ao sacado vale apenas como quitação, salvo no caso de o sacado ter vários estabelecimentos e o endosso ser feito em favor de estabelecimento diverso daquele contra o qual o cheque foi emitido.

Art. 19. O endosso deve ser lançado no cheque ou na folha de alongamento e assinado pelo endossante, ou seu mandatário com poderes especiais.

› CC: arts. 910 e ss..

§ 1º. O endosso pode não designar o endossatário. Consistindo apenas na assinatura do endossante (endosso em branco), só é válido quando lançado no verso do cheque ou na folha de alongamento.

§ 2º. A assinatura do endossante, ou a de seu mandatário com poderes especiais, pode ser constituída, na forma de legislação específica, por chancela mecânica, ou processo equivalente.

Art. 20. O endosso transmite todos os direitos resultantes do cheque. Se o endosso é em branco, pode o portador:

‣ CC: arts. 893 e 904.

I – completá-lo com o seu nome ou com o de outra pessoa;

II – endossar novamente o cheque, em branco ou à outra pessoa;

III – transferir o cheque a um terceiro, sem completar o endosso e sem endossar.

Art. 21. Salvo estipulação em contrário, o endossante garante o pagamento.

‣ CC: art. 914.

Parágrafo único. Pode o endossante proibir novo endosso; neste caso, não garante o pagamento a quem seja o cheque posteriormente endossado.

Art. 22. O detentor de cheque "à ordem" é considerado portador legitimado, se provar seu direito por uma série ininterrupta de endossos, mesmo que o último seja em branco. Para esse efeito, os endossos cancelados são considerados não escritos.

Parágrafo único. Quando um endosso em branco for seguido de outro, entende-se que o signatário deste adquiriu o cheque pelo endosso em branco.

Art. 23. O endosso num cheque passado ao portador torna o endossante responsável, nos termos das disposições que regulam o direito de ação, mas nem por isso converte o título num cheque "à ordem".

Art. 24. Desapossado alguém de um cheque, em virtude de qualquer evento, novo portador legitimado não está obrigado a restituí-lo, se não o adquiriu de má-fé.

Parágrafo único. Sem prejuízo do disposto neste artigo, serão observadas, nos casos de perda, extravio, furto, roubo ou apropriação indébita do cheque, as disposições legais relativas à anulação e substituição de títulos ao portador, no que for aplicável.

‣ CC: art. 909.

Art. 25. Quem for demandado por obrigação resultante de cheque não pode opor ao portador exceções fundadas em relações pessoais com o emitente, ou com os portadores anteriores, salvo se o portador o adquiriu conscientemente em detrimento do devedor.

Art. 26. Quando o endosso contiver a cláusula "valor em cobrança", "para cobrança", "por procuração", ou qualquer outra que implique apenas mandato, o portador pode exercer todos os direitos resultantes do cheque, mas só pode lançar no cheque endosso-mandato. Neste caso, os obrigados somente podem invocar contra o portador as exceções oponíveis ao endossante.

Parágrafo único. O mandato contido no endosso não se extingue por morte do endossante ou por superveniência de sua incapacidade.

Art. 27. O endosso posterior ao protesto, ou declaração equivalente, ou à expiração do prazo de apresentação produz apenas os efeitos de cessão. Salvo prova em contrário, o endosso sem data presume-se anterior ao protesto, ou declaração equivalente, ou à expiração do prazo de apresentação.

‣ CC: arts. 286 a 298.

Art. 28. O endosso no cheque nominativo, pago pelo banco contra o qual foi sacado, prova o recebimento da respectiva importância pela pessoa a favor da qual foi emitido, e pelos endossantes subsequentes.

Parágrafo único. Se o cheque indica a nota, fatura, conta cambial, imposto lançado ou declarado a cujo pagamento se destina, ou outra causa da sua emissão, o endosso pela pessoa a favor da qual foi emitido a sua liquidação pelo banco sacado provam a extinção da obrigação indicada.

CAPÍTULO III. DO AVAL

Art. 29. O pagamento do cheque pode ser garantido, no todo ou em parte, por aval prestado por terceiro, exceto o sacado, ou mesmo por signatário do título.

‣ CC: arts. 897 a 903.

Art. 30. O aval é lançado no cheque ou na folha de alongamento. Exprime-se pelas palavras "por aval", ou fórmula equivalente, com a assinatura do avalista. Considera-se como resultante da simples assinatura do avalista, aposta no anverso do cheque, salvo quando se tratar da assinatura do emitente.

Parágrafo único. O aval deve indicar o avalizado. Na falta de indicação, considera-se avalizado o emitente.

Art. 31. O avalista se obriga da mesma maneira que o avalizado. Subsiste sua obrigação, ainda que nula a por ele garantida, salvo se a nulidade resultar de vício de forma.

Parágrafo único. O avalista que paga o cheque adquire todos os direitos dele resultantes contra o avalizado e contra os obrigados para com este em virtude do cheque.

CAPÍTULO IV. DA APRESENTAÇÃO E DO PAGAMENTO

Art. 32. O cheque é pagável à vista. Considera-se não escrita qualquer menção em contrário.

‣ Súm. 370 do STJ.

Parágrafo único. O cheque apresentado para pagamento antes do dia indicado como data de emissão é pagável no dia da apresentação.

Art. 33. O cheque deve ser apresentado para pagamento, a contar do dia da emissão, no prazo de 30 (trinta) dias, quando emitido no lugar onde houver de ser pago; e de 60 (sessenta) dias, quando emitido em outro lugar do País ou no exterior.

‣ Súm. 600 do STF.

Parágrafo único. Quando o cheque é emitido entre lugares com calendários diferentes, considera-se como de emissão o dia correspondente do calendário do lugar de pagamento.

Art. 34. A apresentação do cheque à câmara de compensação equivale à apresentação a pagamento.

Art. 35. O emitente do cheque pagável no Brasil pode revogá-lo, mercê de contraordem dada por aviso epistolar, ou por via judicial ou extrajudicial, com as razões motivadoras do ato.

Parágrafo único. A revogação ou contraordem só produz efeito depois de expirado o prazo de apresentação e, não sendo promovida, pode o sacado pagar o cheque até que decorra o prazo de prescrição, nos termos do art. 59 desta Lei.

Art. 36. Mesmo durante o prazo de apresentação, o emitente e o portador legitimado podem fazer sustar o pagamento, manifestando ao sacado, por escrito, oposição fundada em relevante razão de direito.

§ 1º. A oposição do emitente e a revogação ou contraordem se excluem reciprocamente.

§ 2º. Não cabe ao sacado julgar da relevância da razão invocada pelo oponente.

Art. 37. A morte do emitente ou sua incapacidade superveniente à emissão não invalidam os efeitos do cheque.

Art. 38. O sacado pode exigir, ao pagar o cheque, que este lhe seja entregue quitado pelo portador.

Parágrafo único. O portador não pode recusar pagamento parcial, e, nesse caso, o sacado pode exigir que esse pagamento conste do cheque e que o portador lhe dê a respectiva quitação.

Art. 39. O sacado que paga cheque "à ordem" é obrigado a verificar a regularidade da série de endossos, mas não a autenticidade das assinaturas dos endossantes. A mesma obrigação incumbe ao banco apresentante do cheque a câmara de compensação.

Parágrafo único. Ressalvada a responsabilidade do apresentante, no caso da parte final deste artigo, o banco sacado responde pelo pagamento do cheque falso, falsificado ou alterado, salvo dolo ou culpa do correntista, do endossante ou do beneficiário, dos quais poderá o sacado, no todo ou em parte, reaver o que pagou.

‣ Súm. 28 do STF.

Art. 40. O pagamento se fará à medida em que forem apresentados os cheques e se dois ou mais forem apresentados simultaneamente, sem que os fundos disponíveis bastem para o pagamento de todos, terão preferência os de emissão mais antiga e, se da mesma data, os de número inferior.

Art. 41. O sacado pode pedir explicações ou garantia para pagar cheque mutilado, rasgado ou partido, ou que contenha borrões, emendas e dizeres que não pareçam formalmente normais.

Art. 42. O cheque em moeda estrangeira é pago, no prazo de apresentação, em moeda nacional ao câmbio do dia do pagamento, obedecida a legislação especial.

Parágrafo único. Se o cheque não for pago no ato da apresentação, pode o portador optar entre o câmbio do dia da apresentação e o do dia do pagamento para efeito de conversão em moeda nacional.

Art. 43. *(VETADO).*

§ 1º. *(VETADO).*

§ 2º. *(VETADO).*

CAPÍTULO V. DO CHEQUE CRUZADO

Art. 44. O emitente ou o portador podem cruzar o cheque, mediante a aposição de dois traços paralelos no anverso do título.

§ 1º. O cruzamento é geral se entre os dois traços não houver nenhuma indicação ou existir apenas a indicação "banco", ou outra equivalente. O cruzamento é especial se entre os dois traços existir a indicação do nome do banco.

§ 2º. O cruzamento geral pode ser convertido em especial, mas este não pode converter-se naquele.

§ 3º. A inutilização do cruzamento ou a do nome do banco é reputada como não existente.

Art. 45. O cheque com cruzamento geral só pode ser pago pelo sacado a banco ou a cliente do sacado, mediante crédito em conta. O cheque com cruzamento especial só pode ser pago pelo sacado ao banco indicado, ou, se este for o sacado, a cliente seu, mediante crédito em conta. Pode, entretanto, o banco designado incumbir outro da cobrança.

§ 1º. O banco só pode adquirir cheque cruzado de cliente seu ou de outro banco. Só pode cobrá-lo por conta de tais pessoas.

§ 2º. O cheque com vários cruzamentos especiais só pode ser pago pelo sacado no caso de dois cruzamentos, um dos quais para cobrança por câmara de compensação.

§ 3º. Responde pelo dano, até a concorrência do montante do cheque, o sacado ou o banco portador que não observar as disposições precedentes.

CAPÍTULO VI. DO CHEQUE PARA SER CREDITADO EM CONTA

Art. 46. O emitente ou o portador podem proibir que o cheque seja pago em dinheiro mediante a inscrição transversal, no anverso do título, da cláusula "para ser creditado em conta", ou outra equivalente. Nesse caso, o sacado só pode proceder a lançamento contábil (crédito em conta, transferência ou compensação), que vale como pagamento. O depósito do cheque em conta de seu beneficiário dispensa o respectivo endosso.

§ 1º. A inutilização da cláusula é considerada como não existente.

§ 2º. Responde pelo dano, até a concorrência do montante do cheque, o sacado que não observar as disposições precedentes.

CAPÍTULO VII. DA AÇÃO POR FALTA DE PAGAMENTO

Art. 47. Pode o portador promover a execução do cheque:

- Súm. 28 e 600 do STF.
- Súm. 27 do STJ.
- Lei 7.357/1985: arts. 47 a 62.

I – contra o emitente e seu avalista;

II – contra os endossantes e seus avalistas, se o cheque apresentado em tempo hábil e a recusa de pagamento é comprovada pelo protesto ou por declaração do sacado, escrita e datada sobre o cheque, com indicação do dia de apresentação, ou, ainda, por declaração escrita e datada por câmara de compensação.

§ 1º. Qualquer das declarações previstas neste artigo dispensa o protesto e produz os efeitos deste.

§ 2º. Os signatários respondem pelos danos causados por declarações inexatas.

§ 3º. O portador que não apresentar o cheque em tempo hábil, ou não comprovar a recusa de pagamento pela forma indicada neste artigo, perde o direito de execução contra o emitente, se este tinha fundos disponíveis durante o prazo de apresentação e os deixou de ter, em razão de fato que não lhe seja imputável.

§ 4º. A execução independe do protesto e das declarações previstas neste artigo, se a apresentação ou o pagamento do cheque são obstados pelo fato de o sacado ter sido submetido a intervenção, liquidação extrajudicial ou falência.

Art. 48. O protesto ou as declarações do artigo anterior devem fazer-se no lugar de pagamento ou do domicílio do emitente, antes da expiração do prazo de apresentação. Se esta ocorrer no último dia do prazo, o protesto ou as declarações podem fazer-se no primeiro dia útil seguinte.

- Lei 9.492/1997 – Define Competência, Regulamenta os Serviços Concernentes ao Protesto de Títulos.

§ 1º. A entrega do cheque para protesto deve ser prenotada em livro especial e o protesto tirado no prazo de 3 (três) dias úteis a contar do recebimento do título.

§ 2º. O instrumento do protesto, datado e assinado pelo oficial público competente, contém:

a) a transcrição literal do cheque, com todas as declarações nele inseridas, na ordem em que se acham lançadas;

b) a certidão da intimação do emitente, de seu mandatário especial ou representante legal, e as demais pessoas obrigadas no cheque;

c) a resposta dada pelos intimados ou a declaração da falta de resposta;

d) a certidão de não haverem sido encontrados ou de serem desconhecidos o emitente ou os demais obrigados, realizada a intimação, nesse caso, pela imprensa.

§ 3º. O instrumento de protesto, depois de registrado em livro próprio, será entregue ao portador legitimado ou àquele que houver efetuado o pagamento.

§ 4º. Pago o cheque depois do protesto, pode este ser cancelado, a pedido de qualquer interessado, mediante arquivamento de cópia autenticada da quitação que contenha perfeita identificação do título.

Art. 49. O portador deve dar aviso da falta de pagamento a seu endossante e ao emitente, nos quatro dias úteis seguintes ao do protesto ou das declarações previstas no art. 47 desta Lei ou, havendo cláusula "sem despesa", ao da apresentação.

§ 1º. Cada endossante deve, nos dois dias úteis seguintes ao do recebimento do aviso, comunicar seu teor ao endossante precedente, indicando os nomes e endereços dos que deram os avisos anteriores, e assim por diante, até o emitente, contando-se os prazos do recebimento do aviso precedente.

§ 2º. O aviso dado a um obrigado deve estender-se, no mesmo prazo, a seu avalista.

§ 3º. Se o endossante não houver indicado seu endereço, ou o tiver feito de forma ilegível, basta o aviso ao endossante que o preceder.

§ 4º. O aviso pode ser dado por qualquer forma, até pela simples devolução do cheque.

§ 5º. Aquele que estiver obrigado a aviso deverá provar que o deu no prazo estipulado. Considera-se observado o prazo se, dentro dele, houver sido posta no correio a carta de aviso.

§ 6º. Não decai do direito de regresso o que deixa de dar o aviso no prazo estabelecido. Responde, porém, pelo dano causado por sua negligência, sem que a indenização exceda o valor do cheque.

Art. 50. O emitente, o endossante e o avalista podem, pela cláusula "sem despesa", "sem protesto", ou outra equivalente, lançada no título e assinada, dispensar o portador, para promover a execução do título, do protesto ou da declaração equivalente.

§ 1º. A cláusula não dispensa o portador da apresentação do cheque no prazo estabelecido, nem dos avisos. Incumbe a quem alega a inobservância de prazo a prova respectiva.

§ 2º. A cláusula lançada pelo emitente produz efeito em relação a todos os obrigados; a lançada por endossante ou por avalista produz efeito somente em relação ao que lançar.

§ 3º. Se, apesar da cláusula lançada pelo emitente, o portador promove o protesto, as despesas correm por sua conta. Por elas respondem todos os obrigados, se a cláusula é lançada por endossante ou avalista.

Art. 51. Todos os obrigados respondem solidariamente para com o portador do cheque.

§ 1º. O portador tem o direito de demandar todos os obrigados, individual ou coletivamente, sem estar sujeito a observar a ordem em que se obrigaram. O mesmo direito cabe ao obrigado que pagar o cheque.

§ 2º. A ação contra um dos obrigados não impede sejam os outros demandados, mesmo que se tenham obrigado posteriormente àquele.

§ 3º. Regem-se pelas normas das obrigações solidárias as relações entre obrigados do mesmo grau.

› CC: arts. 264 a 285.

Art. 52. O portador pode exigir do demandado:

I – a importância do cheque não pago;

II – os juros legais desde o dia da apresentação;

III – as despesas que fez;

IV – a compensação pela perda do valor aquisitivo da moeda, até o embolso das importâncias mencionadas nos itens antecedentes.

Art. 53. Quem paga o cheque pode exigir de seus garantes:

I – a importância integral que pagou;

II – os juros legais, a contar do dia do pagamento;

III – as despesas que fez;

IV – a compensação pela perda do valor aquisitivo da moeda, até o embolso das importâncias mencionadas nos itens antecedentes.

Art. 54. O obrigado contra o qual se promova execução, ou que a esta esteja sujeito, pode exigir, contra pagamento, a entrega do cheque, com o instrumento de protesto ou da declaração equivalente e a conta de juros e despesas quitada.

Parágrafo único. O endossante que pagou o cheque pode cancelar seu endosso e os dos endossantes posteriores.

Art. 55. Quando disposição legal ou caso de força maior impedir a apresentação do cheque, o protesto ou a declaração equivalente nos prazos estabelecidos, consideram-se estes prorrogados.

§ 1º. O portador é obrigado a dar aviso imediato da ocorrência de força maior a seu endossante e a fazer menção do aviso dado mediante declaração datada e assinada por ele no cheque ou folha de alongamento. São aplicáveis, quanto ao mais, as disposições do art. 49 e seus parágrafos desta Lei.

§ 2º. Cessado o impedimento, deve o portador, imediatamente, apresentar o cheque para pagamento e, se couber, promover o protesto ou a declaração equivalente.

§ 3º. Se o impedimento durar por mais de 15 (quinze) dias, contados do dia em que o portador, mesmo antes de findo o prazo de apresentação, comunicou a ocorrência de força maior a seu endossante, poderá ser promovida a execução, sem necessidade de apresentação do protesto ou declaração equivalente.

§ 4º. Não constituem casos de força maior os fatos puramente pessoais relativos ao portador ou à pessoa por ele incumbida da apresentação do cheque, do protesto ou da obtenção da declaração equivalente.

CAPÍTULO VIII. DA PLURALIDADE DE EXEMPLARES

Art. 56. Excetuado o cheque ao portador, qualquer cheque emitido em um país e pagável em outro pode ser feito em vários exemplares idênticos, que devem ser numerados no próprio texto do título, sob pena de cada exemplar ser considerado cheque distinto.

Art. 57. O pagamento feito contra a apresentação de um exemplar é liberatório, ainda que não estipulado que o pagamento torna sem efeito os outros exemplares.

Parágrafo único. O endossante que transferir os exemplares a diferentes pessoas e os endossantes posteriores respondem por todos os exemplares que assinarem e que não forem restituídos.

CAPÍTULO IX. DAS ALTERAÇÕES

Art. 58. No caso de alteração do texto do cheque, os signatários posteriores à alteração respondem nos termos do texto alterado e os signatários anteriores, nos do texto original.

Parágrafo único. Não sendo possível determinar se a firma foi aposta no título antes ou depois de sua alteração, presume-se que o tenha sido antes.

CAPÍTULO X. DA PRESCRIÇÃO

Art. 59. Prescreve em seis meses, contados da expiração do prazo de apresentação, a ação que o art. 47 desta Lei assegura ao portador.

› Súm. 531 do STJ.

› Lei 7.357/1985: arts. 35, par. único e 61.

Parágrafo único. A ação de regresso de um obrigado ao pagamento do cheque contra outro prescreve em seis meses, contados do dia em que o obrigado pagou o cheque ou do dia em que foi demandado.

Art. 60. A interrupção da prescrição produz efeito somente contra o obrigado em relação ao qual foi promovido o ato interruptivo.

Art. 61. A ação de enriquecimento contra o emitente ou outros obrigados, que se locupletaram injustamente com o não pagamento do cheque, prescreve em dois anos, contados do dia em que se consumar a prescrição prevista no art. 59 e seu parágrafo desta Lei.

Art. 62. Salvo prova de novação, a emissão ou a transferência do cheque não exclui a ação fundada na relação causal, feita a prova do não pagamento.

CAPÍTULO XI. DOS CONFLITOS DE LEIS EM MATÉRIA DE CHEQUES

Art. 63. Os conflitos de leis em matéria de cheques serão resolvidos de acordo com as normas constantes das Convenções aprovadas, promulgadas e mandadas aplicar no Brasil, na forma prevista pela Constituição Federal.

CAPÍTULO XII. DAS DISPOSIÇÕES GERAIS

Art. 64. A apresentação do cheque, o protesto ou a declaração equivalente só podem ser feitos ou exigidos em dia útil, durante o expediente dos estabelecimentos de crédito, câmaras de compensação e cartório de protestos.

Parágrafo único. O cômputo dos prazos estabelecidos nesta Lei obedece às disposições do direito comum.

Art. 65. Os efeitos penais da emissão do cheque sem suficiente provisão de fundos, da frustração do pagamento do cheque, da falsidade, da falsificação e da alteração do cheque continuam regidos pela legislação criminal.

› Súm. 246, 521 e 554 do STF.

› CP: art. 171, § 2º, VI.

Art. 66. Os vales ou cheques postais, os cheques de poupança ou assemelhados, e os cheques de viagem regem-se pelas disposições especiais a eles referentes.

Art. 67. A palavra "banco", para os fins desta Lei, designa também a instituição financeira contra a qual a lei admita a emissão de cheque.

Art. 68. Os bancos e casas bancárias poderão fazer prova aos seus depositantes dos cheques por estes sacados, mediante apresentação de cópia fotográfica ou microfotográfica.

Art. 69. Fica ressalvada a competência do Conselho Monetário Nacional, nos termos e nos limites da legislação específica, para expedir normas relativas à matéria bancária relacionada com o cheque.

Parágrafo único. É da competência do Conselho Monetário Nacional:

a) a determinação das normas a que devem obedecer as contas de depósito para que possam ser fornecidos os talões de cheques aos depositantes;

b) a determinação das consequências do uso indevido do cheque, relativamente à conta do depositante;

c) a disciplina das relações entre o sacado e o opoente, na hipótese do artigo 36 desta Lei.

Art. 70. Esta Lei entra em vigor na data de sua publicação.

Art. 71. Revogam-se as disposições em contrário.

Brasília, em 2 de setembro de 1985; 164º da Independência e 97º da República.

JOSÉ SARNEY

D.O.U. de 3.9.1985

LEI Nº 7.492, DE 16 DE JUNHO DE 1986

Define os crimes contra o Sistema Financeiro Nacional e dá outras providências.

› *Crimes contra o Sistema Financeiro Nacional*

O PRESIDENTE DA REPÚBLICA Faço saber que o Congresso Nacional decreta e eu sanciono a seguinte Lei:

Art. 1º. Considera-se instituição financeira, para efeito desta Lei, a pessoa jurídica de direito público ou privado, que tenha como atividade principal ou acessória, cumulativamente ou não, a captação, intermediação ou aplicação de recursos financeiros (*vetado*) de terceiros, em moeda nacional ou estrangeira, ou a custódia, emissão, distribuição, negociação, intermediação ou administração de valores mobiliários.

Parágrafo único. Equipara-se à instituição financeira:

I – a pessoa jurídica que capte ou administre seguros, câmbio, consórcio, capitalização ou qualquer tipo de poupança, ou recursos de terceiros;

II – a pessoa natural que exerça quaisquer das atividades referidas neste artigo, ainda que de forma eventual.

Dos crimes contra o Sistema Financeiro Nacional

› Lei 8.078/1990: art. 2º, § 4º.

Art. 2º. Imprimir, reproduzir ou, de qualquer modo, fabricar ou pôr em circulação, sem autorização escrita da sociedade emissora, certificado, cautela ou outro documento representativo de título ou valor mobiliário:

› CP: art. 297, § 2º.

Pena – reclusão, de 2 (dois) a 8 (oito) anos, e multa.

Parágrafo único. Incorre na mesma pena quem imprime, fabrica, divulga, distribui ou faz distribuir prospecto ou material de propaganda relativo aos papéis referidos neste artigo.

Art. 3º. Divulgar informação falsa ou prejudicialmente incompleta sobre instituição financeira:

› Lei 11.101/2005: art. 170.

Pena – reclusão, de 2 (dois) a 6 (seis) anos, e multa.

Art. 4º. Gerir fraudulentamente instituição financeira:

› Lei 1.521/1951: art. 3º, IX.

Pena – reclusão, de 3 (três) a 12 (doze) anos, e multa.

Parágrafo único. Se a gestão é temerária:

Pena – reclusão, de 2 (dois) a 8 (oito) anos, e multa.

Art. 5º. Apropriar-se, quaisquer das pessoas mencionadas no art. 25 desta Lei, de dinheiro, título, valor ou qualquer outro bem móvel de que tem a posse, ou desviá-lo em proveito próprio ou alheio:

› CP: arts. 168 e 312.

Pena – reclusão, de 2 (dois) a 6 (seis) anos, e multa.

Parágrafo único. Incorre na mesma pena qualquer das pessoas mencionadas no art. 25 desta Lei, que negociar direito, título ou qualquer outro bem móvel ou imóvel de que tem a posse, sem autorização de quem de direito.

› CP: art. 171, § 2º.

Art. 6º. Induzir ou manter em erro sócio, investidor ou repartição pública competente, relativamente a operação ou situação financeira, sonegando-lhe informação ou prestando-a falsamente:

› CP: art. 171.

Pena – reclusão, de 2 (dois) a 6 (seis) anos, e multa.

Art. 7º. Emitir, oferecer ou negociar, de qualquer modo, títulos ou valores mobiliários:

I – falsos ou falsificados;

› CP: art. 304.

II – sem registro prévio de emissão junto à autoridade competente, em condições divergentes das constantes do registro ou irregularmente registrados;

› Lei 6.385/1976: arts. 19 e 20.

III – sem lastro ou garantia suficientes nos termos da legislação;

IV – sem autorização prévia da autoridade competente, quando legalmente exigida:

Pena – reclusão, de 2 (dois) a 8 (oito) anos, e multa.

Art. 8º. Exigir, em desacordo com a legislação (*vetado*), juro, comissão ou qualquer tipo de remuneração sobre operação de crédito ou de seguro, administração de fundo mútuo ou fiscal ou de consórcio, serviço de corretagem ou distribuição de títulos ou valores mobiliários:

Pena – reclusão, de 1 (um) a 4 (quatro) anos, e multa.

Art. 9º. Fraudar a fiscalização ou o investidor, inserindo ou fazendo inserir, em documento comprobatório de investimento em títulos ou valores mobiliários, declaração falsa ou diversa da que dele deveria constar:

› CP: art. 299.

Pena – reclusão, de 1 (um) a 5 (cinco) anos, e multa.

Art. 10. Fazer inserir elemento falso ou omitir elemento exigido pela legislação em demonstrativos contábeis de instituição financeira, seguradora ou instituição integrante do sistema de distribuição de títulos de valores mobiliários:

› CP: art. 299.

Pena – reclusão, de 1 (um) a 5 (cinco) anos, e multa.

Art. 11. Manter ou movimentar recurso ou valor paralelamente à contabilidade exigida pela legislação:

Pena – reclusão, de 1 (um) a 5 (cinco) anos, e multa.

Art. 12. Deixar, o ex-administrador de instituição financeira, de apresentar, ao interventor, liquidante, ou síndico, nos prazos e condições estabelecidas em lei as informações, declarações ou documentos de sua responsabilidade:

Pena – reclusão, de 1 (um) a 4 (quatro) anos, e multa.

Art. 13. Desviar (*vetado*) bem alcançado pela indisponibilidade legal resultante de intervenção, liquidação extrajudicial ou falência de instituição financeira:

Pena – reclusão, de 2 (dois) a 6 (seis) anos, e multa.

Parágrafo único. Na mesma pena incorre o interventor, o liquidante ou o síndico que se apropriar de bem abrangido pelo *caput* deste artigo, ou desviá-lo em proveito próprio ou alheio.

Art. 14. Apresentar em liquidação extrajudicial, ou em falência de instituição financeira, declaração de crédito ou reclamação falsa, ou juntar a elas título falso ou simulado:

Pena – reclusão, de 2 (dois) a 8 (oito) anos, e multa.

Parágrafo único. Na mesma pena incorre o ex-administrador ou falido que reconhecer, como verdadeiro, crédito que não o seja.

Art. 15. Manifestar-se falsamente o interventor, o liquidante ou o síndico (*vetado*) a respeito de assunto relativo a intervenção, liquidação extrajudicial ou falência de instituição financeira:

Pena – reclusão, de 2 (dois) a 8 (oito) anos, e multa.

Art. 16. Fazer operar, sem a devida autorização, ou com autorização obtida mediante declaração (*vetado*) falsa, instituição financeira, inclusive de distribuição de valores mobiliários ou de câmbio:

Pena – reclusão, de 1 (um) a 4 (quatro) anos, e multa.

Art. 17. Tomar ou receber crédito, na qualidade de qualquer das pessoas mencionadas no art. 25, ou deferir operações de crédito vedadas, observado o disposto no art. 34 da Lei nº 4.595, de 31 de dezembro de 1964: (Redação dada pela Lei nº 13.506, de 2017)

Pena – reclusão, de 2 (dois) a 6 (seis) anos, e multa.

Parágrafo único. Incorre na mesma pena quem:

I – em nome próprio, como controlador, ou na condição de administrador da sociedade, conceder ou receber adiantamento de honorários, remuneração, salário ou qualquer outro pagamento, nas condições referidas neste artigo;

II – de forma disfarçada, promover a distribuição ou receber lucros de instituição financeira.

Art. 18. Violar sigilo de operação ou de serviço prestado por instituição financeira ou integrante do sistema de distribuição de títulos mobiliários de que tenha conhecimento, em razão de ofício:

Pena – reclusão de 1 (um) a 4 (quatro) anos, e multa.

Art. 19. Obter, mediante fraude, financiamento em instituição financeira:

Pena – reclusão, de 2 (dois) a 6 (seis) anos, e multa.

Parágrafo único. A pena é aumentada de 1/3 (um terço) se o crime é cometido em detrimento de instituição financeira oficial ou por ela credenciada para o repasse de financiamento.

Art. 20. Aplicar, em finalidade diversa da prevista em lei ou contrato, recursos provenientes de financiamento concedido por instituição financeira oficial ou por instituição credenciada para repassá-lo:

- CP: art. 315.

Pena – reclusão, de 2 (dois) a 6 (seis) anos, e multa.

Art. 21. Atribuir-se, ou atribuir a terceiro, falsa identidade, para realização de operação de câmbio:

- CP: art. 307.

Pena – detenção, de 1 (um) a 4 (quatro) anos, e multa.

Parágrafo único. Incorre na mesma pena quem, para o mesmo fim, sonega informação que devia prestar ou presta informação falsa.

Art. 22. Efetuar operação de câmbio não autorizada, com o fim de promover evasão de divisas do País:

Pena – reclusão, de 2 (dois) a 6 (seis) anos, e multa.

Parágrafo único. Incorre na mesma pena quem, a qualquer título, promove, sem autorização legal, a saída de moeda ou divisa para o exterior, ou nele mantiver depósitos não declarados à repartição federal competente.

Art. 23. Omitir, retardar ou praticar, o funcionário público, contra disposição expressa de lei, ato de ofício necessário ao regular funcionamento do sistema financeiro nacional, bem como a preservação dos interesses e valores da ordem econômico-financeira:

- CP: art. 319.

Pena – reclusão, de 1 (um) a 4 (quatro) anos, e multa.

Art. 24. *(VETADO).*

Da aplicação e do procedimento criminal

Art. 25. São penalmente responsáveis, nos termos desta Lei, o controlador e os administradores de instituição financeira, assim considerados os diretores, gerentes *(vetado)*.

§ 1º. Equiparam-se aos administradores de instituição financeira *(vetado)* o interventor, o liquidante ou o síndico. (Renumerado para pela Lei nº 9.080, de 1995)

§ 2º. Nos crimes previstos nesta Lei, cometidos em quadrilha ou coautoria, o coautor ou partícipe que através de confissão espontânea revelar à autoridade policial ou judicial toda a trama delituosa terá sua pena reduzida de 1 (um) a 2/3 (dois terços). (Incluído pela Lei nº 9.080, de 1995)

- Lei 12.850/2013 – Define organização criminosa e dispõe sobre a investigação criminal, os meios de obtenção da prova, infrações penais correlatas e o procedimento criminal.

Art. 26. A ação penal, nos crimes previstos nesta Lei, será promovida pelo Ministério Público Federal, perante a Justiça Federal.

- CF/88: arts. 109, VI e 129,I.

Parágrafo único. Sem prejuízo do disposto no art. 268 do Código de Processo Penal, aprovado pelo Dec.-lei nº 3.689, de 3 de outubro de 1941, será admitida a assistência da Comissão de Valores Mobiliários – CVM, quando o crime tiver sido praticado no âmbito de atividade sujeita à disciplina e à fiscalização dessa Autarquia, e do Banco Central do Brasil quando, fora daquela hipótese, houver sido cometido na órbita de atividade sujeita à sua disciplina e fiscalização.

Art. 27. Quando a denúncia não for intentada no prazo legal, o ofendido poderá representar ao Procurador-Geral da República, para que este a ofereça, designe outro órgão do Ministério Público para oferecê-la ou determine o arquivamento das peças de informação recebidas.

Art. 28. Quando, no exercício de suas atribuições legais, o Banco Central do Brasil ou a Comissão de Valores Mobiliários – CVM, verificar a ocorrência de crime previsto nesta Lei, disso deverá informar ao Ministério Público Federal, enviando-lhe os documentos necessários à comprovação do fato.

Parágrafo único. A conduta de que trata este artigo será observada pelo interventor, liquidante ou síndico que, no curso de intervenção, liquidação extrajudicial ou falência, verificar a ocorrência de crime de que trata esta Lei.

Art. 29. O órgão do Ministério Público Federal, sempre que julgar necessário, poderá requisitar, a qualquer autoridade, informação, documento ou diligência relativa à prova dos crimes previstos nesta Lei.

- CF/88: art. 129, VIII.

Parágrafo único. O sigilo dos serviços e operações financeiras não pode ser invocado como óbice ao atendimento da requisição prevista no *caput* deste artigo.

Art. 30. Sem prejuízo do disposto no art. 312 do Código de Processo Penal, aprovado pelo Dec.-lei nº 3.689, de 3 de outubro de 1941, a prisão preventiva do acusado da prática de crime previsto nesta Lei poderá ser decretada em razão da magnitude da lesão causada *(vetado)*.

- CPP: arts. 311 a 316.

Art. 31. Nos crimes previstos nesta Lei e punidos com pena de reclusão, o réu não poderá prestar fiança, nem apelar antes de ser recolhido à prisão, ainda que primário e de bons antecedentes, se estiver configurada situação que autoriza a prisão preventiva.

- Lei 7.960/1989: art. 1º, III, o.

Art. 32. *(VETADO).*

§ 1º. *(VETADO).*

§ 2º. *(VETADO).*

§ 3º. *(VETADO).*

Art. 33. Na fixação da pena de multa relativa aos crimes previstos nesta Lei, o limite a que se refere o § 1º do art. 49 do Código Penal, aprovado pelo Dec.-lei nº 2.848, de 7 de dezembro de 1940, pode ser estendido até o décuplo, se verificada a situação nele cogitada.

Art. 34. Esta Lei entra em vigor na data de sua publicação.

Art. 35. Revogam-se as disposições em contrário.

Brasília, em 16 de junho de 1986; 165º da Independência e 98º da República.

JOSÉ SARNEY

D.O.U. 18.6.1986

LEI Nº 7.716, DE 5 DE JANEIRO DE 1989

Define os crimes resultantes de preconceitos de raça ou de cor.

- *Crimes de Preconceito de Raça ou Cor*

O PRESIDENTE DA REPÚBLICA Faço saber que o Congresso Nacional decreta e eu sanciono a seguinte Lei:

- Lei 12.288/2010 – Institui o Estatuto da Igualdade Racial.

Art. 1º. Serão punidos, na forma desta Lei, os crimes resultantes de discriminação ou preconceito de raça, cor, etnia, religião ou procedência nacional. (Redação dada pela Lei nº 9.459, de 1997)

- CF/1988: arts. 1º, III, 3º, IV, 5º, *caput*, VIII, XLI e XLII.
- CP: art. 140, § 3º.

Art. 2º. *(VETADO).*

Art. 3º. Impedir ou obstar o acesso de alguém, devidamente habilitado, a qualquer cargo da Administração Direta ou Indireta, bem como das concessionárias de serviços públicos:

- Lei 7.437/1985: arts. 8º e 9º.

Pena – reclusão de 2 (dois) a 5 (cinco) anos.

Parágrafo único. Incorre na mesma pena quem, por motivo de discriminação de raça, cor, etnia, religião ou procedência nacional, obstar a promoção funcional. (Incluído pela Lei nº 12.288, de 2010)

Art. 4º. Negar ou obstar emprego em empresa privada:

Pena – reclusão de 2 (dois) a 5 (cinco) anos.

§ 1º. Incorre na mesma pena quem, por motivo de discriminação de raça ou de cor ou práticas resultantes do preconceito de descendência ou origem nacional ou étnica: (Incluído pela Lei nº 12.288, de 2010)

I – deixar de conceder os equipamentos necessários ao empregado em igualdade de condições com os demais trabalhadores; (Incluído pela Lei nº 12.288, de 2010)

II – impedir a ascensão funcional do empregado ou obstar outra forma de benefício profissional; (Incluído pela Lei nº 12.288, de 2010)

III – proporcionar ao empregado tratamento diferenciado no ambiente de trabalho, especialmente quanto ao salário. (Incluído pela Lei nº 12.288, de 2010)

§ 2º. Ficará sujeito às penas de multa e de prestação de serviços à comunidade, incluindo atividades de promoção da igualdade racial, quem, em anúncios ou qualquer outra forma de recrutamento de trabalhadores, exigir aspectos de aparência próprios de raça ou etnia para emprego cujas atividades não justifiquem essas exigências. (Incluído pela Lei nº 12.288, de 2010)

Art. 5º. Recusar ou impedir acesso a estabelecimento comercial, negando-se a servir, atender ou receber cliente ou comprador:

- Lei 7.437/1985: arts. 4 e 6º.

Pena – reclusão de 1 (um) a 3 (três) anos.

Art. 6º. Recusar, negar ou impedir a inscrição ou ingresso de aluno em estabelecimento de ensino público ou privado de qualquer grau:

- Lei 7.437/1985: art. 7º.

Pena – reclusão de 3 (três) a 5 (cinco) anos.

Parágrafo único. Se o crime for praticado contra menor de 18 anos a pena é agravada de 1/3 (um terço).

Art. 7º. Impedir o acesso ou recusar hospedagem em hotel, pensão, estalagem ou qualquer estabelecimento similar:

- Lei 7.437/1985: art. 3º.

Pena – reclusão de 3 (três) a 5 (cinco) anos.

Art. 8º. Impedir o acesso ou recusar atendimento em restaurantes, bares, confeitarias, ou locais semelhantes abertos ao público:

- Lei 7.437/1985: art. 4º

Pena – reclusão de 1 (um) a 3 (três) anos.

Art. 9º. Impedir o acesso ou recusar atendimento em estabelecimentos esportivos, casas de diversões, ou clubes sociais abertos ao público:

- Lei 7.437/1985: art. 5º.

Pena – reclusão de 1 (um) a 3 (três) anos.

Art. 10. Impedir o acesso ou recusar atendimento em salões de cabeleireiros, barbearias, termas ou casas de massagem ou estabelecimentos com as mesmas finalidades:

Pena – reclusão de 1 (um) a 3 (três) anos.

Art. 11. Impedir o acesso às entradas sociais em edifícios públicos ou residenciais e elevadores ou escada de acesso aos mesmos:

Pena – reclusão de 1 (um) a 3 (três) anos.

Art. 12. Impedir o acesso ou uso de transportes públicos, como aviões, navios, barcas, barcos, ônibus, trens, metrô ou qualquer outro meio de transporte concedido:

Pena – reclusão de 1 (um) a 3 (três) anos.

Art. 13. Impedir ou obstar o acesso de alguém ao serviço em qualquer ramo das Forças Armadas:

Pena – reclusão de 2 (dois) a 4 (quatro) anos.

Art. 14. Impedir ou obstar, por qualquer meio ou forma, o casamento ou convivência familiar e social:

Pena – reclusão de 2 (dois) a 4 (quatro) anos.

Art. 15. *(VETADO).*

Art. 16. Constitui efeito da condenação a perda do cargo ou função pública, para o servidor público, e a suspensão do funcionamento do estabelecimento particular por prazo não superior a 3 (três) meses.

- CP: arts. 91 e 92.

Art. 17. *(VETADO).*

Art. 18. Os efeitos de que tratam os arts. 16 e 17 desta Lei não são automáticos, devendo ser motivadamente declarados na sentença.

Art. 19. *(VETADO).*

Art. 20. Praticar, induzir ou incitar a discriminação ou preconceito de raça, cor, etnia, religião ou procedência nacional: (Redação dada pela Lei nº 9.459, de 1997)

Pena – reclusão, de 1 (um) a 3 (três) anos, e multa. (Redação dada pela Lei nº 9.459, de 1997)

§ 1º. Fabricar, comercializar, distribuir ou veicular símbolos, emblemas, ornamentos, distintivos ou propaganda que utilizem a cruz suástica ou gamada, para fins de divulgação do nazismo: (Redação dada pela Lei nº 9.459, de 1997)

Pena – reclusão, de 2 (dois) a 5 (cinco) anos, e multa. (Incluído pela Lei nº 9.459, de 1997)

§ 2º. Se qualquer dos crimes previstos no *caput* é cometido por intermédio dos meios de comunicação social ou publicação de qualquer natureza: (Redação dada pela Lei nº 9.459, de 1997)

Pena – reclusão, de 2 (dois) a 5 (cinco) anos, e multa. (Incluído pela Lei nº 9.459, de 1997)

§ 3º. No caso do parágrafo anterior, o juiz poderá determinar, ouvido o Ministério Público ou a pedido deste, ainda antes do inquérito policial, sob pena de desobediência: (Redação dada pela Lei nº 9.459, de 1997)

I – o recolhimento imediato ou a busca e apreensão dos exemplares do material respectivo; (Incluído pela Lei nº 9.459, de 1997)

II – a cessação das respectivas transmissões radiofônicas, televisivas, eletrônicas ou da publicação por qualquer meio; (Redação dada pela Lei nº 12.735, de 2012)

III – a interdição das respectivas mensagens ou páginas de informação na rede mundial de computadores. (Incluído pela Lei nº 12.288, de 2010)

§ 4º. Na hipótese do § 2º, constitui efeito da condenação, após o trânsito em julgado da decisão, a destruição do material apreendido. (Incluído pela Lei nº 9.459, de 1997)

Art. 21. Esta Lei entra em vigor na data de sua publicação. (Renumerado pela Lei nº 8.081, de 1990)

Art. 22. Revogam-se as disposições em contrário. (Renumerado pela Lei nº 8.081, de 1990)

Brasília, 5 de janeiro de 1989; 168º da Independência e 101º da República.

JOSÉ SARNEY

D.O.U. de 6.1.1989

LEI Nº 7.783, DE 28 DE JUNHO DE 1989

Dispõe sobre o exercício do direito de greve, define as atividades essenciais, regula o atendimento das necessidades inadiáveis da comunidade, e dá outras providências.

- *Greve*
- CF/1988: art. 114, II.
- Decreto 7.777/2012 – Medidas para a continuidade de atividades e serviços públicos dos órgãos e entidades da administração pública federal durante greves.

O PRESIDENTE DA REPÚBLICA Faço saber que o Congresso Nacional decreta e eu sanciono a seguinte Lei:

Art. 1º. É assegurado o direito de greve, competindo aos trabalhadores decidir sobre a oportunidade de exercê-lo e sobre os interesses que devam por meio dele defender.

- CF/1988: art. 9º.

Parágrafo único. O direito de greve será exercido na forma estabelecida nesta Lei.

Art. 2º. Para os fins desta Lei, considera-se legítimo exercício do direito de greve a suspensão coletiva, temporária e pacífica, total ou parcial, de prestação pessoal de serviços a empregador.

Art. 3º. Frustrada a negociação ou verificada a impossibilidade de recurso via arbitral, é facultada a cessação coletiva do trabalho.

Parágrafo único. A entidade patronal correspondente ou os empregadores diretamente interessados serão notificados, com antecedência mínima de 48 (quarenta e oito) horas, da paralisação.

Art. 4º. Caberá à entidade sindical correspondente convocar, na forma do seu estatuto, assembleia geral que definirá as reivindicações da categoria e deliberará sobre a paralisação coletiva da prestação de serviços.

§ 1º. O estatuto da entidade sindical deverá prever as formalidades de convocação e o quorum para a deliberação, tanto da deflagração quanto da cessação da greve.

§ 2º. Na falta de entidade sindical, a assembleia geral dos trabalhadores interessados deliberará para os fins previstos no *caput*, constituindo comissão de negociação.

Art. 5º. A entidade sindical ou comissão especialmente eleita representará os interesses dos trabalhadores nas negociações ou na Justiça do Trabalho.

Art. 6º. São assegurados aos grevistas, dentre outros direitos:

I – o emprego de meios pacíficos tendentes a persuadir ou aliciar os trabalhadores a aderirem à greve;

II – a arrecadação de fundos e a livre divulgação do movimento.

§ 1º. Em nenhuma hipótese, os meios adotados por empregados e empregadores poderão violar ou constranger os direitos e garantias fundamentais de outrem.

§ 2º. É vedado às empresas adotar meios para constranger o empregado ao comparecimento ao trabalho, bem como capazes de frustrar a divulgação do movimento.

§ 3º. As manifestações e atos de persuasão utilizados pelos grevistas não poderão impedir o acesso ao trabalho nem causar ameaça ou dano à propriedade ou pessoa.

Art. 7º. Observadas as condições previstas nesta Lei, a participação em greve suspende o contrato de trabalho, devendo as relações obrigacionais durante o período ser regidas pelo acordo, convenção, laudo arbitral ou decisão da Justiça do Trabalho.

Parágrafo único. É vedada a rescisão do contrato de trabalho durante a greve, bem como a contratação de trabalhadores substitutos, exceto na ocorrência das hipóteses previstas nos arts. 9º e 14.

Art. 8º. A Justiça do Trabalho, por iniciativa de qualquer das partes ou do Ministério Público do Trabalho, decidirá sobre a procedência, total ou parcial, ou improcedência das reivindicações, cumprindo ao Tribunal publicar, de imediato, o competente acórdão.

Art. 9º. Durante a greve, o sindicato ou a comissão de negociação, mediante acordo com a entidade patronal ou diretamente com o empregador, manterá em atividade equipes de empregados com o propósito de assegurar os serviços cuja paralisação resultem em prejuízo irreparável, pela deterioração irreversível de bens, máquinas e equipamentos, bem como a manutenção daqueles essenciais à retomada das atividades da empresa quando da cessação do movimento.

Parágrafo único. Não havendo acordo, é assegurado ao empregador, enquanto perdurar a greve o direito de contratar diretamente os serviços necessários a que se refere este artigo.

Art. 10. São considerados serviços ou atividades essenciais:

‣ CF/1988: art. 9º, § 1º

I – tratamento e abastecimento de água; produção e distribuição de energia elétrica, gás e combustíveis;

II – assistência médica e hospitalar;

III – distribuição e comercialização de medicamentos e alimentos;

IV – funerários;

V – transporte coletivo;

VI – captação e tratamento de esgoto e lixo;

VII – telecomunicações;

VIII – guarda, uso e controle de substâncias radioativas, equipamentos e materiais nucleares;

IX – processamento de dados ligados a serviços essenciais;

X - controle de tráfego aéreo e navegação aérea; *(Redação dada pela Lei 13.903/2019)*

XI – compensação bancária.

XII - atividades médico-periciais relacionadas com o regime geral de previdência social e a assistência social; *(Acrescido pela Lei 13.846/2019)*

XIII - atividades médico-periciais relacionadas com a caracterização do impedimento físico, mental, intelectual ou sensorial da pessoa com deficiência, por meio da integração de equipes multiprofissionais e interdisciplinares, para fins de reconhecimento de direitos previstos em lei, em especial na Lei nº 13.146, de 6 de julho de 2015 (Estatuto da Pessoa com Deficiência); e *(Acrescido pela Lei 13.846/2019)*

XIV - outras prestações médico-periciais da carreira de Perito Médico Federal indispensáveis ao atendimento das necessidades inadiáveis da comunidade. *(Acrescido pela Lei 13.846/2019)*

XV - atividades portuárias. (Acrescido pela Lei 14.047/2020)

Art. 11. Nos serviços ou atividades essenciais, os sindicatos, os empregadores e os trabalhadores ficam obrigados, de comum acordo, a garantir, durante a greve, a prestação dos serviços indispensáveis ao atendimento das necessidades inadiáveis da comunidade.

Parágrafo único. São necessidades inadiáveis da comunidade aquelas que, não atendidas, coloquem em perigo iminente a sobrevivência, a saúde ou a segurança da população.

Art. 12. No caso de inobservância do disposto no artigo anterior, o Poder Público assegurará a prestação dos serviços indispensáveis.

Art. 13. Na greve em serviços ou atividades essenciais, ficam as entidades sindicais ou os trabalhadores, conforme o caso, obrigados a comunicar a decisão aos empregadores e aos usuários com antecedência mínima de 72 (setenta e duas) horas da paralisação.

Art. 14. Constitui abuso do direito de greve a inobservância das normas contidas na presente Lei, bem como a manutenção da paralisação após a celebração de acordo, convenção ou decisão da Justiça do Trabalho.

Parágrafo único. Na vigência de acordo, convenção ou sentença normativa não constitui abuso do exercício do direito de greve a paralisação que:

I - tenha por objetivo exigir o cumprimento de cláusula ou condição;

II – seja motivada pela superveniência de fato novo ou acontecimento imprevisto que modifique substancialmente a relação de trabalho.

Art. 15. A responsabilidade pelos atos praticados, ilícitos ou crimes cometidos, no curso da greve, será apurada, conforme o caso, segundo a legislação trabalhista, civil ou penal.

Parágrafo único. Deverá o Ministério Público, de ofício, requisitar a abertura do competente inquérito e oferecer denúncia quando houver indício da prática de delito.

Art. 16. Para os fins previstos no art. 37, inciso VII, da Constituição, lei complementar definirá os termos e os limites em que o direito de greve poderá ser exercido.

Art. 17. Fica vedada a paralisação das atividades, por iniciativa do empregador, com o objetivo de frustrar negociação ou dificultar o atendimento de reivindicações dos respectivos empregados (*lock-out*).

Parágrafo único. A prática referida no *caput* assegura aos trabalhadores o direito à percepção dos salários durante o período de paralisação.

Art. 18. Ficam revogados a Lei nº 4.330, de 1º de junho de 1964, o Decreto-lei nº 1.632, de 4 de agosto de 1978, e demais disposições em contrário.

Art. 19. Esta Lei entra em vigor na data de sua publicação.

Brasília, 28 de junho de 1989; 168º da Independência e 101º da República.

JOSÉ SARNEY

D.O.U. de 29.6.1989

LEI Nº 7.853, DE 24 DE OUTUBRO DE 1989

Dispõe sobre o apoio às pessoas portadoras de deficiência, sua integração social, sobre a Coordenadoria Nacional para Integração da Pessoa Portadora de Deficiência - Corde, institui a tutela jurisdicional de interesses coletivos ou difusos dessas pessoas, disciplina a atuação do Ministério Público, define crimes, e dá outras providências.

‣ *Portadores de Deficiência*

O PRESIDENTE DA REPÚBLICA Faço saber que o Congresso Nacional decreta e eu sanciono a seguinte Lei:

Art. 1º. Ficam estabelecidas normas gerais que asseguram o pleno exercício dos direitos individuais e sociais das pessoas portadoras de deficiências, e sua efetiva integração social, nos termos desta Lei.

‣ Decreto 3.298/1999 – Regulamenta a Lei 7.853/1989, dispõe sobre a Política Nacional para a Integração da Pessoa Portadora de Deficiência, consolida as normas de proteção.

§ 1º Na aplicação e interpretação desta Lei, serão considerados os valores básicos da igualdade de tratamento e oportunidade, da justiça social, do respeito à dignidade da pessoa humana, do bem-estar, e outros, indicados na Constituição ou justificados pelos princípios gerais de direito.

§ 2º. As normas desta Lei visam garantir às pessoas portadoras de deficiência as ações governamentais necessárias ao seu cumprimento e das demais disposições constitucionais e legais que lhes concernem, afastadas as discriminações e os preconceitos de qualquer espécie, e entendida a matéria como obrigação nacional a cargo do Poder Público e da sociedade.

Art. 2º. Ao Poder Público e seus órgãos cabe assegurar às pessoas portadoras de deficiência o pleno exercício de seus direitos básicos, inclusive dos direitos à educação, à saúde, ao trabalho, ao lazer, à previdência social, ao amparo à infância e à maternidade, e de outros que, decorrentes da Constituição e das leis, propiciem seu bem-estar pessoal, social e econômico.

Parágrafo único. Para o fim estabelecido no *caput* deste artigo, os órgãos e entidades da administração direta e indireta devem dispensar, no âmbito de sua competência e finalidade, aos assuntos objetos esta Lei, tratamento prioritário e adequado, tendente a viabilizar, sem prejuízo de outras, as seguintes medidas:

I – na área da educação:

a) a inclusão, no sistema educacional, da Educação Especial como modalidade educativa que abranja a educação precoce, a pré-escolar, as de 1º e 2º graus, a supletiva, a habilitação e reabilitação profissionais, com currículos, etapas e exigências de diplomação próprios;

b) a inserção, no referido sistema educacional, das escolas especiais, privadas e públicas;

c) a oferta, obrigatória e gratuita, da Educação Especial em estabelecimento público de ensino;

d) o oferecimento obrigatório de programas de Educação Especial a nível pré-escolar, em unidades hospitalares e congêneres nas quais estejam internados, por prazo igual ou superior a 1 (um) ano, educandos portadores de deficiência;

e) o acesso de alunos portadores de deficiência aos benefícios conferidos aos demais educandos, inclusive material escolar, merenda escolar e bolsas de estudo;

f) a matrícula compulsória em cursos regulares de estabelecimentos públicos e particulares de pessoas portadoras de deficiência capazes de se integrarem no sistema regular de ensino;

II – na área da saúde:

a) a promoção de ações preventivas, como as referentes ao planejamento familiar, ao aconselhamento genético, ao acompanhamento da gravidez, do parto e do puerpério, à nutrição da mulher e da criança, à identificação e ao controle da gestante e do feto de alto risco, à imunização, às doenças do metabolismo e seu diagnóstico e ao encaminhamento precoce de outras doenças causadoras de deficiência;

b) o desenvolvimento de programas especiais de prevenção de acidente do trabalho e de trânsito, e de tratamento adequado a suas vítimas;

c) a criação de uma rede de serviços especializados em reabilitação e habilitação;

d) a garantia de acesso das pessoas portadoras de deficiência aos estabelecimentos de saúde públicos e privados, e de seu adequado tratamento neles, sob normas técnicas e padrões de conduta apropriados;

e) a garantia de atendimento domiciliar de saúde ao deficiente grave não internado;

f) o desenvolvimento de programas de saúde voltados para as pessoas portadoras de deficiência, desenvolvidos com a participação da sociedade e que lhes ensejem a integração social;

III – na área da formação profissional e do trabalho:

a) o apoio governamental à formação profissional, e a garantia de acesso aos serviços concernentes, inclusive aos cursos regulares voltados à formação profissional;

b) o empenho do Poder Público quanto ao surgimento e à manutenção de empregos, inclusive de tempo parcial, destinados às pessoas portadoras de deficiência que não tenham acesso aos empregos comuns;

c) a promoção de ações eficazes que propiciem a inserção, nos setores públicos e privado, de pessoas portadoras de deficiência;

d) a adoção de legislação específica que discipline a reserva de mercado de trabalho, em favor das pessoas portadoras de deficiência, nas entidades da Administração Pública e do setor privado, e que regulamente a organização de oficinas e congêneres integradas ao mercado de trabalho, e a situação, nelas, das pessoas portadoras de deficiência;

IV – na área de recursos humanos:

a) a formação de professores de nível médio para a Educação Especial, de técnicos de nível médio especializados na habilitação e reabilitação, e de instrutores para formação profissional;

b) a formação e qualificação de recursos humanos que, nas diversas áreas de conhecimento, inclusive de nível superior, atendam à demanda e às necessidades reais das pessoas portadoras de deficiências;

c) o incentivo à pesquisa e ao desenvolvimento tecnológico em todas as áreas do conhecimento relacionadas com a pessoa portadora de deficiência;

V – na área das edificações:

a) a adoção e a efetiva execução de normas que garantam a funcionalidade das edificações e vias públicas, que evitem ou removam os óbices às pessoas portadoras de deficiência, permitam o acesso destas a edifícios, a logradouros e a meios de transporte.

Art. 3º. As medidas judiciais destinadas à proteção de interesses coletivos, difusos, individuais homogêneos e individuais indisponíveis da pessoa com deficiência poderão ser propostas pelo Ministério Público, pela Defensoria Pública, pela União, pelos Estados, pelos Municípios, pelo Distrito Federal, por associação constituída há mais de 1 (um) ano, nos termos da lei civil, por autarquia, por empresa pública e por fundação ou sociedade de economia mista que inclua, entre suas finalidades institucionais, a proteção dos interesses e a promoção de direitos da pessoa com deficiência. (Redação dada pela Lei nº 13.146, de 2015)

§ 1º. Para instruir a inicial, o interessado poderá requerer às autoridades competentes as certidões e informações que julgar necessárias.

§ 2º. As certidões e informações a que se refere o parágrafo anterior deverão ser fornecidas dentro de 15 (quinze) dias da entrega, sob recibo, dos respectivos requerimentos, e só poderão se utilizadas para a instrução da ação civil.

§ 3º. Somente nos casos em que o interesse público, devidamente justificado, impuser sigilo, poderá ser negada certidão ou informação.

§ 4º. Ocorrendo a hipótese do parágrafo anterior, a ação poderá ser proposta desacompanhada das certidões ou informações negadas, cabendo ao juiz, após apreciar os motivos do indeferimento, e, salvo quando se tratar de razão de segurança nacional, requisitar umas e outras; feita a requisição, o processo correrá em segredo de justiça, que cessará com o trânsito em julgado da sentença.

§ 5º. Fica facultado aos demais legitimados ativos habilitarem-se como litisconsortes nas ações propostas por qualquer deles.

§ 6º. Em caso de desistência ou abandono da ação, qualquer dos colegitimados pode assumir a titularidade ativa.

Art. 4º. A sentença terá eficácia de coisa julgada oponível *erga omnes*, exceto no caso de haver sido a ação julgada improcedente por deficiência de prova, hipótese em que qualquer legitimado poderá intentar outra ação com idêntico fundamento, valendo-se de nova prova.

§ 1º. A sentença que concluir pela carência ou pela improcedência da ação fica sujeita ao duplo grau de jurisdição, não produzindo efeito senão depois de confirmada pelo tribunal.

§ 2º. Das sentenças e decisões proferidas contra o autor da ação e suscetíveis de recurso, poderá recorrer qualquer legitimado ativo, inclusive o Ministério Público.

Art. 5º. O Ministério Público intervirá obrigatoriamente nas ações públicas, coletivas ou individuais, em que se discutam interesses relacionados à deficiência das pessoas.

Art. 6º. O Ministério Público poderá instaurar, sob sua presidência, inquérito civil, ou requisitar, de qualquer pessoa física ou jurídica, pública ou particular, certidões, informações, exame ou perícias, no prazo que assinalar, não inferior a 10 (dez) dias úteis.

§ 1º. Esgotadas as diligências, caso se convença o órgão do Ministério Público da inexistência de elementos para a propositura de ação civil, promoverá fundamentadamente o arquivamento do inquérito civil, ou das peças informativas. Neste caso, deverá remeter a reexame os autos ou as respectivas peças, em 3 (três) dias, ao Conselho Superior do Ministério Público, que os examinará, deliberando a respeito, conforme dispuser seu Regimento.

§ 2º. Se a promoção do arquivamento for reformada, o Conselho Superior do Ministério Público designará desde logo outro órgão do Ministério Público para o ajuizamento da ação.

Art. 7º. Aplicam-se à ação civil pública prevista nesta Lei, no que couber, os dispositivos da Lei nº 7.347, de 24 de julho de 1985.

Art. 8º. Constitui crime punível com reclusão de 2 (dois) a 5 (cinco) anos e multa: (Redação dada pela Lei nº 13.146, de 2015)

I – recusar, cobrar valores adicionais, suspender, procrastinar, cancelar ou fazer cessar inscrição de aluno em estabelecimento de ensino de qualquer curso ou grau, público ou privado, em razão de sua deficiência; (Redação dada pela Lei nº 13.146, de 2015)

II – obstar inscrição em concurso público ou acesso de alguém a qualquer cargo ou emprego público, em razão de sua deficiência; (Redação dada pela Lei nº 13.146, de 2015)

III – negar ou obstar emprego, trabalho ou promoção à pessoa em razão de sua deficiência; (Redação dada pela Lei nº 13.146, de 2015)

IV – recusar, retardar ou dificultar internação ou deixar de prestar assistência médico-hospitalar e ambulatorial à pessoa com deficiência; (Redação dada pela Lei nº 13.146, de 2015)

V – deixar de cumprir, retardar ou frustrar execução de ordem judicial expedida na ação civil a que alude esta Lei; (Redação dada pela Lei nº 13.146, de 2015)

VI – recusar, retardar ou omitir dados técnicos indispensáveis à propositura da ação civil pública objeto desta Lei, quando requisitados. (Redação dada pela Lei nº 13.146, de 2015)

§ 1º. Se o crime for praticado contra pessoa com deficiência menor de 18 (dezoito) anos, a pena é agravada em 1/3 (um terço). (Incluído pela Lei nº 13.146, de 2015)

§ 2º. A pena pela adoção deliberada de critérios subjetivos para indeferimento de inscrição, de aprovação e de cumprimento de estágio probatório em concursos públicos não exclui a responsabilidade patrimonial pessoal do administrador público pelos danos causados. (Incluído pela Lei nº 13.146, de 2015)

§ 3º. Incorre nas mesmas penas quem impede ou dificulta o ingresso de pessoa com deficiência em planos privados de assistência à saúde, inclusive com cobrança de valores diferenciados. (Incluído pela Lei nº 13.146, de 2015)

§ 4º. Se o crime for praticado em atendimento de urgência e emergência, a pena é agravada em 1/3 (um terço). (Incluído pela Lei nº 13.146, de 2015)

Art. 9º. A Administração Pública Federal conferirá aos assuntos relativos às pessoas portadoras de deficiência tratamento prioritário e apropriado, para que lhes seja efetivamente ensejado o pleno exercício de seus direitos individuais e sociais, bem como sua completa integração social.

§ 1º. Os assuntos a que alude este artigo serão objeto de ação, coordenada e integrada, dos órgãos da Administração Pública Federal, e incluir-se-ão em Política Nacional para Integração da Pessoa Portadora de Deficiência, na qual estejam compreendidos planos, programas e projetos sujeitos a prazos e objetivos determinados.

§ 2º. Ter-se-ão como integrantes da Administração Pública Federal, para os fins desta Lei, além dos órgãos públicos, das autarquias, das empresas públicas e sociedades de economia mista, as respectivas subsidiárias e as fundações públicas.

Art. 10. A coordenação superior dos assuntos, ações governamentais e medidas referentes a pessoas portadoras de deficiência caberá à Secretaria Especial dos Direitos Humanos da Presidência da República. (Redação dada pela Lei nº 11.958, de 2009)

Parágrafo único. Ao órgão a que se refere este artigo caberá formular a Política Nacional para a Integração da Pessoa Portadora de Deficiência, seus planos, programas e projetos e cumprir as instruções superiores que lhes digam respeito, com a cooperação dos demais órgãos públicos. (Redação dada pela Lei nº 8.028, de 1990)

Art. 11. (*Revogado pela Lei nº 8.028, de 1990*).

Art. 12. Compete à Corde:

I – coordenar as ações governamentais e medidas que se refiram às pessoas portadoras de deficiência;

II – elaborar os planos, programas e projetos subsumidos na Política Nacional para a Integração de Pessoa Portadora de Deficiência, bem como propor as providências necessárias a sua completa implantação e seu adequado desenvolvimento, inclusive as pertinentes a recursos e as de caráter legislativo;

III – acompanhar e orientar a execução, pela Administração Pública Federal, dos planos, programas e projetos mencionados no inciso anterior;

IV – manifestar-se sobre a adequação à Política Nacional para a Integração da Pessoa Portadora de Deficiência dos projetos federais a ela conexos, antes da liberação dos recursos respectivos;

V – manter, com os Estados, Municípios, Territórios, o Distrito Federal, e o Ministério Público, estreito relacionamento, objetivando a concorrência de ações destinadas à integração social das pessoas portadoras de deficiência;

VI – provocar a iniciativa do Ministério Público, ministrando-lhe informações sobre fatos que constituam objeto da ação civil de que esta Lei, e indicando-lhe os elementos de convicção;

VII – emitir opinião sobre os acordos, contratos ou convênios firmados pelos demais órgãos da Administração Pública Federal, no âmbito da Política Nacional para a Integração da Pessoa Portadora de Deficiência;

VIII – promover e incentivar a divulgação e o debate das questões concernentes à pessoa portadora de deficiência, visando à conscientização da sociedade.

Parágrafo único. Na elaboração dos planos, programas e projetos a seu cargo, deverá a Corde recolher, sempre que possível, a opinião das pessoas e entidades interessadas, bem como considerar a necessidade de efetivo apoio aos entes particulares voltados para a integração social das pessoas portadoras de deficiência.

Art. 13. A Corde contará com o assessoramento de órgão colegiado, o Conselho da Coordenadoria Nacional para Integração da Pessoa Portadora de Deficiência. (Artigo com eficácia suspensa pela Medida Provisória nº 2.216-37, de 2001)

§ 1º. A composição e o funcionamento do Conselho Consultivo da Corde serão disciplinados em ato do Poder Executivo. Incluir-se-ão no Conselho representantes de órgãos e de organizações ligados aos assuntos pertinentes à pessoa portadora de deficiência, bem como representante do Ministério Público Federal. (Eficácia suspensa pela Medida Provisória nº 2.216-37, de 2001)

§ 2º. Compete ao Conselho Consultivo: (Eficácia suspensa pela Medida Provisória nº 2.216-37, de 2001)

I – opinar sobre o desenvolvimento da Política Nacional para Integração da Pessoa Portadora de Deficiência; (Eficácia suspensa pela Medida Provisória nº 2.216-37, de 2001)

II – apresentar sugestões para o encaminhamento dessa política; (Eficácia suspensa pela Medida Provisória nº 2.216-37, de 2001)

III – responder a consultas formuladas pela Corde. (Eficácia suspensa pela Medida Provisória nº 2.216-37, de 2001)

§ 3º. O Conselho Consultivo reunir-se-á ordinariamente 1 (uma) vez por trimestre e, extraordinariamente, por iniciativa de 1/3 (um terço) de seus membros, mediante manifestação escrita, com antecedência de 10 (dez) dias, e deliberará por maioria de votos dos conselheiros presentes. (Eficácia suspensa pela Medida Provisória nº 2.216-37, de 2001)

§ 4º. Os integrantes do Conselho não perceberão qualquer vantagem pecuniária, salvo as de seus cargos de origem, sendo considerados de relevância pública os seus serviços. (Eficácia suspensa pela Medida Provisória nº 2.216-37, de 2001)

§ 5º. As despesas de locomoção e hospedagem dos conselheiros, quando necessárias, serão asseguradas pela Corde. (Eficácia suspensa pela Medida Provisória nº 2.216-37, de 2001)

Art. 14. (*VETADO*).

Art. 15. Para atendimento e fiel cumprimento do que dispõe esta Lei, será reestruturada a Secretaria de Educação Especial do Ministério da Educação, e serão instituídos, no Ministério do Trabalho, no Ministério da Saúde e no Ministério da Previdência e Assistência Social, órgão encarregados da coordenação setorial dos assuntos concernentes às pessoas portadoras de deficiência.

Art. 16. O Poder Executivo adotará, nos 60 (sessenta) dias posteriores à vigência desta Lei, as providências necessárias à reestruturação e ao regular funcionamento da Corde, como aquelas decorrentes do artigo anterior.

Art. 17. Serão incluídas no censo demográfico de 1990, e nos subsequentes, questões concernentes à problemática da pessoa portadora de deficiência, objetivando o conhecimento atualizado do número de pessoas portadoras de deficiência no País.

Parágrafo único. Os censos demográficos realizados a partir de 2019 incluirão as especificidades inerentes ao transtorno do espectro autista, em consonância com o § 2º do art. 1º da Lei nº 12.764, de 27 de dezembro de 2012. (Acrescido pela Lei 13.861/2019)

Art. 18. Os órgãos federais desenvolverão, no prazo de 12 (doze) meses contado da publicação desta Lei, as ações necessárias à efetiva implantação das medidas indicadas no art. 2º desta Lei.

Art. 19. Esta Lei entra em vigor na data de sua publicação.

Art. 20. Revogam-se as disposições em contrário.

Brasília, 24 de outubro de 1989; 168º da Independência e 101º da República.

JOSÉ SARNEY

D.O.U. de 25.10.1989

LEI Nº 7.913, DE 7 DE DEZEMBRO DE 1989

Dispõe sobre a ação civil pública de responsabilidade por danos causados aos investidores no mercado de valores mobiliários.

- *Ação Civil Pública*

O PRESIDENTE DA REPÚBLICA Faço saber que o Congresso Nacional decreta e eu sanciono a seguinte Lei:

Art. 1º. Sem prejuízo da ação de indenização do prejudicado, o Ministério Público, de ofício ou por solicitação da Comissão de Valores Mobiliários – CVM, adotará as medidas judiciais necessárias para evitar prejuízos ou obter ressarcimento de danos causados aos titulares de valores mobiliários e aos investidores do mercado, especialmente quando decorrerem de:

- CF/88: art. 129, III.
- CPC/15: arts. 176 a 178.
- Lei 7.492/1986 – Define os crimes contra o sistema financeiro nacional.

I – operação fraudulenta, prática não equitativa, manipulação de preços ou criação de condições artificiais de procura, oferta ou preço de valores mobiliários;

II – compra ou venda de valores mobiliários, por parte dos administradores e acionistas controladores de companhia aberta, utilizando-se de informação relevante, ainda não divulgada para conhecimento do mercado, ou a mesma operação realizada por quem a detenha em razão de sua profissão ou função, ou por quem quer que a tenha obtido por intermédio dessas pessoas;

III – omissão de informação relevante por parte de quem estava obrigado a divulgá-la, bem como sua prestação de forma incompleta, falsa ou tendenciosa.

Art. 2º. As importâncias decorrentes da condenação, na ação de que trata esta Lei, reverterão aos investidores lesados, na proporção de seu prejuízo.

§ 1º. As importâncias a que se refere este artigo ficarão depositadas em conta remunerada, à disposição do juízo, até que o investidor, convocado mediante edital, habilite-se ao recebimento da parcela que lhe couber.

§ 2º. Decairá o direito à habilitação o investidor que não o exercer no prazo de 2 (dois) anos, contado da data da publicação do edital a que alude o parágrafo anterior, devendo a quantia correspondente ser recolhida ao Fundo a que se refere o art. 13 da Lei nº 7.347, de 24 de julho de 1985. (Redação dada pela Lei nº 9.008, de 1995)

- Decreto 1.306/1994 – Regulamenta o Fundo de Defesa de Direitos Difusos, de que tratam os arts. 13 e 20 da Lei 7.347/1985.

Art. 3º. À ação de que trata esta Lei aplica-se, no que couber, o disposto na Lei nº 7.347, de 24 de julho de 1985.

Art. 4º. Esta Lei entra em vigor na data de sua publicação.

Art. 5º. Revogam-se as disposições em contrário.

Brasília, 7 de dezembro de 1989; 168º da Independência e 101º da República.

JOSÉ SARNEY

D.O.U. de 11.12.1989; rep. 12.12.1989

LEI Nº 7.960, DE 21 DE DEZEMBRO DE 1989

Dispõe sobre prisão temporária.

- *Prisão temporária*

O PRESIDENTE DA REPÚBLICA Faço saber que o Congresso Nacional decreta e eu sanciono a seguinte Lei:

Art. 1º. Caberá prisão temporária:

- CF/88: art. 5º, LXI.
- Lei 8.072/1990: art. 2º, § 4º.

I – quando imprescindível para as investigações do inquérito policial;

II – quando o indiciado não tiver residência fixa ou não fornecer elementos necessários ao esclarecimento de sua identidade;

- CPP: art. 313, par. único.

III – quando houver fundadas razões, de acordo com qualquer prova admitida na legislação penal, de autoria ou participação do indiciado nos seguintes crimes:

a) homicídio doloso (art. 121, *caput*, e seu § 2º);

b) sequestro ou cárcere privado (art. 148, *caput*, e seus §§ 1º e 2º);

c) roubo (art. 157, *caput*, e seus §§ 1º, 2º e 3º);

d) extorsão (art. 158, *caput*, e seus §§ 1º e 2º);

e) extorsão mediante sequestro (art. 159, *caput*, e seus §§ 1º, 2º e 3º);

f) estupro (art. 213, *caput*, e sua combinação com o art. 223, *caput*, e parágrafo único);

- Lei 12.015/2009 revogou o art. 223, *caput*, e par. único.
- CP: art. 217-A.

g) atentado violento ao pudor (art. 214, *caput*, e sua combinação com o art. 223, *caput*, e parágrafo único);

- Lei 12.015/2009 revogou os arts. 214, *caput*, 223, *caput*, e parágrafo único.
- CP: art. 213.

h) rapto violento (art. 219, e sua combinação com o art. 223, *caput*, e parágrafo único);

- Lei 11.106/2005 revogou o art. 219.
- Lei 12.015/2009 revogou o art. 223, *caput*, e par. único.
- CP: art. 148, § 1º, V.

i) epidemia com resultado de morte (art. 267, § 1º);

j) envenenamento de água potável ou substância alimentícia ou medicinal qualificado pela morte (art. 270, *caput*, combinado com o art. 285);

l) quadrilha ou bando (art. 288), todos do Código Penal;

m) genocídio (arts. 1º, 2º e 3º da Lei nº 2.889, de 1.10.1956), em qualquer de suas formas típicas;

n) tráfico de drogas (art. 12 da Lei nº 6.368, de 21.10.1976);

- Lei 11.343/2006 revogou a Lei 6.368/1976.
- Lei 11.343/2006: art. 33.

o) crimes contra o sistema financeiro (Lei 7.492, de 16.06.1986).

p) crimes previstos na Lei de Terrorismo. (Incluído pela Lei nº 13.260, de 2016)

Art. 2º. A prisão temporária será decretada pelo Juiz, em face da representação da autoridade policial ou de requerimento do Ministério Público, e terá o prazo de 5 (cinco) dias, prorrogável por igual período em caso de extrema e comprovada necessidade.

- CF/1988: art. 5º, LXI.
- CPP: art. 581,V.
- Lei 8.072/1990: art. 2º, § 4º.

§ 1º. Na hipótese de representação da autoridade policial, o Juiz, antes de decidir, ouvirá o Ministério Público.

§ 2º. O despacho que decretar a prisão temporária deverá ser fundamentado e prolatado dentro do prazo de 24 (vinte e quatro) horas, contadas a partir do recebimento da representação ou do requerimento.

§ 3º. O Juiz poderá, de ofício, ou a requerimento do Ministério Público e do Advogado, determinar que o preso lhe seja apresentado, solicitar informações e esclarecimentos da autoridade policial e submetê-lo a exame de corpo de delito.

§ 4º. Decretada a prisão temporária, expedir-se-á mandado de prisão, em duas vias, uma das quais será entregue ao indiciado e servirá como nota de culpa.

- CPP: arts. 286 e 306, § 2º.

§ 4º-A O mandado de prisão conterá necessariamente o período de duração da prisão temporária estabelecido no *caput* deste artigo, bem como o dia em que o preso deverá ser libertado (Inserido pela Lei 13.869/2019).

§ 5º. A prisão somente poderá ser executada depois da expedição de mandado judicial.

§ 6º. Efetuada a prisão, a autoridade policial informará o preso dos direitos previstos no art. 5º da Constituição Federal.

- CF/1988: art. 5º, LXII a LXIV.

§ 7º Decorrido o prazo contido no mandado de prisão, a autoridade responsável pela custódia deverá, independentemente de nova ordem da autoridade judicial, pôr imediatamente o preso em liberdade, salvo se já tiver sido comunicada da prorrogação da prisão temporária ou da decretação da prisão preventiva (Redação dada pela Lei 13.869/2019).

§ 8º Inclui-se o dia do cumprimento do mandado de prisão no cômputo do prazo de prisão temporária (Inserido pela Lei 13.869/2019).

Art. 3º. Os presos temporários deverão permanecer, obrigatoriamente, separados dos demais detentos.

- Lei 7.210/1984: art. 84.

Art. 4º. O art. 4º da Lei nº 4.898, de 9 de dezembro de 1965, fica acrescido da alínea *i*, com a seguinte redação:

- Alteração incorporada ao texto da referida lei.

Art. 5º. Em todas as comarcas e seções judiciárias haverá um plantão permanente de 24 (vinte e quatro) horas do Poder Judiciário e do Ministério Público para apreciação dos pedidos de prisão temporária.

Art. 6º. Esta Lei entra em vigor na data de sua publicação.

Art. 7º. Revogam-se as disposições em contrário.

Brasília, 21 de dezembro de 1989; 168º da Independência e 101º da República.

JOSÉ SARNEY

D.O.U. de 22.12.1989

LEI Nº 8.009, DE 29 DE MARÇO DE 1990

Dispõe sobre a impenhorabilidade do bem de família.

- *Impenhorabilidade do bem de família*

Faço saber que o Presidente da República adotou a Medida Provisória 143, de 1990, que o Congresso Nacional aprovou, e eu Nelson Carneiro, Presidente do Senado Federal, para os efeitos do disposto no parágrafo único do art. 62 da Constituição Federal, promulgo a seguinte Lei:

Art. 1º. O imóvel residencial próprio do casal, ou da entidade familiar, é impenhorável e não responderá por qualquer tipo de dívida civil, comercial, fiscal, previdenciária ou de outra natureza, contraída pelos cônjuges ou pelos pais ou filhos que sejam seus proprietários e nele residam, salvo nas hipóteses previstas nesta Lei.

- Súm. 205, 364 e 449 do STJ.
- CF/1988: art. 226, *caput* e §4º.
- CC: arts. 1.711 a 1.722.
- CPC/15: arts. 260 a 265, 832 e 833.
- Lei 6.015/1973: arts. 167, I-1, e 260 a 265.

Parágrafo único. A impenhorabilidade compreende o imóvel sobre o qual se assentam a construção, as plantações, as benfeitorias de qualquer natureza e todos os equipamentos, inclusive os de uso profissional, ou móveis que guarnecem a casa, desde que quitados.

- Súm. 364 e 449 do STJ.
- CPC/15: art. 833.

Art. 2º. Excluem-se da impenhorabilidade os veículos de transporte, obras de arte e adornos suntuosos.

- v. CPC/15: art. 835.

Parágrafo único. No caso de imóvel locado, a impenhorabilidade aplica-se aos bens móveis quitados que guarneçam a residência e que sejam de propriedade do locatário, observado o disposto neste artigo.

Art. 3º. A impenhorabilidade é oponível em qualquer processo de execução civil, fiscal, previdenciária, trabalhista ou de outra natureza, salvo se movido:

- CPC/15: art. 833, § 1º.

I – (*Revogado pela Lei Complementar nº 150, de 2015*);

II – pelo titular do crédito decorrente do financiamento destinado à construção ou à aquisição do imóvel, no limite dos créditos e acréscimos constituídos em função do respectivo contrato;

III – pelo credor da pensão alimentícia, resguardados os direitos, sobre o bem, do seu coproprietário que, com o devedor, integre união estável ou conjugal, observadas as hipóteses em que ambos responderão pela dívida; (Redação dada pela Lei nº 13.144, de 2015)

IV – para cobrança de impostos, predial ou territorial, taxas e contribuições devidas em função do imóvel familiar;

V – para execução de hipoteca sobre o imóvel oferecido como garantia real pelo casal ou pela entidade familiar;

VI – por ter sido adquirido com produto de crime ou para execução de sentença penal condenatória a ressarcimento, indenização ou perdimento de bens;

VII – por obrigação decorrente de fiança concedida em contrato de locação. (Incluído pela Lei nº 8.245, de 1991)

Art. 4º. Não se beneficiará do disposto nesta Lei aquele que, sabendo-se insolvente, adquire de má-fé imóvel mais valioso para transferir a residência familiar, desfazendo-se ou não da moradia antiga.

§ 1º. Neste caso poderá o juiz, na respectiva ação do credor, transferir a impenhorabilidade para a moradia familiar anterior, ou anular-lhe a venda, liberando a mais valiosa para execução ou concurso, conforme a hipótese.

§ 2º. Quando a residência familiar constituir-se em imóvel rural, a impenhorabilidade restringir-se-á à sede de moradia, com os respectivos bens móveis, e, nos casos do art. 5º, inciso XXVI, da Constituição, à área limitada como pequena propriedade rural.

Art. 5º. Para os efeitos de impenhorabilidade, de que trata esta Lei, considera-se residência um único imóvel utilizado pelo casal ou pela entidade familiar para moradia permanente.

Parágrafo único. Na hipótese de o casal, ou entidade familiar, ser possuidor de vários imóveis utilizados como residência, a impenhorabilidade recairá sobre o de menor valor, salvo se outro tiver sido registrado, para esse fim, no Registro de Imóveis e na forma do art. 70 do Código Civil.

- Refere-se ao art. 70 do Código Civil de 1916.

Art. 6º. São canceladas as execuções suspensas pela Medida Provisória 143, de 8 de março de 1990, que deu origem a esta Lei.

Art. 7º. Esta Lei entra em vigor na data de sua publicação.

Art. 8º. Revogam-se as disposições em contrário.

Senado Federal, em 29 de março de 1990; 169º da Independência e 102º da República.

NELSON CARNEIRO

D.O.U. de 30.3.1990

LEI Nº 8.021, DE 12 DE ABRIL DE 1990

Dispõe sobre a identificação dos contribuintes para fins fiscais, e dá outras providências.

- *Contribuintes*

O PRESIDENTE DA REPÚBLICA Faço saber que o Congresso Nacional decreta e eu sanciono a seguinte Lei:

Art. 1º. A partir da vigência desta Lei, fica vedado o pagamento ou resgate de qualquer título ou aplicação, bem como dos seus rendimentos ou ganhos, a beneficiário não identificado.

Parágrafo único. O descumprimento do disposto neste artigo sujeitará o responsável pelo pagamento ou resgate a multa igual ao valor da operação, corrigido monetariamente a partir da data da operação até o dia do seu efetivo pagamento.

Art. 2º. A partir da data de publicação desta Lei fica vedada:

I – a emissão de quotas ao portador ou nominativas-endossáveis, pelos fundos em condomínio;

II – a emissão de títulos e a captação de depósitos ou aplicações ao portador ou nominativos-endossáveis;

III – (*Revogado pela Lei nº 9.069, de 1995*).

Parágrafo único. Os cheques emitidos em desacordo com o estabelecido no inciso III deste artigo não serão compensáveis por meio do Serviço de Compensação de Cheques e Outros Papéis.

(Parágrafo único sem eficácia em razão da revogação do inciso III)

Art. 3º. O contribuinte que receber o resgate de quotas de fundos ao portador e de títulos ou aplicações de renda fixa ao portador ou nominativos-endossáveis, existentes em 16 de março de 1990, ficará sujeito à retenção de Imposto de Renda na fonte, à alíquota de 25% (vinte e cinco por cento), calculado sobre o valor do resgate recebido.

§ 1º. O imposto será retido pela instituição que efetuar o pagamento dos títulos e aplicações e seu recolhimento deverá ser efetuado de conformidade com as normas aplicáveis ao Imposto de Renda retido na fonte.

§ 2º. O valor sobre o qual for calculado o imposto, diminuído deste, será computado como rendimento líquido, para efeito de justificar acréscimo patrimonial na declaração de bens (Lei nº 4.069/1962, art. 51) a ser apresentada no exercício financeiro subsequente.

§ 3º. A retenção do imposto, prevista neste artigo, não exclui a incidência do Imposto de Renda na fonte sobre os rendimentos produzidos pelos respectivos títulos ou aplicações.

§ 4º. A retenção do imposto, prevista neste artigo, será dispensada caso o contribuinte comprove, perante o Departamento da Receita Federal, que o valor resgatado tem origem em rendimentos próprios, declarados na forma da legislação do Imposto de Renda.

§ 5º. A liberação dos recursos sem a observância do disposto no parágrafo anterior sujeitará a instituição financeira à multa de 25% (vinte e cinco por cento) sobre o valor do resgate dos títulos ou aplicações, corrigido monetariamente a partir da data do resgate até a data do seu efetivo recolhimento.

Art. 4º. O art. 20 da Lei nº 6.404, de 15 de dezembro de 1976, passa a vigorar com a seguinte redação:

- Alteração incorporada ao texto da referida lei.

Art. 5º. As sociedades por ações terão um prazo de 2 (dois) anos para adaptar seus estatutos ao disposto no artigo anterior.

§ 1º. No prazo a que se refere este artigo, as operações com ações, ao portador ou endossáveis, existentes na data da publicação desta Lei, emitidas pelas sociedades por ações, somente poderão ser efetuadas quando atenderem, cumulativamente, às seguintes condições:

a) estiveram as ações sob custódia de instituição financeira ou de Bolsa de Valores, autorizada a operar por ato da Comissão de Valores Mobiliários (CVM) ou do Banco Central do Brasil, no âmbito de sua competência;

b) houver a identificação do vendedor e do comprador.

§ 2º. As ações mencionadas neste artigo somente poderão ser retiradas da custódia mediante a identificação do proprietário.

§ 3º. A instituição financeira ou bolsa custodiante deverá enviar ao Departamento da Receita Federal, até o dia 15 de cada mês, comunicação que identifique o proprietário, a quantidade, a espécie e o valor de aquisição das ações que houverem sido retiradas de sua custódia no mês anterior.

§ 4º. A inobservância do disposto no parágrafo anterior sujeitará a instituição financeira ou bolsa custodiante à multa de 25% (vinte e cinco por cento) do valor das ações, corrigido monetariamente a partir do vencimento do prazo para a comunicação até a data do seu efetivo pagamento.

§ 5º. Para efeito do disposto no parágrafo anterior, considera-se valor da ação o preço médio de negociação em pregão de Bolsas de Valores no dia da retirada da ação ou, na falta deste, o preço médio da ação da última negociação em pregão da Bolsa de Valores, corrigidos pelo BTN Fiscal até o dia da retirada da ação.

§ 6º. Para as ações não admitidas à negociação em Bolsas de Valores, considera-se o valor patrimonial da ação corrigido pelo BTN Fiscal desde a data do último balanço até a data de sua retirada da custódia.

Art. 6º. O lançamento de ofício, além dos casos já especificados em lei, far-se-á arbitrando-se os rendimentos com base na renda presumida, mediante utilização dos sinais exteriores de riqueza.

§ 1º. Considera-se sinal exterior de riqueza a realização de gastos incompatíveis com a renda disponível do contribuinte.

§ 2º. Constitui renda disponível a receita auferida pelo contribuinte, diminuída dos abatimentos e deduções admitidos pela legislação do Imposto de Renda em vigor e do Imposto de Renda pago pelo contribuinte.

§ 3º. Ocorrendo a hipótese prevista neste artigo, o contribuinte será notificado para o devido procedimento fiscal de arbitramento.

§ 4º. No arbitramento tomar-se-ão como base os preços de mercado vigentes à época da ocorrência dos fatos ou eventos, podendo, para tanto, ser adotados índices ou indicadores econômicos oficiais ou publicações técnicas especializadas.

§ 5º. (*Revogado pela Lei nº 9.430, de 1996*).

§ 6º. Qualquer que seja a modalidade escolhida para o arbitramento, será sempre levada a efeito aquela que mais favorecer o contribuinte.

Art. 7º. A autoridade fiscal do Ministério da Economia, Fazenda e Planejamento poderá proceder a exames de documentos, livros e registros das Bolsas de Valores, de mercadorias, de futuros e assemelhadas, bem como solicitar a prestação de esclarecimentos e informações a respeito de operações por elas praticadas, inclusive em relação a terceiros.

§ 1º. As informações deverão ser prestadas no prazo máximo de 10 (dez) dias úteis contados da data da solicitação. O não cumprimento desse prazo sujeitará a instituição à multa de valor equivalente a mil BTN Fiscais por dia útil de atraso.

§ 2º. As informações obtidas com base neste artigo somente poderão ser utilizadas para efeito de verificação do cumprimento de obrigações tributárias.

§ 3º. O servidor que revelar, informações que tiver obtido na forma deste artigo estará sujeito às penas previstas no art. 325 do Código Penal Brasileiro.

Art. 8º. Iniciado o procedimento fiscal, a autoridade fiscal poderá solicitar informações sobre operações realizadas pelo contribuinte em instituições financeiras, inclusive extratos de contas bancárias, não se aplicando, nesta hipótese, o disposto no art. 38 da Lei 4.595, de 31 de dezembro de 1964.

Parágrafo único. As informações, que obedecerão às normas regulamentares expedidas pelo Ministério da Economia, Fazenda e Planejamento, deverão ser prestadas no prazo máximo de 10 (dez) dias úteis contados da data da solicitação, aplicando-se, no caso de descumprimento desse prazo, a penalidade prevista no § 1º do art. 7º.

Art. 9º. Os estabelecimentos bancários autorizados a acolher depósitos de qualquer natureza deverão centralizar, em um único estabelecimento de sua rede de agências, as contas de não residentes no País.

Art. 10. Fica o Poder Executivo autorizado a celebrar convênios com outros países para repatriar bens de qualquer natureza, inclusive financeiros e títulos de valores mobiliários, pertencentes a empresas brasileiras e pessoas físicas residentes e domiciliadas no País.

Parágrafo único. Os valores repatriados ficarão sujeitos ao Imposto de Renda à alíquota de 25% (vinte e cinco por cento).

Art. 11. O Poder Executivo regulamentará o disposto nesta Lei.

Art. 12. Esta lei entra em vigor na data de sua publicação.

Art. 13. Revogam-se o art. 9º da Lei nº 4.729, de 14 de julho de 1965, os arts. 32 e 33 da Lei nº 6.404, de 15 de dezembro de 1976, e demais disposições em contrário.

Brasília, 12 de abril de 1990; 169º da Independência e 102º da República.

FERNANDO COLLOR

D.O.U. de 13.4.1990, ret. 23.4.1990

LEI Nº 8.036, DE 11 DE MAIO DE 1990

Dispõe sobre o Fundo de Garantia do Tempo de Serviço, e dá outras providências.

- *Fundo de Garantia do Tempo de Serviço-FGTS*
- LC 110/2001 – Institui contribuições sociais, autoriza créditos de complementos de atualização monetária em contas vinculadas do Fundo de Garantia do Tempo de Serviço (FGTS).

- Lei 9.012/1995 – Proíbe as instituições oficiais de crédito de conceder empréstimos, financiamentos e outros benefícios a pessoas jurídicas em débito com o FGTS.
- Decreto 3.914/2001 – Dispõe sobre a regulamentação das contribuições sociais instituídas pela LC 110/2001.
- Decreto 3.913/2001 – Dispõe sobre a apuração e liquidação dos complementos de atualização monetária de saldos de contas vinculadas do Fundo de Garantia do Tempo de Serviço (FGTS), de que trata a LC 110/2001.
- Decreto 99.684/1990 – Consolida as normas regulamentares do Fundo de Garantia do Tempo de Serviço (FGTS).

O PRESIDENTE DA REPÚBLICA, faço saber que o Congresso Nacional decreta e eu sanciono a seguinte Lei:

Art. 1º. O Fundo de Garantia do Tempo de Serviço – FGTS, instituído pela Lei 5.107, de 13 de setembro de 1966, passa a reger-se por esta Lei.

- Súm. 593 do STF.
- Súm. 82 do STJ.

Art. 2º. O FGTS é constituído pelos saldos das contas vinculadas a que se refere esta Lei e outros recursos a ele incorporados, devendo ser aplicados com atualização monetária e juros, de modo a assegurar a cobertura de suas obrigações.

- Súm. 571 do STJ.

§ 1º. Constituem recursos incorporados ao FGTS, nos termos do *caput* deste artigo:

a) eventuais saldos apurados nos termos do art. 12, § 4º;

b) dotações orçamentárias específicas;

c) resultados das aplicações dos recursos do FGTS;

d) multas, correção monetária e juros moratórios devidos;

e) demais receitas patrimoniais e financeiras.

§ 2º. As contas vinculadas em nome dos trabalhadores são absolutamente impenhoráveis.

Art. 3º. O FGTS será regido por normas e diretrizes estabelecidas por um Conselho Curador, composto por representação de trabalhadores, empregadores e órgãos e entidades governamentais, na forma estabelecida pelo Poder Executivo. (Redação dada pela Lei nº 9.649, de 1998)

- MP 2.216-37/2001: art. 1º.

§ 1º. A Presidência do Conselho Curador será exercida pelo Ministro de Estado da Economia ou por representante, por ele indicado, da área fazendária do governo. (Redação dada pela Lei 13.932/2019)

§ 2º. *(Revogado pela Medida Provisória nº 2.216-37, de 31/8/2001)*

§ 3º. Os representantes dos trabalhadores e dos empregadores e seus suplentes serão indicados pelas respectivas centrais sindicais e confederações nacionais, serão nomeados pelo Poder Executivo, terão mandato de 2 (dois) anos e poderão ser reconduzidos uma única vez, vedada a permanência de uma mesma pessoa como membro titular, como suplente ou, de forma alternada, como titular e suplente, por período consecutivo superior a 4 (quatro) anos no Conselho. (Redação dada pela Lei 13.932/2019)

§ 4º. O Conselho Curador reunir-se-á ordinariamente, a cada bimestre, por convocação de seu Presidente. Esgotado esse período, não tendo ocorrido convocação, qualquer de seus membros poderá fazê-la, no prazo de 15 (quinze) dias. Havendo necessidade, qualquer membro poderá convocar reunião extraordinária, na forma que vier a ser regulamentada pelo Conselho Curador.

§ 4º-A. As reuniões do Conselho Curador serão públicas, bem como gravadas e transmitidas ao vivo por meio do sítio do FGTS na internet, o qual também possibilitará acesso a todas as gravações que tiverem sido efetuadas dessas reuniões, resguardada a possibilidade de tratamento sigiloso de matérias assim classificadas na forma da lei. (Parágrafo acrescido pela Lei nº 13.932, de 11/12/2019)

§ 5º. As decisões do Conselho serão tomadas com a presença da maioria simples de seus membros, tendo o Presidente voto de qualidade. (Redação dada pela Lei nº 9.649, de 1998)

- MP 2.216-37/2001: art. 1º.

§ 6º. As despesas porventura exigidas para o comparecimento às reuniões do Conselho constituirão ônus das respectivas entidades representadas.

§ 7º. As ausências ao trabalho dos representantes dos trabalhadores no Conselho Curador, decorrentes das atividades desse órgão, serão abonadas, computando-se como jornada efetivamente trabalhada para todos os fins e efeitos legais.

§ 8º O Poder Executivo designará, entre os órgãos governamentais com representação no Conselho Curador do FGTS, aquele que lhe proporcionará estrutura administrativa de suporte para o exercício de sua competência e que atuará na função de Secretaria Executiva do colegiado, não permitido ao Presidente do Conselho Curador acumular a titularidade dessa Secretaria Executiva. (Redação dada pela Lei 13.932/2019)

§ 9º. Aos membros do Conselho Curador, enquanto representantes dos trabalhadores, efetivos e suplentes, é assegurada a estabilidade no emprego, da nomeação até 1 (um) ano após o término do mandato de representação, somente podendo ser demitidos por motivo de falta grave, regularmente comprovada através de processo sindical.

§ 10. Os membros do Conselho Curador do FGTS serão escolhidos dentre cidadãos de reputação ilibada e de notório conhecimento, e deverão ser atendidos os seguintes requisitos: (Acrescido pela Lei 13.932/2019)

I - ter formação acadêmica superior; e

II - não se enquadrar nas hipóteses de inelegibilidade previstas nas alíneas "a" a "q" do inciso I do *caput* do art. 1º da Lei Complementar nº 64, de 18 de maio de 1990.

Art. 4º. O gestor da aplicação dos recursos do FGTS será o órgão do Poder Executivo responsável pela política de habitação, e caberá à Caixa Econômica Federal (CEF) o papel de agente operador. (Redação dada pela Lei 13.932/2019)

Art. 5º. Ao Conselho Curador do FGTS compete:

I – estabelecer as diretrizes e os programas de alocação de todos os recursos do FGTS, de acordo com os critérios definidos nesta Lei, em consonância com a política nacional de desenvolvimento urbano e as políticas setoriais de habitação popular, saneamento básico e infraestrutura urbana estabelecidas pelo Governo Federal;

II – acompanhar e avaliar a gestão econômica e financeira dos recursos, bem como os ganhos sociais e o desempenho dos programas aprovados;

III – apreciar e aprovar os programas anuais e plurianuais do FGTS;

IV – aprovar as demonstrações financeiras do FGTS, com base em parecer de auditoria externa independente, antes de sua publicação e encaminhamento aos órgãos de controle, bem como da distribuição de resultados; (Redação dada pela Lei 13.932/2019)

V – adotar as providências cabíveis para a correção de atos e fatos do gestor da aplicação e da CEF que prejudiquem o desempenho e o cumprimento das finalidades no que concerne aos recursos do FGTS; (Inciso com redação dada pela Lei nº 13.932, de 11/12/2019)

VI – dirimir dúvidas quanto à aplicação das normas regulamentares, relativas ao FGTS, nas matérias de sua competência;

VII – aprovar seu regimento interno;

VIII – fixar as normas e valores de remuneração do Agente Operador e dos Agentes Financeiros;

IX – fixar critérios para parcelamento de recolhimentos em atraso;

X – fixar critério e valor de remuneração para o exercício da fiscalização;

XI – divulgar, no Diário Oficial da União, todas as decisões proferidas pelo Conselho, bem como as contas do FGTS e os respectivos pareceres emitidos;

XII – fixar critérios e condições para compensação entre créditos do empregador, decorrentes de depósitos relativos a trabalhadores não optantes, com contratos extintos, e débitos resultantes de competências em atraso, inclusive aqueles que forem objeto de composição de dívida com o FGTS. (Incluído pela Lei nº 9.711, de 1998)

XIII – em relação ao Fundo de Investimento do Fundo de Garantia do Tempo de Serviço – FI-FGTS: (Incluído pela Lei nº 11.491, de 2007)

a) aprovar a política de investimento do FI-FGTS por proposta do Comitê de Investimento; (Incluído pela Lei nº 11.491, de 2007)

b) decidir sobre o reinvestimento ou distribuição dos resultados positivos aos cotistas do FI-FGTS, em cada exercício; (Incluído pela Lei nº 11.491, de 2007)

c) definir a forma de deliberação, de funcionamento e a composição do Comitê de Investimento; (Incluído pela Lei nº 11.491, de 2007)

d) estabelecer o valor da remuneração da Caixa Econômica Federal pela administração e gestão do FI-FGTS, inclusive a taxa de risco; (Incluído pela Lei nº 11.491, de 2007)

e) definir a exposição máxima de risco dos investimentos do FI-FGTS; (Incluído pela Lei nº 11.491, de 2007)

f) estabelecer o limite máximo de participação dos recursos do FI-FGTS por setor, por empreendimento e por classe de ativo, observados os requisitos técnicos aplicáveis; (Incluído pela Lei nº 11.491, de 2007)

g) estabelecer o prazo mínimo de resgate das cotas e de retorno dos recursos à conta vinculada, observado o disposto no § 19 do art. 20 desta Lei; (Incluído pela Lei nº 11.491, de 2007)

h) aprovar o regulamento do FI-FGTS, elaborado pela Caixa Econômica Federal; e (Incluído pela Lei nº 11.491, de 2007)

i) autorizar a integralização de cotas do FI-FGTS pelos trabalhadores, estabelecendo previamente os limites globais e individuais, parâmetros e condições de aplicação e resgate. (Incluído pela Lei nº 11.491, de 2007)

XIV – (Revogado pela Lei 13.932/2019)

XV - autorizar a aplicação de recursos do FGTS em outros fundos de investimento, no mercado de capitais e em títulos públicos e privados, com base em proposta elaborada pelo agente operador, devendo o Conselho Curador regulamentar as formas e condições do investimento, vedado o aporte em fundos nos quais o FGTS seja o único cotista; (Inciso acrescido pela Lei nº 13.932, de 11/12/2019)

XVI - estipular limites às tarifas cobradas pelo agente operador ou pelos agentes financeiros na intermediação da movimentação dos recursos da conta vinculada do FGTS, inclusive nas hipóteses de que tratam os incisos V, VI e VII do *caput* do art. 20 desta Lei. (Inciso acrescido pela Lei nº 13.932, de 11/12/2019)

§ 1º O Conselho Curador será assistido por um Comitê de Auditoria e Riscos, constituído na forma do Regimento Interno, cujas atribuições e condições abrangerão, no mínimo, aquelas estipuladas nos arts. 24 e 25, §§ 1º a 3º, da Lei nº 13.303, de 30 de junho de 2016, ao Comitê de Auditoria Estatutário das empresas públicas e sociedades de economia mista que forem aplicáveis, ainda que por similaridade, ao FGTS, e cujas despesas serão custeadas pelo Fundo, por meio de sua Secretaria Executiva, observado o disposto no § 3º deste artigo. (Acrescido pela Lei 13.932/2019)

§ 2º O Conselho Curador poderá ser assistido regularmente por pessoas naturais ou jurídicas especializadas em planejamento, em gestão de investimentos, em avaliação de programas e políticas, em tecnologia da informação ou em qualquer outra especialização julgada necessária para subsidiá-lo no exercício de suas atribuições, e as despesas decorrentes ficarão a cargo do FGTS, observado o disposto no § 3º deste artigo. (Acrescido pela Lei 13.932/2019)

§ 3º Os custos e despesas incorridos pelo FGTS não poderão superar limite a ser estabelecido pelo Conselho Curador, o qual observará, no mínimo, os custos por atividades, os ganhos de escala e produtividade, os avanços tecnológicos e a remuneração praticada por outros fundos no mercado de capitais, excluídos da base de cálculo aqueles cuja administradora receba remuneração específica, e incluirão: (Acrescido pela Lei 13.932/2019)

I - os serviços de fiscalização, as atividades de arrecadação, de cobrança administrativa e de emissão de certidões;

II - os serviços de cobrança judicial dos créditos inscritos em dívida ativa;

III - os serviços contratados pela Secretaria Executiva para suporte às ações e decisões do Conselho Curador e do Comitê de Auditoria e Riscos, bem como os valores despendidos com terceiros;

IV - a capacitação dos gestores.

§ 4º O Conselho Curador especificará os serviços de suporte à gestão e à operação que poderão ser contratados pela Secretaria Executiva com recursos do FGTS, cabendo-lhe aprovar o montante destinado a tal finalidade no orçamento anual. (Acrescido pela Lei 13.932/2019)

§ 5º As auditorias externas contratadas pelo Comitê a que se refere o § 1º deste artigo não poderão prestar serviços ao agente operador durante a execução dos contratos de auditoria com o FGTS. (Acrescido pela Lei 13.932/2019)

§ 6º O limite de custos e despesas a que se refere o § 3º deste artigo não inclui taxas de risco de crédito e demais custos e despesas devidos ao agente operador e aos agentes financeiros. (Acrescido pela Lei 13.932/2019)

§ 7º O limite de que trata o § 3º deste artigo será, em cada exercício, de até 0,04% (quatro centésimos por cento) do valor dos ativos do FGTS ao final do exercício anterior, e, até a publicação das respectivas demonstrações financeiras, esse limite será calculado a partir de estimativas divulgadas pelo Conselho Curador para o valor dos ativos do FGTS ao final daquele exercício. (Acrescido pela Lei 13.932/2019)

§ 8º A taxa de administração do FGTS devida ao agente operador não será superior a 0,5% (cinco décimos por cento) ao ano do valor total dos ativos do Fundo. (Acrescido pela Lei 13.932/2019)

§ 9º A taxa de administração de que trata a alínea "d" do inciso XIII do *caput* deste artigo não será superior a 0,5% (cinco décimos por cento) ao ano do valor total dos ativos do FI-FGTS. (Acrescido pela Lei 13.932/2019)

Art. 6º Ao gestor da aplicação compete: (Redação dada pela Lei 13.932/2019)

I – praticar todos os atos necessários à gestão da aplicação do Fundo, de acordo com as diretrizes e programas estabelecidos pelo Conselho Curador;

II – expedir atos normativos relativos à alocação dos recursos para implementação dos programas aprovados pelo Conselho Curador;

III – elaborar orçamentos anuais e planos plurianuais de aplicação dos recursos, discriminados por região geográfica, e submetê-los até 31 de julho ao Conselho Curador do FGTS; *(Redação dada pela Lei 14.118/2021)*

IV – acompanhar a execução dos programas de habitação popular, saneamento básico e infraestrutura urbana previstos no orçamento do FGTS e implementados pela CEF, no papel de agente operador; (Redação dada pela Lei 13.932/2019)

V – submeter à apreciação do Conselho Curador as contas do FGTS;

VI – subsidiar o Conselho Curador com estudos técnicos necessários ao aprimoramento operacional dos programas de habitação popular, saneamento básico e infraestrutura urbana;

VII – definir as metas a serem alcançadas nos programas de habitação popular, saneamento básico e infraestrutura urbana.

Art. 6º-A. Caberá ao Ministério da Saúde regulamentar, acompanhar a execução, subsidiar o Conselho Curador com estudos técnicos necessários ao seu aprimoramento operacional e definir as metas a serem alcançadas nas operações de crédito destinadas às entidades hospitalares filantrópicas, bem como a instituições que atuem no campo para pessoas com deficiência, sem fins lucrativos, que participem de forma complementar do Sistema Único de Saúde (SUS). (Redação dada pela Lei 13.832/2019)

Art. 7º. À Caixa Econômica Federal, na qualidade de Agente Operador, cabe:

I – centralizar os recursos do FGTS, manter e controlar as contas vinculadas, e emitir regularmente os extratos individuais correspondentes às contas vinculadas e participar da rede arrecadadora dos recursos do FGTS;

II – expedir atos normativos referentes aos procedimentos administrativo-operacionais dos bancos depositários, dos agentes financeiros, dos empregadores e dos trabalhadores, integrantes do sistema do FGTS;

III - definir procedimentos operacionais necessários à execução dos programas estabelecidos pelo Conselho Curador, com base nas normas e diretrizes de aplicação elaboradas pelo gestor da aplicação; (Redação dada pela Lei 13.932/2019)

IV – elaborar as análises jurídica e econômico-financeira dos projetos de habitação popular, infraestrutura urbana e saneamento básico a serem financiados com recursos do FGTS;

V – emitir Certificado de Regularidade do FGTS;

VI – elaborar as demonstrações financeiras do FGTS, incluídos o Balanço Patrimonial, a Demonstração do Resultado do Exercício e a Demonstração de Fluxo de Caixa, em conformidade com as Normas Contábeis Brasileiras, e encaminhá-las, até 30 de abril do exercício subsequente, ao gestor de aplicação; (Redação dada pela Lei 13.932/2019)

VII – implementar atos emanados do gestor da aplicação relativos à alocação e à aplicação dos recursos do FGTS, de acordo com as diretrizes estabelecidas pelo Conselho Curador; (Redação dada pela Lei 13.932/2019)

VIII – *(VETADO). (Incluído pela Lei nº 9.491, de 1997)*

IX – garantir aos recursos alocados ao FI-FGTS, em cotas de titularidade do FGTS, a remuneração aplicável às contas vinculadas, na forma do *caput* do art. 13 desta Lei. (Incluído pela Lei nº 11.491, de 2007)

X – realizar todas as aplicações com recursos do FGTS por meio de sistemas informatizados e auditáveis; (Acrescido pela Lei 13.932/2019)

XI – colocar à disposição do Conselho Curador, em formato digital, as informações gerenciais que estejam sob gestão do agente operador e que sejam necessárias ao desempenho das atribuições daquele colegiado. (Acrescido pela Lei 13.932/2019)

Parágrafo único. O gestor da aplicação e o agente operador deverão dar pleno cumprimento aos programas anuais em andamento, aprovados pelo Conselho Curador, e eventuais alterações somente poderão ser processadas mediante prévia anuência daquele colegiado. (Redação dada pela Lei 13.932/2019)

Art. 8º O gestor da aplicação, o agente operador e o Conselho Curador do FGTS serão responsáveis pelo fiel cumprimento e observância dos critérios estabelecidos nesta Lei. (Redação dada pela Lei 13.932/2019)

Art. 9º As aplicações com recursos do FGTS serão realizadas exclusivamente segundo critérios fixados pelo Conselho Curador do FGTS e em operações que preencham os seguintes requisitos: (Redação dada pela Lei 13.932/2019)

I – garantias: (Redação dada pela Lei nº 9.467, de 1997)

a) hipotecária; (Incluída pela Lei nº 9.467, de 1997)

b) caução de créditos hipotecários próprios, relativos a financiamentos concedidos com recursos do Agente Financeiro; (Incluída pela Lei nº 9.467, de 1997)

c) caução dos créditos hipotecários vinculados aos imóveis objeto de financiamento; (Incluída pela Lei nº 9.467, de 1997)

d) hipoteca sobre outros imóveis de propriedade do Agente Financeiro, desde que livres e desembaraçados de quaisquer ônus; (Incluída pela Lei nº 9.467, de 1997)

e) cessão de créditos do agente financeiro, derivados de financiamentos concedidos com recursos próprios, garantidos por penhor ou hipoteca; (Incluída pela Lei nº 9.467, de 1997)

f) hipoteca sobre imóvel de propriedade de terceiros; (Incluída pela Lei nº 9.467, de 1997)

g) seguro de crédito; (Incluída pela Lei nº 9.467, de 1997)

h) garantia real ou vinculação de receitas, inclusive tarifárias, nas aplicações contratadas com pessoa jurídica de direito público ou de direito privado a ela vinculada; (Incluída pela Lei nº 9.467, de 1997)

i) aval em nota promissória; (Incluída pela Lei nº 9.467, de 1997)

j) fiança pessoal; (Incluída pela Lei nº 9.467, de 1997)

l) alienação fiduciária de bens móveis em garantia; (Incluída pela Lei nº 9.467, de 1997)

m) fiança bancária; (Incluída pela Lei nº 9.467, de 1997)

n) consignação de recebíveis, exclusivamente para operações de crédito destinadas às entidades hospitalares filantrópicas, bem como a instituições que atuam no campo para pessoas com deficiência, e sem fins lucrativos que participem de forma complementar do Sistema Único de Saúde (SUS), em percentual máximo a ser definido pelo Ministério da Saúde; e (Redação dada pela Lei nº 13.778/2018)

o) outras, a critério do Conselho Curador do FGTS; (Acrescida pela Lei nº 13.778/2018)

II – correção monetária igual à das contas vinculadas;

III – taxa de juros média mínima, por projeto, de 3% a.a. (três por cento ao ano);

IV – prazo máximo de 30 (trinta) anos. (Redação dada pela Lei nº 8.692, de 1993)

§ 1º A rentabilidade média das aplicações deverá ser suficiente à cobertura de todos os custos incorridos pelo Fundo e ainda à formação de reserva técnica para o atendimento de gastos eventuais não previstos, e caberá ao agente operador o risco de crédito. (Redação dada pela Lei 13.932/2019)

§ 2º. Os recursos do FGTS deverão ser aplicados em habitação, em saneamento básico, em infraestrutura urbana e em operações de crédito destinadas às entidades hospitalares filantrópicas, bem como a instituições que atuam no campo para pessoas com deficiência, e sem fins lucrativos que participem de forma complementar do SUS, desde que as disponibilidades financeiras sejam mantidas em volume que satisfaça as condições de liquidez e de remuneração mínima necessária à preservação do poder aquisitivo da moeda. *(Redação dada pela Lei 13.778/2018)*

§ 3º. O programa de aplicações deverá destinar: (Redação dada pela Lei 13.778/2018)

I – no mínimo, 60% (sessenta por cento) para investimentos em habitação popular: e, *(Acrescido pela Lei 13.778/2018)*

II – 5% (cinco por cento)para operações de crédito destinadas às entidades hospitalares filantrópicas, bem como a instituições que atuam no campo para pessoas com deficiência, e sem fins lucrativos que participem de forma complementar do SUS. *(Acrescido pela Lei 13.778/2018)*

§ 3º-A. Os recursos previstos no inciso II do § 3º deste artigo não utilizados pelas entidades hospitalares filantrópicas, bem como pelas instituições que atuam no campo para pessoas com deficiência, e sem fins lucrativos que participem de forma complementar do SUS poderão ser destinados a aplicações em habitação, em saneamento básico e em infraestrutura urbana. *(Acrescido pela Lei 13.778/2018)*

§ 4º. Os projetos de saneamento básico e infraestrutura urbana, financiados com recursos do FGTS, deverão ser complementares aos programas habitacionais.

§ 5º. As garantias, nas diversas modalidades discriminadas no inciso I do *caput* deste artigo, serão admitidas singular ou supletivamente, considerada a suficiência de cobertura para os empréstimos e financiamentos concedidos. (Redação dada pela Lei nº 9.467, de 1997)

§ 6º. Mantida a rentabilidade média de que trata o § 1º, as aplicações em habitação popular poderão contemplar sistemática de desconto, direcionada em função da renda familiar do beneficiário, onde o valor do benefício seja concedido mediante redução no valor das prestações a serem pagas pelo mutuário ou pagamento de parte da aquisição ou construção de imóvel, dentre outras, a critério do Conselho Curador do FGTS. (Incluído pela Medida Provisória nº 2.197-43, de 2001)

§ 6º-A. (VETADO na Lei 13.932/2019)

§ 6º-B. (VETADO na Lei 13.932/2019)

§ 7º. Os recursos necessários para a consecução da sistemática de desconto serão destacados, anualmente, do orçamento de aplicação de recursos do FGTS, constituindo reserva específica, com contabilização própria. (Incluído pela Medida Provisória nº 2.197-43, de 2001)

§ 8º. É da União o risco de crédito nas aplicações efetuadas até 1º de junho de 2001 pelos demais órgãos integrantes do Sistema Financeiro da Habitação – SFH e pelas entidades credenciadas pelo Banco Central do Brasil como agentes financeiros, sub-rogando-se nas garantias prestadas à Caixa Econômica Federal. (Incluído pela Medida Provisória nº 2.196-3, de 2001)

§ 9º. A Caixa Econômica Federal, o Banco do Brasil S.A. e o Banco Nacional de Desenvolvimento Econômico e Social – BNDES poderão atuar como agentes financeiros autorizados para aplicação dos recursos do FGTS em operações de crédito destinadas às entidades hospitalares filantrópicas e sem fins lucrativos que participem de forma complementar do SUS. (Acrescido pela Lei 13.778/2018)

§ 10. Nas operações de crédito destinadas às entidades hospitalares filantrópicas e sem fins lucrativos que participem de forma complementar do SUS, serão observadas as seguintes condições:

I – a taxa de juros efetiva não será superior àquela cobrada para o financiamento habitacional na modalidade pró-cotista ou outra que venha a substituí-la;

II – a tarifa operacional única não será superior a cinco décimos por cento do valor da operação; e

III – o risco das operações de crédito ficará a cargo dos agentes financeiros de que trata o § 9º. *(Acrescido pela Lei 13.778/2018)*

§ 11. As entidades hospitalares filantrópicas, bem como a instituições que atuam no campo para pessoas com deficiência, e sem fins lucrativos que participem de forma complementar do SUS deverão, para contratar operações de crédito com recursos do FGTS, atender ao disposto nos incisos II e III do *caput* do art. 4º da Lei nº 12.101, de 27 de novembro de 2009. *(Acrescido pela Lei 13.778/2018)*

Art. 9º-A. O risco das operações de crédito de que trata o § 10 do art. 9º desta Lei ficará a cargo dos agentes financeiros referidos no § 9º do art. 9º desta Lei, hipótese em que o Conselho Curador poderá definir o percentual da taxa de risco, limitado a 3% (três por cento), a ser acrescido à taxa de juros de que trata o inciso I do § 10 do art. 9º desta Lei. (Incluído pela Lei nº 13.832, de 2019)

Art. 9º-B. As garantias de que trata o inciso I do *caput* do art. 9º desta Lei podem ser exigidas isolada ou cumulativamente. (Incluído pela Lei nº 13.832, de 2019)

Art. 9º-C. As aplicações do FGTS em operações de crédito destinadas às entidades hospitalares filantrópicas, bem como a instituições que atuem no campo para pessoas com deficiência, sem fins lucrativos e que participem de forma complementar do SUS, ocorrerão até o final do exercício de 2022. (Incluído pela Lei nº 13.832, de 2019)

Art. 10. O Conselho Curador fixará diretrizes e estabelecerá critérios técnicos para as aplicações dos recursos do FGTS, visando:

I – exigir a participação dos contratantes de financiamentos nos investimentos a serem realizados;

II – assegurar o cumprimento, por parte dos contratantes inadimplentes, das obrigações decorrentes dos financiamentos obtidos;

III – evitar distorções na aplicação entre as regiões do País, considerando para tanto a demanda habitacional, a população e outros indicadores sociais.

Art. 11. Os depósitos feitos na rede bancária, a partir de 1º de outubro de 1989, relativos ao FGTS, serão transferidos à Caixa Econômica Federal no segundo dia útil subsequente à data em que tenham sido efetuados.

Art. 12. No prazo de 1 (um) ano, a contar da promulgação desta Lei, a Caixa Econômica Federal assumirá o controle de todas as contas vinculadas, nos termos do item I do art. 7º, passando os demais estabelecimentos bancários, findo esse prazo, à condição de agentes recebedores e pagadores do FGTS, mediante recebimento de tarifa, a ser fixada pelo Conselho Curador.

§ 1º. Enquanto não ocorrer a centralização prevista no *caput* deste artigo, o depósito efetuado no decorrer do mês será contabilizado no saldo da conta vinculada do trabalhador, no primeiro dia útil do mês subsequente.

§ 2º. Até que a Caixa Econômica Federal implemente as disposições do *caput* deste artigo, as contas vinculadas continuarão sendo abertas em estabelecimento bancário escolhido pelo empregador, dentre os para tanto autorizados pelo Banco Central do Brasil, em nome do trabalhador.

§ 3º. Verificando-se mudança de emprego, até que venha a ser implementada a centralização no *caput* deste artigo, a conta vinculada será transferida para o estabelecimento bancário da escolha do novo empregador.

§ 4º. Os resultados financeiros auferidos pela Caixa Econômica Federal no período entre o repasse dos bancos e o depósito nas contas vinculadas dos trabalhadores destinar-se-ão à cobertura das despesas de administração do FGTS e ao pagamento da tarifa aos bancos depositários, devendo os eventuais saldos ser incorporados ao patrimônio do Fundo nos termos do art. 2º, § 1º.

§ 5º. Após a centralização das contas vinculadas, na Caixa Econômica Federal, o depósito realizado no prazo regulamentar passa a integrar o saldo da conta vinculada do trabalhador a partir do dia 10 (dez) do mês de sua ocorrência. O depósito realizado fora do prazo será contabilizado no saldo no dia 10 (dez) subsequente após atualização monetária e capitalização de juros.

Art. 13. Os depósitos efetuados nas contas vinculadas serão corrigidos monetariamente com base nos parâmetros fixados para atualização dos saldos dos depósitos de poupança e capitalizarão juros de 3% a.a. (três por cento ao ano).

§ 1º. Até que ocorra a centralização prevista no item I do art. 7º, a atualização monetária e a capitalização de juros correrão à conta do Fundo e o respectivo crédito será efetuado na conta vinculada no primeiro dia útil de cada mês, com base no saldo existente no primeiro dia útil do mês anterior, deduzidos os saques ocorridos no período.

§ 2º. Após a centralização das contas vinculadas, na Caixa Econômica Federal, a atualização monetária e a capitalização de juros correrão à conta do Fundo e o respectivo crédito será efetuado na conta vinculada, no dia 10 (dez) de cada mês, com base no saldo existente no dia 10 (dez) do mês anterior ou no primeiro dia útil subsequente, caso o dia 10 (dez) seja feriado bancário, deduzidos os saques ocorridos no período.

§ 3º. Para as contas vinculadas dos trabalhadores optantes existentes à data de 22 de setembro de 1971, a capitalização dos juros dos depósitos continuará a ser feita na seguinte progressão, salvo no caso de mudança de empresa, quando a capitalização dos juros passará a ser feita à taxa de 3% a.a. (três por cento ao ano):

I – 3% (três por cento), durante os dois primeiros anos de permanência na mesma empresa;

II – 4% (quatro por cento), do terceiro ao quinto ano de permanência na mesma empresa;

III – 5% (cinco por cento), do sexto ao décimo ano de permanência na mesma empresa;

IV – 6% (seis por cento), a partir do décimo primeiro ano de permanência na mesma empresa.

§ 4º. O saldo das contas vinculadas é garantido pelo Governo Federal, podendo ser instituído seguro especial para esse fim.

§ 5º. O Conselho Curador autorizará a distribuição de parte do resultado positivo auferido pelo FGTS, mediante crédito nas contas vinculadas de titularidade dos trabalhadores, observadas as seguintes condições, entre outras a seu critério: (Incluído pela Lei nº 13.446, de 2017)

I - a distribuição alcançará todas as contas vinculadas que apresentarem saldo positivo em 31 de dezembro do exercício-base do resultado auferido, inclusive as contas vinculadas de que trata o art. 21 desta Lei; (Incluído pela Lei nº 13.446, de 2017)

II - a distribuição será proporcional ao saldo de cada conta vinculada em 31 de dezembro do exercício-base e deverá ocorrer até 31 de agosto do ano seguinte ao exercício de apuração do resultado; e (Incluído pela Lei nº 13.446, de 2017)

III - (Revogado pela Lei 13.932/2019)

§ 6º. O valor de distribuição do resultado auferido será calculado posteriormente ao valor desembolsado com o desconto realizado no âmbito do Programa Minha Casa, Minha Vida (PMCMV), de que trata a Lei nº 11.977, de 7 de julho de 2009. (Incluído pela Lei nº 13.446, de 2017)

§ 7º. O valor creditado nas contas vinculadas a título de distribuição de resultado, acrescido de juros e atualização monetária, não integrará a base de cálculo do depósito da multa rescisória de que tratam os §§ 1º e 2º do art. 18 desta Lei. (Incluído pela Lei nº 13.446, de 2017)

Art. 14. Fica ressalvado o direito adquirido dos trabalhadores que, à data da promulgação da Constituição Federal de 1988, já tinham o direito à estabilidade no emprego nos termos do Capítulo V do Título IV da CLT.

§ 1º. O tempo do trabalhador não optante do FGTS, anterior a 5 de outubro de 1988, em caso de rescisão sem justa causa pelo empregador, reger-se-á pelos dispositivos constantes dos arts. 477, 478 e 497 da CLT.

§ 2º. O tempo de serviço anterior à atual Constituição poderá ser transacionado entre empregador e empregado, respeitado o limite mínimo de 60% (sessenta por cento) da indenização prevista.

§ 3º. É facultado ao empregador desobrigar-se da responsabilidade da indenização relativa ao tempo de serviço anterior à opção, depositando na conta vinculada do trabalhador, até o último dia útil do mês previsto em lei para o pagamento de salário, o valor correspondente à indenização, aplicando-se ao depósito, no que couber, todas as disposições desta Lei.

§ 4º. Os trabalhadores poderão a qualquer momento optar pelo FGTS com efeito retroativo a 1º de janeiro de 1967 ou à data de sua admissão, quando posterior àquela.

Art. 15. Para os fins previstos nesta Lei, todos os empregadores ficam obrigados a depositar, até o dia 7 (sete) de cada mês, em conta bancária vinculada, a importância correspondente a 8% (oito por cento) da remuneração paga ou devida, no mês anterior, a cada trabalhador, incluídas na remuneração as parcelas de que tratam os arts. 457 e 458 da CLT e a gratificação de Natal a que se refere a Lei nº 4.090, de 13 de julho de 1962, com as modificações da Lei nº 4.749, de 12 de agosto de 1965.

§ 1º. Entende-se por empregador a pessoa física ou a pessoa jurídica de direito privado ou de direito público, da administração pública direta, indireta ou fundacional de qualquer dos Poderes, da União, dos Estados, do Distrito Federal e dos Municípios, que admitir trabalhadores a seu serviço, bem assim aquele que, regido por legislação especial, encontrar-se nessa condição ou figurar como fornecedor ou tomador de mão-de-obra, independente da responsabilidade solidária e/ou subsidiária a que eventualmente venha obrigar-se.

§ 2º. Considera-se trabalhador toda pessoa física que prestar serviços a empregador, a locador ou tomador de mão de obra, excluídos os eventuais, os autônomos e os servidores públicos civis e militares sujeitos a regime jurídico próprio.

§ 3º. Os trabalhadores domésticos poderão ter acesso ao regime do FGTS, na forma que vier a ser prevista em Lei.

§ 4º. Considera-se remuneração as retiradas de diretores não empregados, quando haja deliberação da empresa, garantindo-lhes os direitos decorrentes do contrato de trabalho de que trata o art. 16. (Incluído pela Lei nº 9.711, de 1998)

§ 5º. O depósito de que trata o *caput* deste artigo é obrigatório nos casos de afastamento para prestação do serviço militar obrigatório e licença por acidente do trabalho. (Incluído pela Lei nº 9.711, de 1998)

§ 6º. Não se incluem na remuneração, para os fins desta Lei, as parcelas elencadas no § 9º do art. 28 da Lei nº 8.212, de 24 de julho de 1991. (Incluído pela Lei nº 9.711, de 1998)

§ 7º. Os contratos de aprendizagem terão a alíquota a que se refere o *caput* deste artigo reduzida para 2% (dois por cento). (Incluído pela Lei nº 10.097, de 2000)

Art. 16. Para efeito desta Lei, as empresas sujeitas ao regime da legislação trabalhista poderão equiparar seus diretores não empregados aos demais trabalhadores sujeitos ao regime do FGTS. Considera-se diretor aquele que exerça cargo de administração previsto em Lei, estatuto ou contrato social, independente da denominação do cargo.

Art. 17. O Poder Executivo assegurará a prestação de serviços digitais: (Redação dada pela Lei 13.932/2019)

I - aos trabalhadores, que incluam a prestação de informações sobre seus créditos perante o Fundo e o acionamento imediato da inspeção do trabalho em caso de inadimplemento do empregador, de forma que seja possível acompanhar a evolução de eventuais cobranças administrativas e judiciais dos valores não recolhidos; (Acrescido pela Lei 13.932/2019)

II - aos empregadores, que facilitem e desburocratizem o cumprimento de suas obrigações perante o Fundo, incluídos a geração de guias, o parcelamento de débitos, a emissão sem ônus do Certificado de Regularidade do FGTS e a realização de procedimentos de restituição e compensação. (Acrescido pela Lei 13.932/2019)

Parágrafo único. O desenvolvimento, a manutenção e a evolução dos sistemas e ferramentas necessários à prestação dos serviços a que se refere o *caput* deste artigo serão custeados com recursos do FGTS. (Acrescido pela Lei 13.932/2019)

Art. 17-A. O empregador ou o responsável fica obrigado a elaborar folha de pagamento e a declarar os dados relacionados aos valores do FGTS e outras informações de interesse do Ministério da Economia, por meio de sistema de escrituração digital, na forma, no prazo e nas condições estabelecidos em regulamento do Conselho Curador. (Acrescido pela Lei 13.932/2019)

§ 1º As informações prestadas na forma do *caput* deste artigo constituem declaração e reconhecimento dos créditos delas decorrentes, caracterizam confissão de débito e constituem instrumento hábil e suficiente para a cobrança do crédito de FGTS. (Acrescido pela Lei 13.932/2019)

§ 2º O lançamento da obrigação principal e das obrigações acessórias relativas ao FGTS será efetuado de ofício pela autoridade competente, no caso de o empregador não apresentar a declaração na forma do *caput* deste artigo, e será revisto de ofício, nas hipóteses de omissão, erro, fraude ou sonegação. (Redação dada pela Lei 13.932/2019)

Art. 18. Ocorrendo rescisão do contrato de trabalho, por parte do empregador, ficará este obrigado a depositar na conta vinculada do trabalhador no FGTS os valores relativos aos depósitos referentes ao mês da rescisão e ao imediatamente anterior, que ainda não houver sido recolhido, sem prejuízo das cominações legais. (Redação dada pela Lei nº 9.491, de 1997)

§ 1º. Na hipótese de despedida pelo empregador sem justa causa, depositará este, na conta vinculada do trabalhador no FGTS importância igual a 40% (quarenta por cento) do montante de todos os depósitos realizados na conta vinculada durante a vigência do contrato de trabalho, atualizados monetariamente e acrescidos dos respectivos juros. (Redação dada pela Lei nº 9.491, de 1997)

§ 2º. Quando ocorrer despedida por culpa recíproca ou força maior, reconhecida pela Justiça do Trabalho, o percentual de que trata o § 1º será de 20% (vinte por cento).

§ 3º. As importâncias de que trata este artigo deverão constar da documentação comprobatória do recolhimento dos valores devidos a título de rescisão do contrato de trabalho, observado o disposto no art. 477 da CLT, eximindo o empregador, exclusivamente, quanto aos valores discriminados. (Redação dada pela Lei nº 9.491, de 1997)

Art. 19. No caso de extinção do contrato de trabalho prevista no art. 14 desta Lei, serão observados os seguintes critérios:

I – havendo indenização a ser paga, o empregador, mediante comprovação do pagamento daquela, poderá sacar o saldo dos valores por ele depositados na conta individualizada do trabalhador;

II – não havendo indenização a ser paga, ou decorrido o prazo prescricional para a reclamação de direitos por parte do trabalhador, o empregador poderá levantar em seu favor o saldo da respectiva conta individualizada, mediante comprovação perante o órgão competente do Ministério do Trabalho e da Previdência Social.

Art. 19-A. É devido o depósito do FGTS na conta vinculada do trabalhador cujo contrato de trabalho seja declarado nulo nas hipóteses previstas no art. 37, § 2º, da Constituição Federal, quando mantido o direito ao salário. (Incluído pela Medida Provisória nº 2.164-41, de 2001)

Parágrafo único. O saldo existente em conta vinculada, oriundo de contrato declarado nulo até 28 de julho de 2001, nas condições do *caput*, que não tenha sido levantado até essa data, será liberado ao trabalhador a partir do mês de agosto de 2002. (Incluído pela Medida Provisória nº 2.164-41, de 2001)

Art. 20. A conta vinculada do trabalhador no FGTS poderá ser movimentada nas seguintes situações:

I – despedida sem justa causa, inclusive a indireta, de culpa recíproca e de força maior; (Redação dada pela Medida Provisória nº 2.197-43, de 2001)

I-A - extinção do contrato de trabalho prevista no art. 484-A da Consolidação das Leis do Trabalho (CLT), aprovada pelo Decreto- Lei nº 5.452, de 1º de maio de 1943; (Incluída pela Lei nº 13.467, de 2017)

II – extinção total da empresa, fechamento de quaisquer de seus estabelecimentos, filiais ou agências, supressão de parte de suas atividades, declaração de nulidade do contrato de trabalho nas condições do art. 19-A, ou ainda falecimento do empregador individual sempre que qualquer dessas ocorrências implique rescisão de contrato de trabalho, comprovada por declaração escrita da empresa, suprida, quando for o caso, por decisão judicial transitada em julgado; (Redação dada pela Medida Provisória nº 2.164-41, de 2001)

III – aposentadoria concedida pela Previdência Social;

IV – falecimento do trabalhador, sendo o saldo pago a seus dependentes, para esse fim habilitados perante a Previdência Social, segundo o critério adotado para a concessão de pensões por morte. Na falta de dependentes, farão jus ao recebimento do saldo da conta vinculada os seus sucessores previstos na lei civil, indicados em alvará judicial, expedido a requerimento do interessado, independente de inventário ou arrolamento;

V – pagamento de parte das prestações decorrentes de financiamento habitacional concedido no âmbito do Sistema Financeiro da Habitação (SFH), desde que:

a) o mutuário conte com o mínimo de 3 (três) anos de trabalho sob o regime do FGTS, na mesma empresa ou em empresas diferentes;

b) o valor bloqueado seja utilizado, no mínimo, durante o prazo de 12 (doze) meses;

c) o valor do abatimento atinja, no máximo, 80% (oitenta por cento) do montante da prestação;

VI – liquidação ou amortização extraordinária do saldo devedor de financiamento imobiliário, observadas as condições estabelecidas pelo Conselho Curador, dentre elas a de que o financiamento seja concedido no âmbito do SFH e haja interstício mínimo de 2 (dois) anos para cada movimentação;

VII – pagamento total ou parcial do preço de aquisição de moradia própria, ou lote urbanizado de interesse social não construído, observadas as seguintes condições: (Redação dada pela Lei nº 11.977, de 2009)

a) o mutuário deverá contar com o mínimo de 3 (três) anos de trabalho sob o regime do FGTS, na mesma empresa ou empresas diferentes;

b) seja a operação financiável nas condições vigentes para o SFH;

VIII - quando o trabalhador permanecer três anos ininterruptos fora do regime do FGTS; (Redação dada pela Lei 13.932/2019)

IX – extinção normal do contrato a termo, inclusive o dos trabalhadores temporários regidos pela Lei nº 6.019, de 3 de janeiro de 1974;

X – suspensão total do trabalho avulso por período igual ou superior a 90 (noventa) dias, comprovada por declaração do sindicato representativo da categoria profissional;

XI – quando o trabalhador ou qualquer de seus dependentes for acometido de neoplasia maligna; (Incluído pela Lei nº 8.922, de 1994)

XII – aplicação em quotas de Fundos Mútuos de Privatização, regidos pela Lei nº 6.385, de 7 de dezembro de 1976, permitida a utilização máxima de 50% (cinquenta por cento) do saldo existente e disponível em sua conta vinculada do Fundo de Garantia do Tempo de Serviço, na data em que exercer a opção. (Incluído pela Lei nº 9.491, de 1997)

- Decreto 2.430/1997 – Regulamenta o art. 31 da Lei 9.491/1997, que altera procedimentos relativos ao Programa Nacional de Desestatização.

XIII – quando o trabalhador ou qualquer de seus dependentes for portador do vírus HIV; (Incluído pela Medida Provisória nº 2.164-41, de 2001)

XIV – quando o trabalhador ou qualquer de seus dependentes estiver em estágio terminal, em razão de doença grave, nos termos do regulamento; (Incluído pela Medida Provisória nº 2.164-41, de 2001)

XV – quando o trabalhador tiver idade igual ou superior a 70 (setenta) anos. (Incluído pela Medida Provisória nº 2.164-41, de 2001)

XVI – necessidade pessoal, cuja urgência e gravidade decorra de desastre natural, conforme disposto em regulamento, observadas as seguintes condições: (Incluído pela Lei nº 10.878, de 2004)

- Decreto 5.113/2004 – Regulamenta o art. 20, XVI da Lei 8.036/1990.

a) o trabalhador deverá ser residente em áreas comprovadamente atingidas de Município ou do Distrito Federal em situação de emergência ou em estado de calamidade pública, formalmente reconhecidos pelo Governo Federal; (Incluído pela Lei nº 10.878, de 2004)

b) a solicitação de movimentação da conta vinculada será admitida até 90 (noventa) dias após a publicação do ato de reconhecimento, pelo Governo Federal, da situação de emergência ou de estado de calamidade pública; e (Incluído pela Lei nº 10.878, de 2004)

c) o valor máximo do saque da conta vinculada será definido na forma do regulamento. (Incluído pela Lei nº 10.878, de 2004)

XVII – integralização de cotas do FI-FGTS, respeitado o disposto na alínea *i* do inciso XIII do art. 5º desta Lei, permitida a utilização máxima de 30% (trinta por cento) do saldo existente e disponível na data em que exercer a opção. (Redação dada pela Lei nº 12.087, de 2009)

XVIII – quando o trabalhador com deficiência, por prescrição, necessite adquirir órtese ou prótese para promoção de acessibilidade e de inclusão social. (Incluído pela Lei nº 13.146, de 2015)

XIX - pagamento total ou parcial do preço de aquisição de imóveis da União inscritos em regime de ocupação ou aforamento, a que se referem o art. 4º da Lei nº 13.240, de 30 de dezembro de 2015, e o art. 16-A da Lei nº 9.636, de 15 de maio de 1998, respectivamente, observadas as seguintes condições: (Incluído pela Lei nº 13.465, de 2017)

a) o mutuário deverá contar com o mínimo de três anos de trabalho sob o regime do FGTS, na mesma empresa ou em empresas diferentes; (Incluído pela Lei nº 13.465, de 2017)

b) seja a operação financiável nas condições vigentes para o Sistema Financeiro da Habitação (SFH) ou ainda por intermédio de parcelamento efetuado pela Secretaria do Patrimônio da União (SPU), mediante a contratação da Caixa Econômica Federal como agente financeiro dos contratos de parcelamento; (Incluído pela Lei nº 13.465, de 2017)

c) sejam observadas as demais regras e condições estabelecidas para uso do FGTS. (Incluído pela Lei nº 13.465, de 2017)

XX – anualmente, no mês de aniversário do trabalhador, por meio da aplicação dos valores constantes do Anexo desta Lei, observado o disposto no art. 20-D desta Lei; (Acrescido pela Lei 13.932/2019)

XXI – a qualquer tempo, quando seu saldo for inferior a R$ 80,00 (oitenta reais) e não houver ocorrido depósitos ou saques por, no mínimo, 1 (um) ano, exceto na hipótese prevista no inciso I do § 5º do art. 13 desta Lei; (Acrescido pela Lei 13.932/2019)

XXII – quando o trabalhador ou qualquer de seus dependentes for, nos termos do regulamento, pessoa com doença rara, consideradas doenças raras aquelas assim reconhecidas pelo Ministério da Saúde, que apresentará, em seu sítio na internet, a relação atualizada dessas doenças. (Acrescido pela Lei 13.932/2019)

§ 1º. A regulamentação das situações previstas nos incisos I e II assegurar que a retirada a que faz jus o trabalhador corresponda aos depósitos efetuados na conta vinculada durante o período de vigência do último contrato de trabalho, acrescida de juros e atualização monetária, deduzidos os saques.

§ 2º. O Conselho Curador disciplinará o disposto no inciso V, visando a beneficiar os trabalhadores de baixa renda e preservar o equilíbrio financeiro do FGTS.

§ 3º. O direito de adquirir moradia com recursos de FGTS, pelo trabalhador, só poderá ser exercido para um único imóvel.

§ 4º. O imóvel objeto de utilização do FGTS somente poderá ser objeto de outra transação com recursos do fundo, na forma que vier a ser regulamentada pelo Conselho Curador.

§ 5º. O pagamento da retirada, após o período previsto em regulamento, implicará atualização monetária dos valores devidos.

§ 6º. Os recursos aplicados em cotas de fundos Mútuos de Privatização, referidos no inciso XII, serão destinados, nas condições aprovadas pelo CND, a aquisições de valores mobiliários, no âmbito do Programa Nacional de Desestatização, de que trata a Lei no 9.491, de 1997, e de programas estaduais de desestatização, desde que, em ambos os casos, tais destinações sejam aprovadas pelo CND. (Redação dada pela Lei nº 9.635, de 1998)

§ 7º. Ressalvadas as alienações decorrentes das hipóteses de que trata o § 8º, os valores mobiliários a que se refere o parágrafo anterior só poderão ser integralmente vendidos, pelos respectivos Fundos, 6 (seis) meses após a sua aquisição, podendo ser alienada em prazo inferior parcela equivalente a 10% (dez por cento) do valor adquirido, autorizada a livre aplicação do produto dessa alienação, nos termos da Lei nº 6.385, de 7 de dezembro de 1976. (Redação dada pela Lei nº 9.635, de 1998)

§ 8º. As aplicações em Fundos Mútuos de Privatização e no FI-FGTS são nominativas, impenhoráveis e, salvo as hipóteses previstas nos incisos I a XI e XIII a XVI do *caput* deste artigo, indisponíveis por seus titulares. (Redação dada pela Lei nº 11.491, de 2007)

§ 9º. Decorrido o prazo mínimo de 12 (doze) meses, contados da efetiva transferência das quotas para os Fundos Mútuos de Privatização, os titulares poderão optar pelo retorno para sua conta vinculada no Fundo de Garantia do Tempo de Serviço. (Incluído pela Lei nº 9.491, de 1997)

§ 10. A cada período de 6 (seis) meses, os titulares das aplicações em Fundos Mútuos de Privatização poderão transferi-las para outro fundo de mesma natureza. (Incluído pela Lei nº 9.491, de 1997)

§ 11. O montante das aplicações de que trata o § 6º deste artigo ficará limitado ao valor dos créditos contra o Tesouro Nacional de que seja titular o Fundo de Garantia do Tempo de Serviço. (Incluído pela Lei nº 9.491, de 1997)

§ 12. Desde que preservada a participação individual dos quotistas, será permitida a constituição de clubes de investimento, visando a aplicação em quotas de Fundos Mútuos de Privatização. (Incluído pela Lei nº 9.491, de 1997)

§ 13. A garantia a que alude o § 4º do art. 13 desta Lei não compreende as aplicações a que se referem os incisos XII e XVII do *caput* deste artigo. (Redação dada pela Lei nº 11.491, de 2007)

§ 14. Ficam isentos do imposto de renda: (Redação dada pela Lei nº 11.491, de 2007)

I – a parcela dos ganhos nos Fundos Mútuos de Privatização até o limite da remuneração das contas vinculadas de que trata o art. 13 desta Lei, no mesmo período; e (Incluído pela Lei nº 11.491, de 2007)

II – os ganhos do FI-FGTS e do Fundo de Investimento em Cotas – FIC, de que trata o § 19 deste artigo. (Incluído pela Lei nº 11.491, de 2007)

§ 15. A transferência de recursos da conta do titular no Fundo de Garantia do Tempo de Serviço em razão da aquisição de ações, nos termos do inciso XII do *caput* deste artigo, ou de cotas do FI-FGTS não afetará a base de cálculo da multa rescisória de que tratam os §§ 1º e 2º do art. 18 desta Lei. (Redação dada pela Lei nº 11.491, de 2007)

§ 16. Os clubes de investimento a que se refere o § 12 poderão resgatar, durante os 6 (seis) primeiros meses da sua constituição, parcela equivalente a 5% (cinco por cento) das quotas adquiridas, para atendimento de seus desembolsos, autorizada a livre aplicação do produto dessa venda, nos termos da Lei nº 6.385, de 7 de dezembro de 1976. (Incluído pela Lei nº 9.635, de 1998)

§ 17. Fica vedada a movimentação da conta vinculada do FGTS nas modalidades previstas nos incisos V, VI e VII deste artigo, nas operações firmadas, a partir de 25 de junho de 1998, no caso em que o adquirente já seja proprietário ou promitente comprador de imóvel localizado no município onde resida, bem como no caso em que o adquirente já detenha, em qualquer parte do País, pelo menos um financiamento nas condições do SFH. (Incluído pela Medida Provisória nº 2.197-43, de 2001)

§ 18. É indispensável o comparecimento pessoal do titular da conta vinculada para o pagamento da retirada nas hipóteses previstas nos incisos I, II, III, VIII, IX e X deste artigo, salvo em caso de grave moléstia comprovada por perícia médica, quando será paga a procurador especialmente constituído para esse fim. (Incluído pela Medida Provisória nº 2.197-43, de 2001)

§ 19. A integralização das cotas previstas no inciso XVII do *caput* deste artigo será realizada por meio de Fundo de Investimento em Cotas – FIC, constituído pela Caixa Econômica Federal especificamente para essa finalidade. (Incluído pela Lei nº 11.491, de 2007)

§ 20. A Comissão de Valores Mobiliários estabelecerá os requisitos para a integralização das cotas referidas no § 19 deste artigo, devendo condicioná-la pelo menos ao atendimento das seguintes exigências: (Incluído pela Lei nº 11.491, de 2007)

I – elaboração e entrega de prospecto ao trabalhador; e (Incluído pela Lei nº 11.491, de 2007)

II – declaração por escrito, individual e específica, pelo trabalhador, de sua ciência quanto aos riscos do investimento que está realizando. (Incluído pela Lei nº 11.491, de 2007)

§ 21. As movimentações autorizadas nos incisos V e VI do *caput* serão estendidas aos contratos de participação de grupo de consórcio para aquisição de imóvel residencial, cujo bem já tenha sido adquirido pelo consorciado, na forma a ser regulamentada pelo Conselho Curador do FGTS. (Incluído pela Lei nº 12.058, de 2009)

§ 22. Na movimentação das contas vinculadas a contrato de trabalho extinto até 31 de dezembro de 2015, ficam isentas as exigências de que trata o inciso VIII do *caput* deste artigo, podendo o saque, nesta hipótese, ser efetuado segundo cronograma de atendimento estabelecido pelo agente operador do FGTS. (Incluído pela Lei nº 13.446, de 2017)

§ 23. As movimentações das contas vinculadas nas situações previstas nos incisos V, VI e VII do *caput* deste artigo poderão ser realizadas fora do âmbito do SFH, observados os mesmos limites financeiros das operações realizadas no âmbito desse sistema, no que se refere ao valor máximo de movimentação da conta vinculada, e os limites, critérios e condições estabelecidos pelo Conselho Curador. (Redação dada pela Lei 13.932/2019)

§ 24. O trabalhador poderá sacar os valores decorrentes da situação de movimentação de que trata o inciso XX do *caput* deste artigo até o último dia útil do segundo mês subsequente ao da aquisição do direito de saque. (Redação dada pela Lei 13.932/201

§ 25. O agente operador deverá oferecer, nos termos do regulamento do Conselho Curador, em plataformas de interação com o titular da conta, inclusive por meio de dispositivos móveis, opções para consulta e transferência, a critério do trabalhador, para conta de depósitos de sua titularidade em qualquer instituição financeira do Sistema Financeiro Nacional, dos recursos disponíveis para movimentação em decorrência das situações previstas neste artigo, cabendo ao agente operador estabelecer os procedimentos operacionais a serem observados. (Redação dada pela Lei 13.932/2019)

§ 26. As transferências de que trata o § 25 deste artigo não acarretarão a cobrança de tarifas pelo agente operador ou pelas demais instituições financeiras. (Acrescido pela Lei 13.932/2019)

Art. 20-A. O titular de contas vinculadas do FGTS estará sujeito a somente uma das seguintes sistemáticas de saque: (Artigo acrescido pela Lei 13.932/2019)

I – saque-rescisão; ou

II – saque-aniversário.

§ 1º Todas as contas do mesmo titular estarão sujeitas à mesma sistemática de saque.

§ 2º São aplicáveis às sistemáticas de saque de que trata o *caput* as seguintes hipóteses de movimentação de conta:

I – para o saque-rescisão – aquelas previstas no art. 20, exceto quanto àquela prevista em seu inciso XX; e

II – para o saque-aniversário – aquelas previstas no art. 20, exceto quanto àquelas previstas em seus incisos I, I-A, II, IX e X.

Art. 20-B. O titular de contas vinculadas do FGTS estará sujeito originalmente à sistemática de saque-rescisão a que se refere o inciso I *caput* do art. 20-A e poderá optar por alterá-la, observado o disposto no art. 20-C. (Artigo acrescido pela Lei 13.932/2019)

Art. 20-C. A primeira opção pela sistemática de saque-aniversário poderá ser feita a qualquer tempo e terá efeitos imediatos. (Artigo com redação dada pela Lei 13.932/2019)

§ 1º Caso o titular solicite novas alterações de sistemática será observado o seguinte:

I - a alteração será efetivada no primeiro dia do vigésimo quinto mês subsequente ao da solicitação, desde que não haja cessão ou alienação de direitos futuros aos saques anuais de que trata o § 3º do art. 20-D desta Lei;

II - a solicitação poderá ser cancelada pelo titular antes da sua efetivação; e

III - na hipótese de cancelamento, a nova solicitação estará sujeita ao disposto no inciso I do *caput* deste artigo.

§ 2º Para fins do disposto no § 2º do art. 20-A desta Lei, as situações de movimentação obedecerão à sistemática a que o titular estiver sujeito no momento dos eventos que as ensejarem.

Art. 20-D. Na situação de movimentação de que trata o inciso XX do *caput* do art. 20 desta Lei, o valor do saque será determinado: (Artigo com redação dada pela Lei 13.932/2019)

I - pela aplicação da alíquota correspondente, estabelecida no Anexo desta Lei, à soma de todos os saldos das contas vinculadas do titular, apurados na data do débito; e

II - pelo acréscimo da parcela adicional correspondente, estabelecida no Anexo desta Lei, ao valor apurado de acordo com o disposto no inciso I do *caput* deste artigo.

§ 1º Na hipótese de o titular possuir mais de uma conta vinculada, o saque de que trata este artigo será feito na seguinte ordem:

I - contas vinculadas relativas a contratos de trabalho extintos, com início pela conta que tiver o menor saldo; e

II - demais contas vinculadas, com início pela conta que tiver o menor saldo.

§ 2º O Poder Executivo federal, respeitada a alíquota mínima de 5% (cinco por cento), poderá alterar, até o dia 30 de junho de cada ano, os valores das faixas, das alíquotas e das parcelas adicionais constantes do Anexo desta Lei para vigência no primeiro dia do ano subsequente.

§ 3º A critério do titular da conta vinculada do FGTS, os direitos aos saques anuais de que trata o *caput* deste artigo poderão ser objeto de alienação ou cessão fiduciária, nos termos do art. 66-B da Lei nº 4.728, de 14 de julho de 1965, em favor de qualquer instituição financeira do Sistema Financeiro Nacional, sujeitas as taxas de juros praticadas nessas operações aos limites estipulados pelo Conselho Curador, os quais serão inferiores aos limites de taxas de juros estipulados para os empréstimos consignados dos servidores públicos federais do Poder Executivo.

§ 4º O Conselho Curador poderá regulamentar o disposto no § 3º deste artigo, com vistas ao cumprimento das obrigações financeiras de seu titular, inclusive quanto ao:

I - bloqueio de percentual do saldo total existente nas contas vinculadas;

II - impedimento da efetivação da opção pela sistemática de saque-rescisão prevista no inciso I do § 1º do art. 20-C desta Lei; e

III - saque em favor do credor.

§ 5º As situações de movimentação de que trata o § 2º do art. 20-A desta Lei serão efetuadas com observância ao limite decorrente do bloqueio referido no § 4º deste artigo.

§ 6º A vedação prevista no § 2º do art. 2º desta Lei não se aplica às disposições dos §§ 3º, 4º e 5º deste artigo.

§ 7º Na hipótese de despedida sem justa causa, o trabalhador que optar pela sistemática saque-aniversário também fará jus à movimentação da multa rescisória de que tratam os §§ 1º e 2º do art. 18 desta Lei.

Art. 21. Os saldos das contas não individualizadas e das contas vinculadas que se conservem ininterruptamente sem créditos de depósitos por mais de 5 (cinco) anos, a partir de 1º de junho de 1990, em razão de o seu titular ter estado fora do regime do FGTS, serão incorporados ao patrimônio do fundo, resguardado o direito do beneficiário reclamar, a qualquer tempo, a reposição do valor transferido. (Redação dada pela Lei nº 8.678, de 1993)

Parágrafo único. O valor, quando reclamado, será pago ao trabalhador acrescido da remuneração prevista no § 2º do art. 13 desta Lei. (Incluído pela Lei nº 8.678, de 1993)

Art. 22. O empregador que não realizar os depósitos previstos nesta Lei, no prazo fixado no art. 15, responderá pela incidência da Taxa Referencial – TR sobre a importância correspondente. (Redação dada pela Lei nº 9.964, de 2000)

§ 1º. Sobre o valor dos depósitos, acrescidos da TR, incidirão, ainda, juros de mora de 0,5% a.m. (meio por cento ao mês) ou fração e multa, sujeitando-se, também, às obrigações e sanções previstas no Decreto-Lei nº 368, de 19 de dezembro de 1968. (Redação dada pela Lei nº 9.964, de 2000)

§ 2º. A incidência da TR de que trata o *caput* deste artigo será cobrada por dia de atraso, tomando-se por base o índice de atualização das contas vinculadas do FGTS. (Redação dada pela Lei nº 9.964, de 2000)

§ 2º-A. A multa referida no § 1º deste artigo será cobrada nas condições que se seguem: (Incluído pela Lei nº 9.964, de 2000)

I – 5% (cinco por cento) no mês de vencimento da obrigação; (Incluído pela Lei nº 9.964, de 2000)

II – 10% (dez por cento) a partir do mês seguinte ao do vencimento da obrigação. (Incluído pela Lei nº 9.964, de 2000)

§ 3º. Para efeito de levantamento de débito para com o FGTS, o percentual de 8% (oito por cento) incidirá sobre o valor acrescido da TR até a data da respectiva operação. (Redação dada pela Lei nº 9.964, de 2000)

Art. 23. Competirá à Secretaria Especial de Previdência e Trabalho do Ministério da Economia a verificação do cumprimento do disposto nesta Lei, especialmente quanto à apuração dos débitos e das infrações praticadas pelos empregadores ou tomadores de serviço, que os notificará para efetuarem e comprovarem os depósitos correspondentes e cumprirem as demais determinações legais. (Redação dada pela Lei 13.932/2019)

§ 1º. Constituem infrações para efeito desta Lei:

I – não depositar mensalmente o percentual referente ao FGTS, bem como os valores previstos no art. 18 desta Lei, nos prazos de que trata o § 6º do art. 477 da Consolidação das Leis do Trabalho – CLT; (Redação dada pela Medida Provisória nº 2.197-43, de 2001)

II – omitir as informações sobre a conta vinculada do trabalhador;

III – apresentar as informações ao Cadastro Nacional do Trabalhador, dos trabalhadores beneficiários, com erros ou omissões;

IV – deixar de computar, para efeito de cálculo dos depósitos do FGTS, parcela componente da remuneração;

V - deixar de efetuar os depósitos e os acréscimos legais, após ser notificado pela fiscalização; e (Redação dada pela Lei 13.932/2019)

VI - deixar de apresentar, ou apresentar com erros ou omissões, as informações de que trata o art. 17-A desta Lei e as demais informações legalmente exigíveis. (Acrescido pela Lei 13.932/2019)

§ 2º. Pela infração do disposto no § 1º deste artigo, o infrator estará sujeito às seguintes multas por trabalhador prejudicado:

a) de 2 (dois) a 5 (cinco) BTN, no caso dos incisos II e III;

b) de 10 (dez) a 100 (cem) BTN, no caso dos incisos I, IV e V.

c) de R$ 100,00 (cem reais) a R$ 300,00 (trezentos reais) por trabalhador prejudicado, na hipótese prevista no inciso VI do § 1º deste artigo. (Redação dada pela Lei 13.932/2019)

§ 3º. Nos casos de fraude, simulação, artifício, ardil, resistência, embaraço ou desacato à fiscalização, assim como na reincidência, a multa especificada no parágrafo anterior será duplicada, sem prejuízo das demais cominações legais.

§ 4º. Os valores das multas, quando não recolhidas no prazo legal, serão atualizados monetariamente até a data de seu efetivo pagamento, através de sua conversão pelo BTN Fiscal.

§ 5º O processo de fiscalização, de autuação e de imposição de multas reger-se-á pelo disposto no Título VII da CLT. (Redação dada pela Lei 13.932/2019)

§ 6º. Quando julgado procedente o recurso interposto na forma do Título VII da CLT, os depósitos efetuados para garantia de instância serão restituídos com os valores atualizados na forma da Lei.

§ 7º. A rede arrecadadora e a Caixa Econômica Federal deverão prestar ao Ministério do Trabalho e da Previdência Social as informações necessárias à fiscalização.

Art. 23-A. A notificação do empregador relativa aos débitos com o FGTS, o início de procedimento administrativo ou a medida de fiscalização interrompem o prazo prescricional. (Acrescido pela Lei 13.932/2019)

§ 1º O contencioso administrativo é causa de suspensão do prazo prescricional.

§ 2º A data de publicação da liquidação do crédito será considerada como a data de sua constituição definitiva, a partir da qual será retomada a contagem do prazo prescricional.

§ 3º Todos os documentos relativos às obrigações perante o FGTS, referentes a todo o contrato de trabalho de cada trabalhador, devem ser mantidos à disposição da fiscalização por até 5 (cinco) anos após o fim de cada contrato.

Art. 24. Por descumprimento ou inobservância de quaisquer das obrigações que lhe compete como agente arrecadador, pagador e mantenedor do cadastro de contas vinculadas, na forma que vier a ser regulamentada pelo Conselho Curador, fica o banco depositário sujeito ao pagamento de multa equivalente a 10% (dez por cento) do montante da conta do empregado, independentemente das demais cominações legais.

Art. 25. Poderá o próprio trabalhador, seus dependentes e sucessores, ou ainda o Sindicato a que estiver vinculado, acionar diretamente a empresa por intermédio da Justiça do Trabalho, para compeli-la a efetuar o depósito das importâncias devidas nos termos desta Lei.

Parágrafo único. A Caixa Econômica Federal e o Ministério do Trabalho e da Previdência Social deverão ser notificados da propositura da reclamação.

Art. 26. É competente a Justiça do Trabalho para julgar os dissídios entre os trabalhadores e os empregadores decorrentes da aplicação desta Lei, mesmo quando a Caixa Econômica Federal e o Ministério do Trabalho e da Previdência Social figurarem como litisconsortes.

Parágrafo único. Nas reclamatórias trabalhistas que objetivam o ressarcimento de parcelas relativas ao FGTS, ou que, direta ou indiretamente, impliquem essa obrigação de fazer, o juiz determinará que a empresa sucumbente proceda ao recolhimento imediato das importâncias devidas a tal título.

Art. 26-A. Para fins de apuração e lançamento, considera-se não quitado o valor relativo ao FGTS pago diretamente ao trabalhador, vedada a sua conversão em indenização compensatória. (Acrescido pela Medida Provisória nº 889, de 24/7/2019, convertida na Lei nº 13.932, de 11/12/2019), convertida na Lei nº 13.932, de 11/12/2019)

§ 1º Os débitos reconhecidos e declarados por meio de sistema de escrituração digital serão recolhidos integralmente, acrescidos dos encargos devidos.

§ 2º Para a geração das guias de depósito, os valores devidos a título de FGTS e o período laboral a que se referem serão expressamente identificados.

Art. 27. A apresentação do Certificado de Regularidade do FGTS, fornecido na forma do regulamento, é obrigatória nas seguintes situações: (Redação dada pela Lei 13.932/2019)

a) habilitação e licitação promovida por órgão da Administração Federal, Estadual e Municipal, direta, indireta ou fundacional ou por entidade controlada direta ou indiretamente pela União, Estado e Município;

b) obtenção, por parte da União, dos Estados ou dos Municípios, ou por órgãos da Administração federal, estadual ou municipal, direta, indireta ou fundacional, ou indiretamente pela União, pelos Estados ou pelos Municípios, de empréstimos ou financiamentos realizados com lastro em recursos públicos ou oriundos do FGTS perante quaisquer instituições de crédito; (Redação dada pela Lei 13.805/2019)

- Lei 12.453/2011: art. 5º.

c) obtenção de favores creditícios, isenções, subsídios, auxílios, outorga ou concessão de serviços ou quaisquer outros benefícios concedidos por órgão da Administração Federal, Estadual e Municipal, salvo quando destinados a saldar débitos para com o FGTS;

- **Atualização:** Lei 13.999/2020, Art. 4º. Para fins de concessão de crédito no âmbito do Pronampe, as instituições financeiras participantes ficam dispensadas de observar as seguintes disposições: III – as alíneas "b" e "c" do *caput* do art. 27 da Lei nº 8.036.

d) transferência de domicílio para o exterior;

e) registro ou arquivamento, nos órgãos competentes, de alteração ou distrato de contrato social, de estatuto, ou de qualquer documento que implique modificação na estrutura jurídica do empregador ou na sua extinção.

Art. 28. São isentos de tributos federais os atos e operações necessários à aplicação desta Lei, quando praticados pela Caixa Econômica Federal, pelos trabalhadores e seus dependentes ou sucessores, pelos empregadores e pelos estabelecimentos bancários.

Parágrafo único. Aplica-se o disposto neste artigo às importâncias devidas, nos termos desta Lei, aos trabalhadores e seus dependentes ou sucessores.

Art. 29. Os depósitos em conta vinculada, efetuados nos termos desta Lei, constituirão despesas dedutíveis do lucro operacional dos empregadores e as importâncias levantadas a seu favor implicarão receita tributável.

Art. 29-A. Quaisquer créditos relativos à correção dos saldos das contas vinculadas do FGTS serão liquidados mediante lançamento pelo agente operador na respectiva conta do trabalhador. (Incluído pela Medida Provisória nº 2.197-43, de 2001)

Art. 29-B. Não será cabível medida liminar em mandado de segurança, no procedimento cautelar ou em quaisquer outras ações de natureza cautelar ou preventiva, nem a tutela antecipada prevista nos arts. 273 e 461 do Código de Processo Civil que impliquem saque ou movimentação da conta vinculada do trabalhador no FGTS. (Incluído pela Medida Provisória nº 2.197-43, de 2001)

- Citados dispositivos referem-se ao CPC/73.

Art. 29-C. Nas ações entre o FGTS e os titulares de contas vinculadas, bem como naquelas em que figurem os respectivos representantes ou substitutos processuais, não haverá condenação em honorários advocatícios. (Incluído pela Medida Provisória nº 2.164-41, de 2001)

- ADI 2.736: O STF, por unanimidade, julgou inconstitucional o art. 9º da MP 2.164-41/2001, no tocante ao art. 29-C à Lei 8.036/1990. (D.J.E. 29.3.2011)

Art. 29-D. A penhora em dinheiro, na execução fundada em título judicial em que se determine crédito complementar de saldo de conta vinculada do FGTS, será feita mediante depósito de recursos do Fundo em conta vinculada em nome do exequente, à disposição do juízo. (Incluído pela Medida Provisória nº 2.164-41, de 2001)

Parágrafo único. O valor do depósito só poderá ser movimentado, após liberação judicial, nas hipóteses previstas no art. 20 ou para reversão ao Fundo. (Incluído pela Medida Provisória nº 2.164-41, de 2001)

Art. 30. Fica reduzida para 1,5% (um e meio por cento) a contribuição devida pelas empresas ao Serviço Social do Comércio e ao Serviço Social da Indústria e dispensadas estas entidades da subscrição compulsória a que alude o art. 21 da Lei nº 4.380, de 21 de agosto de 1964.

Art. 31. O Poder Executivo expedirá o Regulamento desta Lei no prazo de 60 (sessenta) dias a contar da data de sua promulgação.

Art. 32. Esta Lei entra em vigor na data de sua publicação, revogada a Lei nº 7.839, de 12 de outubro de 1989, e as demais disposições em contrário.

Brasília, 11 de maio de 1990; 169º da Independência e 102º da República.

FERNANDO COLLOR

D.O.U. de 14.5.1990;
ret. 15.5.1990

ANEXO

‣ (Anexo acrescido pela Lei 13.932/2019)

LIMITE DAS FAIXAS DE SALDO (EM R$)		ALÍQUOTA	PARCELA ADICIONAL (EM R$)
de 00,01	até 500,00	50%	-
de 500,01	até 1.000,00	40%	50,00
de 1.000,01	até 5.000,00	30%	150,00
de 5.000,01	até 10.000,00	20%	650,00
de 10000,01	até 15.000,00	15%	1150,00
de 15.000,01	até 20.000,00	10%	1900,00
acima de 20.000,00	-	5%	2900,00

LEI Nº 8.038, DE 28 DE MAIO DE 1990

Institui normas procedimentais para os processos que especifica, perante o Superior Tribunal de Justiça e o Supremo Tribunal Federal.

‣ *Recursos Especial e Extraordinário*

O PRESIDENTE DA REPÚBLICA, faço saber que o Congresso Nacional decreta e eu sanciono a seguinte Lei:

‣ Lei 11.419/2006 – Dispõe sobre a informatização do processo judicial; altera a Lei 5.869/1973 (Código de Processo Civil).

‣ Resolução 427/2010 do STF – Regulamenta o processo eletrônico no âmbito do STF.

‣ Resolução 01/2010 do STJ – Regulamenta o processo judicial eletrônico no âmbito do STJ.

TÍTULO I. PROCESSOS DE COMPETÊNCIA ORIGINÁRIA

CAPÍTULO I. AÇÃO PENAL ORIGINÁRIA

‣ Lei 8.658/1993: art. 1º.

Art. 1º. Nos crimes de ação penal pública, o Ministério Público terá o prazo de 15 (quinze) dias para oferecer denúncia ou pedir arquivamento do inquérito ou das peças informativas.

‣ CF/88: art. 129.

§ 1º. Diligências complementares poderão ser deferidas pelo relator, com interrupção do prazo deste artigo.

‣ CPP: art. 798.

§ 2º. Se o indiciado estiver preso:

a) o prazo para oferecimento da denúncia será de 5 (cinco) dias;

b) as diligências complementares não interromperão o prazo, salvo se o relator, ao deferi-las, determinar o relaxamento da prisão.

‣ CF/88: art. 5º, LXV.

§ 3º Não sendo o caso de arquivamento e tendo o investigado confessado formal e circunstanciadamente a prática de infração penal sem violência ou grave ameaça e com pena mínima inferior a 4 (quatro) anos, o Ministério Público poderá propor acordo de não persecução penal, desde que necessário e suficiente para a reprovação e prevenção do crime, nos termos do art. 28-A do Decreto-Lei nº 3.689, de 3 de outubro de 1941 (Código de Processo Penal). (Incluído pela Lei 13.964/2019)

Art. 2º. O relator, escolhido na forma regimental, será o juiz da instrução, que se realizará segundo o disposto neste capítulo, no Código de Processo Penal, no que for aplicável, e no Regimento Interno do Tribunal.

Parágrafo único. O relator terá as atribuições que a legislação processual confere aos juízes singulares.

Art. 3º. Compete ao relator:

I – determinar o arquivamento do inquérito ou de peças informativas, quando o requerer o Ministério Público, ou submeter o requerimento à decisão competente do Tribunal;

II – decretar a extinção da punibilidade, nos casos previstos em lei.

III – convocar desembargadores de Turmas Criminais dos Tribunais de Justiça ou dos Tribunais Regionais Federais, bem como juízes de varas criminais da Justiça dos Estados e da Justiça Federal, pelo prazo de 6 (seis) meses, prorrogável por igual período, até o máximo de 2 (dois) anos, para a realização do interrogatório e de outros atos da instrução, na sede do tribunal ou no local onde se deva produzir o ato. (Incluído pela Lei nº 12.019, de 2009)

Art. 4º. Apresentada a denúncia ou a queixa ao Tribunal, far-se-á a notificação do acusado para oferecer resposta no prazo de 15 (quinze) dias.

‣ CF/88: art. 5º, LIV e LV.

§ 1º. Com a notificação, serão entregues ao acusado cópia da denúncia ou da queixa, do despacho do relator e dos documentos por este indicados.

§ 2º. Se desconhecido o paradeiro do acusado, ou se este criar dificuldades para que o oficial cumpra a diligência, proceder-se-á à sua notificação por edital, contendo o teor resumido da acusação, para que compareça ao Tribunal, em 5 (cinco) dias, onde terá vista dos autos pelo prazo de 15 (quinze) dias, a fim de apresentar a resposta prevista neste artigo.

Art. 5º. Se, com a resposta, forem apresentados novos documentos, será intimada a parte contrária para sobre eles se manifestar, no prazo de 5 (cinco) dias.

Parágrafo único. Na ação penal de iniciativa privada, será ouvido, em igual prazo, o Ministério Público.

‣ CPP: art. 45.

Art. 6º. A seguir, o relator pedirá dia para que o Tribunal delibere sobre o recebimento, a rejeição da denúncia ou da queixa, ou a improcedência da acusação, se a decisão não depender de outras provas.

‣ CPP: art. 395.

§ 1º. No julgamento de que trata este artigo, será facultada sustentação oral pelo prazo de 15 (quinze) minutos, primeiro à acusação, depois à defesa.

§ 2º. Encerrados os debates, o Tribunal passará a deliberar, determinando o Presidente as pessoas que poderão permanecer no recinto, observado o disposto no inciso II, do art. 12, desta Lei.

Art. 7º. Recebida a denúncia ou a queixa, o relator designará dia e hora para o interrogatório, mandando citar o acusado ou querelado e intimar o órgão do Ministério Público, bem como o querelante ou o assistente, se for o caso.

- CPP: art. 188.

Art. 8º. O prazo para defesa prévia será de 5 (cinco) dias, contado do interrogatório ou da intimação do defensor dativo.

Art. 9º. A instrução obedecerá, no que couber, ao procedimento comum do Código de Processo Penal.

- CPP: arts. 394 a 405.

§ 1º. O relator poderá delegar a realização do interrogatório ou de outro ato da instrução ao juiz ou membro de tribunal com competência territorial no local de cumprimento da carta de ordem.

- CPC/15: arts. 260, 262, 263 e 266.

§ 2º. Por expressa determinação do relator, as intimações poderão ser feitas por carta registrada com aviso de recebimento.

- CPC/15: arts. 231, I, 246 a 249, 269, § 1º, 274 e 275.

Art. 10. Concluída a inquirição de testemunhas, serão intimadas a acusação e a defesa, para requerimento de diligências no prazo de 5 (cinco) dias.

Art. 11. Realizadas as diligências, ou não sendo estas requeridas nem determinadas pelo relator, serão intimadas a acusação e a defesa para, sucessivamente, apresentarem, no prazo de 15 (quinze) dias, alegações escritas.

§ 1º. Será comum o prazo do acusador e do assistente, bem como o dos corréus.

§ 2º. Na ação penal de iniciativa privada, o Ministério Público terá vista, por igual prazo, após as alegações das partes.

§ 3º. O relator poderá, após as alegações escritas, determinar de ofício a realização de provas reputadas imprescindíveis para o julgamento da causa.

Art. 12. Finda a instrução, o Tribunal procederá ao julgamento, na forma determinada pelo regimento interno, observando-se o seguinte:

I – a acusação e a defesa terão, sucessivamente, nessa ordem, prazo de 1 (uma) hora para sustentação oral, assegurado ao assistente 1/4 (um quarto) do tempo da acusação;

II – encerrados os debates, o Tribunal passará a proferir o julgamento, podendo o Presidente limitar a presença no recinto às partes e seus advogados, ou somente a estes, se o interesse público exigir.

CAPÍTULO II. RECLAMAÇÃO

ARTS. 13 a 18. (Revogados pela Lei nº 13.105, de 2015)

CAPÍTULO III. INTERVENÇÃO FEDERAL

Art. 19. A requisição de intervenção federal prevista nos incisos II e IV do art. 36 da Constituição Federal será promovida:

I – de ofício, ou mediante pedido de Presidente de Tribunal de Justiça do Estado, ou de Presidente de Tribunal Federal, quando se tratar de prover a execução de ordem ou decisão judicial, com ressalva, conforme a matéria, da competência do Supremo Tribunal Federal ou do Tribunal Superior Eleitoral;

II – de ofício, ou mediante pedido da parte interessada, quando se tratar de prover a execução de ordem ou decisão do Superior Tribunal de Justiça;

III – mediante representação do Procurador-Geral da República, quando se tratar de prover a execução de lei federal.

Art. 20. O Presidente, ao receber o pedido:

I – tomará as providências que lhe parecerem adequadas para remover, administrativamente, a causa do pedido;

II – mandará arquivá-lo, se for manifestamente infundado, cabendo do seu despacho agravo regimental.

Art. 21. Realizada a gestão prevista no inciso I do artigo anterior, solicitadas informações à autoridade estadual e ouvido o Procurador-Geral, o pedido será distribuído a um relator.

Parágrafo único. Tendo em vista o interesse público, poderá ser permitida a presença no recinto às partes e seus advogados, ou somente a estes.

Art. 22. Julgado procedente o pedido, o Presidente do Superior Tribunal de Justiça comunicará, imediatamente, a decisão aos órgãos do poder público interessados e requisitará a intervenção ao Presidente da República.

CAPÍTULO IV. HABEAS CORPUS

- CF/88: art. 5º, LXVIII.

Art. 23. Aplicam-se ao *habeas corpus* perante o Superior Tribunal de Justiça as normas do Livro III, Título II, Capítulo X, do Código de Processo Penal.

CAPÍTULO V. OUTROS PROCEDIMENTOS

Art. 24. Na ação rescisória, nos conflitos de competência, de jurisdição e de atribuições, na revisão criminal e no mandado de segurança, será aplicada a legislação processual em vigor.

- CF/88: arts. 5º, LXIX, 102, I, e 105, I.
- CPC/15: arts. 966 a 975
- CPP: arts. 621 a 631.

Parágrafo único. No mandado de injunção e no *habeas data*, serão observadas, no que couber, as normas do mandado de segurança, enquanto não editada legislação específica.

- CF/88: art. 5º, LXXI e LXXII.
- CPC/15: arts. 1.027 e 1.028.
- Lei 13.300/2016 – Disciplina o processo e o julgamento dos mandados de injunção individual e coletivo.
- Lei 12.016/2009 – Disciplina o mandado de segurança individual e coletivo.
- Lei 9.507/1997 – Regula o direito de acesso a informações e disciplina o rito processual do habeas data.

Art. 25. Salvo quando a causa tiver por fundamento matéria constitucional, compete ao Presidente do Superior Tribunal de Justiça, a requerimento do Procurador-Geral da República ou da pessoa jurídica de direito público interessada, e para evitar grave lesão à ordem, à saúde, à segurança e à economia pública, suspender, em despacho fundamentado, a execução de liminar ou de decisão concessiva de mandado de segurança, proferida, em única ou última instância, pelos Tribunais Regionais Federais ou pelos Tribunais dos Estados e do Distrito Federal.

§ 1º. O Presidente pode ouvir o impetrante, em 5 (cinco) dias, e o Procurador-Geral quando não for o requerente, em igual prazo.

§ 2º. Do despacho que conceder a suspensão caberá agravo regimental.

§ 3º. A suspensão de segurança vigorará enquanto pender o recurso, ficando sem efeito, se a decisão concessiva for mantida pelo Superior Tribunal de Justiça ou transitar em julgado.

- Súm. 626 do STJ.

TÍTULO II. RECURSOS

CAPÍTULO I. RECURSO EXTRAORDINÁRIO E RECURSO ESPECIAL

- CPC/15: arts. 1.029 a 1.041.

ARTS. 26 a 29. (Revogados pela Lei nº 13.105, de 2015)

CAPÍTULO II. RECURSO ORDINÁRIO EM HABEAS CORPUS

Art. 30. O recurso ordinário para o Superior Tribunal de Justiça, das decisões denegatórias de *habeas corpus*, proferidas pelos Tribunais Regionais Federais ou pelos Tribunais dos Estados e do Distrito Federal, será interposto no prazo de 5 (cinco) dias, com as razões do pedido de reforma.

- CF/88: art. 105, II, a.
- CPP: art. 650, I.

Art. 31. Distribuído o recurso, a Secretaria, imediatamente, fará os autos com vista ao Ministério Público, pelo prazo de 2 (dois) dias.

Parágrafo único. Conclusos os autos ao relator, este submeterá o feito a julgamento independentemente de pauta.

Art. 32. Será aplicado, no que couber, ao processo e julgamento do recurso, o disposto com relação ao pedido originário de *habeas corpus*.

‣ CF/88: art. 102, I, d e i.

CAPÍTULO III. RECURSO ORDINÁRIO EM MANDADO DE SEGURANÇA

Art. 33. O recurso ordinário para o Superior Tribunal de Justiça, das decisões denegatórias de mandado de segurança, proferidas em única instância pelos Tribunais Regionais Federais ou pelos Tribunais de Estados e do Distrito Federal, será interposto no prazo de 15 (quinze) dias, com as razões do pedido de reforma.

‣ CF/88: art. 105, II, b.

Art. 34. Serão aplicadas, quanto aos requisitos de admissibilidade e o procedimento no Tribunal recorrido, as regras do Código de Processo Civil relativas à apelação.

‣ CPC/15: arts. 1.009 a 1.014.

Art. 35. Distribuído o recurso, a Secretaria, imediatamente, fará os autos com vista ao Ministério Público, pelo prazo de 5 (cinco) dias.

Parágrafo único. Conclusos os autos ao relator, este pedirá dia para julgamento.

CAPÍTULO IV. APELAÇÃO CÍVEL E AGRAVO DE INSTRUMENTO

Art. 36. Nas causas em que forem partes, de um lado, Estado estrangeiro ou organismo internacional e, de outro, município ou pessoa domiciliada ou residente no País, caberá:

‣ CF/88: art. 105, II, b.

I – apelação da sentença;

‣ CPC/15: arts. 1.009 a 1.014.

II – agravo de instrumento, das decisões interlocutórias.

‣ CPC/15: arts. 1.015 a 1.020.

Art. 37. Os recursos mencionados no artigo anterior serão interpostos para o Superior Tribunal de Justiça, aplicando-se lhes, quanto aos requisitos de admissibilidade e ao procedimento o disposto no Código de Processo Civil.

‣ CPC/15: arts. 929 a 946.

TÍTULO III. DISPOSIÇÕES GERAIS

Art. 38. (Revogado pela Lei nº 13.105, de 2015)

Art. 39. Da decisão do Presidente do Tribunal, de Seção, de Turma ou de Relator que causar gravame à parte, caberá agravo para o órgão especial, Seção ou Turma, conforme o caso, no prazo de 5 (cinco) dias.

‣ Súm. 116 do STJ.

Art. 40. Haverá revisão, no Superior Tribunal de Justiça, nos seguintes processos:

I – ação rescisória;

II – ação penal originária;

III – revisão criminal.

Art. 41. Em caso de vaga ou afastamento do Ministro do Superior Tribunal de Justiça, por prazo superior a 30 (trinta) dias, poderá ser convocado Juiz de Tribunal Regional Federal ou Desembargador, para substituição, pelo voto da maioria absoluta dos seus membros.

Art. 41-A. A decisão de Turma, no Superior Tribunal de Justiça, será tomada pelo voto da maioria absoluta de seus membros. (Incluído pela Lei nº 9.756, de 1998)

Parágrafo único. Em *habeas corpus* originário ou recursal, havendo empate, prevalecerá a decisão mais favorável ao paciente. (Incluído pela Lei nº 9.756, de 1998)

Art. 41-B. As despesas do porte de remessa e retorno dos autos serão recolhidas mediante documento de arrecadação, de conformidade com instruções e tabela expedidas pelo Supremo Tribunal Federal e pelo Superior Tribunal de Justiça. (Incluído pela Lei nº 9.756, de 1998)

Parágrafo único. A secretaria do tribunal local zelará pelo recolhimento das despesas postais. (Incluído pela Lei nº 9.756, de 1998)

Art. 42. Os arts. 496, 497, 498, inciso II do art. 500, e 508 da Lei nº 5.869, de 11 de janeiro de 1973 – Código de Processo Civil, passam a vigorar com a seguinte redação:

"Art. 496. São cabíveis os seguintes recursos:

I – apelação;

II – agravo de instrumento;

III – embargos infringentes;

IV – embargos de declaração;

V – recurso ordinário;

VI – recurso especial;

VII – recurso extraordinário.

Art. 497. O recurso extraordinário e o recurso especial não impedem a execução da sentença; a interposição do agravo de instrumento não obsta o andamento do processo, ressalvado o disposto no art. 558 desta lei.

Art. 498. Quando o dispositivo do acórdão contiver julgamento por maioria de votos e julgamento unânime e forem interpostos simultaneamente embargos infringentes e recurso extraordinário ou recurso especial, ficarão estes sobrestados até o julgamento daquele.

[...]

Art. 500. [...]

II – será admissível na apelação, nos embargos infringentes, no recurso extraordinário e no recurso especial;

[...]

Art. 508. Na apelação e nos embargos infringentes, o prazo para interpor e para responder é de quinze dias."

Art. 43. Esta Lei entra em vigor na data de sua publicação.

Art. 44. Revogam-se as disposições em contrário, especialmente os arts. 541 a 546 do Código de Processo Civil e a Lei nº 3.396, de 2 de junho de 1958.

Brasília, em 28 de maio de 1990; 169º da Independência e 102º da República.

FERNANDO COLLOR

D.O.U. 29.5.1990

LEI Nº 8.072, DE 25 DE JULHO DE 1990

Dispõe sobre os crimes hediondos, nos termos do art. 5º, XLIII, da Constituição Federal, e determina outras providências.

‣ *Crimes hediondos*

O PRESIDENTE DA REPÚBLICA Faço saber que o Congresso Nacional decreta e eu sanciono a seguinte Lei:

Art. 1º. São considerados hediondos os seguintes crimes, todos tipificados no Dec.-lei nº 2.848, de 7 de dezembro de 1940 – Código Penal, consumados ou tentados: (Redação dada pela Lei nº 8.930, de 1994)

I - homicídio (art. 121), quando praticado em atividade típica de grupo de extermínio, ainda que cometido por um só agente, e homicídio qualificado (art. 121, § 2º, incisos I, II, III, IV, V, VI, VII e VIII); (Redação dada pela Lei 13.964/2019)

I-A – lesão corporal dolosa de natureza gravíssima (art. 129, § 2º) e lesão corporal seguida de morte (art. 129, § 3º), quando praticadas contra autoridade ou agente descrito nos arts. 142 e 144 da Constituição Federal, integrantes do sistema prisional e da Força Nacional de Segurança Pública, no exercício da função ou em decorrência dela, ou contra seu cônjuge, companheiro ou parente consanguíneo até terceiro grau, em razão dessa condição; (Incluído pela Lei nº 13.142, de 2015)

II - roubo: (Redação dada pela Lei 13.964/2019)

a) circunstanciado pela restrição de liberdade da vítima (art. 157, § 2º, inciso V);

b) circunstanciado pelo emprego de arma de fogo (art. 157, § 2º-A, inciso 1) ou pelo emprego de arma de fogo de uso proibido ou restrito (art. 157, § 2°-B);

c) qualificado pelo resultado lesão corporal grave ou morte (art. 157, § 3º);

III - extorsão qualificada pela restrição da liberdade da vítima, ocorrência de lesão corporal ou morte (art. 158, § 3º); (Redação dada pela Lei 13.964/2019)

IV – extorsão mediante sequestro e na forma qualificada (art. 159, *caput* e §§ 1º, 2º e 3º); (Incluído pela Lei nº 8.930, de 1994)

V – estupro (art. 213, *caput* e §§ 1º e 2º); (Incluído pela Lei nº 12.015, de 2009)

VI – estupro de vulnerável (art. 217-A, *caput* e §§ 1º, 2º, 3º e 4º); (Redação dada pela Lei nº 12.015, de 2009)

VII – epidemia com resultado morte (art. 267, § 1º); (Incluído pela Lei nº 8.930, de 1994)

VII-A – *(VETADO)*; (Incluído pela Lei nº 9.695, de 1998)

VII-B – falsificação, corrupção, adulteração ou alteração de produto destinado a fins terapêuticos ou medicinais (art. 273, *caput* e § 1º, § 1º-A e § 1º-B, com a redação dada pela Lei nº 9.677, de 2 de julho de 1998). (Incluído pela Lei nº 9.695, de 1998)

VIII – favorecimento da prostituição ou de outra forma de exploração sexual de criança ou adolescente ou de vulnerável (art. 218-B, *caput*, e §§ 1º e 2º). (Incluído pela Lei nº 12.978, de 2014)

IX - furto qualificado pelo emprego de explosivo ou de artefato análogo que cause perigo comum (art. 155, § 4°-A). (Incluído pela Lei 13.964/2019)

Parágrafo único. Consideram-se também hediondos, tentados ou consumados: (Redação dada pela Lei 13.964/2019)

I - o crime de genocídio, previsto nos arts. 1º, 2° e 3º da Lei nº 2.889, de 1º de outubro de 1956;

II - o crime de posse ou porte ilegal de arma de fogo de uso proibido, previsto no art. 16 da Lei nº 10.826, de 22 de dezembro de 2003;

III - o crime de comércio ilegal de armas de fogo, previsto no art. 17 da Lei nº 10.826, de 22 de dezembro de 2003;

IV - o crime de tráfico internacional de arma de fogo, acessório ou munição, previsto no art. 18 da Lei nº 10.826, de 22 de dezembro de 2003;

V - o crime de organização criminosa, quando direcionado à prática de crime hediondo ou equiparado.

Art. 2º. Os crimes hediondos, a prática da tortura, o tráfico ilícito de entorpecentes e drogas afins e o terrorismo são insuscetíveis de:

- Súm. Vinculante 26 do STF.
- Lei 13.260/2016 – Regulamenta o disposto no inciso XLIII do art. 5º da CF, disciplinando o terrorismo, tratando de disposições investigatórias e processuais e reformulando o conceito de organização terrorista; e altera as Leis nºs 7.960/1989, e 12.850/2013 (Lei Antiterrorismo).
- Lei 11.343/2006: arts. 33 a 37.
- Lei 9.455/1997: art. 1º.
- Lei 7.170/1983: art. 20.
- Decreto 6.085/2007 – Promulga o Protocolo Facultativo à Convenção contra a Tortura e Outros Tratamentos ou Penas Cruéis, Desumanos ou Degradantes, adotado em 18 de dezembro de 2002.
- Decreto 40/1991 – Promulga a Convenção Contra a Tortura e Outros Tratamentos ou Penas Cruéis, Desumanos ou Degradantes.

I – anistia, graça e indulto;

II – fiança. (Redação dada pela Lei nº 11.464, de 2007)

- CPP: arts. 323 e 324.

§ 1º A pena por crime previsto neste artigo será cumprida inicialmente em regime fechado. (Redação dada pela Lei nº 11.464, de 2007)

- Súm. 471 do STJ.
- Lei 7.210/1984: art. 112.

§ 2º (Revogado pela Lei 13.964/2019)

§ 3º. Em caso de sentença condenatória, o juiz decidirá fundamentadamente se o réu poderá apelar em liberdade. (Redação dada pela Lei nº 11.464, de 2007)

§ 4º. A prisão temporária, sobre a qual dispõe a Lei 7.960, de 21 de dezembro de 1989, nos crimes previstos neste artigo, terá o prazo de 30 (trinta) dias, prorrogável por igual período em caso de extrema e comprovada necessidade. (Incluído pela Lei nº 11.464, de 2007)

Art. 3º. A União manterá estabelecimentos penais, de segurança máxima, destinados ao cumprimento de penas impostas a condenados de alta periculosidade, cuja permanência em presídios estaduais ponha em risco a ordem ou a incolumidade pública.

- Lei 11.671/2008 – Dispõe sobre a transferência e inclusão de presos em estabelecimentos penais federais de segurança máxima.
- Lei 7.210/1980: art. 86, § 1º.

Art. 4º. *(VETADO)*.

Art. 5º. Ao art. 83 do Código Penal é acrescido o seguinte inciso:

- Alteração incorporada ao texto do Código Penal.

Art. 6º. Os arts. 157, § 3º; 159, *caput* e seus §§ 1º, 2º e 3º; 213; 214; 223, *caput* e seu parágrafo único; 267, *caput*, e 270, *caput*, todos do Código Penal, passam a vigorar com a seguinte redação:

- Alterações incorporadas ao texto do Código Penal.

Art. 7º. Ao art. 159 do Código Penal fica acrescido o seguinte parágrafo:

- Alteração incorporada ao texto do Código Penal.

Art. 8º. Será de 3 (três) a 6 (seis) anos de reclusão a pena prevista no art. 288 do Código Penal, quando se tratar de crimes hediondos, prática de tortura, tráfico ilícito de entorpecentes e drogas afins ou terrorismo.

- Lei 11.343/2006: art. 35.

Parágrafo único. O participante e o associado que denunciar à autoridade o bando ou quadrilha, possibilitando seu desmantelamento, terá a pena reduzida de 1 (um) a 2/3 (dois terços).

Art. 9º. As penas fixadas no art. 6º para os crimes capitulados nos arts. 157, § 3º, 158, § 2º, 159, *caput* e seus §§ 1º, 2º e 3º, 213, *caput*, e sua combinação com o art. 223, *caput* e parágrafo único, 214 e sua combinação com o art. 223, *caput* e parágrafo único, todos do Código Penal, são acrescidas de metade, respeitado o limite superior de 30 (trinta) anos de reclusão, estando a vítima em qualquer das hipóteses referidas no art. 224 também do Código Penal.

- Lei 12.015/2009 revogou os arts. 214, 223, *caput*, parágrafo único, e 224 do CP.

Art. 10. O art. 35 da Lei nº 6.368, de 21 de outubro de 1976, passa a vigorar acrescido de parágrafo único, com a seguinte redação:

- Lei 11.343/2006 revogou a Lei 6.368/1976.

"Art. 35. (...)

Parágrafo único. Os prazos procedimentais deste Capítulo serão contados em dobro quando se tratar dos crimes previstos nos arts. 12, 13 e 14."

Art. 11. *(VETADO)*.

Art. 12. Esta Lei entra em vigor na data de sua publicação.

Art. 13. Revogam-se as disposições em contrário.

Brasília, em 25 de julho de 1990; 169º da Independência e 102º da República.

Fernando Collor

D.O.U. de 26.7.1990

LEI Nº 8.112, DE 11 DE DEZEMBRO DE 1990

Dispõe sobre o regime jurídico dos servidores públicos civis da União, das autarquias e das fundações públicas federais.

- *Servidores Públicos*
- DOU, 12.12.1990.
- Republicado no DOU, 18.03.1998.
- Publicação consolidada determinada pelo art. 13, Lei 9.527/1997.
- Lei 9.962/2000 (Disciplina o regime de emprego público do pessoal da Administração federal direta, autárquica e fundacional).
- art. 12, Lei 12.813/2013 (Dispõe sobre o conflito de interesses no exercício de cargo ou emprego do Poder Executivo federal e impedimentos posteriores ao exercício do cargo ou emprego).
- Lei 12.855/2013 (Institui a indenização devida a ocupante de cargo efetivo das Carreiras e Planos Especiais de Cargos que especifica, em exercício nas unidades situadas em localidades estratégicas vinculadas à prevenção, controle, fiscalização e repressão dos delitos transfronteiriços).
- Dec. 5.707/2006 (Institui a Política e as Diretrizes para o Desenvolvimento de Pessoal da administração pública federal direta, autárquica e fundacional e regulamenta dispositivos desta lei).
- Dec. 5.961/2006 (Institui o Sistema Integrado de Saúde Ocupacional do Servidor Público Federal - SISOSP).
- Dec. Leg. 206/2010, (Aprova, com ressalvas, os textos da Convenção 151 e da Recomendação 159, da Organização Internacional do Trabalho, ambas de 1978, sobre as relações de trabalho na Administração Pública).
- Dec. 8.690/2016 (Dispõe sobre a gestão das consignações em folha de pagamento no âmbito do sistema de gestão de pessoas do Poder Executivo federal.)
- Dec. 8.737/2016 (Institui o Programa de Prorrogação da Licença-Paternidade).

O Presidente da República. Faço saber que o Congresso Nacional decreta e eu sanciono a seguinte Lei:

TÍTULO I
CAPÍTULO ÚNICO
DAS DISPOSIÇÕES PRELIMINARES

Art. 1º Esta Lei institui o Regime Jurídico dos Servidores Públicos Civis da União, das autarquias, inclusive as em regime especial, e das fundações públicas federais.

› Lei 11.440/2006 (Institui o regime jurídico dos servidores do serviço exterior brasileiro).

Art. 2º Para os efeitos desta lei, servidor é a pessoa legalmente investida em cargo público.

› Lei 9.962/2000 (Disciplina o regime de emprego público do pessoal da Administração Federal direta, autárquica e fundacional).

Art. 3º Cargo público é o conjunto de atribuições e responsabilidades previstas na estrutura organizacional que devem ser cometidas a um servidor.

Parágrafo único. Os cargos públicos, acessíveis a todos os brasileiros, são criados por lei, com denominação própria e vencimento pago pelos cofres públicos, para provimento em caráter efetivo ou em comissão.

Art. 4º É proibida a prestação de serviços gratuitos, salvo os casos previstos em lei.

TÍTULO II
DO PROVIMENTO, VACÂNCIA, REMOÇÃO, REDISTRIBUIÇÃO E SUBSTITUIÇÃO

CAPÍTULO I
DO PROVIMENTO

SEÇÃO I
DISPOSIÇÕES GERAIS

Art. 5º São requisitos básicos para investidura em cargo público:

I - a nacionalidade brasileira;

II - o gozo dos direitos políticos;

III - a quitação com as obrigações militares e eleitorais;

IV - o nível de escolaridade exigido para o exercício do cargo;

V - a idade mínima de dezoito anos;

VI - aptidão física e mental.

§ 1º As atribuições do cargo podem justificar a exigência de outros requisitos estabelecidos em lei.

§ 2º Às pessoas portadoras de deficiência é assegurado o direito de se inscrever em concurso público para provimento de cargo cujas atribuições sejam compatíveis com a deficiência de que são portadoras; para tais pessoas serão reservadas até 20% (vinte por cento) das vagas oferecidas no concurso.

› Súm. 377, STJ.

§ 3º As universidades e instituições de pesquisa científica e tecnológica federais poderão prover seus cargos com professores, técnicos e cientistas estrangeiros, de acordo com as normas e os procedimentos desta lei. (Incluído pela Lei 9.515/1997.)

Art. 6º O provimento dos cargos públicos far-se-á mediante ato da autoridade competente de cada Poder.

Art. 7º A investidura em cargo público ocorrerá com a posse.

Art. 8º São formas de provimento de cargo público:

I - nomeação;

II - promoção;

III e **IV** - (Revogados pela Lei 9.527/1997.)

V - readaptação;

VI - reversão;

VII - aproveitamento;

VIII - reintegração;

IX - recondução.

SEÇÃO II
DA NOMEAÇÃO

Art. 9º A nomeação far-se-á:

I - em caráter efetivo, quando se tratar de cargo isolado de provimento efetivo ou de carreira;

II - em comissão, inclusive na condição de interino, para cargos de confiança vagos. (Redação dada pela Lei 9.527/1997.)

Parágrafo único. O servidor ocupante de cargo em comissão ou de natureza especial poderá ser nomeado para ter exercício, interinamente, em outro cargo de confiança, sem prejuízo das atribuições do que atualmente ocupa, hipótese em que deverá optar pela remuneração de um deles durante o período da interinidade. (Redação dada pela Lei 9.527/1997.)

Art. 10. A nomeação para cargo de carreira ou cargo isolado de provimento efetivo depende de prévia habilitação em concurso público de provas ou de provas e títulos, obedecidos a ordem de classificação e o prazo de sua validade.

Parágrafo único. Os demais requisitos para o ingresso e o desenvolvimento do servidor na carreira, mediante promoção, serão estabelecidos pela lei que fixar as diretrizes do sistema de carreira na Administração Pública Federal e seus regulamentos. (Redação dada pela Lei 9.527/1997.)

SEÇÃO III
DO CONCURSO PÚBLICO

Art. 11. O concurso será de provas ou de provas e títulos, podendo ser realizado em duas etapas, conforme dispuserem a lei e o regulamento do respectivo plano de carreira, condicionada a inscrição do candidato ao pagamento do valor fixado no edital, quando indispensável ao seu custeio, e ressalvadas as hipóteses de isenção nele expressamente previstas. (Redação dada pela Lei 9.527/1997.)

› Dec. 6.593/2008 (Regulamenta este artigo quanto à isenção de pagamento de taxa de inscrição em concursos públicos realizados no âmbito do Poder Executivo Federal).

Art. 12. O concurso público terá validade de até 2 (dois) anos, podendo ser prorrogado uma única vez, por igual período.

§ 1º O prazo de validade do concurso e as condições de sua realização serão fixados em edital, que será publicado no Diário Oficial da União e em jornal diário de grande circulação.

§ 2º Não se abrirá novo concurso enquanto houver candidato aprovado em concurso anterior com prazo de validade não expirado.

SEÇÃO IV
DA POSSE E DO EXERCÍCIO

Art. 13. A posse dar-se-á pela assinatura do respectivo termo, no qual deverão constar as atribuições, os deveres, as responsabilidades e os direitos inerentes ao cargo ocupado, que não poderão ser alterados unilateralmente, por qualquer das partes, ressalvados os atos de ofício previstos em lei.

§ 1º A posse ocorrerá no prazo de trinta dias contados da publicação do ato de provimento. (Redação dada pela Lei 9.527/1997.)

§ 2º Em se tratando de servidor, que esteja na data de publicação do ato de provimento, em licença prevista nos incisos I, III e V do art. 81, ou afastado nas hipóteses dos incisos I, IV, VI, VIII, alíneas *a*, *b*, *d*, *e* e *f*, IX e X do art. 102, o prazo será contado do término do impedimento. (Redação dada pela Lei 9.527/1997.)

§ 3º A posse poderá dar-se mediante procuração específica.

§ 4º Só haverá posse nos casos de provimento de cargo por nomeação. (Redação dada pela Lei 9.527/1997.)

§ 5º No ato da posse, o servidor apresentará declaração de bens e valores que constituem seu patrimônio e declaração quanto ao exercício ou não de outro cargo, emprego ou função pública.

› art. 13, Lei 8.429/1992 (Lei da Improbidade Administrativa).

› Lei 8.730/1993 (Estabelece a obrigatoriedade da declaração de bens e rendas para o exercício de cargos, empregos e funções nos Poderes Executivo, Legislativo e Judiciário).

§ 6º Será tornado sem efeito o ato de provimento se a posse não ocorrer no prazo previsto no § 1º deste artigo.

Art. 14. A posse em cargo público dependerá de prévia inspeção médica oficial.

Parágrafo único. Só poderá ser empossado aquele que for julgado apto física e mentalmente para o exercício do cargo.

Art. 15. Exercício é o efetivo desempenho das atribuições do cargo público ou da função de confiança. (Redação dada pela Lei 9.527/1997.)

§ 1º É de quinze dias o prazo para o servidor empossado em cargo público entrar em exercício, contados da data da posse. (Redação dada pela Lei 9.527/1997.)

§ 2º O servidor será exonerado do cargo ou será tornado sem efeito o ato de sua designação para função de confiança, se não entrar em exercício nos prazos previstos neste artigo, observado o disposto no art. 18. (Redação dada pela Lei 9.527/1997.)

§ 3º À autoridade competente do órgão ou entidade para onde for nomeado ou designado o servidor compete dar-lhe exercício. (Redação dada pela Lei 9.527/1997.)

§ 4º O início do exercício de função de confiança coincidirá com a data de publicação do ato de designação, salvo quando o servidor estiver em licença ou afastado por qualquer outro motivo legal, hipótese em que recairá no primeiro dia útil após o término do impedimento, que não poderá exceder a trinta dias da publicação. (Incluído pela Lei 9.527/1997.)

Art. 16. O início, a suspensão, a interrupção e o reinício do exercício serão registrados no assentamento individual do servidor.

Parágrafo único. Ao entrar em exercício, o servidor apresentará ao órgão competente os elementos necessários ao seu assentamento individual.

Art. 17. A promoção não interrompe o tempo de exercício, que é contado no novo posicionamento na carreira a partir da data de publicação do ato que promover o servidor. (Redação dada pela Lei 9.527/1997.)

Art. 18. O servidor que deva ter exercício em outro município em razão de ter sido removido, redistribuído, requisitado, cedido ou posto em exercício provisório terá, no mínimo, dez e, no máximo, trinta dias de prazo, contados da publicação do ato, para a retomada do efetivo desempenho das atribuições do cargo, incluído nesse prazo o tempo necessário para o deslocamento para a nova sede. (Redação dada pela Lei 9.527/1997.)

§ 1º Na hipótese de o servidor encontrar-se em licença ou afastado legalmente, o prazo a que se refere este artigo será contado a partir do término do impedimento. (Parágrafo renumerado e alterado pela Lei 9.527/1997.)

§ 2º É facultado ao servidor declinar dos prazos estabelecidos no *caput*. (Incluído pela Lei 9.527/1997.)

Art. 19. Os servidores cumprirão jornada de trabalho fixada em razão das atribuições pertinentes aos respectivos cargos, respeitada a duração máxima do trabalho semanal de quarenta horas e observados os limites mínimo e máximo de seis horas e oito horas diárias, respectivamente. (Redação dada pela Lei 8.270/1991)

- Dec. 1.590/1995 (Dispõe sobre a jornada de trabalho dos servidores da Administração Pública Federal direta, das autarquias e das fundações públicas federais).

§ 1º O ocupante de cargo em comissão ou função de confiança submete-se a regime de integral dedicação ao serviço, observado o disposto no art. 120, podendo ser convocado sempre que houver interesse da Administração. (Redação dada pela Lei 9.527/1997.)

§ 2º O disposto neste artigo não se aplica a duração de trabalho estabelecida em leis especiais. (Incluído pela Lei 8.270/1991)

Art. 20. Ao entrar em exercício, o servidor nomeado para cargo de provimento efetivo ficará sujeito a estágio probatório por período de 24 (vinte e quatro) meses, durante o qual a sua aptidão e capacidade serão objeto de avaliação para o desempenho do cargo, observados os seguinte fatores:

- EC 19/1998.

I - assiduidade;
II - disciplina;
III - capacidade de iniciativa;
IV - produtividade;
V - responsabilidade.

§ 1º 4 (quatro) meses antes de findo o período do estágio probatório, será submetida à homologação da autoridade competente a avaliação do desempenho do servidor, realizada por comissão constituída para essa finalidade, de acordo com o que dispuser a lei ou o regulamento da respectiva carreira ou cargo, sem prejuízo da continuidade de apuração dos fatores enumerados nos incisos I a V do *caput* deste artigo. (Redação dada pela Lei 11.784/2008.)

§ 2º O servidor não aprovado no estágio probatório será exonerado ou, se estável, reconduzido ao cargo anteriormente ocupado, observado o disposto no parágrafo único do art. 29.

§ 3º O servidor em estágio probatório poderá exercer quaisquer cargos de provimento em comissão ou funções de direção, chefia ou assessoramento no órgão ou entidade de lotação, e somente poderá ser cedido a outro órgão ou entidade para ocupar cargos de Natureza Especial, cargos de provimento em comissão do Grupo-Direção e Assessoramento Superiores - DAS, de níveis 6, 5 e 4, ou equivalentes. (Incluído pela Lei 9.527/1997.)

§ 4º Ao servidor em estágio probatório somente poderão ser concedidas as licenças e os afastamentos previstos nos arts. 81, incisos I a IV, 94, 95 e 96, bem assim afastamento para participar de curso de formação decorrente de aprovação em concurso para outro cargo na Administração Pública Federal. (Incluído pela Lei 9.527/1997.)

§ 5º O estágio probatório ficará suspenso durante as licenças e os afastamentos previstos nos arts. 83, 84, § 1º, 86 e 96, bem assim na hipótese de participação em curso de formação, e será retomado a partir do término do impedimento. (Incluído pela Lei 9.527/1997.)

SEÇÃO V
DA ESTABILIDADE

Art. 21. O servidor habilitado em concurso público e empossado em cargo de provimento efetivo adquirirá estabilidade no serviço público ao completar 2 (dois) anos de efetivo exercício.

- art. 41, CF.
- arts. 19 a 21, ADCT.
- Súm. 390, TST.

Art. 22. O servidor estável só perderá o cargo em virtude de sentença judicial transitada em julgado ou de processo administrativo disciplinar no qual lhe seja assegurada ampla defesa.

SEÇÃO VI
DA TRANSFERÊNCIA

Art. 23. (Revogado pela Lei 9.527/1997.)

SEÇÃO VII
DA READAPTAÇÃO

Art. 24. Readaptação é a investidura do servidor em cargo de atribuições e responsabilidades compatíveis com a limitação que tenha sofrido em sua capacidade física ou mental verificada em inspeção médica.

§ 1º Se julgado incapaz para o serviço público, o readaptando será aposentado.

§ 2º A readaptação será efetivada em cargo de atribuições afins, respeitada a habilitação exigida, nível de escolaridade e equivalência de vencimentos e, na hipótese de inexistência de cargo vago, o servidor exercerá suas atribuições como excedente, até a ocorrência de vaga. (Redação dada pela Lei 9.527/1997.)

SEÇÃO VIII
DA REVERSÃO

- Dec. 3.644/2000 (Regulamento).

Art. 25. Reversão é o retorno à atividade de servidor aposentado: (Redação dada pela Med. Prov. 2.225-45/2001. Até o encerramento desta edição, não convertida em Lei.)

I - por invalidez, quando junta médica oficial declarar insubsistentes os motivos da aposentadoria; ou (Incluído pela Med. Prov. 2.225-45/2001.)

II - no interesse da administração, desde que: (Incluído pela Med. Prov. 2.225-45/2001.)

a) tenha solicitado a reversão; (Incluído pela Med. Prov. 2.225-45/2001.)

b) a aposentadoria tenha sido voluntária; (Incluído pela Med. Prov. 2.225-45/2001.)

c) estável quando na atividade; (Incluído pela Med. Prov. 2.225-45/2001.)

d) a aposentadoria tenha ocorrido nos cinco anos anteriores à solicitação; (Incluído pela Med. Prov. 2.225-45/2001.)

e) haja cargo vago. (Incluído pela Med. Prov. 2.225-45/2001.)

§ 1º A reversão far-se-á no mesmo cargo ou no cargo resultante de sua transformação. (Incluído pela Med. Prov. 2.225-45/2001.)

§ 2º O tempo em que o servidor estiver em exercício será considerado para concessão da aposentadoria. (Incluído pela Med. Prov. 2.225-45/2001.)

§ 3º No caso do inciso I, encontrando-se provido o cargo, o servidor exercerá suas atribuições como excedente, até a ocorrência de vaga. (Incluído pela Med. Prov. 2.225-45/2001.)

§ 4º O servidor que retornar à atividade por interesse da administração perceberá, em substituição aos proventos da aposentadoria, a remuneração do cargo que voltar a exercer, inclusive com as vantagens de natureza pessoal que percebia anteriormente à aposentadoria. (Incluído pela Med. Prov. 2.225-45/2001.)

§ 5º O servidor de que trata o inciso II somente terá os proventos calculados com base nas regras atuais se permanecer pelo menos cinco anos no cargo. (Incluído pela Med. Prov. 2.225-45/2001.)

§ 6º O Poder Executivo regulamentará o disposto neste artigo. (Incluído pela Med. Prov. 2.225-45/2001.)

Art. 26. (Revogado pela Med. Prov. 2.225-45/2001.)

Art. 27. Não poderá reverter o aposentado que já tiver completado 70 (setenta) anos de idade.

SEÇÃO IX
DA REINTEGRAÇÃO

Art. 28. A reintegração é a reinvestidura do servidor estável no cargo anteriormente ocupado, ou no cargo resultante de sua transformação, quando invalidada a sua demissão por decisão administrativa ou judicial, com ressarcimento de todas as vantagens.

› Súm. 173, STJ.

§ 1º Na hipótese de o cargo ter sido extinto, o servidor ficará em disponibilidade, observado o disposto nos arts. 30 e 31.

› art. 41, § 3º, CF.

§ 2º Encontrando-se provido o cargo, o seu eventual ocupante será reconduzido ao cargo de origem, sem direito à indenização ou aproveitado em outro cargo, ou, ainda, posto em disponibilidade.

› art. 41, § 3º, CF.

SEÇÃO X
DA RECONDUÇÃO

Art. 29. Recondução é o retorno do servidor estável ao cargo anteriormente ocupado e decorrerá de:

I - inabilitação em estágio probatório relativo a outro cargo;

II - reintegração do anterior ocupante.

Parágrafo único. Encontrando-se provido o cargo de origem, o servidor será aproveitado em outro, observado o disposto no art. 30.

SEÇÃO XI
DA DISPONIBILIDADE E DO APROVEITAMENTO

Art. 30. O retorno à atividade de servidor em disponibilidade far-se-á mediante aproveitamento obrigatório em cargo de atribuições e vencimentos compatíveis com o anteriormente ocupado.

Art. 31. O órgão central do Sistema de Pessoal Civil determinará o imediato aproveitamento de servidor em disponibilidade em vaga que vier a ocorrer nos órgãos ou entidades da Administração Pública Federal.

› Dec. 3.151/1999 (Disciplina a prática dos atos de extinção e de declaração de desnecessidade de cargos públicos, bem assim a dos atos de colocação em disponibilidade remunerada e de aproveitamento de servidores públicos em decorrência da extinção ou da reorganização de órgãos ou entidades da Administração Pública Federal direta, autárquica e fundacional).

Parágrafo único. Na hipótese prevista no § 3º do art. 37, o servidor posto em disponibilidade poderá ser mantido sob responsabilidade do órgão central do Sistema de Pessoal Civil da Administração Federal - SIPEC, até o seu adequado aproveitamento em outro órgão ou entidade. (Parágrafo incluído pela Lei 9.527/1997.)

Art. 32. Será tornado sem efeito o aproveitamento e cassada a disponibilidade se o servidor não entrar em exercício no prazo legal, salvo doença comprovada por junta médica oficial.

CAPÍTULO II
DA VACÂNCIA

Art. 33. A vacância do cargo público decorrerá de:

I - exoneração;

II - demissão;

III - promoção;

IV e **V** - (Revogados pela Lei 9.527/1997.)

VI - readaptação;

VII - aposentadoria;

VIII - posse em outro cargo inacumulável;

IX - falecimento.

Art. 34. A exoneração de cargo efetivo dar-se-á a pedido do servidor, ou de ofício.

› Súm. 21, STF.

Parágrafo único. A exoneração de ofício dar-se-á:

I - quando não satisfeitas as condições do estágio probatório;

II - quando, tendo tomado posse, o servidor não entrar em exercício no prazo estabelecido.

Art. 35. A exoneração de cargo em comissão e a dispensa de função de confiança dar-se-á: (Redação dada pela Lei 9.527/1997.)

I - a juízo da autoridade competente;

II - a pedido do próprio servidor.

Parágrafo único. (Revogado pela Lei 9.527/1997.)

CAPÍTULO III
DA REMOÇÃO E DA REDISTRIBUIÇÃO

SEÇÃO I
DA REMOÇÃO

Art. 36. Remoção é o deslocamento do servidor, a pedido ou de ofício, no âmbito do mesmo quadro, com ou sem mudança de sede.

› art. 20, Lei 11.416/2006 (Dispõe sobre as carreiras dos servidores do Poder Judiciário da União).

Parágrafo único. Para fins do disposto neste artigo, entende-se por modalidades de remoção: (Redação dada pela Lei 9.527/1997.)

I - de ofício, no interesse da Administração; (Incluído pela Lei 9.527/1997.)

II - a pedido, a critério da Administração; (Incluído pela Lei 9.527/1997.)

III - a pedido, para outra localidade, independentemente do interesse da Administração: (Incluído pela Lei 9.527/1997.)

a) para acompanhar cônjuge ou companheiro, também servidor público civil ou militar, de qualquer dos Poderes da União, dos Estados, do Distrito Federal e dos Municípios, que foi deslocado no interesse da Administração; (Incluído pela Lei 9.527/1997.)

› art. 142, § 3º, CF.

b) por motivo de saúde do servidor, cônjuge, companheiro ou dependente que viva às suas expensas e conste do seu assentamento funcional, condicionada à comprovação por junta médica oficial; (Incluído pela Lei 9.527/1997.)

c) em virtude de processo seletivo promovido, na hipótese em que o número de interessados for superior ao número de vagas, de acordo com normas preestabelecidas pelo órgão ou entidade em que aqueles estejam lotados. (Incluído pela Lei 9.527/1997.)

SEÇÃO II
DA REDISTRIBUIÇÃO

Art. 37. Redistribuição é o deslocamento de cargo de provimento efetivo, ocupado ou vago no âmbito do quadro geral de pessoal, para outro órgão ou entidade do mesmo Poder, com prévia apreciação do órgão central do SIPEC, observados os seguintes preceitos: (Redação dada pela Lei 9.527/1997.)

I - interesse da administração; (Incluído pela Lei 9.527/1997.)

II - equivalência de vencimentos; (Incluído pela Lei 9.527/1997.)

III - manutenção da essência das atribuições do cargo; (Incluído pela Lei 9.527/1997.)

IV - vinculação entre os graus de responsabilidade e complexidade das atividades; (Incluído pela Lei 9.527/1997.)

V - mesmo nível de escolaridade, especialidade ou habilitação profissional; (Incluído pela Lei 9.527/1997.)

VI - compatibilidade entre as atribuições do cargo e as finalidades institucionais do órgão ou entidade. (Incluído pela Lei 9.527/1997.)

› Dec. 3.151/1999 (Disciplina a prática dos atos de extinção e de declaração de desnecessidade de cargos públicos, bem assim a dos atos de colocação em disponibilidade remunerada e de aproveitamento de servidores públicos em decorrência da extinção ou da reorganização de órgãos ou entidades da Administração Pública Federal direta, autárquica e fundacional).

§ 1º A redistribuição ocorrerá *ex officio* para ajustamento de lotação e da força de trabalho às necessidades dos serviços, inclusive nos casos de reorganização, extinção ou criação de órgão ou entidade. (Incluído pela Lei 9.527/1997.)

§ 2º A redistribuição de cargos efetivos vagos se dará mediante ato conjunto entre o órgão central do SIPEC e os órgãos e entidades da Administração Pública Federal envolvidos. (Incluído pela Lei 9.527/1997.)

§ 3º Nos casos de reorganização ou extinção de órgão ou entidade, extinto o cargo ou declarada sua desnecessidade no órgão ou entidade, o servidor estável que não for redistribuído será colocado em disponibilidade, até seu aproveitamento na forma dos arts. 30 e 31. (Parágrafo renumerado e alterado pela Lei 9.527/1997.)

§ 4º O servidor que não for redistribuído ou colocado em disponibilidade poderá ser mantido sob responsabilidade do órgão central do SIPEC, e ter exercício provisório, em outro órgão ou entidade, até seu adequado aproveitamento. (Incluído pela Lei 9.527/1997.)

CAPÍTULO IV
DA SUBSTITUIÇÃO

Art. 38. Os servidores investidos em cargo ou função de direção ou chefia e os ocupantes de cargo de Natureza Especial terão substitutos indicados no regimento interno ou, no caso de omissão, previamente designados pelo dirigente máximo do órgão ou entidade. (Redação dada pela Lei 9.527/1997.)

§ 1º O substituto assumirá automática e cumulativamente, sem prejuízo do cargo que ocupa, o exercício do cargo ou função de direção ou chefia e os de Natureza Especial, nos afastamentos, impedimentos legais ou regulamentares do titular e na vacância do cargo, hipóteses em que deverá optar pela remuneração de um deles durante o respectivo período. (Redação dada pela Lei 9.527/1997.)

§ 2º O substituto fará jus à retribuição pelo exercício do cargo ou função de direção ou chefia ou de cargo de Natureza Especial, nos casos dos afastamentos ou impedimentos legais do titular, superiores a trinta dias consecutivos, paga na proporção dos dias de efetiva substituição, que excederem o referido período. (Redação dada pela Lei 9.527/1997.)

Art. 39. O disposto no artigo anterior aplica-se aos titulares de unidades administrativas organizadas em nível de assessoria.

TÍTULO III
DOS DIREITOS E VANTAGENS

CAPÍTULO I
DO VENCIMENTO E DA REMUNERAÇÃO

Art. 40. Vencimento é a retribuição pecuniária pelo exercício de cargo público, com valor fixado em lei.

› Súm. 378, STJ.

Parágrafo único. (Revogado pela Lei 11.784/2008.)

Art. 41. Remuneração é o vencimento do cargo efetivo, acrescido das vantagens pecuniárias permanentes estabelecidas em lei.

› Súm. Vinc. 4, STF.

› Súm. 339, 680, 681 e 682, STF.

§ 1º A remuneração do servidor investido em função ou cargo em comissão será paga na forma prevista no art. 62.

§ 2º O servidor investido em cargo em comissão de órgão ou entidade diversa da de sua lotação receberá a remuneração de acordo com o estabelecido no § 1º do art. 93.

§ 3º O vencimento do cargo efetivo, acrescido das vantagens de caráter permanente, é irredutível.

§ 4º É assegurada a isonomia de vencimentos para cargos de atribuições iguais ou assemelhadas do mesmo Poder, ou entre servidores dos três Poderes, ressalvadas as vantagens de caráter individual e as relativas à natureza ou ao local de trabalho.

› art. 37, XIII, CF.

§ 5º Nenhum servidor receberá remuneração inferior ao salário-mínimo. (Incluído pela Lei 11.784/2008.)

› Súm. Vinc. 6, 15 e 16, STF.

› Súm. 378, STJ.

Art. 42. Nenhum servidor poderá perceber, mensalmente, a título de remuneração, importância superior à soma dos valores percebidos como remuneração, em espécie, a qualquer título, no âmbito dos respectivos Poderes, pelos Ministros de Estado, por membros do Congresso Nacional e Ministros do Supremo Tribunal Federal.

› art. 37, XI, CF.

Parágrafo único. Excluem-se do teto de remuneração as vantagens previstas nos incisos II a VII do art. 61.

Art. 43. (Revogado pela Lei 9.624/1998.)

Art. 44. O servidor perderá:

I - a remuneração do dia em que faltar ao serviço, sem motivo justificado; (Redação dada pela Lei 9.527/1997.)

› art. 4º, §§ 4º e 5º, do Dec. 7.003/2009, (que Regulamenta a licença para tratamento de saúde do servidor da Administração Federal direta, autárquica e fundacional e os casos em que poderá ser dispensada a perícia oficial).

II - a parcela de remuneração diária, proporcional aos atrasos, ausências justificadas, ressalvadas as concessões de que trata o art. 97, e saídas antecipadas, salvo na hipótese de compensação de horário, até o mês subsequente ao da ocorrência, a ser estabelecida pela chefia imediata. (Redação dada pela Lei 9.527/1997.)

Parágrafo único. As faltas justificadas decorrentes de caso fortuito ou de força maior poderão ser compensadas a critério da chefia imediata, sendo assim consideradas como efetivo exercício. (Incluído pela Lei 9.527/1997.)

Art. 45. Salvo por imposição legal, ou mandado judicial, nenhum desconto incidirá sobre a remuneração ou provento.

› Dec. 6.386/2008 (Regulamenta este artigo).

§ 1º Mediante autorização do servidor, poderá haver consignação em folha de pagamento em favor de terceiros, a critério da administração e com reposição de custos, na forma definida em regulamento. (Alterado pela Lei 13.172/2015.)

§ 2º O total de consignações facultativas de que trata o § 1º não excederá a 35% (trinta e cinco por cento) da remuneração mensal, sendo 5% (cinco por cento) reservados exclusivamente para: (Alterado pela Lei 13.172/2015.)

I - a amortização de despesas contraídas por meio de cartão de crédito; ou

II - a utilização com a finalidade de saque por meio do cartão de crédito.

Art. 46. As reposições e indenizações ao erário, atualizadas até 30 de junho de 1994, serão previamente comunicadas ao servidor ativo, aposentado ou ao pensionista, para pagamento, no prazo máximo de trinta dias, podendo ser parceladas, a pedido do interessado. (Redação dada pela Med. Prov. 2.225-45/2001.)

› Res. CJF 68/2009 (Dispõe sobre o processo administrativo relativo à devolução de valores indevidamente recebidos, bem como ao ressarcimento de danos causados ao erário por juiz ou servidor da Justiça Federal de primeiro e segundo graus e por servidor do Conselho da Justiça Federal).

§ 1º O valor de cada parcela não poderá ser inferior ao correspondente a dez por cento da remuneração, provento ou pensão. (Redação dada pela Med. Prov. 2.225-45/2001.)

§ 2º Quando o pagamento indevido houver ocorrido no mês anterior ao do processamento da folha, a reposição será feita imediatamente, em uma única parcela. (Redação dada pela Med. Prov. 2.225-45/2001.)

§ 3º Na hipótese de valores recebidos em decorrência de cumprimento a decisão liminar, a tutela antecipada ou a sentença que venha a ser revogada ou rescindida, serão eles atualizados até a data da reposição. (Redação dada pela Med. Prov. 2.225-45/2001.)

Art. 47. O servidor em débito com o erário, que for demitido, exonerado ou que tiver sua aposentadoria ou disponibilidade cassada, terá o prazo de sessenta dias para quitar o débito. (Redação dada pela Med. Prov. 2.225-45/2001.)

Parágrafo único. A não quitação do débito no prazo previsto implicará sua inscrição em dívida ativa. (Redação dada pela Med. Prov. 2.225-45/2001.)

Art. 48. O vencimento, a remuneração e o provento não serão objeto de arresto, sequestro ou penhora, exceto nos casos de prestação de alimentos resultante de decisão judicial.

› Súm. 97, STJ.

CAPÍTULO II
DAS VANTAGENS

Art. 49. Além do vencimento, poderão ser pagas ao servidor as seguintes vantagens:

I - indenizações;

II - gratificações;

III - adicionais.

§ 1º As indenizações não se incorporam ao vencimento ou provento para qualquer efeito.

§ 2º As gratificações e os adicionais incorporam-se ao vencimento ou provento, nos casos e condições indicados em lei.

Art. 50. As vantagens pecuniárias não serão computadas, nem acumuladas, para efeito de concessão de quaisquer outros acréscimos pecuniários ulteriores, sob o mesmo título ou idêntico fundamento.

› art. 37, XIV, CF.

SEÇÃO I
DAS INDENIZAÇÕES

Art. 51. Constituem indenizações ao servidor:

I - ajuda de custo;

II - diárias;

III - transporte.

IV - auxílio-moradia. (Incluído pela Lei 11.355/2006.)

Art. 52. Os valores das indenizações estabelecidas nos incisos I a III do art. 51, assim como as condições para a sua concessão, serão estabelecidos em regulamento. (Redação dada pela Lei 11.355/2006.)

‣ Dec. 3.184/1999 (Regulamenta este artigo).

SUBSEÇÃO I
DA AJUDA DE CUSTO

‣ Dec. 4.004/2001 (Dispõe sobre a concessão de ajuda de custo e de transporte aos servidores públicos civis da União, das autarquias e das fundações públicas federais).

Art. 53. A ajuda de custo destina-se a compensar as despesas de instalação do servidor que, no interesse do serviço, passar a ter exercício em nova sede, com mudança de domicílio em caráter permanente, vedado o duplo pagamento de indenização, a qualquer tempo, no caso de o cônjuge ou companheiro que detenha também a condição de servidor, vier a ter exercício na mesma sede. (Redação dada pela Lei 9.527/1997.)

§ 1º Correm por conta da administração as despesas de transporte do servidor e de sua família, compreendendo passagem, bagagem e bens pessoais.

§ 2º À família do servidor que falecer na nova sede são assegurados ajuda de custo e transporte para a localidade de origem, dentro do prazo de 1 (um) ano, contado do óbito.

§ 3º Não será concedida ajuda de custo nas hipóteses de remoção previstas nos incisos II e III do parágrafo único do art. 36. (Acrescentado pela Lei 12.998/2014.)

Art. 54. A ajuda de custo é calculada sobre a remuneração do servidor, conforme se dispuser em regulamento, não podendo exceder a importância correspondente a 3 (três) meses.

Art. 55. Não será concedida ajuda de custo ao servidor que se afastar do cargo, ou reassumi-lo, em virtude de mandato eletivo.

Art. 56. Será concedida ajuda de custo àquele que, não sendo servidor da União, for nomeado para cargo em comissão, com mudança de domicílio.

Parágrafo único. No afastamento previsto no inciso I do art. 93, a ajuda de custo será paga pelo órgão cessionário, quando cabível.

Art. 57. O servidor ficará obrigado a restituir a ajuda de custo quando, injustificadamente, não se apresentar na nova sede no prazo de 30 (trinta) dias.

SUBSEÇÃO II
DAS DIÁRIAS

Art. 58. O servidor que, a serviço, afastar-se da sede em caráter eventual ou transitório para outro ponto do território nacional ou para o exterior, fará jus a passagens e diárias destinadas a indenizar as parcelas de despesas extraordinárias com pousada, alimentação e locomoção urbana, conforme dispuser em regulamento. (Redação dada pela Lei 9.527/1997.)

§ 1º A diária será concedida por dia de afastamento, sendo devida pela metade quando o deslocamento não exigir pernoite fora da sede, ou quando a União custear, por meio diverso, as despesas extraordinárias cobertas por diárias. (Redação dada pela Lei 9.527/1997.)

§ 2º Nos casos em que o deslocamento da sede constituir exigência permanente do cargo, o servidor não fará jus a diárias.

§ 3º Também não fará jus a diárias o servidor que se deslocar dentro da mesma região metropolitana, aglomeração urbana ou microrregião, constituídas por municípios limítrofes e regularmente instituídas, ou em áreas de controle integrado mantidas com países limítrofes, cuja jurisdição e competência dos órgãos, entidades e servidores brasileiros considera-se estendida, salvo se houver pernoite fora da sede, hipóteses em que as diárias pagas serão sempre as fixadas para os afastamentos dentro do território nacional. (Incluído pela Lei 9.527/1997.)

Art. 59. O servidor que receber diárias e não se afastar da sede, por qualquer motivo, fica obrigado a restituí-las integralmente, no prazo de 5 (cinco) dias.

Parágrafo único. Na hipótese de o servidor retornar à sede em prazo menor do que o previsto para o seu afastamento, restituirá as diárias recebidas em excesso, no prazo previsto no *caput*.

SUBSEÇÃO III
DA INDENIZAÇÃO DE TRANSPORTE

Art. 60. Conceder-se-á indenização de transporte ao servidor que realizar despesas com a utilização de meio próprio de locomoção para a execução de serviços externos, por força das atribuições próprias do cargo, conforme se dispuser em regulamento.

‣ Dec. 3.184/1999 (Regulamenta este artigo).

SUBSEÇÃO IV
DO AUXÍLIO-MORADIA

‣ Incluído pela Lei 11.355/2006.

Art. 60-A. O auxílio-moradia consiste no ressarcimento das despesas comprovadamente realizadas pelo servidor com aluguel de moradia ou com meio de hospedagem administrado por empresa hoteleira, no prazo de um mês após a comprovação da despesa pelo servidor. (Incluído pela Lei nº 11.355, de 2006)

Art. 60-B. Conceder-se-á auxílio-moradia ao servidor se atendidos os seguintes requisitos: (Incluído pela Lei 11.355/2006.)

I - não exista imóvel funcional disponível para uso pelo servidor; (Incluído pela Lei 11.355/2006.)

II - o cônjuge ou companheiro do servidor não ocupe imóvel funcional; (Incluído pela Lei 11.355/2006.)

III - o servidor ou seu cônjuge ou companheiro não seja ou tenha sido proprietário, promitente comprador, cessionário ou promitente cessionário de imóvel no Município aonde for exercer o cargo, incluída a hipótese de lote edificado sem averbação de construção, nos doze meses que antecederem a sua nomeação; (Incluído pela Lei 11.355/2006.)

IV - nenhuma outra pessoa que resida com o servidor receba auxílio-moradia; (Incluído pela Lei 11.355/2006.)

V - o servidor tenha se mudado do local de residência para ocupar cargo em comissão ou função de confiança do Grupo-Direção e Assessoramento Superiores - DAS, níveis 4, 5 e 6, de Natureza Especial, de Ministro de Estado ou equivalentes; (Incluído pela Lei 11.355/2006.)

VI - o Município no qual assuma o cargo em comissão ou função de confiança não se enquadre nas hipóteses do art. 58, § 3º, em relação ao local de residência ou domicílio do servidor; (Incluído pela Lei 11.355/2006.)

VII - o servidor não tenha sido domiciliado ou tenha residido no Município, nos últimos doze meses, aonde for exercer o cargo em comissão ou função de confiança, desconsiderando-se prazo inferior a sessenta dias dentro desse período; e (Incluído pela Lei 11.355/2006.)

VIII - o deslocamento não tenha sido por força de alteração de lotação ou nomeação para cargo efetivo. (Incluído pela Lei 11.355/2006.)

IX - o deslocamento tenha ocorrido após 30 de junho de 2006. (Incluído pela Lei 11.490/2007.)

Parágrafo único. Para fins do inciso VII, não será considerado o prazo no qual o servidor estava ocupando outro cargo em comissão relacionado no inciso V. (Incluído pela Lei 11.355/2006.)

Art. 60-C. (Revogado pela Lei 12.998/2014.)

Art. 60-D. O valor mensal do auxílio-moradia é limitado a 25% (vinte e cinco por cento) do valor do cargo em comissão, função comissionada ou cargo de Ministro de Estado ocupado. (Incluído pela Lei nº 11.784, de 2008

§ 1º O valor do auxílio-moradia não poderá superar 25% (vinte e cinco por cento) da remuneração de Ministro de Estado. (Incluído pela Lei 11.784/2008.)

§ 2º Independentemente do valor do cargo em comissão ou função comissionada, fica garantido a todos os que preencherem os requisitos o ressarcimento até o valor de R$ 1.800,00 (mil e oitocentos reais). (Incluído pela Lei nº 11.784, de 2008

Art. 60-E. No caso de falecimento, exoneração, colocação de imóvel funcional à disposição do servidor ou aquisição de imóvel, o auxílio-moradia continuará sendo pago por um mês. (Incluído pela Lei nº 11.355, de 2006)

SEÇÃO II
DAS GRATIFICAÇÕES E ADICIONAIS

‣ art. 39, § 7º, CF.

Art. 61. Além do vencimento e das vantagens previstas nesta Lei, serão deferidos aos servidores as seguintes retribuições, gratificações e adicionais: (Redação dada pela Lei 9.527/1997.)

› Súm. Vinc. 4, STF.

I - retribuição pelo exercício de função de direção, chefia e assessoramento; (Redação dada pela Lei 9.527/1997.)

II - gratificação natalina;

III - (Revogado pela Med. Prov. 2.225-45/2001.)

IV - adicional pelo exercício de atividades insalubres, perigosas ou penosas;

V - adicional pela prestação de serviço extraordinário;

VI - adicional noturno;

VII - adicional de férias;

VIII - outros, relativos ao local ou à natureza do trabalho;

IX - gratificação por encargo de curso ou concurso. (Incluído pela Lei 11.314/2006.)

SUBSEÇÃO I
DA RETRIBUIÇÃO PELO EXERCÍCIO DE FUNÇÃO
DE DIREÇÃO, CHEFIA E ASSESSORAMENTO

› Redação dada pela Lei 9.527/1997.

Art. 62. Ao servidor ocupante de cargo efetivo investido em função de direção, chefia ou assessoramento, cargo de provimento em comissão ou de Natureza Especial é devida retribuição pelo seu exercício. (Redação dada pela Lei 9.527/1997.)

Parágrafo único. Lei específica estabelecerá a remuneração dos cargos em comissão de que trata o inciso II do art. 9º. (Redação dada pela Lei 9.527/1997.)

Art. 62-A. Fica transformada em Vantagem Pessoal Nominalmente Identificada - VPNI a incorporação da retribuição pelo exercício de função de direção, chefia ou assessoramento, cargo de provimento em comissão ou de Natureza Especial a que se referem os arts. 3º e 10 da Lei n. 8.911, de 11 de julho de 1994, e o art. 3º da Lei n. 9.624, de 02 de abril de 1998. (Incluído pela Med. Prov. 2.225-45/2001. Até o encerramento desta edição não havia sido convertida em Lei.)

Parágrafo único. A VPNI de que trata o *caput* deste artigo somente estará sujeita às revisões gerais de remuneração dos servidores públicos federais. (Incluído pela Med. Prov. 2.225-45/2001.)

SUBSEÇÃO II
DA GRATIFICAÇÃO NATALINA

Art. 63. A gratificação natalina corresponde a 1/12 (um doze avos) da remuneração a que o servidor fizer jus no mês de dezembro, por mês de exercício no respectivo ano.

Parágrafo único. A fração igual ou superior a 15 (quinze) dias será considerada como mês integral.

Art. 64. A gratificação será paga até o dia 20 (vinte) do mês de dezembro de cada ano.

Parágrafo único. (Vetado.)

Art. 65. O servidor exonerado perceberá sua gratificação natalina, proporcionalmente aos meses de exercício, calculada sobre a remuneração do mês da exoneração.

Art. 66. A gratificação natalina não será considerada para cálculo de qualquer vantagem pecuniária.

SUBSEÇÃO III
DO ADICIONAL POR TEMPO DE SERVIÇO

Art. 67. (Revogado pela Med. Prov. 2.225-45/2001, respeitadas as situações constituídas até 08.03.1999. Até o encerramento desta edição não convertida em Lei).

SUBSEÇÃO IV
DOS ADICIONAIS DE INSALUBRIDADE, PERICULOSIDADE OU ATIVIDADES PENOSAS

Art. 68. Os servidores que trabalhem com habitualidade em locais insalubres ou em contato permanente com substâncias tóxicas, radioativas ou com risco de vida, fazem jus a um adicional sobre o vencimento do cargo efetivo.

§ 1º O servidor que fizer jus aos adicionais de insalubridade e de periculosidade deverá optar por um deles.

§ 2º O direito ao adicional de insalubridade ou periculosidade cessa com a eliminação das condições ou dos riscos que deram causa a sua concessão.

Art. 69. Haverá permanente controle da atividade de servidores em operações ou locais considerados penosos, insalubres ou perigosos.

Parágrafo único. A servidora gestante ou lactante será afastada, enquanto durar a gestação e a lactação, das operações e locais previstos neste artigo, exercendo suas atividades em local salubre e em serviço não penoso e não perigoso.

Art. 70. Na concessão dos adicionais de atividades penosas, de insalubridade e de periculosidade, serão observadas as situações estabelecidas em legislação específica.

› Port. PGR - MPU 633/2010 (Regulamenta o pagamento do adicional de atividade penosa de que trata este artigo).

Art. 71. O adicional de atividade penosa será devido aos servidores em exercício em zonas de fronteira ou em localidades cujas condições de vida o justifiquem, nos termos, condições e limites fixados em regulamento.

› Port. PGR - MPU 633/2010 (Regulamenta o pagamento do adicional de atividade penosa de que trata este artigo).

Art. 72. Os locais de trabalho e os servidores que operam com Raios X ou substâncias radioativas serão mantidos sob controle permanente, de modo que as doses de radiação ionizante não ultrapassem o nível máximo previsto na legislação própria.

Parágrafo único. Os servidores a que se refere este artigo serão submetidos a exames médicos a cada 6 (seis) meses.

SUBSEÇÃO V
DO ADICIONAL POR SERVIÇO EXTRAORDINÁRIO

Art. 73. O serviço extraordinário será remunerado com acréscimo de 50% (cinquenta por cento) em relação à hora normal de trabalho.

› Dec. 948/1993 (Regulamenta este artigo).

Art. 74. Somente será permitido serviço extraordinário para atender a situações excepcionais e temporárias, respeitado o limite máximo de 2 (duas) horas por jornada.

SUBSEÇÃO VI
DO ADICIONAL NOTURNO

Art. 75. O serviço noturno, prestado em horário compreendido entre 22 (vinte e duas) horas de um dia e 5 (cinco) horas do dia seguinte, terá o valor-hora acrescido de 25% (vinte e cinco por cento), computando-se cada hora como cinquenta e dois minutos e trinta segundos.

Parágrafo único. Em se tratando de serviço extraordinário, o acréscimo de que trata este artigo incidirá sobre a remuneração prevista no art. 73.

SUBSEÇÃO VII
DO ADICIONAL DE FÉRIAS

Art. 76. Independentemente de solicitação, será pago ao servidor, por ocasião das férias, um adicional correspondente a 1/3 (um terço) da remuneração do período das férias.

› Súm. 125 e 136, STJ.

Parágrafo único. No caso de o servidor exercer função de direção, chefia ou assessoramento, ou ocupar cargo em comissão, a respectiva vantagem será considerada no cálculo do adicional de que trata este artigo.

SUBSEÇÃO VIII
DA GRATIFICAÇÃO POR ENCARGO DE CURSO OU CONCURSO

› Incluída pela Lei 11.314/2006.

Art. 76-A. A Gratificação por Encargo de Curso ou Concurso é devida ao servidor que, em caráter eventual: (Incluído pela Lei 11.314/2006)

› Dec. 6.114/2007 (Regulamenta este artigo).

I - atuar como instrutor em curso de formação, de desenvolvimento ou de treinamento regularmente instituído no âmbito da administração pública federal; (Incluído pela Lei 11.314/2006.)

› art. 98, § 4º, desta lei.

II - participar de banca examinadora ou de comissão para exames orais, para análise curricular, para correção de provas discursivas, para elaboração de questões de provas ou para julgamento de recursos intentados por candidatos; (Incluído pela Lei 11.314/2006.)

› art. 98, § 4º, desta lei.

III - participar da logística de preparação e de realização de concurso público envolvendo atividades de planejamento, coordenação, supervisão, execução e avaliação de resultado, quando tais atividades não estiverem incluídas entre as suas atribuições permanentes; (Incluído pela Lei 11.314/2006.)

IV - participar da aplicação, fiscalizar ou avaliar provas de exame vestibular ou de concurso público ou supervisionar essas atividades. (Incluído pela Lei 11.314/2006.)

§ 1º Os critérios de concessão e os limites da gratificação de que trata este artigo serão fixados em regulamento, observados os seguintes parâmetros: (Incluído pela Lei 11.314/2006.)

I - o valor da gratificação será calculado em horas, observadas a natureza e a complexidade da atividade exercida; (Incluído pela Lei 11.314/2006.)

II - a retribuição não poderá ser superior ao equivalente a 120 (cento e vinte) horas de trabalho anuais, ressalvada situação de excepcionalidade, devidamente justificada e previamente aprovada pela autoridade máxima do órgão ou entidade, que poderá autorizar o acréscimo de até 120 (cento e vinte) horas de trabalho anuais; (Incluído pela Lei 11.314/2006.)

III - o valor máximo da hora trabalhada corresponderá aos seguintes percentuais, incidentes sobre o maior vencimento básico da administração pública federal: (Incluído pela Lei 11.314/2006.)

a) 2,2% (dois inteiros e dois décimos por cento), em se tratando de atividades previstas nos incisos I e II do *caput* deste artigo; (Redação dada pela Lei 11.501/2007.)

b) 1,2% (um inteiro e dois décimos por cento), em se tratando de atividade prevista nos incisos III e IV do *caput* deste artigo. (Redação dada pela Lei 11.501/2007.)

§ 2º A Gratificação por Encargo de Curso ou Concurso somente será paga se as atividades referidas nos incisos do *caput* deste artigo forem exercidas sem prejuízo das atribuições do cargo de que o servidor for titular, devendo ser objeto de compensação de carga horária quando desempenhadas durante a jornada de trabalho, na forma do § 4º do art. 98 desta Lei. (Incluído pela Lei 11.314/2006.)

§ 3º A Gratificação por Encargo de Curso ou Concurso não se incorpora ao vencimento ou salário do servidor para qualquer efeito e não poderá ser utilizada como base de cálculo para quaisquer outras vantagens, inclusive para fins de cálculo dos proventos da aposentadoria e das pensões. (Incluído pela Lei 11.314/2006.)

CAPÍTULO III
DAS FÉRIAS

Art. 77. O servidor fará jus a trinta dias de férias, que podem ser acumuladas, até o máximo de dois períodos, no caso de necessidade do serviço, ressalvadas as hipóteses em que haja legislação específica. (Redação dada pela Lei 9.525/1997.)

§ 1º Para o primeiro período aquisitivo de férias serão exigidos 12 (doze) meses de exercício.

§ 2º É vedado levar à conta de férias qualquer falta ao serviço.

§ 3º As férias poderão ser parceladas em até três etapas, desde que assim requeridas pelo servidor, e no interesse da administração pública. (Incluído pela Lei 9.525/1997.)

Art. 78. O pagamento da remuneração das férias será efetuado até 2 (dois) dias antes do início do respectivo período, observando-se o disposto no § 1º deste artigo.

- art. 2º, Lei 9.525/1997 (Ministros de Estado.)

§§ 1º e 2º (Revogados pela Lei 9.527/1997.)

§ 3º O servidor exonerado do cargo efetivo, ou em comissão, perceberá indenização relativa ao período das férias a que tiver direito e ao incompleto, na proporção de um doze avos por mês de efetivo exercício, ou fração superior a quatorze dias. (Incluído pela Lei 8.216/1991.)

§ 4º A indenização será calculada com base na remuneração do mês em que for publicado o ato exoneratório. (Incluído pela Lei 8.216/1991.)

§ 5º Em caso de parcelamento, o servidor receberá o valor adicional previsto no inciso XVII do art. 7º da Constituição Federal quando da utilização do primeiro período. (Incluído pela Lei 9.525/1997.)

Art. 79. O servidor que opera direta e permanentemente com raios X ou substâncias radioativas gozará 20 (vinte) dias consecutivos de férias, por semestre de atividade profissional, proibida em qualquer hipótese a acumulação.

Parágrafo único. (Revogado pela Lei 9.527/1997.)

Art. 80. As férias somente poderão ser interrompidas por motivo de calamidade pública, comoção interna, convocação para júri, serviço militar ou eleitoral, ou por necessidade do serviço declarada pela autoridade máxima do órgão ou entidade. (Redação dada pela Lei 9.527/1997.)

Parágrafo único. O restante do período interrompido será gozado de uma só vez, observado o disposto no art. 77. (Incluído pela Lei 9.527/1997.)

CAPÍTULO IV
DAS LICENÇAS

SEÇÃO I
DISPOSIÇÕES GERAIS

Art. 81. Conceder-se-á ao servidor licença:

I - por motivo de doença em pessoa da família;

II - por motivo de afastamento do cônjuge ou companheiro;

III - para o serviço militar;

IV - para atividade política;

V - para capacitação; (Redação dada pela Lei 9.527/1997.)

VI - para tratar de interesses particulares;

VII - para desempenho de mandato classista.

§ 1º A licença prevista no inciso I do *caput* deste artigo bem como cada uma de suas prorrogações serão precedidas de exame por perícia médica oficial, observado o disposto no art. 204 desta lei. (Redação dada pela Lei 11.907/2009.)

§ 2º (Revogado pela Lei 9.527/1997.)

§ 3º É vedado o exercício de atividade remunerada durante o período da licença prevista no inciso I deste artigo.

Art. 82. A licença concedida dentro de 60 (sessenta) dias do término de outra da mesma espécie será considerada como prorrogação.

SEÇÃO II
DA LICENÇA POR MOTIVO DE DOENÇA EM PESSOA DA FAMÍLIA

Art. 83. Poderá ser concedida licença ao servidor por motivo de doença do cônjuge ou companheiro, dos pais, dos filhos, do padrasto ou madrasta e enteado, ou dependente que viva a suas expensas e conste do seu assentamento funcional, mediante comprovação por perícia médica oficial. (Redação dada pela Lei 11.907/2009.)

- art. 9º, Dec. 7.003/2009 (Regulamenta a licença para tratamento de saúde do servidor da administração federal direta, autárquica e fundacional e os casos em que poderá ser dispensada a perícia oficial).

§ 1º A licença somente será deferida se a assistência direta do servidor for indispensável e não puder ser prestada simultaneamente com o exercício do cargo ou mediante compensação de horário, na forma do disposto no inciso II do art. 44. (Redação dada pela Lei 9.527/1997.)

§ 2º A licença de que trata o *caput*, incluídas as prorrogações, poderá ser concedida a cada período de doze meses nas seguintes condições: (Redação dada pela Lei 12.269/2010.)

I - por até 60 (sessenta) dias, consecutivos ou não, mantida a remuneração do servidor; e (Incluído pela Lei 12.269/2010.)

II - por até 90 (noventa) dias, consecutivos ou não, sem remuneração. (Incluído pela Lei 12.269/2010.)

§ 3º O início do interstício de 12 (doze) meses será contado a partir da data do deferimento da primeira licença concedida. (Incluído pela Lei 12.269/2010.)

§ 4º A soma das licenças remuneradas e das licenças não remuneradas, incluídas as respectivas prorrogações, concedidas em um mesmo período de 12 (doze) meses, observado o disposto no § 3º, não poderá ultrapassar os limites estabelecidos nos incisos I e II do § 2º. (Incluído pela Lei 12.269/2010.)

SEÇÃO III
DA LICENÇA POR MOTIVO DE AFASTAMENTO DO CÔNJUGE

Art. 84. Poderá ser concedida licença ao servidor para acompanhar cônjuge ou companheiro que foi deslocado para outro ponto do território nacional, para o exterior ou para o exercício de mandato eletivo dos Poderes Executivo e Legislativo.

- Res. 5/2008, CJF (Regulamenta, no âmbito do Conselho e da Justiça Federal de primeiro e segundo graus a concessão de horário especial, do afastamento para estudo ou missão no exterior, da licença para capacitação, do afastamento de servidores para participação em curso de formação, da cessão e requisição, da licença por motivo de doença em pessoa da família, da licença para atividade política, do afastamento para exercício de mandato eletivo, da licença por motivo de afastamento do cônjuge, da licença para o trato de assuntos particulares e da licença-prêmio por assiduidade previstos, na Lei 8.112/1990).

§ 1º A licença será por prazo indeterminado e sem remuneração.

§ 2º No deslocamento de servidor cujo cônjuge ou companheiro também seja servidor público, civil ou militar, de qualquer dos Poderes da União, dos Estados, do Distrito Federal e dos Municípios, poderá haver exercício provisório em órgão ou entidade da Administração Federal direta, autárquica ou fundacional, desde que para o exercício de atividade compatível com o seu cargo. (Redação dada pela Lei 9.527/1997.)

- art. 142, § 3º, CF.

SEÇÃO IV
DA LICENÇA PARA O SERVIÇO MILITAR

Art. 85. Ao servidor convocado para o serviço militar será concedida licença, na forma e condições previstas na legislação específica.

Parágrafo único. Concluído o serviço militar, o servidor terá até 30 (trinta) dias sem remuneração para reassumir o exercício do cargo.

SEÇÃO V
DA LICENÇA PARA ATIVIDADE POLÍTICA

Art. 86. O servidor terá direito a licença, sem remuneração, durante o período que mediar entre a sua escolha em convenção partidária, como candidato a cargo eletivo, e a véspera do registro de sua candidatura perante a Justiça Eleitoral.

§ 1º O servidor candidato a cargo eletivo na localidade onde desempenha suas funções e que exerça cargo de direção, chefia, assessoramento, arrecadação ou fiscalização, dele será afastado, a partir do dia imediato ao do registro de sua candidatura perante a Justiça Eleitoral, até o décimo dia seguinte ao do pleito. (Redação dada pela Lei 9.527/1997.)

§ 2º A partir do registro da candidatura e até o décimo dia seguinte ao da eleição, o servidor fará jus à licença, assegurados os vencimentos do cargo efetivo, somente pelo período de três meses. (Redação dada pela Lei 9.527/1997.)

SEÇÃO VI
DA LICENÇA PARA CAPACITAÇÃO

- Redação dada pela Lei 9.527/1997.
- Dec. 5.707/2006 (Regulamenta esta Seção).

Art. 87. Após cada quinquênio de efetivo exercício, o servidor poderá, no interesse da Administração, afastar-se do exercício do cargo efetivo, com a respectiva remuneração, por até três meses, para participar de curso de capacitação profissional. (Redação dada pela Lei 9.527/1997.)

- art. 10, Dec. 5.707/2006 (Regulamenta este artigo).

Parágrafo único. Os períodos de licença de que trata o *caput* não são acumuláveis. (Redação dada pela Lei 9.527/1997.)

ARTS. 88. e 89. (Revogados pela Lei 9.527/1997.)

Art. 90. (Vetado.)

SEÇÃO VII
DA LICENÇA PARA TRATAR DE INTERESSES PARTICULARES

Art. 91. A critério da Administração, poderão ser concedidas ao servidor ocupante de cargo efetivo, desde que não esteja em estágio probatório, licenças para o trato de assuntos particulares pelo prazo de até três anos consecutivos, sem remuneração. (Redação dada pela Med. Prov. 2.225-45/2001.)

Parágrafo único. A licença poderá ser interrompida, a qualquer tempo, a pedido do servidor ou no interesse do serviço. (Redação dada pela Med. Prov. 2.225-45/2001.)

SEÇÃO VIII
DA LICENÇA PARA O DESEMPENHO DE MANDATO CLASSISTA

Art. 92. É assegurado ao servidor o direito à licença sem remuneração para o desempenho de mandato em confederação, federação, associação de classe de âmbito nacional, sindicato representativo da categoria ou entidade fiscalizadora da profissão ou, ainda, para participar de gerência ou administração em sociedade cooperativa constituída por servidores públicos para prestar serviços a seus membros, observado o disposto na alínea *c* do inciso VIII do art. 102 desta lei, conforme disposto em regulamento e observados os seguintes limites: (Redação dada pela Lei 11.094/2005.)

- Dec. 2.066/1996 (Regulamenta este artigo).

I - para entidades com até 5.000 (cinco mil) associados, 2 (dois) servidores; (Alterado pela Lei 12.998/2014.)

II - para entidades com 5.001 (cinco mil e um) a 30.000 (trinta mil) associados, 4 (quatro) servidores; (Alterado pela Lei 12.998/2014.)

III - para entidades com mais de 30.000 (trinta mil) associados, 8 (oito) servidores. (Alterado pela Lei 12.998/2014.)

§ 1º Somente poderão ser licenciados os servidores eleitos para cargos de direção ou de representação nas referidas entidades, desde que cadastradas no órgão competente. (Alterado pela Lei 12.998/2014.)

§ 2º A licença terá duração igual à do mandato, podendo ser renovada, no caso de reeleição. (Alterado pela Lei 12.998/2014.)

CAPÍTULO V
DOS AFASTAMENTOS

SEÇÃO I
DO AFASTAMENTO PARA SERVIR A OUTRO ÓRGÃO OU ENTIDADE

Art. 93. O servidor poderá ser cedido para ter exercício em outro órgão ou entidade dos Poderes da União, dos Estados, ou do Distrito Federal e dos Municípios, nas seguintes hipóteses: (Redação dada pela Lei 8.270/1991.)

- Dec. 9.144, de 22 de agosto de 2017

I - para exercício de cargo em comissão ou função de confiança; (Redação dada pela Lei 8.270/1991.)

II - em casos previstos em leis específicas. (Redação dada pela Lei 8.270/1991.)

§ 1º Na hipótese do inciso I, sendo a cessão para órgãos ou entidades dos Estados, do Distrito Federal ou dos Municípios, o ônus da remuneração será do órgão ou entidade cessionária, mantido o ônus para o cedente nos demais casos. (Redação dada pela Lei 8.270/1991.)

§ 2º Na hipótese de o servidor cedido a empresa pública ou sociedade de economia mista, nos termos das respectivas normas, optar pela remuneração do cargo efetivo ou pela remuneração do cargo efetivo acrescida de percentual da retribuição do cargo em comissão, a entidade cessionária efetuará o reembolso das despesas realizadas pelo órgão ou entidade de origem. (Redação dada pela Lei 11.355/2006.)

§ 3º A cessão far-se-á mediante Portaria publicada no Diário Oficial da União. (Redação dada pela Lei 8.270/1991.)

§ 4º Mediante autorização expressa do Presidente da República, o servidor do Poder Executivo poderá ter exercício em outro órgão da Administração Federal direta que não tenha quadro próprio de pessoal, para fim determinado e a prazo certo. (Incluído pela Lei 8.270/1991.)

§ 5º Aplica-se à União, em se tratando de empregado ou servidor por ela requisitado, as disposições dos §§ 1º e 2º deste artigo. (Redação dada pela Lei 10.470/2002.)

§ 6º As cessões de empregados de empresa pública ou de sociedade de economia mista, que receba recursos de Tesouro Nacional para o custeio total ou parcial da sua folha de pagamento de pessoal, independem das disposições contidas nos incisos I e II e §§ 1º e 2º deste artigo, ficando o exercício do empregado cedido condicionado a autorização específica do Ministério do Planejamento, Orçamento e Gestão, exceto nos casos de ocupação de cargo em comissão ou função gratificada. (Incluído pela Lei 10.470/2002.)

- O Ministério do Planejamento, Orçamento e Gestão foi transformado em Ministério do Planejamento, Desenvolvimento e Gestão pela Lei 13.341/2016.
- Lei 13.303/2016 (Dispõe sobre o estatuto jurídico da empresa pública, da sociedade de economia mista e de suas subsidiárias, no âmbito da União, dos Estados, do Distrito Federal e dos Municípios).

§ 7º O Ministério do Planejamento, Orçamento e Gestão, com a finalidade de promover a composição da força de trabalho dos órgãos e entidades da Administração Pública Federal, poderá determinar a lotação ou o exercício de empregado ou servidor, independentemente da observância do constante no inciso I e nos

§§ 1º e 2º deste artigo. (Incluído pela Lei 10.470/2002.)

- O Ministério do Planejamento, Orçamento e Gestão foi transformado em Ministério do Planejamento, Desenvolvimento e Gestão pela Lei 13.341/2016.
- Dec. 5.375/2005 (Dispõe sobre a aplicação deste parágrafo, para compor força de trabalho no âmbito dos projetos que especifica).

SEÇÃO II
DO AFASTAMENTO PARA EXERCÍCIO DE MANDATO ELETIVO

Art. 94. Ao servidor investido em mandato eletivo aplicam-se as seguintes disposições:

I - tratando-se de mandato federal, estadual ou distrital, ficará afastado do cargo;

II - investido no mandato de Prefeito, será afastado do cargo, sendo-lhe facultado optar pela sua remuneração;

III - investido no mandato de vereador:

a) havendo compatibilidade de horário, perceberá as vantagens de seu cargo, sem prejuízo da remuneração do cargo eletivo;

b) não havendo compatibilidade de horário, será afastado do cargo, sendo-lhe facultado optar pela sua remuneração.

§ 1º No caso de afastamento do cargo, o servidor contribuirá para a seguridade social como se em exercício estivesse.

§ 2º O servidor investido em mandato eletivo ou classista não poderá ser removido ou redistribuído de ofício para localidade diversa daquela onde exerce o mandato.

SEÇÃO III
DO AFASTAMENTO PARA ESTUDO OU MISSÃO NO EXTERIOR

Art. 95. O servidor não poderá ausentar-se do País para estudo ou missão oficial, sem autorização do Presidente da República, Presidente dos Órgãos do Poder Legislativo e Presidente do Supremo Tribunal Federal.

§ 1º A ausência não excederá a 4 (quatro) anos, e finda a missão ou estudo, somente decorrido igual período, será permitida nova ausência.

§ 2º Ao servidor beneficiado pelo disposto neste artigo não será concedida exoneração ou licença para tratar de interesse particular antes de decorrido período igual ao do afastamento, ressalvada a hipótese de ressarcimento da despesa havida com seu afastamento.

§ 3º O disposto neste artigo não se aplica aos servidores da carreira diplomática.

§ 4º As hipóteses, condições e formas para a autorização de que trata este artigo, inclusive no que se refere à remuneração do servidor, serão disciplinadas em regulamento. (Incluído pela Lei 9.527/1997.)

Art. 96. O afastamento de servidor para servir em organismo internacional de que o Brasil participe ou com o qual coopere dar-se-á com perda total da remuneração.

- Dec. 201/1991 (Dispõe sobre o afastamento de servidores federais para servir em organismos internacionais).
- Dec. 3.456/2000 (Delega competência ao Ministro de Estado do Planejamento, Orçamento e Gestão para a prática do ato que menciona).

SEÇÃO IV
DO AFASTAMENTO PARA PARTICIPAÇÃO EM PROGRAMA DE PÓS-GRADUAÇÃO STRICTO SENSU NO PAÍS

- Incluído pela Lei 11.907/2009.

Art. 96-A. O servidor poderá, no interesse da Administração, e desde que a participação não possa ocorrer simultaneamente com o exercício do cargo ou mediante compensação de horário, afastar-se do exercício do cargo efetivo, com a respectiva remuneração, para participar em programa de pós-graduação *stricto sensu* em instituição de ensino superior no País. (Incluído pela Lei 11.907/2009.)

§ 1º Ato do dirigente máximo do órgão ou entidade definirá, em conformidade com a legislação vigente, os programas de capacitação e os critérios para participação em programas de pós-graduação no País, com ou sem afastamento do servidor, que serão avaliados por um comitê constituído para este fim. (Incluído pela Lei 11.907/2009.)

§ 2º Os afastamentos para realização de programas de mestrado e doutorado somente serão concedidos aos servidores titulares de cargos efetivos no respectivo órgão ou entidade há pelo menos 3 (três) anos para mestrado e 4 (quatro) anos para doutorado, incluído o período de estágio probatório, que não tenham se afastado por licença para tratar de assuntos particulares para gozo de licença capacitação ou com fundamento neste artigo nos 2 (dois) anos anteriores à data da solicitação de afastamento. (Incluído pela Lei 11.907/2009.)

§ 3º Os afastamentos para realização de programas de pós-doutorado somente serão concedidos aos servidores titulares de cargos efetivo no respectivo órgão ou entidade há pelo menos quatro anos, incluído o período de estágio probatório, e que não tenham se afastado por licença para tratar de assuntos particulares ou com fundamento neste artigo, nos quatro anos anteriores à data da solicitação de afastamento. (Redação dada pela Lei 12.269/2010.)

§ 4º Os servidores beneficiados pelos afastamentos previstos nos §§ 1º, 2º e 3º deste artigo terão que permanecer no exercício de suas funções após o seu retorno por um período igual ao do afastamento concedido. (Incluído pela Lei 11.907/2009.)

§ 5º Caso o servidor venha a solicitar exoneração do cargo ou aposentadoria, antes de cumprido o período de permanência previsto no § 4º deste artigo, deverá ressarcir o órgão ou entidade, na forma do art. 47 da Lei n. 8.112, de 11 de dezembro de 1990, dos gastos com seu aperfeiçoamento. (Incluído pela Lei 11.907/2009.)

§ 6º Caso o servidor não obtenha o título ou grau que justificou seu afastamento no período previsto, aplica-se o disposto no § 5º deste artigo, salvo na hipótese comprovada de força maior ou de caso fortuito, a critério do dirigente máximo do órgão ou entidade. (Incluído pela Lei 11.907/2009.)

§ 7º Aplica-se à participação em programa de pós-graduação no Exterior, autorizado nos termos do art. 95 desta lei, o disposto nos §§ 1º a 6º deste artigo. (Incluído pela Lei 11.907/2009.)

CAPÍTULO VI
DAS CONCESSÕES

Art. 97. Sem qualquer prejuízo, poderá o servidor ausentar-se do serviço:

I - por 1 (um) dia, para doação de sangue;

II - pelo período comprovadamente necessário para alistamento ou recadastramento eleitoral, limitado, em qualquer caso, a 2 (dois) dias; e (Alterado pela Lei 12.998/2014.)

III - por 8 (oito) dias consecutivos em razão de:

a) casamento;

b) falecimento do cônjuge, companheiro, pais, madrasta ou padrasto, filhos, enteados, menor sob guarda ou tutela e irmãos.

Art. 98. Será concedido horário especial ao servidor estudante, quando comprovada a incompatibilidade entre o horário escolar e o da repartição, sem prejuízo do exercício do cargo.

§ 1º Para efeito do disposto neste artigo, será exigida a compensação de horário no órgão ou entidade que tiver exercício, respeitada a duração semanal do trabalho. (Parágrafo renumerado e alterado pela Lei 9.527/1997.)

§ 2º Também será concedido horário especial ao servidor portador de deficiência, quando comprovada a necessidade por junta médica oficial, independentemente de compensação de horário. (Incluído pela Lei 9.527/1997.)

§ 3º As disposições constantes do § 2º são extensivas ao servidor que tenha cônjuge, filho ou dependente com deficiência. (Alterado pela Lei 13.370/2016.)

§ 4º Será igualmente concedido horário especial, vinculado à compensação de horário a ser efetivada no prazo de até 1 (um) ano, ao servidor que desempenhe atividade prevista nos incisos I e II do *caput* do art. 76-A desta lei. (Redação dada pela Lei 11.501/2007.)

Art. 99. Ao servidor estudante que mudar de sede no interesse da administração é assegurada, na localidade da nova residência ou na mais próxima, matrícula em instituição de ensino congênere, em qualquer época, independentemente de vaga.

Parágrafo único. O disposto neste artigo estende-se ao cônjuge ou companheiro, aos filhos, ou enteados do servidor que vivam na sua companhia, bem como aos menores sob sua guarda, com autorização judicial.

CAPÍTULO VII
DO TEMPO DE SERVIÇO

- art. 40, §§ 9º e 10, CF.

Art. 100. É contado para todos os efeitos o tempo de serviço público federal, inclusive o prestado às Forças Armadas.

Art. 101. A apuração do tempo de serviço será feita em dias, que serão convertidos em anos, considerado o ano como de trezentos e sessenta e cinco dias.

Parágrafo único. (Revogado pela Lei 9.527/1997.)

Art. 102. Além das ausências ao serviço previstas no art. 97, são considerados como de efetivo exercício os afastamentos em virtude de:

I - férias;

II - exercício de cargo em comissão ou equivalente, em órgão ou entidade dos Poderes da União, dos Estados, Municípios e Distrito Federal;

III - exercício de cargo ou função de governo ou administração, em qualquer parte do território nacional, por nomeação do Presidente da República;

IV - participação em programa de treinamento regularmente instituído ou em programa de pós-graduação *stricto sensu* no País, conforme dispuser o regulamento; (Redação dada pela Lei 11.907/2009.)

- art. 9º Dec. 5.707/2006 (Regulamenta este inciso).

V - desempenho de mandato eletivo federal, estadual, municipal ou do Distrito Federal, exceto para promoção por merecimento;

VI - júri e outros serviços obrigatórios por lei;

VII - missão ou estudo no exterior, quando autorizado o afastamento, conforme dispuser o regulamento; (Redação dada pela Lei 9.527/1997.)

VIII - licença:

a) à gestante, à adotante e à paternidade;

b) para tratamento da própria saúde, até o limite de vinte e quatro meses, cumulativo ao longo do tempo de serviço público prestado à União, em cargo de provimento efetivo; (Redação dada pela Lei 9.527/1997.)

c) para o desempenho de mandato classista ou participação de gerência ou administração em sociedade cooperativa constituída por servidores para prestar serviços a seus membros, exceto para efeito de promoção por merecimento; (Redação dada pela Lei 11.094/2005.)

d) por motivo de acidente em serviço ou doença profissional;

e) para capacitação, conforme dispuser o regulamento; (Redação dada pela Lei 9.527/1997.)

f) por convocação para o serviço militar;

IX - deslocamento para a nova sede de que trata o art. 18;

X - participação em competição desportiva nacional ou convocação para integrar representação desportiva nacional, no País ou no exterior, conforme disposto em lei específica;

XI - afastamento para servir em organismo internacional de que o Brasil participe ou com o qual coopere. (Incluído pela Lei 9.527/1997.)

Art. 103. Contar-se-á apenas para efeito de aposentadoria e disponibilidade:

I - o tempo de serviço público prestado aos Estados, Municípios e Distrito Federal;

II - a licença para tratamento de saúde de pessoal da família do servidor, com remuneração, que exceder a 30 (trinta) dias em período de 12 (doze) meses. (Redação dada pela Lei 12.269/2010.)

III - a licença para atividade política, no caso do art. 86, § 2º;

IV - o tempo correspondente ao desempenho de mandato eletivo federal, estadual, municipal ou distrital, anterior ao ingresso no serviço público federal;

V - o tempo de serviço em atividade privada, vinculada à Previdência Social;

VI - o tempo de serviço relativo a tiro de guerra;

VII - o tempo de licença para tratamento da própria saúde que exceder o prazo a que se refere a alínea "*b*" do inciso VIII do art. 102. (Incluído pela Lei 9.527/1997.)

§ 1º O tempo em que o servidor esteve aposentado será contado apenas para nova aposentadoria.

§ 2º Será contado em dobro o tempo de serviço prestado às Forças Armadas em operações de guerra.

§ 3º É vedada a contagem cumulativa de tempo de serviço prestado concomitantemente em mais de um cargo ou função de órgão ou entidades dos Poderes da União, Estado, Distrito Federal e Município, autarquia, fundação pública, sociedade de economia mista e empresa pública.

- Lei 13.303/2016 (Dispõe sobre o estatuto jurídico da empresa pública, da sociedade de economia mista e de suas subsidiárias, no âmbito da União, dos Estados, do Distrito Federal e dos Municípios).

CAPÍTULO VIII
DO DIREITO DE PETIÇÃO

Art. 104. É assegurado ao servidor o direito de requerer aos Poderes Públicos, em defesa de direito ou interesse legítimo.

Art. 105. O requerimento será dirigido à autoridade competente para decidi-lo e encaminhado por intermédio daquela a que estiver imediatamente subordinado o requerente.

Art. 106. Cabe pedido de reconsideração à autoridade que houver expedido o ato ou proferido a primeira decisão, não podendo ser renovado.

- Lei 12.300/2010. (Altera o Plano de Carreira dos Servidores do Senado Federal).

Parágrafo único. O requerimento e o pedido de reconsideração de que tratam os artigos anteriores deverão ser despachados no prazo de 5 (cinco) dias e decididos dentro de 30 (trinta) dias.

Art. 107. Caberá recurso:

- Lei 12.300/2010. (Altera o Plano de Carreira dos Servidores do Senado Federal).

I - do indeferimento do pedido de reconsideração;

II - das decisões sobre os recursos sucessivamente interpostos.

§ 1º O recurso será dirigido à autoridade imediatamente superior à que tiver expedido o ato ou proferido a decisão, e, sucessivamente, em escala ascendente, às demais autoridades.

§ 2º O recurso será encaminhado por intermédio da autoridade a que estiver imediatamente subordinado o requerente.

Art. 108. O prazo para interposição de pedido de reconsideração ou de recurso é de 30 (trinta) dias, a contar da publicação ou da ciência, pelo interessado, da decisão recorrida.

Art. 109. O recurso poderá ser recebido com efeito suspensivo, a juízo da autoridade competente.

Parágrafo único. Em caso de provimento do pedido de reconsideração ou do recurso, os efeitos da decisão retroagirão à data do ato impugnado.

Art. 110. O direito de requerer prescreve:

I - em 5 (cinco) anos, quanto aos atos de demissão e de cassação de aposentadoria ou disponibilidade, ou que afetem interesse patrimonial e créditos resultantes das relações de trabalho;

II - em 120 (cento e vinte) dias, nos demais casos, salvo quando outro prazo for fixado em lei.

Parágrafo único. O prazo de prescrição será contado da data da publicação do ato impugnado ou da data da ciência pelo interessado, quando o ato não for publicado.

Art. 111. O pedido de reconsideração e o recurso, quando cabíveis, interrompem a prescrição.

Art. 112. A prescrição é de ordem pública, não podendo ser relevada pela administração.

Art. 113. Para o exercício do direito de petição, é assegurada vista do processo ou documento, na repartição, ao servidor ou a procurador por ele constituído.

Art. 114. A administração deverá rever seus atos, a qualquer tempo, quando eivados de ilegalidade.

Art. 115. São fatais e improrrogáveis os prazos estabelecidos neste Capítulo, salvo motivo de força maior.

- arts. 53 e 54, Lei 9.784/1999 (Lei do Processo Administrativo Federal).

TÍTULO IV
DO REGIME DISCIPLINAR

CAPÍTULO I
DOS DEVERES

Art. 116. São deveres do servidor:

- art. 312 e ss. do CP.
- Lei 8.027/1990 (Dispõe sobre as normas de conduta dos servidores públicos civis da União, das Autarquias e das Fundações Públicas).
- Lei 8.429/1992 (Lei da Improbidade Administrativa).

I - exercer com zelo e dedicação as atribuições do cargo;

II - ser leal às instituições a que servir;

III - observar as normas legais e regulamentares;

IV - cumprir as ordens superiores, exceto quando manifestamente ilegais;

V - atender com presteza:

a) ao público em geral, prestando as informações requeridas, ressalvadas as protegidas por sigilo;

b) à expedição de certidões requeridas para defesa de direito ou esclarecimento de situações de interesse pessoal;

c) às requisições para a defesa da Fazenda Pública;

VI - levar as irregularidades de que tiver ciência em razão do cargo ao conhecimento da autoridade superior ou, quando houver suspeita de envolvimento desta, ao conhecimento de outra autoridade competente para apuração; (Alterado pela Lei 12.527/2011.)

› Dec. 7.845/2012 (Regulamenta procedimentos para credenciamento de segurança e tratamento de informação classificada em qualquer grau de sigilo, e dispõe sobre o Núcleo de Segurança e Credenciamento).

VII - zelar pela economia do material e a conservação do patrimônio público;

VIII - guardar sigilo sobre assunto da repartição;

IX - manter conduta compatível com a moralidade administrativa;

X - ser assíduo e pontual ao serviço;

XI - tratar com urbanidade as pessoas;

XII - representar contra ilegalidade, omissão ou abuso de poder.

Parágrafo único. A representação de que trata o inciso XII será encaminhada pela via hierárquica e apreciada pela autoridade superior àquela contra a qual é formulada, assegurando-se ao representando ampla defesa.

CAPÍTULO II
DAS PROIBIÇÕES

› Dec. 1.171/1994 (Aprova o Código de Ética Profissional do Servidor Público Civil do Poder Executivo Federal).

Art. 117. Ao servidor é proibido:

I - ausentar-se do serviço durante o expediente, sem prévia autorização do chefe imediato;

› Dec. 1.480/1995 (Dispõe sobre os procedimentos a serem adotados em casos de paralisações dos serviços públicos federais, enquanto não regulado o disposto no art. 37, VII, CF.

II - retirar, sem prévia anuência da autoridade competente, qualquer documento ou objeto da repartição;

III - recusar fé a documentos públicos;

IV - opor resistência injustificada ao andamento de documento e processo ou execução de serviço;

V - promover manifestação de apreço ou desapreço no recinto da repartição;

VI - cometer a pessoa estranha à repartição, fora dos casos previstos em lei, o desempenho de atribuição que seja de sua responsabilidade ou de seu subordinado;

VII - coagir ou aliciar subordinados no sentido de filiarem-se a associação profissional ou sindical, ou a partido político;

VIII - manter sob sua chefia imediata, em cargo ou função de confiança, cônjuge, companheiro ou parente até o segundo grau civil;

› Dec. 7.203/2010 (Dispõe sobre a vedação do nepotismo no âmbito da administração pública federal).

IX - valer-se do cargo para lograr proveito pessoal ou de outrem, em detrimento da dignidade da função pública;

X - participar de gerência ou administração de sociedade privada, personificada ou não personificada, exercer o comércio, exceto na qualidade de acionista, cotista ou comanditário; (Redação dada pela Lei 11.784/2008.)

XI - atuar, como procurador ou intermediário, junto a repartições públicas, salvo quando se tratar de benefícios previdenciários ou assistenciais de parentes até o segundo grau, e de cônjuge ou companheiro;

XII - receber propina, comissão, presente ou vantagem de qualquer espécie, em razão de suas atribuições;

XIII - aceitar comissão, emprego ou pensão de estado estrangeiro;

XIV - praticar usura sob qualquer de suas formas;

XV - proceder de forma desidiosa;

XVI - utilizar pessoal ou recursos materiais da repartição em serviços ou atividades particulares;

XVII - cometer a outro servidor atribuições estranhas ao cargo que ocupa, exceto em situações de emergência e transitórias;

XVIII - exercer quaisquer atividades que sejam incompatíveis com o exercício do cargo ou função e com o horário de trabalho;

XIX - recusar-se a atualizar seus dados cadastrais quando solicitado. (Incluído pela Lei 9.527/1997.)

Parágrafo único. A vedação de que trata o inciso X do *caput* deste artigo não se aplica nos seguintes casos: (Incluído pela Lei 11.784/2008.)

I - participação nos conselhos de administração e fiscal de empresas ou entidades em que a União detenha, direta ou indiretamente, participação no capital social ou em sociedade cooperativa constituída para prestar serviços a seus membros; e (Incluído pela Lei 11.784/2008.)

II - gozo de licença para o trato de interesses particulares, na forma do art. 91 desta lei, observada a legislação sobre conflito de interesses. (Incluído pela Lei 11.784/2008.)

CAPÍTULO III
DA ACUMULAÇÃO

Art. 118. Ressalvados os casos previstos na Constituição, é vedada a acumulação remunerada de cargos públicos.

› art. 37, XVII, CF.

§ 1º A proibição de acumular estende-se a cargos, empregos e funções em autarquias, fundações públicas, empresas públicas, sociedades de economia mista da União, do Distrito Federal, dos Estados, dos Territórios e dos Municípios.

§ 2º A acumulação de cargos, ainda que lícita, fica condicionada à comprovação da compatibilidade de horários.

§ 3º Considera-se acumulação proibida a percepção de vencimento de cargo ou emprego público efetivo com proventos da inatividade, salvo quando os cargos de que decorram essas remunerações forem acumuláveis na atividade. (Incluído pela Lei 9.527/1997.)

Art. 119. O servidor não poderá exercer mais de um cargo em comissão, exceto no caso previsto no parágrafo único do art. 9º, nem ser remunerado pela participação em órgão de deliberação coletiva. (Redação dada pela Lei 9.527/1997.)

Parágrafo único. O disposto neste artigo não se aplica à remuneração devida pela participação em conselhos de administração e fiscal das empresas públicas e sociedades de economia mista, suas subsidiárias e controladas, bem como quaisquer empresas ou entidades em que a União, direta ou indiretamente, detenha participação no capital social, observado o que, a respeito, dispuser legislação específica. (Redação dada pela Med. Prov. 2.225-45/2001.)

Art. 120. O servidor vinculado ao regime desta lei, que acumular licitamente dois cargos efetivos, quando investido em cargo de provimento em comissão, ficará afastado de ambos os cargos efetivos, salvo na hipótese em que houver compatibilidade de horário e local com o exercício de um deles, declarada pelas autoridades máximas dos órgãos ou entidades envolvidos. (Redação dada pela Lei 9.527/1997.)

CAPÍTULO IV
DAS RESPONSABILIDADES

Art. 121. O servidor responde civil, penal e administrativamente pelo exercício irregular de suas atribuições.

Art. 122. A responsabilidade civil decorre de ato omissivo ou comissivo, doloso ou culposo, que resulte em prejuízo ao erário ou a terceiros.

› art. 37, § 6º, CF.

§ 1º A indenização de prejuízo dolosamente causado ao erário somente será liquidada na forma prevista no art. 46, na falta de outros bens que assegurem a execução do débito pela via judicial.

§ 2º Tratando-se de dano causado a terceiros, responderá o servidor perante a Fazenda Pública, em ação regressiva.

§ 3º A obrigação de reparar o dano estende-se aos sucessores e contra eles será executada, até o limite do valor da herança recebida.

Art. 123. A responsabilidade penal abrange os crimes e contravenções imputadas ao servidor, nessa qualidade.

Art. 124. A responsabilidade civil-administrativa resulta de ato omissivo ou comissivo praticado no desempenho do cargo ou função.

Art. 125. As sanções civis, penais e administrativas poderão cumular-se, sendo independentes entre si.

Art. 126. A responsabilidade administrativa do servidor será afastada no caso de absolvição criminal que negue a existência do fato ou sua autoria.

Art. 126-A. Nenhum servidor poderá ser responsabilizado civil, penal ou administrativamente por dar ciência à autoridade superior ou, quando houver suspeita de envolvimento desta, a outra autoridade competente para apuração de informação concernente à prática de crimes ou improbidade de que tenha conhecimento, ainda que em decorrência do exercício de cargo, emprego ou função pública. (Incluído pela Lei 12.527/2011.)

- Dec. 7.845/2012 (Regulamenta procedimentos para credenciamento de segurança e tratamento de informação classificada em qualquer grau de sigilo, e dispõe sobre o Núcleo de Segurança e Credenciamento).

CAPÍTULO V
DAS PENALIDADES

Art. 127. São penalidades disciplinares:

I - advertência;

II - suspensão;

III - demissão;

- art. 12, p.u., Lei 12.813/2013 (Dispõe sobre o conflito de interesses no exercício de cargo ou emprego do Poder Executivo federal e impedimentos posteriores ao exercício do cargo ou emprego).

IV - cassação de aposentadoria ou disponibilidade;

V - destituição de cargo em comissão;

VI - destituição de função comissionada.

Art. 128. Na aplicação das penalidades serão consideradas a natureza e a gravidade da infração cometida, os danos que dela provierem para o serviço público, as circunstâncias agravantes ou atenuantes e os antecedentes funcionais.

Parágrafo único. O ato de imposição da penalidade mencionará sempre o fundamento legal e a causa da sanção disciplinar. (Incluído pela Lei 9.527/1997.)

Art. 129. A advertência será aplicada por escrito, nos casos de violação de proibição constante do art. 117, incisos I a VIII e XIX, e de inobservância de dever funcional previsto em lei, regulamentação ou norma interna, que não justifique imposição de penalidade mais grave. (Redação dada pela Lei 9.527/1997.)

Art. 130. A suspensão será aplicada em caso de reincidência das faltas punidas com advertência e de violação das demais proibições que não tipifiquem infração sujeita a penalidade de demissão, não podendo exceder de 90 (noventa) dias.

§ 1º Será punido com suspensão de até 15 (quinze) dias o servidor que, injustificadamente, recusar-se a ser submetido a inspeção médica determinada pela autoridade competente, cessando os efeitos da penalidade uma vez cumprida a determinação.

§ 2º Quando houver conveniência para o serviço, a penalidade de suspensão poderá ser convertida em multa, na base de 50% (cinquenta por cento) por dia de vencimento ou remuneração, ficando o servidor obrigado a permanecer em serviço.

Art. 131. As penalidades de advertência e de suspensão terão seus registros cancelados, após o decurso de 3 (três) e 5 (cinco) anos de efetivo exercício, respectivamente, se o servidor não houver, nesse período, praticado nova infração disciplinar.

Parágrafo único. O cancelamento da penalidade não surtirá efeitos retroativos.

Art. 132. A demissão será aplicada nos seguintes casos:

- art. 12, p.u., Lei 12.813/2013 (Dispõe sobre o conflito de interesses no exercício de cargo ou emprego do Poder Executivo federal e impedimentos posteriores ao exercício do cargo ou emprego).
- Súm. 25, STF.

I - crime contra a administração pública;

- art. 312 e ss., CP.

II - abandono de cargo;

III - inassiduidade habitual;

IV - improbidade administrativa;

V - incontinência pública e conduta escandalosa, na repartição;

VI - insubordinação grave em serviço;

VII - ofensa física, em serviço, a servidor ou a particular, salvo em legítima defesa própria ou de outrem;

VIII - aplicação irregular de dinheiros públicos;

IX - revelação de segredo do qual se apropriou em razão do cargo;

X - lesão aos cofres públicos e dilapidação do patrimônio nacional;

XI - corrupção;

XII - acumulação ilegal de cargos, empregos ou funções públicas;

XIII - transgressão dos incisos IX a XVI do art. 117.

Art. 133. Detectada a qualquer tempo a acumulação ilegal de cargos, empregos ou funções públicas, a autoridade a que se refere o art. 143 notificará o servidor, por intermédio de sua chefia imediata, para apresentar opção no prazo improrrogável de dez dias, contados da data da ciência e, na hipótese de omissão, adotará procedimento sumário para a sua apuração e regularização imediata, cujo processo administrativo disciplinar se desenvolverá nas seguintes fases: (Redação dada pela Lei 9.527/1997.)

I - instauração, com a publicação do ato que constituir a comissão, a ser composta por dois servidores estáveis, e simultaneamente indicar a autoria e a materialidade da transgressão objeto da apuração; (Incluído pela Lei 9.527/1997.)

II - instrução sumária, que compreende indiciação, defesa e relatório; (Incluído pela Lei 9.527/1997.)

III - julgamento. (Incluído pela Lei 9.527/1997.)

§ 1º A indicação da autoria de que trata o inciso I dar-se-á pelo nome e matrícula do servidor, e a materialidade pela descrição dos cargos, empregos ou funções públicas em situação de acumulação ilegal, dos órgãos ou entidades de vinculação, das datas de ingresso, do horário de trabalho e do correspondente regime jurídico. (Redação dada pela Lei 9.527/1997.)

§ 2º A comissão lavrará, até três dias após a publicação do ato que a constituiu, termo de indiciação em que serão transcritas as informações de que trata o parágrafo anterior, bem como promoverá a citação pessoal do servidor indiciado, ou por intermédio de sua chefia imediata, para, no prazo de cinco dias, apresentar defesa escrita, assegurando-se-lhe vista do processo na repartição, observado o disposto nos arts. 163 e 164. (Redação dada pela Lei 9.527/1997.)

§ 3º Apresentada a defesa, a comissão elaborará relatório conclusivo quanto à inocência ou à responsabilidade do servidor, em que resumirá as peças principais dos autos, opinará sobre a licitude da acumulação em exame, indicará o respectivo dispositivo legal e remeterá o processo à autoridade instauradora, para julgamento. (Incluído pela Lei 9.527/1997.)

§ 4º No prazo de cinco dias, contados do recebimento do processo, a autoridade julgadora proferirá a sua decisão, aplicando-se, quando for o caso, o disposto no § 3º do art. 167. (Incluído pela Lei 9.527/1997.)

§ 5º A opção pelo servidor até o último dia de prazo para defesa configurará sua boa-fé, hipótese em que se converterá automaticamente em pedido de exoneração do outro cargo. (Incluído pela Lei 9.527/1997.)

§ 6º Caracterizada a acumulação ilegal e provada a má-fé, aplicar-se-á a pena de demissão, destituição ou cassação de aposentadoria ou disponibilidade em relação aos cargos, empregos ou funções públicas em regime de acumulação ilegal, hipótese em que os órgãos ou entidades de vinculação serão comunicados. (Incluído pela Lei 9.527/1997.)

§ 7º O prazo para a conclusão do processo administrativo disciplinar submetido ao rito sumário não excederá trinta dias, contados da data de publicação do ato que constituir a comissão, admitida a sua prorrogação por até quinze dias, quando as circunstâncias o exigirem. (Incluído pela Lei 9.527/1997.)

§ 8º O procedimento sumário rege-se pelas disposições deste artigo, observando-se, no que lhe for aplicável, subsidiariamente, as disposições dos Títulos IV e V desta lei. (Incluído pela Lei 9.527/1997.)

Art. 134. Será cassada a aposentadoria ou a disponibilidade do inativo que houver praticado, na atividade, falta punível com a demissão.

Art. 135. A destituição de cargo em comissão exercido por não ocupante de cargo efetivo será aplicada nos casos de infração sujeita às penalidades de suspensão e de demissão.

Parágrafo único. Constatada a hipótese de que trata este artigo, a exoneração efetuada nos termos do art. 35 será convertida em destituição de cargo em comissão.

Art. 136. A demissão ou a destituição de cargo em comissão, nos casos dos incisos IV, VIII, X e XI do art. 132, implica a indisponibilidade dos bens e o ressarcimento ao erário, sem prejuízo da ação penal cabível.

Art. 137. A demissão ou a destituição de cargo em comissão, por infringência do art. 117, incisos IX e XI, incompatibiliza o ex-servidor para nova investidura em cargo público federal, pelo prazo de 5 (cinco) anos.

Parágrafo único. Não poderá retornar ao serviço público federal o servidor que for demitido ou destituído do cargo em comissão por infringência do art. 132, incisos I, IV, VIII, X e XI.

Art. 138. Configura abandono de cargo a ausência intencional do servidor ao serviço por mais de trinta dias consecutivos.

Art. 139. Entende-se por inassiduidade habitual a falta ao serviço, sem causa justificada, por sessenta dias, interpoladamente, durante o período de doze meses.

Art. 140. Na apuração de abandono de cargo ou inassiduidade habitual, também será adotado o procedimento sumário a que se refere o art. 133, observando-se especialmente que: (Redação dada pela Lei 9.527/1997.)

I - a indicação da materialidade dar-se-á: (Incluído pela Lei 9.527/1997.)

a) na hipótese de abandono de cargo, pela indicação precisa do período de ausência intencional do servidor ao serviço superior a trinta dias; (Incluído pela Lei 9.527/1997.)

b) no caso de inassiduidade habitual, pela indicação dos dias de falta ao serviço sem causa justificada, por período igual ou superior a sessenta dias interpoladamente, durante o período de doze meses; (Incluído pela Lei 9.527/1997.)

II - após a apresentação da defesa a comissão elaborará relatório conclusivo quanto à inocência ou à responsabilidade do servidor, em que resumirá as peças principais dos autos, indicará o respectivo dispositivo legal, opinará, na hipótese de abandono de cargo, sobre a intencionalidade da ausência ao serviço superior a trinta dias e remeterá o processo à autoridade instauradora para julgamento. (Incluído pela Lei 9.527/1997.)

Art. 141. As penalidades disciplinares serão aplicadas:

I - pelo Presidente da República, pelos Presidentes das Casas do Poder Legislativo e dos Tribunais Federais e pelo Procurador-Geral da República, quando se tratar de demissão e cassação de aposentadoria ou disponibilidade de servidor vinculado ao respectivo Poder, órgão, ou entidade;

II - pelas autoridades administrativas de hierarquia imediatamente inferior àquelas mencionadas no inciso anterior quando se tratar de suspensão superior a 30 (trinta) dias;

III - pelo chefe da repartição e outras autoridades na forma dos respectivos regimentos ou regulamentos, nos casos de advertência ou de suspensão de até 30 (trinta) dias;

IV - pela autoridade que houver feito a nomeação, quando se tratar de destituição de cargo em comissão.

Art. 142. A ação disciplinar prescreverá:

I - em 5 (cinco) anos, quanto às infrações puníveis com demissão, cassação de aposentadoria ou disponibilidade e destituição de cargo em comissão;

II - em 2 (dois) anos, quanto à suspensão;

III - em 180 (cento e oitenta) dias, quanto à advertência.

§ 1º O prazo de prescrição começa a correr da data em que o fato se tornou conhecido.

§ 2º Os prazos de prescrição previstos na lei penal aplicam-se às infrações disciplinares capituladas também como crime.

§ 3º A abertura de sindicância ou a instauração de processo disciplinar interrompe a prescrição, até a decisão final proferida por autoridade competente.

§ 4º Interrompido o curso da prescrição, o prazo começará a correr a partir do dia em que cessar a interrupção.

- Lei 9.784/1999 (Lei dos Processos Administrativos Federais).

TÍTULO V
DO PROCESSO ADMINISTRATIVO DISCIPLINAR

CAPÍTULO I
DISPOSIÇÕES GERAIS

Art. 143. A autoridade que tiver ciência de irregularidade no serviço público é obrigada a promover a sua apuração imediata, mediante sindicância ou processo administrativo disciplinar, assegurada ao acusado ampla defesa.

- art. 11, II, Lei 8.429/1992 (Dispõe sobre as sanções aplicáveis aos agentes públicos nos casos de enriquecimento ilícito no exercício de mandato, cargo, emprego ou função na administração pública direta, indireta ou fundacional).
- art. 17, Lei 9.784/1999 (Regula o processo administrativo no âmbito da Administração Pública Federal).

§§ 1º e 2º (Revogados pela Lei 11.204/2005.)

§ 3º A apuração de que trata o *caput*, por solicitação da autoridade a que se refere, poderá ser promovida por autoridade de órgão ou entidade diverso daquele em que tenha ocorrido a irregularidade, mediante competência específica para tal finalidade, delegada em caráter permanente ou temporário pelo Presidente da República, pelos presidentes das Casas do Poder Legislativo e dos Tribunais Federais e pelo Procurador-Geral da República, no âmbito do respectivo Poder, órgão ou entidade, preservadas as competências para o julgamento que se seguir à apuração. (Incluído pela Lei 9.527/1997.)

Art. 144. As denúncias sobre irregularidades serão objeto de apuração, desde que contenham a identificação e o endereço do denunciante e sejam formuladas por escrito, confirmada a autenticidade.

Parágrafo único. Quando o fato narrado não configurar evidente infração disciplinar ou ilícito penal, a denúncia será arquivada, por falta de objeto.

Art. 145. Da sindicância poderá resultar:

I - arquivamento do processo;

II - aplicação de penalidade de advertência ou suspensão de até 30 (trinta) dias;

III - instauração de processo disciplinar.

Parágrafo único. O prazo para conclusão da sindicância não excederá 30 (trinta) dias, podendo ser prorrogado por igual período, a critério da autoridade superior.

Art. 146. Sempre que o ilícito praticado pelo servidor ensejar a imposição de penalidade de suspensão por mais de 30 (trinta) dias, de demissão, cassação de aposentadoria ou disponibilidade, ou destituição de cargo em comissão, será obrigatória a instauração de processo disciplinar.

CAPÍTULO II
DO AFASTAMENTO PREVENTIVO

Art. 147. Como medida cautelar e a fim de que o servidor não venha a influir na apuração da irregularidade, a autoridade instauradora do processo disciplinar poderá determinar o seu afastamento do exercício do cargo, pelo prazo de até 60 (sessenta) dias, sem prejuízo da remuneração.

Parágrafo único. O afastamento poderá ser prorrogado por igual prazo, findo o qual cessarão os seus efeitos, ainda que não concluído o processo.

CAPÍTULO III
DO PROCESSO DISCIPLINAR

Art. 148. O processo disciplinar é o instrumento destinado a apurar responsabilidade de servidor por infração praticada no exercício de suas atribuições, ou que tenha relação com as atribuições do cargo em que se encontre investido.

- Lei 8.429/1992 (Lei da Improbidade Administrativa).

Art. 149. O processo disciplinar será conduzido por comissão composta de três servidores estáveis designados pela autoridade competente, observado o disposto no § 3º do art. 143, que indicará, dentre eles, o seu presidente, que deverá ser ocupante de cargo efetivo superior ou de mesmo nível, ou ter nível de escolaridade igual ou superior ao do indiciado. (Redação dada pela Lei 9.527/1997.)

§ 1º A Comissão terá como secretário servidor designado pelo seu presidente, podendo a indicação recair em um de seus membros.

§ 2º Não poderá participar de comissão de sindicância ou de inquérito, cônjuge, companheiro ou parente do acusado, consanguíneo ou afim, em linha reta ou colateral, até o terceiro grau.

Art. 150. A Comissão exercerá suas atividades com independência e imparcialidade, assegurado o sigilo necessário à elucidação do fato ou exigido pelo interesse da administração.

Parágrafo único. As reuniões e as audiências das comissões terão caráter reservado.

Art. 151. O processo disciplinar se desenvolve nas seguintes fases:

I - instauração, com a publicação do ato que constituir a comissão;

II - inquérito administrativo, que compreende instrução, defesa e relatório;

III - julgamento.

Art. 152. O prazo para a conclusão do processo disciplinar não excederá 60 (sessenta) dias, contados da data de publicação do ato que constituir a comissão, admitida a sua prorrogação por igual prazo, quando as circunstâncias o exigirem.

§ 1º Sempre que necessário, a comissão dedicará tempo integral aos seus trabalhos, ficando seus membros dispensados do ponto, até a entrega do relatório final.

§ 2º As reuniões da comissão serão registradas em atas que deverão detalhar as deliberações adotadas.

SEÇÃO I
DO INQUÉRITO

Art. 153. O inquérito administrativo obedecerá ao princípio do contraditório, assegurada ao acusado ampla defesa, com a utilização dos meios e recursos admitidos em direito.

Art. 154. Os autos da sindicância integrarão o processo disciplinar, como peça informativa da instrução.

Parágrafo único. Na hipótese de o relatório da sindicância concluir que a infração está capitulada como ilícito penal, a autoridade competente encaminhará cópia dos autos ao Ministério Público, independentemente da imediata instauração do processo disciplinar.

Art. 155. Na fase do inquérito, a comissão promoverá a tomada de depoimentos, acareações, investigações e diligências cabíveis, objetivando a coleta de prova, recorrendo, quando necessário, a técnicos e peritos, de modo a permitir a completa elucidação dos fatos.

Art. 156. É assegurado ao servidor o direito de acompanhar o processo pessoalmente ou por intermédio de procurador, arrolar e reinquirir testemunhas, produzir provas e contraprovas e formular quesitos, quando se tratar de prova pericial.

§ 1º O presidente da comissão poderá denegar pedidos considerados impertinentes, meramente protelatórios, ou de nenhum interesse para o esclarecimento dos fatos.

§ 2º Será indeferido o pedido de prova pericial, quando a comprovação do fato independer de conhecimento especial de perito.

Art. 157. As testemunhas serão intimadas a depor mediante mandado expedido pelo presidente da comissão, devendo a segunda via, com o ciente do interessado, ser anexado aos autos.

Parágrafo único. Se a testemunha for servidor público, a expedição do mandado será imediatamente comunicada ao chefe da repartição onde serve, com a indicação do dia e hora marcados para inquirição.

Art. 158. O depoimento será prestado oralmente e reduzido a termo, não sendo lícito à testemunha trazê-lo por escrito.

§ 1º As testemunhas serão inquiridas separadamente.

§ 2º Na hipótese de depoimentos contraditórios ou que se infirmem, proceder-se-á à acareação entre os depoentes.

Art. 159. Concluída a inquirição das testemunhas, a comissão promoverá o interrogatório do acusado, observados os procedimentos previstos nos arts. 157 e 158.

§ 1º No caso de mais de um acusado, cada um deles será ouvido separadamente, e sempre que divergirem em suas declarações sobre fatos ou circunstâncias, será promovida a acareação entre eles.

§ 2º O procurador do acusado poderá assistir ao interrogatório, bem como à inquirição das testemunhas, sendo-lhe vedado interferir nas perguntas e respostas, facultando-se-lhe, porém, reinquiri-las, por intermédio do presidente da comissão.

Art. 160. Quando houver dúvida sobre a sanidade mental do acusado, a comissão proporá à autoridade competente que ele seja submetido a exame por junta médica oficial, da qual participe pelo menos um médico psiquiatra.

Parágrafo único. O incidente de sanidade mental será processado em auto apartado e apenso ao processo principal, após a expedição do laudo pericial.

Art. 161. Tipificada a infração disciplinar, será formulada a indiciação do servidor, com a especificação dos fatos a ele imputados e das respectivas provas.

§ 1º O indiciado será citado por mandado expedido pelo presidente da comissão para apresentar defesa escrita, no prazo de 10 (dez) dias, assegurando-se-lhe vista do processo na repartição.

§ 2º Havendo dois ou mais indiciados, o prazo será comum e de 20 (vinte) dias.

§ 3º O prazo de defesa poderá ser prorrogado pelo dobro, para diligências reputadas indispensáveis.

§ 4º No caso de recusa do indiciado em apor o ciente na cópia da citação, o prazo para defesa contar-se-á da data declarada, em termo próprio, pelo membro da comissão que fez a citação, com a assinatura de (2) duas testemunhas.

Art. 162. O indiciado que mudar de residência fica obrigado a comunicar à comissão o lugar onde poderá ser encontrado.

Art. 163. Achando-se o indiciado em lugar incerto e não sabido, será citado por edital, publicado no Diário Oficial da União e em jornal de grande circulação na localidade do último domicílio conhecido, para apresentar defesa.

Parágrafo único. Na hipótese deste artigo, o prazo para defesa será de 15 (quinze) dias a partir da última publicação do edital.

Art. 164. Considerar-se-á revel o indiciado que, regularmente citado, não apresentar defesa no prazo legal.

§ 1º A revelia será declarada, por termo, nos autos do processo e devolverá o prazo para a defesa.

§ 2º Para defender o indiciado revel, a autoridade instauradora do processo designará um servidor como defensor dativo, que deverá ser ocupante de cargo efetivo superior ou de mesmo nível, ou ter nível de escolaridade igual ou superior ao do indiciado. (Redação dada pela Lei 9.527/1997.)

Art. 165. Apreciada a defesa, a comissão elaborará relatório minucioso, onde resumirá as peças principais dos autos e mencionará as provas em que se baseou para formar a sua convicção.

§ 1º O relatório será sempre conclusivo quanto à inocência ou à responsabilidade do servidor.

§ 2º Reconhecida a responsabilidade do servidor, a comissão indicará o dispositivo legal ou regulamentar transgredido, bem como as circunstâncias agravantes ou atenuantes.

Art. 166. O processo disciplinar, com o relatório da comissão, será remetido à autoridade que determinou a sua instauração, para julgamento.

SEÇÃO II
DO JULGAMENTO

Art. 167. No prazo de 20 (vinte) dias, contados do recebimento do processo, a autoridade julgadora proferirá a sua decisão.

§ 1º Se a penalidade a ser aplicada exceder a alçada da autoridade instauradora do processo, este será encaminhado à autoridade competente, que decidirá em igual prazo.

§ 2º Havendo mais de um indiciado e diversidade de sanções, o julgamento caberá à autoridade competente para a imposição da pena mais grave.

§ 3º Se a penalidade prevista for a demissão ou cassação de aposentadoria ou disponibilidade, o julgamento caberá às autoridades de que trata o inciso I do art. 141.

§ 4º Reconhecida pela comissão a inocência do servidor, a autoridade instauradora do processo determinará o seu arquivamento, salvo se flagrantemente contrária à prova dos autos. (Incluído pela Lei 9.527/1997.)

Art. 168. O julgamento acatará o relatório da comissão, salvo quando contrário às provas dos autos.

Parágrafo único. Quando o relatório da comissão contrariar as provas dos autos, a autoridade julgadora poderá, motivadamente, agravar a penalidade proposta, abrandá-la ou isentar o servidor de responsabilidade.

Art. 169. Verificada a ocorrência de vício insanável, a autoridade que determinou a instauração do processo ou outra de hierarquia superior declarará a sua nulidade, total ou parcial, e ordenará, no mesmo ato, a constituição de outra comissão para instauração de novo processo. (Redação dada pela Lei 9.527/1997.)

§ 1º O julgamento fora do prazo legal não implica nulidade do processo.

› Súm. 592, STJ.

§ 2º A autoridade julgadora que der causa à prescrição de que trata o art. 142, § 2º, será responsabilizada na forma do Capítulo IV do Título IV.

Art. 170. Extinta a punibilidade pela prescrição, a autoridade julgadora determinará o registro do fato nos assentamentos individuais do servidor.

Art. 171. Quando a infração estiver capitulada como crime, o processo disciplinar será remetido ao Ministério Público para instauração da ação penal, ficando trasladado na repartição.

Art. 172. O servidor que responder a processo disciplinar só poderá ser exonerado a pedido, ou aposentado voluntariamente, após a conclusão do processo e o cumprimento da penalidade, acaso aplicada.

Parágrafo único. Ocorrida a exoneração de que trata o parágrafo único, inciso I do art. 34, o ato será convertido em demissão, se for o caso.

Art. 173. Serão assegurados transporte e diárias:

I - ao servidor convocado para prestar depoimento fora da sede de sua repartição, na condição de testemunha, denunciado ou indiciado;

II - aos membros da comissão e ao secretário, quando obrigados a se deslocarem da sede dos trabalhos para a realização de missão essencial ao esclarecimento dos fatos.

SEÇÃO III
DA REVISÃO DO PROCESSO

Art. 174. O processo disciplinar poderá ser revisto, a qualquer tempo, a pedido ou de ofício, quando se aduzirem fatos novos ou circunstâncias suscetíveis de justificar a inocência do punido ou a inadequação da penalidade aplicada.

§ 1º Em caso de falecimento, ausência ou desaparecimento do servidor, qualquer pessoa da família poderá requerer a revisão do processo.

§ 2º No caso de incapacidade mental do servidor, a revisão será requerida pelo respectivo curador.

Art. 175. No processo revisional, o ônus da prova cabe ao requerente.

Art. 176. A simples alegação de injustiça da penalidade não constitui fundamento para a revisão, que requer elementos novos, ainda não apreciados no processo originário.

Art. 177. O requerimento de revisão do processo será dirigido ao Ministro de Estado ou autoridade equivalente, que, se autorizar a revisão, encaminhará o pedido ao dirigente do órgão ou entidade onde se originou o processo disciplinar.

Parágrafo único. Deferida a petição, a autoridade competente providenciará a constituição de comissão, na forma do art. 149.

Art. 178. A revisão correrá em apenso ao processo originário.

Parágrafo único. Na petição inicial, o requerente pedirá dia e hora para a produção de provas e inquirição das testemunhas que arrolar.

Art. 179. A comissão revisora terá 60 (sessenta) dias para a conclusão dos trabalhos.

Art. 180. Aplicam-se aos trabalhos da comissão revisora, no que couber, as normas e procedimentos próprios da comissão do processo disciplinar.

Art. 181. O julgamento caberá à autoridade que aplicou a penalidade, nos termos do art. 141.

Parágrafo único. O prazo para julgamento será de 20 (vinte) dias, contados do recebimento do processo, no curso do qual a autoridade julgadora poderá determinar diligências.

Art. 182. Julgada procedente a revisão, será declarada sem efeito a penalidade aplicada, restabelecendo-se todos os direitos do servidor, exceto em relação à destituição do cargo em comissão, que será convertida em exoneração.

Parágrafo único. Da revisão do processo não poderá resultar agravamento de penalidade.

TÍTULO VI
DA SEGURIDADE SOCIAL DO SERVIDOR

CAPÍTULO I
DISPOSIÇÕES GERAIS

Art. 183. A União manterá Plano de Seguridade Social para o servidor e sua família.

§ 1º O servidor ocupante de cargo em comissão que não seja, simultaneamente, ocupante de cargo ou emprego efetivo na administração pública direta, autárquica e fundacional não terá direito aos benefícios do Plano de Seguridade Social, com exceção da assistência à saúde. (Redação dada pela Lei 10.667/2003.)

§ 2º O servidor afastado ou licenciado do cargo efetivo, sem direito à remuneração, inclusive para servir em organismo oficial internacional do qual o Brasil seja membro efetivo ou com o qual coopere, ainda que contribua para regime de previdência social no exterior, terá suspenso o seu vínculo com o regime do Plano de Seguridade Social do Servidor Público enquanto durar o afastamento ou a licença, não lhes assistindo, neste período, os benefícios do mencionado regime de previdência. (Incluído pela Lei 10.667/2003.)

§ 3º Será assegurada ao servidor licenciado ou afastado sem remuneração a manutenção da vinculação ao regime do Plano de Seguridade Social do Servidor Público, mediante o recolhimento mensal da respectiva contribuição, no mesmo percentual devido pelos servidores em atividade, incidente sobre a remuneração total do cargo a que faz jus no exercício de suas atribuições, computando-se, para esse efeito, inclusive, as vantagens pessoais. (Acrescentado pela Lei 10.667/2003.)

§ 4º O recolhimento de que trata o § 3º deve ser efetuado até o segundo dia útil após a data do pagamento das remunerações dos servidores públicos, aplicando-se os procedimentos de cobrança e execução dos tributos federais quando não recolhidas na data de vencimento. (Incluído pela Lei 10.667/2003.)

Art. 184. O Plano de Seguridade Social visa a dar cobertura aos riscos a que estão sujeitos o servidor e sua família, e compreende um conjunto de benefícios e ações que atendam às seguintes finalidades:

I - garantir meios de subsistência nos eventos de doença, invalidez, velhice, acidente em serviço, inatividade, falecimento e reclusão;

II - proteção à maternidade, à adoção e à paternidade;

III - assistência à saúde.

Parágrafo único. Os benefícios serão concedidos nos termos e condições definidos em regulamento, observadas as disposições desta lei.

Art. 185. Os benefícios do Plano de Seguridade Social do servidor compreendem:

I - quanto ao servidor:

a) aposentadoria;

b) auxílio-natalidade;

c) salário-família;

d) licença para tratamento de saúde;

e) licença à gestante, à adotante e licença-paternidade;

f) licença por acidente em serviço;

g) assistência à saúde;

h) garantia de condições individuais e ambientais de trabalho satisfatórias;

II - quanto ao dependente:

a) pensão vitalícia e temporária;

b) auxílio-funeral;

c) auxílio-reclusão;

d) assistência à saúde.

§ 1º As aposentadorias e pensões serão concedidas e mantidas pelos órgãos ou entidades aos quais se encontram vinculados os servidores, observado o disposto nos arts. 189 e 224.

§ 2º O recebimento indevido de benefícios havidos por fraude, dolo ou má-fé, implicará devolução ao erário do total auferido, sem prejuízo da ação penal cabível.

CAPÍTULO II
DOS BENEFÍCIOS

SEÇÃO I
DA APOSENTADORIA

Art. 186. O servidor será aposentado:

‣ art. 40, CF.

I - por invalidez permanente, sendo os proventos integrais quando decorrente de acidente em serviço, moléstia profissional ou doença grave, contagiosa ou incurável, especificada em lei, e proporcionais nos demais casos;

II - compulsoriamente, aos setenta anos de idade, com proventos proporcionais ao tempo de serviço;

III - voluntariamente:

a) aos 35 (trinta e cinco) anos de serviço, se homem, e aos 30 (trinta) se mulher, com proventos integrais;

b) aos 30 (trinta) anos de efetivo exercício em funções de magistério se professor, e 25 (vinte e cinco) se professora, com proventos integrais;

c) aos 30 (trinta) anos de serviço, se homem, e aos 25 (vinte e cinco) se mulher, com proventos proporcionais a esse tempo;

d) aos 65 (sessenta e cinco) anos de idade, se homem, e aos 60 (sessenta) se mulher, com proventos proporcionais ao tempo de serviço.

§ 1º Consideram-se doenças graves, contagiosas ou incuráveis, a que se refere o inciso I deste artigo, tuberculose ativa, alienação mental, esclerose múltipla, neoplasia maligna, cegueira posterior ao ingresso no serviço público, hanseníase, cardiopatia grave, doença de Parkinson, paralisia irreversível e incapacitante, espondiloartrose anquilosante, nefropatia grave, estados avançados do mal de Paget (osteíte deformante), Síndrome de Imunodeficiência Adquirida - AIDS, e outras que a lei indicar, com base na medicina especializada.

§ 2º Nos casos de exercício de atividades consideradas insalubres ou perigosas, bem como nas hipóteses previstas no art. 71, a aposentadoria de que trata o inciso III, *a* e *c*, observará o disposto em lei específica.

§ 3º Na hipótese do inciso I o servidor será submetido à junta médica oficial, que atestará a invalidez quando caracterizada a incapacidade para o desempenho das atribuições do cargo ou a impossibilidade de se aplicar o disposto no art. 24. (Incluído pela Lei 9.527/1997.)

Art. 187. A aposentadoria compulsória será automática, e declarada por ato, com vigência a partir do dia imediato àquele em que o servidor atingir a idade-limite de permanência no serviço ativo.

Art. 188. A aposentadoria voluntária ou por invalidez vigorará a partir da data da publicação do respectivo ato.

§ 1º A aposentadoria por invalidez será precedida de licença para tratamento de saúde, por período não excedente a 24 (vinte e quatro) meses.

§ 2º Expirado o período de licença e não estando em condições de reassumir o cargo ou de ser readaptado, o servidor será aposentado.

§ 3º O lapso de tempo compreendido entre o término da licença e a publicação do ato da aposentadoria será considerado como de prorrogação da licença.

§ 4º Para os fins do disposto no § 1º deste artigo, serão consideradas apenas as licenças motivadas pela enfermidade ensejadora da invalidez ou doenças correlacionadas. (Incluído pela Lei 11.907/2009.)

§ 5º A critério da Administração, o servidor em licença para tratamento de saúde ou aposentado por invalidez poderá ser convocado a qualquer momento, para avaliação das condições que ensejaram o afastamento ou a aposentadoria. (Incluído pela Lei 11.907/2009.)

Art. 189. O provento da aposentadoria será calculado com observância do disposto no § 3º do art. 41, e revisto na mesma data e proporção, sempre que se modificar a remuneração dos servidores em atividade.

Parágrafo único. São estendidos aos inativos quaisquer benefícios ou vantagens posteriormente concedidas aos servidores em atividade, inclusive quando decorrentes de transformação ou reclassificação do cargo ou função em que se deu a aposentadoria.

‣ arts. 185, § 1º, e 224 desta lei.

Art. 190. O servidor aposentado com provento proporcional ao tempo de serviço se acometido de qualquer das moléstias especificadas no § 1º do art. 186 desta lei e, por esse motivo, for considerado inválido por junta médica oficial passará a perceber provento integral, calculado com base no fundamento legal de concessão da aposentadoria. (Redação dada pela Lei 11.907/2009.)

Art. 191. Quando proporcional ao tempo de serviço, o provento não será inferior a 1/3 (um terço) da remuneração da atividade.

Arts. 192 e 193. (Revogados pela Lei 9.527/1997.)

Art. 194. Ao servidor aposentado será paga a gratificação natalina, até o dia vinte do mês de dezembro, em valor equivalente ao respectivo provento, deduzido o adiantamento recebido.

Art. 195. Ao ex-combatente que tenha efetivamente participado de operações bélicas, durante a Segunda Guerra Mundial, nos termos da Lei n. 5.315, de 12 de setembro de 1967, será concedida aposentadoria com provento integral, aos 25 (vinte e cinco) anos de serviço efetivo.

‣ art. 53, V, ADCT.

SEÇÃO II
DO AUXÍLIO-NATALIDADE

Art. 196. O auxílio-natalidade é devido à servidora por motivo de nascimento de filho, em quantia equivalente ao menor vencimento do serviço público, inclusive no caso de natimorto.

§ 1º Na hipótese de parto múltiplo, o valor será acrescido de 50% (cinquenta por cento), por nascituro.

§ 2º O auxílio será pago ao cônjuge ou companheiro servidor público, quando a parturiente não for servidora.

SEÇÃO III
DO SALÁRIO-FAMÍLIA

Art. 197. O salário-família é devido ao servidor ativo ou ao inativo, por dependente econômico.

Parágrafo único. Consideram-se dependentes econômicos para efeito de percepção do salário-família:

I - o cônjuge ou companheiro e os filhos, inclusive os enteados até 21 (vinte e um) anos de idade ou, se estudante, até 24 (vinte e quatro) anos ou, se inválido, de qualquer idade;

II - o menor de 21 (vinte e um) anos que, mediante autorização judicial, viver na companhia e às expensas do servidor, ou do inativo;

III - a mãe e o pai sem economia própria.

Art. 198. Não se configura a dependência econômica quando o beneficiário do salário-família perceber rendimento do trabalho ou de qualquer outra fonte, inclusive pensão ou provento da aposentadoria, em valor igual ou superior ao salário-mínimo.

Art. 199. Quando o pai e mãe forem servidores públicos e viverem em comum, o salário-família será pago a um deles; quando separados, será pago a um e outro, de acordo com a distribuição dos dependentes.

Parágrafo único. Ao pai e à mãe equiparam-se o padrasto, a madrasta e, na falta destes, os representantes legais dos incapazes.

Art. 200. O salário-família não está sujeito a qualquer tributo, nem servirá de base para qualquer contribuição, inclusive para a Previdência Social.

Art. 201. O afastamento do cargo efetivo, sem remuneração, não acarreta a suspensão do pagamento do salário-família.

SEÇÃO IV
DA LICENÇA PARA TRATAMENTO DE SAÚDE

‣ Dec. 7.003/2009 (Regulamenta a licença para tratamento de saúde, de que tratam os arts. 202 a 205 desta lei).

Art. 202. Será concedida ao servidor licença para tratamento de saúde, a pedido ou de ofício, com base em perícia médica, sem prejuízo da remuneração a que fizer jus.

Art. 203. A licença de que trata o art. 202 desta lei será concedida com base em perícia oficial. (Redação dada pela Lei 11.907/2009.)

§ 1º Sempre que necessário, a inspeção médica será realizada na residência do servidor ou no estabelecimento hospitalar onde se encontrar internado.

§ 2º Inexistindo médico no órgão ou entidade no local onde se encontra ou tenha exercício em caráter permanente o servidor, e não se configurando as hipóteses previstas nos parágrafos do art. 230, será aceito atestado passado por médico particular. (Redação dada pela Lei 9.527/1997.)

§ 3º No caso do § 2º deste artigo, o atestado somente produzirá efeitos depois de recepcionado pela unidade de recursos humanos do órgão ou entidade. (Redação dada pela Lei 11.907/2009.)

§ 4º A licença que exceder o prazo de 120 (cento e vinte) dias no período de 12 (doze) meses a contar do primeiro dia de afastamento será concedida mediante avaliação por junta médica oficial. (Redação dada pela Lei 11.907/2009.)

§ 5º A perícia oficial para concessão da licença de que trata o *caput* deste artigo, bem como nos demais casos de perícia oficial previstos nesta Lei, será efetuada por cirurgiões-dentistas, nas hipóteses em que abranger o campo de atuação da odontologia. (Incluído pela Lei 11.907/2009.)

Art. 204. A licença para tratamento de saúde inferior a 15 (quinze) dias, dentro de 1 (um) ano, poderá ser dispensada de perícia oficial, na forma definida em regulamento. (Redação dada pela Lei 11.907/2009.)

Art. 205. O atestado e o laudo da junta médica não se referirão ao nome ou natureza da doença, salvo quando se tratar de lesões produzidas por acidente em serviço, doença profissional ou qualquer das doenças especificadas no art. 186, § 1º.

Art. 206. O servidor que apresentar indícios de lesões orgânicas ou funcionais será submetido à inspeção médica.

Art. 206-A. O servidor será submetido a exames médicos periódicos, nos termos e condições definidos em regulamento. (Incluído pela Lei 11.907/2009.)

- Dec. 6.856/2009 (Regulamenta este artigo).

Parágrafo único. Para os fins do disposto no *caput*, a União e suas entidades autárquicas e fundacionais poderão: (Acrescentado pela Lei 12.998/2014.)

I - prestar os exames médicos periódicos diretamente pelo órgão ou entidade à qual se encontra vinculado o servidor; (Acrescentado pela Lei 12.998/2014.)

II - celebrar convênio ou instrumento de cooperação ou parceria com os órgãos e entidades da administração direta, suas autarquias e fundações; (Acrescentado pela Lei 12.998/2014.)

III - celebrar convênios com operadoras de plano de assistência à saúde, organizadas na modalidade de autogestão, que possuam autorização de funcionamento do órgão regulador, na forma do art. 230; ou (Acrescentado pela Lei 12.998/2014.)

IV - prestar os exames médicos periódicos mediante contrato administrativo, observado o disposto na Lei n. 8.666, de 21 de junho de 1993, e demais normas pertinentes. (Acrescentado pela Lei 12.998/2014.)

SEÇÃO V
DA LICENÇA À GESTANTE, À ADOTANTE E DA LICENÇA-PATERNIDADE

Art. 207. Será concedida licença à servidora gestante por 120 (cento e vinte) dias consecutivos, sem prejuízo da remuneração.

- Lei 11.770/2008 (Lei do Programa Empresa Cidadã) e Dec. 7.052/2009 (Regulamento).
- art. 2º, § 2º, Dec. 6.690/2008 (Institui o Programa de Prorrogação da Licença à Gestante e à Adotante e estabelece os critérios de adesão ao Programa).

§ 1º A licença poderá ter início no primeiro dia do nono mês de gestação, salvo antecipação por prescrição médica.

§ 2º No caso de nascimento prematuro, a licença terá início a partir do parto.

§ 3º No caso de natimorto, decorridos 30 (trinta) dias do evento, a servidora será submetida a exame médico, e se julgada apta, reassumirá o exercício.

§ 4º No caso de aborto atestado por médico oficial, a servidora terá direito a 30 (trinta) dias de repouso remunerado.

Art. 208. Pelo nascimento ou adoção de filhos, o servidor terá direito à licença-paternidade de 5 (cinco) dias consecutivos.

- Dec. 8.737/2016 (Institui o Programa de Prorrogação da Licença-Paternidade).

Art. 209. Para amamentar o próprio filho, até a idade de seis meses, a servidora lactante terá direito, durante a jornada de trabalho, a uma hora de descanso, que poderá ser parcelada em dois períodos de meia hora.

Art. 210. À servidora que adotar ou obtiver guarda judicial de criança até 1 (um) ano de idade, serão concedidos 90 (noventa) dias de licença remunerada.

- art. 2º, § 3º, II, Dec. 6.690/2008 (Institui o Programa de Prorrogação da Licença à Gestante e à Adotante e estabelece os critérios de adesão ao Programa).

Parágrafo único. No caso de adoção ou guarda judicial de criança com mais de 1 (um) ano de idade, o prazo de que trata este artigo será de 30 (trinta) dias.

SEÇÃO VI
DA LICENÇA POR ACIDENTE EM SERVIÇO

Art. 211. Será licenciado, com remuneração integral, o servidor acidentado em serviço.

Art. 212. Configura acidente em serviço o dano físico ou mental sofrido pelo servidor, que se relacione, mediata ou imediatamente, com as atribuições do cargo exercido.

Parágrafo único. Equipara-se ao acidente em serviço o dano:

I - decorrente de agressão sofrida e não provocada pelo servidor no exercício do cargo;

II - sofrido no percurso da residência para o trabalho e vice-versa.

Art. 213. O servidor acidentado em serviço que necessite de tratamento especializado poderá ser tratado em instituição privada, à conta de recursos públicos.

Parágrafo único. O tratamento recomendado por junta médica oficial constitui medida de exceção e somente será admissível quando inexistirem meios e recursos adequados em instituição pública.

Art. 214. A prova do acidente será feita no prazo de 10 (dez) dias, prorrogável quando as circunstâncias o exigirem.

SEÇÃO VII
DA PENSÃO

Art. 215. Por morte do servidor, os seus dependentes, nas hipóteses legais, fazem jus à pensão por morte, observados os limites estabelecidos no inciso XI do *caput* do art. 37 da Constituição e no art. 2º da Lei nº 10.887, de 18 de junho de 2004. (Redação dada pela Lei 13.846/2019)

Art. 216. (Revogado pela Lei 13.135/2015.)

Art. 217. São beneficiários das pensões:

I - o cônjuge; (Alterado pela Lei 13.135/2015.)

a) a e) (Revogadas pela Lei 13.135/2015);

II - o cônjuge divorciado ou separado judicialmente ou de fato, com percepção de pensão alimentícia estabelecida judicialmente; (Alterado pela Lei 13.135/2015.)

a) a d) (Revogadas pela Lei 13.135/2015);

III - o companheiro ou companheira que comprove união estável como entidade familiar; (Alterado pela Lei 13.135/2015.)

IV - o filho de qualquer condição que atenda a um dos seguintes requisitos: (Alterado pela Lei 13.135/2015.)

a) seja menor de 21 (vinte e um) anos; (Alterado pela Lei 13.135/2015.)

b) seja inválido; (Alterado pela Lei 13.135/2015.)

c) tenha deficiência grave; ou (Alterado pela Lei 13.135/2015. Vigência: 2 anos a partir da publicação 18.06.2015.)

d) tenha deficiência intelectual ou mental; (Alterado pela Lei 13.846/2019)

V - a mãe e o pai que comprovem dependência econômica do servidor; e (Alterado pela Lei 13.135/2015.)

VI - o irmão de qualquer condição que comprove dependência econômica do servidor e atenda a um dos requisitos previstos no inciso IV. (Alterado pela Lei 13.135/2015.)

§ 1º A concessão de pensão aos beneficiários de que tratam os incisos I a IV do *caput* exclui os beneficiários referidos nos incisos V e VI. (Alterado pela Lei 13.135/2015.)

§ 2º A concessão de pensão aos beneficiários de que trata o inciso V do *caput* exclui o beneficiário referido no inciso VI. (Alterado pela Lei 13.135/2015.)

§ 3º O enteado e o menor tutelado equiparam-se a filho mediante declaração do servidor e desde que comprovada dependência econômica, na forma estabelecida em regulamento. (Alterado pela Lei 13.135/2015.)

§ 4º (Vetado na Lei 13.846/2019).

Art. 218. Ocorrendo habilitação de vários titulares à pensão, o seu valor será distribuído em partes iguais entre os beneficiários habilitados. (Alterado pela Lei 13.135/2015.)

§§ 1º a 3º (Revogados pela Lei 13.135/2015).

Art. 219. A pensão por morte será devida ao conjunto dos dependentes do segurado que falecer, aposentado ou não, a contar da data: (Redação dada pela Lei 13.846/2019)

I - do óbito, quando requerida em até cento e oitenta dias após o óbito, para os filhos menores de dezesseis anos, ou em até noventa dias após o óbito, para os demais dependentes; (Redação dada pela Lei 13.846/2019)

II - do requerimento, quando requerida após o prazo previsto no inciso I; ou (Redação dada pela Lei 13.846/2019)

III - da decisão judicial, na hipótese de morte presumida. (Redação dada pela Lei 13.846/2019)

§ 1º A concessão da pensão por morte não será protelada pela falta de habilitação de outro possível dependente e a habilitação posterior que importe em exclusão ou inclusão de dependente só produzirá efeito a partir da data da publicação da portaria de concessão da pensão ao dependente habilitado. (Redação dada pela Lei 13.846/2019)

§ 2º Ajuizada a ação judicial para reconhecimento da condição de dependente, este poderá requerer a sua habilitação provisória ao benefício de pensão por morte, exclusivamente para fins de rateio dos valores com outros dependentes, vedado o pagamento da respectiva cota até o trânsito em julgado da respectiva ação, ressalvada a existência de decisão judicial em contrário. (Redação dada pela Lei 13.846/2019)

§ 3º Nas ações em que for parte o ente público responsável pela concessão da pensão por morte, este poderá proceder de ofício à habilitação excepcional da referida pensão, apenas para efeitos de rateio, descontando-se os valores referentes a esta habilitação das demais cotas, vedado o pagamento da respectiva cota até o trânsito em julgado da respectiva ação, ressalvada a existência de decisão judicial em contrário. (Redação dada pela Lei 13.846/2019)

§ 4º Julgada improcedente a ação prevista no § 2º ou § 3º deste artigo, o valor retido será corrigido pelos índices legais de reajustamento e será pago de forma proporcional aos demais dependentes, de acordo com as suas cotas e o tempo de duração de seus benefícios. (Redação dada pela Lei 13.846/2019)

§ 5º Em qualquer hipótese, fica assegurada ao órgão concessor da pensão por morte a cobrança dos valores indevidamente pagos em função de nova habilitação. (Redação dada pela Lei 13.846/2019)

Art. 220. Perde o direito à pensão por morte: (Alterado pela Lei 13.135/2015.)

I - após o trânsito em julgado, o beneficiário condenado pela prática de crime de que tenha dolosamente resultado a morte do servidor; (Alterado pela Lei 13.135/2015.)

II - o cônjuge, o companheiro ou a companheira se comprovada, a qualquer tempo, simulação ou fraude no casamento ou na união estável, ou a formalização desses com o fim exclusivo de constituir benefício previdenciário, apuradas em processo judicial no qual será assegurado o direito ao contraditório e à ampla defesa. (Alterado pela Lei 13.135/2015.)

Art. 221. Será concedida pensão provisória por morte presumida do servidor, nos seguintes casos:

I - declaração de ausência, pela autoridade judiciária competente;

II - desaparecimento em desabamento, inundação, incêndio ou acidente não caracterizado como em serviço;

III - desaparecimento no desempenho das atribuições do cargo ou em missão de segurança.

Parágrafo único. A pensão provisória será transformada em vitalícia ou temporária, conforme o caso, decorridos 5 (cinco) anos de sua vigência, ressalvado o eventual reaparecimento do servidor, hipótese em que o benefício será automaticamente cancelado.

Art. 222. Acarreta perda da qualidade de beneficiário:

I - o seu falecimento;

II - a anulação do casamento, quando a decisão ocorrer após a concessão da pensão ao cônjuge;

III - a cessação da invalidez, em se tratando de beneficiário inválido, ou o afastamento da deficiência, em se tratando de beneficiário com deficiência, respeitados os períodos mínimos decorrentes da aplicação das alíneas a e b do inciso VII do *caput* deste artigo; (Redação dada pela Lei 13.846/2019)

IV - o implemento da idade de 21 (vinte e um) anos, pelo filho ou irmão; (Alterado pela Lei 13.135/2015.)

V - a acumulação de pensão na forma do art. 225;

VI - a renúncia expressa; e (Alterado pela Lei 13.135/2015.)

VII - em relação aos beneficiários de que tratam os incisos I a III do *caput* do art. 217: (Alterado pela Lei 13.135/2015.)

a) o decurso de 4 (quatro) meses, se o óbito ocorrer sem que o servidor tenha vertido 18 (dezoito) contribuições mensais ou se o casamento ou a união estável tiverem sido iniciados em menos de 2 (dois) anos antes do óbito do servidor; (Alterado pela Lei 13.135/2015.)

b) o decurso dos seguintes períodos, estabelecidos de acordo com a idade do pensionista na data de óbito do servidor, depois de vertidas 18 (dezoito) contribuições mensais e pelo menos 2 (dois) anos após o início do casamento ou da união estável: (Alterado pela Lei 13.135/2015.)

1) 3 (três) anos, com menos de 21 (vinte e um) anos de idade;

2) 6 (seis) anos, entre 21 (vinte e um) e 26 (vinte e seis) anos de idade;

3) 10 (dez) anos, entre 27 (vinte e sete) e 29 (vinte e nove) anos de idade;

4) 15 (quinze) anos, entre 30 (trinta) e 40 (quarenta) anos de idade;

5) 20 (vinte) anos, entre 41 (quarenta e um) e 43 (quarenta e três) anos de idade;

6) vitalícia, com 44 (quarenta e quatro) ou mais anos de idade.

§ 1º A critério da administração, o beneficiário de pensão cuja preservação seja motivada por invalidez, por incapacidade ou por deficiência poderá ser convocado a qualquer momento para avaliação das referidas condições. (Alterado pela Lei 13.135/2015.)

§ 2º Serão aplicados, conforme o caso, a regra contida no inciso III ou os prazos previstos na alínea "b" do inciso VII, ambos do *caput*, se o óbito do servidor decorrer de acidente de qualquer natureza ou de doença profissional ou do trabalho, independentemente do recolhimento de 18 (dezoito) contribuições mensais ou da comprovação de 2 (dois) anos de casamento ou de união estável. (Alterado pela Lei 13.135/2015.)

§ 3º Após o transcurso de pelo menos 3 (três) anos e desde que nesse período se verifique o incremento mínimo de um ano inteiro na média nacional única, para ambos os sexos, correspondente à expectativa de sobrevida da população brasileira ao nascer, poderão ser fixadas, em números inteiros, novas idades para os fins previstos na alínea "b" do inciso VII do *caput*, em ato do Ministro de Estado do Planejamento, Orçamento e Gestão, limitado o acréscimo na comparação com as idades anteriores ao referido incremento. (Alterado pela Lei 13.135/2015.)

§ 4º O tempo de contribuição a Regime Próprio de Previdência Social (RPPS) ou ao Regime Geral de Previdência Social (RGPS) será considerado na contagem das 18 (dezoito) contribuições mensais referidas nas alíneas "a" e "b" do inciso VII do *caput*. (Alterado pela Lei 13.135/2015.)

§ 5º Na hipótese de o servidor falecido estar, na data de seu falecimento, obrigado por determinação judicial a pagar alimentos temporários a ex-cônjuge, ex-companheiro ou ex-companheira, a pensão por morte será devida pelo prazo remanescente na data do óbito, caso não incida outra hipótese de cancelamento anterior do benefício. (Redação dada pela Lei 13.846/2019)

§ 6º O beneficiário que não atender à convocação de que trata o § 1º deste artigo terá o benefício suspenso, observado o disposto nos incisos I e II do *caput* do art. 95 da Lei nº 13.146, de 6 de julho de 2015. (Redação dada pela Lei 13.846/2019)

§ 7º O exercício de atividade remunerada, inclusive na condição de microempreendedor individual, não impede a concessão ou manutenção da cota da pensão de dependente com deficiência intelectual ou mental ou com deficiência grave. (Redação dada pela Lei 13.846/2019)

§ 8º No ato de requerimento de benefícios previdenciários, não será exigida apresentação de termo de curatela de titular ou de beneficiário com deficiência, observados os procedimentos a serem estabelecidos em regulamento. (Redação dada pela Lei 13.846/2019)

Art. 223. Por morte ou perda da qualidade de beneficiário, a respectiva cota reverterá para os cobeneficiários. (Alterado pela Lei 13.135/2015.)

I e II - (Revogados pela Lei 13.135/2015);

Art. 224. As pensões serão automaticamente atualizadas na mesma data e na mesma proporção dos reajustes dos vencimentos dos servidores, aplicando-se o disposto no parágrafo único do art. 189.

Art. 225. Ressalvado o direito de opção, é vedada a percepção cumulativa de pensão deixada por mais de um cônjuge ou companheiro ou companheira e de mais de 2 (duas) pensões. (Alterado pela Lei 13.135/2015.)

SEÇÃO VIII
DO AUXÍLIO-FUNERAL

Art. 226. O auxílio-funeral é devido à família do servidor falecido na atividade ou aposentado, em valor equivalente a um mês da remuneração ou provento.

§ 1º No caso de acumulação legal de cargos, o auxílio será pago somente em razão do cargo de maior remuneração.

§ 2º (Vetado.)

§ 3º O auxílio será pago no prazo de 48 (quarenta e oito) horas, por meio de procedimento sumaríssimo, à pessoa da família que houver custeado o funeral.

› arts. 275 a 281, CPC.

Art. 227. Se o funeral for custeado por terceiro, este será indenizado, observado o disposto no artigo anterior.

Art. 228. Em caso de falecimento de servidor em serviço fora do local de trabalho, inclusive no exterior, as despesas de transporte do corpo correrão à conta de recursos da União, autarquia ou fundação pública.

SEÇÃO IX
DO AUXÍLIO-RECLUSÃO

Art. 229. À família do servidor ativo é devido o auxílio-reclusão, nos seguintes valores:

I - dois terços da remuneração, quando afastado por motivo de prisão, em flagrante ou preventiva, determinada pela autoridade competente, enquanto perdurar a prisão;

II - metade da remuneração, durante o afastamento, em virtude de condenação, por sentença definitiva, a pena que não determine a perda de cargo.

§ 1º Nos casos previstos no inciso I deste artigo, o servidor terá direito à integralização da remuneração, desde que absolvido.

§ 2º O pagamento do auxílio-reclusão cessará a partir do dia imediato àquele em que o servidor for posto em liberdade, ainda que condicional.

§ 3º Ressalvado o disposto neste artigo, o auxílio-reclusão será devido, nas mesmas condições da pensão por morte, aos dependentes do segurado recolhido à prisão. (Acrescentado pela Lei 13.135/2015.)

CAPÍTULO III
DA ASSISTÊNCIA À SAÚDE

Art. 230. A assistência à saúde do servidor, ativo ou inativo, e de sua família compreende assistência médica, hospitalar, odontológica, psicológica e farmacêutica, terá como diretriz básica o implemento de ações preventivas voltadas para a promoção da saúde e será prestada pelo Sistema Único de Saúde - SUS, diretamente pelo órgão ou entidade ao qual estiver vinculado o servidor, ou mediante convênio ou contrato, ou ainda na forma de auxílio, mediante ressarcimento parcial do valor despendido pelo servidor, ativo ou inativo, e seus dependentes ou pensionistas com planos ou seguros privados de assistência à saúde, na forma estabelecida em regulamento. (Redação dada pela Lei 11.302/2006.)

› Dec. 4.978/2004 (Regulamenta este artigo).

§ 1º Nas hipóteses previstas nesta Lei em que seja exigida perícia, avaliação ou inspeção médica, na ausência de médico ou junta médica oficial, para a sua realização o órgão ou entidade celebrará, preferencialmente, convênio com unidades de atendimento do sistema público de saúde, entidades sem fins lucrativos declaradas de utilidade pública, ou com o Instituto Nacional do Seguro Social - INSS. (Incluído pela Lei 9.527/1997.)

§ 2º Na impossibilidade, devidamente justificada, da aplicação do disposto no parágrafo anterior, o órgão ou entidade promoverá a contratação da prestação de serviços por pessoa jurídica, que constituirá junta médica especificamente para esses fins, indicando os nomes e especialidades dos seus integrantes, com a comprovação de suas habilitações e de que não estejam respondendo a processo disciplinar junto à entidade fiscalizadora da profissão. (Incluído pela Lei 9.527/1997.)

§ 3º Para os fins do disposto no *caput* deste artigo, ficam a União e suas entidades autárquicas e fundacionais autorizadas a: (Incluído pela Lei 11.302/2006.)

I - celebrar convênios exclusivamente para a prestação de serviços de assistência à saúde para os seus servidores ou empregados ativos, aposentados, pensionistas, bem como para seus respectivos grupos familiares definidos, com entidades de autogestão por elas patrocinadas por meio de instrumentos jurídicos efetivamente celebrados e publicados até 12 de fevereiro de 2006 e que possuam autorização de funcionamento do órgão regulador, sendo certo que os convênios celebrados depois dessa data somente poderão sê-lo na forma da regulamentação específica sobre patrocínio de autogestões, a ser publicada pelo mesmo órgão regulador, no prazo de 180 (cento e oitenta) dias da vigência desta lei, normas essas também aplicáveis aos convênios existentes até 12 de fevereiro de 2006; (Incluído pela Lei 11.302/2006.)

II - contratar, mediante licitação, na forma da Lei n. 8.666, de 21 de junho de 1993, operadoras de planos e seguros privados de assistência à saúde que possuam autorização de funcionamento do órgão regulador; (Incluído pela Lei 11.302/2006.)

III - (Vetado.) (Incluído pela Lei 11.302/2006.)

§ 4º (Vetado.) (Incluído pela Lei 11.302/2006.)

§ 5º O valor do ressarcimento fica limitado ao total despendido pelo servidor ou pensionista civil com plano ou seguro privado de assistência à saúde. (Incluído pela Lei 11.302/2006.)

CAPÍTULO IV
DO CUSTEIO

Art. 231. (Revogado pela Lei 9.783/1999.)

TÍTULO VII

CAPÍTULO ÚNICO
DA CONTRATAÇÃO TEMPORÁRIA DE EXCEPCIONAL INTERESSE PÚBLICO

Arts. 232. a 235. (Revogados pela Lei 8.745/1993.)

TÍTULO VIII

CAPÍTULO ÚNICO
DAS DISPOSIÇÕES GERAIS

Art. 236. O Dia do Servidor Público será comemorado a vinte e oito de outubro.

Art. 237. Poderão ser instituídos, no âmbito dos Poderes Executivo, Legislativo e Judiciário, os seguintes incentivos funcionais, além daqueles já previstos nos respectivos planos de carreira:

› art. 39, § 7º, CF.

I - prêmios pela apresentação de ideias, inventos ou trabalhos que favoreçam o aumento de produtividade e a redução dos custos operacionais;

II - concessão de medalhas, diplomas de honra ao mérito, condecoração e elogio.

Art. 238. Os prazos previstos nesta Lei serão contados em dias corridos, excluindo-se o dia do começo e incluindo-se o do vencimento, ficando prorrogado, para o primeiro dia útil seguinte, o prazo vencido em dia em que não haja expediente.

Art. 239. Por motivo de crença religiosa ou de convicção filosófica ou política, o servidor não poderá ser privado de quaisquer dos seus direitos, sofrer discriminação em sua vida funcional, nem eximir-se do cumprimento de seus deveres.

Art. 240. Ao servidor público civil é assegurado, nos termos da Constituição Federal, o direito à livre associação sindical e os seguintes direitos, entre outros, dela decorrentes:

a) de ser representado pelo sindicato, inclusive como substituto processual;

b) de inamovibilidade do dirigente sindical, até um ano após o final do mandato, exceto se a pedido;

c) de descontar em folha, sem ônus para a entidade sindical a que for filiado, o valor das mensalidades e contribuições definidas em assembleia geral da categoria.

d) e *e)* (Revogadas pela Lei 9.527/1997.)

Art. 241. Consideram-se da família do servidor, além do cônjuge e filhos, quaisquer pessoas que vivam às suas expensas e constem do seu assentamento individual.

Parágrafo único. Equipara-se ao cônjuge a companheira ou companheiro, que comprove união estável como entidade familiar.

Art. 242. Para os fins desta lei, considera-se sede o município onde a repartição estiver instalada e onde o servidor tiver exercício, em caráter permanente.

TÍTULO IX
CAPÍTULO ÚNICO

DAS DISPOSIÇÕES TRANSITÓRIAS E FINAIS

Art. 243. Ficam submetidos ao regime jurídico instituído por esta Lei, na qualidade de servidores públicos, os servidores dos Poderes da União, dos ex-Territórios, das autarquias, inclusive as em regime especial, e das fundações públicas, regidos pela Lei n. 1.711, de 28 de outubro de 1952 - Estatuto dos Funcionários Públicos Civis da União, ou pela Consolidação das Leis do Trabalho, aprovada pelo Decreto-Lei n. 5.452, de 1º de maio de 1943, exceto os contratados por prazo determinado, cujos contratos não poderão ser prorrogados após o vencimento do prazo de prorrogação.

- Lei 9.962/2000 (Disciplina o regime de emprego público do pessoal da Administração Federal direta, autárquica e fundacional).

§ 1º Os empregos ocupados pelos servidores incluídos no regime instituído por esta Lei ficam transformados em cargos, na data de sua publicação.

§ 2º As funções de confiança exercidas por pessoas não integrantes de tabela permanente do órgão ou entidade onde têm exercício ficam transformadas em cargos em comissão, e mantidas enquanto não for implantado o plano de cargos dos órgãos ou entidades na forma da lei.

§ 3º As Funções de Assessoramento Superior - FAS, exercidas por servidor integrante de quadro ou tabela de pessoal, ficam extintas na data da vigência desta lei.

§ 4º (Vetado.)

§ 5º O regime jurídico desta lei é extensivo aos serventuários da Justiça, remunerados com recursos da União, no que couber.

§ 6º Os empregos dos servidores estrangeiros com estabilidade no serviço público, enquanto não adquirirem a nacionalidade brasileira, passarão a integrar tabela em extinção, do respectivo órgão ou entidade, sem prejuízo dos direitos inerentes aos planos de carreira aos quais se encontrem vinculados os empregos.

§ 7º Os servidores públicos de que trata o *caput* deste artigo, não amparados pelo art. 19 do Ato das Disposições Constitucionais Transitórias, poderão, no interesse da Administração e conforme critérios estabelecidos em regulamento, ser exonerados mediante indenização de um mês de remuneração por ano de efetivo exercício no serviço público federal. (Incluído pela Lei 9.527/1997.)

§ 8º Para fins de incidência do imposto de renda na fonte e na declaração de rendimentos, serão considerados como indenizações isentas os pagamentos efetuados a título de indenização prevista no parágrafo anterior. (Incluído pela Lei 9.527/1997.)

§ 9º Os cargos vagos em decorrência da aplicação do disposto no § 7º poderão ser extintos pelo Poder Executivo quando considerados desnecessários. (Incluído pela Lei 9.527/1997.)

Art. 244. Os adicionais por tempo de serviço, já concedidos aos servidores abrangidos por esta Lei, ficam transformados em anuênio.

Art. 245. A licença especial disciplinada pelo art. 116 da Lei n. 1.711, de 1952, ou por outro diploma legal, fica transformada em licença-prêmio por assiduidade, na forma prevista nos arts. 87 a 90.

Art. 246. (Vetado.)

Art. 247. Para efeito do disposto no Título VI desta lei, haverá ajuste de contas com a Previdência Social, correspondente ao período de contribuição por parte dos servidores celetistas abrangidos pelo art. 243. (Redação dada pela Lei 8.162/1991.)

Art. 248. As pensões estatutárias, concedidas até a vigência desta lei, passam a ser mantidas pelo órgão ou entidade de origem do servidor.

Art. 249. Até a edição da lei prevista no § 1º do art. 231, os servidores abrangidos por esta Lei contribuirão na forma e nos percentuais atualmente estabelecidos para o servidor civil da União conforme regulamento próprio.

Art. 250. O servidor que já tiver satisfeito ou vier a satisfazer, dentro de 1 (um) ano, as condições necessárias para a aposentadoria nos termos do inciso II do art. 184 do antigo Estatuto dos Funcionários Públicos Civis da União, Lei n. 1.711, de 28 de outubro de 1952, aposentar-se-á com a vantagem prevista naquele dispositivo.

- Mantido pelo Congresso Nacional.

Art. 251. (Revogado pela Lei 9.527/1997.)

Art. 252. Esta Lei entra em vigor na data de sua publicação, com efeitos financeiros a partir do primeiro dia do mês subsequente.

Art. 253. Ficam revogadas a Lei n. 1.711, de 28 de outubro de 1952, e respectiva legislação complementar, bem como as demais disposições em contrário.

Brasília, 11 de dezembro de 1990; 169º da Independência e 102º da República.

Fernando Collor

LEI Nº 8.137, DE 27 DE DEZEMBRO DE 1990

Define crimes contra a ordem tributária, econômica e contra as relações de consumo, e dá outras providências.

- *Crimes contra a ordem tributária*

O PRESIDENTE DA REPÚBLICA Faço saber que o Congresso Nacional decreta e eu sanciono a seguinte Lei:

CAPÍTULO I. DOS CRIMES CONTRA A ORDEM TRIBUTÁRIA

- Lei 13.254/2016 – Dispõe sobre o Regime Especial de Regularização Cambial e Tributária (RERCT) de recursos, bens ou direitos de origem lícita, não declarados ou declarados incorretamente, remetidos, mantidos no exterior ou repatriados por residentes ou domiciliados no País.
- Lei 12.529/2011 – Estrutura o Sistema Brasileiro de Defesa da Concorrência; dispõe sobre a prevenção e repressão às infrações contra a ordem econômica.
- Lei 9.249/1995: art. 34.
- Lei 4.729/1965 – Define o crime de sonegação fiscal.
- Lei 1.521/1951 – Altera dispositivos da legislação vigente sobre crimes contra a economia popular.

SEÇÃO I. DOS CRIMES PRATICADOS POR PARTICULARES

Art. 1º. Constitui crime contra a ordem tributária suprimir ou reduzir tributo, ou contribuição social e qualquer acessório, mediante as seguintes condutas:

- Súm. Vinculante 24 do STF.
- CP: art. 298.
- Lei 13.254/2016: art. 5º, § 1º, I.
- Lei 10.684/2003: art. 9º.
- Lei 9.964/2000: art. 15.

I – omitir informação, ou prestar declaração falsa às autoridades fazendárias;

- CP: art. 299.
- Lei 4.729/1965: art. 1º, I.

II – fraudar a fiscalização tributária, inserindo elementos inexatos, ou omitindo operação de qualquer natureza, em documento ou livro exigido pela lei fiscal;

III – falsificar ou alterar nota fiscal, fatura, duplicata, nota de venda, ou qualquer outro documento relativo à operação tributável;

IV – elaborar, distribuir, fornecer, emitir ou utilizar documento que saiba ou deva saber falso ou inexato;

V – negar ou deixar de fornecer, quando obrigatório, nota fiscal ou documento equivalente, relativa à venda de mercadoria ou prestação de serviço, efetivamente realizada, ou fornecê-la em desacordo com a legislação.

Pena – reclusão, de 2 (dois) a 5 (cinco) anos, e multa.

Parágrafo único. A falta de atendimento da exigência da autoridade, no prazo de 10 (dez) dias, que poderá ser convertido em horas em razão da maior ou menor complexidade da matéria ou da dificuldade quanto ao atendimento da exigência, caracteriza a infração prevista no inciso V.

Art. 2º. Constitui crime da mesma natureza:

› Lei 10.684/2003: art. 9º.

I – fazer declaração falsa ou omitir declaração sobre rendas, bens ou fatos, ou empregar outra fraude, para eximir-se, total ou parcialmente, de pagamento de tributo;

› Lei 13.254/2016: art. 5º, § 1º, I.

II – deixar de recolher, no prazo legal, valor de tributo ou de contribuição social, descontado ou cobrado, na qualidade de sujeito passivo de obrigação e que deveria recolher aos cofres públicos;

› Lei 13.254/2016: art. 5º, § 1º, I.

III – exigir, pagar ou receber, para si ou para o contribuinte beneficiário, qualquer percentagem sobre a parcela dedutível ou deduzida de imposto ou de contribuição como incentivo fiscal;

IV – deixar de aplicar, ou aplicar em desacordo com o estatuído, incentivo fiscal ou parcelas de imposto liberadas por órgão ou entidade de desenvolvimento;

V – utilizar ou divulgar programas de processamento de dados que permita ao sujeito passivo da obrigação tributária possuir informação contábil diversa daquela que é, por lei, fornecida à Fazenda Pública.

› Lei 13.254/2016: art. 5º, § 1º, I.

Pena – detenção, de 6 (seis) meses a 2 (dois) anos, e multa.

SEÇÃO II.
DOS CRIMES PRATICADOS POR FUNCIONÁRIOS PÚBLICOS

Art. 3º. Constitui crime funcional contra a ordem tributária, além dos previstos no Dec.-lei 2.848, de 7 de dezembro de 1940 – Código Penal (Título XI, Capítulo I):

I – extraviar livro oficial, processo fiscal ou qualquer documento, de que tenha a guarda em razão da função; sonegá-lo, ou inutilizá-lo, total ou parcialmente, acarretando pagamento indevido ou inexato de tributo ou contribuição social;

› CP: art. 314.

II – exigir, solicitar ou receber, para si ou para outrem, direta ou indiretamente, ainda que fora da função ou antes de iniciar seu exercício, mas em razão dela, vantagem indevida; ou aceitar promessa de tal vantagem, para deixar de lançar ou cobrar tributo ou contribuição social, ou cobrá-los parcialmente;

› CP: arts. 316 e 317.

Pena – reclusão, de 3 (três) a 8 (oito) anos, e multa.

III – patrocinar, direta ou indiretamente, interesse privado perante a administração fazendária, valendo-se da qualidade de funcionário público;

› CP: art. 321.

Pena – reclusão, de 1 (um) a 4 (quatro) anos, e multa.

CAPÍTULO II.
DOS CRIMES CONTRA A ORDEM ECONÔMICA E AS RELAÇÕES DE CONSUMO

Art. 4º. Constitui crime contra a ordem econômica:

› Lei 9.249/1995: art. 34.

I – abusar do poder econômico, dominando o mercado ou eliminando, total ou parcialmente, a concorrência mediante qualquer forma de ajuste ou acordo de empresas; (Redação dada pela Lei nº 12.529, de 2011)

a) (Revogada pela Lei nº 12.529, de 2011).

b) (Revogada pela Lei nº 12.529, de 2011).

c) (Revogada pela Lei nº 12.529, de 2011).

d) (Revogada pela Lei nº 12.529, de 2011).

e) (Revogada pela Lei nº 12.529, de 2011).

f) (Revogada pela Lei nº 12.529, de 2011).

II – formar acordo, convênio, ajuste ou aliança entre ofertantes, visando: (Redação dada pela Lei nº 12.529, de 2011)

a) à fixação artificial de preços ou quantidades vendidas ou produzidas; (Redação dada pela Lei nº 12.529, de 2011)

b) ao controle regionalizado do mercado por empresa ou grupo de empresas; (Redação dada pela Lei nº 12.529, de 2011)

c) ao controle, em detrimento da concorrência, de rede de distribuição ou de fornecedores. (Redação dada pela Lei nº 12.529, de 2011)

Pena – reclusão, de 2 (dois) a 5 (cinco) anos e multa. (Redação dada pela Lei nº 12.529, de 2011)

III – *(Revogado pela Lei nº 12.529, de 2011).*

IV – *(Revogado pela Lei nº 12.529, de 2011).*

V – *(Revogado pela Lei nº 12.529, de 2011).*

VI – *(Revogado pela Lei nº 12.529, de 2011).*

VII – *(Revogado pela Lei nº 12.529, de 2011).*

Art. 5º. *(Revogado pela Lei nº 12.529, de 2011).*

Art. 6º. *(Revogado pela Lei nº 12.529, de 2011).*

Art. 7º. Constitui crime contra as relações de consumo:

› Lei 8.078/1990: arts. 61 a 80.

I – favorecer ou preferir, sem justa causa, comprador ou freguês, ressalvados os sistemas de entrega ao consumo por intermédio de distribuidores ou revendedores;

II – vender ou expor à venda mercadoria cuja embalagem, tipo, especificação, peso ou composição esteja em desacordo com as prescrições legais, ou que não corresponda à respectiva classificação oficial;

III – misturar gêneros e mercadorias de espécies diferentes, para vendê-los ou expô-los à venda como puros; misturar gêneros e mercadorias de qualidades desiguais para vendê-los ou expô-los à venda por preço estabelecido para os de mais alto custo;

IV – fraudar preços por meio de:

a) alteração, sem modificação essencial ou de qualidade, de elementos tais como denominação, sinal externo, marca, embalagem, especificação técnica, descrição, volume, peso, pintura ou acabamento de bem ou serviço;

b) divisão em partes de bem ou serviço, habitualmente oferecido à venda em conjunto;

c) junção de bens ou serviços, comumente oferecidos à venda em separado;

d) aviso de inclusão de insumo não empregado na produção do bem ou na prestação dos serviços;

V – elevar o valor cobrado nas vendas a prazo de bens ou serviços, mediante a exigência de comissão ou de taxa de juros ilegais;

VI – sonegar insumos ou bens, recusando-se a vendê-los a quem pretenda comprá-los nas condições publicamente ofertadas, ou retê-los para o fim de especulação;

VII – induzir o consumidor ou usuário a erro, por via de indicação ou afirmação falsa ou enganosa sobre a natureza, qualidade de bem ou serviço, utilizando-se de qualquer meio, inclusive a veiculação ou divulgação publicitária;

› Lei 8.078/2990: arts. 37 e 68.

VIII – destruir, inutilizar ou danificar matéria-prima ou mercadoria, com o fim de provocar alta de preço, em proveito próprio ou de terceiros;

IX – vender, ter em depósito para vender ou expor à venda, ou de qualquer forma, entregar matéria-prima ou mercadoria, em condições impróprias ao consumo.

Pena – detenção, de 2 (dois) a 5 (cinco) anos, ou multa.

Parágrafo único. Nas hipóteses dos incisos II, III e IX pune-se a modalidade culposa, reduzindo-se a pena de detenção de 1/3 (um terço) ou a de multa à quinta parte.

CAPÍTULO III.
DAS MULTAS

Art. 8º. Nos crimes definidos nos arts. 1º a 3º desta Lei, a pena de multa será fixada entre 10 (dez) e 360 (trezentos e sessenta) dias-multa, conforme seja necessário e suficiente para reprovação e prevenção do crime.

Parágrafo único. O dia-multa será fixado pelo juiz em valor não inferior a 14 nem superior a 200 Bônus do Tesouro Nacional – BTN.

› Lei 8.177/1991: art. 3º.

Art. 9º. A pena de detenção ou reclusão poderá ser convertida em multa de valor equivalente a:

I – 200.000 até 5.000.000 de BTN, nos crimes definidos no art. 4º;

II – 5.000 até 200.000 BTN, nos crimes definidos nos arts. 5º e 6º;

III – 50.000 até 1.000.000 de BTN, nos crimes definidos no art. 7º.

Art. 10. Caso o juiz, considerado o ganho ilícito e a situação econômica do réu, verifique a insuficiência ou excessiva onerosidade das penas pecuniárias previstas nesta Lei, poderá diminuí-las até a décima parte ou elevá-las ao décuplo.

CAPÍTULO IV.
DAS DISPOSIÇÕES GERAIS

Art. 11. Quem de qualquer modo, inclusive por meio de pessoa jurídica, concorre para os crimes definidos nesta Lei, incide nas penas a estes cominadas, na medida de sua culpabilidade.

Parágrafo único. Quando a venda ao consumidor for efetuada por sistema de entrega ao consumo ou por intermédio de distribuidor ou revendedor, seja em regime de concessão comercial ou outro em que o preço ao consumidor é estabelecido ou sugerido pelo fabricante ou concedente, o ato por este praticado não alcança o distribuidor ou revendedor.

Art. 12. São circunstâncias que podem agravar de 1/3 (um terço) até a metade as penas previstas nos arts. 1º, 2º e 4º a 7º:

I – ocasionar grave dano à coletividade;

II – ser o crime cometido por servidor público no exercício de suas funções;

III – ser o crime praticado em relação à prestação de serviços ou ao comércio de bens essenciais à vida ou à saúde.

Art. 13. *(VETADO).*

Art. 14. *(Revogado pela Lei nº 8.383, de 1991).*

Art. 15. Os crimes previstos nesta Lei são de ação penal pública, aplicando-se lhes o disposto no art. 100 do Dec.-lei nº 2.848, de 7 de dezembro de 1940 – Código Penal.

Art. 16. Qualquer pessoa poderá provocar a iniciativa do Ministério Público nos crimes descritos nesta Lei, fornecendo-lhe por escrito informações sobre o fato e a autoria, bem como indicando o tempo, o lugar e os elementos de convicção.

Parágrafo único. Nos crimes previstos nesta Lei, cometidos em quadrilha ou coautoria, o coautor ou partícipe que através de confissão espontânea revelar à autoridade policial ou judicial toda a trama delituosa terá a sua pena reduzida de 1 (um) a 2/3 (dois terços). (Incluído pela Lei nº 9.080, de 1995)

Art. 17. Compete ao Departamento Nacional de Abastecimento e Preços, quando e se necessário, providenciar a desapropriação de estoques, a fim de evitar crise no mercado ou colapso no abastecimento.

Art. 18. *(Revogado pela Lei nº 8.176, de 1991)*

Art. 19. O *caput* do art. 172 do Dec.-lei nº 2.848, de 7 de dezembro de 1940 – Código Penal, passa a ter a seguinte redação:

- Alteração incorporada ao texto do referido Decreto-lei.

Art. 20. O § 1º do art. 316 do Dec.-lei 2.848, de 7 de dezembro de 1940 – Código Penal, passa a ter a seguinte redação:

- Alteração incorporada ao texto do referido Decreto-lei.

Art. 21. O art. 318 do Dec.-lei nº 2.848, de 7 de dezembro de 1940 – Código Penal, quanto à fixação da pena, passa a ter a seguinte redação:

- Alteração incorporada ao texto do referido Decreto-lei.

Art. 22. Esta Lei entra em vigor na data de sua publicação.

Art. 23. Revogam-se as disposições em contrário e, em especial, o art. 279 do Dec.-lei nº 2.848, de 7 de dezembro de 1940 – Código Penal.

Brasília, em 27 de dezembro de 1990; 169º da Independência e 102º da República.

FERNANDO COLLOR

D.O.U. 28.12.1990

LEI Nº 8.176, DE 8 DE FEVEREIRO DE 1991

Define crimes contra a ordem econômica e cria o Sistema de Estoques de Combustíveis.

- *Crimes contra a ordem econômica*

O PRESIDENTE DA REPÚBLICA Faço saber que o Congresso Nacional decreta e eu sanciono a seguinte Lei:

- Decreto 238/1991 – Dispõe sobre o Sistema Nacional de Estoques de Combustíveis e dá outras providências.

Art. 1º. Constitui crime contra a ordem econômica:

I – adquirir, distribuir e revender derivados de petróleo, gás natural e suas frações recuperáveis, álcool etílico hidratado carburante, e demais combustíveis líquidos carburantes em desacordo com as normas estabelecidas na forma da Lei;

II – usar gás liquefeito de petróleo em motores de qualquer espécie, saunas, caldeiras e aquecimentos de piscinas, ou para fins automotivos, em desacordo com as normas estabelecidas na forma da Lei.

Pena – detenção, de 1 (um) a 5 (cinco) anos.

Art. 2º. Constitui crime contra o patrimônio, na modalidade de usurpação, produzir bens ou explorar matéria-prima pertencentes à União, sem autorização legal ou em desacordo com as obrigações impostas pelo título autorizativo.

Pena – detenção, de 1 (um) a 5 (cinco) anos, e multa.

§ 1º. Incorre na mesma pena aquele que, sem autorização legal, adquirir, transportar, industrializar, tiver consigo, consumir ou comercializar produtos ou matéria-prima, obtidos na forma prevista no *caput* deste artigo.

§ 2º. No crime definido neste artigo, a pena de multa será fixada entre dez e 360 dias-multa, conforme seja necessário e suficiente para a reprovação e a prevenção do crime.

§ 3º. O dia-multa será fixado pelo juiz em valor não inferior a 14 nem superior a 200 Bônus do Tesouro Nacional – BTN.

Art. 3º. *(VETADO).*

Art. 4º. Fica instituído o Sistema Nacional de Estoques de Combustíveis.

- Lei 9.478/1997 – Dispõe sobre a política energética nacional, as atividades relativas ao monopólio do petróleo, institui o Conselho Nacional de Política Energética e a Agência Nacional do Petróleo.

§ 1º. O Poder Executivo encaminhará ao Congresso Nacional, dentro de cada exercício financeiro, o Plano Anual de Estoques Estratégicos de Combustíveis para o exercício seguinte, do qual constarão as fontes de recursos financeiros necessários à sua manutenção.

§ 2º. O Poder Executivo estabelecerá, no prazo de 60 (sessenta) dias, as normas que regulamentarão o Sistema Nacional de Estoques de Combustíveis e o Plano Anual de Estoques Estratégicos de Combustíveis.

Art. 5º. Esta Lei entra em vigor 5 (cinco) dias após a sua publicação.

Art. 6º. Revogam-se as disposições em contrário, em especial o art. 18 da Lei nº 8.137, de 27 de dezembro de 1990, restaurando-se a numeração dos artigos do Dec.-lei nº 2.848, de 7 de dezembro de 1940 – Código Penal brasileiro, alterado por aquele dispositivo.

Brasília, em 8 de fevereiro de 1991; 170º da Independência e 103º da República.

FERNANDO COLLOR

D.O.U. 13.2.1991

LEI Nº 8.212, DE 24 DE JULHO DE 1991

Dispõe sobre a organização da Seguridade Social, institui Plano de Custeio, e dá outras providências.

- *Seguridade Social*
- DOU 25.07.1991; Republicada no DOU 11.04.1996 e no DOU de 14.08.1998.
- Dec. nº 3.048, de 6-5-1999 (Regulamento da Previdência Social).

LEI ORGÂNICA DA SEGURIDADE SOCIAL

TÍTULO I.
CONCEITUAÇÃO E PRINCÍPIOS CONSTITUCIONAIS

Art. 1º A Seguridade Social compreende um conjunto integrado de ações de iniciativa dos poderes públicos e da sociedade, destinado a assegurar o direito relativo à saúde, à previdência e à assistência social.

Parágrafo único. A Seguridade Social obedecerá aos seguintes princípios e diretrizes:

a) universalidade da cobertura e do atendimento;

b) uniformidade e equivalência dos benefícios e serviços às populações urbanas e rurais;

c) seletividade e distributividade na prestação dos benefícios e serviços;

d) irredutibilidade do valor dos benefícios;

e) equidade na forma de participação no custeio;

f) diversidade da base de financiamento;

g) caráter democrático e descentralizado da gestão administrativa com a participação da comunidade, em especial de trabalhadores, empresários e aposentados.

TÍTULO II. DA SAÚDE

Art. 2º A Saúde é direito de todos e dever do Estado, garantido mediante políticas sociais e econômicas que visem à redução do risco de doença e de outros agravos e ao acesso universal e igualitário às ações e serviços para sua promoção, proteção e recuperação.

Parágrafo único. As atividades de saúde são de relevância pública e sua organização obedecerá aos seguintes princípios e diretrizes:

a) acesso universal e igualitário;

b) provimento das ações e serviços através de rede regionalizada e hierarquizada, integrados em sistema único;

c) descentralização, com direção única em cada esfera de governo;

d) atendimento integral, com prioridade para as atividades preventivas;

e) participação da comunidade na gestão, fiscalização e acompanhamento das ações e serviços de saúde;

f) participação da iniciativa privada na assistência à saúde, obedecidos os preceitos constitucionais.

TÍTULO III. DA PREVIDÊNCIA SOCIAL

Art. 3º A Previdência Social tem por fim assegurar aos seus beneficiários meios indispensáveis de manutenção, por motivo de incapacidade, idade avançada, tempo de serviço, desemprego involuntário, encargos de família e reclusão ou morte daqueles de quem dependiam economicamente.

Parágrafo único. A organização da Previdência Social obedecerá aos seguintes princípios e diretrizes:

a) universalidade de participação nos planos previdenciários, mediante contribuição;

b) valor da renda mensal dos benefícios, substitutos do salário de contribuição ou do rendimento do trabalho do segurado, não inferior ao do salário mínimo;

c) cálculo dos benefícios considerando-se os salários de contribuição, corrigidos monetariamente;

d) preservação do valor real dos benefícios;

e) previdência complementar facultativa, custeada por contribuição adicional.

TÍTULO IV. DA ASSISTÊNCIA SOCIAL

Art. 4º A Assistência Social é a política social que provê o atendimento das necessidades básicas, traduzidas em proteção à família, à maternidade, à infância, à adolescência, à velhice e à pessoa portadora de deficiência, independentemente de contribuição à Seguridade Social.

Parágrafo único. A organização da Assistência Social obedecerá às seguintes diretrizes:

a) descentralização político-administrativa;

b) participação da população na formulação e controle das ações em todos os níveis.

TÍTULO V. DA ORGANIZAÇÃO DA SEGURIDADE SOCIAL

Art. 5º As ações nas áreas de Saúde, Previdência Social e Assistência Social, conforme o disposto no Capítulo II do Título VIII da Constituição Federal, serão organizadas em Sistema Nacional de Seguridade Social, na forma desta Lei.

Arts. 6º e 7º *Revogado pela* MP 2.216-37/2001.

Art. 8º As propostas orçamentárias anuais ou plurianuais da Seguridade Social serão elaboradas por Comissão integrada por três representantes, sendo um da área da saúde, um da área da previdência social e um da área de assistência social.

Art. 9º As áreas de Saúde, Previdência Social e Assistência Social são objeto de leis específicas, que regulamentarão sua organização e funcionamento.

TÍTULO VI. DO FINANCIAMENTO DA SEGURIDADE SOCIAL

INTRODUÇÃO

Art. 10. A Seguridade Social será financiada por toda sociedade, de forma direta e indireta, nos termos do artigo 195 da Constituição Federal e desta Lei, mediante recursos provenientes da União, dos Estados, do Distrito Federal, dos Municípios e de contribuições sociais.

Art. 11. No âmbito federal, o orçamento da Seguridade Social é composto das seguintes receitas:

I – receitas da União;

II – receitas das contribuições sociais;

III – receitas de outras fontes.

Parágrafo único. Constituem contribuições sociais:

a) as das empresas, incidentes sobre a remuneração paga ou creditada aos segurados a seu serviço;

b) as dos empregadores domésticos;

c) as dos trabalhadores, incidentes sobre o seu salário de contribuição;

d) as das empresas, incidentes sobre faturamento e lucro;

e) as incidentes sobre a receita de concursos de prognósticos.

CAPÍTULO I. DOS CONTRIBUINTES

SEÇÃO I DOS SEGURADOS

Art. 12. São segurados obrigatórios da Previdência Social as seguintes pessoas físicas:

I – como empregado:

a) aquele que presta serviço de natureza urbana ou rural à empresa, em caráter não eventual, sob sua subordinação e mediante remuneração, inclusive como diretor empregado;

b) aquele que, contratado por empresa de trabalho temporário, definida em legislação específica, presta serviço para atender a necessidade transitória de substituição de pessoal regular e permanente ou a acréscimo extraordinário de serviços de outras empresas;

c) o brasileiro ou estrangeiro domiciliado e contratado no Brasil para trabalhar como empregado em sucursal ou agência de empresa nacional no exterior;

d) aquele que presta serviço no Brasil a missão diplomática ou a repartição consular de carreira estrangeira e a órgãos a ela subordinados, ou a membros dessas missões e repartições, excluídos o não brasileiro sem residência permanente no Brasil e o brasileiro amparado pela legislação previdenciária do país da respectiva missão diplomática ou repartição consular;

e) o brasileiro civil que trabalha para a União, no exterior, em organismos oficiais brasileiros ou internacionais dos quais o Brasil seja membro efetivo, ainda que lá domiciliado e contratado, salvo se segurado na forma da legislação vigente do país do domicílio;

f) o brasileiro ou estrangeiro domiciliado e contratado no Brasil para trabalhar como empregado em empresa domiciliada no exterior, cuja maioria do capital votante pertença a empresa brasileira de capital nacional;

g) o servidor público ocupante de cargo em comissão, sem vínculo efetivo com a União, Autarquias, inclusive em regime especial, e Fundações Públicas Federais; (Alínea acrescida pela Lei 8.647/1993)

h) o exercente de mandato eletivo federal, estadual ou municipal, desde que não vinculado a regime próprio de previdência social (Alínea acrescida pela Lei nº 9.506, de 1997, com execução suspensa pelo Senado Federal, na forma do art. 52, X da Constituição Federal, pela Resolução nº 26, de 2005)

i) o empregado de organismo oficial internacional ou estrangeiro em funcionamento no Brasil, salvo quando coberto por regime próprio de previdência social; (Alínea acrescida pela Lei 9.876/1999) *j)* o exercente de mandato eletivo federal, estadual ou municipal, desde que não vinculado a regime próprio de previdência social; (Alínea acrescida pela Lei 10.887/2004)

II – como empregado doméstico: aquele que presta serviço de natureza contínua a pessoa ou família, no âmbito residencial desta, em atividades sem fins lucrativos;

III e IV – *Revogados*. Lei 9.876/1999;

V – como contribuinte individual: (Redação dada pela Lei 9.876/1999)

a) a pessoa física, proprietária ou não, que explora atividade agropecuária, a qualquer título, em caráter permanente ou temporário, em área superior a 4 (quatro) módulos fiscais; ou, quando em área igual ou inferior a 4 (quatro) módulos fiscais ou atividade pesqueira, com auxílio de empregados ou por intermédio de prepostos; ou ainda nas hipóteses dos §§ 10 e 11 deste artigo; (Redação dada pela Lei 11.718/2008)

b) a pessoa física, proprietária ou não, que explora atividade de extração mineral – garimpo, em caráter permanente ou temporário, diretamente ou por intermédio de prepostos, com ou sem o auxílio de empregados, utilizados a qualquer título, ainda que de forma não contínua; (Alínea com a redação dada pela Lei 9.876/1999)

c) o ministro de confissão religiosa e o membro de instituto de vida consagrada, de congregação ou de ordem religiosa; (Redação dada pela Lei 10.403/2002)

d) Revogada. Lei 9.876/1999;

e) o brasileiro civil que trabalha no exterior para organismo oficial internacional do qual o Brasil é membro efetivo, ainda que lá domiciliado e contratado, salvo quando coberto por regime próprio de previdência social; (Redação dada pela Lei 9.876, de 26-1 1-1999)

f) o titular de firma individual urbana ou rural, o diretor não empregado e o membro de conselho de administração de sociedade anônima, o sócio solidário, o sócio de indústria, o sócio gerente e o sócio cotista que recebam remuneração decorrente de seu trabalho em empresa urbana ou rural, e o associado eleito para cargo de direção em cooperativa, associação ou entidade de qualquer natureza ou finalidade, bem como o síndico ou administrador eleito para exercer atividade de direção condominial, desde que recebam remuneração; (Acrescida pela Lei 9.876/1999)

g) quem presta serviço de natureza urbana ou rural, em caráter eventual, a uma ou mais empresas, sem relação de emprego; (Acrescida pela Lei 9.876/1999)

h) a pessoa física que exerce, por conta própria, atividade econômica de natureza urbana, com fins lucrativos ou não; (Acrescida pela Lei 9.876/1999)

VI – como trabalhador avulso: quem presta, a diversas empresas, sem vínculo empregatício, serviços de natureza urbana ou rural definidos no regulamento;

VII – como segurado especial: a pessoa física residente no imóvel rural ou em aglomerado urbano ou rural próximo a ele que, individualmente ou em regime de economia familiar, ainda que com o auxílio eventual de terceiros a título de mútua colaboração, na condição de: (Redação dada pela Lei 11.718/2008)

- A Resolução 15/2017, do Senado Federal, suspendeu a execução deste inciso, declarado inconstitucional pelo STF, no julgamento do RE 363.852 (DOU 13.09.2017).

a) produtor, seja proprietário, usufrutuário, possuidor, assentado, parceiro ou meeiro outorgados, comodatário ou arrendatário rurais, que explore atividade: (Acrescida pela Lei 11.718/2008).

1. agropecuária em área de até quatro módulos fiscais; ou

2. de seringueiro ou extrativista vegetal que exerça suas atividades nos termos do inciso XII do *caput* do art. 2º da Lei nº 9.985, de 18 de julho de 2000, e faça dessas atividades o principal meio de vida;

b) pescador artesanal ou a este assemelhado, que faça da pesca profissão habitual ou principal meio de vida; e (Acrescida pela Lei 11.718/2008).

c) cônjuge ou companheiro, bem como filho maior de 16 (dezesseis) anos de idade ou a este equiparado, do segurado de que tratam as alíneas *a* e *b* deste inciso, que, comprovadamente, trabalhem com o grupo familiar respectivo. (Acrescida pela Lei 11.718/2008).

§ 1º Entende-se como regime de economia familiar a atividade em que o trabalho dos membros da família é indispensável à própria subsistência e ao desenvolvimento socioeconômico do núcleo familiar e é exercido em condições de mútua dependência e colaboração, sem a utilização de empregados permanentes. (Redação dada pela Lei 11.718/2008)

§ 2º Todo aquele que exercer, concomitantemente, mais de uma atividade remunerada sujeita ao Regime Geral de Previdência Social é obrigatoriamente filiado em relação a cada uma delas.

§ 3º *Revogado pela Lei 11.718/2008.*

§ 4º O aposentado pelo Regime Geral de Previdência Social – RGPS que estiver exercendo ou que voltar a exercer atividade abrangida por este Regime é segurado obrigatório em relação a essa atividade, ficando sujeito às contribuições de que trata esta Lei, para fins de custeio da Seguridade Social. (Acrescido pela Lei 9.032/1995)

§ 5º O dirigente sindical mantém, durante o exercício do mandato eletivo, o mesmo enquadramento no Regime Geral de Previdência Social – RGPS de antes da investidura. (Acrescido pela Lei 9.528/1997)

§ 6º Aplica-se o disposto na alínea *g* do inciso I do *caput* ao ocupante de cargo de Ministro de Estado, de Secretário Estadual, Distrital ou Municipal, sem vínculo efetivo com a União, Estados, Distrito Federal e Municípios, suas autarquias, ainda que em regime especial, e fundações. (Acrescido pela Lei 9.876/1999)

§ 7º Para serem considerados segurados especiais, o cônjuge ou companheiro e os filhos maiores de 16 (dezesseis) anos ou os a estes equiparados deverão ter participação ativa nas atividades rurais do grupo familiar. (Acrescido pela Lei 11.718/2008)

§ 8º O grupo familiar poderá utilizar-se de empregados contratados por prazo determinado ou trabalhador de que trata a alínea g do inciso V do *caput* deste artigo, à razão de no máximo 120 (cento e vinte) pessoas por dia no ano civil, em períodos corridos ou intercalados ou, ainda, por tempo equivalente em horas de trabalho, não sendo computado nesse prazo o período de afastamento em decorrência da percepção de auxílio-doença. (Redação dada pela Lei nº 12.873, de 2013)

§ 9º Não descaracteriza a condição de segurado especial: (Acrescido pela Lei 11.718/2008)

I – a outorga, por meio de contrato escrito de parceria, meação ou comodato, de até 50% (cinquenta por cento) de imóvel rural cuja área total não seja superior a quatro módulos fiscais, desde que outorgante e outorgado continuem a exercer a respectiva atividade, individualmente ou em regime de economia familiar;

II – a exploração da atividade turística da propriedade rural, inclusive com hospedagem, por não mais de 120 (cento e vinte) dias ao ano;

III – a participação em plano de previdência complementar instituído por entidade classista a que seja associado, em razão da condição de trabalhador rural ou de produtor rural em regime de economia familiar;

IV – ser beneficiário ou fazer parte de grupo familiar que tem algum componente que seja beneficiário de programa assistencial oficial de governo;

V – a utilização pelo próprio grupo familiar, na exploração da atividade, de processo de beneficiamento ou industrialização artesanal, na forma do § 11 do art. 25 desta Lei; e

VI – a associação em cooperativa agropecuária ou de crédito rural; e (Redação dada pela Lei 13.183, de 2015)

VII – a incidência do Imposto Sobre Produtos Industrializados – IPI sobre o produto das atividades desenvolvidas nos termos do § 14 deste artigo. (Incluído pela Lei nº 12.873, de 2013)

VIII – a participação em programas e ações de pagamento por serviços ambientais. *(Acrescido pela Lei 14.119/2021)*

§ 10. Não é segurado especial o membro de grupo familiar que possuir outra fonte de rendimento, exceto se decorrente de: (Acrescido pela Lei 11.718/2008)

I – benefício de pensão por morte, auxílio-acidente ou auxílio-reclusão, cujo valor não supere o do menor benefício de prestação continuada da Previdência Social;

II – benefício previdenciário pela participação em plano de previdência complementar instituído nos termos do inciso IV do § 9º deste artigo;

III – exercício de atividade remunerada em período não superior a 120 (cento e vinte) dias, corridos ou intercalados, no ano civil, observado o disposto no § 13 deste artigo; (Redação dada pela Lei nº 12.873, de 2013)

IV – exercício de mandato eletivo de dirigente sindical de organização da categoria de trabalhadores rurais;

V – exercício de mandato de vereador do município onde desenvolve a atividade rural, ou de dirigente de cooperativa rural constituída exclusivamente por segurados especiais, observado o disposto no § 13 deste artigo;

VI – parceria ou meação outorgada na forma e condições estabelecidas no inciso I do § 9º deste artigo;

VII – atividade artesanal desenvolvida com matéria-prima produzida pelo respectivo grupo familiar, podendo ser utilizada matéria-prima de outra origem, desde que a renda mensal obtida na atividade não exceda ao menor benefício de prestação continuada da Previdência Social; e

VIII – atividade artística, desde que em valor mensal inferior ao menor benefício de prestação continuada da Previdência Social.

§ 11. O segurado especial fica excluído dessa categoria (Acrescido pela Lei 11.718/2008)

I – a contar do primeiro dia do mês em que:

a) deixar de satisfazer as condições estabelecidas no inciso VII do *caput* deste artigo, sem prejuízo do disposto no art. 15 da Lei nº 8.213, de 24 de julho de 1991, ou exceder qualquer dos limites estabelecidos no inciso I do § 9º deste artigo;

b) enquadrar-se em qualquer outra categoria de segurado obrigatório do Regime Geral de Previdência Social, ressalvado o disposto nos incisos III, V, VII e VIII do § 10 e no § 14 deste artigo, sem prejuízo do disposto no art. 15 da Lei nº 8.213, de 24 de julho de 1991; (Redação dada pela Lei nº 12.873, de 2013)

c) tornar-se segurado obrigatório de outro regime previdenciário; e (Redação dada pela Lei nº 12.873, de 2013)

d) participar de sociedade empresária, de sociedade simples, como empresário individual ou como titular de empresa individual de responsabilidade limitada em desacordo com as limitações impostas pelo § 14 deste artigo; (Incluído pela Lei nº 12.873, de 2013)

II – a contar do primeiro dia do mês subsequente ao da ocorrência, quando o grupo familiar a que pertence exceder o limite de:

a) utilização de trabalhadores nos termos do § 8º deste artigo;

b) dias em atividade remunerada estabelecidos no inciso III do § 10 deste artigo; e

c) dias de hospedagem a que se refere o inciso II do § 9º deste artigo.

§ 12. Aplica-se o disposto na alínea *a* do inciso V do *caput* deste artigo ao cônjuge ou companheiro do produtor que participe da atividade rural por este explorada. (Acrescido pela Lei 11.718/2008)

§ 13. O disposto nos incisos III e V do § 10 e no § 14 deste artigo não dispensa o recolhimento da contribuição devida em relação ao exercício das atividades de que tratam os referidos dispositivos. (Redação dada pela Lei nº 12.873, de 2013)

§ 14. A participação do segurado especial em sociedade empresária, em sociedade simples, como empresário individual ou como titular de empresa individual de responsabilidade limitada de objeto ou âmbito agrícola, agroindustrial ou agroturístico, considerada microempresa nos termos da Lei Complementar nº 123, de 14 de dezembro de 2006, não o exclui de tal categoria previdenciária, desde que, mantido o exercício da sua atividade rural na forma do inciso VII do *caput* e do § 1º, a pessoa jurídica componha-se apenas de segurados de igual natureza e sedie-se no mesmo Município ou em Município limítrofe àquele em que eles desenvolvam suas atividades. (Incluído pela Lei nº 12.873, de 2013)

§ 15. Vetado (Incluído pela Lei nº 12.873, de 2013).

Art. 13. O servidor civil ocupante de cargo efetivo ou o militar da União, dos Estados, do Distrito Federal ou dos Municípios, bem como o das respectivas autarquias e fundações, são excluídos do Regime Geral de Previdência Social consubstanciado nesta Lei, desde que amparados por regime próprio de previdência social.

§ 1º Caso o servidor ou o militar venham a exercer, concomitantemente, uma ou mais atividades abrangidas pelo Regime Geral de Previdência Social, tornar-se-ão segurados obrigatórios em relação a essas atividades.

§ 2º Caso o servidor ou o militar, amparados por regime próprio de previdência social, sejam requisitados para outro órgão ou entidade cujo regime previdenciário não permita a filiação nessa condição, permanecerão vinculados ao regime de origem, obedecidas as regras que cada ente estabeleça acerca de sua contribuição. (Redação dada pela Lei 9.876/1999)

Art. 14. É segurado facultativo o maior de quatorze anos de idade que se filiar ao Regime Geral de Previdência Social, mediante contribuição, na forma do artigo 21, desde que não incluído nas disposições do artigo 12.

SEÇÃO II
DA EMPRESA E DO EMPREGADOR DOMÉSTICO

Art. 15. Considera-se:

I – empresa – a firma individual ou sociedade que assume o risco de atividade econômica urbana ou rural, com fins lucrativos ou não, bem como os órgãos e entidades da administração pública direta, indireta e fundacional;

II – empregador doméstico – a pessoa ou família que admite a seu serviço, sem finalidade lucrativa, empregado doméstico.

Parágrafo único. Equiparam-se a empresa, para os efeitos desta Lei, o contribuinte individual e a pessoa física na condição de proprietário ou dono de obra de construção civil, em relação a segurado que lhe presta serviço, bem como a cooperativa, a associação ou a entidade de qualquer natureza ou finalidade, a missão diplomática e a repartição consular de carreira estrangeiras. (Redação dada pela Lei nº 13.202, de 2015).

CAPÍTULO II. DA CONTRIBUIÇÃO DA UNIÃO

Art. 16. A contribuição da União é constituída de recursos adicionais do Orçamento Fiscal, fixados obrigatoriamente na lei orçamentária anual.

Parágrafo único. A União é responsável pela cobertura de eventuais insuficiências financeiras da Seguridade Social, quando decorrentes do pagamento de benefícios de prestação continuada da Previdência Social, na forma da Lei Orçamentária Anual.

Art. 17. Para pagamento dos encargos previdenciários da União, poderão contribuir os recursos da Seguridade Social referidos na alínea *d* do parágrafo único do artigo 11 desta Lei, na forma da Lei Orçamentária anual, assegurada a destinação de recursos para as ações desta Lei de Saúde e Assistência Social. (Redação dada pela Lei 9.711/1998)

Art. 18. Os recursos da Seguridade Social referidos nas alíneas a, b, *c* e *d* do parágrafo único do artigo 11 desta Lei poderão contribuir, a partir do exercício de 1992, para o financiamento das despesas com pessoal e administração-geral apenas do Instituto Nacional do Seguro Social – INSS, do Instituto Nacional de Assistência Médica da Previdência Social – INAMPS, da Fundação Legião Brasileira de Assistência – LBA e da Fundação Centro Brasileira para Infância e Adolescência.

Art. 19. O Tesouro Nacional repassará mensalmente recursos referentes às contribuições mencionadas nas alíneas *d* e *e* do parágrafo único do artigo 11 desta Lei, destinados à execução do Orçamento da Seguridade Social. (Redação dada pela Lei 9.711/1998)

CAPÍTULO III. DA CONTRIBUIÇÃO DO SEGURADO

SEÇÃO I
DA CONTRIBUIÇÃO DOS SEGURADOS EMPREGADO, EMPREGADO DOMÉSTICO E TRABALHADOR AVULSO

Art. 20. A contribuição do empregado, inclusive o doméstico, e a do trabalhador avulso é calculada mediante a aplicação da correspondente alíquota sobre o seu salário de contribuição mensal, de forma não cumulativa, observado o disposto no artigo 28, de acordo com a seguinte tabela: (*Caput* com Redação dada pela Lei 9.032/1995)

Salário de contribuição	Alíquota em %
até R$ 249,80	8,00
de R$ 249,81 até R$ 416,33	9,00
de R$ 416,34 até R$ 832,66	11,00

› Valores e alíquotas com redação pela Lei nº 9.129, de 20.11.1995.

› PORTARIA SEPRT/ME 477, DE 12 DE JANEIRO DE 2021 (Dispõe sobre o reajuste dos benefícios pagos pelo Instituto Nacional do Seguro Social - INSS e dos demais valores constantes do Regulamento da Previdência Social – RPS).

Salário de contribuição (R$)	Alíquota para fins de recolhimento ao INSS
até 1.751,81	8%
de 1.751,82 até 2.919,72	9%
de 2.919,73 até 5.839,45	11%

§ 1º Os valores do salário de contribuição serão reajustados, a partir da data de entrada em vigor desta Lei, na mesma época e com os mesmos índices que os do reajustamento dos benefícios de prestação continuada da Previdência Social. (Redação dada pela Lei 8.620/1993)

§ 2º O disposto neste artigo aplica-se também aos segurados empregados e trabalhadores avulsos que prestem serviços a microempresas. (Acrescido pela Lei 8.620/1993)

SEÇÃO II
DA CONTRIBUIÇÃO DOS SEGURADOS CONTRIBUINTE INDIVIDUAL E FACULTATIVO

› Rubrica da Seção com Redação dada pela Lei 9.876/1999.

Art. 21. A alíquota de contribuição dos segurados contribuinte individual e facultativo será de vinte por cento sobre o respectivo salário de contribuição. (Redação de acordo Lei 9.876/1999)

I e II – *Revogados pela Lei 9.876/1999.*

§ 1º Os valores do salário de contribuição serão reajustados, a partir da data de entrada em vigor desta Lei, na mesma época e com os mesmos índices que os do reajustamento dos benefícios de prestação continuada da Previdência Social. (Parágrafo renumerado pela LC 123/2006)

§ 2º No caso de opção pela exclusão do direito ao benefício de aposentadoria por tempo de contribuição, a alíquota de contribuição incidente sobre o limite mínimo mensal do salário de contribuição será de: (Redação dada pela Lei 12.470/2011)

I – 11% (onze por cento), no caso do segurado contribuinte individual, ressalvado o disposto no inciso II, que trabalhe por conta própria, sem relação de trabalho com empresa ou equiparado e do segurado facultativo, observado o disposto na alínea *b* do inciso II deste parágrafo;

II – 5% (cinco por cento): (*caput* com Redação dada pela Lei 12.470/2011)

a) no caso do microempreendedor individual, de que trata o art. 18-A da Lei Complementar no 123, de 14 de dezembro de 2006; e (Acrescida pela Lei 12.470/2011)

b) do segurado facultativo sem renda própria que se dedique exclusivamente ao trabalho doméstico no âmbito de sua residência, desde que pertencente a família de baixa renda. (Acrescida pela Lei 12.470/2011)

§ 3º O segurado que tenha contribuído na forma do § 2º deste artigo e pretenda contar o tempo de contribuição correspondente para fins de obtenção da aposentadoria por tempo de contribuição ou da contagem recíproca do tempo de contribuição a que se refere o art. 94 da Lei nº 8.213, de 24 de julho de 1991, deverá complementar a contribuição mensal mediante recolhimento, sobre o valor correspondente ao limite mínimo mensal do salário de contribuição em vigor na competência a ser complementada, da diferença entre o percentual pago e o de 20% (vinte por cento), acrescido dos juros moratórios de que trata o § 3º do art. 5º da Lei nº 9.430, de 27 de dezembro de 1996. (Redação dada pela Lei 12.470/2011)

§ 4º Considera-se de baixa renda, para os fins do disposto na alínea *b* do inciso II do § 2º deste artigo, a família inscrita no Cadastro Único para Programas Sociais do Governo Federal – CadÚnico cuja renda mensal seja de até 2 (dois) salários mínimos. (Redação dada pela Lei 12.470/2011)

§ 5º A contribuição complementar a que se refere o § 3º deste artigo será exigida a qualquer tempo, sob pena de indeferimento do benefício. (Acrescido pela Lei 12.507/2011)

CAPÍTULO IV.
DA CONTRIBUIÇÃO DA EMPRESA

Art. 22. A contribuição a cargo da empresa, destinada à Seguridade Social, além do disposto no artigo 23, é de:

› Portaria ME 139/2020, art. 1º.

I – 20% (vinte por cento) sobre o total das remunerações pagas, devidas ou creditadas a qualquer título, durante o mês, aos segurados empregados e trabalhadores avulsos que lhe prestem serviços, destinadas a retribuir o trabalho, qualquer que seja a sua forma, inclusive as gorjetas, os ganhos habituais sob a forma de utilidades e os adiantamentos decorrentes de reajuste salarial, quer pelos serviços efetivamente prestados, quer pelo tempo à disposição do empregador ou tomador de serviços, nos termos da lei ou do contrato ou, ainda, de convenção ou acordo coletivo de trabalho ou sentença normativa;

II – para o financiamento do benefício previsto nos artigos 57 e 58 da Lei nº 8.213, de 24 de julho de 1991, e daqueles concedidos em razão do grau de incidência de incapacidade laborativa decorrente dos riscos ambientais do trabalho, sobre o total das remunerações pagas ou creditadas, no decorrer do mês, aos segurados empregados e trabalhadores avulsos:

a) 1% (um por cento) para as empresas em cuja atividade preponderante o risco de acidentes do trabalho seja considerado leve;

b) 2% (dois por cento) para as empresas em cuja atividade preponderante esse risco seja considerado médio;

c) 3% (três por cento) para as empresas em cuja atividade preponderante esse risco seja considerado grave. (Redação dada pela Lei 9.732/1998)

III – vinte por cento sobre o total das remunerações pagas ou creditadas a qualquer título, no decorrer do mês, aos segurados contribuintes individuais que lhe prestem serviços; (Acrescido pela Lei 9.876/1999)

IV – quinze por cento sobre o valor bruto da nota fiscal ou fatura de prestação de serviços, relativamente a serviços que lhe são prestados por cooperados por intermédio de cooperativas de trabalho. (Acrescido pela Lei 9.876/1999, com execução suspensa pelo Senado Federal, na forma do art. 52, X da Constituição Federal, pela Resolução nº 10, de 2016)

§ 1º No caso de bancos comerciais, bancos de investimentos, bancos de desenvolvimento, caixas econômicas, sociedades de crédito, financiamento e investimento, sociedades de crédito imobiliário, sociedades corretoras, distribuidoras de títulos e valores mobiliários, empresas de arrendamento mercantil, cooperativas de crédito, empresas de seguros privados e de capitalização, agentes autônomos de seguros privados e de crédito e entidades de previdência privada abertas e fechadas, além das contribuições referidas neste artigo e no artigo 23, é devida a contribuição adicional de dois vírgula cinco por cento sobre a base de cálculo definida nos incisos I e III deste artigo. (Redação dada pela Lei 9.876/1999)

§ 2º Não integram a remuneração as parcelas de que trata o § 9º do artigo 28.

§ 3º O Ministério do Trabalho e da Previdência Social poderá alterar, com base nas estatísticas de acidentes do trabalho, apuradas em inspeção, o enquadramento de empresas para efeito da contribuição a que se refere o inciso II deste artigo, a fim de estimular investimentos em prevenção de acidentes.

§ 4º O Poder Executivo estabelecerá, na forma da lei, ouvido o Conselho Nacional da Seguridade Social, mecanismos de estímulo às empresas que se utilizem de empregados portadores de deficiências física, sensorial e/ou mental com desvio do padrão médio.

§ 5º *Revogado pela Lei 10.256/2001.*

§ 6º A contribuição empresarial da associação desportiva que mantém equipe de futebol profissional destinada à Seguridade Social, em substituição à prevista nos incisos I e II deste artigo, corresponde a cinco por cento da receita bruta, decorrente dos espetáculos desportivos de que participem em todo território nacional em qualquer modalidade desportiva, inclusive jogos internacionais, e de qualquer forma de patrocínio, licenciamento de uso de marcas e símbolos, publicidade, propaganda e de transmissão de espetáculos desportivos. (Acrescido pela Lei 9.528/1997)

§ 7º Caberá à entidade promotora do espetáculo a responsabilidade de efetuar o desconto de cinco por cento da receita bruta decorrente dos espetáculos desportivos e o respectivo recolhimento ao Instituto Nacional do Seguro Social, no prazo de até dois dias úteis após a realização do evento. (Acrescido pela Lei 9.528/1997)

§ 8º Caberá à associação desportiva que mantém equipe de futebol profissional informar à entidade promotora do espetáculo desportivo todas as receitas auferidas no evento, discriminando-as detalhadamente. (Acrescido pela Lei 9.528/1997)

§ 9º No caso de a associação desportiva que mantém equipe de futebol profissional receber recursos de empresa ou entidade, a título de patrocínio, licenciamento de uso de marcas e símbolos, publicidade, propaganda e transmissão de espetáculos, esta última ficará com a responsabilidade de reter e recolher o percentual de cinco por cento da receita bruta decorrente do evento, inadmitida qualquer dedução, no prazo estabelecido na alínea *b*, inciso I, do artigo 30 desta Lei. (Acrescido pela Lei 9.528/1997)

§ 10. Não se aplica o disposto nos §§ 6º ao 9º às demais associações desportivas, que devem contribuir na forma dos incisos I e II deste artigo e do artigo 23 desta Lei. (Acrescido pela Lei 9.528/1997)

§ 11. O disposto nos §§ 6º ao 9º deste artigo aplica-se à associação desportiva que mantenha equipe de futebol profissional e atividade econômica organizada para a produção e circulação de bens e serviços e que se organize regularmente, segundo um dos tipos regulados nos arts. 1.039 a 1.092 da Lei 10.406, de 10 de janeiro de 2002 – Código Civil. (Redação dada pela Lei 11.345/2006)

§ 11-A. O disposto no § 11 deste artigo aplica-se apenas às atividades diretamente relacionadas com a manutenção e administração de equipe profissional de futebol, não se estendendo às outras atividades econômicas exercidas pelas referidas sociedades empresariais beneficiárias. (Acrescido pela Lei 11.505/2007)

§ 12. VETADO.

§ 13. Não se considera como remuneração direta ou indireta, para os efeitos desta Lei, os valores despendidos pelas entidades religiosas e instituições de ensino vocacional com ministro de confissão religiosa, membros de instituto de vida consagrada, de congregação ou de ordem religiosa em face de seu mister religioso ou para sua subsistência desde que fornecidos em condições que independam da natureza e da quantidade do trabalho executado. (Acrescido pela Lei 10.170/2000)

§ 14. Para efeito de interpretação do § 13 deste artigo:

- § 14 com redação pela Lei 13.137/2015.

I – os critérios informadores dos valores despendidos pelas entidades religiosas e instituições de ensino vocacional aos ministros de confissão religiosa, membros de vida consagrada, de congregação ou de ordem religiosa não são taxativos e sim exemplificativos;

II – os valores despendidos, ainda que pagos de forma e montante diferenciados, em pecúnia ou a título de ajuda de custo de moradia, transporte, formação educacional, vinculados exclusivamente à atividade religiosa não configuram remuneração direta ou indireta.

§ 15. Na contratação de serviços de transporte rodoviário de carga ou de passageiro, de serviços prestados com a utilização de trator, máquina de terraplenagem, colheitadeira e assemelhados, a base de cálculo da contribuição da empresa corresponde a 20% (vinte por cento) do valor da nota fiscal, fatura ou recibo, quando esses serviços forem prestados por condutor autônomo de veículo rodoviário, auxiliar de condutor autônomo de veículo rodoviário, bem como por operador de máquinas. (Acrescido pela Lei nº 13.202, de 2015).

§ 16. Conforme previsto nos arts. 106 e 110 da Lei nº 5.172, de 25 de outubro de 1966 (Código Tributário Nacional), o disposto no § 14 deste artigo aplica-se aos fatos geradores anteriores à data de vigência da Lei nº 13.137, de 19 de junho de 2015, consideradas nulas as autuações emitidas em desrespeito ao previsto no respectivo diploma legal. *(Acrescido pela Lei 14.057/2020)*

Art. 22-A. A contribuição devida pela agroindústria, definida, para os efeitos desta Lei, como sendo o produtor rural pessoa jurídica cuja atividade econômica seja a industrialização de produção própria ou de produção própria e adquirida de terceiros, incidente sobre o valor da receita bruta proveniente da comercialização da produção, em substituição às previstas nos incisos I e II do artigo 22 desta Lei, é de:

I – 2,5 % (dois vírgula cinco por cento) destinados à Seguridade Social;

II – 0,1 % (zero vírgula um por cento) para o financiamento do benefício previsto nos artigos 57 e 58 da Lei nº 8.213, de 24 de julho de 1991, e daqueles concedidos em razão do grau de incidência de incapacidade para o trabalho decorrente dos riscos ambientais da atividade.

§ 1º VETADO.

§ 2º O disposto neste artigo não se aplica às operações relativas à prestação de serviços a terceiros, cujas contribuições previdenciárias continuam sendo devidas na forma do artigo 22 desta Lei.

§ 3º Na hipótese do § 2º, a receita bruta correspondente aos serviços prestados a terceiros será excluída da base de cálculo da contribuição de que trata o *caput*.

§ 4º O disposto neste artigo não se aplica às sociedades cooperativas e às agroindústrias de piscicultura, carcini-cultura, suinocultura e avicultura.

§ 5º O disposto no inciso I do artigo 3º da Lei nº 8.315, de 23 de dezembro de 1991, não se aplica ao empregador de que trata este artigo, que contribuirá com o adicional de 0,25% (zero vírgula vinte e cinco por cento) da receita bruta proveniente da comercialização da produção, destinado ao Serviço Nacional de Aprendizagem Rural (SENAR). (Acrescido pela Lei 10.256/2011)

§ 6º Não se aplica o regime substitutivo de que trata este artigo à pessoa jurídica que, relativamente à atividade rural, se dedique ao florestamento e reflorestamento como fonte de matéria-prima para industrialização própria mediante a utilização de processo industrial que modifique a natureza química ou a transforme em pasta celulósica. (Lei 10.684/2003)

§ 7º Aplica-se o disposto no § 6º ainda que a pessoa jurídica comercialize resíduos vegetais ou sobras ou partes da produção, desde que a receita bruta decorrente dessa comercialização represente menos de um por cento de sua receita bruta proveniente da comercialização da produção. (Lei 10.684/2003)

Art. 22-B. As contribuições de que tratam os incisos I e II do artigo 22 desta Lei são substituídas, em relação à remuneração paga, devida ou creditada ao trabalhador rural contratado pelo consórcio simplificado de produtores rurais de que trata o artigo 25-A, pela contribuição dos respectivos produtores rurais, calculada na forma do artigo 25 desta Lei. (Acrescido pela Lei 10.256/2001)

Art. 23. As contribuições a cargo da empresa provenientes do faturamento e do lucro, destinadas à Seguridade Social, além do disposto no artigo 22, são calculadas mediante a aplicação das seguintes alíquotas:

I – Dois por cento sobre sua receita bruta, estabelecida segundo o disposto no § 1º do artigo 1º do Decreto-Lei nº 1.940, de 25 de maio de 1982, com a redação dada pelo artigo 22, do Decreto-Lei nº 2.397, de 21 de dezembro de 1987, e alterações posteriores;

- Conforme LC 70/1991 a partir de 01.04.1992 a alíquota prevista neste inciso passou a incidir sobre o faturamento mensal.

II – Dez por cento sobre o lucro líquido do período base, antes da provisão para o Imposto de Renda, ajustado na forma do artigo 2º da Lei nº 8.034, de 12 de abril de 1990.

- Vide art. 19 da Lei 9.249/1995, que alterou para 8% a alíquota prevista neste inciso.

§ 1º No caso das instituições citadas no § 1º do artigo 22 desta Lei, a alíquota da contribuição prevista no inciso II é de quinze por cento.

- Vide LC 70/1991 que elevou em mais 8% a alíquota prevista neste parágrafo. Com o tempo a Lei 9.249/1995, reduziu a mesma alíquota para 18%.

§ 2º O disposto neste artigo não se aplica às pessoas de que trata o artigo 25.

CAPÍTULO V. DA CONTRIBUIÇÃO DO EMPREGADOR DOMÉSTICO

Art. 24. A contribuição do empregador doméstico incidente sobre o salário de contribuição do empregado doméstico a seu serviço é de: (Redação dada pela Lei nº 13.202, de 2015).

I – 8% (oito por cento); e (Acrescido pela Lei nº 13.202, de 2015).

II – 0,8% (oito décimos por cento) para o financiamento do seguro contra acidentes de trabalho. (Acrescido pela Lei nº 13.202, de 2015).

Parágrafo único. Presentes os elementos da relação de emprego doméstico, o empregador doméstico não poderá contratar microempreendedor individual de que trata o art. 18-A da Lei Complementar 123, de 14 de dezembro de 2006, sob pena de ficar sujeito a todas as obrigações dela decorrentes, inclusive trabalhistas, tributárias e previdenciárias. (Acrescido pela Lei nº 12.470, de 2011).

CAPÍTULO VI. DA CONTRIBUIÇÃO DO PRODUTOR RURAL E DO PESCADOR

- Rubrica do Capítulo com redação de acordo a Lei 8.398/1992.

Art. 25. A contribuição do empregador rural pessoa física, em substituição à contribuição de que tratam os incisos I e II do artigo 22, e a do segurado especial, referidos, respectivamente, na alínea *a* do inciso V e no inciso VII do artigo 12 desta Lei, destinada à Seguridade Social, é de:

- *Caput* com redação dada pela Lei 10.256/2001.

I - 1,2% (um inteiro e dois décimos por cento) da receita bruta proveniente da comercialização da sua produção; (Redação dada pela Lei 13.606, de 2018).

II – 0,1% da receita bruta proveniente da comercialização da sua produção para financiamento das prestações por acidente do trabalho. (Redação dada pela Lei 9.528, de 1997, com execução suspensa pelo Senado Federal, na forma do art. 52, X, da Constituição Federal, pela Resolução nº 15, de 2017)

§ 1º O segurado especial de que trata este artigo, além da contribuição obrigatória referida no *caput*, poderá contribuir, facultativamente, na forma do artigo 21 desta Lei. (Redação de acordo coma Lei 8.540/1992)

§ 2º A pessoa física de que trata a alínea *a* do inciso V do artigo 12 contribui, também, obrigatoriamente, na forma do artigo 21 desta Lei. (Redação dada pela Lei 8.540/1992)

§ 3º Integram a produção, para os efeitos deste artigo, os produtos de origem animal ou vegetal, em estado natural ou submetidos a processos de beneficiamento ou industrialização rudimentar, assim compreendidos, entre outros, os processos de lavagem, limpeza, descaroçamento, pilagem, descascamento, lenhamento, pasteurização, resfriamento, secagem, fermentação, embalagem, cristalização, fundição, carvoejamento, cozimento, destilação, moagem e torrefação, bem como os subprodutos e os resíduos obtidos por meio desses processos, exceto, no caso de sociedades cooperativas, a parcela de produção que não seja objeto de repasse ao cooperado por meio de fixação de preço. *(Redação dada pela Lei 13.986/2020, vetado pelo Presidente da República, mantido pelo Congresso Nacional e publicado no DOU de 20.08.2020)*

§ 4º *Revogado pela Lei 11.718/2008.*

§ 5º Vetado.

§§ 6º a 8º *Revogados pela Lei 10.256/2001.*

§ 9º Vetado. *(Acrescido pela Lei 10.256/2001)*

§ 10. Integra a receita bruta de que trata este artigo, além dos valores decorrentes da comercialização da produção relativa aos produtos a que se refere o § 3º deste artigo, a receita proveniente: (Acrescido pela Lei 11.718/2008).

I – da comercialização da produção obtida em razão de contrato de parceria ou meação de parte do imóvel rural;

II – da comercialização de artigos de artesanato de que trata o inciso VII do § 10 do art. 12 desta Lei;

III – de serviços prestados, de equipamentos utilizados e de produtos comercializados no imóvel rural, desde que em atividades turística e de entretenimento desenvolvidas no próprio imóvel, inclusive hospedagem, alimentação, recepção, recreação e atividades pedagógicas, bem como taxa de visitação e serviços especiais;

IV – do valor de mercado da produção rural dada em pagamento ou que tiver sido trocada por outra, qualquer que seja o motivo ou finalidade; e

V – de atividade artística de que trata o inciso VIII do § 10 do art. 12 desta Lei.

§ 11. Considera-se processo de beneficiamento ou industrialização artesanal aquele realizado diretamente pelo próprio produtor rural pessoa física, desde que não esteja sujeito à incidência do Imposto Sobre Produtos Industrializados – IPI. (Acrescido pela Lei 11.718/2008)

§ 12. Não integra a base de cálculo da contribuição de que trata o *caput* deste artigo a produção rural destinada ao plantio ou reflorestamento, nem o produto animal destinado à reprodução ou criação pecuária ou granjeira e à utilização como cobaia para fins de pesquisas científicas, quando vendido pelo próprio produtor e por quem a utilize diretamente com essas finalidades e, no caso de produto vegetal, por pessoa ou entidade registrada no Ministério da Agricultura, Pecuária e Abastecimento que se dedique ao comércio de sementes e mudas no País. (Parágrafo vetado pelo Presidente da República na Lei nº 13.606, de 2018, mantido pelo Congresso Nacional e publicado no DOU de 18.04.2018)

§ 13. O produtor rural pessoa física poderá optar por contribuir na forma prevista no *caput* deste artigo ou na forma dos incisos I e II do *caput* do art. 22 desta Lei, manifestando sua opção mediante o pagamento da contribuição incidente sobre a folha de salários relativa a janeiro de cada ano, ou à primeira competência subsequente ao início da atividade rural, e será irretratável para todo o ano-calendário. (Acrescido pela Lei 13.606/2018, produzindo efeitos a partir de 01.01.2019).

§ 14. Considera-se receita bruta proveniente da comercialização da produção o valor da fixação de preço repassado ao cooperado pela cooperativa ao qual esteja associado, por ocasião da realização do ato cooperativo de que trata o art. 79 da Lei nº 5.764, de 16 de dezembro de 1971, não compreendidos valores pagos, creditados ou capitalizados a título de sobras, os quais não representam preço ou complemento de preço. *(Vetado pelo Presidente da República na Lei 13.986/2020, mantido pelo Congresso Nacional e publicado no DOU de 20.08.2020)*

§ 15. Não se considera receita bruta, para fins de base de cálculo das contribuições sociais devidas pelo produtor rural cooperado, a entrega ou o retorno de produção para a cooperativa nas operações em que não ocorra repasse pela cooperativa a título de fixação de preço, não podendo o mero retorno caracterizar permuta, compensação, dação em pagamento ou ressarcimento que represente valor, preço ou complemento de preço. *(Vetado pelo Presidente da República na Lei 13.986/2020, mantido pelo Congresso Nacional e publicado no DOU de 20.08.2020)*

§ 16. Aplica-se ao disposto no caput e nos §§ 3º, 14 e 15 deste artigo o caráter interpretativo de que trata o art. 106 da Lei nº 5.172, de 25 de outubro de 1966 (Código Tributário Nacional). *(Vetado pelo Presidente da República na Lei 13.986/2020, mantido pelo Congresso Nacional e publicado no DOU de 20.08.2020)*

Art. 25-A. Equipara-se ao empregador rural pessoa física o consórcio simplificado de produtores rurais, formado pela união de produtores rurais pessoas físicas, que outorgar a um deles poderes para contratar, gerir e demitir trabalhadores para prestação de serviços, exclusivamente, aos seus integrantes, mediante documento registrado em cartório de títulos e documentos. (Acrescido pela Lei 10.256/2001)

§ 1º O documento de que trata o *caput* deverá conter a identificação de cada produtor, seu endereço pessoal e o de sua propriedade rural, bem como o respectivo registro no Instituto Nacional de Colonização e Reforma Agrária – INCRA ou informações relativas a parceria, arrendamento ou equivalente e a matrícula no Instituto Nacional do Seguro Social – INSS de cada um dos produtores rurais.

§ 2º O consórcio deverá ser matriculado no INSS em nome do empregador a quem hajam sido outorgados os poderes, na forma do regulamento.

§ 3º Os produtores rurais integrantes do consórcio de que trata o *caput* serão responsáveis solidários em relação às obrigações previdenciárias.

§ 4º Vetado. (Acrescido pela Lei 10.256/2001)

CAPÍTULO VII. DA CONTRIBUIÇÃO SOBRE A RECEITA DE CONCURSOS DE PROGNÓSTICOS

Art. 26. Constitui receita da Seguridade Social a contribuição social sobre a receita de concursos de prognósticos a que se refere o inciso III do *caput* do art. 195 da Constituição. *(Redação dada pela Lei 13.756/2018)*

§§ 1º a 3º *(Revogados pela Lei 13.756/2018)*

§ 4º O produto da arrecadação da contribuição será destinado ao financiamento da Seguridade Social. *(Incluído pela Lei nº 13.756/2018)*

§ 5º A base de cálculo da contribuição equivale à receita auferida nos concursos de prognósticos, sorteios e loterias. *(Incluído pela Lei 13.756/2018)*

§ 6º A alíquota da contribuição corresponde ao percentual vinculado à Seguridade Social em cada modalidade lotérica, conforme previsto em lei. *(Incluído pela Lei 13.756/2018)*

CAPÍTULO VIII. DAS OUTRAS RECEITAS

Art. 27. Constituem outras receitas da Seguridade Social:

I – as multas, a atualização monetária e os juros moratórios;

II – a remuneração recebida por serviços de arrecadação, fiscalização e cobrança prestados a terceiros;

III – as receitas provenientes de prestação de outros serviços e de fornecimento ou arrendamento de bens;

IV – as demais receitas patrimoniais, industriais e financeiras;

V – as doações, legados, subvenções e outras receitas eventuais;

VI – 50% (cinquenta por cento) dos valores obtidos e aplicados na forma do parágrafo único do artigo 243 da Constituição Federal;

VII – 40% (quarenta por cento) do resultado dos leilões dos bens apreendidos pelo Departamento da Receita Federal;

VIII – outras receitas previstas em legislação específica.

Parágrafo único. As companhias seguradoras que mantêm o seguro obrigatório de danos pessoais causados por veículos automotores de vias terrestres, de que trata a Lei nº 6.194, de dezembro de 1974, deverão repassar à Seguridade Social 50% (cinquenta por cento) do valor total do prêmio recolhido e destinado ao Sistema Único de Saúde – SUS, para custeio da assistência médico-hospitalar dos segurados vitimados em acidentes de trânsito.

CAPÍTULO IX. DO SALÁRIO DE CONTRIBUIÇÃO

Art. 28. Entende-se por salário de contribuição:

I – para o empregado e trabalhador avulso: a remuneração auferida em uma ou mais empresas, assim entendida a totalidade dos rendimentos pagos, devidos ou creditados a qualquer título, durante o mês, destinados a retribuir o trabalho, qualquer que seja a sua forma, inclusive as gorjetas, os ganhos habituais sob a forma de utilidades e os adiantamentos decorrentes de reajuste salarial, quer pelos serviços efetivamente prestados, quer pelo tempo à disposição do empregador ou tomador de serviços nos termos da lei ou do contrato ou, ainda, de convenção ou acordo coletivo de trabalho ou sentença normativa; (Redação dada pela Lei 9.528/1997)

II – para o empregado doméstico: a remuneração registrada na Carteira de Trabalho e Previdência Social, observadas as normas a serem estabelecidas em regulamento para comprovação do vínculo empregatício e do valor da remuneração;

III – para o contribuinte individual: a remuneração auferida em uma ou mais empresas ou pelo exercício de sua atividade por conta própria, durante o mês, observado o limite máximo a que se refere o § 5º; (Redação de acordo com Lei 9.876/1999)

IV – para o segurado facultativo: o valor por ele declarado, observado o limite máximo a que se refere o § 5º. (Acrescido pela Lei 9.876/1999)

§ 1º Quando a admissão, a dispensa, o afastamento ou a falta do empregado ocorrer no curso do mês, o salário de contribuição será proporcional ao número de dias de trabalho efetivo, na forma estabelecida em regulamento.

§ 2º O salário-maternidade é considerado salário de contribuição.

§ 3º O limite mínimo do salário de contribuição corresponde ao piso salarial, legal ou normativo, da categoria ou, inexistindo este, ao salário mínimo, tomado no seu valor mensal, diário ou horário, conforme o ajustado e o tempo de trabalho efetivo durante o mês. (Redação dada pela Lei 9.528/1997)

§ 4º O limite mínimo do salário de contribuição do menor aprendiz corresponde à sua remuneração mínima definida em lei.

§ 5º O limite máximo do salário de contribuição é de Cr$ 170.000,00 (cento e setenta mil cruzeiros), reajustado a partir da data da entrada em vigor desta Lei, na mesma época e com os mesmos índices que os do reajustamento dos benefícios de prestação continuada da Previdência Social.

> ▸ art. 2º, Port. SEPRT/ME 477, 2021, a partir de 1º-1-2021, o salário de benefício e o salário de contribuição não poderão ser inferiores a R$ 1.100,00, nem superiores a R$ 6.433,57.

§ 6º No prazo de cento e oitenta dias, a contar da data de publicação desta Lei, o Poder Executivo encaminhará ao Congresso Nacional projeto de lei estabelecendo a previdência complementar, pública e privada, em especial para os que possam contribuir acima do limite máximo estipulado no parágrafo anterior deste artigo.

§ 7º O décimo-terceiro salário (gratificação natalina) integra o salário de contribuição, exceto para o cálculo de benefício, na forma estabelecida em regulamento. (Redação dada pela Lei 8.870/1994)

§ 8º Revogado pela Lei nº 13.467, de 2017.

a) Revogada pela Lei nº 13.467, de 2017.

b) Vetada.

c) *(Revogada pela Lei 9.711/1998).*

§ 9º Não integram o salário de contribuição para os fins desta Lei, exclusivamente: (Redação dada pela Lei 9.528/1997)

a) os benefícios da previdência social, nos termos e limites legais, salvo o salário-maternidade; (Redação dada pela Lei 9.528/1997)

b) as ajudas de custo e o adicional mensal recebidos pelo aeronauta nos termos da Lei nº 5.929, de 30 de outubro de 1973;

c) a parcela *in natura* recebida de acordo com os programas de alimentação aprovados pelo Ministério do Trabalho e da Previdência Social, nos termos da Lei nº 6.321, de 14 de abril de 1976;

d) as importâncias recebidas a título de férias indenizadas e respectivo adicional constitucional, inclusive o valor correspondente à dobra da remuneração de férias de que trata o artigo 137 da Consolidação das Leis do Trabalho – CLT; (Redação dada pela Lei 9.528/1997)

e) as importâncias: (Redação dada pela Lei 9.528/1997).

1. previstas no inciso I do artigo 10 do Ato das Disposições Constitucionais Transitórias; (Acrescido pela Lei 9.528/1997)

2. relativas à indenização por tempo de serviço, anterior a 5 de outubro de 1988, do empregado não optante pelo Fundo de Garantia do Tempo de Serviço – FGTS; (Acrescido pela Lei 9.528/1997)

3. recebidas a título da indenização de que trata o artigo 479 da CLT; (Acrescido pela Lei 9.528/1997)

4. recebidas a título da indenização de que trata o artigo 14 da Lei nº 5.889, de 8 de junho de 1973; (Acrescido pela Lei 9.528/1997)

5. recebidas a título de incentivo à demissão; (Acrescido pela Lei 9.528/1997)

6. recebidas a título de abono de férias na forma dos artigos 143 e 144 da CLT; (Acrescido pela Lei 9.711/1998)

7. recebidas a título de ganhos eventuais e os abonos expressamente desvinculados do salário; (Acrescido pela Lei 9.711/1998)

8. recebidas a título de licença-prêmio indenizada; (Acrescido pela Lei 9.711/1998)

9. recebidas a título da indenização de que trata o artigo 9º da Lei nº 7.238, de 29 de outubro de 1984; (Acrescido pela Lei 9.711/1998)

f) a parcela recebida a título de vale-transporte, na forma da legislação própria;

g) a ajuda de custo, em parcela única, recebida exclusivamente em decorrência de mudança de local de trabalho do empregado, na forma do artigo 470 da CLT; (Redação dada pela Lei 9.528/1997)

h) as diárias para viagens; (*Redação dada pela Lei nº 13.467, de 2017*).

i) a importância recebida a título de bolsa de complementação educacional de estagiário, quando paga nos termos da Lei nº 6.494, de 7 de dezembro de 1977;

j) a participação nos lucros ou resultados da empresa, quando paga ou creditada de acordo com lei específica;

l) o abono do Programa de Integração Social – PIS e do Programa de Assistência ao Servidor Público – PASEP; (Acrescida pela Lei 9.528/1997)

m) os valores correspondentes a transporte, alimentação e habitação fornecidos pela empresa ao empregado contratado para trabalhar em localidade distante da de sua residência, em canteiro de obras ou local que, por força da atividade, exija deslocamento e estada, observadas as normas de proteção estabelecidas pelo Ministério do Trabalho; (Acrescida pela Lei 9.528/1997)

n) a importância paga ao empregado a título de complementação ao valor do auxílio-doença, desde que este direito seja extensivo à totalidade dos empregados da empresa; (Acrescida pela Lei 9.528/1997)

o) as parcelas destinadas à assistência ao trabalhador da agroindústria canavieira, de que trata o artigo 36 da Lei nº 4.870, de 1º de dezembro de 1965; (Acrescida pela Lei 9.528/1997)

p) o valor das contribuições efetivamente pago pela pessoa jurídica relativo a programa de previdência complementar, aberto ou fechado, desde que disponível à totalidade de seus empregados e dirigentes, observados, no que couber, os artigos 9º e 468 da CLT; (Acrescida pela Lei 9.528/1997)

q) o valor relativo à assistência prestada por serviço médico ou odontológico, próprio da empresa ou por ela conveniado, inclusive o reembolso de despesas com medicamentos, óculos, aparelhos ortopédicos, próteses, órteses, despesas médico-hospitalares e outras similares; (*Redação dada pela Lei nº 13.467*).

r) o valor correspondente a vestuários, equipamentos e outros acessórios fornecidos ao empregado e utilizados no local do trabalho para prestação dos respectivos serviços; (Acrescida pela Lei 9.528/1997)

s) o ressarcimento de despesas pelo uso de veículo do empregado e o reembolso creche pago em conformidade com a legislação trabalhista, observado o limite máximo de seis anos de idade, quando devidamente comprovadas as despesas realizadas; (Acrescida pela Lei 9.528/1997)

t) o valor relativo a plano educacional, ou bolsa de estudo, que vise à educação básica de empregados e seus dependentes e, desde que vinculada às atividades desenvolvidas pela empresa, à educação profissional e tecnológica de empregados, nos termos da Lei nº 9.394, de 20 de dezembro de 1996, e: (Redação dada pela Lei 12.513/2011.)

1. não seja utilizado em substituição de parcela salarial; e (Acrescido pela Lei 12.513/2011.)

2. o valor mensal do plano educacional ou bolsa de estudo, considerado individualmente, não ultrapasse 5% (cinco por cento) da remuneração do segurado a que se destina ou o valor correspondente a uma vez e meia o valor do limite mínimo mensal do salário de contribuição, o que for maior; (Acrescido pela Lei 12.513/2011.)

u) a importância recebida a título de bolsa de aprendizagem garantida ao adolescente até quatorze anos de idade, de acordo com o disposto no artigo 64 da Lei nº 8.069, de 13 de julho de 1990;

v) os valores recebidos em decorrência da cessão de direitos autorais; (*Acrescida pela Lei 9.528/1997*)

x) o valor da multa prevista no § 8º do artigo 477 da CLT; (*Acrescida pela Lei 9.528/1997*)

y) o valor correspondente ao vale-cultura. (Acrescida pela Lei 12.761/2012)

z) os prêmios e os abonos. (*Acrescida pela Lei nº 13.467, de 2017*).

aa) os valores recebidos a título de bolsa-atleta, em conformidade com a Lei nº 10.891, de 9 de julho de 2004. (*Acrescida pela Lei 13.756/2018*)

§ 10. Considera-se salário de contribuição, para o segurado empregado e trabalhador avulso, na condição prevista no § 5º do artigo 12, a remuneração efetivamente auferida na entidade sindical ou empresa de origem. (Acrescido pela Lei 9.528/1997)

§ 11. Considera-se remuneração do contribuinte individual que trabalha como condutor autônomo de veículo rodoviário, como auxiliar de condutor autônomo de veículo rodoviário, em automóvel cedido em regime de colaboração, nos termos da Lei 6.094, de 30 de agosto de 1974, como operador de trator, máquina de terraplenagem, colheitadeira e assemelhados, o montante correspondente a 20% (vinte por cento) do valor bruto do frete, carreto, transporte de passageiros ou do serviço prestado, observado o limite máximo a que se refere o § 5º. (Acrescido pela Lei nº 13.202, de 2015).

Art. 29. *Revogado pela Lei 9.876/1999.*

CAPÍTULO X. DA ARRECADAÇÃO E RECOLHIMENTO DAS CONTRIBUIÇÕES

Art. 30. A arrecadação e o recolhimento das contribuições ou de outras importâncias devidas à Seguridade Social obedecem às seguintes normas: (Redação dada pela Lei nº 8.620, de 1993).

I – a empresa é obrigada a:

a) arrecadar as contribuições dos segurados empregados e trabalhadores avulsos a seu serviço, descontando-as da respectiva remuneração;

b) recolher os valores arrecadados na forma da alínea *a* deste inciso, a contribuição a que se refere o inciso IV do art. 22 desta Lei, assim como as contribuições a seu cargo incidentes sobre as remunerações pagas, devidas ou creditadas, a qualquer título, aos segurados empregados, trabalhadores avulsos e contribuintes individuais a seu serviço até o dia 20 (vinte) do mês subsequente ao da competência; (Alínea *b* com redação pela Lei 11.933/2009, em vigor na data de sua publicação, produzindo efeitos a partir de 1º.10.2008 – DOU 29.04.2009).

c) recolher as contribuições de que tratam os incisos I e II do artigo 23, na forma e prazos definidos pela legislação tributária federal vigente;

II – os segurados contribuinte individual e facultativo estão obrigados a recolher sua contribuição por iniciativa própria, até o dia 15 (quinze) do mês seguinte ao da competência; (Redação dada pela Lei nº 9.876, de 1999).

III – a empresa adquirente, consumidora ou consignatária ou a cooperativa são obrigadas a recolher a contribuição de que trata o art. 25 até o dia 20 (vinte) do mês subsequente ao da operação de venda ou consignação da produção, independentemente de essas operações terem sido realizadas diretamente com o produtor ou com intermediário pessoa física, na forma estabelecida em regulamento; (Redação dada pela Lei nº 11.933, de 2009, em vigor na data de sua publicação, produzindo efeitos a partir de 1º.10.2008 (*DOU 29.04.2009*).

IV – a empresa adquirente, consumidora ou consignatária ou a cooperativa ficam sub-rogadas nas obrigações da pessoa física de que trata a alínea *a* do inciso V do artigo 12 e do segurado especial pelo cumprimento das obrigações do artigo 25 desta Lei, independentemente de as operações de venda ou consignação terem sido realizadas diretamente com o produtor ou com intermediário pessoa física, exceto no caso do inciso X deste artigo, na forma estabelecida em regulamento; (Redação dada pela Lei nº 9.528, de 1997, com execução suspensa pelo Senado Federal, na forma do art. 52, X, da Constituição Federal, pela Resolução nº 15, de 2017).

V – o empregador doméstico é obrigado a arrecadar e a recolher a contribuição do segurado empregado a seu serviço, assim como a parcela a seu cargo, até o dia 7 do mês seguinte ao da competência; (Redação dada pela Lei Complementar nº 150, de 2015).

VI – o proprietário, o incorporador definido na Lei 4.591, de 16 de dezembro de 1964, o dono da obra ou condômino da unidade imobiliária, qualquer que seja a forma de contratação da construção, reforma ou acréscimo, são solidários com o construtor, e estes com a subempreiteira, pelo cumprimento das obrigações para com a Seguridade Social, ressalvado o seu direito regressivo contra o executor ou contratante da obra e admitida a retenção de importância a este devida para garantia do cumprimento dessas obrigações, não se aplicando, em qualquer hipótese, o benefício de ordem; (Redação dada pela Lei nº 9.528, de 1997).

VII – exclui-se da responsabilidade solidária perante a Seguridade Social o adquirente de prédio ou unidade imobiliária que realizar a operação com empresa de comercialização ou incorporador de imóveis, ficando estes solidariamente responsáveis com o construtor;

VIII – nenhuma contribuição à Seguridade Social é devida se a construção residencial unifamiliar, destinada ao uso próprio, de tipo econômico, for executada sem mão de obra assalariada, observadas as exigências do regulamento;

IX – as empresas que integram grupo econômico de qualquer natureza respondem entre si, solidariamente, pelas obrigações decorrentes desta Lei;

X – a pessoa física de que trata a alínea *a* do inciso V do artigo 12 e o segurado especial são obrigados a recolher a contribuição de que trata o artigo 25 desta lei no prazo estabelecido no inciso III deste artigo, caso comercializem a sua produção: (Redação dada pela Lei nº 9.528, de 1997).

a) no exterior;

b) diretamente, no varejo, ao consumidor pessoa física;

c) à pessoa física de que trata a alínea *a* do inciso V do artigo 12;

d) ao segurado especial;

XI – aplica-se o disposto nos incisos III e IV deste artigo à pessoa física não produtor rural que adquire produção para venda no varejo a consumidor pessoa física; (Acrescido pela Lei nº 9.528, de 1997).

XII – sem prejuízo do disposto no inciso X do *caput* deste artigo, o produtor rural pessoa física e o segurado especial são obrigados a recolher, diretamente, a contribuição incidente sobre a receita bruta proveniente:

a) da comercialização de artigos de artesanato elaborados com matéria-prima produzida pelo respectivo grupo familiar;

b) de comercialização de artesanato ou do exercício de atividade artística, observado o disposto nos incisos VII e VIII do § 10 do art. 12 desta Lei; e

c) de serviços prestados, de equipamentos utilizados e de produtos comercializados no imóvel rural, desde que em atividades turística e de entretenimento desenvolvidas no próprio imóvel, inclusive hospedagem, alimentação, recepção, recreação e atividades pedagógicas, bem como taxa de visitação e serviços especiais; (Acrescido pela Lei nº 11.718, de 2008).

XIII – o segurado especial é obrigado a arrecadar a contribuição de trabalhadores a seu serviço e a recolhê-la no prazo referido na alínea *b* do inciso I do *caput* deste artigo. (Acrescido pela Lei nº 11.718, de 2008).

§ 1º *Revogado pela Lei nº 9.032, de 1995.*

§ 2º Se não houver expediente bancário nas datas indicadas: (Redação dada pela Lei nº 11.933, de 2009, em vigor na data de sua publicação, produzindo efeitos a partir de 1º.10.2008 – *DOU 29.04.2009).*

I – no inciso II do *caput*, o recolhimento deverá ser efetuado até o dia útil imediatamente posterior; e (Redação dada pela Lei nº 13.202, de 2015).

II – na alínea b do inciso I e nos incisos III, V, X e XIII do *caput*, até o dia útil imediatamente anterior. (Redação pela Lei nº 13.202, de 2015).

§ 3º Aplica-se à entidade sindical e à empresa de origem o disposto nas alíneas *a* e *b* do inciso I, relativamente à remuneração do segurado referido no § 5º do artigo 12. (Acrescido pela Lei nº 9.528, de 1997).

§ 4º Na hipótese de o contribuinte individual prestar serviço a uma ou mais empresas, poderá deduzir, da sua contribuição mensal, 45% (quarenta e cinco por cento) da contribuição da empresa, efetivamente recolhida ou declarada, incidente sobre a remuneração que esta lhe tenha pago ou creditado, limitada a dedução a nove por cento do respectivo salário de contribuição. (Acrescido pela Lei nº 9.876, de 1999).

§ 5º Aplica-se o disposto no § 4º ao cooperado que prestar serviço a empresa por intermédio de cooperativa de trabalho. (Acrescido pela Lei nº 9.876, de 1999).

§ 6º *Revogado pela Lei nº 13.202, de 2015.*

§ 7º A empresa ou cooperativa adquirente, consumidora ou consignatária da produção fica obrigada a fornecer ao segurado especial cópia do documento fiscal de entrada da mercadoria, para fins de comprovação da operação e da respectiva contribuição previdenciária. (Acrescido pela Lei nº 11.718, de 2008).

§ 8º Quando o grupo familiar a que o segurado especial estiver vinculado não tiver obtido, no ano, por qualquer motivo, receita proveniente de comercialização de produção deverá comunicar a ocorrência à Previdência Social, na forma do regulamento. (Acrescido pela Lei nº 11.718, de 2008).

§ 9º Quando o segurado especial tiver comercializado sua produção do ano anterior exclusivamente com empresa adquirente, consignatária ou cooperativa, tal fato deverá ser comunicado à Previdência Social pelo respectivo grupo familiar. (Acrescido pela Lei nº 11.718, de 2008).

Art. 31. A empresa contratante de serviços executados mediante cessão de mão de obra, inclusive em regime de trabalho temporário, deverá reter 11 % (onze por cento) do valor bruto da nota fiscal ou fatura de prestação de serviços e recolher, em nome da empresa cedente da mão de obra, a importância retida até o dia 20 (vinte) do mês subsequente ao da emissão da respectiva nota fiscal ou fatura, ou até o dia útil imediatamente anterior se não houver expediente bancário naquele dia, observado o disposto no § 5º do art. 33 desta Lei. (Redação dada pela Lei 11.933/2009)

§ 1º O valor retido de que trata o *caput* deste artigo, que deverá ser destacado na nota fiscal ou fatura de prestação de serviços, poderá ser compensado por qualquer estabelecimento da empresa cedente da mão de obra, por ocasião do recolhimento das contribuições destinadas à Seguridade Social devidas sobre a folha de pagamento dos seus segurados. (Redação dada pela Lei 11.941/2009)

§ 2º Na impossibilidade de haver compensação integral na forma do parágrafo anterior, o saldo remanescente será objeto de restituição. (Redação dada pela Lei 9.711/1998)

§ 3º Para os fins desta Lei, entende-se como cessão de mão de obra a colocação à disposição do contratante, em suas dependências ou nas de terceiros, de segurados que realizem serviços contínuos, relacionados ou não com a atividade-fim da empresa, quaisquer que sejam a natureza e a forma de contratação. (Redação dada pela Lei 9.711/1998)

§ 4º Enquadram-se na situação prevista no parágrafo anterior, além de outros estabelecidos em regulamento, os seguintes serviços:

I – limpeza, conservação e zeladoria;

II – vigilância e segurança; (Redação dada pela Lei 9.711/1998)

III – empreitada de mão de obra; (Redação dada pela Lei 9.711/1998)

IV – contratação de trabalho temporário na forma da Lei nº 6.019, de 3 de janeiro de 1974. (Redação dada pela Lei 9.711/1998)

5º O cedente da mão de obra deverá elaborar folhas de pagamento distintas para cada contratante. (Acrescido pela Lei 9.711/1998)

§ 6º Em se tratando de retenção e recolhimento realizados na forma do *caput* deste artigo, em nome de consórcio, de que tratam os arts. 278 e 279 da Lei nº 6.404, de 15 de dezembro de 1976, aplica-se o disposto em todo este artigo, observada a participação de cada uma das empresas consorciadas, na forma do respectivo ato constitutivo. (Redação dada pela Lei 11.941/2009)

Art. 32. A empresa é também obrigada a:

I – preparar folhas de pagamento das remunerações pagas ou creditadas a todos os segurados a seu serviço, de acordo com os padrões e normas estabelecidos pelo órgão competente da Seguridade Social;

II – lançar mensalmente em títulos próprios de sua contabilidade, de forma discriminada, os fatos geradores de todas as contribuições, o montante das quantias descontadas, as contribuições da empresa e os totais recolhidos;

III – prestar à Secretaria da Receita Federal do Brasil todas as informações cadastrais, financeiras e contábeis de seu interesse, na forma por ela estabelecida, bem como os esclarecimentos necessários à fiscalização; (Redação dada pela 11.941/2009)

IV – declarar à Secretaria da Receita Federal do Brasil e ao Conselho Curador do Fundo de Garantia do Tempo de Serviço – FGTS, na forma, prazo e condições estabelecidos por esses órgãos, dados relacionados a fatos geradores, base de cálculo e valores devidos da contribuição previdenciária e outras informações de interesse do INSS ou do Conselho Curador do FGTS; (Redação dada pela 11.941/2009)

- O art. 49 da Lei 13.097/2015 dispõe que: Ficam anistiadas as multas previstas no art. 32-A da Lei 8.212, de 24 de julho de 1991, lançadas até a publicação desta Lei, desde que a declaração de que trata o inciso IV do *caput* do art. 32 da Lei 8.212, de 24 de julho de 1991, tenha sido apresentada até o último dia do mês subsequente ao previsto para a entrega.

V – *Vetado.* (Acrescido pela Lei 10.403/2002);

VI – comunicar, mensalmente, aos empregados, por intermédio de documento a ser definido em regulamento, os valores recolhidos sobre o total de sua remuneração ao INSS. (Acrescido pela Lei 12.692/2012).

§ 1º *Revogado pela Lei 11.941/2009.*

§ 2º A declaração de que trata o inciso IV do *caput* deste artigo constitui instrumento hábil e suficiente para a exigência do crédito tributário, e suas informações comporão a base de dados para fins de cálculo e concessão dos benefícios previdenciários. (Redação dada pela 11.941/2009)

§§ 3º a 8º *Revogados pela Lei 11.941/2009.*

§ 9º A empresa deverá apresentar o documento a que se refere o inciso IV do *caput* deste artigo ainda que não ocorram fatos geradores de contribuição previdenciária, aplicando-se, quando couber, a penalidade prevista no art. 32-A desta Lei. (Redação dada pela 11.941/2009)

§ 10. O descumprimento do disposto no inciso IV do *caput* deste artigo impede a expedição da certidão de prova de regularidade fiscal perante a Fazenda Nacional. (Redação dada pela 11.941/2009)

§ 11. Em relação aos créditos tributários, os documentos comprobatórios do cumprimento das obrigações de que trata este artigo devem ficar arquivados na empresa até que ocorra a prescrição relativa aos créditos decorrentes das operações a que se refiram. (Redação dada pela 11.941/2009)

§ 12. *Vetado.* (Acrescido pela Lei 12.692/2012)

Art. 32-A. O contribuinte que deixar de apresentar a declaração de que trata o inciso IV do *caput* do art. 32 desta Lei no prazo fixado ou que a apresentar com incorreções ou omissões será intimado a apresentá-la ou a prestar esclarecimentos e sujeitar-se-á às seguintes multas: (Acrescido pela 11.941/2009)

- O art. 48 da Lei 13.097/2015 dispõe que: O disposto no art. 32-A da Lei 8.212, de 24 de julho de 1991, deixa de produzir efeitos em relação aos fatos geradores ocorridos no período de 27 de maio de 2009 a 31 de dezembro de 2013, no caso de entrega de declaração sem ocorrência de fatos geradores de contribuição previdenciária.
- O art. 49 da Lei 13.097/2015 dispõe que: Ficam anistiadas as multas previstas no art. 32-A da Lei 8.212, de 24 de julho de 1991, lançadas até a publicação desta Lei, desde que a declaração de que trata o inciso IV do *caput* do art. 32 da Lei 8.212, de 24 de julho de 1991, tenha sido apresentada até o último dia do mês subsequente ao previsto para a entrega.

I – de R$ 20,00 (vinte reais) para cada grupo de 10 (dez) informações incorretas ou omitidas; e

II – de 2% (dois por cento) ao mês-calendário ou fração, incidentes sobre o montante das contribuições informadas, ainda que integralmente pagas, no caso de falta de entrega da declaração ou entrega após o prazo, limitada a 20% (vinte por cento), observado o disposto no § 3º deste artigo.

§ 1º Para efeito de aplicação da multa prevista no inciso II do *caput* deste artigo, será considerado como termo inicial o dia seguinte ao término do prazo fixado para entrega da declaração e como termo final a data da efetiva entrega ou, no caso de não apresentação, a data da lavratura do auto de infração ou da notificação de lançamento.

§ 2º Observado o disposto no § 3º deste artigo, as multas serão reduzidas:

I – à metade, quando a declaração for apresentada após o prazo, mas antes de qualquer procedimento de ofício; ou

II – a 75% (setenta e cinco por cento), se houver apresentação da declaração no prazo fixado em intimação.

§ 3º A multa mínima a ser aplicada será de:

I – R$ 200,00 (duzentos reais), tratando-se de omissão de declaração sem ocorrência de fatos geradores de contribuição previdenciária; e

II – R$ 500,00 (quinhentos reais), nos demais casos.

Art. 32-B. Os órgãos da administração direta, as autarquias, as fundações e as empresas públicas da União, dos Estados, do Distrito Federal e dos Municípios, cujas Normas Gerais de Direito Financeiro para elaboração e controle dos orçamentos estão definidas pela Lei nº 4.320, de 17 de março de 1964, e pela Lei Complementar nº 101, de 4 de maio de 2000, ficam obrigados, na forma estabelecida pela Secretaria da Receita Federal do Brasil do Ministério da Fazenda, a apresentar: (Artigo acrescido pela Lei nº 12.810, de 15.05.2013)

I – a contabilidade entregue ao Tribunal de Controle Externo; e

II – a folha de pagamento.

Parágrafo único. As informações de que trata o *caput* deverão ser apresentadas até o dia 30 de abril do ano seguinte ao encerramento do exercício.

Art. 32-C. O segurado especial responsável pelo grupo familiar que contratar na forma do § 8º do art. 12 apresentará as informações relacionadas ao registro de trabalhadores, aos fatos geradores, à base de cálculo e aos valores das contribuições devidas à Previdência Social e ao Fundo de Garantia do Tempo de Serviço – FGTS e outras informações de interesse da Secretaria da Receita Federal do Brasil, do Ministério da Previdência Social, do Ministério do Trabalho e Emprego e do Conselho Curador do FGTS, por meio de sistema eletrônico com entrada única de dados, e efetuará os recolhimentos por meio de documento único de arrecadação. (Incluído pela Lei nº 12.873, de 2013)

§ 1º Os Ministros de Estado da Fazenda, da Previdência Social e do Trabalho e Emprego disporão, em ato conjunto, sobre a prestação das informações, a apuração, o recolhimento e a distribuição dos recursos recolhidos e sobre as informações geradas por meio do sistema eletrônico e da guia de recolhimento de que trata o *caput*.

§ 2º As informações prestadas no sistema eletrônico de que trata o *caput* têm caráter declaratório, constituem instrumento hábil e suficiente para a exigência dos tributos e encargos apurados e substituirão, na forma regulamentada pelo ato conjunto que prevê o § 1º, a obrigatoriedade de entrega de todas as informações, formulários e declarações a que está sujeito o grupo familiar, inclusive as relativas ao recolhimento do FGTS.

§ 3º O segurado especial de que trata o *caput* está obrigado a arrecadar as contribuições previstas nos incisos X, XII e XIII do *caput* do art. 30, os valores referentes ao FGTS e os encargos trabalhistas sob sua responsabilidade, até o dia 7 (sete) do mês seguinte ao da competência.

§ 4º Os recolhimentos devidos, nos termos do § 3º, deverão ser pagos por meio de documento único de arrecadação.

§ 5º Se não houver expediente bancário na data indicada no § 3º, o recolhimento deverá ser antecipado para o dia útil imediatamente anterior.

§ 6º Os valores não pagos até a data do vencimento sujeitar-se-ão à incidência de acréscimos e encargos legais na forma prevista na legislação do Imposto sobre a Renda e Proventos de Qualquer Natureza para as contribuições de caráter tributário, e conforme o art. 22 da Lei nº 8.036, de 11 de maio de 1990, para os depósitos do FGTS, inclusive no que se refere às multas por atraso.

§ 7º O recolhimento do valor do FGTS na forma deste artigo será creditado diretamente em conta vinculada do trabalhador, assegurada a transferência dos elementos identificadores do recolhimento ao agente operador do fundo.

§ 8º O ato de que trata o § 1º regulará a compensação e a restituição dos valores dos tributos e dos encargos trabalhistas recolhidos, no documento único de arrecadação, indevidamente ou em montante superior ao devido.

§ 9º A devolução de valores do FGTS, depositados na conta vinculada do trabalhador, será objeto de norma regulamentar do Conselho Curador e do Agente Operador do Fundo de Garantia do Tempo de Serviço.

§ 10. O produto da arrecadação de que trata o § 3º será centralizado na Caixa Econômica Federal.

§ 11. A Caixa Econômica Federal, com base nos elementos identificadores do recolhimento, disponíveis no sistema de que trata o *caput* deste artigo, transferirá para a Conta Única do Tesouro Nacional os valores arrecadados dos tributos e das contribuições previstas nos incisos X, XII e XIII do *caput* do art. 30.

§ 12. A impossibilidade de utilização do sistema eletrônico referido no *caput* será objeto de regulamento, a ser editado pelo Ministério da Fazenda e pelo Agente Operador do FGTS.

§ 13. A sistemática de entrega das informações e recolhimentos de que trata o *caput* poderá ser estendida pelas autoridades previstas no § 1º para o produtor rural pessoa física de que trata a alínea a do inciso V do *caput* do art. 12.

§ 14. Aplica-se às informações entregues na forma deste artigo o disposto no § 2º do art. 32 e no art. 32-A.

Art. 33. À Secretaria da Receita Federal do Brasil compete planejar, executar, acompanhar e avaliar as atividades relativas à tributação, à fiscalização, à arrecadação, à cobrança e ao recolhimento das contribuições sociais previstas no parágrafo único do art. 11 desta Lei, das contribuições incidentes a título de substituição e das devidas a outras entidades e fundos. (Redação dada pela Lei 11.941/2009)

§ 1º É prerrogativa da Secretaria da Receita Federal do Brasil, por intermédio dos Auditores Fiscais da Receita Federal do Brasil, o exame da contabilidade das empresas, ficando obrigados a prestar todos os esclarecimentos e informações solicitados o segurado e os terceiros responsáveis pelo recolhimento das contribuições previdenciárias e das contribuições devidas a outras entidades e fundos. (Redação dada pela Lei 11.941/2009)

§ 2º A empresa, o segurado da Previdência Social, o serventuário da Justiça, o síndico ou seu representante, o comissário e o liquidante de empresa em liquidação judicial ou extrajudicial são obrigados a exibir todos os documentos e livros relacionados com as contribuições previstas nesta Lei. (Redação dada pela Lei 11.941/2009)

§ 3º Ocorrendo recusa ou sonegação de qualquer documento ou informação, ou sua apresentação deficiente, a Secretaria da Receita Federal do Brasil pode, sem prejuízo da penalidade cabível, lançar de ofício a importância devida. (Redação dada pela Lei 11.941/2009)

§ 4º Na falta de prova regular e formalizada pelo sujeito passivo, o montante dos salários pagos pela execução de obra de construção civil pode ser obtido mediante cálculo da mão de obra empregada, proporcional à área construída, de acordo com critérios estabelecidos pela Secretaria da Receita Federal do Brasil, cabendo ao proprietário, dono da obra, condômino da unidade imobiliária ou empresa corresponsável o ônus da prova em contrário. (Redação dada pela Lei 11.941/2009)

§ 5º O desconto de contribuição e de consignação legalmente autorizadas sempre se presume feito oportuna e regularmente pela empresa a isso obrigada, não lhe sendo lícito alegar omissão para se eximir do recolhimento, ficando diretamente responsável pela importância que deixou de receber ou arrecadou em desacordo com o disposto nesta Lei.

§ 6º Se, no exame da escrituração contábil e de qualquer outro documento da empresa, a fiscalização constatar que a contabilidade não registra o movimento real de remuneração dos segurados a seu serviço, do faturamento e do lucro, serão apuradas, por aferição indireta, as contribuições efetivamente devidas, cabendo à empresa o ônus da prova em contrário.

§ 7º O crédito da seguridade social é constituído por meio de notificação de lançamento, de auto de infração e de confissão de valores devidos e não recolhidos pelo contribuinte. (Redação dada pela Lei 11.941/2009)

§ 8º Aplicam-se às contribuições sociais mencionadas neste artigo as presunções legais de omissão de receita previstas nos §§ 2º e 3º do art. 12 do Decreto-Lei nº 1.598, de 26 de dezembro de 1977, e nos arts. 40, 41 e 42 da Lei nº 9.430, de 27 de dezembro de 1996. (Redação dada pela Lei 11.941/2009)

Art. 34. *Revogado pela Lei 11.941/2009.*

Art. 35. Os débitos com a União decorrentes das contribuições sociais previstas nas alíneas a, *b* e *c* do parágrafo único do art. 11 desta Lei, das contribuições instituídas a título de substituição e das contribuições devidas a terceiros, assim entendidas outras entidades e fundos, não pagos nos prazos previstos em legislação, serão acrescidos de multa de mora e juros de mora, nos termos do art. 61 da Lei nº 9.430, de 27 de dezembro de 1996. (Redação dada pela Lei 11.941/2009)

I a III – *Revogado pela Lei 11.941/2009.*

§§ 1º a 4º *Revogados pela Lei 11.941/2009.*

Art. 35-A. Nos casos de lançamento de ofício relativos às contribuições referidas no art. 35 desta Lei, aplica-se o disposto no art. 44 da Lei nº 9.430, de 27 de dezembro de 1996. (Redação dada pela Lei 11.941/2009)

Art. 36. *Revogado pela Lei 8.218/1991.*

Art. 37. Constatado o não recolhimento total ou parcial das contribuições tratadas nesta Lei, não declaradas na forma do art. 32 desta Lei, a falta de pagamento de benefício reembolsado ou o descumprimento de obrigação acessória, será lavrado auto de infração ou notificação de lançamento. (Redação dada pela Lei 11.941/2009)

§§ 1º e 2º *Revogados pela Lei 8.218/1991.*

Art. 38. *Revogado pela Lei 11.941/2009.*

Art. 39. O débito original e seus acréscimos legais, bem como outras multas previstas em lei, constituem dívida ativa da União, promovendo-se a inscrição em livro próprio daquela resultante das contribuições de que tratam as alíneas a, *b* e *c* do parágrafo único do art. 11 desta Lei. (Redação dada pela Lei 11.457/2007).

§ 1º *Revogado pela Lei 11.501/2007.*

§ 2º É facultado aos órgãos competentes, antes de ajuizar a cobrança da dívida ativa de que trata o *caput* deste artigo, promover o protesto de título dado em garantia, que será recebido *pro solvendo*. (Redação dada pela Lei nº 11.457/2007)

§ 3º Serão inscritas como dívida ativa da União as contribuições que não tenham sido recolhidas ou parceladas resultantes das informações prestadas no documento a que se refere o inciso IV do art. 32 desta Lei. (Redação dada pela Lei nº 11.457/2007)

Art. 40. Vetado.

Art. 41. *Revogado pela Lei 11.941/2009.*

Art. 42. Os administradores de autarquias e fundações públicas, criadas e mantidas pelo Poder Público, de empresas públicas e de sociedades de economia mista sujeitas ao controle da União, dos Estados, do Distrito Federal ou dos Municípios, que se encontrarem em mora, por mais de 30 (trinta) dias, no recolhimento das contribuições previstas nesta Lei, tornam-se solidariamente responsáveis pelo respectivo pagamento, ficando ainda sujeitos às proibições do artigo 1º e às sanções dos artigos 4º e 7º do Decreto-Lei nº 368, de 19 de dezembro de 1968.

Art. 43. Nas ações trabalhistas de que resultar o pagamento de direitos sujeitos à incidência de contribuição previdenciária, o juiz, sob pena de responsabilidade, determinará o imediato recolhimento das importâncias devidas à Seguridade Social.

§ 1º Nas sentenças judiciais ou nos acordos homologados em que não figurarem, discriminadamente, as parcelas legais relativas às contribuições sociais, estas incidirão sobre o valor total apurado em liquidação de sentença ou sobre o valor do acordo homologado. (Redação dada pela Lei 11.941/2009)

§ 2º Considera-se ocorrido o fato gerador das contribuições sociais na data da prestação do serviço. (Redação dada pela Lei 11.941/2009)

§ 3º As contribuições sociais serão apuradas mês a mês, com referência ao período da prestação de serviços, mediante a aplicação de alíquotas, limites máximos do salário de contribuição e acréscimos legais moratórios vigentes relativamente a cada uma das competências abrangidas, devendo o recolhimento ser efetuado no mesmo prazo em que devam ser pagos os créditos encontrados em liquidação de sentença ou em acordo homologado, sendo que nesse último caso o recolhimento será feito em tantas parcelas quantas as previstas no acordo, nas mesmas datas em que sejam exigíveis e proporcionalmente a cada uma delas. (Redação dada pela Lei 11.941/2009)

§ 4º No caso de reconhecimento judicial da prestação de serviços em condições que permitam a aposentadoria especial após 15 (quinze), 20 (vinte) ou 25 (vinte e cinco) anos de contribuição, serão devidos os acréscimos de contribuição de que trata o § 6º do art. 57 da Lei nº 8.213, de 24 de julho de 1991. (Redação dada pela Lei 11.941/2009)

§ 5º Na hipótese de acordo celebrado após ter sido proferida decisão de mérito, a contribuição será calculada com base no valor do acordo. (Redação dada pela Lei 11.941/2009)

§ 6º Aplica-se o disposto neste artigo aos valores devidos ou pagos nas Comissões de Conciliação Prévia de que trata a Lei nº 9.958, de 12 de janeiro de 2000. (Redação dada pela Lei 11.941/2009)

Art. 44. *Revogado pela Lei 11.501/2007.*

Art. 45. *Revogado pela LC 128/2008.*

Art. 45-A. O contribuinte individual que pretenda contar como tempo de contribuição, para fins de obtenção de benefício no Regime Geral de Previdência Social ou de contagem recíproca do tempo de contribuição, período de atividade remunerada alcançada pela decadência deverá indenizar o INSS. (Artigo acrescido pela Lei 128/2008).

§ 1º O valor da indenização a que se refere o *caput* deste artigo e o § 1º do art. 55 da Lei nº 8.213, de 24 de julho de 1991, corresponderá a 20% (vinte por cento):

I – da média aritmética simples dos maiores salários de contribuição, reajustados, correspondentes a 80% (oitenta por cento) de todo o período contributivo decorrido desde a competência julho de 1994; ou

II – da remuneração sobre a qual incidem as contribuições para o regime próprio de previdência social a que estiver filiado o interessado, no caso de indenização para fins da contagem recíproca de que tratam os arts. 94 a 99 da Lei nº 8.213, de 24 de julho de 1991, observados o limite máximo previsto no art. 28 e o disposto em regulamento.

§ 2º Sobre os valores apurados na forma do § 1º deste artigo incidirão juros moratórios de 0,5% (cinco décimos por cento) ao mês, capitalizados anualmente, limitados ao percentual máximo de 50% (cinquenta por cento), e multa de 10% (dez por cento).

§ 3º O disposto no § 1º deste artigo não se aplica aos casos de contribuições em atraso não alcançadas pela decadência do direito de a Previdência constituir o respectivo crédito, obedecendo-se, em relação a elas, as disposições aplicadas às empresas em geral.

Art. 46. *Revogado pela LC 128/2008.*

CAPÍTULO XI. DA PROVA DE INEXISTÊNCIA DE DÉBITO

Art. 47. É exigida Certidão Negativa de Débito – CND, fornecida pelo órgão competente, nos seguintes casos: (Redação dada pela Lei 9.032/1995)

I – da empresa:

a) na contratação com o Poder Público e no recebimento de benefícios ou incentivo fiscal ou creditício concedido por ele;

› **Atualização:** Lei 13.999/2020, Art. 4º. Para fins de concessão de crédito no âmbito do Pronampe, as instituições financeiras participantes ficam dispensadas de observar as seguintes disposições: IV – a alínea "a" do art. 47 da Lei nº 8.212.

b) na alienação ou oneração, a qualquer título, de bem imóvel ou direito a ele relativo;

c) na alienação ou oneração, a qualquer título, de bem móvel de valor superior a Cr$ 2.500.000,00 (dois milhões e quinhentos mil cruzeiros) incorporado ao ativo permanente da empresa;

› art. 8º, V, Port. SEPRT/ME 477, 2021 (é exigida Certidão Negativa de Débito - CND da empresa na alienação ou oneração, a qualquer título, de bem móvel incorporado ao seu ativo permanente de valor superior a R$ 66.414,20.

d) no registro ou arquivamento, no órgão próprio, de ato relativo a baixa ou redução de capital de firma individual, redução de capital social, cisão total ou parcial, transformação ou extinção de entidade ou sociedade comercial ou civil e transferência de controle de cotas de sociedades de responsabilidade limitada; (Redação dada pela Lei 9.528/1997)

II – do proprietário, pessoa física ou jurídica, de obra de construção civil, quando de sua averbação no registro de imóveis, salvo no caso do inciso VIII do artigo 30.

§ 1º A prova de inexistência de débito deve ser exigida da empresa em relação a todas as suas dependências, estabelecimentos e obras de construção civil, independentemente do local onde se encontrem, ressalvado aos órgãos competentes o direito de cobrança de qualquer débito apurado posteriormente.

§ 2º A prova de inexistência de débito, quando exigível ao incorporador, independe da apresentada no registro de imóveis por ocasião da inscrição do memorial de incorporação.

§ 3º Fica dispensada a transcrição, em instrumento público ou particular, do inteiro teor do documento comprobatório de inexistência de débito, bastando a referência ao seu número de série e data da emissão, bem como a guarda do documento comprobatório à disposição dos órgãos competentes.

§ 4º O documento comprobatório de inexistência de débito poderá ser apresentado por cópia autenticada, dispensada a indicação de sua finalidade, exceto no caso do inciso II deste artigo.

§ 5º O prazo de validade da Certidão Negativa de Débito – CND é de 60 (sessenta) dias, contados da sua emissão, podendo ser ampliado por regulamento para até 180 (cento e oitenta) dias. *(Redação dada pela Lei 9.711/1998)*

§ 6º Independe de prova de inexistência de débito:

a) a lavratura ou assinatura de instrumento, ato ou contrato que constitua retificação, ratificação ou efetivação de outro anterior para o qual já foi feita a prova;

b) a constituição de garantia para concessão de crédito rural, em qualquer de suas modalidades, por instituição de crédito pública ou privada, desde que o contribuinte referido no artigo 25, não seja responsável direto pelo recolhimento de contribuições sobre a sua produção para a Seguridade Social;

c) a averbação prevista no inciso II deste artigo, relativa a imóvel cuja construção tenha sido concluída antes de 22 de novembro de 1966;

d) o recebimento pelos Municípios de transferência de recursos destinados a ações de assistência social, educação, saúde e em caso de calamidade pública; (Acrescida pela Lei 11.960/2009)

e) a averbação da construção civil localizada em área objeto de regularização fundiária de interesse social, na forma da Lei nº 11.977, de 7 de julho de 2009. (Acrescida pela Lei 12.424/2011)

§ 7º O condômino adquirente de unidades imobiliárias de obra de construção civil não incorporada na forma da Lei nº 4.591, de 16 de dezembro de 1964, poderá obter documento comprobatório de inexistência de débito, desde que comprove o pagamento das contribuições relativas à sua unidade, conforme dispuser o regulamento.

§ 8º *Revogado pela Lei 11.941/2009.*

Art. 48. A prática de ato com inobservância do disposto no artigo anterior, ou o seu registro, acarretará a responsabilidade solidária dos contratantes e do oficial que lavrar ou registrar o instrumento, sendo o ato nulo para todos os efeitos.

§ 1º Os órgãos competentes podem intervir em instrumento que depender de prova de inexistência de débito, a fim de autorizar sua lavratura, desde que o débito seja pago no ato ou o seu pagamento fique assegurado mediante confissão de dívida fiscal com o oferecimento de garantias reais suficientes, na forma estabelecida em regulamento.

§ 2º Em se tratando de alienação de bens do ativo de empresa em regime de liquidação extrajudicial, visando à obtenção de recursos necessários ao pagamento dos credores, independentemente do pagamento ou da confissão de dívida fiscal, o Instituto Nacional do Seguro Social – INSS poderá autorizar a lavratura do respectivo instrumento, desde que o valor do crédito previdenciário conste, regularmente, do quadro geral de credores, observada a ordem de preferência legal. (Acrescido pela Lei 9.639/1998)

§ 3º O servidor, o serventuário da Justiça, o titular de serventia extrajudicial e a autoridade ou órgão que infringirem o disposto no artigo anterior incorrerão em multa aplicada na forma estabelecida no artigo 92, sem prejuízo da responsabilidade administrativa e penal cabível. (§ 3º renumerado pela Lei 9.639/1998)

TÍTULO VII. DAS DISPOSIÇÕES GERAIS

Art. 49. A matrícula da empresa será efetuada nos termos e condições estabelecidos pela Secretaria da Receita Federal do Brasil. (Redação dada pela Lei 11.941/2009)

I e II – *Revogados pela Lei 11.941/2009.*

§ 1º No caso de obra de construção civil, a matrícula deverá ser efetuada mediante comunicação obrigatória do responsável por sua execução, no prazo de 30 (trinta) dias, contado do início de suas atividades, quando obterá número cadastral básico, de caráter permanente. (Redação dada pela Lei 11.941/2009)

a) e b) *Revogadas pela Lei 11.941/2009.*

§ 2º *Revogado pela Lei 11.941/2009.*

§ 3º O não cumprimento do disposto no § 1º deste artigo sujeita o responsável a multa na forma estabelecida no art. 92 desta Lei. (Redação dada pela Lei 11.941/2009)

§ 4º O Departamento Nacional de Registro do Comércio (DNRC), por intermédio das Juntas Comerciais, e os Cartórios de Registro Civil de Pessoas Jurídicas prestarão, obrigatoriamente, ao Ministério da Economia, ao INSS e à Secretaria da Receita Federal do Brasil todas as informações referentes aos atos constitutivos e alterações posteriores relativos a empresas e entidades neles registradas. (Redação dada pela Lei 13.846/2019)

§ 5º A matrícula atribuída pela Secretaria da Receita Federal do Brasil ao produtor rural pessoa física ou segurado especial é o documento de inscrição do contribuinte, em substituição à inscrição no Cadastro Nacional de Pessoa Jurídica – CNPJ, a ser apresentado em suas relações com o Poder Público, inclusive para licenciamento sanitário de produtos de origem animal ou vegetal submetidos a processos de beneficiamento ou industrialização artesanal, com as instituições financeiras, para fins de contratação de operações de crédito, e com os adquirentes de sua produção ou fornecedores de sementes, insumos, ferramentas e demais implementos agrícolas. (Acrescido pela Lei 11.718/2008)

§ 6º O disposto no § 5º deste artigo não se aplica ao licenciamento sanitário de produtos sujeitos à incidência de Imposto sobre Produtos Industrializados ou ao contribuinte cuja inscrição no Cadastro Nacional de Pessoa Jurídica – CNPJ seja obrigatória. (Acrescido pela Lei 11.718/2008)

Art. 50. Para fins de fiscalização do INSS, o Município, por intermédio do órgão competente, fornecerá relação de alvarás para construção civil e documentos de "habite-se" concedidos. (Redação dada pela Lei nº 9.476/1997)

Art. 51. O crédito relativo a contribuições, cotas e respectivos adicionais ou acréscimos de qualquer natureza arrecadados pelos órgãos competentes, bem como a atualização monetária e os juros de mora, estão sujeitos, nos processos de falência, concordata ou concurso de credores, às disposições atinentes aos créditos da União, aos quais são equiparados.

- A concordata foi substituída pela recuperação judicial, conforme Lei 11.101/2005 (Recuperação de Empresas e Falências).

Parágrafo único. O Instituto Nacional do Seguro Social – INSS reivindicará os valores descontados pela empresa de seus empregados e ainda não recolhidos.

Art. 52. Às empresas, enquanto estiverem em débito não garantido com a União, aplica-se o disposto no art. 32 da Lei nº 4.357, de 16 de julho de 1964. (*Caput* com redação dada pela Lei 11.941/2009)

I e II – *Revogado pela Lei 11.941/2009.*

Parágrafo único. *Revogado pela Lei 11.941/2009.*

Art. 53. Na execução judicial da dívida ativa da União, suas autarquias e fundações públicas, será facultado ao exequente indicar bens à penhora, a qual será efetivada concomitantemente com a citação inicial do devedor.

§ 1º Os bens penhorados nos termos deste artigo ficam desde logo indisponíveis.

§ 2º Efetuado o pagamento integral da dívida executada, com seus acréscimos legais, no prazo de 2 (dois) dias úteis contados da citação, independentemente da juntada aos autos do respectivo mandado, poderá ser liberada a penhora, desde que não haja outra execução pendente.

§ 3º O disposto neste artigo aplica-se também às execuções já processadas.

§ 4º Não sendo opostos embargos, no caso legal, ou sendo eles julgados improcedentes, os autos serão conclusos ao juiz do feito, para determinar o prosseguimento da execução.

Art. 54. Os órgãos competentes estabelecerão critério para a dispensa de constituição ou exigência de crédito de valor inferior ao custo dessa medida.

Art. 55. *Revogado pela Lei 12.101/2009.*

Art. 56. A inexistência de débitos em relação às contribuições devidas ao Instituto Nacional do Seguro Social -INSS, a partir da publicação desta Lei, é condição necessária para que os Estados, o Distrito Federal e os Municípios possam receber as transferências dos recursos do Fundo de Participação dos Estados e do Distrito Federal – FPE e do Fundo de Participação dos Municípios – FPM, celebrar acordos, contratos, convênios ou ajustes, bem como receber empréstimos, financiamentos, avais e subvenções em geral de órgãos ou entidades da administração direta e indireta da União.

§ 1º (Artigo com eficácia interrompida pela MP nº 2.187-13, de 24.08.2001 e posteriormente renumerado pela Lei nº 12.810, de 15.05.2013).

§ 2º Os recursos do FPE e do FPM não transferidos em decorrência da aplicação do *caput* deste artigo poderão ser utilizados para quitação, total ou parcial, dos débitos relativos às contribuições de que tratam as alíneas a e c do parágrafo único do art. 11 desta Lei, a pedido do representante legal do Estado, Distrito Federal ou Município. (Parágrafo acrescentado pela Lei nº 12.810, de 15.05.2013).

Art. 57. Os Estados, o Distrito Federal e os Municípios serão, igualmente, obrigados a apresentar, a partir de 1º de junho de 1992, para os fins do disposto no artigo anterior, comprovação de pagamento da parcela mensal referente aos débitos com o Instituto Nacional do Seguro Social – INSS, existentes até 1º de setembro de 1991, renegociados nos termos desta Lei.

Art. 58. Os débitos dos Estados, do Distrito Federal e dos Municípios para com o Instituto Nacional do Seguro Social – INSS, existentes até 1º de setembro de 1991, poderão ser liquidados em até 240 (duzentos e quarenta) parcelas mensais.

§ 1º Para apuração dos débitos será considerado o valor original atualizado pelo índice oficial utilizado pela Seguridade Social para correção de seus créditos. (Parágrafo único renumerado pela Lei 8.444/1992)

§ 2º As contribuições descontadas até 30 de junho de 1992 dos segurados que tenham prestado serviços aos Estados, ao Distrito Federal e aos Municípios poderão ser objeto de acordo para parcelamento em até doze meses, não se lhes aplicando o disposto no § 1º do artigo 38 desta Lei. (Acrescido pela Lei 8.444/1992)

Art. 59. O Instituto Nacional do Seguro Social – INSS implantará, no prazo de 90 (noventa) dias a contar da data da publicação desta Lei, sistema próprio e informatizado de cadastro dos pagamentos e débitos dos Governos Estaduais, do Distrito Federal e das Prefeituras Municipais, que viabilize o permanente acompanhamento e fiscalização do disposto nos artigos 56, 57 e 58 e permita a divulgação periódica dos devedores da Previdência Social.

Art. 60. O pagamento dos benefícios da Seguridade Social será realizado por intermédio da rede bancária ou por outras formas definidas pelo Ministério da Previdência Social. (Redação dada pela Lei 11.941/2009)

Parágrafo único. *Revogado pela MP 2.170-36/2001.*

Art. 61. As receitas provenientes da cobrança de débitos dos Estados e Municípios e da alienação, arrendamento ou locação de bens móveis ou imóveis pertencentes ao patrimônio do Instituto Nacional do Seguro Social – INSS, deverão constituir reserva técnica, de longo prazo, que garantirá o seguro social estabelecido no Plano de Benefícios da Previdência Social.

Parágrafo único. É vedada a utilização dos recursos de que trata este artigo, para cobrir despesas de custeio em geral, inclusive as decorrentes de criação, majoração ou extensão dos benefícios ou serviços da Previdência Social, admitindo-se sua utilização, excepcionalmente, em despesas de capital, na forma da lei de orçamento.

Art. 62. A contribuição estabelecida na Lei nº 5.161, de 21 de outubro de 1966, em favor da Fundação Jorge Duprat Figueiredo de Segurança e Medicina do Trabalho – FUNDACENTRO, será de 2% (dois por cento) da receita proveniente da contribuição a cargo da empresa, a título de financiamento da complementação das prestações por acidente do trabalho, estabelecida no inciso II do artigo 22.

Parágrafo único. Os recursos referidos neste artigo poderão contribuir para o financiamento das despesas com pessoal e administração-geral da Fundação Jorge Duprat Figueiredo de Segurança e Medicina do Trabalho – FUNDACENTRO. (Acrescido pela Lei 9.639/1998)

TÍTULO VIII
DAS DISPOSIÇÕES FINAIS E TRANSITÓRIAS

CAPÍTULO I
DA MODERNIZAÇÃO DA PREVIDÊNCIA SOCIAL

Arts. 63 a 66. *Revogados pela MP 2.216-37/2001.*

Art. 67. Até que seja implantado o Cadastro Nacional do Trabalhador – CNT, as instituições e órgãos federais, estaduais, do Distrito Federal e municipais, detentores de cadastros de empresas e de contribuintes em geral, deverão colocar à disposição do Instituto Nacional do Seguro Social – INSS, mediante a realização de convênios, todos os dados necessários à permanente atualização dos cadastros da Previdência Social.

Art. 68. O Titular do Cartório de Registro Civil de Pessoas Naturais remeterá ao INSS, em até 1 (um) dia útil, pelo Sistema Nacional de Informações de Registro Civil (Sirc) ou por outro meio que venha a substituí-lo, a relação dos nascimentos, dos natimortos, dos casamentos, dos óbitos, das averbações, das anotações e das retificações registradas na serventia. (Redação dada pela Lei 13.846/2019)

§ 1º Para os Municípios que não dispõem de provedor de conexão à internet ou de qualquer meio de acesso à internet, fica autorizada a remessa da relação em até 5 (cinco) dias úteis. (Redação dada pela Lei 13.846/2019)

§ 2º Para os registros de nascimento e de natimorto, constarão das informações, obrigatoriamente, a inscrição no Cadastro de Pessoas Físicas (CPF), o sexo, a data e o local de nascimento do registrado, bem como o nome completo, o sexo, a data e o local de nascimento e a inscrição no CPF da filiação. (Redação dada pela Lei 13.846/2019)

§ 3º Para os registros de casamento e de óbito, constarão das informações, obrigatoriamente, a inscrição no CPF, o sexo, a data e o local de nascimento do registrado, bem como, acaso disponíveis, os seguintes dados: (Redação dada pela Lei 13.846/2019)

I - número do cadastro perante o Programa de Integração Social (PIS) ou o Programa de Formação do Patrimônio do Servidor Público (Pasep); (Redação dada pela Lei 13.846/2019)

II - Número de Identificação do Trabalhador (NIT); (Redação dada pela Lei 13.846/2019)

III - número de benefício previdenciário ou assistencial, se a pessoa falecida for titular de qualquer benefício pago pelo INSS; (Redação dada pela Lei 13.846/2019)

IV - número de registro da Carteira de Identidade e respectivo órgão emissor; (Redação dada pela Lei 13.846/2019)

V - número do título de eleitor; (Redação dada pela Lei 13.846/2019)

VI - número e série da Carteira de Trabalho e Previdência Social (CTPS). (Redação dada pela Lei 13.846/2019)

§ 4º No caso de não haver sido registrado nenhum nascimento, natimorto, casamento, óbito ou averbações, anotações e retificações no mês, deverá o Titular do Cartório de Registro Civil de Pessoas Naturais comunicar este fato ao INSS até o 5º (quinto) dia útil do mês subsequente. (Redação dada pela Lei 13.846/2019)

§ 5º O descumprimento de qualquer obrigação imposta neste artigo e o fornecimento de informação inexata sujeitarão o Titular do Cartório de Registro Civil de Pessoas Naturais, além de outras penalidades previstas, à penalidade prevista no art. 92 desta Lei e à ação regressiva proposta pelo INSS, em razão dos danos sofridos. (Redação dada pela Lei 13.846/2019)

Art. 69. O INSS manterá programa permanente de revisão da concessão e da manutenção dos benefícios por ele administrados, a fim de apurar irregularidades ou erros materiais. (Redação dada pela Lei 13.846/2019)

§ 1º Na hipótese de haver indícios de irregularidade ou erros materiais na concessão, na manutenção ou na revisão do benefício, o INSS notificará o beneficiário, o seu representante legal ou o seu procurador para apresentar defesa, provas ou documentos dos quais dispuser, no prazo de: (Redação dada pela Lei 13.846/2019)

I - 30 (trinta) dias, no caso de trabalhador urbano; (Redação dada pela Lei 13.846/2019)

II - 60 (sessenta) dias, no caso de trabalhador rural individual e avulso, agricultor familiar ou segurado especial. (Redação dada pela Lei 13.846/2019)

§ 2º A notificação a que se refere o § 1º deste artigo será feita: (Redação dada pela Lei 13.846/2019)

I - preferencialmente por rede bancária ou por meio eletrônico, conforme previsto em regulamento; (Redação dada pela Lei 13.846/2019)

II - por via postal, por carta simples, considerado o endereço constante do cadastro do benefício, hipótese em que o aviso de recebimento será considerado prova suficiente da notificação; (Redação dada pela Lei 13.846/2019)

III - pessoalmente, quando entregue ao interessado em mãos; ou (Redação dada pela Lei 13.846/2019)

IV - por edital, nos casos de retorno com a não localização do segurado, referente à comunicação indicada no inciso II deste parágrafo. (Redação dada pela Lei 13.846/2019)

§ 3º A defesa poderá ser apresentada pelo canal de atendimento eletrônico do INSS ou na Agência da Previdência Social do domicílio do beneficiário, na forma do regulamento. (Redação dada pela Lei 13.846/2019)

§ 4º O benefício será suspenso nas seguintes hipóteses: (Redação dada pela Lei 13.846/2019)

I - não apresentação da defesa no prazo estabelecido no § 1º deste artigo; (Redação dada pela Lei 13.846/2019)

II - defesa considerada insuficiente ou improcedente pelo INSS. (Redação dada pela Lei 13.846/2019)

§ 5º O INSS deverá notificar o beneficiário quanto à suspensão do benefício de que trata o § 4º deste artigo e conceder-lhe prazo de 30 (trinta) dias para interposição de recurso. (Redação dada pela Lei 13.846/2019)

§ 6º Decorrido o prazo de 30 (trinta) dias após a suspensão a que se refere o § 4º deste artigo, sem que o beneficiário, o seu representante legal ou o seu procurador apresente recurso administrativo aos canais de atendimento do INSS ou a outros canais autorizados, o benefício será cessado. (Redação dada pela Lei 13.846/2019)

§ 7º Para fins do disposto no *caput* deste artigo, o INSS poderá realizar recenseamento para atualização do cadastro dos beneficiários, abrangidos os benefícios administrados pelo INSS, observado o disposto nos incisos III, IV e V do § 8º deste artigo. (Redação dada pela Lei 13.846/2019)

§ 8º Aqueles que receberem benefícios realizarão anualmente a comprovação de vida nas instituições financeiras, por meio de atendimento eletrônico com uso de biometria ou por qualquer meio definido pelo INSS que assegure a identificação do beneficiário, observadas as seguintes disposições: (Redação dada pela Lei 13.846/2019)

I - a prova de vida e a renovação de senha serão efetuadas por aquele que receber o benefício, mediante identificação por funcionário da instituição, quando realizada nas instituições financeiras; (Redação dada pela Lei 13.846/2019)

II - o representante legal ou o procurador do beneficiário, legalmente cadastrado no INSS, poderá realizar a prova de vida no INSS ou na instituição financeira responsável pelo pagamento; (Redação dada pela Lei 13.846/2019)

III - a prova de vida de segurados com idade igual ou superior a 60 (sessenta) anos será disciplinada em ato do Presidente do INSS; (Redação dada pela Lei 13.846/2019)

IV - o INSS disporá de meios, incluída a realização de pesquisa externa, que garantam a identificação e o processo de prova de vida para pessoas com dificuldades de locomoção e idosos acima de 80 (oitenta) anos que recebam benefícios; e (Redação dada pela Lei 13.846/2019)

V - o INSS poderá bloquear o pagamento do benefício encaminhado às instituições financeiras até que o beneficiário atenda à convocação, permitida a liberação do pagamento automaticamente pela instituição financeira. (Redação dada pela Lei 13.846/2019)

§ 9º O recurso de que trata o § 5º deste artigo não terá efeito suspensivo. (Redação dada pela Lei 13.846/2019)

§ 10. Apurada irregularidade recorrente ou fragilidade nos procedimentos, reconhecida na forma prevista no *caput* deste artigo ou pelos órgãos de controle, os procedimentos de análise e concessão de benefícios serão revistos, de modo a reduzir o risco de fraude e concessão irregular. (Redação dada pela Lei 13.846/2019)

§ 11. Para fins do disposto no § 8º deste artigo, preservados a integridade dos dados e o sigilo eventualmente existente, o INSS: (Redação dada pela Lei 13.846/2019)

I - terá acesso a todos os dados biométricos mantidos e administrados pelos órgãos públicos federais; e (Acrescido pela Lei 13.846/2019)

II - poderá ter, por meio de convênio, acesso aos dados biométricos: (Acrescido pela Lei 13.846/2019)

a) da Justiça Eleitoral; e

b) de outros entes federativos.

Art. 70. Os beneficiários da Previdência Social, aposentados por invalidez, ficam obrigados, sob pena de sustação do pagamento do benefício, a submeterem-se a exames médico-periciais, estabelecidos na forma do regulamento, que definirá sua periodicidade e os mecanismos de fiscalização e auditoria.

Art. 71. O Instituto Nacional do Seguro Social – INSS deverá rever os benefícios, inclusive os concedidos por acidente do trabalho, ainda que concedidos judicialmente, para avaliar a persistência, atenuação ou agravamento da incapacidade para o trabalho alegada como causa para a sua concessão.

Parágrafo único. Será cabível a concessão de liminar nas ações rescisórias e revisional, para suspender a execução do julgado rescindendo ou revisando, em caso de fraude ou erro material comprovado. (Acrescido pela Lei 9.032/1995)

Art. 72. O Instituto Nacional do Seguro Social – INSS promoverá, no prazo de 180 (cento e oitenta) dias a contar da publicação desta Lei, a revisão das indenizações associadas a benefícios por acidentes do trabalho, cujos valores excedam a Cr$ 1.700.000,00 (um milhão e setecentos mil cruzeiros).

Art. 73. O setor encarregado pela área de benefícios no âmbito do Instituto Nacional do Seguro Social – INSS deverá estabelecer indicadores qualitativos e quantitativos para acompanhamento e avaliação das concessões de benefícios realizadas pelos órgãos locais de atendimento.

Art. 74. Os postos de benefícios deverão adotar como prática o cruzamento das informações declaradas pelos segurados com os dados de cadastros de empresas e de contribuintes em geral quando da concessão de benefícios.

Art. 75. *Revogado pela Lei 9.711/1998.*

Art. 76. O Instituto Nacional do Seguro Social – INSS deverá proceder ao recadastramento de todos aqueles que, por intermédio de procuração, recebem benefícios da Previdência Social.

Parágrafo único. O documento de procuração deverá, a cada semestre, ser revalidado pelos órgãos de atendimento locais.

Art. 77. *Revogado pela MP 2.216-37/2001.*

Art. 78. O Instituto Nacional do Seguro Social – INSS, na forma da legislação específica, fica autorizado a contratar auditorias externas, periodicamente, para analisar e emitir parecer sobre demonstrativos econômico-financeiros e contábeis, arrecadação, cobrança e fiscalização das contribuições, bem como pagamento dos benefícios, submetendo os resultados obtidos à apreciação do Conselho Nacional da Seguridade Social.

Art. 79. *Revogado pela Lei 9.711/1998.*

Art. 80. Fica o Instituto Nacional do Seguro Social – INSS obrigado a:

I – enviar às empresas e aos seus segurados, quando solicitado, extrato relativo ao recolhimento das suas contribuições; (Redação dada pela Lei 12.692/2012)

II – *Revogado pela Lei 11.941/2009;*

III – emitir e enviar aos beneficiários o Aviso de Concessão de Benefício, além da memória de cálculo do valor dos benefícios concedidos;

IV – reeditar versão atualizada, nos termos do Plano de Benefícios, da Carta dos Direitos dos Segurados;

V – divulgar, com a devida antecedência, através dos meios de comunicação, alterações porventura realizadas na forma de contribuição das empresas e segurados em geral;

VI – descentralizar, progressivamente, o processamento eletrônico das informações, mediante extensão dos programas de informatização de postos de atendimento e de Regiões Fiscais;

VII – disponibilizará ao público, inclusive por meio de rede pública de transmissão de dados, informações atualizadas sobre as receitas e despesas do regime geral de previdência social, bem como os critérios e parâmetros adotados para garantir o equilíbrio financeiro e atuarial do regime. (Acrescido pela Lei 10.887/2004)

Art. 81. *Revogado pela Lei 11.941/2009;*

Art. 82. A Auditoria e a Procuradoria do Instituto Nacional do Seguro Social – INSS deverão, a cada trimestre, elaborar relação das auditorias realizadas e dos trabalhos executados, bem como dos resultados obtidos, enviando-a a apreciação do Conselho Nacional da Seguridade Social.

Art. 83. O Instituto Nacional do Seguro Social – INSS deverá implantar um programa de qualificação e treinamento sistemático de pessoal, bem como promover a reciclagem e redistribuição de funcionários conforme as demandas dos órgãos regionais e locais, visando a melhoria da qualidade do atendimento e o controle e a eficiência dos sistemas de arrecadação e fiscalização de contribuições, bem como de pagamento de benefícios.

Art. 84. *Revogado pela MP 2.216-37/2001.*

CAPÍTULO II
DAS DEMAIS DISPOSIÇÕES

Art. 85. O Conselho Nacional da Seguridade Social será instalado no prazo de 30 (trinta) dias após a promulgação desta Lei.

Art. 85-A. Os tratados, convenções e outros acordos internacionais de que Estado estrangeiro ou organismo internacional e o Brasil sejam partes, e que versem sobre matéria previdenciária, serão interpretados como lei especial. (Acrescido pela Lei 9.876/1999)

Art. 86. *Revogado pela MP 2.216-37/2001.*

Art. 87. Os orçamentos das pessoas jurídicas de direito público e das entidades da administração pública indireta devem consignar as dotações necessárias ao pagamento das contribuições da Seguridade Social, de modo a assegurar a sua regular liquidação dentro do exercício.

Art. 88. Os prazos de prescrição de que goza a União aplicam-se à Seguridade Social, ressalvado o disposto no artigo 46.

Art. 89. As contribuições sociais previstas nas alíneas *a*, *b* e *c* do parágrafo único do art. 11 desta Lei, as contribuições instituídas a título de substituição e as contribuições devidas a terceiros somente poderão ser restituídas ou compensadas nas hipóteses de pagamento ou recolhimento indevido ou maior que o devido, nos termos e condições estabelecidos pela Secretaria da Receita Federal do Brasil.(Redação dada pela Lei 11.941/2009)

§§ 1º a 3º *Revogados pela Lei 11.941/2009;*

§ 4º O valor a ser restituído ou compensado será acrescido de juros obtidos pela aplicação da taxa referencial do Sistema Especial de Liquidação e de Custódia – SELIC para títulos federais, acumulada mensalmente, a partir do mês subsequente ao do pagamento indevido ou a maior que o devido até o mês anterior ao da compensação ou restituição e de 1 % (um por cento) relativamente ao mês em que estiver sendo efetuada. (Redação dada pela Lei 11.941/2009)

§§ 5º a 7º *Revogados pela Lei 11.941/2009;*

§ 8º Verificada a existência de débito em nome do sujeito passivo, o valor da restituição será utilizado para extingui-lo, total ou parcialmente, mediante compensação. (Acrescido pela Lei 11.196/2005)

§ 9º Os valores compensados indevidamente serão exigidos com os acréscimos moratórios de que trata o art. 35 desta Lei. (Redação dada pela Lei 11.941/2009)

§ 10. Na hipótese de compensação indevida, quando se comprove falsidade da declaração apresentada pelo sujeito passivo, o contribuinte estará sujeito à multa isolada aplicada no percentual previsto no inciso I do *caput* do art. 44 da Lei nº 9.430, de 27 de dezembro de 1996, aplicado em dobro, e terá como base de cálculo o valor total do débito indevidamente compensado. (Redação dada pela Lei 11.941/2009)

§ 11. Aplica-se aos processos de restituição das contribuições de que trata este artigo e de reembolso de salário-família e salário-maternidade o rito previsto no Decreto nº 70.235, de 6 de março de 1972. (Redação dada pela Lei 11.941/2009)

§ 12. O disposto no § 10 deste artigo não se aplica à compensação efetuada nos termos do art. 74 da Lei nº 9.430, de 27 de dezembro de 1996. *(Acrescido pela Lei 13.670/2018)*

Art. 90. O Conselho Nacional da Seguridade Social, dentro de 180 (cento e oitenta) dias da sua instalação, adotará as providências necessárias ao levantamento das dívidas da União para com a Seguridade Social.

Art. 91. Mediante requisição da Seguridade Social, a empresa é obrigada a descontar, da remuneração paga aos segurados a seu serviço, a importância proveniente de dívida ou responsabilidade por eles contraída junto à Seguridade Social, relativa a benefícios pagos indevidamente.

Art. 92. A infração de qualquer dispositivo desta Lei para a qual não haja penalidade expressamente cominada sujeita o responsável, conforme a gravidade da infração, a multa variável de Cr$ 100.000,00 (cem mil cruzeiros) a Cr$ 10.000.000,00 (dez milhões de cruzeiros), conforme dispuser o regulamento.

Art. 93. *Revogado pela Lei 9.639/1998.*

Parágrafo único. *Revogado pela Lei 11.941/2009.*

Art. 94. *Revogado pela Lei 11.501/2007.*

Art. 95. *Revogado pela Lei 9.983/2000.*

a) a j) Revogadas pela Lei 9.983/2000.

§ 1º *Revogado pela Lei 9.983/2000.*

§ 2º A empresa que transgredir as normas desta Lei, além das outras sanções previstas, sujeitar-se-á, nas condições em que dispuser o regulamento:

a) à suspensão de empréstimos e financiamentos, por instituições financeiras oficiais;

b) à revisão de incentivos fiscais de tratamento tributário especial;

c) à inabilitação para licitar e contratar com qualquer órgão ou entidade da administração pública direta ou indireta federal, estadual, do Distrito Federal ou municipal;

d) à interdição para o exercício do comércio, se for sociedade mercantil ou comerciante individual;

e) à desqualificação para impetrar concordata;

- A concordata foi substituída pela recuperação judicial, conforme Lei 11.101/2005 (Lei de Recuperação de Empresas e Falências).

f) à cassação de autorização para funcionar no país, quando for o caso.

§§ 3º a 5º *Revogados pela Lei 9.983/2000.*

Art. 96. O Poder Executivo enviará ao Congresso Nacional, anualmente, acompanhando a Proposta Orçamentária da Seguridade Social, projeções atuariais relativas à Seguridade Social, abrangendo um horizonte temporal de, no mínimo, 20 (vinte) anos, considerando hipóteses alternativas quanto às variáveis demográficas, econômicas e institucionais relevantes.

Art. 97. Fica o Instituto Nacional do Seguro Social – INSS autorizado a proceder a alienação ou permuta, por ato da autoridade competente, de bens imóveis de sua propriedade considerados desnecessários ou não vinculados às suas atividades operacionais. (*Caput* com redação dada pela Lei 9.528/1997)

§ 1º Na alienação a que se refere este artigo será observado o disposto no artigo 18 e nos incisos I, II e III do artigo 19, da Lei nº 8.666, de 21 de junho de 1993, alterada pelas Leis 8.883, de 8 de junho de 1994, e 9.032, de 28 de abril de 1995. (Acrescido pela Lei 9.528/1997)

§ 2º *Vetado.*

Art. 98. Nas execuções fiscais da dívida ativa do INSS, o leilão judicial dos bens penhorados realizar-se-á por leiloeiro oficial, indicado pelo credor, que procederá à hasta pública:

I – no primeiro leilão, pelo valor do maior lance, que não poderá ser inferior ao da avaliação;

II – no segundo leilão, por qualquer valor, excetuado o vil.

§ 1º Poderá o juiz, a requerimento do credor, autorizar seja parcelado o pagamento do valor da arrematação, na forma prevista para os parcelamentos administrativos de débitos previdenciários.

§ 2º Todas as condições do parcelamento deverão constar do edital de leilão.

§ 3º O débito do executado será quitado na proporção do valor de arrematação.

§ 4º O arrematante deverá depositar, no ato, o valor da primeira parcela.

§ 5º Realizado o depósito, será expedida carta de arrematação, contendo as seguintes disposições:

a) valor da arrematação, valor e número de parcelas mensais em que será pago;

b) constituição de hipoteca do bem adquirido, ou de penhor, em favor do credor, servindo a carta de título hábil para registro da garantia;

c) indicação do arrematante como fiel depositário do bem móvel, quando constituído penhor;

d) especificação dos critérios de reajustamento do saldo e das parcelas, que será sempre o mesmo vigente para os parcelamentos de débitos previdenciários.

§ 6º Se o arrematante não pagar, no vencimento, qualquer das parcelas mensais, o saldo devedor remanescente vencerá antecipadamente, que será acrescido em cinquenta por cento de seu valor a título de multa, e, imediatamente inscrito em dívida ativa e executado.

§ 7º Se no primeiro ou no segundo leilões a que se refere o *caput* não houver licitante, o INSS poderá adjudicar o bem por cinquenta por cento do valor da avaliação.

§ 8º Se o bem adjudicado não puder ser utilizado pelo INSS, e for de difícil venda, poderá ser negociado ou doado a outro órgão ou entidade pública que demonstre interesse na sua utilização.

§ 9º Não havendo interesse na adjudicação, poderá o juiz do feito, de ofício ou a requerimento do credor, determinar sucessivas repetições da hasta pública.

§ 10. O leiloeiro oficial, a pedido do credor, poderá ficar como fiel depositário dos bens penhorados e realizar a respectiva remoção. (Restabelecido e com redação dada pela Lei 9.528/1997)

§ 11. O disposto neste artigo aplica-se às execuções fiscais da Dívida Ativa da União. (Redação dada pela Lei 10.522/2002)

Art. 99. O Instituto Nacional do Seguro Social – INSS poderá contratar leiloeiros oficiais para promover a venda administrativa dos bens, adjudicados judicialmente ou que receber em dação de pagamento.

Parágrafo único. O INSS, no prazo de sessenta dias, providenciará alienação do bem por intermédio do leiloeiro oficial. (Restabelecido e com redação dada pela Lei 9.528/1997)

Art. 100. *Revogado pela Lei 9.528/1997.*

Art. 101. *Revogado pela MP 2.187-13/2001.*

Art. 102. Os valores expressos em moeda corrente nesta Lei serão reajustados nas mesmas épocas e com os mesmos índices utilizados para o reajustamento dos benefícios de prestação continuada da Previdência Social.

§ 1º O disposto neste artigo não se aplica às penalidades previstas no art. 32-A desta Lei. (Redação dada pela Lei 11.941/2009)

§ 2º O reajuste dos valores dos salários de contribuição em decorrência da alteração do salário mínimo será descontado por ocasião da aplicação dos índices a que se refere o *caput* deste artigo. (Redação dada pela Lei 11.941/2009)

Art. 103. O Poder Executivo regulamentará esta lei no prazo de sessenta dias a partir da data de sua publicação.

Art. 104. Esta Lei entrará em vigor na data de sua publicação.

Art. 105. Revogam-se as disposições em contrário.

Brasília, em 24 de julho de 1991; 170º da Independência e 103º da República.

Fernando Collor

LEI Nº 8.213, DE 24 DE JULHO DE 1991

Dispõe sobre os Planos de Benefícios da Previdência Social e dá outras providências.

- *Previdência Social*

O PRESIDENTE DA REPÚBLICA Faço saber que o Congresso Nacional decreta e eu sanciono a seguinte Lei:

- CF/88: arts. 6º, 7º, IV, par. único, 40, 194, 195, II e § 2º, 201 e 202.
- EC 20/1998 – Modifica o sistema de previdência social, estabelece normas de transição.
- Lei 13.146/2015 – Estatuto da Pessoa com Deficiência.
- LC 142/2013 – Aposentadoria da pessoa com deficiência.
- LC 109/2001 – Dispõe sobre o Regime de Previdência Complementar.
- Lei 8.212/1991 – Dispõe sobre a organização da Seguridade Social, institui Plano de Custeio.
- Decreto 3.048/1999 – Aprova o Regulamento da Previdência Social.

TÍTULO I. DA FINALIDADE E DOS PRINCÍPIOS BÁSICOS DA PREVIDÊNCIA SOCIAL

Art. 1º. A Previdência Social, mediante contribuição, tem por fim assegurar aos seus beneficiários meios indispensáveis de manutenção, por motivo de incapacidade, desemprego involuntário, idade avançada, tempo de serviço, encargos familiares e prisão ou morte daqueles de quem dependiam economicamente.

- CF/88: art. 201.

Art. 2º. A Previdência Social rege-se pelos seguintes princípios e objetivos:

- CF/88: art. 194.
- Decreto 3.048/1999.

I – universalidade de participação nos planos previdenciários;

II – uniformidade e equivalência dos benefícios e serviços às populações urbanas e rurais;

III – seletividade e distributividade na prestação dos benefícios;

IV – cálculo dos benefícios considerando-se os salários de contribuição corrigidos monetariamente;

V – irredutibilidade do valor dos benefícios de forma a preservar-lhes o poder aquisitivo;

- Decreto 3.048/1999.

VI – valor da renda mensal dos benefícios substitutos do salário de contribuição ou do rendimento do trabalho do segurado não inferior ao do salário mínimo;

- ADCT: art. 58.
- Decreto 3.048/1999.

VII – previdência complementar facultativa, custeada por contribuição adicional;

- LC 109/2001 – Dispõe sobre o Regime de Previdência Complementar.

VIII – caráter democrático e descentralizado da gestão administrativa, com a participação do governo e da comunidade, em especial de trabalhadores em atividade, empregadores e aposentados.

- Decreto 3.048/1999.

Parágrafo único. A participação referida no inciso VIII deste artigo será efetivada a nível federal, estadual e municipal.

Art. 3º. Fica instituído o Conselho Nacional de Previdência Social – CNPS, órgão superior de deliberação colegiada, que terá como membros:

- Lei 3.048/1999: art. 296-A.

I – seis representantes do Governo Federal; (Redação dada pela Lei nº 8.619, de 1993)

II – nove representantes da sociedade civil, sendo: (Redação dada pela Lei nº 8.619, de 1993)

a) três representantes dos aposentados e pensionistas; (Redação dada pela Lei nº 8.619, de 1993)

b) três representantes dos trabalhadores em atividade; (Redação dada pela Lei nº 8.619, de 1993)

c) três representantes dos empregadores. (Redação dada pela Lei nº 8.619, de 1993)

§ 1º. Os membros do CNPS e seus respectivos suplentes serão nomeados pelo Presidente da República, tendo os representantes titulares da sociedade civil mandato de 2 (dois) anos, podendo ser reconduzidos, de imediato, uma única vez.

§ 2º. Os representantes dos trabalhadores em atividade, dos aposentados, dos empregadores e seus respectivos suplentes serão indicados pelas centrais sindicais e confederações nacionais.

§ 3º. O CNPS reunir-se-á, ordinariamente, uma vez por mês, por convocação de seu Presidente, não podendo ser adiada a reunião por mais de 15 (quinze) dias se houver requerimento nesse sentido da maioria dos conselheiros.

§ 4º. Poderá ser convocada reunião extraordinária por seu Presidente ou a requerimento de um terço de seus membros, conforme dispuser o regimento interno do CNPS.

§ 5º. (Revogado pela Lei nº 9.528, de 1997)

§ 6º. As ausências ao trabalho dos representantes dos trabalhadores em atividade, decorrentes das atividades do Conselho, serão abonadas, computando-se como jornada efetivamente trabalhada para todos os fins e efeitos legais.

§ 7º. Aos membros do CNPS, enquanto representantes dos trabalhadores em atividade, titulares e suplentes, é assegurada a estabilidade no emprego, da nomeação até um ano após o término do mandato de representação, somente podendo ser demitidos por motivo de falta grave, regularmente comprovada através de processo judicial.

§ 8º. Competirá ao Ministério do Trabalho e da Previdência Social proporcionar ao CNPS os meios necessários ao exercício de suas competências, para o que contará com uma Secretaria-Executiva do Conselho Nacional de Previdência Social.

§ 9º. O CNPS deverá se instalar no prazo de 30 (trinta) dias a contar da publicação desta Lei.

Art. 4º. Compete ao Conselho Nacional de Previdência Social–CNPS:

- Decreto 3.048/1999: art. 296.

I – estabelecer diretrizes gerais e apreciar as decisões de políticas aplicáveis à Previdência Social;

II – participar, acompanhar e avaliar sistematicamente a gestão previdenciária;

III – apreciar e aprovar os planos e programas da Previdência Social;

IV – apreciar e aprovar as propostas orçamentárias da Previdência Social, antes de sua consolidação na proposta orçamentária da Seguridade Social;

V – acompanhar e apreciar, através de relatórios gerenciais por ele definidos, a execução dos planos, programas e orçamentos no âmbito da Previdência Social;

VI – acompanhar a aplicação da legislação pertinente à Previdência Social;

VII – apreciar a prestação de contas anual a ser remetida ao Tribunal de Contas da União, podendo, se for necessário, contratar auditoria externa;

VIII – estabelecer os valores mínimos em litígio, acima dos quais será exigida a anuência prévia do Procurador-Geral ou do Presidente do INSS para formalização de desistência ou transigência judiciais, conforme o disposto no art. 132;

IX – elaborar e aprovar seu regimento interno.

Parágrafo único. As decisões proferidas pelo CNPS deverão ser publicadas no Diário Oficial da União.

Art. 5º. Compete aos órgãos governamentais:

I – prestar toda e qualquer informação necessária ao adequado cumprimento das competências do CNPS, fornecendo inclusive estudos técnicos;

II – encaminhar ao CNPS, com antecedência mínima de 2 (dois) meses do seu envio ao Congresso Nacional, a proposta orçamentária da Previdência Social, devidamente detalhada.

Art. 6º. Haverá, no âmbito da Previdência Social, uma Ouvidoria Geral, cujas atribuições serão definidas em regulamento. (Redação dada pela Lei nº 9.711, 1998)

Art. 7º. Ficam instituídos os Conselhos Estaduais e os Conselhos Municipais de Previdência Social – respectivamente CEPS e CMPS –, órgãos de deliberação colegiada, subordinados ao Conselho Nacional de Previdência Social, observando para a sua organização e instalação, no que couber, os critérios estabelecidos nesta Lei para o CNPS, adaptando-os para a esfera estadual ou municipal. (Eficácia suspensa pela Medida Provisória nº 2.216-37, de 2001)

§ 1º. Os membros dos CEPS serão nomeados pelo Presidente do CNPS e o dos CMPS, pelos presidentes dos CEPS. (Eficácia suspensa pela Medida Provisória nº 2.216-37, de 2001)

§ 2º. Os representantes dos trabalhadores em atividade e seus respectivos suplentes serão indicados, no caso dos CEPS, pelas federações ou centrais sindicais, e, no caso dos CMPS, pelos sindicatos ou, na ausência destes, pelas federações ou ainda, em último caso, pelas centrais sindicais ou confederações nacionais. (Eficácia suspensa pela Medida Provisória nº 2.216-37, de 2001)

§ 3º. Os representantes dos aposentados e seus respectivos suplentes serão indicados, no caso dos CEPS, pelas federações ou confederações, e, no caso dos CMPS, pelas associações ou, na ausência destes, pelas federações. (Eficácia suspensa pela Medida Provisória nº 2.216-37, de 2001)

§ 4º. Os representantes dos empregadores e seus respectivos suplentes serão indicados, no caso dos CEPS, pelas federações, e, no caso dos CMPS, pelos sindicatos, associações ou, na ausência destes, pelas federações. (Eficácia suspensa pela Medida Provisória nº 2.216-37, de 2001)

Art. 8º. Compete aos CEPS e ao CMPS, nos âmbitos estadual e municipal, respectivamente: (Eficácia suspensa pela Medida Provisória nº 2.216-37, de 2001)

I – cumprir e fazer cumprir as deliberações do CNPS; (Eficácia suspensa pela Medida Provisória nº 2.216-37, de 2001)

II – acompanhar e avaliar sistematicamente a gestão previdenciária; (Eficácia suspensa pela Medida Provisória nº 2.216-37, de 2001)

III – propor ao CNPS planos e programas para a Previdência Social; (Eficácia suspensa pela Medida Provisória nº 2.216-37, de 2001)

IV – acompanhar, apreciar e dar conhecimento ao CNPS, através de relatórios gerenciais por este definidos, a execução dos planos, programas e orçamentos; (Eficácia suspensa pela Medida Provisória nº 2.216-37, de 2001)

V – acompanhar a aplicação da legislação pertinente à Previdência Social; (Eficácia suspensa pela Medida Provisória nº 2.216-37, de 2001)

VI – elaborar seus regimentos internos. (Eficácia suspensa pela Medida Provisória nº 2.216-37, de 2001)

TÍTULO II. DO PLANO DE BENEFÍCIOS DA PREVIDÊNCIA SOCIAL

CAPÍTULO ÚNICO DOS REGIMES DE PREVIDÊNCIA SOCIAL

Art. 9º. A Previdência Social compreende:

- Decreto 3.048/1999: art. 6º.

I – o Regime Geral de Previdência Social;

- Decreto 3.048/1999: art. 5º.
- Lei 8.036/1990 – Fundo de Garantia do Tempo de Serviço – FGTS.

II – o Regime Facultativo Complementar de Previdência Social.

- LC 109/2001 – Dispõe sobre o Regime de Previdência Complementar.

§ 1º. O Regime Geral de Previdência Social – RGPS garante a cobertura de todas as situações expressas no art. 1º desta Lei, exceto as de desemprego involuntário, objeto de lei específica, e de aposentadoria por tempo de contribuição para o trabalhador de que trata o § 2º do art. 21 da Lei nº 8.212, de 24 de julho de 1991. (Redação dada pela Lei Complementar nº 123, de 2006)

- Decreto 3.048/1999: arts. 56 a 63.

§ 2º. O Regime Facultativo Complementar de Previdência Social será objeto de lei especifica.

- LC 109/2001 – Dispõe sobre o Regime de Previdência Complementar.

TÍTULO III. DO REGIME GERAL DE PREVIDÊNCIA SOCIAL

- Decreto 3.048/1999: arts. 8º a 193.

CAPÍTULO I. DOS BENEFICIÁRIOS

Art. 10. Os beneficiários do Regime Geral de Previdência Social classificam-se como segurados e dependentes, nos termos das Seções I e II deste capítulo.

- Decreto 3.048/1999: art. 8º.

SEÇÃO I. DOS SEGURADOS

Art. 11. São segurados obrigatórios da Previdência Social as seguintes pessoas físicas: (Redação dada pela Lei nº 8.647, de 1993)

- Decreto 3.048/1999: arts. 9º a 11.

I – como empregado: (Redação dada pela Lei nº 8.647, de 1993)

- CLT: art. 3º.

a) aquele que presta serviço de natureza urbana ou rural à empresa, em caráter não eventual, sob sua subordinação e mediante remuneração, inclusive como diretor empregado;

b) aquele que, contratado por empresa de trabalho temporário, definida em legislação específica, presta serviço para atender a necessidade transitória de substituição de pessoal regular e permanente ou a acréscimo extraordinário de serviços de outras empresas;

- Lei 13.429/2017 – Altera dispositivos da Lei 6.019/1974; e dispõe sobre as relações de trabalho na empresa de prestação de serviços a terceiros.
- Lei 6.019/1974 – Dispõe sobre o Trabalho Temporário nas Empresas Urbanas.

c) o brasileiro ou o estrangeiro domiciliado e contratado no Brasil para trabalhar como empregado em sucursal ou agência de empresa nacional no exterior;

d) aquele que presta serviço no Brasil a missão diplomática ou a repartição consular de carreira estrangeira e a órgãos a elas subordinados, ou a membros dessas missões e repartições, excluídos o não brasileiro sem residência permanente no Brasil e o brasileiro amparado pela legislação previdenciária do país da respectiva missão diplomática ou repartição consular;

e) o brasileiro civil que trabalha para a União, no exterior, em organismos oficiais brasileiros ou internacionais dos quais o Brasil seja membro efetivo, ainda que lá domiciliado e contratado, salvo se segurado na forma da legislação vigente do país do domicílio;

f) o brasileiro ou estrangeiro domiciliado e contratado no Brasil para trabalhar como empregado em empresa domiciliada no exterior, cuja maioria do capital votante pertença a empresa brasileira de capital nacional;

g) o servidor público ocupante de cargo em comissão, sem vínculo efetivo com a União, Autarquias, inclusive em regime especial, e Fundações Públicas Federais. (Incluída pela Lei nº 8.647, de 1993)

- Lei 8.112/1990: arts. 183 a 185.

h) o exercente de mandato eletivo federal, estadual ou municipal, desde que não vinculado a regime próprio de previdência social; (Incluída pela Lei nº 9.506, de 1997)

i) o empregado de organismo oficial internacional ou estrangeiro em funcionamento no Brasil, salvo quando coberto por regime próprio de previdência social; (Incluída pela Lei nº 9.876, de 26.11.99)

j) o exercente de mandato eletivo federal, estadual ou municipal, desde que não vinculado a regime próprio de previdência social; (Incluído pela Lei nº 10.887, de 2004)

II – como empregado doméstico: aquele que presta serviço de natureza contínua a pessoa ou família, no âmbito residencial desta, em atividades sem fins lucrativos;

- LC 150/2015: Dispõe sobre o contrato de trabalho doméstico.

III – (Revogado pela Lei nº 9.876, de 1999)
IV – (Revogado pela Lei nº 9.876, de 1999)
V – como contribuinte individual: (Redação dada pela Lei nº 9.876, de 1999)

a) a pessoa física, proprietária ou não, que explora atividade agropecuária, a qualquer título, em caráter permanente ou temporário, em área superior a 4 (quatro) módulos fiscais; ou, quando em área igual ou inferior a 4 (quatro) módulos fiscais ou atividade pesqueira, com auxílio de empregados ou por intermédio de prepostos; ou ainda nas hipóteses dos §§ 9º e 10 deste artigo; (Redação dada pela Lei nº 11.718, de 2008)

- Lei 5.889/1973 – Estatui normas reguladoras do trabalho rural.

b) a pessoa física, proprietária ou não, que explora atividade de extração mineral – garimpo, em caráter permanente ou temporário, diretamente ou por intermédio de prepostos, com ou sem o auxílio de empregados, utilizados a qualquer título, ainda que de forma não contínua; (Redação dada pela Lei nº 9.876, de 1999)

- Lei 11.685/2008 – Institui o Estatuto do Garimpeiro.

c) o ministro de confissão religiosa e o membro de instituto de vida consagrada, de congregação ou de ordem religiosa; (Redação dada pela Lei nº 10.403, de 2002)

d) (Revogada pela Lei 9.876/1999)

e) o brasileiro civil que trabalha no exterior para organismo oficial internacional do qual o Brasil é membro efetivo, ainda que lá domiciliado e contratado, salvo quando coberto por regime próprio de previdência social; (Redação dada pela Lei nº 9.876, de 1999)

f) o titular de firma individual urbana ou rural, o diretor não empregado e o membro de conselho de administração de sociedade anônima, o sócio solidário, o sócio de indústria, o sócio gerente e o sócio cotista que recebam remuneração decorrente de seu trabalho em empresa urbana ou rural, e o associado eleito para cargo de direção em cooperativa, associação ou entidade de qualquer natureza ou finalidade, bem como o síndico ou administrador eleito para exercer atividade de direção condominial, desde que recebam remuneração; (Incluído pela Lei nº 9.876, de 1999)

g) quem presta serviço de natureza urbana ou rural, em caráter eventual, a uma ou mais empresas, sem relação de emprego; (Incluído pela Lei nº 9.876, de 1999)

h) a pessoa física que exerce, por conta própria, atividade econômica de natureza urbana, com fins lucrativos ou não; (Incluído pela Lei nº 9.876, de 1999)

VI – como trabalhador avulso: quem presta, a diversas empresas, sem vínculo empregatício, serviço de natureza urbana ou rural definidos no Regulamento;

VII – como segurado especial: a pessoa física residente no imóvel rural ou em aglomerado urbano ou rural próximo a ele que, individualmente ou em regime de economia familiar, ainda que com o auxílio eventual de terceiros, na condição de: (Redação dada pela Lei nº 11.718, de 2008)

a) produtor, seja proprietário, usufrutuário, possuidor, assentado, parceiro ou meeiro outorgados, comodatário ou arrendatário rurais, que explore atividade: (Incluído pela Lei nº 11.718, de 2008)

1. agropecuária em área de até 4 (quatro) módulos fiscais; (Incluído pela Lei nº 11.718, de 2008)

2. de seringueiro ou extrativista vegetal que exerça suas atividades nos termos do inciso XII do *caput* do art. 2º da Lei nº 9.985, de 18 de julho de 2000, e faça dessas atividades o principal meio de vida; (Incluído pela Lei nº 11.718, de 2008)

b) pescador artesanal ou a este assemelhado que faça da pesca profissão habitual ou principal meio de vida; e (Incluído pela Lei nº 11.718, de 2008)

- Lei 10.779/2003 – Dispõe sobre a concessão do benefício de seguro desemprego, durante o período de defeso, ao pescador profissional que exerce a atividade pesqueira de forma artesanal.

c) cônjuge ou companheiro, bem como filho maior de 16 (dezesseis) anos de idade ou a este equiparado, do segurado de que tratam as alíneas a e b deste inciso, que, comprovadamente, trabalhem com o grupo familiar respectivo. (Incluído pela Lei nº 11.718, de 2008)

§ 1º. Entende-se como regime de economia familiar a atividade em que o trabalho dos membros da família é indispensável à própria subsistência e ao desenvolvimento socioeconômico do núcleo familiar e é exercido em condições de mútua dependência e colaboração, sem a utilização de empregados permanentes. (Redação dada pela Lei nº 11.718, de 2008)

§ 2º. Todo aquele que exercer, concomitantemente, mais de uma atividade remunerada sujeita ao Regime Geral de Previdência Social é obrigatoriamente filiado em relação a cada uma delas.

§ 3º. O aposentado pelo Regime Geral de Previdência Social–RGPS que estiver exercendo ou que voltar a exercer atividade abrangida por este Regime é segurado obrigatório em relação a essa atividade, ficando sujeito às contribuições de que trata a Lei nº 8.212, de 24 de julho de 1991, para fins de custeio da Seguridade Social. (Incluído pela Lei nº 9.032, de 1995)

§ 4º. O dirigente sindical mantém, durante o exercício do mandato eletivo, o mesmo enquadramento no Regime Geral de Previdência Social-RGPS de antes da investidura. (Incluído pela Lei nº 9.528, de 1997)

§ 5º. Aplica-se o disposto na alínea *g* do inciso I do *caput* ao ocupante de cargo de Ministro de Estado, de Secretário Estadual, Distrital ou Municipal, sem vínculo efetivo com a União, Estados, Distrito Federal e Municípios, suas autarquias, ainda que em regime especial, e fundações. (Incluído pela Lei nº 9.876, de 26.11.99)

§ 6º. Para serem considerados segurados especiais, o cônjuge ou companheiro e os filhos maiores de 16 (dezesseis) anos ou os a estes equiparados deverão ter participação ativa nas atividades rurais do grupo familiar. (Incluído pela Lei nº 11.718, de 2008)

§ 7º. O grupo familiar poderá utilizar-se de empregados contratados por prazo determinado ou de trabalhador de que trata a alínea *g* do inciso V do *caput*, à razão de no máximo 120 (cento e vinte) pessoas por dia no ano civil, em períodos corridos ou intercalados ou, ainda, por tempo equivalente em horas de trabalho, não sendo computado nesse prazo o período de afastamento em decorrência da percepção de auxílio-doença. (Redação dada pela Lei nº 12.873, de 2013)

§ 8º. Não descaracteriza a condição de segurado especial: (Incluído pela Lei nº 11.718, de 2008)

I – a outorga, por meio de contrato escrito de parceria, meação ou comodato, de até 50% (cinquenta por cento) de imóvel rural cuja área total não seja superior a 4 (quatro) módulos fiscais, desde que outorgante e outorgado continuem a exercer a respectiva atividade, individualmente ou em regime de economia familiar; (Incluído pela Lei nº 11.718, de 2008)

II – a exploração da atividade turística da propriedade rural, inclusive com hospedagem, por não mais de 120 (cento e vinte) dias ao ano; (Incluído pela Lei nº 11.718, de 2008)

III – a participação em plano de previdência complementar instituído por entidade classista a que seja associado em razão da condição de trabalhador rural ou de produtor rural em regime de economia familiar; e (Incluído pela Lei nº 11.718, de 2008)

IV – ser beneficiário ou fazer parte de grupo familiar que tem algum componente que seja beneficiário de programa assistencial oficial de governo; (Incluído pela Lei nº 11.718, de 2008)

V – a utilização pelo próprio grupo familiar, na exploração da atividade, de processo de beneficiamento ou industrialização artesanal, na forma do § 11 do art. 25 da Lei nº 8.212, de 24 de julho de 1991; e (Incluído pela Lei nº 11.718, de 2008)

VI – a associação em cooperativa agropecuária ou de crédito rural; e (Redação dada pela Lei nº 13.183, de 2015)

VII – a incidência do Imposto Sobre Produtos Industrializados – IPI sobre o produto das atividades desenvolvidas nos termos do § 12. (Incluído pela Lei nº 12.873, de 2013)

§ 9º. Não é segurado especial o membro de grupo familiar que possuir outra fonte de rendimento, exceto se decorrente de: (Incluído pela Lei nº 11.718, de 2008)

I – benefício de pensão por morte, auxílio-acidente ou auxílio-reclusão, cujo valor não supere o do menor benefício de prestação continuada da Previdência Social; (Incluído pela Lei nº 11.718, de 2008)

II – benefício previdenciário pela participação em plano de previdência complementar instituído nos termos do inciso IV do § 8º deste artigo; (Incluído pela Lei nº 11.718, de 2008)

III – exercício de atividade remunerada em período não superior a 120 (cento e vinte) dias, corridos ou intercalados, no ano civil, observado o disposto no § 13 do art. 12 da Lei nº 8.212, de 24 de julho de 1991; (Redação dada pela Lei nº 12.873, de 2013)

IV – exercício de mandato eletivo de dirigente sindical de organização da categoria de trabalhadores rurais; (Incluído pela Lei nº 11.718, de 2008)

V – exercício de mandato de vereador do Município em que desenvolve a atividade rural ou de dirigente de cooperativa rural constituída, exclusivamente, por segurados especiais, observado o disposto no § 13 do art. 12 da Lei nº 8.212, de 24 de julho de 1991; (Incluído pela Lei nº 11.718, de 2008)

VI – parceria ou meação outorgada na forma e condições estabelecidas no inciso I do § 8º deste artigo; (Incluído pela Lei nº 11.718, de 2008)

VII – atividade artesanal desenvolvida com matéria-prima produzida pelo respectivo grupo familiar, podendo ser utilizada matéria-prima de outra origem, desde que a renda mensal obtida na atividade não exceda ao menor benefício de prestação continuada da Previdência Social; e (Incluído pela Lei nº 11.718, de 2008)

VIII – atividade artística, desde que em valor mensal inferior ao menor benefício de prestação continuada da Previdência Social. (Incluído pela Lei nº 11.718, de 2008)

§ 10. O segurado especial fica excluído dessa categoria: (Incluído pela Lei nº 11.718, de 2008)

I – a contar do primeiro dia do mês em que: (Incluído pela Lei nº 11.718, de 2008)

a) deixar de satisfazer as condições estabelecidas no inciso VII do *caput* deste artigo, sem prejuízo do disposto no art. 15 desta Lei, ou exceder qualquer dos limites estabelecidos no inciso I do § 8º deste artigo; (Incluído pela Lei nº 11.718, de 2008)

b) enquadrar-se em qualquer outra categoria de segurado obrigatório do Regime Geral de Previdência Social, ressalvado o disposto nos incisos III, V, VII e VIII do § 9º e no § 12, sem prejuízo do disposto no art. 15; (Redação dada pela Lei nº 12.873, de 2013)

c) tornar-se segurado obrigatório de outro regime previdenciário; e (Redação dada pela Lei nº 12.873, de 2013)

d) participar de sociedade empresária, de sociedade simples, como empresário individual ou como titular de empresa individual de responsabilidade limitada em desacordo com as limitações impostas pelo § 12; (Incluído pela Lei nº 12.873, de 2013)

II – a contar do primeiro dia do mês subsequente ao da ocorrência, quando o grupo familiar a que pertence exceder o limite de: (Incluído pela Lei nº 11.718, de 2008)

a) utilização de terceiros na exploração da atividade a que se refere o § 7º deste artigo; (Incluído pela Lei nº 11.718, de 2008)

b) dias em atividade remunerada estabelecidos no inciso III do § 9º deste artigo; e (Incluído pela Lei nº 11.718, de 2008)

c) dias de hospedagem a que se refere o inciso II do § 8º deste artigo. (Incluído pela Lei nº 11.718, de 2008)

§ 11. Aplica-se o disposto na alínea a do inciso V do *caput* deste artigo ao cônjuge ou companheiro do produtor que participe da atividade rural por este explorada. (Incluído pela Lei nº 11.718, de 2008)

§ 12. A participação do segurado especial em sociedade empresária, em sociedade simples, como empresário individual ou como titular de empresa individual de responsabilidade limitada de objeto ou âmbito agrícola, agroindustrial ou agroturístico, considerada microempresa nos termos da Lei Complementar nº 123, de 14 de dezembro de 2006, não o exclui de tal categoria previdenciária, desde que, mantido o exercício da sua atividade rural na forma do inciso VII do *caput* e do § 1o, a pessoa jurídica componha-se apenas de segurados de igual natureza e sedie-se no mesmo Município ou em Município limítrofe àquele em que eles desenvolvam suas atividades. (Incluído pela Lei nº 12.873, de 2013)

§ 13. (VETADO). (Incluído pela Lei nº 12.873, de 2013)

Art. 12. O servidor civil ocupante de cargo efetivo ou o militar da União, dos Estados, do Distrito Federal ou dos Municípios, bem como o das respectivas autarquias e fundações, são excluídos do Regime Geral de Previdência Social consubstanciado nesta Lei, desde que amparados por regime próprio de previdência social. (Redação dada pela Lei nº 9.876, de 1999)

- Lei 8.112/1990 – Dispõe sobre o regime jurídico dos servidores públicos civis da União, das autarquias e das fundações públicas federais.
- Decreto 3.048/1999: art. 10.

§ 1º. Caso o servidor ou o militar venham a exercer, concomitantemente, uma ou mais atividades abrangidas pelo Regime Geral de Previdência Social, tornar-se-ão segurados obrigatórios em relação a essas atividades. (Incluído pela Lei nº 9.876, de 1999)

§ 2º. Caso o servidor ou o militar, amparados por regime próprio de previdência social, sejam requisitados para outro órgão ou entidade cujo regime previdenciário não permita a filiação, nessa condição, permanecerão vinculados ao regime de origem, obedecidas as regras que cada ente estabeleça acerca de sua contribuição. (Incluído pela Lei nº 9.876, de 1999)

Art. 13. É segurado facultativo o maior de 14 (quatorze) anos que se filiar ao Regime Geral de Previdência Social, mediante contribuição, desde que não incluído nas disposições do art. 11.

- Decreto 3.048/1999: art. 11.

Art. 14. Consideram-se:

- Decreto 3.048/1999: art. 12.

I – empresa – a firma individual ou sociedade que assume o risco de atividade econômica urbana ou rural, com fins lucrativos ou não, bem como os órgãos e entidades da administração pública direta, indireta ou fundacional;

- CLT: art. 2º.

II – empregador doméstico – a pessoa ou família que admite a seu serviço, sem finalidade lucrativa, empregado doméstico.

- LC 150/2015 – Dispõe sobre o contrato de trabalho doméstico.

Parágrafo único. Equiparam-se a empresa, para os efeitos desta Lei, o contribuinte individual e a pessoa física na condição de proprietário ou dono de obra de construção civil, em relação a segurado que lhe presta serviço, bem como a cooperativa, a associação ou entidade de qualquer natureza ou finalidade, a missão diplomática e a repartição consular de carreira estrangeiras. (Redação dada pela Lei nº 13.202, de 2015)

- Lei 10.666/2003 – Dispõe sobre a concessão da aposentadoria especial ao cooperado de cooperativa de trabalho ou de produção.

Art. 15. Mantém a qualidade de segurado, independentemente de contribuições:

I – sem limite de prazo, quem está em gozo de benefício, exceto do auxílio-acidente; (Redação dada pela Lei 13.846/2019)

II – até 12 (doze) meses após a cessação das contribuições, o segurado que deixar de exercer atividade remunerada abrangida pela Previdência Social ou estiver suspenso ou licenciado sem remuneração;

III – até 12 (doze) meses após cessar a segregação, o segurado acometido de doença de segregação compulsória;

- CLT: art. 476.
- Decreto 3.048/1999: arts. 13, III, e 71a 80.

IV – até 12 (doze) meses após o livramento, o segurado retido ou recluso;

- Decreto 3.048/1999: arts. 116 a119.

V – até 3 (três) meses após o licenciamento, o segurado incorporado às Forças Armadas para prestar serviço militar;

- Decreto 3.048/1999: art. 13, V.

VI – até 6 (seis) meses após a cessação das contribuições, o segurado facultativo.

§ 1º. O prazo do inciso II será prorrogado para até 24 (vinte e quatro) meses se o segurado já tiver pago mais de 120 (cento e vinte) contribuições mensais sem interrupção que acarrete a perda da qualidade de segurado.

§ 2º. Os prazos do inciso II ou do § 1º serão acrescidos de 12 (doze) meses para o segurado desempregado, desde que comprovada essa situação pelo registro no órgão próprio do Ministério do Trabalho e da Previdência Social.

§ 3º. Durante os prazos deste artigo, o segurado conserva todos os seus direitos perante a Previdência Social.

- Decreto 3.048/1999: art. 13, § 3º.

§ 4º. A perda da qualidade de segurado ocorrerá no dia seguinte ao do término do prazo fixado no Plano de Custeio da Seguridade Social para recolhimento da contribuição referente ao mês imediatamente posterior ao do final dos prazos fixados neste artigo e seus parágrafos.

- Decreto 3.048/1999: art. 14.

SEÇÃO II. DOS DEPENDENTES

Art. 16. São beneficiários do Regime Geral de Previdência Social, na condição de dependentes do segurado:

- Decreto 3.048/1999: arts. 16 e 17.

I – o cônjuge, a companheira, o companheiro e o filho não emancipado, de qualquer condição, menor de 21 (vinte e um) anos ou inválido ou que tenha deficiência intelectual ou mental ou deficiência grave; (Redação dada pela Lei nº 13.146, de 2015)

II – os pais;

III – o irmão não emancipado, de qualquer condição, menor de 21 (vinte e um) anos ou inválido ou que tenha deficiência intelectual ou mental ou deficiência grave; (Redação dada pela Lei nº 13.146, de 2015)

IV – (Revogada pela Lei nº 9.032, de 1995)

§ 1º. A existência de dependente de qualquer das classes deste artigo exclui do direito às prestações os das classes seguintes.

§ 2º. O enteado e o menor tutelado equiparam-se a filho mediante declaração do segurado e desde que comprovada a dependência econômica na forma estabelecida no Regulamento. (Redação dada pela Lei nº 9.528, de 1997)

§ 3º. Considera-se companheira ou companheiro a pessoa que, sem ser casada, mantém união estável com o segurado ou com a segurada, de acordo com o § 3º do art. 226 da Constituição Federal.

- Lei 9.278/1996 – Regula o § 3º do art. 226 da CF.
- Decreto 3.048/1999: art. 16, § 6º.

§ 4º. A dependência econômica das pessoas indicadas no inciso I é presumida e a das demais deve ser comprovada.

§ 5º As provas de união estável e de dependência econômica exigem início de prova material contemporânea dos fatos, produzido em período não superior a 24 (vinte e quatro) meses anterior à data do óbito ou do recolhimento à prisão do segurado, não admitida a prova exclusivamente testemunhal, exceto na ocorrência de motivo de força maior ou caso fortuito, conforme disposto no regulamento. (Redação dada pela Lei 13.846/2019)

§ 6º Na hipótese da alínea c do inciso V do § 2º do art. 77 desta Lei, a par da exigência do § 5º deste artigo, deverá ser apresentado, ainda, início de prova material que comprove união estável por pelo menos 2 (dois) anos antes do óbito do segurado. (Acrescido pela Lei 13.846/2019)

§ 7º Será excluído definitivamente da condição de dependente quem tiver sido condenado criminalmente por sentença com trânsito em julgado, como autor, coautor ou partícipe de homicídio doloso, ou de tentativa desse crime, cometido contra a pessoa do segurado, ressalvados os absolutamente incapazes e os inimputáveis. (Acrescido pela Lei 13.846/2019)

SEÇÃO III. DAS INSCRIÇÕES

- Decreto 3.048/1999: arts. 18 a 24.

Art. 17. O Regulamento disciplinará a forma de inscrição do segurado e dos dependentes.

§ 1º. Incumbe ao dependente promover a sua inscrição quando do requerimento do benefício a que estiver habilitado. (Redação dada pela Lei nº 10.403, de 2002)

§ 2º. (Revogado pela Lei 13.135/2015)

§ 3º. (Revogado pela Lei nº 11.718, de 2008)

§ 4º. A inscrição do segurado especial será feita de forma a vinculá-lo ao respectivo grupo familiar e conterá, além das informações pessoais, a identificação da propriedade em que desenvolve a atividade e a que título, se nela reside ou o Município onde reside e, quando for o caso, a identificação e inscrição da pessoa responsável pelo grupo familiar. (Redação dada pela Lei nº 12.873, de 2013)

§ 5º. O segurado especial integrante de grupo familiar que não seja proprietário ou dono do imóvel rural em que desenvolve sua atividade deverá informar, no ato da inscrição, conforme o caso, o nome do parceiro ou meeiro outorgante, arrendador, comodante ou assemelhado. (Incluído Lei nº 11.718, de 2008)

§ 6º. (Revogado pela Lei nº 12.873, de 2013)

§ 7º Não será admitida a inscrição *post mortem* de segurado contribuinte individual e de segurado facultativo. (Acrescido pela Lei 13.846/2019)

CAPÍTULO II. DAS PRESTAÇÕES EM GERAL

SEÇÃO I. DAS ESPÉCIES DE PRESTAÇÕES

Art. 18. O Regime Geral de Previdência Social compreende as seguintes prestações, devidas inclusive em razão de eventos decorrentes de acidente do trabalho, expressas em benefícios e serviços:

- Decreto 3.048/1999: art. 25.

I – quanto ao segurado:

a) aposentadoria por invalidez;

- Lei 8.213/1991: arts. 42 a 47.
- Decreto 3.048/1999: arts. 43 a 50.

b) aposentadoria por idade;

- Lei 8.213/1991: arts. 48 a 51.
- Decreto 3.048/1999: arts. 51 a 54.

c) aposentadoria por tempo de contribuição; (Redação dada pela Lei Complementar nº 123, de 2006)

- Decreto 3.048/1999: arts. 56 a 63.

d) aposentadoria especial;

- Lei 8.213/1991: arts. 57 e 58.
- Decreto 3.048/1999: arts. 64 a 70.

e) auxílio-doença;

- Lei 8.213/1991: arts. 59 a 63.
- CLT: art. 476.
- Decreto 3.048/1999: arts. 71 a 80.

f) salário-família;

- Lei 8.213/1991: arts. 65 a 70.
- Decreto 3.048/1999: arts. 81 a 92.

g) salário-maternidade;

- Lei 8.213/1991: arts. 71 a 73.
- Decreto 3.048/1999: arts. 93 a 103.

h) auxílio-acidente;

- Lei 8.213/1991: art. 86.
- Decreto 3.048/1999: art. 104.

i) (Revogada pela Lei nº 8.870, de 1994)

II – quanto ao dependente:

a) pensão por morte;

- Lei 8.213/1991: arts 74 a 79.
- Decreto 3.048/1999: arts. 105 a 115.

b) auxílio-reclusão;

- Decreto 3.048/1999: arts. 116 a 119.

III – quanto ao segurado e dependente:

a) (Revogada pela Lei nº 9.032, de 1995)

b) serviço social;

c) reabilitação profissional.

- Lei 8.213/1991: arts. 89 a 93.
- Decreto 3.048/1999: arts. 136 a 141.

§ 1º. Somente poderão beneficiar-se do auxílio-acidente os segurados incluídos nos incisos I, II, VI e VII do art. 11 desta Lei. (Redação dada pela Lei Complementar nº 150, de 2015)

§ 2º. O aposentado pelo Regime Geral de Previdência Social–RGPS que permanecer em atividade sujeita a este Regime, ou a ele retornar, não fará jus a prestação alguma da Previdência Social em decorrência do exercício dessa atividade, exceto ao salário-família e à reabilitação profissional, quando empregado. (Redação dada pela Lei nº 9.528, de 1997)

§ 3º. O segurado contribuinte individual, que trabalhe por conta própria, sem relação de trabalho com empresa ou equiparado, e o segurado facultativo que contribuam na forma do § 2º do art. 21 da Lei nº 8.212, de 24 de julho de 1991, não farão jus à aposentadoria por tempo de contribuição. (Incluído pela Lei Complementar nº 123, de 2006)

§ 4º Os benefícios referidos no *caput* deste artigo poderão ser solicitados, pelos interessados, aos Oficiais de Registro Civil das Pessoas Naturais, que encaminharão, eletronicamente, requerimento e respectiva documentação comprobatória de seu direito para deliberação e análise do Instituto Nacional do Seguro Social (INSS), nos termos do regulamento. (Redação dada pela Lei 13.846/2019)

Art. 19. Acidente do trabalho é o que ocorre pelo exercício do trabalho a serviço de empresa ou de empregador doméstico ou pelo exercício do trabalho dos segurados referidos no inciso VII do art. 11 desta Lei, provocando lesão corporal ou perturbação funcional que cause a morte ou a perda ou redução, permanente ou temporária, da capacidade para o trabalho. (Redação dada pela Lei Complementar nº 150, de 2015)

‣ Lei 6.367/1976: art. 2º.

§ 1º. A empresa é responsável pela adoção e uso das medidas coletivas e individuais de proteção e segurança da saúde do trabalhador.

§ 2º. Constitui contravenção penal, punível com multa, deixar a empresa de cumprir as normas de segurança e higiene do trabalho.

§ 3º. É dever da empresa prestar informações pormenorizadas sobre os riscos da operação a executar e do produto a manipular.

§ 4º. O Ministério do Trabalho e da Previdência Social fiscalizará e os sindicatos e entidades representativas de classe acompanharão o fiel cumprimento do disposto nos parágrafos anteriores, conforme dispuser o Regulamento.

Art. 20. Consideram-se acidente do trabalho, nos termos do artigo anterior, as seguintes entidades mórbidas:

I – doença profissional, assim entendida a produzida ou desencadeada pelo exercício do trabalho peculiar a determinada atividade e constante da respectiva relação elaborada pelo Ministério do Trabalho e da Previdência Social;

II – doença do trabalho, assim entendida a adquirida ou desencadeada em função de condições especiais em que o trabalho é realizado e com ele se relacione diretamente, constante da relação mencionada no inciso I.

§ 1º. Não são consideradas como doença do trabalho:

a) a doença degenerativa;

b) a inerente a grupo etário;

c) a que não produza incapacidade laborativa;

d) a doença endêmica adquirida por segurado habitante de região em que ela se desenvolva, salvo comprovação de que é resultante de exposição ou contato direto determinado pela natureza do trabalho.

§ 2º. Em caso excepcional, constatando-se que a doença não incluída na relação prevista nos incisos I e II deste artigo resultou das condições especiais em que o trabalho é executado e com ele se relaciona diretamente, a Previdência Social deve considerá-la acidente do trabalho.

Art. 21. Equiparam-se também ao acidente do trabalho, para efeitos desta Lei:

‣ Lei 6.367/1976: art. 2º, § 1º.

I – o acidente ligado ao trabalho que, embora não tenha sido a causa única, haja contribuído diretamente para a morte do segurado, para redução ou perda da sua capacidade para o trabalho, ou produzido lesão que exija atenção médica para a sua recuperação;

II – o acidente sofrido pelo segurado no local e no horário do trabalho, em consequência de:

a) ato de agressão, sabotagem ou terrorismo praticado por terceiro ou companheiro de trabalho;

b) ofensa física intencional, inclusive de terceiro, por motivo de disputa relacionada ao trabalho;

c) ato de imprudência, de negligência ou de imperícia de terceiro ou de companheiro de trabalho;

d) ato de pessoa privada do uso da razão;

e) desabamento, inundação, incêndio e outros casos fortuitos ou decorrentes de força maior;

III – a doença proveniente de contaminação acidental do empregado no exercício de sua atividade;

IV – o acidente sofrido pelo segurado ainda que fora do local e horário de trabalho:

a) na execução de ordem ou na realização de serviço sob a autoridade da empresa;

b) na prestação espontânea de qualquer serviço à empresa para lhe evitar prejuízo ou proporcionar proveito;

c) em viagem a serviço da empresa, inclusive para estudo quando financiada por esta dentro de seus planos para melhor capacitação da mão de obra, independentemente do meio de locomoção utilizado, inclusive veículo de propriedade do segurado;

d) no percurso da residência para o local de trabalho ou deste para aquela, qualquer que seja o meio de locomoção, inclusive veículo de propriedade do segurado.

§ 1º. Nos períodos destinados a refeição ou descanso, ou por ocasião da satisfação de outras necessidades fisiológicas, no local do trabalho ou durante este, o empregado é considerado no exercício do trabalho.

§ 2º. Não é considerada agravação ou complicação de acidente do trabalho a lesão que, resultante de acidente de outra origem, se associe ou se superponha às consequências do anterior.

Art. 21-A. A perícia médica do Instituto Nacional do Seguro Social (INSS) considerará caracterizada a natureza acidentária da incapacidade quando constatar ocorrência de nexo técnico epidemiológico entre o trabalho e o agravo, decorrente da relação entre a atividade da empresa ou do empregado doméstico e a entidade mórbida motivadora da incapacidade elencada na Classificação Internacional de Doenças (CID), em conformidade com o que dispuser o regulamento. (Redação dada pela Lei Complementar nº 150, de 2015)

§ 1º. A perícia médica do INSS deixará de aplicar o disposto neste artigo quando demonstrada a inexistência do nexo de que trata o *caput* deste artigo. (Incluído pela Lei nº 11.430, de 2006)

§ 2º. A empresa ou o empregador doméstico poderão requerer a não aplicação do nexo técnico epidemiológico, de cuja decisão caberá recurso, com efeito suspensivo, da empresa, do empregador doméstico ou do segurado ao Conselho de Recursos da Previdência Social. (Redação dada pela Lei Complementar nº 150, de 2015)

Art. 22. A empresa ou o empregador doméstico deverão comunicar o acidente do trabalho à Previdência Social até o primeiro dia útil seguinte ao da ocorrência e, em caso de morte, de imediato, à autoridade competente, sob pena de multa variável entre o limite mínimo e o limite máximo do salário de contribuição, sucessivamente aumentada nas reincidências, aplicada e cobrada pela Previdência Social. (Redação dada pela Lei Complementar nº 150, de 2015)

§ 1º. Da comunicação a que se refere este artigo receberão cópia fiel o acidentado ou seus dependentes, bem como o sindicato a que corresponda a sua categoria.

§ 2º. Na falta de comunicação por parte da empresa, podem formalizá-la o próprio acidentado, seus dependentes, a entidade sindical competente, o médico que o assistiu ou qualquer autoridade pública, não prevalecendo nestes casos o prazo previsto neste artigo.

§ 3º. A comunicação a que se refere o § 2º não exime a empresa de responsabilidade pela falta do cumprimento do disposto neste artigo.

§ 4º. Os sindicatos e entidades representativas de classe poderão acompanhar a cobrança, pela Previdência Social, das multas previstas neste artigo.

§ 5º. A multa de que trata este artigo não se aplica na hipótese do *caput* do art. 21-A. (Incluído pela Lei nº 11.430, de 2006)

Art. 23. Considera-se como dia do acidente, no caso de doença profissional ou do trabalho, a data do início da incapacidade laborativa para o exercício da atividade habitual, ou o dia da segregação compulsória, ou o dia em que for realizado o diagnóstico, valendo para este efeito o que ocorrer primeiro.

‣ Súm. 507 do STJ.

SEÇÃO II.
DOS PERÍODOS DE CARÊNCIA

‣ Decreto 3.048/1999: arts. 26 a 30.

Art. 24. Período de carência é o número mínimo de contribuições mensais indispensáveis para que o beneficiário faça jus ao benefício, consideradas a partir do transcurso do primeiro dia dos meses de suas competências.

Parágrafo único. (Revogado pela lei nº 13.457, de 2017)

Art. 25. A concessão das prestações pecuniárias do Regime Geral de Previdência

Social depende dos seguintes períodos de carência, ressalvado o disposto no art. 26:

I – auxílio-doença e aposentadoria por invalidez: 12 (doze) contribuições mensais;

II – aposentadoria por idade, aposentadoria por tempo de serviço e aposentadoria especial: 180 contribuições mensais. (Redação dada pela Lei nº 8.870, de 1994)

III – salário-maternidade para as seguradas de que tratam os incisos V e VII do *caput* do art. 11 e o art. 13 desta Lei: 10 (dez) contribuições mensais, respeitado o disposto no parágrafo único do art. 39 desta Lei; e (Redação dada pela Lei 13.846/2019)

IV - auxílio-reclusão: 24 (vinte e quatro) contribuições mensais. (Redação dada pela Lei 13.846/2019)

Parágrafo único. Em caso de parto antecipado, o período de carência a que se refere o inciso III será reduzido em número de contribuições equivalente ao número de meses em que o parto foi antecipado. (Incluído pela Lei nº 9.876, de 1999)

Art. 26. Independe de carência a concessão das seguintes prestações:

I - pensão por morte, salário-família e auxílio-acidente; *(Redação dada pela Lei 13.846/2019)*

II – auxílio-doença e aposentadoria por invalidez nos casos de acidente de qualquer natureza ou causa e de doença profissional ou do trabalho, bem como nos casos de segurado que, após filiar-se ao RGPS, for acometido de alguma das doenças e afecções especificadas em lista elaborada pelos Ministérios da Saúde e da Previdência Social, atualizada a cada 3 (três) anos, de acordo com os critérios de estigma, deformação, mutilação, deficiência ou outro fator que lhe confira especificidade e gravidade que mereçam tratamento particularizado; (Redação dada pela Lei 13.135/2015)

III – os benefícios concedidos na forma do inciso I do art. 39, aos segurados especiais referidos no inciso VII do art. 11 desta Lei;

IV – serviço social;

V – reabilitação profissional.

VI – salário-maternidade para as seguradas empregada, trabalhadora avulsa e empregada doméstica. (Incluído pela Lei nº 9.876, de 1999)

Art. 27. Para cômputo do período de carência, serão consideradas as contribuições: (Redação dada pela Lei Complementar nº 150, de 2015)

I – referentes ao período a partir da data de filiação ao Regime Geral de Previdência Social (RGPS), no caso dos segurados empregados, inclusive os domésticos, e dos trabalhadores avulsos; (Redação dada pela Lei Complementar nº 150, de 2015)

II – realizadas a contar da data de efetivo pagamento da primeira contribuição sem atraso, não sendo consideradas para este fim as contribuições recolhidas com atraso referentes a competências anteriores, no caso dos segurados contribuinte individual, especial e facultativo, referidos, respectivamente, nos incisos V e VII do art. 11 e no art. 13. (Redação dada pela Lei Complementar nº 150, de 2015)

Art. 27-A. Na hipótese de perda da qualidade de segurado, para fins da concessão dos benefícios de auxílio-doença, de aposentadoria por invalidez, de salário-maternidade e de auxílio-reclusão, o segurado deverá contar, a partir da data da nova filiação à Previdência Social, com metade dos períodos previstos nos incisos I, III e IV do *caput* do art. 25 desta Lei. (Redação dada pela Lei 13.846/2019)

SEÇÃO III. DO CÁLCULO DO VALOR DOS BENEFÍCIOS

SUBSEÇÃO I. DO SALÁRIO DE BENEFÍCIO

▸ Decreto 3.048/1999: arts. 31 a 34.

Art. 28. O valor do benefício de prestação continuada, inclusive o regido por norma especial e o decorrente de acidente do trabalho, exceto o salário-família e o salário-maternidade, será calculado com base no salário de benefício. (Redação dada pela Lei nº 9.032, de 1995)

▸ Decreto 3.048/1999: art. 31.

§§ 1º a 4º (Revogados pela Lei 9.032/1995).

Art. 29. O salário de benefício consiste: (Redação dada pela Lei nº 9.876, de 1999)

▸ Decreto 3.048/1999: art. 32.

I – para os benefícios de que tratam as alíneas *b* e *c* do inciso I do art. 18, na média aritmética simples dos maiores salários de contribuição correspondentes a oitenta por cento de todo o período contributivo, multiplicada pelo fator previdenciário; (Incluído pela Lei nº 9.876, de 1999)

II – para os benefícios de que tratam as alíneas *a*, *d*, *e* e *h* do inciso I do art. 18, na média aritmética simples dos maiores salários de contribuição correspondentes a oitenta por cento de todo o período contributivo. (Incluído pela Lei nº 9.876, de 1999)

§ 1º (Revogado pela Lei nº 9.876, de 1999)

§ 2º. O valor do salário de benefício não será inferior ao de um salário mínimo, nem superior ao do limite máximo do salário de contribuição na data de início do benefício.

§ 3º. Serão considerados para cálculo do salário de benefício os ganhos habituais do segurado empregado, a qualquer título, sob forma de moeda corrente ou de utilidades, sobre os quais tenha incidido contribuições previdenciárias, exceto o décimo-terceiro salário (gratificação natalina). (Redação dada pela Lei nº 8.870, de 1994)

§ 4º. Não será considerado, para o cálculo do salário de benefício, o aumento dos salários de contribuição que exceder o limite legal, inclusive o voluntariamente concedido nos 36 (trinta e seis) meses imediatamente anteriores ao início do benefício, salvo se homologado pela Justiça do Trabalho, resultante de promoção regulada por normas gerais da empresa, admitida pela legislação do trabalho, de sentença normativa ou de reajustamento salarial obtido pela categoria respectiva.

§ 5º. Se, no período básico de cálculo, o segurado tiver recebido benefícios por incapacidade, sua duração será contada, considerando-se como salário de contribuição, no período, o salário de benefício que serviu de base para o cálculo da renda mensal, reajustado nas mesmas épocas e bases dos benefícios em geral, não podendo ser inferior ao valor de 1 (um) salário mínimo.

§ 6º. O salário de benefício do segurado especial consiste no valor equivalente ao salário mínimo, ressalvado o disposto no inciso II do art. 39 e nos §§ 3º e 4º do art. 48 desta Lei. (Redação dada pela Lei nº 11.718, de 2008)

I – (Revogado pela Lei nº 11.718, de 2008)

II – (Revogado pela Lei nº 11.718, de 2008)

§ 7º. O fator previdenciário será calculado considerando-se a idade, a expectativa de sobrevida e o tempo de contribuição do segurado ao se aposentar, segundo a fórmula constante do Anexo desta Lei. (Incluído pela Lei nº 9.876, de 1999)

§ 8º. Para efeito do disposto no § 7º, a expectativa de sobrevida do segurado na idade da aposentadoria será obtida a partir da tábua completa de mortalidade construída pela Fundação Instituto Brasileiro de Geografia e Estatística – IBGE, considerando-se a média nacional única para ambos os sexos. (Incluído pela Lei nº 9.876, de 1999)

§ 9º. Para efeito da aplicação do fator previdenciário, ao tempo de contribuição do segurado serão adicionados: (Incluído pela Lei nº 9.876, de 1999)

I – 5 (cinco) anos, quando se tratar de mulher; (Incluído pela Lei nº 9.876, de 26.11.99)

II – 5 (cinco) anos, quando se tratar de professor que comprove exclusivamente tempo de efetivo exercício das funções de magistério na educação infantil e no ensino fundamental e médio; (Incluído pela Lei nº 9.876, de 1999)

III – dez anos, quando se tratar de professora que comprove exclusivamente tempo de efetivo exercício das funções de magistério na educação infantil e no ensino fundamental e médio. (Incluído pela Lei nº 9.876, de 1999)

§ 10. O auxílio-doença não poderá exceder a média aritmética simples dos últimos 12 (doze) salários de contribuição, inclusive em caso de remuneração variável, ou, se não alcançado o número de 12 (doze), a média aritmética simples dos salários de contribuição existentes. (Incluído pela Lei 13.135/2015)

§ 11. (VETADO). (Incluído pela Lei 13.135/2015)

§ 12. (VETADO). (Incluído pela Lei 13.135/2015)

§ 13. (VETADO). (Incluído pela Lei 13.135/2015)

Art. 29-A. O INSS utilizará as informações constantes no Cadastro Nacional de Informações Sociais – CNIS sobre os vínculos e as remunerações dos segurados, para fins de cálculo do salário de benefício, comprovação de filiação ao Regime Geral de Previdência Social, tempo de contribuição e relação de emprego. (Redação dada pela Lei Complementar nº 128, de 2008)

§ 1º. O INSS terá até 180 (cento e oitenta) dias, contados a partir da solicitação do pedido, para fornecer ao segurado as informações previstas no *caput* deste artigo. (Incluído pela Lei nº 10.403, de 2002)

§ 2º. O segurado poderá solicitar, a qualquer momento, a inclusão, exclusão ou retificação de informações constantes do CNIS, com a apresentação de documentos comprobatórios dos dados divergentes, conforme critérios definidos pelo INSS. (Redação dada pela Lei Complementar nº 128, de 2008)

§ 3º. A aceitação de informações relativas a vínculos e remunerações inseridas extemporaneamente no CNIS, inclusive retificações de informações anteriormente inseridas, fica condicionada à comprovação dos dados ou das divergências apontadas, conforme critérios definidos em regulamento. (Incluído pela Lei Complementar nº 128, de 2008)

§ 4º. Considera-se extemporânea a inserção de dados decorrentes de documento inicial ou de retificação de dados anteriormente informados, quando o documento ou a retificação, ou a informação retificadora, forem apresentados após os prazos estabelecidos em regulamento. (Incluído pela Lei Complementar nº 128, de 2008)

§ 5º. Havendo dúvida sobre a regularidade do vínculo incluído no CNIS e inexistência de informações sobre remunerações e contribuições, o INSS exigirá a apresentação dos documentos que serviram de base à anotação, sob pena de exclusão do período. (Incluído pela Lei Complementar nº 128, de 2008)

Art. 29-B. Os salários de contribuição considerados no cálculo do valor do benefício serão corrigidos mês a mês de acordo com a variação integral do Índice Nacional de Preços ao Consumidor – INPC, calculado pela Fundação Instituto Brasileiro de Geografia e Estatística – IBGE. (Incluído pela Lei nº 10.877, de 2004)

Art. 29-C. O segurado que preencher o requisito para a aposentadoria por tempo de contribuição poderá optar pela não incidência do fator previdenciário no cálculo de sua aposentadoria, quando o total resultante da soma de sua idade e de seu tempo de contribuição, incluídas as frações, na data de requerimento da aposentadoria, for: (Incluído pela Lei nº 13.183, de 2015)

I – igual ou superior a noventa e cinco pontos, se homem, observando o tempo mínimo de contribuição de trinta e cinco anos; ou (Incluído pela Lei nº 13.183, de 2015)

II – igual ou superior a oitenta e cinco pontos, se mulher, observado o tempo mínimo de contribuição de trinta anos. (Incluído pela Lei nº 13.183, de 2015)

§ 1º. Para os fins do disposto no *caput*, serão somadas as frações em meses completos de tempo de contribuição e idade. (Incluído pela Lei nº 13.183, de 2015)

§ 2º. As somas de idade e de tempo de contribuição previstas no *caput* serão majoradas em um ponto em: (Incluído pela Lei nº 13.183, de 2015)

I – 31 de dezembro de 2018; (Incluído pela Lei nº 13.183, de 2015)

II – 31 de dezembro de 2020; (Incluído pela Lei nº 13.183, de 2015)

III – 31 de dezembro de 2022; (Incluído pela Lei nº 13.183, de 2015)

IV – 31 de dezembro de 2024; e (Incluído pela Lei nº 13.183, de 2015)

V – 31 de dezembro de 2026. (Incluído pela Lei nº 13.183, de 2015)

§ 3º. Para efeito de aplicação do disposto no *caput* e no § 2º, o tempo mínimo de contribuição do professor e da professora que comprovarem exclusivamente tempo de efetivo exercício de magistério na educação infantil e no ensino fundamental e médio será de, respectivamente, trinta e vinte e cinco anos, e serão acrescidos cinco pontos à soma da idade com o tempo de contribuição. (Incluído pela Lei nº 13.183, de 2015)

§ 4º. Ao segurado que alcançar o requisito necessário ao exercício da opção de que trata o *caput* e deixar de requerer aposentadoria será assegurado o direito à opção com a aplicação da pontuação exigida na data do cumprimento do requisito nos termos deste artigo. (Incluído pela Lei nº 13.183, de 2015)

§ 5º. (VETADO). (Incluído pela Lei nº 13.183, de 2015)

Art. 30. (Revogado pela Lei nº 9.032, de 1995)

Art. 31. O valor mensal do auxílio-acidente integra o salário de contribuição, para fins de cálculo do salário de benefício de qualquer aposentadoria, observado, no que couber, o disposto no art. 29 e no art. 86, § 5º. (Restabelecido com nova redação pela Lei nº 9.528, de 1997)

Art. 32. O salário de benefício do segurado que contribuir em razão de atividades concomitantes será calculado com base na soma dos salários de contribuição das atividades exercidas na data do requerimento ou do óbito, ou no período básico de cálculo, observado o disposto no art. 29 desta Lei. (Redação dada pela Lei 13.846/2019)

I a III – (Revogados pela Lei 13.846/2019)

§ 1º. O disposto neste artigo não se aplica ao segurado que, em obediência ao limite máximo do salário de contribuição, contribuiu apenas por uma das atividades concomitantes. (Redação dada pela Lei 13.846/2019)

§ 2º. Não se aplica o disposto neste artigo ao segurado que tenha sofrido redução do salário de contribuição das atividades concomitantes em respeito ao limite máximo desse salário. (Redação dada pela Lei 13.846/2019)

SUBSEÇÃO II. DA RENDA MENSAL DO BENEFÍCIO

‣ Decreto 3.048/1999: arts. 35 a 39.

Art. 33. A renda mensal do benefício de prestação continuada que substituir o salário de contribuição ou o rendimento do trabalho do segurado não terá valor inferior ao do salário-mínimo, nem superior ao do limite máximo do salário de contribuição, ressalvado o disposto no art. 45 desta Lei.

Art. 34. No cálculo do valor da renda mensal do benefício, inclusive o decorrente de acidente do trabalho, serão computados: (Redação dada pela Lei Complementar nº 150, de 2015)

I – para o segurado empregado, inclusive o doméstico, e o trabalhador avulso, os salários de contribuição referentes aos meses de contribuições devidas, ainda que não recolhidas pela empresa ou pelo empregador doméstico, sem prejuízo da respectiva cobrança e da aplicação das penalidades cabíveis, observado o disposto no § 5º do art. 29-A; (Redação dada pela Lei Complementar nº 150, de 2015)

II – para o segurado empregado, inclusive o doméstico, o trabalhador avulso e o segurado especial, o valor mensal do auxílio-acidente, considerado como salário de contribuição para fins de concessão de qualquer aposentadoria, nos termos do art. 31; (Redação dada pela Lei Complementar nº 150, de 2015)

III – para os demais segurados, os salários de contribuição referentes aos meses de contribuições efetivamente recolhidas. (Incluído pela Lei nº 9.528, de 1997)

Art. 35. Ao segurado empregado, inclusive o doméstico, e ao trabalhador avulso que tenham cumprido todas as condições para a concessão do benefício pleiteado, mas não possam comprovar o valor de seus salários de contribuição no período básico de cálculo, será concedido o benefício de valor mínimo, devendo esta renda ser recalculada quando da apresentação de prova dos salários de contribuição. (Redação dada pela Lei Complementar nº 150, de 2015)

Art. 36. Para o segurado empregado doméstico que, tendo satisfeito as condições exigidas para a concessão do benefício requerido, não comprovar o efetivo recolhimento das contribuições devidas, será concedido o benefício de valor mínimo, devendo sua renda ser recalculada quando da apresentação da prova do recolhimento das contribuições.

Art. 37. A renda mensal inicial, recalculada de acordo com o disposto no art. 35, deve ser reajustada como a dos benefícios correspondentes com igual data de início e substituirá, a partir da data do requerimento de revisão do valor do benefício, a renda mensal que prevalecia até então. (Redação dada pela Lei Complementar nº 150, de 2015)

Art. 38. Sem prejuízo do disposto no art. 35, cabe à Previdência Social manter cadastro dos segurados com todos os informes necessários para o cálculo da renda mensal dos benefícios. (Redação dada pela Lei Complementar nº 150, de 2015)

Art. 38-A. O Ministério da Economia manterá sistema de cadastro dos segurados especiais no Cadastro Nacional de Informações Sociais (CNIS), observado o disposto nos §§ 4º e 5º do art. 17 desta Lei, e poderá firmar acordo de cooperação com o Ministério da Agricultura, Pecuária e Abastecimento e com outros órgãos da administração pública federal, estadual, distrital e municipal para a manutenção e a gestão do sistema de cadastro. (Redação dada pela Lei 13.846/2019)

§ 1º O sistema de que trata o *caput* deste artigo preverá a manutenção e a atualização anual do cadastro e conterá as informações necessárias à caracterização da condição de segurado especial, nos termos do disposto no regulamento. (Redação dada pela Lei 13.846/2019)

§ 2º Da aplicação do disposto neste artigo não poderá resultar nenhum ônus para os segurados, sem prejuízo do disposto no § 4º deste artigo. (Redação dada pela Lei 13.846/2019)

§ 3º O INSS, no ato de habilitação ou de concessão de benefício, deverá verificar a condição de segurado especial e, se for o caso, o pagamento da contribuição previdenciária, nos termos da Lei nº 8.212, de 24 de julho de 1991, considerando, dentre outros, o que consta do Cadastro Nacional de Informações Sociais (CNIS) de que trata o art. 29-A desta Lei. (Redação dada pela Lei 13.134/2015)

§ 4º A atualização anual de que trata o § 1º deste artigo será feita até 30 de junho do ano subsequente. (Redação dada pela Lei 13.846/2019)

§ 5º É vedada a atualização de que trata o § 1º deste artigo após o prazo de 5 (cinco) anos, contado da data estabelecida no § 4º deste artigo. (Redação dada pela Lei 13.846/2019)

§ 6º Decorrido o prazo de 5 (cinco) anos de que trata o § 5º deste artigo, o segurado especial só poderá computar o período de trabalho rural se efetuados em época própria a comercialização da produção e o recolhimento da contribuição prevista no art. 25 da Lei nº 8.212, de 24 de julho de 1991. (Acrescido pela Lei 13.846/2019)

Art. 38-B. O INSS utilizará as informações constantes do cadastro de que trata o art. 38-A para fins de comprovação do exercício da atividade e da condição do segurado especial e do respectivo grupo familiar. (Incluído pela Lei nº 13.134, de 2015)

‣ Artigo regulamentado pela Port. Conjunta INSSSAF/SEPREVT Nº 2 DE 15/03/2019

§ 1º A partir de 1º de janeiro de 2023, a comprovação da condição e do exercício da atividade rural do segurado especial ocorrerá, exclusivamente, pelas informações constantes do cadastro a que se refere o art. 38-A desta Lei. (Acrescido pela Lei 13.846/2019)

§ 2º Para o período anterior a 1º de janeiro de 2023, o segurado especial comprovará o tempo de exercício da atividade rural por meio de autodeclaração ratificada por entidades públicas credenciadas, nos termos do art. 13 da Lei nº 12.188, de 11 de janeiro de 2010, e por outros órgãos públicos, na forma prevista no regulamento. (Acrescido pela Lei 13.846/2019)

§ 3º Até 1º de janeiro de 2025, o cadastro de que trata o art. 38-A poderá ser realizado, atualizado e corrigido, sem prejuízo do prazo de que trata o § 1º deste artigo e da regra permanente prevista nos §§ 4º e 5º do art. 38-A desta Lei. (Acrescido pela Lei 13.846/2019)

§ 4º Na hipótese de divergência de informações entre o cadastro e outras bases de dados, para fins de reconhecimento do direito ao benefício, o INSS poderá exigir a apresentação dos documentos referidos no art. 106 desta Lei. (Acrescido pela Lei 13.846/2019)

§ 5º O cadastro e os prazos de que tratam este artigo e o art. 38-A desta Lei deverão ser amplamente divulgados por todos os meios de comunicação cabíveis para que todos os cidadãos tenham acesso à informação sobre a existência do referido cadastro e a obrigatoriedade de registro. (Acrescido pela Lei 13.846/2019)

Art. 39. Para os segurados especiais, referidos no inciso VII do art. 11 desta Lei, fica garantida a concessão: (Redação dada pela Lei 13.846/2019)

I – de aposentadoria por idade ou por invalidez, de auxílio-doença, de auxílio-reclusão ou de pensão, no valor de 1 (um) salário mínimo, e de auxílio-acidente, conforme disposto no art. 86 desta Lei, desde que comprovem o exercício de atividade rural, ainda que de forma descontínua, no período imediatamente anterior ao requerimento do benefício, igual ao número de meses correspondentes à carência do benefício requerido, observado o disposto nos arts. 38-A e 38-B desta Lei; ou (Redação dada pela Lei 13.846/2019)

II – dos benefícios especificados nesta Lei, observados os critérios e a forma de cálculo estabelecidos, desde que contribuam facultativamente para a Previdência Social, na forma estipulada no Plano de Custeio da Seguridade Social.

Parágrafo único. Para a segurada especial fica garantida a concessão do salário-maternidade no valor de 1 (um) salário mínimo, desde que comprove o exercício de atividade rural, ainda que de forma descontínua, nos 12 (doze) meses imediatamente anteriores ao do início do benefício. (Incluído pela Lei nº 8.861, de 1994)

Art. 40. É devido abono anual ao segurado e ao dependente da Previdência Social que, durante o ano, recebeu auxílio-doença, auxílio-acidente ou aposentadoria, pensão por morte ou auxílio-reclusão.

Parágrafo único. O abono anual será calculado, no que couber, da mesma forma que a Gratificação de Natal dos trabalhadores, tendo por base o valor da renda mensal do benefício do mês de dezembro de cada ano.

SEÇÃO IV. DO REAJUSTAMENTO DO VALOR DOS BENEFÍCIOS

‣ Decreto 3.048/1999: arts. 40 a 42.

Art. 41. (Revogado pela lei nº 11.430, de 2006)

I – (Revogado pela Lei nº 11.430, de 2006)

II – (Revogado pela Lei nº 8.542, de 1992)

III e IV – (Revogados pela Lei nº 11.430, de 2006)

§§ 1º a 6º. (Revogados pela lei nº 11.430, de 2006)

§ 7º. (Revogado pela Lei nº 8.880, de 1994)

§§ 8º e 9º. (Revogados pela Lei nº 11.430, de 2006)

Art. 41-A. O valor dos benefícios em manutenção será reajustado, anualmente, na mesma data do reajuste do salário mínimo, *pro rata*, de acordo com suas respectivas datas de início ou do último reajustamento, com base no Índice Nacional de Preços ao Consumidor – INPC, apurado pela Fundação Instituto Brasileiro de Geografia e Estatística – IBGE. (Incluído pela Lei nº 11.430, de 2006)

§ 1º. Nenhum benefício reajustado poderá exceder o limite máximo do salário de benefício na data do reajustamento, respeitados os direitos adquiridos. (Incluído pela Lei nº 11.430, de 2006)

§ 2º. Os benefícios com renda mensal superior a um salário mínimo serão pagos do primeiro ao quinto dia útil do mês subsequente ao de sua competência, observada a distribuição proporcional do número de beneficiários por dia de pagamento. (Redação dada pela Lei nº 11.665, de 2008)

§ 3º. Os benefícios com renda mensal no valor de até um salário mínimo serão pagos no período compreendido entre o quinto dia útil que anteceder o final do mês de sua competência e o quinto dia útil do mês subsequente, observada a distribuição proporcional dos beneficiários por dia de pagamento. (Redação dada pela Lei nº 11.665, de 2008)

§ 4º. Para os efeitos dos §§ 2º e 3º deste artigo, considera-se dia útil aquele de expediente bancário com horário normal de atendimento. (Redação dada pela Lei nº 11.665, de 2008).

§ 5º. O primeiro pagamento do benefício será efetuado até quarenta e cinco dias após a data da apresentação, pelo segurado, da documentação necessária a sua concessão. (Incluído pela Lei nº 11.665, de 2008)

§ 6º. Para os benefícios que tenham sido majorados devido à elevação do salário mínimo, o referido aumento deverá ser compensado no momento da aplicação do disposto no *caput* deste artigo, de acordo com normas a serem baixadas pelo Ministério da Previdência Social. (Incluído pela Lei nº 11.665, de 2008)

SEÇÃO V.
DOS BENEFÍCIOS

SUBSEÇÃO I.
DA APOSENTADORIA POR INVALIDEZ

▸ Súm. 576 do STJ.

▸ Decreto 3.048/1999: arts. 43 a 50.

Art. 42. A aposentadoria por invalidez, uma vez cumprida, quando for o caso, a carência exigida, será devida ao segurado que, estando ou não em gozo de auxílio-doença, for considerado incapaz e insusceptível de reabilitação para o exercício de atividade que lhe garanta a subsistência, e ser-lhe-á paga enquanto permanecer nesta condição.

§ 1º. A concessão de aposentadoria por invalidez dependerá da verificação da condição de incapacidade mediante exame médico-pericial a cargo da Previdência Social, podendo o segurado, às suas expensas, fazer-se acompanhar de médico de sua confiança.

§ 2º. A doença ou lesão de que o segurado já era portador ao filiar-se ao Regime Geral de Previdência Social não lhe conferirá direito à aposentadoria por invalidez, salvo quando a incapacidade sobrevier por motivo de progressão ou agravamento dessa doença ou lesão.

Art. 43. A aposentadoria por invalidez será devida a partir do dia imediato ao da cessação do auxílio-doença, ressalvado o disposto nos §§ 1º, 2º e 3º deste artigo.

§ 1º. Concluindo a perícia médica inicial pela existência de incapacidade total e definitiva para o trabalho, a aposentadoria por invalidez será devida: (Redação dada pela Lei nº 9.032, de 1995)

a) ao segurado empregado, a contar do décimo sexto dia do afastamento da atividade ou a partir da entrada do requerimento, se entre o afastamento e a entrada do requerimento decorrerem mais de trinta dias; (Redação Dada pela Lei nº 9.876, de 1999)

b) ao segurado empregado doméstico, trabalhador avulso, contribuinte individual, especial e facultativo, a contar da data do início da incapacidade ou da data da entrada do requerimento, se entre essas datas decorrerem mais de trinta dias. (Redação Dada pela Lei nº 9.876, de 1999)

§ 2º. Durante os primeiros quinze dias de afastamento da atividade por motivo de invalidez, caberá à empresa pagar ao segurado empregado o salário. (Redação Dada pela Lei nº 9.876, de 1999)

§ 3º. (Revogado pela Lei nº 9.032, de 1995)

§ 4º O segurado aposentado por invalidez poderá ser convocado a qualquer momento para avaliação das condições que ensejaram o afastamento ou a aposentadoria, concedida judicial ou administrativamente, observado o disposto no art. 101 desta Lei. (Incluído pela Lei nº 13.457, de 2017)

§ 5º A pessoa com HIV/aids é dispensada da avaliação referida no § 4º deste artigo. (Redação dada pela Lei nº 13.847/2019)

Art. 44. A aposentadoria por invalidez, inclusive a decorrente de acidente do trabalho, consistirá numa renda mensal correspondente a 100% (cem por cento) do salário de benefício, observado o disposto na Seção III, especialmente no art. 33 desta Lei. (Redação dada pela Lei nº 9.032, de 1995)

§ 1º. (Revogado pela Lei nº 9.528, de 1997)

§ 2º. Quando o acidentado do trabalho estiver em gozo de auxílio-doença, o valor da aposentadoria por invalidez será igual ao do auxílio-doença se este, por força de reajustamento, for superior ao previsto neste artigo.

Art. 45. O valor da aposentadoria por invalidez do segurado que necessitar da assistência permanente de outra pessoa será acrescido de 25% (vinte e cinco por cento).

Parágrafo único. O acréscimo de que trata este artigo:

a) será devido ainda que o valor da aposentadoria atinja o limite máximo legal;

b) será recalculado quando o benefício que lhe deu origem for reajustado;

c) cessará com a morte do aposentado, não sendo incorporável ao valor da pensão.

Art. 46. O aposentado por invalidez que retornar voluntariamente à atividade terá sua aposentadoria automaticamente cancelada, a partir da data do retorno.

Art. 47. Verificada a recuperação da capacidade de trabalho do aposentado por invalidez, será observado o seguinte procedimento:

I – quando a recuperação ocorrer dentro de 5 (cinco) anos, contados da data do início da aposentadoria por invalidez ou do auxílio-doença que a antecedeu sem interrupção, o benefício cessará:

a) de imediato, para o segurado empregado que tiver direito a retornar à função que desempenhava na empresa quando se aposentou, na forma da legislação trabalhista, valendo como documento, para tal fim, o certificado de capacidade fornecido pela Previdência Social; ou

b) após tantos meses quantos forem os anos de duração do auxílio-doença ou da aposentadoria por invalidez, para os demais segurados;

II – quando a recuperação for parcial, ou ocorrer após o período do inciso I, ou ainda quando o segurado for declarado apto para o exercício de trabalho diverso do qual habitualmente exercia, a aposentadoria será mantida, sem prejuízo da volta à atividade:

a) no seu valor integral, durante 6 (seis) meses contados da data em que for verificada a recuperação da capacidade;

b) com redução de 50% (cinquenta por cento), no período seguinte de 6 (seis) meses;

c) com redução de 75% (setenta e cinco por cento), também por igual período de 6 (seis) meses, ao término do qual cessará definitivamente.

SUBSEÇÃO II.
DA APOSENTADORIA POR IDADE

▸ Decreto 3.048/1999: arts. 51 a 54.

Art. 48. A aposentadoria por idade será devida ao segurado que, cumprida a carência exigida nesta Lei, completar 65 (sessenta e cinco) anos de idade, se homem, e 60 (sessenta), se mulher. (Redação dada pela Lei nº 9.032, de 1995)

§ 1º. Os limites fixados no *caput* são reduzidos para sessenta e cinquenta e cinco anos no caso de trabalhadores rurais, respectivamente homens e mulheres, referidos na alínea a do inciso I, na alínea g do inciso V e nos incisos VI e VII do art. 11. (Redação Dada pela Lei nº 9.876, de 1999)

§ 2º. Para os efeitos do disposto no § 1º deste artigo, o trabalhador rural deve comprovar o efetivo exercício de atividade rural, ainda que de forma descontínua, no período imediatamente anterior ao requerimento do benefício, por tempo igual ao número de meses de contribuição correspondente à carência do benefício pretendido, computado o período a que se referem os incisos III a VIII do § 9º do art. 11 desta Lei. (Redação dada pela Lei nº 11.718, de 2008)

§ 3º. Os trabalhadores rurais de que trata o § 1º deste artigo que não atendam ao disposto no § 2º deste artigo, mas que satisfaçam essa condição, se forem considerados períodos de contribuição sob outras categorias do segurado, farão jus ao benefício ao completarem 65 (sessenta e cinco) anos de idade, se homem, e 60 (sessenta) anos, se mulher. (Incluído pela Lei nº 11.718, de 2008)

§ 4º. Para efeito do § 3º deste artigo, o cálculo da renda mensal do benefício será apurado de acordo com o disposto no inciso II do *caput* do art. 29 desta Lei, considerando-se como salário de contribuição mensal do período como segurado especial o limite mínimo de salário de contribuição da Previdência Social. (Incluído pela Lei nº 11,718, de 2008)

Art. 49. A aposentadoria por idade será devida:

I – ao segurado empregado, inclusive o doméstico, a partir:

a) da data do desligamento do emprego, quando requerida até essa data ou até 90 (noventa) dias depois dela; ou

b) da data do requerimento, quando não houver desligamento do emprego ou quando for requerida após o prazo previsto na alínea "a";

II – para os demais segurados, da data da entrada do requerimento.

Art. 50. A aposentadoria por idade, observado o disposto na Seção III deste Capítulo, especialmente no art. 33, consistirá numa renda mensal de 70% (setenta por cento) do salário de benefício, mais 1% (um por cento) deste, por grupo de 12 (doze) contribuições, não podendo ultrapassar 100% (cem por cento) do salário de benefício.

› Decreto 3.048/1999: arts. 31 e 32.

Art. 51. A aposentadoria por idade pode ser requerida pela empresa, desde que o segurado empregado tenha cumprido o período de carência e completado 70 (setenta) anos de idade, se do sexo masculino, ou 65 (sessenta e cinco) anos, se do sexo feminino, sendo compulsória, caso em que será garantida ao empregado a indenização prevista na legislação trabalhista, considerada como data da rescisão do contrato de trabalho a imediatamente anterior à do início da aposentadoria.

SUBSEÇÃO III.
DA APOSENTADORIA POR TEMPO DE SERVIÇO

Art. 52. A aposentadoria por tempo de serviço será devida, cumprida a carência exigida nesta Lei, ao segurado que completar 25 (vinte e cinco) anos de serviço, se do sexo feminino, ou 30 (trinta) anos, se do sexo masculino.

› Súm. 272 do STJ.

› CF/88: arts. 40 e 201, § 7º.

Art. 53. A aposentadoria por tempo de serviço, observado o disposto na Seção III deste Capítulo, especialmente no art. 33, consistirá numa renda mensal de:

I – para a mulher: 70% (setenta por cento) do salário de benefício aos 25 (vinte e cinco) anos de serviço, mais 6% (seis por cento) deste, para cada novo ano completo de atividade, até o máximo de 100% (cem por cento) do salário de benefício aos 30 (trinta) anos de serviço;

II – para o homem: 70% (setenta por cento) do salário de benefício aos 30 (trinta) anos de serviço, mais 6% (seis por cento) deste, para cada novo ano completo de atividade, até o máximo de 100% (cem por cento) do salário de benefício aos 35 (trinta e cinco) anos de serviço.

Art. 54. A data do início da aposentadoria por tempo de serviço será fixada da mesma forma que a da aposentadoria por idade, conforme o disposto no art. 49.

Art. 55. O tempo de serviço será comprovado na forma estabelecida no Regulamento, compreendendo, além do correspondente às atividades de qualquer das categorias de segurados de que trata o art. 11 desta Lei, mesmo que anterior à perda da qualidade de segurado:

I – o tempo de serviço militar, inclusive o voluntário, e o previsto no § 1º do art. 143 da Constituição Federal, ainda que anterior à filiação ao Regime Geral de Previdência Social, desde que não tenha sido contado para inatividade remunerada nas Forças Armadas ou aposentadoria no serviço público;

II – o tempo intercalado em que esteve em gozo de auxílio-doença ou aposentadoria por invalidez;

III – o tempo de contribuição efetuada como segurado facultativo; (Redação dada pela Lei nº 9.032, de 1995)

IV – o tempo de serviço referente ao exercício de mandato eletivo federal, estadual ou municipal, desde que não tenha sido contado para efeito de aposentadoria por outro regime de previdência social; (Redação dada pela Lei nº 9.506, de 1997)

V – o tempo de contribuição efetuado por segurado depois de ter deixado de exercer atividade remunerada que o enquadrava no art. 11 desta Lei;

VI – o tempo de contribuição efetuado com base nos artigos 8º e 9º da Lei nº 8.162, de 8 de janeiro de 1991, pelo segurado definido no artigo 11, inciso I, alínea "g", desta Lei, sendo tais contribuições computadas para efeito de carência. (Incluído pela Lei nº 8.647, de 1993)

§ 1º. A averbação de tempo de serviço durante o qual o exercício da atividade não determinava filiação obrigatória ao anterior Regime de Previdência Social Urbana só será admitida mediante o recolhimento das contribuições correspondentes, conforme dispuser o Regulamento, observado o disposto no § 2º.

§ 2º. O tempo de serviço do segurado trabalhador rural, anterior à data de início de vigência desta Lei, será computado independentemente do recolhimento das contribuições a ele correspondentes, exceto para efeito de carência, conforme dispuser o Regulamento.

§ 3º. A comprovação do tempo de serviço para fins do disposto nesta Lei, inclusive mediante justificativa administrativa ou judicial, observado o disposto no art. 108, só produzirá efeito quando for baseada em início de prova material contemporânea dos fatos, não admitida a prova exclusivamente testemunhal, exceto na ocorrência de motivo de força maior ou caso fortuito, na forma prevista no Regulamento. (Redação dada pela Lei 13.846/2019)

§ 4º. Não será computado como tempo de contribuição, para efeito de concessão do benefício de que trata esta subseção, o período em que o segurado contribuinte individual ou facultativo tiver contribuído na forma do § 2º do art. 21 da Lei nº 8.212, de 24 de julho de 1991, salvo se tiver complementado as contribuições na forma do § 3º do mesmo artigo. (Incluído pela Lei Complementar nº 123, de 2006)

Art. 56. O professor, após 30 (trinta) anos, e a professora, após 25 (vinte e cinco) anos de efetivo exercício em funções de magistério poderão aposentar-se por tempo de serviço, com renda mensal correspondente a 100% (cem por cento) do salário de benefício, observado o disposto na Seção III deste Capítulo.

› Súm. 726 do STF.

› CF/88: art. 201, § 8º.

SUBSEÇÃO IV.
DA APOSENTADORIA ESPECIAL

› Súm. Vinculante 33 do STF.

› Decreto 3.048/1999: arts. 64 a 70.

Art. 57. A aposentadoria especial será devida, uma vez cumprida a carência exigida nesta Lei, ao segurado que tiver trabalhado sujeito a condições especiais que prejudiquem a saúde ou a integridade física, durante 15 (quinze), 20 (vinte) ou 25 (vinte e cinco) anos, conforme dispuser a lei. (Redação dada pela Lei nº 9.032, de 1995)

› EC 20/1998

§ 1º. A aposentadoria especial, observado o disposto no art. 33 desta Lei, consistirá numa renda mensal equivalente a 100% (cem por cento) do salário-de-benefício. *(Parágrafo com redação dada pela Lei 9.032, de 28.04.1995)*

§ 2º. A data de início do benefício será fixada da mesma forma que a da aposentadoria por idade, conforme o disposto no art. 49.

§ 3º. A concessão da aposentadoria especial dependerá de comprovação pelo segurado, perante o Instituto Nacional do Seguro Social–INSS, do tempo de trabalho permanente, não ocasional nem intermitente, em condições especiais que prejudiquem a saúde ou a integridade física, durante o período mínimo fixado. (Redação dada pela Lei nº 9.032, de 1995)

§ 4º. O segurado deverá comprovar, além do tempo de trabalho, exposição aos agentes nocivos químicos, físicos, biológicos ou associação de agentes prejudiciais à saúde ou à integridade física, pelo período equivalente ao exigido para a concessão do benefício. (Redação dada pela Lei nº 9.032, de 1995)

§ 5º. O tempo de trabalho exercido sob condições especiais que sejam ou venham a ser consideradas prejudiciais à saúde ou à integridade física será somado, após a respectiva conversão ao tempo de trabalho exercido em atividade comum, segundo critérios estabelecidos pelo Ministério da Previdência e Assistência Social, para efeito de concessão de qualquer benefício. (Incluído pela Lei nº 9.032, de 1995)

§ 6º. O benefício previsto neste artigo será financiado com os recursos provenientes da contribuição de que trata o inciso II do art. 22 da Lei nº 8.212, de 24 de julho de 1991, cujas alíquotas serão acrescidas de doze, nove ou seis pontos percentuais, conforme a atividade exercida pelo segurado a serviço da empresa permita a concessão de aposentadoria especial após quinze, vinte ou vinte e cinco anos de contribuição, respectivamente. (Redação dada pela Lei nº 9.732, de 1998)

§ 7º. O acréscimo de que trata o parágrafo anterior incide exclusivamente sobre a remuneração do segurado sujeito às condições especiais referidas no *caput*. (Incluído pela Lei nº 9.732, de 1998)

§ 8º. Aplica-se o disposto no art. 46 ao segurado aposentado nos termos deste artigo que continuar no exercício de atividade ou operação que o sujeite aos agentes nocivos constantes da relação referida no art. 58 desta Lei. (Incluído pela Lei nº 9.732, de 1998)

Art. 58. A relação dos agentes nocivos químicos, físicos e biológicos ou associação de agentes prejudiciais à saúde ou à integridade física considerados para fins de concessão da aposentadoria especial de que trata o artigo anterior será definida pelo Poder Executivo. (Redação dada pela Lei nº 9.528, de 1997)

› EC 20/1998: art.15.

§ 1º. A comprovação da efetiva exposição do segurado aos agentes nocivos será feita mediante formulário, na forma estabelecida pelo Instituto Nacional do Seguro Social – INSS, emitido pela empresa ou seu preposto, com base em laudo técnico de condições ambientais do trabalho expedido por médico do trabalho ou engenheiro de segurança do trabalho nos termos da legislação trabalhista. (Redação dada pela Lei nº 9.732, de 1998)

§ 2º. Do laudo técnico referido no parágrafo anterior deverão constar informação sobre a existência de tecnologia de proteção coletiva ou individual que diminua a intensidade do agente agressivo a limites de tolerância e recomendação sobre a sua adoção pelo estabelecimento respectivo. (Redação dada pela Lei nº 9.732, de 1998)

§ 3º. A empresa que não mantiver laudo técnico atualizado com referência aos agentes nocivos existentes no ambiente de trabalho de seus trabalhadores ou que emitir documento de comprovação de efetiva exposição em desacordo com o respectivo laudo estará sujeita à penalidade prevista no art. 133 desta Lei. (Incluído pela Lei nº 9.528, de 1997)

§ 4º. A empresa deverá elaborar e manter atualizado perfil profissiográfico abrangendo as atividades desenvolvidas pelo trabalhador e fornecer a este, quando da rescisão do contrato de trabalho, cópia autêntica desse documento. (Incluído pela Lei nº 9.528, de 1997)

SUBSEÇÃO V. DO AUXÍLIO-DOENÇA

› Decreto 3.048/1999.

Art. 59. O auxílio-doença será devido ao segurado que, havendo cumprido, quando for o caso, o período de carência exigido nesta Lei, ficar incapacitado para o seu trabalho ou para a sua atividade habitual por mais de 15 (quinze) dias consecutivos.

› CLT: art. 476.

§ 1º Não será devido o auxílio-doença ao segurado que se filiar ao Regime Geral de Previdência Social já portador da doença ou da lesão invocada como causa para o benefício, exceto quando a incapacidade sobrevier por motivo de progressão ou agravamento da doença ou da lesão. (Redação dada pela Lei 13.846/2019)

§ 2º Não será devido o auxílio-doença para o segurado recluso em regime fechado. (Redação dada pela Lei 13.846/2019)

§ 3º O segurado em gozo de auxílio-doença na data do recolhimento à prisão terá o benefício suspenso. (Redação dada pela Lei 13.846/2019)

§ 4º A suspensão prevista no § 3º será de até sessenta dias, contados da data do recolhimento à prisão, cessado o benefício após o referido prazo. (Redação dada pela Lei 13.846/2019)

§ 5º Na hipótese de o segurado ser colocado em liberdade antes do prazo previsto no § 4º, o benefício será restabelecido a partir da data da soltura. (Redação dada pela Lei 13.846/2019)

§ 6º Em caso de prisão declarada ilegal, o segurado terá direito à percepção do benefício por todo o período devido. (Acrescido pela Lei 13.846/2019)

§ 7º O disposto nos §§ 2º, 3º, 4º, 5º e 6º deste artigo aplica-se somente aos benefícios dos segurados que forem recolhidos à prisão a partir da data de publicação desta Lei. (Acrescido pela Lei 13.846/2019)

§ 8º O segurado recluso em cumprimento de pena em regime aberto ou semiaberto terá direito ao auxílio-doença. (Acrescido pela Lei 13.846/2019)

Art. 60. O auxílio-doença será devido ao segurado empregado a contar do décimo sexto dia do afastamento da atividade, e, no caso dos demais segurados, a contar da data do início da incapacidade e enquanto ele permanecer incapaz. (Redação dada pela Lei nº 9.876, de 1999)

§ 1º. Quando requerido por segurado afastado da atividade por mais de 30 (trinta) dias, o auxílio-doença será devido a contar da data da entrada do requerimento.

§ 2º. *(Revogado pela Lei nº 9.032, de 1995)*

§ 3º. Durante os primeiros quinze dias consecutivos ao do afastamento da atividade por motivo de doença, incumbirá à empresa pagar ao segurado empregado o seu salário integral. (Redação Dada pela Lei nº 9.876, de 1999)

§ 4º. A empresa que dispuser de serviço médico, próprio ou em convênio, terá a seu cargo o exame médico e o abono das faltas correpondentes ao período referido no § 3º, somente devendo encaminhar o segurado à perícia médica da Previdência Social quando a incapacidade ultrapassar 15 (quinze) dias.

› Consta conforme publicação oficial. Onde se lê "correpondentes"; leia-se "correspondentes".

§ 5º (Revogado pela Lei 13.846/2019)

§ 6º. O segurado que durante o gozo do auxílio-doença vier a exercer atividade que lhe garanta subsistência poderá ter o benefício cancelado a partir do retorno à atividade. (Incluído pela Lei 13.135/2015)

§ 7º. Na hipótese do § 6º, caso o segurado, durante o gozo do auxílio-doença, venha a exercer atividade diversa daquela que gerou o benefício, deverá ser verificada a incapacidade para cada uma das atividades exercidas. (Incluído pela Lei 13.135/2015)

§ 8º Sempre que possível, o ato de concessão ou de reativação de auxílio-doença, judicial ou administrativo, deverá fixar o prazo estimado para a duração do benefício. (Incluído pela Lei nº 13.457, de 2017)

§ 9º Na ausência de fixação do prazo de que trata o § 8º deste artigo, o benefício cessará após o prazo de cento e vinte dias, contado da data de concessão ou de reativação do auxílio-doença, exceto se o segurado requerer a sua prorrogação perante o INSS, na forma do regulamento, observado o disposto no art. 62 desta Lei. (Incluído pela Lei nº 13.457, de 2017)

§ 10. O segurado em gozo de auxílio-doença, concedido judicial ou administrativamente, poderá ser convocado a qualquer momento para avaliação das condições que ensejaram sua concessão ou manutenção, observado o disposto no art. 101 desta Lei. (Incluído pela Lei nº 13.457, de 2017)

§ 11. O segurado que não concordar com o resultado da avaliação da qual dispõe o § 10 deste artigo poderá apresentar, no prazo máximo de trinta dias, recurso da decisão da administração perante o Conselho de Recursos do Seguro Social, cuja análise médica pericial, se necessária, será feita pelo assistente técnico médico da junta de recursos do seguro social, perito diverso daquele que indeferiu o benefício. (Incluído pela Lei nº 13.457, de 2017)

Art. 61. O auxílio-doença, inclusive o decorrente de acidente do trabalho, consistirá numa renda mensal correspondente a 91% (noventa e um por cento) do salário de benefício, observado o disposto na Seção III, especialmente no art. 33 desta Lei. (Redação dada pela Lei nº 9.032, de 1995)

Art. 62. O segurado em gozo de auxílio-doença, insuscetível de recuperação para sua atividade habitual, deverá submeter-se a processo de reabilitação profissional para o exercício de outra atividade. (Redação dada pela Lei nº 13.457, de 2017)

§ 1º O benefício a que se refere o *caput* deste artigo será mantido até que o segurado seja considerado reabilitado para o desempenho de atividade que lhe garanta a subsistência ou, quando considerado não recuperável, seja aposentado por invalidez. (Parágrafo único transformado em § 1º pela Lei 13.846/2019)

§ 2º A alteração das atribuições e responsabilidades do segurado compatíveis com a limitação que tenha sofrido em sua capacidade física ou mental não configura desvio de cargo ou função do segurado reabilitado ou que estiver em processo de reabilitação profissional a cargo do INSS. (Redação dada pela Lei 13.846/2019)

Art. 63. O segurado empregado, inclusive o doméstico, em gozo de auxílio-doença será considerado pela empresa e pelo empregador doméstico como licenciado. (Redação dada pela Lei Complementar nº 150, de 2015)

Parágrafo único. A empresa que garantir ao segurado licença remunerada ficará obrigada a pagar-lhe durante o período de auxílio-doença a eventual diferença entre o valor deste e a importância garantida pela licença.

Art. 64. (Revogado pela Lei nº 9.032, de 1995)

SUBSEÇÃO VI.
DO SALÁRIO-FAMÍLIA

› Decreto 3.048/1999.

Art. 65. O salário-família será devido, mensalmente, ao segurado empregado, inclusive o doméstico, e ao segurado trabalhador avulso, na proporção do respectivo número de filhos ou equiparados nos termos do § 2º do art. 16 desta Lei, observado o disposto no art. 66. (Redação dada pela Lei Complementar nº 150, de 2015)

Parágrafo único. O aposentado por invalidez ou por idade e os demais aposentados com 65 (sessenta e cinco) anos ou mais de idade, se do sexo masculino, ou 60 (sessenta) anos ou mais, se do feminino, terão direito ao salário-família, pago juntamente com a aposentadoria.

Art. 66. O valor da cota do salário-família por filho ou equiparado de qualquer condição, até 14 (quatorze) anos de idade ou inválido de qualquer idade é de:

I – Cr$ 1.360,00 (um mil trezentos e sessenta cruzeiros), para o segurado com remuneração mensal não superior a Cr$ 51.000,00 (cinquenta e um mil cruzeiros);

› art. 4º, Port. SEPRT/ME 477, 2021 (O valor da cota do salário-família por filho ou equiparado de qualquer condição, até 14 anos de idade, ou inválido de qualquer idade, a partir de 1º-1-2021, é de R$ 51,27 para o segurado com remuneração mensal não superior a R$ 1.503,25).

II – Cr$ 170,00 (cento e setenta cruzeiros), para o segurado com remuneração mensal superior a Cr$ 51.000,00 (cinquenta e um mil cruzeiros).

› art. 4º, Port. SEPRT/ME 477, 2021 (O valor da cota do salário-família por filho ou equiparado de qualquer condição, até 14 anos de idade, ou inválido de qualquer idade, a partir de 1º-1-2021, é de R$ 51,27 para o segurado com remuneração mensal não superior a R$ 1.503,25).

Art. 67. O pagamento do salário-família é condicionado à apresentação da certidão de nascimento do filho ou da documentação relativa ao equiparado ou ao inválido, e à apresentação anual de atestado de vacinação obrigatória e de comprovação de frequência à escola do filho ou equiparado, nos termos do regulamento. (Redação dada pela Lei nº 9.876, de 1999)

Parágrafo único. O empregado doméstico deve apresentar apenas a certidão de nascimento referida no *caput*. (Incluído pela Lei Complementar nº 150, de 2015)

Art. 68. As cotas do salário-família serão pagas pela empresa ou pelo empregador doméstico, mensalmente, junto com o salário, efetivando-se a compensação quando do recolhimento das contribuições, conforme dispuser o Regulamento. (Redação dada pela Lei Complementar nº 150, de 2015)

§ 1º. A empresa ou o empregador doméstico conservarão durante 10 (dez) anos os comprovantes de pagamento e as cópias das certidões correspondentes, para fiscalização da Previdência Social. (Redação dada pela Lei Complementar nº 150, de 2015)

§ 2º. Quando o pagamento do salário não for mensal, o salário-família será pago juntamente com o último pagamento relativo ao mês.

Art. 69. O salário-família devido ao trabalhador avulso poderá ser recebido pelo sindicato de classe respectivo, que se incumbirá de elaborar as folhas correspondentes e de distribuí-lo.

Art. 70. A cota do salário-família não será incorporada, para qualquer efeito, ao salário ou ao benefício.

SUBSEÇÃO VII.
DO SALÁRIO-MATERNIDADE

› Lei 13.301/2016: art. 18, § 3º.

› Lei 13.257/2016 – Dispõe sobre as políticas públicas para a primeira infância.

› Lei 11.770/2008 – Cria o Programa Empresa Cidadã, destinado à prorrogação da licença-maternidade mediante concessão de incentivo fiscal.

› Decreto 6.690/2008 – Institui o Programa de Prorrogação da Licença à Gestante e à Adotante, estabelece os critérios de adesão ao Programa.

› Decreto 3.048/1999.

Art. 71. O salário-maternidade é devido à segurada da Previdência Social, durante 120 (cento e vinte) dias, com início no período entre 28 (vinte e oito) dias antes do parto e a data de ocorrência deste, observadas as situações e condições previstas na legislação no que concerne à proteção à maternidade. (Redação dada pela Lei nº 10.710, de 2003)

› Lei 13.985/2020, art. 5º, II.

Parágrafo único. (*Revogado pela Lei nº 9.528, de 1997*)

Art. 71-A. Ao segurado ou segurada da Previdência Social que adotar ou obtiver guarda judicial para fins de adoção de criança é devido salário-maternidade pelo período de 120 (cento e vinte) dias. (Redação dada pela Lei nº 12.873, de 2013)

§ 1º. O salário-maternidade de que trata este artigo será pago diretamente pela Previdência Social. (Redação dada pela Lei nº 12.873, de 2013)

§ 2º. Ressalvado o pagamento do salário-maternidade à mãe biológica e o disposto no art. 71-B, não poderá ser concedido o benefício a mais de um segurado, decorrente do mesmo processo de adoção ou guarda, ainda que os cônjuges ou companheiros estejam submetidos a Regime Próprio de Previdência Social. (Incluído pela Lei nº 12.873, de 2013)

Art. 71-B. No caso de falecimento da segurada ou segurado que fizer jus ao recebimento do salário-maternidade, o benefício será pago, por todo o período ou pelo tempo restante a que teria direito, ao cônjuge ou companheiro sobrevivente que tenha a qualidade de segurado, exceto no caso do falecimento do filho ou de seu abandono, observadas as normas aplicáveis ao salário-maternidade. (Incluído pela Lei nº 12.873, de 2013)

§ 1º. O pagamento do benefício de que trata o *caput* deverá ser requerido até o último dia do prazo previsto para o término do salário-maternidade originário. (Incluído pela Lei nº 12.873, de 2013)

§ 2º. O benefício de que trata o *caput* será pago diretamente pela Previdência Social durante o período entre a data do óbito e o último dia do término do salário-maternidade originário e será calculado sobre: (Incluído pela Lei nº 12.873, de 2013)

I – a remuneração integral, para o empregado e trabalhador avulso; (Incluído pela Lei nº 12.873, de 2013)

II – o último salário de contribuição, para o empregado doméstico; (Incluído pela Lei nº 12.873, de 2013)

III – 1/12 (um doze avos) da soma dos 12 (doze) últimos salários de contribuição, apurados em um período não superior a 15 (quinze) meses, para o contribuinte individual, facultativo e desempregado; e (Incluído pela Lei nº 12.873, de 2013)

IV – o valor do salário mínimo, para o segurado especial. (Incluído pela Lei nº 12.873, de 2013)

§ 3º. Aplica-se o disposto neste artigo ao segurado que adotar ou obtiver guarda judicial para fins de adoção. (Incluído pela Lei nº 12.873, de 2013)

Art. 71-C. A percepção do salário-maternidade, inclusive o previsto no art. 71-B, está condicionada ao afastamento do segurado do trabalho ou da atividade desempenhada, sob pena de suspensão do benefício. (Incluído pela Lei nº 12.873, de 2013)

Art. 72. O salário-maternidade para a segurada empregada ou trabalhadora avulsa consistirá numa renda mensal igual a sua remuneração integral. (Redação Dada pela Lei nº 9.876, de 1999)

§ 1º. Cabe à empresa pagar o salário-maternidade devido à respectiva empregada gestante, efetivando-se a compensação, observado o disposto no art. 248 da Constituição Federal, quando do recolhimento das contribuições incidentes sobre a folha de salários e demais rendimentos pagos ou creditados, a qualquer título, à pessoa física que lhe preste serviço. (Incluído pela Lei nº 10.710, de 2003)

§ 2º. A empresa deverá conservar durante 10 (dez) anos os comprovantes dos pagamentos e os atestados correspondentes para exame pela fiscalização da Previdência Social. (Incluído pela Lei nº 10.710, de 2003)

§ 3º. O salário-maternidade devido à trabalhadora avulsa e à empregada do microempreendedor individual de que trata o art. 18-A da Lei Complementar nº 123, de 14 de dezembro de 2006, será pago diretamente pela Previdência Social. (Redação dada pela Lei nº 12.470, de 2011)

Art. 73. Assegurado o valor de um salário-mínimo, o salário-maternidade para as demais seguradas, pago diretamente pela Previdência Social, consistirá: (Redação dada pela Lei nº 10.710, de 2003)

I – em um valor correspondente ao do seu último salário de contribuição, para a segurada empregada doméstica; (Incluído pela lei nº 9.876, de 1999)

II – em um doze avos do valor sobre o qual incidiu sua última contribuição anual, para a segurada especial; (Incluído pela lei nº 9.876, de 1999)

III – em um doze avos da soma dos doze últimos salários de contribuição, apurados em um período não superior a quinze meses, para as demais seguradas. (Incluído pela lei nº 9.876, de 1999)

Parágrafo único. Aplica-se à segurada desempregada, desde que mantida a qualidade de segurada, na forma prevista no art. 15 desta Lei, o disposto no inciso III do *caput* deste artigo. (Acrescido pela Lei 13.846/2019)

SUBSEÇÃO VIII.
DA PENSÃO POR MORTE

› Súm. 340 e 416 do STJ.

› Decreto 3.048/1999.

Art. 74. A pensão por morte será devida ao conjunto dos dependentes do segurado que falecer, aposentado ou não, a contar da data: (Redação dada pela Lei nº 9.528, de 1997)

I - do óbito, quando requerida em até cento e oitenta dias após o óbito, para os filhos menores de dezesseis anos, ou em até noventa dias após o óbito, para os demais dependentes; *(Redação dada* pela Lei 13.846/2019)

II – do requerimento, quando requerida após o prazo previsto no inciso anterior; (Incluído pela Lei nº 9.528, de 1997)

III – da decisão judicial, no caso de morte presumida. (Incluído pela Lei nº 9.528, de 1997)

§ 1º. Perde o direito à pensão por morte o condenado criminalmente por sentença com trânsito em julgado, como autor, coautor ou partícipe de homicídio doloso, ou de tentativa desse crime, cometido contra a pessoa do segurado, ressalvados os absolutamente incapazes e os inimputáveis. (Redação dada pela Lei 13.846/2019)

§ 2º. Perde o direito à pensão por morte o cônjuge, o companheiro ou a companheira se comprovada, a qualquer tempo, simulação ou fraude no casamento ou na união estável, ou a formalização desses com o fim exclusivo de constituir benefício previdenciário, apuradas em processo judicial no qual será assegurado o direito ao contraditório e à ampla defesa. (Incluído pela Lei 13.135/2015)

§ 3º Ajuizada a ação judicial para reconhecimento da condição de dependente, este poderá requerer a sua habilitação provisória ao benefício de pensão por morte, exclusivamente para fins de rateio dos valores com outros dependentes, vedado o pagamento da respectiva cota até o trânsito em julgado da respectiva ação, ressalvada a existência de decisão judicial em contrário. (Redação dada pela Lei 13.846/2019)

§ 4º Nas ações em que o INSS for parte, este poderá proceder de ofício à habilitação excepcional da referida pensão, apenas para efeitos de rateio, descontando-se os valores referentes a esta habilitação das demais cotas, vedado o pagamento da respectiva cota até o trânsito em julgado da respectiva ação, ressalvada a existência de decisão judicial em contrário. (Acrescido pela Lei 13.846/2019)

§ 5º Julgada improcedente a ação prevista no § 3º ou § 4º deste artigo, o valor retido será corrigido pelos índices legais de reajustamento e será pago de forma proporcional aos demais dependentes, de acordo com as suas cotas e o tempo de duração de seus benefícios. (Redação dada pela Lei 13.846/2019)

§ 6º Em qualquer caso, fica assegurada ao INSS a cobrança dos valores indevidamente pagos em função de nova habilitação. (Acrescido pela Lei 13.846/2019)

Art. 75. O valor mensal da pensão por morte será de cem por cento do valor da aposentadoria que o segurado recebia ou daquela a que teria direito se estivesse aposentado por invalidez na data de seu falecimento, observado o disposto no art. 33 desta lei. (Redação dada pela Lei nº 9.528, de 1997)

Art. 76. A concessão da pensão por morte não será protelada pela falta de habilitação de outro possível dependente, e qualquer inscrição ou habilitação posterior que importe em exclusão ou inclusão de dependente só produzirá efeito a contar da data da inscrição ou habilitação.

§ 1º. O cônjuge ausente não exclui do direito à pensão por morte o companheiro ou a companheira, que somente fará jus ao benefício a partir da data de sua habilitação e mediante prova de dependência econômica.

§ 2º. O cônjuge divorciado ou separado judicialmente ou de fato que recebia pensão de alimentos concorrerá em igualdade de condições com os dependentes referidos no inciso I do art. 16 desta Lei.

› Súm. 336 do STJ.

§ 3º. Na hipótese de o segurado falecido estar, na data de seu falecimento, obrigado por determinação judicial a pagar alimentos temporários a ex-cônjuge, ex-companheiro ou ex-companheira, a pensão por morte será devida pelo prazo remanescente na data do óbito, caso não incida outra hipótese de cancelamento anterior do benefício. (Redação dada pela Lei 13.846/2019)

Art. 77. A pensão por morte, havendo mais de um pensionista, será rateada entre todos em parte iguais. (Redação dada pela Lei nº 9.032, de 1995)

§ 1º. Reverterá em favor dos demais a parte daquele cujo direito à pensão cessar. (Redação dada pela Lei nº 9.032, de 1995)

§ 2º. O direito à percepção da cota individual cessará: (Redação dada pela Lei nº 13.846/2019)

I – pela morte do pensionista; (Incluído pela Lei nº 9.032, de 1995)

II – para o filho, a pessoa a ele equiparada ou o irmão, de ambos os sexos, ao completar vinte e um anos de idade, salvo se for inválido ou tiver deficiência intelectual ou mental ou deficiência grave; (Redação dada pela Lei nº 13.183, de 2015)

III – para filho ou irmão inválido, pela cessação da invalidez; (Redação dada pela Lei 13.135/2015)

IV – para filho ou irmão que tenha deficiência intelectual ou mental ou deficiência grave, pelo afastamento da deficiência, nos termos do regulamento; (Redação dada pela Lei 13.135/2015)

V – para cônjuge ou companheiro: (Redação dada pela Lei nº 13.135/2015)

a) se inválido ou com deficiência, pela cessação da invalidez ou pelo afastamento da deficiência, respeitados os períodos mínimos decorrentes da aplicação das alíneas "b" e "c"; (Incluído pela Lei 13.135/2015)

b) em 4 (quatro) meses, se o óbito ocorrer sem que o segurado tenha vertido 18 (dezoito) contribuições mensais ou se o casamento ou a união estável tiverem sido iniciados em menos de 2 (dois) anos antes do óbito do segurado; (Incluído pela Lei 13.135/2015)

c) transcorridos os seguintes períodos, estabelecidos de acordo com a idade do beneficiário na data de óbito do segurado, se o óbito ocorrer depois de vertidas 18 (dezoito) contribuições mensais e pelo menos 2 (dois) anos após o início do casamento ou da união estável: (Incluído pela Lei 13.135/2015)

1) 3 (três) anos, com menos de 21 (vinte e um) anos de idade; (Incluído pela Lei 13.135/2015)

2) 6 (seis) anos, entre 21 (vinte e um) e 26 (vinte e seis) anos de idade; (Incluído pela Lei 13.135/2015)

3) 10 (dez) anos, entre 27 (vinte e sete) e 29 (vinte e nove) anos de idade; (Incluído pela Lei 13.135/2015)

4) 15 (quinze) anos, entre 30 (trinta) e 40 (quarenta) anos de idade; (Incluído pela Lei 13.135/2015)

5) 20 (vinte) anos, entre 41 (quarenta e um) e 43 (quarenta e três) anos de idade; (Incluído pela Lei 13.135/2015)

6) vitalícia, com 44 (quarenta e quatro) ou mais anos de idade. (Incluído pela Lei 13.135/2015)

VI – pela perda do direito, na forma do § 1º do art. 74 desta Lei. (Incluído pela Lei nº 13.846/2019)

§ 2º-A. Serão aplicados, conforme o caso, a regra contida na alínea "a" ou os prazos previstos na alínea "c", ambas do inciso V do § 2º, se o óbito do segurado decorrer de acidente de qualquer natureza ou de doença profissional ou do trabalho, independentemente do recolhimento de 18 (dezoito) contribuições mensais ou da comprovação de 2 (dois) anos de casamento ou de união estável. (Incluído pela Lei 13.135/2015)

§ 2º-B. Após o transcurso de pelo menos 3 (três) anos e desde que nesse período se verifique o incremento mínimo de um ano inteiro na média nacional única, para ambos os sexos, correspondente à expectativa de sobrevida da população brasileira ao nascer, poderão ser fixadas, em números inteiros, novas idades para os fins previstos na alínea "c" do inciso V do § 2º, em ato do Ministro de Estado da Previdência Social, limitado o acréscimo na comparação com as idades anteriores ao referido incremento. (Incluído pela Lei 13.135/2015)

§ 3º. Com a extinção da parte do último pensionista a pensão extinguir-se-á. (Incluído pela Lei nº 9.032, de 1995)

§ 4º. (Revogado pela Lei 13.135/2015)

§ 5º. O tempo de contribuição a Regime Próprio de Previdência Social (RPPS) será considerado na contagem das 18 (dezoito) contribuições mensais de que tratam as alíneas "b" e "c" do inciso V do § 2º. (Incluído pela Lei 13.135/2015)

§ 6º. O exercício de atividade remunerada, inclusive na condição de microempreendedor individual, não impede a concessão ou manutenção da parte individual da pensão do dependente com deficiência intelectual ou mental ou com deficiência grave. (Incluído pela Lei 13.183/2015)

§ 7º. Se houver fundados indícios de autoria, coautoria ou participação de dependente, ressalvados os absolutamente incapazes e os inimputáveis, em homicídio, ou em tentativa desse crime, cometido contra a pessoa do segurado, será possível a suspensão provisória de sua parte no benefício de pensão por morte, mediante processo administrativo próprio, respeitados a ampla defesa e o contraditório, e serão devidas, em caso de absolvição, todas as parcelas corrigidas desde a data da suspensão, bem como a reativação imediata do benefício. (Incluído pela Lei 13.846/2019)

Art. 78. Por morte presumida do segurado, declarada pela autoridade judicial competente, depois de 6 (seis) meses de ausência, será concedida pensão provisória, na forma desta Subseção.

§ 1º. Mediante prova do desaparecimento do segurado em consequência de acidente, desastre ou catástrofe, seus dependentes farão jus à pensão provisória independentemente da declaração e do prazo deste artigo.

§ 2º. Verificado o reaparecimento do segurado, o pagamento da pensão cessará imediatamente, desobrigados os dependentes da reposição dos valores recebidos, salvo má-fé.

Art. 79. (Revogado pela Lei 13.846/2019).

SUBSEÇÃO IX.
DO AUXÍLIO-RECLUSÃO

- Decreto 3.048/1999.

Art. 80. O auxílio-reclusão, cumprida a carência prevista no inciso IV do *caput* do art. 25 desta Lei, será devido, nas condições da pensão por morte, aos dependentes do segurado de baixa renda recolhido à prisão em regime fechado que não receber remuneração da empresa nem estiver em gozo de auxílio-doença, de pensão por morte, de salário-maternidade, de aposentadoria ou de abono de permanência em serviço. (Redação dada pela Lei nº 13.846/2019)

§ 1º O requerimento do auxílio-reclusão será instruído com certidão judicial que ateste o recolhimento efetivo à prisão, e será obrigatória a apresentação de prova de permanência na condição de presidiário para a manutenção do benefício. (Redação dada pela Lei nº 13.846/2019)

§ 2º O INSS celebrará convênios com os órgãos públicos responsáveis pelo cadastro dos presos para obter informações sobre o recolhimento à prisão. (Incluído pela Lei nº 13.846/2019)

§ 3º Para fins do disposto nesta Lei, considera-se segurado de baixa renda aquele que, no mês de competência de recolhimento à prisão, tenha renda, apurada nos termos do disposto no § 4º deste artigo, de valor igual ou inferior àquela prevista no art. 13 da Emenda Constitucional nº 20, de 15 de dezembro de 1998, corrigido pelos índices de reajuste aplicados aos benefícios do RGPS. (Incluído pela Lei nº 13.846/2019)

§ 4º A aferição da renda mensal bruta para enquadramento do segurado como de baixa renda ocorrerá pela média dos salários de contribuição apurados no período de 12 (doze) meses anteriores ao mês do recolhimento à prisão. (Incluído pela Lei nº 13.846/2019)

§ 5º A certidão judicial e a prova de permanência na condição de presidiário poderão ser substituídas pelo acesso à base de dados, por meio eletrônico, a ser disponibilizada pelo Conselho Nacional de Justiça, com dados cadastrais que assegurem a identificação plena do segurado e da sua condição de presidiário. (Incluído pela Lei 13.846/2019)

§ 6º Se o segurado tiver recebido benefícios por incapacidade no período previsto no § 4º deste artigo, sua duração será contada considerando-se como salário de contribuição no período o salário de benefício que serviu de base para o cálculo da renda mensal, reajustado na mesma época e com a mesma base dos benefícios em geral, não podendo ser inferior ao valor de 1 (um) salário mínimo. (Incluído pela Lei 13.846/2019)

§ 7º O exercício de atividade remunerada do segurado recluso, em cumprimento de pena em regime fechado, não acarreta a perda do direito ao recebimento do auxílio-reclusão para seus dependentes. (Incluído pela Lei 13.846/2019)

§ 8º Em caso de morte de segurado recluso que tenha contribuído para a previdência social durante o período de reclusão, o valor da pensão por morte será calculado levando-se em consideração o tempo de contribuição adicional e os correspondentes salários de contribuição, facultada a opção pelo valor do auxílio-reclusão. (Incluído pela Lei 13.846/2019)

SUBSEÇÃO X.
DOS PECÚLIOS

Art. 81. (Revogado pela Lei nº 9.129, de 1995)

I – (Revogado pela Lei nº 9.129, de 1995)
II – (Revogado pela Lei nº 8.870, de 1994)
III – (Revogado pela Lei nº 9.129, de 1995)

Arts. 82 a 85. (Revogados pela Lei nº 9.032, de 1995)

SUBSEÇÃO XI.
DO AUXÍLIO-ACIDENTE

- Súm. 507 do STJ.
- Decreto 3.048/1999.

Art. 86. O auxílio-acidente será concedido, como indenização, ao segurado quando, após consolidação das lesões decorrentes de acidente de qualquer natureza, resultarem sequelas que impliquem redução da capacidade para o trabalho que habitualmente exercia. (Redação dada pela Lei nº 9.528, de 1997)

§ 1º. O auxílio-acidente mensal corresponderá a cinquenta por cento do salário de benefício e será devido, observado o disposto no § 5º, até a véspera do início de qualquer aposentadoria ou até a data do óbito do segurado. (Redação dada pela Lei nº 9.528, de 1997)

- Lei 9.032/1995 revogou o citado § 5º.

§ 2º. O auxílio-acidente será devido a partir do dia seguinte ao da cessação do auxílio-doença, independentemente de qualquer remuneração ou rendimento auferido pelo acidentado, vedada sua acumulação com qualquer aposentadoria. (Redação dada pela Lei nº 9.528, de 1997)

§ 3º. O recebimento de salário ou concessão de outro benefício, exceto de aposentadoria, observado o disposto no § 5º, não prejudicará a continuidade do recebimento do auxílio-acidente. (Redação dada pela Lei nº 9.528, de 1997)

- Lei 9.032/1995 revogou o citado § 5º.

§ 4º. A perda da audição, em qualquer grau, somente proporcionará a concessão do auxílio-acidente, quando, além do reconhecimento de causalidade entre o trabalho e a doença, resultar, comprovadamente, na redução ou perda da capacidade para o trabalho que habitualmente exercia. (Restabelecido com nova redação pela Lei nº 9.528, de 1997)

§ 5º. (Revogado pela Lei nº 9.032, de 1995)

SUBSEÇÃO XII.
DO ABONO DE PERMANÊNCIA EM SERVIÇO

Art. 87. (Revogado pela Lei nº 8.870, de 1994)

Parágrafo único. (Revogado pela Lei nº 8.870, de 1994)

SEÇÃO VI.
DOS SERVIÇOS

SUBSEÇÃO I.
DO SERVIÇO SOCIAL

Art. 88. Compete ao Serviço Social esclarecer junto aos beneficiários seus direitos sociais e os meios de exercê-los e estabelecer conjuntamente com eles o processo de solução dos problemas que emergirem da sua relação com a Previdência Social, tanto no âmbito interno da instituição como na dinâmica da sociedade.

§ 1º. Será dada prioridade aos segurados em benefício por incapacidade temporária e atenção especial aos aposentados e pensionistas.

§ 2º. Para assegurar o efetivo atendimento dos usuários serão utilizadas intervenção técnica, assistência de natureza jurídica, ajuda material, recursos sociais, intercâmbio com empresas e pesquisa social, inclusive mediante celebração de convênios, acordos ou contratos.

§ 3º. O Serviço Social terá como diretriz a participação do beneficiário na implementação e no fortalecimento da política previdenciária, em articulação com as associações e entidades de classe.

§ 4º. O Serviço Social, considerando a universalização da Previdência Social, prestará assessoramento técnico aos Estados e Municípios na elaboração e implantação de suas propostas de trabalho.

SUBSEÇÃO II.
DA HABILITAÇÃO E DA REABILITAÇÃO PROFISSIONAL

› Decreto 3.048/1999.

Art. 89. A habilitação e a reabilitação profissional e social deverão proporcionar ao beneficiário incapacitado parcial ou totalmente para o trabalho, e às pessoas portadoras de deficiência, os meios para a (re)educação e de (re)adaptação profissional e social indicados para participar do mercado de trabalho e do contexto em que vive.

Parágrafo único. A reabilitação profissional compreende:

a) o fornecimento de aparelho de prótese, órtese e instrumentos de auxílio para locomoção quando a perda ou redução da capacidade funcional puder ser atenuada por seu uso e dos equipamentos necessários à habilitação e reabilitação social e profissional;

b) a reparação ou a substituição dos aparelhos mencionados no inciso anterior, desgastados pelo uso normal ou por ocorrência estranha à vontade do beneficiário;

c) o transporte do acidentado do trabalho, quando necessário.

Art. 90. A prestação de que trata o artigo anterior é devida em caráter obrigatório aos segurados, inclusive aposentados e, na medida das possibilidades do órgão da Previdência Social, aos seus dependentes.

Art. 91. Será concedido, no caso de habilitação e reabilitação profissional, auxílio para tratamento ou exame fora do domicílio do beneficiário, conforme dispuser o Regulamento.

Art. 92. Concluído o processo de habilitação ou reabilitação social e profissional, a Previdência Social emitirá certificado individual, indicando as atividades que poderão ser exercidas pelo beneficiário, nada impedindo que este exerça outra atividade para a qual se capacitar.

Art. 93. A empresa com 100 (cem) ou mais empregados está obrigada a preencher de 2% (dois por cento) a 5% (cinco por cento) dos seus cargos com beneficiários reabilitados ou pessoas portadoras de deficiência, habilitadas, na seguinte proporção:

I – até 200 empregados	2%
II – de 201 a 500	3%
III – de 501 a 1.000	4%
IV – de 1.001 em diante	5%

V – (VETADO). (Incluído pela Lei nº 13.146, de 2015)

§ 1º. A dispensa de pessoa com deficiência ou de beneficiário reabilitado da Previdência Social ao final de contrato por prazo determinado de mais de 90 (noventa) dias e a dispensa imotivada em contrato por prazo indeterminado somente poderão ocorrer após a contratação de outro trabalhador com deficiência ou beneficiário reabilitado da Previdência Social. (Redação dada pela Lei nº 13.146, de 2015)

§ 2º. Ao Ministério do Trabalho e Emprego incumbe estabelecer a sistemática de fiscalização, bem como gerar dados e estatísticas sobre o total de empregados e as vagas preenchidas por pessoas com deficiência e por beneficiários reabilitados da Previdência Social, fornecendo-os, quando solicitados, aos sindicatos, às entidades representativas dos empregados ou aos cidadãos interessados. (Redação dada pela Lei nº 13.146, de 2015)

§ 3º. Para a reserva de cargos será considerada somente a contratação direta de pessoa com deficiência, excluído o aprendiz com deficiência de que trata a Consolidação das Leis do Trabalho (CLT), aprovada pelo Decreto-Lei nº 5.452, de 1º de maio de 1943. (Incluído pela Lei nº 13.146, de 2015)

§ 4º. (VETADO). (Incluído pela Lei nº 13.146, de 2015)

SEÇÃO VII.
DA CONTAGEM RECÍPROCA DE TEMPO DE SERVIÇO

› Decreto 3.048/1999.

Art. 94. Para efeito dos benefícios previstos no Regime Geral de Previdência Social ou no serviço público é assegurada a contagem recíproca do tempo de contribuição na atividade privada, rural e urbana, e do tempo de contribuição ou de serviço na administração pública, hipótese em que os diferentes sistemas de previdência social se compensarão financeiramente. (Redação dada pela Lei nº 9.711, 1998)

§ 1º. A compensação financeira será feita ao sistema a que o interessado estiver vinculado ao requerer o benefício pelos demais sistemas, em relação aos respectivos tempos de contribuição ou de serviço, conforme dispuser o Regulamento. (Renumerado pela Lei Complementar nº 123, de 2006)

§ 2º. Não será computado como tempo de contribuição, para efeito dos benefícios previstos em regimes próprios de previdência social, o período em que o segurado contribuinte individual ou facultativo tiver contribuído na forma do § 2º do art. 21 da Lei nº 8.212, de 24 de julho de 1991, salvo se complementadas as contribuições na forma do § 3º do mesmo artigo. (Incluído pela Lei Complementar nº 123, de 2006)

Art. 95. Observada a carência de 36 (trinta e seis) contribuições mensais, o segurado poderá contar, para fins de obtenção dos benefícios do Regime Geral de Previdência Social, o tempo de serviço prestado à administração pública federal direta, autárquica e fundacional. (Eficácia suspensa pela Medida Provisória nº 2.187-13, de 2001)

Parágrafo único. Poderá ser contado o tempo de serviço prestado à administração pública direta, autárquica e fundacional dos Estados, do Distrito Federal e dos Municípios, desde que estes assegurem aos seus servidores a contagem de tempo do serviço em atividade vinculada ao Regime Geral de Previdência Social. (Eficácia suspensa pela Medida Provisória nº 2.187-13, de 2001)

Art. 96. O tempo de contribuição ou de serviço de que trata esta Seção será contado de acordo com a legislação pertinente, observadas as normas seguintes:

I – não será admitida a contagem em dobro ou em outras condições especiais;

II – é vedada a contagem de tempo de serviço público com o de atividade privada, quando concomitantes;

III – não será contado por um sistema o tempo de serviço utilizado para concessão de aposentadoria pelo outro;

IV – o tempo de serviço anterior ou posterior à obrigatoriedade de filiação à Previdência Social só será contado mediante indenização da contribuição correspondente ao período respectivo, com acréscimo de juros moratórios de zero vírgula cinco por cento ao mês, capitalizados anualmente, e multa de dez por cento. (Redação dada pela Medida Provisória nº 2.187-13, de 2001)

V - é vedada a emissão de Certidão de Tempo de Contribuição (CTC) com o registro exclusivo de tempo de serviço, sem a comprovação de contribuição efetiva, exceto para o segurado empregado, empregado doméstico, trabalhador avulso e, a partir de 1º de abril de 2003, para o contribuinte individual que presta serviço a empresa obrigada a arrecadar a contribuição a seu cargo, observado o disposto no § 5º do art. 4º da Lei nº 10.666, de 8 de maio de 2003; (Incluído pela Lei nº 13.846/2019)

VI - a CTC somente poderá ser emitida por regime próprio de previdência social para ex-servidor; (Incluído pela Lei nº 13.846/2019)

VII - é vedada a contagem recíproca de tempo de contribuição do RGPS por regime próprio de previdência social sem a emissão da CTC correspondente, ainda que o tempo de contribuição referente ao RGPS tenha sido prestado pelo servidor público ao próprio ente instituidor; (Incluído pela Lei nº 13.846/2019)

VIII - é vedada a desaverbação de tempo em regime próprio de previdência social quando o tempo averbado tiver gerado a concessão de vantagens remuneratórias ao servidor público em atividade; e (Incluído pela Lei nº 13.846/2019)

IX - para fins de elegibilidade às aposentadorias especiais referidas no § 4º do art. 40 e no § 1º do art. 201 da Constituição Federal, os períodos reconhecidos pelo regime previdenciário de origem como de tempo especial, sem conversão em tempo comum, deverão estar incluídos nos períodos de contribuição compreendidos na CTC e discriminados de data a data. (Incluído pela Lei nº 13.846/2019)

Parágrafo único. O disposto no inciso V do *caput* deste artigo não se aplica ao tempo de serviço anterior à edição da Emenda Constitucional nº 20, de 15 de dezembro de 1998, que tenha sido equiparado por lei a tempo de contribuição. (Incluído pela Lei nº 13.846/2019)

Art. 97. A aposentadoria por tempo de serviço, com contagem de tempo na forma desta Seção, será concedida ao segurado do sexo feminino a partir de 25 (vinte e cinco) anos completos de serviço, e, ao segurado do sexo masculino, a partir de 30 (trinta) anos completos de serviço, ressalvadas as hipóteses de redução previstas em lei.

Art. 98. Quando a soma dos tempos de serviço ultrapassar 30 (trinta) anos, se do sexo feminino, e 35 (trinta e cinco) anos, se do sexo masculino, o excesso não será considerado para qualquer efeito.

Art. 99. O benefício resultante de contagem de tempo de serviço na forma desta Seção será concedido e pago pelo sistema a que o interessado estiver vinculado ao requerê-lo, e calculado na forma da respectiva legislação.

SEÇÃO VIII. DAS DISPOSIÇÕES DIVERSAS RELATIVAS ÀS PRESTAÇÕES

Art. 100. (VETADO)

Art. 101. O segurado em gozo de auxílio-doença, aposentadoria por invalidez e o pensionista inválido estão obrigados, sob pena de suspensão do benefício, a submeter-se a exame médico a cargo da Previdência Social, processo de reabilitação profissional por ela prescrito e custeado, e tratamento dispensado gratuitamente, exceto o cirúrgico e a transfusão de sangue, que são facultativos. (Redação dada pela Lei nº 9.032, de 1995)

§ 1º O aposentado por invalidez e o pensionista inválido que não tenham retornado à atividade estarão isentos do exame de que trata o *caput* deste artigo: (Redação dada pela lei nº 13.457, de 2017)

I - após completarem cinquenta e cinco anos ou mais de idade e quando decorridos quinze anos da data da concessão da aposentadoria por invalidez ou do auxílio-doença que a precedeu; ou (Incluído pela lei nº 13.457, de 2017)

II - após completarem sessenta anos de idade. (Incluído pela lei nº 13.457, de 2017)

§ 2º. A isenção de que trata o § 1º não se aplica quando o exame tem as seguintes finalidades: (Incluído pela Lei nº 13.063, de 2014)

I – verificar a necessidade de assistência permanente de outra pessoa para a concessão do acréscimo de 25% (vinte e cinco por cento) sobre o valor do benefício, conforme dispõe o art. 45; (Incluído pela Lei nº 13.063, de 2014)

II – verificar a recuperação da capacidade de trabalho, mediante solicitação do aposentado ou pensionista que se julgar apto; (Incluído pela Lei nº 13.063, de 2014)

III – subsidiar autoridade judiciária na concessão de curatela, conforme dispõe o art. 110. (Incluído pela Lei nº 13.063, de 2014)

§ 3º (VETADO). (Incluído pela lei nº 13.457, de 2017)

§ 4º A perícia de que trata este artigo terá acesso aos prontuários médicos do periciado no Sistema Único de Saúde (SUS), desde que haja a prévia anuência do periciado e seja garantido o sigilo sobre os dados dele. (Incluído pela lei nº 13.457, de 2017)

§ 5º É assegurado o atendimento domiciliar e hospitalar pela perícia médica e social do INSS ao segurado com dificuldades de locomoção, quando seu deslocamento, em razão de sua limitação funcional e de condições de acessibilidade,, imponha-lhe ônus desproporcional e indevido, nos termos do regulamento. (Incluído pela lei nº 13.457, de 2017)

Art. 102. A perda da qualidade de segurado importa em caducidade dos direitos inerentes a essa qualidade. (Redação dada pela Lei nº 9.528, de 1997)

§ 1º. A perda da qualidade de segurado não prejudica o direito à aposentadoria para cuja concessão tenham sido preenchidos todos os requisitos, segundo a legislação em vigor à época em que estes requisitos foram atendidos. (Incluído pela Lei nº 9.528, de 1997)

§ 2º. Não será concedida pensão por morte aos dependentes do segurado que falecer após a perda desta qualidade, nos termos do art. 15 desta Lei, salvo se preenchidos os requisitos para obtenção da aposentadoria na forma do parágrafo anterior. (Incluído pela Lei nº 9.528, de 1997)

Art. 103. O prazo de decadência do direito ou da ação do segurado ou beneficiário para a revisão do ato de concessão, indeferimento, cancelamento ou cessação de benefício e do ato de deferimento, indeferimento ou não concessão de revisão de benefício é de 10 (dez) anos, contado: (Redação dada pela Lei nº 13.846/2019)

› Art. 24 da Lei nº 13.486/2019, no que deu nova redação ao art. 103 da Lei n 8.213, de 24/7/1991, declarado inconstitucional, em controle concentrado, pelo Supremo Tribunal Federal, pela ADI nº 6.096 – DOU de 26.10.2020.

I - do dia primeiro do mês subsequente ao do recebimento da primeira prestação ou da data em que a prestação deveria ter sido paga com o valor revisto; ou (Incluído pela Lei nº 13.846/2019)

II - do dia em que o segurado tomar conhecimento da decisão de indeferimento, cancelamento ou cessação do seu pedido de benefício ou da decisão de deferimento ou indeferimento de revisão de benefício, no âmbito administrativo. (Incluído pela Lei nº 13.846/2019)

› Súm. 81 do JEF.

Parágrafo único. Prescreve em cinco anos, a contar da data em que deveriam ter sido pagas, toda e qualquer ação para haver prestações vencidas ou quaisquer restituições ou diferenças devidas pela Previdência Social, salvo o direito dos menores, incapazes e ausentes, na forma do Código Civil. (Incluído pela Lei nº 9.528, de 1997)

Art. 103-A. O direito da Previdência Social de anular os atos administrativos de que decorram efeitos favoráveis para os seus beneficiários decai em dez anos, contados da data em que foram praticados, salvo comprovada má-fé. (Incluído pela Lei nº 10.839, de 2004)

§ 1º. No caso de efeitos patrimoniais contínuos, o prazo decadencial contar-se-á da percepção do primeiro pagamento. (Incluído pela Lei nº 10.839, de 2004)

§ 2º. Considera-se exercício do direito de anular qualquer medida de autoridade administrativa que importe impugnação à validade do ato. (Incluído pela Lei nº 10.839, de 2004)

Art. 104. As ações referentes à prestação por acidente do trabalho prescrevem em 5 (cinco) anos, observado o disposto no art. 103 desta Lei, contados da data:

› Súm. Vinculante 22 do STF.

› Súm. 35 do STF.

› CLT: art. 4º, par. único.

I – do acidente, quando dele resultar a morte ou a incapacidade temporária, verificada esta em perícia médica a cargo da Previdência Social; ou

II – em que for reconhecida pela Previdência Social, a incapacidade permanente ou o agravamento das sequelas do acidente.

Art. 105. A apresentação de documentação incompleta não constitui motivo para recusa do requerimento de benefício.

Art. 106. A comprovação do exercício de atividade rural será feita, complementarmente à autodeclaração de que trata o § 2º e ao cadastro de que trata o § 1º, ambos do art. 38-B desta Lei, por meio de, entre outros: (Redação dada pela Lei nº 13.846/2019)

› Súm. 577 do STJ.

I – contrato individual de trabalho ou Carteira de Trabalho e Previdência Social; (Redação dada pela Lei nº 11.718, de 2008)
II – contrato de arrendamento, parceria ou comodato rural; (Redação dada pela Lei nº 11.718, de 2008)
III – (Revogado pela Lei nº 13.846/2019)
IV – Declaração de Aptidão ao Programa Nacional de Fortalecimento da Agricultura Familiar, de que trata o inciso II do *caput* do art. 2º da Lei nº 12.188, de 11 de janeiro de 2010, ou por documento que a substitua; (Redação dada pela Lei nº 13.846/2019)
V – bloco de notas do produtor rural; (Redação dada pela Lei nº 11.718, de 2008)
VI – notas fiscais de entrada de mercadorias, de que trata o § 7º do art. 30 da Lei nº 8.212, de 24 de julho de 1991, emitidas pela empresa adquirente da produção, com indicação do nome do segurado como vendedor; (Incluído pela Lei nº 11.718, de 2008)
VII – documentos fiscais relativos a entrega de produção rural à cooperativa agrícola, entreposto de pescado ou outros, com indicação do segurado como vendedor ou consignante; (Incluído pela Lei nº 11.718, de 2008)
VIII – comprovantes de recolhimento de contribuição à Previdência Social decorrentes da comercialização da produção; (Incluído pela Lei nº 11.718, de 2008)
IX – cópia da declaração de imposto de renda, com indicação de renda proveniente da comercialização de produção rural; ou (Incluído pela Lei nº 11.718, de 2008)
X – licença de ocupação ou permissão outorgada pelo Incra. (Incluído pela Lei nº 11.718, de 2008)

Art. 107. O tempo de serviço de que trata o art. 55 desta Lei será considerado para cálculo do valor da renda mensal de qualquer benefício.

Art. 108. Mediante justificação processada perante a Previdência Social, observado o disposto no § 3º do art. 55 e na forma estabelecida no Regulamento, poderá ser suprida a falta de documento ou provado ato do interesse de beneficiário ou empresa, salvo no que se refere a registro público.

Art. 109. O benefício será pago diretamente ao beneficiário, salvo em caso de ausência, moléstia contagiosa ou impossibilidade de locomoção, quando será pago a procurador, cujo mandato não terá prazo superior a doze meses, podendo ser renovado. (Redação dada pela Lei nº 8.870, de 1994)

Parágrafo único. A impressão digital do beneficiário incapaz de assinar, aposta na presença de servidor da Previdência Social, vale como assinatura para quitação de pagamento de benefício.

Art. 110. O benefício devido ao segurado ou dependente civilmente incapaz será feito ao cônjuge, pai, mãe, tutor ou curador, admitindo-se, na sua falta e por período não superior a 6 (seis) meses, o pagamento a herdeiro necessário, mediante termo de compromisso firmado no ato do recebimento.

§ 1º Para efeito de curatela, no caso de interdição do beneficiário, a autoridade judiciária pode louvar-se no laudo médico-pericial da Previdência Social. (Redação dada pela Lei nº 13.846/2019)

§ 2º O dependente excluído, na forma do § 7º do art. 16 desta Lei, ou que tenha a parte provisoriamente suspensa, na forma do § 7º do art. 77 desta Lei, não poderá representar outro dependente para fins de recebimento e percepção do benefício. (Incluído pela Lei nº 13.846/2019)

§ 3º O dependente que perde o direito à pensão por morte, na forma do § 1º do art. 74 desta Lei, não poderá representar outro dependente para fins de recebimento e percepção do benefício. (Incluído pela Lei nº 13.846/2019)

Art. 110-A. No ato de requerimento de benefícios operacionalizados pelo INSS, não será exigida apresentação de termo de curatela de titular ou de beneficiário com deficiência, observados os procedimentos a serem estabelecidos em regulamento. (Incluído pela Lei nº 13.146, de 2015)

Art. 111. O segurado menor poderá, conforme dispuser o Regulamento, firmar recibo de benefício, independentemente da presença dos pais ou do tutor.

Art. 112. O valor não recebido em vida pelo segurado só será pago aos seus dependentes habilitados à pensão por morte ou, na falta deles, aos seus sucessores na forma da lei civil, independentemente de inventário ou arrolamento.

Art. 113. O benefício poderá ser pago mediante depósito em conta corrente ou por autorização de pagamento, conforme se dispuser em regulamento.

Parágrafo único. (Revogado pela Lei nº 9.876, de 1999)

Art. 114. Salvo quanto a valor devido à Previdência Social e a desconto autorizado por esta Lei, ou derivado da obrigação de prestar alimentos reconhecida em sentença judicial, o benefício não pode ser objeto de penhora, arresto ou sequestro, sendo nula de pleno direito a sua venda ou cessão, ou a constituição de qualquer ônus sobre ele, bem como a outorga de poderes irrevogáveis ou em causa própria para o seu recebimento.

Art. 115. Podem ser descontados dos benefícios:

I – contribuições devidas pelo segurado à Previdência Social;
II – pagamento administrativo ou judicial de benefício previdenciário ou assistencial indevido, ou além do devido, inclusive na hipótese de cessação do benefício pela revogação de decisão judicial, em valor que não exceda 30% (trinta por cento) da sua importância, nos termos do regulamento; (Redação dada pela Lei nº 13.846/2019)
III – Imposto de Renda retido na fonte;
IV – pensão de alimentos decretada em sentença judicial;
V – mensalidades de associações e demais entidades de aposentados legalmente reconhecidas, desde que autorizadas por seus filiados.
VI – pagamento de empréstimos, financiamentos, cartões de crédito e operações de arrendamento mercantil concedidos por instituições financeiras e sociedades de arrendamento mercantil, ou por entidades fechadas ou abertas de previdência complementar, públicas e privadas, quando expressamente autorizado pelo beneficiário, até o limite de 35% (trinta e cinco por cento) do valor do benefício, sendo 5% (cinco por cento) destinados exclusivamente para: (Redação dada pela Lei nº 13.183, de 2015)
a) amortização de despesas contraídas por meio de cartão de crédito; ou (Redação dada pela Lei nº 13.183, de 2015)
b) utilização com a finalidade de saque por meio do cartão de crédito. (Redação dada pela Lei nº 13.183, de 2015)

§ 1º. Na hipótese do inciso II, o desconto será feito em parcelas, conforme dispuser o regulamento, salvo má-fé. (Renumerado do Parágrafo único pela Lei nº 10.820, de 2003)

§ 2º. Na hipótese dos incisos II e VI, haverá prevalência do desconto do inciso II. (Incluído pela Lei nº 10.820, de 2003)

§ 3º Serão inscritos em dívida ativa pela Procuradoria-Geral Federal os créditos constituídos pelo INSS em decorrência de benefício previdenciário ou assistencial pago indevidamente ou além do devido, inclusive na hipótese de cessação do benefício pela revogação de decisão judicial, nos termos da Lei nº 6.830, de 22 de setembro de 1980, para a execução judicial. (Redação dada pela Lei nº 13.846/2019)

§ 4º Será objeto de inscrição em dívida ativa, para os fins do disposto no § 3º deste artigo, em conjunto ou separadamente, o terceiro beneficiado que sabia ou deveria saber da origem do benefício pago indevidamente em razão de fraude, de dolo ou de coação, desde que devidamente identificado em procedimento administrativo de responsabilização. (Incluído pela ei nº 13.846/2019)

§ 5º O procedimento de que trata o § 4º deste artigo será disciplinado em regulamento, nos termos da Lei nº 9.784, de 29 de janeiro de 1999, e no art. 27 do Decreto-Lei nº 4.657, de 4 de setembro de 1942. (Incluído pela Lei nº 13.846/2019)

§ 6º Na hipótese prevista no inciso V do *caput* deste artigo, a autorização do desconto deverá ser revalidada a cada 3 (três) anos, a partir de 31 de dezembro de 2021, nos termos do regulamento. (Incluído pela Lei nº 13.846/2019)

Art. 116. Será fornecido ao beneficiário demonstrativo minucioso das importâncias pagas, discriminando-se o valor da mensalidade, as diferenças eventualmente pagas com o período a que se referem e os descontos efetuados.

Art. 117. Empresas, sindicatos e entidades fechadas de previdência complementar poderão, mediante celebração de acordo de cooperação técnica com o INSS, encarregar-se, relativamente a seus empregados, associados ou beneficiários, de requerer benefícios previdenciários por meio eletrônico, preparando-os e instruindo-os nos termos do acordo. *(Alterado pela Lei 14.020/2020)*

I - *(Revogado pela Lei 14.020/2020);*

II - *(Revogado pela Lei 14.020/2020);*

III - *(Revogado pela Lei 14.020/2020).*

Parágrafo único. *(Revogado pela Lei 14.020/2020)*

Art. 117-A. Empresas, sindicatos e entidades fechadas de previdência complementar poderão realizar o pagamento integral dos benefícios previdenciários devidos a seus beneficiários, mediante celebração de contrato com o INSS, dispensada a licitação. *(Incluído pela Lei 14.020/2020)*

§ 1º Os contratos referidos no *caput* deste artigo deverão prever as mesmas obrigações, condições e valores devidos pelas instituições financeiras responsáveis pelo pagamento dos benefícios pelo INSS.

§ 2º As obrigações, condições e valores referidos no § 1º deste artigo serão definidos em ato próprio do INSS.

Art. 118. O segurado que sofreu acidente do trabalho tem garantida, pelo prazo mínimo de doze meses, a manutenção do seu contrato de trabalho na empresa, após a cessação do auxílio-doença acidentário, independentemente de percepção de auxílio-acidente.

Parágrafo único. (Revogado pela Lei nº 9.032, de 1995)

Art. 119. Por intermédio dos estabelecimentos de ensino, sindicatos, associações de classe, Fundação Jorge Duprat Figueiredo de Segurança e Medicina do Trabalho-FUNDACENTRO, órgãos públicos e outros meios, serão promovidas regularmente instrução e formação com vistas a incrementar costumes e atitudes prevencionistas em matéria de acidente, especialmente do trabalho.

Art. 120. A Previdência Social ajuizará ação regressiva contra os responsáveis nos casos de: (Redação dada pela Lei 13.846/2019)

I - negligência quanto às normas padrão de segurança e higiene do trabalho indicadas para a proteção individual e coletiva; (Inciso acrescido pela Lei 13.846/2019)

II - violência doméstica e familiar contra a mulher, nos termos da Lei nº 11.340, de 7 de agosto de 2006. (Inciso acrescido pela Lei 13.846/2019)

Art. 121. O pagamento de prestações pela Previdência Social em decorrência dos casos previstos nos incisos I e II do *caput* do art. 120 desta Lei não exclui a responsabilidade civil da empresa, no caso do inciso I, ou do responsável pela violência doméstica e familiar, no caso do inciso II. (Artigo com redação dada pela Lei 13.846/2019)

Art. 122. Se mais vantajoso, fica assegurado o direito à aposentadoria, nas condições legalmente previstas na data do cumprimento de todos os requisitos necessários à obtenção do benefício, ao segurado que, tendo completado 35 anos de serviço, se homem, ou trinta anos, se mulher, optou por permanecer em atividade. (Redação dada pela Lei nº 9.528, de 1997)

Art. 123. (Revogado pela Lei nº 9.032, de 1995)

Art. 124. Salvo no caso de direito adquirido, não é permitido o recebimento conjunto dos seguintes benefícios da Previdência Social:

I – aposentadoria e auxílio-doença;

II – mais de uma aposentadoria; (Redação dada pela Lei nº 9.032, de 1995)

III – aposentadoria e abono de permanência em serviço;

IV – salário-maternidade e auxílio-doença; (Incluído pela Lei nº 9.032, de 1995)

V – mais de um auxílio-acidente; (Incluído pela Lei nº 9.032, de 1995)

VI – mais de uma pensão deixada por cônjuge ou companheiro, ressalvado o direito de opção pela mais vantajosa. (Incluído pela Lei nº 9.032, de 1995)

Parágrafo único. É vedado o recebimento conjunto do seguro-desemprego com qualquer benefício de prestação continuada da Previdência Social, exceto pensão por morte ou auxílio-acidente. (Incluído pela Lei nº 9.032, de 1995)

Art. 124-A. O INSS implementará e manterá processo administrativo eletrônico para requerimento de benefícios e serviços e disponibilizará canais eletrônicos de atendimento. (Redação dada pela Lei 13.846/2019)

§ 1º O INSS facilitará o atendimento, o requerimento, a concessão, a manutenção e a revisão de benefícios por meio eletrônico e implementará procedimentos automatizados, de atendimento e prestação de serviços por meio de atendimento telefônico ou de canais remotos. (Acrescido pela Lei 13.846/2019)

§ 2º Poderão ser celebrados acordos de cooperação, na modalidade de adesão, com órgãos e entidades da União, dos Estados, do Distrito Federal e dos Municípios, para a recepção de documentos e o apoio administrativo às atividades do INSS que demandem serviços presenciais. (Acrescido pela Lei 13.846/2019)

§ 3º A implementação de serviços eletrônicos preverá mecanismos de controle preventivos de fraude e de identificação segura do cidadão. (Acrescido pela Lei 13.846/2019)

Art. 124-B. O INSS, para o exercício de suas competências, observado o disposto nos incisos XI e XII do art. 5º da Constituição Federal e na Lei nº 13.709, de 14 de agosto de 2018, terá acesso aos dados necessários para a análise, a concessão, a revisão e a manutenção de benefícios por ele administrados, em especial aos dados: (Redação dada pela Lei 13.846/2019)

I - (VETADO na Lei 13.846/2019)

II - dos registros e dos prontuários eletrônicos do Sistema Único de Saúde (SUS), administrados pelo Ministério da Saúde; (Acrescido pela Lei 13.846/2019)

III - dos documentos médicos mantidos por entidades públicas e privadas, sendo necessária, no caso destas últimas, a celebração de convênio para garantir o acesso; e (Acrescido pela Lei 13.846/2019)

IV - de movimentação das contas do Fundo de Garantia por Tempo de Serviço (FGTS), instituído pela Lei nº 5.107, de 13 de setembro de 1966, mantidas pela Caixa Econômica Federal. (Acrescido pela Lei 13.846/2019)

§ 1º Para fins do cumprimento do disposto no *caput* deste artigo, serão preservados a integridade e o sigilo dos dados acessados pelo INSS, eventualmente existentes, e o acesso aos dados dos prontuários eletrônicos do Sistema Único de Saúde (SUS) e dos documentos médicos mantidos por entidades públicas e privadas será exclusivamente franqueado aos peritos médicos federais designados pelo INSS. (Redação dada pela Lei 13.846/2019)

§ 2º O Ministério da Economia terá acesso às bases de dados geridas ou administradas pelo INSS, incluída a folha de pagamento de benefícios com o detalhamento dos pagamentos. (Acrescido pela Lei 13.846/2019)

§ 3º As bases de dados e as informações de que tratam o *caput* e o § 1º deste artigo poderão ser compartilhadas com os regimes próprios de previdência social, para estrita utilização em suas atribuições relacionadas à recepção, à análise, à concessão, à revisão e à manutenção de benefícios por eles administrados, preservados a integridade dos dados e o sigilo eventualmente existente, na forma disciplinada conjuntamente pela Secretaria Especial de Previdência e Trabalho do Ministério da Economia e pelo gestor dos dados. (Acrescido pela Lei 13.846/2019)

§ 4º Fica dispensada a celebração de convênio, de acordo de cooperação técnica ou de instrumentos congêneres para a efetivação do acesso aos dados de que trata o *caput* deste artigo, quando se tratar de dados hospedados por órgãos da administração pública federal, e caberá ao INSS a responsabilidade de arcar com os custos envolvidos, quando houver, no acesso ou na extração dos dados, exceto quando estabelecido de forma diversa entre os órgãos envolvidos. (Acrescido pela Lei 13.846/2019)

§ 5º As solicitações de acesso a dados hospedados por entidades privadas possuem característica de requisição, dispensados a celebração de convênio, acordo de cooperação técnica ou instrumentos congêneres para a efetivação do acesso aos dados de que trata o *caput* deste artigo e o ressarcimento de eventuais custos, vedado o compartilhamento dos dados com demais entidades de direito privado. (Redação dada pela Lei 13.846/2019)

Art. 124-C. O servidor responsável pela análise dos pedidos dos benefícios previstos nesta Lei motivará suas decisões ou opiniões técnicas e responderá pessoalmente apenas na hipótese de dolo ou erro grosseiro. (Acrescido pela Lei 13.846/2019)

Art. 124-D A administração pública federal desenvolverá ações de segurança da informação e comunicações, incluídas as de segurança cibernética, de segurança das infraestruturas, de qualidade dos dados e de segurança de interoperabilidade de bases governamentais, e efetuará a sua integração, inclusive com as bases de dados e informações dos Estados, dos Municípios e do Distrito Federal, com o objetivo de atenuar riscos e inconformidades em pagamentos de benefícios sociais. (Acrescido pela Lei 13.846/2019)

Art. 124-E. (VETADO na Lei 13.846/2019)

Art. 124-F. (VETADO na Lei 13.846/2019)

TÍTULO IV. DAS DISPOSIÇÕES FINAIS E TRANSITÓRIAS

- Decreto 3.048/1999.

Art. 125. Nenhum benefício ou serviço da Previdência Social poderá ser criado, majorado ou estendido, sem a correspondente fonte de custeio total.

Art. 125-A. Compete ao Instituto Nacional do Seguro Social – INSS realizar, por meio dos seus próprios agentes, quando designados, todos os atos e procedimentos necessários à verificação do atendimento das obrigações não tributárias impostas pela legislação previdenciária e à imposição da multa por seu eventual descumprimento. (Incluído pela Lei nº 11.941, de 2009)

§ 1º. A empresa disponibilizará a servidor designado por dirigente do INSS os documentos necessários à comprovação de vínculo empregatício, de prestação de serviços e de remuneração relativos a trabalhador previamente identificado. (Incluído pela Lei nº 11.941, de 2009)

§ 2º. Aplica-se ao disposto neste artigo, no que couber, o art. 126 desta Lei. (Incluído pela Lei nº 11.941, de 2009)

§ 3º. O disposto neste artigo não abrange as competências atribuídas em caráter privativo aos ocupantes do cargo de Auditor-Fiscal da Receita Federal do Brasil previstas no inciso I do *caput* do art. 6º da Lei nº 10.593, de 6 de dezembro de 2002. (Incluído pela Lei nº 11.941, de 2009)

Art. 126. Compete ao Conselho de Recursos da Previdência Social julgar, entre outras demandas, na forma do regulamento: (Redação dada pela Lei 13.876/2019)

I - recursos das decisões do INSS nos processos de interesse dos beneficiários; (Inciso acrescido pela Lei 13.846/2019)

II - contestações e recursos relativos à atribuição, pelo Ministério da Economia, do Fator Acidentário de Prevenção aos estabelecimentos das empresas; (Inciso acrescido pela Lei 13.846/2019)

III - recursos das decisões do INSS relacionados à comprovação de atividade rural de segurado especial de que tratam os arts. 38-A e 38-B, ou demais informações relacionadas ao CNIS de que trata o art. 29-A desta Lei. (Inciso acrescido pela Lei 13.846/2019)

IV - recursos de processos relacionados à compensação financeira de que trata a Lei nº 9.796, de 5 de maio de 1999, e à supervisão e à fiscalização dos regimes próprios de previdência social de que trata a Lei nº 9.717, de 27 de novembro de 1998. (Acrescido pela Lei 13.876/2019)

§ 1º. (Revogado pela Lei nº 11.727, de 2008)

§ 2º. (Revogado pela Lei nº 11.727, de 2008)

§ 3º A propositura de ação que tenha por objeto idêntico pedido sobre o qual versa o processo administrativo importa renúncia ao direito de recorrer na esfera administrativa e desistência do recurso interposto. (Redação dada pela Lei 13.846/2019)

Art. 127. (*Revogado pela Lei nº 9.711, de 1998*)

Art. 128. As demandas judiciais que tiverem por objeto o reajuste ou a concessão de benefícios regulados nesta Lei cujos valores de execução não forem superiores a R$ 5.180,25 (cinco mil, cento e oitenta reais e vinte e cinco centavos) por autor poderão, por opção de cada um dos exequentes, ser quitadas no prazo de até sessenta dias após a intimação do trânsito em julgado da decisão, sem necessidade da expedição de precatório. (Redação dada pela Lei nº 10.099, de 2000)

- art. 8º, p.u., Port. SEPRT/ME 477, 2021 (O valor das demandas judiciais de que trata o este artigo, é limitado em R$ 66.000,00, a partir de 1º-1-2021).

§ 1º. É vedado o fracionamento, repartição ou quebra do valor da execução, de modo que o pagamento se faça, em parte, na forma estabelecida no *caput* e, em parte, mediante expedição do precatório. (Incluído pela Lei nº 10.099, de 2000)

§ 2º. É vedada a expedição de precatório complementar ou suplementar do valor pago na forma do *caput.* (Incluído pela Lei nº 10.099, de 2000)

§ 3º. Se o valor da execução ultrapassar o estabelecido no *caput*, o pagamento far-se-á sempre por meio de precatório. (Incluído pela Lei nº 10.099, de 2000)

§ 4º. É facultada à parte exequente a renúncia ao crédito, no que exceder ao valor estabelecido no *caput*, para que possa optar pelo pagamento do saldo sem o precatório, na forma ali prevista. (Incluído pela Lei nº 10.099, de 2000)

§ 5º. A opção exercida pela parte para receber os seus créditos na forma prevista no *caput* implica a renúncia do restante dos créditos porventura existentes e que sejam oriundos do mesmo processo. (Incluído pela Lei nº 10.099, de 2000)

§ 6º. O pagamento sem precatório, na forma prevista neste artigo, implica quitação total do pedido constante da petição inicial e determina a extinção do processo. (Incluído pela Lei nº 10.099, de 2000)

§ 7º. O disposto neste artigo não obsta a interposição de embargos à execução por parte do INSS. (Incluído pela Lei nº 10.099, de 2000)

Art. 129. Os litígios e medidas cautelares relativos a acidentes do trabalho serão apreciados:

I – na esfera administrativa, pelos órgãos da Previdência Social, segundo as regras e prazos aplicáveis às demais prestações, com prioridade para conclusão; e

II – na via judicial, pela Justiça dos Estados e do Distrito Federal, segundo o rito sumaríssimo, inclusive durante as férias forenses, mediante petição instruída pela prova de efetiva notificação do evento à Previdência Social, através de Comunicação de Acidente do Trabalho–CAT.

Parágrafo único. O procedimento judicial de que trata o inciso II deste artigo é isento do pagamento de quaisquer custas e de verbas relativas à sucumbência.

Art. 130. Na execução contra o Instituto Nacional do Seguro Social-INSS, o prazo a que se refere o art. 730 do Código de Processo Civil é de trinta dias. (Redação dada pela Lei nº 9.528, de 1997)

- Refere-se ao CPC/1973.
- CPC/15: arts. 535 e 910.

Parágrafo único. (*Revogado pela Lei nº 9.528, de 1997*)

Art. 131. O Ministro da Previdência e Assistência Social poderá autorizar o INSS a formalizar a desistência ou abster-se de propor ações e recursos em processos judiciais sempre que a ação versar matéria sobre a qual haja declaração de inconstitucionalidade proferida pelo Supremo Tribunal Federal – STF, Súm. ou jurisprudência consolidada do STF ou dos tribunais superiores. (Redação dada pela Lei nº 9.528, de 1997)

Parágrafo único. O Ministro da Previdência e Assistência Social disciplinará as hipóteses em que a administração previdenciária federal, relativamente aos créditos previdenciários baseados em dispositivo declarado inconstitucional por decisão definitiva do Supremo Tribunal Federal, possa: (Incluído pela Lei nº 9.528, de 1997)

a) abster-se de constituí-los; (Incluído pela Lei nº 9.528, de 1997)

b) retificar o seu valor ou declará-los extintos, de ofício, quando houverem sido constituídos anteriormente, ainda que inscritos em dívida ativa; (Incluído pela Lei nº 9.528, de 1997)

c) formular desistência de ações de execução fiscal já ajuizadas, bem como deixar de interpor recursos de decisões judiciais. (Incluído pela Lei nº 9.528, de 1997)

Art. 132. A formalização de desistência ou transigência judiciais, por parte de procurador da Previdência Social, será sempre precedida da anuência, por escrito, do Procurador-Geral do Instituto Nacional do Seguro Social INSS, ou do presidente desse órgão, quando os valores em litígio ultrapassarem os limites definidos pelo Conselho Nacional de Previdência Social – CNPS.

§ 1º. Os valores, a partir dos quais se exigirá a anuência do Procurador-Geral ou do presidente do INSS, serão definidos periodicamente pelo CNPS, através de resolução própria.

§ 2º. Até que o CNPS defina os valores mencionados neste artigo, deverão ser submetidos à anuência prévia do Procurador-Geral ou do presidente do INSS a formalização de desistência ou transigência judiciais, quando os valores, referentes a cada segurado considerado separadamente, superarem, respectivamente, 10 (dez) ou 30 (trinta) vezes o teto do salário de benefício.

Art. 133. A infração a qualquer dispositivo desta Lei, para a qual não haja penalidade expressamente cominada, sujeita o responsável, conforme a gravidade da infração, à multa variável de Cr$ 100.000,00 (cem mil cruzeiros) a Cr$ 10.000.000,00 (dez milhões de cruzeiros). Atualizações decorrentes de normas de hierarquia inferior

▸ Art. 8º, IV, Port. SEPRT/ME 477, 2021 (o valor da multa indicada no inciso II do art. 283 do RPS é de R$ 26.565,90).

Parágrafo único. (*Revogado pela Lei nº 11.941, de 2009*)

Art. 134. Os valores expressos em moeda corrente nesta Lei serão reajustados nas mesmas épocas e com os mesmos índices utilizados para o reajustamento dos valores dos benefícios. (Redação dada pela Medida Provisória nº 2.187-13, de 2001)

Art. 135. Os salários de contribuição utilizados no cálculo do valor de benefício serão considerados respeitando-se os limites mínimo e máximo vigentes nos meses a que se referirem.

Art. 136. Ficam eliminados o menor e o maior valor-teto para cálculo do salário de benefício.

Art. 137. Fica extinto o Programa de Previdência Social aos Estudantes, instituído pela Lei nº 7.004, de 24 de junho de 1982, mantendo-se o pagamento dos benefícios de prestação continuada com data de início até a entrada em vigor desta Lei.

Art. 138. Ficam extintos os regimes de Previdência Social instituídos pela Lei Complementar nº 11, de 25 de maio de 1971, e pela Lei nº 6.260, de 6 de novembro de 1975, sendo mantidos, com valor não inferior ao do salário mínimo, os benefícios concedidos até a vigência desta Lei.

Parágrafo único. Para os que vinham contribuindo regularmente para os regimes a que se refere este artigo, será contado o tempo de contribuição para fins do Regime Geral de Previdência Social, conforme disposto no Regulamento.

Art. 139. (*Revogado pela Lei nº 9.528, de 1997*)

Art. 140. (*Revogado pela Lei nº 9.528, de 1997*)

Art. 141. (*Revogado pela Lei nº 9.528, de 1997*)

Art. 142. Para o segurado inscrito na Previdência Social Urbana até 24 de julho de 1991, bem como para o trabalhador e o empregador rural cobertos pela Previdência Social Rural, a carência das aposentadorias por idade, por tempo de serviço e especial obedecerá à seguinte tabela, levando-se em conta o ano em que o segurado implementou todas as condições necessárias à obtenção do benefício: (Redação dada pela Lei nº 9.032, de 1995)

Ano de implementação das condições	Meses de contribuição exigidos
1991	60 meses
1992	60 meses
1993	66 meses
1994	72 meses
1995	78 meses
1996	90 meses
1997	96 meses
1998	102 meses
1999	108 meses
2000	114 meses
2001	120 meses
2002	126 meses
2003	132 meses
2004	138 meses
2005	144 meses
2006	150 meses
2007	156 meses
2008	162 meses
2009	168 meses
2010	174 meses
2011	180 meses

Art. 143. O trabalhador rural ora enquadrado como segurado obrigatório no Regime Geral de Previdência Social, na forma da alínea *a* do inciso I, ou do inciso IV ou VII do art. 11 desta Lei, pode requerer aposentadoria por idade, no valor de um salário mínimo, durante 15 (quinze) anos, contados a partir da data de vigência desta Lei, desde que comprove o exercício de atividade rural, ainda que descontínua, no período imediatamente anterior ao requerimento do benefício, em número de meses idêntico à carência do referido benefício. (Redação dada pela Lei nº 9.063, de 1995)

▸ Lei 11.718/2008: arts. 2º e 3º, I.

Art. 144. Até 1º de junho de 1992, todos os benefícios de prestação continuada concedidos pela Previdência Social, entre 5 de outubro de 1988 e 5 de abril de 1991, devem ter sua renda mensal inicial recalculada e reajustada, de acordo com as regras estabelecidas nesta lei. (Eficácia suspensa pela MP 2.187-13/2001)

Parágrafo único. A renda mensal recalculada de acordo com o disposto no *caput* deste artigo, substituirá para todos os efeitos a que prevalecia até então, não sendo devido, entretanto, o pagamento de quaisquer diferenças decorrentes da aplicação deste artigo referentes às competências de outubro de 1988 a maio de 1992. (Eficácia suspensa pela MP 2.187-13/2001)

Art. 145. Os efeitos desta lei retroagirão a 5 de abril de 1991, devendo os benefícios de prestação continuada concedidos pela Previdência Social a partir de então, terem, no prazo máximo de 30 (trinta) dias, suas rendas mensais iniciais recalculadas e atualizadas de acordo com as regras estabelecidas nesta lei. (Eficácia suspensa pela MP 2.187-13/2001)

Parágrafo único. As rendas mensais resultantes da aplicação do disposto neste artigo, substituirão, para todos os efeitos, as que prevaleciam até então, devendo as diferenças de valor apuradas serem pagas, a partir do dia seguinte ao término do prazo estipulado *no caput* deste artigo, em artigo, em até 24 (vinte e quatro) parcelas mensais consecutivas reajustadas nas mesmas épocas e na mesma proporção em que forem reajustados os benefícios de prestação continuada da Previdência Social. (Eficácia suspensa pela MP 2.187-13/2001)

Art. 146. As rendas mensais de benefícios pagos pela Previdência Social incorporarão, a partir de 1° de setembro de 1991, o abono definido na alínea *b* do § 6° do art. 9° da Lei nº 8.178, de 1° de março de 1991, e terão, a partir dessa data, seus valores alterados de acordo com o disposto nesta Lei. (Eficácia suspensa pela MP 2.187-13/2001)

Art. 147. Serão respeitadas as bases de cálculo para a fixação dos valores referentes às aposentadorias especiais, deferidas até à data da publicação desta Lei. (Eficácia suspensa pela MP 2.187-13/2001)

Art. 148. (*Revogado pela Lei nº 9.528, de 1997*)

Art. 149. As prestações, e o seu financiamento, referentes aos benefícios de ex-combatente e de ferroviário servidor público ou autárquico federal ou em regime especial que não optou pelo regime da Consolidação das Leis do Trabalho, na forma da Lei 6.184, de 11 de dezembro de 1974, bem como seus dependentes, serão objeto de legislação específica.

Art. 150. (*Revogado pela Lei nº 10.559, de 2002*)

Art. 151. Até que seja elaborada a lista de doenças mencionada no inciso II do art. 26, independe de carência a concessão de auxílio-doença e de aposentadoria por invalidez ao segurado que, após filiar-se ao RGPS, for acometido das seguintes doenças: tuberculose ativa, hanseníase, alienação mental, esclerose múltipla, hepatopatia grave, neoplasia maligna, cegueira, paralisia irreversível e incapacitante, cardiopatia grave, doença de Parkinson, espondiloartrose anquilosante, nefropatia grave, estado avançado da doença de Paget (osteíte deformante), síndrome da deficiência imunológica adquirida (aids) ou contaminação por radiação, com base em conclusão da medicina especializada. (Redação dada pela Lei 13.135/2015)

Art. 152 (Revogado pela Lei nº 9.528, de 1997)

Art. 153. O Regime Facultativo Complementar de Previdência Social será objeto de lei especial, a ser submetida à apreciação do Congresso Nacional dentro do prazo de 180 (cento e oitenta) dias.

Art. 154. O Poder Executivo regulamentará esta Lei no prazo de 60 (sessenta) dias a partir da data da sua publicação.

Art. 155. Esta Lei entra em vigor na data de sua publicação.

Art. 156. Revogam-se as disposições em contrário.

Brasília, em 24 de julho de 1991; 170º da Independência e 103º da República.

FERNANDO COLLOR

D.O.U. 25.7.1991, rep. 11.4.1996 e 14.8.1998

LEI Nº 8.245, DE 18 DE OUTUBRO DE 1991

Dispõe sobre as locações dos imóveis urbanos e os procedimentos a elas pertinentes.

› *Lei de locação*

O PRESIDENTE DA REPÚBLICA, faço saber que o Congresso Nacional decreta e eu sanciono a seguinte Lei:

TÍTULO I. DA LOCAÇÃO

CAPÍTULO I. DISPOSIÇÕES GERAIS

SEÇÃO I. DA LOCAÇÃO EM GERAL

Art. 1º. A locação de imóvel urbano regula-se pelo disposto nesta Lei.

Parágrafo único. Continuam regulados pelo Código Civil e pelas leis especiais:

› CC: arts. 565 a 578, e 2.036.

› a) as locações:

1. de imóveis de propriedade da União, dos Estados e dos Municípios, de suas autarquias e fundações públicas;

› Decreto-lei 9.760/1946: arts. 64 a 75.

2. de vagas autônomas de garagem ou de espaços para estacionamento de veículos;

› CC: arts. 1.338 a 1.340.

› Lei 4.591/1964: art. 2º.

3. de espaços destinados à publicidade;

4. em *apart*-hotéis, hotéis-residência ou equiparados, assim considerados aqueles que prestam serviços regulares a seus usuários e como tais sejam autorizados a funcionar;

b) o arrendamento mercantil, em qualquer de suas modalidades.

Art. 2º. Havendo mais de um locador ou mais de um locatário, entende-se que são solidários se o contrário não se estipulou.

› CC: arts. 264 a 266.

Parágrafo único. Os ocupantes de habitações coletivas multifamiliares presumem-se locatários ou sublocatários.

Art. 3º. O contrato de locação pode ser ajustado por qualquer prazo, dependendo de vênia conjugal, se igual ou superior a 10 (dez) anos.

Parágrafo único. Ausente a vênia conjugal, o cônjuge não estará obrigado a observar o prazo excedente.

› CC: arts. 1.647 a 1.649.

Art. 4º. Durante o prazo estipulado para a duração do contrato, não poderá o locador reaver o imóvel alugado. Com exceção ao que estipula o § 2º do art. 54-A, o locatário, todavia, poderá devolvê-lo, pagando a multa pactuada, proporcional ao período de cumprimento do contrato, ou, na sua falta, a que for judicialmente estipulada. (Redação dada pela Lei nº 12.744, de 2012)

Parágrafo único. O locatário ficará dispensado da multa se a devolução do imóvel decorrer de transferência, pelo seu empregador, privado ou público, para prestar serviços em localidades diversas daquela do início do contrato, e se notificar, por escrito, o locador com prazo de, no mínimo, 30 (trinta) dias de antecedência.

Art. 5º. Seja qual for o fundamento do término da locação, a ação do locador para reaver o imóvel é a de despejo.

› CC: art. 570.

Parágrafo único. O disposto neste artigo não se aplica se a locação termina em decorrência de desapropriação, com a imissão do expropriante na posse do imóvel.

› Decreto-lei 3.365/1941: Dispõe sobre desapropriações por utilidade pública.

Art. 6º. O locatário poderá denunciar a locação por prazo indeterminado mediante aviso por escrito ao locador, com antecedência mínima de 30 (trinta) dias.

Parágrafo único. Na ausência do aviso, o locador poderá exigir quantia correspondente a um mês de aluguel e encargos, vigentes quando da resilição.

Art. 7º. Nos casos de extinção de usufruto ou de fideicomisso, a locação celebrada pelo usufrutuário ou fiduciário poderá ser denunciada, com o prazo de 30 (trinta) dias para a desocupação, salvo se tiver havido aquiescência escrita do nu-proprietário ou do fideicomissário, ou se a propriedade estiver consolidada em mãos do usufrutuário ou do fiduciário.

› CC: arts. 1.410, 1.411, e 1.951 a 1.958.

Parágrafo único. A denúncia deverá ser exercitada no prazo de 90 (noventa) dias contados da extinção do fideicomisso ou da averbação da extinção do usufruto, presumindo-se, após esse prazo, a concordância na manutenção da locação.

Art. 8º. Se o imóvel for alienado durante a locação, o adquirente poderá denunciar o contrato, com o prazo de 90 (noventa) dias para a desocupação, salvo se a locação for por tempo determinado e o contrato contiver cláusula de vigência em caso de alienação e estiver averbado junto à matrícula do imóvel.

› Súm. 442 do STF.

§ 1º. Idêntico direito terá o promissário comprador e o promissário cessionário, em caráter irrevogável, com imissão na posse do imóvel e título registrado junto à matrícula do mesmo.

§ 2º. A denúncia deverá ser exercitada no prazo de 90 (noventa) dias contados do registro da venda ou do compromisso, presumindo-se, após esse prazo, a concordância na manutenção da locação.

Art. 9º. A locação também poderá ser desfeita:

I – por mútuo acordo;

II – em decorrência da prática de infração legal ou contratual;

III – em decorrência da falta de pagamento do aluguel e demais encargos;

IV – para a realização de reparações urgentes determinadas pelo Poder Público, que não possam ser normalmente executadas com a permanência do locatário no imóvel ou, podendo, ele se recuse a consenti-las.

Art. 10. Morrendo o locador, a locação transmite-se aos herdeiros.

Art. 11. Morrendo o locatário, ficarão sub-rogados nos seus direitos e obrigações:

I – nas locações com finalidade residencial, o cônjuge sobrevivente ou companheiro e, sucessivamente, os herdeiros necessários e as pessoas que viviam na dependência econômica do *de cujus*, desde que residentes no imóvel;

II – nas locações com finalidade não residencial, o espólio e, se for o caso, seu sucessor no negócio.

Art. 12. Em casos de separação de fato, separação judicial, divórcio ou dissolução da união estável, a locação residencial prosseguirá automaticamente com o cônjuge ou companheiro que permanecer no imóvel. (Redação dada pela Lei nº 12.112, de 2009)

§ 1º. Nas hipóteses previstas neste artigo e no art. 11, a sub-rogação será comunicada por escrito ao locador e ao fiador, se esta for a modalidade de garantia locatícia. (Incluído pela Lei nº 12.112, de 2009)

§ 2º. O fiador poderá exonerar-se das suas responsabilidades no prazo de 30 (trinta) dias contado do recebimento da comunicação oferecida pelo sub-rogado, ficando responsável pelos efeitos da fiança durante 120 (cento e vinte) dias após a notificação ao locador. (Incluído pela Lei nº 12.112, de 2009)

Art. 13. A cessão da locação, a sublocação e o empréstimo do imóvel, total ou parcialmente, dependem do consentimento prévio e escrito do locador.

› Súm. 411 do STF.

§ 1º. Não se presume o consentimento pela simples demora do locador em manifestar formalmente a sua oposição.

§ 2º. Desde que notificado por escrito pelo locatário, de ocorrência de uma das hipóteses deste artigo, o locador terá o prazo de 30 (trinta) dias para manifestar formalmente a sua oposição.

§ 3º. (*VETADO*). (Incluído pela Lei nº 12.112, de 2009)

SEÇÃO II.
DAS SUBLOCAÇÕES

Art. 14. Aplicam-se às sublocações, no que couber, as disposições relativas às locações.

Art. 15. Rescindida ou finda a locação, qualquer que seja sua causa, resolvem-se as sublocações, assegurado o direito de indenização do sublocatário contra o sublocador.

Art. 16. O sublocatário responde subsidiariamente ao locador pela importância que dever ao sublocador, quando este for demandado e, ainda, pelos aluguéis que se vencerem durante a lide.

SEÇÃO III.
DO ALUGUEL

Art. 17. É livre a convenção do aluguel, vedada a sua estipulação em moeda estrangeira e a sua vinculação à variação cambial ou ao salário mínimo.

Parágrafo único. Nas locações residenciais serão observados os critérios de reajustes previstos na legislação específica.

Art. 18. É lícito às partes fixar, de comum acordo, novo valor para o aluguel, bem como inserir ou modificar cláusula de reajuste.

Art. 19. Não havendo acordo, o locador ou o locatário, após 3 (três) anos de vigência do contrato ou do acordo anteriormente realizado, poderão pedir revisão judicial do aluguel, a fim de ajustá-lo ao preço de mercado.

Art. 20. Salvo as hipóteses do art. 42 e da locação para temporada, o locador não poderá exigir o pagamento antecipado do aluguel.

Art. 21. O aluguel da sublocação não poderá exceder o da locação; nas habitações coletivas multifamiliares, a soma dos aluguéis não poderá ser superior ao dobro do valor da locação.

Parágrafo único. O descumprimento deste artigo autoriza o sublocatário a reduzir o aluguel até os limites nele estabelecidos.

SEÇÃO IV.
DOS DEVERES DO LOCADOR E DO LOCATÁRIO

Art. 22. O locador é obrigado a:

I – entregar ao locatário o imóvel alugado em estado de servir ao uso a que se destina;

II – garantir, durante o tempo da locação, o uso pacífico do imóvel locado;

III – manter, durante a locação, a forma e o destino do imóvel;

IV – responder pelos vícios ou defeitos anteriores à locação;

V – fornecer ao locatário, caso este solicite, descrição minuciosa do estado do imóvel, quando de sua entrega, com expressa referência aos eventuais defeitos existentes;

VI – fornecer ao locatário recibo discriminado das importâncias por este pagas, vedada a quitação genérica;

VII – pagar as taxas de administração imobiliária, se houver, e de intermediações, nestas compreendidas as despesas necessárias à aferição da idoneidade do pretendente ou de seu fiador;

VIII – pagar os impostos e taxas, e ainda o prêmio de seguro complementar contra fogo, que incidam ou venham a incidir sobre o imóvel, salvo disposição expressa em contrário no contrato;

IX – exibir ao locatário, quando solicitado, os comprovantes relativos às parcelas que estejam sendo exigidas;

X – pagar as despesas extraordinárias de condomínio.

Parágrafo único. Por despesas extraordinárias de condomínio se entendem aquelas que não se refiram aos gastos rotineiros de manutenção do edifício, especialmente:

a) obras de reformas ou acréscimos que interessem à estrutura integral do imóvel;

b) pintura das fachadas, empenas, poços de aeração e iluminação, bem como das esquadrias externas;

c) obras destinadas a repor as condições de habitabilidade do edifício;

d) indenizações trabalhistas e previdenciárias pela dispensa de empregados, ocorridas em data anterior ao início da locação;

e) instalação de equipamentos de segurança e de incêndio, de telefonia, de intercomunicação, de esporte e de lazer;

f) despesas de decoração e paisagismo nas partes de uso comum;

g) constituição de fundo de reserva.

Art. 23. O locatário é obrigado a:

I – pagar pontualmente o aluguel e os encargos da locação, legal ou contratualmente exigíveis, no prazo estipulado ou, em sua falta, até o sexto dia útil do mês seguinte ao vencido, no imóvel locado, quando outro local não tiver sido indicado no contrato;

II – servir-se do imóvel para o uso convencionado ou presumido, compatível com a natureza deste e com o fim a que se destina, devendo tratá-lo com o mesmo cuidado como se fosse seu;

III – restituir o imóvel, finda a locação, no estado em que o recebeu, salvo as deteriorações decorrentes do seu uso normal;

IV – levar imediatamente ao conhecimento do locador o surgimento de qualquer dano ou defeito cuja reparação a este incumba, bem como as eventuais turbações de terceiros;

V – realizar a imediata reparação dos danos verificados no imóvel, ou nas suas instalações, provocados por si, seus dependentes, familiares, visitantes ou prepostos;

VI – não modificar a forma interna ou externa do imóvel sem o consentimento prévio e por escrito do locador;

VII – entregar imediatamente ao locador os documentos de cobrança de tributos e encargos condominiais, bem como qualquer intimação, multa ou exigência de autoridade pública, ainda que dirigida a ele, locatário;

VIII – pagar as despesas de telefone e de consumo de força, luz e gás, água e esgoto;

IX – permitir a vistoria do imóvel pelo locador ou por seu mandatário, mediante combinação prévia, de dia e hora, bem como admitir que seja o mesmo visitado e examinado por terceiros, na hipótese prevista no art. 27;

X – cumprir integralmente a convenção de condomínio e os regulamentos internos;

XI – pagar o prêmio do seguro de fiança;

XII – pagar as despesas ordinárias de condomínio.

§ 1º. Por despesas ordinárias de condomínio se entendem as necessárias à administração respectiva, especialmente:

a) salários, encargos trabalhistas, contribuições previdenciárias e sociais dos empregados do condomínio;

b) consumo de água e esgoto, gás, luz e força das áreas de uso comum;

c) limpeza, conservação e pintura das instalações e dependências de uso comum;

d) manutenção e conservação das instalações e equipamentos hidráulicos, elétricos, mecânicos e de segurança, de uso comum;

e) manutenção e conservação das instalações e equipamentos de uso comum destinados à prática de esportes e lazer;

f) manutenção e conservação de elevadores, porteiro eletrônico e antenas coletivas;

g) pequenos reparos nas dependências e instalações elétricas e hidráulicas de uso comum;

h) rateios de saldo devedor, salvo se referentes a período anterior ao início da locação;

i) reposição do fundo de reserva, total ou parcialmente utilizado no custeio ou complementação das despesas referidas nas alíneas anteriores, salvo se referentes a período anterior ao início da locação.

§ 2º. O locatário fica obrigado ao pagamento das despesas referidas no parágrafo anterior, desde que comprovadas a previsão orçamentária e o rateio mensal, podendo exigir a qualquer tempo a comprovação das mesmas.

§ 3º. No edifício constituído por unidades imobiliárias autônomas, de propriedade da mesma pessoa, os locatários ficam obrigados ao pagamento das despesas referidas no § 1º deste artigo, desde que comprovadas.

Art. 24. Nos imóveis utilizados como habitação coletiva multifamiliar, os locatários ou sublocatários poderão depositar judicialmente o aluguel e encargos se a construção for considerada em condições precárias pelo Poder Público.

§ 1º. O levantamento dos depósitos somente será deferido com a comunicação, pela autoridade pública, da regularização do imóvel.

§ 2º. Os locatários ou sublocatários que deixarem o imóvel estarão desobrigados do aluguel durante a execução das obras necessárias à regularização.

§ 3º. Os depósitos efetuados em juízo pelos locatários e sublocatários poderão ser levantados, mediante ordem judicial, para realização das obras ou serviços necessários à regularização do imóvel.

Art. 25. Atribuída ao locatário a responsabilidade pelo pagamento dos tributos, encargos e despesas ordinárias de condomínio, o locador poderá cobrar tais verbas juntamente com o aluguel do mês a que se refiram.

Parágrafo único. Se o locador antecipar os pagamentos, a ele pertencerão as vantagens daí advindas, salvo se o locatário reembolsá-lo integralmente.

Art. 26. Necessitando o imóvel de reparos urgentes, cuja realização incumba ao locador, o locatário é obrigado a consenti-los.

Parágrafo único. Se os reparos durarem mais de 10 (dez) dias, o locatário terá direito ao abatimento do aluguel, proporcional ao período excedente; se mais de 30 (trinta) dias, poderá resilir o contrato.

SEÇÃO V. DO DIREITO DE PREFERÊNCIA

Art. 27. No caso de venda, promessa de venda, cessão ou promessa de cessão de direitos ou dação em pagamento, o locatário tem preferência para adquirir o imóvel locado, em igualdade de condições com terceiros, devendo o locador dar-lhe conhecimento do negócio mediante notificação judicial, extrajudicial ou outro meio de ciência inequívoca.

- Súm. 442 do STF.
- CC: arts. 513 a 520.

Parágrafo único. A comunicação deverá conter todas as condições do negócio e, em especial, o preço, a forma de pagamento, a existência de ônus reais, bem como o local e horário em que pode ser examinada a documentação pertinente.

Art. 28. O direito de preferência do locatário caducará se não manifestada, de maneira inequívoca, sua aceitação integral à proposta, no prazo de 30 (trinta) dias.

Art. 29. Ocorrendo aceitação da proposta, pelo locatário, a posterior desistência do negócio pelo locador acarreta, a este, responsabilidade pelos prejuízos ocasionados, inclusive lucros cessantes.

- CC: art. 427.

Art. 30. Estando o imóvel sublocado em sua totalidade, caberá a preferência ao sublocatário e, em seguida, ao locatário. Se forem vários os sublocatários, a preferência caberá a todos, em comum, ou a qualquer deles, se um só for o interessado.

Parágrafo único. Havendo pluralidade de pretendentes, caberá a preferência ao locatário mais antigo, e, se da mesma data, ao mais idoso.

Art. 31. Em se tratando de alienação de mais de uma unidade imobiliária, o direito de preferência incidirá sobre a totalidade dos bens objeto da alienação.

Art. 32. O direito de preferência não alcança os casos de perda da propriedade ou venda por decisão judicial, permuta, doação, integralização de capital, cisão, fusão e incorporação.

Parágrafo único. Nos contratos firmados a partir de 1º de outubro de 2001, o direito de preferência de que trata este artigo não alcançará também os casos de constituição da propriedade fiduciária e de perda da propriedade ou venda por quaisquer formas de realização de garantia, inclusive mediante leilão extrajudicial, devendo essa condição constar expressamente em cláusula contratual específica, destacando-se das demais por sua apresentação gráfica. (Incluído pela Lei nº 10.931, de 2004)

Art. 33. O locatário preterido no seu direito de preferência poderá reclamar do alienante as perdas e danos ou, depositando o preço e demais despesas do ato de transferência, haver para si o imóvel locado, se o requerer no prazo de 6 (seis) meses, a contar do registro do ato no cartório de imóveis, desde que o contrato de locação esteja averbado pelo menos 30 (trinta) dias antes da alienação junto à matrícula do imóvel.

Parágrafo único. A averbação far-se-á à vista de qualquer das vias do contrato de locação, desde que subscrito também por duas testemunhas.

- Lei 6.015/1973: art. 168, § 1º.

Art. 34. Havendo condomínio no imóvel, a preferência do condômino terá prioridade sobre a do locatário.

- CC: art. 513.

SEÇÃO VI. DAS BENFEITORIAS

Art. 35. Salvo expressa disposição contratual em contrário, as benfeitorias necessárias introduzidas pelo locatário, ainda que não autorizadas pelo locador, bem como as úteis, desde que autorizadas, serão indenizáveis e permitem o exercício do direito de retenção.

- CC: arts. 96, 504, 578 e 1.219.

Art. 36. As benfeitorias voluptuárias não serão indenizáveis, podendo ser levantadas pelo locatário, finda a locação, desde que sua retirada não afete a estrutura e a substância do imóvel.

- CC: arts. 96, § 1º.

SEÇÃO VII. DAS GARANTIAS LOCATÍCIAS

Art. 37. No contrato de locação, pode o locador exigir do locatário as seguintes modalidades de garantia:

- Lei 6.015/1973: art. 167.

I – caução;

- Lei 6.015/1973: art. 167, II, 8.

II – fiança;

- Súm. 214 e 268 do STJ.
- CC: arts. 818 a 839.

III – seguro de fiança locatícia.

IV – cessão fiduciária de quotas de fundo de investimento. (Incluído pela Lei nº 11.196, de 2005)

Parágrafo único. É vedada, sob pena de nulidade, mais de uma das modalidades de garantia num mesmo contrato de locação.

Art. 38. A caução poderá ser em bens móveis ou imóveis.

§ 1º. A caução em bens móveis deverá ser registrada em cartório de títulos e documentos; a em bens imóveis deverá ser averbada à margem da respectiva matrícula.

§ 2º. A caução em dinheiro, que não poderá exceder o equivalente a três meses de aluguel, será depositada em caderneta de poupança, autorizada pelo Poder Público e por ele regulamentada, revertendo em benefício do locatário todas as vantagens dela decorrentes por ocasião do levantamento da soma respectiva.

§ 3º. A caução em títulos e ações deverá ser substituída, no prazo de 30 (trinta) dias, em caso de concordata, falência ou liquidação das sociedades emissoras.

Art. 39. Salvo disposição contratual em contrário, qualquer das garantias da locação se estende até a efetiva devolução do imóvel, ainda que prorrogada a locação por prazo indeterminado, por força desta Lei. (Redação dada pela Lei nº 12.112, de 2009)

Art. 40. O locador poderá exigir novo fiador ou a substituição da modalidade de garantia, nos seguintes casos:

I – morte do fiador;

II – ausência, interdição, recuperação judicial, falência ou insolvência do fiador, declaradas judicialmente; (Redação dada pela Lei nº 12.112, de 2009)

III – alienação ou gravação de todos os bens imóveis do fiador ou sua mudança de residência sem comunicação ao locador;

IV – exoneração do fiador;

V – prorrogação da locação por prazo indeterminado, sendo a fiança ajustada por prazo certo;

VI – desaparecimento dos bens móveis;

VII – desapropriação ou alienação do imóvel.

VIII – exoneração de garantia constituída por quotas de fundo de investimento; (Incluído pela Lei nº 11.196, de 2005)

IX – liquidação ou encerramento do fundo de investimento de que trata o inciso IV do art. 37 desta Lei. (Incluído pela Lei nº 11.196, de 2005)

X – prorrogação da locação por prazo indeterminado uma vez notificado o locador pelo fiador de sua intenção de desoneração, ficando obrigado por todos os efeitos da fiança, durante 120 (cento e vinte) dias após a notificação ao locador. (Incluído pela Lei nº 12.112, de 2009)

Parágrafo único. O locador poderá notificar o locatário para apresentar nova garantia locatícia no prazo de 30 (trinta) dias, sob pena de desfazimento da locação. (Incluído pela Lei nº 12.112, de 2009)

Art. 41. O seguro de fiança locatícia abrangerá a totalidade das obrigações do locatário.

Art. 42. Não estando a locação garantida por qualquer das modalidades, o locador poderá exigir do locatário o pagamento do aluguel e encargos até o sexto dia útil do mês vincendo.

SEÇÃO VIII.
DAS PENALIDADES CRIMINAIS E CIVIS

Art. 43. Constitui contravenção penal, punível com prisão simples de 5 (cinco) dias a 6 (seis) meses ou multa de 3 (três) a 12 (doze) meses do valor do último aluguel atualizado, revertida em favor do locatário:

I – exigir, por motivo de locação ou sublocação, quantia ou valor além do aluguel e encargos permitidos;

II – exigir, por motivo de locação ou sublocação, mais de uma modalidade de garantia num mesmo contrato de locação;

III – cobrar antecipadamente o aluguel, salvo a hipótese do art. 42 e da locação para temporada.

Art. 44. Constitui crime de ação pública, punível com detenção de 3 (três) meses a 1 (um) ano, que poderá ser substituída pela prestação de serviços à comunidade:

I – recusar-se o locador ou sublocador, nas habitações coletivas multifamiliares, a fornecer recibo discriminado do aluguel e encargos;

II – deixar o retomante, dentro de 180 (cento e oitenta) dias após a entrega do imóvel, no caso do inciso III do art. 47, de usá-lo para o fim declarado ou, usando-o, não o fizer pelo prazo mínimo de 1 (um) ano;

III – não iniciar o proprietário, promissário comprador ou promissário cessionário, nos casos do inciso IV do art. 9º, inciso IV do art. 47, inciso I do art. 52 e inciso II do art. 53, a demolição ou a reparação do imóvel, dentro de 60 (sessenta) dias contados de sua entrega;

IV – executar o despejo com inobservância do disposto no § 2º do art. 65.

Parágrafo único. Ocorrendo qualquer das hipóteses previstas neste artigo, poderá o prejudicado reclamar, em processo próprio, multa equivalente a um mínimo de 12 (doze) e um máximo de 24 (vinte e quatro) meses do valor do último aluguel atualizado ou do que esteja sendo cobrado do novo locatário, se realugado o imóvel.

SEÇÃO IX.
DAS NULIDADES

Art. 45. São nulas de pleno direito as cláusulas do contrato de locação que visem a elidir os objetivos da presente Lei, notadamente as que proíbam a prorrogação prevista no art. 47, ou que afastem o direito à renovação, na hipótese do art. 51, ou que imponham obrigações pecuniárias para tanto.

CAPÍTULO II.
DAS DISPOSIÇÕES ESPECIAIS

SEÇÃO I.
DA LOCAÇÃO RESIDENCIAL

Art. 46. Nas locações ajustadas por escrito e por prazo igual ou superior a 30 (trinta) meses, a resolução do contrato ocorrerá findo o prazo estipulado, independentemente de notificação ou aviso.

§ 1º. Findo o prazo ajustado, se o locatário continuar na posse do imóvel alugado por mais de 30 (trinta) dias sem oposição do locador, presumir-se-á prorrogada a locação por prazo indeterminado, mantidas as demais cláusulas e condições do contrato.

§ 2º. Ocorrendo a prorrogação, o locador poderá denunciar o contrato a qualquer tempo, concedido o prazo de 30 (trinta) dias para desocupação.

Art. 47. Quando ajustada verbalmente ou por escrito e com prazo inferior a 30 (trinta) meses, findo o prazo estabelecido, a locação prorroga-se automaticamente, por prazo indeterminado, somente podendo ser retomado o imóvel:

I – nos casos do art. 9º;

II – em decorrência de extinção do contrato de trabalho, se a ocupação do imóvel pelo locatário estiver relacionada com o seu emprego;

III – se for pedido para uso próprio, de seu cônjuge ou companheiro, ou para uso residencial de ascendente ou descendente que não disponha, assim como seu cônjuge ou companheiro, de imóvel residencial próprio;

IV – se for pedido para demolição e edificação licenciada ou para a realização de obras aprovadas pelo Poder Público, que aumentem a área construída em, no mínimo, 20% (vinte por cento) ou, se o imóvel for destinado a exploração de hotel ou pensão, em 50% (cinquenta por cento);

V – se a vigência ininterrupta da locação ultrapassar 5 (cinco) anos.

§ 1º. Na hipótese do inciso III, a necessidade deverá ser judicialmente demonstrada, se:

a) o retomante, alegando necessidade de usar o imóvel, estiver ocupando, com a mesma finalidade, outro de sua propriedade situado na mesma localidade ou, residindo ou utilizando imóvel alheio, já tiver retomado o imóvel anteriormente;

b) o ascendente ou descendente, beneficiário da retomada, residir em imóvel próprio.

§ 2º. Nas hipóteses dos incisos III e IV, o retomante deverá comprovar ser proprietário, promissário comprador ou promissário cessionário, em caráter irrevogável, com imissão na posse do imóvel e título registrado junto à matrícula do mesmo.

SEÇÃO II.
DA LOCAÇÃO PARA TEMPORADA

Art. 48. Considera-se locação para temporada aquela destinada à residência temporária do locatário, para prática de lazer, realização de cursos, tratamento de saúde, feitura de obras em seu imóvel, e outros fatos que decorram tão somente de determinado tempo, e contratada por prazo não superior a 90 (noventa) dias, esteja ou não mobiliado o imóvel.

Parágrafo único. No caso de a locação envolver imóvel mobiliado, constará do contrato, obrigatoriamente, a descrição dos móveis e utensílios que o guarnecem, bem como o estado em que se encontram.

Art. 49. O locador poderá receber de uma só vez e antecipadamente os aluguéis e encargos, bem como exigir qualquer das modalidades de garantia previstas no art. 37 para atender as demais obrigações do contrato.

Art. 50. Findo o prazo ajustado, se o locatário permanecer no imóvel sem oposição do locador por mais de 30 (trinta) dias, presumir-se-á prorrogada a locação por tempo indeterminado, não mais sendo exigível o pagamento antecipado do aluguel e dos encargos.

Parágrafo único. Ocorrendo a prorrogação, o locador somente poderá denunciar o contrato após 30 (trinta) meses de seu início ou nas hipóteses do art. 47.

SEÇÃO III.
DA LOCAÇÃO NÃO RESIDENCIAL

Art. 51. Nas locações de imóveis destinados ao comércio, o locatário terá direito a renovação do contrato, por igual prazo, desde que, cumulativamente:

- Decreto 24.150/1934 – Regula as condições e processo de renovamento dos contratos de locação de imóveis destinados a fins comerciais ou industriais.

I – o contrato a renovar tenha sido celebrado por escrito e com prazo determinado;

II – o prazo mínimo do contrato a renovar ou a soma dos prazos ininterruptos dos contratos escritos seja de 5 (cinco) anos;

III – o locatário esteja explorando seu comércio, no mesmo ramo, pelo prazo mínimo e ininterrupto de 3 (três) anos.

§ 1º. O direito assegurado neste artigo poderá ser exercido pelos cessionários ou sucessores da locação; no caso de sublocação total do imóvel, o direito a renovação somente poderá ser exercido pelo sublocatário.

- Súm. 482 do STF.

§ 2º. Quando o contrato autorizar que o locatário utilize o imóvel para as atividades de sociedade de que faça parte e que a esta passe a pertencer o fundo de comércio, o direito a renovação poderá ser exercido pelo locatário ou pela sociedade.

§ 3º. Dissolvida a sociedade comercial por morte de um dos sócios, o sócio sobrevivente fica sub-rogado no direito a renovação, desde que continue no mesmo ramo.

§ 4º. O direito a renovação do contrato estende-se às locações celebradas por indústrias e sociedades civis com fim lucrativo, regularmente constituídas, desde que ocorrentes os pressupostos previstos neste artigo.

§ 5º. Do direito a renovação decai aquele que não propuser a ação no interregno de 1 (um) ano, no máximo, até 6 (seis) meses, no mínimo, anteriores à data da finalização do prazo do contrato em vigor.

› Súm. 482 do STF.

Art. 52. O locador não estará obrigado a renovar o contrato se:

› Súm. 485 do STF.

I – por determinação do Poder Público, tiver que realizar no imóvel obras que importarem na sua radical transformação; ou para fazer modificação de tal natureza que aumente o valor do negócio ou da propriedade;

II – o imóvel vier a ser utilizado por ele próprio ou para transferência de fundo de comércio existente há mais de 1 (um) ano, sendo detentor da maioria do capital o locador, seu cônjuge, ascendente ou descendente.

§ 1º. Na hipótese do inciso II, o imóvel não poderá ser destinado ao uso do mesmo ramo do locatário, salvo se a locação também envolvia o fundo de comércio, com as instalações e pertences.

§ 2º. Nas locações de espaço em *shopping centers*, o locador não poderá recusar a renovação do contrato com fundamento no inciso II deste artigo.

§ 3º. O locatário terá direito a indenização para ressarcimento dos prejuízos e dos lucros cessantes que tiver que arcar com a mudança, perda do lugar e desvalorização do fundo de comércio, se a renovação não ocorrer em razão de proposta de terceiro, em melhores condições, ou se o locador, no prazo de 3 (três) meses da entrega do imóvel, não der o destino alegado ou não iniciar as obras determinadas pelo Poder Público ou que declarou pretender realizar.

Art. 53. Nas locações de imóveis utilizados por hospitais, unidades sanitárias oficiais, asilos, estabelecimentos de saúde e de ensino autorizados e fiscalizados pelo Poder Público, bem como por entidades religiosas devidamente registradas, o contrato somente poderá ser rescindido: (Redação dada pela Lei nº 9.256, de 1996)

I – nas hipóteses do art. 9º;

II – se o proprietário, promissário comprador ou promissário cessionário, em caráter irrevogável e imitido na posse, com título registrado, que haja quitado o preço da promessa ou que, não o tendo feito, seja autorizado pelo proprietário, pedir o imóvel para demolição, edificação, licenciada ou reforma que venha a resultar em aumento mínimo de 50% (cinquenta por cento) da área útil.

Art. 54. Nas relações entre lojistas e empreendedores de *shopping center*, prevalecerão as condições livremente pactuadas nos contratos de locação respectivos e as disposições procedimentais previstas nesta Lei.

§ 1º. O empreendedor não poderá cobrar do locatário em *shopping center*:

a) as despesas referidas nas alíneas *a*, *b* e *d* do parágrafo único do art. 22; e

b) as despesas com obras ou substituições de equipamentos, que impliquem modificar o projeto ou o memorial descritivo da data do habite-se e obras de paisagismo nas partes de uso comum.

§ 2º. As despesas cobradas do locatário devem ser previstas em orçamento, salvo casos de urgência ou força maior, devidamente demonstradas, podendo o locatário, a cada 60 (sessenta) dias, por si ou entidade de classe exigir a comprovação das mesmas.

Art. 54-A. Na locação não residencial de imóvel urbano na qual o locador procede à prévia aquisição, construção ou substancial reforma, por si mesmo ou por terceiros, do imóvel então especificado pelo pretendente à locação, a fim de que seja a este locado por prazo determinado, prevalecerão as condições livremente pactuadas no contrato respectivo e as disposições procedimentais previstas nesta Lei. (Incluído pela Lei nº 12.744, de 2012)

§ 1º. Poderá ser convencionada a renúncia ao direito de revisão do valor dos aluguéis durante o prazo de vigência do contrato de locação. (Incluído pela Lei nº 12.744, de 2012)

§ 2º. Em caso de denúncia antecipada do vínculo locatício pelo locatário, compromete-se este a cumprir a multa convencionada, que não excederá, porém, a soma dos valores dos aluguéis a receber até o termo final da locação. (Incluído pela Lei nº 12.744, de 2012)

§ 3º. (*VETADO*). (Incluído pela Lei nº 12.744, de 2012)

Art. 55. Considera-se locação não residencial quando o locatário for pessoa jurídica e o imóvel, destinar-se ao uso de seus titulares, diretores, sócios, gerentes, executivos ou empregados.

Art. 56. Nos demais casos de locação não residencial, o contrato por prazo determinado cessa, de pleno direito, findo o prazo estipulado, independentemente de notificação ou aviso.

Parágrafo único. Findo o prazo estipulado, se o locatário permanecer no imóvel por mais de 30 (trinta) dias sem oposição do locador, presumir-se-á prorrogada a locação nas condições ajustadas, mas sem prazo determinado.

Art. 57. O contrato de locação por prazo indeterminado pode ser denunciado por escrito, pelo locador, concedidos ao locatário 30 (trinta) dias para a desocupação.

TÍTULO II. DOS PROCEDIMENTOS

CAPÍTULO I. DAS DISPOSIÇÕES GERAIS

Art. 58. Ressalvados os casos previstos no parágrafo único do art. 1º, nas ações de despejo, consignação em pagamento de aluguel e acessório da locação, revisionais de aluguel e renovatórias de locação, observar-se-á o seguinte:

I – os processos tramitam durante as férias forenses e não se suspendem pela superveniência delas;

II – é competente para conhecer e julgar tais ações o foro do lugar da situação do imóvel, salvo se outro houver sido eleito no contrato;

III – o valor da causa corresponderá a doze meses de aluguel, ou, na hipótese do inciso II do art. 47, a três salários vigentes por ocasião do ajuizamento;

IV – desde que autorizado no contrato, a citação, intimação ou notificação far-se-á mediante correspondência com aviso de recebimento, ou, tratando-se de pessoa jurídica ou firma individual, também mediante telex ou *fac-símile*, ou, ainda, sendo necessário, pelas demais formas previstas no Código de Processo Civil;

› CPC/15: arts. 238 a 259.

V – os recursos interpostos contra as sentenças terão efeito somente devolutivo.

CAPÍTULO II. DAS AÇÕES DE DESPEJO

Art. 59. Com as modificações constantes deste Capítulo, as ações de despejo terão o rito ordinário.

› CPC/15: arts, 318 e ss.

§ 1º. Conceder-se-á liminar para desocupação em 15 (quinze) dias, independentemente da audiência da parte contrária e desde que prestada a caução no valor equivalente a três meses de aluguel, nas ações que tiverem por fundamento exclusivo:

I – o descumprimento do mútuo acordo (art. 9º, inciso I), celebrado por escrito e assinado pelas partes e por duas testemunhas, no qual tenha sido ajustado o prazo mínimo de 6 (seis) meses para desocupação, contado da assinatura do instrumento;

II – o disposto no inciso II do art. 47, havendo prova escrita da rescisão do contrato de trabalho ou sendo ela demonstrada em audiência prévia;

III – o término do prazo da locação para temporada, tendo sido proposta a ação de despejo em até 30 (trinta) dias após o vencimento do contrato;

IV – a morte do locatário sem deixar sucessor legítimo na locação, de acordo com o referido no inciso I do art. 11, permanecendo no imóvel pessoas não autorizadas por lei;

V – a permanência do sublocatário no imóvel, extinta a locação, celebrada com o locatário.

VI – o disposto no inciso IV do art. 9º, havendo a necessidade de se produzir reparações urgentes no imóvel, determinadas pelo poder público, que não possam ser normalmente executadas com a permanência do locatário, ou, podendo, ele se recuse a consenti-las; (Incluído pela Lei nº 12.112, de 2009)

VII – o término do prazo notificatório previsto no parágrafo único do art. 40, sem apresentação de nova garantia apta a manter a segurança inaugural do contrato; (Incluído pela Lei nº 12.112, de 2009)

VIII – o término do prazo da locação não residencial, tendo sido proposta a ação em até 30 (trinta) dias do termo ou do cumprimento de notificação comunicando o intento de retomada; (Incluído pela Lei nº 12.112, de 2009)

IX – a falta de pagamento de aluguel e acessórios da locação no vencimento, estando o contrato desprovido de qualquer das garantias previstas no art. 37, por não ter sido contratada ou em caso de extinção ou pedido de exoneração dela, independentemente de motivo. (Incluído pela Lei nº 12.112, de 2009)

§ 2º. Qualquer que seja o fundamento da ação dar-se-á ciência do pedido aos sublocatários, que poderão intervir no processo como assistentes.

§ 3º. No caso do inciso IX do § 1º deste artigo, poderá o locatário evitar a rescisão da locação e elidir a liminar de desocupação se, dentro dos 15 (quinze) dias concedidos para a desocupação do imóvel e independentemente de cálculo, efetuar depósito judicial que contemple a totalidade dos valores devidos, na forma prevista no inciso II do art. 62. (Incluído pela Lei nº 12.112, de 2009)

Art. 60. Nas ações de despejo fundadas no inciso IV do art. 9º, inciso IV do art. 47 e inciso II do art. 53, a petição inicial deverá ser instruída com prova da propriedade do imóvel ou do compromisso registrado.

Art. 61. Nas ações fundadas no § 2º do art. 46 e nos incisos III e IV do art. 47, se o locatário, no prazo da contestação, manifestar sua concordância com a desocupação do imóvel, o juiz acolherá o pedido fixando prazo de 6 (seis) meses para a desocupação, contados da citação, impondo ao vencido a responsabilidade pelas custas e honorários advocatícios de 20% (vinte por cento) sobre o valor dado à causa. Se a desocupação ocorrer dentro do prazo fixado, o réu ficará isento dessa responsabilidade; caso contrário, será expedido mandado de despejo.

Art. 62. Nas ações de despejo fundadas na falta de pagamento de aluguel e acessórios da locação, de aluguel provisório, de diferenças de aluguéis, ou somente de quaisquer dos acessórios da locação, observar-se-á o seguinte: (Redação dada pela Lei nº 12.112, de 2009)

I – o pedido de rescisão da locação poderá ser cumulado com o pedido de cobrança dos aluguéis e acessórios da locação; nesta hipótese, citar-se-á o locatário para responder ao pedido de rescisão e o locatário e os fiadores para responderem ao pedido de cobrança, devendo ser apresentado, com a inicial, cálculo discriminado do valor do débito; (Redação dada pela Lei nº 12.112, de 2009)

II – o locatário e o fiador poderão evitar a rescisão da locação efetuando, no prazo de 15 (quinze) dias, contado da citação, o pagamento do débito atualizado, independentemente de cálculo e mediante depósito judicial, incluídos: (Redação dada pela Lei nº 12.112, de 2009)

a) os aluguéis e acessórios da locação que vencerem até a sua efetivação;

b) as multas ou penalidades contratuais, quando exigíveis;

c) os juros de mora;

d) as custas e os honorários do advogado do locador, fixados em 10% (dez por cento) sobre o montante devido, se do contrato não constar disposição diversa;

III – efetuada a purga da mora, se o locador alegar que a oferta não é integral, justificando a diferença, o locatário poderá complementar o depósito no prazo de 10 (dez) dias, contado da intimação, que poderá ser dirigida ao locatário ou diretamente ao patrono deste, por carta ou publicação no órgão oficial, a requerimento do locador; (Redação dada pela Lei nº 12.112, de 2009)

IV – não sendo integralmente complementado o depósito, o pedido de rescisão prosseguirá pela diferença, podendo o locador levantar a quantia depositada; (Redação dada pela Lei nº 12.112, de 2009)

V – os aluguéis que forem vencendo até a sentença deverão ser depositados à disposição do juízo, nos respectivos vencimentos, podendo o locador levantá-los desde que incontroversos;

VI – havendo cumulação dos pedidos de rescisão da locação e cobrança dos aluguéis, a execução desta pode ter início antes da desocupação do imóvel, caso ambos tenham sido acolhidos.

Parágrafo único. Não se admitirá a emenda da mora se o locatário já houver utilizado essa faculdade nos 24 (vinte e quatro) meses imediatamente anteriores à propositura da ação. (Redação dada pela Lei nº 12.112, de 2009)

Art. 63. Julgada procedente a ação de despejo, o juiz determinará a expedição de mandado de despejo, que conterá o prazo de 30 (trinta) dias para a desocupação voluntária, ressalvado o disposto nos parágrafos seguintes. (Redação da pela Lei nº 12.112, de 2009)

§ 1º. O prazo será de 15 (quinze) dias se:

a) entre a citação e a sentença de primeira instância houverem decorrido mais de 4 (quatro) meses; ou

b) o despejo houver sido decretado com fundamento no art. 9º ou no § 2º do art. 46. (Redação dada pela Lei nº 12.112, de 2009)

§ 2º. Tratando-se de estabelecimento de ensino autorizado e fiscalizado pelo Poder Público, respeitado o prazo mínimo de 6 (seis) meses e o máximo de 1 (um) ano, o juiz disporá de modo que a desocupação coincida com o período de férias escolares.

§ 3º. Tratando-se de hospitais, repartições públicas, unidades sanitárias oficiais, asilos, estabelecimentos de saúde e de ensino autorizados e fiscalizados pelo Poder Público, bem como por entidades religiosas devidamente registradas, e o despejo for decretado com fundamento no inciso IV do art. 9º ou no inciso II do art. 53, o prazo será de 1 (um) ano, exceto no caso em que entre a citação e a sentença de primeira instância houver decorrido mais de 1 (um) ano, hipótese em que o prazo será de 6 (seis) meses. (Redação dada pela Lei nº 9.256, de 1996)

§ 4º. A sentença que decretar o despejo fixará o valor da caução para o caso de ser executada provisoriamente.

Art. 64. Salvo nas hipóteses das ações fundadas no art. 9º, a execução provisória do despejo dependerá de caução não inferior a 6 (seis) meses nem superior a 12 (doze) meses do aluguel, atualizado até a data da prestação da caução. (Redação dada pela Lei nº 12.112, de 2009)

§ 1º. A caução poderá ser real ou fidejussória e será prestada nos autos da execução provisória.

§ 2º. Ocorrendo a reforma da sentença ou da decisão que concedeu liminarmente o despejo, o valor da caução reverterá em favor do réu, como indenização mínima das perdas e danos, podendo este reclamar, em ação própria, a diferença pelo que a exceder.

Art. 65. Findo o prazo assinado para a desocupação, contado da data da notificação, será efetuado o despejo, se necessário com emprego de força, inclusive arrombamento.

§ 1º. Os móveis e utensílios serão entregues à guarda de depositário, se não os quiser retirar o despejado.

§ 2º. O despejo não poderá ser executado até o 30º (trigésimo) dia seguinte ao do falecimento do cônjuge, ascendente, descendente ou irmão de qualquer das pessoas que habitem o imóvel.

Art. 66. Quando o imóvel for abandonado após ajuizada a ação, o locador poderá imitir-se na posse do imóvel.

CAPÍTULO III
DA AÇÃO DE CONSIGNAÇÃO DE ALUGUEL E ACESSÓRIOS DA LOCAÇÃO

Art. 67. Na ação que objetivar o pagamento dos aluguéis e acessórios da locação mediante consignação, será observado o seguinte:

I – a petição inicial, além dos requisitos exigidos pelo art. 282 do Código de Processo Civil, deverá especificar os aluguéis e acessórios da locação com indicação dos respectivos valores;

- Refere-se ao CPC/1973.
- Súm. 449 do STF.
- CPC/15: arts. 319 e ss.

II – determinada a citação do réu, o autor será intimado a, no prazo de 24 (vinte e quatro) horas, efetuar o depósito judicial da importância indicada na petição inicial, sob pena de ser extinto o processo;

III – o pedido envolverá a quitação das obrigações que vencerem durante a tramitação do feito e até ser prolatada a sentença de primeira instância, devendo o autor promover os depósitos nos respectivos vencimentos;

IV – não sendo oferecida a contestação, ou se o locador receber os valores depositados, o juiz acolherá o pedido, declarando quitadas as obrigações, condenando o réu ao pagamento das custas e honorários de 20% (vinte por cento) do valor dos depósitos;

V – a contestação do locador, além da defesa de direito que possa caber, ficará adstrita, quanto à matéria de fato, a:

- CPC/15: art. 544.

a) não ter havido recusa ou mora em receber a quantia devida;

b) ter sido justa a recusa;

c) não ter sido efetuado o depósito no prazo ou no lugar do pagamento;

d) não ter sido o depósito integral;

VI – além de contestar, o réu poderá, em reconvenção, pedir o despejo e a cobrança dos valores objeto da consignatória ou da diferença do depósito inicial, na hipótese de ter sido alegado não ser o mesmo integral;

VII – o autor poderá complementar o depósito inicial, no prazo de 5 (cinco) dias contados da ciência do oferecimento da resposta, com acréscimo de 10% (dez por cento) sobre o valor da diferença. Se tal ocorrer, o juiz declarará quitadas as obrigações, elidindo a rescisão da locação, mas imporá ao autor reconvindo a responsabilidade pelas custas e honorários advocatícios de 20% (vinte por cento) sobre o valor dos depósitos;

VIII – havendo, na reconvenção, cumulação dos pedidos de rescisão da locação e cobrança dos valores objeto da consignatória, a execução desta somente poderá ter início após obtida a desocupação do imóvel, caso ambos tenham sido acolhidos.

Parágrafo único. O réu poderá levantar a qualquer momento as importâncias depositadas sobre as quais não penda controvérsia.

CAPÍTULO IV. DA AÇÃO REVISIONAL DE ALUGUEL

Art. 68. Na ação revisional de aluguel, que terá o rito sumário, observar-se-á o seguinte: (Redação dada pela Lei nº 12.112, de 2009)

I – além dos requisitos exigidos pelos arts. 276 e 282 do Código de Processo Civil, a petição inicial deverá indicar o valor do aluguel cuja fixação é pretendida;

- Refere-se ao CPC/1973.
- CPC/15: arts. 319 e ss.

II – ao designar a audiência de conciliação, o juiz, se houver pedido e com base nos elementos fornecidos tanto pelo locador como pelo locatário, ou nos que indicar, fixará aluguel provisório, que será devido desde a citação, nos seguintes moldes: (Redação dada pela Lei nº 12.112, de 2009)

a) em ação proposta pelo locador, o aluguel provisório não poderá ser excedente a 80% (oitenta por cento) do pedido; (Incluído pela Lei nº 12.112, de 2009)

b) em ação proposta pelo locatário, o aluguel provisório não poderá ser inferior a 80% (oitenta por cento) do aluguel vigente; (Incluído pela Lei nº 12.112, de 2009)

III – sem prejuízo da contestação e até a audiência, o réu poderá pedir seja revisto o aluguel provisório, fornecendo os elementos para tanto;

IV – na audiência de conciliação, apresentada a contestação, que deverá conter contraproposta se houver discordância quanto ao valor pretendido, o juiz tentará a conciliação e, não sendo esta possível, determinará a realização de perícia, se necessária, designando, desde logo, audiência de instrução e julgamento; (Redação dada pela Lei nº 12.112, de 2009)

V – o pedido de revisão previsto no inciso III deste artigo interrompe o prazo para interposição de recurso contra a decisão que fixar o aluguel provisório. (Incluído pela Lei nº 12.112, de 2009)

§ 1º. Não caberá ação revisional na pendência de prazo para desocupação do imóvel (arts. 46, § 2º, e 57), ou quando tenha sido este estipulado amigável ou judicialmente.

§ 2º. No curso da ação de revisão, o aluguel provisório será reajustado na periodicidade pactuada ou na fixada em lei.

Art. 69. O aluguel fixado na sentença retroage à citação, e as diferenças devidas durante a ação de revisão, descontados os alugueres provisórios satisfeitos, serão pagas corrigidas, exigíveis a partir do trânsito em julgado da decisão que fixar o novo aluguel.

§ 1º. Se pedido pelo locador, ou sublocador, a sentença poderá estabelecer periodicidade de reajustamento do aluguel diversa daquela prevista no contrato revisando, bem como adotar outro indexador para reajustamento do aluguel.

§ 2º. A execução das diferenças será feita nos autos da ação de revisão.

Art. 70. Na ação de revisão do aluguel, o juiz poderá homologar acordo de desocupação, que será executado mediante expedição de mandado de despejo.

CAPÍTULO V. DA AÇÃO RENOVATÓRIA

Art. 71. Além dos demais requisitos exigidos no art. 282 do Código de Processo Civil, a petição inicial da ação renovatória deverá ser instruída com:

- Refere-se ao CPC/1973.
- CPC/15: arts. 319 e ss.

I – prova do preenchimento dos requisitos dos incisos I, II e III do art. 51;

II – prova do exato cumprimento do contrato em curso;

III – prova da quitação dos impostos e taxas que incidiram sobre o imóvel e cujo pagamento lhe incumbia;

IV – indicação clara e precisa das condições oferecidas para a renovação da locação;

V – indicação do fiador quando houver no contrato a renovar e, quando não for o mesmo, com indicação do nome ou denominação completa, número de sua inscrição no Ministério da Fazenda, endereço e, tratando-se de pessoa natural, a nacionalidade, o estado civil, a profissão e o número da carteira de identidade, comprovando, desde logo, mesmo que não haja alteração do fiador, a atual idoneidade financeira; (Redação dada pela Lei nº 12.112, de 2009)

VI – prova de que o fiador do contrato ou o que o substituir na renovação aceita os encargos da fiança, autorizado por seu cônjuge, se casado for;

VII – prova, quando for o caso, de ser cessionário ou sucessor, em virtude de título oponível ao proprietário.

Parágrafo único. Proposta a ação pelo sublocatário do imóvel ou de parte dele, serão citados o sublocador e o locador, como litisconsortes, salvo se, em virtude de locação originária ou renovada, o sublocador dispuser de prazo que admita renovar a sublocação; na primeira hipótese, procedente a ação, o proprietário ficará diretamente obrigado à renovação.

Art. 72. A contestação do locador, além da defesa de direito que possa caber, ficará adstrita, quanto à matéria de fato, ao seguinte:

I – não preencher o autor os requisitos estabelecidos nesta Lei;

II – não atender, a proposta do locatário, o valor locativo real do imóvel na época da renovação, excluída a valorização trazida por aquele ao ponto ou lugar;

III – ter proposta de terceiro para a locação, em condições melhores;

IV – não estar obrigado a renovar a locação (incisos I e II do art. 52).

§ 1º. No caso do inciso II, o locador deverá apresentar, em contraproposta, as condições de locação que repute compatíveis com o valor locativo real e atual do imóvel.

§ 2º. No caso do inciso III, o locador deverá juntar prova documental da proposta do terceiro, subscrita por este e por duas testemunhas, com clara indicação do ramo a ser explorado, que não poderá ser o mesmo do locatário. Nessa hipótese, o locatário poderá, em réplica, aceitar tais condições para obter a renovação pretendida.

§ 3º. No caso do inciso I do art. 52, a contestação deverá trazer prova da determinação do Poder Público ou relatório pormenorizado das obras a serem realizadas e da estimativa de valorização que sofrerá o imóvel, assinado por engenheiro devidamente habilitado.

§ 4º. Na contestação, o locador, ou sublocador, poderá pedir, ainda, a fixação de aluguel provisório, para vigorar a partir do primeiro mês do prazo do contrato a ser renovado, não excedente a 80% (oitenta por cento) do pedido, desde que apresentados elementos hábeis para aferição do justo valor do aluguel.

§ 5º. Se pedido pelo locador, ou sublocador, a sentença poderá estabelecer periodicidade de reajustamento do aluguel diversa daquela prevista no contrato renovando, bem como adotar outro indexador para reajustamento do aluguel.

Art. 73. Renovada a locação, as diferenças dos aluguéis vencidos serão executadas nos próprios autos da ação e pagas de uma só vez.

Art. 74. Não sendo renovada a locação, o juiz determinará a expedição de mandado de despejo, que conterá o prazo de 30 (trinta) dias para a desocupação voluntária, se houver pedido na contestação. (Redação dada pela Lei nº 12.112, de 2009)

§ 1º. *(VETADO). (Incluído* pela Lei nº 12.112, de 2009)

§ 2º. *(VETADO). (Incluído* pela Lei nº 12.112, de 2009)

§ 3º. *(VETADO). (Incluído pela* Lei nº 12.112, de 2009)

Art. 75. Na hipótese do inciso III do art. 72, a sentença fixará desde logo a indenização devida ao locatário em consequência da não prorrogação da locação, solidariamente devida pelo locador e o proponente.

TÍTULO III. DAS DISPOSIÇÕES FINAIS E TRANSITÓRIAS

Art. 76. Não se aplicam as disposições desta Lei aos processos em curso.

Art. 77. Todas as locações residenciais que tenham sido celebradas anteriormente à vigência desta Lei serão automaticamente prorrogadas por tempo indeterminado, ao término do prazo ajustado no contrato.

Art. 78. As locações residenciais que tenham sido celebradas anteriormente à vigência desta Lei e que já vigorem ou venham a vigorar por prazo indeterminado, poderão ser denunciadas pelo locador, concedido o prazo de 12 (doze) meses para a desocupação.

Parágrafo único. Na hipótese de ter havido revisão judicial ou amigável do aluguel, atingindo o preço do mercado, a denúncia somente poderá ser exercitada após 24 (vinte e quatro) meses da data da revisão, se esta ocorreu nos 12 (doze) meses anteriores à data da vigência desta Lei.

Art. 79. No que for omissa esta Lei aplicam-se as normas do Código Civil e do Código de Processo Civil.

Art. 80. Para os fins do inciso I do art. 98 da Constituição Federal, as ações de despejo poderão ser consideradas como causas cíveis de menor complexidade.

Art. 81. O inciso II do art. 167 e o art. 169 da Lei nº 6.015, de 31 de dezembro de 1973, passam a vigorar com as seguintes alterações:

› Alteração incorporada ao texto da referida lei.

Art. 82. O art. 3º da Lei nº 8.009, de 29 de março de 1990, passa a vigorar acrescido do seguinte inciso VII:

› Alteração incorporada ao texto da referida lei.

Art. 83. Ao art. 24 da Lei nº 4.591, de 16 de dezembro de 1964 fica acrescido o seguinte § 4º:

› Alteração incorporada ao texto da referida lei.

Art. 84. Reputam-se válidos os registros dos contratos de locação de imóveis, realizados até a data da vigência desta Lei.

Art. 85. Nas locações residenciais, é livre a convenção do aluguel quanto a preço, periodicidade e indexador de reajustamento, vedada a vinculação à variação do salário mínimo, variação cambial e moeda estrangeira:

I – dos imóveis novos com habite-se concedido a partir da entrada em vigor desta Lei;

II – dos demais imóveis não enquadrados no inciso anterior, em relação aos contratos celebrados, após cinco anos de entrada em vigor desta Lei.

Art. 86. O art. 8º da Lei nº 4.380, de 21 de agosto de 1964 passa a vigorar com a seguinte redação:

"Art. 8º O Sistema Financeiro da Habitação, destinado a facilitar e promover a construção e a aquisição da casa própria ou moradia, especialmente pelas classes de menor renda da população, será integrado."

Art. 87. *(VETADO).*

Art. 88. *(VETADO).*

Art. 89. Esta Lei entrará em vigor 60 (sessenta) dias após a sua publicação.

Art. 90. Revogam-se as disposições em contrário, especialmente:

I – o Decreto nº 24.150, de 20 de abril de 1934;

II – a Lei nº 6.239, de 19 de setembro de 1975;

III – a Lei nº 6.649, de 16 de maio de 1979;

IV – a Lei nº 6.698, de 15 de outubro de 1979;

V – a Lei nº 7.355, de 31 de agosto de 1985;

VI – a Lei nº 7.538, de 24 de setembro de 1986;

VII – a Lei nº 7.612, de 9 de julho de 1987; e

VIII – a Lei nº 8.157, de 3 de janeiro de 1991.

Brasília, 18 de outubro de 1991; 170º da Independência e 103º da República.

FERNANDO COLLOR

D.O.U. 21.10.1991

LEI Nº 8.397, DE 6 DE JANEIRO DE 1992

Institui medida cautelar fiscal e dá outras providências.

› *Medida Cautelar Fiscal*

O PRESIDENTE DA REPÚBLICA Faço saber que o Congresso Nacional decreta e eu sanciono a seguinte Lei:

Art. 1º. O procedimento cautelar fiscal poderá ser instaurado após a constituição do crédito, inclusive no curso da execução judicial da Dívida Ativa da União, dos Estados, do Distrito Federal, dos Municípios e respectivas autarquias. (Redação dada pela Lei nº 9.532, de 1997)

› Decreto 7.574/2011: arts. 45 e 46.

Parágrafo único. O requerimento da medida cautelar, na hipótese dos incisos V, alínea *b*, e VII, do art. 2º, independe da prévia constituição do crédito tributário. (Incluído pela Lei nº 9.532, de 1997)

Art. 2º. A medida cautelar fiscal poderá ser requerida contra o sujeito passivo de crédito tributário ou não tributário, quando o devedor: (Redação dada pela Lei nº 9.532, de 1997)

I – sem domicílio certo, intenta ausentar-se ou alienar bens que possui ou deixa de pagar a obrigação no prazo fixado;

II – tendo domicílio certo, ausenta-se ou tenta se ausentar, visando a elidir o adimplemento da obrigação;

III – caindo em insolvência, aliena ou tenta alienar bens; (Redação dada pela Lei nº 9.532, de 1997)

IV – contrai ou tenta contrair dívidas que comprometam a liquidez do seu patrimônio; (Redação dada pela Lei nº 9.532, de 1997)

V – notificado pela Fazenda Pública para que proceda ao recolhimento do crédito fiscal: (Redação dada pela Lei nº 9.532, de 1997)

a) deixa de pagá-lo no prazo legal, salvo se suspensa sua exigibilidade; (Incluída pela Lei nº 9.532, de 1997)

b) põe ou tenta pôr seus bens em nome de terceiros; (Incluída pela Lei nº 9.532, de 1997)

VI – possui débitos, inscritos ou não em Dívida Ativa, que somados ultrapassem 30% (trinta por cento) do seu patrimônio conhecido; (Incluído pela Lei nº 9.532, de 1997)

› Lei 9.532/1997: arts. 64 e 64-A.

VII – aliena bens ou direitos sem proceder à devida comunicação ao órgão da Fazenda Pública competente, quando exigível em virtude de lei; (Incluído pela Lei nº 9.532, de 1997)

VIII – tem sua inscrição no cadastro de contribuintes declarada inapta, pelo órgão fazendário; (Incluído pela Lei nº 9.532, de 1997)

IX – pratica outros atos que dificultem ou impeçam a satisfação do crédito. (Incluído pela Lei nº 9.532, de 1997)

Art. 3º. Para a concessão da medida cautelar fiscal é essencial:

I – prova literal da constituição do crédito fiscal;

II – provas documentais de algum dos casos mencionados no artigo antecedente.

Art. 4º. A decretação da medida cautelar fiscal produzirá, de imediato, a indisponibilidade dos bens do requerido, até o limite da satisfação da obrigação.

› CTN: art. 185-A.

§ 1º. Na hipótese de pessoa jurídica, a indisponibilidade recairá somente sobre os bens do ativo permanente, podendo, ainda, ser estendida aos bens do acionista controlador e aos dos que em razão do contrato social ou estatuto tenham poderes para fazer a empresa cumprir suas obrigações fiscais, ao tempo:

a) do fato gerador, nos casos de lançamento de ofício;

b) do inadimplemento da obrigação fiscal, nos demais casos.

§ 2º. A indisponibilidade patrimonial poderá ser estendida em relação aos bens adquiridos a qualquer título do requerido ou daqueles que estejam ou tenham estado na função de administrador (§ 1º), desde que seja capaz de frustrar a pretensão da Fazenda Pública.

§ 3º. Decretada a medida cautelar fiscal, será comunicada imediatamente ao registro público de imóveis, ao Banco Central do Brasil, à Comissão de Valores Mobiliários e às demais repartições que processem registros de transferência de bens, a fim de que, no âmbito de suas atribuições, façam cumprir a constrição judicial.

Art. 5º. A medida cautelar fiscal será requerida ao juiz competente para a execução judicial da Dívida Ativa da Fazenda Pública.

Parágrafo único. Se a execução judicial estiver em Tribunal, será competente o relator do recurso.

Art. 6º. A Fazenda Pública pleiteará a medida cautelar fiscal em petição devidamente fundamentada, que indicará:

I – o juiz a quem é dirigida;

II – a qualificação e o endereço, se conhecido, do requerido;

III – as provas que serão produzidas;

IV – o requerimento para citação.

Art. 7º. O juiz concederá liminarmente a medida cautelar fiscal, dispensada a Fazenda Pública de justificação prévia e de prestação de caução.

Parágrafo único. Do despacho que conceder liminarmente a medida cautelar caberá agravo de instrumento.

Art. 8º. O requerido será citado para, no prazo de 15 (quinze) dias, contestar o pedido, indicando as provas que pretenda produzir.

Parágrafo único. Conta-se o prazo da juntada aos autos do mandado:

a) de citação, devidamente cumprido;

b) da execução da medida cautelar fiscal, quando concedida liminarmente.

Art. 9º. Não sendo contestado o pedido, presumir-se-ão aceitos pelo requerido, como verdadeiros, os fatos alegados pela Fazenda Pública, caso em que o juiz decidirá em 10 (dez) dias.

Parágrafo único. Se o requerido contestar no prazo legal, o juiz designará audiência de instrução e julgamento, havendo prova a ser nela produzida.

Art. 10. A medida cautelar fiscal decretada poderá ser substituída, a qualquer tempo, pela prestação de garantia correspondente ao valor da pretensão da Fazenda Pública, na forma do art. 9º da Lei nº 6.830, de 22 de setembro de 1980.

Parágrafo único. A Fazenda Pública será ouvida necessariamente sobre o pedido de substituição, no prazo de 5 (cinco) dias, presumindo-se da omissão a sua aquiescência.

Art. 11. Quando a medida cautelar fiscal for concedida em procedimento preparatório, deverá a Fazenda Pública propor a execução judicial da Dívida Ativa no prazo de 60 (sessenta) dias, contados da data em que a exigência se tornar irrecorrível na esfera administrativa.

Art. 12. A medida cautelar fiscal conserva a sua eficácia no prazo do artigo antecedente e na pendência do processo de execução judicial da Dívida Ativa, mas pode, a qualquer tempo, ser revogada ou modificada.

Parágrafo único. Salvo decisão em contrário, a medida cautelar fiscal conservará sua eficácia durante o período de suspensão do crédito tributário ou não tributário.

Art. 13. Cessa a eficácia da medida cautelar fiscal:

I – se a Fazenda Pública não propuser a execução judicial da Dívida Ativa no prazo fixado no art. 11 desta Lei;

II – se não for executada dentro de 30 (trinta) dias;

III – se for julgada extinta a execução judicial da Dívida Ativa da Fazenda Pública;

IV – se o requerido promover a quitação do débito que está sendo executado.

Parágrafo único. Se, por qualquer motivo, cessar a eficácia da medida, é defeso à Fazenda Pública repetir o pedido pelo mesmo fundamento.

Art. 14. Os autos do procedimento cautelar fiscal serão apensados aos do processo de execução judicial da Dívida Ativa da Fazenda Pública.

Art. 15. O indeferimento da medida cautelar fiscal não obsta a que a Fazenda Pública intente a execução judicial da Dívida Ativa, nem influi no julgamento desta, salvo se o juiz, no procedimento cautelar fiscal, acolher alegação de pagamento, de compensação, de transação, de remissão, de prescrição ou decadência, de conversão do depósito em renda, ou qualquer outra modalidade de extinção da pretensão deduzida.

Art. 16. Ressalvado o disposto no art. 15, a sentença proferida na medida cautelar fiscal não faz coisa julgada, relativamente à execução judicial da Dívida Ativa da Fazenda Pública.

Art. 17. Da sentença que decretar a medida cautelar fiscal caberá apelação, sem efeito suspensivo, salvo se o requerido oferecer garantia na forma do art. 10 desta Lei.

Art. 18. As disposições desta Lei aplicam-se, também, ao crédito proveniente das contribuições sociais previstas no art. 195 da Constituição Federal.

Art. 19. Esta Lei entra em vigor na data de sua publicação.

Art. 20. Revogam-se as disposições em contrário.

Brasília, 6 de janeiro de 1992; 171º da Independência e 104º da República.

FERNANDO COLLOR

D.O.U. 7.1.1992;
ret. 16.1.1992

LEI Nº 8.429, DE 2 DE JUNHO DE 1992

Dispõe sobre as sanções aplicáveis aos agentes públicos nos casos de enriquecimento ilícito no exercício de mandato, cargo, emprego ou função na administração pública direta, indireta ou fundacional e dá outras providências.

- *Improbidade Administrativa*

O PRESIDENTE DA REPÚBLICA Faço saber que o Congresso Nacional decreta e eu sanciono a seguinte Lei:

- CF/88: Art. 37, § 4º.
- ADI 2797/DF.
- Lei 12.846/2013 – Responsabilização administrativa e civil de pessoas jurídicas.
- Lei 12.813/2013 – Dispõe sobre o conflito de interesses no exercício de cargo ou emprego do Poder Executivo federal e impedimentos posteriores ao exercício do cargo ou emprego.
- Lei 4.717/1965 – Regula a ação popular.
- Decreto 1.171/1994 – Código de Ética Profissional do Servidor Público Civil do Poder Executivo Federal.
- Decreto 983/1993 – Colaboração dos órgãos e entidades da Administração Pública Federal com o Ministério Público Federal na repressão a todas as formas de improbidade administrativa.
- Resolução 44/2007 do CNJ – Dispõe sobre a criação do Cadastro Nacional de Condenados por ato de Improbidade Administrativa no âmbito do Poder Judiciário Nacional.

CAPÍTULO I. DAS DISPOSIÇÕES GERAIS

Art. 1º. Os atos de improbidade praticados por qualquer agente público, servidor ou não, contra a administração direta, indireta ou fundacional de qualquer dos Poderes da União, dos Estados, do Distrito Federal, dos Municípios, de Território, de empresa incorporada ao patrimônio público ou de entidade para cuja criação ou custeio o erário haja concorrido ou concorra com mais de 50% (cinquenta por cento) do patrimônio ou da receita anual, serão punidos na forma desta Lei.

- Lei 10.257/2001: art. 52.

Parágrafo único. Estão também sujeitos às penalidades desta Lei os atos de improbidade praticados contra o patrimônio de entidade que receba subvenção, benefício ou incentivo, fiscal ou creditício, de órgão público bem como daquelas para cuja criação ou custeio o erário haja concorrido ou concorra com menos de 50% (cinquenta por cento) do patrimônio ou da receita anual, limitando-se, nestes casos, a sanção patrimonial à repercussão do ilícito sobre a contribuição dos cofres públicos.

Art. 2º. Reputa-se agente público, para os efeitos desta Lei, todo aquele que exerce, ainda que transitoriamente ou sem remuneração, por eleição, nomeação, designação, contratação ou qualquer outra forma de investidura ou vínculo, mandato, cargo, emprego ou função nas entidades mencionadas no artigo anterior.

› CP: art. 327.

Art. 3º. As disposições desta Lei são aplicáveis, no que couber, àquele que, mesmo não sendo agente público, induza ou concorra para a prática do ato de improbidade ou dele se beneficie sob qualquer forma direta ou indireta.

Art. 4º. Os agentes públicos de qualquer nível ou hierarquia são obrigados a velar pela estrita observância dos princípios de legalidade, impessoalidade, moralidade e publicidade no trato dos assuntos que lhes são afetos.

› CF/88: Art. 37, *caput*.

Art. 5º. Ocorrendo lesão ao patrimônio público por ação ou omissão, dolosa ou culposa, do agente ou de terceiro, dar-se-á o integral ressarcimento do dano.

Art. 6º. No caso de enriquecimento ilícito, perderá o agente público ou terceiro beneficiário os bens ou valores acrescidos ao seu patrimônio.

Art. 7º. Quando o ato de improbidade causar lesão ao patrimônio público ou ensejar enriquecimento ilícito, caberá à autoridade administrativa responsável pelo inquérito representar ao Ministério Público, para a indisponibilidade dos bens do indiciado.

Parágrafo único. A indisponibilidade a que se refere o *caput* deste artigo recairá sobre bens que assegurem o integral ressarcimento do dano, ou sobre o acréscimo patrimonial resultante do enriquecimento ilícito.

Art. 8º. O sucessor daquele que causar lesão ao patrimônio público ou se enriquecer ilicitamente está sujeito às cominações desta Lei até o limite do valor da herança.

› CC: art. 1.792.

CAPÍTULO II. DOS ATOS DE IMPROBIDADE ADMINISTRATIVA

SEÇÃO I. DOS ATOS DE IMPROBIDADE ADMINISTRATIVA QUE IMPORTAM ENRIQUECIMENTO ILÍCITO

Art. 9º. Constitui ato de improbidade administrativa importando enriquecimento ilícito auferir qualquer tipo de vantagem patrimonial indevida em razão do exercício de cargo, mandato, função, emprego ou atividade nas entidades mencionadas no art. 1º desta Lei, e notadamente:

I – receber, para si ou para outrem, dinheiro, bem móvel ou imóvel, ou qualquer outra vantagem econômica, direta ou indireta, a título de comissão, percentagem, gratificação ou presente de quem tenha interesse, direto ou indireto, que possa ser atingido ou amparado por ação ou omissão decorrente das atribuições do agente público;

II – perceber vantagem econômica, direta ou indireta, para facilitar a aquisição, permuta ou locação de bem móvel ou imóvel, ou a contratação de serviços pelas entidades referidas no art. 1º por preço superior ao valor de mercado;

III – perceber vantagem econômica, direta ou indireta, para facilitar a alienação, permuta ou locação de bem público ou o fornecimento de serviço por ente estatal por preço inferior ao valor de mercado;

IV – utilizar, em obra ou serviço particular, veículos, máquinas, equipamentos ou material de qualquer natureza, de propriedade ou à disposição de qualquer das entidades mencionadas no art. 1º desta Lei, bem como o trabalho de servidores públicos, empregados ou terceiros contratados por essas entidades;

V – receber vantagem econômica de qualquer natureza, direta ou indireta, para tolerar a exploração ou a prática de jogos de azar, de lenocínio, de narcotráfico, de contrabando, de usura ou de qualquer outra atividade ilícita, ou aceitar promessa de tal vantagem;

VI – receber vantagem econômica de qualquer natureza, direta ou indireta, para fazer declaração falsa sobre medição ou avaliação em obras públicas ou qualquer outro serviço, ou sobre quantidade, peso, medida, qualidade ou característica de mercadorias ou bens fornecidos a qualquer das entidades mencionadas no art. 1º desta Lei;

VII – adquirir, para si ou para outrem, no exercício de mandato, cargo, emprego ou função pública, bens de qualquer natureza cujo valor seja desproporcional à evolução do patrimônio ou à renda do agente público;

VIII – aceitar emprego, comissão ou exercer atividade de consultoria ou assessoramento para pessoa física ou jurídica que tenha interesse suscetível de ser atingido ou amparado por ação ou omissão decorrente das atribuições do agente público, durante a atividade;

IX – perceber vantagem econômica para intermediar a liberação ou aplicação de verba pública de qualquer natureza;

X – receber vantagem econômica de qualquer natureza, direta ou indiretamente, para omitir ato de ofício, providência ou declaração a que esteja obrigado;

XI – incorporar, por qualquer forma, ao seu patrimônio bens, rendas, verbas ou valores integrantes do acervo patrimonial das entidades mencionadas no art. 1º desta Lei;

XII – usar, em proveito próprio, bens, rendas, verbas ou valores integrantes do acervo patrimonial das entidades mencionadas no art. 1º desta Lei.

SEÇÃO II. DOS ATOS DE IMPROBIDADE ADMINISTRATIVA QUE CAUSAM PREJUÍZO AO ERÁRIO

Art. 10. Constitui ato de improbidade administrativa que causa lesão ao erário qualquer ação ou omissão, dolosa ou culposa, que enseje perda patrimonial, desvio, apropriação, malbaratamento ou dilapidação dos bens ou haveres das entidades referidas no art. 1º desta Lei, e notadamente:

I – facilitar ou concorrer por qualquer forma para a incorporação ao patrimônio particular, de pessoa física ou jurídica, de bens, rendas, verbas ou valores integrantes do acervo patrimonial das entidades mencionadas no art. 1º desta Lei;

II – permitir ou concorrer para que pessoa física ou jurídica privada utilize bens, rendas, verbas ou valores integrantes do acervo patrimonial das entidades mencionadas no art. 1º desta Lei, sem a observância das formalidades legais ou regulamentares aplicáveis à espécie;

III – doar à pessoa física ou jurídica bem como ao ente despersonalizado, ainda que de fins educativos ou assistenciais, bens, rendas, verbas ou valores do patrimônio de qualquer das entidades mencionadas no art. 1º desta Lei, sem observância das formalidades legais e regulamentares aplicáveis à espécie;

IV – permitir ou facilitar a alienação, permuta ou locação de bem integrante do patrimônio de qualquer das entidades referidas no art. 1º desta Lei, ou ainda a prestação de serviço por parte delas, por preço inferior ao de mercado;

V – permitir ou facilitar a aquisição, permuta ou locação de bem ou serviço por preço superior ao de mercado;

VI – realizar operação financeira sem observância das normas legais e regulamentares ou aceitar garantia insuficiente ou inidônea;

VII – conceder benefício administrativo ou fiscal sem a observância das formalidades legais ou regulamentares aplicáveis à espécie;

VIII – frustrar a licitude de processo licitatório ou de processo seletivo para celebração de parcerias com entidades sem fins lucrativos, ou dispensá-los indevidamente; (Redação dada pela Lei nº 13.019, de 2014)

IX – ordenar ou permitir a realização de despesas não autorizadas em lei ou regulamento;

X – agir negligentemente na arrecadação de tributo ou renda, bem como no que diz respeito à conservação do patrimônio público;

XI – liberar verba pública sem a estrita observância das normas pertinentes ou influir de qualquer forma para a sua aplicação irregular;

XII – permitir, facilitar ou concorrer para que terceiro se enriqueça ilicitamente;

XIII – permitir que se utilize, em obra ou serviço particular, veículos, máquinas, equipamentos ou material de qualquer natureza, de propriedade ou à disposição de qualquer das entidades mencionadas no art. 1º desta Lei, bem como o trabalho de servidor público, empregados ou terceiros contratados por essas entidades;

XIV – celebrar contrato ou outro instrumento que tenha por objeto a prestação de serviços públicos por meio da gestão associada sem observar as formalidades previstas na lei; (Incluído pela Lei nº 11.107, de 2005)

XV – celebrar contrato de rateio de consórcio público sem suficiente e prévia dotação orçamentária, ou sem observar as formalidades previstas na lei. (Incluído pela Lei nº 11.107, de 2005)

XVI – facilitar ou concorrer, por qualquer forma, para a incorporação, ao patrimônio particular de pessoa física ou jurídica, de bens, rendas, verbas ou valores públicos transferidos pela administração pública a entidades privadas mediante celebração de parcerias, sem a observância das formalidades legais ou regulamentares aplicáveis à espécie; (Incluído pela Lei nº 13.019, de 2014)

XVII – permitir ou concorrer para que pessoa física ou jurídica privada utilize bens, rendas, verbas ou valores públicos transferidos pela administração pública a entidade privada mediante celebração de parcerias, sem a observância das formalidades legais ou regulamentares aplicáveis à espécie; (Incluído pela Lei nº 13.019, de 2014)

XVIII – celebrar parcerias da administração pública com entidades privadas sem a observância das formalidades legais ou regulamentares aplicáveis à espécie; (Incluído pela Lei nº 13.019, de 2014)

XIX – agir negligentemente na celebração, fiscalização e análise das prestações de contas de parcerias firmadas pela administração pública com entidades privadas; (Incluído pela Lei nº 13.019, de 2014)

XX – liberar recursos de parcerias firmadas pela administração pública com entidades privadas sem a estrita observância das normas pertinentes ou influir de qualquer forma para a sua aplicação irregular. (Incluído pela Lei nº 13.019, de 2014)

XXI – liberar recursos de parcerias firmadas pela administração pública com entidades privadas sem a estrita observância das normas pertinentes ou influir de qualquer forma para a sua aplicação irregular. (Incluído pela Lei nº 13.019, de 2014)

SEÇÃO II-A

- (Incluído pela Lei Complementar nº 157, de 2016, e Produzirá Efeito após o Decurso do Prazo Referido no art. 6º da Referida Lei Complementar)

DOS ATOS DE IMPROBIDADE ADMINISTRATIVA DECORRENTES DE CONCESSÃO OU APLICAÇÃO INDEVIDA DE BENEFÍCIO FINANCEIRO OU TRIBUTÁRIO

Art. 10-A. Constitui ato de improbidade administrativa qualquer ação ou omissão para conceder, aplicar ou manter benefício financeiro ou tributário contrário ao que dispõem o *caput* e o § 1º do art. 8º-A da Lei Complementar nº 116, de 31 de julho de 2003. (Incluído pela Lei Complementar nº 157, de 2016, e produzirá efeito após o decurso do prazo referido no art. 6º da referida Lei Complementar)

SEÇÃO III.
DOS ATOS DE IMPROBIDADE ADMINISTRATIVA QUE ATENTAM CONTRA OS PRINCÍPIOS DA ADMINISTRAÇÃO PÚBLICA

Art. 11. Constitui ato de improbidade administrativa que atenta contra os princípios da administração pública qualquer ação ou omissão que viole os deveres de honestidade, imparcialidade, legalidade e lealdade às instituições, e notadamente:

I – praticar ato visando fim proibido em lei ou regulamento ou diverso daquele previsto na regra de competência;

II – retardar ou deixar de praticar, indevidamente, ato de ofício;

III – revelar fato ou circunstância de que tem ciência em razão das atribuições e que deva permanecer em segredo;

- CP: arts. 153 e 325.

IV – negar publicidade aos atos oficiais;

- CF/88: art. 5º, LX.

V – frustrar a licitude de concurso público;

VI – deixar de prestar contas quando esteja obrigado a fazê-lo;

VII – revelar ou permitir que chegue ao conhecimento de terceiro, antes da respectiva divulgação oficial, teor de medida política ou econômica capaz de afetar o preço de mercadoria, bem ou serviço.

VIII – descumprir as normas relativas à celebração, fiscalização e aprovação de contas de parcerias firmadas pela administração pública com entidades privadas. (Redação dada pela Lei nº 13.019, de 2014)

IX – deixar de cumprir a exigência de requisitos de acessibilidade previstos na legislação. (Incluído pela Lei nº 13.146, de 2015)

X – transferir recurso a entidade privada, em razão da prestação de serviços na área de saúde sem a prévia celebração de contrato, convênio ou instrumento congênere, nos termos do parágrafo único do art. 24 da Lei nº 8.080, de 19 de setembro de 1990. (Incluído pela Lei nº 13.650, de 2018)

CAPÍTULO III.
DAS PENAS

- CF/88: arts. 15, V e 37, § 4º.
- CP: arts. 312 a 327.
- Lei 8.026/1990 – Dispõe sobre a aplicação da pena de demissão a funcionário público.
- Dec.-lei 3.240/1941 – Sujeita a sequestro os bens de pessoas indicadas por crimes de que resulta prejuízo para a fazenda pública.

Art. 12. Independentemente das sanções penais, civis e administrativas previstas na legislação específica, está o responsável pelo ato de improbidade sujeito às seguintes cominações, que podem ser aplicadas isolada ou cumulativamente, de acordo com a gravidade do fato: (Redação dada pela Lei nº 12.120, de 2009).

I – na hipótese do art. 9º, perda dos bens ou valores acrescidos ilicitamente ao patrimônio, ressarcimento integral do dano, quando houver, perda da função pública, suspensão dos direitos políticos de 8 (oito) a 10 (dez) anos, pagamento de multa civil de até três vezes o valor do acréscimo patrimonial e proibição de contratar com o Poder Público ou receber benefícios ou incentivos fiscais ou creditícios, direta ou indiretamente, ainda que por intermédio de pessoa jurídica da qual seja sócio majoritário, pelo prazo de 10 (dez) anos;

II – na hipótese do art. 10, ressarcimento integral do dano, perda dos bens ou valores acrescidos ilicitamente ao patrimônio, se concorrer esta circunstância, perda da função pública, suspensão dos direitos políticos de cinco a oito anos, pagamento de multa civil de até duas vezes o valor do dano e proibição de contratar com o Poder Público ou receber benefício ou incentivos fiscais ou creditícios, direta ou indiretamente, ainda que por intermédio de pessoa jurídica da qual seja sócio majoritário, pelo prazo de 5 (cinco) anos;

III – na hipótese do art. 11, ressarcimento integral do dano, se houver, perda da função pública, suspensão dos direitos políticos de três a cinco anos, pagamento de multa civil de até 100 vezes o valor da remuneração percebida pelo agente e proibição de contratar com o Poder Público ou receber benefícios ou incentivos fiscais ou creditícios, direta ou indiretamente, ainda que por intermédio de pessoa jurídica da qual seja sócio majoritário, pelo prazo de 3 (três) anos.

IV – na hipótese prevista no art. 10-A, perda da função pública, suspensão dos direitos políticos de 5 (cinco) a 8 (oito) anos e multa civil de até 3 (três) vezes o valor do benefício financeiro ou tributário concedido. (Incluído pela Lei Complementar nº 157, de 2016)

Parágrafo único. Na fixação das penas previstas nesta Lei o juiz levará em conta a extensão do dano causado, assim como o proveito patrimonial obtido pelo agente.

CAPÍTULO IV.
DA DECLARAÇÃO DE BENS

Art. 13. A posse e o exercício de agente público ficam condicionados à apresentação de declaração dos bens e valores que compõem o seu patrimônio privado, a fim de ser arquivada no Serviço de Pessoal competente.

- Decreto 5.483/2005 – Regulamenta, no âmbito do Poder Executivo Federal, o art. 13 da Lei 8.429/1992.

§ 1º. A declaração compreenderá imóveis, móveis, semoventes, dinheiro, títulos, ações e qualquer outra espécie de bens e valores patrimoniais, localizados no País ou no exterior, e, quando for o caso, abrangerá os bens e valores patrimoniais do cônjuge ou companheiro, dos filhos e de outras pessoas que vivam sob a dependência econômica do declarante, excluídos apenas os objetos e utensílios de uso doméstico.

§ 2º. A declaração de bens será anualmente atualizada e na data em que o agente público deixar o exercício do mandato, cargo, emprego ou função.

§ 3º. Será punido com a pena de demissão, a bem do serviço público, sem prejuízo de outras sanções cabíveis, o agente público que se recusar a prestar declaração dos bens, dentro do prazo determinado, ou que a prestar falsa.

§ 4º. O declarante, a seu critério, poderá entregar cópia da declaração anual de bens apresentada à Delegacia da Receita Federal na conformidade da legislação do Imposto sobre a Renda e proventos de qualquer natureza, com as necessárias atualizações, para suprir a exigência contida no *caput* e no § 2º deste artigo.

CAPÍTULO V. DO PROCEDIMENTO ADMINISTRATIVO E DO PROCESSO JUDICIAL

Art. 14. Qualquer pessoa poderá representar à autoridade administrativa competente para que seja instaurada investigação destinada a apurar a prática de ato de improbidade.

§ 1º. A representação, que será escrita ou reduzida a termo e assinada, conterá a qualificação do representante, as informações sobre o fato e sua autoria e a indicação das provas de que tenha conhecimento.

§ 2º. A autoridade administrativa rejeitará a representação, em despacho fundamentado, se esta não contiver as formalidades estabelecidas no § 1º deste artigo. A rejeição não impede a representação ao Ministério Público, nos termos do art. 22 desta Lei.

§ 3º. Atendidos os requisitos da representação, a autoridade determinará a imediata apuração dos fatos que, em se tratando de servidores federais, será processada na forma prevista nos arts. 148 a 182 da Lei nº 8.112, de 11 de dezembro de 1990, e, em se tratando de servidor militar, de acordo com os respectivos regulamentos disciplinares.

Art. 15. A comissão processante dará conhecimento ao Ministério Público e ao Tribunal ou Conselho de Contas da existência de procedimento administrativo para apurar a prática de ato de improbidade.

Parágrafo único. O Ministério Público ou Tribunal ou Conselho de Contas poderá, a requerimento, designar representante para acompanhar o procedimento administrativo.

Art. 16. Havendo fundados indícios de responsabilidade, a comissão representará ao Ministério Público ou à procuradoria do órgão para que requeira ao juízo competente a decretação do sequestro dos bens do agente ou terceiro que tenha enriquecido ilicitamente ou causado dano ao patrimônio público.

§ 1º. O pedido de sequestro será processado de acordo com o disposto nos arts. 822 e 825 do Código de Processo Civil.

- CPC/15: art. 301.

§ 2º. Quando for o caso, o pedido incluirá a investigação, o exame e o bloqueio de bens, contas bancárias e aplicações financeiras mantidas pelo indiciado no exterior, nos termos da lei e dos tratados internacionais.

Art. 17. A ação principal, que terá o rito ordinário, será proposta pelo Ministério Público ou pela pessoa jurídica interessada, dentro de 30 (trinta) dias da efetivação da medida cautelar.

§ 1º As ações de que trata este artigo admitem a celebração de acordo de não persecução cível, nos termos desta Lei. (Redação dada pela Lei 13.964/2019, em vigor após 30 (trinta) dias de sua publicação – DOU 24.12.2019)

§ 2º. A Fazenda Pública, quando for o caso, promoverá as ações necessárias à complementação do ressarcimento do patrimônio público.

§ 3º. No caso de a ação principal ter sido proposta pelo Ministério Público, aplica-se, no que couber, o disposto no § 3º do art. 6º da Lei nº 4.717, de 29 de junho de 1965. (Redação dada pela Lei nº 9.366, de 1996)

§ 4º. O Ministério Público, se não intervier no processo como parte, atuará, obrigatoriamente, como fiscal da lei, sob pena de nulidade.

§ 5º. A propositura da ação prevenirá a jurisdição do juízo para todas as ações posteriormente intentadas que possuam a mesma causa de pedir ou o mesmo objeto. (Incluído pela Medida provisória nº 2.180-35, de 2001)

§ 6º. A ação será instruída com documentos ou justificação que contenham indícios suficientes da existência do ato de improbidade ou com razões fundamentadas da impossibilidade de apresentação de qualquer dessas provas, observada a legislação vigente, inclusive as disposições inscritas nos arts. 16 a 18 do Código de Processo Civil. (Incluído pela Medida Provisória nº 2.225-45, de 2001)

- Refere-se aos dispostitivos do CPC/1973.
- CPC/15: arts. 79 a 81.

§ 7º. Estando a inicial em devida forma, o juiz mandará autuá-la e ordenará a notificação do requerido, para oferecer manifestação por escrito, que poderá ser instruída com documentos e justificações, dentro do prazo de quinze dias. (Incluído pela Medida Provisória nº 2.225-45, de 2001)

§ 8º. Recebida a manifestação, o juiz, no prazo de trinta dias, em decisão fundamentada, rejeitará a ação, se convencido da inexistência do ato de improbidade, da improcedência da ação ou da inadequação da via eleita. (Incluído pela Medida Provisória nº 2.225-45, de 2001)

§ 9º. Recebida a petição inicial, será o réu citado para apresentar contestação. (Incluído pela Medida Provisória nº 2.225-45, de 2001)

§ 10. Da decisão que receber a petição inicial, caberá agravo de instrumento. (Incluído pela Medida Provisória nº 2.225-45, de 2001)

§ 10-A Havendo a possibilidade de solução consensual, poderão as partes requerer ao juiz a interrupção do prazo para a contestação, por prazo não superior a 90 (noventa) dias. (Incluído pela Lei 13.964/2019)

§ 11. Em qualquer fase do processo, reconhecida a inadequação da ação de improbidade, o juiz extinguirá o processo sem julgamento do mérito. (Incluído pela Medida Provisória nº 2.225-45, de 2001)

§ 12. Aplica-se aos depoimentos ou inquirições realizadas nos processos regidos por esta Lei o disposto no art. 221, *caput* e § 1º, do Código de Processo Penal. (Incluído pela Medida Provisória nº 2.225-45, de 2001)

§ 13. Para os efeitos deste artigo, também se considera pessoa jurídica interessada o ente tributante que figurar no polo ativo da obrigação tributária de que tratam o § 4º do art. 3º e o art. 8º-A da Lei Complementar nº 116, de 31 de julho de 2003. (Incluído pela Lei Complementar nº 157, de 2016)

Art. 17-A. Vetado na Lei 13.964/2019.

Art. 18. A sentença que julgar procedente ação civil de reparação de dano ou decretar a perda dos bens havidos ilicitamente determinará o pagamento ou a reversão dos bens, conforme o caso, em favor da pessoa jurídica prejudicada pelo ilícito.

CAPÍTULO VI. DAS DISPOSIÇÕES PENAIS

Art. 19. Constitui crime a representação por ato de improbidade contra agente público ou terceiro beneficiário quando o autor da denúncia o sabe inocente.

- CP: arts. 138, § 1º, e 339.

Pena – detenção de 6 (seis) a 10 (dez) meses e multa.

Parágrafo único. Além da sanção penal, o denunciante está sujeito a indenizar o denunciado pelos danos materiais, morais ou à imagem que houver provocado.

Art. 20. A perda da função pública e a suspensão dos direitos políticos só se efetivam com o trânsito em julgado da sentença condenatória.

- CF/88: arts. 5º, LVII e 37, § 4º.

Parágrafo único. A autoridade judicial ou administrativa competente poderá determinar o afastamento do agente público do exercício do cargo, emprego ou função, sem prejuízo da remuneração, quando a medida se fizer necessária à instrução processual.

Art. 21. A aplicação das sanções previstas nesta Lei independe:

I – da efetiva ocorrência de dano ao patrimônio público, salvo quanto à pena de ressarcimento; (Redação dada pela Lei nº 12.120, de 2009).

II – da aprovação ou rejeição das contas pelo órgão de controle interno ou pelo Tribunal ou Conselho de Contas.

Art. 22. Para apurar qualquer ilícito previsto nesta Lei, o Ministério Público, de ofício, a requerimento de autoridade administrativa ou mediante representação formulada de acordo com o disposto no art. 14, poderá requisitar a instauração de inquérito policial ou procedimento administrativo.

CAPÍTULO VII. DA PRESCRIÇÃO

- CF/1988: art. 37, § 5º.
- Lei 8.112/1990: art. 142.
- Lei 8.027/1990: art. 8º, § 9º, II.

Art. 23. As ações destinadas a levar a efeito as sanções previstas nesta Lei podem ser propostas:

I – até 5 (cinco) anos após o término do exercício de mandato, de cargo em comissão ou de função de confiança;

II – dentro do prazo prescricional previsto em lei específica para faltas disciplinares puníveis com demissão a bem do serviço público, nos casos de exercício de cargo efetivo ou emprego.

III – até cinco anos da data da apresentação à administração pública da prestação de contas final pelas entidades referidas no parágrafo único do art. 1º desta Lei. (Incluído pela Lei nº 13.019, de 2014)

CAPÍTULO VIII. DAS DISPOSIÇÕES FINAIS

Art. 24. Esta Lei entra em vigor na data de sua publicação.

Art. 25. Ficam revogadas as Leis nºs 3.164, de 1º de junho de 1957, e 3.502, de 21 de dezembro de 1958, e demais disposições em contrário.

Rio de Janeiro, 2 de junho de 1992; 171º da Independência e 104º da República.

FERNANDO COLLOR

D.O.U. 3.6.1992

LEI Nº 8.658, DE 26 DE MAIO DE 1993

Dispõe sobre a aplicação, nos Tribunais de Justiça e nos Tribunais Regionais Federais, das normas da Lei nº 8.038, de 28 de maio de 1990, sobre ações penais originárias.

- *Ações penais originárias*

O PRESIDENTE DA CÂMARA DOS DEPUTADOS no exercício do cargo de PRESIDENTE DA REPÚBLICA Faço saber que o Congresso Nacional decreta e eu sanciono a seguinte Lei:

Art. 1º. As normas dos arts. 1º a 12, inclusive, da Lei nº 8.038, de 28 de maio de 1990, aplicam-se às ações penais de competência originária dos Tribunais de Justiça dos Estados e do Distrito Federal, e dos Tribunais Regionais Federais.

- CF/88: art. 108, I.

Art. 2º. Esta Lei entra em vigor na data de sua publicação.

Art. 3º. Revogam-se o Título III do Livro II do Decreto-lei nº 3.689, de 3 de outubro de 1941, e demais disposições em contrário.

Brasília, 26 de maio de 1993; 172º da Independência e 105º da República.

INOCÊNCIO OLIVEIRA

D.O.U. de 27.5.1993

LEI Nº 8.666, DE 21 DE JUNHO DE 1993

Regulamenta o artigo 37, inciso XXI, da Constituição Federal, institui normas para licitações e contratos da Administração Pública e dá outras providências.

- *Licitações*

O PRESIDENTE DA REPÚBLICA Faço saber que o Congresso Nacional decreta e eu sanciono a seguinte lei:

CAPÍTULO I. DAS DISPOSIÇÕES GERAIS

- Lei 13.800/2019 – Autoriza a administração pública a firmar instrumentos de parceria e termos de execução de programas, projetos e demais finalidades de interesse público com organizações gestoras de fundos patrimoniais.
- Lei 12.846/2013 – Responsabilização administrativa e civil de pessoas jurídicas.
- Lei 12.598/2012 – Estabelece normas especiais para as compras, as contratações e o desenvolvimento de produtos e de sistemas de defesa.
- Lei 12.462/2011 – Institui o Regime Diferenciado de Contratações Públicas – RDC.
- Lei 12.232/2010 – Dispõe sobre as normas gerais para licitação e contratação pela administração pública de serviços de publicidade prestados por intermédio de agências de propaganda.
- Lei 11.079/2009 – Institui normas gerais para licitação e contratação de parceria público-privada no âmbito da administração pública.
- Lei 10.520/2002 – Institui, no âmbito da União, Estados, Distrito Federal e Municípios, nos termos do art. 37, inciso XXI, da CF, modalidade de licitação denominada pregão, para aquisição de bens e serviços comuns.
- LC 123/2006 – Institui o Estatuto Nacional da Microempresa e da Empresa de Pequeno Porte.
- Decreto 7.174/2010 – Regulamenta a contratação de bens e serviços de informática e automação pela administração pública federal, direta ou indireta, pelas fundações instituídas ou mantidas pelo Poder Público e pelas demais organizações sob o controle direto ou indireto da União.
- Decreto 3.555/2000 – Aprova o Regulamento para a modalidade de licitação denominada pregão, para aquisição de bens e serviços comuns.
- Decreto 9.9658/1990 – Regulamenta, no âmbito da Administração Pública Federal, o reaproveitamento, a movimentação, a alienação e outras formas de desfazimento de material.

SEÇÃO I. DOS PRINCÍPIOS

Art. 1º. Esta Lei estabelece normas gerais sobre licitações e contratos administrativos pertinentes a obras, serviços, inclusive de publicidade, compras, alienações e locações no âmbito dos Poderes da União, dos Estados, do Distrito Federal e dos Municípios.

- CF/88: arts. 22, XXVII, 37, XXI e 175.

Parágrafo único. Subordinam-se ao regime desta Lei, além dos órgãos da administração direta, os fundos especiais, as autarquias, as fundações públicas, as empresas públicas, as sociedades de economia mista e demais entidades controladas direta ou indiretamente pela União, Estados, Distrito Federal e Municípios.

- CF/88: arts. 37, XXI, e 173, § 1º, III.

Art. 2º. As obras, serviços, inclusive de publicidade, compras, alienações, concessões, permissões e locações da Administração Pública, quando contratadas com terceiros, serão necessariamente precedidas de licitação, ressalvadas as hipóteses previstas nesta Lei.

- CF/88: art. 175.
- Lei 8.987/1995 – Dispõe sobre o regime de concessão e permissão da prestação de serviços públicos (art. 175 da CF).

Parágrafo único. Para os fins desta Lei, considera-se contrato todo e qualquer ajuste entre órgãos ou entidades da Administração Pública e particulares, em que haja um acordo de vontade para a formação de vínculo e a estipulação de obrigações recíprocas, seja qual for a denominação utilizada.

Art. 3º. A licitação destina-se a garantir a observância do princípio constitucional da isonomia, a seleção da proposta mais vantajosa para a administração e a promoção do desenvolvimento nacional sustentável e será processada e julgada em estrita conformidade com os princípios básicos da legalidade, da impessoalidade, da moralidade, da igualdade, da publicidade, da probidade administrativa, da vinculação ao instrumento convocatório, do julgamento objetivo e dos que lhes são correlatos. (Redação dada pela Lei nº 12.349, de 2010)

- CF/88: art. 37, XXI.
- Decreto 8.194/2014: art. 1º
- Decreto 8.186/2014: art. 1º
- Decreto 8.185/2014: art. 1º
- Decreto 8.184/2014: art. 1º
- Decreto 7.903/2013: art. 1º
- Decreto 7.812/2012: art. 1º
- Decreto 7.810/2012: art. 1º
- Decreto 7.756/2012: art. 1º.
- Decreto 7.746/2012: art. 1º.

§ 1º. É vedado aos agentes públicos:

I – admitir, prever, incluir ou tolerar, nos atos de convocação, cláusulas ou condições que comprometam, restrinjam ou frustrem o seu caráter competitivo, inclusive nos casos de sociedades cooperativas, e estabeleçam preferências ou distinções em razão da naturalidade, da sede ou domicílio dos licitantes ou de qualquer outra circunstância impertinente ou irrelevante para o específico objeto do contrato, ressalvado o disposto nos §§ 5º a 12 deste artigo e no art. 3º da Lei nº 8.248, de 23 de outubro de 1991; (Redação dada pela Lei nº 12.349, de 2010)

II – estabelecer tratamento diferenciado de natureza comercial, legal, trabalhista, previdenciária ou qualquer outra, entre empresas brasileiras e estrangeiras, inclusive no que se refere a moeda, modalidade e local de pagamentos, mesmo quando envolvidos financiamentos de agências internacionais, ressalvado o disposto no parágrafo seguinte e no art. 3º da Lei nº 8.248, de 23 de outubro de 1991.

§ 2º. Em igualdade de condições, como critério de desempate, será assegurada preferência, sucessivamente, aos bens e serviços:

I – (*Revogado pela Lei nº 12.349, de 2010*).

II – produzidos no País;

III – produzidos ou prestados por empresas brasileiras.

IV – produzidos ou prestados por empresas que invistam em pesquisa e no desenvolvimento de tecnologia no País. (Incluído pela Lei nº 11.196, de 2005)

V – produzidos ou prestados por empresas que comprovem cumprimento de reserva de cargos prevista em lei para pessoa com deficiência ou para reabilitado da Previdência Social e que atendam às regras de acessibilidade previstas na legislação. (Incluído pela Lei nº 13.146, de 2015)

§ 3º. A licitação não será sigilosa, sendo públicos e acessíveis ao público os atos de seu procedimento, salvo quanto ao conteúdo das propostas, até a respectiva abertura.

§ 4º. (*VETADO*). (Incluído pela Lei nº 8.883, de 1994)

§ 5º. Nos processos de licitação, poderá ser estabelecida margem de preferência para: (Redação dada pela Lei nº 13.146, de 2015)

- Decreto 7.546/2011 – Regulamenta o disposto nos §§ 5º a 12 do art. 3º da Lei 8.666/1993, e institui a Comissão Interministerial de Compras Públicas.

I – produtos manufaturados e para serviços nacionais que atendam a normas técnicas brasileiras; e (Incluído pela Lei nº 13.146, de 2015)

II – bens e serviços produzidos ou prestados por empresas que comprovem cumprimento de reserva de cargos prevista em lei para pessoa com deficiência ou para reabilitado da Previdência Social e que atendam às regras de acessibilidade previstas na legislação. (Incluído pela Lei nº 13.146, de 2015)

§ 6º. A margem de preferência de que trata o § 5º será estabelecida com base em estudos revistos periodicamente, em prazo não superior a 5 (cinco) anos, que levem em consideração: (Incluído pela Lei nº 12.349, de 2010)

- Decreto 7.546/2011 – Regulamenta o disposto nos §§ 5º a 12 do art. 3º da Lei 8.666/1993, e institui a Comissão Interministerial de Compras Públicas.
- Decreto 7.756/2012: art. 1º.
- Decreto 7.713/2012: art. 1º.
- Decreto 7.709/2012: art. 1º.

I – geração de emprego e renda; (Incluído pela Lei nº 12.349, de 2010)

II – efeito na arrecadação de tributos federais, estaduais e municipais; (Incluído pela Lei nº 12.349, de 2010)

III – desenvolvimento e inovação tecnológica realizados no País; (Incluído pela Lei nº 12.349, de 2010)

IV – custo adicional dos produtos e serviços; e (Incluído pela Lei nº 12.349, de 2010)

V – em suas revisões, análise retrospectiva de resultados. (Incluído pela Lei nº 12.349, de 2010)

§ 7º. Para os produtos manufaturados e serviços nacionais resultantes de desenvolvimento e inovação tecnológica realizados no País, poderá ser estabelecido margem de preferência adicional àquela prevista no § 5º. (Incluído pela Lei nº 12.349, de 2010)

- Decreto 7.546/2011 – Regulamenta o disposto nos §§ 5º a 12 do art. 3º da Lei 8.666/1993, e institui a Comissão Interministerial de Compras Públicas.

§ 8º. As margens de preferência por produto, serviço, grupo de produtos ou grupo de serviços, a que se referem os §§ 5º e 7º, serão definidas pelo Poder Executivo federal, não podendo a soma delas ultrapassar o montante de 25% (vinte e cinco por cento) sobre o preço dos produtos manufaturados e serviços estrangeiros. (Incluído pela Lei nº 12.349, de 2010)

- Decreto 7.546/2011 – Regulamenta o disposto nos §§ 5º a 12 do art. 3º da Lei 8.666/1993, e institui a Comissão Interministerial de Compras Públicas.

§ 9º. As disposições contidas nos §§ 5º e 7º deste artigo não se aplicam aos bens e aos serviços cuja capacidade de produção ou prestação no País seja inferior: (Incluído pela Lei nº 12.349, de 2010)

- Decreto 7.546/2011 – Regulamenta o disposto nos §§ 5º a 12 do art. 3º da Lei 8.666/1993, e institui a Comissão Interministerial de Compras Públicas.

I – à quantidade a ser adquirida ou contratada; ou (Incluído pela Lei nº 12.349, de 2010)

II – ao quantitativo fixado com fundamento no § 7º do art. 23 desta Lei, quando for o caso. (Incluído pela Lei nº 12.349, de 2010)

§ 10. A margem de preferência a que se refere o § 5º poderá ser estendida, total ou parcialmente, aos bens e serviços originários dos Estados Partes do Mercado Comum do Sul - Mercosul. (Incluído pela Lei nº 12.349, de 2010)

- Decreto 7.546/2011 – Regulamenta o disposto nos §§ 5º a 12 do art. 3º da Lei 8.666/1993, e institui a Comissão Interministerial de Compras Públicas.

§ 11. Os editais de licitação para a contratação de bens, serviços e obras poderão, mediante prévia justificativa da autoridade competente, exigir que o contratado promova, em favor de órgão ou entidade integrante da administração pública ou daqueles por ela indicados a partir de processo isonômico, medidas de compensação comercial, industrial, tecnológica ou acesso a condições vantajosas de financiamento, cumulativamente ou não, na forma estabelecida pelo Poder Executivo federal. (Incluído pela Lei nº 12.349, de 2010)

- Decreto 7.546/2011 – Regulamenta o disposto nos §§ 5º a 12 do art. 3º da Lei 8.666/1993, e institui a Comissão Interministerial de Compras Públicas.

§ 12. Nas contratações destinadas à implantação, manutenção e ao aperfeiçoamento dos sistemas de tecnologia de informação e comunicação, considerados estratégicos em ato do Poder Executivo federal, a licitação poderá ser restrita a bens e serviços com tecnologia desenvolvida no País e produzidos de acordo com o processo produtivo básico de que trata a Lei nº 10.176, de 11 de janeiro de 2001. (Incluído pela Lei nº 12.349, de 2010)

- Decreto 7.546/2011 – Regulamenta o disposto nos §§ 5º a 12 do art. 3º da Lei 8.666/1993, e institui a Comissão Interministerial de Compras Públicas.

§ 13. Será divulgada na internet, a cada exercício financeiro, a relação de empresas favorecidas em decorrência do disposto nos §§ 5º, 7º, 10, 11 e 12 deste artigo, com indicação do volume de recursos destinados a cada uma delas. (Incluído pela Lei nº 12.349, de 2010)

§ 14. As preferências definidas neste artigo e nas demais normas de licitação e contratos devem privilegiar o tratamento diferenciado e favorecido às microempresas e empresas de pequeno porte na forma da lei. (Incluído pela Lei Complementar nº 147, de 2014)

- Decreto 8.538/2015: art. 1º.

§ 15. As preferências dispostas neste artigo prevalecem sobre as demais preferências previstas na legislação quando estas forem aplicadas sobre produtos ou serviços estrangeiros. (Incluído pela Lei Complementar nº 147, de 2014)

Art. 4º. Todos quantos participem de licitação promovida pelos órgãos ou entidades a que se refere o art. 1º têm direito público subjetivo à fiel observância do pertinente procedimento estabelecido nesta Lei, podendo qualquer cidadão acompanhar o seu desenvolvimento, desde que não interfira de modo a perturbar ou impedir a realização dos trabalhos.

Parágrafo único. O procedimento licitatório previsto nesta Lei caracteriza ato administrativo formal, seja ele praticado em qualquer esfera da Administração Pública.

- CF/88: art. 37, XXI.

Art. 5º. Todos os valores, preços e custos utilizados nas licitações terão como expressão monetária a moeda corrente nacional, ressalvado o disposto no art. 42 desta Lei, devendo cada unidade da Administração, no pagamento das obrigações relativas ao fornecimento de bens, locações, realização de obras e prestação de serviços, obedecer, para cada fonte diferenciada de recursos, a estrita ordem cronológica das datas de suas exigibilidades, salvo quando presentes relevantes razões de interesse público e mediante prévia justificativa da autoridade competente, devidamente publicada.

- Decreto-lei 857/1969 – Consolida e altera a legislação sobre moeda de pagamento de obrigações exequíveis no Brasil.

§ 1º. Os créditos a que se refere este artigo terão seus valores corrigidos por critérios previstos no ato convocatório e que lhes preservem o valor.

- Decreto 1.054/1994 – Regulamenta o reajuste de preços nos contratos da Administração Federal direta e indireta.

§ 2º. A correção de que trata o parágrafo anterior cujo pagamento será feito junto com o principal, correrá à conta das mesmas dotações orçamentárias que atenderam aos créditos a que se referem. (Redação dada pela Lei nº 8.883, de 1994)

§ 3º. Observados o disposto no *caput*, os pagamentos decorrentes de despesas cujos valores não ultrapassem o limite de que trata o inciso II do art. 24, sem prejuízo do que dispõe seu parágrafo único, deverão ser efetuados no prazo de até 5 (cinco) dias úteis, contados da apresentação da fatura. (Incluído pela Lei nº 9.648, de 1998)

Art. 5º-A. As normas de licitações e contratos devem privilegiar o tratamento diferenciado e favorecido às microempresas e empresas de pequeno porte na forma da lei. (Incluído pela Lei Complementar nº 147, de 2014)

- Decreto 8.538/2015: art. 1º.

SEÇÃO II. DAS DEFINIÇÕES

Art. 6º. Para os fins desta Lei, considera-se:

I – obra – toda construção, reforma, fabricação, recuperação ou ampliação, realizada por execução direta ou indireta;

II – serviço – toda atividade destinada a obter determinada utilidade de interesse para a Administração, tais como: demolição, conserto, instalação, montagem, operação, conservação, reparação, adaptação, manutenção, transporte, locação de bens, publicidade, seguro ou trabalhos técnico-profissionais;

- Lei 12.232/2010 – Dispõe sobre as normas gerais para licitação e contratação pela administração pública de serviços de publicidade prestados por intermédio de agências de propaganda.

III – compra – toda aquisição remunerada de bens para fornecimento de uma só vez ou parceladamente;

IV – alienação – toda transferência de domínio de bens a terceiros;

V – obras, serviços e compras de grande vulto – aquelas cujo valor estimado seja superior a 25 (vinte e cinco) vezes o limite estabelecido na alínea *c* do inciso I do art. 23 desta Lei;

VI – seguro-garantia – o seguro que garante o fiel cumprimento das obrigações assumidas por empresas em licitações e contratos;

VII – execução direta – a que é feita pelos órgãos e entidades da Administração, pelos próprios meios;

VIII – Execução indireta – a que o órgão ou entidade contrata com terceiros sob qualquer dos seguintes regimes: (Redação dada pela Lei nº 8.883, de 1994)

a) empreitada por preço global – quando se contrata a execução da obra ou do serviço por preço certo e total;

b) empreitada por preço unitário – quando se contrata a execução da obra ou do serviço por preço certo de unidades determinadas;

c) (Vetado). (Redação dada pela Lei nº 8.883, de 1994)

d) tarefa – quando se ajusta mão de obra para pequenos trabalhos por preço certo, com ou sem fornecimento de materiais;

e) empreitada integral – quando se contrata um empreendimento em sua integralidade, compreendendo todas as etapas das obras, serviços e instalações necessárias, sob inteira responsabilidade da contratada até a sua entrega ao contratante em condições de entrada em operação, atendidos os requisitos técnicos e legais para sua utilização em condições de segurança estrutural e operacional e com as características adequadas às finalidades para que foi contratada;

IX – projeto básico – conjunto de elementos necessários e suficientes, com nível de precisão adequado, para caracterizar a obra ou serviço, ou complexo de obras ou serviços objeto da licitação, elaborado com base nas indicações dos estudos técnicos preliminares, que assegurem a viabilidade técnica e o adequado tratamento do impacto ambiental do empreendimento, e que possibilite a avaliação do custo da obra e a definição dos métodos e do prazo de execução, devendo conter os seguintes elementos:

a) desenvolvimento da solução escolhida de forma a fornecer visão global da obra e identificar todos os seus elementos constitutivos com clareza;

b) soluções técnicas globais e localizadas, suficientemente detalhadas, de forma a minimizar a necessidade de reformulação ou de variantes durante as fases de elaboração do projeto executivo e de realização das obras e montagem;

c) identificação dos tipos de serviços a executar e de materiais e equipamentos a incorporar à obra, bem como suas especificações que assegurem os melhores resultados para o empreendimento, sem frustrar o caráter competitivo para a sua execução;

d) informações que possibilitem o estudo e a dedução de métodos construtivos, instalações provisórias e condições organizacionais para a obra, sem frustrar o caráter competitivo para a sua execução;

e) subsídios para montagem do plano de licitação e gestão da obra, compreendendo a sua programação, a estratégia de suprimentos, as normas de fiscalização e outros dados necessários em cada caso;

f) orçamento detalhado do custo global da obra, fundamentado em quantitativos de serviços e fornecimentos propriamente avaliados;

X – projeto executivo – o conjunto dos elementos necessários e suficientes à execução completa da obra, de acordo com as normas pertinentes da Associação Brasileira de Normas Técnicas – ABNT;

XI – Administração Pública – a administração direta e indireta da União, dos Estados, do Distrito Federal e dos Municípios, abrangendo inclusive as entidades com personalidade jurídica de direito privado sob controle do poder público e das fundações por ele instituídas ou mantidas;

XII – Administração – órgão, entidade ou unidade administrativa pela qual a Administração Pública opera e atua concretamente;

XIII – Imprensa Oficial – veículo oficial de divulgação da Administração Pública, sendo para a União o Diário Oficial da União, e, para os Estados, o Distrito Federal e os Municípios, o que for definido nas respectivas leis; (Redação dada pela Lei nº 8.883, de 1994)

XIV – contratante – é o órgão ou entidade signatária do instrumento contratual;

XV – contratado – a pessoa física ou jurídica signatária de contrato com a Administração Pública;

XVI – comissão – comissão, permanente ou especial, criada pela Administração com a função de receber, examinar e julgar todos os documentos e procedimentos relativos às licitações e ao cadastramento de licitantes;

XVII – produtos manufaturados nacionais - produtos manufaturados, produzidos no território nacional de acordo com o processo produtivo básico ou com as regras de origem estabelecidas pelo Poder Executivo federal; (Incluído pela Lei nº 12.349, de 2010)

XVIII – serviços nacionais - serviços prestados no País, nas condições estabelecidas pelo Poder Executivo federal; (Incluído pela Lei nº 12.349, de 2010)

XIX – sistemas de tecnologia de informação e comunicação estratégicos – bens e serviços de tecnologia da informação e comunicação cuja descontinuidade provoque dano significativo à administração pública e que envolvam pelo menos um dos seguintes requisitos relacionados às informações críticas: disponibilidade, confiabilidade, segurança e confidencialidade. (Incluído pela Lei nº 12.349, de 2010)

XX – produtos para pesquisa e desenvolvimento - bens, insumos, serviços e obras necessários para atividade de pesquisa científica e tecnológica, desenvolvimento de tecnologia ou inovação tecnológica, discriminados em projeto de pesquisa aprovado pela instituição contratante. (Incluído pela Lei nº 13.243, de 2016)

SEÇÃO III. DAS OBRAS E SERVIÇOS

Art. 7º. As licitações para a execução de obras e para a prestação de serviços obedecerão ao disposto neste artigo e, em particular, à seguinte sequência:

I – projeto básico;

II – projeto executivo;

III – execução das obras e serviços.

§ 1º. A execução de cada etapa será obrigatoriamente precedida da conclusão e aprovação, pela autoridade competente, dos trabalhos relativos às etapas anteriores, à exceção do projeto executivo, o qual poderá ser desenvolvido concomitantemente com a execução das obras e serviços, desde que também autorizado pela Administração.

§ 2º. As obras e os serviços somente poderão ser licitados quando:

I – houver projeto básico aprovado pela autoridade competente e disponível para exame dos interessados em participar do processo licitatório;

II – existir orçamento detalhado em planilhas que expressem a composição de todos os seus custos unitários;

III – houver previsão de recursos orçamentários que assegurem o pagamento das obrigações decorrentes de obras ou serviços a serem executadas no exercício financeiro em curso, de acordo com o respectivo cronograma;

IV – o produto dela esperado estiver contemplado nas metas estabelecidas no Plano Plurianual de que trata o art. 165 da Constituição Federal, quando for o caso.

§ 3º. É vedado incluir no objeto da licitação a obtenção de recursos financeiros para sua execução, qualquer que seja a sua origem, exceto nos casos de empreendimentos executados e explorados sob o regime de concessão, nos termos da legislação específica.

- Lei 8.987/1995 – Dispõe sobre o regime de concessão e permissão da prestação de serviços públicos previsto no art. 175 da CF.

§ 4º. É vedada, ainda, a inclusão, no objeto da licitação, de fornecimento de materiais e serviços sem previsão de quantidades ou cujos quantitativos não correspondam às previsões reais do projeto básico ou executivo.

§ 5º. É vedada a realização de licitação cujo objeto inclua bens e serviços sem similaridade ou de marcas, características e especificações exclusivas, salvo nos casos em que for tecnicamente justificável, ou ainda quando o fornecimento de tais materiais e serviços for feito sob o regime de administração contratada, previsto e discriminado no ato convocatório.

§ 6º. A infringência do disposto neste artigo implica a nulidade dos atos ou contratos realizados e a responsabilidade de quem lhes tenha dado causa.

§ 7º. Não será ainda computado como valor da obra ou serviço, para fins de julgamento das propostas de preços, a atualização monetária das obrigações de pagamento, desde a data final de cada período de aferição até a do respectivo pagamento, que será calculada pelos mesmos critérios estabelecidos obrigatoriamente no ato convocatório.

§ 8º. Qualquer cidadão poderá requerer à Administração Pública os quantitativos das obras e preços unitários de determinada obra executada.

§ 9º. O disposto neste artigo aplica-se, também, no que couber, aos casos de dispensa e de inexigibilidade de licitação.

Art. 8º. A execução das obras e dos serviços deve programar-se, sempre, em sua totalidade, previstos seus custos atual e final e considerados os prazos de sua execução.

Parágrafo único. É proibido o retardamento imotivado da execução de obra ou serviço, ou de suas parcelas, se existente previsão orçamentária para sua execução total, salvo insuficiência financeira ou comprovado motivo de ordem técnica, justificados em despacho circunstanciado da autoridade a que se refere o art. 26 desta Lei. (Redação dada pela Lei nº 8.883, de 1994)

Art. 9º. Não poderá participar, direta ou indiretamente, da licitação ou da execução de obra ou serviço e do fornecimento de bens a eles necessários:

I – o autor do projeto, básico ou executivo, pessoa física ou jurídica;

II – empresa, isoladamente ou em consórcio, responsável pela elaboração do projeto básico ou executivo ou da qual o autor do projeto seja dirigente, gerente, acionista ou detentor de mais de 5% (cinco por cento) do capital com direito a voto ou controlador, responsável técnico ou subcontratado;

III – servidor ou dirigente de órgão ou entidade contratante ou responsável pela licitação.

§ 1º. É permitida a participação do autor do projeto ou da empresa a que se refere o inciso II deste artigo, na licitação de obra ou serviço, ou na execução, como consultor ou técnico, nas funções de fiscalização, supervisão ou gerenciamento, exclusivamente a serviço da Administração interessada.

§ 2º. O disposto neste artigo não impede a licitação ou contratação de obra ou serviço que inclua a elaboração de projeto executivo como encargo do contratado ou pelo preço previamente fixado pela Administração.

§ 3º. Considera-se participação indireta, para fins do disposto neste artigo, a existência de qualquer vínculo de natureza técnica, comercial, econômica, financeira ou trabalhista entre o autor do projeto, pessoa física ou jurídica, e o licitante ou responsável pelos serviços, fornecimentos e obras, incluindo-se os fornecimentos de bens e serviços a estes necessários.

§ 4º. O disposto no parágrafo anterior aplica-se aos membros da comissão de licitação.

Art. 10. As obras e serviços poderão ser executados nas seguintes formas: (Redação dada pela Lei nº 8.883, de 1994)

I – execução direta;

II – execução indireta, nos seguintes regimes: (Redação dada pela Lei nº 8.883, de 1994)

a) empreitada por preço global;

b) empreitada por preço unitário;

c) (Vetado). (Redação dada pela Lei nº 8.883, de 1994)

d) tarefa;

e) empreitada integral.

Parágrafo único. (Vetado). (Redação dada pela Lei nº 8.883, de 1994)

Art. 11. As obras e serviços destinados aos mesmos fins terão projetos padronizados por tipos, categorias ou classes, exceto quando o projeto-padrão não atender às condições peculiares do local ou às exigências específicas do empreendimento.

Art. 12. Nos projetos básicos e projetos executivos de obras e serviços serão considerados principalmente os seguintes requisitos: (Redação dada pela Lei nº 8.883, de 1994)

I – segurança;

II – funcionalidade e adequação ao interesse público;

III – economia na execução, conservação e operação;

IV – possibilidade de emprego de mão de obra, materiais, tecnologia e matérias-primas existentes no local para execução, conservação e operação;

V – facilidade na execução, conservação e operação, sem prejuízo da durabilidade da obra ou do serviço;

VI – adoção das normas técnicas, de saúde e de segurança do trabalho adequadas; (Redação dada pela Lei nº 8.883, de 1994)

VII – impacto ambiental.

SEÇÃO IV. DOS SERVIÇOS TÉCNICOS PROFISSIONAIS ESPECIALIZADOS

Art. 13. Para os fins desta Lei, consideram-se serviços técnicos profissionais especializados os trabalhos relativos a:

I – estudos técnicos, planejamentos e projetos básicos ou executivos;

II – pareceres, perícias e avaliações em geral;

III – assessorias ou consultorias técnicas e auditorias financeiras ou tributárias; (Redação dada pela Lei nº 8.883, de 1994)

IV – fiscalização, supervisão ou gerenciamento de obras ou serviços;

V – patrocínio ou defesa de causas judiciais ou administrativas;

VI – treinamento e aperfeiçoamento de pessoal;

VII – restauração de obras de arte e bens de valor histórico.

VIII – (Vetado). (Incluído pela Lei nº 8.883, de 1994)

§ 1º. Ressalvados os casos de inexigibilidade de licitação, os contratos para a prestação de serviços técnicos profissionais especializados deverão, preferencialmente, ser celebrados mediante a realização de concurso, com estipulação prévia de prêmio ou remuneração.

§ 2º. Aos serviços técnicos previstos neste artigo aplica-se, no que couber, o disposto no art. 111 desta Lei.

§ 3º. A empresa de prestação de serviços técnicos especializados que apresente relação de integrantes de seu corpo técnico em procedimento licitatório ou como elemento de justificação de dispensa ou inexigibilidade de licitação, ficará obrigada a garantir que os referidos integrantes realizem pessoal e diretamente os serviços objeto do contrato.

SEÇÃO V.
DAS COMPRAS

Art. 14. Nenhuma compra será feita sem a adequada caracterização de seu objeto e indicação dos recursos orçamentários para seu pagamento, sob pena de nulidade do ato e responsabilidade de quem lhe tiver dado causa.

- Lei 8.666/1993: arts. 7º, § 2º e 38.

Art. 15. As compras, sempre que possível, deverão:

- Lei 10.520/2002: art. 11.
- Decreto 7.892/2013 – Regulamenta o Sistema de Registro de Preços previsto no art. 15 da Lei 8.666/1993.

I – atender ao princípio da padronização, que imponha compatibilidade de especificações técnicas e de desempenho, observadas, quando for o caso, as condições de manutenção, assistência técnica e garantia oferecidas;

II – ser processadas através de sistema de registro de preços;

III – submeter-se às condições de aquisição e pagamento semelhantes às do setor privado;

IV – ser subdivididas em tantas parcelas quantas necessárias para aproveitar as peculiaridades do mercado, visando economicidade;

V – balizar-se pelos preços praticados no âmbito dos órgãos e entidades da Administração Pública.

§ 1º. O registro de preços será precedido de ampla pesquisa de mercado.

§ 2º. Os preços registrados serão publicados trimestralmente para orientação da Administração, na imprensa oficial.

§ 3º. O sistema de registro de preços será regulamentado por decreto, atendidas as peculiaridades regionais, observadas as seguintes condições:

I – seleção feita mediante concorrência;

II – estipulação prévia do sistema de controle e atualização dos preços registrados;

III – validade do registro não superior a 1 (um) ano.

§ 4º. A existência de preços registrados não obriga a Administração a firmar as contratações que deles poderão advir, ficando-lhe facultada a utilização de outros meios, respeitada a legislação relativa às licitações, sendo assegurado ao beneficiário do registro preferência em igualdade de condições.

§ 5º. O sistema de controle originado no quadro geral de preços, quando possível, deverá ser informatizado.

§ 6º. Qualquer cidadão é parte legítima para impugnar preço constante do quadro geral em razão de incompatibilidade desse com o preço vigente no mercado.

§ 7º. Nas compras deverão ser observadas, ainda:

I – a especificação completa do bem a ser adquirido sem indicação de marca;

II – a definição das unidades e das quantidades a serem adquiridas em função do consumo e utilização prováveis, cuja estimativa será obtida, sempre que possível, mediante adequadas técnicas quantitativas de estimação;

III – as condições de guarda e armazenamento que não permitam a deterioração do material.

§ 8º. O recebimento de material de valor superior ao limite estabelecido no art. 23 desta Lei, para a modalidade de convite, deverá ser confiado a uma comissão de, no mínimo, 3 (três) membros.

Art. 16. Será dada publicidade, mensalmente, em órgão de divulgação oficial ou em quadro de avisos de amplo acesso público, à relação de todas as compras feitas pela Administração Direta ou Indireta, de maneira a clarificar a identificação do bem comprado, seu preço unitário, a quantidade adquirida, o nome do vendedor e o valor total da operação, podendo ser aglutinadas por itens as compras feitas com dispensa e inexigibilidade de licitação. (Redação dada pela Lei nº 8.883, de 1994)

- Lei 8.666/1993: art. 61, par. único.

Parágrafo único. O disposto neste artigo não se aplica aos casos de dispensa de licitação previstos no inciso IX do art. 24. (Incluído pela Lei nº 8.883, de 1994)

SEÇÃO VI.
DAS ALIENAÇÕES

Art. 17. A alienação de bens da Administração Pública, subordinada à existência de interesse público devidamente justificado, será precedida de avaliação e obedecerá às seguintes normas:

- Lei 9.636/1998: art. 23.
- v. Resolução 53/1997 do Senado Federal – Regulamenta, no âmbito do Senado Federal, os arts. 17 e 18 da Lei 8.666/1993, concernentes à alienação de bens móveis e imóveis..

I – quando imóveis, dependerá de autorização legislativa para órgãos da administração direta e entidades autárquicas e fundacionais, e, para todos, inclusive as entidades paraestatais, dependerá de avaliação prévia e de licitação na modalidade de concorrência, dispensada esta nos seguintes casos:

a) dação em pagamento;

b) doação, permitida exclusivamente para outro órgão ou entidade da administração pública, de qualquer esfera de governo, ressalvado o disposto nas alíneas f, h e i; (Redação dada pela Lei nº 11.952, de 2009)

- ADIn 927-3/DF (Med. Caut.): O Tribunal deferiu, em parte, a medida cautelar, para suspender, até a decisão final da ação, quanto aos Estados, ao Distrito Federal e aos Municípios, a eficácia da expressão "permitida exclusivamente para outro órgão ou entidade da Administração Pública, de qualquer esfera de governo", contida na letra b do inciso I do art. 17, da Lei 8.666/93, [...]. (Plenário, 03.11.93) (D.J.U. 10.11.1993)

c) permuta, por outro imóvel que atenda aos requisitos constantes do inciso X do art. 24 desta Lei;

- ADIn 927-3/DF (Med. Caut.): O Tribunal deferiu, por maioria, a medida cautelar, [...]; para suspender os efeitos da letra c do mesmo inciso, até a decisão final da ação, [...]. (Plenário, 03.11.93) (D.J.U. 10.11.1993)

d) investidura;

e) venda a outro órgão ou entidade da administração pública, de qualquer esfera de governo; (Incluída pela Lei nº 8.883, de 1994)

f) alienação gratuita ou onerosa, aforamento, concessão de direito real de uso, locação ou permissão de uso de bens imóveis residenciais construídos, destinados ou efetivamente utilizados no âmbito de programas habitacionais ou de regularização fundiária de interesse social desenvolvidos por órgãos ou entidades da administração pública; (Redação dada pela Lei nº 11.481, de 2007)

g) procedimentos de legitimação de posse de que trata o art. 29 da Lei nº 6.383, de 7 de dezembro de 1976, mediante iniciativa e deliberação dos órgãos da Administração Pública em cuja competência legal inclua-se tal atribuição; (Incluído pela Lei nº 11.196, de 2005)

h) alienação gratuita ou onerosa, aforamento, concessão de direito real de uso, locação ou permissão de uso de bens imóveis de uso comercial de âmbito local com área de até 250 m² (duzentos e cinquenta metros quadrados) e inseridos no âmbito de programas de regularização fundiária de interesse social desenvolvidos por órgãos ou entidades da administração pública; (Incluído pela Lei nº 11.481, de 2007)

i) alienação e concessão de direito real de uso, gratuita ou onerosa, de terras públicas rurais da União e do Incra, onde incidam ocupações até o limite de que trata o § 1º do art. 6º da Lei nº 11.952, de 25 de junho de 2009, para fins de regularização fundiária, atendidos os requisitos legais; e (Redação dada pela Lei nº 13.465, de 2017)

II – quando móveis, dependerá de avaliação prévia e de licitação, dispensada esta nos seguintes casos:

- ADIn 927-3/DF (Med. Caut.): [...] no tocante à letra a do inciso II do mesmo artigo, o Tribunal, por maioria de votos, indeferiu a medida cautelar, [...].(Plenário, 03.11.93) (D.J.U. 10.11.1993)

a) doação, permitida exclusivamente para fins e uso de interesse social, após avaliação de sua oportunidade e conveniência socioeconômica, relativamente à escolha de outra forma de alienação;

b) permuta, permitida exclusivamente entre órgãos ou entidades da Administração Pública;

- ADIn 927-3/DF (Med. Caut.): [...] com relação à letra b do mesmo Inciso, o Tribunal, por unanimidade, deferiu a medida cautelar, para suspender, até a decisão final da ação, a eficácia da expressão "permitida exclusivamente entre órgãos ou entidade da Administração Pública", quanto aos Estados, o Distrito Federal e os Municípios; [...]. (Plenário, 03.11.93) (D.J.U. 10.11.1993)

c) venda de ações, que poderão ser negociadas em bolsa, observada a legislação específica;

d) venda de títulos, na forma da legislação pertinente;

e) venda de bens produzidos ou comercializados por órgãos ou entidades da Administração Pública, em virtude de suas finalidades;

f) venda de materiais e equipamentos para outros órgãos ou entidades da Administração Pública, sem utilização previsível por quem deles dispõe.

§ 1º. Os imóveis doados com base na alínea b do inciso I deste artigo, cessadas as razões que justificaram a sua doação, reverterão ao patrimônio da pessoa jurídica doadora, vedada a sua alienação pelo beneficiário.

- ADIn 927-3/DF (Med. Caut.): [...] o Tribunal, por maioria de votos, deferiu a medida cautelar, para suspender, até a decisão final da ação, a eficácia de todo o § 1º do art. 17, [...]. (Plenário, 03.11.93) (D.J.U. 10.11.1993)

§ 2º. A Administração também poderá conceder título de propriedade ou de direito real de uso de imóveis, dispensada licitação, quando o uso destinar-se: (Redação dada pela Lei nº 11.196, de 2005)

I – a outro órgão ou entidade da Administração Pública, qualquer que seja a localização do imóvel; (Incluído pela Lei nº 11.196, de 2005)

II – a pessoa natural que, nos termos de lei, regulamento ou ato normativo do órgão competente, haja implementado os requisitos mínimos de cultura, ocupação mansa e pacífica e exploração direta sobre área rural, observado o limite de que trata o § 1º do art. 6º da Lei nº 11.952, de 25 de junho de 2009; (*Redação dada pela Lei nº 13.465, de 2017*)

§ 2º-A. As hipóteses do inciso II do § 2º ficam dispensadas de autorização legislativa, porém submetem-se aos seguintes condicionamentos: (Redação dada pela Lei nº 11.952, de 2009)

I – aplicação exclusivamente às áreas em que a detenção por particular seja comprovadamente anterior a 1º de dezembro de 2004; (Incluído pela Lei nº 11.196, de 2005)

II – submissão aos demais requisitos e impedimentos do regime legal e administrativo da destinação e da regularização fundiária de terras públicas; (Incluído pela Lei nº 11.196, de 2005)

III – vedação de concessões para hipóteses de exploração não contempladas na lei agrária, nas leis de destinação de terras públicas, ou nas normas legais ou administrativas de zoneamento ecológico-econômico; e (Incluído pela Lei nº 11.196, de 2005)

IV – previsão de rescisão automática da concessão, dispensada notificação, em caso de declaração de utilidade, ou necessidade pública ou interesse social. (Incluído pela Lei nº 11.196, de 2005)

§ 2º-B. A hipótese do inciso II do § 2º deste artigo: (Incluído pela Lei nº 11.196, de 2005)

I – só se aplica a imóvel situado em zona rural, não sujeito a vedação, impedimento ou inconveniente a sua exploração mediante atividades agropecuárias; (Incluído pela Lei nº 11.196, de 2005)

II – fica limitada a áreas de até quinze módulos fiscais, desde que não exceda mil e quinhentos hectares, vedada a dispensa de licitação para áreas superiores a esse limite; (Redação dada pela Lei nº 11.763, de 2008)

III – pode ser cumulada com o quantitativo de área decorrente da figura prevista na alínea g do inciso I do *caput* deste artigo, até o limite previsto no inciso II deste parágrafo. (Incluído pela Lei nº 11.196, de 2005)

IV – (VETADO) (Incluído pela Lei nº 11.763, de 2008)

§ 3º. Entende-se por investidura, para os fins desta lei: (Redação dada pela Lei nº 9.648, de 1998)

I – a alienação aos proprietários de imóveis lindeiros de área remanescente ou resultante de obra pública, área esta que se tornar inaproveitável isoladamente, por preço nunca inferior ao da avaliação e desde que esse não ultrapasse a 50% (cinquenta por cento) do valor constante da alínea "a" do inciso II do art. 23 desta lei; (Incluído pela Lei nº 9.648, de 1998)

II – a alienação, aos legítimos possuidores diretos ou, na falta destes, ao Poder Público, de imóveis para fins residenciais construídos em núcleos urbanos anexos a usinas hidrelétricas, desde que considerados dispensáveis na fase de operação dessas unidades e não integrem a categoria de bens reversíveis ao final da concessão. (Incluído pela Lei nº 9.648, de 1998)

§ 4º. A doação com encargo será licitada e de seu instrumento constarão, obrigatoriamente os encargos, o prazo de seu cumprimento e cláusula de reversão, sob pena de nulidade do ato, sendo dispensada a licitação no caso de interesse público devidamente justificado; (Redação dada pela Lei nº 8.883, de 1994)

§ 5º. Na hipótese do parágrafo anterior, caso o donatário necessite oferecer o imóvel em garantia de financiamento, a cláusula de reversão e demais obrigações serão garantidas por hipoteca em segundo grau em favor do doador. (Incluído pela Lei nº 8.883, de 1994)

§ 6º. Para a venda de bens móveis avaliados, isolada ou globalmente, em quantia não superior ao limite previsto no art. 23, inciso II, alínea "b" desta Lei, a Administração poderá permitir o leilão. (Incluído pela Lei nº 8.883, de 1994)

§ 7º. (VETADO). (Incluído pela Lei nº 11.481, de 2007)

Art. 18. Na concorrência para a venda de bens imóveis, a fase de habilitação limitar-se-á à comprovação do recolhimento de quantia correspondente a 5% (cinco por cento) da avaliação.

- v. Resolução 53/1997 do Senado Federal – Regulamenta, no âmbito do Senado Federal, os arts. 17 e 18 da Lei 8.666/1993, concernentes à alienação de bens móveis e imóveis..

Parágrafo único. (*Revogado pela Lei nº 8.883, de 1994*)

Art. 19. Os bens imóveis da Administração Pública, cuja aquisição haja derivado de procedimentos judiciais ou de dação em pagamento, poderão ser alienados por ato da autoridade competente, observadas as seguintes regras:

I – avaliação dos bens alienáveis;

II – comprovação da necessidade ou utilidade da alienação;

III – adoção do procedimento licitatório, sob a modalidade de concorrência ou leilão. (Redação dada pela Lei nº 8.883, de 1994)

CAPÍTULO II. DA LICITAÇÃO

SEÇÃO I. DAS MODALIDADES, LIMITES E DISPENSA

Art. 20. As licitações serão efetuadas no local onde se situar a repartição interessada, salvo por motivo de interesse público, devidamente justificado.

Parágrafo único. O disposto neste artigo não impedirá a habilitação de interessados residentes ou sediados em outros locais.

Art. 21. Os avisos contendo os resumos dos editais das concorrências, das tomadas de preços, dos concursos e dos leilões, embora realizados no local da repartição interessada, deverão ser publicados com antecedência, no mínimo, por uma vez: (Redação dada pela Lei nº 8.883, de 1994)

I – no Diário Oficial da União, quando se tratar de licitação feita por órgão ou entidade da Administração Pública Federal e, ainda, quando se tratar de obras financiadas parcial ou totalmente com recursos federais ou garantidas por instituições federais; (Redação dada pela Lei nº 8.883, de 1994)

II – no Diário Oficial do Estado, ou do Distrito Federal quando se tratar, respectivamente, de licitação feita por órgão ou entidade da Administração Pública Estadual ou Municipal, ou do Distrito Federal; (Redação dada pela Lei nº 8.883, de 1994)

III – em jornal diário de grande circulação no Estado e também, se houver, em jornal de circulação no Município ou na região onde será realizada a obra, prestado o serviço, fornecido, alienado ou alugado o bem, podendo ainda a Administração, conforme o vulto da licitação, utilizar-se de outros meios de divulgação para ampliar a área de competição. (Redação dada pela Lei nº 8.883, de 1994)

§ 1º. O aviso publicado conterá a indicação do local em que os interessados poderão ler e obter o texto integral do edital e todas as informações sobre a licitação.

§ 2º. O prazo mínimo até o recebimento das propostas ou da realização do evento será:

I – quarenta e cinco dias para: (Redação dada pela Lei nº 8.883, de 1994)

a) concurso; (Incluída pela Lei nº 8.883, de 1994)

b) concorrência, quando o contrato a ser celebrado contemplar o regime de empreitada integral ou quando a licitação for do tipo "melhor técnica" ou "técnica e preço"; (Incluída pela Lei nº 8.883, de 1994)

II – trinta dias para: (Redação dada pela Lei nº 8.883, de 1994)

a) concorrência, nos casos não especificados na alínea "b" do inciso anterior; (Incluída pela Lei nº 8.883, de 1994)

b) tomada de preços, quando a licitação for do tipo "melhor técnica" ou "técnica e preço"; (Incluída pela Lei nº 8.883, de 1994)

III – quinze dias para a tomada de preços, nos casos não especificados na alínea "b" do inciso anterior, ou leilão; (Redação dada pela Lei nº 8.883, de 1994)

IV – cinco dias úteis para convite. (Redação dada pela Lei nº 8.883, de 1994)

§ 3º. Os prazos estabelecidos no parágrafo anterior serão contados a partir da última publicação do edital resumido ou da expedição do convite, ou ainda da efetiva disponibilidade do edital ou do convite e respectivos anexos, prevalecendo a data que ocorrer mais tarde. (Redação dada pela Lei nº 8.883, de 1994)

§ 4º Qualquer modificação no edital exige divulgação pela mesma forma que se deu o texto original, reabrindo-se o prazo inicialmente estabelecido, exceto quando, inquestionavelmente, a alteração não afetar a formulação das propostas.

Art. 22. São modalidades de licitação:

- Lei 10.520/20002 – Institui, no âmbito da União, Estados, Distrito Federal e Municípios, nos termos do art. 37, inciso XXI, da CF, modalidade de licitação denominada pregão, para aquisição de bens e serviços comuns.

I – concorrência;

II – tomada de preços;

III – convite;

IV – concurso;

V – leilão.

§ 1º. Concorrência é a modalidade de licitação entre quaisquer interessados que, na fase inicial de habilitação preliminar, comprovem possuir os requisitos mínimos de qualificação exigidos no edital para execução de seu objeto.

§ 2º. Tomada de preços é a modalidade de licitação entre interessados devidamente cadastrados ou que atenderem a todas as condições exigidas para cadastramento até o terceiro dia anterior à data do recebimento das propostas, observada a necessária qualificação.

§ 3º. Convite é a modalidade de licitação entre interessados do ramo pertinente ao seu objeto, cadastrados ou não, escolhidos e convidados em número mínimo de 3 (três) pela unidade administrativa, a qual afixará, em local apropriado, cópia do instrumento convocatório e o estenderá aos demais cadastrados na correspondente especialidade que manifestarem seu interesse com antecedência de até 24 (vinte e quatro) horas da apresentação das propostas.

§ 4º. Concurso é a modalidade de licitação entre quaisquer interessados para escolha de trabalho técnico, científico ou artístico, mediante a instituição de prêmios ou remuneração aos vencedores, conforme critérios constantes de edital publicado na imprensa oficial com antecedência mínima de 45 (quarenta e cinco) dias.

§ 5º. Leilão é a modalidade de licitação entre quaisquer interessados para a venda de bens móveis inservíveis para a administração ou de produtos legalmente apreendidos ou penhorados, ou para a alienação de bens imóveis prevista no art. 19, a quem oferecer o maior lance, igual ou superior ao valor da avaliação. (Redação dada pela Lei nº 8.883, de 1994)

§ 6º. Na hipótese do § 3º deste artigo, existindo na praça mais de 3 (três) possíveis interessados, a cada novo convite, realizado para objeto idêntico ou assemelhado, é obrigatório o convite a, no mínimo, mais um interessado, enquanto existirem cadastrados não convidados nas últimas licitações. (Redação dada pela Lei nº 8.883, de 1994)

§ 7º. Quando, por limitações do mercado ou manifesto desinteresse dos convidados, for impossível a obtenção do número mínimo de licitantes exigidos no § 3º deste artigo, essas circunstâncias deverão ser devidamente justificadas no processo, sob pena de repetição do convite.

§ 8º. É vedada a criação de outras modalidades de licitação ou a combinação das referidas neste artigo.

§ 9º. Na hipótese do parágrafo 2º deste artigo, a administração somente poderá exigir do licitante não cadastrado os documentos previstos nos arts. 27 a 31, que comprovem habilitação compatível com o objeto da licitação, nos termos do edital. (Incluído pela Lei nº 8.883, de 1994)

Art. 23. As modalidades de licitação a que se referem os incisos I a III do artigo anterior serão determinadas em função dos seguintes limites, tendo em vista o valor estimado da contratação:

I – para obras e serviços de engenharia: (Redação dada pela Lei nº 9.648, de 1998)

- Vide Decreto 9.412/2018.

a) convite – até R$ 150.000,00 (cento e cinquenta mil reais); (Redação dada pela Lei nº 9.648, de 1998)

- Valor atualizado para R$ 330.000,00 (trezentos e trinta mil reais) pelo Decreto nº 9.412/2018.

b) tomada de preços - até R$ 1.500.000,00 (um milhão e quinhentos mil reais); (Redação dada pela Lei nº 9.648, de 1998)

- Valor atualizado para R$ 3.300.000,00 (três milhões e trezentos mil reais) pelo Decreto nº 9.412/2018.

c) concorrência: acima de R$ 1.500.000,00 (um milhão e quinhentos mil reais); (Redação dada pela Lei nº 9.648, de 1998)

- Valor atualizado para R$ 3.300.000,00 (três milhões e trezentos mil reais) pelo Decreto nº 9.412/2018.

II – para compras e serviços não referidos no inciso anterior: (Redação dada pela Lei nº 9.648, de 1998)

- Vide Decreto 9.412/2018.

a) convite - até R$ 80.000,00 (oitenta mil reais); (Redação dada pela Lei nº 9.648, de 1998)

- Valor atualizado para R$ 176.000,00 (cento e setenta e seis mil reais) pelo Decreto nº 9.412/2018.

b) tomada de preços - até R$ 650.000,00 (seiscentos e cinquenta mil reais); (Redação dada pela Lei nº 9.648, de 1998)

- Valor atualizado para R$ 1.430.000,00 (um milhão, quatrocentos e trinta mil reais) pelo Decreto nº 9.412/2018.

c) concorrência - acima de R$ 650.000,00 (seiscentos e cinquenta mil reais). (Redação dada pela Lei nº 9.648, de 1998)

- Valor atualizado para R$ 1.430.000,00 (um milhão, quatrocentos e trinta mil reais) pelo Decreto nº 9.412/2018.

§ 1º. As obras, serviços e compras efetuadas pela Administração serão divididas em tantas parcelas quantas se comprovarem técnica e economicamente viáveis, procedendo-se à licitação com vistas ao melhor aproveitamento dos recursos disponíveis no mercado e à ampliação da competitividade sem perda da economia de escala. (Redação dada pela Lei nº 8.883, de 1994)

§ 2º. Na execução de obras e serviços e nas compras de bens, parceladas nos termos do parágrafo anterior, a cada etapa ou conjunto de etapas da obra, serviço ou compra, há de corresponder licitação distinta, preservada a modalidade pertinente para a execução do objeto em licitação. (Redação dada pela Lei nº 8.883, de 1994)

§ 3º. A concorrência é a modalidade de licitação cabível, qualquer que seja o valor de seu objeto, tanto na compra ou alienação de bens imóveis, ressalvado o disposto no art. 19, como nas concessões de direito real de uso e nas licitações internacionais, admitindo-se neste último caso, observados os limites deste artigo, a tomada de preços, quando o órgão ou entidade dispuser de cadastro internacional de fornecedores ou o convite, quando não houver fornecedor do bem ou serviço no País. (Redação dada pela Lei nº 8.883, de 1994)

§ 4º. Nos casos em que couber convite, a Administração poderá utilizar a tomada de preços e, em qualquer caso, a concorrência.

§ 5º. É vedada a utilização da modalidade «convite» ou «tomada de preços», conforme o caso, para parcelas de uma mesma obra ou serviço, ou ainda para obras e serviços da mesma natureza e no mesmo local que possam ser realizadas conjunta e concomitantemente, sempre que o somatório de seus valores caracterizar o caso de «tomada de preços» ou «concorrência», respectivamente, nos termos deste artigo, exceto para as parcelas de natureza específica que possam ser executadas por pessoas ou empresas de especialidade diversa daquela do executor da obra ou serviço. (Redação dada pela Lei nº 8.883, de 1994)

§ 6º. As organizações industriais da Administração Federal direta, em face de suas peculiaridades, obedecerão aos limites estabelecidos no inciso I deste artigo também para suas compras e serviços em geral, desde que para a aquisição de materiais aplicados exclusivamente na manutenção, reparo ou fabricação de meios operacionais bélicos pertencentes à União. (Incluído pela Lei nº 8.883, de 1994)

§ 7º. Na compra de bens de natureza divisível e desde que não haja prejuízo para o conjunto ou complexo, é permitida a cotação de quantidade inferior à demandada na licitação, com vistas a ampliação da competitividade, podendo o edital fixar quantitativo mínimo para preservar a economia de escala. (Incluído pela Lei nº 9.648, de 1998)

§ 8º. No caso de consórcios públicos, aplicar-se-á o dobro dos valores mencionados no *caput* deste artigo quando formado por até 3 (três) entes da Federação, e o triplo, quando formado por maior número. (Incluído pela Lei nº 11.107, de 2005)

Art. 24. É dispensável a licitação:

- Lei 8.666/1993: art. 17, I e II.

I – para obras e serviços de engenharia de valor até 10% (dez por cento) do limite previsto na alínea "a", do inciso I do artigo anterior, desde que não se refiram a parcelas de uma mesma obra ou serviço ou ainda para obras e serviços da mesma natureza e no mesmo local que possam ser realizadas conjunta e concomitantemente; (Redação dada pela Lei nº 9.648, de 1998)

II – para outros serviços e compras de valor até 10% (dez por cento) do limite previsto na alínea "a", do inciso II do artigo anterior e para alienações, nos casos previstos nesta Lei, desde que não se refiram a parcelas de um mesmo serviço, compra ou alienação de maior vulto que possa ser realizada de uma só vez; (Redação dada pela Lei nº 9.648, de 1998)

III – nos casos de guerra ou grave perturbação da ordem;

IV – nos casos de emergência ou de calamidade pública, quando caracterizada urgência de atendimento de situação que possa ocasionar prejuízo ou comprometer a segurança de pessoas, obras, serviços, equipamentos e outros bens, públicos ou particulares, e somente para os bens necessários ao atendimento de situação emergencial ou calamitosa e para as parcelas de obras e serviços que possam ser concluídas no prazo máximo de 180 (cento e oitenta) dias consecutivos e ininterruptos, contados da ocorrência da emergência ou calamidade, vedada a prorrogação dos respectivos contratos;

V – quando não acudirem interessados à licitação anterior e esta, justificadamente, não puder ser repetida sem prejuízo para a Administração, mantidas, neste caso, todas as condições preestabelecidas;

VI – quando a União tiver que intervir no domínio econômico para regular preços ou normalizar o abastecimento;

VII – quando as propostas apresentadas consignarem preços manifestamente superiores aos praticados no mercado nacional, ou forem incompatíveis com os fixados pelos órgãos oficiais competentes, casos em que, observado o parágrafo único do art. 48 desta Lei e, persistindo a situação, será admitida a adjudicação direta dos bens ou serviços, por valor não superior ao constante do registro de preços, ou dos serviços;

- Onde se lê "parágrafo único do art. 48"; leia-se "§ 3º do art. 48".

VIII – para a aquisição, por pessoa jurídica de direito público interno, de bens produzidos ou serviços prestados por órgão ou entidade que integre a Administração Pública e que tenha sido criado para esse fim específico em data anterior à vigência desta Lei, desde que o preço contratado seja compatível com o praticado no mercado; (Redação dada pela Lei nº 8.883, de 1994)

IX – quando houver possibilidade de comprometimento da segurança nacional, nos casos estabelecidos em decreto do Presidente da República, ouvido o Conselho de Defesa Nacional;

- Decreto 2.295/1997 – Regulamenta o inciso IX do art. 24 da Lei 8.666/1993.

X – para a compra ou locação de imóvel destinado ao atendimento das finalidades precípuas da administração, cujas necessidades de instalação e localização condicionem a sua escolha, desde que o preço seja compatível com o valor de mercado, segundo avaliação prévia; (Redação dada pela Lei nº 8.883, de 1994)

XI – na contratação de remanescente de obra, serviço ou fornecimento, em consequência de rescisão contratual, desde que atendida a ordem de classificação da licitação anterior e aceitas as mesmas condições oferecidas pelo licitante vencedor, inclusive quanto ao preço, devidamente corrigido;

XII – nas compras de hortifrutigranjeiros, pão e outros gêneros perecíveis, no tempo necessário para a realização dos processos licitatórios correspondentes, realizadas diretamente com base no preço do dia; (Redação dada pela Lei nº 8.883, de 1994)

XIII – na contratação de instituição brasileira incumbida regimental ou estatutariamente da pesquisa, do ensino ou do desenvolvimento institucional, ou de instituição dedicada à recuperação social do preso, desde que a contratada detenha inquestionável reputação ético-profissional e não tenha fins lucrativos; (Redação dada pela Lei nº 8.883, de 1994)

XIV – para a aquisição de bens ou serviços nos termos de acordo internacional específico aprovado pelo Congresso Nacional, quando as condições ofertadas forem manifestamente vantajosas para o Poder Público; (Redação dada pela Lei nº 8.883, de 1994)

XV – para a aquisição ou restauração de obras de arte e objetos históricos, de autenticidade certificada, desde que compatíveis ou inerentes às finalidades do órgão ou entidade;

XVI – para a impressão dos diários oficiais, de formulários padronizados de uso da administração, e de edições técnicas oficiais, bem como para prestação de serviços de informática a pessoa jurídica de direito público interno, por órgãos ou entidades que integrem a Administração Pública, criados para esse fim específico; (Incluído pela Lei nº 8.883, de 1994)

XVII – para a aquisição de componentes ou peças de origem nacional ou estrangeira, necessários à manutenção de equipamentos durante o período de garantia técnica, junto ao fornecedor original desses equipamentos, quando tal condição de exclusividade for indispensável para a vigência da garantia; (Incluído pela Lei nº 8.883, de 1994)

XVIII – nas compras ou contratações de serviços para o abastecimento de navios, embarcações, unidades aéreas ou tropas e seus meios de deslocamento quando em estada eventual de curta duração em portos, aeroportos ou localidades diferentes de suas sedes, por motivo de movimentação operacional ou de adestramento, quando a exiguidade dos prazos legais puder comprometer a normalidade e os propósitos das operações e desde que seu valor não exceda ao limite previsto na alínea "a" do inciso II do art. 23 desta Lei: (Incluído pela Lei nº 8.883, de 1994)

XIX – para as compras de material de uso pelas Forças Armadas, com exceção de materiais de uso pessoal e administrativo, quando houver necessidade de manter a padronização requerida pela estrutura de apoio logístico dos meios navais, aéreos e terrestres, mediante parecer de comissão instituída por decreto; (Incluído pela Lei nº 8.883, de 1994)

XX – na contratação de associação de portadores de deficiência física, sem fins lucrativos e de comprovada idoneidade, por órgãos ou entidades da Administração Pública, para a prestação de serviços ou fornecimento de mão de obra, desde que o preço contratado seja compatível com o praticado no mercado. (Incluído pela Lei nº 8.883, de 1994)

XXI – para a aquisição ou contratação de produto para pesquisa e desenvolvimento, limitada, no caso de obras e serviços de engenharia, a 20% (vinte por cento) do valor de que trata a alínea "b" do inciso I do *caput* do art. 23; (Incluído pela Lei nº 13.243, de 2016)

XXII – na contratação de fornecimento ou suprimento de energia elétrica e gás natural com concessionário, permissionário ou autorizado, segundo as normas da legislação específica; (Incluído pela Lei nº 9.648, de 1998)

XXIII – na contratação realizada por empresa pública ou sociedade de economia mista com suas subsidiárias e controladas, para a aquisição ou alienação de bens, prestação ou obtenção de serviços, desde que o preço contratado seja compatível com o praticado no mercado. (Incluído pela Lei nº 9.648, de 1998)

› Lei 13.303/2016 – Dispõe sobre o estatuto jurídico da empresa pública, da sociedade de economia mista e de suas subsidiárias, no âmbito da União, dos Estados, do Distrito Federal e dos Municípios.

XXIV – para a celebração de contratos de prestação de serviços com as organizações sociais, qualificadas no âmbito das respectivas esferas de governo, para atividades contempladas no contrato de gestão. (Incluído pela Lei nº 9.648, de 1998)

XXV – na contratação realizada por Instituição Científica e Tecnológica – ICT ou por agência de fomento para a transferência de tecnologia e para o licenciamento de direito de uso ou de exploração de criação protegida. (Incluído pela Lei nº 10.973, de 2004)

XXVI – na celebração de contrato de programa com ente da Federação ou com entidade de sua administração indireta, para a prestação de serviços públicos de forma associada nos termos do autorizado em contrato de consórcio público ou em convênio de cooperação. (Incluído pela Lei nº 11.107, de 2005)

XXVII – na contratação da coleta, processamento e comercialização de resíduos sólidos urbanos recicláveis ou reutilizáveis, em áreas com sistema de coleta seletiva de lixo, efetuados por associações ou cooperativas formadas exclusivamente por pessoas físicas de baixa renda reconhecidas pelo poder público como catadores de materiais recicláveis, com o uso de equipamentos compatíveis com as normas técnicas, ambientais e de saúde pública. (Redação dada pela Lei nº 11.445, de 2007).

XXVIII – para o fornecimento de bens e serviços, produzidos ou prestados no País, que envolvam, cumulativamente, alta complexidade tecnológica e defesa nacional, mediante parecer de comissão especialmente designada pela autoridade máxima do órgão. (Incluído pela Lei nº 11.484, de 2007).

XXIX – na aquisição de bens e contratação de serviços para atender aos contingentes militares das Forças Singulares brasileiras empregadas em operações de paz no exterior, necessariamente justificadas quanto ao preço e à escolha do fornecedor ou executante e ratificadas pelo Comandante da Força. (Incluído pela Lei nº 11.783, de 2008).

XXX – na contratação de instituição ou organização, pública ou privada, com ou sem fins lucrativos, para a prestação de serviços de assistência técnica e extensão rural no âmbito do Programa Nacional de Assistência Técnica e Extensão Rural na Agricultura Familiar e na Reforma Agrária, instituído por lei federal. (Incluído pela Lei nº 12.188, de 2.010)

XXXI – nas contratações visando ao cumprimento do disposto nos arts. 3º, 4º, 5º e 20 da Lei nº 10.973, de 2 de dezembro de 2004, observados os princípios gerais de contratação dela constantes. (Incluído pela Lei nº 12.349, de 2010)

XXXII – na contratação em que houver transferência de tecnologia de produtos estratégicos para o Sistema Único de Saúde - SUS, no âmbito da Lei nº 8.080, de 19 de setembro de 1990, conforme elencados em ato da direção nacional do SUS, inclusive por ocasião da aquisição destes produtos durante as etapas de absorção tecnológica. (Incluído pela Lei nº 12.715, de 2012)

XXXIII – na contratação de entidades privadas sem fins lucrativos, para a implementação de cisternas ou outras tecnologias sociais de acesso à água para consumo humano e produção de alimentos, para beneficiar as famílias rurais de baixa renda atingidas pela seca ou falta regular de água. (Incluído pela Lei nº 12.873, de 2013)

› Decreto 8.038/2013: art. 9º.

XXXIV – para a aquisição por pessoa jurídica de direito público interno de insumos estratégicos para a saúde produzidos ou distribuídos por fundação que, regimental ou estatutariamente, tenha por finalidade apoiar órgão da administração pública direta, sua autarquia ou fundação em projetos de ensino, pesquisa, extensão, desenvolvimento institucional, científico e tecnológico e estímulo à inovação, inclusive na gestão administrativa e financeira necessária à execução desses projetos, ou em parcerias que envolvam transferência de tecnologia de produtos estratégicos para o Sistema Único de Saúde – SUS, nos termos do inciso XXXII deste artigo, e que tenha sido criada para esse fim específico em data anterior à vigência desta Lei, desde que o preço contratado seja compatível com o praticado no mercado. (Incluído pela Lei nº 13.204, de 2015)

XXXV – para a construção, a ampliação, a reforma e o aprimoramento de estabelecimentos penais, desde que configurada situação de grave e iminente risco à segurança pública. (Incluído pela Lei nº 13.500, de 2017)

§ 1º. Os percentuais referidos nos incisos I e II do *caput* deste artigo serão 20% (vinte por cento) para compras, obras e serviços contratados por consórcios públicos, sociedade de economia mista, empresa pública e por autarquia ou fundação qualificadas, na forma da lei, como Agências Executivas. (Incluído pela Lei nº 12.715, de 2012)

§ 2º. O limite temporal de criação do órgão ou entidade que integre a administração pública estabelecido no inciso VIII do *caput* deste artigo não se aplica aos órgãos ou entidades que produzem produtos estratégicos para o SUS, no âmbito da Lei nº 8.080, de 19 de setembro de 1990, conforme elencados em ato da direção nacional do SUS. (Incluído pela Lei nº 12.715, de 2012)

§ 3º. A hipótese de dispensa prevista no inciso XXI do *caput*, quando aplicada a obras e serviços de engenharia, seguirá procedimentos especiais instituídos em regulamentação específica. (Incluído pela Lei nº 13.243, de 2016)

§ 4º. Não se aplica a vedação prevista no inciso I do *caput* do art. 9º à hipótese prevista no inciso XXI do *caput*. (Incluído pela Lei nº 13.243, de 2016)

Art. 25. É inexigível a licitação quando houver inviabilidade de competição, em especial:

I – para aquisição de materiais, equipamentos, ou gêneros que só possam ser fornecidos por produtor, empresa ou representante comercial exclusivo, vedada a preferência de marca, devendo a comprovação de exclusividade ser feita através de atestado fornecido pelo órgão de registro do comércio do local em que se realizaria a licitação ou a obra ou o serviço, pelo Sindicato, Federação ou Confederação Patronal, ou, ainda, pelas entidades equivalentes;

II – para a contratação de serviços técnicos enumerados no art. 13 desta Lei, de natureza singular, com profissionais ou empresas de notória especialização, vedada a inexigibilidade para serviços de publicidade e divulgação;

III – para contratação de profissional de qualquer setor artístico, diretamente ou através de empresário exclusivo, desde que consagrado pela crítica especializada ou pela opinião pública.

§ 1º. Considera-se de notória especialização o profissional ou empresa cujo conceito no campo de sua especialidade, decorrente de desempenho anterior, estudos, experiências, publicações, organização, aparelhamento, equipe técnica, ou de outros requisitos relacionados com suas atividades, permita inferir que o seu trabalho é essencial e indiscutivelmente o mais adequado à plena satisfação do objeto do contrato.

§ 2º. Na hipótese deste artigo e em qualquer dos casos de dispensa, se comprovado superfaturamento, respondem solidariamente pelo dano causado à Fazenda Pública o fornecedor ou o prestador de serviços e o agente público responsável, sem prejuízo de outras sanções legais cabíveis.

Art. 26. As dispensas previstas nos §§ 2º e 4º do art. 17 e no inciso III e seguintes do art. 24, as situações de inexigibilidade referidas no art. 25, necessariamente justificadas, e o retardamento previsto no final do parágrafo único do art. 8º desta Lei deverão ser comunicados, dentro de 3 (três) dias, à autoridade superior, para ratificação e publicação na imprensa oficial, no prazo de 5 (cinco) dias, como condição para a eficácia dos atos. (Redação dada pela Lei nº 11.107, de 2005)

▸ Vide Decreto nº 9.412, de 2018, que atualiza os valores das modalidades de licitação de que trata o art. 23 da Lei 8.666/1993.

Parágrafo único. O processo de dispensa, de inexigibilidade ou de retardamento, previsto neste artigo, será instruído, no que couber, com os seguintes elementos:

I – caracterização da situação emergencial, calamitosa ou de grave e iminente risco à segurança pública que justifique a dispensa, quando for o caso; (Redação dada pela Lei nº 13.500, de 2017)

II – razão da escolha do fornecedor ou executante;

III – justificativa do preço;

IV – documento de aprovação dos projetos de pesquisa aos quais os bens serão alocados. (Incluído pela Lei nº 9.648, de 1998)

SEÇÃO II.
DA HABILITAÇÃO

Art. 27. Para a habilitação nas licitações exigir-se-á dos interessados, exclusivamente, documentação relativa a:

I – habilitação jurídica;

II – qualificação técnica;

III – qualificação econômico-financeira;

IV – regularidade fiscal e trabalhista; (Redação dada pela Lei nº 12.440, de 2011)

V – cumprimento do disposto no inciso XXXIII do art. 7º da Constituição Federal. (Incluído pela Lei nº 9.854, de 1999)

Art. 28. A documentação relativa à habilitação jurídica, conforme o caso, consistirá em:

I – cédula de identidade;

II – registro comercial, no caso de empresa individual;

III – ato constitutivo, estatuto ou contrato social em vigor, devidamente registrado, em se tratando de sociedades comerciais e, no caso de sociedades por ações, acompanhado de documentos de eleição de seus administradores;

IV – inscrição do ato constitutivo, no caso de sociedades civis, acompanhada de prova de diretoria em exercício;

V – decreto de autorização, em se tratando de empresa ou sociedade estrangeira em funcionamento no País, e ato de registro ou autorização para funcionamento expedido pelo órgão competente, quando a atividade assim o exigir.

Art. 29. A documentação relativa à regularidade fiscal e trabalhista, conforme o caso, consistirá em: (Redação dada pela Lei nº 12.440, de 2011)

▸ Lei 8.987/1995: art. 38, § 1º, VII.

I – prova de inscrição no Cadastro de Pessoas Físicas (CPF) ou no Cadastro Geral de Contribuintes (CGC);

II – prova de inscrição no Cadastro de Contribuintes estadual ou municipal, se houver, relativo ao domicílio ou sede do licitante, pertinente ao seu ramo de atividade e compatível com o objeto contratual;

III – prova de regularidade para com a Fazenda Federal, Estadual e Municipal do domicílio ou sede do licitante, ou outra equivalente, na forma da lei;

IV – prova de regularidade relativa à Seguridade Social e ao Fundo de Garantia por Tempo de Serviço (FGTS), demonstrando situação regular no cumprimento dos encargos sociais instituídos por lei. (Redação dada pela Lei nº 8.883, de 1994)

▸ CF/88: art. 195, § 3º.

▸ Lei 9.012/1995 – Proíbe as instituições oficiais de crédito de conceder empréstimos, financiamentos e outros benefícios a pessoas jurídicas em débito com o FGTS.

V – prova de inexistência de débitos inadimplidos perante a Justiça do Trabalho, mediante a apresentação de certidão negativa, nos termos do Título VII-A da Consolidação das Leis do Trabalho, aprovada pelo Decreto-Lei nº 5.452, de 1º de maio de 1943. (Incluído pela Lei nº 12.440, de 2011)

Art. 30. A documentação relativa à qualificação técnica limitar-se-á a:

I – registro ou inscrição na entidade profissional competente;

II – comprovação de aptidão para desempenho de atividade pertinente e compatível em características, quantidades e prazos com o objeto da licitação, e indicação das instalações e do aparelhamento e do pessoal técnico adequados e disponíveis para a realização do objeto da licitação, bem como da qualificação de cada um dos membros da equipe técnica que se responsabilizará pelos trabalhos;

III – comprovação, fornecida pelo órgão licitante, de que recebeu os documentos, e, quando exigido, de que tomou conhecimento de todas as informações e das condições locais para o cumprimento das obrigações objeto da licitação;

IV – prova de atendimento de requisitos previstos em lei especial, quando for o caso.

§ 1º. A comprovação de aptidão referida no inciso II do *"caput"* deste artigo, no caso das licitações pertinentes a obras e serviços, será feita por atestados fornecidos por pessoas jurídicas de direito público ou privado, devidamente registrados nas entidades profissionais competentes, limitadas as exigências a: (Redação dada pela Lei nº 8.883, de 1994)

I – capacitação técnico-profissional: comprovação do licitante de possuir em seu quadro permanente, na data prevista para entrega da proposta, profissional de nível superior ou outro devidamente reconhecido pela entidade competente, detentor de atestado de responsabilidade técnica por execução de obra ou serviço de características semelhantes, limitadas estas exclusivamente às parcelas de maior relevância e valor significativo do objeto da licitação, vedadas as exigências de quantidades mínimas ou prazos máximos; (Incluído pela Lei nº 8.883, de 1994)

II – (Vetado). (Incluído pela Lei nº 8.883, de 1994)

a) (Vetado). (Incluído pela Lei nº 8.883, de 1994)

b) (Vetado). (Incluído pela Lei nº 8.883, de 1994)

§ 2º. As parcelas de maior relevância técnica e de valor significativo, mencionadas no parágrafo anterior, serão definidas no instrumento convocatório. (Redação dada pela Lei nº 8.883, de 1994)

§ 3º. Será sempre admitida a comprovação de aptidão através de certidões ou atestados de obras ou serviços similares de complexidade tecnológica e operacional equivalente ou superior.

§ 4º. Nas licitações para fornecimento de bens, a comprovação de aptidão, quando for o caso, será feita através de atestados fornecidos por pessoa jurídica de direito público ou privado.

§ 5º. É vedada a exigência de comprovação de atividade ou de aptidão com limitações de tempo ou de época ou ainda em locais específicos, ou quaisquer outras não previstas nesta Lei, que inibam a participação na licitação.

§ 6º. As exigências mínimas relativas a instalações de canteiros, máquinas, equipamentos e pessoal técnico especializado, considerados essenciais para o cumprimento do objeto da licitação, serão atendidas mediante a apresentação de relação explícita e da declaração formal da sua disponibilidade, sob as penas cabíveis, vedada as exigências de propriedade e de localização prévia.

§ 7º. (Vetado). (Redação dada pela Lei nº 8.883, de 1994)

I – (Vetado). (Incluído pela Lei nº 8.883, de 1994)

II – (Vetado). (Incluído pela Lei nº 8.883, de 1994)

§ 8º. No caso de obras, serviços e compras de grande vulto, de alta complexidade técnica, poderá a Administração exigir dos licitantes a metodologia de execução, cuja avaliação, para efeito de sua aceitação ou não, antecederá sempre à análise dos preços e será efetuada exclusivamente por critérios objetivos.

§ 9º. Entende-se por licitação de alta complexidade técnica aquela que envolva alta especialização, como fator de extrema relevância para garantir a execução do objeto a ser contratado, ou que possa comprometer a continuidade da prestação de serviços públicos essenciais.

§ 10. Os profissionais indicados pelo licitante para fins de comprovação da capacitação técnico-profissional de que trata o inciso I do § 1º deste artigo deverão participar da obra ou serviço objeto da licitação, admitindo-se a substituição por profissionais de experiência equivalente ou superior, desde que aprovada pela administração. (Incluído pela Lei nº 8.883, de 1994)

§ 11. (Vetado). (Incluído pela Lei nº 8.883, de 1994)

§ 12. (Vetado). (Incluído pela Lei nº 8.883, de 1994)

Art. 31. A documentação relativa à qualificação econômico-financeira limitar-se-á a:

I – balanço patrimonial e demonstrações contábeis do último exercício social, já exigíveis e apresentados na forma da lei, que comprovem a boa situação financeira da empresa, vedada a sua substituição por balancetes ou balanços provisórios, podendo ser atualizados por índices oficiais quando encerrado há mais de 3 (três) meses da data de apresentação da proposta;

II – certidão negativa de falência ou concordata expedida pelo distribuidor da sede da pessoa jurídica, ou de execução patrimonial, expedida no domicílio da pessoa física;

III – garantia, nas mesmas modalidades e critérios previstos no *caput* e § 1º do art. 56 desta Lei, limitada a 1% (um por cento) do valor estimado do objeto da contratação.

§ 1º. A exigência de índices limitar-se-á à demonstração da capacidade financeira do licitante com vistas aos compromissos que terá que assumir caso lhe seja adjudicado o contrato, vedada a exigência de valores mínimos de faturamento anterior, índices de rentabilidade ou lucratividade. (Redação dada pela Lei nº 8.883, de 1994)

§ 2º. A administração, nas compras para entrega futura e na execução de obras e serviços, poderá estabelecer, no instrumento convocatório da licitação, a exigência de capital mínimo ou de patrimônio líquido mínimo, ou ainda as garantias previstas no § 1º do art. 56 desta Lei, como dado objetivo de comprovação da qualificação econômico-financeira dos licitantes e para efeito de garantia ao adimplemento do contrato a ser ulteriormente celebrado.

§ 3º. O capital mínimo ou o valor do patrimônio líquido a que se refere o parágrafo anterior não poderá exceder a 10% (dez por cento) do valor estimado da contratação, devendo a comprovação ser feita relativamente à data da apresentação da proposta, na forma da lei, admitida a atualização para esta data através de índices oficiais.

§ 4º. Poderá ser exigida, ainda, a relação dos compromissos assumidos pelo licitante que importem diminuição da capacidade operativa ou absorção de disponibilidade financeira, calculada esta em função do patrimônio líquido atualizado e sua capacidade de rotação.

§ 5º. A comprovação de boa situação financeira da empresa será feita de forma objetiva, através do cálculo de índices contábeis previstos no edital e devidamente justificados no processo administrativo da licitação que tenha dado início ao certame licitatório, vedada a exigência de índices e valores não usualmente adotados para correta avaliação de situação financeira suficiente ao cumprimento das obrigações decorrentes da licitação. (Redação dada pela Lei nº 8.883, de 1994)

§ 6º. (Vetado). (Redação dada pela Lei nº 8.883, de 1994)

Art. 32. Os documentos necessários à habilitação poderão ser apresentados em original, por qualquer processo de cópia autenticada por cartório competente ou por servidor da administração ou publicação em órgão da imprensa oficial. (Redação dada pela Lei nº 8.883, de 1994)

§ 1º. A documentação de que tratam os arts. 28 a 31 desta Lei poderá ser dispensada, no todo ou em parte, nos casos de convite, concurso, fornecimento de bens para pronta entrega e leilão.

§ 2º. O certificado de registro cadastral a que se refere o § 1º do art. 36 substitui os documentos enumerados nos arts. 28 a 31, quanto às informações disponibilizadas em sistema informatizado de consulta direta indicado no edital, obrigando-se a parte a declarar, sob as penalidades legais, a superveniência de fato impeditivo da habilitação. (Redação dada pela Lei nº 9.648, de 1998)

§ 3º. A documentação referida neste artigo poderá ser substituída por registro cadastral emitido por órgão ou entidade pública, desde que previsto no edital e o registro tenha sido feito em obediência ao disposto nesta Lei.

§ 4º. As empresas estrangeiras que não funcionem no País, tanto quanto possível, atenderão, nas licitações internacionais, às exigências dos parágrafos anteriores mediante documentos equivalentes, autenticados pelos respectivos consulados e traduzidos por tradutor juramentado, devendo ter representação legal no Brasil com poderes expressos para receber citação e responder administrativa ou judicialmente.

§ 5º. Não se exigirá, para a habilitação de que trata este artigo, prévio recolhimento de taxas ou emolumentos, salvo os referentes a fornecimento do edital, quando solicitado, com os seus elementos constitutivos, limitados ao valor do custo efetivo de reprodução gráfica da documentação fornecida.

§ 6º. O disposto no § 4º deste artigo, no § 1º do art. 33 e no § 2º do art. 55, não se aplica às licitações internacionais para a aquisição de bens e serviços cujo pagamento seja feito com o produto de financiamento concedido por organismo financeiro internacional de que o Brasil faça parte, ou por agência estrangeira de cooperação, nem nos casos de contratação com empresa estrangeira, para a compra de equipamentos fabricados e entregues no exterior, desde que para este caso tenha havido prévia autorização do Chefe do Poder Executivo, nem nos casos de aquisição de bens e serviços realizada por unidades administrativas com sede no exterior.

§ 7º. A documentação de que tratam os arts. 28 a 31 e este artigo poderá ser dispensada, nos termos de regulamento, no todo ou em parte, para a contratação de produto para pesquisa e desenvolvimento, desde que para pronta entrega ou até o valor previsto na alínea "a" do inciso II do *caput* do art. 23. (Incluído pela Lei nº 13.243, de 2016)

Art. 33. Quando permitida na licitação a participação de empresas em consórcio, observar-se-ão as seguintes normas:

I – comprovação do compromisso público ou particular de constituição de consórcio, subscrito pelos consorciados;

II – indicação da empresa responsável pelo consórcio que deverá atender às condições de liderança, obrigatoriamente fixadas no edital;

III – apresentação dos documentos exigidos nos arts. 28 a 31 desta Lei por parte de cada consorciado, admitindo-se, para efeito de qualificação técnica, o somatório dos quantitativos de cada consorciado, e, para efeito de qualificação econômico-financeira, o somatório dos valores de cada consorciado, na proporção de sua respectiva participação, podendo a Administração estabelecer, para o consórcio, um acréscimo de até 30% (trinta por cento) dos valores exigidos para licitante individual, inexigível este acréscimo para os consórcios compostos, em sua totalidade, por micro e pequenas empresas assim definidas em lei;

IV – impedimento de participação de empresa consorciada, na mesma licitação, através de mais de um consórcio ou isoladamente;

V – responsabilidade solidária dos integrantes pelos atos praticados em consórcio, tanto na fase de licitação quanto na de execução do contrato.

§ 1º. No consórcio de empresas brasileiras e estrangeiras a liderança caberá, obrigatoriamente, à empresa brasileira, observado o disposto no inciso II deste artigo.

§ 2º. O licitante vencedor fica obrigado a promover, antes da celebração do contrato, a constituição e o registro do consórcio, nos termos do compromisso referido no inciso I deste artigo.

SEÇÃO III.
DOS REGISTROS CADASTRAIS

Art. 34. Para os fins desta Lei, os órgãos e entidades da Administração Pública que realizem frequentemente licitações manterão registros cadastrais para efeito de habilitação, na forma regulamentar, válidos por, no máximo, 1 (um) ano.

- Decreto 3.722/2001 – Regulamenta o art. 34 da Lei 8.666/1993, e dispõe sobre o Sistema de cadastramento unificado de fornecedores – SICAF.

§ 1º. O registro cadastral deverá ser amplamente divulgado e deverá estar permanentemente aberto aos interessados, obrigando-se a unidade por ele responsável a proceder, no mínimo anualmente, através da imprensa oficial e de jornal diário, a chamamento público para a atualização dos registros existentes e para o ingresso de novos interessados.

§ 2º. É facultado às unidades administrativas utilizarem-se de registros cadastrais de outros órgãos ou entidades da Administração Pública.

Art. 35. Ao requerer inscrição no cadastro, ou atualização deste, a qualquer tempo, o interessado fornecerá os elementos necessários à satisfação das exigências do art. 27 desta Lei.

Art. 36. Os inscritos serão classificados por categorias, tendo-se em vista sua especialização, subdivididas em grupos, segundo a qualificação técnica e econômica avaliada pelos elementos constantes da documentação relacionada nos arts. 30 e 31 desta Lei.

§ 1º. Aos inscritos será fornecido certificado, renovável sempre que atualizarem o registro.

§ 2º. A atuação do licitante no cumprimento de obrigações assumidas será anotada no respectivo registro cadastral.

Art. 37. A qualquer tempo poderá ser alterado, suspenso ou cancelado o registro do inscrito que deixar de satisfazer as exigências do art. 27 desta Lei, ou as estabelecidas para classificação cadastral.

SEÇÃO IV. DO PROCEDIMENTO E JULGAMENTO

Art. 38. O procedimento da licitação será iniciado com a abertura de processo administrativo, devidamente autuado, protocolado e numerado, contendo a autorização respectiva, a indicação sucinta de seu objeto e do recurso próprio para a despesa, e ao qual serão juntados oportunamente:

I – edital ou convite e respectivos anexos, quando for o caso;

II – comprovante das publicações do edital resumido, na forma do art. 21 desta Lei, ou da entrega do convite;

III – ato de designação da comissão de licitação, do leiloeiro administrativo ou oficial, ou do responsável pelo convite;

IV – original das propostas e dos documentos que as instruírem;

V – atas, relatórios e deliberações da Comissão Julgadora;

VI – pareceres técnicos ou jurídicos emitidos sobre a licitação, dispensa ou inexigibilidade;

VII – atos de adjudicação do objeto da licitação e da sua homologação;

VIII – recursos eventualmente apresentados pelos licitantes e respectivas manifestações e decisões;

IX – despacho de anulação ou de revogação da licitação, quando for o caso, fundamentado circunstanciadamente;

X – termo de contrato ou instrumento equivalente, conforme o caso;

XI – outros comprovantes de publicações;

XII – demais documentos relativos à licitação.

Parágrafo único. As minutas de editais de licitação, bem como as dos contratos, acordos, convênios ou ajustes devem ser previamente examinadas e aprovadas por assessoria jurídica da Administração. (Redação dada pela Lei nº 8.883, de 1994)

Art. 39. Sempre que o valor estimado para uma licitação ou para um conjunto de licitações simultâneas ou sucessivas for superior a 100 vezes o limite previsto no art. 23, inciso I, alínea c, desta Lei, o processo licitatório será iniciado, obrigatoriamente, com uma audiência pública concedida pela autoridade responsável com antecedência mínima de 15 (quinze) dias úteis da data prevista para a publicação do edital, e divulgada, com a antecedência mínima de 10 (dez) dias úteis de sua realização, pelos mesmos meios previstos para a publicidade da licitação, à qual terão acesso e direito a todas as informações pertinentes e a se manifestar todos os interessados.

Parágrafo único. Para os fins deste artigo, consideram-se licitações simultâneas aquelas com objetos similares e com realização prevista para intervalos não superiores a trinta dias e licitações sucessivas aquelas em que, também com objetos similares, o edital subsequente tenha uma data anterior a cento e vinte dias após o término do contrato resultante da licitação antecedente. (Redação dada pela Lei nº 8.883, de 1994)

Art. 40. O edital conterá no preâmbulo o número de ordem em série anual, o nome da repartição interessada e de seu setor, a modalidade, o regime de execução e o tipo da licitação, a menção de que será regida por esta Lei, o local, dia e hora para recebimento da documentação e proposta, bem como para início da abertura dos envelopes, e indicará, obrigatoriamente, o seguinte:

I – objeto da licitação, em descrição sucinta e clara;

II – prazo e condições para assinatura do contrato ou retirada dos instrumentos, como previsto no art. 64 desta Lei, para execução do contrato e para entrega do objeto da licitação;

III – sanções para o caso de inadimplemento;

IV – local onde poderá ser examinado e adquirido o projeto básico;

V – se há projeto executivo disponível na data da publicação do edital de licitação e o local onde possa ser examinado e adquirido;

VI – condições para participação na licitação, em conformidade com os arts. 27 a 31 desta Lei, e forma de apresentação das propostas;

VII – critério para julgamento, com disposições claras e parâmetros objetivos;

VIII – locais, horários e códigos de acesso dos meios de comunicação à distância em que serão fornecidos elementos, informações e esclarecimentos relativos à licitação e às condições para atendimento das obrigações necessárias ao cumprimento de seu objeto;

IX – condições equivalentes de pagamento entre empresas brasileiras e estrangeiras, no caso de licitações internacionais;

X – o critério de aceitabilidade dos preços unitário e global, conforme o caso, permitida a fixação de preços máximos e vedados a fixação de preços mínimos, critérios estatísticos ou faixas de variação em relação a preços de referência, ressalvado o disposto nos parágrafos 1º e 2º do art. 48; (Redação dada pela Lei nº 9.648, de 1998)

XI – critério de reajuste, que deverá retratar a variação efetiva do custo de produção, admitida a adoção de índices específicos ou setoriais, desde a data prevista para apresentação da proposta, ou do orçamento a que essa proposta se referir, até a data do adimplemento de cada parcela; (Redação dada pela Lei nº 8.883, de 1994)

XII – (Vetado). (Redação dada pela Lei nº 8.883, de 1994)

XIII – limites para pagamento de instalação e mobilização para execução de obras ou serviços que serão obrigatoriamente previstos em separado das demais parcelas, etapas ou tarefas;

XIV – condições de pagamento, prevendo:

a) prazo de pagamento não superior a trinta dias, contado a partir da data final do período de adimplemento de cada parcela; (Redação dada pela Lei nº 8.883, de 1994)

b) cronograma de desembolso máximo por período, em conformidade com a disponibilidade de recursos financeiros;

c) critério de atualização financeira dos valores a serem pagos, desde a data final do período de adimplemento de cada parcela até a data do efetivo pagamento; (Redação dada pela Lei nº 8.883, de 1994)

d) compensações financeiras e penalizações, por eventuais atrasos, e descontos, por eventuais antecipações de pagamentos;

e) exigência de seguros, quando for o caso;

XV – instruções e normas para os recursos previstos nesta Lei;

XVI – condições de recebimento do objeto da licitação;

XVII – outras indicações específicas ou peculiares da licitação.

§ 1º. O original do edital deverá ser datado, rubricado em todas as folhas e assinado pela autoridade que o expedir, permanecendo no processo de licitação, e dele extraindo-se cópias integrais ou resumidas, para sua divulgação e fornecimento aos interessados.

§ 2º. Constituem anexos do edital, dele fazendo parte integrante:

I – o projeto básico e/ou executivo, com todas as suas partes, desenhos, especificações e outros complementos;

II – orçamento estimado em planilhas de quantitativos e preços unitários; (Redação dada pela Lei nº 8.883, de 1994)

III – a minuta do contrato a ser firmado entre a Administração e o licitante vencedor;

IV – as especificações complementares e as normas de execução pertinentes à licitação.

§ 3º. Para efeito do disposto nesta Lei, considera-se como adimplemento da obrigação contratual a prestação do serviço, a realização da obra, a entrega do bem ou de parcela destes, bem como qualquer outro evento contratual a cuja ocorrência esteja vinculada a emissão de documento de cobrança.

§ 4º. Nas compras para entrega imediata, assim entendidas aquelas com prazo de entrega até trinta dias da data prevista para apresentação da proposta, poderão ser dispensadas: (Incluído pela Lei nº 8.883, de 1994)

I – o disposto no inciso XI deste artigo; (Incluído pela Lei nº 8.883, de 1994)

II – a atualização financeira a que se refere a alínea "c" do inciso XIV deste artigo, correspondente ao período compreendido entre as datas do adimplemento e a prevista para o pagamento, desde que não superior a quinze dias. (Incluído pela Lei nº 8.883, de 1994)

§ 5º. A Administração Pública poderá, nos editais de licitação para a contratação de serviços, exigir da contratada que um percentual mínimo de sua mão de obra seja oriundo ou egresso do sistema prisional, com a finalidade de ressocialização do reeducando, na forma estabelecida em regulamento. (Incluído pela Lei nº 13.500, de 2017)

Art. 41. A Administração não pode descumprir as normas e condições do edital, ao qual se acha estritamente vinculada.

§ 1º. Qualquer cidadão é parte legítima para impugnar edital de licitação por irregularidade na aplicação desta Lei, devendo protocolar o pedido até 5 (cinco) dias úteis antes da data fixada para a abertura dos envelopes de habilitação, devendo a Administração julgar e responder à impugnação em até 3 (três) dias úteis, sem prejuízo da faculdade prevista no § 1º do art. 113.

§ 2º. Decairá do direito de impugnar os termos do edital de licitação perante a administração o licitante que não o fizer até o segundo dia útil que anteceder a abertura dos envelopes de habilitação em concorrência, a abertura dos envelopes com as propostas em convite, tomada de preços ou concurso, ou a realização de leilão, as falhas ou irregularidades que viciariam esse edital, hipótese em que tal comunicação não terá efeito de recurso. (Redação dada pela Lei nº 8.883, de 1994)

§ 3º. A impugnação feita tempestivamente pelo licitante não o impedirá de participar do processo licitatório até o trânsito em julgado da decisão a ela pertinente.

§ 4º. A inabilitação do licitante importa preclusão do seu direito de participar das fases subsequentes.

Art. 42. Nas concorrências de âmbito internacional o edital deverá ajustar-se às diretrizes da política monetária e do comércio exterior e atender às exigências dos órgãos competentes.

§ 1º. Quando for permitido ao licitante estrangeiro cotar preço em moeda estrangeira, igualmente o poderá fazer o licitante brasileiro.

§ 2º. O pagamento feito ao licitante brasileiro eventualmente contratado em virtude da licitação de que trata o parágrafo anterior será efetuado em moeda brasileira, à taxa de câmbio vigente no dia útil imediatamente anterior à data do efetivo pagamento. (Redação dada pela Lei nº 8.883, de 1994)

§ 3º. As garantias de pagamento ao licitante brasileiro serão equivalentes àquelas oferecidas ao licitante estrangeiro.

§ 4º. Para fins de julgamento da licitação, as propostas apresentadas por licitantes estrangeiros serão acrescidas dos gravames consequentes dos mesmos tributos que oneram exclusivamente os licitantes brasileiros quanto à operação final de venda.

§ 5º. Para a realização de obras, prestação de serviços ou aquisição de bens com recursos provenientes de financiamento ou doação oriundos de agência oficial de cooperação estrangeira ou organismo financeiro multilateral de que o Brasil seja parte, poderão ser admitidas, na respectiva licitação, as condições decorrentes de acordos, protocolos, convenções ou tratados internacionais aprovados pelo Congresso Nacional, bem como as normas e procedimentos daquelas entidades, inclusive quanto ao critério de seleção da proposta mais vantajosa para a administração, o qual poderá contemplar, além do preço, outros fatores de avaliação, desde que por elas exigidos para a obtenção do financiamento ou da doação, e que também não conflitem com o princípio do julgamento objetivo e sejam objeto de despacho motivado do órgão executor do contrato, despacho esse ratificado pela autoridade imediatamente superior. (Redação dada pela Lei nº 8.883, de 1994)

§ 6º. As cotações de todos os licitantes serão para entrega no mesmo local de destino.

Art. 43. A licitação será processada e julgada com observância dos seguintes procedimentos:

I – abertura dos envelopes contendo a documentação relativa à habilitação dos concorrentes, e sua apreciação;

II – devolução dos envelopes fechados aos concorrentes inabilitados, contendo as respectivas propostas, desde que não tenha havido recurso ou após sua denegação;

III – abertura dos envelopes contendo as propostas dos concorrentes habilitados, desde que transcorrido o prazo sem interposição de recurso, ou tenha havido desistência expressa, ou após o julgamento dos recursos interpostos;

IV – verificação da conformidade de cada proposta com os requisitos do edital e, conforme o caso, com os preços correntes no mercado ou fixados por órgão oficial competente, ou ainda com os constantes do sistema de registro de preços, os quais deverão ser devidamente registrados na ata de julgamento, promovendo-se a desclassificação das propostas desconformes ou incompatíveis;

V – julgamento e classificação das propostas de acordo com os critérios de avaliação constantes do edital;

VI – deliberação da autoridade competente quanto à homologação e adjudicação do objeto da licitação.

§ 1º. A abertura dos envelopes contendo a documentação para habilitação e as propostas será realizada sempre em ato público previamente designado, do qual se lavrará ata circunstanciada, assinada pelos licitantes presentes e pela Comissão.

§ 2º. Todos os documentos e propostas serão rubricados pelos licitantes presentes e pela Comissão.

§ 3º. É facultada à Comissão ou autoridade superior, em qualquer fase da licitação, a promoção de diligência destinada a esclarecer ou a complementar a instrução do processo, vedada a inclusão posterior de documento ou informação que deveria constar originariamente da proposta.

§ 4º. O disposto neste artigo aplica-se à concorrência e, no que couber, ao concurso, ao leilão, à tomada de preços e ao convite. (Redação dada pela Lei nº 8.883, de 1994)

§ 5º. Ultrapassada a fase de habilitação dos concorrentes (incisos I e II) e abertas as propostas (inciso III), não cabe desclassificá-los por motivo relacionado com a habilitação, salvo em razão de fatos supervenientes ou só conhecidos após o julgamento.

§ 6º. Após a fase de habilitação, não cabe desistência de proposta, salvo por motivo justo decorrente de fato superveniente e aceito pela Comissão.

Art. 44. No julgamento das propostas, a Comissão levará em consideração os critérios objetivos definidos no edital ou convite, os quais não devem contrariar as normas e princípios estabelecidos por esta Lei.

§ 1º. É vedada a utilização de qualquer elemento, critério ou fator sigiloso, secreto, subjetivo ou reservado que possa ainda que indiretamente elidir o princípio da igualdade entre os licitantes.

§ 2º. Não se considerará qualquer oferta de vantagem não prevista no edital ou no convite, inclusive financiamentos subsidiados ou a fundo perdido, nem preço ou vantagem baseada nas ofertas dos demais licitantes.

§ 3º. Não se admitirá proposta que apresente preços global ou unitários simbólicos, irrisórios ou de valor zero, incompatíveis com os preços dos insumos e salários de mercado, acrescidos dos respectivos encargos, ainda que o ato convocatório da licitação não tenha estabelecido limites mínimos, exceto quando se referirem a materiais e instalações de propriedade do próprio licitante, para os quais ele renuncie a parcela ou à totalidade da remuneração. (Redação dada pela Lei nº 8.883, de 1994)

§ 4º. O disposto no parágrafo anterior aplica-se também às propostas que incluam mão-de-obra estrangeira ou importações de qualquer natureza. (Redação dada pela Lei nº 8.883, de 1994)

Art. 45. O julgamento das propostas será objetivo, devendo a Comissão de licitação ou o responsável pelo convite realizá-lo em conformidade com os tipos de licitação, os critérios previamente estabelecidos no ato convocatório e de acordo com os fatores exclusivamente nele referidos, de maneira a possibilitar sua aferição pelos licitantes e pelos órgãos de controle.

§ 1º. Para os efeitos deste artigo, constituem tipos de licitação, exceto na modalidade concurso: (Redação dada pela Lei nº 8.883, de 1994)

I – a de menor preço – quando o critério de seleção da proposta mais vantajosa para a Administração determinar que será vencedor o licitante que apresentar a proposta de acordo com as especificações do edital ou convite e ofertar o menor preço;

II – a de melhor técnica;

III – a de técnica e preço;

IV – a de maior lance ou oferta - nos casos de alienação de bens ou concessão de direito real de uso. (Incluído pela Lei nº 8.883, de 1994)

§ 2º. No caso de empate entre duas ou mais propostas, e após obedecido o disposto no § 2º do art. 3º desta Lei, a classificação se fará, obrigatoriamente, por sorteio, em ato público, para o qual todos os licitantes serão convocados, vedado qualquer outro processo.

§ 3º. No caso da licitação do tipo "menor preço", entre os licitantes considerados qualificados a classificação se dará pela ordem crescente dos preços propostos, prevalecendo, no caso de empate, exclusivamente o critério previsto no parágrafo anterior. (Redação dada pela Lei nº 8.883, de 1994)

§ 4º. Para contratação de bens e serviços de informática, a administração observará o disposto no art. 3º da Lei nº 8.248, de 23 de outubro de 1991, levando em conta os fatores especificados em seu parágrafo 2º e adotando obrigatoriamente o tipo de licitação "técnica e preço", permitido o emprego de outro tipo de licitação nos casos indicados em decreto do Poder Executivo. (Redação dada pela Lei nº 8.883, de 1994)

§ 5º. É vedada a utilização de outros tipos de licitação não previstos neste artigo.

§ 6º. Na hipótese prevista no art. 23, § 7º, serão selecionadas tantas propostas quantas necessárias até que se atinja a quantidade demandada na licitação. (Incluído pela Lei nº 9.648, de 1998)

Art. 46. Os tipos de licitação "melhor técnica" ou "técnica e preço" serão utilizados exclusivamente para serviços de natureza predominantemente intelectual, em especial na elaboração de projetos, cálculos, fiscalização, supervisão e gerenciamento e de engenharia consultiva em geral e, em particular, para a elaboração de estudos técnicos preliminares e projetos básicos e executivos, ressalvado o disposto no § 4º do artigo anterior. (Redação dada pela Lei nº 8.883, de 1994)

§ 1º. Nas licitações do tipo "melhor técnica" será adotado o seguinte procedimento claramente explicitado no instrumento convocatório, o qual fixará o preço máximo que a Administração se propõe a pagar:

I – serão abertos os envelopes contendo as propostas técnicas exclusivamente dos licitantes previamente qualificados e feita então a avaliação e classificação destas propostas de acordo com os critérios pertinentes e adequados ao objeto licitado, definidos com clareza e objetividade no instrumento convocatório e que considerem a capacitação e a experiência do proponente, a qualidade técnica da proposta, compreendendo metodologia, organização, tecnologias e recursos materiais a serem utilizados nos trabalhos, e a qualificação das equipes técnicas a serem mobilizadas para a sua execução;

II – uma vez classificadas as propostas técnicas, proceder-se-á à abertura das propostas de preço dos licitantes que tenham atingido a valorização mínima estabelecida no instrumento convocatório e à negociação das condições propostas, com a proponente melhor classificada, com base nos orçamentos detalhados apresentados e respectivos preços unitários e tendo como referência o limite representado pela proposta de menor preço entre os licitantes que obtiverem a valorização mínima;

III – no caso de impasse na negociação anterior, procedimento idêntico será adotado, sucessivamente, com os demais proponentes, pela ordem de classificação, até a consecução de acordo para a contratação;

IV – as propostas de preços serão devolvidas intactas aos licitantes que não forem preliminarmente habilitados ou que não obtiverem a valorização mínima estabelecida para a proposta técnica.

§ 2º. Nas licitações do tipo "técnica e preço" será adotado, adicionalmente ao inciso I do parágrafo anterior, o seguinte procedimento claramente explicitado no instrumento convocatório:

I – será feita a avaliação e a valorização das propostas de preços, de acordo com critérios objetivos preestabelecidos no instrumento convocatório;

II – a classificação dos proponentes far-se-á de acordo com a média ponderada das valorizações das propostas técnicas e de preço, de acordo com os pesos preestabelecidos no instrumento convocatório.

§ 3º. Excepcionalmente, os tipos de licitação previstos neste artigo poderão ser adotados, por autorização expressa e mediante justificativa circunstanciada da maior autoridade da Administração promotora constante do ato convocatório, para fornecimento de bens e execução de obras ou prestação de serviços de grande vulto majoritariamente dependentes de tecnologia nitidamente sofisticada e de domínio restrito, atestado por autoridades técnicas de reconhecida qualificação, nos casos em que o objeto pretendido admitir soluções alternativas e variações de execução, com repercussões significativas sobre sua qualidade, produtividade, rendimento e durabilidade concretamente mensuráveis, e estas puderem ser adotadas à livre escolha dos licitantes, na conformidade dos critérios objetivamente fixados no ato convocatório.

§ 4º. (Vetado). (Incluído pela Lei nº 8.883, de 1994)

Art. 47. Nas licitações para a execução de obras e serviços, quando for adotada a modalidade de execução de empreitada por preço global, a Administração deverá fornecer obrigatoriamente, junto com o edital, todos os elementos e informações necessários para que os licitantes possam elaborar suas propostas de preços com total e completo conhecimento do objeto da licitação.

Art. 48. Serão desclassificadas:

I – as propostas que não atendam às exigências do ato convocatório da licitação;

II – propostas com valor global superior ao limite estabelecido ou com preços manifestamente inexequíveis, assim considerados aqueles que não venham a ter demonstrada sua viabilidade através de documentação que comprove que os custos dos insumos são coerentes com os de mercado e que os coeficientes de produtividade são compatíveis com a execução do objeto do contrato, condições estas necessariamente especificadas no ato convocatório da licitação. (Redação dada pela Lei nº 8.883, de 1994)

§ 1º. Para os efeitos do disposto no inciso II deste artigo consideram-se manifestamente inexequíveis, no caso de licitações de menor preço para obras e serviços de engenharia, as propostas cujos valores sejam inferiores a 70% (setenta por cento) do menor dos seguintes valores: (Incluído pela Lei nº 9.648, de 1998)

a) média aritmética dos valores das propostas superiores a 50% (cinquenta por cento) do valor orçado pela administração, ou (Incluído pela Lei nº 9.648, de 1998)

b) valor orçado pela administração. (Incluído pela Lei nº 9.648, de 1998)

§ 2º. Dos licitantes classificados na forma do parágrafo anterior cujo valor global da proposta for inferior a 80% (oitenta por cento) do menor valor a que se referem as alíneas "a" e "b", será exigida, para a assinatura do contrato, prestação de garantia adicional, dentre as modalidades previstas no § 1º do art. 56, igual a diferença entre o valor resultante do parágrafo anterior e o valor da correspondente proposta. (Incluído pela Lei nº 9.648, de 1998)

§ 3º. Quando todos os licitantes forem inabilitados ou todas as propostas forem desclassificadas, a administração poderá fixar aos licitantes o prazo de oito dias úteis para a apresentação de nova documentação ou de outras propostas escoimadas das causas referidas neste artigo, facultada, no caso de convite, a redução deste prazo para três dias úteis. (Incluído pela Lei nº 9.648, de 1998)

Art. 49. A autoridade competente para a aprovação do procedimento somente poderá revogar a licitação por razões de interesse público decorrente de fato superveniente devidamente comprovado, pertinente e suficiente para justificar tal conduta, devendo anulá-la por ilegalidade, de ofício ou por provocação de terceiros, mediante parecer escrito e devidamente fundamentado.

§ 1º. A anulação do procedimento licitatório por motivo de ilegalidade não gera obrigação de indenizar, ressalvado o disposto no parágrafo único do art. 59 desta Lei.

§ 2º. A nulidade do procedimento licitatório induz à do contrato, ressalvado o disposto no parágrafo único do art. 59 desta Lei.

§ 3º. No caso de desfazimento do processo licitatório, fica assegurado o contraditório e a ampla defesa.

§ 4º. O disposto neste artigo e seus parágrafos aplicam-se aos atos do procedimento de dispensa e de inexigibilidade de licitação.

Art. 50. A Administração não poderá celebrar o contrato com preterição da ordem de classificação das propostas ou com terceiros estranhos ao procedimento licitatório, sob pena de nulidade.

Art. 51. A habilitação preliminar, a inscrição em registro cadastral, a sua alteração ou cancelamento, e as propostas serão processadas e julgadas por comissão permanente ou especial de, no mínimo, 3 (três) membros, sendo pelo menos 2 (dois) deles servidores qualificados pertencentes aos quadros permanentes dos órgãos da Administração responsáveis pela licitação.

§ 1º. No caso de convite, a comissão de licitação, excepcionalmente, nas pequenas unidades administrativas e em face da exiguidade de pessoal disponível, poderá ser substituída por servidor formalmente designado pela autoridade competente.

§ 2º. A comissão para julgamento dos pedidos de inscrição em registro cadastral, sua alteração ou cancelamento, será integrada por profissionais legalmente habilitados no caso de obras, serviços ou aquisição de equipamentos.

§ 3º. Os membros das comissões de licitação responderão solidariamente por todos os atos praticados pela comissão, salvo se posição individual divergente estiver devidamente fundamentada e registrada em ata lavrada na reunião em que tiver sido tomada a decisão.

§ 4º. A investidura dos membros das Comissões permanentes não excederá a 1 (um) ano, vedada a recondução da totalidade de seus membros para a mesma comissão no período subsequente.

§ 5º. No caso de concurso, o julgamento será feito por uma comissão especial integrada por pessoas de reputação ilibada e reconhecido conhecimento da matéria em exame, servidores públicos ou não.

Art. 52. O concurso a que se refere o § 4º do art. 22 desta Lei deve ser precedido de regulamento próprio, a ser obtido pelos interessados no local indicado no edital.

§ 1º. O regulamento deverá indicar:

I – a qualificação exigida dos participantes;

II – as diretrizes e a forma de apresentação do trabalho;

III – as condições de realização do concurso e os prêmios a serem concedidos.

§ 2º. Em se tratando de projeto, o vencedor deverá autorizar a Administração a executá-lo quando julgar conveniente.

Art. 53. O leilão pode ser cometido a leiloeiro oficial ou a servidor designado pela Administração, procedendo-se na forma da legislação pertinente.

▸ Lei 9.636/1998: art. 24, V.

§ 1º. Todo bem a ser leiloado será previamente avaliado pela Administração para fixação do preço mínimo de arrematação.

§ 2º. Os bens arrematados serão pagos à vista ou no percentual estabelecido no edital, não inferior a 5% (cinco por cento) e, após a assinatura da respectiva ata lavrada no local do leilão, imediatamente entregues ao arrematante, o qual se obrigará ao pagamento do restante no prazo estipulado no edital de convocação, sob pena de perder em favor da Administração o valor já recolhido.

§ 3º. Nos leilões internacionais, o pagamento da parcela à vista poderá ser feito em até vinte e quatro horas. (Redação dada pela Lei nº 8.883, de 1994)

§ 4º. O edital de leilão deve ser amplamente divulgado, principalmente no município em que se realizará. (Incluído pela Lei nº 8.883, de 1994)

CAPÍTULO III. DOS CONTRATOS

SEÇÃO I. DISPOSIÇÕES PRELIMINARES

Art. 54. Os contratos administrativos de que trata esta Lei regulam-se pelas suas cláusulas e pelos preceitos de direito público, aplicando-se-lhes, supletivamente, os princípios da teoria geral dos contratos e as disposições de direito privado.

▸ CC: arts. 421 a 434.

§ 1º. Os contratos devem estabelecer com clareza e precisão as condições para sua execução, expressas em cláusulas que definam os direitos, obrigações e responsabilidades das partes, em conformidade com os termos da licitação e da proposta a que se vinculam.

§ 2º. Os contratos decorrentes de dispensa ou de inexigibilidade de licitação devem atender aos termos do ato que os autorizou e da respectiva proposta.

Art. 55. São cláusulas necessárias em todo contrato as que estabeleçam:

I – o objeto e seus elementos característicos;

II – o regime de execução ou a forma de fornecimento;

III – o preço e as condições de pagamento, os critérios, data-base e periodicidade do reajustamento de preços, os critérios de atualização monetária entre a data do adimplemento das obrigações e a do efetivo pagamento;

IV – os prazos de início de etapas de execução, de conclusão, de entrega, de observação e de recebimento definitivo, conforme o caso;

V – o crédito pelo qual correrá a despesa, com a indicação da classificação funcional programática e da categoria econômica;

VI – as garantias oferecidas para assegurar sua plena execução, quando exigidas;

VII – os direitos e as responsabilidades das partes, as penalidades cabíveis e os valores das multas;

VIII – os casos de rescisão;

IX – o reconhecimento dos direitos da Administração, em caso de rescisão administrativa prevista no art. 77 desta Lei;

X – as condições de importação, a data e a taxa de câmbio para conversão, quando for o caso;

XI – a vinculação ao edital de licitação ou ao termo que a dispensou ou a inexigiu, ao convite e à proposta do licitante vencedor;

XII – a legislação aplicável à execução do contrato e especialmente aos casos omissos;

XIII – a obrigação do contratado de manter, durante toda a execução do contrato, em compatibilidade com as obrigações por ele assumidas, todas as condições de habilitação e qualificação exigidas na licitação.

§ 1º. (Vetado). (Redação dada pela Lei nº 8.883, de 1994)

§ 2º. Nos contratos celebrados pela Administração Pública com pessoas físicas ou jurídicas, inclusive aquelas domiciliadas no estrangeiro, deverá constar necessariamente cláusula que declare competente o foro da sede da Administração para dirimir qualquer questão contratual, salvo o disposto no § 6º do art. 32 desta Lei.

§ 3º. No ato da liquidação da despesa, os serviços de contabilidade comunicarão, aos órgãos incumbidos da arrecadação e fiscalização de tributos da União, Estado ou Município, as características e os valores pagos, segundo o disposto no art. 63 da Lei nº 4.320, de 17 de março de 1964.

Art. 56. A critério da autoridade competente, em cada caso, e desde que prevista no instrumento convocatório, poderá ser exigida prestação de garantia nas contratações de obras, serviços e compras.

§ 1º. Caberá ao contratado optar por uma das seguintes modalidades de garantia: (Redação dada pela Lei nº 8.883, de 1994)

I – caução em dinheiro ou em títulos da dívida pública, devendo estes ter sido emitidos sob a forma escritural, mediante registro em sistema centralizado de liquidação e de custódia autorizado pelo

Banco Central do Brasil e avaliados pelos seus valores econômicos, conforme definido pelo Ministério da Fazenda; (Redação dada pela Lei nº 11.079, de 2004)

II – seguro-garantia; (Redação dada pela Lei nº 8.883, de 1994)

III – fiança bancária. (Redação dada pela Lei nº 8.883, de 8.6.94)

§ 2º. A garantia a que se refere o *caput* deste artigo não excederá a cinco por cento do valor do contrato e terá seu valor atualizado nas mesmas condições daquele, ressalvado o previsto no parágrafo 3º deste artigo. (Redação dada pela Lei nº 8.883, de 1994)

§ 3º. Para obras, serviços e fornecimentos de grande vulto envolvendo alta complexidade técnica e riscos financeiros consideráveis, demonstrados através de parecer tecnicamente aprovado pela autoridade competente, o limite de garantia previsto no parágrafo anterior poderá ser elevado para até dez por cento do valor do contrato. (Redação dada pela Lei nº 8.883, de 1994)

§ 4º. A garantia prestada pelo contratado será liberada ou restituída após a execução do contrato e, quando em dinheiro, atualizada monetariamente.

§ 5º. Nos casos de contratos que importem na entrega de bens pela Administração, dos quais o contratado ficará depositário, ao valor da garantia deverá ser acrescido o valor desses bens.

Art. 57. A duração dos contratos regidos por esta Lei ficará adstrita à vigência dos respectivos créditos orçamentários, exceto quanto aos relativos:

I – aos projetos cujos produtos estejam contemplados nas metas estabelecidas no Plano Plurianual, os quais poderão ser prorrogados se houver interesse da Administração e desde que isso tenha sido previsto no ato convocatório;

II – à prestação de serviços a serem executados de forma contínua, que poderão ter a sua duração prorrogada por iguais e sucessivos períodos com vistas à obtenção de preços e condições mais vantajosas para a administração, limitada a sessenta meses; (Redação dada pela Lei nº 9.648, de 1998)

III – (Vetado). (Redação dada pela Lei nº 8.883, de 1994)

IV – ao aluguel de equipamentos e à utilização de programas de informática, podendo a duração estender-se pelo prazo de até 48 (quarenta e oito) meses após o início da vigência do contrato.

V – às hipóteses previstas nos incisos IX, XIX, XXVIII e XXXI do art. 24, cujos contratos poderão ter vigência por até 120 (cento e vinte) meses, caso haja interesse da administração. (Incluído pela Lei nº 12.349, de 2010)

§ 1º. Os prazos de início de etapas de execução, de conclusão e de entrega admitem prorrogação, mantidas as demais cláusulas do contrato e assegurada a manutenção de seu equilíbrio econômico-financeiro, desde que ocorra algum dos seguintes motivos, devidamente autuados em processo:

I – alteração do projeto ou especificações, pela Administração;

II – superveniência de fato excepcional ou imprevisível, estranho à vontade das partes que altere fundamentalmente as condições de execução do contrato;

III – interrupção da execução do contrato ou diminuição do ritmo de trabalho por ordem e no interesse da Administração;

IV – aumento das quantidades inicialmente previstas no contrato, nos limites permitidos por esta Lei;

V – impedimento de execução do contrato por fato ou ato de terceiro reconhecido pela Administração em documento contemporâneo à sua ocorrência;

VI – omissão ou atraso de providências a cargo da Administração, inclusive quanto aos pagamentos previstos de que resulte, diretamente, impedimento ou retardamento na execução do contrato, sem prejuízo das sanções legais aplicáveis aos responsáveis.

§ 2º. Toda prorrogação de prazo deverá ser justificada por escrito e previamente autorizada pela autoridade competente para celebrar o contrato.

§ 3º. É vedado o contrato com prazo de vigência indeterminado.

§ 4º. Em caráter excepcional, devidamente justificado e mediante autorização da autoridade superior, o prazo de que trata o inciso II do *caput* deste artigo poderá ser prorrogado por até doze meses. (Incluído pela Lei nº 9.648, de 1998)

Art. 58. O regime jurídico dos contratos administrativos instituído por esta Lei confere à Administração, em relação a eles, a prerrogativa de:

I – modificá-los, unilateralmente, para melhor adequação às finalidades de interesse público, respeitados os direitos do contratado;

II – rescindi-los, unilateralmente, nos casos especificados no inciso I do art. 79 desta Lei;

III – fiscalizar-lhes a execução;

IV – aplicar sanções motivadas pela inexecução total ou parcial do ajuste;

V – nos casos de serviços essenciais, ocupar provisoriamente bens móveis, imóveis, pessoal e serviços vinculados ao objeto do contrato, na hipótese da necessidade de acautelar apuração administrativa de faltas contratuais pelo contratado, bem como na hipótese de rescisão do contrato administrativo.

§ 1º. As cláusulas econômico-financeiras e monetárias dos contratos administrativos não poderão ser alteradas sem prévia concordância do contratado.

§ 2º. Na hipótese do inciso I deste artigo, as cláusulas econômico-financeiras do contrato deverão ser revistas para que se mantenha o equilíbrio contratual.

Art. 59. A declaração de nulidade do contrato administrativo opera retroativamente impedindo os efeitos jurídicos que ele, ordinariamente, deveria produzir, além de desconstituir os já produzidos.

Parágrafo único. A nulidade não exonera a Administração do dever de indenizar o contratado pelo que este houver executado até a data em que ela for declarada e por outros prejuízos regularmente comprovados, contanto que não lhe seja imputável, promovendo-se a responsabilidade de quem lhe deu causa.

SEÇÃO II. DA FORMALIZAÇÃO DOS CONTRATOS

Art. 60. Os contratos e seus aditamentos serão lavrados nas repartições interessadas, as quais manterão arquivo cronológico dos seus autógrafos e registro sistemático do seu extrato, salvo os relativos a direitos reais sobre imóveis, que se formalizam por instrumento lavrado em cartório de notas, de tudo juntando-se cópia no processo que lhe deu origem.

Parágrafo único. É nulo e de nenhum efeito o contrato verbal com a Administração, salvo o de pequenas compras de pronto pagamento, assim entendidas aquelas de valor não superior a 5% (cinco por cento) do limite estabelecido no art. 23, inciso II, alínea *a* desta Lei, feitas em regime de adiantamento.

Art. 61. Todo contrato deve mencionar os nomes das partes e os de seus representantes, a finalidade, o ato que autorizou a sua lavratura, o número do processo da licitação, da dispensa ou da inexigibilidade, a sujeição dos contratantes às normas desta Lei e às cláusulas contratuais.

› Lei 8.666/1993: art. 21, *caput*.

Parágrafo único. A publicação resumida do instrumento de contrato ou de seus aditamentos na imprensa oficial, que é condição indispensável para sua eficácia, será providenciada pela Administração até o quinto dia útil do mês seguinte ao de sua assinatura, para ocorrer no prazo de vinte dias daquela data, qualquer que seja o seu valor, ainda que sem ônus, ressalvado o disposto no art. 26 desta Lei. (Redação dada pela Lei nº 8.883, de 1994)

› Lei 8.666/1993: art. 21, § 2º.

Art. 62. O instrumento de contrato é obrigatório nos casos de concorrência e de tomada de preços, bem como nas dispensas e inexigibilidades cujos preços estejam compreendidos nos limites destas duas modalidades de licitação, e facultativo nos demais em que a Administração puder substituí-lo por outros instrumentos hábeis, tais como carta-contrato, nota de empenho de despesa, autorização de compra ou ordem de execução de serviço.

› Lei 8.666/1993: art. 22, I e II, e §§ 1º e 2º.

§ 1º. A minuta do futuro contrato integrará sempre o edital ou ato convocatório da licitação.

§ 2º. Em "carta contrato", "nota de empenho de despesa", "autorização de compra", "ordem de execução de serviço" ou outros instrumentos hábeis aplica-se, no que couber, o disposto no art. 55 desta Lei. (Redação dada pela Lei nº 8.883, de 1994)

§ 3º. Aplica-se o disposto nos arts. 55 e 58 a 61 desta Lei e demais normas gerais, no que couber:

I – aos contratos de seguro, de financiamento, de locação em que o Poder Público seja locatário, e aos demais cujo conteúdo seja regido, predominantemente, por norma de direito privado;

II – aos contratos em que a Administração for parte como usuária de serviço público.

§ 4º. É dispensável o termo de contrato e facultada a substituição prevista neste artigo, a critério da Administração e independentemente de seu valor, nos casos de compra com entrega imediata e integral dos bens adquiridos, dos quais não resultem obrigações futuras, inclusive assistência técnica.

Art. 63. É permitido a qualquer licitante o conhecimento dos termos do contrato e do respectivo processo licitatório e, a qualquer interessado, a obtenção de cópia autenticada, mediante o pagamento dos emolumentos devidos.

Art. 64. A Administração convocará regularmente o interessado para assinar o termo de contrato, aceitar ou retirar o instrumento equivalente, dentro prazo e condições estabelecidos, sob pena de decair o direito à contratação, sem prejuízo das sanções previstas no art. 81 desta Lei.

§ 1º. O prazo de convocação poderá ser prorrogado uma vez, por igual período, quando solicitado pela parte durante o seu transcurso e desde que ocorra motivo justificado aceito pela Administração.

§ 2º. É facultado à Administração, quando o convocado não assinar o termo de contrato ou não aceitar ou retirar o instrumento equivalente no prazo e condições estabelecidos, convocar licitantes remanescentes, na ordem de classificação, para fazê-lo em igual prazo e nas mesmas condições propostas pelo primeiro classificado, inclusive quanto aos preços atualizados de conformidade com o ato convocatório, ou revogar a licitação independentemente da cominação prevista no art. 81 desta Lei.

§ 3º. Decorridos 60 (sessenta) dias da data da entrega das propostas, sem convocação para a contratação, ficam os licitantes liberados dos compromissos assumidos.

SEÇÃO III. DA ALTERAÇÃO DOS CONTRATOS

Art. 65. Os contratos regidos por esta Lei poderão ser alterados, com as devidas justificativas, nos seguintes casos:

I – unilateralmente pela Administração:

a) quando houver modificação do projeto ou das especificações, para melhor adequação técnica aos seus objetivos;

b) quando necessária a modificação do valor contratual em decorrência de acréscimo ou diminuição quantitativa de seu objeto, nos limites permitidos por esta Lei;

II – por acordo das partes:

a) quando conveniente a substituição da garantia de execução;

b) quando necessária a modificação do regime de execução da obra ou serviço, bem como do modo de fornecimento, em face de verificação técnica da inaplicabilidade dos termos contratuais originários;

c) quando necessária a modificação da forma de pagamento, por imposição de circunstâncias supervenientes, mantido o valor inicial atualizado, vedada a antecipação do pagamento, com relação ao cronograma financeiro fixado, sem a correspondente contraprestação de fornecimento de bens ou execução de obra ou serviço;

d) para restabelecer a relação que as partes pactuaram inicialmente entre os encargos do contratado e a retribuição da Administração para a justa remuneração da obra, serviço ou fornecimento, objetivando a manutenção do equilíbrio econômico-financeiro inicial do contrato, na hipótese de sobrevirem fatos imprevisíveis, ou previsíveis porém de consequências incalculáveis, retardadores ou impeditivos da execução do ajustado, ou ainda, em caso de força maior, caso fortuito ou fato do príncipe, configurando álea econômica extraordinária e extracontratual. (Redação dada pela Lei nº 8.883, de 1994)

§ 1º. O contratado fica obrigado a aceitar, nas mesmas condições contratuais, os acréscimos ou supressões que se fizerem nas obras, serviços ou compras, até 25% (vinte e cinco por cento) do valor inicial atualizado do contrato, e, no caso particular de reforma de edifício ou de equipamento, até o limite de 50% (cinquenta por cento) para os seus acréscimos.

§ 2º. Nenhum acréscimo ou supressão poderá exceder os limites estabelecidos no parágrafo anterior, salvo: (Redação dada pela Lei nº 9.648, de 1998)

I – (VETADO) (Incluído pela Lei nº 9.648, de 1998)

II – as supressões resultantes de acordo celebrado entre os contratantes. (Incluído pela Lei nº 9.648, de 1998)

§ 3º. Se no contrato não houverem sido contemplados preços unitários para obras ou serviços, esses serão fixados mediante acordo entre as partes, respeitados os limites estabelecidos no § 1º deste artigo.

§ 4º. No caso de supressão de obras, bens ou serviços, se o contratado já houver adquirido os materiais e posto no local dos trabalhos, estes deverão ser pagos pela Administração pelos custos de aquisição regularmente comprovados e monetariamente corrigidos, podendo caber indenização por outros danos eventualmente decorrentes da supressão, desde que regularmente comprovados.

§ 5º. Quaisquer tributos ou encargos legais criados, alterados ou extintos, bem como a superveniência de disposições legais, quando ocorridas após a data da apresentação da proposta, de comprovada repercussão nos preços contratados, implicarão a revisão destes para mais ou para menos, conforme o caso.

§ 6º. Em havendo alteração unilateral do contrato que aumente os encargos do contratado, a Administração deverá restabelecer, por aditamento, o equilíbrio econômico-financeiro inicial.

§ 7º. (*VETADO*).

§ 8º. A variação do valor contratual para fazer face ao reajuste de preços previsto no próprio contrato, as atualizações, compensações ou penalizações financeiras decorrentes das condições de pagamento nele previstas, bem como o empenho de dotações orçamentárias suplementares até o limite do seu valor corrigido, não caracterizam alteração do mesmo, podendo ser registrados por simples apostila, dispensando a celebração de aditamento.

SEÇÃO IV. DA EXECUÇÃO DOS CONTRATOS

Art. 66. O contrato deverá ser executado fielmente pelas partes, de acordo com as cláusulas avençadas e as normas desta Lei, respondendo cada uma pelas consequências de sua inexecução total ou parcial.

Art. 66-A. As empresas enquadradas no inciso V do § 2º e no inciso II do § 5º do art. 3º desta Lei deverão cumprir, durante todo o período de execução do contrato, a reserva de cargos prevista em lei para pessoa com deficiência ou para reabilitado da Previdência Social, bem como as regras de acessibilidade previstas na legislação. (Incluído pela Lei nº 13.146, de 2015)

Parágrafo único. Cabe à administração fiscalizar o cumprimento dos requisitos de acessibilidade nos serviços e nos ambientes de trabalho. (Incluído pela Lei nº 13.146, de 2015)

Art. 67. A execução do contrato deverá ser acompanhada e fiscalizada por um representante da Administração especialmente designado, permitida a contratação de terceiros para assisti-lo e subsidiá-lo de informações pertinentes a essa atribuição.

§ 1º. O representante da Administração anotará em registro próprio todas as ocorrências relacionadas com a execução do contrato, determinando o que for necessário à regularização das faltas ou defeitos observados.

§ 2º. As decisões e providências que ultrapassarem a competência do representante deverão ser solicitadas a seus superiores em tempo hábil para a adoção das medidas convenientes.

Art. 68. O contratado deverá manter preposto, aceito pela Administração, no local da obra ou serviço, para representá-lo na execução do contrato.

Art. 69. O contratado é obrigado a reparar, corrigir, remover, reconstruir ou substituir, às suas expensas, no total ou em parte, o objeto do contrato em que se verificarem vícios, defeitos ou incorreções resultantes da execução ou de materiais empregados.

Art. 70. O contratado é responsável pelos danos causados diretamente à Administração ou a terceiros, decorrentes de sua culpa ou dolo na execução do contrato, não excluindo ou reduzindo essa responsabilidade a fiscalização ou o acompanhamento pelo órgão interessado.

Art. 71. O contratado é responsável pelos encargos trabalhistas, previdenciários, fiscais e comerciais resultantes da execução do contrato.

§ 1º. A inadimplência do contratado, com referência aos encargos trabalhistas, fiscais e comerciais não transfere à Administração Pública a responsabilidade por seu pagamento, nem poderá onerar o objeto do contrato ou restringir a regularização e o uso das obras e edificações, inclusive perante o Registro de Imóveis. (Redação dada pela Lei nº 9.032, de 1995)

- ADC 16/DF: O Tribunal, por maioria [...], julgou procedente a ação, declarando a constitucionalidade do art. 71, §1 º da Lei 8.666/1993. (D.O.U. 26.09.2011)

§ 2º. A Administração Pública responde solidariamente com o contratado pelos encargos previdenciários resultantes da execução do contrato, nos termos do art. 31 da Lei nº 8.212, de 24 de julho de 1991. (Redação dada pela Lei nº 9.032, de 1995)

§ 3º. (Vetado). (Incluído pela Lei nº 8.883, de 1994)

Art. 72. O contratado, na execução do contrato, sem prejuízo das responsabilidades contratuais e legais, poderá subcontratar partes da obra, serviço ou fornecimento, até o limite admitido, em cada caso, pela Administração.

Art. 73. Executado o contrato, o seu objeto será recebido:

I – em se tratando de obras e serviços:

a) provisoriamente, pelo responsável por seu acompanhamento e fiscalização, mediante termo circunstanciado, assinado pelas partes em até 15 (quinze) dias da comunicação escrita do contratado;

b) definitivamente, por servidor ou comissão designada pela autoridade competente, mediante termo circunstanciado, assinado pelas partes, após o decurso do prazo de observação, ou vistoria que comprove a adequação do objeto aos termos contratuais, observado o disposto no art. 69 desta Lei;

II – em se tratando de compras ou de locação de equipamentos:

a) provisoriamente, para efeito de posterior verificação da conformidade do material com a especificação;

b) definitivamente, após a verificação da qualidade e quantidade do material e consequente aceitação.

§ 1º. Nos casos de aquisição de equipamentos de grande vulto, o recebimento far-se-á mediante termo circunstanciado e, nos demais, mediante recibo.

§ 2º. O recebimento provisório ou definitivo não exclui a responsabilidade civil pela solidez e segurança da obra ou do serviço, nem ético-profissional pela perfeita execução do contrato, dentro dos limites estabelecidos pela lei ou pelo contrato.

§ 3º. O prazo a que se refere a alínea *b* do inciso I deste artigo não poderá ser superior a 90 (noventa) dias, salvo em casos excepcionais, devidamente justificados e previstos no edital.

§ 4º. Na hipótese de o termo circunstanciado ou a verificação a que se refere este artigo não serem, respectivamente, lavrado ou procedida dentro dos prazos fixados, reputar-se-ão como realizados, desde que comunicados à Administração nos 15 dias anteriores à exaustão dos mesmos.

Art. 74. Poderá ser dispensado o recebimento provisório nos seguintes casos:

I – gêneros perecíveis e alimentação preparada;

II – serviços profissionais;

III – obras e serviços de valor até o previsto no art. 23, inciso II, alínea *a*, desta Lei, desde que não se componham de aparelhos, equipamentos e instalações sujeitos à verificação de funcionamento e produtividade.

Parágrafo único. Nos casos deste artigo, o recebimento será feito mediante recibo.

Art. 75. Salvo disposições em contrário constantes do edital, do convite ou de ato normativo, os ensaios, testes e demais provas exigidos por normas técnicas oficiais para a boa execução do objeto do contrato correm por conta do contratado.

Art. 76. A Administração rejeitará, no todo ou em parte, obra, serviço ou fornecimento executado em desacordo com o contrato.

SEÇÃO V. DA INEXECUÇÃO E DA RESCISÃO DOS CONTRATOS

Art. 77. A inexecução total ou parcial do contrato enseja a sua rescisão, com as consequências contratuais e as previstas em lei ou regulamento.

Art. 78. Constituem motivo para rescisão do contrato:

I – o não cumprimento de cláusulas contratuais, especificações, projetos ou prazos;

II – o cumprimento irregular de cláusulas contratuais, especificações, projetos e prazos;

III – a lentidão do seu cumprimento, levando a Administração a comprovar a impossibilidade da conclusão da obra, do serviço ou do fornecimento, nos prazos estipulados;

IV – o atraso injustificado no início da obra, serviço ou fornecimento;

V – a paralisação da obra, do serviço ou do fornecimento, sem justa causa e prévia comunicação à Administração;

VI – a subcontratação total ou parcial do seu objeto, a associação do contratado com outrem, a cessão ou transferência, total ou parcial, bem como a fusão, cisão ou incorporação, não admitidas no edital e no contrato;

VII – o desatendimento das determinações regulares da autoridade designada para acompanhar e fiscalizar a sua execução, assim como as de seus superiores;

VIII – o cometimento reiterado de faltas na sua execução, anotadas na forma do § 1º do art. 67 desta Lei;

IX – a decretação de falência ou a instauração de insolvência civil;

X – a dissolução da sociedade ou o falecimento do contratado;

XI – a alteração social ou a modificação da finalidade ou da estrutura da empresa, que prejudique a execução do contrato;

XII – razões de interesse público, de alta relevância e amplo conhecimento, justificadas e determinadas pela máxima autoridade da esfera administrativa a que está subordinado o contratante e exaradas no processo administrativo a que se refere o contrato;

XIII – a supressão, por parte da Administração, de obras, serviços ou compras, acarretando modificação do valor inicial do contrato além do limite permitido no § 1º do art. 65 desta Lei;

XIV – a suspensão de sua execução, por ordem escrita da Administração por prazo superior a 120 (cento e vinte) dias, salvo em caso de calamidade pública, grave perturbação da ordem interna ou guerra, ou ainda por repetidas suspensões que totalizem o mesmo prazo, independentemente do pagamento obrigatório de indenizações pelas sucessivas e contratualmente imprevistas desmobilizações e mobilizações e outras previstas, assegurado ao contratado, nesses casos, o direito de optar pela suspensão do cumprimento das obrigações assumidas até que seja normalizada a situação;

XV – o atraso superior a 90 (noventa) dias dos pagamentos devidos pela Administração decorrentes de obras, serviços ou fornecimento, ou parcelas destes, já recebidos ou executados, salvo em caso de calamidade pública, grave perturbação da ordem interna ou guerra, assegurado ao contratado o direito de optar pela suspensão do cumprimento de suas obrigações até que seja normalizada a situação;

XVI – a não liberação, por parte da Administração, de área, local ou objeto para execução de obra, serviço ou fornecimento, nos prazos contratuais, bem como das fontes de materiais naturais especificadas no projeto;

XVII – a ocorrência de caso fortuito ou de força maior, regularmente comprovada, impeditiva da execução do contrato;

XVIII – descumprimento do disposto no inciso V do art. 27, sem prejuízo das sanções penais cabíveis. (Incluído pela Lei nº 9.854, de 1999)

Parágrafo único. Os casos de rescisão contratual serão formalmente motivados nos autos do processo, assegurado o contraditório e a ampla defesa.

Art. 79. A rescisão do contrato poderá ser:

I – determinada por ato unilateral e escrito da Administração, nos casos enumerados nos incisos I a XII e XVII do artigo anterior;

II – amigável, por acordo entre as partes, reduzida a termo no processo da licitação, desde que haja conveniência para a Administração;

III – judicial, nos termos da legislação;

IV – (Vetado). (Redação dada pela Lei nº 8.883, de 1994)

§ 1º. A rescisão administrativa ou amigável deverá ser precedida de autorização escrita e fundamentada de autoridade competente.

§ 2º. Quando a rescisão ocorrer com base nos incisos XII a XVII do artigo anterior, sem que haja culpa do contratado, será este ressarcido dos prejuízos regularmente comprovados que houver sofrido, tendo ainda direito a:

I – devolução de garantia;

II – pagamentos devidos pela execução do contrato até a data da rescisão;

III – pagamento do custo da desmobilização;

§ 3º. (Vetado). (Redação dada pela Lei nº 8.883, de 1994)

§ 4º (Vetado). (Redação dada pela Lei nº 8.883, de 1994)

§ 5º. Ocorrendo impedimento, paralisação ou sustação do contrato, o cronograma de execução será prorrogado automaticamente por igual tempo.

Art. 80. A rescisão de que trata o inciso I do artigo anterior acarreta as seguintes consequências, sem prejuízo das sanções previstas nesta Lei:

I – assunção imediata do objeto do contrato, no estado e local em que se encontrar, por ato próprio da Administração;

II – ocupação e utilização do local, instalações, equipamentos, material e pessoal empregados na execução do contrato, necessários à sua continuidade, na forma do inciso V do art. 58 desta Lei;

III – execução da garantia contratual, para ressarcimento da Administração e dos valores das multas e indenizações a ela devidos;

IV – retenção dos créditos decorrentes do contrato até o limite dos prejuízos causados à Administração.

§ 1º. A aplicação das medidas previstas nos incisos I e II deste artigo fica a critério da Administração, que poderá dar continuidade à obra ou ao serviço por execução direta ou indireta.

§ 2º. É permitido à Administração, no caso de concordata do contratado, manter o contrato, podendo assumir o controle de determinadas atividades de serviços essenciais.

§ 3º. Na hipótese do inciso II deste artigo, o ato deverá ser precedido de autorização expressa do Ministro de Estado competente, ou Secretário Estadual ou Municipal, conforme o caso.

§ 4º. A rescisão de que trata o inciso IV do artigo anterior permite à Administração, a seu critério, aplicar a medida prevista no inciso I deste artigo.

CAPÍTULO IV. DAS SANÇÕES ADMINISTRATIVAS E DA TUTELA JUDICIAL

SEÇÃO I. DISPOSIÇÕES GERAIS

Art. 81. A recusa injustificada do adjudicatário em assinar o contrato, aceitar ou retirar o instrumento equivalente, dentro do prazo estabelecido pela Administração, caracteriza o descumprimento total da obrigação assumida, sujeitando-o às penalidades legalmente estabelecidas.

Parágrafo único. O disposto neste artigo não se aplica aos licitantes convocados nos termos do art. 64, § 2º, desta Lei, que não aceitarem a contratação, nas mesmas condições propostas pelo primeiro adjudicatário, inclusive quanto ao prazo e preço.

Art. 82. Os agentes administrativos que praticarem atos em desacordo com os preceitos desta Lei ou visando a frustrar os objetivos da licitação sujeitam-se às sanções previstas nesta Lei e nos regulamentos próprios, sem prejuízo das responsabilidades civil e criminal que seu ato ensejar.

- Lei 8.429/1992: art. 10, VIII.

Art. 83. Os crimes definidos nesta Lei, ainda que simplesmente tentados, sujeitam os seus autores, quando servidores públicos, além das sanções penais, à perda do cargo, emprego, função ou mandato eletivo.

- CP: art. 92, I, a.

Art. 84. Considera-se servidor público, para os fins desta Lei, aquele que exerce, mesmo que transitoriamente ou sem remuneração, cargo, função ou emprego público.

- CP: art. 327.
- Lei 8.112/1990: arts. 2º e 3º.

§ 1º. Equipara-se a servidor público, para os fins desta Lei, quem exerce cargo, emprego ou função em entidade paraestatal, assim consideradas, além das fundações, empresas públicas e sociedades de economia mista, as demais entidades sob controle, direto ou indireto, do Poder Público.

- CP: art. 327, § 1º.

§ 2º. A pena imposta será acrescida da terça parte, quando os autores dos crimes previstos nesta Lei forem ocupantes de cargo em comissão ou de função de confiança em órgão da Administração direta, autarquia, empresa pública, sociedade de economia mista, fundação pública, ou outra entidade controlada direta ou indiretamente pelo Poder Público.

Art. 85. As infrações penais previstas nesta Lei pertinem às licitações e aos contratos celebrados pela União, Estados, Distrito Federal, Municípios, e respectivas autarquias, empresas públicas, sociedades de economia mista, fundações públicas, e quaisquer outras entidades sob seu controle direto ou indireto.

SEÇÃO II. DAS SANÇÕES ADMINISTRATIVAS

Art. 86. O atraso injustificado na execução do contrato sujeitará o contratado à multa de mora, na forma prevista no instrumento convocatório ou no contrato.

§ 1º. A multa a que alude este artigo não impede que a Administração rescinda unilateralmente o contrato e aplique as outras sanções previstas nesta Lei.

§ 2º. A multa, aplicada após regular processo administrativo, será descontada da garantia do respectivo contratado.

§ 3º. Se a multa for de valor superior ao valor da garantia prestada, além da perda desta, responderá o contratado pela sua diferença, a qual será descontada dos pagamentos eventualmente devidos pela Administração ou ainda, quando for o caso, cobrada judicialmente.

Art. 87. Pela inexecução total ou parcial do contrato a Administração poderá, garantida a prévia defesa, aplicar ao contratado as seguintes sanções:

I – advertência;

II – multa, na forma prevista no instrumento convocatório ou no contrato;

III – suspensão temporária de participação em licitação e impedimento de contratar com a Administração, por prazo não superior a 2 (dois) anos;

IV – declaração de inidoneidade para licitar ou contratar com a Administração Pública enquanto perdurarem os motivos determinantes da punição ou até que seja promovida a reabilitação perante a própria autoridade que aplicou a penalidade, que será concedida sempre que o contratado ressarcir a Administração pelos prejuízos resultantes e após decorrido o prazo da sanção aplicada com base no inciso anterior.

§ 1º. Se a multa aplicada for superior ao valor da garantia prestada, além da perda desta, responderá o contratado pela sua diferença, que será descontada dos pagamentos eventualmente devidos pela Administração ou cobrada judicialmente.

§ 2º. As sanções previstas nos incisos I, III e IV deste artigo poderão ser aplicadas juntamente com a do inciso II, facultada a defesa prévia do interessado, no respectivo processo, no prazo de 5 (cinco) dias úteis.

§ 3º. A sanção estabelecida no inciso IV deste artigo é de competência exclusiva do Ministro de Estado, do Secretário Estadual ou Municipal, conforme o caso, facultada a defesa do interessado no respectivo processo, no prazo de 10 (dez) dias da abertura de vista, podendo a reabilitação ser requerida após 2 (dois) anos de sua aplicação.

Art. 88. As sanções previstas nos incisos III e IV do artigo anterior poderão também ser aplicadas às empresas ou aos profissionais que, em razão dos contratos regidos por esta Lei:

I – tenham sofrido condenação definitiva por praticarem, por meios dolosos, fraude fiscal no recolhimento de quaisquer tributos;

II – tenham praticado atos ilícitos visando a frustrar os objetivos da licitação;

III – demonstrem não possuir idoneidade para contratar com a Administração em virtude de atos ilícitos praticados.

SEÇÃO III.
DOS CRIMES E DAS PENAS

Art. 89. Dispensar ou inexigir licitação fora das hipóteses previstas em lei, ou deixar de observar as formalidades pertinentes à dispensa ou à inexigibilidade:

Pena - detenção, de 3 (três) a 5 (cinco) anos, e multa.

Parágrafo único. Na mesma pena incorre aquele que, tendo comprovadamente concorrido para a consumação da ilegalidade, beneficiou-se da dispensa ou inexigibilidade ilegal, para celebrar contrato com o Poder Público.

Art. 90. Frustrar ou fraudar, mediante ajuste, combinação ou qualquer outro expediente, o caráter competitivo do procedimento licitatório, com o intuito de obter, para si ou para outrem, vantagem decorrente da adjudicação do objeto da licitação:

Pena - detenção, de 2 (dois) a 4 (quatro) anos, e multa.

Art. 91. Patrocinar, direta ou indiretamente, interesse privado perante a Administração, dando causa à instauração de licitação ou à celebração de contrato, cuja invalidação vier a ser decretada pelo Poder Judiciário:

Pena - detenção, de 6 (seis) meses a 2 (dois) anos, e multa.

Art. 92. Admitir, possibilitar ou dar causa a qualquer modificação ou vantagem, inclusive prorrogação contratual, em favor do adjudicatário, durante a execução dos contratos celebrados com o Poder Público, sem autorização em lei, no ato convocatório da licitação ou nos respectivos instrumentos contratuais, ou, ainda, pagar fatura com preterição da ordem cronológica de sua exigibilidade, observado o disposto no art. 121 desta Lei:

Pena - detenção, de dois a quatro anos, e multa.

Parágrafo único. Incide na mesma pena o contratado que, tendo comprovadamente concorrido para a consumação da ilegalidade, obtém vantagem indevida ou se beneficia, injustamente, das modificações ou prorrogações contratuais.

Art. 93. Impedir, perturbar ou fraudar a realização de qualquer ato de procedimento licitatório:

Pena - detenção, de 6 (seis) meses a 2 (dois) anos, e multa.

Art. 94. Devassar o sigilo de proposta apresentada em procedimento licitatório, ou proporcionar a terceiro o ensejo de devassá-lo:

Pena - detenção, de 2 (dois) a 3 (três) anos, e multa.

Art. 95. Afastar ou procurar afastar licitante, por meio de violência, grave ameaça, fraude ou oferecimento de vantagem de qualquer tipo:

Pena - detenção, de 2 (dois) a 4 (quatro) anos, e multa, além da pena correspondente à violência.

Parágrafo único. Incorre na mesma pena quem se abstém ou desiste de licitar, em razão da vantagem oferecida.

Art. 96. Fraudar, em prejuízo da Fazenda Pública, licitação instaurada para aquisição ou venda de bens ou mercadorias, ou contrato dela decorrente:

I - elevando arbitrariamente os preços;

II - vendendo, como verdadeira ou perfeita, mercadoria falsificada ou deteriorada;

III - entregando uma mercadoria por outra;

IV - alterando substância, qualidade ou quantidade da mercadoria fornecida;

V - tornando, por qualquer modo, injustamente, mais onerosa a proposta ou a execução do contrato:

Pena - detenção, de 3 (três) a 6 (seis) anos, e multa.

Art. 97. Admitir à licitação ou celebrar contrato com empresa ou profissional declarado inidôneo:

Pena - detenção, de 6 (seis) meses a 2 (dois) anos, e multa.

Parágrafo único. Incide na mesma pena aquele que, declarado inidôneo, venha a licitar ou a contratar com a Administração.

Art. 98. Obstar, impedir ou dificultar, injustamente, a inscrição de qualquer interessado nos registros cadastrais ou promover indevidamente a alteração, suspensão ou cancelamento de registro do inscrito:

Pena - detenção, de 6 (seis) meses a 2 (dois) anos, e multa.

Art. 99. A pena de multa cominada nos arts. 89 a 98 desta Lei consiste no pagamento de quantia fixada na sentença e calculada em índices percentuais, cuja base corresponderá ao valor da vantagem efetivamente obtida ou potencialmente auferível pelo agente.

§ 1º Os índices a que se refere este artigo não poderão ser inferiores a 2% (dois por cento), nem superiores a 5% (cinco por cento) do valor do contrato licitado ou celebrado com dispensa ou inexigibilidade de licitação.

§ 2º O produto da arrecadação da multa reverterá, conforme o caso, à Fazenda Federal, Distrital, Estadual ou Municipal.

SEÇÃO IV.
DO PROCESSO E DO PROCEDIMENTO JUDICIAL

Art. 100. Os crimes definidos nesta Lei são de ação penal pública incondicionada, cabendo ao Ministério Público promovê-la.

Art. 101. Qualquer pessoa poderá provocar, para os efeitos desta Lei, a iniciativa do Ministério Público, fornecendo-lhe, por escrito, informações sobre o fato e sua autoria, bem como as circunstâncias em que se deu a ocorrência.

Parágrafo único. Quando a comunicação for verbal, mandará a autoridade reduzi-la a termo, assinado pelo apresentante e por duas testemunhas.

Art. 102. Quando em autos ou documentos de que conhecerem, os magistrados, os membros dos Tribunais ou Conselhos de Contas ou os titulares dos órgãos integrantes do sistema de controle interno de qualquer dos Poderes, verificarem a existência dos crimes definidos pela Lei remeterão ao Ministério Público as cópias e os documentos necessários ao oferecimento da denúncia.

Art. 103. Será admitida ação penal privada subsidiária da pública, se esta não for ajuizada no prazo legal, aplicando-se, no que couber, o disposto nos arts. 29 e 30 do Código de Processo Penal.

Art. 104. Recebida a denúncia e citado o réu, terá este o prazo de 10 (dez) dias para apresentação de defesa escrita, contado da data do seu interrogatório, podendo juntar documentos, arrolar as testemunhas que tiver, em número não superior a 5 (cinco), e indicar as demais provas que pretenda produzir.

Art. 105. Ouvidas as testemunhas da acusação e da defesa e praticadas as diligências instrutórias deferidas ou ordenadas pelo juiz, abrir-se-á, sucessivamente, o prazo de 5 (cinco) dias a cada parte para alegações finais.

Art. 106. Decorrido esse prazo, e conclusos os autos dentro de 24 (vinte e quatro) horas, terá o juiz 10 (dez) dias para proferir a sentença.

Art. 107. Da sentença cabe apelação, interponível no prazo de 5 (cinco) dias.

Art. 108. No processamento e julgamento das infrações penais definidas nesta Lei, assim como nos recursos e nas execuções que lhes digam respeito, aplicar-se-ão, subsidiariamente, o Código de Processo Penal e a Lei de Execução Penal.

CAPÍTULO V.
DOS RECURSOS ADMINISTRATIVOS

Art. 109. Dos atos da Administração decorrentes da aplicação desta Lei cabem:

I – recurso, no prazo de 5 (cinco) dias úteis a contar da intimação do ato ou da lavratura da ata, nos casos de:

a) habilitação ou inabilitação do licitante;

b) julgamento das propostas;

c) anulação ou revogação da licitação;

d) indeferimento do pedido de inscrição em registro cadastral, sua alteração ou cancelamento;

e) rescisão do contrato, a que se refere o inciso I do art. 79 desta Lei; (Redação dada pela Lei nº 8.883, de 1994) f) aplicação das penas de advertência, suspensão temporária ou de multa;

II – representação, no prazo de 5 (cinco) dias úteis da intimação da decisão relacionada com o objeto da licitação ou do contrato, de que não caiba recurso hierárquico;

III – pedido de reconsideração, de decisão de Ministro de Estado, ou Secretário Estadual ou Municipal, conforme o caso, na hipótese do § 4º do art. 87 desta Lei, no prazo de 10 (dez) dias úteis da intimação do ato.

› O dispositivo correto é § 3º do art. 87.

§ 1º. A intimação dos atos referidos o inciso I, alíneas *a, b, c* e *e*, deste artigo, excluídos os relativos a advertência e multa de mora, e no inciso III, será feita mediante publicação na imprensa oficial, salvo para os casos previstos nas alíneas *a* e *b*, se presentes os prepostos dos licitantes no ato em que foi adotada a decisão, quando poderá ser feita por comunicação direta aos interessados e lavrada em ata.

§ 2º. O recurso previsto nas alíneas *a* e *b* do inciso I deste artigo terá efeito suspensivo, podendo a autoridade competente, motivadamente e presentes razões de interesse público, atribuir ao recurso interposto eficácia suspensiva aos demais recursos.

§ 3º. Interposto, o recurso será comunicado aos demais licitantes, que poderão impugná-lo no prazo de 5 (cinco) dias úteis.

§ 4º. O recurso será dirigido à autoridade superior, por intermédio da que praticou o ato recorrido, a qual poderá reconsiderar sua decisão, no prazo de 5 (cinco) dias úteis, ou, nesse mesmo prazo, fazê-lo subir, devidamente informado, devendo, neste caso, a decisão ser proferida dentro do prazo de 5 (cinco) dias úteis, contado do recebimento do recurso, sob pena de responsabilidade.

§ 5º. Nenhum prazo de recurso, representação ou pedido de reconsideração se inicia ou corre sem que os autos do processo estejam com vista franqueada ao interessado.

§ 6º. Em se tratando de licitações efetuadas na modalidade de "carta convite" os prazos estabelecidos nos incisos I e II e no parágrafo 3º deste artigo serão de dois dias úteis. (Incluído pela Lei nº 8.883, de 1994)

CAPÍTULO VI. DISPOSIÇÕES FINAIS E TRANSITÓRIAS

Art. 110. Na contagem dos prazos estabelecidos nesta Lei, excluir-se-á o dia do início e incluir-se-á o do vencimento, e considerar-se-ão os dias consecutivos, exceto quando for explicitamente disposto em contrário.

Parágrafo único. Só se iniciam e vencem os prazos referidos neste artigo em dia de expediente no órgão ou na entidade.

Art. 111. A Administração só poderá contratar, pagar, premiar ou receber projeto ou serviço técnico especializado desde que o autor ceda os direitos patrimoniais a ele relativos e a Administração possa utilizá-lo de acordo com o previsto no regulamento de concurso ou no ajuste para sua elaboração.

Parágrafo único. Quando o projeto referir-se a obra imaterial de caráter tecnológico, insuscetível de privilégio, a cessão dos direitos incluirá o fornecimento de todos os dados, documentos e elementos de informação pertinentes à tecnologia de concepção, desenvolvimento, fixação em suporte físico de qualquer natureza e aplicação da obra.

Art. 112. Quando o objeto do contrato interessar a mais de uma entidade pública, caberá ao órgão contratante, perante a entidade interessada, responder pela sua boa execução, fiscalização e pagamento.

§ 1º. Os consórcios públicos poderão realizar licitação da qual, nos termos do edital, decorram contratos administrativos celebrados por órgãos ou entidades dos entes da Federação consorciados. (Incluído pela Lei nº 11.107, de 2005)

§ 2º. É facultado à entidade interessada o acompanhamento da licitação e da execução do contrato. (Incluído pela Lei nº 11.107, de 2005)

Art. 113. O controle das despesas decorrentes dos contratos e demais instrumentos regidos por esta Lei será feito pelo Tribunal de Contas competente, na forma da legislação pertinente, ficando os órgãos interessados da Administração responsáveis pela demonstração da legalidade e regularidade da despesa e execução, nos termos da Constituição e sem prejuízo do sistema de controle interno nela previsto.

§ 1º. Qualquer licitante, contratado ou pessoa física ou jurídica poderá representar ao Tribunal de Contas ou aos órgãos integrantes do sistema de controle interno contra irregularidades na aplicação desta Lei, para os fins do disposto neste artigo.

§ 2º. Os Tribunais de Contas e os órgãos integrantes do sistema de controle interno poderão solicitar para exame, até o dia útil imediatamente anterior à data de recebimento das propostas, cópia de edital de licitação já publicado, obrigando-se os órgãos ou entidades da Administração interessada à adoção de medidas corretivas pertinentes que, em função desse exame, lhes forem determinadas. (Redação dada pela Lei nº 8.883, de 1994)

Art. 114. O sistema instituído nesta Lei não impede a pré-qualificação de licitantes nas concorrências, a ser procedida sempre que o objeto da licitação recomende análise mais detida da qualificação técnica dos interessados.

§ 1º. A adoção do procedimento de pré-qualificação será feita mediante proposta da autoridade competente, aprovada pela imediatamente superior.

§ 2º. Na pré-qualificação serão observadas as exigências desta Lei relativas à concorrência, à convocação dos interessados, ao procedimento e à análise da documentação.

Art. 115. Os órgãos da Administração poderão expedir normas relativas aos procedimentos operacionais a serem observados na execução das licitações, no âmbito de sua competência, observadas as disposições desta Lei.

Parágrafo único. As normas a que se refere este artigo, após aprovação da autoridade competente, deverão ser publicadas na imprensa oficial.

Art. 116. Aplicam-se as disposições desta Lei, no que couber, aos convênios, acordos, ajustes e outros instrumentos congêneres celebrados por órgãos e entidades da Administração.

§ 1º. A celebração de convênio, acordo ou ajuste pelos órgãos ou entidades da Administração Pública depende de prévia aprovação de competente plano de trabalho proposto pela organização interessada, o qual deverá conter, no mínimo, as seguintes informações:

I – identificação do objeto a ser executado;

II – metas a serem atingidas;

III – etapas ou fases da execução;

IV – plano de aplicação dos recursos financeiros;

V – cronograma de desembolso;

VI – previsão de início e fim da execução do objeto, bem assim da conclusão das etapas ou fases programadas;

VII – se o ajuste compreender obra ou serviço de engenharia, comprovação de que os recursos próprios para complementar a execução do objeto estão devidamente assegurados, salvo se o custo total do empreendimento recair sobre a entidade ou órgão descentralizador.

§ 2º. Assinado o convênio, a entidade ou órgão repassador dará ciência do mesmo à Assembleia Legislativa ou à Câmara Municipal respectiva.

§ 3º. As parcelas do convênio serão liberadas em estrita conformidade com o plano de aplicação aprovado, exceto nos casos a seguir, em que as mesmas ficarão retidas até o saneamento das impropriedades ocorrentes:

I – quando não tiver havido comprovação da boa e regular aplicação da parcela anteriormente recebida, na forma da legislação aplicável, inclusive mediante procedimentos de fiscalização local, realizados periodicamente pela entidade ou órgão descentralizador dos recursos ou pelo órgão competente do sistema de controle interno da Administração Pública;

II – quando verificado desvio de finalidade na aplicação dos recursos, atrasos não justificados no cumprimento das etapas ou fases programadas, práticas atentatórias aos princípios fundamentais de Administração Pública nas contratações e demais atos praticados na execução do convênio, ou o inadimplemento do executor com relação a outras cláusulas conveniais básicas;

III – quando o executor deixar de adotar as medidas saneadoras apontadas pelo partícipe repassador dos recursos ou por integrantes do respectivo sistema de controle interno.

§ 4º. Os saldos de convênio, enquanto não utilizados, serão obrigatoriamente aplicados em cadernetas de poupança de instituição financeira oficial se a previsão de seu uso for igual ou superior a 1 (um) mês, ou em fundo de aplicação financeira de curto prazo ou operação de mercado aberto lastreada em títulos da dívida pública, quando a utilização dos mesmos verificar-se em prazos menores que 1 (um) mês.

§ 5º. As receitas financeiras auferidas na forma do parágrafo anterior serão obrigatoriamente computadas a crédito do convênio e aplicadas, exclusivamente, no objeto de sua finalidade, devendo constar de demonstrativo específico que integrará as prestações de contas do ajuste.

§ 6º. Quando da conclusão, denúncia, rescisão ou extinção do convênio, acordo ou ajuste, os saldos financeiros remanescentes, inclusive os provenientes das receitas obtidas das aplicações financeiras realizadas, serão devolvidos à entidade ou órgão repassador dos recursos, no prazo improrrogável de 30 (trinta) dias do evento, sob pena da imediata instauração de tomada de contas especial do responsável, providenciada pela autoridade competente do órgão ou entidade titular dos recursos.

Art. 117. As obras, serviços, compras e alienações realizadas pelos órgãos dos Poderes Legislativo e Judiciário e do Tribunal de Contas regem-se pelas normas desta Lei, no que couber, nas 3 (três) esferas administrativas.

Art. 118. Os Estados, o Distrito Federal, os Municípios e as entidades da Administração indireta deverão adaptar suas normas sobre licitações e contratos ao disposto nesta Lei.

Art. 119. As sociedades de economia mista, empresas e fundações públicas e demais entidades controladas direta ou indiretamente pela União e pelas entidades referidas no artigo anterior editarão regulamentos próprios devidamente publicados, ficando sujeitas às disposições desta Lei.

Parágrafo único. Os regulamentos a que se refere este artigo, no âmbito da Administração Pública, após aprovados pela autoridade de nível superior a que estiverem vinculados os respectivos órgãos, sociedades e entidades, deverão ser publicados na imprensa oficial.

Art. 120. Os valores fixados por esta Lei poderão ser anualmente revistos pelo Poder Executivo Federal, que os fará publicar no Diário Oficial da União, observando como limite superior a variação geral dos preços do mercado, no período. (Redação dada pela Lei nº 9.648, de 1998)

Art. 121. O disposto nesta Lei não se aplica às licitações instauradas e aos contratos assinados anteriormente à sua vigência, ressalvado o disposto no art. 57, nos parágrafos 1º, 2º e 8º do art. 65, no inciso XV do art. 78, bem assim o disposto no *"caput"* do art. 5º, com relação ao pagamento das obrigações na ordem cronológica, podendo esta ser observada, no prazo de noventa dias contados da vigência desta Lei, separadamente para as obrigações relativas aos contratos regidos por legislação anterior à Lei nº 8.666, de 21 de junho de 1993. (Redação dada pela Lei nº 8.883, de 1994)

Parágrafo único. Os contratos relativos a imóveis do patrimônio da União continuam a reger-se pelas disposições do Decreto-lei nº 9.760, de 5 de setembro de 1946, com suas alterações, e os relativos a operações de crédito interno ou externo celebrados pela União ou a concessão de garantia do Tesouro Nacional continuam regidos pela legislação pertinente, aplicando-se esta Lei, no que couber.

Art. 122. Nas concessões de linhas aéreas, observar-se-á procedimento licitatório específico, a ser estabelecido no Código Brasileiro de Aeronáutica.

Art. 123. Em suas licitações e contratações administrativas, as repartições sediadas no exterior observarão as peculiaridades locais e os princípios básicos desta Lei, na forma de regulamentação específica.

Art. 124. Aplicam-se às licitações e aos contratos para permissão ou concessão de serviços públicos os dispositivos desta Lei que não conflitem com a legislação específica sobre o assunto. (Redação dada pela Lei nº 8.883, de 1994)

- Lei 8.987/1995 – Dispõe sobre o regime de concessão e permissão da prestação de serviços públicos previsto no art. 175 da CF.

Parágrafo único. As exigências contidas nos incisos II a IV do § 2º do art. 7º serão dispensadas nas licitações para concessão de serviços com execução prévia de obras em que não foram previstos desembolso por parte da Administração Pública concedente. (Incluído pela Lei nº 8.883, de 1994)

Art. 125. Esta Lei entra em vigor na data de sua publicação. (Renumerado por força do disposto no art. 3º da Lei nº 8.883, de 1994)

Art. 126. Revogam-se as disposições em contrário, especialmente os Decretos-leis nºs 2.300, de 21 de novembro de 1986, 2.348, de 24 de julho de 1987, 2.360, de 16 de setembro de 1987, a Lei nº 8.220, de 4 de setembro de 1991, e o art. 83 da Lei nº 5.194, de 24 de dezembro de 1966. (Renumerado por força do disposto no art. 3º da Lei nº 8.883, de 1994)

Brasília, 21 de junho de 1993, 172º da Independência e 105º da República.

ITAMAR FRANCO

D.O.U. 22.6.1993; rep. 6.7.1994; e ret. 2.7.2003

LEI Nº 8.934, DE 18 DE NOVEMBRO DE 1994

Dispõe sobre o Registro Público de Empresas Mercantis e Atividades Afins e dá outras providências.

- *Registro Público de Empresas Mercantis*

O PRESIDENTE DA REPÚBLICA Faço saber que o Congresso Nacional decreta e eu sanciono a seguinte Lei:

TÍTULO I. DO REGISTRO PÚBLICO DE EMPRESAS MERCANTIS E ATIVIDADES AFINS

CAPÍTULO I. DAS FINALIDADES E DA ORGANIZAÇÃO

SEÇÃO I. DAS FINALIDADES

- Lei 11.598/2007 – Estabelece diretrizes e procedimentos para a simplificação e integração do processo de registro e legalização de empresários e de pessoas jurídicas, cria a Rede Nacional para a Simplificação do Registro e da Legalização de Empresas e Negócios – REDESIM.
- LC 123/2006 – Institui o Estatuto Nacional da Microempresa e da Empresa de Pequeno Porte.
- v. Decreto 1.800/1996 – Regulamenta a Lei 8.934/1994.

Art. 1º. O Registro Público de Empresas Mercantis e Atividades Afins, observado o disposto nesta Lei, será exercido em todo o território nacional, de forma sistêmica, por órgãos federais, estaduais e distrital, com as seguintes finalidades: (Redação dada pela Lei 13.833/2019)

- CC: arts. 966 a 971, e 1.150 a 1.154.

I – dar garantia, publicidade, autenticidade, segurança e eficácia aos atos jurídicos das empresas mercantis, submetidos a registro na forma desta Lei;

II – cadastrar as empresas nacionais e estrangeiras em funcionamento no País e manter atualizadas as informações pertinentes;

III – proceder à matrícula dos agentes auxiliares do comércio, bem como ao seu cancelamento.

Art. 2º. Os atos das firmas mercantis individuais e das sociedades mercantis serão arquivados no Registro Público de Empresas Mercantis e Atividades Afins, independentemente de seu objeto, salvo as exceções previstas em lei.

Parágrafo único. (Revogado pela Lei 13.874/2019)

SEÇÃO II. DA ORGANIZAÇÃO

Art. 3º. Os serviços do Registro Público de Empresas Mercantis e Atividades Afins serão exercidos, em todo o território nacional, de maneira uniforme, harmônica e interdependente, pelo Sistema Nacional de Registro de Empresas Mercantis – Sinrem, composto pelos seguintes órgãos:

I – o Departamento Nacional de Registro Empresarial e Integração, órgão central do Sinrem, com as seguintes funções: (Redação dada pela Lei 13.833/2019)

a) supervisora, orientadora, coordenadora e normativa, na área técnica; e (Redação dada pela Lei Lei 13.833/2019)

b) supletiva, na área administrativa; e (Incluída pela Lei Lei 13.833/2019)

II – as Juntas Comerciais, como órgãos locais, com funções executora e administradora dos serviços de registro.

SUBSEÇÃO I
DO DEPARTAMENTO NACIONAL DE REGISTRO EMPRESARIAL E INTEGRAÇÃO

› Subseção com redação dada pela Lei 13.833/2019

Art. 4º O Departamento Nacional de Registro Empresarial e Integração (Drei) da Secretaria de Governo Digital da Secretaria Especial de Desburocratização, Gestão e Governo Digital do Ministério da Economia tem por finalidade: (Redação dada pela Lei 13.874/2019)

I – supervisionar e coordenar, no plano técnico, os órgãos incumbidos da execução dos serviços de Registro Público de Empresas Mercantis e Atividades Afins;

II – estabelecer e consolidar, com exclusividade, as normas e diretrizes gerais do Registro Público de Empresas Mercantis e Atividades Afins;

III – solucionar dúvidas ocorrentes na interpretação das leis, regulamentos e demais normas relacionadas com o registro de empresas mercantis, baixando instruções para esse fim;

IV – prestar orientação às Juntas Comerciais, com vistas à solução de consultas e à observância das normas legais e regulamentares do Registro Público de Empresas Mercantis e Atividades Afins;

V – exercer ampla fiscalização jurídica sobre os órgãos incumbidos do Registro Público de Empresas Mercantis e Atividades Afins, representando para os devidos fins às autoridades administrativas contra abusos e infrações das respectivas normas, e requerendo tudo o que se afigurar necessário ao cumprimento dessas normas;

VI – estabelecer normas procedimentais de arquivamento de atos de firmas mercantis individuais e sociedades mercantis de qualquer natureza;

VII – promover ou providenciar, supletivamente, as medidas tendentes a suprir ou corrigir as ausências, falhas ou deficiências dos serviços de Registro Público de Empresas Mercantis e Atividades Afins;

VIII – prestar colaboração técnica e financeira às Juntas Comerciais para a melhoria dos serviços pertinentes ao Registro Público de Empresas Mercantis e Atividades Afins;

IX – organizar e manter atualizado o cadastro nacional das empresas mercantis em funcionamento no País, com a cooperação das Juntas Comerciais;

X – instruir, examinar e encaminhar os processos e recursos a serem decididos pelo Ministro de Estado da Indústria, do Comércio e do Turismo, inclusive os pedidos de autorização para nacionalização ou instalação de filial, agência, sucursal ou estabelecimento no País, por sociedade estrangeira, sem prejuízo da competência de outros órgãos federais;

XI – promover e elaborar estudos e publicações e realizar reuniões sobre temas pertinentes ao Registro Público de Empresas Mercantis e Atividades Afins. (Redação dada pela Lei Lei 13.833/2019)

Parágrafo único. O cadastro nacional a que se refere o inciso IX do *caput* deste artigo será mantido com as informações originárias do cadastro estadual de empresas, vedados a exigência de preenchimento de formulário pelo empresário ou o fornecimento de novos dados ou informações, bem como a cobrança de preço pela inclusão das informações no cadastro nacional. (Acrescido pela Lei 13.874/2019)

SUBSEÇÃO II.
DAS JUNTAS COMERCIAIS

Art. 5º. Haverá uma Junta Comercial em cada unidade federativa, com sede na capital e jurisdição na área da circunscrição territorial respectiva.

Art. 6º. As juntas comerciais subordinam-se, administrativamente, ao governo do respectivo ente federativo e, tecnicamente, ao Departamento Nacional de Registro Empresarial e Integração, nos termos desta Lei. (Redação dada pela Lei Lei 13.833/2019)

Parágrafo único. *(Revogado pela Lei 13.833/2019)*

Art. 7º. As Juntas Comerciais poderão desconcentrar os seus serviços, mediante convênios com órgãos públicos e entidades privadas sem fins lucrativos, preservada a competência das atuais Delegacias.

Art. 8º. Às Juntas Comerciais incumbe:

I – executar os serviços previstos no art. 32 desta Lei;

II – elaborar a tabela de preços de seus serviços, observadas as normas legais pertinentes;

III – processar a habilitação e a nomeação dos tradutores públicos e intérpretes comerciais;

IV – elaborar os respectivos Regimentos Internos e suas alterações, bem como as resoluções de caráter administrativo necessárias ao fiel cumprimento das normas legais, regulamentares e regimentais;

V – expedir carteiras de exercício profissional de pessoas legalmente inscritas no Registro Público de Empresas Mercantis e Atividades Afins;

VI – o assentamento dos usos e práticas mercantis.

› Decreto 1.800/1996: arts. 87 e 88.

Art. 9º. A estrutura básica das juntas Comerciais será integrada pelos seguintes órgãos:

I – a Presidência, como órgão diretivo e representativo;

II – o Plenário, como órgão deliberativo superior;

III – as Turmas, como órgãos deliberativos inferiores;

IV – a Secretaria-Geral, como órgão administrativo;

V – a Procuradoria, como órgão de fiscalização e de consulta jurídica.

§ 1º. As Juntas Comerciais poderão ter uma assessoria técnica, com a competência de preparar e relatar os documentos a serem submetidos à sua deliberação, cujos membros deverão ser bacharéis em Direito, Economistas, Contadores ou Administradores.

§ 2º As Juntas Comerciais, por seu Plenário, poderão resolver pela criação de delegacias, órgãos locais do registro do comércio, nos termos da legislação estadual respectiva.

Art. 10. O Plenário, composto de Vogais e respectivos suplentes, será constituído pelo mínimo de onze e no máximo de vinte e três Vogais. (Redação dada pela Lei nº 10.194, de 2001)

Art. 11. Os vogais e os respectivos suplentes serão nomeados, salvo disposição em contrário, pelos governos dos Estados e do Distrito Federal, dentre brasileiros que atendam às seguintes condições: (Redação dada pela Lei Lei 13.833/2019)

I – estejam em pleno gozo dos direitos civis e políticos;

II – não estejam condenados por crime cuja pena vede o acesso a cargo, emprego e funções públicas, ou por crime de prevaricação, falência fraudulenta, peita ou suborno, concussão, peculato, contra a propriedade, a fé pública e a economia popular;

III – sejam, ou tenham sido, por mais de 5 (cinco) anos, titulares de firma mercantil individual, sócios ou administradores de sociedade mercantil, valendo como prova, para esse fim, certidão expedida pela Junta Comercial;

IV – estejam quites com o serviço militar e o serviço eleitoral.

Parágrafo único. Qualquer pessoa poderá representar fundadamente à autoridade competente contra a nomeação de vogal ou suplente, contrária aos preceitos desta Lei, no prazo de 15 (quinze) dias, contados da data da posse.

Art. 12. Os vogais e respectivos suplentes serão escolhidos da seguinte forma:

I – a metade do número de vogais e suplentes será designada mediante indicação de nomes, em listas tríplices, pelas entidades patronais de grau superior e pelas Associações Comerciais, com sede na jurisdição da Junta;

II – um Vogal e respectivo suplente, representando a União, por nomeação do Ministro de Estado do Desenvolvimento, Indústria e Comércio Exterior; (Redação dada pela Lei nº 10.194, de 14.2.2001)

III – quatro vogais e respectivos suplentes representando a classe dos advogados, a dos economistas, a dos contadores e a dos administradores, todos mediante indicação, em lista tríplice, do Conselho Seccional ou Regional do Órgão Corporativo dessas categorias profissionais; (Redação dada pela Lei nº 9.829, de 1999)

IV – os demais vogais e suplentes serão designados, nos Estados e no Distrito Federal, por livre escolha dos respectivos governadores. (Redação dada pela Lei Lei 13.833/2019)

§ 1º. Os vogais e respectivos suplentes de que tratam os incisos II e III deste artigo ficam dispensados da prova do requisito previsto no inciso III do art. 11, mas exigir-se-á a prova de mais de 5 (cinco) anos de efetivo exercício da profissão em relação aos vogais e suplentes de que trata o inciso III.

§ 2º. As listas referidas neste artigo devem ser remetidas até 60 (sessenta) dias antes do término do mandato, caso contrário será considerada, com relação a cada entidade que se omitir na remessa, a última lista que não inclua pessoa que exerça ou tenha exercido mandato de vogal.

Art. 13. Os vogais serão remunerados por presença, nos termos da legislação da unidade federativa a que pertencer a Junta Comercial.

Art. 14. O vogal será substituído por seu suplente durante os impedimentos e, no caso de vaga, até o final do mandato.

Art. 15. São incompatíveis para a participação no colégio de vogais da mesma Junta Comercial os parentes consanguíneos e afins até o segundo grau e os sócios da mesma empresa.

Parágrafo único. Em caso de incompatibilidade, serão seguidos, para a escolha dos membros, sucessivamente, os critérios da precedência na nomeação, da precedência na posse, ou do membro mais idoso.

Art. 16. O mandato de vogal e respectivo suplente será de 4 (quatro) anos, permitida apenas uma recondução.

Art. 17. O vogal ou seu suplente perderá o mandato nos seguintes casos:

I – mais de 3 (três) faltas consecutivas às sessões, ou 12 (doze) alternadas no mesmo ano, sem justo motivo;

II – por conduta incompatível com a dignidade do cargo.

Art. 18. Na sessão inaugural do Plenário das Juntas Comerciais, que iniciará cada período de mandato, serão distribuídos os vogais por Turmas de três membros cada uma, com exclusão do presidente e do vice-presidente.

Art. 19. Ao Plenário compete o julgamento dos processos em grau de recurso, nos termos previstos no regulamento desta Lei.

Art. 20. As sessões ordinárias do Plenário e das Turmas efetuar-se-ão com a periodicidade e do modo determinado no regimento da Junta Comercial; e as extraordinárias, sempre justificadas, por convocação do presidente ou de 2/3 (dois terços) dos seus membros.

Art. 21. Compete às Turmas julgar, originariamente, os pedidos relativos à execução dos atos de registro.

Art. 22. Compete aos respectivos governadores a nomeação para os cargos em comissão de presidente e vice-presidente das juntas comerciais dos Estados e do Distrito Federal, escolhidos dentre os vogais do Plenário. (Redação dada pela Lei Lei 13.833/2019)

Art. 23. Compete ao presidente:

I – a direção e representação geral da Junta;

II – dar posse aos vogais, convocar e dirigir as sessões do Plenário, superintender todos os serviços e velar pelo fiel cumprimento das normas legais e regulamentares.

Art. 24. Ao vice-presidente incumbe substituir o presidente em suas faltas ou impedimentos e efetuar a correição permanente dos serviços, na forma do regulamento desta Lei.

Art. 25. Compete aos respectivos governadores a nomeação para o cargo em comissão de secretário-geral das juntas comerciais dos Estados e do Distrito Federal, e a escolha deverá recair sobre brasileiros de notória idoneidade moral e com conhecimentos em direito empresarial. (Redação dada pela Lei Lei 13.833/2019)

Art. 26. À Secretaria-Geral compete a execução dos serviços de registro e de administração da Junta.

Art. 27. As procuradorias serão compostas de 1 (um) ou mais procuradores e chefiadas pelo procurador que for designado pelo governador do Estado ou do Distrito Federal. (Redação dada pela Lei Lei 13.833/2019)

Art. 28. A Procuradoria tem por atribuição fiscalizar e promover o fiel cumprimento das normas legais e executivas, oficiando, internamente, por sua iniciativa ou mediante solicitação da Presidência, do Plenário e das Turmas; e, externamente, em atos ou feitos de natureza jurídica, inclusive os judiciais, que envolvam matéria do interesse da Junta.

CAPÍTULO II.
DA PUBLICIDADE DO REGISTRO PÚBLICO DE EMPRESAS MERCANTIS E ATIVIDADES AFINS

SEÇÃO I.
DAS DISPOSIÇÕES GERAIS

Art. 29. Qualquer pessoa, sem necessidade de provar interesse, poderá consultar os assentamentos existentes nas Juntas Comerciais e obter certidões, mediante pagamento do preço devido.

› Lei 11.101/2005: art. 196.

Art. 30. A forma, prazo e procedimento de expedição de certidões serão definidos no Regulamento desta Lei.

SEÇÃO II.
DA PUBLICAÇÃO DOS ATOS

Art. 31. Os atos decisórios serão publicados em sítio da rede mundial de computadores da junta comercial do respectivo ente federativo. (Redação dada pela Lei 13.874/2019)

CAPÍTULO III.
DOS ATOS PERTINENTES AO REGISTRO PÚBLICO DE EMPRESAS MERCANTIS E ATIVIDADES AFINS

SEÇÃO I.
DA COMPREENSÃO DOS ATOS

Art. 32. O registro compreende:

› CC: arts. 967 a 971, 974, § 3º, 979, 1.179 a 1.180..

I – a matrícula e seu cancelamento: dos leiloeiros, tradutores públicos e intérpretes comerciais, trapicheiros e administradores de armazéns-gerais;

II – o arquivamento:

› Lei 8.934/1994: arts. 36 e 37, par. único..

a) dos documentos relativos à constituição, alteração, dissolução e extinção de firmas mercantis individuais, sociedades mercantis e cooperativas;

b) dos atos relativos a consórcio e grupo de sociedade de que trata a Lei 6.404, de 15 de dezembro de 1976;

› Lei 6.404/1976: arts. 270 e 271.

c) dos atos concernentes a empresas mercantis estrangeiras autorizadas a funcionar no Brasil;

› CC: arts. 1.134 a 1.141.

d) das declarações de microempresa;

e) de atos ou documentos que, por determinação legal, sejam atribuídos ao Registro Público de Empresas Mercantis e Atividades Afins ou daqueles que possam interessar ao empresário e às empresas mercantis;

III – a autenticação dos instrumentos de escrituração das empresas mercantis registradas e dos agentes auxiliares do comércio, na forma de lei própria.

§ 1º Os atos, os documentos e as declarações que contenham informações meramente cadastrais serão levados automaticamente a registro se puderem ser obtidos de outras bases de dados disponíveis em órgãos públicos. (Acrescido pela Lei 13.874/2019)

§ 2º Ato do Departamento Nacional de Registro Empresarial e Integração definirá os atos, os documentos e as declarações que contenham informações meramente cadastrais. (Acrescido pela Lei 13.874/2019)

Art. 33. A proteção ao nome empresarial decorre automaticamente do arquivamento dos atos constitutivos de firma individual e de sociedades, ou de suas alterações.

› CC: arts. 1.155 a 1.168.

§ 1º. (*VETADO*).

§ 2º. (*VETADO*).

Art. 34. O nome empresarial obedecerá aos princípios da veracidade e da novidade.

› CC: art. 1.163.

SEÇÃO II.
DAS PROIBIÇÕES DE ARQUIVAMENTO

Art. 35. Não podem ser arquivados:

I – os documentos que não obedecerem às prescrições legais ou regulamentares ou que contiverem matéria contrária aos bons costumes ou à ordem pública, bem como os que colidirem com o respectivo estatuto ou contrato não modificado anteriormente;

II – os documentos de constituição ou alteração de empresas mercantis de qualquer espécie ou modalidade em que figure como titular ou administrador pessoa que esteja condenada pela prática de crime cuja pena vede o acesso à atividade mercantil;

III – os atos constitutivos de empresas mercantis que, além das cláusulas exigidas em lei, não designarem o respectivo capital, bem como a declaração precisa de seu objeto, cuja indicação no nome empresarial é facultativa;

IV – a prorrogação do contrato social, depois de findo o prazo nele fixado;

V – os atos de empresas mercantis com nome idêntico ou semelhante a outro já existente;

VI – a alteração contratual, por deliberação majoritária do capital social, quando houver cláusula restritiva;

VII – os contratos sociais ou suas alterações em que haja incorporação de imóveis à sociedade, por instrumento particular, quando do instrumento não constar:

a) a descrição e identificação do imóvel, sua área, dados relativos à sua titulação, bem como o número da matrícula no registro imobiliário;

b) a outorga uxória ou marital, quando necessária;

VIII - (Revogado pela Lei 13.874/2019)

Parágrafo único. O registro dos atos constitutivos e de suas alterações e extinções ocorrerá independentemente de autorização governamental prévia, e os órgãos públicos deverão ser informados pela Rede Nacional para a Simplificação do Registro e da Legalização de Empresas e Negócios (Redesim) a respeito dos registros sobre os quais manifestarem interesse. (Redação dada pela Lei 13.874/2019)

SEÇÃO III.
DA ORDEM DOS SERVIÇOS

SUBSEÇÃO I.
DA APRESENTAÇÃO DOS ATOS E ARQUIVAMENTO

Art. 36. Os documentos referidos no inciso II do art. 32 deverão ser apresentados a arquivamento na Junta, dentro de 30 (trinta) dias contados de sua assinatura, a cuja data retroagirão os efeitos do arquivamento; fora desse prazo, o arquivamento só terá eficácia a partir do despacho que o conceder.

Art. 37. Instruirão obrigatoriamente os pedidos de arquivamento:

› Lei 6.404/1976: arts. 94 a 97.

I – o instrumento original de constituição, modificação ou extinção de empresas mercantis, assinado pelo titular, pelos administradores, sócios ou seus procuradores;

II – declaração do titular ou administrador, firmada sob as penas da lei, de não estar impedido de exercer o comércio ou a administração de sociedade mercantil, em virtude de condenação criminal; (Redação dada pela Lei nº 10.194, de 14.2.2001)

III – a ficha cadastral de acordo com o modelo aprovado pelo Departamento Nacional de Registro Empresarial e Integração; (Redação dada pela Lei Lei 13.833/2019)

IV – os comprovantes de pagamento dos preços dos serviços correspondentes;

V – a prova de identidade dos titulares e dos administradores da empresa mercantil.

Parágrafo único. Além dos referidos neste artigo, nenhum outro documento será exigido das firmas individuais e sociedades referidas nas alíneas *a*, *b* e *d* do inciso II do art. 32.

Art. 38. Para cada empresa mercantil, a Junta Comercial organizará um prontuário com os respectivos documentos.

SUBSEÇÃO II.
DAS AUTENTICAÇÕES

Art. 39. As Juntas Comerciais autenticarão:

› Decreto 8.683/2016 – Altera o Decreto 1.800/1996, que regulamenta a Lei 8.934/1994.

I – os instrumentos de escrituração das empresas mercantis e dos agentes auxiliares do comércio;

II – as cópias dos documentos assentados.

Parágrafo único. Os instrumentos autenticados, não retirados no prazo de 30 (trinta) dias, contados da sua apresentação, poderão ser eliminados.

Art. 39-A. A autenticação dos documentos de empresas de qualquer porte realizada por meio de sistemas públicos eletrônicos dispensa qualquer outra. (Incluído pela Lei Complementar nº 1247, de 2014)

Art. 39-B. A comprovação da autenticação de documentos e da autoria de que trata esta Lei poderá ser realizada por meio eletrônico, na forma do regulamento. (Incluído pela Lei Complementar nº 1247, de 2014)

SUBSEÇÃO III.
DO EXAME DAS FORMALIDADES

Art. 40. Todo ato, documento ou instrumento apresentado a arquivamento será objeto de exame do cumprimento das formalidades legais pela Junta Comercial.

§ 1º. Verificada a existência de vício insanável, o requerimento será indeferido; quando for sanável, o processo será colocado em exigência.

§ 2º. As exigências formuladas pela Junta Comercial deverão ser cumpridas em até 30 (trinta) dias, contados da data da ciência pelo interessado ou da publicação do despacho.

§ 3º. O processo em exigência será entregue completo ao interessado; não devolvido no prazo previsto no parágrafo anterior, será considerado como novo pedido de arquivamento, sujeito ao pagamento dos preços dos serviços correspondentes.

SUBSEÇÃO IV.
DO PROCESSO DECISÓRIO

Art. 41. Estão sujeitos ao regime de decisão colegiada pelas Juntas Comerciais, na forma desta Lei:

I – o arquivamento:

a) dos atos de constituição de sociedades anônimas; (Redação dada pela Lei 13.874/2019)

b) dos atos referentes à transformação, incorporação, fusão e cisão de empresas mercantis;

c) dos atos de constituição e alterações de consórcio e de grupo de sociedades, conforme previsto na Lei nº 6.404, de 15 de dezembro de 1976;

II – o julgamento do recurso previsto nesta Lei.

Parágrafo único. Os pedidos de arquivamento de que trata o inciso I do *caput* deste artigo serão decididos no prazo de 5 (cinco) dias úteis, contado da data de seu recebimento, sob pena de os atos serem considerados arquivados, mediante provocação dos interessados, sem prejuízo do exame das formalidades legais pela procuradoria. (Acrescido pela Lei 13.874/2019)

Art. 42. Os atos próprios do Registro Público de Empresas Mercantis e Atividades Afins, não previstos no artigo anterior, serão objeto de decisão singular proferida pelo presidente da Junta Comercial, por vogal ou servidor que possua comprovados conhecimentos de Direito Comercial e de Registro de Empresas Mercantis.

§ 1º Os vogais e servidores habilitados a proferir decisões singulares serão designados pelo presidente da junta comercial. (Renumerado pela Lei 13.874/2019)

§ 2º Os pedidos de arquivamento não previstos no inciso I do *caput* do art. 41 desta Lei serão decididos no prazo de 2 (dois) dias úteis, contado da data de seu recebimento, sob pena de os atos serem considerados arquivados, mediante provocação dos interessados, sem prejuízo do exame das formalidades legais pela procuradoria. (Acrescido pela Lei 13.874/2019)

§ 3º O arquivamento dos atos constitutivos e de alterações não previstos no inciso I do *caput* do art. 41 desta Lei terá o registro deferido automaticamente caso cumpridos os requisitos de: (Acrescido pela Lei 13.874/2019)

I - aprovação da consulta prévia da viabilidade do nome empresarial e da viabilidade de localização, quando o ato exigir; e

II - utilização pelo requerente do instrumento padrão estabelecido pelo Departamento Nacional de Registro Empresarial e Integração (Drei) da Secretaria de Governo Digital da Secretaria Especial de Desburocratização, Gestão e Governo Digital do Ministério da Economia.

§ 4º O arquivamento dos atos de extinção não previstos no inciso I do *caput* do art. 41 desta Lei terá o registro deferido automaticamente no caso de utilização pelo requerente do instrumento padrão estabelecido pelo Drei. (Acrescido pela Lei 13.874/2019)

§ 5º Nas hipóteses de que tratam os §§ 3º e 4º do *caput* deste artigo, a análise do cumprimento das formalidades legais será feita posteriormente, no prazo de 2 (dois) dias úteis, contado da data do deferimento automático do registro. (Acrescido pela Lei 13.874/2019)

§ 6º Após a análise de que trata o § 5º deste artigo, a identificação da existência de vício acarretará: (Acrescido pela Lei 13.874/2019)

I – o cancelamento do arquivamento, se o vício for insanável; ou

II – a observação do procedimento estabelecido pelo Drei, se o vício for sanável.

Art. 43. (Revogado pela Lei 13.874/2019)

SUBSEÇÃO V. DO PROCESSO REVISIONAL

Art. 44. O processo revisional pertinente ao Registro Público de Empresas Mercantis e Atividades Afins dar-se-á mediante:

I – Pedido de Reconsideração;

II – Recurso ao Plenário;

III – Recurso ao Departamento Nacional de Registro Empresarial e Integração. (Redação dada pela Lei 13.874/2019)

Art. 45. O Pedido de Reconsideração terá por objeto obter a revisão de despachos singulares ou de Turmas que formulem exigências para o deferimento do arquivamento e será apresentado no prazo para cumprimento da exigência para apreciação pela autoridade recorrida em 3 (três) dias úteis ou 5 (cinco) dias úteis, respectivamente. (Redação dada pela Lei nº 11.598, de 2007)

Art. 46. Das decisões definitivas, singulares ou de Turmas, cabe recurso ao Plenário, que deverá ser decidido no prazo máximo de 30 (trinta) dias, a contar da data do recebimento da peça recursal, ouvida a Procuradoria, no prazo de 10 (dez) dias, quando a mesma não for a recorrente.

Art. 47. Das decisões do plenário cabe recurso ao Departamento Nacional de Registro Empresarial e Integração como última instância administrativa. (Redação dada pela Lei 13.874/2019)

Parágrafo único. (Revogado pela Lei 13.874/2019)

Art. 48. Os recursos serão indeferidos liminarmente pelo presidente da Junta quando assinados por procurador sem mandato ou, ainda, quando interpostos fora do prazo ou antes da decisão definitiva, devendo ser, em qualquer caso, anexados ao processo.

Art. 49. Os recursos de que trata esta Lei não têm efeito suspensivo.

Art. 50. Todos os recursos previstos nesta Lei deverão ser interpostos no prazo de 10 (dez) dias úteis, cuja fluência começa na data da intimação da parte ou da publicação do ato no órgão oficial de publicidade da Junta Comercial.

Art. 51. A Procuradoria e as partes interessadas, quando for o caso, serão intimadas para, no mesmo prazo de 10 (dez) dias, oferecerem contrarrazões.

TÍTULO II. DAS DISPOSIÇÕES FINAIS E TRANSITÓRIAS

CAPÍTULO I. DAS DISPOSIÇÕES FINAIS

Art. 52. (*VETADO*).

Art. 53. As alterações contratuais ou estatutárias poderão ser efetivadas por escritura pública ou particular, independentemente da forma adotada no ato constitutivo.

Art. 54. A prova da publicidade de atos societários, quando exigida em lei, será feita mediante anotação nos registros da junta comercial à vista da apresentação da folha do Diário Oficial, em sua versão eletrônica, dispensada a juntada da mencionada folha. (Redação dada pela Lei 13.874/2019)

Art. 55. Compete ao Departamento Nacional de Registro Empresarial e Integração propor a elaboração da tabela de preços dos serviços pertinentes ao Registro Público de Empresas Mercantis, na parte relativa aos atos de natureza federal, bem como especificar os atos a serem observados pelas juntas comerciais na elaboração de suas tabelas locais. (Redação dada pela Lei 13.874/2019)

§ 1º As isenções de preços de serviços restringem-se aos casos previstos em lei. (Parágrafo único renumerado pela Lei 13.874/2019)

§ 2º É vedada a cobrança de preço pelo serviço de arquivamento dos documentos relativos à extinção do registro do empresário individual, da empresa individual de responsabilidade limitada (Eireli) e da sociedade limitada. (Acrescido pela Lei 13.874/2019)

Art. 56. Os documentos arquivados pelas Juntas Comerciais não serão retirados, em qualquer hipótese, de suas dependências, ressalvado o previsto no art. 58 desta Lei.

Art. 57. Os atos de empresas, após microfilmados ou preservada a sua imagem por meios tecnológicos mais avançados, poderão ser devolvidos pelas Juntas Comerciais, conforme dispuser o regulamento.

Art. 58. Os processos em exigência e os documentos deferidos e com a imagem preservada postos à disposição dos interessados e não retirados em 60 (sessenta) dias da publicação do respectivo despacho poderão ser eliminados pelas Juntas Comerciais, exceto os contratos e suas alterações, que serão devolvidos aos interessados mediante recibo.

Art. 59. Expirado o prazo da sociedade celebrada por tempo determinado, esta perderá a proteção do seu nome empresarial.

Art. 60. A firma individual ou a sociedade que não proceder a qualquer arquivamento no período de 10 (dez) anos consecutivos deverá comunicar à Junta Comercial que deseja manter-se em funcionamento.

§ 1º. Na ausência dessa comunicação, a empresa mercantil será considerada inativa, promovendo a Junta Comercial o cancelamento do registro, com a perda automática da proteção ao nome empresarial.

§ 2º. A empresa mercantil deverá ser notificada previamente pela Junta Comercial, mediante comunicação direta ou por edital, para os fins deste artigo.

§ 3º. A Junta Comercial fará comunicação do cancelamento às autoridades arrecadadoras, no prazo de até 10 (dez) dias.

§ 4º. A reativação da empresa obedecerá aos mesmos procedimentos requeridos para sua constituição.

Art. 61. O fornecimento de informações cadastrais aos órgãos executores do Registro Público de Empresas Mercantis e Atividades Afins desobriga as firmas individuais e sociedades de prestarem idênticas informações a outros órgãos ou entidades das Administrações Federal, Estadual ou Municipal.

Parágrafo único. O Departamento Nacional de Registro Empresarial e Integração manterá à disposição dos órgãos ou das entidades de que trata este artigo os seus serviços de cadastramento de empresas mercantis. (Redação dada pela Lei 13.833/2019)

Art. 62. (*Revogado pela* Lei 13.833/2019)

Art. 63. Os atos levados a arquivamento nas Juntas Comerciais são dispensados de reconhecimento de firma, exceto quando se tratar de procuração.

§ 1º A cópia de documento, autenticada na forma prevista em lei, dispensará nova conferência com o documento original. (Parágrafo único renumerado e com redação dada pela Lei 13.874/2019)

§ 2º A autenticação do documento poderá ser realizada por meio de comparação entre o documento original e a sua cópia pelo servidor a quem o documento seja apresentado. (Acrescido pela Lei 13.874/2019)

§ 3º Fica dispensada a autenticação a que se refere o § 1º do *caput* deste artigo quando o advogado ou o contador da parte interessada declarar, sob sua responsabilidade pessoal, a autenticidade da cópia do documento. (Acrescido pela Lei 13.874/2019)

Art. 64. A certidão dos atos de constituição e de alteração de sociedades mercantis, passada pelas Juntas Comerciais em que foram arquivados, será o documento hábil para a transferência, por transcrição no registro público competente, dos bens com que o subscritor tiver contribuído para a formação ou aumento do capital social.

CAPÍTULO II. DAS DISPOSIÇÕES TRANSITÓRIAS

Art. 65. As Juntas Comerciais adaptarão os respectivos regimentos ou regulamentos às disposições desta Lei no prazo de 180 (cento e oitenta) dias.

Art. 65-A. Os atos de constituição, alteração, transformação, incorporação, fusão, cisão, dissolução e extinção de registro de empresários e de pessoas jurídicas poderão ser realizados também por meio de sistema eletrônico criado e mantido pela administração pública federal. (Acrescido pela Lei 13.874/2019)

Art. 66. (*VETADO*).

Art. 67. Esta Lei será regulamentada pelo Poder Executivo no prazo de 90 (noventa) dias e entrará em vigor na data da sua publicação, revogadas as Leis nºs 4.726, de 13 de julho de 1965, 6.939, de 9 de setembro de 1981, 6.054, de 12 de junho de 1974, o § 4º do art. 71 da Lei nº 4.215, de 27 de abril de 1963, acrescentado pela Lei nº 6.884, de 9 de dezembro de 1980, e a Lei nº 8.209, de 18 de julho de 1991.

Brasília, 18 de novembro de 1994; 173º da Independência e 106º da República.

ITAMAR FRANCO

D.O.U. 21.11.1994

LEI Nº 8.971, DE 29 DE DEZEMBRO DE 1994

Regula o direito dos companheiros a alimentos e à sucessão.

- *Lei dos companheiros*

O PRESIDENTE DA REPÚBLICA Faço saber que o Congresso Nacional decreta e eu sanciono a seguinte Lei:

Art. 1º. A companheira comprovada de um homem solteiro, separado judicialmente, divorciado ou viúvo, que com ele viva há mais de 5 (cinco) anos, ou dele tenha prole, poderá valer-se do disposto na Lei nº 5.478, de 25 de julho de 1968, enquanto não constituir nova união e desde que prove a necessidade.

- v. CF/88: art. 226, § 3º.
- CC: arts. 1.723 a 1.727.
- Lei 9.278/1996 – Regula o § 3° do art. 226 da CF. (Lei da União Estável)

Parágrafo único. Igual direito e nas mesmas condições é reconhecido ao companheiro de mulher solteira, separada judicialmente, divorciada ou viúva.

Art. 2º. As pessoas referidas no artigo anterior participarão da sucessão do(a) companheiro(a) nas seguintes condições:

- CC: arts. 1.790 a 1990.

I – o(a) companheiro(a) sobrevivente terá direito, enquanto não constituir nova união, ao usufruto de quarta parte dos bens do *de cujus*, se houver filhos deste ou comuns;

II – o(a) companheiro(a) sobrevivente terá direito, enquanto não constituir nova união, ao usufruto da metade dos bens do *de cujus*, se não houver filhos, embora sobrevivam ascendentes;

III – na falta de descendentes e de ascendentes, o(a) companheiro(a) sobrevivente terá direito à totalidade da herança.

Art. 3º Quando os bens deixados pelo(a) autor(a) da herança resultarem de atividade em que haja colaboração do(a) companheiro(a), terá o sobrevivente direito à metade dos bens.

- Súm. 380 do STF.

Art. 4º. Esta Lei entra em vigor na data de sua publicação.

Art. 5º. Revogam-se as disposições em contrário.

Brasília, 29 de dezembro de 1994; 173º da Independência e 106º da República.

ITAMAR FRANCO

D.O.U. de 30.12.1994

LEI Nº 9.029, DE 13 DE ABRIL DE 1995

Proíbe a exigência de atestados de gravidez e esterilização, e outras práticas discriminatórias, para efeitos admissionais ou de permanência da relação jurídica de trabalho, e dá outras providências.

- *Atestados de gravidez e esterilização*

O PRESIDENTE DA REPÚBLICA Faço saber que o Congresso Nacional decreta e eu sanciono a seguinte Lei:

Art. 1º. É proibida a adoção de qualquer prática discriminatória e limitativa para efeito de acesso à relação de trabalho, ou de sua manutenção, por motivo de sexo, origem, raça, cor, estado civil, situação familiar, deficiência, reabilitação profissional, idade, entre outros, ressalvadas, nesse caso, as hipóteses de proteção à criança e ao adolescente previstas no inciso XXXIII do art. 7º da Constituição Federal. (Redação dada pela Lei nº 13.146, de 2015)

- CLT: arts. 372 e 373.

Art. 2º. Constituem crime as seguintes práticas discriminatórias:

- CLT: art. 373-A, IV.

I – a exigência de teste, exame, perícia, laudo, atestado, declaração ou qualquer outro procedimento relativo à esterilização ou a estado de gravidez;

II – a adoção de quaisquer medidas, de iniciativa do empregador, que configurem;

a) indução ou instigamento à esterilização genética;

b) promoção do controle de natalidade, assim não considerado o oferecimento de serviços e de aconselhamento ou planejamento familiar, realizados através de instituições públicas ou privadas, submetidas às normas do Sistema Único de Saúde (SUS).

Pena: detenção de um a dois anos e multa.

Parágrafo único. São sujeitos ativos dos crimes a que se refere este artigo:

I – a pessoa física empregadora;

II – o representante legal do empregador, como definido na legislação trabalhista;

III – o dirigente, direto ou por delegação, de órgãos públicos e entidades das administrações públicas direta, indireta e fundacional de qualquer dos Poderes da União, dos Estados, do Distrito Federal e dos Municípios.

Art. 3º. Sem prejuízo do prescrito no art. 2º desta Lei e nos dispositivos legais que tipificam os crimes resultantes de preconceito de etnia, raça, cor ou deficiência, as infrações ao disposto nesta Lei são passíveis das seguintes cominações: (Redação dada pela Lei nº 13.146, de 2015)

- Lei 13.146/2015 – Institui a Lei Brasileira de Inclusão da Pessoa com Deficiência (Estatuto da Pessoa com Deficiência).
- Lei 7.716/1989 – Define os crimes resultantes de preconceito de raça ou de cor.

I – multa administrativa de dez vezes o valor do maior salário pago pelo empregador, elevado em cinquenta por cento em caso de reincidência;

II – proibição de obter empréstimo ou financiamento junto a instituições financeiras oficiais.

Art. 4º. O rompimento da relação de trabalho por ato discriminatório, nos moldes desta Lei, além do direito à reparação pelo dano moral, faculta ao empregado optar entre: (Redação dada pela Lei nº 12.288, de 2010)

I – a reintegração com ressarcimento integral de todo o período de afastamento, mediante pagamento das remunerações devidas, corrigidas monetariamente e acrescidas de juros legais; (Redação dada pela Lei nº 13.146, de 2015)

II – a percepção, em dobro, da remuneração do período de afastamento, corrigida monetariamente e acrescida dos juros legais.

Art. 5º. Esta lei entra em vigor na data de sua publicação.

Art. 6º. Revogam-se as disposições em contrário.

Brasília, 13 de abril de 1995; 174º da Independência e 107º da República.

FERNANDO HENRIQUE CARDOSO.

D.O.U. de 17.4.1995

LEI Nº 9.051, DE 18 DE MAIO DE 1995

Dispõe sobre a expedição de certidões para a defesa de direitos e esclarecimentos de situações.

- *Expedição de certidões*

O PRESIDENTE DA REPÚBLICA Faço saber que o Congresso Nacional decreta e eu sanciono a seguinte Lei:

- CF/88: arts. 5º, XXXIV.
- Lei 12.527/2012 – Lei de acesso à informação.

Art. 1º. As certidões para a defesa de direitos e esclarecimentos de situações, requeridas aos órgãos da Administração centralizada ou autárquica, às empresas públicas, às sociedades de economia mista e às fundações públicas da União, dos Estados, do Distrito Federal e dos Municípios, deverão ser expedidas no prazo improrrogável de 15 (quinze) dias, contado do registro do pedido no órgão expedidor.

Art. 2º. Nos requerimentos que objetivam a obtenção das certidões a que se refere esta Lei, deverão os interessados fazer constar esclarecimentos relativos aos fins e razões do pedido.

Art. 3º. (*VETADO*).

Art. 4º. Esta Lei entra em vigor na data de sua publicação.

Art. 5º. Revogam-se as disposições em contrário.

Brasília, 18 de maio de 1995; 174º da Independência e 107º da República.

FERNANDO HENRIQUE CARDOSO

D.O.U. de 19.5.1995

LEI Nº 9.096, DE 19 DE SETEMBRO DE 1995

Dispõe sobre partidos políticos, regulamenta os arts. 17 e 14, § 3º, inciso V, da Constituição Federal.

▸ *Partidos Políticos*

O VICE-PRESIDENTE DA REPÚBLICA no exercício do cargo de Presidente da República Faço saber que o Congresso Nacional decreta e eu sanciono a seguinte Lei:

TÍTULO I. DISPOSIÇÕES PRELIMINARES

▸ Resolução 23.465/2015 do TSE – Disciplina a criação, organização, fusão, incorporação e extinção de partidos políticos.

Art. 1º. O partido político, pessoa jurídica de direito privado, destina-se a assegurar, no interesse do regime democrático, a autenticidade do sistema representativo e a defender os direitos fundamentais definidos na Constituição Federal.

Parágrafo único. O partido político não se equipara às entidades paraestatais. (Incluído pela Lei nº 13.488, de 2017)

▸ CC: arts. 44, V, § 3º, e 2.031, par. único.

Art. 2º. É livre a criação, fusão, incorporação e extinção de partidos políticos cujos programas respeitem a soberania nacional, o regime democrático, o pluripartidarismo e os direitos fundamentais da pessoa humana.

▸ CF/88: art. 17.

Art. 3º. É assegurada, ao partido político, autonomia para definir sua estrutura interna, organização e funcionamento.

▸ CF/88: art. 17, § 1º.

§ 1º É assegurada aos candidatos, partidos políticos e coligações autonomia para definir o cronograma das atividades eleitorais de campanha e executá-lo em qualquer dia e horário, observados os limites estabelecidos em lei. (Incluído pela Lei 13.831, de 2019)

§ 2º É assegurada aos partidos políticos autonomia para definir o prazo de duração dos mandatos dos membros dos seus órgãos partidários permanentes ou provisórios. (Incluído pela Lei 13.831, de 2019)

§ 3º O prazo de vigência dos órgãos provisórios dos partidos políticos poderá ser de até 8 (oito) anos. (Incluído pela Lei 13.831, de 2019)

§ 4º Exaurido o prazo de vigência de um órgão partidário, ficam vedados a extinção automática do órgão e o cancelamento de sua inscrição no Cadastro Nacional da Pessoa Jurídica (CNPJ). (Incluído pela Lei 13.831, de 2019)

Art. 4º. Os filiados de um partido político têm iguais direitos e deveres.

Art. 5º. A ação do partido tem caráter nacional e é exercida de acordo com seu estatuto e programa, sem subordinação a entidades ou governos estrangeiros.

Art. 6º. É vedado ao partido político ministrar instrução militar ou paramilitar, utilizar-se de organização da mesma natureza e adotar uniforme para seus membros.

▸ CF/88: art. 17, § 4º.

Art. 7º. O partido político, após adquirir personalidade jurídica na forma da lei civil, registra seu estatuto no Tribunal Superior Eleitoral.

▸ CF/88: art. 17, § 2º.

▸ Resolução 23.465/2015 do TSE: art. 7º.

§ 1º. Só é admitido o registro do estatuto de partido político que tenha caráter nacional, considerando-se como tal aquele que comprove, no período de dois anos, o apoiamento de eleitores não filiados a partido político, correspondente a, pelo menos, 0,5% (cinco décimos por cento) dos votos dados na última eleição geral para a Câmara dos Deputados, não computados os votos em branco e os nulos, distribuídos por um terço, ou mais, dos Estados, com um mínimo de 0,1% (um décimo por cento) do eleitorado que haja votado em cada um deles. (Redação dada pela Lei nº 13.165, de 2015)

§ 2º. Só o partido que tenha registrado seu estatuto no Tribunal Superior Eleitoral pode participar do processo eleitoral, receber recursos do Fundo Partidário e ter acesso gratuito ao rádio e à televisão, nos termos fixados nesta Lei.

▸ CF/88: art. 17, § 3º.

▸ Resolução 23.465/2015 do TSE: art. 8º.

§ 3º. Somente o registro do estatuto do partido no Tribunal Superior Eleitoral assegura a exclusividade da sua denominação, sigla e símbolos, vedada a utilização, por outros partidos, de variações que venham a induzir a erro ou confusão.

TÍTULO II. DA ORGANIZAÇÃO E FUNCIONAMENTO DOS PARTIDOS POLÍTICOS

CAPÍTULO I. DA CRIAÇÃO E DO REGISTRO DOS PARTIDOS POLÍTICOS

Art. 8º O requerimento do registro de partido político, dirigido ao cartório competente do Registro Civil das Pessoas Jurídicas do local de sua sede, deve ser subscrito pelos seus fundadores, em número nunca inferior a 101 (cento e um), com domicílio eleitoral em, no mínimo, 1/3 (um terço) dos Estados, e será acompanhado de: (Redação dada pela Lei 13.877/2019)

I – cópia autêntica da ata da reunião de fundação do partido;

II – exemplares do *Diário Oficial* que publicou, no seu inteiro teor, o programa e o estatuto;

III – relação de todos os fundadores com o nome completo, naturalidade, número do título eleitoral com a Zona, Seção, Município e Estado, profissão e endereço da residência.

§ 1º O requerimento indicará o nome e a função dos dirigentes provisórios e o endereço da sede do partido no território nacional. (Redação dada pela Lei 13.877/2019)

§ 2º. Satisfeitas as exigências deste artigo, o Oficial do Registro Civil efetua o registro no livro correspondente, expedindo certidão de inteiro teor.

§ 3º. Adquirida a personalidade jurídica na forma deste artigo, o partido promove a obtenção do apoiamento mínimo de eleitores a que se refere o § 1º do art. 7º e realiza os atos necessários para a constituição definitiva de seus órgãos e designação dos dirigentes, na forma do seu estatuto.

Art. 9º. Feita a constituição e designação, referidas no § 3º do artigo anterior, os dirigentes nacionais promoverão o registro do estatuto do partido junto ao Tribunal Superior Eleitoral, através de requerimento acompanhado de:

I – exemplar autenticado do inteiro teor do programa e do estatuto partidários, inscritos no Registro Civil;

II – certidão do registro civil da pessoa jurídica, a que se refere o § 2º do artigo anterior;

III – certidões dos cartórios eleitorais que comprovem ter o partido obtido o apoiamento mínimo de eleitores a que se refere o § 1º do art. 7º.

§ 1º. A prova do apoiamento mínimo de eleitores é feita por meio de suas assinaturas, com menção ao número do respectivo título eleitoral, em listas organizadas para cada Zona, sendo a veracidade das respectivas assinaturas e o número dos títulos atestados pelo Escrivão Eleitoral.

§ 2º. O Escrivão Eleitoral dá imediato recibo de cada lista que lhe for apresentada e, no prazo de 15 (quinze) dias, lavra o seu atestado, devolvendo-a ao interessado.

§ 3º. Protocolado o pedido de registro no Tribunal Superior Eleitoral, o processo respectivo, no prazo de 48 (quarenta e oito) horas, é distribuído a um Relator, que, ouvida a Procuradoria-Geral, em 10 (dez) dias, determina, em igual prazo, diligências para sanar eventuais falhas do processo.

§ 4º. Se não houver diligências a determinar, ou após o seu atendimento, o Tribunal Superior Eleitoral registra o estatuto do partido, no prazo de 30 (trinta) dias.

Art. 10. As alterações programáticas ou estatutárias, após registradas no Ofício Civil competente, devem ser encaminhadas, para o mesmo fim, ao Tribunal Superior Eleitoral.

§ 1º O Partido comunica à Justiça Eleitoral a constituição de seus órgãos de direção e os nomes dos respectivos integrantes, bem como as alterações que forem promovidas, para anotação: (Parágrafo único renumerado pela Lei 13.877/2019)

I - no Tribunal Superior Eleitoral, dos integrantes dos órgãos de âmbito nacional;

II - nos Tribunais Regionais Eleitorais, dos integrantes dos órgãos de âmbito estadual, municipal ou zonal.

§ 2º Após o recebimento da comunicação de constituição dos órgãos de direção regionais e municipais, definitivos ou provisórios, o Tribunal Superior Eleitoral, na condição de unidade cadastradora, deverá proceder à inscrição, ao restabelecimento e à alteração de dados cadastrais e da situação cadastral perante o CNPJ na Secretaria Especial da Receita Federal do Brasil. *(Redação dada pela Lei 14.063/2020)*

Art. 11. O partido com registro no Tribunal Superior Eleitoral pode credenciar, respectivamente:

I – delegados perante o Juiz Eleitoral;

II – delegados perante o Tribunal Regional Eleitoral;

III – delegados perante o Tribunal Superior Eleitoral.

Parágrafo único. Os delegados credenciados pelo órgão de direção nacional representam o partido perante quaisquer Tribunais ou Juízes Eleitorais; os credenciados pelos órgãos estaduais, somente perante o Tribunal Regional Eleitoral e os Juízes Eleitorais do respectivo Estado, do Distrito Federal ou Território Federal; e os credenciados pelo órgão municipal, perante o Juiz Eleitoral da respectiva jurisdição.

CAPÍTULO II. DO FUNCIONAMENTO PARLAMENTAR

Art. 12. O partido político funciona, nas Casas Legislativas, por intermédio de uma bancada, que deve constituir suas lideranças de acordo com o estatuto do partido, as disposições regimentais das respectivas Casas e as normas desta Lei.

Art. 13. Tem direito a funcionamento parlamentar, em todas as Casas Legislativas para as quais tenha elegido representante, o partido que, em cada eleição para a Câmara dos Deputados obtenha o apoio de, no mínimo, 5% (cinco por cento) dos votos apurados, não computados os brancos e os nulos, distribuídos em, pelo menos, um terço dos Estados, com um mínimo de 2% (dois por cento) do total de cada um deles.

- ADI 1.351-3/DF e 1.354-8/DF: O Tribunal, à unanimidade, julgou procedente a ação direta para declarar a inconstitucionalidade dos seguintes dispositivos da Lei 9.096, de 19 de setembro de 1995: artigo 13; a expressão "obedecendo aos seguintes critérios", contida no *caput* do artigo 41; incisos I e II do mesmo artigo 41; artigo 48; a expressão "que atenda ao disposto no art. 13", contida no *caput* do artigo 49, com redução de texto; *caput* dos artigos 56 e 57, com interpretação que elimina de tais dispositivos as limitações temporais neles constantes, até que sobrevenha disposição legislativa a respeito; e a expressão "no art. 13", constante no inciso II do artigo 57. Também por unanimidade, julgou improcedente a ação no que se refere ao inciso II do artigo 56. (D.O.U. 18.12.2006 e D.J. 30.03.2007)

CAPÍTULO III. DO PROGRAMA E DO ESTATUTO

Art. 14. Observadas as disposições constitucionais e as desta Lei, o partido é livre para fixar, em seu programa, seus objetivos políticos e para estabelecer, em seu estatuto, a sua estrutura interna, organização e funcionamento.

Art. 15. O Estatuto do partido deve conter, entre outras, normas sobre:

I - nome, denominação abreviada e o estabelecimento da sede no território nacional; (Redação dada pela Lei 13.877/2019)

II – filiação e desligamento de seus membros;

III – direitos e deveres dos filiados;

IV – modo como se organiza e administra, com a definição de sua estrutura geral e identificação, composição e competências dos órgãos partidários nos níveis municipal, estadual e nacional, duração dos mandatos e processo de eleição dos seus membros;

V – fidelidade e disciplina partidárias, processo para apuração das infrações e aplicação das penalidades, assegurado amplo direito de defesa;

VI – condições e forma de escolha de seus candidatos a cargos e funções eletivas;

VII – finanças e contabilidade, estabelecendo, inclusive, normas que os habilitem a apurar as quantias que os seus candidatos possam despender com a própria eleição, que fixem os limites das contribuições dos filiados e definam as diversas fontes de receita do partido, além daquelas previstas nesta Lei;

VIII – critérios de distribuição dos recursos do Fundo Partidário entre os órgãos de nível municipal, estadual e nacional que compõem o partido;

IX – procedimento de reforma do programa e do estatuto.

Art. 15-A. A responsabilidade, inclusive civil e trabalhista, cabe exclusivamente ao órgão partidário municipal, estadual ou nacional que tiver dado causa ao não cumprimento da obrigação, à violação de direito, a dano a outrem ou a qualquer ato ilícito, excluída a solidariedade de outros órgãos de direção partidária. (Redação dada pela Lei nº 12.034, de 2009)

Parágrafo único. O órgão nacional do partido político, quando responsável, somente poderá ser demandado judicialmente na circunscrição especial judiciária da sua sede, inclusive nas ações de natureza cível ou trabalhista. (Incluído pela Lei nº 12.891, de 2013)

CAPÍTULO IV. DA FILIAÇÃO PARTIDÁRIA

Art. 16. Só pode filiar-se a partido o eleitor que estiver no pleno gozo de seus direitos políticos.

- CF/88: arts. 95, par. único, III, 128, § 5º, II, e, e 142, § 3º, V.
- LC 80/1994: arts. 46, V, 91, V, e 130, V.
- Lei 4.737/1965: art. 366.

Art. 17. Considera-se deferida, para todos os efeitos, a filiação partidária, com o atendimento das regras estatutárias do partido.

- Súm. 2 do TSE.

Parágrafo único. Deferida a filiação do eleitor, será entregue comprovante ao interessado, no modelo adotado pelo partido.

Art. 18. (*Revogado pela Lei nº 13.165, de 2015*)

Art. 19. Deferido internamente o pedido de filiação, o partido político, por seus órgãos de direção municipais, regionais ou nacional, deverá inserir os dados do filiado no sistema eletrônico da Justiça Eleitoral, que automaticamente enviará aos juízes eleitorais, para arquivamento, publicação e cumprimento dos prazos de filiação partidária para efeito de candidatura a cargos eletivos, a relação dos nomes de todos os seus filiados, da qual constará a data de filiação, o número dos títulos eleitorais e das seções em que estão inscritos. (Redação dada pela Lei 13.877/2019)

- Súm. 20 do TSE.

§ 1º Nos casos de mudança de partido de filiado eleito, a Justiça Eleitoral deverá intimar pessoalmente a agremiação partidária e dar-lhe ciência da saída do seu filiado, a partir do que passarão a ser contados os prazos para ajuizamento das ações cabíveis. (Redação dada pela Lei 13.877/2019)

§ 2º. Os prejudicados por desídia ou má-fé poderão requerer, diretamente à Justiça Eleitoral, a observância do que prescreve o *caput* deste artigo.

§ 3º. Os órgãos de direção nacional dos partidos políticos terão pleno acesso às informações de seus filiados constantes do cadastro eleitoral. (Incluído pela Lei nº 12.034, de 2009)

§ 4º A Justiça Eleitoral disponibilizará eletronicamente aos órgãos nacional e estaduais dos partidos políticos, conforme sua circunscrição eleitoral, acesso a todas as informações de seus filiados constantes do cadastro eleitoral, incluídas as relacionadas a seu nome completo, sexo, número do título de eleitor e de inscrição no Cadastro de Pessoa Física (CPF), endereço, telefones, entre outras. (Acrescido pela Lei 13.877/2019)

Art. 20. É facultado ao partido político estabelecer, em seu estatuto, prazos de filiação partidária superiores aos previstos nesta Lei, com vistas a candidatura a cargos eletivos.

Parágrafo único. Os prazos de filiação partidária, fixados no estatuto do partido, com vistas a candidatura a cargos eletivos, não podem ser alterados no ano da eleição.

Art. 21. Para desligar-se do partido, o filiado faz comunicação escrita ao órgão de direção municipal e ao Juiz Eleitoral da Zona em que for inscrito.

- EC 91/2016 – Altera a CF para estabelecer a possibilidade, excepcional e em período determinado, de desfiliação partidária, sem prejuízo do mandato.

Parágrafo único. Decorridos dois dias da data da entrega da comunicação, o vínculo torna-se extinto, para todos os efeitos.

Art. 22. O cancelamento imediato da filiação partidária verifica-se nos casos de:

I – morte;

II – perda dos direitos políticos;

III – expulsão;

IV – outras formas previstas no estatuto, com comunicação obrigatória ao atingido no prazo de 48 (quarenta e oito) horas da decisão.

V – filiação a outro partido, desde que a pessoa comunique o fato ao juiz da respectiva Zona Eleitoral. (Incluído pela Lei nº 12.891, de 2013)

Parágrafo único. Havendo coexistência de filiações partidárias, prevalecerá a mais recente, devendo a Justiça Eleitoral determinar o cancelamento das demais. (Redação dada pela Lei nº 12.891, de 2013)

Art. 22-A. Perderá o mandato o detentor de cargo eletivo que se desfiliar, sem justa causa, do partido pelo qual foi eleito. (Incluído pela Lei nº 13.165, de 2015)

Parágrafo único. Consideram-se justa causa para a desfiliação partidária somente as seguintes hipóteses: (Incluído pela Lei nº 13.165, de 2015)

I – mudança substancial ou desvio reiterado do programa partidário; (Incluído pela Lei nº 13.165, de 2015)

II – grave discriminação política pessoal; e (Incluído pela Lei nº 13.165, de 2015)

III – mudança de partido efetuada durante o período de trinta dias que antecede o prazo de filiação exigido em lei para concorrer à eleição, majoritária ou proporcional, ao término do mandato vigente. (Incluído pela Lei nº 13.165, de 2015)

CAPÍTULO V. DA FIDELIDADE E DA DISCIPLINA PARTIDÁRIAS

Art. 23. A responsabilidade por violação dos deveres partidários deve ser apurada e punida pelo competente órgão, na conformidade do que disponha o estatuto de cada partido.

§ 1º. Filiado algum pode sofrer medida disciplinar ou punição por conduta que não esteja tipificada no estatuto do partido político.

§ 2º. Ao acusado é assegurado amplo direito de defesa.

Art. 24. Na Casa Legislativa, o integrante da bancada de partido deve subordinar sua ação parlamentar aos princípios doutrinários e programáticos e às diretrizes estabelecidas pelos órgãos de direção partidários, na forma do estatuto.

Art. 25. O estatuto do partido poderá estabelecer, além das medidas disciplinares básicas de caráter partidário, normas sobre penalidades, inclusive com desligamento temporário da bancada, suspensão do direito de voto nas reuniões internas ou perda de todas as prerrogativas, cargos e funções que exerça em decorrência da representação e da proporção partidária, na respectiva Casa Legislativa, ao parlamentar que se opuser, pela atitude ou pelo voto, às diretrizes legitimamente estabelecidas pelos órgãos partidários.

Art. 26. Perde automaticamente a função ou cargo que exerça, na respectiva Casa Legislativa, em virtude da proporção partidária, o parlamentar que deixar o partido sob cuja legenda tenha sido eleito.

CAPÍTULO VI. DA FUSÃO, INCORPORAÇÃO E EXTINÇÃO DOS PARTIDOS POLÍTICOS

Art. 27. Fica cancelado, junto ao Ofício Civil e ao Tribunal Superior Eleitoral, o registro do partido que, na forma de seu estatuto, se dissolva, se incorpore ou venha a se fundir a outro.

Art. 28. O Tribunal Superior Eleitoral, após trânsito em julgado de decisão, determina o cancelamento do registro civil e do estatuto do partido contra o qual fique provado:

I – ter recebido ou estar recebendo recursos financeiros de procedência estrangeira;

II – estar subordinado a entidade ou governo estrangeiros;

III – não ter prestado, nos termos desta Lei, as devidas contas à Justiça Eleitoral;

IV – que mantém organização paramilitar.

§ 1º. A decisão judicial a que se refere este artigo deve ser precedida de processo regular, que assegure ampla defesa.

§ 2º. O processo de cancelamento é iniciado pelo Tribunal à vista de denúncia de qualquer eleitor, de representante de partido, ou de representação do Procurador-Geral Eleitoral.

§ 3º. O partido político, em nível nacional, não sofrerá a suspensão das cotas do Fundo Partidário, nem qualquer outra punição como consequência de atos praticados por órgãos regionais ou municipais. (Incluído pela Lei nº 9.693, de 1998)

§ 4º. Despesas realizadas por órgãos partidários municipais ou estaduais ou por candidatos majoritários nas respectivas circunscrições devem ser assumidas e pagas exclusivamente pela esfera partidária correspondente, salvo acordo expresso com órgão de outra esfera partidária. (Incluído pela Lei nº 12.034, de 2009)

§ 5º. Em caso de não pagamento, as despesas não poderão ser cobradas judicialmente dos órgãos superiores dos partidos políticos, recaindo eventual penhora exclusivamente sobre o órgão partidário que contraiu a dívida executada. (Incluído pela Lei nº 12.034, de 2009)

§ 6º. O disposto no inciso III do *caput* refere-se apenas aos órgãos nacionais dos partidos políticos que deixarem de prestar contas ao Tribunal Superior Eleitoral, não ocorrendo o cancelamento do registro civil e do estatuto do partido quando a omissão for dos órgãos partidários regionais ou municipais. (Incluído pela Lei nº 12.034, de 2009)

Art. 29. Por decisão de seus órgãos nacionais de deliberação, dois ou mais partidos poderão fundir-se num só ou incorporar-se um ao outro.

§ 1º. No primeiro caso, observar-se-ão as seguintes normas:

I – os órgãos de direção dos partidos elaborarão projetos comuns de estatuto e programa;

II – os órgãos nacionais de deliberação dos partidos em processo de fusão votarão em reunião conjunta, por maioria absoluta, os projetos, e elegerão o órgão de direção nacional que promoverá o registro do novo partido.

§ 2º. No caso de incorporação, observada a lei civil, caberá ao partido incorporando deliberar por maioria absoluta de votos, em seu órgão nacional de deliberação, sobre a adoção do estatuto e do programa de outra agremiação.

§ 3º. Adotados o estatuto e o programa do partido incorporador, realizar-se-á, em reunião conjunta dos órgãos nacionais de deliberação, a eleição do novo órgão de direção nacional.

§ 4º Na hipótese de fusão, a existência legal do novo partido tem início com o registro, no Ofício Civil competente da sede do novo partido, do estatuto e do programa, cujo requerimento deve ser acompanhado das atas das decisões dos órgãos competentes. (Redação dada pela Lei 13.877/2019)

§ 5º. No caso de incorporação, o instrumento respectivo deve ser levado ao Ofício Civil competente, que deve, então, cancelar o registro do partido incorporado a outro.

§ 6º. No caso de incorporação, o instrumento respectivo deve ser levado ao Ofício Civil competente, que deve, então, cancelar o registro do partido incorporado a outro. (Redação dada pela Lei nº 13.107, de 2015)

§ 7º. Havendo fusão ou incorporação, devem ser somados exclusivamente os votos dos partidos fundidos ou incorporados obtidos na última eleição geral para a Câmara dos Deputados, para efeito da distribuição dos recursos do Fundo Partidário e do acesso gratuito ao rádio e à televisão. (Redação dada pela Lei nº 13.107, de 2015)

§ 8º. O novo estatuto ou instrumento de incorporação deve ser levado a registro e averbado, respectivamente, no Ofício Civil e no Tribunal Superior Eleitoral. (Incluído pela Lei nº 13.107, de 2015)

§ 9º. Somente será admitida a fusão ou incorporação de partidos políticos que hajam obtido o registro definitivo do Tribunal Superior Eleitoral há, pelo menos, 5 (cinco) anos. (Incluído pela Lei nº 13.107, de 2015)

TÍTULO III. DAS FINANÇAS E CONTABILIDADE DOS PARTIDOS

CAPÍTULO I. DA PRESTAÇÃO DE CONTAS

Art. 30. O partido político, através de seus órgãos nacionais, regionais e municipais, deve manter escrituração contábil, de forma a permitir o conhecimento da origem de suas receitas e a destinação de suas despesas.

Art. 31. É vedado ao partido receber, direta ou indiretamente, sob qualquer forma ou pretexto, contribuição ou auxílio pecuniário ou estimável em dinheiro, inclusive através de publicidade de qualquer espécie, procedente de:

- ADI 4.650/DF: O Tribunal, por maioria, [...], julgou procedente em parte o pedido formulado na ação direta para declarar a inconstitucionalidade dos dispositivos legais que autorizavam as contribuições de pessoas jurídicas às campanhas eleitorais, [...]. O Tribunal rejeitou a modulação dos efeitos da declaração de inconstitucionalidade por não ter alcançado o número de votos exigido pelo art. 27 da Lei 9.868/99, e, consequentemente, a decisão aplica-se às eleições de 2016 e seguintes, a partir da Sessão de Julgamento, independentemente da publicação do acórdão. (DJE 24/02/2016)
- Lei 9.504/1997: art. 24.

I – entidade ou governo estrangeiros;

- CF/88: art. 17, II.

II – entes públicos e pessoas jurídicas de qualquer natureza, ressalvadas as dotações referidas no art. 38 desta Lei e as proveniente do Fundo Especial de Financiamento de Campanha; (Redação dada pela Lei nº 13.488, de 2017)

III – (Revogado pela Lei n° 13.488, de 2017)

IV – entidade de classe ou sindical.

V – pessoas físicas que exerçam função ou cargo público de livre nomeação e exoneração, ou cargo ou emprego público temporário, ressalvados os filiados a partido político. (Incluído pela Lei nº 13.488, de 2017)

Art. 32. O partido está obrigado a enviar, anualmente, à Justiça Eleitoral, o balanço contábil do exercício findo, até o dia 30 de junho do ano seguinte. (Redação dada pela Lei 13.877/2019)

§ 1º. O balanço contábil do órgão nacional será enviado ao Tribunal Superior Eleitoral, o dos órgãos estaduais aos Tribunais Regionais Eleitorais e o dos órgãos municipais aos Juízes Eleitorais.

§ 2º. A Justiça Eleitoral determina, imediatamente, a publicação dos balanços na imprensa oficial, e, onde ela não exista, procede à afixação dos mesmos no Cartório Eleitoral.

§ 3º. *(Revogado pela Lei nº 13.165, de 2015)*

§ 4º Os órgãos partidários municipais que não hajam movimentado recursos financeiros ou arrecadado bens estimáveis em dinheiro ficam desobrigados de prestar contas à Justiça Eleitoral e de enviar declarações de isenção, declarações de débitos e créditos tributários federais ou demonstrativos contábeis à Receita Federal do Brasil, bem como ficam dispensados da certificação digital, exigindo-se do responsável partidário, no prazo estipulado no *caput* deste artigo, a apresentação de declaração da ausência de movimentação de recursos nesse período. (Redação dada pela Lei 13.831/2019)

§ 5º. A desaprovação da prestação de contas do partido não ensejará sanção alguma que o impeça de participar do pleito eleitoral. (Incluído pela Lei nº 13.165, de 2015)

§ 6º O Tribunal Superior Eleitoral, na condição de unidade cadastradora, deverá proceder à reativação da inscrição perante o CNPJ na Secretaria Especial da Receita Federal do Brasil dos órgãos partidários municipais referidos no § 4º deste artigo que estejam com a inscrição baixada ou inativada, após o recebimento da comunicação de constituição de seus órgãos de direção regionais e municipais, definitivos ou provisórios. *(Redação dada pela Lei 14.063/2020)*

§ 7º O requerimento a que se refere o § 6º deste artigo indicará se a agremiação partidária pretende a efetivação imediata da reativação da inscrição pela Secretaria Especial da Receita Federal do Brasil ou a partir de 1º de janeiro de 2020, hipótese em que a efetivação será realizada sem a cobrança de quaisquer taxas, multas ou outros encargos administrativos relativos à ausência de prestação de contas. (Incluído pela Lei 13.831/2019)

§ 8º As decisões da Justiça Eleitoral nos processos de prestação de contas não ensejam, ainda que desaprovadas as contas, a inscrição dos dirigentes partidários no Cadastro Informativo dos Créditos não Quitados do Setor Público Federal (Cadin). (Incluído pela Lei 13.831/2019)

Art. 33. Os balanços devem conter, entre outros, os seguintes itens:

I – discriminação dos valores e destinação dos recursos oriundos do fundo partidário;

II – origem e valor das contribuições e doações;

III – despesas de caráter eleitoral, com a especificação e comprovação dos gastos com programas no rádio e televisão, comitês, propaganda, publicações, comícios, e demais atividades de campanha;

IV – discriminação detalhada das receitas e despesas.

Art. 34. A Justiça Eleitoral exerce a fiscalização sobre a prestação de contas do partido e das despesas de campanha eleitoral, devendo atestar se elas refletem adequadamente a real movimentação financeira, os dispêndios e os recursos aplicados nas campanhas eleitorais, exigindo a observação das seguintes normas: (Redação dada pela Lei nº 13.165, de 2015)

I – obrigatoriedade de designação de dirigentes partidários específicos para movimentar recursos financeiros nas campanhas eleitorais; (Redação dada pela Lei nº 13.165, de 2015)

II – (Revogado pela Lei nº 13.165, de 2015)

III – relatório financeiro, com documentação que comprove a entrada e saída de dinheiro ou de bens recebidos e aplicados; (Redação dada pela Lei nº 13.165, de 2015)

IV – obrigatoriedade de ser conservada pelo partido, por prazo não inferior a cinco anos, a documentação comprobatória de suas prestações de contas; (Redação dada pela Lei nº 13.165, de 2015)

V – obrigatoriedade de prestação de contas pelo partido político e por seus candidatos no encerramento da campanha eleitoral, com o recolhimento imediato à tesouraria do partido dos saldos financeiros eventualmente apurados. (Redação dada pela Lei nº 13.165, de 2015)

§ 1º. A fiscalização de que trata o *caput* tem por escopo identificar a origem das receitas e a destinação das despesas com as atividades partidárias e eleitorais, mediante o exame formal dos documentos fiscais apresentados pelos partidos políticos e candidatos, sendo vedada a análise das atividades político-partidárias ou qualquer interferência em sua autonomia. (Redação dada pela Lei nº 13.165, de 2015)

§ 2º. Para efetuar os exames necessários ao atendimento do disposto no *caput*, a Justiça Eleitoral pode requisitar técnicos do Tribunal de Contas da União ou dos Estados, pelo tempo que for necessário. (Incluído pela Lei nº 12.891, de 2013)

§ 3º (VETADO na Lei 13.877/2019)

§ 4º Para o exame das prestações de contas dos partidos políticos, o sistema de contabilidade deve gerar e disponibilizar os relatórios para conhecimento da origem das receitas e das despesas. (Acrescido pela Lei 13.877/2019)

§ 5º Os relatórios emitidos pelas áreas técnicas dos tribunais eleitorais devem ser fundamentados estritamente com base na legislação eleitoral e nas normas de contabilidade, vedado opinar sobre sanções aplicadas aos partidos políticos, cabendo aos magistrados emitir juízo de valor. (Acrescido pela Lei 13.877/2019)

§ 6º A Justiça Eleitoral não pode exigir dos partidos políticos apresentação de certidão ou documentos expedidos por outro órgão da administração pública ou por entidade bancária e do sistema financeiro que mantêm convênio ou integração de sistemas eletrônicos que realizam o envio direto de documentos para a própria Justiça Eleitoral. (Acrescido pela Lei 13.877/2019)

Art. 35. O Tribunal Superior Eleitoral e os Tribunais Regionais Eleitorais, à vista de denúncia fundamentada de filiado ou delegado de partido, de representação do Procurador-Geral ou Regional ou de iniciativa do Corregedor, determinarão o exame da escrituração do partido e a apuração de qualquer ato que viole as prescrições legais ou estatutárias a que, em matéria financeira, aquele ou seus filiados estejam sujeitos, podendo, inclusive, determinar a quebra de sigilo bancário das contas dos partidos para o esclarecimento ou apuração de fatos vinculados à denúncia.

Parágrafo único. O partido pode examinar, na Justiça Eleitoral, as prestações de contas mensais ou anuais dos demais partidos, 15 (quinze) dias após a publicação dos balanços financeiros, aberto o prazo de 5 (cinco) dias para impugná-las, podendo, ainda, relatar fatos, indicar provas e pedir abertura de investigação para apurar qualquer ato que viole as prescrições legais ou estatutárias a que, em matéria financeira, os partidos e seus filiados estejam sujeitos.

Art. 36. Constatada a violação de normas legais ou estatutárias, ficará o partido sujeito às seguintes sanções:

I – no caso de recursos de origem não mencionada ou esclarecida, fica suspenso o recebimento das quotas do fundo partidário até que o esclarecimento seja aceito pela Justiça Eleitoral;

II – no caso de recebimento de recursos mencionados no art. 31, fica suspensa a participação no fundo partidário por 1 (um) ano;

III – no caso de recebimento de doações cujo valor ultrapasse os limites previstos no art. 39, § 4º, fica suspensa por 2 (dois) anos a participação no fundo partidário e será aplicada ao partido multa correspondente ao valor que exceder aos limites fixados.

› Art. 107 da Lei 9.504/1997 revogou o § 4º do art. 39.

Art. 37. A desaprovação das contas do partido implicará exclusivamente a sanção de devolução da importância apontada como irregular, acrescida de multa de até 20% (vinte por cento). (Redação dada pela Lei nº 13.165, de 2015)

§ 1º. A Justiça Eleitoral pode determinar diligências necessárias à complementação de informações ou ao saneamento de irregularidades encontradas nas contas dos órgãos de direção partidária ou de candidatos. (Parágrafo renumerado pela Lei nº 9.693, de 1998)

§ 2º. A sanção a que se refere o *caput* será aplicada exclusivamente à esfera partidária responsável pela irregularidade, não suspendendo o registro ou a anotação de seus órgãos de direção partidária nem tornando devedores ou inadimplentes os respectivos responsáveis partidários. (Redação dada pela Lei nº 13.165, de 2015)

§ 3º A sanção a que se refere o *caput* deste artigo deverá ser aplicada de forma proporcional e razoável, pelo período de 1 (um) a 12 (doze) meses, e o pagamento deverá ser feito por meio de desconto nos futuros repasses de cotas do fundo partidário a, no máximo, 50% (cinquenta por cento) do valor mensal, desde que a prestação de contas seja julgada, pelo juízo ou tribunal competente, em até 5 (cinco) anos de sua apresentação, vedada a acumulação de sanções. (Redação dada pela Lei 13.877/2019)

§ 3º-A. O cumprimento da sanção aplicada a órgão estadual, distrital ou municipal somente será efetivado a partir da data de juntada aos autos do processo de prestação de contas do aviso de recebimento da citação ou intimação, encaminhada, por via postal, pelo Tribunal Regional Eleitoral ou Juízo Eleitoral ao órgão partidário hierarquicamente superior. (Acrescido pela Lei 13.877/2019)

§ 4º. Da decisão que desaprovar total ou parcialmente a prestação de contas dos órgãos partidários caberá recurso para os Tribunais Regionais Eleitorais ou para o Tribunal Superior Eleitoral, conforme o caso, o qual deverá ser recebido com efeito suspensivo. (Incluído pela Lei nº 12.034, de 2009)

§ 5º. As prestações de contas desaprovadas pelos Tribunais Regionais e pelo Tribunal Superior poderão ser revistas para fins de aplicação proporcional da sanção aplicada, mediante requerimento ofertado nos autos da prestação de contas. (Incluído pela Lei nº 12.034, de 2009)

§ 6º. O exame da prestação de contas dos órgãos partidários tem caráter jurisdicional. (Incluído pela Lei nº 12.034, de 2009)

§ 7º. (VETADO). (Incluído pela Lei nº 12.891, de 2013)

§ 8º. (VETADO). (Incluído pela Lei nº 12.891, de 2013)

§ 9º. O desconto no repasse de cotas resultante da aplicação da sanção a que se refere o *caput* será suspenso durante o segundo semestre do ano em que se realizarem as eleições. (Incluído pela Lei nº 13.165, de 2015)

§ 10. Os gastos com passagens aéreas serão comprovados mediante apresentação de fatura ou duplicata emitida por agência de viagem, quando for o caso, e os beneficiários deverão atender ao interesse da respectiva agremiação e, nos casos de congressos, reuniões, convenções, palestras, poderão ser emitidas independentemente de filiação partidária segundo critérios interna corporis, vedada a exigência de apresentação de qualquer outro documento para esse fim. (Redação dada pela Lei 13.877/2019, vetada pelo Presidente da República, mantida pelo Congresso Nacional e publicada na edição extra do DOU de 13.12.2019)

§ 11. Os órgãos partidários poderão apresentar documentos hábeis para esclarecer questionamentos da Justiça Eleitoral ou para sanear irregularidades a qualquer tempo, enquanto não transitada em julgado a decisão que julgar a prestação de contas. (Incluído pela Lei nº 13.165, de 2015)

§ 12. Erros formais ou materiais que no conjunto da prestação de contas não comprometam o conhecimento da origem das receitas e a destinação das despesas não acarretarão a desaprovação das contas. (Incluído pela Lei nº 13.165, de 2015)

§ 13. A responsabilização pessoal civil e criminal dos dirigentes partidários decorrente da desaprovação das contas partidárias e de atos ilícitos atribuídos ao partido político somente ocorrerá se verificada irregularidade grave e insanável resultante de conduta dolosa que importe enriquecimento ilícito e lesão ao patrimônio do partido. (Incluído pela Lei nº 13.165, de 2015)

§ 14. O instituto ou fundação de pesquisa e de doutrinação e educação política não será atingido pela sanção aplicada ao partido político em caso de desaprovação de suas contas, exceto se tiver diretamente dado causa à reprovação. (Incluído pela Lei nº 13.165, de 2015)

§ 15. As responsabilidades civil e criminal são subjetivas e, assim como eventuais dívidas já apuradas, recaem somente sobre o dirigente partidário responsável pelo órgão partidário à época do fato e não impedem que o órgão partidário receba recurso do fundo partidário. (Incluído pela Lei 13.831/2019)

Art. 37-A. A falta de prestação de contas implicará a suspensão de novas cotas do Fundo Partidário enquanto perdurar a inadimplência e sujeitará os responsáveis às penas da lei. (Incluído pela Lei nº 13.165, de 2015)

CAPÍTULO II.
DO FUNDO PARTIDÁRIO

Art. 38. O Fundo Especial de Assistência Financeira aos Partidos Políticos (Fundo Partidário) é constituído por:

I – multas e penalidades pecuniárias aplicadas nos termos do Código Eleitoral e leis conexas;

II – recursos financeiros que lhe forem destinados por lei, em caráter permanente ou eventual;

III – doações de pessoa física ou jurídica, efetuadas por intermédio de depósitos bancários diretamente na conta do Fundo Partidário;

› ADI 4.650/DF: O Tribunal, por maioria, [...], julgou procedente em parte o pedido formulado na ação direta para declarar a inconstitucionalidade dos dispositivos legais que autorizavam as contribuições de pessoas jurídicas às campanhas eleitorais, [...]. O Tribunal rejeitou a modulação dos efeitos da declaração de inconstitucionalidade por não ter alcançado o número de votos exigido pelo art. 27 da Lei 9.868/99, e, consequentemente, a decisão aplica-se às eleições de 2016 e seguintes, a partir da Sessão de Julgamento, independentemente da publicação do acórdão. (DJE 24.02.2016)

IV – dotações orçamentárias da União em valor nunca inferior, cada ano, ao número de eleitores inscritos em 31 de dezembro do ano anterior ao da proposta orçamentária, multiplicados por trinta e cinco centavos de real, em valores de agosto de 1995.

§ 1º. (*VETADO*).

§ 2º. (*VETADO*).

Art. 39. Ressalvado o disposto no art. 31, o partido político pode receber doações de pessoas físicas e jurídicas para constituição de seus fundos.

- ADI 4.650/DF: O Tribunal, por maioria, [...], julgou procedente em parte o pedido formulado na ação direta para declarar a inconstitucionalidade dos dispositivos legais que autorizavam as contribuições de pessoas jurídicas às campanhas eleitorais, [...]. O Tribunal rejeitou a modulação dos efeitos da declaração de inconstitucionalidade por não ter alcançado o número de votos exigido pelo art. 27 da Lei 9.868/99, e, consequentemente, a decisão aplica-se às eleições de 2016 e seguintes, a partir da Sessão de Julgamento, independentemente da publicação do acórdão. (DJE 24.02.2016)

§ 1º. As doações de que trata este artigo podem ser feitas diretamente aos órgãos de direção nacional, estadual e municipal, que remeterão, à Justiça Eleitoral e aos órgãos hierarquicamente superiores do partido, o demonstrativo de seu recebimento e respectiva destinação, juntamente com o balanço contábil.

§ 2º. Outras doações, quaisquer que sejam, devem ser lançadas na contabilidade do partido, definidos seus valores em moeda corrente.

§ 3º. As doações de recursos financeiros somente poderão ser efetuadas na conta do partido político por meio de: (Redação dada pela Lei nº 13.165, de 2015)

I – cheques cruzados e nominais ou transferência eletrônica de depósitos; (Incluído pela Lei nº 13.165, de 2015)

II – depósitos em espécie devidamente identificados; (Incluído pela Lei nº 13.165, de 2015)

III - mecanismo disponível em sítio do partido na internet que permita o uso de cartão de crédito, cartão de débito, emissão on-line de boleto bancário ou, ainda, convênios de débitos em conta, no formato único e no formato recorrente, e outras modalidades, e que atenda aos seguintes requisitos: (Redação dada pela Lei 13.877/2019)

a) identificação do doador; (Incluído pela Lei nº 13.165, de 2015)

b) emissão obrigatória de recibo eleitoral para cada doação realizada. (Incluído pela Lei nº 13.165, de 2015)

§ 4º. (*Revogado pela Lei nº 9.504, de 1997*)

§ 5º. Em ano eleitoral, os partidos políticos poderão aplicar ou distribuir pelas diversas eleições os recursos financeiros recebidos de pessoas físicas e jurídicas, observando-se o disposto no § 1º do art. 23, no art. 24 e no § 1º do art. 81 da Lei nº 9.504, de 30 de setembro de 1997, e os critérios definidos pelos respectivos órgãos de direção e pelas normas estatutárias. (Incluído pela Lei nº 12.034, de 2009)

§ 6º Os bancos e empresas de meios de pagamentos, incluídos os denominados digitais, ficam obrigados a disponibilizar a abertura de contas bancárias e os seus serviços de meios de pagamentos e compensação, inclusive on-line, para que os partidos políticos possam desenvolver e operacionalizar os mecanismos previstos no inciso III do § 3º deste artigo. (Acrescido pela Lei 13.877/2019)

§ 7º Os serviços para os partidos políticos não se caracterizam e não acarretam restrições relativas às pessoas politicamente expostas, e seus serviços serão disponibilizados pelo preço oferecido pela instituição financeira a outras pessoas jurídicas. (Acrescido pela Lei 13.877/2019)

§ 8º As instituições financeiras devem oferecer aos partidos políticos pacote de serviços bancários que agreguem o conjunto dos serviços financeiros, e a mensalidade desse pacote não poderá ser superior à soma das tarifas avulsas praticadas no mercado. (Acrescido pela Lei 13.877/2019)

Art. 40. A previsão orçamentária de recursos para o Fundo Partidário deve ser consignada, no Anexo do Poder Judiciário, ao Tribunal Superior Eleitoral.

§ 1º. O Tesouro Nacional depositará, mensalmente, os duodécimos no Banco do Brasil, em conta especial à disposição do Tribunal Superior Eleitoral.

§ 2º. Na mesma conta especial serão depositadas as quantias arrecadadas pela aplicação de multas e outras penalidades pecuniárias, previstas na Legislação Eleitoral.

Art. 41. O Tribunal Superior Eleitoral, dentro de 5 (cinco) dias, a contar da data do depósito a que se refere o § 1º do artigo anterior, fará a respectiva distribuição aos órgãos nacionais dos partidos, obedecendo aos seguintes critérios:

- ADI 1.351-3/DF e 1.354-8/DF: O Tribunal, à unanimidade, julgou procedente a ação direta para declarar a inconstitucionalidade dos seguintes dispositivos da Lei 9.096, de 19 de setembro de 1995: artigo 13; a expressão "obedecendo aos seguintes critérios", contida no *caput* do artigo 41; incisos I e II do mesmo artigo 41; artigo 48; a expressão "que atenda ao disposto no art. 13", contida no *caput* do artigo 49, com redução de texto; *caput* dos artigos 56 e 57, com interpretação que elimina de tais dispositivos as limitações temporais neles constantes, até que sobrevenha disposição legislativa a respeito; e a expressão "no art. 13", constante no inciso II do artigo 57. Também por unanimidade, julgou improcedente a ação no que se refere ao inciso II do artigo 56. (D.O.U. 18.12.2006 e D.J. 30.03.2007)

I – 1% (um por cento) do total do Fundo Partidário será destacado para entrega, em partes iguais, a todos os partidos que tenham seus estatutos registrados no Tribunal Superior Eleitoral;

- ADI 1.351-3/DF e 1.354-8/DF.

II – 99% (noventa e nove por cento) do total do Fundo Partidário serão distribuídos aos partidos que tenham preenchido as condições do art. 13, na proporção dos votos obtidos na última eleição geral para a Câmara dos Deputados.

- ADI 1.351-3/DF e 1.354-8/DF.

Art. 41-A. Do total do Fundo Partidário: (Redação dada pela Lei nº 12.875, de 2013)

I – 5% (cinco por cento) serão destacados para entrega, em partes iguais, a todos os partidos que atendam aos requisitos constitucionais de acesso aos recursos do Fundo Partidário; e (Redação dada pela Lei nº 13.165, de 2015)

II – 95% (noventa e cinco por cento) serão distribuídos aos partidos na proporção dos votos obtidos na última eleição geral para a Câmara dos Deputados. (Incluído pela Lei nº 12.875, de 2013)

Parágrafo único. Para efeito do disposto no inciso II, serão desconsideradas as mudanças de filiação partidária em quaisquer hipóteses. (Redação dada pela Lei nº 13.107, de 2015)

Art. 42. Em caso de cancelamento ou caducidade do órgão de direção nacional do partido, reverterá ao Fundo Partidário a quota que a este caberia.

§ 1º O órgão de direção nacional do partido está obrigado a abrir conta bancária exclusivamente para movimentação do fundo partidário e para a aplicação dos recursos prevista no inciso V do *caput* do art. 44 desta Lei, observado que, para os demais órgãos do partido e para outros tipos de receita, a obrigação prevista neste parágrafo somente se aplica quando existir movimentação financeira. (Incluído pela Lei 13.831/2019)

§ 2º A certidão do órgão superior, ou do próprio órgão regional e municipal, de inexistência de movimentação financeira tem fé pública como prova documental para aplicação do art. 32 desta Lei, sem prejuízo de apuração de ilegalidade de acordo com o disposto no art. 35 desta Lei. (Incluído pela Lei 13.831/2019)

Art. 43. Os depósitos e movimentações dos recursos oriundos do Fundo Partidário serão feitos em estabelecimentos bancários controlados pelo Poder Público Federal, pelo Poder Público Estadual ou, inexistindo estes, no banco escolhido pelo órgão diretivo do partido.

Art. 44. Os recursos oriundos do Fundo Partidário serão aplicados:

I – na manutenção das sedes e serviços do partido, permitido o pagamento de pessoal, a qualquer título, observado, do total recebido, os seguintes limites: (Redação dada pela Lei nº 13.165, de 2015)

a) 50% (cinquenta por cento) para o órgão nacional; (Incluído pela Lei nº 13.165, de 2015)

b) 60% (sessenta por cento) para cada órgão estadual e municipal; (Incluído pela Lei nº 13.165, de 2015)

II – na propaganda doutrinária e política;

III – no alistamento e campanhas eleitorais;

IV – na criação e manutenção de instituto ou fundação de pesquisa e de doutrinação e educação política, sendo esta aplicação de, no mínimo, 20% (vinte por cento) do total recebido.

- Lei 9.096/1995: art. 53.

V – na criação e manutenção de programas de promoção e difusão da participação política das mulheres, criados e executados pela Secretaria da Mulher ou, a critério da agremiação, por instituto com personalidade jurídica própria presidido pela Secretária da Mulher, em nível nacional, conforme percentual que será fixado pelo órgão nacional de direção partidária, observado o mínimo de 5% (cinco por cento) do total; (Redação dada pela Lei 13.877/2019)

VI – no pagamento de mensalidades, anuidades e congêneres devidos a organismos partidários internacionais que se destinem ao apoio à pesquisa, ao estudo e à doutrinação política, aos quais seja o partido político regularmente filiado; (Incluído pela Lei nº 13.165, de 2015)

VII – no pagamento de despesas com alimentação, incluindo restaurantes e lanchonetes. (Incluído pela Lei nº 13.165, de 2015)

VIII - na contratação de serviços de consultoria contábil e advocatícia e de serviços para atuação jurisdicional em ações de controle de constitucionalidade e em demais processos judiciais e administrativos de interesse partidário, bem como nos litígios que envolvam candidatos do partido, eleitos ou não, relacionados exclusivamente ao processo eleitoral; (Acrescido pela Lei 13.877/2019)

IX - (VETADO na Lei 13.877/2019)

X - na compra ou locação de bens móveis e imóveis, bem como na edificação ou construção de sedes e afins, e na realização de reformas e outras adaptações nesses bens; (Acrescido pela Lei 13.877/2019)

XI - no custeio de impulsionamento, para conteúdos contratados diretamente com provedor de aplicação de internet com sede e foro no País, incluída a priorização paga de conteúdos resultantes de aplicações de busca na internet, mediante o pagamento por meio de boleto bancário, de depósito identificado ou de transferência eletrônica diretamente para conta do provedor, o qual deve manter conta bancária específica para receber recursos dessa natureza, proibido nos 180 (cento e oitenta) dias anteriores à eleição. (Acrescido pela Lei 13.877/2019)

§ 1º. Na prestação de contas dos órgãos de direção partidária de qualquer nível devem ser discriminadas as despesas realizadas com recursos do Fundo Partidário, de modo a permitir o controle da Justiça Eleitoral sobre o cumprimento do disposto nos incisos I e IV deste artigo.

§ 2º. A Justiça Eleitoral pode, a qualquer tempo, investigar sobre a aplicação de recursos oriundos do Fundo Partidário.

‣ Lei 9.096/1995: art. 35.

§ 3º. Os recursos de que trata este artigo não estão sujeitos ao regime da Lei nº 8.666, de 21 de junho de 1993, tendo os partidos políticos autonomia para contratar e realizar despesas. (Redação dada pela Lei nº 12.891, de 2013)

§ 4º. Não se incluem no cômputo do percentual previsto no inciso I deste artigo encargos e tributos de qualquer natureza. (Incluído pela Lei nº 12.034, de 2009)

§ 5º. O partido político que não cumprir o disposto no inciso V do *caput* deverá transferir o saldo para conta específica, sendo vedada sua aplicação para finalidade diversa, de modo que o saldo remanescente deverá ser aplicado dentro do exercício financeiro subsequente, sob pena de acréscimo de 12,5% (doze inteiros e cinco décimos por cento) do valor previsto no inciso V do *caput*, a ser aplicado na mesma finalidade. (Redação dada pela Lei nº 13.165, de 2015)

§ 5º-A. A critério das agremiações partidárias, os recursos a que se refere o inciso V poderão ser acumulados em diferentes exercícios financeiros, mantidos em contas bancárias específicas, para utilização futura em campanhas eleitorais de candidatas do partido. (Incluído pela Lei nº 13.165, de 2015)

§ 6º. No exercício financeiro em que a fundação ou instituto de pesquisa não despender a totalidade dos recursos que lhe forem assinalados, a eventual sobra poderá ser revertida para outras atividades partidárias, conforme previstas no *caput* deste artigo. (Incluído pela Lei nº 12.891, de 2013)

§ 7º. A critério da secretaria da mulher ou, inexistindo a secretaria, a critério da fundação de pesquisa e de doutrinação e educação política, os recursos a que se refere o inciso V do *caput* poderão ser acumulados em diferentes exercícios financeiros, mantidos em contas bancárias específicas, para utilização futura em campanhas eleitorais de candidatas do partido, não se aplicando, neste caso, o disposto no § 5º. (Incluído pela Lei nº 13.165, de 2015)

Art. 44-A. As atividades de direção exercidas nos órgãos partidários e em suas fundações e institutos, bem como as de assessoramento e as de apoio político-partidário, assim definidas em normas internas de organização, não geram vínculo de emprego, não sendo aplicável o regime jurídico previsto na Consolidação das Leis do Trabalho, aprovada pelo Decreto-Lei nº 5.452, de 1º de maio de 1943, quando remuneradas com valor mensal igual ou superior a 2 (duas) vezes o limite máximo do benefício do Regime Geral de Previdência Social. (Acrescido pela Lei 13.877/2019)

Parágrafo único. O partido político poderá ressarcir despesas comprovadamente realizadas no desempenho de atividades partidárias e deverá manter registro contábil de todos os dispêndios efetuados, sem computar esses valores para os fins do inciso I do *caput* do art. 44 desta Lei.

TÍTULO IV. DO ACESSO GRATUITO AO RÁDIO E À TELEVISÃO

Art. 45. (Revogado pela Lei 13.487/2017).

Art. 45-A. (Vetado na Lei 13.877/2019).

Art. 46. (Revogado pela Lei 13.487/2017).

Art. 46-A. (Vetado na Lei 13.877/2019).

Art. 47. (Revogado pela Lei 13.487/2017).

Art. 47-A. (Vetado na Lei 13.877/2019).

Art. 48. (Revogado pela Lei 13.487/2017).

Art. 48-A. (Vetado na Lei 13.877/2019).

Art. 49. (Revogado pela Lei 13.487/2017).

Art. 49-A. (Vetado na Lei 13.877/2019).

TÍTULO V. DISPOSIÇÕES GERAIS

Art. 50. (*VETADO*).

Art. 51. É assegurado ao partido político com estatuto registrado no Tribunal Superior Eleitoral o direito à utilização gratuita de escolas públicas ou Casas Legislativas para a realização de suas reuniões ou convenções, responsabilizando-se pelos danos porventura causados com a realização do evento.

‣ Lei 9.504/1997: art. 8º.

Art. 52. (*VETADO*).

Parágrafo único. (*Revogado pela Lei nº 13.487, de 2017 , a partir do dia 1º de janeiro subsequente à publicação desta Lei - DOU de 06.10.2017 – Ed. extra*)

Art. 53. A fundação ou instituto de direito privado, criado por partido político, destinado ao estudo e pesquisa, à doutrinação e à educação política, rege-se pelas normas da lei civil e tem autonomia para contratar com instituições públicas e privadas, prestar serviços e manter estabelecimentos de acordo com suas finalidades, podendo, ainda, manter intercâmbio com instituições não nacionais.

‣ Lei 9.096/1995: art. 44, IV.

§ 1º O instituto poderá ser criado sob qualquer das formas admitidas pela lei civil. (Incluído pela Lei nº 13.487, de 2017)

§ 2º O patrimônio da fundação ou do instituto de direito privado a que se referem o inciso IV do art. 44 desta Lei e o *caput* deste artigo será vertido ao ente que vier a sucedê-lo nos casos de: (Incluído pela Lei nº 13.487, de 2017)

I – extinção da fundação ou do instituto, quando extinto, fundido ou incorporado o partido político, assim como nas demais hipóteses previstas na legislação; (Incluído pela Lei nº 13.487, de 2017)

II – conversão ou transformação da fundação em instituto, assim como deste em fundação. (Incluído pela Lei nº 13.487, de 2017)

§ 3º Para fins do disposto no § 2º deste artigo, a versão do patrimônio implica a sucessão de todos os direitos, os deveres e as obrigações da fundação ou do instituto extinto, transformado ou convertido. (Incluído pela Lei nº 13.487, de 2017)

§ 4º. A conversão, a transformação ou, quando for o caso, a extinção da fundação ou do instituto ocorrerá por decisão do órgão de direção nacional do partido político. (Incluído pela Lei nº 13.487, de 2017)

Art. 54. Para fins de aplicação das normas estabelecidas nesta Lei, consideram-se como equivalentes a Estados e Municípios o Distrito Federal e os Territórios e respectivas divisões político-administrativas.

TÍTULO VI. DISPOSIÇÕES FINAIS E TRANSITÓRIAS

Art. 55. O partido político que, nos termos da legislação anterior, tenha registro definitivo, fica dispensado da condição estabelecida no § 1º do art. 7º, e deve providenciar a adaptação de seu estatuto às disposições desta Lei, no prazo de 6 (seis) meses da data de sua publicação.

§ 1º. A alteração estatutária com a finalidade prevista neste artigo pode ser realizada pelo partido político em reunião do órgão nacional máximo, especialmente convocado na forma dos estatutos, com antecedência mínima de 30 (trinta) dias e ampla divulgação, entre seus órgãos e filiados, do projeto do estatuto.

§ 2º. Aplicam-se as disposições deste artigo ao partido que, na data da publicação desta Lei:

I – tenha completado seu processo de organização nos termos da legislação anterior e requerido o registro definitivo;

II – tenha seu pedido de registro *sub judice*, desde que sobrevenha decisão favorável do órgão judiciário competente;

III – tenha requerido registro de seus estatutos junto ao Tribunal Superior Eleitoral, após o devido registro como entidade civil.

Art. 55-A. Os partidos que não tenham observado a aplicação de recursos prevista no inciso V do *caput* do art. 44 desta Lei nos exercícios anteriores a 2019, e que tenham utilizado esses recursos no financiamento das candidaturas femininas até as eleições de 2018, não poderão ter suas contas rejeitadas ou sofrer qualquer outra penalidade. (Incluído pela Lei 13.831/2019)

Art. 55-B. Os partidos que, nos termos da legislação anterior, ainda possuam saldo em conta bancária específica conforme o disposto no § 5º-A do art. 44 desta Lei poderão utilizá-lo na criação e na manutenção de programas de promoção e difusão da participação política das mulheres até o exercício de 2020, como forma de compensação. (Incluído pela Lei 13.831/2019)

Art. 55-C. A não observância do disposto no inciso V do *caput* do art. 44 desta Lei até o exercício de 2018 não ensejará a desaprovação das contas. (Incluído pela Lei 13.831/2019)

Art. 55-D. Ficam anistiadas as devoluções, as cobranças ou as transferências ao Tesouro Nacional que tenham como causa as doações ou contribuições feitas em anos anteriores por servidores públicos que exerçam função ou cargo público de livre nomeação e exoneração, desde que filiados a partido político. *(Artigo vetado pelo Presidente da República na Lei 13.831/2019, mantido pelo Congresso Nacional e publicado em 21.06.2019).*

Art. 55-E. O disposto no art. 30 desta Lei deverá ser implantado no prazo máximo de 180 (cento e oitenta) dias, contado da data de entrada em vigor deste artigo. (Acrescido pela Lei 13.877/2019).

Art. 56. *(Revogado pela Lei nº 13.165, de 2015)*

I a IV *(Revogados pela Lei nº 13.165, de 2015)*

V – *(Revogado pela Lei nº 11.459, de 2007)*

Art. 57. *(Revogado pela Lei nº 13.165, de 2015)*

I – *(Revogado pela Lei nº 13.165, de 2015)*

II – *(Revogado pela Lei nº 11.459, de 2007)*

III – *(Revogado pela Lei nº 13.165, de 2015)*

Art. 58. A requerimento de partido, o Juiz Eleitoral devolverá as fichas de filiação partidária existentes no cartório da respectiva Zona, devendo ser organizada a primeira relação de filiados, nos termos do art. 19, obedecidas as normas estatutárias.

Parágrafo único. Para efeito de candidatura a cargo eletivo será considerada como primeira filiação a constante das listas de que trata este artigo.

Art. 59. O art. 16 da Lei nº 3.071, de 1º de janeiro de 1916 (Código Civil), passa a vigorar com a seguinte redação:

- Lei 10.406/2002 revogou o Código Civil de 1916.

"Art. 16. (...)

(...)

III – os partidos políticos.

(...)

§ 3º Os partidos políticos reger-se-ão pelo disposto, no que lhes for aplicável, nos arts. 17 a 22 deste Código e em lei específica."

Art. 60. Os artigos a seguir enumerados da Lei nº 6.015, de 31 de dezembro de 1973, passam a vigorar a seguinte redação:

- Alteração incorporada ao texto da referida lei.

Art. 61. O Tribunal Superior Eleitoral expedirá instruções para a fiel execução desta Lei.

Art. 62. Esta Lei entra em vigor na data de sua publicação.

Art. 63. Ficam revogadas a Lei nº 5.682, de 21 de julho de 1971, e respectivas alterações; a Lei nº 6.341, de 5 de julho de 1976; a Lei nº 6.817, de 5 de setembro de 1980; a Lei nº 6.957, de 23 de novembro de 1981; o art. 16 da Lei nº 6.996, de 7 de junho de 1982; a Lei nº 7.307, de 9 de abril de 1985, e a Lei nº 7.514, de 9 de julho de 1986.

Brasília, 19 de setembro de 1995; 174º da Independência e 107º da República.

MARCO ANTONIO DE OLIVEIRA MACIEL

D.O.U. 20.9.1995

LEI Nº 9.099, DE 26 DE SETEMBRO DE 1995

Dispõe sobre os Juizados Especiais Cíveis e Criminais e dá outras providências.

- *JEC e JECRIM*

O PRESIDENTE DA REPÚBLICA Faço saber que o Congresso Nacional decreta e eu sanciono a seguinte Lei:

CAPÍTULO I. DISPOSIÇÕES GERAIS

- Lei 13.140/2015 – Lei de mediação e autocomposição de conflitos.
- Lei 12.153/2009 – Dispõe sobre os Juizados Especiais da Fazenda Pública no âmbito dos Estados, do Distrito Federal, dos Territórios e dos Municípios.
- Lei 10.259/2001 – Dispõe sobre a instituição dos Juizados Especiais Cíveis e Criminais no âmbito da Justiça Federal.

Art. 1º. Os Juizados Especiais Cíveis e Criminais, órgãos da Justiça Ordinária, serão criados pela União, no Distrito Federal e nos Territórios, e pelos Estados, para conciliação, processo, julgamento e execução, nas causas de sua competência.

- CF/88: arts. 24, X, e 98, I.
- CPC/15: arts. 985 e 1.063.
- CDC: art. 5º, IV.

Art. 2º. O processo orientar-se-á pelos critérios da oralidade, simplicidade, informalidade, economia processual e celeridade, buscando, sempre que possível, a conciliação ou a transação.

CAPÍTULO II. DOS JUIZADOS ESPECIAIS CÍVEIS

SEÇÃO I. DA COMPETÊNCIA

Art. 3º. O Juizado Especial Cível tem competência para conciliação, processo e julgamento das causas cíveis de menor complexidade, assim consideradas:

I – as causas cujo valor não exceda a 40 (quarenta) vezes o salário mínimo;

II – as enumeradas no art. 275, inciso II, do Código de Processo Civil;

- CPC/15: art. 1.063.

III – a ação de despejo para uso próprio;

- Lei 8.245/1991 – Dispõe sobre as locações dos imóveis urbanos e os procedimentos a elas pertinentes.

IV – as ações possessórias sobre bens imóveis de valor não excedente ao fixado no inciso I deste artigo.

- CC: arts. 79 a 81.
- CPC/15: arts. 560 a 568.

§ 1º. Compete ao Juizado Especial promover a execução:

I – dos seus julgados;

II – dos títulos executivos extrajudiciais, no valor de até quarenta vezes o salário mínimo, observado o disposto no § 1º do art. 8º desta Lei.

- CPC/15: art. 784.

§ 2º. Ficam excluídas da competência do Juizado Especial as causas de natureza alimentar, falimentar, fiscal e de interesse da Fazenda Pública, e também as relativas a acidentes de trabalho, a resíduos e ao estado e capacidade das pessoas, ainda que de cunho patrimonial.

- Lei 11.101/2005 – Regula a recuperação judicial, a extrajudicial e a falência do empresário e da sociedade empresária.

- Lei 6.830/1980 – Dispõe sobre a cobrança judicial da Dívida Ativa da Fazenda Pública.
- Lei 5.478/1968 – Dispõe sobre ação de alimentos.

§ 3º. A opção pelo procedimento previsto nesta Lei importará em renúncia ao crédito excedente ao limite estabelecido neste artigo, excetuada a hipótese de conciliação.

Art. 4º. É competente, para as causas previstas nesta Lei, o Juizado do foro:

- CC: arts. 70 a 78.
- CPC/15: arts. 43, 47 e 53.

I – do domicílio do réu ou, a critério do autor, do local onde aquele exerça atividades profissionais ou econômicas ou mantenha estabelecimento, filial, agência, sucursal ou escritório;

II – do lugar onde a obrigação deva ser satisfeita;

- CPC/15: art. 53, III, d.

III – do domicílio do autor ou do local do ato ou fato, nas ações para reparação de dano de qualquer natureza.

- CPC/15: art. 53, IV.

Parágrafo único. Em qualquer hipótese, poderá a ação ser proposta no foro previsto no inciso I deste artigo.

SEÇÃO II.
DO JUIZ, DOS CONCILIADORES E DOS JUÍZES LEIGOS

Art. 5º. O juiz dirigirá o processo com liberdade para determinar as provas a serem produzidas, para apreciá-las e para dar especial valor às regras de experiência comum ou técnica.

- CPC/15: arts. 369 a 380.

Art. 6º. O juiz adotará em cada caso a decisão que reputar mais justa e equânime, atendendo aos fins sociais da lei e às exigências do bem comum.

- LINDB: art. 5º.

Art. 7º. Os conciliadores e juízes leigos são auxiliares da Justiça, recrutados, os primeiros, preferentemente, entre os bacharéis em Direito, e os segundos, entre advogados com mais de 5 (cinco) anos de experiência.

Parágrafo único. Os juízes leigos ficarão impedidos de exercer a advocacia perante os Juizados Especiais, enquanto no desempenho de suas funções.

- Lei 8.906/1994: art. 28.

SEÇÃO III.
DAS PARTES

Art. 8º. Não poderão ser partes, no processo instituído por esta Lei, o incapaz, o preso, as pessoas jurídicas de direito público, as empresas públicas da União, a massa falida e o insolvente civil.

- CC: arts. 3º, 4º, e 40 a 52.
- CPC/15: art. 17 e 70 a 76.

§ 1º. Somente serão admitidas a propor ação perante o Juizado Especial: (Redação dada pela Lei nº 12.126, de 2009)

I – as pessoas físicas capazes, excluídos os cessionários de direito de pessoas jurídicas; (Incluído pela Lei nº 12.126, de 2009)

II – as pessoas enquadradas como microempreendedores individuais, microempresas e empresas de pequeno porte na forma da Lei Complementar nº 123, de 14 de dezembro de 2006; (Redação dada pela Lei Complementar nº 147, de 2014)

III – as pessoas jurídicas qualificadas como Organização da Sociedade Civil de Interesse Público, nos termos da Lei nº 9.790, de 23 de março de 1999; (Incluído pela Lei nº 12.126, de 2009)

IV – as sociedades de crédito ao microempreendedor, nos termos do art. 1º da Lei nº 10.194, de 14 de fevereiro de 2001. (Incluído pela Lei nº 12.126, de 2009)

§ 2º. O maior de 18 anos poderá ser autor, independentemente de assistência, inclusive para fins de conciliação.

- CPC/15: art. 5º.

Art. 9º. Nas causas de valor até 20 (vinte) salários mínimos, as partes comparecerão pessoalmente, podendo ser assistidas por advogado; nas de valor superior, a assistência é obrigatória.

- Lei 8.906/1994: art. 1º, I.

§ 1º. Sendo facultativa a assistência, se uma das partes comparecer assistida por advogado, ou se o réu for pessoa jurídica ou firma individual, terá a outra parte, se quiser, assistência judiciária prestada por órgão instituído junto ao Juizado Especial, na forma da lei local.

- CF/88: art. 134.
- Lei 1.060/1950: art. 1º.

§ 2º. O juiz alertará as partes da conveniência do patrocínio por advogado, quando a causa o recomendar.

§ 3º. O mandato ao advogado poderá ser verbal, salvo quanto aos poderes especiais.

§ 4º. O réu, sendo pessoa jurídica ou titular de firma individual, poderá ser representado por preposto credenciado, munido de carta de preposição com poderes para transigir, sem haver necessidade de vínculo empregatício. (Redação dada pela Lei nº 12.137, de 2009)

- CC/15: art. 75.

Art. 10. Não se admitirá, no processo, qualquer forma de intervenção de terceiro nem de assistência. Admitir-se-á o litisconsórcio.

- CC/15: arts. 113 a 118.

Art. 11. O Ministério Público intervirá nos casos previstos em lei.

- Súm. 99 do STJ.
- CPC/15: arts. 178, 179 e 279.

SEÇÃO IV.
DOS ATOS PROCESSUAIS

Art. 12. Os atos processuais serão públicos e poderão realizar-se em horário noturno, conforme dispuserem as normas de organização judiciária.

- CPC/15: arts. 189 e 212.

Art. 12-A. Na contagem de prazo em dias, estabelecido por lei ou pelo juiz, para a prática de qualquer ato processual, inclusive para a interposição de recursos, computar-se-ão somente os dias úteis. (Incluído pela Lei 13.728/2018)

Art. 13. Os atos processuais serão válidos sempre que preencherem as finalidades para as quais forem realizados, atendidos os critérios indicados no art. 2º desta Lei.

§ 1º. Não se pronunciará qualquer nulidade sem que tenha havido prejuízo.

- CPC/15: art. 283.

§ 2º. A prática de atos processuais em outras comarcas poderá ser solicitada por qualquer meio idôneo de comunicação.

- CPC/15: arts. 236 e 237.

§ 3º. Apenas os atos considerados essenciais serão registrados resumidamente, em notas manuscritas, datilografadas, taquigrafadas ou estenotipadas. Os demais atos poderão ser gravados em fita magnética ou equivalente, que será inutilizada após o trânsito em julgado da decisão.

§ 4º. As normas locais disporão sobre a conservação das peças do processo e demais documentos que o instruem.

SEÇÃO V.
DO PEDIDO

- CPC/15: arts. 322 a 329.

Art. 14. O processo instaurar-se-á com a apresentação do pedido, escrito ou oral, à Secretaria do Juizado.

§ 1º. Do pedido constarão, de forma simples e em linguagem acessível:

I – o nome, a qualificação e o endereço das partes;

II – os fatos e os fundamentos, de forma sucinta;

III – o objeto e seu valor.

§ 2º. É lícito formular pedido genérico quando não for possível determinar, desde logo, a extensão da obrigação.

§ 3º. O pedido oral será reduzido a escrito pela Secretaria do Juizado, podendo ser utilizado o sistema de fichas ou formulários impressos.

Art. 15. Os pedidos mencionados no art. 3º desta Lei poderão ser alternativos ou cumulados; nesta última hipótese, desde que conexos e a soma não ultrapasse o limite fixado naquele dispositivo.

Art. 16. Registrado o pedido, independentemente de distribuição e autuação, a Secretaria do Juizado designará a sessão de conciliação, a realizar-se no prazo de 15 (quinze) dias.

Art. 17. Comparecendo inicialmente ambas as partes, instaurar-se-á, desde logo, a sessão de conciliação, dispensados o registro prévio de pedido e a citação.

Parágrafo único. Havendo pedidos contrapostos, poderá ser dispensada a contestação formal e ambos serão apreciados na mesma sentença.

SEÇÃO VI.
DAS CITAÇÕES E INTIMAÇÕES

- CPC/15: arts. 238 a 240, e 242 a 258.

Art. 18. A citação far-se-á:

I – por correspondência, com aviso de recebimento em mão própria;

II – tratando-se de pessoa jurídica ou firma individual, mediante entrega ao encarregado da recepção, que será obrigatoriamente identificado;

III – sendo necessário, por oficial de justiça, independentemente de mandado ou carta precatória.

§ 1º. A citação conterá cópia do pedido inicial, dia e hora para comparecimento do citando e advertência de que, não comparecendo este, considerar-se-ão verdadeiras as alegações iniciais, e será proferido julgamento, de plano.

§ 2º. Não se fará citação por edital.

§ 3º. O comparecimento espontâneo suprirá a falta ou nulidade da citação.

Art. 19. As intimações serão feitas na forma prevista para citação, ou por qualquer outro meio idôneo de comunicação.

› CPC/15: arts. 180, 183, § 1º, 186, §§ 1º e 2º, 232, 252, par. único, 269, 272, § 1º, e 275.

§ 1º. Dos atos praticados na audiência, considerar-se-ão desde logo cientes as partes.

§ 2º. As partes comunicarão ao juízo as mudanças de endereço ocorridas no curso do processo, reputando-se eficazes as intimações enviadas ao local anteriormente indicado, na ausência da comunicação.

SEÇÃO VII.
DA REVELIA

› CPC/15: arts. 344 a 346.

Art. 20. Não comparecendo o demandado à sessão de conciliação ou à audiência de instrução e julgamento, reputar-se-ão verdadeiros os fatos alegados no pedido inicial, salvo se o contrário resultar da convicção do juiz.

SEÇÃO VIII.
DA CONCILIAÇÃO E DO JUÍZO ARBITRAL

Art. 21. Aberta a sessão, o juiz togado ou leigo esclarecerá as partes presentes sobre as vantagens da conciliação, mostrando-lhes os riscos e as consequências do litígio, especialmente quanto ao disposto no § 3º do art. 3º desta Lei.

Art. 22. A conciliação será conduzida pelo juiz togado ou leigo ou por conciliador sob sua orientação.

§ 1º Obtida a conciliação, esta será reduzida a escrito e homologada pelo Juiz togado mediante sentença com eficácia de título executivo. *(Parágrafo único transformado em § 1º e com redação dada pela Lei 13.994/2020)*

§ 2º É cabível a conciliação não presencial conduzida pelo Juizado mediante o emprego dos recursos tecnológicos disponíveis de transmissão de sons e imagens em tempo real, devendo o resultado da tentativa de conciliação ser reduzido a escrito com os anexos pertinentes. *(Acrescido pela Lei 13.994/2020)*

Art. 23. Se o demandado não comparecer ou recusar-se a participar da tentativa de conciliação não presencial, o Juiz togado proferirá sentença. *(Redação dada pela Lei 13.994/2020)*

Art. 24. Não obtida a conciliação, as partes poderão optar, de comum acordo, pelo juízo arbitral, na forma prevista nesta Lei.

› Lei 9.307/1996 – Dispõe sobre a arbitragem.

§ 1º. O juízo arbitral considerar-se-á instaurado, independentemente de termo de compromisso, com a escolha do árbitro pelas partes. Se este não estiver presente, o juiz convocá-lo-á e designará, de imediato, a data para a audiência de instrução.

§ 2º. O árbitro será escolhido dentre os juízes leigos.

Art. 25. O árbitro conduzirá o processo com os mesmos critérios do juiz, na forma dos arts. 5º e 6º desta Lei, podendo decidir por equidade.

Art. 26. Ao término da instrução, ou nos 5 (cinco) dias subsequentes, o árbitro apresentará o laudo ao juiz togado para homologação por sentença irrecorrível.

SEÇÃO IX.
DA INSTRUÇÃO E JULGAMENTO

Art. 27. Não instituído o juízo arbitral, proceder-se-á imediatamente à audiência de instrução e julgamento, desde que não resulte prejuízo para a defesa.

Parágrafo único. Não sendo possível a sua realização imediata, será a audiência designada para um dos quinze dias subsequentes, cientes, desde logo, as partes e testemunhas eventualmente presentes.

Art. 28. Na audiência de instrução e julgamento serão ouvidas as partes, colhida a prova e, em seguida, proferida a sentença.

› CPC/15: art. 365.

Art. 29. Serão decididos de plano todos os incidentes que possam interferir no regular prosseguimento da audiência. As demais questões serão decididas na sentença.

Parágrafo único. Sobre os documentos apresentados por uma das partes, manifestar-se-á imediatamente a parte contrária, sem interrupção da audiência.

SEÇÃO X.
DA RESPOSTA DO RÉU

Art. 30. A contestação, que será oral ou escrita, conterá toda matéria de defesa, exceto arguição de suspeição ou impedimento do juiz, que se processará na forma da legislação em vigor.

› CPC/15: art. 336.

Art. 31. Não se admitirá a reconvenção. É lícito ao réu, na contestação, formular pedido em seu favor, nos limites do art. 3º desta Lei, desde que fundado nos mesmos fatos que constituem objeto da controvérsia.

Parágrafo único. O autor poderá responder ao pedido do réu na própria audiência ou requerer a designação da nova data, que será desde logo fixada, cientes todos os presentes.

SEÇÃO XI.
DAS PROVAS

› CPC/15: arts. 369 a 383.

Art. 32. Todos os meios de prova moralmente legítimos, ainda que não especificados em lei, são hábeis para provar a veracidade dos fatos alegados pelas partes.

Art. 33. Todas as provas serão produzidas na audiência de instrução e julgamento, ainda que não requeridas previamente, podendo o Juiz limitar ou excluir as que considerar excessivas, impertinentes ou protelatórias.

Art. 34. As testemunhas, até o máximo de 3 (três) para cada parte, comparecerão à audiência de instrução e julgamento levadas pela parte que as tenha arrolado, independentemente de intimação, ou mediante esta, se assim for requerido.

§ 1º. O requerimento para intimação das testemunhas será apresentado à Secretaria no mínimo 5 (cinco) dias antes da audiência de instrução e julgamento.

§ 2º. Não comparecendo a testemunha intimada, o juiz poderá determinar sua imediata condução, valendo-se, se necessário, do concurso da força pública.

Art. 35. Quando a prova do fato exigir, o juiz poderá inquirir técnicos de sua confiança, permitida às partes a apresentação de parecer técnico.

Parágrafo único. No curso da audiência, poderá o juiz, de ofício ou a requerimento das partes, realizar inspeção em pessoas ou coisas, ou determinar que o faça pessoa de sua confiança, que lhe relatará informalmente o verificado.

Art. 36. A prova oral não será reduzida a escrito, devendo a sentença referir, no essencial, os informes trazidos nos depoimentos.

Art. 37. A instrução poderá ser dirigida por Juiz leigo, sob a supervisão de juiz togado.

SEÇÃO XII.
DA SENTENÇA

› CPC/15: arts. 485 a 495.

Art. 38. A sentença mencionará os elementos de convicção do juiz, com breve resumo dos fatos relevantes ocorridos em audiência, dispensado o relatório.

Parágrafo único. Não se admitirá sentença condenatória por quantia ilíquida, ainda que genérico o pedido.

Art. 39. É ineficaz a sentença condenatória na parte que exceder a alçada estabelecida nesta Lei.

Art. 40. O juiz leigo que tiver dirigido a instrução proferirá sua decisão e imediatamente a submeterá ao juiz togado, que poderá homologá-la, proferir outra em substituição ou, antes de se manifestar, determinar a realização de atos probatórios indispensáveis.

Art. 41. Da sentença, excetuada a homologatória de conciliação ou laudo arbitral, caberá recurso para o próprio Juizado.

› Súm. 640 do STF.

§ 1º. O recurso será julgado por uma turma composta por três juízes togados, em exercício no primeiro grau de jurisdição, reunidos na sede do Juizado.

› Súm. 376 do STJ.

§ 2º. No recurso, as partes serão obrigatoriamente representadas por advogado.

Art. 42. O recurso será interposto no prazo de 10 (dez) dias, contados da ciência da sentença, por petição escrita, da qual constarão as razões e o pedido do recorrente.

- CPC/15: art. 1.003.

§ 1º. O preparo será feito, independentemente de intimação, nas quarenta e oito horas seguintes à interposição, sob pena de deserção.

- CPC/15: art. 1.007.

§ 2º. Após o preparo, a Secretaria intimará o recorrido para oferecer resposta escrita no prazo de 10 (dez) dias.

Art. 43. O recurso terá somente efeito devolutivo, podendo o juiz dar-lhe efeito suspensivo, para evitar dano irreparável para a parte.

- CPC/15: art. 1.012.

Art. 44. As partes poderão requerer a transcrição da gravação da fita magnética a que alude o § 3º do art. 13 desta Lei, correndo por conta do requerente as despesas respectivas.

Art. 45. As partes serão intimadas da data da sessão de julgamento.

Art. 46. O julgamento em segunda instância constará apenas da ata, com a indicação suficiente do processo, fundamentação sucinta e parte dispositiva. Se a sentença for confirmada pelos próprios fundamentos, a Súm. do julgamento servirá de acórdão.

Art. 47. (*VETADO*).

SEÇÃO XIII.
DOS EMBARGOS DE DECLARAÇÃO

- CPC/15: arts. 1.022 a 1.026.

Art. 48. Caberão embargos de declaração contra sentença ou acórdão nos casos previstos no Código de Processo Civil. (Redação dada pela Lei nº 13.105, de 2015)

Parágrafo único. Os erros materiais podem ser corrigidos de ofício.

Art. 49. Os embargos de declaração serão interpostos por escrito ou oralmente, no prazo de 5 (cinco) dias, contados da ciência da decisão.

Art. 50. Os embargos de declaração interrompem o prazo para a interposição de recurso. (Redação dada pela Lei nº 13.105, de 2015)

SEÇÃO XIV.
DA EXTINÇÃO DO PROCESSO SEM JULGAMENTO DO MÉRITO

- CPC/15: arts. 485 a 488.

Art. 51. Extingue-se o processo, além dos casos previstos em lei:

I – quando o autor deixar de comparecer a qualquer das audiências do processo;

II – quando inadmissível o procedimento instituído por esta Lei ou seu prosseguimento, após a conciliação;

III – quando for reconhecida a incompetência territorial;

IV – quando sobrevier qualquer dos impedimentos previstos no art. 8º desta Lei;

V – quando, falecido o autor, a habilitação depender de sentença ou não se der no prazo de 30 (trinta) dias;

VI – quando, falecido o réu, o autor não promover a citação dos sucessores no prazo de 30 (trinta) dias da ciência do fato.

§ 1º. A extinção do processo independerá, em qualquer hipótese, de prévia intimação pessoal das partes.

§ 2º. No caso do inciso I deste artigo, quando comprovar que a ausência decorre de força maior, a parte poderá ser isentada, pelo juiz, do pagamento das custas.

SEÇÃO XV.
DA EXECUÇÃO

- CPC/15: arts. 771 a 788.

Art. 52. A execução da sentença processar-se-á no próprio Juizado, aplicando-se, no que couber, o disposto no Código do Processo Civil, com as seguintes alterações:

I – as sentenças serão necessariamente líquidas, contendo a conversão em Bônus do Tesouro Nacional – BTN ou índice equivalente;

II – os cálculos de conversão de índices, de honorários, de juros e de outras parcelas serão efetuados por servidor judicial;

III – a intimação da sentença será feita, sempre que possível, na própria audiência em que for proferida. Nessa intimação, o vencido será instado a cumprir a sentença tão logo ocorra seu trânsito em julgado, e advertido dos efeitos do seu descumprimento (inciso V);

IV – não cumprida voluntariamente a sentença transitada em julgado, e tendo havido solicitação do interessado, que poderá ser verbal, proceder-se-á desde logo à execução, dispensada nova citação;

V – nos casos de obrigação de entregar, de fazer, ou de não fazer, o juiz, na sentença ou na fase de execução, cominará multa diária, arbitrada de acordo com as condições econômicas do devedor, para a hipótese de inadimplemento. Não cumprida a obrigação, o credor poderá requerer a elevação da multa ou a transformação da condenação em perdas e danos, que o juiz de imediato arbitrará, seguindo-se a execução por quantia certa, incluída a multa vencida de obrigação de dar, quando evidenciada a malícia do devedor na execução do julgado;

VI – na obrigação de fazer, o juiz pode determinar o cumprimento por outrem, fixado o valor que o devedor deve depositar para as despesas, sob pena de multa diária;

VII – na alienação forçada dos bens, o juiz poderá autorizar o devedor, o credor ou terceira pessoa idônea a tratar da alienação do bem penhorado, a qual se aperfeiçoará em juízo até a data fixada para a praça ou leilão. Sendo o preço inferior ao da avaliação, as partes serão ouvidas. Se o pagamento não for à vista, será oferecida caução idônea, nos casos de alienação de bem móvel, ou hipotecado o imóvel;

VIII – é dispensada a publicação de editais em jornais, quando se tratar de alienação de bens de pequeno valor;

IX – o devedor poderá oferecer embargos, nos autos da execução, versando sobre:

a) falta ou nulidade da citação no processo, se ele correu à revelia;

b) manifesto excesso de execução;

c) erro de cálculo;

d) causa impeditiva, modificativa ou extintiva da obrigação, superveniente à sentença.

Art. 53. A execução de título executivo extrajudicial, no valor de até 40 (quarenta) salários mínimos, obedecerá ao disposto no Código de Processo Civil, com as modificações introduzidas por esta Lei.

§ 1º. Efetuada a penhora, o devedor será intimado a comparecer à audiência de conciliação, quando poderá oferecer embargos (art. 52, IX), por escrito ou verbalmente.

§ 2º. Na audiência, será buscado o meio mais rápido e eficaz para a solução do litígio, se possível com dispensa da alienação judicial, devendo o conciliador propor, entre outras medidas cabíveis, o pagamento do débito a prazo ou a prestação, a dação em pagamento ou a imediata adjudicação do bem penhorado.

§ 3º. Não apresentados os embargos em audiência, ou julgados improcedentes, qualquer das partes poderá requerer ao Juiz a adoção de uma das alternativas do parágrafo anterior.

§ 4º. Não encontrado o devedor ou inexistindo bens penhoráveis, o processo será imediatamente extinto, devolvendo-se os documentos ao autor.

SEÇÃO XVI.
DAS DESPESAS

Art. 54. O acesso ao Juizado Especial independerá, em primeiro grau de jurisdição, do pagamento de custas, taxas ou despesas.

Parágrafo único. O preparo do recurso, na forma do § 1º do art. 42 desta Lei, compreenderá todas as despesas processuais, inclusive aquelas dispensadas em primeiro grau de jurisdição, ressalvada a hipótese de assistência judiciária gratuita.

Art. 55. A sentença de primeiro grau não condenará o vencido em custas e honorários de advogado, ressalvados os casos de litigância de má-fé. Em segundo grau, o recorrente, vencido, pagará as custas e honorários de advogado, que serão fixados entre 10% (dez por cento) e 20% (vinte por cento) do valor de condenação ou, não havendo condenação, do valor corrigido da causa.

Parágrafo único. Na execução não serão contadas custas, salvo quando:

I – reconhecida a litigância de má-fé;

II – improcedentes os embargos do devedor;

III – tratar-se de execução de sentença que tenha sido objeto de recurso improvido do devedor.

SEÇÃO XVII. DISPOSIÇÕES FINAIS

Art. 56. Instituído o Juizado Especial, serão implantadas as curadorias necessárias e o serviço de assistência judiciária.

- Lei 1.060/1950 – Estabelece normas para a concessão de assistência judiciária aos necessitados.

Art. 57. O acordo extrajudicial, de qualquer natureza ou valor, poderá ser homologado, no juízo competente, independentemente de termo, valendo a sentença como título executivo judicial.

Parágrafo único. Valerá como título extrajudicial o acordo celebrado pelas partes, por instrumento escrito, referendado pelo órgão competente do Ministério Público.

- CPC/15: art. 784.

Art. 58. As normas de organização judiciária local poderão estender a conciliação prevista nos arts. 22 e 23 a causas não abrangidas por esta Lei.

Art. 59. Não se admitirá ação rescisória nas causas sujeitas ao procedimento instituído por esta Lei.

CAPÍTULO III. DOS JUIZADOS ESPECIAIS CRIMINAIS

DISPOSIÇÕES GERAIS

- Lei 11.343/2006: art. 48, §§ 1º e 5º.
- Lei 11.340/2006: art. 41.

Art. 60. O Juizado Especial Criminal, provido por juízes togados ou togados e leigos, tem competência para a conciliação, o julgamento e a execução das infrações penais de menor potencial ofensivo, respeitadas as regras de conexão e continência. (Redação dada pela Lei nº 11.313, de 2006)

Parágrafo único. Na reunião de processos, perante o juízo comum ou o tribunal do júri, decorrentes da aplicação das regras de conexão e continência, observar-se-ão os institutos da transação penal e da composição dos danos civis. (Incluído pela Lei nº 11.313, de 2006)

Art. 61. Consideram-se infrações penais de menor potencial ofensivo, para os efeitos desta Lei, as contravenções penais e os crimes a que a lei comine pena máxima não superior a 2 (dois) anos, cumulada ou não com multa. (Redação dada pela Lei nº 11.313, de 2006)

- CF/88: art. 98, I.
- Lei 10.259/2001: art. 2º.
- Decreto-lei 3.688/1941 – Lei das Contravenções Penais.

Art. 62. O processo perante o Juizado Especial orientar-se-á pelos critérios da oralidade, simplicidade, informalidade, economia processual e celeridade, objetivando, sempre que possível, a reparação dos danos sofridos pela vítima e a aplicação de pena não privativa de liberdade. (Redação dada pela Lei 13.603/2018.)

- CF/88: art. 5º, LXXXVIII.

SEÇÃO I. DA COMPETÊNCIA E DOS ATOS PROCESSUAIS

Art. 63. A competência do Juizado será determinada pelo lugar em que foi praticada a infração penal.

- CPP: arts. 69 a 71.

Art. 64. Os atos processuais serão públicos e poderão realizar-se em horário noturno e em qualquer dia da semana, conforme dispuserem as normas de organização judiciária.

- CPP: art. 792.

Art. 65. Os atos processuais serão válidos sempre que preencherem as finalidades para as quais foram realizados, atendidos os critérios indicados no art. 62 desta Lei.

§ 1º. Não se pronunciará qualquer nulidade sem que tenha havido prejuízo.

- Súm. 523 do STF.
- CPP: art. 563.

§ 2º. A prática de atos processuais em outras comarcas poderá ser solicitada por qualquer meio hábil de comunicação.

§ 3º. Serão objeto de registro escrito exclusivamente os atos havidos por essenciais. Os atos realizados em audiência de instrução e julgamento poderão ser gravados em fita magnética ou equivalente.

Art. 66. A citação será pessoal e far-se-á no próprio Juizado, sempre que possível, ou por mandado.

Parágrafo único. Não encontrado o acusado para ser citado, o Juiz encaminhará as peças existentes ao Juízo comum para adoção do procedimento previsto em lei.

Art. 67. A intimação far-se-á por correspondência, com aviso de recebimento pessoal ou, tratando-se de pessoa jurídica ou firma individual, mediante entrega ao encarregado da recepção, que será obrigatoriamente identificado, ou, sendo necessário, por oficial de justiça, independentemente de mandado ou carta precatória, ou ainda por qualquer meio idôneo de comunicação.

- CPP: arts. 370 a 372.

Parágrafo único. Dos atos praticados em audiência considerar-se-ão desde logo cientes as partes, os interessados e defensores.

Art. 68. Do ato de intimação do autor do fato e do mandado de citação do acusado, constará a necessidade de seu comparecimento acompanhado de advogado, com a advertência de que, na sua falta, ser-lhe-á designado defensor público.

SEÇÃO II. DA FASE PRELIMINAR

Art. 69. A autoridade policial que tomar conhecimento da ocorrência lavrará termo circunstanciado e o encaminhará imediatamente ao Juizado, com o autor do fato e a vítima, providenciando-se as requisições dos exames periciais necessários.

- CPP: arts. 4º, 6º e 158 a 184.

Parágrafo único. Ao autor do fato que, após a lavratura do termo, for imediatamente encaminhado ao juizado ou assumir o compromisso de a ele comparecer, não se imporá prisão em flagrante, nem se exigirá fiança. Em caso de violência doméstica, o juiz poderá determinar, como medida de cautela, seu afastamento do lar, domicílio ou local de convivência com a vítima. (Redação dada pela Lei nº 10.455, de 2002)

- CPP: arts. 301 a 310, e 321 a 350.

Art. 70. Comparecendo o autor do fato e a vítima, e não sendo possível a realização imediata da audiência preliminar, será designada data próxima, da qual ambos sairão cientes.

Art. 71. Na falta do comparecimento de qualquer dos envolvidos, a Secretaria providenciará sua intimação e, se for o caso, a do responsável civil, na forma dos arts. 67 e 68 desta Lei.

Art. 72. Na audiência preliminar, presente o representante do Ministério Público, o autor do fato e a vítima e, se possível, o responsável civil, acompanhados por seus advogados, o juiz esclarecerá sobre a possibilidade da composição dos danos e da aceitação da proposta de aplicação imediata de pena não privativa de liberdade.

Art. 73. A conciliação será conduzida pelo juiz ou por conciliador sob sua orientação.

Parágrafo único. Os conciliadores são auxiliares da Justiça, recrutados, na forma da lei local, preferentemente entre bacharéis em Direito, excluídos os que exerçam funções na administração da Justiça Criminal.

Art. 74. A composição dos danos civis será reduzida a escrito e, homologada pelo juiz mediante sentença irrecorrível, terá eficácia de título a ser executado no juízo civil competente.

Parágrafo único. Tratando-se de ação penal de iniciativa privada ou de ação penal pública condicionada à representação, o acordo homologado acarreta a renúncia ao direito de queixa ou representação.

- CPP: arts. 49 e 50.

Art. 75. Não obtida a composição dos danos civis, será dada imediatamente ao ofendido a oportunidade de exercer o direito de representação verbal, que será reduzida a termo.

- CPP: arts. 25 e 39.

Parágrafo único. O não oferecimento da representação na audiência preliminar não implica decadência do direito, que poderá ser exercido no prazo previsto em lei.

Art. 76. Havendo representação ou tratando-se de crime de ação penal pública incondicionada, não sendo caso de arquivamento, o Ministério Público poderá propor a aplicação imediata de pena restritiva de direitos ou multas, a ser especificada na proposta.

- Súm.. Vinculante 35 do STF.
- CPP: arts. 24 e 28.

§ 1º. Nas hipóteses de ser a pena de multa a única aplicável, o juiz poderá reduzi-la até a metade.

‣ CP: arts. 49 a 52.

‣ Lei 7.210/1984: arts. 164 a 170.

§ 2º. Não se admitirá a proposta se ficar comprovado:

I – ter sido o autor da infração condenado, pela prática de crime, à pena privativa de liberdade, por sentença definitiva;

II – ter sido o agente beneficiado anteriormente, no prazo de 5 (cinco) anos, pela aplicação de pena restritiva ou multa, nos termos deste artigo;

III – não indicarem os antecedentes, a conduta social e a personalidade do agente, bem como os motivos e as circunstâncias, ser necessária e suficiente a adoção da medida.

§ 3º. Aceita a proposta pelo autor da infração e seu defensor, será submetida à apreciação do juiz.

§ 4º. Acolhendo a proposta do Ministério Público aceita pelo autor da infração, o juiz aplicará a pena restritiva de direitos ou multa, que não importará em reincidência, sendo registrada apenas para impedir novamente o mesmo benefício no prazo de 5 (cinco) anos.

§ 5º. Da sentença prevista no parágrafo anterior caberá a apelação referida no art. 82 desta Lei.

§ 6º. A imposição da sanção de que trata o § 4º deste artigo não constará de certidão de antecedentes criminais, salvo para os fins previstos no mesmo dispositivo, e não terá efeitos civis, cabendo aos interessados propor ação cabível no juízo cível.

SEÇÃO III.
DO PROCEDIMENTO SUMARÍSSIMO

Art. 77. Na ação penal de iniciativa pública, quando não houver aplicação de pena, pela ausência do autor do fato, ou pela não ocorrência da hipótese prevista no art. 76 desta Lei, o Ministério Público oferecerá ao juiz, de imediato, denúncia oral, se não houver necessidade de diligências imprescindíveis.

‣ CP: art. 100, § 1º.

‣ CPP: arts. 24 e 26.

§ 1º. Para o oferecimento da denúncia, que será elaborada com base no termo de ocorrência referido no art. 69 desta Lei, com dispensa do inquérito policial, prescindir-se-á do exame do corpo de delito quando a materialidade do crime estiver aferida por boletim médico ou prova equivalente.

§ 2º. Se a complexidade ou circunstâncias do caso não permitirem a formulação da denúncia, o Ministério Público poderá requerer ao juiz o encaminhamento das peças existentes, na forma do parágrafo único do art. 66 desta Lei.

§ 3º. Na ação penal de iniciativa do ofendido poderá ser oferecida queixa oral, cabendo ao juiz verificar se a complexidade e as circunstâncias do caso determinam a adoção das providências previstas no parágrafo único do art. 66 desta Lei.

‣ CPP: arts. 41, 44, 45 e 48.

Art. 78. Oferecida a denúncia ou queixa, será reduzida a termo, entregando-se cópia ao acusado, que com ela ficará citado e imediatamente cientificado da designação de dia e hora para a audiência de instrução e julgamento, da qual também tomarão ciência o Ministério Público, o ofendido, o responsável civil e seus advogados.

§ 1º. Se o acusado não estiver presente, será citado na forma dos arts. 66 e 68 desta Lei e cientificado da data da audiência de instrução e julgamento, devendo a ela trazer suas testemunhas ou apresentar requerimento para intimação, no mínimo 5 (cinco) dias antes de sua realização.

‣ CPP: arts. 202 a 225.

§ 2º. Não estando presentes o ofendido e o responsável civil, serão intimados nos termos do art. 67 desta Lei para comparecerem à audiência de instrução e julgamento.

§ 3º. As testemunhas arroladas serão intimadas na forma prevista no art. 67 desta Lei.

‣ CPP: arts. 202 a 225.

Art. 79. No dia e hora designados para a audiência de instrução e julgamento, se na fase preliminar não tiver havido possibilidade de tentativa de conciliação e de oferecimento de proposta pelo Ministério Público, proceder-se-á nos termos dos arts. 72, 73, 74 e 75 desta Lei.

Art. 80. Nenhum ato será adiado, determinando o juiz, quando imprescindível, a condução coercitiva de quem deva comparecer.

Art. 81. Aberta a audiência, será dada a palavra ao defensor para responder à acusação, após o que o juiz receberá, ou não, a denúncia ou queixa; havendo recebimento, serão ouvidas a vítima e as testemunhas de acusação e defesa, interrogando-se a seguir o acusado, se presente, passando-se imediatamente aos debates orais e à prolação da sentença.

§ 1º. Todas as provas serão produzidas na audiência de instrução e julgamento, podendo o Juiz limitar ou excluir as que considerar excessivas, impertinentes ou protelatórias.

§ 2º. De todo ocorrido na audiência será lavrado termo, assinado pelo juiz e pelas partes, contendo breve resumo dos fatos relevantes ocorridos em audiência e a sentença.

§ 3º. A sentença, dispensado o relatório, mencionará os elementos de convicção do juiz.

Art. 82. Da decisão de rejeição da denúncia ou queixa e da sentença caberá apelação, que poderá ser julgada por turma composta de 3 (três) juízes em exercício no primeiro grau de jurisdição, reunidos na sede do Juizado.

‣ CPP: arts. 395 e 581, I.

§ 1º. A apelação será interposta no prazo de 10 (dez) dias, contados da ciência da sentença pelo Ministério Público, pelo réu e seu defensor, por petição escrita, da qual constarão as razões e o pedido do recorrente.

‣ CPP: art. 593.

§ 2º. O recorrido será intimado para oferecer resposta escrita no prazo de 10 (dez) dias.

§ 3º. As partes poderão requerer a transcrição da gravação da fita magnética a que alude o § 3º do art. 65 desta Lei.

§ 4º. As partes serão intimadas da data da sessão de julgamento pela imprensa.

§ 5º. Se a sentença for confirmada pelos próprios fundamentos, a Súm. do julgamento servirá de acórdão.

Art. 83. Cabem embargos de declaração quando, em sentença ou acórdão, houver obscuridade, contradição ou omissão. (Redação dada pela Lei nº 13.105, de 2015)

‣ CPP: arts. 619 e 620.

§ 1º. Os embargos de declaração serão opostos por escrito ou oralmente, no prazo de 5 (cinco) dias, contados da ciência da decisão.

§ 2º. Os embargos de declaração interrompem o prazo para a interposição de recurso. (Redação dada pela Lei nº 13.105, de 2015)

§ 3º. Os erros materiais podem ser corrigidos de ofício.

SEÇÃO IV.
DA EXECUÇÃO

Art. 84. Aplicada exclusivamente pena de multa, seu cumprimento far-se-á mediante pagamento na Secretaria do Juizado.

Parágrafo único. Efetuado o pagamento, o juiz declarará extinta a punibilidade, determinando que a condenação não fique constando dos registros criminais, exceto para fins de requisição judicial.

Art. 85. Não efetuado o pagamento de multa, será feita a conversão em pena privativa da liberdade, ou restritiva de direitos, nos termos previstos em lei.

Art. 86. A execução das penas privativas de liberdade e restritivas de direitos, ou de multa cumulada com estas, será processada perante o órgão competente, nos termos da lei.

SEÇÃO V.
DAS DESPESAS PROCESSUAIS

Art. 87. Nos casos de homologação do acordo civil e aplicação de pena restritiva de direitos ou multa (arts. 74 e 76, § 4º), as despesas processuais serão reduzidas, conforme dispuser lei estadual.

SEÇÃO VI.
DISPOSIÇÕES FINAIS

Art. 88. Além das hipóteses do Código Penal e da legislação especial, dependerá de representação a ação penal relativa aos crimes de lesões corporais leves e lesões culposas.

Art. 89. Nos crimes em que a pena mínima cominada for igual ou inferior a 1 (um) ano, abrangidas ou não por esta Lei, o Ministério Público, ao oferecer a denúncia, poderá propor a suspensão do processo, por 2 (dois) a 4 (quatro) anos, desde que o acusado não esteja sendo processado ou não tenha sido condenado por outro crime, presentes os demais requisitos que autorizariam a suspensão condicional da pena (art. 77 do Código Penal).

- Súm. 696 e 723 do STF.
- Súm. 243 e 536 do STJ.

§ 1º. Aceita a proposta pelo acusado e seu defensor, na presença do juiz, este, recebendo a denúncia, poderá suspender o processo, submetendo o acusado a período de prova, sob as seguintes condições:

I – reparação do dano, salvo impossibilidade de fazê-lo;

II – proibição de frequentar determinados lugares;

III – proibição de ausentar-se da comarca onde reside, sem autorização do juiz;

IV – comparecimento pessoal e obrigatório a juízo, mensalmente, para informar e justificar suas atividades.

§ 2º. O juiz poderá especificar outras condições a que fica subordinada a suspensão, desde que adequadas ao fato e à situação pessoal do acusado.

§ 3º. A suspensão será revogada se, no curso do prazo, o beneficiário vier a ser processado por outro crime ou não efetuar, sem motivo justificado, a reparação do dano.

§ 4º. A suspensão poderá ser revogada se o acusado vier a ser processado, no curso do prazo, por contravenção, ou descumprir qualquer outra condição imposta.

§ 5º. Expirando o prazo sem revogação, o Juiz declarará extinta a punibilidade.

§ 6º. Não correrá a prescrição durante o prazo de suspensão do processo.

§ 7º. Se o acusado não aceitar a proposta prevista neste artigo, o processo prosseguirá em seus ulteriores termos.

Art. 90. As disposições desta Lei não se aplicam aos processos penais cuja instrução já estiver iniciada.

- ADIn. 1.719-9.

Art. 90-A. As disposições desta Lei não se aplicam no âmbito da Justiça Militar. (Artigo incluído pela Lei nº 9.839, de 1999)

Art. 91. Nos casos em que esta Lei passa a exigir representação para a propositura da ação penal pública, o ofendido ou seu representante legal será intimado para oferecê-la no prazo de 30 (trinta) dias, sob pena de decadência.

- CP: art. 103.
- CPP: art. 38.

Art. 92. Aplicam-se subsidiariamente as disposições dos Códigos Penal e de Processo Penal, no que não forem incompatíveis com esta Lei.

CAPÍTULO IV. DISPOSIÇÕES FINAIS COMUNS

Art. 93. Lei Estadual disporá sobre o Sistema de Juizados Especiais Cíveis e Criminais, sua organização, composição e competência.

Art. 94. Os serviços de cartório poderão ser prestados, e as audiências realizadas fora da sede da Comarca, em bairros ou cidades a ela pertencentes, ocupando instalações de prédios públicos, de acordo com audiências previamente anunciadas.

Art. 95. Os Estados, Distrito Federal e Territórios criarão e instalarão os Juizados Especiais no prazo de 6 (seis) meses, a contar da vigência desta Lei.

Parágrafo único. No prazo de 6 (seis) meses, contado da publicação desta Lei, serão criados e instalados os Juizados Especiais Itinerantes, que deverão dirimir, prioritariamente, os conflitos existentes nas áreas rurais ou nos locais de menor concentração populacional. (Redação dada pela Lei nº 12.726, de 2012)

Art. 96. Esta Lei entra em vigor no prazo de 60 (sessenta) dias após a sua publicação.

Art. 97. Ficam revogadas a Lei nº 4.611, de 2 de abril de 1965, e a Lei nº 7.244, de 7 de novembro de 1984.

Brasília, 26 de setembro de 1995; 174º da Independência e 107º da República.

FERNANDO HENRIQUE CARDOSO

D.O.U. 27.9.1995

LEI Nº 9.278, DE 10 DE MAIO DE 1996

Regula o § 3° do art. 226 da Constituição Federal.

- *União Estável*

O PRESIDENTE DA REPÚBLICA Faço saber que o Congresso Nacional decreta e eu sanciono a seguinte Lei:

Art. 1º. É reconhecida como entidade familiar a convivência duradoura, pública e contínua, de um homem e uma mulher, estabelecida com objetivo de constituição de família.

- CC: arts. 1.723 e 1.727.

Art. 2º. São direitos e deveres iguais dos conviventes:

- CF/88: art. 226, § 5º.
- CC: art. 1.724.

I – respeito e consideração mútuos;

II – assistência moral e material recíproca;

III – guarda, sustento e educação dos filhos comuns.

- CC: art. 1.584.

Art. 3º. (*VETADO*).

Art. 4º. (*VETADO*).

Art. 5º. Os bens móveis e imóveis adquiridos por um ou por ambos os conviventes na constância da união estável e a título oneroso são considerados fruto do trabalho e da colaboração comum, passando a pertencer a ambos, em condomínio e em partes iguais, salvo estipulação contrária em contrato escrito.

- CC: arts. 1.683 e 1.725.

§ 1º. Cessa a presunção do *caput* deste artigo se a aquisição patrimonial ocorrer com o produto de bens adquiridos anteriormente ao início da união.

§ 2º. A administração do patrimônio comum dos conviventes compete a ambos, salvo estipulação contrária em contrato escrito.

Art. 6º. (*VETADO*).

Art. 7º. Dissolvida a união estável por rescisão, a assistência material prevista nesta Lei será prestada por um dos conviventes ao que dela necessitar, a título de alimentos.

- Lei 8.971/1994 – Regula o direito dos companheiros a alimentos e à sucessão.

Parágrafo único. Dissolvida a união estável por morte de um dos conviventes, o sobrevivente terá direito real de habitação, enquanto viver ou não constituir nova união ou casamento, relativamente ao imóvel destinado à residência da família.

Art. 8º. Os conviventes poderão, de comum acordo e a qualquer tempo, requerer a conversão da união estável em casamento, por requerimento ao Oficial do Registro Civil da Circunscrição de seu domicílio.

- CF/88: art. 226, § 3º.
- CC: art. 1.726.

Art. 9º. Toda matéria relativa à união estável é de competência do juízo da Vara de Família, assegurado o segredo de justiça.

- CPC/15: art. 189, II.

Art. 10. Esta Lei entra em vigor na data de sua publicação.

Art. 11. Revogam-se as disposições em contrário.

Brasília, 10 de maio de 1996; 175º da Independência e 108º da República.

FERNANDO HENRIQUE CARDOSO

D.O.U. de 13.5.1996

LEI Nº 9.279, DE 14 DE MAIO DE 1996

Regula direitos e obrigações relativos à propriedade industrial.

- *Propriedade Industrial*

O PRESIDENTE DA REPÚBLICA Faço saber que o Congresso Nacional decreta e eu sanciono a seguinte Lei:

DISPOSIÇÕES PRELIMINARES

Art. 1º. Esta Lei regula direitos e obrigações relativos à propriedade industrial.

- CF/88: art. 5º, XXIX.

Art. 2º. A proteção dos direitos relativos à propriedade industrial, considerado o seu interesse social e o desenvolvimento tecnológico e econômico do País, efetua-se mediante:

I – concessão de patentes de invenção e de modelo de utilidade;

II – concessão de registro de desenho industrial;

III – concessão de registro de marca;

IV – repressão às falsas indicações geográficas; e

V – repressão à concorrência desleal.

Art. 3º. Aplica-se também o disposto nesta Lei:

I – ao pedido de patente ou de registro proveniente do exterior e depositado no País por quem tenha proteção assegurada por tratado ou convenção em vigor no Brasil; e

II – aos nacionais ou pessoas domiciliadas em país que assegure aos brasileiros ou pessoas domiciliadas no Brasil a reciprocidade de direitos iguais ou equivalentes.

Art. 4º. As disposições dos tratados em vigor no Brasil são aplicáveis, em igualdade de condições, às pessoas físicas e jurídicas nacionais ou domiciliadas no País.

Art. 5º. Consideram-se bens móveis, para os efeitos legais, os direitos de propriedade industrial.

› CC: arts. 82 a 84.

TÍTULO I. DAS PATENTES

CAPÍTULO I. DA TITULARIDADE

Art. 6º. Ao autor de invenção ou modelo de utilidade será assegurado o direito de obter a patente que lhe garanta a propriedade, nas condições estabelecidas nesta Lei.

§ 1º. Salvo prova em contrário, presume-se o requerente legitimado a obter a patente.

§ 2º. A patente poderá ser requerida em nome próprio, pelos herdeiros ou sucessores do autor, pelo cessionário ou por aquele a quem a lei ou o contrato de trabalho ou de prestação de serviços determinar que pertença a titularidade.

§ 3º. Quando se tratar de invenção ou de modelo de utilidade realizado conjuntamente por duas ou mais pessoas, a patente poderá ser requerida por todas ou qualquer delas, mediante nomeação e qualificação das demais, para ressalva dos respectivos direitos.

§ 4º. O inventor será nomeado e qualificado, podendo requerer a não divulgação de sua nomeação.

Art. 7º. Se dois ou mais autores tiverem realizado a mesma invenção ou modelo de utilidade, de forma independente, o direito de obter patente será assegurado àquele que provar o depósito mais antigo, independentemente das datas de invenção ou criação.

Parágrafo único. A retirada de depósito anterior sem produção de qualquer efeito dará prioridade ao depósito imediatamente posterior.

CAPÍTULO II. DA PATENTEABILIDADE

SEÇÃO I. DAS INVENÇÕES E DOS MODELOS DE UTILIDADE PATENTEÁVEIS

Art. 8º. É patenteável a invenção que atenda aos requisitos de novidade, atividade inventiva e aplicação industrial.

Art. 9º. É patenteável como modelo de utilidade o objeto de uso prático, ou parte deste, suscetível de aplicação industrial, que apresente nova forma ou disposição, envolvendo ato inventivo, que resulte em melhoria funcional no seu uso ou em sua fabricação.

Art. 10. Não se considera invenção nem modelo de utilidade:

I – descobertas, teorias científicas e métodos matemáticos;

II – concepções puramente abstratas;

III – esquemas, planos, princípios ou métodos comerciais, contábeis, financeiros, educativos, publicitários, de sorteio e de fiscalização;

IV – as obras literárias, arquitetônicas, artísticas e científicas ou qualquer criação estética;

V – programas de computador em si;

VI – apresentação de informações;

VII – regras de jogo;

VIII – técnicas e métodos operatórios ou cirúrgicos, bem como métodos terapêuticos ou de diagnóstico, para aplicação no corpo humano ou animal; e

IX – o todo ou parte de seres vivos naturais e materiais biológicos encontrados na natureza, ou ainda que dela isolados, inclusive o genoma ou germoplasma de qualquer ser vivo natural e os processos biológicos naturais.

Art. 11. A invenção e o modelo de utilidade são considerados novos quando não compreendidos no estado da técnica.

§ 1º. O estado da técnica é constituído por tudo aquilo tornado acessível ao público antes da data de depósito do pedido de patente, por descrição escrita ou oral, por uso ou qualquer outro meio, no Brasil ou no exterior, ressalvado o disposto nos arts. 12, 16 e 17.

§ 2º. Para fins de aferição da novidade, o conteúdo completo de pedido depositado no Brasil, e ainda não publicado, será considerado estado da técnica a partir da data de depósito, ou da prioridade reivindicada, desde que venha a ser publicado, mesmo que subsequentemente.

§ 3º. O disposto no parágrafo anterior será aplicado ao pedido internacional de patente depositado segundo tratado ou convenção em vigor no Brasil, desde que haja processamento nacional.

Art. 12. Não será considerada como estado da técnica a divulgação de invenção ou modelo de utilidade, quando ocorrida durante os 12 (doze) meses que precederem a data de depósito ou a da prioridade do pedido de patente, se promovida:

I – pelo inventor;

II – pelo Instituto Nacional da Propriedade Industrial – INPI, através de publicação oficial do pedido de patente depositado sem o consentimento do inventor, baseado em informações deste obtidas ou em decorrência de atos por ele realizados; ou

III – por terceiros, com base em informações obtidas direta ou indiretamente do inventor ou em decorrência de atos por este realizados.

Parágrafo único. O INPI poderá exigir do inventor declaração relativa à divulgação, acompanhada ou não de provas, nas condições estabelecidas em regulamento.

Art. 13. A invenção é dotada de atividade inventiva sempre que, para um técnico no assunto, não decorra de maneira evidente ou óbvia do estado da técnica.

Art. 14. O modelo de utilidade é dotado de ato inventivo sempre que, para um técnico no assunto, não decorra de maneira comum ou vulgar do estado da técnica.

Art. 15. A invenção e o modelo de utilidade são considerados suscetíveis de aplicação industrial quando possam ser utilizados ou produzidos em qualquer tipo de indústria.

SEÇÃO II. DA PRIORIDADE

Art. 16. Ao pedido de patente depositado em país que mantenha acordo com o Brasil, ou em organização internacional, que produza efeito de depósito nacional, será assegurado direito de prioridade, nos prazos estabelecidos no acordo, não sendo o depósito invalidado nem prejudicado por fatos ocorridos nesses prazos.

§ 1º. A reivindicação de prioridade será feita no ato de depósito, podendo ser suplementada dentro de 60 (sessenta) dias por outras prioridades anteriores à data do depósito no Brasil.

§ 2º. A reivindicação de prioridade será comprovada por documento hábil da origem, contendo número, data, título, relatório descritivo e, se for o caso, reivindicações e desenhos, acompanhado de tradução simples da certidão de depósito ou documento equivalente, contendo dados identificadores do pedido, cujo teor será de inteira responsabilidade do depositante.

§ 3º. Se não efetuada por ocasião do depósito, a comprovação deverá ocorrer em até 180 (cento e oitenta) dias contados do depósito.

§ 4º. Para os pedidos internacionais depositados em virtude de tratado em vigor no Brasil, a tradução prevista no § 2º deverá ser apresentada no prazo de 60 (sessenta) dias contados da data da entrada no processamento nacional.

§ 5º. No caso de o pedido depositado no Brasil estar fielmente contido no documento da origem, será suficiente uma declaração do depositante a este respeito para substituir a tradução simples.

§ 6º. Tratando-se de prioridade obtida por cessão, o documento correspondente deverá ser apresentado dentro de 180 (cento e oitenta) dias contados do depósito, ou, se for o caso, em até 60 (sessenta) dias da data da entrada no processamento nacional, dispensada a legalização consular no país de origem.

§ 7º. A falta de comprovação nos prazos estabelecidos neste artigo acarretará a perda da prioridade.

§ 8º. Em caso de pedido depositado com reivindicação de prioridade, o requerimento para antecipação de publicação deverá ser instruído com a comprovação da prioridade.

Art. 17. O pedido de patente de invenção ou de modelo de utilidade depositado originalmente no Brasil, sem reivindicação de prioridade e não publicado, assegurará o direito de prioridade ao pedido posterior sobre a mesma matéria depositado no Brasil pelo mesmo requerente ou sucessores, dentro do prazo de 1 (um) ano.

§ 1º. A prioridade será admitida apenas para a matéria revelada no pedido anterior, não se estendendo a matéria nova introduzida.

§ 2º. O pedido anterior ainda pendente será considerado definitivamente arquivado.

§ 3º. O pedido de patente originário de divisão de pedido anterior não poderá servir de base a reivindicação de prioridade.

SEÇÃO III.
DAS INVENÇÕES E DOS MODELOS DE UTILIDADE NÃO PATENTEÁVEIS

Art. 18. Não são patenteáveis:

I – o que for contrário à moral, aos bons costumes e à segurança, à ordem e à saúde públicas;

II – as substâncias, matérias, misturas, elementos ou produtos de qualquer espécie, bem como a modificação de suas propriedades físico-químicas e os respectivos processos de obtenção ou modificação, quando resultantes de transformação do núcleo atômico; e

III – o todo ou parte dos seres vivos, exceto os micro-organismos transgênicos que atendam aos três requisitos de patenteabilidade – novidade, atividade inventiva e aplicação industrial – previstos no art. 8º e que não sejam mera descoberta.

▸ Lei 11.105/2005 – Regulamenta os incisos II, IV e V do § 1º do art. 225 da CF, estabelece normas de segurança e mecanismos de fiscalização de atividades que envolvam organismos geneticamente modificados – OGM e seus derivados.

Parágrafo unico. Para os fins desta Lei, micro-organismos transgênicos são organismos, exceto o todo ou parte de plantas ou de animais, que expressem, mediante intervenção humana direta em sua composição genética, uma característica normalmente não alcançável pela espécie em condições naturais.

CAPÍTULO III.
DO PEDIDO DE PATENTE

SEÇÃO I.
DO DEPÓSITO DO PEDIDO

Art. 19. O pedido de patente, nas condições estabelecidas pelo INPI, conterá:

I – requerimento;

II – relatório descritivo;

III – reivindicações;

IV – desenhos, se for o caso;

V – resumo; e

VI – comprovante do pagamento da retribuição relativa ao depósito.

Art. 20. Apresentado o pedido, será ele submetido a exame formal preliminar e, se devidamente instruído, será protocolizado, considerada a data de depósito a da sua apresentação.

Art. 21. O pedido que não atender formalmente ao disposto no art. 19, mas que contiver dados relativos ao objeto, ao depositante e ao inventor, poderá ser entregue, mediante recibo datado, ao INPI, que estabelecerá as exigências a serem cumpridas, no prazo de 30 (trinta) dias, sob pena de devolução ou arquivamento da documentação.

Parágrafo único. Cumpridas as exigências, o depósito será considerado como efetuado na data do recibo.

SEÇÃO II.
DAS CONDIÇÕES DO PEDIDO

Art. 22. O pedido de patente de invenção terá de se referir a uma única invenção ou a um grupo de invenções inter-relacionadas de maneira a compreenderem um único conceito inventivo.

Art. 23. O pedido de patente de modelo de utilidade terá de se referir a um único modelo principal, que poderá incluir uma pluralidade de elementos distintos, adicionais ou variantes construtivas ou configurativas, desde que mantida a unidade técnico-funcional e corporal do objeto.

Art. 24. O relatório deverá descrever clara e suficientemente o objeto, de modo a possibilitar sua realização por técnico no assunto e indicar, quando for o caso, a melhor forma de execução.

Parágrafo único. No caso de material biológico essencial à realização prática do objeto do pedido, que não possa ser descrito na forma deste artigo e que não estiver acessível ao público, o relatório será suplementado por depósito do material em instituição autorizada pelo INPI ou indicada em acordo internacional.

Art. 25. As reivindicações deverão ser fundamentadas no relatório descritivo, caracterizando as particularidades do pedido e definindo, de modo claro e preciso, a matéria objeto da proteção.

Art. 26. O pedido de patente poderá ser dividido em dois ou mais, de ofício ou a requerimento do depositante, até o final do exame, desde que o pedido dividido:

I – faça referência específica ao pedido original; e

II – não exceda à matéria revelada constante do pedido original.

Parágrafo único. O requerimento de divisão em desacordo com o disposto neste artigo será arquivado.

Art. 27. Os pedidos divididos terão a data de depósito do pedido original e o benefício de prioridade deste, se for o caso.

Art. 28. Cada pedido dividido estará sujeito a pagamento das retribuições correspondentes.

Art. 29. O pedido de patente retirado ou abandonado será obrigatoriamente publicado.

§ 1º. O pedido de retirada deverá ser apresentado em até 16 (dezesseis) meses, contados da data do depósito ou da prioridade mais antiga.

§ 2º. A retirada de um depósito anterior sem produção de qualquer efeito dará prioridade ao depósito imediatamente posterior.

SEÇÃO III.
DO PROCESSO E DO EXAME DO PEDIDO

Art. 30. O pedido de patente será mantido em sigilo durante 18 (dezoito) meses contados da data de depósito ou da prioridade mais antiga, quando houver, após o que será publicado, à exceção do caso previsto no art. 75.

§ 1º. A publicação do pedido poderá ser antecipada a requerimento do depositante.

§ 2º. Da publicação deverão constar dados identificadores do pedido de patente, ficando cópia do relatório descritivo, das reivindicações, do resumo e dos desenhos à disposição do público no INPI.

§ 3º. No caso previsto no parágrafo único do art. 24, o material biológico tornar-se-á acessível ao público com a publicação de que trata este artigo.

Art. 31. Publicado o pedido de patente e até o final do exame, será facultada a apresentação, pelos interessados, de documentos e informações para subsidiarem o exame.

Parágrafo único. O exame não será iniciado antes de decorridos 60 (sessenta) dias da publicação do pedido.

Art. 32. Para melhor esclarecer ou definir o pedido de patente, o depositante poderá efetuar alterações até o requerimento do exame, desde que estas se limitem à matéria inicialmente revelada no pedido.

Art. 33. O exame do pedido de patente deverá ser requerido pelo depositante ou por qualquer interessado, no prazo de 36 (trinta e seis) meses contados da data do depósito, sob pena do arquivamento do pedido.

Parágrafo único. O pedido de patente poderá ser desarquivado, se o depositante assim o requerer, dentro de 60 (sessenta) dias contados do arquivamento, mediante pagamento de uma retribuição específica, sob pena de arquivamento definitivo.

Art. 34. Requerido o exame, deverão ser apresentados, no prazo de 60 (sessenta) dias, sempre que solicitado, sob pena de arquivamento do pedido:

I – objeções, buscas de anterioridade e resultados de exame para concessão de pedido correspondente em outros países, quando houver reivindicação de prioridade;

II – documentos necessários à regularização do processo e exame do pedido; e

III – tradução simples do documento hábil referido no § 2º do art. 16, caso esta tenha sido substituída pela declaração prevista no § 5º do mesmo artigo.

Art. 35. Por ocasião do exame técnico, será elaborado o relatório de busca e parecer relativo a:

I – patenteabilidade do pedido;

II – adaptação do pedido à natureza reivindicada;

III – reformulação do pedido ou divisão; ou

IV – exigências técnicas.

Art. 36. Quando o parecer for pela não patenteabilidade ou pelo não enquadramento do pedido na natureza reivindicada ou formular qualquer exigência, o depositante será intimado para manifestar-se no prazo de 90 (noventa) dias.

§ 1º. Não respondida a exigência, o pedido será definitivamente arquivado.

§ 2º. Respondida a exigência, ainda que não cumprida, ou contestada sua formulação, e havendo ou não manifestação sobre a patenteabilidade ou o enquadramento, dar-se-á prosseguimento ao exame.

Art. 37. Concluído o exame, será proferida decisão, deferindo ou indeferindo o pedido de patente.

CAPÍTULO IV. DA CONCESSÃO E DA VIGÊNCIA DA PATENTE

SEÇÃO I. DA CONCESSÃO DA PATENTE

Art. 38. A patente será concedida depois de deferido o pedido, e comprovado o pagamento da retribuição correspondente, expedindo-se a respectiva carta-patente.

§ 1º. O pagamento da retribuição e respectiva comprovação deverão ser efetuados no prazo de 60 (sessenta) dias contados do deferimento.

§ 2º. A retribuição prevista neste artigo poderá ainda ser paga e comprovada dentro de 30 (trinta) dias após o prazo previsto no parágrafo anterior, independentemente de notificação, mediante pagamento de retribuição específica, sob pena de arquivamento definitivo do pedido.

§ 3º. Reputa-se concedida a patente na data de publicação do respectivo ato.

Art. 39. Da carta-patente deverão constar o número, o título e a natureza respectivos, o nome do inventor, observado o disposto no § 4º do art. 6º, a qualificação e o domicílio do titular, o prazo de vigência, o relatório descritivo, as reivindicações e os desenhos, bem como os dados relativos à prioridade.

SEÇÃO II. DA VIGÊNCIA DA PATENTE

Art. 40. A patente de invenção vigorará pelo prazo de 20 (vinte) anos e a de modelo de utilidade pelo prazo 15 (quinze) anos contados da data de depósito.

Parágrafo único. O prazo de vigência não será inferior a 10 (dez) anos para a patente de invenção e a 7 (sete) anos para a patente de modelo de utilidade, a contar da data de concessão, ressalvada a hipótese de o INPI estar impedido de proceder ao exame de mérito do pedido, por pendência judicial comprovada ou por motivo de força maior.

CAPÍTULO V. DA PROTEÇÃO CONFERIDA PELA PATENTE

SEÇÃO I. DOS DIREITOS

Art. 41. A extensão da proteção conferida pela patente será determinada pelo teor das reivindicações, interpretado com base no relatório descritivo e nos desenhos.

Art. 42. A patente confere ao seu titular o direito de impedir terceiro, sem o seu consentimento, de produzir, usar, colocar à venda, vender ou importar com estes propósitos:

I – produto objeto de patente;

II – processo ou produto obtido diretamente por processo patenteado.

§ 1º. Ao titular da patente é assegurado ainda o direito de impedir que terceiros contribuam para que outros pratiquem os atos referidos neste artigo.

§ 2º. Ocorrerá violação de direito da patente de processo, a que se refere o inciso II, quando o possuidor ou proprietário não comprovar, mediante determinação judicial específica, que o seu produto foi obtido por processo de fabricação diverso daquele protegido pela patente.

Art. 43. O disposto no artigo anterior não se aplica:

I – aos atos praticados por terceiros não autorizados, em caráter privado e sem finalidade comercial, desde que não acarretem prejuízo ao interesse econômico do titular da patente;

II – aos atos praticados por terceiros não autorizados, com finalidade experimental, relacionados a estudos ou pesquisas científicas ou tecnológicas;

III – à preparação de medicamento de acordo com prescrição médica para casos individuais, executada por profissional habilitado, bem como ao medicamento assim preparado;

IV – a produto fabricado de acordo com patente de processo ou de produto que tiver sido colocado no mercado interno diretamente pelo titular da patente ou com seu consentimento;

V – a terceiros que, no caso de patentes relacionadas com matéria viva, utilizem, sem finalidade econômica, o produto patenteado como fonte inicial de variação ou propagação para obter outros produtos; e

VI – a terceiros que, no caso de patentes relacionadas com matéria viva, utilizem, ponham em circulação ou comercializem um produto patenteado que haja sido introduzido licitamente no comércio pelo detentor da patente ou por detentor de licença, desde que o produto patenteado não seja utilizado para multiplicação ou propagação comercial da matéria viva em causa;

VII – aos atos praticados por terceiros não autorizados, relacionados à invenção protegida por patente, destinados exclusivamente à produção de informações, dados e resultados de testes, visando à obtenção do registro de comercialização, no Brasil ou em outro país, para a exploração e comercialização do produto objeto da patente, após a expiração dos prazos estipulados no art. 40. (Incluído pela Lei nº 10.196, de 2001)

Art. 44. Ao titular da patente é assegurado o direito de obter indenização pela exploração indevida de seu objeto, inclusive em relação à exploração ocorrida entre a data da publicação do pedido e a da concessão da patente.

§ 1º. Se o infrator obteve, por qualquer meio, conhecimento do conteúdo do pedido depositado, anteriormente à publicação, contar-se-á o período da exploração indevida para efeito da indenização a partir da data de início da exploração.

§ 2º. Quando o objeto do pedido de patente se referir a material biológico, depositado na forma do parágrafo único do art. 24, o direito à indenização será somente conferido quando o material biológico se tiver tornado acessível ao público.

§ 3º. O direito de obter indenização por exploração indevida, inclusive com relação ao período anterior à concessão da patente, está limitado ao conteúdo do seu objeto, na forma do art. 41.

SEÇÃO II. DO USUÁRIO ANTERIOR

Art. 45. À pessoa de boa-fé que, antes da data de depósito ou de prioridade de pedido de patente, explorava seu objeto no País, será assegurado o direito de continuar a exploração, sem ônus, na forma e condição anteriores.

§ 1º. O direito conferido na forma deste artigo só poderá ser cedido juntamente com o negócio ou empresa, ou parte desta que tenha direta relação com a exploração do objeto da patente, por alienação ou arrendamento.

§ 2º. O direito de que trata este artigo não será assegurado a pessoa que tenha tido conhecimento do objeto da patente através de divulgação na forma do art. 12, desde que o pedido tenha sido depositado no prazo de 1 (um) ano, contado da divulgação.

CAPÍTULO VI. DA NULIDADE DA PATENTE

SEÇÃO I. DAS DISPOSIÇÕES GERAIS

Art. 46. É nula a patente concedida contrariando as disposições desta Lei.

Art. 47. A nulidade poderá não incidir sobre todas as reivindicações, sendo condição para a nulidade parcial o fato de as reivindicações subsistentes constituírem matéria patenteável por si mesmas.

Art. 48. A nulidade da patente produzirá efeitos a partir da data do depósito do pedido.

Art. 49. No caso de inobservância do disposto no art. 6º, o inventor poderá, alternativamente, reivindicar, em ação judicial, a adjudicação da patente.

SEÇÃO II. DO PROCESSO ADMINISTRATIVO DE NULIDADE

Art. 50. A nulidade da patente será declarada administrativamente quando:

I – não tiver sido atendido qualquer dos requisitos legais;

II – o relatório e as reivindicações não atenderem ao disposto nos arts. 24 e 25, respectivamente;

III – o objeto da patente se estenda além do conteúdo do pedido originalmente depositado; ou

IV – no seu processamento, tiver sido omitida qualquer das formalidades essenciais, indispensáveis à concessão.

Art. 51. O processo de nulidade poderá ser instaurado de ofício ou mediante requerimento de qualquer pessoa com legítimo interesse, no prazo de 6 (seis) meses contados da concessão da patente.

Parágrafo único. O processo de nulidade prosseguirá ainda que extinta a patente.

Art. 52. O titular será intimado para se manifestar no prazo de 60 (sessenta) dias.

Art. 53. Havendo ou não manifestação, decorrido o prazo fixado no artigo anterior, o INPI emitirá parecer, intimando o titular e o requerente para se manifestarem no prazo comum de 60 (sessenta) dias.

Art. 54. Decorrido o prazo fixado no artigo anterior, mesmo que não apresentadas as manifestações, o processo será decidido pelo Presidente do INPI, encerrando-se a instância administrativa.

Art. 55. Aplicam-se, no que couber, aos certificados de adição, as disposições desta Seção.

SEÇÃO III. DA AÇÃO DE NULIDADE

Art. 56. A ação de nulidade poderá ser proposta a qualquer tempo da vigência da patente, pelo INPI ou por qualquer pessoa com legítimo interesse.

§ 1º. A nulidade da patente poderá ser arguida, a qualquer tempo, como matéria de defesa.

§ 2º. O juiz poderá, preventiva ou incidentalmente, determinar a suspensão dos efeitos da patente, atendidos os requisitos processuais próprios.

Art. 57. A ação de nulidade de patente será ajuizada no foro da Justiça Federal e o INPI, quando não for autor, intervirá no feito.

§ 1º. O prazo para resposta do réu titular da patente será de 60 (sessenta) dias.

§ 2º. Transitada em julgado a decisão da ação de nulidade, o INPI publicará anotação, para ciência de terceiros.

CAPÍTULO VII. DA CESSÃO E DAS ANOTAÇÕES

Art. 58. O pedido de patente ou a patente, ambos de conteúdo indivisível, poderão ser cedidos, total ou parcialmente.

Art. 59. O INPI fará as seguintes anotações:

I – da cessão, fazendo constar a qualificação completa do cessionário;

II – de qualquer limitação ou ônus que recaia sobre o pedido ou a patente; e

III – das alterações de nome, sede ou endereço do depositante ou titular.

Art. 60. As anotações produzirão efeito em relação a terceiros a partir da data de sua publicação.

CAPÍTULO VIII. DAS LICENÇAS

SEÇÃO I. DA LICENÇA VOLUNTÁRIA

Art. 61. O titular de patente ou o depositante poderá celebrar contrato de licença para exploração.

Parágrafo único. O licenciado poderá ser investido pelo titular de todos os poderes para agir em defesa da patente.

Art. 62. O contrato de licença deverá ser averbado no INPI para que produza efeitos em relação a terceiros.

§ 1º. A averbação produzirá efeitos em relação a terceiros a partir da data de sua publicação.

§ 2º. Para efeito de validade de prova de uso, o contrato de licença não precisará estar averbado no INPI.

Art. 63. O aperfeiçoamento introduzido em patente licenciada pertence a quem o fizer, sendo assegurado à outra parte contratante o direito de preferência para seu licenciamento.

SEÇÃO II. DA OFERTA DE LICENÇA

Art. 64. O titular da patente poderá solicitar ao INPI que a coloque em oferta para fins de exploração.

§ 1º. O INPI promoverá a publicação da oferta.

§ 2º. Nenhum contrato de licença voluntária de caráter exclusivo será averbado no INPI sem que o titular tenha desistido da oferta.

§ 3º. A patente sob licença voluntária, com caráter de exclusividade, não poderá ser objeto de oferta.

§ 4º. O titular poderá, a qualquer momento, antes da expressa aceitação de seus termos pelo interessado, desistir da oferta, não se aplicando o disposto no art. 66.

Art. 65. Na falta de acordo entre o titular e o licenciado, as partes poderão requerer ao INPI o arbitramento da remuneração.

§ 1º. Para efeito deste artigo, o INPI observará o disposto no § 4º do art. 73.

§ 2º. A remuneração poderá ser revista decorrido 1 (um) ano de sua fixação.

Art. 66. A patente em oferta terá sua anuidade reduzida à metade no período compreendido entre o oferecimento e a concessão da primeira licença, a qualquer título.

Art. 67. O titular da patente poderá requerer o cancelamento da licença se o licenciado não der início à exploração efetiva dentro de 1 (um) ano da concessão, interromper a exploração por prazo superior a 1 (um) ano, ou, ainda, se não forem obedecidas as condições para a exploração.

SEÇÃO III. DA LICENÇA COMPULSÓRIA

Art. 68. O titular ficará sujeito a ter a patente licenciada compulsoriamente se exercer os direitos dela decorrentes de forma abusiva, ou por meio dela praticar abuso de poder econômico, comprovado nos termos da lei, por decisão administrativa ou judicial.

§ 1º. Ensejam, igualmente, licença compulsória:

I – a não exploração do objeto da patente no território brasileiro por falta de fabricação ou fabricação incompleta do produto, ou, ainda, a falta de uso integral do processo patenteado, ressalvados os casos de inviabilidade econômica, quando será admitida a importação; ou

II – a comercialização que não satisfizer às necessidades do mercado.

§ 2º. A licença só poderá ser requerida por pessoa com legítimo interesse e que tenha capacidade técnica e econômica para realizar a exploração eficiente do objeto da patente, que deverá destinar-se, predominantemente, ao mercado interno, extinguindo-se nesse caso a excepcionalidade prevista no inciso I do parágrafo anterior.

§ 3º. No caso de a licença compulsória ser concedida em razão de abuso de poder econômico, ao licenciado, que propõe fabricação local, será garantido um prazo, limitado ao estabelecido no art. 74, para proceder à importação do objeto da licença, desde que tenha sido colocado no mercado diretamente pelo titular ou com o seu consentimento.

§ 4º. No caso de importação para exploração de patente e no caso da importação prevista no parágrafo anterior, será igualmente admitida a importação por terceiros de produto fabricado de acordo com patente de processo ou de produto, desde que tenha sido colocado no mercado diretamente pelo titular ou com o seu consentimento.

§ 5º. A licença compulsória de que trata o § 1º somente será requerida após decorridos 3 (três) anos da concessão da patente.

Art. 69. A licença compulsória não será concedida se, à data do requerimento, o titular:

I – justificar o desuso por razões legítimas;

II – comprovar a realização de sérios e efetivos preparativos para a exploração; ou

III – justificar a falta de fabricação ou comercialização por obstáculo de ordem legal.

Art. 70. A licença compulsória será ainda concedida quando, cumulativamente, se verificarem as seguintes hipóteses:

I – ficar caracterizada situação de dependência de uma patente em relação a outra;

II – o objeto da patente dependente constituir substancial progresso técnico em relação à patente anterior; e

III – o titular não realizar acordo com o titular da patente dependente para exploração da patente anterior.

§ 1º. Para os fins deste artigo considera-se patente dependente aquela cuja exploração depende obrigatoriamente da utilização do objeto de patente anterior.

§ 2º. Para efeito deste artigo, uma patente de processo poderá ser considerada dependente de patente do produto respectivo, bem como uma patente de produto poderá ser dependente de patente de processo.

§ 3º. O titular da patente licenciada na forma deste artigo terá direito a licença compulsória cruzada da patente dependente.

Art. 71. Nos casos de emergência nacional ou interesse público, declarados em ato do Poder Executivo Federal, desde que o titular da patente ou seu licenciado não atenda a essa necessidade, poderá ser concedida, de ofício, licença compulsória, temporária e não exclusiva, para a exploração da patente, sem prejuízo dos direitos do respectivo titular.

Parágrafo único. O ato de concessão da licença estabelecerá seu prazo de vigência e a possibilidade de prorrogação.

Art. 72. As licenças compulsórias serão sempre concedidas sem exclusividade, não se admitindo o sublicenciamento.

Art. 73. O pedido de licença compulsória deverá ser formulado mediante indicação das condições oferecidas ao titular da patente.

§ 1º. Apresentado o pedido de licença, o titular será intimado para manifestar-se no prazo de 60 (sessenta) dias, findo o qual, sem manifestação do titular, será considerada aceita a proposta nas condições oferecidas.

§ 2º. O requerente de licença que invocar abuso de direitos patentários ou abuso de poder econômico deverá juntar documentação que o comprove.

§ 3º. No caso de a licença compulsória ser requerida com fundamento na falta de exploração, caberá ao titular da patente comprovar a exploração.

§ 4º. Havendo contestação, o INPI poderá realizar as necessárias diligências, bem como designar comissão, que poderá incluir especialistas não integrantes dos quadros da autarquia, visando arbitrar a remuneração que será paga ao titular.

§ 5º. Os órgãos e entidades da administração pública direta ou indireta, federal, estadual e municipal, prestarão ao INPI as informações solicitadas com o objetivo de subsidiar o arbitramento da remuneração.

§ 6º. No arbitramento da remuneração, serão consideradas as circunstâncias de cada caso, levando-se em conta, obrigatoriamente, o valor econômico da licença concedida.

§ 7º. Instruído o processo, o INPI decidirá sobre a concessão e condições da licença compulsória no prazo de 60 (sessenta) dias.

§ 8º. O recurso da decisão que conceder a licença compulsória não terá efeito suspensivo.

Art. 74. Salvo razões legítimas, o licenciado deverá iniciar a exploração do objeto da patente no prazo de 1 (um) ano da concessão da licença, admitida a interrupção por igual prazo.

§ 1º. O titular poderá requerer a cassação da licença quando não cumprido o disposto neste artigo.

§ 2º. O licenciado ficará investido de todos os poderes para agir em defesa da patente.

§ 3º. Após a concessão da licença compulsória, somente será admitida a sua cessão quando realizada conjuntamente com a cessão, alienação ou arrendamento da parte do empreendimento que a explore.

CAPÍTULO IX.
DA PATENTE DE INTERESSE DA DEFESA NACIONAL

Art. 75. O pedido de patente originário do Brasil cujo objeto interesse à defesa nacional será processado em caráter sigiloso e não estará sujeito às publicações previstas nesta Lei.

- Decreto 2.553/1998 – Regulamenta os arts. 75 e 88 a 93 da Lei 9.279/1996.

§ 1º. O INPI encaminhará o pedido, de imediato, ao órgão competente do Poder Executivo para, no prazo de 60 (sessenta) dias, manifestar-se sobre o caráter sigiloso. Decorrido o prazo sem a manifestação do órgão competente, o pedido será processado normalmente.

§ 2º. É vedado o depósito no exterior de pedido de patente cujo objeto tenha sido considerado de interesse da defesa nacional, bem como qualquer divulgação do mesmo, salvo expressa autorização do órgão competente.

§ 3º. A exploração e a cessão do pedido ou da patente de interesse da defesa nacional estão condicionadas à prévia autorização do órgão competente, assegurada indenização sempre que houver restrição dos direitos do depositante ou do titular.

CAPÍTULO X.
DO CERTIFICADO DE ADIÇÃO DE INVENÇÃO

Art. 76. O depositante do pedido ou titular de patente de invenção poderá requerer, mediante pagamento de retribuição específica, certificado de adição para proteger aperfeiçoamento ou desenvolvimento introduzido no objeto da invenção, mesmo que destituído de atividade inventiva, desde que a matéria se inclua no mesmo conceito inventivo.

§ 1º. Quando tiver ocorrido a publicação do pedido principal, o pedido de certificado de adição será imediatamente publicado.

§ 2º. O exame do pedido de certificado de adição obedecerá ao disposto nos arts. 30 a 37, ressalvado o disposto no parágrafo anterior.

§ 3º. O pedido de certificado de adição será indeferido se o seu objeto não apresentar o mesmo conceito inventivo.

§ 4º. O depositante poderá, no prazo do recurso, requerer a transformação do pedido de certificado de adição em pedido de patente, beneficiando-se da data de depósito do pedido de certificado, mediante pagamento das retribuições cabíveis.

Art. 77. O certificado de adição é acessório da patente, tem a data final de vigência desta e acompanha-a para todos os efeitos legais.

Parágrafo único. No processo de nulidade, o titular poderá requerer que a matéria contida no certificado de adição seja analisada para se verificar a possibilidade de sua subsistência, sem prejuízo do prazo de vigência da patente.

CAPÍTULO XI.
DA EXTINÇÃO DA PATENTE

Art. 78. A patente extingue-se:

I – pela expiração do prazo de vigência;

II – pela renúncia de seu titular, ressalvado o direito de terceiros;

III – pela caducidade;

IV – pela falta de pagamento da retribuição anual, nos prazos previstos no § 2º do art. 84 e no art. 87; e

V – pela inobservância do disposto no art. 217.

Parágrafo único. Extinta a patente, o seu objeto cai em domínio público.

Art. 79. A renúncia só será admitida se não prejudicar direitos de terceiros.

Art. 80. Caducará a patente, de ofício ou a requerimento de qualquer pessoa com legítimo interesse, se, decorridos 2 (dois) anos da concessão da primeira licença compulsória, esse prazo não tiver sido suficiente para prevenir ou sanar o abuso ou desuso, salvo motivos justificáveis.

§ 1º. A patente caducará quando, na data do requerimento da caducidade ou da instauração de ofício do respectivo processo, não tiver sido iniciada a exploração.

§ 2º. No processo de caducidade instaurado a requerimento, o INPI poderá prosseguir se houver desistência do requerente.

Art. 81. O titular será intimado mediante publicação para se manifestar, no prazo de 60 (sessenta) dias, cabendo-lhe o ônus da prova quanto à exploração.

Art. 82. A decisão será proferida dentro de 60 (sessenta) dias, contados do término do prazo mencionado no artigo anterior.

Art. 83. A decisão da caducidade produzirá efeitos a partir da data do requerimento ou da publicação da instauração de ofício do processo.

CAPÍTULO XII.
DA RETRIBUIÇÃO ANUAL

Art. 84. O depositante do pedido e o titular da patente estão sujeitos ao pagamento de retribuição anual, a partir do início do terceiro ano da data do depósito.

§ 1º. O pagamento antecipado da retribuição anual será regulado pelo INPI.

§ 2º. O pagamento deverá ser efetuado dentro dos primeiros 3 (três) meses de cada período anual, podendo, ainda, ser feito, independente de notificação, dentro dos 6 (seis) meses subsequentes, mediante pagamento de retribuição adicional.

Art. 85. O disposto no artigo anterior aplica-se aos pedidos internacionais depositados em virtude de tratado em vigor no Brasil, devendo o pagamento das retribuições anuais vencidas antes da data da entrada no processamento nacional ser efetuado no prazo de 3 (três) meses dessa data.

Art. 86. A falta de pagamento da retribuição anual, nos termos dos arts. 84 e 85, acarretará o arquivamento do pedido ou a extinção da patente.

CAPÍTULO XIII. DA RESTAURAÇÃO

Art. 87. O pedido de patente e a patente poderão ser restaurados, se o depositante ou o titular assim o requerer, dentro de 3 (três) meses, contados da notificação do arquivamento do pedido ou da extinção da patente, mediante pagamento de retribuição específica.

CAPÍTULO XIV. DA INVENÇÃO E DO MODELO DE UTILIDADE REALIZADO POR EMPREGADO OU PRESTADOR DE SERVIÇO

- Decreto 2.553/1998 – Regulamenta os arts. 75 e 88 a 93 da Lei 9.279/1996.

Art. 88. A invenção e o modelo de utilidade pertencem exclusivamente ao empregador quando decorrerem de contrato de trabalho cuja execução ocorra no Brasil e que tenha por objeto a pesquisa ou a atividade inventiva, ou resulte esta da natureza dos serviços para os quais foi o empregado contratado.

§ 1º. Salvo expressa disposição contratual em contrário, a retribuição pelo trabalho a que se refere este artigo limita-se ao salário ajustado.

§ 2º. Salvo prova em contrário, consideram-se desenvolvidos na vigência do contrato a invenção ou o modelo de utilidade, cuja patente seja requerida pelo empregado até 1 (um) ano após a extinção do vínculo empregatício.

Art. 89. O empregador, titular da patente, poderá conceder ao empregado, autor de invento ou aperfeiçoamento, participação nos ganhos econômicos resultantes da exploração da patente, mediante negociação com o interessado ou conforme disposto em norma da empresa.

Parágrafo único. A participação referida neste artigo não se incorpora, a qualquer título, ao salário do empregado.

Art. 90. Pertencerá exclusivamente ao empregado a invenção ou o modelo de utilidade por ele desenvolvido, desde que desvinculado do contrato de trabalho e não decorrente da utilização de recursos, meios, dados, materiais, instalações ou equipamentos do empregador.

Art. 91. A propriedade de invenção ou de modelo de utilidade será comum, em partes iguais, quando resultar da contribuição pessoal do empregado e de recursos, dados, meios, materiais, instalações ou equipamentos do empregador, ressalvada expressa disposição contratual em contrário.

§ 1º. Sendo mais de um empregado, a parte que lhes couber será dividida igualmente entre todos, salvo ajuste em contrário.

§ 2º. É garantido ao empregador o direito exclusivo de licença de exploração e assegurada ao empregado a justa remuneração.

§ 3º. A exploração do objeto da patente, na falta de acordo, deverá ser iniciada pelo empregador dentro do prazo de 1 (um) ano, contado da data de sua concessão, sob pena de passar à exclusiva propriedade do empregado a titularidade da patente, ressalvadas as hipóteses de falta de exploração por razões legítimas.

§ 4º. No caso de cessão, qualquer dos cotitulares, em igualdade de condições, poderá exercer o direito de preferência.

Art. 92. O disposto nos artigos anteriores aplica-se, no que couber, às relações entre o trabalhador autônomo ou o estagiário e a empresa contratante e entre empresas contratantes e contratadas.

Art. 93. Aplica-se o disposto neste Capítulo, no que couber, às entidades da Administração Pública, direta, indireta e fundacional, federal, estadual ou municipal.

Parágrafo único. Na hipótese do art. 88, será assegurada ao inventor, na forma e condições previstas no estatuto ou regimento interno da entidade a que se refere este artigo, premiação de parcela no valor das vantagens auferidas com o pedido ou com a patente, a título de incentivo.

TÍTULO II. DOS DESENHOS INDUSTRIAIS

CAPÍTULO I. DA TITULARIDADE

Art. 94. Ao autor será assegurado o direito de obter registro de desenho industrial que lhe confira a propriedade, nas condições estabelecidas nesta Lei.

Parágrafo único. Aplicam-se ao registro de desenho industrial, no que couber, as disposições dos arts. 6º e 7º.

CAPÍTULO II. DA REGISTRABILIDADE

SEÇÃO I. DOS DESENHOS INDUSTRIAIS REGISTRÁVEIS

Art. 95. Considera-se desenho industrial a forma plástica ornamental de um objeto ou o conjunto ornamental de linhas e cores que possa ser aplicado a um produto, proporcionando resultado visual novo e original na sua configuração externa e que possa servir de tipo de fabricação industrial.

Art. 96. O desenho industrial é considerado novo quando não compreendido no estado da técnica.

§ 1º. O estado da técnica é constituído por tudo aquilo tornado acessível ao público antes da data de depósito do pedido, no Brasil ou no exterior, por uso ou qualquer outro meio, ressalvado o disposto no § 3º deste artigo e no art. 99.

§ 2º. Para aferição unicamente da novidade, o conteúdo completo de pedido de patente ou de registro depositado no Brasil, e ainda não publicado, será considerado como incluído no estado da técnica a partir da data de depósito, ou da prioridade reivindicada, desde que venha a ser publicado, mesmo que subsequentemente.

§ 3º. Não será considerado como incluído no estado da técnica o desenho industrial cuja divulgação tenha ocorrido durante os 180 (cento e oitenta) dias que precederem a data do depósito ou a da prioridade reivindicada, se promovida nas situações previstas nos incisos I a III do art. 12.

Art. 97. O desenho industrial é considerado original quando dele resulte uma configuração visual distintiva, em relação a outros objetos anteriores.

Parágrafo único. O resultado visual original poderá ser decorrente da combinação de elementos conhecidos.

Art. 98. Não se considera desenho industrial qualquer obra de caráter puramente artístico.

SEÇÃO II. DA PRIORIDADE

Art. 99. Aplicam-se ao pedido de registro, no que couber, as disposições do art. 16, exceto o prazo previsto no seu § 3º, que será de 90 (noventa) dias.

SEÇÃO III. DOS DESENHOS INDUSTRIAIS NÃO REGISTRÁVEIS

Art. 100. Não é registrável como desenho industrial:

I – o que for contrário à moral e aos bons costumes ou que ofenda a honra ou imagem de pessoas, ou atente contra liberdade de consciência, crença, culto religioso ou ideia e sentimentos dignos de respeito e veneração;

II – a forma necessária comum ou vulgar do objeto ou, ainda, aquela determinada essencialmente por considerações técnicas ou funcionais.

CAPÍTULO III. DO PEDIDO DE REGISTRO

SEÇÃO I. DO DEPÓSITO DO PEDIDO

Art. 101. O pedido de registro, nas condições estabelecidas pelo INPI, conterá:

I – requerimento;

II – relatório descritivo, se for o caso;

III – reivindicações, se for o caso;

IV – desenhos ou fotografias;

V – campo de aplicação do objeto; e

VI – comprovante do pagamento da retribuição relativa ao depósito.

Parágrafo único. Os documentos que integram o pedido de registro deverão ser apresentados em língua portuguesa.

Art. 102. Apresentado o pedido, será ele submetido a exame formal preliminar e, se devidamente instruído, será protocolizado, considerada a data do depósito a da sua apresentação.

Art. 103. O pedido que não atender formalmente ao disposto no art. 101, mas que contiver dados suficientes relativos ao depositante, ao desenho industrial e ao autor, poderá ser entregue, mediante recibo datado, ao INPI, que estabelecerá as exigências a serem cumpridas, em 5 (cinco) dias, sob pena de ser considerado inexistente.

Parágrafo único. Cumpridas as exigências, o depósito será considerado como efetuado na data da apresentação do pedido.

SEÇÃO II.
DAS CONDIÇÕES DO PEDIDO

Art. 104. O pedido de registro de desenho industrial terá que se referir a um único objeto, permitida uma pluralidade de variações, desde que se destinem ao mesmo propósito e guardem entre si a mesma característica distintiva preponderante, limitado cada pedido ao máximo de 20 (vinte) variações.

Parágrafo único. O desenho deverá representar clara e suficientemente o objeto e suas variações, se houver, de modo a possibilitar sua reprodução por técnico no assunto.

Art. 105. Se solicitado o sigilo na forma do § 1º do art. 106, poderá o pedido ser retirado em até 90 (noventa) dias contados da data do depósito.

Parágrafo único. A retirada de um depósito anterior sem produção de qualquer efeito dará prioridade ao depósito imediatamente posterior.

SEÇÃO III.
DO PROCESSO E DO EXAME DO PEDIDO

Art. 106. Depositado o pedido de registro de desenho industrial e observado o disposto nos arts. 100, 101 e 104, será automaticamente publicado e simultaneamente concedido o registro, expedindo-se o respectivo certificado.

§ 1º. A requerimento do depositante, por ocasião do depósito, poderá ser mantido em sigilo o pedido, pelo prazo de 180 (cento e oitenta) dias contados da data do depósito, após o que será processado.

§ 2º. Se o depositante se beneficiar do disposto no art. 99, aguardar-se-á a apresentação do documento de prioridade para o processamento do pedido.

§ 3º. Não atendido o disposto nos arts. 101 e 104, será formulada exigência, que deverá ser respondida em 60 (sessenta) dias, sob pena de arquivamento definitivo.

§ 4º. Não atendido o disposto no art. 100, o pedido de registro será indeferido.

CAPÍTULO IV.
DA CONCESSÃO E DA VIGÊNCIA DO REGISTRO

Art. 107. Do certificado deverão constar o número e o título, nome do autor – observado o disposto no § 4º do art. 6º, o nome, a nacionalidade e o domicílio do titular, o prazo de vigência, os desenhos, os dados relativos à prioridade estrangeira, e, quando houver, relatório descritivo e reivindicações.

Art. 108. O registro vigorará pelo prazo de 10 (dez) anos contados da data do depósito, prorrogável por 3 (três) períodos sucessivos de 5 (cinco) anos cada.

§ 1º O pedido de prorrogação deverá ser formulado durante o último ano de vigência do registro, instruído com o comprovante do pagamento da respectiva retribuição.

§ 2º Se o pedido de prorrogação não tiver sido formulado até o termo final da vigência do registro, o titular poderá fazê-lo nos 180 (cento e oitenta) dias subsequentes, mediante o pagamento de retribuição adicional.

CAPÍTULO V.
DA PROTEÇÃO CONFERIDA PELO REGISTRO

Art. 109. A propriedade do desenho industrial adquire-se pelo registro validamente concedido.

Parágrafo único. Aplicam-se ao registro do desenho industrial, no que couber, as disposições do art. 42 e dos incisos I, II e IV do art. 43.

Art. 110. À pessoa que, de boa-fé, antes da data do depósito ou da prioridade do pedido de registro explorava seu objeto no País, será assegurado o direito de continuar a exploração, sem ônus, na forma e condição anteriores.

§ 1º. O direito conferido na forma deste artigo só poderá ser cedido juntamente com o negócio ou empresa, ou parte deste, que tenha direta relação com a exploração do objeto do registro, por alienação ou arrendamento.

§ 2º. O direito de que trata este artigo não será assegurado a pessoa que tenha tido conhecimento do objeto do registro através de divulgação nos termos do § 3º do art. 96, desde que o pedido tenha sido depositado no prazo de 6 (seis) meses contados da divulgação.

CAPÍTULO VI.
DO EXAME DE MÉRITO

Art. 111. O titular do desenho industrial poderá requerer o exame do objeto do registro, a qualquer tempo da vigência, quanto aos aspectos de novidade e de originalidade.

Parágrafo único. O INPI emitirá parecer de mérito, que, se concluir pela ausência de pelo menos um dos requisitos definidos nos arts. 95 a 98, servirá de fundamento para instauração de ofício de processo de nulidade do registro.

CAPÍTULO VII.
DA NULIDADE DO REGISTRO

SEÇÃO I.
DAS DISPOSIÇÕES GERAIS

Art. 112. É nulo o registro concedido em desacordo com as disposições desta Lei.

§ 1º. A nulidade do registro produzirá efeitos a partir da data do depósito do pedido.

§ 2º. No caso de inobservância do disposto no art. 94, o autor poderá, alternativamente, reivindicar a adjudicação do registro.

SEÇÃO II.
DO PROCESSO ADMINISTRATIVO DE NULIDADE

Art. 113. A nulidade do registro será declarada administrativamente quando tiver sido concedido com infringência dos arts. 94 a 98.

§ 1º. O processo de nulidade poderá ser instaurado de ofício ou mediante requerimento de qualquer pessoa com legítimo interesse, no prazo de 5 (cinco) anos contados da concessão do registro, ressalvada a hipótese prevista no parágrafo único do art. 111.

§ 2º. O requerimento ou a instauração de ofício suspenderá os efeitos da concessão do registro se apresentada ou publicada no prazo de 60 (sessenta) dias da concessão.

Art. 114. O titular será intimado para se manifestar no prazo de 60 (sessenta) dias contados da data da publicação.

Art. 115. Havendo ou não manifestação, decorrido o prazo fixado no artigo anterior, o INPI emitirá parecer, intimando o titular e o requerente para se manifestarem no prazo comum de 60 (sessenta) dias.

Art. 116. Decorrido o prazo fixado no artigo anterior, mesmo que não apresentadas as manifestações, o processo será decidido pelo Presidente do INPI, encerrando-se a instância administrativa.

Art. 117. O processo de nulidade prosseguirá, ainda que extinto o registro.

SEÇÃO III.
DA AÇÃO DE NULIDADE

Art. 118. Aplicam-se à ação de nulidade de registro de desenho industrial, no que couber, as disposições dos arts. 56 e 57.

CAPÍTULO VIII.
DA EXTINÇÃO DO REGISTRO

Art. 119. O registro extingue-se:

I – pela expiração do prazo de vigência;

II – pela renúncia de seu titular, ressalvado o direito de terceiros;

III – pela falta de pagamento da retribuição prevista nos arts. 108 e 120; ou

IV – pela inobservância do disposto no art. 217.

CAPÍTULO IX.
DA RETRIBUIÇÃO QUINQUENAL

Art. 120. O titular do registro está sujeito ao pagamento de retribuição quinquenal, a partir do segundo quinquênio da data do depósito.

§ 1º. O pagamento do segundo quinquênio será feito durante o 5º (quinto) ano da vigência do registro.

§ 2º. O pagamento dos demais quinquênios será apresentado junto com o pedido de prorrogação a que se refere o art. 108.

§ 3º. O pagamento dos quinquênios poderá ainda ser efetuado dentro dos 6 (seis) meses subsequentes ao prazo estabelecido no parágrafo anterior, mediante pagamento de retribuição adicional.

CAPÍTULO X.
DAS DISPOSIÇÕES FINAIS

Art. 121. As disposições dos arts. 58 a 63 aplicam-se, no que couber, à matéria de que trata o presente Título, disciplinando-se o direito do empregado ou prestador de serviços pelas disposições dos arts. 88 a 93.

TÍTULO III.
DAS MARCAS

CAPÍTULO I.
DA REGISTRABILIDADE

SEÇÃO I.
DOS SINAIS REGISTRÁVEIS COMO MARCA

Art. 122. São suscetíveis de registro como marca os sinais distintivos visualmente perceptíveis, não compreendidos nas proibições legais.

Art. 123. Para os efeitos desta Lei, considera-se:

I – marca de produto ou serviço: aquela usada para distinguir produto ou serviço de outro idêntico, semelhante ou afim, de origem diversa;

II – marca de certificação: aquela usada para atestar a conformidade de um produto ou serviço com determinadas normas ou especificações técnicas, notadamente quanto à qualidade, natureza, material utilizado e metodologia empregada; e

III – marca coletiva: aquela usada para identificar produtos ou serviços provindos de membros de uma determinada entidade.

SEÇÃO II.
DOS SINAIS NÃO REGISTRÁVEIS COMO MARCA

Art. 124. Não são registráveis como marca:

I – brasão, armas, medalha, bandeira, emblema, distintivo e monumento oficiais, públicos, nacionais, estrangeiros ou internacionais, bem como a respectiva designação, figura ou imitação;

II – letra, algarismo e data, isoladamente, salvo quando revestidos de suficiente forma distintiva;

III – expressão, figura, desenho ou qualquer outro sinal contrário à moral e aos bons costumes ou que ofenda a honra ou imagem de pessoas ou atente contra liberdade de consciência, crença, culto religioso ou ideia e sentimento dignos de respeito e veneração;

IV – designação ou sigla de entidade ou órgão público, quando não requerido o registro pela própria entidade ou órgão público;

V – reprodução ou imitação de elemento característico ou diferenciador de título de estabelecimento ou nome de empresa de terceiros, suscetível de causar confusão ou associação com estes sinais distintivos;

VI – sinal de caráter genérico, necessário, comum, vulgar ou simplesmente descritivo, quando tiver relação com o produto ou serviço a distinguir, ou aquele empregado comumente para designar uma característica do produto ou serviço, quanto à natureza, nacionalidade, peso, valor, qualidade e época de produção ou de prestação do serviço, salvo quando revestidos de suficiente forma distintiva;

VII – sinal ou expressão empregada apenas como meio de propaganda;

VIII – cores e suas denominações, salvo se dispostas ou combinadas de modo peculiar e distintivo;

IX – indicação geográfica, sua imitação suscetível de causar confusão ou sinal que possa falsamente induzir indicação geográfica;

X – sinal que induza a falsa indicação quanto à origem, procedência, natureza, qualidade ou utilidade do produto ou serviço a que a marca se destina;

XI – reprodução ou imitação de cunho oficial, regularmente adotada para garantia de padrão de qualquer gênero ou natureza;

XII – reprodução ou imitação de sinal que tenha sido registrado como marca coletiva ou de certificação por terceiro, observado o disposto no art. 154;

XIII – nome, prêmio ou símbolo de evento esportivo, artístico, cultural, social, político, econômico ou técnico, oficial ou oficialmente reconhecido, bem como a imitação suscetível de criar confusão, salvo quando autorizados pela autoridade competente ou entidade promotora do evento;

XIV – reprodução ou imitação de título, apólice, moeda e cédula da União, dos Estados, do Distrito Federal, dos Territórios, dos Municípios, ou de país;

XV – nome civil ou sua assinatura, nome de família ou patronímico e imagem de terceiros, salvo com consentimento do titular, herdeiros ou sucessores;

XVI – pseudônimo ou apelido notoriamente conhecidos, nome artístico singular ou coletivo, salvo com consentimento do titular, herdeiros ou sucessores;

XVII – obra literária, artística ou científica, assim como os títulos que estejam protegidos pelo direito autoral e sejam suscetíveis de causar confusão ou associação, salvo com consentimento do autor ou titular;

XVIII – termo técnico usado na indústria, na ciência e na arte, que tenha relação com o produto ou serviço a distinguir;

XIX – reprodução ou imitação, no todo ou em parte, ainda que com acréscimo, de marca alheia registrada, para distinguir ou certificar produto ou serviço idêntico, semelhante ou afim, suscetível de causar confusão ou associação com marca alheia;

XX – dualidade de marcas de um só titular para o mesmo produto ou serviço, salvo quando, no caso de marcas de mesma natureza, se revestirem de suficiente forma distintiva;

XXI – a forma necessária, comum ou vulgar do produto ou de acondicionamento, ou, ainda, aquela que não possa ser dissociada de efeito técnico;

XXII – objeto que estiver protegido por registro de desenho industrial de terceiro; e

XXIII – sinal que imite ou reproduza, no todo ou em parte, marca que o requerente evidentemente não poderia desconhecer em razão de sua atividade, cujo titular seja sediado ou domiciliado em território nacional ou em país com o qual o Brasil mantenha acordo ou que assegure reciprocidade de tratamento, se a marca se destinar a distinguir produto ou serviço idêntico, semelhante ou afim, suscetível de causar confusão ou associação com aquela marca alheia.

SEÇÃO III.
MARCA DE ALTO RENOME

Art. 125. À marca registrada no Brasil considerada de alto renome será assegurada proteção especial, em todos os ramos de atividade.

SEÇÃO IV.
MARCA NOTORIAMENTE CONHECIDA

Art. 126. A marca notoriamente conhecida em seu ramo de atividade nos termos do art. 6º *bis* (I), da Convenção da União de Paris para Proteção da Propriedade Industrial, goza de proteção especial, independentemente de estar previamente depositada ou registrada no Brasil.

§ 1º. A proteção de que trata este artigo aplica-se também às marcas de serviço.

§ 2º. O INPI poderá indeferir de ofício pedido de registro de marca que reproduza ou imite, no todo ou em parte, marca notoriamente conhecida.

CAPÍTULO II.
PRIORIDADE

Art. 127. Ao pedido de registro de marca depositado em país que mantenha acordo com o Brasil ou em organização internacional, que produza efeito de depósito nacional, será assegurado direito de prioridade, nos prazos estabelecidos no acordo, não sendo o depósito invalidado nem prejudicado por fatos ocorridos nesses prazos.

§ 1º. A reivindicação da prioridade será feita no ato de depósito, podendo ser suplementada dentro de 60 (sessenta) dias, por outras prioridades anteriores à data do depósito no Brasil.

§ 2º. A reivindicação da prioridade será comprovada por documento hábil da origem, contendo o número, a data e a reprodução do pedido ou do registro, acompanhado de tradução simples, cujo teor será de inteira responsabilidade do depositante.

§ 3º. Se não efetuada por ocasião do depósito, a comprovação deverá ocorrer em até 4 (quatro) meses, contados do depósito, sob pena de perda da prioridade.

§ 4º. Tratando-se de prioridade obtida por cessão, o documento correspondente deverá ser apresentado junto com o próprio documento de prioridade.

CAPÍTULO III. DOS REQUERENTES DE REGISTRO

Art. 128. Podem requerer registro de marca as pessoas físicas ou jurídicas de direito público ou de direito privado.

§ 1º. As pessoas de direito privado só podem requerer registro de marca relativo à atividade que exerçam efetiva e licitamente, de modo direto ou através de empresas que controlem direta ou indiretamente, declarando, no próprio requerimento, esta condição, sob as penas da lei.

§ 2º. O registro de marca coletiva só poderá ser requerido por pessoa jurídica representativa de coletividade, a qual poderá exercer atividade distinta da de seus membros.

§ 3º. O registro da marca de certificação só poderá ser requerido por pessoa sem interesse comercial ou industrial direto no produto ou serviço atestado.

§ 4º. A reivindicação de prioridade não isenta o pedido da aplicação dos dispositivos constantes deste Título.

CAPÍTULO IV. DOS DIREITOS SOBRE A MARCA

SEÇÃO I. AQUISIÇÃO

Art. 129. A propriedade da marca adquire-se pelo registro validamente expedido, conforme as disposições desta Lei, sendo assegurado ao titular seu uso exclusivo em todo o território nacional, observado quanto às marcas coletivas e de certificação o disposto nos arts. 147 e 148.

§ 1º. Toda pessoa que, de boa-fé, na data da prioridade ou depósito, usava no País, há pelo menos 6 (seis) meses, marca idêntica ou semelhante, para distinguir ou certificar produto ou serviço idêntico, semelhante ou afim, terá direito de precedência ao registro.

§ 2º. O direito de precedência somente poderá ser cedido juntamente com o negócio da empresa, ou parte deste, que tenha direta relação com o uso da marca, por alienação ou arrendamento.

SEÇÃO II. DA PROTEÇÃO CONFERIDA PELO REGISTRO

Art. 130. Ao titular da marca ou ao depositante é ainda assegurado o direito de:

I – ceder seu registro ou pedido de registro;

II – licenciar seu uso;

III – zelar pela sua integridade material ou reputação.

Art. 131. A proteção de que trata esta Lei abrange o uso da marca em papéis, impressos, propaganda e documentos relativos à atividade do titular.

Art. 132. O titular da marca não poderá:

I – impedir que comerciantes ou distribuidores utilizem sinais distintivos que lhes são próprios, juntamente com a marca do produto, na sua promoção e comercialização;

II – impedir que fabricantes de acessórios utilizem a marca para indicar a destinação do produto, desde que obedecidas as práticas leais de concorrência;

III – impedir a livre circulação de produto colocado no mercado interno, por si ou por outrem com seu consentimento, ressalvado o disposto nos §§ 3º e 4º do art. 68; e

IV – impedir a citação da marca em discurso, obra científica ou literária ou qualquer outra publicação, desde que sem conotação comercial e sem prejuízo para seu caráter distintivo.

CAPÍTULO V. DA VIGÊNCIA, DA CESSÃO E DAS ANOTAÇÕES

SEÇÃO I. DA VIGÊNCIA

Art. 133. O registro da marca vigorará pelo prazo de 10 (dez) anos, contados da data da concessão do registro, prorrogável por períodos iguais e sucessivos.

§ 1º. O pedido de prorrogação deverá ser formulado durante o último ano de vigência do registro, instruído com o comprovante do pagamento da respectiva retribuição.

§ 2º. Se o pedido de prorrogação não tiver sido efetuado até o termo final da vigência do registro, o titular poderá fazê-lo nos 6 (seis) meses subsequentes, mediante o pagamento de retribuição adicional.

§ 3º. A prorrogação não será concedida se não atendido o disposto no art. 128.

SEÇÃO II. DA CESSÃO

Art. 134. O pedido de registro e o registro poderão ser cedidos, desde que o cessionário atenda aos requisitos legais para requerer tal registro.

Art. 135. A cessão deverá compreender todos os registros ou pedidos, em nome do cedente, de marcas iguais ou semelhantes, relativas a produto ou serviço idêntico, semelhante ou afim, sob pena de cancelamento dos registros ou arquivamento dos pedidos não cedidos.

SEÇÃO III. DAS ANOTAÇÕES

Art. 136. O INPI fará as seguintes anotações:

I – da cessão, fazendo constar a qualificação completa do cessionário;

II – de qualquer limitação ou ônus que recaia sobre o pedido ou registro; e

III – das alterações de nome, sede ou endereço do depositante ou titular.

Art. 137. As anotações produzirão efeitos em relação a terceiros a partir da data de sua publicação.

Art. 138. Cabe recurso da decisão que:

I – indeferir anotação de cessão;

II – cancelar o registro ou arquivar o pedido, nos termos do art. 135.

SEÇÃO IV. DA LICENÇA DE USO

Art. 139. O titular de registro ou o depositante de pedido de registro poderá celebrar contrato de licença para uso da marca, sem prejuízo de seu direito de exercer controle efetivo sobre as especificações, natureza e qualidade dos respectivos produtos ou serviços.

Parágrafo único. O licenciado poderá ser investido pelo titular de todos os poderes para agir em defesa da marca, sem prejuízo dos seus próprios direitos.

Art. 140. O contrato de licença deverá ser averbado no INPI para que produza efeitos em relação a terceiros.

§ 1º. A averbação produzirá efeitos em relação a terceiros a partir da data de sua publicação.

§ 2º. Para efeito de validade de prova de uso, o contrato de licença não precisará estar averbado no INPI.

Art. 141. Da decisão que indeferir a averbação do contrato de licença cabe recurso.

CAPÍTULO VI. DA PERDA DOS DIREITOS

Art. 142. O registro da marca extingue-se:

I – pela expiração do prazo de vigência;

II – pela renúncia, que poderá ser total ou parcial em relação aos produtos ou serviços assinalados pela marca;

III – pela caducidade; ou

IV – pela inobservância do disposto no art. 217.

Art. 143. Caducará o registro, a requerimento de qualquer pessoa com legítimo interesse se, decorridos 5 (cinco) anos da sua concessão, na data do requerimento:

I – o uso da marca não tiver sido iniciado no Brasil; ou

II – o uso da marca tiver sido interrompido por mais de 5 (cinco) anos consecutivos, ou se, no mesmo prazo, a marca tiver sido usada com modificação que implique alteração de seu caráter distintivo original, tal como constante do certificado de registro.

§ 1º. Não ocorrerá caducidade se o titular justificar o desuso da marca por razões legítimas.

§ 2º. O titular será intimado para se manifestar no prazo de 60 (sessenta) dias, cabendo-lhe o ônus de provar o uso da marca ou justificar seu desuso por razões legítimas.

Art. 144. O uso da marca deverá compreender produtos ou serviços constantes do certificado, sob pena de caducar parcialmente o registro em relação aos não semelhantes ou afins daqueles para os quais a marca foi comprovadamente usada.

Art. 145. Não se conhecerá do requerimento de caducidade se o uso da marca tiver sido comprovado ou justificado seu desuso em processo anterior, requerido há menos de 5 (cinco) anos.

Art. 146. Da decisão que declarar ou denegar a caducidade caberá recurso.

CAPÍTULO VII. DAS MARCAS COLETIVAS E DE CERTIFICAÇÃO

Art. 147. O pedido de registro de marca coletiva conterá regulamento de utilização, dispondo sobre condições e proibições de uso da marca.

Parágrafo único. O regulamento de utilização, quando não acompanhar o pedido, deverá ser protocolizado no prazo de 60 (sessenta) dias do depósito, sob pena de arquivamento definitivo do pedido.

Art. 148. O pedido de registro da marca de certificação conterá:

I – as características do produto ou serviço objeto de certificação; e

II – as medidas de controle que serão adotadas pelo titular.

Parágrafo único. A documentação prevista nos incisos I e II deste artigo, quando não acompanhar o pedido, deverá ser protocolizada no prazo de 60 (sessenta) dias, sob pena de arquivamento definitivo do pedido.

Art. 149. Qualquer alteração no regulamento de utilização deverá ser comunicada ao INPI, mediante petição protocolizada, contendo todas as condições alteradas, sob pena de não ser considerada.

Art. 150. O uso da marca independe de licença, bastando sua autorização no regulamento de utilização.

Art. 151. Além das causas de extinção estabelecidas no art. 142, o registro da marca coletiva e de certificação extingue-se quando:

I – a entidade deixar de existir; ou

II – a marca for utilizada em condições outras que não aquelas previstas no regulamento de utilização.

Art. 152. Só será admitida a renúncia ao registro de marca coletiva quando requerida nos termos do contrato social ou estatuto da própria entidade, ou, ainda, conforme o regulamento de utilização.

Art. 153. A caducidade do registro será declarada se a marca coletiva não for usada por mais de uma pessoa autorizada, observado o disposto nos arts. 143 a 146.

Art. 154. A marca coletiva e a de certificação que já tenham sido usadas e cujos registros tenham sido extintos não poderão ser registradas em nome de terceiro, antes de expirado o prazo de 5 (cinco) anos, contados da extinção do registro.

CAPÍTULO VIII. DO DEPÓSITO

Art. 155. O pedido deverá referir-se a um único sinal distintivo e, nas condições estabelecidas pelo INPI, conterá:

I – requerimento;

II – etiquetas, quando for o caso; e

III – comprovante do pagamento da retribuição relativa ao depósito.

Parágrafo único. O requerimento e qualquer documento que o acompanhe deverão ser apresentados em língua portuguesa e, quando houver documento em língua estrangeira, sua tradução simples deverá ser apresentada no ato do depósito ou dentro dos 60 (sessenta) dias subsequentes, sob pena de não ser considerado o documento.

Art. 156. Apresentado o pedido, será ele submetido a exame formal preliminar e, se devidamente instruído, será protocolizado, considerada a data de depósito a da sua apresentação.

Art. 157. O pedido que não atender formalmente ao disposto no art. 155, mas que contiver dados suficientes relativos ao depositante, sinal marcário e classe, poderá ser entregue, mediante recibo datado, ao INPI, que estabelecerá as exigências a serem cumpridas pelo depositante, em 5 (cinco) dias, sob pena de ser considerado inexistente.

Parágrafo único. Cumpridas as exigências, o depósito será considerado como efetuado na data da apresentação do pedido.

CAPÍTULO IX. DO EXAME

Art. 158. Protocolizado, o pedido será publicado para apresentação de oposição no prazo de 60 (sessenta) dias.

§ 1º. O depositante será intimado da oposição, podendo se manifestar no prazo de 60 (sessenta) dias.

§ 2º. Não se conhecerá da oposição, nulidade administrativa ou de ação de nulidade se, fundamentada no inciso XXIII do art. 124 ou no art. 126, não se comprovar, no prazo de 60 (sessenta) dias após a interposição, o depósito do pedido de registro da marca na forma desta Lei.

Art. 159. Decorrido o prazo de oposição ou, se interposta esta, findo o prazo de manifestação, será feito o exame, durante o qual poderão ser formuladas exigências, que deverão ser respondidas no prazo de 60 (sessenta) dias.

§ 1º. Não respondida a exigência, o pedido será definitivamente arquivado.

§ 2º. Respondida a exigência, ainda que não cumprida, ou contestada a sua formulação, dar-se-á prosseguimento ao exame.

Art. 160. Concluído o exame, será proferida decisão, deferindo ou indeferindo o pedido de registro.

CAPÍTULO X. DA EXPEDIÇÃO DO CERTIFICADO DE REGISTRO

Art. 161. O certificado de registro será concedido depois de deferido o pedido e comprovado o pagamento das retribuições correspondentes.

Art. 162. O pagamento das retribuições, e sua comprovação, relativas à expedição do certificado de registro e ao primeiro decênio de sua vigência, deverão ser efetuados no prazo de 60 (sessenta) dias contados do deferimento.

Parágrafo único. A retribuição poderá ainda ser paga e comprovada dentro de 30 (trinta) dias após o prazo previsto neste artigo, independentemente de notificação, mediante o pagamento de retribuição específica, sob pena de arquivamento definitivo do pedido.

Art. 163. Reputa-se concedido o certificado de registro na data da publicação do respectivo ato.

Art. 164. Do certificado deverão constar a marca, o número e data do registro, nome, nacionalidade e domicílio do titular, os produtos ou serviços, as características do registro e a prioridade estrangeira.

CAPÍTULO XI. DA NULIDADE DO REGISTRO

SEÇÃO I. DISPOSIÇÕES GERAIS

Art. 165. É nulo o registro que for concedido em desacordo com as disposições desta Lei.

Parágrafo único. A nulidade do registro poderá ser total ou parcial, sendo condição para a nulidade parcial o fato de a parte subsistente poder ser considerada registrável.

Art. 166. O titular de uma marca registrada em país signatário da Convenção da União de Paris para Proteção da Propriedade Industrial poderá, alternativamente, reivindicar, através de ação judicial, a adjudicação do registro, nos termos previstos no art. 6º *septies* (1) daquela Convenção.

Art. 167. A declaração de nulidade produzirá efeito a partir da data do depósito do pedido.

SEÇÃO II. DO PROCESSO ADMINISTRATIVO DE NULIDADE

Art. 168. A nulidade do registro será declarada administrativamente quando tiver sido concedida com infringência do disposto nesta Lei.

Art. 169. O processo de nulidade poderá ser instaurado de ofício ou mediante requerimento de qualquer pessoa com legítimo interesse, no prazo de 180 (cento e oitenta) dias contados da data da expedição do certificado de registro.

Art. 170. O titular será intimado para se manifestar no prazo de 60 (sessenta) dias.

Art. 171. Decorrido o prazo fixado no artigo anterior, mesmo que não apresentada a manifestação, o processo será decidido pelo Presidente do INPI, encerrando-se a instância administrativa.

Art. 172. O processo de nulidade prosseguirá ainda que extinto o registro.

SEÇÃO III.
DA AÇÃO DE NULIDADE

Art. 173. A ação de nulidade poderá ser proposta pelo INPI ou por qualquer pessoa com legítimo interesse.

Parágrafo único. O juiz poderá, nos autos da ação de nulidade, determinar liminarmente a suspensão dos efeitos do registro e do uso da marca, atendidos os requisitos processuais próprios.

Art. 174. Prescreve em 5 (cinco) anos a ação para declarar a nulidade do registro, contados da data da sua concessão.

Art. 175. A ação de nulidade do registro será ajuizada no foro da justiça federal e o INPI, quando não for autor, intervirá no feito.

§ 1º. O prazo para resposta do réu titular do registro será de 60 (sessenta) dias.

§ 2º. Transitada em julgado a decisão da ação de nulidade, o INPI publicará anotação, para ciência de terceiros.

TÍTULO IV.
DAS INDICAÇÕES GEOGRÁFICAS

Art. 176. Constitui indicação geográfica a indicação de procedência ou a denominação de origem.

Art. 177. Considera-se indicação de procedência o nome geográfico de país, cidade, região ou localidade de seu território, que se tenha tornado conhecido como centro de extração, produção ou fabricação de determinado produto ou de prestação de determinado serviço.

Art. 178. Considera-se denominação de origem o nome geográfico de país, cidade, região ou localidade de seu território, que designe produto ou serviço cujas qualidades ou características se devam exclusiva ou essencialmente ao meio geográfico, incluídos fatores naturais e humanos.

Art. 179. A proteção estender-se-á à representação gráfica ou figurativa da indicação geográfica, bem como à representação geográfica de país, cidade, região ou localidade de seu território cujo nome seja indicação geográfica.

Art. 180. Quando o nome geográfico se houver tornado de uso comum, designando produto ou serviço, não será considerado indicação geográfica.

Art. 181. O nome geográfico que não constitua indicação de procedência ou denominação de origem poderá servir de elemento característico de marca para produto ou serviço, desde que não induza falsa procedência.

Art. 182. O uso da indicação geográfica é restrito aos produtores e prestadores de serviço estabelecidos no local, exigindo-se, ainda, em relação às denominações de origem, o atendimento de requisitos de qualidade.

Parágrafo único. O INPI estabelecerá as condições de registro das indicações geográficas.

TÍTULO V.
DOS CRIMES CONTRA A PROPRIEDADE INDUSTRIAL

CAPÍTULO I.
DOS CRIMES CONTRA AS PATENTES

Art. 183. Comete crime contra patente de invenção ou de modelo de utilidade quem:

I – fabrica produto que seja objeto de patente de invenção ou de modelo de utilidade, sem autorização do titular; ou

II – usa meio ou processo que seja objeto de patente de invenção, sem autorização do titular.

Pena – detenção, de 3 (três) meses a 1 (um) ano, ou multa.

Art. 184. Comete crime contra patente de invenção ou de modelo de utilidade quem:

I – exporta, vende, expõe ou oferece à venda, tem em estoque, oculta ou recebe, para utilização com fins econômicos, produto fabricado com violação de patente de invenção ou de modelo de utilidade, ou obtido por meio ou processo patenteado; ou

II – importa produto que seja objeto de patente de invenção ou de modelo de utilidade ou obtido por meio ou processo patenteado no País, para os fins previstos no inciso anterior, e que não tenha sido colocado no mercado externo diretamente pelo titular da patente ou com seu consentimento.

Pena – detenção, de 1 (um) a 3 (três) meses, ou multa.

Art. 185. Fornecer componente de um produto patenteado, ou material ou equipamento para realizar um processo patenteado, desde que a aplicação final do componente, material ou equipamento induza, necessariamente, à exploração do objeto da patente.

Pena – detenção, de 1 (um) a 3 (três) meses, ou multa.

Art. 186. Os crimes deste Capítulo caracterizam-se ainda que a violação não atinja todas as reivindicações da patente ou se restrinja à utilização de meios equivalentes ao objeto da patente.

CAPÍTULO II.
DOS CRIMES CONTRA OS DESENHOS INDUSTRIAIS

Art. 187. Fabricar, sem autorização do titular, produto que incorpore desenho industrial registrado, ou imitação substancial que possa induzir em erro ou confusão.

Pena – detenção, de 3 (três) meses a 1 (um) ano, ou multa.

Art. 188. Comete crime contra registro de desenho industrial quem:

I – exporta, vende, expõe ou oferece à venda, tem em estoque, oculta ou recebe, para utilização com fins econômicos, objeto que incorpore ilicitamente desenho industrial registrado, ou imitação substancial que possa induzir em erro ou confusão; ou

II – importa produto que incorpore desenho industrial registrado no País, ou imitação substancial que possa induzir em erro ou confusão, para os fins previstos no inciso anterior, e que não tenha sido colocado no mercado externo diretamente pelo titular ou com seu consentimento.

Pena – detenção, de 1 (um) a 3 (três) meses, ou multa.

CAPÍTULO III.
DOS CRIMES CONTRA AS MARCAS

Art. 189. Comete crime contra registro de marca quem:

I – reproduz, sem autorização do titular, no todo ou em parte, marca registrada, ou imita-a de modo que possa induzir confusão; ou

II – altera marca registrada de outrem já aposta em produto colocado no mercado.

Pena – detenção, de 3 (três) meses a 1 (um) ano, ou multa.

Art. 190. Comete crime contra registro de marca quem importa, exporta, vende, oferece ou expõe à venda, oculta ou tem em estoque:

I – produto assinalado com marca ilicitamente reproduzida ou imitada, de outrem, no todo ou em parte; ou

II – produto de sua indústria ou comércio, contido em vasilhame, recipiente ou embalagem que contenha marca legítima de outrem.

Pena – detenção, de 1 (um) a 3 (três) meses, ou multa.

CAPÍTULO IV.
DOS CRIMES COMETIDOS POR MEIO DE MARCA, TÍTULO DE ESTABELECIMENTO E SINAL DE PROPAGANDA

Art. 191. Reproduzir ou imitar, de modo que possa induzir em erro ou confusão, armas, brasões ou distintivos oficiais nacionais, estrangeiros ou internacionais, sem a necessária autorização, no todo ou em parte, em marca, título de estabelecimento, nome comercial, insígnia ou sinal de propaganda, ou usar essas reproduções ou imitações com fins econômicos.

Pena – detenção, de 1 (um) a 3 (três) meses, ou multa.

Parágrafo único. Incorre na mesma pena quem vende ou expõe ou oferece à venda produtos assinalados com essas marcas.

CAPÍTULO V.
DOS CRIMES CONTRA INDICAÇÕES GEOGRÁFICAS E DEMAIS INDICAÇÕES

Art. 192. Fabricar, importar, exportar, vender, expor ou oferecer à venda ou ter em estoque produto que apresente falsa indicação geográfica.

Pena – detenção, de 1 (um) a 3 (três) meses, ou multa.

Art. 193. Usar, em produto, recipiente, invólucro, cinta, rótulo, fatura, circular, cartaz ou em outro meio de divulgação ou propaganda, termos retificativos, tais como "tipo", "espécie", "gênero", "sistema", "semelhante", "sucedâneo", "idêntico", ou equivalente, não ressalvando a verdadeira procedência do produto.

Pena – detenção, de 1 (um) a 3 (três) meses, ou multa.

Art. 194. Usar marca, nome comercial, título de estabelecimento, insígnia, expressão ou sinal de propaganda ou qualquer outra forma que indique procedência que não a verdadeira, ou vender ou expor à venda produto com esses sinais.

Pena – detenção, de 1 (um) a 3 (três) meses, ou multa.

CAPÍTULO VI. DOS CRIMES DE CONCORRÊNCIA DESLEAL

Art. 195. Comete crime de concorrência desleal quem:

I – publica, por qualquer meio, falsa afirmação, em detrimento de concorrente, com o fim de obter vantagem;

II – presta ou divulga, acerca de concorrente, falsa informação, com o fim de obter vantagem;

III – emprega meio fraudulento, para desviar, em proveito próprio ou alheio, clientela de outrem;

IV – usa expressão ou sinal de propaganda alheios, ou os imita, de modo a criar confusão entre os produtos ou estabelecimentos;

V – usa, indevidamente, nome comercial, título de estabelecimento ou insígnia alheios ou vende, expõe ou oferece à venda ou tem em estoque produto com essas referências;

VI – substitui, pelo seu próprio nome ou razão social, em produto de outrem, o nome ou razão social deste, sem o seu consentimento;

VII – atribui-se, como meio de propaganda, recompensa ou distinção que não obteve;

VIII – vende ou expõe ou oferece à venda, em recipiente ou invólucro de outrem, produto adulterado ou falsificado, ou dele se utiliza para negociar com produto da mesma espécie, embora não adulterado ou falsificado, se o fato não constitui crime mais grave;

IX – dá ou promete dinheiro ou outra utilidade a empregado de concorrente, para que o empregado, faltando ao dever do emprego, lhe proporcione vantagem;

X – recebe dinheiro ou outra utilidade, ou aceita promessa de paga ou recompensa, para, faltando ao dever de empregado, proporcionar vantagem a concorrente do empregador;

XI – divulga, explora ou utiliza-se, sem autorização, de conhecimentos, informações ou dados confidenciais, utilizáveis na indústria, comércio ou prestação de serviços, excluídos aqueles que sejam de conhecimento público ou que sejam evidentes para um técnico no assunto, a que teve acesso mediante relação contratual ou empregatícia, mesmo após o término do contrato;

XII – divulga, explora ou utiliza-se, sem autorização, de conhecimentos ou informações a que se refere o inciso anterior, obtidos por meios ilícitos ou a que teve acesso mediante fraude;

XIII – vende, expõe ou oferece à venda produto, declarando ser objeto de patente depositada, ou concedida, ou de desenho industrial registrado, que não o seja, ou menciona-o, em anúncio ou papel comercial, como depositado ou patenteado, ou registrado, sem o ser; ou

XIV – divulga, explora ou utiliza-se, sem autorização, de resultados de testes ou outros dados não divulgados, cuja elaboração envolva esforço considerável e que tenham sido apresentados a entidades governamentais como condição para aprovar a comercialização de produtos.

Pena – detenção, de 3 (três) meses a 1 (um) ano, ou multa.

§ 1º. Inclui-se nas hipóteses a que se referem os incisos XI e XII o empregador, sócio ou administrador da empresa, que incorrer nas tipificações estabelecidas nos mencionados dispositivos.

§ 2º. O disposto no inciso XIV não se aplica quanto à divulgação por órgão governamental competente para autorizar a comercialização de produto, quando necessário para proteger o público.

CAPÍTULO VII. DAS DISPOSIÇÕES GERAIS

Art. 196. As penas de detenção previstas nos Capítulos I, II e III deste Título serão aumentadas de um terço à metade se:

I – o agente é ou foi representante, mandatário, preposto, sócio ou empregado do titular da patente ou do registro, ou, ainda, do seu licenciado; ou

II – a marca alterada, reproduzida ou imitada for de alto renome, notoriamente conhecida, de certificação ou coletiva.

Art. 197. As penas de multa previstas neste Título serão fixadas, no mínimo, em 10 (dez) e, no máximo, em 360 (trezentos e sessenta) dias-multa, de acordo com a sistemática do Código Penal.

Parágrafo único. A multa poderá ser aumentada ou reduzida, em até 10 (dez) vezes, em face das condições pessoais do agente e da magnitude da vantagem auferida, independentemente da norma estabelecida no artigo anterior.

Art. 198. Poderão ser apreendidos, de ofício ou a requerimento do interessado, pelas autoridades alfandegárias, no ato de conferência, os produtos assinalados com marcas falsificadas, alteradas ou imitadas ou que apresentem falsa indicação de procedência.

Art. 199. Nos crimes previstos neste Título somente se procede mediante queixa, salvo quanto ao crime do art. 191, em que a ação penal será pública.

Art. 200. A ação penal e as diligências preliminares de busca e apreensão, nos crimes contra a propriedade industrial, regulam-se pelo disposto no Código de Processo Penal, com as modificações constantes dos artigos deste Capítulo.

Art. 201. Na diligência de busca e apreensão, em crime contra patente que tenha por objeto a invenção de processo, o oficial do juízo será acompanhado por perito, que verificará, preliminarmente, a existência do ilícito, podendo o juiz ordenar a apreensão de produtos obtidos pelo contrafator com o emprego do processo patenteado.

Art. 202. Além das diligências preliminares de busca e apreensão, o interessado poderá requerer:

I – apreensão de marca falsificada, alterada ou imitada onde for preparada ou onde quer que seja encontrada, antes de utilizada para fins criminosos; ou

II – destruição de marca falsificada nos volumes ou produtos que a contiverem, antes de serem distribuídos, ainda que fiquem destruídos os envoltórios ou os próprios produtos.

Art. 203. Tratando-se de estabelecimentos industriais ou comerciais legalmente organizados e que estejam funcionando publicamente, as diligências preliminares limitar-se-ão à vistoria e apreensão dos produtos, quando ordenadas pelo juiz, não podendo ser paralisada a sua atividade licitamente exercida.

Art. 204. Realizada a diligência de busca e apreensão, responderá por perdas e danos a parte que a tiver requerido de má-fé, por espírito de emulação, mero capricho ou erro grosseiro.

Art. 205. Poderá constituir matéria de defesa na ação penal a alegação de nulidade da patente ou registro em que a ação se fundar. A absolvição do réu, entretanto, não importará a nulidade da patente ou do registro, que só poderá ser demandada pela ação competente.

Art. 206. Na hipótese de serem reveladas, em juízo, para a defesa dos interesses de qualquer das partes, informações que se caracterizem como confidenciais, sejam segredo de indústria ou de comércio, deverá o juiz determinar que o processo prossiga em segredo de justiça, vedado o uso de tais informações também à outra parte para outras finalidades.

Art. 207. Independentemente da ação criminal, o prejudicado poderá intentar as ações cíveis que considerar cabíveis na forma do Código de Processo Civil.

- CC: art. 935.
- Lei 13.105/2015 – Código de Processo Civil.

Art. 208. A indenização será determinada pelos benefícios que o prejudicado teria auferido se a violação não tivesse ocorrido.

Art. 209. Fica ressalvado ao prejudicado o direito de haver perdas e danos em ressarcimento de prejuízos causados por atos de violação de direitos de propriedade industrial e atos de concorrência desleal não previstos nesta Lei, tendentes a prejudicar a reputação ou os negócios alheios, a criar confusão entre estabelecimentos comerciais, industriais ou prestadores de serviço, ou entre os produtos e serviços postos no comércio.

§ 1º. Poderá o juiz, nos autos da própria ação, para evitar dano irreparável ou de difícil reparação, determinar liminarmente a sustação da violação ou de ato que a enseje, antes da citação do réu, mediante, caso julgue necessário, caução em dinheiro ou garantia fidejussória.

§ 2º. Nos casos de reprodução ou de imitação flagrante de marca registrada, o juiz poderá determinar a apreensão de todas as mercadorias, produtos, objetos, embalagens, etiquetas e outros que contenham a marca falsificada ou imitada.

Art. 210. Os lucros cessantes serão determinados pelo critério mais favorável ao prejudicado, dentre os seguintes:

- CC: art. 403.

I – os benefícios que o prejudicado teria auferido se a violação não tivesse ocorrido; ou

II – os benefícios que foram auferidos pelo autor da violação do direito; ou

III – a remuneração que o autor da violação teria pago ao titular do direito violado pela concessão de uma licença que lhe permitisse legalmente explorar o bem.

TÍTULO VI. DA TRANSFERÊNCIA DE TECNOLOGIA E DA FRANQUIA

Art. 211. O INPI fará o registro dos contratos que impliquem transferência de tecnologia, contratos de franquia e similares para produzirem efeitos em relação a terceiros.

Parágrafo único. A decisão relativa aos pedidos de registro de contratos de que trata este artigo será proferida no prazo de 30 (trinta) dias, contados da data do pedido de registro.

TÍTULO VII. DAS DISPOSIÇÕES GERAIS

CAPÍTULO I. DOS RECURSOS

Art. 212. Salvo expressa disposição em contrário, das decisões de que trata esta Lei cabe recurso, que será interposto no prazo de 60 (sessenta) dias.

§ 1º. Os recursos serão recebidos nos efeitos suspensivo e devolutivo pleno, aplicando-se todos os dispositivos pertinentes ao exame de primeira instância, no que couber.

§ 2º. Não cabe recurso da decisão que determinar o arquivamento definitivo de pedido de patente ou de registro e da que deferir pedido de patente, de certificado de adição ou de registro de marca.

§ 3º. Os recursos serão decididos pelo Presidente do INPI, encerrando-se a instância administrativa.

Art. 213. Os interessados serão intimados para, no prazo de 60 (sessenta) dias, oferecerem contrarrazões ao recurso.

Art. 214. Para fins de complementação das razões oferecidas a título de recurso, o INPI poderá formular exigências, que deverão ser cumpridas no prazo de 60 (sessenta) dias.

Parágrafo único. Decorrido o prazo do *caput*, será decidido o recurso.

Art. 215. A decisão do recurso é final e irrecorrível na esfera administrativa.

CAPÍTULO II. DOS ATOS DAS PARTES

Art. 216. Os atos previstos nesta Lei serão praticados pelas partes ou por seus procuradores, devidamente qualificados.

§ 1º. O instrumento de procuração, no original, traslado ou fotocópia autenticada, deverá ser em língua portuguesa, dispensados a legalização consular e o reconhecimento de firma.

§ 2º. A procuração deverá ser apresentada em até 60 (sessenta) dias contados da prática do primeiro ato da parte no processo, independente de notificação ou exigência, sob pena de arquivamento, sendo definitivo o arquivamento do pedido de patente, do pedido de registro de desenho industrial e de registro de marca.

Art. 217. A pessoa domiciliada no exterior deverá constituir e manter procurador devidamente qualificado e domiciliado no País, com poderes para representá-la administrativa e judicialmente, inclusive para receber citações.

Art. 218. Não se conhecerá da petição:

I – se apresentada fora do prazo legal; ou

II – se desacompanhada do comprovante da respectiva retribuição no valor vigente à data de sua apresentação.

Art. 219. Não serão conhecidos a petição, a oposição e o recurso, quando:

I – apresentados fora do prazo previsto nesta Lei;

II – não contiverem fundamentação legal; ou

III – desacompanhados do comprovante do pagamento da retribuição correspondente.

Art. 220. O INPI aproveitará os atos das partes, sempre que possível, fazendo as exigências cabíveis.

CAPÍTULO III. DOS PRAZOS

Art. 221. Os prazos estabelecidos nesta Lei são contínuos, extinguindo-se automaticamente o direito de praticar o ato, após seu decurso, salvo se a parte provar que não o realizou por justa causa.

§ 1º. Reputa-se justa causa o evento imprevisto, alheio à vontade da parte e que a impediu de praticar o ato.

§ 2º. Reconhecida a justa causa, a parte praticará o ato no prazo que lhe for concedido pelo INPI.

Art. 222. No cômputo dos prazos, exclui-se o dia do começo e inclui-se o do vencimento.

Art. 223. Os prazos somente começam a correr a partir do primeiro dia útil após a intimação, que será feita mediante publicação no órgão oficial do INPI.

Art. 224. Não havendo expressa estipulação nesta Lei, o prazo para a prática do ato será de 60 (sessenta) dias.

CAPÍTULO IV. DA PRESCRIÇÃO

Art. 225. Prescreve em 5 (cinco) anos a ação para reparação de dano causado ao direito de propriedade industrial.

CAPÍTULO V. DOS ATOS DO INPI

Art. 226. Os atos do INPI nos processos administrativos referentes à propriedade industrial só produzem efeitos a partir da sua publicação no respectivo órgão oficial, ressalvados:

I – os que expressamente independerem de notificação ou publicação por força do disposto nesta Lei;

II – as decisões administrativas, quando feita notificação por via postal ou por ciência dada ao interessado no processo; e

III – os pareceres e despachos internos que não necessitem ser do conhecimento das partes.

CAPÍTULO VI. DAS CLASSIFICAÇÕES

Art. 227. As classificações relativas às matérias dos Títulos I, II e III desta Lei serão estabelecidas pelo INPI, quando não fixadas em tratado ou acordo internacional em vigor no Brasil.

CAPÍTULO VII. DA RETRIBUIÇÃO

Art. 228. Para os serviços previstos nesta Lei será cobrada retribuição, cujo valor e processo de recolhimento serão estabelecidos por ato do titular do órgão da administração pública federal a que estiver vinculado o INPI.

TÍTULO VIII. DAS DISPOSIÇÕES TRANSITÓRIAS E FINAIS

Art. 229. Aos pedidos em andamento serão aplicadas as disposições desta Lei, exceto quanto à patenteabilidade dos pedidos depositados até 31 de dezembro de 1994, cujo objeto de proteção sejam substâncias, matérias ou produtos obtidos por meios ou processos químicos ou substâncias, matérias, misturas ou produtos alimentícios, químico-farmacêuticos e medicamentos de qualquer espécie, bem como os respectivos processos de obtenção ou modificação e cujos depositantes não tenham exercido a faculdade prevista nos arts. 230 e 231 desta

Lei, os quais serão considerados indeferidos, para todos os efeitos, devendo o INPI publicar a comunicação dos aludidos indeferimentos. (Redação dada pela Lei nº 10.196, de 2001)

Parágrafo único. Aos pedidos relativos a produtos farmacêuticos e produtos químicos para a agricultura, que tenham sido depositados entre 1º de janeiro de 1995 e 14 de maio de 1997, aplicam-se os critérios de patenteabilidade desta Lei, na data efetiva do depósito do pedido no Brasil, ou da prioridade, se houver, assegurando-se a proteção a partir da data da concessão da patente, pelo prazo remanescente a contar do dia do depósito no Brasil, limitado ao prazo previsto no *caput* do art. 40. (Incluído pela Lei nº 10.196, de 2001)

Art. 229-A. Consideram-se indeferidos os pedidos de patentes de processo apresentados entre 1º de janeiro de 1995 e 14 de maio de 1997, aos quais o art. 9º, alínea *c*, da Lei nº 5.772, de 21 de dezembro de 1971, não conferia proteção, devendo o INPI publicar a comunicação dos aludidos indeferimentos. (Incluído pela Lei nº 10.196, de 2001)

Art. 229-B. Os pedidos de patentes de produto apresentados entre 1º de janeiro de 1995 e 14 de maio de 1997, aos quais o art. 9º, alíneas *b* e *c*, da Lei nº 5.772, de 1971, não conferia proteção e cujos depositantes não tenham exercido a faculdade prevista nos arts. 230 e 231, serão decididos até 31 de dezembro de 2004, em conformidade com esta Lei. (Incluído pela Lei nº 10.196, de 2001)

Art. 229-C. A concessão de patentes para produtos e processos farmacêuticos dependerá da prévia anuência da Agência Nacional de Vigilância Sanitária (ANVISA). (Incluído pela Lei nº 10.196, de 2001)

Art. 230. Poderá ser depositado pedido de patente relativo às substâncias, matérias ou produtos obtidos por meios ou processos químicos e as substâncias, matérias, misturas ou produtos alimentícios, químico-farmacêuticos e medicamentos de qualquer espécie, bem como os respectivos processos de obtenção ou modificação, por quem tenha proteção garantida em tratado ou convenção em vigor no Brasil, ficando assegurada a data do primeiro depósito no exterior, desde que seu objeto não tenha sido colocado em qualquer mercado, por iniciativa direta do titular ou por terceiro com seu consentimento, nem tenham sido realizados, por terceiros, no País, sérios e efetivos preparativos para a exploração do objeto do pedido ou da patente.

§ 1º. O depósito deverá ser feito dentro do prazo de 1 (um) ano contado da publicação desta Lei, e deverá indicar a data do primeiro depósito no exterior.

§ 2º. O pedido de patente depositado com base neste artigo será automaticamente publicado, sendo facultado a qualquer interessado manifestar-se, no prazo de 90 (noventa) dias, quanto ao atendimento do disposto no *caput* deste artigo.

§ 3º. Respeitados os arts. 10 e 18 desta Lei, e uma vez atendidas as condições estabelecidas neste artigo e comprovada a concessão da patente no país onde foi depositado o primeiro pedido, será concedida a patente no Brasil, tal como concedida no país de origem.

§ 4º. Fica assegurado à patente concedida com base neste artigo o prazo remanescente de proteção no país onde foi depositado o primeiro pedido, contado da data do depósito no Brasil e limitado ao prazo previsto no art. 40, não se aplicando o disposto no seu parágrafo único.

§ 5º. O depositante que tiver pedido de patente em andamento, relativo às substâncias, matérias ou produtos obtidos por meios ou processos químicos e as substâncias, matérias, misturas ou produtos alimentícios, químico-farmacêuticos e medicamentos de qualquer espécie, bem como os respectivos processos de obtenção ou modificação, poderá apresentar novo pedido, no prazo e condições estabelecidos neste artigo, juntando prova de desistência do pedido em andamento.

§ 6º. Aplicam-se as disposições desta Lei, no que couber, ao pedido depositado e à patente concedida com base neste artigo.

Art. 231. Poderá ser depositado pedido de patente relativo às matérias de que trata o artigo anterior, por nacional ou pessoa domiciliada no País, ficando assegurada a data de divulgação do invento, desde que seu objeto não tenha sido colocado em qualquer mercado, por iniciativa direta do titular ou por terceiro com seu consentimento, nem tenham sido realizados, por terceiros, no País, sérios e efetivos preparativos para a exploração do objeto do pedido.

§ 1º. O depósito deverá ser feito dentro do prazo de 1 (um) ano contado da publicação desta Lei.

§ 2º. O pedido de patente depositado com base neste artigo será processado nos termos desta Lei.

§ 3º. Fica assegurado à patente concedida com base neste artigo o prazo remanescente de proteção de 20 (vinte) anos contado da data da divulgação do invento, a partir do depósito no Brasil.

§ 4º. O depositante que tiver pedido de patente em andamento, relativo às matérias de que trata o artigo anterior, poderá apresentar novo pedido, no prazo e condições estabelecidos neste artigo, juntando prova de desistência do pedido em andamento.

Art. 232. A produção ou utilização, nos termos da legislação anterior, de substâncias, matérias ou produtos obtidos por meios ou processos químicos e as substâncias, matérias, misturas ou produtos alimentícios, químico-farmacêuticos e medicamentos de qualquer espécie, bem como os respectivos processos de obtenção ou modificação, mesmo que protegidos por patente de produto ou processo em outro país, de conformidade com tratado ou convenção em vigor no Brasil, poderão continuar, nas mesmas condições anteriores à aprovação desta Lei.

§ 1º. Não será admitida qualquer cobrança retroativa ou futura, de qualquer valor, a qualquer título, relativa a produtos produzidos ou processos utilizados no Brasil em conformidade com este artigo.

§ 2º. Não será igualmente admitida cobrança nos termos do parágrafo anterior, caso, no período anterior à entrada em vigência desta Lei, tenham sido realizados investimentos significativos para a exploração de produto ou de processo referidos neste artigo, mesmo que protegidos por patente de produto ou de processo em outro país.

Art. 233. Os pedidos de registro de expressão e sinal de propaganda e de declaração de notoriedade serão definitivamente arquivados e os registros e declaração permanecerão em vigor pelo prazo de vigência restante, não podendo ser prorrogados.

Art. 234. Fica assegurada ao depositante a garantia de prioridade de que trata o art. 7º da Lei nº 5.772, de 21 de dezembro de 1971, até o término do prazo em curso.

Art. 235. É assegurado o prazo em curso concedido na vigência da Lei nº 5.772, de 21 de dezembro de 1971.

Art. 236. O pedido de patente de modelo ou de desenho industrial depositado na vigência da Lei nº 5.772, de 21 de dezembro de 1971, será automaticamente denominado pedido de registro de desenho industrial, considerando-se, para todos os efeitos legais, a publicação já feita.

Parágrafo único. Nos pedidos adaptados serão considerados os pagamentos para efeito de cálculo de retribuição quinquenal devida.

Art. 237. Aos pedidos de patente de modelo ou de desenho industrial que tiverem sido objeto de exame na forma da Lei nº 5.772, de 21 de dezembro de 1971, não se aplicará o disposto no art. 111.

Art. 238. Os recursos interpostos na vigência da Lei nº 5.772, de 21 de dezembro de 1971, serão decididos na forma nela prevista.

Art. 239. Fica o Poder Executivo autorizado a promover as necessárias transformações no INPI, para assegurar à Autarquia autonomia financeira e administrativa, podendo esta:

I – contratar pessoal técnico e administrativo mediante concurso público;

II – fixar tabela de salários para os seus funcionários, sujeita à aprovação do Ministério a que estiver vinculado o INPI; e

III – dispor sobre a estrutura básica e regimento interno, que serão aprovados pelo Ministério a que estiver vinculado o INPI.

Parágrafo único. As despesas resultantes da aplicação deste artigo correrão por conta de recursos próprios do INPI.

Art. 240. O art. 2º da Lei nº 5.648, de 11 de dezembro de 1970, passa a ter a seguinte redação:

"Art. 2º O INPI tem por finalidade principal executar, no âmbito nacional, as normas que regulam a propriedade industrial, tendo em vista a sua função social, econômica, jurídica e técnica, bem como pronunciar-se quanto à conveniência de assinatura, ratificação e denúncia de convenções, tratados, convênios e acordos sobre propriedade industrial."

Art. 241. Fica o Poder Judiciário autorizado a criar juízos especiais para dirimir questões relativas à propriedade intelectual.

Art. 242. O Poder Executivo submeterá ao Congresso Nacional projeto de lei destinado a promover, sempre que necessário, a harmonização desta Lei com a política para propriedade industrial adotada pelos demais países integrantes do MERCOSUL.

Art. 243. Esta Lei entra em vigor na data de sua publicação quanto às matérias disciplinadas nos arts. 230, 231, 232 e 239, e 1 (um) ano após sua publicação quanto aos demais artigos.

Art. 244. Revogam-se a Lei nº 5.772, de 21 de dezembro de 1971, a Lei nº 6.348, de 7 de julho de 1976, os arts. 187 a 196 do Dec.-lei nº 2.848, de 7 de dezembro de 1940, os arts. 169 a 189 do Dec.-lei nº 7.903, de 27 de agosto de 1945, e as demais disposições em contrário.

Brasília, 14 de maio de 1996; 175º da Independência e 108º da República.

FERNANDO HENRIQUE CARDOSO

D.O.U. 15.5.1996

LEI Nº 9.296, DE 24 DE JULHO DE 1996

Regulamenta o inciso XII, parte final, do art. 5° da Constituição Federal.

- *Interceptação telefônica*

O PRESIDENTE DA REPÚBLICA Faço saber que o Congresso Nacional decreta e eu sanciono a seguinte Lei:

- Resolução 59/2008 do CNJ – Disciplina e uniformiza as rotinas visando ao aperfeiçoamento do procedimento de interceptação de comunicações telefônicas e de sistemas de informática e telemática nos órgãos jurisdicionais do Poder Judiciário, a que se refere a Lei 9.296/1996.

Art. 1º. A interceptação de comunicações telefônicas, de qualquer natureza, para prova em investigação criminal e em instrução processual penal, observará o disposto nesta Lei e dependerá de ordem do juiz competente da ação principal, sob segredo de justiça.

Parágrafo único. O disposto nesta Lei aplica-se à interceptação do fluxo de comunicações em sistemas de informática e telemática.

Art. 2º. Não será admitida a interceptação de comunicações telefônicas quando ocorrer qualquer das seguintes hipóteses:

I – não houver indícios razoáveis da autoria ou participação em infração penal;

II – a prova puder ser feita por outros meios disponíveis;

III – o fato investigado constituir infração penal punida, no máximo, com pena de detenção.

Parágrafo único. Em qualquer hipótese deve ser descrita com clareza a situação objeto da investigação, inclusive com a indicação e qualificação dos investigados, salvo impossibilidade manifesta, devidamente justificada.

Art. 3º. A interceptação das comunicações telefônicas poderá ser determinada pelo juiz, de ofício ou a requerimento:

I – da autoridade policial, na investigação criminal;

II – do representante do Ministério Público, na investigação criminal e na instrução processual penal.

Art. 4º. O pedido de interceptação de comunicação telefônica conterá a demonstração de que a sua realização é necessária à apuração de infração penal, com indicação dos meios a serem empregados.

§ 1º. Excepcionalmente, o juiz poderá admitir que o pedido seja formulado verbalmente, desde que estejam presentes os pressupostos que autorizem a interceptação, caso em que a concessão será condicionada à sua redução a termo.

§ 2º. O juiz, no prazo máximo de vinte e quatro horas, decidirá sobre o pedido.

Art. 5º. A decisão será fundamentada, sob pena de nulidade, indicando também a forma de execução da diligência, que não poderá exceder o prazo de quinze dias, renovável por igual tempo uma vez comprovada a indispensabilidade do meio de prova.

Art. 6º. Deferido o pedido, a autoridade policial conduzirá os procedimentos de interceptação, dando ciência ao Ministério Público, que poderá acompanhar a sua realização.

§ 1º. No caso de a diligência possibilitar a gravação da comunicação interceptada, será determinada a sua transcrição.

§ 2º. Cumprida a diligência, a autoridade policial encaminhará o resultado da interceptação ao juiz, acompanhado de auto circunstanciado, que deverá conter o resumo das operações realizadas.

§ 3º. Recebidos esses elementos, o juiz determinará a providência do art. 8º, ciente o Ministério Público.

Art. 7º. Para os procedimentos de interceptação de que trata esta Lei, a autoridade policial poderá requisitar serviços e técnicos especializados às concessionárias de serviço público.

Art. 8º. A interceptação de comunicação telefônica, de qualquer natureza, ocorrerá em autos apartados, apensados aos autos do inquérito policial ou do processo criminal, preservando-se o sigilo das diligências, gravações e transcrições respectivas.

Parágrafo único. A apensação somente poderá ser realizada imediatamente antes do relatório da autoridade, quando se tratar de inquérito policial (Código de Processo Penal, art. 10, § 1°) ou na conclusão do processo ao juiz para o despacho decorrente do disposto nos arts. 407, 502 ou 538 do Código de Processo Penal.

Art. 8º-A. Para investigação ou instrução criminal, poderá ser autorizada pelo juiz, a requerimento da autoridade policial ou do Ministério Público, a captação ambiental de sinais eletromagnéticos, ópticos ou acústicos, quando: (Incluído pela Lei 13.964/2019)

I - a prova não puder ser feita por outros meios disponíveis e igualmente eficazes; e

II - houver elementos probatórios razoáveis de autoria e participação em infrações criminais cujas penas máximas sejam superiores a 4 (quatro) anos ou em infrações penais cone-xas.

§ 1º O requerimento deverá descrever circunstanciadamente o local e a forma de instalação do dispositivo de captação ambiental.

§ 2º Vetado na Lei 13.964/2019.

§ 3º A captação ambiental não poderá exceder o prazo de 15 (quinze) dias, renovável por decisão judicial por iguais períodos, se comprovada a indispensabilidade do meio de prova e quando presente atividade criminal permanente, habitual ou continuada.

§ 4º Vetado na Lei 13.964/2019.

§ 5º Aplicam-se subsidiariamente à captação ambiental as regras previstas na legislação específica para a interceptação telefônica e telemática.

Art. 9º. A gravação que não interessar à prova será inutilizada por decisão judicial, durante o inquérito, a instrução processual ou após esta, em virtude de requerimento do Ministério Público ou da parte interessada.

Parágrafo único. O incidente de inutilização será assistido pelo Ministério Público, sendo facultada a presença do acusado ou de seu representante legal.

Art. 10. Constitui crime realizar interceptação de comunicações telefônicas, de informática ou telemática, promover escuta ambiental ou quebrar segredo da Justiça, sem autorização judicial ou com objetivos não autorizados em lei: (Redação dada pela Lei 13.869/2019)

Pena - reclusão, de 2 (dois) a 4 (quatro) anos, e multa. (Redação dada pela Lei 13.869/2019)

Parágrafo único. Incorre na mesma pena a autoridade judicial que determina a execução de conduta prevista no *caput* deste artigo com objetivo não autorizado em lei. (Acrescido pela Lei 13.869/2019)

Art. 10-A. Realizar captação ambiental de sinais eletromagnéticos, ópticos ou acústicos para investigação ou instrução criminal sem autorização judicial, quando esta for exigida: (Incluído pela Lei 13.964/2019)

Pena - reclusão, de 2 (dois) a 4 (quatro) anos, e multa.

§ 1º Não há crime se a captação é realizada por um dos interlocutores.

§ 2º A pena será aplicada em dobro ao funcionário público que descumprir determinação de sigilo das investigações que envolvam a captação ambiental ou revelar o conteúdo das gravações enquanto mantido o sigilo judicial.

Art. 11. Esta Lei entra em vigor na data de sua publicação.

Art. 12. Revogam-se as disposições em contrário.

Brasília, 24 de julho de 1996; 175º da Independência e 108º da República.

FERNANDO HENRIQUE CARDOSO

D.O.U. de 25.7.1996

LEI Nº 9.307, DE 23 DE SETEMBRO DE 1996

O PRESIDENTE DA REPÚBLICA Faço saber que o Congresso Nacional decreta e eu sanciono a seguinte Lei:

Dispõe sobre a arbitragem.

› *Lei da arbitragem*

CAPÍTULO I. DISPOSIÇÕES GERAIS

Art. 1º. As pessoas capazes de contratar poderão valer-se da arbitragem para dirimir litígios relativos a direitos patrimoniais disponíveis.

› CC: arts. 851 a 853.

§ 1º. A administração pública direta e indireta poderá utilizar-se da arbitragem para dirimir conflitos relativos a direitos patrimoniais disponíveis. (Incluído pela Lei nº 13.129, de 2015)

§ 2º. A autoridade ou o órgão competente da administração pública direta para a celebração de convenção de arbitragem é a mesma para a realização de acordos ou transações. (Incluído pela Lei nº 13.129, de 2015)

› Lei 8.987/1995: art. 23-A.

› Lei 11.079/2004: art. 11, III.

Art. 2º. A arbitragem poderá ser de direito ou de equidade, a critério das partes.

§ 1º. Poderão as partes escolher, livremente, as regras de direito que serão aplicadas na arbitragem, desde que não haja violação aos bons costumes e à ordem pública.

§ 2º. Poderão, também, as partes convencionar que a arbitragem se realize com base nos princípios gerais de direito, nos usos e costumes e nas regras internacionais de comércio.

§ 3º. A arbitragem que envolva a administração pública será sempre de direito e respeitará o princípio da publicidade. (Incluído pela Lei nº 13.129, de 2015)

CAPÍTULO II. DA CONVENÇÃO DE ARBITRAGEM E SEUS EFEITOS

Art. 3º. As partes interessadas podem submeter a solução de seus litígios ao juízo arbitral mediante convenção de arbitragem, assim entendida a cláusula compromissória e o compromisso arbitral.

Art. 4º. A cláusula compromissória é a convenção através da qual as partes em um contrato comprometem-se a submeter à arbitragem os litígios que possam vir a surgir, relativamente a tal contrato.

› CC: art. 853.

§ 1º. A cláusula compromissória deve ser estipulada por escrito, podendo estar inserta no próprio contrato ou em documento apartado que a ele se refira.

§ 2º. Nos contratos de adesão, a cláusula compromissória só terá eficácia se o aderente tomar a iniciativa de instituir a arbitragem ou concordar, expressamente, com a sua instituição, desde que por escrito em documento anexo ou em negrito, com a assinatura ou visto especialmente para essa cláusula.

› CC: arts. 423 e 424.

§ 3º. (VETADO). (Incluído pela Lei nº 13.129, de 2015)

§ 4º. (VETADO). (Incluído pela Lei nº 13.129, de 2015)

Art. 5º. Reportando-se as partes, na cláusula compromissória, às regras de algum órgão arbitral institucional ou entidade especializada, a arbitragem será instituída e processada de acordo com tais regras, podendo, igualmente, as partes estabelecer na própria cláusula, ou em outro documento, a forma convencionada para a instituição da arbitragem.

Art. 6º. Não havendo acordo prévio sobre a forma de instituir a arbitragem, a parte interessada manifestará à outra parte sua intenção de dar início à arbitragem, por via postal ou por outro meio qualquer de comunicação, mediante comprovação de recebimento, convocando-a para, em dia, hora e local certos, firmar o compromisso arbitral.

Parágrafo único. Não comparecendo a parte convocada ou, comparecendo, recusar-se a firmar o compromisso arbitral, poderá a outra parte propor a demanda de que trata o art. 7º desta Lei, perante o órgão do Poder Judiciário a que, originariamente, tocaria o julgamento da causa.

Art. 7º. Existindo cláusula compromissória e havendo resistência quanto à instituição da arbitragem, poderá a parte interessada requerer a citação da outra parte para comparecer em juízo a fim de lavrar-se o compromisso, designando o juiz audiência especial para tal fim.

§ 1º. O autor indicará, com precisão, o objeto da arbitragem, instruindo o pedido com o documento que contiver a cláusula compromissória.

§ 2º. Comparecendo as partes à audiência, o juiz tentará, previamente, a conciliação acerca do litígio. Não obtendo sucesso, tentará o juiz conduzir as partes à celebração, de comum acordo, do compromisso arbitral.

§ 3º. Não concordando as partes sobre os termos do compromisso, decidirá o juiz, após ouvir o réu, sobre seu conteúdo, na própria audiência ou no prazo de 10 (dez) dias, respeitadas as disposições da cláusula compromissória e atendendo ao disposto nos arts. 10 e 21, § 2º desta Lei.

§ 4º. Se a cláusula compromissória nada dispuser sobre a nomeação de árbitros, caberá ao juiz, ouvidas as partes, estatuir a respeito, podendo nomear árbitro único para a solução do litígio.

§ 5º. A ausência do autor, sem justo motivo, à audiência designada para a lavratura do compromisso arbitral, importará a extinção do processo sem julgamento de mérito.

§ 6º. Não comparecendo o réu à audiência, caberá ao juiz, ouvido o autor, estatuir a respeito do conteúdo do compromisso, nomeando árbitro único.

§ 7º. A sentença que julgar procedente o pedido valerá como compromisso arbitral.

Art. 8º. A cláusula compromissória é autônoma em relação ao contrato em que estiver inserta, de tal sorte que a nulidade deste não implica, necessariamente, a nulidade da cláusula compromissória.

Parágrafo único. Caberá ao árbitro decidir de ofício, ou por provocação das partes, as questões acerca da existência, validade e eficácia da convenção de arbitragem e do contrato que contenha a cláusula compromissória.

Art. 9º. O compromisso arbitral é a convenção através da qual as partes submetem um litígio à arbitragem de uma ou mais pessoas, podendo ser judicial ou extrajudicial.

› CC: arts. 851 a 853.

§ 1º. O compromisso arbitral judicial celebrar-se-á por termo nos autos, perante o juízo ou tribunal, onde tem curso a demanda.

§ 2º. O compromisso arbitral extrajudicial será celebrado por escrito particular, assinado por duas testemunhas, ou por instrumento público.

Art. 10. Constará, obrigatoriamente, do compromisso arbitral:

I – o nome, profissão, estado civil e domicílio das partes;

II – o nome, profissão e domicílio do árbitro, ou dos árbitros, ou, se for o caso, a identificação da entidade à qual as partes delegaram a indicação de árbitros;

III – a matéria que será objeto da arbitragem; e

IV – o lugar em que será proferida a sentença arbitral.

Art. 11. Poderá, ainda, o compromisso arbitral conter:

I – local, ou locais, onde se desenvolverá a arbitragem;

II – a autorização para que o árbitro ou os árbitros julguem por equidade, se assim for convencionado pelas partes;

III – o prazo para apresentação da sentença arbitral;

IV – a indicação da lei nacional ou das regras corporativas aplicáveis à arbitragem, quando assim convencionarem as partes;

V – a declaração da responsabilidade pelo pagamento dos honorários e das despesas com a arbitragem; e

VI – a fixação dos honorários do árbitro, ou dos árbitros.

Parágrafo único. Fixando as partes os honorários do árbitro, ou dos árbitros, no compromisso arbitral, este constituirá título executivo extrajudicial; não havendo tal estipulação, o árbitro requererá ao órgão do Poder Judiciário que seria competente para julgar, originariamente, a causa que os fixe por sentença.

Art. 12. Extingue-se o compromisso arbitral:

I – escusando-se qualquer dos árbitros, antes de aceitar a nomeação, desde que as partes tenham declarado, expressamente, não aceitar substituto;

II – falecendo ou ficando impossibilitado de dar seu voto algum dos árbitros, desde que as partes declarem, expressamente, não aceitar substituto; e

III – tendo expirado o prazo a que se refere o art. 11, inc. III, desde que a parte interessada tenha notificado o árbitro, ou o presidente do tribunal arbitral, concedendo-lhe o prazo de 10 (dez) dias para a prolação e apresentação da sentença arbitral.

CAPÍTULO III
DOS ÁRBITROS

Art. 13. Pode ser árbitro qualquer pessoa capaz e que tenha a confiança das partes.

§ 1º. As partes nomearão um ou mais árbitros, sempre em número ímpar, podendo nomear, também, os respectivos suplentes.

§ 2º. Quando as partes nomearem árbitros em número par, estes estão autorizados, desde logo, a nomear mais um árbitro. Não havendo acordo, requererão as partes ao órgão do Poder Judiciário a que tocaria, originariamente, o julgamento da causa a nomeação do árbitro, aplicável, no que couber, o procedimento previsto no art. 7º desta Lei.

§ 3º. As partes poderão, de comum acordo, estabelecer o processo de escolha dos árbitros, ou adotar as regras de um órgão arbitral institucional ou entidade especializada.

§ 4º. As partes, de comum acordo, poderão afastar a aplicação de dispositivo do regulamento do órgão arbitral institucional ou entidade especializada que limite a escolha do árbitro único, coárbitro ou presidente do tribunal à respectiva lista de árbitros, autorizado o controle da escolha pelos órgãos competentes da instituição, sendo que, nos casos de impasse e arbitragem multiparte, deverá ser observado o que dispuser o regulamento aplicável. (Redação dada pela Lei nº 13.129, de 2015)

§ 5º. O árbitro ou o presidente do tribunal designará, se julgar conveniente, um secretário, que poderá ser um dos árbitros.

§ 6º. No desempenho de sua função, o árbitro deverá proceder com imparcialidade, independência, competência, diligência e discrição.

§ 7º. Poderá o árbitro ou o tribunal arbitral determinar às partes o adiantamento de verbas para despesas e diligências que julgar necessárias.

Art. 14. Estão impedidos de funcionar como árbitros as pessoas que tenham, com as partes ou com o litígio que lhes for submetido, algumas das relações que caracterizam os casos de impedimento ou suspeição de juízes, aplicando-se lhes, no que couber, os mesmos deveres e responsabilidades, conforme previsto no Código de Processo Civil.

▸ CPC/15: arts. 144 e 145.

§ 1º. As pessoas indicadas para funcionar como árbitro têm o dever de revelar, antes da aceitação da função, qualquer fato que denote dúvida justificada quanto à sua imparcialidade e independência.

§ 2º. O árbitro somente poderá ser recusado por motivo ocorrido após sua nomeação. Poderá, entretanto, ser recusado por motivo anterior à sua nomeação, quando:

a) não for nomeado, diretamente, pela parte; ou

b) o motivo para a recusa do árbitro for conhecido posteriormente à sua nomeação.

Art. 15. A parte interessada em arguir a recusa do árbitro apresentará, nos termos do art. 20, a respectiva exceção, diretamente ao árbitro ou ao presidente do tribunal arbitral, deduzindo suas razões e apresentando as provas pertinentes.

Parágrafo único. Acolhida a exceção, será afastado o árbitro suspeito ou impedido, que será substituído, na forma do art. 16 desta Lei.

Art. 16. Se o árbitro escusar-se antes da aceitação da nomeação, ou, após a aceitação, vier a falecer, tornar-se impossibilitado para o exercício da função, ou for recusado, assumirá seu lugar o substituto indicado no compromisso, se houver.

§ 1º. Não havendo substituto indicado para o árbitro, aplicar-se-ão as regras do órgão arbitral institucional ou entidade especializada, se as partes as tiverem invocado na convenção de arbitragem.

§ 2º. Nada dispondo a convenção de arbitragem e não chegando as partes a um acordo sobre a nomeação do árbitro a ser substituído, procederá a parte interessada da forma prevista no art. 7º desta Lei, a menos que as partes tenham declarado, expressamente, na convenção de arbitragem, não aceitar substituto.

Art. 17. Os árbitros, quando no exercício de suas funções ou em razão delas, ficam equiparados aos funcionários públicos, para os efeitos da legislação penal.

Art. 18. O árbitro é juiz de fato e de direito, e a sentença que proferir não fica sujeita a recurso ou a homologação pelo Poder Judiciário.

▸ CPC/15: art. 515, VII.

CAPÍTULO IV.
DO PROCEDIMENTO ARBITRAL

Art. 19. Considera-se instituída a arbitragem quando aceita a nomeação pelo árbitro, se for único, ou por todos, se forem vários.

§ 1º. Instituída a arbitragem e entendendo o árbitro ou o tribunal arbitral que há necessidade de explicitar questão disposta na convenção de arbitragem, será elaborado, juntamente com as partes, adendo firmado por todos, que passará a fazer parte integrante da convenção de arbitragem. (Incluído pela Lei nº 13.129, de 2015)

§ 2º. A instituição da arbitragem interrompe a prescrição, retroagindo à data do requerimento de sua instauração, ainda que extinta a arbitragem por ausência de jurisdição. (Incluído pela Lei nº 13.129, de 2015)

Art. 20. A parte que pretender arguir questões relativas à competência, suspeição ou impedimento do árbitro ou dos árbitros, bem como nulidade, invalidade ou ineficácia da convenção de arbitragem, deverá fazê-lo na primeira oportunidade que tiver de se manifestar, após a instituição da arbitragem.

§ 1º. Acolhida a arguição de suspeição ou impedimento, será o árbitro substituído nos termos do art. 16 desta Lei, reconhecida a incompetência do árbitro ou do tribunal arbitral, bem como a nulidade, invalidade ou ineficácia da convenção de arbitragem, serão as partes remetidas ao órgão do Poder Judiciário competente para julgar a causa.

§ 2º. Não sendo acolhida a arguição, terá normal prosseguimento a arbitragem, sem prejuízo de vir a ser examinada a decisão pelo órgão do Poder Judiciário competente, quando da eventual propositura da demanda de que trata o art. 33 desta Lei.

Art. 21. A arbitragem obedecerá ao procedimento estabelecido pelas partes na convenção de arbitragem, que poderá reportar-se às regras de um órgão arbitral institucional ou entidade especializada, facultando-se, ainda, às partes delegar ao próprio árbitro, ou ao tribunal arbitral, regular o procedimento.

§ 1º. Não havendo estipulação acerca do procedimento, caberá ao árbitro ou ao tribunal arbitral discipliná-lo.

§ 2º. Serão, sempre, respeitados no procedimento arbitral os princípios do contraditório, da igualdade das partes, da imparcialidade do árbitro e de seu livre convencimento.

§ 3º. As partes poderão postular por intermédio de advogado, respeitada, sempre, a faculdade de designar quem as represente ou assista no procedimento arbitral.

§ 4º. Competirá ao árbitro ou ao tribunal arbitral, no início do procedimento, tentar a conciliação das partes, aplicando-se, no que couber, o art. 28 desta Lei.

Art. 22. Poderá o árbitro ou o tribunal arbitral tomar o depoimento das partes, ouvir testemunhas e determinar a realização de perícias ou outras provas que julgar necessárias, mediante requerimento das partes ou de ofício.

§ 1º. O depoimento das partes e das testemunhas será tomado em local, dia e hora previamente comunicados, por escrito, e reduzido a termo, assinado pelo depoente, ou a seu rogo, e pelos árbitros.

§ 2º. Em caso de desatendimento, sem justa causa, da convocação para prestar depoimento pessoal, o árbitro ou o tribunal arbitral levará em consideração o comportamento da parte faltosa, ao proferir sua sentença; se a ausência for de testemunha, nas mesmas circunstâncias, poderá o árbitro ou o presidente do tribunal arbitral requerer à autoridade judiciária que conduza a testemunha renitente, comprovando a existência da convenção de arbitragem.

§ 3º. A revelia da parte não impedirá que seja proferida a sentença arbitral.

§ 4º. *(Revogado pela Lei nº 13.129, de 2015)*

§ 5º. Se, durante o procedimento arbitral, um árbitro vier a ser substituído fica a critério do substituto repetir as provas já produzidas.

CAPÍTULO IV-A (Incluído pela Lei nº 13.129, de 2015)

DAS TUTELAS CAUTELARES E DE URGÊNCIA

Art. 22-A. Antes de instituída a arbitragem, as partes poderão recorrer ao Poder Judiciário para a concessão de medida cautelar ou de urgência. (Incluído pela Lei nº 13.129, de 2015)

Parágrafo único. Cessa a eficácia da medida cautelar ou de urgência se a parte interessada não requerer a instituição da arbitragem no prazo de 30 (trinta) dias, contado da data de efetivação da respectiva decisão. (Incluído pela Lei nº 13.129, de 2015)

Art. 22-B. Instituída a arbitragem, caberá aos árbitros manter, modificar ou revogar a medida cautelar ou de urgência concedida pelo Poder Judiciário. (Incluído pela Lei nº 13.129, de 2015)

Parágrafo único. Estando já instituída a arbitragem, a medida cautelar ou de urgência será requerida diretamente aos árbitros. (Incluído pela Lei nº 13.129, de 2015)

CAPÍTULO IV-B (Incluído pela Lei nº 13.129, de 2015)

DA CARTA ARBITRAL

Art. 22-C. O árbitro ou o tribunal arbitral poderá expedir carta arbitral para que o órgão jurisdicional nacional pratique ou determine o cumprimento, na área de sua competência territorial, de ato solicitado pelo árbitro. (Incluído pela Lei nº 13.129, de 2015)

Parágrafo único. No cumprimento da carta arbitral será observado o segredo de justiça, desde que comprovada a confidencialidade estipulada na arbitragem. (Incluído pela Lei nº 13.129, de 2015)

CAPÍTULO V. DA SENTENÇA ARBITRAL

› CPC/15: art. 515, VII.

Art. 23. A sentença arbitral será proferida no prazo estipulado pelas partes. Nada tendo sido convencionado, o prazo para a apresentação da sentença é de 6 (seis) meses, contado da instituição da arbitragem ou da substituição do árbitro.

§ 1º. Os árbitros poderão proferir sentenças parciais. (Incluído pela Lei nº 13.129, de 2015)

§ 2º. As partes e os árbitros, de comum acordo, poderão prorrogar o prazo para proferir a sentença final. (Incluído pela Lei nº 13.129, de 2015)

Art. 24. A decisão do árbitro ou dos árbitros será expressa em documento escrito.

§ 1º. Quando forem vários os árbitros, a decisão será tomada por maioria. Se não houver acordo majoritário, prevalecerá o voto do presidente do tribunal arbitral.

§ 2º. O árbitro que divergir da maioria poderá, querendo, declarar seu voto em separado.

Art. 25. *(Revogado pela Lei nº 13.129, de 2015)*

Parágrafo único. *(Revogado pela Lei nº 13.129, de 2015)*

Art. 26. São requisitos obrigatórios da sentença arbitral:

I – o relatório, que conterá os nomes das partes e um resumo do litígio;

II – os fundamentos da decisão, onde serão analisadas as questões de fato e de direito, mencionando-se, expressamente, se os árbitros julgaram por equidade;

III – o dispositivo, em que os árbitros resolverão as questões que lhes forem submetidas e estabelecerão o prazo para o cumprimento da decisão, se for o caso; e

IV – a data e o lugar em que foi proferida.

Parágrafo único. A sentença arbitral será assinada pelo árbitro ou por todos os árbitros. Caberá ao presidente do tribunal arbitral, na hipótese de um ou alguns dos árbitros não poder ou não querer assinar a sentença, certificar tal fato.

Art. 27. A sentença arbitral decidirá sobre a responsabilidade das partes acerca das custas e despesas com a arbitragem, bem como sobre verba decorrente de litigância de má-fé, se for o caso, respeitadas as disposições da convenção de arbitragem, se houver.

Art. 28. Se, no decurso da arbitragem, as partes chegarem a acordo quanto ao litígio, o árbitro ou o tribunal arbitral poderá, a pedido das partes, declarar tal fato mediante sentença arbitral, que conterá os requisitos do art. 26 desta Lei.

Art. 29. Proferida a sentença arbitral, dá-se por finda a arbitragem, devendo o árbitro, ou o presidente do tribunal arbitral, enviar cópia da decisão às partes, por via postal ou por outro meio qualquer de comunicação, mediante comprovação de recebimento, ou, ainda, entregando-a diretamente às partes, mediante recibo.

Art. 30. No prazo de 5 (cinco) dias, a contar do recebimento da notificação ou da ciência pessoal da sentença arbitral, salvo se outro prazo for acordado entre as partes, a parte interessada, mediante comunicação à outra parte, poderá solicitar ao árbitro ou ao tribunal arbitral que: (Redação dada pela Lei nº 13.129, de 2015)

I – corrija qualquer erro material da sentença arbitral;

II – esclareça alguma obscuridade, dúvida ou contradição da sentença arbitral, ou se pronuncie sobre ponto omitido a respeito do qual devia manifestar-se a decisão.

Parágrafo único. O árbitro ou o tribunal arbitral decidirá no prazo de 10 (dez) dias ou em prazo acordado com as partes, aditará a sentença arbitral e notificará as partes na forma do art. 29. (Redação dada pela Lei nº 13.129, de 2015)

Art. 31. A sentença arbitral produz, entre as partes, e seus sucessores, os mesmos efeitos da sentença proferida pelos órgãos do Poder Judiciário e, sendo condenatória, constitui título executivo.

Art. 32. É nula a sentença arbitral se:

I – for nula a convenção de arbitragem; (Redação dada pela Lei nº 13.129, de 2015)

II – emanou de quem não podia ser árbitro;

III – não contiver os requisitos do art. 26 desta Lei;

IV – for proferida fora dos limites da convenção de arbitragem;

V – *(Revogado pela Lei nº 13.129, de 2015)*

VI – comprovado que foi proferida por prevaricação, concussão ou corrupção passiva;

VII – proferida fora do prazo, respeitado o disposto no art. 12, inciso III, desta Lei; e

VIII – forem desrespeitados os princípios de que trata o art. 21, § 2º, desta Lei.

Art. 33. A parte interessada poderá pleitear ao órgão do Poder Judiciário competente a declaração de nulidade da sentença arbitral, nos casos previstos nesta Lei. (Redação dada pela Lei nº 13.129, de 2015)

§ 1º. A demanda para a declaração de nulidade da sentença arbitral, parcial ou final, seguirá as regras do procedimento comum, previstas na Lei nº 5.869, de 11 de janeiro de 1973 (Código de Processo Civil), e deverá ser proposta no prazo de até 90 (noventa) dias após o recebimento da notificação da respectiva sentença, parcial ou final, ou da decisão do pedido de esclarecimentos. (Redação dada pela Lei nº 13.129, de 2015)

› Refere-se ao CPC/1973 revogado pela Lei 13.105/2015.

§ 2º. A sentença que julgar procedente o pedido declarará a nulidade da sentença arbitral, nos casos do art. 32, e determinará, se for o caso, que o árbitro ou o tribunal profira nova sentença arbitral. (Redação dada pela Lei nº 13.129, de 2015)

§ 3º. A decretação da nulidade da sentença arbitral também poderá ser requerida na impugnação ao cumprimento da sentença, nos termos dos arts. 525 e seguintes do Código de Processo Civil, se houver execução judicial. (Redação dada pela Lei nº 13.105, de 2015)

› Refere-se ao CPC/1973 revogado pela Lei 13.105/2015.

§ 4º. A parte interessada poderá ingressar em juízo para requerer a prolação de sentença arbitral complementar, se o árbitro não decidir todos os pedidos submetidos à arbitragem. (Incluído pela Lei nº 13.129, de 2015)

CAPÍTULO VI. DO RECONHECIMENTO E EXECUÇÃO DE SENTENÇAS ARBITRAIS ESTRANGEIRAS

Art. 34. A sentença arbitral estrangeira será reconhecida ou executada no Brasil de conformidade com os tratados internacionais com eficácia no ordenamento interno e, na sua ausência, estritamente de acordo com os termos desta Lei.

Parágrafo único. Considera-se sentença arbitral estrangeira a que tenha sido proferida fora do território nacional.

Art. 35. Para ser reconhecida ou executada no Brasil, a sentença arbitral estrangeira está sujeita, unicamente, à homologação do Superior Tribunal de Justiça. (Redação dada pela Lei nº 13.129, de 2015)

Art. 36. Aplica-se à homologação para reconhecimento ou execução de sentença arbitral estrangeira, no que couber, o disposto nos arts. 483 e 484 do Código de Processo Civil.

Art. 37. A homologação de sentença arbitral estrangeira será requerida pela parte interessada, devendo a petição inicial conter as indicações da lei processual, conforme o art. 282 do Código de Processo Civil, e ser instruída, necessariamente, com:

› Refere-se ao CPC/1973 revogado pela Lei 13.105/2015.

› CPC/15: arts. 319 e 515, VII.

I – o original da sentença arbitral ou uma cópia devidamente certificada, autenticada pelo consulado brasileiro e acompanhada de tradução oficial;

II – o original da convenção de arbitragem ou cópia devidamente certificada, acompanhada de tradução oficial.

Art. 38. Somente poderá ser negada a homologação para o reconhecimento ou execução de sentença arbitral estrangeira, quando o réu demonstrar que:

I – as partes na convenção de arbitragem eram incapazes;

II – a convenção de arbitragem não era válida segundo a lei à qual as partes a submeteram, ou, na falta de indicação, em virtude da lei do país onde a sentença arbitral foi proferida;

III – não foi notificado da designação do árbitro ou do procedimento de arbitragem, ou tenha sido violado o princípio do contraditório, impossibilitando a ampla defesa;

IV – a sentença arbitral foi proferida fora dos limites da convenção de arbitragem, e não foi possível separar a parte excedente daquela submetida à arbitragem;

V – a instituição da arbitragem não está de acordo com o compromisso arbitral ou cláusula compromissória;

VI – a sentença arbitral não se tenha, ainda, tornado obrigatória para as partes, tenha sido anulada, ou, ainda, tenha sido suspensa por órgão judicial do país onde a sentença arbitral for prolatada.

Art. 39. A homologação para o reconhecimento ou a execução da sentença arbitral estrangeira também será denegada se o Superior Tribunal de Justiça constatar que: (Redação dada pela Lei nº 13.129, de 2015)

I – segundo a lei brasileira, o objeto do litígio não é suscetível de ser resolvido por arbitragem;

II – a decisão ofende a ordem pública nacional.

Parágrafo único. Não será considerada ofensa à ordem pública nacional a efetivação da citação da parte residente ou domiciliada no Brasil, nos moldes da convenção de arbitragem ou da lei processual do país onde se realizou a arbitragem, admitindo-se, inclusive, a citação postal com prova inequívoca de recebimento, desde que assegure à parte brasileira tempo hábil para o exercício do direito de defesa.

Art. 40. A denegação da homologação para reconhecimento ou execução de sentença arbitral estrangeira por vícios formais, não obsta que a parte interessada renove o pedido, uma vez sanados os vícios apresentados.

CAPÍTULO VII. DISPOSIÇÕES FINAIS

Art. 41. Os arts. 267, inciso VII; 301, inciso IX; e 584, inciso III, do Código de Processo Civil passam a ter a seguinte redação:

› Refere-se ao CPC/1973 revogado pela Lei 13.105/2015.

› O referido art. 584 do CPC/1973 está revogado pela Lei 11.232/2005.

"Art. 267. [...]

VII – pela convenção de arbitragem;"

"Art. 301. [...]

IX – convenção de arbitragem;"

"Art. 584. [...]

III – a sentença arbitral e a sentença homologatória de transação ou de conciliação;"

Art. 42. O art. 520 do Código de Processo Civil passa a ter mais um inciso, com a seguinte redação:

› Refere-se ao CPC/1973 revogado pela Lei 13.105/2015.

"Art. 520. [...]

VI – julgar procedente o pedido de instituição de arbitragem."

Art. 43. Esta Lei entrará em vigor 60 (sessenta) dias após a data de sua publicação.

Art. 44. Ficam revogados os arts. 1.037 a 1.048 da Lei nº 3.071, de 1º de janeiro de 1916, Código Civil Brasileiro; os arts. 101 e 1.072 a 1.102 da Lei nº 5.869, de 11 de janeiro de 1973, Código de Processo Civil; e demais disposições em contrário.

› Refere-se ao CPC/1973 revogado pela Lei 13.105/2015.

Brasília, 23 de setembro de 1996; 175º da Independência e 108º da República.

FERNANDO HENRIQUE CARDOSO

D.O.U. 24.9.1996

LEI Nº 9.434, DE 4 DE FEVEREIRO DE 1997

Dispõe sobre a remoção de órgãos, tecidos e partes do corpo humano para fins de transplante e tratamento e dá outras providências.

› *Transplantes*

› Regulamentada pelo Decreto 9.175, de 2017.

O PRESIDENTE DA REPÚBLICA Faço saber que o Congresso Nacional decreta e eu sanciono a seguinte Lei:

CAPÍTULO I. DAS DISPOSIÇÕES GERAIS

Art. 1º. A disposição gratuita de tecidos, órgãos e partes do corpo humano, em vida ou *post mortem*, para fins de transplante e tratamento, é permitida na forma desta Lei.

Parágrafo único. Para os efeitos desta Lei, não estão compreendidos entre os tecidos a que se refere este artigo o sangue, o esperma e o óvulo.

Art. 2º. A realização de transplante ou enxertos de tecidos, órgãos ou partes do corpo humano só poderá ser realizada por estabelecimento de saúde, público ou privado, e por equipes médico-cirúrgicas de remoção e transplante previamente autorizados pelo órgão de gestão nacional do Sistema Único de Saúde.

Parágrafo único. A realização de transplantes ou enxertos de tecidos, órgãos e partes do corpo humano só poderá ser autorizada após a realização, no doador, de todos os testes de triagem para diagnóstico de infecção e infestação exigidos em normas regulamentares expedidas pelo Ministério da Saúde. (Redação dada pela Lei nº 10.211, de 2001)

CAPÍTULO II. DA DISPOSIÇÃO *POST MORTEM* DE TECIDOS, ÓRGÃOS E PARTES DO CORPO HUMANO PARA FINS DE TRANSPLANTE

Art. 3º. A retirada *post mortem* de tecidos, órgãos ou partes do corpo humano destinados a transplante ou tratamento deverá ser precedida de diagnóstico de morte encefálica, constatada e registrada por 2 (dois) médicos não participantes das equipes de remoção e transplante, mediante a utilização de critérios clínicos e tecnológicos definidos por resolução do Conselho Federal de Medicina.

§ 1º. Os prontuários médicos, contendo os resultados ou os laudos dos exames referentes aos diagnósticos de morte encefálica e cópias dos documentos de que tratam os arts. 2º, parágrafo único; 4º e seus parágrafos; 5º; 7º; 9º, §§ 2º, 4º, 6º e 8º; e 10, quando couber, e detalhando os atos cirúrgicos relativos aos transplantes e enxertos, serão mantidos nos arquivos das instituições referidas no art. 2º por um período mínimo de 5 (cinco) anos.

§ 2º. Às instituições referidas no art. 2º enviarão anualmente um relatório contendo os nomes dos pacientes receptores ao órgão gestor estadual do Sistema único de Saúde.

§ 3º. Será admitida a presença de médico de confiança da família do falecido no ato da comprovação e atestação da morte encefálica.

Art. 4º. A retirada de tecidos, órgãos e partes do corpo de pessoas falecidas para transplantes ou outra finalidade terapêutica, dependerá da autorização do cônjuge ou parente, maior de idade, obedecida a linha sucessória, reta ou colateral, até o segundo grau inclusive, firmada em documento subscrito por 2 (duas) testemunhas presentes à verificação da morte. (Redação dada pela Lei nº 10.211, de 2001)

Parágrafo único. (*VETADO*). (Incluído pela Lei nº 10.211, de 23.3.2001)

§§ 1º a 5º (*Revogados pela Lei nº 10.211, de 2001*).

Art. 5º. A remoção *post mortem* de tecidos, órgãos ou partes do corpo de pessoa juridicamente incapaz poderá ser feita desde que permitida expressamente por ambos os pais ou por seus responsáveis legais.

Art. 6º. É vedada a remoção *post mortem* de tecidos, órgãos ou partes do corpo de pessoas não identificadas.

Art. 7º. (*VETADO*).

Parágrafo único. No caso de morte sem assistência médica, de óbito em decorrência de causa mal definida ou de outras situações nas quais houver indicação de verificação da causa médica da morte, a remoção de tecidos, órgãos ou partes de cadáver para fins de transplante ou terapêutica somente poderá ser realizada após a autorização do patologista do serviço de verificação de óbito responsável pela investigação e citada em relatório de necrópsia.

Art. 8º. Após a retirada de tecidos, órgãos e partes, o cadáver será imediatamente necropsiado, se verificada a hipótese do parágrafo único do art. 7º, e, em qualquer caso, condignamente recomposto para ser entregue, em seguida, aos parentes do morto ou seus responsáveis legais para sepultamento. (Redação dada pela Lei nº 10.211, de 2001)

CAPÍTULO III. DA DISPOSIÇÃO DE TECIDOS, ÓRGÃOS E PARTES DO CORPO HUMANO VIVO PARA FINS DE TRANSPLANTE OU TRATAMENTO

Art. 9º. É permitida à pessoa juridicamente capaz dispor gratuitamente de tecidos, órgãos e partes do próprio corpo vivo, para fins terapêuticos ou para transplantes em cônjuge ou parentes consanguíneos até o quarto grau, inclusive, na forma do § 4º deste artigo, ou em qualquer outra pessoa, mediante autorização judicial, dispensada esta em relação à medula óssea. (Redação dada pela Lei nº 10.211, de 2001)

§ 1º. (*VETADO*).

§ 2º. (*VETADO*).

§ 3º. Só é permitida a doação referida neste artigo quando se tratar de órgãos duplos, de partes de órgãos, tecidos ou partes do corpo cuja retirada não impeça o organismo do doador de continuar vivendo sem risco para a sua integridade e não represente grave comprometimento de suas aptidões vitais e saúde mental e não cause mutilação ou deformação inaceitável, e corresponda a uma necessidade terapêutica comprovadamente indispensável à pessoa receptora.

§ 4º. O doador deverá autorizar, preferencialmente por escrito e diante de testemunhas, especificamente o tecido, órgão ou parte do corpo objeto da retirada.

§ 5º. A doação poderá ser revogada pelo doador ou pelos responsáveis legais a qualquer momento antes de sua concretização.

§ 6º. O indivíduo juridicamente incapaz, com compatibilidade imunológica comprovada, poderá fazer doação nos casos de transplante de medula óssea, desde que haja consentimento de ambos os pais ou seus responsáveis legais e autorização judicial e o ato não oferecer risco para a sua saúde.

§ 7º. É vedado à gestante dispor de tecidos, órgãos ou partes de seu corpo vivo, exceto quando se tratar de doação de tecido para ser utilizado em transplante de medula óssea e o ato não oferecer risco à sua saúde ou ao feto.

§ 8º. O autotransplante depende apenas do consentimento do próprio indivíduo, registrado em seu prontuário médico ou, se ele for juridicamente incapaz, de um de seus pais ou responsáveis legais.

Art. 9º-A. É garantido a toda mulher o acesso a informações sobre as possibilidades e os benefícios da doação voluntária de sangue do cordão umbilical e placentário durante o período de consultas pré-natais e no momento da realização do parto. (Incluído pela Lei nº 11.633, de 2007)

CAPÍTULO IV. DAS DISPOSIÇÕES COMPLEMENTARES

Art. 10. O transplante ou enxerto só se fará com o consentimento expresso do receptor, assim inscrito em lista única de espera, após aconselhamento sobre a excepcionalidade e os riscos do procedimento. (Redação dada pela Lei nº 10.211, de 2001)

§ 1º. Nos casos em que o receptor seja juridicamente incapaz ou cujas condições de saúde impeçam ou comprometam a manifestação válida da sua vontade, o consentimento de que trata este artigo será dado por um de seus pais ou responsáveis legais. (Incluído pela Lei nº 10.211, de 23.3.2001)

§ 2º. A inscrição em lista única de espera não confere ao pretenso receptor ou à sua família direito subjetivo a indenização, se o transplante não se realizar em decorrência de alteração do estado de órgãos, tecidos e partes, que lhe seriam destinados, provocado por acidente ou incidente em seu transporte. (Incluído pela Lei nº 10.211, de 23.3.2001)

Art. 11. É proibida a veiculação, através de qualquer meio de comunicação social de anúncio que configure:

a) publicidade de estabelecimentos autorizados a realizar transplantes e enxertos, relativa a estas atividades;

b) apelo público no sentido da doação de tecido, órgão ou parte do corpo humano para pessoa determinada identificada ou não, ressalvado o disposto no parágrafo único;

c) apelo público para a arrecadação de fundos para o financiamento de transplante ou enxerto em benefício de particulares.

Parágrafo único. Os órgãos de gestão nacional, regional e local do Sistema único de Saúde realizarão periodicamente, através dos meios adequados de comunicação social, campanhas de esclarecimento público dos benefícios esperados a partir da vigência desta Lei e de estímulo à doação de órgãos.

› Lei 11.584/2007: art. 1º, par. único.

Art. 12. (*VETADO*).

Art. 13. É obrigatório, para todos os estabelecimentos de saúde, notificar, às centrais de notificação, captação e distribuição de órgãos da unidade federada onde ocorrer o diagnóstico de morte encefálica feito em pacientes por eles atendidos.

Parágrafo único. Após a notificação prevista no *caput* deste artigo, os estabelecimentos de saúde não autorizados a retirar tecidos, órgãos ou partes do corpo humano destinados a transplante ou tratamento deverão permitir a imediata remoção do paciente ou franquear suas instalações e fornecer o apoio operacional necessário às equipes médico-cirúrgicas de remoção e transplante, hipótese em que serão ressarcidos na forma da lei. (Incluído pela Lei nº 11.521, de 2007)

CAPÍTULO V. DAS SANÇÕES PENAIS E ADMINISTRATIVAS

SEÇÃO I. DOS CRIMES

Art. 14. Remover tecidos, órgãos ou partes do corpo de pessoa ou cadáver, em desacordo com as disposições desta Lei:

Pena – reclusão, de 2 (dois) a 6 (seis) anos, e multa, de 100 (cem) a 360 (trezentos e sessenta) dias-multa.

§ 1º. Se o crime é cometido mediante paga ou promessa de recompensa ou por outro motivo torpe:

Pena – reclusão, de 3 (três) a 8 (oito) anos, e multa, de 100 (cem) a 150 (cento e cinquenta) dias-multa.

§ 2º. Se o crime é praticado em pessoa viva, e resulta para o ofendido:

› CP: art. 129, § 1º.

I – incapacidade para as ocupações habituais, por mais de 30 (trinta) dias;

II – perigo de vida;

III – debilidade permanente de membro, sentido ou função;

IV – aceleração de parto:

Pena – reclusão, de 3 (três) a 10 (dez) anos, e multa, de 100 (cem) a 200 (duzentos) dias-multa

§ 3º. Se o crime é praticado em pessoa viva, e resulta para o ofendido:

› CP: art. 129, § 2º.

I – Incapacidade permanente para o trabalho;

II – Enfermidade incurável;

III – perda ou inutilização de membro, sentido ou função;

IV – deformidade permanente;

V – aborto:

Pena – reclusão, de 4 (quatro) a 12 (doze) anos, e multa, de 150 (cento e cinquenta) a 300 (trezentos) dias-multa.

§ 4º. Se o crime é praticado em pessoa viva e resulta morte:

› CP: art. 129, § 3º.

Pena – reclusão, de 8 (oito) a 20 (vinte) anos, e multa de 200 (duzentos) a 360 (trezentos e sessenta) dias-multa.

Art. 15. Comprar ou vender tecidos, órgãos ou partes do corpo humano:

Pena – reclusão, de 3 (três) a 8 (oito) anos, e multa, de 200 (duzentos) a 360 (trezentos e sessenta) dias-multa.

Parágrafo único. Incorre na mesma pena quem promove, intermedeia, facilita ou aufere qualquer vantagem com a transação.

Art. 16. Realizar transplante ou enxerto utilizando tecidos, órgãos ou partes do corpo humano de que se tem ciência terem sido obtidos em desacordo com os dispositivos desta Lei:

Pena – reclusão, de 1 (um) a 6 (seis) anos, e multa, de 150 (cento e cinquenta) a 300 (trezentos) dias-multa.

Art. 17. Recolher, transportar, guardar ou distribuir partes do corpo humano de que se tem ciência terem sido obtidos em desacordo com os dispositivos desta Lei:

Pena – reclusão, de 6 (seis) meses a 2 (dois) anos, e multa, de 100 (cem) a 250 (duzentos e cinquenta) dias-multa.

Art. 18. Realizar transplante ou enxerto em desacordo com o disposto no art. 10 desta Lei e seu parágrafo único:

Pena – detenção, de 6 (seis) meses a 2 (dois) anos.

Art. 19. Deixar de recompor cadáver, devolvendo-lhe aspecto condigno, para sepultamento ou deixar de entregar ou retardar sua entrega aos familiares ou interessados:

Pena – detenção, de 6 (seis) meses a 2 (dois) anos.

› CP: art. 212.

Art. 20. Publicar anúncio ou apelo público em desacordo com o disposto no art. 11:

Pena – multa, de 100 (cem) a 200 (duzentos) dias-multa.

SEÇÃO II.
DAS SANÇÕES ADMINISTRATIVAS

Art. 21. No caso dos crimes previstos nos arts. 14, 15, 16 e 17, o estabelecimento de saúde e as equipes médico-cirúrgicas envolvidas poderão ser desautorizadas temporária ou permanentemente pelas autoridades competentes.

§ 1º. Se a instituição é particular, a autoridade competente poderá multá-la em 200 (duzentos) a 360 (trezentos e sessenta) dias-multa e, em caso de reincidência, poderá ter suas atividades suspensas temporária ou definitivamente, sem direito a qualquer indenização ou compensação por investimentos realizados.

§ 2º. Se a instituição é particular, é proibida de estabelecer contratos ou convênios com entidades públicas, bem como se beneficiar de créditos oriundos de instituições governamentais ou daquelas em que o Estado é acionista, pelo prazo de 5 (cinco) anos.

Art. 22. As instituições que deixarem de manter em arquivo relatórios dos transplantes realizados, conforme o disposto no art. 3º, § 1º, ou que não enviarem os relatórios mencionados no art. 3º, § 2º ao órgão de gestão estadual do Sistema único de Saúde, estão sujeitas a multa, de 100 (cem) a 200 (duzentos) dias-multa.

§ 1º. Incorre na mesma pena o estabelecimento de saúde que deixar de fazer as notificações previstas no art. 13 desta Lei ou proibir, dificultar ou atrasar as hipóteses definidas em seu parágrafo único. (Redação dada pela Lei nº 11.521, de 2007)

§ 2º. Em caso de reincidência, além de multa, o órgão de gestão estadual do Sistema Único de Saúde poderá determinar a desautorização temporária ou permanente da instituição.

Art. 23. Sujeita-se às penas do art. 59 da Lei nº 4.117, de 27 de agosto de 1962, a empresa de comunicação social que veicular anúncio em desacordo com o disposto no art. 11.

CAPÍTULO VI.
DAS DISPOSIÇÕES FINAIS

Art. 24. (*VETADO*).

Art. 25. Revogam-se as disposições em contrário, particularmente a Lei nº 8.489, de 18 de novembro de 1992, e o Decreto nº 879, de 22 de julho de 1993.

Brasília, 4 de fevereiro de 1997; 176º da Independência e 109º da República.

FERNANDO HENRIQUE CARDOSO

D.O.U. 5.2.1997

LEI Nº 9.455, DE 7 DE ABRIL DE 1997

Define os crimes de tortura e dá outras providências.

› *Crimes de tortura*

O PRESIDENTE DA REPÚBLICA Faço saber que o Congresso Nacional decreta e eu sanciono a seguinte Lei:

› Decreto 6.085/2007 – Promulga o Protocolo Facultativo à Convenção contra a Tortura e Outros Tratamentos ou Penas Cruéis, Desumanos ou Degradantes, adotado em 18 de dezembro de 2002.

› Decreto 40/1991 – Promulga a Convenção Contra a Tortura e Outros Tratamentos ou Penas Cruéis, Desumanos ou Degradantes.

Art. 1º. Constitui crime de tortura:

› CF/88: arts. 5º, III e XLIII.

› Lei 8.072/1990: art. 2º, I.

I – constranger alguém com emprego de violência ou grave ameaça, causando-lhe sofrimento físico ou mental:

a) com o fim de obter informação, declaração ou confissão da vítima ou de terceira pessoa;

b) para provocar ação ou omissão de natureza criminosa;

c) em razão de discriminação racial ou religiosa;

II – submeter alguém, sob sua guarda, poder ou autoridade, com emprego de violência ou grave ameaça, a intenso sofrimento físico ou mental, como forma de aplicar castigo pessoal ou medida de caráter preventivo.

Pena – reclusão, de 2 (dois) a 8 (oito) anos.

§ 1º. Na mesma pena incorre quem submete pessoa presa ou sujeita a medida de segurança a sofrimento físico ou mental, por intermédio da prática de ato não previsto em lei ou não resultante de medida legal.

› CF/88: art. 5º, XLIX.

§ 2º. Aquele que se omite em face dessas condutas, quando tinha o dever de evitá-las ou apurá-las, incorre na pena de detenção de 1 (um) a 4 (quatro) anos.

› CP: art. 13, § 2º.

§ 3º. Se resulta lesão corporal de natureza grave ou gravíssima, a pena é de reclusão de 4 (quatro) a 10 (dez) anos; se resulta morte, a reclusão é de 8 (oito) a 16 (dezesseis) anos.

§ 4º. Aumenta-se a pena de 1/6 (um sexto) até 1/3 (um terço):

I – se o crime é cometido por agente público;

› CP: art. 327.

II – se o crime é cometido contra criança, gestante, portador de deficiência, adolescente ou maior de 60 anos; (Redação dada pela Lei nº 10.741, de 2003)

III – se o crime é cometido mediante sequestro.

§ 5º. A condenação acarretará a perda do cargo, função ou emprego público e a interdição para seu exercício pelo dobro do prazo da pena aplicada.

§ 6º. O crime de tortura é inafiançável e insuscetível de graça ou anistia.

- CF/88: art. 5º, XLIII.
- Lei 8.072/1990: art. 2º, I e II.

§ 7º. O condenado por crime previsto nesta Lei, salvo a hipótese do § 2º, iniciará o cumprimento da pena em regime fechado.

- Súm. 698 do STF.
- Lei 8.072/1990: art. 2º, § 1º.

Art. 2º. O disposto nesta Lei aplica-se ainda quando o crime não tenha sido cometido em território nacional, sendo a vítima brasileira ou encontrando-se o agente em local sob jurisdição brasileira.

- CP: arts. 5º a 8º.

Art. 3º. Esta Lei entra em vigor na data de sua publicação.

Art. 4º. Revoga-se o art. 233 da Lei nº 8.069, de 13 de julho de 1990 – Estatuto da Criança e do Adolescente.

Brasília, 7 de abril de 1997; 176º da Independência e 109º da República.

FERNANDO HENRIQUE CARDOSO

D.O.U. de 8.4.1997

LEI Nº 9.492, DE 10 DE SETEMBRO DE 1997

Define competência, regulamenta os serviços concernentes ao protesto de títulos e outros documentos de dívida e dá outras providências.

- *Protesto de Títulos*

O PRESIDENTE DA REPÚBLICA Faço saber que o Congresso Nacional decreta e eu sanciono a seguinte Lei:

CAPÍTULO I. DA COMPETÊNCIA E DAS ATRIBUIÇÕES

Art. 1º. Protesto é o ato formal e solene pelo qual se prova a inadimplência e o descumprimento de obrigação originada em títulos e outros documentos de dívida.

- CC: art. 202, II.
- CCo: art. 661.
- Lei 7.357/1985: arts. 47, II, e 48.
- Lei 6.268/1975: art. 3º.
- Lei 6.690/1979 – Disciplina o cancelamento de protesto de títulos cambiais.
- Lei 5.474/1968: arts. 13 e 14.
- Decreto 2.044/1908: arts. 28 a 33.
- Decreto 57.663/1966: Anexo I, artigos 43 a 54.

Parágrafo único. Incluem-se entre os títulos sujeitos a protesto as certidões de dívida ativa da União, dos Estados, do Distrito Federal, dos Municípios e das respectivas autarquias e fundações públicas. (Incluído pela Lei nº 12.767, de 2012)

- ADI 5135 (4) (DJE 01.02.2018 e 07.02.2018).

Art. 2º. Os serviços concernentes ao protesto, garantidores da autenticidade, publicidade, segurança e eficácia dos atos jurídicos, ficam sujeitos ao regime estabelecido nesta Lei.

Art. 3º. Compete privativamente ao Tabelião de Protesto de Títulos, na tutela dos interesses públicos e privados, a protocolização, a intimação, o acolhimento da devolução ou do aceite, o recebimento do pagamento, do título e de outros documentos de dívida, bem como lavrar e registrar o protesto ou acatar a desistência do credor em relação ao mesmo, proceder às averbações, prestar informações e fornecer certidões relativas a todos os atos praticados, na forma desta Lei.

CAPÍTULO II. DA ORDEM DOS SERVIÇOS

Art. 4º. O atendimento ao público será, no mínimo, de seis horas diárias.

Art. 5º. Todos os documentos apresentados ou distribuídos no horário regulamentar serão protocolizados dentro de vinte e quatro horas, obedecendo à ordem cronológica de entrega.

Parágrafo único. Ao apresentante será entregue recibo com as características essenciais do título ou documento de dívida, sendo de sua responsabilidade os dados fornecidos.

Art. 6º. Tratando-se de cheque, poderá o protesto ser lavrado no lugar do pagamento ou do domicílio do emitente, devendo do referido cheque constar a prova de apresentação ao Banco sacado, salvo se o protesto tenha por fim instruir medidas pleiteadas contra o estabelecimento de crédito.

CAPÍTULO III. DA DISTRIBUIÇÃO

Art. 7º. Os títulos e documentos de dívida destinados a protesto somente estarão sujeitos a prévia distribuição obrigatória nas localidades onde houver mais de um Tabelionato de Protesto de Títulos.

Parágrafo único. Onde houver mais de um Tabelionato de Protesto de Títulos, a distribuição será feita por um Serviço instalado e mantido pelos próprios Tabelionatos, salvo se já existir Ofício Distribuidor organizado antes da promulgação desta Lei.

Art. 8º. Os títulos e documentos de dívida serão recepcionados, distribuídos e entregues na mesma data aos Tabelionatos de Protesto, obedecidos os critérios de quantidade e qualidade.

§ 1º Poderão ser recepcionadas as indicações a protestos das Duplicatas Mercantis e de Prestação de Serviços, por meio magnético ou de gravação eletrônica de dados, sendo de inteira responsabilidade do apresentante os dados fornecidos, ficando a cargo dos Tabelionatos a mera instrumentalização das mesmas. *(Renumerado pela Lei 13.775/2018, publicada no DOU de 21/12/2018, em vigor 120 dias após a publicação)*

§ 2º Os títulos e documentos de dívida mantidos sob a forma escritural nos sistemas eletrônicos de escrituração ou nos depósitos centralizados de que trata a Lei nº 12.810, de 15 de maio de 2013, poderão ser recepcionados para protesto por extrato, desde que atestado por seu emitente, sob as penas da lei, que as informações conferem com o que consta na origem. *(Incluído pela Lei 13.775/2018, publicada no DOU de 21/12/2018, em vigor 120 dias após a publicação)*

CAPÍTULO IV. DA APRESENTAÇÃO E PROTOCOLIZAÇÃO

Art. 9º. Todos os títulos e documentos de dívida protocolizados serão examinados em seus caracteres formais e terão curso se não apresentarem vícios, não cabendo ao Tabelião de Protesto investigar a ocorrência de prescrição ou caducidade.

Parágrafo único. Qualquer irregularidade formal observada pelo Tabelião obstará o registro do protesto.

Art. 10. Poderão ser protestados títulos e outros documentos de dívida em moeda estrangeira, emitidos fora do Brasil, desde que acompanhados de tradução efetuada por tradutor público juramentado.

§ 1º. Constarão obrigatoriamente do registro do protesto a descrição do documento e sua tradução.

§ 2º. Em caso de pagamento, este será efetuado em moeda corrente nacional, cumprindo ao apresentante a conversão na data de apresentação do documento para protesto.

§ 3º. Tratando-se de títulos ou documentos de dívidas emitidos no Brasil, em moeda estrangeira, cuidará o Tabelião de observar as disposições do Decreto-lei 857, de 11 de setembro de 1969, e legislação complementar ou superveniente.

Art. 11. Tratando-se de títulos ou documentos de dívida sujeitos a qualquer tipo de correção, o pagamento será feito pela conversão vigorante no dia da apresentação, no valor indicado pelo apresentante.

CAPÍTULO V. DO PRAZO

Art. 12. O protesto será registrado dentro de 3 (três) dias úteis contados da protocolização do título ou documento de dívida.

§ 1º. Na contagem do prazo a que se refere o *caput* exclui-se o dia da protocolização e inclui-se o do vencimento.

§ 2º. Considera-se não útil o dia em que não houver expediente bancário para o público ou aquele em que este não obedecer ao horário normal.

Art. 13. Quando a intimação for efetivada excepcionalmente no último dia do prazo ou além dele, por motivo de força maior, o protesto será tirado no primeiro dia útil subsequente.

CAPÍTULO VI. DA INTIMAÇÃO

Art. 14. Protocolizado o título ou documento de dívida, o Tabelião de Protesto expedirá a intimação ao devedor, no endereço fornecido pelo apresentante do título ou documento, considerando-se cumprida quando comprovada a sua entrega no mesmo endereço.

§ 1º. A remessa da intimação poderá ser feita por portador do próprio tabelião, ou por qualquer outro meio, desde que o recebimento fique assegurado e comprovado através de protocolo, aviso de recepção (AR) ou documento equivalente.

§ 2º. A intimação deverá conter nome e endereço do devedor, elementos de identificação do título ou documento de dívida, e prazo limite para cumprimento da obrigação no Tabelionato, bem como número do protocolo e valor a ser pago.

Art. 15. A intimação será feita por edital se a pessoa indicada para aceitar ou pagar for desconhecida, sua localização incerta ou ignorada, for residente ou domiciliada fora da competência territorial do Tabelionato, ou, ainda, ninguém se dispuser a receber a intimação no endereço fornecido pelo apresentante.

§ 1º. O edital será afixado no Tabelionato de Protesto e publicado pela imprensa local onde houver jornal de circulação diária.

§ 2º. Aquele que fornecer endereço incorreto, agindo de má-fé, responderá por perdas e danos, sem prejuízo de outras sanções civis, administrativas ou penais.

CAPÍTULO VII. DA DESISTÊNCIA E SUSTAÇÃO DO PROTESTO

Art. 16. Antes da lavratura do protesto, poderá o apresentante retirar o título ou documento de dívida, pagos os emolumentos e demais despesas.

Art. 17. Permanecerão no Tabelionato, à disposição do Juízo respectivo, os títulos ou documentos de dívida cujo protesto for judicialmente sustado.

§ 1º. O título do documento de dívida cujo protesto tiver sido sustado judicialmente só poderá ser pago, protestado ou retirado com autorização judicial.

§ 2º. Revogada a ordem de sustação, não há necessidade de se proceder a nova intimação do devedor, sendo a lavratura e o registro do protesto efetivados até o primeiro dia útil subsequente ao do recebimento da revogação, salvo se a materialização do ato depender de consulta a ser formulada ao apresentante, caso em que o mesmo prazo será contado da data da resposta dada.

§ 3º. Tornada definitiva a ordem de sustação, o título ou o documento de dívida será encaminhado ao Juízo respectivo, quando não constar determinação expressa a qual das partes o mesmo deverá ser entregue, ou se decorridos 30 (trinta) dias sem que a parte autorizada tenha comparecido no Tabelionato para retirá-lo.

Art. 18. As dúvidas do Tabelião de Protesto serão resolvidas pelo Juízo competente.

CAPÍTULO VIII. DO PAGAMENTO

Art. 19. O pagamento do título ou do documento de dívida apresentado para protesto será feito diretamente no Tabelionato competente, no valor igual ao declarado pelo apresentante, acrescido dos emolumentos e demais despesas.

§ 1º. Não poderá ser recusado pagamento oferecido dentro do prazo legal, desde que feito no Tabelionato de Protesto competente e no horário de funcionamento dos serviços.

§ 2º. No ato do pagamento, o Tabelionato de Protesto dará a respectiva quitação, e o valor devido será colocado à disposição do apresentante no primeiro dia útil subsequente ao do recebimento.

§ 3º. Quando for adotado sistema de recebimento do pagamento por meio de cheque, ainda que de emissão de estabelecimento bancário, a quitação dada pelo Tabelionato fica condicionada à efetiva liquidação.

§ 4º. Quando do pagamento no Tabelionato ainda subsistirem parcelas vincendas, será dada quitação da parcela paga em apartado, devolvendo-se o original ao apresentante.

CAPÍTULO IX. DO REGISTRO DO PROTESTO

Art. 20. Esgotado o prazo previsto no art. 12, sem que tenham ocorrido as hipóteses dos Capítulos VII e VIII, o Tabelião lavrará e registrará o protesto, sendo o respectivo instrumento entregue ao apresentante.

Art. 21. O protesto será tirado por falta de pagamento, de aceite ou de devolução.

§ 1º. O protesto por falta de aceite somente poderá ser efetuado antes do vencimento da obrigação e após o decurso do prazo legal para o aceite ou a devolução.

§ 2º. Após o vencimento, o protesto sempre será efetuado por falta de pagamento, vedada a recusa da lavratura e registro do protesto por motivo não previsto na lei cambial.

§ 3º. Quando o sacado retiver a letra de câmbio ou a duplicata enviada para aceite e não proceder à devolução dentro do prazo legal, o protesto poderá ser baseado na segunda via da letra de câmbio ou nas indicações da duplicata, que se limitarão a conter os mesmos requisitos lançados pelo sacador ao tempo da emissão da duplicata, vedada a exigência de qualquer formalidade não prevista na Lei que regula a emissão e circulação das duplicatas.

§ 4º. Os devedores, assim compreendidos os emitentes de notas promissórias e cheques, os sacados nas letras de câmbio e duplicatas, bem como os indicados pelo apresentante ou credor como responsáveis pelo cumprimento da obrigação, não poderão deixar de figurar no termo de lavratura e registro de protesto.

§ 5º. Não se poderá tirar protesto por falta de pagamento de letra de câmbio contra o sacado não aceitante. (Incluído pela Lei nº 12.767, de 2012)

Art. 22. O registro do protesto e seu instrumento deverão conter:

I – data e número de protocolização;

II – nome do apresentante e endereço;

III – reprodução ou transcrição do documento ou das indicações feitas pelo apresentante e declarações nele inseridas;

IV – certidão das intimações feitas e das respostas eventualmente oferecidas;

V – indicação dos intervenientes voluntários e das firmas por eles honradas;

VI – a aquiescência do portador ao aceite por honra;

VII – nome, número do documento de identificação do devedor e endereço;

VIII – data e assinatura do Tabelião de Protesto, de seus substitutos ou de Escrevente autorizado.

Parágrafo único. Quando o Tabelião de Protesto conservar em seus arquivos gravação eletrônica da imagem, cópia reprográfica ou micrográfica do título ou documento de dívida, dispensa-se, no registro e no instrumento, a sua transcrição literal, bem como das demais declarações nele inseridas.

Art. 23. Os termos dos protestos lavrados, inclusive para fins especiais, por falta de pagamento, de aceite ou de devolução serão registrados em um único livro e conterão as anotações do tipo e do motivo do protesto, além dos requisitos previstos no artigo anterior.

Parágrafo único. Somente poderão ser protestados, para fins falimentares, os títulos ou documentos de dívida de responsabilidade das pessoas sujeitas às consequências da legislação falimentar.

Art. 24. O deferimento do processamento de concordata não impede o protesto.

CAPÍTULO X. DAS AVERBAÇÕES E DO CANCELAMENTO

Art. 25. A averbação de retificação de erros materiais pelo serviço poderá ser efetuada de ofício ou a requerimento do interessado, sob responsabilidade do Tabelião de Protesto de Títulos.

§ 1º. Para a averbação da retificação será indispensável a apresentação do instrumento eventualmente expedido e de documentos que comprovem o erro.

§ 2º. Não são devidos emolumentos pela averbação prevista neste artigo.

Art. 26. O cancelamento do registro do protesto será solicitado diretamente no Tabelionato de Protesto de Títulos, por qualquer interessado, mediante apresentação do documento protestado, cuja cópia ficará arquivada.

§ 1º. Na impossibilidade de apresentação do original do título ou documento de dívida protestado, será exigida a declaração de anuência, com identificação e firma reconhecida, daquele que figurou no registro de protesto como credor, originário ou por endosso translativo.

§ 2º. Na hipótese de protesto em que tenha figurado apresentante por endosso-mandato, será suficiente a declaração de anuência passada pelo credor endossante.

§ 3º. O cancelamento do registro do protesto, se fundado em outro motivo que não no pagamento do título ou documento de dívida, será efetivado por determinação judicial, pagos os emolumentos devidos ao Tabelião.

§ 4º. Quando a extinção da obrigação decorrer de processo judicial, o cancelamento do registro do protesto poderá ser solicitado com a apresentação da certidão expedida pelo Juízo processante, com menção do trânsito em julgado, que substituirá o título ou o documento de dívida protestado.

§ 5º. O cancelamento do registro do protesto será feito pelo Tabelião titular, por seus Substitutos ou por Escrevente autorizado.

§ 6º. Quando o protesto lavrado for registrado sob forma de microfilme ou gravação eletrônica, o termo do cancelamento será lançado em documento apartado, que será arquivado juntamente com os documentos que instruíram o pedido, e anotado no índice respectivo.

CAPÍTULO XI. DAS CERTIDÕES E INFORMAÇÕES DO PROTESTO

Art. 27. O Tabelião de Protesto expedirá as certidões solicitadas dentro de 5 (cinco) dias úteis, no máximo, que abrangerão o período mínimo dos 5 (cinco) anos anteriores, contados da data do pedido, salvo quando se referir a protesto específico.

§ 1º. As certidões expedidas pelos serviços de protesto de títulos, inclusive as relativas à prévia distribuição, deverão obrigatoriamente indicar, além do nome do devedor, seu número no Registro Geral (RG), constante da Cédula de Identidade, ou seu número no Cadastro de Pessoas Físicas (CPF), se pessoa física, e o número de inscrição no Cadastro Geral de Contribuintes (CGC), se pessoa jurídica, cabendo ao apresentante do título para protesto fornecer esses dados, sob pena de recusa.

§ 2º. Das certidões não constarão os registros cujos cancelamentos tiverem sido averbados, salvo por requerimento escrito do próprio devedor ou por ordem judicial.

Art. 28. Sempre que a homonímia puder ser verificada simplesmente pelo confronto do número de documento de identificação, o Tabelião de Protesto dará certidão negativa.

Art. 29. Os cartórios fornecerão às entidades representativas da indústria e do comércio ou àquelas vinculadas à proteção do crédito, quando solicitada, certidão diária, em forma de relação, dos protestos tirados e dos cancelamentos efetuados, com a nota de se cuidar de informação reservada, da qual não se poderá dar publicidade pela imprensa, nem mesmo parcialmente. (Redação dada pela Lei nº 9.841, de 5.10.1999)

§ 1º. O fornecimento da certidão será suspenso caso se desatenda ao disposto no *caput* ou se forneçam informações de protestos cancelados. (Redação dada pela Lei nº 9.841, de 1999)

§ 2º. Dos cadastros ou bancos de dados das entidades referidas no *caput* somente serão prestadas informações restritivas de crédito oriundas de títulos ou documentos de dívidas regularmente protestados cujos registros não foram cancelados. (Redação dada pela Lei nº 9.841, de 1999)

§ 3º. (*Revogado pela Lei nº 9.841, de 1999*)

Art. 30. As certidões, informações e relações serão elaboradas pelo nome dos devedores, conforme previsto no § 4º. do art. 21, desta Lei, devidamente identificados, e abrangerão os protestos lavrados e registrados por falta de pagamento, de aceite ou de devolução, vedada a exclusão ou omissão de nomes e de protestos, ainda que provisória ou parcial.

Art. 31. Poderão ser fornecidas certidões de protestos, não cancelados, a quaisquer interessados, desde que requeridas por escrito. (Redação dada pela Lei nº 9.841, de 1999)

CAPÍTULO XII. DOS LIVROS E ARQUIVOS

Art. 32. O livro de Protocolo poderá ser escriturado mediante processo manual, mecânico, eletrônico ou informatizado, em folhas soltas e com colunas destinadas às seguintes anotações: número de ordem, natureza do título ou documento de dívida, valor, apresentante, devedor e ocorrências.

Parágrafo único. A escrituração será diária, constando do termo de encerramento o número de documentos apresentados no dia, sendo a data da protocolização a mesma do termo diário do encerramento.

Art. 33. Os livros de Registros de Protesto serão abertos e encerrados pelo Tabelião de Protestos ou seus Substitutos, ou ainda por Escrevente autorizado, com suas folhas numeradas e rubricadas.

Art. 34. Os índices serão de localização dos protestos registrados e conterão os nomes dos devedores, na forma do § 4º do art. 21, vedada a exclusão ou omissão de nomes e de protestos, ainda que em caráter provisório ou parcial, não decorrente do cancelamento definitivo do protesto.

§ 1º. Os índices conterão referência ao livro e à folha, ao microfilme ou ao arquivo eletrônico onde estiver registrado o protesto, ou ao número do registro, e aos cancelamentos de protestos efetuados.

§ 2º. Os índices poderão ser elaborados pelo sistema de fichas, microfichas ou banco eletrônico de dados.

Art. 35. O Tabelião de Protestos arquivará ainda:

I – intimações;

II – editais;

III – documentos apresentados para a averbação no registro de protestos e ordens de cancelamentos;

IV – mandados e ofícios judiciais;

V – solicitações de retirada de documentos pelo apresentante;

VI – comprovantes de entrega de pagamentos aos credores;

VII – comprovantes de devolução de documentos de dívida irregulares.

§ 1º. Os arquivos deverão ser conservados, pelo menos, durante os seguintes prazos:

I – 1 (um) ano, para as intimações e editais correspondentes a documentos protestados e ordens de cancelamento;

II – 6 (seis) meses, para as intimações e editais correspondentes a documentos pagos ou retirados além do tríduo legal;

III – 30 (trinta) dias, para os comprovantes de entrega de pagamento aos credores, para as solicitações de retirada dos apresentantes e para os comprovantes de devolução, por irregularidade, aos mesmos, dos títulos e documentos de dívidas.

§ 2º. Para os livros e documentos microfilmados ou gravados por processo eletrônico de imagens não subsiste a obrigatoriedade de sua conservação.

§ 3º. Os mandados judiciais de sustação de protesto deverão ser conservados, juntamente com os respectivos documentos, até solução definitiva por parte do Juízo.

Art. 36. O prazo de arquivamento é de 3 (três) anos para livros e protocolo e de 10 (dez) anos para os livros de registros de protesto e respectivos títulos.

CAPÍTULO XIII. DOS EMOLUMENTOS

Art. 37. Pelos atos que praticarem em decorrência desta Lei, os Tabeliães de Protesto perceberão, diretamente das partes, a título de remuneração, os emolumentos fixados na forma da lei estadual e de seus decretos regulamentadores, salvo quando o serviço for estatizado.

§ 1º. Poderá ser exigido depósito prévio dos emolumentos e demais despesas devidas, caso em que igual importância deverá ser reembolsada ao apresentante por ocasião da prestação de contas, quando ressarcidas pelo devedor no Tabelionato.

§ 2º. Todo e qualquer ato praticado pelo Tabelião de Protesto será cotado, identificando-se as parcelas componentes do seu total.

§ 3º. Pelo ato de digitalização e gravação eletrônica dos títulos e outros documentos, serão cobrados os mesmos valores previstos na tabela de emolumentos para o ato de microfilmagem.

CAPÍTULO XIV. DISPOSIÇÕES FINAIS

Art. 38. Os Tabeliães de Protesto de Títulos são civilmente responsáveis por todos os prejuízos que causarem, por culpa ou dolo, pessoalmente, pelos substitutos que designarem ou Escreventes que autorizarem, assegurado o direito de regresso.

Art. 39. A reprodução de microfilme ou do processamento eletrônico da imagem, do título ou de qualquer documento arquivado no Tabelionato, quando autenticado pelo Tabelião de Protesto, por seu Substituto ou Escrevente autorizado, guarda o mesmo valor do original, independentemente de restauração judicial.

Art. 40. Não havendo prazo assinado, a data do registro do protesto é o termo inicial da incidência de juros, taxas e atualizações monetárias sobre o valor da obrigação contida no título ou documento de dívida.

Art. 41. Para os serviços previstos nesta Lei os Tabeliães poderão adotar, independentemente de autorização, sistemas de computação, microfilmagem, gravação eletrônica de imagem e quaisquer outros meios de reprodução.

Art. 41-A. Os tabeliães de protesto manterão, em âmbito nacional, uma central nacional de serviços eletrônicos compartilhados que prestará, ao menos, os seguintes serviços: *(Artigo incluído pela Lei 13.775/2018, publicada no DOU de 21/12/2018, em vigor 120 dias após a publicação)*

I – escrituração e emissão de duplicata sob a forma escritural, observado o disposto na legislação específica, inclusive quanto ao requisito de autorização prévia para o exercício da atividade de escrituração pelo órgão supervisor e aos demais requisitos previstos na regulamentação por ele editada;

II – recepção e distribuição de títulos e documentos de dívida para protesto, desde que escriturais;

III – consulta gratuita quanto a devedores inadimplentes e aos protestos realizados, aos dados desses protestos e dos tabelionatos aos quais foram distribuídos, ainda que os respectivos títulos e documentos de dívida não sejam escriturais;

IV – confirmação da autenticidade dos instrumentos de protesto em meio eletrônico; e

V – anuência eletrônica para o cancelamento de protestos.

§ 1º. A partir da implementação da central de que trata o *caput* deste artigo, os tabelionatos de protesto disponibilizarão ao poder público, por meio eletrônico e sem ônus, o acesso às informações constantes dos seus bancos de dados.

§ 2º. É obrigatória a adesão imediata de todos os tabeliães de protesto do País ou responsáveis pelo expediente à central nacional de serviços eletrônicos compartilhados de que trata o *caput* deste artigo, sob pena de responsabilização disciplinar nos termos do inciso I do *caput* do art. 31 da Lei nº 8.935, de 18 de novembro de 1994.

Art. 42. Esta Lei entra em vigor na data de sua publicação.

Art. 43. Revogam-se as disposições em contrário.

Brasília, 10 de setembro de 1997; 176º da Independência e 109º da República.

FERNANDO HENRIQUE CARDOSO

D.O.U. 11.9.1997

LEI Nº 9.494, DE 10 DE SETEMBRO DE 1997

Disciplina a aplicação da tutela antecipada contra a Fazenda Pública, altera a Lei nº 7.347, de 24 de julho de 1985, e dá outras providências.

- *Tutela antecipada*

Faço saber que o PRESIDENTE DA REPÚBLICA adotou a Medida Provisória nº 1.570-5, de 1997, que o Congresso Nacional aprovou, e eu, Antonio Carlos Magalhães, Presidente, para os efeitos do disposto no parágrafo único do art. 62 da Constituição Federal, promulgo a seguinte Lei:

Art. 1º. Aplica-se à tutela antecipada prevista nos arts. 273 e 461 do Código de Processo Civil o disposto nos arts. 5º e seu parágrafo único e 7º da Lei nº 4.348, de 26 de junho de 1964, no art. 1º e seu § 4º da Lei nº 5.021, de 9 de junho de 1966, e nos arts. 1º, 3º e 4º da Lei nº 8.437, de 30 de junho de 1992.

- Refere-se ao CPC de 1973.
- Lei 12.016/2009 revogou as Leis 4.348/1964 e 5.021/1966.
- Súm. 729 do STF.
- CPC/15: art..300 e 497.

Art. 1º-A. Estão dispensadas de depósito prévio, para interposição de recurso, as pessoas jurídicas de direito público federais, estaduais, distritais e municipais. (Incluído pela Medida Provisória nº 2.180-35, de 2001)

Art. 1º-B. O prazo a que se refere o *caput* dos arts. 730 do Código de Processo Civil, e 884 da Consolidação das Leis do Trabalho, aprovada pelo Decreto-lei nº 5.452, de 1º de maio de 1943, passa a ser de 30 (trinta) dias. (Incluído pela Medida Provisória nº 2.180-35, de 2001)

- ADC 11-8/DF (Med. Caut.): O STF deferiu cautelar para suspender todos os processos em que se discuta constitucionalidade do art. 1º-B da Lei 9.494/1997 acrescentado pela MP 2.180-35/2001. (D.J.U. 29.06.2007)
- Refere-se ao CPC de 1973.
- v.CPC/15: arts. 497, 499, 500, 536 e 537.

Art. 1º-C. Prescreverá em 5 (cinco) anos o direito de obter indenização dos danos causados por agentes de pessoas jurídicas de direito público e de pessoas jurídicas de direito privado prestadoras de serviços públicos. (Incluído pela Medida Provisória nº 2.180-35, de 2001)

Art. 1º-D. Não serão devidos honorários advocatícios pela Fazenda Pública nas execuções não embargadas. (Incluído pela Medida Provisória nº 2.180-35, de 2001)

- Súm. 345 do STJ.

Art. 1º-E. São passíveis de revisão, pelo Presidente do Tribunal, de ofício ou a requerimento das partes, as contas elaboradas para aferir o valor dos precatórios antes de seu pagamento ao credor. (Incluído pela Medida Provisória nº 2.180-35, de 2001)

Art. 1º-F. Nas condenações impostas à Fazenda Pública, independentemente de sua natureza e para fins de atualização monetária, remuneração do capital e compensação da mora, haverá a incidência uma única vez, até o efetivo pagamento, dos índices oficiais de remuneração básica e juros aplicados à caderneta de poupança. (Redação dada pela Lei nº 11.960, de 2009)

- ADIs 4.357/DF (D.J.E. 26.9.2014) e 4.425/DF (D.J.E. 19.12.2013): O Plenário do STF, por maioria de votos, julgou parcialmente procedentes as ADIs, declarando inconstitucional "O art. 1º-F da Lei 9.494/97, com redação dada pela Lei 11.960/2009, ao reproduzir as regras da EC 62/2009 quanto à atualização monetária e à fixação de juros moratórios de créditos inscritos em precatórios incorre nos mesmos vícios de juridicidade que inquinam o art. 100, § 12, da CF, razão pela qual se revela inconstitucional por arrastamento, na mesma extensão dos itens 5 e 6 supra."
- ADI 5.348: O Tribunal, por maioria, julgou procedente o pedido formulado na ação direta para declarar a inconstitucionalidade do art. 1º-F da Lei nº 9.494/1997, alterado pela Lei nº 11.960/2009, na parte em que se estabelece a aplicação dos índices da caderneta de poupança como critério de atualização monetária nas condenações da Fazenda Pública, nos termos do voto da Relatora, vencido o Ministro Gilmar Mendes. (DOU de 21.11.2019)

Art. 2º. O art. 16 da Lei nº 7.347, de 24 de julho de 1985, passa a vigorar com a seguinte redação:

- Alteração incorporada ao texto da referida lei.

Art. 2º-A. A sentença civil prolatada em ação de caráter coletivo proposta por entidade associativa, na defesa dos interesses e direitos dos seus associados, abrangerá apenas os substituídos que tenham, na data da propositura da ação, domicílio no âmbito da competência territorial do órgão prolator. (Incluído pela Medida Provisória nº 2.180-35, de 2001)

Parágrafo único. Nas ações coletivas propostas contra a União, os Estados, o Distrito Federal, os Municípios e suas autarquias e fundações, a petição inicial deverá obrigatoriamente estar instruída com a ata da assembleia da entidade associativa que a autorizou, acompanhada da relação nominal dos seus associados e indicação dos respectivos endereços. (Incluído pela Medida Provisória nº 2.180-35, de 2001)

Art. 2º-B. A sentença que tenha por objeto a liberação de recurso, inclusão em folha de pagamento, reclassificação, equiparação, concessão de aumento ou extensão de vantagens a servidores da União, dos Estados, do Distrito Federal e dos Municípios, inclusive de suas autarquias e fundações, somente poderá ser executada após seu trânsito em julgado. (Incluído pela Medida Provisória nº 2.180-35, de 2001)

Art. 3º. Ficam convalidados os atos praticados com base na Medida Provisória 1.570-4, de 22 de julho de 1997.

Art. 4º. Esta Lei entra em vigor na data de sua publicação.

Congresso Nacional, em 10 de setembro de 1997; 176º da Independência e 109º da República.

ANTÔNIO CARLOS MAGALHÃES

D.O.U. de 11.9.1997

LEI Nº 9.504, DE 30 DE SETEMBRO DE 1997

Estabelece normas para as eleições.

› *Eleições*

O VICE PRESIDENTE DA REPÚBLICA no exercício do cargo de PRESIDENTE DA REPÚBLICA Faço saber que o Congresso Nacional decreta e eu sanciono a seguinte Lei:

DISPOSIÇÕES GERAIS

Art. 1º. As eleições para Presidente e Vice-Presidente da República, Governador e Vice-Governador de Estado e do Distrito Federal, Prefeito e Vice-Prefeito, Senador, Deputado Federal, Deputado Estadual, Deputado Distrital e Vereador dar-se-ão, em todo o País, no primeiro domingo de outubro do ano respectivo.

› CF/88: arts. 16, 28, 29, 32, § 2º, 77 e 82.

Parágrafo único. Serão realizadas simultaneamente as eleições:

I – para Presidente e Vice-Presidente da República, Governador e Vice-Governador de Estado e do Distrito Federal, Senador, Deputado Federal, Deputado Estadual e Deputado Distrital;

II – para Prefeito, Vice-Prefeito e Vereador.

Art. 2º. Será considerado eleito o candidato a Presidente ou a Governador que obtiver a maioria absoluta de votos, não computados os em branco e os nulos.

§ 1º. Se nenhum candidato alcançar maioria absoluta na primeira votação, far-se-á nova eleição no último domingo de outubro, concorrendo os dois candidatos mais votados, e considerando-se eleito o que obtiver a maioria dos votos válidos.

§ 2º. Se, antes de realizado o segundo turno, ocorrer morte, desistência ou impedimento legal de candidato, convocar-se-á, dentre os remanescentes, o de maior votação.

§ 3º. Se, na hipótese dos parágrafos anteriores, remanescer em segundo lugar mais de um candidato com a mesma votação, qualificar-se-á o mais idoso.

§ 4º. A eleição do Presidente importará a do candidato a Vice-Presidente com ele registrado, o mesmo se aplicando à eleição de Governador.

Art. 3º. Será considerado eleito Prefeito o candidato que obtiver a maioria dos votos, não computados os em branco e os nulos.

§ 1º. A eleição do Prefeito importará a do candidato a Vice-Prefeito com ele registrado.

§ 2º. Nos Municípios com mais de duzentos mil eleitores, aplicar-se-ão as regras estabelecidas nos §§ 1º a 3º do artigo anterior.

Art. 4º. Poderá participar das eleições o partido que, até seis meses antes do pleito, tenha registrado seu estatuto no Tribunal Superior Eleitoral, conforme o disposto em lei, e tenha, até a data da convenção, órgão de direção constituído na circunscrição, de acordo com o respectivo estatuto. (Redação dada pela Lei n 13.488, de 2017)

Art. 5º. Nas eleições proporcionais, contam-se como válidos apenas os votos dados a candidatos regularmente inscritos e às legendas partidárias.

DAS COLIGAÇÕES

Art. 6º. É facultado aos partidos políticos, dentro da mesma circunscrição, celebrar coligações para eleição majoritária, proporcional, ou para ambas, podendo, neste último caso, formar-se mais de uma coligação para a eleição proporcional dentre os partidos que integram a coligação para o pleito majoritário.

§ 1º. A coligação terá denominação própria, que poderá ser a junção de todas as siglas dos partidos que a integram, sendo a ela atribuídas as prerrogativas e obrigações de partido político no que se refere ao processo eleitoral, e devendo funcionar como um só partido no relacionamento com a Justiça Eleitoral e no trato dos interesses interpartidários.

§ 1º-A. A denominação da coligação não poderá coincidir, incluir ou fazer referência a nome ou número de candidato, nem conter pedido de voto para partido político. (Incluído pela Lei nº 12.034, de 2009)

§ 2º. Na propaganda para eleição majoritária, a coligação usará, obrigatoriamente, sob sua denominação, as legendas de todos os partidos que a integram; na propaganda para eleição proporcional, cada partido usará apenas sua legenda sob o nome da coligação.

§ 3º. Na formação de coligações, devem ser observadas, ainda, as seguintes normas:

I – na chapa da coligação, podem inscrever-se candidatos filiados a qualquer partido político dela integrante;

II – o pedido de registro dos candidatos deve ser subscrito pelos presidentes dos partidos coligados, por seus delegados, pela maioria dos membros dos respectivos órgãos executivos de direção ou por representante da coligação, na forma do inciso III;

III – os partidos integrantes da coligação devem designar um representante, que terá atribuições equivalentes às de presidente de partido político, no trato dos interesses e na representação da coligação, no que se refere ao processo eleitoral;

IV – a coligação será representada perante a Justiça Eleitoral pela pessoa designada na forma do inciso III ou por delegados indicados pelos partidos que a compõem, podendo nomear até:

a) três delegados perante o Juízo Eleitoral;

b) quatro delegados perante o Tribunal Regional Eleitoral;

c) cinco delegados perante o Tribunal Superior Eleitoral.

§ 4º. O partido político coligado somente possui legitimidade para atuar de forma isolada no processo eleitoral quando questionar a validade da própria coligação, durante o período compreendido entre a data da convenção e o termo final do prazo para a impugnação do registro de candidatos. (Incluído pela Lei nº 12.034, de 2009)

§ 5º. A responsabilidade pelo pagamento de multas decorrentes de propaganda eleitoral é solidária entre os candidatos e os respectivos partidos, não alcançando outros partidos mesmo quando integrantes de uma mesma coligação. (Incluído pela Lei nº 12.891, de 2013)

DAS CONVENÇÕES PARA A ESCOLHA DE CANDIDATOS

Art. 7º. As normas para a escolha e substituição dos candidatos e para a formação de coligações serão estabelecidas no estatuto do partido, observadas as disposições desta Lei.

§ 1º. Em caso de omissão do estatuto, caberá ao órgão de direção nacional do partido estabelecer as normas a que se refere este artigo, publicando-as no Diário Oficial da União até cento e oitenta dias antes das eleições.

§ 2º. Se a convenção partidária de nível inferior se opuser, na deliberação sobre coligações, às diretrizes legitimamente estabelecidas pelo órgão de direção nacional, nos termos do respectivo estatuto, poderá esse órgão anular a deliberação e os atos dela decorrentes. (Redação dada pela Lei nº 12.034, de 2009)

§ 3º. As anulações de deliberações dos atos decorrentes de convenção partidária, na condição acima estabelecida, deverão ser comunicadas à Justiça Eleitoral no prazo de 30 (trinta) dias após a data limite para o registro de candidatos. (Redação dada pela Lei nº 12.034, de 2009)

§ 4º. Se, da anulação, decorrer a necessidade de escolha de novos candidatos, o pedido de registro deverá ser apresentado à Justiça Eleitoral nos 10 (dez) dias seguintes à deliberação, observado o disposto no art. 13. (Incluído pela Lei nº 12.034, de 2009)

Art. 8º. A escolha dos candidatos pelos partidos e a deliberação sobre coligações deverão ser feitas no período de 20 de julho a 5 de agosto do ano em que se realizarem as eleições, lavrando-se a respectiva ata em livro aberto, rubricado pela Justiça Eleitoral, publicada em vinte e quatro horas em qualquer meio de comunicação. (Redação dada pela Lei nº 13.165, de 2015)

§ 1º. Aos detentores de mandato de Deputado Federal, Estadual ou Distrital, ou de Vereador, e aos que tenham exercido esses cargos em qualquer período da legislatura que estiver em curso, é assegurado o registro de candidatura para o mesmo cargo pelo partido a que estejam filiados.

- ADIn 2.530-9/DF (Med. Liminar): O Tribunal, por maioria, deferiu a medida cautelar para suspender a eficácia do § 1 º do art. 8 º da Lei 9504/1997. (DJ 21.11.2003)

§ 2º. Para a realização das convenções de escolha de candidatos, os partidos políticos poderão usar gratuitamente prédios públicos, responsabilizando-se por danos causados com a realização do evento.

Art. 9º. Para concorrer às eleições, o candidato deverá possuir domicílio eleitoral na respectiva circunscrição pelo prazo de seis meses e estar com a filiação deferida pelo partido no mesmo prazo. (Redação dada pela Lei nº 13.488, de 2017)

Parágrafo único. Havendo fusão ou incorporação de partidos após o prazo estipulado no *caput*, será considerada, para efeito de filiação partidária, a data de filiação do candidato ao partido de origem.

DO REGISTRO DE CANDIDATOS

- Súm. 3 do TSE.

Art. 10. Cada partido ou coligação poderá registrar candidatos para a Câmara dos Deputados, a Câmara Legislativa, as Assembleias Legislativas e as Câmaras Municipais no total de até 150% (cento e cinquenta por cento) do número de lugares a preencher, salvo: (Redação dada pela Lei nº 13.165, de 2015)

I – nas unidades da Federação em que o número de lugares a preencher para a Câmara dos Deputados não exceder a doze, nas quais cada partido ou coligação poderá registrar candidatos a Deputado Federal e a Deputado Estadual ou Distrital no total de até 200% (duzentos por cento) das respectivas vagas; (Incluído pela Lei nº 13.165, de 2015)

II – nos Municípios de até cem mil eleitores, nos quais cada coligação poderá registrar candidatos no total de até 200% (duzentos por cento) do número de lugares a preencher. (Incluído pela Lei nº 13.165, de 2015)

§ 1º. (Revogado). (Redação dada pela Lei nº 13.165, de 2015)

§ 2º. (Revogado). (Redação dada pela Lei nº 13.165, de 2015)

§ 3º. Do número de vagas resultante das regras previstas neste artigo, cada partido ou coligação preencherá o mínimo de 30% (trinta por cento) e o máximo de 70% (setenta por cento) para candidaturas de cada sexo. (Redação dada pela Lei nº 12.034, de 2009)

§ 4º. Em todos os cálculos, será sempre desprezada a fração, se inferior a meio, e igualada a um, se igual ou superior.

§ 5º. No caso de as convenções para a escolha de candidatos não indicarem o número máximo de candidatos previsto no *caput*, os órgãos de direção dos partidos respectivos poderão preencher as vagas remanescentes até trinta dias antes do pleito. (Redação dada pela Lei nº 13.165, de 2015)

Art. 11. Os partidos e coligações solicitarão à Justiça Eleitoral o registro de seus candidatos até as dezenove horas do dia 15 de agosto do ano em que se realizarem as eleições. (Redação dada pela Lei nº 13.165, de 2015)

§ 1º. O pedido de registro deve ser instruído com os seguintes documentos:

I – cópia da ata a que se refere o art. 8º;
II – autorização do candidato, por escrito;
III – prova de filiação partidária;

- Súm. 2 do TSE.

IV – declaração de bens, assinada pelo candidato;
V – cópia do título eleitoral ou certidão, fornecida pelo cartório eleitoral, de que o candidato é eleitor na circunscrição ou requereu sua inscrição ou transferência de domicílio no prazo previsto no art. 9º;
VI – certidão de quitação eleitoral;
VII – certidões criminais fornecidas pelos órgãos de distribuição da Justiça Eleitoral, Federal e Estadual;
VIII – fotografia do candidato, nas dimensões estabelecidas em instrução da Justiça Eleitoral, para efeito do disposto no § 1º do art. 59.
IX – propostas defendidas pelo candidato a Prefeito, a Governador de Estado e a Presidente da República. (Incluído pela Lei nº 12.034, de 2009)

§ 2º. A idade mínima constitucionalmente estabelecida como condição de elegibilidade é verificada tendo por referência a data da posse, salvo quando fixada em dezoito anos, hipótese em que será aferida na data-limite para o pedido de registro. (Redação dada pela Lei nº 13.165, de 2015)

§ 3º. Caso entenda necessário, o Juiz abrirá prazo de setenta e duas horas para diligências.

§ 4º. Na hipótese de o partido ou coligação não requerer o registro de seus candidatos, estes poderão fazê-lo perante a Justiça Eleitoral, observado o prazo máximo de quarenta e oito horas seguintes à publicação da lista dos candidatos pela Justiça Eleitoral. (Redação dada pela Lei nº. 12.034, de 2009)

§ 5º. Até a data a que se refere este artigo, os Tribunais e Conselhos de Contas deverão tornar disponíveis à Justiça Eleitoral relação dos que tiveram suas contas relativas ao exercício de cargos ou funções públicas rejeitadas por irregularidade insanável e por decisão irrecorrível do órgão competente, ressalvados os casos em que a questão estiver sendo submetida à apreciação do Poder Judiciário, ou que haja sentença judicial favorável ao interessado.

§ 6º. A Justiça Eleitoral possibilitará aos interessados acesso aos documentos apresentados para os fins do disposto no § 1º. (Incluído pela Lei nº 12.034, de 2009)

§ 7º. A certidão de quitação eleitoral abrangerá exclusivamente a plenitude do gozo dos direitos políticos, o regular exercício do voto, o atendimento a convocações da Justiça Eleitoral para auxiliar os trabalhos relativos ao pleito, a inexistência de multas aplicadas, em caráter definitivo, pela Justiça Eleitoral e não remitidas, e a apresentação de contas de campanha eleitoral. (Incluído pela Lei nº 12.034, de 2009)

- Súm. 57 do TSE.

§ 8º. Para fins de expedição da certidão de que trata o § 7o, considerar-se-ão quites aqueles que: (Incluído pela Lei nº 12.034, de 2009)

I – condenados ao pagamento de multa, tenham, até a data da formalização do seu pedido de registro de candidatura, comprovado o pagamento ou o parcelamento da dívida regularmente cumprido; (Incluído pela Lei nº 12.034, de 2009)
II – pagarem a multa que lhes couber individualmente, excluindo-se qualquer modalidade de responsabilidade solidária, mesmo quando imposta concomitantemente com outros candidatos e em razão do mesmo fato. (Incluído pela Lei nº 12.034, de 2009)
III – o parcelamento das multas eleitorais é direito dos cidadãos e das pessoas jurídicas e pode ser feito em até sessenta meses, salvo quando o valor da parcela ultrapassar 5% (cinco por cento) da renda mensal, no caso de cidadão, ou 2% (dois por cento) do faturamento, no caso de pessoa jurídica, hipótese em que poderá estender-se por prazo superior, de modo que as parcelas não ultrapassem os referidos limites; (Redação dada pela Lei n° 13.488, de 2017)
IV – o parcelamento de multas eleitorais e de outras multas e débitos de natureza não eleitoral imputados pelo poder público é garantido também aos partidos políticos em até sessenta meses, salvo se o valor da parcela ultrapassar o limite de 2% (dois por cento) do repasse mensal do Fundo Partidário, hipótese em que poderá estender-se por prazo superior, de modo que as parcelas não ultrapassem o referido limite (Incluído pela Lei n° 13.488, de 2017).

§ 9º. A Justiça Eleitoral enviará aos partidos políticos, na respectiva circunscrição, até o dia 5 de junho do ano da eleição, a relação de todos os devedores de multa eleitoral, a qual embasará a expedição das certidões de quitação eleitoral. (Incluído pela Lei nº 12.034, de 2009)

§ 10. As condições de elegibilidade e as causas de inelegibilidade devem ser aferidas no momento da formalização do pedido de registro da candidatura, ressalvadas as alterações, fáticas ou jurídicas, supervenientes ao registro que afastem a inelegibilidade. (Incluído pela Lei nº 12.034, de 2009)

› Súm. 43 e 70 do TSE.

§ 11. A Justiça Eleitoral observará, no parcelamento a que se refere o § 8o deste artigo, as regras de parcelamento previstas na legislação tributária federal. (Incluído pela Lei nº 12.034, de 2009)

§ 12. (VETADO) (Incluído pela Lei nº 12.034, de 2009)

§ 13. Fica dispensada a apresentação pelo partido, coligação ou candidato de documentos produzidos a partir de informações detidas pela Justiça Eleitoral, entre eles os indicados nos incisos III, V e VI do § 1º deste artigo. (Incluído pela Lei nº 12.891, de 2013)

§ 14. É vedado o registro de candidatura avulsa, ainda que o requerente tenha filiação partidária. (Incluído pela Lei nº 13.488, de 2017)

§ 15. (VETADO na Lei 13.877/2019)

Art. 12. O candidato às eleições proporcionais indicará, no pedido de registro, além de seu nome completo, as variações nominais com que deseja ser registrado, até o máximo de três opções, que poderão ser o prenome, sobrenome, cognome, nome abreviado, apelido ou nome pelo qual é mais conhecido, desde que não se estabeleça dúvida quanto à sua identidade, não atente contra o pudor e não seja ridículo ou irreverente, mencionando em que ordem de preferência deseja registrar-se.

§ 1º. Verificada a ocorrência de homonímia, a Justiça Eleitoral procederá atendendo ao seguinte:

› Súm. 4 do TSE.

I – havendo dúvida, poderá exigir do candidato prova de que é conhecido por dada opção de nome, indicada no pedido de registro;

II – ao candidato que, na data máxima prevista para o registro, esteja exercendo mandato eletivo ou o tenha exercido nos últimos quatro anos, ou que nesse mesmo prazo se tenha candidatado com um dos nomes que indicou, será deferido o seu uso no registro, ficando outros candidatos impedidos de fazer propaganda com esse mesmo nome;

III – ao candidato que, pela sua vida política, social ou profissional, seja identificado por um dado nome que tenha indicado, será deferido o registro com esse nome, observado o disposto na parte final do inciso anterior;

IV – tratando-se de candidatos cuja homonímia não se resolva pelas regras dos dois incisos anteriores, a Justiça Eleitoral deverá notificá-los para que, em dois dias, cheguem a acordo sobre os respectivos nomes a serem usados;

V – não havendo acordo no caso do inciso anterior, a Justiça Eleitoral registrará cada candidato com o nome e sobrenome constantes do pedido de registro, observada a ordem de preferência ali definida.

§ 2º. A Justiça Eleitoral poderá exigir do candidato prova de que é conhecido por determinada opção de nome por ele indicado, quando seu uso puder confundir o eleitor.

§ 3º. A Justiça Eleitoral indeferirá todo pedido de variação de nome coincidente com nome de candidato a eleição majoritária, salvo para candidato que esteja exercendo mandato eletivo ou o tenha exercido nos últimos quatro anos, ou que, nesse mesmo prazo, tenha concorrido em eleição com o nome coincidente.

§ 4º. Ao decidir sobre os pedidos de registro, a Justiça Eleitoral publicará as variações de nome deferidas aos candidatos.

§ 5º. A Justiça Eleitoral organizará e publicará, até trinta dias antes da eleição, as seguintes relações, para uso na votação e apuração:

I – a primeira, ordenada por partidos, com a lista dos respectivos candidatos em ordem numérica, com as três variações de nome correspondentes a cada um, na ordem escolhida pelo candidato;

II – a segunda, com o índice onomástico e organizada em ordem alfabética, nela constando o nome completo de cada candidato e cada variação de nome, também em ordem alfabética, seguidos da respectiva legenda e número.

Art. 13. É facultado ao partido ou coligação substituir candidato que for considerado inelegível, renunciar ou falecer após o termo final do prazo do registro ou, ainda, tiver seu registro indeferido ou cancelado.

§ 1º. A escolha do substituto far-se-á na forma estabelecida no estatuto do partido a que pertencer o substituído, e o registro deverá ser requerido até 10 (dez) dias contados do fato ou da notificação do partido da decisão judicial que deu origem à substituição. (Redação dada pela Lei nº 12.034, de 2009)

§ 2º. Nas eleições majoritárias, se o candidato for de coligação, a substituição deverá fazer-se por decisão da maioria absoluta dos órgãos executivos de direção dos partidos coligados, podendo o substituto ser filiado a qualquer partido dela integrante, desde que o partido ao qual pertencia o substituído renuncie ao direito de preferência.

§ 3º. Tanto nas eleições majoritárias como nas proporcionais, a substituição só se efetivará se o novo pedido for apresentado até 20 (vinte) dias antes do pleito, exceto em caso de falecimento de candidato, quando a substituição poderá ser efetivada após esse prazo. (Redação dada pela Lei nº 12.891, de 2013)

Art. 14. Estão sujeitos ao cancelamento do registro os candidatos que, até a data da eleição, forem expulsos do partido, em processo no qual seja assegurada ampla defesa e sejam observadas as normas estatutárias.

Parágrafo único. O cancelamento do registro do candidato será decretado pela Justiça Eleitoral, após solicitação do partido.

Art. 15. A identificação numérica dos candidatos se dará mediante a observação dos seguintes critérios:

I – os candidatos aos cargos majoritários concorrerão com o número identificador do partido ao qual estiverem filiados;

II – os candidatos à Câmara dos Deputados concorrerão com o número do partido ao qual estiverem filiados, acrescido de dois algarismos à direita;

III – os candidatos às Assembleias Legislativas e à Câmara Distrital concorrerão com o número do partido ao qual estiverem filiados acrescido de três algarismos à direita;

IV – o Tribunal Superior Eleitoral baixará resolução sobre a numeração dos candidatos concorrentes às eleições municipais.

§ 1º. Aos partidos fica assegurado o direito de manter os números atribuídos à sua legenda na eleição anterior, e aos candidatos, nesta hipótese, o direito de manter os números que lhes foram atribuídos na eleição anterior para o mesmo cargo.

§ 2º. Aos candidatos a que se refere o § 1º do art. 8º, é permitido requerer novo número ao órgão de direção de seu partido, independentemente do sorteio a que se refere o § 2º do art. 100 da Lei nº 4.737, de 15 de julho de 1965 – Código Eleitoral.

§ 3º. Os candidatos de coligações, nas eleições majoritárias, serão registrados com o número de legenda do respectivo partido e, nas eleições proporcionais, com o número de legenda do respectivo partido acrescido do número que lhes couber, observado o disposto no parágrafo anterior.

Art. 16. Até vinte dias antes da data das eleições, os Tribunais Regionais Eleitorais enviarão ao Tribunal Superior Eleitoral, para fins de centralização e divulgação de dados, a relação dos candidatos às eleições majoritárias e proporcionais, da qual constará obrigatoriamente a referência ao sexo e ao cargo a que concorrem. (Redação dada pela Lei nº 13.165, de 2015)

§ 1º. Até a data prevista no *caput*, todos os pedidos de registro de candidatos, inclusive os impugnados e os respectivos recursos, devem estar julgados pelas instâncias ordinárias, e publicadas as decisões a eles relativas. (Redação dada pela Lei nº 13.165, de 2015)

§ 2º. Os processos de registro de candidaturas terão prioridade sobre quaisquer outros, devendo a Justiça Eleitoral adotar as providências necessárias para o cumprimento do prazo previsto no § 1º, inclusive com a realização de sessões extraordinárias e a convocação dos juízes suplentes pelos Tribunais, sem prejuízo da eventual aplicação do disposto no art. 97 e de representação ao Conselho Nacional de Justiça. (Incluído pela Lei nº 12.034, de 2009)

Art. 16-A. O candidato cujo registro esteja sub judice poderá efetuar todos os atos relativos à campanha eleitoral, inclusive utilizar o horário eleitoral gratuito no rádio e na televisão e ter seu nome mantido na urna eletrônica enquanto estiver sob essa condição, ficando a validade dos votos a ele atribuídos condicionada ao deferimento de seu registro por instância superior. (Incluído pela Lei nº 12.034, de 2009)

Parágrafo único. O cômputo, para o respectivo partido ou coligação, dos votos atribuídos ao candidato cujo registro esteja sub judice no dia da eleição fica condicionado ao deferimento do registro do candidato. (Incluído pela Lei nº 12.034, de 2009)

Art. 16-B. O disposto no art. 16-A quanto ao direito de participar da campanha eleitoral, inclusive utilizar o horário eleitoral gratuito, aplica-se igualmente ao candidato cujo pedido de registro tenha sido protocolado no prazo legal e ainda não tenha sido apreciado pela Justiça Eleitoral. (Incluído pela Lei nº 12.891, de 2013)

DO FUNDO ESPECIAL DE FINANCIAMENTO DE CAMPANHA (FEFC) (Incluído pela Lei nº 13.487, de 2017)

Art. 16-C. O Fundo Especial de Financiamento de Campanha (FEFC) é constituído por dotações orçamentárias da União em ano eleitoral, em valor ao menos equivalente: (Incluído pela Lei nº 13.487, de 2017)

I – ao definido pelo Tribunal Superior Eleitoral, a cada eleição, com base nos parâmetros definidos em lei; (Incluído pela Lei nº 13.487, de 2017)

II – ao percentual do montante total dos recursos da reserva específica a programações decorrentes de emendas de bancada estadual impositiva, que será encaminhado no projeto de lei orçamentária anual. (Redação dada pela Lei 13.877/2019, vetada pelo Presidente da República, mantida pelo Congresso Nacional e publicada na edição extra do DOU de 13.12.2019)

§ 1°. (Vetado). (Incluído pela Lei nº 13.487, de 2017)

§ 2°. O Tesouro Nacional depositará os recursos no Banco do Brasil, em conta especial à disposição do Tribunal Superior Eleitoral, até o primeiro dia útil do mês de junho do ano do pleito. (Incluído pela Lei nº 13.487, de 2017)

§ 3°. Nos quinze dias subsequentes ao depósito, o Tribunal Superior Eleitoral: (Incluído pela Lei nº 13.487, de 2017)

I – divulgará o montante de recursos disponíveis no Fundo Eleitoral; e (Incluído pela Lei nº 13.487, de 2017)

II – (Vetado). (Incluído pela Lei nº 13.487, de 2017)

§§ 4° a 6°. (Vetados). (Incluídos pela Lei nº 13.487, de 2017)

§ 7°. Os recursos de que trata este artigo ficarão à disposição do partido político somente após a definição de critérios para a sua distribuição, os quais, aprovados pela maioria absoluta dos membros do órgão de direção executiva nacional do partido, serão divulgados publicamente. (Incluído pela Lei nº 13.487, de 2017)

§§ 8° a 10. (Vetados). (Incluído pela Lei nº 13.487, de 2017)

§ 11. Os recursos provenientes do Fundo Especial de Financiamento de Campanha que não forem utilizados nas campanhas eleitorais deverão ser devolvidos ao Tesouro Nacional, integralmente, no momento da apresentação da respectiva prestação de contas. (Incluído pela Lei nº 13.487, de 2017)

§§ 12 a 14. (Vetados). (Incluídos pela Lei nº 13.487, de 2017)

§ 15. O percentual dos recursos a que se refere o inciso II do *caput* deste artigo poderá ser reduzido mediante compensação decorrente do remanejamento, se existirem, de dotações em excesso destinadas ao Poder Legislativo. (Incluído pela Lei nº 13.487, de 2017)

§ 16. Os partidos podem comunicar ao Tribunal Superior Eleitoral até o 1º (primeiro) dia útil do mês de junho a renúncia ao FEFC, vedada a redistribuição desses recursos aos demais partidos. (Acrescido pela Lei 13.877/2019)

Art. 16-D. Os recursos do Fundo Especial de Financiamento de Campanha (FEFC), para o primeiro turno das eleições, serão distribuídos entre os partidos políticos, obedecidos os seguintes critérios: (Incluído pela Lei nº 13.488, de 2017)

I – 2% (dois por cento), divididos igualitariamente entre todos os partidos com estatutos registrados no Tribunal Superior Eleitoral; (Incluído pela Lei nº 13.488, de 2017)

II – 35% (trinta e cinco por cento), divididos entre os partidos que tenham pelo menos um representante na Câmara dos Deputados, na proporção do percentual de votos por eles obtidos na última eleição geral para a Câmara dos Deputados; (Incluído pela Lei nº 13.488, de 2017)

III – 48% (quarenta e oito por cento), divididos entre os partidos, na proporção do número de representantes na Câmara dos Deputados, consideradas as legendas dos titulares; (Incluído pela Lei nº 13.488, de 2017)

IV – 15% (quinze por cento), divididos entre os partidos, na proporção do número de representantes no Senado Federal, consideradas as legendas dos titulares. (Incluído pela Lei nº 13.488, de 2017)

§ 1°. (Vetado). (Incluído pela Lei nº 13.488, de 2017)

§ 2°. Para que o candidato tenha acesso aos recursos do Fundo a que se refere este artigo, deverá fazer requerimento por escrito ao órgão partidário respectivo. (Incluído pela Lei nº 13.488, de 2017)

§ 3º Para fins do disposto no inciso III do *caput* deste artigo, a distribuição dos recursos entre os partidos terá por base o número de representantes eleitos para a Câmara dos Deputados na última eleição geral, ressalvados os casos dos detentores de mandato que migraram em razão de o partido pelo qual foram eleitos não ter cumprido os requisitos previstos no § 3º do art. 17 da Constituição Federal. (Acrescido pela Lei 13.877/2019)

§ 4º Para fins do disposto no inciso IV do *caput* deste artigo, a distribuição dos recursos entre os partidos terá por base o número de representantes eleitos para o Senado Federal na última eleição geral, bem como os Senadores filiados ao partido que, na data da última eleição geral, encontravam-se no 1º (primeiro) quadriênio de seus mandatos. (Acrescido pela Lei 13.877/2019)

DA ARRECADAÇÃO E DA APLICAÇÃO DE RECURSOS NAS CAMPANHAS ELEITORAIS

Art. 17. As despesas da campanha eleitoral serão realizadas sob a responsabilidade dos partidos, ou de seus candidatos, e financiadas na forma desta Lei.

Art. 17-A. (Revogado pela Lei nº 13.165, de 2015)

Art. 18. Os limites de gastos de campanha serão definidos em lei e divulgados pelo Tribunal Superior Eleitoral. (Redação dada pela Lei nº 13.488, de 2017)

§ 1º. (Revogado pela Lei nº 13.165, de 2015)

§ 2º. (Revogado pela Lei nº 13.165, de 2015)

Art. 18-A. Serão contabilizadas nos limites de gastos de cada campanha as despesas efetuadas pelos candidatos e as efetuadas pelos partidos que puderem ser individualizadas. (Incluído pela Lei nº 13.165, de 2015)

Parágrafo único. Para fins do disposto no *caput* deste artigo, os gastos advocatícios e de contabilidade referentes a consultoria, assessoria e honorários, relacionados à prestação de serviços em campanhas eleitorais e em favor destas, bem como em processo judicial decorrente de defesa de interesses de candidato ou partido político, não estão sujeitos a limites de gastos ou a limites que possam impor dificuldade ao exercício da ampla defesa. (Acrescido pela Lei 13.877/2019)

Art. 18-B. O descumprimento dos limites de gastos fixados para cada campanha acarretará o pagamento de multa em valor equivalente a 100% (cem por cento) da quantia que ultrapassar o limite estabelecido, sem prejuízo da apuração da ocorrência de abuso do poder econômico. (Incluído pela Lei nº 13.165, de 2015)

Art. 18-C. O limite de gastos nas campanhas dos candidatos às eleições para prefeito e vereador, na respectiva circunscrição, será equivalente ao limite para os respectivos cargos nas eleições de 2016, atualizado pelo Índice Nacional de Preços ao Consumidor Amplo (IPCA), aferido pela Fundação Instituto Brasileiro de Geografia e Estatística (IBGE), ou por índice que o substituir. (Acrescido pela Lei 13.878/2019)

Parágrafo único. Nas campanhas para segundo turno das eleições para prefeito, onde houver, o limite de gastos de cada candidato será de 40% (quarenta por cento) do limite previsto no *caput* deste artigo.

Art. 19. (Revogado pela Lei nº 13.165, de 2015)

Art. 20. O candidato a cargo eletivo fará, diretamente ou por intermédio de pessoa por ele designada, a administração financeira de sua campanha usando recursos repassados pelo partido, inclusive os relativos à cota do Fundo Partidário, recursos próprios ou doações de pessoas físicas, na forma estabelecida nesta Lei. (Redação dada pela Lei nº 13.165, de 2015)

Art. 21. O candidato é solidariamente responsável com a pessoa indicada na forma do art. 20 desta Lei pela veracidade das informações financeiras e contábeis de sua campanha, devendo ambos assinar a respectiva prestação de contas. (Redação dada pela Lei nº 11.300, de 2006)

Art. 22. É obrigatório para o partido e para os candidatos abrir conta bancária específica para registrar todo o movimento financeiro da campanha.

§ 1º. Os bancos são obrigados a: (Redação dada pela Lei nº 12.891, de 2013)

I – acatar, em até três dias, o pedido de abertura de conta de qualquer candidato escolhido em convenção, sendo-lhes vedado condicioná-la a depósito mínimo e à cobrança de taxas ou de outras despesas de manutenção; (Redação dada pela Lei nº 13.165, de 2015)

II – identificar, nos extratos bancários das contas correntes a que se refere o *caput*, o CPF ou o CNPJ do doador. (Incluído pela Lei nº 12.891, de 2013)

III – encerrar a conta bancária no final do ano da eleição, transferindo a totalidade do saldo existente para a conta bancária do órgão de direção indicado pelo partido, na forma prevista no art. 31, e informar o fato à Justiça Eleitoral. (Incluído pela Lei nº 13.165, de 2015)

§ 2º. O disposto neste artigo não se aplica aos casos de candidatura para Prefeito e Vereador em Municípios onde não haja agência bancária ou posto de atendimento bancário. (Redação dada pela Lei nº 13.165, de 2015)

§ 3º. O uso de recursos financeiros para pagamentos de gastos eleitorais que não provenham da conta específica de que trata o *caput* deste artigo implicará a desaprovação da prestação de contas do partido ou candidato; comprovado abuso de poder econômico, será cancelado o registro da candidatura ou cassado o diploma, se já houver sido outorgado. (Incluído pela Lei nº 11.300, de 2006)

§ 4º. Rejeitadas as contas, a Justiça Eleitoral remeterá cópia de todo o processo ao Ministério Público Eleitoral para os fins previstos no art. 22 da Lei Complementar nº 64, de 18 de maio de 1990. (Incluído pela Lei nº 11.300, de 2006)

Art. 22-A. Os candidatos estão obrigados à inscrição no Cadastro Nacional da Pessoa Jurídica – CNPJ. (Redação dada pela Lei nº 13.165, de 2015)

§ 1º. Após o recebimento do pedido de registro da candidatura, a Justiça Eleitoral deverá fornecer em até 3 (três) dias úteis, o número de registro de CNPJ. (Incluído pela Lei nº 12.034, de 2009)

§ 2º. Cumprido o disposto no § 1º deste artigo e no § 1º do art. 22, ficam os candidatos autorizados a promover a arrecadação de recursos financeiros e a realizar as despesas necessárias à campanha eleitoral. (Redação dada pela Lei nº 13.165, de 2015)

§ 3º. Desde o dia 15 de maio do ano eleitoral, é facultada aos pré-candidatos a arrecadação prévia de recursos na modalidade prevista no inciso IV do § 4º do art. 23 desta Lei, mas a liberação de recursos por parte das entidades arrecadadoras fica condicionada ao registro da candidatura, e a realização de despesas de campanha deverá observar o calendário eleitoral. (Incluído pela Lei n° 13.488, de 2017)

§ 4°. Na hipótese prevista no § 3º deste artigo, se não for efetivado o registro da candidatura, as entidades arrecadadoras deverão devolver os valores arrecadados aos doadores. (Incluído pela Lei n° 13.488, de 2017)

Art. 23. Pessoas físicas poderão fazer doações em dinheiro ou estimáveis em dinheiro para campanhas eleitorais, obedecido o disposto nesta Lei. (Redação dada pela Lei nº 12.034, de 2009)

§ 1º. As doações e contribuições de que trata este artigo ficam limitadas a 10% (dez por cento) dos rendimentos brutos auferidos pelo doador no ano anterior à eleição. (Redação dada pela Lei nº 13.165, de 2015)

I – (Revogado pela Lei nº 13.165, de 2015)

II – (Revogado pela Lei nº 13.165, de 2015)

§ 1º-A. (Revogado pela Lei nº 13.488, de 2017)

§ 1°-B. (VETADO) (Incluído pela Lei nº 13.165, de 2015)

§ 2º. As doações estimáveis em dinheiro a candidato específico, comitê ou partido deverão ser feitas mediante recibo, assinado pelo doador, exceto na hipótese prevista no § 6º do art. 28. (Redação dada pela Lei nº 12.891, de 2013)

§ 2º-A. O candidato poderá usar recursos próprios em sua campanha até o total de 10% (dez por cento) dos limites previstos para gastos de campanha no cargo em que concorrer. (Acrescido pela Lei 13.878/2019)

§ 3º. A doação de quantia acima dos limites fixados neste artigo sujeita o infrator ao pagamento de multa no valor de até 100% (cem por cento) da quantia em excesso. (Redação dada pela Lei nº 13.488, de 2017)

§ 4º. As doações de recursos financeiros somente poderão ser efetuadas na conta mencionada no art. 22 desta Lei por meio de: (Redação dada pela Lei nº 11.300, de 2006)

I – cheques cruzados e nominais ou transferência eletrônica de depósitos; (Incluído pela Lei nº 11.300, de 2006)

II – depósitos em espécie devidamente identificados até o limite fixado no inciso I do § 1º deste artigo. (Incluído pela Lei nº 11.300, de 2006)

III – mecanismo disponível em sítio do candidato, partido ou coligação na internet, permitindo inclusive o uso de cartão de crédito, e que deverá atender aos seguintes requisitos: (Incluído pela Lei nº 12.034, de 2009)

a) identificação do doador; (Incluído pela Lei nº 12.034, de 2009)

b) emissão obrigatória de recibo eleitoral para cada doação realizada. (Incluído pela Lei nº 12.034, de 2009)

IV – instituições que promovam técnicas e serviços de financiamento coletivo por meio de sítios na internet, aplicativos eletrônicos e outros recursos similares, que deverão atender aos seguintes requisitos: (Incluído pela Lei nº 13.488, de 2017)

a) cadastro prévio na Justiça Eleitoral, que estabelecerá regulamentação para prestação de contas, fiscalização instantânea das doações, contas intermediárias, se houver, e repasses aos candidatos; (Incluído pela Lei nº 13.488, de 2017)

b) identificação obrigatória, com o nome completo e o número de inscrição no Cadastro de Pessoas Físicas (CPF) de cada um dos doadores e das quantias doadas; (Incluído pela Lei nº 13.488, de 2017)

c) disponibilização em sítio eletrônico de lista com identificação dos doadores e das respectivas quantias doadas, a ser atualizada instantaneamente a cada nova doação; (Incluído pela Lei nº 13.488, de 2017)

d) emissão obrigatória de recibo para o doador, relativo a cada doação realizada, sob a responsabilidade da entidade arrecadadora, com envio imediato para a Justiça Eleitoral e para o candidato de todas as informações relativas à doação; (Incluído pela Lei nº 13.488, de 2017)

e) ampla ciência a candidatos e eleitores acerca das taxas administrativas a serem cobradas pela realização do serviço; (Incluído pela Lei nº 13.488, de 2017)

f) não incidência em quaisquer das hipóteses listadas no art. 24 desta Lei; (Incluído pela Lei nº 13.488, de 2017)

g) observância do calendário eleitoral, especialmente no que diz respeito ao início do período de arrecadação financeira, nos termos dispostos no § 2º do art. 22-A desta Lei; (Incluído pela Lei nº 13.488, de 2017)

h) observância dos dispositivos desta Lei relacionados à propaganda na internet; (Incluído pela Lei nº 13.488, de 2017)

V – comercialização de bens e/ou serviços, ou promoção de eventos de arrecadação realizados diretamente pelo candidato ou pelo partido político. (Incluído pela Lei nº 13.488, de 2017)

§ 4º-A. Na prestação de contas das doações mencionadas no § 4º deste artigo, é dispensada a apresentação de recibo eleitoral, e sua comprovação deverá ser realizada por meio de documento bancário que identifique o CPF dos doadores. (Incluído pela Lei nº 13.488, de 2017)

§ 4°-B. As doações realizadas por meio das modalidades previstas nos incisos III e IV do § 4° deste artigo devem ser informadas à Justiça Eleitoral pelos candidatos e partidos no prazo previsto no inciso I do § 4° do art. 28 desta Lei, contado a partir do momento em que os recursos arrecadados forem depositados nas contas bancárias dos candidatos, partidos ou coligações. (Incluído pela Lei nº 13.488, de 2017)

§ 5º. Ficam vedadas quaisquer doações em dinheiro, bem como de troféus, prêmios, ajudas de qualquer espécie feitas por candidato, entre o registro e a eleição, a pessoas físicas ou jurídicas. (Incluído pela Lei nº 11.300, de 2006)

§ 6º. Na hipótese de doações realizadas por meio das modalidades previstas nos incisos III e IV do § 4° deste artigo, fraudes ou erros cometidos pelo doador sem conhecimento dos candidatos, partidos ou coligações não ensejarão a responsabilidade destes nem a rejeição de suas contas eleitorais. (Redação dada pela Lei n° 13.488, de 2017)

§ 7º. O limite previsto no § 1° deste artigo não se aplica a doações estimáveis em dinheiro relativas à utilização de bens móveis ou imóveis de propriedade do doador ou à prestação de serviços próprios, desde que o valor estimado não ultrapasse R$ 40.000,00 (quarenta mil reais) por doador. (Redação dada pela Lei n° 13.488, de 2017)

§ 8°. Ficam autorizadas a participar das transações relativas às modalidades de doações previstas nos incisos III e IV do § 4° deste artigo todas as instituições que atendam, nos termos da lei e da regulamentação expedida pelo Banco Central, aos critérios para operar arranjos de pagamento. (Incluído pela Lei nº 13.488, de 2017)

§ 9°. As instituições financeiras e de pagamento não poderão recusar a utilização de cartões de débito e de crédito como meio de doações eleitorais de pessoas físicas. (Incluído pela Lei nº 13.488, de 2017)

§ 10. O pagamento efetuado por pessoas físicas, candidatos ou partidos em decorrência de honorários de serviços advocatícios e de contabilidade, relacionados à prestação de serviços em campanhas eleitorais e em favor destas, bem como em processo judicial decorrente de defesa de interesses de candidato ou partido político, não será considerado para a aferição do limite previsto no § 1º deste artigo e não constitui doação de bens e serviços estimáveis em dinheiro. (Acrescido pela Lei 13.877/2019)

Art. 24. É vedado, a partido e candidato, receber direta ou indiretamente doação em dinheiro ou estimável em dinheiro, inclusive por meio de publicidade de qualquer espécie, procedente de:

› ADI 4650/DF (DJE 24.09.2015).

I – entidade ou governo estrangeiro;

II – órgão da administração pública direta e indireta ou fundação mantida com recursos provenientes do Poder Público;

III – concessionário ou permissionário de serviço público;

IV – entidade de direito privado que receba, na condição de beneficiária, contribuição compulsória em virtude de disposição legal;

V – entidade de utilidade pública;

VI – entidade de classe ou sindical;

VII – pessoa jurídica sem fins lucrativos que receba recursos do exterior.

VIII – entidades beneficentes e religiosas; (Incluído pela Lei nº 11.300, de 2006)

IX – entidades esportivas; (Redação dada pela Lei nº 12.034, de 2009)

X – organizações não governamentais que recebam recursos públicos; (Incluído pela Lei nº 11.300, de 2006)

XI – organizações da sociedade civil de interesse público. (Incluído pela Lei nº 11.300, de 2006)

XII – (VETADO). (Incluído pela Lei nº 13.165, de 2015)

§ 1º. Não se incluem nas vedações de que trata este artigo as cooperativas cujos cooperados não sejam concessionários ou permissionários de serviços públicos, desde que não estejam sendo beneficiadas com recursos públicos, observado o disposto no art. 81. (Redação dada pela Lei nº 13.165, de 2015)

§ 2º. (VETADO). (Incluído pela Lei nº 13.165, de 2015)

§ 3º. (VETADO). (Incluído pela Lei nº 13.165, de 2015)

§ 4º. O partido ou candidato que receber recursos provenientes de fontes vedadas ou de origem não identificada deverá proceder à devolução dos valores recebidos ou, não sendo possível a identificação da fonte, transferi-los para a conta única do Tesouro Nacional. (Incluído pela Lei nº 13.165, de 2015)

Art. 24-A. (VETADO). (Incluído pela Lei nº 13.165, de 2015)

Art. 24-B. (VETADO). (Incluído pela Lei nº 13.165, de 2015)

Art. 24-C. O limite de doação previsto no § 1º do art. 23 será apurado anualmente pelo Tribunal Superior Eleitoral e pela Secretaria da Receita Federal do Brasil. (Incluído pela Lei nº 13.165, de 2015)

§ 1º. O Tribunal Superior Eleitoral deverá consolidar as informações sobre as doações registradas até 31 de dezembro do exercício financeiro a ser apurado, considerando: (Incluído pela Lei nº 13.165, de 2015)

I – as prestações de contas anuais dos partidos políticos, entregues à Justiça Eleitoral até 30 de abril do ano subsequente ao da apuração, nos termos do art. 32 da Lei nº 9.096, de 19 de setembro de 1995; (Incluído pela Lei nº 13.165, de 2015)

II – as prestações de contas dos candidatos às eleições ordinárias ou suplementares que tenham ocorrido no exercício financeiro a ser apurado. (Incluído pela Lei nº 13.165, de 2015)

§ 2º. O Tribunal Superior Eleitoral, após a consolidação das informações sobre os valores doados e apurados, encaminhá-las-á à Secretaria da Receita Federal do Brasil até 30 de maio do ano seguinte ao da apuração. (Incluído pela Lei nº 13.165, de 2015)

§ 3º. A Secretaria da Receita Federal do Brasil fará o cruzamento dos valores doados com os rendimentos da pessoa física e, apurando indício de excesso, comunicará o fato, até 30 de julho do ano seguinte ao da apuração, ao Ministério Público Eleitoral, que poderá, até o final do exercício financeiro, apresentar representação com vistas à aplicação da penalidade prevista no art. 23 e de outras sanções que julgar cabíveis. (Incluído pela Lei nº 13.165, de 2015)

Art. 25. O partido que descumprir as normas referentes à arrecadação e aplicação de recursos fixadas nesta Lei perderá o direito ao recebimento da quota do Fundo Partidário do ano seguinte, sem prejuízo de responderem os candidatos beneficiados por abuso do poder econômico.

Parágrafo único. A sanção de suspensão do repasse de novas quotas do Fundo Partidário, por desaprovação total ou parcial da prestação de contas do candidato, deverá ser aplicada de forma proporcional e razoável, pelo período de 1 (um) mês a 12 (doze) meses, ou por meio do desconto, do valor a ser repassado, na importância apontada como irregular, não podendo ser aplicada a sanção de suspensão, caso a prestação de contas não seja julgada, pelo juízo ou tribunal competente, após 5 (cinco) anos de sua apresentação. (Incluído pela Lei nº 12.034, de 2009)

Art. 26. São considerados gastos eleitorais, sujeitos a registro e aos limites fixados nesta Lei: (Redação dada pela Lei nº 11.300, de 2006)

I – confecção de material impresso de qualquer natureza e tamanho, observado o disposto no § 3º do art. 38 desta Lei; (Redação dada pela Lei nº 12.891, de 2013)

II – propaganda e publicidade direta ou indireta, por qualquer meio de divulgação, destinada a conquistar votos;

III – aluguel de locais para a promoção de atos de campanha eleitoral;

IV – despesas com transporte ou deslocamento de candidato e de pessoal a serviço das candidaturas, observadas as exceções previstas no § 3° deste artigo. (Redação dada pela Lei nº 13.488, de 2017)

V – correspondência e despesas postais;

VI – despesas de instalação, organização e funcionamento de Comitês e serviços necessários às eleições;

VII – remuneração ou gratificação de qualquer espécie a pessoal que preste serviços às candidaturas ou aos comitês eleitorais;

VIII – montagem e operação de carros de som, de propaganda e assemelhados;

IX – a realização de comícios ou eventos destinados à promoção de candidatura; (Redação dada pela Lei nº 11.300, de 2006)

X – produção de programas de rádio, televisão ou vídeo, inclusive os destinados à propaganda gratuita;

XI – (Revogado pela Lei nº 11.300, de 2006)

XII – realização de pesquisas ou testes pré-eleitorais;

XIII – (Revogado pela Lei nº 11.300, de 2006)

XIV – (Revogado pela Lei nº 12.891, de 2013)

XV – custos com a criação e inclusão de sítios na internet e com o impulsionamento de conteúdos contratados diretamente com provedor da aplicação de internet com sede e foro no País; (Redação dada pela Lei nº 13.488, de 2017)

XVI – multas aplicadas aos partidos ou candidatos por infração do disposto na legislação eleitoral.

XVII – produção de *jingles*, vinhetas e *slogans* para propaganda eleitoral.

§ 1º. São estabelecidos os seguintes limites com relação ao total do gasto da campanha: (Primitivo parágrafo único renumerado para § 1º pela Lei nº 13.488, de 2017)

I – alimentação do pessoal que presta serviços às candidaturas ou aos comitês eleitorais: 10% (dez por cento); (Incluído pela Lei nº 12.891, de 2013)

II – aluguel de veículos automotores: 20% (vinte por cento). (Incluído pela Lei nº 12.891, de 2013)

§ 2º. Para os fins desta Lei, inclui-se entre as formas de impulsionamento de conteúdo a priorização paga de conteúdos resultantes de aplicações de busca na internet. (Incluído dada pela Lei nº 13.488, de 2017)

§ 3º. Não são consideradas gastos eleitorais nem se sujeitam a prestação de contas as seguintes despesas de natureza pessoal do candidato: (Incluído dada pela Lei nº 13.488, de 2017)

a) combustível e manutenção de veículo automotor usado pelo candidato na campanha; (Incluído dada pela Lei nº 13.488, de 2017)

b) remuneração, alimentação e hospedagem do condutor do veículo a que se refere a alínea a deste parágrafo; (Incluído dada pela Lei nº 13.488, de 2017)

c) alimentação e hospedagem própria; (Incluído dada pela Lei nº 13.488, de 2017)

d) uso de linhas telefônicas registradas em seu nome como pessoa física, até o limite de três linhas (Incluído dada pela Lei nº 13.488, de 2017)

§ 4º As despesas com consultoria, assessoria e pagamento de honorários realizadas em decorrência da prestação de serviços advocatícios e de contabilidade no curso das campanhas eleitorais serão consideradas gastos eleitorais, mas serão excluídas do limite de gastos de campanha. (Acrescido pela Lei 13.877/2019)

§ 5º Para fins de pagamento das despesas de que trata este artigo, inclusive as do § 4º deste artigo, poderão ser utilizados recursos da campanha, do candidato, do fundo partidário ou do FEFC. (Acrescido pela Lei 13.877/2019)

§ 6º Os recursos originados do fundo de que trata o art. 16-C desta Lei utilizados para pagamento das despesas previstas no § 4º deste artigo serão informados em anexo à prestação de contas dos candidatos. (Acrescido pela Lei 13.877/2019)

Art. 27. Qualquer eleitor poderá realizar gastos, em apoio a candidato de sua preferência, até a quantia equivalente a um mil UFIR, não sujeitos a contabilização, desde que não reembolsados.

§ 1º Fica excluído do limite previsto no *caput* deste artigo o pagamento de honorários decorrentes da prestação de serviços advocatícios e de contabilidade, relacionados às campanhas eleitorais e em favor destas. (Acrescido pela Lei 13.877/2019)

§ 2º Para fins do previsto no § 1º deste artigo, o pagamento efetuado por terceiro não compreende doação eleitoral. (Acrescido pela Lei 13.877/2019)

DA PRESTAÇÃO DE CONTAS

Art. 28. A prestação de contas será feita:

I – no caso dos candidatos às eleições majoritárias, na forma disciplinada pela Justiça Eleitoral;

II – no caso dos candidatos às eleições proporcionais, de acordo com os modelos constantes do Anexo desta Lei.

§ 1º. As prestações de contas dos candidatos às eleições majoritárias serão feitas pelo próprio candidato, devendo ser acompanhadas dos extratos das contas bancárias referentes à movimentação dos recursos financeiros usados na campanha e da relação dos cheques recebidos, com a indicação dos respectivos números, valores e emitentes. (Redação dada pela Lei nº 13.165, de 2015)

§ 2º. As prestações de contas dos candidatos às eleições proporcionais serão feitas pelo próprio candidato. (Redação dada pela Lei nº 13.165, de 2015)

§ 3º. As contribuições, doações e as receitas de que trata esta Lei serão convertidas em UFIR, pelo valor desta no mês em que ocorrerem.

§ 4º. Os partidos políticos, as coligações e os candidatos são obrigados, durante as campanhas eleitorais, a divulgar em sítio criado pela Justiça Eleitoral para esse fim na rede mundial de computadores (internet): (Redação dada pela Lei nº 13.165, de 2015)

I – os recursos em dinheiro recebidos para financiamento de sua campanha eleitoral, em até 72 (setenta e duas) horas de seu recebimento; (Incluído pela Lei nº 13.165, de 2015)

II – no dia 15 de setembro, relatório discriminando as transferências do Fundo Partidário, os recursos em dinheiro e os estimáveis em dinheiro recebidos, bem como os gastos realizados. (Incluído pela Lei nº 13.165, de 2015)

§ 5º. (VETADO). (Incluído pela Lei nº 12.891, de 2013)

§ 6º. Ficam também dispensadas de comprovação na prestação de contas: (Incluído pela Lei nº 12.891, de 2013)

I – a cessão de bens móveis, limitada ao valor de R$ 4.000,00 (quatro mil reais) por pessoa cedente; (Incluído pela Lei nº 12.891, de 2013)

II – doações estimáveis em dinheiro entre candidatos ou partidos, decorrentes do uso comum tanto de sedes quanto de materiais de propaganda eleitoral, cujo gasto deverá ser registrado na prestação de contas do responsável pelo pagamento da despesa. (Redação dada pela Lei nº 13.165, de 2015)

III – a cessão de automóvel de propriedade do candidato, do cônjuge e de seus parentes até o terceiro grau para seu uso pessoal durante a campanha. (Incluído pela Lei n° 13.488, de 2017)

§ 7º. As informações sobre os recursos recebidos a que se refere o § 4º deverão ser divulgadas com a indicação dos nomes, do CPF ou CNPJ dos doadores e dos respectivos valores doados. (Incluído pela Lei nº 13.165, de 2015)

§ 8º. Os gastos com passagens aéreas efetuados nas campanhas eleitorais serão comprovados mediante a apresentação de fatura ou duplicata emitida por agência de viagem, quando for o caso, desde que informados os beneficiários, as datas e os itinerários, vedada a exigência de apresentação de qualquer outro documento para esse fim. (Incluído pela Lei nº 13.165, de 2015)

§ 9º. A Justiça Eleitoral adotará sistema simplificado de prestação de contas para candidatos que apresentarem movimentação financeira correspondente a, no máximo, R$ 20.000,00 (vinte mil reais), atualizados monetariamente, a cada eleição, pelo Índice Nacional de Preços ao Consumidor – INPC da Fundação Instituto Brasileiro de Geografia e Estatística – IBGE ou por índice que o substituir. (Incluído pela Lei nº 13.165, de 2015)

§ 10. O sistema simplificado referido no § 9º deverá conter, pelo menos: (Incluído pela Lei nº 13.165, de 2015)

I – identificação das doações recebidas, com os nomes, o CPF ou CNPJ dos doadores e os respectivos valores recebidos; (Incluído pela Lei nº 13.165, de 2015)

II – identificação das despesas realizadas, com os nomes e o CPF ou CNPJ dos fornecedores de material e dos prestadores dos serviços realizados; (Incluído pela Lei nº 13.165, de 2015)

III – registro das eventuais sobras ou dívidas de campanha. (Incluído pela Lei nº 13.165, de 2015)

§ 11. Nas eleições para Prefeito e Vereador de Municípios com menos de cinquenta mil eleitores, a prestação de contas será feita sempre pelo sistema simplificado a que se referem os §§ 9º e 10. (Incluído pela Lei nº 13.165, de 2015)

§ 12. Os valores transferidos pelos partidos políticos oriundos de doações serão registrados na prestação de contas dos candidatos como transferência dos partidos e, na prestação de contas anual dos partidos, como transferência aos candidatos. (Redação dada pela Lei 13.877/2019)

Art. 29. Ao receber as prestações de contas e demais informações dos candidatos às eleições majoritárias e dos candidatos às eleições proporcionais que optarem por prestar contas por seu intermédio, os comitês deverão:

I – (Revogado pela Lei nº 13.165, de 2015)

II – resumir as informações contidas na prestação de contas, de forma a apresentar demonstrativo consolidado das campanhas; (Redação dada pela Lei nº 13.165, de 2015)

III – encaminhar à Justiça Eleitoral, até o trigésimo dia posterior à realização das eleições, o conjunto das prestações de contas dos candidatos e do próprio comitê, na forma do artigo anterior, ressalvada a hipótese do inciso seguinte;

IV – havendo segundo turno, encaminhar a prestação de contas, referente aos 2 (dois) turnos, até o vigésimo dia posterior à sua realização. (Redação dada pela Lei nº 13.165, de 2015)

§ 1º. (Revogado pela Lei nº 13.165, de 2015)

§ 2º. A inobservância do prazo para encaminhamento das prestações de contas impede a diplomação dos eleitos, enquanto perdurar.

§ 3º. Eventuais débitos de campanha não quitados até a data de apresentação da prestação de contas poderão ser assumidos pelo partido político, por decisão do seu órgão nacional de direção partidária. (Incluído pela Lei nº 12.034, de 2009)

§ 4º. No caso do disposto no § 3º, o órgão partidário da respectiva circunscrição eleitoral passará a responder por todas as dívidas solidariamente com o candidato, hipótese em que a existência do débito não poderá ser considerada como causa para a rejeição das contas. (Incluído pela Lei nº 12.034, de 2009)

Art. 30. A Justiça Eleitoral verificará a regularidade das contas de campanha, decidindo: (Redação dada pela Lei nº 12.034, de 2009)

I – pela aprovação, quando estiverem regulares; (Incluído pela Lei nº 12.034, de 2009)

II – pela aprovação com ressalvas, quando verificadas falhas que não lhes comprometam a regularidade; (Incluído pela Lei nº 12.034, de 2009)

III – pela desaprovação, quando verificadas falhas que lhes comprometam a regularidade; (Incluído pela Lei nº 12.034, de 2009)

IV – pela não prestação, quando não apresentadas as contas após a notificação emitida pela Justiça Eleitoral, na qual constará a obrigação expressa de prestar as suas contas, no prazo de setenta e duas horas. (Incluído pela Lei nº 12.034, de 2009)

- Súm. 42 do TSE.

§ 1º. A decisão que julgar as contas dos candidatos eleitos será publicada em sessão até três dias antes da diplomação. (Redação dada pela Lei nº 13.165, de 2015)

§ 2º. Erros formais e materiais corrigidos não autorizam a rejeição das contas e a cominação de sanção a candidato ou partido.

§ 2º-A. Erros formais ou materiais irrelevantes no conjunto da prestação de contas, que não comprometam o seu resultado, não acarretarão a rejeição das contas. (Incluído pela Lei nº 12.034, de 2009)

§ 3º. Para efetuar os exames de que trata este artigo, a Justiça Eleitoral poderá requisitar técnicos do Tribunal de Contas da União, dos Estados, do Distrito Federal ou dos Municípios, pelo tempo que for necessário.

§ 4º. Havendo indício de irregularidade na prestação de contas, a Justiça Eleitoral poderá requisitar do candidato as informações adicionais necessárias, bem como determinar diligências para a complementação dos dados ou o saneamento das falhas. (Redação dada pela Lei nº 13.165, de 2015)

§ 5º. Da decisão que julgar as contas prestadas pelos candidatos caberá recurso ao órgão superior da Justiça Eleitoral, no prazo de 3 (três) dias, a contar da publicação no Diário Oficial. (Redação dada pela Lei nº 13.165, de 2015)

§ 6º. No mesmo prazo previsto no § 5º, caberá recurso especial para o Tribunal Superior Eleitoral, nas hipóteses previstas nos incisos I e II do § 4º do art. 121 da Constituição Federal. (Incluído pela Lei nº 12.034, de 2009)

§ 7º. O disposto neste artigo aplica-se aos processos judiciais pendentes. (Incluído pela Lei nº 12.034, de 2009)

Art. 30-A. Qualquer partido político ou coligação poderá representar à Justiça Eleitoral, no prazo de 15 (quinze) dias da diplomação, relatando fatos e indicando provas, e pedir a abertura de investigação judicial para apurar condutas em desacordo com as normas desta Lei, relativas à arrecadação e gastos de recursos. (Redação dada pela Lei nº 12.034, de 2009)

§ 1º. Na apuração de que trata este artigo, aplicar-se-á o procedimento previsto no art. 22 da Lei Complementar nº 64, de 18 de maio de 1990, no que couber. (Incluído pela Lei nº 11.300, de 2006)

§ 2º. Comprovados captação ou gastos ilícitos de recursos, para fins eleitorais, será negado diploma ao candidato, ou cassado, se já houver sido outorgado. (Incluído pela Lei nº 11.300, de 2006)

§ 3º. O prazo de recurso contra decisões proferidas em representações propostas com base neste artigo será de 3 (três) dias, a contar da data da publicação do julgamento no Diário Oficial. (Incluído pela Lei nº 12.034, de 2009)

Art. 31. Se, ao final da campanha, ocorrer sobra de recursos financeiros, esta deve ser declarada na prestação de contas e, após julgados todos os recursos, transferida ao partido, obedecendo aos seguintes critérios: (Redação dada pela Lei nº 12.891, de 2013)

I – no caso de candidato a Prefeito, Vice-Prefeito e Vereador, esses recursos deverão ser transferidos para o órgão diretivo municipal do partido na cidade onde ocorreu a eleição, o qual será responsável exclusivo pela identificação desses recursos, sua utilização, contabilização e respectiva prestação de contas perante o juízo eleitoral correspondente; (Incluído pela Lei nº 12.891, de 2013)

II – no caso de candidato a Governador, Vice-Governador, Senador, Deputado Federal e Deputado Estadual ou Distrital, esses recursos deverão ser transferidos para o órgão diretivo regional do partido no Estado onde ocorreu a eleição ou no Distrito Federal, se for o caso, o qual será responsável exclusivo pela identificação desses recursos, sua utilização, contabilização e respectiva prestação de contas perante o Tribunal Regional Eleitoral correspondente; (Incluído pela Lei nº 12.891, de 2013)

III – no caso de candidato a Presidente e Vice-Presidente da República, esses recursos deverão ser transferidos para o órgão diretivo nacional do partido, o qual será responsável exclusivo pela identificação desses recursos, sua utilização, contabilização e respectiva prestação de contas perante o Tribunal Superior Eleitoral; (Incluído pela Lei nº 12.891, de 2013)

IV – o órgão diretivo nacional do partido não poderá ser responsabilizado nem penalizado pelo descumprimento do disposto neste artigo por parte dos órgãos diretivos municipais e regionais. (Incluído pela Lei nº 12.891, de 2013)

Parágrafo único. As sobras de recursos financeiros de campanha serão utilizadas pelos partidos políticos, devendo tais valores ser declarados em suas prestações de contas perante a Justiça Eleitoral, com a identificação dos candidatos. (Redação dada pela Lei nº 12.034, de 2009)

Art. 32. Até cento e oitenta dias após a diplomação, os candidatos ou partidos conservarão a documentação concernente a suas contas.

Parágrafo único. Estando pendente de julgamento qualquer processo judicial relativo às contas, a documentação a elas concernente deverá ser conservada até a decisão final.

DAS PESQUISAS E TESTES PRÉ-ELEITORAIS

Art. 33. As entidades e empresas que realizarem pesquisas de opinião pública relativas às eleições ou aos candidatos, para conhecimento público, são obrigadas, para cada pesquisa, a registrar, junto à Justiça Eleitoral, até cinco dias antes da divulgação, as seguintes informações:

I – quem contratou a pesquisa;

II – valor e origem dos recursos despendidos no trabalho;

III – metodologia e período de realização da pesquisa;

IV – plano amostral e ponderação quanto a sexo, idade, grau de instrução, nível econômico e área física de realização do trabalho a ser executado, intervalo de confiança e margem de erro; (Redação dada pela Lei nº 12.891, de 2013)

V – sistema interno de controle e verificação, conferência e fiscalização da coleta de dados e do trabalho de campo;

VI – questionário completo aplicado ou a ser aplicado;

VII – nome de quem pagou pela realização do trabalho e cópia da respectiva nota fiscal. (Redação dada pela Lei nº 12.891, de 2013)

§ 1º. As informações relativas às pesquisas serão registradas nos órgãos da Justiça Eleitoral aos quais compete fazer o registro dos candidatos.

§ 2º. A Justiça Eleitoral afixará no prazo de vinte e quatro horas, no local de costume, bem como divulgará em seu sítio na internet, aviso comunicando o registro das informações a que se refere este artigo, colocando-as à disposição dos partidos ou coligações com candidatos ao pleito, os quais a elas terão livre acesso pelo prazo de 30 (trinta) dias. (Redação dada pela Lei nº 12.034, de 2009)

§ 3º. A divulgação de pesquisa sem o prévio registro das informações de que trata este artigo sujeita os responsáveis a multa no valor de cinquenta mil a cem mil UFIR.

§ 4º. A divulgação de pesquisa fraudulenta constitui crime, punível com detenção de seis meses a um ano e multa no valor de cinquenta mil a cem mil UFIR.

§ 5º. É vedada, no período de campanha eleitoral, a realização de enquetes relacionadas ao processo eleitoral. (Incluído pela Lei nº 12.891, de 2013)

Art. 34. (VETADO)

§ 1º. Mediante requerimento à Justiça Eleitoral, os partidos poderão ter acesso ao sistema interno de controle, verificação e fiscalização da coleta de dados das entidades que divulgaram pesquisas de opinião relativas às eleições, incluídos os referentes à identificação dos entrevistadores e, por meio de escolha livre e aleatória de planilhas individuais, mapas ou equivalentes, confrontar e conferir os dados publicados, preservada a identidade dos respondentes.

§ 2º. O não cumprimento do disposto neste artigo ou qualquer ato que vise a retardar, impedir ou dificultar a ação fiscalizadora dos partidos constitui crime, punível com detenção, de seis meses a um ano, com a alternativa de prestação de serviços à comunidade pelo mesmo prazo, e multa no valor de dez mil a vinte mil UFIR.

§ 3º. A comprovação de irregularidade nos dados publicados sujeita os responsáveis às penas mencionadas no parágrafo anterior, sem prejuízo da obrigatoriedade da veiculação dos dados corretos no mesmo espaço, local, horário, página, caracteres e outros elementos de destaque, de acordo com o veículo usado.

Art. 35. Pelos crimes definidos nos arts. 33, § 4º e 34, §§ 2º e 3º, podem ser responsabilizados penalmente os representantes legais da empresa ou entidade de pesquisa e do órgão veiculador.

Art. 35-A. É vedada a divulgação de pesquisas eleitorais por qualquer meio de comunicação, a partir do décimo quinto dia anterior até as 18 (dezoito) horas do dia do pleito. (Incluído pela Lei nº 11.300, de 2006)

- ADIN 3.741-2/DF, 3.742/DF e 3.743/DF: O Tribunal, por unanimidade, julgou a ação direta procedente, em parte, para declarar inconstitucional o artigo 35-A, conforme a redação que lhe deu a Lei nº 11.300, de 10 de maio de 2006 [...]. (D.O.U. 14.03.2007 e 15.09.2006)

DA PROPAGANDA ELEITORAL EM GERAL

- Resolução 20.034/1997 do TSE – Instruções para o acesso gratuito ao rádio e à televisão pelos partidos políticos.

Art. 36. A propaganda eleitoral somente é permitida após o dia 15 de agosto do ano da eleição. (Redação dada pela Lei nº 13.165, de 2015)

§ 1º. Ao postulante a candidatura a cargo eletivo é permitida a realização, na quinzena anterior à escolha pelo partido, de propaganda intrapartidária com vista à indicação de seu nome, vedado o uso de rádio, televisão e outdoor.

§ 2º. Não será permitido qualquer tipo de propaganda política paga no rádio e na televisão. (Redação dada pela Lei nº 13.487, de 2017)

§ 3º. A violação do disposto neste artigo sujeitará o responsável pela divulgação da propaganda e, quando comprovado o seu prévio conhecimento, o beneficiário à multa no valor de R$ 5.000,00 (cinco mil reais) a R$ 25.000,00 (vinte e cinco mil reais), ou ao equivalente ao custo da propaganda, se este for maior. (Redação dada pela Lei nº 12.034, de 2009)

§ 4º. Na propaganda dos candidatos a cargo majoritário deverão constar, também, os nomes dos candidatos a vice ou a suplentes de senador, de modo claro e legível, em tamanho não inferior a 30% (trinta por cento) do nome do titular. (Redação dada pela Lei nº 13.165, de 2015)

§ 5º. A comprovação do cumprimento das determinações da Justiça Eleitoral relacionadas a propaganda realizada em desconformidade com o disposto nesta Lei poderá ser apresentada no Tribunal Superior Eleitoral, no caso de candidatos a Presidente e Vice-Presidente da República, nas sedes dos respectivos Tribunais Regionais Eleitorais, no caso de candidatos a Governador, Vice-Governador, Deputado Federal, Senador da República, Deputados Estadual e Distrital, e, no Juízo Eleitoral, na hipótese de candidato a Prefeito, Vice-Prefeito e Vereador. (Incluído pela Lei nº 12.034, de 2009)

Art. 36-A. Não configuram propaganda eleitoral antecipada, desde que não envolvam pedido explícito de voto, a menção à pretensa candidatura, a exaltação das qualidades pessoais dos pré-candidatos e os seguintes atos, que poderão ter cobertura dos meios de comunicação social, inclusive via internet: (Redação dada pela Lei nº 13.165, de 2015)

I – a participação de filiados a partidos políticos ou de pré-candidatos em entrevistas, programas, encontros ou debates no rádio, na televisão e na internet, inclusive com a exposição de plataformas e projetos políticos, observado pelas emissoras de rádio e de televisão o dever de conferir tratamento isonômico; (Redação dada pela Lei nº 12.891, de 2013)

II – a realização de encontros, seminários ou congressos, em ambiente fechado e a expensas dos partidos políticos, para tratar da organização dos processos eleitorais, discussão de políticas públicas, planos de governo ou alianças partidárias visando às eleições, podendo tais atividades ser divulgadas pelos instrumentos de comunicação intrapartidária; (Redação dada pela Lei nº 12.891, de 2013)

III – a realização de prévias partidárias e a respectiva distribuição de material informativo, a divulgação dos nomes dos filiados que participarão da disputa e a realização de debates entre os pré-candidatos; (Redação dada pela Lei nº 13.165, de 2015)

IV – a divulgação de atos de parlamentares e debates legislativos, desde que não se faça pedido de votos; (Redação dada pela Lei nº 12.891, de 2013)

V – a divulgação de posicionamento pessoal sobre questões políticas, inclusive nas redes sociais; (Redação dada pela Lei nº 13.165, de 2015)

VI – a realização, a expensas de partido político, de reuniões de iniciativa da sociedade civil, de veículo ou meio de comunicação ou do próprio partido, em qualquer localidade, para divulgar ideias, objetivos e propostas partidárias. (Incluído pela Lei nº 13.165, de 2015)

VII – campanha de arrecadação prévia de recursos na modalidade prevista no inciso IV do § 4º do art. 23 desta Lei. (Incluído dada pela Lei nº 13.488, de 2017)

§ 1º. É vedada a transmissão ao vivo por emissoras de rádio e de televisão das prévias partidárias, sem prejuízo da cobertura dos meios de comunicação social. (Incluído pela Lei nº 13.165, de 2015)

§ 2º. Nas hipóteses dos incisos I a VI do *caput*, são permitidos o pedido de apoio político e a divulgação da pré-candidatura, das ações políticas desenvolvidas e das que se pretende desenvolver. (Incluído pela Lei nº 13.165, de 2015)

§ 3º. O disposto no § 2º não se aplica aos profissionais de comunicação social no exercício da profissão. (Incluído pela Lei nº 13.165, de 2015)

Art. 36-B. Será considerada propaganda eleitoral antecipada a convocação, por parte do Presidente da República, dos Presidentes da Câmara dos Deputados, do Senado Federal e do Supremo Tribunal Federal, de redes de radiodifusão para divulgação de atos que denotem propaganda política ou ataques a partidos políticos e seus filiados ou instituições. (Incluído pela Lei nº 12.891, de 2013)

Parágrafo único. Nos casos permitidos de convocação das redes de radiodifusão, é vedada a utilização de símbolos ou imagens, exceto aqueles previstos no § 1o do art. 13 da Constituição Federal. (Incluído pela Lei nº 12.891, de 2013)

Art. 37. Nos bens cujo uso dependa de cessão ou permissão do poder público, ou que a ele pertençam, e nos bens de uso comum, inclusive postes de iluminação pública, sinalização de tráfego, viadutos, passarelas, pontes, paradas de ônibus e outros equipamentos urbanos, é vedada a veiculação de propaganda de qualquer natureza, inclusive pichação, inscrição a tinta e exposição de placas, estandartes, faixas, cavaletes, bonecos e assemelhados. (Redação dada pela Lei nº 13.165, de 2015)

§ 1º. A veiculação de propaganda em desacordo com o disposto no *caput* deste artigo sujeita o responsável, após a notificação e comprovação, à restauração do bem e, caso não cumprida no prazo, a multa no valor de R$ 2.000,00 (dois mil reais) a R$ 8.000,00 (oito mil reais). (Redação dada pela Lei nº 11.300, de 2006)

▸ Súm. 48 do TSE.

§ 2º. Não é permitida a veiculação de material de propaganda eleitoral em bens públicos ou particulares, exceto de: (Redação dada pela Lei nº 13.488, de 2017)

I – bandeiras ao longo de vias públicas, desde que móveis e que não dificultem o bom andamento do trânsito de pessoas e veículos; (Incluído dada pela Lei nº 13.488, de 2017)

II – adesivo plástico em automóveis, caminhões, bicicletas, motocicletas e janelas residenciais, desde que não exceda a 0,5 m² (meio metro quadrado). (Incluído dada pela Lei nº 13.488, de 2017)

§ 3º. Nas dependências do Poder Legislativo, a veiculação de propaganda eleitoral fica a critério da Mesa Diretora.

§ 4º. Bens de uso comum, para fins eleitorais, são os assim definidos pela Lei nº 10.406, de 10 de janeiro de 2002 – Código Civil e também aqueles a que a população em geral tem acesso, tais como cinemas, clubes, lojas, centros comerciais, templos, ginásios, estádios, ainda que de propriedade privada. (Incluído pela Lei nº 12.034, de 2009)

§ 5º. Nas árvores e nos jardins localizados em áreas públicas, bem como em muros, cercas e tapumes divisórios, não é permitida a colocação de propaganda eleitoral de qualquer natureza, mesmo que não lhes cause dano. (Incluído pela Lei nº 12.034, de 2009)

§ 6º. É permitida a colocação de mesas para distribuição de material de campanha e a utilização de bandeiras ao longo das vias públicas, desde que móveis e que não dificultem o bom andamento do trânsito de pessoas e veículos. (Redação dada pela Lei nº 12.891, de 2013)

§ 7º. A mobilidade referida no § 6o estará caracterizada com a colocação e a retirada dos meios de propaganda entre as seis horas e as vinte e duas horas. (Incluído pela Lei nº 12.034, de 2009)

§ 8º. A veiculação de propaganda eleitoral em bens particulares deve ser espontânea e gratuita, sendo vedado qualquer tipo de pagamento em troca de espaço para esta finalidade. (Incluído pela Lei nº 12.034, de 2009)

Art. 38. Independe da obtenção de licença municipal e de autorização da Justiça Eleitoral a veiculação de propaganda eleitoral pela distribuição de folhetos, adesivos, volantes e outros impressos, os quais devem ser editados sob a responsabilidade do partido, coligação ou candidato. (Redação dada pela Lei nº 12.891, de 2013)

§ 1º. Todo material impresso de campanha eleitoral deverá conter o número de inscrição no Cadastro Nacional da Pessoa Jurídica – CNPJ ou o número de inscrição no Cadastro de Pessoas Físicas – CPF do responsável pela confecção, bem como de quem a contratou, e a respectiva tiragem. (Incluído pela Lei nº 12.034, de 2009)

§ 2º. Quando o material impresso veicular propaganda conjunta de diversos candidatos, os gastos relativos a cada um deles deverão constar na respectiva prestação de contas, ou apenas naquela relativa ao que houver arcado com os custos. (Incluído pela Lei nº 12.034, de 2009)

§ 3º. Os adesivos de que trata o *caput* deste artigo poderão ter a dimensão máxima de 50 (cinquenta) centímetros por 40 (quarenta) centímetros. (Incluído pela Lei nº 12.891, de 2013)

§ 4º. É proibido colar propaganda eleitoral em veículos, exceto adesivos microperfurados até a extensão total do para-brisa traseiro e, em outras posições, adesivos até a dimensão máxima fixada no § 3º. (Incluído pela Lei nº 12.891, de 2013)

Art. 39. A realização de qualquer ato de propaganda partidária ou eleitoral, em recinto aberto ou fechado, não depende de licença da polícia.

§ 1º. O candidato, partido ou coligação promotora do ato fará a devida comunicação à autoridade policial em, no mínimo, vinte e quatro horas antes de sua realização, a fim de que esta lhe garanta, segundo a prioridade do aviso, o direito contra quem tencione usar o local no mesmo dia e horário.

§ 2º. A autoridade policial tomará as providências necessárias à garantia da realização do ato e ao funcionamento do tráfego e dos serviços públicos que o evento possa afetar.

§ 3º. O funcionamento de alto-falantes ou amplificadores de som, ressalvada a hipótese contemplada no parágrafo seguinte, somente é permitido entre as oito e as vinte e duas horas, sendo vedados a instalação e o uso daqueles equipamentos em distância inferior a duzentos metros:

I – das sedes dos Poderes Executivo e Legislativo da União, dos Estados, do Distrito Federal e dos Municípios, das sedes dos Tribunais Judiciais, e dos quartéis e outros estabelecimentos militares;

II – dos hospitais e casas de saúde;

III – das escolas, bibliotecas públicas, igrejas e teatros, quando em funcionamento.

§ 4º. A realização de comícios e a utilização de aparelhagens de sonorização fixas são permitidas no horário compreendido entre as 8 (oito) e as 24 (vinte e quatro) horas, com exceção do comício de encerramento da campanha, que poderá ser prorrogado por mais 2 (duas) horas. (Redação dada pela Lei nº 12.891, de 2013)

§ 5º. Constituem crimes, no dia da eleição, puníveis com detenção, de seis meses a um ano, com a alternativa de prestação de serviços à comunidade pelo mesmo período, e multa no valor de cinco mil a quinze mil UFIR:

I – o uso de alto-falantes e amplificadores de som ou a promoção de comício ou carreata;

II – a arregimentação de eleitor ou a propaganda de boca de urna; (Redação dada pela Lei nº 11.300, de 2006)

III – a divulgação de qualquer espécie de propaganda de partidos políticos ou de seus candidatos. (Redação dada pela Lei nº 12.034, de 2009)

IV – a publicação de novos conteúdos ou o impulsionamento de conteúdos nas aplicações de internet de que trata o art. 57-B desta Lei, podendo ser mantidos em funcionamento as aplicações e os conteúdos publicados anteriormente. (Incluído dada pela Lei nº 13.488, de 2017)

§ 6º. É vedada na campanha eleitoral a confecção, utilização, distribuição por comitê, candidato, ou com a sua autorização, de camisetas, chaveiros, bonés, canetas, brindes, cestas básicas ou quaisquer outros bens ou materiais que possam proporcionar vantagem ao eleitor. (Incluído pela Lei nº 11.300, de 2006)

§ 7º. É proibida a realização de showmício e de evento assemelhado para promoção de candidatos, bem como a apresentação, remunerada ou não, de artistas com a finalidade de animar comício e reunião eleitoral. (Incluído pela Lei nº 11.300, de 2006)

§ 8º. É vedada a propaganda eleitoral mediante outdoors, inclusive eletrônicos, sujeitando-se a empresa responsável, os partidos, as coligações e os candidatos à imediata retirada da propaganda irregular e ao pagamento de multa no valor de R$ 5.000,00 (cinco mil reais) a R$ 15.000,00 (quinze mil reais). (Redação dada pela Lei nº 12.891, de 2013)

§ 9º. Até as vinte e duas horas do dia que antecede a eleição, serão permitidos distribuição de material gráfico, caminhada, carreata, passeata ou carro de som que transite pela cidade divulgando jingles ou mensagens de candidatos. (Incluído pela Lei nº 12.034, de 2009)

§ 9º-A. Considera-se carro de som, além do previsto no § 12, qualquer veículo, motorizado ou não, ou ainda tracionado por animais, que transite divulgando jingles ou mensagens de candidatos. (Incluído pela Lei nº 13.165, de 2015)

§ 10. Fica vedada a utilização de trios elétricos em campanhas eleitorais, exceto para a sonorização de comícios. (Incluído pela Lei nº 12.034, de 2009)

§ 11. É permitida a circulação de carros de som e minitrios como meio de propaganda eleitoral, desde que observado o limite de oitenta decibéis de nível de pressão sonora, medido a sete metros de distância do veículo, e respeitadas as vedações previstas no § 3º deste artigo, apenas em carreatas, caminhadas e passeatas ou durante reuniões e comícios. (Redação dada pela Lei nº 13.488, de 2017)

§ 12. Para efeitos desta Lei, considera-se: (Incluído pela Lei nº 12.891, de 2013)

I – carro de som: veículo automotor que usa equipamento de som com potência nominal de amplificação de, no máximo, 10.000 (dez mil) watts; (Incluído pela Lei nº 12.891, de 2013)

II – minitrio: veículo automotor que usa equipamento de som com potência nominal de amplificação maior que 10.000 (dez mil) watts e até 20.000 (vinte mil) watts; (Incluído pela Lei nº 12.891, de 2013)

III – trio elétrico: veículo automotor que usa equipamento de som com potência nominal de amplificação maior que 20.000 (vinte mil) watts. (Incluído pela Lei nº 12.891, de 2013)

Art. 39-A. É permitida, no dia das eleições, a manifestação individual e silenciosa da preferência do eleitor por partido político, coligação ou candidato, revelada exclusivamente pelo uso de bandeiras, broches, dísticos e adesivos. (Incluído pela Lei nº 12.034, de 2009)

§ 1º. É vedada, no dia do pleito, até o término do horário de votação, a aglomeração de pessoas portando vestuário padronizado, bem como os instrumentos de propaganda referidos no *caput*, de modo a caracterizar manifestação coletiva, com ou sem utilização de veículos. (Incluído pela Lei nº 12.034, de 2009)

§ 2º. No recinto das seções eleitorais e juntas apuradoras, é proibido aos servidores da Justiça Eleitoral, aos mesários e aos escrutinadores o uso de vestuário ou objeto que contenha qualquer propaganda de partido político, de coligação ou de candidato. (Incluído pela Lei nº 12.034, de 2009)

§ 3º. Aos fiscais partidários, nos trabalhos de votação, só é permitido que, em seus crachás, constem o nome e a sigla do partido político ou coligação a que sirvam, vedada a padronização do vestuário. (Incluído pela Lei nº 12.034, de 2009)

§ 4º. No dia do pleito, serão afixadas cópias deste artigo em lugares visíveis nas partes interna e externa das seções eleitorais. (Incluído pela Lei nº 12.034, de 2009)

Art. 40. O uso, na propaganda eleitoral, de símbolos, frases ou imagens, associadas ou semelhantes às empregadas por órgão de governo, empresa pública ou sociedade de economia mista constitui crime, punível com detenção, de seis meses a um ano, com a alternativa de prestação de serviços à comunidade pelo mesmo período, e multa no valor de dez mil a vinte mil UFIR.

Art. 40-A. (VETADO) (Redação dada pela Lei nº 11.300, de 2006)

Art. 40-B. A representação relativa à propaganda irregular deve ser instruída com prova da autoria ou do prévio conhecimento do beneficiário, caso este não seja por ela responsável. (Incluído pela Lei nº 12.034, de 2009)

Parágrafo único. A responsabilidade do candidato estará demonstrada se este, intimado da existência da propaganda irregular, não providenciar, no prazo de quarenta e oito horas, sua retirada ou regularização e, ainda, se as circunstâncias e as peculiaridades do caso específico revelarem a impossibilidade de o beneficiário não ter tido conhecimento da propaganda. (Incluído pela Lei nº 12.034, de 2009)

Art. 41. A propaganda exercida nos termos da legislação eleitoral não poderá ser objeto de multa nem cerceada sob alegação do exercício do poder de polícia ou de violação de postura municipal, casos em que se deve proceder na forma prevista no art. 40. (Redação dada pela Lei nº 12.034, de 2009)

§ 1º. O poder de polícia sobre a propaganda eleitoral será exercido pelos juízes eleitorais e pelos juízes designados pelos Tribunais Regionais Eleitorais. (Incluído pela Lei nº 12.034, de 2009)

§ 2º. O poder de polícia se restringe às providências necessárias para inibir práticas ilegais, vedada a censura prévia sobre o teor dos programas a serem exibidos na televisão, no rádio ou na internet. (Incluído pela Lei nº 12.034, de 2009)

Art. 41-A. Ressalvado o disposto no art. 26 e seus incisos, constitui captação de sufrágio, vedada por esta Lei, o candidato doar, oferecer, prometer, ou entregar, ao eleitor, com o fim de obter-lhe o voto, bem ou vantagem pessoal de qualquer natureza, inclusive emprego ou função pública, desde o registro da candidatura até o dia da eleição, inclusive, sob pena de multa de mil a cinquenta mil Ufir, e cassação do registro ou do diploma, observado o procedimento previsto no art. 22 da Lei Complementar nº 64, de 18 de maio de 1990. (Incluído pela Lei nº 9.840, de 1999)

§ 1º. Para a caracterização da conduta ilícita, é desnecessário o pedido explícito de votos, bastando a evidência do dolo, consistente no especial fim de agir. (Incluído pela Lei nº 12.034, de 2009)

§ 2º. As sanções previstas no *caput* aplicam-se contra quem praticar atos de violência ou grave ameaça a pessoa, com o fim de obter-lhe o voto. (Incluído pela Lei nº 12.034, de 2009)

§ 3º. A representação contra as condutas vedadas no *caput* poderá ser ajuizada até a data da diplomação. (Incluído pela Lei nº 12.034, de 2009)

§ 4º. O prazo de recurso contra decisões proferidas com base neste artigo será de 3 (três) dias, a contar da data da publicação do julgamento no Diário Oficial. (Incluído pela Lei nº 12.034, de 2009)

DA PROPAGANDA ELEITORAL MEDIANTE *OUTDOORS*

Art. 42. (Revogado pela Lei nº 11.300, de 2006)

DA PROPAGANDA ELEITORAL NA IMPRENSA

Art. 43. São permitidas, até a antevéspera das eleições, a divulgação paga, na imprensa escrita, e a reprodução na internet do jornal impresso, de até 10 (dez) anúncios de propaganda eleitoral, por veículo, em datas diversas, para cada candidato, no espaço máximo, por edição, de 1/8 (um oitavo) de página de jornal padrão e de 1/4 (um quarto) de página de revista ou tabloide. (Redação dada pela Lei nº 12.034, de 2009)

§ 1º. Deverá constar do anúncio, de forma visível, o valor pago pela inserção. (Incluído pela Lei nº 12.034, de 2009)

§ 2º. A inobservância do disposto neste artigo sujeita os responsáveis pelos veículos de divulgação e os partidos, coligações ou candidatos beneficiados a multa no valor de R$ 1.000,00 (mil reais) a R$ 10.000,00 (dez mil reais) ou equivalente ao da divulgação da propaganda paga, se este for maior. (Renumerado do parágrafo único pela Lei nº 12.034, de 2009)

DA PROPAGANDA ELEITORAL NO RÁDIO E NA TELEVISÃO

Art. 44. A propaganda eleitoral no rádio e na televisão restringe-se ao horário gratuito definido nesta Lei, vedada a veiculação de propaganda paga.

§ 1º. A propaganda eleitoral gratuita na televisão deverá utilizar a Linguagem Brasileira de Sinais – LIBRAS ou o recurso de legenda, que deverão constar obrigatoriamente do material entregue às emissoras. (Incluído pela Lei nº 12.034, de 2009)

§ 2º. No horário reservado para a propaganda eleitoral, não se permitirá utilização comercial ou propaganda realizada com a intenção, ainda que disfarçada ou subliminar, de promover marca ou produto. (Incluído pela Lei nº 12.034, de 2009)

§ 3º. Será punida, nos termos do § 1o do art. 37, a emissora que, não autorizada a funcionar pelo poder competente, veicular propaganda eleitoral. (Incluído pela Lei nº 12.034, de 2009)

Art. 45. Encerrado o prazo para a realização das convenções no ano das eleições, é vedado às emissoras de rádio e televisão, em sua programação normal e em seu noticiário: (Redação dada pela Lei nº 13.165, de 2015)

I – transmitir, ainda que sob a forma de entrevista jornalística, imagens de realização de pesquisa ou qualquer outro tipo de consulta popular de natureza eleitoral em que seja possível identificar o entrevistado ou em que haja manipulação de dados;

II – usar trucagem, montagem ou outro recurso de áudio ou vídeo que, de qualquer forma, degradem ou ridicularizem candidato, partido ou coligação, ou produzir ou veicular programa com esse efeito;

- ADI 4.451/DF: Por unanimidade, os ministros do Supremo Tribunal Federal (STF) declararam inconstitucionais dispositivos desta Lei que impediam emissoras de rádio e televisão de veicular programas de humor envolvendo candidatos (DJE 21.06.2018)

III – veicular propaganda política ou difundir opinião favorável ou contrária a candidato, partido, coligação, a seus órgãos ou representantes;

- ADI 4.451/DF: Por unanimidade, os ministros do Supremo Tribunal Federal (STF) declararam inconstitucionais dispositivos desta Lei que impediam emissoras de rádio e televisão de veicular programas de humor envolvendo candidatos (DJE 21.06.2018)

IV – dar tratamento privilegiado a candidato, partido ou coligação;

V – veicular ou divulgar filmes, novelas, minisséries ou qualquer outro programa com alusão ou crítica a candidato ou partido político, mesmo que dissimuladamente, exceto programas jornalísticos ou debates políticos;

VI – divulgar nome de programa que se refira a candidato escolhido em convenção, ainda quando preexistente, inclusive se coincidente com o nome do candidato ou com a variação nominal por ele adotada. Sendo o nome do programa o mesmo que o do candidato, fica proibida a sua divulgação, sob pena de cancelamento do respectivo registro.

§ 1º. A partir de 30 de junho do ano da eleição, é vedado, ainda, às emissoras transmitir programa apresentado ou comentado por pré-candidato, sob pena, no caso de sua escolha na convenção partidária, de imposição da multa prevista no § 2º e de cancelamento do registro da candidatura do beneficiário. (Redação dada pela Lei nº 13.165, de 2015)

§ 2º. Sem prejuízo do disposto no parágrafo único do art. 55, a inobservância do disposto neste artigo sujeita a emissora ao pagamento de multa no valor de vinte mil a cem mil UFIR, duplicada em caso de reincidência.

§ 3º. (Revogado pela Lei nº 12.034, de 2009)

§ 4º. Entende-se por trucagem todo e qualquer efeito realizado em áudio ou vídeo que degradar ou ridicularizar candidato, partido político ou coligação, ou que desvirtuar a realidade e beneficiar ou prejudicar qualquer candidato, partido político ou coligação. (Incluído pela Lei nº 12.034, de 2009)

- ADI 4.451/DF: Por unanimidade, os ministros do Supremo Tribunal Federal (STF) declararam inconstitucionais dispositivos desta Lei que impediam emissoras de rádio e televisão de veicular programas de humor envolvendo candidatos (DJE 21.06.2018)

§ 5º. Entende-se por montagem toda e qualquer junção de registros de áudio ou vídeo que degradar ou ridicularizar candidato, partido político ou coligação, ou que desvirtuar a realidade e beneficiar ou prejudicar qualquer candidato, partido político ou coligação. (Incluído pela Lei nº 12.034, de 2009)

- ADI 4.451/DF: Por unanimidade, os ministros do Supremo Tribunal Federal (STF) declararam inconstitucionais dispositivos desta Lei que impediam emissoras de rádio e televisão de veicular programas de humor envolvendo candidatos (DJE 21.06.2018)

§ 6º. É permitido ao partido político utilizar na propaganda eleitoral de seus candidatos em âmbito regional, inclusive no horário eleitoral gratuito, a imagem e a voz de candidato ou militante de partido político que integre a sua coligação em âmbito nacional. (Incluído pela Lei nº 12.034, de 2009)

Art. 46. Independentemente da veiculação de propaganda eleitoral gratuita no horário definido nesta Lei, é facultada a transmissão por emissora de rádio ou televisão de debates sobre as eleições majoritária ou proporcional, assegurada a participação de candidatos dos partidos com representação no Congresso Nacional, de, no mínimo, cinco parlamentares, e facultada a dos demais, observado o seguinte: (Redação dada pela Lei nº 13.488, de 2017)

- ADI 5.423/DF (DJE 29.08.2016 e 02.09.2016).
- ADI 5.488 (4) (DJE 01.02.2018 e 07.02.2018).

I – nas eleições majoritárias, a apresentação dos debates poderá ser feita:

a) em conjunto, estando presentes todos os candidatos a um mesmo cargo eletivo;

b) em grupos, estando presentes, no mínimo, três candidatos;

II – nas eleições proporcionais, os debates deverão ser organizados de modo que assegurem a presença de número equivalente de candidatos de todos os partidos e coligações a um mesmo cargo eletivo, podendo desdobrar-se em mais de um dia;

III – os debates deverão ser parte de programação previamente estabelecida e divulgada pela emissora, fazendo-se mediante sorteio a escolha do dia e da ordem de fala de cada candidato, salvo se celebrado acordo em outro sentido entre os partidos e coligações interessados.

§ 1º. Será admitida a realização de debate sem a presença de candidato de algum partido, desde que o veículo de comunicação responsável comprove havê-lo convidado com a antecedência mínima de setenta e duas horas da realização do debate.

§ 2º. É vedada a presença de um mesmo candidato a eleição proporcional em mais de um debate da mesma emissora.

§ 3º. O descumprimento do disposto neste artigo sujeita a empresa infratora às penalidades previstas no art. 56.

§ 4º. O debate será realizado segundo as regras estabelecidas em acordo celebrado entre os partidos políticos e a pessoa jurídica interessada na realização do evento, dando-se ciência à Justiça Eleitoral. (Incluído pela Lei nº 12.034, de 2009)

§ 5º. Para os debates que se realizarem no primeiro turno das eleições, serão consideradas aprovadas as regras, inclusive as que definam o número de participantes, que obtiverem a concordância de pelo menos 2/3 (dois terços) dos candidatos aptos, no caso de eleição majoritária, e de pelo menos 2/3 (dois terços) dos partidos ou coligações com candidatos aptos, no caso de eleição proporcional. (Redação dada pela Lei nº 13.165, de 2015)

- ADI 5.488/DF e 5.487: O Tribunal, por maioria, deu parcial procedência desta ADI 5.487 e da ADI 5.488, conferindo se interpretação conforme ao § 5º do art. 46 da Lei nº 9.504/1997, com a redação dada pela Lei nº 13.165/2015, para se determinar que os candidatos aptos não possam deliberar pela exclusão dos debates de candidatos cuja participação seja facultativa, quando a emissora tenha optado por convidá-los.

Art. 47. As emissoras de rádio e de televisão e os canais de televisão por assinatura mencionados no art. 57 reservarão, nos trinta e cinco dias anteriores à antevéspera das eleições, horário destinado à divulgação, em rede, da propaganda eleitoral gratuita, na forma estabelecida neste artigo. (Redação dada pela Lei nº 13.165, de 2015)

- ADI 5.423/DF (DJE 29.08.2016 e 02.09.2016).

§ 1º. A propaganda será feita:

I – na eleição para Presidente da República, às terças e quintas-feiras e aos sábados:

a) das sete horas às sete horas e doze minutos e trinta segundos e das doze horas às doze horas e doze minutos e trinta segundos, no rádio; (Redação dada pela Lei nº 13.165, de 2015)

b) das treze horas às treze horas e doze minutos e trinta segundos e das vinte horas e trinta minutos às vinte horas e quarenta e dois minutos e trinta segundos, na televisão; (Redação dada pela Lei nº 13.165, de 2015)

II – nas eleições para Deputado Federal, às terças e quintas-feiras e aos sábados:

a) das sete horas e doze minutos e trinta segundos às sete horas e vinte e cinco minutos e das doze horas e doze minutos e trinta segundos às doze horas e vinte e cinco minutos, no rádio; (Redação dada pela Lei nº 13.165, de 2015)

b) das treze horas e doze minutos e trinta segundos às treze horas e vinte e cinco minutos e das vinte horas e quarenta e dois minutos e trinta segundos às vinte horas e cinquenta e cinco minutos, na televisão; (Redação dada pela Lei nº 13.165, de 2015)

III – nas eleições para Senador, às segundas, quartas e sextas-feiras: (Redação dada pela Lei nº 13.165, de 2015)

a) das sete horas às sete horas e cinco minutos e das doze horas às doze horas e cinco minutos, no rádio, nos anos em que a renovação do Senado Federal se der por um terço; (Redação dada pela Lei nº 13.165, de 2015)

b) das treze horas às treze horas e cinco minutos e das vinte horas e trinta minutos às vinte horas e trinta e cinco minutos, na televisão, nos anos em que a renovação do Senado Federal se der por um terço; (Redação dada pela Lei nº 13.165, de 2015)

c) das sete horas às sete horas e sete minutos e das doze horas às doze horas e sete minutos, no rádio, nos anos em que a renovação do Senado Federal se der por dois terços; (Redação dada pela Lei nº 13.165, de 2015)

d) das treze horas às treze horas e sete minutos e das vinte horas e trinta minutos às vinte horas e trinta e sete minutos, na televisão, nos anos em que a renovação do Senado Federal se der por dois terços; (Redação dada pela Lei nº 13.165, de 2015)

IV – nas eleições para Deputado Estadual e Deputado Distrital, às segundas, quartas e sextas-feiras:

a) das sete horas e cinco minutos às sete horas e quinze minutos e das doze horas e cinco minutos às doze horas e quinze minutos, no rádio, nos anos em que a renovação do Senado Federal se der por um terço; (Redação dada pela Lei nº 13.165, de 2015)

b) das treze horas e cinco minutos às treze horas e quinze minutos e das vinte horas e trinta e cinco minutos às vinte horas e quarenta e cinco minutos, na televisão, nos anos em que a renovação do Senado Federal se der por um terço; (Redação dada pela Lei nº 13.165, de 2015)

c) das sete horas e sete minutos às sete horas e dezesseis minutos e das doze horas e sete minutos às doze horas e dezesseis minutos, no rádio, nos anos em que a renovação do Senado Federal se der por dois terços; (Redação dada pela Lei nº 13.165, de 2015)

d) das treze horas e sete minutos às treze horas e dezesseis minutos e das vinte horas e trinta e sete minutos às vinte horas e quarenta e seis minutos, na televisão, nos anos em que a renovação do Senado Federal se der por dois terços; (Redação dada pela Lei nº 13.165, de 2015)

V – na eleição para Governador de Estado e do Distrito Federal, às segundas, quartas e sextas-feiras: (Redação dada pela Lei nº 13.165, de 2015)

a) das sete horas e quinze minutos às sete horas e vinte e cinco minutos e das doze horas e quinze minutos às doze horas e vinte e cinco minutos, no rádio, nos anos em que a renovação do Senado Federal se der por um terço; (Redação dada pela Lei nº 13.165, de 2015)

b) das treze horas e quinze minutos às treze horas e vinte e cinco minutos e das vinte horas e quarenta e cinco minutos às vinte horas e cinquenta e cinco minutos, na televisão, nos anos em que a renovação do Senado Federal se der por um terço; (Redação dada pela Lei nº 13.165, de 2015)

c) das sete horas e dezesseis minutos às sete horas e vinte e cinco minutos e das doze horas e dezesseis minutos às doze horas e vinte e cinco minutos, no rádio, nos anos em que a renovação do Senado Federal se der por dois terços; (Redação dada pela Lei nº 13.165, de 2015)

d) das treze horas e dezesseis minutos às treze horas e vinte e cinco minutos e das vinte horas e quarenta e seis minutos às vinte horas e cinquenta e cinco minutos, na televisão, nos anos em que a renovação do Senado Federal se der por dois terços; (Redação dada pela Lei nº 13.165, de 2015)

VI – nas eleições para Prefeito, de segunda a sábado: (Redação dada pela Lei nº 13.165, de 2015)

a) das sete horas às sete horas e dez minutos e das doze horas às doze horas e dez minutos, no rádio; (Redação dada pela Lei nº 13.165, de 2015)

b) das treze horas às treze horas e dez minutos e das vinte horas e trinta minutos às vinte horas e quarenta minutos, na televisão; (Redação dada pela Lei nº 13.165, de 2015)

VII – ainda nas eleições para Prefeito, e também nas de Vereador, mediante inserções de trinta e sessenta segundos, no rádio e na televisão, totalizando setenta minutos diários, de segunda-feira a domingo, distribuídas ao longo da programação veiculada entre as cinco e as vinte e quatro horas, na proporção de 60% (sessenta por cento) para Prefeito e 40% (quarenta por cento) para Vereador. (Redação dada pela Lei nº 13.165, de 2015)

§ 1º-A. Somente serão exibidas as inserções de televisão a que se refere o inciso VII do § 1º nos Municípios em que houver estação geradora de serviços de radiodifusão de sons e imagens. (Incluído pela Lei nº 13.165, de 2015)

§ 2º. Os horários reservados à propaganda de cada eleição, nos termos do § 1º, serão distribuídos entre todos os partidos e coligações que tenham candidato, observados os seguintes critérios: (Redação dada pela Lei nº 12.875, de 2013)

› ADIN nº 5.105/2014, o art. 2º da Lei nº 12.875, de 30/10/2013, que alterou o § 2º e o § 7º do art. 47 da Lei nº 9.504, de 30/9/1997, foi declarado inconstitucional, em controle concentrado, pelo Supremo Tribunal Federal (decisão publicada no DOU de 14/10/2015)

I – 90% (noventa por cento) distribuídos proporcionalmente ao número de representantes na Câmara dos Deputados, considerados, no caso de coligação para eleições majoritárias, o resultado da soma do número de representantes dos seis maiores partidos que a integrem e, nos casos de coligações para eleições proporcionais, o resultado da soma do número de representantes de todos os partidos que a integrem; (Redação dada pela Lei nº 13.165, de 2015)

II – 10% (dez por cento) distribuídos igualitariamente. (Redação dada pela Lei nº 13.165, de 2015)

§ 3º. Para efeito do disposto neste artigo, a representação de cada partido na Câmara dos Deputados é a resultante da eleição. (Redação dada pela Lei nº 11.300, de 2006)

§ 4º. O número de representantes de partido que tenha resultado de fusão ou a que se tenha incorporado outro corresponderá à soma dos representantes que os partidos de origem possuíam na data mencionada no parágrafo anterior.

§ 5º. Se o candidato a Presidente ou a Governador deixar de concorrer, em qualquer etapa do pleito, e não havendo a substituição prevista no art. 13 desta Lei, far-se-á nova distribuição do tempo entre os candidatos remanescentes.

§ 6º. Aos partidos e coligações que, após a aplicação dos critérios de distribuição referidos no *caput*, obtiverem direito a parcela do horário eleitoral inferior a trinta segundos, será assegurado o direito de acumulá-lo para uso em tempo equivalente.

§ 7º. Para efeito do disposto no § 2º, serão desconsideradas as mudanças de filiação partidária em quaisquer hipóteses. (Redação dada pela Lei nº 13.107, de 2015)

› ADIN nº 5.105/2014, o art. 2º da Lei nº 12.875, de 30/10/2013, que alterou o § 2º e o § 7º do art. 47 da Lei nº 9.504, de 30/9/1997, foi declarado inconstitucional, em controle concentrado, pelo Supremo Tribunal Federal (decisão publicada no DOU de 14/10/2015)

§ 8º. As mídias com as gravações da propaganda eleitoral no rádio e na televisão serão entregues às emissoras, inclusive nos sábados, domingos e feriados, com a antecedência mínima: (Incluído pela Lei nº 12.891, de 2013)

I – de 6 (seis) horas do horário previsto para o início da transmissão, no caso dos programas em rede; (Incluído pela Lei nº 12.891, de 2013)

II – de 12 (doze) horas do horário previsto para o início da transmissão, no caso das inserções. (Incluído pela Lei nº 12.891, de 2013)

§ 9º. As emissoras de rádio sob responsabilidade do Senado Federal e da Câmara dos Deputados instaladas em localidades fora do Distrito Federal são dispensadas da veiculação da propaganda eleitoral gratuita dos pleitos referidos nos incisos II a VI do § 1o. (Incluído pela Lei nº 13.165, de 2015)

Art. 48. Nas eleições para Prefeitos e Vereadores, nos Municípios em que não haja emissora de rádio e televisão, a Justiça Eleitoral garantirá aos Partidos Políticos participantes do pleito a veiculação de propaganda eleitoral gratuita nas localidades aptas à realização de segundo turno de eleições e nas quais seja operacionalmente viável realizar a retransmissão. (Redação dada pela Lei nº 12.034, de 2009)

§ 1º. (Revogado pela Lei nº 13.165, de 2015)

§ 2º. (Revogado pela Lei nº 13.165, de 2015)

Art. 49. Se houver segundo turno, as emissoras de rádio e televisão reservarão, a partir da sexta-feira seguinte à realização do primeiro turno e até a antevéspera da eleição, horário destinado à divulgação da propaganda eleitoral gratuita, dividida em dois blocos diários de dez minutos para cada eleição, e os blocos terão início às sete e às doze horas, no rádio, e às treze e às vinte horas e trinta minutos, na televisão. (Redação dada pela Lei nº 13.488, de 2017)

§ 1º. Em circunscrição onde houver segundo turno para Presidente e Governador, o horário reservado à propaganda deste iniciar-se-á imediatamente após o término do horário reservado ao primeiro.

§ 2º. O tempo de cada período diário será dividido igualitariamente entre os candidatos.

Art. 50. A Justiça Eleitoral efetuará sorteio para a escolha da ordem de veiculação da propaganda de cada partido ou coligação no primeiro dia do horário eleitoral gratuito; a cada dia que se seguir, a propaganda veiculada por último, na véspera, será a primeira, apresentando-se as demais na ordem do sorteio.

Art. 51. Durante o período previsto no art. 47 desta Lei, as emissoras de rádio e televisão e os canais por assinatura mencionados no art. 57 desta Lei reservarão setenta minutos diários para a propaganda eleitoral gratuita, a serem usados em inserções de trinta e de sessenta segundos, a critério do respectivo partido ou coligação, assinadas obrigatoriamente pelo partido ou coligação, e distribuídas, ao longo da programação veiculada entre as cinco e as vinte quatro horas, nos termos do § 2° do art. 47 desta Lei, obedecido o seguinte: (Redação dada pela Lei nº 13.488, de 2017)

I – o tempo será dividido em partes iguais para a utilização nas campanhas dos candidatos às eleições majoritárias e proporcionais, bem como de suas legendas partidárias ou das que componham a coligação, quando for o caso;

II – (Revogado pela Lei nº 13.165, de 2015)

III – a distribuição levará em conta os blocos de audiência entre as cinco e as onze horas, as onze e as dezoito horas, e as dezoito e as vinte e quatro horas; (Redação dada pela Lei nº 13.165, de 2015)

IV – na veiculação das inserções, é vedada a divulgação de mensagens que possam degradar ou ridicularizar candidato, partido ou coligação, aplicando-se-lhes, ainda, todas as demais regras aplicadas ao horário de propaganda eleitoral, previstas no art. 47. (Redação dada pela Lei nº 12.891, de 2013)

§ 1º. É vedada a veiculação de inserções idênticas no mesmo intervalo de programação, exceto se o número de inserções de que dispuser o partido exceder os intervalos disponíveis, sendo vedada a transmissão em sequência para o mesmo partido político. (Primitivo parágrafo único renumerado para § 1º pela Lei nº 13.488, de 2017)

§ 2º. Durante o período previsto no art. 49 desta Lei, onde houver segundo turno, as emissoras de rádio e televisão e os canais de televisão por assinatura mencionados no art. 57 desta Lei reservarão, por cada cargo em disputa, vinte e cinco minutos para serem usados em inserções de trinta e de sessenta segundos, observadas as disposições deste artigo. (Incluído pela Lei nº 13.488, de 2017)

Art. 52. A partir do dia 15 de agosto do ano da eleição, a Justiça Eleitoral convocará os partidos e a representação das emissoras de televisão para elaborarem plano de mídia, nos termos do art. 51, para o uso da parcela do horário eleitoral gratuito a que tenham direito, garantida a todos participação nos horários de maior e menor audiência. (Redação dada pela Lei nº 13.165, de 2015)

Art. 53. Não serão admitidos cortes instantâneos ou qualquer tipo de censura prévia nos programas eleitorais gratuitos.

§ 1º. É vedada a veiculação de propaganda que possa degradar ou ridicularizar candidatos, sujeitando-se o partido ou coligação infratores à perda do direito à veiculação de propaganda no horário eleitoral gratuito do dia seguinte.

§ 2º. Sem prejuízo do disposto no parágrafo anterior, a requerimento de partido, coligação ou candidato, a Justiça Eleitoral impedirá a reapresentação de propaganda ofensiva à honra de candidato, à moral e aos bons costumes.

Art. 53-A. É vedado aos partidos políticos e às coligações incluir no horário destinado aos candidatos às eleições proporcionais propaganda das candidaturas a eleições majoritárias ou vice-versa, ressalvada a utilização, durante a exibição do programa, de legendas com referência aos candidatos majoritários ou, ao fundo, de cartazes ou fotografias desses candidatos, ficando autorizada a menção ao nome e ao número de qualquer candidato do partido ou da coligação. (Redação dada pela Lei nº 12.891, de 2013)

§ 1º. É facultada a inserção de depoimento de candidatos a eleições proporcionais no horário da propaganda das candidaturas majoritárias e vice-versa, registrados sob o mesmo partido ou coligação, desde que o depoimento consista exclusivamente em pedido de voto ao candidato que cedeu o tempo. (Incluído pela Lei nº 12.034, de 2009)

§ 2º. Fica vedada a utilização da propaganda de candidaturas proporcionais como propaganda de candidaturas majoritárias e vice-versa. (Incluído pela Lei nº 12.034, de 2009)

§ 3º. O partido político ou a coligação que não observar a regra contida neste artigo perderá, em seu horário de propaganda gratuita, tempo equivalente no horário reservado à propaganda da eleição disputada pelo candidato beneficiado. (Incluído pela Lei nº 12.034, de 2009)

Art. 54. Nos programas e inserções de rádio e televisão destinados à propaganda eleitoral gratuita de cada partido ou coligação só poderão aparecer, em gravações internas e externas, observado o disposto no § 2º, candidatos, caracteres com propostas, fotos, jingles, clipes com música ou vinhetas, inclusive de passagem, com indicação do número do candidato ou do partido, bem como seus apoiadores, inclusive os candidatos de que trata o § 1º do art. 53-A, que poderão dispor de até 25% (vinte e cinco por cento) do tempo de cada programa ou inserção, sendo vedadas montagens, trucagens, computação gráfica, desenhos animados e efeitos especiais. (Redação dada pela Lei nº 13.165, de 2015)

§ 1º No segundo turno das eleições não será permitida, nos programas de que trata este artigo, a participação de filiados a partidos que tenham formalizado o apoio a outros candidatos. (Redação dada pela Lei nº 13.165, de 2015)

§ 2º. Será permitida a veiculação de entrevistas com o candidato e de cenas externas nas quais ele, pessoalmente, exponha: (Incluído pela Lei nº 13.165, de 2015)

I – realizações de governo ou da administração pública; (Incluído pela Lei nº 13.165, de 2015)

II – falhas administrativas e deficiências verificadas em obras e serviços públicos em geral; (Incluído pela Lei nº 13.165, de 2015)

III – atos parlamentares e debates legislativos. (Incluído pela Lei nº 13.165, de 2015)

Art. 55. Na propaganda eleitoral no horário gratuito, são aplicáveis ao partido, coligação ou candidato as vedações indicadas nos incisos I e II do art. 45.

Parágrafo único. A inobservância do disposto neste artigo sujeita o partido ou coligação à perda de tempo equivalente ao dobro do usado na prática do ilícito, no período do horário gratuito subsequente, dobrada a cada reincidência, devendo o tempo correspondente ser veiculado após o programa dos demais candidatos com a informação de que a não veiculação do programa resulta de infração da lei eleitoral. (Redação dada pela Lei nº 12.891, de 2013)

Art. 56. A requerimento de partido, coligação ou candidato, a Justiça Eleitoral poderá determinar a suspensão, por vinte e quatro horas, da programação normal de emissora que deixar de cumprir as disposições desta Lei sobre propaganda.

§ 1º. No período de suspensão a que se refere este artigo, a Justiça Eleitoral veiculará mensagem de orientação ao eleitor, intercalada, a cada 15 (quinze) minutos. (Redação dada pela Lei nº 12.891, de 2013)

§ 2º. Em cada reiteração de conduta, o período de suspensão será duplicado.

Art. 57. As disposições desta Lei aplicam-se às emissoras de televisão que operam em VHF e UHF e os canais de televisão por assinatura sob a responsabilidade do Senado Federal, da Câmara dos Deputados, das Assembleias Legislativas, da Câmara Legislativa do Distrito Federal ou das Câmaras Municipais.

PROPAGANDA NA INTERNET
(Incluído pela Lei nº 13.488, de 2017)

Art. 57-A. É permitida a propaganda eleitoral na internet, nos termos desta Lei, após o dia 15 de agosto do ano da eleição. (Redação dada pela Lei nº 13.165, de 2015)

Art. 57-B. A propaganda eleitoral na internet poderá ser realizada nas seguintes formas: (Incluído pela Lei nº 12.034, de 2009) (Vide Lei nº 12.034, de 2009)

I – em sítio do candidato, com endereço eletrônico comunicado à Justiça Eleitoral e hospedado, direta ou indiretamente, em provedor de serviço de internet estabelecido no País; (Incluído pela Lei nº 12.034, de 2009)

II – em sítio do partido ou da coligação, com endereço eletrônico comunicado à Justiça Eleitoral e hospedado, direta ou indiretamente, em provedor de serviço de internet estabelecido no País; (Incluído pela Lei nº 12.034, de 2009)

III – por meio de mensagem eletrônica para endereços cadastrados gratuitamente pelo candidato, partido ou coligação; (Incluído pela Lei nº 12.034, de 2009)

IV – por meio de blogs, redes sociais, sítios de mensagens instantâneas e aplicações de internet assemelhadas cujo conteúdo seja gerado ou editado por: (Redação dada pela Lei nº 13.488, de 2017)

a) candidatos, partidos ou coligações; ou (Incluído pela Lei nº 13.488, de 2017)

b) qualquer pessoa natural, desde que não contrate impulsionamento de conteúdos. (Incluído pela Lei nº 13.488, de 2017)

§ 1°. Os endereços eletrônicos das aplicações de que trata este artigo, salvo aqueles de iniciativa de pessoa natural, deverão ser comunicados à Justiça Eleitoral, podendo ser mantidos durante todo o pleito eleitoral os mesmos endereços eletrônicos em uso antes do início da propaganda eleitoral. (Incluído pela Lei nº 13.488, de 2017)

§ 2°. Não é admitida a veiculação de conteúdos de cunho eleitoral mediante cadastro de usuário de aplicação de internet com a intenção de falsear identidade. (Incluído pela Lei nº 13.488, de 2017)

§ 3°. É vedada a utilização de impulsionamento de conteúdos e ferramentas digitais não disponibilizadas pelo provedor da aplicação de internet, ainda que gratuitas, para alterar o teor ou a repercussão de propaganda eleitoral, tanto próprios quanto de terceiros. (Incluído pela Lei nº 13.488, de 2017)

§ 4°. O provedor de aplicação de internet que possibilite o impulsionamento pago de conteúdos deverá contar com canal de comunicação com seus usuários e somente poderá ser responsabilizado por danos decorrentes do conteúdo impulsionado se, após ordem judicial específica, não tomar as providências para, no âmbito e nos limites técnicos do seu serviço e dentro do prazo assinalado, tornar indisponível o conteúdo apontado como infringente pela Justiça Eleitoral. (Incluído pela Lei nº 13.488, de 2017)

§ 5°. A violação do disposto neste artigo sujeita o usuário responsável pelo conteúdo e, quando comprovado seu prévio conhecimento, o beneficiário, à multa no valor de R$ 5.000,00 (cinco mil reais) a R$ 30.000,00 (trinta mil reais) ou em valor equivalente ao dobro da quantia despendida, se esse cálculo superar o limite máximo da multa. (Incluído pela Lei nº 13.488, de 2017)

§ 6°. (Vetado). (Incluído pela Lei nº 13.488, de 2017)

Art. 57-C. É vedada a veiculação de qualquer tipo de propaganda eleitoral paga na internet, excetuado o impulsionamento de conteúdos, desde que identificado de forma inequívoca como tal e contratado exclusivamente por partidos, coligações e candidatos e seus representantes. (Redação dada pela Lei nº 13.488, de 2017)

§ 1º. É vedada, ainda que gratuitamente, a veiculação de propaganda eleitoral na internet, em sítios: (Incluído pela Lei nº 12.034, de 2009)

I – de pessoas jurídicas, com ou sem fins lucrativos; (Incluído pela Lei nº 12.034, de 2009)

II – oficiais ou hospedados por órgãos ou entidades da administração pública direta ou indireta da União, dos Estados, do Distrito Federal e dos Municípios. (Incluído pela Lei nº 12.034, de 2009)

§ 2º. A violação do disposto neste artigo sujeita o responsável pela divulgação da propaganda ou pelo impulsionamento de conteúdos e, quando comprovado seu prévio conhecimento, o beneficiário, à multa no valor de R$ 5.000,00 (cinco mil reais) a R$ 30.000,00 (trinta mil reais) ou em valor equivalente ao dobro da quantia despendida, se esse cálculo superar o limite máximo da multa. (Redação dada pela Lei nº 13.488, de 2017)

§ 3°. O impulsionamento de que trata o *caput* deste artigo deverá ser contratado diretamente com provedor da aplicação de internet com sede e foro no País, ou de sua filial, sucursal, escritório, estabelecimento ou representante legalmente estabelecido no País e apenas com o fim de promover ou beneficiar candidatos ou suas agremiações. (Incluído pela Lei nº 13.488, de 2017)

Art. 57-D. É livre a manifestação do pensamento, vedado o anonimato durante a campanha eleitoral, por meio da rede mundial de computadores – internet, assegurado o direito de resposta, nos termos das alíneas a, b e c do inciso IV do § 3º do art. 58 e do 58-A, e por outros meios de comunicação interpessoal mediante mensagem eletrônica. (Incluído pela Lei nº 12.034, de 2009)

§ 1º. (VETADO) (Incluído pela Lei nº 12.034, de 2009)

§ 2º. A violação do disposto neste artigo sujeitará o responsável pela divulgação da propaganda e, quando comprovado seu prévio conhecimento, o beneficiário à multa no valor de R$ 5.000,00 (cinco mil reais) a R$ 30.000,00 (trinta mil reais). (Incluído pela Lei nº 12.034, de 2009)

§ 3º. Sem prejuízo das sanções civis e criminais aplicáveis ao responsável, a Justiça Eleitoral poderá determinar, por solicitação do ofendido, a retirada de publicações que contenham agressões ou ataques a candidatos em sítios da internet, inclusive redes sociais. (Incluído pela Lei nº 12.891, de 2013)

Art. 57-E. São vedadas às pessoas relacionadas no art. 24 a utilização, doação ou cessão de cadastro eletrônico de seus clientes, em favor de candidatos, partidos ou coligações. (Incluído pela Lei nº 12.034, de 2009)

§ 1º. É proibida a venda de cadastro de endereços eletrônicos. (Incluído pela Lei nº 12.034, de 2009)

§ 2º. A violação do disposto neste artigo sujeita o responsável pela divulgação da propaganda e, quando comprovado seu prévio conhecimento, o beneficiário à multa no valor de R$ 5.000,00 (cinco mil reais) a R$ 30.000,00 (trinta mil reais). (Incluído pela Lei nº 12.034, de 2009)

Art. 57-F. Aplicam-se ao provedor de conteúdo e de serviços multimídia que hospeda a divulgação da propaganda eleitoral de candidato, de partido ou de coligação as penalidades previstas nesta Lei, se, no prazo determinado pela Justiça Eleitoral, contado a partir da notificação de decisão sobre a existência de propaganda irregular, não tomar providências para a cessação dessa divulgação. (Incluído pela Lei nº 12.034, de 2009)

Parágrafo único. O provedor de conteúdo ou de serviços multimídia só será considerado responsável pela divulgação da propaganda se a publicação do material for comprovadamente de seu prévio conhecimento. (Incluído pela Lei nº 12.034, de 2009)

Art. 57-G. As mensagens eletrônicas enviadas por candidato, partido ou coligação, por qualquer meio, deverão dispor de mecanismo que permita seu descadastramento pelo destinatário, obrigado o remetente a providenciá-lo no prazo de quarenta e oito horas. (Incluído pela Lei nº 12.034, de 2009)

Parágrafo único. Mensagens eletrônicas enviadas após o término do prazo previsto no *caput* sujeitam os responsáveis ao pagamento de multa no valor de R$ 100,00 (cem reais), por mensagem. (Incluído pela Lei nº 12.034, de 2009)

Art. 57-H. Sem prejuízo das demais sanções legais cabíveis, será punido, com multa de R$ 5.000,00 (cinco mil reais) a R$ 30.000,00 (trinta mil reais), quem realizar propaganda eleitoral na internet, atribuindo indevidamente sua autoria a terceiro, inclusive a candidato, partido ou coligação. (Incluído pela Lei nº 12.034, de 2009)

§ 1º. Constitui crime a contratação direta ou indireta de grupo de pessoas com a finalidade específica de emitir mensagens ou comentários na internet para ofender a honra ou denegrir a imagem de candidato, partido ou coligação, punível com detenção de 2 (dois) a 4 (quatro) anos e multa de R$ 15.000,00 (quinze mil reais) a R$ 50.000,00 (cinquenta mil reais). (Incluído pela Lei nº 12.891, de 2013)

§ 2º. Igualmente incorrem em crime, punível com detenção de 6 (seis) meses a 1 (um) ano, com alternativa de prestação de serviços à comunidade pelo mesmo período, e multa de R$ 5.000,00 (cinco mil reais) a R$ 30.000,00 (trinta mil reais), as pessoas contratadas na forma do § 1º. (Incluído pela Lei nº 12.891, de 2013)

Art. 57-I. A requerimento de candidato, partido ou coligação, observado o rito previsto no art. 96 desta Lei, a Justiça Eleitoral poderá determinar, no âmbito e nos limites técnicos de cada aplicação de internet, a suspensão do acesso a todo conteúdo veiculado que deixar de cumprir as disposições desta Lei, devendo o número de horas de suspensão ser definida proporcionalmente à gravidade da infração cometida em cada caso, observado o limite máximo de vinte e quatro horas. (Redação dada pela Lei nº 13.488, de 2017)

§ 1º. A cada reiteração de conduta, será duplicado o período de suspensão. (Incluído pela Lei nº 12.034, de 2009)

§ 2º. No período de suspensão a que se refere este artigo, a empresa informará, a todos os usuários que tentarem acessar seus serviços, que se encontra temporariamente inoperante por desobediência à legislação eleitoral. (Incluído pela Lei nº 12.034, de 2009)

Art. 57-J. O Tribunal Superior Eleitoral regulamentará o disposto nos arts. 57-A a 57-I desta Lei de acordo com o cenário e as ferramentas tecnológicas existentes em cada momento eleitoral e promoverá, para os veículos, partidos e demais entidades interessadas, a formulação e a ampla divulgação de regras de boas práticas relativas a campanhas eleitorais na internet. (Incluído pela Lei nº 13.488, de 2017)

DO DIREITO DE RESPOSTA

- Resolução 23.462/2015 do TSE – Dispõe sobre representações, reclamações e pedidos de resposta previstos na Lei 9.504/1997 para as eleições de 2016.

Art. 58. A partir da escolha de candidatos em convenção, é assegurado o direito de resposta a candidato, partido ou coligação atingidos, ainda que de forma indireta, por conceito, imagem ou afirmação caluniosa, difamatória, injuriosa ou sabidamente inverídica, difundidos por qualquer veículo de comunicação social.

§ 1º O ofendido, ou seu representante legal, poderá pedir o exercício do direito de resposta à Justiça Eleitoral nos seguintes prazos, contados a partir da veiculação da ofensa:

I – vinte e quatro horas, quando se tratar do horário eleitoral gratuito;

II – quarenta e oito horas, quando se tratar da programação normal das emissoras de rádio e televisão;

III – setenta e duas horas, quando se tratar de órgão da imprensa escrita.

IV – a qualquer tempo, quando se tratar de conteúdo que esteja sendo divulgado na internet, ou em 72 (setenta e duas) horas, após a sua retirada. (Incluído pela Lei nº 13.165, de 2015)

§ 2º. Recebido o pedido, a Justiça Eleitoral notificará imediatamente o ofensor para que se defenda em vinte e quatro horas, devendo a decisão ser prolatada no prazo máximo de setenta e duas horas da data da formulação do pedido.

§ 3º. Observar-se-ão, ainda, as seguintes regras no caso de pedido de resposta relativo a ofensa veiculada:

I – em órgão da imprensa escrita:

a) o pedido deverá ser instruído com um exemplar da publicação e o texto para resposta;

b) deferido o pedido, a divulgação da resposta dar-se-á no mesmo veículo, espaço, local, página, tamanho, caracteres e outros elementos de realce usados na ofensa, em até quarenta e oito horas após a decisão ou, tratando-se de veículo com periodicidade de circulação maior que quarenta e oito horas, na primeira vez em que circular;

c) por solicitação do ofendido, a divulgação da resposta será feita no mesmo dia da semana em que a ofensa foi divulgada, ainda que fora do prazo de quarenta e oito horas;

d) se a ofensa for produzida em dia e hora que inviabilizem sua reparação dentro dos prazos estabelecidos nas alíneas anteriores, a Justiça Eleitoral determinará a imediata divulgação da resposta;

e) o ofensor deverá comprovar nos autos o cumprimento da decisão, mediante dados sobre a regular distribuição dos exemplares, a quantidade impressa e o raio de abrangência na distribuição;

II – em programação normal das emissoras de rádio e de televisão:

a) a Justiça Eleitoral, à vista do pedido, deverá notificar imediatamente o responsável pela emissora que realizou o programa para que entregue em vinte e quatro horas, sob as penas do Art. 347 da Lei nº 4.737, de 15 de julho de 1965 – Código Eleitoral, cópia da fita da transmissão, que será devolvida após a decisão;

b) o responsável pela emissora, ao ser notificado pela Justiça Eleitoral ou informado pelo reclamante ou representante, por cópia protocolada do pedido de resposta, preservará a gravação até a decisão final do processo;

c) deferido o pedido, a resposta será dada em até quarenta e oito horas após a decisão, em tempo igual ao da ofensa, porém nunca inferior a um minuto;

III – no horário eleitoral gratuito:

a) o ofendido usará, para a resposta, tempo igual ao da ofensa, nunca inferior, porém, a um minuto;

b) a resposta será veiculada no horário destinado ao partido ou coligação responsável pela ofensa, devendo necessariamente dirigir-se aos fatos nela veiculados;

c) se o tempo reservado ao partido ou coligação responsável pela ofensa for inferior a um minuto, a resposta será levada ao ar tantas vezes quantas sejam necessárias para a sua complementação;

d) deferido o pedido para resposta, a emissora geradora e o partido ou coligação atingidos deverão ser notificados imediatamente da decisão, na qual deverão estar indicados quais os períodos, diurno ou noturno, para a veiculação da resposta, que deverá ter lugar no início do programa do partido ou coligação;

e) o meio magnético com a resposta deverá ser entregue à emissora geradora, até trinta e seis horas após a ciência da decisão, para veiculação no programa subsequente do partido ou coligação em cujo horário se praticou a ofensa;

f) se o ofendido for candidato, partido ou coligação que tenha usado o tempo concedido sem responder aos fatos veiculados na ofensa, terá subtraído tempo idêntico do respectivo programa eleitoral; tratando-se de terceiros, ficarão sujeitos à suspensão de igual tempo em eventuais novos pedidos de resposta e à multa no valor de duas mil a cinco mil UFIR.

IV – em propaganda eleitoral na internet: (Incluído pela Lei nº 12.034, de 2009)

a) deferido o pedido, o usuário ofensor deverá divulgar a resposta do ofendido em até quarenta e oito horas após sua entrega em mídia física, e deverá empregar nessa divulgação o mesmo impulsionamento de conteúdo eventualmente contratado nos termos referidos no art. 57-C desta Lei e o mesmo veículo, espaço, local, horário, página eletrônica, tamanho, caracteres e outros elementos de realce usados na ofensa; (Redação dada pela Lei nº 13.488, de 2017)

b) a resposta ficará disponível para acesso pelos usuários do serviço de internet por tempo não inferior ao dobro em que esteve disponível a mensagem considerada ofensiva; (Incluído pela Lei nº 12.034, de 2009)

c) os custos de veiculação da resposta correrão por conta do responsável pela propaganda original. (Incluído pela Lei nº 12.034, de 2009)

§ 4º. Se a ofensa ocorrer em dia e hora que inviabilizem sua reparação dentro dos prazos estabelecidos nos parágrafos anteriores, a resposta será divulgada nos horários que a Justiça Eleitoral determinar, ainda que nas quarenta e oito horas anteriores ao pleito, em termos e forma previamente aprovados, de modo a não ensejar tréplica.

§ 5º. Da decisão sobre o exercício do direito de resposta cabe recurso às instâncias superiores, em vinte e quatro horas da data de sua publicação em cartório ou sessão, assegurado ao recorrido oferecer contrarrazões em igual prazo, a contar da sua notificação.

§ 6º. A Justiça Eleitoral deve proferir suas decisões no prazo máximo de vinte e quatro horas, observando-se o disposto nas alíneas d e e do inciso III do § 3º para a restituição do tempo em caso de provimento de recurso.

§ 7º. A inobservância do prazo previsto no parágrafo anterior sujeita a autoridade judiciária às penas previstas no art. 345 da Lei nº 4.737, de 15 de julho de 1965 – Código Eleitoral.

§ 8º. O não cumprimento integral ou em parte da decisão que conceder a resposta sujeitará o infrator ao pagamento de multa no valor de cinco mil a quinze mil UFIR, duplicada em caso de reiteração de conduta, sem prejuízo do disposto no art. 347 da Lei nº 4.737, de 15 de julho de 1965 – Código Eleitoral.

§ 9º. Caso a decisão de que trata o § 2º não seja prolatada em 72 (setenta e duas) horas da data da formulação do pedido, a Justiça Eleitoral, de ofício, providenciará a alocação de Juiz auxiliar. (Incluído pela Lei nº 12.891, de 2013)

Art. 58-A. Os pedidos de direito de resposta e as representações por propaganda eleitoral irregular em rádio, televisão e internet tramitarão preferencialmente em relação aos demais processos em curso na Justiça Eleitoral. (Incluído pela Lei nº 12.034, de 2009)

DO SISTEMA ELETRÔNICO DE VOTAÇÃO E DA TOTALIZAÇÃO DOS VOTOS

Art. 59. A votação e a totalização dos votos serão feitas por sistema eletrônico, podendo o Tribunal Superior Eleitoral autorizar, em caráter excepcional, a aplicação das regras fixadas nos arts. 83 a 89.

§ 1º. A votação eletrônica será feita no número do candidato ou da legenda partidária, devendo o nome e fotografia do candidato e o nome do partido ou a legenda partidária aparecer no painel da urna eletrônica, com a expressão designadora do cargo disputado no masculino ou feminino, conforme o caso.

§ 2º. Na votação para as eleições proporcionais, serão computados para a legenda partidária os votos em que não seja possível a identificação do candidato, desde que o número identificador do partido seja digitado de forma correta.

§ 3º. A urna eletrônica exibirá para o eleitor os painéis na seguinte ordem: (Redação dada pela Lei nº 12.976, de 2014)

I – para as eleições de que trata o inciso I do parágrafo único do art. 1º, Deputado Federal, Deputado Estadual ou Distrital, Senador, Governador e Vice-Governador de Estado ou do Distrito Federal, Presidente e Vice-Presidente da República; (Incluído pela Lei nº 12.976, de 2014)

II – para as eleições de que trata o inciso II do parágrafo único do art. 1º, Vereador, Prefeito e Vice-Prefeito. (Incluído pela Lei nº 12.976, de 2014)

§ 4º. A urna eletrônica disporá de recursos que, mediante assinatura digital, permitam o registro digital de cada voto e a identificação da urna em que foi registrado, resguardado o anonimato do eleitor. (Redação dada pela Lei nº 10.740, de 2003)

§ 5º. Caberá à Justiça Eleitoral definir a chave de segurança e a identificação da urna eletrônica de que trata o § 4º. (Redação dada pela Lei nº 10.740, de 2003)

§ 6º. Ao final da eleição, a urna eletrônica procederá à assinatura digital do arquivo de votos, com aplicação do registro de horário e do arquivo do boletim de urna, de maneira a impedir a substituição de votos e a alteração dos registros dos termos de início e término da votação. (Redação dada pela Lei nº 10.740, de 2003)

§ 7º. O Tribunal Superior Eleitoral colocará à disposição dos eleitores urnas eletrônicas destinadas a treinamento. (Redação dada pela Lei nº 10.740, de 2003)

§ 8º. O Tribunal Superior Eleitoral colocará à disposição dos eleitores urnas eletrônicas destinadas a treinamento. (Incluído pela Lei nº 10.408, de 2002)

Art. 59-A. No processo de votação eletrônica, a urna imprimirá o registro de cada voto, que será depositado, de forma automática e sem contato manual do eleitor, em local previamente lacrado.

- O Tribunal, por maioria, deferiu a medida cautelar na ADIn 5.889, com efeitos ex *tunc*, para suspender a eficácia este artigo.

Parágrafo único. O processo de votação não será concluído até que o eleitor confirme a correspondência entre o teor de seu voto e o registro impresso e exibido pela urna eletrônica.

Art. 60. No sistema eletrônico de votação considerar-se-á voto de legenda quando o eleitor assinalar o número do partido no momento de votar para determinado cargo e somente para este será computado.

Art. 61. A urna eletrônica contabilizará cada voto, assegurando-lhe o sigilo e inviolabilidade, garantida aos partidos políticos, coligações e candidatos ampla fiscalização.

Art. 61-A. (Revogado pela Lei nº 10.740, de 2003)

Art. 62. Nas Seções em que for adotada a urna eletrônica, somente poderão votar eleitores cujos nomes estiverem nas respectivas folhas de votação, não se aplicando a ressalva a que se refere o art. 148, § 1º Lei nº 4.737, de 15 de julho de 1965 – Código Eleitoral.

Parágrafo único. O Tribunal Superior Eleitoral disciplinará a hipótese de falha na urna eletrônica que prejudique o regular processo de votação.

DAS MESAS RECEPTORAS

Art. 63. Qualquer partido pode reclamar ao Juiz Eleitoral, no prazo de cinco dias, da nomeação da Mesa Receptora, devendo a decisão ser proferida em 48 horas.

§ 1º. Da decisão do Juiz Eleitoral caberá recurso para o Tribunal Regional, interposto dentro de três dias, devendo ser resolvido em igual prazo.

§ 2º. Não podem ser nomeados presidentes e mesários os menores de dezoito anos.

Art. 64. É vedada a participação de parentes em qualquer grau ou de servidores da mesma repartição pública ou empresa privada na mesma Mesa, Turma ou Junta Eleitoral.

DA FISCALIZAÇÃO DAS ELEIÇÕES

Art. 65. A escolha de fiscais e delegados, pelos partidos ou coligações, não poderá recair em menor de dezoito anos ou em quem, por nomeação do Juiz Eleitoral, já faça parte de Mesa Receptora.

§ 1º. O fiscal poderá ser nomeado para fiscalizar mais de uma Seção Eleitoral, no mesmo local de votação.

§ 2º. As credenciais de fiscais e delegados serão expedidas, exclusivamente, pelos partidos ou coligações.

§ 3º. Para efeito do disposto no parágrafo anterior, o presidente do partido ou o representante da coligação deverá registrar na Justiça Eleitoral o nome das pessoas autorizadas a expedir as credenciais dos fiscais e delegados.

§ 4º. Para o acompanhamento dos trabalhos de votação, só será permitido o credenciamento de, no máximo, 2 (dois) fiscais de cada partido ou coligação por seção eleitoral. (Incluído pela Lei nº 12.891, de 2013)

Art. 66. Os partidos e coligações poderão fiscalizar todas as fases do processo de votação e apuração das eleições e o processamento eletrônico da totalização dos resultados. (Redação dada pela Lei nº 10.408, de 2002)

§ 1º. Todos os programas de computador de propriedade do Tribunal Superior Eleitoral, desenvolvidos por ele ou sob sua encomenda, utilizados nas urnas eletrônicas para os processos de votação, apuração e totalização, poderão ter suas fases de especificação e de desenvolvimento acompanhadas por técnicos indicados pelos partidos políticos, Ordem dos Advogados do Brasil e Ministério Público, até seis meses antes das eleições. (Redação dada pela Lei nº 10.740, de 2003)

§ 2º. Uma vez concluídos os programas a que se refere o § 1º, serão eles apresentados, para análise, aos representantes credenciados dos partidos políticos e coligações, até vinte dias antes das eleições, nas dependências do Tribunal Superior Eleitoral, na forma de programas-fonte e de programas executáveis, inclusive os sistemas aplicativo e de segurança e as bibliotecas especiais, sendo que as chaves eletrônicas privadas e senhas eletrônicas de acesso manter-se-ão no sigilo da Justiça Eleitoral. Após a apresentação e conferência, serão lacradas cópias dos programas-fonte e dos programas compilados. (Redação dada pela Lei nº 10.740, de 2003)

§ 3º. No prazo de cinco dias a contar da data da apresentação referida no § 2o, o partido político e a coligação poderão apresentar impugnação fundamentada à Justiça Eleitoral. (Redação dada pela Lei nº 10.740, de 2003)

§ 4º. Havendo a necessidade de qualquer alteração nos programas, após a apresentação de que trata o § 3º, dar-se-á conhecimento do fato aos representantes dos partidos políticos e das coligações, para que sejam novamente analisados e lacrados. (Redação dada pela Lei nº 10.740, de 2003)

§ 5º. A carga ou preparação das urnas eletrônicas será feita em sessão pública, com prévia convocação dos fiscais dos partidos e coligações para a assistirem e procederem aos atos de fiscalização, inclusive para verificarem se os programas carregados nas urnas são idênticos aos que foram lacrados na sessão referida no § 2º deste artigo, após o que as urnas serão lacradas. (Incluído pela Lei nº 10.408, de 2002)

§ 6º. No dia da eleição, será realizada, por amostragem, auditoria de verificação do funcionamento das urnas eletrônicas, através de votação paralela, na presença dos fiscais dos partidos e coligações, nos moldes fixados em resolução do Tribunal Superior Eleitoral. (Incluído pela Lei nº 10.408, de 2002)

§ 7º. Os partidos concorrentes ao pleito poderão constituir sistema próprio de fiscalização, apuração e totalização dos resultados contratando, inclusive, empresas de auditoria de sistemas, que, credenciadas junto à Justiça Eleitoral, receberão, previamente, os programas de computador e os mesmos dados alimentadores do sistema oficial de apuração e totalização. (Incluído pela Lei nº 10.408, de 2002)

Art. 67. Os órgãos encarregados do processamento eletrônico de dados são obrigados a fornecer aos partidos ou coligações, no momento da entrega ao Juiz Encarregado, cópias dos dados do processamento parcial de cada dia, contidos em meio magnético.

Art. 68. O boletim de urna, segundo modelo aprovado pelo Tribunal Superior Eleitoral, conterá os nomes e os números dos candidatos nela votados.

§ 1º. O Presidente da Mesa Receptora é obrigado a entregar cópia do boletim de urna aos partidos e coligações concorrentes ao pleito cujos representantes o requeiram até uma hora após a expedição.

§ 2º. O descumprimento do disposto no parágrafo anterior constitui crime, punível com detenção, de um a três meses, com a alternativa de prestação de serviço à comunidade pelo mesmo período, e multa no valor de um mil a cinco mil UFIR.

Art. 69. A impugnação não recebida pela Junta Eleitoral pode ser apresentada diretamente ao Tribunal Regional Eleitoral, em quarenta e oito horas, acompanhada de declaração de duas testemunhas.

Parágrafo único. O Tribunal decidirá sobre o recebimento em quarenta e oito horas, publicando o acórdão na própria sessão de julgamento e transmitindo imediatamente à Junta, via telex, fax ou qualquer outro meio eletrônico, o inteiro teor da decisão e da impugnação.

Art. 70. O Presidente de Junta Eleitoral que deixar de receber ou de mencionar em ata os protestos recebidos, ou ainda, impedir o exercício de fiscalização, pelos partidos ou coligações, deverá ser imediatamente afastado, além de responder pelos crimes previstos na Lei nº 4.737, de 15 de julho de 1965 – Código Eleitoral.

Art. 71. Cumpre aos partidos e coligações, por seus fiscais e delegados devidamente credenciados, e aos candidatos, proceder à instrução dos recursos interpostos contra a apuração, juntando, para tanto, cópia do boletim relativo à urna impugnada.

Parágrafo único. Na hipótese de surgirem obstáculos à obtenção do boletim, caberá ao recorrente requerer, mediante a indicação dos dados necessários, que o órgão da Justiça Eleitoral perante o qual foi interposto o recurso o instrua, anexando o respectivo boletim de urna.

Art. 72. Constituem crimes, puníveis com reclusão, de cinco a dez anos:

I – obter acesso a sistema de tratamento automático de dados usado pelo serviço eleitoral, a fim de alterar a apuração ou a contagem de votos;

II – desenvolver ou introduzir comando, instrução, ou programa de computador capaz de destruir, apagar, eliminar, alterar, gravar ou transmitir dado, instrução ou programa ou provocar qualquer outro resultado diverso do esperado em sistema de tratamento automático de dados usados pelo serviço eleitoral;

III – causar, propositadamente, dano físico ao equipamento usado na votação ou na totalização de votos ou a suas partes.

DAS CONDUTAS VEDADAS AOS AGENTES PÚBLICOS EM CAMPANHAS ELEITORAIS

Art. 73. São proibidas aos agentes públicos, servidores ou não, as seguintes condutas tendentes a afetar a igualdade de oportunidades entre candidatos nos pleitos eleitorais:

I – ceder ou usar, em benefício de candidato, partido político ou coligação, bens móveis ou imóveis pertencentes à administração direta ou indireta da União, dos Estados, do Distrito Federal, dos Territórios e dos Municípios, ressalvada a realização de convenção partidária;

II – usar materiais ou serviços, custeados pelos Governos ou Casas Legislativas, que excedam as prerrogativas consignadas nos regimentos e normas dos órgãos que integram;

III – ceder servidor público ou empregado da administração direta ou indireta federal, estadual ou municipal do Poder Executivo, ou usar de seus serviços, para comitês de campanha eleitoral de candidato, partido político ou coligação, durante o horário de expediente normal, salvo se o servidor ou empregado estiver licenciado;

IV – fazer ou permitir uso promocional em favor de candidato, partido político ou coligação, de distribuição gratuita de bens e serviços de caráter social custeados ou subvencionados pelo Poder Público;

V – nomear, contratar ou de qualquer forma admitir, demitir sem justa causa, suprimir ou readaptar vantagens ou por outros meios dificultar ou impedir o exercício funcional e, ainda, ex officio, remover, transferir ou exonerar servidor público, na circunscrição do pleito, nos três meses que o antecedem e até a posse dos eleitos, sob pena de nulidade de pleno direito, ressalvados:

a) a nomeação ou exoneração de cargos em comissão e designação ou dispensa de funções de confiança;

b) a nomeação para cargos do Poder Judiciário, do Ministério Público, dos Tribunais ou Conselhos de Contas e dos órgãos da Presidência da República;

c) a nomeação dos aprovados em concursos públicos homologados até o início daquele prazo;

d) a nomeação ou contratação necessária à instalação ou ao funcionamento inadiável de serviços públicos essenciais, com prévia e expressa autorização do Chefe do Poder Executivo;

e) a transferência ou remoção *ex officio* de militares, policiais civis e de agentes penitenciários;

VI – nos três meses que antecedem o pleito:

a) realizar transferência voluntária de recursos da União aos Estados e Municípios, e dos Estados aos Municípios, sob pena de nulidade de pleno direito, ressalvados os recursos destinados a cumprir obrigação formal preexistente para execução de obra ou serviço em andamento e com cronograma prefixado, e os destinados a atender situações de emergência e de calamidade pública;

b) com exceção da propaganda de produtos e serviços que tenham concorrência no mercado, autorizar publicidade institucional dos atos, programas, obras, serviços e campanhas dos órgãos públicos federais, estaduais ou municipais, ou das respectivas entidades da administração indireta, salvo em caso de grave e urgente necessidade pública, assim reconhecida pela Justiça Eleitoral;

c) fazer pronunciamento em cadeia de rádio e televisão, fora do horário eleitoral gratuito, salvo quando, a critério da Justiça Eleitoral, tratar-se de matéria urgente, relevante e característica das funções de governo;

VII – realizar, no primeiro semestre do ano de eleição, despesas com publicidade dos órgãos públicos federais, estaduais ou municipais, ou das respectivas entidades da administração indireta, que excedam a média dos gastos no primeiro semestre dos três últimos anos que antecedem o pleito; (Redação dada pela Lei nº 13.165, de 2015)

VIII – fazer, na circunscrição do pleito, revisão geral da remuneração dos servidores públicos que exceda a recomposição da perda de seu poder aquisitivo ao longo do ano da eleição, a partir do início do prazo estabelecido no art. 7º desta Lei e até a posse dos eleitos.

§ 1º. Reputa-se agente público, para os efeitos deste artigo, quem exerce, ainda que transitoriamente ou sem remuneração, por eleição, nomeação, designação, contratação ou qualquer outra forma de investidura ou vínculo, mandato, cargo, emprego ou função nos órgãos ou entidades da administração pública direta, indireta, ou fundacional.

§ 2º. A vedação do inciso I do *caput* não se aplica ao uso, em campanha, de transporte oficial pelo Presidente da República, obedecido o disposto no art. 76, nem ao uso, em campanha, pelos candidatos a reeleição de Presidente e Vice-Presidente da República, Governador e Vice-Governador de Estado e do Distrito Federal, Prefeito e Vice-Prefeito, de suas residências oficiais para realização de contatos, encontros e reuniões pertinentes à própria campanha, desde que não tenham caráter de ato público.

§ 3º. As vedações do inciso VI do *caput*, alíneas *b* e *c*, aplicam-se apenas aos agentes públicos das esferas administrativas cujos cargos estejam em disputa na eleição.

§ 4º. O descumprimento do disposto neste artigo acarretará a suspensão imediata da conduta vedada, quando for o caso, e sujeitará os responsáveis a multa no valor de cinco a cem mil UFIR.

§ 5º. Nos casos de descumprimento do disposto nos incisos do *caput* e no § 10, sem prejuízo do disposto no § 4º, o candidato beneficiado, agente público ou não, ficará sujeito à cassação do registro ou do diploma. (Redação dada pela Lei nº 12.034, de 2009)

§ 6º. As multas de que trata este artigo serão duplicadas a cada reincidência.

§ 7º. As condutas enumeradas no *caput* caracterizam, ainda, atos de improbidade administrativa, a que se refere o art. 11, inciso I, da Lei nº 8.429, de 2 de junho de 1992, e sujeitam-se às disposições daquele diploma legal, em especial às cominações do art. 12, inciso III.

§ 8º. Aplicam-se as sanções do § 4º aos agentes públicos responsáveis pelas condutas vedadas e aos partidos, coligações e candidatos que delas se beneficiarem.

§ 9º. Na distribuição dos recursos do Fundo Partidário (Lei nº 9.096, de 19 de setembro de 1995) oriundos da aplicação do disposto no § 4º, deverão ser excluídos os partidos beneficiados pelos atos que originaram as multas.

§ 10. No ano em que se realizar eleição, fica proibida a distribuição gratuita de bens, valores ou benefícios por parte da Administração Pública, exceto nos casos de calamidade pública, de estado de emergência ou de programas sociais autorizados em lei e já em execução orçamentária no exercício anterior, casos em que o Ministério Público poderá promover o acompanhamento de sua execução financeira e administrativa. (Incluído pela Lei nº 11.300, de 2006)

§ 11. Nos anos eleitorais, os programas sociais de que trata o § 10 não poderão ser executados por entidade nominalmente vinculada a candidato ou por esse mantida. (Incluído pela Lei nº 12.034, de 2009)

§ 12. A representação contra a não observância do disposto neste artigo observará o rito do art. 22 da Lei Complementar nº 64, de 18 de maio de 1990, e poderá ser ajuizada até a data da diplomação. (Incluído pela Lei nº 12.034, de 2009)

§ 13. O prazo de recurso contra decisões proferidas com base neste artigo será de 3 (três) dias, a contar da data da publicação do julgamento no Diário Oficial. (Incluído pela Lei nº 12.034, de 2009)

Art. 74. Configura abuso de autoridade, para os fins do disposto no art. 22 da Lei Complementar nº 64, de 18 de maio de 1990, a infringência do disposto no § 1º do art. 37 da Constituição Federal, ficando o responsável, se candidato, sujeito ao cancelamento do registro ou do diploma. (Redação dada pela Lei nº 12.034, de 2009)

Art. 75. Nos três meses que antecederem as eleições, na realização de inaugurações é vedada a contratação de shows artísticos pagos com recursos públicos.

Parágrafo único. Nos casos de descumprimento do disposto neste artigo, sem prejuízo da suspensão imediata da conduta, o candidato beneficiado, agente público ou não, ficará sujeito à cassação do registro ou do diploma. (Incluído pela Lei nº 12.034, de 2009)

Art. 76. O ressarcimento das despesas com o uso de transporte oficial pelo Presidente da República e sua comitiva em campanha eleitoral será de responsabilidade do partido político ou coligação a que esteja vinculado.

§ 1º. O ressarcimento de que trata este artigo terá por base o tipo de transporte usado e a respectiva tarifa de mercado cobrada no trecho correspondente, ressalvado o uso do avião presidencial, cujo ressarcimento corresponderá ao aluguel de uma aeronave de propulsão a jato do tipo táxi aéreo.

§ 2º. No prazo de dez dias úteis da realização do pleito, em primeiro turno, ou segundo, se houver, o órgão competente de controle interno procederá *ex officio* à cobrança dos valores devidos nos termos dos parágrafos anteriores.

§ 3º. A falta do ressarcimento, no prazo estipulado, implicará a comunicação do fato ao Ministério Público Eleitoral, pelo órgão de controle interno.

§ 4º. Recebida a denúncia do Ministério Público, a Justiça Eleitoral apreciará o feito no prazo de trinta dias, aplicando aos infratores pena de multa correspondente ao dobro das despesas, duplicada a cada reiteração de conduta.

Art. 77. É proibido a qualquer candidato comparecer, nos 3 (três) meses que precedem o pleito, a inaugurações de obras públicas. (Redação dada pela Lei nº 12.034, de 2009)

Parágrafo único. A inobservância do disposto neste artigo sujeita o infrator à cassação do registro ou do diploma. (Redação dada pela Lei nº 12.034, de 2009)

Art. 78. A aplicação das sanções cominadas no art. 73, §§ 4º e 5º, dar-se-á sem prejuízo de outras de caráter constitucional, administrativo ou disciplinar fixadas pelas demais leis vigentes.

DISPOSIÇÕES TRANSITÓRIAS

Art. 79. O financiamento das campanhas eleitorais com recursos públicos será disciplinada em lei específica.

Art. 80. Nas eleições a serem realizadas no ano de 1998, cada partido ou coligação deverá reservar, para candidatos de cada sexo, no mínimo, vinte e cinco por cento e, no máximo, setenta e cinco por cento do número de candidaturas que puder registrar.

Art. 81. (Revogado pela Lei nº 13.165, de 2015)

§ 1º a 4º. (Revogados pela Lei nº 13.165, de 2015)

Art. 82. Nas Seções Eleitorais em que não for usado o sistema eletrônico de votação e totalização de votos, serão aplicadas as regras definidas nos arts. 83 a 89 desta Lei e as pertinentes da Lei nº 4.737, de 15 de julho de 1965 – Código Eleitoral.

Art. 83. As cédulas oficiais serão confeccionadas pela Justiça Eleitoral, que as imprimirá com exclusividade para distribuição às Mesas Receptoras, sendo sua impressão feita em papel opaco, com tinta preta e em tipos uniformes de letras e números, identificando o gênero na denominação dos cargos em disputa.

§ 1º. Haverá duas cédulas distintas, uma para as eleições majoritárias e outra para as proporcionais, a serem confeccionadas segundo modelos determinados pela Justiça Eleitoral.

§ 2º. Os candidatos à eleição majoritária serão identificados pelo nome indicado no pedido de registro e pela sigla adotada pelo partido a que pertencem e deverão figurar na ordem determinada por sorteio.

§ 3º. Para as eleições realizadas pelo sistema proporcional, a cédula terá espaços para que o eleitor escreva o nome ou o número do candidato escolhido, ou a sigla ou o número do partido de sua preferência.

§ 4º. No prazo de quinze dias após a realização do sorteio a que se refere o § 2º, os Tribunais Regionais Eleitorais divulgarão o modelo da cédula completa com os nomes dos candidatos majoritários na ordem já definida.

§ 5º. Às eleições em segundo turno aplica-se o disposto no § 2º, devendo o sorteio verificar-se até quarenta e oito horas após a proclamação do resultado do primeiro turno e a divulgação do modelo da cédula nas vinte e quatro horas seguintes.

Art. 84. No momento da votação, o eleitor dirigir-se-á à cabina duas vezes, sendo a primeira para o preenchimento da cédula destinada às eleições proporcionais, de cor branca, e a segunda para o preenchimento da cédula destinada às eleições majoritárias, de cor amarela.

Parágrafo único. A Justiça Eleitoral fixará o tempo de votação e o número de eleitores por seção, para garantir o pleno exercício do direito de voto.

Art. 85. Em caso de dúvida na apuração de votos dados a homônimos, prevalecerá o número sobre o nome do candidato.

Art. 86. No sistema de votação convencional considerar-se-á voto de legenda quando o eleitor assinalar o número do partido no local exato reservado para o cargo respectivo e somente para este será computado.

Art. 87. Na apuração, será garantido aos fiscais e delegados dos partidos e coligações o direito de observar diretamente, a distância não superior a um metro da mesa, a abertura da urna, a abertura e a contagem das cédulas e o preenchimento do boletim .

§ 1º. O não atendimento ao disposto no *caput* enseja a impugnação do resultado da urna, desde que apresentada antes da divulgação do boletim.

§ 2º. Ao final da transcrição dos resultados apurados no boletim, o Presidente da Junta Eleitoral é obrigado a entregar cópia deste aos partidos e coligações concorrentes ao pleito cujos representantes o requeiram até uma hora após sua expedição.

§ 3º. Para os fins do disposto no parágrafo anterior, cada partido ou coligação poderá credenciar até três fiscais perante a Junta Eleitoral, funcionando um de cada vez.

§ 4º. O descumprimento de qualquer das disposições deste artigo constitui crime, punível com detenção de um a três meses, com a alternativa de prestação de serviços à comunidade pelo mesmo período e multa, no valor de um mil a cinco mil UFIR.

§ 5º. O rascunho ou qualquer outro tipo de anotação fora dos boletins de urna, usados no momento da apuração dos votos, não poderão servir de prova posterior perante a Junta apuradora ou totalizadora.

§ 6º. O boletim mencionado no § 2º deverá conter o nome e o número dos candidatos nas primeiras colunas, que precederão aquelas onde serão designados os votos e o partido ou coligação.

Art. 88. O Juiz Presidente da Junta Eleitoral é obrigado a recontar a urna, quando:

I – o boletim apresentar resultado não coincidente com o número de votantes ou discrepante dos dados obtidos no momento da apuração;

II – ficar evidenciada a atribuição de votos a candidatos inexistentes, o não fechamento da contabilidade da urna ou a apresentação de totais de votos nulos, brancos ou válidos destoantes da média geral das demais Seções do mesmo Município, Zona Eleitoral.

Art. 89. Será permitido o uso de instrumentos que auxiliem o eleitor analfabeto a votar, não sendo a Justiça Eleitoral obrigada a fornecê-los.

DISPOSIÇÕES FINAIS

Art. 90. Aos crimes definidos nesta Lei, aplica-se o disposto nos arts. 287 e 355 a 364 da Lei nº 4.737, de 15 de julho de 1965 – Código Eleitoral.

§ 1º. Para os efeitos desta Lei, respondem penalmente pelos partidos e coligações os seus representantes legais.

§ 2º. Nos casos de reincidência, as penas pecuniárias previstas nesta Lei aplicam-se em dobro.

Art. 90-A. (VETADO) (Incluído pela Lei nº 11.300, de 2006)

Art. 91. Nenhum requerimento de inscrição eleitoral ou de transferência será recebido dentro dos cento e cinquenta dias anteriores à data da eleição.

Parágrafo único. A retenção de título eleitoral ou do comprovante de alistamento eleitoral constitui crime, punível com detenção, de um a três meses, com a alternativa de prestação de serviços à comunidade por igual período, e multa no valor de cinco mil a dez mil UFIR.

Art. 91-A. No momento da votação, além da exibição do respectivo título, o eleitor deverá apresentar documento de identificação com fotografia. (Incluído pela Lei nº 12.034, de 2009)

Parágrafo único. Fica vedado portar aparelho de telefonia celular, máquinas fotográficas e filmadoras, dentro da cabina de votação. (Incluído pela Lei nº 12.034, de 2009)

Art. 92. O Tribunal Superior Eleitoral, ao conduzir o processamento dos títulos eleitorais, determinará de ofício a revisão ou correição das Zonas Eleitorais sempre que:

I – o total de transferências de eleitores ocorridas no ano em curso seja dez por cento superior ao do ano anterior;

II – o eleitorado for superior ao dobro da população entre dez e quinze anos, somada à de idade superior a setenta anos do território daquele Município;

III – o eleitorado for superior a sessenta e cinco por cento da população projetada para aquele ano pelo Instituto Brasileiro de Geografia e Estatística – IBGE.

Art. 93. O Tribunal Superior Eleitoral poderá, nos anos eleitorais, requisitar das emissoras de rádio e televisão, no período de um mês antes do início da propaganda eleitoral a que se refere o art. 36 e nos três dias anteriores à data do pleito, até dez minutos diários, contínuos ou não, que poderão ser somados e usados em dias espaçados, para a divulgação de comunicados, boletins e instruções ao eleitorado. (Redação dada pela Lei nº 13.165, de 2015)

Art. 93-A. O Tribunal Superior Eleitoral, no período compreendido entre 1º de abril e 30 de julho dos anos eleitorais, promoverá, em até cinco minutos diários, contínuos ou não, requisitados às emissoras de rádio e televisão, propaganda institucional, em rádio e televisão, destinada a incentivar a participação feminina, dos jovens e da comunidade negra na política, bem como a esclarecer os cidadãos sobre as regras e o funcionamento do sistema eleitoral brasileiro. (Redação dada pela Lei nº 13.488, de 2017)

Art. 94. Os feitos eleitorais, no período entre o registro das candidaturas até cinco dias após a realização do segundo turno das eleições, terão prioridade para a participação do Ministério Público e dos Juízes de todas as Justiças e instâncias, ressalvados os processos de habeas corpus e mandado de segurança.

§ 1º. É defeso às autoridades mencionadas neste artigo deixar de cumprir qualquer prazo desta Lei, em razão do exercício das funções regulares.

§ 2º. O descumprimento do disposto neste artigo constitui crime de responsabilidade e será objeto de anotação funcional para efeito de promoção na carreira.

§ 3º. Além das polícias judiciárias, os órgãos da receita federal, estadual e municipal, os tribunais e órgãos de contas auxiliarão a Justiça Eleitoral na apuração dos delitos eleitorais, com prioridade sobre suas atribuições regulares.

§ 4º. Os advogados dos candidatos ou dos partidos e coligações serão notificados para os feitos de que trata esta Lei com antecedência mínima de vinte e quatro horas, ainda que por fax, telex ou telegrama.

§ 5º. Nos Tribunais Eleitorais, os advogados dos candidatos ou dos partidos e coligações serão intimados para os feitos que não versem sobre a cassação do registro ou do diploma de que trata esta Lei por meio da publicação de edital eletrônico publicado na página do respectivo Tribunal na internet, iniciando-se a contagem do prazo no dia seguinte ao da divulgação. (Incluído pela Lei nº 13.165, de 2015)

Art. 94-A. Os órgãos e entidades da Administração Pública direta e indireta poderão, quando solicitados, em casos específicos e de forma motivada, pelos Tribunais Eleitorais: (Incluído pela Lei nº 11.300, de 2006)

I – fornecer informações na área de sua competência; (Incluído pela Lei nº 11.300, de 2006)

II – ceder funcionários no período de 3 (três) meses antes a 3 (três) meses depois de cada eleição. (Incluído pela Lei nº 11.300, de 2006)

Art. 94-B. (VETADO) (Incluído pela Lei nº 11.300, de 2006)

Art. 95. Ao Juiz Eleitoral que seja parte em ações judiciais que envolvam determinado candidato é defeso exercer suas funções em processo eleitoral no qual o mesmo candidato seja interessado.

Art. 96. Salvo disposições específicas em contrário desta Lei, as reclamações ou representações relativas ao seu descumprimento podem ser feitas por qualquer partido político, coligação ou candidato, e devem dirigir-se:

- Resolução 23.462/2015 do TSE – Dispõe sobre representações, reclamações e pedidos de resposta previstos na Lei 9.504/1997 para as eleições de 2016.

I – aos Juízes Eleitorais, nas eleições municipais;

II – aos Tribunais Regionais Eleitorais, nas eleições federais, estaduais e distritais;

III – ao Tribunal Superior Eleitoral, na eleição presidencial.

§ 1º. As reclamações e representações devem relatar fatos, indicando provas, indícios e circunstâncias.

§ 2º. Nas eleições municipais, quando a circunscrição abranger mais de uma Zona Eleitoral, o Tribunal Regional designará um Juiz para apreciar as reclamações ou representações.

§ 3º. Os Tribunais Eleitorais designarão três juízes auxiliares para a apreciação das reclamações ou representações que lhes forem dirigidas.

§ 4º. Os recursos contra as decisões dos juízes auxiliares serão julgados pelo Plenário do Tribunal.

§ 5º. Recebida a reclamação ou representação, a Justiça Eleitoral notificará imediatamente o reclamado ou representado para, querendo, apresentar defesa em quarenta e oito horas.

§ 6º. (Revogado pela Lei nº 9.840, de 1999)

§ 7º. Transcorrido o prazo previsto no § 5º, apresentada ou não a defesa, o órgão competente da Justiça Eleitoral decidirá e fará publicar a decisão em vinte e quatro horas.

§ 8º. Quando cabível recurso contra a decisão, este deverá ser apresentado no prazo de vinte e quatro horas da publicação da decisão em cartório ou sessão, assegurado ao recorrido o oferecimento de contrarrazões, em igual prazo, a contar da sua notificação.

§ 9º. Os Tribunais julgarão o recurso no prazo de quarenta e oito horas.

§ 10. Não sendo o feito julgado nos prazos fixados, o pedido pode ser dirigido ao órgão superior, devendo a decisão ocorrer de acordo com o rito definido neste artigo.

§ 11. As sanções aplicadas a candidato em razão do descumprimento de disposições desta Lei não se estendem ao respectivo partido, mesmo na hipótese de esse ter se beneficiado da conduta, salvo quando comprovada a sua participação. (Incluído pela Lei nº 13.165, de 2015)

Art. 96-A. Durante o período eleitoral, as intimações via fac-símile encaminhadas pela Justiça Eleitoral a candidato deverão ser exclusivamente realizadas na linha telefônica por ele previamente cadastrada, por ocasião do preenchimento do requerimento de registro de candidatura. (Incluído pela Lei nº 12.034, de 2009)

Parágrafo único. O prazo de cumprimento da determinação prevista no *caput* é de quarenta e oito horas, a contar do recebimento do fac-símile. (Incluído pela Lei nº 12.034, de 2009)

Art. 96-B. Serão reunidas para julgamento comum as ações eleitorais propostas por partes diversas sobre o mesmo fato, sendo competente para apreciá-las o juiz ou relator que tiver recebido a primeira. (Incluído pela Lei nº 13.165, de 2015)

§ 1º. O ajuizamento de ação eleitoral por candidato ou partido político não impede ação do Ministério Público no mesmo sentido. (Incluído pela Lei nº 13.165, de 2015)

§ 2º. Se proposta ação sobre o mesmo fato apreciado em outra cuja decisão ainda não transitou em julgado, será ela apensada ao processo anterior na instância em que ele se encontrar, figurando a parte como litisconsorte no feito principal. (Incluído pela Lei nº 13.165, de 2015)

§ 3º. Se proposta ação sobre o mesmo fato apreciado em outra cuja decisão já tenha transitado em julgado, não será ela conhecida pelo juiz, ressalvada a apresentação de outras ou novas provas. (Incluído pela Lei nº 13.165, de 2015)

Art. 97. Poderá o candidato, partido ou coligação representar ao Tribunal Regional Eleitoral contra o Juiz Eleitoral que descumprir as disposições desta Lei ou der causa ao seu descumprimento, inclusive quanto aos prazos processuais; neste caso, ouvido o representado em vinte e quatro horas, o Tribunal ordenará a observância do procedimento que explicitar, sob pena de incorrer o Juiz em desobediência.

§ 1º. É obrigatório, para os membros dos Tribunais Eleitorais e do Ministério Público, fiscalizar o cumprimento desta Lei pelos juízes e promotores eleitorais das instâncias inferiores, determinando, quando for o caso, a abertura de procedimento disciplinar para apuração de eventuais irregularidades que verificarem. (Incluído pela Lei nº 12.034, de 2009)

§ 2º. No caso de descumprimento das disposições desta Lei por Tribunal Regional Eleitoral, a representação poderá ser feita ao Tribunal Superior Eleitoral, observado o disposto neste artigo. (Renumerado do parágrafo único pela Lei nº 12.034, de 2009)

Art. 97-A. Nos termos do inciso LXXVIII do art. 5º da Constituição Federal, considera-se duração razoável do processo que possa resultar em perda de mandato eletivo o período máximo de 1 (um) ano, contado da sua apresentação à Justiça Eleitoral. (Incluído pela Lei nº 12.034, de 2009)

§ 1º. A duração do processo de que trata o *caput* abrange a tramitação em todas as instâncias da Justiça Eleitoral. (Incluído pela Lei nº 12.034, de 2009)

§ 2º. Vencido o prazo de que trata o *caput*, será aplicável o disposto no art. 97, sem prejuízo de representação ao Conselho Nacional de Justiça. (Incluído pela Lei nº 12.034, de 2009)

Art. 98. Os eleitores nomeados para compor as Mesas Receptoras ou Juntas Eleitorais e os requisitados para auxiliar seus trabalhos serão dispensados do serviço, mediante declaração expedida pela Justiça Eleitoral, sem prejuízo do salário, vencimento ou qualquer outra vantagem, pelo dobro dos dias de convocação.

Art. 99. As emissoras de rádio e televisão terão direito a compensação fiscal pela cedência do horário gratuito previsto nesta Lei.

§ 1º. O direito à compensação fiscal das emissoras de rádio e televisão estende-se à veiculação de propaganda gratuita de plebiscitos e referendos de que dispõe o art. 8° da Lei n° 9.709, de 18 de novembro de 1998, mantido também, a esse efeito, o entendimento de que: (Redação dada pela Lei nº 13.487, de 2017)

I – (VETADO); (Incluído pela Lei nº 12.034, de 2009)

II – a compensação fiscal consiste na apuração do valor correspondente a 0,8 (oito décimos) do resultado da multiplicação de 100% (cem por cento) ou de 25% (vinte e cinco por cento) do tempo, respectivamente, das inserções e das transmissões em bloco, pelo preço do espaço comercializável comprovadamente vigente, assim considerado aquele divulgado pelas emissoras de rádio e televisão por intermédio de tabela pública de preços de veiculação de publicidade, atendidas as disposições regulamentares e as condições de que trata o § 2º-A; (Redação dada pela Lei nº 12.350, de 2010)

III – o valor apurado na forma do inciso II poderá ser deduzido do lucro líquido para efeito de determinação do lucro real, na apuração do Imposto sobre a Renda da Pessoa Jurídica (IRPJ), inclusive da base de cálculo dos recolhimentos mensais previstos na legislação fiscal (art. 2º da Lei nº 9.430, de 27 de dezembro de 1996), bem como da base de cálculo do lucro presumido. (Incluído pela Lei nº 12.350, de 2010)

§ 2º. (VETADO) (Incluído pela Lei nº 12.034, de 2009)

§ 2º-A. A aplicação das tabelas públicas de preços de veiculação de publicidade, para fins de compensação fiscal, deverá atender ao seguinte: (Incluído pela Lei nº 12.350, de 2010)

I – deverá ser apurada mensalmente a variação percentual entre a soma dos preços efetivamente praticados, assim considerados os valores devidos às emissoras de rádio e televisão pelas veiculações comerciais locais, e o correspondente a 0,8 (oito décimos) da soma dos respectivos preços constantes da tabela pública de veiculação de publicidade; (Incluído pela Lei nº 12.350, de 2010)

II – a variação percentual apurada no inciso I deverá ser deduzida dos preços constantes da tabela pública a que se refere o inciso II do § 1º. (Incluído pela Lei nº 12.350, de 2010)

§ 3º. No caso de microempresas e empresas de pequeno porte optantes pelo Regime Especial Unificado de Arrecadação de Tributos e Contribuições (Simples Nacional), o valor integral da compensação fiscal apurado na forma do inciso II do § 1º será deduzido da base de cálculo de imposto e contribuições federais devidos pela emissora, seguindo os critérios definidos pelo Comitê Gestor do Simples Nacional (CGSN). (Redação dada pela Lei nº 12.350, de 2010)

Art. 100. A contratação de pessoal para prestação de serviços nas campanhas eleitorais não gera vínculo empregatício com o candidato ou partido contratantes, aplicando-se à pessoa física contratada o disposto na alínea h do inciso V do art. 12 da Lei nº 8.212, de 24 de julho de 1991. (Redação dada pela Lei nº 13.165, de 2015)

Parágrafo único. Não se aplica aos partidos políticos, para fins da contratação de que trata o *caput*, o disposto no parágrafo único do art. 15 da Lei nº 8.212, de 24 de julho de 1991. (Incluído pela Lei nº 13.165, de 2015)

Art. 100-A. A contratação direta ou terceirizada de pessoal para prestação de serviços referentes a atividades de militância e mobilização de rua nas campanhas eleitorais observará os seguintes limites, impostos a cada candidato: (Incluído pela Lei nº 12.891, de 2013)

I – em Municípios com até 30.000 (trinta mil) eleitores, não excederá a 1% (um por cento) do eleitorado; (Incluído pela Lei nº 12.891, de 2013)

II – nos demais Municípios e no Distrito Federal, corresponderá ao número máximo apurado no inciso I, acrescido de 1 (uma) contratação para cada 1.000 (mil) eleitores que exceder o número de 30.000 (trinta mil). (Incluído pela Lei nº 12.891, de 2013)

§ 1º. As contratações observarão ainda os seguintes limites nas candidaturas aos cargos a: (Incluído pela Lei nº 12.891, de 2013)

I – Presidente da República e Senador: em cada Estado, o número estabelecido para o Município com o maior número de eleitores; (Incluído pela Lei nº 12.891, de 2013)

II – Governador de Estado e do Distrito Federal: no Estado, o dobro do limite estabelecido para o Município com o maior número de eleitores, e, no Distrito Federal, o dobro do número alcançado no inciso II do *caput*; (Incluído pela Lei nº 12.891, de 2013)

III – Deputado Federal: na circunscrição, 70% (setenta por cento) do limite estabelecido para o Município com o maior número de eleitores, e, no Distrito Federal, esse mesmo percentual aplicado sobre o limite calculado na forma do inciso II do *caput*, considerado o eleitorado da maior região administrativa; (Incluído pela Lei nº 12.891, de 2013)

IV – Deputado Estadual ou Distrital: na circunscrição, 50% (cinquenta por cento) do limite estabelecido para Deputados Federais; (Incluído pela Lei nº 12.891, de 2013)

V – Prefeito: nos limites previstos nos incisos I e II do *caput*; (Incluído pela Lei nº 12.891, de 2013)

VI – Vereador: 50% (cinquenta por cento) dos limites previstos nos incisos I e II do *caput*, até o máximo de 80% (oitenta por cento) do limite estabelecido para Deputados Estaduais. (Incluído pela Lei nº 12.891, de 2013)

§ 2º. Nos cálculos previstos nos incisos I e II do *caput* e no § 1º, a fração será desprezada, se inferior a 0,5 (meio), e igualada a 1 (um), se igual ou superior. (Incluído pela Lei nº 12.891, de 2013)

§ 3º. A contratação de pessoal por candidatos a Vice-Presidente, Vice-Governador, Suplente de Senador e Vice-Prefeito é, para todos os efeitos, contabilizada como contratação pelo titular, e a contratação por partidos fica vinculada aos limites impostos aos seus candidatos. (Incluído pela Lei nº 12.891, de 2013)

§ 4º. (Revogado pela Lei nº 13.165, de 2015)

§ 5º. O descumprimento dos limites previstos nesta Lei sujeitará o candidato às penas previstas no art. 299 da Lei nº 4.737, de 15 de julho de 1965. (Incluído pela Lei nº 12.891, de 2013)

§ 6º. São excluídos dos limites fixados por esta Lei a militância não remunerada, pessoal contratado para apoio administrativo e operacional, fiscais e delegados credenciados para trabalhar nas eleições e os advogados dos candidatos ou dos partidos e coligações. (Incluído pela Lei nº 12.891, de 2013)

Art. 101. (VETADO)

Art. 102. O parágrafo único do art. 145 da Lei nº 4.737, de 15 de julho de 1965 – Código Eleitoral passa a vigorar acrescido do seguinte inciso IX:

› Alteração incorporada ao texto da referida lei.

Art. 103. O art. 19, *caput*, da Lei nº 9.096, de 19 de setembro de 1995 – Lei dos Partidos, passa a vigorar com a seguinte redação:

› Alteração incorporada ao texto da referida lei.

Art. 104. O art. 44 da Lei nº 9.096, de 19 de setembro de 1995, passa a vigorar acrescido do seguinte § 3º:

› Alteração incorporada ao texto da referida lei.

Art. 105. Até o dia 5 de março do ano da eleição, o Tribunal Superior Eleitoral, atendendo ao caráter regulamentar e sem restringir direitos ou estabelecer sanções distintas das previstas nesta Lei, poderá expedir todas as instruções necessárias para sua fiel execução, ouvidos, previamente, em audiência pública, os delegados ou representantes dos partidos políticos. (Redação dada pela Lei nº 12.034, de 2009)

§ 1º. O Tribunal Superior Eleitoral publicará o código orçamentário para o recolhimento das multas eleitorais ao Fundo Partidário, mediante documento de arrecadação correspondente.

§ 2º. Havendo substituição da UFIR por outro índice oficial, o Tribunal Superior Eleitoral procederá à alteração dos valores estabelecidos nesta Lei pelo novo índice.

§ 3º. Serão aplicáveis ao pleito eleitoral imediatamente seguinte apenas as resoluções publicadas até a data referida no *caput*. (Incluído pela Lei nº 12.034, de 2009)

Art. 105-A. Em matéria eleitoral, não são aplicáveis os procedimentos previstos na Lei no 7.347, de 24 de julho de 1985. (Incluído pela Lei nº 12.034, de 2009)

Art. 106. Esta Lei entra em vigor na data de sua publicação.

Art. 107. Revogam-se os arts. 92, 246, 247, 250, 322, 328, 329, 333 e o parágrafo único do art. 106 da Lei nº 4.737, de 15 de julho de 1965 – Código Eleitoral; o § 4º do art. 39 da Lei nº 9.096, de 19 de setembro de 1995; o § 2º do art. 50 e o § 1º do art. 64 da Lei nº 9.100, de 29 de setembro de 1995; e o § 2º do art. 7º do Decreto-Lei nº 201, de 27 de fevereiro de 1967.

Brasília, 30 de setembro de 1997; 176º da Independência e 109º da República.

MARCO ANTONIO DE OLIVEIRA MACIEL

DOU 1º.10.1997

› Deixamos de publicar o Anexo.

LEI Nº 9.507, DE 12 DE NOVEMBRO DE 1997

Regula o direito de acesso a informações e disciplina o rito processual do habeas data.

› *Habeas data*

O PRESIDENTE DA REPÚBLICA Faço saber que o Congresso Nacional decreta e eu sanciono a seguinte Lei:

- Lei 12.527/2011 – Regula o acesso a informações previsto no inciso XXXIII do art. 5º, no inciso II do § 3º do art. 37 e no § 2º do art. 216 da CF.
- CF/88: arts. 5º, XIV, LXIX, LXXII, LXXVII, 102, I, d, II, a, 108, I, c, 109, VIII, 114, IV e 121, § 4º, V.

Art. 1º. (*VETADO*).

Parágrafo único. Considera-se de caráter público todo registro ou banco de dados contendo informações que sejam ou que possam ser transmitidas a terceiros ou que não sejam de uso privativo do órgão ou entidade produtora ou depositária das informações.

- Lei 9.265/1996 – Regulamenta o inciso LXXVII do art. 5º da Constituição, dispondo sobre a gratuidade dos atos necessários ao exercício da cidadania.

Art. 2º. O requerimento será apresentado ao órgão ou entidade depositária do registro ou banco de dados e será deferido ou indeferido no prazo de 48 (quarenta e oito) horas.

Parágrafo único. A decisão será comunicada ao requerente em 24 (vinte e quatro) horas.

Art. 3º. Ao deferir o pedido, o depositário do registro ou do banco de dados marcará dia e hora para que o requerente tome conhecimento das informações.

Parágrafo único. (*VETADO*).

Art. 4º. Constatada a inexatidão de qualquer dado a seu respeito, o interessado, em petição acompanhada de documentos comprobatórios, poderá requerer sua retificação.

§ 1º. Feita a retificação em, no máximo, 10 (dez) dias após a entrada do requerimento, a entidade ou órgão depositário do registro ou da informação dará ciência ao interessado.

§ 2º. Ainda que não se constate a inexatidão do dado, se o interessado apresentar explicação ou contestação sobre o mesmo, justificando possível pendência sobre o fato objeto do dado, tal explicação será anotada no cadastro do interessado.

Art. 5º. (*VETADO*).

Art. 6º. (*VETADO*).

Art. 7º. Conceder-se-á *habeas data*:

- Súm. 2 do STJ.

I – para assegurar o conhecimento de informações relativas à pessoa do impetrante, constantes de registro ou banco de dados de entidades governamentais ou de caráter público;

II – para a retificação de dados, quando não se prefira fazê-lo por processo sigiloso, judicial ou administrativo;

III – para a anotação nos assentamentos do interessado, de contestação ou explicação sobre dado verdadeiro mas justificável e que esteja sob pendência judicial ou amigável.

Art. 8º. A petição inicial, que deverá preencher os requisitos dos arts. 282 a 285 do Código de Processo Civil, será apresentada em duas vias, e os documentos que instruírem a primeira serão reproduzidos por cópia na segunda.

- Refere-se aos dispositivos do CPC/1973.
- CPC/15: arts. 319 a 331.

Parágrafo único. A petição inicial deverá ser instruída com prova:

I – da recusa ao acesso às informações ou do decurso de mais de 10 (dez) dias sem decisão;

II – da recusa em fazer-se a retificação ou do decurso de mais de 15 (quinze) dias, sem decisão; ou

III – da recusa em fazer-se a anotação a que se refere o § 2º do art. 4º ou do decurso de mais de 15 (quinze) dias sem decisão.

Art. 9º. Ao despachar a inicial, o juiz ordenará que se notifique o coator do conteúdo da petição, entregando-lhe a segunda via apresentada pelo impetrante, com as cópias dos documentos, a fim de que, no prazo de 10 (dez) dias, preste as informações que julgar necessárias.

Art. 10. A inicial será desde logo indeferida, quando não for o caso de *habeas data*, ou se lhe faltar algum dos requisitos previstos nesta Lei.

Parágrafo único. Do despacho de indeferimento caberá recurso previsto no art. 15.

Art. 11. Feita a notificação, o serventuário em cujo cartório corra o feito, juntará aos autos cópia autêntica do ofício endereçado ao coator, bem como a prova da sua entrega a este ou da recusa, seja de recebê-lo, seja de dar recibo.

Art. 12. Findo o prazo a que se refere o art. 9º, e ouvido o representante do Ministério Público dentro de 5 (cinco) dias, os autos serão conclusos ao juiz para decisão a ser proferida em 5 (cinco) dias.

Art. 13. Na decisão, se julgar procedente o pedido, o juiz marcará data e horário para que o coator:

I – apresente ao impetrante as informações a seu respeito, constantes de registros ou bancos de dados; ou

II – apresente em juízo a prova de retificação ou da anotação feita nos assentamentos do impetrante.

Art. 14. A decisão será comunicada ao coator, por correio, com aviso de recebimento, ou por telegrama, radiograma ou telefonema, conforme o requerer o impetrante.

Parágrafo único. Os originais, no caso de transmissão telegráfica, radiofônica ou telefônica deverão ser apresentados à agência expedidora, com a firma do juiz devidamente reconhecida.

Art. 15. Da sentença que conceder ou negar o *habeas data* cabe apelação.

Parágrafo único. Quando a sentença conceder o *habeas data*, o recurso terá efeito meramente devolutivo.

Art. 16. Quando o *habeas data* for concedido e o Presidente do Tribunal ao qual competir o conhecimento do recurso ordenar ao juiz a suspensão da execução da sentença, desse seu ato caberá agravo para o Tribunal a que presida.

Art. 17. Nos casos de competência do Supremo Tribunal Federal e dos demais Tribunais caberá ao relator a instrução do processo.

Art. 18. O pedido de *habeas data* poderá ser renovado se a decisão denegatória não lhe houver apreciado o mérito.

Art. 19. Os processos de *habeas data* terão prioridade sobre todos os atos judiciais, exceto *habeas corpus* e mandado de segurança. Na instância superior, deverão ser levados a julgamento na primeira sessão que se seguir à data em que, feita a distribuição, forem conclusos ao relator.

Parágrafo único. O prazo para a conclusão não poderá exceder de 24 (vinte e quatro) horas, a contar da distribuição.

Art. 20. O julgamento do *habeas data* compete:

I – originariamente:

a) ao Supremo Tribunal Federal, contra atos do Presidente da República, das Mesas da Câmara dos Deputados e do Senado Federal, do Tribunal de Contas da União, do Procurador-Geral da República e do próprio Supremo Tribunal Federal;

- CF/88: art. 102, I, d.

b) ao Superior Tribunal de Justiça, contra atos de Ministro de Estado ou do próprio Tribunal;

- CF/88: art. 105, I, b.

c) aos Tribunais Regionais Federais contra atos do próprio Tribunal ou de juiz federal;

- CF/88: art. 108, I, c.

d) a juiz federal, contra ato de autoridade federal, excetuados os casos de competência dos tribunais federais;

- CF/88: art. 109, VIII.

e) a tribunais estaduais, segundo o disposto na Constituição do Estado;

- CF/88: art. 125.

f) a juiz estadual, nos demais casos;

- CF/88: art. 125.

II – em grau de recurso:

a) ao Supremo Tribunal Federal, quando a decisão denegatória for proferida em única instância pelos Tribunais Superior;

- CF/88: art. 102, II, a.

b) ao Superior Tribunal de Justiça, quando a decisão for proferida em única instância pelos Tribunais Regionais Federais;

c) aos Tribunais Regionais Federais, quando a decisão for proferida por juiz federal;

- CF/88: art. 108, II.

d) aos Tribunais Estaduais e ao do Distrito Federal e Territórios, conforme dispuserem a respectiva Constituição e a lei que organizar a Justiça do Distrito Federal;

III – mediante recurso extraordinário ao Supremo Tribunal Federal, nos casos previstos na Constituição.

Art. 21. São gratuitos o procedimento administrativo para acesso a informações e retificação de dados e para anotação de justificação, bem como a ação de *habeas data*.

Art. 22. Esta Lei entra em vigor na data de sua publicação.

Art. 23. Revogam-se as disposições em contrário.

Brasília, 12 de novembro de 1997; 176º da Independência e 109º da República.

FERNANDO HENRIQUE CARDOSO

D.O.U. de 13.11.1997

LEI Nº 9.601, DE 21 DE JANEIRO DE 1998

Dispõe sobre o contrato de trabalho por prazo determinado e dá outras providências.

‣ *Contrato de trabalho por prazo determinado*

O PRESIDENTE DA REPÚBLICA Faço saber que o Congresso Nacional decreta e eu sanciono a seguinte Lei:

‣ CLT: arts. 443, 445, 451, 452, 472, § 2º, 481 e 502, III.

‣ Decreto 2.490/1998 – Regulamenta a Lei 9.601/1998.

Art. 1º. As convenções e os acordos coletivos de trabalho poderão instituir contrato de trabalho por prazo determinado, de que trata o art. 443 da Consolidação das Leis do Trabalho – CLT, independentemente das condições estabelecidas em seu § 2º, em qualquer atividade desenvolvida pela empresa ou estabelecimento, para admissões que representem acréscimo no número de empregados.

§ 1º. As partes estabelecerão, na convenção ou acordo coletivo referido neste artigo:

I – a indenização para as hipóteses de rescisão antecipada do contrato de que trata este artigo, por iniciativa do empregador ou do empregado, não se aplicando o disposto nos arts. 479 e 480 da CLT;

II – as multas pelo descumprimento de suas cláusulas.

§ 2º. Não se aplica ao contrato de trabalho previsto neste artigo o disposto no art. 451 da CLT.

§ 3º. (*VETADO*).

§ 4º. São garantidas as estabilidades provisórias da gestante; do dirigente sindical, ainda que suplente; do empregado eleito para cargo de direção de comissões internas de prevenção de acidentes; do empregado acidentado, nos termos do art. 118 da Lei nº 8.213, de 24 de julho de 1991, durante a vigência do contrato por prazo determinado, que não poderá ser rescindido antes do prazo estipulado pelas partes.

Art. 2º. Para os contratos previstos no art. 1º, são reduzidas, por 60 (sessenta) meses, a contar da data de publicação desta Lei: (Redação dada pela Medida Provisória nº 2.164-41, de 2001)

I – a 50% (cinquenta por cento) de seu valor vigente em 1º de janeiro de 1996, as alíquotas das contribuições sociais destinadas ao Serviço Social da Indústria – SESI, Serviço Social do Comércio – SESC, Serviço Social do Transporte – SEST, Serviço Nacional de Aprendizagem Industrial – SENAI, Serviço Nacional de Aprendizagem Comercial – SENAC, Serviço Nacional de Aprendizagem do Transporte – SENAT, Serviço Brasileiro de Apoio às Micro e Pequenas Empresas – SEBRAE e Instituto Nacional de Colonização e Reforma Agrária – INCRA, bem como ao salário educação e para o financiamento do seguro de acidente do trabalho;

II – para 2% (dois por cento), a alíquota da contribuição para o Fundo de Garantia do Tempo de Serviço – FGTS, de que trata a Lei 8.036, de 11 de maio de 1990.

Parágrafo único. As partes estabelecerão, na convenção ou acordo coletivo, obrigação de o empregador efetuar, sem prejuízo do disposto no inciso II deste artigo, depósitos mensais vinculados, a favor do empregado, em estabelecimento bancário, com periodicidade determinada de saque.

Art. 3º. O número de empregados contratados nos termos do art. 1º desta Lei observará o limite estabelecido no instrumento decorrente da negociação coletiva, não podendo ultrapassar os seguintes percentuais, que serão aplicados cumulativamente:

I – 50% (cinquenta por cento) do número de trabalhadores, para a parcela inferior a cinquenta empregados;

II – 35% (trinta e cinco por cento) do número de trabalhadores, para a parcela entre cinquenta e cento e noventa e nove empregados; e

III – 20% (vinte por cento) do número de trabalhadores, para a parcela acima de duzentos empregados.

Parágrafo único. As parcelas referidas nos incisos deste artigo serão calculadas sobre a média aritmética mensal do número de empregados contratados por prazo indeterminado do estabelecimento, nos seis meses imediatamente anteriores ao da data de publicação desta Lei.

Art. 4º. As reduções previstas no art. 2º serão asseguradas desde que, no momento da contratação:

I – o empregador esteja adimplente junto ao Instituto Nacional do Seguro Social – INSS e ao Fundo de Garantia do Tempo de Serviço – FGTS;

‣ Lei 8.036/1990 – Dispõe sobre o Fundo de Garantia do Tempo de Serviço (FGTS).

II – o contrato de trabalho por prazo determinado e a relação mencionada no § 3º deste artigo tenham sido depositados no Ministério do Trabalho.

§ 1º. As reduções referidas neste artigo subsistirão enquanto:

I – o quadro de empregados e a respectiva folha salarial, da empresa ou estabelecimento, forem superiores às respectivas médias mensais dos seis meses imediatamente anteriores ao da data de publicação desta Lei; e

II – o número de empregados contratados por prazo indeterminado for, no mínimo, igual à média referida no parágrafo único do art. 3º.

§ 2º. O Ministério do Trabalho tornará disponíveis ao INSS e ao Agente Operador do FGTS as informações constantes da convenção ou acordo coletivo de que trata o art. 1º e do contrato de trabalho depositado, necessárias ao controle do recolhimento das contribuições mencionadas, respectivamente, nos incisos I e II do art. 2º desta Lei.

§ 3º. O empregador deverá afixar, no quadro de avisos da empresa, cópias do instrumento normativo mencionado no art. 1º e da relação dos contratados, que conterá, dentre outras informações, o nome do empregado, número da Carteira de Trabalho e Previdência Social, o número de inscrição do trabalhador no Programa de Integração Social – PIS e as datas de início e de término do contrato por prazo determinado.

§ 4º. O Ministro do Trabalho disporá sobre as variáveis a serem consideradas e a metodologia de cálculo das médias aritméticas mensais de que trata o § 1º deste artigo.

Art. 5º. As empresas que, a partir da data de publicação desta Lei, aumentarem seu quadro de pessoal em relação à média mensal do número de empregos no período de referência mencionado no artigo anterior terão preferência na obtenção de recursos no âmbito dos programas executados pelos estabelecimentos federais de crédito, especialmente junto ao Banco Nacional de Desenvolvimento Econômico e Social – BNDES.

Art. 6º. O art. 59 da Consolidação das Leis do Trabalho – CLT passa a vigorar com a seguinte redação:

‣ Alteração incorporada ao texto da CLT.

Art. 7º. O descumprimento, pelo empregador, do disposto nos arts. 3º e 4º desta Lei sujeita-o a multa de quinhentas Unidades Fiscais de Referência – UFIR, por trabalhador contratado nos moldes do art. 1º, que se constituirá receita adicional do Fundo de Amparo ao Trabalhador – FAT, de que trata a Lei nº 7.998, de 11 de janeiro de 1990.

Art. 8º. O Poder Executivo regulamentará esta Lei no prazo de 30 (trinta) dias, contado a partir da data de sua publicação.

Art. 9º. Esta Lei entra em vigor na data de sua publicação.

Art. 10. Revogam-se as disposições em contrário.

Brasília, 21 de janeiro de 1998; 177º da Independência e 110º da República.

FERNANDO HENRIQUE CARDOSO

D.O.U. de 22.1.1998

LEI Nº 9.605, DE 12 DE FEVEREIRO DE 1998

Dispõe sobre as sanções penais e administrativas derivadas de condutas e atividades lesivas ao meio ambiente, e dá outras providências.

‣ *Crimes ambientais*

O PRESIDENTE DA REPÚBLICA Faço saber que o Congresso Nacional decreta e eu sanciono a seguinte Lei:

CAPÍTULO I. DISPOSIÇÕES GERAIS

- CF/88: art. 225, § 3º.
- Lei 12.651/2012 – Dispõe sobre a proteção da vegetação nativa (Novo Código Florestal).
- Decreto 6.514/2008 – Dispõe sobre as infrações e sanções administrativas ao meio ambiente, estabelece o processo administrativo federal para apuração destas infrações.

Art. 1º. (*VETADO*).

Art. 2º. Quem, de qualquer forma, concorre para a prática dos crimes previstos nesta Lei, incide nas penas a estes cominadas, na medida da sua culpabilidade, bem como o diretor, o administrador, o membro de conselho e de órgão técnico, o auditor, o gerente, o preposto ou mandatário de pessoa jurídica, que, sabendo da conduta criminosa de outrem, deixar de impedir a sua prática, quando podia agir para evitá-la.

- CP: art. 29.

Art. 3º. As pessoas jurídicas serão responsabilizadas administrativa, civil e penalmente conforme o disposto nesta Lei, nos casos em que a infração seja cometida por decisão de seu representante legal ou contratual, ou de seu órgão colegiado, no interesse ou benefício da sua entidade.

- CF/88: arts. 173, § 5º, e 225, § 3º.
- CPC/15: art. 75, VIII.

Parágrafo único. A responsabilidade das pessoas jurídicas não exclui a das pessoas físicas, autoras, coautoras ou partícipes do mesmo fato.

Art. 4º. Poderá ser desconsiderada a pessoa jurídica sempre que sua personalidade for obstáculo ao ressarcimento de prejuízos causados à qualidade do meio ambiente.

- Lei 8.078/1990: art. 28.

Art. 5º. (*VETADO*).

CAPÍTULO II. DA APLICAÇÃO DA PENA

Art. 6º. Para imposição e gradação da penalidade, a autoridade competente observará:

- CF/88: art. 5º, XLVI.
- CP: arts. 59 e 68.
- Lei 7.201/1984: art. 5º.

I – a gravidade do fato, tendo em vista os motivos da infração e suas consequências para a saúde pública e para o meio ambiente;

II – os antecedentes do infrator quanto ao cumprimento da legislação de interesse ambiental;

III – a situação econômica do infrator, no caso de multa.

Art. 7º. As penas restritivas de direitos são autônomas e substituem as privativas de liberdade quando:

- CP: art. 44.

I – tratar-se de crime culposo ou for aplicada a pena privativa de liberdade inferior a 4 (quatro) anos;

II – a culpabilidade, os antecedentes, a conduta social e a personalidade do condenado, bem como os motivos e as circunstâncias do crime indicarem que a substituição seja suficiente para efeitos de reprovação e prevenção do crime.

- CP: art. 59.

Parágrafo único. As penas restritivas de direitos a que se refere este artigo terão a mesma duração da pena privativa de liberdade substituída.

Art. 8º. As penas restritivas de direito são:

- CP: art. 43 a 48.

I – prestação de serviços à comunidade;

II – interdição temporária de direitos;

III – suspensão parcial ou total de atividades;

IV – prestação pecuniária;

V – recolhimento domiciliar.

Art. 9º. A prestação de serviços à comunidade consiste na atribuição ao condenado de tarefas gratuitas junto a parques e jardins públicos e unidades de conservação, e, no caso de dano da coisa particular, pública ou tombada, na restauração desta, se possível.

- CP: art. 46, § 2º.

Art. 10. As penas de interdição temporária de direito são a proibição de o condenado contratar com o Poder Público, de receber incentivos fiscais ou quaisquer outros benefícios, bem como de participar de licitações, pelo prazo de 5 (cinco) anos, no caso de crimes dolosos, e de 3 (três) anos, no de crimes culposos.

Art. 11. A suspensão de atividades será aplicada quando estas não estiverem obedecendo às prescrições legais.

Art. 12. A prestação pecuniária consiste no pagamento em dinheiro à vítima ou à entidade pública ou privada com fim social, de importância, fixada pelo juiz, não inferior a 1 (um) salário mínimo nem superior a 360 (trezentos e sessenta) salários mínimos. O valor pago será deduzido do montante de eventual reparação civil a que for condenado o infrator.

Art. 13. O recolhimento domiciliar baseia-se na autodisciplina e senso de responsabilidade do condenado, que deverá, sem vigilância, trabalhar, frequentar curso ou exercer atividade autorizada, permanecendo recolhido nos dias e horários de folga em residência ou em qualquer local destinado a sua moradia habitual, conforme estabelecido na sentença condenatória.

- CP: art. 36.

Art. 14. São circunstâncias que atenuam a pena:

- CP: arts. 65 e 66.

I – baixo grau de instrução ou escolaridade do agente;

II – arrependimento do infrator, manifestado pela espontânea reparação do dano, ou limitação significativa da degradação ambiental causada;

- CP: arts. 15 e 16.

III – comunicação prévia pelo agente do perigo iminente de degradação ambiental;

IV – colaboração com os agentes encarregados da vigilância e do controle ambiental.

- CP: art. 66.

Art. 15. São circunstâncias que agravam a pena, quando não constituem ou qualificam o crime:

- CP: arts. 61 e 62.

I – reincidência nos crimes de natureza ambiental;

- CP: art. 63.

II – ter o agente cometido a infração:

a) para obter vantagem pecuniária;

b) coagindo outrem para a execução material da infração;

- CP: art. 22.

c) afetando ou expondo a perigo, de maneira grave, a saúde pública ou o meio ambiente;

d) concorrendo para danos à propriedade alheia;

- CP: art. 163.

e) atingindo áreas de unidades de conservação ou áreas sujeitas, por ato do Poder Público, a regime especial de uso;

f) atingindo áreas urbanas ou quaisquer assentamentos humanos;

g) em período de defeso à fauna;

- Lei 9.605/1998: art. 34.

h) em domingos ou feriados;

i) à noite;

j) em épocas de seca ou inundações;

- Lei 9.605/1988: art. 53, II, d.

l) no interior do espaço territorial especialmente protegido;

m) com o emprego de métodos cruéis para abate ou captura de animais;

- Lei 9.605/1998: art. 15, II, m.

n) mediante fraude ou abuso de confiança;

o) mediante abuso do direito de licença, permissão ou autorização ambiental;

p) no interesse de pessoa jurídica mantida, total ou parcialmente, por verbas públicas ou beneficiada por incentivos fiscais;

q) atingindo espécies ameaçadas, listadas em relatórios oficiais das autoridades competentes;

- Lei 9.605/1998: art. 53, II, c.

r) facilitada por funcionário público no exercício de suas funções.

- CP: art. 327.

Art. 16. Nos crimes previstos nesta lei, a suspensão condicional da pena pode ser aplicada nos casos de condenação a pena privativa de liberdade não superior a 3 (três) anos.

- CP: art. 77.

Art. 17. A verificação da reparação a que se refere o § 2º do art. 78 do Código Penal será feita mediante laudo de reparação do dano ambiental, e as condições a serem impostas pelo juiz deverão relacionar-se com a proteção ao meio ambiente.

- CP: art. 79.

Art. 18. A multa será calculada segundo os critérios do Código Penal; se revelar-se ineficaz, ainda que aplicada no valor máximo, poderá ser aumentada até 3 (três) vezes, tendo em vista o valor da vantagem econômica auferida.

- CP: arts. 49 e 60.

Art. 19. A perícia de constatação do dano ambiental, sempre que possível, fixará o montante do prejuízo causado para efeitos de prestação de fiança e cálculo de multa.

- CPP: arts. 158, 310, 326 e 328.

Parágrafo único. A perícia produzida no inquérito civil ou no juízo cível poderá ser aproveitada no processo penal, instaurando-se o contraditório.

Art. 20. A sentença penal condenatória, sempre que possível, fixará o valor mínimo para reparação dos danos causados pela infração, considerando os prejuízos sofridos pelo ofendido ou pelo meio ambiente.

Parágrafo único. Transitada em julgado a sentença condenatória, a execução poderá efetuar-se pelo valor fixado nos termos do *caput*, sem prejuízo da liquidação para apuração do dano efetivamente sofrido.

Art. 21. As penas aplicáveis isolada, cumulativa ou alternativamente às pessoas jurídicas, de acordo com o disposto no art. 3º, são:

I – multa;

II – restritivas de direitos;

III – prestação de serviços à comunidade.

Art. 22. As penas restritivas de direitos da pessoa jurídica são:

I – suspensão parcial ou total de atividades;

II – interdição temporária de estabelecimento, obra ou atividade;

III – proibição de contratar com o Poder Público, bem como dele obter subsídios, subvenções ou doações.

§ 1º. A suspensão de atividades será aplicada quando estas não estiverem obedecendo às disposições legais ou regulamentares, relativas à proteção do meio ambiente.

§ 2º. A interdição será aplicada quando o estabelecimento, obra ou atividade estiver funcionando sem a devida autorização, ou em desacordo com a concedida, ou com violação de disposição legal ou regulamentar.

§ 3º. A proibição de contratar com o Poder Público e dele obter subsídios, subvenções ou doações não poderá exceder o prazo de 10 (dez) anos.

Art. 23. A prestação de serviços à comunidade pela pessoa jurídica consistirá em:

I – custeio de programas e de projetos ambientais;

II – execução de obras de recuperação de áreas degradadas;

III – manutenção de espaços públicos;

IV – contribuições a entidades ambientais ou culturais públicas.

Art. 24. A pessoa jurídica constituída ou utilizada, preponderantemente, com o fim de permitir, facilitar ou ocultar a prática de crime definido nesta Lei terá decretada sua liquidação forçada, seu patrimônio será considerado instrumento do crime e como tal perdido em favor do Fundo Penitenciário Nacional.

- CF/88: art. 5º, XLVI, b.
- CP: art. 91, II, a.

CAPÍTULO III. DA APREENSÃO DO PRODUTO E DO INSTRUMENTO DE INFRAÇÃO ADMINISTRATIVA OU DE CRIME

Art. 25. Verificada a infração, serão apreendidos seus produtos e instrumentos, lavrando-se os respectivos autos.

- CPP: art. 6º, II e III.

§ 1º. Os animais serão prioritariamente libertados em seu habitat ou, sendo tal medida inviável ou não recomendável por questões sanitárias, entregues a jardins zoológicos, fundações ou entidades assemelhadas, para guarda e cuidados sob a responsabilidade de técnicos habilitados. (Redação dada pela Lei nº 13.052, de 2014)

§ 2º. Até que os animais sejam entregues às instituições mencionadas no § 1º deste artigo, o órgão autuante zelará para que eles sejam mantidos em condições adequadas de acondicionamento e transporte que garantam o seu bem-estar físico. (Redação dada pela Lei nº 13.052, de 2014)

§ 3º. Tratando-se de produtos perecíveis ou madeiras, serão estes avaliados e doados a instituições científicas, hospitalares, penais e outras com fins beneficentes. (Renumerando do §2º para §3º pela Lei nº 13.052, de 2014)

§ 4º. Os produtos e subprodutos da fauna não perecíveis serão destruídos ou doados a instituições científicas, culturais ou educacionais. (Renumerando do § 3º para § 4º pela Lei nº 13.052, de 2014)

§ 5º Os instrumentos utilizados na prática da infração serão vendidos, garantida a sua descaracterização por meio da reciclagem. (Renumerando do § 4º para § 5º pela Lei nº 13.052, de 2014)

CAPÍTULO IV. DA AÇÃO E DO PROCESSO PENAL

Art. 26. Nas infrações penais previstas nesta Lei, a ação penal é pública incondicionada.

- CP: art. 100.
- CPP: arts. 24 a 26.

Parágrafo único. (*VETADO*).

Art. 27. Nos crimes ambientais de menor potencial ofensivo, a proposta de aplicação imediata de pena restritiva de direitos ou multa, prevista no art. 76 da Lei nº 9.099, de 26 de setembro de 1995, somente poderá ser formulada desde que tenha havido a prévia composição do dano ambiental, de que trata o art. 74 da mesma Lei, salvo em caso de comprovada impossibilidade.

Art. 28. As disposições do art. 89 da Lei nº 9.099, de 26 de setembro de 1995, aplicam-se aos crimes de menor potencial ofensivo definidos nesta Lei, com as seguintes modificações:

I – a declaração de extinção de punibilidade, de que trata o § 5º do artigo referido no *caput*, dependerá de laudo de constatação de reparação do dano ambiental, ressalvada a impossibilidade prevista no inciso I do § 1º do mesmo artigo;

II – na hipótese de o laudo de constatação comprovar não ter sido completa a reparação, o prazo de suspensão do processo será prorrogado, até o período máximo previsto no artigo referido no *caput*, acrescido de mais 1 (um) ano, com suspensão do prazo da prescrição;

III – no período de prorrogação, não se aplicarão as condições dos incisos II, III e IV do § 1º do artigo mencionado no *caput*;

IV – findo o prazo de prorrogação, proceder-se-á à lavratura de novo laudo de constatação de reparação do dano ambiental, podendo, conforme seu resultado, ser novamente prorrogado o período de suspensão, até o máximo previsto no inciso II deste artigo, observado o disposto no inciso III;

V – esgotado o prazo máximo de prorrogação, a declaração de extinção de punibilidade dependerá de laudo de constatação que comprove ter o acusado tomado as providências necessárias à reparação integral do dano.

CAPÍTULO V. DOS CRIMES CONTRA O MEIO AMBIENTE

SEÇÃO I. DOS CRIMES CONTRA A FAUNA

Art. 29. Matar, perseguir, caçar, apanhar, utilizar espécimes da fauna silvestre, nativos ou em rota migratória, sem a devida permissão, licença ou autorização da autoridade competente, ou em desacordo com a obtida:

- Lei 5.197/1967: arts. 1º e 2º.

Pena – detenção, de 6 (seis) meses a 1 (um) ano, e multa.

§ 1º. Incorre nas mesmas penas:

I – quem impede a procriação da fauna, sem licença, autorização ou em desacordo com a obtida;

II – quem modifica, danifica ou destrói ninho, abrigo ou criadouro natural;

III – quem vende, expõe à venda, exporta ou adquire, guarda, tem em cativeiro ou depósito, utiliza ou transporta ovos, larvas ou espécimes da fauna silvestre, nativa ou em rota migratória, bem como produtos e objetos dela oriundos, provenientes de criadouros não autorizados ou sem a devida permissão, licença ou autorização da autoridade competente.

§ 2º. No caso de guarda doméstica de espécie silvestre não considerada ameaçada de extinção, pode o juiz, considerando as circunstâncias, deixar de aplicar a pena.

§ 3º. São espécimes da fauna silvestre todos aqueles pertencentes às espécies nativas, migratórias e quaisquer outras, aquáticas ou terrestres, que tenham todo ou parte de seu ciclo de vida ocorrendo dentro dos limites do território brasileiro, ou águas jurisdicionais brasileiras.

§ 4º. A pena é aumentada de metade, se o crime é praticado:

I – contra espécie rara ou considerada ameaçada de extinção, ainda que somente no local da infração;

II – em período proibido à caça;

III – durante a noite;

IV – com abuso de licença;

V – em unidade de conservação;

VI – com emprego de métodos ou instrumentos capazes de provocar destruição em massa.

§ 5º. A pena é aumentada até o triplo, se o crime decorre do exercício de caça profissional.

§ 6º. As disposições deste artigo não se aplicam aos atos de pesca.

Art. 30. Exportar para o exterior peles e couros de anfíbios e répteis em bruto, sem a autorização da autoridade ambiental competente:

Pena – reclusão, de 1 (um) a 3 (três) anos, e multa.

Art. 31. Introduzir espécime animal no País, sem parecer técnico oficial favorável e licença expedida por autoridade competente:

Pena – detenção, de 3 (três) meses a 1 (um) ano, e multa.

Art. 32. Praticar ato de abuso, maus-tratos, ferir ou mutilar animais silvestres, domésticos ou domesticados, nativos ou exóticos:

- Decreto-lei 3.688/1941: art. 64.

Pena – detenção, de 3 (três) meses a 1 (um) ano, e multa.

§ 1º. Incorre nas mesmas penas quem realiza experiência dolorosa ou cruel em animal vivo, ainda que para fins didáticos ou científicos, quando existirem recursos alternativos.

- Lei 11.794/2008 – Regulamenta o inciso VII do § 1º do art. 225 da CF, estabelecendo procedimentos para o uso científico de animais.
- Decreto-lei 3.688/1941: art. 64, § 1º.

§ 1º-A. Quando se tratar de cão ou gato, a pena para as condutas descritas no caput deste artigo será de reclusão, de 2 (dois) a 5 (cinco) anos, multa e proibição da guarda. *(Acrescido pela Lei 14.064/2020)*

§ 2º. A pena é aumentada de 1/6 (um sexto) a 1/3 (um terço), se ocorre morte do animal.

Art. 33. Provocar, pela emissão de efluentes ou carreamento de materiais, o perecimento de espécimes da fauna aquática existentes em rios, lagos, açudes, lagoas, baías ou águas jurisdicionais brasileiras:

Pena – detenção, de 1 (um) a 3 (três) anos, ou multa, ou ambas cumulativamente.

Parágrafo único. Incorre nas mesmas penas:

I – quem causa degradação em viveiros, açudes ou estações de aquicultura de domínio público;

II – quem explora campos naturais de invertebrados aquáticos e algas, sem licença, permissão ou autorização da autoridade competente;

III – quem fundeia embarcações ou lança detritos de qualquer natureza sobre bancos de moluscos ou corais, devidamente demarcados em carta náutica.

Art. 34. Pescar em período no qual a pesca seja proibida ou em lugares interditados por órgão competente:

- Lei 11.959/2009: arts. 4º a 7º.
- Lei 7.643/1987 – Proíbe a pesca de cetáceo nas águas jurisdicionais brasileiras.
- Decreto 6.514/2008: art. 35.

Pena – detenção, de 1 (um) ano a 3 (três) anos ou multa, ou ambas as penas cumulativamente.

Parágrafo único. Incorre nas mesmas penas quem:

I – pesca espécies que devam ser preservadas ou espécimes com tamanhos inferiores aos permitidos;

II – pesca quantidades superiores às permitidas, ou mediante a utilização de aparelhos, petrechos, técnicas e métodos não permitidos;

III – transporta, comercializa, beneficia ou industrializa espécimes provenientes da coleta, apanha e pesca proibidas.

Art. 35. Pescar mediante a utilização de:

I – explosivos ou substâncias que, em contato com a água, produzam efeito semelhante;

- Lei 11.959/2009: art. 6º, § 1º, VII.
- Decreto 6.514/2008: art. 36.

II – substâncias tóxicas, ou outro meio proibido pela autoridade competente:

Pena – reclusão, de 1 (um) ano a 5 (cinco) anos.

Art. 36. Para os efeitos desta Lei, considera-se pesca todo ato tendente a retirar, extrair, coletar, apanhar, apreender ou capturar espécimes dos grupos dos peixes, crustáceos, moluscos e vegetais hidróbios, suscetíveis ou não de aproveitamento econômico, ressalvadas as espécies ameaçadas de extinção, constantes nas listas oficiais da fauna e da flora.

- Lei 11.959/2009: art. 2º, III.

Art. 37. Não é crime o abate de animal, quando realizado:

I – em estado de necessidade, para saciar a fome do agente ou de sua família;

- CP: arts. 23, I, e 24.

II – para proteger lavouras, pomares e rebanhos da ação predatória ou destruidora de animais, desde que legal e expressamente autorizado pela autoridade competente;

III – (*VETADO*);

IV – por ser nocivo o animal, desde que assim caracterizado pelo órgão competente.

SEÇÃO II.
DOS CRIMES CONTRA A FLORA

Art. 38. Destruir ou danificar floresta considerada de preservação permanente, mesmo que em formação, ou utilizá-la com infringência das normas de proteção:

Pena – detenção, de 1 (um) a 3 (três) anos, ou multa, ou ambas as penas cumulativamente.

Parágrafo único. Se o crime for culposo, a pena será reduzida à metade.

Art. 38-A. Destruir ou danificar vegetação primária ou secundária, em estágio avançado ou médio de regeneração, do Bioma Mata Atlântica, ou utilizá-la com infringência das normas de proteção: (Incluído pela Lei nº 11.428, de 2006)

- Lei 11.428/2006: art. 2º.

Pena – detenção, de 1 (um) a 3 (três) anos, ou multa, ou ambas as penas cumulativamente. (Incluído pela Lei nº 11.428, de 2006).

Parágrafo único. Se o crime for culposo, a pena será reduzida à metade. (Incluído pela Lei nº 11.428, de 2006)

Art. 39. Cortar árvores em floresta considerada de preservação permanente, sem permissão da autoridade competente:

- Lei 12.651/2012: art. 60.
- Decreto 6.514/2008: art. 44.

Pena – detenção, de 1 (um) a 3 (três) anos, ou multa, ou ambas as penas cumulativamente.

Art. 40. Causar dano direto ou indireto às Unidades de Conservação e às áreas de que trata o art. 27 do Decreto nº 99.274, de 6 de junho de 1990, independentemente de sua localização:

Pena – reclusão, de 1 (um) a 5 (cinco) anos.

§ 1º. Entende-se por Unidades de Conservação de Proteção Integral as Estações Ecológicas, as Reservas Biológicas, os Parques Nacionais, os Monumentos Naturais e os Refúgios de Vida Silvestre. (Redação dada pela Lei nº 9.985, de 2000)

- Lei 9.985/2000: arts. 2º, I, 7º, § 1º, e 9º a 13.
- Decreto 4.340/2002 – Regulamenta artigos da Lei 9.985/2000, que dispõe sobre o Sistema Nacional de Unidades de Conservação da Natureza – SNUC.
- Resolução 371/2006 do Conama – Estabelece diretrizes aos órgãos ambientais para o cálculo, cobrança, aplicação, aprovação e controle de gastos de recursos advindos de compensação ambiental, conforme a Lei 9.985/2000, que institui o Sistema Nacional de Unidades de Conservação da Natureza – SNUC.

§ 2º. A ocorrência de dano afetando espécies ameaçadas de extinção no interior das Unidades de Conservação de Proteção Integral será considerada circunstância agravante para a fixação da pena. (Redação dada pela Lei nº 9.985, de 2000)

§ 3º. Se o crime for culposo, a pena será reduzida à metade.

Art. 40-A. (VETADO) (Incluído pela Lei nº 9.985, de 2000)

§ 1º. Entende-se por Unidades de Conservação de Uso Sustentável as Áreas de Proteção Ambiental, as Áreas de Relevante Interesse Ecológico, as Florestas Nacionais, as Reservas Extrativistas, as Reservas de Fauna, as Reservas de Desenvolvimento Sustentável e as Reservas Particulares do Patrimônio Natural. (Incluído pela Lei nº 9.985, de 2000)

- Lei 9.985/2000: arts. 7º, § 2º, 15 a 21.
- Decreto 4.340/2002 – Regulamenta artigos da Lei 9.985/2000, que dispõe sobre o Sistema Nacional de Unidades de Conservação da Natureza – SNUC.
- Resolução 371/2006 do Conama – Estabelece diretrizes aos órgãos ambientais para o cálculo, cobrança, aplicação, aprovação e controle de gastos de recursos advindos de compensação ambiental, conforme a Lei 9.985/2000, que institui o Sistema Nacional de Unidades de Conservação da Natureza – SNUC.

§ 2º. A ocorrência de dano afetando espécies ameaçadas de extinção no interior das Unidades de Conservação de Uso Sustentável será considerada circunstância agravante para a fixação da pena. (Incluído pela Lei nº 9.985, de 2000)

- Decreto 6.514/2008: art. 91.

§ 3º. Se o crime for culposo, a pena será reduzida à metade. (Incluído pela Lei nº 9.985, de 2000)

Art. 41. Provocar incêndio em mata ou floresta:

- CP: art. 250, § 1º, II, h.
- CPP: art. 173.
- Lei 12.651/2012: art. 38.
- Decreto 6.514/2008: art. 60, I.

Pena – reclusão, de 2 (dois) a 4 (quatro) anos, e multa.

Parágrafo único. Se o crime é culposo, a pena é de detenção de 6 (seis) meses a 1 (um) ano, e multa.

Art. 42. Fabricar, vender, transportar ou soltar balões que possam provocar incêndios nas florestas e demais formas de vegetação, em áreas urbanas ou qualquer tipo de assentamento humano:

- Decreto 6.514/2008: arts. 59 e 60, I.

Pena – detenção, de 1 (um) a 3 (três) anos ou multa, ou ambas as penas cumulativamente.

Art. 43. (*VETADO*).

Art. 44. Extrair de florestas de domínio público ou consideradas de preservação permanente, sem prévia autorização, pedra, areia, cal ou qualquer espécie de minerais:

Pena – detenção, de 6 (seis) meses a 1 (um) ano, e multa.

Art. 45. Cortar ou transformar em carvão madeira de lei, assim classificada por ato do Poder Público, para fins industriais, energéticos ou para qualquer outra exploração, econômica ou não, em desacordo com as determinações legais:

- Decreto 6.514/2008: art. 46.

Pena – reclusão, de 1 (um) a 2 (dois) anos, e multa.

Art. 46. Receber ou adquirir, para fins comerciais ou industriais, madeira, lenha, carvão e outros produtos de origem vegetal, sem exigir a exibição de licença do vendedor, outorgada pela autoridade competente, e sem munir-se da via que deverá acompanhar o produto até final beneficiamento:

- Decreto 6.514/2008: art. 47.

Pena – detenção, de 6 (seis) meses a 1 (um) ano, e multa.

Parágrafo único. Incorre nas mesmas penas quem vende, expõe à venda, tem em depósito, transporta ou guarda madeira, lenha, carvão e outros produtos de origem vegetal, sem licença válida para todo o tempo da viagem ou do armazenamento, outorgada pela autoridade competente.

Art. 47. (*VETADO*).

Art. 48. Impedir ou dificultar a regeneração natural de florestas e demais formas de vegetação:

- Lei 12.651/2012: art. 60.
- Decreto 6.514/2008: art. 48.

Pena – detenção, de 6 (seis) meses a 1 (um) ano, e multa.

Art. 49. Destruir, danificar, lesar ou maltratar, por qualquer modo ou meio, plantas de ornamentação de logradouros públicos ou em propriedade privada alheia:

- Decreto 6.514/2008: art. 56.

Pena – detenção, de 3 (três) meses a 1 (um) ano, ou multa, ou ambas as penas cumulativamente.

Parágrafo único. No crime culposo, a pena é de 1 (um) a 6 (seis) meses, ou multa.

Art. 50. Destruir ou danificar florestas nativas ou plantadas ou vegetação fixadora de dunas, protetora de mangues, objeto de especial preservação:

- Decreto 6.514/2008: art. 50.

Pena – detenção, de 3 (três) meses a 1 (um) ano, e multa.

Art. 50-A. Desmatar, explorar economicamente ou degradar floresta, plantada ou nativa, em terras de domínio público ou devolutas, sem autorização do órgão competente: (Incluído pela Lei nº 11.284, de 2006)

- Decreto 6.514/2008: art. 51.

Pena – reclusão de 2 (dois) a 4 (quatro) anos e multa. (Incluído pela Lei nº 11.284, de 2006)

§ 1º. Não é crime a conduta praticada quando necessária à subsistência imediata pessoal do agente ou de sua família. (Incluído pela Lei nº 11.284, de 2006)

- CP: art. 24.

§ 2º. Se a área explorada for superior a 1.000 ha (mil hectares), a pena será aumentada de 1 (um) ano por milhar de hectare. (Incluído pela Lei nº 11.284, de 2006)

Art. 51. Comercializar motosserra ou utilizá-la em florestas e nas demais formas de vegetação, sem licença ou registro da autoridade competente:

- Decreto 6.514/2008: art. 57.

Pena – detenção, de 3 (três) meses a 1 (um) ano, e multa.

Art. 52. Penetrar em Unidades de Conservação conduzindo substâncias ou instrumentos próprios para caça ou para exploração de produtos ou subprodutos florestais, sem licença da autoridade competente:

- Decreto 6.514/2008: art. 92.

Pena – detenção, de 6 (seis) meses a 1 (um) ano, e multa.

Art. 53. Nos crimes previstos nesta Seção, a pena é aumentada de 1/6 (um sexto) a 1/3 (um terço) se:

I – do fato resulta a diminuição de águas naturais, a erosão do solo ou a modificação do regime climático;

II – o crime é cometido:

a) no período de queda das sementes;

b) no período de formação de vegetações;

c) contra espécies raras ou ameaçadas de extinção, ainda que a ameaça ocorra somente no local da infração;

d) em época de seca ou inundação;

e) durante a noite, em domingo ou feriado.

SEÇÃO III. DA POLUIÇÃO E OUTROS CRIMES AMBIENTAIS

Art. 54. Causar poluição de qualquer natureza em níveis tais que resultem ou possam resultar em danos à saúde humana, ou que provoquem a mortandade de animais ou a destruição significativa da flora:

Pena – reclusão, de 1 (um) a 4 (quatro) anos, e multa.

§ 1º. Se o crime é culposo:

Pena – detenção, de 6 (seis) meses a 1 (um) ano, e multa.

§ 2º. Se o crime:

I – tornar uma área, urbana ou rural, imprópria para a ocupação humana;

II – causar poluição atmosférica que provoque a retirada, ainda que momentânea, dos habitantes das áreas afetadas, ou que cause danos diretos à saúde da população;

III – causar poluição hídrica que torne necessária a interrupção do abastecimento público de água de uma comunidade;

IV – dificultar ou impedir o uso público das praias;

V – ocorrer por lançamento de resíduos sólidos, líquidos ou gasosos, ou detritos, óleos ou substâncias oleosas, em desacordo com as exigências estabelecidas em leis ou regulamentos:

- Lei 12.305/2010: art. 3º, XVI.

Pena – reclusão, de 1 (um) a 5 (cinco) anos.

§ 3º. Incorre nas mesmas penas previstas no parágrafo anterior quem deixar de adotar, quando assim o exigir a autoridade competente, medidas de precaução em caso de risco de dano ambiental grave ou irreversível.

- Decreto 6.514/2008: art. 62, VII.

Art. 55. Executar pesquisa, lavra ou extração de recursos minerais sem a competente autorização, permissão, concessão ou licença, ou em desacordo com a obtida:

Pena – detenção, de 6 (seis) meses a 1 (um) ano, e multa.

Parágrafo único. Nas mesmas penas incorre quem deixa de recuperar a área pesquisada ou explorada, nos termos da autorização, permissão, licença, concessão ou determinação do órgão competente.

Art. 56. Produzir, processar, embalar, importar, exportar, comercializar, fornecer, transportar, armazenar, guardar, ter em depósito ou usar produto ou substância tóxica, perigosa ou nociva à saúde humana ou ao meio ambiente, em desacordo com as exigências estabelecidas em leis ou nos seus regulamentos:

- CP: art. 278.
- Lei 7.802/1989: art. 15.

Pena – reclusão, de 1 (um) a 4 (quatro) anos, e multa.

§ 1º. Nas mesmas penas incorre quem: (Redação dada pela Lei nº 12.305, de 2010)

I – abandona os produtos ou substâncias referidos no *caput* ou os utiliza em desacordo com as normas ambientais ou de segurança; (Incluído pela Lei nº 12.305, de 2010)

II – manipula, acondiciona, armazena, coleta, transporta, reutiliza, recicla ou dá destinação final a resíduos perigosos de forma diversa da estabelecida em lei ou regulamento. (Incluído pela Lei nº 12.305, de 2010)

§ 2º. Se o produto ou a substância for nuclear ou radioativa, a pena é aumentada de 1/6 (um sexto) a 1/3 (um terço).

- Lei 6.453/1977: arts. 1º, II, 20, 22, 24 e 25.

§ 3º. Se o crime é culposo:

Pena – detenção, de 6 (seis) meses a 1 (um) ano, e multa.

Art. 57. (*VETADO*).

Art. 58. Nos crimes dolosos previstos nesta Seção, as penas serão aumentadas:

I – de 1/6 (um sexto) a 1/3 (um terço), se resulta dano irreversível a flora ou ao meio ambiente em geral;

II – de 1/3 (um terço) até a 1/2 (metade), se resulta lesão corporal de natureza grave em outrem;

- CP: art. 129, §§ 1º e 2º.

III – até o dobro, se resultar a morte de outrem.

- CP: art. 121.

Parágrafo único. As penalidades previstas neste artigo somente serão aplicadas se do fato não resultar crime mais grave.

Art. 59. (*VETADO*).

Art. 60. Construir, reformar, ampliar, instalar ou fazer funcionar, em qualquer parte do território nacional, estabelecimentos, obras ou serviços potencialmente poluidores, sem licença ou autorização dos órgãos ambientais competentes, ou contrariando as normas legais e regulamentares pertinentes:

- Decreto 6.514/2008: art. 66.

Pena – detenção, de 1 (um) a 6 (seis) meses, ou multa, ou ambas as penas cumulativamente.

Art. 61. Disseminar doença ou praga ou espécies que possam causar dano à agricultura, à pecuária, à fauna, à flora ou aos ecossistemas:

- CP: art. 259.

Pena – reclusão, de 1 (um) a 4 (quatro) anos, e multa.

SEÇÃO IV. DOS CRIMES CONTRA O ORDENAMENTO URBANO E O PATRIMÔNIO CULTURAL

Art. 62. Destruir, inutilizar ou deteriorar:

- CP: arts. 163 e 165.
- Decreto-lei 25/1937 – Organiza a proteção do patrimônio histórico e artístico nacional.

I – bem especialmente protegido por lei, ato administrativo ou decisão judicial;

II – arquivo, registro, museu, biblioteca, pinacoteca, instalação científica ou similar protegido por lei, ato administrativo ou decisão judicial:

Pena – reclusão, de 1 (um) a 3 (três) anos, e multa.

Parágrafo único. Se o crime for culposo, a pena é de 6 (seis) meses a 1 (um) ano de detenção, sem prejuízo da multa.

Art. 63. Alterar o aspecto ou estrutura de edificação ou local especialmente protegido por lei, ato administrativo ou decisão judicial, em razão de seu valor paisagístico, ecológico, turístico, artístico, histórico, cultural, religioso, arqueológico, etnográfico ou monumental, sem autorização da autoridade competente ou em desacordo com a concedida:

- CP: art. 166.
- Lei 3.924/ 1961 – Dispõe sobre os monumentos arqueológicos e pré-históricos.
- Decreto-lei 25/1937: art. 1º.

Pena – reclusão, de 1 (um) a 3 (três) anos, e multa.

Art. 64. Promover construção em solo não edificável, ou no seu entorno, assim considerado em razão de seu valor paisagístico, ecológico, artístico, turístico, histórico, cultural, religioso, arqueológico, etnográfico ou monumental, sem autorização da autoridade competente ou em desacordo com a concedida:

Pena – detenção, de 6 (seis) meses a 1 (um) ano, e multa.

Art. 65. Pichar ou por outro meio conspurcar edificação ou monumento urbano: (Redação dada pela Lei nº 12.408, de 2011)

- Lei 12.408/2011: art. 6º.
- Lei 3.924/ 1961 – Dispõe sobre os monumentos arqueológicos e pré-históricos.
- Decreto-lei 25/1937 – Organiza a proteção do patrimônio histórico e artístico nacional.

Pena - detenção, de 3 (três) meses a 1 (um) ano, e multa. (Redação dada pela Lei nº 12.408, de 2011)

§ 1º. Se o ato for realizado em monumento ou coisa tombada em virtude do seu valor artístico, arqueológico ou histórico, a pena é de 6 (seis) meses a 1 (um) ano de detenção e multa. (Renumerado do parágrafo único pela Lei nº 12.408, de 2011)

§ 2º. Não constitui crime a prática de grafite realizada com o objetivo de valorizar o patrimônio público ou privado mediante manifestação artística, desde que consentida pelo proprietário e, quando couber, pelo locatário ou arrendatário do bem privado e, no caso de bem público, com a autorização do órgão competente e a observância das posturas municipais e das normas editadas pelos órgãos governamentais responsáveis pela preservação e conservação do patrimônio histórico e artístico nacional. (Incluído pela Lei nº 12.408, de 2011)

SEÇÃO V. DOS CRIMES CONTRA A ADMINISTRAÇÃO AMBIENTAL

- CP: arts. 312 a 327.

Art. 66. Fazer o funcionário público afirmação falsa ou enganosa, omitir a verdade, sonegar informações ou dados técnico-científicos em procedimentos de autorização ou de licenciamento ambiental:

Pena – reclusão, de 1 (um) a 3 (três) anos, e multa.

Art. 67. Conceder o funcionário público licença, autorização ou permissão em desacordo com as normas ambientais, para as atividades, obras ou serviços cuja realização depende de ato autorizativo do Poder Público:

Pena – detenção, de 1 (um) a 3 (três) anos, e multa.

Parágrafo único. Se o crime é culposo, a pena é de 3 (três) meses a 1 (um) ano de detenção, sem prejuízo da multa.

Art. 68. Deixar, aquele que tiver o dever legal ou contratual de fazê-lo, de cumprir obrigação de relevante interesse ambiental:

- Lei 12.305/2010: art. 52.

Pena – detenção, de 1 (um) a 3 (três) anos, e multa.

Parágrafo único. Se o crime é culposo, a pena é de 3 (três) meses a 1 (um) ano, sem prejuízo da multa.

Art. 69. Obstar ou dificultar a ação fiscalizadora do Poder Público no trato de questões ambientais:

Pena – detenção, de 1 (um) a 3 (três) anos, e multa.

Art. 69-A. Elaborar ou apresentar, no licenciamento, concessão florestal ou qualquer outro procedimento administrativo, estudo, laudo ou relatório ambiental total ou parcialmente falso ou enganoso, inclusive por omissão: (Incluído pela Lei nº 11.284, de 2006)

Pena - reclusão, de 3 (três) a 6 (seis) anos, e multa. (Incluído pela Lei nº 11.284, de 2006)

§ 1º. Se o crime é culposo: (Incluído pela Lei nº 11.284, de 2006)

Pena - detenção, de 1 (um) a 3 (três) anos. (Incluído pela Lei nº 11.284, de 2006)

§ 2º. A pena é aumentada de 1/3 (um terço) a 2/3 (dois terços), se há dano significativo ao meio ambiente, em decorrência do uso da informação falsa, incompleta ou enganosa. (Incluído pela Lei nº 11.284, de 2006)

CAPÍTULO VI. DA INFRAÇÃO ADMINISTRATIVA

Art. 70. Considera-se infração administrativa ambiental toda ação ou omissão que viole as regras jurídicas de uso, gozo, promoção, proteção e recuperação do meio ambiente.

§ 1º. São autoridades competentes para lavrar auto de infração ambiental e instaurar processo administrativo os funcionários de órgãos ambientais integrantes do Sistema Nacional de Meio Ambiente – SISNAMA, designados para as atividades de fiscalização, bem como os agentes das Capitanias dos Portos, do Ministério da Marinha.

§ 2º. Qualquer pessoa, constatando infração ambiental, poderá dirigir representação às autoridades relacionadas no parágrafo anterior, para efeito do exercício do seu poder de polícia.

§ 3º. A autoridade ambiental que tiver conhecimento de infração ambiental é obrigada a promover a sua apuração imediata, mediante processo administrativo próprio, sob pena de corresponsabilidade.

§ 4º. As infrações ambientais são apuradas em processo administrativo próprio, assegurado o direito de ampla defesa e o contraditório, observadas as disposições desta Lei.

Art. 71. O processo administrativo para apuração de infração ambiental deve observar os seguintes prazos máximos:

I – 20 (vinte) dias para o infrator oferecer defesa ou impugnação contra o auto de infração, contados da data da ciência da autuação;

II – 30 (trinta) dias para a autoridade competente julgar o auto de infração, contados da data da sua lavratura, apresentada ou não a defesa ou impugnação;

III – 20 (vinte) dias para o infrator recorrer da decisão condenatória à instância superior do Sistema Nacional do Meio Ambiente – SISNAMA, ou à Diretoria de Portos e Costas, do Ministério da Marinha, de acordo com o tipo de autuação;

IV – 5 (cinco) dias para o pagamento de multa, contados da data do recebimento da notificação.

Art. 72. As infrações administrativas são punidas com as seguintes sanções, observado o disposto no art. 6º:

I – advertência;

II – multa simples;

III – multa diária;

IV – apreensão dos animais, produtos e subprodutos da fauna e flora, instrumentos, petrechos, equipamentos ou veículos de qualquer natureza utilizados na infração;

V – destruição ou inutilização do produto;

VI – suspensão de venda e fabricação do produto;

VII – embargo de obra ou atividade;

VIII – demolição de obra;

IX – suspensão parcial ou total de atividades;

X – (*VETADO*);

XI – restritiva de direitos.

§ 1º. Se o infrator cometer, simultaneamente, duas ou mais infrações, ser-lhe-ão aplicadas, cumulativamente, as sanções a elas cominadas.

§ 2º. A advertência será aplicada pela inobservância das disposições desta Lei e da legislação em vigor, ou de preceitos regulamentares, sem prejuízo das demais sanções previstas neste artigo.

§ 3º. A multa simples será aplicada sempre que o agente, por negligência ou dolo:

I – advertido por irregularidades que tenham sido praticadas, deixar de saná-las, no prazo assinalado por órgão competente do SISNAMA ou pela Capitania dos Portos, do Ministério da Marinha;

II – opuser embaraço à fiscalização dos órgãos do SISNAMA ou da Capitania dos Portos, do Ministério da Marinha.

§ 4º. A multa simples pode ser convertida em serviços de preservação, melhoria e recuperação da qualidade do meio ambiente.

§ 5º. A multa diária será aplicada sempre que o cometimento da infração se prolongar no tempo.

§ 6º. A apreensão e destruição referidas nos incisos IV e V do *caput* obedecerão ao disposto no art. 25 desta Lei.

§ 7º. As sanções indicadas nos incisos VI a IX do *caput* serão aplicadas quando o produto, a obra, a atividade ou o estabelecimento não estiverem obedecendo às prescrições legais ou regulamentares.

§ 8º. As sanções restritivas de direito são:

I – suspensão de registro, licença ou autorização;

II – cancelamento de registro, licença ou autorização;

III – perda ou restrição de incentivos e benefícios fiscais;

IV – perda ou suspensão da participação em linhas de financiamento em estabelecimentos oficiais de crédito;

V – proibição de contratar com a Administração Pública, pelo período de até 3 (três) anos.

Art. 73. Os valores arrecadados em pagamento de multas por infração ambiental serão revertidos ao Fundo Nacional do Meio Ambiente, criado pela Lei nº 7.797, de 10 de julho de 1989, Fundo Naval, criado pelo Decreto nº 20.923, de 8 de janeiro de 1932, fundos estaduais ou municipais de meio ambiente, ou correlatos, conforme dispuser o órgão arrecadador.

Art. 74. A multa terá por base a unidade, hectare, metro cúbico, quilograma ou outra medida pertinente, de acordo com o objeto jurídico lesado.

Art. 75. O valor da multa de que trata este Capítulo será fixado no regulamento desta Lei e corrigido periodicamente, com base nos índices estabelecidos na legislação pertinente, sendo o mínimo de R$ 50,00 (cinquenta reais) e o máximo de R$ 50.000.000,00 (cinquenta milhões de reais).

Art. 76. O pagamento de multa imposta pelos Estados, Municípios, Distrito Federal ou Territórios substitui a multa federal na mesma hipótese de incidência.

CAPÍTULO VII. DA COOPERAÇÃO INTERNACIONAL PARA A PRESERVAÇÃO DO MEIO AMBIENTE

Art. 77. Resguardados a soberania nacional, a ordem pública e os bons costumes, o Governo brasileiro prestará, no que concerne ao meio ambiente, a necessária cooperação a outro país, sem qualquer ônus, quando solicitado para:

I – produção de prova;

II – exame de objetos e lugares;

III – informações sobre pessoas e coisas;

IV – presença temporária da pessoa presa, cujas declarações tenham relevância para a decisão de uma causa;

V – outras formas de assistência permitidas pela legislação em vigor ou pelos tratados de que o Brasil seja parte.

§ 1º. A solicitação de que trata este artigo será dirigida ao Ministério da Justiça, que a remeterá, quando necessário, ao órgão judiciário competente para decidir a seu respeito, ou a encaminhará à autoridade capaz de atendê-la.

- Lei 13.341/2016: art. 2º, IV (transforma o Ministério da Justiça em Ministério da Justiça e Cidadania).

§ 2º. A solicitação deverá conter:

I – o nome e a qualificação da autoridade solicitante;

II – o objeto e o motivo de sua formulação;

III – a descrição sumária do procedimento em curso no país solicitante;

IV – a especificação da assistência solicitada;

V – a documentação indispensável ao seu esclarecimento, quando for o caso.

Art. 78. Para a consecução dos fins visados nesta Lei e especialmente para a reciprocidade da cooperação internacional, deve ser mantido sistema de comunicações apto a facilitar o intercâmbio rápido e seguro de informações com órgãos de outros países.

CAPÍTULO VIII. DISPOSIÇÕES FINAIS

Art. 79. Aplicam-se subsidiariamente a esta Lei as disposições do Código Penal e do Código de Processo Penal.

Art. 79-A. Para o cumprimento do disposto nesta Lei, os órgãos ambientais integrantes do SISNAMA, responsáveis pela execução de programas e projetos e pelo controle e fiscalização dos estabelecimentos e das atividades suscetíveis de degradarem a qualidade ambiental, ficam autorizados a celebrar, com força de título executivo extrajudicial, termo de compromisso com pessoas físicas ou jurídicas responsáveis pela construção, instalação, ampliação e funcionamento de estabelecimentos e atividades utilizadores de recursos ambientais, considerados efetiva ou potencialmente poluidores. (Redação dada pela Medida Provisória nº 2.163-41, de 2001)

§ 1º. O termo de compromisso a que se refere este artigo destinar-se-á, exclusivamente, a permitir que as pessoas físicas e jurídicas mencionadas no *caput* possam promover as necessárias correções de suas atividades, para o atendimento das exigências impostas pelas autoridades ambientais competentes, sendo obrigatório que o respectivo instrumento disponha sobre: (Redação dada pela Medida Provisória nº 2.163-41, de 2001)

I – o nome, a qualificação e o endereço das partes compromissadas e dos respectivos representantes legais; (Redação dada pela Medida Provisória nº 2.163-41, de 2001)

II – o prazo de vigência do compromisso, que, em função da complexidade das obrigações nele fixadas, poderá variar entre o mínimo de noventa dias e o máximo de três anos, com possibilidade de prorrogação por igual período; (Redação dada pela Medida Provisória nº 2.163-41, de 2001)

III – a descrição detalhada de seu objeto, o valor do investimento previsto e o cronograma físico de execução e de implantação das obras e serviços exigidos, com metas trimestrais a serem atingidas; (Redação dada pela Medida Provisória nº 2.163-41, de 2001)

IV – as multas que podem ser aplicadas à pessoa física ou jurídica compromissada e os casos de rescisão, em decorrência do não cumprimento das obrigações nele pactuadas; (Redação dada pela Medida Provisória nº 2.163-41, de 2001)

V – o valor da multa de que trata o inciso IV não poderá ser superior ao valor do investimento previsto; (Redação dada pela Medida Provisória nº 2.163-41, de 2001)

VI – o foro competente para dirimir litígios entre as partes. (Incluído pela Medida Provisória nº 2.163-41, de 2001)

§ 2º. No tocante aos empreendimentos em curso até o dia 30 de março de 1998, envolvendo construção, instalação, ampliação e funcionamento de estabelecimentos e atividades utilizadores de recursos ambientais, considerados efetiva ou potencialmente poluidores, a assinatura do termo de compromisso deverá ser requerida pelas pessoas físicas e jurídicas interessadas, até o dia 31 de dezembro de 1998, mediante requerimento escrito protocolizado junto aos órgãos competentes do SISNAMA, devendo ser firmado pelo dirigente máximo do estabelecimento. (Redação dada pela Medida Provisória nº 2.163-41, de 2001)

§ 3º. Da data da protocolização do requerimento previsto no § 2º e enquanto perdurar a vigência do correspondente termo de compromisso, ficarão suspensas, em relação aos fatos que deram causa à celebração do instrumento, a aplicação de sanções administrativas contra a pessoa física ou jurídica que o houver firmado. (Redação dada pela Medida Provisória nº 2.163-41, de 2001)

§ 4º. A celebração do termo de compromisso de que trata este artigo não impede a execução de eventuais multas aplicadas antes da protocolização do requerimento. (Redação dada pela Medida Provisória nº 2.163-41, de 2001)

§ 5º. Considera-se rescindido de pleno direito o termo de compromisso, quando descumprida qualquer de suas cláusulas, ressalvado o caso fortuito ou de força maior. (Incluído pela Medida Provisória nº 2.163-41, de 2001)

§ 6º. O termo de compromisso deverá ser firmado em até noventa dias, contados da protocolização do requerimento. (Incluído pela Medida Provisória nº 2.163-41, de 2001)

§ 7º. O requerimento de celebração do termo de compromisso deverá conter as informações necessárias à verificação da sua viabilidade técnica e jurídica, sob pena de indeferimento do plano. (Incluído pela Medida Provisória nº 2.163-41, de 2001)

§ 8º. Sob pena de ineficácia, os termos de compromisso deverão ser publicados no órgão oficial competente, mediante extrato. (Incluído pela Medida Provisória nº 2.163-41, de 2001)

Art. 80. O Poder Executivo regulamentará esta Lei no prazo de 90 (noventa) dias a contar de sua publicação.

- Decreto 6.514/2008 – Dispõe sobre as infrações e sanções administrativas ao meio ambiente, estabelece o processo administrativo federal para apuração destas infrações.

Art. 81. (*VETADO*).

Art. 82. Revogam-se as disposições em contrário.

Brasília, 12 de fevereiro de 1998; 177º da Independência e 110º da República.

FERNANDO HENRIQUE CARDOSO

D.O.U. 13.2.1998; ret.17.2.1998

LEI Nº 9.608, DE 18 DE FEVEREIRO DE 1998

Dispõe sobre o serviço voluntário e dá outras providências.

- *Serviço voluntário*

O PRESIDENTE DA REPÚBLICA Faço saber que o Congresso Nacional decreta e eu sanciono a seguinte Lei:

Art. 1º. Considera-se serviço voluntário, para os fins desta Lei, a atividade não remunerada prestada por pessoa física a entidade pública de qualquer natureza ou a instituição privada de fins não lucrativos que tenha objetivos cívicos, culturais, educacionais, científicos, recreativos ou de assistência à pessoa. (Redação dada pela Lei nº 13.297, de 2016)

Parágrafo único. O serviço voluntário não gera vínculo empregatício, nem obrigação de natureza trabalhista previdenciária ou afim.

Art. 2º. O serviço voluntário será exercido mediante a celebração de termo de adesão entre a entidade, pública ou privada, e o prestador do serviço voluntário, dele devendo constar o objeto e as condições de seu exercício.

Art. 3º. O prestador do serviço voluntário poderá ser ressarcido pelas despesas que comprovadamente realizar no desempenho das atividades voluntárias.

Parágrafo único. As despesas a serem ressarcidas deverão estar expressamente autorizadas pela entidade a que for prestado o serviço voluntário.

Art. 3º-A. (*Revogado pela Lei nº 11.692, de 2008*).

Art. 4º. Esta Lei entra em vigor na data de sua publicação.

Art. 5º. Revogam-se as disposições em contrário.

Brasília, 18 de fevereiro de 1998; 177º da Independência e 110º da República.

FERNANDO HENRIQUE CARDOSO

D.O.U. de 19.2.1998

LEI Nº 9.609, DE 19 DE FEVEREIRO DE 1998

Dispõe sobre a proteção da propriedade intelectual de programa de computador, sua comercialização no País, e dá outras providências.

- *Propriedade intelectual de programas de computador*

O PRESIDENTE DA REPÚBLICA Faço saber que o Congresso Nacional decreta e eu sanciono a seguinte Lei:

CAPÍTULO I. DISPOSIÇÕES PRELIMINARES

Art. 1º. Programa de computador é a expressão de um conjunto organizado de instruções em linguagem natural ou codificada, contida em suporte físico de qualquer natureza, de emprego necessário em máquinas automáticas de tratamento da informação, dispositivos, instrumentos ou equipamentos periféricos, baseados em técnica digital ou análoga, para fazê-los funcionar de modo e para fins determinados.

CAPÍTULO II. DA PROTEÇÃO AOS DIREITOS DE AUTOR E DO REGISTRO

Art. 2º. O regime de proteção à propriedade intelectual de programa de computador é o conferido às obras literárias pela legislação de direitos autorais e conexos vigentes no País, observado o disposto nesta Lei.

- Lei 9.610/1998 – Altera, atualiza e consolida a legislação sobre direitos autorais.
- Decreto 8.469/2015 – Regulamenta a Lei 9.610/1998, e a Lei 12.853/2013, para dispor sobre a gestão coletiva de direitos autorais.

§ 1º. Não se aplicam ao programa de computador as disposições relativas aos direitos morais, ressalvado, a qualquer tempo, o direito do autor de reivindicar a paternidade do programa de computador e o direito do autor de opor-se a alterações não autorizadas, quando estas impliquem deformação, mutilação ou outra modificação do programa de computador, que prejudiquem a sua honra ou a sua reputação.

§ 2º. Fica assegurada a tutela dos direitos relativos a programa de computador pelo prazo de 50 (cinquenta) anos, contados a partir de 1º de janeiro do ano subsequente ao da sua publicação ou, na ausência desta, da sua criação.

§ 3º. A proteção aos direitos de que trata esta Lei independe de registro.

§ 4º. Os direitos atribuídos por esta Lei ficam assegurados aos estrangeiros domiciliados no exterior, desde que o país de origem do programa conceda, aos brasileiros e estrangeiros domiciliados no Brasil, direitos equivalentes.

§ 5º. Inclui-se dentre os direitos assegurados por esta Lei e pela legislação de direitos autorais e conexos vigentes no País aquele direito exclusivo de autorizar ou proibir o aluguel comercial, não sendo esse direito exaurível pela venda, licença ou outra forma de transferência da cópia do programa.

§ 6º. O disposto no parágrafo anterior não se aplica aos casos em que o programa em si não seja objeto essencial do aluguel.

Art. 3º. Os programas de computador poderão, a critério do titular, ser registrados em órgão ou entidade a ser designado por ato do Poder Executivo, por iniciativa do Ministério responsável pela política de ciência e tecnologia.

› Decreto 2.556/1998 – Regulamenta o registro previsto no art. 3º da Lei 9.609/1998 .

§ 1º. O pedido de registro estabelecido neste artigo deverá conter, pelo menos, as seguintes informações:

I – os dados referentes ao autor do programa de computador e ao titular, se distinto do autor, sejam pessoas físicas ou jurídicas;

II – a identificação e descrição funcional do programa de computador; e

III – os trechos do programa e outros dados que se considerar suficientes para identificá-lo e caracterizar sua originalidade, ressalvando-se os direitos de terceiros e a responsabilidade do Governo.

§ 2º. As informações referidas no inciso III do parágrafo anterior são de caráter sigiloso, não podendo ser reveladas, salvo por ordem judicial ou a requerimento do próprio titular.

Art. 4º. Salvo estipulação em contrário, pertencerão exclusivamente ao empregador, contratante de serviços ou órgão público, os direitos relativos ao programa de computador, desenvolvido e elaborado durante a vigência de contrato ou de vínculo estatutário, expressamente destinado à pesquisa e desenvolvimento, ou em que a atividade do empregado, contratado de serviço ou servidor seja prevista, ou, ainda, que decorra da própria natureza dos encargos concernentes a esses vínculos.

§ 1º. Ressalvado ajuste em contrário, a compensação do trabalho ou serviço prestado limitar-se-á à remuneração ou ao salário convencionado.

§ 2º. Pertencerão, com exclusividade, ao empregado, contratado de serviço ou servidor os direitos concernentes a programa de computador gerado sem relação com o contrato de trabalho, prestação de serviços ou vínculo estatutário, e sem a utilização de recursos, informações tecnológicas, segredos industriais e de negócios, materiais, instalações ou equipamentos do empregador, da empresa ou entidade com a qual o empregador mantenha contrato de prestação de serviços ou assemelhados, do contratante de serviços ou órgão público.

§ 3º. O tratamento previsto neste artigo será aplicado nos casos em que o programa de computador for desenvolvido por bolsistas, estagiários e assemelhados.

Art. 5º. Os direitos sobre as derivações autorizadas pelo titular dos direitos de programa de computador, inclusive sua exploração econômica, pertencerão à pessoa autorizada que as fizer, salvo estipulação contratual em contrário.

Art. 6º. Não constituem ofensa aos direitos do titular de programa de computador:

I – a reprodução, em um só exemplar, de cópia legitimamente adquirida, desde que se destine à cópia de salvaguarda ou armazenamento eletrônico, hipótese em que o exemplar original servirá de salvaguarda;

II – a citação parcial do programa, para fins didáticos, desde que identificados o programa e o titular dos direitos respectivos;

III – a ocorrência de semelhança de programa a outro, preexistente, quando se der por força das características funcionais de sua aplicação, da observância de preceitos normativos e técnicos, ou de limitação de forma alternativa para a sua expressão;

IV – a integração de um programa, mantendo-se suas características essenciais, a um sistema aplicativo ou operacional, tecnicamente indispensável às necessidades do usuário, desde que para o uso exclusivo de quem a promoveu.

CAPÍTULO III. DAS GARANTIAS AOS USUÁRIOS DE PROGRAMA DE COMPUTADOR

Art. 7º. O contrato de licença de uso de programa de computador, o documento fiscal correspondente, os suportes físicos do programa ou as respectivas embalagens deverão consignar, de forma facilmente legível pelo usuário, o prazo de validade técnica da versão comercializada.

Art. 8º. Aquele que comercializar programa de computador, quer seja titular dos direitos do programa, quer seja titular dos direitos de comercialização, fica obrigado, no território nacional, durante o prazo de validade técnica da respectiva versão, a assegurar aos respectivos usuários a prestação de serviços técnicos complementares relativos ao adequado funcionamento do programa, consideradas as suas especificações.

Parágrafo único. A obrigação persistirá no caso de retirada de circulação comercial do programa de computador durante o prazo de validade, salvo justa indenização de eventuais prejuízos causados a terceiros.

CAPÍTULO IV. DOS CONTRATOS DE LICENÇA DE USO, DE COMERCIALIZAÇÃO E DE TRANSFERÊNCIA DE TECNOLOGIA

Art. 9º. O uso de programa de computador no País será objeto de contrato de licença.

Parágrafo único. Na hipótese de eventual inexistência do contrato referido no *caput* deste artigo, o documento fiscal relativo à aquisição ou licenciamento de cópia servirá para comprovação da regularidade do seu uso.

Art. 10. Os atos e contratos de licença de direitos de comercialização referentes a programas de computador de origem externa deverão fixar, quanto aos tributos e encargos exigíveis, a responsabilidade pelos respectivos pagamentos e estabelecerão a remuneração do titular dos direitos de programa de computador residente ou domiciliado no exterior.

§ 1º. Serão nulas as cláusulas que:

I – limitem a produção, a distribuição ou a comercialização, em violação às disposições normativas em vigor;

II – eximam qualquer dos contratantes das responsabilidades por eventuais ações de terceiros, decorrentes de vícios, defeitos ou violação de direitos de autor.

§ 2º. O remetente do correspondente valor em moeda estrangeira, em pagamento da remuneração de que se trata, conservará em seu poder, pelo prazo de 5 (cinco) anos, todos os documentos necessários à comprovação da licitude das remessas e da sua conformidade ao *caput* deste artigo.

Art. 11. Nos casos de transferência de tecnologia de programa de computador, o Instituto Nacional da Propriedade Industrial fará o registro dos respectivos contratos, para que produzam efeitos em relação a terceiros.

Parágrafo único. Para o registro de que trata este artigo, é obrigatória a entrega, por parte do fornecedor ao receptor de tecnologia, da documentação completa, em especial do código-fonte comentado, memorial descritivo, especificações funcionais internas, diagramas, fluxogramas e outros dados técnicos necessários à absorção da tecnologia.

CAPÍTULO V. DAS INFRAÇÕES E DAS PENALIDADES

Art. 12. Violar direitos de autor de programa de computador:

Pena – detenção, de 6 (seis) meses a 2 (dois) anos ou multa.

§ 1º. Se a violação consistir na reprodução, por qualquer meio, de programa de computador, no todo ou em parte, para fins de comércio, sem autorização expressa do autor ou de quem o represente:

Pena – reclusão, de 1 (um) a 4 (quatro) anos e multa.

§ 2º. Na mesma pena do parágrafo anterior incorre quem vende, expõe à venda, introduz no País, adquire, oculta ou tem em depósito, para fins de comércio, original ou cópia de programa de computador, produzido com violação de direito autoral.

§ 3º. Nos crimes previstos neste artigo, somente se procede mediante queixa, salvo:

I – quando praticados em prejuízo de entidade de direito público, autarquia, empresa pública, sociedade de economia mista ou fundação instituída pelo poder público;

II – quando, em decorrência de ato delituoso, resultar sonegação fiscal, perda de arrecadação tributária ou prática de quaisquer dos crimes contra a ordem tributária ou contra as relações de consumo.

§ 4º. No caso do inciso II do parágrafo anterior, a exigibilidade do tributo, ou contribuição social e qualquer acessório, processar-se-á independentemente de representação.

Art. 13. A ação penal e as diligências preliminares de busca e apreensão, nos casos de violação de direito de autor de programa de computador, serão precedidas de vistoria, podendo o juiz ordenar a apreensão das cópias produzidas ou comercializadas com violação de direito de autor, suas versões e derivações, em poder do infrator ou de quem as esteja expondo, mantendo em depósito, reproduzindo ou comercializando.

Art. 14. Independentemente da ação penal, o prejudicado poderá intentar ação para proibir ao infrator a prática do ato incriminado, com cominação de pena pecuniária para o caso de transgressão do preceito.

§ 1º. A ação de abstenção de prática de ato poderá ser cumulada com a de perdas e danos pelos prejuízos decorrentes da infração.

§ 2º. Independentemente de ação cautelar preparatória, o juiz poderá conceder medida liminar proibindo ao infrator a prática do ato incriminado, nos termos deste artigo.

§ 3º. Nos procedimentos cíveis, as medidas cautelares de busca e apreensão observarão o disposto no artigo anterior.

§ 4º. Na hipótese de serem apresentadas, em juízo, para a defesa dos interesses de qualquer das partes, informações que se caracterizem como confidenciais, deverá o juiz determinar que o processo prossiga em segredo de justiça, vedado o uso de tais informações também à outra parte para outras finalidades.

§ 5º. Será responsabilizado por perdas e danos aquele que requerer e promover as medidas previstas neste e nos arts. 12 e 13, agindo de má-fé ou por espírito de emulação, capricho ou erro grosseiro, nos termos dos arts. 16, 17 e 18 do Código de Processo Civil.

- Referem-se a dispositivos do CPC/1973.
- CPC/15: arts. 79 a 81.

CAPÍTULO VI. DISPOSIÇÕES FINAIS

Art. 15. Esta Lei entra em vigor na data de sua publicação.

Art. 16. Fica revogada a Lei 7.646, de 18 de dezembro de 1987.

Brasília, 19 de fevereiro de 1998; 177º da Independência e 110º da República.

FERNANDO HENRIQUE CARDOSO

Publicação no D.O.U. de 20.2.1998; ret. 25.2.1998

LEI Nº 9.610, DE 19 DE FEVEREIRO DE 1998

Altera, atualiza e consolida a legislação sobre direitos autorais e dá outras providências.

- *Direitos autorais*

O PRESIDENTE DA REPÚBLICA Faço saber que o Congresso Nacional decreta e eu sanciono a seguinte Lei:

TÍTULO I. DISPOSIÇÕES PRELIMINARES

- Súm. 386 do STF.
- Súm. 63, 221, 228 e 261 do STJ.
- Lei 12.853/2013 – Altera os arts. 5º, 68, 97, 98, 99 e 100, acrescenta arts. 98-A, 98-B, 98-C, 99-A, 99-B, 100-A, 100-B e 109-A e revoga o art. 94 da Lei 9.610/1998, para dispor sobre a gestão coletiva de direitos autorais.
- Lei 9.609/1998 – Dispõe sobre a proteção da propriedade intelectual de programa de computador, sua comercialização no País.
- Decreto 5.244/2004 – Dispõe sobre a composição e funcionamento do Conselho Nacional de Combate à Pirataria e Delitos contra a Propriedade Intelectual,.
- Decreto 972/1993 – Promulga o Tratado sobre o Registro Internacional de Obras Audiovisuais, concluído em Genebra, em 18 de abril de 1989.
- Decreto 8.469/2015 – Regulamenta a Lei 9.610/1998, e a Lei 12.853/2013, para dispor sobre a gestão coletiva de direitos autorais.
- Decreto 76.905/1975 – Promulgada a convenção Universal sobre Direito de Autor, revisão de Paris, 1971.
- Decreto 75.699/1975 – Promulga a Convenção de Berna para a Proteção das Obras Literárias e Artísticas, de 9 de setembro de 1886, revista em Paris, a 24 de julho de 1971.
- Decreto 57.125/1965 – Promulga a Convenção Internacional para proteção aos artistas intérpretes ou executantes, aos produtores de fonogramas e aos organismos de radiodifusão.

Art. 1º. Esta Lei regula os direitos autorais, entendendo-se sob esta denominação os direitos de autor e os que lhes são conexos.

- CF/88: arts. 5º, XXVII e XXIX.
- CP : art. 184.
- CPP: arts. 524 a 530-I.

Art. 2º. Os estrangeiros domiciliados no exterior gozarão da proteção assegurada nos acordos, convenções e tratados em vigor no Brasil.

- LINDB: art. 9º.
- Lei 9.609/1998 – Dispõe sobre a proteção da propriedade intelectual de programa de computador, sua comercialização no País.
- Lei 13.445/2017 (Lei de Migração).

Parágrafo único. Aplica-se o disposto nesta Lei aos nacionais ou pessoas domiciliadas em país que assegure aos brasileiros ou pessoas domiciliadas no Brasil a reciprocidade na proteção aos direitos autorais ou equivalentes.

Art. 3º. Os direitos autorais reputam-se, para os efeitos legais, bens móveis.

Art. 4º. Interpretam-se restritivamente os negócios jurídicos sobre os direitos autorais.

- CC: arts. 112 e 114.

Art. 5º. Para os efeitos desta Lei, considera-se:

I – publicação – o oferecimento de obra literária, artística ou científica ao conhecimento do público, com o consentimento do autor, ou de qualquer outro titular de direito de autor, por qualquer forma ou processo;

- Decreto 76.905/1975: Artigo VI.
- Decreto 75.699/1975: Artigo 3, 3.

II – transmissão ou emissão – a difusão de sons ou de sons e imagens, por meio de ondas radioelétricas; sinais de satélites; fio, cabo ou outro condutor; meios óticos ou qualquer outro processo eletromagnético;

- Lei 9.612/1998 – Institui o Serviço de Radiodifusão Comunitária.
- Lei 9.472/1997 – Dispõe sobre a organização dos serviços de telecomunicações.
- Lei 4.117/1962 – Institui o Código Brasileiro de Telecomunicações.

III – retransmissão – a emissão simultânea da transmissão de uma empresa por outra;

- Decreto 57.125/1965: Artigo 3º, g.

IV – distribuição – a colocação à disposição do público do original ou cópia de obras literárias, artísticas ou científicas, interpretações ou execuções fixadas e fonogramas, mediante a venda, locação ou qualquer outra forma de transferência de propriedade ou posse;

- Decreto 76.906/1975: Artigo 1, d.

V – comunicação ao público – ato mediante o qual a obra é colocada ao alcance do público, por qualquer meio ou procedimento e que não consista na distribuição de exemplares;

VI – reprodução – a cópia de um ou vários exemplares de uma obra literária, artística ou científica ou de um fonograma, de qualquer forma tangível, incluindo qualquer armazenamento permanente ou temporário por meios eletrônicos ou qualquer outro meio de fixação que venha a ser desenvolvido;

- Decreto 57.125/1965: Artigo 3º, e.

VII – contrafação – a reprodução não autorizada;

- Decreto 75.699/1975: Artigo 16.

VIII – obra:

a) em coautoria – quando é criada em comum, por dois ou mais autores;

b) anônima – quando não se indica o nome do autor, por sua vontade ou por ser desconhecido;

c) pseudônima – quando o autor se oculta sob nome suposto;

d) inédita – a que não haja sido objeto de publicação;

e) póstuma – a que se publique após a morte do autor;

f) originária – a criação primígena;

g) derivada – a que, constituindo criação intelectual nova, resulta da transformação de obra originária;

h) coletiva – a criada por iniciativa, organização e responsabilidade de uma pessoa física ou jurídica, que a publica sob seu nome ou marca e que é constituída pela participação de diferentes autores, cujas contribuições se fundem numa criação autônoma;

i) audiovisual – a que resulta da fixação de imagens com ou sem som, que tenha a finalidade de criar, por meio de sua reprodução, a impressão de movimento, independentemente dos processos de sua captação, do suporte usado inicial ou posteriormente para fixá-lo, bem como dos meios utilizados para sua veiculação;

- Lei 8.685/1993 – Cria mecanismos de fomento à atividade audiovisual.
- Decreto 6.304/2007: art. 2º, I.

IX – fonograma – toda fixação de sons de uma execução ou interpretação ou de outros sons, ou de uma representação de sons que não seja uma fixação incluída em uma obra audiovisual.

- Decreto 57.125/1965: Artigo 3º, b.

X – editor – a pessoa física ou jurídica à qual se atribui o direito exclusivo de reprodução da obra e o dever de divulgá-la, nos limites previstos no contrato de edição;

XI – produtor – a pessoa física ou jurídica que toma a iniciativa e tem a responsabilidade econômica da primeira fixação do fonograma ou da obra audiovisual, qualquer que seja a natureza do suporte utilizado;

XII – radiodifusão – a transmissão sem fio, inclusive por satélites, de sons ou imagens e sons ou das representações desses, para recepção ao público e a transmissão de sinais codificados, quando os meios de decodificação sejam oferecidos ao público pelo organismo de radiodifusão ou com seu consentimento;

- Decreto 57.125/1965: Artigo 3º, f.

XIII – artistas intérpretes ou executantes – todos os atores, cantores, músicos, bailarinos ou outras pessoas que representem um papel, cantem, recitem, declamem, interpretem ou executem em qualquer forma obras literárias ou artísticas ou expressões do folclore.

- Decreto 57.125/1965: Artigo 3º, a.

XIV – titular originário - o autor de obra intelectual, o intérprete, o executante, o produtor fonográfico e as empresas de radiodifusão. (Incluído pela Lei nº 12.853, de 2013)

Art. 6º. Não serão de domínio da União, dos Estados, do Distrito Federal ou dos Municípios as obras por eles simplesmente subvencionadas.

TÍTULO II. DAS OBRAS INTELECTUAIS

CAPÍTULO I. DAS OBRAS PROTEGIDAS

Art. 7º. São obras intelectuais protegidas as criações do espírito, expressas por qualquer meio ou fixadas em qualquer suporte, tangível ou intangível, conhecido ou que se invente no futuro, tais como:

- CF/88: art. 5º, IX.

I – os textos de obras literárias, artísticas ou científicas;

- Decreto 75.699/1975: Artigo 2.

II – as conferências, alocuções, sermões e outras obras da mesma natureza;

III – as obras dramáticas e dramático-musicais;

IV – as obras coreográficas e pantomímicas, cuja execução cênica se fixe por escrito ou por outra qualquer forma;

V – as composições musicais, tenham ou não letra;

- Súm. 386 do STF.

VI – as obras audiovisuais, sonorizadas ou não, inclusive as cinematográficas;

- Decreto 75.699/1975: Artigo 14 bis.

VII – as obras fotográficas e as produzidas por qualquer processo análogo ao da fotografia;

- CF/88: art. 5º, X.

VIII – as obras de desenho, pintura, gravura, escultura, litografia e arte cinética;

- Decreto 75.699/1975: Artigo 2, item 1.

IX – as ilustrações, cartas geográficas e outras obras da mesma natureza;

- Decreto 75.699/1975: Artigo 2, item 1.

X – os projetos, esboços e obras plásticas concernentes à geografia, engenharia, topografia, arquitetura, paisagismo, cenografia e ciência;

- Decreto 75.699/1975: Artigo 2, item 1.

XI – as adaptações, traduções e outras transformações de obras originais, apresentadas como criação intelectual nova;

- Decreto 75.699/1975: Artigo 2, item 3.

XII – os programas de computador;

- Lei 9.609/1998 – Dispõe sobre a proteção da propriedade intelectual de programa de computador, sua comercialização no País.
- Lei 9.279/1996 – Regula direitos e obrigações relativos à propriedade industrial.

XIII – as coletâneas ou compilações, antologias, enciclopédias, dicionários, bases de dados e outras obras, que, por sua seleção, organização ou disposição de seu conteúdo, constituam uma criação intelectual.

- Decreto 75.699/1975: Artigo 2, item 5.

§ 1º. Os programas de computador são objeto de legislação específica, observadas as disposições desta Lei que lhes sejam aplicáveis.

- Lei 9.609/1998 – Dispõe sobre a proteção da propriedade intelectual de programa de computador, sua comercialização no País.

§ 2º. A proteção concedida no inciso XIII não abarca os dados ou materiais em si mesmos e se entende sem prejuízo de quaisquer direitos autorais que subsistam a respeito dos dados ou materiais contidos nas obras.

§ 3º. No domínio das ciências, a proteção recairá sobre a forma literária ou artística, não abrangendo o seu conteúdo científico ou técnico, sem prejuízo dos direitos que protegem os demais campos da propriedade imaterial.

Art. 8º. Não são objeto de proteção como direitos autorais de que trata esta Lei:

I – as ideias, procedimentos normativos, sistemas, métodos, projetos ou conceitos matemáticos como tais;

II – os esquemas, planos ou regras para realizar atos mentais, jogos ou negócios;

III – os formulários em branco para serem preenchidos por qualquer tipo de informação, científica ou não, e suas instruções;

IV – os textos de tratados ou convenções, leis, decretos, regulamentos, decisões judiciais e demais atos oficiais;

V – as informações de uso comum tais como calendários, agendas, cadastros ou legendas;

VI – os nomes e títulos isolados;

VII – o aproveitamento industrial ou comercial das ideias contidas nas obras.

Art. 9º. À cópia de obra de arte plástica feita pelo próprio autor é assegurada a mesma proteção de que goza o original.

Art. 10. A proteção à obra intelectual abrange o seu título, se original e inconfundível com o de obra do mesmo gênero, divulgada anteriormente por outro autor.

Parágrafo único. O título de publicações periódicas, inclusive jornais, é protegido até 1 (um) ano após a saída do seu último número, salvo se forem anuais, caso em que esse prazo se elevará a 2 (dois) anos.

CAPÍTULO II. DA AUTORIA DAS OBRAS INTELECTUAIS

- Decreto 75.699/1975 – Promulga a Convenção de Berna para a Proteção das Obras Literárias e Artísticas, de 9 de setembro de 1886, revista em Paris, a 24 de julho de 1971.

Art. 11. Autor é a pessoa física criadora de obra literária, artística ou científica.

Parágrafo único. A proteção concedida ao autor poderá aplicar-se às pessoas jurídicas nos casos previstos nesta Lei.

Art. 12. Para se identificar como autor, poderá o criador da obra literária, artística ou científica usar de seu nome civil, completo ou abreviado até por suas iniciais, de pseudônimo ou qualquer outro sinal convencional.

Art. 13. Considera-se autor da obra intelectual, não havendo prova em contrário, aquele que, por uma das modalidades de identificação referidas no artigo anterior, tiver, em conformidade com o uso, indicada ou anunciada essa qualidade na sua utilização.

Art. 14. É titular de direitos de autor quem adapta, traduz, arranja ou orquestra obra caída no domínio público, não podendo opor-se a outra adaptação, arranjo, orquestração ou tradução, salvo se for cópia da sua.

Art. 15. A coautoria da obra é atribuída àqueles em cujo nome, pseudônimo ou sinal convencional for utilizada.

§ 1º. Não se considera coautor quem simplesmente auxiliou o autor na produção da obra literária, artística ou científica, revendo-a, atualizando-a, bem como fiscalizando ou dirigindo sua edição ou apresentação por qualquer meio.

§ 2º. Ao coautor, cuja contribuição possa ser utilizada separadamente, são asseguradas todas as faculdades inerentes à sua criação como obra individual, vedada, porém, a utilização que possa acarretar prejuízo à exploração da obra comum.

Art. 16. São coautores da obra audiovisual o autor do assunto ou argumento literário, musical ou lítero-musical e o diretor.

Parágrafo único. Consideram-se coautores de desenhos animados os que criam os desenhos utilizados na obra audiovisual.

Art. 17. É assegurada a proteção às participações individuais em obras coletivas.

§ 1º. Qualquer dos participantes, no exercício de seus direitos morais, poderá proibir que se indique ou anuncie seu nome na obra coletiva, sem prejuízo do direito de haver a remuneração contratada.

§ 2º. Cabe ao organizador a titularidade dos direitos patrimoniais sobre o conjunto da obra coletiva.

§ 3º. O contrato com o organizador especificará a contribuição do participante, o prazo para entrega ou realização, a remuneração e demais condições para sua execução.

CAPÍTULO III. DO REGISTRO DAS OBRAS INTELECTUAIS

Art. 18. A proteção aos direitos de que trata esta Lei independe de registro.

Art. 19. É facultado ao autor registrar a sua obra no órgão público definido no *caput* e no § 1º do art. 17 da Lei nº 5.988, de 14 de dezembro de 1973.

Art. 20. Para os serviços de registro previstos nesta Lei será cobrada retribuição, cujo valor e processo de recolhimento serão estabelecidos por ato do titular do órgão da administração pública federal a que estiver vinculado o registro das obras intelectuais.

Art. 21. Os serviços de registro de que trata esta Lei serão organizados conforme preceitua o § 2º do art. 17 da Lei nº 5.988, de 14 de dezembro de 1973.

TÍTULO III. DOS DIREITOS DO AUTOR

CAPÍTULO I. DISPOSIÇÕES PRELIMINARES

Art. 22. Pertencem ao autor os direitos morais e patrimoniais sobre a obra que criou.

Art. 23. Os coautores da obra intelectual exercerão, de comum acordo, os seus direitos, salvo convenção em contrário.

CAPÍTULO II. DOS DIREITOS MORAIS DO AUTOR

Art. 24. São direitos morais do autor:

I – o de reivindicar, a qualquer tempo, a autoria da obra;

II – o de ter seu nome, pseudônimo ou sinal convencional indicado ou anunciado, como sendo o do autor, na utilização de sua obra;

III – o de conservar a obra inédita;

IV – o de assegurar a integridade da obra, opondo-se a quaisquer modificações ou à prática de atos que, de qualquer forma, possam prejudicá-la ou atingi-lo, como autor, em sua reputação ou honra;

V – o de modificar a obra, antes ou depois de utilizada;

VI – o de retirar de circulação a obra ou de suspender qualquer forma de utilização já autorizada, quando a circulação ou utilização implicarem afronta à sua reputação e imagem;

VII – o de ter acesso a exemplar único e raro da obra, quando se encontre legitimamente em poder de outrem, para o fim de, por meio de processo fotográfico ou assemelhado, ou audiovisual, preservar sua memória, de forma que cause o menor inconveniente possível a seu detentor, que, em todo caso, será indenizado de qualquer dano ou prejuízo que lhe seja causado.

§ 1º. Por morte do autor, transmitem-se a seus sucessores os direitos a que se referem os incisos I a IV.

§ 2º. Compete ao Estado a defesa da integridade e autoria da obra caída em domínio público.

§ 3º. Nos casos dos incisos V e VI, ressalvam-se as prévias indenizações a terceiros, quando couberem.

Art. 25. Cabe exclusivamente ao diretor o exercício dos direitos morais sobre a obra audiovisual.

Art. 26. O autor poderá repudiar a autoria de projeto arquitetônico alterado sem o seu consentimento durante a execução ou após a conclusão da construção.

Parágrafo único. O proprietário da construção responde pelos danos que causar ao autor sempre que, após o repúdio, der como sendo daquele a autoria do projeto repudiado.

Art. 27. Os direitos morais do autor são inalienáveis e irrenunciáveis.

CAPÍTULO III. DOS DIREITOS PATRIMONIAIS DO AUTOR E DE SUA DURAÇÃO

Art. 28. Cabe ao autor o direito exclusivo de utilizar, fruir e dispor da obra literária, artística ou científica.

Art. 29. Depende de autorização prévia e expressa do autor a utilização da obra, por quaisquer modalidades, tais como:

I – a reprodução parcial ou integral;

II – a edição;

III – a adaptação, o arranjo musical e quaisquer outras transformações;

IV – a tradução para qualquer idioma;

V – a inclusão em fonograma ou produção audiovisual;

VI – a distribuição, quando não intrínseca ao contrato firmado pelo autor com terceiros para uso ou exploração da obra;

VII – a distribuição para oferta de obras ou produções mediante cabo, fibra ótica, satélite, ondas ou qualquer outro sistema que permita ao usuário realizar a seleção da obra ou produção para percebê-la em um tempo e lugar previamente determinados por quem formula a demanda, e nos casos em que o acesso às obras ou produções se faça por qualquer sistema que importe em pagamento pelo usuário;

VIII – a utilização, direta ou indireta, da obra literária, artística ou científica, mediante:

a) representação, recitação ou declamação;

b) execução musical;

c) emprego de alto-falante ou de sistemas análogos;

d) radiodifusão sonora ou televisiva;

- Lei 9.612/1998 – Institui o Serviço de Radiodifusão Comunitária.
- Lei 9.472/1997 – Dispõe sobre a organização dos serviços de telecomunicações.
- Lei 4.117/1962 – Institui o Código Brasileiro de Telecomunicações.

e) captação de transmissão de radiodifusão em locais de frequência coletiva;

f) sonorização ambiental;

g) a exibição audiovisual, cinematográfica ou por processo assemelhado;

h) emprego de satélites artificiais;

i) emprego de sistemas óticos, fios telefônicos ou não, cabos de qualquer tipo e meios de comunicação similares que venham a ser adotados;

j) exposição de obras de artes plásticas e figurativas;

IX – a inclusão em base de dados, o armazenamento em computador, a microfilmagem e as demais formas de arquivamento do gênero;

X – quaisquer outras modalidades de utilização existentes ou que venham a ser inventadas.

Art. 30. No exercício do direito de reprodução, o titular dos direitos autorais poderá colocar à disposição do público a obra, na forma, local e pelo tempo que desejar, a título oneroso ou gratuito.

§ 1º. O direito de exclusividade de reprodução não será aplicável quando ela for temporária e apenas tiver o propósito de tornar a obra, fonograma ou interpretação perceptível em meio eletrônico ou quando for de natureza transitória e incidental, desde que ocorra no curso do uso devidamente autorizado da obra, pelo titular.

§ 2º. Em qualquer modalidade de reprodução, a quantidade de exemplares será informada e controlada, cabendo a quem reproduzir a obra a responsabilidade de manter os registros que permitam, ao autor, a fiscalização do aproveitamento econômico da exploração.

Art. 31. As diversas modalidades de utilização de obras literárias, artísticas ou científicas ou de fonogramas são independentes entre si, e a autorização concedida pelo autor, ou pelo produtor, respectivamente, não se estende a quaisquer das demais.

Art. 32. Quando uma obra feita em regime de coautoria não for divisível, nenhum dos coautores, sob pena de responder por perdas e danos, poderá, sem consentimento dos demais, publicá-la ou autorizar-lhe a publicação, salvo na coleção de suas obras completas.

§ 1º. Havendo divergência, os coautores decidirão por maioria.

§ 2º. Ao coautor dissidente é assegurado o direito de não contribuir para as despesas de publicação, renunciando a sua parte nos lucros, e o de vedar que se inscreva seu nome na obra.

§ 3º. Cada coautor pode, individualmente, sem aquiescência dos outros, registrar a obra e defender os próprios direitos contra terceiros.

Art. 33. Ninguém pode reproduzir obra que não pertença ao domínio público, a pretexto de anotá-la, comentá-la ou melhorá-la, sem permissão do autor.

Parágrafo único. Os comentários ou anotações poderão ser publicados separadamente.

Art. 34. As cartas missivas, cuja publicação está condicionada à permissão do autor, poderão ser juntadas como documento de prova em processos administrativos e judiciais.

Art. 35. Quando o autor, em virtude de revisão, tiver dado à obra versão definitiva, não poderão seus sucessores reproduzir versões anteriores.

Art. 36. O direito de utilização econômica dos escritos publicados pela imprensa, diária ou periódica, com exceção dos assinados ou que apresentem sinal de reserva, pertence ao editor, salvo convenção em contrário.

Parágrafo único. A autorização para utilização econômica de artigos assinados, para publicação em diários e periódicos, não produz efeito além do prazo da periodicidade acrescido de 20 (vinte) dias, a contar de sua publicação, findo o qual recobra o autor o seu direito.

Art. 37. A aquisição do original de uma obra, ou de exemplar, não confere ao adquirente qualquer dos direitos patrimoniais do autor, salvo convenção em contrário entre as partes e os casos previstos nesta Lei.

Art. 38. O autor tem o direito, irrenunciável e inalienável, de perceber, no mínimo, 5% (cinco por cento) sobre o aumento do preço eventualmente verificável em cada revenda de obra de arte ou manuscrito, sendo originais, que houver alienado.

Parágrafo único. Caso o autor não perceba o seu direito de sequência no ato da revenda, o vendedor é considerado depositário da quantia a ele devida, salvo se a operação for realizada por leiloeiro, quando será este o depositário.

Art. 39. Os direitos patrimoniais do autor, excetuados os rendimentos resultantes de sua exploração, não se comunicam, salvo pacto antenupcial em contrário.

Art. 40. Tratando-se de obra anônima ou pseudônima, caberá a quem publicá-la o exercício dos direitos patrimoniais do autor.

Parágrafo único. O autor que se der a conhecer assumirá o exercício dos direitos patrimoniais, ressalvados os direitos adquiridos por terceiros.

Art. 41. Os direitos patrimoniais do autor perduram por 70 (setenta) anos contados de 1º de janeiro do ano subsequente ao de seu falecimento, obedecida a ordem sucessória da lei civil.

▸ Lei 5.805/1972 – Estabelece normas destinadas a preservar a autenticidade das obras literárias caídas em domínio público.

Parágrafo único. Aplica-se às obras póstumas o prazo de proteção a que alude o *caput* deste artigo.

Art. 42. Quando a obra literária, artística ou científica realizada em coautoria for indivisível, o prazo previsto no artigo anterior será contado da morte do último dos coautores sobreviventes.

Parágrafo único. Acrescer-se-ão aos dos sobreviventes os direitos do coautor que falecer sem sucessores.

Art. 43. Será de 70 (setenta) anos o prazo de proteção aos direitos patrimoniais sobre as obras anônimas ou pseudônimas, contado de 1º de janeiro do ano imediatamente posterior ao da primeira publicação.

Parágrafo único. Aplicar-se-á o disposto no art. 41 e seu parágrafo único, sempre que o autor se der a conhecer antes do termo do prazo previsto no *caput* deste artigo.

Art. 44. O prazo de proteção aos direitos patrimoniais sobre obras audiovisuais e fotográficas será de 70 (setenta) anos, a contar de 1º de janeiro do ano subsequente ao de sua divulgação.

Art. 45. Além das obras em relação às quais decorreu o prazo de proteção aos direitos patrimoniais, pertencem ao domínio público:

▸ Lei 5.805/1972 – Estabelece normas destinadas a preservar a autenticidade das obras literárias caídas em domínio público.

I – as de autores falecidos que não tenham deixado sucessores;

II – as de autor desconhecido, ressalvada a proteção legal aos conhecimentos étnicos e tradicionais.

CAPÍTULO IV. DAS LIMITAÇÕES AOS DIREITOS AUTORAIS

Art. 46. Não constitui ofensa aos direitos autorais:

I – a reprodução:

a) na imprensa diária ou periódica, de notícia ou de artigo informativo, publicado em diários ou periódicos, com a menção do nome do autor, se assinados, e da publicação de onde foram transcritos;

b) em diários ou periódicos, de discursos pronunciados em reuniões públicas de qualquer natureza;

c) de retratos, ou de outra forma de representação da imagem, feitos sob encomenda, quando realizada pelo proprietário do objeto encomendado, não havendo a oposição da pessoa neles representada ou de seus herdeiros;

d) de obras literárias, artísticas ou científicas, para uso exclusivo de deficientes visuais, sempre que a reprodução, sem fins comerciais, seja feita mediante o sistema Braille ou outro procedimento em qualquer suporte para esses destinatários;

II – a reprodução, em um só exemplar de pequenos trechos, para uso privado do copista, desde que feita por este, sem intuito de lucro;

III – a citação em livros, jornais, revistas ou qualquer outro meio de comunicação, de passagens de qualquer obra, para fins de estudo, crítica ou polêmica, na medida justificada para o fim a atingir, indicando-se o nome do autor e a origem da obra;

IV – o apanhado de lições em estabelecimentos de ensino por aqueles a quem elas se dirigem, vedada sua publicação, integral ou parcial, sem autorização prévia e expressa de quem as ministrou;

V – a utilização de obras literárias, artísticas ou científicas, fonogramas e transmissão de rádio e televisão em estabelecimentos comerciais, exclusivamente para demonstração à clientela, desde que esses estabelecimentos comercializem os suportes ou equipamentos que permitam a sua utilização;

VI – a representação teatral e a execução musical, quando realizadas no recesso familiar ou, para fins exclusivamente didáticos, nos estabelecimentos de ensino, não havendo em qualquer caso intuito de lucro;

VII – a utilização de obras literárias, artísticas ou científicas para produzir prova judiciária ou administrativa;

▸ CPC/15: arts. 369 a 373, 422 e 423.

VIII – a reprodução, em quaisquer obras, de pequenos trechos de obras preexistentes, de qualquer natureza, ou de obra integral, quando de artes plásticas, sempre que a reprodução em si não seja o objetivo principal da obra nova e que não prejudique a exploração normal da obra reproduzida nem cause um prejuízo injustificado aos legítimos interesses dos autores.

Art. 47. São livres as paráfrases e paródias que não forem verdadeiras reproduções da obra originária nem lhe implicarem descrédito.

Art. 48. As obras situadas permanentemente em logradouros públicos podem ser representadas livremente, por meio de pinturas, desenhos, fotografias e procedimentos audiovisuais.

CAPÍTULO V. DA TRANSFERÊNCIA DOS DIREITOS DE AUTOR

Art. 49. Os direitos de autor poderão ser total ou parcialmente transferidos a terceiros, por ele ou por seus sucessores, a título universal ou singular, pessoalmente ou por meio de representantes com poderes especiais, por meio de licenciamento, concessão, cessão ou por outros meios admitidos em Direito, obedecidas as seguintes limitações:

I – a transmissão total compreende todos os direitos de autor, salvo os de natureza moral e os expressamente excluídos por lei;

II – somente se admitirá transmissão total e definitiva dos direitos mediante estipulação contratual escrita;

III – na hipótese de não haver estipulação contratual escrita, o prazo máximo será de 5 (cinco) anos;

IV – a cessão será válida unicamente para o país em que se firmou o contrato, salvo estipulação em contrário;

V – a cessão só se operará para modalidades de utilização já existentes à data do contrato;

VI – não havendo especificações quanto à modalidade de utilização, o contrato será interpretado restritivamente, entendendo-se como limitada apenas a uma que seja aquela indispensável ao cumprimento da finalidade do contrato.

Art. 50. A cessão total ou parcial dos direitos de autor, que se fará sempre por escrito, presume-se onerosa.

§ 1º. Poderá a cessão ser averbada à margem do registro a que se refere o art. 19 desta Lei, ou, não estando a obra registrada, poderá o instrumento ser registrado em Cartório de Títulos e Documentos.

§ 2º. Constarão do instrumento de cessão como elementos essenciais seu objeto e as condições de exercício do direito quanto a tempo, lugar e preço.

Art. 51. A cessão dos direitos de autor sobre obras futuras abrangerá, no máximo, o período de 5 (cinco) anos.

Parágrafo único. O prazo será reduzido a 5 (cinco) anos sempre que indeterminado ou superior, diminuindo-se, na devida proporção, o preço estipulado.

Art. 52. A omissão do nome do autor, ou de coautor, na divulgação da obra não presume o anonimato ou a cessão de seus direitos.

TÍTULO IV. DA UTILIZAÇÃO DE OBRAS INTELECTUAIS E DOS FONOGRAMAS

CAPÍTULO I. DA EDIÇÃO

Art. 53. Mediante contrato de edição, o editor, obrigando-se a reproduzir e a divulgar a obra literária, artística ou científica, fica autorizado, em caráter de exclusividade, a publicá-la e a explorá-la pelo prazo e nas condições pactuadas com o autor.

Parágrafo único. Em cada exemplar da obra o editor mencionará:

I – o título da obra e seu autor;

II – no caso de tradução, o título original e o nome do tradutor;

III – o ano de publicação;

IV – o seu nome ou marca que o identifique.

Art. 54. Pelo mesmo contrato pode o autor obrigar-se à feitura de obra literária, artística ou científica em cuja publicação e divulgação se empenha o editor.

Art. 55. Em caso de falecimento ou de impedimento do autor para concluir a obra, o editor poderá:

I – considerar resolvido o contrato, mesmo que tenha sido entregue parte considerável da obra;

II – editar a obra, sendo autônoma, mediante pagamento proporcional do preço;

III – mandar que outro a termine, desde que consintam os sucessores e seja o fato indicado na edição.

Parágrafo único. É vedada a publicação parcial, se o autor manifestou a vontade de só publicá-la por inteiro ou se assim o decidirem seus sucessores.

Art. 56. Entende-se que o contrato versa apenas sobre uma edição, se não houver cláusula expressa em contrário.

Parágrafo único. No silêncio do contrato, considera-se que cada edição se constitui de 3.000 (três mil) exemplares.

Art. 57. O preço da retribuição será arbitrado, com base nos usos e costumes, sempre que no contrato não a tiver estipulado expressamente o autor.

Art. 58. Se os originais forem entregues em desacordo com o ajustado e o editor não os recusar nos 30 (trinta) dias seguintes ao do recebimento, ter-se-ão por aceitas as alterações introduzidas pelo autor.

Art. 59. Quaisquer que sejam as condições do contrato, o editor é obrigado a facultar ao autor o exame da escrituração na parte que lhe corresponde, bem como a informá-lo sobre o estado da edição.

Art. 60. Ao editor compete fixar o preço da venda, sem, todavia, poder elevá-lo a ponto de embaraçar a circulação da obra.

Art. 61. O editor será obrigado a prestar contas mensais ao autor sempre que a retribuição deste estiver condicionada à venda da obra, salvo se prazo diferente houver sido convencionado.

Art. 62. A obra deverá ser editada em 2 (dois) anos da celebração do contrato, salvo prazo diverso estipulado em convenção.

Parágrafo único. Não havendo edição da obra no prazo legal ou contratual, poderá ser rescindido o contrato, respondendo o editor por danos causados.

Art. 63. Enquanto não se esgotarem as edições a que tiver direito o editor, não poderá o autor dispor de sua obra, cabendo ao editor o ônus da prova.

§ 1º. Na vigência do contrato de edição, assiste ao editor o direito de exigir que se retire de circulação edição da mesma obra feita por outrem.

§ 2º. Considera-se esgotada a edição quando restarem em estoque, em poder do editor, exemplares em número inferior a 10% (dez por cento) do total da edição.

Art. 64. Somente decorrido 1 (um) ano de lançamento da edição, o editor poderá vender, como saldo, os exemplares restantes, desde que o autor seja notificado de que, no prazo de 30 (trinta) dias, terá prioridade na aquisição dos referidos exemplares pelo preço de saldo.

Art. 65. Esgotada a edição, e o editor, com direito a outra, não a publicar, poderá o autor notificá-lo a que o faça em certo prazo, sob pena de perder aquele direito, além de responder por danos.

Art. 66. O autor tem o direito de fazer, nas edições sucessivas de suas obras, as emendas e alterações que bem lhe aprouver.

Parágrafo único. O editor poderá opor-se às alterações que lhe prejudiquem os interesses, ofendam sua reputação ou aumentem sua responsabilidade.

Art. 67. Se, em virtude de sua natureza, for imprescindível a atualização da obra em novas edições, o editor, negando-se o autor a fazê-la, dela poderá encarregar outrem, mencionando o fato na edição.

CAPÍTULO II. DA COMUNICAÇÃO AO PÚBLICO

Art. 68. Sem prévia e expressa autorização do autor ou titular, não poderão ser utilizadas obras teatrais, composições musicais ou lítero-musicais e fonogramas, em representações e execuções públicas.

§ 1º. Considera-se representação pública a utilização de obras teatrais no gênero drama, tragédia, comédia, ópera, opereta, balé, pantomimas e assemelhadas, musicadas ou não, mediante a participação de artistas, remunerados ou não, em locais de frequência coletiva ou pela radiodifusão, transmissão e exibição cinematográfica.

§ 2º. Considera-se execução pública a utilização de composições musicais ou lítero-musicais, mediante a participação de artistas, remunerados ou não, ou a utilização de fonogramas e obras audiovisuais, em locais de frequência coletiva, por quaisquer processos, inclusive a radiodifusão ou transmissão por qualquer modalidade, e a exibição cinematográfica.

§ 3º. Consideram-se locais de frequência coletiva os teatros, cinemas, salões de baile ou concertos, boates, bares, clubes ou associações de qualquer natureza, lojas, estabelecimentos comerciais e industriais, estádios, circos, feiras, restaurantes, hotéis, motéis, clínicas, hospitais, órgãos públicos da administração direta ou indireta, fundacionais e estatais, meios de transporte de passageiros terrestre, marítimo, fluvial ou aéreo, ou onde quer se representem, executem ou transmitam obras literárias, artísticas ou científicas.

§ 4º. Previamente à realização da execução pública, o empresário deverá apresentar ao escritório central, previsto no art. 99, a comprovação dos recolhimentos relativos aos direitos autorais.

§ 5º. Quando a remuneração depender da frequência do público, poderá o empresário, por convênio com o escritório central, pagar o preço após a realização da execução pública.

§ 6º. O usuário entregará à entidade responsável pela arrecadação dos direitos relativos à execução ou exibição pública, imediatamente após o ato de comunicação ao público, relação completa das obras e fonogramas utilizados, e a tornará pública e de livre acesso, juntamente com os valores pagos, em seu sítio eletrônico ou, em não havendo este, no local da comunicação e em sua sede. (Redação dada pela Lei nº 12.853, de 2013)

§ 7º. As empresas cinematográficas e de radiodifusão manterão à imediata disposição dos interessados, cópia autêntica dos contratos, ajustes ou acordos, individuais ou coletivos, autorizando e disciplinando a remuneração por execução pública das obras musicais e fonogramas contidas em seus programas ou obras audiovisuais.

§ 8º. Para as empresas mencionadas no § 7º, o prazo para cumprimento do disposto no § 6º será até o décimo dia útil de cada mês, relativamente à relação completa das obras e fonogramas utilizados no mês anterior. (Incluído pela Lei nº 12.853, de 2013)

Art. 69. O autor, observados os usos locais, notificará o empresário do prazo para a representação ou execução, salvo prévia estipulação convencional.

Art. 70. Ao autor assiste o direito de opor-se à representação ou execução que não seja suficientemente ensaiada, bem como fiscalizá-la, tendo, para isso, livre acesso durante as representações ou execuções, no local onde se realizam.

Art. 71. O autor da obra não pode alterar-lhe a substância, sem acordo com o empresário que a faz representar.

Art. 72. O empresário, sem licença do autor, não pode entregar a obra a pessoa estranha à representação ou à execução.

Art. 73. Os principais intérpretes e os diretores de orquestras ou coro, escolhidos de comum acordo pelo autor e pelo produtor, não podem ser substituídos por ordem deste, sem que aquele consinta.

Art. 74. O autor de obra teatral, ao autorizar a sua tradução ou adaptação, poderá fixar prazo para utilização dela em representações públicas.

Parágrafo único. Após o decurso do prazo a que se refere este artigo, não poderá opor-se o tradutor ou adaptador à utilização de outra tradução ou adaptação autorizada, salvo se for cópia da sua.

Art. 75. Autorizada a representação de obra teatral feita em coautoria, não poderá qualquer dos coautores revogar a autorização dada, provocando a suspensão da temporada contratualmente ajustada.

Art. 76. É impenhorável a parte do produto dos espetáculos reservada ao autor e aos artistas.

CAPÍTULO III. DA UTILIZAÇÃO DA OBRA DE ARTE PLÁSTICA

Art. 77. Salvo convenção em contrário, o autor de obra de arte plástica, ao alienar o objeto em que ela se materializa, transmite o direito de expô-la, mas não transmite ao adquirente o direito de reproduzi-la.

Art. 78. A autorização para reproduzir obra de arte plástica, por qualquer processo, deve se fazer por escrito e se presume onerosa.

CAPÍTULO IV. DA UTILIZAÇÃO DA OBRA FOTOGRÁFICA

Art. 79. O autor de obra fotografada tem direito a reproduzi-la e colocá-la à venda, observadas as restrições à exposição, reprodução e venda de retratos, e sem prejuízo dos direitos de autor sobre a obra fotografada, se de artes plásticas protegidas.

§ 1º. A fotografia, quando utilizada por terceiros, indicará de forma legível o nome do seu autor.

§ 2º. É vedada a reprodução de obra fotográfica que não esteja em absoluta consonância com o original, salvo prévia autorização do autor.

CAPÍTULO V. DA UTILIZAÇÃO DE FONOGRAMA

- Decreto 57.125/1965 – Promulga a Convenção Internacional para proteção aos artistas intérpretes ou executantes, aos produtores de fonogramas e aos organismos de radiodifusão.

Art. 80. Ao publicar o fonograma, o produtor mencionará em cada exemplar:

I – o título da obra incluída e seu autor;
II – o nome ou pseudônimo do intérprete;
III – o ano de publicação;
IV – o seu nome ou marca que o identifique.

CAPÍTULO VI. DA UTILIZAÇÃO DA OBRA AUDIOVISUAL

Art. 81. A autorização do autor e do intérprete de obra literária, artística ou científica para produção audiovisual implica, salvo disposição em contrário, consentimento para sua utilização econômica.

§ 1º A exclusividade da autorização depende de cláusula expressa e cessa 10 (dez) anos após a celebração do contrato.

§ 2º. Em cada cópia da obra audiovisual, mencionará o produtor:

I – o título da obra audiovisual;
II – os nomes ou pseudônimos do diretor e dos demais coautores;
III – o título da obra adaptada e seu autor, se for o caso;
IV – os artistas intérpretes;
V – o ano de publicação;
VI – o seu nome ou marca que o identifique;
VII – o nome dos dubladores. (Incluído pela Lei nº 12.091, de 2009)

Art. 82. O contrato de produção audiovisual deve estabelecer:

I – a remuneração devida pelo produtor aos coautores da obra e aos artistas intérpretes e executantes, bem como o tempo, lugar e forma de pagamento;
II – o prazo de conclusão da obra;
III – a responsabilidade do produtor para com os coautores, artistas intérpretes ou executantes, no caso de coprodução.

Art. 83. O participante da produção da obra audiovisual que interromper, temporária ou definitivamente, sua atuação, não poderá opor-se a que esta seja utilizada na obra nem a que terceiro o substitua, resguardados os direitos que adquiriu quanto à parte já executada.

Art. 84. Caso a remuneração dos coautores da obra audiovisual dependa dos rendimentos de sua utilização econômica, o produtor lhes prestará contas semestralmente, se outro prazo não houver sido pactuado.

Art. 85. Não havendo disposição em contrário, poderão os coautores da obra audiovisual utilizar-se, em gênero diverso, da parte que constitua sua contribuição pessoal.

Parágrafo único. Se o produtor não concluir a obra audiovisual no prazo ajustado ou não iniciar sua exploração dentro de 2 (dois) anos, a contar de sua conclusão, a utilização a que se refere este artigo será livre.

Art. 86. Os direitos autorais de execução musical relativos a obras musicais, lítero-musicais e fonogramas incluídos em obras audiovisuais serão devidos aos seus titulares pelos responsáveis dos locais ou estabelecimentos a que alude o § 3º do art. 68 desta Lei, que as exibirem, ou pelas emissoras de televisão que as transmitirem.

CAPÍTULO VII. DA UTILIZAÇÃO DE BASES DE DADOS

Art. 87. O titular do direito patrimonial sobre uma base de dados terá o direito exclusivo, a respeito da forma de expressão da estrutura da referida base, de autorizar ou proibir:

I – sua reprodução total ou parcial, por qualquer meio ou processo;

II – sua tradução, adaptação, reordenação ou qualquer outra modificação;

III – a distribuição do original ou cópias da base de dados ou a sua comunicação ao público;

IV – a reprodução, distribuição ou comunicação ao público dos resultados das operações mencionadas no inciso II deste artigo.

CAPÍTULO VIII. DA UTILIZAÇÃO DA OBRA COLETIVA

Art. 88. Ao publicar a obra coletiva, o organizador mencionará em cada exemplar:

I – o título da obra;

II – a relação de todos os participantes, em ordem alfabética, se outra não houver sido convencionada;

III – o ano de publicação;

IV – o seu nome ou marca que o identifique.

Parágrafo único. Para valer-se do disposto no § 1º do art. 17, deverá o participante notificar o organizador, por escrito, até a entrega de sua participação.

TÍTULO V. DOS DIREITOS CONEXOS

CAPÍTULO I. DISPOSIÇÕES PRELIMINARES

Art. 89. As normas relativas aos direitos de autor aplicam-se, no que couber, aos direitos dos artistas intérpretes ou executantes, dos produtores fonográficos e das empresas de radiodifusão.

Parágrafo único. A proteção desta Lei aos direitos previstos neste artigo deixa intactas e não afeta as garantias asseguradas aos autores das obras literárias, artísticas ou científicas.

CAPÍTULO II. DOS DIREITOS DOS ARTISTAS INTÉRPRETES OU EXECUTANTES

Art. 90. Tem o artista intérprete ou executante o direito exclusivo de, a título oneroso ou gratuito, autorizar ou proibir:

I – a fixação de suas interpretações ou execuções;

II – a reprodução, a execução pública e a locação das suas interpretações ou execuções fixadas;

III – a radiodifusão das suas interpretações ou execuções, fixadas ou não;

IV – a colocação à disposição do público de suas interpretações ou execuções, de maneira que qualquer pessoa a elas possa ter acesso, no tempo e no lugar que individualmente escolherem;

V – qualquer outra modalidade de utilização de suas interpretações ou execuções.

§ 1º. Quando na interpretação ou na execução participarem vários artistas, seus direitos serão exercidos pelo diretor do conjunto.

§ 2º. A proteção aos artistas intérpretes ou executantes estende-se à reprodução da voz e imagem, quando associadas às suas atuações.

Art. 91. As empresas de radiodifusão poderão realizar fixações de interpretação ou execução de artistas que as tenham permitido para utilização em determinado número de emissões, facultada sua conservação em arquivo público.

Parágrafo único. A reutilização subsequente da fixação, no País ou no exterior, somente será lícita mediante autorização escrita dos titulares de bens intelectuais incluídos no programa, devida uma remuneração adicional aos titulares para cada nova utilização.

Art. 92. Aos intérpretes cabem os direitos morais de integridade e paternidade de suas interpretações, inclusive depois da cessão dos direitos patrimoniais, sem prejuízo da redução, compactação, edição ou dublagem da obra de que tenham participado, sob a responsabilidade do produtor, que não poderá desfigurar a interpretação do artista.

Parágrafo único. O falecimento de qualquer participante de obra audiovisual, concluída ou não, não obsta sua exibição e aproveitamento econômico, nem exige autorização adicional, sendo a remuneração prevista para o falecido, nos termos do contrato e da lei, efetuada a favor do espólio ou dos sucessores.

CAPÍTULO III. DOS DIREITOS DOS PRODUTORES FONOGRÁFICOS

- Decreto 57.125/1965 – Promulga a Convenção Internacional para proteção aos artistas intérpretes ou executantes, aos produtores de fonogramas e aos organismos de radiodifusão.

Art. 93. O produtor de fonogramas tem o direito exclusivo de, a título oneroso ou gratuito, autorizar-lhes ou proibir-lhes:

I – a reprodução direta ou indireta, total ou parcial;

II – a distribuição por meio da venda ou locação de exemplares da reprodução;

III – a comunicação ao público por meio da execução pública, inclusive pela radiodifusão;

IV – (*VETADO*);

V – quaisquer outras modalidades de utilização, existentes ou que venham a ser inventadas.

Art. 94. (*Revogado pela Lei nº 12.853, de 2013*)

CAPÍTULO IV. DOS DIREITOS DAS EMPRESAS DE RADIODIFUSÃO

- Lei 9.612/1998 – Institui o Serviço de Radiodifusão Comunitária.
- Lei 9.472/1997 – Dispõe sobre a organização dos serviços de telecomunicações.
- Lei 4.117/1962 – Institui o Código Brasileiro de Telecomunicações.

Art. 95. Cabe às empresas de radiodifusão o direito exclusivo de autorizar ou proibir a retransmissão, fixação e reprodução de suas emissões, bem como a comunicação ao público, pela televisão, em locais de frequência coletiva, sem prejuízo dos direitos dos titulares de bens intelectuais incluídos na programação.

CAPÍTULO V. DA DURAÇÃO DOS DIREITOS CONEXOS

Art. 96. É de 70 (setenta) anos o prazo de proteção aos direitos conexos, contados a partir de 1º de janeiro do ano subsequente à fixação, para os fonogramas; à transmissão, para as emissões das empresas de radiodifusão; e à execução e representação pública, para os demais casos.

TÍTULO VI. DAS ASSOCIAÇÕES DE TITULARES DE DIREITOS DE AUTOR E DOS QUE LHES SÃO CONEXOS

Art. 97. Para o exercício e defesa de seus direitos, podem os autores e os titulares de direitos conexos associar-se sem intuito de lucro.

§ 1º. As associações reguladas por este artigo exercem atividade de interesse público, por determinação desta Lei, devendo atender a sua função social. (Redação dada pela Lei nº 12.853, de 2013)

§ 2º. É vedado pertencer, simultaneamente, a mais de uma associação para a gestão coletiva de direitos da mesma natureza. (Redação dada pela Lei nº 12.853, de 2013)

§ 3º. Pode o titular transferir-se, a qualquer momento, para outra associação, devendo comunicar o fato, por escrito, à associação de origem. (Redação dada pela Lei nº 12.853, de 2013)

§ 4º. As associações com sede no exterior far-se-ão representar, no País, por associações nacionais constituídas na forma prevista nesta Lei. (Incluído pela Lei nº 12.853, de 2013)

§ 5º. Apenas os titulares originários de direitos de autor ou de direitos conexos filiados diretamente às associações nacionais poderão votar ou ser votados nas associações reguladas por este artigo. (Incluído pela Lei nº 12.853, de 2013)

§ 6º. Apenas os titulares originários de direitos de autor ou de direitos conexos, nacionais ou estrangeiros domiciliados no Brasil, filiados diretamente às associações nacionais poderão assumir cargos de direção nas associações reguladas por este artigo. (Incluído pela Lei nº 12.853, de 2013)

Art. 98. Com o ato de filiação, as associações de que trata o art. 97 tornam-se mandatárias de seus associados para a prática de todos os atos necessários à defesa judicial ou extrajudicial de seus direitos autorais, bem como para o exercício da atividade de cobrança desses direitos. (Redação dada pela Lei nº 12.853, de 2013)

§ 1º. O exercício da atividade de cobrança citada no *caput* somente será lícito para as associações que obtiverem habilitação em órgão da Administração Pública Federal, nos termos do art. 98-A. (Incluído pela Lei nº 12.853, de 2013)

§ 2º. As associações deverão adotar os princípios da isonomia, eficiência e transparência na cobrança pela utilização de qualquer obra ou fonograma. (Incluído pela Lei nº 12.853, de 2013)

§ 3º. Caberá às associações, no interesse dos seus associados, estabelecer os preços pela utilização de seus repertórios, considerando a razoabilidade, a boa-fé e os usos do local de utilização das obras. (Incluído pela Lei nº 12.853, de 2013)

§ 4º. A cobrança será sempre proporcional ao grau de utilização das obras e fonogramas pelos usuários, considerando a importância da execução pública no exercício de suas atividades, e as particularidades de cada segmento, conforme disposto no regulamento desta Lei. (Incluído pela Lei nº 12.853, de 2013)

§ 5º. As associações deverão tratar seus associados de forma equitativa, sendo vedado o tratamento desigual. (Incluído pela Lei nº 12.853, de 2013)

§ 6º. As associações deverão manter um cadastro centralizado de todos os contratos, declarações ou documentos de qualquer natureza que comprovem a autoria e a titularidade das obras e dos fonogramas, bem como as participações individuais em cada obra e em cada fonograma, prevenindo o falseamento de dados e fraudes e promovendo a desambiguação de títulos similares de obras. (Incluído pela Lei nº 12.853, de 2013)

§ 7º. As informações mencionadas no § 6º são de interesse público e o acesso a elas deverá ser disponibilizado por meio eletrônico a qualquer interessado, de forma gratuita, permitindose ainda ao Ministério da Cultura o acesso contínuo e integral a tais informações. (Incluído pela Lei nº 12.853, de 2013)

§ 8º. Mediante comunicação do interessado e preservada a ampla defesa e o direito ao contraditório, o Ministério da Cultura poderá, no caso de inconsistência nas informações mencionadas no § 6º deste artigo, determinar sua retificação e demais medidas necessárias à sua regularização, conforme disposto em regulamento. (Incluído pela Lei nº 12.853, de 2013)

§ 9º. As associações deverão disponibilizar sistema de informação para comunicação periódica, pelo usuário, da totalidade das obras e fonogramas utilizados, bem como para acompanhamento, pelos titulares de direitos, dos valores arrecadados e distribuídos. (Incluído pela Lei nº 12.853, de 2013)

§ 10. Os créditos e valores não identificados deverão permanecer retidos e à disposição dos titulares pelo período de 5 (cinco) anos, devendo ser distribuídos à medida da sua identificação. (Incluído pela Lei nº 12.853, de 2013)

§ 11. Findo o período de 5 (cinco) anos previsto no § 10 sem que tenha ocorrido a identificação dos créditos e valores retidos, estes serão distribuídos aos titulares de direitos de autor e de direitos conexos dentro da mesma rubrica em que foram arrecadados e na proporção de suas respectivas arrecadações durante o período da retenção daqueles créditos e valores, sendo vedada a sua destinação para outro fim. (Incluído pela Lei nº 12.853, de 2013)

§ 12. A taxa de administração praticada pelas associações no exercício da cobrança e distribuição de direitos autorais deverá ser proporcional ao custo efetivo de suas operações, considerando as peculiaridades de cada uma delas. (Incluído pela Lei nº 12.853, de 2013)

§ 13. Os dirigentes das associações serão eleitos para mandato de 3 (três) anos, permitida uma única recondução precedida de nova eleição. (Incluído pela Lei nº 12.853, de 2013)

§ 14. Os dirigentes das associações atuarão diretamente em sua gestão, por meio de voto pessoal, sendo vedado que atuem representados por terceiros. (Incluído pela Lei nº 12.853, de 2013)

§ 15. Os titulares de direitos autorais poderão praticar pessoalmente os atos referidos no *caput* e no § 3o deste artigo, mediante comunicação à associação a que estiverem filiados, com até 48 (quarenta e oito) horas de antecedência da sua prática. (Incluído pela Lei nº 12.853, de 2013)

§ 16. As associações, por decisão do seu órgão máximo de deliberação e conforme previsto em seus estatutos, poderão destinar até 20% (vinte por cento) da totalidade ou de parte dos recursos oriundos de suas atividades para ações de natureza cultural e social que beneficiem seus associados de forma coletiva. (Incluído pela Lei nº 12.853, de 2013)

Art. 98-A. O exercício da atividade de cobrança de que trata o art. 98 dependerá de habilitação prévia em órgão da Administração Pública Federal, conforme disposto em regulamento, cujo processo administrativo observará: (Incluído pela Lei nº 12.853, de 2013)

I – o cumprimento, pelos estatutos da entidade solicitante, dos requisitos estabelecidos na legislação para sua constituição; (Incluído pela Lei nº 12.853, de 2013)

II – a demonstração de que a entidade solicitante reúne as condições necessárias para assegurar uma administração eficaz e transparente dos direitos a ela confiados e significativa representatividade de obras e titulares cadastrados, mediante comprovação dos seguintes documentos e informações: (Incluído pela Lei nº 12.853, de 2013)

a) cadastros das obras e titulares que representam; (Incluído pela Lei nº 12.853, de 2013)

b) contratos e convênios mantidos com usuários de obras de seus repertórios, quando aplicável; (Incluído pela Lei nº 12.853, de 2013)

c) estatutos e respectivas alterações; (Incluído pela Lei nº 12.853, de 2013)

d) atas das assembleias ordinárias ou extraordinárias; (Incluído pela Lei nº 12.853, de 2013)

e) acordos de representação recíproca com entidades congêneres estrangeiras, quando existentes; (Incluído pela Lei nº 12.853, de 2013)

f) relatório anual de suas atividades, quando aplicável; (Incluído pela Lei nº 12.853, de 2013)

g) demonstrações contábeis anuais, quando aplicável; (Incluído pela Lei nº 12.853, de 2013)

h) demonstração de que as taxas de administração são proporcionais aos custos de cobrança e distribuição para cada tipo de utilização, quando aplicável; (Incluído pela Lei nº 12.853, de 2013)

i) relatório anual de auditoria externa de suas contas, desde que a entidade funcione há mais de 1 (um) ano e que a auditoria seja demandada pela maioria de seus associados ou por sindicato ou associação profissional, nos termos do art. 100; (Incluído pela Lei nº 12.853, de 2013)

j) detalhamento do modelo de governança da associação, incluindo estrutura de representação isonômica dos associados; (Incluído pela Lei nº 12.853, de 2013)

k) plano de cargos e salários, incluindo valor das remunerações dos dirigentes, gratificações, bonificações e outras modalidades de remuneração e premiação, com valores atualizados; (Incluído pela Lei nº 12.853, de 2013)

III – outras informações estipuladas em regulamento por órgão da Administração Pública Federal, como as que demonstrem o cumprimento das obrigações internacionais contratuais da entidade solicitante que possam ensejar questionamento ao Estado Brasileiro no âmbito dos acordos internacionais dos quais é parte. (Incluído pela Lei nº 12.853, de 2013)

§ 1º. Os documentos e informações a que se referem os incisos II e III do *caput* deste artigo deverão ser apresentados anualmente ao Ministério da Cultura. (Incluído pela Lei nº 12.853, de 2013)

§ 2º. A habilitação de que trata o § 1º do art. 98 é um ato de qualificação vinculado ao cumprimento dos requisitos instituídos por esta Lei e por seu regulamento e não precisará ser renovada periodicamente, mas poderá ser anulada mediante decisão proferida em processo administrativo ou judicial, quando verificado que a associação não atende ao disposto nesta Lei, assegurados sempre o contraditório e ampla defesa, bem como a comunicação do fato ao Ministério Público. (Incluído pela Lei nº 12.853, de 2013)

§ 3º. A anulação da habilitação a que se refere o § 1º do art. 98 levará em consideração a gravidade e a relevância das irregularidades identificadas, a boa-fé do infrator e a reincidência nas irregularidades, conforme disposto em regulamento, e somente se efetivará após a aplicação de advertência, quando se concederá prazo razoável para atendimento das exigências apontadas pela autoridade competente. (Incluído pela Lei nº 12.853, de 2013)

§ 4º. A ausência de uma associação que seja mandatária de determinada categoria de titulares em função da aplicação do § 2º deste artigo não isenta os usuários das obrigações previstas no art. 68, que deverão ser quitadas em relação ao período compreendido entre o indeferimento do pedido de habilitação, a anulação ou o cancelamento da habilitação e a obtenção de nova habilitação ou constituição de entidade sucessora nos termos deste artigo, ficando a entidade sucessora responsável pela fixação dos valores dos direitos autorais ou conexos em relação ao período compreendido entre o indeferimento do pedido de habilitação ou sua anulação e a obtenção de nova habilitação pela entidade sucessora. (Incluído pela Lei nº 12.853, de 2013)

§ 5º. A associação cuja habilitação, nos termos deste artigo, seja anulada, inexistente ou pendente de apreciação pela autoridade competente, ou apresente qualquer outra forma de irregularidade, não poderá utilizar tais fatos como impedimento para distribuição de eventuais valores já arrecadados, sob pena de responsabilização direta de seus dirigentes nos termos do art. 100-A, sem prejuízo das sanções penais cabíveis. (Incluído pela Lei nº 12.853, de 2013)

§ 6º. As associações de gestão coletiva de direitos autorais deverão manter atualizados e disponíveis aos associados os documentos e as informações previstos nos incisos II e III deste artigo. (Incluído pela Lei nº 12.853, de 2013)

Art. 98-B. As associações de gestão coletiva de direitos autorais, no desempenho de suas funções, deverão: (Incluído pela Lei nº 12.853, de 2013)

I – dar publicidade e transparência, por meio de sítios eletrônicos próprios, às formas de cálculo e critérios de cobrança, discriminando, dentre outras informações, o tipo de usuário, tempo e lugar de utilização, bem como os critérios de distribuição dos valores dos direitos autorais arrecadados, incluídas as planilhas e demais registros de utilização das obras e fonogramas fornecidas pelos usuários, excetuando os valores distribuídos aos titulares individualmente; (Incluído pela Lei nº 12.853, de 2013)

II – dar publicidade e transparência, por meio de sítios eletrônicos próprios, aos estatutos, aos regulamentos de arrecadação e distribuição, às atas de suas reuniões deliberativas e aos cadastros das obras e titulares que representam, bem como ao montante arrecadado e distribuído e aos créditos eventualmente arrecadados e não distribuídos, sua origem e o motivo da sua retenção; (Incluído pela Lei nº 12.853, de 2013)

III – buscar eficiência operacional, dentre outros meios, pela redução de seus custos administrativos e dos prazos de distribuição dos valores aos titulares de direitos; (Incluído pela Lei nº 12.853, de 2013)

IV – oferecer aos titulares de direitos os meios técnicos para que possam acessar o balanço dos seus créditos da forma mais eficiente dentro do estado da técnica; (Incluído pela Lei nº 12.853, de 2013)

V – aperfeiçoar seus sistemas para apuração cada vez mais acurada das execuções públicas realizadas e publicar anualmente seus métodos de verificação, amostragem e aferição; (Incluído pela Lei nº 12.853, de 2013)

VI – garantir aos associados o acesso às informações referentes às obras sobre as quais sejam titulares de direitos e às execuções aferidas para cada uma delas, abstendo-se de firmar contratos, convênios ou pactos com cláusula de confidencialidade; (Incluído pela Lei nº 12.853, de 2013)

VII – garantir ao usuário o acesso às informações referentes às utilizações por ele realizadas. (Incluído pela Lei nº 12.853, de 2013)

Parágrafo único. As informações contidas nos incisos I e II devem ser atualizadas periodicamente, em intervalo nunca superior a 6 (seis) meses. (Incluído pela Lei nº 12.853, de 2013)

Art. 98-C. As associações de gestão coletiva de direitos autorais deverão prestar contas dos valores devidos, em caráter regular e de modo direto, aos seus associados. (Incluído pela Lei nº 12.853, de 2013)

§ 1º. O direito à prestação de contas poderá ser exercido diretamente pelo associado. (Incluído pela Lei nº 12.853, de 2013)

§ 2º. Se as contas não forem prestadas na forma do § 1º, o pedido do associado poderá ser encaminhado ao Ministério da Cultura que, após sua apreciação, poderá determinar a prestação de contas pela associação, na forma do regulamento. (Incluído pela Lei nº 12.853, de 2013)

Art. 99. A arrecadação e distribuição dos direitos relativos à execução pública de obras musicais e literomusicais e de fonogramas será feita por meio das associações de gestão coletiva criadas para este fim por seus titulares, as quais deverão unificar a cobrança em um único escritório central para arrecadação e distribuição, que funcionará como ente arrecadador com personalidade jurídica própria e observará os §§ 1º a 12 do art. 98 e os arts. 98-A, 98-B, 98-C, 99-B, 100, 100-A e 100-B. (Redação dada pela Lei nº 12.853, de 2013)

§ 1º. O ente arrecadador organizado na forma prevista no *caput* não terá finalidade de lucro e será dirigido e administrado por meio do voto unitário de cada associação que o integra. (Redação dada pela Lei nº 12.853, de 2013)

§ 2º. O ente arrecadador e as associações a que se refere este Título atuarão em juízo e fora dele em seus próprios nomes como substitutos processuais dos titulares a eles vinculados. (Redação dada pela Lei nº 12.853, de 2013)

§ 3º. O recolhimento de quaisquer valores pelo ente arrecadador somente se fará por depósito bancário. (Redação dada pela Lei nº 12.853, de 2013)

§ 4º. A parcela destinada à distribuição aos autores e demais titulares de direitos não poderá, em um ano da data de publicação desta Lei, ser inferior a 77,5% (setenta e sete inteiros e cinco décimos por cento) dos valores arrecadados, aumentando-se tal parcela à razão de 2,5% a.a. (dois inteiros e cinco décimos por cento ao ano), até que, em 4 (quatro) anos da data de publicação desta Lei, ela não seja inferior a 85% (oitenta e cinco por cento) dos valores arrecadados. (Redação dada pela Lei nº 12.853, de 2013)

§ 5º. O ente arrecadador poderá manter fiscais, aos quais é vedado receber do usuário numerário a qualquer título. (Redação dada pela Lei nº 12.853, de 2013)

§ 6º. A inobservância da norma do § 5º tornará o faltoso inabilitado à função de fiscal, sem prejuízo da comunicação do fato ao Ministério Público e da aplicação das sanções civis e penais cabíveis. (Incluído pela Lei nº 12.853, de 2013)

§ 7º. Cabe ao ente arrecadador e às associações de gestão coletiva zelar pela continuidade da arrecadação e, no caso de perda da habilitação por alguma associação, cabe a ela cooperar para que a transição entre associações seja realizada sem qualquer prejuízo aos titulares, transferindo-se todas as informações necessárias ao processo de arrecadação e distribuição de direitos. (Incluído pela Lei nº 12.853, de 2013)

§ 8º. Sem prejuízo do disposto no § 3º do art. 98, as associações devem estabelecer e unificar o preço de seus repertórios junto ao ente arrecadador para a sua cobrança, atuando este como mandatário das associações que o integram. (Incluído pela Lei nº 12.853, de 2013)

§ 9º. O ente arrecadador cobrará do usuário de forma unificada, e se encarregará da devida distribuição da arrecadação às associações, observado o disposto nesta Lei, especialmente os critérios estabelecidos nos §§ 3º e 4º do art. 98. (Incluído pela Lei nº 12.853, de 2013)

Art. 99-A. O ente arrecadador de que trata o *caput* do art. 99 deverá admitir em seus quadros, além das associações que o constituíram, as associações de titulares de direitos autorais que tenham pertinência com sua área de atuação e estejam habilitadas em órgão da Administração Pública Federal na forma do art. 98-A. (Incluído pela Lei nº 12.853, de 2013)

Parágrafo único. As deliberações quanto aos critérios de distribuição dos recursos arrecadados serão tomadas por meio do voto unitário de cada associação que integre o ente arrecadador. (Incluído pela Lei nº 12.853, de 2013)

Art. 99-B. As associações referidas neste Título estão sujeitas às regras concorrenciais definidas em legislação específica que trate da prevenção e repressão às infrações contra a ordem econômica. (Incluído pela Lei nº 12.853, de 2013)

Art. 100. O sindicato ou associação profissional que congregue filiados de uma associação de gestão coletiva de direitos autorais poderá, 1 (uma) vez por ano, às suas expensas, após notificação, com 8 (oito) dias de antecedência, fiscalizar, por intermédio de auditor independente, a exatidão das contas prestadas por essa associação autoral a seus representados. (Redação dada pela Lei nº 12.853, de 2013)

Art. 100-A. Os dirigentes das associações de gestão coletiva de direitos autorais respondem solidariamente, com seus bens particulares, por desvio de finalidade ou quanto ao inadimplemento das obrigações para com os associados, por dolo ou culpa. (Incluído pela Lei nº 12.853, de 2013)

Art. 100-B. Os litígios entre usuários e titulares de direitos autorais ou seus mandatários, em relação à falta de pagamento, aos critérios de cobrança, às formas de oferecimento de repertório e aos valores de arrecadação, e entre titulares e suas associações, em relação aos valores e critérios de distribuição, poderão ser objeto da atuação de órgão da Administração Pública Federal para a resolução de conflitos por meio de mediação ou arbitragem, na forma do regulamento, sem prejuízo da apreciação pelo Poder Judiciário e pelos órgãos do Sistema Brasileiro de Defesa da Concorrência, quando cabível. (Incluído pela Lei nº 12.853, de 2013)

TÍTULO VII. DAS SANÇÕES ÀS VIOLAÇÕES DOS DIREITOS AUTORAIS

CAPÍTULO I. DISPOSIÇÃO PRELIMINAR

Art. 101. As sanções civis de que trata este Capítulo aplicam-se sem prejuízo das penas cabíveis.

CAPÍTULO II. DAS SANÇÕES CIVIS

Art. 102. O titular cuja obra seja fraudulentamente reproduzida, divulgada ou de qualquer forma utilizada, poderá requerer a apreensão dos exemplares reproduzidos ou a suspensão da divulgação, sem prejuízo da indenização cabível.

Art. 103. Quem editar obra literária, artística ou científica, sem autorização do titular, perderá para este os exemplares que se apreenderem e pagar-lhe-á o preço dos que tiver vendido.

Parágrafo único. Não se conhecendo o número de exemplares que constituem a edição fraudulenta, pagará o transgressor o valor de 3.000 (três mil) exemplares, além dos apreendidos.

Art. 104. Quem vender, expuser a venda, ocultar, adquirir, distribuir, tiver em depósito ou utilizar obra ou fonograma reproduzidos com fraude, com a finalidade de vender, obter ganho, vantagem, proveito, lucro direto ou indireto, para si ou para outrem, será solidariamente responsável com o contrafator, nos termos dos artigos precedentes, respondendo como contrafatores o importador e o distribuidor em caso de reprodução no exterior.

Art. 105. A transmissão e a retransmissão, por qualquer meio ou processo, e a comunicação ao público de obras artísticas, literárias e científicas, de interpretações e de fonogramas, realizadas mediante violação aos direitos de seus titulares, deverão ser imediatamente suspensas ou interrompidas pela autoridade judicial competente, sem prejuízo da multa diária pelo descumprimento e das demais indenizações cabíveis, independentemente das sanções penais aplicáveis; caso se comprove que o infrator é reincidente na violação aos direitos dos titulares de direitos de autor e conexos, o valor da multa poderá ser aumentado até o dobro.

Art. 106. A sentença condenatória poderá determinar a destruição de todos os exemplares ilícitos, bem como as matrizes, moldes, negativos e demais elementos utilizados para praticar o ilícito civil, assim como a perda de máquinas, equipamentos e insumos destinados a tal fim ou, servindo eles unicamente para o fim ilícito, sua destruição.

Art. 107. Independentemente da perda dos equipamentos utilizados, responderá por perdas e danos, nunca inferiores ao valor que resultaria da aplicação do disposto no art. 103 e seu parágrafo único, quem:

I – alterar, suprimir, modificar ou inutilizar, de qualquer maneira, dispositivos técnicos introduzidos nos exemplares das obras e produções protegidas para evitar ou restringir sua cópia;

II – alterar, suprimir ou inutilizar, de qualquer maneira, os sinais codificados destinados a restringir a comunicação ao público de obras, produções ou emissões protegidas ou a evitar a sua cópia;

III – suprimir ou alterar, sem autorização, qualquer informação sobre a gestão de direitos;

IV – distribuir, importar para distribuição, emitir, comunicar ou puser à disposição do público, sem autorização, obras, interpretações ou execuções, exemplares de interpretações fixadas em fonogramas e emissões, sabendo que a informação sobre a gestão de direitos, sinais codificados e dispositivos técnicos foram suprimidos ou alterados sem autorização.

Art. 108. Quem, na utilização, por qualquer modalidade, de obra intelectual, deixar de indicar ou de anunciar, como tal, o nome, pseudônimo ou sinal convencional do autor e do intérprete, além de responder por danos morais, está obrigado a divulgar-lhes a identidade da seguinte forma:

I – tratando-se de empresa de radiodifusão, no mesmo horário em que tiver ocorrido a infração, por 3 (três) dias consecutivos;

II – tratando-se de publicação gráfica ou fonográfica, mediante inclusão de errata nos exemplares ainda não distribuídos, sem prejuízo de comunicação, com destaque, por 3 (três) vezes consecutivas em jornal de grande circulação, dos domicílios do autor, do intérprete e do editor ou produtor;

III – tratando-se de outra forma de utilização, por intermédio da imprensa, na forma a que se refere o inciso anterior.

Art. 109. A execução pública feita em desacordo com os arts. 68, 97, 98 e 99 desta Lei sujeitará os responsáveis a multa de 20 (vinte) vezes o valor que deveria ser originariamente pago.

Art. 109-A. A falta de prestação ou a prestação de informações falsas no cumprimento do disposto no § 6º do art. 68 e no § 9º do art. 98 sujeitará os responsáveis, por determinação da autoridade competente e nos termos do regulamento desta Lei, a multa de 10 (dez) a 30% (trinta por cento) do valor que deveria ser originariamente pago, sem prejuízo das perdas e danos. (Incluído pela Lei nº 12.853, de 2013)

Parágrafo único. Aplicam-se as regras da legislação civil quanto ao inadimplemento das obrigações no caso de descumprimento, pelos usuários, dos seus deveres legais e contratuais junto às associações referidas neste Título. (Incluído pela Lei nº 12.853, de 2013)

Art. 110. Pela violação de direitos autorais nos espetáculos e audições públicas, realizados nos locais ou estabelecimentos a que alude o art. 68, seus proprietários, diretores, gerentes, empresários e arrendatários respondem solidariamente com os organizadores dos espetáculos.

CAPÍTULO III. DA PRESCRIÇÃO DA AÇÃO

Art. 111. (*VETADO*).

TÍTULO VIII. DISPOSIÇÕES FINAIS E TRANSITÓRIAS

Art. 112. Se uma obra, em consequência de ter expirado o prazo de proteção que lhe era anteriormente reconhecido pelo § 2º do art. 42 da Lei nº 5.988, de 14 de dezembro de 1973, caiu no domínio público, não terá o prazo de proteção dos direitos patrimoniais ampliado por força do art. 41 desta Lei.

Art. 113. Os fonogramas, os livros e as obras audiovisuais sujeitar-se-ão a selos ou sinais de identificação sob a responsabilidade do produtor, distribuidor ou importador, sem ônus para o consumidor, com o fim de atestar o cumprimento das normas legais vigentes, conforme dispuser o regulamento.

Art. 114. Esta Lei entra em vigor 120 (cento e vinte) dias após sua publicação.

Art. 115. Ficam revogados os arts. 649 a 673 e 1.346 a 1.362 do Código Civil e as Leis nºs 4.944, de 6 de abril de 1966; 5.988, de 14 de dezembro de 1973, excetuando-se o art. 17 e seus §§ 1º e 2º; 6.800, de 25 de junho de 1980; 7.123, de 12 de setembro de 1983; 9.045, de 18 de maio de 1995, e demais disposições em contrário, mantidos em vigor as Leis nºs 6.533, de 24 de maio de 1978, e 6.615, de 16 de dezembro de 1978.

Brasília, 19 de fevereiro de 1998; 177º da Independência e 110º da República.

FERNANDO HENRIQUE CARDOSO

D.O.U. 20.2.1998

LEI Nº 9.613, DE 3 DE MARÇO DE 1998

Dispõe sobre os crimes de "lavagem" ou ocultação de bens, direitos e valores; a prevenção da utilização do sistema financeiro para os ilícitos previstos nesta Lei; cria o Conselho de Controle de Atividades Financeiras – COAF, e dá outras providências.

- *"Lavagem" de dinheiro*

O PRESIDENTE DA REPÚBLICA Faço saber que o Congresso Nacional decreta e eu sanciono a seguinte Lei:

- Dec. 9.663/2018 (Estatuto do Conselho de Controle de Atividades Financeiras – COAF)
- Instrução Normativa DREI 76 (Dispõe sobre a política, os procedimentos e os controles a serem adotados no âmbito das Juntas Comerciais para o cumprimento das disposições da Lei nº 9.613, de 3 de março de 1998, relativas à prevenção de atividades de lavagem de dinheiro, ou a ela relacionadas, e financiamento do terrorismo; e da Lei nº 13.810, de 8 de março de 2019, relativas ao cumprimento de determinações do Conselho de Segurança das Nações Unidas acerca da indisponibilidade de ativos).

CAPÍTULO I. DOS CRIMES DE "LAVAGEM" OU OCULTAÇÃO DE BENS, DIREITOS E VALORES

Art. 1º. Ocultar ou dissimular a natureza, origem, localização, disposição, movimentação ou propriedade de bens, direitos ou valores provenientes, direta ou indiretamente, de infração penal. (Redação dada pela Lei nº 12.683, de 2012)

I a VIII – (*Revogados pela Lei nº 12.683, de 2012*);

Pena – reclusão, de 3 (três) a 10 (dez) anos e multa. (Redação dada pela Lei nº 12.683, de 2012)

§ 1º. Incorre na mesma pena quem, para ocultar ou dissimular a utilização de bens, direitos ou valores provenientes de infração penal: (Redação dada pela Lei nº 12.683, de 2012)

I – os converte em ativos lícitos;

II – os adquire, recebe, troca, negocia, dá ou recebe em garantia, guarda, tem em depósito, movimenta ou transfere;

III – importa ou exporta bens com valores não correspondentes aos verdadeiros.

§ 2º. Incorre, ainda, na mesma pena quem: (Redação dada pela Lei nº 12.683, de 2012)

I – utiliza, na atividade econômica ou financeira, bens, direitos ou valores provenientes de infração penal; (Redação dada pela Lei nº 12.683, de 2012)

II – participa de grupo, associação ou escritório tendo conhecimento de que sua atividade principal ou secundária é dirigida à prática de crimes previstos nesta Lei.

§ 3º. A tentativa é punida nos termos do parágrafo único do art. 14 do Código Penal.

§ 4º. A pena será aumentada de 1 (um) a 2/3 (dois terços) se os crimes definidos nesta Lei forem cometidos de forma reiterada ou por intermédio de organização criminosa. (Redação dada pela Lei nº 12.683, de 2012)

- Lei 12.850/2013 – Define organização criminosa e dispõe sobre a investigação criminal, os meios de obtenção da prova, infrações penais correlatas e o procedimento criminal.

§ 5º. A pena poderá ser reduzida de um a dois terços e ser cumprida em regime aberto ou semiaberto, facultando-se ao juiz deixar de aplicá-la ou substituí-la, a qualquer tempo, por pena restritiva de direitos, se o autor, coautor ou partícipe colaborar espontaneamente com as autoridades, prestando esclarecimentos que conduzam à apuração das infrações penais, à identificação dos autores, coautores e partícipes, ou à localização dos bens, direitos ou valores objeto do crime. (Redação dada pela Lei nº 12.683, de 2012)

- Lei 12.850/2013: arts. 4º a 7º.
- Lei 9.807/1999: arts. 13 a 15.

§ 6º Para a apuração do crime de que trata este artigo, admite-se a utilização da ação controlada e da infiltração de agentes. (Incluído pela Lei 13.964/2019)

CAPÍTULO II. DISPOSIÇÕES PROCESSUAIS ESPECIAIS

Art. 2º. O processo e julgamento dos crimes previstos nesta Lei:

I – obedecem às disposições relativas ao procedimento comum dos crimes punidos com reclusão, da competência do juiz singular;

- CPP: arts. 394 a 405.

II – independem do processo e julgamento das infrações penais antecedentes, ainda que praticados em outro país, cabendo ao juiz competente para os crimes previstos nesta Lei a decisão sobre a unidade de processo e julgamento; (Redação dada pela Lei nº 12.683, de 2012)

III – são da competência da Justiça Federal:

a) quando praticados contra o sistema financeiro e a ordem econômico-financeira, ou em detrimento de bens, serviços ou interesses da União, ou de suas entidades autárquicas ou empresas públicas;

b) quando a infração penal antecedente for de competência da Justiça Federal. (Redação dada pela Lei nº 12.683, de 2012)

§ 1º. A denúncia será instruída com indícios suficientes da existência da infração penal antecedente, sendo puníveis os fatos previstos nesta Lei, ainda que desconhecido ou isento de pena o autor, ou extinta a punibilidade da infração penal antecedente. (Redação dada pela Lei nº 12.683, de 2012)

- CPP: arts. 41 e 239.

§ 2º. No processo por crime previsto nesta Lei, não se aplica o disposto no art. 366 do Decreto-Lei nº 3.689, de 3 de outubro de 1941 (Código de Processo Penal), devendo o acusado que não comparecer nem constituir advogado ser citado por edital, prosseguindo o feito até o julgamento, com a nomeação de defensor dativo. (Redação dada pela Lei nº 12.683, de 2012)

Art. 3º. (*Revogado pela Lei nº 12.683, de 2012*).

Art. 4º. O juiz, de ofício, a requerimento do Ministério Público ou mediante representação do delegado de polícia, ouvido o Ministério Público em 24 (vinte e quatro) horas, havendo indícios suficientes de infração penal, poderá decretar medidas assecuratórias de bens, direitos ou valores do investigado ou acusado, ou existentes em nome de interpostas pessoas, que sejam instrumento, produto ou proveito dos crimes previstos nesta Lei ou das infrações penais antecedentes. (Redação dada pela Lei nº 12.683, de 2012)

§ 1º. Proceder-se-á à alienação antecipada para preservação do valor dos bens sempre que estiverem sujeitos a qualquer grau de deterioração ou depreciação, ou quando houver dificuldade para sua manutenção. (Redação dada pela Lei nº 12.683, de 2012)

§ 2º. O juiz determinará a liberação total ou parcial dos bens, direitos e valores quando comprovada a licitude de sua origem, mantendo-se a constrição dos bens, direitos e valores necessários e suficientes à reparação dos danos e ao pagamento de prestações pecuniárias, multas e custas decorrentes da infração penal. (Redação dada pela Lei nº 12.683, de 2012)

§ 3º. Nenhum pedido de liberação será conhecido sem o comparecimento pessoal do acusado ou de interposta pessoa a que se refere o *caput* deste artigo, podendo o juiz determinar a prática de atos necessários à conservação de bens, direitos ou valores, sem prejuízo do disposto no § 1º. (Redação dada pela Lei nº 12.683, de 2012)

§ 4º. Poderão ser decretadas medidas assecuratórias sobre bens, direitos ou valores para reparação do dano decorrente da infração penal antecedente ou da prevista nesta Lei ou para pagamento de prestação pecuniária, multa e custas. (Redação dada pela Lei nº 12.683, de 2012)

Art. 4º-A. A alienação antecipada para preservação de valor de bens sob constrição será decretada pelo juiz, de ofício, a requerimento do Ministério Público ou por solicitação da parte interessada, mediante petição autônoma, que será autuada em apartado e cujos autos terão tramitação em separado em relação ao processo principal. (Incluído pela Lei nº 12.683, de 2012)

§ 1º. O requerimento de alienação deverá conter a relação de todos os demais bens, com a descrição e a especificação de cada um deles, e informações sobre quem os detém e local onde se encontram. (Incluído pela Lei nº 12.683, de 2012)

§ 2º. O juiz determinará a avaliação dos bens, nos autos apartados, e intimará o Ministério Público. (Incluído pela Lei nº 12.683, de 2012)

§ 3º. Feita a avaliação e dirimidas eventuais divergências sobre o respectivo laudo, o juiz, por sentença, homologará o valor atribuído aos bens e determinará sejam alienados em leilão ou pregão, preferencialmente eletrônico, por valor não inferior a 75% (setenta e cinco por cento) da avaliação. (Incluído pela Lei nº 12.683, de 2012)

§ 4º. Realizado o leilão, a quantia apurada será depositada em conta judicial remunerada, adotando-se a seguinte disciplina: (Incluído pela Lei nº 12.683, de 2012)

I – nos processos de competência da Justiça Federal e da Justiça do Distrito Federal: (Incluído pela Lei nº 12.683, de 2012)

a) os depósitos serão efetuados na Caixa Econômica Federal ou em instituição financeira pública, mediante documento adequado para essa finalidade; (Incluído pela Lei nº 12.683, de 2012)

b) os depósitos serão repassados pela Caixa Econômica Federal ou por outra instituição financeira pública para a Conta Única do Tesouro Nacional, independentemente de qualquer formalidade, no prazo de 24 (vinte e quatro) horas; e (Incluído pela Lei nº 12.683, de 2012)

c) os valores devolvidos pela Caixa Econômica Federal ou por instituição financeira pública serão debitados à Conta Única do Tesouro Nacional, em subconta de restituição; (Incluído pela Lei nº 12.683, de 2012)

II – nos processos de competência da Justiça dos Estados: (Incluído pela Lei nº 12.683, de 2012)

a) os depósitos serão efetuados em instituição financeira designada em lei, preferencialmente pública, de cada Estado ou, na sua ausência, em instituição financeira pública da União; (Incluído pela Lei nº 12.683, de 2012)

b) os depósitos serão repassados para a conta única de cada Estado, na forma da respectiva legislação. (Incluído pela Lei nº 12.683, de 2012)

§ 5º. Mediante ordem da autoridade judicial, o valor do depósito, após o trânsito em julgado da sentença proferida na ação penal, será: (Incluído pela Lei nº 12.683, de 2012)

I – em caso de sentença condenatória, nos processos de competência da Justiça Federal e da Justiça do Distrito Federal, incorporado definitivamente ao patrimônio da União, e, nos processos de competência da Justiça Estadual, incorporado ao patrimônio do Estado respectivo; (Incluído pela Lei nº 12.683, de 2012)

II – em caso de sentença absolutória extintiva de punibilidade, colocado à disposição do réu pela instituição financeira, acrescido da remuneração da conta judicial. (Incluído pela Lei nº 12.683, de 2012)

§ 6º. A instituição financeira depositária manterá controle dos valores depositados ou devolvidos. (Incluído pela Lei nº 12.683, de 2012)

§ 7º. Serão deduzidos da quantia apurada no leilão todos os tributos e multas incidentes sobre o bem alienado, sem prejuízo de iniciativas que, no âmbito da competência de cada ente da Federação, venham a desonerar bens sob constrição judicial daqueles ônus. (Incluído pela Lei nº 12.683, de 2012)

§ 8º. Feito o depósito a que se refere o § 4º deste artigo, os autos da alienação serão apensados aos do processo principal. (Incluído pela Lei nº 12.683, de 2012)

§ 9º. Terão apenas efeito devolutivo os recursos interpostos contra as decisões proferidas no curso do procedimento previsto neste artigo. (Incluído pela Lei nº 12.683, de 2012)

§ 10. Sobrevindo o trânsito em julgado de sentença penal condenatória, o juiz decretará, em favor, conforme o caso, da União ou do Estado: (Incluído pela Lei nº 12.683, de 2012)

I – a perda dos valores depositados na conta remunerada e da fiança; (Incluído pela Lei nº 12.683, de 2012)

II – a perda dos bens não alienados antecipadamente e daqueles aos quais não foi dada destinação prévia; e (Incluído pela Lei nº 12.683, de 2012)

III – a perda dos bens não reclamados no prazo de 90 (noventa) dias após o trânsito em julgado da sentença condenatória, ressalvado o direito de lesado ou terceiro de boa-fé. (Incluído pela Lei nº 12.683, de 2012)

§ 11. Os bens a que se referem os incisos II e III do § 10 deste artigo serão adjudicados ou levados a leilão, depositando-se o saldo na conta única do respectivo ente. (Incluído pela Lei nº 12.683, de 2012)

§ 12. O juiz determinará ao registro público competente que emita documento de habilitação à circulação e utilização dos bens colocados sob o uso e custódia das entidades a que se refere o *caput* deste artigo. (Incluído pela Lei nº 12.683, de 2012)

‣ Lei 6.015/1973 – Lei de Registros Públicos.

§ 13. Os recursos decorrentes da alienação antecipada de bens, direitos e valores oriundos do crime de tráfico ilícito de drogas e que tenham sido objeto de dissimulação e ocultação nos termos desta Lei permanecem submetidos à disciplina definida em lei específica. (Incluído pela Lei nº 12.683, de 2012)

Art. 4º-B. A ordem de prisão de pessoas ou as medidas assecuratórias de bens, direitos ou valores poderão ser suspensas pelo juiz, ouvido o Ministério Público, quando a sua execução imediata puder comprometer as investigações. (Incluído pela Lei nº 12.683, de 2012)

Art. 5º. Quando as circunstâncias o aconselharem, o juiz, ouvido o Ministério Público, nomeará pessoa física ou jurídica qualificada para a administração dos bens, direitos ou valores sujeitos a medidas assecuratórias, mediante termo de compromisso. (Redação dada pela Lei nº 12.683, de 2012)

Art. 6º. A pessoa responsável pela administração dos bens: (Redação dada pela Lei nº 12.683, de 2012)

I – fará jus a uma remuneração, fixada pelo juiz, que será satisfeita com o produto dos bens objeto da administração;

II – prestará, por determinação judicial, informações periódicas da situação dos bens sob sua administração, bem como explicações e detalhamentos sobre investimentos e reinvestimentos realizados.

Parágrafo único. Os atos relativos à administração dos bens sujeitos a medidas assecuratórias serão levados ao conhecimento do Ministério Público, que requererá o que entender cabível. (Redação dada pela Lei nº 12.683, de 2012)

CAPÍTULO III.
DOS EFEITOS DA CONDENAÇÃO

Art. 7º. São efeitos da condenação, além dos previstos no Código Penal:

‣ CP: arts. 91 e 92.

I – a perda, em favor da União – e dos Estados, nos casos de competência da Justiça Estadual –, de todos os bens, direitos e valores relacionados, direta ou indiretamente, à prática dos crimes previstos nesta Lei, inclusive aqueles utilizados para prestar a fiança, ressalvado o direito do lesado ou de terceiro de boa-fé; (Redação dada pela Lei nº 12.683, de 2012)

II – a interdição do exercício de cargo ou função pública de qualquer natureza e de diretor, de membro de conselho de administração ou de gerência das pessoas jurídicas referidas no art. 9º, pelo dobro do tempo da pena privativa de liberdade aplicada.

§ 1º. A União e os Estados, no âmbito de suas competências, regulamentarão a forma de destinação dos bens, direitos e valores cuja perda houver sido declarada, assegurada, quanto aos processos de competência da Justiça Federal, a sua utilização pelos órgãos federais encarregados da prevenção, do combate, da ação penal e do julgamento dos crimes previstos nesta Lei, e, quanto aos processos de competência da Justiça Estadual, a preferência dos órgãos locais com idêntica função. (Incluído pela Lei nº 12.683, de 2012)

§ 2º. Os instrumentos do crime sem valor econômico cuja perda em favor da União ou do Estado for decretada serão inutilizados ou doados a museu criminal ou a entidade pública, se houver interesse na sua conservação. (Incluído pela Lei nº 12.683, de 2012)

CAPÍTULO IV. DOS BENS, DIREITOS OU VALORES ORIUNDOS DE CRIMES PRATICADOS NO ESTRANGEIRO

Art. 8º. O juiz determinará, na hipótese de existência de tratado ou convenção internacional e por solicitação de autoridade estrangeira competente, medidas assecuratórias sobre bens, direitos ou valores oriundos de crimes descritos no art. 1º praticados no estrangeiro. (Redação dada pela Lei nº 12.683, de 2012)

§ 1º. Aplica-se o disposto neste artigo, independentemente de tratado ou convenção internacional, quando o governo do país da autoridade solicitante prometer reciprocidade ao Brasil.

§ 2º. Na falta de tratado ou convenção, os bens, direitos ou valores privados sujeitos a medidas assecuratórias por solicitação de autoridade estrangeira competente ou os recursos provenientes da sua alienação serão repartidos entre o Estado requerente e o Brasil, na proporção de metade, ressalvado o direito do lesado ou de terceiro de boa-fé. (Redação dada pela Lei nº 12.683, de 2012)

CAPÍTULO V. DAS PESSOAS SUJEITAS AO MECANISMO DE CONTROLE

› (Redação dada pela Lei nº 12.683, de 2012)

Art. 9º. Sujeitam-se às obrigações referidas nos arts. 10 e 11 as pessoas físicas e jurídicas que tenham, em caráter permanente ou eventual, como atividade principal ou acessória, cumulativamente ou não: (Redação dada pela Lei nº 12.683, de 2012)

I – a captação, intermediação e aplicação de recursos financeiros de terceiros, em moeda nacional ou estrangeira;

II – a compra e venda de moeda estrangeira ou ouro como ativo financeiro ou instrumento cambial;

III – a custódia, emissão, distribuição, liquidação, negociação, intermediação ou administração de títulos ou valores mobiliários.

Parágrafo único. Sujeitam-se às mesmas obrigações:

I – as bolsas de valores, as bolsas de mercadorias ou futuros e os sistemas de negociação do mercado de balcão organizado; (Redação dada pela Lei nº 12.683, de 2012)

II – as seguradoras, as corretoras de seguros e as entidades de previdência complementar ou de capitalização;

III – as administradoras de cartões de credenciamento ou cartões de crédito, bem como as administradoras de consórcios para aquisição de bens ou serviços;

IV – as administradoras ou empresas que se utilizem de cartão ou qualquer outro meio eletrônico, magnético ou equivalente, que permita a transferência de fundos;

V – as empresas de arrendamento mercantil (leasing), as empresas de fomento comercial (factoring) e as Empresas Simples de Crédito (ESC); (Redação dada pela LC 167/2019);

VI – as sociedades que efetuem distribuição de dinheiro ou quaisquer bens móveis, imóveis, mercadorias, serviços, ou, ainda, concedam descontos na sua aquisição, mediante sorteio ou método assemelhado;

VII – as filiais ou representações de entes estrangeiros que exerçam no Brasil qualquer das atividades listadas neste artigo, ainda que de forma eventual;

VIII – as demais entidades cujo funcionamento dependa de autorização de órgão regulador dos mercados financeiro, de câmbio, de capitais e de seguros;

IX – as pessoas físicas ou jurídicas, nacionais ou estrangeiras, que operem no Brasil como agentes, dirigentes, procuradoras, comissionarias ou por qualquer forma representem interesses de ente estrangeiro que exerça qualquer das atividades referidas neste artigo;

X – as pessoas físicas ou jurídicas que exerçam atividades de promoção imobiliária ou compra e venda de imóveis; (Redação dada pela Lei nº 12.683, de 2012)

XI – as pessoas físicas ou jurídicas que comercializem joias, pedras e metais preciosos, objetos de arte e antiguidades;

XII – as pessoas físicas ou jurídicas que comercializem bens de luxo ou de alto valor, intermedeiem a sua comercialização ou exerçam atividades que envolvam grande volume de recursos em espécie; (Redação dada pela Lei nº 12.683, de 2012)

XIII – as juntas comerciais e os registros públicos; (Incluído pela Lei nº 12.683, de 2012)

XIV – as pessoas físicas ou jurídicas que prestem, mesmo que eventualmente, serviços de assessoria, consultoria, contadoria, auditoria, aconselhamento ou assistência, de qualquer natureza, em operações: (Incluído pela Lei nº 12.683, de 2012)

a) de compra e venda de imóveis, estabelecimentos comerciais ou industriais ou participações societárias de qualquer natureza; (Incluído pela Lei nº 12.683, de 2012)

b) de gestão de fundos, valores mobiliários ou outros ativos; (Incluído pela Lei nº 12.683, de 2012)

c) de abertura ou gestão de contas bancárias, de poupança, investimento ou de valores mobiliários; (Incluído pela Lei nº 12.683, de 2012)

d) de criação, exploração ou gestão de sociedades de qualquer natureza, fundações, fundos fiduciários ou estruturas análogas; (Incluído pela Lei nº 12.683, de 2012)

e) financeiras, societárias ou imobiliárias; e (Incluído pela Lei nº 12.683, de 2012)

f) de alienação ou aquisição de direitos sobre contratos relacionados a atividades desportivas ou artísticas profissionais; (Incluído pela Lei nº 12.683, de 2012)

XV – pessoas físicas ou jurídicas que atuem na promoção, intermediação, comercialização, agenciamento ou negociação de direitos de transferência de atletas, artistas ou feiras, exposições ou eventos similares; (Incluído pela Lei nº 12.683, de 2012)

XVI – as empresas de transporte e guarda de valores; (Incluído pela Lei nº 12.683, de 2012)

XVII – as pessoas físicas ou jurídicas que comercializem bens de alto valor de origem rural ou animal ou intermedeiem a sua comercialização; e (Incluído pela Lei nº 12.683, de 2012)

XVIII – as dependências no exterior das entidades mencionadas neste artigo, por meio de sua matriz no Brasil, relativamente a residentes no País. (Incluído pela Lei nº 12.683, de 2012)

CAPÍTULO VI. DA IDENTIFICAÇÃO DOS CLIENTES E MANUTENÇÃO DE REGISTROS

Art. 10. As pessoas referidas no art. 9º:

I – identificarão seus clientes e manterão cadastro atualizado, nos termos de instruções emanadas das autoridades competentes;

II – manterão registro de toda transação em moeda nacional ou estrangeira, títulos e valores mobiliários, títulos de crédito, metais, ou qualquer ativo passível de ser convertido em dinheiro, que ultrapassar limite fixado pela autoridade competente e nos termos de instruções por esta expedidas;

III – deverão adotar políticas, procedimentos e controles internos, compatíveis com seu porte e volume de operações, que lhes permitam atender ao disposto neste artigo e no art. 11, na forma disciplinada pelos órgãos competentes; (Redação dada pela Lei nº 12.683, de 2012)

IV – deverão cadastrar-se e manter seu cadastro atualizado no órgão regulador ou fiscalizador e, na falta deste, no Conselho de Controle de Atividades Financeiras (COAF), na forma e condições por eles estabelecidas; (Incluído pela Lei nº 12.683, de 2012)

V – deverão atender às requisições formuladas pelo COAF na periodicidade, forma e condições por ele estabelecidas, cabendo-lhe preservar, nos termos da lei, o sigilo das informações prestadas. (Incluído pela Lei nº 12.683, de 2012)

§ 1º. Na hipótese de o cliente constituir-se em pessoa jurídica, a identificação referida no inciso I deste artigo deverá abranger as pessoas físicas autorizadas a representá-la, bem como seus proprietários.

§ 2º. Os cadastros e registros referidos nos incisos I e II deste artigo deverão ser conservados durante o período mínimo de 5 (cinco) anos a partir do encerramento da conta ou da conclusão da transação, prazo este que poderá ser ampliado pela autoridade competente.

§ 3º. O registro referido no inciso II deste artigo será efetuado também quando a pessoa física ou jurídica, seus entes ligados, houver realizado, em um mesmo mês-calendário, operações com uma mesma pessoa, conglomerado ou grupo que, em seu conjunto, ultrapassem o limite fixado pela autoridade competente.

Art. 10-A. O Banco Central manterá registro centralizado formando o cadastro geral de correntistas e clientes de instituições financeiras, bem como de seus procuradores. (Incluído pela Lei nº 10.701, de 2003)

CAPÍTULO VII. DA COMUNICAÇÃO DE OPERAÇÕES FINANCEIRAS

Art. 11. As pessoas referidas no art. 9º:

I – dispensarão especial atenção às operações que, nos termos de instruções emanadas das autoridades competentes, possam constituir-se em sérios indícios dos crimes previstos nesta Lei, ou com eles relacionar-se;

II – deverão comunicar ao COAF, abstendo-se de dar ciência de tal ato a qualquer pessoa, inclusive àquela à qual se refira a informação, no prazo de 24 (vinte e quatro) horas, a proposta ou realização: (Redação dada pela Lei nº 12.683, de 2012)

a) de todas as transações referidas no inciso II do art. 10, acompanhadas da identificação de que trata o inciso I do mencionado artigo; e (Redação dada pela Lei nº 12.683, de 2012)

b) das operações referidas no inciso I; (Redação dada pela Lei nº 12.683, de 2012)

III – deverão comunicar ao órgão regulador ou fiscalizador da sua atividade ou, na sua falta, ao COAF, na periodicidade, forma e condições por eles estabelecidas, a não ocorrência de propostas, transações ou operações passíveis de serem comunicadas nos termos do inciso II. (Incluído pela Lei nº 12.683, de 2012)

§ 1º. As autoridades competentes, nas instruções referidas no inciso I deste artigo, elaborarão relação de operações que, por suas características, no que se refere às partes envolvidas, valores, forma de realização, instrumentos utilizados, ou pela falta de fundamento econômico ou legal, possam configurar a hipótese nele prevista.

§ 2º. As comunicações de boa-fé, feitas na forma prevista neste artigo, não acarretarão responsabilidade civil ou administrativa.

§ 3º. O COAF disponibilizará as comunicações recebidas com base no inciso II do *caput* aos respectivos órgãos responsáveis pela regulação ou fiscalização das pessoas a que se refere o art. 9º. (Redação dada pela Lei nº 12.683, de 2012)

Art. 11-A. As transferências internacionais e os saques em espécie deverão ser previamente comunicados à instituição financeira, nos termos, limites, prazos e condições fixados pelo Banco Central do Brasil. (Incluído pela Lei nº 12.683, de 2012)

CAPÍTULO VIII. DA RESPONSABILIDADE ADMINISTRATIVA

Art. 12. Às pessoas referidas no art. 9º, bem como aos administradores das pessoas jurídicas, que deixem de cumprir as obrigações previstas nos arts. 10 e 11, serão aplicadas, cumulativamente ou não, pelas autoridades competentes, as seguintes sanções:

I – advertência;

II – multa pecuniária variável não superior: (Redação dada pela Lei nº 12.683, de 2012)

a) ao dobro do valor da operação; (Incluído pela Lei nº 12.683, de 2012)

b) ao dobro do lucro real obtido ou que presumivelmente seria obtido pela realização da operação; ou (Incluído pela Lei nº 12.683, de 2012)

c) ao valor de R$ 20.000.000,00 (vinte milhões de reais); (Incluído pela Lei nº 12.683, de 2012)

III – inabilitação temporária, pelo prazo de até 10 (dez) anos, para o exercício do cargo de administrador das pessoas jurídicas referidas no art. 9º;

IV – cassação ou suspensão da autorização para o exercício de atividade, operação ou funcionamento. (Redação dada pela Lei nº 12.683, de 2012)

§ 1º. A pena de advertência será aplicada por irregularidade no cumprimento das instruções referidas nos incisos I e II do art. 10.

§ 2º. A multa será aplicada sempre que as pessoas referidas no art. 9º, por culpa ou dolo: (Redação alterada pela Lei nº 12.683, de 2012)

I – deixarem de sanar as irregularidades objeto de advertência, no prazo assinalado pela autoridade competente;

II – não cumprirem o disposto nos incisos I a IV do art. 10; (Redação dada pela Lei nº 12.683, de 2012)

III – deixarem de atender, no prazo estabelecido, a requisição formulada nos termos do inciso V do art. 10; (Redação dada pela Lei nº 12.683, de 2012)

IV – descumprirem a vedação ou deixarem de fazer a comunicação a que se refere o art. 11.

§ 3º. A inabilitação temporária será aplicada quando forem verificadas infrações graves quanto ao cumprimento das obrigações constantes desta Lei ou quando ocorrer reincidência específica, devidamente caracterizada em transgressões anteriormente punidas com multa.

§ 4º. A cassação da autorização será aplicada nos casos de reincidência específica de infrações anteriormente punidas com a pena prevista no inciso III do *caput* deste artigo.

Art. 13. *(Revogado pela Lei 13.974/2020)*

CAPÍTULO IX. DO CONSELHO DE CONTROLE DE ATIVIDADES FINANCEIRAS

Art. 14. É criado, no âmbito do Ministério da Fazenda, o Conselho de Controle de Atividades Financeiras – COAF, com a finalidade de disciplinar, aplicar penas administrativas, receber, examinar e identificar as ocorrências suspeitas de atividades ilícitas previstas nesta Lei, sem prejuízo da competência de outros órgãos e entidades.

§ 1º. As instruções referidas no art. 10 destinadas às pessoas mencionadas no art. 9º, para as quais não exista órgão próprio fiscalizador ou regulador, serão expedidas pelo COAF, competindo-lhe, para esses casos, a definição das pessoas abrangidas e a aplicação das sanções enumeradas no art. 12.

§ 2º. O COAF deverá, ainda, coordenar e propor mecanismos de cooperação e de troca de informações que viabilizem ações rápidas e eficientes no combate à ocultação ou dissimulação de bens, direitos e valores.

§ 3º. O COAF poderá requerer aos órgãos da Administração Pública as informações cadastrais bancárias e financeiras de pessoas envolvidas em atividades suspeitas. (Incluído pela Lei nº 10.701, de 2003)

Art. 15. O COAF comunicará às autoridades competentes para a instauração dos procedimentos cabíveis, quando concluir pela existência de crimes previstos nesta Lei, de fundados indícios de sua prática, ou de qualquer outro ilícito.

Arts. 16 e 17. *(Revogados pela Lei 13.974/2020)*

CAPÍTULO X.

› (Incluído pela Lei nº 12.683, de 2012)

DISPOSIÇÕES GERAIS

Art. 17-A. Aplicam-se, subsidiariamente, as disposições do Decreto-Lei nº 3.689, de 3 de outubro de 1941 (Código de Processo Penal), no que não forem incompatíveis com esta Lei. (Incluído pela Lei nº 12.683, de 2012)

Art. 17-B. A autoridade policial e o Ministério Público terão acesso, exclusivamente, aos dados cadastrais do investigado que informam qualificação pessoal, filiação e endereço, independentemente de autorização judicial, mantidos pela Justiça Eleitoral, pelas empresas telefônicas, pelas instituições financeiras, pelos provedores de internet e pelas administradoras de cartão de crédito. (Incluído pela Lei nº 12.683, de 2012)

- CPP: arts. 13-A e 13-B.

Art. 17-C. Os encaminhamentos das instituições financeiras e tributárias em resposta às ordens judiciais de quebra ou transferência de sigilo deverão ser, sempre que determinado, em meio informático, e apresentados em arquivos que possibilitem a migração de informações para os autos do processo sem redigitação. (Incluído pela Lei nº 12.683, de 2012)

- LC 105/2001: art. 1º, § 4º.

Art. 17-D. Em caso de indiciamento de servidor público, este será afastado, sem prejuízo de remuneração e demais direitos previstos em lei, até que o juiz competente autorize, em decisão fundamentada, o seu retorno. (Incluído pela Lei nº 12.683, de 2012)

- Declarado inconstitucional em controle concentrado pelo STF pela ADI nº 4.911/2013, publicada no DOU de 02.12.2020.

Art. 17-E. A Secretaria da Receita Federal do Brasil conservará os dados fiscais dos contribuintes pelo prazo mínimo de 5 (cinco) anos, contado a partir do início do exercício seguinte ao da declaração de renda respectiva ou ao do pagamento do tributo. (Incluído pela Lei nº 12.683, de 2012)

Art. 18. Esta Lei entra em vigor na data de sua publicação.

Brasília, 3 de março de 1998; 177º da Independência e 110º da República.

FERNANDO HENRIQUE CARDOSO

D.O.U. 4.3.1998

DECRETO Nº 2.626, DE 15 DE JUNHO DE 1998

Promulga o Protocolo de Medidas Cautelares, concluído em Ouro Preto, em 16 de dezembro de 1994.

- *Protocolo de Medidas Cautelares-MERCOSUL*

O PRESIDENTE DA REPÚBLICA:

No uso das atribuições que lhe confere o art. 84, inciso VIII, da Constituição Federal,

Considerando que o Protocolo de Medidas Cautelares foi concluído em Ouro Preto, em 16 de dezembro de 1994;

Considerando que o Congresso Nacional aprovou o ato multilateral em epígrafe por meio do Decreto Legislativo 192, de 15 de dezembro de 1995;

Considerando que o Governo brasileiro depositou o Instrumento de Ratificação do Protocolo em 18 de março de 1997, passando o mesmo a vigorar para o Brasil em 18 de abril de 1997;

Decreta:

Art. 1º O Protocolo de Medidas Cautelares, concluído em Ouro Preto, em 16 de dezembro de 1994, será executado e cumprido tão inteiramente como nele se contém.

Art. 2º Este Decreto entra em vigor na data de sua publicação.

Brasília, em 15 de junho de 1998; 177º da Independência e 110º da República.

Fernando Henrique Cardoso

Publicado no DOU 16.6.1998

ANEXO AO DECRETO QUE PROMULGA AO PROTOCOLO DE MEDIDAS CAUTELARES

PROTOCOLO DE MEDIDAS CAUTELARES – MERCOSUL

Os Governos da República Argentina, da República Federativa do Brasil, da República do Paraguai e da República Oriental do Uruguai, doravante denominados Estados Partes, Considerando que o Tratado de Assunção, firmado em 26 de março de 1991, estabelece o compromisso dos Estados Partes de harmonizar suas legislações nas áreas pertinentes;

Reafirmando a vontade dos Estados Partes de acordar soluções jurídicas comuns para o fortalecimento do processo de integração; Convencidos da importância e da necessidade de oferecer ao setor privado dos Estados Partes, um quadro de segurança jurídica que garanta soluções justas às controvérsias privadas e torne viável a cooperação cautelar entre os Estados Partes do Tratado de Assunção,

Acordam:

Objeto do Protocolo

Artigo 1º

O presente Protocolo tem objetivo regulamentar entre os Estados Partes do Tratado de Assunção o cumprimento de medidas cautelares destinadas a impedir a irreparabilidade de um dano em relação às pessoas, bens e obrigações de dar, de fazer ou de não fazer.

Artigo 2º

A medida cautelar poderá ser solicitada em processos ordinários, de execução, especiais ou extraordinários, de natureza civil, comercial, trabalhista e em processos penais, quanto à reparação civil.

Artigo 3º

Admitir-se-ão medidas cautelares preparatórias, incidentais de uma ação principal e as que garantam a execução de uma sentença.

Âmbito de Aplicação

Artigo 4º

As autoridades jurisdicionais dos Estados Partes do Tratado de Assunção darão cumprimento às medidas cautelares decretadas por Juízes ou Tribunais de outros Estados Partes, competentes na esfera internacional, adotando as providências necessárias, de acordo com a lei do lugar onde sejam situados os bens ou residam as pessoas objeto da medida.

Lei Aplicável

Artigo 5º

A admissibilidade da medida cautelar será regulada pelas leis e julgada pelos juízes ou tribunais do Estado requerente.

Artigo 6º

A execução da medida cautelar e sua contracautela ou respectiva garantia, serão processadas pelo Juízes ou Tribunais do Estado requerido, segundo suas leis.

Artigo 7º

Serão também regidas pelas leis e julgadas pelos Juízes ou tribunais do Estado requerido:

a) as modificações que no curso do processo se justificarem para o seu correto cumprimento e, se for o caso, sua redução ou sua substituição;

b) as sanções em decorrência de litigância de má-fé; e

c) as questões relativas a domínio e demais direitos reais.

Artigo 8º

O Juiz ou Tribunal do Estado requerido poderá recusar cumprimento ou, se for o caso, determinar o levantamento da medida, quando verificada sua absoluta improcedência, nos termos deste Protocolo.

Oposição

Artigo 9º

O presumido devedor da obrigação ou terceiros interessados que se considerarem prejudicados poderão opor-se à medida perante a autoridade judicial requerida. Sem prejuízo da manutenção da medida cautelar, dita autoridade restituirá o procedimento ao Juiz ou Tribunal de origem, para que decida sobre a oposição segundo suas leis, com exceção do disposto na alínea "c" do artigo 7.

Autonomia da Cooperação Cautelar

Artigo 10

O cumprimento de uma medida cautelar pela autoridade jurisdicional requerida não implica o compromisso de reconhecimento ou execução da sentença definitiva estrangeira proferida no processo principal.

Cooperação Cautelar na Execução da Sentença

Artigo 11

O Juiz ou tribunal, a quem for solicitado o cumprimento de uma sentença estrangeira, poderá determinar as medidas cautelares garantidoras da execução, de conformidade com as suas leis.

Medidas Cautelares em Matéria de Menores

Artigo 12

Quando a medida cautelar se referir à custódia de menores, o Juiz ou tribunal do Estado requerido poderá limitar o alcance da medida exclusivamente ao seu território, à espera da decisão definitiva do Juiz ou tribunal do processo principal.

Interposição da Demanda no Processo Principal

Artigo 13

A interposição da demanda no processo principal, fora do prazo previsto na legislação do Estado requerente, produzirá a plena ineficácia da medida preparatória concedida.

Obrigação de Informar

Artigo 14

O Juiz ou tribunal do Estado requerente comunicará ao do Estado requerido:

a) ao transmitir a rogatória, o prazo – contado a partir da efetivação da medida cautelar – dentro do qual o pedido da ação principal deverá ser apresentado ou interposto;

b) o mais breve possível, a data da apresentação, ou a não apresentação da demanda no processo principal.

Artigo 15

O Juiz ou tribunal do Estado requerido comunicará, imediatamente, ao Estado requerente, a data em que foi dado cumprimento à medida cautelar solicitada, ou as razões pelas quais deixou de ser cumprida.

Cooperação Interna

Artigo 16

Se a autoridade jurisdicional requerida se julgar incompetente para proceder o trâmite da carta rogatória, transmitirá de ofício os documentos e antecedentes do caso à autoridade jurisdicional competente de seu Estado.

Ordem Pública

Artigo 17

A autoridade jurisdicional do Estado requerido poderá recusar o cumprimento de uma carta rogatória referente a medidas cautelares, quando estas sejam manifestamente contrárias a sua ordem pública.

Meio Empregado para Formulação do Pedido

Artigo 18

A solicitação de medidas cautelares será formulada através de *exhortos* ou cartas rogatórias, termos equivalentes para os fins do presente Protocolo.

Transmissão e Diligenciamento

Artigo 19

A carta rogatória relativa ao cumprimento de uma medida cautelar será transmitida pela via diplomática ou consular, por intermédio da respectiva Autoridade Central ou das partes interessadas.

Quando a transmissão for efetuada pela via diplomática ou consular, ou por intermédio das autoridades centrais, não se exigirá o requisito da legalização.

Quando a carta rogatória for encaminhada por intermédio da parte interessada, deverá ser legalizada perante os agentes diplomáticos ou consulares do Estado requerido, salvo se, entre os Estados requerente e requerido, haja sido suprimido o requisito da legalização ou substituído por outra formalidade.

Os Juízes ou Tribunais das zonas fronteiriças dos Estados Partes poderão transmitir-se, de forma direta, os *exhortos* ou cartas rogatórias previstos neste Protocolo, sem necessidade de legalização. Não será aplicado no cumprimento das medidas cautelares o procedimento homologatório das sentenças estrangeiras.

Autoridade Central

Artigo 20

Cada Estado Parte designará uma Autoridade Central encarregada de receber e transmitir as solicitações de cooperação cautelar.

Documentos e Informações

Artigo 21

As cartas rogatórias conterão:

a) a identificação e o domicílio do juiz ou tribunal que determinou a ordem;

b) cópia autenticada da petição da medida cautelar, e da demanda principal, se houver;

c) documentos que fundamentem a petição;

d) ordem fundamentada que determine a medida cautelar;

e) informação acerca das normas que estabeleçam algum procedimento especial que a autoridade jurisdicional requerida ou solicite que se observe; e

f) indicação da pessoa que no Estado requerido deverá arcar com os gastos e custas judiciais devidas, salvo as exceções previstas no artigo 25. Será facultativa à autoridade do Estado requerido dar tramitação à carta rogatória que careça de indicação acerca da pessoa que deva atender às despesas e custas, quando ocorrerem.

As cartas rogatórias e os documentos que as acompanham deverão estar revestidos das formalidades externas necessárias para serem considerados autênticos no Estado de onde procedem.

A medida cautelar será cumprida, a não ser que lhe faltem requisitos, documentos ou informações consideradas fundamentais, que tornem inadmissível sua procedência. Nessa hipótese, o Juiz ou tribunal requerido comunicar-se-á imediatamente com o requerente, para que, com urgência, sejam sanados os referidos defeitos.

Artigo 22

Quando as circunstâncias do caso o justifiquem, de acordo com a apreciação do Juiz ou Tribunal requerente, a rogatória informará acerca da existência e do domicílio das defensórias de ofício competentes.

Tradução

Artigo 23

As cartas rogatórias e os documentos que as acompanham deverão ser redigidos no idioma do Estado requerente e serão acompanhados de uma tradução no idioma do Estado requerido.

Custas e Despesas

Artigo 24

As custas judiciais e demais despesas serão de responsabilidade da parte solicitante da medida cautelar.

Artigo 25

Ficam excetuadas das obrigações estabelecidas no artigo anterior as medidas cautelares requeridas em matéria de alimentos provisionais, localização e restituição de menores e aquelas que solicitem as pessoas que, no Estado requerente, tenham obtido o benefício da justiça gratuita.

Disposições Finais

Artigo 26

Este Protocolo não restringirá a aplicação de disposições mais favoráveis para a cooperação contidas em outras Convenções sobre medidas cautelares que estejam em vigor com caráter bilateral ou multilateral entre os Estados Partes.

Artigo 27

As controvérsias que surgirem entre os Estados Partes em decorrência da aplicação, interpretação ou descumprimento das disposições contidas no presente Protocolo serão resolvidas mediante negociações diplomáticas diretas.

Se, mediante tais negociações, não se alcançar acordo ou se a controvérsia só for solucionada parcialmente, aplicar-se-ão os procedimentos previstos no Sistema de Solução de Controvérsias vigente entre os Estados Partes do Tratado de Assunção.

Artigo 28

Os Estados Partes ao depositar o instrumento de ratificação ao presente Protocolo comunicarão a designação da Autoridade Central ao Governo depositário, o qual dará conhecimento aos demais Estados Partes.

Artigo 29

O presente Protocolo, parte integrante do Tratado de Assunção, será submetido aos procedimentos constitucionais de aprovação de cada Estado Parte e entrará em vigor trinta dias após o depósito do segundo instrumento de ratificação, com relação aos dois primeiros Estados Partes que o ratifiquem. Para os demais signatários, entrará em vigor no trigésimo dia posterior ao depósito do respectivo instrumento de ratificação.

Artigo 30

A adesão por parte de um Estado ao Tratado de Assunção implicará de pleno direito a adesão ao presente Protocolo.

Artigo 31

O Governo da República do Paraguai será o depositário do presente Protocolo e dos instrumentos de ratificação e enviará cópias devidamente autenticadas dos mesmos aos Governos dos demais Estados Partes.

Outrossim, o Governo da República do Paraguai notificará aos Governos dos demais Estados Partes da data de entrada em vigor do presente Protocolo e a data do depósito dos instrumentos de ratificação.

Feito em Ouro Preto, aos 16 dias do mês de dezembro de 1994, em um original nos idiomas português e espanhol, sendo ambos os mesmos textos igualmente autênticos.

LEI Nº 9.784, DE 29 DE JANEIRO DE 1999

Regula o processo administrativo no âmbito da Administração Pública Federal.

▸ *Processo Administrativo*

O PRESIDENTE DA REPÚBLICA Faço saber que o Congresso Nacional decreta e eu sanciono a seguinte Lei:

CAPÍTULO I. DAS DISPOSIÇÕES GERAIS

Art. 1º. Esta Lei estabelece normas básicas sobre o processo administrativo no âmbito da Administração Federal direta e indireta, visando, em especial, à proteção dos direitos dos administrados e ao melhor cumprimento dos fins da Administração.

› Decreto 8.539/2015 – Dispõe sobre o uso do meio eletrônico para a realização do processo administrativo no âmbito dos órgãos e das entidades da administração pública federal direta, autárquica e fundacional.

§ 1º. Os preceitos desta Lei também se aplicam aos órgãos dos Poderes Legislativo e Judiciário da União, quando no desempenho de função administrativa.

§2º. Para os fins desta Lei, consideram-se:

I – órgão – a unidade de atuação integrante da estrutura da Administração direta e da estrutura da Administração indireta;

II – entidade – a unidade de atuação dotada de personalidade jurídica;

III – autoridade – o servidor ou agente público dotado de poder de decisão.

Art. 2º. A Administração Pública obedecerá, dentre outros, aos princípios da legalidade, finalidade, motivação, razoabilidade, proporcionalidade, moralidade, ampla defesa, contraditório, segurança jurídica, interesse público e eficiência.

› Súm. Vinculante 3 do STF.

› CF/88: art. 37.

Parágrafo único. Nos processos administrativos serão observados, entre outros, os critérios de:

I – atuação conforme a lei e o Direito;

II – atendimento a fins de interesse geral, vedada a renúncia total ou parcial de poderes ou competências, salvo autorização em lei;

III – objetividade no atendimento do interesse público, vedada a promoção pessoal de agentes ou autoridades;

IV – atuação segundo padrões éticos de probidade, decoro e boa-fé;

V – divulgação oficial dos atos administrativos, ressalvadas as hipóteses de sigilo previstas na Constituição;

VI – adequação entre meios e fins, vedada a imposição de obrigações, restrições e sanções em medida superior àquelas estritamente necessárias ao atendimento do interesse público;

VII – indicação dos pressupostos de fato e de direito que determinarem a decisão;

VIII – observância das formalidades essenciais à garantia dos direitos dos administrados;

IX – adoção de formas simples, suficientes para propiciar adequado grau de certeza, segurança e respeito aos direitos dos administrados;

X – garantia dos direitos à comunicação, à apresentação de alegações finais, à produção de provas e à interposição de recursos, nos processos de que possam resultar sanções e nas situações de litígio;

XI – proibição de cobrança de despesas processuais, ressalvadas as previstas em lei;

XII – impulsão, de ofício, do processo administrativo, sem prejuízo da atuação dos interessados;

XIII – interpretação da norma administrativa da forma que melhor garanta o atendimento do fim público a que se dirige, vedada aplicação retroativa de nova interpretação.

CAPÍTULO II. DOS DIREITOS DOS ADMINISTRADOS

Art. 3º. O administrado tem os seguintes direitos perante a Administração, sem prejuízo de outros que lhe sejam assegurados:

I – ser tratado com respeito pelas autoridades e servidores, que deverão facilitar o exercício de seus direitos e o cumprimento de suas obrigações;

II – ter ciência da tramitação dos processos administrativos em que tenha a condição de interessado, ter vista dos autos, obter cópias de documentos neles contidos e conhecer as decisões proferidas;

III – formular alegações e apresentar documentos antes da decisão, os quais serão objeto de consideração pelo órgão competente;

IV – fazer-se assistir, facultativamente, por advogado, salvo quando obrigatória a representação, por força de lei.

CAPÍTULO III. DOS DEVERES DO ADMINISTRADO

Art. 4º. São deveres do administrado perante a Administração, sem prejuízo de outros previstos em ato normativo:

I – expor os fatos conforme a verdade;

II – proceder com lealdade, urbanidade e boa-fé;

III – não agir de modo temerário;

IV – prestar as informações que lhe forem solicitadas e colaborar para o esclarecimento dos fatos.

CAPÍTULO IV. DO INÍCIO DO PROCESSO

Art. 5º. O processo administrativo pode iniciar-se de ofício ou a pedido de interessado.

Art. 6º. O requerimento inicial do interessado, salvo casos em que for admitida solicitação oral, deve ser formulado por escrito e conter os seguintes dados:

I – órgão ou autoridade administrativa a que se dirige;

II – identificação do interessado ou de quem o represente;

III – domicílio do requerente ou local para recebimento de comunicações;

IV – formulação do pedido, com exposição dos fatos e de seus fundamentos;

V – data e assinatura do requerente ou de seu representante.

Parágrafo único. É vedada à Administração a recusa imotivada de recebimento de documentos, devendo o servidor orientar o interessado quanto ao suprimento de eventuais falhas.

Art. 7º. Os órgãos e entidades administrativas deverão elaborar modelos ou formulários padronizados para assuntos que importem pretensões equivalentes.

Art. 8º. Quando os pedidos de uma pluralidade de interessados tiverem conteúdo e fundamentos idênticos, poderão ser formulados em um único requerimento, salvo preceito legal em contrário.

CAPÍTULO V. DOS INTERESSADOS

Art. 9º. São legitimados como interessados no processo administrativo:

I – pessoas físicas ou jurídicas que o iniciem como titulares de direitos ou interesses individuais ou no exercício do direito de representação;

II – aqueles que, sem terem iniciado o processo, têm direitos ou interesses que possam ser afetados pela decisão a ser adotada;

III – as organizações e associações representativas, no tocante a direitos e interesses coletivos;

IV – as pessoas ou as associações legalmente constituídas quanto a direitos ou interesses difusos.

Art. 10. São capazes, para fins de processo administrativo, os maiores de 18 anos, ressalvada previsão especial em ato normativo próprio.

CAPÍTULO VI. DA COMPETÊNCIA

Art. 11. A competência é irrenunciável e se exerce pelos órgãos administrativos a que foi atribuída como própria, salvo os casos de delegação e avocação legalmente admitidos.

Art. 12. Um órgão administrativo e seu titular poderão, se não houver impedimento legal, delegar parte da sua competência a outros órgãos ou titulares, ainda que estes não lhe sejam hierarquicamente subordinados, quando for conveniente, em razão de circunstâncias de índole técnica, social, econômica, jurídica ou territorial.

Parágrafo único. O disposto no *caput* deste artigo aplica-se à delegação de competência dos órgãos colegiados aos respectivos presidentes.

Art. 13. Não podem ser objeto de delegação:

I – a edição de atos de caráter normativo;

II – a decisão de recursos administrativos;

III – as matérias de competência exclusiva do órgão ou autoridade.

Art. 14. O ato de delegação e sua revogação deverão ser publicados no meio oficial.

§ 1º. O ato de delegação especificará as matérias e poderes transferidos, os limites da atuação do delegado, a duração e os objetivos da delegação e o recurso cabível, podendo conter ressalva de exercício da atribuição delegada.

§2º. O ato de delegação é revogável a qualquer tempo pela autoridade delegante.

§ 3º. As decisões adotadas por delegação devem mencionar explicitamente esta qualidade e considerar-se-ão editadas pelo delegado.

Art. 15. Será permitida, em caráter excepcional e por motivos relevantes devidamente justificados, a avocação temporária de competência atribuída a órgão hierarquicamente inferior.

Art. 16. Os órgãos e entidades administrativas divulgarão publicamente os locais das respectivas sedes e, quando conveniente, a unidade fundacional competente em matéria de interesse especial.

Art. 17. Inexistindo competência legal específica, o processo administrativo deverá ser iniciado perante a autoridade de menor grau hierárquico para decidir.

CAPÍTULO VII. DOS IMPEDIMENTOS E DA SUSPEIÇÃO

Art. 18. É impedido de atuar em processo administrativo o servidor ou autoridade que:

I – tenha interesse direto ou indireto na matéria;

II – tenha participado ou venha a participar como perito, testemunha ou representante, ou se tais situações ocorrem quanto ao cônjuge, companheiro ou parente e afins até o terceiro grau;

III – esteja litigando judicial ou administrativamente com o interessado ou respectivo cônjuge ou companheiro.

Art. 19. A autoridade ou servidor que incorrer em impedimento deve comunicar o fato à autoridade competente, abstendo-se de atuar.

Parágrafo único. A omissão do dever de comunicar o impedimento constitui falta grave, para efeitos disciplinares.

Art. 20. Pode ser arguida a suspeição de autoridade ou servidor que tenha amizade íntima ou inimizade notória com algum dos interessados ou com os respectivos cônjuges, companheiros, parentes e afins até o terceiro grau.

Art. 21. O indeferimento de alegação de suspeição poderá ser objeto de recurso, sem efeito suspensivo.

CAPÍTULO VIII. DA FORMA, TEMPO E LUGAR DOS ATOS DO PROCESSO

Art. 22. Os atos do processo administrativo não dependem de forma determinada senão quando a lei expressamente a exigir.

§ 1º. Os atos do processo devem ser produzidos por escrito, em vernáculo, com a data e o local de sua realização e a assinatura da autoridade responsável.

§ 2º. Salvo imposição legal, o reconhecimento de firma somente será exigido quando houver dúvida de autenticidade.

§ 3º. A autenticação de documentos exigidos em cópia poderá ser feita pelo órgão administrativo.

§ 4º. O processo deverá ter suas páginas numeradas sequencialmente e rubricadas.

Art. 23. Os atos do processo devem realizar-se em dias úteis, no horário normal de funcionamento da repartição na qual tramitar o processo.

Parágrafo único. Serão concluídos depois do horário normal os atos já iniciados, cujo adiamento prejudique o curso regular do procedimento ou cause dano ao interessado ou à Administração.

Art. 24. Inexistindo disposição específica, os atos do órgão ou autoridade responsável pelo processo e dos administrados que dele participem devem ser praticados no prazo de 5 (cinco) dias, salvo motivo de força maior.

Parágrafo único. O prazo previsto neste artigo pode ser dilatado até o dobro, mediante comprovada justificação.

Art. 25. Os atos do processo devem realizar-se preferencialmente na sede do órgão, cientificando-se o interessado se outro for o local de realização.

CAPÍTULO IX. DA COMUNICAÇÃO DOS ATOS

Art. 26. O órgão competente perante o qual tramita o processo administrativo determinará a intimação do interessado para ciência de decisão ou a efetivação de diligências.

§ 1º. A intimação deverá conter:

I – identificação do intimado e nome do órgão ou entidade administrativa;

II – finalidade da intimação;

III – data, hora e local em que deve comparecer;

IV – se o intimado deve comparecer pessoalmente, ou fazer-se representar;

V – informação da continuidade do processo independentemente do seu comparecimento;

VI – indicação dos fatos e fundamentos legais pertinentes.

§ 2º. A intimação observará a antecedência mínima de 3 (três) dias úteis quanto à data de comparecimento.

§ 3º. A intimação pode ser efetuada por ciência no processo, por via postal com aviso de recebimento, por telegrama ou outro meio que assegure a certeza da ciência do interessado.

§ 4º. No caso de interessados indeterminados, desconhecidos ou com domicílio indefinido, a intimação deve ser efetuada por meio de publicação oficial.

§ 5º. As intimações serão nulas quando feitas sem observância das prescrições legais, mas o comparecimento do administrado supre sua falta ou irregularidade.

Art. 27. O desatendimento da intimação não importa o reconhecimento da verdade dos fatos, nem a renúncia a direito pelo administrado.

Parágrafo único. No prosseguimento do processo, será garantido direito de ampla defesa ao interessado.

› CF/1988: art. 5º, LV.

Art. 28. Devem ser objeto de intimação os atos do processo que resultem para o interessado em imposição de deveres, ônus, sanções ou restrição ao exercício de direitos e atividades e os atos de outra natureza, de seu interesse.

CAPÍTULO X. DA INSTRUÇÃO

Art. 29. As atividades de instrução destinadas a averiguar e comprovar os dados necessários à tomada de decisão realizam-se de ofício ou mediante impulsão do órgão responsável pelo processo, sem prejuízo do direito dos interessados de propor atuações probatórias.

§ 1º. O órgão competente para a instrução fará constar dos autos os dados necessários à decisão do processo.

§ 2º. Os atos de instrução que exijam a atuação dos interessados devem realizar-se do modo menos oneroso para estes.

Art. 30. São inadmissíveis no processo administrativo as provas obtidas por meios ilícitos.

Art. 31. Quando a matéria do processo envolver assunto de interesse geral, o órgão competente poderá, mediante despacho motivado, abrir período de consulta pública para manifestação de terceiros, antes da decisão do pedido, se não houver prejuízo para a parte interessada.

§ 1º. A abertura da consulta pública será objeto de divulgação pelos meios oficiais, a fim de que pessoas físicas ou jurídicas possam examinar os autos, fixando-se prazo para oferecimento de alegações escritas.

§ 2º. O comparecimento à consulta pública não confere, por si, a condição de interessado do processo, mas confere o direito de obter da Administração resposta fundamentada, que poderá ser comum a todas as alegações substancialmente iguais.

Art. 32. Antes da tomada de decisão, a juízo da autoridade, diante da relevância da questão, poderá ser realizada audiência pública para debates sobre a matéria do processo.

Art. 33. Os órgãos e entidades administrativas, em matéria relevante, poderão estabelecer outros meios de participação de administrados, diretamente ou por meio de organizações e associações legalmente reconhecidas.

Art. 34. Os resultados da consulta e audiência pública e de outros meios de participação de administrados deverão ser apresentados com a indicação do procedimento adotado.

Art. 35. Quando necessária à instrução do processo, a audiência de outros órgãos ou entidades administrativas poderá ser realizada em reunião conjunta, com a participação de titulares ou representantes dos órgãos competentes, lavrando-se a respectiva ata, a ser juntada aos autos.

Art. 36. Cabe ao interessado a prova dos fatos que tenha alegado, sem prejuízo do dever atribuído ao órgão competente para a instrução e do disposto no art. 37 desta Lei.

Art. 37. Quando o interessado declarar que fatos e dados estão registrados em documentos existentes na própria Administração responsável pelo processo ou em outro órgão administrativo, o órgão competente para a instrução proverá, de ofício, à obtenção dos documentos ou das respectivas cópias.

Art. 38. O interessado poderá, na fase instrutória e antes da tomada da decisão, juntar documentos e pareceres, requerer diligências e perícias, bem como aduzir alegações referentes à matéria objeto do processo.

§ 1º. Os elementos probatórios deverão ser considerados na motivação do relatório e da decisão.

§ 2º. Somente poderão ser recusadas, mediante decisão fundamentada, as provas propostas pelos interessados quando sejam ilícitas, impertinentes, desnecessárias ou protelatórias.

Art. 39. Quando for necessária a prestação de informações ou a apresentação de provas pelos interessados ou terceiros, serão expedidas intimações para esse fim, mencionando-se data, prazo, forma e condições de atendimento.

Parágrafo único. Não sendo atendida a intimação, poderá o órgão competente, se entender relevante a matéria, suprir de ofício a omissão, não se eximindo de proferir a decisão.

Art. 40. Quando dados, atuações ou documentos solicitados ao interessado forem necessários à apreciação de pedido formulado, o não atendimento no prazo fixado pela Administração para a respectiva apresentação implicará arquivamento do processo.

Art. 41. Os interessados serão intimados de prova ou diligência ordenada, com antecedência mínima de 3 (três) dias úteis, mencionando-se data, hora e local de realização.

Art. 42. Quando deva ser obrigatoriamente ouvido um órgão consultivo, o parecer deverá ser emitido no prazo máximo de 15 (quinze) dias, salvo norma especial ou comprovada necessidade de maior prazo.

§ 1º. Se um parecer obrigatório e vinculante deixar de ser emitido no prazo fixado, o processo não terá seguimento até a respectiva apresentação, responsabilizando-se quem der causa ao atraso.

§ 2º. Se um parecer obrigatório e não vinculante deixar de ser emitido no prazo fixado, o processo poderá ter prosseguimento e ser decidido com sua dispensa, sem prejuízo da responsabilidade de quem se omitiu no atendimento.

Art. 43. Quando por disposição de ato normativo devam ser previamente obtidos laudos técnicos de órgãos administrativos e estes não cumprirem o encargo no prazo assinalado, o órgão responsável pela instrução deverá solicitar laudo técnico de outro órgão dotado de qualificação e capacidade técnica equivalentes.

Art. 44. Encerrada a instrução, o interessado terá o direito de manifestar-se no prazo máximo de 10 (dez) dias, salvo se outro prazo for legalmente fixado.

Art. 45. Em caso de risco iminente, a Administração Pública poderá motivadamente adotar providências acauteladoras sem a prévia manifestação do interessado.

Art. 46. Os interessados têm direito à vista do processo e a obter certidões ou cópias reprográficas dos dados e documentos que o integram, ressalvados os dados e documentos de terceiros protegidos por sigilo ou pelo direito à privacidade, à honra e à imagem.

Art. 47. O órgão de instrução que não for competente para emitir a decisão final elaborará relatório indicando o pedido inicial, o conteúdo das fases do procedimento e formulará proposta de decisão, objetivamente justificada, encaminhando o processo à autoridade competente.

CAPÍTULO XI. DO DEVER DE DECIDIR

Art. 48. A Administração tem o dever de explicitamente emitir decisão nos processos administrativos e sobre solicitações ou reclamações, em matéria de sua competência.

Art. 49. Concluída a instrução de processo administrativo, a Administração tem o prazo de até 30 (trinta) dias para decidir, salvo prorrogação por igual período expressamente motivada.

CAPÍTULO XII. DA MOTIVAÇÃO

Art. 50. Os atos administrativos deverão ser motivados, com indicação dos fatos e dos fundamentos jurídicos, quando:

I – neguem, limitem ou afetem direitos ou interesses;

II – imponham ou agravem deveres, encargos ou sanções;

III – decidam processos administrativos de concurso ou seleção pública;

IV – dispensem ou declarem a inexigibilidade de processo licitatório;

V – decidam recursos administrativos;

VI – decorram de reexame de ofício;

VII – deixem de aplicar jurisprudência firmada sobre a questão ou discrepem de pareceres, laudos, propostas e relatórios oficiais;

VIII – importem anulação, revogação, suspensão ou convalidação de ato administrativo.

§ 1º. A motivação deve ser explícita, clara e congruente, podendo consistir em declaração de concordância com fundamentos de anteriores pareceres, informações, decisões ou propostas, que, neste caso, serão parte integrante do ato.

§ 2º. Na solução de vários assuntos da mesma natureza, pode ser utilizado meio mecânico que reproduza os fundamentos das decisões, desde que não prejudique direito ou garantia dos interessados.

§ 3º. A motivação das decisões de órgãos colegiados e comissões ou de decisões orais constará da respectiva ata ou de termo escrito.

CAPÍTULO XIII. DA DESISTÊNCIA E OUTROS CASOS DE EXTINÇÃO DO PROCESSO

Art. 51. O interessado poderá, mediante manifestação escrita, desistir total ou parcialmente do pedido formulado ou, ainda, renunciar a direitos disponíveis.

§ 1º. Havendo vários interessados, a desistência ou renúncia atinge somente quem a tenha formulado.

§ 2º. A desistência ou renúncia do interessado, conforme o caso, não prejudica o prosseguimento do processo, se a Administração considerar que o interesse público assim o exige.

Art. 52. O órgão competente poderá declarar extinto o processo quando exaurida sua finalidade ou o objeto da decisão se tornar impossível, inútil ou prejudicado por fato superveniente.

CAPÍTULO XIV. DA ANULAÇÃO, REVOGAÇÃO E CONVALIDAÇÃO

Art. 53. A Administração deve anular seus próprios atos, quando eivados de vício de legalidade, e pode revogá-los por motivo de conveniência ou oportunidade, respeitados os direitos adquiridos.

- Súm. 473 do STF.
- CF/88: art. 5º, XXXVI.
- CPC/15: art. 502.
- LINDB: art. 6º.

Art. 54. O direito da Administração de anular os atos administrativos de que decorram efeitos favoráveis para os destinatários decai em cinco anos, contados da data em que foram praticados, salvo comprovada má-fé.

§ 1º. No caso de efeitos patrimoniais contínuos, o prazo de decadência contar-se-á da percepção do primeiro pagamento.

§ 2º. Considera-se exercício do direito de anular qualquer medida de autoridade administrativa que importe impugnação à validade do ato.

Art. 55. Em decisão na qual se evidencie não acarretarem lesão ao interesse público nem prejuízo a terceiros, os atos que apresentarem defeitos sanáveis poderão ser convalidados pela própria Administração.

CAPÍTULO XV. DO RECURSO ADMINISTRATIVO E DA REVISÃO

Art. 56. Das decisões administrativas cabe recurso, em face de razões de legalidade e de mérito.

- Súm. Vinculante 21 do STF.

§ 1º. O recurso será dirigido à autoridade que proferiu a decisão, a qual, se não a reconsiderar no prazo de 5 (cinco) dias, o encaminhará à autoridade superior.

§ 2º. Salvo exigência legal, a interposição de recurso administrativo independe de caução.

‣ Súm. 373 do STJ.

§ 3º. Se o recorrente alegar que a decisão administrativa contraria enunciado da Súm. vinculante, caberá à autoridade prolatora da decisão impugnada, se não a reconsiderar, explicitar, antes de encaminhar o recurso à autoridade superior, as razões da aplicabilidade ou inaplicabilidade da Súm, conforme o caso. (Incluído pela Lei nº 11.417, de 2006)

Art. 57. O recurso administrativo tramitará no máximo por três instâncias administrativas, salvo disposição legal diversa.

Art. 58. Têm legitimidade para interpor recurso administrativo:

I – os titulares de direitos e interesses que forem parte no processo;

II – aqueles cujos direitos ou interesses forem indiretamente afetados pela decisão recorrida;

III – as organizações e associações representativas, no tocante a direitos e interesses coletivos;

IV – os cidadãos ou associações, quanto a direitos ou interesses difusos.

Art. 59. Salvo disposição legal específica, é de 10 (dez) dias o prazo para interposição de recurso administrativo, contado a partir da ciência ou divulgação oficial da decisão recorrida.

§ 1º. Quando a lei não fixar prazo diferente, o recurso administrativo deverá ser decidido no prazo máximo de 30 (trinta) dias, a partir do recebimento dos autos pelo órgão competente.

§ 2º. O prazo mencionado no parágrafo anterior poderá ser prorrogado por igual período, ante justificativa explícita.

Art. 60. O recurso interpõe-se por meio de requerimento no qual o recorrente deverá expor os fundamentos do pedido de reexame, podendo juntar os documentos que julgar convenientes.

Art. 61. Salvo disposição legal em contrário, o recurso não tem efeito suspensivo.

Parágrafo único. Havendo justo receio de prejuízo de difícil ou incerta reparação decorrente da execução, a autoridade recorrida ou a imediatamente superior poderá, de ofício ou a pedido, dar efeito suspensivo ao recurso.

Art. 62. Interposto o recurso, o órgão competente para dele conhecer deverá intimar os demais interessados para que, no prazo de 5 (cinco) dias úteis, apresentem alegações.

Art. 63. O recurso não será conhecido quando interposto:

I – fora do prazo;

II – perante órgão incompetente;

III – por quem não seja legitimado;

IV – após exaurida a esfera administrativa.

§ 1º. Na hipótese do inciso II, será indicada ao recorrente a autoridade competente, sendo-lhe devolvido o prazo para recurso.

§ 2º. O não conhecimento do recurso não impede a Administração de rever de ofício o ato ilegal, desde que não ocorrida preclusão administrativa.

Art. 64. O órgão competente para decidir o recurso poderá confirmar, modificar, anular ou revogar, total ou parcialmente, a decisão recorrida, se a matéria for de sua competência.

Parágrafo único. Se da aplicação do disposto neste artigo puder decorrer gravame à situação do recorrente, este deverá ser cientificado para que formule suas alegações antes da decisão.

Art. 64-A. Se o recorrente alegar violação de enunciado da Súm. vinculante, o órgão competente para decidir o recurso explicitará as razões da aplicabilidade ou inaplicabilidade da Súm, conforme o caso. (Incluído pela Lei nº 11.417, de 2006)

Art. 64-B. Acolhida pelo Supremo Tribunal Federal a reclamação fundada em violação de enunciado da Súm. vinculante, dar-se-á ciência à autoridade prolatora e ao órgão competente para o julgamento do recurso, que deverão adequar as futuras decisões administrativas em casos semelhantes, sob pena de responsabilização pessoal nas esferas cível, administrativa e penal. (Incluído pela Lei nº 11.417, de 2006)

Art. 65. Os processos administrativos de que resultem sanções poderão ser revistos, a qualquer tempo, a pedido ou de ofício, quando surgirem fatos novos ou circunstâncias relevantes suscetíveis de justificar a inadequação da sanção aplicada.

Parágrafo único. Da revisão do processo não poderá resultar agravamento da sanção.

CAPÍTULO XVI. DOS PRAZOS

Art. 66. Os prazos começam a correr a partir da data da cientificação oficial, excluindo-se da contagem o dia do começo e incluindo-se o do vencimento.

§ 1º. Considera-se prorrogado o prazo até o primeiro dia útil seguinte se o vencimento cair em dia em que não houver expediente ou este for encerrado antes da hora normal.

§ 2º. Os prazos expressos em dias contam-se de modo contínuo.

§ 3º. Os prazos fixados em meses ou anos contam-se de data a data. Se no mês do vencimento não houver o dia equivalente àquele do início do prazo, tem-se como termo o último dia do mês.

Art. 67. Salvo motivo de força maior devidamente comprovado, os prazos processuais não se suspendem.

CAPÍTULO XVII. DAS SANÇÕES

Art. 68. As sanções, a serem aplicadas por autoridade competente, terão natureza pecuniária ou consistirão em obrigação de fazer ou de não fazer, assegurado sempre o direito de defesa.

CAPÍTULO XVIII. DAS DISPOSIÇÕES FINAIS

Art. 69. Os processos administrativos específicos continuarão a reger-se por lei própria, aplicando-se-lhes apenas subsidiariamente os preceitos desta Lei.

Art. 69-A. Terão prioridade na tramitação, em qualquer órgão ou instância, os procedimentos administrativos em que figure como parte ou interessado: (Incluído pela Lei nº 12.008, de 2009)

I – pessoa com idade igual ou superior a 60 (sessenta) anos; (Incluído pela Lei nº 12.008, de 2009)

‣ Lei 13.105/15: art. 1.048, I.

II – pessoa portadora de deficiência, física ou mental; (Incluído pela Lei nº 12.008, de 2009)

‣ CPC/15: art. 1.048.

III – (*VETADO*). (Incluído pela Lei nº 12.008, de 2009)

IV – pessoa portadora de tuberculose ativa, esclerose múltipla, neoplasia maligna, hanseníase, paralisia irreversível e incapacitante, cardiopatia grave, doença de Parkinson, espondiloartrose anquilosante, nefropatia grave, hepatopatia grave, estados avançados da doença de Paget (osteíte deformante), contaminação por radiação, síndrome de imunodeficiência adquirida, ou outra doença grave, com base em conclusão da medicina especializada, mesmo que a doença tenha sido contraída após o início do processo. (Incluído pela Lei nº 12.008, de 2009)

§ 1º. A pessoa interessada na obtenção do benefício, juntando prova de sua condição, deverá requerê-lo à autoridade administrativa competente, que determinará as providências a serem cumpridas. (Incluído pela Lei nº 12.008, de 2009)

§ 2º. Deferida a prioridade, os autos receberão identificação própria que evidencie o regime de tramitação prioritária. (Incluído pela Lei nº 12.008, de 2009)

§ 3º. (*VETADO*). (Incluído pela Lei nº 12.008, de 2009)

§ 4º. (*VETADO*). (Incluído pela Lei nº 12.008, de 2009)

Art. 70. Esta Lei entra em vigor na data de sua publicação.

Brasília, 29 de janeiro de 1999; 178º da Independência e 111º da República.

Fernando Henrique Cardoso

D.O.U. 1.2.1999;
ret. 11.3.1999

LEI Nº 9.868, DE 10 DE NOVEMBRO DE 1999

Dispõe sobre o processo e julgamento da ação direta de inconstitucionalidade e da ação declaratória de constitucionalidade perante o Supremo Tribunal Federal.

‣ *ADI e ADC*

O PRESIDENTE DA REPÚBLICA Faço saber que o Congresso Nacional decreta e eu sanciono a seguinte Lei:

CAPÍTULO I. DA AÇÃO DIRETA DE INCONSTITUCIONALIDADE E DA AÇÃO DECLARATÓRIA DE CONSTITUCIONALIDADE

Art. 1º. Esta Lei dispõe sobre o processo e julgamento da ação direta de inconstitucionalidade e da ação declaratória de constitucionalidade perante o Supremo Tribunal Federal.

- CF/88: art. 102, I, a.
- Decreto 2.346/1997 – Consolida normas de procedimentos a serem observadas pela Administração Pública Federal em razão de decisões judiciais.

CAPÍTULO II. DA AÇÃO DIRETA DE INCONSTITUCIONALIDADE

SEÇÃO I. DA ADMISSIBILIDADE E DO PROCEDIMENTO DA AÇÃO DIRETA DE INCONSTITUCIONALIDADE

Art. 2º. Podem propor a ação direta de inconstitucionalidade:

- CF/88: art. 103.

I – o Presidente da República;
II – a Mesa do Senado Federal;
III – a Mesa da Câmara dos Deputados;
IV – a Mesa de Assembleia Legislativa ou a Mesa da Câmara Legislativa do Distrito Federal;
V – o Governador de Estado ou o Governador do Distrito Federal;
VI – o Procurador-Geral da República;
VII – o Conselho Federal da Ordem dos Advogados do Brasil;
VIII – partido político com representação no Congresso Nacional;
IX – confederação sindical ou entidade de classe de âmbito nacional.

Parágrafo único. (*VETADO*).

Art. 3º. A petição indicará:

I – o dispositivo da lei ou do ato normativo impugnado e os fundamentos jurídicos do pedido em relação a cada uma das impugnações;

- Súm. 642 do STF.

II – o pedido, com suas especificações.

Parágrafo único. A petição inicial, acompanhada de instrumento de procuração, quando subscrita por advogado, será apresentada em duas vias, devendo conter cópias da lei ou do ato normativo impugnado e dos documentos necessários para comprovar a impugnação.

Art. 4º. A petição inicial inepta, não fundamentada e a manifestamente improcedente serão liminarmente indeferidas pelo relator.

Parágrafo único. Cabe agravo da decisão que indeferir a petição inicial.

Art. 5º. Proposta a ação direta, não se admitirá desistência.

Parágrafo único. (*VETADO*).

Art. 6º. O relator pedirá informações aos órgãos ou às autoridades das quais emanou a lei ou o ato normativo impugnado.

Parágrafo único. As informações serão prestadas no prazo de 30 (trinta) dias contado do recebimento do pedido.

Art. 7º. Não se admitirá intervenção de terceiros no processo de ação direta de inconstitucionalidade.

§ 1º. (*VETADO*).

§ 2º. O relator, considerando a relevância da matéria e a representatividade dos postulantes, poderá, por despacho irrecorrível, admitir, observado o prazo fixado no parágrafo anterior, a manifestação de outros órgãos ou entidades.

Art. 8º. Decorrido o prazo das informações, serão ouvidos, sucessivamente, o Advogado-Geral da União e o Procurador-Geral da República, que deverão manifestar-se, cada qual, no prazo de 15 (quinze) dias.

Art. 9º. Vencidos os prazos do artigo anterior, o relator lançará o relatório, com cópia a todos os Ministros, e pedirá dia para julgamento.

§ 1º. Em caso de necessidade de esclarecimento de matéria ou circunstância de fato ou de notória insuficiência das informações existentes nos autos, poderá o relator requisitar informações adicionais, designar perito ou comissão de peritos para que emita parecer sobre a questão, ou fixar data para, em audiência pública, ouvir depoimentos de pessoas com experiência e autoridade na matéria.

§ 2º. O relator poderá, ainda, solicitar informações aos Tribunais Superiores, aos Tribunais federais e aos Tribunais estaduais acerca da aplicação da norma impugnada no âmbito de sua jurisdição.

§ 3º. As informações, perícias e audiências a que se referem os parágrafos anteriores serão realizadas no prazo de 30 (trinta) dias, contado da solicitação do relator.

SEÇÃO II. DA MEDIDA CAUTELAR EM AÇÃO DIRETA DE INCONSTITUCIONALIDADE

- CF/88: art. 102, I, p.

Art. 10. Salvo no período de recesso, a medida cautelar na ação direta será concedida por decisão da maioria absoluta dos membros do Tribunal, observado o disposto no art. 22, após a audiência dos órgãos ou autoridades dos quais emanou a lei ou ato normativo impugnado, que deverão pronunciar-se no prazo de 5 (cinco) dias.

§ 1º. O relator, julgando indispensável, ouvirá o Advogado-Geral da União e o Procurador-Geral da República, no prazo de 3 (três) dias.

§ 2º. No julgamento do pedido de medida cautelar, será facultada sustentação oral aos representantes judiciais do requerente e das autoridades ou órgãos responsáveis pela expedição do ato, na forma estabelecida no Regimento do Tribunal.

§ 3º. Em caso de excepcional urgência, o Tribunal poderá deferir a medida cautelar sem a audiência dos órgãos ou das autoridades das quais emanou a lei ou o ato normativo impugnado.

Art. 11. Concedida a medida cautelar, o Supremo Tribunal Federal fará publicar em seção especial do *Diário Oficial da União* e do *Diário da Justiça da União* a parte dispositiva da decisão, no prazo de 10 (dez) dias, devendo solicitar as informações à autoridade da qual tiver emanado o ato, observando-se, no que couber, o procedimento estabelecido na Seção I deste Capítulo.

§ 1º. A medida cautelar, dotada de eficácia contra todos, será concedida com efeito *ex nunc*, salvo se o Tribunal entender que deva conceder-lhe eficácia retroativa.

§ 2º. A concessão da medida cautelar torna aplicável a legislação anterior acaso existente, salvo expressa manifestação em sentido contrário.

Art. 12. Havendo pedido de medida cautelar, o relator, em face da relevância da matéria e de seu especial significado para a ordem social e a segurança jurídica, poderá, após a prestação das informações, no prazo de 10 (dez) dias, e a manifestação do Advogado-Geral da União e do Procurador-Geral da República, sucessivamente, no prazo de 5 (cinco) dias, submeter o processo diretamente ao Tribunal, que terá a faculdade de julgar definitivamente a ação.

CAPÍTULO II-A. DA AÇÃO DIRETA DE INCONSTITUCIONALIDADE POR OMISSÃO

(Incluído pela Lei nº 12.063, de 2009)

SEÇÃO I. DA ADMISSIBILIDADE E DO PROCEDIMENTO DA AÇÃO DIRETA DE INCONSTITUCIONALIDADE POR OMISSÃO

(Incluído pela Lei nº 12.063, de 2009)

Art. 12-A. Podem propor a ação direta de inconstitucionalidade por omissão os legitimados à propositura da ação direta de inconstitucionalidade e da ação declaratória de constitucionalidade. (Incluído pela Lei nº 12.063, de 2009)

Art. 12-B. A petição indicará: (Incluído pela Lei nº 12.063, de 2009)

I – a omissão inconstitucional total ou parcial quanto ao cumprimento de dever constitucional de legislar ou quanto à adoção de providência de índole administrativa; (Incluído pela Lei nº 12.063, de 2009)
II – o pedido, com suas especificações. (Incluído pela Lei nº 12.063, de 2009)

Parágrafo único. A petição inicial, acompanhada de instrumento de procuração, se for o caso, será apresentada em 2 (duas) vias, devendo conter cópias dos documentos necessários para comprovar a alegação de omissão. (Incluído pela Lei nº 12.063, de 2009)

Art. 12-C. A petição inicial inepta, não fundamentada, e a manifestamente improcedente serão liminarmente indeferidas pelo relator. (Incluído pela Lei nº 12.063, de 2009)

Parágrafo único. Cabe agravo da decisão que indeferir a petição inicial. (Incluído pela Lei nº 12.063, de 2009)

Art. 12-D. Proposta a ação direta de inconstitucionalidade por omissão, não se admitirá desistência. (Incluído pela Lei nº 12.063, de 2009)

Art. 12-E. Aplicam-se ao procedimento da ação direta de inconstitucionalidade por omissão, no que couber, as disposições constantes da Seção I do Capítulo II desta Lei. (Incluído pela Lei nº 12.063, de 2009)

§ 1º. Os demais titulares referidos no art. 2º desta Lei poderão manifestar-se, por escrito, sobre o objeto da ação e pedir a juntada de documentos reputados úteis para o exame da matéria, no prazo das informações, bem como apresentar memoriais. (Incluído pela Lei nº 12.063, de 2009)

§ 2º. O relator poderá solicitar a manifestação do Advogado-Geral da União, que deverá ser encaminhada no prazo de 15 (quinze) dias. (Incluído pela Lei nº 12.063, de 2009)

§ 3º. O Procurador-Geral da República, nas ações em que não for autor, terá vista do processo, por 15 (quinze) dias, após o decurso do prazo para informações. (Incluído pela Lei nº 12.063, de 2009)

SEÇÃO II. DA MEDIDA CAUTELAR EM AÇÃO DIRETA DE INCONSTITUCIONALIDADE POR OMISSÃO

(Incluído pela Lei nº 12.063, de 2009)

Art. 12-F. Em caso de excepcional urgência e relevância da matéria, o Tribunal, por decisão da maioria absoluta de seus membros, observado o disposto no art. 22, poderá conceder medida cautelar, após a audiência dos órgãos ou autoridades responsáveis pela omissão inconstitucional, que deverão pronunciar-se no prazo de 5 (cinco) dias. (Incluído pela Lei nº 12.063, de 2009)

§ 1º. A medida cautelar poderá consistir na suspensão da aplicação da lei ou do ato normativo questionado, no caso de omissão parcial, bem como na suspensão de processos judiciais ou de procedimentos administrativos, ou ainda em outra providência a ser fixada pelo Tribunal. (Incluído pela Lei nº 12.063, de 2009)

§ 2º. O relator, julgando indispensável, ouvirá o Procurador-Geral da República, no prazo de 3 (três) dias. (Incluído pela Lei nº 12.063, de 2009)

§ 3º. No julgamento do pedido de medida cautelar, será facultada sustentação oral aos representantes judiciais do requerente e das autoridades ou órgãos responsáveis pela omissão inconstitucional, na forma estabelecida no Regimento do Tribunal. (Incluído pela Lei nº 12.063, de 2009)

Art. 12-G. Concedida a medida cautelar, o Supremo Tribunal Federal fará publicar, em seção especial do *Diário Oficial da União* e do *Diário da Justiça da União*, a parte dispositiva da decisão no prazo de 10 (dez) dias, devendo solicitar as informações à autoridade ou ao órgão responsável pela omissão inconstitucional, observando-se, no que couber, o procedimento estabelecido na Seção I do Capítulo II desta Lei. (Incluído pela Lei nº 12.063, de 2009)

SEÇÃO III. DA DECISÃO NA AÇÃO DIRETA DE INCONSTITUCIONALIDADE POR OMISSÃO

(Incluído pela Lei nº 12.063, de 2009)

Art. 12-H. Declarada a inconstitucionalidade por omissão, com observância do disposto no art. 22, será dada ciência ao Poder competente para a adoção das providências necessárias. (Incluído pela Lei nº 12.063, de 2009)

§ 1º. Em caso de omissão imputável a órgão administrativo, as providências deverão ser adotadas no prazo de 30 (trinta) dias, ou em prazo razoável a ser estipulado excepcionalmente pelo Tribunal, tendo em vista as circunstâncias específicas do caso e o interesse público envolvido. (Incluído pela Lei nº 12.063, de 2009)

§ 2º. Aplica-se à decisão da ação direta de inconstitucionalidade por omissão, no que couber, o disposto no Capítulo IV desta Lei. (Incluído pela Lei nº 12.063, de 2009)

CAPÍTULO III. DA AÇÃO DECLARATÓRIA DE CONSTITUCIONALIDADE

SEÇÃO I. DA ADMISSIBILIDADE E DO PROCEDIMENTO DA AÇÃO DECLARATÓRIA DE CONSTITUCIONALIDADE

Art. 13. Podem propor a ação declaratória de constitucionalidade de lei ou ato normativo federal:

I – o Presidente da República;

II – a Mesa da Câmara dos Deputados;

III – a Mesa do Senado Federal;

IV – o Procurador-Geral da República.

Art. 14. A petição inicial indicará:

I – o dispositivo da lei ou do ato normativo questionado e os fundamentos jurídicos do pedido;

II – o pedido, com suas especificações;

III – a existência de controvérsia judicial relevante sobre a aplicação da disposição objeto da ação declaratória.

Parágrafo único. A petição inicial, acompanhada de instrumento de procuração, quando subscrita por advogado, será apresentada em duas vias, devendo conter cópias do ato normativo questionado e dos documentos necessários para comprovar a procedência do pedido de declaração de constitucionalidade.

Art. 15. A petição inicial inepta, não fundamentada e a manifestamente improcedente serão liminarmente indeferidas pelo relator.

Parágrafo único. Cabe agravo da decisão que indeferir a petição inicial.

Art. 16. Proposta a ação declaratória, não se admitirá desistência.

Art. 17. (*VETADO*).

Art. 18. Não se admitirá intervenção de terceiros no processo de ação declaratória de constitucionalidade.

§ 1º. (*VETADO*).

§ 2º. (*VETADO*).

Art. 19. Decorrido o prazo do artigo anterior, será aberta vista ao Procurador-Geral da República, que deverá pronunciar-se no prazo de 15 (quinze) dias.

Art. 20. Vencido o prazo do artigo anterior, o relator lançará o relatório, com cópia a todos os Ministros, e pedirá dia para julgamento.

§ 1º. Em caso de necessidade de esclarecimento de matéria ou circunstância de fato ou de notória insuficiência das informações existentes nos autos, poderá o relator requisitar informações adicionais, designar perito ou comissão de peritos para que emita parecer sobre a questão ou fixar data para, em audiência pública, ouvir depoimentos de pessoas com experiência e autoridade na matéria.

§ 2º. O relator poderá solicitar, ainda, informações aos Tribunais Superiores, aos Tribunais federais e aos Tribunais estaduais acerca da aplicação da norma questionada no âmbito de sua jurisdição.

§ 3º. As informações, perícias e audiências a que se referem os parágrafos anteriores serão realizadas no prazo de 30 (trinta) dias, contado da solicitação do relator.

SEÇÃO II. DA MEDIDA CAUTELAR EM AÇÃO DECLARATÓRIA DE CONSTITUCIONALIDADE

Art. 21. O Supremo Tribunal Federal, por decisão da maioria absoluta de seus membros, poderá deferir pedido de medida cautelar na ação declaratória de constitucionalidade, consistente na determinação de que os juízes e os Tribunais suspendam o julgamento dos processos que envolvam a aplicação da lei ou do ato normativo objeto da ação até seu julgamento definitivo.

Parágrafo único. Concedida a medida cautelar, o Supremo Tribunal Federal fará publicar em seção especial do *Diário Oficial da União* a parte dispositiva da decisão, no prazo de 10 (dez) dias, devendo o Tribunal proceder ao julgamento da ação no prazo de 180 (cento e oitenta) dias, sob pena de perda de sua eficácia.

CAPÍTULO IV. DA DECISÃO NA AÇÃO DIRETA DE INCONSTITUCIONALIDADE E NA AÇÃO DECLARATÓRIA DE CONSTITUCIONALIDADE

Art. 22. A decisão sobre a constitucionalidade ou a inconstitucionalidade da lei ou do ato normativo somente será tomada se presentes na sessão pelo menos oito Ministros.

Art. 23. Efetuado o julgamento, proclamar-se-á a constitucionalidade ou a inconstitucionalidade da disposição ou da norma impugnada se num ou noutro sentido se tiverem manifestado pelo menos seis Ministros, quer se trate de ação direta de inconstitucionalidade ou de ação declaratória de constitucionalidade.

Parágrafo único. Se não for alcançada a maioria necessária à declaração de constitucionalidade ou de inconstitucionalidade, estando ausentes Ministros em número que possa influir no julgamento, este será suspenso a fim de aguardar-se o comparecimento dos Ministros ausentes, até que se atinja o número necessário para prolação da decisão num ou noutro sentido.

Art. 24. Proclamada a constitucionalidade, julgar-se-á improcedente a ação direta ou procedente eventual ação declaratória; e, proclamada a inconstitucionalidade, julgar-se-á procedente a ação direta ou improcedente eventual ação declaratória.

Art. 25. Julgada a ação, far-se-á a comunicação à autoridade ou ao órgão responsável pela expedição do ato.

Art. 26. A decisão que declara a constitucionalidade ou a inconstitucionalidade da lei ou do ato normativo em ação direta ou em ação declaratória é irrecorrível, ressalvada a interposição de embargos declaratórios, não podendo, igualmente, ser objeto de ação rescisória.

Art. 27. Ao declarar a inconstitucionalidade de lei ou ato normativo, e tendo em vista razões de segurança jurídica ou de excepcional interesse social, poderá o Supremo Tribunal Federal, por maioria de 2/3 (dois terços) de seus membros, restringir os efeitos daquela declaração ou decidir que ela só tenha eficácia a partir de seu trânsito em julgado ou de outro momento que venha a ser fixado.

Art. 28. Dentro do prazo de 10 (dez) dias após o trânsito em julgado da decisão, o Supremo Tribunal Federal fará publicar em seção especial do *Diário da Justiça* e do *Diário Oficial da União* a parte dispositiva do acórdão.

Parágrafo único. A declaração de constitucionalidade ou de inconstitucionalidade, inclusive a interpretação conforme a Constituição e a declaração parcial de inconstitucionalidade sem redução de texto, têm eficácia contra todos e efeito vinculante em relação aos órgãos do Poder Judiciário e à Administração Pública federal, estadual e municipal.

CAPÍTULO V. DAS DISPOSIÇÕES GERAIS E FINAIS

Art. 29. O art. 482 do Código de Processo Civil fica acrescido dos seguintes parágrafos:

- Refere-se ao CPC/1973.
- CPC/15: arts. 1.045 e 1.046.

"Art. 482. [...]

§ 1º O Ministério Público e as pessoas jurídicas de direito público responsáveis pela edição do ato questionado, se assim o requererem, poderão manifestar-se no incidente de inconstitucionalidade, observados os prazos e condições fixados no Regimento Interno do Tribunal.

§ 2º Os titulares do direito de propositura referidos no art. 103 da Constituição poderão manifestar-se, por escrito, sobre a questão constitucional objeto de apreciação pelo órgão especial ou pelo Pleno do Tribunal, no prazo fixado em Regimento, sendo-lhes assegurado o direito de apresentar memoriais ou de pedir a juntada de documentos.

§ 3º O relator, considerando a relevância da matéria e a representatividade dos postulantes, poderá admitir, por despacho irrecorrível, a manifestação de outros órgãos ou entidades."

Art. 30. O art. 8º da Lei nº 8.185, de 14 de maio de 1991, passa a vigorar acrescido dos seguintes dispositivos:

"Art. 8º (...)

I – (...)

(...)

n) a ação direta de inconstitucionalidade de lei ou ato normativo do Distrito Federal em face da sua Lei Orgânica;

(...)

§ 3º São partes legítimas para propor a ação direta de inconstitucionalidade:

I – o Governador do Distrito Federal;

II – a Mesa da Câmara Legislativa;

III – o Procurador-Geral de Justiça;

IV – a Ordem dos Advogados do Brasil, seção do Distrito Federal;

V – as entidades sindicais ou de classe, de atuação no Distrito Federal, demonstrando que a pretensão por elas deduzida guarda relação de pertinência direta com os seus objetivos institucionais;

VI – os partidos políticos com representação na Câmara Legislativa.

§ 4º Aplicam-se ao processo e julgamento da ação direta de inconstitucionalidade perante o Tribunal de Justiça do Distrito Federal e Territórios as seguintes disposições:

I – o Procurador-Geral de Justiça será sempre ouvido nas ações diretas de constitucionalidade ou de inconstitucionalidade;

II – declarada a inconstitucionalidade por omissão de medida para tornar efetiva norma da Lei Orgânica do Distrito Federal, a decisão será comunicada ao Poder competente para adoção das providências necessárias, e, tratando-se de órgão administrativo, para fazê-lo em 30 (trinta) dias;

III – somente pelo voto da maioria absoluta de seus membros ou de seu órgão especial, poderá o Tribunal de Justiça declarar a inconstitucionalidade de lei ou de ato normativo do Distrito Federal ou suspender a sua vigência em decisão de medida cautelar.

§ 5º Aplicam-se, no que couber, ao processo de julgamento da ação direta de inconstitucionalidade de lei ou ato normativo do Distrito Federal em face da sua Lei Orgânica as normas sobre o processo e o julgamento da ação direta de inconstitucionalidade perante o Supremo Tribunal Federal."

Art. 31. Esta Lei entra em vigor na data de sua publicação.

Brasília, 10 de novembro de 1999; 178º da Independência e 111º da República.

FERNANDO HENRIQUE CARDOSO

D.O.U 11.11.1999

LEI Nº 9.882, DE 3 DE DEZEMBRO DE 1999

Dispõe sobre o processo e julgamento da arguição de descumprimento de preceito fundamental, nos termos do § 1º do art. 102 da Constituição Federal.

- *ADPF*

O PRESIDENTE DA REPÚBLICA Faço saber que o Congresso Nacional decreta e eu sanciono a seguinte Lei:

Art. 1º. A arguição prevista no § 1º do art. 102 da Constituição Federal será proposta perante o Supremo Tribunal Federal, e terá por objeto evitar ou reparar lesão a preceito fundamental, resultante de ato do Poder Público.

Parágrafo único. Caberá também arguição de descumprimento de preceito fundamental:

I – quando for relevante o fundamento da controvérsia constitucional sobre lei ou ato normativo federal, estadual ou municipal, incluídos os anteriores à Constituição;

- ADIn 2231-8/DF.

II – (*VETADO*).

Art. 2º. Podem propor arguição de descumprimento de preceito fundamental:

I – os legitimados para a ação direta de inconstitucionalidade;

- CF/88: art. 103.

II – (*VETADO*).

§ 1º. Na hipótese do inciso II, faculta-se ao interessado, mediante representação, solicitar a propositura de arguição de descumprimento de preceito fundamental ao Procurador-Geral da República, que, examinando os fundamentos jurídicos do pedido, decidirá do cabimento do seu ingresso em juízo.

§ 2º. (*VETADO*).

Art. 3º. A petição inicial deverá conter:

I – a indicação do preceito fundamental que se considera violado;

II – a indicação do ato questionado;

III – a prova da violação do preceito fundamental;

IV – o pedido, com suas especificações;

V – se for o caso, a comprovação da existência de controvérsia judicial relevante sobre a aplicação do preceito fundamental que se considera violado.

Parágrafo único. A petição inicial, acompanhada de instrumento de mandato, se for o caso, será apresentada em duas vias, devendo conter cópias do ato questionado e dos documentos necessários para comprovar a impugnação.

Art. 4º. A petição inicial será indeferida liminarmente, pelo relator, quando não for o caso de arguição de descumprimento de preceito fundamental, faltar algum dos requisitos prescritos nesta Lei ou for inepta.

§ 1º. Não será admitida arguição de descumprimento de preceito fundamental quando houver qualquer outro meio eficaz de sanar a lesividade.

§ 2º. Da decisão de indeferimento da petição inicial caberá agravo, no prazo de 5 (cinco) dias.

Art. 5º. O Supremo Tribunal Federal, por decisão da maioria absoluta de seus membros, poderá deferir pedido de medida liminar na arguição de descumprimento de preceito fundamental.

§ 1º. Em caso de extrema urgência ou perigo de lesão grave, ou, ainda, em período de recesso, poderá o relator conceder a liminar, *ad referendum* do Tribunal Pleno.

§ 2º. O relator poderá ouvir os órgãos ou autoridades responsáveis pelo ato questionado, bem como o Advogado-Geral da União ou o Procurador-Geral da República, no prazo comum de 5 (cinco) dias.

§ 3º. A liminar poderá consistir na determinação de que juízes e tribunais suspendam o andamento de processo ou os efeitos de decisões judiciais, ou de qualquer outra medida que apresente relação com a matéria objeto da arguição de descumprimento de preceito fundamental, salvo se decorrentes da coisa julgada.

- ADIn 2231-8/DF.

§ 4º. (*VETADO*).

Art. 6º. Apreciado o pedido de liminar, o relator solicitará as informações às autoridades responsáveis pela prática do ato questionado, no prazo de 10 (dez) dias.

§ 1º. Se entender necessário, poderá o relator ouvir as partes nos processos que ensejaram a arguição, requisitar informações adicionais, designar perito ou comissão de peritos para que emita parecer sobre a questão, ou, ainda, fixar data para declarações, em audiência pública, de pessoas com experiência e autoridade na matéria.

§ 2º. Poderão ser autorizadas, a critério do relator, sustentação oral e juntada de memoriais, por requerimento dos interessados no processo.

Art. 7º. Decorrido o prazo das informações, o relator lançará o relatório, com cópia a todos os ministros, e pedirá dia para julgamento.

Parágrafo único. O Ministério Público, nas arguições que não houver formulado, terá vista do processo, por 5 (cinco) dias, após o decurso do prazo para informações.

Art. 8º. A decisão sobre a arguição de descumprimento de preceito fundamental somente será tomada se presentes na sessão pelo menos 2/3 (dois terços) dos Ministros.

§ 1º. (*VETADO*).

§ 2º. (*VETADO*).

Art. 9º. (*VETADO*).

Art. 10. Julgada a ação, far-se-á comunicação às autoridades ou órgãos responsáveis pela prática dos atos questionados, fixando-se as condições e o modo de interpretação e aplicação do preceito fundamental.

- ADIn 2231-8/DF.

§ 1º. O presidente do Tribunal determinará o imediato cumprimento da decisão, lavrando-se o acórdão posteriormente.

§ 2º. Dentro do prazo de 10 (dez) dias contado a partir do trânsito em julgado da decisão, sua parte dispositiva será publicada em seção especial do *Diário da Justiça* e do *Diário Oficial da União*.

§ 3º. A decisão terá eficácia contra todos e efeito vinculante relativamente aos demais órgãos do Poder Público.

- ADIn 2231-8/DF.

Art. 11. Ao declarar a inconstitucionalidade de lei ou ato normativo, no processo de arguição de descumprimento de preceito fundamental, e tendo em vista razões de segurança jurídica ou de excepcional interesse social, poderá o Supremo Tribunal Federal, por maioria de 2/3 (dois terços) de seus membros, restringir os efeitos daquela declaração ou decidir que ela só tenha eficácia a partir de seu trânsito em julgado ou de outro momento que venha a ser fixado.

- ADIn 2231-8/DF.

Art. 12. A decisão que julgar procedente ou improcedente o pedido em arguição de descumprimento de preceito fundamental é irrecorrível, não podendo ser objeto de ação rescisória.

Art. 13. Caberá reclamação contra o descumprimento da decisão proferida pelo Supremo Tribunal Federal, na forma do seu Regimento Interno.

Art. 14. Esta Lei entra em vigor na data de sua publicação.

Brasília, 3 de dezembro de 1999; 178º da Independência e 111º da República.

FERNANDO HENRIQUE CARDOSO

D.O.U. 06.12.1999

LEI COMPLEMENTAR Nº 101, DE 4 DE MAIO DE 2000

Estabelece normas de finanças públicas voltadas para a responsabilidade na gestão fiscal e dá outras providências.

- *Responsabilidade Fiscal*
- LC 151/2015 – Altera a LC 148/2014; revoga as Leis 10.819/2003, e 11.429/2006.
- LC 148/2014 – Altera a LC 101/2000.

O PRESIDENTE DA REPÚBLICA Faço saber que o Congresso Nacional decreta e eu sanciono a seguinte Lei Complementar:

- Lei 10.180/2001 – Organiza e disciplina os Sistemas de Planejamento e de Orçamento Federal, de Administração Financeira Federal, de Contabilidade Federal e de Controle Interno do Poder Executivo Federal, e dá outras providências.

CAPÍTULO I. DISPOSIÇÕES PRELIMINARES

Art. 1º. Esta Lei Complementar estabelece normas de finanças públicas voltadas para a responsabilidade na gestão fiscal, com amparo no CAPÍTULO II do TÍTULO VI da Constituição.

§ 1º. A responsabilidade na gestão fiscal pressupõe a ação planejada e transparente, em que se previnem riscos e corrigem desvios capazes de afetar o equilíbrio das contas públicas, mediante o cumprimento de metas de resultados entre receitas e despesas e a obediência a limites e condições no que tange a renúncia de receita, geração de despesas com pessoal, da seguridade social e outras, dívidas consolidada e mobiliária, operações de crédito, inclusive por antecipação de receita, concessão de garantia e inscrição em Restos a Pagar.

§ 2º. As disposições desta Lei Complementar obrigam a União, os Estados, o Distrito Federal e os Municípios.

§ 3º. Nas referências:

I – à União, aos Estados, ao Distrito Federal e aos Municípios, estão compreendidos:

a) o Poder Executivo, o Poder Legislativo, neste abrangidos os Tribunais de Contas, o Poder Judiciário e o Ministério Público;

b) as respectivas administrações diretas, fundos, autarquias, fundações e empresas estatais dependentes;

II – a Estados entende-se considerado o Distrito Federal;

III – a Tribunais de Contas estão incluídos: Tribunal de Contas da União, Tribunal de Contas do Estado e, quando houver, Tribunal de Contas dos Municípios e Tribunal de Contas do Município.

Art. 2º. Para os efeitos desta Lei Complementar, entende-se como:

I – ente da Federação: a União, cada Estado, o Distrito Federal e cada Município;

II – empresa controlada: sociedade cuja maioria do capital social com direito a voto pertença, direta ou indiretamente, a ente da Federação;

III – empresa estatal dependente: empresa controlada que receba do ente controlador recursos financeiros para pagamento de despesas com pessoal ou de custeio em geral ou de capital, excluídos, no último caso, aqueles provenientes de aumento de participação acionária;

IV – receita corrente líquida: somatório das receitas tributárias, de contribuições, patrimoniais, industriais, agropecuárias, de serviços, transferências correntes e outras receitas também correntes, deduzidos:

a) na União, os valores transferidos aos Estados e Municípios por determinação constitucional ou legal, e as contribuições mencionadas na alínea *a* do inciso I e no inciso II do art. 195, e no art. 239 da Constituição;

b) nos Estados, as parcelas entregues aos Municípios por determinação constitucional;

c) na União, nos Estados e nos Municípios, a contribuição dos servidores para o custeio do seu sistema de previdência e assistência social e as receitas provenientes da compensação financeira citada no § 9º do art. 201 da Constituição.

§ 1º. Serão computados no cálculo da receita corrente líquida os valores pagos e recebidos em decorrência da Lei Complementar nº 87, de 13 de setembro de 1996, e do fundo previsto pelo art. 60 do Ato das Disposições Constitucionais Transitórias.

§ 2º. Não serão considerados na receita corrente líquida do Distrito Federal e dos Estados do Amapá e de Roraima os recursos recebidos da União para atendimento das despesas de que trata o inciso V do § 1º do art. 19.

§ 3º. A receita corrente líquida será apurada somando-se as receitas arrecadadas no mês em referência e nos onze anteriores, excluídas as duplicidades.

CAPÍTULO II. DO PLANEJAMENTO

SEÇÃO I. DO PLANO PLURIANUAL

Art. 3º. (*VETADO*).

SEÇÃO II. DA LEI DE DIRETRIZES ORÇAMENTÁRIAS

Art. 4º. A lei de diretrizes orçamentárias atenderá o disposto no § 2º do art. 165 da Constituição e:

I – disporá também sobre:

a) equilíbrio entre receitas e despesas;

b) critérios e forma de limitação de empenho, a ser efetivada nas hipóteses previstas na alínea *b* do inciso II deste artigo, no art. 9º e no inciso II do § 1º do art. 31;

c) (*VETADA*).

d) (*VETADA*).

e) normas relativas ao controle de custos e à avaliação dos resultados dos programas financiados com recursos dos orçamentos;

f) demais condições e exigências para transferências de recursos a entidades públicas e privadas;

II – (*VETADO*).

III – (*VETADO*).

§ 1º. Integrará o projeto de lei de diretrizes orçamentárias Anexo de Metas Fiscais, em que serão estabelecidas metas anuais, em valores correntes e constantes, relativas a receitas, despesas, resultados nominal e primário e montante da dívida pública, para o exercício a que se referirem e para os dois seguintes.

§ 2º. O Anexo conterá, ainda:

I – avaliação do cumprimento das metas relativas ao ano anterior;

II – demonstrativo das metas anuais, instruído com memória e metodologia de cálculo que justifiquem os resultados pretendidos, comparando-as com as fixadas nos três exercícios anteriores, e evidenciando a consistência delas com as premissas e os objetivos da política econômica nacional;

III – evolução do patrimônio líquido, também nos últimos três exercícios, destacando a origem e a aplicação dos recursos obtidos com a alienação de ativos;

IV – avaliação da situação financeira e atuarial:

a) dos regimes geral de previdência social e próprio dos servidores públicos e do Fundo de Amparo ao Trabalhador;

b) dos demais fundos públicos e programas estatais de natureza atuarial;

V – demonstrativo da estimativa e compensação da renúncia de receita e da margem de expansão das despesas obrigatórias de caráter continuado.

§ 3º. A lei de diretrizes orçamentárias conterá Anexo de Riscos Fiscais, onde serão avaliados os passivos contingentes e outros riscos capazes de afetar as contas públicas, informando as providências a serem tomadas, caso se concretizem.

§ 4º. A mensagem que encaminhar o projeto da União apresentará, em anexo específico, os objetivos das políticas monetária, creditícia e cambial, bem como os parâmetros e as projeções para seus principais agregados e variáveis, e ainda as metas de inflação, para o exercício subsequente.

SEÇÃO III. DA LEI ORÇAMENTÁRIA ANUAL

Art. 5º. O projeto de lei orçamentária anual, elaborado de forma compatível com o plano plurianual, com a lei de diretrizes orçamentárias e com as normas desta Lei Complementar:

I – conterá, em anexo, demonstrativo da compatibilidade da programação dos orçamentos com os objetivos e metas constantes do documento de que trata o § 1º do art. 4º;

II – será acompanhado do documento a que se refere o § 6º do art. 165 da Constituição, bem como das medidas de compensação a renúncias de receita e ao aumento de despesas obrigatórias de caráter continuado;

III – conterá reserva de contingência, cuja forma de utilização e montante, definido com base na receita corrente líquida, serão estabelecidos na lei de diretrizes orçamentárias, destinada ao:

a) (*VETADA*).

b) atendimento de passivos contingentes e outros riscos e eventos fiscais imprevistos.

§ 1º. Todas as despesas relativas à dívida pública, mobiliária ou contratual, e as receitas que as atenderão, constarão da lei orçamentária anual.

§ 2º. O refinanciamento da dívida pública constará separadamente na lei orçamentária e nas de crédito adicional.

§ 3º. A atualização monetária do principal da dívida mobiliária refinanciada não poderá superar a variação do índice de preços previsto na lei de diretrizes orçamentárias, ou em legislação específica.

§ 4º. É vedado consignar na lei orçamentária crédito com finalidade imprecisa ou com dotação ilimitada.

§ 5º. A lei orçamentária não consignará dotação para investimento com duração superior a um exercício financeiro que não esteja previsto no plano plurianual ou em lei que autorize a sua inclusão, conforme disposto no § 1º do art. 167 da Constituição.

§ 6º. Integrarão as despesas da União, e serão incluídas na lei orçamentária, as do Banco Central do Brasil relativas a pessoal e encargos sociais, custeio administrativo, inclusive os destinados a benefícios e assistência aos servidores, e a investimentos.

§ 7º. (*VETADO*).

Art. 6º. (*VETADO*).

Art. 7º. O resultado do Banco Central do Brasil, apurado após a constituição ou reversão de reservas, constitui receita do Tesouro Nacional, e será transferido até o décimo dia útil subsequente à aprovação dos balanços semestrais.

§ 1º. O resultado negativo constituirá obrigação do Tesouro para com o Banco Central do Brasil e será consignado em dotação específica no orçamento.

§ 2º. O impacto e o custo fiscal das operações realizadas pelo Banco Central do Brasil serão demonstrados trimestralmente, nos termos em que dispuser a lei de diretrizes orçamentárias da União.

§ 3º. Os balanços trimestrais do Banco Central do Brasil conterão notas explicativas sobre os custos da remuneração das disponibilidades do Tesouro Nacional e da manutenção das reservas cambiais e a rentabilidade de sua carteira de títulos, destacando os de emissão da União.

SEÇÃO IV. DA EXECUÇÃO ORÇAMENTÁRIA E DO CUMPRIMENTO DAS METAS

Art. 8º. Até 30 (trinta) dias após a publicação dos orçamentos, nos termos em que dispuser a lei de diretrizes orçamentárias e observado o disposto na alínea *c* do inciso I do art. 4º, o Poder Executivo estabelecerá a programação financeira e o cronograma de execução mensal de desembolso.

- Decreto 5.356/2005 – Dispõe sobre a execução orçamentária e financeira dos órgãos, dos fundos e das entidades do Poder Executivo até o estabelecimento do cronograma de que trata o *caput* do art. 8º da Lei Complementar 101, de 4 de maio de 2000, e dá outras providências.

Parágrafo único. Os recursos legalmente vinculados a finalidade específica serão utilizados exclusivamente para atender ao objeto de sua vinculação, ainda que em exercício diverso daquele em que ocorrer o ingresso.

Art. 9º. Se verificado, ao final de um bimestre, que a realização da receita poderá não comportar o cumprimento das metas de resultado primário ou nominal estabelecidas no Anexo de Metas Fiscais, os Poderes e o Ministério Público promoverão, por ato próprio e nos montantes necessários, nos 30 (trinta) dias subsequentes, limitação de empenho e movimentação financeira, segundo os critérios fixados pela lei de diretrizes orçamentárias.

§ 1º. No caso de restabelecimento da receita prevista, ainda que parcial, a recomposição das dotações cujos empenhos foram limitados dar-se-á de forma proporcional às reduções efetivadas.

§ 2º Não serão objeto de limitação as despesas que constituam obrigações constitucionais e legais do ente, inclusive aquelas destinadas ao pagamento do serviço da dívida, as relativas à inovação e ao desenvolvimento científico e tecnológico custeadas por fundo criado para tal finalidade e as ressalvadas pela lei de diretrizes orçamentárias. *(Redação dada pela LC 177/2021)*

§ 3º. No caso de os Poderes Legislativo e Judiciário e o Ministério Público não promoverem a limitação no prazo estabelecido no *caput*, é o Poder Executivo autorizado a limitar os valores financeiros segundo os critérios fixados pela lei de diretrizes orçamentárias.

- ADIn 2.238-5 (D.O.U. 13.8.2020) – Parágrafo declarado inconstitucional, em controle concentrado, pelo Supremo Tribunal Federal.

§ 4º. Até o final dos meses de maio, setembro e fevereiro, o Poder Executivo demonstrará e avaliará o cumprimento das metas fiscais de cada quadrimestre, em audiência pública na comissão referida no § 1º do art. 166 da Constituição ou equivalente nas Casas Legislativas estaduais e municipais.

§ 5º. No prazo de 90 (noventa) dias após o encerramento de cada semestre, o Banco Central do Brasil apresentará, em reunião conjunta das comissões temáticas pertinentes do Congresso Nacional, avaliação do cumprimento dos objetivos e metas das políticas monetária, creditícia e cambial, evidenciando o impacto e o custo fiscal de suas operações e os resultados demonstrados nos balanços.

Art. 10. A execução orçamentária e financeira identificará os beneficiários de pagamento de sentenças judiciais, por meio de sistema de contabilidade e administração financeira, para fins de observância da ordem cronológica determinada no art. 100 da Constituição.

CAPÍTULO III. DA RECEITA PÚBLICA

SEÇÃO I. DA PREVISÃO E DA ARRECADAÇÃO

Art. 11. Constituem requisitos essenciais da responsabilidade na gestão fiscal a instituição, previsão e efetiva arrecadação de todos os tributos da competência constitucional do ente da Federação.

Parágrafo único. É vedada a realização de transferências voluntárias para o ente que não observe o disposto no *caput*, no que se refere aos impostos.

Art. 12. As previsões de receita observarão as normas técnicas e legais, considerarão os efeitos das alterações na legislação, da variação do índice de preços, do crescimento econômico ou de qualquer outro fator relevante e serão acompanhadas de demonstrativo de sua evolução nos últimos três anos, da projeção para os dois seguintes àquele a que se referirem, e da metodologia de cálculo e premissas utilizadas.

§ 1º. Reestimativa de receita por parte do Poder Legislativo só será admitida se comprovado erro ou omissão de ordem técnica ou legal.

§ 2º. O montante previsto para as receitas de operações de crédito não poderá ser superior ao das despesas de capital constantes do projeto de lei orçamentária.

- ADIn 2.238-5 (D.O.U. 12.9.2008) – O STF, por unanimidade, deferiu o pedido de medida cautelar para suspender a eficácia do § 2º do art. 12 da LC 101/2000.

§ 3º. O Poder Executivo de cada ente colocará à disposição dos demais Poderes e do Ministério Público, no mínimo 30 (trinta) dias antes do prazo final para encaminhamento de suas propostas orçamentárias, os estudos e as estimativas das receitas para o exercício subsequente, inclusive da corrente líquida, e as respectivas memórias de cálculo.

Art. 13. No prazo previsto no art. 8º, as receitas previstas serão desdobradas, pelo Poder Executivo, em metas bimestrais de arrecadação, com a especificação, em separado, quando cabível, das medidas de combate à evasão e à sonegação, da quantidade e valores de ações ajuizadas para cobrança da dívida ativa, bem como da evolução do montante dos créditos tributários passíveis de cobrança administrativa.

SEÇÃO II. DA RENÚNCIA DE RECEITA

Art. 14. A concessão ou ampliação de incentivo ou benefício de natureza tributária da qual decorra renúncia de receita deverá estar acompanhada de estimativa do impacto orçamentário-financeiro no exercício em que deva iniciar sua vigência e nos dois seguintes, atender ao disposto na lei de diretrizes orçamentárias e a pelo menos uma das seguintes condições:

I – demonstração pelo proponente de que a renúncia foi considerada na estimativa de receita da lei orçamentária, na forma do art. 12, e de que não afetará as metas de resultados fiscais previstas no anexo próprio da lei de diretrizes orçamentárias;

II – estar acompanhada de medidas de compensação, no período mencionado no *caput*, por meio do aumento de receita, proveniente da elevação de alíquotas, ampliação da base de cálculo, majoração ou criação de tributo ou contribuição.

§ 1º. A renúncia compreende anistia, remissão, subsídio, crédito presumido, concessão de isenção em caráter não geral, alteração de alíquota ou modificação de base de cálculo que implique redução discriminada de tributos ou contribuições, e outros benefícios que correspondam a tratamento diferenciado.

§ 2º. Se o ato de concessão ou ampliação do incentivo ou benefício de que trata o *caput* deste artigo decorrer da condição contida no inciso II, o benefício só entrará em vigor quando implementadas as medidas referidas no mencionado inciso.

§ 3º. O disposto neste artigo não se aplica:

I – às alterações das alíquotas dos impostos previstos nos incisos I, II, IV e V do art. 153 da Constituição, na forma do seu § 1º;

II – ao cancelamento de débito cujo montante seja inferior ao dos respectivos custos de cobrança.

CAPÍTULO IV. DA DESPESA PÚBLICA

SEÇÃO I. DA GERAÇÃO DA DESPESA

Art. 15. Serão consideradas não autorizadas, irregulares e lesivas ao patrimônio público a geração de despesa ou assunção de obrigação que não atendam o disposto nos arts. 16 e 17.

Art. 16. A criação, expansão ou aperfeiçoamento de ação governamental que acarrete aumento da despesa será acompanhado de:

I – estimativa do impacto orçamentário-financeiro no exercício em que deva entrar em vigor e nos dois subsequentes;

II – declaração do ordenador da despesa de que o aumento tem adequação orçamentária e financeira com a lei orçamentária anual e compatibilidade com o plano plurianual e com a lei de diretrizes orçamentárias.

§ 1º. Para os fins desta Lei Complementar, considera-se:

I – adequada com a lei orçamentária anual, a despesa objeto de dotação específica e suficiente, ou que esteja abrangida por crédito genérico, de forma que somadas todas as despesas da mesma espécie, realizadas e a realizar, previstas no programa de trabalho, não sejam ultrapassados os limites estabelecidos para o exercício;

II – compatível com o plano plurianual e a lei de diretrizes orçamentárias, a despesa que se conforme com as diretrizes, objetivos, prioridades e metas previstos nesses instrumentos e não infrinja qualquer de suas disposições.

§ 2º. A estimativa de que trata o inciso I do *caput* será acompanhada das premissas e metodologia de cálculo utilizadas.

§ 3º. Ressalva-se do disposto neste artigo a despesa considerada irrelevante, nos termos em que dispuser a lei de diretrizes orçamentárias.

§ 4º. As normas do *caput* constituem condição prévia para:

I – empenho e licitação de serviços, fornecimento de bens ou execução de obras;

II – desapropriação de imóveis urbanos a que se refere o § 3º do art. 182 da Constituição.

SUBSEÇÃO I.
DA DESPESA OBRIGATÓRIA DE CARÁTER CONTINUADO

Art. 17. Considera-se obrigatória de caráter continuado a despesa corrente derivada de lei, medida provisória ou ato administrativo normativo que fixem para o ente a obrigação legal de sua execução por um período superior a dois exercícios.

§ 1º. Os atos que criarem ou aumentarem despesa de que trata o *caput* deverão ser instruídos com a estimativa prevista no inciso I do art. 16 e demonstrar a origem dos recursos para seu custeio.

§ 2º. Para efeito do atendimento do § 1º, o ato será acompanhado de comprovação de que a despesa criada ou aumentada não afetará as metas de resultados fiscais previstas no anexo referido no § 1º do art. 4º, devendo seus efeitos financeiros, nos períodos seguintes, ser compensados pelo aumento permanente de receita ou pela redução permanente de despesa.

§ 3º. Para efeito do § 2º, considera-se aumento permanente de receita o proveniente da elevação de alíquotas, ampliação da base de cálculo, majoração ou criação de tributo ou contribuição.

§ 4º. A comprovação referida no § 2º, apresentada pelo proponente, conterá as premissas e metodologia de cálculo utilizadas, sem prejuízo do exame de compatibilidade da despesa com as demais normas do plano plurianual e da lei de diretrizes orçamentárias.

§ 5º. A despesa de que trata este artigo não será executada antes da implementação das medidas referidas no § 2º, as quais integrarão o instrumento que a criar ou aumentar.

§ 6º. O disposto no § 1º não se aplica às despesas destinadas ao serviço da dívida nem ao reajustamento de remuneração de pessoal de que trata o inciso X do art. 37 da Constituição.

§ 7º. Considera-se aumento de despesa a prorrogação daquela criada por prazo determinado.

SEÇÃO II.
DAS DESPESAS COM PESSOAL

SUBSEÇÃO I.
DEFINIÇÕES E LIMITES

Art. 18. Para os efeitos desta Lei Complementar, entende-se como despesa total com pessoal: o somatório dos gastos do ente da Federação com os ativos, os inativos e os pensionistas, relativos a mandatos eletivos, cargos, funções ou empregos, civis, militares e de membros de Poder, com quaisquer espécies remuneratórias, tais como vencimentos e vantagens, fixas e variáveis, subsídios, proventos da aposentadoria, reformas e pensões, inclusive adicionais, gratificações, horas extras e vantagens pessoais de qualquer natureza, bem como encargos sociais e contribuições recolhidas pelo ente às entidades de previdência.

§ 1º. Os valores dos contratos de terceirização de mão de obra que se referem à substituição de servidores e empregados públicos serão contabilizados como "Outras Despesas de Pessoal".

§ 2º A despesa total com pessoal será apurada somando-se a realizada no mês em referência com as dos 11 (onze) imediatamente anteriores, adotando-se o regime de competência, independentemente de empenho. *(Redação dada pela LC 178/2021)*

§ 3º Para a apuração da despesa total com pessoal, será observada a remuneração bruta do servidor, sem qualquer dedução ou retenção, ressalvada a redução para atendimento ao disposto no art. 37, inciso XI, da Constituição Federal. *(Acrescido pela LC 178/2021)*

Art. 19. Para os fins do disposto no *caput* do art. 169 da Constituição, a despesa total com pessoal, em cada período de apuração e em cada ente da Federação, não poderá exceder os percentuais da receita corrente líquida, a seguir discriminados:

I – União: 50% (cinquenta por cento);

II – Estados: 60% (sessenta por cento);

III – Municípios: 60% (sessenta por cento).

§ 1º. Na verificação do atendimento dos limites definidos neste artigo, não serão computadas as despesas:

I – de indenização por demissão de servidores ou empregados;

II – relativas a incentivos à demissão voluntária;

III – derivadas da aplicação do disposto no inciso II do § 6º do art. 57 da Constituição;

IV – decorrentes de decisão judicial e da competência de período anterior ao da apuração a que se refere o § 2º do art. 18;

V – com pessoal, do Distrito Federal e dos Estados do Amapá e Roraima, custeadas com recursos transferidos pela União na forma dos incisos XIII e XIV do art. 21 da Constituição e do art. 31 da Emenda Constitucional n. 19;

VI – com inativos e pensionistas, ainda que pagas por intermédio de unidade gestora única ou fundo previsto no art. 249 da Constituição Federal, quanto à parcela custeada por recursos provenientes: *(Redação dada pela LC 178/2021)*

a) da arrecadação de contribuições dos segurados;

b) da compensação financeira de que trata o § 9º do art. 201 da Constituição;

c) de transferências destinadas a promover o equilíbrio atuarial do regime de previdência, na forma definida pelo órgão do Poder Executivo federal responsável pela orientação, pela supervisão e pelo acompanhamento dos regimes próprios de previdência social dos servidores públicos. *(Redação dada pela LC 178/2021)*

§ 2º. Observado o disposto no inciso IV do § 1º, as despesas com pessoal decorrentes de sentenças judiciais serão incluídas no limite do respectivo Poder ou órgão referido no art. 20.

§ 3º Na verificação do atendimento dos limites definidos neste artigo, é vedada a dedução da parcela custeada com recursos aportados para a cobertura do déficit financeiro dos regimes de previdência. *(Acrescido pela LC 178/2021)*

Art. 20. A repartição dos limites globais do art. 19 não poderá exceder os seguintes percentuais:

I – na esfera federal:

a) 2,5% (dois inteiros e cinco décimos por cento) para o Legislativo, incluído o Tribunal de Contas da União;

b) 6% (seis por cento) para o Judiciário;

c) 40,9% (quarenta inteiros e nove décimos por cento) para o Executivo, destacando-se 3% (três por cento) para as despesas com pessoal decorrentes do que dispõem os incisos XIII e XIV do art. 21 da Constituição e o art. 31 da Emenda Constitucional n. 19, repartidos de forma proporcional à média das despesas relativas a cada um destes dispositivos, em percentual da receita corrente líquida, verificadas nos três exercícios financeiros imediatamente anteriores ao da publicação desta Lei Complementar;

- Decreto 3.917/2001 – Estabelece os limites sobre o que dispõe o art. 20, inciso I, alínea c, da Lei Complementar nº 101, de 4 de maio de 2000, para o Ministério Público e o Tribunal de Justiça do Distrito Federal e dos Territórios, os ex-Territórios do Amapá e de Roraima e, ainda, o Distrito Federal.

d) 0,6% (seis décimos por cento) para o Ministério Público da União;

II – na esfera estadual:

a) 3% (três por cento) para o Legislativo, incluído o Tribunal de Contas do Estado;

b) 6% (seis por cento) para o Judiciário;

c) 49% (quarenta e nove por cento) para o Executivo;

d) 2% (dois por cento) para o Ministério Público dos Estados;

III – na esfera municipal:

a) 6% (seis por cento) para o Legislativo, incluído o Tribunal de Contas do Município, quando houver;

b) 54% (cinquenta e quatro por cento) para o Executivo.

§ 1º. Nos Poderes Legislativo e Judiciário de cada esfera, os limites serão repartidos entre seus órgãos de forma proporcional à média das despesas com pessoal, em percentual da receita corrente líquida, verificadas nos três exercícios financeiros imediatamente anteriores ao da publicação desta Lei Complementar.

§ 2º. Para efeito deste artigo entende-se como órgão:

I – o Ministério Público;

II – no Poder Legislativo:

a) Federal, as respectivas Casas e o Tribunal de Contas da União;

b) Estadual, a Assembleia Legislativa e os Tribunais de Contas;

c) do Distrito Federal, a Câmara Legislativa e o Tribunal de Contas do Distrito Federal;

d) Municipal, a Câmara de Vereadores e o Tribunal de Contas do Município, quando houver;

III – no Poder Judiciário:

a) Federal, os tribunais referidos no art. 92 da Constituição;

b) Estadual, o Tribunal de Justiça e outros, quando houver.

§ 3º. Os limites para as despesas com pessoal do Poder Judiciário, a cargo da União por força do inciso XIII do art. 21 da Constituição, serão estabelecidos mediante aplicação da regra do § 1º.

§ 4º. Nos Estados em que houver Tribunal de Contas dos Municípios, os percentuais definidos nas alíneas *a* e *c* do inciso II do *caput* serão, respectivamente, acrescidos e reduzidos em 0,4% (quatro décimos por cento).

§ 5º. Para os fins previstos no art. 168 da Constituição, a entrega dos recursos financeiros correspondentes à despesa total com pessoal por Poder e órgão será a resultante da aplicação dos percentuais definidos neste artigo, ou aqueles fixados na lei de diretrizes orçamentárias.

§ 6º. (*VETADO*).

§ 7º Os Poderes e órgãos referidos neste artigo deverão apurar, de forma segregada para aplicação dos limites de que trata este artigo, a integralidade das despesas com pessoal dos respectivos servidores inativos e pensionistas, mesmo que o custeio dessas despesas esteja a cargo de outro Poder ou órgão. *(Acrescido pela LC 178/2021)*

SUBSEÇÃO II.
DO CONTROLE DA DESPESA TOTAL COM PESSOAL

‣ CF/88: art. 169, §§2º a 7º.

Art. 21. É nulo de pleno direito: *(Redação dada pela Lei Complementar 173/2020)*

I - o ato que provoque aumento da despesa com pessoal e não atenda: *(Redação dada pela Lei Complementar 173/2020)*

a) às exigências dos arts. 16 e 17 desta Lei Complementar e o disposto no inciso XIII do *caput* do art. 37 e no § 1º do art. 169 da Constituição Federal; e *(Acrescida pela Lei Complementar 173/2020)*

b) ao limite legal de comprometimento aplicado às despesas com pessoal inativo; *(Acrescida pela Lei Complementar 173/2020)*

II - o ato de que resulte aumento da despesa com pessoal nos 180 (cento e oitenta) dias anteriores ao final do mandato do titular de Poder ou órgão referido no art. 20; *(Acrescido pela Lei Complementar 173/2020)*

III - o ato de que resulte aumento da despesa com pessoal que preveja parcelas a serem implementadas em períodos posteriores ao final do mandato do titular de Poder ou órgão referido no art. 20; *(Acrescido pela Lei Complementar 173/2020)*

IV - a aprovação, a edição ou a sanção, por Chefe do Poder Executivo, por Presidente e demais membros da Mesa ou órgão decisório equivalente do Poder Legislativo, por Presidente de Tribunal do Poder Judiciário e pelo Chefe do Ministério Público, da União e dos Estados, de norma legal contendo plano de alteração, reajuste e reestruturação de carreiras do setor público, ou a edição de ato, por esses agentes, para nomeação de aprovados em concurso público, quando: *(Acrescido pela Lei Complementar 173/2020)*

a) resultar em aumento da despesa com pessoal nos 180 (cento e oitenta) dias anteriores ao final do mandato do titular do Poder Executivo; ou *(Acrescida pela Lei Complementar 173/2020)*

b) resultar em aumento da despesa com pessoal que preveja parcelas a serem implementadas em períodos posteriores ao final do mandato do titular do Poder Executivo. *(Acrescida pela Lei Complementar 173/2020)*

§ 1º As restrições de que tratam os incisos II, III e IV: *(Parágrafo único transformado em § 1º e com redação dada pela Lei Complementar 173/2020)*

I - devem ser aplicadas inclusive durante o período de recondução ou reeleição para o cargo de titular do Poder ou órgão autônomo; e *(Acrescida pela Lei Complementar 173/2020)*

II - aplicam-se somente aos titulares ocupantes de cargo eletivo dos Poderes referidos no art. 20. *(Acrescida pela Lei Complementar 173/2020)*

§ 2º Para fins do disposto neste artigo, serão considerados atos de nomeação ou de provimento de cargo público aqueles referidos no § 1º do art. 169 da Constituição Federal ou aqueles que, de qualquer modo, acarretem a criação ou o aumento de despesa obrigatória. *(Acrescido pela Lei Complementar 173/2020)*

Art. 22. A verificação do cumprimento dos limites estabelecidos nos arts. 19 e 20 será realizada ao final de cada quadrimestre.

Parágrafo único. Se a despesa total com pessoal exceder a 95% (noventa e cinco por cento) do limite, são vedados ao Poder ou órgão referido no art. 20 que houver incorrido no excesso:

I – concessão de vantagem, aumento, reajuste ou adequação de remuneração a qualquer título, salvo os derivados de sentença judicial ou de determinação legal ou contratual, ressalvada a revisão prevista no inciso X do art. 37 da Constituição;

II – criação de cargo, emprego ou função;

III – alteração de estrutura de carreira que implique aumento de despesa;

IV – provimento de cargo público, admissão ou contratação de pessoal a qualquer título, ressalvada a reposição decorrente de aposentadoria ou falecimento de servidores das áreas de educação, saúde e segurança;

V – contratação de hora extra, salvo no caso do disposto no inciso II do § 6º do art. 57 da Constituição e as situações previstas na lei de diretrizes orçamentárias.

Art. 23. Se a despesa total com pessoal, do Poder ou órgão referido no art. 20, ultrapassar os limites definidos no mesmo artigo, sem prejuízo das medidas previstas no art. 22, o percentual excedente terá de ser eliminado nos dois quadrimestres seguintes, sendo pelo menos 1/3 (um terço) no primeiro, adotando-se, entre outras, as providências previstas nos §§ 3º e 4º do art. 169 da Constituição.

§ 1º. No caso do inciso I do § 3º do art. 169 da Constituição, o objetivo poderá ser alcançado tanto pela extinção de cargos e funções quanto pela redução dos valores a eles atribuídos.

‣ ADIn 2.238-5 (D.O.U. 12.9.2008) – O STF, por unanimidade, deferiu o pedido de medida cautelar para suspender a eficácia da expressão "quanto pela redução dos valores a eles atribuídos" do § 1º do art. 23 da LC 101/2000.

§ 2º. É facultada a redução temporária da jornada de trabalho com adequação dos vencimentos à nova carga horária.

‣ ADIn 2.238-5 (D.O.U. 13.8.2020) – Parágrafo declarado inconstitucional, em controle concentrado, pelo Supremo Tribunal Federal.

§ 3º Não alcançada a redução no prazo estabelecido e enquanto perdurar o excesso, o Poder ou órgão referido no art. 20 não poderá: *(Redação dada pela LC 178/2021)*

I – receber transferências voluntárias;

II – obter garantia, direta ou indireta, de outro ente;

III – contratar operações de crédito, ressalvadas as destinadas ao pagamento da dívida mobiliária e as que visem à redução das despesas com pessoal. *(Redação dada pela LC 178/2021)*

§ 4º. As restrições do § 3º aplicam-se imediatamente se a despesa total com pessoal exceder o limite no primeiro quadrimestre do último ano do mandato dos titulares de Poder ou órgão referidos no art. 20.

§ 5º As restrições previstas no § 3º deste artigo não se aplicam ao Município em caso de queda de receita real superior a 10% (dez por cento), em comparação ao correspondente quadrimestre do exercício financeiro anterior, devido a: *(Incluído pela LC 164/2018)*

I – diminuição das transferências recebidas do Fundo de Participação dos Municípios decorrente de concessão de isenções tributárias pela União; e *(Incluído pela LC 164/2018)*

II – diminuição das receitas recebidas de royalties e participações especiais. (Incluído pela LC 164/2018)

§ 6º O disposto no § 5º deste artigo só se aplica caso a despesa total com pessoal do quadrimestre vigente não ultrapasse o limite percentual previsto no art. 19 desta Lei Complementar, considerada, para este cálculo, a receita corrente líquida do quadrimestre correspondente do ano anterior atualizada monetariamente. *(Incluído pela LC 164/2018)*

SEÇÃO III. DAS DESPESAS COM A SEGURIDADE SOCIAL

Art. 24. Nenhum benefício ou serviço relativo à seguridade social poderá ser criado, majorado ou estendido sem a indicação da fonte de custeio total, nos termos do § 5º do art. 195 da Constituição, atendidas ainda as exigências do art. 17.

§ 1º. É dispensada da compensação referida no art. 17 o aumento de despesa decorrente de:

I – concessão de benefício a quem satisfaça as condições de habilitação prevista na legislação pertinente;

II – expansão quantitativa do atendimento e dos serviços prestados;

III – reajustamento de valor do benefício ou serviço, a fim de preservar o seu valor real.

§ 2º. O disposto neste artigo aplica-se a benefício ou serviço de saúde, previdência e assistência social, inclusive os destinados aos servidores públicos e militares, ativos e inativos, e aos pensionistas.

CAPÍTULO V. DAS TRANSFERÊNCIAS VOLUNTÁRIAS

Art. 25. Para efeito desta Lei Complementar, entende-se por transferência voluntária a entrega de recursos correntes ou de capital a outro ente da Federação, a TÍTULO de cooperação, auxílio ou assistência financeira, que não decorra de determinação constitucional, legal ou os destinados ao Sistema Único de Saúde.

§ 1º São exigências para a realização de transferência voluntária, além das estabelecidas na lei de diretrizes orçamentárias:

I – existência de dotação específica;

II – (*VETADO*).

III – observância do disposto no inciso X do art. 167 da Constituição;

IV – comprovação, por parte do beneficiário, de:

a) que se acha em dia quanto ao pagamento de tributos, empréstimos e financiamentos devidos ao ente transferidor, bem como quanto à prestação de contas de recursos anteriormente dele recebidos;

b) cumprimento dos limites constitucionais relativos à educação e à saúde;

c) observância dos limites das dívidas consolidada e mobiliária, de operações de crédito, inclusive por antecipação de receita, de inscrição em Restos a Pagar e de despesa total com pessoal;

d) previsão orçamentária de contrapartida.

§ 2º. É vedada a utilização de recursos transferidos em finalidade diversa da pactuada.

§ 3º. Para fins da aplicação das sanções de suspensão de transferências voluntárias constantes desta Lei Complementar, excetuam-se aquelas relativas a ações de educação, saúde e assistência social.

CAPÍTULO VI. DA DESTINAÇÃO DE RECURSOS PÚBLICOS PARA O SETOR PRIVADO

Art. 26. A destinação de recursos para, direta ou indiretamente, cobrir necessidades de pessoas físicas ou déficits de pessoas jurídicas deverá ser autorizada por lei específica, atender às condições estabelecidas na lei de diretrizes orçamentárias e estar prevista no orçamento ou em seus créditos adicionais.

§ 1º. O disposto no *caput* aplica-se a toda a administração indireta, inclusive fundações públicas e empresas estatais, exceto, no exercício de suas atribuições precípuas, as instituições financeiras e o Banco Central do Brasil.

§ 2º. Compreende-se incluída a concessão de empréstimos, financiamentos e refinanciamentos, inclusive as respectivas prorrogações e a composição de dívidas, a concessão de subvenções e a participação em constituição ou aumento de capital.

Art. 27. Na concessão de crédito por ente da Federação a pessoa física, ou jurídica que não esteja sob seu controle direto ou indireto, os encargos financeiros, comissões e despesas congêneres não serão inferiores aos definidos em lei ou ao custo de captação.

Parágrafo único. Dependem de autorização em lei específica as prorrogações e composições de dívidas decorrentes de operações de crédito, bem como a concessão de empréstimos ou financiamentos em desacordo com o *caput*, sendo o subsídio correspondente consignado na lei orçamentaria.

Art. 28. Salvo mediante lei específica, não poderão ser utilizados recursos públicos, inclusive de operações de crédito, para socorrer instituições do Sistema Financeiro Nacional, ainda que mediante a concessão de empréstimos de recuperação ou financiamentos para mudança de controle acionário.

§ 1º. A prevenção de insolvência e outros riscos ficará a cargo de fundos, e outros mecanismos, constituídos pelas instituições do Sistema Financeiro Nacional, na forma da lei.

§ 2º. O disposto no *caput* não proíbe o Banco Central do Brasil de conceder às instituições financeiras operações de redesconto e de empréstimos de prazo inferior a 360 (trezentos e sessenta) dias.

CAPÍTULO VII. DA DÍVIDA E DO ENDIVIDAMENTO

SEÇÃO I. DEFINIÇÕES BÁSICAS

Art. 29. Para os efeitos desta Lei Complementar, são adotadas as seguintes definições:

I – dívida pública consolidada ou fundada: montante total, apurado sem duplicidade, das obrigações financeiras do ente da Federação, assumidas em virtude de leis, contratos, convênios ou tratados e da realização de operações de crédito, para amortização em prazo superior a 12 (doze) meses;

II – dívida pública mobiliária: dívida pública representada por títulos emitidos pela União, inclusive os do Banco Central do Brasil, Estados e Municípios;

III – operação de crédito: compromisso financeiro assumido em razão de mútuo, abertura de crédito, emissão e aceite de título, aquisição financiada de bens, recebimento antecipado de valores provenientes da venda a termo de bens e serviços, arrendamento mercantil e outras operações assemelhadas, inclusive com o uso de derivativos financeiros;

IV – concessão de garantia: compromisso de adimplência de obrigação financeira ou contratual assumida por ente da Federação ou entidade a ele vinculada;

V – refinanciamento da dívida mobiliária: emissão de títulos para pagamento do principal acrescido da atualização monetária.

§ 1º. Equipara-se a operação de crédito a assunção, o reconhecimento ou a confissão de dívidas pelo ente da Federação, sem prejuízo do cumprimento das exigências dos arts. 15 e 16.

§ 2º. Será incluída na dívida pública consolidada da União a relativa à emissão de títulos de responsabilidade do Banco Central do Brasil.

§ 3º. Também integram a dívida pública consolidada as operações de crédito de prazo inferior a 12 (doze) meses cujas receitas tenham constado do orçamento.

§ 4º. O refinanciamento do principal da dívida mobiliária não excederá, ao término de cada exercício financeiro, o montante do final do exercício anterior, somado ao das operações de crédito autorizadas no orçamento para este efeito e efetivamente realizadas, acrescido de atualização monetária.

SEÇÃO II. DOS LIMITES DA DÍVIDA PÚBLICA E DAS OPERAÇÕES DE CRÉDITO

Art. 30. No prazo de 90 (noventa) dias após a publicação desta Lei Complementar, o Presidente da República submeterá ao:

I – Senado Federal: proposta de limites globais para o montante da dívida consolidada da União, Estados e Municípios, cumprindo o que estabelece o inciso VI do art. 52 da Constituição, bem como de limites e condições relativos aos incisos VII, VIII e IX do mesmo artigo;

- A Resolução n. 40/2001, do Senado Federal, dispõe sobre os limites globais para o montante da dívida pública consolidada e da dívida pública mobiliária dos Estados, do DF e dos Municípios.

II – Congresso Nacional: projeto de lei que estabeleça limites para o montante da dívida mobiliária federal a que se refere o inciso XIV do art. 48 da Constituição, acompanhado da demonstração de sua adequação aos limites fixados para a dívida consolidada da União, atendido o disposto no inciso I do § 1º deste artigo.

§ 1º. As propostas referidas nos incisos I e II do *caput* e suas alterações conterão:

I – demonstração de que os limites e condições guardam coerência com as normas estabelecidas nesta Lei Complementar e com os objetivos da política fiscal;

II – estimativas do impacto da aplicação dos limites a cada uma das três esferas de governo;

III – razões de eventual proposição de limites diferenciados por esfera de governo;

IV – metodologia de apuração dos resultados primário e nominal.

§ 2º. As propostas mencionadas nos incisos I e II do *caput* também poderão ser apresentadas em termos de dívida líquida, evidenciando a forma e a metodologia de sua apuração.

§ 3º. Os limites de que tratam os incisos I e II do *caput* serão fixados em percentual da receita corrente líquida para cada esfera de governo e aplicados igualmente a todos os entes da Federação que a integrem, constituindo, para cada um deles, limites máximos.

§ 4º. Para fins de verificação do atendimento do limite, a apuração do montante da dívida consolidada será efetuada ao final de cada quadrimestre.

§ 5º. No prazo previsto no art. 5º, o Presidente da República enviará ao Senado Federal ou ao Congresso Nacional, conforme o caso, proposta de manutenção ou alteração dos limites e condições previstos nos incisos I e II do *caput*.

§ 6º. Sempre que alterados os fundamentos das propostas de que trata este artigo, em razão de instabilidade econômica ou alterações nas políticas monetária ou cambial, o Presidente da República poderá encaminhar ao Senado Federal ou ao Congresso Nacional solicitação de revisão dos limites.

§ 7º. Os precatórios judiciais não pagos durante a execução do orçamento em que houverem sido incluídos integram a dívida consolidada, para fins de aplicação dos limites.

SEÇÃO III. DA RECONDUÇÃO DA DÍVIDA AOS LIMITES

Art. 31. Se a dívida consolidada de um ente da Federação ultrapassar o respectivo limite ao final de um quadrimestre, deverá ser a ele reconduzida até o término dos três subsequentes, reduzindo o excedente em pelo menos 25% (vinte e cinco por cento) no primeiro.

§ 1º. Enquanto perdurar o excesso, o ente que nele houver incorrido:

I – estará proibido de realizar operação de crédito interna ou externa, inclusive por antecipação de receita, ressalvadas as para pagamento de dívidas mobiliárias; *(Redação dada pela LC 178/2021)*

II – obterá resultado primário necessário à recondução da dívida ao limite, promovendo, entre outras medidas, limitação de empenho, na forma do art. 9º.

§ 2º. Vencido o prazo para retorno da dívida ao limite, e enquanto perdurar o excesso, o ente ficará também impedido de receber transferências voluntárias da União ou do Estado.

§ 3º. As restrições do § 1º aplicam-se imediatamente se o montante da dívida exceder o limite no primeiro quadrimestre do último ano do mandato do Chefe do Poder Executivo.

§ 4º. O Ministério da Fazenda divulgará, mensalmente, a relação dos entes que tenham ultrapassado os limites das dívidas consolidada e mobiliária.

§ 5º. As normas deste artigo serão observadas nos casos de descumprimento dos limites da dívida mobiliária e das operações de crédito internas e externas.

SEÇÃO IV. DAS OPERAÇÕES DE CRÉDITO

- A Resolução n. 43/2001, dispõe sobre as operações de crédito interno e externo dos Estados, do DF e dos Municípios, inclusive concessão de garantias, seus limites e condições de autorização.

SUBSEÇÃO I. DA CONTRATAÇÃO

Art. 32. O Ministério da Fazenda verificará o cumprimento dos limites e condições relativos à realização de operações de crédito de cada ente da Federação, inclusive das empresas por eles controladas, direta ou indiretamente.

- LC 148/2014: art. 10.

§ 1º. O ente interessado formalizará seu pleito fundamentando-o em parecer de seus órgãos técnicos e jurídicos, demonstrando a relação custo-benefício, o interesse econômico e social da operação e o atendimento das seguintes condições:

I – existência de prévia e expressa autorização para a contratação, no texto da lei orçamentária, em créditos adicionais ou lei específica;

II – inclusão no orçamento ou em créditos adicionais dos recursos provenientes da operação, exceto no caso de operações por antecipação de receita;

III – observância dos limites e condições fixados pelo Senado Federal;

IV – autorização específica do Senado Federal, quando se tratar de operação de crédito externo;

V – atendimento do disposto no inciso III do art. 167 da Constituição;

VI – observância das demais restrições estabelecidas nesta Lei Complementar.

§ 2º. As operações relativas à dívida mobiliária federal autorizadas, no texto da lei orçamentária ou de créditos adicionais, serão objeto de processo simplificado que atenda às suas especificidades.

§ 3º. Para fins do disposto no inciso V do § 1º, considerar-se-á, em cada exercício financeiro, o total dos recursos de operações de crédito nele ingressados e o das despesas de capital executadas, observado o seguinte:

I – não serão computadas nas despesas de capital as realizadas sob a forma de empréstimo ou financiamento a contribuinte, com o intuito de promover incentivo fiscal, tendo por base tributo de competência do ente da Federação, se resultar a diminuição, direta ou indireta, do ônus deste;

II – se o empréstimo ou financiamento a que se refere o inciso I for concedido por instituição financeira controlada pelo ente da Federação, o valor da operação será deduzido das despesas de capital;

III – (*VETADO*).

§ 4º. Sem prejuízo das atribuições próprias do Senado Federal e do Banco Central do Brasil, o Ministério da Fazenda efetuará o registro eletrônico centralizado e atualizado das dívidas públicas interna e externa, garantido o acesso público às informações, que incluirão:

I – encargos e condições de contratação;

II – saldos atualizados e limites relativos às dívidas consolidada e mobiliária, operações de crédito e concessão de garantias.

§ 5º. Os contratos de operação de crédito externo não conterão cláusula que importe na compensação automática de débitos e créditos.

§ 6º O prazo de validade da verificação dos limites e das condições de que trata este artigo e da análise realizada para a concessão de garantia pela União será de, no mínimo, 90 (noventa) dias e, no máximo, 270 (duzentos e setenta) dias, a critério do Ministério da Fazenda. (Incluído pela Lei Complementar nº 159, de 2017)

§ 7º Poderá haver alteração da finalidade de operação de crédito de Estados, do Distrito Federal e de Municípios sem a necessidade de nova verificação pelo Ministério da Economia, desde que haja prévia e expressa autorização para tanto, no texto da lei orçamentária, em créditos adicionais ou em lei específica, que se demonstre a relação custo-benefício e o interesse econômico e social da operação e que não configure infração a dispositivo desta Lei Complementar. *(Acrescido pela LC 178/2021)*

Art. 33. A instituição financeira que contratar operação de crédito com ente da Federação, exceto quando relativa à dívida mobiliária ou à externa, deverá exigir comprovação de que a operação atende às condições e limites estabelecidos.

- LC 148/2014: art. 10.

§ 1º. A operação realizada com infração do disposto nesta Lei Complementar será considerada nula, procedendo-se ao seu cancelamento, mediante a devolução do principal, vedados o pagamento de juros e demais encargos financeiros.

§ 2º. Se a devolução não for efetuada no exercício de ingresso dos recursos, será consignada reserva específica na lei orçamentária para o exercício seguinte.

§ 3º Enquanto não for efetuado o cancelamento ou a amortização ou constituída a reserva de que trata o § 2º, aplicam-se ao ente as restrições previstas no § 3º do art. 23. *(Redação dada pela LC 178/2021)*

§ 4º. Também se constituirá reserva, no montante equivalente ao excesso, se não atendido o disposto no inciso III do art. 167 da Constituição, consideradas as disposições do § 3º do art. 32.

SUBSEÇÃO II.
DAS VEDAÇÕES

Art. 34. O Banco Central do Brasil não emitirá títulos da dívida pública a partir de dois anos após a publicação desta Lei Complementar.

Art. 35. É vedada a realização de operação de crédito entre um ente da Federação, diretamente ou por intermédio de fundo, autarquia, fundação ou empresa estatal dependente, e outro, inclusive suas entidades da administração indireta, ainda que sob a forma de novação, refinanciamento ou postergação de dívida contraída anteriormente.

§ 1º. Excetuam-se da vedação a que se refere o *caput* as operações entre instituição financeira estatal e outro ente da Federação, inclusive suas entidades da administração indireta, que não se destinem a:

I – financiar, direta ou indiretamente, despesas correntes;

II – refinanciar dívidas não contraídas junto à própria instituição concedente.

§ 2º. O disposto no *caput* não impede Estados e Municípios de comprar títulos da dívida da União como aplicação de suas disponibilidades.

Art. 36. É proibida a operação de crédito entre uma instituição financeira estatal e o ente da Federação que a controle, na qualidade de beneficiário do empréstimo.

Parágrafo único. O disposto no *caput* não proíbe instituição financeira controlada de adquirir, no mercado, títulos da dívida pública para atender investimento de seus clientes, ou títulos da dívida de emissão da União para aplicação de recursos próprios.

Art. 37. Equiparam-se a operações de crédito e estão vedados:

I – captação de recursos a título de antecipação de receita de tributo ou contribuição cujo fato gerador ainda não tenha ocorrido, sem prejuízo do disposto no § 7º do art. 150 da Constituição;

II – recebimento antecipado de valores de empresa em que o Poder Público detenha, direta ou indiretamente, a maioria do capital social com direito a voto, salvo lucros e dividendos, na forma da legislação;

III – assunção direta de compromisso, confissão de dívida ou operação assemelhada, com fornecedor de bens, mercadorias ou serviços, mediante emissão, aceite ou aval de TÍTULO de crédito, não se aplicando esta vedação a empresas estatais dependentes;

IV – assunção de obrigação, sem autorização orçamentária, com fornecedores para pagamento *a posteriori* de bens e serviços.

SUBSEÇÃO III.
DAS OPERAÇÕES DE CRÉDITO POR ANTECIPAÇÃO DE RECEITA ORÇAMENTÁRIA

Art. 38. A operação de crédito por antecipação de receita destina-se a atender insuficiência de caixa durante o exercício financeiro e cumprirá as exigências mencionadas no art. 32 e mais as seguintes:

I – realizar-se-á somente a partir do décimo dia do início do exercício;

II – deverá ser liquidada, com juros e outros encargos incidentes, até o dia dez de dezembro de cada ano;

III – não será autorizada se forem cobrados outros encargos que não a taxa de juros da operação, obrigatoriamente prefixada ou indexada à taxa básica financeira, ou à que vier a esta substituir;

IV – estará proibida:

a) enquanto existir operação anterior da mesma natureza não integralmente resgatada;

b) no último ano de mandato do Presidente, Governador ou Prefeito Municipal.

§ 1º. As operações de que trata este artigo não serão computadas para efeito do que dispõe o inciso III do art. 167 da Constituição, desde que liquidadas no prazo definido no inciso II do *caput*.

§ 2º. As operações de crédito por antecipação de receita realizadas por Estados ou Municípios serão efetuadas mediante abertura de crédito junto à instituição financeira vencedora em processo competitivo eletrônico promovido pelo Banco Central do Brasil.

§ 3º. O Banco Central do Brasil manterá sistema de acompanhamento e controle do saldo do crédito aberto e, no caso de inobservância dos limites, aplicará as sanções cabíveis à instituição credora.

SUBSEÇÃO IV.
DAS OPERAÇÕES COM O BANCO CENTRAL DO BRASIL

Art. 39. Nas suas relações com ente da Federação, o Banco Central do Brasil está sujeito às vedações constantes do art. 35 e mais às seguintes:

I – compra de TÍTULO da dívida, na data de sua colocação no mercado, ressalvado o disposto no § 2º deste artigo;

II – permuta, ainda que temporária, por intermédio de instituição financeira ou não, de título da dívida de ente da Federação por título da dívida pública federal, bem como a operação de compra e venda, a termo, daquele título, cujo efeito final seja semelhante à permuta;

III – concessão de garantia.

§ 1º. O disposto no inciso II, *in fine*, não se aplica ao estoque de Letras do Banco Central do Brasil, Série Especial, existente na carteira das instituições financeiras, que pode ser refinanciado mediante novas operações de venda a termo.

§ 2º. O Banco Central do Brasil só poderá comprar diretamente títulos emitidos pela União para refinanciar a dívida mobiliária federal que estiver vencendo na sua carteira.

§ 3º. A operação mencionada no § 2º deverá ser realizada à taxa média e condições alcançadas no dia, em leilão público.

§ 4º. É vedado ao Tesouro Nacional adquirir títulos da dívida pública federal existentes na carteira do Banco Central do Brasil, ainda que com cláusula de reversão, salvo para reduzir a dívida mobiliária.

SEÇÃO V.
DA GARANTIA E DA CONTRA GARANTIA

‣ Lei 10.552/2002: art. 1º.

Art. 40. Os entes poderão conceder garantia em operações de crédito internas ou externas, observados o disposto neste artigo, as normas do art. 32 e, no caso da União, também os limites e as condições estabelecidos pelo Senado Federal e as normas emitidas pelo Ministério da Economia acerca da classificação de capacidade de pagamento dos mutuários. *(Redação dada pela LC 178/2021)*

§ 1º. A garantia estará condicionada ao oferecimento de contragarantia, em valor igual ou superior ao da garantia a ser concedida, e à adimplência da entidade que a pleitear relativamente a suas obrigações junto ao garantidor e às entidades por este controladas, observado o seguinte:

I – não será exigida contragarantia de órgãos e entidades do próprio ente;

II – a contra garantia exigida pela União a Estado ou Município, ou pelos Estados aos Municípios, poderá consistir na vinculação de receitas tributárias diretamente arrecadadas e provenientes de transferências constitucionais, com outorga de poderes ao garantidor para retê-las e empregar o respectivo valor na liquidação da dívida vencida.

§ 2º. No caso de operação de crédito junto a organismo financeiro internacional, ou a instituição federal de crédito e fomento para o repasse de recursos externos, a União só prestará garantia a ente que atenda, além do disposto no § 1º, as exigências legais para o recebimento de transferências voluntárias.

§ 3º. (*VETADO*).

§ 4º. (*VETADO*).

§ 5º. É nula a garantia concedida acima dos limites fixados pelo Senado Federal.

§ 6º. É vedado às entidades da administração indireta, inclusive suas empresas controladas e subsidiárias, conceder garantia, ainda que com recursos de fundos.

§ 7º. O disposto no § 6º não se aplica à concessão de garantia por:

I – empresa controlada a subsidiária ou controlada sua, nem à prestação de contragarantia nas mesmas condições;

II – instituição financeira a empresa nacional, nos termos da lei.

§ 8º. Excetua-se do disposto neste artigo a garantia prestada:

LEGISLAÇÃO COMPLEMENTAR

I – por instituições financeiras estatais, que se submeterão às normas aplicáveis às instituições financeiras privadas, de acordo com a legislação pertinente;

II – pela União, na forma de lei federal, a empresas de natureza financeira por ela controladas, direta e indiretamente, quanto às operações de seguro de crédito à exportação.

§ 9º. Quando honrarem dívida de outro ente, em razão de garantia prestada, a União e os Estados poderão condicionar as transferências constitucionais ao ressarcimento daquele pagamento.

§ 10. O ente da Federação cuja dívida tiver sido honrada pela União ou por Estado, em decorrência de garantia prestada em operação de crédito, terá suspenso o acesso a novos créditos ou financiamentos até a total liquidação da mencionada dívida.

§ 11. A alteração da metodologia utilizada para fins de classificação da capacidade de pagamento de Estados e Municípios deverá ser precedida de consulta pública, assegurada a manifestação dos entes. *(Acrescido pela LC 178/2021)*

SEÇÃO VI. DOS RESTOS A PAGAR

Art. 41. (*VETADO*).

Art. 42. É vedado ao titular de Poder ou órgão referido no art. 20, nos últimos dois quadrimestres do seu mandato, contrair obrigação de despesa que não possa ser cumprida integralmente dentro dele, ou que tenha parcelas a serem pagas no exercício seguinte sem que haja suficiente disponibilidade de caixa para este efeito.

Parágrafo único. Na determinação da disponibilidade de caixa serão considerados os encargos e despesas compromissadas a pagar até o final do exercício.

CAPÍTULO VIII. DA GESTÃO PATRIMONIAL

SEÇÃO I. DAS DISPONIBILIDADES DE CAIXA

Art. 43. As disponibilidades de caixa dos entes da Federação serão depositadas conforme estabelece o § 3º do art. 164 da Constituição.

§ 1º. As disponibilidades de caixa dos regimes de previdência social, geral e próprio dos servidores públicos, ainda que vinculadas a fundos específicos a que se referem os arts. 249 e 250 da Constituição, ficarão depositadas em conta separada das demais disponibilidades de cada ente e aplicadas nas condições de mercado, com observância dos limites e condições de proteção e prudência financeira.

§ 2º. É vedada a aplicação das disponibilidades de que trata o § 1º em:

I – títulos da dívida pública estadual e municipal, bem como em ações e outros papéis relativos às empresas controladas pelo respectivo ente da Federação;

II – empréstimos, de qualquer natureza, aos segurados e ao Poder Público, inclusive a suas empresas controladas.

SEÇÃO II. DA PRESERVAÇÃO DO PATRIMÔNIO PÚBLICO

Art. 44. É vedada a aplicação da receita de capital derivada da alienação de bens e direitos que integram o patrimônio público para o financiamento de despesa corrente, salvo se destinada por lei aos regimes de previdência social, geral e próprio dos servidores públicos.

Art. 45. Observado o disposto no § 5º do art. 5º, a lei orçamentária e as de créditos adicionais só incluirão novos projetos após adequadamente atendidos os em andamento e contempladas as despesas de conservação do patrimônio público, nos termos em que dispuser a lei de diretrizes orçamentárias.

Parágrafo único. O Poder Executivo de cada ente encaminhará ao Legislativo, até a data do envio do projeto de lei de diretrizes orçamentárias, relatório com as informações necessárias ao cumprimento do disposto neste artigo, ao qual será dada ampla divulgação.

Art. 46. É nulo de pleno direito ato de desapropriação de imóvel urbano expedido sem o atendimento do disposto no § 3º do art. 182 da Constituição, ou prévio depósito judicial do valor da indenização.

SEÇÃO III. DAS EMPRESAS CONTROLADAS PELO SETOR PÚBLICO

Art. 47. A empresa controlada que firmar contrato de gestão em que se estabeleçam objetivos e metas de desempenho, na forma da lei, disporá de autonomia gerencial, orçamentária e financeira, sem prejuízo do disposto no inciso II do § 5º do art. 165 da Constituição.

Parágrafo único. A empresa controlada incluirá em seus balanços trimestrais nota explicativa em que informará:

I – fornecimento de bens e serviços ao controlador, com respectivos preços e condições, comparando-os com os praticados no mercado;

II – recursos recebidos do controlador, a qualquer título, especificando valor, fonte e destinação;

III – venda de bens, prestação de serviços ou concessão de empréstimos e financiamentos com preços, taxas, prazos ou condições diferentes dos vigentes no mercado.

CAPÍTULO IX. DA TRANSPARÊNCIA, CONTROLE E FISCALIZAÇÃO

SEÇÃO I. DA TRANSPARÊNCIA DA GESTÃO FISCAL

Art. 48. São instrumentos de transparência da gestão fiscal, aos quais será dada ampla divulgação, inclusive em meios eletrônicos de acesso público: os planos, orçamentos e leis de diretrizes orçamentárias; as prestações de contas e o respectivo parecer prévio; o Relatório Resumido da Execução Orçamentária e o Relatório de Gestão Fiscal; e as versões simplificadas desses documentos.

§ 1º. A transparência será assegurada também mediante: (Redação dada pela Lei Complementar nº 156, de 2016)

I – incentivo à participação popular e realização de audiências públicas, durante os processos de elaboração e discussão dos planos, lei de diretrizes orçamentárias e orçamentos; (Incluído pela Lei Complementar nº 131, de 2009).

II – liberação ao pleno conhecimento e acompanhamento da sociedade, em tempo real, de informações pormenorizadas sobre a execução orçamentária e financeira, em meios eletrônicos de acesso público; e (Redação dada pela Lei Complementar nº 156, de 2016)

III – adoção de sistema integrado de administração financeira e controle, que atenda a padrão mínimo de qualidade estabelecido pelo Poder Executivo da União e ao disposto no art. 48-A. (Incluído pela Lei Complementar nº 131, de 2009)

§ 2º. A União, os Estados, o Distrito Federal e os Municípios disponibilizarão suas informações e dados contábeis, orçamentários e fiscais conforme periodicidade, formato e sistema estabelecidos pelo órgão central de contabilidade da União, os quais deverão ser divulgados em meio eletrônico de amplo acesso público. (Incluído pela Lei Complementar nº 156, de 2016)

§ 3º. Os Estados, o Distrito Federal e os Municípios encaminharão ao Ministério da Fazenda, nos termos e na periodicidade a serem definidos em instrução específica deste órgão, as informações necessárias para a constituição do registro eletrônico centralizado e atualizado das dívidas públicas interna e externa, de que trata o § 4º do art. 32. (Incluído pela Lei Complementar nº 156, de 2016)

§ 4º. A inobservância do disposto nos §§ 2º e 3º ensejará as penalidades previstas no § 2º do art. 51. (Incluído pela Lei Complementar nº 156, de 2016)

§ 5º. Nos casos de envio conforme disposto no § 2º, para todos os efeitos, a União, os Estados, o Distrito Federal e os Municípios cumprem o dever de ampla divulgação a que se refere o *caput*. (Incluído pela Lei Complementar nº 156, de 2016)

§ 6º. Todos os Poderes e órgãos referidos no art. 20, incluídos autarquias, fundações públicas, empresas estatais dependentes e fundos, do ente da Federação devem utilizar sistemas únicos de execução orçamentária e financeira, mantidos e gerenciados pelo Poder Executivo, resguardada a autonomia. (Incluído pela Lei Complementar nº 156, de 2016)

Art. 48-A. Para os fins a que se refere o inciso II do parágrafo único do art. 48, os entes da Federação disponibilizarão a qualquer pessoa física ou jurídica o acesso a informações referentes a: (Incluído pela Lei Complementar nº 131, de 2009)

I – quanto à despesa: todos os atos praticados pelas unidades gestoras no decorrer da execução da despesa, no momento de sua realização, com a disponibilização mínima dos dados referentes ao número do correspondente processo, ao bem fornecido ou ao serviço prestado, à pessoa física ou jurídica beneficiária do pagamento e, quando for o caso, ao procedimento licitatório realizado; (Incluído pela Lei Complementar nº 131, de 2009)

II – quanto à receita: o lançamento e o recebimento de toda a receita das unidades gestoras, inclusive referente a recursos extraordinários. (Incluído pela Lei Complementar nº 131, de 2009)

Art. 49. As contas apresentadas pelo Chefe do Poder Executivo ficarão disponíveis, durante todo o exercício, no respectivo Poder Legislativo e no órgão técnico responsável pela sua elaboração, para consulta e apreciação pelos cidadãos e instituições da sociedade.

Parágrafo único. A prestação de contas da União conterá demonstrativos do Tesouro Nacional e das agências financeiras oficiais de fomento, incluído o Banco Nacional de Desenvolvimento Econômico e Social, especificando os empréstimos e financiamentos concedidos com recursos oriundos dos orçamentos fiscal e da seguridade social e, no caso das agências financeiras, avaliação circunstanciada do impacto fiscal de suas atividades no exercício.

SEÇÃO II. DA ESCRITURAÇÃO E CONSOLIDAÇÃO DAS CONTAS

Art. 50. Além de obedecer às demais normas de contabilidade pública, a escrituração das contas públicas observará as seguintes:

I – a disponibilidade de caixa constará de registro próprio, de modo que os recursos vinculados a órgão, fundo ou despesa obrigatória fiquem identificados e escriturados de forma individualizada;

II – a despesa e a assunção de compromisso serão registradas segundo o regime de competência, apurando-se, em caráter complementar, o resultado dos fluxos financeiros pelo regime de caixa;

III – as demonstrações contábeis compreenderão, isolada e conjuntamente, as transações e operações de cada órgão, fundo ou entidade da administração direta, autárquica e fundacional, inclusive empresa estatal dependente;

IV – as receitas e despesas previdenciárias serão apresentadas em demonstrativos financeiros e orçamentários específicos;

V – as operações de crédito, as inscrições em Restos a Pagar e as demais formas de financiamento ou assunção de compromissos junto a terceiros, deverão ser escrituradas de modo a evidenciar o montante e a variação da dívida pública no período, detalhando, pelo menos, a natureza e o tipo de credor;

VI – a demonstração das variações patrimoniais dará destaque à origem e ao destino dos recursos provenientes da alienação de ativos.

§ 1º. No caso das demonstrações conjuntas, excluir-se-ão as operações intragovernamentais.

§ 2º. A edição de normas gerais para consolidação das contas públicas caberá ao órgão central de contabilidade da União, enquanto não implantado o conselho de que trata o art. 67.

§ 3º. A Administração Pública manterá sistema de custos que permita a avaliação e o acompanhamento da gestão orçamentária, financeira e patrimonial.

Art. 51. O Poder Executivo da União promoverá, até o dia trinta de junho, a consolidação, nacional e por esfera de governo, das contas dos entes da Federação relativas ao exercício anterior, e a sua divulgação, inclusive por meio eletrônico de acesso público.

§ 1º. Os Estados e os Municípios encaminharão suas contas ao Poder Executivo da União nos seguintes prazos:

› **Atualização:** § 1º Os Estados e os Municípios encaminharão suas contas ao Poder Executivo da União até 30 de abril. *(Redação dada pela LC 178/2021, em vigor em 2022)*

I – Municípios, com cópia para o Poder Executivo do respectivo Estado, até trinta de abril;

II – Estados, até trinta e um de maio.

§ 2º. O descumprimento dos prazos previstos neste artigo impedirá, até que a situação seja regularizada, que o ente da Federação receba transferências voluntárias e contrate operações de crédito, exceto as destinadas ao refinanciamento do principal atualizado da dívida mobiliária.

› **Atualização:** § 2º O descumprimento dos prazos previstos neste artigo impedirá, até que a situação seja regularizada, que o Poder ou órgão referido no art. 20 receba transferências voluntárias e contrate operações de crédito, exceto as destinadas ao pagamento da dívida mobiliária. *(Redação dada pela LC 178/2021, em vigor em 2022)*

SEÇÃO III. DO RELATÓRIO RESUMIDO DA EXECUÇÃO ORÇAMENTÁRIA

Art. 52. O relatório a que se refere o § 3º do art. 165 da Constituição abrangerá todos os Poderes e o Ministério Público, será publicado até 30 (trinta) dias após o encerramento de cada bimestre e composto de:

I – balanço orçamentário, que especificará, por categoria econômica, as:

a) receitas por fonte, informando as realizadas e a realizar, bem como a previsão atualizada;

b) despesas por grupo de natureza, discriminando a dotação para o exercício, a despesa liquidada e o saldo;

II – demonstrativos da execução das:

a) receitas, por categoria econômica e fonte, especificando a previsão inicial, a previsão atualizada para o exercício, a receita realizada no bimestre, a realizada no exercício e a previsão a realizar;

b) despesas, por categoria econômica e grupo de natureza da despesa, discriminando dotação inicial, dotação para o exercício, despesas empenhada e liquidada, no bimestre e no exercício;

c) despesas, por função e subfunção.

§ 1º. Os valores referentes ao refinanciamento da dívida mobiliária constarão destacadamente nas receitas de operações de crédito e nas despesas com amortização da dívida.

§ 2º. O descumprimento do prazo previsto neste artigo sujeita o ente às sanções previstas no § 2º do art. 51.

Art. 53. Acompanharão o Relatório Resumido demonstrativos relativos a:

I – apuração da receita corrente líquida, na forma definida no inciso IV do art. 2º, sua evolução, assim como a previsão de seu desempenho até o final do exercício;

II – receitas e despesas previdenciárias a que se refere o inciso IV do art. 50;

III – resultados nominal e primário;

IV – despesas com juros, na forma do inciso II do art. 4º;

V – Restos a Pagar, detalhando, por Poder e órgão referido no art. 20, os valores inscritos, os pagamentos realizados e o montante a pagar.

§ 1º. O relatório referente ao último bimestre do exercício será acompanhado também de demonstrativos:

I – do atendimento do disposto no inciso III do art. 167 da Constituição, conforme o § 3º do art. 32;

II – das projeções atuariais dos regimes de previdência social, geral e próprio dos servidores públicos;

III – da variação patrimonial, evidenciando a alienação de ativos e a aplicação dos recursos dela decorrentes.

§ 2º. Quando for o caso, serão apresentadas justificativas:

I – da limitação de empenho;

II – da frustração de receitas, especificando as medidas de combate à sonegação e à evasão fiscal, adotadas e a adotar, e as ações de fiscalização e cobrança.

SEÇÃO IV. DO RELATÓRIO DE GESTÃO FISCAL

Art. 54. Ao final de cada quadrimestre será emitido pelos titulares dos Poderes e órgãos referidos no art. 20 Relatório de Gestão Fiscal, assinado pelo:

I – Chefe do Poder Executivo;

II – Presidente e demais membros da Mesa Diretora ou órgão decisório equivalente, conforme regimentos internos dos órgãos do Poder Legislativo;

III – Presidente de Tribunal e demais membros de Conselho de Administração ou órgão decisório equivalente, conforme regimentos internos dos órgãos do Poder Judiciário;

IV – Chefe do Ministério Público, da União e dos Estados.

Parágrafo único. O relatório também será assinado pelas autoridades responsáveis pela administração financeira e pelo controle interno, bem como por outras definidas por ato próprio de cada Poder ou órgão referido no art. 20.

Art. 55. O relatório conterá:

I – comparativo com os limites de que trata esta Lei Complementar, dos seguintes montantes:

a) despesa total com pessoal, distinguindo a com inativos e pensionistas;

b) dívidas consolidada e mobiliária;

c) concessão de garantias;

d) operações de crédito, inclusive por antecipação de receita;

e) despesas de que trata o inciso II do art. 4º;

II – indicação das medidas corretivas adotadas ou a adotar, se ultrapassado qualquer dos limites;

III – demonstrativos, no último quadrimestre:

a) do montante das disponibilidades de caixa em trinta e um de dezembro;

b) da inscrição em Restos a Pagar, das despesas:

1) liquidadas;

2) empenhadas e não liquidadas, inscritas por atenderem a uma das condições do inciso II do art. 41;

3) empenhadas e não liquidadas, inscritas até o limite do saldo da disponibilidade de caixa;

4) não inscritas por falta de disponibilidade de caixa e cujos empenhos foram cancelados;

c) do cumprimento do disposto no inciso II e na alínea *b* do inciso IV do art. 38.

§ 1º. O relatório dos titulares dos órgãos mencionados nos incisos II, III e IV do art. 54 conterá apenas as informações relativas à alínea *a* do inciso I, e os documentos referidos nos incisos II e III.

§ 2º. O relatório será publicado até 30 dias após o encerramento do período a que corresponder, com amplo acesso ao público, inclusive por meio eletrônico.

§ 3º. O descumprimento do prazo a que se refere o § 2º sujeita o ente à sanção prevista no § 2º do art. 51.

§ 4º. Os relatórios referidos nos arts. 52 e 54 deverão ser elaborados de forma padronizada, segundo modelos que poderão ser atualizados pelo conselho de que trata o art. 67.

SEÇÃO V. DAS PRESTAÇÕES DE CONTAS

Art. 56. As contas prestadas pelos Chefes do Poder Executivo incluirão, além das suas próprias, as dos Presidentes dos órgãos dos Poderes Legislativo e Judiciário e do Chefe do Ministério Público, referidos no art. 20, as quais receberão parecer prévio, separadamente, do respectivo Tribunal de Contas.

- ADI 2.238 e ADI 2.324 (DOU 17.09.2019): *"Caput"* do artigo declarado inconstitucional, em controle concentrado, pelo Supremo Tribunal Federal.

§ 1º. As contas do Poder Judiciário serão apresentadas no âmbito:

I – da União, pelos Presidentes do Supremo Tribunal Federal e dos Tribunais Superiores, consolidando as dos respectivos tribunais;

II – dos Estados, pelos Presidentes dos Tribunais de Justiça, consolidando as dos demais tribunais.

§ 2º. O parecer sobre as contas dos Tribunais de Contas será proferido no prazo previsto no art. 57 pela comissão mista permanente referida no § 1º do art. 166 da Constituição ou equivalente das Casas Legislativas estaduais e municipais.

§ 3º. Será dada ampla divulgação dos resultados da apreciação das contas, julgadas ou tomadas.

Art. 57. Os Tribunais de Contas emitirão parecer prévio conclusivo sobre as contas no prazo de 60 (sessenta) dias do recebimento, se outro não estiver estabelecido nas constituições estaduais ou nas leis orgânicas municipais.

- ADI 2.238 e ADI 2.324 (DOU 17.09.2019): *"Caput"* do artigo declarado inconstitucional, em controle concentrado, pelo Supremo Tribunal Federal.

§ 1º. No caso de Municípios que não sejam capitais e que tenham menos de duzentos mil habitantes o prazo será de 180 (cento e oitenta) dias.

§ 2º. Os Tribunais de Contas não entrarão em recesso enquanto existirem contas de Poder, ou órgão referido no art. 20, pendentes de parecer prévio.

Art. 58. A prestação de contas evidenciará o desempenho da arrecadação em relação à previsão, destacando as providências adotadas no âmbito da fiscalização das receitas e combate à sonegação, as ações de recuperação de créditos nas instâncias administrativa e judicial, bem como as demais medidas para incremento das receitas tributárias e de contribuições.

SEÇÃO VI. DA FISCALIZAÇÃO DA GESTÃO FISCAL

Art. 59. O Poder Legislativo, diretamente ou com o auxílio dos Tribunais de Contas, e o sistema de controle interno de cada Poder e do Ministério Público fiscalizarão o cumprimento desta Lei Complementar, consideradas as normas de padronização metodológica editadas pelo conselho de que trata o art. 67, com ênfase no que se refere a: *(Redação dada pela LC 178/2021)*

I – atingimento das metas estabelecidas na lei de diretrizes orçamentárias;

II – limites e condições para realização de operações de crédito e inscrição em Restos a Pagar;

III – medidas adotadas para o retorno da despesa total com pessoal ao respectivo limite, nos termos dos arts. 22 e 23;

IV – providências tomadas, conforme o disposto no art. 31, para recondução dos montantes das dívidas consolidada e mobiliária aos respectivos limites;

V – destinação de recursos obtidos com a alienação de ativos, tendo em vista as restrições constitucionais e as desta Lei Complementar;

VI – cumprimento do limite de gastos totais dos legislativos municipais, quando houver.

§ 1º. Os Tribunais de Contas alertarão os Poderes ou órgãos referidos no art. 20 quando constatarem:

I – a possibilidade de ocorrência das situações previstas no inciso II do art. 4º e no art. 9º;

II – que o montante da despesa total com pessoal ultrapassou 90% (noventa por cento) do limite;

III – que os montantes das dívidas consolidada e mobiliária, das operações de crédito e da concessão de garantia se encontram acima de 90% (noventa por cento) dos respectivos limites;

IV – que os gastos com inativos e pensionistas se encontram acima do limite definido em lei;

V – fatos que comprometam os custos ou os resultados dos programas ou indícios de irregularidades na gestão orçamentária.

§ 2º. Compete ainda aos Tribunais de Contas verificar os cálculos dos limites da despesa total com pessoal de cada Poder e órgão referido no art. 20.

§ 3º. O Tribunal de Contas da União acompanhará o cumprimento do disposto nos §§ 2º, 3º e 4º do art. 39.

CAPÍTULO X. DISPOSIÇÕES FINAIS E TRANSITÓRIAS

Art. 60. Lei estadual ou municipal poderá fixar limites inferiores àqueles previstos nesta Lei Complementar para as dívidas consolidada e mobiliária, operações de crédito e concessão de garantias.

Art. 61. Os títulos da dívida pública, desde que devidamente escriturados em sistema centralizado de liquidação e custódia, poderão ser oferecidos em caução para garantia de empréstimos, ou em outras transações previstas em lei, pelo seu valor econômico, conforme definido pelo Ministério da Fazenda.

Art. 62. Os Municípios só contribuirão para o custeio de despesas de competência de outros entes da Federação se houver:

I – autorização na lei de diretrizes orçamentárias e na lei orçamentária anual;

II – convênio, acordo, ajuste ou congênere, conforme sua legislação.

Art. 63. É facultado aos Municípios com população inferior a cinquenta mil habitantes optar por:

I – aplicar o disposto no art. 22 e no § 4º do art. 30 ao final do semestre;

II – divulgar semestralmente:

a) (*VETADA*).

b) o Relatório de Gestão Fiscal;

c) os demonstrativos de que trata o art. 53;

III – elaborar o Anexo de Política Fiscal do plano plurianual, o Anexo de Metas Fiscais e o Anexo de Riscos Fiscais da lei de diretrizes orçamentárias e o anexo de que trata o inciso I do art. 5º a partir do quinto exercício seguinte ao da publicação desta Lei Complementar.

§ 1º. A divulgação dos relatórios e demonstrativos deverá ser realizada em até 30 (trinta) dias após o encerramento do semestre.

§ 2º. Se ultrapassados os limites relativos à despesa total com pessoal ou à dívida consolidada, enquanto perdurar esta situação, o Município ficará sujeito aos mesmos prazos de verificação e de retorno ao limite definidos para os demais entes.

Art. 64. A União prestará assistência técnica e cooperação financeira aos Municípios para a modernização das respectivas administrações tributária, financeira, patrimonial e previdenciária, com vistas ao cumprimento das normas desta Lei Complementar.

§ 1º. A assistência técnica consistirá no treinamento e desenvolvimento de recursos humanos e na transferência de tecnologia, bem como no apoio à divulgação dos instrumentos de que trata o art. 48 em meio eletrônico de amplo acesso público.

§ 2º. A cooperação financeira compreenderá a doação de bens e valores, o financiamento por intermédio das instituições financeiras federais e o repasse de recursos oriundos de operações externas.

Art. 65. Na ocorrência de calamidade pública reconhecida pelo Congresso Nacional, no caso da União, ou pelas Assembleias Legislativas, na hipótese dos Estados e Municípios, enquanto perdurar a situação:

I – serão suspensas a contagem dos prazos e as disposições estabelecidas nos arts. 23, 31 e 70;

II – serão dispensados o atingimento dos resultados fiscais e a limitação de empenho prevista no art. 9º.

§ 1º Na ocorrência de calamidade pública reconhecida pelo Congresso Nacional, nos termos de decreto legislativo, em parte ou na integralidade do território nacional e enquanto perdurar a situação, além do previsto nos inciso I e II do *caput*: *(Parágrafo único transformado em § 1º e com redação dada pela Lei Complementar 173/2020)*

I – serão dispensados os limites, condições e demais restrições aplicáveis à União, aos Estados, ao Distrito Federal e aos Municípios, bem como sua verificação, para: *(Acrescido pela Lei Complementar 173/2020)*

a) contratação e aditamento de operações de crédito;

b) concessão de garantias;

c) contratação entre entes da Federação; e

d) recebimento de transferências voluntárias;

II – serão dispensados os limites e afastadas as vedações e sanções previstas e decorrentes dos arts. 35, 37 e 42, bem como será dispensado o cumprimento do disposto no parágrafo único do art. 8º desta Lei Complementar, desde que os recursos arrecadados sejam destinados ao combate à calamidade pública; *(Acrescido pela Lei Complementar 173/2020)*

III – serão afastadas as condições e as vedações previstas nos arts. 14, 16 e 17 desta Lei Complementar, desde que o incentivo ou benefício e a criação ou o aumento da despesa sejam destinados ao combate à calamidade pública. *(Acrescido pela Lei Complementar 173/2020)*

§ 2º O disposto no § 1º deste artigo, observados os termos estabelecidos no decreto legislativo que reconhecer o estado de calamidade pública: *(Acrescido pela Lei Complementar 173/2020)*

I – aplicar-se-á exclusivamente:

a) às unidades da Federação atingidas e localizadas no território em que for reconhecido o estado de calamidade pública pelo Congresso Nacional e enquanto perdurar o referido estado de calamidade;

b) aos atos de gestão orçamentária e financeira necessários ao atendimento de despesas relacionadas ao cumprimento do decreto legislativo;

II – não afasta as disposições relativas a transparência, controle e fiscalização.

§ 3º No caso de aditamento de operações de crédito garantidas pela União com amparo no disposto no § 1º deste artigo, a garantia será mantida, não sendo necessária a alteração dos contratos de garantia e de contragarantia vigentes. *(Acrescido pela Lei Complementar 173/2020)*

Art. 66. Os prazos estabelecidos nos arts. 23, 31 e 70 serão duplicados no caso de crescimento real baixo ou negativo do Produto Interno Bruto (PIB) nacional, regional ou estadual por período igual ou superior a quatro trimestres.

§ 1º. Entende-se por baixo crescimento a taxa de variação real acumulada do Produto Interno Bruto inferior a 1% (um por cento), no período correspondente aos quatro últimos trimestres.

§ 2º. A taxa de variação será aquela apurada pela Fundação Instituto Brasileiro de Geografia e Estatística ou outro órgão que vier a substituí-la, adotada a mesma metodologia para apuração dos PIB nacional, estadual e regional.

§ 3º. Na hipótese do *caput*, continuarão a ser adotadas as medidas previstas no art. 22.

§ 4º. Na hipótese de se verificarem mudanças drásticas na condução das políticas monetária e cambial, reconhecidas pelo Senado Federal, o prazo referido no *caput* do art. 31 poderá ser ampliado em até quatro quadrimestres.

Art. 67. O acompanhamento e a avaliação, de forma permanente, da política e da operacionalidade da gestão fiscal serão realizados por conselho de gestão fiscal, constituído por representantes de todos os Poderes e esferas de Governo, do Ministério Público e de entidades técnicas representativas da sociedade, visando a:

I – harmonização e coordenação entre os entes da Federação;

II – disseminação de práticas que resultem em maior eficiência na alocação e execução do gasto público, na arrecadação de receitas, no controle do endividamento e na transparência da gestão fiscal;

III – adoção de normas de consolidação das contas públicas, padronização das prestações de contas e dos relatórios e demonstrativos de gestão fiscal de que trata esta Lei Complementar, normas e padrões mais simples para os pequenos Municípios, bem como outros, necessários ao controle social;

IV – divulgação de análises, estudos e diagnósticos.

§ 1º. O conselho a que se refere o *caput* instituirá formas de premiação e reconhecimento público aos titulares de Poder que alcançarem resultados meritórios em suas políticas de desenvolvimento social, conjugados com a prática de uma gestão fiscal pautada pelas normas desta Lei Complementar.

§ 2º. Lei disporá sobre a composição e a forma de funcionamento do conselho.

Art. 68. Na forma do art. 250 da Constituição, é criado o Fundo do Regime Geral de Previdência Social, vinculado ao Ministério da Previdência e Assistência Social, com a finalidade de prover recursos para o pagamento dos benefícios do regime geral da previdência social.

§ 1º. O Fundo será constituído de:

I – bens móveis e imóveis, valores e rendas do Instituto Nacional do Seguro Social não utilizados na operacionalização deste;

II – bens e direitos que, a qualquer título, lhe sejam adjudicados ou que lhe vierem a ser vinculados por força de lei;

III – receita das contribuições sociais para a seguridade social, previstas na alínea *a* do inciso I e no inciso II do art. 195 da Constituição;

IV – produto da liquidação de bens e ativos de pessoa física ou jurídica em débito com a Previdência Social;

V – resultado da aplicação financeira de seus ativos;

VI – recursos provenientes do orçamento da União.

§ 2º. O Fundo será gerido pelo Instituto Nacional do Seguro Social, na forma da lei.

Art. 69. O ente da Federação que mantiver ou vier a instituir regime próprio de previdência social para seus servidores conferir-lhe-á caráter contributivo e o organizará com base em normas de contabilidade e atuária que preservem seu equilíbrio financeiro e atuarial.

- Lei 9.717/1998, dispõe sobre regras gerais para a organização e o funcionamento dos regimes próprios de previdência social dos servidores públicos da União, dos Estados, do Distrito Federal e dos Municípios, dos militares dos Estados e do Distrito Federal e dá outras providências.

Art. 70. O Poder ou órgão referido no art. 20 cuja despesa total com pessoal no exercício anterior ao da publicação desta Lei Complementar estiver acima dos limites estabelecidos nos arts. 19 e 20 deverá enquadrar-se no respectivo limite em até dois exercícios, eliminando o excesso, gradualmente, à razão de, pelo menos, 50% a.a. (cinquenta por cento ao ano), mediante a adoção, entre outras, das medidas previstas nos arts. 22 e 23.

Parágrafo único. A inobservância do disposto no *caput*, no prazo fixado, sujeita o ente às sanções previstas no § 3º do art. 23.

Art. 71. Ressalvada a hipótese do inciso X do art. 37 da Constituição, até o término do terceiro exercício financeiro seguinte à entrada em vigor desta Lei Complementar, a despesa total com pessoal dos Poderes e órgãos referidos no art. 20 não ultrapassará, em percentual da receita corrente líquida, a despesa verificada no exercício imediatamente anterior, acrescida de até 10% (dez por cento), se esta for inferior ao limite definido na forma do art. 20.

Art. 72. A despesa com serviços de terceiros dos Poderes e órgãos referidos no art. 20 não poderá exceder, em percentual da receita corrente líquida, a do exercício anterior à entrada em vigor desta Lei Complementar, até o término do terceiro exercício seguinte.

Art. 73. As infrações dos dispositivos desta Lei Complementar serão punidas segundo o Decreto-lei nº 2.848, de 7 de dezembro de 1940 (Código Penal); a Lei nº 1.079, de 10 de abril de 1950; o Decreto-lei nº 201, de 27 de fevereiro de 1967; a Lei nº 8.429, de 2 de junho de 1992; e demais normas da legislação pertinente.

Art. 73-A. Qualquer cidadão, partido político, associação ou sindicato é parte legítima para denunciar ao respectivo Tribunal de Contas e ao órgão competente do Ministério Público o descumprimento das prescrições estabelecidas nesta Lei Complementar. (Incluído pela Lei Complementar nº 131, de 2009)

Art. 73-B. Ficam estabelecidos os seguintes prazos para o cumprimento das determinações dispostas nos incisos II e III do parágrafo único do art. 48 e do art. 48-A: (Incluído pela Lei Complementar nº 131, de 2009).

I – 1 (um) ano para a União, os Estados, o Distrito Federal e os Municípios com mais de 100.000 (cem mil) habitantes; (Incluído pela Lei Complementar nº 131, de 2009).

II – 2 (dois) anos para os Municípios que tenham entre 50.000 (cinquenta mil) e 100.000 (cem mil) habitantes; (Incluído pela Lei Complementar nº 131, de 2009).

III – 4 (quatro) anos para os Municípios que tenham até 50.000 (cinquenta mil) habitantes. (Incluído pela Lei Complementar nº 131, de 2009).

Parágrafo único. Os prazos estabelecidos neste artigo serão contados a partir da data de publicação da lei complementar que introduziu os dispositivos referidos no *caput* deste artigo. (Incluído pela Lei Complementar nº 131, de 2009).

Art. 73-C. O não atendimento, até o encerramento dos prazos previstos no art. 73-B, das determinações contidas nos incisos II e III do parágrafo único do art. 48 e no art. 48-A sujeita o ente à sanção prevista no inciso I do § 3º do art. 23. (Incluído pela Lei Complementar nº 131, de 2009)

Art. 74. Esta Lei Complementar entra em vigor na data da sua publicação.

Art. 75. Revoga-se a Lei Complementar 96, de 31 de maio de 1999.

Brasília, 4 de maio de 2000; 179º da Independência e 112º da República.

FERNANDO HENRIQUE CARDOSO

D.O.U. 5.5.2000

LEI Nº 10.001, DE 04 DE SETEMBRO DE 2000

Dispõe sobre a prioridade nos procedimentos a serem adotados pelo Ministério Público e por outros órgãos a respeito das conclusões das comissões parlamentares de inquérito.

‣ *CPI's*

O PRESIDENTE DA REPÚBLICA. Faço saber que o Congresso Nacional decreta e eu sanciono a seguinte Lei:

Art. 1º Os Presidentes da Câmara dos Deputados, do Senado Federal ou do Congresso Nacional encaminharão o relatório da Comissão Parlamentar de Inquérito respectiva, e a resolução que o aprovar, aos chefes do Ministério Público da União ou dos Estados, ou ainda às autoridades administrativas ou judiciais com poder de decisão, conforme o caso, para a prática de atos de sua competência.

Art. 2º A autoridade a quem for encaminhada a resolução informará ao remetente, no prazo de trinta dias, as providências adotadas ou a justificativa pela omissão.

Parágrafo único. A autoridade que presidir processo ou procedimento, administrativo ou judicial, instaurado em decorrência de conclusões de Comissão Parlamentar de Inquérito, comunicará, semestralmente, a fase em que se encontra, até a sua conclusão.

Art. 3º O processo ou procedimento referido no art. 2º terá prioridade sobre qualquer outro, exceto sobre aquele relativo a pedido de *habeas corpus, habeas data* e mandado de segurança.

Art. 4º O descumprimento das normas desta Lei sujeita a autoridade a sanções administrativas, civis e penais.

Art. 5º Esta Lei entra em vigor na data de sua publicação.

Brasília, 4 de setembro de 2000; 179º da Independência e 112º da República.

FERNANDO HENRIQUE CARDOSO

D.O.U. de 5.9.2000

LEI Nº 10.028, DE 19 DE OUTUBRO DE 2000

Altera o Decreto-Lei nº 2.848, de 7 de dezembro de 1940 – Código Penal, a Lei nº 1.079, de 10 de abril de 1950, e o Decreto-Lei nº 201, de 27 de fevereiro de 1967.

‣ *Crimes contra finanças públicas*

O PRESIDENTE DA REPÚBLICA Faço saber que o Congresso Nacional decreta e eu sanciono a seguinte Lei:

Art. 1º. O art. 339 do Decreto-Lei nº 2.848, de 7 de dezembro de 1940, passa a vigorar com a seguinte redação:

‣ Alteração incorporada ao texto do referido Decreto-lei.

Art. 2º. O título XI do Decreto-Lei 2.848, de 1940, passa a vigorar acrescido do seguinte CAPÍTULO e artigos:

‣ Alteração incorporada ao texto do referido Decreto-lei.

Art. 3º. A Lei nº 1.079, de 10 de abril de 1950, passa a vigorar com as seguintes alterações:

‣ Alteração incorporada ao texto da referida Lei.

Art. 4º. O art. 1º do Decreto-Lei 201, de 27 de fevereiro de 1967, passa a vigorar com a seguinte redação:

‣ Alteração incorporada ao texto do referido Decreto-lei.

Art. 5º. Constitui infração administrativa contra as leis de finanças públicas:

I – deixar de divulgar ou de enviar ao Poder Legislativo e ao Tribunal de Contas o relatório de gestão fiscal, nos prazos e condições estabelecidos em lei;

II – propor lei de diretrizes orçamentárias anual que não contenha as metas fiscais na forma da lei;

III – deixar de expedir ato determinando limitação de empenho e movimentação financeira, nos casos e condições estabelecidos em lei;

IV – deixar de ordenar ou de promover, na forma e nos prazos da lei, a execução de medida para a redução do montante da despesa total com pessoal que houver excedido a repartição por Poder do limite máximo.

§ 1º. A infração prevista neste artigo é punida com multa de trinta por cento dos vencimentos anuais do agente que lhe der causa, sendo o pagamento da multa de sua responsabilidade pessoal.

§ 2º. A infração a que se refere este artigo será processada e julgada pelo Tribunal de Contas a que competir a fiscalização contábil, financeira e orçamentária da pessoa jurídica de direito público envolvida.

Art. 6º. Esta Lei entra em vigor na data de sua publicação.

Brasília, 19 de outubro de 2000; 179º da Independência e 112º da República.

FERNANDO HENRIQUE CARDOSO

José Gregori

D.O.U. 20.10.2000

LEI Nº 10.048, DE 8 DE NOVEMBRO DE 2000

Dá prioridade de atendimento às pessoas que especifica, e dá outras providências.

› *Prioridades de atendimento*

O PRESIDENTE DA REPÚBLICA Faço saber que o Congresso Nacional decreta e eu sanciono a seguinte Lei:

Art. 1º. As pessoas com deficiência, os idosos com idade igual ou superior a 60 (sessenta) anos, as gestantes, as lactantes, as pessoas com crianças de colo e os obesos terão atendimento prioritário, nos termos desta Lei. (Redação dada pela Lei nº 13.146, de 2015)

› Lei 12.146/2015 – Institui a Lei Brasileira de Inclusão da Pessoa com Deficiência (Estatuto da Pessoa com Deficiência)..

› Lei 10.741/2003 – Dispõe sobre o Estatuto do Idoso.

Art. 2º. As repartições públicas e empresas concessionárias de serviços públicos estão obrigadas a dispensar atendimento prioritário, por meio de serviços individualizados que assegurem tratamento diferenciado e atendimento imediato às pessoas a que se refere o art. 1º.

Parágrafo único. É assegurada, em todas as instituições financeiras, a prioridade de atendimento às pessoas mencionadas no art. 1º.

Art. 3º. As empresas públicas de transporte e as concessionárias de transporte coletivo reservarão assentos, devidamente identificados, aos idosos, gestantes, lactantes, pessoas portadoras de deficiência e pessoas acompanhadas por crianças de colo.

Art. 4º. Os logradouros e sanitários públicos, bem como os edifícios de uso público, terão normas de construção, para efeito de licenciamento da respectiva edificação, baixadas pela autoridade competente, destinadas a facilitar o acesso e uso desses locais pelas pessoas portadoras de deficiência.

› Lei 12.587/2012 – Institui as diretrizes da Política Nacional de Mobilidade Urbana.

Art. 5º. Os veículos de transporte coletivo a serem produzidos após doze meses da publicação desta Lei serão planejados de forma a facilitar o acesso a seu interior das pessoas portadoras de deficiência.

§ 1º. (VETADO).

§ 2º. Os proprietários de veículos de transporte coletivo em utilização terão o prazo de cento e oitenta dias, a contar da regulamentação desta Lei, para proceder às adaptações necessárias ao acesso facilitado das pessoas portadoras de deficiência.

Art. 6º. A infração ao disposto nesta Lei sujeitará os responsáveis:

I – no caso de servidor ou de chefia responsável pela repartição pública, às penalidades previstas na legislação específica;

II – no caso de empresas concessionárias de serviço público, a multa de R$ 500,00 (quinhentos reais) a R$ 2.500,00 (dois mil e quinhentos reais), por veículos sem as condições previstas nos arts. 3º e 5º;

III – no caso das instituições financeiras, às penalidades previstas no artigo 44, incisos I, II e III, da Lei nº 4.595, de 31 de dezembro de 1964.

Parágrafo único. As penalidades de que trata este artigo serão elevadas ao dobro, em caso de reincidência.

Art. 7º. O Poder Executivo regulamentará esta Lei no prazo de sessenta dias, contado de sua publicação.

Art. 8º. Esta Lei entra em vigor na data de sua publicação.

Brasília, 8 de novembro de 2000; 179º da Independência e 112º da República.

FERNANDO HENRIQUE CARDOSO

D.O.U. de 9.11.2000

LEI Nº 10.098, DE 19 DE DEZEMBRO DE 2000

Estabelece normas gerais e critérios básicos para a promoção da acessibilidade das pessoas portadoras de deficiência ou com mobilidade reduzida, e dá outras providências.

› *Acessibilidade de Deficientes Físicos*

O Presidente da República

Faço saber que o Congresso Nacional decreta e eu sanciono a seguinte Lei:

CAPÍTULO I
DISPOSIÇÕES GERAIS

Art. 1º Esta Lei estabelece normas gerais e critérios básicos para a promoção da acessibilidade das pessoas portadoras de deficiência ou com mobilidade reduzida, mediante a supressão de barreiras e de obstáculos nas vias e espaços públicos, no mobiliário urbano, na construção e reforma de edifícios e nos meios de transporte e de comunicação.

Art. 2º Para os fins desta Lei são estabelecidas as seguintes definições:

I - acessibilidade: possibilidade e condição de alcance para utilização, com segurança e autonomia, de espaços, mobiliários, equipamentos urbanos, edificações, transportes, informação e comunicação, inclusive seus sistemas e tecnologias, bem como de outros serviços e instalações abertos ao público, de uso público ou privados de uso coletivo, tanto na zona urbana como na rural, por pessoa com deficiência ou com mobilidade reduzida; (Redação dada pela Lei nº 13.146, de 2015)

II - barreiras: qualquer entrave, obstáculo, atitude ou comportamento que limite ou impeça a participação social da pessoa, bem como o gozo, a fruição e o exercício de seus direitos à acessibilidade, à liberdade de movimento e de expressão, à comunicação, ao acesso à informação, à compreensão, à circulação com segurança, entre outros, classificadas em: (Redação dada pela Lei nº 13.146, de 2015)

a) barreiras urbanísticas: as existentes nas vias e nos espaços públicos e privados abertos ao público ou de uso coletivo; (Redação dada pela Lei nº 13.146, de 2015)

b) barreiras arquitetônicas: as existentes nos edifícios públicos e privados; (Redação dada pela Lei nº 13.146, de 2015)

c) barreiras nos transportes: as existentes nos sistemas e meios de transportes; (Redação dada pela Lei nº 13.146, de 2015)

d) barreiras nas comunicações e na informação: qualquer entrave, obstáculo, atitude ou comportamento que dificulte ou impossibilite a expressão ou o recebimento de mensagens e de informações por intermédio de sistemas de comunicação e de tecnologia da informação; (Redação dada pela Lei nº 13.146, de 2015)

III - pessoa com deficiência: aquela que tem impedimento de longo prazo de natureza física, mental, intelectual ou sensorial, o qual, em interação com uma ou mais barreiras, pode obstruir sua participação plena e efetiva na sociedade em igualdade de condições com as demais pessoas; (Redação dada pela Lei nº 13.146, de 2015)

IV - pessoa com mobilidade reduzida: aquela que tenha, por qualquer motivo, dificuldade de movimentação, permanente ou temporária, gerando redução efetiva da mobilidade, da flexibilidade, da coordenação motora ou da percepção, incluindo idoso, gestante, lactante, pessoa com criança de colo e obeso; (Redação dada pela Lei nº 13.146, de 2015)

V - acompanhante: aquele que acompanha a pessoa com deficiência, podendo ou não desempenhar as funções de atendente pessoal; (Redação dada pela Lei nº 13.146, de 2015)

VI - elemento de urbanização: quaisquer componentes de obras de urbanização, tais como os referentes a pavimentação, saneamento, encanamento para esgotos, distribuição de energia elétrica e de gás, iluminação pública, serviços de comunicação, abastecimento e distribuição de água, paisagismo e os que materializam as indicações do planejamento urbanístico; (Redação dada pela Lei nº 13.146, de 2015)

VII - mobiliário urbano: conjunto de objetos existentes nas vias e nos espaços públicos, superpostos ou adicionados aos elementos de urbanização ou de edificação, de forma que sua modificação ou seu traslado não provoque alterações substanciais nesses elementos, tais como semáforos, postes de sinalização e similares, terminais e pontos de acesso coletivo às telecomunicações, fontes de água, lixeiras, toldos, marquises, bancos, quiosques e quaisquer outros de natureza análoga; (Incluído pela Lei nº 13.146, de 2015)

VIII - tecnologia assistiva ou ajuda técnica: produtos, equipamentos, dispositivos, recursos, metodologias, estratégias, práticas e serviços que objetivem promover a funcionalidade, relacionada à atividade e à participação da pessoa com deficiência ou com mobilidade reduzida, visando à sua autonomia, independência, qualidade de vida e inclusão social; (Incluído pela Lei nº 13.146, de 2015)

IX - comunicação: forma de interação dos cidadãos que abrange, entre outras opções, as línguas, inclusive a Língua Brasileira de Sinais (Libras), a visualização de textos, o Braille, o sistema de sinalização ou de comunicação tátil, os caracteres ampliados, os dispositivos multimídia, assim como a linguagem simples, escrita e oral, os sistemas auditivos e os meios de voz digitalizados e os modos, meios e formatos aumentativos e alternativos de comunicação, incluindo as tecnologias da informação e das comunicações; (Incluído pela Lei nº 13.146, de 2015)

X - desenho universal: concepção de produtos, ambientes, programas e serviços a serem usados por todas as pessoas, sem necessidade de adaptação ou de projeto específico, incluindo os recursos de tecnologia assistiva. (Incluído pela Lei nº 13.146, de 2015)

CAPÍTULO II
DOS ELEMENTOS DA URBANIZAÇÃO

Art. 3º O planejamento e a urbanização das vias públicas, dos parques e dos demais espaços de uso público deverão ser concebidos e executados de forma a torná-los acessíveis para todas as pessoas, inclusive para aquelas com deficiência ou com mobilidade reduzida. (Redação dada pela Lei nº 13.146, de 2015)

Parágrafo único. O passeio público, elemento obrigatório de urbanização e parte da via pública, normalmente segregado e em nível diferente, destina-se somente à circulação de pedestres e, quando possível, à implantação de mobiliário urbano e de vegetação. (Incluído pela Lei nº 13.146, de 2015)

Art. 4º As vias públicas, os parques e os demais espaços de uso público existentes, assim como as respectivas instalações de serviços e mobiliários urbanos deverão ser adaptados, obedecendo-se ordem de prioridade que vise à maior eficiência das modificações, no sentido de promover mais ampla acessibilidade às pessoas portadoras de deficiência ou com mobilidade reduzida.

Parágrafo único. No mínimo 5% (cinco por cento) de cada brinquedo e equipamento de lazer existentes nos locais referidos no *caput* devem ser adaptados e identificados, tanto quanto tecnicamente possível, para possibilitar sua utilização por pessoas com deficiência, inclusive visual, ou com mobilidade reduzida. (Redação dada pela Lei nº 13.443, de 2017)

Art. 5º O projeto e o traçado dos elementos de urbanização públicos e privados de uso comunitário, nestes compreendidos os itinerários e as passagens de pedestres, os percursos de entrada e de saída de veículos, as escadas e rampas, deverão observar os parâmetros estabelecidos pelas normas técnicas de acessibilidade da Associação Brasileira de Normas Técnicas – ABNT.

Art. 6º Os banheiros de uso público existentes ou a construir em parques, praças, jardins e espaços livres públicos deverão ser acessíveis e dispor, pelo menos, de um sanitário e um lavatório que atendam às especificações das normas técnicas da ABNT.

§ 1º Os eventos organizados em espaços públicos e privados em que haja instalação de banheiros químicos deverão contar com unidades acessíveis a pessoas com deficiência ou com mobilidade reduzida. (Parágrafo acrescido pela Lei 13.825/2019)

§ 2º O número mínimo de banheiros químicos acessíveis corresponderá a 10% (dez por cento) do total, garantindo-se pelo menos 1 (uma) unidade acessível caso a aplicação do percentual resulte em fração inferior a 1 (um). (Parágrafo acrescido pela Lei 13.825/2019)

Art. 7º Em todas as áreas de estacionamento de veículos, localizadas em vias ou em espaços públicos, deverão ser reservadas vagas próximas dos acessos de circulação de pedestres, devidamente sinalizadas, para veículos que transportem pessoas portadoras de deficiência com dificuldade de locomoção.

Parágrafo único. As vagas a que se refere o *caput* deste artigo deverão ser em número equivalente a dois por cento do total, garantida, no mínimo, uma vaga, devidamente sinalizada e com as especificações técnicas de desenho e traçado de acordo com as normas técnicas vigentes.

CAPÍTULO III
DO DESENHO E DA LOCALIZAÇÃO DO MOBILIÁRIO URBANO

Art. 8º Os sinais de tráfego, semáforos, postes de iluminação ou quaisquer outros elementos verticais de sinalização que devam ser instalados em itinerário ou espaço de acesso para pedestres deverão ser dispostos de forma a não dificultar ou impedir a circulação, e de modo que possam ser utilizados com a máxima comodidade.

Art. 9º Os semáforos para pedestres instalados nas vias públicas deverão estar equipados com mecanismo que emita sinal sonoro suave, intermitente e sem estridência, ou com mecanismo alternativo, que sirva de guia ou orientação para a travessia de pessoas portadoras de deficiência visual, se a intensidade do fluxo de veículos e a periculosidade da via assim determinarem.

Parágrafo único. Os semáforos para pedestres instalados em vias públicas de grande circulação, ou que deem acesso aos serviços de reabilitação, devem obrigatoriamente estar equipados com mecanismo que emita sinal sonoro suave para orientação do pedestre. (Incluído pela Lei nº 13.146, de 2015)

Art. 10. Os elementos do mobiliário urbano deverão ser projetados e instalados em locais que permitam sejam eles utilizados pelas pessoas portadoras de deficiência ou com mobilidade reduzida.

Art. 10-A. A instalação de qualquer mobiliário urbano em área de circulação comum para pedestre que ofereça risco de acidente à pessoa com deficiência deverá ser indicada mediante sinalização tátil de alerta no piso, de acordo com as normas técnicas pertinentes. (Incluído pela Lei nº 13.146, de 2015)

CAPÍTULO IV
DA ACESSIBILIDADE NOS EDIFÍCIOS PÚBLICOS OU DE USO COLETIVO

Art. 11. A construção, ampliação ou reforma de edifícios públicos ou privados destinados ao uso coletivo deverão ser executadas de modo que sejam ou se tornem acessíveis às pessoas portadoras de deficiência ou com mobilidade reduzida.

Parágrafo único. Para os fins do disposto neste artigo, na construção, ampliação ou reforma de edifícios públicos ou privados destinados ao uso coletivo deverão ser observados, pelo menos, os seguintes requisitos de acessibilidade:

I – nas áreas externas ou internas da edificação, destinadas a garagem e a estacionamento de uso público, deverão ser reservadas vagas próximas dos acessos de circulação de pedestres, devidamente sinalizadas, para veículos que transportem pessoas portadoras de deficiência com dificuldade de locomoção permanente;

II – pelo menos um dos acessos ao interior da edificação deverá estar livre de barreiras arquitetônicas e de obstáculos que impeçam ou dificultem a acessibilidade de pessoa portadora de deficiência ou com mobilidade reduzida;

III – pelo menos um dos itinerários que comuniquem horizontal e verticalmente todas as dependências e serviços do edifício, entre si e com o exterior, deverá cumprir os requisitos de acessibilidade de que trata esta Lei; e

IV – os edifícios deverão dispor, pelo menos, de um banheiro acessível, distribuindo-se seus equipamentos e acessórios de maneira que possam ser utilizados por pessoa portadora de deficiência ou com mobilidade reduzida.

Art. 12. Os locais de espetáculos, conferências, aulas e outros de natureza similar deverão dispor de espaços reservados para pessoas que utilizam cadeira de rodas, e de lugares específicos para pessoas com deficiência auditiva e visual, inclusive acompanhante, de acordo com a ABNT, de modo a facilitar-lhes as condições de acesso, circulação e comunicação.

Art. 12-A. Os centros comerciais e os estabelecimentos congêneres devem fornecer carros e cadeiras de rodas, motorizados ou não, para o atendimento da pessoa com deficiência ou com mobilidade reduzida. (Incluído pela Lei nº 13.146, de 2015)

CAPÍTULO V
DA ACESSIBILIDADE NOS EDIFÍCIOS DE USO PRIVADO

Art. 13. Os edifícios de uso privado em que seja obrigatória a instalação de elevadores deverão ser construídos atendendo aos seguintes requisitos mínimos de acessibilidade:

I – percurso acessível que una as unidades habitacionais com o exterior e com as dependências de uso comum;

II – percurso acessível que una a edificação à via pública, às edificações e aos serviços anexos de uso comum e aos edifícios vizinhos;

III – cabine do elevador e respectiva porta de entrada acessíveis para pessoas portadoras de deficiência ou com mobilidade reduzida.

Art. 14. Os edifícios a serem construídos com mais de um pavimento além do pavimento de acesso, à exceção das habitações unifamiliares, e que não estejam obrigados à instalação de elevador, deverão dispor de especificações técnicas e de projeto que facilitem a instalação de um elevador adaptado, devendo os demais elementos de uso comum destes edifícios atender aos requisitos de acessibilidade.

Art. 15. Caberá ao órgão federal responsável pela coordenação da política habitacional regulamentar a reserva de um percentual mínimo do total das habitações, conforme a característica da população local, para o atendimento da demanda de pessoas portadoras de deficiência ou com mobilidade reduzida.

CAPÍTULO VI
DA ACESSIBILIDADE NOS VEÍCULOS DE TRANSPORTE COLETIVO

Art. 16. Os veículos de transporte coletivo deverão cumprir os requisitos de acessibilidade estabelecidos nas normas técnicas específicas.

CAPÍTULO VII
DA ACESSIBILIDADE NOS SISTEMAS DE COMUNICAÇÃO E SINALIZAÇÃO

Art. 17. O Poder Público promoverá a eliminação de barreiras na comunicação e estabelecerá mecanismos e alternativas técnicas que tornem acessíveis os sistemas de comunicação e sinalização às pessoas portadoras de deficiência sensorial e com dificuldade de comunicação, para garantir-lhes o direito de acesso à informação, à comunicação, ao trabalho, à educação, ao transporte, à cultura, ao esporte e ao lazer.

Art. 18. O Poder Público implementará a formação de profissionais intérpretes de escrita em braile, linguagem de sinais e de guias-intérpretes, para facilitar qualquer tipo de comunicação direta à pessoa portadora de deficiência sensorial e com dificuldade de comunicação.

Art. 19. Os serviços de radiodifusão sonora e de sons e imagens adotarão plano de medidas técnicas com o objetivo de permitir o uso da linguagem de sinais ou outra subtitulação, para garantir o direito de acesso à informação às pessoas portadoras de deficiência auditiva, na forma e no prazo previstos em regulamento.

CAPÍTULO VIII
DISPOSIÇÕES SOBRE AJUDAS TÉCNICAS

Art. 20. O Poder Público promoverá a supressão de barreiras urbanísticas, arquitetônicas, de transporte e de comunicação, mediante ajudas técnicas.

Art. 21. O Poder Público, por meio dos organismos de apoio à pesquisa e das agências de financiamento, fomentará programas destinados:

I – à promoção de pesquisas científicas voltadas ao tratamento e prevenção de deficiências;

II – ao desenvolvimento tecnológico orientado à produção de ajudas técnicas para as pessoas portadoras de deficiência;

III – à especialização de recursos humanos em acessibilidade.

Art. 21-A. Às pessoas com deficiência visual será garantido, sem custo adicional, quando por elas solicitado, um kit que conterá, no mínimo: (Artigo acrescido pela Lei 13.835/2019, publicada no DOU de 05.06.2019, em vigor 180 dias após a publicação)

I - etiqueta em braile: filme transparente fixo ao cartão com informações em braile, com a identificação do tipo do cartão e os 6 (seis) dígitos finais do número do cartão;

II - identificação do tipo de cartão em braile: primeiro dígito, da esquerda para a direita, identificador do tipo de cartão;

III - fita adesiva: fita para fixar a etiqueta em braile de dados no cartão;

IV - porta-cartão: objeto para armazenar o cartão e possibilitar ao portador acesso às informações necessárias ao pleno uso do cartão, com identificação, em braile, do número completo do cartão, do tipo de cartão, da bandeira, do nome do emissor, da data de validade, do código de segurança e do nome do portador do cartão.

Parágrafo único. O porta-cartão de que trata o inciso IV do *caput* deste artigo deverá possuir tamanho suficiente para que constem todas as informações descritas no referido inciso e deverá ser conveniente ao transporte pela pessoa com deficiência visual.

CAPÍTULO IX
DAS MEDIDAS DE FOMENTO À ELIMINAÇÃO DE BARREIRAS

Art. 22. É instituído, no âmbito da Secretaria de Estado de Direitos Humanos do Ministério da Justiça, o Programa Nacional de Acessibilidade, com dotação orçamentária específica, cuja execução será disciplinada em regulamento.

CAPÍTULO X
DISPOSIÇÕES FINAIS

Art. 23. A Administração Pública federal direta e indireta destinará, anualmente, dotação orçamentária para as adaptações, eliminações e supressões de barreiras arquitetônicas existentes nos edifícios de uso público de sua propriedade e naqueles que estejam sob sua administração ou uso.

Parágrafo único. A implementação das adaptações, eliminações e supressões de barreiras arquitetônicas referidas no *caput* deste artigo deverá ser iniciada a partir do primeiro ano de vigência desta Lei.

Art. 24. O Poder Público promoverá campanhas informativas e educativas dirigidas à população em geral, com a finalidade de conscientizá-la e sensibilizá-la quanto à acessibilidade e à integração social da pessoa portadora de deficiência ou com mobilidade reduzida.

Art. 25. As disposições desta Lei aplicam-se aos edifícios ou imóveis declarados bens de interesse cultural ou de valor histórico-artístico, desde que as modificações necessárias observem as normas específicas reguladoras destes bens.

Art. 26. As organizações representativas de pessoas portadoras de deficiência terão legitimidade para acompanhar o cumprimento dos requisitos de acessibilidade estabelecidos nesta Lei.

Art. 27. Esta Lei entra em vigor na data de sua publicação.

Brasília, 19 de dezembro de 2000; 179º da Independência e 112º da República.

FERNANDO HENRIQUE CARDOSO

DOU de 20.12.2000

LEI Nº 10.101, DE 19 DE DEZEMBRO DE 2000

Dispõe sobre a participação dos trabalhadores nos lucros ou resultados da empresa e dá outras providências.

› *Participação dos Lucros*

Faço saber que o PRESIDENTE DA REPÚBLICA adotou a Medida Provisória nº 1.982-77, de 2000, que o Congresso Nacional aprovou, e eu, Antônio Carlos Magalhães, Presidente, para os efeitos do disposto no parágrafo único do art. 62 da Constituição Federal, promulgo a seguinte Lei:

Art. 1º. Esta Lei regula a participação dos trabalhadores nos lucros ou resultados da empresa como instrumento de integração entre o capital e o trabalho e como incentivo à produtividade, nos termos do art. 7º, inciso XI, da Constituição.

› CLT: art. 621.

Art. 2º. A participação nos lucros ou resultados será objeto de negociação entre a empresa e seus empregados, mediante um dos procedimentos a seguir descritos, escolhidos pelas partes de comum acordo:

I – comissão paritária escolhida pelas partes, integrada, também, por um representante indicado pelo sindicato da respectiva categoria; (Redação dada pela Lei nº 12.832, de 2013)

› CF/1988: art. 11.

II – convenção ou acordo coletivo.

› CLT: arts. 611 a 625.

§ 1º. Dos instrumentos decorrentes da negociação deverão constar regras claras e objetivas quanto à fixação dos direitos substantivos da participação e das regras adjetivas, inclusive mecanismos de aferição das informações pertinentes ao cumprimento do acordado, periodicidade da distribuição, período de vigência e prazos para revisão do acordo, podendo ser considerados, entre outros, os seguintes critérios e condições:

I – índices de produtividade, qualidade ou lucratividade da empresa;

II – programas de metas, resultados e prazos, pactuados previamente.

§ 2º. O instrumento de acordo celebrado será arquivado na entidade sindical dos trabalhadores.

§ 3º. Não se equipara a empresa, para os fins desta Lei:

I – a pessoa física;

II – a entidade sem fins lucrativos que, cumulativamente:

a) não distribua resultados, a qualquer título, ainda que indiretamente, a dirigentes, administradores ou empresas vinculadas;

b) aplique integralmente os seus recursos em sua atividade institucional e no País;

c) destine o seu patrimônio a entidade congênere ou ao poder público, em caso de encerramento de suas atividades;

d) mantenha escrituração contábil capaz de comprovar a observância dos demais requisitos deste inciso, e das normas fiscais, comerciais e de direito econômico que lhe sejam aplicáveis.

§ 3º-A. A não equiparação de que trata o inciso II do § 3º deste artigo não é aplicável às hipóteses em que tenham sido utilizados índices de produtividade ou qualidade ou programas de metas, resultados e prazos. (Acrescido pela Lei 14.020/2020)

§ 4º. Quando forem considerados os critérios e condições definidos nos incisos I e II do § 1º deste artigo: (Incluído pela Lei nº 12.832, de 2013)

I – a empresa deverá prestar aos representantes dos trabalhadores na comissão paritária informações que colaborem para a negociação; (Incluído pela Lei nº 12.832, de 2013)

II – não se aplicam as metas referentes à saúde e segurança no trabalho. (Incluído pela Lei nº 12.832, de 2013)

§ 5º. As partes podem: (Acrescido pela Lei 14.020/2020)

I - adotar os procedimentos de negociação estabelecidos nos incisos I e II do *caput* deste artigo, simultaneamente; e

II - estabelecer múltiplos programas de participação nos lucros ou nos resultados, observada a periodicidade estabelecida pelo § 2º do art. 3º desta Lei.

§ 6º. Na fixação dos direitos substantivos e das regras adjetivas, inclusive no que se refere à fixação dos valores e à utilização exclusiva de metas individuais, a autonomia da vontade das partes contratantes será respeitada e prevalecerá em face do interesse de terceiros. (Acrescido pela Lei 14.020/2020)

§ 7º. Consideram-se previamente estabelecidas as regras fixadas em instrumento assinado: (Acrescido pela Lei 14.020/2020)

I - anteriormente ao pagamento da antecipação, quando prevista; e

II - com antecedência de, no mínimo, 90 (noventa) dias da data do pagamento da parcela única ou da parcela final, caso haja pagamento de antecipação.

§ 8º. A inobservância à periodicidade estabelecida no § 2º do art. 3º desta Lei invalida exclusivamente os pagamentos feitos em desacordo com a norma, assim entendidos: (Acrescido pela Lei 14.020/2020)

I - os pagamentos excedentes ao segundo, feitos a um mesmo empregado, no mesmo ano civil; e

II - os pagamentos efetuados a um mesmo empregado, em periodicidade inferior a 1 (um) trimestre civil do pagamento anterior.

§ 9º. Na hipótese do inciso II do § 8º deste artigo, mantém-se a validade dos demais pagamentos. (Acrescido pela Lei 14.020/2020)

§ 10. Uma vez composta, a comissão paritária de que trata o inciso I do *caput* deste artigo dará ciência por escrito ao ente sindical para que indique seu representante no prazo máximo de 10 (dez) dias corridos, findo o qual a comissão poderá iniciar e concluir suas tratativas. (Acrescido pela Lei 14.020/2020)

Art. 3º. A participação de que trata o art. 2º não substitui ou complementa a remuneração devida a qualquer empregado, nem constitui base de incidência de qualquer encargo trabalhista, não se lhe aplicando o princípio da habitualidade.

› CLT: arts. 457 e 458.

§ 1º. Para efeito de apuração do lucro real, a pessoa jurídica poderá deduzir como despesa operacional as participações atribuídas aos empregados nos lucros ou resultados, nos termos da presente Lei, dentro do próprio exercício de sua constituição.

§ 2º. É vedado o pagamento de qualquer antecipação ou distribuição de valores a Título de participação nos lucros ou resultados da empresa em mais de 2 (duas) vezes no mesmo ano civil e em periodicidade inferior a 1 (um) trimestre civil. (Redação dada pela Lei nº 12.832, de 2013)

§ 3º. Todos os pagamentos efetuados em decorrência de planos de participação nos lucros ou resultados, mantidos espontaneamente pela empresa, poderão ser compensados com as obrigações decorrentes de acordos ou convenções coletivas de trabalho atinentes à participação nos lucros ou resultados.

§ 4º. A periodicidade semestral mínima referida no § 2º poderá ser alterada pelo Poder Executivo, até 31 de dezembro de 2000, em função de eventuais impactos nas receitas tributárias.

§ 5º. A participação de que trata este artigo será tributada pelo imposto sobre a renda exclusivamente na fonte, em separado dos demais rendimentos recebidos, no ano do recebimento ou crédito, com base na tabela progressiva anual constante do Anexo e não integrará a base de cálculo do imposto devido pelo beneficiário na Declaração de Ajuste Anual. (Redação dada pela Lei nº 12.832, de 2013)

§ 6º. Para efeito da apuração do imposto sobre a renda, a participação dos trabalhadores nos lucros ou resultados da empresa será integralmente tributada com base na tabela progressiva constante do Anexo. (Incluído pela Lei nº 12.832, de 2013)

§ 7º. Na hipótese de pagamento de mais de 1 (uma) parcela referente a um mesmo ano-calendário, o imposto deve ser recalculado, com base no total da participação nos lucros recebida no ano-calendário, mediante a utilização da tabela constante do Anexo, deduzindo-se do imposto assim apurado o valor retido anteriormente. (Incluído pela Lei nº 12.832, de 2013)

§ 8º. Os rendimentos pagos acumuladamente a Título de participação dos trabalhadores nos lucros ou resultados da empresa serão tributados exclusivamente na fonte, em separado dos demais rendimentos recebidos, sujeitando-se, também de forma acumulada, ao imposto sobre a renda com base na tabela progressiva constante do Anexo. (Incluído pela Lei nº 12.832, de 2013)

§ 9º. Considera-se pagamento acumulado, para fins do § 8º, o pagamento da participação nos lucros relativa a mais de um ano-calendário. (Incluído pela Lei nº 12.832, de 2013)

§ 10. Na determinação da base de cálculo da participação dos trabalhadores nos lucros ou resultados, poderão ser deduzidas as importâncias pagas em dinheiro a Título de pensão alimentícia em face das normas do Direito de Família, quando em cumprimento de decisão judicial, de acordo homologado judicialmente ou de separação ou divórcio consensual realizado por escritura pública, desde que correspondentes a esse rendimento, não podendo ser utilizada a mesma parcela para a determinação da base de cálculo dos demais rendimentos. (Incluído pela Lei nº 12.832, de 2013)

§ 11. A partir do ano-calendário de 2014, inclusive, os valores da tabela progressiva anual constante do Anexo serão reajustados no mesmo percentual de reajuste da Tabela Progressiva Mensal do imposto de renda incidente sobre os rendimentos das pessoas físicas. (Incluído pela Lei nº 12.832, de 2013)

Art. 4º. Caso a negociação visando à participação nos lucros ou resultados da empresa resulte em impasse, as partes poderão utilizar-se dos seguintes mecanismos de solução do litígio:

I – mediação;

II – arbitragem de ofertas finais, utilizando-se, no que couber, os termos da Lei nº 9.307, de 23 de setembro de 1996. (Redação dada pela Lei nº 12.832, de 2013)

§ 1º. Considera-se arbitragem de ofertas finais aquela em que o árbitro deve restringir-se a optar pela proposta apresentada, em caráter definitivo, por uma das partes.

§ 2º. O mediador ou o árbitro será escolhido de comum acordo entre as partes.

§ 3º. Firmado o compromisso arbitral, não será admitida a desistência unilateral de qualquer das partes.

§ 4º. O laudo arbitral terá força normativa, independentemente de homologação judicial.

Art. 5º. A participação de que trata o art. 1º desta Lei, relativamente aos trabalhadores em empresas estatais, observará diretrizes específicas fixadas pelo Poder Executivo.

Parágrafo único. Consideram-se empresas estatais as empresas públicas, sociedades de economia mista, suas subsidiárias e controladas e demais empresas em que a União, direta ou indiretamente, detenha a maioria do capital social com direito a voto.

Art. 6º. Fica autorizado o trabalho aos domingos nas atividades do comércio em geral, observada a legislação municipal, nos termos do inciso I do *caput* do art. 30 da Constituição Federal. (Redação dada pela Lei nº 11.603, de 2007)

Parágrafo único. O repouso semanal remunerado deverá coincidir, pelo menos 1 (uma) vez no período máximo de 3 (três) semanas, com o domingo, respeitadas as demais normas de proteção ao trabalho e outras a serem estipuladas em negociação coletiva. (Redação dada pela Lei nº 11.603, de 2007)

› CLT: art. 71.

Art. 6º-A. É permitido o trabalho em feriados nas atividades do comércio em geral, desde que autorizado em convenção coletiva de trabalho e observada a legislação municipal, nos termos do inciso I do *caput* do art. 30 da Constituição Federal. (Incluído pela Lei nº 11.603, de 2007)

› CLT: arts. 68, 69 e 71.

Art. 6º-B. As infrações ao disposto nos arts. 6º e 6º-A desta Lei serão punidas com a multa prevista no art. 75 da Consolidação das Leis do Trabalho, aprovada pelo Decreto-lei nº 5.452, de 1º de maio de 1943. (Incluído pela Lei nº 11.603, de 2007)

Parágrafo único. O processo de fiscalização, de autuação e de imposição de multas reger-se-á pelo disposto no Título VII da Consolidação das Leis do Trabalho. (Incluído pela Lei nº 11.603, de 2007)

Art. 7º. Ficam convalidados os atos praticados com base na Medida Provisória 1.982-76, de 26 de outubro de 2000.

Art. 8º. Esta Lei entra em vigor na data de sua publicação.

Congresso Nacional, 19 de dezembro de 2000; 179º da Independência e 112º da República.

Senador ANTONIO CARLOS MAGALHÃES
Presidente

D.O.U. de 20.12.2000

ANEXO
PARTICIPAÇÃO NOS LUCROS

Tabela de Tributação Exclusiva na Fonte

Valor do PLR anual (EM R$)	Alíquota	Parcela a Deduzir do IR (em R$)
de 0,00 a 6.000,00	0%	-
de 6.000,01 a 9.000,00	7,5%	450,00
de 9.000,01 a 12.000,00	15%	1.125,00
de 12.000,01 a 15.000,00	22,5%	2.025,00
acima de 15.000,00	27,5%	2.775,00

LEI COMPLEMENTAR Nº 105, DE 10 DE JANEIRO DE 2001

Dispõe sobre o sigilo das operações de instituições financeiras e dá outras providências.

› *Sigilo Bancário*

O PRESIDENTE DA REPÚBLICA Faço saber que o Congresso Nacional decreta e eu sanciono a seguinte Lei Complementar:

Art. 1º. As instituições financeiras conservarão sigilo em suas operações ativas e passivas e serviços prestados.

› CTN: art. 198.

› Lei 4.595/1964 – Dispõe sobre a Política e as Instituições Monetárias, Bancárias e Creditícias, cria o Conselho Monetário Nacional e dá outras providências.

§ 1º. São consideradas instituições financeiras, para os efeitos desta Lei Complementar:

I – os bancos de qualquer espécie;

II – distribuidoras de valores mobiliários;

III – corretoras de câmbio e de valores mobiliários;

IV – sociedades de crédito, financiamento e investimentos;

V – sociedades de crédito imobiliário;

VI – administradoras de cartões de crédito;

VII – sociedades de arrendamento mercantil;

VIII – administradoras de mercado de balcão organizado;

IX – cooperativas de crédito;

X – associações de poupança e empréstimo;

XI – bolsas de valores e de mercadorias e futuros;

XII – entidades de liquidação e compensação;

XIII – outras sociedades que, em razão da natureza de suas operações, assim venham a ser consideradas pelo Conselho Monetário Nacional.

§ 2º. As empresas de fomento comercial ou *factoring*, para os efeitos desta Lei Complementar, obedecerão às normas aplicáveis às instituições financeiras previstas no § 1º.

§ 3º. Não constitui violação do dever de sigilo:

I – a troca de informações entre instituições financeiras, para fins cadastrais, inclusive por intermédio de centrais de risco, observadas as normas baixadas pelo Conselho Monetário Nacional e pelo Banco Central do Brasil;

II – o fornecimento de informações constantes de cadastro de emitentes de cheques sem provisão de fundos e de devedores inadimplentes, a entidades de proteção ao crédito, observadas as normas baixadas pelo Conselho Monetário Nacional e pelo Banco Central do Brasil;

III – o fornecimento das informações de que trata o § 2º do art. 11 da Lei nº 9.311, de 24 de outubro de 1996;

IV – a comunicação, às autoridades competentes, da prática de ilícitos penais ou administrativos, abrangendo o fornecimento de informações sobre operações que envolvam recursos provenientes de qualquer prática criminosa;

V – a revelação de informações sigilosas com o consentimento expresso dos interessados;

VI – a prestação de informações nos termos e condições estabelecidos nos artigos 2º, 3º, 4º, 5º, 6º, 7º e 9º desta Lei Complementar.

VII - o fornecimento de dados financeiros e de pagamentos, relativos a operações de crédito e obrigações de pagamento adimplidas ou em andamento de pessoas naturais ou jurídicas, a gestores de bancos de dados, para formação de histórico de crédito, nos termos de lei específica. (Incluído pela LC 166/2019, publicada no DOU de 09.04.2019, em vigor 91 dias após a publicação)

§ 4º. A quebra de sigilo poderá ser decretada, quando necessária para apuração de ocorrência de qualquer ilícito, em qualquer fase do inquérito ou do processo judicial, e especialmente nos seguintes crimes:

I – de terrorismo;

› Lei 7.170/1983 – Crimes Contra e Segurança Nacional.

II – de tráfico ilícito de substâncias entorpecentes ou drogas afins;

III – de contrabando ou tráfico de armas, munições ou material destinado a sua produção;

› Lei 10.826/2003 – Estatuto do Desarmamento.

IV – de extorsão mediante sequestro;

› CP: art. 159.

V – contra o sistema financeiro nacional;

› Lei 7.492/1986 – Crimes Contra o Sistema Financeiro.

VI – contra a Administração Pública;

› CP: arts. 312 a 327.

VII – contra a ordem tributária e a previdência social;

› Lei 8.137/1990 – Crimes Contra a Ordem Tributária e Econômica.

VIII – lavagem de dinheiro ou ocultação de bens, direitos e valores;

› Lei 9.613/1998 – Crimes de Lavagem de Capitais.

IX – praticado por organização criminosa.

Art. 2º. O dever de sigilo é extensivo ao Banco Central do Brasil, em relação às operações que realizar e às informações que obtiver no exercício de suas atribuições.

§ 1º. O sigilo, inclusive quanto a contas de depósitos, aplicações e investimentos mantidos em instituições financeiras, não pode ser oposto ao Banco Central do Brasil:

I – no desempenho de suas funções de fiscalização, compreendendo a apuração, a qualquer tempo, de ilícitos praticados por controladores, administradores, membros de conselhos estatutários, gerentes, mandatários e prepostos de instituições financeiras;

II – ao proceder a inquérito em instituição financeira submetida a regime especial.

§ 2º. As comissões encarregadas dos inquéritos a que se refere o inciso II do § 1º poderão examinar quaisquer documentos relativos a bens, direitos e obrigações das instituições financeiras, de seus controladores, administradores, membros de conselhos estatutários, gerentes, mandatários e prepostos, inclusive contas correntes e operações com outras instituições financeiras.

§ 3º. O disposto neste artigo aplica-se à Comissão de Valores Mobiliários, quando se tratar de fiscalização de operações e serviços no mercado de valores mobiliários, inclusive nas instituições financeiras que sejam companhias abertas.

§ 4º. O Banco Central do Brasil e a Comissão de Valores Mobiliários, em suas áreas de competência, poderão firmar convênios:

I – com outros órgãos públicos fiscalizadores de instituições financeiras, objetivando a realização de fiscalizações conjuntas, observadas as respectivas competências;

II – com bancos centrais ou entidades fiscalizadoras de outros países, objetivando:

a) a fiscalização de filiais e subsidiárias de instituições financeiras estrangeiras, em funcionamento no Brasil, e de filiais e subsidiárias, no exterior, de instituições financeiras brasileiras;

b) a cooperação mútua e o intercâmbio de informações para a investigação de atividades ou operações que impliquem aplicação, negociação, ocultação ou transferência de ativos financeiros e de valores mobiliários relacionados com a prática de condutas ilícitas.

§ 5º. O dever de sigilo de que trata esta Lei Complementar estende-se aos órgãos fiscalizadores mencionados no § 4º e a seus agentes.

§ 6º. O Banco Central do Brasil, a Comissão de Valores Mobiliários e os demais órgãos de fiscalização, nas áreas de suas atribuições, fornecerão ao Conselho de Controle de Atividades Financeiras – COAF, de que trata o art. 14 da Lei nº 9.613, de 3 de março de 1998, as informações cadastrais e de movimento de valores relativos às operações previstas no inciso I do art. 11 da referida Lei.

Art. 3º. Serão prestadas pelo Banco Central do Brasil, pela Comissão de Valores Mobiliários e pelas instituições financeiras as informações ordenadas pelo Poder Judiciário, preservado o seu caráter sigiloso mediante acesso restrito às partes, que delas não poderão servir-se para fins estranhos à lide.

§ 1º. Dependem de prévia autorização do Poder Judiciário a prestação de informações e o fornecimento de documentos sigilosos solicitados por comissão de inquérito administrativo destinada a apurar responsabilidade de servidor público por infração praticada no exercício de suas atribuições, ou que tenha relação com as atribuições do cargo em que se encontre investido.

§ 2º. Nas hipóteses do § 1º, o requerimento de quebra de sigilo independe da existência de processo judicial em curso.

§ 3º. Além dos casos previstos neste artigo o Banco Central do Brasil e a Comissão de Valores Mobiliários fornecerão à Advocacia-Geral da União as informações e os documentos necessários à defesa da União nas ações em que seja parte.

Art. 4º. O Banco Central do Brasil e a Comissão de Valores Mobiliários, nas áreas de suas atribuições, e as instituições financeiras fornecerão ao Poder Legislativo Federal as informações e os documentos sigilosos que, fundamentadamente, se fizerem necessários ao exercício de suas respectivas competências constitucionais e legais.

§ 1º. As comissões parlamentares de inquérito, no exercício de sua competência constitucional e legal de ampla investigação, obterão as informações e documentos sigilosos de que necessitarem, diretamente das instituições financeiras, ou por intermédio do Banco Central do Brasil ou da Comissão de Valores Mobiliários.

› Lei 1.579/1952 – Comissão Parlamentar de Inquérito.

§ 2º. As solicitações de que trata este artigo deverão ser previamente aprovadas pelo Plenário da Câmara dos Deputados, do Senado Federal, ou do plenário de suas respectivas comissões parlamentares de inquérito.

Art. 5º. O Poder Executivo disciplinará, inclusive quanto à periodicidade e aos limites de valor, os critérios segundo os quais as instituições financeiras informarão à administração tributária da União, as operações financeiras efetuadas pelos usuários de seus serviços.

› Artigo regulamentado pelo Decreto 4.489/2002.

§ 1º. Consideram-se operações financeiras, para os efeitos deste artigo:

I – depósitos à vista e a prazo, inclusive em conta de poupança;

II – pagamentos efetuados em moeda corrente ou em cheques;

III – emissão de ordens de crédito ou documentos assemelhados;

IV – resgates em contas de depósitos à vista ou a prazo, inclusive de poupança;

V – contratos de mútuo;

VI – descontos de duplicatas, notas promissórias e outros títulos de crédito;

VII – aquisições e vendas de títulos de renda fixa ou variável;

VIII – aplicações em fundos de investimentos;

IX – aquisições de moeda estrangeira;

X – conversões de moeda estrangeira em moeda nacional;

XI – transferências de moeda e outros valores para o exterior;

XII – operações com ouro, ativo financeiro;

XIII – operações com cartão de crédito;

XIV – operações de arrendamento mercantil; e

XV – quaisquer outras operações de natureza semelhante que venham a ser autorizadas pelo Banco Central do Brasil, Comissão de Valores Mobiliários ou outro órgão competente.

§ 2º. As informações transferidas na forma do *caput* deste artigo restringir-se-ão a informes relacionados com a identificação dos titulares das operações e os montantes globais mensalmente movimentados, vedada a inserção de qualquer elemento que permita identificar a sua origem ou a natureza dos gastos a partir deles efetuados.

§ 3º. Não se incluem entre as informações de que trata este artigo as operações financeiras efetuadas pelas administrações direta e indireta da União, dos Estados, do Distrito Federal e dos Municípios.

§ 4º. Recebidas as informações de que trata este artigo, se detectados indícios de falhas, incorreções ou omissões, ou de cometimento de ilícito fiscal, a autoridade interessada poderá requisitar as informações e os documentos de que necessitar, bem como realizar fiscalização ou auditoria para a adequada apuração dos fatos.

§ 5º. As informações a que se refere este artigo serão conservadas sob sigilo fiscal, na forma da legislação em vigor.

Art. 6º. As autoridades e os agentes fiscais tributários da União, dos Estados, do Distrito Federal e dos Municípios somente poderão examinar documentos, livros e registros de instituições financeiras, inclusive os referentes a contas de depósitos e aplicações financeiras, quando houver processo administrativo instaurado ou procedimento fiscal em curso e tais exames sejam considerados indispensáveis pela autoridade administrativa competente.

› Artigo regulamentado pelo Decreto 3.724/2001.

Parágrafo único. O resultado dos exames, as informações e os documentos a que se refere este artigo serão conservados em sigilo, observada a legislação tributária.

Art. 7º. Sem prejuízo do disposto no § 3º do art. 2º, a Comissão de Valores Mobiliários, instaurado inquérito administrativo, poderá solicitar à autoridade judiciária competente o levantamento do sigilo junto às instituições financeiras de informações e documentos relativos a bens, direitos e obrigações de pessoa física ou jurídica submetida ao seu poder disciplinar.

Parágrafo único. O Banco Central do Brasil e a Comissão de Valores Mobiliários manterão permanente intercâmbio de informações acerca dos resultados das inspeções que realizarem, dos inquéritos que instaurarem e das penalidades que aplicarem, sempre que as informações forem necessárias ao desempenho de suas atividades.

Art. 8º. O cumprimento das exigências e formalidades previstas nos artigos 4º, 6º e 7º será expressamente declarado pelas autoridades competentes nas solicitações dirigidas ao Banco Central do Brasil, à Comissão de Valores Mobiliários ou às instituições financeiras.

Art. 9º. Quando, no exercício de suas atribuições, o Banco Central do Brasil e a Comissão de Valores Mobiliários verificarem a ocorrência de crime definido em lei como de ação pública, ou indícios da prática de tais crimes, informarão ao Ministério Público, juntando à comunicação os documentos necessários à apuração ou comprovação dos fatos.

§ 1º. A comunicação de que trata este artigo será efetuada pelos Presidentes do Banco Central do Brasil e da Comissão de Valores Mobiliários, admitida delegação de competência, no prazo máximo de 15 (quinze) dias, a contar do recebimento do processo, com manifestação dos respectivos serviços jurídicos.

§ 2º. Independentemente do disposto no *caput* deste artigo, o Banco Central do Brasil e a Comissão de Valores Mobiliários comunicarão aos órgãos públicos competentes as irregularidades e os ilícitos administrativos de que tenham conhecimento, ou indícios de sua prática, anexando os documentos pertinentes.

Art. 10. A quebra de sigilo, fora das hipóteses autorizadas nesta Lei Complementar, constitui crime e sujeita os responsáveis à pena de reclusão, de 1 (um) a 4 (quatro) anos, e multa, aplicando-se, no que couber, o Código Penal, sem prejuízo de outras sanções cabíveis.

Parágrafo único. Incorre nas mesmas penas quem omitir, retardar injustificadamente ou prestar falsamente as informações requeridas nos termos desta Lei Complementar.

Art. 11. O servidor público que utilizar ou viabilizar a utilização de qualquer informação obtida em decorrência da quebra de sigilo de que trata esta Lei Complementar responde pessoal e diretamente pelos danos decorrentes, sem prejuízo da responsabilidade objetiva da entidade pública, quando comprovado que o servidor agiu de acordo com orientação oficial.

Art. 12. Esta Lei Complementar entra em vigor na data de sua publicação.

Art. 13. Revoga-se o art. 38 da Lei nº 4.595, de 31 de dezembro de 1964.

Brasília, 10 de janeiro de 2001; 180º da Independência e 113º da República.

FERNANDO HENRIQUE CARDOSO

D.O.U. 11.1.2001

LEI Nº 10.259, DE 12 DE JULHO DE 2001

Dispõe sobre a instituição dos Juizados Especiais Cíveis e Criminais no âmbito da Justiça Federal.

› *Juizados Especiais Federais*

O PRESIDENTE DA REPÚBLICA Faço saber que o Congresso Nacional decreta e eu sanciono a seguinte Lei:

› Súm. 428 do STJ.

› Lei 12.153/2009 – Dispõe sobre os Juizados Especiais da Fazenda Pública no âmbito dos Estados, do Distrito Federal, dos Territórios e dos Municípios.

› Lei 9.099/1995 – Dispõe sobre os Juizados Especiais Cíveis e Criminais.

Art. 1º. São instituídos os Juizados Especiais Cíveis e Criminais da Justiça Federal, aos quais se aplica, no que não conflitar com esta Lei, o disposto na Lei nº 9.099, de 26 de setembro de 1995.

› Súm. 376 do STJ.

Art. 2º. Compete ao Juizado Especial Federal Criminal processar e julgar os feitos de competência da Justiça Federal relativos às infrações de menor potencial ofensivo, respeitadas as regras de conexão e continência. (Redação dada pela Lei nº 11.313, de 2006)

Parágrafo único. Na reunião de processos, perante o juízo comum ou o tribunal do júri, decorrente da aplicação das regras de conexão e continência, observar-se-ão os institutos da transação penal e da composição dos danos civis. (Redação dada pela Lei nº 11.313, de 2006)

Art. 3º. Compete ao Juizado Especial Federal Cível processar, conciliar e julgar causas de competência da Justiça Federal até o valor de 60 salários mínimos, bem como executar as suas sentenças.

§ 1º. Não se incluem na competência do Juizado Especial Cível as causas:

I – referidas no art. 109, incisos II, III e XI, da Constituição Federal, as ações de mandado de segurança, de desapropriação, de divisão e demarcação, populares, execuções fiscais e por improbidade administrativa e as demandas sobre direitos ou interesses difusos, coletivos ou individuais homogêneos;

II – sobre bens imóveis da União, autarquias e fundações públicas federais;

III – para a anulação ou cancelamento de ato administrativo federal, salvo o de natureza previdenciária e o de lançamento fiscal;

IV – que tenham como objeto a impugnação da pena de demissão imposta a servidores públicos civis ou de sanções disciplinares aplicadas a militares.

§ 2º. Quando a pretensão versar sobre obrigações vincendas, para fins de competência do Juizado Especial, a soma de 12 parcelas não poderá exceder o valor referido no art. 3º, *caput*.

§ 3º. No foro onde estiver instalada Vara do Juizado Especial, a sua competência é absoluta.

Art. 4º. O Juiz poderá, de ofício ou a requerimento das partes, deferir medidas cautelares no curso do processo, para evitar dano de difícil reparação.

Art. 5º. Exceto nos casos do art. 4º, somente será admitido recurso de sentença definitiva.

Art. 6º. Podem ser partes no Juizado Especial Federal Cível:

› LC 123/2006: art. 74.

I – como autores, as pessoas físicas e as microempresas e empresas de pequeno porte, assim definidas na Lei nº 9.317, de 5 de dezembro de 1996;

II – como rés, a União, autarquias, fundações e empresas públicas federais.

Art. 7º. As citações e intimações da União serão feitas na forma prevista nos arts. 35 a 38 da Lei Complementar nº 73, de 10 de fevereiro de 1993.

Parágrafo único. A citação das autarquias, fundações e empresas públicas será feita na pessoa do representante máximo da entidade, no local onde proposta a causa, quando ali instalado seu escritório ou representação; se não, na sede da entidade.

Art. 8º. As partes serão intimadas da sentença, quando não proferida esta na audiência em que estiver presente seu representante, por ARMP (aviso de recebimento em mão própria).

§ 1º. As demais intimações das partes serão feitas na pessoa dos advogados ou dos Procuradores que oficiem nos respectivos autos, pessoalmente ou por via postal.

§ 2º. Os tribunais poderão organizar serviço de intimação das partes e de recepção de petições por meio eletrônico.

Art. 9º. Não haverá prazo diferenciado para a prática de qualquer ato processual pelas pessoas jurídicas de direito público, inclusive a interposição de recursos, devendo a citação para audiência de conciliação ser efetuada com antecedência mínima de 30 (trinta) dias.

Art. 10. As partes poderão designar, por escrito, representantes para a causa, advogado ou não.

- ADin 3.168-6/DF: O Tribunal, por maioria, afastou a inconstitucionalidade do dispositivo impugnado, desde que excluídos os feitos criminais, respeitado o teto estabelecido no artigo 3º, e sem prejuízo da aplicação subsidiária integral dos parágrafos do artigo 9º da Lei nº 9.099, de 26 de setembro de 1995. (DJe 03/08/2007)

Parágrafo único. Os representantes judiciais da União, autarquias, fundações e empresas públicas federais, bem como os indicados na forma do *caput*, ficam autorizados a conciliar, transigir ou desistir, nos processos da competência dos Juizados Especiais Federais.

- Decreto 4.250/2002: art. 1º.

Art. 11. A entidade pública ré deverá fornecer ao Juizado a documentação de que disponha para o esclarecimento da causa, apresentando-a até a instalação da audiência de conciliação.

Parágrafo único. Para a audiência de composição dos danos resultantes de ilícito criminal (arts. 71, 72 e 74 da Lei nº 9.099, de 26 de setembro de 1995), o representante da entidade que comparecer terá poderes para acordar, desistir ou transigir, na forma do art. 10.

Art. 12. Para efetuar o exame técnico necessário à conciliação ou ao julgamento da causa, o Juiz nomeará pessoa habilitada, que apresentará o laudo até cinco dias antes da audiência, independentemente de intimação das partes.

§ 1º. Os honorários do técnico serão antecipados à conta de verba orçamentária do respectivo Tribunal e, quando vencida na causa a entidade pública, seu valor será incluído na ordem de pagamento a ser feita em favor do Tribunal.

§ 2º. Nas ações previdenciárias e relativas à assistência social, havendo designação de exame, serão as partes intimadas para, em dez dias, apresentar quesitos e indicar assistentes.

Art. 13. Nas causas de que trata esta Lei, não haverá reexame necessário.

Art. 14. Caberá pedido de uniformização de interpretação de lei federal quando houver divergência entre decisões sobre questões de direito material proferidas por Turmas Recursais na interpretação da lei.

§ 1º. O pedido fundado em divergência entre Turmas da mesma Região será julgado em reunião conjunta das Turmas em conflito, sob a presidência do Juiz Coordenador.

§ 2º. O pedido fundado em divergência entre decisões de turmas de diferentes regiões ou da proferida em contrariedade a súmula ou jurisprudência dominante do STJ será julgado por Turma de Uniformização, integrada por juízes de Turmas Recursais, sob a presidência do Coordenador da Justiça Federal.

§ 3º. A reunião de juízes domiciliados em cidades diversas será feita pela via eletrônica.

§ 4º. Quando a orientação acolhida pela Turma de Uniformização, em questões de direito material, contrariar súmula ou jurisprudência dominante no Superior Tribunal de Justiça – STJ, a parte interessada poderá provocar a manifestação deste, que dirimirá a divergência.

- Resolução 10/2007 do STJ – Dispõe sobre o processamento, no Superior Tribunal de Justiça, de incidente de uniformização da jurisprudência dos Juizados Especiais Federais.

§ 5º. No caso do § 4º, presente a plausibilidade do direito invocado e havendo fundado receio de dano de difícil reparação, poderá o relator conceder, de ofício ou a requerimento do interessado, medida liminar determinando a suspensão dos processos nos quais a controvérsia esteja estabelecida.

§ 6º. Eventuais pedidos de uniformização idênticos, recebidos subsequentemente em quaisquer Turmas Recursais, ficarão retidos nos autos, aguardando-se pronunciamento do Superior Tribunal de Justiça.

§ 7º. Se necessário, o relator pedirá informações ao Presidente da Turma Recursal ou Coordenador da Turma de Uniformização e ouvirá o Ministério Público, no prazo de 5 (cinco) dias. Eventuais interessados, ainda que não sejam partes no processo, poderão se manifestar, no prazo de 30 (trinta) dias.

§ 8º. Decorridos os prazos referidos no § 7º, o relator incluirá o pedido em pauta na Seção, com preferência sobre todos os demais feitos, ressalvados os processos com réus presos, os habeas corpus e os mandados de segurança.

§ 9º. Publicado o acórdão respectivo, os pedidos retidos referidos no § 6º serão apreciados pelas Turmas Recursais, que poderão exercer juízo de retratação ou declará-los prejudicados, se veicularem tese não acolhida pelo Superior Tribunal de Justiça.

§ 10. Os Tribunais Regionais, o Superior Tribunal de Justiça e o Supremo Tribunal Federal, no âmbito de suas competências, expedirão normas regulamentando a composição dos órgãos e os procedimentos a serem adotados para o processamento e o julgamento do pedido de uniformização e do recurso extraordinário.

Art. 15. O recurso extraordinário, para os efeitos desta Lei, será processado e julgado segundo o estabelecido nos §§ 4º a 9º do art. 14, além da observância das normas do Regimento.

Art. 16. O cumprimento do acordo ou da sentença, com trânsito em julgado, que imponham obrigação de fazer, não fazer ou entrega de coisa certa, será efetuado mediante ofício do Juiz à autoridade citada para a causa, com cópia da sentença ou do acordo.

Art. 17. Tratando-se de obrigação de pagar quantia certa, após o trânsito em julgado da decisão, o pagamento será efetuado no prazo de 60 (sessenta) dias, contados da entrega da requisição, por ordem do Juiz, à autoridade citada para a causa, na agência mais próxima da Caixa Econômica Federal ou do Banco do Brasil, independentemente de precatório.

§ 1º. Para os efeitos do § 3º do art. 100 da Constituição Federal, as obrigações ali definidas como de pequeno valor, a serem pagas independentemente de precatório, terão como limite o mesmo valor estabelecido nesta Lei para a competência do Juizado Especial Federal Cível (art. 3º, *caput*).

§ 2º. Desatendida a requisição judicial, o Juiz determinará o sequestro do numerário suficiente ao cumprimento da decisão.

§ 3º. São vedados o fracionamento, repartição ou quebra do valor da execução, de modo que o pagamento se faça, em parte, na forma estabelecida no § 1º deste artigo, e, em parte, mediante expedição do precatório, e a expedição de precatório complementar ou suplementar do valor pago.

§ 4º. Se o valor da execução ultrapassar o estabelecido no § 1º, o pagamento far-se-á, sempre, por meio do precatório, sendo facultado à parte exequente a renúncia ao crédito do valor excedente, para que possa optar pelo pagamento do saldo sem o precatório, da forma lá prevista.

Art. 18. Os Juizados Especiais serão instalados por decisão do Tribunal Regional Federal. O Juiz presidente do Juizado designará os conciliadores pelo período de 2 (dois) anos, admitida a recondução. O exercício dessas funções será gratuito, assegurados os direitos e prerrogativas do jurado (art. 437 do Código de Processo Penal).

Parágrafo único. Serão instalados Juizados Especiais Adjuntos nas localidades cujo movimento forense não justifique a existência de Juizado Especial, cabendo ao Tribunal designar a Vara onde funcionará.

Art. 19. No prazo de 6 (seis) meses, a contar da publicação desta Lei, deverão ser instalados os Juizados Especiais nas capitais dos Estados e no Distrito Federal.

Parágrafo único. Na capital dos Estados, no Distrito Federal e em outras cidades onde for necessário, neste último caso, por decisão do Tribunal Regional Federal, serão instalados Juizados com competência exclusiva para ações previdenciárias.

Art. 20. Onde não houver Vara Federal, a causa poderá ser proposta no Juizado Especial Federal mais próximo do foro definido no art. 4º da Lei nº 9.099, de 26 de setembro de 1995, vedada a aplicação desta Lei no juízo estadual.

Art. 21. As Turmas Recursais serão instituídas por decisão do Tribunal Regional Federal, que definirá sua composição e área de competência, podendo abranger mais de uma seção.

§1º. (*Revogado pela Lei nº 12.665, de 2012*).

§2º. (*Revogado pela Lei nº 12.665, de 2012*).

Art. 22. Os Juizados Especiais serão coordenados por Juiz do respectivo Tribunal Regional, escolhido por seus pares, com mandato de dois anos.

Parágrafo único. O Juiz Federal, quando o exigirem as circunstâncias, poderá determinar o funcionamento do Juizado Especial em caráter itinerante, mediante autorização prévia do Tribunal Regional Federal, com antecedência de 10 (dez) dias.

Art. 23. O Conselho da Justiça Federal poderá limitar, por até três anos, contados a partir da publicação desta Lei, a competência dos Juizados Especiais Cíveis, atendendo à necessidade da organização dos serviços judiciários ou administrativos.

Art. 24. O Centro de Estudos Judiciários do Conselho da Justiça Federal e as Escolas de Magistratura dos Tribunais Regionais Federais criarão programas de informática necessários para subsidiar a instrução das causas submetidas aos Juizados e promoverão cursos de aperfeiçoamento destinados aos seus magistrados e servidores.

Art. 25. Não serão remetidas aos Juizados Especiais as demandas ajuizadas até a data de sua instalação.

Art. 26. Competirá aos Tribunais Regionais Federais prestar o suporte administrativo necessário ao funcionamento dos Juizados Especiais.

Art. 27. Esta Lei entra em vigor 6 (seis) meses após a data de sua publicação.

Brasília, 12 de julho de 2001; 180º da Independência e 113º da República.

FERNANDO HENRIQUE CARDOSO

D.O.U. 13.7.2001

MEDIDA PROVISÓRIA Nº 2.172-32, DE 23 DE AGOSTO DE 2001

Estabelece a nulidade das disposições contratuais que menciona e inverte, nas hipóteses que prevê, o ônus da prova nas ações intentadas para sua declaração.

▸ *Inversão do ônus da prova*

O PRESIDENTE DA REPÚBLICA, no uso da atribuição que lhe confere o art. 62 da Constituição, adota a seguinte Medida Provisória, com força de lei:

Art. 1º. São nulas de pleno direito as estipulações usurárias, assim consideradas as que estabeleçam:

I – nos contratos civis de mútuo, taxas de juros superiores às legalmente permitidas, caso em que deverá o juiz, se requerido, ajustá-las à medida legal ou, na hipótese de já terem sido cumpridas, ordenar a restituição, em dobro, da quantia paga em excesso, com juros legais a contar da data do pagamento indevido;

II – nos negócios jurídicos não disciplinados pelas legislações comercial e de defesa do consumidor, lucros ou vantagens patrimoniais excessivos, estipulados em situação de vulnerabilidade da parte, caso em que deverá o juiz, se requerido, restabelecer o equilíbrio da relação contratual, ajustando--os ao valor corrente, ou, na hipótese de cumprimento da obrigação, ordenar a restituição, em dobro, da quantia recebida em excesso, com juros legais a contar da data do pagamento indevido.

Parágrafo único. Para a configuração do lucro ou vantagem excessivos, considerar-se-ão a vontade das partes, as circunstâncias da celebração do contrato, o seu conteúdo e natureza, a origem das correspondentes obrigações, as práticas de mercado e as taxas de juros legalmente permitidas.

Art. 2º. São igualmente nulas de pleno direito as disposições contratuais que, com o pretexto de conferir ou transmitir direitos, são celebradas para garantir, direta ou indiretamente, contratos civis de mútuo com estipulações usurárias.

Art. 3º. Nas ações que visem à declaração de nulidade de estipulações com amparo no disposto nesta Medida Provisória, incumbirá ao credor ou beneficiário do negócio o ônus de provar a regularidade jurídica das correspondentes obrigações, sempre que demonstrada pelo prejudicado, ou pelas circunstâncias do caso, a verossimilhança da alegação.

Art. 4º. As disposições desta Medida Provisória não se aplicam:

I – às instituições financeiras e demais instituições autorizadas a funcionar pelo Banco Central do Brasil, bem como às operações realizadas nos mercados financeiro, de capitais e de valores mobiliários, que continuam regidas pelas normas legais e regulamentares que lhes são aplicáveis;

II – às sociedades de crédito que tenham por objeto social exclusivo a concessão de financiamentos ao microempreendedor;

III – às organizações da sociedade civil de interesse público de que trata a Lei nº 9.790, de 23 de março de 1999, devidamente registradas no Ministério da Justiça, que se dedicam a sistemas alternativos de crédito e não têm qualquer tipo de vinculação com o Sistema Financeiro Nacional.

Parágrafo único. Poderão também ser excluídas das disposições desta Medida Provisória, mediante deliberação do Conselho Monetário Nacional, outras modalidades de operações e negócios de natureza subsidiária, complementar ou acessória das atividades exercidas no âmbito dos mercados financeiro, de capitais e de valores mobiliários.

Art. 5º. Ficam convalidados os atos praticados com base na Medida Provisória nº 2.172-31, de 26 de julho de 2001.

Art. 6º. Esta Medida Provisória entra em vigor na data de sua publicação.

Art. 7º. Fica revogado o § 3º do art. 4º da Lei nº 1.521, de 26 de dezembro de 1951.

Brasília, 23 de agosto de 2001; 180º da Independência e 113º da República.

FERNANDO HENRIQUE CARDOSO

D.O.U. de 24.8.2001

LEI Nº 10.303, DE 31 DE OUTUBRO DE 2001

Altera e acrescenta dispositivos na Lei nº 6.404, de 15 de dezembro de 1976, que dispõe sobre as Sociedades por Ações, e na Lei nº 6.385, de 7 de dezembro de 1976, que dispõe sobre o mercado de valores mobiliários e cria a Comissão de Valores Mobiliários.

▸ *Sociedades Anônimas e mercado de valores Mobiliários*

O VICE–PRESIDENTE DA REPÚBLICA, no exercício do cargo de Presidente da República. Faço saber que o Congresso Nacional decreta e eu sanciono a seguinte Lei:

Art. 1º. Esta Lei altera e acrescenta dispositivos na Lei nº 6.404, de 15 de dezembro de 1976, que dispõe sobre as Sociedades por Ações, e na Lei nº 6.385, de 7 de dezembro de 1976, que dispõe sobre o mercado de valores mobiliários e cria a Comissão de Valores Mobiliários.

Art. 2º. Os arts. 4º, 15, 17, 24, 31, 41, 44, 47, 52, 54, 59, 62, 63, 68, 109, 115, 118, 122, 124, 133, 135, 136, 137, 140, 141, 142, 143, 146, 147, 149, 155, 157, 161, 163, 164, 165, 172, 196, 197, 202, 264, 287, 289, 291 e 294 da Lei nº 6.404, de 15 de dezembro de 1976, passam a vigorar com a seguinte redação:

▸ Alterações incorporadas ao texto da referida lei.

Art. 3º. A Lei nº 6.404, de 15 de dezembro de 1976, passa a vigorar acrescida dos seguintes arts. 4º-A, 116-A, 165-A e 254-A:

▸ Alterações incorporadas ao texto da referida lei.

Art. 4º. Os arts. 1º, 2º, 4º, 5º, 6º, 7º, 8º, 9º, 10, 11, 14, 15, 16, 17, 18, 22, 24, 26 e 28 da Lei 6.385, de 7 de dezembro de 1976, passam a vigorar com a seguinte redação:

▸ Alteração incorporada ao texto da referida lei.

Art. 5º. A Lei nº 6.385, de 7 de dezembro de 1976, passa a vigorar acrescida dos arts. 17-A, 21-A, e dos Capítulos VII-A e VII-B, com os arts. 27-A e 27-B, e 27-C a 27-F, respectivamente:

▸ Alteração incorporada ao texto da referida lei.

Art. 6º. As companhias existentes deverão proceder à adaptação do seu estatuto aos preceitos desta Lei no prazo de 1 (um) ano, a contar da data em que esta entrar em vigor, devendo, para este fim, ser convocada assembleia geral dos acionistas.

Art. 7º. O disposto no art. 254-A da Lei nº 6.404, de 1976, não se aplica às companhias em processo de desestatização que, até a data da promulgação desta Lei, tenham publicado um edital.

Art. 8º. A alteração de direitos conferidos às ações existentes em decorrência de adequação a esta Lei não confere o direito de recesso de que trata o art. 137 da Lei nº 6.404, de 1976, se efetivada até o término do ano de 2002.

§ 1º. A proporção prevista no § 2º do art. 15 da Lei nº 6.404, de 1976, será aplicada de acordo com o seguinte critério:

I – imediatamente às companhias novas;

II – às companhias fechadas existentes, no momento em que decidirem abrir o seu capital; e

III – as companhias abertas existentes poderão manter proporção de até dois terços de ações preferenciais, em relação ao total de ações emitidas, inclusive em relação a novas emissões de ações.

§ 2º. Nas emissões de ações ordinárias por companhias abertas que optarem por se adaptar ao disposto no art. 15, § 2º, da Lei nº 6.404, de 1976, com a redação que lhe é conferida por esta Lei, poderá não ser estendido aos acionistas titulares de ações preferenciais, a critério da companhia, o direito de preferência a que se refere o art. 171, § 1º, alínea *b*, da Lei 6.404, de 1976. Uma vez reduzido o percentual de participação em ações preferenciais, não mais será lícito à companhia elevá-lo além do limite atingido.

§ 3º. As companhias abertas somente poderão emitir novas ações preferenciais com observância do disposto no art. 17, § 1º, da Lei nº 6.404, de 1976, com a redação dada por esta Lei, devendo os respectivos estatutos ser adaptados ao referido dispositivo legal no prazo de 1 (um) ano, após a data de entrada em vigor desta Lei.

§ 4º. Até a assembleia geral ordinária que se reunir para aprovar as demonstrações financeiras do exercício de 2004, inclusive, o conselheiro eleito na forma do § 4º, inciso II, ou do § 5º do art. 141, da Lei nº 6.404, de 15 de dezembro de 1976, será escolhido em lista tríplice elaborada pelo acionista controlador; e, a partir da assembleia geral ordinária de 2006, o referido conselheiro será eleito nos termos desta Lei, independentemente do mandato do conselheiro a ser substituído.

Art. 9º. Esta Lei entra em vigor após decorridos 120 (cento e vinte) dias de sua publicação oficial, aplicando-se, todavia, a partir da data de publicação, às companhias que se constituírem a partir dessa data.

Art. 10. São revogados o art. 242, da Lei nº 6.404, de 15 de dezembro de 1976, e os arts. 29 e 30, da Lei 6.385, de 7 de dezembro de 1976.

Brasília, 31 de outubro de 2001; 180º da Independência e 113º da República.

MARCO ANTONIO DE OLIVEIRA MACIEL

D.O.U. de 1.11.2001

LEI Nº 10.520, DE 17 DE JULHO DE 2002

Institui, no âmbito da União, Estados, Distrito Federal e Municípios, nos termos do art. 37, inciso XXI, da Constituição Federal, modalidade de licitação denominada pregão, para aquisição de bens e serviços comuns, e dá outras providências.

› *Pregão*

O PRESIDENTE DA REPÚBLICA Faço saber que o Congresso Nacional decreta e eu sanciono a seguinte Lei:

› Lei 12.462/2011 – Institui o Regime Diferenciado de Contratações Públicas (RDC).

› Lei 12.349/2010: art. 2º.

› Lei 8.666/1993 – Regulamenta o art. 37, inciso XXI, da CF, institui normas para licitações e contratos da Administração Pública.

Art. 1º. Para aquisição de bens e serviços comuns, poderá ser adotada a licitação na modalidade de pregão, que será regida por esta Lei.

› Decreto 10.024/2019 – Regulamenta a licitação, na modalidade pregão, na forma eletrônica, para a aquisição de bens e a contratação de serviços comuns, incluídos os serviços comuns de engenharia, e dispõe sobre o uso da dispensa eletrônica, no âmbito da administração pública federal.

Parágrafo único. Consideram-se bens e serviços comuns, para os fins e efeitos deste artigo, aqueles cujos padrões de desempenho e qualidade possam ser objetivamente definidos pelo edital, por meio de especificações usuais no mercado.

Art. 2º. *(VETADO).*

§ 1º. Poderá ser realizado o pregão por meio da utilização de recursos de tecnologia da informação, nos termos de regulamentação específica.

› Decreto 10.024/2019 - Regulamenta a licitação, na modalidade pregão, na forma eletrônica, para a aquisição de bens e a contratação de serviços comuns, incluídos os serviços comuns de engenharia, e dispõe sobre o uso da dispensa eletrônica, no âmbito da administração pública federal.

§ 2º. Será facultado, nos termos de regulamentos próprios da União, Estados, Distrito Federal e Municípios, a participação de bolsas de mercadorias no apoio técnico e operacional aos órgãos e entidades promotores da modalidade de pregão, utilizando-se de recursos de tecnologia da informação.

§ 3º. As bolsas a que se refere o § 2º deverão estar organizadas sob a forma de sociedades civis sem fins lucrativos e com a participação plural de corretoras que operem sistemas eletrônicos unificados de pregões.

Art. 3º. A fase preparatória do pregão observará o seguinte:

I – a autoridade competente justificará a necessidade de contratação e definirá o objeto do certame, as exigências de habilitação, os critérios de aceitação das propostas, as sanções por inadimplemento e as cláusulas do contrato, inclusive com fixação dos prazos para fornecimento;

II – a definição do objeto deverá ser precisa, suficiente e clara, vedadas especificações que, por excessivas, irrelevantes ou desnecessárias, limitem a competição;

III – dos autos do procedimento constarão a justificativa das definições referidas no inciso I deste artigo e os indispensáveis elementos técnicos sobre os quais estiverem apoiados, bem como o orçamento, elaborado pelo órgão ou entidade promotora da licitação, dos bens ou serviços a serem licitados; e

IV – a autoridade competente designará, dentre os servidores do órgão ou entidade promotora da licitação, o pregoeiro e respectiva equipe de apoio, cuja atribuição inclui, dentre outras, o recebimento das propostas e lances, a análise de sua aceitabilidade e sua classificação, bem como a habilitação e a adjudicação do objeto do certame ao licitante vencedor.

§ 1º. A equipe de apoio deverá ser integrada em sua maioria por servidores ocupantes de cargo efetivo ou emprego da administração, preferencialmente pertencentes ao quadro permanente do órgão ou entidade promotora do evento.

§ 2º. No âmbito do Ministério da Defesa, as funções de pregoeiro e de membro da equipe de apoio poderão ser desempenhadas por militares.

Art. 4º. A fase externa do pregão será iniciada com a convocação dos interessados e observará as seguintes regras:

I – a convocação dos interessados será efetuada por meio de publicação de aviso em *Diário Oficial* do respectivo ente federado ou, não existindo, em jornal de circulação local, e, facultativamente, por meios eletrônicos e conforme o vulto da licitação, em jornal de grande circulação, nos termos do regulamento de que trata o art. 2º;

II – do aviso constarão a definição do objeto da licitação, a indicação do local, dias e horários em que poderá ser lida ou obtida a íntegra do edital;

III – do edital constarão todos os elementos definidos na forma do inciso I do art. 3º, as normas que disciplinarem o procedimento e a minuta do contrato, quando for o caso;

IV – cópias do edital e do respectivo aviso serão colocadas à disposição de qualquer pessoa para consulta e divulgadas na forma da Lei nº 9.755, de 16 de dezembro de 1998;

V – o prazo fixado para a apresentação das propostas, contado a partir da publicação do aviso, não será inferior a 8 (oito) dias úteis;

VI – no dia, hora e local designados, será realizada sessão pública para recebimento das propostas, devendo o interessado, ou seu representante, identificar-se e, se for o caso, comprovar a existência dos necessários poderes para formulação de propostas e para a prática de todos os demais atos inerentes ao certame;

VII – aberta a sessão, os interessados ou seus representantes apresentarão declaração dando ciência de que cumprem plenamente os requisitos de habilitação e entregarão os envelopes contendo a indicação do objeto e do preço oferecidos, procedendo-se à sua imediata abertura e à verificação da conformidade das propostas com os requisitos estabelecidos no instrumento convocatório;

VIII – no curso da sessão, o autor da oferta de valor mais baixo e os das ofertas com preços até 10% (dez por cento)

superiores àquela poderão fazer novos lances verbais e sucessivos, até a proclamação do vencedor;

IX – não havendo pelo menos três ofertas nas condições definidas no inciso anterior, poderão os autores das melhores propostas, até o máximo de três, oferecer novos lances verbais e sucessivos, quaisquer que sejam os preços oferecidos;

X – para julgamento e classificação das propostas, será adotado o critério de menor preço, observados os prazos máximos para fornecimento, as especificações técnicas e parâmetros mínimos de desempenho e qualidade definidos no edital;

XI – examinada a proposta classificada em primeiro lugar, quanto ao objeto e valor, caberá ao pregoeiro decidir motivadamente a respeito da sua aceitabilidade;

XII – encerrada a etapa competitiva e ordenadas as ofertas, o pregoeiro procederá à abertura do invólucro contendo os documentos de habilitação do licitante que apresentou a melhor proposta, para verificação do atendimento das condições fixadas no edital;

XIII – a habilitação far-se-á com a verificação de que o licitante está em situação regular perante a Fazenda Nacional, a Seguridade Social e o Fundo de Garantia do Tempo de Serviço – FGTS, e as Fazendas Estaduais e Municipais, quando for o caso, com a comprovação de que atende às exigências do edital quanto à habilitação jurídica e qualificações técnica e econômico-financeira;

XIV – os licitantes poderão deixar de apresentar os documentos de habilitação que já constem do Sistema de Cadastramento Unificado de Fornecedores – SICAF e sistemas semelhantes mantidos por Estados, Distrito Federal ou Municípios, assegurado aos demais licitantes o direito de acesso aos dados nele constantes;

XV – verificado o atendimento das exigências fixadas no edital, o licitante será declarado vencedor;

XVI – se a oferta não for aceitável ou se o licitante desatender às exigências habilitatórias, o pregoeiro examinará as ofertas subsequentes e a qualificação dos licitantes, na ordem de classificação, e assim sucessivamente, até a apuração de uma que atenda ao edital, sendo o respectivo licitante declarado vencedor;

XVII – nas situações previstas nos incisos XI e XVI, o pregoeiro poderá negociar diretamente com o proponente para que seja obtido preço melhor;

XVIII – declarado o vencedor, qualquer licitante poderá manifestar imediata e motivadamente a intenção de recorrer, quando lhe será concedido o prazo de 3 (três) dias para apresentação das razões do recurso, ficando os demais licitantes desde logo intimados para apresentar contrarrazões em igual número de dias, que começarão a correr do término do prazo do recorrente, sendo-lhes assegurada vista imediata dos autos;

XIX – o acolhimento de recurso importará a invalidação apenas dos atos insuscetíveis de aproveitamento;

XX – a falta de manifestação imediata e motivada do licitante importará a decadência do direito de recurso e a adjudicação do objeto da licitação pelo pregoeiro ao vencedor;

XXI – decididos os recursos, a autoridade competente fará a adjudicação do objeto da licitação ao licitante vencedor;

XXII – homologada a licitação pela autoridade competente, o adjudicatário será convocado para assinar o contrato no prazo definido em edital; e

XXIII – se o licitante vencedor, convocado dentro do prazo de validade da sua proposta, não celebrar o contrato, aplicar-se-á o disposto no inciso XVI.

Art. 5º. É vedada a exigência de:

I – garantia de proposta;

II – aquisição do edital pelos licitantes, como condição para participação no certame; e

III – pagamento de taxas e emolumentos, salvo os referentes a fornecimento do edital, que não serão superiores ao custo de sua reprodução gráfica, e aos custos de utilização de recursos de tecnologia da informação, quando for o caso.

Art. 6º. O prazo de validade das propostas será de 60 (sessenta) dias, se outro não estiver fixado no edital.

Art. 7º. Quem, convocado dentro do prazo de validade da sua proposta, não celebrar o contrato, deixar de entregar ou apresentar documentação falsa exigida para o certame, ensejar o retardamento da execução de seu objeto, não mantiver a proposta, falhar ou fraudar na execução do contrato, comportar-se de modo inidôneo ou cometer fraude fiscal, ficará impedido de licitar e contratar com a União, Estados, Distrito Federal ou Municípios e, será descredenciado no SICAF, ou nos sistemas de cadastramento de fornecedores a que se refere o inciso XIV do art. 4º desta Lei, pelo prazo de até 5 (cinco) anos, sem prejuízo das multas previstas em edital e no contrato e das demais cominações legais.

Art. 8º. Os atos essenciais do pregão, inclusive os decorrentes de meios eletrônicos, serão documentados no processo respectivo, com vistas à aferição de sua regularidade pelos agentes de controle, nos termos do regulamento previsto no art. 2º.

Art. 9º. Aplicam-se subsidiariamente, para a modalidade de pregão, as normas da Lei nº 8.666, de 21 de junho de 1993.

Art. 10. Ficam convalidados os atos praticados com base na Medida Provisória nº 2.182-18, de 23 de agosto de 2001.

Art. 11. As compras e contratações de bens e serviços comuns, no âmbito da União, dos Estados, do Distrito Federal e dos Municípios, quando efetuadas pelo sistema de registro de preços previsto no art. 15 da Lei nº 8.666, de 21 de junho de 1993, poderão adotar a modalidade de pregão, conforme regulamento específico.

Art. 12. A Lei nº 10.191, de 14 de fevereiro de 2001, passa a vigorar acrescida do seguinte artigo:

"Art. 2º-A. A União, os Estados, o Distrito Federal e os Municípios poderão adotar, nas licitações de registro de preços destinadas à aquisição de bens e serviços comuns da área da saúde, a modalidade do pregão, inclusive por meio eletrônico, observando-se o seguinte:

I – são considerados bens e serviços comuns da área da saúde aqueles necessários ao atendimento dos órgãos que integram o Sistema Único de Saúde, cujos padrões de desempenho e qualidade possam ser objetivamente definidos no edital, por meio de especificações usuais do mercado;

II – quando o quantitativo total estimado para a contratação ou fornecimento não puder ser atendido pelo licitante vencedor, admitir-se-á a convocação de tantos licitantes quantos forem necessários para o atingimento da totalidade do quantitativo, respeitada a ordem de classificação, desde que os referidos licitantes aceitem praticar o mesmo preço da proposta vencedora;

III – na impossibilidade do atendimento ao disposto no inciso II, excepcionalmente, poderão ser registrados outros preços diferentes da proposta vencedora, desde que se trate de objetos de qualidade ou desempenho superior, devidamente justificada e comprovada a vantagem, e que as ofertas sejam em valor inferior ao limite máximo admitido."

Art. 13. Esta Lei entra em vigor na data de sua publicação.

Brasília, 17 de julho de 2002; 181º da Independência e 114º da República.
FERNANDO HENRIQUE CARDOSO
D.O.U. de 18.7.2002; ret. 30.7.2002

LEI Nº 10.792, DE 1º DE DEZEMBRO DE 2003

Altera a Lei nº 7.210, de 11 de junho de 1984 – Lei de Execução Penal e o Decreto-Lei 3.689, de 3 de outubro de 1941 – Código de Processo Penal e dá outras providências.

‣ *Regime Disciplinar Diferenciado*

O PRESIDENTE DA REPÚBLICA Faço saber que o Congresso Nacional decreta e eu sanciono a seguinte Lei:

‣ Decreto 6.049/2007 – Aprova o Regulamento Penitenciário Federal.

Art. 1º. A Lei nº 7.210, de 11 de junho de 1984 - Lei de Execução Penal, passa a vigorar com as seguintes alterações:

‣ Alteração incorporada ao texto da referida lei.

Art. 2º. O Decreto-Lei nº 3.689, de 3 de outubro de 1941 – Código de Processo Penal, passa a vigorar com as seguintes alterações:

› Alteração incorporada ao texto do referido Decreto-lei.

Art. 3º. Os estabelecimentos penitenciários disporão de aparelho detector de metais, aos quais devem se submeter todos que queiram ter acesso ao referido estabelecimento, ainda que exerçam qualquer cargo ou função pública.

Art. 4º. Os estabelecimentos penitenciários, especialmente os destinados ao regime disciplinar diferenciado, disporão, dentre outros equipamentos de segurança, de bloqueadores de telecomunicação para telefones celulares, radiotransmissores e outros meios, definidos no art. 60, § 1º, da Lei nº 9.472, de 16 de julho de 1997.

Art. 5º. Nos termos do disposto no inciso I do art. 24 da Constituição da República, observados os arts. 44 a 60 da Lei nº 7.210, de 11 de junho de 1984, os Estados e o Distrito Federal poderão regulamentar o regime disciplinar diferenciado, em especial para:

I – estabelecer o sistema de rodízio entre os agentes penitenciários que entrem em contato direto com os presos provisórios e condenados;

II – assegurar o sigilo sobre a identidade e demais dados pessoais dos agentes penitenciários lotados nos estabelecimentos penais de segurança máxima;

III – restringir o acesso dos presos provisórios e condenados aos meios de comunicação de informação;

IV – disciplinar o cadastramento e agendamento prévio das entrevistas dos presos provisórios ou condenados com seus advogados, regularmente constituídos nos autos da ação penal ou processo de execução criminal, conforme o caso;

V – elaborar programa de atendimento diferenciado aos presos provisórios e condenados, visando a sua reintegração ao regime comum e recompensando-lhes o bom comportamento durante o período de sanção disciplinar.

Art. 6º. No caso de motim, o Diretor do Estabelecimento Prisional poderá determinar a transferência do preso, comunicando-a ao juiz competente no prazo de até 24 (vinte e quatro) horas.

Art. 7º. A União definirá os padrões mínimos do presídio destinado ao cumprimento de regime disciplinar.

Art. 8º. A União priorizará, quando da construção de presídios federais, os estabelecimentos que se destinem a abrigar presos provisórios ou condenados sujeitos a regime disciplinar diferenciado.

Art. 9º. Esta Lei entra em vigor na data de sua publicação.

Art. 10. Revoga-se o art. 194 do Decreto-Lei nº 3.689, de 3 de outubro de 1941.

Brasília, 1º de dezembro de 2003; 182º da Independência e 115º da República.

LUIZ INÁCIO LULA DA SILVA

Publicado no D.O.U. de 2.12.2003

LEI Nº 11.079, DE 30 DE DEZEMBRO DE 2004

Institui normas gerais para licitação e contratação de parceria público-privada no âmbito da administração pública.

› *Parceria Público-Privada*

O PRESIDENTE DA REPÚBLICA Faço saber que o Congresso Nacional decreta e eu sanciono a seguinte Lei:

CAPÍTULO I. DISPOSIÇÕES PRELIMINARES

› Lei 8.987/1995 – Concessão e permissão da prestação de serviços públicos.

› v. Lei 8.666/1993 – Regulamenta o art. 37, inciso XXI, da Constituição Federal, institui normas para licitações e contratos da Administração Pública (Licitações e contratos).

› Decreto 5.411/2005 – Autoriza a integralização de cotas no Fundo Garantidor de Parcerias Público-Privadas – FGP, mediante ações representativas de participações acionárias da União em sociedades de economia mista disponíveis para venda.

Art. 1º. Esta Lei institui normas gerais para licitação e contratação de parceria público-privada no âmbito dos Poderes da União, dos Estados, do Distrito Federal e dos Municípios.

› CF/88: art. 37.

Parágrafo único. Esta Lei aplica-se aos órgãos da administração pública direta dos Poderes Executivo e Legislativo, aos fundos especiais, às autarquias, às fundações públicas, às empresas públicas, às sociedades de economia mista e às demais entidades controladas direta ou indiretamente pela União, Estados, Distrito Federal e Municípios. (Redação dada pela Lei nº 13.137, de 2015)

Art. 2º. Parceria público-privada é o contrato administrativo de concessão, na modalidade patrocinada ou administrativa.

§ 1º. Concessão patrocinada é a concessão de serviços públicos ou de obras públicas de que trata a Lei nº 8.987, de 13 de fevereiro de 1995, quando envolver, adicionalmente à tarifa cobrada dos usuários contraprestação pecuniária do parceiro público ao parceiro privado.

§ 2º. Concessão administrativa é o contrato de prestação de serviços de que a Administração Pública seja a usuária direta ou indireta, ainda que envolva execução de obra ou fornecimento e instalação de bens.

§ 3º. Não constitui parceria público-privada a concessão comum, assim entendida a concessão de serviços públicos ou de obras públicas de que trata a Lei nº 8.987, de 13 de fevereiro de 1995, quando não envolver contraprestação pecuniária do parceiro público ao parceiro privado.

§ 4º. É vedada a celebração de contrato de parceria público-privada:

I – cujo valor do contrato seja inferior a R$ 10.000.000,00 (dez milhões de reais); (Redação dada pela Lei nº 13.529, de 2017)

II – cujo período de prestação do serviço seja inferior a 5 (cinco) anos; ou

III – que tenha como objeto único o fornecimento de mão de obra, o fornecimento e instalação de equipamentos ou a execução de obra pública.

Art. 3º. As concessões administrativas regem-se por esta Lei, aplicando-se lhes adicionalmente o disposto nos arts. 21, 23, 25 e 27 a 39 da Lei nº 8.987, de 13 de fevereiro de 1995, e no art. 31 da Lei nº 9.074, de 7 de julho de 1995.

› Decreto 8.428/2015 – Dispõe sobre o Procedimento de Manifestação de Interesse a ser observado na apresentação de projetos, levantamentos, investigações ou estudos, por pessoa física ou jurídica de direito privado, a serem utilizados pela administração pública.

§ 1º. As concessões patrocinadas regem-se por esta Lei, aplicando-se lhes subsidiariamente o disposto na Lei nº 8.987, de 13 de fevereiro de 1995, e nas leis que lhe são correlatas.

§ 2º. As concessões comuns continuam regidas pela Lei 8.987, de 13 de fevereiro de 1995, e pelas leis que lhe são correlatas, não se lhes aplicando o disposto nesta Lei.

§ 3º. Continuam regidos exclusivamente pela Lei 8.666, de 21 de junho de 1993, e pelas leis que lhe são correlatas os contratos administrativos que não caracterizem concessão comum, patrocinada ou administrativa.

Art. 4º. Na contratação de parceria público-privada serão observadas as seguintes diretrizes:

I – eficiência no cumprimento das missões de Estado e no emprego dos recursos da sociedade;

II – respeito aos interesses e direitos dos destinatários dos serviços e dos entes privados incumbidos da sua execução;

III – indelegabilidade das funções de regulação, jurisdicional, do exercício do poder de polícia e de outras atividades exclusivas do Estado;

IV – responsabilidade fiscal na celebração e execução das parcerias;

V – transparência dos procedimentos e das decisões;

VI – repartição objetiva de riscos entre as partes;

VII – sustentabilidade financeira e vantagens socioeconômicas dos projetos de parceria.

CAPÍTULO II. DOS CONTRATOS DE PARCERIA PÚBLICO-PRIVADA

Art. 5º. As cláusulas dos contratos de parceria público-privada atenderão ao disposto no art. 23 da Lei nº 8.987, de 13 de fevereiro de 1995, no que couber, devendo também prever:

I – o prazo de vigência do contrato, compatível com a amortização dos investimentos realizados, não inferior a 5 (cinco), nem superior a 35 (trinta e cinco) anos, incluindo eventual prorrogação;

II – as penalidades aplicáveis à Administração Pública e ao parceiro privado em caso de inadimplemento contratual, fixadas sempre de forma proporcional à gravidade da falta cometida, e às obrigações assumidas;

III – a repartição de riscos entre as partes, inclusive os referentes a caso fortuito, força maior, fato do príncipe e álea econômica extraordinária;

IV – as formas de remuneração e de atualização dos valores contratuais;

V – os mecanismos para a preservação da atualidade da prestação dos serviços;

VI – os fatos que caracterizem a inadimplência pecuniária do parceiro público, os modos e o prazo de regularização e, quando houver, a forma de acionamento da garantia;

VII – os critérios objetivos de avaliação do desempenho do parceiro privado;

VIII – a prestação, pelo parceiro privado, de garantias de execução suficientes e compatíveis com os ônus e riscos envolvidos, observados os limites dos §§ 3º e 5º do art. 56 da Lei nº 8.666, de 21 de junho de 1993, e, no que se refere às concessões patrocinadas, o disposto no inciso XV do art. 18 da Lei nº 8.987, de 13 de fevereiro de 1995;

IX – o compartilhamento com a Administração Pública de ganhos econômicos efetivos do parceiro privado decorrentes da redução do risco de crédito dos financiamentos utilizados pelo parceiro privado;

X – a realização de vistoria dos bens reversíveis, podendo o parceiro público reter os pagamentos ao parceiro privado, no valor necessário para reparar as irregularidades eventualmente detectadas.

XI – o cronograma e os marcos para o repasse ao parceiro privado das parcelas do aporte de recursos, na fase de investimentos do projeto e/ou após a disponibilização dos serviços, sempre que verificada a hipótese do § 2º do art. 6º desta Lei. (Incluído pela Lei nº 12.766, de 2012)

§ 1º. As cláusulas contratuais de atualização automática de valores baseadas em índices e fórmulas matemáticas, quando houver, serão aplicadas sem necessidade de homologação pela Administração Pública, exceto se esta publicar, na imprensa oficial, onde houver, até o prazo de 15 (quinze) dias após apresentação da fatura, razões fundamentadas nesta Lei ou no contrato para a rejeição da atualização.

§ 2º. Os contratos poderão prever adicionalmente:

I – os requisitos e condições em que o parceiro público autorizará a transferência do controle ou a administração temporária da sociedade de propósito específico aos seus financiadores e garantidores com quem não mantenha vínculo societário direto, com o objetivo de promover a sua reestruturação financeira e assegurar a continuidade da prestação dos serviços, não se aplicando para este efeito o previsto no inciso I do parágrafo único do art. 27 da Lei nº 8.987, de 13 de fevereiro de 1995; (Redação dada pela Lei nº 13.097, de 2015)

▸ O parágrafo único do art. 27 da Lei 8.987/1995 foi renumerado para § 1º pela Lei 11.196/2005.

II – a possibilidade de emissão de empenho em nome dos financiadores do projeto em relação às obrigações pecuniárias da Administração Pública;

III – a legitimidade dos financiadores do projeto para receber indenizações por extinção antecipada do contrato, bem como pagamentos efetuados pelos fundos e empresas estatais garantidores de parcerias público-privadas.

Art. 5º-A. Para fins do inciso I do § 2º do art. 5º, considera-se: (Incluído pela Lei nº 13.097, de 2015)

I – o controle da sociedade de propósito específico a propriedade resolúvel de ações ou quotas por seus financiadores e garantidores que atendam os requisitos do art. 116 da Lei nº 6.404, de 15 de dezembro de 1976; (Incluído pela Lei nº 13.097, de 2015)

II – A administração temporária da sociedade de propósito específico, pelos financiadores e garantidores quando, sem a transferência da propriedade de ações ou quotas, forem outorgados os seguintes poderes: (Incluído pela Lei nº 13.097, de 2015)

a) indicar os membros do Conselho de Administração, a serem eleitos em Assembleia Geral pelos acionistas, nas sociedades regidas pela Lei nº 6.404, de 15 de dezembro de 1976; ou administradores, a serem eleitos pelos quotistas, nas demais sociedades; (Incluído pela Lei nº 13.097, de 2015)

b) indicar os membros do Conselho Fiscal, a serem eleitos pelos acionistas ou quotistas controladores em Assembleia Geral; (Incluído pela Lei nº 13.097, de 2015)

c) exercer poder de veto sobre qualquer proposta submetida à votação dos acionistas ou quotistas da concessionária, que representem, ou possam representar, prejuízos aos fins previstos no *caput* deste artigo; (Incluído pela Lei nº 13.097, de 2015)

d) outros poderes necessários ao alcance dos fins previstos no *caput* deste artigo; (Incluído pela Lei nº 13.097, de 2015)

§ 1º. A administração temporária autorizada pelo poder concedente não acarretará responsabilidade aos financiadores e garantidores em relação à tributação, encargos, ônus, sanções, obrigações ou compromissos com terceiros, inclusive com o poder concedente ou empregados. (Incluído pela Lei nº 13.097, de 2015)

§ 2º. O Poder Concedente disciplinará sobre o prazo da administração temporária. (Incluído pela Lei nº 13.097, de 2015)

Art. 6º. A contraprestação da Administração Pública nos contratos de parceria público-privada poderá ser feita por:

I – ordem bancária;

II – cessão de créditos não tributários;

III – outorga de direitos em face da Administração Pública;

IV – outorga de direitos sobre bens públicos dominicais;

V – outros meios admitidos em lei.

§ 1º. O contrato poderá prever o pagamento ao parceiro privado de remuneração variável vinculada ao seu desempenho, conforme metas e padrões de qualidade e disponibilidade definidos no contrato. (Incluído pela Lei nº 12.766, de 2012)

§ 2º. O contrato poderá prever o aporte de recursos em favor do parceiro privado para a realização de obras e aquisição de bens reversíveis, nos termos dos incisos X e XI do *caput* do art. 18 da Lei nº 8.987, de 13 de fevereiro de 1995, desde que autorizado no edital de licitação, se contratos novos, ou em lei específica, se contratos celebrados até 8 de agosto de 2012. (Incluído pela Lei nº 12.766, de 2012)

§ 3º. O valor do aporte de recursos realizado nos termos do § 2º poderá ser excluído da determinação: (Incluído pela Lei nº 12.766, de 2012)

I – do lucro líquido para fins de apuração do lucro real e da base de cálculo da Contribuição Social sobre o Lucro Líquido – CSLL; e (Incluído pela Lei nº 12.766, de 2012)

II – da base de cálculo da Contribuição para o PIS/Pasep e da Contribuição para o Financiamento da Seguridade Social – Cofins. (Incluído pela Lei nº 12.766, de 2012)

III – da base de cálculo da Contribuição Previdenciária sobre a Receita Bruta – CPRB devida pelas empresas referidas nos arts. 7º e 8º da Lei nº 12.546, de 14 de dezembro de 2011, a partir de 1º de janeiro de 2015. (Incluído pela Lei nº 13.043, de 2014)

§ 4º. Até 31 de dezembro de 2013, para os optantes conforme o art. 75 da Lei nº 12.973, de 13 de maio de 2014, e até 31 de dezembro de 2014, para os não optantes, a parcela excluída nos termos do § 3º deverá ser computada na determinação do lucro líquido para fins de apuração do lucro real, da base de cálculo da CSLL e da base de cálculo da Contribuição para o PIS/Pasep e da Cofins, na proporção em que o custo para a realização de obras e aquisição de bens a que se refere o § 2º deste artigo for realizado, inclusive mediante depreciação ou extinção da concessão, nos termos do art. 35 da Lei nº 8.987, de 13 de fevereiro de 1995. (Redação dada pela Lei nº 13.043, de 2014)

§ 5º. Por ocasião da extinção do contrato, o parceiro privado não receberá indenização pelas parcelas de investimentos vinculados a bens reversíveis ainda não amortizadas ou depreciadas, quando tais investimentos houverem sido realizados com valores provenientes do aporte de recursos de que trata o § 2º. (Incluído pela Lei nº 12.766, de 2012)

§ 6º. A partir de 1º de janeiro de 2014, para os optantes conforme o art. 75 da Lei nº 12.973, de 13 de maio de 2014, e de 1º de janeiro de 2015, para os não optantes, a parcela excluída nos termos do § 3º deverá ser computada na determinação do lucro líquido para fins de apuração do lucro real, da base de cálculo da CSLL e da base de cálculo da Contribuição para o PIS/Pasep e da Cofins em cada período de apuração durante o prazo restante do contrato, considerado a partir do início da prestação dos serviços públicos. (Incluído pela Lei nº 13.043, de 2014)

§ 7º. No caso do § 6º, o valor a ser adicionado em cada período de apuração deve ser o valor da parcela excluída dividida pela quantidade de períodos de apuração contidos no prazo restante do contrato. (Incluído pela Lei nº 13.043, de 2014)

§ 8º. Para os contratos de concessão em que a concessionária já tenha iniciado a prestação dos serviços públicos nas datas referidas no § 6º, as adições subsequentes serão realizadas em cada período de apuração durante o prazo restante do contrato, considerando o saldo remanescente ainda não adicionado. (Incluído pela Lei nº 13.043, de 2014)

§ 9º A parcela excluída nos termos do inciso III do § 3º deverá ser computada na determinação da base de cálculo da contribuição previdenciária de que trata o inciso III do § 3º em cada período de apuração durante o prazo restante previsto no contrato para construção, recuperação, reforma, ampliação ou melhoramento da infraestrutura que será utilizada na prestação de serviços públicos. (Incluído pela Lei nº 13.043, de 2014)

§ 10. No caso do § 9º, o valor a ser adicionado em cada período de apuração deve ser o valor da parcela excluída dividida pela quantidade de períodos de apuração contidos no prazo restante previsto no contrato para construção, recuperação, reforma, ampliação ou melhoramento da infraestrutura que será utilizada na prestação de serviços públicos. (Incluído pela Lei nº 13.043, de 2014)

§ 11. Ocorrendo a extinção da concessão antes do advento do termo contratual, o saldo da parcela excluída nos termos do § 3º, ainda não adicionado, deverá ser computado na determinação do lucro líquido para fins de apuração do lucro real, da base de cálculo da CSLL e da base de cálculo da Contribuição para o PIS/Pasep, da Cofins e da contribuição previdenciária de que trata o inciso III do § 3º no período de apuração da extinção. (Incluído pela Lei nº 13.043, de 2014)

§ 12. Aplicam-se às receitas auferidas pelo parceiro privado nos termos do § 6º o regime de apuração e as alíquotas da Contribuição para o PIS/Pasep e da Cofins aplicáveis às suas receitas decorrentes da prestação dos serviços públicos. (Incluído pela Lei nº 13.043, de 2014)

Art. 7º. A contraprestação da Administração Pública será obrigatoriamente precedida da disponibilização do serviço objeto do contrato de parceria público-privada.

§ 1º. É facultado à administração pública, nos termos do contrato, efetuar o pagamento da contraprestação relativa a parcela fruível do serviço objeto do contrato de parceria público-privada. (Incluído pela Lei nº 12.766, de 2012)

§ 2º. O aporte de recursos de que trata o § 2º do art. 6º, quando realizado durante a fase dos investimentos a cargo do parceiro privado, deverá guardar proporcionalidade com as etapas efetivamente executadas. (Incluído pela Lei nº 12.766, de 2012)

CAPÍTULO III. DAS GARANTIAS

Art. 8º. As obrigações pecuniárias contraídas pela Administração Pública em contrato de parceria público-privada poderão ser garantidas mediante:

I – vinculação de receitas, observado o disposto no inciso IV do art. 167 da Constituição Federal;

II – instituição ou utilização de fundos especiais previstos em lei;

III – contratação de seguro-garantia com as companhias seguradoras que não sejam controladas pelo Poder Público;

IV – garantia prestada por organismos internacionais ou instituições financeiras que não sejam controladas pelo Poder Público;

V – garantias prestadas por fundo garantidor ou empresa estatal criada para essa finalidade;

VI – outros mecanismos admitidos em lei.

Parágrafo único. *(VETADO). (Incluído* pela Lei nº 13.043, de 2014)

CAPÍTULO IV. DA SOCIEDADE DE PROPÓSITO ESPECÍFICO

Art. 9º. Antes da celebração do contrato, deverá ser constituída sociedade de propósito específico, incumbida de implantar e gerir o objeto da parceria.

§ 1º. A transferência do controle da sociedade de propósito específico estará condicionada à autorização expressa da Administração Pública, nos termos do edital e do contrato, observado o disposto no parágrafo único do art. 27 da Lei 8.987, de 13 de fevereiro de 1995. (Renumerada pela Lei nº 11.196, de 2005)

§ 2º. A sociedade de propósito específico poderá assumir a forma de companhia aberta, com valores mobiliários admitidos a negociação no mercado.

- CC: arts. 1.088 e 1.089.
- Lei 6.404/1976 – Dispõe sobre as Sociedades por Ações.

§ 3º. A sociedade de propósito específico deverá obedecer a padrões de governança corporativa e adotar contabilidade e demonstrações financeiras padronizadas, conforme regulamento.

§ 4º. Fica vedado à Administração Pública ser titular da maioria do capital votante das sociedades de que trata este Capítulo.

§ 5º. A vedação prevista no § 4º deste artigo não se aplica à eventual aquisição da maioria do capital votante da sociedade de propósito específico por instituição financeira controlada pelo Poder Público em caso de inadimplemento de contratos de financiamento.

CAPÍTULO V. DA LICITAÇÃO

Art. 10. A contratação de parceria público-privada será precedida de licitação na modalidade de concorrência, estando a abertura do processo licitatório condicionada a:

- Lei 8.666/1993: arts. 22, § 1º e 23.

I – autorização da autoridade competente, fundamentada em estudo técnico que demonstre:

a) a conveniência e a oportunidade da contratação, mediante identificação das razões que justifiquem a opção pela forma de parceria público-privada;

b) que as despesas criadas ou aumentadas não afetarão as metas de resultados fiscais previstas no Anexo referido no § 1º do art. 4º da Lei Complementar nº 101, de 4 de maio de 2000, devendo seus efeitos financeiros, nos períodos seguintes, ser compensados pelo aumento permanente de receita ou pela redução permanente de despesa; e

c) quando for o caso, conforme as normas editadas na forma do art. 25 desta Lei, a observância dos limites e condições decorrentes da aplicação dos arts. 29, 30 e 32 da Lei Complementar nº 101, de 4 de maio de 2000, pelas obrigações contraídas pela Administração Pública relativas ao objeto do contrato;

II – elaboração de estimativa do impacto orçamentário-financeiro nos exercícios em que deva vigorar o contrato de parceria público-privada;

III – declaração do ordenador da despesa de que as obrigações contraídas pela Administração Pública no decorrer do contrato são compatíveis com a lei de diretrizes orçamentárias e estão previstas na lei orçamentária anual;

IV – estimativa do fluxo de recursos públicos suficientes para o cumprimento, durante a vigência do contrato e por exercício financeiro, das obrigações contraídas pela Administração Pública;

V – seu objeto estar previsto no plano plurianual em vigor no âmbito onde o contrato será celebrado;

VI – submissão da minuta de edital e de contrato à consulta pública, mediante publicação na imprensa oficial, em jornais de grande circulação e por meio eletrônico, que deverá informar a justificativa para a contratação, a identificação do objeto, o prazo de duração do contrato, seu valor estimado, fixando-se prazo mínimo de 30 (trinta) dias para recebimento de sugestões, cujo termo dar-se-á pelo menos 7 (sete) dias antes da data prevista para a publicação do edital; e

VII – licença ambiental prévia ou expedição das diretrizes para o licenciamento ambiental do empreendimento, na forma do regulamento, sempre que o objeto do contrato exigir.

§ 1º. A comprovação referida nas alíneas *b* e *c* do inciso I do *caput* deste artigo conterá as premissas e metodologia de cálculo utilizadas, observadas as normas gerais para consolidação das contas públicas, sem prejuízo do exame de compatibilidade das despesas com as demais normas do plano plurianual e da lei de diretrizes orçamentárias.

§ 2º. Sempre que a assinatura do contrato ocorrer em exercício diverso daquele em que for publicado o edital, deverá ser precedida da atualização dos estudos e demonstrações a que se referem os incisos I a IV do *caput* deste artigo.

§ 3º. As concessões patrocinadas em que mais de 70% (setenta por cento) da remuneração do parceiro privado for paga pela Administração Pública dependerão de autorização legislativa específica.

§ 4º. Os estudos de engenharia para a definição do valor do investimento da PPP deverão ter nível de detalhamento de anteprojeto, e o valor dos investimentos para definição do preço de referência para a licitação será calculado com base em valores de mercado considerando o custo global de obras semelhantes no Brasil ou no exterior ou com base em sistemas de custos que utilizem como insumo valores de mercado do setor específico do projeto, aferidos, em qualquer caso, mediante orçamento sintético, elaborado por meio de metodologia expedita ou paramétrica. (Incluído pela Lei nº 12.766, de 2012)

Art. 11. O instrumento convocatório conterá minuta do contrato, indicará expressamente a submissão da licitação às normas desta Lei e observará, no que couber, os §§ 3º e 4º do art. 15, os arts. 18, 19 e 21 da Lei nº 8.987, de 13 de fevereiro de 1995, podendo ainda prever:

- Lei 8.666/1993: arts. 40, § 2º, III e 62, § 1º.

I – exigência de garantia de proposta do licitante, observado o limite do inciso III do art. 31 da Lei nº 8.666, de 21 de junho de 1993;

II – *(VETADO)*.

III – o emprego dos mecanismos privados de resolução de disputas, inclusive a arbitragem, a ser realizada no Brasil e em língua portuguesa, nos termos da Lei nº 9.307, de 23 de setembro de 1996, para dirimir conflitos decorrentes ou relacionados ao contrato.

Parágrafo único. O edital deverá especificar, quando houver, as garantias da contraprestação do parceiro público a serem concedidas ao parceiro privado.

Art. 12. O certame para a contratação de parcerias público-privadas obedecerá ao procedimento previsto na legislação vigente sobre licitações e contratos administrativos e também ao seguinte:

I – o julgamento poderá ser precedido de etapa de qualificação de propostas técnicas, desclassificando-se os licitantes que não alcançarem a pontuação mínima, os quais não participarão das etapas seguintes;

II – o julgamento poderá adotar como critérios, além dos previstos nos incisos I e V do art. 15 da Lei nº 8.987, de 13 de fevereiro de 1995, os seguintes:

a) menor valor da contraprestação a ser paga pela Administração Pública;

b) melhor proposta em razão da combinação do critério da alínea *a* com o de melhor técnica, de acordo com os pesos estabelecidos no edital;

III – o edital definirá a forma de apresentação das propostas econômicas, admitindo-se:

a) propostas escritas em envelopes lacrados; ou

b) propostas escritas, seguidas de lances em viva voz;

IV – o edital poderá prever a possibilidade de saneamento de falhas, de complementação de insuficiências ou ainda de correções de caráter formal no curso do procedimento, desde que o licitante possa satisfazer as exigências dentro do prazo fixado no instrumento convocatório.

§ 1º. Na hipótese da alínea *b* do inciso III do *caput* deste artigo:

I – os lances em viva voz serão sempre oferecidos na ordem inversa da classificação das propostas escritas, sendo vedado ao edital limitar a quantidade de lances;

II – o edital poderá restringir a apresentação de lances em viva voz aos licitantes cuja proposta escrita for no máximo 20% (vinte por cento) maior que o valor da melhor proposta.

§ 2º. O exame de propostas técnicas, para fins de qualificação ou julgamento, será feito por ato motivado, com base em exigências, parâmetros e indicadores de resultado pertinentes ao objeto, definidos com clareza e objetividade no edital.

Art. 13. O edital poderá prever a inversão da ordem das fases de habilitação e julgamento, hipótese em que:

I – encerrada a fase de classificação das propostas ou o oferecimento de lances, será aberto o invólucro com os documentos de habilitação do licitante mais bem classificado, para verificação do atendimento das condições fixadas no edital;

II – verificado o atendimento das exigências do edital, o licitante será declarado vencedor;

III – inabilitado o licitante melhor classificado, serão analisados os documentos habilitatórios do licitante com a proposta classificada em segundo lugar, e assim, sucessivamente, até que um licitante classificado atenda às condições fixadas no edital;

IV – proclamado o resultado final do certame, o objeto será adjudicado ao vencedor nas condições técnicas e econômicas por ele ofertadas.

CAPÍTULO VI. DISPOSIÇÕES APLICÁVEIS À UNIÃO

Art. 14. Será instituído, por decreto, órgão gestor de parcerias público-privadas federais, com competência para:

- Decreto 5.385/2005 – Comitê Gestor de Parceria Público-Privada Federal (CGP).

I – definir os serviços prioritários para execução no regime de parceria público-privada;

II – disciplinar os procedimentos para celebração desses contratos;

III – autorizar a abertura da licitação e aprovar seu edital;

IV – apreciar os relatórios de execução dos contratos.

§ 1º. O órgão mencionado no *caput* deste artigo será composto por indicação nominal de um representante titular e respectivo suplente de cada um dos seguintes órgãos:

I – Ministério do Planejamento, Orçamento e Gestão, ao qual cumprirá a tarefa de coordenação das respectivas atividades;

- Lei 13.341/2016: art. 2º, VI (transformou o Ministério do Planejamento, Orçamento e Gestão em Ministério do Planejamento, Desenvolvimento e Gestão).

II – Ministério da Fazenda;

III – Casa Civil da Presidência da República.

§ 2º. Das reuniões do órgão a que se refere o *caput* deste artigo para examinar projetos de parceria público-privada participará um representante do órgão da Administração Pública direta cuja área de competência seja pertinente ao objeto do contrato em análise.

§ 3º. Para deliberação do órgão gestor sobre a contratação de parceria público-privada, o expediente deverá estar instruído com pronunciamento prévio e fundamentado:

I – do Ministério do Planejamento, Orçamento e Gestão, sobre o mérito do projeto;

- Lei 13.341/2016: art. 2º, VI (transformou o Ministério do Planejamento, Orçamento e Gestão em Ministério do Planejamento, Desenvolvimento e Gestão).

II – do Ministério da Fazenda, quanto à viabilidade da concessão da garantia e à sua forma, relativamente aos riscos para o Tesouro Nacional e ao cumprimento do limite de que trata o art. 22 desta Lei.

§ 4º. Para o desempenho de suas funções, o órgão citado no *caput* deste artigo poderá criar estrutura de apoio técnico com a presença de representantes de instituições públicas.

§ 5º. O órgão de que trata o *caput* deste artigo remeterá ao Congresso Nacional e ao Tribunal de Contas da União, com periodicidade anual, relatórios de desempenho dos contratos de parceria público-privada.

§ 6º. Para fins do atendimento do disposto no inciso V do art. 4º desta Lei, ressalvadas as informações classificadas como sigilosas, os relatórios de que trata o § 5º deste artigo serão disponibilizados ao público, por meio de rede pública de transmissão de dados.

Art. 14-A. A Câmara dos Deputados e o Senado Federal, por meio de atos das respectivas Mesas, poderão dispor sobre a matéria de que trata o art. 14 no caso de parcerias público-privadas por eles realizadas, mantida a competência do Ministério da Fazenda descrita no inciso II do § 3º do referido artigo. (Incluído pela Lei nº 13.137, de 2015)

Art. 15. Compete aos Ministérios e às Agências Reguladoras, nas suas respectivas áreas de competência, submeter o edital de licitação ao órgão gestor, proceder à licitação, acompanhar e fiscalizar os contratos de parceria público-privada.

Parágrafo único. Os Ministérios e Agências Reguladoras encaminharão ao órgão a que se refere o *caput* do art. 14 desta Lei, com periodicidade semestral, relatórios circunstanciados acerca da execução dos contratos de parceria público-privada, na forma definida em regulamento.

Art. 16. Ficam a União, seus fundos especiais, suas autarquias, suas fundações públicas e suas empresas estatais dependentes autorizadas a participar, no limite global de R$ 6.000.000.000,00 (seis bilhões de reais), em Fundo Garantidor de Parcerias Público-Privadas – FGP que terá por finalidade prestar garantia de pagamento de obrigações pecuniárias assumidas pelos parceiros públicos federais, distritais, estaduais ou municipais em virtude das parcerias de que trata esta Lei. (Redação dada pela Lei nº 12.766, de 2012)

- Decreto 5.411/2005: art. 1º.

§ 1º. O FGP terá natureza privada e patrimônio próprio separado do patrimônio dos cotistas, e será sujeito a direitos e obrigações próprios.

§ 2º. O patrimônio do Fundo será formado pelo aporte de bens e direitos realizado pelos cotistas, por meio da integralização de cotas e pelos rendimentos obtidos com sua administração.

§ 3º. Os bens e direitos transferidos ao Fundo serão avaliados por empresa especializada, que deverá apresentar laudo fundamentado, com indicação dos critérios de avaliação adotados e instruído com os documentos relativos aos bens avaliados.

§ 4º. A integralização das cotas poderá ser realizada em dinheiro, títulos da dívida pública, bens imóveis dominicais, bens móveis, inclusive ações de sociedade de economia mista federal excedentes ao necessário para manutenção de seu controle pela União, ou outros direitos com valor patrimonial.

§ 5º. O FGP responderá por suas obrigações com os bens e direitos integrantes de seu patrimônio, não respondendo os cotistas por qualquer obrigação do Fundo, salvo pela integralização das cotas que subscreverem.

§ 6º. A integralização com bens a que se refere o § 4º deste artigo será feita independentemente de licitação, mediante prévia avaliação e autorização específica do Presidente da República, por proposta do Ministro da Fazenda.

§ 7º. O aporte de bens de uso especial ou de uso comum no FGP será condicionado a sua desafetação de forma individualizada.

§ 8º. A capitalização do FGP, quando realizada por meio de recursos orçamentários, dar-se-á por ação orçamentária específica para esta finalidade, no âmbito de Encargos Financeiros da União. (Incluído pela Lei nº 12.409, de 2011)

§ 9º. (*VETADO*). (Incluído pela Lei nº 12.766, de 2012)

Art. 17. O FGP será criado, administrado, gerido e representado judicial e extrajudicialmente por instituição financeira controlada, direta ou indiretamente, pela União, com observância das normas a que se refere o inciso XXII do art. 4º da Lei nº 4.595, de 31 de dezembro de 1964.

- Decreto 5.411/2005 – Autoriza a integralização de cotas no Fundo Garantidor de Parcerias Público-Privadas - FGP, mediante ações representativas de participações acionárias da União em sociedades de economia mista disponíveis para venda.

§ 1º. O estatuto e o regulamento do FGP serão aprovados em assembleia dos cotistas.

§ 2º. A representação da União na assembleia dos cotistas dar-se-á na forma do inciso V do art. 10 do Decreto-lei nº 147, de 3 de fevereiro de 1967.

§ 3º. Caberá à instituição financeira deliberar sobre a gestão e alienação dos bens e direitos do FGP, zelando pela manutenção de sua rentabilidade e liquidez.

Art. 18. O estatuto e o regulamento do FGP devem deliberar sobre a política de concessão de garantias, inclusive no que se refere à relação entre ativos e passivos do Fundo. (Redação dada pela Lei nº 12.409, de 2011)

§ 1º. A garantia será prestada na forma aprovada pela assembleia dos cotistas, nas seguintes modalidades:

I – fiança, sem benefício de ordem para o fiador;

II – penhor de bens móveis ou de direitos integrantes do patrimônio do FGP, sem transferência da posse da coisa empenhada antes da execução da garantia;

III – hipoteca de bens imóveis do patrimônio do FGP;

IV – alienação fiduciária, permanecendo a posse direta dos bens com o FGP ou com agente fiduciário por ele contratado antes da execução da garantia;

V – outros contratos que produzam efeito de garantia, desde que não transfiram a titularidade ou posse direta dos bens ao parceiro privado antes da execução da garantia;

VI – garantia, real ou pessoal, vinculada a um patrimônio de afetação constituído em decorrência da separação de bens e direitos pertencentes ao FGP.

§ 2º. O FGP poderá prestar contragarantias a seguradoras, instituições financeiras e organismos internacionais que garantirem o cumprimento das obrigações pecuniárias dos cotistas em contratos de parceria público-privadas.

§ 3º. A quitação pelo parceiro público de cada parcela de débito garantido pelo FGP importará exoneração proporcional da garantia.

§ 4º. O FGP poderá prestar garantia mediante contratação de instrumentos disponíveis em mercado, inclusive para complementação das modalidades previstas no § 1º. (Redação dada pela Lei nº 12.766, de 2012)

§ 5º. O parceiro privado poderá acionar o FGP nos casos de: (Redação dada pela Lei nº 2.766, de 2012)

I – crédito líquido e certo, constante de TÍTULO exigível aceito e não pago pelo parceiro público após 15 (quinze) dias contados da data de vencimento; e (Incluído pela Lei nº 12.766, de 2012)

II – débitos constantes de faturas emitidas e não aceitas pelo parceiro público após 45 (quarenta e cinco) dias contados da data de vencimento, desde que não tenha havido rejeição expressa por ato motivado. (Incluído pela Lei nº 12.766, de 2012)

§ 6º. A quitação de débito pelo FGP importará sua sub-rogação nos direitos do parceiro privado.

§ 7º. Em caso de inadimplemento, os bens e direitos do Fundo poderão ser objeto de constrição judicial e alienação para satisfazer as obrigações garantidas.

§ 8º. O FGP poderá usar parcela da cota da União para prestar garantia aos seus fundos especiais, às suas autarquias, às suas fundações públicas e às suas empresas estatais dependentes. (Incluído pela Lei nº 12.409, de 2011)

§ 9º. O FGP é obrigado a honrar faturas aceitas e não pagas pelo parceiro público. (Incluído pela Lei nº 12.766, de 2012)

§ 10. O FGP é proibido de pagar faturas rejeitadas expressamente por ato motivado. (Incluído pela Lei nº 12.766, de 2012)

§ 11. O parceiro público deverá informar o FGP sobre qualquer fatura rejeitada e sobre os motivos da rejeição no prazo de 40 (quarenta) dias contado da data de vencimento. (Incluído pela Lei nº 12.766, de 2012)

§ 12. A ausência de aceite ou rejeição expressa de fatura por parte do parceiro público no prazo de 40 (quarenta) dias contado da data de vencimento implicará aceitação tácita. (Incluído pela Lei nº 12.766, de 2012)

§ 13. O agente público que contribuir por ação ou omissão para a aceitação tácita de que trata o § 12 ou que rejeitar fatura sem motivação será responsabilizado pelos danos que causar, em conformidade com a legislação civil, administrativa e penal em vigor. (Incluído pela Lei nº 12.766, de 2012)

Art. 19. O FGP não pagará rendimentos a seus cotistas, assegurando-se a qualquer deles o direito de requerer o resgate total ou parcial de suas cotas, correspondente ao patrimônio ainda não utilizado para a concessão de garantias, fazendo-se a liquidação com base na situação patrimonial do Fundo.

Art. 20. A dissolução do FGP, deliberada pela assembleia dos cotistas, ficará condicionada à prévia quitação da totalidade dos débitos garantidos ou liberação das garantias pelos credores.

Parágrafo único. Dissolvido o FGP, o seu patrimônio será rateado entre os cotistas, com base na situação patrimonial à data da dissolução.

Art. 21. É facultada a constituição de patrimônio de afetação que não se comunicará com o restante do patrimônio do FGP, ficando vinculado exclusivamente à garantia em virtude da qual tiver sido constituído, não podendo ser objeto de penhora, arresto, sequestro, busca e apreensão ou qualquer ato de constrição judicial decorrente de outras obrigações do FGP.

Parágrafo único. A constituição do patrimônio de afetação será feita por registro em Cartório de Registro de Títulos e Documentos ou, no caso de bem imóvel, no Cartório de Registro Imobiliário correspondente.

Art. 22. A União somente poderá contratar parceria público-privada quando a soma das despesas de caráter continuado derivadas do conjunto das parcerias já contratadas não tiver excedido, no ano anterior, a 1% (um por cento) da receita corrente líquida do exercício, e as despesas anuais dos contratos vigentes, nos 10 (dez) anos subsequentes, não excedam a 1% (um por cento) da receita corrente líquida projetada para os respectivos exercícios.

CAPÍTULO VII. DISPOSIÇÕES FINAIS

Art. 23. Fica a União autorizada a conceder incentivo, nos termos do Programa de Incentivo à Implementação de Projetos de Interesse Social – PIPS, instituído pela Lei nº 10.735, de 11 de setembro de 2003, às aplicações em fundos de investimento, criados por instituições financeiras, em direitos creditórios provenientes dos contratos de parcerias público-privadas.

Art. 24. O Conselho Monetário Nacional estabelecerá, na forma da legislação pertinente, as diretrizes para a concessão de crédito destinado ao financiamento de contratos de parcerias público-privadas, bem como para participação de entidades fechadas de previdência complementar.

Art. 25. A Secretaria do Tesouro Nacional editará, na forma da legislação pertinente, normas gerais relativas à consolidação das contas públicas aplicáveis aos contratos de parceria público-privada.

Art. 26. O inciso I do § 1º do art. 56 da Lei nº 8.666, de 21 de junho de 1993, passa a vigorar com a seguinte redação:

‣ Alteração incorporada ao texto da referida lei.

Art. 27. As operações de crédito efetuadas por empresas públicas ou sociedades de economia mista controladas pela União não poderão exceder a 70% (setenta por cento) do total das fontes de recursos financeiros da sociedade de propósito específico, sendo que para as áreas das regiões Norte, Nordeste e Centro-Oeste, onde o Índice de Desenvolvimento Humano – IDH seja inferior à média nacional, essa participação não poderá exceder a 80% (oitenta por cento).

§ 1º. Não poderão exceder a 80% (oitenta por cento) do total das fontes de recursos financeiros da sociedade de propósito específico ou 90% (noventa por cento) nas áreas das regiões Norte, Nordeste e Centro-Oeste, onde o Índice de Desenvolvimento Humano – IDH seja inferior à média nacional, as operações de crédito ou contribuições de capital realizadas cumulativamente por:

I – entidades fechadas de previdência complementar;

II – empresas públicas ou sociedades de economia mista controladas pela União.

§ 2º. Para fins do disposto neste artigo, entende-se por fonte de recursos financeiros as operações de crédito e contribuições de capital à sociedade de propósito específico.

Art. 28. A União não poderá conceder garantia ou realizar transferência voluntária aos Estados, Distrito Federal e Municípios se a soma das despesas de caráter continuado derivadas do conjunto das parcerias já contratadas por esses entes tiver excedido, no ano anterior, a 5% (cinco por cento) da receita corrente líquida do exercício ou se as despesas anuais dos contratos vigentes nos 10 (dez) anos subsequentes excederem a 5% (cinco por cento) da receita corrente líquida projetada para os respectivos exercícios. (Redação dada pela Lei nº 12.766, de 2012)

§ 1º. Os Estados, o Distrito Federal e os Municípios que contratarem empreendimentos por intermédio de parcerias público-privadas deverão encaminhar ao Senado Federal e à Secretaria do Tesouro Nacional, previamente à contratação, as informações necessárias para cumprimento do previsto no *caput* deste artigo.

§ 2º. Na aplicação do limite previsto no *caput* deste artigo, serão computadas as despesas derivadas de contratos de parceria celebrados pela administração pública direta, autarquias, fundações públicas, empresas públicas, sociedades de economia mista e demais entidades controladas, direta ou indiretamente, pelo respectivo ente, excluídas as empresas estatais não dependentes. (Redação dada pela Lei nº 12.024, de 2009)

§ 3º. *(VETADO).*

Art. 29. Serão aplicáveis, no que couber, as penalidades previstas no Decreto-lei nº 2.848, de 7 de dezembro de 1940 – Código Penal, na Lei nº 8.429, de 2 de junho de 1992 – Lei de Improbidade Administrativa, na Lei nº 10.028, de 19 de outubro de 2000 – Lei dos Crimes Fiscais, no Decreto-lei nº 201, de 27 de fevereiro de 1967, e na Lei nº 1.079, de 10 de abril de 1950, sem prejuízo das penalidades financeiras previstas contratualmente.

Art. 30. Esta Lei entra em vigor na data de sua publicação.

Brasília, 30 de dezembro de 2004; 183º da Independência e 116º da República.

LUIZ INÁCIO LULA DA SILVA

Publicado no D.O.U. 31.12.2004

LEI Nº 11.101, DE 9 DE FEVEREIRO DE 2005

Regula a recuperação judicial, a extrajudicial e a falência do empresário e da sociedade empresária.

‣ *Falências*

CAPÍTULO I. DISPOSIÇÕES PRELIMINARES

Art. 1º. Esta Lei disciplina a recuperação judicial, a recuperação extrajudicial e a falência do empresário e da sociedade empresária, doravante referidos simplesmente como devedor.

Art. 2º. Esta Lei não se aplica a:

I – empresa pública e sociedade de economia mista;

II – instituição financeira pública ou privada, cooperativa de crédito, consórcio, entidade de previdência complementar, sociedade operadora de plano de assistência à saúde, sociedade seguradora, sociedade de capitalização e outras entidades legalmente equiparadas às anteriores.

Art. 3º. É competente para homologar o plano de recuperação extrajudicial, deferir a recuperação judicial ou decretar a falência o juízo do local do principal estabelecimento do devedor ou da filial de empresa que tenha sede fora do Brasil.

Art. 4º. Vetado.

CAPÍTULO II. DISPOSIÇÕES COMUNS À RECUPERAÇÃO JUDICIAL E À FALÊNCIA

SEÇÃO I. DISPOSIÇÕES GERAIS

Art. 5º. Não são exigíveis do devedor, na recuperação judicial ou na falência:

I – as obrigações a título gratuito;

II – as despesas que os credores fizerem para tomar parte na recuperação judicial ou na falência, salvo as custas judiciais decorrentes de litígio com o devedor.

Art. 6º A decretação da falência ou o deferimento do processamento da recuperação judicial implica: (Redação dada pela Lei 14.112/2020)

I - suspensão do curso da prescrição das obrigações do devedor sujeitas ao regime desta Lei; (Acrescido pela Lei 14.112/2020)

II - suspensão das execuções ajuizadas contra o devedor, inclusive daquelas dos credores particulares do sócio solidário, relativas a créditos ou obrigações sujeitos à recuperação judicial ou à falência; (Acrescido pela Lei 14.112/2020)

III - proibição de qualquer forma de retenção, arresto, penhora, sequestro, busca e apreensão e constrição judicial ou extrajudicial sobre os bens do devedor, oriunda de demandas judiciais ou extrajudiciais cujos créditos ou obrigações sujeitem-se à recuperação judicial ou à falência. (Acrescido pela Lei 14.112/2020)

§ 1º. Terá prosseguimento no juízo no qual estiver se processando a ação que demandar quantia ilíquida.

‣ Esta Lei: arts. 19, § 1º, e 99, V.

§ 2º. É permitido pleitear, perante o administrador judicial, habilitação, exclusão ou modificação de créditos derivados da relação de trabalho, mas as ações de natureza trabalhista, inclusive as impugnações a que se refere o art. 8º desta Lei, serão processadas perante a justiça especializada até a apuração do respectivo crédito, que será inscrito no quadro-geral de credores pelo valor determinado em sentença.

‣ Esta Lei: arts. 19, § 1º, e 99, V.

§ 3º. O juiz competente para as ações referidas nos §§ 1º e 2º deste artigo poderá determinar a reserva da importância que estimar devida na recuperação judicial ou na falência, e, uma vez reconhecido líquido o direito, será o crédito incluído na classe própria.

§ 4º. Na recuperação judicial, as suspensões e a proibição de que tratam os incisos I, II e III do *caput* deste artigo perdurarão pelo prazo de 180 (cento e oitenta) dias, contado do deferimento do processamento da recuperação, prorrogável por igual período, uma única vez, em caráter excepcional, desde que o devedor não haja concorrido com a superação do lapso temporal. (Redação da pela Lei 14.112/2020)

§ 4º-A. O decurso do prazo previsto no § 4º deste artigo sem a deliberação a respeito do plano de recuperação judicial proposto pelo devedor faculta aos credores a propositura de plano alternativo, na forma dos §§ 4º, 5º, 6º e 7º do art. 56 desta Lei, observado o seguinte: (Acrescido pela Lei 14.112/2020)

I - as suspensões e a proibição de que tratam os incisos I, II e III do *caput* deste artigo não serão aplicáveis caso os credores não apresentem plano alternativo no prazo de 30 (trinta) dias, contado do final do prazo referido no § 4º deste artigo ou no § 4º do art. 56 desta Lei;

II - as suspensões e a proibição de que tratam os incisos I, II e III do *caput* deste artigo perdurarão por 180 (cento e oitenta) dias contados do final do prazo referido no § 4º deste artigo, ou da realização da assembleia-geral de credores referida no § 4º do art. 56 desta Lei, caso os credores apresentem plano alternativo no prazo referido no inciso I deste parágrafo ou no prazo referido no § 4º do art. 56 desta Lei.

§ 5º. O disposto no § 2º deste artigo aplica-se à recuperação judicial durante o período de suspensão de que trata o § 4º deste artigo. (Redação dada pela Lei 14.112/2020)

§ 6º. Independentemente da verificação periódica perante os cartórios de distribuição, as ações que venham a ser propostas contra o devedor deverão ser comunicadas ao juízo da falência ou da recuperação judicial:

I – pelo juiz competente, quando do recebimento da petição inicial;

II – pelo devedor, imediatamente após a citação.

§ 7º. (Revogado pela Lei 14.112/2020)

§ 7º-A. O disposto nos incisos I, II e III do *caput* deste artigo não se aplica aos créditos referidos nos §§ 3º e 4º do art. 49 desta Lei, admitida, todavia, a competência do juízo da recuperação judicial para determinar a suspensão dos atos de constrição que recaiam sobre bens de capital essenciais à manutenção da atividade empresarial durante o prazo de suspensão a que se refere o § 4º deste artigo, a qual será implementada mediante a cooperação jurisdicional, na forma do art. 69 da Lei nº 13.105, de 16 de março de 2015 (Código de Processo Civil), observado o disposto no art. 805 do referido Código. (Acrescido pela Lei 14.112/2020)

§ 7º-B. O disposto nos incisos I, II e III do *caput* deste artigo não se aplica às execuções fiscais, admitida, todavia, a competência do juízo da recuperação judicial para determinar a substituição dos atos de constrição que recaiam sobre bens de capital essenciais à manutenção da atividade empresarial até o encerramento da recuperação judicial, a qual será implementada mediante a cooperação jurisdicional, na forma do art. 69 da Lei nº 13.105, de 16 de março de 2015 (Código de Processo Civil), observado o disposto no art. 805 do referido Código. (Acrescido pela Lei 14.112/2020)

§ 8º. A distribuição do pedido de falência ou de recuperação judicial ou a homologação de recuperação extrajudicial previne a jurisdição para qualquer outro pedido de falência, de recuperação judicial ou de homologação de recuperação extrajudicial relativo ao mesmo devedor. (Redação dada pela Lei 14.112/2020)

§ 9º. O processamento da recuperação judicial ou a decretação da falência não autoriza o administrador judicial a recusar a eficácia da convenção de arbitragem, não impedindo ou suspendendo a instauração de procedimento arbitral. (Acrescido pela Lei 14.112/2020)

§ 10. (VETADO na Lei 14.112/2020)

§ 11. O disposto no § 7º-B deste artigo aplica-se, no que couber, às execuções fiscais e às execuções de ofício que se enquadrem respectivamente nos incisos VII e VIII do *caput* do art. 114 da Constituição Federal, vedados a expedição de certidão de crédito e o arquivamento das execuções para efeito de habilitação na recuperação judicial ou na falência. (Acrescido pela Lei 14.112/2020)

§ 12. Observado o disposto no art. 300 da Lei nº 13.105, de 16 de março de 2015 (Código de Processo Civil), o juiz poderá antecipar total ou parcialmente os efeitos do deferimento do processamento da recuperação judicial. (Acrescido pela Lei 14.112/2020)

§ 13. (VETADO na Lei 14.112/2020)

Art. 6º-A. É vedado ao devedor, até a aprovação do plano de recuperação judicial, distribuir lucros ou dividendos a sócios e acionistas, sujeitando-se o infrator ao disposto no art. 168 desta Lei. (Acrescido pela Lei 14.112/2020)

Art. 6º-B. (VETADO na Lei 14.112/2020)

Art. 6º-C É vedada atribuição de responsabilidade a terceiros em decorrência do mero inadimplemento de obrigações do devedor falido ou em recuperação judicial, ressalvadas as garantias reais e fidejussórias, bem como as demais hipóteses reguladas por esta Lei. (Acrescido pela Lei 14.112/2020)

SEÇÃO II. DA VERIFICAÇÃO E DA HABILITAÇÃO DE CRÉDITOS

Art. 7º. A verificação dos créditos será realizada pelo administrador judicial, com base nos livros contábeis e documentos comerciais e fiscais do devedor e nos documentos que lhe forem apresentados pelos credores, podendo contar com o auxílio de profissionais ou empresas especializadas.

§ 1º. Publicado o edital previsto no art. 52, § 1º, ou no parágrafo único do art. 99 desta Lei, os credores terão o prazo de 15 (quinze) dias para apresentar ao administrador judicial suas habilitações ou suas divergências quanto aos créditos relacionados.

‣ Esta Lei: arts. 9º; 10; 52, § 1º, III e 99, IV.

§ 2º. O administrador judicial, com base nas informações e documentos colhidos na forma do *caput* e do § 1º deste artigo, fará publicar edital contendo a relação de credores no prazo de 45 (quarenta e cinco) dias, contado do fim do prazo do § 1º deste artigo, devendo indicar o local, o horário e o prazo comum em que as pessoas indicadas no art. 8º desta Lei terão acesso aos documentos que fundamentaram a elaboração dessa relação.

‣ Esta Lei: arts. 14; 15, § 1º; 18; 22, I, e; 39 e 55.

Art. 7º-A Na falência, após realizadas as intimações e publicado o edital, conforme previsto, respectivamente, no inciso XIII do *caput* e no § 1º do art. 99 desta Lei, o juiz instaurará, de ofício, para cada Fazenda Pública credora, incidente de classificação de crédito público e determinará a sua intimação eletrônica para que, no prazo de 30 (trinta) dias, apresente diretamente ao administrador judicial ou em juízo, a depender do momento processual, a relação completa de seus créditos inscritos em dívida ativa, acompanhada dos cálculos, da classificação e das informações sobre a situação atual. (Acrescido pela Lei 14.112/2020)

§ 1º Para efeito do disposto no *caput* deste artigo, considera-se Fazenda Pública credora aquela que conste da relação do edital previsto no § 1º do art. 99 desta Lei, ou que, após a intimação prevista no inciso XIII do *caput* do art. 99 desta Lei, alegue nos autos, no prazo de 15 (quinze) dias, possuir crédito contra o falido.

§ 2º Os créditos não definitivamente constituídos, não inscritos em dívida ativa ou com exigibilidade suspensa poderão ser informados em momento posterior.

§ 3º Encerrado o prazo de que trata o *caput* deste artigo:

I - o falido, os demais credores e o administrador judicial disporão do prazo de 15 (quinze) dias para manifestar objeções, limitadamente, sobre os cálculos e a classificação para os fins desta Lei;

II - a Fazenda Pública, ultrapassado o prazo de que trata o inciso I deste parágrafo, será intimada para prestar, no prazo de 10 (dez) dias, eventuais esclarecimentos a respeito das manifestações previstas no referido inciso;

III - os créditos serão objeto de reserva integral até o julgamento definitivo quando rejeitados os argumentos apresentados de acordo com o inciso II deste parágrafo;

IV - os créditos incontroversos, desde que exigíveis, serão imediatamente incluídos no quadro-geral de credores, observada a sua classificação;

V - o juiz, anteriormente à homologação do quadro-geral de credores, concederá prazo comum de 10 (dez) dias para que o administrador judicial e a Fazenda Pública titular de crédito objeto de reserva manifestem-se sobre a situação atual desses créditos e, ao final do referido prazo, decidirá acerca da necessidade de mantê-la.

§ 4º Com relação à aplicação do disposto neste artigo, serão observadas as seguintes disposições:

I - a decisão sobre os cálculos e a classificação dos créditos para os fins do disposto nesta Lei, bem como sobre a arrecadação dos bens, a realização do ativo e o pagamento aos credores, competirá ao juízo falimentar;

II - a decisão sobre a existência, a exigibilidade e o valor do crédito, observado o disposto no inciso II do *caput* do art. 9º desta Lei e as demais regras do processo de falência, bem como sobre o eventual prosseguimento da cobrança contra os corresponsáveis, competirá ao juízo da execução fiscal;

III - a ressalva prevista no art. 76 desta Lei, ainda que o crédito reconhecido não esteja em cobrança judicial mediante execução fiscal, aplicar-se-á, no que couber, ao disposto no inciso II deste parágrafo;

IV - o administrador judicial e o juízo falimentar deverão respeitar a presunção de certeza e liquidez de que trata o art. 3º da Lei nº 6.830, de 22 de setembro de 1980, sem prejuízo do disposto nos incisos II e III deste parágrafo;

V - as execuções fiscais permanecerão suspensas até o encerramento da falência, sem prejuízo da possibilidade de prosseguimento contra os corresponsáveis;

VI - a restituição em dinheiro e a compensação serão preservadas, nos termos dos arts. 86 e 122 desta Lei; e

VII - o disposto no art. 10 desta Lei será aplicado, no que couber, aos créditos retardatários.

§ 5º. Na hipótese de não apresentação da relação referida no *caput* deste artigo no prazo nele estipulado, o incidente será arquivado e a Fazenda Pública credora poderá requerer o desarquivamento, observado, no que couber, o disposto no art. 10 desta Lei.

§ 6º. As disposições deste artigo aplicam-se, no que couber, às execuções fiscais e às execuções de ofício que se enquadrem no disposto nos incisos VII e VIII do *caput* do art. 114 da Constituição Federal.

§ 7º. O disposto neste artigo aplica-se, no que couber, aos créditos do Fundo de Garantia do Tempo de Serviço (FGTS).

§ 8º. Não haverá condenação em honorários de sucumbência no incidente de que trata este artigo.

Art. 8º. No prazo de 10 (dez) dias, contado da publicação da relação referida no art. 7º, § 2º, desta Lei, o Comitê, qualquer credor, o devedor ou seus sócios ou o Ministério Público podem apresentar ao juiz impugnação contra a relação de credores, apontando a ausência de qualquer crédito ou manifestando-se contra a legitimidade, importância ou classificação de crédito relacionado.

Parágrafo único. Autuada em separado, a impugnação será processada nos termos dos arts. 13 a 15 desta Lei.

Art. 9º. A habilitação de crédito realizada pelo credor nos termos do art. 7º, § 1º, desta Lei deverá conter:

I – o nome, o endereço do credor e o endereço em que receberá comunicação de qualquer ato do processo;

II – o valor do crédito, atualizado até a data da decretação da falência ou do pedido de recuperação judicial, sua origem e classificação;

III – os documentos comprobatórios do crédito e a indicação das demais provas a serem produzidas;

IV – a indicação da garantia prestada pelo devedor, se houver, e o respectivo instrumento;

V – a especificação do objeto da garantia que estiver na posse do credor.

Parágrafo único. Os títulos e documentos que legitimam os créditos deverão ser exibidos no original ou por cópias autenticadas se estiverem juntados em outro processo.

‣ Esta Lei: art. 94, § 3º.

Art. 10. Não observado o prazo estipulado no art. 7º, § 1º, desta Lei, as habilitações de crédito serão recebidas como retardatárias.

§ 1º. Na recuperação judicial, os titulares de créditos retardatários, excetuados os titulares de créditos derivados da relação de trabalho, não terão direito a voto nas deliberações da assembleia-geral de credores.

‣ Esta Lei: art. 39.

§ 2º. Aplica-se o disposto no § 1º deste artigo ao processo de falência, salvo se, na data da realização da assembleia-geral, já houver sido homologado o quadro-geral de credores contendo o crédito retardatário.

§ 3º. Na falência, os créditos retardatários perderão o direito a rateios eventualmente realizados e ficarão sujeitos ao pagamento de custas, não se computando os acessórios compreendidos entre o término do prazo e a data do pedido de habilitação.

§ 4º. Na hipótese prevista no § 3º deste artigo, o credor poderá requerer a reserva de valor para satisfação de seu crédito.

§ 5º. As habilitações de crédito retardatárias, se apresentadas antes da homologação do quadro-geral de credores, serão recebidas como impugnação e processadas na forma dos arts. 13 a 15 desta Lei.

§ 6º. Após a homologação do quadro-geral de credores, aqueles que não habilitaram seu crédito poderão, observado, no que couber, o procedimento ordinário previsto no Código de Processo Civil, requerer ao juízo da falência ou da recuperação judicial a retificação do quadro-geral para inclusão do respectivo crédito.

§ 7º O quadro-geral de credores será formado com o julgamento das impugnações tempestivas e com as habilitações e as impugnações retardatárias decididas até o momento da sua formação. (Acrescido pela Lei 14.112/2020)

§ 8º As habilitações e as impugnações retardatárias acarretarão a reserva do valor para a satisfação do crédito discutido. (Acrescido pela Lei 14.112/2020)

§ 9º A recuperação judicial poderá ser encerrada ainda que não tenha havido a consolidação definitiva do quadro-geral de credores, hipótese em que as ações incidentais de habilitação e de impugnação retardatárias serão redistribuídas ao juízo da recuperação judicial como ações autônomas e observarão o rito comum. (Acrescido pela Lei 14.112/2020)

§ 10. O credor deverá apresentar pedido de habilitação ou de reserva de crédito em, no máximo, 3 (três) anos, contados da data de publicação da sentença que decretar a falência, sob pena de decadência. (Acrescido pela Lei 14.112/2020)

Art. 11. Os credores cujos créditos forem impugnados serão intimados para contestar a impugnação, no prazo de 5 (cinco) dias, juntando os documentos que tiverem e indicando outras provas que reputem necessárias.

› Esta Lei: art. 15.

Art. 12. Transcorrido o prazo do art. 11 desta Lei, o devedor e o Comitê, se houver, serão intimados pelo juiz para se manifestar sobre ela no prazo comum de 5 (cinco) dias.

› Esta Lei: art. 15.

Parágrafo único. Findo o prazo a que se refere o *caput* deste artigo, o administrador judicial será intimado pelo juiz para emitir parecer no prazo de 5 (cinco) dias, devendo juntar à sua manifestação o laudo elaborado pelo profissional ou empresa especializada, se for o caso, e todas as informações existentes nos livros fiscais e demais documentos do devedor acerca do crédito, constante ou não da relação de credores, objeto da impugnação.

Art. 13. A impugnação será dirigida ao juiz por meio de petição, instruída com os documentos que tiver o impugnante, o qual indicará as provas consideradas necessárias.

› Esta Lei: arts. 8º, parágrafo único; e 10, § 5º.

Parágrafo único. Cada impugnação será autuada em separado, com os documentos a ela relativos, mas terão uma só autuação as diversas impugnações versando sobre o mesmo crédito.

Art. 14. Caso não haja impugnações, o juiz homologará, como quadro-geral de credores, a relação dos credores de que trata o § 2º do art. 7º, ressalvado o disposto no art. 7º-A desta Lei. (Redação dada pela Lei 14.112/2020)

› Esta Lei: arts. 8º, parágrafo único; e 10, § 5º.

Art. 15. Transcorridos os prazos previstos nos arts. 11 e 12 desta Lei, os autos de impugnação serão conclusos ao juiz, que:

› Esta Lei: arts. 8º, parágrafo único; e 10, § 5º.

I – determinará a inclusão no quadro-geral de credores das habilitações de créditos não impugnadas, no valor constante da relação referida no § 2º do art. 7º desta Lei;

II – julgará as impugnações que entender suficientemente esclarecidas pelas alegações e provas apresentadas pelas partes, mencionando, de cada crédito, o valor e a classificação;

III – fixará, em cada uma das restantes impugnações, os aspectos controvertidos e decidirá as questões processuais pendentes;

IV – determinará as provas a serem produzidas, designando audiência de instrução e julgamento, se necessário.

Art. 16. Para fins de rateio na falência, deverá ser formado quadro-geral de credores, composto pelos créditos não impugnados constantes do edital de que trata o § 2º do art. 7º desta Lei, pelo julgamento de todas as impugnações apresentadas no prazo previsto no art. 8º desta Lei e pelo julgamento realizado até então das habilitações de crédito recebidas como retardatárias. (Redação dada pela Lei 14.112/2020)

§ 1º As habilitações retardatárias não julgadas acarretarão a reserva do valor controvertido, mas não impedirão o pagamento da parte incontroversa. (Acrescido pela Lei 14.112/2020)

§ 2º Ainda que o quadro-geral de credores não esteja formado, o rateio de pagamentos na falência poderá ser realizado desde que a classe de credores a ser satisfeita já tenha tido todas as impugnações judiciais apresentadas no prazo previsto no art. 8º desta Lei, ressalvada a reserva dos créditos controvertidos em função das habilitações retardatárias de créditos distribuídas até então e ainda não julgadas. (Acrescido pela Lei 14.112/2020)

Art. 17. Da decisão judicial sobre a impugnação caberá agravo.

› Súm. nº 25 do STJ.

Parágrafo único. Recebido o agravo, o relator poderá conceder efeito suspensivo à decisão que reconhece o crédito ou determinar a inscrição ou modificação do seu valor ou classificação no quadro-geral de credores, para fins de exercício de direito de voto em assembleia-geral.

Art. 18. O administrador judicial será responsável pela consolidação do quadro-geral de credores, a ser homologado pelo juiz, com base na relação dos credores a que se refere o art. 7º, § 2º, desta Lei e nas decisões proferidas nas impugnações oferecidas.

› Esta Lei: arts. 14 e 22, I, f.

Parágrafo único. O quadro-geral, assinado pelo juiz e pelo administrador judicial, mencionará a importância e a classificação de cada crédito na data do requerimento da recuperação judicial ou da decretação da falência, será juntado aos autos e publicado no órgão oficial, no prazo de 5 (cinco) dias, contado da data da sentença que houver julgado as impugnações.

Art. 19. O administrador judicial, o Comitê, qualquer credor ou o representante do Ministério Público poderá, até o encerramento da recuperação judicial ou da falência, observado, no que couber, o procedimento ordinário previsto no Código de Processo Civil, pedir a exclusão, outra classificação ou a retificação de qualquer crédito, nos casos de descoberta de falsidade, dolo, simulação, fraude, erro essencial ou, ainda, documentos ignorados na época do julgamento do crédito ou da inclusão no quadro-geral de credores.

§ 1º. A ação prevista neste artigo será proposta exclusivamente perante o juízo da recuperação judicial ou da falência ou, nas hipóteses previstas no art. 6º, §§ 1º e 2º, desta Lei, perante o juízo que tenha originariamente reconhecido o crédito.

§ 2º. Proposta a ação de que trata este artigo, o pagamento ao titular do crédito por ela atingido somente poderá ser realizado mediante a prestação de caução no mesmo valor do crédito questionado.

Art. 20. As habilitações dos credores particulares do sócio ilimitadamente responsável processar-se-ão de acordo com as disposições desta Seção.

SEÇÃO II–A
DAS CONCILIAÇÕES E DAS MEDIAÇÕES ANTECEDENTES OU INCIDENTAIS AOS PROCESSOS DE RECUPERAÇÃO JUDICIAL

Art. 20-A. A conciliação e a mediação deverão ser incentivadas em qualquer grau de jurisdição, inclusive no âmbito de recursos em segundo grau de jurisdição e nos Tribunais Superiores, e não implicarão a suspensão dos prazos previstos nesta Lei, salvo se houver consenso entre as partes em sentido contrário ou determinação judicial. (Acrescido pela Lei 14.112/2020)

Art. 20-B. Serão admitidas conciliações e mediações antecedentes ou incidentais aos processos de recuperação judicial, notadamente: (Acrescido pela Lei 14.112/2020)

I - nas fases pré-processual e processual de disputas entre os sócios e acionistas de sociedade em dificuldade ou em recuperação judicial, bem como nos litígios que envolverem credores não sujeitos à recuperação judicial, nos termos dos §§ 3º e 4º do art. 49 desta Lei, ou credores extraconcursais;

II - em conflitos que envolverem concessionárias ou permissionárias de serviços públicos em recuperação judicial e órgãos reguladores ou entes públicos municipais, distritais, estaduais ou federais;

III - na hipótese de haver créditos extraconcursais contra empresas em recuperação judicial durante período de vigência de estado de calamidade pública, a fim de permitir a continuidade da prestação de serviços essenciais;

IV - na hipótese de negociação de dívidas e respectivas formas de pagamento entre a empresa em dificuldade e seus credores, em caráter antecedente ao ajuizamento de pedido de recuperação judicial.

§ 1º Na hipótese prevista no inciso IV do *caput* deste artigo, será facultado às empresas em dificuldade que preencham os requisitos legais para requerer recuperação judicial obter tutela de urgência cautelar, nos termos do art. 305 e seguintes da Lei nº 13.105, de 16 de março de 2015 (Código de Processo Civil), a fim de que sejam suspensas as execuções contra elas propostas pelo prazo de até 60 (sessenta) dias, para tentativa de composição com seus credores, em procedimento de mediação ou conciliação já instaurado perante o Centro Judiciário de Solução de Conflitos e Cidadania (Cejusc) do tribunal competente ou da câmara especializada, observados, no que couber, os arts. 16 e 17 da Lei nº 13.140, de 26 de junho de 2015.

§ 2º São vedadas a conciliação e a mediação sobre a natureza jurídica e a classificação de créditos, bem como sobre critérios de votação em assembleia-geral de credores.

§ 3º Se houver pedido de recuperação judicial ou extrajudicial, observados os critérios desta Lei, o período de suspensão previsto no § 1º deste artigo será deduzido do período de suspensão previsto no art. 6º desta Lei.

Art. 20-C. O acordo obtido por meio de conciliação ou de mediação com fundamento nesta Seção deverá ser homologado pelo juiz competente conforme o disposto no art. 3º desta Lei. (Acrescido pela Lei 14.112/2020)

Parágrafo único. Requerida a recuperação judicial ou extrajudicial em até 360 (trezentos e sessenta) dias contados do acordo firmado durante o período da conciliação ou de mediação pré-processual, o credor terá reconstituídos seus direitos e garantias nas condições originalmente contratadas, deduzidos os valores eventualmente pagos e ressalvados os atos validamente praticados no âmbito dos procedimentos previstos nesta Seção.

Art. 20-D. As sessões de conciliação e de mediação de que trata esta Seção poderão ser realizadas por meio virtual, desde que o Cejusc do tribunal competente ou a câmara especializada responsável disponham de meios para a sua realização. (Acrescido pela Lei 14.112/2020)

SEÇÃO III. DO ADMINISTRADOR JUDICIAL E DO COMITÊ DE CREDORES

Art. 21. O administrador judicial será profissional idôneo, preferencialmente advogado, economista, administrador de empresas ou contador, ou pessoa jurídica especializada.

‣ Esta Lei: art. 52, I.

Parágrafo único. Se o administrador judicial nomeado for pessoa jurídica, declarar-se-á, no termo de que trata o art. 33 desta Lei, o nome de profissional responsável pela condução do processo de falência ou de recuperação judicial, que não poderá ser substituído sem autorização do juiz.

Art. 22. Ao administrador judicial compete, sob a fiscalização do juiz e do Comitê, além de outros deveres que esta Lei lhe impõe:

I – na recuperação judicial e na falência:

‣ Esta Lei: art. 22, § 2º.

a) enviar correspondência aos credores constantes na relação de que trata o inciso III do *caput* do art. 51, o inciso III do *caput* do art. 99 ou o inciso II do *caput* do art. 105 desta Lei, comunicando a data do pedido de recuperação judicial ou da decretação da falência, a natureza, o valor e a classificação dada ao crédito;

b) fornecer, com presteza, todas as informações pedidas pelos credores interessados;

c) dar extratos dos livros do devedor, que merecerão fé de ofício, a fim de servirem de fundamento nas habilitações e impugnações de créditos;

d) exigir dos credores, do devedor ou seus administradores quaisquer informações;

e) elaborar a relação de credores de que trata o § 2º do art. 7º desta Lei;

f) consolidar o quadro-geral de credores nos termos do art. 18 desta Lei;

g) requerer ao juiz convocação da assembleia-geral de credores nos casos previstos nesta Lei ou quando entender necessária sua ouvida para a tomada de decisões;

h) contratar, mediante autorização judicial, profissionais ou empresas especializadas para, quando necessário, auxiliá-lo no exercício de suas funções;

i) manifestar-se nos casos previstos nesta Lei;

j) estimular, sempre que possível, a conciliação, a mediação e outros métodos alternativos de solução de conflitos relacionados à recuperação judicial e à falência, respeitados os direitos de terceiros, na forma do § 3º do art. 3º da Lei nº 13.105, de 16 de março de 2015 (Código de Processo Civil); (Acrescido pela Lei 14.112/2020)

k) manter endereço eletrônico na internet, com informações atualizadas sobre os processos de falência e de recuperação judicial, com a opção de consulta às peças principais do processo, salvo decisão judicial em sentido contrário; (Acrescido pela Lei 14.112/2020)

l) manter endereço eletrônico específico para o recebimento de pedidos de habilitação ou a apresentação de divergências, ambos em âmbito administrativo, com modelos que poderão ser utilizados pelos credores, salvo decisão judicial em sentido contrário; (Acrescido pela Lei 14.112/2020)

m) providenciar, no prazo máximo de 15 (quinze) dias, as respostas aos ofícios e às solicitações enviadas por outros juízos e órgãos públicos, sem necessidade de prévia deliberação do juízo; (Acrescido pela Lei 14.112/2020)

II – na recuperação judicial:

a) fiscalizar as atividades do devedor e o cumprimento do plano de recuperação judicial;

b) requerer a falência no caso de descumprimento de obrigação assumida no plano de recuperação;

c) apresentar ao juiz, para juntada aos autos, relatório mensal das atividades do devedor, fiscalizando a veracidade e a conformidade das informações prestadas pelo devedor; (Redação dada pela Lei 14.112/2020)

d) apresentar o relatório sobre a execução do plano de recuperação, de que trata o inciso III do *caput* do art. 63 desta Lei;

e) fiscalizar o decurso das tratativas e a regularidade das negociações entre devedor e credores; (Acrescido pela Lei 14.112/2020)

f) assegurar que devedor e credores não adotem expedientes dilatórios, inúteis ou, em geral, prejudiciais ao regular andamento das negociações; (Acrescido pela Lei 14.112/2020)

g) assegurar que as negociações realizadas entre devedor e credores sejam regidas pelos termos convencionados entre os interessados ou, na falta de acordo, pelas regras propostas pelo administrador judicial e homologadas pelo juiz, observado o princípio da boa-fé para solução construtiva de consensos, que acarretem maior efetividade econômico-financeira e proveito social para os agentes econômicos envolvidos; (Acrescido pela Lei 14.112/2020)

h) apresentar, para juntada aos autos, e publicar no endereço eletrônico específico relatório mensal das atividades do devedor e relatório sobre o plano de recuperação judicial, no prazo de até 15 (quinze) dias contado da apresentação do plano, fiscalizando a veracidade e a conformidade das informações prestadas pelo devedor, além de informar eventual ocorrência das condutas previstas no art. 64 desta Lei; (Acrescido pela Lei 14.112/2020)

III – na falência:

‣ Esta Lei: arts. 99, IX; e 186.

a) avisar, pelo órgão oficial, o lugar e hora em que, diariamente, os credores terão à sua disposição os livros e documentos do falido;

b) examinar a escrituração do devedor;

c) relacionar os processos e assumir a representação judicial e extrajudicial, incluídos os processos arbitrais, da massa falida; (Redação dada pela Lei 14.112/2020)

d) receber e abrir a correspondência dirigida ao devedor, entregando a ele o que não for assunto de interesse da massa;

e) apresentar, no prazo de 40 (quarenta) dias, contado da assinatura do termo de compromisso, prorrogável por igual período, relatório sobre as causas e circunstâncias que conduziram à situação de falência, no qual apontará a responsabilidade civil e penal dos envolvidos, observado o disposto no art. 186 desta Lei;

‣ Esta Lei: art. 22, § 4º.

f) arrecadar os bens e documentos do devedor e elaborar o auto de arrecadação, nos termos dos arts. 108 e 110 desta Lei;

g) avaliar os bens arrecadados;

h) contratar avaliadores, de preferência oficiais, mediante autorização judicial, para a avaliação dos bens caso entenda não ter condições técnicas para a tarefa;

i) praticar os atos necessários à realização do ativo e ao pagamento dos credores;

j) proceder à venda de todos os bens da massa falida no prazo máximo de 180 (cento e oitenta) dias, contado da data da juntada do auto de arrecadação, sob pena de destituição, salvo por impossibilidade fundamentada, reconhecida por decisão judicial; (Redação dada pela Lei 14.112/2020)

l) praticar todos os atos conservatórios de direitos e ações, diligenciar a cobrança de dívidas e dar a respectiva quitação;

m) remir, em benefício da massa e mediante autorização judicial, bens apenhados, penhorados ou legalmente retidos;

n) representar a massa falida em juízo, contratando, se necessário, advogado, cujos honorários serão previamente ajustados e aprovados pelo Comitê de Credores;

o) requerer todas as medidas e diligências que forem necessárias para o cumprimento desta Lei, a proteção da massa ou a eficiência da administração;

p) apresentar ao juiz para juntada aos autos, até o 10º (décimo) dia do mês seguinte ao vencido, conta demonstrativa da administração, que especifique com clareza a receita e a despesa;

q) entregar ao seu substituto todos os bens e documentos da massa em seu poder, sob pena de responsabilidade;

r) prestar contas ao final do processo, quando for substituído, destituído ou renunciar ao cargo.

s) arrecadar os valores dos depósitos realizados em processos administrativos ou judiciais nos quais o falido figure como parte, oriundos de penhoras, de bloqueios, de apreensões, de leilões, de alienação judicial e de outras hipóteses de constrição judicial, ressalvado o disposto nas Leis nos 9.703, de 17 de novembro de 1998, e 12.099, de 27 de novembro de 2009, e na Lei Complementar nº 151, de 5 de agosto de 2015. (Acrescido pela Lei 14.112/2020)

§ 1º. As remunerações dos auxiliares do administrador judicial serão fixadas pelo juiz, que considerará a complexidade dos trabalhos a serem executados e os valores praticados no mercado para o desempenho de atividades semelhantes.

§ 2º. Na hipótese da alínea d do inciso I do *caput* deste artigo, se houver recusa, o juiz, a requerimento do administrador judicial, intimará aquelas pessoas para que compareçam à sede do juízo, sob pena de desobediência, oportunidade em que as interrogará na presença do administrador judicial, tomando seus depoimentos por escrito.

§ 3º. Na falência, o administrador judicial não poderá, sem autorização judicial, após ouvidos o Comitê e o devedor no prazo comum de 2 (dois) dias, transigir sobre obrigações e direitos da massa falida e conceder abatimento de dívidas, ainda que sejam consideradas de difícil recebimento.

§ 4º. Se o relatório de que trata a alínea e do inciso III do *caput* deste artigo apontar responsabilidade penal de qualquer dos envolvidos, o Ministério Público será intimado para tomar conhecimento de seu teor.

Art. 23. O administrador judicial que não apresentar, no prazo estabelecido, suas contas ou qualquer dos relatórios previstos nesta Lei será intimado pessoalmente a fazê-lo no prazo de 5 (cinco) dias, sob pena de desobediência.

Parágrafo único. Decorrido o prazo do *caput* deste artigo, o juiz destituirá o administrador judicial e nomeará substituto para elaborar relatórios ou organizar as contas, explicitando as responsabilidades de seu antecessor.

Art. 24. O juiz fixará o valor e a forma de pagamento da remuneração do administrador judicial, observados a capacidade de pagamento do devedor, o grau de complexidade do trabalho e os valores praticados no mercado para o desempenho de atividades semelhantes.

§ 1º. Em qualquer hipótese, o total pago ao administrador judicial não excederá 5% (cinco por cento) do valor devido aos credores submetidos à recuperação judicial ou do valor de venda dos bens na falência.

§ 2º. Será reservado 40% (quarenta por cento) do montante devido ao administrador judicial para pagamento após atendimento do previsto nos arts. 154 e 155 desta Lei.

§ 3º. O administrador judicial substituído será remunerado proporcionalmente ao trabalho realizado, salvo se renunciar sem relevante razão ou for destituído de suas funções por desídia, culpa, dolo ou descumprimento das obrigações fixadas nesta Lei, hipóteses em que não terá direito à remuneração.

§ 4º. Também não terá direito a remuneração o administrador que tiver suas contas desaprovadas.

§ 5º A remuneração do administrador judicial fica reduzida ao limite de 2% (dois por cento), no caso de microempresas e de empresas de pequeno porte, bem como na hipótese de que trata o art. 70-A desta Lei. (Redação dada pela Lei 14.112/2020)

Art. 25. Caberá ao devedor ou à massa falida arcar com as despesas relativas à remuneração do administrador judicial e das pessoas eventualmente contratadas para auxiliá-lo.

Art. 26. O Comitê de Credores será constituído por deliberação de qualquer das classes de credores na assembleia-geral e terá a seguinte composição:

‣ Esta Lei: art. 56, § 2º.

I – 1 (um) representante indicado pela classe de credores trabalhistas, com 2 (dois) suplentes;

II – 1 (um) representante indicado pela classe de credores com direitos reais de garantia ou privilégios especiais, com 2 (dois) suplentes;

III – 1 (um) representante indicado pela classe de credores quirografários e com privilégios gerais, com 2 (dois) suplentes.

IV – 1 (um) representante indicado pela classe de credores representantes de microempresas e empresas de pequeno porte, com 2 (dois) suplentes. (Incluído pela Lei Complementar nº 147, de 2014)

§ 1º. A falta de indicação de representante por quaisquer das classes não prejudicará a constituição do Comitê, que poderá funcionar com número inferior ao previsto no *caput* deste artigo.

§ 2º. O juiz determinará, mediante requerimento subscrito por credores que representem a maioria dos créditos de uma classe, independentemente da realização de assembleia:

I – a nomeação do representante e dos suplentes da respectiva classe ainda não representada no Comitê; ou

II – a substituição do representante ou dos suplentes da respectiva classe.

§ 3º. Caberá aos próprios membros do Comitê indicar, entre eles, quem irá presidi-lo.

Art. 27. O Comitê de Credores terá as seguintes atribuições, além de outras previstas nesta Lei:

I – na recuperação judicial e na falência:

a) fiscalizar as atividades e examinar as contas do administrador judicial;

b) zelar pelo bom andamento do processo e pelo cumprimento da lei;

c) comunicar ao juiz, caso detecte violação dos direitos ou prejuízo aos interesses dos credores;

d) apurar e emitir parecer sobre quaisquer reclamações dos interessados;

e) requerer ao juiz a convocação da assembleia-geral de credores;

f) manifestar-se nas hipóteses previstas nesta Lei;

II – na recuperação judicial:

a) fiscalizar a administração das atividades do devedor, apresentando, a cada 30 (trinta) dias, relatório de sua situação;

b) fiscalizar a execução do plano de recuperação judicial;

c) submeter à autorização do juiz, quando ocorrer o afastamento do devedor nas hipóteses previstas nesta Lei, a alienação de bens do ativo permanente, a constituição de ônus reais e outras garantias, bem como atos de endividamento necessários à continuação da atividade empresarial durante o período que antecede a aprovação do plano de recuperação judicial.

§ 1º. As decisões do Comitê, tomadas por maioria, serão consignadas em livro de atas, rubricado pelo juízo, que ficará à disposição do administrador judicial, dos credores e do devedor.

§ 2º. Caso não seja possível a obtenção de maioria em deliberação do Comitê, o impasse será resolvido pelo administrador judicial ou, na incompatibilidade deste, pelo juiz.

Art. 28. Não havendo Comitê de Credores, caberá ao administrador judicial ou, na incompatibilidade deste, ao juiz exercer suas atribuições.

Art. 29. Os membros do Comitê não terão sua remuneração custeada pelo devedor ou pela massa falida, mas as despesas realizadas para a realização de ato previsto nesta Lei, se devidamente comprovadas e com a autorização do juiz, serão ressarcidas atendendo às disponibilidades de caixa.

Art. 30. Não poderá integrar o Comitê ou exercer as funções de administrador judicial quem, nos últimos 5 (cinco) anos, no exercício do cargo de administrador judicial ou de membro do Comitê em falência ou recuperação judicial anterior, foi destituído, deixou de prestar contas dentro dos prazos legais ou teve a prestação de contas desaprovada.

§ 1º. Ficará também impedido de integrar o Comitê ou exercer a função de administrador judicial quem tiver relação de parentesco ou afinidade até o 3º (terceiro) grau com o devedor, seus administradores, controladores ou representantes legais ou deles for amigo, inimigo ou dependente.

§ 2º. O devedor, qualquer credor ou o Ministério Público poderá requerer ao juiz a substituição do administrador judicial ou dos membros do Comitê nomeados em desobediência aos preceitos desta Lei.

§ 3º. O juiz decidirá, no prazo de 24 (vinte e quatro) horas, sobre o requerimento do § 2º deste artigo.

Art. 31. O juiz, de ofício ou a requerimento fundamentado de qualquer interessado, poderá determinar a destituição do administrador judicial ou de quaisquer dos membros do Comitê de Credores quando verificar desobediência aos preceitos desta Lei, descumprimento de deveres, omissão, negligência ou prática de ato lesivo às atividades do devedor ou a terceiros.

§ 1º. No ato de destituição, o juiz nomeará novo administrador judicial ou convocará os suplentes para recompor o Comitê.

§ 2º. Na falência, o administrador judicial substituído prestará contas no prazo de 10 (dez) dias, nos termos dos §§ 1º a 6º do art. 154 desta Lei.

Art. 32. O administrador judicial e os membros do Comitê responderão pelos prejuízos causados à massa falida, ao devedor ou aos credores por dolo ou culpa, devendo o dissidente em deliberação do Comitê consignar sua discordância em ata para eximir-se da responsabilidade.

Art. 33. O administrador judicial e os membros do Comitê de Credores, logo que nomeados, serão intimados pessoalmente para, em 48 (quarenta e oito) horas, assinar, na sede do juízo, o termo de compromisso de bem e fielmente desempenhar o cargo e assumir todas as responsabilidades a ele inerentes.

▸ Esta Lei: art. 21, parágrafo único.

Art. 34. Não assinado o termo de compromisso no prazo previsto no art. 33 desta Lei, o juiz nomeará outro administrador judicial.

SEÇÃO IV. DA ASSEMBLEIA-GERAL DE CREDORES

Art. 35. A assembleia-geral de credores terá por atribuições deliberar sobre:

I – na recuperação judicial:

▸ Esta Lei: art. 42.

a) aprovação, rejeição ou modificação do plano de recuperação judicial apresentado pelo devedor;

b) a constituição do Comitê de Credores, a escolha de seus membros e sua substituição;

c) Vetado.

d) o pedido de desistência do devedor, nos termos do § 4º do art. 52 desta Lei;

e) o nome do gestor judicial, quando do afastamento do devedor;

f) qualquer outra matéria que possa afetar os interesses dos credores;

g) alienação de bens ou direitos do ativo não circulante do devedor, não prevista no plano de recuperação judicial; (Acrescido pela Lei 14.112/2020)

II – na falência:

▸ Esta Lei: art. 99, IX.

a) Vetado.

b) a constituição do Comitê de Credores, a escolha de seus membros e sua substituição;

c) a adoção de outras modalidades de realização do ativo, na forma do art. 145 desta Lei;

d) qualquer outra matéria que possa afetar os interesses dos credores.

Art. 36. A assembleia-geral de credores será convocada pelo juiz por meio de edital publicado no diário oficial eletrônico e disponibilizado no sítio eletrônico do administrador judicial, com antecedência mínima de 15 (quinze) dias, o qual conterá: (Redação dada pela Lei 14.112/2020)

I – local, data e hora da assembleia em 1ª (primeira) e em 2ª (segunda) convocação, não podendo esta ser realizada menos de 5 (cinco) dias depois da 1ª (primeira);

II – a ordem do dia;

III – local onde os credores poderão, se for o caso, obter cópia do plano de recuperação judicial a ser submetido à deliberação da assembleia.

§ 1º. Cópia do aviso de convocação da assembleia deverá ser afixada de forma ostensiva na sede e filiais do devedor.

§ 2º. Além dos casos expressamente previstos nesta Lei, credores que representem no mínimo 25% (vinte e cinco por cento) do valor total dos créditos de uma determinada classe poderão requerer ao juiz a convocação de assembleia-geral.

▸ Esta Lei: art. 52, § 2º.

§ 3º. As despesas com a convocação e a realização da assembleia-geral correm por conta do devedor ou da massa falida, salvo se convocada em virtude de requerimento do Comitê de Credores ou na hipótese do § 2º deste artigo.

Art. 37. A assembleia será presidida pelo administrador judicial, que designará 1 (um) secretário dentre os credores presentes.

§ 1º. Nas deliberações sobre o afastamento do administrador judicial ou em outras em que haja incompatibilidade deste, a assembleia será presidida pelo credor presente que seja titular do maior crédito.

§ 2º. A assembleia instalar-se-á, em 1ª (primeira) convocação, com a presença de credores titulares de mais da metade dos créditos de cada classe, computados pelo valor, e, em 2ª (segunda) convocação, com qualquer número.

§ 3º. Para participar da assembleia, cada credor deverá assinar a lista de presença, que será encerrada no momento da instalação.

§ 4º. O credor poderá ser representado na assembleia-geral por mandatário ou representante legal, desde que entregue ao administrador judicial, até 24 (vinte e quatro) horas antes da data prevista no aviso de convocação, documento hábil que comprove seus poderes ou a indicação das folhas dos autos do processo em que se encontre o documento.

§ 5º. Os sindicatos de trabalhadores poderão representar seus associados titulares de créditos derivados da legislação do trabalho ou decorrentes de acidente de trabalho que não comparecerem, pessoalmente ou por procurador, à assembleia.

§ 6º. Para exercer a prerrogativa prevista no § 5º deste artigo, o sindicato deverá:

I – apresentar ao administrador judicial, até 10 (dez) dias antes da assembleia, a relação dos associados que pretende representar, e o trabalhador que conste da relação de mais de um sindicato deverá esclarecer, até 24 (vinte e quatro) horas antes da assembleia, qual sindicato o representa, sob pena de não ser representado em assembleia por nenhum deles; e

II – Vetado.

§ 7º. Do ocorrido na assembleia, lavrar-se-á ata que conterá o nome dos presentes e as assinaturas do presidente, do devedor e de 2 (dois) membros de cada uma das classes votantes, e que será entregue ao juiz, juntamente com a lista de presença, no prazo de 48 (quarenta e oito) horas.

Art. 38. O voto do credor será proporcional ao valor de seu crédito, ressalvado, nas deliberações sobre o plano de recuperação judicial, o disposto no § 2º do art. 45 desta Lei.

Parágrafo único. Na recuperação judicial, para fins exclusivos de votação em assembleia-geral, o crédito em moeda estrangeira será convertido para moeda nacional pelo câmbio da véspera da data de realização da assembleia.

Art. 39. Terão direito a voto na assembleia-geral as pessoas arroladas no quadro-geral de credores ou, na sua falta, na relação de credores apresentada pelo administrador judicial na forma do art. 7º, § 2º, desta Lei, ou, ainda, na falta desta, na relação apresentada pelo próprio devedor nos termos dos arts. 51, incisos III e IV do *caput*, 99, inciso III do *caput*, ou 105, inciso II do *caput*, desta Lei, acrescidas, em qualquer caso, das que estejam habilitadas na data da realização da assembleia ou que tenham créditos admitidos ou alterados por decisão judicial, inclusive as que tenham obtido reserva de importâncias, observado o disposto nos §§ 1º e 2º do art. 10 desta Lei.

§ 1º. Não terão direito a voto e não serão considerados para fins de verificação do quorum de instalação e de deliberação os titulares de créditos excetuados na forma dos §§ 3º e 4º do art. 49 desta Lei.

§ 2º. As deliberações da assembleia-geral não serão invalidadas em razão de posterior decisão judicial acerca da existência, quantificação ou classificação de créditos.

§ 3º. No caso de posterior invalidação de deliberação da assembleia, ficam resguardados os direitos de terceiros de boa-fé, respondendo os credores que aprovarem a deliberação pelos prejuízos comprovados causados por dolo ou culpa.

§ 4º Qualquer deliberação prevista nesta Lei a ser realizada por meio de assembleia-geral de credores poderá ser substituída, com idênticos efeitos, por: (Acrescido pela Lei 14.112/2020)

I - termo de adesão firmado por tantos credores quantos satisfaçam o quórum de aprovação específico, nos termos estabelecidos no art. 45-A desta Lei;

II - votação realizada por meio de sistema eletrônico que reproduza as condições de tomada de voto da assembleia-geral de credores; ou

III - outro mecanismo reputado suficientemente seguro pelo juiz.

§ 5º. As deliberações nos formatos previstos no § 4º deste artigo serão fiscalizadas pelo administrador judicial, que emitirá parecer sobre sua regularidade, previamente à sua homologação judicial, independentemente da concessão ou não da recuperação judicial. (Acrescido pela Lei 14.112/2020)

§ 6º. O voto será exercido pelo credor no seu interesse e de acordo com o seu juízo de conveniência e poderá ser declarado nulo por abusividade somente quando manifestamente exercido para obter vantagem ilícita para si ou para outrem. (Acrescido pela Lei 14.112/2020)

§ 7º. A cessão ou a promessa de cessão do crédito habilitado deverá ser imediatamente comunicada ao juízo da recuperação judicial. (Acrescido pela Lei 14.112/2020)

Art. 40. Não será deferido provimento liminar, de caráter cautelar ou antecipatório dos efeitos da tutela, para a suspensão ou adiamento da assembleia-geral de credores em razão de pendência de discussão acerca da existência, da quantificação ou da classificação de créditos.

Art. 41. A assembleia-geral será composta pelas seguintes classes de credores:

‣ Esta Lei: art. 45.

I – titulares de créditos derivados da legislação do trabalho ou decorrentes de acidentes de trabalho;

‣ Esta Lei: art. 45, § 2º.

II – titulares de créditos com garantia real;

‣ Esta Lei: art. 45, § 1º.

III – titulares de créditos quirografários, com privilégio especial, com privilégio geral ou subordinados.

‣ Esta Lei: art. 45, § 1º.

IV – titulares de créditos enquadrados como microempresa ou empresa de pequeno porte. (Incluído pela Lei Complementar nº 147, de 2014)

§ 1º. Os titulares de créditos derivados da legislação do trabalho votam com a classe prevista no inciso I do *caput* deste artigo com o total de seu crédito, independentemente do valor.

§ 2º. Os titulares de créditos com garantia real votam com a classe prevista no inciso II do *caput* deste artigo até o limite do valor do bem gravado e com a classe prevista no inciso III do *caput* deste artigo pelo restante do valor de seu crédito.

Art. 42. Considerar-se-á aprovada a proposta que obtiver votos favoráveis de credores que representem mais da metade do valor total dos créditos presentes à assembleia-geral, exceto nas deliberações sobre o plano de recuperação judicial nos termos da alínea a do inciso I do *caput* do art. 35 desta Lei, a composição do Comitê de Credores ou forma alternativa de realização do ativo nos termos do art. 145 desta Lei.

‣ Esta Lei: art. 73, I.

Art. 43. Os sócios do devedor, bem como as sociedades coligadas, controladoras, controladas ou as que tenham sócio ou acionista com participação superior a 10% (dez por cento) do capital social do devedor ou em que o devedor ou algum de seus sócios detenham participação superior a 10% (dez por cento) do capital social, poderão participar da assembleia-geral de credores, sem ter direito a voto e não serão considerados para fins de verificação do quorum de instalação e de deliberação.

Parágrafo único. O disposto neste artigo também se aplica ao cônjuge ou parente, consanguíneo ou afim, colateral até o 2º (segundo) grau, ascendente ou descendente do devedor, de administrador, do sócio controlador, de membro dos conselhos consultivo, fiscal ou semelhantes da sociedade devedora e à sociedade em que quaisquer dessas pessoas exerçam essas funções.

Art. 44. Na escolha dos representantes de cada classe no Comitê de Credores, somente os respectivos membros poderão votar.

Art. 45. Nas deliberações sobre o plano de recuperação judicial, todas as classes de credores referidas no art. 41 desta Lei deverão aprovar a proposta.

‣ Esta Lei: art. 58, *caput*, § 1º e II.

§ 1º. Em cada uma das classes referidas nos incisos II e III do art. 41 desta Lei, a proposta deverá ser aprovada por credores que representem mais da metade do valor total dos créditos presentes à assembleia e, cumulativamente, pela maioria simples dos credores presentes.

§ 2º. Nas classes previstas nos incisos I e IV do art. 41 desta Lei, a proposta deverá ser aprovada pela maioria simples dos credores presentes, independentemente do valor de seu crédito. (Redação dada pela Lei Complementar nº 147, de 2014)

‣ Esta Lei: art. 38.

§ 3º. O credor não terá direito a voto e não será considerado para fins de verificação de quorum de deliberação se o plano de recuperação judicial não alterar o valor ou as condições originais de pagamento de seu crédito.

Art. 45-A. As deliberações da assembleia-geral de credores previstas nesta Lei poderão ser substituídas pela comprovação da adesão de credores que representem mais da metade do valor dos créditos sujeitos à recuperação judicial, observadas as exceções previstas nesta Lei. (Acrescido pela Lei 14.112/2020)

§ 1º Nos termos do art. 56-A desta Lei, as deliberações sobre o plano de recuperação judicial poderão ser substituídas por documento que comprove o cumprimento do disposto no art. 45 desta Lei.

§ 2º As deliberações sobre a constituição do Comitê de Credores poderão ser substituídas por documento que comprove a adesão da maioria dos créditos de cada conjunto de credores previsto no art. 26 desta Lei.

§ 3º As deliberações sobre forma alternativa de realização do ativo na falência, nos termos do art. 145 desta Lei, poderão ser substituídas por documento que comprove a adesão de credores que representem 2/3 (dois terços) dos créditos.

§ 4º As deliberações no formato previsto neste artigo serão fiscalizadas pelo administrador judicial, que emitirá parecer sobre sua regularidade, com oitiva do Ministério Público, previamente à sua homologação judicial, independentemente da concessão ou não da recuperação judicial.

Art. 46. A aprovação de forma alternativa de realização do ativo na falência, prevista no art. 145 desta Lei, dependerá do voto favorável de credores que representem 2/3 (dois terços) dos créditos presentes à assembleia.

CAPÍTULO III. DA RECUPERAÇÃO JUDICIAL

SEÇÃO I. DISPOSIÇÕES GERAIS

Art. 47. A recuperação judicial tem por objetivo viabilizar a superação da situação de crise econômico-financeira do devedor, a fim de permitir a manutenção da fonte produtora, do emprego dos trabalhadores e dos interesses dos credores, promovendo, assim, a preservação da empresa, sua função social e o estímulo à atividade econômica.

Art. 48. Poderá requerer recuperação judicial o devedor que, no momento do pedido, exerça regularmente suas atividades há mais de 2 (dois) anos e que atenda aos seguintes requisitos, cumulativamente:

‣ Esta Lei: art. 161.

I – não ser falido e, se o foi, estejam declaradas extintas, por sentença transitada em julgado, as responsabilidades daí decorrentes;

II – não ter, há menos de 5 (cinco) anos, obtido concessão de recuperação judicial;

III – não ter, há menos de 5 (cinco) anos, obtido concessão de recuperação judicial com base no plano especial de que trata a Seção V deste Capítulo; (Redação dada pela Lei Complementar nº 147, de 2014)

IV – não ter sido condenado ou não ter, como administrador ou sócio controlador, pessoa condenada por qualquer dos crimes previstos nesta Lei.

§ 1º. A recuperação judicial também poderá ser requerida pelo cônjuge sobrevivente, herdeiros do devedor, inventariante ou sócio remanescente. (Renumerado pela Lei nº 12.873, de 2013)

§ 2º No caso de exercício de atividade rural por pessoa jurídica, admite-se a comprovação do prazo estabelecido no *caput* deste artigo por meio da Escrituração Contábil Fiscal (ECF), ou por meio de obrigação legal de registros contábeis que venha a substituir a ECF, entregue tempestivamente. (Redação dada pela Lei 14.112/2020)

§ 3º Para a comprovação do prazo estabelecido no *caput* deste artigo, o cálculo do período de exercício de atividade rural por pessoa física é feito com base no Livro Caixa Digital do Produtor Rural (LCDPR), ou por meio de obrigação legal de registros contábeis que venha a substituir o LCDPR, e pela Declaração do Imposto sobre a Renda da Pessoa Física (DIRPF) e balanço patrimonial, todos entregues tempestivamente. (Acrescido pela Lei 14.112/2020)

§ 4º Para efeito do disposto no § 3º deste artigo, no que diz respeito ao período em que não for exigível a entrega do LCDPR, admitir-se-á a entrega do livro-caixa utilizado para a elaboração da DIRPF. (Acrescido pela Lei 14.112/2020)

§ 5º Para os fins de atendimento ao disposto nos §§ 2º e 3º deste artigo, as informações contábeis relativas a receitas, a bens, a despesas, a custos e a dívidas deverão estar organizadas de acordo com a legislação e com o padrão contábil da legislação correlata vigente, bem como guardar obediência ao regime de competência e de elaboração de balanço patrimonial por contador habilitado. (Acrescido pela Lei 14.112/2020)

Art. 48-A. Na recuperação judicial de companhia aberta, serão obrigatórios a formação e o funcionamento do conselho fiscal, nos termos da Lei nº 6.404, de 15 de dezembro de 1976, enquanto durar a fase da recuperação judicial, incluído o período de cumprimento das obrigações assumidas pelo plano de recuperação. (Acrescido pela Lei 14.112/2020)

Art. 49. Estão sujeitos à recuperação judicial todos os créditos existentes na data do pedido, ainda que não vencidos.

§ 1º. Os credores do devedor em recuperação judicial conservam seus direitos e privilégios contra os coobrigados, fiadores e obrigados de regresso.

§ 2º. As obrigações anteriores à recuperação judicial observarão as condições originalmente contratadas ou definidas em lei, inclusive no que diz respeito aos encargos, salvo se de modo diverso ficar estabelecido no plano de recuperação judicial.

§ 3º. Tratando-se de credor titular da posição de proprietário fiduciário de bens móveis ou imóveis, de arrendador mercantil, de proprietário ou promitente vendedor de imóvel cujos respectivos contratos contenham cláusula de irrevogabilidade ou irretratabilidade, inclusive em incorporações imobiliárias, ou de proprietário em contrato de venda com reserva de domínio, seu crédito não se submeterá aos efeitos da recuperação judicial e prevalecerão os direitos de propriedade sobre a coisa e as condições contratuais, observada a legislação respectiva, não se permitindo, contudo, durante o prazo de suspensão a que se refere o § 4º do art. 6º desta Lei, a venda ou a retirada do estabelecimento do devedor dos bens de capital essenciais a sua atividade empresarial.

▸ Esta Lei: arts. 39, § 1º; 52, III; 71, I; e 161, § 1º.

§ 4º. Não se sujeitará aos efeitos da recuperação judicial a importância a que se refere o inciso II do art. 86 desta Lei.

▸ Esta Lei: arts. 39, § 1º; 52, III; 71, I.

§ 5º. Tratando-se de crédito garantido por penhor sobre títulos de crédito, direitos creditórios, aplicações financeiras ou valores mobiliários, poderão ser substituídas ou renovadas as garantias liquidadas ou vencidas durante a recuperação judicial e, enquanto não renovadas ou substituídas, o valor eventualmente recebido em pagamento das garantias permanecerá em conta vinculada durante o período de suspensão de que trata o § 4º do art. 6º desta Lei.

§ 6º Nas hipóteses de que tratam os §§ 2º e 3º do art. 48 desta Lei, somente estarão sujeitos à recuperação judicial os créditos que decorram exclusivamente da atividade rural e estejam discriminados nos documentos a que se referem os citados parágrafos, ainda que não vencidos. (Acrescido pela Lei 14.112/2020)

§ 7º Não se sujeitarão aos efeitos da recuperação judicial os recursos controlados e abrangidos nos termos dos arts. 14 e 21 da Lei nº 4.829, de 5 de novembro de 1965. (Acrescido pela Lei 14.112/2020)

§ 8º Estarão sujeitos à recuperação judicial os recursos de que trata o § 7º deste artigo que não tenham sido objeto de renegociação entre o devedor e a instituição financeira antes do pedido de recuperação judicial, na forma de ato do Poder Executivo. (Acrescido pela Lei 14.112/2020)

§ 9º Não se enquadrará nos créditos referidos no *caput* deste artigo aquele relativo à dívida constituída nos 3 (três) últimos anos anteriores ao pedido de recuperação judicial, que tenha sido contraída com a finalidade de aquisição de propriedades rurais, bem como as respectivas garantias. (Acrescido pela Lei 14.112/2020)

Art. 50. Constituem meios de recuperação judicial, observada a legislação pertinente a cada caso, dentre outros:

▸ Esta Lei: art. 53, I.

I – concessão de prazos e condições especiais para pagamento das obrigações vencidas ou vincendas;

II – cisão, incorporação, fusão ou transformação de sociedade, constituição de subsidiária integral, ou cessão de cotas ou ações, respeitados os direitos dos sócios, nos termos da legislação vigente;

III – alteração do controle societário;

IV – substituição total ou parcial dos administradores do devedor ou modificação de seus órgãos administrativos;

V – concessão aos credores de direito de eleição em separado de administradores e de poder de veto em relação às matérias que o plano especificar;

VI – aumento de capital social;

VII – trespasse ou arrendamento de estabelecimento, inclusive à sociedade constituída pelos próprios empregados;

VIII – redução salarial, compensação de horários e redução da jornada, mediante acordo ou convenção coletiva;

IX – dação em pagamento ou novação de dívidas do passivo, com ou sem constituição de garantia própria ou de terceiro;

X – constituição de sociedade de credores;

XI – venda parcial dos bens;

XII – equalização de encargos financeiros relativos a débitos de qualquer natureza, tendo como termo inicial a data da distribuição do pedido de recuperação judicial, aplicando-se inclusive aos contratos de crédito rural, sem prejuízo do disposto em legislação específica;

XIII – usufruto da empresa;

XIV – administração compartilhada;

XV – emissão de valores mobiliários;

XVI – constituição de sociedade de propósito específico para adjudicar, em pagamento dos créditos, os ativos do devedor.

XVII – conversão de dívida em capital social; (Acrescido pela Lei 14.112/2020)

XVIII – venda integral da devedora, desde que garantidas aos credores não submetidos ou não aderentes condições, no mínimo, equivalentes àquelas que teriam na falência, hipótese em que será, para todos os fins, considerada unidade produtiva isolada. (Acrescido pela Lei 14.112/2020)

§ 1º. Na alienação de bem objeto de garantia real, a supressão da garantia ou sua substituição somente serão admitidas mediante aprovação expressa do credor titular da respectiva garantia.

▸ Esta Lei: art. 59.

§ 2º. Nos créditos em moeda estrangeira, a variação cambial será conservada como parâmetro de indexação da correspondente obrigação e só poderá ser afastada se o credor titular do respectivo crédito aprovar expressamente previsão diversa no plano de recuperação judicial.

§ 3º Não haverá sucessão ou responsabilidade por dívidas de qualquer natureza a terceiro credor, investidor ou novo administrador em decorrência, respectivamente, da mera conversão de dívida em capital, de aporte de novos recursos na devedora ou de substituição dos administradores desta. (Acrescido pela Lei 14.112/2020)

§ 4º O imposto sobre a renda e a Contribuição Social sobre o Lucro Líquido (CSLL) incidentes sobre o ganho de capital resultante da alienação de bens ou direitos pela pessoa jurídica em recuperação judicial poderão ser parcelados, com atualização monetária das parcelas, observado o seguinte: (Acrescido pela Lei 14.112/2020)

I – o disposto na Lei nº 10.522, de 19 de julho de 2002; e

II – a utilização, como limite, da mediana de alongamento no plano de recuperação judicial em relação aos créditos a ele sujeitos.

§ 5º O limite de alongamento de prazo a que se refere o inciso II do § 4º deste artigo será readequado na hipótese de alteração superveniente do plano de recuperação judicial. (Acrescido pela Lei 14.112/2020)

Art. 50-A. (VETADO na Lei 14.112/2020)

SEÇÃO II. DO PEDIDO E DO PROCESSAMENTO DA RECUPERAÇÃO JUDICIAL

Art. 51. A petição inicial de recuperação judicial será instruída com:

› Esta Lei: arts. 70, § 1º; e 96, VII.

I – a exposição das causas concretas da situação patrimonial do devedor e das razões da crise econômico-financeira;

II – as demonstrações contábeis relativas aos 3 (três) últimos exercícios sociais e as levantadas especialmente para instruir o pedido, confeccionadas com estrita observância da legislação societária aplicável e compostas obrigatoriamente de:

› Esta Lei: art. 163, II.

a) balanço patrimonial;

b) demonstração de resultados acumulados;

c) demonstração do resultado desde o último exercício social;

d) relatório gerencial de fluxo de caixa e de sua projeção;

e) descrição das sociedades de grupo societário, de fato ou de direito; (Acrescida pela Lei 14.112/2020)

III - a relação nominal completa dos credores, sujeitos ou não à recuperação judicial, inclusive aqueles por obrigação de fazer ou de dar, com a indicação do endereço físico e eletrônico de cada um, a natureza, conforme estabelecido nos arts. 83 e 84 desta Lei, e o valor atualizado do crédito, com a discriminação de sua origem, e o regime dos vencimentos;(Redação dada pela Lei 14.112/2020)

› Esta Lei: arts. 22, I; 39 e 64, IV, d.

IV – a relação integral dos empregados, em que constem as respectivas funções, salários, indenizações e outras parcelas a que têm direito, com o correspondente mês de competência, e a discriminação dos valores pendentes de pagamento;

› Esta Lei: art. 39.

V – certidão de regularidade do devedor no Registro Público de Empresas, o ato constitutivo atualizado e as atas de nomeação dos atuais administradores;

VI – a relação dos bens particulares dos sócios controladores e dos administradores do devedor;

VII – os extratos atualizados das contas bancárias do devedor e de suas eventuais aplicações financeiras de qualquer modalidade, inclusive em fundos de investimento ou em bolsas de valores, emitidos pelas respectivas instituições financeiras;

VIII – certidões dos cartórios de protestos situados na comarca do domicílio ou sede do devedor e naquelas onde possui filial;

IX – a relação, subscrita pelo devedor, de todas as ações judiciais e procedimentos arbitrais em que este figure como parte, inclusive as de natureza trabalhista, com a estimativa dos respectivos valores demandados; (Redação dada pela Lei 14.112/2020)

X – o relatório detalhado do passivo fiscal; e (Acrescido pela Lei 14.112/2020)

XI – a relação de bens e direitos integrantes do ativo não circulante, incluídos aqueles não sujeitos à recuperação judicial, acompanhada dos negócios jurídicos celebrados com os credores de que trata o § 3º do art. 49 desta Lei. (Acrescido pela Lei 14.112/2020)

§ 1º. Os documentos de escrituração contábil e demais relatórios auxiliares, na forma e no suporte previstos em lei, permanecerão à disposição do juízo, do administrador judicial e, mediante autorização judicial, de qualquer interessado.

§ 2º. Com relação à exigência prevista no inciso II do *caput* deste artigo, as microempresas e empresas de pequeno porte poderão apresentar livros e escrituração contábil simplificados nos termos da legislação específica.

§ 3º. O juiz poderá determinar o depósito em cartório dos documentos a que se referem os §§ 1º e 2º deste artigo ou de cópia destes.

§ 4º Na hipótese de o ajuizamento da recuperação judicial ocorrer antes da data final de entrega do balanço correspondente ao exercício anterior, o devedor apresentará balanço prévio e juntará o balanço definitivo no prazo da lei societária aplicável. (Acrescido pela Lei 14.112/2020)

§ 5º O valor da causa corresponderá ao montante total dos créditos sujeitos à recuperação judicial. (Acrescido pela Lei 14.112/2020)

§ 6º Em relação ao período de que trata o § 3º do art. 48 desta Lei: (Acrescido pela Lei 14.112/2020)

I – a exposição referida no inciso I do *caput* deste artigo deverá comprovar a crise de insolvência, caracterizada pela insuficiência de recursos financeiros ou patrimoniais com liquidez suficiente para saldar suas dívidas;

II – os requisitos do inciso II do *caput* deste artigo serão substituídos pelos documentos mencionados no § 3º do art. 48 desta Lei relativos aos últimos 2 (dois) anos.

Art. 51-A. Após a distribuição do pedido de recuperação judicial, poderá o juiz, quando reputar necessário, nomear profissional de sua confiança, com capacidade técnica e idoneidade, para promover a constatação exclusivamente das reais condições de funcionamento da requerente e da regularidade e da completude da documentação apresentada com a petição inicial. (Acrescido pela Lei 14.112/2020)

§ 1º A remuneração do profissional de que trata o *caput* deste artigo deverá ser arbitrada posteriormente à apresentação do laudo e deverá considerar a complexidade do trabalho desenvolvido.

§ 2º O juiz deverá conceder o prazo máximo de 5 (cinco) dias para que o profissional nomeado apresente laudo de constatação das reais condições de funcionamento do devedor e da regularidade documental.

§ 3º A constatação prévia será determinada sem que seja ouvida a outra parte e sem apresentação de quesitos por qualquer das partes, com a possibilidade de o juiz determinar a realização da diligência sem a prévia ciência do devedor, quando entender que esta poderá frustrar os seus objetivos.

§ 4º O devedor será intimado do resultado da constatação prévia concomitantemente à sua intimação da decisão que deferir ou indeferir o processamento da recuperação judicial, ou que determinar a emenda da petição inicial, e poderá impugná-la mediante interposição do recurso cabível.

§ 5º A constatação prévia consistirá, objetivamente, na verificação das reais condições de funcionamento da empresa e da regularidade documental, vedado o indeferimento do processamento da recuperação judicial baseado na análise de viabilidade econômica do devedor.

§ 6º Caso a constatação prévia detecte indícios contundentes de utilização fraudulenta da ação de recuperação judicial, o juiz poderá indeferir a petição inicial, sem prejuízo de oficiar ao Ministério Público para tomada das providências criminais eventualmente cabíveis.

§ 7º Caso a constatação prévia demonstre que o principal estabelecimento do devedor não se situa na área de competência do juízo, o juiz deverá determinar a remessa dos autos, com urgência, ao juízo competente.

Art. 52. Estando em termos a documentação exigida no art. 51 desta Lei, o juiz deferirá o processamento da recuperação judicial e, no mesmo ato:

I – nomeará o administrador judicial, observado o disposto no art. 21 desta Lei;

II – determinará a dispensa da apresentação de certidões negativas para que o devedor exerça suas atividades, observado o disposto no § 3º do art. 195 da Constituição Federal e no art. 69 desta Lei; (Redação dada pela Lei 14.112/2020)

III – ordenará a suspensão de todas as ações ou execuções contra o devedor, na forma do art. 6º desta Lei, permanecendo os respectivos autos no juízo onde se processam, ressalvadas as ações previstas nos §§ 1º, 2º e 7º do art. 6º desta Lei e as relativas a créditos excetuados na forma dos §§ 3º e 4º do art. 49 desta Lei;

IV – determinará ao devedor a apresentação de contas demonstrativas mensais enquanto perdurar a recuperação judicial, sob pena de destituição de seus administradores;

V – ordenará a intimação eletrônica do Ministério Público e das Fazendas Públicas federal e de todos os Estados, Distrito Federal e Municípios em que o devedor tiver estabelecimento, a fim de que tomem conhecimento da recuperação judicial e informem eventuais créditos perante o devedor, para divulgação aos demais interessados. (Redação dada pela Lei 14.112/2020)

§ 1º. O juiz ordenará a expedição de edital, para publicação no órgão oficial, que conterá: Esta Lei: art. 7º, § 1º.

I – o resumo do pedido do devedor e da decisão que defere o processamento da recuperação judicial;

II – a relação nominal de credores, em que se discrimine o valor atualizado e a classificação de cada crédito;

III – a advertência acerca dos prazos para habilitação dos créditos, na forma do art. 7º, § 1º, desta Lei, e para que os credores apresentem objeção ao plano de recuperação judicial apresentado pelo devedor nos termos do art. 55 desta Lei.

§ 2º. Deferido o processamento da recuperação judicial, os credores poderão, a qualquer tempo, requerer a convocação de assembleia-geral para a constituição do Comitê de Credores ou substituição de seus membros, observado o disposto no § 2º do art. 36 desta Lei.

§ 3º. No caso do inciso III do *caput* deste artigo, caberá ao devedor comunicar a suspensão aos juízos competentes.

§ 4º. O devedor não poderá desistir do pedido de recuperação judicial após o deferimento de seu processamento, salvo se obtiver aprovação da desistência na assembleia-geral de credores.

› Esta Lei: art. 35, I, d.

SEÇÃO III. DO PLANO DE RECUPERAÇÃO JUDICIAL

Art. 53. O plano de recuperação será apresentado pelo devedor em juízo no prazo improrrogável de 60 (sessenta) dias da publicação da decisão que deferir o processamento da recuperação judicial, sob pena de convolação em falência, e deverá conter:

› Esta Lei: arts. 71 e 73, II.

I – discriminação pormenorizada dos meios de recuperação a ser empregados, conforme o art. 50 desta Lei, e seu resumo;

II – demonstração de sua viabilidade econômica; e

III – laudo econômico-financeiro e de avaliação dos bens e ativos do devedor, subscrito por profissional legalmente habilitado ou empresa especializada.

Parágrafo único. O juiz ordenará a publicação de edital contendo aviso aos credores sobre o recebimento do plano de recuperação e fixando o prazo para a manifestação de eventuais objeções, observado o art. 55 desta Lei.

Art. 54. O plano de recuperação judicial não poderá prever prazo superior a 1 (um) ano para pagamento dos créditos derivados da legislação do trabalho ou decorrentes de acidentes de trabalho vencidos até a data do pedido de recuperação judicial.

§ 1º O plano não poderá, ainda, prever prazo superior a 30 (trinta) dias para o pagamento, até o limite de 5 (cinco) salários-mínimos por trabalhador, dos créditos de natureza estritamente salarial vencidos nos 3 (três) meses anteriores ao pedido de recuperação judicial. (Redação dada pela Lei 14.112/2020)

§ 2º O prazo estabelecido no *caput* deste artigo poderá ser estendido em até 2 (dois) anos, se o plano de recuperação judicial atender aos seguintes requisitos, cumulativamente: (Acrescido pela Lei 14.112/2020)

I – apresentação de garantias julgadas suficientes pelo juiz;

II – aprovação pelos credores titulares de créditos derivados da legislação trabalhista ou decorrentes de acidentes de trabalho, na forma do § 2º do art. 45 desta Lei; e

III – garantia da integralidade do pagamento dos créditos trabalhistas.

SEÇÃO IV. DO PROCEDIMENTO DE RECUPERAÇÃO JUDICIAL

Art. 55. Qualquer credor poderá manifestar ao juiz sua objeção ao plano de recuperação judicial no prazo de 30 (trinta) dias contado da publicação da relação de credores de que trata o § 2º do art. 7º desta Lei.

› Esta Lei: arts. 52, § 1º, III; 53, parágrafo único; 57; 58 e 72, parágrafo único.

Parágrafo único. Caso, na data da publicação da relação de que trata o *caput* deste artigo, não tenha sido publicado o aviso previsto no art. 53, parágrafo único, desta Lei, contar-se-á da publicação deste o prazo para as objeções.

Art. 56. Havendo objeção de qualquer credor ao plano de recuperação judicial, o juiz convocará a assembleia-geral de credores para deliberar sobre o plano de recuperação.

§ 1º. A data designada para a realização da assembleia-geral não excederá 150 (cento e cinquenta) dias contados do deferimento do processamento da recuperação judicial.

§ 2º. A assembleia-geral que aprovar o plano de recuperação judicial poderá indicar os membros do Comitê de Credores, na forma do art. 26 desta Lei, se já não estiver constituído.

§ 3º. O plano de recuperação judicial poderá sofrer alterações na assembleia-geral, desde que haja expressa concordância do devedor e em termos que não impliquem diminuição dos direitos exclusivamente dos credores ausentes.

§ 4º Rejeitado o plano de recuperação judicial, o administrador judicial submeterá, no ato, à votação da assembleia-geral de credores a concessão de prazo de 30 (trinta) dias para que seja apresentado plano de recuperação judicial pelos credores. (Redação dada pela Lei 14.112/2020)

› Esta Lei: art. 73, III.

§ 5º A concessão do prazo a que se refere o § 4º deste artigo deverá ser aprovada por credores que representem mais da metade dos créditos presentes à assembleia-geral de credores. (Acrescido pela Lei 14.112/2020)

§ 6º O plano de recuperação judicial proposto pelos credores somente será posto em votação caso satisfeitas, cumulativamente, as seguintes condições: (Acrescido pela Lei 14.112/2020)

I – não preenchimento dos requisitos previstos no § 1º do art. 58 desta Lei;

II – preenchimento dos requisitos previstos nos incisos I, II e III do *caput* do art. 53 desta Lei;

III – apoio por escrito de credores que representem, alternativamente:

a) mais de 25% (vinte e cinco por cento) dos créditos totais sujeitos à recuperação judicial; ou

b) mais de 35% (trinta e cinco por cento) dos créditos dos credores presentes à assembleia-geral a que se refere o § 4º deste artigo;

IV – não imputação de obrigações novas, não previstas em lei ou em contratos anteriormente celebrados, aos sócios do devedor;

V – previsão de isenção das garantias pessoais prestadas por pessoas naturais em relação aos créditos a serem novados e que sejam de titularidade dos credores mencionados no inciso III deste parágrafo ou daqueles que votarem favoravelmente ao plano de recuperação judicial apresentado pelos credores, não permitidas ressalvas de voto; e

VI – não imposição ao devedor ou aos seus sócios de sacrifício maior do que aquele que decorreria da liquidação na falência.

§ 7º O plano de recuperação judicial apresentado pelos credores poderá prever a capitalização dos créditos, inclusive com a consequente alteração do controle da sociedade devedora, permitido o exercício do direito de retirada pelo sócio do devedor. (Acrescido pela Lei 14.112/2020)

§ 8º Não aplicado o disposto nos §§ 4º, 5º e 6º deste artigo, ou rejeitado o plano de recuperação judicial proposto pelos credores, o juiz convolará a recuperação judicial em falência. (Acrescido pela Lei 14.112/2020)

§ 9º Na hipótese de suspensão da assembleia-geral de credores convocada para fins de votação do plano de recuperação judicial, a assembleia deverá ser encerrada no prazo de até 90 (noventa) dias, contado da data de sua instalação. (Acrescido pela Lei 14.112/2020)

Art. 56-A. Até 5 (cinco) dias antes da data de realização da assembleia-geral de credores convocada para deliberar sobre o plano, o devedor poderá comprovar a aprovação dos credores por meio de termo de adesão, observado o quórum previsto no art. 45 desta Lei, e requerer a sua homologação judicial. (Acrescido pela Lei 14.112/2020)

§ 1º No caso previsto no *caput* deste artigo, a assembleia-geral será imediatamente dispensada, e o juiz intimará os credores para apresentarem eventuais oposições, no prazo de 10 (dez) dias, o qual substituirá o prazo inicialmente estipulado nos termos do *caput* do art. 55 desta Lei.

§ 2º Oferecida oposição prevista no § 1º deste artigo, terá o devedor o prazo de 10 (dez) dias para manifestar-se a respeito, ouvido a seguir o administrador judicial, no prazo de 5 (cinco) dias.

§ 3º No caso de dispensa da assembleia-geral ou de aprovação do plano de recuperação judicial em assembleia-geral, as oposições apenas poderão versar sobre:

I – não preenchimento do quórum legal de aprovação;

II – descumprimento do procedimento disciplinado nesta Lei;

III – irregularidades do termo de adesão ao plano de recuperação; ou

IV – irregularidades e ilegalidades do plano de recuperação.

Art. 57. Após a juntada aos autos do plano aprovado pela assembleia-geral de credores ou decorrido o prazo previsto no art. 55 desta Lei sem objeção de credores, o devedor apresentará certidões negativas de débitos tributários nos termos dos arts. 151, 205, 206 da Lei nº 5.172, de 25 de outubro de 1966 – Código Tributário Nacional.

Art. 58. Cumpridas as exigências desta Lei, o juiz concederá a recuperação judicial do devedor cujo plano não tenha sofrido objeção de credor nos termos do art. 55 desta Lei ou tenha sido aprovado pela assembleia-geral de credores na forma dos arts. 45 ou 56-A desta Lei. (Redação dada pela Lei 14.112/2020)

‣ Esta Lei: art. 61.

§ 1º. O juiz poderá conceder a recuperação judicial com base em plano que não obteve aprovação na forma do art. 45 desta Lei, desde que, na mesma assembleia, tenha obtido, de forma cumulativa:

I – o voto favorável de credores que representem mais da metade do valor de todos os créditos presentes à assembleia, independentemente de classes;

II – a aprovação de 3 (três) das classes de credores ou, caso haja somente 3 (três) classes com credores votantes, a aprovação de pelo menos 2 (duas) das classes ou, caso haja somente 2 (duas) classes com credores votantes, a aprovação de pelo menos 1 (uma) delas, sempre nos termos do art. 45 desta Lei; (Redação dada pela Lei 14.112/2020)

III – na classe que o houver rejeitado, o voto favorável de mais de 1/3 (um terço) dos credores, computados na forma dos §§ 1º e 2º do art. 45 desta Lei.

§ 2º. A recuperação judicial somente poderá ser concedida com base no § 1º deste artigo se o plano não implicar tratamento diferenciado entre os credores da classe que o houver rejeitado.

§ 3º. Da decisão que conceder a recuperação judicial serão intimados eletronicamente o Ministério Público e as Fazendas Públicas federal e de todos os Estados, Distrito Federal e Municípios em que o devedor tiver estabelecimento. (Acrescido pela Lei 14.112/2020)

Art. 58-A. Rejeitado o plano de recuperação proposto pelo devedor ou pelos credores e não preenchidos os requisitos estabelecidos no § 1º do art. 58 desta Lei, o juiz convolará a recuperação judicial em falência.

Parágrafo único. Da sentença prevista no *caput* deste artigo caberá agravo de instrumento.

Art. 59. O plano de recuperação judicial implica novação dos créditos anteriores ao pedido, e obriga o devedor e todos os credores a ele sujeitos, sem prejuízo das garantias, observado o disposto no § 1º do art. 50 desta Lei.

§ 1º. A decisão judicial que conceder a recuperação judicial constituirá título executivo judicial, nos termos do art. 584, inciso III, do *caput* da Lei nº 5.869, de 11 de janeiro de 1973 – Código de Processo Civil.

‣ Súm. nº 25 do STJ.

§ 2º. Contra a decisão que conceder a recuperação judicial caberá agravo, que poderá ser interposto por qualquer credor e pelo Ministério Público.

§ 3º Da decisão que conceder a recuperação judicial serão intimadas eletronicamente as Fazendas Públicas federal e de todos os Estados, Distrito Federal e Municípios em que o devedor tiver estabelecimento. (Acrescido pela Lei 14.112/2020)

Art. 60. Se o plano de recuperação judicial aprovado envolver alienação judicial de filiais ou de unidades produtivas isoladas do devedor, o juiz ordenará a sua realização, observado o disposto no art. 142 desta Lei.

Parágrafo único. O objeto da alienação estará livre de qualquer ônus e não haverá sucessão do arrematante nas obrigações do devedor, inclusive as de natureza tributária, observado o disposto no § 1º do art. 141 desta Lei.

Art. 60-A. A unidade produtiva isolada de que trata o art. 60 desta Lei poderá abranger bens, direitos ou ativos de qualquer natureza, tangíveis ou intangíveis, isolados ou em conjunto, incluídas participações dos sócios. (Acrescido pela Lei 14.112/2020)

Parágrafo único. O disposto no *caput* deste artigo não afasta a incidência do inciso VI do *caput* e do § 2º do art. 73 desta Lei.

Art. 61. Proferida a decisão prevista no art. 58 desta Lei, o juiz poderá determinar a manutenção do devedor em recuperação judicial até que sejam cumpridas todas as obrigações previstas no plano que vencerem até, no máximo, 2 (dois) anos depois da concessão da recuperação judicial, independentemente do eventual período de carência. (Redação dada pela Lei 14.112/2020)

‣ Esta Lei: arts. 63 e 73, IV.

§ 1º. Durante o período estabelecido no *caput* deste artigo, o descumprimento de qualquer obrigação prevista no plano acarretará a convolação da recuperação em falência, nos termos do art. 73 desta Lei.

§ 2º. Decretada a falência, os credores terão reconstituídos seus direitos e garantias nas condições originalmente contratadas, deduzidos os valores eventualmente pagos e ressalvados os atos validamente praticados no âmbito da recuperação judicial.

‣ Esta Lei: art. 100.

Art. 62. Após o período previsto no art. 61 desta Lei, no caso de descumprimento de qualquer obrigação prevista no plano de recuperação judicial, qualquer credor poderá requerer a execução específica ou a falência com base no art. 94 desta Lei.

Art. 63. Cumpridas as obrigações vencidas no prazo previsto no *caput* do art. 61 desta Lei, o juiz decretará por sentença o encerramento da recuperação judicial e determinará:

I – o pagamento do saldo de honorários ao administrador judicial, somente podendo efetuar a quitação dessas obrigações mediante prestação de contas, no prazo de 30 (trinta) dias, e aprovação do relatório previsto no inciso III do *caput* deste artigo;

II – a apuração do saldo das custas judiciais a serem recolhidas;

III – a apresentação de relatório circunstanciado do administrador judicial, no prazo máximo de 15 (quinze) dias, versando sobre a execução do plano de recuperação pelo devedor;

‣ Esta Lei: art. 22, II, d.

IV – a dissolução do Comitê de Credores e a exoneração do administrador judicial;

V – a comunicação ao Registro Público de Empresas e à Secretaria Especial da Receita Federal do Brasil do Ministério da Economia para as providências cabíveis. (Redação dada pela Lei 14.112/2020)

Parágrafo único. O encerramento da recuperação judicial não dependerá da consolidação do quadro-geral de credores. (Acrescido pela Lei 14.112/2020)

Art. 64. Durante o procedimento de recuperação judicial, o devedor ou seus administradores serão mantidos na condução da atividade empresarial, sob fiscalização do Comitê, se houver, e do administrador judicial, salvo se qualquer deles:

I – houver sido condenado em sentença penal transitada em julgado por crime cometido em recuperação judicial ou falência anteriores ou por crime contra o patrimônio, a economia popular ou a ordem econômica previstos na legislação vigente;

II – houver indícios veementes de ter cometido crime previsto nesta Lei;

III – houver agido com dolo, simulação ou fraude contra os interesses de seus credores;

IV – houver praticado qualquer das seguintes condutas:

a) efetuar gastos pessoais manifestamente excessivos em relação a sua situação patrimonial;

b) efetuar despesas injustificáveis por sua natureza ou vulto, em relação ao capital ou gênero do negócio, ao movimento das operações e a outras circunstâncias análogas;

c) descapitalizar injustificadamente a empresa ou realizar operações prejudiciais ao seu funcionamento regular;

d) simular ou omitir créditos ao apresentar a relação de que trata o inciso III do *caput* do art. 51 desta Lei, sem relevante razão de direito ou amparo de decisão judicial;

V – negar-se a prestar informações solicitadas pelo administrador judicial ou pelos demais membros do Comitê;

VI – tiver seu afastamento previsto no plano de recuperação judicial.

Parágrafo único. Verificada qualquer das hipóteses do *caput* deste artigo, o juiz destituirá o administrador, que será substituído na forma prevista nos atos constitutivos do devedor ou do plano de recuperação judicial.

Art. 65. Quando do afastamento do devedor, nas hipóteses previstas no art. 64 desta Lei, o juiz convocará a assembleia-geral de credores para deliberar sobre o nome do gestor judicial que assumirá a administração das atividades do devedor, aplicando-se-lhe, no que couber, todas as normas sobre deveres, impedimentos e remuneração do administrador judicial.

§ 1º. O administrador judicial exercerá as funções de gestor enquanto a assembleia-geral não deliberar sobre a escolha deste.

§ 2º. Na hipótese de o gestor indicado pela assembleia-geral de credores recusar ou estar impedido de aceitar o encargo para gerir os negócios do devedor, o juiz convocará, no prazo de 72 (setenta e duas) horas, contado da recusa ou da declaração do impedimento nos autos, nova assembleia-geral, aplicado o disposto no § 1º deste artigo.

Art. 66. Após a distribuição do pedido de recuperação judicial, o devedor não poderá alienar ou onerar bens ou direitos de seu ativo não circulante, inclusive para os fins previstos no art. 67 desta Lei, salvo mediante autorização do juiz, depois de ouvido o Comitê de Credores, se houver, com exceção daqueles previamente autorizados no plano de recuperação judicial. (Redação dada pela Lei 14.112/2020)

§ 1º Autorizada a alienação de que trata o *caput* deste artigo pelo juiz, observar-se-á o seguinte: (Acrescido pela Lei 14.112/2020)

I – nos 5 (cinco) dias subsequentes à data da publicação da decisão, credores que corresponderem a mais de 15% (quinze por cento) do valor total de créditos sujeitos à recuperação judicial, comprovada a prestação da caução equivalente ao valor total da alienação, poderão manifestar ao administrador judicial, fundamentadamente, o interesse na realização da assembleia-geral de credores para deliberar sobre a realização da venda;

II – nas 48 (quarenta e oito) horas posteriores ao final do prazo previsto no inciso I deste parágrafo, o administrador judicial apresentará ao juiz relatório das manifestações recebidas e, somente na hipótese de cumpridos os requisitos estabelecidos, requererá a convocação de assembleia-geral de credores, que será realizada da forma mais célere, eficiente e menos onerosa, preferencialmente por intermédio dos instrumentos referidos no § 4º do art. 39 desta Lei.

§ 2º As despesas com a convocação e a realização da assembleia-geral correrão por conta dos credores referidos no inciso I do § 1º deste artigo, proporcionalmente ao valor total de seus créditos. (Acrescido pela Lei 14.112/2020)

§ 3º (VETADO na Lei 14.112/2020)

§ 4º O disposto no *caput* deste artigo não afasta a incidência do inciso VI do *caput* e do § 2º do art. 73 desta Lei. (Acrescido pela Lei 14.112/2020)

Art. 66-A. A alienação de bens ou a garantia outorgada pelo devedor a adquirente ou a financiador de boa-fé, desde que realizada mediante autorização judicial expressa ou prevista em plano de recuperação judicial ou extrajudicial aprovado, não poderá ser anulada ou tornada ineficaz após a consumação do negócio jurídico com o recebimento dos recursos correspondentes pelo devedor. (Acrescido pela Lei 14.112/2020)

Art. 67. Os créditos decorrentes de obrigações contraídas pelo devedor durante a recuperação judicial, inclusive aqueles relativos a despesas com fornecedores de bens ou serviços e contratos de mútuo, serão considerados extraconcursais, em caso de decretação de falência, respeitada, no que couber, a ordem estabelecida no art. 83 desta Lei.

‣ Esta Lei: art. 54, V.

Parágrafo único. O plano de recuperação judicial poderá prever tratamento diferenciado aos créditos sujeitos à recuperação judicial pertencentes a fornecedores de bens ou serviços que continuarem a provê-los normalmente após o pedido de recuperação judicial, desde que tais bens ou serviços sejam necessários para a manutenção das atividades e que o tratamento diferenciado seja adequado e razoável no que concerne à relação comercial futura. (Redação dada pela Lei 14.112/2020)

Art. 68. As Fazendas Públicas e o Instituto Nacional do Seguro Social – INSS poderão deferir, nos termos da legislação específica, parcelamento de seus créditos, em sede de recuperação judicial, de acordo com os parâmetros estabelecidos na Lei nº 5.172, de 25 de outubro de 1966 – Código Tributário Nacional.

Parágrafo único. As microempresas e empresas de pequeno porte farão jus a prazos 20% (vinte por cento) superiores àqueles regularmente concedidos às demais empresas. (Incluído pela Lei Complementar nº 147, de 2014)

Art. 69. Em todos os atos, contratos e documentos firmados pelo devedor sujeito ao procedimento de recuperação judicial deverá ser acrescida, após o nome empresarial, a expressão "em Recuperação Judicial".

‣ Esta Lei: art. 52, II.

Parágrafo único. O juiz determinará ao Registro Público de Empresas e à Secretaria Especial da Receita Federal do Brasil a anotação da recuperação judicial nos registros correspondentes. (Redação dada pela Lei 14.112/2020)

SEÇÃO IV-A
DO FINANCIAMENTO DO DEVEDOR E DO GRUPO DEVEDOR DURANTE A RECUPERAÇÃO JUDICIAL

(Acrescida pela Lei 14.112/2020)

Art. 69-A. Durante a recuperação judicial, nos termos dos arts. 66 e 67 desta Lei, o juiz poderá, depois de ouvido o Comitê de Credores, autorizar a celebração de contratos de financiamento com o devedor, garantidos pela oneração ou pela alienação fiduciária de bens e direitos, seus ou de terceiros, pertencentes ao ativo não circulante, para financiar as suas atividades e as despesas de reestruturação ou de preservação do valor de ativos.

Art. 69-B. A modificação em grau de recurso da decisão autorizativa da contratação do financiamento não pode alterar sua natureza extraconcursal, nos termos do art. 84 desta Lei, nem as garantias outorgadas pelo devedor em favor do financiador de boa-fé, caso o desembolso dos recursos já tenha sido efetivado.

Art. 69-C. O juiz poderá autorizar a constituição de garantia subordinada sobre um ou mais ativos do devedor em favor do financiador de devedor em recuperação judicial, dispensando a anuência do detentor da garantia original.

§ 1º A garantia subordinada, em qualquer hipótese, ficará limitada ao eventual excesso resultante da alienação do ativo objeto da garantia original.

§ 2º O disposto no *caput* deste artigo não se aplica a qualquer modalidade de alienação fiduciária ou de cessão fiduciária.'

Art. 69-D. Caso a recuperação judicial seja convolada em falência antes da liberação integral dos valores de que trata esta Seção, o contrato de financiamento será considerado automaticamente rescindido.

Parágrafo único. As garantias constituídas e as preferências serão conservadas até o limite dos valores efetivamente entregues ao devedor antes da data da sentença que convolar a recuperação judicial em falência.'

Art. 69-E. O financiamento de que trata esta Seção poderá ser realizado por qualquer pessoa, inclusive credores, sujeitos ou não à recuperação judicial, familiares, sócios e integrantes do grupo do devedor.

Art. 69-F. Qualquer pessoa ou entidade pode garantir o financiamento de que trata esta Seção mediante a oneração ou a alienação fiduciária de bens e direitos, inclusive o próprio devedor e os demais integrantes do seu grupo, estejam ou não em recuperação judicial.

SEÇÃO IV-B
DA CONSOLIDAÇÃO PROCESSUAL E DA CONSOLIDAÇÃO SUBSTANCIAL

(Acrescida pela Lei 14.112/2020)

Art. 69-G. Os devedores que atendam aos requisitos previstos nesta Lei e que integrem grupo sob controle societário comum poderão requerer recuperação judicial sob consolidação processual.

§ 1º Cada devedor apresentará individualmente a documentação exigida no art. 51 desta Lei.

§ 2º O juízo do local do principal estabelecimento entre os dos devedores eì competente para deferir a recuperação judicial sob consolidação processual, em observância ao disposto no art. 3º desta Lei.

§ 3º Exceto quando disciplinado de forma diversa, as demais disposições desta Lei aplicam-se aos casos de que trata esta Seção.

Art. 69-H. Na hipótese de a documentação de cada devedor ser considerada adequada, apenas um administrador judicial será nomeado, observado o disposto na Seção III do Capítulo II desta Lei.

Art. 69-I. A consolidação processual, prevista no art. 69-G desta Lei, acarreta a coordenação de atos processuais, garantida a independência dos devedores, dos seus ativos e dos seus passivos.

§ 1º Os devedores proporão meios de recuperação independentes e específicos para a composição de seus passivos, admitida a sua apresentação em plano único.

§ 2º Os credores de cada devedor deliberarão em assembleias-gerais de credores independentes.

§ 3º Os quóruns de instalação e de deliberação das assembleias-gerais de que trata o § 2º deste artigo serão verificados, exclusivamente, em referência aos credores de cada devedor, e serão elaboradas atas para cada um dos devedores.

§ 4º A consolidação processual não impede que alguns devedores obtenham a concessão da recuperação judicial e outros tenham a falência decretada.

§ 5º Na hipótese prevista no § 4º deste artigo, o processo será desmembrado em tantos processos quantos forem necessários.

Art. 69-J. O juiz poderá, de forma excepcional, independentemente da realização de assembleia-geral, autorizar a consolidação substancial de ativos e passivos dos devedores integrantes do mesmo grupo econômico que estejam em recuperação judicial sob consolidação processual, apenas quando constatar a interconexão e a confusão entre ativos ou passivos dos devedores, de modo que não seja possível identificar a sua titularidade sem excessivo dispêndio de tempo ou de recursos, cumulativamente com a ocorrência de, no mínimo, 2 (duas) das seguintes hipóteses:

I – existência de garantias cruzadas;

II – relação de controle ou de dependência;

III – identidade total ou parcial do quadro societário; e

IV - atuação conjunta no mercado entre os postulantes.

Art. 69-K. Em decorrência da consolidação substancial, ativos e passivos de devedores serão tratados como se pertencessem a um único devedor.

§ 1º A consolidação substancial acarretará a extinção imediata de garantias fidejussórias e de créditos detidos por um devedor em face de outro.

§ 2º A consolidação substancial não impactará a garantia real de nenhum credor, exceto mediante aprovação expressa do titular.

Art. 69-L. Admitida a consolidação substancial, os devedores apresentarão plano unitário, que discriminará os meios de recuperação a serem empregados e será submetido a uma assembleia-geral de credores para a qual serão convocados os credores dos devedores.

§ 1º As regras sobre deliberação e homologação previstas nesta Lei serão aplicadas à assembleia-geral de credores a que se refere o *caput* deste artigo.

§ 2º A rejeição do plano unitário de que trata o *caput* deste artigo implicará a convolação da recuperação judicial em falência dos devedores sob consolidação substancial.

SEÇÃO V.
DO PLANO DE RECUPERAÇÃO JUDICIAL PARA MICROEMPRESAS E EMPRESAS DE PEQUENO PORTE

Art. 70. As pessoas de que trata o art. 1º desta Lei e que se incluam nos conceitos de microempresa ou empresa de pequeno porte, nos termos da legislação vigente, sujeitam-se às normas deste Capítulo.

‣ Esta Lei: art. 72.

§ 1º As microempresas e as empresas de pequeno porte, conforme definidas em lei, poderão apresentar plano especial de recuperação judicial, desde que afirmem sua intenção de fazê-lo na petição inicial de que trata o art. 51 desta Lei.

§ 2º Os credores não atingidos pelo plano especial não terão seus créditos habilitados na recuperação judicial.

Art. 70-A. O produtor rural de que trata o § 3º do art. 48 desta Lei poderá apresentar plano especial de recuperação judicial, nos termos desta Seção, desde que o valor da causa não exceda a R$ 4.800.000,00 (quatro milhões e oitocentos mil reais). (Acrescido pela Lei 14.112/2020)

Art. 71. O plano especial de recuperação judicial será apresentado no prazo previsto no art. 53 desta Lei e limitar-se á às seguintes condições:

I – abrangerá todos os créditos existentes na data do pedido, ainda que não vencidos, excetuados os decorrentes de repasse de recursos oficiais, os fiscais e os previstos nos §§ 3º e 4º do art. 49; (Redação dada pela Lei Complementar nº 147, de 2014)

II – preverá parcelamento em até 36 (trinta e seis) parcelas mensais, iguais e sucessivas, acrescidas de juros equivalentes à taxa Sistema Especial de Liquidação e de Custódia – SELIC, podendo conter ainda a proposta de abatimento do valor das dívidas; (Redação dada pela Lei Complementar nº 147, de 2014)

III – preverá o pagamento da 1ª (primeira) parcela no prazo máximo de 180 (cento e oitenta) dias, contado da distribuição do pedido de recuperação judicial;

IV – estabelecerá a necessidade de autorização do juiz, após ouvido o administrador judicial e o Comitê de Credores, para o devedor aumentar despesas ou contratar empregados.

Parágrafo único. O pedido de recuperação judicial com base em plano especial não acarreta a suspensão do curso da prescrição nem das ações e execuções por créditos não abrangidos pelo plano.

Art. 72. Caso o devedor de que trata o art. 70 desta Lei opte pelo pedido de recuperação judicial com base no plano especial disciplinado nesta Seção, não será convocada assembleia-geral de credores para deliberar sobre o plano, e o juiz concederá a recuperação judicial se atendidas as demais exigências desta Lei.

Parágrafo único. O juiz também julgará improcedente o pedido de recuperação judicial e decretará a falência do devedor se houver objeções, nos termos do art. 55, de credores titulares de mais da metade de qualquer uma das classes de créditos previstos no art. 83, computados na forma do art. 45, todos desta Lei. (Redação dada pela Lei Complementar nº 147, de 2014)

CAPÍTULO IV.
DA CONVOLAÇÃO DA RECUPERAÇÃO JUDICIAL EM FALÊNCIA

Art. 73. O juiz decretará a falência durante o processo de recuperação judicial:

‣ Esta Lei: art. 61, § 1º.

I – por deliberação da assembleia-geral de credores, na forma do art. 42 desta Lei;

II – pela não apresentação, pelo devedor, do plano de recuperação no prazo do art. 53 desta Lei;

III – quando não aplicado o disposto nos §§ 4º, 5º e 6º do art. 56 desta Lei, ou rejeitado o plano de recuperação judicial proposto pelos credores, nos termos do § 7º do art. 56 e do art. 58-A desta Lei; (Redação dada pela Lei 14.112/2020)

IV – por descumprimento de qualquer obrigação assumida no plano de recuperação, na forma do § 1º do art. 61 desta Lei.

V – por descumprimento dos parcelamentos referidos no art. 68 desta Lei ou da transação prevista no art. 10-C da Lei nº 10.522, de 19 de julho de 2002; e (Acrescido pela Lei 14.112/2020)

VI – quando identificado o esvaziamento patrimonial da devedora que implique liquidação substancial da empresa, em prejuízo de credores não sujeitos à recuperação judicial, inclusive as Fazendas Públicas. (Acrescido pela Lei 14.112/2020)

§ 1º O disposto neste artigo não impede a decretação da falência por inadimplemento de obrigação não sujeita à recuperação judicial, nos termos dos incisos I ou II do *caput* do art. 94 desta Lei, ou por prática de ato previsto no inciso III do *caput* do art. 94 desta Lei. (Redação dada pela Lei 14.112/2020)

§ 2º A hipótese prevista no inciso VI do *caput* deste artigo não implicará a invalidade ou a ineficácia dos atos, e o juiz determinará o bloqueio do produto de eventuais alienações e a devolução ao devedor dos valores já distribuídos, os quais ficarão à disposição do juízo. (Acrescido pela Lei 14.112/2020)

§ 3º Considera-se substancial a liquidação quando não forem reservados bens, direitos ou projeção de fluxo de caixa futuro suficientes à manutenção da atividade econômica para fins de cumprimento de suas obrigações, facultada a realização de perícia específica para essa finalidade. (Acrescido pela Lei 14.112/2020)

Art. 74. Na convolação da recuperação em falência, os atos de administração, endividamento, oneração ou alienação praticados durante a recuperação judicial presumem-se válidos, desde que realizados na forma desta Lei.

CAPÍTULO V. DA FALÊNCIA

SEÇÃO I. DISPOSIÇÕES GERAIS

Art. 75. A falência, ao promover o afastamento do devedor de suas atividades, visa a: (Redação dada pela Lei 14.112/2020)

I – preservar e a otimizar a utilização produtiva dos bens, dos ativos e dos recursos produtivos, inclusive os intangíveis, da empresa;

II – permitir a liquidação célere das empresas inviáveis, com vistas à realocação eficiente de recursos na economia; e

III – fomentar o empreendedorismo, inclusive por meio da viabilização do retorno célere do empreendedor falido à atividade econômica.

§ 1º O processo de falência atenderá aos princípios da celeridade e da economia processual, sem prejuízo do contraditório, da ampla defesa e dos demais princípios previstos na Lei nº 13.105, de 16 de março de 2015 (Código de Processo Civil).

§ 2º A falência é mecanismo de preservação de benefícios econômicos e sociais decorrentes da atividade empresarial, por meio da liquidação imediata do devedor e da rápida realocação útil de ativos na economia.

Art. 76. O juízo da falência é indivisível e competente para conhecer todas as ações sobre bens, interesses e negócios do falido, ressalvadas as causas trabalhistas, fiscais e aquelas não reguladas nesta Lei em que o falido figurar como autor ou litisconsorte ativo.

Parágrafo único. Todas as ações, inclusive as excetuadas no *caput* deste artigo, terão prosseguimento com o administrador judicial, que deverá ser intimado para representar a massa falida, sob pena de nulidade do processo.

Art. 77. A decretação da falência determina o vencimento antecipado das dívidas do devedor e dos sócios ilimitada e solidariamente responsáveis, com o abatimento proporcional dos juros, e converte todos os créditos em moeda estrangeira para a moeda do País, pelo câmbio do dia da decisão judicial, para todos os efeitos desta Lei.

Art. 78. Os pedidos de falência estão sujeitos a distribuição obrigatória, respeitada a ordem de apresentação.

Parágrafo único. As ações que devam ser propostas no juízo da falência estão sujeitas a distribuição por dependência.

Art. 79. Os processos de falência e os seus incidentes preferem a todos os outros na ordem dos feitos, em qualquer instância.

Art. 80. Considerar-se-ão habilitados os créditos remanescentes da recuperação judicial, quando definitivamente incluídos no quadro-geral de credores, tendo prosseguimento as habilitações que estejam em curso.

Art. 81. A decisão que decreta a falência da sociedade com sócios ilimitadamente responsáveis também acarreta a falência destes, que ficam sujeitos aos mesmos efeitos jurídicos produzidos em relação à sociedade falida e, por isso, deverão ser citados para apresentar contestação, se assim o desejarem.

§ 1º O disposto no *caput* deste artigo aplica-se ao sócio que tenha se retirado voluntariamente ou que tenha sido excluído da sociedade, há menos de 2 (dois) anos, quanto às dívidas existentes na data do arquivamento da alteração do contrato, no caso de não terem sido solvidas até a data da decretação da falência.

§ 2º As sociedades falidas serão representadas na falência por seus administradores ou liquidantes, os quais terão os mesmos direitos e, sob as mesmas penas, ficarão sujeitos às obrigações que cabem ao falido.

Art. 82. A responsabilidade pessoal dos sócios de responsabilidade limitada, dos controladores e dos administradores da sociedade falida, estabelecida nas respectivas leis, será apurada no próprio juízo da falência, independentemente da realização do ativo e da prova da sua insuficiência para cobrir o passivo, observado o procedimento ordinário previsto no Código de Processo Civil.

§ 1º Prescreverá em 2 (dois) anos, contados do trânsito em julgado da sentença de encerramento da falência, a ação de responsabilização prevista no *caput* deste artigo.

§ 2º O juiz poderá, de ofício ou mediante requerimento das partes interessadas, ordenar a indisponibilidade de bens particulares dos réus, em quantidade compatível com o dano provocado, até o julgamento da ação de responsabilização.

Art. 82-A. É vedada a extensão da falência ou de seus efeitos, no todo ou em parte, aos sócios de responsabilidade limitada, aos controladores e aos administradores da sociedade falida, admitida, contudo, a desconsideração da personalidade jurídica. (Acrescido pela Lei 14.112/2020)

Parágrafo único. A desconsideração da personalidade jurídica da sociedade falida, para fins de responsabilização de terceiros, grupo, sócio ou administrador por obrigação desta, somente pode ser decretada pelo juízo falimentar com a observância do art. 50 da Lei nº 10.406, de 10 de janeiro de 2002 (Código Civil) e dos arts. 133, 134, 135, 136 e 137 da Lei nº 13.105, de 16 de março de 2015 (Código de Processo Civil), não aplicada a suspensão de que trata o § 3º do art. 134 da Lei nº 13.105, de 16 de março de 2015 (Código de Processo Civil).

SEÇÃO II. DA CLASSIFICAÇÃO DOS CRÉDITOS

Art. 83. A classificação dos créditos na falência obedece à seguinte ordem:

- Esta Lei: arts. 67 e 149.

I – os créditos derivados da legislação trabalhista, limitados a 150 (cento e cinquenta) salários-mínimos por credor, e aqueles decorrentes de acidentes de trabalho; (Redação dada pela Lei 14.112/2020)

II – os créditos gravados com direito real de garantia até o limite do valor do bem gravado; (Redação dada pela Lei 14.112/2020)

- Esta Lei: art. 163, § 1º.

III – os créditos tributários, independentemente da sua natureza e do tempo de constituição, exceto os créditos extraconcursais e as multas tributárias; (Redação dada pela Lei 14.112/2020)

- Súm. nº 192 do STF.

IV e V – (Revogados pela Lei 14.112/2020)

VI – os créditos quirografários, a saber: (Redação dada pela Lei 14.112/2020)

› Esta Lei: art. 163, § 1º.

a) aqueles não previstos nos demais incisos deste artigo;

b) os saldos dos créditos não cobertos pelo produto da alienação dos bens vinculados ao seu pagamento; e (Redação dada pela Lei 14.112/2020)

c) os saldos dos créditos derivados da legislação trabalhista que excederem o limite estabelecido no inciso I do *caput* deste artigo; (Redação dada pela Lei 14.112/2020)

VII - as multas contratuais e as penas pecuniárias por infração das leis penais ou administrativas, incluídas as multas tributárias; (Redação dada pela Lei 14.112/2020)

VIII – os créditos subordinados, a saber: (Redação dada pela Lei 14.112/2020)

› Esta Lei: art. 163, § 1º.

a) os previstos em lei ou em contrato; e (Redação dada pela Lei 14.112/2020)

b) os créditos dos sócios e dos administradores sem vínculo empregatício cuja contratação não tenha observado as condições estritamente comutativas e as práticas de mercado; e (Redação dada pela Lei 14.112/2020)

IX – os juros vencidos após a decretação da falência, conforme previsto no art. 124 desta Lei. (Redação dada pela Lei 14.112/2020)

§ 1º Para os fins do inciso II do *caput* deste artigo, será considerado como valor do bem objeto de garantia real a importância efetivamente arrecadada com sua venda, ou, no caso de alienação em bloco, o valor de avaliação do bem individualmente considerado.

› Esta Lei: art. 108, § 5º.

§ 2º Não são oponíveis à massa os valores decorrentes de direito de sócio ao recebimento de sua parcela do capital social na liquidação da sociedade.

§ 3º As cláusulas penais dos contratos unilaterais não serão atendidas se as obrigações neles estipuladas se vencerem em virtude da falência.

§ 4º (Revogado pela Lei 14.112/2020)

§ 5º Para os fins do disposto nesta Lei, os créditos cedidos a qualquer título manterão sua natureza e classificação. (Acrescido pela Lei 14.112/2020)

§ 6º Para os fins do disposto nesta Lei, os créditos que disponham de privilégio especial ou geral em outras normas integrarão a classe dos créditos quirografários. (Acrescido pela Lei 14.112/2020)

Art. 84. Serão considerados créditos extraconcursais e serão pagos com precedência sobre os mencionados no art. 83 desta Lei, na ordem a seguir, aqueles relativos: (Redação dada pela Lei 14.112/2020)

› Esta Lei: art. 149.

I – (Revogado pela Lei 14.112/2020)

› Súm. nº 219 do STJ.

I-A – às quantias referidas nos arts. 150 e 151 desta Lei; (Acrescido pela Lei 14.112/2020)

I-B – ao valor efetivamente entregue ao devedor em recuperação judicial pelo financiador, em conformidade com o disposto na Seção IV-A do Capítulo III desta Lei; (Acrescido pela Lei 14.112/2020)

I-C – aos créditos em dinheiro objeto de restituição, conforme previsto no art. 86 desta Lei; (Acrescido pela Lei 14.112/2020)

I-D – às remunerações devidas ao administrador judicial e aos seus auxiliares, aos reembolsos devidos a membros do Comitê de Credores, e aos créditos derivados da legislação trabalhista ou decorrentes de acidentes de trabalho relativos a serviços prestados após a decretação da falência; (Acrescido pela Lei 14.112/2020)

I-E – às obrigações resultantes de atos jurídicos válidos praticados durante a recuperação judicial, nos termos do art. 67 desta Lei, ou após a decretação da falência; (Acrescido pela Lei 14.112/2020)

II – às quantias fornecidas à massa falida pelos credores; (Redação dada pela Lei 14.112/2020)

III – às despesas com arrecadação, administração, realização do ativo, distribuição do seu produto e custas do processo de falência; (Redação dada pela Lei 14.112/2020)

IV – às custas judiciais relativas às ações e às execuções em que a massa falida tenha sido vencida; (Redação dada pela Lei 14.112/2020)

V – aos tributos relativos a fatos geradores ocorridos após a decretação da falência, respeitada a ordem estabelecida no art. 83 desta Lei. (Redação dada pela Lei 14.112/2020)

§ 1º As despesas referidas no inciso I-A do *caput* deste artigo serão pagas pelo administrador judicial com os recursos disponíveis em caixa. (Acrescido pela Lei 14.112/2020)

§ 2º O disposto neste artigo não afasta a hipótese prevista no art. 122 desta Lei. (Acrescido pela Lei 14.112/2020)

SEÇÃO III.
DO PEDIDO DE RESTITUIÇÃO

Art. 85. O proprietário de bem arrecadado no processo de falência ou que se encontre em poder do devedor na data da decretação da falência poderá pedir sua restituição.

› Súm. nº 417 do STF.

Parágrafo único. Também pode ser pedida a restituição de coisa vendida a crédito e entregue ao devedor nos 15 (quinze) dias anteriores ao requerimento de sua falência, se ainda não alienada.

Art. 86. Proceder-se-á à restituição em dinheiro:

I – se a coisa não mais existir ao tempo do pedido de restituição, hipótese em que o requerente receberá o valor da avaliação do bem, ou, no caso de ter ocorrido sua venda, o respectivo preço, em ambos os casos no valor atualizado;

II – da importância entregue ao devedor, em moeda corrente nacional, decorrente de adiantamento a contrato de câmbio para exportação, na forma do art. 75, §§ 3º e 4º, da Lei nº 4.728, de 14 de julho de 1965, desde que o prazo total da operação, inclusive eventuais prorrogações, não exceda o previsto nas normas específicas da autoridade competente;

› Súmulas nº 36 e 133 do STJ.

› Esta Lei: arts. 49, § 4º; e 161, § 1º.

III – dos valores entregues ao devedor pelo contratante de boa-fé na hipótese de revogação ou ineficácia do contrato, conforme disposto no art. 136 desta Lei.

IV – às Fazendas Públicas, relativamente a tributos passíveis de retenção na fonte, de descontos de terceiros ou de sub-rogação e a valores recebidos pelos agentes arrecadadores e não recolhidos aos cofres públicos. (Acrescido pela Lei 14.112/2020)

Parágrafo único. (Revogado pela Lei 14.112/2020)

Art. 87. O pedido de restituição deverá ser fundamentado e descreverá a coisa reclamada.

§ 1º. O juiz mandará autuar em separado o requerimento com os documentos que o instruírem e determinará a intimação do falido, do Comitê, dos credores e do administrador judicial para que, no prazo sucessivo de 5 (cinco) dias, se manifestem, valendo como contestação a manifestação contrária à restituição.

§ 2º. Contestado o pedido e deferidas as provas porventura requeridas, o juiz designará audiência de instrução e julgamento, se necessária.

§ 3º. Não havendo provas a realizar, os autos serão conclusos para sentença.

Art. 88. A sentença que reconhecer o direito do requerente determinará a entrega da coisa no prazo de 48 (quarenta e oito) horas.

Parágrafo único. Caso não haja contestação, a massa não será condenada ao pagamento de honorários advocatícios.

Art. 89. A sentença que negar a restituição, quando for o caso, incluirá o requerente no quadro-geral de credores, na classificação que lhe couber, na forma desta Lei.

Art. 90. Da sentença que julgar o pedido de restituição caberá apelação sem efeito suspensivo.

Parágrafo único. O autor do pedido de restituição que pretender receber o bem ou a quantia reclamada antes do trânsito em julgado da sentença prestará caução.

Art. 91. O pedido de restituição suspende a disponibilidade da coisa até o trânsito em julgado.

Parágrafo único. Quando diversos requerentes houverem de ser satisfeitos em dinheiro e não existir saldo suficiente para o pagamento integral, far-se-á rateio proporcional entre eles.

Art. 92. O requerente que tiver obtido êxito no seu pedido ressarcirá a massa falida ou a quem tiver suportado as despesas de conservação da coisa reclamada.

Art. 93. Nos casos em que não couber pedido de restituição, fica resguardado o direito dos credores de propor embargos de terceiros, observada a legislação processual civil.

SEÇÃO IV.
DO PROCEDIMENTO PARA A DECRETAÇÃO DA FALÊNCIA

Art. 94. Será decretada a falência do devedor que:

- Esta Lei: arts. 62 e 73, parágrafo único.

I – sem relevante razão de direito, não paga, no vencimento, obrigação líquida materializada em título ou títulos executivos protestados cuja soma ultrapasse o equivalente a 40 (quarenta) salários-mínimos na data do pedido de falência;

- Súm. nº 361 do STJ.
- Esta Lei: arts. 96 e 98, parágrafo único.

II – executado por qualquer quantia líquida, não paga, não deposita e não nomeia à penhora bens suficientes dentro do prazo legal;

- Esta Lei: art. 98, parágrafo único.

III – pratica qualquer dos seguintes atos, exceto se fizer parte de plano de recuperação judicial:

- Esta Lei: art. 164, § 3º, II.

a) procede à liquidação precipitada de seus ativos ou lança mão de meio ruinoso ou fraudulento para realizar pagamentos;

b) realiza ou, por atos inequívocos, tenta realizar, com o objetivo de retardar pagamentos ou fraudar credores, negócio simulado ou alienação de parte ou da totalidade de seu ativo a terceiro, credor ou não;

c) transfere estabelecimento a terceiro, credor ou não, sem o consentimento de todos os credores e sem ficar com bens suficientes para solver seu passivo;

d) simula a transferência de seu principal estabelecimento com o objetivo de burlar a legislação ou a fiscalização ou para prejudicar credor;

e) dá ou reforça garantia a credor por dívida contraída anteriormente sem ficar com bens livres e desembaraçados suficientes para saldar seu passivo;

f) ausenta-se sem deixar representante habilitado e com recursos suficientes para pagar os credores, abandona estabelecimento ou tenta ocultar-se de seu domicílio, do local de sua sede ou de seu principal estabelecimento;

g) deixa de cumprir, no prazo estabelecido, obrigação assumida no plano de recuperação judicial.

§ 1º. Credores podem reunir-se em litisconsórcio a fim de perfazer o limite mínimo para o pedido de falência com base no inciso I do *caput* deste artigo.

§ 2º. Ainda que líquidos, não legitimam o pedido de falência os créditos que nela não se possam reclamar.

§ 3º. Na hipótese do inciso I do *caput* deste artigo, o pedido de falência será instruído com os títulos executivos na forma do parágrafo único do art. 9º desta Lei, acompanhados, em qualquer caso, dos respectivos instrumentos de protesto para fim falimentar nos termos da legislação específica.

- Súm. nº 361 do STJ.
- Lei nº 9.492, de 10-09-1997, art. 23, parágrafo único, Lei do Protesto de Títulos.

§ 4º. Na hipótese do inciso II do *caput* deste artigo, o pedido de falência será instruído com certidão expedida pelo juízo em que se processa a execução.

§ 5º. Na hipótese do inciso III do *caput* deste artigo, o pedido de falência descreverá os fatos que a caracterizam, juntando-se as provas que houver e especificando-se as que serão produzidas.

Art. 95. Dentro do prazo de contestação, o devedor poderá pleitear sua recuperação judicial.

Art. 96. A falência requerida com base no art. 94, inciso I do *caput*, desta Lei, não será decretada se o requerido provar:

I – falsidade de título;

II – prescrição;

III – nulidade de obrigação ou de título;

IV – pagamento da dívida;

V – qualquer outro fato que extinga ou suspenda obrigação ou não legitime a cobrança de título;

VI – vício em protesto ou em seu instrumento;

VII – apresentação de pedido de recuperação judicial no prazo da contestação, observados os requisitos do art. 51 desta Lei;

VIII – cessação das atividades empresariais mais de 2 (dois) anos antes do pedido de falência, comprovada por documento hábil do Registro Público de Empresas, o qual não prevalecerá contra prova de exercício posterior ao ato registrado.

§ 1º. Não será decretada a falência de sociedade anônima após liquidado e partilhado seu ativo nem do espólio após 1 (um) ano da morte do devedor.

§ 2º. As defesas previstas nos incisos I a VI do *caput* deste artigo não obstam a decretação de falência se, ao final, restarem obrigações não atingidas pelas defesas em montante que supere o limite previsto naquele dispositivo.

Art. 97. Podem requerer a falência do devedor:

I – o próprio devedor, na forma do disposto nos arts. 105 a 107 desta Lei;

II – o cônjuge sobrevivente, qualquer herdeiro do devedor ou o inventariante;

- Esta Lei: art. 107, parágrafo único.

III – o cotista ou o acionista do devedor na forma da lei ou do ato constitutivo da sociedade;

- Esta Lei: art. 107, parágrafo único.

IV – qualquer credor.

- Esta Lei: art. 107, parágrafo único.

§ 1º. O credor empresário apresentará certidão do Registro Público de Empresas que comprove a regularidade de suas atividades.

§ 2º. O credor que não tiver domicílio no Brasil deverá prestar caução relativa às custas e ao pagamento da indenização de que trata o art. 101 desta Lei.

Art. 98. Citado, o devedor poderá apresentar contestação no prazo de 10 (dez) dias.

Parágrafo único. Nos pedidos baseados nos incisos I e II do *caput* do art. 94 desta Lei, o devedor poderá, no prazo da contestação, depositar o valor correspondente ao total do crédito, acrescido de correção monetária, juros e honorários advocatícios, hipótese em que a falência não será decretada e, caso julgado procedente o pedido de falência, o juiz ordenará o levantamento do valor pelo autor.

Art. 99. A sentença que decretar a falência do devedor, dentre outras determinações:

- Esta Lei: arts. 107 e 192, § 4º.

I – conterá a síntese do pedido, a identificação do falido e os nomes dos que forem a esse tempo seus administradores;

II – fixará o termo legal da falência, sem poder retrotraí-lo por mais de 90 (noventa) dias contados do pedido de falência, do pedido de recuperação judicial ou do 1º (primeiro) protesto por falta de pagamento, excluindo-se, para esta finalidade, os protestos que tenham sido cancelados;

III – ordenará ao falido que apresente, no prazo máximo de 5 (cinco) dias, relação nominal dos credores, indicando endereço, importância, natureza e classificação dos respectivos créditos, se esta já não se encontrar nos autos, sob pena de desobediência;

- Esta Lei: arts. 22, I e 39.

IV – explicitará o prazo para as habilitações de crédito, observado o disposto no § 1º do art. 7º desta Lei;

V – ordenará a suspensão de todas as ações ou execuções contra o falido, ressalvadas as hipóteses previstas nos §§ 1º e 2º do art. 6º desta Lei;

VI – proibirá a prática de qualquer ato de disposição ou oneração de bens do falido, submetendo-os preliminarmente à autorização judicial e do Comitê, se houver, ressalvados os bens cuja venda faça parte das atividades normais do devedor se autorizada a continuação provisória nos termos do inciso XI do *caput* deste artigo;

VII – determinará as diligências necessárias para salvaguardar os interesses das partes envolvidas, podendo ordenar a prisão preventiva do falido ou de seus administradores quando requerida com fundamento em provas da prática de crime definido nesta Lei;

VIII – ordenará ao Registro Público de Empresas e à Secretaria Especial da Receita Federal do Brasil que procedam à anotação da falência no registro do devedor, para que dele constem a expressão "falido", a data da decretação da falência e a inabilitação de que trata o art. 102 desta Lei; (Redação dada pela Lei 14.112/2020)

IX – nomeará o administrador judicial, que desempenhará suas funções na forma do inciso III do *caput* do art. 22 desta Lei sem prejuízo do disposto na alínea a do inciso II do *caput* do art. 35 desta Lei;

X – determinará a expedição de ofícios aos órgãos e repartições públicas e outras entidades para que informem a existência de bens e direitos do falido;

XI – pronunciar-se-á a respeito da continuação provisória das atividades do falido com o administrador judicial ou da lacração dos estabelecimentos, observado o disposto no art. 109 desta Lei;

› Esta Lei: art. 150.

XII – determinará, quando entender conveniente, a convocação da assembleia-geral de credores para a constituição de Comitê de Credores, podendo ainda autorizar a manutenção do Comitê eventualmente em funcionamento na recuperação judicial quando da decretação da falência;

XIII – ordenará a intimação eletrônica, nos termos da legislação vigente e respeitadas as prerrogativas funcionais, respectivamente, do Ministério Público e das Fazendas Públicas federal e de todos os Estados, Distrito Federal e Municípios em que o devedor tiver estabelecimento, para que tomem conhecimento da falência. (Redação dada pela Lei 14.112/2020)

› Esta Lei: art. 7º, § 1º.

§ 1º O juiz ordenará a publicação de edital eletrônico com a íntegra da decisão que decreta a falência e a relação de credores apresentada pelo falido. (Acrescido pela Lei 14.112/2020)

§ 2º A intimação eletrônica das pessoas jurídicas de direito público integrantes da administração pública indireta dos entes federativos referidos no inciso XIII do *caput* deste artigo será direcionada: (Acrescido pela Lei 14.112/2020)

I – no âmbito federal, à Procuradoria-Geral Federal e à Procuradoria-Geral do Banco Central do Brasil;

II – no âmbito dos Estados e do Distrito Federal, à respectiva Procuradoria-Geral, à qual competirá dar ciência a eventual órgão de representação judicial específico das entidades interessadas; e

III – no âmbito dos Municípios, à respectiva Procuradoria-Geral ou, se inexistir, ao gabinete do Prefeito, à qual competirá dar ciência a eventual órgão de representação judicial específico das entidades interessadas.

§ 3º Após decretada a quebra ou convolada a recuperação judicial em falência, o administrador deverá, no prazo de até 60 (sessenta) dias, contado do termo de nomeação, apresentar, para apreciação do juiz, plano detalhado de realização dos ativos, inclusive com a estimativa de tempo não superior a 180 (cento e oitenta) dias a partir da juntada de cada auto de arrecadação, na forma do inciso III do *caput* do art. 22 desta Lei. (Acrescido pela Lei 14.112/2020)

Art. 100. Da decisão que decreta a falência cabe agravo, e da sentença que julga a improcedência do pedido cabe apelação.

› Súm. nº 25 do STJ.

Art. 101. Quem por dolo requerer a falência de outrem será condenado, na sentença que julgar improcedente o pedido, a indenizar o devedor, apurando-se as perdas e danos em liquidação de sentença.

› Esta Lei: art. 97, § 2º.

§ 1º. Havendo mais de 1 (um) autor do pedido de falência, serão solidariamente responsáveis aqueles que se conduziram na forma prevista no *caput* deste artigo.

§ 2º. Por ação própria, o terceiro prejudicado também pode reclamar indenização dos responsáveis.

SEÇÃO V. DA INABILITAÇÃO EMPRESARIAL, DOS DIREITOS E DEVERES DO FALIDO

Art. 102. O falido fica inabilitado para exercer qualquer atividade empresarial a partir da decretação da falência e até a sentença que extingue suas obrigações, respeitado o disposto no § 1º do art. 181 desta Lei.

› Esta Lei: art. 99, VIII.

Parágrafo único. Findo o período de inabilitação, o falido poderá requerer ao juiz da falência que proceda à respectiva anotação em seu registro.

Art. 103. Desde a decretação da falência ou do sequestro, o devedor perde o direito de administrar os seus bens ou deles dispor.

Parágrafo único. O falido poderá, contudo, fiscalizar a administração da falência, requerer as providências necessárias para a conservação de seus direitos ou dos bens arrecadados e intervir nos processos em que a massa falida seja parte ou interessada, requerendo o que for de direito e interpondo os recursos cabíveis.

Art. 104. A decretação da falência impõe aos representantes legais do falido os seguintes deveres: (Redação dada pela Lei 14.112/2020)

I - assinar nos autos, desde que intimado da decisão, termo de comparecimento, com a indicação do nome, da nacionalidade, do estado civil e do endereço completo do domicílio, e declarar, para constar do referido termo, diretamente ao administrador judicial, em dia, local e hora por ele designados, por prazo não superior a 15 (quinze) dias após a decretação da falência, o seguinte: (Redação dada pela Lei 14.112/2020)

a) as causas determinantes da sua falência, quando requerida pelos credores;

b) tratando-se de sociedade, os nomes e endereços de todos os sócios, acionistas controladores, diretores ou administradores, apresentando o contrato ou estatuto social e a prova do respectivo registro, bem como suas alterações;

c) o nome do contador encarregado da escrituração dos livros obrigatórios;

d) os mandatos que porventura tenha outorgado, indicando seu objeto, nome e endereço do mandatário;

e) seus bens imóveis e os móveis que não se encontram no estabelecimento;

f) se faz parte de outras sociedades, exibindo respectivo contrato;

g) suas contas bancárias, aplicações, títulos em cobrança e processos em andamento em que for autor ou réu;

II – entregar ao administrador judicial os seus livros obrigatórios e os demais instrumentos de escrituração pertinentes, que os encerrará por termo; (Redação dada pela Lei 14.112/2020)

III – não se ausentar do lugar onde se processa a falência sem motivo justo e comunicação expressa ao juiz, e sem deixar procurador bastante, sob as penas cominadas na lei;

IV – comparecer a todos os atos da falência, podendo ser representado por procurador, quando não for indispensável sua presença;

V – entregar ao administrador judicial, para arrecadação, todos os bens, papéis, documentos e senhas de acesso a sistemas contábeis, financeiros e bancários, bem como indicar aqueles que porventura estejam em poder de terceiros; (Redação dada pela Lei 14.112/2020)

VI – prestar as informações reclamadas pelo juiz, administrador judicial, credor ou Ministério Público sobre circunstâncias e fatos que interessem à falência;

VII – auxiliar o administrador judicial com zelo e presteza;

VIII – examinar as habilitações de crédito apresentadas;

IX – assistir ao levantamento, à verificação do balanço e ao exame dos livros;

X – manifestar-se sempre que for determinado pelo juiz;

XI – apresentar ao administrador judicial a relação de seus credores, em arquivo eletrônico, no dia em que prestar as declarações referidas no inciso I do *caput* deste artigo; (Redação dada pela Lei 14.112/2020)

XII – examinar e dar parecer sobre as contas do administrador judicial.

Parágrafo único. Faltando ao cumprimento de quaisquer dos deveres que esta Lei lhe impõe, após intimado pelo juiz a fazê-lo, responderá o falido por crime de desobediência.

SEÇÃO VI. DA FALÊNCIA REQUERIDA PELO PRÓPRIO DEVEDOR

Art. 105. O devedor em crise econômico-financeira que julgue não atender aos requisitos para pleitear sua recuperação judicial deverá requerer ao juízo sua falência, expondo as razões da impossibilidade de prosseguimento da atividade empresarial, acompanhadas dos seguintes documentos:

› Esta Lei: art. 97, I.

I – demonstrações contábeis referentes aos 3 (três) últimos exercícios sociais e as levantadas especialmente para instruir o pedido, confeccionadas com estrita observância da legislação societária aplicável e compostas obrigatoriamente de:

a) balanço patrimonial;

b) demonstração de resultados acumulados;

c) demonstração do resultado desde o último exercício social;

d) relatório do fluxo de caixa;

II – relação nominal dos credores, indicando endereço, importância, natureza e classificação dos respectivos créditos;

‣ Esta Lei: arts. 22, I e 39.

III – relação dos bens e direitos que compõem o ativo, com a respectiva estimativa de valor e documentos comprobatórios de propriedade;

IV – prova da condição de empresário, contrato social ou estatuto em vigor ou, se não houver, a indicação de todos os sócios, seus endereços e a relação de seus bens pessoais;

V – os livros obrigatórios e documentos contábeis que lhe forem exigidos por lei;

VI – relação de seus administradores nos últimos 5 (cinco) anos, com os respectivos endereços, suas funções e participação societária.

Art. 106. Não estando o pedido regularmente instruído, o juiz determinará que seja emendado.

‣ Esta Lei: art. 97, I.

Art. 107. A sentença que decretar a falência do devedor observará a forma do art. 99 desta Lei.

‣ Esta Lei: art. 97, I.

Parágrafo único. Decretada a falência, aplicam-se integralmente os dispositivos relativos à falência requerida pelas pessoas referidas nos incisos II a IV do *caput* do art. 97 desta Lei.

‣ Súm. nº 25 do STJ.

SEÇÃO VII. DA ARRECADAÇÃO E DA CUSTÓDIA DOS BENS

Art. 108. Ato contínuo à assinatura do termo de compromisso, o administrador judicial efetuará a arrecadação dos bens e documentos e a avaliação dos bens, separadamente ou em bloco, no local em que se encontrem, requerendo ao juiz, para esses fins, as medidas necessárias.

‣ Súm. nº 305 do STJ.

‣ Esta Lei: art. 22, III, f.

§ 1º. Os bens arrecadados ficarão sob a guarda do administrador judicial ou de pessoa por ele escolhida, sob responsabilidade daquele, podendo o falido ou qualquer de seus representantes ser nomeado depositário dos bens.

§ 2º. O falido poderá acompanhar a arrecadação e a avaliação.

§ 3º. O produto dos bens penhorados ou por outra forma apreendidos entrará para a massa, cumprindo ao juiz deprecar, a requerimento do administrador judicial, às autoridades competentes, determinando sua entrega.

§ 4º. Não serão arrecadados os bens absolutamente impenhoráveis.

§ 5º. Ainda que haja avaliação em bloco, o bem objeto de garantia real será também avaliado separadamente, para os fins do § 1º do art. 83 desta Lei.

Art. 109. O estabelecimento será lacrado sempre que houver risco para a execução da etapa de arrecadação ou para a preservação dos bens da massa falida ou dos interesses dos credores.

‣ Esta Lei: art. 99, XI.

Art. 110. O auto de arrecadação, composto pelo inventário e pelo respectivo laudo de avaliação dos bens, será assinado pelo administrador judicial, pelo falido ou seus representantes e por outras pessoas que auxiliarem ou presenciarem o ato.

‣ Esta Lei: art. 22, III, f.

§ 1º. Não sendo possível a avaliação dos bens no ato da arrecadação, o administrador judicial requererá ao juiz a concessão de prazo para apresentação do laudo de avaliação, que não poderá exceder 30 (trinta) dias, contados da apresentação do auto de arrecadação.

§ 2º. Serão referidos no inventário:

I – os livros obrigatórios e os auxiliares ou facultativos do devedor, designando-se o estado em que se acham, número e denominação de cada um, páginas escrituradas, data do início da escrituração e do último lançamento, e se os livros obrigatórios estão revestidos das formalidades legais;

II – dinheiro, papéis, títulos de crédito, documentos e outros bens da massa falida;

III – os bens da massa falida em poder de terceiro, a título de guarda, depósito, penhor ou retenção;

IV – os bens indicados como propriedade de terceiros ou reclamados por estes, mencionando-se essa circunstância.

§ 3º. Quando possível, os bens referidos no § 2º deste artigo serão individualizados.

§ 4º. Em relação aos bens imóveis, o administrador judicial, no prazo de 15 (quinze) dias após a sua arrecadação, exibirá as certidões de registro, extraídas posteriormente à decretação da falência, com todas as indicações que nele constarem.

Art. 111. O juiz poderá autorizar os credores, de forma individual ou coletiva, em razão dos custos e no interesse da massa falida, a adquirir ou adjudicar, de imediato, os bens arrecadados, pelo valor da avaliação, atendida a regra de classificação e preferência entre eles, ouvido o Comitê.

Art. 112. Os bens arrecadados poderão ser removidos, desde que haja necessidade de sua melhor guarda e conservação, hipótese em que permanecerão em depósito sob responsabilidade do administrador judicial, mediante compromisso.

Art. 113. Os bens perecíveis, deterioráveis, sujeitos à considerável desvalorização ou que sejam de conservação arriscada ou dispendiosa, poderão ser vendidos antecipadamente, após a arrecadação e a avaliação, mediante autorização judicial, ouvidos o Comitê e o falido no prazo de 48 (quarenta e oito) horas.

‣ Esta Lei: art. 22, III, j.

Art. 114. O administrador judicial poderá alugar ou celebrar outro contrato referente aos bens da massa falida, com o objetivo de produzir renda para a massa falida, mediante autorização do Comitê.

§ 1º. O contrato disposto no *caput* deste artigo não gera direito de preferência na compra e não pode importar disposição total ou parcial dos bens.

§ 2º. O bem objeto da contratação poderá ser alienado a qualquer tempo, independentemente do prazo contratado, rescindindo-se, sem direito a multa, o contrato realizado, salvo se houver anuência do adquirente.

Art. 114-A. Se não forem encontrados bens para serem arrecadados, ou se os arrecadados forem insuficientes para as despesas do processo, o administrador judicial informará imediatamente esse fato ao juiz, que, ouvido o representante do Ministério Público, fixará, por meio de edital, o prazo de 10 (dez) dias para os interessados se manifestarem. (Acrescido pela Lei 14.112/2020)

§ 1º Um ou mais credores poderão requerer o prosseguimento da falência, desde que paguem a quantia necessária às despesas e aos honorários do administrador judicial, que serão considerados despesas essenciais nos termos estabelecidos no inciso I-A do *caput* do art. 84 desta Lei.

§ 2º Decorrido o prazo previsto no *caput* sem manifestação dos interessados, o administrador judicial promoverá a venda dos bens arrecadados no prazo máximo de 30 (trinta) dias, para bens móveis, e de 60 (sessenta) dias, para bens imóveis, e apresentará o seu relatório, nos termos e para os efeitos dispostos neste artigo.

§ 3º Proferida a decisão, a falência será encerrada pelo juiz nos autos.

SEÇÃO VIII. DOS EFEITOS DA DECRETAÇÃO DA FALÊNCIA SOBRE AS OBRIGAÇÕES DO DEVEDOR

Art. 115. A decretação da falência sujeita todos os credores, que somente poderão exercer os seus direitos sobre os bens do falido e do sócio ilimitadamente responsável na forma que esta Lei prescrever.

Art. 116. A decretação da falência suspende:

I – o exercício do direito de retenção sobre os bens sujeitos à arrecadação, os quais deverão ser entregues ao administrador judicial;

II – o exercício do direito de retirada ou de recebimento do valor de suas quotas ou ações, por parte dos sócios da sociedade falida.

Art. 117. Os contratos bilaterais não se resolvem pela falência e podem ser cumpridos pelo administrador judicial se o cumprimento reduzir ou evitar o aumento do passivo da massa falida ou for necessário à manutenção e preservação de seus ativos, mediante autorização do Comitê.

§ 1º. O contratante pode interpelar o administrador judicial, no prazo de até 90 (noventa) dias, contado da assinatura do termo de sua nomeação, para que, dentro de 10 (dez) dias, declare se cumpre ou não o contrato.

§ 2º. A declaração negativa ou o silêncio do administrador judicial confere ao contraente o direito à indenização, cujo valor, apurado em processo ordinário, constituirá crédito quirografário.

Art. 118. O administrador judicial, mediante autorização do Comitê, poderá dar cumprimento a contrato unilateral se esse fato reduzir ou evitar o aumento do passivo da massa falida ou for necessário à manutenção e preservação de seus ativos, realizando o pagamento da prestação pela qual está obrigada.

Art. 119. Nas relações contratuais a seguir mencionadas prevalecerão as seguintes regras:

I – o vendedor não pode obstar a entrega das coisas expedidas ao devedor e ainda em trânsito, se o comprador, antes do requerimento da falência, as tiver revendido, sem fraude, à vista das faturas e conhecimentos de transporte, entregues ou remetidos pelo vendedor;

II – se o devedor vendeu coisas compostas e o administrador judicial resolver não continuar a execução do contrato, poderá o comprador pôr à disposição da massa falida as coisas já recebidas, pedindo perdas e danos;

III – não tendo o devedor entregue coisa móvel ou prestado serviço que vendera ou contratara a prestações, e resolvendo o administrador judicial não executar o contrato, o crédito relativo ao valor pago será habilitado na classe própria;

IV – o administrador judicial, ouvido o Comitê, restituirá a coisa móvel comprada pelo devedor com reserva de domínio do vendedor se resolver não continuar a execução do contrato, exigindo a devolução, nos termos do contrato, dos valores pagos;

V – tratando-se de coisas vendidas a termo, que tenham cotação em bolsa ou mercado, e não se executando o contrato pela efetiva entrega daquelas e pagamento do preço, prestar-se-á a diferença entre a cotação do dia do contrato e a da época da liquidação em bolsa ou mercado;

VI – na promessa de compra e venda de imóveis, aplicar-se-á a legislação respectiva;

VII – a falência do locador não resolve o contrato de locação e, na falência do locatário, o administrador judicial pode, a qualquer tempo, denunciar o contrato;

VIII – caso haja acordo para compensação e liquidação de obrigações no âmbito do sistema financeiro nacional, nos termos da legislação vigente, a parte não falida poderá considerar o contrato vencido antecipadamente, hipótese em que será liquidado na forma estabelecida em regulamento, admitindo-se a compensação de eventual crédito que venha a ser apurado em favor do falido com créditos detidos pelo contratante;

IX – os patrimônios de afetação, constituídos para cumprimento de destinação específica, obedecerão ao disposto na legislação respectiva, permanecendo seus bens, direitos e obrigações separados dos do falido até o advento do respectivo termo ou até o cumprimento de sua finalidade, ocasião em que o administrador judicial arrecadará o saldo a favor da massa falida ou inscreverá na classe própria o crédito que contra ela remanescer.

Art. 120. O mandato conferido pelo devedor, antes da falência, para a realização de negócios, cessará seus efeitos com a decretação da falência, cabendo ao mandatário prestar contas de sua gestão.

§ 1º. O mandato conferido para representação judicial do devedor continua em vigor até que seja expressamente revogado pelo administrador judicial.

§ 2º. Para o falido, cessa o mandato ou comissão que houver recebido antes da falência, salvo os que versem sobre matéria estranha à atividade empresarial.

Art. 121. As contas correntes com o devedor consideram-se encerradas no momento de decretação da falência, verificando-se o respectivo saldo.

Art. 122. Compensam-se, com preferência sobre todos os demais credores, as dívidas do devedor vencidas até o dia da decretação da falência, provenha o vencimento da sentença de falência ou não, obedecidos os requisitos da legislação civil.

Parágrafo único. Não se compensam:

I – os créditos transferidos após a decretação da falência, salvo em caso de sucessão por fusão, incorporação, cisão ou morte; ou

II – os créditos, ainda que vencidos anteriormente, transferidos quando já conhecido o estado de crise econômico-financeira do devedor ou cuja transferência se operou com fraude ou dolo.

Art. 123. Se o falido fizer parte de alguma sociedade como sócio comanditário ou cotista, para a massa falida entrarão somente os haveres que na sociedade ele possuir e forem apurados na forma estabelecida no contrato ou estatuto social.

§ 1º. Se o contrato ou o estatuto social nada disciplinar a respeito, a apuração far-se-á judicialmente, salvo se, por lei, pelo contrato ou estatuto, a sociedade tiver de liquidar-se, caso em que os haveres do falido, somente após o pagamento de todo o passivo da sociedade, entrarão para a massa falida.

§ 2º. Nos casos de condomínio indivisível de que participe o falido, o bem será vendido e deduzir-se-á do valor arrecadado o que for devido aos demais condôminos, facultada a estes a compra da quota-parte do falido nos termos da melhor proposta obtida.

Art. 124. Contra a massa falida não são exigíveis juros vencidos após a decretação da falência, previstos em lei ou em contrato, se o ativo apurado não bastar para o pagamento dos credores subordinados.

Parágrafo único. Excetuam-se desta disposição os juros das debêntures e dos créditos com garantia real, mas por eles responde, exclusivamente, o produto dos bens que constituem a garantia.

Art. 125. Na falência do espólio, ficará suspenso o processo de inventário, cabendo ao administrador judicial a realização de atos pendentes em relação aos direitos e obrigações da massa falida.

Art. 126. Nas relações patrimoniais não reguladas expressamente nesta Lei, o juiz decidirá o caso atendendo à unidade, à universalidade do concurso e à igualdade de tratamento dos credores, observado o disposto no art. 75 desta Lei.

Art. 127. O credor de coobrigados solidários cujas falências sejam decretadas tem o direito de concorrer, em cada uma delas, pela totalidade do seu crédito, até recebê-lo por inteiro, quando então comunicará ao juízo.

§ 1º. O disposto no *caput* deste artigo não se aplica ao falido cujas obrigações tenham sido extintas por sentença, na forma do art. 159 desta Lei.

§ 2º. Se o credor ficar integralmente pago por uma ou por diversas massas coobrigadas, as que pagaram terão direito regressivo contra as demais, em proporção à parte que pagaram e àquela que cada uma tinha a seu cargo.

§ 3º. Se a soma dos valores pagos ao credor em todas as massas coobrigadas exceder o total do crédito, o valor será devolvido às massas na proporção estabelecida no § 2º deste artigo.

§ 4º. Se os coobrigados eram garantes uns dos outros, o excesso de que trata o § 3º deste artigo pertencerá, conforme a ordem das obrigações, às massas dos coobrigados que tiverem o direito de ser garantidas.

Art. 128. Os coobrigados solventes e os garantes do devedor ou dos sócios ilimitadamente responsáveis podem habilitar o crédito correspondente às quantias pagas ou devidas, se o credor não se habilitar no prazo legal.

SEÇÃO IX. DA INEFICÁCIA E DA REVOGAÇÃO DE ATOS PRATICADOS ANTES DA FALÊNCIA

Art. 129. São ineficazes em relação à massa falida, tenha ou não o contratante conhecimento do estado de crise econômico-financeira do devedor, seja ou não intenção deste fraudar credores:

I – o pagamento de dívidas não vencidas realizado pelo devedor dentro do termo legal, por qualquer meio extintivo do direito de crédito, ainda que pelo desconto do próprio título;

› Esta Lei: art. 131.

II – o pagamento de dívidas vencidas e exigíveis realizado dentro do termo legal, por qualquer forma que não seja a prevista pelo contrato;

› Esta Lei: art. 131.

III – a constituição de direito real de garantia, inclusive a retenção, dentro do termo legal, tratando-se de dívida contraída anteriormente; se os bens dados em hipoteca forem objeto de outras posteriores, a massa falida receberá a parte que devia caber ao credor da hipoteca revogada;

› Esta Lei: art. 131.

IV – a prática de atos a título gratuito, desde 2 (dois) anos antes da decretação da falência;

V – a renúncia à herança ou a legado, até 2 (dois) anos antes da decretação da falência;

VI – a venda ou transferência de estabelecimento feita sem o consentimento expresso ou o pagamento de todos os credores, a esse tempo existentes, não tendo restado ao devedor bens suficientes para solver o seu passivo, salvo se, no prazo de 30 (trinta) dias, não houver oposição dos credores, após serem devidamente notificados, judicialmente ou pelo oficial do registro de títulos e documentos;

› Esta Lei: art. 131.

VII – os registros de direitos reais e de transferência de propriedade entre vivos, por título oneroso ou gratuito, ou a averbação relativa a imóveis realizados após a decretação da falência, salvo se tiver havido prenotação anterior.

Parágrafo único. A ineficácia poderá ser declarada de ofício pelo juiz, alegada em defesa ou pleiteada mediante ação própria ou incidentalmente no curso do processo.

Art. 130. São revogáveis os atos praticados com a intenção de prejudicar credores, provando-se o conluio fraudulento entre o devedor e o terceiro que com ele contratar e o efetivo prejuízo sofrido pela massa falida.

› Esta Lei: arts. 132 e 164, § 3º, I e § 5º.

Art. 131. Nenhum dos atos referidos nos incisos I, II, III e VI do *caput* do art. 129 desta Lei que tenham sido previstos e realizados na forma definida no plano de recuperação judicial ou extrajudicial será declarado ineficaz ou revogado. (Redação dada pela Lei 14.112/2020)

› Esta Lei: art. 138.

Art. 132. A ação revocatória, de que trata o art. 130 desta Lei, deverá ser proposta pelo administrador judicial, por qualquer credor ou pelo Ministério Público no prazo de 3 (três) anos contado da decretação da falência.

Art. 133. A ação revocatória pode ser promovida:

I – contra todos os que figuraram no ato ou que por efeito dele foram pagos, garantidos ou beneficiados;

II – contra os terceiros adquirentes, se tiveram conhecimento, ao se criar o direito, da intenção do devedor de prejudicar os credores;

III – contra os herdeiros ou legatários das pessoas indicadas nos incisos I e II do *caput* deste artigo.

Art. 134. A ação revocatória correrá perante o juízo da falência e obedecerá ao procedimento ordinário previsto na Lei nº 5.869, de 11 de janeiro de 1973 – Código de Processo Civil.

Art. 135. A sentença que julgar procedente a ação revocatória determinará o retorno dos bens à massa falida em espécie, com todos os acessórios, ou o valor de mercado, acrescidos das perdas e danos.

Parágrafo único. Da sentença cabe apelação.

› Súm. nº 25 do STJ.

Art. 136. Reconhecida a ineficácia ou julgada procedente a ação revocatória, as partes retornarão ao estado anterior, e o contratante de boa-fé terá direito à restituição dos bens ou valores entregues ao devedor.

› Esta Lei: art. 86, III.

§ 1º. Na hipótese de securitização de créditos do devedor, não será declarada a ineficácia ou revogado o ato de cessão em prejuízo dos direitos dos portadores de valores mobiliários emitidos pelo securitizador.

§ 2º. É garantido ao terceiro de boa-fé, a qualquer tempo, propor ação por perdas e danos contra o devedor ou seus garantes.

Art. 137. O juiz poderá, a requerimento do autor da ação revocatória, ordenar, como medida preventiva, na forma da lei processual civil, o sequestro dos bens retirados do patrimônio do devedor que estejam em poder de terceiros.

Art. 138. O ato pode ser declarado ineficaz ou revogado, ainda que praticado com base em decisão judicial, observado o disposto no art. 131 desta Lei.

Parágrafo único. Revogado o ato ou declarada sua ineficácia, ficará rescindida a sentença que o motivou.

SEÇÃO X. DA REALIZAÇÃO DO ATIVO

Art. 139. Logo após a arrecadação dos bens, com a juntada do respectivo auto ao processo de falência, será iniciada a realização do ativo.

Art. 140. A alienação dos bens será realizada de uma das seguintes formas, observada a seguinte ordem de preferência:

I – alienação da empresa, com a venda de seus estabelecimentos em bloco;

II – alienação da empresa, com a venda de suas filiais ou unidades produtivas isoladamente;

III – alienação em bloco dos bens que integram cada um dos estabelecimentos do devedor;

IV – alienação dos bens individualmente considerados.

§ 1º. Se convier à realização do ativo, ou em razão de oportunidade, podem ser adotadas mais de uma forma de alienação.

§ 2º. A realização do ativo terá início independentemente da formação do quadro-geral de credores.

§ 3º. A alienação da empresa terá por objeto o conjunto de determinados bens necessários à operação rentável da unidade de produção, que poderá compreender a transferência de contratos específicos.

§ 4º. Nas transmissões de bens alienados na forma deste artigo que dependam de registro público, a este servirá como título aquisitivo suficiente o mandado judicial respectivo.

Art. 141. Na alienação conjunta ou separada de ativos, inclusive da empresa ou de suas filiais, promovida sob qualquer das modalidades de que trata o art. 142: (Redação dada pela Lei 14.112/2020)

› Esta Lei: art. 145, § 1º.

I – todos os credores, observada a ordem de preferência definida no art. 83 desta Lei, sub-rogam-se no produto da realização do ativo;

II – o objeto da alienação estará livre de qualquer ônus e não haverá sucessão do arrematante nas obrigações do devedor, inclusive as de natureza tributária, as derivadas da legislação do trabalho e as decorrentes de acidentes de trabalho.

§ 1º. O disposto no inciso II do *caput* deste artigo não se aplica quando o arrematante for:

› Esta Lei: art. 60, parágrafo único.

I – sócio da sociedade falida, ou sociedade controlada pelo falido;

II – parente, em linha reta ou colateral até o 4º (quarto) grau, consanguíneo ou afim, do falido ou de sócio da sociedade falida; ou

III – identificado como agente do falido com o objetivo de fraudar a sucessão.

§ 2º. Empregados do devedor contratados pelo arrematante serão admitidos mediante novos contratos de trabalho e o arrematante não responde por obrigações decorrentes do contrato anterior.

§ 3º A alienação nas modalidades de que trata o art. 142 desta Lei poderá ser realizada com compartilhamento de custos operacionais por 2 (duas) ou mais empresas em situação falimentar. (Acrescido pela Lei 14.112/2020)

Art. 142. A alienação de bens dar-se-á por uma das seguintes modalidades: (Redação dada pela Lei 14.112/2020)

› Esta Lei: arts. 60; 144 e 166.

I – leilão eletrônico, presencial ou híbrido; (Redação dada pela Lei 14.112/2020)

II e III – (Revogados pela Lei 14.112/2020)

IV – processo competitivo organizado promovido por agente especializado e de reputação ilibada, cujo procedimento deverá ser detalhado em relatório anexo ao plano de realização do ativo ou ao plano de recuperação judicial, conforme o caso; (Acrescido pela Lei 14.112/2020)

V – qualquer outra modalidade, desde que aprovada nos termos desta Lei. (Acrescido pela Lei 14.112/2020)

§§ 1º e 2º. (Revogados pela Lei 14.112/2020).

§ 2º-A. A alienação de que trata o *caput* deste artigo: (Acrescido pela Lei 14.112/2020)

I – dar-se-á independentemente de a conjuntura do mercado no momento da venda ser favorável ou desfavorável, dado o caráter forçado da venda;

II – independerá da consolidação do quadro-geral de credores;

III – poderá contar com serviços de terceiros como consultores, corretores e leiloeiros;

IV – deverá ocorrer no prazo máximo de 180 (cento e oitenta) dias, contado da data da lavratura do auto de arrecadação, no caso de falência;

V – não estará sujeita à aplicação do conceito de preço vil.

§ 3º. Ao leilão eletrônico, presencial ou híbrido aplicam-se, no que couber, as regras da Lei nº 13.105, de 16 de março de 2015 (Código de Processo Civil). (Redação dada pela Lei 14.112/2020)

§ 3º-A. A alienação por leilão eletrônico, presencial ou híbrido dar-se-á: (Acrescido pela Lei 14.112/2020)

I - em primeira chamada, no mínimo pelo valor de avaliação do bem;

II - em segunda chamada, dentro de 15 (quinze) dias, contados da primeira chamada, por no mínimo 50% (cinquenta por cento) do valor de avaliação; e

III – em terceira chamada, dentro de 15 (quinze) dias, contados da segunda chamada, por qualquer preço.

§ 3º-B. A alienação prevista nos incisos IV e V do *caput* deste artigo, conforme disposições específicas desta Lei, observará o seguinte: (Acrescido pela Lei 14.112/2020)

I - será aprovada pela assembleia-geral de credores;

II - decorrerá de disposição de plano de recuperação judicial aprovado; ou

III - deverá ser aprovada pelo juiz, considerada a manifestação do administrador judicial e do Comitê de Credores, se existente.

§§ 4º a 6º. (Revogados pela Lei 14.112/2020)

§ 7º Em qualquer modalidade de alienação, o Ministério Público e as Fazendas Públicas serão intimados por meio eletrônico, nos termos da legislação vigente e respeitadas as respectivas prerrogativas funcionais, sob pena de nulidade. (Redação dada pela Lei 14.112/2020)

§ 8º Todas as formas de alienação de bens realizadas de acordo com esta Lei serão consideradas, para todos os fins e efeitos, alienações judiciais. (Acrescido pela Lei 14.112/2020)

Art. 143. Em qualquer das modalidades de alienação referidas no art. 142 desta Lei, poderão ser apresentadas impugnações por quaisquer credores, pelo devedor ou pelo Ministério Público, no prazo de 48 (quarenta e oito) horas da arrematação, hipótese em que os autos serão conclusos ao juiz, que, no prazo de 5 (cinco) dias, decidirá sobre as impugnações e, julgando-as improcedentes, ordenará a entrega dos bens ao arrematante, respeitadas as condições estabelecidas no edital.

‣ Súm. nº 25 do STJ.

§ 1º Impugnações baseadas no valor de venda do bem somente serão recebidas se acompanhadas de oferta firme do impugnante ou de terceiro para a aquisição do bem, respeitados os termos do edital, por valor presente superior ao valor de venda, e de depósito caucionário equivalente a 10% (dez por cento) do valor oferecido. (Acrescido pela Lei 14.112/2020)

§ 2º A oferta de que trata o § 1º deste artigo vincula o impugnante e o terceiro ofertante como se arrematantes fossem. (Acrescido pela Lei 14.112/2020)

§ 3º Se houver mais de uma impugnação baseada no valor de venda do bem, somente terá seguimento aquela que tiver o maior valor presente entre elas. (Acrescido pela Lei 14.112/2020)

§ 4º A suscitação infundada de vício na alienação pelo impugnante será considerada ato atentatório à dignidade da justiça e sujeitará o suscitante à reparação dos prejuízos causados e às penas previstas na Lei nº 13.105, de 16 de março de 2015 (Código de Processo Civil), para comportamentos análogos. (Acrescido pela Lei 14.112/2020)

Art. 144. Havendo motivos justificados, o juiz poderá autorizar, mediante requerimento fundamentado do administrador judicial ou do Comitê, modalidades de alienação judicial diversas das previstas no art. 142 desta Lei.

Art. 144-A. Frustrada a tentativa de venda dos bens da massa falida e não havendo proposta concreta dos credores para assumi-los, os bens poderão ser considerados sem valor de mercado e destinados à doação. (Acrescido pela Lei 14.112/2020)

Parágrafo único. Se não houver interessados na doação referida no *caput* deste artigo, os bens serão devolvidos ao falido.

Art. 145. Por deliberação tomada nos termos do art. 42 desta Lei, os credores poderão adjudicar os bens alienados na falência ou adquiri-los por meio de constituição de sociedade, de fundo ou de outro veículo de investimento, com a participação, se necessária, dos atuais sócios do devedor ou de terceiros, ou mediante conversão de dívida em capital. (Redação dada pela Lei 14.112/2020)

‣ Esta Lei: arts. 35, II, c; e 46.

§ 1º Aplica-se irrestritamente o disposto no art. 141 desta Lei à transferência dos bens à sociedade, ao fundo ou ao veículo de investimento mencionados no *caput* deste artigo. (Redação dada pela Lei 14.112/2020)

§§ 2º e 3º. (Revogados pela Lei 14.112/2020)

§ 4º Será considerada não escrita qualquer restrição convencional à venda ou à circulação das participações na sociedade, no fundo de investimento ou no veículo de investimento a que se refere o *caput* deste artigo. (Acrescido pela Lei 14.112/2020)

Art. 146. Em qualquer modalidade de realização do ativo adotada, fica a massa falida dispensada da apresentação de certidões negativas.

Art. 147. As quantias recebidas a qualquer título serão imediatamente depositadas em conta remunerada de instituição financeira, atendidos os requisitos da lei ou das normas de organização judiciária.

Art. 148. O administrador judicial fará constar do relatório de que trata a alínea p do inciso III do art. 22 os valores eventualmente recebidos no mês vencido, explicitando a forma de distribuição dos recursos entre os credores, observado o disposto no art. 149 desta Lei.

SEÇÃO XI.
DO PAGAMENTO AOS CREDORES

Art. 149. Realizadas as restituições, pagos os créditos extraconcursais, na forma do art. 84 desta Lei, e consolidado o quadro-geral de credores, as importâncias recebidas com a realização do ativo serão destinadas ao pagamento dos credores, atendendo à classificação prevista no art. 83 desta Lei, respeitados os demais dispositivos desta Lei e as decisões judiciais que determinam reserva de importâncias.

§ 1º. Havendo reserva de importâncias, os valores a ela relativos ficarão depositados até o julgamento definitivo do crédito e, no caso de não ser este finalmente reconhecido, no todo ou em parte, os recursos depositados serão objeto de rateio suplementar entre os credores remanescentes.

§ 2º. Os credores que não procederem, no prazo fixado pelo juiz, ao levantamento dos valores que lhes couberam em rateio serão intimados a fazê-lo no prazo de 60 (sessenta) dias, após o qual os recursos serão objeto de rateio suplementar entre os credores remanescentes.

Art. 150. As despesas cujo pagamento antecipado seja indispensável à administração da falência, inclusive na hipótese de continuação provisória das atividades previstas no inciso XI do *caput* do art. 99 desta Lei, serão pagas pelo administrador judicial com os recursos disponíveis em caixa.

Art. 151. Os créditos trabalhistas de natureza estritamente salarial vencidos nos 3 (três) meses anteriores à decretação da falência, até o limite de 5 (cinco) salários-mínimos por trabalhador, serão pagos tão logo haja disponibilidade em caixa.

‣ Esta Lei: art. 86, parágrafo único.

Art. 152. Os credores restituirão em dobro as quantias recebidas, acrescidas dos juros legais, se ficar evidenciado dolo ou má-fé na constituição do crédito ou da garantia.

Art. 153. Pagos todos os credores, o saldo, se houver, será entregue ao falido.

SEÇÃO XII. DO ENCERRAMENTO DA FALÊNCIA E DA EXTINÇÃO DAS OBRIGAÇÕES DO FALIDO

Art. 154. Concluída a realização de todo o ativo, e distribuído o produto entre os credores, o administrador judicial apresentará suas contas ao juiz no prazo de 30 (trinta) dias.

› Esta Lei: art. 24, § 2º.

§ 1º. As contas, acompanhadas dos documentos comprobatórios, serão prestadas em autos apartados que, ao final, serão apensados aos autos da falência.

› Esta Lei: art. 31, § 2º.

§ 2º. O juiz ordenará a publicação de aviso de que as contas foram entregues e se encontram à disposição dos interessados, que poderão impugná-las no prazo de 10 (dez) dias.

› Esta Lei: art. 31, § 2º.

§ 3º. Decorrido o prazo do aviso e realizadas as diligências necessárias à apuração dos fatos, o juiz intimará o Ministério Público para manifestar-se no prazo de 5 (cinco) dias, findo o qual o administrador judicial será ouvido se houver impugnação ou parecer contrário do Ministério Público.

› Esta Lei: art. 31, § 2º.

§ 4º. Cumpridas as providências previstas nos §§ 2º e 3º deste artigo, o juiz julgará as contas por sentença.

› Esta Lei: art. 31, § 2º.

§ 5º. A sentença que rejeitar as contas do administrador judicial fixará suas responsabilidades, poderá determinar a indisponibilidade ou o sequestro de bens e servirá como título executivo para indenização da massa.

› Esta Lei: art. 31, § 2º.

§ 6º. Da sentença cabe apelação.

› Súm. nº 25 do STJ.

› Esta Lei: art. 31, § 2º.

Art. 155. Julgadas as contas do administrador judicial, ele apresentará o relatório final da falência no prazo de 10 (dez) dias, indicando o valor do ativo e o do produto de sua realização, o valor do passivo e o dos pagamentos feitos aos credores, e especificará justificadamente as responsabilidades com que continuará o falido.

› Esta Lei: art. 24, § 2º.

Art. 156. Apresentado o relatório final, o juiz encerrará a falência por sentença e ordenará a intimação eletrônica às Fazendas Públicas federal e de todos os Estados, Distrito Federal e Municípios em que o devedor tiver estabelecimento e determinará a baixa da falida no Cadastro Nacional da Pessoa Jurídica (CNPJ), expedido pela Secretaria Especial da Receita Federal do Brasil. (Redação dada pela Lei 14.112/2020)

Parágrafo único. A sentença de encerramento será publicada por edital e dela caberá apelação.

Art. 157. (Revogado pela Lei 14.112/2020).

Art. 158. Extingue as obrigações do falido:

I – o pagamento de todos os créditos;

II – o pagamento, após realizado todo o ativo, de mais de 25% (vinte e cinco por cento) dos créditos quirografários, facultado ao falido o depósito da quantia necessária para atingir a referida porcentagem se para isso não tiver sido suficiente a integral liquidação do ativo; (Redação dada pela Lei 14.112/2020)

III e IV – (Revogados pela Lei 14.112/2020)

V – o decurso do prazo de 3 (três) anos, contado da decretação da falência, ressalvada a utilização dos bens arrecadados anteriormente, que serão destinados à liquidação para a satisfação dos credores habilitados ou com pedido de reserva realizado; (Acrescido pela Lei 14.112/2020)

VI – O encerramento da falência nos termos dos arts. 114-A ou 156 desta Lei. (Acrescido pela Lei 14.112/2020)

Art. 159. Configurada qualquer das hipóteses do art. 158 desta Lei, o falido poderá requerer ao juízo da falência que suas obrigações sejam declaradas extintas por sentença.

› Esta Lei: art. 127, § 1º.

§ 1º A secretaria do juízo fará publicar imediatamente informação sobre a apresentação do requerimento a que se refere este artigo, e, no prazo comum de 5 (cinco) dias, qualquer credor, o administrador judicial e o Ministério Público poderão manifestar-se exclusivamente para apontar inconsistências formais e objetivas. (Redação dada pela Lei 14.112/2020)

§ 2º. (Revogado pela Lei 14.112/2020)

§ 3º Findo o prazo, o juiz, em 15 (quinze) dias, proferirá sentença que declare extintas todas as obrigações do falido, inclusive as de natureza trabalhista. (Redação dada pela Lei 14.112/2020)

§ 4º. A sentença que declarar extintas as obrigações será comunicada a todas as pessoas e entidades informadas da decretação da falência.

§ 5º. Da sentença cabe apelação.

§ 6º. Após o trânsito em julgado, os autos serão apensados aos da falência.

Art. 159-A. A sentença que declarar extintas as obrigações do falido, nos termos do art. 159 desta Lei, somente poderá ser rescindida por ação rescisória, na forma prevista na Lei nº 13.105, de 16 de março de 2015 (Código de Processo Civil), a pedido de qualquer credor, caso se verifique que o falido tenha sonegado bens, direitos ou rendimentos de qualquer espécie anteriores à data do requerimento a que se refere o art. 159 desta Lei. (Acrescido pela Lei 14.112/2020)

Parágrafo único. O direito à rescisão de que trata o *caput* deste artigo extinguir-se-á no prazo de 2 (dois) anos, contado da data do trânsito em julgado da sentença de que trata o art. 159 desta Lei.

Art. 160. Verificada a prescrição ou extintas as obrigações nos termos desta Lei, o sócio de responsabilidade ilimitada também poderá requerer que seja declarada por sentença a extinção de suas obrigações na falência.

CAPÍTULO VI. DA RECUPERAÇÃO EXTRAJUDICIAL

Art. 161. O devedor que preencher os requisitos do art. 48 desta Lei poderá propor e negociar com credores plano de recuperação extrajudicial.

› Súm. nº 480 do STJ.

§ 1º Estão sujeitos à recuperação extrajudicial todos os créditos existentes na data do pedido, exceto os créditos de natureza tributária e aqueles previstos no § 3º do art. 49 e no inciso II do *caput* do art. 86 desta Lei, e a sujeição dos créditos de natureza trabalhista e por acidentes de trabalho exige negociação coletiva com o sindicato da respectiva categoria profissional. (Redação dada pela Lei 14.112/2020)

§ 2º. O plano não poderá contemplar o pagamento antecipado de dívidas nem tratamento desfavorável aos credores que a ele não estejam sujeitos.

§ 3º. O devedor não poderá requerer a homologação de plano extrajudicial, se estiver pendente pedido de recuperação judicial ou se houver obtido recuperação judicial ou homologação de outro plano de recuperação extrajudicial há menos de 2 (dois) anos.

§ 4º. O pedido de homologação do plano de recuperação extrajudicial não acarretará suspensão de direitos, ações ou execuções, nem a impossibilidade do pedido de decretação de falência pelos credores não sujeitos ao plano de recuperação extrajudicial.

§ 5º. Após a distribuição do pedido de homologação, os credores não poderão desistir da adesão ao plano, salvo com a anuência expressa dos demais signatários.

§ 6º. A sentença de homologação do plano de recuperação extrajudicial constituirá título executivo judicial, nos termos do art. 584, inciso III do *caput*, da Lei nº 5.869, de 11 de janeiro de 1973 – Código de Processo Civil.

Art. 162. O devedor poderá requerer a homologação em juízo do plano de recuperação extrajudicial, juntando sua justificativa e o documento que contenha seus termos e condições, com as assinaturas dos credores que a ele aderiram.

› Esta Lei: arts. 163, § 6º, e 164.

Art. 163. O devedor poderá também requerer a homologação de plano de recuperação extrajudicial que obriga todos os credores por ele abrangidos, desde que assinado por credores que representem mais da metade dos créditos de cada espécie abrangidos pelo plano de recuperação extrajudicial. (Redação dada pela Lei 14.112/2020)

‣ Esta Lei: art. 164, § 3º, I; e 180.

§ 1º. O plano poderá abranger a totalidade de uma ou mais espécies de créditos previstos no art. 83, incisos II, IV, V, VI e VIII do *caput*, desta Lei, ou grupo de credores de mesma natureza e sujeito a semelhantes condições de pagamento, e, uma vez homologado, obriga a todos os credores das espécies por ele abrangidas, exclusivamente em relação aos créditos constituídos até a data do pedido de homologação.

§ 2º. Não serão considerados para fins de apuração do percentual previsto no *caput* deste artigo os créditos não incluídos no plano de recuperação extrajudicial, os quais não poderão ter seu valor ou condições originais de pagamento alteradas.

§ 3º. Para fins exclusivos de apuração do percentual previsto no *caput* deste artigo:

I – o crédito em moeda estrangeira será convertido para moeda nacional pelo câmbio da véspera da data de assinatura do plano; e

II – não serão computados os créditos detidos pelas pessoas relacionadas no art. 43 deste artigo.

§ 4º. Na alienação de bem objeto de garantia real, a supressão da garantia ou sua substituição somente serão admitidas mediante a aprovação expressa do credor titular da respectiva garantia.

§ 5º. Nos créditos em moeda estrangeira, a variação cambial só poderá ser afastada se o credor titular do respectivo crédito aprovar expressamente previsão diversa no plano de recuperação extrajudicial.

§ 6º. Para a homologação do plano de que trata este artigo, além dos documentos previstos no *caput* do art. 162 desta Lei, o devedor deverá juntar:

I – exposição da situação patrimonial do devedor;

II – as demonstrações contábeis relativas ao último exercício social e as levantadas especialmente para instruir o pedido, na forma do inciso II do *caput* do art. 51 desta Lei; e

III – os documentos que comprovem os poderes dos subscritores para novar ou transigir, relação nominal completa dos credores, com a indicação do endereço de cada um, a natureza, a classificação e o valor atualizado do crédito, discriminando sua origem, o regime dos respectivos vencimentos e a indicação dos registros contábeis de cada transação pendente.

§ 7º O pedido previsto no *caput* deste artigo poderá ser apresentado com comprovação da anuência de credores que representem pelo menos 1/3 (um terço) de todos os créditos de cada espécie por ele abrangidos e com o compromisso de, no prazo improrrogável de 90 (noventa) dias, contado da data do pedido, atingir o quórum previsto no *caput* deste artigo, por meio de adesão expressa, facultada a conversão do procedimento em recuperação judicial a pedido do devedor. (Acrescido pela Lei 14.112/2020)

§ 8º Aplica-se à recuperação extrajudicial, desde o respectivo pedido, a suspensão de que trata o art. 6º desta Lei, exclusivamente em relação às espécies de crédito por ele abrangidas, e somente deverá ser ratificada pelo juiz se comprovado o quórum inicial exigido pelo § 7º deste artigo. (Acrescido pela Lei 14.112/2020)

Art. 164. Recebido o pedido de homologação do plano de recuperação extrajudicial previsto nos arts. 162 e 163 desta Lei, o juiz ordenará a publicação de edital eletrônico com vistas a convocar os credores do devedor para apresentação de suas impugnações ao plano de recuperação extrajudicial, observado o disposto no § 3º deste artigo. (Redação dada pela Lei 14.112/2020)

§ 1º. No prazo do edital, deverá o devedor comprovar o envio de carta a todos os credores sujeitos ao plano, domiciliados ou sediados no país, informando a distribuição do pedido, as condições do plano e prazo para impugnação.

§ 2º. Os credores terão prazo de 30 (trinta) dias, contado da publicação do edital, para impugnarem o plano, juntando a prova de seu crédito.

§ 3º. Para opor-se, em sua manifestação, à homologação do plano, os credores somente poderão alegar:

I – não preenchimento do percentual mínimo previsto no *caput* do art. 163 desta Lei;

II – prática de qualquer dos atos previstos no inciso III do art. 94 ou do art. 130 desta Lei, ou descumprimento de requisito previsto nesta Lei;

III – descumprimento de qualquer outra exigência legal.

§ 4º. Sendo apresentada impugnação, será aberto prazo de 5 (cinco) dias para que o devedor sobre ela se manifeste.

§ 5º. Decorrido o prazo do § 4º deste artigo, os autos serão conclusos imediatamente ao juiz para apreciação de eventuais impugnações e decidirá, no prazo de 5 (cinco) dias, acerca do plano de recuperação extrajudicial, homologando-o por sentença se entender que não implica prática de atos previstos no art. 130 desta Lei e que não há outras irregularidades que recomendem sua rejeição.

§ 6º. Havendo prova de simulação de créditos ou vício de representação dos credores que subscreverem o plano, a sua homologação será indeferida.

§ 7º. Da sentença cabe apelação sem efeito suspensivo.

§ 8º. Na hipótese de não homologação do plano o devedor poderá, cumpridas as formalidades, apresentar novo pedido de homologação de plano de recuperação extrajudicial.

Art. 165. O plano de recuperação extrajudicial produz efeitos após sua homologação judicial.

§ 1º. É lícito, contudo, que o plano estabeleça a produção de efeitos anteriores à homologação, desde que exclusivamente em relação à modificação do valor ou da forma de pagamento dos credores signatários.

§ 2º. Na hipótese do § 1º deste artigo, caso o plano seja posteriormente rejeitado pelo juiz, devolve-se aos credores signatários o direito de exigir seus créditos nas condições originais, deduzidos os valores efetivamente pagos.

Art. 166. Se o plano de recuperação extrajudicial homologado envolver alienação judicial de filiais ou de unidades produtivas isoladas do devedor, o juiz ordenará a sua realização, observado, no que couber, o disposto no art. 142 desta Lei.

Art. 167. O disposto neste Capítulo não implica impossibilidade de realização de outras modalidades de acordo privado entre o devedor e seus credores.

CAPÍTULO VI-A
DA INSOLVÊNCIA TRANSNACIONAL

‣ (Acrescido pela Lei 14.112/2020)

SEÇÃO I
DISPOSIÇÕES GERAIS

Art. 167-A. Este Capítulo disciplina a insolvência transnacional, com o objetivo de proporcionar mecanismos efetivos para:

I - cooperação entre juízes e outras autoridades competentes do Brasil e de outros países em casos de insolvência transnacional;

II - o aumento da segurança jurídica para a atividade econômica e para o investimento;

III - a administração justa e eficiente de processos de insolvência transnacional, de modo a proteger os interesses de todos os credores e dos demais interessados, inclusive do devedor;

IV - a proteção e a maximização do valor dos ativos do devedor;

V - a promoção da recuperação de empresas em crise econômico-financeira, com a proteção de investimentos e a preservação de empregos; e

VI - a promoção da liquidação dos ativos da empresa em crise econômicofinanceira, com a preservação e a otimização da utilização produtiva dos bens, dos ativos e dos recursos produtivos da empresa, inclusive os intangíveis.

§ 1º Na interpretação das disposições deste Capítulo, deverão ser considerados o seu objetivo de cooperação internacional, a necessidade de uniformidade de sua aplicação e a observância da boa-fé.

§ 2º As medidas de assistência aos processos estrangeiros mencionadas neste Capítulo formam um rol meramente exemplificativo, de modo que outras medidas, ainda que previstas em leis distintas, solicitadas pelo representante estrangeiro, pela autoridade estrangeira ou pelo juízo brasileiro poderão ser deferidas pelo juiz competente ou promovidas diretamente pelo administrador judicial, com imediata comunicação nos autos.

§ 3º Em caso de conflito, as obrigações assumidas em tratados ou convenções internacionais em vigor no Brasil prevalecerão sobre as disposições deste Capítulo.

§ 4º O juiz somente poderá deixar de aplicar as disposições deste Capítulo se, no caso concreto, a sua aplicação configurar manifesta ofensa à ordem pública.

§ 5º O Ministério Público intervirá nos processos de que trata este Capítulo.

§ 6º Na aplicação das disposições deste Capítulo, será observada a competência do Superior Tribunal de Justiça prevista na alínea "i" do inciso I do *caput* do art. 105 da Constituição Federal, quando cabível.

Art. 167-B. Para os fins deste Capítulo, considera-se:

I - processo estrangeiro: qualquer processo judicial ou administrativo, de cunho coletivo, inclusive de natureza cautelar, aberto em outro país de acordo com disposições relativas à insolvência nele vigentes, em que os bens e as atividades de um devedor estejam sujeitos a uma autoridade estrangeira, para fins de reorganização ou liquidação;

II - processo estrangeiro principal: qualquer processo estrangeiro aberto no país em que o devedor tenha o centro de seus interesses principais;

III - processo estrangeiro não principal: qualquer processo estrangeiro que não seja um processo estrangeiro principal, aberto em um país em que o devedor tenha estabelecimento ou bens;

IV - representante estrangeiro: pessoa ou órgão, inclusive o nomeado em caráter transitório, que esteja autorizado, no processo estrangeiro, a administrar os bens ou as atividades do devedor, ou a atuar como representante do processo estrangeiro;

V - autoridade estrangeira: juiz ou autoridade administrativa que dirija ou supervisione um processo estrangeiro; e

VI – estabelecimento: qualquer local de operações em que o devedor desenvolva uma atividade econômica não transitória com o emprego de recursos humanos e de bens ou serviços.

Art. 167-C. As disposições deste Capítulo aplicam-se aos casos em que:

I - autoridade estrangeira ou representante estrangeiro solicita assistência no Brasil para um processo estrangeiro;

II - assistência relacionada a um processo disciplinado por esta Lei é pleiteada em um país estrangeiro;

III - processo estrangeiro e processo disciplinado por esta Lei relativos ao mesmo devedor estão em curso simultaneamente; ou

IV - credores ou outras partes interessadas, de outro país, têm interesse em requerer a abertura de um processo disciplinado por esta Lei, ou dele participar.

Art. 167-D. O juízo do local do principal estabelecimento do devedor no Brasil é o competente para o reconhecimento de processo estrangeiro e para a cooperação com a autoridade estrangeira nos termos deste Capítulo.

§ 1º A distribuição do pedido de reconhecimento do processo estrangeiro previne a jurisdição para qualquer pedido de recuperação judicial, de recuperação extrajudicial ou de falência relativo ao devedor.

§ 2º A distribuição do pedido de recuperação judicial, de recuperação extrajudicial ou de falência previne a jurisdição para qualquer pedido de reconhecimento de processo estrangeiro relativo ao devedor.

Art. 167-E. São autorizados a atuar em outros países, independentemente de decisão judicial, na qualidade de representante do processo brasileiro, desde que essa providência seja permitida pela lei do país em que tramitem os processos estrangeiros:

I - o devedor, na recuperação judicial e na recuperação extrajudicial;

II - o administrador judicial, na falência.

§ 1º Na hipótese de que trata o inciso II do *caput* deste artigo, poderá o juiz, em caso de omissão do administrador judicial, autorizar terceiro para a atuação prevista no *caput* deste artigo.

§ 2º A pedido de qualquer dos autorizados, o juízo mandará certificar a condição de representante do processo brasileiro.

SEÇÃO II
DO ACESSO À JURISDIÇÃO BRASILEIRA

Art. 167-F. O representante estrangeiro está legitimado a postular diretamente ao juiz brasileiro, nos termos deste Capítulo.

§ 1º O pedido feito ao juiz brasileiro não sujeita o representante estrangeiro nem o devedor, seus bens e suas atividades à jurisdição brasileira, exceto no que diz respeito aos estritos limites do pedido.

§ 2º Reconhecido o processo estrangeiro, o representante estrangeiro está autorizado a:

I - ajuizar pedido de falência do devedor, desde que presentes os requisitos para isso, de acordo com esta Lei;

II - participar do processo de recuperação judicial, de recuperação extrajudicial ou de falência do mesmo devedor, em curso no Brasil;

III - intervir em qualquer processo em que o devedor seja parte, atendidas as exigências do direito brasileiro.

Art. 167-G. Os credores estrangeiros têm os mesmos direitos conferidos aos credores nacionais nos processos de recuperação judicial, de recuperação extrajudicial ou de falência.

§ 1º Os credores estrangeiros receberão o mesmo tratamento dos credores nacionais, respeitada a ordem de classificação dos créditos prevista nesta Lei, e não serão discriminados em razão de sua nacionalidade ou da localização de sua sede, estabelecimento, residência ou domicílio, respeitado o seguinte:

I - os créditos estrangeiros de natureza tributária e previdenciária, bem como as penas pecuniárias por infração de leis penais ou administrativas, inclusive as multas tributárias devidas a Estados estrangeiros, não serão considerados nos processos de recuperação judicial e serão classificados como créditos subordinados nos processos de falência, independentemente de sua classificação nos países em que foram constituídos;

II - o crédito do representante estrangeiro será equiparado ao do administrador judicial nos casos em que fizer jus a remuneração, exceto quando for o próprio devedor ou seu representante;

III - os créditos que não tiverem correspondência com a classificação prevista nesta Lei serão classificados como quirografários, independentemente da classificação atribuída pela lei do país em que foram constituídos.

§ 2º O juiz deve determinar as medidas apropriadas, no caso concreto, para que os credores que não tiverem domicílio ou estabelecimento no Brasil tenham acesso às notificações e às informações dos processos de recuperação judicial, de recuperação extrajudicial ou de falência.

§ 3º As notificações e as informações aos credores que não tiverem domicílio ou estabelecimento no Brasil serão realizadas por qualquer meio considerado adequado pelo juiz, dispensada a expedição de carta rogatória para essa finalidade.

§ 4º A comunicação do início de um processo de recuperação judicial ou de falência para credores estrangeiros deverá conter as informações sobre providências necessárias para que o credor possa fazer valer seu direito, inclusive quanto ao prazo para apresentação de habilitação ou de divergência e à necessidade de os credores garantidos habilitarem seus créditos.

§ 5º O juiz brasileiro deverá expedir os ofícios e os mandados necessários ao Banco Central do Brasil para permitir a remessa ao exterior dos valores recebidos por credores domiciliados no estrangeiro.

SEÇÃO III
DO RECONHECIMENTO DE PROCESSOS ESTRANGEIROS

Art. 167-H. O representante estrangeiro pode ajuizar, perante o juiz, pedido de reconhecimento do processo estrangeiro em que atua.

§ 1º O pedido de reconhecimento do processo estrangeiro deve ser acompanhado dos seguintes documentos:

I - cópia apostilada da decisão que determine a abertura do processo estrangeiro e nomeie o representante estrangeiro;

II - certidão apostilada expedida pela autoridade estrangeira que ateste a existência do processo estrangeiro e a nomeação do representante estrangeiro; ou

III - qualquer outro documento emitido por autoridade estrangeira que permita ao juiz atingir plena convicção da existência do processo estrangeiro e da identificação do representante estrangeiro.

§ 2º O pedido de reconhecimento do processo estrangeiro deve ser acompanhado por uma relação de todos os processos estrangeiros relativos ao devedor que sejam de conhecimento do representante estrangeiro.

§ 3º Os documentos redigidos em língua estrangeira devem estar acompanhados de tradução oficial para a língua portuguesa, salvo quando, sem prejuízo aos credores, for expressamente dispensada pelo juiz e substituída por tradução simples para a língua portuguesa, declarada fiel e autêntica pelo próprio advogado, sob sua responsabilidade pessoal.

Art. 167-I. Independentemente de outras medidas, o juiz poderá reconhecer:

I – a existência do processo estrangeiro e a identificação do representante estrangeiro, a partir da decisão ou da certidão referidas no § 1º do art. 167-H desta Lei que os indicarem como tal;

II – a autenticidade de todos ou de alguns documentos juntados com o pedido de reconhecimento do processo estrangeiro, mesmo que não tenham sido apostilados;

III - o país onde se localiza o domicílio do devedor, no caso dos empresários individuais, ou o país da sede estatutária do devedor, no caso das sociedades, como seu centro de interesses principais, salvo prova em contrário.

Art. 167-J. Ressalvado o disposto no § 4º do art. 167-A desta Lei, o juiz reconhecerá o processo estrangeiro quando:

I – o processo enquadrar-se na definição constante do inciso I do *caput* do art. 167-B desta Lei;

II – o representante que tiver requerido o reconhecimento do processo enquadrar-se na definição de representante estrangeiro constante do inciso IV do *caput* do art. 167-B desta Lei;

III – o pedido cumprir os requisitos estabelecidos no art. 167-H desta Lei; e

IV – o pedido tiver sido endereçado ao juiz, conforme o disposto no art. 167- D desta Lei.

§ 1º Satisfeitos os requisitos previstos no *caput* deste artigo, o processo estrangeiro deve ser reconhecido como:

I – processo estrangeiro principal, caso tenha sido aberto no local em que o devedor tenha o seu centro de interesses principais; ou

II – processo estrangeiro não principal, caso tenha sido aberto em local em que o devedor tenha bens ou estabelecimento, na forma definida no inciso VI do *caput* do art. 167-B desta Lei.

§ 2º Não obstante o previsto nos incisos I e II do § 1º deste artigo, o processo estrangeiro será reconhecido como processo estrangeiro não principal se o centro de interesses principais do devedor tiver sido transferido ou de outra forma manipulado com o objetivo de transferir para outro Estado a competência jurisdicional para abertura do processo.

§ 3º A decisão de reconhecimento do processo estrangeiro poderá ser modificada ou revogada, a qualquer momento, a pedido de qualquer parte interessada, se houver elementos que comprovem que os requisitos para o reconhecimento foram descumpridos, total ou parcialmente, ou deixaram de existir.

§ 4º Da decisão que acolher o pedido de reconhecimento caberá agravo, e da sentença que o julgar improcedente caberá apelação.

Art. 167-K. Após o pedido de reconhecimento do processo estrangeiro, o representante estrangeiro deverá imediatamente informar ao juiz:

I – qualquer modificação significativa no estado do processo estrangeiro reconhecido ou no estado de sua nomeação como representante estrangeiro;

II – qualquer outro processo estrangeiro relativo ao mesmo devedor de que venha a ter conhecimento.

Art. 167-L. Após o ajuizamento do pedido de reconhecimento do processo estrangeiro, e antes de sua decisão, o juiz poderá conceder liminarmente as medidas de tutela provisória, fundadas em urgência ou evidência, necessárias para o cumprimento desta Lei, para a proteção da massa falida ou para a eficiência da administração.

§ 1º Salvo no caso do disposto no inciso IV do *caput* do art. 167-N desta Lei, as medidas de natureza provisória encerram-se com a decisão sobre o pedido de reconhecimento.

§ 2º O juiz poderá recusar-se a conceder as medidas de assistência provisória que possam interferir na administração do processo estrangeiro principal.

Art. 167-M. Com o reconhecimento de processo estrangeiro principal, decorrem automaticamente:

I - a suspensão do curso de quaisquer processos de execução ou de quaisquer outras medidas individualmente tomadas por credores relativas ao patrimônio do devedor, respeitadas as demais disposições desta Lei;

II - a suspensão do curso da prescrição de quaisquer execuções judiciais contra o devedor, respeitadas as demais disposições desta Lei;

III - a ineficácia de transferência, de oneração ou de qualquer forma de disposição de bens do ativo não circulante do devedor realizadas sem prévia autorização judicial.

§ 1º A extensão, a modificação ou a cessação dos efeitos previstos nos incisos I, II e III do *caput* deste artigo subordinam-se ao disposto nesta Lei.

§ 2º Os credores conservam o direito de ajuizar quaisquer processos judiciais e arbitrais, e de neles prosseguir, que visem à condenação do devedor ou ao reconhecimento ou à liquidação de seus créditos, e, em qualquer caso, as medidas executórias deverão permanecer suspensas.

§ 3º As medidas previstas neste artigo não afetam os credores que não estejam sujeitos aos processos de recuperação judicial, de recuperação extrajudicial ou de falência, salvo nos limites permitidos por esta Lei.

Art. 167-N. Com a decisão de reconhecimento do processo estrangeiro, tanto principal como não principal, o juiz poderá determinar, a pedido do representante estrangeiro e desde que necessárias para a proteção dos bens do devedor e no interesse dos credores, entre outras, as seguintes medidas:

I - a ineficácia de transferência, de oneração ou de qualquer forma de disposição de bens do ativo não circulante do devedor realizadas sem prévia autorização judicial, caso não tenham decorrido automaticamente do reconhecimento previsto no art. 167-M desta Lei;

II - a oitiva de testemunhas, a colheita de provas ou o fornecimento de informações relativas a bens, a direitos, a obrigações, à responsabilidade e à atividade do devedor;

III - a autorização do representante estrangeiro ou de outra pessoa para administrar e/ou realizar o ativo do devedor, no todo ou em parte, localizado no Brasil;

IV - a conversão, em definitiva, de qualquer medida de assistência provisória concedida anteriormente;

V - a concessão de qualquer outra medida que seja necessária.

§ 1º Com o reconhecimento do processo estrangeiro, tanto principal como não principal, o juiz poderá, a requerimento do representante estrangeiro, autorizá-lo, ou outra pessoa nomeada por aquele, a promover a destinação do ativo do devedor, no todo ou em parte, localizado no Brasil, desde que os interesses dos credores domiciliados ou estabelecidos no Brasil estejam adequadamente protegidos.

§ 2º Ao conceder medida de assistência prevista neste artigo requerida pelo representante estrangeiro de um processo estrangeiro não principal, o juiz deverá certificar-se de que as medidas para efetivá-la se referem a bens que, de acordo com o direito brasileiro, devam ser submetidos à disciplina aplicável ao processo estrangeiro não principal, ou certificar-se de que elas digam respeito a informações nele exigidas.

Art. 167-O. Ao conceder ou denegar uma das medidas previstas nos arts. 167- L e 167-N desta Lei, bem como ao modificá-las ou revogá-las nos termos do § 2º deste artigo, o juiz deverá certificar-se de que o interesse dos credores, do devedor e de terceiros interessados será adequadamente protegido.

§ 1º O juiz poderá condicionar a concessão das medidas previstas nos arts. 167-L e 167-N desta Lei ao atendimento de condições que considerar apropriadas.

§ 2º A pedido de qualquer interessado, do representante estrangeiro ou de ofício, o juiz poderá modificar ou revogar, a qualquer momento, medidas concedidas com fundamento nos arts. 167-L e 167-N desta Lei.

§ 3º Com o reconhecimento do processo estrangeiro, tanto principal quanto não principal, o representante estrangeiro poderá ajuizar medidas com o objetivo de tornar ineficazes quaisquer atos realizados, nos termos dos arts. 129 e 130, observado ainda o disposto no art. 131, todos desta Lei.

§ 4º No caso de processo estrangeiro não principal, a ineficácia referida no § 3º deste artigo dependerá da verificação, pelo juiz, de que, de acordo com a lei brasileira, os bens devam ser submetidos à disciplina aplicável ao processo estrangeiro não principal.

SEÇÃO IV
DA COOPERAÇÃO COM AUTORIDADES E REPRESENTANTES ESTRANGEIROS

Art. 167-P. O juiz deverá cooperar diretamente ou por meio do administrador judicial, na máxima extensão possível, com a autoridade estrangeira ou com representantes estrangeiros, na persecução dos objetivos estabelecidos no art. 167-A desta Lei.

§ 1º O juiz poderá comunicar-se diretamente com autoridades estrangeiras ou com representantes estrangeiros, ou deles solicitar informação e assistência, sem a necessidade de expedição de cartas rogatórias, de procedimento de auxílio direto ou de outras formalidades semelhantes.

§ 2º O administrador judicial, no exercício de suas funções e sob a supervisão do juiz, deverá cooperar, na máxima extensão possível, com a autoridade estrangeira ou com representantes estrangeiros, na persecução dos objetivos estabelecidos no art. 167-A desta Lei.

§ 3º O administrador judicial, no exercício de suas funções, poderá comunicar-se com as autoridades estrangeiras ou com os representantes estrangeiros.

Art. 167-Q. A cooperação a que se refere o art. 167-P desta Lei poderá ser implementada por quaisquer meios, inclusive pela:

I - nomeação de uma pessoa, natural ou jurídica, para agir sob a supervisão do juiz;

II - comunicação de informações por quaisquer meios considerados apropriados pelo juiz;

III - coordenação da administração e da supervisão dos bens e das atividades do devedor;

IV - aprovação ou implementação, pelo juiz, de acordos ou de protocolos de cooperação para a coordenação dos processos judiciais; e;

V - coordenação de processos concorrentes relativos ao mesmo devedor.

SEÇÃO V
DOS PROCESSOS CONCORRENTES

Art. 167-R. Após o reconhecimento de um processo estrangeiro principal, somente se iniciará no Brasil um processo de recuperação judicial, de recuperação extrajudicial ou de falência se o devedor possuir bens ou estabelecimento no País.

Parágrafo único. Os efeitos do processo ajuizado no Brasil devem restringir-se aos bens e ao estabelecimento do devedor localizados no Brasil e podem estenderse a outros, desde que esta medida seja necessária para a cooperação e a coordenação com o processo estrangeiro principal.

Art. 167-S. Sempre que um processo estrangeiro e um processo de recuperação judicial, de recuperação extrajudicial ou de falência relativos ao mesmo devedor estiverem em curso simultaneamente, o juiz deverá buscar a cooperação e a coordenação entre eles, respeitadas as seguintes disposições:

I - se o processo no Brasil já estiver em curso quando o pedido de reconhecimento do processo estrangeiro tiver sido ajuizado, qualquer medida de assistência determinada pelo juiz nos termos dos arts. 167-L ou 167-N desta Lei deve ser compatível com o processo brasileiro, e o previsto no art. 167-M desta Lei não será aplicável se o processo estrangeiro for reconhecido como principal;

II - se o processo no Brasil for ajuizado após o reconhecimento do processo estrangeiro ou após o ajuizamento do pedido de seu reconhecimento, todas as medidas de assistência concedidas nos termos dos arts. 167-L ou 167-N desta Lei deverão ser revistas pelo juiz e modificadas ou revogadas se forem incompatíveis com o processo no Brasil e, quando o processo estrangeiro for reconhecido como principal, os efeitos referidos nos incisos I, II e III do *caput* do art. 167-M serão modificados ou cessados, nos termos do § 1º do art. 167-M desta Lei, se incompatíveis com os demais dispositivos desta Lei;

III - qualquer medida de assistência a um processo estrangeiro não principal deverá restringir-se a bens e a estabelecimento que, de acordo com o ordenamento jurídico brasileiro, devam ser submetidos à disciplina aplicável ao processo estrangeiro não principal, ou a informações nele exigidas.

Art. 167-T. Na hipótese de haver mais de um processo estrangeiro relativo ao mesmo devedor, o juiz deverá buscar a cooperação e a coordenação de acordo com as disposições dos arts. 167-P e 167-Q desta Lei, bem como observar o seguinte:

I - qualquer medida concedida ao representante de um processo estrangeiro não principal após o reconhecimento de um processo estrangeiro principal deve ser compatível com este último;

II - se um processo estrangeiro principal for reconhecido após o reconhecimento ou o pedido de reconhecimento de um processo estrangeiro não principal, qualquer medida concedida nos termos dos arts. 167-L ou 167-N desta Lei deverá ser revista pelo juiz, que a modificará ou a revogará se for incompatível com o processo estrangeiro principal;

III - se, após o reconhecimento de um processo estrangeiro não principal, outro processo estrangeiro não principal for reconhecido, o juiz poderá, com a finalidade de facilitar a coordenação dos processos, conceder, modificar ou revogar qualquer medida antes concedida.

Art. 167-U. Na ausência de prova em contrário, presume-se a insolvência do devedor cujo processo estrangeiro principal tenha sido reconhecido no Brasil.

Parágrafo único. O representante estrangeiro, o devedor ou os credores podem requerer a falência do devedor cujo processo estrangeiro principal tenha sido reconhecido no Brasil, atendidos os pressupostos previstos nesta Lei.

Art. 167-V. O juízo falimentar responsável por processo estrangeiro não principal deve prestar ao juízo principal as seguintes informações, entre outras:

I - valor dos bens arrecadados e do passivo;

II - valor dos créditos admitidos e sua classificação;

III - classificação, segundo a lei nacional, dos credores não domiciliados ou sediados nos países titulares de créditos sujeitos à lei estrangeira;

IV - relação de ações judiciais em curso de que seja parte o falido, como autor, réu ou interessado;

V - ocorrência do término da liquidação e o saldo, credor ou devedor, bem como eventual ativo remanescente.

Art. 167-W. No processo falimentar transnacional, principal ou não principal, nenhum ativo, bem ou recurso remanescente da liquidação será entregue ao falido se ainda houver passivo não satisfeito em qualquer outro processo falimentar transnacional.

Art. 167-X. O processo de falência transnacional principal somente poderá ser finalizado após o encerramento dos processos não principais ou após a constatação de que, nesses últimos, não haja ativo líquido remanescente.

Art. 167-Y. Sem prejuízo dos direitos sobre bens ou decorrentes de garantias reais, o credor que tiver recebido pagamento parcial de seu crédito em processo de insolvência no exterior não poderá ser pago pelo mesmo crédito em processo no Brasil referente ao mesmo devedor enquanto os pagamentos aos credores da mesma classe forem proporcionalmente inferiores ao valor já recebido no exterior.

CAPÍTULO VII.
DISPOSIÇÕES PENAIS

SEÇÃO I.
DOS CRIMES EM ESPÉCIE FRAUDE A CREDORES

Art. 168. Praticar, antes ou depois da sentença que decretar a falência, conceder a recuperação judicial ou homologar a recuperação extrajudicial, ato fraudulento de que resulte ou possa resultar prejuízo aos credores, com o fim de obter ou assegurar vantagem indevida para si ou para outrem.

Pena – reclusão, de 3 (três) a 6 (seis) anos, e multa.

AUMENTO DA PENA

§ 1º. A pena aumenta-se de 1/6 (um sexto) a 1/3 (um terço), se o agente:

I – elabora escrituração contábil ou balanço com dados inexatos;

II – omite, na escrituração contábil ou no balanço, lançamento que deles deveria constar, ou altera escrituração ou balanço verdadeiros;

III – destrói, apaga ou corrompe dados contábeis ou negociais armazenados em computador ou sistema informatizado;

IV – simula a composição do capital social;

V – destrói, oculta ou inutiliza, total ou parcialmente, os documentos de escrituração contábil obrigatórios.

CONTABILIDADE PARALELA E DISTRIBUIÇÃO DE LUCROS OU DIVIDENDOS A SÓCIOS E ACIONISTAS ATÉ A APROVAÇÃO DO PLANO DE RECUPERAÇÃO JUDICIAL

§ 2º A pena é aumentada de 1/3 (um terço) até metade se o devedor manteve ou movimentou recursos ou valores paralelamente à contabilidade exigida pela legislação, inclusive na hipótese de violação do disposto no art. 6º-A desta Lei. (Redação dada pela Lei 14.112/2020)

CONCURSO DE PESSOAS

§ 3º. Nas mesmas penas incidem os contadores, técnicos contábeis, auditores e outros profissionais que, de qualquer modo, concorrerem para as condutas criminosas descritas neste artigo, na medida de sua culpabilidade.

REDUÇÃO OU SUBSTITUIÇÃO DA PENA

§ 4º. Tratando-se de falência de microempresa ou de empresa de pequeno porte, e não se constatando prática habitual de condutas fraudulentas por parte do falido, poderá o juiz reduzir a pena de reclusão de 1/3 (um terço) a 2/3 (dois terços) ou substituí-la pelas penas restritivas de direitos, pelas de perda de bens e valores ou pelas de prestação de serviços à comunidade ou a entidades públicas.

VIOLAÇÃO DE SIGILO EMPRESARIAL

Art. 169. Violar, explorar ou divulgar, sem justa causa, sigilo empresarial ou dados confidenciais sobre operações ou serviços, contribuindo para a condução do devedor a estado de inviabilidade econômica ou financeira:

Pena – reclusão, de 2 (dois) a 4 (quatro) anos, e multa.

DIVULGAÇÃO DE INFORMAÇÕES FALSAS

Art. 170. Divulgar ou propalar, por qualquer meio, informação falsa sobre devedor em recuperação judicial, com o fim de levá-lo à falência ou de obter vantagem:

Pena – reclusão, de 2 (dois) a 4 (quatro) anos, e multa.

INDUÇÃO A ERRO

Art. 171. Sonegar ou omitir informações ou prestar informações falsas no processo de falência, de recuperação judicial ou de recuperação extrajudicial, com o fim de induzir a erro o juiz, o Ministério Público, os credores, a assembleia-geral de credores, o Comitê ou o administrador judicial:

Pena – reclusão, de 2 (dois) a 4 (quatro) anos, e multa.

FAVORECIMENTO DE CREDORES

Art. 172. Praticar, antes ou depois da sentença que decretar a falência, conceder a recuperação judicial ou homologar plano de recuperação extrajudicial, ato de disposição ou oneração patrimonial ou gerador de obrigação, destinado a favorecer um ou mais credores em prejuízo dos demais:

Pena – reclusão, de 2 (dois) a 5 (cinco) anos, e multa.

Parágrafo único. Nas mesmas penas incorre o credor que, em conluio, possa beneficiar-se de ato previsto no *caput* deste artigo.

DESVIO, OCULTAÇÃO OU APROPRIAÇÃO DE BENS

Art. 173. Apropriar-se, desviar ou ocultar bens pertencentes ao devedor sob recuperação judicial ou à massa falida, inclusive por meio da aquisição por interposta pessoa:

Pena – reclusão, de 2 (dois) a 4 (quatro) anos, e multa.

AQUISIÇÃO, RECEBIMENTO OU USO ILEGAL DE BENS

Art. 174. Adquirir, receber, usar, ilicitamente, bem que sabe pertencer à massa falida ou influir para que terceiro, de boa-fé, o adquira, receba ou use:

Pena – reclusão, de 2 (dois) a 4 (quatro) anos, e multa.

HABILITAÇÃO ILEGAL DE CRÉDITO

Art. 175. Apresentar, em falência, recuperação judicial ou recuperação extrajudicial, relação de créditos, habilitação de créditos ou reclamação falsas, ou juntar a elas título falso ou simulado:

Pena – reclusão, de 2 (dois) a 4 (quatro) anos, e multa.

EXERCÍCIO ILEGAL DE ATIVIDADE

Art. 176. Exercer atividade para a qual foi inabilitado ou incapacitado por decisão judicial, nos termos desta Lei:

Pena – reclusão, de 1 (um) a 4 (quatro) anos, e multa.

VIOLAÇÃO DE IMPEDIMENTO

Art. 177. Adquirir o juiz, o representante do Ministério Público, o administrador judicial, o gestor judicial, o perito, o avaliador, o escrivão, o oficial de justiça ou o leiloeiro, por si ou por interposta pessoa, bens de massa falida ou de devedor em recuperação judicial, ou, em relação a estes, entrar em alguma especulação de lucro, quando tenham atuado nos respectivos processos:

Pena – reclusão, de 2 (dois) a 4 (quatro) anos, e multa.

OMISSÃO DOS DOCUMENTOS CONTÁBEIS OBRIGATÓRIOS

Art. 178. Deixar de elaborar, escriturar ou autenticar, antes ou depois da sentença que decretar a falência, conceder a recuperação judicial ou homologar o plano de recuperação extrajudicial, os documentos de escrituração contábil obrigatórios:

Pena – detenção, de 1 (um) a 2 (dois) anos, e multa, se o fato não constitui crime mais grave.

SEÇÃO II. DISPOSIÇÕES COMUNS

Art. 179. Na falência, na recuperação judicial e na recuperação extrajudicial de sociedades, os seus sócios, diretores, gerentes, administradores e conselheiros, de fato ou de direito, bem como o administrador judicial, equiparam-se ao devedor ou falido para todos os efeitos penais decorrentes desta Lei, na medida de sua culpabilidade.

Art. 180. A sentença que decreta a falência, concede a recuperação judicial ou concede a recuperação extrajudicial de que trata o art. 163 desta Lei é condição objetiva de punibilidade das infrações penais descritas nesta Lei.

Art. 181. São efeitos da condenação por crime previsto nesta Lei:

I – a inabilitação para o exercício de atividade empresarial;

II – o impedimento para o exercício de cargo ou função em conselho de administração, diretoria ou gerência das sociedades sujeitas a esta Lei;

III – a impossibilidade de gerir empresa por mandato ou por gestão de negócio.

§ 1º. Os efeitos de que trata este artigo não são automáticos, devendo ser motivadamente declarados na sentença, e perdurarão até 5 (cinco) anos após a extinção da punibilidade, podendo, contudo, cessar antes pela reabilitação penal.

- Esta Lei: art. 102.

§ 2º. Transitada em julgado a sentença penal condenatória, será notificado o Registro Público de Empresas para que tome as medidas necessárias para impedir novo registro em nome dos inabilitados.

Art. 182. A prescrição dos crimes previstos nesta Lei reger-se-á pelas disposições do Decreto-Lei nº 2.848, de 7 de dezembro de 1940 – Código Penal, começando a correr do dia da decretação da falência, da concessão da recuperação judicial ou da homologação do plano de recuperação extrajudicial.

Parágrafo único. A decretação da falência do devedor interrompe a prescrição cuja contagem tenha iniciado com a concessão da recuperação judicial ou com a homologação do plano de recuperação extrajudicial.

SEÇÃO III. DO PROCEDIMENTO PENAL

Art. 183. Compete ao juiz criminal da jurisdição onde tenha sido decretada a falência, concedida a recuperação judicial ou homologado o plano de recuperação extrajudicial, conhecer da ação penal pelos crimes previstos nesta Lei.

Art. 184. Os crimes previstos nesta Lei são de ação penal pública incondicionada.

Parágrafo único. Decorrido o prazo a que se refere o art. 187, § 1º, sem que o representante do Ministério Público ofereça denúncia, qualquer credor habilitado ou o administrador judicial poderá oferecer ação penal privada subsidiária da pública, observado o prazo decadencial de 6 (seis) meses.

› CPP: art. 29.

Art. 185. Recebida a denúncia ou a queixa, observar-se-á o rito previsto nos arts. 531 a 540 do Decreto-Lei nº 3.689, de 3 de outubro de 1941 – Código de Processo Penal.

Art. 186. No relatório previsto na alínea e do inciso III do *caput* do art. 22 desta Lei, o administrador judicial apresentará ao juiz da falência exposição circunstanciada, considerando as causas da falência, o procedimento do devedor, antes e depois da sentença, e outras informações detalhadas a respeito da conduta do devedor e de outros responsáveis, se houver, por atos que possam constituir crime relacionado com a recuperação judicial ou com a falência, ou outro delito conexo a estes.

› Esta Lei: art. 22, III, e.

Parágrafo único. A exposição circunstanciada será instruída com laudo do contador encarregado do exame da escrituração do devedor.

Art. 187. Intimado da sentença que decreta a falência ou concede a recuperação judicial, o Ministério Público, verificando a ocorrência de qualquer crime previsto nesta Lei, promoverá imediatamente a competente ação penal ou, se entender necessário, requisitará a abertura de inquérito policial.

§ 1º. O prazo para oferecimento da denúncia regula-se pelo art. 46 do Decreto-Lei nº 3.689, de 3 de outubro de 1941 – Código de Processo Penal, salvo se o Ministério Público, estando o réu solto ou afiançado, decidir aguardar a apresentação da exposição circunstanciada de que trata o art. 186 desta Lei, devendo, em seguida, oferecer a denúncia em 15 (quinze) dias.

› Súmula nº 564 do STF.

› Esta Lei: art. 184, parágrafo único.

§ 2º. Em qualquer fase processual, surgindo indícios da prática dos crimes previstos nesta Lei, o juiz da falência ou da recuperação judicial ou da recuperação extrajudicial cientificará o Ministério Público.

Art. 188. Aplicam-se subsidiariamente as disposições do Código de Processo Penal, no que não forem incompatíveis com esta Lei.

CAPÍTULO VIII. DISPOSIÇÕES FINAIS E TRANSITÓRIAS

Art. 189. Aplica-se, no que couber, aos procedimentos previstos nesta Lei, o disposto na Lei nº 13.105, de 16 de março de 2015 (Código de Processo Civil), desde que não seja incompatível com os princípios desta Lei. (Redação dada pela Lei 14.112/2020)

§ 1º Para os fins do disposto nesta Lei: (Acrescido pela Lei 14.112/2020)

I - todos os prazos nela previstos ou que dela decorram serão contados em dias corridos; e

II - as decisões proferidas nos processos a que se refere esta Lei serão passíveis de agravo de instrumento, exceto nas hipóteses em que esta Lei previr de forma diversa.

§ 2º Para os fins do disposto no art. 190 da Lei nº 13.105, de 16 de março de 2015 (Código de Processo Civil), a manifestação de vontade do devedor será expressa e a dos credores será obtida por maioria, na forma prevista no art. 42 desta Lei. (Acrescido pela Lei 14.112/2020)

Art. 189-A. Os processos disciplinados nesta Lei e os respectivos recursos, bem como os processos, os procedimentos e a execução dos atos e das diligências judiciais em que figure como parte empresário individual ou sociedade empresária em regime de recuperação judicial ou extrajudicial ou de falência terão prioridade sobre todos os atos judiciais, salvo o *habeas corpus* e as prioridades estabelecidas em leis especiais. (Acrescido pela Lei 14.112/2020)

Art. 190. Todas as vezes que esta Lei se referir a devedor ou falido, compreender-se-á que a disposição também se aplica aos sócios ilimitadamente responsáveis.

Art. 191. Ressalvadas as disposições específicas desta Lei, as publicações ordenadas serão feitas em sítio eletrônico próprio, na internet, dedicado à recuperação judicial e à falência, e as intimações serão realizadas por notificação direta por meio de dispositivos móveis previamente cadastrados e autorizados pelo interessado. (Redação dada pela Lei 14.112/2020)

Parágrafo único. As publicações ordenadas nesta Lei conterão a epígrafe "recuperação judicial de", "recuperação extrajudicial de" ou "falência de".

Art. 192. Esta Lei não se aplica aos processos de falência ou de concordata ajuizados anteriormente ao início de sua vigência, que serão concluídos nos termos do Decreto-Lei nº 7.661, de 21 de junho de 1945.

§ 1º. Fica vedada a concessão de concordata suspensiva nos processos de falência em curso, podendo ser promovida a alienação dos bens da massa falida assim que concluída sua arrecadação, independentemente da formação do quadro-geral de credores e da conclusão do inquérito judicial.

§ 2º. A existência de pedido de concordata anterior à vigência desta Lei não obsta o pedido de recuperação judicial pelo devedor que não houver descumprido obrigação no âmbito da concordata, vedado, contudo, o pedido baseado no plano especial de recuperação judicial para microempresas e empresas de pequeno porte a que se refere a Seção V do Capítulo III desta Lei.

§ 3º. No caso do § 2º deste artigo, se deferido o processamento da recuperação judicial, o processo de concordata será extinto e os créditos submetidos à concordata serão inscritos por seu valor original na recuperação judicial, deduzidas as parcelas pagas pelo concordatário.

§ 4º. Esta Lei aplica-se às falências decretadas em sua vigência resultantes de convolação de concordatas ou de pedidos de falência anteriores, às quais se aplica, até a decretação, o Decreto-Lei nº 7.661, de 21 de junho de 1945, observado, na decisão que decretar a falência, o disposto no art. 99 desta Lei.

§ 5º. O juiz poderá autorizar a locação ou arrendamento de bens imóveis ou móveis a fim de evitar a sua deterioração, cujos resultados reverterão em favor da massa. (Incluído pela Lei nº 11.127, de 2005)

Art. 193. O disposto nesta Lei não afeta as obrigações assumidas no âmbito das câmaras ou prestadoras de serviços de compensação e de liquidação financeira, que serão ultimadas e liquidadas pela câmara ou prestador de serviços, na forma de seus regulamentos.

Art. 193-A. O pedido de recuperação judicial, o deferimento de seu processamento ou a homologação do plano de recuperação judicial não afetarão ou suspenderão, nos termos da legislação aplicável, o exercício dos direitos de vencimento antecipado e de compensação no âmbito de operações compromissadas e de derivativos, de modo que essas operações poderão ser vencidas antecipadamente, desde que assim previsto nos contratos celebrados entre as partes ou em regulamento, proibidas, no entanto, medidas que impliquem a redução, sob qualquer forma, das garantias ou de sua condição de excussão, a restrição do exercício de direitos, inclusive de vencimento antecipado por inexecução, e a compensação previstas contratualmente ou em regulamento. (Acrescido pela Lei 14.112/2020)

§ 1º Em decorrência do vencimento antecipado das operações compromissadas e de derivativos conforme previsto no *caput* deste artigo, os créditos e débitos delas decorrentes serão compensados e extinguirão as obrigações até onde se compensarem.

§ 2º Se houver saldo remanescente contra o devedor, será este considerado crédito sujeito à recuperação judicial, ressalvada a existência de garantia de alienação ou de cessão fiduciária.

Art. 194. O produto da realização das garantias prestadas pelo participante das câmaras ou prestadores de serviços de compensação e de liquidação financeira submetidos aos regimes de que trata esta Lei, assim como os títulos, valores mobiliários e quaisquer outros de seus ativos objetos de compensação ou liquidação serão destinados à liquidação das obrigações assumidas no âmbito das câmaras ou prestadoras de serviços.

LEGISLAÇÃO COMPLEMENTAR

Art. 195. A decretação da falência das concessionárias de serviços públicos implica extinção da concessão, na forma da lei.

Art. 196. Os Registros Públicos de Empresas, em cooperação com os Tribunais de Justiça, manterão banco de dados público e gratuito, disponível na internet, com a relação de todos os devedores falidos ou em recuperação judicial. (Redação dada pela Lei 14.112/2020)

Parágrafo único. Os Registros Públicos de Empresas, em cooperação com o Conselho Nacional de Justiça, deverão promover a integração de seus bancos de dados em âmbito nacional. (Redação dada pela Lei 14.112/2020)

Art. 197. Enquanto não forem aprovadas as respectivas leis específicas, esta Lei aplica-se subsidiariamente, no que couber, aos regimes previstos no Decreto-Lei nº 73, de 21 de novembro de 1966, na Lei nº 6.024, de 13 de março de 1974, no Decreto-Lei nº 2.321, de 25 de fevereiro de 1987, e na Lei nº 9.514, de 20 de novembro de 1997.

Art. 198. Os devedores proibidos de requerer concordata nos termos da legislação específica em vigor na data da publicação desta Lei ficam proibidos de requerer recuperação judicial ou extrajudicial nos termos desta Lei.

Art. 199. Não se aplica o disposto no art. 198 desta Lei às sociedades a que se refere o art. 187 da Lei nº 7.565, de 19 de dezembro de 1986.

Parágrafo único. Na recuperação judicial e na falência das sociedades de que trata o *caput* deste artigo, em nenhuma hipótese ficará suspenso o exercício de direitos derivados de contratos de arrendamento mercantil de aeronaves ou de suas partes.

§ 1º. Na recuperação judicial e na falência das sociedades de que trata o *caput* deste artigo, em nenhuma hipótese ficará suspenso o exercício de direitos derivados de contratos de locação, arrendamento mercantil ou de qualquer outra modalidade de arrendamento de aeronaves ou de suas partes. (Renumerado do parágrafo único com nova redação pela Lei nº 11.196, de 2005)

§ 2º. Os créditos decorrentes dos contratos mencionados no § 1º deste artigo não se submeterão aos efeitos da recuperação judicial ou extrajudicial, prevalecendo os direitos de propriedade sobre a coisa e as condições contratuais, não se lhes aplicando a ressalva contida na parte final do § 3º do art. 49 desta Lei. (Incluído pela Lei nº 11.196, de 2005)

§ 3º. Na hipótese de falência das sociedades de que trata o *caput* deste artigo, prevalecerão os direitos de propriedade sobre a coisa relativos a contratos de locação, de arrendamento mercantil ou de qualquer outra modalidade de arrendamento de aeronaves ou de suas partes. (Incluído pela Lei nº 11.196, de 2005)

Art. 200. Ressalvado o disposto no art. 192 desta Lei, ficam revogados o Decreto-Lei nº 7.661, de 21 de junho de 1945, e os arts. 503 a 512 do Decreto-Lei nº 3.689, de 3 de outubro de 1941 – Código de Processo Penal.

Art. 201. Esta Lei entra em vigor 120 (cento e vinte) dias após sua publicação.

Brasília, 9 de fevereiro de 2005, 184º da Independência e 117º da República.

LUIZ INÁCIO LULA DA SILVA

Publicado no DOU de 09.02.2005

LEI Nº 11.105, DE 24 DE MARÇO DE 2005

Regulamenta os incisos II, IV e V do § 1º do art. 225 da Constituição Federal, estabelece normas de segurança e mecanismos de fiscalização de atividades que envolvam organismos geneticamente modificados – OGM e seus derivados, cria o Conselho Nacional de Biossegurança – CNBS, reestrutura a Comissão Técnica Nacional de Biossegurança – CTNBio, dispõe sobre a Política Nacional de Biossegurança – PNB, revoga a Lei nº 8.974, de 5 de janeiro de 1995, e a Medida Provisória nº 2.191-9, de 23 de agosto de 2001, e os arts. 5º, 6º, 7º, 8º, 9º, 10 e 16 da Lei nº 10.814, de 15 de dezembro de 2003, e dá outras providências.

▸ *Biossegurança*

O PRESIDENTE DA REPÚBLICA Faço saber que o Congresso Nacional decreta e eu sanciono a seguinte Lei:

▸ Lei 13.123/2015: art. 6º.

▸ Lei 9.985/2000 – Regulamenta o art. 225, § 1º, incisos I, II, III e VII da CF, institui o Sistema Nacional de Unidades de Conservação da Natureza.

▸ Decreto 5.591/2005 – Regulamenta dispositivos da Lei 11.105/2005.

▸ Resolução Normativa CTNBIO 24/2020 (Dispõe sobre normas para liberação comercial e monitoramento de Organismos Geneticamente Modificados - OGMs e seus derivados).

CAPÍTULO I. DISPOSIÇÕES PRELIMINARES E GERAIS

Art. 1º. Esta Lei estabelece normas de segurança e mecanismos de fiscalização sobre a construção, o cultivo, a produção, a manipulação, o transporte, a transferência, a importação, a exportação, o armazenamento, a pesquisa, a comercialização, o consumo, a liberação no meio ambiente e o descarte de organismos geneticamente modificados – OGM e seus derivados, tendo como diretrizes o estímulo ao avanço científico na área de biossegurança e biotecnologia, a proteção à vida e à saúde humana, animal e vegetal, e a observância do princípio da precaução para a proteção do meio ambiente.

§ 1º. Para os fins desta Lei, considera-se atividade de pesquisa a realizada em laboratório, regime de contenção ou campo, como parte do processo de obtenção de OGM e seus derivados ou de avaliação da biossegurança de OGM e seus derivados, o que engloba, no âmbito experimental, a construção, o cultivo, a manipulação, o transporte, a transferência, a importação, a exportação, o armazenamento, a liberação no meio ambiente e o descarte de OGM e seus derivados.

§ 2º. Para os fins desta Lei, considera-se atividade de uso comercial de OGM e seus derivados a que não se enquadra como atividade de pesquisa, e que trata do cultivo, da produção, da manipulação, do transporte, da transferência, da comercialização, da importação, da exportação, do armazenamento, do consumo, da liberação e do descarte de OGM e seus derivados para fins comerciais.

Art. 2º. As atividades e projetos que envolvam OGM e seus derivados, relacionados ao ensino com manipulação de organismos vivos, à pesquisa científica, ao desenvolvimento tecnológico e à produção industrial ficam restritos ao âmbito de entidades de direito público ou privado, que serão responsáveis pela obediência aos preceitos desta Lei e de sua regulamentação, bem como pelas eventuais consequências ou efeitos advindos de seu descumprimento.

§ 1º. Para os fins desta Lei, consideram-se atividades e projetos no âmbito de entidade os conduzidos em instalações próprias ou sob a responsabilidade administrativa, técnica ou científica da entidade.

§ 2º. As atividades e projetos de que trata este artigo são vedados a pessoas físicas em atuação autônoma e independente, ainda que mantenham vínculo empregatício ou qualquer outro com pessoas jurídicas.

§ 3º. Os interessados em realizar atividade prevista nesta Lei deverão requerer autorização à Comissão Técnica Nacional de Biossegurança – CTNBio, que se manifestará no prazo fixado em regulamento.

§ 4º. As organizações públicas e privadas, nacionais, estrangeiras ou internacionais, financiadoras ou patrocinadoras de atividades ou de projetos referidos no *caput* deste artigo devem exigir a apresentação de Certificado de Qualidade em Biossegurança, emitido pela CTNBio, sob pena de se tornarem corresponsáveis pelos eventuais efeitos decorrentes do descumprimento desta Lei ou de sua regulamentação.

Art. 3º. Para os efeitos desta Lei, considera-se:

I – organismo: toda entidade biológica capaz de reproduzir ou transferir material genético, inclusive vírus e outras classes que venham a ser conhecidas;

II – ácido desoxirribonucleico – ADN, ácido ribonucleico – ARN: material genético que contém informações determinantes dos caracteres hereditários transmissíveis à descendência;

III – moléculas de ADN/ARN recombinante: as moléculas manipuladas fora das células vivas mediante a modificação de segmentos de ADN/ARN natural ou sintético e que possam multiplicar-se em uma célula viva, ou ainda as moléculas de ADN/ARN resultantes dessa multiplicação; consideram-se também os segmentos de ADN/ARN sintéticos equivalentes aos de ADN/ARN natural;

IV – engenharia genética: atividade de produção e manipulação de moléculas de ADN/ARN recombinante;

V – organismo geneticamente modificado – OGM: organismo cujo material genético – ADN/ARN tenha sido modificado por qualquer técnica de engenharia genética;

VI – derivado de OGM: produto obtido de OGM e que não possua capacidade autônoma de replicação ou que não contenha forma viável de OGM;

VII – célula germinal humana: célula-mãe responsável pela formação de gametas presentes nas glândulas sexuais femininas e masculinas e suas descendentes diretas em qualquer grau de ploidia;

VIII – clonagem: processo de reprodução assexuada, produzida artificialmente, baseada em um único patrimônio genético, com ou sem utilização de técnicas de engenharia genética;

IX – clonagem para fins reprodutivos: clonagem com a finalidade de obtenção de um indivíduo;

X – clonagem terapêutica: clonagem com a finalidade de produção de células-tronco embrionárias para utilização terapêutica;

XI – células-tronco embrionárias: células de embrião que apresentam a capacidade de se transformar em células de qualquer tecido de um organismo.

§ 1º. Não se inclui na categoria de OGM o resultante de técnicas que impliquem a introdução direta, num organismo, de material hereditário, desde que não envolvam a utilização de moléculas de ADN/ARN recombinante ou OGM, inclusive fecundação *in vitro*, conjugação, transdução, transformação, indução poliploide e qualquer outro processo natural.

§ 2º. Não se inclui na categoria de derivado de OGM a substância pura, quimicamente definida, obtida por meio de processos biológicos e que não contenha OGM, proteína heteróloga ou ADN recombinante.

Art. 4º. Esta Lei não se aplica quando a modificação genética for obtida por meio das seguintes técnicas, desde que não impliquem a utilização de OGM como receptor ou doador:

I – mutagênese;

II – formação e utilização de células somáticas de hibridoma animal;

III – fusão celular, inclusive a de protoplasma, de células vegetais, que possa ser produzida mediante métodos tradicionais de cultivo;

IV – autoclonagem de organismos não patogênicos que se processe de maneira natural.

Art. 5º. É permitida, para fins de pesquisa e terapia, a utilização de células-tronco embrionárias obtidas de embriões humanos produzidos por fertilização *in vitro* e não utilizados no respectivo procedimento, atendidas as seguintes condições:

I – sejam embriões inviáveis; ou

II – sejam embriões congelados há 3 (três) anos ou mais, na data da publicação desta Lei, ou que, já congelados na data da publicação desta Lei, depois de completarem 3 (três) anos, contados a partir da data de congelamento.

§ 1º. Em qualquer caso, é necessário o consentimento dos genitores.

§ 2º. Instituições de pesquisa e serviços de saúde que realizem pesquisa ou terapia com células-tronco embrionárias humanas deverão submeter seus projetos à apreciação e aprovação dos respectivos comitês de ética em pesquisa.

§ 3º. É vedada a comercialização do material biológico a que se refere este artigo e sua prática implica o crime tipificado no art. 15 da Lei nº 9.434, de 4 de fevereiro de 1997.

Art. 6º. Fica proibido:

I – implementação de projeto relativo a OGM sem a manutenção de registro de seu acompanhamento individual;

II – engenharia genética em organismo vivo ou o manejo *in vitro* de ADN/ARN natural ou recombinante, realizado em desacordo com as normas previstas nesta Lei;

III – engenharia genética em célula germinal humana, zigoto humano e embrião humano;

IV – clonagem humana;

V – destruição ou descarte no meio ambiente de OGM e seus derivados em desacordo com as normas estabelecidas pela CTNBio, pelos órgãos e entidades de registro e fiscalização, referidos no art. 16 desta Lei, e as constantes desta Lei e de sua regulamentação;

VI – liberação no meio ambiente de OGM ou seus derivados, no âmbito de atividades de pesquisa, sem a decisão técnica favorável da CTNBio e, nos casos de liberação comercial, sem o parecer técnico favorável da CTNBio, ou sem o licenciamento do órgão ou entidade ambiental responsável, quando a CTNBio considerar a atividade como potencialmente causadora de degradação ambiental, ou sem a aprovação do Conselho Nacional de Biossegurança – CNBS, quando o processo tenha sido por ele avocado, na forma desta Lei e de sua regulamentação;

VII – a utilização, a comercialização, o registro, o patenteamento e o licenciamento de tecnologias genéticas de restrição do uso.

Parágrafo único. Para os efeitos desta Lei, entende-se por tecnologias genéticas de restrição do uso qualquer processo de intervenção humana para geração ou multiplicação de plantas geneticamente modificadas para produzir estruturas reprodutivas estéreis, bem como qualquer forma de manipulação genética que vise à ativação ou desativação de genes relacionados à fertilidade das plantas por indutores químicos externos.

Art. 7º. São obrigatórias:

I – a investigação de acidentes ocorridos no curso de pesquisas e projetos na área de engenharia genética e o envio de relatório respectivo à autoridade competente no prazo máximo de 5 (cinco) dias a contar da data do evento;

II – a notificação imediata à CTNBio e às autoridades da saúde pública, da defesa agropecuária e do meio ambiente sobre acidente que possa provocar a disseminação de OGM e seus derivados;

III – a adoção de meios necessários para plenamente informar à CTNBio, às autoridades da saúde pública, do meio ambiente, da defesa agropecuária, à coletividade e aos demais empregados da instituição ou empresa sobre os riscos a que possam estar submetidos, bem como os procedimentos a serem tomados no caso de acidentes com OGM.

CAPÍTULO II. DO CONSELHO NACIONAL DE BIOSSEGURANÇA – CNBS

Art. 8º. Fica criado o Conselho Nacional de Biossegurança – CNBS, vinculado à Presidência da República, órgão de assessoramento superior do Presidente da República para a formulação e implementação da Política Nacional de Biossegurança – PNB.

§ 1º. Compete ao CNBS:

I – fixar princípios e diretrizes para a ação administrativa dos órgãos e entidades federais com competências sobre a matéria;

II – analisar, a pedido da CTNBio, quanto aos aspectos da conveniência e oportunidade socioeconômicas e do interesse nacional, os pedidos de liberação para uso comercial de OGM e seus derivados;

III – avocar e decidir, em última e definitiva instância, com base em manifestação da CTNBio e, quando julgar necessário, dos órgãos e entidades referidos no art. 16 desta Lei, no âmbito de suas competências, sobre os processos relativos a atividades que envolvam o uso comercial de OGM e seus derivados;

IV – *(VETADO)*.

§ 2º. *(VETADO)*.

§ 3º. Sempre que o CNBS deliberar favoravelmente à realização da atividade analisada, encaminhará sua manifestação aos órgãos e entidades de registro e fiscalização referidos no art. 16 desta Lei.

§ 4º. Sempre que o CNBS deliberar contrariamente à atividade analisada, encaminhará sua manifestação à CTNBio para informação ao requerente.

Art. 9º. O CNBS é composto pelos seguintes membros:

I – Ministro de Estado Chefe da Casa Civil da Presidência da República, que o presidirá;

II – Ministro de Estado da Ciência e Tecnologia;

III – Ministro de Estado do Desenvolvimento Agrário;

IV – Ministro de Estado da Agricultura, Pecuária e Abastecimento;

V – Ministro de Estado da Justiça;

VI – Ministro de Estado da Saúde;
VII – Ministro de Estado do Meio Ambiente;
VIII – Ministro de Estado do Desenvolvimento, Indústria e Comércio Exterior;
IX – Ministro de Estado das Relações Exteriores;
X – Ministro de Estado da Defesa;
XI – Secretário Especial de Aquicultura e Pesca da Presidência da República.

§ 1º. O CNBS reunir-se-á sempre que convocado pelo Ministro de Estado Chefe da Casa Civil da Presidência da República, ou mediante provocação da maioria de seus membros.

§ 2º. *(VETADO).*

§ 3º. Poderão ser convidados a participar das reuniões, em caráter excepcional, representantes do setor público e de entidades da sociedade civil.

§ 4º. O CNBS contará com uma Secretaria-Executiva, vinculada à Casa Civil da Presidência da República.

§ 5º. A reunião do CNBS poderá ser instalada com a presença de 6 (seis) de seus membros e as decisões serão tomadas com votos favoráveis da maioria absoluta.

CAPÍTULO III. DA COMISSÃO TÉCNICA NACIONAL DE BIOSSEGURANÇA – CTNBIO

Art. 10. A CTNBio, integrante do Ministério da Ciência e Tecnologia, é instância colegiada multidisciplinar de caráter consultivo e deliberativo, para prestar apoio técnico e de assessoramento ao Governo Federal na formulação, atualização e implementação da PNB de OGM e seus derivados, bem como no estabelecimento de normas técnicas de segurança e de pareceres técnicos referentes à autorização para atividades que envolvam pesquisa e uso comercial de OGM e seus derivados, com base na avaliação de seu risco zoofitossanitário, à saúde humana e ao meio ambiente.

Parágrafo único. A CTNBio deverá acompanhar o desenvolvimento e o progresso técnico e científico nas áreas de biossegurança, biotecnologia, bioética e afins, com o objetivo de aumentar sua capacitação para a proteção da saúde humana, dos animais e das plantas e do meio ambiente.

Art. 11. A CTNBio, composta de membros titulares e suplentes, designados pelo Ministro de Estado da Ciência e Tecnologia, será constituída por 27 (vinte e sete) cidadãos brasileiros de reconhecida competência técnica, de notória atuação e saber científicos, com grau acadêmico de doutor e com destacada atividade profissional nas áreas de biossegurança, biotecnologia, biologia, saúde humana e animal ou meio ambiente, sendo:

I – 12 (doze) especialistas de notório saber científico e técnico, em efetivo exercício profissional, sendo:
a) 3 (três) da área de saúde humana;
b) 3 (três) da área animal;
c) 3 (três) da área vegetal;
d) 3 (três) da área de meio ambiente;

II – um representante de cada um dos seguintes órgãos, indicados pelos respectivos titulares:
a) Ministério da Ciência e Tecnologia;
b) Ministério da Agricultura, Pecuária e Abastecimento;
c) Ministério da Saúde;
d) Ministério do Meio Ambiente;
e) Ministério do Desenvolvimento Agrário;
‣ Lei 13.341/2016: art. 1º, V.
f) Ministério do Desenvolvimento, Indústria e Comércio Exterior;
‣ Lei 13.341/2016: art. 2º, I (transformou o Ministério do Desenvolvimento, Indústria e Comércio Exterior em Ministério da Indústria, Comércio Exterior e Serviços).
g) Ministério da Defesa;
h) Secretaria Especial de Aquicultura e Pesca da Presidência da República;
i) Ministério das Relações Exteriores;

III – um especialista em defesa do consumidor, indicado pelo Ministro da Justiça;
IV – um especialista na área de saúde, indicado pelo Ministro da Saúde;
V – um especialista em meio ambiente, indicado pelo Ministro do Meio Ambiente;
VI – um especialista em biotecnologia, indicado pelo Ministro da Agricultura, Pecuária e Abastecimento;
VII – um especialista em agricultura familiar, indicado pelo Ministro do Desenvolvimento Agrário;
VIII – um especialista em saúde do trabalhador, indicado pelo Ministro do Trabalho e Emprego.

§ 1º. Os especialistas de que trata o inciso I do *caput* deste artigo serão escolhidos a partir de lista tríplice, elaborada com a participação das sociedades científicas, conforme disposto em regulamento.

§ 2º. Os especialistas de que tratam os incisos III a VIII do *caput* deste artigo serão escolhidos a partir de lista tríplice, elaborada pelas organizações da sociedade civil, conforme disposto em regulamento.

§ 3º. Cada membro efetivo terá um suplente, que participará dos trabalhos na ausência do titular.

§ 4º. Os membros da CTNBio terão mandato de 2 (dois) anos, renovável por até mais 2 (dois) períodos consecutivos.

§ 5º. O presidente da CTNBio será designado, entre seus membros, pelo Ministro da Ciência e Tecnologia para um mandato de 2 (dois) anos, renovável por igual período.

§ 6º. Os membros da CTNBio devem pautar a sua atuação pela observância estrita dos conceitos ético-profissionais, sendo vedado participar do julgamento de questões com as quais tenham algum envolvimento de ordem profissional ou pessoal, sob pena de perda de mandato, na forma do regulamento.

§ 7º. A reunião da CTNBio poderá ser instalada com a presença de 14 (catorze) de seus membros, incluído pelo menos um representante de cada uma das áreas referidas no inciso I do *caput* deste artigo.

§ 8º. *(VETADO).*

§ 8º-A. As decisões da CTNBio serão tomadas com votos favoráveis da maioria absoluta de seus membros. (Incluído pela Lei nº 11.460, de 2007)

§ 9º. Órgãos e entidades integrantes da administração pública federal poderão solicitar participação nas reuniões da CTNBio para tratar de assuntos de seu especial interesse, sem direito a voto.

§ 10. Poderão ser convidados a participar das reuniões, em caráter excepcional, representantes da comunidade científica e do setor público e entidades da sociedade civil, sem direito a voto.

Art. 12. O funcionamento da CTNBio será definido pelo regulamento desta Lei.

§ 1º. A CTNBio contará com uma Secretaria-Executiva e cabe ao Ministério da Ciência e Tecnologia prestar-lhe o apoio técnico e administrativo.

§ 2º. *(VETADO).*

Art. 13. A CTNBio constituirá subcomissões setoriais permanentes na área de saúde humana, na área animal, na área vegetal e na área ambiental, e poderá constituir subcomissões extraordinárias, para análise prévia dos temas a serem submetidos ao plenário da Comissão.

§ 1º. Tanto os membros titulares quanto os suplentes participarão das subcomissões setoriais e caberá a todos a distribuição dos processos para análise.

§ 2º. O funcionamento e a coordenação dos trabalhos nas subcomissões setoriais e extraordinárias serão definidos no regimento interno da CTNBio.

Art. 14. Compete à CTNBio:
I – estabelecer normas para as pesquisas com OGM e derivados de OGM;
II – estabelecer normas relativamente às atividades e aos projetos relacionados a OGM e seus derivados;
III – estabelecer, no âmbito de suas competências, critérios de avaliação e monitoramento de risco de OGM e seus derivados;
IV – proceder à análise da avaliação de risco, caso a caso, relativamente a atividades e projetos que envolvam OGM e seus derivados;
V – estabelecer os mecanismos de funcionamento das Comissões Internas de Biossegurança – CIBio, no âmbito de cada instituição que se dedique ao ensino, à pesquisa científica, ao desenvolvimento tecnológico e à produção industrial que envolvam OGM ou seus derivados;
VI – estabelecer requisitos relativos à biossegurança para autorização de funcionamento de laboratório, instituição ou empresa que desenvolverá atividades relacionadas a OGM e seus derivados;
VII – relacionar-se com instituições voltadas para a biossegurança de OGM e seus derivados, em âmbito nacional e internacional;

VIII – autorizar, cadastrar e acompanhar as atividades de pesquisa com OGM ou derivado de OGM, nos termos da legislação em vigor;

IX – autorizar a importação de OGM e seus derivados para atividade de pesquisa;

X – prestar apoio técnico consultivo e de assessoramento ao CNBS na formulação da PNB de OGM e seus derivados;

XI – emitir Certificado de Qualidade em Biossegurança – CQB para o desenvolvimento de atividades com OGM e seus derivados em laboratório, instituição ou empresa e enviar cópia do processo aos órgãos de registro e fiscalização referidos no art. 16 desta Lei;

XII – emitir decisão técnica, caso a caso, sobre a biossegurança de OGM e seus derivados no âmbito das atividades de pesquisa e de uso comercial de OGM e seus derivados, inclusive a classificação quanto ao grau de risco e nível de biossegurança exigido, bem como medidas de segurança exigidas e restrições ao uso;

XIII – definir o nível de biossegurança a ser aplicado ao OGM e seus usos, e os respectivos procedimentos e medidas de segurança quanto ao seu uso, conforme as normas estabelecidas na regulamentação desta Lei, bem como quanto aos seus derivados;

XIV – classificar os OGM segundo a classe de risco, observados os critérios estabelecidos no regulamento desta Lei;

XV – acompanhar o desenvolvimento e o progresso técnico-científico na biossegurança de OGM e seus derivados;

XVI – emitir resoluções, de natureza normativa, sobre as matérias de sua competência;

XVII – apoiar tecnicamente os órgãos competentes no processo de prevenção e investigação de acidentes e de enfermidades, verificados no curso dos projetos e das atividades com técnicas de ADN/ARN recombinante;

XVIII – apoiar tecnicamente os órgãos e entidades de registro e fiscalização, referidos no art. 16 desta Lei, no exercício de suas atividades relacionadas a OGM e seus derivados;

XIX – divulgar no Diário Oficial da União, previamente à análise, os extratos dos pleitos e, posteriormente, dos pareceres dos processos que lhe forem submetidos, bem como dar ampla publicidade no Sistema de Informações em Biossegurança – SIB a sua agenda, processos em trâmite, relatórios anuais, atas das reuniões e demais informações sobre suas atividades, excluídas as informações sigilosas, de interesse comercial, apontadas pelo proponente e assim consideradas pela CTNBio;

XX – identificar atividades e produtos decorrentes do uso de OGM e seus derivados potencialmente causadores de degradação do meio ambiente ou que possam causar riscos à saúde humana;

XXI – reavaliar suas decisões técnicas por solicitação de seus membros ou por recurso dos órgãos e entidades de registro e fiscalização, fundamentado em fatos ou conhecimentos científicos novos, que sejam relevantes quanto à biossegurança do OGM ou derivado, na forma desta Lei e seu regulamento;

XXII – propor a realização de pesquisas e estudos científicos no campo da biossegurança de OGM e seus derivados;

XXIII – apresentar proposta de regimento interno ao Ministro da Ciência e Tecnologia.

§ 1º. Quanto aos aspectos de biossegurança do OGM e seus derivados, a decisão técnica da CTNBio vincula os demais órgãos e entidades da administração.

§ 2º. Nos casos de uso comercial, dentre outros aspectos técnicos de sua análise, os órgãos de registro e fiscalização, no exercício de suas atribuições em caso de solicitação pela CTNBio, observarão, quanto aos aspectos de biossegurança do OGM e seus derivados, a decisão técnica da CTNBio.

§ 3º. Em caso de decisão técnica favorável sobre a biossegurança no âmbito da atividade de pesquisa, a CTNBio remeterá o processo respectivo aos órgãos e entidades referidos no art. 16 desta Lei, para o exercício de suas atribuições.

§ 4º. A decisão técnica da CTNBio deverá conter resumo de sua fundamentação técnica, explicitar as medidas de segurança e restrições ao uso do OGM e seus derivados e considerar as particularidades das diferentes regiões do País, com o objetivo de orientar e subsidiar os órgãos e entidades de registro e fiscalização, referidos no art. 16 desta Lei, no exercício de suas atribuições.

§ 5º. Não se submeterá a análise e emissão de parecer técnico da CTNBio o derivado cujo OGM já tenha sido por ela aprovado.

§ 6º. As pessoas físicas ou jurídicas envolvidas em qualquer das fases do processo de produção agrícola, comercialização ou transporte de produto geneticamente modificado que tenham obtido a liberação para uso comercial estão dispensadas de apresentação do CQB e constituição de CIBio, salvo decisão em contrário da CTNBio.

Art. 15. A CTNBio poderá realizar audiências públicas, garantida participação da sociedade civil, na forma do regulamento.

Parágrafo único. Em casos de liberação comercial, audiência pública poderá ser requerida por partes interessadas, incluindo-se entre estas organizações da sociedade civil que comprovem interesse relacionado à matéria, na forma do regulamento.

CAPÍTULO IV. DOS ÓRGÃOS E ENTIDADES DE REGISTRO E FISCALIZAÇÃO

Art. 16. Caberá aos órgãos e entidades de registro e fiscalização do Ministério da Saúde, do Ministério da Agricultura, Pecuária e Abastecimento e do Ministério do Meio Ambiente, e da Secretaria Especial de Aquicultura e Pesca da Presidência da República entre outras atribuições, no campo de suas competências, observadas a decisão técnica da CTNBio, as deliberações do CNBS e os mecanismos estabelecidos nesta Lei e na sua regulamentação:

I – fiscalizar as atividades de pesquisa de OGM e seus derivados;

II – registrar e fiscalizar a liberação comercial de OGM e seus derivados;

III – emitir autorização para a importação de OGM e seus derivados para uso comercial;

IV – manter atualizado no SIB o cadastro das instituições e responsáveis técnicos que realizam atividades e projetos relacionados a OGM e seus derivados;

V – tornar públicos, inclusive no SIB, os registros e autorizações concedidas;

VI – aplicar as penalidades de que trata esta Lei;

VII – subsidiar a CTNBio na definição de quesitos de avaliação de biossegurança de OGM e seus derivados.

§ 1º. Após manifestação favorável da CTNBio, ou do CNBS, em caso de avocação ou recurso, caberá, em decorrência de análise específica e decisão pertinente:

I – ao Ministério da Agricultura, Pecuária e Abastecimento emitir as autorizações e registros e fiscalizar produtos e atividades que utilizem OGM e seus derivados destinados a uso animal, na agricultura, pecuária, agroindústria e áreas afins, de acordo com a legislação em vigor e segundo o regulamento desta Lei;

II – ao órgão competente do Ministério da Saúde emitir as autorizações e registros e fiscalizar produtos e atividades com OGM e seus derivados destinados a uso humano, farmacológico, domissanitário e áreas afins, de acordo com a legislação em vigor e segundo o regulamento desta Lei;

III – ao órgão competente do Ministério do Meio Ambiente emitir as autorizações e registros e fiscalizar produtos e atividades que envolvam OGM e seus derivados a serem liberados nos ecossistemas naturais, de acordo com a legislação em vigor e segundo o regulamento desta Lei, bem como o licenciamento, nos casos em que a CTNBio deliberar, na forma desta Lei, que o OGM é potencialmente causador de significativa degradação do meio ambiente;

IV – à Secretaria Especial de Aquicultura e Pesca da Presidência da República emitir as autorizações e registros de produtos e atividades com OGM e seus derivados destinados ao uso na pesca e aquicultura, de acordo com a legislação em vigor e segundo esta Lei e seu regulamento.

§ 2º. Somente se aplicam as disposições dos incisos I e II do art. 8º e do *caput* do art. 10 da Lei nº 6.938, de 31 de agosto de 1981, nos casos em que a CTNBio deliberar que o OGM é potencialmente causador de significativa degradação do meio ambiente.

§ 3º. A CTNBio delibera, em última e definitiva instância, sobre os casos em que a atividade é potencial ou efetivamente causadora de degradação ambiental, bem como sobre a necessidade do licenciamento ambiental.

§ 4º. A emissão dos registros, das autorizações e do licenciamento ambiental referidos nesta Lei deverá ocorrer no prazo máximo de 120 (cento e vinte) dias.

§ 5º. A contagem do prazo previsto no § 4º deste artigo será suspensa, por até 180 (cento e oitenta) dias, durante a elaboração, pelo requerente, dos estudos ou esclarecimentos necessários.

§ 6º. As autorizações e registros de que trata este artigo estarão vinculados à decisão técnica da CTNBio correspondente, sendo vedadas exigências técnicas que extrapolem as condições estabelecidas naquela decisão, nos aspectos relacionados à biossegurança.

§ 7º. Em caso de divergência quanto à decisão técnica da CTNBio sobre a liberação comercial de OGM e derivados, os órgãos e entidades de registro e fiscalização, no âmbito de suas competências, poderão apresentar recurso ao CNBS, no prazo de até 30 (trinta) dias, a contar da data de publicação da decisão técnica da CTNBio.

CAPÍTULO V. DA COMISSÃO INTERNA DE BIOSSEGURANÇA – CIBIO

Art. 17. Toda instituição que utilizar técnicas e métodos de engenharia genética ou realizar pesquisas com OGM e seus derivados deverá criar uma Comissão Interna de Biossegurança – CIBio, além de indicar um técnico principal responsável para cada projeto específico.

Art. 18. Compete à CIBio, no âmbito da instituição onde constituída:

I – manter informados os trabalhadores e demais membros da coletividade, quando suscetíveis de serem afetados pela atividade, sobre as questões relacionadas com a saúde e a segurança, bem como sobre os procedimentos em caso de acidentes;

II – estabelecer programas preventivos e de inspeção para garantir o funcionamento das instalações sob sua responsabilidade, dentro dos padrões e normas de biossegurança, definidos pela CTNBio na regulamentação desta Lei;

III – encaminhar à CTNBio os documentos cuja relação será estabelecida na regulamentação desta Lei, para efeito de análise, registro ou autorização do órgão competente, quando couber;

IV – manter registro do acompanhamento individual de cada atividade ou projeto em desenvolvimento que envolvam OGM ou seus derivados;

V – notificar à CTNBio, aos órgãos e entidades de registro e fiscalização, referidos no art. 16 desta Lei, e às entidades de trabalhadores o resultado de avaliações de risco a que estão submetidas as pessoas expostas, bem como qualquer acidente ou incidente que possa provocar a disseminação de agente biológico;

VI – investigar a ocorrência de acidentes e as enfermidades possivelmente relacionados a OGM e seus derivados e notificar suas conclusões e providências à CTNBio.

CAPÍTULO VI. DO SISTEMA DE INFORMAÇÕES EM BIOSSEGURANÇA – SIB

Art. 19. Fica criado, no âmbito do Ministério da Ciência e Tecnologia, o Sistema de Informações em Biossegurança – SIB, destinado à gestão das informações decorrentes das atividades de análise, autorização, registro, monitoramento e acompanhamento das atividades que envolvam OGM e seus derivados.

§ 1º. As disposições dos atos legais, regulamentares e administrativos que alterem, complementem ou produzam efeitos sobre a legislação de biossegurança de OGM e seus derivados deverão ser divulgadas no SIB concomitantemente com a entrada em vigor desses atos.

§ 2º. Os órgãos e entidades de registro e fiscalização, referidos no art. 16 desta Lei, deverão alimentar o SIB com as informações relativas às atividades de que trata esta Lei, processadas no âmbito de sua competência.

CAPÍTULO VII. DA RESPONSABILIDADE CIVIL E ADMINISTRATIVA

Art. 20. Sem prejuízo da aplicação das penas previstas nesta Lei, os responsáveis pelos danos ao meio ambiente e a terceiros responderão, solidariamente, por sua indenização ou reparação integral, independentemente da existência de culpa.

Art. 21. Considera-se infração administrativa toda ação ou omissão que viole as normas previstas nesta Lei e demais disposições legais pertinentes.

Parágrafo único. As infrações administrativas serão punidas na forma estabelecida no regulamento desta Lei, independentemente das medidas cautelares de apreensão de produtos, suspensão de venda de produto e embargos de atividades, com as seguintes sanções:

I – advertência;

II – multa;

III – apreensão de OGM e seus derivados;

IV – suspensão da venda de OGM e seus derivados;

V – embargo da atividade;

VI – interdição parcial ou total do estabelecimento, atividade ou empreendimento;

VII – suspensão de registro, licença ou autorização;

VIII – cancelamento de registro, licença ou autorização;

IX – perda ou restrição de incentivo e benefício fiscal concedidos pelo governo;

X – perda ou suspensão da participação em linha de financiamento em estabelecimento oficial de crédito;

XI – intervenção no estabelecimento;

XII – proibição de contratar com a administração pública, por período de até 5 (cinco) anos.

Art. 22. Compete aos órgãos e entidades de registro e fiscalização, referidos no art. 16 desta Lei, definir critérios, valores e aplicar multas de R$ 2.000,00 (dois mil reais) a R$ 1.500.000,00 (um milhão e quinhentos mil reais), proporcionalmente à gravidade da infração.

§ 1º. As multas poderão ser aplicadas cumulativamente com as demais sanções previstas neste artigo.

§ 2º. No caso de reincidência, a multa será aplicada em dobro.

§ 3º. No caso de infração continuada, caracterizada pela permanência da ação ou omissão inicialmente punida, será a respectiva penalidade aplicada diariamente até cessar sua causa, sem prejuízo da paralisação imediata da atividade ou da interdição do laboratório ou da instituição ou empresa responsável.

Art. 23. As multas previstas nesta Lei serão aplicadas pelos órgãos e entidades de registro e fiscalização dos Ministérios da Agricultura, Pecuária e Abastecimento, da Saúde, do Meio Ambiente e da Secretaria Especial de Aquicultura e Pesca da Presidência da República, referidos no art. 16 desta Lei, de acordo com suas respectivas competências.

§ 1º. Os recursos arrecadados com a aplicação de multas serão destinados aos órgãos e entidades de registro e fiscalização, referidos no art. 16 desta Lei, que aplicarem a multa.

§ 2º. Os órgãos e entidades fiscalizadores da administração pública federal poderão celebrar convênios com os Estados, Distrito Federal e Municípios, para a execução de serviços relacionados à atividade de fiscalização prevista nesta Lei e poderão repassar-lhes parcela da receita obtida com a aplicação de multas.

§ 3º. A autoridade fiscalizadora encaminhará cópia do auto de infração à CTNBio.

§ 4º. Quando a infração constituir crime ou contravenção, ou lesão à Fazenda Pública ou ao consumidor, a autoridade fiscalizadora representará junto ao órgão competente para apuração das responsabilidades administrativa e penal.

CAPÍTULO VIII. DOS CRIMES E DAS PENAS

Art. 24. Utilizar embrião humano em desacordo com o que dispõe o art. 5º desta Lei:

Pena – detenção, de 1 (um) a 3 (três) anos, e multa.

Art. 25. Praticar engenharia genética em célula germinal humana, zigoto humano ou embrião humano:

Pena – reclusão, de 1 (um) a 4 (quatro) anos, e multa.

Art. 26. Realizar clonagem humana:

Pena – reclusão, de 2 (dois) a 5 (cinco) anos, e multa.

Art. 27. Liberar ou descartar OGM no meio ambiente, em desacordo com as normas estabelecidas pela CTNBio e pelos órgãos e entidades de registro e fiscalização:

Pena – reclusão, de 1 (um) a 4 (quatro) anos, e multa.

§ 1º. *(VETADO).*

§ 2º. Agrava-se a pena:

I – de 1/6 (um sexto) a 1/3 (um terço), se resultar dano à propriedade alheia;

II – de 1/3 (um terço) até a 1/2 (metade), se resultar dano ao meio ambiente;

III – da 1/2 (metade) até 2/3 (dois terços), se resultar lesão corporal de natureza grave em outrem;

IV – de 2/3 (dois terços) até o dobro, se resultar a morte de outrem.

Art. 28. Utilizar, comercializar, registrar, patentear e licenciar tecnologias genéticas de restrição do uso:

Pena – reclusão, de 2 (dois) a 5 (cinco) anos, e multa.

Art. 29. Produzir, armazenar, transportar, comercializar, importar ou exportar OGM ou seus derivados, sem autorização ou em desacordo com as normas estabelecidas pela CTNBio e pelos órgãos e entidades de registro e fiscalização:

Pena – reclusão, de 1 (um) a 2 (dois) anos, e multa.

CAPÍTULO IX. DISPOSIÇÕES FINAIS E TRANSITÓRIAS

Art. 30. Os OGM que tenham obtido decisão técnica da CTNBio favorável a sua liberação comercial até a entrada em vigor desta Lei poderão ser registrados e comercializados, salvo manifestação contrária do CNBS, no prazo de 60 (sessenta) dias, a contar da data da publicação desta Lei.

Art. 31. A CTNBio e os órgãos e entidades de registro e fiscalização, referidos no art. 16 desta Lei, deverão rever suas deliberações de caráter normativo, no prazo de 120 (cento e vinte) dias, a fim de promover sua adequação às disposições desta Lei.

Art. 32. Permanecem em vigor os Certificados de Qualidade em Biossegurança, comunicados e decisões técnicas já emitidos pela CTNBio, bem como, no que não contrariarem o disposto nesta Lei, os atos normativos emitidos ao amparo da Lei nº 8.974, de 5 de janeiro de 1995.

Art. 33. As instituições que desenvolverem atividades reguladas por esta Lei na data de sua publicação deverão adequar-se as suas disposições no prazo de 120 (cento e vinte) dias, contado da publicação do decreto que a regulamentar.

Art. 34. Ficam convalidados e tornam-se permanentes os registros provisórios concedidos sob a égide da Lei nº 10.814, de 15 de dezembro de 2003.

Art. 35. Ficam autorizadas a produção e a comercialização de sementes de cultivares de soja geneticamente modificadas tolerantes a glifosato registradas no Registro Nacional de Cultivares – RNC do Ministério da Agricultura, Pecuária e Abastecimento.

Art. 36. Fica autorizado o plantio de grãos de soja geneticamente modificada tolerante a glifosato, reservados pelos produtores rurais para uso próprio, na safra 2004/2005, sendo vedada a comercialização da produção como semente.

› Decreto 5.534/2005: art. 1º.

Parágrafo único. O Poder Executivo poderá prorrogar a autorização de que trata o *caput* deste artigo.

Art. 37. A descrição do Código 20 do Anexo VIII da Lei nº 6.938, de 31 de agosto de 1981, acrescido pela Lei nº 10.165, de 27 de dezembro de 2000, passa a vigorar com a seguinte redação:

"ANEXO VIII

Código	Categoria	Descrição	Pp/gu
....	....	....	....
20	Uso de Recursos Naturais	Silvicultura; exploração econômica da madeira ou lenha e subprodutos florestais; importação ou exportação da fauna e flora nativas brasileiras; atividade de criação e exploração econômica de fauna exótica e de fauna silvestre; utilização do patrimônio genético natural; exploração de recursos aquáticos vivos; introdução de espécies exóticas, exceto para melhoramento genético vegetal e uso na agricultura; introdução de espécies geneticamente modificadas previamente identificadas pela CTNBio como potencialmente causadoras de significativa degradação do meio ambiente; uso da diversidade biológica pela biotecnologia em atividades previamente identificadas pela CTNBio como potencialmente causadoras de significativa degradação do meio ambiente.	Médio
....	....	....	....

Art. 38. *(VETADO).*

Art. 39. Não se aplica aos OGM e seus derivados o disposto na Lei nº 7.802, de 11 de julho de 1989, e suas alterações, exceto para os casos em que eles sejam desenvolvidos para servir de matéria-prima para a produção de agrotóxicos.

Art. 40. Os alimentos e ingredientes alimentares destinados ao consumo humano ou animal que contenham ou sejam produzidos a partir de OGM ou derivados deverão conter informação nesse sentido em seus rótulos, conforme regulamento.

Art. 41. Esta Lei entra em vigor na data de sua publicação.

Art. 42. Revogam-se a Lei nº 8.974, de 5 de janeiro de 1995, a Medida Provisória nº 2.191-9, de 23 de agosto de 2001, e os arts. 5º, 6º, 7º, 8º, 9º, 10 e 16 da Lei nº 10.814, de 15 de dezembro de 2003.

Brasília, 24 de março de 2005; 184º da Independência e 117º da República.

LUIZ INÁCIO LULA DA SILVA

Publicado no D.O.U. 28.3.2005

LEI Nº 11.107, DE 6 DE ABRIL DE 2005

Dispõe sobre normas gerais de contratação de consórcios públicos e dá outras providências.

› *Consórcios públicos*

O PRESIDENTE DA REPÚBLICA Faço saber que o Congresso Nacional decreta e eu sanciono a seguinte Lei:

Art. 1º. Esta Lei dispõe sobre normas gerais para a União, os Estados, o Distrito Federal e os Municípios contratarem consórcios públicos para a realização de objetivos de interesse comum e dá outras providências.

› CF/88: art. 241.

› Decreto 6.017/2007 – Regulamenta a Lei 11.107/2005.

§ 1º. O consórcio público constituirá associação pública ou pessoa jurídica de direito privado.

§ 2º. A União somente participará de consórcios públicos em que também façam parte todos os Estados em cujos territórios estejam situados os Municípios consorciados.

§ 3º. Os consórcios públicos, na área de saúde, deverão obedecer aos princípios, diretrizes e normas que regulam o Sistema Único de Saúde – SUS.

› Lei 8.080/1990: art. 10, *caput* e § 1º, e 18, VII.

§ 4º Aplicam-se aos convênios de cooperação, no que couber, as disposições desta Lei relativas aos consórcios públicos. (Acrescido pela Lei 14.026/2020)

Art. 2º. Os objetivos dos consórcios públicos serão determinados pelos entes da Federação que se consorciarem, observados os limites constitucionais.

§ 1º. Para o cumprimento de seus objetivos, o consórcio público poderá:

I – firmar convênios, contratos, acordos de qualquer natureza, receber auxílios, contribuições e subvenções sociais ou econômicas de outras entidades e órgãos do governo;

II – nos termos do contrato de consórcio de direito público, promover desapropriações e instituir servidões nos termos de declaração de utilidade ou necessidade pública, ou interesse social, realizada pelo Poder Público; e

› Decreto-lei 3.365/1941 – Dispõe sobre desapropriações por utilidade pública.

III – ser contratado pela administração direta ou indireta dos entes da Federação consorciados, dispensada a licitação.

§ 2º. Os consórcios públicos poderão emitir documentos de cobrança e exercer atividades de arrecadação de tarifas e outros preços públicos pela prestação de serviços ou pelo uso ou outorga de uso de bens públicos por eles administrados ou, mediante autorização específica, pelo ente da Federação consorciado.

§ 3º. Os consórcios públicos poderão outorgar concessão, permissão ou autorização de obras ou serviços públicos mediante autorização prevista no contrato de consórcio público, que deverá indicar de forma específica o objeto da concessão, permissão ou autorização e as condições a que deverá atender, observada a legislação de normas gerais em vigor.

Art. 3º. O consórcio público será constituído por contrato cuja celebração dependerá da prévia subscrição de protocolo de intenções.

Art. 4º. São cláusulas necessárias do protocolo de intenções as que estabeleçam:

I – a denominação, a finalidade, o prazo de duração e a sede do consórcio;

II – a identificação dos entes da Federação consorciados;

III – a indicação da área de atuação do consórcio;

IV – a previsão de que o consórcio público é associação pública ou pessoa jurídica de direito privado sem fins econômicos;

V – os critérios para, em assuntos de interesse comum, autorizar o consórcio público a representar os entes da Federação consorciados perante outras esferas de governo;

VI – as normas de convocação e funcionamento da assembleia geral, inclusive para a elaboração, aprovação e modificação dos estatutos do consórcio público;

VII – a previsão de que a assembleia geral é a instância máxima do consórcio público e o número de votos para as suas deliberações;

VIII – a forma de eleição e a duração do mandato do representante legal do consórcio público que, obrigatoriamente, deverá ser Chefe do Poder Executivo de ente da Federação consorciado;

IX – o número, as formas de provimento e a remuneração dos empregados públicos, bem como os casos de contratação por tempo determinado para atender a necessidade temporária de excepcional interesse público;

X – as condições para que o consórcio público celebre contrato de gestão ou termo de parceria;

XI – a autorização para a gestão associada de serviços públicos, explicitando:

a) as competências cujo exercício se transferiu ao consórcio público;

b) os serviços públicos objeto da gestão associada e a área em que serão prestados;

c) a autorização para licitar ou outorgar concessão, permissão ou autorização da prestação dos serviços;

d) as condições a que deve obedecer o contrato de programa, no caso de a gestão associada envolver também a prestação de serviços por órgão ou entidade de um dos entes da Federação consorciados;

e) os critérios técnicos para cálculo do valor das tarifas e de outros preços públicos, bem como para seu reajuste ou revisão; e

XII – o direito de qualquer dos contratantes, quando adimplente com suas obrigações, de exigir o pleno cumprimento das cláusulas do contrato de consórcio público.

§ 1º. Para os fins do inciso III do *caput* deste artigo, considera-se como área de atuação do consórcio público, independentemente de figurar a União como consorciada, a que corresponde à soma dos territórios:

I – dos Municípios, quando o consórcio público for constituído somente por Municípios ou por um Estado e Municípios com territórios nele contidos;

II – dos Estados ou dos Estados e do Distrito Federal, quando o consórcio público for, respectivamente, constituído por mais de 1 (um) Estado ou por 1 (um) ou mais Estados e o Distrito Federal;

III – *(VETADO).*

IV – dos Municípios e do Distrito Federal, quando o consórcio for constituído pelo Distrito Federal e os Municípios; e

V – *(VETADO).*

§ 2º. O protocolo de intenções deve definir o número de votos que cada ente da Federação consorciado possui na assembleia geral, sendo assegurado 1 (um) voto a cada ente consorciado.

§ 3º. É nula a cláusula do contrato de consórcio que preveja determinadas contribuições financeiras ou econômicas de ente da Federação ao consórcio público, salvo a doação, destinação ou cessão do uso de bens móveis ou imóveis e as transferências ou cessões de direitos operadas por força de gestão associada de serviços públicos.

§ 4º. Os entes da Federação consorciados, ou os com eles conveniados, poderão ceder-lhe servidores, na forma e condições da legislação de cada um.

§ 5º. O protocolo de intenções deverá ser publicado na imprensa oficial.

Art. 5º. O contrato de consórcio público será celebrado com a ratificação, mediante lei, do protocolo de intenções.

§ 1º. O contrato de consórcio público, caso assim preveja cláusula, pode ser celebrado por apenas 1 (uma) parcela dos entes da Federação que subscreveram o protocolo de intenções.

§ 2º. A ratificação pode ser realizada com reserva que, aceita pelos demais entes subscritores, implicará consorciamento parcial ou condicional.

§ 3º. A ratificação realizada após 2 (dois) anos da subscrição do protocolo de intenções dependerá de homologação da assembleia geral do consórcio público.

§ 4º. É dispensado da ratificação prevista no *caput* deste artigo o ente da Federação que, antes de subscrever o protocolo de intenções, disciplinar por lei a sua participação no consórcio público.

Art. 6º. O consórcio público adquirirá personalidade jurídica:

I – de direito público, no caso de constituir associação pública, mediante a vigência das leis de ratificação do protocolo de intenções;

II – de direito privado, mediante o atendimento dos requisitos da legislação civil.

§ 1º. O consórcio público com personalidade jurídica de direito público integra a administração indireta de todos os entes da Federação consorciados.

§ 2º. O consórcio público, com personalidade jurídica de direito público ou privado, observará as normas de direito público no que concerne à realização de licitação, à celebração de contratos, à prestação de contas e à admissão de pessoal, que será regido pela Consolidação das Leis do Trabalho (CLT), aprovada pelo Decreto-Lei nº 5.452, de 1º de maio de 1943. (Redação dada pela Lei 13.822/2019)

Art. 7º. Os estatutos disporão sobre a organização e o funcionamento de cada um dos órgãos constitutivos do consórcio público.

Art. 8º. Os entes consorciados somente entregarão recursos ao consórcio público mediante contrato de rateio.

§ 1º O contrato de rateio será formalizado em cada exercício financeiro, e seu prazo de vigência não será superior ao das dotações que o suportam, com exceção dos contratos que tenham por objeto exclusivamente projetos consistentes em programas e ações contemplados em plano plurianual. (Redação dada pela Lei 14.026/2020)

§ 2º. É vedada a aplicação dos recursos entregues por meio de contrato de rateio para o atendimento de despesas genéricas, inclusive transferências ou operações de crédito.

§ 3º. Os entes consorciados, isolados ou em conjunto, bem como o consórcio público, são partes legítimas para exigir o cumprimento das obrigações previstas no contrato de rateio.

§ 4º. Com o objetivo de permitir o atendimento dos dispositivos da Lei Complementar 101, de 4 de maio de 2000, o consórcio público deve fornecer as informações necessárias para que sejam consolidadas, nas contas dos entes consorciados, todas as despesas realizadas com os recursos entregues em virtude de contrato de rateio, de forma que possam ser contabilizadas nas contas de cada ente da Federação na conformidade dos elementos econômicos e das atividades ou projetos atendidos.

§ 5º. Poderá ser excluído do consórcio público, após prévia suspensão, o ente consorciado que não consignar, em sua lei orçamentária ou em créditos adicionais, as dotações suficientes para suportar as despesas assumidas por meio de contrato de rateio.

Art. 9º. A execução das receitas e despesas do consórcio público deverá obedecer às normas de direito financeiro aplicáveis às entidades públicas.

Parágrafo único. O consórcio público está sujeito à fiscalização contábil, operacional e patrimonial pelo Tribunal de Contas competente para apreciar as contas do Chefe do Poder Executivo representante legal do consórcio, inclusive quanto à legalidade, legitimidade e economicidade das despesas, atos, contratos e renúncia de receitas, sem prejuízo do controle externo a ser exercido em razão de cada um dos contratos de rateio.

Art. 10. *(VETADO).*

Parágrafo único. Os agentes públicos incumbidos da gestão de consórcio não responderão pessoalmente pelas obrigações contraídas pelo consórcio público, mas responderão pelos atos praticados em desconformidade com a lei ou com as disposições dos respectivos estatutos.

Art. 11. A retirada do ente da Federação do consórcio público dependerá de ato formal de seu representante na assembleia geral, na forma previamente disciplinada por lei.

§ 1º. Os bens destinados ao consórcio público pelo consorciado que se retira somente serão revertidos ou retrocedidos no caso de expressa previsão no contrato de consórcio público ou no instrumento de transferência ou de alienação.

§ 2º A retirada ou a extinção de consórcio público ou convênio de cooperação não prejudicará as obrigações já constituídas, inclusive os contratos, cuja extinção dependerá do pagamento das indenizações eventualmente devidas. (Redação dada pela Lei 14.026/2020)

Art. 12. A alteração ou a extinção de contrato de consórcio público dependerá de instrumento aprovado pela assembleia geral, ratificado mediante lei por todos os entes consorciados.

§ 1º. (Revogado pela Lei 14.026/2020)

§ 2º. Até que haja decisão que indique os responsáveis por cada obrigação, os entes consorciados responderão solidariamente pelas obrigações remanescentes, garantindo o direito de regresso em face dos entes beneficiados ou dos que deram causa à obrigação.

Art. 13. Deverão ser constituídas e reguladas por contrato de programa, como condição de sua validade, as obrigações que um ente da Federação constituir para com outro ente da Federação ou para com consórcio público no âmbito de gestão associada em que haja a prestação de serviços públicos ou a transferência total ou parcial de encargos, serviços, pessoal ou de bens necessários à continuidade dos serviços transferidos.

§ 1º. O contrato de programa deverá:

I – atender à legislação de concessões e permissões de serviços públicos e, especialmente no que se refere ao cálculo de tarifas e de outros preços públicos, à de regulação dos serviços a serem prestados; e

II – prever procedimentos que garantam a transparência da gestão econômica e financeira de cada serviço em relação a cada um de seus titulares.

§ 2º. No caso de a gestão associada originar a transferência total ou parcial de encargos, serviços, pessoal e bens essenciais à continuidade dos serviços transferidos, o contrato de programa, sob pena de nulidade, deverá conter cláusulas que estabeleçam:

I – os encargos transferidos e a responsabilidade subsidiária da entidade que os transferiu;

II – as penalidades no caso de inadimplência em relação aos encargos transferidos;

III – o momento de transferência dos serviços e os deveres relativos a sua continuidade;

IV – a indicação de quem arcará com o ônus e os passivos do pessoal transferido;

V – a identificação dos bens que terão apenas a sua gestão e administração transferidas e o preço dos que sejam efetivamente alienados ao contratado;

VI – o procedimento para o levantamento, cadastro e avaliação dos bens reversíveis que vierem a ser amortizados mediante receitas de tarifas ou outras emergentes da prestação dos serviços.

§ 3º. É nula a cláusula de contrato de programa que atribuir ao contratado o exercício dos poderes de planejamento, regulação e fiscalização dos serviços por ele próprio prestados.

§ 4º. O contrato de programa continuará vigente mesmo quando extinto o consórcio público ou o convênio de cooperação que autorizou a gestão associada de serviços públicos.

§ 5º. Mediante previsão do contrato de consórcio público, ou de convênio de cooperação, o contrato de programa poderá ser celebrado por entidades de direito público ou privado que integrem a administração indireta de qualquer dos entes da Federação consorciados ou conveniados.

§ 6º. (Revogado pela Lei 14.026/2020)

§ 7º. Excluem-se do previsto no *caput* deste artigo as obrigações cujo descumprimento não acarrete qualquer ônus, inclusive financeiro, a ente da Federação ou a consórcio público.

§ 8º Os contratos de prestação de serviços públicos de saneamento básico deverão observar o art. 175 da Constituição Federal, vedada a formalização de novos contratos de programa para esse fim. (Acrescido pela Lei 14.026/2020)

Art. 14. A União poderá celebrar convênios com os consórcios públicos, com o objetivo de viabilizar a descentralização e a prestação de políticas públicas em escalas adequadas.

Parágrafo único. Para a celebração dos convênios de que trata o *caput* deste artigo, as exigências legais de regularidade aplicar-se-ão ao próprio consórcio público envolvido, e não aos entes federativos nele consorciados. (Incluído pela Lei 13.821/2019)

Art. 15. No que não contrariar esta Lei, a organização e funcionamento dos consórcios públicos serão disciplinados pela legislação que rege as associações civis.

Art. 16. O inciso IV do art. 41 da Lei nº 10.406, de 10 de janeiro de 2002 – Código Civil, passa a vigorar com a seguinte redação:

› Alteração incorporada ao texto da referida lei.

Art. 17. Os arts. 23, 24, 26 e 112 da Lei nº 8.666, de 21 de junho de 1993, passam a vigorar com a seguinte redação:

› Alterações incorporadas ao texto da referida lei.

Art. 18. O art. 10 da Lei 8.429, de 2 de junho de 1992, passa a vigorar acrescido dos seguintes incisos:

› Alterações incorporadas ao texto da referida lei.

Art. 19. O disposto nesta Lei não se aplica aos convênios de cooperação, contratos de programa para gestão associada de serviços públicos ou instrumentos congêneres, que tenham sido celebrados anteriormente a sua vigência.

Art. 20. O Poder Executivo da União regulamentará o disposto nesta Lei, inclusive as normas gerais de contabilidade pública que serão observadas pelos consórcios públicos para que sua gestão financeira e orçamentária se realize na conformidade dos pressupostos da responsabilidade fiscal.

Art. 21. Esta Lei entra em vigor na data de sua publicação.

Brasília, 6 de abril de 2005; 184º da Independência e 117º da República.

LUIZ INÁCIO LULA DA SILVA

Publicado no D.O.U. de 7.4.2005

LEI Nº 11.340, DE 7 DE AGOSTO DE 2006

Cria mecanismos para coibir a violência doméstica e familiar contra a mulher, nos termos do § 8º do art. 226 da Constituição Federal, da Convenção sobre a Eliminação de Todas as Formas de Discriminação contra as Mulheres e da Convenção Interamericana para Prevenir, Punir e Erradicar a Violência contra a Mulher; dispõe sobre a criação dos Juizados de Violência Doméstica e Familiar contra a Mulher; altera o Código de Processo Penal, o Código Penal e a Lei de Execução Penal; e dá outras providências.

- *Lei Maria da Penha*

O PRESIDENTE DA REPÚBLICA Faço saber que o Congresso Nacional decreta e eu sanciono a seguinte Lei:

TÍTULO I. DISPOSIÇÕES PRELIMINARES

- Lei 13.239/2015 – Cirurgia plástica reparadora causadas por atos de violência contra a mulher pelo SUS.
- Lei 12.845/2013– Dispõe sobre o atendimento obrigatório e integral de pessoas em situação de violência sexual.
- v. Decreto 5.017/2004 – Promulga o Protocolo Adicional à Convenção das Nações Unidas contra o Crime Organizado Transnacional Relativo à Prevenção, Repressão e Punição do Tráfico de Pessoas, em Especial Mulheres e Crianças. (Protocolo de Palermo)
- Decreto 4.377/2002 – Convenção sobre a eliminação de todas as formas de discriminação contra a mulher.
- Decreto 1.973/1996 – Promulga a Convenção Interamericana para Prevenir, Punir e Erradicar a Violência contra a Mulher, concluída em Belém do Pará, em 9 de junho de 1994.

Art. 1º. Esta Lei cria mecanismos para coibir e prevenir a violência doméstica e familiar contra a mulher, nos termos do § 8º do art. 226 da Constituição Federal, da Convenção sobre a Eliminação de Todas as Formas de Violência contra a Mulher, da Convenção Interamericana para Prevenir, Punir e Erradicar a Violência contra a Mulher e de outros tratados internacionais ratificados pela República Federativa do Brasil; dispõe sobre a criação dos Juizados de Violência Doméstica e Familiar contra a Mulher; e estabelece medidas de assistência e proteção às mulheres em situação de violência doméstica e familiar.

- ADC 19: O STF, por unanimidade, "julgou procedente a ação declaratória para declarar a constitucionalidade art. 1º da Lei 11.340/2006". (D.O.U. 17.2.2012)

Art. 2º. Toda mulher, independentemente de classe, raça, etnia, orientação sexual, renda, cultura, nível educacional, idade e religião, goza dos direitos fundamentais inerentes à pessoa humana, sendo-lhe asseguradas as oportunidades e facilidades para viver sem violência, preservar sua saúde física e mental e seu aperfeiçoamento moral, intelectual e social.

- CF/88: art. 5º, I.

Art. 3º. Serão asseguradas às mulheres as condições para o exercício efetivo dos direitos à vida, à segurança, à saúde, à alimentação, à educação, à cultura, à moradia, ao acesso à justiça, ao esporte, ao lazer, ao trabalho, à cidadania, à liberdade, à dignidade, ao respeito e à convivência familiar e comunitária.

§ 1º. O poder público desenvolverá políticas que visem garantir os direitos humanos das mulheres no âmbito das relações domésticas e familiares no sentido de resguardá-las de toda forma de negligência, discriminação, exploração, violência, crueldade e opressão.

§ 2º. Cabe à família, à sociedade e ao poder público criar as condições necessárias para o efetivo exercício dos direitos enunciados no *caput*.

Art. 4º. Na interpretação desta Lei, serão considerados os fins sociais a que ela se destina e, especialmente, as condições peculiares das mulheres em situação de violência doméstica e familiar.

TÍTULO II. DA VIOLÊNCIA DOMÉSTICA E FAMILIAR CONTRA A MULHER

CAPÍTULO I. DISPOSIÇÕES GERAIS

Art. 5º. Para os efeitos desta Lei, configura violência doméstica e familiar contra a mulher qualquer ação ou omissão baseada no gênero que lhe cause morte, lesão, sofrimento físico, sexual ou psicológico e dano moral ou patrimonial:

- CP: art. 61, II, f.
- Súm. 600, STJ.

I – no âmbito da unidade doméstica, compreendida como o espaço de convívio permanente de pessoas, com ou sem vínculo familiar, inclusive as esporadicamente agregadas;

II – no âmbito da família, compreendida como a comunidade formada por indivíduos que são ou se consideram aparentados, unidos por laços naturais, por afinidade ou por vontade expressa;

III – em qualquer relação íntima de afeto, na qual o agressor conviva ou tenha convivido com a ofendida, independentemente de coabitação.

Parágrafo único. As relações pessoais enunciadas neste artigo independem de orientação sexual.

Art. 6º. A violência doméstica e familiar contra a mulher constitui uma das formas de violação dos direitos humanos.

CAPÍTULO II. DAS FORMAS DE VIOLÊNCIA DOMÉSTICA E FAMILIAR CONTRA A MULHER

Art. 7º. São formas de violência doméstica e familiar contra a mulher, entre outras:

- Súm. 600, STJ.

I – a violência física, entendida como qualquer conduta que ofenda sua integridade ou saúde corporal;

II – a violência psicológica, entendida como qualquer conduta que lhe cause dano emocional e diminuição da autoestima ou que lhe prejudique e perturbe o pleno desenvolvimento ou que vise degradar ou controlar suas ações, comportamentos, crenças e decisões, mediante ameaça, constrangimento, humilhação, manipulação, isolamento, vigilância constante, perseguição contumaz, insulto, chantagem, violação de sua intimidade, ridicularização, exploração e limitação do direito de ir e vir ou qualquer outro meio que lhe cause prejuízo à saúde psicológica e à autodeterminação; *(Redação dada pela Lei 13.772/2018)*

III – a violência sexual, entendida como qualquer conduta que a constranja a presenciar, a manter ou a participar de relação sexual não desejada, mediante intimidação, ameaça, coação ou uso da força; que a induza a comercializar ou a utilizar, de qualquer modo, a sua sexualidade, que a impeça de usar qualquer método contraceptivo ou que a force ao matrimônio, à gravidez, ao aborto ou à prostituição, mediante coação, chantagem, suborno ou manipulação; ou que limite ou anule o exercício de seus direitos sexuais e reprodutivos;

IV – a violência patrimonial, entendida como qualquer conduta que configure retenção, subtração, destruição parcial ou total de seus objetos, instrumentos de trabalho, documentos pessoais, bens, valores e direitos ou recursos econômicos, incluindo os destinados a satisfazer suas necessidades;

V – a violência moral, entendida como qualquer conduta que configure calúnia, difamação ou injúria.

TÍTULO III. DA ASSISTÊNCIA À MULHER EM SITUAÇÃO DE VIOLÊNCIA DOMÉSTICA E FAMILIAR

CAPÍTULO I. DAS MEDIDAS INTEGRADAS DE PREVENÇÃO

Art. 8º. A política pública que visa coibir a violência doméstica e familiar contra a mulher far-se-á por meio de um conjunto articulado de ações da União, dos Estados, do Distrito Federal e dos Municípios e de ações não governamentais, tendo por diretrizes:

I – a integração operacional do Poder Judiciário, do Ministério Público e da Defensoria Pública com as áreas de segurança pública, assistência social, saúde, educação, trabalho e habitação;

II – a promoção de estudos e pesquisas, estatísticas e outras informações relevantes, com a perspectiva de gênero e de raça ou etnia, concernentes às causas, às consequências e à frequência da violência doméstica e familiar contra a mulher, para a sistematização de dados, a serem unificados nacionalmente, e a avaliação periódica dos resultados das medidas adotadas;

III – o respeito, nos meios de comunicação social, dos valores éticos e sociais da pessoa e da família, de forma a coibir os papéis estereotipados que legitimem ou exacerbem a violência doméstica e familiar, de acordo com o estabelecido no inciso III do art. 1º, no inciso IV do art. 3º e no inciso IV do art. 221 da Constituição Federal;

IV – a implementação de atendimento policial especializado para as mulheres, em particular nas Delegacias de Atendimento à Mulher;

V – a promoção e a realização de campanhas educativas de prevenção da violência doméstica e familiar contra a mulher, voltadas ao público escolar e à sociedade em geral, e a difusão desta Lei e dos instrumentos de proteção aos direitos humanos das mulheres;

VI – a celebração de convênios, protocolos, ajustes, termos ou outros instrumentos de promoção de parceria entre órgãos governamentais ou entre estes e entidades não governamentais, tendo por objetivo a implementação de programas de erradicação da violência doméstica e familiar contra a mulher;

VII – a capacitação permanente das Polícias Civil e Militar, da Guarda Municipal, do Corpo de Bombeiros e dos profissionais pertencentes aos órgãos e às áreas enunciados no inciso I quanto às questões de gênero e de raça ou etnia;

VIII – a promoção de programas educacionais que disseminem valores éticos de irrestrito respeito à dignidade da pessoa humana com a perspectiva de gênero e de raça ou etnia;

IX – o destaque, nos currículos escolares de todos os níveis de ensino, para os conteúdos relativos aos direitos humanos, à equidade de gênero e de raça ou etnia e ao problema da violência doméstica e familiar contra a mulher.

CAPÍTULO II. DA ASSISTÊNCIA À MULHER EM SITUAÇÃO DE VIOLÊNCIA DOMÉSTICA E FAMILIAR

Art. 9º. A assistência à mulher em situação de violência doméstica e familiar será prestada de forma articulada e conforme os princípios e as diretrizes previstos na Lei Orgânica da Assistência Social, no Sistema Único de Saúde, no Sistema Único de Segurança Pública, entre outras normas e políticas públicas de proteção, e emergencialmente quando for o caso.

§ 1º. O juiz determinará, por prazo certo, a inclusão da mulher em situação de violência doméstica e familiar no cadastro de programas assistenciais do governo federal, estadual e municipal.

§ 2º. O juiz assegurará à mulher em situação de violência doméstica e familiar, para preservar sua integridade física e psicológica:

I – acesso prioritário à remoção quando servidora pública, integrante da administração direta ou indireta;

II – manutenção do vínculo trabalhista, quando necessário o afastamento do local de trabalho, por até 6 (seis) meses.

III – encaminhamento à assistência judiciária, quando for o caso, inclusive para eventual ajuizamento da ação de separação judicial, de divórcio, de anulação de casamento ou de dissolução de união estável perante o juízo competente. (Acrescido pela Lei 13.894/2019)

§ 3º. A assistência à mulher em situação de violência doméstica e familiar compreenderá o acesso aos benefícios decorrentes do desenvolvimento científico e tecnológico, incluindo os serviços de contracepção de emergência, a profilaxia das Doenças Sexualmente Transmissíveis (DST) e da Síndrome da Imunodeficiência Adquirida (AIDS) e outros procedimentos médicos necessários e cabíveis nos casos de violência sexual.

§ 4º Aquele que, por ação ou omissão, causar lesão, violência física, sexual ou psicológica e dano moral ou patrimonial a mulher fica obrigado a ressarcir todos os danos causados, inclusive ressarcir ao Sistema Único de Saúde (SUS), de acordo com a tabela SUS, os custos relativos aos serviços de saúde prestados para o total tratamento das vítimas em situação de violência doméstica e familiar, recolhidos os recursos assim arrecadados ao Fundo de Saúde do ente federado responsável pelas unidades de saúde que prestarem os serviços. (Acrescido pela Lei 13.871/2019 – DOU 18.09.2019, em vigor 45 dias após a publicação)

§ 5º Os dispositivos de segurança destinados ao uso em caso de perigo iminente e disponibilizados para o monitoramento das vítimas de violência doméstica ou familiar amparadas por medidas protetivas terão seus custos ressarcidos pelo agressor. (Acrescido pela Lei 13.871/2019 – DOU 18.09.2019, em vigor 45 dias após a publicação)

§ 6º O ressarcimento de que tratam os §§ 4º e 5º deste artigo não poderá importar ônus de qualquer natureza ao patrimônio da mulher e dos seus dependentes, nem configurar atenuante ou ensejar possibilidade de substituição da pena aplicada. (Acrescido pela Lei 13.871/2019 – DOU 18.09.2019, em vigor 45 dias após a publicação)

§ 7º A mulher em situação de violência doméstica e familiar tem prioridade para matricular seus dependentes em instituição de educação básica mais próxima de seu domicílio, ou transferi-los para essa instituição, mediante a apresentação dos documentos comprobatórios do registro da ocorrência policial ou do processo de violência doméstica e familiar em curso. (Acrescido pela Lei 13.882/2019)

§ 8º Serão sigilosos os dados da ofendida e de seus dependentes matriculados ou transferidos conforme o disposto no § 7º deste artigo, e o acesso às informações será reservado ao juiz, ao Ministério Público e aos órgãos competentes do poder público. (Acrescido pela Lei 13.882/2019)

CAPÍTULO III. DO ATENDIMENTO PELA AUTORIDADE POLICIAL

Art. 10. Na hipótese da iminência ou da prática de violência doméstica e familiar contra a mulher, a autoridade policial que tomar conhecimento da ocorrência adotará, de imediato, as providências legais cabíveis.

Parágrafo único. Aplica-se o disposto no *caput* deste artigo ao descumprimento de medida protetiva de urgência deferida.

Art. 10-A. É direito da mulher em situação de violência doméstica e familiar o atendimento policial e pericial especializado, ininterrupto e prestado por servidores – preferencialmente do sexo feminino – previamente capacitados. (Incluído pela Lei nº 13.505, de 2017)

§ 1º. A inquirição de mulher em situação de violência doméstica e familiar ou de testemunha de violência doméstica, quando se tratar de crime contra a mulher, obedecerá às seguintes diretrizes: (Incluído pela Lei nº 13.505, de 2017)

I – salvaguarda da integridade física, psíquica e emocional da depoente, considerada a sua condição peculiar de pessoa em situação de violência doméstica e familiar; (Incluído pela Lei nº 13.505, de 2017)

II – garantia de que, em nenhuma hipótese, a mulher em situação de violência doméstica e familiar, familiares e testemunhas terão contato direto com investigados ou suspeitos e pessoas a eles relacionadas; (Incluído pela Lei nº 13.505, de 2017)

III – não revitimização da depoente, evitando sucessivas inquirições sobre o mesmo fato nos âmbitos criminal, cível e administrativo, bem como questionamentos sobre a vida privada. (Incluído pela Lei nº 13.505, de 2017)

§ 2º Na inquirição de mulher em situação de violência doméstica e familiar ou de testemunha de delitos de que trata esta Lei, adotar-se-á, preferencialmente, o seguinte procedimento: (Incluído pela Lei nº 13.505, de 2017)

I – a inquirição será feita em recinto especialmente projetado para esse fim, o qual conterá os equipamentos próprios e adequados à idade da mulher em situação de violência doméstica e familiar ou testemunha e ao tipo e à gravidade da violência sofrida; (Incluído pela Lei nº 13.505, de 2017)

II – quando for o caso, a inquirição será intermediada por profissional especializado em violência doméstica e familiar designado pela autoridade judiciária ou policial; (Incluído pela Lei nº 13.505, de 2017)

III – o depoimento será registrado em meio eletrônico ou magnético, devendo a degravação e a mídia integrar o inquérito. (Incluído pela Lei nº 13.505, de 2017)

Art. 11. No atendimento à mulher em situação de violência doméstica e familiar, a autoridade policial deverá, entre outras providências:

I – garantir proteção policial, quando necessário, comunicando de imediato ao Ministério Público e ao Poder Judiciário;

II – encaminhar a ofendida ao hospital ou posto de saúde e ao Instituto Médico Legal;

III – fornecer transporte para a ofendida e seus dependentes para abrigo ou local seguro, quando houver risco de vida;

IV – se necessário, acompanhar a ofendida para assegurar a retirada de seus pertences do local da ocorrência ou do domicílio familiar;

V – informar à ofendida os direitos a ela conferidos nesta Lei e os serviços disponíveis, inclusive os de assistência judiciária para o eventual ajuizamento perante o juízo competente da ação de separação judicial, de divórcio, de anulação de casamento ou de dissolução de união estável. (Redação dada pela Lei 13.894/2019)

Art. 12. Em todos os casos de violência doméstica e familiar contra a mulher, feito o registro da ocorrência, deverá a autoridade policial adotar, de imediato, os seguintes procedimentos, sem prejuízo daqueles previstos no Código de Processo Penal:

I – ouvir a ofendida, lavrar o boletim de ocorrência e tomar a representação a termo, se apresentada;

- ADIn 4.424/DF: O STF, por maioria, "julgou procedente a ação direta para, dando interpretação conforme aos arts. 12, I, e 16, ambos da Lei 11.340/2006, assentar a natureza incondicionada da ação penal em caso de crime de lesão, pouco importando a extensão desta, praticado contra a mulher no ambiente doméstico". (D.O.U. 17.2.2012)

II – colher todas as provas que servirem para o esclarecimento do fato e de suas circunstâncias;

III – remeter, no prazo de 48 (quarenta e oito) horas, expediente apartado ao juiz com o pedido da ofendida, para a concessão de medidas protetivas de urgência;

IV – determinar que se proceda ao exame de corpo de delito da ofendida e requisitar outros exames periciais necessários;

V – ouvir o agressor e as testemunhas;

VI – ordenar a identificação do agressor e fazer juntar aos autos sua folha de antecedentes criminais, indicando a existência de mandado de prisão ou registro de outras ocorrências policiais contra ele;

VI-A – verificar se o agressor possui registro de porte ou posse de arma de fogo e, na hipótese de existência, juntar aos autos essa informação, bem como notificar a ocorrência à instituição responsável pela concessão do registro ou da emissão do porte, nos termos da Lei nº 10.826, de 22 de dezembro de 2003 (Estatuto do Desarmamento); (Acrescido pela Lei 13.880/2019)

VII – remeter, no prazo legal, os autos do inquérito policial ao juiz e ao Ministério Público.

§ 1º. O pedido da ofendida será tomado a termo pela autoridade policial e deverá conter:

I – qualificação da ofendida e do agressor;

II – nome e idade dos dependentes;

III – descrição sucinta do fato e das medidas protetivas solicitadas pela ofendida.

IV – informação sobre a condição de a ofendida ser pessoa com deficiência e se da violência sofrida resultou deficiência ou agravamento de deficiência preexistente. (Incluído pela Lei nº 13.836, de 2019)

§ 2º. A autoridade policial deverá anexar ao documento referido no § 1º o boletim de ocorrência e cópia de todos os documentos disponíveis em posse da ofendida.

§ 3º. Serão admitidos como meios de prova os laudos ou prontuários médicos fornecidos por hospitais e postos de saúde.

Art. 12-A. Os Estados e o Distrito Federal, na formulação de suas políticas e planos de atendimento à mulher em situação de violência doméstica e familiar, darão prioridade, no âmbito da Polícia Civil, à criação de Delegacias Especializadas de Atendimento à Mulher (Deams), de Núcleos Investigativos de Feminicídio e de equipes especializadas para o atendimento e a investigação das violências graves contra a mulher. (Incluído pela Lei nº 13.505, de 2017)

Art. 12-B. (Vetado). (Incluído pela Lei nº 13.505, de 2017)

§ 1º. (Vetado). (Incluído pela Lei nº 13.505, de 2017)

§ 2º. (Vetado). (Incluído pela Lei nº 13.505, de 2017)

§ 3º. A autoridade policial poderá requisitar os serviços públicos necessários à defesa da mulher em situação de violência doméstica e familiar e de seus dependentes. (Incluído pela Lei nº 13.505, de 2017)

Art. 12-C. Verificada a existência de risco atual ou iminente à vida ou à integridade física da mulher em situação de violência doméstica e familiar, ou de seus dependentes, o agressor será imediatamente afastado do lar, domicílio ou local de convivência com a ofendida: (Incluído pela Lei 13.827/2019)

I - pela autoridade judicial;

II - pelo delegado de polícia, quando o Município não for sede de comarca; ou

III - pelo policial, quando o Município não for sede de comarca e não houver delegado disponível no momento da denúncia.

§ 1º Nas hipóteses dos incisos II e III do *caput* deste artigo, o juiz será comunicado no prazo máximo de 24 (vinte e quatro) horas e decidirá, em igual prazo, sobre a manutenção ou a revogação da medida aplicada, devendo dar ciência ao Ministério Público concomitantemente.

§ 2º Nos casos de risco à integridade física da ofendida ou à efetividade da medida protetiva de urgência, não será concedida liberdade provisória ao preso.

TÍTULO IV. DOS PROCEDIMENTOS

CAPÍTULO I. DISPOSIÇÕES GERAIS

Art. 13. Ao processo, ao julgamento e à execução das causas cíveis e criminais decorrentes da prática de violência doméstica e familiar contra a mulher aplicar-se-ão as normas dos Códigos de Processo Penal e Processo Civil e da legislação específica relativa à criança, ao adolescente e ao idoso que não conflitarem com o estabelecido nesta Lei.

Art. 14. Os Juizados de Violência Doméstica e Familiar contra a Mulher, órgãos da Justiça Ordinária com competência cível e criminal, poderão ser criados pela União, no Distrito Federal e nos Territórios, e pelos Estados, para o processo, o julgamento e a execução das causas decorrentes da prática de violência doméstica e familiar contra a mulher.

- Súm. 536 do STJ.

Parágrafo único. Os atos processuais poderão realizar-se em horário noturno, conforme dispuserem as normas de organização judiciária.

Art. 14-A. A ofendida tem a opção de propor ação de divórcio ou de dissolução de união estável no Juizado de Violência Doméstica e Familiar contra a Mulher. (Acrescido pela Lei 13.894/2019, vetado pelo Presidente da República, mantido pelo Congresso Nacional e publicado no DOU de 11.12.2019)

§ 1º Exclui-se da competência dos Juizados de Violência Doméstica e Familiar contra a Mulher a pretensão relacionada à partilha de bens.

§ 2º Iniciada a situação de violência doméstica e familiar após o ajuizamento da ação de divórcio ou de dissolução de união estável, a ação terá preferência no juízo onde estiver.

Art. 15. É competente, por opção da ofendida, para os processos cíveis regidos por esta Lei, o Juizado:

I – do seu domicílio ou de sua residência;

II – do lugar do fato em que se baseou a demanda;

III – do domicílio do agressor.

Art. 16. Nas ações penais públicas condicionadas à representação da ofendida de que trata esta Lei, só será admitida a renúncia à representação perante o juiz, em audiência especialmente designada com tal finalidade, antes do recebimento da denúncia e ouvido o Ministério Público.

- ADIn 4.424/DF: O STF, por maioria, "julgou procedente a ação direta para, dando interpretação conforme aos arts. 12, I, e 16, ambos da Lei 11.340/2006, assentar a natureza incondicionada da ação penal em caso de crime de lesão, pouco importando a extensão desta, praticado contra a mulher no ambiente doméstico". (D.O.U. 17.2.2012)

Art. 17. É vedada a aplicação, nos casos de violência doméstica e familiar contra a mulher, de penas de cesta básica ou outras de prestação pecuniária, bem como a substituição de pena que implique o pagamento isolado de multa.

› Súm. 536 do STJ.

CAPÍTULO II. DAS MEDIDAS PROTETIVAS DE URGÊNCIA

SEÇÃO I. DISPOSIÇÕES GERAIS

Art. 18. Recebido o expediente com o pedido da ofendida, caberá ao juiz, no prazo de 48 (quarenta e oito) horas:

I – conhecer do expediente e do pedido e decidir sobre as medidas protetivas de urgência;

II – determinar o encaminhamento da ofendida ao órgão de assistência judiciária, quando for o caso, inclusive para o ajuizamento da ação de separação judicial, de divórcio, de anulação de casamento ou de dissolução de união estável perante o juízo competente; (Redação dada pela Lei 13.894/2019)

III – comunicar ao Ministério Público para que adote as providências cabíveis.

IV – determinar a apreensão imediata de arma de fogo sob a posse do agressor. (Acrescido pela Lei 13.880/2019)

Art. 19. As medidas protetivas de urgência poderão ser concedidas pelo juiz, a requerimento do Ministério Público ou a pedido da ofendida.

§ 1º. As medidas protetivas de urgência poderão ser concedidas de imediato, independentemente de audiência das partes e de manifestação do Ministério Público, devendo este ser prontamente comunicado.

§ 2º. As medidas protetivas de urgência serão aplicadas isolada ou cumulativamente, e poderão ser substituídas a qualquer tempo por outras de maior eficácia, sempre que os direitos reconhecidos nesta Lei forem ameaçados ou violados.

§ 3º. Poderá o juiz, a requerimento do Ministério Público ou a pedido da ofendida, conceder novas medidas protetivas de urgência ou rever aquelas já concedidas, se entender necessário à proteção da ofendida, de seus familiares e de seu patrimônio, ouvido o Ministério Público.

Art. 20. Em qualquer fase do inquérito policial ou da instrução criminal, caberá a prisão preventiva do agressor, decretada pelo juiz, de ofício, a requerimento do Ministério Público ou mediante representação da autoridade policial.

› CPP: arts. 312 e 313.

Parágrafo único. O juiz poderá revogar a prisão preventiva se, no curso do processo, verificar a falta de motivo para que subsista, bem como de novo decretá-la, se sobrevierem razões que a justifiquem.

› CPP: art. 316.

Art. 21. A ofendida deverá ser notificada dos atos processuais relativos ao agressor, especialmente dos pertinentes ao ingresso e à saída da prisão, sem prejuízo da intimação do advogado constituído ou do defensor público.

Parágrafo único. A ofendida não poderá entregar intimação ou notificação ao agressor.

SEÇÃO II. DAS MEDIDAS PROTETIVAS DE URGÊNCIA QUE OBRIGAM O AGRESSOR

Art. 22. Constatada a prática de violência doméstica e familiar contra a mulher, nos termos desta Lei, o juiz poderá aplicar, de imediato, ao agressor, em conjunto ou separadamente, as seguintes medidas protetivas de urgência, entre outras:

I – suspensão da posse ou restrição do porte de armas, com comunicação ao órgão competente, nos termos da Lei nº 10.826, de 22 de dezembro de 2003;

II – afastamento do lar, domicílio ou local de convivência com a ofendida;

III – proibição de determinadas condutas, entre as quais:

a) aproximação da ofendida, de seus familiares e das testemunhas, fixando o limite mínimo de distância entre estes e o agressor;

b) contato com a ofendida, seus familiares e testemunhas por qualquer meio de comunicação;

c) frequentação de determinados lugares a fim de preservar a integridade física e psicológica da ofendida;

IV – restrição ou suspensão de visitas aos dependentes menores, ouvida a equipe de atendimento multidisciplinar ou serviço similar;

V – prestação de alimentos provisionais ou provisórios.

VI – comparecimento do agressor a programas de recuperação e reeducação; e *(Acrescido pela Lei 13.984/2020)*

VII – acompanhamento psicossocial do agressor, por meio de atendimento individual e/ou em grupo de apoio. *(Acrescido pela Lei 13.984/2020)*

§ 1º. As medidas referidas neste artigo não impedem a aplicação de outras previstas na legislação em vigor, sempre que a segurança da ofendida ou as circunstâncias o exigirem, devendo a providência ser comunicada ao Ministério Público.

§ 2º. Na hipótese de aplicação do inciso I, encontrando-se o agressor nas condições mencionadas no *caput* e incisos do art. 6º da Lei nº 10.826, de 22 de dezembro de 2003, o juiz comunicará ao respectivo órgão, corporação ou instituição as medidas protetivas de urgência concedidas e determinará a restrição do porte de armas, ficando o superior imediato do agressor responsável pelo cumprimento da determinação judicial, sob pena de incorrer nos crimes de prevaricação ou de desobediência, conforme o caso.

§ 3º. Para garantir a efetividade das medidas protetivas de urgência, poderá o juiz requisitar, a qualquer momento, auxílio da força policial.

§ 4º. Aplica-se às hipóteses previstas neste artigo, no que couber, o disposto no *caput* e nos §§ 5º e 6º do art. 461 da Lei nº 5.869, de 11 de janeiro de 1973 (Código de Processo Civil).

› Lei 13.105/2015 revogou a lei 5.869/1973.

› CPC/15: arts. 497, 536 e 537.

SEÇÃO III. DAS MEDIDAS PROTETIVAS DE URGÊNCIA À OFENDIDA

Art. 23. Poderá o juiz, quando necessário, sem prejuízo de outras medidas:

I – encaminhar a ofendida e seus dependentes a programa oficial ou comunitário de proteção ou de atendimento;

II – determinar a recondução da ofendida e a de seus dependentes ao respectivo domicílio, após afastamento do agressor;

III – determinar o afastamento da ofendida do lar, sem prejuízo dos direitos relativos a bens, guarda dos filhos e alimentos;

IV – determinar a separação de corpos.

V – determinar a matrícula dos dependentes da ofendida em instituição de educação básica mais próxima do seu domicílio, ou a transferência deles para essa instituição, independentemente da existência de vaga. (Acrescido pela Lei 13.882/2019)

Art. 24. Para a proteção patrimonial dos bens da sociedade conjugal ou daqueles de propriedade particular da mulher, o juiz poderá determinar, liminarmente, as seguintes medidas, entre outras:

I – restituição de bens indevidamente subtraídos pelo agressor à ofendida;

II – proibição temporária para a celebração de atos e contratos de compra, venda e locação de propriedade em comum, salvo expressa autorização judicial;

III – suspensão das procurações conferidas pela ofendida ao agressor;

IV – prestação de caução provisória, mediante depósito judicial, por perdas e danos materiais decorrentes da prática de violência doméstica e familiar contra a ofendida.

Parágrafo único. Deverá o juiz oficiar ao cartório competente para os fins previstos nos incisos II e III deste artigo.

SEÇÃO IV

› (Incluída pela Lei nº 13.641, de 2018)

DO CRIME DE DESCUMPRIMENTO DE MEDIDAS PROTETIVAS DE URGÊNCIA

DESCUMPRIMENTO DE MEDIDAS PROTETIVAS DE URGÊNCIA

Art. 24-A. Descumprir decisão judicial que defere medidas protetivas de urgência previstas nesta Lei: (Incluído pela Lei nº 13.641, de 2018)

Pena – detenção, de 3 (três) meses a 2 (dois) anos. (Incluído pela Lei nº 13.641, de 2018)

§ 1º A configuração do crime independe da competência civil ou criminal do juiz que deferiu as medidas. (Incluído pela Lei nº 13.641, de 2018)

§ 2º Na hipótese de prisão em flagrante, apenas a autoridade judicial poderá conceder fiança. (Incluído pela Lei nº 13.641, de 2018)

§ 3º O disposto neste artigo não exclui a aplicação de outras sanções cabíveis. (Incluído pela Lei nº 13.641, de 2018)

CAPÍTULO III. DA ATUAÇÃO DO MINISTÉRIO PÚBLICO

- LC 75/1993 – Dispõe sobre a organização, as atribuições e o estatuto do Ministério Público da União.
- Lei 8.625/1993 – Institui a Lei Orgânica Nacional do Ministério Público, dispõe sobre normas gerais para a organização do Ministério Público dos Estados.

Art. 25. O Ministério Público intervirá, quando não for parte, nas causas cíveis e criminais decorrentes da violência doméstica e familiar contra a mulher.

Art. 26. Caberá ao Ministério Público, sem prejuízo de outras atribuições, nos casos de violência doméstica e familiar contra a mulher, quando necessário:

I – requisitar força policial e serviços públicos de saúde, de educação, de assistência social e de segurança, entre outros;

II – fiscalizar os estabelecimentos públicos e particulares de atendimento à mulher em situação de violência doméstica e familiar, e adotar, de imediato, as medidas administrativas ou judiciais cabíveis no tocante a quaisquer irregularidades constatadas;

III – cadastrar os casos de violência doméstica e familiar contra a mulher.

CAPÍTULO IV. DA ASSISTÊNCIA JUDICIÁRIA

Art. 27. Em todos os atos processuais, cíveis e criminais, a mulher em situação de violência doméstica e familiar deverá estar acompanhada de advogado, ressalvado o previsto no art. 19 desta Lei.

Art. 28. É garantido a toda mulher em situação de violência doméstica e familiar o acesso aos serviços de Defensoria Pública ou de Assistência Judiciária Gratuita, nos termos da lei, em sede policial e judicial, mediante atendimento específico e humanizado.

- Lei 1.060/1950 – Estabelece normas para a concessão de assistência judiciária aos necessitados.

TÍTULO V. DA EQUIPE DE ATENDIMENTO MULTIDISCIPLINAR

Art. 29. Os Juizados de Violência Doméstica e Familiar contra a Mulher que vierem a ser criados poderão contar com uma equipe de atendimento multidisciplinar, a ser integrada por profissionais especializados nas áreas psicossocial, jurídica e de saúde.

Art. 30. Compete à equipe de atendimento multidisciplinar, entre outras atribuições que lhe forem reservadas pela legislação local, fornecer subsídios por escrito ao juiz, ao Ministério Público e à Defensoria Pública, mediante laudos ou verbalmente em audiência, e desenvolver trabalhos de orientação, encaminhamento, prevenção e outras medidas, voltados para a ofendida, o agressor e os familiares, com especial atenção às crianças e aos adolescentes.

Art. 31. Quando a complexidade do caso exigir avaliação mais aprofundada, o juiz poderá determinar a manifestação de profissional especializado, mediante a indicação da equipe de atendimento multidisciplinar.

Art. 32. O Poder Judiciário, na elaboração de sua proposta orçamentária, poderá prever recursos para a criação e manutenção da equipe de atendimento multidisciplinar, nos termos da Lei de Diretrizes Orçamentárias.

TÍTULO VI. DISPOSIÇÕES TRANSITÓRIAS

Art. 33. Enquanto não estruturados os Juizados de Violência Doméstica e Familiar contra a Mulher, as varas criminais acumularão as competências cível e criminal para conhecer e julgar as causas decorrentes da prática de violência doméstica e familiar contra a mulher, observadas as previsões do TÍTULO IV desta Lei, subsidiada pela legislação processual pertinente.

- ADC 19: O STF, por unanimidade, "julgou procedente a ação declaratória para declarar a constitucionalidade art. 33 da Lei 11.340/2006". (D.O.U. 17.2.2012)

Parágrafo único. Será garantido o direito de preferência, nas varas criminais, para o processo e o julgamento das causas referidas no *caput*.

TÍTULO VII. DISPOSIÇÕES FINAIS

Art. 34. A instituição dos Juizados de Violência Doméstica e Familiar contra a Mulher poderá ser acompanhada pela implantação das curadorias necessárias e do serviço de assistência judiciária.

Art. 35. A União, o Distrito Federal, os Estados e os Municípios poderão criar e promover, no limite das respectivas competências:

I – centros de atendimento integral e multidisciplinar para mulheres e respectivos dependentes em situação de violência doméstica e familiar;

II – casas-abrigos para mulheres e respectivos dependentes menores em situação de violência doméstica e familiar;

III – delegacias, núcleos de defensoria pública, serviços de saúde e centros de perícia médico-legal especializados no atendimento à mulher em situação de violência doméstica e familiar;

IV – programas e campanhas de enfrentamento da violência doméstica e familiar;

V – centros de educação e de reabilitação para os agressores.

Art. 36. A União, os Estados, o Distrito Federal e os Municípios promoverão a adaptação de seus órgãos e de seus programas às diretrizes e aos princípios desta Lei.

Art. 37. A defesa dos interesses e direitos transindividuais previstos nesta Lei poderá ser exercida, concorrentemente, pelo Ministério Público e por associação de atuação na área, regularmente constituída há pelo menos 1 (um) ano, nos termos da legislação civil.

- CC: arts. 53 a 61.

Parágrafo único. O requisito da pré-constituição poderá ser dispensado pelo juiz quando entender que não há outra entidade com representatividade adequada para o ajuizamento da demanda coletiva.

Art. 38. As estatísticas sobre a violência doméstica e familiar contra a mulher serão incluídas nas bases de dados dos órgãos oficiais do Sistema de Justiça e Segurança a fim de subsidiar o sistema nacional de dados e informações relativo às mulheres.

Parágrafo único. As Secretarias de Segurança Pública dos Estados e do Distrito Federal poderão remeter suas informações criminais para a base de dados do Ministério da Justiça.

Art. 38-A. O juiz competente providenciará o registro da medida protetiva de urgência.(Incluído pela Lei nº 13.827, de 2019)

Parágrafo único. As medidas protetivas de urgência serão registradas em banco de dados mantido e regulamentado pelo Conselho Nacional de Justiça, garantido o acesso do Ministério Público, da Defensoria Pública e dos órgãos de segurança pública e de assistência social, com vistas à fiscalização e à efetividade das medidas protetivas.

Art. 39. A União, os Estados, o Distrito Federal e os Municípios, no limite de suas competências e nos termos das respectivas leis de diretrizes orçamentárias, poderão estabelecer dotações orçamentárias específicas, em cada exercício financeiro, para a implementação das medidas estabelecidas nesta Lei.

Art. 40. As obrigações previstas nesta Lei não excluem outras decorrentes dos princípios por ela adotados.

Art. 41. Aos crimes praticados com violência doméstica e familiar contra a mulher, independentemente da pena prevista, não se aplica a Lei 9.099, de 26 de setembro de 1995.

- ADC 19: o STF, por unanimidade, "julgou procedente a ação declaratória para declarar a constitucionalidade art. 41 da Lei 11.340/2006". (D.O.U. 17.2.2012)

Art. 42. O art. 313 do Decreto-lei nº 3.689, de 3 de outubro de 1941 (Código de Processo Penal), passa a vigorar acrescido do seguinte inciso IV:

- Alteração incorporada ao texto do referido CPP.

Art. 43. A alínea *f* do inciso II do art. 61 do Decreto-lei nº 2.848, de 7 de dezembro de 1940 (Código Penal), passa a vigorar com a seguinte redação:

- Alteração incorporada ao texto do referido CP.

Art. 44. O art. 129 do Decreto-lei 2.848, de 7 de dezembro de 1940 (Código Penal), passa a vigorar com as seguintes alterações:

- Alteração incorporada ao texto do referido CP.

Art. 45. O art. 152 da Lei 7.210, de 11 de julho de 1984 (Lei de Execução Penal), passa a vigorar com a seguinte redação:

- Alteração incorporada ao texto da referida LEP.

Art. 46. Esta Lei entra em vigor 45 (quarenta e cinco) dias após sua publicação.

Brasília, 7 de agosto de 2006; 185º da Independência e 118º da República.

LUIZ INÁCIO LULA DA SILVA

Publicado no D.O.U. 8.8.2006

LEI Nº 11.343, DE 23 DE AGOSTO DE 2006

Institui o Sistema Nacional de Políticas Públicas sobre Drogas – Sisnad; prescreve medidas para prevenção do uso indevido, atenção e reinserção social de usuários e dependentes de drogas; estabelece normas para repressão à produção não autorizada e ao tráfico ilícito de drogas; define crimes e dá outras providências.

- *Drogas*

O PRESIDENTE DA REPÚBLICA Faço saber que o Congresso Nacional decreta e eu sanciono a seguinte Lei:

TÍTULO I. DISPOSIÇÕES PRELIMINARES

- Súm. 501 do STJ.
- Decreto 5.912/2006 – Regulamenta a Lei 11.343/2006.

Art. 1º. Esta Lei institui o Sistema Nacional de Políticas Públicas sobre Drogas – Sisnad; prescreve medidas para prevenção do uso indevido, atenção e reinserção social de usuários e dependentes de drogas; estabelece normas para repressão à produção não autorizada e ao tráfico ilícito de drogas e define crimes.

- Decreto 5.912/2006: art. 1º.

Parágrafo único. Para fins desta Lei, consideram-se como drogas as substâncias ou os produtos capazes de causar dependência, assim especificados em lei ou relacionados em listas atualizadas periodicamente pelo Poder Executivo da União.

- Lei 11.343/2006: art. 66.
- Portaria 344/1998 do SVS/MS– Aprova o Regulamento Técnico sobre substâncias e medicamentos sujeitos a controle especial.

Art. 2º. Ficam proibidas, em todo o território nacional, as drogas, bem como o plantio, a cultura, a colheita e a exploração de vegetais e substratos dos quais possam ser extraídas ou produzidas drogas, ressalvada a hipótese de autorização legal ou regulamentar, bem como o que estabelece a Convenção de Viena, das Nações Unidas, sobre Substâncias Psicotrópicas, de 1971, a respeito de plantas de uso estritamente ritualístico-religioso.

- CF/88: art. 243.
- Lei 8.257/1991 – Expropriação das glebas nas quais se localizem culturas ilegais de plantas psicotrópicas.

Parágrafo único. Pode a União autorizar o plantio, a cultura e a colheita dos vegetais referidos no *caput* deste artigo, exclusivamente para fins medicinais ou científicos, em local e prazo predeterminados, mediante fiscalização, respeitadas as ressalvas supramencionadas.

TÍTULO II. DO SISTEMA NACIONAL DE POLÍTICAS PÚBLICAS SOBRE DROGAS

Art. 3º. O Sisnad tem a finalidade de articular, integrar, organizar e coordenar as atividades relacionadas com:

I – a prevenção do uso indevido, a atenção e a reinserção social de usuários e dependentes de drogas;

II – a repressão da produção não autorizada e do tráfico ilícito de drogas.

§ 1º Entende-se por Sisnad o conjunto ordenado de princípios, regras, critérios e recursos materiais e humanos que envolvem as políticas, planos, programas, ações e projetos sobre drogas, incluindo-se nele, por adesão, os Sistemas de Políticas Públicas sobre Drogas dos Estados, Distrito Federal e Municípios. (Incluído pela Lei 13.840/2019)

§ 2º O Sisnad atuará em articulação com o Sistema Único de Saúde - SUS, e com o Sistema Único de Assistência Social - SUAS. (Incluído pela Lei 13.840/2019)

CAPÍTULO I. DOS PRINCÍPIOS E DOS OBJETIVOS DO SISTEMA NACIONAL DE POLÍTICAS PÚBLICAS SOBRE DROGAS

Art. 4º. São princípios do Sisnad:

I – o respeito aos direitos fundamentais da pessoa humana, especialmente quanto à sua autonomia e à sua liberdade;

II – o respeito à diversidade e às especificidades populacionais existentes;

III – a promoção dos valores éticos, culturais e de cidadania do povo brasileiro, reconhecendo-os como fatores de proteção para o uso indevido de drogas e outros comportamentos correlacionados;

IV – a promoção de consensos nacionais, de ampla participação social, para o estabelecimento dos fundamentos e estratégias do Sisnad;

V – a promoção da responsabilidade compartilhada entre Estado e Sociedade, reconhecendo a importância da participação social nas atividades do Sisnad;

VI – o reconhecimento da intersetorialidade dos fatores correlacionados com o uso indevido de drogas, com a sua produção não autorizada e o seu tráfico ilícito;

VII – a integração das estratégias nacionais e internacionais de prevenção do uso indevido, atenção e reinserção social de usuários e dependentes de drogas e de repressão à sua produção não autorizada e ao seu tráfico ilícito;

VIII – a articulação com os órgãos do Ministério Público e dos Poderes Legislativo e Judiciário visando à cooperação mútua nas atividades do Sisnad;

IX – a adoção de abordagem multidisciplinar que reconheça a interdependência e a natureza complementar das atividades de prevenção do uso indevido, atenção e reinserção social de usuários e dependentes de drogas, repressão da produção não autorizada e do tráfico ilícito de drogas;

X – a observância do equilíbrio entre as atividades de prevenção do uso indevido, atenção e reinserção social de usuários e dependentes de drogas e de repressão à sua produção não autorizada e ao seu tráfico ilícito, visando a garantir a estabilidade e o bem-estar social;

XI – a observância às orientações e normas emanadas do Conselho Nacional Antidrogas – Conad.

Art. 5º. O Sisnad tem os seguintes objetivos:

I – contribuir para a inclusão social do cidadão, visando a torná-lo menos vulnerável a assumir comportamentos de risco para o uso indevido de drogas, seu tráfico ilícito e outros comportamentos correlacionados;

II – promover a construção e a socialização do conhecimento sobre drogas no país;

III – promover a integração entre as políticas de prevenção do uso indevido, atenção e reinserção social de usuários e dependentes de drogas e de repressão à sua produção não autorizada e ao tráfico ilícito e as políticas públicas setoriais dos órgãos do Poder Executivo da União, Distrito Federal, Estados e Municípios;

IV – assegurar as condições para a coordenação, a integração e a articulação das atividades de que trata o art. 3º desta Lei.

CAPÍTULO II. DO SISTEMA NACIONAL DE POLÍTICAS PÚBLICAS SOBRE DROGAS (Redação dada pela Lei 13.840/2019)

SEÇÃO I DA COMPOSIÇÃO DO SISTEMA NACIONAL DE POLÍTICAS PÚBLICAS SOBRE DROGAS (Incluída pela Lei 13.840/2019)

Art. 6º. *(VETADO).*

Art. 7º. A organização do Sisnad assegura a orientação central e a execução descentralizada das atividades realizadas em seu âmbito, nas esferas federal, distrital, estadual e municipal e se constitui matéria definida no regulamento desta Lei.

Art. 7º-A. (Vetado na Lei 13.840/2019)

Art. 8º. *(VETADO).*

SEÇÃO II DAS COMPETÊNCIAS (INCLUÍDA PELA LEI 13.840/2019)

LEGISLAÇÃO COMPLEMENTAR

Art. 8º-A. Compete à União: (Incluído pela Lei 13.840/2019)

I - formular e coordenar a execução da Política Nacional sobre Drogas;

II - elaborar o Plano Nacional de Políticas sobre Drogas, em parceria com Estados, Distrito Federal, Municípios e a sociedade;

III - coordenar o Sisnad;

IV - estabelecer diretrizes sobre a organização e funcionamento do Sisnad e suas normas de referência;

V - elaborar objetivos, ações estratégicas, metas, prioridades, indicadores e definir formas de financiamento e gestão das políticas sobre drogas;

VI - (Vetado na Lei 13.840/2019)

VII - (Vetado na Lei 13.840/2019)

VIII - promover a integração das políticas sobre drogas com os Estados, o Distrito Federal e os Municípios;

IX - financiar, com Estados, Distrito Federal e Municípios, a execução das políticas sobre drogas, observadas as obrigações dos integrantes do Sisnad;

X - estabelecer formas de colaboração com Estados, Distrito Federal e Municípios para a execução das políticas sobre drogas;

XI - garantir publicidade de dados e informações sobre repasses de recursos para financiamento das políticas sobre drogas;

XII - sistematizar e divulgar os dados estatísticos nacionais de prevenção, tratamento, acolhimento, reinserção social e econômica e repressão ao tráfico ilícito de drogas;

XIII - adotar medidas de enfretamento aos crimes transfronteiriços; e

XIV - estabelecer uma política nacional de controle de fronteiras, visando a coibir o ingresso de drogas no País.

Art. 8º-B. (Vetado na Lei 13.840/2019)

Art. 8º-C. (Vetado na Lei 13.840/2019)

CAPÍTULO II-A
DA FORMULAÇÃO DAS POLÍTICAS SOBRE DROGAS
(Incluído pela Lei 13.840/2019)

SEÇÃO I
DO PLANO NACIONAL DE POLÍTICAS SOBRE DROGAS
(Incluída pela Lei 13.840/2019)

Art. 8º-D. São objetivos do Plano Nacional de Políticas sobre Drogas, dentre outros: (Incluído pela Lei 13.840/2019)

I - promover a interdisciplinaridade e integração dos programas, ações, atividades e projetos dos órgãos e entidades públicas e privadas nas áreas de saúde, educação, trabalho, assistência social, previdência social, habitação, cultura, desporto e lazer, visando à prevenção do uso de drogas, atenção e reinserção social dos usuários ou dependentes de drogas;

II - viabilizar a ampla participação social na formulação, implementação e avaliação das políticas sobre drogas;

III - priorizar programas, ações, atividades e projetos articulados com os estabelecimentos de ensino, com a sociedade e com a família para a prevenção do uso de drogas;

IV - ampliar as alternativas de inserção social e econômica do usuário ou dependente de drogas, promovendo programas que priorizem a melhoria de sua escolarização e a qualificação profissional;

V - promover o acesso do usuário ou dependente de drogas a todos os serviços públicos;

VI - estabelecer diretrizes para garantir a efetividade dos programas, ações e projetos das políticas sobre drogas;

VII - fomentar a criação de serviço de atendimento telefônico com orientações e informações para apoio aos usuários ou dependentes de drogas;

VIII - articular programas, ações e projetos de incentivo ao emprego, renda e capacitação para o trabalho, com objetivo de promover a inserção profissional da pessoa que haja cumprido o plano individual de atendimento nas fases de tratamento ou acolhimento;

IX - promover formas coletivas de organização para o trabalho, redes de economia solidária e o cooperativismo, como forma de promover autonomia ao usuário ou dependente de drogas egresso de tratamento ou acolhimento, observando-se as especificidades regionais;

X - propor a formulação de políticas públicas que conduzam à efetivação das diretrizes e princípios previstos no art. 22;

XI - articular as instâncias de saúde, assistência social e de justiça no enfrentamento ao abuso de drogas; e

XII - promover estudos e avaliação dos resultados das políticas sobre drogas.

§ 1º O plano de que trata o *caput* terá duração de 5 (cinco) anos a contar de sua aprovação.

§ 2º O poder público deverá dar a mais ampla divulgação ao conteúdo do Plano Nacional de Políticas sobre Drogas.

SEÇÃO II
DOS CONSELHOS DE POLÍTICAS SOBRE DROGAS
(Incluída pela Lei 13.840/2019)

Art. 8º-E. Os conselhos de políticas sobre drogas, constituídos por Estados, Distrito Federal e Municípios, terão os seguintes objetivos: (Incluído pela Lei 13.840/2019)

I - auxiliar na elaboração de políticas sobre drogas;

II - colaborar com os órgãos governamentais no planejamento e na execução das políticas sobre drogas, visando à efetividade das políticas sobre drogas;

III - propor a celebração de instrumentos de cooperação, visando à elaboração de programas, ações, atividades e projetos voltados à prevenção, tratamento, acolhimento, reinserção social e econômica e repressão ao tráfico ilícito de drogas;

IV - promover a realização de estudos, com o objetivo de subsidiar o planejamento das políticas sobre drogas;

V - propor políticas públicas que permitam a integração e a participação do usuário ou dependente de drogas no processo social, econômico, político e cultural no respectivo ente federado; e

VI - desenvolver outras atividades relacionadas às políticas sobre drogas em consonância com o Sisnad e com os respectivos planos.

SEÇÃO III
DOS MEMBROS DOS CONSELHOS DE POLÍTICAS SOBRE DROGAS
(Incluída pela Lei 13.840/2019)

Art. 8º-F. (Vetado na Lei 13.840/2019)

CAPÍTULO III.
(VETADO).

Arts. 9º a 14. *(VETADOS).*

CAPÍTULO IV.
DO ACOMPANHAMENTO E DA AVALIAÇÃO DAS POLÍTICAS SOBRE DROGAS
(Redação dada pela Lei 13.840/2019)

Art. 15. *(VETADO).*

Art. 16. As instituições com atuação nas áreas da atenção à saúde e da assistência social que atendam usuários ou dependentes de drogas devem comunicar ao órgão competente do respectivo sistema municipal de saúde os casos atendidos e os óbitos ocorridos, preservando a identidade das pessoas, conforme orientações emanadas da União.

Art. 17. Os dados estatísticos nacionais de repressão ao tráfico ilícito de drogas integrarão sistema de informações do Poder Executivo.

- CPP: art. 809.

TÍTULO III.
DAS ATIVIDADES DE PREVENÇÃO DO USO INDEVIDO, ATENÇÃO E REINSERÇÃO SOCIAL DE USUÁRIOS E DEPENDENTES DE DROGAS

CAPÍTULO I.
DA PREVENÇÃO

SEÇÃO I
DAS DIRETRIZES
(Incluída pela Lei 13.840/2019)

Art. 18. Constituem atividades de prevenção do uso indevido de drogas, para efeito desta Lei, aquelas direcionadas para a redução dos fatores de vulnerabilidade e risco e para a promoção e o fortalecimento dos fatores de proteção.

Art. 19. As atividades de prevenção do uso indevido de drogas devem observar os seguintes princípios e diretrizes:

I – o reconhecimento do uso indevido de drogas como fator de interferência na qualidade de vida do indivíduo e na sua relação com a comunidade à qual pertence;

II – a adoção de conceitos objetivos e de fundamentação científica como forma de orientar as ações dos serviços públicos comunitários e privados e de evitar preconceitos e estigmatização das pessoas e dos serviços que as atendam;

III – o fortalecimento da autonomia e da responsabilidade individual em relação ao uso indevido de drogas;

IV – o compartilhamento de responsabilidades e a colaboração mútua com as instituições do setor privado e com os diversos segmentos sociais, incluindo usuários e dependentes de drogas e respectivos familiares, por meio do estabelecimento de parcerias;
V – a adoção de estratégias preventivas diferenciadas e adequadas às especificidades socioculturais das diversas populações, bem como das diferentes drogas utilizadas;
VI – o reconhecimento do "não uso", do "retardamento do uso" e da redução de riscos como resultados desejáveis das atividades de natureza preventiva, quando da definição dos objetivos a serem alcançados;
VII – o tratamento especial dirigido às parcelas mais vulneráveis da população, levando em consideração as suas necessidades específicas;
VIII – a articulação entre os serviços e organizações que atuam em atividades de prevenção do uso indevido de drogas e a rede de atenção a usuários e dependentes de drogas e respectivos familiares;
IX – o investimento em alternativas esportivas, culturais, artísticas, profissionais, entre outras, como forma de inclusão social e de melhoria da qualidade de vida;
X – o estabelecimento de políticas de formação continuada na área da prevenção do uso indevido de drogas para profissionais de educação nos 3 (três) níveis de ensino;
XI – a implantação de projetos pedagógicos de prevenção do uso indevido de drogas, nas instituições de ensino público e privado, alinhados às Diretrizes Curriculares Nacionais e aos conhecimentos relacionados a drogas;
XII – a observância das orientações e normas emanadas do Conad;
XIII – o alinhamento às diretrizes dos órgãos de controle social de políticas setoriais específicas.

Parágrafo único. As atividades de prevenção do uso indevido de drogas dirigidas à criança e ao adolescente deverão estar em consonância com as diretrizes emanadas pelo Conselho Nacional dos Direitos da Criança e do Adolescente – Conanda.

SEÇÃO II
DA SEMANA NACIONAL DE POLÍTICAS SOBRE DROGAS
(Incluída pela Lei 13.840/2019)

Art. 19-A. Fica instituída a Semana Nacional de Políticas sobre Drogas, comemorada anualmente, na quarta semana de junho. (Incluído pela Lei 13.840/2019)

§ 1º No período de que trata o *caput*, serão intensificadas as ações de:

I - difusão de informações sobre os problemas decorrentes do uso de drogas;
II - promoção de eventos para o debate público sobre as políticas sobre drogas;
III - difusão de boas práticas de prevenção, tratamento, acolhimento e reinserção social e econômica de usuários de drogas;
IV - divulgação de iniciativas, ações e campanhas de prevenção do uso indevido de drogas;
V - mobilização da comunidade para a participação nas ações de prevenção e enfrentamento às drogas;
VI - mobilização dos sistemas de ensino previstos na Lei nº 9.394, de 20 de dezembro de 1996 - Lei de Diretrizes e Bases da Educação Nacional, na realização de atividades de prevenção ao uso de drogas.

CAPÍTULO II.
DAS ATIVIDADES DE PREVENÇÃO, TRATAMENTO, ACOLHIMENTO E DE REINSERÇÃO SOCIAL E ECONÔMICA DE USUÁRIOS OU DEPENDENTES DE DROGAS
(Redação dada pela Lei 13.840/2019)

SEÇÃO I
DISPOSIÇÕES GERAIS
(Incluída pela Lei 13.840/2019)

Art. 20. Constituem atividades de atenção ao usuário e dependente de drogas e respectivos familiares, para efeito desta Lei, aquelas que visem à melhoria da qualidade de vida e à redução dos riscos e dos danos associados ao uso de drogas.

Art. 21. Constituem atividades de reinserção social do usuário ou do dependente de drogas e respectivos familiares, para efeito desta Lei, aquelas direcionadas para sua integração ou reintegração em redes sociais.

Art. 22. As atividades de atenção e as de reinserção social do usuário e do dependente de drogas e respectivos familiares devem observar os seguintes princípios e diretrizes:

I – respeito ao usuário e ao dependente de drogas, independentemente de quaisquer condições, observados os direitos fundamentais da pessoa humana, os princípios e diretrizes do Sistema Único de Saúde e da Política Nacional de Assistência Social;
II – a adoção de estratégias diferenciadas de atenção e reinserção social do usuário e do dependente de drogas e respectivos familiares que considerem as suas peculiaridades socioculturais;
III – definição de projeto terapêutico individualizado, orientado para a inclusão social e para a redução de riscos e de danos sociais e à saúde;
IV – atenção ao usuário ou dependente de drogas e aos respectivos familiares, sempre que possível, de forma multidisciplinar e por equipes multiprofissionais;
V – observância das orientações e normas emanadas do Conad;
VI – o alinhamento às diretrizes dos órgãos de controle social de políticas setoriais específicas.
VII - estímulo à capacitação técnica e profissional; (Incluído pela Lei 13.840/2019)
VIII - efetivação de políticas de reinserção social voltadas à educação continuada e ao trabalho; (Incluído pela Lei 13.840/2019)
IX - observância do plano individual de atendimento na forma do art. 23-B desta Lei; (Incluído pela Lei 13.840/2019)
X - orientação adequada ao usuário ou dependente de drogas quanto às consequências lesivas do uso de drogas, ainda que ocasional. (Incluído pela Lei 13.840/2019)

SEÇÃO II
DA EDUCAÇÃO NA REINSERÇÃO SOCIAL E ECONÔMICA
(Incluída pela Lei 13.840/2019)

Art. 22-A. As pessoas atendidas por órgãos integrantes do Sisnad terão atendimento nos programas de educação profissional e tecnológica, educação de jovens e adultos e alfabetização. (Incluído pela Lei 13.840/2019)

SEÇÃO III
DO TRABALHO NA REINSERÇÃO SOCIAL E ECONÔMICA
(Incluída pela Lei 13.840/2019)

Art. 22-B. (Vetado na Lei 13.840/2019)

SEÇÃO IV
DO TRATAMENTO DO USUÁRIO OU DEPENDENTE DE DROGAS
(Incluída pela Lei 13.840/2019)

Art. 23. As redes dos serviços de saúde da União, dos Estados, do Distrito Federal, dos Municípios desenvolverão programas de atenção ao usuário e ao dependente de drogas, respeitadas as diretrizes do Ministério da Saúde e os princípios explicitados no art. 22 desta Lei, obrigatória a previsão orçamentária adequada.

Art. 23-A. O tratamento do usuário ou dependente de drogas deverá ser ordenado em uma rede de atenção à saúde, com prioridade para as modalidades de tratamento ambulatorial, incluindo excepcionalmente formas de internação em unidades de saúde e hospitais gerais nos termos de normas dispostas pela União e articuladas com os serviços de assistência social e em etapas que permitam: (Incluído pela Lei 13.840/2019)

I - articular a atenção com ações preventivas que atinjam toda a população;
II - orientar-se por protocolos técnicos predefinidos, baseados em evidências científicas, oferecendo atendimento individualizado ao usuário ou dependente de drogas com abordagem preventiva e, sempre que indicado, ambulatorial;
III - preparar para a reinserção social e econômica, respeitando as habilidades e projetos individuais por meio de programas que articulem educação, capacitação para o trabalho, esporte, cultura e acompanhamento individualizado; e
IV - acompanhar os resultados pelo SUS, Suas e Sisnad, de forma articulada.

§ 1º Caberá à União dispor sobre os protocolos técnicos de tratamento, em âmbito nacional.

§ 2º A internação de dependentes de drogas somente será realizada em unidades de saúde ou hospitais gerais, dotados de equipes multidisciplinares e deverá ser obrigatoriamente autorizada por médico

LEGISLAÇÃO COMPLEMENTAR

devidamente registrado no Conselho Regional de Medicina - CRM do Estado onde se localize o estabelecimento no qual se dará a internação.

§ 3º São considerados 2 (dois) tipos de internação:

I - internação voluntária: aquela que se dá com o consentimento do dependente de drogas;

II - internação involuntária: aquela que se dá, sem o consentimento do dependente, a pedido de familiar ou do responsável legal ou, na absoluta falta deste, de servidor público da área de saúde, da assistência social ou dos órgãos públicos integrantes do Sisnad, com exceção de servidores da área de segurança pública, que constate a existência de motivos que justifiquem a medida.

§ 4º A internação voluntária:

I - deverá ser precedida de declaração escrita da pessoa solicitante de que optou por este regime de tratamento;

II - seu término dar-se-á por determinação do médico responsável ou por solicitação escrita da pessoa que deseja interromper o tratamento.

§ 5º A internação involuntária:

I - deve ser realizada após a formalização da decisão por médico responsável;

II - será indicada depois da avaliação sobre o tipo de droga utilizada, o padrão de uso e na hipótese comprovada da impossibilidade de utilização de outras alternativas terapêuticas previstas na rede de atenção à saúde;

III - perdurará apenas pelo tempo necessário à desintoxicação, no prazo máximo de 90 (noventa) dias, tendo seu término determinado pelo médico responsável;

IV - a família ou o representante legal poderá, a qualquer tempo, requerer ao médico a interrupção do tratamento.

§ 6º A internação, em qualquer de suas modalidades, só será indicada quando os recursos extra-hospitalares se mostrarem insuficientes.

§ 7º Todas as internações e altas de que trata esta Lei deverão ser informadas, em, no máximo, de 72 (setenta e duas) horas, ao Ministério Público, à Defensoria Pública e a outros órgãos de fiscalização, por meio de sistema informatizado único, na forma do regulamento desta Lei.

§ 8º É garantido o sigilo das informações disponíveis no sistema referido no § 7º e o acesso será permitido apenas às pessoas autorizadas a conhecê-las, sob pena de responsabilidade.

§ 9º É vedada a realização de qualquer modalidade de internação nas comunidades terapêuticas acolhedoras.

§ 10. O planejamento e a execução do projeto terapêutico individual deverão observar, no que couber, o previsto na Lei nº 10.216, de 6 de abril de 2001, que dispõe sobre a proteção e os direitos das pessoas portadoras de transtornos mentais e redireciona o modelo assistencial em saúde mental.

SEÇÃO V
DO PLANO INDIVIDUAL DE ATENDIMENTO
(Incluída pela Lei 13.840/2019)

Art. 23-B. O atendimento ao usuário ou dependente de drogas na rede de atenção à saúde dependerá de: (Incluído pela Lei 13.840/2019)

I - avaliação prévia por equipe técnica multidisciplinar e multissetorial; e

II - elaboração de um Plano Individual de Atendimento - PIA.

§ 1º A avaliação prévia da equipe técnica subsidiará a elaboração e execução do projeto terapêutico individual a ser adotado, levantando no mínimo:

I - o tipo de droga e o padrão de seu uso; e

II - o risco à saúde física e mental do usuário ou dependente de drogas ou das pessoas com as quais convive.

§ 2º (Vetado)

§ 3º O PIA deverá contemplar a participação dos familiares ou responsáveis, os quais têm o dever de contribuir com o processo, sendo esses, no caso de crianças e adolescentes, passíveis de responsabilização civil, administrativa e criminal, nos termos da Lei nº 8.069, de 13 de julho de 1990 - Estatuto da Criança e do Adolescente.

§ 4º O PIA será inicialmente elaborado sob a responsabilidade da equipe técnica do primeiro projeto terapêutico que atender o usuário ou dependente de drogas e será atualizado ao longo das diversas fases do atendimento.

§ 5º Constarão do plano individual, no mínimo:

I - os resultados da avaliação multidisciplinar;

II - os objetivos declarados pelo atendido;

III - a previsão de suas atividades de integração social ou capacitação profissional;

IV - atividades de integração e apoio à família;

V - formas de participação da família para efetivo cumprimento do plano individual;

VI - designação do projeto terapêutico mais adequado para o cumprimento do previsto no plano; e

VII - as medidas específicas de atenção à saúde do atendido.

§ 6º O PIA será elaborado no prazo de até 30 (trinta) dias da data do ingresso no atendimento.

§ 7º As informações produzidas na avaliação e as registradas no plano individual de atendimento são consideradas sigilosas.

Art. 24. A União, os Estados, o Distrito Federal e os Municípios poderão conceder benefícios às instituições privadas que desenvolverem programas de reinserção no mercado de trabalho, do usuário e do dependente de drogas encaminhados por órgão oficial.

Art. 25. As instituições da sociedade civil, sem fins lucrativos, com atuação nas áreas da atenção à saúde e da assistência social, que atendam usuários ou dependentes de drogas poderão receber recursos do Funad, condicionados à sua disponibilidade orçamentária e financeira.

Art. 26. O usuário e o dependente de drogas que, em razão da prática de infração penal, estiverem cumprindo pena privativa de liberdade ou submetidos a medida de segurança, têm garantidos os serviços de atenção à sua saúde, definidos pelo respectivo sistema penitenciário.

SEÇÃO VI
DO ACOLHIMENTO EM COMUNIDADE TERAPÊUTICA ACOLHEDORA
(Incluída pela Lei 13.840/2019)

Art. 26-A. O acolhimento do usuário ou dependente de drogas na comunidade terapêutica acolhedora caracteriza-se por: (Incluído pela Lei 13.840/2019)

I - oferta de projetos terapêuticos ao usuário ou dependente de drogas que visam à abstinência;

II - adesão e permanência voluntária, formalizadas por escrito, entendida como uma etapa transitória para a reinserção social e econômica do usuário ou dependente de drogas;

III - ambiente residencial, propício à formação de vínculos, com a convivência entre os pares, atividades práticas de valor educativo e a promoção do desenvolvimento pessoal, vocacionada para acolhimento ao usuário ou dependente de drogas em vulnerabilidade social;

IV - avaliação médica prévia;

V - elaboração de plano individual de atendimento na forma do art. 23-B desta Lei; e

VI - vedação de isolamento físico do usuário ou dependente de drogas.

§ 1º Não são elegíveis para o acolhimento as pessoas com comprometimentos biológicos e psicológicos de natureza grave que mereçam atenção médico-hospitalar contínua ou de emergência, caso em que deverão ser encaminhadas à rede de saúde.

§§ 2º a 5º (Vetados)

CAPÍTULO III.
DOS CRIMES E DAS PENAS

Art. 27. As penas previstas neste CAPÍTULO poderão ser aplicadas isolada ou cumulativamente, bem como substituídas a qualquer tempo, ouvidos o Ministério Público e o defensor.

Art. 28. Quem adquirir, guardar, tiver em depósito, transportar ou trouxer consigo, para consumo pessoal, drogas sem autorização ou em desacordo com determinação legal ou regulamentar será submetido às seguintes penas:

- Lei 11.343/2006: art. 48.
- Lei 8.257/1991: art. 1º.
- Decreto 511/1992: art. 1º.

I – advertência sobre os efeitos das drogas;

II – prestação de serviços à comunidade;

- CP: art. 46.

III – medida educativa de comparecimento a programa ou curso educativo.

§ 1º. Às mesmas medidas submete-se quem, para seu consumo pessoal, semeia, cultiva ou colhe plantas destinadas à preparação de pequena quantidade de substância ou produto capaz de causar dependência física ou psíquica.

§ 2º. Para determinar se a droga destinava-se a consumo pessoal, o juiz atenderá à natureza e à quantidade da substância apreendida, ao local e às condições em que se desenvolveu a ação, às circunstâncias sociais e pessoais, bem como à conduta e aos antecedentes do agente.

§ 3º. As penas previstas nos incisos II e III do *caput* deste artigo serão aplicadas pelo prazo máximo de 5 (cinco) meses.

§ 4º. Em caso de reincidência, as penas previstas nos incisos II e III do *caput* deste artigo serão aplicadas pelo prazo máximo de 10 (dez) meses.

- CP: arts. 63 e 64.

§ 5º. A prestação de serviços à comunidade será cumprida em programas comunitários, entidades educacionais ou assistenciais, hospitais, estabelecimentos congêneres, públicos ou privados sem fins lucrativos, que se ocupem, preferencialmente, da prevenção do consumo ou da recuperação de usuários e dependentes de drogas.

§ 6º. Para garantia do cumprimento das medidas educativas a que se refere o *caput*, nos incisos I, II e III, a que injustificadamente se recuse o agente, poderá o juiz submetê-lo, sucessivamente a:

I – admoestação verbal;

II – multa.

§ 7º. O juiz determinará ao Poder Público que coloque à disposição do infrator, gratuitamente, estabelecimento de saúde, preferencialmente ambulatorial, para tratamento especializado.

Art. 29. Na imposição da medida educativa a que se refere o inciso II do § 6º do art. 28, o juiz, atendendo à reprovabilidade da conduta, fixará o número de dias-multa, em quantidade nunca inferior a 40 (quarenta) nem superior a 100 (cem), atribuindo depois a cada um, segundo a capacidade econômica do agente, o valor de 1/30 (um trinta avos) até 3 (três) vezes o valor do maior salário mínimo.

Parágrafo único. Os valores decorrentes da imposição da multa a que se refere o § 6º do art. 28 serão creditados à conta do Fundo Nacional Antidrogas.

Art. 30. Prescrevem em 2 (dois) anos a imposição e a execução das penas, observado, no tocante à interrupção do prazo, o disposto nos arts. 107 e seguintes do Código Penal.

- CP: art. 117.

TÍTULO IV.
DA REPRESSÃO À PRODUÇÃO NÃO AUTORIZADA E AO TRÁFICO ILÍCITO DE DROGAS

CAPÍTULO I.
DISPOSIÇÕES GERAIS

Art. 31. É indispensável a licença prévia da autoridade competente para produzir, extrair, fabricar, transformar, preparar, possuir, manter em depósito, importar, exportar, reexportar, remeter, transportar, expor, oferecer, vender, comprar, trocar, ceder ou adquirir, para qualquer fim, drogas ou matéria-prima destinada à sua preparação, observadas as demais exigências legais.

Art. 32. As plantações ilícitas serão imediatamente destruídas pelo delegado de polícia na forma do art. 50-A, que recolherá quantidade suficiente para exame pericial, de tudo lavrando auto de levantamento das condições encontradas, com a delimitação do local, asseguradas as medidas necessárias para a preservação da prova. (Redação dada pela Lei nº 12.961, de 2014)

§ 1º. (*Revogado pela Lei nº 12.961, de 2014*)

§ 2º. (*Revogado pela Lei nº 12.961, de 2014*)

§ 3º. Em caso de ser utilizada a queimada para destruir a plantação, observar-se-á, além das cautelas necessárias à proteção ao meio ambiente, o disposto no Decreto nº 2.661, de 8 de julho de 1998, no que couber, dispensada a autorização prévia do órgão próprio do Sistema Nacional do Meio Ambiente – Sisnama.

- Lei 12.651/2012 revogou o Decreto 2.661/1998 que regulamentava o art. 27, par. único, da Lei 4.771/1965.
- Lei 12.651/2012: arts. 38 a 40.

§ 4º. As glebas cultivadas com plantações ilícitas serão expropriadas, conforme o disposto no art. 243 da Constituição Federal, de acordo com a legislação em vigor.

- Lei 8.257/1991: art. 1º.
- Decreto 511/1992: art. 1º.

CAPÍTULO II.
DOS CRIMES

Art. 33. Importar, exportar, remeter, preparar, produzir, fabricar, adquirir, vender, expor à venda, oferecer, ter em depósito, transportar, trazer consigo, guardar, prescrever, ministrar, entregar a consumo ou fornecer drogas, ainda que gratuitamente, sem autorização ou em desacordo com determinação legal ou regulamentar:

- Súm. 528 do STJ.
- CF/.88: art. 144, § 1º, II.

Pena – reclusão de 5 (cinco) a 15 (quinze) anos e pagamento de 500 (quinhentos) a 1.500 (mil e quinhentos) dias-multa.

§ 1º. Nas mesmas penas incorre quem:

I – importa, exporta, remete, produz, fabrica, adquire, vende, expõe à venda, oferece, fornece, tem em depósito, transporta, traz consigo ou guarda, ainda que gratuitamente, sem autorização ou em desacordo com determinação legal ou regulamentar, matéria-prima, insumo ou produto químico destinado à preparação de drogas;

- Lei 10.357/2001: art. 1º.

II – semeia, cultiva ou faz a colheita, sem autorização ou em desacordo com determinação legal ou regulamentar, de plantas que se constituam em matéria-prima para a preparação de drogas;

III – utiliza local ou bem de qualquer natureza de que tem a propriedade, posse, administração, guarda ou vigilância, ou consente que outrem dele se utilize, ainda que gratuitamente, sem autorização ou em desacordo com determinação legal ou regulamentar, para o tráfico ilícito de drogas.

IV - vende ou entrega drogas ou matéria-prima, insumo ou produto químico destinado à preparação de drogas, sem autorização ou em desacordo com a determinação legal ou regulamentar, a agente policial disfarçado, quando presentes elementos probatórios razoáveis de conduta criminal preexistente. (Incluído pela Lei 13.964/2019)

§ 2º. Induzir, instigar ou auxiliar alguém ao uso indevido de droga:

- ADIn 4274: O STF, por unanimidade, "julgou procedente a ação direta para dar ao § 2º do art. 33 da Lei 11.343/2006 interpretação conforme à Constituição, para dele excluir qualquer significado que enseje a proibição de manifestações e debates públicos acerca da descriminalização ou legalização do uso de drogas ou de qualquer substância que leve o ser humano ao entorpecimento episódico, ou então viciado, das suas faculdades psico-físicas". (D.O.U. 2.12.2011)

Pena – detenção, de 1 (um) a 3 (três) anos, e multa de 100 (cem) a 300 (trezentos) dias-multa.

§ 3º. Oferecer droga, eventualmente e sem objetivo de lucro, a pessoa de seu relacionamento, para juntos a consumirem:

Pena – detenção, de 6 (seis) meses a 1 (um) ano, e pagamento de 700 (setecentos) a 1.500 (mil e quinhentos) dias-multa, sem prejuízo das penas previstas no art. 28.

§ 4º. Nos delitos definidos no *caput* e no § 1º deste artigo, as penas poderão ser reduzidas de 1/6 (um sexto) a 2/3 (dois terços), vedada a conversão em penas restritivas de direitos, desde que o agente seja primário, de bons antecedentes, não se dedique às atividades criminosas nem integre organização criminosa.

- Resolução 5/2012 do Senado Federal, que suspende a execução da expressão "vedada a conversão em penas restritivas de direitos".

§§ 5º e 6º (Vetados na Lei 13.840/2019)

Art. 34. Fabricar, adquirir, utilizar, transportar, oferecer, vender, distribuir, entregar a qualquer título, possuir, guardar ou fornecer, ainda que gratuitamente, maquinário, aparelho, instrumento ou qualquer objeto destinado à fabricação, preparação, produção ou transformação de drogas, sem autorização ou em desacordo com determinação legal ou regulamentar:

Pena – reclusão, de 3 (três) a 10 (dez) anos, e pagamento de 1.200 (mil e duzentos) a 2.000 (dois mil) dias-multa.

Art. 35. Associarem-se duas ou mais pessoas para o fim de praticar, reiteradamente ou não, qualquer dos crimes previstos nos arts. 33, *caput* e § 1º, e 34 desta Lei:

- CP: art. 288.
- Lei 12.850/2013 – Define organização criminosa e dispõe sobre a investigação criminal, os meios de obtenção da prova, infrações penais correlatas e o procedimento criminal.
- Lei 8.072/1990: art. 8º.

Pena – reclusão, de 3 (três) a 10 (dez) anos, e pagamento de 700 (setecentos) a 1.200 (mil e duzentos) dias-multa.

Parágrafo único. Nas mesmas penas do *caput* deste artigo incorre quem se associa para a prática reiterada do crime definido no art. 36 desta Lei.

Art. 36. Financiar ou custear a prática de qualquer dos crimes previstos nos arts. 33, *caput* e § 1º, e 34 desta Lei:

- Lei 12.850/2013: art. 2º.

Pena – reclusão, de 8 (oito) a 20 (vinte) anos, e pagamento de 1.500 (mil e quinhentos) a 4.000 (quatro mil) dias-multa.

Art. 37. Colaborar, como informante, com grupo, organização ou associação destinados à prática de qualquer dos crimes previstos nos arts. 33, *caput* e § 1º, e 34 desta Lei:

Pena – reclusão, de 2 (dois) a 6 (seis) anos, e pagamento de 300 (trezentos) a 700 (setecentos) dias-multa.

Art. 38. Prescrever ou ministrar, culposamente, drogas, sem que delas necessite o paciente, ou fazê-lo em doses excessivas ou em desacordo com determinação legal ou regulamentar:

Pena – detenção, de 6 (seis) meses a 2 (dois) anos, e pagamento de 50 (cinquenta) a 200 (duzentos) dias-multa.

Parágrafo único. O juiz comunicará a condenação ao Conselho Federal da categoria profissional a que pertença o agente.

Art. 39. Conduzir embarcação ou aeronave após o consumo de drogas, expondo a dano potencial a incolumidade de outrem:

- Lei 9.503/1997: art. 306.

Pena – detenção, de 6 (seis) meses a 3 (três) anos, além da apreensão do veículo, cassação da habilitação respectiva ou proibição de obtê-la, pelo mesmo prazo da pena privativa de liberdade aplicada, e pagamento de 200 (duzentos) a 400 (quatrocentos) dias-multa.

Parágrafo único. As penas de prisão e multa, aplicadas cumulativamente com as demais, serão de 4 (quatro) a 6 (seis) anos e de 400 (quatrocentos) a 600 (seiscentos) dias-multa, se o veículo referido no *caput* deste artigo for de transporte coletivo de passageiros.

Art. 40. As penas previstas nos arts. 33 a 37 desta Lei são aumentadas de 1/6 (um sexto) a 2/3 (dois terços), se:

I – a natureza, a procedência da substância ou do produto apreendido e as circunstâncias do fato evidenciarem a transnacionalidade do delito;

- Súm. 528 do STJ.

II – o agente praticar o crime prevalecendo-se de função pública ou no desempenho de missão de educação, poder familiar, guarda ou vigilância;

III – a infração tiver sido cometida nas dependências ou imediações de estabelecimentos prisionais, de ensino ou hospitalares, de sedes de entidades estudantis, sociais, culturais, recreativas, esportivas, ou beneficentes, de locais de trabalho coletivo, de recintos onde se realizem espetáculos ou diversões de qualquer natureza, de serviços de tratamento de dependentes de drogas ou de reinserção social, de unidades militares ou policiais ou em transportes públicos;

IV – o crime tiver sido praticado com violência, grave ameaça, emprego de arma de fogo, ou qualquer processo de intimidação difusa ou coletiva;

V – caracterizado o tráfico entre Estados da Federação ou entre estes e o Distrito Federal;

- CF/88: art. 144, § 1º, II.
- Lei 10.446/2002: art. 1º, par. único.
- Súm. 587 do STJ.

VI – sua prática envolver ou visar a atingir criança ou adolescente ou a quem tenha, por qualquer motivo, diminuída ou suprimida a capacidade de entendimento e determinação;

- Lei 8.069/1990: arts. 243 e 244-B.

VII – o agente financiar ou custear a prática do crime.

Art. 41. O indiciado ou acusado que colaborar voluntariamente com a investigação policial e o processo criminal na identificação dos demais coautores ou partícipes do crime e na recuperação total ou parcial do produto do crime, no caso de condenação, terá pena reduzida de 1/3 (um terço) a 2/3 (dois terços).

- CP: art. 65, III, b.

Art. 42. O juiz, na fixação das penas, considerará, com preponderância sobre o previsto no art. 59 do Código Penal, a natureza e a quantidade da substância ou do produto, a personalidade e a conduta social do agente.

Art. 43. Na fixação da multa a que se referem os arts. 33 a 39 desta Lei, o juiz, atendendo ao que dispõe o art. 42 desta Lei, determinará o número de dias-multa, atribuindo a cada um, segundo as condições econômicas dos acusados, valor não inferior a 1/30 (um trinta avos) nem superior a cinco vezes o maior salário mínimo.

Parágrafo único. As multas, que em caso de concurso de crimes serão impostas sempre cumulativamente, podem ser aumentadas até o décuplo se, em virtude da situação econômica do acusado, considerá-las o juiz ineficazes, ainda que aplicadas no máximo.

Art. 44. Os crimes previstos nos arts. 33, *caput* e § 1º, e 34 a 37 desta Lei são inafiançáveis e insuscetíveis de *sursis*, graça, indulto, anistia e liberdade provisória, vedada a conversão de suas penas em restritivas de direitos.

- CF/88: art. 5º, XLIII.
- Lei 8.072/1990: art. 2º.

Parágrafo único. Nos crimes previstos no *caput* deste artigo, dar-se-á o livramento condicional após o cumprimento de 2/3 (dois terços) da pena, vedada sua concessão ao reincidente específico.

- CP: art. 83, V.

Art. 45. É isento de pena o agente que, em razão da dependência, ou sob o efeito, proveniente de caso fortuito ou força maior, de droga, era, ao tempo da ação ou da omissão, qualquer que tenha sido a infração penal praticada, inteiramente incapaz de entender o caráter ilícito do fato ou de determinar-se de acordo com esse entendimento.

- CP: arts. 26 a 28.

Parágrafo único. Quando absolver o agente, reconhecendo, por força pericial, que este apresentava, à época do fato previsto neste artigo, as condições referidas no *caput* deste artigo, poderá determinar o juiz, na sentença, o seu encaminhamento para tratamento médico adequado.

Art. 46. As penas podem ser reduzidas de 1/3 (um terço) a 2/3 (dois terços) se, por força das circunstâncias previstas no art. 45 desta Lei, o agente não possuía, ao tempo da ação ou da omissão, a plena capacidade de entender o caráter ilícito do fato ou de determinar-se de acordo com esse entendimento.

- CP: art. 28, § 2º.

Art. 47. Na sentença condenatória, o juiz, com base em avaliação que ateste a necessidade de encaminhamento do agente para tratamento, realizada por profissional de saúde com competência específica na forma da lei, determinará que a tal se proceda, observado o disposto no art. 26 desta Lei.

CAPÍTULO III. DO PROCEDIMENTO PENAL

Art. 48. O procedimento relativo aos processos por crimes definidos neste TÍTULO rege-se pelo disposto neste Capítulo, aplicando-se, subsidiariamente, as disposições do Código de Processo Penal e da Lei de Execução Penal.

§ 1º. O agente de qualquer das condutas previstas no art. 28 desta Lei, salvo se houver concurso com os crimes previstos nos arts. 33 a 37 desta Lei, será processado e julgado na forma dos arts. 60 e seguintes da Lei nº 9.099, de 26 de setembro de 1995, que dispõe sobre os Juizados Especiais Criminais.

§ 2º. Tratando-se da conduta prevista no art. 28 desta Lei, não se imporá prisão em flagrante, devendo o autor do fato ser imediatamente encaminhado ao juízo competente ou, na falta deste, assumir o compromisso de a ele comparecer, lavrando-se termo circunstanciado e providenciando-se as requisições dos exames e perícias necessários.

§ 3º. Se ausente a autoridade judicial, as providências previstas no § 2º deste artigo serão tomadas de imediato pela autoridade policial, no local em que se encontrar, vedada a detenção do agente.

§ 4º. Concluídos os procedimentos de que trata o § 2º deste artigo, o agente será submetido a exame de corpo de delito, se o requerer ou se a autoridade de polícia judiciária entender conveniente, e em seguida liberado.

§ 5º. Para os fins do disposto no art. 76 da Lei nº 9.099, de 1995, que dispõe sobre os Juizados Especiais Criminais, o Ministério Público poderá propor a aplicação imediata de pena prevista no art. 28 desta Lei, a ser especificada na proposta.

Art. 49. Tratando-se de condutas tipificadas nos arts. 33, *caput* e § 1º, e 34 a 37 desta Lei, o juiz, sempre que as circunstâncias o recomendem, empregará os instrumentos protetivos de colaboradores e testemunhas previstos na Lei nº 9.807, de 13 de julho de 1999.

SEÇÃO I.
DA INVESTIGAÇÃO

Art. 50. Ocorrendo prisão em flagrante, a autoridade de polícia judiciária fará, imediatamente, comunicação ao juiz competente, remetendo-lhe cópia do auto lavrado, do qual será dada vista ao órgão do Ministério Público, em 24 (vinte e quatro) horas.

- CF/88: art. 5º, LXI.
- CPP: arts. 4º, 302 e 306, § 2º.

§ 1º. Para efeito da lavratura do auto de prisão em flagrante e estabelecimento da materialidade do delito, é suficiente o laudo de constatação da natureza e quantidade da droga, firmado por perito oficial ou, na falta deste, por pessoa idônea.

- CPP: art. 158.

§ 2º. O perito que subscrever o laudo a que se refere o § 1º deste artigo não ficará impedido de participar da elaboração do laudo definitivo.

- CPP: art. 159.

§ 3º. Recebida cópia do auto de prisão em flagrante, o juiz, no prazo de 10 (dez) dias, certificará a regularidade formal do laudo de constatação e determinará a destruição das drogas apreendidas, guardando-se amostra necessária à realização do laudo definitivo. (Incluído pela Lei nº 12.961, de 2014)

§ 4º. A destruição das drogas será executada pelo delegado de polícia competente no prazo de 15 (quinze) dias na presença do Ministério Público e da autoridade sanitária. (Incluído pela Lei nº 12.961, de 2014)

§ 5º. O local será vistoriado antes e depois de efetivada a destruição das drogas referida no § 3º, sendo lavrado auto circunstanciado pelo delegado de polícia, certificando-se neste a destruição total delas. (Incluído pela Lei nº 12.961, de 2014)

Art. 50-A. A destruição das drogas apreendidas sem a ocorrência de prisão em flagrante será feita por incineração, no prazo máximo de 30 (trinta) dias contados da data da apreensão, guardando-se amostra necessária à realização do laudo definitivo. (Redação dada pela Lei 13.840/2019)

Art. 51. O inquérito policial será concluído no prazo de 30 (trinta) dias, se o indiciado estiver preso, e de 90 (noventa) dias, quando solto.

Parágrafo único. Os prazos a que se refere este artigo podem ser duplicados pelo juiz, ouvido o Ministério Público, mediante pedido justificado da autoridade de polícia judiciária.

Art. 52. Findos os prazos a que se refere o art. 51 desta Lei, a autoridade de polícia judiciária, remetendo os autos do inquérito ao juízo:

I – relatará sumariamente as circunstâncias do fato, justificando as razões que a levaram à classificação do delito, indicando a quantidade e natureza da substância ou do produto apreendido, o local e as condições em que se desenvolveu a ação criminosa, as circunstâncias da prisão, a conduta, a qualificação e os antecedentes do agente; ou

II – requererá sua devolução para a realização de diligências necessárias.

Parágrafo único. A remessa dos autos far-se-á sem prejuízo de diligências complementares:

I – necessárias ou úteis à plena elucidação do fato, cujo resultado deverá ser encaminhado ao juízo competente até 3 (três) dias antes da audiência de instrução e julgamento;

II – necessárias ou úteis à indicação dos bens, direitos e valores de que seja titular o agente, ou que figurem em seu nome, cujo resultado deverá ser encaminhado ao juízo competente até 3 (três) dias antes da audiência de instrução e julgamento.

Art. 53. Em qualquer fase da persecução criminal relativa aos crimes previstos nesta Lei, são permitidos, além dos previstos em lei, mediante autorização judicial e ouvido o Ministério Público, os seguintes procedimentos investigatórios:

I – a infiltração por agentes de polícia, em tarefas de investigação, constituída pelos órgãos especializados pertinentes;

II – a não atuação policial sobre os portadores de drogas, seus precursores químicos ou outros produtos utilizados em sua produção, que se encontrem no território brasileiro, com a finalidade de identificar e responsabilizar maior número de integrantes de operações de tráfico e distribuição, sem prejuízo da ação penal cabível.

Parágrafo único. Na hipótese do inciso II deste artigo, a autorização será concedida desde que sejam conhecidos o itinerário provável e a identificação dos agentes do delito ou de colaboradores.

SEÇÃO II.
DA INSTRUÇÃO CRIMINAL

Art. 54. Recebidos em juízo os autos do inquérito policial, de Comissão Parlamentar de Inquérito ou peças de informação, dar-se-á vista ao Ministério Público para, no prazo de 10 (dez) dias, adotar uma das seguintes providências:

I – requerer o arquivamento;

- CPP: art. 28.

II – requisitar as diligências que entender necessárias;

III – oferecer denúncia, arrolar até 5 (cinco) testemunhas e requerer as demais provas que entender pertinentes.

Art. 55. Oferecida a denúncia, o juiz ordenará a notificação do acusado para oferecer defesa prévia, por escrito, no prazo de 10 (dez) dias.

§ 1º. Na resposta, consistente em defesa preliminar e exceções, o acusado poderá arguir preliminares e invocar todas as razões de defesa, oferecer documentos e justificações, especificar as provas que pretende produzir e, até o número de 5 (cinco), arrolar testemunhas.

§ 2º. As exceções serão processadas em apartado, nos termos dos arts. 95 a 113 do Decreto-Lei nº 3.689, de 3 de outubro de 1941 – Código de Processo Penal.

§ 3º. Se a resposta não for apresentada no prazo, o juiz nomeará defensor para oferecê-la em 10 (dez) dias, concedendo-lhe vista dos autos no ato de nomeação.

§ 4º. Apresentada a defesa, o juiz decidirá em 5 (cinco) dias.

§ 5º. Se entender imprescindível, o juiz, no prazo máximo de 10 (dez) dias, determinará a apresentação do preso, realização de diligências, exames e perícias.

Art. 56. Recebida a denúncia, o juiz designará dia e hora para a audiência de instrução e julgamento, ordenará a citação pessoal do acusado, a intimação do Ministério Público, do assistente, se for o caso, e requisitará os laudos periciais.

§ 1º. Tratando-se de condutas tipificadas como infração do disposto nos arts. 33, *caput* e § 1º, e 34 a 37 desta Lei, o juiz, ao receber a denúncia, poderá decretar o afastamento cautelar do denunciado de suas atividades, se for funcionário público, comunicando ao órgão respectivo.

§ 2º. A audiência a que se refere o *caput* deste artigo será realizada dentro dos 30 (trinta) dias seguintes ao recebimento da denúncia, salvo se determinada a realização de avaliação para atestar dependência de drogas, quando se realizará em 90 (noventa) dias.

Art. 57. Na audiência de instrução e julgamento, após o interrogatório do acusado e a inquirição das testemunhas, será dada a palavra, sucessivamente, ao representante do Ministério Público e ao defensor do acusado, para sustentação oral, pelo prazo de 20 (vinte) minutos para cada um, prorrogável por mais 10 (dez), a critério do juiz.

Parágrafo único. Após proceder ao interrogatório, o juiz indagará das partes se restou algum fato para ser esclarecido, formulando as perguntas correspondentes se o entender pertinente e relevante.

- CPP: art. 188.

Art. 58. Encerrados os debates, proferirá o juiz sentença de imediato, ou o fará em 10 (dez) dias, ordenando que os autos para isso lhe sejam conclusos.

§ 1º. *(Revogado pela Lei nº 12.961, de 2014)*

§ 2º. *(Revogado pela Lei nº 12.961, de 2014)*

Art. 59. Nos crimes previstos nos arts. 33, *caput* e § 1º, e 34 a 37 desta Lei, o réu não poderá apelar sem recolher-se à prisão, salvo se for primário e de bons antecedentes, assim reconhecido na sentença condenatória.

CAPÍTULO IV. DA APREENSÃO, ARRECADAÇÃO E DESTINAÇÃO DE BENS DO ACUSADO

Art. 60. O juiz, a requerimento do Ministério Público ou do assistente de acusação, ou mediante representação da autoridade de polícia judiciária, poderá decretar, no curso do inquérito ou da ação penal, a apreensão e outras medidas assecuratórias nos casos em que haja suspeita de que os bens, direitos ou valores sejam produto do crime ou constituam proveito dos crimes previstos nesta Lei, procedendo-se na forma dos arts. 125 e seguintes do Decreto-Lei nº 3.689, de 3 de outubro de 1941 - Código de Processo Penal. (Redação dada pela Lei 13.840/2019)

- Lei 8.257/1991: art. 1º.
- Decreto 511/1992: art. 1º.

§§ 1º e 2º (Revogados pela Lei 13.840/2019)

§ 3º Na hipótese do art. 366 do Decreto-Lei nº 3.689, de 3 de outubro de 1941 - Código de Processo Penal, o juiz poderá determinar a prática de atos necessários à conservação dos bens, direitos ou valores. (Redação dada pela Lei 13.840/2019)

§ 4º A ordem de apreensão ou sequestro de bens, direitos ou valores poderá ser suspensa pelo juiz, ouvido o Ministério Público, quando a sua execução imediata puder comprometer as investigações. (Redação dada pela Lei 13.840/2019)

Art. 60-A. Se as medidas assecuratórias de que trata o art. 60 desta Lei recaírem sobre moeda estrangeira, títulos, valores mobiliários ou cheques emitidos como ordem de pagamento, será determinada, imediatamente, a sua conversão em moeda nacional. (Redação dada pela Lei nº 13.886, de 17/10/2019)

§ 1º A moeda estrangeira apreendida em espécie deve ser encaminhada a instituição financeira, ou equiparada, para alienação na forma prevista pelo Conselho Monetário Nacional.

§ 2º Na hipótese de impossibilidade da alienação a que se refere o § 1º deste artigo, a moeda estrangeira será custodiada pela instituição financeira até decisão sobre o seu destino.

§ 3º Após a decisão sobre o destino da moeda estrangeira a que se refere o § 2º deste artigo, caso seja verificada a inexistência de valor de mercado, seus espécimes poderão ser destruídos ou doados à representação diplomática do país de origem.

§ 4º Os valores relativos às apreensões feitas antes da data de entrada em vigor da Medida Provisória nº 885, de 17 de junho de 2019, e que estejam custodiados nas dependências do Banco Central do Brasil devem ser transferidos à Caixa Econômica Federal, no prazo de 360 (trezentos e sessenta) dias, para que se proceda à alienação ou custódia, de acordo com o previsto nesta Lei.

Art. 61. A apreensão de veículos, embarcações, aeronaves e quaisquer outros meios de transporte e dos maquinários, utensílios, instrumentos e objetos de qualquer natureza utilizados para a prática dos crimes definidos nesta Lei será imediatamente comunicada pela autoridade de polícia judiciária responsável pela investigação ao juízo competente. (Redação dada pela Lei 13.840/2019)

§ 1º O juiz, no prazo de 30 (trinta) dias contado da comunicação de que trata o *caput*, determinará a alienação dos bens apreendidos, excetuadas as armas, que serão recolhidas na forma da legislação específica. (Redação dada pela Lei 13.840/2019)

§ 2º A alienação será realizada em autos apartados, dos quais constará a exposição sucinta do nexo de instrumentalidade entre o delito e os bens apreendidos, a descrição e especificação dos objetos, as informações sobre quem os tiver sob custódia e o local em que se encontrem. (Incluído pela Lei 13.840/2019)

§ 3º O juiz determinará a avaliação dos bens apreendidos, que será realizada por oficial de justiça, no prazo de 5 (cinco) dias a contar da autuação, ou, caso sejam necessários conhecimentos especializados, por avaliador nomeado pelo juiz, em prazo não superior a 10 (dez) dias. (Incluído pela Lei 13.840/2019)

§ 4º Feita a avaliação, o juiz intimará o órgão gestor do Funad, o Ministério Público e o interessado para se manifestarem no prazo de 5 (cinco) dias e, dirimidas eventuais divergências, homologará o valor atribuído aos bens. (Incluído pela Lei 13.840/2019)

§ 5º (Vetado na Lei 13.840/2019)

§§ 6º a 8º (Revogados pela Lei 13.886/2019)

§ 9º O Ministério Público deve fiscalizar o cumprimento da regra estipulada no § 1º deste artigo. (Acrescido pela Lei 13.886/2019)

§ 10. Aplica-se a todos os tipos de bens confiscados a regra estabelecida no § 1º deste artigo. (Acrescido pela Lei 13.886/2019)

§ 11. Os bens móveis e imóveis devem ser vendidos por meio de hasta pública, preferencialmente por meio eletrônico, assegurada a venda pelo maior lance, por preço não inferior a 50% (cinquenta por cento) do valor da avaliação judicial. (Acrescido pela Lei 13.886/2019)

§ 12. O juiz ordenará às secretarias de fazenda e aos órgãos de registro e controle que efetuem as averbações necessárias, tão logo tenha conhecimento da apreensão. (Acrescido pela Lei 13.886/2019)

§ 13. Na alienação de veículos, embarcações ou aeronaves, a autoridade de trânsito ou o órgão congênere competente para o registro, bem como as secretarias de fazenda, devem proceder à regularização dos bens no prazo de 30 (trinta) dias, ficando o arrematante isento do pagamento de multas, encargos e tributos anteriores, sem prejuízo de execução fiscal em relação ao antigo proprietário. (Acrescido pela Lei 13.886/2019)

§ 14. Eventuais multas, encargos ou tributos pendentes de pagamento não podem ser cobrados do arrematante ou do órgão público alienante como condição para regularização dos bens. (Acrescido pela Lei 13.886/2019)

§ 15. Na hipótese de que trata o § 13 deste artigo, a autoridade de trânsito ou o órgão congênere competente para o registro poderá emitir novos identificadores dos bens. (Acrescido pela Lei 13.886/2019)

Art. 62. Comprovado o interesse público na utilização de quaisquer dos bens de que trata o art. 61, os órgãos de polícia judiciária, militar e rodoviária poderão deles fazer uso, sob sua responsabilidade e com o objetivo de sua conservação, mediante autorização judicial, ouvido o Ministério Público e garantida a prévia avaliação dos respectivos bens. (Redação dada pela Lei 13.840/2019)

§ 1º (Revogado pela Lei 13.886/2019)

§ 1º-A. O juízo deve cientificar o órgão gestor do Funad para que, em 10 (dez) dias, avalie a existência do interesse público mencionado no *caput* deste artigo e indique o órgão que deve receber o bem. (Acrescido pela Lei 13.886/2019)

§ 1º-B. Têm prioridade, para os fins do § 1º-A deste artigo, os órgãos de segurança pública que participaram das ações de investigação ou repressão ao crime que deu causa à medida. (Acrescido pela Lei 13.886/2019)

§ 2º A autorização judicial de uso de bens deverá conter a descrição do bem e a respectiva avaliação e indicar o órgão responsável por sua utilização. (Redação dada pela Lei 13.840/2019)

§ 3º O órgão responsável pela utilização do bem deverá enviar ao juiz periodicamente, ou a qualquer momento quando por este solicitado, informações sobre seu estado de conservação. (Redação dada pela Lei 13.840/2019)

§ 4º Quando a autorização judicial recair sobre veículos, embarcações ou aeronaves, o juiz ordenará à autoridade ou ao órgão de registro e controle a expedição de certificado provisório de registro e licenciamento em favor do órgão ao qual tenha deferido o uso ou custódia, ficando este livre do pagamento de multas, encargos e tributos anteriores à decisão de utilização do bem até o trânsito em julgado da decisão que decretar o seu perdimento em favor da União. (Redação dada pela Lei 13.840/2019)

§ 5º Na hipótese de levantamento, se houver indicação de que os bens utilizados na forma deste artigo sofreram depreciação superior àquela esperada em razão do transcurso do tempo e do uso, poderá o interessado requerer nova avaliação judicial. (Redação dada pela Lei 13.840/2019)

§ 6º Constatada a depreciação de que trata o § 5º, o ente federado ou a entidade que utilizou o bem indenizará o detentor ou proprietário dos bens. (Redação dada pela Lei 13.840/2019)

§§ 7º a 11. (Revogados pela Lei 13.840/2019)

Art. 62-A. O depósito, em dinheiro, de valores referentes ao produto da alienação ou a numerários apreendidos ou que tenham sido convertidos deve ser efetuado na Caixa Econômica Federal, por meio de documento de arrecadação destinado a essa finalidade. (Redação dada pela Lei 13.886/2019)

§ 1º Os depósitos a que se refere o *caput* deste artigo devem ser transferidos, pela Caixa Econômica Federal, para a conta única do Tesouro Nacional, independentemente de qualquer formalidade, no prazo de 24 (vinte e quatro) horas, contado do momento da realização do depósito, onde ficarão à disposição do Funad.

§ 2º Na hipótese de absolvição do acusado em decisão judicial, o valor do depósito será devolvido a ele pela Caixa Econômica Federal no prazo de até 3 (três) dias úteis, acrescido de juros, na forma estabelecida pelo § 4º do art. 39 da Lei nº 9.250, de 26 de dezembro de 1995.

§ 3º Na hipótese de decretação do seu perdimento em favor da União, o valor do depósito será transformado em pagamento definitivo, respeitados os direitos de eventuais lesados e de terceiros de boa-fé.

§ 4º Os valores devolvidos pela Caixa Econômica Federal, por decisão judicial, devem ser efetuados como anulação de receita do Funad no exercício em que ocorrer a devolução.

§ 5º A Caixa Econômica Federal deve manter o controle dos valores depositados ou devolvidos.

Art. 63. Ao proferir a sentença, o juiz decidirá sobre: (Redação dada pela Lei 13.840/2019)

I - o perdimento do produto, bem, direito ou valor apreendido ou objeto de medidas assecuratórias; e (Incluído pela Lei 13.840/2019)

II - o levantamento dos valores depositados em conta remunerada e a liberação dos bens utilizados nos termos do art. 62. (Incluído pela Lei 13.840/2019)

§ 1º Os bens, direitos ou valores apreendidos em decorrência dos crimes tipificados nesta Lei ou objeto de medidas assecuratórias, após decretado seu perdimento em favor da União, serão revertidos diretamente ao Funad. (Redação dada pela Lei 13.840/2019)

§ 2º O juiz remeterá ao órgão gestor do Funad relação dos bens, direitos e valores declarados perdidos, indicando o local em que se encontram e a entidade ou o órgão em cujo poder estejam, para os fins de sua destinação nos termos da legislação vigente. (Redação dada pela Lei 13.840/2019)

§ 3º (Revogado pela Lei 13.886/2019)

§ 4º Transitada em julgado a sentença condenatória, o juiz do processo, de ofício ou a requerimento do Ministério Público, remeterá à Senad relação dos bens, direitos e valores declarados perdidos em favor da União, indicando, quanto aos bens, o local em que se encontram e a entidade ou o órgão em cujo poder estejam, para os fins de sua destinação nos termos da legislação vigente.

- A alteração do § 4º proposta pela Lei 13.964/2019, foi vetada pelo Presidente da República.

§ 4º-A. Antes de encaminhar os bens ao órgão gestor do Funad, o juiz deve: (Acrescido pela Lei 13.886/2019)

I - ordenar às secretarias de fazenda e aos órgãos de registro e controle que efetuem as averbações necessárias, caso não tenham sido realizadas quando da apreensão; e

II - determinar, no caso de imóveis, o registro de propriedade em favor da União no cartório de registro de imóveis competente, nos termos do *caput* e do parágrafo único do art. 243 da Constituição Federal, afastada a responsabilidade de terceiros prevista no inciso VI do *caput* do art. 134 da Lei nº 5.172, de 25 de outubro de 1966 (Código Tributário Nacional), bem como determinar à Secretaria de Coordenação e Governança do Patrimônio da União a incorporação e entrega do imóvel, tornando-o livre e desembaraçado de quaisquer ônus para sua destinação.

§ 5º (Vetado na Lei 13.840/2019)

§ 6º Na hipótese do inciso II do *caput*, decorridos 360 (trezentos e sessenta) dias do trânsito em julgado e do conhecimento da sentença pelo interessado, os bens apreendidos, os que tenham sido objeto de medidas assecuratórias ou os valores depositados que não forem reclamados serão revertidos ao Funad. (Incluído pela Lei 13.840/2019)

Art. 63-A. Nenhum pedido de restituição será conhecido sem o comparecimento pessoal do acusado, podendo o juiz determinar a prática de atos necessários à conservação de bens, direitos ou valores. (Incluído pela Lei 13.840/2019)

Art. 63-B. O juiz determinará a liberação total ou parcial dos bens, direitos e objeto de medidas assecuratórias quando comprovada a licitude de sua origem, mantendo-se a constrição dos bens, direitos e valores necessários e suficientes à reparação dos danos e ao pagamento de prestações pecuniárias, multas e custas decorrentes da infração penal. (Incluído pela Lei 13.840/2019)

Art. 63-C. Compete à Senad, do Ministério da Justiça e Segurança Pública, proceder à destinação dos bens apreendidos e não leiloados em caráter cautelar, cujo perdimento seja decretado em favor da União, por meio das seguintes modalidades: (Acrescido pela Lei 13.886/2019)

I - alienação, mediante:

a) licitação;

b) doação com encargo a entidades ou órgãos públicos, bem como a comunidades terapêuticas acolhedoras que contribuam para o alcance das finalidades do Funad; ou

c) venda direta, observado o disposto no inciso II do *caput* do art. 24 da Lei nº 8.666, de 21 de junho de 1993;

II - incorporação ao patrimônio de órgão da administração pública, observadas as finalidades do Funad;

III - destruição; ou

IV - inutilização.

§ 1º A alienação por meio de licitação deve ser realizada na modalidade leilão, para bens móveis e imóveis, independentemente do valor de avaliação, isolado ou global, de bem ou de lotes, assegurada a venda pelo maior lance, por preço não inferior a 50% (cinquenta por cento) do valor da avaliação.

§ 2º O edital do leilão a que se refere o § 1º deste artigo será amplamente divulgado em jornais de grande circulação e em sítios eletrônicos oficiais, principalmente no Município em que será realizado, dispensada a publicação em diário oficial.

§ 3º Nas alienações realizadas por meio de sistema eletrônico da administração pública, a publicidade dada pelo sistema substituirá a publicação em diário oficial e em jornais de grande circulação.

§ 4º Na alienação de imóveis, o arrematante fica livre do pagamento de encargos e tributos anteriores, sem prejuízo de execução fiscal em relação ao antigo proprietário.

§ 5º Na alienação de veículos, embarcações ou aeronaves deverão ser observadas as disposições dos §§ 13 e 15 do art. 61 desta Lei.

§ 6º Aplica-se às alienações de que trata este artigo a proibição relativa à cobrança de multas, encargos ou tributos prevista no § 14 do art. 61 desta Lei.

§ 7º A Senad, do Ministério da Justiça e Segurança Pública, pode celebrar convênios ou instrumentos congêneres com órgãos e entidades da União, dos Estados, do Distrito Federal ou dos Municípios, bem como com comunidades terapêuticas acolhedoras, a fim de dar imediato cumprimento ao estabelecido neste artigo.

§ 8º Observados os procedimentos licitatórios previstos em lei, fica autorizada a contratação da iniciativa privada para a execução das ações de avaliação, de administração e de alienação dos bens a que se refere esta Lei.

Art. 63-D. Compete ao Ministério da Justiça e Segurança Pública regulamentar os procedimentos relativos à administração, à preservação e à destinação dos recursos provenientes de delitos e atos ilícitos e estabelecer os valores abaixo dos quais se deve proceder à sua destruição ou inutilização. (Acrescido pela Lei 13.886/2019)

▸ Portaria Senad 1/2020 (Regulamenta o art. 63-D da Lei nº 11.343, de 23 de agosto de 2006, dispondo sobre a incorporação e a doação de bens do Fundo Nacional Antidrogas, e dispõe sobre a indicação para uso provisório no curso de processo judicial e sobre os casos de destruição e de inutilização de bens objetos de apreensão e perdimento em favor da União).

Art. 63-E. O produto da alienação dos bens apreendidos ou confiscados será revertido integralmente ao Funad, nos termos do parágrafo único do art. 243 da Constituição Federal, vedada a sub-rogação sobre o valor da arrematação para saldar eventuais multas, encargos ou tributos pendentes de pagamento. (Acrescido pela Lei 13.886/2019)

Parágrafo único. O disposto no *caput* deste artigo não prejudica o ajuizamento de execução fiscal em relação aos antigos devedores.

Art. 63-F. Na hipótese de condenação por infrações às quais esta Lei comine pena máxima superior a 6 (seis) anos de reclusão, poderá ser decretada a perda, como produto ou proveito do crime, dos bens correspondentes à diferença entre o valor do patrimônio do condenado e aquele compatível com o seu rendimento lícito. (Acrescido pela Lei 13.886/2019)

§ 1º A decretação da perda prevista no *caput* deste artigo fica condicionada à existência de elementos probatórios que indiquem conduta criminosa habitual, reiterada ou profissional do condenado ou sua vinculação a organização criminosa.

§ 2º Para efeito da perda prevista no *caput* deste artigo, entende-se por patrimônio do condenado todos os bens:

I - de sua titularidade, ou sobre os quais tenha domínio e benefício direto ou indireto, na data da infração penal, ou recebidos posteriormente; e

II - transferidos a terceiros a título gratuito ou mediante contraprestação irrisória, a partir do início da atividade criminal.

§ 3º O condenado poderá demonstrar a inexistência da incompatibilidade ou a procedência lícita do patrimônio.

Art. 64. A União, por intermédio da Senad, poderá firmar convênio com os Estados, com o Distrito Federal e com organismos orientados para a prevenção do uso indevido de drogas, a atenção e a reinserção social de usuários ou dependentes e a atuação na repressão à produção não autorizada e ao tráfico ilícito de drogas, com vistas na liberação de equipamentos e de recursos por ela arrecadados, para a implantação e execução de programas relacionados à questão das drogas.

TÍTULO V. DA COOPERAÇÃO INTERNACIONAL

Art. 65. De conformidade com os princípios da não intervenção em assuntos internos, da igualdade jurídica e do respeito à integridade territorial dos Estados e às leis e aos regulamentos nacionais em vigor, e observado o espírito das Convenções das Nações Unidas e outros instrumentos jurídicos internacionais relacionados à questão das drogas, de que o Brasil é parte, o governo brasileiro prestará, quando solicitado, cooperação a outros países e organismos internacionais e, quando necessário, deles solicitará a colaboração, nas áreas de:

I – intercâmbio de informações sobre legislações, experiências, projetos e programas voltados para atividades de prevenção do uso indevido, de atenção e de reinserção social de usuários e dependentes de drogas;

II – intercâmbio de inteligência policial sobre produção e tráfico de drogas e delitos conexos, em especial o tráfico de armas, a lavagem de dinheiro e o desvio de precursores químicos;

III – intercâmbio de informações policiais e judiciais sobre produtores e traficantes de drogas e seus precursores químicos.

TÍTULO V-A DO FINANCIAMENTO DAS POLÍTICAS SOBRE DROGAS (Incluído pela Lei 13.840/2019)

Art. 65-A. (Vetado na Lei 13.840/2019)

TÍTULO VI. DISPOSIÇÕES FINAIS E TRANSITÓRIAS

Art. 66. Para fins do disposto no parágrafo único do art. 1º desta Lei, até que seja atualizada a terminologia da lista mencionada no preceito, denominam-se drogas substâncias entorpecentes, psicotrópicas, precursoras e outras sob controle especial, da Portaria SVS/MS 344, de 12 de maio de 1998.

Art. 67. A liberação dos recursos previstos na Lei 7.560, de 19 de dezembro de 1986, em favor de Estados e do Distrito Federal, dependerá de sua adesão e respeito às diretrizes básicas contidas nos convênios firmados e do fornecimento de dados necessários à atualização do sistema previsto no art. 17 desta Lei, pelas respectivas polícias judiciárias.

Art. 67-A. Os gestores e entidades que recebam recursos públicos para execução das políticas sobre drogas deverão garantir o acesso às suas instalações, à documentação e a todos os elementos necessários à efetiva fiscalização pelos órgãos competentes. (Incluído pela Lei 13.840/2019)

Art. 68. A União, os Estados, o Distrito Federal e os Municípios poderão criar estímulos fiscais e outros, destinados às pessoas físicas e jurídicas que colaborem na prevenção do uso indevido de drogas, atenção e reinserção social de usuários e dependentes e na repressão da produção não autorizada e do tráfico ilícito de drogas.

Art. 69. No caso de falência ou liquidação extrajudicial de empresas ou estabelecimentos hospitalares, de pesquisa, de ensino, ou congêneres, assim como nos serviços de saúde que produzirem, venderem, adquirirem, consumirem, prescreverem ou fornecerem drogas ou de qualquer outro em que existam essas substâncias ou produtos, incumbe ao juízo perante o qual tramite o feito:

I – determinar, imediatamente à ciência da falência ou liquidação, sejam lacradas suas instalações;

II – ordenar à autoridade sanitária competente a urgente adoção das medidas necessárias ao recebimento e guarda, em depósito, das drogas arrecadadas;

III – dar ciência ao órgão do Ministério Público, para acompanhar o feito.

§ 1º. Da licitação para alienação de substâncias ou produtos não proscritos referidos no inciso II do *caput* deste artigo, só podem participar pessoas jurídicas regularmente habilitadas na área de saúde ou de pesquisa científica que comprovem a destinação lícita a ser dada ao produto a ser arrematado.

§ 2º. Ressalvada a hipótese de que trata o § 3º deste artigo, o produto não arrematado será, ato contínuo à hasta pública, destruído pela autoridade sanitária, na presença dos Conselhos Estaduais sobre Drogas e do Ministério Público.

§ 3º. Figurando entre o praceado e não arrematadas especialidades farmacêuticas em condições de emprego terapêutico, ficarão elas depositadas sob a guarda do Ministério da Saúde, que as destinará à rede pública de saúde.

Art. 70. O processo e o julgamento dos crimes previstos nos arts. 33 a 37 desta Lei, se caracterizado ilícito transnacional, são da competência da Justiça Federal.

Parágrafo único. Os crimes praticados nos Municípios que não sejam sede de vara federal serão processados e julgados na vara federal da circunscrição respectiva.

Art. 71. *(VETADO).*

Art. 72. Encerrado o processo criminal ou arquivado o inquérito policial, o juiz, de ofício, mediante representação da autoridade de polícia judiciária, ou a requerimento do Ministério Público, determinará a destruição das amostras guardadas para contraprova, certificando nos autos. (Redação dada pela Lei 13.840/2019)

Art. 73. A União poderá estabelecer convênios com os Estados e o com o Distrito Federal, visando à prevenção e repressão do tráfico ilícito e do uso indevido de drogas, e com os Municípios, com o objetivo de prevenir o uso indevido delas e de possibilitar a atenção e reinserção social de usuários e dependentes de drogas. (Redação dada pela Lei nº 12.219, de 2010)

Art. 74. Esta Lei entra em vigor 45 (quarenta e cinco) dias após a sua publicação.

Art. 75. Revogam-se a Lei nº 6.368, de 21 de outubro de 1976, e a Lei 10.409, de 11 de janeiro de 2002.

Brasília, 23 de agosto de 2006; 185º da Independência e 118º da República.

LUIZ INÁCIO LULA DA SILVA

Publicado no D.O.U. 24.8.2006

LEI Nº 11.417, DE 19 DE DEZEMBRO DE 2006

Regulamenta o art. 103-A da Constituição Federal e altera a Lei nº 9.784, de 29 de janeiro de 1999, disciplinando a edição, a revisão e o cancelamento de enunciado de súmula vinculante pelo Supremo Tribunal Federal, e dá outras providências.

- *Súmula vinculante*

O PRESIDENTE DA REPÚBLICA Faço saber que o Congresso Nacional decreta e eu sanciono a seguinte Lei:

- Resolução 388/2008 do STF – Disciplina o processamento de proposta de edição, revisão e cancelamento de súmulas.
- Resolução 381/2008 do STF – Estabelece procedimentos para a edição, a revisão e o cancelamento de súmulas vinculantes.

Art. 1º. Esta Lei disciplina a edição, a revisão e o cancelamento de enunciado de súmula vinculante pelo Supremo Tribunal Federal e dá outras providências.

Art. 2º. O Supremo Tribunal Federal poderá, de ofício ou por provocação, após reiteradas decisões sobre matéria constitucional, editar enunciado de súmula que, a partir de sua publicação na imprensa oficial, terá efeito vinculante em relação aos demais órgãos do Poder Judiciário e à administração pública direta e indireta, nas esferas federal, estadual e municipal, bem como proceder à sua revisão ou cancelamento, na forma prevista nesta Lei.

- CF/88: art. 103-A.

§ 1º. O enunciado da súmula terá por objeto a validade, a interpretação e a eficácia de normas determinadas, acerca das quais haja, entre órgãos judiciários ou entre esses e a administração pública, controvérsia atual que acarrete grave insegurança jurídica e relevante multiplicação de processos sobre idêntica questão.

- CF/88: art. 103-A, § 1º.

§ 2º. O Procurador-Geral da República, nas propostas que não houver formulado, manifestar-se-á previamente à edição, revisão ou cancelamento de enunciado de súmula vinculante.

§ 3º. A edição, a revisão e o cancelamento de enunciado de súmula com efeito vinculante dependerão de decisão tomada por 2/3 (dois terços) dos membros do Supremo Tribunal Federal, em sessão plenária.

§ 4º. No prazo de 10 (dez) dias após a sessão em que editar, rever ou cancelar enunciado de súmula com efeito vinculante, o Supremo Tribunal Federal fará publicar, em seção especial do *Diário da Justiça* e do *Diário Oficial da União*, o enunciado respectivo.

Art. 3º. São legitimados a propor a edição, a revisão ou o cancelamento de enunciado de súmula vinculante:

I – o Presidente da República;

II – a Mesa do Senado Federal;

III – a Mesa da Câmara dos Deputados;

IV – o Procurador-Geral da República;

V – o Conselho Federal da Ordem dos Advogados do Brasil;

VI – o Defensor Público-Geral da União;

VII – partido político com representação no Congresso Nacional;

VIII – confederação sindical ou entidade de classe de âmbito nacional;

IX – a Mesa de Assembleia Legislativa ou da Câmara Legislativa do Distrito Federal;

X – o Governador de Estado ou do Distrito Federal;

XI – os Tribunais Superiores, os Tribunais de Justiça de Estados ou do Distrito Federal e Territórios, os Tribunais Regionais Federais, os Tribunais Regionais do Trabalho, os Tribunais Regionais Eleitorais e os Tribunais Militares.

§ 1º. O Município poderá propor, incidentalmente ao curso de processo em que seja parte, a edição, a revisão ou o cancelamento de enunciado de súmula vinculante, o que não autoriza a suspensão do processo.

§ 2º. No procedimento de edição, revisão ou cancelamento de enunciado da súmula vinculante, o relator poderá admitir, por decisão irrecorrível, a manifestação de terceiros na questão, nos termos do Regimento Interno do Supremo Tribunal Federal.

Art. 4º. A súmula com efeito vinculante tem eficácia imediata, mas o Supremo Tribunal Federal, por decisão de 2/3 (dois terços) dos seus membros, poderá restringir os efeitos vinculantes ou decidir que só tenha eficácia a partir de outro momento, tendo em vista razões de segurança jurídica ou de excepcional interesse público.

Art. 5º. Revogada ou modificada a lei em que se fundou a edição de enunciado de súmula vinculante, o Supremo Tribunal Federal, de ofício ou por provocação, procederá à sua revisão ou cancelamento, conforme o caso.

Art. 6º. A proposta de edição, revisão ou cancelamento de enunciado de súmula vinculante não autoriza a suspensão dos processos em que se discuta a mesma questão.

Art. 7º. Da decisão judicial ou do ato administrativo que contrariar enunciado de súmula vinculante, negar-lhe vigência ou aplicá-lo indevidamente caberá reclamação ao Supremo Tribunal Federal, sem prejuízo dos recursos ou outros meios admissíveis de impugnação.

§ 1º. Contra omissão ou ato da administração pública, o uso da reclamação só será admitido após esgotamento das vias administrativas.

§ 2º. Ao julgar procedente a reclamação, o Supremo Tribunal Federal anulará o ato administrativo ou cassará a decisão judicial impugnada, determinando que outra seja proferida com ou sem aplicação da súmula, conforme o caso.

Art. 8º. O art. 56 da Lei nº 9.784, de 29 de janeiro de 1999, passa a vigorar acrescido do seguinte § 3º:

- Alteração incorporada ao texto da referida lei.

Art. 9º. A Lei nº 9.784, de 29 de janeiro de 1999, passa a vigorar acrescida dos seguintes arts. 64-A e 64-B:

- Alterações incorporadas ao texto da referida lei.

Art. 10. O procedimento de edição, revisão ou cancelamento de enunciado de súmula com efeito vinculante obedecerá, subsidiariamente, ao disposto no Regimento Interno do Supremo Tribunal Federal.

Art. 11. Esta Lei entra em vigor 3 (três) meses após a sua publicação.

Brasília, 19 de dezembro de 2006; 185º da Independência e 118º da República.

Luiz Inácio Lula da Silva

Publicado no D.O.U. de 20.12.2006

LEI Nº 11.419, DE 19 DE DEZEMBRO DE 2006

Dispõe sobre a informatização do processo judicial; altera a Lei nº 5.869, de 11 de janeiro de 1973 – Código de Processo Civil; e dá outras providências.

- *Informatização do processo judicial*

O PRESIDENTE DA REPÚBLICA Faço saber que o Congresso Nacional decreta e eu sanciono a seguinte Lei:

CAPÍTULO I. DA INFORMATIZAÇÃO DO PROCESSO JUDICIAL

Art. 1º. O uso de meio eletrônico na tramitação de processos judiciais, comunicação de atos e transmissão de peças processuais será admitido nos termos desta Lei.

- Resolução 587/2016 do STF – Dispõe sobre o julgamento em ambiente eletrônico de agravos internos e embargos de declaração no STF.
- Resolução 10/2015 do STJ/GP – Regulamenta o processo judicial eletrônico no STJ.
- Resolução 14/2013 do STJ – Regulamenta o processo judicial eletrônico no STJ.
- Resolução 427/2010 do STF – Regulamenta o processo eletrônico no âmbito do STF.
- Resolução 121/2010 do CNJ – Dispõe sobre a divulgação de dados processuais eletrônicos na rede mundial de computadores, expedição de certidões judiciais.

§ 1º. Aplica-se o disposto nesta Lei, indistintamente, aos processos civil, penal e trabalhista, bem como aos juizados especiais, em qualquer grau de jurisdição.

- IN 30/2007 do TST – Regulamenta, no âmbito da Justiça do Trabalho, a Lei 11.419/2006.
- Ato 342/2010 do TST – Regulamenta o processo judicial eletrônico no âmbito do TST.

§ 2º. Para o disposto nesta Lei, considera-se:

I – meio eletrônico qualquer forma de armazenamento ou tráfego de documentos e arquivos digitais;

II – transmissão eletrônica toda forma de comunicação a distância com a utilização de redes de comunicação, preferencialmente a rede mundial de computadores;

III – assinatura eletrônica as seguintes formas de identificação inequívoca do signatário:

a) assinatura digital baseada em certificado digital emitido por Autoridade Certificadora credenciada, na forma de lei específica;

b) mediante cadastro de usuário no Poder Judiciário, conforme disciplinado pelos órgãos respectivos.

Art. 2º. O envio de petições, de recursos e a prática de atos processuais em geral por meio eletrônico serão admitidos mediante uso de assinatura eletrônica, na forma do art. 1º desta Lei, sendo obrigatório o credenciamento prévio no Poder Judiciário, conforme disciplinado pelos órgãos respectivos.

§ 1º. O credenciamento no Poder Judiciário será realizado mediante procedimento no qual esteja assegurada a adequada identificação presencial do interessado.

§ 2º. Ao credenciado será atribuído registro e meio de acesso ao sistema, de modo a preservar o sigilo, a identificação e a autenticidade de suas comunicações.

§ 3º. Os órgãos do Poder Judiciário poderão criar um cadastro único para o credenciamento previsto neste artigo.

Art. 3º. Consideram-se realizados os atos processuais por meio eletrônico no dia e hora do seu envio ao sistema do Poder Judiciário, do que deverá ser fornecido protocolo eletrônico.

Parágrafo único. Quando a petição eletrônica for enviada para atender prazo processual, serão consideradas tempestivas as transmitidas até as 24 (vinte e quatro) horas do seu último dia.

CAPÍTULO II. DA COMUNICAÇÃO ELETRÔNICA DOS ATOS PROCESSUAIS

Art. 4º. Os tribunais poderão criar *Diário da Justiça* eletrônico, disponibilizado em sítio da rede mundial de computadores, para publicação de atos judiciais e administrativos próprios e dos órgãos a eles subordinados, bem como comunicações em geral.

- Resolução 234/2016 do CNJ – Institui o Diário de Justiça Eletrônico Nacional (DJEN).
- Resolução 341/2007 do STF – Institui o Diário da Justiça Eletrônico do STF.
- Resolução 8/2007 do STJ – Institui o Diário da Justiça Eletrônico do STJ – DJ on-line.

§ 1º. O sítio e o conteúdo das publicações de que trata este artigo deverão ser assinados digitalmente com base em certificado emitido por Autoridade Certificadora credenciada na forma da lei específica.

§ 2º. A publicação eletrônica na forma deste artigo substitui qualquer outro meio e publicação oficial, para quaisquer efeitos legais, à exceção dos casos que, por lei, exigem intimação ou vista pessoal.

§ 3º. Considera-se como data da publicação o primeiro dia útil seguinte ao da disponibilização da informação no *Diário da Justiça* eletrônico.

§ 4º. Os prazos processuais terão início no primeiro dia útil que seguir ao considerado como data da publicação.

§ 5º. A criação do *Diário da Justiça* eletrônico deverá ser acompanhada de ampla divulgação, e o ato administrativo correspondente será publicado durante 30 (trinta) dias no diário oficial em uso.

Art. 5º. As intimações serão feitas por meio eletrônico em portal próprio aos que se cadastrarem na forma do art. 2º desta Lei, dispensando-se a publicação no órgão oficial, inclusive eletrônico.

§ 1º. Considerar-se-á realizada a intimação no dia em que o intimando efetivar a consulta eletrônica ao teor da intimação, certificando-se nos autos a sua realização.

§ 2º. Na hipótese do § 1º deste artigo, nos casos em que a consulta se dê em dia não útil, a intimação será considerada como realizada no primeiro dia útil seguinte.

§ 3º. A consulta referida nos §§ 1º e 2º deste artigo deverá ser feita em até 10 (dez) dias corridos contados da data do envio da intimação, sob pena de considerar-se a intimação automaticamente realizada na data do término desse prazo.

§ 4º. Em caráter informativo, poderá ser efetivada remessa de correspondência eletrônica, comunicando o envio da intimação e a abertura automática do prazo processual nos termos do § 3º deste artigo, aos que manifestarem interesse por esse serviço.

§ 5º. Nos casos urgentes em que a intimação feita na forma deste artigo possa causar prejuízo a quaisquer das partes ou nos casos em que for evidenciada qualquer tentativa de burla ao sistema, o ato processual deverá ser realizado por outro meio que atinja a sua finalidade, conforme determinado pelo juiz.

§ 6º. As intimações feitas na forma deste artigo, inclusive da Fazenda Pública, serão consideradas pessoais para todos os efeitos legais.

Art. 6º. Observadas as formas e as cautelas do art. 5º desta Lei, as citações, inclusive da Fazenda Pública, excetuadas as dos Direitos Processuais Criminal e Infracional, poderão ser feitas por meio eletrônico, desde que a íntegra dos autos seja acessível ao citando.

Art. 7º. As cartas precatórias, rogatórias, de ordem e, de um modo geral, todas as comunicações oficiais que transitem entre órgãos do Poder Judiciário, bem como entre os deste e os dos demais Poderes, serão feitas preferentemente por meio eletrônico.

CAPÍTULO III. DO PROCESSO ELETRÔNICO

Art. 8º. Os órgãos do Poder Judiciário poderão desenvolver sistemas eletrônicos de processamento de ações judiciais por meio de autos total ou parcialmente digitais, utilizando, preferencialmente, a rede mundial de computadores e acesso por meio de redes internas e externas.

Parágrafo único. Todos os atos processuais do processo eletrônico serão assinados eletronicamente na forma estabelecida nesta Lei.

Art. 9º. No processo eletrônico, todas as citações, intimações e notificações, inclusive da Fazenda Pública, serão feitas por meio eletrônico, na forma desta Lei.

§ 1º. As citações, intimações, notificações e remessas que viabilizem o acesso à íntegra do processo correspondente serão consideradas vista pessoal do interessado para todos os efeitos legais.

§ 2º. Quando, por motivo técnico, for inviável o uso do meio eletrônico para a realização de citação, intimação ou notificação, esses atos processuais poderão ser praticados segundo as regras ordinárias, digitalizando-se o documento físico, que deverá ser posteriormente destruído.

Art. 10. A distribuição da petição inicial e a juntada da contestação, dos recursos e das petições em geral, todos em formato digital, nos autos de processo eletrônico, podem ser feitas diretamente pelos advogados públicos e privados, sem necessidade da intervenção do cartório ou secretaria judicial, situação em que a autuação deverá se dar de forma automática, fornecendo-se recibo eletrônico de protocolo.

§ 1º. Quando o ato processual tiver que ser praticado em determinado prazo, por meio de petição eletrônica, serão considerados tempestivos os efetivados até as 24 (vinte e quatro) horas do último dia.

§ 2º. No caso do § 1º deste artigo, se o Sistema do Poder Judiciário se tornar indisponível por motivo técnico, o prazo fica automaticamente prorrogado para o primeiro dia útil seguinte à resolução do problema.

§ 3º. Os órgãos do Poder Judiciário deverão manter equipamentos de digitalização e de acesso à rede mundial de computadores à disposição dos interessados para distribuição de peças processuais.

Art. 11. Os documentos produzidos eletronicamente e juntados aos processos eletrônicos com garantia da origem e de seu signatário, na forma estabelecida nesta Lei, serão considerados originais para todos os efeitos legais.

§ 1º. Os extratos digitais e os documentos digitalizados e juntados aos autos pelos órgãos da Justiça e seus auxiliares, pelo Ministério Público e seus auxiliares, pelas procuradorias, pelas autoridades policiais, pelas repartições públicas em geral e por advogados públicos e privados têm a mesma força probante dos originais, ressalvada a alegação motivada e fundamentada de adulteração antes ou durante o processo de digitalização.

§ 2º. A arguição de falsidade do documento original será processada eletronicamente na forma da lei processual em vigor.

§ 3º. Os originais dos documentos digitalizados, mencionados no § 2º deste artigo, deverão ser preservados pelo seu detentor até o trânsito em julgado da sentença ou, quando admitida, até o final do prazo para interposição de ação rescisória.

§ 4º. *(VETADO).*

§ 5º. Os documentos cuja digitalização seja tecnicamente inviável devido ao grande volume ou por motivo de ilegibilidade deverão ser apresentados ao cartório ou secretaria no prazo de 10 (dez) dias contados do envio de petição eletrônica comunicando o fato, os quais serão devolvidos à parte após o trânsito em julgado.

§ 6º Os documentos digitalizados juntados em processo eletrônico estarão disponíveis para acesso por meio da rede externa pelas respectivas partes processuais, pelos advogados, independentemente de procuração nos autos, pelos membros do Ministério Público e pelos magistrados, sem prejuízo da possibilidade de visualização nas secretarias dos órgãos julgadores, à exceção daqueles que tramitarem em segredo de justiça. *(Redação dada pela Lei 13.793/2019)*

§ 7º Os sistemas de informações pertinentes a processos eletrônicos devem possibilitar que advogados, procuradores e membros do Ministério Público cadastrados, mas não vinculados a processo previamente identificado, acessem automaticamente todos os atos e documentos processuais armazenados em meio eletrônico, desde que demonstrado interesse para fins apenas de registro, salvo nos casos de processos em segredo de justiça. *(Inserido pela Lei 13.793/2019)*

Art. 12. A conservação dos autos do processo poderá ser efetuada total ou parcialmente por meio eletrônico.

§ 1º. Os autos dos processos eletrônicos deverão ser protegidos por meio de sistemas de segurança de acesso e armazenados em meio que garanta a preservação e integridade dos dados, sendo dispensada a formação de autos suplementares.

§ 2º. Os autos de processos eletrônicos que tiverem de ser remetidos a outro juízo ou instância superior que não disponham de sistema compatível deverão ser impressos em papel, autuados na forma dos arts. 166 a 168 da Lei 5.869, de 11 de janeiro de 1973 – Código de Processo Civil, ainda que de natureza criminal ou trabalhista, ou pertinentes a juizado especial.

- Lei 13.105/15: arts. 206 a 208.

§ 3º. No caso do § 2º deste artigo, o escrivão ou o chefe de secretaria certificará os autores ou a origem dos documentos produzidos nos autos, acrescentando, ressalvada a hipótese de existir segredo de justiça, a forma pela qual o banco de dados poderá ser acessado para aferir a autenticidade das peças e das respectivas assinaturas digitais.

§ 4º. Feita a autuação na forma estabelecida no § 2º deste artigo, o processo seguirá a tramitação legalmente estabelecida para os processos físicos.

§ 5º. A digitalização de autos em mídia não digital, em tramitação ou já arquivados, será precedida de publicação de editais de intimações ou da intimação pessoal das partes e de seus procuradores, para que, no prazo preclusivo de 30 (trinta) dias, se manifestem sobre o desejo de manterem pessoalmente a guarda de algum dos documentos originais.

Art. 13. O magistrado poderá determinar que sejam realizados por meio eletrônico a exibição e o envio de dados e de documentos necessários à instrução do processo.

§ 1º. Consideram-se cadastros públicos, para os efeitos deste artigo, dentre outros existentes ou que venham a ser criados, ainda que mantidos por concessionárias de serviço público ou empresas privadas, os que contenham informações indispensáveis ao exercício da função judicante.

§ 2º. O acesso de que trata este artigo dar-se-á por qualquer meio tecnológico disponível, preferentemente o de menor custo, considerada sua eficiência.

§ 3º. *(VETADO).*

CAPÍTULO IV. DISPOSIÇÕES GERAIS E FINAIS

Art. 14. Os sistemas a serem desenvolvidos pelos órgãos do Poder Judiciário deverão usar, preferencialmente, programas com código aberto, acessíveis ininterruptamente por meio da rede mundial de computadores, priorizando-se a sua padronização.

Parágrafo único. Os sistemas devem buscar identificar os casos de ocorrência de prevenção, litispendência e coisa julgada.

Art. 15. Salvo impossibilidade que comprometa o acesso à justiça, a parte deverá informar, ao distribuir a petição inicial de qualquer ação judicial, o número no cadastro de pessoas físicas ou jurídicas, conforme o caso, perante a Secretaria da Receita Federal.

Parágrafo único. Da mesma forma, as peças de acusação criminais deverão ser instruídas pelos membros do Ministério Público ou pelas autoridades policiais com os números de registros dos acusados no Instituto Nacional de Identificação do Ministério da Justiça, se houver.

Art. 16. Os livros cartorários e demais repositórios dos órgãos do Poder Judiciário poderão ser gerados e armazenados em meio totalmente eletrônico.

Art. 17. *(Vetado).*

Art. 18. Os órgãos do Poder Judiciário regulamentarão esta Lei, no que couber, no âmbito de suas respectivas competências.

Art. 19. Ficam convalidados os atos processuais praticados por meio eletrônico até a data de publicação desta Lei, desde que tenham atingido sua finalidade e não tenha havido prejuízo para as partes.

Art. 20. A Lei nº 5.869, de 11 de janeiro de 1973 – Código de Processo Civil, passa a vigorar com as seguintes alterações:

- Lei 13.105/2015 revogou a Lei 5.869/1973.
- CPC/15: art. 105, § 1º, 193, 205, § 2º, 209, § 1º, 232, 246, V, 263, 264, 270, 272, § 3º, e 439 a 441.

"Art. 38. (...)

Parágrafo único. A procuração pode ser assinada digitalmente com base em certificado emitido por Autoridade Certificadora credenciada, na forma da lei específica."

"Art. 154. (...)

Parágrafo único. (Vetado).

§ 2º Todos os atos e termos do processo podem ser produzidos, transmitidos, armazenados e assinados por meio eletrônico, na forma da lei."

"Art. 164. (...)

Parágrafo único. A assinatura dos juízes, em todos os graus de jurisdição, pode ser feita eletronicamente, na forma da lei."

"Art. 169. (...)

§ 1º É vedado usar abreviaturas.

§ 2º Quando se tratar de processo total ou parcialmente eletrônico, os atos processuais praticados na presença do juiz poderão ser produzidos e armazenados de modo integralmente digital em arquivo eletrônico inviolável, na forma da lei, mediante registro em termo que será assinado digitalmente pelo juiz e pelo escrivão ou chefe de secretaria, bem como pelos advogados das partes.

§ 3º No caso do § 2º deste artigo, eventuais contradições na transcrição deverão ser suscitadas oralmente no momento da realização do ato, sob pena de preclusão, devendo o juiz decidir de plano, registrando-se a alegação e a decisão no termo."

"Art. 202. (...)

(...)

§ 3º A carta de ordem, carta precatória ou carta rogatória pode ser expedida por meio eletrônico, situação em que a assinatura do juiz deverá ser eletrônica, na forma da lei." (NR)

"Art. 221. (...)

(...)

IV – por meio eletrônico, conforme regulado em lei própria."

"Art. 237. (...)

Parágrafo único. As intimações podem ser feitas de forma eletrônica, conforme regulado em lei própria."

"Art. 365. (...)

(...)

V – os extratos digitais de bancos de dados, públicos e privados, desde que atestado pelo seu emitente, sob as penas da lei, que as informações conferem com o que consta na origem;

VI – as reproduções digitalizadas de qualquer documento, público ou particular, quando juntados aos autos pelos órgãos da Justiça e seus auxiliares, pelo Ministério Público e seus auxiliares, pelas procuradorias, pelas repartições públicas em geral e por advogados públicos ou privados, ressalvada a alegação motivada e fundamentada de adulteração antes ou durante o processo de digitalização.

§ 1º Os originais dos documentos digitalizados, mencionados no inciso VI do *caput* deste artigo, deverão ser preservados pelo seu detentor até o final do prazo para interposição de ação rescisória.

§ 2º Tratando-se de cópia digital de TÍTULO executivo extrajudicial ou outro documento relevante à instrução do processo, o juiz poderá determinar o seu depósito em cartório ou secretaria."

"Art. 399. (...)

§ 1º Recebidos os autos, o juiz mandará extrair, no prazo máximo e improrrogável de 30 (trinta) dias, certidões ou reproduções fotográficas das peças indicadas pelas partes ou de ofício; findo o prazo, devolverá os autos à repartição de origem.

§ 2º As repartições públicas poderão fornecer todos os documentos em meio eletrônico conforme disposto em lei, certificando, pelo mesmo meio, que se trata de extrato fiel do que consta em seu banco de dados ou do documento digitalizado."

"Art. 417. (...)

§ 1º O depoimento será passado para a versão datilográfica quando houver recurso da sentença ou noutros casos, quando o juiz o determinar, de ofício ou a requerimento da parte.

§ 2º Tratando-se de processo eletrônico, observar-se-á o disposto nos §§ 2º e 3º do art. 169 desta Lei."

"Art. 457. (...)

(...)

§ 4º Tratando-se de processo eletrônico, observar-se-á o disposto nos §§ 2º e 3º do art. 169 desta Lei."

"Art. 556. (...)

Parágrafo único. Os votos, acórdãos e demais atos processuais podem ser registrados em arquivo eletrônico inviolável e assinados eletronicamente, na forma da lei, devendo ser impressos para juntada aos autos do processo quando este não for eletrônico."

Art. 21. *(VETADO).*

Art. 22. Esta Lei entra em vigor 90 (noventa) dias depois de sua publicação.

Brasília, 19 de dezembro de 2006; 185º da Independência e 118º da República.

LUIZ INÁCIO LULA DA SILVA

Publicado no D.O.U. 20.12.2006

LEI Nº 11.636, DE 28 DE DEZEMBRO DE 2007

Dispõe sobre as custas judiciais devidas no âmbito do Superior Tribunal de Justiça.

▸ *Custas judiciais*

O PRESIDENTE DA REPÚBLICA Faço saber que o Congresso Nacional decreta e eu sanciono a seguinte Lei:

Art. 1º. Esta Lei dispõe sobre a incidência e a cobrança das custas devidas à União que tenham como fato gerador a prestação de serviços públicos de natureza forense, no âmbito do Superior Tribunal de Justiça, nos processos de competência originária ou recursal.

Art. 2º. Os valores e as hipóteses de incidência das custas são os constantes do Anexo desta Lei.

Parágrafo único. Os valores das custas judiciais do Superior Tribunal de Justiça constantes das Tabelas do Anexo desta Lei serão corrigidos anualmente pela variação do Índice Nacional de Preços ao Consumidor Amplo – IPCA, do IBGE, observado o disposto no art. 15 desta Lei.

▸ Resolução 1/2016 do STJ/GP – Dispõe sobre o pagamento de custas judiciais e porte de remessa e retorno dos autos no âmbito do STJ.

Art. 3º. As custas previstas nesta Lei não excluem as despesas estabelecidas em legislação processual específica, inclusive o porte de remessa e retorno dos autos.

Art. 4º. O pagamento das custas deverá ser feito em bancos oficiais, mediante preenchimento de guia de recolhimento de receita da União, de conformidade com as normas estabelecidas pela Secretaria da Receita Federal do Ministério da Fazenda e por resolução do presidente do Superior Tribunal de Justiça.

▸ Resolução 1/2016 do STJ/GP – Dispõe sobre o pagamento de custas judiciais e porte de remessa e retorno dos autos no âmbito do STJ.

Art. 5º. Exceto em caso de isenção legal, nenhum feito será distribuído sem o respectivo preparo, nem se praticarão nele atos processuais, salvo os que forem ordenados de ofício pelo relator.

Parágrafo único. O preparo compreende todos os atos do processo, inclusive a baixa dos autos.

Art. 6º. Quando autor e réu recorrerem, cada recurso estará sujeito a preparo integral e distinto, composto de custas e porte de remessa e retorno.

§ 1º. Se houver litisconsortes necessários, bastará que um dos recursos seja preparado para que todos sejam julgados, ainda que não coincidam suas pretensões.

§ 2º. Para efeito do disposto no § 1º deste artigo, o assistente é equiparado ao litisconsorte.

§ 3º. O terceiro prejudicado que recorrer fará o preparo do seu recurso, independentemente do preparo dos recursos que, porventura, tenham sido interpostos pelo autor ou pelo réu.

Art. 7º. Não são devidas custas nos processos de *habeas data*, *habeas corpus* e recursos em *habeas corpus*, e nos demais processos criminais, salvo a ação penal privada.

Art. 8º. Não haverá restituição das custas quando se declinar da competência do Superior Tribunal de Justiça para outros órgãos jurisdicionais.

Art. 9º. Quando se tratar de feitos de competência originária, o comprovante do recolhimento das custas deverá ser apresentado na unidade competente do Superior Tribunal de Justiça, no ato de protocolo.

Art. 10. Quando se tratar de recurso, o recolhimento do preparo, composto de custas e porte de remessa e retorno, será feito no tribunal de origem, perante as suas secretarias e no prazo da sua interposição.

Parágrafo único. Nenhum recurso subirá ao Superior Tribunal de Justiça, salvo caso de isenção, sem a juntada aos autos do comprovante de recolhimento do preparo.

Art. 11. O abandono ou desistência do feito, ou a existência de transação que lhe ponha termo, em qualquer fase do processo, não dispensa a parte do pagamento das custas nem lhe dá o direito à restituição.

Art. 12. Extinto o processo, se a parte responsável pelo pagamento das custas ou porte de remessa e retorno, devidamente intimada, não o fizer dentro de 15 (quinze) dias, o responsável pela unidade administrativa competente do órgão julgador a que estiver afeto o processo encaminhará os elementos necessários ao relator e este à Procuradoria-Geral da Fazenda Nacional, para sua inscrição como dívida ativa da União.

Art. 13. A assistência judiciária, perante o Superior Tribunal de Justiça, será requerida ao presidente antes da distribuição, e, nos demais casos, ao relator.

Parágrafo único. Prevalecerá no Superior Tribunal de Justiça a assistência judiciária já concedida em outra instância.

Art. 14. O regimento interno do Superior Tribunal de Justiça disporá sobre os atos complementares necessários ao cumprimento desta Lei.

Art. 15. Esta Lei entra em vigor na data de sua publicação, produzindo efeitos respeitando-se o disposto nas alíneas *b* e *c* do inciso III do *caput* do art. 150 da Constituição Federal.

Brasília, 28 de dezembro de 2007; 186º da Independência e 119º da República.

LUIZ INÁCIO LULA DA SILVA

Publicado no D.O.U. de 28.12.2007

▸ Deixamos de publicar o Anexo (Tabela de Custas Judiciais do STJ).

LEI Nº 11.638, DE 28 DE DEZEMBRO DE 2007

Altera e revoga dispositivos da Lei nº 6.404, de 15 de dezembro de 1976, e da Lei nº 6.385, de 7 de dezembro de 1976, e estende às sociedades de grande porte disposições relativas à elaboração e divulgação de demonstrações financeiras.

› *Demonstrações financeiras*

O PRESIDENTE DA REPÚBLICA Faço saber que o Congresso Nacional decreta e eu sanciono a seguinte Lei:

Art. 1º. Os arts. 176 a 179, 181 a 184, 187, 188, 197, 199, 226 e 248 da Lei nº 6.404, de 15 de dezembro de 1976, passam a vigorar com a seguinte redação:

› Alterações incorporadas ao texto da referida lei.

Art. 2º. A Lei nº 6.404, de 15 de dezembro de 1976, passa a vigorar acrescida do seguinte art. 195-A:

› Alteração incorporada ao texto da referida lei.

Demonstrações Financeiras de Sociedades de Grande Porte

Art. 3º. Aplicam-se às sociedades de grande porte, ainda que não constituídas sob a forma de sociedades por ações, as disposições da Lei nº 6.404, de 15 de dezembro de 1976, sobre escrituração e elaboração de demonstrações financeiras e a obrigatoriedade de auditoria independente por auditor registrado na Comissão de Valores Mobiliários.

Parágrafo único. Considera-se de grande porte, para os fins exclusivos desta Lei, a sociedade ou conjunto de sociedades sob controle comum que tiver, no exercício social anterior, ativo total superior a R$ 240.000.000,00 (duzentos e quarenta milhões de reais) ou receita bruta anual superior a R$ 300.000.000,00 (trezentos milhões de reais).

Art. 4º. As normas de que tratam os incisos I, II e IV do § 1º do art. 22 da Lei nº 6.385, de 7 de dezembro de 1976, poderão ser especificadas por categorias de companhias abertas e demais emissores de valores mobiliários em função do seu porte e das espécies e classes dos valores mobiliários por eles emitidos e negociados no mercado.

Art. 5º. A Lei nº 6.385, de 7 de dezembro de 1976, passa a vigorar acrescida do seguinte art. 10-A:

› Alteração incorporada ao texto da referida lei.

Art. 6º. Os saldos existentes nas reservas de reavaliação deverão ser mantidos até a sua efetiva realização ou estornados até o final do exercício social em que esta Lei entrar em vigor.

Art. 7º. As demonstrações referidas nos incisos IV e V do *caput* do art. 176 da Lei nº 6.404, de 15 de dezembro de 1976, poderão ser divulgadas, no primeiro ano de vigência desta Lei, sem a indicação dos valores correspondentes ao exercício anterior.

Art. 8º. Os textos consolidados das Leis nºs 6.404, de 15 de dezembro de 1976, e 6.385, de 7 de dezembro de 1976, com todas as alterações nelas introduzidas pela legislação posterior, inclusive esta Lei, serão publicados no Diário Oficial da União pelo Poder Executivo.

Art. 9º. Esta Lei entra em vigor no primeiro dia do exercício seguinte ao de sua publicação.

Art. 10. Ficam revogadas as alíneas *c* e *d* do § 1º do art. 182 e o § 2º do art. 187 da Lei nº 6.404, de 15 de dezembro de 1976.

Brasília, 28 de dezembro de 2007; 186º da Independência e 119º da República.

LUIZ INÁCIO LULA DA SILVA

Publicado no D.O.U. de 28.12.2007

LEI Nº 11.648, DE 31 DE MARÇO DE 2008

Dispõe sobre o reconhecimento formal das centrais sindicais para os fins que especifica, altera a Consolidação das Leis do Trabalho – CLT, aprovada pelo Decreto-Lei nº 5.452, de 1º de maio de 1943, e dá outras providências.

› *Centrais sindicais*

O PRESIDENTE DA REPÚBLICA Faço saber que o Congresso Nacional decreta e eu sanciono a seguinte Lei:

› CF/88: art. 8º.

› Portaria 194/2008 do MTE – Aprova instruções para a aferição dos requisitos de representatividade das centrais sindicais, exigidos pela Lei 11.648/2008.

Art. 1º. A central sindical, entidade de representação geral dos trabalhadores, constituída em âmbito nacional, terá as seguintes atribuições e prerrogativas:

I – coordenar a representação dos trabalhadores por meio das organizações sindicais a ela filiadas; e

II – participar de negociações em fóruns, colegiados de órgãos públicos e demais espaços de diálogo social que possuam composição tripartite, nos quais estejam em discussão assuntos de interesse geral dos trabalhadores.

Parágrafo único. Considera-se central sindical, para os efeitos do disposto nesta Lei, a entidade associativa de direito privado composta por organizações sindicais de trabalhadores.

Art. 2º. Para o exercício das atribuições e prerrogativas a que se refere o inciso II do *caput* do art. 1º desta Lei, a central sindical deverá cumprir os seguintes requisitos:

› Portaria 186/2008 do MTE – Pedidos de registro sindical no MTE.

I – filiação de, no mínimo, 100 (cem) sindicatos distribuídos nas 5 (cinco) regiões do País;

II – filiação em pelo menos 3 (três) regiões do País de, no mínimo, 20 (vinte) sindicatos em cada uma;

III – filiação de sindicatos em, no mínimo, 5 (cinco) setores de atividade econômica; e

IV – filiação de sindicatos que representem, no mínimo, 7% (sete por cento) do total de empregados sindicalizados em âmbito nacional.

Parágrafo único. O índice previsto no inciso IV do *caput* deste artigo será de 5% (cinco por cento) do total de empregados sindicalizados em âmbito nacional no período de 24 (vinte e quatro) meses a contar da publicação desta Lei.

Art. 3º. A indicação pela central sindical de representantes nos fóruns tripartites, conselhos e colegiados de órgãos públicos a que se refere o inciso II do *caput* do art. 1º desta Lei será em número proporcional ao índice de representatividade previsto no inciso IV do *caput* do art. 2º desta Lei, salvo acordo entre centrais sindicais.

§ 1º. O critério de proporcionalidade, bem como a possibilidade de acordo entre as centrais, previsto no *caput* deste artigo não poderá prejudicar a participação de outras centrais sindicais que atenderem aos requisitos estabelecidos no art. 2º desta Lei.

§ 2º. A aplicação do disposto no *caput* deste artigo deverá preservar a paridade de representação de trabalhadores e empregadores em qualquer organismo mediante o qual sejam levadas a cabo as consultas.

Art. 4º. A aferição dos requisitos de representatividade de que trata o art. 2º desta Lei será realizada pelo Ministério do Trabalho e Emprego.

› Portaria 194/2008 do MTE – Aprova instruções para a aferição dos requisitos de representatividade das centrais sindicais, exigidos pela Lei 11.648/2008.

› Portaria 186/2008 do MTE – Pedidos de registro sindical no MTE.

§ 1º. O Ministro de Estado do Trabalho e Emprego, mediante consulta às centrais sindicais, poderá baixar instruções para disciplinar os procedimentos necessários à aferição dos requisitos de representatividade, bem como para alterá-los com base na análise dos índices de sindicalização dos sindicatos filiados às centrais sindicais.

§ 2º. Ato do Ministro de Estado do Trabalho e Emprego divulgará, anualmente, relação das centrais sindicais que atendem aos requisitos de que trata o art. 2º desta Lei, indicando seus índices de representatividade.

Art. 5º. Os arts. 589, 590, 591 e 593 da Consolidação das Leis do Trabalho – CLT, aprovada pelo Decreto-Lei nº 5.452, de 1º de maio de 1943, passam a vigorar com a seguinte redação:

› Alterações incorporadas ao texto da CLT.

Art. 6º. (VETADO).

Art. 7º. Os arts. 578 a 610 da Consolidação das Leis do Trabalho – CLT, aprovada pelo Decreto-Lei nº 5.452, de 1º de maio de 1943, vigorarão até que a lei venha a disciplinar a contribuição negocial, vinculada ao exercício efetivo da negociação coletiva e à aprovação em assembleia geral da categoria.

Art. 8º. Esta Lei entra em vigor na data de sua publicação.

Brasília, 31 de março de 2008; 187º da Independência e 120º da República.

LUIZ INÁCIO LULA DA SILVA

Publicado no D.O.U. de 31.3.2008

DECRETO Nº 6.488, DE 19 DE JUNHO DE 2008

Regulamenta os arts. 276 e 306 da Lei nº 9.503, de 23 de setembro de 1997 – Código de Trânsito Brasileiro, disciplinando a margem de tolerância de álcool no sangue e a equivalência entre os distintos testes de alcoolemia para efeitos de crime de trânsito.

- *Lei Seca – regulamento*

O PRESIDENTE DA REPÚBLICA, no uso da atribuição que lhe confere o art. 84, inciso IV, da Constituição, e tendo em vista o disposto nos arts. 276 e 306 da Lei nº 9.503, de 23 de setembro de 1997 – Código de Trânsito Brasileiro, decreta:

Art. 1º. Qualquer concentração de álcool por litro de sangue sujeita o condutor às penalidades administrativas do art. 165 da Lei nº 9.503, de 23 de setembro de 1997 – Código de Trânsito Brasileiro, por dirigir sob a influência de álcool.

- Lei 11.705/2008 – Altera a Lei 9.503/1997 e a Lei 9.294/1996, que dispõe sobre as restrições ao uso e à propaganda de produtos fumígeros, bebidas alcoólicas, medicamentos, terapias e defensivos agrícolas, nos termos do § 4º do art. 220 da CF, para inibir o consumo de bebida alcoólica por condutor de veículo automotor.

§ 1º. As margens de tolerância de álcool no sangue para casos específicos serão definidas em resolução do Conselho Nacional de Trânsito – CONTRAN, nos termos de proposta formulada pelo Ministro de Estado da Saúde.

- Resolução 432/2013 do Contran – Dispõe sobre os procedimentos a serem adotados pelas autoridades de trânsito e seus agentes na fiscalização do consumo de álcool ou de outra substância psicoativa que determine dependência, para aplicação do disposto nos arts. 165, 276, 277 e 306 da Lei 9.503/1997 (CTB).

§ 2º. Enquanto não editado o ato de que trata o § 1º, a margem de tolerância será de duas decigramas por litro de sangue para todos os casos.

§ 3º Na hipótese do § 2º, caso a aferição da quantidade de álcool no sangue seja feito por meio de teste em aparelho de ar alveolar pulmonar (etilômetro), a margem de tolerância será de um décimo de miligrama por litro de ar expelido dos pulmões.

Art. 2º. Para os fins criminais de que trata o art. 306 da Lei nº 9.503, de 1997 – Código de Trânsito Brasileiro, a equivalência entre os distintos testes de alcoolemia é a seguinte:

I – exame de sangue: concentração igual ou superior a seis decigramas de álcool por litro de sangue; ou

II – teste em aparelho de ar alveolar pulmonar (etilômetro): concentração de álcool igual ou superior a três décimos de miligrama por litro de ar expelido dos pulmões.

Art. 3º. Este Decreto entra em vigor na data de sua publicação.

Brasília, 19 de junho de 2008; 187º da Independência e 120º da República.

LUIZ INÁCIO LULA DA SILVA

Publicado no D.O.U. de 20.6.2008

DECRETO Nº 6.489, DE 19 DE JUNHO DE 2008

Regulamenta a Lei nº 11.705, de 19 de junho de 2008, no ponto em que restringe a comercialização de bebidas alcoólicas em rodovias federais.

- *Comercialização e bebidas alcoólicas*

O PRESIDENTE DA REPÚBLICA, no uso da atribuição que lhe confere o art. 84, inciso IV, da Constituição, e tendo em vista o disposto na Lei nº 11.705, de 19 de junho de 2008, decreta:

Art. 1º. São vedados, na faixa de domínio de rodovia federal ou em terrenos contíguos à faixa de domínio com acesso direto à rodovia, a venda varejista ou o oferecimento para consumo de bebidas alcoólicas no local.

§ 1º. A violação do disposto no *caput* implica multa de R$ 1.500,00 (mil e quinhentos reais).

§ 2º. Em caso de reincidência, dentro do prazo de doze meses, a multa será aplicada em dobro e suspensa a autorização para acesso à rodovia.

§ 3º. Considera-se como para consumo no local a disponibilização de ambiente e condições para consumo na área interna ou externa do estabelecimento comercial.

Art. 2º. Não se aplica o disposto neste Decreto em área urbana.

Art. 3º. Para os efeitos deste Decreto, adotam-se as seguintes definições:

I – faixa de domínio: superfície lindeira às vias rurais, incluindo suas vias arteriais, locais e coletoras, delimitada por lei específica e sob responsabilidade do órgão ou entidade de trânsito competente com circunscrição sobre a via;

II – local contíguo à faixa de domínio com acesso direto à rodovia: área lindeira à faixa de domínio, na qual o acesso ou um dos acessos seja diretamente por meio da rodovia ou da faixa de domínio;

III – bebidas alcoólicas: bebidas potáveis que contenham álcool em sua composição, com grau de concentração igual ou acima de meio grau Gay-Lussac; e

IV – área urbana de rodovia: trecho da rodovia limítrofe com áreas definidas pela legislação do Município ou do Distrito Federal como área urbana.

Parágrafo único. Caso o Município não possua legislação definindo sua área urbana, a proibição ocorrerá em toda extensão da rodovia no Município respectivo.

Art. 4º. Ressalvado o disposto no art. 2º, o estabelecimento comercial situado na faixa de domínio de rodovia federal ou em local contíguo à faixa de domínio com acesso direto à rodovia que inclua entre sua atividade a venda ou o fornecimento de bebidas ou alimentos deverá fixar, em local de ampla visibilidade, aviso da vedação de que trata o art. 1º.

§ 1º. Para os fins do *caput*, considera-se de ampla visibilidade o aviso com dimensão mínima de duzentos e dez por duzentos e noventa e sete milímetros, fixado no ponto de maior circulação de pessoas e com letras de altura mínima de um centímetro.

§ 2º. Do aviso deverá constar, no mínimo, o texto "É proibida a venda varejista ou o oferecimento de bebidas alcoólicas para consumo neste local. Pena: Multa de R$ 1.500,00. Denúncias: Disque 191 – Polícia Rodoviária Federal".

§ 3º. O descumprimento do disposto neste artigo implica multa de R$ 300,00 (trezentos reais).

Art. 5º. Compete à Polícia Rodoviária Federal fiscalizar, aplicar e arrecadar as multas previstas neste Decreto.

§ 1º. A União poderá firmar convênios com os Estados ou o Distrito Federal, para que exerçam a fiscalização e apliquem as multas de que tratam os arts. 1º e 4º deste Decreto em rodovias federais nas quais o patrulhamento ostensivo não esteja sendo realizado pela Polícia Rodoviária Federal.

§ 2º. Para exercer a fiscalização, a Polícia Rodoviária Federal, ou o ente conveniado, deverá observar a legislação municipal que delimita as áreas urbanas.

§ 3º. Esgotado o prazo para o recolhimento da penalidade imposta sem que o infrator tenha providenciado o pagamento devido, a Polícia Rodoviária Federal encaminhará os processos que culminaram nas sanções constituídas à Procuradoria da Fazenda Nacional do respectivo Estado, para efeitos de inscrição em dívida ativa.

Art. 6º. Configurada a reincidência, a Polícia Rodoviária Federal, ou o ente conveniado, comunicará ao Departamento Nacional de Infraestrutura de Transportes – DNIT ou, quando se tratar de rodovia concedida, à Agência Nacional de Transportes Terrestres – ANTT, para aplicação da penalidade de suspensão da autorização para acesso à rodovia.

§ 1º. A suspensão da autorização para acesso à rodovia dar-se-á pelo prazo de:

I – noventa dias, caso não tenha ocorrido suspensão anterior; ou

II – um ano, caso tenha ocorrido outra suspensão nos últimos dois anos.

§ 2º. Compete ao DNIT ou, quando se tratar de rodovia concedida, à ANTT providenciar o bloqueio físico do acesso, com apoio da Polícia Rodoviária Federal.

Art. 7º. Quando a Polícia Rodoviária Federal constatar o descumprimento do disposto neste Decreto, será determinada a imediata retirada dos produtos expostos à venda ou ofertados para o consumo e a cessação de qualquer ato de venda ou oferecimento para consumo deles, lavrando-se auto de infração.

§ 1º. No caso de desobediência da determinação de que trata o *caput*, o policial rodoviário federal responsável pela fiscalização adotará as providências penais cabíveis.

§ 2º. O auto de infração de que trata este artigo serve de notificação, ainda que recebido por preposto ou empregado, marcando o início do prazo de trinta dias para oferecimento de defesa mediante petição dirigida ao Superintendente ou Chefe de Distrito da Unidade Regional do Departamento de Polícia Rodoviária Federal com circunscrição sobre a via.

§ 3º. Julgado procedente o auto de infração, o Superintendente ou Chefe de Distrito da Unidade Regional do Departamento de Polícia Rodoviária Federal com circunscrição sobre a via aplicará a penalidade cabível, expedindo a respectiva notificação ao infrator, mediante ciência no processo, por via postal com aviso de recebimento, por telegrama ou outro meio que assegure a certeza da ciência do interessado.

§ 4º. Da notificação de que trata o § 3º, deverá constar o prazo mínimo de trinta dias para interposição de recurso, que será contado a partir da ciência da decisão que impôs a penalidade.

§ 5º. A notificação deverá ser acompanhada da respectiva Guia para Recolhimento da União – GRU, com prazo mínimo de trinta dias para pagamento da multa.

§ 6º. O recurso será dirigido à autoridade que proferiu a decisão, a qual, se não a reconsiderar no prazo de cinco dias, o encaminhará ao Diretor-Geral do Departamento de Polícia Rodoviária Federal, responsável pelo seu julgamento.

§ 7º. O Diretor-Geral do Departamento de Polícia Rodoviária Federal poderá delegar a competência prevista no § 6º.

§ 8º. O julgamento do recurso de que trata o § 6º encerra a esfera administrativa de julgamento.

§ 9º. A impugnação e o recurso de que trata este artigo têm efeito suspensivo sobre a penalidade de multa.

§ 10. No tocante à penalidade de suspensão da autorização para acesso à rodovia, presente dúvida razoável sobre a correção da autuação e havendo justo receio de prejuízo de difícil ou incerta reparação decorrente da execução da medida, a autoridade recorrida ou a imediatamente superior poderá, de ofício ou a pedido, dar efeito suspensivo à impugnação e ao recurso.

§ 11. O procedimento administrativo relativo às autuações por infração ao disposto na Lei nº 11.705, de 19 de junho de 2008, obedecerá, no que couber, às disposições da Lei nº 9.784, de 29 de janeiro de 1999.

Art. 8º. Do auto de infração deverão constar as seguintes informações:

I – data, hora e local do cometimento da infração;

II – descrição da infração praticada e dispositivo legal violado;

III – identificação da pessoa jurídica, com razão social e CNPJ, ou da pessoa física, com CPF e documento de identidade, sempre que possível;

IV – identificação do Policial Rodoviário Federal responsável pela autuação, por meio de assinatura e matrícula, bem como da Delegacia e da respectiva Unidade Regional com circunscrição no local da infração; e

V – assinatura, sempre que possível, do responsável ou preposto que esteja trabalhando no local em que foi constatada a infração.

Art. 9º. Este Decreto entra em vigor na data de sua publicação.

Art. 10. Fica revogado o Decreto nº 6.366, de 30 de janeiro de 2008.

Brasília, 19 de junho de 2008; 187º da Independência e 120º da República.

LUIZ INÁCIO LULA DA SILVA

Publicado D.O.U. 20.6.2008

LEI Nº 11.705, DE 19 DE JUNHO DE 2008

Altera a Lei nº 9.503, de 23 de setembro de 1997, que 'institui o Código de Trânsito Brasileiro', e a Lei nº 9.294, de 15 de julho de 1996, que dispõe sobre as restrições ao uso e à propaganda de produtos fumígeros, bebidas alcoólicas, medicamentos, terapias e defensivos agrícolas, nos termos do § 4º do art. 220 da Constituição Federal, para inibir o consumo de bebida alcoólica por condutor de veículo automotor, e dá outras providências.

▸ *Lei Seca*

O PRESIDENTE DA REPÚBLICA Faço saber que o Congresso Nacional decreta e eu sanciono a seguinte Lei:

▸ Decreto 6.489/2008 – Regulamenta a Lei 11.705/2008.

Art. 1º. Esta Lei altera dispositivos da Lei nº 9.503, de 23 de setembro de 1997, que institui o Código de Trânsito Brasileiro, com a finalidade de estabelecer alcoolemia 0 (zero) e de impor penalidades mais severas para o condutor que dirigir sob a influência do álcool, e da Lei nº 9.294, de 15 de julho de 1996, que dispõe sobre as restrições ao uso e à propaganda de produtos fumígeros, bebidas alcoólicas, medicamentos, terapias e defensivos agrícolas, nos termos do § 4º do art. 220 da Constituição Federal, para obrigar os estabelecimentos comerciais em que se vendem ou oferecem bebidas alcoólicas a estampar, no recinto, aviso de que constitui crime dirigir sob a influência de álcool.

Art. 2º. São vedados, na faixa de domínio de rodovia federal ou em terrenos contíguos à faixa de domínio com acesso direto à rodovia, a venda varejista ou o oferecimento de bebidas alcoólicas para consumo no local.

§ 1º. A violação do disposto no *caput* deste artigo implica multa de R$ 1.500,00 (um mil e quinhentos reais).

§ 2º. Em caso de reincidência, dentro do prazo de 12 (doze) meses, a multa será aplicada em dobro, e suspensa a autorização de acesso à rodovia, pelo prazo de até 1 (um) ano.

§ 3º. Não se aplica o disposto neste artigo em área urbana, de acordo com a delimitação dada pela legislação de cada município ou do Distrito Federal.

Art. 3º. Ressalvado o disposto no § 3º do art. 2º desta Lei, o estabelecimento comercial situado na faixa de domínio de rodovia federal ou em terreno contíguo à faixa de domínio com acesso direto à rodovia, que inclua entre suas atividades a venda varejista ou o fornecimento de bebidas ou alimentos, deverá afixar, em local de ampla visibilidade, aviso da vedação de que trata o art. 2º desta Lei.

Parágrafo único. O descumprimento do disposto no *caput* deste artigo implica multa de R$ 300,00 (trezentos reais).

Art. 4º. Competem à Polícia Rodoviária Federal a fiscalização e a aplicação das multas previstas nos arts. 2º e 3º desta Lei.

§ 1º. A União poderá firmar convênios com Estados, Municípios e com o Distrito Federal, a fim de que estes também possam exercer a fiscalização e aplicar as multas de que tratam os arts. 2º e 3º desta Lei.

§ 2º. Configurada a reincidência, a Polícia Rodoviária Federal ou ente conveniado comunicará o fato ao Departamento Nacional de Infraestrutura de Transportes – DNIT ou, quando se tratar de rodovia concedida, à Agência Nacional de Transportes Terrestres – ANTT, para a aplicação da penalidade de suspensão da autorização de acesso à rodovia.

Art. 5º. A Lei nº 9.503, de 23 de setembro de 1997, passa a vigorar com as seguintes modificações:

I – o art. 10 passa a vigorar acrescido do seguinte inciso XXIII:

▸ Alteração incorporada ao texto da referida lei.

II – o *caput* do art. 165 passa a vigorar com a seguinte redação:

▸ Alteração incorporada ao texto da referida lei.

III – o art. 276 passa a vigorar com a seguinte redação:

▸ Alteração incorporada ao texto da referida lei.

IV – o art. 277 passa a vigorar com as seguintes alterações:

▸ Alteração incorporada ao texto da referida lei.

V – o art. 291 passa a vigorar com as seguintes alterações:

- Alteração incorporada ao texto da referida lei.

VI – o art. 296 passa a vigorar com a seguinte redação:

- Alteração incorporada ao texto da referida lei.

VII – (VETADO)

VIII – o art. 306 passa a vigorar com a seguinte alteração:

- Alteração incorporada ao texto da referida lei.

Art. 6º. Consideram-se bebidas alcoólicas, para efeitos desta Lei, as bebidas potáveis que contenham álcool em sua composição, com grau de concentração igual ou superior a meio grau Gay-Lussac.

Art. 7º. A Lei nº 9.294, de 15 de julho de 1996, passa a vigorar acrescida do seguinte art. 4º-A:

"Art. 4º-A. Na parte interna dos locais em que se vende bebida alcoólica, deverá ser afixado advertência escrita de forma legível e ostensiva de que é crime dirigir sob a influência de álcool, punível com detenção."

Art. 8º. Esta Lei entra em vigor na data de sua publicação.

Art. 9º. Fica revogado o inciso V do parágrafo único do art. 302 da Lei nº 9.503, de 23 de setembro de 1997.

Brasília, 16 de junho de 2008; 187º da Independência e 120º da República.

LUIZ INÁCIO LULA DA SILVA

Publicado no D.O.U. de 20.06.2008

LEI Nº 11.770, DE 9 DE SETEMBRO DE 2008

- *Licença-maternidade*

Cria o Programa Empresa Cidadã, destinado à prorrogação da licença-maternidade mediante concessão de incentivo fiscal, e altera a Lei nº 8.212, de 24 de julho de 1991.

O PRESIDENTE DA REPÚBLICA Faço saber que o Congresso Nacional decreta e eu sanciono a seguinte Lei:

- CF/88: art. 7º, XVIII.
- CLT: arts. 392 a 396.
- Lei 13.257/2016 – Art. 39: "O Poder Executivo, com vistas ao cumprimento do disposto no inciso II do *caput* do art. 5º e nos arts. 12 e 14 da Lei Complementar nº 101, de 4 de maio de 2000, estimará o montante da renúncia fiscal decorrente do disposto no art. 38 desta Lei e o incluirá no demonstrativo a que se refere o § 6º do art. 165 da Constituição Federal, que acompanhará o projeto de lei orçamentária cuja apresentação se der após decorridos 60 (sessenta) dias da publicação desta Lei."
- Decreto 7.052/2009 – Regulamenta a Lei 11.770/2008.
- Decreto 6.690/2008 – Institui o Programa de Prorrogação da Licença à Gestante e à Adotante, estabelece os critérios de adesão ao Programa.

Art. 1º. É instituído o Programa Empresa Cidadã, destinado a prorrogar: (Redação dada pela Lei nº 13.257, de 2016, em vigor na data de sua publicação, com produção de efeitos a partir do primeiro dia do exercício subsequente àquele em que for implementado o disposto no art. 39 da Lei 13.257, de 2016)

I – por 60 (sessenta) dias a duração da licença-maternidade prevista no inciso XVIII do *caput* do art. 7º da Constituição Federal; (Redação dada pela Lei nº 13.257, de 2016, em vigor na data de sua publicação, com produção de efeitos a partir do primeiro dia do exercício subsequente àquele em que for implementado o disposto no art. 39 da Lei 13.257, de 2016)

II – por 15 (quinze) dias a duração da licença-paternidade, nos termos desta Lei, além dos 5 (cinco) dias estabelecidos no § 1º do art. 10 do Ato das Disposições Constitucionais Transitórias. (Redação dada pela Lei nº 13.257, de 2016, em vigor na data de sua publicação, com produção de efeitos a partir do primeiro dia do exercício subsequente àquele em que for implementado o disposto no art. 39 da Lei 13.257, de 2016)

§ 1º. A prorrogação de que trata este artigo: (Redação dada pela Lei nº 13.257, de 2016, em vigor na data de sua publicação, com produção de efeitos a partir do primeiro dia do exercício subsequente àquele em que for implementado o disposto no art. 39 da Lei 13.257, de 2016)

I – será garantida à empregada da pessoa jurídica que aderir ao Programa, desde que a empregada a requeira até o final do primeiro mês após o parto, e será concedida imediatamente após a fruição da licença-maternidade de que trata o inciso XVIII do *caput* do art. 7º da Constituição Federal; (Redação dada pela Lei nº 13.257, de 2016, em vigor na data de sua publicação, com produção de efeitos a partir do primeiro dia do exercício subsequente àquele em que for implementado o disposto no art. 39 da Lei 13.257, de 2016)

II – será garantida ao empregado da pessoa jurídica que aderir ao Programa, desde que o empregado a requeira no prazo de 2 (dois) dias úteis após o parto e comprove participação em programa ou atividade de orientação sobre paternidade responsável. (Redação dada pela Lei nº 13.257, de 2016, em vigor na data de sua publicação, com produção de efeitos a partir do primeiro dia do exercício subsequente àquele em que for implementado o disposto no art. 39 da Lei 13.257, de 2016)

§ 2º. A prorrogação será garantida, na mesma proporção, à empregada e ao empregado que adotar ou obtiver guarda judicial para fins de adoção de criança. (Redação dada pela Lei nº 13.257, de 2016, em vigor na data de sua publicação, com produção de efeitos a partir do primeiro dia do exercício subsequente àquele em que for implementado o disposto no art. 39 da Lei 13.257, de 2016)

Art. 2º. É a administração pública, direta, indireta e fundacional, autorizada a instituir programa que garanta prorrogação da licença-maternidade para suas servidoras, nos termos do que prevê o art. 1º desta Lei.

Art. 3º. Durante o período de prorrogação da licença-maternidade e da licença-paternidade: (Redação dada pela Lei nº 13.257, de 2016, em vigor na data de sua publicação, com produção de efeitos a partir do primeiro dia do exercício subsequente àquele em que for implementado o disposto no art. 39 da Lei nº 13.257, de 2016)

I – a empregada terá direito à remuneração integral, nos mesmos moldes devidos no período de percepção do salário-maternidade pago pelo Regime Geral de Previdência Social (RGPS); (Redação dada pela Lei nº 13.257, de 2016, em vigor na data de sua publicação, com produção de efeitos a partir do primeiro dia do exercício subsequente àquele em que for implementado o disposto no art. 39 da Lei 13.257, de 2016)

II – o empregado terá direito à remuneração integral. (Redação dada pela Lei nº 13.257, de 2016, em vigor na data de sua publicação, com produção de efeitos a partir do primeiro dia do exercício subsequente àquele em que for implementado o disposto no art. 39 da Lei 13.257, de 2016)

Art. 4º. No período de prorrogação da licença-maternidade e da licença-paternidade de que trata esta Lei, a empregada e o empregado não poderão exercer nenhuma atividade remunerada, e a criança deverá ser mantida sob seus cuidados. (Redação dada pela Lei nº 13.257, de 2016, em vigor na data de sua publicação, com produção de efeitos a partir do primeiro dia do exercício subsequente àquele em que for implementado o disposto no art. 39 da Lei 13.257, de 2016)

Parágrafo único. Em caso de descumprimento do disposto no *caput* deste artigo, a empregada e o empregado perderão o direito à prorrogação. (Redação dada pela Lei nº 13.257, de 2016, em vigor na data de sua publicação, com produção de efeitos a partir do primeiro dia do exercício subsequente àquele em que for implementado o disposto no art. 39 da Lei 13.257, de 2016)

Art. 5º. A pessoa jurídica tributada com base no lucro real poderá deduzir do imposto devido, em cada período de apuração, o total da remuneração integral da empregada e do empregado pago nos dias de prorrogação de sua licença-maternidade e de sua licença-paternidade, vedada a dedução como despesa operacional. (Redação alterada pela Lei nº 13.257, de 2016, em vigor na data de sua publicação, com produção de efeitos a partir do primeiro dia do exercício subsequente àquele em que for implementado o disposto no art. 39 da Lei 13.257, de 2016)

Parágrafo único. (*VETADO*). (Redação dada pela Lei nº 13.257, de 2016, em vigor na data de sua publicação, com produção de efeitos a partir do primeiro dia do exercício subsequente àquele em que for implementado o disposto no art. 39 da Lei 13.257, de 2016)

Art. 6º. (*VETADO*).

Art. 7º. O Poder Executivo, com vistas no cumprimento do disposto no inciso II do *caput* do art. 5º e nos arts. 12 e 14 da Lei Complementar nº 101, de 4 de maio de 2000, estimará o montante da renúncia fiscal decorrente do disposto nesta Lei e o incluirá no demonstrativo a que se refere o § 6º do art. 165 da Constituição Federal, que acompanhará o projeto de lei orçamentária cuja apresentação se der após decorridos 60 (sessenta) dias da publicação desta Lei.

Art. 8º. Esta Lei entra em vigor na data de sua publicação, produzindo efeitos a partir do primeiro dia do exercício subsequente àquele em que for implementado o disposto no seu art. 7º.

Brasília, 9 de setembro de 2008; 187º da Independência e 120º da República.

LUIZ INÁCIO LULA DA SILVA

Publicado no D.O.U. 10.9.2008

LEI Nº 11.788, DE 25 DE SETEMBRO DE 2008

Dispõe sobre o estágio de estudantes; altera a redação do art. 428 da Consolidação das Leis do Trabalho – CLT, aprovada pelo Decreto-lei nº 5.452, de 1º de maio de 1943, e a Lei nº 9.394, de 20 de dezembro de 1996; revoga as Leis nºs 6.494, de 7 de dezembro de 1977, e 8.859, de 23 de março de 1994, o parágrafo único do art. 82 da Lei nº 9.394, de 20 de dezembro de 1996, e o art. 6º da Medida Provisória nº 2.164-41, de 24 de agosto de 2001; e dá outras providências.

› *Lei do Estágio (2008)*

O PRESIDENTE DA REPÚBLICA Faço saber que o Congresso Nacional decreta e eu sanciono a seguinte Lei:

CAPÍTULO I. DA DEFINIÇÃO, CLASSIFICAÇÃO E RELAÇÕES DE ESTÁGIO

Art. 1º. Estágio é ato educativo escolar supervisionado, desenvolvido no ambiente de trabalho, que visa à preparação para o trabalho produtivo de educandos que estejam frequentando o ensino regular em instituições de educação superior, de educação profissional, de ensino médio, da educação especial e dos anos finais do ensino fundamental, na modalidade profissional da educação de jovens e adultos.

§ 1º. O estágio faz parte do projeto pedagógico do curso, além de integrar o itinerário formativo do educando.

§ 2º. O estágio visa ao aprendizado de competências próprias da atividade profissional e à contextualização curricular, objetivando o desenvolvimento do educando para a vida cidadã e para o trabalho.

Art. 2º. O estágio poderá ser obrigatório ou não obrigatório, conforme determinação das diretrizes curriculares da etapa, modalidade e área de ensino e do projeto pedagógico do curso.

§ 1º. Estágio obrigatório é aquele definido como tal no projeto do curso, cuja carga horária é requisito para aprovação e obtenção de diploma.

§ 2º. Estágio não obrigatório é aquele desenvolvido como atividade opcional, acrescida à carga horária regular e obrigatória.

§ 3º. As atividades de extensão, de monitorias e de iniciação científica na educação superior, desenvolvidas pelo estudante, somente poderão ser equiparadas ao estágio em caso de previsão no projeto pedagógico do curso.

Art. 3º. O estágio, tanto na hipótese do § 1º do art. 2º desta Lei quanto na prevista no § 2º do mesmo dispositivo, não cria vínculo empregatício de qualquer natureza, observados os seguintes requisitos:

I – matrícula e frequência regular do educando em curso de educação superior, de educação profissional, de ensino médio, da educação especial e nos anos finais do ensino fundamental, na modalidade profissional da educação de jovens e adultos e atestados pela instituição de ensino;

II – celebração de termo de compromisso entre o educando, a parte concedente do estágio e a instituição de ensino;

III – compatibilidade entre as atividades desenvolvidas no estágio e aquelas previstas no termo de compromisso.

§ 1º. O estágio, como ato educativo escolar supervisionado, deverá ter acompanhamento efetivo pelo professor orientador da instituição de ensino e por supervisor da parte concedente, comprovado por vistos nos relatórios referidos no inciso IV do *caput* do art. 7º desta Lei e por menção de aprovação final.

§ 2º. O descumprimento de qualquer dos incisos deste artigo ou de qualquer obrigação contida no termo de compromisso caracteriza vínculo de emprego do educando com a parte concedente do estágio para todos os fins da legislação trabalhista e previdenciária.

Art. 4º. A realização de estágios, nos termos desta Lei, aplica-se aos estudantes estrangeiros regularmente matriculados em cursos superiores no País, autorizados ou reconhecidos, observado o prazo do visto temporário de estudante, na forma da legislação aplicável.

Art. 5º. As instituições de ensino e as partes cedentes de estágio podem, a seu critério, recorrer a serviços de agentes de integração públicos e privados, mediante condições acordadas em instrumento jurídico apropriado, devendo ser observada, no caso de contratação com recursos públicos, a legislação que estabelece as normas gerais de licitação.

§ 1º. Cabe aos agentes de integração, como auxiliares no processo de aperfeiçoamento do instituto do estágio:

I – identificar oportunidades de estágio;

II – ajustar suas condições de realização;

III – fazer o acompanhamento administrativo;

IV – encaminhar negociação de seguros contra acidentes pessoais;

V – cadastrar os estudantes.

§ 2º. É vedada a cobrança de qualquer valor dos estudantes, a TÍTULO de remuneração pelos serviços referidos nos incisos deste artigo.

§ 3º. Os agentes de integração serão responsabilizados civilmente se indicarem estagiários para a realização de atividades não compatíveis com a programação curricular estabelecida para cada curso, assim como estagiários matriculados em cursos ou instituições para as quais não há previsão de estágio curricular.

Art. 6º. O local de estágio pode ser selecionado a partir de cadastro de partes cedentes, organizado pelas instituições de ensino ou pelos agentes de integração.

CAPÍTULO II. DA INSTITUIÇÃO DE ENSINO

Art. 7º. São obrigações das instituições de ensino, em relação aos estágios de seus educandos:

I – celebrar termo de compromisso com o educando ou com seu representante ou assistente legal, quando ele for absoluta ou relativamente incapaz, e com a parte concedente, indicando as condições de adequação do estágio à proposta pedagógica do curso, à etapa e modalidade da formação escolar do estudante e ao horário e calendário escolar;

II – avaliar as instalações da parte concedente do estágio e sua adequação à formação cultural e profissional do educando;

III – indicar professor orientador, da área a ser desenvolvida no estágio, como responsável pelo acompanhamento e avaliação das atividades do estagiário;

IV – exigir do educando a apresentação periódica, em prazo não superior a 6 (seis) meses, de relatório das atividades;

V – zelar pelo cumprimento do termo de compromisso, reorientando o estagiário para outro local em caso de descumprimento de suas normas;

VI – elaborar normas complementares e instrumentos de avaliação dos estágios de seus educandos;

VII – comunicar à parte concedente do estágio, no início do período letivo, as datas de realização de avaliações escolares ou acadêmicas.

Parágrafo único. O plano de atividades do estagiário, elaborado em acordo das 3 (três) partes a que se refere o inciso II do *caput* do art. 3º desta Lei, será incorporado ao termo de compromisso por meio de aditivos à medida que for avaliado, progressivamente, o desempenho do estudante.

Art. 8º. É facultado às instituições de ensino celebrar com entes públicos e privados convênio de concessão de estágio, nos quais se explicitem o processo educativo compreendido nas atividades programadas para seus educandos e as condições de que tratam os arts. 6º a 14 desta Lei.

Parágrafo único. A celebração de convênio de concessão de estágio entre a instituição de ensino e a parte concedente não dispensa a celebração do termo de compromisso de que trata o inciso II do *caput* do art. 3º desta Lei.

CAPÍTULO III. DA PARTE CONCEDENTE

Art. 9º. As pessoas jurídicas de direito privado e os órgãos da administração pública direta, autárquica e fundacional de qualquer dos Poderes da União, dos Estados, do Distrito Federal e dos Municípios, bem como profissionais liberais de nível superior devidamente registrados em seus respectivos conselhos de fiscalização profissional, podem oferecer estágio, observadas as seguintes obrigações:

I – celebrar termo de compromisso com a instituição de ensino e o educando, zelando por seu cumprimento;

II – ofertar instalações que tenham condições de proporcionar ao educando atividades de aprendizagem social, profissional e cultural;

III – indicar funcionário de seu quadro de pessoal, com formação ou experiência profissional na área de conhecimento desenvolvida no curso do estagiário, para orientar e supervisionar até 10 (dez) estagiários simultaneamente;

IV – contratar em favor do estagiário seguro contra acidentes pessoais, cuja apólice seja compatível com valores de mercado, conforme fique estabelecido no termo de compromisso;

V – por ocasião do desligamento do estagiário, entregar termo de realização do estágio com indicação resumida das atividades desenvolvidas, dos períodos e da avaliação de desempenho;

VI – manter à disposição da fiscalização documentos que comprovem a relação de estágio;

VII – enviar à instituição de ensino, com periodicidade mínima de 6 (seis) meses, relatório de atividades, com vista obrigatória ao estagiário.

Parágrafo único. No caso de estágio obrigatório, a responsabilidade pela contratação do seguro de que trata o inciso IV do *caput* deste artigo poderá, alternativamente, ser assumida pela instituição de ensino.

CAPÍTULO IV. DO ESTAGIÁRIO

Art. 10. A jornada de atividade em estágio será definida de comum acordo entre a instituição de ensino, a parte concedente e o aluno estagiário ou seu representante legal, devendo constar do termo de compromisso ser compatível com as atividades escolares e não ultrapassar:

I – 4 (quatro) horas diárias e 20 (vinte) horas semanais, no caso de estudantes de educação especial e dos anos finais do ensino fundamental, na modalidade profissional de educação de jovens e adultos;

II – 6 (seis) horas diárias e 30 (trinta) horas semanais, no caso de estudantes do ensino superior, da educação profissional de nível médio e do ensino médio regular.

§ 1º. O estágio relativo a cursos que alternam teoria e prática, nos períodos em que não estão programadas aulas presenciais, poderá ter jornada de até 40 (quarenta) horas semanais, desde que isso esteja previsto no projeto pedagógico do curso e da instituição de ensino.

§ 2º. Se a instituição de ensino adotar verificações de aprendizagem periódicas ou finais, nos períodos de avaliação, a carga horária do estágio será reduzida pelo menos à metade, segundo estipulado no termo de compromisso, para garantir o bom desempenho do estudante.

Art. 11. A duração do estágio, na mesma parte concedente, não poderá exceder 2 (dois) anos, exceto quando se tratar de estagiário portador de deficiência.

Art. 12. O estagiário poderá receber bolsa ou outra forma de contraprestação que venha a ser acordada, sendo compulsória a sua concessão, bem como a do auxílio-transporte, na hipótese de estágio não obrigatório.

§ 1º. A eventual concessão de benefícios relacionados a transporte, alimentação e saúde, entre outros, não caracteriza vínculo empregatício.

§ 2º. Poderá o educando inscrever-se e contribuir como segurado facultativo do Regime Geral de Previdência Social.

Art. 13. É assegurado ao estagiário, sempre que o estágio tenha duração igual ou superior a 1 (um) ano, período de recesso de 30 (trinta) dias, a ser gozado preferencialmente durante suas férias escolares.

§ 1º. O recesso de que trata este artigo deverá ser remunerado quando o estagiário receber bolsa ou outra forma de contraprestação.

§ 2º. Os dias de recesso previstos neste artigo serão concedidos de maneira proporcional, nos casos de o estágio ter duração inferior a 1 (um) ano.

Art. 14. Aplica-se ao estagiário a legislação relacionada à saúde e segurança no trabalho, sendo sua implementação de responsabilidade da parte concedente do estágio.

CAPÍTULO V. DA FISCALIZAÇÃO

Art. 15. A manutenção de estagiários em desconformidade com esta Lei caracteriza vínculo de emprego do educando com a parte concedente do estágio para todos os fins da legislação trabalhista e previdenciária.

§ 1º. A instituição privada ou pública que reincidir na irregularidade de que trata este artigo ficará impedida de receber estagiários por 2 (dois) anos, contados da data da decisão definitiva do processo administrativo correspondente.

§ 2º. A penalidade de que trata o § 1º deste artigo limita-se à filial ou agência em que for cometida a irregularidade.

CAPÍTULO VI. DAS DISPOSIÇÕES GERAIS

Art. 16. O termo de compromisso deverá ser firmado pelo estagiário ou com seu representante ou assistente legal e pelos representantes legais da parte concedente e da instituição de ensino, vedada a atuação dos agentes de integração a que se refere o art. 5º desta Lei como representante de qualquer das partes.

Art. 17. O número máximo de estagiários em relação ao quadro de pessoal das entidades concedentes de estágio deverá atender às seguintes proporções:

I – de 1 (um) a 5 (cinco) empregados: 1 (um) estagiário;

II – de 6 (seis) a 10 (dez) empregados: até 2 (dois) estagiários;

III – de 11 (onze) a 25 (vinte e cinco) empregados: até 5 (cinco) estagiários;

IV – acima de 25 (vinte e cinco) empregados: até 20% (vinte por cento) de estagiários.

§ 1º. Para efeito desta Lei, considera-se quadro de pessoal o conjunto de trabalhadores empregados existentes no estabelecimento do estágio.

§ 2º. Na hipótese de a parte concedente contar com várias filiais ou estabelecimentos, os quantitativos previstos nos incisos deste artigo serão aplicados a cada um deles.

§ 3º. Quando o cálculo do percentual disposto no inciso IV do *caput* deste artigo resultar em fração, poderá ser arredondado para o número inteiro imediatamente superior.

§ 4º. Não se aplica o disposto no *caput* deste artigo aos estágios de nível superior e de nível médio profissional.

§ 5º. Fica assegurado às pessoas portadoras de deficiência o percentual de 10% (dez por cento) das vagas oferecidas pela parte concedente do estágio.

Art. 18. A prorrogação dos estágios contratados antes do início da vigência desta Lei apenas poderá ocorrer se ajustada às suas disposições.

Art. 19. O art. 428 da Consolidação das Leis do Trabalho – CLT, aprovada pelo Decreto-Lei nº 5.452, de 1º de maio de 1943, passa a vigorar com as seguintes alterações:

› Alteração incorporada ao texto do Decreto-lei.

Art. 20. O art. 82 da Lei nº 9.394, de 20 de dezembro de 1996, passa a vigorar com a seguinte redação:

"Art. 82. Os sistemas de ensino estabelecerão as normas de realização de estágio em sua jurisdição, observada a lei federal sobre a matéria.

Parágrafo único. (*Revogado*)."

Art. 21. Esta Lei entra em vigor na data de sua publicação.

Art. 22. Revogam-se as Leis nºs 6.494, de 7 de dezembro de 1977, e 8.859, de 23 de março de 1994, o parágrafo único do art. 82 da Lei nº 9.394, de 20 de dezembro de 1996, e o art. 6º da Medida Provisória nº 2.164-41, de 24 de agosto de 2001.

Brasília, 25 de setembro de 2008; 187º da Independência e 120º da República.

LUIZ INÁCIO LULA DA SILVA

Publicado no D.O.U. de 26.9.2008

LEI Nº 11.804, DE 5 DE NOVEMBRO DE 2008

Disciplina o direito a alimentos gravídicos e a forma como ele será exercido e dá outras providências.

‣ *Alimentos gravídicos*

O PRESIDENTE DA REPÚBLICA Faço saber que o Congresso Nacional decreta e eu sanciono a seguinte Lei:

‣ CC: arts. 1.694 a 1.710.

‣ CPC/15: arts. 22, I, 53, II, 189, II, 215, II, 292, III, 528 a 533, 693, par. único, 911 a 913, e 1.012, § 1º, II.

‣ Lei 8.069/1990: art. 22.

‣ Lei 5.478/1968 – Dispõe sobre ação de alimentos.

Art. 1º. Esta Lei disciplina o direito de alimentos da mulher gestante e a forma como será exercido.

Art. 2º. Os alimentos de que trata esta Lei compreenderão os valores suficientes para cobrir as despesas adicionais do período de gravidez e que sejam dela decorrentes, da concepção ao parto, inclusive as referentes a alimentação especial, assistência médica e psicológica, exames complementares, internações, parto, medicamentos e demais prescrições preventivas e terapêuticas indispensáveis, a juízo do médico, além de outras que o juiz considere pertinentes.

Parágrafo único. Os alimentos de que trata este artigo referem-se à parte das despesas que deverá ser custeada pelo futuro pai, considerando-se a contribuição que também deverá ser dada pela mulher grávida, na proporção dos recursos de ambos.

Art. 3º. (*VETADO*).

Art. 4º. (*VETADO*).

Art. 5º. (*VETADO*).

Art. 6º. Convencido da existência de indícios da paternidade, o juiz fixará alimentos gravídicos que perdurarão até o nascimento da criança, sopesando as necessidades da parte autora e as possibilidades da parte ré.

Parágrafo único. Após o nascimento com vida, os alimentos gravídicos ficam convertidos em pensão alimentícia em favor do menor até que uma das partes solicite a sua revisão.

Art. 7º. O réu será citado para apresentar resposta em 5 (cinco) dias.

‣ CF/88: art. 5º, LXVII.

Art. 8º. (*VETADO*).

Art. 9º. (*VETADO*).

Art. 10. (*VETADO*).

Art. 11. Aplicam-se supletivamente nos processos regulados por esta Lei as disposições das Leis nºs 5.478, de 25 de julho de 1968, e 5.869, de 11 de janeiro de 1973 – Código de Processo Civil.

‣ Lei 13.105/2015 revogou a Lei 5.869/1973.

Art. 12. Esta Lei entra em vigor na data de sua publicação.

Brasília, 5 de novembro de 2008; 187º da Independência e 120º da República.

LUIZ INÁCIO LULA DA SILVA

Publicado no D.O.U. de 6.11.2008

LEI Nº 12.009, DE 29 DE JULHO DE 2009

Regulamenta o exercício das atividades dos profissionais em transporte de passageiros, "mototaxista", em entrega de mercadorias e em serviço comunitário de rua, e "motoboy", com o uso de motocicleta, altera a Lei n. 9.503, de 23 de setembro de 1997, para dispor sobre regras de segurança dos serviços de transporte remunerado de mercadorias em motocicletas e motonetas – moto-frete –, estabelece regras gerais para a regulação deste serviço e dá outras providências.

‣ *Mototaxista, motoboy e motofrete*

O PRESIDENTE DA REPÚBLICA Faço saber que o Congresso Nacional decreta e eu sanciono a seguinte Lei:

Art. 1º. Esta Lei regulamenta o exercício das atividades dos profissionais em transportes de passageiros, "mototaxista", em entrega de mercadorias e em serviço comunitário de rua, e "motoboy", com o uso de motocicleta, dispõe sobre regras de segurança dos serviços de transporte remunerado de mercadorias em motocicletas e motonetas – moto-frete –, estabelece regras gerais para a regulação deste serviço e dá outras providências.

‣ Lei 12.436/2011 – Veda o emprego de práticas que estimulem o aumento de velocidade por motociclistas profissionais.

‣ Resolução 356/2010 do Contran – Estabelece requisitos mínimos de segurança para o transporte remunerado de passageiros (mototáxi) e de cargas (motofrete) em motocicleta e motoneta.

Art. 2º. Para o exercício das atividades previstas no art. 1º, é necessário:

I – ter completado 21 (vinte e um) anos;

II – possuir habilitação, por pelo menos 2 (dois) anos, na categoria;

III – ser aprovado em curso especializado, nos termos da regulamentação do Contran;

IV – estar vestido com colete de segurança dotado de dispositivos retrorrefletivos, nos termos da regulamentação do Contran.

Parágrafo único. Do profissional de serviço comunitário de rua serão exigidos ainda os seguintes documentos:

I – carteira de identidade;

II – TÍTULO de eleitor;

III – cédula de identificação do contribuinte – CIC;

IV – atestado de residência;

V – certidões negativas das varas criminais;

VI – identificação da motocicleta utilizada em serviço.

Art. 3º. São atividades específicas dos profissionais de que trata o art. 1º:

I – transporte de mercadorias de volume compatível com a capacidade do veículo;

II – transporte de passageiros.

Parágrafo único. (*VETADO*).

Art. 4º. A Lei nº 9.503, de 23 de setembro de 1997, passa a vigorar acrescida do seguinte

‣ Alteração incorporada ao texto da referida lei.

Art. 5º. O art. 244 da Lei nº 9.503, de 23 de setembro de 1997, passa a vigorar com a seguinte redação:

‣ Alteração incorporada ao texto da referida lei.

Art. 6º. A pessoa natural ou jurídica que empregar ou firmar contrato de prestação continuada de serviço com condutor de moto-frete é responsável solidária por danos cíveis advindos do descumprimento das normas relativas ao exercício da atividade, previstas no art. 139-A da Lei nº 9.503, de 23 de setembro de 1997, e ao exercício da profissão, previstas no art. 2º desta Lei.

Art. 7º. Constitui infração a esta Lei:

I – empregar ou manter contrato de prestação continuada de serviço com condutor de moto-frete inabilitado legalmente;

II – fornecer ou admitir o uso de motocicleta ou motoneta para o transporte remunerado de mercadorias, que esteja em desconformidade com as exigências legais.

Parágrafo único. Responde pelas infrações previstas neste artigo o empregador ou aquele que contrata serviço continuado de moto-frete, sujeitando-se à sanção relativa à segurança do trabalho prevista no art. 201 da Consolidação das Leis do Trabalho – CLT, aprovada pelo Decreto-Lei nº 5.452, de 1º de maio de 1943.

Art. 8º. Os condutores que atuam na prestação do serviço de moto-frete, assim como os veículos empregados nessa atividade, deverão estar adequados às exigências previstas nesta Lei no prazo de até 365 (trezentos e sessenta e cinco) dias, contado da regulamentação pelo Contran dos dispositivos previstos no art. 139-A da Lei 9.503, de 23 de setembro de 1997, e no art. 2º desta Lei.

Art. 9º. Esta Lei entra em vigor na data de sua publicação.

Brasília, 29 de julho de 2009; 188º da Independência e 121º da República.

LUIZ INÁCIO LULA DA SILVA

Publicado no D.O.U. de 30.7.2009

LEI Nº 12.010, DE 3 DE AGOSTO DE 2009

Dispõe sobre adoção; altera as Leis nºs 8.069, de 13 de julho de 1990 – Estatuto da Criança e do Adolescente, 8.560, de 29 de dezembro de 1992; revoga dispositivos da Lei nº 10.406, de 10 de janeiro de 2002 – Código Civil, e da Consolidação das Leis do Trabalho – CLT, aprovada pelo Decreto-Lei nº 5.452, de 1º de maio de 1943; e dá outras providências.

▸ *Lei de Adoção*

O PRESIDENTE DA REPÚBLICA Faço saber que o Congresso Nacional decreta e eu sanciono a seguinte Lei:

Art. 1º. Esta Lei dispõe sobre o aperfeiçoamento da sistemática prevista para garantia do direito à convivência familiar a todas as crianças e adolescentes, na forma prevista pela Lei nº 8.069, de 13 de julho de 1990, Estatuto da Criança e do Adolescente.

§ 1º. A intervenção estatal, em observância ao disposto no *caput* do art. 226 da Constituição Federal, será prioritariamente voltada à orientação, apoio e promoção social da família natural, junto à qual a criança e o adolescente devem permanecer, ressalvada absoluta impossibilidade, demonstrada por decisão judicial fundamentada.

§ 2º. Na impossibilidade de permanência na família natural, a criança e o adolescente serão colocados sob adoção, tutela ou guarda, observadas as regras e princípios contidos na Lei nº 8.069, de 13 de julho de 1990, e na Constituição Federal.

Art. 2º. A Lei nº 8.069, de 13 de julho de 1990, Estatuto da Criança e do Adolescente, passa a vigorar com as seguintes alterações:

▸ Alterações incorporadas ao texto da referida lei.

Art. 3º. A expressão "pátrio poder" contida nos arts. 21, 23, 24, no parágrafo único do art. 36, no § 1º do art. 45, no art. 49, no inciso X do *caput* do art. 129, nas alíneas *b* e *d* do parágrafo único do art. 148, nos arts. 155,157,163, 166,169, no inciso III do *caput* do art. 201 e no art. 249, todos da Lei nº 8.069, de 13 de julho de 1990, bem como na Seção II do CAPÍTULO III do TÍTULO VI da Parte Especial do mesmo Diploma Legal, fica substituída pela expressão "poder familiar".

Art. 4º. Os arts. 1.618, 1.619 e 1.734 da Lei nº 10.406, de 10 de janeiro de 2002 – Código Civil, passam a vigorar com a seguinte redação:

▸ Alterações incorporadas ao texto da referida lei.

Art. 5º. O Art. 2º da Lei 8.560, de 29 de dezembro de 1992, fica acrescido do seguinte § 5º, renumerando-se o atual § 5º para § 6º, com a seguinte redação:

▸ Alteração incorporada ao texto da referida lei.

Art. 6º. As pessoas e casais já inscritos nos cadastros de adoção ficam obrigados a frequentar, no prazo máximo de 1 (um) ano, contado da entrada em vigor desta Lei, a preparação psicossocial e jurídica a que se referem os §§ 3º e 4º do art. 50 da Lei 8.069, de 13 de julho de 1990, acrescidos pelo art. 2º desta Lei, sob pena de cassação de sua inscrição no cadastro.

Art. 7º. Esta Lei entra em vigor 90 (noventa) dias após a sua publicação.

Art. 8º. Revogam-se o § 4º do art. 51 e os incisos IV, V e VI do *caput* do art. 198 da Lei nº 8.069, de 13 de julho de 1990, bem como o parágrafo único do art. 1.618, o inciso III do *caput* do art. 10 e os arts. 1.620 a 1.629 da Lei nº 10.406, de 10 de janeiro de 2002 – Código Civil, e os §§ 1º a 3º do art. 392-A da Consolidação das Leis do Trabalho, aprovada pelo Decreto-Lei nº 5.452, de 1º de maio de 1943.

Brasília, 3 de agosto de 2009; 188º da Independência e 121º da República.

LUIZ INÁCIO LULA DA SILVA

Publicado no D.O.U. de 4.8.2009, ret. D.O.U. de 2.9.2009

LEI Nº 12.016, DE 7 DE AGOSTO DE 2009

Disciplina o mandado de segurança individual e coletivo e dá outras providências.

▸ *Mandado de segurança*

O PRESIDENTE DA REPÚBLICA Faço saber que o Congresso Nacional decreta e eu sanciono a seguinte Lei:

▸ Súm. 101, 248, 266 a 272, 294, 299, 304, 319, 330, 405, 429, 430, 433, 474, 506, 510, 512, 597, 622, 630, 632, e 701 do STF.

▸ Súm. 41, 105, 169, 177, 213, 217, 333, 376 e 460 do STJ.

▸ CF/88: arts. 5º, LXIX, LXX, 102, I, d, II, a, 121, § 3º e § 4º, V..

▸ Lei 13.300/2016 – Disciplina o processo e o julgamento dos mandados de injunção individual e coletivo.

Art. 1º. Conceder-se-á mandado de segurança para proteger direito líquido e certo, não amparado por *habeas corpus* ou *habeas data*, sempre que, ilegalmente ou com abuso de poder, qualquer pessoa física ou jurídica sofrer violação ou houver justo receio de sofrê-la por parte de autoridade, seja de que categoria for e sejam quais forem as funções que exerça.

▸ Lei 12.153/2009: art. 2º, § 1º, I.

▸ Lei 10.259/2001: art. 3º, § 1º, I.

▸ Lei 8.069/1990: art. 212, § 2º.

§ 1º. Equiparam-se às autoridades, para os efeitos desta Lei, os representantes ou órgãos de partidos políticos e os administradores de entidades autárquicas, bem como os dirigentes de pessoas jurídicas ou as pessoas naturais no exercício de atribuições do poder público, somente no que disser respeito a essas atribuições.

▸ CC: art. 44, V.

§ 2º. Não cabe mandado de segurança contra os atos de gestão comercial praticados pelos administradores de empresas públicas, de sociedade de economia mista e de concessionárias de serviço público.

§ 3º. Quando o direito ameaçado ou violado couber a várias pessoas, qualquer delas poderá requerer o mandado de segurança.

Art. 2º. Considerar-se-á federal a autoridade coatora se as consequências de ordem patrimonial do ato contra o qual se requer o mandado houverem de ser suportadas pela União ou entidade por ela controlada.

▸ CF/88: art. 109, I.

▸ Súm. 510, 511, 624, e 627 do STF.

▸ Súm. 41 do STJ.

Art. 3º. O titular de direito líquido e certo decorrente de direito, em condições idênticas, de terceiro poderá impetrar mandado de segurança a favor do direito originário, se o seu titular não o fizer, no prazo de 30 (trinta) dias, quando notificado judicialmente.

Parágrafo único. O exercício do direito previsto no *caput* deste artigo submete-se ao prazo fixado no art. 23 desta Lei, contado da notificação.

Art. 4º. Em caso de urgência, é permitido, observados os requisitos legais, impetrar mandado de segurança por telegrama, radiograma, fax ou outro meio eletrônico de autenticidade comprovada.

▸ Lei 9.800/1999 – Permite às partes a utilização de sistema de transmissão de dados para a prática de atos processuais.

§ 1º. Poderá o juiz, em caso de urgência, notificar a autoridade por telegrama, radiograma ou outro meio que assegure a autenticidade do documento e a imediata ciência pela autoridade.

§ 2º. O texto original da petição deverá ser apresentado nos 5 (cinco) dias úteis seguintes.

▸ Lei 11.419/2006: arts. 1º a 3º, e 8º a 13..

▸ Lei 9.800/1999 art. 2º, par. único.

§ 3º. Para os fins deste artigo, em se tratando de documento eletrônico, serão observadas as regras da Infraestrutura de Chaves Públicas Brasileira – ICP-Brasil.

▸ CPC/15: art. 195.

▸ Medida Provisória 2.200-2/2001 – Institui a Infra-Estrutura de Chaves Públicas Brasileira – ICP-Brasil, transforma o Instituto Nacional de Tecnologia da Informação em autarquia.

Art. 5º. Não se concederá mandado de segurança quando se tratar:

▸ Súm. 266 e 267 do STF.

I – de ato do qual caiba recurso administrativo com efeito suspensivo, independentemente de caução;

II – de decisão judicial da qual caiba recurso com efeito suspensivo;

III – de decisão judicial transitada em julgado.

▸ Súm. 268 do STF.

Parágrafo único. *(VETADO).*

Art. 6º. A petição inicial, que deverá preencher os requisitos estabelecidos pela lei processual, será apresentada em 2 (duas) vias com os documentos que instruírem a primeira reproduzidos na segunda e indicará, além da autoridade coatora, a pessoa jurídica que esta integra, à qual se acha vinculada ou da qual exerce atribuições.

› CPC/15: arts. 319 a 321.

§ 1º. No caso em que o documento necessário à prova do alegado se ache em repartição ou estabelecimento público ou em poder de autoridade que se recuse a fornecê-lo por certidão ou de terceiro, o juiz ordenará, preliminarmente, por ofício, a exibição desse documento em original ou em cópia autêntica e marcará, para o cumprimento da ordem, o prazo de 10 (dez) dias. O escrivão extrairá cópias do documento para juntá-las à segunda via da petição.

§ 2º. Se a autoridade que tiver procedido dessa maneira for a própria coatora, a ordem far-se-á no próprio instrumento da notificação.

§ 3º. Considera-se autoridade coatora aquela que tenha praticado o ato impugnado ou da qual emane a ordem para a sua prática.

› Súm. 628, STJ.

§ 4º. (*VETADO*).

§ 5º. Denega-se o mandado de segurança nos casos previstos pelo art. 267 da Lei nº 5.869, de 11 de janeiro de 1973 – Código de Processo Civil.

› Refere-se a dispositivo do CPC/1973.

› CPC/15: arts. 485 e 486.

§ 6º. O pedido de mandado de segurança poderá ser renovado dentro do prazo decadencial, se a decisão denegatória não lhe houver apreciado o mérito.

› Súm. 632 do STF.

Art. 7º. Ao despachar a inicial, o juiz ordenará:

I – que se notifique o coator do conteúdo da petição inicial, enviando-lhe a segunda via apresentada com as cópias dos documentos, a fim de que, no prazo de 10 (dez) dias, preste as informações;

II – que se dê ciência do feito ao órgão de representação judicial da pessoa jurídica interessada, enviando-lhe cópia da inicial sem documentos, para que, querendo, ingresse no feito;

III – que se suspenda o ato que deu motivo ao pedido, quando houver fundamento relevante e do ato impugnado puder resultar a ineficácia da medida, caso seja finalmente deferida, sendo facultado exigir do impetrante caução, fiança ou depósito, com o objetivo de assegurar o ressarcimento à pessoa jurídica.

§ 1º. Da decisão do juiz de primeiro grau que conceder ou denegar a liminar caberá agravo de instrumento, observado o disposto na Lei nº 5.869, de 11 de janeiro de 1973 – Código de Processo Civil.

› Refere-se ao CPC/1973.

› CPC/15: arts. 1.015 a 1.020.

§ 2º. Não será concedida medida liminar que tenha por objeto a compensação de créditos tributários, a entrega de mercadorias e bens provenientes do exterior, a reclassificação ou equiparação de servidores públicos e a concessão de aumento ou a extensão de vantagens ou pagamento de qualquer natureza.

§ 3º. Os efeitos da medida liminar, salvo se revogada ou cassada, persistirão até a prolação da sentença.

› Súm. 626 do STF.

§ 4º. Deferida a medida liminar, o processo terá prioridade para julgamento.

§ 5º. As vedações relacionadas com a concessão de liminares previstas neste artigo se estendem à tutela antecipada a que se referem os arts. 273 e 461 da Lei nº 5.869, de 11 janeiro de 1973 – Código de Processo Civil.

› Refere-se a dispositivos do CPC/1973.

› CPC/15: arts. 294 a 304.

Art. 8º. Será decretada a perempção ou caducidade da medida liminar *ex officio* ou a requerimento do Ministério Público quando, concedida a medida, o impetrante criar obstáculo ao normal andamento do processo ou deixar de promover, por mais de 3 (três) dias úteis, os atos e as diligências que lhe cumprirem.

Art. 9º. As autoridades administrativas, no prazo de 48 (quarenta e oito) horas da notificação da medida liminar, remeterão ao Ministério ou órgão a que se acham subordinadas e ao Advogado-Geral da União ou a quem tiver a representação judicial da União, do Estado, do Município ou da entidade apontada como coatora cópia autenticada do mandado notificatório, assim como indicações e elementos outros necessários às providências a serem tomadas para a eventual suspensão da medida e defesa do ato apontado como ilegal ou abusivo de poder.

Art. 10. A inicial será desde logo indeferida, por decisão motivada, quando não for o caso de mandado de segurança ou lhe faltar algum dos requisitos legais ou quando decorrido o prazo legal para a impetração.

› CPC/15: art. 321, par. único.

§ 1º. Do indeferimento da inicial pelo juiz de primeiro grau caberá apelação e, quando a competência para o julgamento do mandado de segurança couber originariamente a um dos tribunais, do ato do relator caberá agravo para o órgão competente do tribunal que integre.

› CPC/15: arts. 331.

§ 2º. O ingresso de litisconsorte ativo não será admitido após o despacho da petição inicial.

Art. 11. Feitas as notificações, o serventuário em cujo cartório corra o feito juntará aos autos cópia autêntica dos ofícios endereçados ao coator e ao órgão de representação judicial da pessoa jurídica interessada, bem como a prova da entrega a estes ou da sua recusa em aceitá-los ou dar recibo e, no caso do art. 4º desta Lei, a comprovação da remessa.

Art. 12. Findo o prazo a que se refere o inciso I do *caput* do art. 7º desta Lei, o juiz ouvirá o representante do Ministério Público, que opinará, dentro do prazo improrrogável de 10 (dez) dias.

Parágrafo único. Com ou sem o parecer do Ministério Público, os autos serão conclusos ao juiz, para a decisão, a qual deverá ser necessariamente proferida em 30 (trinta) dias.

Art. 13. Concedido o mandado, o juiz transmitirá em ofício, por intermédio do oficial do juízo, ou pelo correio, mediante correspondência com aviso de recebimento, o inteiro teor da sentença à autoridade coatora e à pessoa jurídica interessada.

Parágrafo único. Em caso de urgência, poderá o juiz observar o disposto no art. 4º desta Lei.

Art. 14. Da sentença, denegando ou concedendo o mandado, cabe apelação.

› CPC/15: arts. 1.007 a 1.014.

§ 1º. Concedida a segurança, a sentença estará sujeita obrigatoriamente ao duplo grau de jurisdição.

› CPC/15: art. 496.

§ 2º. Estende-se à autoridade coatora o direito de recorrer.

› CPC/15: art. 996.

§ 3º. A sentença que conceder o mandado de segurança pode ser executada provisoriamente, salvo nos casos em que for vedada a concessão da medida liminar.

› CPC/15: arts. 520 e 521.

§ 4º. O pagamento de vencimentos e vantagens pecuniárias assegurados em sentença concessiva de mandado de segurança a servidor público da administração direta ou autárquica federal, estadual e municipal somente será efetuado relativamente às prestações que se vencerem a contar da data do ajuizamento da inicial.

Art. 15. Quando, a requerimento de pessoa jurídica de direito público interessada ou do Ministério Público e para evitar grave lesão à ordem, à saúde, à segurança e à economia públicas, o presidente do tribunal ao qual couber o conhecimento do respectivo recurso suspender, em decisão fundamentada, a execução da liminar e da sentença, dessa decisão caberá agravo, sem efeito suspensivo, no prazo de 5 (cinco) dias, que será levado a julgamento na sessão seguinte à sua interposição.

› Lei 7.347/1985: art. 12, § 1º.

› Lei 8.437/1992: art. 4°.

§ 1º. Indeferido o pedido de suspensão ou provido o agravo a que se refere o *caput* deste artigo, caberá novo pedido de suspensão ao presidente do tribunal competente para conhecer de eventual recurso especial ou extraordinário.

§ 2º. É cabível também o pedido de suspensão a que se refere o § 1º deste artigo, quando negado provimento a agravo de instrumento interposto contra a liminar a que se refere este artigo.

§ 3º. A interposição de agravo de instrumento contra liminar concedida nas ações movidas contra o poder público e seus agentes não prejudica nem condiciona o julgamento do pedido de suspensão a que se refere este artigo.

§ 4º. O presidente do tribunal poderá conferir ao pedido efeito suspensivo liminar se constatar, em juízo prévio, a plausibilidade do direito invocado e a urgência na concessão da medida.

§ 5º. As liminares cujo objeto seja idêntico poderão ser suspensas em uma única decisão, podendo o presidente do tribunal estender os efeitos da suspensão a liminares supervenientes, mediante simples aditamento do pedido original.

› Súm. 626 do STF.

Art. 16. Nos casos de competência originária dos tribunais, caberá ao relator a instrução do processo, sendo assegurada a defesa oral na sessão do julgamento do mérito ou do pedido liminar. (Redação dada pela Lei nº 13.676, de 2018)

Parágrafo único. Da decisão do relator que conceder ou denegar a medida liminar caberá agravo ao órgão competente do tribunal que integre.

Art. 17. Nas decisões proferidas em mandado de segurança e nos respectivos recursos, quando não publicado, no prazo de 30 (trinta) dias, contado da data do julgamento, o acórdão será substituído pelas respectivas notas taquigráficas, independentemente de revisão.

Art. 18. Das decisões em mandado de segurança proferidas em única instância pelos tribunais cabe recurso especial e extraordinário, nos casos legalmente previstos, e recurso ordinário, quando a ordem for denegada.

› CF/88: arts. 102, II, a, III, e 105, II, b, III.

Art. 19. A sentença ou o acórdão que denegar mandado de segurança, sem decidir o mérito, não impedirá que o requerente, por ação própria, pleiteie os seus direitos e os respectivos efeitos patrimoniais.

› CPC/15: art. 485.

Art. 20. Os processos de mandado de segurança e os respectivos recursos terão prioridade sobre todos os atos judiciais, salvo *habeas corpus*.

§ 1º. Na instância superior, deverão ser levados a julgamento na primeira sessão que se seguir à data em que forem conclusos ao relator.

§ 2º. O prazo para a conclusão dos autos não poderá exceder de 5 (cinco) dias.

Art. 21. O mandado de segurança coletivo pode ser impetrado por partido político com representação no Congresso Nacional, na defesa de seus interesses legítimos relativos a seus integrantes ou à finalidade partidária, ou por organização sindical, entidade de classe ou associação legalmente constituída e em funcionamento há, pelo menos, 1 (um) ano, em defesa de direitos líquidos e certos da totalidade, ou de parte, dos seus membros ou associados, na forma dos seus estatutos e desde que pertinentes às suas finalidades, dispensada, para tanto, autorização especial.

› Súm. 629 e 630 do STF.

› CF/88: art. 5º, LXX.

Parágrafo único. Os direitos protegidos pelo mandado de segurança coletivo podem ser:

I – coletivos, assim entendidos, para efeito desta Lei, os transindividuais, de natureza indivisível, de que seja titular grupo ou categoria de pessoas ligadas entre si ou com a parte contrária por uma relação jurídica básica;

II – individuais homogêneos, assim entendidos, para efeito desta Lei, os decorrentes de origem comum e da atividade ou situação específica da totalidade ou de parte dos associados ou membros do impetrante.

Art. 22. No mandado de segurança coletivo, a sentença fará coisa julgada limitadamente aos membros do grupo ou categoria substituídos pelo impetrante.

› Lei 8.078/1990: arts. 81, 82, e 103.

§ 1º. O mandado de segurança coletivo não induz litispendência para as ações individuais, mas os efeitos da coisa julgada não beneficiarão o impetrante a título individual se não requerer a desistência de seu mandado de segurança no prazo de 30 (trinta) dias a contar da ciência comprovada da impetração da segurança coletiva.

› Lei 8.078/1990: art. 104.

§ 2º. No mandado de segurança coletivo, a liminar só poderá ser concedida após a audiência do representante judicial da pessoa jurídica de direito público, que deverá se pronunciar no prazo de 72 (setenta e duas) horas.

Art. 23. O direito de requerer mandado de segurança extinguir-se-á decorridos 120 (cento e vinte) dias, contados da ciência, pelo interessado, do ato impugnado.

› Súm. 632 do STF.

Art. 24. Aplicam-se ao mandado de segurança os arts. 46 a 49 da Lei nº 5.869, de 11 de janeiro de 1973 – Código de Processo Civil.

› Refere-se a dispositivos do CPC/1973.

› CPC/15: arts. 113 a 118.

Art. 25. Não cabem, no processo de mandado de segurança, a interposição de embargos infringentes e a condenação ao pagamento dos honorários advocatícios, sem prejuízo da aplicação de sanções no caso de litigância de má-fé.

› Súm. 512 e 597 do STF.

› Súm. 105 e 169 do STJ.

› CPC/15: art. 80.

Art. 26. Constitui crime de desobediência, nos termos do art. 330 do Decreto-lei nº 2.848, de 7 de dezembro de 1940, o não cumprimento das decisões proferidas em mandado de segurança, sem prejuízo das sanções administrativas e da aplicação da Lei nº 1.079, de 10 de abril de 1950, quando cabíveis.

Art. 27. Os regimentos dos tribunais e, no que couber, as leis de organização judiciária deverão ser adaptados às disposições desta Lei no prazo de 180 (cento e oitenta) dias, contado da sua publicação.

Art. 28. Esta Lei entra em vigor na data de sua publicação.

Art. 29. Revogam-se as Leis nºs 1.533, de 31 de dezembro de 1951, 4.166, de 4 de dezembro de 1962, 4.348, de 26 de junho de 1964, 5.021, de 9 de junho de 1966; o art. 3º da Lei nº 6.014, de 27 de dezembro de 1973, o art. 1º da Lei nº 6.071, de 3 de julho de 1974, o art. 12 da Lei nº 6.978, de 19 de janeiro de 1982, e o art. 2º da Lei nº 9.259, de 9 de janeiro de 1996.

Brasília, 7 de agosto de 2009; 188º da Independência e 121º da República.

LUIZ INÁCIO LULA DA SILVA

Publicado no D.O.U. 10.8.2009

LEI Nº 12.030, DE 17 DE SETEMBRO DE 2009

Dispõe sobre as perícias oficiais e dá outras providências.

› *Perícias oficiais*

O PRESIDENTE DA REPÚBLICA Faço saber que o Congresso Nacional decreta e eu sanciono a seguinte Lei:

› CPP: arts. 158 a 184.

Art. 1º. Esta Lei estabelece normas gerais para as perícias oficiais de natureza criminal.

Art. 2º. No exercício da atividade de perícia oficial de natureza criminal, é assegurado autonomia técnica, científica e funcional, exigido concurso público, com formação acadêmica específica, para o provimento do cargo de perito oficial.

Art. 3º. Em razão do exercício das atividades de perícia oficial de natureza criminal, os peritos de natureza criminal estão sujeitos a regime especial de trabalho, observada a legislação específica de cada ente a que se encontrem vinculados.

Art. 4º. (*VETADO*).

Art. 5º. Observado o disposto na legislação específica de cada ente a que o perito se encontra vinculado, são peritos de natureza criminal os peritos criminais, peritos médicos-legistas e peritos odontologistas com formação superior específica detalhada em regulamento, de acordo com a necessidade de cada órgão e por área de atuação profissional.

Art. 6º. Esta Lei entra em vigor 90 (noventa) dias após a data de sua publicação.

Brasília, 17 de setembro de 2009; 188º da Independência e 121º da República.

LUIZ INÁCIO LULA DA SILVA

Publicado no D.O.U. 18.9.2009

LEI Nº 12.037, DE 1º DE OUTUBRO DE 2009

Dispõe sobre a identificação criminal do civilmente identificado, regulamentando o art. 5º, inciso LVIII, da Constituição Federal.

› *Identificação Criminal*

O VICE-PRESIDENTE DA REPÚBLICA, no exercício do cargo de Presidente da República:

Faço saber que o Congresso Nacional decreta e eu sanciono a seguinte Lei:

Art. 1º. O civilmente identificado não será submetido a identificação criminal, salvo nos casos previstos nesta Lei.

› CF/88: art. 5º, LVIII.

› CPP: art. 6º, VIII.

Art. 2º. A identificação civil é atestada por qualquer dos seguintes documentos:

I – carteira de identidade;

II – carteira de trabalho;

III – carteira profissional;

IV – passaporte;

V – carteira de identificação funcional;

VI – outro documento público que permita a identificação do indiciado.

Parágrafo único. Para as finalidades desta Lei, equiparam-se aos documentos de identificação civis os documentos de identificação militares.

Art. 3º. Embora apresentado documento de identificação, poderá ocorrer identificação criminal quando:

I – o documento apresentar rasura ou tiver indício de falsificação;

› CP: art. 307.

II – o documento apresentado for insuficiente para identificar cabalmente o indiciado;

III – o indiciado portar documentos de identidade distintos, com informações conflitantes entre si;

IV – a identificação criminal for essencial às investigações policiais, segundo despacho da autoridade judiciária competente, que decidirá de ofício ou mediante representação da autoridade policial, do Ministério Público ou da defesa;

V – constar de registros policiais o uso de outros nomes ou diferentes qualificações;

VI – o estado de conservação ou a distância temporal ou da localidade da expedição do documento apresentado impossibilite a completa identificação dos caracteres essenciais.

Parágrafo único. As cópias dos documentos apresentados deverão ser juntadas aos autos do inquérito, ou outra forma de investigação, ainda que consideradas insuficientes para identificar o indiciado.

Art. 4º. Quando houver necessidade de identificação criminal, a autoridade encarregada tomará as providências necessárias para evitar o constrangimento do identificado.

Art. 5º. A identificação criminal incluirá o processo datiloscópico e o fotográfico, que serão juntados aos autos da comunicação da prisão em flagrante, ou do inquérito policial ou outra forma de investigação.

› CPP: art. 6º, VIII.

Parágrafo único. Na hipótese do inciso IV do art. 3º, a identificação criminal poderá incluir a coleta de material biológico para a obtenção do perfil genético. (Incluído pela Lei nº 12.654, de 2012)

Art. 5º-A. Os dados relacionados à coleta do perfil genético deverão ser armazenados em bancos de dados de perfis genéticos, gerenciado por unidade oficial de perícia criminal. (Incluído pela Lei nº 12.654, de 2012)

› Lei 12.654/2012 – Altera as Leis 12.037/2009, e 7.210/1984 (LEP), para prever a coleta de perfil genético como forma de identificação criminal.

› Decreto 7.950/2013 – Institui o Banco Nacional de Perfis Genéticos e a Rede Integrada de Bancos de Perfis Genéticos.

§ 1º. As informações genéticas contidas nos bancos de dados, de perfis genéticos não poderão revelar traços somáticos ou comportamentais das pessoas, exceto determinação genética de gênero, consoante as normas constitucionais e internacionais sobre os direitos humanos, genoma humano e dados genéticos. (Incluído pela Lei nº 12.654, de 2012)

§ 2º. Os dados constantes dos bancos de dados de perfis genéticos terão caráter sigiloso, respondendo civil, penal e administrativamente aquele que permitir ou promover sua utilização para fins diversos dos previstos nesta Lei ou em decisão judicial. (Incluído pela Lei nº 12.654, de 2012)

§ 3º. As informações obtidas a partir da coincidência de perfis genéticos deverão ser consignadas em laudo pericial firmado por perito oficial devidamente habilitado. (Incluído pela Lei nº 12.654, de 2012)

Art. 6º. É vedado mencionar a identificação criminal do indiciado em atestados de antecedentes ou em informações não destinadas ao juízo criminal, antes do trânsito em julgado da sentença condenatória.

Art. 7º. No caso de não oferecimento da denúncia, ou sua rejeição, ou absolvição, é facultado ao indiciado ou ao réu, após o arquivamento definitivo do inquérito, ou trânsito em julgado da sentença, requerer a retirada da identificação fotográfica do inquérito ou processo, desde que apresente provas de sua identificação civil.

Art. 7º-A. A exclusão dos perfis genéticos dos bancos de dados ocorrerá: (Redação dada pela Lei 13.964/2019)

I - no caso de absolvição do acusado; ou (Incluído pela Lei 13.964/2019)

II - no caso de condenação do acusado, mediante requerimento, após decorridos 20 (vinte) anos do cumprimento da pena. (Incluído pela Lei 13.964/2019)

Art. 7º-B. A identificação do perfil genético será armazenada em banco de dados sigiloso, conforme regulamento a ser expedido pelo Poder Executivo. (Incluído pela Lei nº 12.654, de 2012)

Art. 7º-C. Fica autorizada a criação, no Ministério da Justiça e Segurança Pública, do Banco Nacional Multibiométrico e de Impressões Digitais. (Incluído pela Lei 13.964/2019)

§ 1º A formação, a gestão e o acesso ao Banco Nacional Multibiométrico e de Impressões Digitais serão regulamentados em ato do Poder Executivo federal.

§ 2º O Banco Nacional Multibiométrico e de Impressões Digitais tem como objetivo armazenar dados de registros biométricos, de impressões digitais e, quando possível, de íris, face e voz, para subsidiar investigações criminais federais, estaduais ou distritais.

§ 3º O Banco Nacional Multibiométrico e de Impressões Digitais será integrado pelos registros biométricos, de impressões digitais, de íris, face e voz colhidos em investigações criminais ou por ocasião da identificação criminal.

§ 4º Poderão ser colhidos os registros biométricos, de impressões digitais, de íris, face e voz dos presos provisórios ou definitivos quando não tiverem sido extraídos por ocasião da identificação criminal.

§ 5º Poderão integrar o Banco Nacional Multibiométrico e de Impressões Digitais, ou com ele interoperar, os dados de registros constantes em quaisquer bancos de dados geridos por órgãos dos Poderes Executivo, Legislativo e Judiciário das esferas federal, estadual e distrital, inclusive pelo Tribunal Superior Eleitoral e pelos Institutos de Identificação Civil.

§ 6º No caso de bancos de dados de identificação de natureza civil, administrativa ou eleitoral, a integração ou o compartilhamento dos registros do Banco Nacional Multibiométrico e de Impressões Digitais será limitado às impressões digitais e às informações necessárias para identificação do seu titular.

§ 7º A integração ou a interoperação dos dados de registros multibiométricos constantes de outros bancos de dados com o Banco Nacional Multibiométrico e de Impressões Digitais ocorrerá por meio de acordo ou convênio com a unidade gestora.

§ 8º Os dados constantes do Banco Nacional Multibiométrico e de Impressões Digitais terão caráter sigiloso, e aquele que permitir ou promover sua utilização para fins diversos dos previstos nesta Lei ou em decisão judicial responderá civil, penal e administrativamente.

§ 9º As informações obtidas a partir da coincidência de registros biométricos relacionados a crimes deverão ser consignadas em laudo pericial firmado por perito oficial habilitado.

§ 10. É vedada a comercialização, total ou parcial, da base de dados do Banco Nacional Multibiométrico e de Impressões Digitais.

§ 11. A autoridade policial e o Ministério Público poderão requerer ao juiz competente, no caso de inquérito ou ação penal instaurados, o acesso ao Banco Nacional Multibiométrico e de Impressões Digitais.

Art. 8º. Esta Lei entra em vigor na data de sua publicação.

Art. 9º. Revoga-se a Lei nº 10.054, de 7 de dezembro de 2000.

Brasília, 1º de outubro de 2009; 188º da Independência e 121º da República.
JOSÉ ALENCAR GOMES DA SILVA
Publicado no D.O.U. de 2.10.2009

LEI Nº 12.153, DE 22 DE DEZEMBRO DE 2009

Dispõe sobre os Juizados Especiais da Fazenda Pública no âmbito dos Estados, do Distrito Federal, dos Territórios e dos Municípios.

- *Juizados Especiais da Fazenda Pública*

O PRESIDENTE DA REPÚBLICA Faço saber que o Congresso Nacional decreta e eu sanciono a seguinte Lei:

- Lei 10.259/2001 – Dispõe sobre a instituição dos Juizados Especiais Cíveis e Criminais no âmbito da Justiça Federal.
- Lei 9.099/1995 – Juizados Especiais Cíveis e Criminais dos Estados, Territórios e Distrito Federal.

Art. 1º. Os Juizados Especiais da Fazenda Pública, órgãos da justiça comum e integrantes do Sistema dos Juizados Especiais, serão criados pela União, no Distrito Federal e nos Territórios, e pelos Estados, para conciliação, processo, julgamento e execução, nas causas de sua competência.

Parágrafo único. O sistema dos Juizados Especiais dos Estados e do Distrito Federal é formado pelos Juizados Especiais Cíveis, Juizados Especiais Criminais e Juizados Especiais da Fazenda Pública.

Art. 2º. É de competência dos Juizados Especiais da Fazenda Pública processar, conciliar e julgar causas cíveis de interesse dos Estados, do Distrito Federal, dos Territórios e dos Municípios, até o valor de 60 (sessenta) salários mínimos.

§ 1º. Não se incluem na competência do Juizado Especial da Fazenda Pública:

I – as ações de mandado de segurança, de desapropriação, de divisão e demarcação, populares, por improbidade administrativa, execuções fiscais e as demandas sobre direitos ou interesses difusos e coletivos;

- Lei 12.016/2009 – Disciplina o mandado de segurança individual e coletivo.
- Decreto-Lei 3.365/1941 – Dispõe sobre desapropriações por utilidade pública.
- Lei 8.429/1992 – Lei de improbidade administrativa;
- Lei 6.830/1980 – Lei de execução fiscal.

II – as causas sobre bens imóveis dos Estados, Distrito Federal, Territórios e Municípios, autarquias e fundações públicas a eles vinculadas;

III – as causas que tenham como objeto a impugnação da pena de demissão imposta a servidores públicos civis ou sanções disciplinares aplicadas a militares.

§ 2º. Quando a pretensão versar sobre obrigações vincendas, para fins de competência do Juizado Especial, a soma de 12 (doze) parcelas vincendas e de eventuais parcelas vencidas não poderá exceder o valor referido no *caput* deste artigo.

§ 3º. *(VETADO).*

§ 4º. No foro onde estiver instalado Juizado Especial da Fazenda Pública, a sua competência é absoluta.

Art. 3º. O juiz poderá, de ofício ou a requerimento das partes, deferir quaisquer providências cautelares e antecipatórias no curso do processo, para evitar dano de difícil ou de incerta reparação.

- CPC/15: art..311.

Art. 4º. Exceto nos casos do art. 3º, somente será admitido recurso contra a sentença.

Art. 5º. Podem ser partes no Juizado Especial da Fazenda Pública:

I – como autores, as pessoas físicas e as microempresas e empresas de pequeno porte, assim definidas na Lei Complementar nº 123, de 14 de dezembro de 2006;

II – como réus, os Estados, o Distrito Federal, os Territórios e os Municípios, bem como autarquias, fundações e empresas públicas a eles vinculadas.

Art. 6º. Quanto às citações e intimações, aplicam-se as disposições contidas na Lei nº 5.869, de 11 de janeiro de 1973 – Código de Processo Civil.

- Lei 13.105/2015 revogou a Lei 5.869/1973.
- CPC/15: arts. 230 a 232.

Art. 7º. Não haverá prazo diferenciado para a prática de qualquer ato processual pelas pessoas jurídicas de direito público, inclusive a interposição de recursos, devendo a citação para a audiência de conciliação ser efetuada com antecedência mínima de 30 (trinta) dias.

Art. 8º. Os representantes judiciais dos réus presentes à audiência poderão conciliar, transigir ou desistir nos processos da competência dos Juizados Especiais, nos termos e nas hipóteses previstas na lei do respectivo ente da Federação.

Art. 9º. A entidade ré deverá fornecer ao Juizado a documentação de que disponha para o esclarecimento da causa, apresentando-a até a instalação da audiência de conciliação.

Art. 10. Para efetuar o exame técnico necessário à conciliação ou ao julgamento da causa, o juiz nomeará pessoa habilitada, que apresentará o laudo até 5 (cinco) dias antes da audiência.

Art. 11. Nas causas de que trata esta Lei, não haverá reexame necessário.

Art. 12. O cumprimento do acordo ou da sentença, com trânsito em julgado, que imponham obrigação de fazer, não fazer ou entrega de coisa certa, será efetuado mediante ofício do juiz à autoridade citada para a causa, com cópia da sentença ou do acordo.

- CC/15: arts. 516, e 536 a 538.

Art. 13. Tratando-se de obrigação de pagar quantia certa, após o trânsito em julgado da decisão, o pagamento será efetuado:

- CC/15: arts. 520 a 522.

I – no prazo máximo de 60 (sessenta) dias, contado da entrega da requisição do juiz à autoridade citada para a causa, independentemente de precatório, na hipótese do § 3º do art. 100 da Constituição Federal; ou

II – mediante precatório, caso o montante da condenação exceda o valor definido como obrigação de pequeno valor.

§ 1º. Desatendida a requisição judicial, o juiz, imediatamente, determinará o sequestro do numerário suficiente ao cumprimento da decisão, dispensada a audiência da Fazenda Pública.

§ 2º. As obrigações definidas como de pequeno valor a serem pagas independentemente de precatório terão como limite o que for estabelecido na lei do respectivo ente da Federação.

§ 3º. Até que se dê a publicação das leis de que trata o § 2º, os valores serão:

I – 40 (quarenta) salários mínimos, quanto aos Estados e ao Distrito Federal;

II – 30 (trinta) salários mínimos, quanto aos Municípios.

§ 4º. São vedados o fracionamento, a repartição ou a quebra do valor da execução, de modo que o pagamento se faça, em parte, na forma estabelecida no inciso I do *caput* e, em parte, mediante expedição de precatório, bem como a expedição de precatório complementar ou suplementar do valor pago.

§ 5º. Se o valor da execução ultrapassar o estabelecido para pagamento independentemente do precatório, o pagamento far-se-á, sempre, por meio do precatório, sendo facultada à parte exequente a renúncia ao crédito do valor excedente, para que possa optar pelo pagamento do saldo sem o precatório.

§ 6º. O saque do valor depositado poderá ser feito pela parte autora, pessoalmente, em qualquer agência do banco depositário, independentemente de alvará.

§ 7º. O saque por meio de procurador somente poderá ser feito na agência destinatária do depósito, mediante procuração específica, com firma reconhecida, da qual constem o valor originalmente depositado e sua procedência.

Art. 14. Os Juizados Especiais da Fazenda Pública serão instalados pelos Tribunais de Justiça dos Estados e do Distrito Federal.

Parágrafo único. Poderão ser instalados Juizados Especiais Adjuntos, cabendo ao Tribunal designar a Vara onde funcionará.

Art. 15. Serão designados, na forma da legislação dos Estados e do Distrito Federal, conciliadores e juízes leigos dos Juizados Especiais da Fazenda Pública, observadas as atribuições previstas nos arts. 22, 37 e 40 da Lei nº 9.099, de 26 de setembro de 1995.

§ 1º. Os conciliadores e juízes leigos são auxiliares da Justiça, recrutados, os primeiros, preferentemente, entre os bacharéis em Direito, e os segundos, entre advogados com mais de 2 (dois) anos de experiência.

§ 2º. Os juízes leigos ficarão impedidos de exercer a advocacia perante todos os Juizados Especiais da Fazenda Pública instalados em território nacional, enquanto no desempenho de suas funções.

Art. 16. Cabe ao conciliador, sob a supervisão do juiz, conduzir a audiência de conciliação.

§ 1º. Poderá o conciliador, para fins de encaminhamento da composição amigável, ouvir as partes e testemunhas sobre os contornos fáticos da controvérsia.

§ 2º. Não obtida a conciliação, caberá ao juiz presidir a instrução do processo, podendo dispensar novos depoimentos, se entender suficientes para o julgamento da causa os esclarecimentos já constantes dos autos, e não houver impugnação das partes.

Art. 17. As Turmas Recursais do Sistema dos Juizados Especiais são compostas por juízes em exercício no primeiro grau de jurisdição, na forma da legislação dos Estados e do Distrito Federal, com mandato de 2 (dois) anos, e integradas, preferencialmente, por juízes do Sistema dos Juizados Especiais.

§ 1º. A designação dos juízes das Turmas Recursais obedecerá aos critérios de antiguidade e merecimento.

§ 2º. Não será permitida a recondução, salvo quando não houver outro juiz na sede da Turma Recursal.

Art. 18. Caberá pedido de uniformização de interpretação de lei quando houver divergência entre decisões proferidas por Turmas Recursais sobre questões de direito material.

§ 1º. O pedido fundado em divergência entre Turmas do mesmo Estado será julgado em reunião conjunta das Turmas em conflito, sob a presidência de desembargador indicado pelo Tribunal de Justiça.

§ 2º. No caso do § 1º, a reunião de juízes domiciliados em cidades diversas poderá ser feita por meio eletrônico.

§ 3º. Quando as Turmas de diferentes Estados derem a lei federal interpretações divergentes, ou quando a decisão proferida estiver em contrariedade com súmula do Superior Tribunal de Justiça, o pedido será por este julgado.

Art. 19. Quando a orientação acolhida pelas Turmas de Uniformização de que trata o § 1º do art. 18 contrariar súmula do Superior Tribunal de Justiça, a parte interessada poderá provocar a manifestação deste, que dirimirá a divergência.

§ 1º. Eventuais pedidos de uniformização fundados em questões idênticas e recebidos subsequentemente em quaisquer das Turmas Recursais ficarão retidos nos autos, aguardando pronunciamento do Superior Tribunal de Justiça.

§ 2º. Nos casos do *caput* deste artigo e do § 3º do art. 18, presente a plausibilidade do direito invocado e havendo fundado receio de dano de difícil reparação, poderá o relator conceder, de ofício ou a requerimento do interessado, medida liminar determinando a suspensão dos processos nos quais a controvérsia esteja estabelecida.

§ 3º. Se necessário, o relator pedirá informações ao Presidente da Turma Recursal ou Presidente da Turma de Uniformização e, nos casos previstos em lei, ouvirá o Ministério Público, no prazo de 5 (cinco) dias.

§ 4º. *(VETADO).*

§ 5º. Decorridos os prazos referidos nos §§ 3º e 4º, o relator incluirá o pedido em pauta na sessão, com preferência sobre todos os demais feitos, ressalvados os processos com réus presos, os *habeas corpus* e os mandados de segurança.

§ 6º. Publicado o acórdão respectivo, os pedidos retidos referidos no § 1º serão apreciados pelas Turmas Recursais, que poderão exercer juízo de retratação ou os declararão prejudicados, se veicularem tese não acolhida pelo Superior Tribunal de Justiça.

Art. 20. Os Tribunais de Justiça, o Superior Tribunal de Justiça e o Supremo Tribunal Federal, no âmbito de suas competências, expedirão normas regulamentando os procedimentos a serem adotados para o processamento e o julgamento do pedido de uniformização e do recurso extraordinário.

Art. 21. O recurso extraordinário, para os efeitos desta Lei, será processado e julgado segundo o estabelecido no art. 19, além da observância das normas do Regimento.

› CPC/15: arts. 1.029 a 1.041.

Art. 22. Os Juizados Especiais da Fazenda Pública serão instalados no prazo de até 2 (dois) anos da vigência desta Lei, podendo haver o aproveitamento total ou parcial das estruturas das atuais Varas da Fazenda Pública.

Art. 23. Os Tribunais de Justiça poderão limitar, por até 5 (cinco) anos, a partir da entrada em vigor desta Lei, a competência dos Juizados Especiais da Fazenda Pública, atendendo à necessidade da organização dos serviços judiciários e administrativos.

Art. 24. Não serão remetidas aos Juizados Especiais da Fazenda Pública as demandas ajuizadas até a data de sua instalação, assim como as ajuizadas fora do Juizado Especial por força do disposto no art. 23.

Art. 25. Competirá aos Tribunais de Justiça prestar o suporte administrativo necessário ao funcionamento dos Juizados Especiais.

Art. 26. O disposto no art. 16 aplica-se aos Juizados Especiais Federais instituídos pela Lei nº 10.259, de 12 de julho de 2001.

Art. 27. Aplica-se subsidiariamente o disposto nas Leis nºs 5.869, de 11 de janeiro de 1973 – Código de Processo Civil, 9.099, de 26 de setembro de 1995, e 10.259, de 12 de julho de 2001.

› Lei 13.105/2015 revogou a Lei 5.869/1973.

Art. 28. Esta Lei entra em vigor após decorridos 6 (seis) meses de sua publicação oficial.

Brasília, 22 de dezembro de 2009; 188º da Independência e 121º da República.

LUIZ INÁCIO LULA DA SILVA

Publicado no D.O.U. 23.12.2009

LEI Nº 12.232, DE 29 DE ABRIL DE 2010

Dispõe sobre as normas gerais para licitação e contratação pela administração pública de serviços de publicidade prestados por intermédio de agências de propaganda e dá outras providências.

› *Licitação em serviços de publicidade e propaganda*

O PRESIDENTE DA REPÚBLICA Faço saber que o Congresso Nacional decreta e eu sanciono a seguinte Lei:

CAPÍTULO I. DISPOSIÇÕES GERAIS

Art. 1º. Esta Lei estabelece normas gerais sobre licitações e contratações pela administração pública de serviços de publicidade prestados necessariamente por intermédio de agências de propaganda, no âmbito da União, dos Estados, do Distrito Federal e dos Municípios.

§ 1º. Subordinam-se ao disposto nesta Lei os órgãos do Poder Executivo, Legislativo e Judiciário, as pessoas da administração indireta e todas as entidades controladas direta ou indiretamente pelos entes referidos no *caput* deste artigo.

§ 2º. As Leis nºs 4.680, de 18 de junho de 1965, e 8.666, de 21 de junho de 1993, serão aplicadas aos procedimentos licitatórios e aos contratos regidos por esta Lei, de forma complementar.

Art. 2º. Para fins desta Lei, considera-se serviços de publicidade o conjunto de atividades realizadas integradamente que tenham por objetivo o estudo, o planejamento, a conceituação, a concepção, a criação, a execução interna, a intermediação e a supervisão da execução externa e a distribuição de publicidade aos veículos e demais meios de divulgação, com o objetivo de promover a venda de bens ou serviços de qualquer natureza, difundir ideias ou informar o público em geral.

§ 1º. Nas contratações de serviços de publicidade, poderão ser incluídos como atividades complementares os serviços especializados pertinentes:

I – ao planejamento e à execução de pesquisas e de outros instrumentos de avaliação e de geração de conhecimento sobre o mercado, o público-alvo, os meios de divulgação nos quais serão difundidas as peças e ações publicitárias ou sobre os resultados das campanhas realizadas, respeitado o disposto no art. 3o desta Lei;

II – à produção e à execução técnica das peças e projetos publicitários criados;

III – à criação e ao desenvolvimento de formas inovadoras de comunicação publicitária, em consonância com novas tecnologias, visando à expansão dos efeitos das mensagens e das ações publicitárias.

§ 2º. Os contratos de serviços de publicidade terão por objeto somente as atividades previstas no *caput* e no § 1o deste artigo, vedada a inclusão de quaisquer outras atividades, em especial as de assessoria de imprensa, comunicação e relações públicas ou as que tenham por finalidade a realização de eventos festivos de qualquer natureza, as quais serão contratadas por meio de procedimentos licitatórios próprios, respeitado o disposto na legislação em vigor.

§ 3º. Na contratação dos serviços de publicidade, faculta-se a adjudicação do objeto da licitação a mais de uma agência de propaganda, sem a segregação em itens ou contas publicitárias, mediante justificativa no processo de licitação.

§ 4º. Para a execução das ações de comunicação publicitária realizadas no âmbito dos contratos decorrentes das licitações previstas no § 3o deste artigo, o órgão ou a entidade deverá, obrigatoriamente, instituir procedimento de seleção interna entre as contratadas, cuja metodologia será aprovada pela administração e publicada na imprensa oficial.

Art. 3º. As pesquisas e avaliações previstas no inciso I do § 1o do art. 2o desta Lei terão a finalidade específica de aferir o desenvolvimento estratégico, a criação e a veiculação e de possibilitar a mensuração dos resultados das campanhas publicitárias realizadas em decorrência da execução do contrato.

Parágrafo único. É vedada a inclusão nas pesquisas e avaliações de matéria estranha ou que não guarde pertinência temática com a ação publicitária ou com o objeto do contrato de prestação de serviços de publicidade.

Art. 4º. Os serviços de publicidade previstos nesta Lei serão contratados em agências de propaganda cujas atividades sejam disciplinadas pela Lei 4.680, de 18 de junho de 1965, e que tenham obtido certificado de qualificação técnica de funcionamento.

§ 1º. O certificado de qualificação técnica de funcionamento previsto no *caput* deste artigo poderá ser obtido perante o Conselho Executivo das Normas-Padrão - CENP, entidade sem fins lucrativos, integrado e gerido por entidades nacionais que representam veículos, anunciantes e agências, ou por entidade equivalente, legalmente reconhecida como fiscalizadora e certificadora das condições técnicas de agências de propaganda.

§ 2º. A agência contratada nos termos desta Lei só poderá reservar e comprar espaço ou tempo publicitário de veículos de divulgação, por conta e por ordem dos seus clientes, se previamente os identificar e tiver sido por eles expressamente autorizada.

CAPÍTULO II. DOS PROCEDIMENTOS LICITATÓRIOS

Art. 5º. As licitações previstas nesta Lei serão processadas pelos órgãos e entidades responsáveis pela contratação, respeitadas as modalidades definidas no art. 22 da Lei nº 8.666, de 21 de junho de 1993, adotando-se como obrigatórios os tipos "melhor técnica" ou "técnica e preço".

Art. 6º. A elaboração do instrumento convocatório das licitações previstas nesta Lei obedecerá às exigências do art. 40 da Lei nº 8.666, de 21 de junho de 1993, com exceção das previstas nos incisos I e II do seu § 2º, e às seguintes:

I – os documentos de habilitação serão apresentados apenas pelos licitantes classificados no julgamento final das propostas, nos termos do inciso XI do art. 11 desta Lei;

II – as informações suficientes para que os interessados elaborem propostas serão estabelecidas em um briefing, de forma precisa, clara e objetiva;

III – a proposta técnica será composta de um plano de comunicação publicitária, pertinente às informações expressas no briefing, e de um conjunto de informações referentes ao proponente;

IV – o plano de comunicação publicitária previsto no inciso III deste artigo será apresentado em 2 (duas) vias, uma sem a identificação de sua autoria e outra com a identificação;

V – a proposta de preço conterá quesitos representativos das formas de remuneração vigentes no mercado publicitário;

VI – o julgamento das propostas técnicas e de preços e o julgamento final do certame serão realizados exclusivamente com base nos critérios especificados no instrumento convocatório;

VII – a subcomissão técnica prevista no § 1º do art. 10 desta Lei reavaliará a pontuação atribuída a um quesito sempre que a diferença entre a maior e a menor pontuação for superior a 20% (vinte por cento) da pontuação máxima do quesito, com o fim de restabelecer o equilíbrio das pontuações atribuídas, de conformidade com os critérios objetivos postos no instrumento convocatório;

VIII – serão fixados critérios objetivos e automáticos de identificação da proposta mais vantajosa para a administração, no caso de empate na soma de pontos das propostas técnicas, nas licitações do tipo "melhor técnica";

IX – o formato para apresentação pelos proponentes do plano de comunicação publicitária será padronizado quanto a seu tamanho, a fontes tipográficas, a espaçamento de parágrafos, a quantidades e formas dos exemplos de peças e a outros aspectos pertinentes, observada a exceção prevista no inciso XI deste artigo;

X – para apresentação pelos proponentes do conjunto de informações de que trata o art. 8o desta Lei, poderão ser fixados o número máximo de páginas de texto, o número de peças e trabalhos elaborados para seus clientes e as datas a partir das quais devam ter sido elaborados os trabalhos, e veiculadas, distribuídas, exibidas ou expostas as peças;

XI – na elaboração das tabelas, planilhas e gráficos integrantes do plano de mídia e não mídia, os proponentes poderão utilizar as fontes tipográficas que julgarem mais adequadas para sua apresentação;

XII – será vedada a aposição, a qualquer parte da via não identificada do plano de comunicação publicitária, de marca, sinal ou palavra que possibilite a identificação do seu proponente antes da abertura do invólucro de que trata o § 2º do art. 9º desta Lei;

XIII – será vedada a aposição ao invólucro destinado às informações de que trata o art. 8o desta Lei, assim como dos documentos nele contidos, de informação, marca, sinal, etiqueta ou qualquer outro elemento que identifique a autoria do plano de comunicação publicitária, em qualquer momento anterior à abertura dos invólucros de que trata o § 2º do art. 9º desta Lei;

XIV – será desclassificado o licitante que descumprir o disposto nos incisos XII e XIII deste artigo e demais disposições do instrumento convocatório.

§ 1º. No caso do inciso VII deste artigo, persistindo a diferença de pontuação prevista após a reavaliação do quesito, os membros da subcomissão técnica, autores das pontuações consideradas destoantes, deverão registrar em ata as razões que os levaram a manter a pontuação atribuída ao quesito reavaliado, que será assinada por todos os membros da subcomissão e passará a compor o processo da licitação.

§ 2º. Se houver desclassificação de alguma proposta técnica por descumprimento de disposições do instrumento convocatório, ainda assim será atribuída pontuação a seus quesitos, a ser lançada em planilhas que ficarão acondicionadas em invólucro fechado e rubricado no fecho pelos membros da subcomissão técnica prevista no § 1º do art. 10 desta Lei, até que expirem os prazos para interposição de recursos relativos a essa fase da licitação, exceto nos casos em que o descumprimento resulte na identificação do proponente antes da abertura do invólucro de que trata o § 2º do art. 9º desta Lei.

Art. 7º. O plano de comunicação publicitária de que trata o inciso III do art. 6º desta Lei será composto dos seguintes quesitos:

I – raciocínio básico, sob a forma de texto, que apresentará um diagnóstico das necessidades de comunicação publicitária do órgão ou entidade responsável pela licitação, a compreensão do proponente sobre o objeto da licitação e os desafios de comunicação a serem enfrentados;

II – estratégia de comunicação publicitária, sob a forma de texto, que indicará e defenderá as linhas gerais da proposta para suprir o desafio e alcançar os resultados e metas de comunicação desejadas pelo órgão ou entidade responsável pela licitação;

III – ideia criativa, sob a forma de exemplos de peças publicitárias, que corresponderão à resposta criativa do proponente aos desafios e metas por ele explicitados na estratégia de comunicação publicitária;

IV – estratégia de mídia e não mídia, em que o proponente explicitará e justificará a estratégia e as táticas recomendadas, em consonância com a estratégia de comunicação publicitária por ela sugerida e em função da verba disponível indicada no instrumento convocatório, apresentada sob a forma de textos, tabelas, gráficos, planilhas e por quadro resumo que identificará as peças a serem veiculadas ou distribuídas e suas respectivas quantidades, inserções e custos nominais de produção e de veiculação.

Art. 8º. O conjunto de informações a que se refere o inciso III do art. 6º desta Lei será composto de quesitos destinados a avaliar a capacidade de atendimento do proponente e o nível dos trabalhos por ele realizados para seus clientes.

Art. 9º. As propostas de preços serão apresentadas em 1 (um) invólucro e as propostas técnicas em 3 (três) invólucros distintos, destinados um para a via não identificada do plano de comunicação publicitária, um para a via identificada do plano de comunicação publicitária e outro para as demais informações integrantes da proposta técnica.

§ 1º. O invólucro destinado à apresentação da via não identificada do plano de comunicação publicitária será padronizado e fornecido previamente pelo órgão ou entidade responsável pela licitação, sem nenhum tipo de identificação.

§ 2º. A via identificada do plano de comunicação publicitária terá o mesmo teor da via não identificada, sem os exemplos de peças referentes à ideia criativa.

Art. 10. As licitações previstas nesta Lei serão processadas e julgadas por comissão permanente ou especial, com exceção da análise e julgamento das propostas técnicas.

§ 1º. As propostas técnicas serão analisadas e julgadas por subcomissão técnica, constituída por, pelo menos, 3 (três) membros que sejam formados em comunicação, publicidade ou marketing ou que atuem em uma dessas áreas, sendo que, pelo menos, 1/3 (um terço) deles não poderão manter nenhum vínculo funcional ou contratual, direto ou indireto, com o órgão ou a entidade responsável pela licitação.

§ 2º. A escolha dos membros da subcomissão técnica dar-se-á por sorteio, em sessão pública, entre os nomes de uma relação que terá, no mínimo, o triplo do número de integrantes da subcomissão, previamente cadastrados, e será composta por, pelo menos, 1/3 (um terço) de profissionais que não mantenham nenhum vínculo funcional ou contratual, direto ou indireto, com o órgão ou entidade responsável pela licitação.

§ 3º Nas contratações de valor estimado em até 10 (dez) vezes o limite previsto na alínea a do inciso II do art. 23 da Lei nº 8.666, de 21 de junho de 1993, a relação prevista no § 2o deste artigo terá, no mínimo, o dobro do número de integrantes da subcomissão técnica e será composta por, pelo menos, 1/3 (um terço) de profissionais que não mantenham nenhum vínculo funcional ou contratual, direto ou indireto, com o órgão ou entidade responsável pela licitação.

§ 4º. A relação dos nomes referidos nos §§ 2º e 3º deste artigo será publicada na imprensa oficial, em prazo não inferior a 10 (dez) dias da data em que será realizada a sessão pública marcada para o sorteio.

§ 5º. Para os fins do cumprimento do disposto nesta Lei, até 48 (quarenta e oito) horas antes da sessão pública destinada ao sorteio, qualquer interessado poderá impugnar pessoa integrante da relação a que se referem os §§ 2º, 3º e 4º deste artigo, mediante fundamentos jurídicos plausíveis.

§ 6º. Admitida a impugnação, o impugnado terá o direito de abster-se de atuar na subcomissão técnica, declarando-se impedido ou suspeito, antes da decisão da autoridade competente.

§ 7º. A abstenção do impugnado ou o acolhimento da impugnação, mediante decisão fundamentada da autoridade competente, implicará, se necessário, a elaboração e a publicação de nova lista, sem o nome impugnado, respeitado o disposto neste artigo.

§ 8º. A sessão pública será realizada após a decisão motivada da impugnação, em data previamente designada, garantidos o cumprimento do prazo mínimo previsto no § 4º deste artigo e a possibilidade de fiscalização do sorteio por qualquer interessado.

§ 9º. O sorteio será processado de modo a garantir o preenchimento das vagas da subcomissão técnica, de acordo com a proporcionalidade do número de membros que mantenham ou não vínculo com o órgão ou entidade responsável pela licitação, nos termos dos §§ 1º, 2º e 3º deste artigo.

§ 10. Nas licitações previstas nesta Lei, quando processadas sob a modalidade de convite, a subcomissão técnica, excepcionalmente, nas pequenas unidades administrativas e sempre que for comprovadamente impossível o cumprimento do disposto neste artigo, será substituída pela comissão permanente de licitação ou, inexistindo esta, por servidor formalmente designado pela autoridade competente, que deverá possuir conhecimentos na área de comunicação, publicidade ou *marketing*.

Art. 11. Os invólucros com as propostas técnicas e de preços serão entregues à comissão permanente ou especial na data, local e horário determinados no instrumento convocatório.

§ 1º. Os integrantes da subcomissão técnica não poderão participar da sessão de recebimento e abertura dos invólucros com as propostas técnicas e de preços.

§ 2º. Os invólucros padronizados com a via não identificada do plano de comunicação publicitária só serão recebidos pela comissão permanente ou especial se não apresentarem marca, sinal, etiqueta ou qualquer outro elemento capaz de identificar a licitante.

§ 3º. A comissão permanente ou especial não lançará nenhum código, sinal ou marca nos invólucros padronizados nem nos documentos que compõem a via não identificada do plano de comunicação publicitária.

§ 4º. O processamento e o julgamento da licitação obedecerão ao seguinte procedimento:

I – abertura dos 2 (dois) invólucros com a via não identificada do plano de comunicação e com as informações de que trata o art. 8o desta Lei, em sessão pública, pela comissão permanente ou especial;

II – encaminhamento das propostas técnicas à subcomissão técnica para análise e julgamento;

III – análise individualizada e julgamento do plano de comunicação publicitária, desclassificando-se as que desatenderem as exigências legais ou estabelecidas no instrumento convocatório, observado o disposto no inciso XIV do art. 6º desta Lei;

IV – elaboração de ata de julgamento do plano de comunicação publicitária e encaminhamento à comissão permanente ou especial, juntamente com as propostas, as planilhas com as pontuações e a justificativa escrita das razões que as fundamentaram em cada caso;

V – análise individualizada e julgamento dos quesitos referentes às informações de que trata o art. 8o desta Lei, desclassificando-se as que desatenderem quaisquer das exigências legais ou estabelecidas no instrumento convocatório;

VI – elaboração de ata de julgamento dos quesitos mencionados no inciso V deste artigo e encaminhamento à comissão permanente ou especial, juntamente com as propostas, as planilhas com as pontuações e a justificativa escrita das razões que as fundamentaram em cada caso;

VII – realização de sessão pública para apuração do resultado geral das propostas técnicas, com os seguintes procedimentos:

a) abertura dos invólucros com a via identificada do plano de comunicação publicitária;

b) cotejo entre as vias identificadas e não identificadas do plano de comunicação publicitária, para identificação de sua autoria;

c) elaboração de planilha geral com as pontuações atribuídas a cada um dos quesitos de cada proposta técnica;

d) proclamação do resultado do julgamento geral da proposta técnica, registrando-se em ata as propostas desclassificadas e a ordem de classificação;

VIII – publicação do resultado do julgamento da proposta técnica, com a indicação dos proponentes desclassificados e da ordem de classificação organizada pelo nome dos licitantes, abrindo-se prazo para interposição de recurso, conforme disposto na alínea b do inciso I do art. 109 da Lei nº 8.666, de 21 de junho de 1993;

IX – abertura dos invólucros com as propostas de preços, em sessão pública, obedecendo-se ao previsto nos incisos II, III e IV do § 1º do art. 46 da Lei nº 8.666, de 21 de junho de 1993, nas licitações do tipo "melhor técnica", e ao disposto no § 2º do art. 46 da mesma Lei, nas licitações do tipo "técnica e preço";

X – publicação do resultado do julgamento final das propostas, abrindo-se prazo para interposição de recurso, conforme disposto na alínea b do inciso I do art. 109 da Lei nº 8.666, de 21 de junho de 1993;

XI – convocação dos licitantes classificados no julgamento final das propostas para apresentação dos documentos de habilitação;

XII – recebimento e abertura do invólucro com os documentos de habilitação dos licitantes previstos no inciso XI deste artigo, em sessão pública, para análise da sua conformidade com as condições estabelecidas na legislação em vigor e no instrumento convocatório;

XIII – decisão quanto à habilitação ou inabilitação dos licitantes previstos no inciso XI deste artigo e abertura do prazo para interposição de recurso, nos termos da alínea a do inciso I do art. 109 da Lei nº 8.666, de 21 de junho de 1993;

XIV – reconhecida a habilitação dos licitantes, na forma dos incisos XI, XII e XIII deste artigo, será homologado o procedimento e adjudicado o objeto licitado, observado o disposto no § 3o do art. 2o desta Lei.

Art. 12. O descumprimento, por parte de agente do órgão ou entidade responsável pela licitação, dos dispositivos desta Lei destinados a garantir o julgamento do plano de comunicação publicitária sem o conhecimento de sua autoria, até a abertura dos invólucros de que trata a alínea a do inciso VII do § 4º do art. 11 desta Lei, implicará a anulação do certame, sem prejuízo da apuração de eventual responsabilidade administrativa, civil ou criminal dos envolvidos na irregularidade.

CAPÍTULO III. DOS CONTRATOS DE SERVIÇOS DE PUBLICIDADE E DA SUA EXECUÇÃO

Art. 13. A definição do objeto do contrato de serviços previstos nesta Lei e das cláusulas que o integram dar-se-á em estrita vinculação ao estabelecido no instrumento convocatório da licitação e aos termos da legislação em vigor.

Parágrafo único. A execução do contrato dar-se-á em total conformidade com os termos e condições estabelecidas na licitação e no respectivo instrumento contratual.

Art. 14. Somente pessoas físicas ou jurídicas previamente cadastradas pelo contratante poderão fornecer ao contratado bens ou serviços especializados relacionados com as atividades complementares da execução do objeto do contrato, nos termos do § 1º do art. 2º desta Lei.

§ 1º. O fornecimento de bens ou serviços especializados na conformidade do previsto no *caput* deste artigo exigirá sempre a apresentação pelo contratado ao contratante de 3 (três) orçamentos obtidos entre pessoas que atuem no mercado do ramo do fornecimento pretendido.

§ 2º. No caso do § 1º deste artigo, o contratado procederá à coleta de orçamentos de fornecedores em envelopes fechados, que serão abertos em sessão pública, convocada e realizada sob fiscalização do contratante, sempre que o fornecimento de bens ou serviços tiver valor superior a 0,5% (cinco décimos por cento) do valor global do contrato.

§ 3º. O fornecimento de bens ou serviços de valor igual ou inferior a 20% (vinte por cento) do limite previsto na alínea a do inciso II do art. 23 da Lei nº 8.666, de 21 de junho de 1993, está dispensado do procedimento previsto no § 2º deste artigo.

Art. 15. Os custos e as despesas de veiculação apresentados ao contratante para pagamento deverão ser acompanhados da demonstração do valor devido ao veículo, de sua tabela de preços, da descrição dos descontos negociados e dos pedidos de inserção correspondentes, bem como de relatório de checagem de veiculação, a cargo de empresa independente, sempre que possível.

Parágrafo único. Pertencem ao contratante as vantagens obtidas em negociação de compra de mídia diretamente ou por intermédio de agência de propaganda, incluídos os eventuais descontos e as bonificações na forma de tempo, espaço ou reaplicações que tenham sido concedidos pelo veículo de divulgação.

Art. 16. As informações sobre a execução do contrato, com os nomes dos fornecedores de serviços especializados e veículos, serão divulgadas em sítio próprio aberto para o contrato na rede mundial de computadores, garantido o livre acesso às informações por quaisquer interessados.

Parágrafo único. As informações sobre valores pagos serão divulgadas pelos totais de cada tipo de serviço de fornecedores e de cada meio de divulgação.

Art. 17. As agências contratadas deverão, durante o período de, no mínimo, 5 (cinco) anos após a extinção do contrato, manter acervo comprobatório da totalidade dos serviços prestados e das peças publicitárias produzidas.

CAPÍTULO IV. DISPOSIÇÕES FINAIS E TRANSITÓRIAS

Art. 18. É facultativa a concessão de planos de incentivo por veículo de divulgação e sua aceitação por agência de propaganda, e os frutos deles resultantes constituem, para todos os fins de direito, receita própria da agência e não estão compreendidos na obrigação estabelecida no parágrafo único do art. 15 desta Lei.

§ 1º. A equação econômico-financeira definida na licitação e no contrato não se altera em razão da vigência ou não de planos de incentivo referidos no *caput* deste artigo, cujos frutos estão expressamente excluídos dela.

§ 2º. As agências de propaganda não poderão, em nenhum caso, sobrepor os planos de incentivo aos interesses dos contratantes, preterindo veículos de divulgação que não os concedam ou priorizando os que os ofereçam, devendo sempre conduzir-se na orientação da escolha desses veículos de acordo com pesquisas e dados técnicos comprovados.

§ 3º. O desrespeito ao disposto no § 2º deste artigo constituirá grave violação aos deveres contratuais por parte da agência contratada e a submeterá a processo administrativo em que, uma vez comprovado o comportamento injustificado, implicará a aplicação das sanções previstas no *caput* do art. 87 da Lei nº 8.666, de 21 de junho de 1993.

Art. 19. Para fins de interpretação da legislação de regência, valores correspondentes ao desconto-padrão de agência pela concepção, execução e distribuição de propaganda, por ordem e conta de clientes anunciantes, constituem receita da agência de publicidade e, em consequência, o veículo de divulgação não pode, para quaisquer fins, faturar e contabilizar tais valores como receita própria, inclusive quando o repasse do desconto-padrão à agência de publicidade for efetivado por meio de veículo de divulgação.

Parágrafo único. (VETADO).

Art. 20. O disposto nesta Lei será aplicado subsidiariamente às empresas que possuem regulamento próprio de contratação, às licitações já abertas, aos contratos em fase de execução e aos efeitos pendentes dos contratos já encerrados na data de sua publicação.

Art. 21. Serão discriminadas em categorias de programação específicas no projeto e na lei orçamentária anual as dotações orçamentárias destinadas às despesas com publicidade institucional e com publicidade de utilidade pública, inclusive quando for produzida ou veiculada por órgão ou entidade integrante da administração pública.

Art. 22. Esta Lei entra em vigor na data da sua publicação.

Brasília, 29 de abril de 2010; 189º da Independência e 122º da República.

LUIZ INÁCIO LULA DA SILVA

Publicado no D.O.U. 30.4.2010

DECRETO Nº 7.203, DE 4 DE JUNHO DE 2010

Dispõe sobre a vedação do nepotismo no âmbito da administração pública federal.

› *Vedação do nepotismo*

O PRESIDENTE DA REPÚBLICA, no uso da atribuição que lhe confere o art. 84, inciso VI, alínea a, da Constituição, decreta:

Art. 1º. A vedação do nepotismo no âmbito dos órgãos e entidades da administração pública federal direta e indireta observará o disposto neste Decreto.

› Súm. Vinculante 13 do STF.
› Lei 8.112/1990: art. 117, VIII.
› Resolução 37/2009 do CNMP: arts. 1º e 2º.
› Resolução 7/2005 do CNJ: art. 1º

Art. 2º. Para os fins deste Decreto considera-se:

I – órgão:

a) a Presidência da República, compreendendo a Vice-Presidência, a Casa Civil, o Gabinete Pessoal e a Assessoria Especial;

b) os órgãos da Presidência da República comandados por Ministro de Estado ou autoridade equiparada; e

c) os Ministérios;

II – entidade: autarquia, fundação, empresa pública e sociedade de economia mista; e

III – familiar: o cônjuge, o companheiro ou o parente em linha reta ou colateral, por consanguinidade ou afinidade, até o terceiro grau.

Parágrafo único. Para fins das vedações previstas neste Decreto, serão consideradas como incluídas no âmbito de cada órgão as autarquias e fundações a ele vinculadas.

Art. 3º. No âmbito de cada órgão e de cada entidade, são vedadas as nomeações, contratações ou designações de familiar de Ministro de Estado, familiar da máxima autoridade administrativa correspondente ou, ainda, familiar de ocupante de cargo em comissão ou função de confiança de direção, chefia ou assessoramento, para:

I – cargo em comissão ou função de confiança;

II – atendimento a necessidade temporária de excepcional interesse público, salvo quando a contratação tiver sido precedida de regular processo seletivo; e

III – estágio, salvo se a contratação for precedida de processo seletivo que assegure o princípio da isonomia entre os concorrentes.

§ 1º. Aplicam-se as vedações deste Decreto também quando existirem circunstâncias caracterizadoras de ajuste para burlar as restrições ao nepotismo, especialmente mediante nomeações ou designações recíprocas, envolvendo órgão ou entidade da administração pública federal.

§ 2º. As vedações deste artigo estendem-se aos familiares do Presidente e do Vice-Presidente da República e, nesta hipótese, abrangem todo o Poder Executivo Federal.

§ 3º. É vedada também a contratação direta, sem licitação, por órgão ou entidade da administração pública federal de pessoa jurídica na qual haja administrador ou sócio com poder de direção, familiar de detentor de cargo em comissão ou função de confiança que atue na área responsável pela demanda ou contratação ou de autoridade a ele hierarquicamente superior no âmbito de cada órgão e de cada entidade.

Art. 4º. Não se incluem nas vedações deste Decreto as nomeações, designações ou contratações:

I – de servidores federais ocupantes de cargo de provimento efetivo, bem como de empregados federais permanentes, inclusive aposentados, observada a compatibilidade do grau de escolaridade do cargo ou emprego de origem, ou a compatibilidade da atividade que lhe seja afeta e a complexidade inerente ao cargo em comissão ou função comissionada a ocupar, além da qualificação profissional do servidor ou empregado;

II – de pessoa, ainda que sem vinculação funcional com a administração pública, para a ocupação de cargo em comissão de nível hierárquico mais alto que o do agente público referido no art. 3º;

III – realizadas anteriormente ao início do vínculo familiar entre o agente público e o nomeado, designado ou contratado, desde que não se caracterize ajuste prévio para burlar a vedação do nepotismo; ou

IV – de pessoa já em exercício no mesmo orgão ou entidade antes do início do vínculo familiar com o agente público, para cargo, função ou emprego de nível hierárquico igual ou mais baixo que o anteriormente ocupado.

Parágrafo único. Em qualquer caso, é vedada a manutenção de familiar ocupante de cargo em comissão ou função de confiança sob subordinação direta do agente público.

Art. 5º. Cabe aos titulares dos órgãos e entidades da administração pública federal exonerar ou dispensar agente público em situação de nepotismo, de que tenham conhecimento, ou requerer igual providência à autoridade encarregada de nomear, designar ou contratar, sob pena de responsabilidade.

Parágrafo único. Cabe à Controladoria-Geral da União notificar os casos de nepotismo de que tomar conhecimento às autoridades competentes, sem prejuízo da responsabilidade permanente delas de zelar pelo cumprimento deste Decreto, assim como de apurar situações irregulares, de que tenham conhecimento, nos órgãos e entidades correspondentes.

Art. 6º. Serão objeto de apuração específica os casos em que haja indícios de influência dos agentes públicos referidos no art. 3º:

I – na nomeação, designação ou contratação de familiares em hipóteses não previstas neste Decreto;

II – na contratação de familiares por empresa prestadora de serviço terceirizado ou entidade que desenvolva projeto no âmbito de órgão ou entidade da administração pública federal.

Art. 7º. Os editais de licitação para a contratação de empresa prestadora de serviço terceirizado, assim como os convênios e instrumentos equivalentes para contratação de entidade que desenvolva projeto no âmbito de órgão ou entidade da administração pública federal, deverão estabelecer vedação de que familiar de agente público preste serviços no órgão ou entidade em que este exerça cargo em comissão ou função de confiança.

Art. 8º. Os casos omissos ou que suscitem dúvidas serão disciplinados e dirimidos pela Controladoria-Geral da União.

Art. 9º. Este Decreto entra em vigor na data de sua publicação.

Brasília, 4 de junho de 2010; 189º da Independência e 122º da República.

LUIZ INÁCIO LULA DA SILVA

Publicado D.O.U. 7.6.2010

LEI Nº 12.291, DE 20 DE JULHO DE 2010

Torna obrigatória a manutenção de exemplar do Código de Defesa do Consumidor nos estabelecimentos comerciais e de prestação de serviços.

› *Obrigatoriedade exemplar CDC*

O PRESIDENTE DA REPÚBLICA Faço saber que o Congresso Nacional decreta e eu sanciono a seguinte Lei:

Art. 1º. São os estabelecimentos comerciais e de prestação de serviços obrigados a manter, em local visível e de fácil acesso ao público, 1 (um) exemplar do Código de Defesa do Consumidor.

› Lei 8.078/1990 – Dispõe sobre a proteção do consumidor.

Art. 2º. O não cumprimento do disposto nesta Lei implicará as seguintes penalidades, a serem aplicadas aos infratores pela autoridade administrativa no âmbito de sua atribuição:

I – multa no montante de até R$ 1.064,10 (mil e sessenta e quatro reais e dez centavos);

II – (VETADO); e

III – (VETADO).

Art. 3º. Esta Lei entra em vigor na data de sua publicação.

Brasília, 20 de julho de 2010; 189º da Independência e 122º da República.

LUIZ INÁCIO LULA DA SILVA

Publicado no D.O.U. de 21.7.2010

LEI Nº 12.318, DE 26 DE AGOSTO DE 2010

Dispõe sobre a alienação parental e altera o art. 236 da Lei nº 8.069, de 13 de

julho de 1990.

› *Alienação Parental*

O PRESIDENTE DA REPÚBLICA Faço saber que o Congresso Nacional decreta e eu sanciono a seguinte Lei:

Art. 1º. Esta Lei dispõe sobre a alienação parental.

Art. 2º. Considera-se ato de alienação parental a interferência na formação psicológica da criança ou do adolescente promovida ou induzida por um dos genitores, pelos avós ou pelos que tenham a criança ou adolescente sob a sua autoridade, guarda ou vigilância para que repudie genitor ou que cause prejuízo ao estabelecimento ou à manutenção de vínculos com este.

Parágrafo único. São formas exemplificativas de alienação parental, além dos atos assim declarados pelo juiz ou constatados por perícia, praticados diretamente ou com auxílio de terceiros:

I – realizar campanha de desqualificação da conduta do genitor no exercício da paternidade ou maternidade;

II – dificultar o exercício da autoridade parental;

III – dificultar contato de criança ou adolescente com genitor;

IV – dificultar o exercício do direito regulamentado de convivência familiar;

V – omitir deliberadamente a genitor informações pessoais relevantes sobre a criança ou adolescente, inclusive escolares, médicas e alterações de endereço;

VI – apresentar falsa denúncia contra genitor, contra familiares deste ou contra avós, para obstar ou dificultar a convivência deles com a criança ou adolescente;

VII – mudar o domicílio para local distante, sem justificativa, visando a dificultar a convivência da criança ou adolescente com o outro genitor, com familiares deste ou com avós.

Art. 3º. A prática de ato de alienação parental fere direito fundamental da criança ou do adolescente de convivência familiar saudável, prejudica a realização de afeto nas relações com genitor e com o grupo familiar, constitui abuso moral contra a criança ou o adolescente e descumprimento dos deveres inerentes à autoridade parental ou decorrentes de tutela ou guarda.

Art. 4º. Declarado indício de ato de alienação parental, a requerimento ou de ofício, em qualquer momento processual, em ação autônoma ou incidentalmente, o processo terá tramitação prioritária, e o juiz determinará, com urgência, ouvido o Ministério Público, as medidas provisórias necessárias para preservação da integridade psicológica da criança ou do adolescente, inclusive para assegurar sua convivência com genitor ou viabilizar a efetiva reaproximação entre ambos, se for o caso.

Parágrafo único. Assegurar-se-á à criança ou adolescente e ao genitor garantia mínima de visitação assistida, ressalvados os casos em que há iminente risco de prejuízo à integridade física ou psicológica da criança ou do adolescente, atestado por profissional eventualmente designado pelo juiz para acompanhamento das visitas.

Art. 5º. Havendo indício da prática de ato de alienação parental, em ação autônoma ou incidental, o juiz, se necessário, determinará perícia psicológica ou biopsicossocial.

§ 1º. O laudo pericial terá base em ampla avaliação psicológica ou biopsicossocial, conforme o caso, compreendendo, inclusive, entrevista pessoal com as partes, exame de documentos dos autos, histórico do relacionamento do casal e da separação, cronologia de incidentes, avaliação da personalidade dos envolvidos e exame da forma como a criança ou adolescente se manifesta acerca de eventual acusação contra genitor.

§ 2º. A perícia será realizada por profissional ou equipe multidisciplinar habilitados, exigido, em qualquer caso, aptidão comprovada por histórico profissional ou acadêmico para diagnosticar atos de alienação parental.

§ 3º. O perito ou equipe multidisciplinar designada para verificar a ocorrência de alienação parental terá prazo de 90 (noventa) dias para apresentação do laudo, prorrogável exclusivamente por autorização judicial baseada em justificativa circunstanciada.

Art. 6º. Caracterizados atos típicos de alienação parental ou qualquer conduta que dificulte a convivência de criança ou adolescente com genitor, em ação autônoma ou incidental, o juiz poderá, cumulativamente ou não, sem prejuízo da decorrente responsabilidade civil ou criminal e da ampla utilização de instrumentos processuais aptos a inibir ou atenuar seus efeitos, segundo a gravidade do caso:

I – declarar a ocorrência de alienação parental e advertir o alienador;

II – ampliar o regime de convivência familiar em favor do genitor alienado;

III – estipular multa ao alienador;

IV – determinar acompanhamento psicológico e/ou biopsicossocial;

V – determinar a alteração da guarda para guarda compartilhada ou sua inversão;

VI – determinar a fixação cautelar do domicílio da criança ou adolescente;

VII – declarar a suspensão da autoridade parental.

Parágrafo único. Caracterizado mudança abusiva de endereço, inviabilização ou obstrução à convivência familiar, o juiz também poderá inverter a obrigação de levar para ou retirar a criança ou adolescente da residência do genitor, por ocasião das alternâncias dos períodos de convivência familiar.

Art. 7º. A atribuição ou alteração da guarda dar-se-á por preferência ao genitor que viabiliza a efetiva convivência da criança ou adolescente com o outro genitor nas hipóteses em que seja inviável a guarda compartilhada.

Art. 8º. A alteração de domicílio da criança ou adolescente é irrelevante para a determinação da competência relacionada às ações fundadas em direito de convivência familiar, salvo se decorrente de consenso entre os genitores ou de decisão judicial.

Art. 9º. (VETADO).

Art. 10. (VETADO).

Art. 11. Esta Lei entra em vigor na data de sua publicação.

Brasília, 26 de agosto de 2010; 189º da Independência e 122º da República.

LUIZ INÁCIO LULA DA SILVA

Publicado no D.O.U. 27.8.2010

LEI Nº 12.414, DE 9 DE JUNHO DE 2011

Disciplina a formação e consulta a bancos de dados com informações de adimplemento, de pessoas naturais ou de pessoas jurídicas, para formação de histórico de crédito.

› *Cadastro positivo*

A PRESIDENTA DA REPÚBLICA Faço saber que o Congresso Nacional decreta e eu sanciono a seguinte Lei:

Art. 1º. Esta Lei disciplina a formação e consulta a bancos de dados com informações de adimplemento, de pessoas naturais ou de pessoas jurídicas, para formação de histórico de crédito, sem prejuízo do disposto na Lei nº 8.078, de 11 de setembro de 1990 – Código de Proteção e Defesa do Consumidor.

› Lei 8.078/1990: arts. 43, 44 e 72.

› Decreto 7.829/2012 – Regulamenta a Lei 12.414/2011, que disciplina a formação e consulta a bancos de dados com informações de adimplemento, de pessoas naturais ou de pessoas jurídicas, para formação de histórico de crédito.

Parágrafo único. Os bancos de dados instituídos ou mantidos por pessoas jurídicas de direito público interno serão regidos por legislação específica.

Art. 2º. Para os efeitos desta Lei, considera-se:

I – banco de dados: conjunto de dados relativo a pessoa natural ou jurídica armazenados com a finalidade de subsidiar a concessão de crédito, a realização de venda a prazo ou de outras transações comerciais e empresariais que impliquem risco financeiro;

II - gestor: pessoa jurídica que atenda aos requisitos mínimos de funcionamento previstos nesta Lei e em regulamentação complementar, responsável pela administração de banco de dados, bem como pela coleta, pelo armazenamento, pela análise e pelo acesso de terceiros aos dados armazenados; (Redação dada pela LC nº 166/2019)

III - cadastrado: pessoa natural ou jurídica cujas informações tenham sido incluídas em banco de dados; (Redação dada pela LC nº 166/2019)

IV - fonte: pessoa natural ou jurídica que conceda crédito, administre operações de autofinanciamento ou realize venda a prazo ou outras transações comerciais e empresariais que lhe impliquem risco financeiro, inclusive as instituições autorizadas a funcionar pelo Banco Central do Brasil e os prestadores de serviços continuados de água, esgoto, eletricidade, gás, telecomunicações e assemelhados; (Redação dada pela LC nº 166/2019)

V – consulente: pessoa natural ou jurídica que acesse informações em bancos de dados para qualquer finalidade permitida por esta Lei;

VI – anotação: ação ou efeito de anotar, assinalar, averbar, incluir, inscrever ou registrar informação relativa ao histórico de crédito em banco de dados; e

VII - histórico de crédito: conjunto de dados financeiros e de pagamentos, relativos às operações de crédito e obrigações de pagamento adimplidas ou em andamento por pessoa natural ou jurídica. (Redação dada pela LC nº 166/2019)

Art. 3º. Os bancos de dados poderão conter informações de adimplemento do cadastrado, para a formação do histórico de crédito, nas condições estabelecidas nesta Lei.

§ 1º. Para a formação do banco de dados, somente poderão ser armazenadas informações objetivas, claras, verdadeiras e de fácil compreensão, que sejam necessárias para avaliar a situação econômica do cadastrado.

§ 2º. Para os fins do disposto no § 1º, consideram-se informações:

I – objetivas: aquelas descritivas dos fatos e que não envolvam juízo de valor;

II – claras: aquelas que possibilitem o imediato entendimento do cadastrado independentemente de remissão a anexos, fórmulas, siglas, símbolos, termos técnicos ou nomenclatura específica;

III – verdadeiras: aquelas exatas, completas e sujeitas à comprovação nos termos desta Lei; e

IV – de fácil compreensão: aquelas em sentido comum que assegurem ao cadastrado o pleno conhecimento do conteúdo, do sentido e do alcance dos dados sobre ele anotados.

§ 3º. Ficam proibidas as anotações de:

I – informações excessivas, assim consideradas aquelas que não estiverem vinculadas à análise de risco de crédito ao consumidor; e

II – informações sensíveis, assim consideradas aquelas pertinentes à origem social e étnica, à saúde, à informação genética, à orientação sexual e às convicções políticas, religiosas e filosóficas.

Art. 4º O gestor está autorizado, nas condições estabelecidas nesta Lei, a: (Redação dada pela LC nº 166/2019)

I - abrir cadastro em banco de dados com informações de adimplemento de pessoas naturais e jurídicas; (Incluído pela LC nº 166/2019)

II - fazer anotações no cadastro de que trata o inciso I do *caput* deste artigo; (Incluído pela LC nº 166/2019)

III - compartilhar as informações cadastrais e de adimplemento armazenadas com outros bancos de dados; e (Incluído pela LC nº 166/2019)

IV - disponibilizar a consulentes: (Incluído pela LC nº 166/2019)

a) a nota ou pontuação de crédito elaborada com base nas informações de adimplemento armazenadas; e (Incluído pela LC nº 166/2019)

b) o histórico de crédito, mediante prévia autorização específica do cadastrado. (Incluído pela LC nº 166/2019)

§ 1º. (Revogado pela LC nº 166/2019)

§ 2º. (Revogado pela LC nº 166/2019)

§ 3º. (VETADO).

§ 4º. A comunicação ao cadastrado deve: (Incluído pela LC nº 166/2019)

I - ocorrer em até 30 (trinta) dias após a abertura do cadastro no banco de dados, sem custo para o cadastrado; (Incluído pela LC nº 166/2019)

II - ser realizada pelo gestor, diretamente ou por intermédio de fontes; e (Incluído pela LC nº 166/2019)

III - informar de maneira clara e objetiva os canais disponíveis para o cancelamento do cadastro no banco de dados. (Incluído pela LC nº 166/2019)

§ 5º Fica dispensada a comunicação de que trata o § 4º deste artigo caso o cadastrado já tenha cadastro aberto em outro banco de dados. (Incluído pela LC nº 166/2019)

§ 6º Para o envio da comunicação de que trata o § 4º deste artigo, devem ser utilizados os dados pessoais, como endereço residencial, comercial, eletrônico, fornecidos pelo cadastrado à fonte.(Incluído pela LC nº 166/2019)

§ 7º As informações do cadastrado somente poderão ser disponibilizadas a consulentes 60 (sessenta) dias após a abertura do cadastro, observado o disposto no § 8º deste artigo e no art. 15 desta Lei. (Incluído pela LC nº 166/2019)

§ 8º É obrigação do gestor manter procedimentos adequados para comprovar a autenticidade e a validade da autorização de que trata a alínea b do inciso IV do *caput* deste artigo. (Incluído pela LC nº 166/2019)

Art. 5º. São direitos do cadastrado:

I - obter o cancelamento ou a reabertura do cadastro, quando solicitado; (Redação dada pela LC nº 166/2019)

II - acessar gratuitamente, independentemente de justificativa, as informações sobre ele existentes no banco de dados, inclusive seu histórico e sua nota ou pontuação de crédito, cabendo ao gestor manter sistemas seguros, por telefone ou por meio eletrônico, de consulta às informações pelo cadastrado; (Redação dada pela LC nº 166/2019)

III - solicitar a impugnação de qualquer informação sobre ele erroneamente anotada em banco de dados e ter, em até 10 (dez) dias, sua correção ou seu cancelamento em todos os bancos de dados que compartilharam a informação; (Redação dada pela LC nº 166/2019)

IV – conhecer os principais elementos e critérios considerados para a análise de risco, resguardado o segredo empresarial;

V - ser informado previamente sobre a identidade do gestor e sobre o armazenamento e o objetivo do tratamento dos dados pessoais; (Redação dada pela LC nº 166/2019)

VI – solicitar ao consulente a revisão de decisão realizada exclusivamente por meios automatizados; e

VII – ter os seus dados pessoais utilizados somente de acordo com a finalidade para a qual eles foram coletados.

§ 1º. (VETADO).

§ 2º. (VETADO).

§ 3º O prazo para disponibilização das informações de que tratam os incisos II e IV do *caput* deste artigo será de 10 (dez) dias. (Incluído pela LC nº 166/2019)

§ 4º O cancelamento e a reabertura de cadastro somente serão processados mediante solicitação gratuita do cadastrado ao gestor. (Incluído pela LC nº 166/2019)

§ 5º O cadastrado poderá realizar a solicitação de que trata o § 4º deste artigo a qualquer gestor de banco de dados, por meio telefônico, físico e eletrônico. (Incluído pela LC nº 166/2019)

§ 6º O gestor que receber a solicitação de que trata o § 4º deste artigo é obrigado a, no prazo de até 2 (dois) dias úteis: (Incluído pela LC nº 166/2019)

I - encerrar ou reabrir o cadastro, conforme solicitado; e (Incluído pela LC nº 166/2019)

II - transmitir a solicitação aos demais gestores, que devem também atender, no mesmo prazo, à solicitação do cadastrado. (Incluído pela LC nº 166/2019)

§ 7º O gestor deve proceder automaticamente ao cancelamento de pessoa natural ou jurídica que tenha manifestado previamente, por meio telefônico, físico ou eletrônico, a vontade de não ter aberto seu cadastro. (Incluído pela LC nº 166/2019)

§ 8º O cancelamento de cadastro implica a impossibilidade de uso das informações do histórico de crédito pelos gestores, para os fins previstos nesta Lei, inclusive para a composição de nota ou pontuação de crédito de terceiros cadastrados, na forma do art. 7º-A desta Lei. (Incluído pela LC nº 166/2019)

Art. 6º. Ficam os gestores de bancos de dados obrigados, quando solicitados, a fornecer ao cadastrado:

I – todas as informações sobre ele constantes de seus arquivos, no momento da solicitação;

II – indicação das fontes relativas às informações de que trata o inciso I, incluindo endereço e telefone para contato;

III – indicação dos gestores de bancos de dados com os quais as informações foram compartilhadas;

IV - indicação de todos os consulentes que tiveram acesso a qualquer informação sobre ele nos 6 (seis) meses anteriores à solicitação; (Redação dada pela LC nº 166/2019)

V - cópia de texto com o sumário dos seus direitos, definidos em lei ou em normas infralegais pertinentes à sua relação com gestores, bem como a lista dos órgãos governamentais aos quais poderá ele recorrer, caso considere que esses direitos foram infringidos; e (Redação dada pela LC nº 166/2019)

VI - confirmação de cancelamento do cadastro. (Incluído pela LC nº 166/2019)

§ 1º. É vedado aos gestores de bancos de dados estabelecerem políticas ou realizarem operações que impeçam, limitem ou dificultem o acesso do cadastrado previsto no inciso II do art. 5º.

§ 2º O prazo para atendimento das informações de que tratam os incisos II, III, IV e V do *caput* deste artigo será de 10 (dez) dias. (Redação dada pela LC nº 166/2019)

Art. 7º. As informações disponibilizadas nos bancos de dados somente poderão ser utilizadas para:

I – realização de análise de risco de crédito do cadastrado; ou

II – subsidiar a concessão ou extensão de crédito e a realização de venda a prazo ou outras transações comerciais e empresariais que impliquem risco financeiro ao consulente.

Parágrafo único. Cabe ao gestor manter sistemas seguros, por telefone ou por meio eletrônico, de consulta para informar aos consulentes as informações de adimplemento do cadastrado.

Art. 7º-A Nos elementos e critérios considerados para composição da nota ou pontuação de crédito de pessoa cadastrada em banco de dados de que trata esta Lei, não podem ser utilizadas informações: (Incluído pela LC nº 166/2019)

I - que não estiverem vinculadas à análise de risco de crédito e aquelas relacionadas à origem social e étnica, à saúde, à informação genética, ao sexo e às convicções políticas, religiosas e filosóficas;

II - de pessoas que não tenham com o cadastrado relação de parentesco de primeiro grau ou de dependência econômica; e

III - relacionadas ao exercício regular de direito pelo cadastrado, previsto no inciso II do *caput* do art. 5º desta Lei.

§ 1º O gestor de banco de dados deve disponibilizar em seu sítio eletrônico, de forma clara, acessível e de fácil compreensão, a sua política de coleta e utilização de dados pessoais para fins de elaboração de análise de risco de crédito.

§ 2º A transparência da política de coleta e utilização de dados pessoais de que trata o § 1º deste artigo deve ser objeto de verificação, na forma de regulamentação a ser expedida pelo Poder Executivo.

Art. 8º. São obrigações das fontes:

I e II – (Revogados pela LC nº 166/2019)

III – verificar e confirmar, ou corrigir, em prazo não superior a 2 (dois) dias úteis, informação impugnada, sempre que solicitado por gestor de banco de dados ou diretamente pelo cadastrado;

IV - atualizar e corrigir informações enviadas aos gestores, em prazo não superior a 10 (dez) dias; (Redação dada pela LC nº 166/2019)

V – manter os registros adequados para verificar informações enviadas aos gestores de bancos de dados; e

VI – fornecer informações sobre o cadastrado, em bases não discriminatórias, a todos os gestores de bancos de dados que as solicitarem, no mesmo formato e contendo as mesmas informações fornecidas a outros bancos de dados.

Parágrafo único. É vedado às fontes estabelecer políticas ou realizar operações que impeçam, limitem ou dificultem a transmissão a banco de dados de informações de cadastrados. (Redação dada pela LC nº 166/2019)

Art. 9º O compartilhamento de informações de adimplemento entre gestores é permitido na forma do inciso III do *caput* do art. 4º desta Lei. (Redação dada pela LC nº 166/2019)

§ 1º O gestor que receber informação por meio de compartilhamento equipara-se, para todos os efeitos desta Lei, ao gestor que anotou originariamente a informação, inclusive quanto à responsabilidade por eventuais prejuízos a que der causa e ao dever de receber e processar impugnações ou cancelamentos e realizar retificações. (Redação dada pela LC nº 166/2019)

§ 2º O gestor originário é responsável por manter atualizadas as informações cadastrais nos demais bancos de dados com os quais compartilhou informações, sem nenhum ônus para o cadastrado. (Redação dada pela LC nº 166/2019)

§ 3º (Revogado pela LC nº 166/2019).

§ 4º. O gestor deverá assegurar, sob pena de responsabilidade, a identificação da pessoa que promover qualquer inscrição ou atualização de dados relacionados com o cadastrado, registrando a data desta ocorrência, bem como a identificação exata da fonte, do nome do agente que a efetuou e do equipamento ou terminal a partir do qual foi processada tal ocorrência.

Art. 10. É proibido ao gestor exigir exclusividade das fontes de informações.

Art. 11. (Revogado pela LC 166/2019, em vigor decorridos 91 (noventa e um dia) de sua publicação original - DOU 09.04.2019)

Art. 12. As instituições autorizadas a funcionar pelo Banco Central do Brasil fornecerão as informações relativas a suas operações de crédito, de arrendamento mercantil e de autofinanciamento realizadas por meio de grupos de consórcio e a outras operações com características de concessão de crédito somente aos gestores registrados no Banco Central do Brasil. (Redação dada pela LC nº 166/2019)

§ 1º (Revogado pela LC nº 166/2019).

§ 2º (Revogado pela LC nº 166/2019).

§ 3º. O Conselho Monetário Nacional adotará as medidas e normas complementares necessárias para a aplicação do disposto neste artigo.

§ 4º O compartilhamento de que trata o inciso III do *caput* do art. 4º desta Lei, quando referente a informações provenientes de instituições autorizadas a funcionar pelo Banco Central do Brasil, deverá ocorrer apenas entre gestores registrados na forma deste artigo. (Incluído pela LC nº 166/2019)

§ 5º As infrações à regulamentação de que trata o § 3º deste artigo sujeitam o gestor ao cancelamento do seu registro no Banco Central do Brasil, assegurado o devido processo legal, na forma da Lei nº 9.784, de 29 de janeiro de 1999. (Incluído pela LC nº 166/2019)

§ 6º O órgão administrativo competente poderá requerer aos gestores, na forma e no prazo que estabelecer, as informações necessárias para o desempenho das atribuições de que trata este artigo. (Incluído pela LC nº 166/2019)

§ 7º Os gestores não se sujeitam à legislação aplicável às instituições financeiras e às demais instituições autorizadas a funcionar pelo Banco Central do Brasil, inclusive quanto às disposições sobre processo administrativo sancionador, regime de administração especial temporária, intervenção e liquidação extrajudicial. (Incluído pela LC nº 166/2019)

§ 8º O disposto neste artigo não afasta a aplicação pelos órgãos integrantes do Sistema Nacional de Defesa do Consumidor (SNDC), na forma do art. 17 desta Lei, das penalidades cabíveis por violação das normas de proteção do consumidor. (Incluído pela LC nº 166/2019)

Art. 13. O Poder Executivo regulamentará o disposto nesta Lei, em especial quanto: (Redação dadapela LC nº 166/2019)

I - ao uso, à guarda, ao escopo e ao compartilhamento das informações recebidas por bancos de dados; (Incluído pela LC nº 166/2019)

II - aos procedimentos aplicáveis aos gestores de banco de dados na hipótese de vazamento de informações dos cadastrados, inclusive com relação à comunicação aos órgãos responsáveis pela sua fiscalização, nos termos do § 1º do art. 17 desta Lei; e (Incluído pela LC nº 166/2019)

III - ao disposto nos arts. 5º e 7º-A desta Lei. (Incluído pela LC nº 166/2019)

Art. 14. As informações de adimplemento não poderão constar de bancos de dados por período superior a 15 (quinze) anos.

Art. 15. As informações sobre o cadastrado constantes dos bancos de dados somente poderão ser acessadas por consulentes que com ele mantiverem ou pretenderem manter relação comercial ou creditícia.

Art. 16. O banco de dados, a fonte e o consulente são responsáveis, objetiva e solidariamente, pelos danos materiais e morais que causarem ao cadastrado, nos termos da Lei nº 8.078, de 11 de setembro de 1990 (Código de Proteção e Defesa do Consumidor). (Redação dada pela LC nº 166/2019)

Art. 17. Nas situações em que o cadastrado for consumidor, caracterizado conforme a Lei nº 8.078, de 11 de setembro de 1990 – Código de Proteção e Defesa do Consumidor, aplicam-se as sanções e penas nela previstas e o disposto no § 2º.

§ 1º. Nos casos previstos no *caput*, a fiscalização e a aplicação das sanções serão exercidas concorrentemente pelos órgãos de proteção e defesa do consumidor da União, dos Estados, do Distrito Federal e dos Municípios, nas respectivas áreas de atuação administrativa.

§ 2º Sem prejuízo do disposto no *caput* e no § 1º deste artigo, os órgãos de proteção e defesa do consumidor poderão aplicar medidas corretivas e estabelecer aos bancos de dados que descumprirem o previsto nesta Lei a obrigação de excluir do cadastro informações incorretas, no prazo de 10 (dez) dias, bem como de cancelar os cadastros de pessoas que solicitaram o cancelamento, conforme disposto no inciso I do *caput* do art. 5º desta Lei. (Redação dada pela LC nº 166/2019)

Art. 17-A. A quebra do sigilo previsto na Lei Complementar nº 105, de 10 de janeiro de 2001, sujeita os responsáveis às penalidades previstas no art. 10 da referida Lei, sem prejuízo do disposto na Lei nº 8.078, de 11 de setembro de 1990 (Código de Proteção e Defesa do Consumidor). (Incluído pela LC nº 166/2019)

Art. 18. Esta Lei entra em vigor na data de sua publicação.

Brasília, 9 de junho de 2011; 190º da Independência e 123º da República.

DILMA ROUSSEFF

Publicado D.O.U. de 10.6.2011

LEI Nº 12.462, DE 4 DE AGOSTO DE 2011

Institui o Regime Diferenciado de Contratações Públicas – RDC; altera a Lei nº 10.683, de 28 de maio de 2003, que dispõe sobre a organização da Presidência da República e dos Ministérios, a legislação da Agência Nacional de Aviação Civil (Anac) e a legislação da Empresa Brasileira de Infraestrutura Aeroportuária (Infraero); cria a Secretaria de Aviação Civil, cargos de Ministro de Estado, cargos em comissão e cargos de Controlador de Tráfego Aéreo; autoriza a contratação de controladores de tráfego aéreo temporários; altera as Leis nºs 11.182, de 27 de setembro de 2005, 5.862, de 12 de dezembro de 1972, 8.399, de 7 de janeiro de 1992, 11.526, de 4 de outubro de 2007, 11.458, de 19 de março de 2007, e 12.350, de 20 de dezembro de 2010, e a Medida Provisória nº 2.185-35, de 24 de agosto de 2001; e revoga dispositivos da Lei nº 9.649, de 27 de maio de 1998.

▸ *Regime diferenciado de contratações públicas*

A PRESIDENTA DA REPÚBLICA Faço saber que o Congresso Nacional decreta e eu sanciono a seguinte Lei:

▸ Lei 12.846/2013 – Responsabilização administrativa e civil de pessoas jurídicas.

▸ Decreto 7.581/2011 – Regulamenta o Regime Diferenciado de Contratações Públicas – RDC, de que trata a Lei 12.462/2011. (Redação dada pelo Decreto 8.251/2014)

CAPÍTULO I. DO REGIME DIFERENCIADO DE CONTRATAÇÕES PÚBLICAS – RDC

SEÇÃO I. ASPECTOS GERAIS

Art. 1º. É instituído o Regime Diferenciado de Contratações Públicas (RDC), aplicável exclusivamente às licitações e contratos necessários à realização:

I – dos Jogos Olímpicos e Paraolímpicos de 2016, constantes da Carteira de Projetos Olímpicos a ser definida pela Autoridade Pública Olímpica (APO); e

II – da Copa das Confederações da Federação Internacional de Futebol Associação – Fifa 2013 e da Copa do Mundo Fifa 2014, definidos pelo Grupo Executivo – Gecopa 2014 do Comitê Gestor instituído para definir, aprovar e supervisionar as ações previstas no Plano Estratégico das Ações do Governo Brasileiro para a realização da Copa do Mundo Fifa 2014 – CGCOPA 2014, restringindo-se, no caso de obras públicas, às constantes da matriz de responsabilidades celebrada entre a União, Estados, Distrito Federal e Municípios;

III – de obras de infraestrutura e de contratação de serviços para os aeroportos das capitais dos Estados da Federação distantes até 350 km (trezentos e cinquenta quilômetros) das cidades sedes dos mundiais referidos nos incisos I e II.

IV – das ações integrantes do Programa de Aceleração do Crescimento (PAC) (Incluído pela Lei nº 12.688, de 2012)

V – das obras e serviços de engenharia no âmbito do Sistema Único de Saúde – SUS. (Incluído pela Lei nº 12.745, de 2012)

VI – das obras e serviços de engenharia para construção, ampliação e reforma e administração de estabelecimentos penais e de unidades de atendimento socioeducativo; (Redação dada pela Lei nº 13.190, de 2015)

VII – das ações no âmbito da segurança pública; (Incluído pela Lei nº 13.190, de 2015)

VIII – das obras e serviços de engenharia, relacionadas a melhorias na mobilidade urbana ou ampliação de infraestrutura logística; e (Incluído pela Lei nº 13.190, de 2015)

IX – dos contratos a que se refere o art. 47-A. (Incluído pela Lei nº 13.190, de 2015)

X – das ações em órgãos e entidades dedicados à ciência, à tecnologia e à inovação. (Incluído pela Lei nº 13.243, de 2016)

§ 1º. O RDC tem por objetivos:

I – ampliar a eficiência nas contratações públicas e a competitividade entre os licitantes;

II – promover a troca de experiências e tecnologias em busca da melhor relação entre custos e benefícios para o setor público;

III – incentivar a inovação tecnológica; e

IV – assegurar tratamento isonômico entre os licitantes e a seleção da proposta mais vantajosa para a administração pública.

§ 2º. A opção pelo RDC deverá constar de forma expressa do instrumento convocatório e resultará no afastamento das normas contidas na Lei nº 8.666, de 21 de junho de 1993, exceto nos casos expressamente previstos nesta Lei.

§ 3º. Além das hipóteses previstas no *caput*, o RDC também é aplicável às licitações e aos contratos necessários à realização de obras e serviços de engenharia no âmbito dos sistemas públicos de ensino e de pesquisa, ciência e tecnologia. (Redação dada pela Lei nº 13.190, de 2015)

Art. 2º. Na aplicação do RDC, deverão ser observadas as seguintes definições:

I – empreitada integral: quando se contrata um empreendimento em sua integralidade, compreendendo a totalidade das etapas de obras, serviços e instalações necessárias, sob inteira responsabilidade da contratada até a sua entrega ao contratante em condições de entrada em operação, atendidos os requisitos técnicos e legais para sua utilização em condições de segurança estrutural e operacional e com as características adequadas às finalidades para a qual foi contratada;

II – empreitada por preço global: quando se contrata a execução da obra ou do serviço por preço certo e total;

III – empreitada por preço unitário: quando se contrata a execução da obra ou do serviço por preço certo de unidades determinadas;

IV – projeto básico: conjunto de elementos necessários e suficientes, com nível de precisão adequado, para, observado o disposto no parágrafo único deste artigo:

a) caracterizar a obra ou serviço de engenharia, ou complexo de obras ou serviços objeto da licitação, com base nas indicações dos estudos técnicos preliminares;

b) assegurar a viabilidade técnica e o adequado tratamento do impacto ambiental do empreendimento; e

c) possibilitar a avaliação do custo da obra ou serviço e a definição dos métodos e do prazo de execução;

V – projeto executivo: conjunto dos elementos necessários e suficientes à execução completa da obra, de acordo com as normas técnicas pertinentes; e

VI – tarefa: quando se ajusta mão de obra para pequenos trabalhos por preço certo, com ou sem fornecimento de materiais.

Parágrafo único. O projeto básico referido no inciso IV do *caput* deste artigo deverá conter, no mínimo, sem frustrar o caráter competitivo do procedimento licitatório, os seguintes elementos:

I – desenvolvimento da solução escolhida de forma a fornecer visão global da obra e identificar seus elementos constitutivos com clareza;

II – soluções técnicas globais e localizadas, suficientemente detalhadas, de forma a restringir a necessidade de reformulação ou de variantes durante as fases de elaboração do projeto executivo e de realização das obras e montagem a situações devidamente comprovadas em ato motivado da administração pública;

III – identificação dos tipos de serviços a executar e de materiais e equipamentos a incorporar à obra, bem como especificações que assegurem os melhores resultados para o empreendimento;

IV – informações que possibilitem o estudo e a dedução de métodos construtivos, instalações provisórias e condições organizacionais para a obra;

V – subsídios para montagem do plano de licitação e gestão da obra, compreendendo a sua programação, a estratégia de suprimentos, as normas de fiscalização e outros dados necessários em cada caso, exceto, em relação à respectiva licitação, na hipótese de contratação integrada;

VI – orçamento detalhado do custo global da obra, fundamentado em quantitativos de serviços e fornecimentos propriamente avaliados.

Art. 3º. As licitações e contratações realizadas em conformidade com o RDC deverão observar os princípios da legalidade, da impessoalidade, da moralidade, da igualdade, da publicidade, da eficiência, da probidade administrativa, da economicidade, do desenvolvimento nacional sustentável, da vinculação ao instrumento convocatório e do julgamento objetivo.

Art. 4º. Nas licitações e contratos de que trata esta Lei serão observadas as seguintes diretrizes:

I – padronização do objeto da contratação relativamente às especificações técnicas e de desempenho e, quando for o caso, às condições de manutenção, assistência técnica e de garantia oferecidas;

II – padronização de instrumentos convocatórios e minutas de contratos, previamente aprovados pelo órgão jurídico competente;

III – busca da maior vantagem para a administração pública, considerando custos e benefícios, diretos e indiretos, de natureza econômica, social ou ambiental, inclusive os relativos à manutenção, ao desfazimento de bens e resíduos, ao índice de depreciação econômica e a outros fatores de igual relevância;

IV – condições de aquisição, de seguros, de garantias e de pagamento compatíveis com as condições do setor privado, inclusive mediante pagamento de remuneração variável conforme desempenho, na forma do art. 10; (Redação dada pela Lei nº 12.980, de 2014)

V – utilização, sempre que possível, nas planilhas de custos constantes das propostas oferecidas pelos licitantes, de mão de obra, materiais, tecnologias e matérias-primas existentes no local da execução, conservação e operação do bem, serviço ou obra, desde que não se produzam prejuízos à eficiência na execução do respectivo objeto e que seja respeitado o limite do orçamento estimado para a contratação; e

VI – parcelamento do objeto, visando à ampla participação de licitantes, sem perda de economia de escala.

VII – ampla publicidade, em sítio eletrônico, de todas as fases e procedimentos do processo de licitação, assim como dos contratos, respeitado o art. 6º desta Lei. (Incluído pela Lei nº 13.173, de 2015)

§ 1º. As contratações realizadas com base no RDC devem respeitar, especialmente, as normas relativas à:

I – disposição final ambientalmente adequada dos resíduos sólidos gerados pelas obras contratadas;

II – mitigação por condicionantes e compensação ambiental, que serão definidas no procedimento de licenciamento ambiental;

III – utilização de produtos, equipamentos e serviços que, comprovadamente, reduzam o consumo de energia e recursos naturais;

IV – avaliação de impactos de vizinhança, na forma da legislação urbanística;

V – proteção do patrimônio cultural, histórico, arqueológico e imaterial, inclusive por meio da avaliação do impacto direto ou indireto causado pelas obras contratadas; e

VI – acessibilidade para o uso por pessoas com deficiência ou com mobilidade reduzida.

§ 2º. O impacto negativo sobre os bens do patrimônio cultural, histórico, arqueológico e imaterial tombados deverá ser compensado por meio de medidas determinadas pela autoridade responsável, na forma da legislação aplicável.

SEÇÃO II.
DAS REGRAS APLICÁVEIS ÀS LICITAÇÕES NO ÂMBITO DO RDC

SUBSEÇÃO I.
DO OBJETO DA LICITAÇÃO

Art. 5º. O objeto da licitação deverá ser definido de forma clara e precisa no instrumento convocatório, vedadas especificações excessivas, irrelevantes ou desnecessárias.

Art. 6º. Observado o disposto no § 3º, o orçamento previamente estimado para a contratação será tornado público apenas e imediatamente após o encerramento da licitação, sem prejuízo da divulgação do detalhamento dos quantitativos e das demais informações necessárias para a elaboração das propostas.

§ 1º. Nas hipóteses em que for adotado o critério de julgamento por maior desconto, a informação de que trata o *caput* deste artigo constará do instrumento convocatório.

§ 2º. No caso de julgamento por melhor técnica, o valor do prêmio ou da remuneração será incluído no instrumento convocatório.

§ 3º. Se não constar do instrumento convocatório, a informação referida no *caput* deste artigo possuirá caráter sigiloso e será disponibilizada estrita e permanentemente aos órgãos de controle externo e interno.

Art. 7º. No caso de licitação para aquisição de bens, a administração pública poderá:

I – indicar marca ou modelo, desde que formalmente justificado, nas seguintes hipóteses:

a) em decorrência da necessidade de padronização do objeto;

b) quando determinada marca ou modelo comercializado por mais de um fornecedor for a única capaz de atender às necessidades da entidade contratante; ou

c) quando a descrição do objeto a ser licitado puder ser melhor compreendida pela identificação de determinada marca ou modelo aptos a servir como referência, situação em que será obrigatório o acréscimo da expressão "ou similar ou de melhor qualidade";

II – exigir amostra do bem no procedimento de pré-qualificação, na fase de julgamento das propostas ou de lances, desde que justificada a necessidade da sua apresentação;

III – solicitar a certificação da qualidade do produto ou do processo de fabricação, inclusive sob o aspecto ambiental, por qualquer instituição oficial competente ou por entidade credenciada; e

IV – solicitar, motivadamente, carta de solidariedade emitida pelo fabricante, que assegure a execução do contrato, no caso de licitante revendedor ou distribuidor.

Art. 8º. Na execução indireta de obras e serviços de engenharia, são admitidos os seguintes regimes:

I – empreitada por preço unitário;

II – empreitada por preço global;

III – contratação por tarefa;

IV – empreitada integral; ou

V – contratação integrada.

§ 1º. Nas licitações e contratações de obras e serviços de engenharia serão adotados, preferencialmente, os regimes discriminados nos incisos II, IV e V do *caput* deste artigo.

§ 2º. No caso de inviabilidade da aplicação do disposto no § 1º deste artigo, poderá ser adotado outro regime previsto no *caput* deste artigo, hipótese em que serão inseridos nos autos do procedimento os motivos que justificaram a exceção.

§ 3º. O custo global de obras e serviços de engenharia deverá ser obtido a partir de custos unitários de insumos ou serviços menores ou iguais à mediana de seus correspondentes ao Sistema Nacional de Pesquisa de Custos e Índices da Construção Civil (Sinapi), no caso de construção civil em geral, ou na tabela do Sistema de Custos de Obras Rodoviárias (Sicro), no caso de obras e serviços rodoviários.

§ 4º. No caso de inviabilidade da definição dos custos consoante o disposto no § 3º deste artigo, a estimativa de custo global poderá ser apurada por meio da utilização de dados contidos em tabela de referência formalmente aprovada por órgãos ou entidades da administração pública federal, em publicações técnicas especializadas, em sistema específico instituído para o setor ou em pesquisa de mercado.

§ 5º. Nas licitações para a contratação de obras e serviços, com exceção daquelas onde for adotado o regime previsto no inciso V do *caput* deste artigo, deverá haver projeto básico aprovado pela autoridade competente, disponível para exame dos interessados em participar do processo licitatório.

§ 6º. No caso de contratações realizadas pelos governos municipais, estaduais e do Distrito Federal, desde que não envolvam recursos da União, o custo global de obras e serviços de engenharia a que se refere o § 3º deste artigo poderá também ser obtido a partir de outros sistemas de custos já adotados pelos respectivos entes e aceitos pelos respectivos tribunais de contas.

§ 7º. É vedada a realização, sem projeto executivo, de obras e serviços de engenharia para cuja concretização tenha sido utilizado o RDC, qualquer que seja o regime adotado.

Art. 9º. Nas licitações de obras e serviços de engenharia, no âmbito do RDC, poderá ser utilizada a contratação integrada, desde que técnica e economicamente justificada e cujo objeto envolva, pelo menos, uma das seguintes condições: (Redação dada pela Lei nº 12.980, de 2014)

I – inovação tecnológica ou técnica; (Incluído pela Lei nº 12.980, de 2014)

II – possibilidade de execução com diferentes metodologias; ou (Incluído pela Lei nº 12.980, de 2014)

III – possibilidade de execução com tecnologias de domínio restrito no mercado. (Incluído pela Lei nº 12.980, de 2014)

§ 1º. A contratação integrada compreende a elaboração e o desenvolvimento dos projetos básico e executivo, a execução de obras e serviços de engenharia, a montagem, a realização de testes, a pré-operação e todas as demais operações necessárias e suficientes para a entrega final do objeto.

§ 2º. No caso de contratação integrada:

I – o instrumento convocatório deverá conter anteprojeto de engenharia que contemple os documentos técnicos destinados a possibilitar a caracterização da obra ou serviço, incluindo:

a) a demonstração e a justificativa do programa de necessidades, a visão global dos investimentos e as definições quanto ao nível de serviço desejado;

b) as condições de solidez, segurança, durabilidade e prazo de entrega, observado o disposto no *caput* e no § 1º do art. 6º desta Lei;

c) a estética do projeto arquitetônico; e

d) os parâmetros de adequação ao interesse público, à economia na utilização, à facilidade na execução, aos impactos ambientais e à acessibilidade;

II – o valor estimado da contratação será calculado com base nos valores praticados pelo mercado, nos valores pagos pela administração pública em serviços e obras similares ou na avaliação do custo global da obra, aferida mediante orçamento sintético ou metodologia expedita ou paramétrica; (Redação dada pela Lei nº 12.980, de 2014)

III – (Revogado pela Lei nº 12.980, de 2014).

§ 3º. Caso seja permitida no anteprojeto de engenharia a apresentação de projetos com metodologias diferenciadas de execução, o instrumento convocatório estabelecerá critérios objetivos para avaliação e julgamento das propostas.

§ 4º. Nas hipóteses em que for adotada a contratação integrada, é vedada a celebração de termos aditivos aos contratos firmados, exceto nos seguintes casos:

I – para recomposição do equilíbrio econômico-financeiro decorrente de caso fortuito ou força maior; e

II – por necessidade de alteração do projeto ou das especificações para melhor adequação técnica aos objetivos da contratação, a pedido da administração pública, desde que não decorrentes de erros ou omissões por parte do contratado, observados os limites previstos no § 1º do art. 65 da Lei nº 8.666, de 21 de junho de 1993.

§ 5º. Se o anteprojeto contemplar matriz de alocação de riscos entre a administração pública e o contratado, o valor estimado da contratação poderá considerar taxa de risco compatível com o objeto da licitação e as contingências atribuídas ao contratado, de acordo com metodologia predefinida pela entidade contratante. (Incluído pela Lei nº 13.190, de 2015)

Art. 10. Na contratação das obras e serviços, inclusive de engenharia, poderá ser estabelecida remuneração variável vinculada ao desempenho da contratada, com base em metas, padrões de qualidade, critérios de sustentabilidade ambiental e prazo de entrega definidos no instrumento convocatório e no contrato.

Parágrafo único. A utilização da remuneração variável será motivada e respeitará o limite orçamentário fixado pela administração pública para a contratação.

Art. 11. A administração pública poderá, mediante justificativa expressa, contratar mais de uma empresa ou instituição para executar o mesmo serviço, desde que não implique perda de economia de escala, quando:

I – o objeto da contratação puder ser executado de forma concorrente e simultânea por mais de um contratado; ou

II – a múltipla execução for conveniente para atender à administração pública.

§ 1º. Nas hipóteses previstas no *caput* deste artigo, a administração pública deverá manter o controle individualizado da execução do objeto contratual relativamente a cada uma das contratadas.

§ 2º. O disposto no *caput* deste artigo não se aplica aos serviços de engenharia.

SUBSEÇÃO II.
DO PROCEDIMENTO LICITATÓRIO

Art. 12. O procedimento de licitação de que trata esta Lei observará as seguintes fases, nesta ordem:

I – preparatória;

II – publicação do instrumento convocatório;

III – apresentação de propostas ou lances;

IV – julgamento;

V – habilitação;

VI – recursal; e

VII – encerramento.

Parágrafo único. A fase de que trata o inciso V do *caput* deste artigo poderá, mediante ato motivado, anteceder as referidas nos incisos III e IV do *caput* deste artigo, desde que expressamente previsto no instrumento convocatório.

Art. 13. As licitações deverão ser realizadas preferencialmente sob a forma eletrônica, admitida a presencial.

Parágrafo único. Nos procedimentos realizados por meio eletrônico, a administração pública poderá determinar, como condição de validade e eficácia, que os licitantes pratiquem seus atos em formato eletrônico.

Art. 14. Na fase de habilitação das licitações realizadas em conformidade com esta Lei, aplicar-se-á, no que couber, o disposto nos arts. 27 a 33 da Lei nº 8.666, de 21 de junho de 1993, observado o seguinte:

I – poderá ser exigida dos licitantes a declaração de que atendem aos requisitos de habilitação;

II – será exigida a apresentação dos documentos de habilitação apenas pelo licitante vencedor, exceto no caso de inversão de fases;

III – no caso de inversão de fases, só serão recebidas as propostas dos licitantes previamente habilitados; e

IV – em qualquer caso, os documentos relativos à regularidade fiscal poderão ser exigidos em momento posterior ao julgamento das propostas, apenas em relação ao licitante mais bem classificado.

Parágrafo único. Nas licitações disciplinadas pelo RDC:

I – será admitida a participação de licitantes sob a forma de consórcio, conforme estabelecido em regulamento; e

II – poderão ser exigidos requisitos de sustentabilidade ambiental, na forma da legislação aplicável.

Art. 15. Será dada ampla publicidade aos procedimentos licitatórios e de pré-qualificação disciplinados por esta Lei, ressalvadas as hipóteses de informações cujo sigilo seja imprescindível à segurança da sociedade e do Estado, devendo ser adotados os seguintes prazos mínimos para apresentação de propostas, contados a partir da data de publicação do instrumento convocatório:

I – para aquisição de bens:

a) 5 (cinco) dias úteis, quando adotados os critérios de julgamento pelo menor preço ou pelo maior desconto; e

b) 10 (dez) dias úteis, nas hipóteses não abrangidas pela alínea a deste inciso;

II – para a contratação de serviços e obras:

a) 15 (quinze) dias úteis, quando adotados os critérios de julgamento pelo menor preço ou pelo maior desconto; e

b) 30 (trinta) dias úteis, nas hipóteses não abrangidas pela alínea a deste inciso;

III – para licitações em que se adote o critério de julgamento pela maior oferta: 10 (dez) dias úteis; e

IV – para licitações em que se adote o critério de julgamento pela melhor combinação de técnica e preço, pela melhor técnica ou em razão do conteúdo artístico: 30 (trinta) dias úteis.

§ 1º. A publicidade a que se refere o *caput* deste artigo, sem prejuízo da faculdade de divulgação direta aos fornecedores, cadastrados ou não, será realizada mediante:

I – publicação de extrato do edital no Diário Oficial da União, do Estado, do Distrito Federal ou do Município, ou, no caso de consórcio público, do ente de maior nível entre eles, sem prejuízo da possibilidade de publicação de extrato em jornal diário de grande circulação; e

II – divulgação em sítio eletrônico oficial centralizado de divulgação de licitações ou mantido pelo ente encarregado do procedimento licitatório na rede mundial de computadores.

§ 2º. No caso de licitações cujo valor não ultrapasse R$ 150.000,00 (cento e cinquenta mil reais) para obras ou R$ 80.000,00 (oitenta mil reais) para bens e serviços, inclusive de engenharia, é dispensada a publicação prevista no inciso I do § 1º deste artigo.

§ 3º. No caso de parcelamento do objeto, deverá ser considerado, para fins da aplicação do disposto no § 2º deste artigo, o valor total da contratação.

§ 4º. As eventuais modificações no instrumento convocatório serão divulgadas nos mesmos prazos dos atos e procedimentos originais, exceto quando a alteração não comprometer a formulação das propostas.

Art. 16. Nas licitações, poderão ser adotados os modos de disputa aberto e fechado, que poderão ser combinados na forma do regulamento.

Art. 17. O regulamento disporá sobre as regras e procedimentos de apresentação de propostas ou lances, observado o seguinte:

I – no modo de disputa aberto, os licitantes apresentarão suas ofertas por meio de lances públicos e sucessivos, crescentes ou decrescentes, conforme o critério de julgamento adotado;

II – no modo de disputa fechado, as propostas apresentadas pelos licitantes serão sigilosas até a data e hora designadas para que sejam divulgadas; e

III – nas licitações de obras ou serviços de engenharia, após o julgamento das propostas, o licitante vencedor deverá reelaborar e apresentar à administração pública, por meio eletrônico, as planilhas com indicação dos quantitativos e dos custos unitários, bem como do detalhamento das Bonificações e Despesas Indiretas (BDI) e dos Encargos Sociais (ES), com os respectivos valores adequados ao lance vencedor.

§ 1º. Poderão ser admitidos, nas condições estabelecidas em regulamento:

I – a apresentação de lances intermediários, durante a disputa aberta; e

II – o reinício da disputa aberta, após a definição da melhor proposta e para a definição das demais colocações, sempre que existir uma diferença de pelo menos 10% (dez por cento) entre o melhor lance e o do licitante subsequente.

§ 2º. Consideram-se intermediários os lances:

I – iguais ou inferiores ao maior já ofertado, quando adotado o julgamento pelo critério da maior oferta; ou

II – iguais ou superiores ao menor já ofertado, quando adotados os demais critérios de julgamento.

Art. 18. Poderão ser utilizados os seguintes critérios de julgamento:

I – menor preço ou maior desconto;

II – técnica e preço;

III – melhor técnica ou conteúdo artístico;

IV – maior oferta de preço; ou

V – maior retorno econômico.

§ 1º. O critério de julgamento será identificado no instrumento convocatório, observado o disposto nesta Lei.

§ 2º. O julgamento das propostas será efetivado pelo emprego de parâmetros objetivos definidos no instrumento convocatório.

§ 3º. Não serão consideradas vantagens não previstas no instrumento convocatório, inclusive financiamentos subsidiados ou a fundo perdido.

Art. 19. O julgamento pelo menor preço ou maior desconto considerará o menor dispêndio para a administração pública, atendidos os parâmetros mínimos de qualidade definidos no instrumento convocatório.

§ 1º. Os custos indiretos, relacionados com as despesas de manutenção, utilização, reposição, depreciação e impacto ambiental, entre outros fatores, poderão ser considerados para a definição do menor dispêndio, sempre que objetivamente mensuráveis, conforme dispuser o regulamento.

§ 2º. O julgamento por maior desconto terá como referência o preço global fixado no instrumento convocatório, sendo o desconto estendido aos eventuais termos aditivos.

§ 3º. No caso de obras ou serviços de engenharia, o percentual de desconto apresentado pelos licitantes deverá incidir linearmente sobre os preços de todos os itens do orçamento estimado constante do instrumento convocatório.

Art. 20. No julgamento pela melhor combinação de técnica e preço, deverão ser avaliadas e ponderadas as propostas técnicas e de preço apresentadas pelos licitantes, mediante a utilização de parâmetros objetivos obrigatoriamente inseridos no instrumento convocatório.

§ 1º. O critério de julgamento a que se refere o *caput* deste artigo será utilizado quando a avaliação e a ponderação da qualidade técnica das propostas que superarem os requisitos mínimos estabelecidos no instrumento convocatório forem relevantes aos fins pretendidos pela administração pública, e destinar-se-á exclusivamente a objetos:

I – de natureza predominantemente intelectual e de inovação tecnológica ou técnica; ou

II – que possam ser executados com diferentes metodologias ou tecnologias de domínio restrito no mercado, pontuando-se as vantagens e qualidades que eventualmente forem oferecidas para cada produto ou solução.

§ 2º. É permitida a atribuição de fatores de ponderação distintos para valorar as propostas técnicas e de preço, sendo o percentual de ponderação mais relevante limitado a 70% (setenta por cento).

Art. 21. O julgamento pela melhor técnica ou pelo melhor conteúdo artístico considerará exclusivamente as propostas técnicas ou artísticas apresentadas pelos licitantes com base em critérios objetivos previamente estabelecidos no instrumento convocatório, no qual será definido o prêmio ou a remuneração que será atribuída aos vencedores.

Parágrafo único. O critério de julgamento referido no *caput* deste artigo poderá ser utilizado para a contratação de projetos, inclusive arquitetônicos, e trabalhos de natureza técnica, científica ou artística, excluindo-se os projetos de engenharia.

Art. 22. O julgamento pela maior oferta de preço será utilizado no caso de contratos que resultem em receita para a administração pública.

§ 1º. Quando utilizado o critério de julgamento pela maior oferta de preço, os requisitos de qualificação técnica e econômico-financeira poderão ser dispensados, conforme dispuser o regulamento.

§ 2º. No julgamento pela maior oferta de preço, poderá ser exigida a comprovação do recolhimento de quantia a TÍTULO de garantia, como requisito de habilitação, limitada a 5% (cinco por cento) do valor ofertado.

§ 3º. Na hipótese do § 2º deste artigo, o licitante vencedor perderá o valor da entrada em favor da administração pública caso não efetive o pagamento devido no prazo estipulado.

Art. 23. No julgamento pelo maior retorno econômico, utilizado exclusivamente para a celebração de contratos de eficiência, as propostas serão consideradas de forma a selecionar a que proporcionará a maior economia para a administração pública decorrente da execução do contrato.

§ 1º. O contrato de eficiência terá por objeto a prestação de serviços, que pode incluir a realização de obras e o fornecimento de bens, com o objetivo de proporcionar economia ao contratante, na forma de redução de despesas correntes, sendo o contratado remunerado com base em percentual da economia gerada.

§ 2º. Na hipótese prevista no *caput* deste artigo, os licitantes apresentarão propostas de trabalho e de preço, conforme dispuser o regulamento.

§ 3º. Nos casos em que não for gerada a economia prevista no contrato de eficiência:

I – a diferença entre a economia contratada e a efetivamente obtida será descontada da remuneração da contratada;

II – se a diferença entre a economia contratada e a efetivamente obtida for superior à remuneração da contratada, será aplicada multa por inexecução contratual no valor da diferença; e

III – a contratada sujeitar-se-á, ainda, a outras sanções cabíveis caso a diferença entre a economia contratada e a efetivamente obtida seja superior ao limite máximo estabelecido no contrato.

Art. 24. Serão desclassificadas as propostas que:

I – contenham vícios insanáveis;

II – não obedeçam às especificações técnicas pormenorizadas no instrumento convocatório;

III – apresentem preços manifestamente inexequíveis ou permaneçam acima do orçamento estimado para a contratação, inclusive nas hipóteses previstas no art. 6º desta Lei;

IV – não tenham sua exequibilidade demonstrada, quando exigido pela administração pública; ou

V – apresentem desconformidade com quaisquer outras exigências do instrumento convocatório, desde que insanáveis.

§ 1º. A verificação da conformidade das propostas poderá ser feita exclusivamente em relação à proposta mais bem classificada.

§ 2º. A administração pública poderá realizar diligências para aferir a exequibilidade das propostas ou exigir dos licitantes que ela seja demonstrada, na forma do inciso IV do *caput* deste artigo.

§ 3º. No caso de obras e serviços de engenharia, para efeito de avaliação da exequibilidade e de sobrepreço, serão considerados o preço global, os quantitativos e os preços unitários considerados relevantes, conforme dispuser o regulamento.

Art. 25. Em caso de empate entre 2 (duas) ou mais propostas, serão utilizados os seguintes critérios de desempate, nesta ordem:

I – disputa final, em que os licitantes empatados poderão apresentar nova proposta fechada em ato contínuo à classificação;

II – a avaliação do desempenho contratual prévio dos licitantes, desde que exista sistema objetivo de avaliação instituído;

III – os critérios estabelecidos no art. 3º da Lei nº 8.248, de 23 de outubro de 1991, e no § 2º do art. 3º da Lei nº 8.666, de 21 de junho de 1993; e

IV – sorteio.

Parágrafo único. As regras previstas no *caput* deste artigo não prejudicam a aplicação do disposto no art. 44 da Lei Complementar nº 123, de 14 de dezembro de 2006.

Art. 26. Definido o resultado do julgamento, a administração pública poderá negociar condições mais vantajosas com o primeiro colocado.

Parágrafo único. A negociação poderá ser feita com os demais licitantes, segundo a ordem de classificação inicialmente estabelecida, quando o preço do primeiro colocado, mesmo após a negociação, for desclassificado por sua proposta permanecer acima do orçamento estimado.

Art. 27. Salvo no caso de inversão de fases, o procedimento licitatório terá uma fase recursal única, que se seguirá à habilitação do vencedor.

Parágrafo único. Na fase recursal, serão analisados os recursos referentes ao julgamento das propostas ou lances e à habilitação do vencedor.

Art. 28. Exauridos os recursos administrativos, o procedimento licitatório será encerrado e encaminhado à autoridade superior, que poderá:

I – determinar o retorno dos autos para saneamento de irregularidades que forem supríveis;

II – anular o procedimento, no todo ou em parte, por vício insanável;

III – revogar o procedimento por motivo de conveniência e oportunidade; ou

IV – adjudicar o objeto e homologar a licitação.

SUBSEÇÃO III. DOS PROCEDIMENTOS AUXILIARES DAS LICITAÇÕES NO ÂMBITO DO RDC

Art. 29. São procedimentos auxiliares das licitações regidas pelo disposto nesta Lei:

I – pré-qualificação permanente;

II – cadastramento;

III – sistema de registro de preços; e

IV – catálogo eletrônico de padronização.

Parágrafo único. Os procedimentos de que trata o *caput* deste artigo obedecerão a critérios claros e objetivos definidos em regulamento.

Art. 30. Considera-se pré-qualificação permanente o procedimento anterior à licitação destinado a identificar:

I – fornecedores que reúnam condições de habilitação exigidas para o fornecimento de bem ou a execução de serviço ou obra nos prazos, locais e condições previamente estabelecidos; e

II – bens que atendam às exigências técnicas e de qualidade da administração pública.

§ 1º. O procedimento de pré-qualificação ficará permanentemente aberto para a inscrição dos eventuais interessados.

§ 2º. A administração pública poderá realizar licitação restrita aos pré-qualificados, nas condições estabelecidas em regulamento.

§ 3º. A pré-qualificação poderá ser efetuada nos grupos ou segmentos, segundo as especialidades dos fornecedores.

§ 4º. A pré-qualificação poderá ser parcial ou total, contendo alguns ou todos os requisitos de habilitação ou técnicos necessários à contratação, assegurada, em qualquer hipótese, a igualdade de condições entre os concorrentes.

§ 5º. A pré-qualificação terá validade de 1 (um) ano, no máximo, podendo ser atualizada a qualquer tempo.

Art. 31. Os registros cadastrais poderão ser mantidos para efeito de habilitação dos inscritos em procedimentos licitatórios e serão válidos por 1 (um) ano, no máximo, podendo ser atualizados a qualquer tempo.

§ 1º. Os registros cadastrais serão amplamente divulgados e ficarão permanentemente abertos para a inscrição de interessados.

§ 2º. Os inscritos serão admitidos segundo requisitos previstos em regulamento.

§ 3º. A atuação do licitante no cumprimento de obrigações assumidas será anotada no respectivo registro cadastral.

§ 4º. A qualquer tempo poderá ser alterado, suspenso ou cancelado o registro do inscrito que deixar de satisfazer as exigências de habilitação ou as estabelecidas para admissão cadastral.

Art. 32. O Sistema de Registro de Preços, especificamente destinado às licitações de que trata esta Lei, reger-se-á pelo disposto em regulamento.

§ 1º. Poderá aderir ao sistema referido no *caput* deste artigo qualquer órgão ou entidade responsável pela execução das atividades contempladas no art. 1º desta Lei.

§ 2º. O registro de preços observará, entre outras, as seguintes condições:

I – efetivação prévia de ampla pesquisa de mercado;

II – seleção de acordo com os procedimentos previstos em regulamento;

III – desenvolvimento obrigatório de rotina de controle e atualização periódicos dos preços registrados;

IV – definição da validade do registro; e

V – inclusão, na respectiva ata, do registro dos licitantes que aceitarem cotar os bens ou serviços com preços iguais ao do licitante vencedor na sequência da classificação do certame, assim como dos licitantes que mantiverem suas propostas originais.

§ 3º. A existência de preços registrados não obriga a administração pública a firmar os contratos que deles poderão advir, sendo facultada a realização de licitação específica, assegurada ao licitante registrado preferência em igualdade de condições.

Art. 33. O catálogo eletrônico de padronização de compras, serviços e obras consiste em sistema informatizado, de gerenciamento centralizado, destinado a permitir a padronização dos itens a serem adquiridos pela administração pública que estarão disponíveis para a realização de licitação.

Parágrafo único. O catálogo referido no *caput* deste artigo poderá ser utilizado em licitações cujo critério de julgamento seja a oferta de menor preço ou de maior desconto e conterá toda a documentação e procedimentos da fase interna da licitação, assim como as especificações dos respectivos objetos, conforme disposto em regulamento.

SUBSEÇÃO IV.
DA COMISSÃO DE LICITAÇÃO

Art. 34. As licitações promovidas consoante o RDC serão processadas e julgadas por comissão permanente ou especial de licitações, composta majoritariamente por servidores ou empregados públicos pertencentes aos quadros permanentes dos órgãos ou entidades da administração pública responsáveis pela licitação.

§ 1º. As regras relativas ao funcionamento das comissões de licitação e da comissão de cadastramento de que trata esta Lei serão estabelecidas em regulamento.

§ 2º. Os membros da comissão de licitação responderão solidariamente por todos os atos praticados pela comissão, salvo se posição individual divergente estiver registrada na ata da reunião em que houver sido adotada a respectiva decisão.

SUBSEÇÃO V.
DA DISPENSA E INEXIGIBILIDADE DE LICITAÇÃO

Art. 35. As hipóteses de dispensa e inexigibilidade de licitação estabelecidas nos arts. 24 e 25 da Lei nº 8.666, de 21 de junho de 1993, aplicam-se, no que couber, às contratações realizadas com base no RDC.

Parágrafo único. O processo de contratação por dispensa ou inexigibilidade de licitação deverá seguir o procedimento previsto no art. 26 da Lei nº 8.666, de 21 de junho de 1993.

SUBSEÇÃO VI.
DAS CONDIÇÕES ESPECÍFICAS PARA A PARTICIPAÇÃO NAS LICITAÇÕES E PARA A CONTRATAÇÃO NO RDC

Art. 36. É vedada a participação direta ou indireta nas licitações de que trata esta Lei:

I – da pessoa física ou jurídica que elaborar o projeto básico ou executivo correspondente;

II – da pessoa jurídica que participar de consórcio responsável pela elaboração do projeto básico ou executivo correspondente;

III – da pessoa jurídica da qual o autor do projeto básico ou executivo seja administrador, sócio com mais de 5% (cinco por cento) do capital votante, controlador, gerente, responsável técnico ou subcontratado; ou

IV – do servidor, empregado ou ocupante de cargo em comissão do órgão ou entidade contratante ou responsável pela licitação.

§ 1º. Não se aplica o disposto nos incisos I, II e III do *caput* deste artigo no caso das contratações integradas.

§ 2º. O disposto no *caput* deste artigo não impede, nas licitações para a contratação de obras ou serviços, a previsão de que a elaboração de projeto executivo constitua encargo do contratado, consoante preço previamente fixado pela administração pública.

§ 3º. É permitida a participação das pessoas físicas ou jurídicas de que tratam os incisos II e III do *caput* deste artigo em licitação ou na execução do contrato, como consultor ou técnico, nas funções de fiscalização, supervisão ou gerenciamento, exclusivamente a serviço do órgão ou entidade pública interessados.

§ 4º. Para fins do disposto neste artigo, considera-se participação indireta a existência de qualquer vínculo de natureza técnica, comercial, econômica, financeira ou trabalhista entre o autor do projeto, pessoa física ou jurídica, e o licitante ou responsável pelos serviços, fornecimentos e obras, incluindo-se os fornecimentos de bens e serviços a estes necessários.

§ 5º. O disposto no § 4º deste artigo aplica-se aos membros da comissão de licitação.

Art. 37. É vedada a contratação direta, sem licitação, de pessoa jurídica na qual haja administrador ou sócio com poder de direção que mantenha relação de parentesco, inclusive por afinidade, até o terceiro grau civil com:

I – detentor de cargo em comissão ou função de confiança que atue na área responsável pela demanda ou contratação; e

II – autoridade hierarquicamente superior no âmbito de cada órgão ou entidade da administração pública.

Art. 38. Nos processos de contratação abrangidos por esta Lei, aplicam-se as preferências para fornecedores ou tipos de bens, serviços e obras previstos na legislação, em especial as referidas:

I – no art. 3º da Lei nº 8.248, de 23 de outubro de 1991;

II – no art. 3º da Lei nº 8.666, de 21 de junho de 1993; e

III – nos arts. 42 a 49 da Lei Complementar nº 123, de 14 de dezembro de 2006.

SEÇÃO III.
DAS REGRAS ESPECÍFICAS APLICÁVEIS AOS CONTRATOS CELEBRADOS NO ÂMBITO DO RDC

Art. 39. Os contratos administrativos celebrados com base no RDC reger-se-ão pelas normas da Lei nº 8.666, de 21 de junho de 1993, com exceção das regras específicas previstas nesta Lei.

Art. 40. É facultado à administração pública, quando o convocado não assinar o termo de contrato ou não aceitar ou retirar o instrumento equivalente no prazo e condições estabelecidos:

I – revogar a licitação, sem prejuízo da aplicação das cominações previstas na Lei nº 8.666, de 21 de junho de 1993, e nesta Lei; ou

II – convocar os licitantes remanescentes, na ordem de classificação, para a celebração do contrato nas condições ofertadas pelo licitante vencedor.

Parágrafo único. Na hipótese de nenhum dos licitantes aceitar a contratação nos termos do inciso II do *caput* deste artigo, a administração pública poderá convocar os licitantes remanescentes, na ordem de classificação, para a celebração do contrato nas condições ofertadas por estes, desde que o respectivo valor seja igual ou inferior ao orçamento estimado para a contratação, inclusive quanto aos preços atualizados nos termos do instrumento convocatório.

Art. 41. Na hipótese do inciso XI do art. 24 da Lei nº 8.666, de 21 de junho de 1993, a contratação de remanescente de obra, serviço ou fornecimento de bens em consequência de rescisão contratual observará a ordem de classificação dos licitantes remanescentes e as condições por estes ofertadas, desde que não seja ultrapassado o orçamento estimado para a contratação.

Art. 42. Os contratos para a execução das obras previstas no plano plurianual poderão ser firmados pelo período nele compreendido, observado o disposto no *caput* do art. 57 da Lei nº 8.666, de 21 de junho de 1993.

Art. 43. Na hipótese do inciso II do art. 57 da Lei nº 8.666, de 21 de junho de 1993, os contratos celebrados pelos entes públicos responsáveis pelas atividades descritas nos incisos I a III do art. 1º desta Lei poderão ter sua vigência estabelecida até a data da extinção da APO. (Redação dada pela Lei nº 12.688, de 2012)

Art. 44. As normas referentes à anulação e revogação das licitações previstas no art. 49 da Lei nº 8.666, de 21 de junho de 1993, aplicar-se-ão às contratações realizadas com base no disposto nesta Lei.

Art. 44-A. Nos contratos regidos por esta Lei, poderá ser admitido o emprego dos mecanismos privados de resolução de disputas, inclusive a arbitragem, a ser realizada no Brasil e em língua portuguesa, nos termos da Lei nº 9.307, de 23 de setembro de 1996, e a mediação, para dirimir conflitos decorrentes da sua execução ou a ela relacionados. (Incluído pela Lei nº 13.190, de 2015)

SEÇÃO IV.
DOS PEDIDOS DE ESCLARECIMENTO, IMPUGNAÇÕES E RECURSOS

Art. 45. Dos atos da administração pública decorrentes da aplicação do RDC caberão:

I – pedidos de esclarecimento e impugnações ao instrumento convocatório no prazo mínimo de:

a) até 2 (dois) dias úteis antes da data de abertura das propostas, no caso de licitação para aquisição ou alienação de bens; ou

b) até 5 (cinco) dias úteis antes da data de abertura das propostas, no caso de licitação para contratação de obras ou serviços;

II – recursos, no prazo de 5 (cinco) dias úteis contados a partir da data da intimação ou da lavratura da ata, em face:

a) do ato que defira ou indefira pedido de pré-qualificação de interessados;

b) do ato de habilitação ou inabilitação de licitante;

c) do julgamento das propostas;

d) da anulação ou revogação da licitação;

e) do indeferimento do pedido de inscrição em registro cadastral, sua alteração ou cancelamento;

f) da rescisão do contrato, nas hipóteses previstas no inciso I do art. 79 da Lei nº 8.666, de 21 de junho de 1993;

g) da aplicação das penas de advertência, multa, declaração de inidoneidade, suspensão temporária de participação em licitação e impedimento de contratar com a administração pública; e

III – representações, no prazo de 5 (cinco) dias úteis contados a partir da data da intimação, relativamente a atos de que não caiba recurso hierárquico.

§ 1º. Os licitantes que desejarem apresentar os recursos de que tratam as alíneas a, b e c do inciso II do *caput* deste artigo deverão manifestar imediatamente a sua intenção de recorrer, sob pena de preclusão.

§ 2º. O prazo para apresentação de contrarrazões será o mesmo do recurso e começará imediatamente após o encerramento do prazo recursal.

§ 3º. É assegurado aos licitantes vista dos elementos indispensáveis à defesa de seus interesses.

§ 4º. Na contagem dos prazos estabelecidos nesta Lei, excluir-se-á o dia do início e incluir-se-á o do vencimento.

§ 5º. Os prazos previstos nesta Lei iniciam e expiram exclusivamente em dia de expediente no âmbito do órgão ou entidade.

§ 6º. O recurso será dirigido à autoridade superior, por intermédio da autoridade que praticou o ato recorrido, cabendo a esta reconsiderar sua decisão no prazo de 5 (cinco) dias úteis ou, nesse mesmo prazo, fazê-lo subir, devidamente informado, devendo, neste caso, a decisão do recurso ser proferida dentro do prazo de 5 (cinco) dias úteis, contados do seu recebimento, sob pena de apuração de responsabilidade.

Art. 46. Aplica-se ao RDC o disposto no art. 113 da Lei nº 8.666, de 21 de junho de 1993.

SEÇÃO V.
DAS SANÇÕES ADMINISTRATIVAS

Art. 47. Ficará impedido de licitar e contratar com a União, Estados, Distrito Federal ou Municípios, pelo prazo de até 5 (cinco) anos, sem prejuízo das multas previstas no instrumento convocatório e no contrato, bem como das demais cominações legais, o licitante que:

I – convocado dentro do prazo de validade da sua proposta não celebrar o contrato, inclusive nas hipóteses previstas no parágrafo único do art. 40 e no art. 41 desta Lei;

II – deixar de entregar a documentação exigida para o certame ou apresentar documento falso;

III – ensejar o retardamento da execução ou da entrega do objeto da licitação sem motivo justificado;

IV – não mantiver a proposta, salvo se em decorrência de fato superveniente, devidamente justificado;

V – fraudar a licitação ou praticar atos fraudulentos na execução do contrato;

VI – comportar-se de modo inidôneo ou cometer fraude fiscal; ou

VII – der causa à inexecução total ou parcial do contrato.

§ 1º. A aplicação da sanção de que trata o *caput* deste artigo implicará ainda o descredenciamento do licitante, pelo prazo estabelecido no *caput* deste artigo, dos sistemas de cadastramento dos entes federativos que compõem a Autoridade Pública Olímpica.

§ 2º. As sanções administrativas, criminais e demais regras previstas no CAPÍTULO IV da Lei nº 8.666, de 21 de junho de 1993, aplicam-se às licitações e aos contratos regidos por esta Lei.

SEÇÃO VI.
DAS DISPOSIÇÕES ESPECIAIS
(Incluído pela Lei nº 13.190, de 2015)

Art. 47-A. A administração pública poderá firmar contratos de locação de bens móveis e imóveis, nos quais o locador realiza prévia aquisição, construção ou reforma substancial, com ou sem aparelhamento de bens, por si mesmo ou por terceiros, do bem especificado pela administração. (Incluído pela Lei nº 13.190, de 2015)

§ 1º. A contratação referida no *caput* sujeita-se à mesma disciplina de dispensa e inexigibilidade de licitação aplicável às locações comuns. (Incluído pela Lei nº 13.190, de 2015)

§ 2º. A contratação referida no *caput* poderá prever a reversão dos bens à administração pública ao final da locação, desde que estabelecida no contrato. (Incluído pela Lei nº 13.190, de 2015)

§ 3º. O valor da locação a que se refere o *caput* não poderá exceder, ao mês, 1% (um por cento) do valor do bem locado. (Incluído pela Lei nº 13.190, de 2015)

CAPÍTULO II. OUTRAS DISPOSIÇÕES

SEÇÃO I.
ALTERAÇÕES DA ORGANIZAÇÃO DA PRESIDÊNCIA DA REPÚBLICA E DOS MINISTÉRIOS

Art. 48. A Lei nº 10.683, de 28 de maio de 2003, passa a vigorar com as seguintes alterações:

- Alterações já incorporadas ao texto da referida lei.

Art. 49. São transferidas as competências referentes à aviação civil do Ministério da Defesa para a Secretaria de Aviação Civil.

Art. 50. O acervo patrimonial dos órgãos transferidos, incorporados ou desmembrados por esta Lei será transferido para os Ministérios, órgãos e entidades que tiverem absorvido as correspondentes competências.

Parágrafo único. O quadro de servidores efetivos dos órgãos de que trata este artigo será transferido para os Ministérios e órgãos que tiverem absorvido as correspondentes competências.

Art. 51. O Ministério da Defesa e o Ministério do Planejamento, Orçamento e Gestão adotarão, até 1º de junho de 2011, as providências necessárias para a efetivação das transferências de que trata esta Lei, inclusive quanto à movimentação das dotações orçamentárias destinadas aos órgãos transferidos.

Parágrafo único. No prazo de que trata o *caput*, o Ministério da Defesa prestará o apoio administrativo e jurídico necessário para garantir a continuidade das atividades da Secretaria de Aviação Civil.

Art. 52. Os servidores e militares requisitados pela Presidência da República em exercício, em 31 de dezembro de 2010, no Centro Gestor e Operacional do Sistema de Proteção da Amazônia, no Arquivo Nacional e na Secretaria Nacional de Políticas sobre Drogas, poderão permanecer à disposição, respectivamente, do Ministério da Defesa e do Ministério da

Justiça, para exercício naquelas unidades, bem como ser novamente requisitados caso tenham retornado aos órgãos ou entidades de origem antes de 18 de março de 2011.

§ 1º. Os servidores e militares de que trata o *caput* poderão ser designados para o exercício de Gratificações de Representação da Presidência da República ou de Gratificação de Exercício em Cargo de Confiança nos órgãos da Presidência da República devida aos militares enquanto permanecerem nos órgãos para os quais foram requisitados.

§ 2º. (Revogado pela Lei nº 12.702, de 2012).

§ 3º. Aplica-se o disposto no parágrafo único do art. 2º da Lei nº 9.007, de 17 de março de 1995, aos servidores referidos neste artigo.

SEÇÃO II.
DAS ADAPTAÇÕES DA LEGISLAÇÃO DA ANAC

Art. 53. A Lei nº 11.182, de 27 de setembro de 2005, passa a vigorar com as seguintes alterações:

- Alterações já incorporadas ao texto da referida lei.

SEÇÃO III.
DA ADAPTAÇÃO DA LEGISLAÇÃO DA INFRAERO

Art. 54. O art. 2º da Lei nº 5.862, de 12 de dezembro de 1972, passa a vigorar com a seguinte redação:

- Alterações já incorporadas ao texto da referida lei.

SEÇÃO IV.
DA ADAPTAÇÃO DO PROGRAMA FEDERAL DE AUXÍLIO A AEROPORTOS

Art. 55. O art. 1º da Lei nº 8.399, de 7 de janeiro de 1992, passa a vigorar com as seguintes alterações:

- Alterações já incorporadas ao texto da referida lei.

SEÇÃO V.
DOS CARGOS DECORRENTES DA REESTRUTURAÇÃO DA SECRETARIA DE AVIAÇÃO CIVIL

- Lei 13.341/2016: art. 1º, II e 4º, II (extinguiu o cargo de Ministro de Estado Chefe e a Secretaria de Aviação Civil da Presidência da República).

Art. 56. É criado o cargo de Ministro de Estado Chefe da Secretaria de Aviação Civil da Presidência da República.

Art. 57. É criado o cargo em comissão, de Natureza Especial, de Secretário-Executivo da Secretaria de Aviação Civil da Presidência da República.

Art. 58. São criados, no âmbito da administração pública federal, os seguintes cargos em comissão do Grupo-Direção e Assessoramento Superiores destinados à Secretaria de Aviação Civil:

I – 2 (dois) DAS-6;

II – 9 (nove) DAS-5;

III – 23 (vinte e três) DAS-4;

IV – 39 (trinta e nove) DAS-3;

V – 35 (trinta e cinco) DAS-2;

VI – 19 (dezenove) DAS-1.

Art. 59. É transformado o cargo, de Natureza Especial, de Secretário Nacional de Políticas sobre Drogas no cargo, de Natureza Especial, de Assessor Chefe da Assessoria Especial do Presidente da República.

Art. 60. A Tabela a do Anexo I da Lei nº 11.526, de 4 de outubro de 2007, passa a vigorar acrescida da seguinte linha:

Assessor Chefe da Assessoria Especial do Presidente da República	11.179,36

SEÇÃO VI.
DO PESSOAL DESTINADO AO CONTROLE DE TRÁFEGO AÉREO

Art. 61. O art. 2º da Lei nº 11.458, de 19 de março de 2007, passa a vigorar com a seguinte redação:

"Art. 2º A contratação de que trata esta Lei será de, no máximo, 160 (cento e sessenta) pessoas, com validade de até 2 (dois) anos, podendo ser prorrogada por sucessivos períodos até 18 de março de 2013.

§ 1º Prorrogações para períodos posteriores à data prevista no *caput* deste artigo poderão ser autorizadas, por ato conjunto dos Ministros de Estado da Defesa e do Planejamento, Orçamento e Gestão, mediante justificativa dos motivos que impossibilitaram a total substituição dos servidores temporários por servidores efetivos admitidos nos termos do inciso II do art. 37 da Constituição Federal.

§ 2º Na hipótese do § 1º deste artigo, regulamento estabelecerá critérios de substituição gradativa dos servidores temporários.

§ 3º Nenhum contrato de que trata esta Lei poderá superar a data limite de 1º de dezembro de 2016."

Art. 62. São criados, no Quadro de Pessoal do Comando da Aeronáutica, 100 (cem) cargos efetivos de Controlador de Tráfego Aéreo, de nível intermediário, integrantes do Grupo-Defesa Aérea e Controle de Tráfego Aéreo, código Dacta-1303.

SEÇÃO VII.
DA CRIAÇÃO DO FUNDO NACIONAL DE AVIAÇÃO CIVIL (FNAC)

- Lei 13.341/2016: art. 1º, II e 4º, II (extinguiu o cargo de Ministro de Estado Chefe e a Secretaria de Aviação Civil da Presidência da República).

Art. 63. É instituído o Fundo Nacional de Aviação Civil – FNAC, de natureza contábil e financeira, vinculado à Secretaria de Aviação Civil da Presidência da República, para destinação dos recursos do sistema de aviação civil. (Redação dada pela Lei nº 12.833, de 2013)

§ 1º. São recursos do FNAC: (Redação dada pela Lei nº 12.648, de 2012)

I – os referentes ao adicional tarifário previsto no art. 1º da Lei 7.920, de 12 de dezembro de 1989; (Incluído pela Lei nº 12.648, de 2012)

- Inciso revogado pelo art. 7º, II, c, da Lei 13.319/2016.

II – (Revogado pela Lei 14.034/2020)

III – os valores devidos como contrapartida à União em razão das outorgas de infraestrutura aeroportuária; (Incluído pela Lei nº 12.648, de 2012)

IV – os rendimentos de suas aplicações financeiras; (Incluído pela Lei nº 12.883, de 2013)

V – os que lhe forem atribuídos para os fins de que trata o art. 63-A; e (Redação dada pela Lei nº 12.883, de 2013)

VI – outros que lhe forem atribuídos. (Incluído pela Lei nº 12.883, de 2013)

§ 2º Os recursos do FNAC serão aplicados exclusivamente: *(Redação dada pela Lei 14.002/2020)*

I – no desenvolvimento e no fomento do setor de aviação civil e das infraestruturas aeroportuária e aeronáutica civil; *(Acrescido pela Lei 14.002/2020)*

II – no incremento do turismo. *(Acrescido pela Lei 14.002/2020)*

§ 3º. As despesas do FNAC correrão à conta de dotações orçamentárias específicas alocadas no orçamento geral da União, observados os limites anuais de movimentação e empenho e de pagamento.

§ 4º. Deverão ser disponibilizadas, anualmente, pela Secretaria de Aviação Civil da Presidência da República, em seu sítio eletrônico, informações contábeis e financeiras, além de descrição dos resultados econômicos e sociais obtidos pelo FNAC.

§ 5º Os recursos do FNAC também poderão ser aplicados: (Redação dada pela Lei 14.034/2020, com produção de efeitos em 1º de janeiro de 2021)

I - no desenvolvimento, na ampliação e na reestruturação de aeroportos concedidos, desde que tais ações não constituam obrigação do concessionário, conforme estabelecido no contrato de concessão, nos termos das normas expedidas pela Agência Nacional de Aviação Civil (Anac) e pela Secretaria de Aviação Civil (SAC) da Presidência da República, observadas as respectivas competências;

II - no custeio de eventuais despesas decorrentes de responsabilidade civil perante terceiros, na hipótese de ocorrência de danos a bens e a pessoas, passageiros ou não, provocados por atentados terroristas, por atos de guerra ou por eventos correlatos contra aeronaves de matrícula brasileira operadas por empresas brasileiras de transporte aéreo público, excluídas as empresas de táxi aéreo.

§ 6º. Os recursos do FNAC, enquanto não destinados às finalidades previstas no art. 63-A, ficarão depositados na Conta Única do Tesouro Nacional. (Incluído pela Lei nº 12.883, de 2013)

§ 7º Os recursos do FNAC poderão ser objeto e garantia de empréstimo, a ser celebrado até 31 de dezembro de 2020, aos detentores de concessão aeroportuária ou de concessão para a prestação de serviço regular de transporte aéreo e aos prestadores de serviço auxiliar ao transporte aéreo, desde que comprovem ter sofrido prejuízo decorrente da pandemia da Covid-19. (Acresciso pela Lei 14.034/2020)

§ 8º Os limites de taxa de juros, de carência, de prazo de pagamento e das demais condições contratuais serão estabelecidos em regulamento, observados os seguintes parâmetros: (Acresciso pela Lei 14.034/2020)

I - taxa de juros não inferior à Taxa de Longo Prazo (TLP), de que trata a Lei nº 13.483, de 21 de setembro de 2017;

II - carência não superior a 30 (trinta) meses;

III - quitação da dívida até 31 de dezembro de 2031;

IV - garantia de empréstimo limitada a R$ 3.000.000.000,00 (três bilhões de reais); e

V - garantia de empréstimo executável a partir de 1º de janeiro de 2021.

Art. 63-A. Os recursos do FNAC serão geridos e administrados pela Secretaria de Aviação Civil da Presidência da República ou, a seu critério, por instituição financeira pública federal, quando destinados à modernização, construção, ampliação ou reforma de aeródromos públicos. (Incluído pela Lei nº 12.883, de 2013)

§ 1º. Para a consecução dos objetivos previstos no *caput*, a Secretaria de Aviação Civil da Presidência da República, diretamente ou, a seu critério, por intermédio de instituição financeira pública federal, realizará procedimento licitatório, podendo, em nome próprio ou de terceiros, adquirir bens, contratar obras e serviços de engenharia e de técnicos especializados e utilizar-se do Regime Diferenciado de Contratações Públicas – RDC. (Incluído pela Lei nº 12.883, de 2013)

§ 2º. Ato conjunto dos Ministros da Fazenda e da Secretaria de Aviação Civil da Presidência da República fixará a remuneração de instituição financeira que prestar serviços, na forma deste artigo. (Incluído pela Lei nº 12.883, de 2013)

CAPÍTULO III. DISPOSIÇÕES FINAIS

Art. 64. O Poder Executivo federal regulamentará o disposto no CAPÍTULO I desta Lei.

Art. 65. Até que a Autoridade Pública Olímpica defina a Carteira de Projetos Olímpicos, aplica-se, excepcionalmente, o disposto nesta Lei às contratações decorrentes do inciso I do art. 1º desta Lei, desde que sejam imprescindíveis para o cumprimento das obrigações assumidas perante o Comitê Olímpico Internacional e o Comitê Paraolímpico Internacional, e sua necessidade seja fundamentada pelo contratante da obra ou serviço.

Art. 66. Para os projetos de que tratam os incisos I a III do art. 1º desta Lei, o prazo estabelecido no inciso II do § 1º do art. 8º da Medida Provisória nº 2.185-35, de 24 de agosto de 2001, passa a ser o de 31 de dezembro de 2013.

Art. 67. A Lei nº 12.350, de 20 de dezembro de 2010, passa a vigorar acrescida do seguinte art. 62-A:

‣ Alterações já incorporadas ao texto da referida lei.

Art. 68. O inciso II do § 1º do art. 8º da Medida Provisória nº 2.185-35, de 24 de agosto de 2001, passa a vigorar com a seguinte redação:

‣ Alterações já incorporadas ao texto da referida lei.

CAPÍTULO IV. DAS REVOGAÇÕES

Art. 69. Revogam-se:

I – os §§ 1º e 2º do art. 6º, o item 6 da alínea i do inciso XII do art. 27 e o § 3º do art. 29, todos da Lei nº 10.683, de 28 de maio de 2003;

II – os §§ 4º e 5º do art. 16 da Lei nº 9.649, de 27 de maio de 1998; e

III – os incisos XXIII, XXVII e XLVII do art. 8º e o § 2º do art. 10 da Lei nº 11.182, de 27 de setembro de 2005.

Art. 70. Esta Lei entra em vigor na data de sua publicação, produzindo efeitos financeiros, no tocante ao art. 52 desta Lei, a contar da transferência dos órgãos ali referidos.

Brasília, 4 de agosto de 2011; 190º da Independência e 123º da República.

DILMA ROUSSEFF

Publicado no D.O.U. 5.8.2011, retificado 10.8.2011

LEI Nº 12.506, DE 11 DE OUTUBRO DE 2011

Dispõe sobre o aviso-prévio e dá outras providências.

‣ *Aviso Prévio*

A PRESIDENTA DA REPÚBLICA Faço saber que o Congresso Nacional decreta e eu sanciono a seguinte Lei:

‣ CF/88: art. 7º, XXI.

‣ CLT: arts. 487 a 491.

Art. 1º. O aviso-prévio, de que trata o CAPÍTULO VI do TÍTULO IV da Consolidação das Leis do Trabalho – CLT, aprovada pelo Decreto-Lei nº 5.452, de 1º de maio de 1943, será concedido na proporção de 30 (trinta) dias aos empregados que contem até 1 (um) ano de serviço na mesma empresa.

Parágrafo único. Ao aviso-prévio previsto neste artigo serão acrescidos 3 (três) dias por ano de serviço prestado na mesma empresa, até o máximo de 60 (sessenta) dias, perfazendo um total de até 90 (noventa) dias.

Art. 2º. Esta Lei entra em vigor na data de sua publicação.

Brasília, 11 de outubro de 2011; 190º da Independência e 123º da República.

DILMA ROUSSEFF

Publicação no D.O.U. 13.10.2011

LEI Nº 12.527, DE 18 DE NOVEMBRO DE 2011

Regula o acesso a informações previsto no inciso XXXIII do art. 5º, no inciso II do § 3º do art. 37 e no § 2º do art. 216 da Constituição Federal; altera a Lei nº 8.112, de 11 de dezembro de 1990; revoga a Lei nº 11.111, de 5 de maio de 2005, e dispositivos da Lei nº 8.159, de 8 de janeiro de 1991; e dá outras providências.

‣ *Lei de Acesso à Informação*

A PRESIDENTA DA REPÚBLICA Faço saber que o Congresso Nacional decreta e eu sanciono a seguinte Lei:

CAPÍTULO I. DISPOSIÇÕES GERAIS

‣ Decreto 7.724/2012 – Regulamenta a Lei 12.527/2011.

‣ Portaria FUNAI 67/2020 (Institui o Serviço de Informação ao Cidadão, designa a autoridade de que trata o art. 40 da Lei nº 12.527, de 18 de novembro de 2011, e apresenta outras providências, nos termos da Portaria nº 681/MJ, de 05 de dezembro de 2019).

Art. 1º. Esta Lei dispõe sobre os procedimentos a serem observados pela União, Estados, Distrito Federal e Municípios, com o fim de garantir o acesso a informações previsto no inciso XXXIII do art. 5º, no inciso II do § 3º do art. 37 e no § 2º do art. 216 da Constituição Federal.

Parágrafo único. Subordinam-se ao regime desta Lei:

I – os órgãos públicos integrantes da administração direta dos Poderes Executivo, Legislativo, incluindo as Cortes de Contas, e Judiciário e do Ministério Público;

II – as autarquias, as fundações públicas, as empresas públicas, as sociedades de economia mista e demais entidades controladas direta ou indiretamente pela União, Estados, Distrito Federal e Municípios.

Art. 2º. Aplicam-se as disposições desta Lei, no que couber, às entidades privadas sem fins lucrativos que recebam, para realização de ações de interesse público, recursos públicos diretamente do orçamento ou mediante subvenções sociais, contrato de gestão, termo de parceria, convênios, acordo, ajustes ou outros instrumentos congêneres.

Parágrafo único. A publicidade a que estão submetidas as entidades citadas no *caput* refere-se à parcela dos recursos públicos recebidos e à sua destinação, sem prejuízo das prestações de contas a que estejam legalmente obrigadas.

Art. 3º. Os procedimentos previstos nesta Lei destinam-se a assegurar o direito fundamental de acesso à informação e devem ser executados em conformidade com os princípios básicos da administração pública e com as seguintes diretrizes:

I – observância da publicidade como preceito geral e do sigilo como exceção;

II – divulgação de informações de interesse público, independentemente de solicitações;

III – utilização de meios de comunicação viabilizados pela tecnologia da informação;

IV – fomento ao desenvolvimento da cultura de transparência na administração pública;

V – desenvolvimento do controle social da administração pública.

Art. 4º. Para os efeitos desta Lei, considera-se:

I – informação: dados, processados ou não, que podem ser utilizados para produção e transmissão de conhecimento, contidos em qualquer meio, suporte ou formato;

II – documento: unidade de registro de informações, qualquer que seja o suporte ou formato;

III – informação sigilosa: aquela submetida temporariamente à restrição de acesso público em razão de sua imprescindibilidade para a segurança da sociedade e do Estado;

IV – informação pessoal: aquela relacionada à pessoa natural identificada ou identificável;

V – tratamento da informação: conjunto de ações referentes à produção, recepção, classificação, utilização, acesso, reprodução, transporte, transmissão, distribuição, arquivamento, armazenamento, eliminação, avaliação, destinação ou controle da informação;

VI – disponibilidade: qualidade da informação que pode ser conhecida e utilizada por indivíduos, equipamentos ou sistemas autorizados;

VII – autenticidade: qualidade da informação que tenha sido produzida, expedida, recebida ou modificada por determinado indivíduo, equipamento ou sistema;

VIII – integridade: qualidade da informação não modificada, inclusive quanto à origem, trânsito e destino;

IX – primariedade: qualidade da informação coletada na fonte, com o máximo de detalhamento possível, sem modificações.

Art. 5º. É dever do Estado garantir o direito de acesso à informação, que será franqueada, mediante procedimentos objetivos e ágeis, de forma transparente, clara e em linguagem de fácil compreensão.

CAPÍTULO II. DO ACESSO A INFORMAÇÕES E DA SUA DIVULGAÇÃO

Art. 6º. Cabe aos órgãos e entidades do poder público, observadas as normas e procedimentos específicos aplicáveis, assegurar a:

I – gestão transparente da informação, propiciando amplo acesso a ela e sua divulgação;

II – proteção da informação, garantindo-se sua disponibilidade, autenticidade e integridade; e

III – proteção da informação sigilosa e da informação pessoal, observada a sua disponibilidade, autenticidade, integridade e eventual restrição de acesso.

Art. 7º. O acesso à informação de que trata esta Lei compreende, entre outros, os direitos de obter:

I – orientação sobre os procedimentos para a consecução de acesso, bem como sobre o local onde poderá ser encontrada ou obtida a informação almejada;

II – informação contida em registros ou documentos, produzidos ou acumulados por seus órgãos ou entidades, recolhidos ou não a arquivos públicos;

III – informação produzida ou custodiada por pessoa física ou entidade privada decorrente de qualquer vínculo com seus órgãos ou entidades, mesmo que esse vínculo já tenha cessado;

IV – informação primária, íntegra, autêntica e atualizada;

V – informação sobre atividades exercidas pelos órgãos e entidades, inclusive as relativas à sua política, organização e serviços;

VI – informação pertinente à administração do patrimônio público, utilização de recursos públicos, licitação, contratos administrativos; e

VII – informação relativa:

a) à implementação, acompanhamento e resultados dos programas, projetos e ações dos órgãos e entidades públicas, bem como metas e indicadores propostos;

b) ao resultado de inspeções, auditorias, prestações e tomadas de contas realizadas pelos órgãos de controle interno e externo, incluindo prestações de contas relativas a exercícios anteriores.

§ 1º. O acesso à informação previsto no *caput* não compreende as informações referentes a projetos de pesquisa e desenvolvimento científicos ou tecnológicos cujo sigilo seja imprescindível à segurança da sociedade e do Estado.

§ 2º. Quando não for autorizado acesso integral à informação por ser ela parcialmente sigilosa, é assegurado o acesso à parte não sigilosa por meio de certidão, extrato ou cópia com ocultação da parte sob sigilo.

§ 3º. O direito de acesso aos documentos ou às informações neles contidas utilizados como fundamento da tomada de decisão e do ato administrativo será assegurado com a edição do ato decisório respectivo.

§ 4º. A negativa de acesso às informações objeto de pedido formulado aos órgãos e entidades referidas no art. 1º, quando não fundamentada, sujeitará o responsável a medidas disciplinares, nos termos do art. 32 desta Lei.

§ 5º. Informado do extravio da informação solicitada, poderá o interessado requerer à autoridade competente a imediata abertura de sindicância para apurar o desaparecimento da respectiva documentação.

§ 6º. Verificada a hipótese prevista no § 5º deste artigo, o responsável pela guarda da informação extraviada deverá, no prazo de 10 (dez) dias, justificar o fato e indicar testemunhas que comprovem sua alegação.

Art. 8º. É dever dos órgãos e entidades públicas promover, independentemente de requerimentos, a divulgação em local de fácil acesso, no âmbito de suas competências, de informações de interesse coletivo ou geral por eles produzidas ou custodiadas.

§ 1º. Na divulgação das informações a que se refere o *caput*, deverão constar, no mínimo:

I – registro das competências e estrutura organizacional, endereços e telefones das respectivas unidades e horários de atendimento ao público;

II – registros de quaisquer repasses ou transferências de recursos financeiros;

III – registros das despesas;

IV – informações concernentes a procedimentos licitatórios, inclusive os respectivos editais e resultados, bem como a todos os contratos celebrados;

V – dados gerais para o acompanhamento de programas, ações, projetos e obras de órgãos e entidades; e

VI – respostas a perguntas mais frequentes da sociedade.

§ 2º. Para cumprimento do disposto no *caput*, os órgãos e entidades públicas deverão utilizar todos os meios e instrumentos legítimos de que dispuserem, sendo obrigatória a divulgação em sítios oficiais da rede mundial de computadores (internet).

§ 3º. Os sítios de que trata o § 2º deverão, na forma de regulamento, atender, entre outros, aos seguintes requisitos:

I – conter ferramenta de pesquisa de conteúdo que permita o acesso à informação de forma objetiva, transparente, clara e em linguagem de fácil compreensão;

II – possibilitar a gravação de relatórios em diversos formatos eletrônicos, inclusive abertos e não proprietários, tais como planilhas e texto, de modo a facilitar a análise das informações;

III – possibilitar o acesso automatizado por sistemas externos em formatos abertos, estruturados e legíveis por máquina;

IV – divulgar em detalhes os formatos utilizados para estruturação da informação;

V – garantir a autenticidade e a integridade das informações disponíveis para acesso;

VI – manter atualizadas as informações disponíveis para acesso;

VII – indicar local e instruções que permitam ao interessado comunicar-se, por via eletrônica ou telefônica, com o órgão ou entidade detentora do sítio; e

VIII – adotar as medidas necessárias para garantir a acessibilidade de conteúdo para pessoas com deficiência, nos termos do art. 17 da Lei nº 10.098, de 19 de dezembro de 2000, e do art. 9º da Convenção sobre os Direitos das Pessoas com Deficiência, aprovada pelo Decreto Legislativo nº 186, de 9 de julho de 2008.

§ 4º. Os Municípios com população de até 10.000 (dez mil) habitantes ficam dispensados da divulgação obrigatória na internet a que se refere o § 2º, mantida a obrigatoriedade de divulgação, em tempo real, de informações relativas à execução orçamentária e financeira, nos critérios e prazos previstos no art. 73-B da Lei Complementar nº 101, de 4 de maio de 2000 (Lei de Responsabilidade Fiscal).

Art. 9º. O acesso a informações públicas será assegurado mediante:

I – criação de serviço de informações ao cidadão, nos órgãos e entidades do poder público, em local com condições apropriadas para:

a) atender e orientar o público quanto ao acesso a informações;

b) informar sobre a tramitação de documentos nas suas respectivas unidades;

c) protocolizar documentos e requerimentos de acesso a informações; e

II – realização de audiências ou consultas públicas, incentivo à participação popular ou a outras formas de divulgação.

CAPÍTULO III. DO PROCEDIMENTO DE ACESSO À INFORMAÇÃO

SEÇÃO I. DO PEDIDO DE ACESSO

Art. 10. Qualquer interessado poderá apresentar pedido de acesso a informações aos órgãos e entidades referidos no art. 1º desta Lei, por qualquer meio legítimo, devendo o pedido conter a identificação do requerente e a especificação da informação requerida.

§ 1º. Para o acesso a informações de interesse público, a identificação do requerente não pode conter exigências que inviabilizem a solicitação.

§ 2º. Os órgãos e entidades do poder público devem viabilizar alternativa de encaminhamento de pedidos de acesso por meio de seus sítios oficiais na internet.

§ 3º. São vedadas quaisquer exigências relativas aos motivos determinantes da solicitação de informações de interesse público.

Art. 11. O órgão ou entidade pública deverá autorizar ou conceder o acesso imediato à informação disponível.

§ 1º. Não sendo possível conceder o acesso imediato, na forma disposta no *caput*, o órgão ou entidade que receber o pedido deverá, em prazo não superior a 20 (vinte) dias:

I – comunicar a data, local e modo para se realizar a consulta, efetuar a reprodução ou obter a certidão;

II – indicar as razões de fato ou de direito da recusa, total ou parcial, do acesso pretendido; ou

III – comunicar que não possui a informação, indicar, se for do seu conhecimento, o órgão ou a entidade que a detém, ou, ainda, remeter o requerimento a esse órgão ou entidade, cientificando o interessado da remessa de seu pedido de informação.

§ 2º. O prazo referido no § 1º poderá ser prorrogado por mais 10 (dez) dias, mediante justificativa expressa, da qual será cientificado o requerente.

§ 3º. Sem prejuízo da segurança e da proteção das informações e do cumprimento da legislação aplicável, o órgão ou entidade poderá oferecer meios para que o próprio requerente possa pesquisar a informação de que necessitar.

§ 4º. Quando não for autorizado o acesso por se tratar de informação total ou parcialmente sigilosa, o requerente deverá ser informado sobre a possibilidade de recurso, prazos e condições para sua interposição, devendo, ainda, ser-lhe indicada a autoridade competente para sua apreciação.

§ 5º A informação armazenada em formato digital será fornecida nesse formato, caso haja anuência do requerente.

§ 6º. Caso a informação solicitada esteja disponível ao público em formato impresso, eletrônico ou em qualquer outro meio de acesso universal, serão informados ao requerente, por escrito, o lugar e a forma pela qual se poderá consultar, obter ou reproduzir a referida informação, procedimento esse que desonerará o órgão ou entidade pública da obrigação de seu fornecimento direto, salvo se o requerente declarar não dispor de meios para realizar por si mesmo tais procedimentos.

Art. 12. O serviço de busca e fornecimento da informação é gratuito, salvo nas hipóteses de reprodução de documentos pelo órgão ou entidade pública consultada, situação em que poderá ser cobrado exclusivamente o valor necessário ao ressarcimento do custo dos serviços e dos materiais utilizados.

Parágrafo único. Estará isento de ressarcir os custos previstos no *caput* todo aquele cuja situação econômica não lhe permita fazê-lo sem prejuízo do sustento próprio ou da família, declarada nos termos da Lei nº 7.115, de 29 de agosto de 1983.

Art. 13. Quando se tratar de acesso à informação contida em documento cuja manipulação possa prejudicar sua integridade, deverá ser oferecida a consulta de cópia, com certificação de que esta confere com o original.

Parágrafo único. Na impossibilidade de obtenção de cópias, o interessado poderá solicitar que, a suas expensas e sob supervisão de servidor público, a reprodução seja feita por outro meio que não ponha em risco a conservação do documento original.

Art. 14. É direito do requerente obter o inteiro teor de decisão de negativa de acesso, por certidão ou cópia.

SEÇÃO II. DOS RECURSOS

Art. 15. No caso de indeferimento de acesso a informações ou às razões da negativa do acesso, poderá o interessado interpor recurso contra a decisão no prazo de 10 (dez) dias a contar da sua ciência.

Parágrafo único. O recurso será dirigido à autoridade hierarquicamente superior à que exarou a decisão impugnada, que deverá se manifestar no prazo de 5 (cinco) dias.

Art. 16. Negado o acesso a informação pelos órgãos ou entidades do Poder Executivo Federal, o requerente poderá recorrer à Controladoria-Geral da União, que deliberará no prazo de 5 (cinco) dias se:

I – o acesso à informação não classificada como sigilosa for negado;

II – a decisão de negativa de acesso à informação total ou parcialmente classificada como sigilosa não indicar a autoridade classificadora ou a hierarquicamente superior a quem possa ser dirigido pedido de acesso ou desclassificação;

III – os procedimentos de classificação de informação sigilosa estabelecidos nesta Lei não tiverem sido observados; e

IV – estiverem sendo descumpridos prazos ou outros procedimentos previstos nesta Lei.

§ 1º. O recurso previsto neste artigo somente poderá ser dirigido à Controladoria-Geral da União depois de submetido à apreciação de pelo menos uma autoridade hierarquicamente superior àquela que exarou a decisão impugnada, que deliberará no prazo de 5 (cinco) dias.

§ 2º. Verificada a procedência das razões do recurso, a Controladoria-Geral da União determinará ao órgão ou entidade que adote as providências necessárias para dar cumprimento ao disposto nesta Lei.

§ 3º. Negado o acesso à informação pela Controladoria-Geral da União, poderá ser interposto recurso à Comissão Mista de Reavaliação de Informações, a que se refere o art. 35.

Art. 17. No caso de indeferimento de pedido de desclassificação de informação protocolado em órgão da administração pública federal, poderá o requerente recorrer ao Ministro de Estado da área, sem prejuízo das competências da Comissão Mista de Reavaliação de Informações, previstas no art. 35, e do disposto no art. 16.

§ 1º. O recurso previsto neste artigo somente poderá ser dirigido às autoridades mencionadas depois de submetido à apreciação de pelo menos uma autoridade hierarquicamente superior à autoridade que exarou a decisão impugnada e, no caso das Forças Armadas, ao respectivo Comando.

§ 2º. Indeferido o recurso previsto no *caput* que tenha como objeto a desclassificação de informação secreta ou ultrassecreta, caberá recurso à Comissão Mista de Reavaliação de Informações prevista no art. 35.

Art. 18. Os procedimentos de revisão de decisões denegatórias proferidas no recurso previsto no art. 15 e de revisão de classificação de documentos sigilosos serão objeto de regulamentação própria dos Poderes Legislativo e Judiciário e do Ministério Público, em seus respectivos âmbitos, assegurado ao solicitante, em qualquer caso, o direito de ser informado sobre o andamento de seu pedido.

Art. 19. (VETADO).

§ 1º. (VETADO).

§ 2º. Os órgãos do Poder Judiciário e do Ministério Público informarão ao Conselho Nacional de Justiça e ao Conselho Nacional do Ministério Público, respectivamente, as decisões que, em grau de recurso, negarem acesso a informações de interesse público.

Art. 20. Aplica-se subsidiariamente, no que couber, a Lei nº 9.784, de 29 de janeiro de 1999, ao procedimento de que trata este Capítulo.

CAPÍTULO IV. DAS RESTRIÇÕES DE ACESSO À INFORMAÇÃO

SEÇÃO I. DISPOSIÇÕES GERAIS

Art. 21. Não poderá ser negado acesso à informação necessária à tutela judicial ou administrativa de direitos fundamentais.

Parágrafo único. As informações ou documentos que versem sobre condutas que impliquem violação dos direitos humanos praticada por agentes públicos ou a mando de autoridades públicas não poderão ser objeto de restrição de acesso.

Art. 22. O disposto nesta Lei não exclui as demais hipóteses legais de sigilo e de segredo de justiça nem as hipóteses de segredo industrial decorrentes da exploração direta de atividade econômica pelo Estado ou por pessoa física ou entidade privada que tenha qualquer vínculo com o poder público.

SEÇÃO II. DA CLASSIFICAÇÃO DA INFORMAÇÃO QUANTO AO GRAU E PRAZOS DE SIGILO

Art. 23. São consideradas imprescindíveis à segurança da sociedade ou do Estado e, portanto, passíveis de classificação as informações cuja divulgação ou acesso irrestrito possam:

I – pôr em risco a defesa e a soberania nacionais ou a integridade do território nacional;

II – prejudicar ou pôr em risco a condução de negociações ou as relações internacionais do País, ou as que tenham sido fornecidas em caráter sigiloso por outros Estados e organismos internacionais;

III – pôr em risco a vida, a segurança ou a saúde da população;

IV – oferecer elevado risco à estabilidade financeira, econômica ou monetária do País;

V – prejudicar ou causar risco a planos ou operações estratégicos das Forças Armadas;

VI – prejudicar ou causar risco a projetos de pesquisa e desenvolvimento científico ou tecnológico, assim como a sistemas, bens, instalações ou áreas de interesse estratégico nacional;

VII – pôr em risco a segurança de instituições ou de altas autoridades nacionais ou estrangeiras e seus familiares; ou

VIII – comprometer atividades de inteligência, bem como de investigação ou fiscalização em andamento, relacionadas com a prevenção ou repressão de infrações.

Art. 24. A informação em poder dos órgãos e entidades públicas, observado o seu teor e em razão de sua imprescindibilidade à segurança da sociedade ou do Estado, poderá ser classificada como ultrassecreta, secreta ou reservada.

§ 1º. Os prazos máximos de restrição de acesso à informação, conforme a classificação prevista no *caput*, vigoram a partir da data de sua produção e são os seguintes:

I – ultrassecreta: 25 (vinte e cinco) anos;

II – secreta: 15 (quinze) anos; e

III – reservada: 5 (cinco) anos.

§ 2º. As informações que puderem colocar em risco a segurança do Presidente e Vice-Presidente da República e respectivos cônjuges e filhos(as) serão classificadas como reservadas e ficarão sob sigilo até o término do mandato em exercício ou do último mandato, em caso de reeleição.

§ 3º. Alternativamente aos prazos previstos no § 1º, poderá ser estabelecida como termo final de restrição de acesso a ocorrência de determinado evento, desde que este ocorra antes do transcurso do prazo máximo de classificação.

§ 4º. Transcorrido o prazo de classificação ou consumado o evento que defina o seu termo final, a informação tornar-se-á, automaticamente, de acesso público.

§ 5º. Para a classificação da informação em determinado grau de sigilo, deverá ser observado o interesse público da informação e utilizado o critério menos restritivo possível, considerados:

I – a gravidade do risco ou dano à segurança da sociedade e do Estado; e

II – o prazo máximo de restrição de acesso ou o evento que defina seu termo final.

SEÇÃO III. DA PROTEÇÃO E DO CONTROLE DE INFORMAÇÕES SIGILOSAS

- Decreto 7.845/2012 – Regulamenta procedimentos para credenciamento de segurança e tratamento de informação classificada em qualquer grau de sigilo, e dispõe sobre o Núcleo de Segurança e Credenciamento.

Art. 25. É dever do Estado controlar o acesso e a divulgação de informações sigilosas produzidas por seus órgãos e entidades, assegurando a sua proteção.

§ 1º. O acesso, a divulgação e o tratamento de informação classificada como sigilosa ficarão restritos a pessoas que tenham necessidade de conhecê-la e que sejam devidamente credenciadas na forma do regulamento, sem prejuízo das atribuições dos agentes públicos autorizados por lei.

§ 2º. O acesso à informação classificada como sigilosa cria a obrigação para aquele que a obteve de resguardar o sigilo.

§ 3º. Regulamento disporá sobre procedimentos e medidas a serem adotados para o tratamento de informação sigilosa, de modo a protegê-la contra perda, alteração indevida, acesso, transmissão e divulgação não autorizados.

Art. 26. As autoridades públicas adotarão as providências necessárias para que o pessoal a elas subordinado hierarquicamente conheça as normas e observe as medidas e procedimentos de segurança para tratamento de informações sigilosas.

Parágrafo único. A pessoa física ou entidade privada que, em razão de qualquer vínculo com o poder público, executar atividades de tratamento de informações sigilosas adotará as providências necessárias para que seus empregados, prepostos ou representantes observem as medidas e procedimentos de segurança das informações resultantes da aplicação desta Lei.

SEÇÃO IV. DOS PROCEDIMENTOS DE CLASSIFICAÇÃO, RECLASSIFICAÇÃO E DESCLASSIFICAÇÃO

- Decreto 7.845/2012 – Regulamenta procedimentos para credenciamento de segurança e tratamento de informação classificada em qualquer grau de sigilo, e dispõe sobre o Núcleo de Segurança e Credenciamento.

Art. 27. A classificação do sigilo de informações no âmbito da administração pública federal é de competência:

I – no grau de ultrassecreto, das seguintes autoridades:

a) Presidente da República;

b) Vice-Presidente da República;

c) Ministros de Estado e autoridades com as mesmas prerrogativas;

d) Comandantes da Marinha, do Exército e da Aeronáutica; e

e) Chefes de Missões Diplomáticas e Consulares permanentes no exterior;

II – no grau de secreto, das autoridades referidas no inciso I, dos titulares de autarquias, fundações ou empresas públicas e sociedades de economia mista; e

III – no grau de reservado, das autoridades referidas nos incisos I e II e das que exerçam funções de direção, comando ou chefia, nível DAS 101.5, ou superior, do Grupo-Direção e Assessoramento Superiores, ou de hierarquia equivalente, de acordo com regulamentação específica de cada órgão ou entidade, observado o disposto nesta Lei.

§ 1º. A competência prevista nos incisos I e II, no que se refere à classificação como ultrassecreta e secreta, poderá ser delegada pela autoridade responsável a agente público, inclusive em missão no exterior, vedada a subdelegação.

§ 2º. A classificação de informação no grau de sigilo ultrassecreto pelas autoridades previstas nas alíneas d e e do inciso I deverá ser ratificada pelos respectivos Ministros de Estado, no prazo previsto em regulamento.

§ 3º. A autoridade ou outro agente público que classificar informação como ultrassecreta deverá encaminhar a decisão de que trata o art. 28 à Comissão Mista de Reavaliação de Informações, a que se refere o art. 35, no prazo previsto em regulamento.

Art. 28. A classificação de informação em qualquer grau de sigilo deverá ser formalizada em decisão que conterá, no mínimo, os seguintes elementos:

I – assunto sobre o qual versa a informação;

II – fundamento da classificação, observados os critérios estabelecidos no art. 24;

III – indicação do prazo de sigilo, contado em anos, meses ou dias, ou do evento que defina o seu termo final, conforme limites previstos no art. 24; e

IV – identificação da autoridade que a classificou.

Parágrafo único. A decisão referida no *caput* será mantida no mesmo grau de sigilo da informação classificada.

Art. 29. A classificação das informações será reavaliada pela autoridade classificadora ou por autoridade hierarquicamente superior, mediante provocação ou de ofício, nos termos e prazos previstos em regulamento, com vistas à sua desclassificação ou à redução do prazo de sigilo, observado o disposto no art. 24.

§ 1º. O regulamento a que se refere o *caput* deverá considerar as peculiaridades das informações produzidas no exterior por autoridades ou agentes públicos.

§ 2º. Na reavaliação a que se refere o *caput*, deverão ser examinadas a permanência dos motivos do sigilo e a possibilidade de danos decorrentes do acesso ou da divulgação da informação.

§ 3º. Na hipótese de redução do prazo de sigilo da informação, o novo prazo de restrição manterá como termo inicial a data da sua produção.

Art. 30. A autoridade máxima de cada órgão ou entidade publicará, anualmente, em sítio à disposição na internet e destinado à veiculação de dados e informações administrativas, nos termos de regulamento:

I – rol das informações que tenham sido desclassificadas nos últimos 12 (doze) meses;

II – rol de documentos classificados em cada grau de sigilo, com identificação para referência futura;

III – relatório estatístico contendo a quantidade de pedidos de informação recebidos, atendidos e indeferidos, bem como informações genéricas sobre os solicitantes.

§ 1º. Os órgãos e entidades deverão manter exemplar da publicação prevista no *caput* para consulta pública em suas sedes.

§ 2º. Os órgãos e entidades manterão extrato com a lista de informações classificadas, acompanhadas da data, do grau de sigilo e dos fundamentos da classificação.

SEÇÃO V.
DAS INFORMAÇÕES PESSOAIS

Art. 31. O tratamento das informações pessoais deve ser feito de forma transparente e com respeito à intimidade, vida privada, honra e imagem das pessoas, bem como às liberdades e garantias individuais.

§ 1º. As informações pessoais, a que se refere este artigo, relativas à intimidade, vida privada, honra e imagem:

I – terão seu acesso restrito, independentemente de classificação de sigilo e pelo prazo máximo de 100 (cem) anos a contar da sua data de produção, a agentes públicos legalmente autorizados e à pessoa a que elas se referirem; e

II – poderão ter autorizada sua divulgação ou acesso por terceiros diante de previsão legal ou consentimento expresso da pessoa a que elas se referirem.

§ 2º. Aquele que obtiver acesso às informações de que trata este artigo será responsabilizado por seu uso indevido.

§ 3º. O consentimento referido no inciso II do § 1º não será exigido quando as informações forem necessárias:

I – à prevenção e diagnóstico médico, quando a pessoa estiver física ou legalmente incapaz, e para utilização única e exclusivamente para o tratamento médico;

II – à realização de estatísticas e pesquisas científicas de evidente interesse público ou geral, previstos em lei, sendo vedada a identificação da pessoa a que as informações se referirem;

III – ao cumprimento de ordem judicial;

IV – à defesa de direitos humanos; ou

V – à proteção do interesse público e geral preponderante.

§ 4º. A restrição de acesso à informação relativa à vida privada, honra e imagem de pessoa não poderá ser invocada com o intuito de prejudicar processo de apuração de irregularidades em que o titular das informações estiver envolvido, bem como em ações voltadas para a recuperação de fatos históricos de maior relevância.

§ 5º. Regulamento disporá sobre os procedimentos para tratamento de informação pessoal.

CAPÍTULO V.
DAS RESPONSABILIDADES

Art. 32. Constituem condutas ilícitas que ensejam responsabilidade do agente público ou militar:

I – recusar-se a fornecer informação requerida nos termos desta Lei, retardar deliberadamente o seu fornecimento ou fornecê-la intencionalmente de forma incorreta, incompleta ou imprecisa;

II – utilizar indevidamente, bem como subtrair, destruir, inutilizar, desfigurar, alterar ou ocultar, total ou parcialmente, informação que se encontre sob sua guarda ou a que tenha acesso ou conhecimento em razão do exercício das atribuições de cargo, emprego ou função pública;

III – agir com dolo ou má-fé na análise das solicitações de acesso à informação;

IV – divulgar ou permitir a divulgação ou acessar ou permitir acesso indevido à informação sigilosa ou informação pessoal;

V – impor sigilo à informação para obter proveito pessoal ou de terceiro, ou para fins de ocultação de ato ilegal cometido por si ou por outrem;

VI – ocultar da revisão de autoridade superior competente informação sigilosa para beneficiar a si ou a outrem, ou em prejuízo de terceiros; e

VII – destruir ou subtrair, por qualquer meio, documentos concernentes a possíveis violações de direitos humanos por parte de agentes do Estado.

§ 1º. Atendido o princípio do contraditório, da ampla defesa e do devido processo legal, as condutas descritas no *caput* serão consideradas:

I – para fins dos regulamentos disciplinares das Forças Armadas, transgressões militares médias ou graves, segundo os critérios neles estabelecidos, desde que não tipificadas em lei como crime ou contravenção penal; ou

II – para fins do disposto na Lei nº 8.112, de 11 de dezembro de 1990, e suas alterações, infrações administrativas, que deverão ser apenadas, no mínimo, com suspensão, segundo os critérios nela estabelecidos.

§ 2º. Pelas condutas descritas no *caput*, poderá o militar ou agente público responder, também, por improbidade administrativa, conforme o disposto nas Leis nºs 1.079, de 10 de abril de 1950, e 8.429, de 2 de junho de 1992.

Art. 33. A pessoa física ou entidade privada que detiver informações em virtude de vínculo de qualquer natureza com o poder público e deixar de observar o disposto nesta Lei estará sujeita às seguintes sanções:

I – advertência;

II – multa;

III – rescisão do vínculo com o poder público;

IV – suspensão temporária de participar em licitação e impedimento de contratar com a administração pública por prazo não superior a 2 (dois) anos; e

V – declaração de inidoneidade para licitar ou contratar com a administração pública, até que seja promovida a reabilitação perante a própria autoridade que aplicou a penalidade.

§ 1º. As sanções previstas nos incisos I, III e IV poderão ser aplicadas juntamente com a do inciso II, assegurado o direito de defesa do interessado, no respectivo processo, no prazo de 10 (dez) dias.

§ 2º. A reabilitação referida no inciso V será autorizada somente quando o interessado efetivar o ressarcimento ao órgão ou entidade dos prejuízos resultantes e após decorrido o prazo da sanção aplicada com base no inciso IV.

§ 3º. A aplicação da sanção prevista no inciso V é de competência exclusiva da autoridade máxima do órgão ou entidade pública, facultada a defesa do interessado, no respectivo processo, no prazo de 10 (dez) dias da abertura de vista.

Art. 34. Os órgãos e entidades públicas respondem diretamente pelos danos causados em decorrência da divulgação não autorizada ou utilização indevida de informações sigilosas ou informações pessoais, cabendo a apuração de responsabilidade funcional nos casos de dolo ou culpa, assegurado o respectivo direito de regresso.

Parágrafo único. O disposto neste artigo aplica-se à pessoa física ou entidade privada que, em virtude de vínculo de qualquer natureza com órgãos ou entidades, tenha acesso a informação sigilosa ou pessoal e a submeta a tratamento indevido.

CAPÍTULO VI. DISPOSIÇÕES FINAIS E TRANSITÓRIAS

- Decreto 7.845/2012 – Regulamenta procedimentos para credenciamento de segurança e tratamento de informação classificada em qualquer grau de sigilo, e dispõe sobre o Núcleo de Segurança e Credenciamento.

Art. 35. (VETADO).

§ 1º. É instituída a Comissão Mista de Reavaliação de Informações, que decidirá, no âmbito da administração pública federal, sobre o tratamento e a classificação de informações sigilosas e terá competência para:

I – requisitar da autoridade que classificar informação como ultrassecreta e secreta esclarecimento ou conteúdo, parcial ou integral da informação;

II – rever a classificação de informações ultrassecretas ou secretas, de ofício ou mediante provocação de pessoa interessada, observado o disposto no art. 7º e demais dispositivos desta Lei; e

III - prorrogar o prazo de sigilo de informação classificada como ultrassecreta, sempre por prazo determinado, enquanto o seu acesso ou divulgação puder ocasionar ameaça externa à soberania nacional ou à integridade do território nacional ou grave risco às relações internacionais do País, observado o prazo previsto no § 1º do art. 24.

§ 2º. O prazo referido no inciso III é limitado a uma única renovação.

§ 3º. A revisão de ofício a que se refere o inciso II do § 1º deverá ocorrer, no máximo, a cada 4 (quatro) anos, após a reavaliação prevista no art. 39, quando se tratar de documentos ultrassecretos ou secretos.

§ 4º. A não deliberação sobre a revisão pela Comissão Mista de Reavaliação de Informações nos prazos previstos no § 3º implicará a desclassificação automática das informações.

§ 5º. Regulamento disporá sobre a composição, organização e funcionamento da Comissão Mista de Reavaliação de Informações, observado o mandato de 2 (dois) anos para seus integrantes e demais disposições desta Lei.

Art. 36. O tratamento de informação sigilosa resultante de tratados, acordos ou atos internacionais atenderá às normas e recomendações constantes desses instrumentos.

Art. 37. É instituído, no âmbito do Gabinete de Segurança Institucional da Presidência da República, o Núcleo de Segurança e Credenciamento (NSC), que tem por objetivos:

I – promover e propor a regulamentação do credenciamento de segurança de pessoas físicas, empresas, órgãos e entidades para tratamento de informações sigilosas; e

II – garantir a segurança de informações sigilosas, inclusive aquelas provenientes de países ou organizações internacionais com os quais a República Federativa do Brasil tenha firmado tratado, acordo, contrato ou qualquer outro ato internacional, sem prejuízo das atribuições do Ministério das Relações Exteriores e dos demais órgãos competentes.

Parágrafo único. Regulamento disporá sobre a composição, organização e funcionamento do NSC.

Art. 38. Aplica-se, no que couber, a Lei nº 9.507, de 12 de novembro de 1997, em relação à informação de pessoa, física ou jurídica, constante de registro ou banco de dados de entidades governamentais ou de caráter público.

Art. 39. Os órgãos e entidades públicas deverão proceder à reavaliação das informações classificadas como ultrassecretas e secretas no prazo máximo de 2 (dois) anos, contado do termo inicial de vigência desta Lei.

§ 1º. A restrição de acesso a informações, em razão da reavaliação prevista no *caput*, deverá observar os prazos e condições previstos nesta Lei.

§ 2º. No âmbito da administração pública federal, a reavaliação prevista no *caput* poderá ser revista, a qualquer tempo, pela Comissão Mista de Reavaliação de Informações, observados os termos desta Lei.

§ 3º. Enquanto não transcorrido o prazo de reavaliação previsto no *caput*, será mantida a classificação da informação nos termos da legislação precedente.

§ 4º. As informações classificadas como secretas e ultrassecretas não reavaliadas no prazo previsto no *caput* serão consideradas, automaticamente, de acesso público.

Art. 40. No prazo de 60 (sessenta) dias, a contar da vigência desta Lei, o dirigente máximo de cada órgão ou entidade da administração pública federal direta e indireta designará autoridade que lhe seja diretamente subordinada para, no âmbito do respectivo órgão ou entidade, exercer as seguintes atribuições:

I – assegurar o cumprimento das normas relativas ao acesso a informação, de forma eficiente e adequada aos objetivos desta Lei;

II – monitorar a implementação do disposto nesta Lei e apresentar relatórios periódicos sobre o seu cumprimento;

III – recomendar as medidas indispensáveis à implementação e ao aperfeiçoamento das normas e procedimentos necessários ao correto cumprimento do disposto nesta Lei; e

IV – orientar as respectivas unidades no que se refere ao cumprimento do disposto nesta Lei e seus regulamentos.

Art. 41. O Poder Executivo Federal designará órgão da administração pública federal responsável:

I – pela promoção de campanha de abrangência nacional de fomento à cultura da transparência na administração pública e conscientização do direito fundamental de acesso à informação;

II – pelo treinamento de agentes públicos no que se refere ao desenvolvimento de práticas relacionadas à transparência na administração pública;

III – pelo monitoramento da aplicação da lei no âmbito da administração pública federal, concentrando e consolidando a publicação de informações estatísticas relacionadas no art. 30;

IV – pelo encaminhamento ao Congresso Nacional de relatório anual com informações atinentes à implementação desta Lei.

Art. 42. O Poder Executivo regulamentará o disposto nesta Lei no prazo de 180 (cento e oitenta) dias a contar da data de sua publicação.

Art. 43. O inciso VI do art. 116 da Lei nº 8.112, de 11 de dezembro de 1990, passa a vigorar com a seguinte redação:

- Alteração incorporada ao texto da referida lei.

Art. 44. O CAPÍTULO IV do TÍTULO IV da Lei nº 8.112, de 1990, passa a vigorar acrescido do seguinte art. 126-A:

- Alteração incorporada ao texto da referida lei.

Art. 45. Cabe aos Estados, ao Distrito Federal e aos Municípios, em legislação própria, obedecidas as normas gerais estabelecidas nesta Lei, definir regras específicas, especialmente quanto ao disposto no art. 9º e na Seção II do CAPÍTULO III.

Art. 46. Revogam-se:

I – a Lei nº 11.111, de 5 de maio de 2005; e

II – os arts. 22 a 24 da Lei nº 8.159, de 8 de janeiro de 1991.

Art. 47. Esta Lei entra em vigor 180 (cento e oitenta) dias após a data de sua publicação.

Brasília, 18 de novembro de 2011; 190º da Independência e 123º da República.

DILMA ROUSSEFF

Publicado no D.O.U. 18.11.2011, Ed. Extra

DECRETO Nº 7.627, DE 24 DE NOVEMBRO DE 2011

Regulamenta a monitoração eletrônica de pessoas prevista no Decreto-lei nº 3.689, de 3 de outubro de 1941 – Código de Processo Penal, e na Lei nº 7.210, de 11 de julho de 1984 – Lei de Execução Penal.

▸ *Monitoração Eletrônica*

A PRESIDENTA DA REPÚBLICA, no uso da atribuição que lhe confere o art. 84, inciso IV, da Constituição, e tendo em vista o disposto no inciso IX do art. 319 no Decreto-lei nº 3.689, de 3 de outubro de 1941 – Código de Processo Penal, e nos arts. 146-B, 146-C e 146-D da Lei nº 7.210, de 11 de julho de 1984 – Lei de Execução Penal, decreta :

Art. 1º. Este Decreto regulamenta a monitoração eletrônica de pessoas prevista no inciso IX do art. 319 do Decreto-lei nº 3.689, de 3 de outubro de 1941 – Código de Processo Penal, e nos arts. 146-B, 146-C e 146-D da Lei nº 7.210, de 11 de julho de 1984 – Lei de Execução Penal.

▸ Lei 12.258/2010 – Altera o Decreto-lei 2.848, de 7 de dezembro de 1940 (Código Penal), e a Lei 7.210/1984 (Lei de Execução Penal), para prever a possibilidade de utilização de equipamento de vigilância indireta pelo condenado nos casos em que especifica.

Art. 2º. Considera-se monitoração eletrônica a vigilância telemática posicional à distância de pessoas presas sob medida cautelar ou condenadas por sentença transitada em julgado, executada por meios técnicos que permitam indicar a sua localização.

Art. 3º. A pessoa monitorada deverá receber documento no qual constem, de forma clara e expressa, seus direitos e os deveres a que estará sujeita, o período de vigilância e os procedimentos a serem observados durante a monitoração.

Art. 4º. A responsabilidade pela administração, execução e controle da monitoração eletrônica caberá aos órgãos de gestão penitenciária, cabendo-lhes ainda:

I – verificar o cumprimento dos deveres legais e das condições especificadas na decisão judicial que autorizar a monitoração eletrônica;

II – encaminhar relatório circunstanciado sobre a pessoa monitorada ao juiz competente na periodicidade estabelecida ou, a qualquer momento, quando por este determinado ou quando as circunstâncias assim o exigirem;

III – adequar e manter programas e equipes multiprofissionais de acompanhamento e apoio à pessoa monitorada condenada;

IV – orientar a pessoa monitorada no cumprimento de suas obrigações e auxiliá-la na reintegração social, se for o caso; e

V – comunicar, imediatamente, ao juiz competente sobre fato que possa dar causa à revogação da medida ou modificação de suas condições.

Parágrafo único. A elaboração e o envio de relatório circunstanciado poderão ser feitos por meio eletrônico certificado digitalmente pelo órgão competente.

Art. 5º. O equipamento de monitoração eletrônica deverá ser utilizado de modo a respeitar a integridade física, moral e social da pessoa monitorada.

Art. 6º. O sistema de monitoramento será estruturado de modo a preservar o sigilo dos dados e das informações da pessoa monitorada.

Art. 7º. O acesso aos dados e informações da pessoa monitorada ficará restrito aos servidores expressamente autorizados que tenham necessidade de conhecê-los em virtude de suas atribuições.

Art. 8º. Este Decreto entra em vigor na data de sua publicação.

Brasília, 24 de novembro de 2011; 190º da Independência e 123º da República.

DILMA ROUSSEFF

Publicado no D.O.U. de 25.11.2011

LEI Nº 12.529, DE 30 DE NOVEMBRO DE 2011

Estrutura o Sistema Brasileiro de Defesa da Concorrência; dispõe sobre a prevenção e repressão às infrações contra a ordem econômica; altera a Lei nº 8.137, de 27 de dezembro de 1990, o Decreto-Lei nº 3.689, de 3 de outubro de 1941 – Código de Processo Penal, e a Lei nº 7.347, de 24 de julho de 1985; revoga dispositivos da Lei nº 8.884, de 11 de junho de 1994, e a Lei nº 9.781, de 19 de janeiro de 1999; e dá outras providências.

▸ *Defesa da concorrência*

A PRESIDENTA DA REPÚBLICA Faço saber que o Congresso Nacional decreta e eu sanciono a seguinte Lei:

TÍTULO I. DISPOSIÇÕES GERAIS

CAPÍTULO I. DA FINALIDADE

Art. 1º. Esta Lei estrutura o Sistema Brasileiro de Defesa da Concorrência – SBDC e dispõe sobre a prevenção e a repressão às infrações contra a ordem econômica, orientada pelos ditames constitucionais de liberdade de iniciativa, livre concorrência, função social da propriedade, defesa dos consumidores e repressão ao abuso do poder econômico.

▸ Lei 8.137/1990 – Define crimes contra a ordem tributária, econômica e contra as relações de consumo.

Parágrafo único. A coletividade é a titular dos bens jurídicos protegidos por esta Lei.

CAPÍTULO II. DA TERRITORIALIDADE

Art. 2º. Aplica-se esta Lei, sem prejuízo de convenções e tratados de que seja signatário o Brasil, às práticas cometidas no todo ou em parte no território nacional ou que nele produzam ou possam produzir efeitos.

§ 1º. Reputa-se domiciliada no território nacional a empresa estrangeira que opere ou tenha no Brasil filial, agência, sucursal, escritório, estabelecimento, agente ou representante.

§ 2º. A empresa estrangeira será notificada e intimada de todos os atos processuais previstos nesta Lei, independentemente de procuração ou de disposição contratual ou estatutária, na pessoa do agente ou representante ou pessoa responsável por sua filial, agência, sucursal, estabelecimento ou escritório instalado no Brasil.

TÍTULO II. DO SISTEMA BRASILEIRO DE DEFESA DA CONCORRÊNCIA

CAPÍTULO I. DA COMPOSIÇÃO

Art. 3º. O SBDC é formado pelo Conselho Administrativo de Defesa Econômica – Cade e pela Secretaria de Acompanhamento Econômico do Ministério da Fazenda, com as atribuições previstas nesta Lei.

CAPÍTULO II. DO CONSELHO ADMINISTRATIVO DE DEFESA ECONÔMICA – CADE

Art. 4º. O Cade é entidade judicante com jurisdição em todo o território nacional, que se constitui em autarquia federal, vinculada ao Ministério da Justiça, com sede e foro no Distrito Federal, e competências previstas nesta Lei.

SEÇÃO I. DA ESTRUTURA ORGANIZACIONAL DO CADE

Art. 5º. O Cade é constituído pelos seguintes órgãos:

I – Tribunal Administrativo de Defesa Econômica;

II – Superintendência-Geral; e

III – Departamento de Estudos Econômicos.

SEÇÃO II. DO TRIBUNAL ADMINISTRATIVO DE DEFESA ECONÔMICA

Art. 6º. O Tribunal Administrativo, órgão judicante, tem como membros um Presidente e seis Conselheiros escolhidos dentre cidadãos com mais de 30 (trinta) anos de idade, de notório saber jurídico ou econômico e reputação ilibada, nomeados pelo Presidente da República, depois de aprovados pelo Senado Federal.

§ 1º. O mandato do Presidente e dos Conselheiros é de 4 (quatro) anos, não coincidentes, vedada a recondução.

§ 2º. Os cargos de Presidente e de Conselheiro são de dedicação exclusiva, não se admitindo qualquer acumulação, salvo as constitucionalmente permitidas.

§ 3º. No caso de renúncia, morte, impedimento, falta ou perda de mandato do Presidente do Tribunal, assumirá o Conselheiro mais antigo no cargo ou o mais idoso, nessa ordem, até nova nomeação, sem prejuízo de suas atribuições.

§ 4º. No caso de renúncia, morte ou perda de mandato de Conselheiro, proceder-se-á a nova nomeação, para completar o mandato do substituído.

§ 5º. Se, nas hipóteses previstas no § 4º deste artigo, ou no caso de encerramento de mandato dos Conselheiros, a composição do Tribunal ficar reduzida a número inferior ao estabelecido no § 1º do art. 9º desta Lei, considerar-se-ão automaticamente suspensos os prazos previstos nesta Lei, e suspensa a tramitação de processos, continuando-se a contagem imediatamente após a recomposição do quorum.

Art. 7º. A perda de mandato do Presidente ou dos Conselheiros do Cade só poderá ocorrer em virtude de decisão do Senado Federal, por provocação do Presidente da República, ou em razão de condenação penal irrecorrível por crime doloso, ou de processo disciplinar de conformidade com o que prevê a Lei nº 8.112, de 11 de dezembro de 1990 e a Lei nº 8.429, de 2 de junho de 1992, e por infringência de quaisquer das vedações previstas no art. 8º desta Lei.

Parágrafo único. Também perderá o mandato, automaticamente, o membro do Tribunal que faltar a 3 (três) reuniões ordinárias consecutivas, ou 20 (vinte) intercaladas, ressalvados os afastamentos temporários autorizados pelo Plenário.

Art. 8º. Ao Presidente e aos Conselheiros é vedado:

I – receber, a qualquer título, e sob qualquer pretexto, honorários, percentagens ou custas;
II – exercer profissão liberal;
III – participar, na forma de controlador, diretor, administrador, gerente, preposto ou mandatário, de sociedade civil, comercial ou empresas de qualquer espécie;
IV – emitir parecer sobre matéria de sua especialização, ainda que em tese, ou funcionar como consultor de qualquer tipo de empresa;
V – manifestar, por qualquer meio de comunicação, opinião sobre processo pendente de julgamento, ou juízo depreciativo sobre despachos, votos ou sentenças de órgãos judiciais, ressalvada a crítica nos autos, em obras técnicas ou no exercício do magistério; e
VI – exercer atividade político-partidária.

§ 1º. É vedado ao Presidente e aos Conselheiros, por um período de 120 (cento e vinte) dias, contado da data em que deixar o cargo, representar qualquer pessoa, física ou jurídica, ou interesse perante o SBDC, ressalvada a defesa de direito próprio.

§ 2º. Durante o período mencionado no § 1º deste artigo, o Presidente e os Conselheiros receberão a mesma remuneração do cargo que ocupavam.

§ 3º. Incorre na prática de advocacia administrativa, sujeitando-se à pena prevista no art. 321 do Decreto-Lei nº 2.848, de 7 de dezembro de 1940 – Código Penal, o ex-presidente ou ex-conselheiro que violar o impedimento previsto no § 1º deste artigo.

§ 4º. É vedado, a qualquer tempo, ao Presidente e aos Conselheiros utilizar informações privilegiadas obtidas em decorrência do cargo exercido.

SUBSEÇÃO I.
DA COMPETÊNCIA DO PLENÁRIO DO TRIBUNAL

Art. 9º. Compete ao Plenário do Tribunal, dentre outras atribuições previstas nesta Lei:

I – zelar pela observância desta Lei e seu regulamento e do regimento interno;
II – decidir sobre a existência de infração à ordem econômica e aplicar as penalidades previstas em lei;
III – decidir os processos administrativos para imposição de sanções administrativas por infrações à ordem econômica instaurados pela Superintendência-Geral;
IV – ordenar providências que conduzam à cessação de infração à ordem econômica, dentro do prazo que determinar;
V – aprovar os termos do compromisso de cessação de prática e do acordo em controle de concentrações, bem como determinar à Superintendência-Geral que fiscalize seu cumprimento;
VI – apreciar, em grau de recurso, as medidas preventivas adotadas pelo Conselheiro-Relator ou pela Superintendência-Geral;
VII – intimar os interessados de suas decisões;
VIII – requisitar dos órgãos e entidades da administração pública federal e requerer às autoridades dos Estados, Municípios, do Distrito Federal e dos Territórios as medidas necessárias ao cumprimento desta Lei;
IX – contratar a realização de exames, vistorias e estudos, aprovando, em cada caso, os respectivos honorários profissionais e demais despesas de processo, que deverão ser pagas pela empresa, se vier a ser punida nos termos desta Lei;
X – apreciar processos administrativos de atos de concentração econômica, na forma desta Lei, fixando, quando entender conveniente e oportuno, acordos em controle de atos de concentração;
XI – determinar à Superintendência-Geral que adote as medidas administrativas necessárias à execução e fiel cumprimento de suas decisões;
XII – requisitar serviços e pessoal de quaisquer órgãos e entidades do Poder Público Federal;
XIII – requerer à Procuradoria Federal junto ao Cade a adoção de providências administrativas e judiciais;
XIV – instruir o público sobre as formas de infração da ordem econômica;
XV – elaborar e aprovar regimento interno do Cade, dispondo sobre seu funcionamento, forma das deliberações, normas de procedimento e organização de seus serviços internos;
XVI – propor a estrutura do quadro de pessoal do Cade, observado o disposto no inciso II do *caput* do art. 37 da Constituição Federal;
XVII – elaborar proposta orçamentária nos termos desta Lei;
XVIII – requisitar informações de quaisquer pessoas, órgãos, autoridades e entidades públicas ou privadas, respeitando e mantendo o sigilo legal quando for o caso, bem como determinar as diligências que se fizerem necessárias ao exercício das suas funções; e
XIX – decidir pelo cumprimento das decisões, compromissos e acordos.

§ 1º. As decisões do Tribunal serão tomadas por maioria, com a presença mínima de 4 (quatro) membros, sendo o quorum de deliberação mínimo de 3 (três) membros.

§ 2º. As decisões do Tribunal não comportam revisão no âmbito do Poder Executivo, promovendo-se, de imediato, sua execução e comunicando-se, em seguida, ao Ministério Público, para as demais medidas legais cabíveis no âmbito de suas atribuições.

§ 3º. As autoridades federais, os diretores de autarquia, fundação, empresa pública e sociedade de economia mista federais e agências reguladoras são obrigados a prestar, sob pena de responsabilidade, toda a assistência e colaboração que lhes for solicitada pelo Cade, inclusive elaborando pareceres técnicos sobre as matérias de sua competência.

§ 4º. O Tribunal poderá responder consultas sobre condutas em andamento, mediante pagamento de taxa e acompanhadas dos respectivos documentos.

§ 5º. O Cade definirá, em resolução, normas complementares sobre o procedimento de consultas previsto no § 4º deste artigo.

SUBSEÇÃO II.
DA COMPETÊNCIA DO PRESIDENTE DO TRIBUNAL

Art. 10. Compete ao Presidente do Tribunal:

I – representar legalmente o Cade no Brasil ou no exterior, em juízo ou fora dele;
II – presidir, com direito a voto, inclusive o de qualidade, as reuniões do Plenário;
III – distribuir, por sorteio, os processos aos Conselheiros;
IV – convocar as sessões e determinar a organização da respectiva pauta;
V – solicitar, a seu critério, que a Superintendência-Geral auxilie o Tribunal na tomada de providências extrajudiciais para o cumprimento das decisões do Tribunal;
VI – fiscalizar a Superintendência-Geral na tomada de providências para execução das decisões e julgados do Tribunal;
VII – assinar os compromissos e acordos aprovados pelo Plenário;
VIII – submeter à aprovação do Plenário a proposta orçamentária e a lotação ideal do pessoal que prestará serviço ao Cade;
IX – orientar, coordenar e supervisionar as atividades administrativas do Cade;

X – ordenar as despesas atinentes ao Cade, ressalvadas as despesas da unidade gestora da Superintendência-Geral;

XI – firmar contratos e convênios com órgãos ou entidades nacionais e submeter, previamente, ao Ministro de Estado da Justiça os que devam ser celebrados com organismos estrangeiros ou internacionais; e

XII – determinar à Procuradoria Federal junto ao Cade as providências judiciais determinadas pelo Tribunal.

SUBSEÇÃO III.
DA COMPETÊNCIA DOS CONSELHEIROS DO TRIBUNAL

Art. 11. Compete aos Conselheiros do Tribunal:

I – emitir voto nos processos e questões submetidas ao Tribunal;

II – proferir despachos e lavrar as decisões nos processos em que forem relatores;

III – requisitar informações e documentos de quaisquer pessoas, órgãos, autoridades e entidades públicas ou privadas, a serem mantidos sob sigilo legal, quando for o caso, bem como determinar as diligências que se fizerem necessárias;

IV – adotar medidas preventivas, fixando o valor da multa diária pelo seu descumprimento;

V – solicitar, a seu critério, que a Superintendência-Geral realize as diligências e a produção das provas que entenderem pertinentes nos autos do processo administrativo, na forma desta Lei;

VI – requerer à Procuradoria Federal junto ao Cade emissão de parecer jurídico nos processos em que forem relatores, quando entenderem necessário e em despacho fundamentado, na forma prevista no inciso VII do art. 15 desta Lei;

VII – determinar ao Economista-Chefe, quando necessário, a elaboração de pareceres nos processos em que forem relatores, sem prejuízo da tramitação normal do processo e sem que tal determinação implique a suspensão do prazo de análise ou prejuízo à tramitação normal do processo;

VIII – desincumbir-se das demais tarefas que lhes forem cometidas pelo regimento;

IX – propor termo de compromisso de cessação e acordos para aprovação do Tribunal;

X – prestar ao Poder Judiciário, sempre que solicitado, todas as informações sobre andamento dos processos, podendo, inclusive, fornecer cópias dos autos para instruir ações judiciais.

SEÇÃO III.
DA SUPERINTENDÊNCIA-GERAL

Art. 12. O Cade terá em sua estrutura uma Superintendência-Geral, com 1 (um) Superintendente-Geral e 2 (dois) Superintendentes-Adjuntos, cujas atribuições específicas serão definidas em Resolução.

§ 1º. O Superintendente-Geral será escolhido dentre cidadãos com mais de 30 (trinta) anos de idade, notório saber jurídico ou econômico e reputação ilibada, nomeado pelo Presidente da República, depois de aprovado pelo Senado Federal.

§ 2º. O Superintendente-Geral terá mandato de 2 (dois) anos, permitida a recondução para um único período subsequente.

§ 3º. Aplicam-se ao Superintendente-Geral as mesmas normas de impedimentos, perda de mandato, substituição e as vedações do art. 8º desta Lei, incluindo o disposto no § 2º do art. 8º desta Lei, aplicáveis ao Presidente e aos Conselheiros do Tribunal.

§ 4º. Os cargos de Superintendente-Geral e de Superintendentes-Adjuntos são de dedicação exclusiva, não se admitindo qualquer acumulação, salvo as constitucionalmente permitidas.

§ 5º. Durante o período de vacância que anteceder à nomeação de novo Superintendente-Geral, assumirá interinamente o cargo um dos superintendentes adjuntos, indicado pelo Presidente do Tribunal, o qual permanecerá no cargo até a posse do novo Superintendente-Geral, escolhido na forma do § 1º deste artigo.

§ 6º. Se, no caso da vacância prevista no § 5º deste artigo, não houver nenhum Superintendente Adjunto nomeado na Superintendência do Cade, o Presidente do Tribunal indicará servidor em exercício no Cade, com conhecimento jurídico ou econômico na área de defesa da concorrência e reputação ilibada, para assumir interinamente o cargo, permanecendo neste até a posse do novo Superintendente-Geral, escolhido na forma do § 1º deste artigo.

§ 7º. Os Superintendentes-Adjuntos serão indicados pelo Superintendente-Geral.

Art. 13. Compete à Superintendência-Geral:

I – zelar pelo cumprimento desta Lei, monitorando e acompanhando as práticas de mercado;

II – acompanhar, permanentemente, as atividades e práticas comerciais de pessoas físicas ou jurídicas que detiverem posição dominante em mercado relevante de bens ou serviços, para prevenir infrações da ordem econômica, podendo, para tanto, requisitar as informações e documentos necessários, mantendo o sigilo legal, quando for o caso;

III – promover, em face de indícios de infração da ordem econômica, procedimento preparatório de inquérito administrativo e inquérito administrativo para apuração de infrações à ordem econômica;

IV – decidir pela insubsistência dos indícios, arquivando os autos do inquérito administrativo ou de seu procedimento preparatório;

V – instaurar e instruir processo administrativo para imposição de sanções administrativas por infrações à ordem econômica, procedimento para apuração de ato de concentração, processo administrativo para análise de ato de concentração econômica e processo administrativo para imposição de sanções processuais incidentais instaurados para prevenção, apuração ou repressão de infrações à ordem econômica;

VI – no interesse da instrução dos tipos processuais referidos nesta Lei:

a) requisitar informações e documentos de quaisquer pessoas, físicas ou jurídicas, órgãos, autoridades e entidades, públicas ou privadas, mantendo o sigilo legal, quando for o caso, bem como determinar as diligências que se fizerem necessárias ao exercício de suas funções;

b) requisitar esclarecimentos orais de quaisquer pessoas, físicas ou jurídicas, órgãos, autoridades e entidades, públicas ou privadas, na forma desta Lei;

c) realizar inspeção na sede social, estabelecimento, escritório, filial ou sucursal de empresa investigada, de estoques, objetos, papéis de qualquer natureza, assim como livros comerciais, computadores e arquivos eletrônicos, podendo-se extrair ou requisitar cópias de quaisquer documentos ou dados eletrônicos;

d) requerer ao Poder Judiciário, por meio da Procuradoria Federal junto ao Cade, mandado de busca e apreensão de objetos, papéis de qualquer natureza, assim como de livros comerciais, computadores e arquivos magnéticos de empresa ou pessoa física, no interesse de inquérito administrativo ou de processo administrativo para imposição de sanções administrativas por infrações à ordem econômica, aplicando-se, no que couber, o disposto no art. 839 e seguintes da Lei nº 5.869, de 11 de janeiro de 1973 - Código de Processo Civil, sendo inexigível a propositura de ação principal;

- Lei 13.105/2015 revogou a Lei 5.869/1973.
- CPC/15: art. 301.

e) requisitar vista e cópia de documentos e objetos constantes de inquéritos e processos administrativos instaurados por órgãos ou entidades da administração pública federal;

f) requerer vista e cópia de inquéritos policiais, ações judiciais de quaisquer natureza, bem como de inquéritos e processos administrativos instaurados por outros entes da federação, devendo o Conselho observar as mesmas restrições de sigilo eventualmente estabelecidas nos procedimentos de origem;

VII – recorrer de ofício ao Tribunal quando decidir pelo arquivamento de processo administrativo para imposição de sanções administrativas por infrações à ordem econômica;

VIII – remeter ao Tribunal, para julgamento, os processos administrativos que instaurar, quando entender configurada infração da ordem econômica;

IX – propor termo de compromisso de cessação de prática por infração à ordem econômica, submetendo-o à aprovação do Tribunal, e fiscalizar o seu cumprimento;

X – sugerir ao Tribunal condições para a celebração de acordo em controle de concentrações e fiscalizar o seu cumprimento;

XI – adotar medidas preventivas que conduzam à cessação de prática que constitua infração da ordem econômica, fixando prazo para seu cumprimento e o valor da multa diária a ser aplicada, no caso de descumprimento;

XII – receber, instruir e aprovar ou impugnar perante o Tribunal os processos administrativos para análise de ato de concentração econômica;

XIII – orientar os órgãos e entidades da administração pública quanto à adoção de medidas necessárias ao cumprimento desta Lei;

XIV – desenvolver estudos e pesquisas objetivando orientar a política de prevenção de infrações da ordem econômica;

XV – instruir o público sobre as diversas formas de infração da ordem econômica e os modos de sua prevenção e repressão;

XVI – exercer outras atribuições previstas em lei;

XVII – prestar ao Poder Judiciário, sempre que solicitado, todas as informações sobre andamento das investigações, podendo, inclusive, fornecer cópias dos autos para instruir ações judiciais; e

XVIII – adotar as medidas administrativas necessárias à execução e ao cumprimento das decisões do Plenário.

Art. 14. São atribuições do Superintendente-Geral:

I – participar, quando entender necessário, sem direito a voto, das reuniões do Tribunal e proferir sustentação oral, na forma do regimento interno;

II – cumprir e fazer cumprir as decisões do Tribunal na forma determinada pelo seu Presidente;

III – requerer à Procuradoria Federal junto ao Cade as providências judiciais relativas ao exercício das competências da Superintendência-Geral;

IV – determinar ao Economista-Chefe a elaboração de estudos e pareceres;

V – ordenar despesas referentes à unidade gestora da Superintendência-Geral; e

VI – exercer outras atribuições previstas em lei.

SEÇÃO IV. DA PROCURADORIA FEDERAL JUNTO AO CADE

Art. 15. Funcionará junto ao Cade Procuradoria Federal Especializada, competindo-lhe:

I – prestar consultoria e assessoramento jurídico ao Cade;

II – representar o Cade judicial e extrajudicialmente;

III – promover a execução judicial das decisões e julgados do Cade;

IV – proceder à apuração da liquidez dos créditos do Cade, inscrevendo-os em dívida ativa para fins de cobrança administrativa ou judicial;

V – tomar as medidas judiciais solicitadas pelo Tribunal ou pela Superintendência-Geral, necessárias à cessação de infrações da ordem econômica ou à obtenção de documentos para a instrução de processos administrativos de qualquer natureza;

VI – promover acordos judiciais nos processos relativos a infrações contra a ordem econômica, mediante autorização do Tribunal;

VII – emitir, sempre que solicitado expressamente por Conselheiro ou pelo Superintendente-Geral, parecer nos processos de competência do Cade, sem que tal determinação implique a suspensão do prazo de análise ou prejuízo à tramitação normal do processo;

VIII – zelar pelo cumprimento desta Lei; e

IX – desincumbir-se das demais tarefas que lhe sejam atribuídas pelo regimento interno.

Parágrafo único. Compete à Procuradoria Federal junto ao Cade, ao dar execução judicial às decisões da Superintendência-Geral e do Tribunal, manter o Presidente do Tribunal, os Conselheiros e o Superintendente-Geral informados sobre o andamento das ações e medidas judiciais.

Art. 16. O Procurador-Chefe será nomeado pelo Presidente da República, depois de aprovado pelo Senado Federal, dentre cidadãos brasileiros com mais de 30 (trinta) anos de idade, de notório conhecimento jurídico e reputação ilibada.

§ 1º. O Procurador-Chefe terá mandato de 2 (dois) anos, permitida sua recondução para um único período.

§ 2º. O Procurador-Chefe poderá participar, sem direito a voto, das reuniões do Tribunal, prestando assistência e esclarecimentos, quando requisitado pelos Conselheiros, na forma do Regimento Interno do Tribunal.

§ 3º. Aplicam-se ao Procurador-Chefe as mesmas normas de impedimento aplicáveis aos Conselheiros do Tribunal, exceto quanto ao comparecimento às sessões.

§ 4º. Nos casos de faltas, afastamento temporário ou impedimento do Procurador-Chefe, o Plenário indicará e o Presidente do Tribunal designará o substituto eventual dentre os integrantes da Procuradoria Federal Especializada.

SEÇÃO V. DO DEPARTAMENTO DE ESTUDOS ECONÔMICOS

Art. 17. O Cade terá um Departamento de Estudos Econômicos, dirigido por um Economista-Chefe, a quem incumbirá elaborar estudos e pareceres econômicos, de ofício ou por solicitação do Plenário, do Presidente, do Conselheiro-Relator ou do Superintendente-Geral, zelando pelo rigor e atualização técnica e científica das decisões do órgão.

Art. 18. O Economista-Chefe será nomeado, conjuntamente, pelo Superintendente-Geral e pelo Presidente do Tribunal, dentre brasileiros de ilibada reputação e notório conhecimento econômico.

§ 1º. O Economista-Chefe poderá participar das reuniões do Tribunal, sem direito a voto.

§ 2º. Aplicam-se ao Economista-Chefe as mesmas normas de impedimento aplicáveis aos Conselheiros do Tribunal, exceto quanto ao comparecimento às sessões.

CAPÍTULO III. DA SECRETARIA DE ACOMPANHAMENTO ECONÔMICO

Art. 19. Compete à Secretaria de Acompanhamento Econômico promover a concorrência em órgãos de governo e perante a sociedade cabendo-lhe, especialmente, o seguinte:

I – opinar, nos aspectos referentes à promoção da concorrência, sobre propostas de alterações de atos normativos de interesse geral dos agentes econômicos, de consumidores ou usuários dos serviços prestados submetidos a consulta pública pelas agências reguladoras e, quando entender pertinente, sobre os pedidos de revisão de tarifas e as minutas;

II – opinar, quando considerar pertinente, sobre minutas de atos normativos elaborados por qualquer entidade pública ou privada submetidos à consulta pública, nos aspectos referentes à promoção da concorrência;

III – opinar, quando considerar pertinente, sobre proposições legislativas em tramitação no Congresso Nacional, nos aspectos referentes à promoção da concorrência;

IV – elaborar estudos avaliando a situação concorrencial de setores específicos da atividade econômica nacional, de ofício ou quando solicitada pelo Cade, pela Câmara de Comércio Exterior ou pelo Departamento de Proteção e Defesa do Consumidor do Ministério da Justiça ou órgão que vier a sucedê-lo;

V – elaborar estudos setoriais que sirvam de insumo para a participação do Ministério da Fazenda na formulação de políticas públicas setoriais nos fóruns em que este Ministério tem assento;

VI – propor a revisão de leis, regulamentos e outros atos normativos da administração pública federal, estadual, municipal e do Distrito Federal que afetem ou possam afetar a concorrência nos diversos setores econômicos do País;

VII – manifestar-se, de ofício ou quando solicitada, a respeito do impacto concorrencial de medidas em discussão no âmbito de fóruns negociadores relativos às atividades de alteração tarifária, ao acesso a mercados e à defesa comercial, ressalvadas as competências dos órgãos envolvidos;

VIII – encaminhar ao órgão competente representação para que este, a seu critério, adote as medidas legais cabíveis, sempre que for identificado ato normativo que tenha caráter anticompetitivo.

§ 1º. Para o cumprimento de suas atribuições, a Secretaria de Acompanhamento Econômico poderá:

I – requisitar informações e documentos de quaisquer pessoas, órgãos, autoridades e entidades, públicas ou privadas, mantendo o sigilo legal quando for o caso;

II – celebrar acordos e convênios com órgãos ou entidades públicas ou privadas, federais, estaduais, municipais, do Distrito Federal e dos Territórios para avaliar e/ou sugerir medidas relacionadas à promoção da concorrência.

§ 2º. A Secretaria de Acompanhamento Econômico divulgará anualmente relatório de suas ações voltadas para a promoção da concorrência.

TÍTULO III. DO MINISTÉRIO PÚBLICO FEDERAL PERANTE O CADE

Art. 20. O Procurador-Geral da República, ouvido o Conselho Superior, designará membro do Ministério Público Federal para, nesta qualidade, emitir parecer, nos processos administrativos para imposição de sanções administrativas por infrações à ordem econômica, de ofício ou a requerimento do Conselheiro-Relator.

TÍTULO IV. DO PATRIMÔNIO, DAS RECEITAS E DA GESTÃO ADMINISTRATIVA, ORÇAMENTÁRIA E FINANCEIRA

Art. 21. Compete ao Presidente do Tribunal orientar, coordenar e supervisionar as atividades administrativas do Cade, respeitadas as atribuições dos dirigentes dos demais órgãos previstos no art. 5º desta Lei.

§ 1º. A Superintendência-Geral constituirá unidade gestora, para fins administrativos e financeiros, competindo ao seu Superintendente-Geral ordenar as despesas pertinentes às respectivas ações orçamentárias.

§ 2º. Para fins administrativos e financeiros, o Departamento de Estudos Econômicos estará ligado ao Tribunal.

Art. 22. Anualmente, o Presidente do Tribunal, ouvido o Superintendente-Geral, encaminhará ao Poder Executivo a proposta de orçamento do Cade e a lotação ideal do pessoal que prestará serviço àquela autarquia.

Art. 23. Instituem-se taxas processuais sobre os processos de competência do Cade, no valor de R$ 85.000,00 (oitenta e cinco mil reais), para os processos que têm como fato gerador a apresentação dos atos previstos no art. 88 desta Lei, e no valor de R$ 15.000,00 (quinze mil reais), para os processos que têm como fato gerador a apresentação das consultas referidas no § 4º do art. 9º desta Lei. (Redação dada pela Lei nº 13.196, de 2015)

Parágrafo único. A taxa processual de que trata o *caput* deste artigo poderá ser atualizada por ato do Poder Executivo, após autorização do Congresso Nacional.

- A Lei 13.196/2015 no seu art. 2º não fez menção sobre o parágrafo único deste artigo.

Art. 24. São contribuintes da taxa processual que tem como fato gerador a apresentação dos atos previstos no art. 88 desta Lei qualquer das requerentes.

Art. 25. O recolhimento da taxa processual que tem como fato gerador a apresentação dos atos previstos no art. 88 desta Lei deverá ser comprovado no momento da protocolização do ato.

§ 1º. A taxa processual não recolhida no momento fixado no *caput* deste artigo será cobrada com os seguintes acréscimos:

I – juros de mora, contados do mês seguinte ao do vencimento, à razão de 1% (um por cento), calculados na forma da legislação aplicável aos tributos federais;

II – multa de mora de 20% (vinte por cento).

§ 2º. Os juros de mora não incidem sobre o valor da multa de mora.

Art. 26. (VETADO).

Art. 27. As taxas de que tratam os arts. 23 e 26 desta Lei serão recolhidas ao Tesouro Nacional na forma regulamentada pelo Poder Executivo.

Art. 28. Constituem receitas próprias do Cade:

I – o produto resultante da arrecadação das taxas previstas nos arts. 23 e 26 desta Lei;

II – a retribuição por serviços de qualquer natureza prestados a terceiros;

III – as dotações consignadas no Orçamento Geral da União, créditos especiais, créditos adicionais, transferências e repasses que lhe forem conferidos;

IV – os recursos provenientes de convênios, acordos ou contratos celebrados com entidades ou organismos nacionais e internacionais;

V – as doações, legados, subvenções e outros recursos que lhe forem destinados;

VI – os valores apurados na venda ou aluguel de bens móveis e imóveis de sua propriedade;

VII – o produto da venda de publicações, material técnico, dados e informações;

VIII – os valores apurados em aplicações no mercado financeiro das receitas previstas neste artigo, na forma definida pelo Poder Executivo; e

IX – quaisquer outras receitas, afetas às suas atividades, não especificadas nos incisos I a VIII do *caput* deste artigo.

§ 1º. (VETADO).

§ 2º. (VETADO).

§ 3º. O produto da arrecadação das multas aplicadas pelo Cade, inscritas ou não em dívida ativa, será destinado ao Fundo de Defesa de Direitos Difusos de que trata o art. 13 da Lei nº 7.347, de 24 de julho de 1985, e a Lei nº 9.008, de 21 de março de 1995.

§ 4º. As multas arrecadadas na forma desta Lei serão recolhidas ao Tesouro Nacional na forma regulamentada pelo Poder Executivo.

Art. 29. O Cade submeterá anualmente ao Ministério da Justiça a sua proposta de orçamento, que será encaminhada ao Ministério do Planejamento, Orçamento e Gestão para inclusão na lei orçamentária anual, a que se refere o § 5º do art. 165 da Constituição Federal.

§ 1º. O Cade fará acompanhar as propostas orçamentárias de quadro demonstrativo do planejamento plurianual das receitas e despesas, visando ao seu equilíbrio orçamentário e financeiro nos 5 (cinco) exercícios subsequentes.

§ 2º. A lei orçamentária anual consignará as dotações para as despesas de custeio e capital do Cade, relativas ao exercício a que ela se referir.

Art. 30. Somam-se ao atual patrimônio do Cade os bens e direitos pertencentes ao Ministério da Justiça atualmente afetados às atividades do Departamento de Proteção e Defesa Econômica da Secretaria de Direito Econômico.

TÍTULO V. DAS INFRAÇÕES DA ORDEM ECONÔMICA

CAPÍTULO I. DISPOSIÇÕES GERAIS

Art. 31. Esta Lei aplica-se às pessoas físicas ou jurídicas de direito público ou privado, bem como a quaisquer associações de entidades ou pessoas, constituídas de fato ou de direito, ainda que temporariamente, com ou sem personalidade jurídica, mesmo que exerçam atividade sob regime de monopólio legal.

Art. 32. As diversas formas de infração da ordem econômica implicam a responsabilidade da empresa e a responsabilidade individual de seus dirigentes ou administradores, solidariamente.

Art. 33. Serão solidariamente responsáveis as empresas ou entidades integrantes de grupo econômico, de fato ou de direito, quando pelo menos uma delas praticar infração à ordem econômica.

Art. 34. A personalidade jurídica do responsável por infração da ordem econômica poderá ser desconsiderada quando houver da parte deste abuso de direito, excesso de poder, infração da lei, fato ou ato ilícito ou violação dos estatutos ou contrato social.

Parágrafo único. A desconsideração também será efetivada quando houver falência, estado de insolvência, encerramento ou inatividade da pessoa jurídica provocados por má administração.

Art. 35. A repressão das infrações da ordem econômica não exclui a punição de outros ilícitos previstos em lei.

CAPÍTULO II DAS INFRAÇÕES

Art. 36. Constituem infração da ordem econômica, independentemente de culpa, os atos sob qualquer forma manifestados, que tenham por objeto ou possam produzir os seguintes efeitos, ainda que não sejam alcançados:

I – limitar, falsear ou de qualquer forma prejudicar a livre concorrência ou a livre iniciativa;

II – dominar mercado relevante de bens ou serviços;

III – aumentar arbitrariamente os lucros; e

IV – exercer de forma abusiva posição dominante.

§ 1º. A conquista de mercado resultante de processo natural fundado na maior eficiência de agente econômico em relação a seus competidores não caracteriza o ilícito previsto no inciso II do *caput* deste artigo.

§ 2º. Presume-se posição dominante sempre que uma empresa ou grupo de empresas for capaz de alterar unilateral ou coordenadamente as condições de mercado ou quando controlar 20% (vinte por cento) ou mais do mercado relevante, podendo este percentual ser alterado pelo Cade para setores específicos da economia.

§ 3º. As seguintes condutas, além de outras, na medida em que configurem hipótese prevista no *caput* deste artigo e seus incisos, caracterizam infração da ordem econômica:

I – acordar, combinar, manipular ou ajustar com concorrente, sob qualquer forma:

a) os preços de bens ou serviços ofertados individualmente;

b) a produção ou a comercialização de uma quantidade restrita ou limitada de bens ou a prestação de um número, volume ou frequência restrita ou limitada de serviços;

c) a divisão de partes ou segmentos de um mercado atual ou potencial de bens ou serviços, mediante, dentre outros, a distribuição de clientes, fornecedores, regiões ou períodos;

d) preços, condições, vantagens ou abstenção em licitação pública;

II – promover, obter ou influenciar a adoção de conduta comercial uniforme ou concertada entre concorrentes;

III – limitar ou impedir o acesso de novas empresas ao mercado;

IV – criar dificuldades à constituição, ao funcionamento ou ao desenvolvimento de empresa concorrente ou de fornecedor, adquirente ou financiador de bens ou serviços;

V – impedir o acesso de concorrente às fontes de insumo, matérias-primas, equipamentos ou tecnologia, bem como aos canais de distribuição;

VI – exigir ou conceder exclusividade para divulgação de publicidade nos meios de comunicação de massa;

VII – utilizar meios enganosos para provocar a oscilação de preços de terceiros;

VIII – regular mercados de bens ou serviços, estabelecendo acordos para limitar ou controlar a pesquisa e o desenvolvimento tecnológico, a produção de bens ou prestação de serviços, ou para dificultar investimentos destinados à produção de bens ou serviços ou à sua distribuição;

IX – impor, no comércio de bens ou serviços, a distribuidores, varejistas e representantes preços de revenda, descontos, condições de pagamento, quantidades mínimas ou máximas, margem de lucro ou quaisquer outras condições de comercialização relativos a negócios destes com terceiros;

X – discriminar adquirentes ou fornecedores de bens ou serviços por meio da fixação diferenciada de preços, ou de condições operacionais de venda ou prestação de serviços;

XI – recusar a venda de bens ou a prestação de serviços, dentro das condições de pagamento normais aos usos e costumes comerciais;

XII – dificultar ou romper a continuidade ou desenvolvimento de relações comerciais de prazo indeterminado em razão de recusa da outra parte em submeter-se a cláusulas e condições comerciais injustificáveis ou anticoncorrenciais;

XIII – destruir, inutilizar ou açambarcar matérias-primas, produtos intermediários ou acabados, assim como destruir, inutilizar ou dificultar a operação de equipamentos destinados a produzi-los, distribuí-los ou transportá-los;

XIV – açambarcar ou impedir a exploração de direitos de propriedade industrial ou intelectual ou de tecnologia;

XV – vender mercadoria ou prestar serviços injustificadamente abaixo do preço de custo;

XVI – reter bens de produção ou de consumo, exceto para garantir a cobertura dos custos de produção;

XVII – cessar parcial ou totalmente as atividades da empresa sem justa causa comprovada;

XVIII – subordinar a venda de um bem à aquisição de outro ou à utilização de um serviço, ou subordinar a prestação de um serviço à utilização de outro ou à aquisição de um bem; e

XIX – exercer ou explorar abusivamente direitos de propriedade industrial, intelectual, tecnologia ou marca.

CAPÍTULO III. DAS PENAS

Art. 37. A prática de infração da ordem econômica sujeita os responsáveis às seguintes penas:

I – no caso de empresa, multa de 0,1% (um décimo por cento) a 20% (vinte por cento) do valor do faturamento bruto da empresa, grupo ou conglomerado obtido, no último exercício anterior à instauração do processo administrativo, no ramo de atividade empresarial em que ocorreu a infração, a qual nunca será inferior à vantagem auferida, quando for possível sua estimação;

II – no caso das demais pessoas físicas ou jurídicas de direito público ou privado, bem como quaisquer associações de entidades ou pessoas constituídas de fato ou de direito, ainda que temporariamente, com ou sem personalidade jurídica, que não exerçam atividade empresarial, não sendo possível utilizar-se o critério do valor do faturamento bruto, a multa será entre R$ 50.000,00 (cinquenta mil reais) e R$ 2.000.000.000,00 (dois bilhões de reais);

III – no caso de administrador, direta ou indiretamente responsável pela infração cometida, quando comprovada a sua culpa ou dolo, multa de 1% (um por cento) a 20% (vinte por cento) daquela aplicada à empresa, no caso previsto no inciso I do *caput* deste artigo, ou às pessoas jurídicas ou entidades, nos casos previstos no inciso II do *caput* deste artigo.

§ 1º. Em caso de reincidência, as multas cominadas serão aplicadas em dobro.

§ 2º. No cálculo do valor da multa de que trata o inciso I do *caput* deste artigo, o Cade poderá considerar o faturamento total da empresa ou grupo de empresas, quando não dispuser do valor do faturamento no ramo de atividade empresarial em que ocorreu a infração, definido pelo Cade, ou quando este for apresentado de forma incompleta e/ou não demonstrado de forma inequívoca e idônea.

Art. 38. Sem prejuízo das penas cominadas no art. 37 desta Lei, quando assim exigir a gravidade dos fatos ou o interesse público geral, poderão ser impostas as seguintes penas, isolada ou cumulativamente:

I – a publicação, em meia página e a expensas do infrator, em jornal indicado na decisão, de extrato da decisão condenatória, por 2 (dois) dias seguidos, de 1 (uma) a 3 (três) semanas consecutivas;

II – a proibição de contratar com instituições financeiras oficiais e participar de licitação tendo por objeto aquisições, alienações, realização de obras e serviços, concessão de serviços públicos, na administração pública federal, estadual, municipal e do Distrito Federal, bem como em entidades da administração indireta, por prazo não inferior a 5 (cinco) anos;

III – a inscrição do infrator no Cadastro Nacional de Defesa do Consumidor;

IV – a recomendação aos órgãos públicos competentes para que:

a) seja concedida licença compulsória de direito de propriedade intelectual de titularidade do infrator, quando a infração estiver relacionada ao uso desse direito;

b) não seja concedido ao infrator parcelamento de tributos federais por ele devidos ou para que sejam cancelados, no todo ou em parte, incentivos fiscais ou subsídios públicos;

V – a cisão de sociedade, transferência de controle societário, venda de ativos ou cessação parcial de atividade;

VI – a proibição de exercer o comércio em nome próprio ou como representante de pessoa jurídica, pelo prazo de até 5 (cinco) anos; e

VII – qualquer outro ato ou providência necessários para a eliminação dos efeitos nocivos à ordem econômica.

Art. 39. Pela continuidade de atos ou situações que configurem infração da ordem econômica, após decisão do Tribunal determinando sua cessação, bem como pelo não cumprimento de obrigações de fazer ou não fazer impostas, ou pelo descumprimento de medida preventiva ou termo de compromisso de cessação previstos nesta Lei, o responsável fica sujeito a multa diária fixada em valor de R$ 5.000,00 (cinco mil reais), podendo ser aumentada em até 50 (cinquenta) vezes, se assim recomendar a situação econômica do infrator e a gravidade da infração.

Art. 40. A recusa, omissão ou retardamento injustificado de informação ou documentos solicitados pelo Cade ou pela Secretaria de Acompanhamento Econômico constitui infração punível com multa diária de R$ 5.000,00 (cinco mil reais), podendo ser aumentada em até 20 (vinte) vezes, se necessário para garantir sua eficácia, em razão da situação econômica do infrator.

§ 1º. O montante fixado para a multa diária de que trata o *caput* deste artigo constará do documento que contiver a requisição da autoridade competente.

§ 2º. Compete à autoridade requisitante a aplicação da multa prevista no *caput* deste artigo.

§ 3º. Tratando-se de empresa estrangeira, responde solidariamente pelo pagamento da multa de que trata o *caput* sua filial, sucursal, escritório ou estabelecimento situado no País.

Art. 41. A falta injustificada do representado ou de terceiros, quando intimados para prestar esclarecimentos, no curso de inquérito ou processo administrativo, sujeitará o faltante à multa de R$ 500,00 (quinhentos reais) a R$ 15.000,00 (quinze mil reais) para cada falta, aplicada conforme sua situação econômica.

Parágrafo único. A multa a que se refere o *caput* deste artigo será aplicada mediante auto de infração pela autoridade competente.

Art. 42. Impedir, obstruir ou de qualquer outra forma dificultar a realização de inspeção autorizada pelo Plenário do Tribunal, pelo Conselheiro-Relator ou pela Superintendência-Geral no curso de procedimento preparatório, inquérito administrativo, processo administrativo ou qualquer outro procedimento sujeitará o inspecionado ao pagamento de multa de R$ 20.000,00 (vinte mil reais) a R$ 400.000,00 (quatrocentos mil reais), conforme a situação econômica do infrator, mediante a lavratura de auto de infração pelo órgão competente.

Art. 43. A enganosidade ou a falsidade de informações, de documentos ou de declarações prestadas por qualquer pessoa ao Cade ou à Secretaria de Acompanhamento Econômico será punível com multa pecuniária no valor de R$ 5.000,00 (cinco mil reais) a R$ 5.000.000,00 (cinco milhões de reais), de acordo com a gravidade dos fatos e a situação econômica do infrator, sem prejuízo das demais cominações legais cabíveis.

Art. 44. Aquele que prestar serviços ao Cade ou a Seae, a qualquer título, e que der causa, mesmo que por mera culpa, à disseminação indevida de informação acerca de empresa, coberta por sigilo, será punível com multa pecuniária de R$ 1.000,00 (mil reais) a R$ 20.000,00 (vinte mil reais), sem prejuízo de abertura de outros procedimentos cabíveis.

§ 1º. Se o autor da disseminação indevida estiver servindo o Cade em virtude de mandato, ou na qualidade de Procurador Federal ou Economista-Chefe, a multa será em dobro.

§ 2º. O Regulamento definirá o procedimento para que uma informação seja tida como sigilosa, no âmbito do Cade e da Seae.

Art. 45. Na aplicação das penas estabelecidas nesta Lei, levar-se-á em consideração:

I – a gravidade da infração;

II – a boa-fé do infrator;

III – a vantagem auferida ou pretendida pelo infrator;

IV – a consumação ou não da infração;

V – o grau de lesão, ou perigo de lesão, à livre concorrência, à economia nacional, aos consumidores, ou a terceiros;

VI – os efeitos econômicos negativos produzidos no mercado;

VII – a situação econômica do infrator; e

VIII – a reincidência.

CAPÍTULO IV. DA PRESCRIÇÃO

Art. 46. Prescrevem em 5 (cinco) anos as ações punitivas da administração pública federal, direta e indireta, objetivando apurar infrações da ordem econômica, contados da data da prática do ilícito ou, no caso de infração permanente ou continuada, do dia em que tiver cessada a prática do ilícito.

§ 1º. Interrompe a prescrição qualquer ato administrativo ou judicial que tenha por objeto a apuração da infração contra a ordem econômica mencionada no *caput* deste artigo, bem como a notificação ou a intimação da investigada.

§ 2º. Suspende-se a prescrição durante a vigência do compromisso de cessação ou do acordo em controle de concentrações.

§ 3º. Incide a prescrição no procedimento administrativo paralisado por mais de 3 (três) anos, pendente de julgamento ou despacho, cujos autos serão arquivados de ofício ou mediante requerimento da parte interessada, sem prejuízo da apuração da responsabilidade funcional decorrente da paralisação, se for o caso.

§ 4º. Quando o fato objeto da ação punitiva da administração também constituir crime, a prescrição reger-se-á pelo prazo previsto na lei penal.

CAPÍTULO V. DO DIREITO DE AÇÃO

Art. 47. Os prejudicados, por si ou pelos legitimados referidos no art. 82 da Lei nº 8.078, de 11 de setembro de 1990, poderão ingressar em juízo para, em defesa de seus interesses individuais ou individuais homogêneos, obter a cessação de práticas que constituam infração da ordem econômica, bem como o recebimento de indenização por perdas e danos sofridos, independentemente do inquérito ou processo administrativo, que não será suspenso em virtude do ajuizamento de ação.

TÍTULO VI. DAS DIVERSAS ESPÉCIES DE PROCESSO ADMINISTRATIVO

CAPÍTULO I. DISPOSIÇÕES GERAIS

Art. 48. Esta Lei regula os seguintes procedimentos administrativos instaurados para prevenção, apuração e repressão de infrações à ordem econômica:

I – procedimento preparatório de inquérito administrativo para apuração de infrações à ordem econômica;

II – inquérito administrativo para apuração de infrações à ordem econômica;

III – processo administrativo para imposição de sanções administrativas por infrações à ordem econômica;

IV – processo administrativo para análise de ato de concentração econômica;

V – procedimento administrativo para apuração de ato de concentração econômica; e

VI – processo administrativo para imposição de sanções processuais incidentais.

Art. 49. O Tribunal e a Superintendência-Geral assegurarão nos procedimentos previstos nos incisos II, III, IV e VI do *caput* do art. 48 desta Lei o tratamento sigiloso de documentos, informações e atos processuais necessários à elucidação dos fatos ou exigidos pelo interesse da sociedade.

Parágrafo único. As partes poderão requerer tratamento sigiloso de documentos ou informações, no tempo e modo definidos no regimento interno.

Art. 50. A Superintendência-Geral ou o Conselheiro-Relator poderá admitir a intervenção no processo administrativo de:

I – terceiros titulares de direitos ou interesses que possam ser afetados pela decisão a ser adotada; ou

II – legitimados à propositura de ação civil pública pelos incisos III e IV do art. 82 da Lei nº 8.078, de 11 de setembro de 1990.

Art. 51. Na tramitação dos processos no Cade, serão observadas as seguintes disposições, além daquelas previstas no regimento interno:

I – os atos de concentração terão prioridade sobre o julgamento de outras matérias;

II – a sessão de julgamento do Tribunal é pública, salvo nos casos em que for determinado tratamento sigiloso ao processo, ocasião em que as sessões serão reservadas;

III – nas sessões de julgamento do Tribunal, poderão o Superintendente-Geral, o Economista-Chefe, o Procurador-Chefe e as partes do processo requerer a palavra, que lhes será concedida, nessa ordem, nas condições e no prazo definido pelo regimento interno, a fim de sustentarem oralmente suas razões perante o Tribunal;

IV – a pauta das sessões de julgamento será definida pelo Presidente, que determinará sua publicação, com pelo menos 120 (cento e vinte) horas de antecedência; e

V – os atos e termos a serem praticados nos autos dos procedimentos enumerados no art. 48 desta Lei poderão ser encaminhados de forma eletrônica ou apresentados em meio magnético ou equivalente, nos termos das normas do Cade.

Art. 52. O cumprimento das decisões do Tribunal e de compromissos e acordos firmados nos termos desta Lei poderá, a critério do Tribunal, ser fiscalizado pela Superintendência-Geral, com o respectivo encaminhamento dos autos, após a decisão final do Tribunal.

§ 1º. Na fase de fiscalização da execução das decisões do Tribunal, bem como do cumprimento de compromissos e acordos firmados nos termos desta Lei, poderá a Superintendência-Geral valer-se de todos os poderes instrutórios que lhe são assegurados nesta Lei.

§ 2º. Cumprida integralmente a decisão do Tribunal ou os acordos em controle de concentrações e compromissos de cessação, a Superintendência-Geral, de ofício ou por provocação do interessado, manifestar-se-á sobre seu cumprimento.

CAPÍTULO II. DO PROCESSO ADMINISTRATIVO NO CONTROLE DE ATOS DE CONCENTRAÇÃO ECONÔMICA

SEÇÃO I. DO PROCESSO ADMINISTRATIVO NA SUPERINTENDÊNCIA-GERAL

Art. 53. O pedido de aprovação dos atos de concentração econômica a que se refere o art. 88 desta Lei deverá ser endereçado ao Cade e instruído com as informações e documentos indispensáveis à instauração do processo administrativo, definidos em resolução do Cade, além do comprovante de recolhimento da taxa respectiva.

§ 1º. Ao verificar que a petição não preenche os requisitos exigidos no *caput* deste artigo ou apresenta defeitos e irregularidades capazes de dificultar o julgamento de mérito, a Superintendência-Geral determinará, uma única vez, que os requerentes a emendem, sob pena de arquivamento.

§ 2º. Após o protocolo da apresentação do ato de concentração, ou de sua emenda, a Superintendência-Geral fará publicar edital, indicando o nome dos requerentes, a natureza da operação e os setores econômicos envolvidos.

Art. 54. Após cumpridas as providências indicadas no art. 53, a Superintendência-Geral:

I – conhecerá diretamente do pedido, proferindo decisão terminativa, quando o processo dispensar novas diligências ou nos casos de menor potencial ofensivo à concorrência, assim definidos em resolução do Cade; ou

II – determinará a realização da instrução complementar, especificando as diligências a serem produzidas.

Art. 55. Concluída a instrução complementar determinada na forma do inciso II do *caput* do art. 54 desta Lei, a Superintendência-Geral deverá manifestar-se sobre seu satisfatório cumprimento, recebendo-a como adequada ao exame de mérito ou determinando que seja refeita, por estar incompleta.

Art. 56. A Superintendência-Geral poderá, por meio de decisão fundamentada, declarar a operação como complexa e determinar a realização de nova instrução complementar, especificando as diligências a serem produzidas.

Parágrafo único. Declarada a operação como complexa, poderá a Superintendência-Geral requerer ao Tribunal a prorrogação do prazo de que trata o § 2º do art. 88 desta Lei.

Art. 57. Concluídas as instruções complementares de que tratam o inciso II do art. 54 e o art. 56 desta Lei, a Superintendência-Geral:

I – proferirá decisão aprovando o ato sem restrições;

II – oferecerá impugnação perante o Tribunal, caso entenda que o ato deva ser rejeitado, aprovado com restrições ou que não existam elementos conclusivos quanto aos seus efeitos no mercado.

Parágrafo único. Na impugnação do ato perante o Tribunal, deverão ser demonstrados, de forma circunstanciada, o potencial lesivo do ato à concorrência e as razões pelas quais não deve ser aprovado integralmente ou rejeitado.

SEÇÃO II. DO PROCESSO ADMINISTRATIVO NO TRIBUNAL

Art. 58. O requerente poderá oferecer, no prazo de 30 (trinta) dias da data de impugnação da Superintendência-Geral, em petição escrita, dirigida ao Presidente do Tribunal, manifestação expondo as razões de fato e de direito com que se opõe à impugnação do ato de concentração da Superintendência-Geral e juntando todas as provas, estudos e pareceres que corroboram seu pedido.

Parágrafo único. Em até 48 (quarenta e oito) horas da decisão de que trata a impugnação pela Superintendência-Geral, disposta no inciso II do *caput* do art. 57 desta Lei e na hipótese do inciso I do art. 65 desta Lei, o processo será distribuído, por sorteio, a um Conselheiro-Relator.

Art. 59. Após a manifestação do requerente, o Conselheiro-Relator:

I – proferirá decisão determinando a inclusão do processo em pauta para julgamento, caso entenda que se encontre suficientemente instruído;

II – determinará a realização de instrução complementar, se necessário, podendo, a seu critério, solicitar que a Superintendência-Geral a realize, declarando os pontos controversos e especificando as diligências a serem produzidas.

§ 1º. O Conselheiro-Relator poderá autorizar, conforme o caso, precária e liminarmente, a realização do ato de concentração econômica, impondo as condições que visem à preservação da reversibilidade da operação, quando assim recomendarem as condições do caso concreto.

§ 2º. O Conselheiro-Relator poderá acompanhar a realização das diligências referidas no inciso II do *caput* deste artigo.

Art. 60. Após a conclusão da instrução, o Conselheiro-Relator determinará a inclusão do processo em pauta para julgamento.

Art. 61. No julgamento do pedido de aprovação do ato de concentração econômica, o Tribunal poderá aprová-lo integralmente, rejeitá-lo ou aprová-lo parcialmente, caso em que determinará as restrições que deverão ser observadas como condição para a validade e eficácia do ato.

§ 1º. O Tribunal determinará as restrições cabíveis no sentido de mitigar os eventuais efeitos nocivos do ato de concentração sobre os mercados relevantes afetados.

§ 2º. As restrições mencionadas no § 1º deste artigo incluem:

I – a venda de ativos ou de um conjunto de ativos que constitua uma atividade empresarial;

II – a cisão de sociedade;

III – a alienação de controle societário;

IV – a separação contábil ou jurídica de atividades;

V – o licenciamento compulsório de direitos de propriedade intelectual; e

VI – qualquer outro ato ou providência necessários para a eliminação dos efeitos nocivos à ordem econômica.

§ 3º. Julgado o processo no mérito, o ato não poderá ser novamente apresentado nem revisto no âmbito do Poder Executivo.

Art. 62. Em caso de recusa, omissão, enganosidade, falsidade ou retardamento injustificado, por parte dos requerentes, de informações ou documentos cuja apresentação for determinada pelo Cade, sem prejuízo das demais sanções cabíveis, poderá o pedido de aprovação do ato de concentração ser rejeitado por falta de provas, caso em que o requerente somente poderá realizar o ato mediante apresentação de novo pedido, nos termos do art. 53 desta Lei.

Art. 63. Os prazos previstos neste CAPÍTULO não se suspendem ou interrompem por qualquer motivo, ressalvado o disposto no § 5º do art. 6º desta Lei, quando for o caso.

Art. 64. (VETADO).

SEÇÃO III.
DO RECURSO CONTRA DECISÃO DE APROVAÇÃO DO ATO PELA SUPERINTENDÊNCIA-GERAL

Art. 65. No prazo de 15 (quinze) dias contado a partir da publicação da decisão da Superintendência-Geral que aprovar o ato de concentração, na forma do inciso I do *caput* do art. 54 e do inciso I do *caput* do art. 57 desta Lei:

I – caberá recurso da decisão ao Tribunal, que poderá ser interposto por terceiros interessados ou, em se tratando de mercado regulado, pela respectiva agência reguladora;

II – o Tribunal poderá, mediante provocação de um de seus Conselheiros e em decisão fundamentada, avocar o processo para julgamento ficando prevento o Conselheiro que encaminhou a provocação.

§ 1º. Em até 5 (cinco) dias úteis a partir do recebimento do recurso, o Conselheiro-Relator:

I – conhecerá do recurso e determinará a sua inclusão em pauta para julgamento;

II – conhecerá do recurso e determinará a realização de instrução complementar, podendo, a seu critério, solicitar que a Superintendência-Geral a realize, declarando os pontos controversos e especificando as diligências a serem produzidas; ou

III – não conhecerá do recurso, determinando o seu arquivamento.

§ 2º. As requerentes poderão manifestar-se acerca do recurso interposto, em até 5 (cinco) dias úteis do conhecimento do recurso no Tribunal ou da data do recebimento do relatório com a conclusão da instrução complementar elaborada pela Superintendência-Geral, o que ocorrer por último.

§ 3º. O litigante de má-fé arcará com multa, em favor do Fundo de Defesa de Direitos Difusos, a ser arbitrada pelo Tribunal entre R$ 5.000,00 (cinco mil reais) e R$ 5.000.000,00 (cinco milhões de reais), levando-se em consideração sua condição econômica, sua atuação no processo e o retardamento injustificado causado à aprovação do ato.

§ 4º. A interposição do recurso a que se refere o *caput* deste artigo ou a decisão de avocar suspende a execução do ato de concentração econômica até decisão final do Tribunal.

§ 5º. O Conselheiro-Relator poderá acompanhar a realização das diligências referidas no inciso II do § 1º deste artigo.

CAPÍTULO III.
DO INQUÉRITO ADMINISTRATIVO PARA APURAÇÃO DE INFRAÇÕES À ORDEM ECONÔMICA E DO PROCEDIMENTO PREPARATÓRIO

Art. 66. O inquérito administrativo, procedimento investigatório de natureza inquisitorial, será instaurado pela Superintendência-Geral para apuração de infrações à ordem econômica.

§ 1º. O inquérito administrativo será instaurado de ofício ou em face de representação fundamentada de qualquer interessado, ou em decorrência de peças de informação, quando os indícios de infração à ordem econômica não forem suficientes para a instauração de processo administrativo.

§ 2º. A Superintendência-Geral poderá instaurar procedimento preparatório de inquérito administrativo para apuração de infrações à ordem econômica para apurar se a conduta sob análise trata de matéria de competência do Sistema Brasileiro de Defesa da Concorrência, nos termos desta Lei.

§ 3º. As diligências tomadas no âmbito do procedimento preparatório de inquérito administrativo para apuração de infrações à ordem econômica deverão ser realizadas no prazo máximo de 30 (trinta) dias.

§ 4º. Do despacho que ordenar o arquivamento de procedimento preparatório, indeferir o requerimento de abertura de inquérito administrativo, ou seu arquivamento, caberá recurso de qualquer interessado ao Superintendente-Geral, na forma determinada em regulamento, que decidirá em última instância.

§ 5º. (VETADO).

§ 6º. A representação de Comissão do Congresso Nacional, ou de qualquer de suas Casas, bem como da Secretaria de Acompanhamento Econômico, das agências reguladoras e da Procuradoria Federal junto ao Cade, independe de procedimento preparatório, instaurando-se desde logo o inquérito administrativo ou processo administrativo.

§ 7º. O representante e o indiciado poderão requerer qualquer diligência, que será realizada ou não, a juízo da Superintendência-Geral.

§ 8º. A Superintendência-Geral poderá solicitar o concurso da autoridade policial ou do Ministério Público nas investigações.

§ 9º. O inquérito administrativo deverá ser encerrado no prazo de 180 (cento e oitenta) dias, contado da data de sua instauração, prorrogáveis por até 60 (sessenta) dias, por meio de despacho fundamentado e quando o fato for de difícil elucidação e o justificarem as circunstâncias do caso concreto.

§ 10. Ao procedimento preparatório, assim como ao inquérito administrativo, poderá ser dado tratamento sigiloso, no interesse das investigações, a critério da Superintendência-Geral.

Art. 67. Até 10 (dez) dias úteis a partir da data de encerramento do inquérito administrativo, a Superintendência-Geral decidirá pela instauração do processo administrativo ou pelo seu arquivamento.

§ 1º. O Tribunal poderá, mediante provocação de um Conselheiro e em decisão fundamentada, avocar o inquérito administrativo ou procedimento preparatório de inquérito administrativo arquivado pela Superintendência-Geral, ficando prevento o Conselheiro que encaminhou a provocação.

§ 2º. Avocado o inquérito administrativo, o Conselheiro-Relator terá o prazo de 30 (trinta) dias úteis para:

I – confirmar a decisão de arquivamento da Superintendência-Geral, podendo, se entender necessário, fundamentar sua decisão;

II – transformar o inquérito administrativo em processo administrativo, determinando a realização de instrução complementar, podendo, a seu critério, solicitar que a Superintendência-Geral a realize, declarando os pontos controversos e especificando as diligências a serem produzidas.

§ 3º. Ao inquérito administrativo poderá ser dado tratamento sigiloso, no interesse das investigações, a critério do Plenário do Tribunal.

Art. 68. O descumprimento dos prazos fixados neste CAPÍTULO pela Superintendência-Geral, assim como por seus servidores, sem justificativa devidamente comprovada nos autos, poderá resultar na apuração da respectiva responsabilidade administrativa, civil e criminal.

CAPÍTULO IV.
DO PROCESSO ADMINISTRATIVO PARA IMPOSIÇÃO DE SANÇÕES ADMINISTRATIVAS POR INFRAÇÕES À ORDEM ECONÔMICA

Art. 69. O processo administrativo, procedimento em contraditório, visa a garantir ao acusado a ampla defesa a respeito das conclusões do inquérito administrativo, cuja nota técnica final, aprovada nos termos das normas do Cade, constituirá peça inaugural.

Art. 70. Na decisão que instaurar o processo administrativo, será determinada a notificação do representado para, no prazo de 30 (trinta) dias, apresentar defesa e especificar as provas que pretende sejam produzidas, declinando a qualificação completa de até 3 (três) testemunhas.

§ 1º. A notificação inicial conterá o inteiro teor da decisão de instauração do processo administrativo e da representação, se for o caso.

§ 2º. A notificação inicial do representado será feita pelo correio, com aviso de recebimento em nome próprio, ou outro meio que assegure a certeza da ciência do interessado ou, não tendo êxito a notificação postal, por edital publicado no Diário Oficial da União e em jornal de grande circulação no Estado em que resida ou tenha sede, contando-se os prazos da juntada do aviso de recebimento, ou da publicação, conforme o caso.

§ 3º. A intimação dos demais atos processuais será feita mediante publicação no Diário Oficial da União, da qual deverá constar o nome do representado e de seu procurador, se houver.

§ 4º. O representado poderá acompanhar o processo administrativo por seu titular e seus diretores ou gerentes, ou por seu procurador, assegurando-se-lhes amplo acesso aos autos no Tribunal.

§ 5º. O prazo de 30 (trinta) dias mencionado no *caput* deste artigo poderá ser dilatado por até 10 (dez) dias, improrrogáveis, mediante requisição do representado.

Art. 71. Considerar-se-á revel o representado que, notificado, não apresentar defesa no prazo legal, incorrendo em confissão quanto à matéria de fato, contra ele correndo os demais prazos, independentemente de notificação.

Parágrafo único. Qualquer que seja a fase do processo, nele poderá intervir o revel, sem direito à repetição de qualquer ato já praticado.

Art. 72. Em até 30 (trinta) dias úteis após o decurso do prazo previsto no art. 70 desta Lei, a Superintendência-Geral, em despacho fundamentado, determinará a produção de provas que julgar pertinentes, sendo-lhe facultado exercer os poderes de instrução previstos nesta Lei, mantendo-se o sigilo legal, quando for o caso.

Art. 73. Em até 5 (cinco) dias úteis da data de conclusão da instrução processual determinada na forma do art. 72 desta Lei, a Superintendência-Geral notificará o representado para apresentar novas alegações, no prazo de 5 (cinco) dias úteis.

Art. 74. Em até 15 (quinze) dias úteis contados do decurso do prazo previsto no art. 73 desta Lei, a Superintendência-Geral remeterá os autos do processo ao Presidente do Tribunal, opinando, em relatório circunstanciado, pelo seu arquivamento ou pela configuração da infração.

Art. 75. Recebido o processo, o Presidente do Tribunal o distribuirá, por sorteio, ao Conselheiro-Relator, que poderá, caso entenda necessário, solicitar à Procuradoria Federal junto ao Cade que se manifeste no prazo de 20 (vinte) dias.

Art. 76. O Conselheiro-Relator poderá determinar diligências, em despacho fundamentado, podendo, a seu critério, solicitar que a Superintendência-Geral as realize, no prazo assinado.

Parágrafo único. Após a conclusão das diligências determinadas na forma deste artigo, o Conselheiro-Relator notificará o representado para, no prazo de 15 (quinze) dias úteis, apresentar alegações finais.

Art. 77. No prazo de 15 (quinze) dias úteis contado da data de recebimento das alegações finais, o Conselheiro-Relator solicitará a inclusão do processo em pauta para julgamento.

Art. 78. A convite do Presidente, por indicação do Conselheiro-Relator, qualquer pessoa poderá apresentar esclarecimentos ao Tribunal, a propósito de assuntos que estejam em pauta.

Art. 79. A decisão do Tribunal, que em qualquer hipótese será fundamentada, quando for pela existência de infração da ordem econômica, conterá:

I – especificação dos fatos que constituam a infração apurada e a indicação das providências a serem tomadas pelos responsáveis para fazê-la cessar;

II – prazo dentro do qual devam ser iniciadas e concluídas as providências referidas no inciso I do *caput* deste artigo;

III – multa estipulada;

IV – multa diária em caso de continuidade da infração; e

V – multa em caso de descumprimento das providências estipuladas.

Parágrafo único. A decisão do Tribunal será publicada dentro de 5 (cinco) dias úteis no Diário Oficial da União.

Art. 80. Aplicam-se às decisões do Tribunal o disposto na Lei nº 8.437, de 30 de junho de 1992.

Art. 81. Descumprida a decisão, no todo ou em parte, será o fato comunicado ao Presidente do Tribunal, que determinará à Procuradoria Federal junto ao Cade que providencie sua execução judicial.

Art. 82. O descumprimento dos prazos fixados neste CAPÍTULO pelos membros do Cade, assim como por seus servidores, sem justificativa devidamente comprovada nos autos, poderá resultar na apuração da respectiva responsabilidade administrativa, civil e criminal.

Art. 83. O Cade disporá de forma complementar sobre o inquérito e o processo administrativo.

CAPÍTULO V. DA MEDIDA PREVENTIVA

Art. 84. Em qualquer fase do inquérito administrativo para apuração de infrações ou do processo administrativo para imposição de sanções por infrações à ordem econômica, poderá o Conselheiro-Relator ou o Superintendente-Geral, por iniciativa própria ou mediante provocação do Procurador-Chefe do Cade, adotar medida preventiva, quando houver indício ou fundado receio de que o representado, direta ou indiretamente, cause ou possa causar ao mercado lesão irreparável ou de difícil reparação, ou torne ineficaz o resultado final do processo.

§ 1º. Na medida preventiva, determinar-se-á a imediata cessação da prática e será ordenada, quando materialmente possível, a reversão à situação anterior, fixando multa diária nos termos do art. 39 desta Lei.

§ 2º. Da decisão que adotar medida preventiva caberá recurso voluntário ao Plenário do Tribunal, em 5 (cinco) dias, sem efeito suspensivo.

CAPÍTULO VI. DO COMPROMISSO DE CESSAÇÃO

Art. 85. Nos procedimentos administrativos mencionados nos incisos I, II e III do art. 48 desta Lei, o Cade poderá tomar do representado compromisso de cessação da prática sob investigação ou dos seus efeitos lesivos, sempre que, em juízo de conveniência e oportunidade, devidamente fundamentado, entender que atende aos interesses protegidos por lei.

§ 1º. Do termo de compromisso deverão constar os seguintes elementos:

I – a especificação das obrigações do representado no sentido de não praticar a conduta investigada ou seus efeitos lesivos, bem como obrigações que julgar cabíveis;

II – a fixação do valor da multa para o caso de descumprimento, total ou parcial, das obrigações compromissadas;

III – a fixação do valor da contribuição pecuniária ao Fundo de Defesa de Direitos Difusos quando cabível.

§ 2º. Tratando-se da investigação da prática de infração relacionada ou decorrente das condutas previstas nos incisos I e II do § 3º do art. 36 desta Lei, entre as obrigações a que se refere o inciso I do § 1º deste artigo figurará, necessariamente, a obrigação de recolher ao Fundo de Defesa de Direitos Difusos um valor pecuniário que não poderá ser inferior ao mínimo previsto no art. 37 desta Lei.

§ 3º. (VETADO).

§ 4º. A proposta de termo de compromisso de cessação de prática somente poderá ser apresentada uma única vez.

§ 5º. A proposta de termo de compromisso de cessação de prática poderá ter caráter confidencial.

§ 6º. A apresentação de proposta de termo de compromisso de cessação de prática não suspende o andamento do processo administrativo.

§ 7º. O termo de compromisso de cessação de prática terá caráter público, devendo o acordo ser publicado no sítio do Cade em 5 (cinco) dias após a sua celebração.

§ 8º. O termo de compromisso de cessação de prática constitui TÍTULO executivo extrajudicial.

§ 9º. O processo administrativo ficará suspenso enquanto estiver sendo cumprido o compromisso e será arquivado ao término do prazo fixado, se atendidas todas as condições estabelecidas no termo.

§ 10. A suspensão do processo administrativo a que se refere o § 9º deste artigo dar-se-á somente em relação ao representado que firmou o compromisso, seguindo o processo seu curso regular para os demais representados.

§ 11. Declarado o descumprimento do compromisso, o Cade aplicará as sanções nele previstas e determinará o prosseguimento do processo administrativo e as demais medidas administrativas e judiciais cabíveis para sua execução.

§ 12. As condições do termo de compromisso poderão ser alteradas pelo Cade se se comprovar sua excessiva onerosidade para o representado, desde que a alteração não acarrete prejuízo para terceiros ou para a coletividade.

§ 13. A proposta de celebração do compromisso de cessação de prática será indeferida quando a autoridade não chegar a um acordo com os representados quanto aos seus termos.

§ 14. O Cade definirá, em resolução, normas complementares sobre o termo de compromisso de cessação.

§ 15. Aplica-se o disposto no art. 50 desta Lei ao Compromisso de Cessação da Prática.

CAPÍTULO VII. DO PROGRAMA DE LENIÊNCIA

Art. 86. O Cade, por intermédio da Superintendência-Geral, poderá celebrar acordo de leniência, com a extinção da ação punitiva da administração pública ou a redução de 1 (um) a 2/3 (dois terços) da penalidade aplicável, nos termos deste artigo, com pessoas físicas e jurídicas que forem autoras de infração à ordem econômica, desde que colaborem efetivamente com as investigações e o processo administrativo e que dessa colaboração resulte:

I – a identificação dos demais envolvidos na infração; e

II – a obtenção de informações e documentos que comprovem a infração noticiada ou sob investigação.

§ 1º. O acordo de que trata o *caput* deste artigo somente poderá ser celebrado se preenchidos, cumulativamente, os seguintes requisitos:

I – a empresa seja a primeira a se qualificar com respeito à infração noticiada ou sob investigação;

II – a empresa cesse completamente seu envolvimento na infração noticiada ou sob investigação a partir da data de propositura do acordo;

III – a Superintendência-Geral não disponha de provas suficientes para assegurar a condenação da empresa ou pessoa física por ocasião da propositura do acordo; e

IV – a empresa confesse sua participação no ilícito e coopere plena e permanentemente com as investigações e o processo administrativo, comparecendo, sob suas expensas, sempre que solicitada, a todos os atos processuais, até seu encerramento.

§ 2º. Com relação às pessoas físicas, elas poderão celebrar acordos de leniência desde que cumpridos os requisitos II, III e IV do § 1º deste artigo.

§ 3º. O acordo de leniência firmado com o Cade, por intermédio da Superintendência-Geral, estipulará as condições necessárias para assegurar a efetividade da colaboração e o resultado útil do processo.

§ 4º. Compete ao Tribunal, por ocasião do julgamento do processo administrativo, verificado o cumprimento do acordo:

I – decretar a extinção da ação punitiva da administração pública em favor do infrator, nas hipóteses em que a proposta de acordo tiver sido apresentada à Superintendência-Geral sem que essa tivesse conhecimento prévio da infração noticiada; ou

II – nas demais hipóteses, reduzir de 1 (um) a 2/3 (dois terços) as penas aplicáveis, observado o disposto no art. 45 desta Lei, devendo ainda considerar na gradação da pena a efetividade da colaboração prestada e a boa-fé do infrator no cumprimento do acordo de leniência.

§ 5º. Na hipótese do inciso II do § 4º deste artigo, a pena sobre a qual incidirá o fator redutor não será superior à menor das penas aplicadas aos demais coautores da infração, relativamente aos percentuais fixados para a aplicação das multas de que trata o inciso I do art. 37 desta Lei.

§ 6º. Serão estendidos às empresas do mesmo grupo, de fato ou de direito, e aos seus dirigentes, administradores e empregados envolvidos na infração os efeitos do acordo de leniência, desde que o firmem em conjunto, respeitadas as condições impostas.

§ 7º. A empresa ou pessoa física que não obtiver, no curso de inquérito ou processo administrativo, habilitação para a celebração do acordo de que trata este artigo, poderá celebrar com a Superintendência-Geral, até a remessa do processo para julgamento, acordo de leniência relacionado a uma outra infração, da qual o Cade não tenha qualquer conhecimento prévio.

§ 8º. Na hipótese do § 7º deste artigo, o infrator se beneficiará da redução de 1/3 (um terço) da pena que lhe for aplicável naquele processo, sem prejuízo da obtenção dos benefícios de que trata o inciso I do § 4º deste artigo em relação à nova infração denunciada.

§ 9º. Considera-se sigilosa a proposta de acordo de que trata este artigo, salvo no interesse das investigações e do processo administrativo.

§ 10. Não importará em confissão quanto à matéria de fato, nem reconhecimento de ilicitude da conduta analisada, a proposta de acordo de leniência rejeitada, da qual não se fará qualquer divulgação.

§ 11. A aplicação do disposto neste artigo observará as normas a serem editadas pelo Tribunal.

§ 12. Em caso de descumprimento do acordo de leniência, o beneficiário ficará impedido de celebrar novo acordo de leniência pelo prazo de 3 (três) anos, contado da data de seu julgamento.

Art. 87. Nos crimes contra a ordem econômica, tipificados na Lei nº 8.137, de 27 de dezembro de 1990, e nos demais crimes diretamente relacionados à prática de cartel, tais como os tipificados na Lei nº 8.666, de 21 de junho de 1993, e os tipificados no art. 288 do Decreto-Lei nº 2.848, de 7 de dezembro de 1940 - Código Penal, a celebração de acordo de leniência, nos termos desta Lei, determina a suspensão do curso do prazo prescricional e impede o oferecimento da denúncia com relação ao agente beneficiário da leniência.

Parágrafo único. Cumprido o acordo de leniência pelo agente, extingue-se automaticamente a punibilidade dos crimes a que se refere o *caput* deste artigo.

TÍTULO VII. DO CONTROLE DE CONCENTRAÇÕES

CAPÍTULO I. DOS ATOS DE CONCENTRAÇÃO

Art. 88. Serão submetidos ao Cade pelas partes envolvidas na operação os atos de concentração econômica em que, cumulativamente:

I – pelo menos um dos grupos envolvidos na operação tenha registrado, no último balanço, faturamento bruto anual ou volume de negócios total no País, no ano anterior à operação, equivalente ou superior a R$ 400.000.000,00 (quatrocentos milhões de reais); e

II – pelo menos um outro grupo envolvido na operação tenha registrado, no último balanço, faturamento bruto anual ou volume de negócios total no País, no ano anterior à operação, equivalente ou superior a R$ 30.000.000,00 (trinta milhões de reais).

§ 1º. Os valores mencionados nos incisos I e II do *caput* deste artigo poderão ser adequados, simultânea ou independentemente, por indicação do Plenário do Cade, por portaria interministerial dos Ministros de Estado da Fazenda e da Justiça.

§ 2º. O controle dos atos de concentração de que trata o *caput* deste artigo será prévio e realizado em, no máximo, 240 (duzentos e quarenta) dias, a contar do protocolo de petição ou de sua emenda.

§ 3º. Os atos que se subsumirem ao disposto no *caput* deste artigo não podem ser consumados antes de apreciados, nos termos deste artigo e do procedimento previsto no CAPÍTULO II do TÍTULO VI desta Lei, sob pena de nulidade, sendo ainda imposta multa pecuniária, de valor não inferior a R$ 60.000,00 (sessenta mil reais) nem superior a R$ 60.000.000,00 (sessenta milhões de reais), a ser aplicada nos termos da regulamentação, sem prejuízo da abertura de processo administrativo, nos termos do art. 69 desta Lei.

› Resolução CADE nº 24/2019 – Disciplina os procedimentos previstos nos §§ 3º e 7º do art. 88 da Lei nº 12.529, de 30 de novembro de 2011 (APAC).

§ 4º. Até a decisão final sobre a operação, deverão ser preservadas as condições de concorrência entre as empresas envolvidas, sob pena de aplicação das sanções previstas no § 3º deste artigo.

§ 5º. Serão proibidos os atos de concentração que impliquem eliminação da concorrência em parte substancial de mercado relevante, que possam criar ou reforçar uma posição dominante ou que possam resultar na dominação de mercado relevante de bens ou serviços, ressalvado o disposto no § 6º deste artigo.

§ 6º. Os atos a que se refere o § 5º deste artigo poderão ser autorizados, desde que sejam observados os limites estritamente necessários para atingir os seguintes objetivos:

I – cumulada ou alternativamente:

a) aumentar a produtividade ou a competitividade;

b) melhorar a qualidade de bens ou serviços; ou

c) propiciar a eficiência e o desenvolvimento tecnológico ou econômico; e

II – sejam repassados aos consumidores parte relevante dos benefícios decorrentes.

§ 7º. É facultado ao Cade, no prazo de 1 (um) ano a contar da respectiva data de consumação, requerer a submissão dos atos de concentração que não se enquadrem no disposto neste artigo.

- Resolução CADE nº 24/2019 – Disciplina os procedimentos previstos nos §§ 3º e 7º do art. 88 da Lei nº 12.529, de 30 de novembro de 2011 (APAC).

§ 8º. As mudanças de controle acionário de companhias abertas e os registros de fusão, sem prejuízo da obrigação das partes envolvidas, devem ser comunicados ao Cade pela Comissão de Valores Mobiliários - CVM e pelo Departamento Nacional do Registro do Comércio do Ministério do Desenvolvimento, Indústria e Comércio Exterior, respectivamente, no prazo de 5 (cinco) dias úteis para, se for o caso, ser examinados.

- Lei 13.341/2016: art. 2º, I (transforma o Ministério do Desenvolvimento, Indústria e Comércio Exterior em Ministério da Indústria, Comércio Exterior e Serviços).

§ 9º. O prazo mencionado no § 2º deste artigo somente poderá ser dilatado:

I – por até 60 (sessenta) dias, improrrogáveis, mediante requisição das partes envolvidas na operação; ou

II – por até 90 (noventa) dias, mediante decisão fundamentada do Tribunal, em que sejam especificados as razões para a extensão, o prazo da prorrogação, que será não renovável, e as providências cuja realização seja necessária para o julgamento do processo.

Art. 89. Para fins de análise do ato de concentração apresentado, serão obedecidos os procedimentos estabelecidos no CAPÍTULO II do TÍTULO VI desta Lei.

Parágrafo único. O Cade regulamentará, por meio de Resolução, a análise prévia de atos de concentração realizados com o propósito específico de participação em leilões, licitações e operações de aquisição de ações por meio de oferta pública.

Art. 90. Para os efeitos do art. 88 desta Lei, realiza-se um ato de concentração quando:

I – 2 (duas) ou mais empresas anteriormente independentes se fundem;

II – 1 (uma) ou mais empresas adquirem, direta ou indiretamente, por compra ou permuta de ações, quotas, títulos ou valores mobiliários conversíveis em ações, ou ativos, tangíveis ou intangíveis, por via contratual ou por qualquer outro meio ou forma, o controle ou partes de uma ou outras empresas;

III – 1 (uma) ou mais empresas incorporam outra ou outras empresas; ou

IV – 2 (duas) ou mais empresas celebram contrato associativo, consórcio ou joint venture.

Parágrafo único. Não serão considerados atos de concentração, para os efeitos do disposto no art. 88 desta Lei, os descritos no inciso IV do *caput*, quando destinados às licitações promovidas pela administração pública direta e indireta e aos contratos delas decorrentes.

Art. 91. A aprovação de que trata o art. 88 desta Lei poderá ser revista pelo Tribunal, de ofício ou mediante provocação da Superintendência-Geral, se a decisão for baseada em informações falsas ou enganosas prestadas pelo interessado, se ocorrer o descumprimento de quaisquer das obrigações assumidas ou não forem alcançados os benefícios visados.

Parágrafo único. Na hipótese referida no *caput* deste artigo, a falsidade ou enganosidade será punida com multa pecuniária, de valor não inferior a R$ 60.000,00 (sessenta mil reais) nem superior a R$ 6.000.000,00 (seis milhões de reais), a ser aplicada na forma das normas do Cade, sem prejuízo da abertura de processo administrativo, nos termos do art. 67 desta Lei, e da adoção das demais medidas cabíveis.

CAPÍTULO II. DO ACORDO EM CONTROLE DE CONCENTRAÇÕES

Art. 92. (VETADO).

TÍTULO VIII. DA EXECUÇÃO JUDICIAL DAS DECISÕES DO CADE

CAPÍTULO I. DO PROCESSO

Art. 93. A decisão do Plenário do Tribunal, cominando multa ou impondo obrigação de fazer ou não fazer, constitui TÍTULO executivo extrajudicial.

Art. 94. A execução que tenha por objeto exclusivamente a cobrança de multa pecuniária será feita de acordo com o disposto na Lei nº 6.830, de 22 de setembro de 1980.

Art. 95. Na execução que tenha por objeto, além da cobrança de multa, o cumprimento de obrigação de fazer ou não fazer, o Juiz concederá a tutela específica da obrigação, ou determinará providências que assegurem o resultado prático equivalente ao do adimplemento.

§ 1º. A conversão da obrigação de fazer ou não fazer em perdas e danos somente será admissível se impossível a tutela específica ou a obtenção do resultado prático correspondente.

§ 2º. A indenização por perdas e danos far-se-á sem prejuízo das multas.

Art. 96. A execução será feita por todos os meios, inclusive mediante intervenção na empresa, quando necessária.

Art. 97. A execução das decisões do Cade será promovida na Justiça Federal do Distrito Federal ou da sede ou domicílio do executado, à escolha do Cade.

Art. 98. O oferecimento de embargos ou o ajuizamento de qualquer outra ação que vise à desconstituição do TÍTULO executivo não suspenderá a execução, se não for garantido o juízo no valor das multas aplicadas, para que se garanta o cumprimento da decisão final proferida nos autos, inclusive no que tange a multas diárias.

§ 1º. Para garantir o cumprimento das obrigações de fazer, deverá o juiz fixar caução idônea.

§ 2º. Revogada a liminar, o depósito do valor da multa converter-se-á em renda do Fundo de Defesa de Direitos Difusos.

§ 3º. O depósito em dinheiro não suspenderá a incidência de juros de mora e atualização monetária, podendo o Cade, na hipótese do § 2º deste artigo, promover a execução para cobrança da diferença entre o valor revertido ao Fundo de Defesa de Direitos Difusos e o valor da multa atualizado, com os acréscimos legais, como se sua exigibilidade do crédito jamais tivesse sido suspensa.

§ 4º. (Revogado pela Lei nº 13.105, de 2015).

Art. 99. Em razão da gravidade da infração da ordem econômica, e havendo fundado receio de dano irreparável ou de difícil reparação, ainda que tenha havido o depósito das multas e prestação de caução, poderá o Juiz determinar a adoção imediata, no todo ou em parte, das providências contidas no TÍTULO executivo.

Art. 100. No cálculo do valor da multa diária pela continuidade da infração, tomar-se-á como termo inicial a data final fixada pelo Cade para a adoção voluntária das providências contidas em sua decisão, e como termo final o dia do seu efetivo cumprimento.

Art. 101. O processo de execução em juízo das decisões do Cade terá preferência sobre as demais espécies de ação, exceto habeas corpus e mandado de segurança.

CAPÍTULO II. DA INTERVENÇÃO JUDICIAL

Art. 102. O Juiz decretará a intervenção na empresa quando necessária para permitir a execução específica, nomeando o interventor.

Parágrafo único. A decisão que determinar a intervenção deverá ser fundamentada e indicará, clara e precisamente, as providências a serem tomadas pelo interventor nomeado.

Art. 103. Se, dentro de 48 (quarenta e oito) horas, o executado impugnar o interventor por motivo de inaptidão ou inidoneidade, feita a prova da alegação em 3 (três) dias, o juiz decidirá em igual prazo.

Art. 104. Sendo a impugnação julgada procedente, o juiz nomeará novo interventor no prazo de 5 (cinco) dias.

Art. 105. A intervenção poderá ser revogada antes do prazo estabelecido, desde que comprovado o cumprimento integral da obrigação que a determinou.

Art. 106. A intervenção judicial deverá restringir-se aos atos necessários ao cumprimento da decisão judicial que a determinar e terá duração máxima de 180 (cento e oitenta) dias, ficando o interventor responsável por suas ações e omissões, especialmente em caso de abuso de poder e desvio de finalidade.

§ 1º. Aplica-se ao interventor, no que couber, o disposto nos arts. 153 a 159 da Lei 6.404, de 15 de dezembro de 1976.

§ 2º. A remuneração do interventor será arbitrada pelo Juiz, que poderá substituí-lo a qualquer tempo, sendo obrigatória a substituição quando incorrer em insolvência civil, quando for sujeito passivo ou ativo de qualquer forma de corrupção ou prevaricação, ou infringir quaisquer de seus deveres.

Art. 107. O juiz poderá afastar de suas funções os responsáveis pela administração da empresa que, comprovadamente, obstarem o cumprimento de atos de competência do interventor, devendo eventual substituição dar-se na forma estabelecida no contrato social da empresa.

§ 1º. Se, apesar das providências previstas no *caput* deste artigo, um ou mais responsáveis pela administração da empresa persistirem em obstar a ação do interventor, o juiz procederá na forma do disposto no § 2º deste artigo.

§ 2º. Se a maioria dos responsáveis pela administração da empresa recusar colaboração ao interventor, o juiz determinará que este assuma a administração total da empresa.

Art. 108. Compete ao interventor:

I – praticar ou ordenar que sejam praticados os atos necessários à execução;

II – denunciar ao Juiz quaisquer irregularidades praticadas pelos responsáveis pela empresa e das quais venha a ter conhecimento; e

III – apresentar ao Juiz relatório mensal de suas atividades.

Art. 109. As despesas resultantes da intervenção correrão por conta do executado contra quem ela tiver sido decretada.

Art. 110. Decorrido o prazo da intervenção, o interventor apresentará ao juiz relatório circunstanciado de sua gestão, propondo a extinção e o arquivamento do processo ou pedindo a prorrogação do prazo na hipótese de não ter sido possível cumprir integralmente a decisão exequenda.

Art. 111. Todo aquele que se opuser ou obstaculizar a intervenção ou, cessada esta, praticar quaisquer atos que direta ou indiretamente anulem seus efeitos, no todo ou em parte, ou desobedecer a ordens legais do interventor será, conforme o caso, responsabilizado criminalmente por resistência, desobediência ou coação no curso do processo, na forma dos arts. 329, 330 e 344 do Decreto-Lei nº 2.848, de 7 de dezembro de 1940 - Código Penal.

TÍTULO IX. DISPOSIÇÕES FINAIS E TRANSITÓRIAS

Art. 112. (VETADO).

Art. 113. Visando a implementar a transição para o sistema de mandatos não coincidentes, as nomeações dos Conselheiros observarão os seguintes critérios de duração dos mandatos, nessa ordem:

I – 2 (dois) anos para os primeiros 2 (dois) mandatos vagos; e

II – 3 (três) anos para o terceiro e o quarto mandatos vagos.

§ 1º. Os mandatos dos membros do Cade e do Procurador-Chefe em vigor na data de promulgação desta Lei serão mantidos e exercidos até o seu término original, devendo as nomeações subsequentes à extinção desses mandatos observar o disposto neste artigo.

§ 2º. Na hipótese do § 1º deste artigo, o Conselheiro que estiver exercendo o seu primeiro mandato no Cade, após o término de seu mandato original, poderá ser novamente nomeado no mesmo cargo, observado o disposto nos incisos I e II do *caput* deste artigo.

§ 3º. O Conselheiro que estiver exercendo o seu segundo mandato no Cade, após o término de seu mandato original, não poderá ser novamente nomeado para o período subsequente.

§ 4º. Não haverá recondução para o Procurador-Chefe que estiver exercendo mandato no Cade, após o término de seu mandato original, podendo ele ser indicado para permanecer no cargo na forma do art. 16 desta Lei.

Art. 114. (VETADO).

Art. 115. Aplicam-se subsidiariamente aos processos administrativo e judicial previstos nesta Lei as disposições das Leis nºs 5.869, de 11 de janeiro de 1973 - Código de Processo Civil, 7.347, de 24 de julho de 1985, 8.078, de 11 de setembro de 1990, e 9.784, de 29 de janeiro de 1999.

‣ Lei 13.105/2015 revogou a Lei 5.869/1973.

Art. 116. O art. 4º da Lei nº 8.137, de 27 de dezembro de 1990, passa a vigorar com a seguinte redação:

‣ Alteração incorporada ao texto da referida lei.

Art. 117. O *caput* e o inciso V do art. 1º da Lei nº 7.347, de 24 de julho de 1985, passam a vigorar com a seguinte redação:

‣ Alteração incorporada ao texto da referida lei.

Art. 118. Nos processos judiciais em que se discuta a aplicação desta Lei, o Cade deverá ser intimado para, querendo, intervir no feito na qualidade de assistente.

Art. 119. O disposto nesta Lei não se aplica aos casos de dumping e subsídios de que tratam os Acordos Relativos à Implementação do Artigo VI do Acordo Geral sobre Tarifas Aduaneiras e Comércio, promulgados pelos Decretos nºs 93.941 e 93.962, de 16 e 22 de janeiro de 1987, respectivamente.

Art. 120. (VETADO).

Art. 121. Ficam criados, para exercício na Secretaria de Acompanhamento Econômico e, prioritariamente, no Cade, observadas as diretrizes e quantitativos estabelecidos pelo Órgão Supervisor da Carreira, 200 (duzentos) cargos de Especialistas em Políticas Públicas e Gestão Governamental, integrantes da Carreira de Especialista em Políticas Públicas e Gestão Governamental, para o exercício das atribuições referidas no art. 1º da Lei nº 7.834, de 6 de outubro de 1989, a serem providos gradualmente, observados os limites e a autorização específica da lei de diretrizes orçamentárias, nos termos do inciso II do § 1º do art. 169 da Constituição Federal.

Parágrafo único. Ficam transferidos para o Cade os cargos pertencentes ao Ministério da Justiça atualmente alocados no Departamento de Proteção e Defesa Econômica da Secretaria de Direito Econômico, bem como o DAS-6 do Secretário de Direito Econômico.

Art. 122. Os órgãos do SBDC poderão requisitar servidores da administração pública federal direta, autárquica ou fundacional para neles ter exercício, independentemente do exercício de cargo em comissão ou função de confiança.

Parágrafo único. Ao servidor requisitado na forma deste artigo são assegurados todos os direitos e vantagens a que façam jus no órgão ou entidade de origem, considerando-se o período de requisição para todos os efeitos da vida funcional, como efetivo exercício no cargo que ocupe no órgão ou entidade de origem.

Art. 123. Ato do Ministro de Estado do Planejamento, Orçamento e Gestão fixará o quantitativo ideal de cargos efetivos, ocupados, a serem mantidos, mediante lotação, requisição ou exercício, no âmbito do Cade e da Secretaria de Acompanhamento Econômico, bem como fixará cronograma para que sejam atingidos os seus quantitativos, observadas as dotações consignadas nos Orçamentos da União.

Art. 124. Ficam criados, no âmbito do Poder Executivo Federal, para alocação ao Cade, os seguintes cargos em comissão do Grupo-Direção e Assessoramento Superiores - DAS: 2 (dois) cargos de natureza especial NES de Presidente do Cade e Superintendente-Geral do Cade, 7 (sete) DAS-6, 16 (dezesseis) DAS-4, 8 (oito) DAS-3, 11 (onze) DAS-2 e 21 (vinte e um) DAS-1.

Art. 125. O Poder Executivo disporá sobre a estrutura regimental do Cade, sobre as competências e atribuições, denominação das unidades e especificações dos cargos, promovendo a alocação, nas unidades internas da autarquia, dos cargos em comissão e das funções gratificadas.

Art. 126. Ficam extintos, no âmbito do Poder Executivo Federal, os seguintes cargos em comissão do Grupo-Direção e Assessoramento Superiores - DAS e Funções Gratificadas - FG: 3 (três) DAS-5, 2 (duas) FG-1 e 16 (dezesseis) FG-3.

Art. 127. Ficam revogados a Lei nº 9.781, de 19 de janeiro de 1999, os arts. 5º e 6º da Lei nº 8.137, de 27 de dezembro de 1990, e os arts. 1º a 85 e 88 a 93 da Lei nº 8.884, de 11 de junho de 1994.

Art. 128. Esta Lei entra em vigor após decorridos 180 (cento e oitenta) dias de sua publicação oficial.

Brasília, 30 de novembro de 2011; 190º da Independência e 123º da República.

DILMA ROUSSEFF

Publicado no D.O.U. 1.11.2011 e ret. 2.12.2011

LEI Nº 12.587, DE 3 DE JANEIRO DE 2012

Institui as diretrizes da Política Nacional de Mobilidade Urbana; revoga dispositivos dos Decretos-leis nºs 3.326, de 3 de junho de 1941, e 5.405, de 13 de abril de 1943, da Consolidação das Leis do Trabalho (CLT), aprovada pelo Decreto-lei nº 5.452, de 1º de maio de 1943, e das Leis nºs 5.917, de 10 de setembro de 1973, e 6.261, de 14 de novembro de 1975; e dá outras providências.

› *Política Nacional de Mobilidade Urbana*

A PRESIDENTA DA REPÚBLICA Faço saber que o Congresso Nacional decreta e eu sanciono a seguinte Lei:

CAPÍTULO I. DISPOSIÇÕES GERAIS

Art. 1º. A Política Nacional de Mobilidade Urbana é instrumento da política de desenvolvimento urbano de que tratam o inciso XX do art. 21 e o art. 182 da Constituição Federal, objetivando a integração entre os diferentes modos de transporte e a melhoria da acessibilidade e mobilidade das pessoas e cargas no território do Município.

Parágrafo único. A Política Nacional a que se refere o *caput* deve atender ao previsto no inciso VII do art. 2º e no § 2º do art. 40 da Lei nº 10.257, de 10 de julho de 2001 (Estatuto da Cidade).

Art. 2º. A Política Nacional de Mobilidade Urbana tem por objetivo contribuir para o acesso universal à cidade, o fomento e a concretização das condições que contribuam para a efetivação dos princípios, objetivos e diretrizes da política de desenvolvimento urbano, por meio do planejamento e da gestão democrática do Sistema Nacional de Mobilidade Urbana.

› CF/88: art. 244.

Art. 3º. O Sistema Nacional de Mobilidade Urbana é o conjunto organizado e coordenado dos modos de transporte, de serviços e de infraestruturas que garante os deslocamentos de pessoas e cargas no território do Município.

§ 1º. São modos de transporte urbano:

I – motorizados; e

II – não motorizados.

§ 2º. Os serviços de transporte urbano são classificados:

I – quanto ao objeto:

a) de passageiros;

b) de cargas;

II – quanto à característica do serviço:

a) coletivo;

b) individual;

III – quanto à natureza do serviço:

a) público;

b) privado.

§ 3º. São infraestruturas de mobilidade urbana:

I – vias e demais logradouros públicos, inclusive metroferrovias, hidrovias e ciclovias;

II – estacionamentos;

III – terminais, estações e demais conexões;

IV – pontos para embarque e desembarque de passageiros e cargas;

V – sinalização viária e de trânsito;

VI – equipamentos e instalações; e

VII – instrumentos de controle, fiscalização, arrecadação de taxas e tarifas e difusão de informações.

SEÇÃO I. DAS DEFINIÇÕES

Art. 4º. Para os fins desta Lei, considera-se:

I – transporte urbano: conjunto dos modos e serviços de transporte público e privado utilizados para o deslocamento de pessoas e cargas nas cidades integrantes da Política Nacional de Mobilidade Urbana;

II – mobilidade urbana: condição em que se realizam os deslocamentos de pessoas e cargas no espaço urbano;

III – acessibilidade: facilidade disponibilizada às pessoas que possibilite a todos autonomia nos deslocamentos desejados, respeitando-se a legislação em vigor;

IV – modos de transporte motorizado: modalidades que se utilizam de veículos automotores;

V – modos de transporte não motorizado: modalidades que se utilizam do esforço humano ou tração animal;

VI – transporte público coletivo: serviço público de transporte de passageiros acessível a toda a população mediante pagamento individualizado, com itinerários e preços fixados pelo poder público;

VII – transporte privado coletivo: serviço de transporte de passageiros não aberto ao público para a realização de viagens com características operacionais exclusivas para cada linha e demanda;

VIII – transporte público individual: serviço remunerado de transporte de passageiros aberto ao público, por intermédio de veículos de aluguel, para a realização de viagens individualizadas;

IX – transporte urbano de cargas: serviço de transporte de bens, animais ou mercadorias;

X – transporte remunerado privado individual de passageiros: serviço remunerado de transporte de passageiros, não aberto ao público, para a realização de viagens individualizadas ou compartilhadas solicitadas exclusivamente por usuários previamente cadastrados em aplicativos ou outras plataformas de comunicação em rede. (Redação dada pela Lei nº 13.640, de 2018)

XI – transporte público coletivo intermunicipal de caráter urbano: serviço de transporte público coletivo entre Municípios que tenham contiguidade nos seus perímetros urbanos;

XII – transporte público coletivo interestadual de caráter urbano: serviço de transporte público coletivo entre Municípios de diferentes Estados que mantenham contiguidade nos seus perímetros urbanos; e

XIII – transporte público coletivo internacional de caráter urbano: serviço de transporte coletivo entre Municípios localizados em regiões de fronteira cujas cidades são definidas como cidades gêmeas.

SEÇÃO II. DOS PRINCÍPIOS, DIRETRIZES E OBJETIVOS DA POLÍTICA NACIONAL DE MOBILIDADE URBANA

Art. 5º. A Política Nacional de Mobilidade Urbana está fundamentada nos seguintes princípios:

I – acessibilidade universal;

II – desenvolvimento sustentável das cidades, nas dimensões socioeconômicas e ambientais;

III – equidade no acesso dos cidadãos ao transporte público coletivo;

IV – eficiência, eficácia e efetividade na prestação dos serviços de transporte urbano;

V – gestão democrática e controle social do planejamento e avaliação da Política Nacional de Mobilidade Urbana;

VI – segurança nos deslocamentos das pessoas;

VII – justa distribuição dos benefícios e ônus decorrentes do uso dos diferentes modos e serviços;

VIII – equidade no uso do espaço público de circulação, vias e logradouros; e

IX – eficiência, eficácia e efetividade na circulação urbana.

Art. 6º. A Política Nacional de Mobilidade Urbana é orientada pelas seguintes diretrizes:

I – integração com a política de desenvolvimento urbano e respectivas políticas setoriais de habitação, saneamento básico, planejamento e gestão do uso do solo no âmbito dos entes federativos;

II – prioridade dos modos de transportes não motorizados sobre os motorizados e dos serviços de transporte público coletivo sobre o transporte individual motorizado;

III – integração entre os modos e serviços de transporte urbano;

IV – mitigação dos custos ambientais, sociais e econômicos dos deslocamentos de pessoas e cargas na cidade;

V – incentivo ao desenvolvimento científico-tecnológico e ao uso de energias renováveis e menos poluentes;

VI – priorização de projetos de transporte público coletivo estruturadores do território e indutores do desenvolvimento urbano integrado; e

VII – integração entre as cidades gêmeas localizadas na faixa de fronteira com outros países sobre a linha divisória internacional.

VIII – garantia de sustentabilidade econômica das redes de transporte público coletivo de passageiros, de modo a preservar a continuidade, a universalidade e a modicidade tarifária do serviço. (Inciso acrescido pela Lei nº 13.683, de 19/6/2018)

Art. 7º. A Política Nacional de Mobilidade Urbana possui os seguintes objetivos:

I – reduzir as desigualdades e promover a inclusão social;

II – promover o acesso aos serviços básicos e equipamentos sociais;

III – proporcionar melhoria nas condições urbanas da população no que se refere à acessibilidade e à mobilidade;

IV – promover o desenvolvimento sustentável com a mitigação dos custos ambientais e socioeconômicos dos deslocamentos de pessoas e cargas nas cidades; e

V – consolidar a gestão democrática como instrumento e garantia da construção contínua do aprimoramento da mobilidade urbana.

CAPÍTULO II. DAS DIRETRIZES PARA A REGULAÇÃO DOS SERVIÇOS DE TRANSPORTE PÚBLICO COLETIVO

Art. 8º. A política tarifária do serviço de transporte público coletivo é orientada pelas seguintes diretrizes:

I – promoção da equidade no acesso aos serviços;

II – melhoria da eficiência e da eficácia na prestação dos serviços;

III – ser instrumento da política de ocupação equilibrada da cidade de acordo com o plano diretor municipal, regional e metropolitano;

IV – contribuição dos beneficiários diretos e indiretos para custeio da operação dos serviços;

V – simplicidade na compreensão, transparência da estrutura tarifária para o usuário e publicidade do processo de revisão;

VI – modicidade da tarifa para o usuário;

VII – integração física, tarifária e operacional dos diferentes modos e das redes de transporte público e privado nas cidades;

VIII – articulação interinstitucional dos órgãos gestores dos entes federativos por meio de consórcios públicos; (Inciso com redação dada pela Lei nº 13.683, de 19/6/2018)

IX – estabelecimento e publicidade de parâmetros de qualidade e quantidade na prestação dos serviços de transporte público coletivo; e (Inciso com redação dada pela Lei nº 13.683, de 19/6/2018)

X – incentivo à utilização de créditos eletrônicos tarifários. (Inciso acrescido pela Lei nº 13.683, de 19/6/2018)

§ 1º. (VETADO).

§ 2º. Os Municípios deverão divulgar, de forma sistemática e periódica, os impactos dos benefícios tarifários concedidos no valor das tarifas dos serviços de transporte público coletivo.

§ 3º. (VETADO).

Art. 9º. O regime econômico e financeiro da concessão e o da permissão do serviço de transporte público coletivo serão estabelecidos no respectivo edital de licitação, sendo a tarifa de remuneração da prestação de serviço de transporte público coletivo resultante do processo licitatório da outorga do poder público.

§ 1º. A tarifa de remuneração da prestação do serviço de transporte público coletivo deverá ser constituída pelo preço público cobrado do usuário pelos serviços somado à receita oriunda de outras fontes de custeio, de forma a cobrir os reais custos do serviço prestado ao usuário por operador público ou privado, além da remuneração do prestador.

§ 2º. O preço público cobrado do usuário pelo uso do transporte público coletivo denomina-se tarifa pública, sendo instituída por ato específico do poder público outorgante.

§ 3º. A existência de diferença a menor entre o valor monetário da tarifa de remuneração da prestação do serviço de transporte público de passageiros e a tarifa pública cobrada do usuário denomina-se deficit ou subsídio tarifário.

§ 4º. A existência de diferença a maior entre o valor monetário da tarifa de remuneração da prestação do serviço de transporte público de passageiros e a tarifa pública cobrada do usuário denomina-se superavit tarifário.

§ 5º. Caso o poder público opte pela adoção de subsídio tarifário, o deficit originado deverá ser coberto por receitas extratarifárias, receitas alternativas, subsídios orçamentários, subsídios cruzados intrassetoriais e intersetoriais provenientes de outras categorias de beneficiários dos serviços de transporte, dentre outras fontes, instituídos pelo poder público delegante.

§ 6º. Na ocorrência de superavit tarifário proveniente de receita adicional originada em determinados serviços delegados, a receita deverá ser revertida para o próprio Sistema de Mobilidade Urbana.

§ 7º. Competem ao poder público delegante a fixação, o reajuste e a revisão da tarifa de remuneração da prestação do serviço e da tarifa pública a ser cobrada do usuário.

§ 8º. Compete ao poder público delegante a fixação dos níveis tarifários.

§ 9º. Os reajustes das tarifas de remuneração da prestação do serviço observarão a periodicidade mínima estabelecida pelo poder público delegante no edital e no contrato administrativo e incluirão a transferência de parcela dos ganhos de eficiência e produtividade das empresas aos usuários.

§ 10. As revisões ordinárias das tarifas de remuneração terão periodicidade mínima estabelecida pelo poder público delegante no edital e no contrato administrativo e deverão:

I – incorporar parcela das receitas alternativas em favor da modicidade da tarifa ao usuário;

II – incorporar índice de transferência de parcela dos ganhos de eficiência e produtividade das empresas aos usuários; e

III – aferir o equilíbrio econômico e financeiro da concessão e o da permissão, conforme parâmetro ou indicador definido em contrato.

§ 11. O operador do serviço, por sua conta e risco e sob anuência do poder público, poderá realizar descontos nas tarifas ao usuário, inclusive de caráter sazonal, sem que isso possa gerar qualquer direito à solicitação de revisão da tarifa de remuneração.

§ 12. O poder público poderá, em caráter excepcional e desde que observado o interesse público, proceder à revisão extraordinária das tarifas, por ato de ofício ou mediante provocação da empresa, caso em que esta deverá demonstrar sua cabal necessidade, instruindo o requerimento com todos os elementos indispensáveis e suficientes para subsidiar a decisão, dando publicidade ao ato.

Art. 10. A contratação dos serviços de transporte público coletivo será precedida de licitação e deverá observar as seguintes diretrizes:

I – fixação de metas de qualidade e desempenho a serem atingidas e seus instrumentos de controle e avaliação;

II – definição dos incentivos e das penalidades aplicáveis vinculadas à consecução ou não das metas;

III – alocação dos riscos econômicos e financeiros entre os contratados e o poder concedente;

IV – estabelecimento das condições e meios para a prestação de informações operacionais, contábeis e financeiras ao poder concedente; e

V – identificação de eventuais fontes de receitas alternativas, complementares, acessórias ou de projetos associados, bem como da parcela destinada à modicidade tarifária.

Parágrafo único. Qualquer subsídio tarifário ao custeio da operação do transporte público coletivo deverá ser definido em contrato, com base em critérios transparentes e objetivos de produtividade e eficiência, especificando, minimamente, o objetivo, a fonte, a periodicidade e o beneficiário, conforme o estabelecido nos arts. 8º e 9º desta Lei.

Art. 11. Os serviços de transporte privado coletivo, prestados entre pessoas físicas ou jurídicas, deverão ser autorizados, disciplinados e fiscalizados pelo poder público competente, com base nos princípios e diretrizes desta Lei.

Art. 11-A. Compete exclusivamente aos Municípios e ao Distrito Federal regulamentar e fiscalizar o serviço de transporte remunerado privado individual de passageiros previsto no inciso X do art. 4º desta Lei no âmbito dos seus territórios. (Incluído pela Lei nº 13.640, de 2018)

Parágrafo único. Na regulamentação e fiscalização do serviço de transporte privado individual de passageiros, os Municípios e o Distrito Federal deverão observar as seguintes diretrizes, tendo em vista a eficiência, a eficácia, a segurança e a efetividade na prestação do serviço: (Incluído pela Lei nº 13.640, de 2018)

I - efetiva cobrança dos tributos municipais devidos pela prestação do serviço; (Incluído pela Lei nº 13.640, de 2018)

II - exigência de contratação de seguro de Acidentes Pessoais a Passageiros (APP) e do Seguro Obrigatório de Danos Pessoais causados por Veículos Automotores de Vias Terrestres (DPVAT); (Incluído pela Lei nº 13.640, de 2018)

III - exigência de inscrição do motorista como contribuinte individual do Instituto Nacional do Seguro Social (INSS), nos termos da alínea h do inciso V do art. 11 da Lei nº 8.213, de 24 de julho de 1991. (Incluído pela Lei nº 13.640, de 2018)

▸ Regulamento: Dec. 9.792/2019.

Art. 11-B. O serviço de transporte remunerado privado individual de passageiros previsto no inciso X do art. 4º desta Lei, nos Municípios que optarem pela sua regulamentação, somente será autorizado ao motorista que cumprir as seguintes condições: (Incluído pela Lei nº 13.640, de 2018)

I - possuir Carteira Nacional de Habilitação na categoria B ou superior que contenha a informação de que exerce atividade remunerada; (Incluído pela Lei nº 13.640, de 2018)

II - conduzir veículo que atenda aos requisitos de idade máxima e às características exigidas pela autoridade de trânsito e pelo poder público municipal e do Distrito Federal; (Incluído pela Lei nº 13.640, de 2018)

III - emitir e manter o Certificado de Registro e Licenciamento de Veículo (CRLV); (Incluído pela Lei nº 13.640, de 2018)

IV - apresentar certidão negativa de antecedentes criminais. (Incluído pela Lei nº 13.640, de 2018)

Parágrafo único. A exploração dos serviços remunerados de transporte privado individual de passageiros sem o cumprimento dos requisitos previstos nesta Lei e na regulamentação do poder público municipal e do Distrito Federal caracterizará transporte ilegal de passageiros. (Incluído pela Lei nº 13.640, de 2018)

Art. 12. Os serviços de utilidade pública de transporte individual de passageiros deverão ser organizados, disciplinados e fiscalizados pelo poder público municipal, com base nos requisitos mínimos de segurança, de conforto, de higiene, de qualidade dos serviços e de fixação prévia dos valores máximos das tarifas a serem cobradas. (Redação dada pela Lei nº 12.865, de 2013)

Art. 12-A. O direito à exploração de serviços de táxi poderá ser outorgado a qualquer interessado que satisfaça os requisitos exigidos pelo poder público local. (Incluído pela Lei nº 12.865, de 2013)

§ 1º. É permitida a transferência da outorga a terceiros que atendam aos requisitos exigidos em legislação municipal. (Incluído pela Lei nº 12.865, de 2013)

§ 2º. Em caso de falecimento do outorgado, o direito à exploração do serviço será transferido a seus sucessores legítimos, nos termos dos arts. 1.829 e seguintes do TÍTULO II do Livro V da Parte Especial da Lei nº 10.406, de 10 de janeiro de 2002 (Código Civil). (Incluído pela Lei nº 12.865, de 2013)

§ 3º. As transferências de que tratam os §§ 1º e 2º dar-se-ão pelo prazo da outorga e são condicionadas à prévia anuência do poder público municipal e ao atendimento dos requisitos fixados para a outorga. (Incluído pela Lei nº 12.865, de 2013)

Art. 12-B. Na outorga de exploração de serviço de táxi, reservar-se-ão 10% (dez por cento) das vagas para condutores com deficiência. (Incluído pela Lei nº 13.146, de 2015)

§ 1º. Para concorrer às vagas reservadas na forma do *caput* deste artigo, o condutor com deficiência deverá observar os seguintes requisitos quanto ao veículo utilizado: (Incluído pela Lei nº 13.146, de 2015)

I – ser de sua propriedade e por ele conduzido; e (Incluído pela Lei nº 13.146, de 2015)

II – estar adaptado às suas necessidades, nos termos da legislação vigente. (Incluído pela Lei nº 13.146, de 2015)

§ 2º. No caso de não preenchimento das vagas na forma estabelecida no *caput* deste artigo, as remanescentes devem ser disponibilizadas para os demais concorrentes. (Incluído pela Lei nº 13.146, de 2015)

Art. 13. Na prestação de serviços de transporte público coletivo, o poder público delegante deverá realizar atividades de fiscalização e controle dos serviços delegados, preferencialmente em parceria com os demais entes federativos.

CAPÍTULO III.
DOS DIREITOS DOS USUÁRIOS

Art. 14. São direitos dos usuários do Sistema Nacional de Mobilidade Urbana, sem prejuízo dos previstos nas Leis nºs 8.078, de 11 de setembro de 1990, e 8.987, de 13 de fevereiro de 1995:

I – receber o serviço adequado, nos termos do art. 6º da Lei nº 8.987, de 13 de fevereiro de 1995;

II – participar do planejamento, da fiscalização e da avaliação da política local de mobilidade urbana;

III – ser informado nos pontos de embarque e desembarque de passageiros, de forma gratuita e acessível, sobre itinerários, horários, tarifas dos serviços e modos de interação com outros modais; e

IV – ter ambiente seguro e acessível para a utilização do Sistema Nacional de Mobilidade Urbana, conforme as Leis nºs 10.048, de 8 de novembro de 2000, e 10.098, de 19 de dezembro de 2000.

Parágrafo único. Os usuários dos serviços terão o direito de ser informados, em linguagem acessível e de fácil compreensão, sobre:

I – seus direitos e responsabilidades;

II – os direitos e obrigações dos operadores dos serviços; e

III – os padrões preestabelecidos de qualidade e quantidade dos serviços ofertados, bem como os meios para reclamações e respectivos prazos de resposta.

Art. 15. A participação da sociedade civil no planejamento, fiscalização e avaliação da Política Nacional de Mobilidade Urbana deverá ser assegurada pelos seguintes instrumentos:

I – órgãos colegiados com a participação de representantes do Poder Executivo, da sociedade civil e dos operadores dos serviços;

II – ouvidorias nas instituições responsáveis pela gestão do Sistema Nacional de Mobilidade Urbana ou nos órgãos com atribuições análogas;

III – audiências e consultas públicas; e

IV – procedimentos sistemáticos de comunicação, de avaliação da satisfação dos cidadãos e dos usuários e de prestação de contas públicas.

CAPÍTULO IV.
DAS ATRIBUIÇÕES

Art. 16. São atribuições da União:

I – prestar assistência técnica e financeira aos Estados, Distrito Federal e Municípios, nos termos desta Lei;

II – contribuir para a capacitação continuada de pessoas e para o desenvolvimento das instituições vinculadas à Política Nacional de Mobilidade Urbana nos Estados, Municípios e Distrito Federal, nos termos desta Lei;

III – organizar e disponibilizar informações sobre o Sistema Nacional de Mobilidade Urbana e a qualidade e produtividade dos serviços de transporte público coletivo;

IV – fomentar a implantação de projetos de transporte público coletivo de grande e média capacidade nas aglomerações urbanas e nas regiões metropolitanas;

V – (VETADO);

VI – fomentar o desenvolvimento tecnológico e científico visando ao atendimento dos princípios e diretrizes desta Lei; e

VII – prestar, diretamente ou por delegação ou gestão associada, os serviços de transporte público interestadual de caráter urbano.

§ 1º. A União apoiará e estimulará ações coordenadas e integradas entre Municípios e Estados em áreas conurbadas, aglomerações urbanas e regiões metropolitanas destinadas a políticas comuns de mobilidade urbana, inclusive nas cidades definidas como cidades gêmeas localizadas em regiões de fronteira com outros países, observado o art. 178 da Constituição Federal.

§ 2º. A União poderá delegar aos Estados, ao Distrito Federal ou aos Municípios a organização e a prestação dos serviços de transporte público coletivo interestadual e internacional de caráter urbano, desde que constituído consórcio público ou convênio de cooperação para tal fim, observado o art. 178 da Constituição Federal.

Art. 17. São atribuições dos Estados:

I – prestar, diretamente ou por delegação ou gestão associada, os serviços de transporte público coletivo intermunicipais de caráter urbano, em conformidade com o § 1º do art. 25 da Constituição Federal;

II – propor política tributária específica e de incentivos para a implantação da Política Nacional de Mobilidade Urbana; e

III – garantir o apoio e promover a integração dos serviços nas áreas que ultrapassem os limites de um Município, em conformidade com o § 3º do art. 25 da Constituição Federal.

Parágrafo único. Os Estados poderão delegar aos Municípios a organização e a prestação dos serviços de transporte público coletivo intermunicipal de caráter urbano, desde que constituído consórcio público ou convênio de cooperação para tal fim.

Art. 18. São atribuições dos Municípios:

I – planejar, executar e avaliar a política de mobilidade urbana, bem como promover a regulamentação dos serviços de transporte urbano;

II – prestar, direta, indiretamente ou por gestão associada, os serviços de transporte público coletivo urbano, que têm caráter essencial;

III – capacitar pessoas e desenvolver as instituições vinculadas à política de mobilidade urbana do Município; e

IV – (VETADO).

Art. 19. Aplicam-se ao Distrito Federal, no que couber, as atribuições previstas para os Estados e os Municípios, nos termos dos arts. 17 e 18.

Art. 20. O exercício das atribuições previstas neste CAPÍTULO subordinar-se-á, em cada ente federativo, às normas fixadas pelas respectivas leis de diretrizes orçamentárias, às efetivas disponibilidades asseguradas pelas suas leis orçamentárias anuais e aos imperativos da Lei Complementar nº 101, de 4 de maio de 2000.

CAPÍTULO V. DAS DIRETRIZES PARA O PLANEJAMENTO E GESTÃO DOS SISTEMAS DE MOBILIDADE URBANA

Art. 21. O planejamento, a gestão e a avaliação dos sistemas de mobilidade deverão contemplar:

I – a identificação clara e transparente dos objetivos de curto, médio e longo prazo;

II – a identificação dos meios financeiros e institucionais que assegurem sua implantação e execução;

III – a formulação e implantação dos mecanismos de monitoramento e avaliação sistemáticos e permanentes dos objetivos estabelecidos; e

IV – a definição das metas de atendimento e universalização da oferta de transporte público coletivo, monitorados por indicadores preestabelecidos.

Art. 22. Consideram-se atribuições mínimas dos órgãos gestores dos entes federativos incumbidos respectivamente do planejamento e gestão do sistema de mobilidade urbana:

I – planejar e coordenar os diferentes modos e serviços, observados os princípios e diretrizes desta Lei;

II – avaliar e fiscalizar os serviços e monitorar desempenhos, garantindo a consecução das metas de universalização e de qualidade;

III – implantar a política tarifária;

IV – dispor sobre itinerários, frequências e padrão de qualidade dos serviços;

V – estimular a eficácia e a eficiência dos serviços de transporte público coletivo;

VI – garantir os direitos e observar as responsabilidades dos usuários; e

VII – combater o transporte ilegal de passageiros.

Art. 23. Os entes federativos poderão utilizar, dentre outros instrumentos de gestão do sistema de transporte e da mobilidade urbana, os seguintes:

I – restrição e controle de acesso e circulação, permanente ou temporário, de veículos motorizados em locais e horários predeterminados;

II – estipulação de padrões de emissão de poluentes para locais e horários determinados, podendo condicionar o acesso e a circulação aos espaços urbanos sob controle;

III – aplicação de tributos sobre modos e serviços de transporte urbano pela utilização da infraestrutura urbana, visando a desestimular o uso de determinados modos e serviços de mobilidade, vinculando-se a receita à aplicação exclusiva em infraestrutura urbana destinada ao transporte público coletivo e ao transporte não motorizado e no financiamento do subsídio público da tarifa de transporte público, na forma da lei;

IV – dedicação de espaço exclusivo nas vias públicas para os serviços de transporte público coletivo e modos de transporte não motorizados;

V – estabelecimento da política de estacionamentos de uso público e privado, com e sem pagamento pela sua utilização, como parte integrante da Política Nacional de Mobilidade Urbana;

VI – controle do uso e operação da infraestrutura viária destinada à circulação e operação do transporte de carga, concedendo prioridades ou restrições;

VII – monitoramento e controle das emissões dos gases de efeito local e de efeito estufa dos modos de transporte motorizado, facultando a restrição de acesso a determinadas vias em razão da criticidade dos índices de emissões de poluição;

VIII – convênios para o combate ao transporte ilegal de passageiros; e

IX – convênio para o transporte coletivo urbano internacional nas cidades definidas como cidades gêmeas nas regiões de fronteira do Brasil com outros países, observado o art. 178 da Constituição Federal.

Art. 24. O Plano de Mobilidade Urbana é o instrumento de efetivação da Política Nacional de Mobilidade Urbana e deverá contemplar os princípios, os objetivos e as diretrizes desta Lei, bem como:

I – os serviços de transporte público coletivo;

II – a circulação viária;

III - as infraestruturas do sistema de mobilidade urbana, incluindo as ciclovias e ciclofaixas; (Redação dada pela Lei nº 13.683, de 2018)

IV – a acessibilidade para pessoas com deficiência e restrição de mobilidade;

V – a integração dos modos de transporte público e destes com os privados e os não motorizados;

VI – a operação e o disciplinamento do transporte de carga na infraestrutura viária;

VII – os polos geradores de viagens;

VIII – as áreas de estacionamentos públicos e privados, gratuitos ou onerosos;

IX – as áreas e horários de acesso e circulação restrita ou controlada;

X – os mecanismos e instrumentos de financiamento do transporte público coletivo e da infraestrutura de mobilidade urbana; e

XI – a sistemática de avaliação, revisão e atualização periódica do Plano de Mobilidade Urbana em prazo não superior a 10 (dez) anos.

§ 1º Ficam obrigados a elaborar e a aprovar Plano de Mobilidade Urbana os Municípios: *(Redação dada pela Lei 14.000/2020)*

I - com mais de 20.000 (vinte mil) habitantes; *(Incluído pela Lei 14.000/2020)*

II - integrantes de regiões metropolitanas, regiões integradas de desenvolvimento econômico e aglomerações urbanas com população total superior a 1.000.000 (um milhão) de habitantes; *(Incluído pela Lei 14.000/2020)*

III - integrantes de áreas de interesse turístico, incluídas cidades litorâneas que têm sua dinâmica de mobilidade normalmente alterada nos finais de semana, feriados e períodos de férias, em função do aporte de turistas, conforme critérios a serem estabelecidos pelo Poder Executivo. *(Incluído pela Lei 14.000/2020)*

§ 1º-A. O Plano de Mobilidade Urbana deve ser integrado e compatível com os respectivos planos diretores e, quando couber, com os planos de desenvolvimento urbano integrado e com os planos metropolitanos de transporte e mobilidade urbana. *(Incluído pela Lei 14.000/2020)*

§ 2º. Nos Municípios sem sistema de transporte público coletivo ou individual, o Plano de Mobilidade Urbana deverá ter o foco no transporte não motorizado e no planejamento da infraestrutura urbana destinada aos deslocamentos a pé e por bicicleta, de acordo com a legislação vigente.

§ 3º *(Revogado pela Lei 14.000/2020)*

§ 4º O Plano de Mobilidade Urbana deve ser elaborado e aprovado nos seguintes prazos: *(Redação dada pela Lei 14.000/2020)*

I - até 12 de abril de 2022, para Municípios com mais de 250.000 (duzentos e cinquenta mil) habitantes; *(Incluído pela Lei 14.000/2020)*

II - até 12 de abril de 2023, para Municípios com até 250.000 (duzentos e cinquenta mil) habitantes. *(Incluído pela Lei 14.000/2020)*

§ 5º. O Plano de Mobilidade Urbana deverá contemplar medidas destinadas a atender aos núcleos urbanos informais consolidados, nos termos da Lei nº 13.465, de 11 de julho de 2017. (Parágrafo acrescido pela Lei nº 13.683, de 19.06.2018)

§ 6º (VETADO na Lei nº 13.683, de 19.06.2018)

§ 7º A aprovação do Plano de Mobilidade Urbana pelos Municípios, nos termos do § 4º deste artigo, será informada à Secretaria Nacional de Mobilidade e Serviços Urbanos do Ministério do Desenvolvimento Regional. *(Incluído pela Lei 14.000/2020)*

§ 8º Encerrado o prazo estabelecido no § 4º deste artigo, os Municípios que não tenham aprovado o Plano de Mobilidade Urbana apenas poderão solicitar e receber recursos federais destinados à mobilidade urbana caso sejam utilizados para a elaboração do próprio plano. *(Incluído pela Lei 14.000/2020)*

§ 9º O órgão responsável pela Política Nacional de Mobilidade Urbana deverá publicar a relação dos Municípios que deverão cumprir o disposto no § 1º deste artigo. *(Incluído pela Lei 14.000/2020)*

CAPÍTULO VI. DOS INSTRUMENTOS DE APOIO À MOBILIDADE URBANA

Art. 25. O Poder Executivo da União, o dos Estados, o do Distrito Federal e o dos Municípios, segundo suas possibilidades orçamentárias e financeiras e observados os princípios e diretrizes desta Lei, farão constar dos respectivos projetos de planos plurianuais e de leis de diretrizes orçamentárias as ações programáticas e instrumentos de apoio que serão utilizados, em cada período, para o aprimoramento dos sistemas de mobilidade urbana e melhoria da qualidade dos serviços.

Parágrafo único. A indicação das ações e dos instrumentos de apoio a que se refere o *caput* será acompanhada, sempre que possível, da fixação de critérios e condições para o acesso aos recursos financeiros e às outras formas de benefícios que sejam estabelecidos.

CAPÍTULO VII. DISPOSIÇÕES FINAIS

Art. 26. Esta Lei se aplica, no que couber, ao planejamento, controle, fiscalização e operação dos serviços de transporte público coletivo intermunicipal, interestadual e internacional de caráter urbano.

Art. 27. (VETADO).

Art. 28. Esta Lei entra em vigor 100 (cem) dias após a data de sua publicação.

Brasília, 3 de janeiro de 2012; 191º da Independência e 124º da República.

DILMA ROUSSEFF

Publicado no D.O.U. 4.1.2012

LEI Nº 12.594, DE 18 DE JANEIRO DE 2012

Institui o Sistema Nacional de Atendimento Socioeducativo (Sinase), regulamenta a execução das medidas socioeducativas destinadas a adolescente que pratique ato infracional; e altera as Leis nºs 8.069, de 13 de julho de 1990 (Estatuto da Criança e do Adolescente); 7.560, de 19 de dezembro de 1986, 7.998, de 11 de janeiro de 1990, 5.537, de 21 de novembro de 1968, 8.315, de 23 de dezembro de 1991, 8.706, de 14 de setembro de 1993, os Decretos-leis nºs 4.048, de 22 de janeiro de 1942, 8.621, de 10 de janeiro de 1946, e a Consolidação das Leis do Trabalho (CLT), aprovada pelo Decreto-lei nº 5.452, de 1º de maio de 1943.

▸ *Sinase*

A PRESIDENTA DA REPÚBLICA Faço saber que o Congresso Nacional decreta e eu sanciono a seguinte Lei:

TÍTULO I. DO SISTEMA NACIONAL DE ATENDIMENTO SOCIOEDUCATIVO – SINASE

CAPÍTULO I. DISPOSIÇÕES GERAIS

Art. 1º. Esta Lei institui o Sistema Nacional de Atendimento Socioeducativo (Sinase) e regulamenta a execução das medidas destinadas a adolescente que pratique ato infracional.

§ 1º. Entende-se por Sinase o conjunto ordenado de princípios, regras e critérios que envolvem a execução de medidas socioeducativas, incluindo-se nele, por adesão, os sistemas estaduais, distrital e municipais, bem como todos os planos, políticas e programas específicos de atendimento a adolescente em conflito com a lei.

§ 2º. Entendem-se por medidas socioeducativas as previstas no art. 112 da Lei nº 8.069, de 13 de julho de 1990 (Estatuto da Criança e do Adolescente), as quais têm por objetivos:

I – a responsabilização do adolescente quanto às consequências lesivas do ato infracional, sempre que possível incentivando a sua reparação;

II – a integração social do adolescente e a garantia de seus direitos individuais e sociais, por meio do cumprimento de seu plano individual de atendimento; e

III – a desaprovação da conduta infracional, efetivando as disposições da sentença como parâmetro máximo de privação de liberdade ou restrição de direitos, observados os limites previstos em lei.

§ 3º. Entendem-se por programa de atendimento a organização e o funcionamento, por unidade, das condições necessárias para o cumprimento das medidas socioeducativas.

§ 4º. Entende-se por unidade a base física necessária para a organização e o funcionamento de programa de atendimento.

§ 5º. Entendem-se por entidade de atendimento a pessoa jurídica de direito público ou privado que instala e mantém a unidade e os recursos humanos e materiais necessários ao desenvolvimento de programas de atendimento.

Art. 2º. O Sinase será coordenado pela União e integrado pelos sistemas estaduais, distrital e municipais responsáveis pela implementação dos seus respectivos programas de atendimento a adolescente ao qual seja aplicada medida socioeducativa, com liberdade de organização e funcionamento, respeitados os termos desta Lei.

CAPÍTULO II. DAS COMPETÊNCIAS

Art. 3º. Compete à União:

I – formular e coordenar a execução da política nacional de atendimento socioeducativo;

II – elaborar o Plano Nacional de Atendimento Socioeducativo, em parceria com os Estados, o Distrito Federal e os Municípios;

III – prestar assistência técnica e suplementação financeira aos Estados, ao Distrito Federal e aos Municípios para o desenvolvimento de seus sistemas;

IV – instituir e manter o Sistema Nacional de Informações sobre o Atendimento Socioeducativo, seu funcionamento, entidades, programas, incluindo dados relativos a financiamento e população atendida;

V – contribuir para a qualificação e ação em rede dos Sistemas de Atendimento Socioeducativo;

VI – estabelecer diretrizes sobre a organização e funcionamento das unidades e programas de atendimento e as normas de referência destinadas ao cumprimento das medidas socioeducativas de internação e semiliberdade;

VII – instituir e manter processo de avaliação dos Sistemas de Atendimento Socioeducativo, seus planos, entidades e programas;

VIII – financiar, com os demais entes federados, a execução de programas e serviços do Sinase; e

IX – garantir a publicidade de informações sobre repasses de recursos aos gestores estaduais, distrital e municipais, para financiamento de programas de atendimento socioeducativo.

§ 1º. São vedados à União o desenvolvimento e a oferta de programas próprios de atendimento.

§ 2º. Ao Conselho Nacional dos Direitos da Criança e do Adolescente (Conanda) competem as funções normativa, deliberativa, de avaliação e de fiscalização do Sinase, nos termos previstos na Lei nº 8.242, de 12 de outubro de 1991, que cria o referido Conselho.

§ 3º. O Plano de que trata o inciso II do *caput* deste artigo será submetido à deliberação do Conanda.

§ 4º. À Secretaria de Direitos Humanos da Presidência da República (SDH/PR) competem as funções executiva e de gestão do Sinase.

Art. 4º. Compete aos Estados:

I – formular, instituir, coordenar e manter Sistema Estadual de Atendimento Socioeducativo, respeitadas as diretrizes fixadas pela União;

II – elaborar o Plano Estadual de Atendimento Socioeducativo em conformidade com o Plano Nacional;

III – criar, desenvolver e manter programas para a execução das medidas socioeducativas de semiliberdade e internação;

IV – editar normas complementares para a organização e funcionamento do seu sistema de atendimento e dos sistemas municipais;

V – estabelecer com os Municípios formas de colaboração para o atendimento socioeducativo em meio aberto;

VI – prestar assessoria técnica e suplementação financeira aos Municípios para a oferta regular de programas de meio aberto;

VII – garantir o pleno funcionamento do plantão interinstitucional, nos termos previstos no inciso V do art. 88 da Lei nº 8.069, de 13 de julho de 1990 (Estatuto da Criança e do Adolescente);

VIII – garantir defesa técnica do adolescente a quem se atribua prática de ato infracional;

IX – cadastrar-se no Sistema Nacional de Informações sobre o Atendimento Socioeducativo e fornecer regularmente os dados necessários ao povoamento e à atualização do Sistema; e

X – cofinanciar, com os demais entes federados, a execução de programas e ações destinados ao atendimento inicial de adolescente apreendido para apuração de ato infracional, bem como aqueles destinados a adolescente a quem foi aplicada medida socioeducativa privativa de liberdade.

§ 1º. Ao Conselho Estadual dos Direitos da Criança e do Adolescente competem as funções deliberativas e de controle do Sistema Estadual de Atendimento Socioeducativo, nos termos previstos no inciso II do art. 88 da Lei nº 8.069, de 13 de julho de 1990 (Estatuto da Criança e do Adolescente), bem como outras definidas na legislação estadual ou distrital.

§ 2º. O Plano de que trata o inciso II do *caput* deste artigo será submetido à deliberação do Conselho Estadual dos Direitos da Criança e do Adolescente.

§ 3º. Competem ao órgão a ser designado no Plano de que trata o inciso II do *caput* deste artigo as funções executiva e de gestão do Sistema Estadual de Atendimento Socioeducativo.

Art. 5º. Compete aos Municípios:

I – formular, instituir, coordenar e manter o Sistema Municipal de Atendimento Socioeducativo, respeitadas as diretrizes fixadas pela União e pelo respectivo Estado;

II – elaborar o Plano Municipal de Atendimento Socioeducativo, em conformidade com o Plano Nacional e o respectivo Plano Estadual;

III – criar e manter programas de atendimento para a execução das medidas socioeducativas em meio aberto;

IV – editar normas complementares para a organização e funcionamento dos programas do seu Sistema de Atendimento Socioeducativo;

V – cadastrar-se no Sistema Nacional de Informações sobre o Atendimento Socioeducativo e fornecer regularmente os dados necessários ao povoamento e à atualização do Sistema; e

VI – cofinanciar, conjuntamente com os demais entes federados, a execução de programas e ações destinados ao atendimento inicial de adolescente apreendido para apuração de ato infracional, bem como aqueles destinados a adolescente a quem foi aplicada medida socioeducativa em meio aberto.

§ 1º. Para garantir a oferta de programa de atendimento socioeducativo de meio aberto, os Municípios podem instituir os consórcios dos quais trata a Lei nº 11.107, de 6 de abril de 2005, que dispõe sobre normas gerais de contratação de consórcios públicos e dá outras providências, ou qualquer outro instrumento jurídico adequado, como forma de compartilhar responsabilidades.

§ 2º. Ao Conselho Municipal dos Direitos da Criança e do Adolescente competem as funções deliberativas e de controle do Sistema Municipal de Atendimento Socioeducativo, nos termos previstos no inciso II do art. 88 da Lei nº 8.069, de 13 de julho de 1990 (Estatuto da Criança e do Adolescente), bem como outras definidas na legislação municipal.

§ 3º. O Plano de que trata o inciso II do *caput* deste artigo será submetido à deliberação do Conselho Municipal dos Direitos da Criança e do Adolescente.

§ 4º. Competem ao órgão a ser designado no Plano de que trata o inciso II do *caput* deste artigo as funções executiva e de gestão do Sistema Municipal de Atendimento Socioeducativo.

Art. 6º. Ao Distrito Federal cabem, cumulativamente, as competências dos Estados e dos Municípios.

CAPÍTULO III. DOS PLANOS DE ATENDIMENTO SOCIOEDUCATIVO

Art. 7º. O Plano de que trata o inciso II do art. 3º desta Lei deverá incluir um diagnóstico da situação do Sinase, as diretrizes, os objetivos, as metas, as prioridades e as formas de financiamento e gestão das ações de atendimento para os 10 (dez) anos seguintes, em sintonia com os princípios elencados na Lei nº 8.069, de 13 de julho de 1990 (Estatuto da Criança e do Adolescente).

§ 1º. As normas nacionais de referência para o atendimento socioeducativo devem constituir anexo ao Plano de que trata o inciso II do art. 3º desta Lei.

§ 2º. Os Estados, o Distrito Federal e os Municípios deverão, com base no Plano Nacional de Atendimento Socioeducativo, elaborar seus planos decenais correspondentes, em até 360 (trezentos e sessenta) dias a partir da aprovação do Plano Nacional.

Art. 8º. Os Planos de Atendimento Socioeducativo deverão, obrigatoriamente, prever ações articuladas nas áreas de educação, saúde, assistência social, cultura, capacitação para o trabalho e esporte, para os adolescentes atendidos, em conformidade com os princípios elencados na Lei nº 8.069, de 13 de julho de 1990 (Estatuto da Criança e do Adolescente).

Parágrafo único. Os Poderes Legislativos federal, estaduais, distrital e municipais, por meio de suas comissões temáticas pertinentes, acompanharão a execução dos Planos de Atendimento Socioeducativo dos respectivos entes federados.

CAPÍTULO IV. DOS PROGRAMAS DE ATENDIMENTO

SEÇÃO I. DISPOSIÇÕES GERAIS

Art. 9º. Os Estados e o Distrito Federal inscreverão seus programas de atendimento e alterações no Conselho Estadual ou Distrital dos Direitos da Criança e do Adolescente, conforme o caso.

Art. 10. Os Municípios inscreverão seus programas e alterações, bem como as entidades de atendimento executoras, no Conselho Municipal dos Direitos da Criança e do Adolescente.

Art. 11. Além da especificação do regime, são requisitos obrigatórios para a inscrição de programa de atendimento:

I – a exposição das linhas gerais dos métodos e técnicas pedagógicas, com a especificação das atividades de natureza coletiva;

II – a indicação da estrutura material, dos recursos humanos e das estratégias de segurança compatíveis com as necessidades da respectiva unidade;

III – regimento interno que regule o funcionamento da entidade, no qual deverá constar, no mínimo:

a) o detalhamento das atribuições e responsabilidades do dirigente, de seus prepostos, dos membros da equipe técnica e dos demais educadores;

b) a previsão das condições do exercício da disciplina e concessão de benefícios e o respectivo procedimento de aplicação; e

c) a previsão da concessão de benefícios extraordinários e enaltecimento, tendo em vista tornar público o reconhecimento ao adolescente pelo esforço realizado na consecução dos objetivos do plano individual;

IV – a política de formação dos recursos humanos;

V – a previsão das ações de acompanhamento do adolescente após o cumprimento de medida socioeducativa;

VI – a indicação da equipe técnica, cuja quantidade e formação devem estar em conformidade com as normas de referência do sistema e dos conselhos profissionais e com o atendimento socioeducativo a ser realizado; e

VII – a adesão ao Sistema de Informações sobre o Atendimento Socioeducativo, bem como sua operação efetiva.

Parágrafo único. O não cumprimento do previsto neste artigo sujeita as entidades de atendimento, os órgãos gestores, seus dirigentes ou prepostos à aplicação das medidas previstas no art. 97 da Lei nº 8.069, de 13 de julho de 1990 (Estatuto da Criança e do Adolescente).

Art. 12. A composição da equipe técnica do programa de atendimento deverá ser interdisciplinar, compreendendo, no mínimo, profissionais das áreas de saúde, educação e assistência social, de acordo com as normas de referência.

§ 1º. Outros profissionais podem ser acrescentados às equipes para atender necessidades específicas do programa.

§ 2º. Regimento interno deve discriminar as atribuições de cada profissional, sendo proibida a sobreposição dessas atribuições na entidade de atendimento.

§ 3º. O não cumprimento do previsto neste artigo sujeita as entidades de atendimento, seus dirigentes ou prepostos à aplicação das medidas previstas no art. 97 da Lei nº 8.069, de 13 de julho de 1990 (Estatuto da Criança e do Adolescente).

SEÇÃO II.
DOS PROGRAMAS DE MEIO ABERTO

Art. 13. Compete à direção do programa de prestação de serviços à comunidade ou de liberdade assistida:

I – selecionar e credenciar orientadores, designando-os, caso a caso, para acompanhar e avaliar o cumprimento da medida;

II – receber o adolescente e seus pais ou responsável e orientá-los sobre a finalidade da medida e a organização e funcionamento do programa;

III – encaminhar o adolescente para o orientador credenciado;

IV – supervisionar o desenvolvimento da medida; e

V – avaliar, com o orientador, a evolução do cumprimento da medida e, se necessário, propor à autoridade judiciária sua substituição, suspensão ou extinção.

Parágrafo único. O rol de orientadores credenciados deverá ser comunicado, semestralmente, à autoridade judiciária e ao Ministério Público.

Art. 14. Incumbe ainda à direção do programa de medida de prestação de serviços à comunidade selecionar e credenciar entidades assistenciais, hospitais, escolas ou outros estabelecimentos congêneres, bem como os programas comunitários ou governamentais, de acordo com o perfil do socioeducando e o ambiente no qual a medida será cumprida.

Parágrafo único. Se o Ministério Público impugnar o credenciamento, ou a autoridade judiciária considerá-lo inadequado, instaurará incidente de impugnação, com a aplicação subsidiária do procedimento de apuração de irregularidade em entidade de atendimento regulamentado na Lei nº 8.069, de 13 de julho de 1990 (Estatuto da Criança e do Adolescente), devendo citar o dirigente do programa e a direção da entidade ou órgão credenciado.

SEÇÃO III.
DOS PROGRAMAS DE PRIVAÇÃO DA LIBERDADE

Art. 15. São requisitos específicos para a inscrição de programas de regime de semiliberdade ou internação:

I – a comprovação da existência de estabelecimento educacional com instalações adequadas e em conformidade com as normas de referência;

II – a previsão do processo e dos requisitos para a escolha do dirigente;

III – a apresentação das atividades de natureza coletiva;

IV - a definição das estratégias para a gestão de conflitos, vedada a previsão de isolamento cautelar, exceto nos casos previstos no § 2º do art. 49 desta Lei; e

V – a previsão de regime disciplinar nos termos do art. 72 desta Lei.

Art. 16. A estrutura física da unidade deverá ser compatível com as normas de referência do Sinase.

§ 1º. É vedada a edificação de unidades socioeducacionais em espaços contíguos, anexos, ou de qualquer outra forma integrados a estabelecimentos penais.

§ 2º. A direção da unidade adotará, em caráter excepcional, medidas para proteção do interno em casos de risco à sua integridade física, à sua vida, ou à de outrem, comunicando, de imediato, seu defensor e o Ministério Público.

Art. 17. Para o exercício da função de dirigente de programa de atendimento em regime de semiliberdade ou de internação, além dos requisitos específicos previstos no respectivo programa de atendimento, é necessário:

I – formação de nível superior compatível com a natureza da função;

II – comprovada experiência no trabalho com adolescentes de, no mínimo, 2 (dois) anos; e

III – reputação ilibada.

CAPÍTULO V.
DA AVALIAÇÃO E ACOMPANHAMENTO DA GESTÃO DO ATENDIMENTO SOCIOEDUCATIVO

Art. 18. A União, em articulação com os Estados, o Distrito Federal e os Municípios, realizará avaliações periódicas da implementação dos Planos de Atendimento Socioeducativo em intervalos não superiores a 3 (três) anos.

§ 1º. O objetivo da avaliação é verificar o cumprimento das metas estabelecidas e elaborar recomendações aos gestores e operadores dos Sistemas.

§ 2º. O processo de avaliação deverá contar com a participação de representantes do Poder Judiciário, do Ministério Público, da Defensoria Pública e dos Conselhos Tutelares, na forma a ser definida em regulamento.

§ 3º. A primeira avaliação do Plano Nacional de Atendimento Socioeducativo realizar-se-á no terceiro ano de vigência desta Lei, cabendo ao Poder Legislativo federal acompanhar o trabalho por meio de suas comissões temáticas pertinentes.

Art. 19. É instituído o Sistema Nacional de Avaliação e Acompanhamento do Atendimento Socioeducativo, com os seguintes objetivos:

I – contribuir para a organização da rede de atendimento socioeducativo;

II – assegurar conhecimento rigoroso sobre as ações do atendimento socioeducativo e seus resultados;

III – promover a melhora da qualidade da gestão e do atendimento socioeducativo; e

IV – disponibilizar informações sobre o atendimento socioeducativo.

§ 1º. A avaliação abrangerá, no mínimo, a gestão, as entidades de atendimento, os programas e os resultados da execução das medidas socioeducativas.

§ 2º. Ao final da avaliação, será elaborado relatório contendo histórico e diagnóstico da situação, as recomendações e os prazos para que essas sejam cumpridas, além de outros elementos a serem definidos em regulamento.

§ 3º. O relatório da avaliação deverá ser encaminhado aos respectivos Conselhos de Direitos, Conselhos Tutelares e ao Ministério Público.

§ 4º. Os gestores e entidades têm o dever de colaborar com o processo de avaliação, facilitando o acesso às suas instalações, à documentação e a todos os elementos necessários ao seu efetivo cumprimento.

§ 5º. O acompanhamento tem por objetivo verificar o cumprimento das metas dos Planos de Atendimento Socioeducativo.

Art. 20. O Sistema Nacional de Avaliação e Acompanhamento da Gestão do Atendimento Socioeducativo assegurará, na metodologia a ser empregada:

I – a realização da autoavaliação dos gestores e das instituições de atendimento;

II – a avaliação institucional externa, contemplando a análise global e integrada das instalações físicas, relações institucionais, compromisso social, atividades e finalidades das instituições de atendimento e seus programas;

III – o respeito à identidade e à diversidade de entidades e programas;

IV – a participação do corpo de funcionários das entidades de atendimento e dos Conselhos Tutelares da área de atuação da entidade avaliada; e

V – o caráter público de todos os procedimentos, dados e resultados dos processos avaliativos.

Art. 21. A avaliação será coordenada por uma comissão permanente e realizada por comissões temporárias, essas compostas, no mínimo, por 3 (três) especialistas com reconhecida atuação na área temática e definidas na forma do regulamento.

Parágrafo único. É vedado à comissão permanente designar avaliadores:

I – que sejam titulares ou servidores dos órgãos gestores avaliados ou funcionários das entidades avaliadas;

II – que tenham relação de parentesco até o 3º grau com titulares ou servidores dos órgãos gestores avaliados e/ou funcionários das entidades avaliadas; e

III – que estejam respondendo a processos criminais.

Art. 22. A avaliação da gestão terá por objetivo:

I – verificar se o planejamento orçamentário e sua execução se processam de forma compatível com as necessidades do respectivo Sistema de Atendimento Socioeducativo;

II – verificar a manutenção do fluxo financeiro, considerando as necessidades operacionais do atendimento socioeducativo, as normas de referência e as condições previstas nos instrumentos jurídicos celebrados entre os órgãos gestores e as entidades de atendimento;

III – verificar a implementação de todos os demais compromissos assumidos por ocasião da celebração dos instrumentos jurídicos relativos ao atendimento socioeducativo; e

IV – a articulação interinstitucional e intersetorial das políticas.

Art. 23. A avaliação das entidades terá por objetivo identificar o perfil e o impacto de sua atuação, por meio de suas atividades, programas e projetos, considerando as diferentes dimensões institucionais e, entre elas, obrigatoriamente, as seguintes:

I – o plano de desenvolvimento institucional;

II – a responsabilidade social, considerada especialmente sua contribuição para a inclusão social e o desenvolvimento socioeconômico do adolescente e de sua família;

III – a comunicação e o intercâmbio com a sociedade;

IV – as políticas de pessoal quanto à qualificação, aperfeiçoamento, desenvolvimento profissional e condições de trabalho;

V – a adequação da infraestrutura física às normas de referência;

VI – o planejamento e a autoavaliação quanto aos processos, resultados, eficiência e eficácia do projeto pedagógico e da proposta socioeducativa;

VII – as políticas de atendimento para os adolescentes e suas famílias;

VIII – a atenção integral à saúde dos adolescentes em conformidade com as diretrizes do art. 60 desta Lei; e

IX – a sustentabilidade financeira.

Art. 24. A avaliação dos programas terá por objetivo verificar, no mínimo, o atendimento ao que determinam os arts. 94, 100, 117, 119, 120, 123 e 124 da Lei nº 8.069, de 13 de julho de 1990 (Estatuto da Criança e do Adolescente).

Art. 25. A avaliação dos resultados da execução de medida socioeducativa terá por objetivo, no mínimo:

I – verificar a situação do adolescente após cumprimento da medida socioeducativa, tomando por base suas perspectivas educacionais, sociais, profissionais e familiares; e

II – verificar reincidência de prática de ato infracional.

Art. 26. Os resultados da avaliação serão utilizados para:

I – planejamento de metas e eleição de prioridades do Sistema de Atendimento Socioeducativo e seu financiamento;

II – reestruturação e/ou ampliação da rede de atendimento socioeducativo, de acordo com as necessidades diagnosticadas;

III – adequação dos objetivos e da natureza do atendimento socioeducativo prestado pelas entidades avaliadas;

IV – celebração de instrumentos de cooperação com vistas à correção de problemas diagnosticados na avaliação;

V – reforço de financiamento para fortalecer a rede de atendimento socioeducativo;

VI – melhorar e ampliar a capacitação dos operadores do Sistema de Atendimento Socioeducativo; e

VII – os efeitos do art. 95 da Lei nº 8.069, de 13 de julho de 1990 (Estatuto da Criança e do Adolescente).

Parágrafo único. As recomendações originadas da avaliação deverão indicar prazo para seu cumprimento por parte das entidades de atendimento e dos gestores avaliados, ao fim do qual estarão sujeitos às medidas previstas no art. 28 desta Lei.

Art. 27. As informações produzidas a partir do Sistema Nacional de Informações sobre Atendimento Socioeducativo serão utilizadas para subsidiar a avaliação, o acompanhamento, a gestão e o financiamento dos Sistemas Nacional, Distrital, Estaduais e Municipais de Atendimento Socioeducativo.

CAPÍTULO VI. DA RESPONSABILIZAÇÃO DOS GESTORES, OPERADORES E ENTIDADES DE ATENDIMENTO

Art. 28. No caso do desrespeito, mesmo que parcial, ou do não cumprimento integral às diretrizes e determinações desta Lei, em todas as esferas, são sujeitos:

I – gestores, operadores e seus prepostos e entidades governamentais às medidas previstas no inciso I e no § 1º do art. 97 da Lei nº 8.069, de 13 de julho de 1990 (Estatuto da Criança e do Adolescente); e

II – entidades não governamentais, seus gestores, operadores e prepostos às medidas previstas no inciso II e no § 1º do art. 97 da Lei nº 8.069, de 13 de julho de 1990 (Estatuto da Criança e do Adolescente).

Parágrafo único. A aplicação das medidas previstas neste artigo dar-se-á a partir da análise de relatório circunstanciado elaborado após as avaliações, sem prejuízo do que determinam os arts. 191 a 197, 225 a 227, 230 a 236, 243 e 245 a 247 da Lei nº 8.069, de 13 de julho de 1990 (Estatuto da Criança e do Adolescente).

Art. 29. Àqueles que, mesmo não sendo agentes públicos, induzam ou concorram, sob qualquer forma, direta ou indireta, para o não cumprimento desta Lei, aplicam-se, no que couber, as penalidades dispostas na Lei nº 8.429, de 2 de junho de 1992, que dispõe sobre as sanções aplicáveis aos agentes públicos nos casos de enriquecimento ilícito no exercício de mandato, cargo, emprego ou função na administração pública direta, indireta ou fundacional e dá outras providências (Lei de Improbidade Administrativa).

CAPÍTULO VII. DO FINANCIAMENTO E DAS PRIORIDADES

Art. 30. O Sinase será cofinanciado com recursos dos orçamentos fiscal e da seguridade social, além de outras fontes.

§ 1º. (VETADO).

§ 2º. Os entes federados que tenham instituído seus sistemas de atendimento socioeducativo terão acesso aos recursos na forma de transferência adotada pelos órgãos integrantes do Sinase.

§ 3º. Os entes federados beneficiados com recursos dos orçamentos dos órgãos responsáveis pelas políticas integrantes do Sinase, ou de outras fontes, estão sujeitos às normas e procedimentos de monitoramento estabelecidos pelas instâncias dos órgãos das políticas setoriais envolvidas, sem prejuízo do disposto nos incisos IX e X do art. 4º, nos incisos V e VI do art. 5º e no art. 6º desta Lei.

Art. 31. Os Conselhos de Direitos, nas 3 (três) esferas de governo, definirão, anualmente, o percentual de recursos dos Fundos dos Direitos da Criança e do Adolescente a serem aplicados no financiamento das ações previstas nesta Lei, em especial para capacitação, sistemas de informação e de avaliação.

Parágrafo único. Os entes federados beneficiados com recursos do Fundo dos Direitos da Criança e do Adolescente para ações de atendimento socioeducativo prestarão informações sobre o desempenho dessas ações por meio do Sistema de Informações sobre Atendimento Socioeducativo.

Art. 32. A Lei nº 7.560, de 19 de dezembro de 1986, passa a vigorar com as seguintes alterações:

"Art. 5º Os recursos do Funad serão destinados:

(...)

X – às entidades governamentais e não governamentais integrantes do Sistema Nacional de Atendimento Socioeducativo (Sinase).

(...)"

"Art. 5º-A. A Secretaria Nacional de Políticas sobre Drogas (Senad), órgão gestor do Fundo Nacional Antidrogas (Funad), poderá financiar projetos das entidades do Sinase desde que:

I – o ente federado de vinculação da entidade que solicita o recurso possua o respectivo Plano de Atendimento Socioeducativo aprovado;

II – as entidades governamentais e não governamentais integrantes do Sinase que solicitem recursos tenham participado da avaliação nacional do atendimento socioeducativo;

III – o projeto apresentado esteja de acordo com os pressupostos da Política Nacional sobre Drogas e legislação específica."

Art. 33. A Lei nº 7.998, de 11 de janeiro de 1990, passa a vigorar acrescida do seguinte art. 19-A:

› Alteração incorporada ao texto da referida lei.

Art. 34. O art. 2º da Lei nº 5.537, de 21 de novembro de 1968, passa a vigorar acrescido do seguinte § 3º:

"Art. 2º (...)

(...)

§ 3º O fundo de que trata o art. 1º poderá financiar, na forma das resoluções de seu conselho deliberativo, programas e projetos de educação básica relativos ao Sistema Nacional de Atendimento Socioeducativo (Sinase) desde que:

I – o ente federado que solicitar o recurso possua o respectivo Plano de Atendimento Socioeducativo aprovado;

II – as entidades de atendimento vinculadas ao ente federado que solicitar o recurso tenham se submetido à avaliação nacional do atendimento socioeducativo; e

III – o ente federado tenha assinado o Plano de Metas Compromisso Todos pela Educação e elaborado o respectivo Plano de Ações Articuladas (PAR)."

TÍTULO II. DA EXECUÇÃO DAS MEDIDAS SOCIOEDUCATIVAS

CAPÍTULO I. DISPOSIÇÕES GERAIS

Art. 35. A execução das medidas socioeducativas reger-se-á pelos seguintes princípios:

I – legalidade, não podendo o adolescente receber tratamento mais gravoso do que o conferido ao adulto;

II – excepcionalidade da intervenção judicial e da imposição de medidas, favorecendo-se meios de autocomposição de conflitos;

III – prioridade a práticas ou medidas que sejam restaurativas e, sempre que possível, atendam às necessidades das vítimas;

IV – proporcionalidade em relação à ofensa cometida;

V – brevidade da medida em resposta ao ato cometido, em especial o respeito ao que dispõe o art. 122 da Lei nº 8.069, de 13 de julho de 1990 (Estatuto da Criança e do Adolescente);

VI – individualização, considerando-se a idade, capacidades e circunstâncias pessoais do adolescente;

VII – mínima intervenção, restrita ao necessário para a realização dos objetivos da medida;

VIII – não discriminação do adolescente, notadamente em razão de etnia, gênero, nacionalidade, classe social, orientação religiosa, política ou sexual, ou associação ou pertencimento a qualquer minoria ou status; e

IX – fortalecimento dos vínculos familiares e comunitários no processo socioeducativo.

CAPÍTULO II. DOS PROCEDIMENTOS

Art. 36. A competência para jurisdicionar a execução das medidas socioeducativas segue o determinado pelo art. 146 da Lei nº 8.069, de 13 de julho de 1990 (Estatuto da Criança e do Adolescente).

Art. 37. A defesa e o Ministério Público intervirão, sob pena de nulidade, no procedimento judicial de execução de medida socioeducativa, asseguradas aos seus membros as prerrogativas previstas na Lei nº 8.069, de 13 de julho de 1990 (Estatuto da Criança e do Adolescente), podendo requerer as providências necessárias para adequar a execução aos ditames legais e regulamentares.

Art. 38. As medidas de proteção, de advertência e de reparação do dano, quando aplicadas de forma isolada, serão executadas nos próprios autos do processo de conhecimento, respeitado o disposto nos arts. 143 e 144 da Lei nº 8.069, de 13 de julho de 1990 (Estatuto da Criança e do Adolescente).

Art. 39. Para aplicação das medidas socioeducativas de prestação de serviços à comunidade, liberdade assistida, semiliberdade ou internação, será constituído processo de execução para cada adolescente, respeitado o disposto nos arts. 143 e 144 da Lei nº 8.069, de 13 de julho de 1990 (Estatuto da Criança e do Adolescente), e com autuação das seguintes peças:

I – documentos de caráter pessoal do adolescente existentes no processo de conhecimento, especialmente os que comprovem sua idade; e

II – as indicadas pela autoridade judiciária, sempre que houver necessidade e, obrigatoriamente:

a) cópia da representação;

b) cópia da certidão de antecedentes;

c) cópia da sentença ou acórdão; e

d) cópia de estudos técnicos realizados durante a fase de conhecimento.

Parágrafo único. Procedimento idêntico será observado na hipótese de medida aplicada em sede de remissão, como forma de suspensão do processo.

Art. 40. Autuadas as peças, a autoridade judiciária encaminhará, imediatamente, cópia integral do expediente ao órgão gestor do atendimento socioeducativo, solicitando designação do programa ou da unidade de cumprimento da medida.

Art. 41. A autoridade judiciária dará vistas da proposta de plano individual de que trata o art. 53 desta Lei ao defensor e ao Ministério Público pelo prazo sucessivo de 3 (três) dias, contados do recebimento da proposta encaminhada pela direção do programa de atendimento.

§ 1º. O defensor e o Ministério Público poderão requerer, e o Juiz da Execução poderá determinar, de ofício, a realização de qualquer avaliação ou perícia que entenderem necessárias para complementação do plano individual.

§ 2º. A impugnação ou complementação do plano individual, requerida pelo defensor ou pelo Ministério Público, deverá ser fundamentada, podendo a autoridade judiciária indeferi-la, se entender insuficiente a motivação.

§ 3º. Admitida a impugnação, ou se entender que o plano é inadequado, a autoridade judiciária designará, se necessário, audiência da qual cientificará o defensor, o Ministério Público, a direção do programa de atendimento, o adolescente e seus pais ou responsável.

§ 4º. A impugnação não suspenderá a execução do plano individual, salvo determinação judicial em contrário.

§ 5º. Findo o prazo sem impugnação, considerar-se-á o plano individual homologado.

Art. 42. As medidas socioeducativas de liberdade assistida, de semiliberdade e de internação deverão ser reavaliadas no máximo a cada 6 (seis) meses, podendo a autoridade judiciária, se necessário, designar audiência, no prazo máximo de 10 (dez) dias, cientificando o defensor, o Ministério Público, a direção do programa de atendimento, o adolescente e seus pais ou responsável.

§ 1º. A audiência será instruída com o relatório da equipe técnica do programa de atendimento sobre a evolução do plano de que trata o art. 52 desta Lei e com qualquer outro parecer técnico requerido pelas partes e deferido pela autoridade judiciária.

§ 2º. A gravidade do ato infracional, os antecedentes e o tempo de duração da medida não são fatores que, por si, justifiquem a não substituição da medida por outra menos grave.

§ 3º. Considera-se mais grave a internação, em relação a todas as demais medidas, e mais grave a semiliberdade, em relação às medidas de meio aberto.

Art. 43. A reavaliação da manutenção, da substituição ou da suspensão das medidas de meio aberto ou de privação da liberdade e do respectivo plano individual pode ser solicitada a qualquer tempo, a pedido da direção do programa de atendimento, do defensor, do Ministério Público, do adolescente, de seus pais ou responsável.

§ 1º. Justifica o pedido de reavaliação, entre outros motivos:

I – o desempenho adequado do adolescente com base no seu plano de atendimento individual, antes do prazo da reavaliação obrigatória;

II – a inadaptação do adolescente ao programa e o reiterado descumprimento das atividades do plano individual; e

III – a necessidade de modificação das atividades do plano individual que importem em maior restrição da liberdade do adolescente.

§ 2º. A autoridade judiciária poderá indeferir o pedido, de pronto, se entender insuficiente a motivação.

§ 3º. Admitido o processamento do pedido, a autoridade judiciária, se necessário, designará audiência, observando o princípio do § 1º do art. 42 desta Lei.

§ 4º. A substituição por medida mais gravosa somente ocorrerá em situações excepcionais, após o devido processo legal, inclusive na hipótese do inciso III do art. 122 da Lei nº 8.069, de 13 de julho de 1990 (Estatuto da Criança e do Adolescente), e deve ser:

I – fundamentada em parecer técnico;

II - precedida de prévia audiência, e nos termos do § 1º do art. 42 desta Lei.

Art. 44. Na hipótese de substituição da medida ou modificação das atividades do plano individual, a autoridade judiciária remeterá o inteiro teor da decisão à direção do programa de atendimento, assim como as peças que entender relevantes à nova situação jurídica do adolescente.

Parágrafo único. No caso de a substituição da medida importar em vinculação do adolescente a outro programa de atendimento, o plano individual e o histórico do cumprimento da medida deverão acompanhar a transferência.

Art. 45. Se, no transcurso da execução, sobrevier sentença de aplicação de nova medida, a autoridade judiciária procederá à unificação, ouvidos, previamente, o Ministério Público e o defensor, no prazo de 3 (três) dias sucessivos, decidindo-se em igual prazo.

§ 1º. É vedado à autoridade judiciária determinar reinício de cumprimento de medida socioeducativa, ou deixar de considerar os prazos máximos, e de liberação compulsória previstos na Lei nº 8.069, de 13 de julho de 1990 (Estatuto da Criança e do Adolescente), excetuada a hipótese de medida aplicada por ato infracional praticado durante a execução.

§ 2º. É vedado à autoridade judiciária aplicar nova medida de internação, por atos infracionais praticados anteriormente, a adolescente que já tenha concluído cumprimento de medida socioeducativa dessa natureza, ou que tenha sido transferido para cumprimento de medida menos rigorosa, sendo tais atos absorvidos por aqueles aos quais se impôs a medida socioeducativa extrema.

Art. 46. A medida socioeducativa será declarada extinta:

I – pela morte do adolescente;

II – pela realização de sua finalidade;

III – pela aplicação de pena privativa de liberdade, a ser cumprida em regime fechado ou semiaberto, em execução provisória ou definitiva;

IV – pela condição de doença grave, que torne o adolescente incapaz de submeter-se ao cumprimento da medida; e

V – nas demais hipóteses previstas em lei.

§ 1º. No caso de o maior de 18 (dezoito) anos, em cumprimento de medida socioeducativa, responder a processo-crime, caberá à autoridade judiciária decidir sobre eventual extinção da execução, cientificando da decisão o juízo criminal competente.

§ 2º. Em qualquer caso, o tempo de prisão cautelar não convertida em pena privativa de liberdade deve ser descontado do prazo de cumprimento da medida socioeducativa.

Art. 47. O mandado de busca e apreensão do adolescente terá vigência máxima de 6 (seis) meses, a contar da data da expedição, podendo, se necessário, ser renovado, fundamentadamente.

Art. 48. O defensor, o Ministério Público, o adolescente e seus pais ou responsável poderão postular revisão judicial de qualquer sanção disciplinar aplicada, podendo a autoridade judiciária suspender a execução da sanção até decisão final do incidente.

§ 1º. Postulada a revisão após ouvida a autoridade colegiada que aplicou a sanção e havendo provas a produzir em audiência, procederá o magistrado na forma do § 1º do art. 42 desta Lei.

§ 2º. É vedada a aplicação de sanção disciplinar de isolamento a adolescente interno, exceto seja essa imprescindível para garantia da segurança de outros internos ou do próprio adolescente a quem seja imposta a sanção, sendo necessária ainda comunicação ao defensor, ao Ministério Público e à autoridade judiciária em até 24 (vinte e quatro) horas.

CAPÍTULO III.
DOS DIREITOS INDIVIDUAIS

Art. 49. São direitos do adolescente submetido ao cumprimento de medida socioeducativa, sem prejuízo de outros previstos em lei:

I – ser acompanhado por seus pais ou responsável e por seu defensor, em qualquer fase do procedimento administrativo ou judicial;

II – ser incluído em programa de meio aberto quando inexistir vaga para o cumprimento de medida de privação da liberdade, exceto nos casos de ato infracional cometido mediante grave ameaça ou violência à pessoa, quando o adolescente deverá ser internado em Unidade mais próxima de seu local de residência;

III – ser respeitado em sua personalidade, intimidade, liberdade de pensamento e religião e em todos os direitos não expressamente limitados na sentença;

IV – peticionar, por escrito ou verbalmente, diretamente a qualquer autoridade ou órgão público, devendo, obrigatoriamente, ser respondido em até 15 (quinze) dias;

V – ser informado, inclusive por escrito, das normas de organização e funcionamento do programa de atendimento e também das previsões de natureza disciplinar;

VI – receber, sempre que solicitar, informações sobre a evolução de seu plano individual, participando, obrigatoriamente, de sua elaboração e, se for o caso, reavaliação;

VII – receber assistência integral à sua saúde, conforme o disposto no art. 60 desta Lei; e

VIII – ter atendimento garantido em creche e pré-escola aos filhos de 0 (zero) a 5 (cinco) anos.

§ 1º. As garantias processuais destinadas a adolescente autor de ato infracional previstas na Lei nº 8.069, de 13 de julho de 1990 (Estatuto da Criança e do Adolescente), aplicam-se integralmente na execução das medidas socioeducativas, inclusive no âmbito administrativo.

§ 2º. A oferta irregular de programas de atendimento socioeducativo em meio aberto não poderá ser invocada como motivo para aplicação ou manutenção de medida de privação da liberdade.

Art. 50. Sem prejuízo do disposto no § 1º do art. 121 da Lei nº 8.069, de 13 de julho de 1990 (Estatuto da Criança e do Adolescente), a direção do programa de execução de medida de privação da liberdade poderá autorizar a saída, monitorada, do adolescente nos casos de tratamento médico, doença grave ou falecimento, devidamente comprovados, de pai, mãe, filho, cônjuge, companheiro ou irmão, com imediata comunicação ao juízo competente.

Art. 51. A decisão judicial relativa à execução de medida socioeducativa será proferida após manifestação do defensor e do Ministério Público.

CAPÍTULO IV. DO PLANO INDIVIDUAL DE ATENDIMENTO (PIA)

Art. 52. O cumprimento das medidas socioeducativas, em regime de prestação de serviços à comunidade, liberdade assistida, semiliberdade ou internação, dependerá de Plano Individual de Atendimento (PIA), instrumento de previsão, registro e gestão das atividades a serem desenvolvidas com o adolescente.

Parágrafo único. O PIA deverá contemplar a participação dos pais ou responsáveis, os quais têm o dever de contribuir com o processo ressocializador do adolescente, sendo esses passíveis de responsabilização administrativa, nos termos do art. 249 da Lei nº 8.069, de 13 de julho de 1990 (Estatuto da Criança e do Adolescente), civil e criminal.

Art. 53. O PIA será elaborado sob a responsabilidade da equipe técnica do respectivo programa de atendimento, com a participação efetiva do adolescente e de sua família, representada por seus pais ou responsável.

Art. 54. Constarão do plano individual, no mínimo:

I – os resultados da avaliação interdisciplinar;

II – os objetivos declarados pelo adolescente;

III – a previsão de suas atividades de integração social e/ou capacitação profissional;

IV – atividades de integração e apoio à família;

V – formas de participação da família para efetivo cumprimento do plano individual; e

VI – as medidas específicas de atenção à sua saúde.

Art. 55. Para o cumprimento das medidas de semiliberdade ou de internação, o plano individual conterá, ainda:

I – a designação do programa de atendimento mais adequado para o cumprimento da medida;

II – a definição das atividades internas e externas, individuais ou coletivas, das quais o adolescente poderá participar; e

III – a fixação das metas para o alcance de desenvolvimento de atividades externas.

Parágrafo único. O PIA será elaborado no prazo de até 45 (quarenta e cinco) dias da data do ingresso do adolescente no programa de atendimento.

Art. 56. Para o cumprimento das medidas de prestação de serviços à comunidade e de liberdade assistida, o PIA será elaborado no prazo de até 15 (quinze) dias do ingresso do adolescente no programa de atendimento.

Art. 57. Para a elaboração do PIA, a direção do respectivo programa de atendimento, pessoalmente ou por meio de membro da equipe técnica, terá acesso aos autos do procedimento de apuração do ato infracional e aos dos procedimentos de apuração de outros atos infracionais atribuídos ao mesmo adolescente.

§ 1º. O acesso aos documentos de que trata o *caput* deverá ser realizado por funcionário da entidade de atendimento, devidamente credenciado para tal atividade, ou por membro da direção, em conformidade com as normas a serem definidas pelo Poder Judiciário, de forma a preservar o que determinam os arts. 143 e 144 da Lei nº 8.069, de 13 de julho de 1990 (Estatuto da Criança e do Adolescente).

§ 2º. A direção poderá requisitar, ainda:

I – ao estabelecimento de ensino, o histórico escolar do adolescente e as anotações sobre o seu aproveitamento;

II – os dados sobre o resultado de medida anteriormente aplicada e cumprida em outro programa de atendimento; e

III – os resultados de acompanhamento especializado anterior.

Art. 58. Por ocasião da reavaliação da medida, é obrigatória a apresentação pela direção do programa de atendimento de relatório da equipe técnica sobre a evolução do adolescente no cumprimento do plano individual.

Art. 59. O acesso ao plano individual será restrito aos servidores do respectivo programa de atendimento, ao adolescente e a seus pais ou responsável, ao Ministério Público e ao defensor, exceto expressa autorização judicial.

CAPÍTULO V. DA ATENÇÃO INTEGRAL À SAÚDE DE ADOLESCENTE EM CUMPRIMENTO DE MEDIDA SOCIOEDUCATIVA

SEÇÃO I. DISPOSIÇÕES GERAIS

Art. 60. A atenção integral à saúde do adolescente no Sistema de Atendimento Socioeducativo seguirá as seguintes diretrizes:

I – previsão, nos planos de atendimento socioeducativo, em todas as esferas, da implantação de ações de promoção da saúde, com o objetivo de integrar as ações socioeducativas, estimulando a autonomia, a melhoria das relações interpessoais e o fortalecimento de redes de apoio aos adolescentes e suas famílias;

II – inclusão de ações e serviços para a promoção, proteção, prevenção de agravos e doenças e recuperação da saúde;

III – cuidados especiais em saúde mental, incluindo os relacionados ao uso de álcool e outras substâncias psicoativas, e atenção aos adolescentes com deficiências;

IV – disponibilização de ações de atenção à saúde sexual e reprodutiva e à prevenção de doenças sexualmente transmissíveis;

V – garantia de acesso a todos os níveis de atenção à saúde, por meio de referência e contrarreferência, de acordo com as normas do Sistema Único de Saúde (SUS);

VI – capacitação das equipes de saúde e dos profissionais das entidades de atendimento, bem como daqueles que atuam nas unidades de saúde de referência voltadas às especificidades de saúde dessa população e de suas famílias;

VII – inclusão, nos Sistemas de Informação de Saúde do SUS, bem como no Sistema de Informações sobre Atendimento Socioeducativo, de dados e indicadores de saúde da população de adolescentes em atendimento socioeducativo; e

VIII – estruturação das unidades de internação conforme as normas de referência do SUS e do Sinase, visando ao atendimento das necessidades de Atenção Básica.

Art. 61. As entidades que ofereçam programas de atendimento socioeducativo em meio aberto e de semiliberdade deverão prestar orientações aos socioeducandos sobre o acesso aos serviços e às unidades do SUS.

Art. 62. As entidades que ofereçam programas de privação de liberdade deverão contar com uma equipe mínima de profissionais de saúde cuja composição esteja em conformidade com as normas de referência do SUS.

Art. 63. (VETADO).

§ 1º. O filho de adolescente nascido nos estabelecimentos referidos no *caput* deste artigo não terá tal informação lançada em seu registro de nascimento.

§ 2º. Serão asseguradas as condições necessárias para que a adolescente submetida à execução de medida socioeducativa de privação de liberdade permaneça com o seu filho durante o período de amamentação.

SEÇÃO II. DO ATENDIMENTO A ADOLESCENTE COM TRANSTORNO MENTAL E COM DEPENDÊNCIA DE ÁLCOOL E DE SUBSTÂNCIA PSICOATIVA

Art. 64. O adolescente em cumprimento de medida socioeducativa que apresente indícios de transtorno mental, de deficiência mental, ou associadas, deverá ser avaliado por equipe técnica multidisciplinar e multissetorial.

§ 1º. As competências, a composição e a atuação da equipe técnica de que trata o *caput* deverão seguir, conjuntamente, as normas de referência do SUS e do Sinase, na forma do regulamento.

§ 2º. A avaliação de que trata o *caput* subsidiará a elaboração e execução da terapêutica a ser adotada, a qual será incluída no PIA do adolescente, prevendo, se necessário, ações voltadas para a família.

§ 3º. As informações produzidas na avaliação de que trata o *caput* são consideradas sigilosas.

§ 4º. Excepcionalmente, o juiz poderá suspender a execução da medida socioeducativa, ouvidos o defensor e o Ministério Público, com vistas a incluir o adolescente em programa de atenção integral à saúde mental que melhor atenda aos objetivos terapêuticos estabelecidos para o seu caso específico.

§ 5º. Suspensa a execução da medida socioeducativa, o juiz designará o responsável por acompanhar e informar sobre a evolução do atendimento ao adolescente.

§ 6º. A suspensão da execução da medida socioeducativa será avaliada, no mínimo, a cada 6 (seis) meses.

§ 7º. O tratamento a que se submeterá o adolescente deverá observar o previsto na Lei nº 10.216, de 6 de abril de 2001, que dispõe sobre a proteção e os direitos das pessoas portadoras de transtornos mentais e redireciona o modelo assistencial em saúde mental.

§ 8º. (VETADO).

Art. 65. Enquanto não cessada a jurisdição da Infância e Juventude, a autoridade judiciária, nas hipóteses tratadas no art. 64, poderá remeter cópia dos autos ao Ministério Público para eventual propositura de interdição e outras providências pertinentes.

Art. 66. (VETADO).

CAPÍTULO VI. DAS VISITAS A ADOLESCENTE EM CUMPRIMENTO DE MEDIDA DE INTERNAÇÃO

Art. 67. A visita do cônjuge, companheiro, pais ou responsáveis, parentes e amigos a adolescente a quem foi aplicada medida socioeducativa de internação observará dias e horários próprios definidos pela direção do programa de atendimento.

Art. 68. É assegurado ao adolescente casado ou que viva, comprovadamente, em união estável o direito à visita íntima.

Parágrafo único. O visitante será identificado e registrado pela direção do programa de atendimento, que emitirá documento de identificação, pessoal e intransferível, específico para a realização da visita íntima.

Art. 69. É garantido aos adolescentes em cumprimento de medida socioeducativa de internação o direito de receber visita dos filhos, independentemente da idade desses.

Art. 70. O regulamento interno estabelecerá as hipóteses de proibição da entrada de objetos na unidade de internação, vedando o acesso aos seus portadores.

CAPÍTULO VII. DOS REGIMES DISCIPLINARES

Art. 71. Todas as entidades de atendimento socioeducativo deverão, em seus respectivos regimentos, realizar a previsão de regime disciplinar que obedeça aos seguintes princípios:

I – tipificação explícita das infrações como leves, médias e graves e determinação das correspondentes sanções;

II – exigência da instauração formal de processo disciplinar para a aplicação de qualquer sanção, garantidos a ampla defesa e o contraditório;

III – obrigatoriedade de audiência do socioeducando nos casos em que seja necessária a instauração de processo disciplinar;

IV – sanção de duração determinada;

V – enumeração das causas ou circunstâncias que eximam, atenuem ou agravem a sanção a ser imposta ao socioeducando, bem como os requisitos para a extinção dessa;

VI – enumeração explícita das garantias de defesa;

VII – garantia de solicitação e rito de apreciação dos recursos cabíveis; e

VIII – apuração da falta disciplinar por comissão composta por, no mínimo, 3 (três) integrantes, sendo 1 (um), obrigatoriamente, oriundo da equipe técnica.

Art. 72. O regime disciplinar é independente da responsabilidade civil ou penal que advenha do ato cometido.

Art. 73. Nenhum socioeducando poderá desempenhar função ou tarefa de apuração disciplinar ou aplicação de sanção nas entidades de atendimento socioeducativo.

Art. 74. Não será aplicada sanção disciplinar sem expressa e anterior previsão legal ou regulamentar e o devido processo administrativo.

Art. 75. Não será aplicada sanção disciplinar ao socioeducando que tenha praticado a falta:

I – por coação irresistível ou por motivo de força maior;

II – em legítima defesa, própria ou de outrem.

CAPÍTULO VIII. DA CAPACITAÇÃO PARA O TRABALHO

Art. 76. O art. 2º do Decreto-Lei 4.048, de 22 de janeiro de 1942, passa a vigorar acrescido do seguinte § 1º, renumerando-se o atual parágrafo único para § 2º:

"Art. 2º (...)

§ 1º As escolas do Senai poderão ofertar vagas aos usuários do Sistema Nacional de Atendimento Socioeducativo (Sinase) nas condições a serem dispostas em instrumentos de cooperação celebrados entre os operadores do Senai e os gestores dos Sistemas de Atendimento Socioeducativo locais.

§ 2º (...)"

Art. 77. O art. 3º do Decreto-Lei nº 8.621, de 10 de janeiro de 1946, passa a vigorar acrescido do seguinte § 1º, renumerando-se o atual parágrafo único para § 2º:

"Art. 3º (...)

§ 1º As escolas do Senac poderão ofertar vagas aos usuários do Sistema Nacional de Atendimento Socioeducativo (Sinase) nas condições a serem dispostas em instrumentos de cooperação celebrados entre os operadores do Senac e os gestores dos Sistemas de Atendimento Socioeducativo locais.

§ 2º. (...)"

Art. 78. O art. 1º da Lei nº 8.315, de 23 de dezembro de 1991, passa a vigorar acrescido do seguinte parágrafo único:

"Art. 1º (...)

Parágrafo único. Os programas de formação profissional rural do Senar poderão ofertar vagas aos usuários do Sistema Nacional de Atendimento Socioeducativo (Sinase) nas condições a serem dispostas em instrumentos de cooperação celebrados entre os operadores do Senar e os gestores dos Sistemas de Atendimento Socioeducativo locais."

Art. 79. O art. 3º da Lei nº 8.706, de 14 de setembro de 1993, passa a vigorar acrescido do seguinte parágrafo único:

"Art. 3º (...)

Parágrafo único. Os programas de formação profissional do Senat poderão ofertar vagas aos usuários do Sistema Nacional de Atendimento Socioeducativo (Sinase) nas condições a serem dispostas em instrumentos de cooperação celebrados entre os operadores do Senat e os gestores dos Sistemas de Atendimento Socioeducativo locais."

Art. 80. O art. 429 do Decreto-Lei nº 5.452, de 1º de maio de 1943, passa a vigorar acrescido do seguinte § 2º:

› Alteração incorporada ao texto do referido Decreto-lei.

TÍTULO III. DISPOSIÇÕES FINAIS E TRANSITÓRIAS

Art. 81. As entidades que mantenham programas de atendimento têm o prazo de até 6 (seis) meses após a publicação desta Lei para encaminhar ao respectivo Conselho Estadual ou Municipal dos Direitos da Criança e do Adolescente proposta de adequação da sua inscrição, sob pena de interdição.

Art. 82. Os Conselhos dos Direitos da Criança e do Adolescente, em todos os níveis federados, com os órgãos responsáveis pelo sistema de educação pública e as entidades de atendimento, deverão, no prazo de 1 (um) ano a partir da publicação desta Lei, garantir a inserção de adolescentes em cumprimento de medida socioeducativa na rede pública de educação, em qualquer fase do período letivo, contemplando as diversas faixas etárias e níveis de instrução.

Art. 83. Os programas de atendimento socioeducativo sob a responsabilidade do Poder Judiciário serão, obrigatoriamente, transferidos ao Poder Executivo no prazo máximo de 1 (um) ano a partir da publicação desta Lei e de acordo com a política de oferta dos programas aqui definidos.

Art. 84. Os programas de internação e semiliberdade sob a responsabilidade dos Municípios serão, obrigatoriamente, transferidos para o Poder Executivo do respectivo Estado no prazo máximo de 1 (um) ano a partir da publicação desta Lei e de acordo com a política de oferta dos programas aqui definidos.

Art. 85. A não transferência de programas de atendimento para os devidos entes responsáveis, no prazo determinado nesta Lei, importará na interdição do programa e caracterizará ato de improbidade administrativa do agente responsável, vedada, ademais, ao Poder Judiciário e ao Poder Executivo municipal, ao final do referido prazo, a realização de despesas para a sua manutenção.

Art. 86. Os arts. 90, 97, 121, 122, 198 e 208 da Lei nº 8.069, de 13 de julho de 1990 (Estatuto da Criança e do Adolescente), passam a vigorar com a seguinte redação:

‣ Alteração incorporada ao texto da referida lei.

Art. 87. A Lei nº 8.069, de 13 de julho de 1990 (Estatuto da Criança e do Adolescente), passa a vigorar com as seguintes alterações:

‣ Alteração incorporada ao texto da referida lei.

Art. 88. O parágrafo único do art. 3º da Lei nº 12.213, de 20 de janeiro de 2010, passa a vigorar com a seguinte redação:

"Art. 3º (...)

Parágrafo único. A dedução a que se refere o *caput* deste artigo não poderá ultrapassar 1% (um por cento) do imposto devido."

Art. 89. (VETADO)

Art. 90. Esta Lei entra em vigor após decorridos 90 (noventa) dias de sua publicação oficial.

Brasília, 18 de janeiro de 2012; 191º da Independência e 124º da República.

DILMA ROUSSEFF

Publicação no D.O.U. 19.1.2012; ret. 20.1.2012

LEI Nº 12.662, DE 5 DE JUNHO DE 2012

Assegura validade nacional à Declaração de Nascido Vivo – DNV, regula sua expedição, altera a Lei nº 6.015, de 31 de dezembro de 1973, e dá outras providências.

‣ *Declaração de Nascido Vivo – DNV*

A PRESIDENTA DA REPÚBLICA Faço saber que o Congresso Nacional decreta e eu sanciono a seguinte Lei:

Art. 1º. Esta Lei regula a expedição e a validade nacional da Declaração de Nascido Vivo.

Art. 2º. A Declaração de Nascido Vivo tem validade em todo o território nacional até que seja lavrado o assento do registro do nascimento.

Art. 3º. A Declaração de Nascido Vivo será emitida para todos os nascimentos com vida ocorridos no País e será válida exclusivamente para fins de elaboração de políticas públicas e lavratura do assento de nascimento.

§ 1º. A Declaração de Nascido Vivo deverá ser emitida por profissional de saúde responsável pelo acompanhamento da gestação, do parto ou do recém-nascido, inscrito no Cadastro Nacional de Estabelecimentos de Saúde – CNES ou no respectivo Conselho profissional.

§ 2º. A Declaração de Nascido Vivo não substitui ou dispensa, em qualquer hipótese, o registro civil de nascimento, obrigatório e gratuito, nos termos da Lei.

Art. 4º. A Declaração de Nascido Vivo deverá conter número de identificação nacionalmente unificado, a ser gerado exclusivamente pelo Ministério da Saúde, além dos seguintes dados:

I – nome e prenome do indivíduo;

II – dia, mês, ano, hora e Município de nascimento;

III – sexo do indivíduo;

IV – informação sobre gestação múltipla, quando for o caso;

V – nome e prenome, naturalidade, profissão, endereço de residência da mãe e sua idade na ocasião do parto;

VI – nome e prenome do pai; e

VII – outros dados a serem definidos em regulamento.

§ 1º. O prenome previsto no inciso I não pode expor seu portador ao ridículo.

§ 2º. Caso não seja possível determinar a hora do nascimento, prevista no inciso II, admite-se a declaração da hora aproximada.

§ 3º. A declaração e o preenchimento dos dados do inciso VI são facultativos.

§ 4º. A Declaração de Nascido Vivo deverá conter inscrição indicando que o registro civil de nascimento permanece obrigatório, não sendo substituído por esse documento.

§ 5º. A Declaração de Nascido Vivo deverá conter campo para que sejam descritas, quando presentes, as anomalias ou malformações congênitas observadas. (*Incluído pela Lei 13.685/2018*).

Art. 5º. Os dados colhidos nas Declarações de Nascido Vivo serão consolidados em sistema de informação do Ministério da Saúde.

§ 1º. Os dados do sistema previsto no *caput* poderão ser compartilhados com outros órgãos públicos, para elaboração de estatísticas voltadas ao desenvolvimento, avaliação e monitoramento de políticas públicas, respeitadas as normas do Ministério da Saúde sobre acesso a informações que exigem confidencialidade.

§ 2º. O sistema previsto no *caput* deverá assegurar a interoperabilidade com o sistema de registro eletrônico determinado pela Lei nº 11.977, de 7 de julho de 2009, de modo a permitir a troca de dados com os serviços de registro civil de pessoas naturais.

§ 3º. O sistema previsto no *caput* deverá assegurar a interoperabilidade com o Sistema Nacional de Informações de Registro Civil (Sirc). (Incluído pela Lei nº 13.257, de 2016)

§ 4º. Os estabelecimentos de saúde públicos e privados que realizam partos terão prazo de 1 (um) ano para se interligarem, mediante sistema informatizado, às serventias de registro civil existentes nas unidades federativas que aderirem ao sistema interligado previsto em regramento do Conselho Nacional de Justiça (CNJ). (Incluído pela Lei nº 13.257, de 2016)

Art. 6º. Os arts. 49 e 54 da Lei nº 6.015, de 31 de dezembro de 1973, passam a vigorar com a seguinte redação:

‣ Alterações incorporadas ao texto da referida lei.

Art. 7º. Esta Lei entra em vigor na data de sua publicação.

Brasília, 5 de junho de 2012; 191º da Independência e 124º da República.

DILMA ROUSSEFF

Publicação no D.O.U. de 6.6.2012

LEI Nº 12.690, DE 19 DE JULHO DE 2012

Dispõe sobre a organização e o funcionamento das Cooperativas de Trabalho; institui o Programa Nacional de Fomento às Cooperativas de Trabalho – PRONACOOP; e revoga o parágrafo único do art. 442 da Consolidação das Leis do Trabalho – CLT, aprovada pelo Dec.-lei nº 5.452, de 1º de maio de 1943.

‣ *Cooperativas de trabalho*

A PRESIDENTA DA REPÚBLICA Faço saber que o Congresso Nacional decreta e eu sanciono a seguinte Lei:

CAPÍTULO I. DAS COOPERATIVAS DE TRABALHO

Art. 1º. A Cooperativa de Trabalho é regulada por esta Lei e, no que com ela não colidir, pelas Leis nºs 5.764, de 16 de dezembro de 1971, e 10.406, de 10 de janeiro de 2002 – Código Civil.

‣ CC: arts. 1.093 a 1.096.

Parágrafo único. Estão excluídas do âmbito desta Lei:

I – as cooperativas de assistência à saúde na forma da legislação de saúde suplementar;

II – as cooperativas que atuam no setor de transporte regulamentado pelo poder público e que detenham, por si ou por seus sócios, a qualquer título, os meios de trabalho;

III – as cooperativas de profissionais liberais cujos sócios exerçam as atividades em seus próprios estabelecimentos; e

IV – as cooperativas de médicos cujos honorários sejam pagos por procedimento.

Art. 2º. Considera-se Cooperativa de Trabalho a sociedade constituída por trabalhadores para o exercício de suas atividades laborativas ou profissionais com proveito comum, autonomia e autogestão para obterem melhor qualificação, renda, situação socioeconômica e condições gerais de trabalho.

§ 1º. A autonomia de que trata o *caput* deste artigo deve ser exercida de forma coletiva e coordenada, mediante a fixação, em Assembleia Geral, das regras de funcionamento da cooperativa e da forma de execução dos trabalhos, nos termos desta Lei.

§ 2º. Considera-se autogestão o processo democrático no qual a Assembleia Geral define as diretrizes para o funcionamento e as operações da cooperativa, e os sócios decidem sobre a forma de execução dos trabalhos, nos termos da lei.

Art. 3º. A Cooperativa de Trabalho rege-se pelos seguintes princípios e valores:

I – adesão voluntária e livre;

II – gestão democrática;

III – participação econômica dos membros;

IV – autonomia e independência;

V – educação, formação e informação;

VI – intercooperação;

VII – interesse pela comunidade;

VIII – preservação dos direitos sociais, do valor social do trabalho e da livre-iniciativa;

IX – não precarização do trabalho;

X – respeito às decisões de asssembleia, observado o disposto nesta Lei;

XI – participação na gestão em todos os níveis de decisão de acordo com o previsto em lei e no Estatuto Social.

Art. 4º. A Cooperativa de Trabalho pode ser:

I – de produção, quando constituída por sócios que contribuem com trabalho para a produção em comum de bens e a cooperativa detém, a qualquer título, os meios de produção; e

II – de serviço, quando constituída por sócios para a prestação de serviços especializados a terceiros, sem a presença dos pressupostos da relação de emprego.

Parágrafo único. (VETADO).

Art. 5º. A Cooperativa de Trabalho não pode ser utilizada para intermediação de mão de obra subordinada.

Parágrafo único. (VETADO).

Art. 6º. A Cooperativa de Trabalho poderá ser constituída com número mínimo de 7 (sete) sócios.

Art. 7º. A Cooperativa de Trabalho deve garantir aos sócios os seguintes direitos, além de outros que a Assembleia Geral venha a instituir:

I – retiradas não inferiores ao piso da categoria profissional e, na ausência deste, não inferiores ao salário mínimo, calculadas de forma proporcional às horas trabalhadas ou às atividades desenvolvidas;

II – duração do trabalho normal não superior a 8 (oito) horas diárias e 44 (quarenta e quatro) horas semanais, exceto quando a atividade, por sua natureza, demandar a prestação de trabalho por meio de plantões ou escalas, facultada a compensação de horários;

III – repouso semanal remunerado, preferencialmente aos domingos;

IV – repouso anual remunerado;

V – retirada para o trabalho noturno superior à do diurno;

VI – adicional sobre a retirada para as atividades insalubres ou perigosas;

VII – seguro de acidente de trabalho.

§ 1º. Não se aplica o disposto nos incisos III e IV do *caput* deste artigo nos casos em que as operações entre o sócio e a cooperativa sejam eventuais, salvo decisão assemblear em contrário.

§ 2º. A Cooperativa de Trabalho buscará meios, inclusive mediante provisionamento de recursos, com base em critérios que devem ser aprovados em Assembleia Geral, para assegurar os direitos previstos nos incisos I, III, IV, V, VI e VII do *caput* deste artigo e outros que a Assembleia Geral venha a instituir.

§ 3º. A Cooperativa de Trabalho, além dos fundos obrigatórios previstos em lei, poderá criar, em Assembleia Geral, outros fundos, inclusive rotativos, com recursos destinados a fins específicos, fixando o modo de formação, custeio, aplicação e liquidação.

§ 4º. (Vetado).

§ 5º. A Cooperativa de Trabalho constituída nos termos do inciso I do *caput* do art. 4º desta Lei poderá, em Assembleia Geral Extraordinária, estabelecer carência na fruição dos direitos previstos nos incisos I e VII do *caput* deste artigo.

§ 6º. As atividades identificadas com o objeto social da Cooperativa de Trabalho prevista no inciso II do *caput* do art. 4º desta Lei, quando prestadas fora do estabelecimento da cooperativa, deverão ser submetidas a uma coordenação com mandato nunca superior a 1 (um) ano ou ao prazo estipulado para a realização dessas atividades, eleita em reunião específica pelos sócios que se disponham a realizá-las, em que serão expostos os requisitos para sua consecução, os valores contratados e a retribuição pecuniária de cada sócio partícipe.

Art. 8º. As Cooperativas de Trabalho devem observar as normas de saúde e segurança do trabalho previstas na legislação em vigor e em atos normativos expedidos pelas autoridades competentes.

Art. 9º. O contratante da Cooperativa de Trabalho prevista no inciso II do *caput* do art. 4º desta Lei responde solidariamente pelo cumprimento das normas de saúde e segurança do trabalho quando os serviços forem prestados no seu estabelecimento ou em local por ele determinado.

CAPÍTULO II. DO FUNCIONAMENTO DAS COOPERATIVAS DE TRABALHO

Art. 10. A Cooperativa de Trabalho poderá adotar por objeto social qualquer gênero de serviço, operação ou atividade, desde que previsto no seu Estatuto Social.

§ 1º. É obrigatório o uso da expressão "Cooperativa de Trabalho" na denominação social da cooperativa.

§ 2º. A Cooperativa de Trabalho não poderá ser impedida de participar de procedimentos de licitação pública que tenham por escopo os mesmos serviços, operações e atividades previstas em seu objeto social.

§ 3º. A admissão de sócios na cooperativa estará limitada consoante as possibilidades de reunião, abrangência das operações, controle e prestação de serviços e congruente com o objeto estatuído.

§ 4º. Para o cumprimento dos seus objetivos sociais, o sócio poderá exercer qualquer atividade da cooperativa, conforme deliberado em Assembleia Geral.

Art. 11. Além da realização da Assembleia Geral Ordinária e Extraordinária para deliberar nos termos dos e sobre os assuntos previstos na Lei nº 5.764, de 16 de dezembro de 1971, e no Estatuto Social, a Cooperativa de Trabalho deverá realizar anualmente, no mínimo, mais uma Assembleia Geral Especial para deliberar, entre outros assuntos especificados no edital de convocação, sobre gestão da cooperativa, disciplina, direitos e deveres dos sócios, planejamento e resultado econômico dos projetos e contratos firmados e organização do trabalho.

§ 1º. O destino das sobras líquidas ou o rateio dos prejuízos será decidido em Assembleia Geral Ordinária.

§ 2º. As Cooperativas de Trabalho deverão estabelecer, em Estatuto Social ou Regimento Interno, incentivos à participação efetiva dos sócios na Assembleia Geral e eventuais sanções em caso de ausências injustificadas.

§ 3º. O quorum mínimo de instalação das Assembleias Gerais será de:

I – 2/3 (dois terços) do número de sócios, em primeira convocação;

II – metade mais 1 (um) dos sócios, em segunda convocação;

III – 50 (cinquenta) sócios ou, no mínimo, 20% (vinte por cento) do total de sócios, prevalecendo o menor número, em terceira convocação, exigida a presença de, no mínimo, 4 (quatro) sócios para as cooperativas que possuam até 19 (dezenove) sócios matriculados.

§ 4º. As decisões das assembleias serão consideradas válidas quando contarem com a aprovação da maioria absoluta dos sócios presentes.

§ 5º. Comprovada fraude ou vício nas decisões das assembleias, serão elas nulas de pleno direito, aplicando-se, conforme o caso, a legislação civil e penal.

§ 6º. A Assembleia Geral Especial de que trata este artigo deverá ser realizada no segundo semestre do ano.

Art. 12. A notificação dos sócios para participação das assembleias será pessoal e ocorrerá com antecedência mínima de 10 (dez) dias de sua realização.

§ 1º. Na impossibilidade de notificação pessoal, a notificação dar-se-á por via postal, respeitada a antecedência prevista no *caput* deste artigo.

§ 2º. Na impossibilidade de realização das notificações pessoal e postal, os sócios serão notificados mediante edital afixado na sede e em outros locais previstos nos estatutos e publicado em jornal de grande circulação na região da sede da cooperativa ou na região onde ela exerça suas atividades, respeitada a antecedência prevista no *caput* deste artigo.

Art. 13. É vedado à Cooperativa de Trabalho distribuir verbas de qualquer natureza entre os sócios, exceto a retirada devida em razão do exercício de sua atividade como sócio ou retribuição por conta de reembolso de despesas comprovadamente realizadas em proveito da Cooperativa.

Art. 14. A Cooperativa de Trabalho deverá deliberar, anualmente, na Assembleia Geral Ordinária, sobre a adoção ou não de diferentes faixas de retirada dos sócios.

Parágrafo único. No caso de fixação de faixas de retirada, a diferença entre as de maior e as de menor valor deverá ser fixada na Assembleia.

Art. 15. O Conselho de Administração será composto por, no mínimo, 3 (três) sócios, eleitos pela Assembleia Geral, para um prazo de gestão não superior a 4 (quatro) anos, sendo obrigatória a renovação de, no mínimo, 1/3 (um terço) do colegiado, ressalvada a hipótese do art. 16 desta Lei.

Art. 16. A Cooperativa de Trabalho constituída por até 19 (dezenove) sócios poderá estabelecer, em Estatuto Social, composição para o Conselho de Administração e para o Conselho Fiscal distinta da prevista nesta Lei e no art. 56 da Lei nº 5.764, de 16 de dezembro de 1971, assegurados, no mínimo, 3 (três) conselheiros fiscais.

CAPÍTULO III. DA FISCALIZAÇÃO E DAS PENALIDADES

Art. 17. Cabe ao Ministério do Trabalho e Emprego, no âmbito de sua competência, a fiscalização do cumprimento do disposto nesta Lei.

§ 1º. A Cooperativa de Trabalho que intermediar mão de obra subordinada e os contratantes de seus serviços estarão sujeitos à multa de R$ 500,00 (quinhentos reais) por trabalhador prejudicado, dobrada na reincidência, a ser revertida em favor do Fundo de Amparo ao Trabalhador – FAT.

§ 2º. Presumir-se-á intermediação de mão de obra subordinada a relação contratual estabelecida entre a empresa contratante e as Cooperativas de Trabalho que não cumprirem o disposto no § 6º do art. 7º desta Lei.

§ 3º. As penalidades serão aplicadas pela autoridade competente do Ministério do Trabalho e Emprego, de acordo com o estabelecido no TÍTULO VII da Consolidação das Leis do Trabalho – CLT, aprovada pelo Dec.-lei nº 5.452, de 1º de maio de 1943.

Art. 18. A constituição ou utilização de Cooperativa de Trabalho para fraudar deliberadamente a legislação trabalhista, previdenciária e o disposto nesta Lei acarretará aos responsáveis as sanções penais, cíveis e administrativas cabíveis, sem prejuízo da ação judicial visando à dissolução da Cooperativa.

§ 1º. (VETADO).

§ 2º. Fica inelegível para qualquer cargo em Cooperativa de Trabalho, pelo período de até 5 (cinco) anos, contado a partir da sentença transitada em julgado, o sócio, dirigente ou o administrador condenado pela prática das fraudes elencadas no *caput* deste artigo.

CAPÍTULO IV. DO PROGRAMA NACIONAL DE FOMENTO ÀS COOPERATIVAS DE TRABALHO – PRONACOOP

Art. 19. É instituído, no âmbito do Ministério do Trabalho e Emprego, o Programa Nacional de Fomento às Cooperativas de Trabalho – Pronacoop, com a finalidade de promover o desenvolvimento e a melhoria do desempenho econômico e social da Cooperativa de Trabalho.

Parágrafo único. O Pronacoop tem como finalidade apoiar:

I – a produção de diagnóstico e plano de desenvolvimento institucional para as Cooperativas de Trabalho dele participantes;

II – a realização de acompanhamento técnico visando ao fortalecimento financeiro, de gestão, de organização do processo produtivo ou de trabalho, bem como à qualificação dos recursos humanos;

III – a viabilização de linhas de crédito;

IV – o acesso a mercados e à comercialização da produção;

V – o fortalecimento institucional, a educação cooperativista e a constituição de cooperativas centrais, federações e confederações de cooperativas;

VI – outras ações que venham a ser definidas por seu Comitê Gestor no cumprimento da finalidade estabelecida no *caput* deste artigo.

Art. 20. É criado o Comitê Gestor do Pronacoop, com as seguintes atribuições:

I – acompanhar a implementação das ações previstas nesta Lei;

II – estabelecer as diretrizes e metas para o Pronacoop;

III – definir as normas operacionais para o Pronacoop;

IV – propor o orçamento anual do Pronacoop;

V – (VETADO);

VI – (VETADO).

§ 1º. O Comitê Gestor terá composição paritária entre o governo e entidades representativas do cooperativismo de trabalho.

§ 2º. O número de membros, a organização e o funcionamento do Comitê Gestor serão estabelecidos em regulamento.

Art. 21. O Ministério do Trabalho e Emprego poderá celebrar convênios, acordos, ajustes e outros instrumentos que objetivem a cooperação técnico-científica com órgãos do setor público e entidades privadas sem fins lucrativos, no âmbito do Pronacoop.

Art. 22. As despesas decorrentes da implementação do Pronacoop correrão à conta das dotações orçamentárias consignadas anualmente ao Ministério do Trabalho e Emprego.

Art. 23. Os recursos destinados às linhas de crédito do Pronacoop serão provenientes:

I – do Fundo de Amparo ao Trabalhador – FAT;

II – de recursos orçamentários da União; e

III – de outros recursos que venham a ser alocados pelo poder público.

Parágrafo único. O Conselho Deliberativo do Fundo de Amparo ao Trabalhador – Codefat definirá as diretrizes para a aplicação, no âmbito do Pronacoop, dos recursos oriundos do Fundo de Amparo ao Trabalhador – FAT.

Art. 24. As instituições financeiras autorizadas a operar com os recursos do Pronacoop poderão realizar operações de crédito destinadas a empreendimentos inscritos no Programa sem a exigência de garantias reais, que poderão ser substituídas por garantias alternativas, observadas as condições estabelecidas em regulamento.

Parágrafo único. (VETADO).

Art. 25. (VETADO).

CAPÍTULO V. DISPOSIÇÕES FINAIS

Art. 26. É instituída a Relação Anual de Informações das Cooperativas de Trabalho – RAICT, a ser preenchida pelas Cooperativas de Trabalho, anualmente, com informações relativas ao ano-base anterior.

Parágrafo único. O Poder Executivo regulamentará o modelo de formulário da RAICT, os critérios para entrega das informações e as responsabilidades institucionais sobre a coleta, processamento, acesso e divulgação das informações.

Art. 27. A Cooperativa de Trabalho constituída antes da vigência desta Lei terá prazo de 12 (doze) meses, contado de sua publicação, para adequar seus estatutos às disposições nela previstas.

Art. 28. A Cooperativa de Trabalho prevista no inciso II do *caput* do art. 4º desta Lei constituída antes da vigência desta Lei terá prazo de 12 (doze) meses, contado de sua publicação, para assegurar aos sócios as garantias previstas nos incisos I, IV, V, VI e VII do *caput* do art. 7º desta Lei, conforme deliberado em Assembleia Geral.

Art. 29. Esta Lei entra em vigor na data de sua publicação.

Art. 30. (VETADO).

Brasília, 19 de julho de 2012; 191º da Independência e 124º da República.

DILMA ROUSSEFF

Publicado no D.O.U. 20.7.2012

LEI Nº 12.694, DE 24 DE JULHO DE 2012

Dispõe sobre o processo e o julgamento colegiado em primeiro grau de jurisdição de crimes praticados por organizações criminosas; altera o Decreto-Lei nº 2.848, de 7 de dezembro de 1940 – Código Penal, o Decreto-Lei nº 3.689, de 3 de outubro de 1941 – Código de Processo Penal, e as Leis nºs 9.503, de 23 de setembro de 1997 – Código de Trânsito Brasileiro, e 10.826, de 22 de dezembro de 2003; e dá outras providências

- *Organização criminosa*

A PRESIDENTA DA REPÚBLICA Faço saber que o Congresso Nacional decreta e eu sanciono a seguinte Lei:

- Lei 12.850/2013 – Define organização criminosa e dispõe sobre a investigação criminal, os meios de obtenção da prova, infrações penais correlatas e o procedimento criminal.

Art. 1º. Em processos ou procedimentos que tenham por objeto crimes praticados por organizações criminosas, o juiz poderá decidir pela formação de colegiado para a prática de qualquer ato processual, especialmente:

I – decretação de prisão ou de medidas assecuratórias;

II – concessão de liberdade provisória ou revogação de prisão;

III – sentença;

IV – progressão ou regressão de regime de cumprimento de pena;

V – concessão de liberdade condicional;

VI – transferência de preso para estabelecimento prisional de segurança máxima; e

VII – inclusão do preso no regime disciplinar diferenciado.

§ 1º. O juiz poderá instaurar o colegiado, indicando os motivos e as circunstâncias que acarretam risco à sua integridade física em decisão fundamentada, da qual será dado conhecimento ao órgão correicional.

§ 2º. O colegiado será formado pelo juiz do processo e por 2 (dois) outros juízes escolhidos por sorteio eletrônico dentre aqueles de competência criminal em exercício no primeiro grau de jurisdição.

§ 3º. A competência do colegiado limita-se ao ato para o qual foi convocado.

§ 4º. As reuniões poderão ser sigilosas sempre que houver risco de que a publicidade resulte em prejuízo à eficácia da decisão judicial.

§ 5º. A reunião do colegiado composto por juízes domiciliados em cidades diversas poderá ser feita pela via eletrônica.

§ 6º. As decisões do colegiado, devidamente fundamentadas e firmadas, sem exceção, por todos os seus integrantes, serão publicadas sem qualquer referência a voto divergente de qualquer membro.

§ 7º. Os tribunais, no âmbito de suas competências, expedirão normas regulamentando a composição do colegiado e os procedimentos a serem adotados para o seu funcionamento.

Art. 1º-A. Os Tribunais de Justiça e os Tribunais Regionais Federais poderão instalar, nas comarcas sedes de Circunscrição ou Seção Judiciária, mediante resolução, Varas Criminais Colegiadas com competência para o processo e julgamento: (Incluído pela Lei 13.964/2019)

I - de crimes de pertinência a organizações criminosas armadas ou que tenham armas à disposição;

II - do crime do art. 288-A do Decreto-Lei nº 2.848, de 7 de dezembro de 1940 (Código Penal); e

III - das infrações penais conexas aos crimes a que se referem os incisos I e II do *caput* deste artigo.

§ 1º As Varas Criminais Colegiadas terão competência para todos os atos jurisdicionais no decorrer da investigação, da ação penal e da execução da pena, inclusive a transferência do preso para estabelecimento prisional de segurança máxima ou para regime disciplinar diferenciado.

§ 2º Ao receber, segundo as regras normais de distribuição, processos ou procedimentos que tenham por objeto os crimes mencionados no *caput* deste artigo, o juiz deverá declinar da competência e remeter os autos, em qualquer fase em que se encontrem, à Vara Criminal Colegiada de sua Circunscrição ou Seção Judiciária.

§ 3º Feita a remessa mencionada no § 2º deste artigo, a Vara Criminal Colegiada terá competência para todos os atos processuais posteriores, incluindo os da fase de execução.

Art. 2º. Para os efeitos desta Lei, considera-se organização criminosa a associação, de 3 (três) ou mais pessoas, estruturalmente ordenada e caracterizada pela divisão de tarefas, ainda que informalmente, com objetivo de obter, direta ou indiretamente, vantagem de qualquer natureza, mediante a prática de crimes cuja pena máxima seja igual ou superior a 4 (quatro) anos ou que sejam de caráter transnacional.

Art. 3º. Os tribunais, no âmbito de suas competências, são autorizados a tomar medidas para reforçar a segurança dos prédios da Justiça, especialmente:

I – controle de acesso, com identificação, aos seus prédios, especialmente aqueles com varas criminais, ou às áreas dos prédios com varas criminais;

II – instalação de câmeras de vigilância nos seus prédios, especialmente nas varas criminais e áreas adjacentes;

III – instalação de aparelhos detectores de metais, aos quais se devem submeter todos que queiram ter acesso aos seus prédios, especialmente às varas criminais ou às respectivas salas de audiência, ainda que exerçam qualquer cargo ou função pública, ressalvados os integrantes de missão policial, a escolta de presos e os agentes ou inspetores de segurança próprios.

Art. 4º. O art. 91 do Decreto-Lei nº 2.848, de 7 de dezembro de 1940 – Código Penal, passa a vigorar acrescido dos seguintes §§ 1º e 2º:

- Alteração incorporada ao texto do Decreto-lei.

Art. 5º. O Decreto-Lei nº 3.689, de 3 de outubro de 1941 – Código de Processo Penal, passa a vigorar acrescido do seguinte art. 144-A:

- Alteração incorporada ao texto do Decreto-lei.

Art. 6º. O art. 115 da Lei nº 9.503, de 23 de setembro de 1997 – Código de Trânsito Brasileiro, passa a vigorar acrescido do seguinte § 7º:

- Alteração incorporada ao texto da Lei.

Art. 7º. O art. 6º da Lei nº 10.826, de 22 de dezembro de 2003, passa a vigorar acrescido do seguinte inciso XI:

- Alteração incorporada ao texto da Lei.

Art. 8º. A Lei nº 10.826, de 22 de dezembro de 2003, passa a vigorar acrescida do seguinte art. 7º-A:

- Alteração incorporada ao texto da Lei.

Art. 9º. Diante de situação de risco, decorrente do exercício da função, das autoridades judiciais ou membros do Ministério Público e de seus familiares, o fato será comunicado à polícia judiciária, que avaliará a necessidade, o alcance e os parâmetros da proteção pessoal.

§ 1º. A proteção pessoal será prestada de acordo com a avaliação realizada pela polícia judiciária e após a comunicação à autoridade judicial ou ao membro do Ministério Público, conforme o caso:

I – pela própria polícia judiciária;

II – pelos órgãos de segurança institucional;

III – por outras forças policiais;

IV – de forma conjunta pelos citados nos incisos I, II e III.

§ 2º. Será prestada proteção pessoal imediata nos casos urgentes, sem prejuízo da adequação da medida, segundo a avaliação a que se referem o *caput* e o § 1º deste artigo.

§ 3º. A prestação de proteção pessoal será comunicada ao Conselho Nacional de Justiça ou ao Conselho Nacional do Ministério Público, conforme o caso.

§ 4º. Verificado o descumprimento dos procedimentos de segurança definidos pela polícia judiciária, esta encaminhará relatório ao Conselho Nacional de Justiça – CNJ ou ao Conselho Nacional do Ministério Público – CNMP.

Art. 10. Esta Lei entra em vigor após decorridos 90 (noventa) dias de sua publicação oficial.

Brasília, 24 de julho de 2012; 191º da Independência e 124º da República.

DILMA ROUSSEFF

Publicado no D.O.U. de 25.7.2012

LEI Nº 12.741, DE 8 DE DEZEMBRO DE 2012

Dispõe sobre as medidas de esclarecimento ao consumidor, de que trata o § 5º do artigo 150 da Constituição Federal; altera o inciso III do art. 6º e o inciso IV do art. 106 da Lei nº 8.078, de 11 de setembro de 1990 – Código de Defesa do Consumidor.

▸ *Medidas de esclarecimento ao consumidor*

A PRESIDENTA DA REPÚBLICA Faço saber que o Congresso Nacional decreta e eu sanciono a seguinte Lei:

▸ Decreto 8.264/2014 – Regulamenta a Lei 12.741/2012, que dispõe sobre as medidas de esclarecimento ao consumidor quanto à carga tributária incidente sobre mercadorias e serviços.

Art. 1º. Emitidos por ocasião da venda ao consumidor de mercadorias e serviços, em todo território nacional, deverá constar, dos documentos fiscais ou equivalentes, a informação do valor aproximado correspondente à totalidade dos tributos federais, estaduais e municipais, cuja incidência influi na formação dos respectivos preços de venda.

§ 1º. A apuração do valor dos tributos incidentes deverá ser feita em relação a cada mercadoria ou serviço, separadamente, inclusive nas hipóteses de regimes jurídicos tributários diferenciados dos respectivos fabricantes, varejistas e prestadores de serviços, quando couber.

§ 2º. A informação de que trata este artigo poderá constar de painel afixado em local visível do estabelecimento, ou por qualquer outro meio eletrônico ou impresso, de forma a demonstrar o valor ou percentual, ambos aproximados, dos tributos incidentes sobre todas as mercadorias ou serviços postos à venda.

§ 3º. Na hipótese do § 2º, as informações a serem prestadas serão elaboradas em termos de percentuais sobre o preço a ser pago, quando se tratar de tributo com alíquota ad valorem, ou em valores monetários (no caso de alíquota específica); no caso de se utilizar meio eletrônico, este deverá estar disponível ao consumidor no âmbito do estabelecimento comercial.

§ 4º. (VETADO).

§ 5º. Os tributos que deverão ser computados são os seguintes:

I – Imposto sobre Operações relativas à Circulação de Mercadorias e sobre Prestações de Serviços de Transporte Interestadual e Intermunicipal e de Comunicação (ICMS);

II – Imposto sobre Serviços de Qualquer Natureza (ISS);

III – Imposto sobre Produtos Industrializados (IPI);

IV – Imposto sobre Operações de Crédito, Câmbio e Seguro, ou Relativas a Títulos ou Valores Mobiliários (IOF);

V – (VETADO);

VI – (VETADO);

VII – Contribuição Social para o Programa de Integração Social (PIS) e para o Programa de Formação do Patrimônio do Servidor Público (Pasep) – (PIS/Pasep);

VIII – Contribuição para o Financiamento da Seguridade Social (Cofins);

IX – Contribuição de Intervenção no Domínio Econômico, incidente sobre a importação e a comercialização de petróleo e seus derivados, gás natural e seus derivados, e álcool etílico combustível (Cide).

§ 6º. Serão informados ainda os valores referentes ao imposto de importação, PIS/Pasep/Importação e Cofins/Importação, na hipótese de produtos cujos insumos ou componentes sejam oriundos de operações de comércio exterior e representem percentual superior a 20% (vinte por cento) do preço de venda.

§ 7º. Na hipótese de incidência do imposto sobre a importação, nos termos do § 6º, bem como da incidência do Imposto sobre Produtos Industrializados – IPI, todos os fornecedores constantes das diversas cadeias produtivas deverão fornecer aos adquirentes, em meio magnético, os valores dos 2 (dois) tributos individualizados por item comercializado.

§ 8º. Em relação aos serviços de natureza financeira, quando não seja legalmente prevista a emissão de documento fiscal, as informações de que trata este artigo deverão ser feitas em tabelas afixadas nos respectivos estabelecimentos.

§ 9º. (VETADO).

§ 10. A indicação relativa ao IOF (prevista no inciso IV do § 5º) restringe-se aos produtos financeiros sobre os quais incida diretamente aquele tributo.

§ 11. A indicação relativa ao PIS e à Cofins (incisos VII e VIII do § 5º), limitar-se-á à tributação incidente sobre a operação de venda ao consumidor.

§ 12. Sempre que o pagamento de pessoal constituir item de custo direto do serviço ou produto fornecido ao consumidor, deve ser divulgada, ainda, a contribuição previdenciária dos empregados e dos empregadores incidente, alocada ao serviço ou produto.

Art. 2º. Os valores aproximados de que trata o art. 1º serão apurados sobre cada operação, e poderão, a critério das empresas vendedoras, ser calculados e fornecidos, semestralmente, por instituição de âmbito nacional reconhecidamente idônea, voltada primordialmente à apuração e análise de dados econômicos.

Art. 3º. O inciso III do art. 6º da Lei nº 8.078, de 11 de setembro de 1990, passa a vigorar com a seguinte redação:

▸ Alteração incorporada ao texto da referida lei.

Art. 4º. (VETADO).

Art. 5º. Decorrido o prazo de 12 (doze) meses, contado do início de vigência desta Lei, o descumprimento de suas disposições sujeitará o infrator às sanções previstas no CAPÍTULO VII do TÍTULO I da Lei nº 8.078, de 11 de setembro de 1990. (Redação dada pela Lei nº 12.868, de 2013)

Art. 6º. Esta Lei entra em vigor 6 (seis) meses após a data de sua publicação.

Brasília, 8 de dezembro de 2012; 191º da Independência e 124º da República.

DILMA ROUSSEFF

Publicado no D.O.U. 10.12.2012

DECRETO Nº 7.962, DE 15 DE MARÇO DE 2013

Regulamenta a Lei nº 8.078, de 11 de setembro de 1990, para dispor sobre a contratação no comércio eletrônico.

▸ *Comércio eletrônico*

A PRESIDENTA DA REPÚBLICA, no uso da atribuição que lhe confere o art. 84, *caput*, inciso IV, da Constituição, e tendo em vista o disposto na Lei nº 8.078, de 11 de setembro de 1990, decreta:

▸ Lei 8.078/1990: arts. 6º, 30 e 31.

Art. 1º. Este Decreto regulamenta a Lei nº 8.078, de 11 de setembro de 1990, para dispor sobre a contratação no comércio eletrônico, abrangendo os seguintes aspectos:

I – informações claras a respeito do produto, serviço e do fornecedor;

II – atendimento facilitado ao consumidor; e

III – respeito ao direito de arrependimento.

Art. 2º. Os sítios eletrônicos ou demais meios eletrônicos utilizados para oferta ou conclusão de contrato de consumo devem disponibilizar, em local de destaque e de fácil visualização, as seguintes informações:

I – nome empresarial e número de inscrição do fornecedor, quando houver, no Cadastro Nacional de Pessoas Físicas ou no Cadastro Nacional de Pessoas Jurídicas do Ministério da Fazenda;

II – endereço físico e eletrônico, e demais informações necessárias para sua localização e contato;

III – características essenciais do produto ou do serviço, incluídos os riscos à saúde e à segurança dos consumidores;

IV – discriminação, no preço, de quaisquer despesas adicionais ou acessórias, tais como as de entrega ou seguros;

V – condições integrais da oferta, incluídas modalidades de pagamento, disponibilidade, forma e prazo da execução do serviço ou da entrega ou disponibilização do produto; e

VI – informações claras e ostensivas a respeito de quaisquer restrições à fruição da oferta.

Art. 3º. Os sítios eletrônicos ou demais meios eletrônicos utilizados para ofertas de compras coletivas ou modalidades análogas de contratação deverão conter, além das informações previstas no art. 2º, as seguintes:

I – quantidade mínima de consumidores para a efetivação do contrato;

II – prazo para utilização da oferta pelo consumidor; e

III – identificação do fornecedor responsável pelo sítio eletrônico e do fornecedor do produto ou serviço ofertado, nos termos dos incisos I e II do art. 2º.

Art. 4º. Para garantir o atendimento facilitado ao consumidor no comércio eletrônico, o fornecedor deverá:

I – apresentar sumário do contrato antes da contratação, com as informações necessárias ao pleno exercício do direito de escolha do consumidor, enfatizadas as cláusulas que limitem direitos;

II – fornecer ferramentas eficazes ao consumidor para identificação e correção imediata de erros ocorridos nas etapas anteriores à finalização da contratação;

III – confirmar imediatamente o recebimento da aceitação da oferta;

IV – disponibilizar o contrato ao consumidor em meio que permita sua conservação e reprodução, imediatamente após a contratação;

V – manter serviço adequado e eficaz de atendimento em meio eletrônico, que possibilite ao consumidor a resolução de demandas referentes a informação, dúvida, reclamação, suspensão ou cancelamento do contrato;

VI – confirmar imediatamente o recebimento das demandas do consumidor referidas no inciso, pelo mesmo meio empregado pelo consumidor; e

VII – utilizar mecanismos de segurança eficazes para pagamento e para tratamento de dados do consumidor.

Parágrafo único. A manifestação do fornecedor às demandas previstas no inciso V do *caput* será encaminhada em até 5 (cinco) dias ao consumidor.

Art. 5º. O fornecedor deve informar, de forma clara e ostensiva, os meios adequados e eficazes para o exercício do direito de arrependimento pelo consumidor.

‣ Lei 8.078/1990: art. 49.

§ 1º. O consumidor poderá exercer seu direito de arrependimento pela mesma ferramenta utilizada para a contratação, sem prejuízo de outros meios disponibilizados.

§ 2º. O exercício do direito de arrependimento implica a rescisão dos contratos acessórios, sem qualquer ônus para o consumidor.

§ 3º. O exercício do direito de arrependimento será comunicado imediatamente pelo fornecedor à instituição financeira ou à administradora do cartão de crédito ou similar, para que:

I – a transação não seja lançada na fatura do consumidor; ou

II – seja efetivado o estorno do valor, caso o lançamento na fatura já tenha sido realizado.

§ 4º. O fornecedor deve enviar ao consumidor confirmação imediata do recebimento da manifestação de arrependimento.

Art. 6º. As contratações no comércio eletrônico deverão observar o cumprimento das condições da oferta, com a entrega dos produtos e serviços contratados, observados prazos, quantidade, qualidade e adequação.

Art. 7º. A inobservância das condutas descritas neste Decreto ensejará aplicação das sanções previstas no art. 56 da Lei nº 8.078, de 1990.

Art. 8º. O Decreto nº 5.903, de 20 de setembro de 2006, passa a vigorar com as seguintes alterações:

"Art. 10. (...)

Parágrafo único. O disposto nos arts. 2º, 3º e 9º deste Decreto aplica-se às contratações no comércio eletrônico."

Art. 9º. Este Decreto entra em vigor 60 (sessenta) dias após a data de sua publicação.

Brasília, 15 de março de 2013; 192º da Independência e 125º da República.

DILMA ROUSSEFF

Publicado D.O.U. 15.3.2013 (ed. Extra)

LEI COMPLEMENTAR Nº 142, DE 8 DE MAIO DE 2013

Regulamenta o § 1º do art. 201 da Constituição Federal, no tocante à aposentadoria da pessoa com deficiência segurada do Regime Geral de Previdência Social – RGPS.

‣ *Aposentadoria da pessoa com deficiência*

‣ Lei 13.146/2015 – Estatuto da Pessoa com Deficiência.

A PRESIDENTA DA REPÚBLICA Faço saber que o Congresso Nacional decreta e eu sanciono a seguinte Lei Complementar:

Art. 1º. Esta Lei Complementar regulamenta a concessão de aposentadoria da pessoa com deficiência segurada do Regime Geral de Previdência Social – RGPS de que trata o § 1º do art. 201 da Constituição Federal.

Art. 2º. Para o reconhecimento do direito à aposentadoria de que trata esta Lei Complementar, considera-se pessoa com deficiência aquela que tem impedimentos de longo prazo de natureza física, mental, intelectual ou sensorial, os quais, em interação com diversas barreiras, podem obstruir sua participação plena e efetiva na sociedade em igualdade de condições com as demais pessoas.

Art. 3º. É assegurada a concessão de aposentadoria pelo RGPS ao segurado com deficiência, observadas as seguintes condições:

I – aos 25 (vinte e cinco) anos de tempo de contribuição, se homem, e 20 (vinte) anos, se mulher, no caso de segurado com deficiência grave;

II – aos 29 (vinte e nove) anos de tempo de contribuição, se homem, e 24 (vinte e quatro) anos, se mulher, no caso de segurado com deficiência moderada;

III – aos 33 (trinta e três) anos de tempo de contribuição, se homem, e 28 (vinte e oito) anos, se mulher, no caso de segurado com deficiência leve; ou

IV – aos 60 (sessenta) anos de idade, se homem, e 55 (cinquenta e cinco) anos de idade, se mulher, independentemente do grau de deficiência, desde que cumprido tempo mínimo de contribuição de 15 (quinze) anos e comprovada a existência de deficiência durante igual período.

Parágrafo único. Regulamento do Poder Executivo definirá as deficiências grave, moderada e leve para os fins desta Lei Complementar.

Art. 4º. A avaliação da deficiência será médica e funcional, nos termos do Regulamento.

Art. 5º. O grau de deficiência será atestado por perícia própria do Instituto Nacional do Seguro Social – INSS, por meio de instrumentos desenvolvidos para esse fim.

Art. 6º. A contagem de tempo de contribuição na condição de segurado com deficiência será objeto de comprovação, exclusivamente, na forma desta Lei Complementar.

§ 1º. A existência de deficiência anterior à data da vigência desta Lei Complementar deverá ser certificada, inclusive quanto ao seu grau, por ocasião da primeira avaliação, sendo obrigatória a fixação da data provável do início da deficiência.

§ 2º. A comprovação de tempo de contribuição na condição de segurado com deficiência em período anterior à entrada em vigor desta Lei Complementar não será admitida por meio de prova exclusivamente testemunhal.

Art. 7º. Se o segurado, após a filiação ao RGPS, tornar-se pessoa com deficiência, ou tiver seu grau de deficiência alterado, os parâmetros mencionados no art. 3º serão proporcionalmente ajustados, considerando-se o número de anos em que o segurado exerceu atividade laboral sem deficiência e com deficiência, observado o grau de deficiência correspondente, nos termos do regulamento a que se refere o parágrafo único do art. 3º desta Lei Complementar.

Art. 8º. A renda mensal da aposentadoria devida ao segurado com deficiência será calculada aplicando-se sobre o salário de benefício, apurado em conformidade com o disposto no art. 29 da Lei nº 8.213, de 24 de julho de 1991, os seguintes percentuais:

I – 100% (cem por cento), no caso da aposentadoria de que tratam os incisos I, II e III do art. 3º; ou

II – 70% (setenta por cento) mais 1% (um por cento) do salário de benefício por grupo de 12 (doze) contribuições mensais até o máximo de 30% (trinta por cento), no caso de aposentadoria por idade.

Art. 9º. Aplicam-se à pessoa com deficiência de que trata esta Lei Complementar:

I – o fator previdenciário nas aposentadorias, se resultar em renda mensal de valor mais elevado;

II – a contagem recíproca do tempo de contribuição na condição de segurado com deficiência relativa à filiação ao RGPS, ao regime próprio de previdência do servidor público ou a regime de previdência militar, devendo os regimes compensar-se financeiramente;

III – as regras de pagamento e de recolhimento das contribuições previdenciárias contidas na Lei nº 8.212, de 24 de julho de 1991;

IV – as demais normas relativas aos benefícios do RGPS;

V – a percepção de qualquer outra espécie de aposentadoria estabelecida na Lei nº 8.213, de 24 de julho de 1991, que lhe seja mais vantajosa do que as opções apresentadas nesta Lei Complementar.

Art. 10. A redução do tempo de contribuição prevista nesta Lei Complementar não poderá ser acumulada, no tocante ao mesmo período contributivo, com a redução assegurada aos casos de atividades exercidas sob condições especiais que prejudiquem a saúde ou a integridade física.

Art. 11. Esta Lei Complementar entra em vigor após decorridos 6 (seis) meses de sua publicação oficial.

Brasília, 8 de maio de 2013; 192º da Independência e 125º da República.

DILMA ROUSSEFF

Publicado no D.O.U. 9.5.2013

RESOLUÇÃO CNJ Nº 175, DE 14 DE MAIO DE 2013

Dispõe sobre a habilitação, celebração de casamento civil, ou de conversão de união estável em casamento, entre pessoas de mesmo sexo.

› *União homoafetiva*

O PRESIDENTE DO CONSELHO NACIONAL DE JUSTIÇA, no uso de suas atribuições constitucionais e regimentais,

CONSIDERANDO a decisão do plenário do Conselho Nacional de Justiça, tomada no julgamento do Ato Normativo 0002626-65.2013.2.00.0000, na 169ª Sessão Ordinária, realizada em 14 de maio de 2013;

CONSIDERANDO que o Supremo Tribunal Federal, nos acórdãos prolatados em julgamento da ADPF 132/RJ e da ADI 4277/DF, reconheceu a inconstitucionalidade de distinção de tratamento legal às uniões estáveis constituídas por pessoas de mesmo sexo;

CONSIDERANDO que as referidas decisões foram proferidas com eficácia vinculante à administração pública e aos demais órgãos do Poder Judiciário;

CONSIDERANDO que o Superior Tribunal de Justiça, em julgamento do RESP 1.183.378/RS, decidiu inexistir óbices legais à celebração de casamento entre pessoas de mesmo sexo;

CONSIDERANDO a competência do Conselho Nacional de Justiça, prevista no art. 103-B, da Constituição Federal de 1988; resolve:

Art. 1º. É vedada às autoridades competentes a recusa de habilitação, celebração de casamento civil ou de conversão de união estável em casamento entre pessoas de mesmo sexo.

Art. 2º. A recusa prevista no artigo 1º implicará a imediata comunicação ao respectivo juiz corregedor para as providências cabíveis.

Art. 3º. Esta resolução entra em vigor na data de sua publicação.

Ministro JOAQUIM BARBOSA

Presidente

D.J. de 15.5.2013

LEI Nº 12.830, DE 20 DE JUNHO DE 2013

Dispõe sobre a investigação criminal conduzida pelo delegado de polícia.

› *Investigação criminal conduzida pelo delegado de polícia*

A PRESIDENTA DA REPÚBLICA Faço saber que o Congresso Nacional decreta e eu sanciono a seguinte Lei:

› CF/88: art. 144, IV, e §§ 4º e 6º.

› Lei 13.441/2017 – Altera a Lei 8.069/1990 (Estatuto da Criança e do Adolescente), para prever a infiltração de agentes de polícia na internet com o fim de investigar crimes contra a dignidade sexual de criança e de adolescente.

Art. 1º. Esta Lei dispõe sobre a investigação criminal conduzida pelo delegado de polícia.

› CPP: arts. 4º a 23.

Art. 2º. As funções de polícia judiciária e a apuração de infrações penais exercidas pelo delegado de polícia são de natureza jurídica, essenciais e exclusivas de Estado.

§ 1º. Ao delegado de polícia, na qualidade de autoridade policial, cabe a condução da investigação criminal por meio de inquérito policial ou outro procedimento previsto em lei, que tem como objetivo a apuração das circunstâncias, da materialidade e da autoria das infrações penais.

§ 2º. Durante a investigação criminal, cabe ao delegado de polícia a requisição de perícia, informações, documentos e dados que interessem à apuração dos fatos.

§ 3º. (VETADO).

§ 4º. O inquérito policial ou outro procedimento previsto em lei em curso somente poderá ser avocado ou redistribuído por superior hierárquico, mediante despacho fundamentado, por motivo de interesse público ou nas hipóteses de inobservância dos procedimentos previstos em regulamento da corporação que prejudique a eficácia da investigação.

§ 5º. A remoção do delegado de polícia dar-se-á somente por ato fundamentado.

§ 6º. O indiciamento, privativo do delegado de polícia, dar-se-á por ato fundamentado, mediante análise técnico-jurídica do fato, que deverá indicar a autoria, materialidade e suas circunstâncias.

Art. 3º. O cargo de delegado de polícia é privativo de bacharel em Direito, devendo-lhe ser dispensado o mesmo tratamento protocolar que recebem os magistrados, os membros da Defensoria Pública e do Ministério Público e os advogados.

Art. 4º. Esta Lei entra em vigor na data de sua publicação.

Brasília, 20 de junho de 2013; 192º da Independência e 125º da República.

DILMA ROUSSEFF

Publicado no D.O.U. 21.6.2013

LEI Nº 12.846, DE 1º DE AGOSTO DE 2013

Dispõe sobre a responsabilização administrativa e civil de pessoas jurídicas pela prática de atos contra a administração pública, nacional ou estrangeira, e dá outras providências.

› *Lei Anticorrupção*

A PRESIDENTA DA REPÚBLICA Faço saber que o Congresso Nacional decreta e eu sanciono a seguinte Lei:

CAPÍTULO I. DISPOSIÇÕES GERAIS

› Decreto 8.420/2015 – Regulamenta a Lei 12.846/2013.

Art. 1º. Esta Lei dispõe sobre a responsabilização objetiva administrativa e civil de pessoas jurídicas pela prática de atos contra a administração pública, nacional ou estrangeira.

› CF/88: art. 37, § 6º.

› CC: arts. 927 a 954.

Parágrafo único. Aplica-se o disposto nesta Lei às sociedades empresárias e às sociedades simples, personificadas ou não, independentemente da forma de organização ou modelo societário adotado, bem como a quaisquer fundações, associações de entidades ou pessoas, ou sociedades estrangeiras, que tenham sede, filial ou representação no território brasileiro, constituídas de fato ou de direito, ainda que temporariamente.

Art. 2º. As pessoas jurídicas serão responsabilizadas objetivamente, nos âmbitos administrativo e civil, pelos atos lesivos previstos nesta Lei praticados em seu interesse ou benefício, exclusivo ou não.

› CF/88: art. 37, § 6º.

Art. 3º. A responsabilização da pessoa jurídica não exclui a responsabilidade individual de seus dirigentes ou administradores ou de qualquer pessoa natural, autora, coautora ou partícipe do ato ilícito.

§ 1º. A pessoa jurídica será responsabilizada independentemente da responsabilização individual das pessoas naturais referidas no *caput*.

§ 2º. Os dirigentes ou administradores somente serão responsabilizados por atos ilícitos na medida da sua culpabilidade.

Art. 4º. Subsiste a responsabilidade da pessoa jurídica na hipótese de alteração contratual, transformação, incorporação, fusão ou cisão societária.

§ 1º. Nas hipóteses de fusão e incorporação, a responsabilidade da sucessora será restrita à obrigação de pagamento de multa e reparação integral do dano causado, até o limite do patrimônio transferido, não lhe sendo aplicáveis as demais sanções previstas nesta Lei decorrentes de atos e fatos ocorridos antes da data da fusão ou incorporação, exceto no caso de simulação ou evidente intuito de fraude, devidamente comprovados.

§ 2º. As sociedades controladoras, controladas, coligadas ou, no âmbito do respectivo contrato, as consorciadas serão solidariamente responsáveis pela prática dos atos previstos nesta Lei, restringindo-se tal responsabilidade à obrigação de pagamento de multa e reparação integral do dano causado.

CAPÍTULO II. DOS ATOS LESIVOS À ADMINISTRAÇÃO PÚBLICA NACIONAL OU ESTRANGEIRA

Art. 5º. Constituem atos lesivos à administração pública, nacional ou estrangeira, para os fins desta Lei, todos aqueles praticados pelas pessoas jurídicas mencionadas no parágrafo único do art. 1º, que atentem contra o patrimônio público nacional ou estrangeiro, contra princípios da administração pública ou contra os compromissos internacionais assumidos pelo Brasil, assim definidos:

I – prometer, oferecer ou dar, direta ou indiretamente, vantagem indevida a agente público, ou a terceira pessoa a ele relacionada;

II – comprovadamente, financiar, custear, patrocinar ou de qualquer modo subvencionar a prática dos atos ilícitos previstos nesta Lei;

III – comprovadamente, utilizar-se de interposta pessoa física ou jurídica para ocultar ou dissimular seus reais interesses ou a identidade dos beneficiários dos atos praticados;

IV – no tocante a licitações e contratos:

a) frustrar ou fraudar, mediante ajuste, combinação ou qualquer outro expediente, o caráter competitivo de procedimento licitatório público;

b) impedir, perturbar ou fraudar a realização de qualquer ato de procedimento licitatório público;

c) afastar ou procurar afastar licitante, por meio de fraude ou oferecimento de vantagem de qualquer tipo;

d) fraudar licitação pública ou contrato dela decorrente;

e) criar, de modo fraudulento ou irregular, pessoa jurídica para participar de licitação pública ou celebrar contrato administrativo;

f) obter vantagem ou benefício indevido, de modo fraudulento, de modificações ou prorrogações de contratos celebrados com a administração pública, sem autorização em lei, no ato convocatório da licitação pública ou nos respectivos instrumentos contratuais; ou

g) manipular ou fraudar o equilíbrio econômico-financeiro dos contratos celebrados com a administração pública;

V – dificultar atividade de investigação ou fiscalização de órgãos, entidades ou agentes públicos, ou intervir em sua atuação, inclusive no âmbito das agências reguladoras e dos órgãos de fiscalização do sistema financeiro nacional.

§ 1º. Considera-se administração pública estrangeira os órgãos e entidades estatais ou representações diplomáticas de país estrangeiro, de qualquer nível ou esfera de governo, bem como as pessoas jurídicas controladas, direta ou indiretamente, pelo poder público de país estrangeiro.

§ 2º. Para os efeitos desta Lei, equiparam-se à administração pública estrangeira as organizações públicas internacionais.

§ 3º. Considera-se agente público estrangeiro, para os fins desta Lei, quem, ainda que transitoriamente ou sem remuneração, exerça cargo, emprego ou função pública em órgãos, entidades estatais ou em representações diplomáticas de país estrangeiro, assim como em pessoas jurídicas controladas, direta ou indiretamente, pelo poder público de país estrangeiro ou em organizações públicas internacionais.

CAPÍTULO III. DA RESPONSABILIZAÇÃO ADMINISTRATIVA

Art. 6º. Na esfera administrativa, serão aplicadas às pessoas jurídicas consideradas responsáveis pelos atos lesivos previstos nesta Lei as seguintes sanções:

I – multa, no valor de 0,1% (um décimo por cento) a 20% (vinte por cento) do faturamento bruto do último exercício anterior ao da instauração do processo administrativo, excluídos os tributos, a qual nunca será inferior à vantagem auferida, quando for possível sua estimação; e

II – publicação extraordinária da decisão condenatória.

§ 1º. As sanções serão aplicadas fundamentadamente, isolada ou cumulativamente, de acordo com as peculiaridades do caso concreto e com a gravidade e natureza das infrações.

§ 2º. A aplicação das sanções previstas neste artigo será precedida da manifestação jurídica elaborada pela Advocacia Pública ou pelo órgão de assistência jurídica, ou equivalente, do ente público.

§ 3º. A aplicação das sanções previstas neste artigo não exclui, em qualquer hipótese, a obrigação da reparação integral do dano causado.

§ 4º. Na hipótese do inciso I do *caput*, caso não seja possível utilizar o critério do valor do faturamento bruto da pessoa jurídica, a multa será de R$ 6.000,00 (seis mil reais) a R$ 60.000.000,00 (sessenta milhões de reais).

§ 5º. A publicação extraordinária da decisão condenatória ocorrerá na forma de extrato de sentença, a expensas da pessoa jurídica, em meios de comunicação de grande circulação na área da prática da infração e de atuação da pessoa jurídica ou, na sua falta, em publicação de circulação nacional, bem como por meio de afixação de edital, pelo prazo mínimo de 30 (trinta) dias, no próprio estabelecimento ou no local de exercício da atividade, de modo visível ao público, e no sítio eletrônico na rede mundial de computadores.

§ 6º. (VETADO).

Art. 7º. Serão levados em consideração na aplicação das sanções:

I – a gravidade da infração;

II – a vantagem auferida ou pretendida pelo infrator;

III – a consumação ou não da infração;

IV – o grau de lesão ou perigo de lesão;

V – o efeito negativo produzido pela infração;

VI – a situação econômica do infrator;

VII – a cooperação da pessoa jurídica para a apuração das infrações;

VIII – a existência de mecanismos e procedimentos internos de integridade, auditoria e incentivo à denúncia de irregularidades e a aplicação efetiva de códigos de ética e de conduta no âmbito da pessoa jurídica;

IX – o valor dos contratos mantidos pela pessoa jurídica com o órgão ou entidade pública lesados; e

X – (VETADO).

Parágrafo único. Os parâmetros de avaliação de mecanismos e procedimentos previstos no inciso VIII do *caput* serão estabelecidos em regulamento do Poder Executivo federal.

CAPÍTULO IV. DO PROCESSO ADMINISTRATIVO DE RESPONSABILIZAÇÃO

Art. 8º. A instauração e o julgamento de processo administrativo para apuração da responsabilidade de pessoa jurídica cabem à autoridade máxima de cada órgão ou entidade dos Poderes Executivo, Legislativo e Judiciário, que agirá de ofício ou mediante provocação, observados o contraditório e a ampla defesa.

§ 1º. A competência para a instauração e o julgamento do processo administrativo de apuração de responsabilidade da pessoa jurídica poderá ser delegada, vedada a subdelegação.

§ 2º. No âmbito do Poder Executivo federal, a Controladoria-Geral da União – CGU terá competência concorrente para instaurar processos administrativos de responsabilização de pessoas jurídicas ou para avocar os processos instaurados com fundamento nesta Lei, para exame de sua regularidade ou para corrigir-lhes o andamento.

▸ Lei 13.341/2016: art. 1º, III (extinguiu a Controladoria-Geral da União).

Art. 9º. Competem à Controladoria-Geral da União – CGU a apuração, o processo e o julgamento dos atos ilícitos previstos nesta Lei, praticados contra a administração pública estrangeira, observado o disposto no Artigo 4 da Convenção sobre o Combate da Corrupção de Funcionários Públicos Estrangeiros em Transações Comerciais Internacionais, promulgada pelo Decreto nº 3.678, de 30 de novembro de 2000.

▸ Lei 13.341/2016: art. 1º, III (extinguiu a Controladoria-Geral da União).

Art. 10. O processo administrativo para apuração da responsabilidade de pessoa jurídica será conduzido por comissão designada pela autoridade instauradora e composta por 2 (dois) ou mais servidores estáveis.

§ 1º. O ente público, por meio do seu órgão de representação judicial, ou equivalente, a pedido da comissão a que se refere o *caput*, poderá requerer as medidas judiciais necessárias para a investigação e o processamento das infrações, inclusive de busca e apreensão.

§ 2º. A comissão poderá, cautelarmente, propor à autoridade instauradora que suspenda os efeitos do ato ou processo objeto da investigação.

§ 3º. A comissão deverá concluir o processo no prazo de 180 (cento e oitenta) dias contados da data da publicação do ato que a instituir e, ao final, apresentar relatórios sobre os fatos apurados e eventual responsabilidade da pessoa jurídica, sugerindo de forma motivada as sanções a serem aplicadas.

§ 4º. O prazo previsto no § 3º poderá ser prorrogado, mediante ato fundamentado da autoridade instauradora.

Art. 11. No processo administrativo para apuração de responsabilidade, será concedido à pessoa jurídica prazo de 30 (trinta) dias para defesa, contados a partir da intimação.

Art. 12. O processo administrativo, com o relatório da comissão, será remetido à autoridade instauradora, na forma do art. 10, para julgamento.

Art. 13. A instauração de processo administrativo específico de reparação integral do dano não prejudica a aplicação imediata das sanções estabelecidas nesta Lei.

Parágrafo único. Concluído o processo e não havendo pagamento, o crédito apurado será inscrito em dívida ativa da fazenda pública.

Art. 14. A personalidade jurídica poderá ser desconsiderada sempre que utilizada com abuso do direito para facilitar, encobrir ou dissimular a prática dos atos ilícitos previstos nesta Lei ou para provocar confusão patrimonial, sendo estendidos todos os efeitos das sanções aplicadas à pessoa jurídica aos seus administradores e sócios com poderes de administração, observados o contraditório e a ampla defesa.

Art. 15. A comissão designada para apuração da responsabilidade de pessoa jurídica, após a conclusão do procedimento administrativo, dará conhecimento ao Ministério Público de sua existência, para apuração de eventuais delitos.

CAPÍTULO V. DO ACORDO DE LENIÊNCIA

- Lei 12.850/2013 – Define organização criminosa e dispõe sobre a investigação criminal, os meios de obtenção da prova, infrações penais correlatas e o procedimento criminal.
- Lei 12.529/2011: arts. 86 e 87.

Art. 16. A autoridade máxima de cada órgão ou entidade pública poderá celebrar acordo de leniência com as pessoas jurídicas responsáveis pela prática dos atos previstos nesta Lei que colaborem efetivamente com as investigações e o processo administrativo, sendo que dessa colaboração resulte:

I – a identificação dos demais envolvidos na infração, quando couber; e

II – a obtenção célere de informações e documentos que comprovem o ilícito sob apuração.

§ 1º. O acordo de que trata o *caput* somente poderá ser celebrado se preenchidos, cumulativamente, os seguintes requisitos:

I – a pessoa jurídica seja a primeira a se manifestar sobre seu interesse em cooperar para a apuração do ato ilícito;

II – a pessoa jurídica cesse completamente seu envolvimento na infração investigada a partir da data de propositura do acordo;

III – a pessoa jurídica admita sua participação no ilícito e coopere plena e permanentemente com as investigações e o processo administrativo, comparecendo, sob suas expensas, sempre que solicitada, a todos os atos processuais, até seu encerramento.

2º. A celebração do acordo de leniência isentará a pessoa jurídica das sanções previstas no inciso II do art. 6º e no inciso IV do art. 19 e reduzirá em até 2/3 (dois terços) o valor da multa aplicável.

§ 3º. O acordo de leniência não exime a pessoa jurídica da obrigação de reparar integralmente o dano causado.

§ 4º. O acordo de leniência estipulará as condições necessárias para assegurar a efetividade da colaboração e o resultado útil do processo.

§ 5º. Os efeitos do acordo de leniência serão estendidos às pessoas jurídicas que integram o mesmo grupo econômico, de fato e de direito, desde que firmem o acordo em conjunto, respeitadas as condições nele estabelecidas.

§ 6º. A proposta de acordo de leniência somente se tornará pública após a efetivação do respectivo acordo, salvo no interesse das investigações e do processo administrativo.

§ 7º. Não importará em reconhecimento da prática do ato ilícito investigado a proposta de acordo de leniência rejeitada.

§ 8º. Em caso de descumprimento do acordo de leniência, a pessoa jurídica ficará impedida de celebrar novo acordo pelo prazo de 3 (três) anos contados do conhecimento pela administração pública do referido descumprimento.

§ 9º. A celebração do acordo de leniência interrompe o prazo prescricional dos atos ilícitos previstos nesta Lei.

§ 10. A Controladoria-Geral da União – CGU é o órgão competente para celebrar os acordos de leniência no âmbito do Poder Executivo federal, bem como no caso de atos lesivos praticados contra a administração pública estrangeira.

- Lei 13.341/2016: art. 1º, III (extinguiu a Controladoria-Geral da União).

Art. 17. A administração pública poderá também celebrar acordo de leniência com a pessoa jurídica responsável pela prática de ilícitos previstos na Lei nº 8.666, de 21 de junho de 1993, com vistas à isenção ou atenuação das sanções administrativas estabelecidas em seus arts. 86 a 88.

CAPÍTULO VI. DA RESPONSABILIZAÇÃO JUDICIAL

Art. 18. Na esfera administrativa, a responsabilidade da pessoa jurídica não afasta a possibilidade de sua responsabilização na esfera judicial.

Art. 19. Em razão da prática de atos previstos no art. 5º desta Lei, a União, os Estados, o Distrito Federal e os Municípios, por meio das respectivas Advocacias Públicas ou órgãos de representação judicial, ou equivalentes, e o Ministério Público, poderão ajuizar ação com vistas à aplicação das seguintes sanções às pessoas jurídicas infratoras:

I – perdimento dos bens, direitos ou valores que representem vantagem ou proveito direta ou indiretamente obtidos da infração, ressalvado o direito do lesado ou de terceiro de boa-fé;

II – suspensão ou interdição parcial de suas atividades;

III – dissolução compulsória da pessoa jurídica;

IV – proibição de receber incentivos, subsídios, subvenções, doações ou empréstimos de órgãos ou entidades públicas e de instituições financeiras públicas ou controladas pelo poder público, pelo prazo mínimo de 1 (um) e máximo de 5 (cinco) anos.

§ 1º. A dissolução compulsória da pessoa jurídica será determinada quando comprovado:

I – ter sido a personalidade jurídica utilizada de forma habitual para facilitar ou promover a prática de atos ilícitos; ou

II – ter sido constituída para ocultar ou dissimular interesses ilícitos ou a identidade dos beneficiários dos atos praticados.

§ 2º. (VETADO).

§ 3º. As sanções poderão ser aplicadas de forma isolada ou cumulativa.

§ 4º. O Ministério Público ou a Advocacia Pública ou órgão de representação judicial, ou equivalente, do ente público poderá requerer a indisponibilidade de bens, direitos ou valores necessários à garantia do pagamento da multa ou da reparação integral do dano causado, conforme previsto no art. 7º, ressalvado o direito do terceiro de boa-fé.

Art. 20. Nas ações ajuizadas pelo Ministério Público, poderão ser aplicadas as sanções previstas no art. 6º, sem prejuízo daquelas previstas neste Capítulo, desde que constatada a omissão das autoridades competentes para promover a responsabilização administrativa.

Art. 21. Nas ações de responsabilização judicial, será adotado o rito previsto na Lei nº 7.347, de 24 de julho de 1985.

Parágrafo único. A condenação torna certa a obrigação de reparar, integralmente, o dano causado pelo ilícito, cujo valor será apurado em posterior liquidação, se não constar expressamente da sentença.

CAPÍTULO VII. DISPOSIÇÕES FINAIS

Art. 22. Fica criado no âmbito do Poder Executivo federal o Cadastro Nacional de Empresas Punidas - CNEP, que reunirá e dará publicidade às sanções aplicadas pelos órgãos ou entidades dos Poderes Executivo, Legislativo e Judiciário de todas as esferas de governo com base nesta Lei.

§ 1º. Os órgãos e entidades referidos no *caput* deverão informar e manter atualizados, no Cnep, os dados relativos às sanções por eles aplicadas.

§ 2º. O Cnep conterá, entre outras, as seguintes informações acerca das sanções aplicadas:

I – razão social e número de inscrição da pessoa jurídica ou entidade no Cadastro Nacional da Pessoa Jurídica – CNPJ;

II – tipo de sanção; e

III – data de aplicação e data final da vigência do efeito limitador ou impeditivo da sanção, quando for o caso.

§ 3º. As autoridades competentes, para celebrarem acordos de leniência previstos nesta Lei, também deverão prestar e manter atualizadas no Cnep, após a efetivação do respectivo acordo, as informações acerca do acordo de leniência celebrado, salvo se esse procedimento vier a causar prejuízo às investigações e ao processo administrativo.

§ 4º. Caso a pessoa jurídica não cumpra os termos do acordo de leniência, além das informações previstas no § 3º, deverá ser incluída no Cnep referência ao respectivo descumprimento.

§ 5º. Os registros das sanções e acordos de leniência serão excluídos depois de decorrido o prazo previamente estabelecido no ato sancionador ou do cumprimento integral do acordo de leniência e da reparação do eventual dano causado, mediante solicitação do órgão ou entidade sancionadora.

Art. 23. Os órgãos ou entidades dos Poderes Executivo, Legislativo e Judiciário de todas as esferas de governo deverão informar e manter atualizados, para fins de publicidade, no Cadastro Nacional de Empresas Inidôneas e Suspensas – CEIS, de caráter público, instituído no âmbito do Poder Executivo federal, os dados relativos às sanções por eles aplicadas, nos termos do disposto nos arts. 87 e 88 da Lei nº 8.666, de 21 de junho de 1993.

Art. 24. A multa e o perdimento de bens, direitos ou valores aplicados com fundamento nesta Lei serão destinados preferencialmente aos órgãos ou entidades públicas lesadas.

Art. 25. Prescrevem em 5 (cinco) anos as infrações previstas nesta Lei, contados da data da ciência da infração ou, no caso de infração permanente ou continuada, do dia em que tiver cessado.

Parágrafo único. Na esfera administrativa ou judicial, a prescrição será interrompida com a instauração de processo que tenha por objeto a apuração da infração.

Art. 26. A pessoa jurídica será representada no processo administrativo na forma do seu estatuto ou contrato social.

§ 1º. As sociedades sem personalidade jurídica serão representadas pela pessoa a quem couber a administração de seus bens.

§ 2º. A pessoa jurídica estrangeira será representada pelo gerente, representante ou administrador de sua filial, agência ou sucursal aberta ou instalada no Brasil.

Art. 27. A autoridade competente que, tendo conhecimento das infrações previstas nesta Lei, não adotar providências para a apuração dos fatos será responsabilizada penal, civil e administrativamente nos termos da legislação específica aplicável.

Art. 28. Esta Lei aplica-se aos atos lesivos praticados por pessoa jurídica brasileira contra a administração pública estrangeira, ainda que cometidos no exterior.

Art. 29. O disposto nesta Lei não exclui as competências do Conselho Administrativo de Defesa Econômica, do Ministério da Justiça e do Ministério da Fazenda para processar e julgar fato que constitua infração à ordem econômica.

Art. 30. A aplicação das sanções previstas nesta Lei não afeta os processos de responsabilização e aplicação de penalidades decorrentes de:

I – ato de improbidade administrativa nos termos da Lei nº 8.429, de 2 de junho de 1992; e

II – atos ilícitos alcançados pela Lei nº 8.666, de 21 de junho de 1993, ou outras normas de licitações e contratos da administração pública, inclusive no tocante ao Regime Diferenciado de Contratações Públicas – RDC instituído pela Lei nº 12.462, de 4 de agosto de 2011.

Art. 31. Esta Lei entra em vigor 180 (cento e oitenta) dias após a data de sua publicação.

Brasília, 1º de agosto de 2013; 192º da Independência e 125º da República.

DILMA ROUSSEFF

Publicado no D.O.U. 2.8.2013

LEI Nº 12.847, DE 2 DE AGOSTO DE 2013

Institui o Sistema Nacional de Prevenção e Combate à Tortura; cria o Comitê Nacional de Prevenção e Combate à Tortura e o Mecanismo Nacional de Prevenção e Combate à Tortura; e dá outras providências.

- *Sistema Nacional de Prevenção e Combate à Tortura*

A PRESIDENTA DA REPÚBLICA Faço saber que o Congresso Nacional decreta e eu sanciono a seguinte Lei:

- Lei 9.455/1997 – Define os crimes de tortura.
- Decreto 6.085/2007 – Promulga o Protocolo Facultativo à Convenção contra a Tortura e Outros Tratamentos ou Penas Cruéis, Desumanos ou Degradantes, adotado em 18 de dezembro de 2002.
- Decreto 40/1991 – Promulga a Convenção Contra a Tortura e Outros Tratamentos ou Penas Cruéis, Desumanos ou Degradantes.

CAPÍTULO I. DO SISTEMA NACIONAL DE PREVENÇÃO E COMBATE À TORTURA – SNPCT

Art. 1º. Fica instituído o Sistema Nacional de Prevenção e Combate à Tortura – SNPCT, com o objetivo de fortalecer a prevenção e o combate à tortura, por meio de articulação e atuação cooperativa de seus integrantes, dentre outras formas, permitindo as trocas de informações e o intercâmbio de boas práticas.

Art. 2º. O SNPCT será integrado por órgãos e entidades públicas e privadas com atribuições legais ou estatutárias de realizar o monitoramento, a supervisão e o controle de estabelecimentos e unidades onde se encontrem pessoas privadas de liberdade, ou de promover a defesa dos direitos e interesses dessas pessoas.

§ 1º. O SNPCT será composto pelo Comitê Nacional de Prevenção e Combate à Tortura – CNPCT, pelo Mecanismo Nacional de Prevenção e Combate à Tortura – MNPCT, pelo Conselho Nacional de Política Criminal e Penitenciária – CNPCP e pelo órgão do Ministério da Justiça responsável pelo sistema penitenciário nacional.

§ 2º. O SNPCT poderá ser integrado, ainda, pelos seguintes órgãos e entidades, dentre outros:

I – comitês e mecanismos estaduais e distrital de prevenção e combate à tortura;

II – órgãos do Poder Judiciário com atuação nas áreas de infância, de juventude, militar e de execução penal;

III – comissões de direitos humanos dos poderes legislativos federal, estaduais, distrital e municipais;

IV – órgãos do Ministério Público com atuação no controle externo da atividade policial, pelas promotorias e procuradorias militares, da infância e da juventude e de proteção ao cidadão ou pelos vinculados à execução penal;

V – defensorias públicas;

VI – conselhos da comunidade e conselhos penitenciários estaduais e distrital;

VII – corregedorias e ouvidorias de polícia, dos sistemas penitenciários federal, estaduais e distrital e demais ouvidorias com atuação relacionada à prevenção e combate à tortura, incluídas as agrárias;

VIII – conselhos estaduais, municipais e distrital de direitos humanos;

IX – conselhos tutelares e conselhos de direitos de crianças e adolescentes; e

X – organizações não governamentais que reconhecidamente atuem no combate à tortura.

§ 3º. Ato do Poder Executivo disporá sobre o funcionamento do SNPCT.

Art. 3º. Para os fins desta Lei, considera-se:

I – tortura: os tipos penais previstos na Lei nº 9.455, de 7 de abril de 1997, respeitada a definição constante do Artigo 1 da Convenção Contra a Tortura e Outros Tratamentos ou Penas Cruéis, Desumanos ou Degradantes, promulgada pelo Decreto nº 40, de 15 de fevereiro de 1991; e

II – pessoas privadas de liberdade: aquelas obrigadas, por mandado ou ordem de autoridade judicial, ou administrativa ou policial, a permanecerem em determinados locais públicos ou privados, dos quais não possam sair de modo independente de sua vontade, abrangendo locais de internação de longa permanência, centros de detenção, estabelecimentos penais, hospitais psiquiátricos, casas de custódia, instituições socioeducativas para adolescentes em conflito com a lei e centros de detenção disciplinar em âmbito militar, bem como nas instalações mantidas pelos órgãos elencados no art. 61 da Lei nº 7.210, de 11 de julho de 1984.

Art. 4º. São princípios do SNPCT:

I – proteção da dignidade da pessoa humana;

II – universalidade;

III – objetividade;

IV – igualdade;

V – imparcialidade;

VI – não seletividade; e

VII – não discriminação.

Art. 5º. São diretrizes do SNPCT:

I – respeito integral aos direitos humanos, em especial aos direitos das pessoas privadas de liberdade;

II – articulação com as demais esferas de governo e de poder e com os órgãos responsáveis pela segurança pública, pela custódia de pessoas privadas de liberdade, por locais de internação de longa permanência e pela proteção de direitos humanos; e

III – adoção das medidas necessárias, no âmbito de suas competências, para a prevenção e o combate à tortura e a outros tratamentos ou penas cruéis, desumanos ou degradantes.

CAPÍTULO II. DO COMITÊ NACIONAL DE PREVENÇÃO E COMBATE À TORTURA – CNPCT

Art. 6º. Fica instituído no âmbito da Secretaria de Direitos Humanos da Presidência da República o Comitê Nacional de Prevenção e Combate à Tortura – CNPCT, com a função de prevenir e combater a tortura e outros tratamentos ou penas cruéis, desumanos ou degradantes, mediante o exercício das seguintes atribuições, entre outras:

I – acompanhar, avaliar e propor aperfeiçoamentos às ações, aos programas, aos projetos e aos planos de prevenção e combate à tortura e a outros tratamentos ou penas cruéis, desumanos ou degradantes desenvolvidos em âmbito nacional;

II – acompanhar, avaliar e colaborar para o aprimoramento da atuação de órgãos de âmbito nacional, estadual, distrital e municipal cuja função esteja relacionada com suas finalidades;

III – acompanhar a tramitação dos procedimentos de apuração administrativa e judicial, com vistas ao seu cumprimento e celeridade;

IV – acompanhar a tramitação de propostas normativas;

V – avaliar e acompanhar os projetos de cooperação firmados entre o Governo brasileiro e organismos internacionais;

VI – recomendar a elaboração de estudos e pesquisas e incentivar a realização de campanhas;

VII – apoiar a criação de comitês ou comissões semelhantes na esfera estadual e distrital para o monitoramento e a avaliação das ações locais;

VIII – articular-se com organizações e organismos locais, regionais, nacionais e internacionais, em especial no âmbito do Sistema Interamericano e da Organização das Nações Unidas;

IX – participar da implementação das recomendações do MNPCT e com ele se empenhar em diálogo sobre possíveis medidas de implementação;

X – subsidiar o MNPCT com dados e informações;

XI – construir e manter banco de dados, com informações sobre a atuação dos órgãos governamentais e não governamentais;

XII – construir e manter cadastro de alegações, denúncias criminais e decisões judiciais;

XIII – difundir as boas práticas e as experiências exitosas de órgãos e entidades;

XIV – elaborar relatório anual de atividades, na forma e no prazo dispostos em seu regimento interno;

XV – fornecer informações relativas ao número, tratamento e condições de detenção das pessoas privadas de liberdade; e

XVI – elaborar e aprovar o seu regimento interno.

Art. 7º. O CNPCT será composto por 23 (vinte e três) membros, escolhidos e designados pelo Presidente da República, sendo 11 (onze) representantes de órgãos do Poder Executivo federal e 12 (doze) de conselhos de classes profissionais e de organizações da sociedade civil, tais como entidades representativas de trabalhadores, estudantes, empresários, instituições de ensino e pesquisa, movimentos de direitos humanos e outras cuja atuação esteja relacionada com a temática de que trata esta Lei.

§ 1º. O CNPCT será presidido pelo Ministro de Estado Chefe da Secretaria de Direitos Humanos da Presidência da República.

§ 2º. O Vice-Presidente será eleito pelos demais membros do CNPCT e exercerá mandato fixo de 1 (um) ano, assegurando-se a alternância entre os representantes do Poder Executivo federal e os representantes de conselhos de classes profissionais e de organizações da sociedade civil, na forma do regulamento.

§ 3º. Haverá 1 (um) suplente para cada membro titular do CNPCT.

§ 4º. Representantes do Ministério Público, do Poder Judiciário, da Defensoria Pública e de outras instituições públicas participarão do CNPCT na condição de convidados em caráter permanente, com direito a voz.

§ 5º. Poderão participar das reuniões do CNPCT, a convite de seu Presidente, e na qualidade de observadores, especialistas e representantes de instituições públicas ou privadas que exerçam relevantes atividades no enfrentamento à tortura.

§ 6º. A participação no CNPCT será considerada prestação de serviço público relevante, não remunerada.

§ 7º. Ato do Poder Executivo disporá sobre a composição e o funcionamento do CNPCT.

§ 8º. Para a composição do CNPCT – Comitê Nacional de Prevenção e Combate à Tortura, será assegurada a realização de prévia consulta pública para a escolha dos membros de classe e da sociedade civil, observadas a representatividade e a diversidade da representação.

CAPÍTULO III. DO MECANISMO NACIONAL DE PREVENÇÃO E COMBATE À TORTURA – MNPCT

Art. 8º. Fica criado o Mecanismo Nacional de Prevenção e Combate à Tortura-MNPCT, órgão integrante da estrutura da Secretaria de Direitos Humanos da Presidência da República, responsável pela prevenção e combate à tortura e a outros tratamentos ou penas cruéis, desumanos ou degradantes, nos termos do Artigo 3 do Protocolo Facultativo à Convenção das Nações Unidas contra a Tortura e Outros Tratamentos ou Penas Cruéis, Desumanos ou Degradantes, promulgado pelo Decreto nº 6.085, de 19 de abril de 2007.

§ 1º. O MNPCT será composto por 11 (onze) peritos, escolhidos pelo CNPCT entre pessoas com notório conhecimento e formação de nível superior, atuação e experiência na área de prevenção e combate à tortura e a outros tratamentos ou penas cruéis, desumanos ou degradantes, e nomeados pelo Presidente da República, para mandato fixo de 3 (três) anos, permitida uma recondução.

§ 2º. Os membros do MNPCT terão independência na sua atuação e garantia do seu mandato, do qual não serão destituídos senão pelo Presidente da República nos casos de condenação penal transitada em julgado, ou de processo disciplinar, em conformidade com as Leis nºs 8.112, de 11 de dezembro de 1990, e 8.429, de 2 de junho de 1992.

§ 3º. O afastamento cautelar de membro do MNPCT poderá ser determinado por decisão fundamentada do CNPCT, no caso de constatação de indício de materialidade e autoria de crime ou de grave violação ao dever funcional, o que perdurará até a conclusão do procedimento disciplinar de que trata o § 2º.

§ 4º. Não poderão compor o MNPCT, na condição de peritos, aqueles que:

I – exerçam cargos executivos em agremiação partidária;

II – não tenham condições de atuar com imparcialidade no exercício das competências do MNPCT.

§ 5º. Os Estados poderão criar o Mecanismo Estadual de Prevenção e Combate à Tortura – MEPCT, órgão responsável pela prevenção e combate à tortura e a outros tratamentos ou penas cruéis, desumanos ou degradantes, no âmbito estadual.

§ 6º. A visita periódica a que se refere o inciso I do *caput* e o § 2º, ambos do art. 9º, deverá ser realizada em conjunto com o Mecanismo Estadual, que será avisado com antecedência de 24 (vinte e quatro) horas.

§ 7º. A inexistência, a recusa ou a impossibilidade de o Mecanismo Estadual acompanhar a visita periódica no dia e hora marcados não impede a atuação do MNPCT.

Art. 9º. Compete ao MNPCT:

I – planejar, realizar e monitorar visitas periódicas e regulares a pessoas privadas de liberdade em todas as unidades da Federação, para verificar as condições de fato e de direito a que se encontram submetidas;

II – articular-se com o Subcomitê de Prevenção da Organização das Nações Unidas, previsto no Artigo 2 do Protocolo Facultativo à Convenção das Nações Unidas contra a Tortura e Outros Tratamentos ou Penas Cruéis, Desumanos ou Degradantes, promulgado pelo Decreto 6.085, de 19 de abril de 2007, de forma a dar apoio a suas missões no território nacional, com o objetivo de unificar as estratégias e políticas de prevenção da tortura e de outros tratamentos e práticas cruéis, desumanos ou degradantes;

III – requerer à autoridade competente que instaure procedimento criminal e administrativo mediante a constatação de indícios da prática de tortura e de outros tratamentos e práticas cruéis, desumanos ou degradantes;

IV – elaborar relatório circunstanciado de cada visita realizada nos termos do inciso I e, no prazo máximo de 30 (trinta) dias, apresentá-lo ao CNPCT, à Procuradoria-Geral da República e às autoridades responsáveis pela detenção e outras autoridades competentes;

V – elaborar, anualmente, relatório circunstanciado e sistematizado sobre o conjunto de visitas realizadas e recomendações formuladas, comunicando ao dirigente imediato do estabelecimento ou da unidade visitada e ao dirigente máximo do órgão ou da instituição a que esteja vinculado o estabelecimento ou unidade visitada de qualquer dos entes federativos, ou ao particular responsável, do inteiro teor do relatório produzido, a fim de que sejam solucionados os problemas identificados e o sistema aprimorado;

VI – fazer recomendações e observações às autoridades públicas ou privadas, responsáveis pelas pessoas em locais de privação de liberdade, com vistas a garantir a observância dos direitos dessas pessoas;

VII – publicar os relatórios de visitas periódicas e regulares realizadas e o relatório anual e promover a difusão deles;

VIII – sugerir propostas e observações a respeito da legislação existente; e

IX – elaborar e aprovar o seu regimento interno.

§ 1º. A atuação do MNPCT dar-se-á sem prejuízo das competências atribuídas aos demais órgãos e entidades que exerçam funções semelhantes.

§ 2º. Nas visitas previstas no inciso I do *caput*, o MNPCT poderá ser representado por todos os seus membros ou por grupos menores e poderá convidar representantes de entidades da sociedade civil, peritos e especialistas com atuação em áreas afins.

§ 3º. A seleção de projetos que utilizem recursos oriundos do Fundo Penitenciário Nacional, do Fundo Nacional de Segurança Pública, do Fundo Nacional do Idoso e do Fundo Nacional para a Criança e o Adolescente deverá levar em conta as recomendações formuladas pelo MNPCT.

§ 4º. O Departamento de Polícia Federal e o Departamento de Polícia Rodoviária Federal prestarão o apoio necessário à atuação do MNPCT.

Art. 10. São assegurados ao MNPCT e aos seus membros:

I – a autonomia das posições e opiniões adotadas no exercício de suas funções;

II – o acesso, independentemente de autorização, a todas as informações e registros relativos ao número, à identidade, às condições de detenção e ao tratamento conferido às pessoas privadas de liberdade;

III – o acesso ao número de unidades de detenção ou execução de pena privativa de liberdade e a respectiva lotação e localização de cada uma;

IV – o acesso a todos os locais arrolados no inciso II do *caput* do art. 3º, públicos e privados, de privação de liberdade e a todas as instalações e equipamentos do local;

V – a possibilidade de entrevistar pessoas privadas de liberdade ou qualquer outra pessoa que possa fornecer informações relevantes, reservadamente e sem testemunhas, em local que garanta a segurança e o sigilo necessários;

VI – a escolha dos locais a visitar e das pessoas a serem entrevistadas, com a possibilidade, inclusive, de fazer registros por meio da utilização de recursos audiovisuais, respeitada a intimidade das pessoas envolvidas; e

VII – a possibilidade de solicitar a realização de perícias oficiais, em consonância com as normas e diretrizes internacionais e com o art. 159 do Decreto-Lei nº 3.689, de 3 de outubro de 1941 Código de Processo Penal.

§ 1º. As informações obtidas pelo MNPCT serão públicas, observado o disposto na Lei nº 12.527, de 18 de novembro de 2011.

§ 2º. O MNPCT deverá proteger as informações pessoais das pessoas privadas de liberdade, de modo a preservar sua segurança, intimidade, vida privada, honra ou imagem, sendo vedada a publicação de qualquer dado pessoal sem o seu consentimento expresso.

§ 3º. Os documentos e relatórios elaborados no âmbito das visitas realizadas pelo MNPCT nos termos do inciso I do *caput* do art. 9º poderão produzir prova em juízo, de acordo com a legislação vigente.

§ 4º. Não se prejudicará pessoa, órgão ou entidade por ter fornecido informação ao MNPCT, assim como não se permitirá que nenhum servidor público ou autoridade tolere e lhes ordene, aplique ou permita sanção relacionada com esse fato.

Art. 11. O MNPCT trabalhará de forma articulada com os demais órgãos que compõem o SNPCT e, anualmente, prestará contas das atividades realizadas ao CNPCT.

CAPÍTULO IV. DISPOSIÇÕES FINAIS E TRANSITÓRIAS

Art. 12. A Secretaria de Direitos Humanos da Presidência da República garantirá o apoio técnico, financeiro e administrativo necessários ao funcionamento do SNPCT, do CNPCT e do MNPCT, em especial à realização das visitas periódicas e regulares previstas no inciso I do *caput* do art. 9º por parte do MNPCT, em todas as unidades da Federação.

Art. 13. A Secretaria de Direitos Humanos da Presidência da República fomentará a criação de mecanismos preventivos de combate à tortura no âmbito dos Estados ou do Distrito Federal, em consonância com o Protocolo Facultativo à Convenção das Nações Unidas contra a Tortura e Outros Tratamentos ou Penas Cruéis, Desumanos ou Degradantes, promulgado pelo Decreto nº 6.085, de 19 de abril de 2007.

Art. 14. Os primeiros membros do MNPCT cumprirão mandatos diferenciados, nos seguintes termos:

I – 3 (três) peritos serão nomeados para cumprir mandato de 2 (dois) anos;
II – 4 (quatro) peritos serão nomeados para cumprir mandato de 3 (três) anos; e
III – 4 (quatro) peritos serão nomeados para cumprir mandato de 4 (quatro) anos.

Parágrafo único. Nos mandatos subsequentes deverá ser aplicado o disposto no § 1º do art. 8º.

Art. 15. Esta Lei entra em vigor na data de sua publicação.

Brasília, 2 de agosto de 2013; 192º da Independência e 125º da República.

DILMA ROUSSEFF

Publicado no D.O.U. de 5.8.2013

LEI Nº 12.850, DE 2 DE AGOSTO DE 2013

Define organização criminosa e dispõe sobre a investigação criminal, os meios de obtenção da prova, infrações penais correlatas e o procedimento criminal; altera o Decreto-Lei nº 2.848, de 7 de dezembro de 1940 (Código Penal); revoga a Lei nº 9.034, de 3 de maio de 1995; e dá outras providências.

› *Organização Criminosa*

A PRESIDENTA DA REPÚBLICA Faço saber que o Congresso Nacional decreta e eu sanciono a seguinte Lei:

CAPÍTULO I. DA ORGANIZAÇÃO CRIMINOSA

› Lei 13.344/2016 – Dispõe sobre prevenção e repressão ao tráfico interno e internacional de pessoas e sobre medidas de atenção às vítimas.

› Lei 13.260/2016 – Regulamenta o disposto no inciso XLIII do art. 5º da CF, disciplinando o terrorismo, tratando de disposições investigatórias e processuais e reformulando o conceito de organização terrorista. (Lei Antiterrorismo)

› Lei 12.694/2012 – Dispõe sobre o processo e o julgamento colegiado em 1º grau de jurisdição de crimes praticados por organizações criminosas.

Art. 1º. Esta Lei define organização criminosa e dispõe sobre a investigação criminal, os meios de obtenção da prova, infrações penais correlatas e o procedimento criminal a ser aplicado.

§ 1º. Considera-se organização criminosa a associação de 4 (quatro) ou mais pessoas estruturalmente ordenada e caracterizada pela divisão de tarefas, ainda que informalmente, com objetivo de obter, direta ou indiretamente, vantagem de qualquer natureza, mediante a prática de infrações penais cujas penas máximas sejam superiores a 4 (quatro) anos, ou que sejam de caráter transnacional.

§ 2º. Esta Lei se aplica também:

I – às infrações penais previstas em tratado ou convenção internacional quando, iniciada a execução no País, o resultado tenha ou devesse ter ocorrido no estrangeiro, ou reciprocamente;

II – às organizações terroristas, entendidas como aquelas voltadas para a prática dos atos de terrorismo legalmente definidos. (Redação dada pela lei nº 13.260, de 2016)

Art. 2º. Promover, constituir, financiar ou integrar, pessoalmente ou por interposta pessoa, organização criminosa:

Pena – reclusão, de 3 (três) a 8 (oito) anos, e multa, sem prejuízo das penas correspondentes às demais infrações penais praticadas.

§ 1º. Nas mesmas penas incorre quem impede ou, de qualquer forma, embaraça a investigação de infração penal que envolva organização criminosa.

§ 2º. As penas aumentam-se até a metade se na atuação da organização criminosa houver emprego de arma de fogo.

§ 3º. A pena é agravada para quem exerce o comando, individual ou coletivo, da organização criminosa, ainda que não pratique pessoalmente atos de execução.

§ 4º. A pena é aumentada de 1/6 (um sexto) a 2/3 (dois terços):

I – se há participação de criança ou adolescente;

II – se há concurso de funcionário público, valendo-se a organização criminosa dessa condição para a prática de infração penal;

III – se o produto ou proveito da infração penal destinar-se, no todo ou em parte, ao exterior;

IV – se a organização criminosa mantém conexão com outras organizações criminosas independentes;

V – se as circunstâncias do fato evidenciarem a transnacionalidade da organização.

§ 5º. Se houver indícios suficientes de que o funcionário público integra organização criminosa, poderá o juiz determinar seu afastamento cautelar do cargo, emprego ou função, sem prejuízo da remuneração, quando a medida se fizer necessária à investigação ou instrução processual.

§ 6º. A condenação com trânsito em julgado acarretará ao funcionário público a perda do cargo, função, emprego ou mandato eletivo e a interdição para o exercício de função ou cargo público pelo prazo de 8 (oito) anos subsequentes ao cumprimento da pena.

§ 7º. Se houver indícios de participação de policial nos crimes de que trata esta Lei, a Corregedoria de Polícia instaurará inquérito policial e comunicará ao Ministério Público, que designará membro para acompanhar o feito até a sua conclusão.

§ 8º As lideranças de organizações criminosas armadas ou que tenham armas à disposição deverão iniciar o cumprimento da pena em estabelecimentos penais de segurança máxima. (Acrescido pela Lei 13.964/2019)

§ 9º O condenado expressamente em sentença por integrar organização criminosa ou por crime praticado por meio de organização criminosa não poderá progredir de regime de cumprimento de pena ou obter livramento condicional ou outros benefícios prisionais se houver elementos probatórios que indiquem a manutenção do vínculo associativo. (Acrescido pela Lei 13.964/2019)

CAPÍTULO II. DA INVESTIGAÇÃO E DOS MEIOS DE OBTENÇÃO DA PROVA

Art. 3º. Em qualquer fase da persecução penal, serão permitidos, sem prejuízo de outros já previstos em lei, os seguintes meios de obtenção da prova:

I – colaboração premiada;

II – captação ambiental de sinais eletromagnéticos, ópticos ou acústicos;

III – ação controlada;

IV – acesso a registros de ligações telefônicas e telemáticas, a dados cadastrais constantes de bancos de dados públicos ou privados e a informações eleitorais ou comerciais;

V – interceptação de comunicações telefônicas e telemáticas, nos termos da legislação específica;

› Lei 9.296/1996 – Regulamenta o inciso XII, parte final, do art. 5° da CF. (Lei de Interceptações Telefônicas)

VI – afastamento dos sigilos financeiro, bancário e fiscal, nos termos da legislação específica;

VII – infiltração, por policiais, em atividade de investigação, na forma do art. 11;

VIII – cooperação entre instituições e órgãos federais, distritais, estaduais e municipais na busca de provas e informações de interesse da investigação ou da instrução criminal.

§ 1º. Havendo necessidade justificada de manter sigilo sobre a capacidade investigatória, poderá ser dispensada licitação para contratação de serviços técnicos especializados, aquisição ou locação de equipamentos destinados à polícia judiciária para o rastreamento e obtenção de provas previstas nos incisos II e V. (Incluído pela Lei nº 13.097, de 2015)

§ 2º. No caso do § 1º, fica dispensada a publicação de que trata o parágrafo único do art. 61 da Lei nº 8.666, de 21 de junho de 1993, devendo ser comunicado o órgão de controle interno da realização da contratação. (Incluído pela Lei nº 13.097, de 2015)

SEÇÃO I. DA COLABORAÇÃO PREMIADA

Art. 3º-A. O acordo de colaboração premiada é negócio jurídico processual e meio de obtenção de prova, que pressupõe utilidade e interesse públicos. (Acrescido pela Lei 13.964/2019)

Art. 3º-B. O recebimento da proposta para formalização de acordo de colaboração demarca o início das negociações e constitui também marco de confidencialidade, configurando violação de sigilo e quebra da confiança e da boa-fé a divulgação de tais tratativas iniciais ou de documento que as formalize, até o levantamento de sigilo por decisão judicial. (Acrescido pela Lei 13.964/2019)

§ 1º A proposta de acordo de colaboração premiada poderá ser sumariamente indeferida, com a devida justificativa, cientificando-se o interessado.

§ 2º Caso não haja indeferimento sumário, as partes deverão firmar Termo de Confidencialidade para prosseguimento das tratativas, o que vinculará os órgãos envolvidos na negociação e impedirá o indeferimento posterior sem justa causa.

§ 3º O recebimento de proposta de colaboração para análise ou o Termo de Confidencialidade não implica, por si só, a suspensão da investigação, ressalvado acordo em contrário quanto à propositura de medidas processuais penais cautelares e assecuratórias, bem como medidas processuais cíveis admitidas pela legislação processual civil em vigor.

§ 4º O acordo de colaboração premiada poderá ser precedido de instrução, quando houver necessidade de identificação ou complementação de seu objeto, dos fatos narrados, sua definição jurídica, relevância, utilidade e interesse público.

§ 5º Os termos de recebimento de proposta de colaboração e de confidencialidade serão elaborados pelo celebrante e assinados por ele, pelo colaborador e pelo advogado ou defensor público com poderes específicos.

§ 6º Na hipótese de não ser celebrado o acordo por iniciativa do celebrante, esse não poderá se valer de nenhuma das informações ou provas apresentadas pelo colaborador, de boa-fé, para qualquer outra finalidade.

Art. 3º-C. A proposta de colaboração premiada deve estar instruída com procuração do interessado com poderes específicos para iniciar o procedimento de colaboração e suas tratativas, ou firmada pessoalmente pela parte que pretende a colaboração e seu advogado ou defensor público. (Acrescido pela Lei 13.964/2019)

§ 1º Nenhuma tratativa sobre colaboração premiada deve ser realizada sem a presença de advogado constituído ou defensor público.

§ 2º Em caso de eventual conflito de interesses, ou de colaborador hipossuficiente, o celebrante deverá solicitar a presença de outro advogado ou a participação de defensor público.

§ 3º No acordo de colaboração premiada, o colaborador deve narrar todos os fatos ilícitos para os quais concorreu e que tenham relação direta com os fatos investigados.

§ 4º Incumbe à defesa instruir a proposta de colaboração e os anexos com os fatos adequadamente descritos, com todas as suas circunstâncias, indicando as provas e os elementos de corroboração.

Art. 4º. O juiz poderá, a requerimento das partes, conceder o perdão judicial, reduzir em até 2/3 (dois terços) a pena privativa de liberdade ou substituí-la por restritiva de direitos daquele que tenha colaborado efetiva e voluntariamente com a investigação e com o processo criminal, desde que dessa colaboração advenha um ou mais dos seguintes resultados:

I – a identificação dos demais coautores e partícipes da organização criminosa e das infrações penais por eles praticadas;

II – a revelação da estrutura hierárquica e da divisão de tarefas da organização criminosa;

III – a prevenção de infrações penais decorrentes das atividades da organização criminosa;

IV – a recuperação total ou parcial do produto ou do proveito das infrações penais praticadas pela organização criminosa;

V – a localização de eventual vítima com a sua integridade física preservada.

§ 1º. Em qualquer caso, a concessão do benefício levará em conta a personalidade do colaborador, a natureza, as circunstâncias, a gravidade e a repercussão social do fato criminoso e a eficácia da colaboração.

§ 2º. Considerando a relevância da colaboração prestada, o Ministério Público, a qualquer tempo, e o delegado de polícia, nos autos do inquérito policial, com a manifestação do Ministério Público, poderão requerer ou representar ao juiz pela concessão de perdão judicial ao colaborador, ainda que esse benefício não tenha sido previsto na proposta inicial, aplicando-se, no que couber, o art. 28 do Decreto-Lei nº 3.689, de 3 de outubro de 1941 (Código de Processo Penal).

§ 3º. O prazo para oferecimento de denúncia ou o processo, relativos ao colaborador, poderá ser suspenso por até 6 (seis) meses, prorrogáveis por igual período, até que sejam cumpridas as medidas de colaboração, suspendendo-se o respectivo prazo prescricional.

§ 4º Nas mesmas hipóteses do *caput* deste artigo, o Ministério Público poderá deixar de oferecer denúncia se a proposta de acordo de colaboração referir-se a infração de cuja existência não tenha prévio conhecimento e o colaborador: (Redação dada pela Lei 13.964/2019)

I – não for o líder da organização criminosa;

II – for o primeiro a prestar efetiva colaboração nos termos deste artigo.

§ 4º-A. Considera-se existente o conhecimento prévio da infração quando o Ministério Público ou a autoridade policial competente tenha instaurado inquérito ou procedimento investigatório para apuração dos fatos apresentados pelo colaborador. (Acrescido pela Lei 13.964/2019)

§ 5º. Se a colaboração for posterior à sentença, a pena poderá ser reduzida até a metade ou será admitida a progressão de regime ainda que ausentes os requisitos objetivos.

§ 6º. O juiz não participará das negociações realizadas entre as partes para a formalização do acordo de colaboração, que ocorrerá entre o delegado de polícia, o investigado e o defensor, com a manifestação do Ministério Público, ou, conforme o caso, entre o Ministério Público e o investigado ou acusado e seu defensor.

§ 7º Realizado o acordo na forma do § 6º deste artigo, serão remetidos ao juiz, para análise, o respectivo termo, as declarações do colaborador e cópia da investigação, devendo o juiz ouvir sigilosamente o colaborador, acompanhado de seu defensor, oportunidade em que analisará os seguintes aspectos na homologação: (Redação dada pela Lei 13.964/2019)

I - regularidade e legalidade;

II - adequação dos benefícios pactuados àqueles previstos no *caput* e nos §§ 4º e 5º deste artigo, sendo nulas as cláusulas que violem o critério de definição do regime inicial de cumprimento de pena do art. 33 do Decreto-Lei nº 2.848, de 7 de dezembro de 1940 (Código Penal), as regras de cada um dos regimes previstos no Código Penal e na Lei nº 7.210, de 11 de julho de 1984 (Lei de Execução Penal) e os requisitos de progressão de regime não abrangidos pelo § 5º deste artigo;

III - adequação dos resultados da colaboração aos resultados mínimos exigidos nos incisos I, II, III, IV e V do *caput* deste artigo;

IV - voluntariedade da manifestação de vontade, especialmente nos casos em que o colaborador está ou esteve sob efeito de medidas cautelares.

§ 7º-A. O juiz ou o tribunal deve proceder à análise fundamentada do mérito da denúncia, do perdão judicial e das primeiras etapas de aplicação da pena, nos termos do Decreto-Lei nº 2.848, de 7 de dezembro de 1940 (Código Penal) e do Decreto-Lei nº 3.689, de 3 de outubro de 1941 (Código de Processo Penal), antes de conceder os benefícios pactuados, exceto quando o acordo prever o não oferecimento da denúncia na forma dos §§ 4º e 4º-A deste artigo ou já tiver sido proferida sentença. (Acrescido pela Lei 13.964/2019)

§ 7º-B. São nulas de pleno direito as previsões de renúncia ao direito de impugnar a decisão homologatória. (Acrescido pela Lei 13.964/2019)

§ 8º O juiz poderá recusar a homologação da proposta que não atender aos requisitos legais, devolvendo-a às partes para as adequações necessárias. (Redação dada pela Lei 13.964/2019)

§ 9º. Depois de homologado o acordo, o colaborador poderá, sempre acompanhado pelo seu defensor, ser ouvido pelo membro do Ministério Público ou pelo delegado de polícia responsável pelas investigações.

§ 10. As partes podem retratar-se da proposta, caso em que as provas autoincriminatórias produzidas pelo colaborador não poderão ser utilizadas exclusivamente em seu desfavor.

§ 10-A. Em todas as fases do processo, deve-se garantir ao réu delatado a oportunidade de manifestar-se após o decurso do prazo concedido ao réu que o delatou. (Acrescido pela Lei 13.964/2019)

§ 11. A sentença apreciará os termos do acordo homologado e sua eficácia.

§ 12. Ainda que beneficiado por perdão judicial ou não denunciado, o colaborador poderá ser ouvido em juízo a requerimento das partes ou por iniciativa da autoridade judicial.

§ 13. O registro das tratativas e dos atos de colaboração deverá ser feito pelos meios ou recursos de gravação magnética, estenotipia, digital ou técnica similar, inclusive audiovisual, destinados a obter maior fidelidade das informações, garantindo-se a disponibilização de cópia do material ao colaborador. (Redação dada pela Lei 13.964/2019)

§ 14. Nos depoimentos que prestar, o colaborador renunciará, na presença de seu defensor, ao direito ao silêncio e estará sujeito ao compromisso legal de dizer a verdade.

§ 15. Em todos os atos de negociação, confirmação e execução da colaboração, o colaborador deverá estar assistido por defensor.

§ 16. Nenhuma das seguintes medidas será decretada ou proferida com fundamento apenas nas declarações do colaborador: (Redação dada pela Lei 13.964/2019)

I - medidas cautelares reais ou pessoais;

II - recebimento de denúncia ou queixa-crime;

III - sentença condenatória.

§ 17. O acordo homologado poderá ser rescindido em caso de omissão dolosa sobre os fatos objeto da colaboração. (Acrescido pela Lei 13.964/2019)

§ 18. O acordo de colaboração premiada pressupõe que o colaborador cesse o envolvimento em conduta ilícita relacionada ao objeto da colaboração, sob pena de rescisão. (Acrescido pela Lei 13.964/2019)

Art. 5º. São direitos do colaborador:

I – usufruir das medidas de proteção previstas na legislação específica;

II – ter nome, qualificação, imagem e demais informações pessoais preservados;

III – ser conduzido, em juízo, separadamente dos demais coautores e partícipes;

IV – participar das audiências sem contato visual com os outros acusados;

V – não ter sua identidade revelada pelos meios de comunicação, nem ser fotografado ou filmado, sem sua prévia autorização por escrito;

VI - cumprir pena ou prisão cautelar em estabelecimento penal diverso dos demais corréus ou condenados. (Redação dada pela Lei 13.964/2019)

Art. 6º. O termo de acordo da colaboração premiada deverá ser feito por escrito e conter:

I – o relato da colaboração e seus possíveis resultados;

II – as condições da proposta do Ministério Público ou do delegado de polícia;

III – a declaração de aceitação do colaborador e de seu defensor;

IV – as assinaturas do representante do Ministério Público ou do delegado de polícia, do colaborador e de seu defensor;

V – a especificação das medidas de proteção ao colaborador e à sua família, quando necessário.

Art. 7º. O pedido de homologação do acordo será sigilosamente distribuído, contendo apenas informações que não possam identificar o colaborador e o seu objeto.

§ 1º. As informações pormenorizadas da colaboração serão dirigidas diretamente ao juiz a que recair a distribuição, que decidirá no prazo de 48 (quarenta e oito) horas.

§ 2º. O acesso aos autos será restrito ao juiz, ao Ministério Público e ao delegado de polícia, como forma de garantir o êxito das investigações, assegurando-se ao defensor, no interesse do representado, amplo acesso aos elementos de prova que digam respeito ao exercício do direito de defesa, devidamente precedido de autorização judicial, ressalvados os referentes às diligências em andamento.

§ 3º O acordo de colaboração premiada e os depoimentos do colaborador serão mantidos em sigilo até o recebimento da denúncia ou da queixa-crime, sendo vedado ao magistrado decidir por sua publicidade em qualquer hipótese. (Redação dada pela Lei 13.964/2019)

SEÇÃO II. DA AÇÃO CONTROLADA

Art. 8º. Consiste a ação controlada em retardar a intervenção policial ou administrativa relativa à ação praticada por organização criminosa ou a ela vinculada, desde que mantida sob observação e acompanhamento para que a medida legal se concretize no momento mais eficaz à formação de provas e obtenção de informações.

§ 1º. O retardamento da intervenção policial ou administrativa será previamente comunicado ao juiz competente que, se for o caso, estabelecerá os seus limites e comunicará ao Ministério Público.

§ 2º. A comunicação será sigilosamente distribuída de forma a não conter informações que possam indicar a operação a ser efetuada.

§ 3º. Até o encerramento da diligência, o acesso aos autos será restrito ao juiz, ao Ministério Público e ao delegado de polícia, como forma de garantir o êxito das investigações.

§ 4º. Ao término da diligência, elaborar-se-á auto circunstanciado acerca da ação controlada.

Art. 9º. Se a ação controlada envolver transposição de fronteiras, o retardamento da intervenção policial ou administrativa somente poderá ocorrer com a cooperação das autoridades dos países que figurem como provável itinerário ou destino do investigado, de modo a reduzir os riscos de fuga e extravio do produto, objeto, instrumento ou proveito do crime.

SEÇÃO III. DA INFILTRAÇÃO DE AGENTES

- Lei 13.441/2017 – Altera a Lei 8.069/1990 (ECA), para prever a infiltração de agentes de polícia na internet com o fim de investigar crimes contra a dignidade sexual de criança e de adolescente.

Art. 10. A infiltração de agentes de polícia em tarefas de investigação, representada pelo delegado de polícia ou requerida pelo Ministério Público, após manifestação técnica do delegado de polícia quando solicitada no curso de inquérito policial, será precedida de circunstanciada, motivada e sigilosa autorização judicial, que estabelecerá seus limites.

§ 1º. Na hipótese de representação do delegado de polícia, o juiz competente, antes de decidir, ouvirá o Ministério Público.

§ 2º. Será admitida a infiltração se houver indícios de infração penal de que trata o art. 1º e se a prova não puder ser produzida por outros meios disponíveis.

§ 3º. A infiltração será autorizada pelo prazo de até 6 (seis) meses, sem prejuízo de eventuais renovações, desde que comprovada sua necessidade.

§ 4º. Findo o prazo previsto no § 3º, o relatório circunstanciado será apresentado ao juiz competente, que imediatamente cientificará o Ministério Público.

§ 5º. No curso do inquérito policial, o delegado de polícia poderá determinar aos seus agentes, e o Ministério Público poderá requisitar, a qualquer tempo, relatório da atividade de infiltração.

Art. 10-A. Será admitida a ação de agentes de polícia infiltrados virtuais, obedecidos os requisitos do *caput* do art. 10, na internet, com o fim de investigar os crimes previstos nesta Lei e a eles conexos, praticados por organizações criminosas, desde que demonstrada sua necessidade e indicados o alcance das tarefas dos policiais, os nomes ou apelidos das pessoas investigadas e, quando possível, os dados de conexão ou cadastrais que permitam a identificação dessas pessoas. (Acrescido pela Lei 13.964/2019)

§ 1º Para efeitos do disposto nesta Lei, consideram-se:

I - dados de conexão: informações referentes a hora, data, início, término, duração, endereço de Protocolo de Internet (IP) utilizado e terminal de origem da conexão;

II - dados cadastrais: informações referentes a nome e endereço de assinante ou de usuário registrado ou autenticado para a conexão a quem endereço de IP, identificação de usuário ou código de acesso tenha sido atribuído no momento da conexão.

§ 2º Na hipótese de representação do delegado de polícia, o juiz competente, antes de decidir, ouvirá o Ministério Público.

§ 3º Será admitida a infiltração se houver indícios de infração penal de que trata o art. 1º desta Lei e se as provas não puderem ser produzidas por outros meios disponíveis.

§ 4º A infiltração será autorizada pelo prazo de até 6 (seis) meses, sem prejuízo de eventuais renovações, mediante ordem judicial fundamentada e desde que o total não exceda a 720 (setecentos e vinte) dias e seja comprovada sua necessidade.

§ 5º Findo o prazo previsto no § 4º deste artigo, o relatório circunstanciado, juntamente com todos os atos eletrônicos praticados durante a operação, deverão ser registrados, gravados, armazenados e apresentados ao juiz competente, que imediatamente cientificará o Ministério Público.

§ 6º No curso do inquérito policial, o delegado de polícia poderá determinar aos seus agentes, e o Ministério Público e o juiz competente poderão requisitar, a qualquer tempo, relatório da atividade de infiltração.

§ 7º É nula a prova obtida sem a observância do disposto neste artigo.

Art. 10-B. As informações da operação de infiltração serão encaminhadas diretamente ao juiz responsável pela autorização da medida, que zelará por seu sigilo. (Acrescido pela Lei 13.964/2019)

Parágrafo único. Antes da conclusão da operação, o acesso aos autos será reservado ao juiz, ao Ministério Público e ao delegado de polícia responsável pela operação, com o objetivo de garantir o sigilo das investigações.

Art. 10-C. Não comete crime o policial que oculta a sua identidade para, por meio da internet, colher indícios de autoria e materialidade dos crimes previstos no art. 1º desta Lei. (Acrescido pela Lei 13.964/2019)

Parágrafo único. O agente policial infiltrado que deixar de observar a estrita finalidade da investigação responderá pelos excessos praticados.

Art. 10-D. Concluída a investigação, todos os atos eletrônicos praticados durante a operação deverão ser registrados, gravados, armazenados e encaminhados ao juiz e ao Ministério Público, juntamente com relatório circunstanciado. (Acrescido pela Lei 13.964/2019)

Parágrafo único. Os atos eletrônicos registrados citados no *caput* deste artigo serão reunidos em autos apartados e apensados ao processo criminal juntamente com o inquérito policial, assegurando-se a preservação da identidade do agente policial infiltrado e a intimidade dos envolvidos.

Art. 11. O requerimento do Ministério Público ou a representação do delegado de polícia para a infiltração de agentes conterão a demonstração da necessidade da medida, o alcance das tarefas dos agentes e, quando possível, os nomes ou apelidos das pessoas investigadas e o local da infiltração.

Parágrafo único. Os órgãos de registro e cadastro público poderão incluir nos bancos de dados próprios, mediante procedimento sigiloso e requisição da autoridade judicial, as informações necessárias à efetividade da identidade fictícia criada, nos casos de infiltração de agentes na internet. (Acrescido pela Lei 13.964/2019)

Art. 12. O pedido de infiltração será sigilosamente distribuído, de forma a não conter informações que possam indicar a operação a ser efetivada ou identificar o agente que será infiltrado.

§ 1º. As informações quanto à necessidade da operação de infiltração serão dirigidas diretamente ao juiz competente, que decidirá no prazo de 24 (vinte e quatro) horas, após manifestação do Ministério Público na hipótese de representação do delegado de polícia, devendo-se adotar as medidas necessárias para o êxito das investigações e a segurança do agente infiltrado.

§ 2º. Os autos contendo as informações da operação de infiltração acompanharão a denúncia do Ministério Público, quando serão disponibilizados à defesa, assegurando-se a preservação da identidade do agente.

§ 3º. Havendo indícios seguros de que o agente infiltrado sofre risco iminente, a operação será sustada mediante requisição do Ministério Público ou pelo delegado de polícia, dando-se imediata ciência ao Ministério Público e à autoridade judicial.

Art. 13. O agente que não guardar, em sua atuação, a devida proporcionalidade com a finalidade da investigação, responderá pelos excessos praticados.

Parágrafo único. Não é punível, no âmbito da infiltração, a prática de crime pelo agente infiltrado no curso da investigação, quando inexigível conduta diversa.

Art. 14. São direitos do agente:

I – recusar ou fazer cessar a atuação infiltrada;

II – ter sua identidade alterada, aplicando-se, no que couber, o disposto no art. 9º da Lei nº 9.807, de 13 de julho de 1999, bem como usufruir das medidas de proteção a testemunhas;

III – ter seu nome, sua qualificação, sua imagem, sua voz e demais informações pessoais preservadas durante a investigação e o processo criminal, salvo se houver decisão judicial em contrário;

IV – não ter sua identidade revelada, nem ser fotografado ou filmado pelos meios de comunicação, sem sua prévia autorização por escrito.

SEÇÃO IV.
DO ACESSO A REGISTROS, DADOS CADASTRAIS, DOCUMENTOS E INFORMAÇÕES

Art. 15. O delegado de polícia e o Ministério Público terão acesso, independentemente de autorização judicial, apenas aos dados cadastrais do investigado que informem exclusivamente a qualificação pessoal, a filiação e o endereço mantidos pela Justiça Eleitoral, empresas telefônicas, instituições financeiras, provedores de internet e administradoras de cartão de crédito.

Art. 16. As empresas de transporte possibilitarão, pelo prazo de 5 (cinco) anos, acesso direto e permanente do juiz, do Ministério Público ou do delegado de polícia aos bancos de dados de reservas e registro de viagens.

Art. 17. As concessionárias de telefonia fixa ou móvel manterão, pelo prazo de 5 (cinco) anos, à disposição das autoridades mencionadas no art. 15, registros de identificação dos números dos terminais de origem e de destino das ligações telefônicas internacionais, interurbanas e locais.

SEÇÃO V.
DOS CRIMES OCORRIDOS NA INVESTIGAÇÃO E NA OBTENÇÃO DA PROVA

Art. 18. Revelar a identidade, fotografar ou filmar o colaborador, sem sua prévia autorização por escrito:

Pena – reclusão, de 1 (um) a 3 (três) anos, e multa.

Art. 19. Imputar falsamente, sob pretexto de colaboração com a Justiça, a prática de infração penal a pessoa que sabe ser inocente, ou revelar informações sobre a estrutura de organização criminosa que sabe inverídicas:

Pena – reclusão, de 1 (um) a 4 (quatro) anos, e multa.

Art. 20. Descumprir determinação de sigilo das investigações que envolvam a ação controlada e a infiltração de agentes:

Pena – reclusão, de 1 (um) a 4 (quatro) anos, e multa.

Art. 21. Recusar ou omitir dados cadastrais, registros, documentos e informações requisitadas pelo juiz, Ministério Público ou delegado de polícia, no curso de investigação ou do processo:

Pena – reclusão, de 6 (seis) meses a 2 (dois) anos, e multa.

Parágrafo único. Na mesma pena incorre quem, de forma indevida, se apossa, propala, divulga ou faz uso dos dados cadastrais de que trata esta Lei.

CAPÍTULO III. DISPOSIÇÕES FINAIS

Art. 22. Os crimes previstos nesta Lei e as infrações penais conexas serão apurados mediante procedimento ordinário previsto no Decreto-Lei nº 3.689, de 3 de outubro de 1941 (Código de Processo Penal), observado o disposto no parágrafo único deste artigo.

Parágrafo único. A instrução criminal deverá ser encerrada em prazo razoável, o qual não poderá exceder a 120 (cento e vinte) dias quando o réu estiver preso, prorrogáveis em até igual período, por decisão fundamentada, devidamente motivada pela complexidade da causa ou por fato procrastinatório atribuível ao réu.

Art. 23. O sigilo da investigação poderá ser decretado pela autoridade judicial competente, para garantia da celeridade e da eficácia das diligências investigatórias, assegurando-se ao defensor, no interesse do representado, amplo acesso aos elementos de prova que digam respeito ao exercício do direito de defesa, devidamente precedido de autorização judicial, ressalvados os referentes às diligências em andamento.

Parágrafo único. Determinado o depoimento do investigado, seu defensor terá assegurada a prévia vista dos autos, ainda que classificados como sigilosos, no prazo mínimo de 3 (três) dias que antecedem ao ato, podendo ser ampliado, a critério da autoridade responsável pela investigação.

Art. 24. O art. 288 do Decreto-Lei nº 2.848, de 7 de dezembro de 1940 (Código Penal), passa a vigorar com a seguinte redação:

› Alteração incorporada ao texto do referido Decreto-lei.

Art. 25. O art. 342 do Decreto-Lei nº 2.848, de 7 de dezembro de 1940 (Código Penal), passa a vigorar com a seguinte redação:

› Alteração incorporada ao texto do referido Decreto-lei.

Art. 26. Revoga-se a Lei nº 9.034, de 3 de maio de 1995.

Art. 27. Esta Lei entra em vigor após decorridos 45 (quarenta e cinco) dias de sua publicação oficial.

Brasília, 2 de agosto de 2013; 192º da Independência e 125º da República.

DILMA ROUSSEFF

Publicado no D.O.U. 5.8.2013

LEI Nº 12.853, DE 14 DE AGOSTO DE 2013

Altera os arts. 5º, 68, 97, 98, 99 e 100, acrescenta arts. 98-A, 98-B, 98-C, 99-A, 99-B, 100-A, 100-B e 109-A e revoga o art. 94 da Lei nº 9.610, de 19 de fevereiro de 1998, para dispor sobre a gestão coletiva de direitos autorais, e dá outras providências.

› *Gestão coletiva de direitos autorais*

A PRESIDENTA DA REPÚBLICA Faço saber que o Congresso Nacional decreta e eu sanciono a seguinte Lei:

› CF/88: art. 5º, XVIII.

› ADins 5.062/DF e 5.065/DF: O Tribunal Pleno, por maioria de votos, julgou improcedente as referidas ADins e declara a constitucionalidade da Lei 12.853/2013. (julg. 27.10.2016) (D.J.E. 08.11.2016)

› Decreto 8.469/2015 – Regulamenta a Lei 9.610/1998, e a Lei 12.853/2013, para dispor sobre a gestão coletiva de direitos autorais.

Art. 1º. Esta Lei dispõe sobre a gestão coletiva de direitos autorais, altera, revoga e acrescenta dispositivos à Lei nº 9.610, de 19 de fevereiro de 1998.

Art. 2º. Os arts. 5º, 68, 97, 98, 99 e 100 da Lei nº 9.610, de 19 de fevereiro de 1998, passam a vigorar com as seguintes alterações:

› Alterações incorporadas ao texto da referida lei.

Art. 3º. A Lei nº 9.610, de 1998, passa a vigorar acrescida dos seguintes arts. 98-A, 98-B, 98-C, 99-A, 99-B, 100-A, 100-B e 109-A:

› Alterações incorporadas ao texto da referida lei.

Art. 4º. As associações de gestão coletiva de direitos autorais que, antes da vigência da presente Lei, estejam legalmente constituídas e arrecadando e distribuindo os direitos autorais de obras e fonogramas considerar-se-ão habilitadas para exercerem a atividade econômica de cobrança pelo prazo definido em regulamento, devendo obedecer às disposições constantes do art. 98-A da Lei nº 9.610, de 1998.

Art. 5º. As associações a que se refere o art. 4º desta Lei terão 60 (sessenta) dias para adaptar seus estatutos ao § 13 do art. 98 da Lei nº 9.610, de 1998, permitindo-se que seus dirigentes concluam os mandatos em curso quando do início da vigência desta Lei até o prazo originalmente previsto, após o qual poderão candidatar-se para mandato de 3 (três) anos, com possibilidade de 1 (uma) recondução, nos termos desta Lei.

Art. 6º. Desde que se comprove a observância de todas as exigências para a constituição do novo ente arrecadador unificado, constantes do *caput* do art. 99 da Lei 9.610, de 1998, as associações referidas no art. 4º desta Lei poderão requerer ao Ministério da Cultura, no prazo estabelecido em regulamento, que reconheça a pessoa jurídica já constituída como ente arrecadador.

Art. 7º. O Ministério da Cultura constituirá, no prazo e nos termos dispostos em regulamento, comissão permanente para aperfeiçoamento da gestão coletiva, que promoverá o aprimoramento contínuo da gestão coletiva de direitos autorais no Brasil por meio da análise da atuação e dos resultados obtidos pelas entidades brasileiras, bem como do exame das melhores práticas internacionais.

Art. 8º. Admite-se a delegação, pelo Ministério da Cultura, das competências a ele atribuídas por esta Lei a outro órgão.

Art. 9º. Revoga-se o art. 94 da Lei nº 9.610, de 19 de fevereiro de 1998.

Art. 10. Esta Lei entra em vigor após decorridos 120 (cento e vinte) dias de sua publicação oficial.

Brasília, 14 de agosto de 2013; 192º da Independência e 125º da República.

DILMA ROUSSEFF

Publicado no D.O.U. de 15.8.2013

LEI Nº 12.965, DE 23 DE ABRIL DE 2014

Estabelece princípios, garantias, direitos e deveres para o uso da Internet no Brasil.

› *Marco Civil da Internet*

A PRESIDENTA DA REPÚBLICA Faço saber que o Congresso Nacional decreta e eu sanciono a seguinte Lei:

CAPÍTULO I. DISPOSIÇÕES PRELIMINARES

› Decreto 8.771/2016 – Regulamenta a Lei 12.965/2014, para tratar das hipóteses admitidas de discriminação de pacotes de dados na internet e de degradação de tráfego, indicar procedimentos para guarda e proteção de dados por provedores de conexão e de aplicações, apontar medidas de transparência na requisição de dados cadastrais pela administração pública e estabelecer parâmetros para fiscalização e apuração de infrações.

Art. 1º. Esta Lei estabelece princípios, garantias, direitos e deveres para o uso da internet no Brasil e determina as diretrizes para atuação da União, dos Estados, do Distrito Federal e dos Municípios em relação à matéria.

Art. 2º. A disciplina do uso da internet no Brasil tem como fundamento o respeito à liberdade de expressão, bem como:

I – o reconhecimento da escala mundial da rede;

II – os direitos humanos, o desenvolvimento da personalidade e o exercício da cidadania em meios digitais;

III – a pluralidade e a diversidade;

IV – a abertura e a colaboração;

V – a livre iniciativa, a livre concorrência e a defesa do consumidor; e

VI – a finalidade social da rede.

Art. 3º. A disciplina do uso da internet no Brasil tem os seguintes princípios:

I – garantia da liberdade de expressão, comunicação e manifestação de pensamento, nos termos da Constituição Federal;

II – proteção da privacidade;

III – proteção dos dados pessoais, na forma da lei;

IV – preservação e garantia da neutralidade de rede;

V – preservação da estabilidade, segurança e funcionalidade da rede, por meio de medidas técnicas compatíveis com os padrões internacionais e pelo estímulo ao uso de boas práticas;

VI – responsabilização dos agentes de acordo com suas atividades, nos termos da lei;

VII – preservação da natureza participativa da rede;

VIII – liberdade dos modelos de negócios promovidos na internet, desde que não conflitem com os demais princípios estabelecidos nesta Lei.

Parágrafo único. Os princípios expressos nesta Lei não excluem outros previstos no ordenamento jurídico pátrio relacionados à matéria ou nos tratados internacionais em que a República Federativa do Brasil seja parte.

Art. 4º. A disciplina do uso da internet no Brasil tem por objetivo a promoção:

I – do direito de acesso à internet a todos;

II – do acesso à informação, ao conhecimento e à participação na vida cultural e na condução dos assuntos públicos;

III – da inovação e do fomento à ampla difusão de novas tecnologias e modelos de uso e acesso; e

IV – da adesão a padrões tecnológicos abertos que permitam a comunicação, a acessibilidade e a interoperabilidade entre aplicações e bases de dados.

Art. 5º. Para os efeitos desta Lei, considera-se:

I – internet: o sistema constituído do conjunto de protocolos lógicos, estruturado em escala mundial para uso público e irrestrito, com a finalidade de possibilitar a comunicação de dados entre terminais por meio de diferentes redes;

II – terminal: o computador ou qualquer dispositivo que se conecte à internet;

III – endereço de protocolo de internet (endereço IP): o código atribuído a um terminal de uma rede para permitir sua identificação, definido segundo parâmetros internacionais;

IV – administrador de sistema autônomo: a pessoa física ou jurídica que administra blocos de endereço IP específicos e o respectivo sistema autônomo de roteamento, devidamente cadastrada no ente nacional responsável pelo registro e distribuição de endereços IP geograficamente referentes ao País;

V – conexão à internet: a habilitação de um terminal para envio e recebimento de pacotes de dados pela internet, mediante a atribuição ou autenticação de um endereço IP;

VI – registro de conexão: o conjunto de informações referentes à data e hora de início e término de uma conexão à internet, sua duração e o endereço IP utilizado pelo terminal para o envio e recebimento de pacotes de dados;

VII – aplicações de internet: o conjunto de funcionalidades que podem ser acessadas por meio de um terminal conectado à internet; e

VIII – registros de acesso a aplicações de internet: o conjunto de informações referentes à data e hora de uso de uma determinada aplicação de internet a partir de um determinado endereço IP.

Art. 6º. Na interpretação desta Lei serão levados em conta, além dos fundamentos, princípios e objetivos previstos, a natureza da internet, seus usos e costumes particulares e sua importância para a promoção do desenvolvimento humano, econômico, social e cultural.

CAPÍTULO II. DOS DIREITOS E GARANTIAS DOS USUÁRIOS

Art. 7º. O acesso à internet é essencial ao exercício da cidadania, e ao usuário são assegurados os seguintes direitos:

I – inviolabilidade da intimidade e da vida privada, sua proteção e indenização pelo dano material ou moral decorrente de sua violação;

II – inviolabilidade e sigilo do fluxo de suas comunicações pela internet, salvo por ordem judicial, na forma da lei;

III – inviolabilidade e sigilo de suas comunicações privadas armazenadas, salvo por ordem judicial;

IV – não suspensão da conexão à internet, salvo por débito diretamente decorrente de sua utilização;

V – manutenção da qualidade contratada da conexão à internet;

VI – informações claras e completas constantes dos contratos de prestação de serviços, com detalhamento sobre o regime de proteção aos registros de conexão e aos registros de acesso a aplicações de internet, bem como sobre práticas de gerenciamento da rede que possam afetar sua qualidade;

VII – não fornecimento a terceiros de seus dados pessoais, inclusive registros de conexão, e de acesso a aplicações de internet, salvo mediante consentimento livre, expresso e informado ou nas hipóteses previstas em lei;

VIII – informações claras e completas sobre coleta, uso, armazenamento, tratamento e proteção de seus dados pessoais, que somente poderão ser utilizados para finalidades que:

a) justifiquem sua coleta;

b) não sejam vedadas pela legislação; e

c) estejam especificadas nos contratos de prestação de serviços ou em termos de uso de aplicações de internet;

IX – consentimento expresso sobre coleta, uso, armazenamento e tratamento de dados pessoais, que deverá ocorrer de forma destacada das demais cláusulas contratuais;

X – exclusão definitiva dos dados pessoais que tiver fornecido a determinada aplicação de internet, a seu requerimento, ao término da relação entre as partes, ressalvadas as hipóteses de guarda obrigatória de registros previstas nesta Lei;

› **Atualização:** X – exclusão definitiva dos dados pessoais que tiver fornecido a determinada aplicação de internet, a seu requerimento, ao término da relação entre as partes, ressalvadas as hipóteses de guarda obrigatória de registros previstas nesta Lei e na que dispõe sobre a proteção de dados pessoais; *(Redação dada pela Lei 13.709/2018, em vigor 24 (vinte e quatro) meses após a data de sua publicação)*

XI – publicidade e clareza de eventuais políticas de uso dos provedores de conexão à internet e de aplicações de internet;

XII – acessibilidade, consideradas as características físico-motoras, perceptivas, sensoriais, intelectuais e mentais do usuário, nos termos da lei; e

XIII – aplicação das normas de proteção e defesa do consumidor nas relações de consumo realizadas na internet.

Art. 8º. A garantia do direito à privacidade e à liberdade de expressão nas comunicações é condição para o pleno exercício do direito de acesso à internet.

Parágrafo único. São nulas de pleno direito as cláusulas contratuais que violem o disposto no *caput*, tais como aquelas que:

I – impliquem ofensa à inviolabilidade e ao sigilo das comunicações privadas, pela internet; ou

II – em contrato de adesão, não ofereçam como alternativa ao contratante a adoção do foro brasileiro para solução de controvérsias decorrentes de serviços prestados no Brasil.

CAPÍTULO III. DA PROVISÃO DE CONEXÃO E DE APLICAÇÕES DE INTERNET

SEÇÃO I. DA NEUTRALIDADE DE REDE

Art. 9º. O responsável pela transmissão, comutação ou roteamento tem o dever de tratar de forma isonômica quaisquer pacotes de dados, sem distinção por conteúdo, origem e destino, serviço, terminal ou aplicação.

§ 1º. A discriminação ou degradação do tráfego será regulamentada nos termos das atribuições privativas do Presidente da República previstas no inciso IV do art. 84 da Constituição Federal, para a fiel execução desta Lei, ouvidos o Comitê Gestor da Internet e a Agência Nacional de Telecomunicações, e somente poderá decorrer de:

I – requisitos técnicos indispensáveis à prestação adequada dos serviços e aplicações; e

II – priorização de serviços de emergência.

§ 2º. Na hipótese de discriminação ou degradação do tráfego prevista no § 1º, o responsável mencionado no *caput* deve:

I – abster-se de causar dano aos usuários, na forma do art. 927 da Lei 10.406, de 10 de janeiro de 2002 – Código Civil;

II – agir com proporcionalidade, transparência e isonomia;

III – informar previamente de modo transparente, claro e suficientemente descritivo aos seus usuários sobre as práticas de gerenciamento e mitigação de tráfego adotadas, inclusive as relacionadas à segurança da rede; e

IV – oferecer serviços em condições comerciais não discriminatórias e abster-se de praticar condutas anticoncorrenciais.

§ 3º. Na provisão de conexão à internet, onerosa ou gratuita, bem como na transmissão, comutação ou roteamento, é vedado bloquear, monitorar, filtrar ou analisar o conteúdo dos pacotes de dados, respeitado o disposto neste artigo.

SEÇÃO II.
DA PROTEÇÃO AOS REGISTROS, AOS DADOS PESSOAIS E ÀS COMUNICAÇÕES PRIVADAS

Art. 10. A guarda e a disponibilização dos registros de conexão e de acesso a aplicações de internet de que trata esta Lei, bem como de dados pessoais e do conteúdo de comunicações privadas, devem atender à preservação da intimidade, da vida privada, da honra e da imagem das partes direta ou indiretamente envolvidas.

§ 1º. O provedor responsável pela guarda somente será obrigado a disponibilizar os registros mencionados no *caput*, de forma autônoma ou associados a dados pessoais ou a outras informações que possam contribuir para a identificação do usuário ou do terminal, mediante ordem judicial, na forma do disposto na Seção IV deste Capítulo, respeitado o disposto no art. 7º.

§ 2º. O conteúdo das comunicações privadas somente poderá ser disponibilizado mediante ordem judicial, nas hipóteses e na forma que a lei estabelecer, respeitado o disposto nos incisos II e III do art. 7º.

§ 3º. O disposto no *caput* não impede o acesso aos dados cadastrais que informem qualificação pessoal, filiação e endereço, na forma da lei, pelas autoridades administrativas que detenham competência legal para a sua requisição.

§ 4º. As medidas e os procedimentos de segurança e de sigilo devem ser informados pelo responsável pela provisão de serviços de forma clara e atender a padrões definidos em regulamento, respeitado seu direito de confidencialidade quanto a segredos empresariais.

Art. 11. Em qualquer operação de coleta, armazenamento, guarda e tratamento de registros, de dados pessoais ou de comunicações por provedores de conexão e de aplicações de internet em que pelo menos um desses atos ocorra em território nacional, deverão ser obrigatoriamente respeitados a legislação brasileira e os direitos à privacidade, à proteção dos dados pessoais e ao sigilo das comunicações privadas e dos registros.

§ 1º. O disposto no *caput* aplica-se aos dados coletados em território nacional e ao conteúdo das comunicações, desde que pelo menos um dos terminais esteja localizado no Brasil.

§ 2º. O disposto no *caput* aplica-se mesmo que as atividades sejam realizadas por pessoa jurídica sediada no exterior, desde que oferte serviço ao público brasileiro ou pelo menos uma integrante do mesmo grupo econômico possua estabelecimento no Brasil.

§ 3º. Os provedores de conexão e de aplicações de internet deverão prestar, na forma da regulamentação, informações que permitam a verificação quanto ao cumprimento da legislação brasileira referente à coleta, à guarda, ao armazenamento ou ao tratamento de dados, bem como quanto ao respeito à privacidade e ao sigilo de comunicações.

§ 4º. Decreto regulamentará o procedimento para apuração de infrações ao disposto neste artigo.

Art. 12. Sem prejuízo das demais sanções cíveis, criminais ou administrativas, as infrações às normas previstas nos arts. 10 e 11 ficam sujeitas, conforme o caso, às seguintes sanções, aplicadas de forma isolada ou cumulativa:

I – advertência, com indicação de prazo para adoção de medidas corretivas;

II – multa de até 10% (dez por cento) do faturamento do grupo econômico no Brasil no seu último exercício, excluídos os tributos, considerados a condição econômica do infrator e o princípio da proporcionalidade entre a gravidade da falta e a intensidade da sanção;

III – suspensão temporária das atividades que envolvam os atos previstos no art. 11; ou

IV – proibição de exercício das atividades que envolvam os atos previstos no art. 11.

Parágrafo único. Tratando-se de empresa estrangeira, responde solidariamente pelo pagamento da multa de que trata o *caput* sua filial, sucursal, escritório ou estabelecimento situado no País.

SUBSEÇÃO I.
DA GUARDA DE REGISTROS DE CONEXÃO

Art. 13. Na provisão de conexão à internet, cabe ao administrador de sistema autônomo respectivo o dever de manter os registros de conexão, sob sigilo, em ambiente controlado e de segurança, pelo prazo de 1 (um) ano, nos termos do regulamento.

§ 1º. A responsabilidade pela manutenção dos registros de conexão não poderá ser transferida a terceiros.

§ 2º. A autoridade policial ou administrativa ou o Ministério Público poderá requerer cautelarmente que os registros de conexão sejam guardados por prazo superior ao previsto no *caput*.

§ 3º. Na hipótese do § 2º, a autoridade requerente terá o prazo de 60 (sessenta) dias, contados a partir do requerimento, para ingressar com o pedido de autorização judicial de acesso aos registros previstos no *caput*.

§ 4º. O provedor responsável pela guarda dos registros deverá manter sigilo em relação ao requerimento previsto no § 2º, que perderá sua eficácia caso o pedido de autorização judicial seja indeferido ou não tenha sido protocolado no prazo previsto no § 3º.

§ 5º. Em qualquer hipótese, a disponibilização ao requerente dos registros de que trata este artigo deverá ser precedida de autorização judicial, conforme disposto na Seção IV deste Capítulo.

§ 6º. Na aplicação de sanções pelo descumprimento ao disposto neste artigo, serão considerados a natureza e a gravidade da infração, os danos dela resultantes, eventual vantagem auferida pelo infrator, as circunstâncias agravantes, os antecedentes do infrator e a reincidência.

SUBSEÇÃO II.
DA GUARDA DE REGISTROS DE ACESSO A APLICAÇÕES DE INTERNET NA PROVISÃO DE CONEXÃO

Art. 14. Na provisão de conexão, onerosa ou gratuita, é vedado guardar os registros de acesso a aplicações de internet.

SUBSEÇÃO III.
DA GUARDA DE REGISTROS DE ACESSO A APLICAÇÕES DE INTERNET NA PROVISÃO DE APLICAÇÕES

Art. 15. O provedor de aplicações de internet constituído na forma de pessoa jurídica e que exerça essa atividade de forma organizada, profissionalmente e com fins econômicos deverá manter os respectivos registros de acesso a aplicações de internet, sob sigilo, em ambiente controlado e de segurança, pelo prazo de 6 (seis) meses, nos termos do regulamento.

§ 1º. Ordem judicial poderá obrigar, por tempo certo, os provedores de aplicações de internet que não estão sujeitos ao disposto no *caput* a guardarem registros de acesso a aplicações de internet, desde que se trate de registros relativos a fatos específicos em período determinado.

§ 2º. A autoridade policial ou administrativa ou o Ministério Público poderão requerer cautelarmente a qualquer provedor de aplicações de internet que os registros de acesso a aplicações de internet sejam guardados, inclusive por prazo superior ao previsto no *caput*, observado o disposto nos §§ 3º e 4º do art. 13.

§ 3º. Em qualquer hipótese, a disponibilização ao requerente dos registros de que trata este artigo deverá ser precedida de autorização judicial, conforme disposto na Seção IV deste Capítulo.

§ 4º. Na aplicação de sanções pelo descumprimento ao disposto neste artigo, serão considerados a natureza e a gravidade da infração, os danos dela resultantes, eventual vantagem auferida pelo infrator, as circunstâncias agravantes, os antecedentes do infrator e a reincidência.

Art. 16. Na provisão de aplicações de internet, onerosa ou gratuita, é vedada a guarda:

I – dos registros de acesso a outras aplicações de internet sem que o titular dos dados tenha consentido previamente, respeitado o disposto no art. 7º; ou

II - de dados pessoais que sejam excessivos em relação à finalidade para a qual foi dado consentimento pelo seu titular.

› **Atualização:** II – de dados pessoais que sejam excessivos em relação à finalidade para a qual foi dado consentimento pelo seu titular, exceto nas hipóteses previstas na Lei que dispõe sobre a proteção de dados pessoais. *(Redação dada pela Lei 13.709/2018, em vigor 24 (vinte e quatro) meses após a data de sua publicação)*

Art. 17. Ressalvadas as hipóteses previstas nesta Lei, a opção por não guardar os registros de acesso a aplicações de internet não implica responsabilidade sobre danos decorrentes do uso desses serviços por terceiros.

SEÇÃO III. DA RESPONSABILIDADE POR DANOS DECORRENTES DE CONTEÚDO GERADO POR TERCEIROS

Art. 18. O provedor de conexão à internet não será responsabilizado civilmente por danos decorrentes de conteúdo gerado por terceiros.

Art. 19. Com o intuito de assegurar a liberdade de expressão e impedir a censura, o provedor de aplicações de internet somente poderá ser responsabilizado civilmente por danos decorrentes de conteúdo gerado por terceiros se, após ordem judicial específica, não tomar as providências para, no âmbito e nos limites técnicos do seu serviço e dentro do prazo assinalado, tornar indisponível o conteúdo apontado como infringente, ressalvadas as disposições legais em contrário.

§ 1º. A ordem judicial de que trata o *caput* deverá conter, sob pena de nulidade, identificação clara e específica do conteúdo apontado como infringente, que permita a localização inequívoca do material.

§ 2º. A aplicação do disposto neste artigo para infrações a direitos de autor ou a direitos conexos depende de previsão legal específica, que deverá respeitar a liberdade de expressão e demais garantias previstas no art. 5º da Constituição Federal.

§ 3º. As causas que versem sobre ressarcimento por danos decorrentes de conteúdos disponibilizados na internet relacionados à honra, à reputação ou a direitos de personalidade, bem como sobre a indisponibilização desses conteúdos por provedores de aplicações de internet, poderão ser apresentadas perante os juizados especiais.

§ 4º. O juiz, inclusive no procedimento previsto no § 3º, poderá antecipar, total ou parcialmente, os efeitos da tutela pretendida no pedido inicial, existindo prova inequívoca do fato e considerado o interesse da coletividade na disponibilização do conteúdo na internet, desde que presentes os requisitos de verossimilhança da alegação do autor e de fundado receio de dano irreparável ou de difícil reparação.

Art. 20. Sempre que tiver informações de contato do usuário diretamente responsável pelo conteúdo a que se refere o art. 19, caberá ao provedor de aplicações de internet comunicar-lhe os motivos e informações relativos à indisponibilização de conteúdo, com informações que permitam o contraditório e a ampla defesa em juízo, salvo expressa previsão legal ou expressa determinação judicial fundamentada em contrário.

Parágrafo único. Quando solicitado pelo usuário que disponibilizou o conteúdo tornado indisponível, o provedor de aplicações de internet que exerce essa atividade de forma organizada, profissionalmente e com fins econômicos substituirá o conteúdo tornado indisponível pela motivação ou pela ordem judicial que deu fundamento à indisponibilização.

Art. 21. O provedor de aplicações de internet que disponibilize conteúdo gerado por terceiros será responsabilizado subsidiariamente pela violação da intimidade decorrente da divulgação, sem autorização de seus participantes, de imagens, de vídeos ou de outros materiais contendo cenas de nudez ou de atos sexuais de caráter privado quando, após o recebimento de notificação pelo participante ou seu representante legal, deixar de promover, de forma diligente, no âmbito e nos limites técnicos do seu serviço, a indisponibilização desse conteúdo.

Parágrafo único. A notificação prevista no *caput* deverá conter, sob pena de nulidade, elementos que permitam a identificação específica do material apontado como violador da intimidade do participante e a verificação da legitimidade para apresentação do pedido.

SEÇÃO IV. DA REQUISIÇÃO JUDICIAL DE REGISTROS

Art. 22. A parte interessada poderá, com o propósito de formar conjunto probatório em processo judicial cível ou penal, em caráter incidental ou autônomo, requerer ao juiz que ordene ao responsável pela guarda o fornecimento de registros de conexão ou de registros de acesso a aplicações de internet.

Parágrafo único. Sem prejuízo dos demais requisitos legais, o requerimento deverá conter, sob pena de inadmissibilidade:

I – fundados indícios da ocorrência do ilícito;

II – justificativa motivada da utilidade dos registros solicitados para fins de investigação ou instrução probatória; e

III – período ao qual se referem os registros.

Art. 23. Cabe ao juiz tomar as providências necessárias à garantia do sigilo das informações recebidas e à preservação da intimidade, da vida privada, da honra e da imagem do usuário, podendo determinar segredo de justiça, inclusive quanto aos pedidos de guarda de registro.

CAPÍTULO IV. DA ATUAÇÃO DO PODER PÚBLICO

Art. 24. Constituem diretrizes para a atuação da União, dos Estados, do Distrito Federal e dos Municípios no desenvolvimento da internet no Brasil:

I – estabelecimento de mecanismos de governança multiparticipativa, transparente, colaborativa e democrática, com a participação do governo, do setor empresarial, da sociedade civil e da comunidade acadêmica;

II – promoção da racionalização da gestão, expansão e uso da internet, com participação do Comitê Gestor da internet no Brasil;

III – promoção da racionalização e da interoperabilidade tecnológica dos serviços de governo eletrônico, entre os diferentes Poderes e âmbitos da Federação, para permitir o intercâmbio de informações e a celeridade de procedimentos;

IV – promoção da interoperabilidade entre sistemas e terminais diversos, inclusive entre os diferentes âmbitos federativos e diversos setores da sociedade;

V – adoção preferencial de tecnologias, padrões e formatos abertos e livres;

VI – publicidade e disseminação de dados e informações públicos, de forma aberta e estruturada;

VII – otimização da infraestrutura das redes e estímulo à implantação de centros de armazenamento, gerenciamento e disseminação de dados no País, promovendo a qualidade técnica, a inovação e a difusão das aplicações de internet, sem prejuízo à abertura, à neutralidade e à natureza participativa;

VIII – desenvolvimento de ações e programas de capacitação para uso da internet;

IX – promoção da cultura e da cidadania; e

X – prestação de serviços públicos de atendimento ao cidadão de forma integrada, eficiente, simplificada e por múltiplos canais de acesso, inclusive remotos.

Art. 25. As aplicações de internet de entes do poder público devem buscar:

I – compatibilidade dos serviços de governo eletrônico com diversos terminais, sistemas operacionais e aplicativos para seu acesso;

II – acessibilidade a todos os interessados, independentemente de suas capacidades físico-motoras, perceptivas, sensoriais, intelectuais, mentais, culturais e sociais, resguardados os aspectos de sigilo e restrições administrativas e legais;

III – compatibilidade tanto com a leitura humana quanto com o tratamento automatizado das informações;

IV – facilidade de uso dos serviços de governo eletrônico; e

V – fortalecimento da participação social nas políticas públicas.

Art. 26. O cumprimento do dever constitucional do Estado na prestação da educação, em todos os níveis de ensino, inclui a capacitação, integrada a outras práticas educacionais, para o uso seguro, consciente e responsável da internet como ferramenta para o exercício da cidadania, a promoção da cultura e o desenvolvimento tecnológico.

Art. 27. As iniciativas públicas de fomento à cultura digital e de promoção da internet como ferramenta social devem:

I – promover a inclusão digital;

II – buscar reduzir as desigualdades, sobretudo entre as diferentes regiões do País, no acesso às tecnologias da informação e comunicação e no seu uso; e

III – fomentar a produção e circulação de conteúdo nacional.

Art. 28. O Estado deve, periodicamente, formular e fomentar estudos, bem como fixar metas, estratégias, planos e cronogramas, referentes ao uso e desenvolvimento da internet no País.

CAPÍTULO V. DISPOSIÇÕES FINAIS

Art. 29. O usuário terá a opção de livre escolha na utilização de programa de computador em seu terminal para exercício do controle parental de conteúdo entendido por ele como impróprio a seus filhos menores, desde que respeitados os princípios desta Lei e da Lei nº 8.069, de 13 de julho de 1990 – Estatuto da Criança e do Adolescente.

Parágrafo único. Cabe ao poder público, em conjunto com os provedores de conexão e de aplicações de internet e a sociedade civil, promover a educação e fornecer informações sobre o uso dos programas de computador previstos no *caput*, bem como para a definição de boas práticas para a inclusão digital de crianças e adolescentes.

Art. 30. A defesa dos interesses e dos direitos estabelecidos nesta Lei poderá ser exercida em juízo, individual ou coletivamente, na forma da Lei.

Art. 31. Até a entrada em vigor da lei específica prevista no § 2º do art. 19, a responsabilidade do provedor de aplicações de internet por danos decorrentes de conteúdo gerado por terceiros, quando se tratar de infração a direitos de autor ou a direitos conexos, continuará a ser disciplinada pela legislação autoral vigente aplicável na data da entrada em vigor desta Lei.

Art. 32. Esta Lei entra em vigor após decorridos 60 (sessenta) dias de sua publicação oficial.

Brasília, 23 de abril de 2014; 193º da Independência e 126º da República.

DILMA ROUSSEFF

Publicado no D.O.U. 24.4.2014

LEI Nº 12.984, DE 2 DE JUNHO DE 2014

Define o crime de discriminação dos portadores do vírus da imunodeficiência humana (HIV) e doentes de AIDS.

› *Crime de discriminação dos portadores de HIV*

A PRESIDENTA DA REPÚBLICA Faço saber que o Congresso Nacional decreta e eu sanciono a seguinte Lei:

› CF/88: art. 3º, IV.

Art. 1º. Constitui crime punível com reclusão, de 1 (um) a 4 (quatro) anos, e multa, as seguintes condutas discriminatórias contra o portador do HIV e o doente de aids, em razão da sua condição de portador ou de doente:

I – recusar, procrastinar, cancelar ou segregar a inscrição ou impedir que permaneça como aluno em creche ou estabelecimento de ensino de qualquer curso ou grau, público ou privado;

II – negar emprego ou trabalho;

III – exonerar ou demitir de seu cargo ou emprego;

IV – segregar no ambiente de trabalho ou escolar;

V – divulgar a condição do portador do HIV ou de doente de aids, com intuito de ofender-lhe-a dignidade;

VI – recusar ou retardar atendimento de saúde.

› Art. 2º. Esta Lei entra em vigor na data de sua publicação.

Brasília, 2 de junho de 2014; 193º da Independência e 126º da República.

DILMA ROUSSEFF

Publicado no D.O.U. de 3.6.2014

PROVIMENTO CNJ Nº 37, DE 7 DE JULHO DE 2014

Dispõe sobre o registro de união estável, no Livro "E", por Oficial de Registro Civil das Pessoas Naturais.

› *União estável*

O CORREGEDOR NACIONAL DE JUSTIÇA em exercício, Conselheiro Guilherme Calmon, no uso de suas atribuições legais e regimentais;

CONSIDERANDO que compete ao Conselho Nacional de Justiça o controle da atuação administrativa do Poder Judiciário (art. 103-B, § 4º, I, II e III, da Constituição Federal);

CONSIDERANDO que compete ao Poder Judiciário a fiscalização dos serviços notariais e de registro (art. 103-B, § 4º, I e III, e art. 236, § 1º, ambos da Constituição Federal);

CONSIDERANDO que compete ao Corregedor Nacional de Justiça expedir provimentos, e outros atos normativos, destinados ao aperfeiçoamento das atividades dos serviços notariais e de registro (art. 8º, X, do Regimento Interno do Conselho Nacional de Justiça);

CONSIDERANDO a existência de regulamentação, pelas Corregedorias Gerais da Justiça, do registro de união estável no Livro "E" do Registro Civil das Pessoas Naturais;

CONSIDERANDO a conveniência da edição de normas básicas e uniformes para a realização desse registro, visando conferir segurança jurídica na relação mantida entre os companheiros e desses com terceiros, inclusive no que tange aos aspectos patrimoniais;

CONSIDERANDO que o reconhecimento da necessidade de edição dessas normas encontra amparo em requerimento nesse sentido formulado pela Associação Nacional dos Registradores de Pessoas Naturais - ARPENBRASIL, autuado como Pedido de Providências nº 0006113-43.2013.2.00.0000;

CONSIDERANDO o disposto na Resolução nº 175, de 14 de maio de 2013, do Conselho Nacional de Justiça; resolve:

Art. 1º. É facultativo o registro da união estável prevista nos artigos 1.723 a 1.727 do Código Civil, mantida entre o homem e a mulher, ou entre duas pessoas do mesmo sexo.

Art. 2º. O registro da sentença declaratória de reconhecimento e dissolução, ou extinção, bem como da escritura pública de contrato e distrato envolvendo união estável, será feito no Livro "E", pelo Oficial do Registro Civil das Pessoas Naturais da Sede, ou, onde houver, no 1º Subdistrito da Comarca em que os companheiros têm ou tiveram seu último domicílio, devendo constar:

a) a data do registro;

b) o prenome e o sobrenome, a data de nascimento, a profissão, a indicação da numeração da Cédula de Identidade, o domicílio e residência de cada companheiro, e o CPF se houver;

c) prenomes e sobrenomes dos pais;

d) a indicação das datas e dos Ofícios de Registro Civil das Pessoas Naturais em que foram registrados os nascimentos das partes, os seus casamentos ou uniões estáveis anteriores, assim como os óbitos de seus anteriores cônjuges ou companheiros, quando houver, ou os respectivos divórcios ou separações judiciais ou extrajudiciais se foram anteriormente casados;

e) data do trânsito em julgado da sentença ou do acórdão, número do processo, Juízo e nome do Juiz que a proferiu ou do Desembargador que o relatou, quando o caso;

f) data da escritura pública, mencionando-se no último caso, o livro, a página e o Tabelionato onde foi lavrado o ato;

g) regime de bens dos companheiros, ou consignação de que não especificado na respectiva escritura pública ou sentença declaratória.

Art. 3º. Serão arquivados pelo Oficial de Registro Civil, em meio físico ou mídia digital segura, os documentos apresentados para o registro da união estável e de sua dissolução, com referência do arquivamento à margem do respectivo assento, de forma a permitir sua localização.

Art. 4º. Quando o estado civil dos companheiros não constar da escritura pública, deverão ser exigidas e arquivadas as respectivas certidões de nascimento, ou de casamento com averbação do divórcio ou da separação judicial ou extrajudicial, ou de óbito do cônjuge se o companheiro for viúvo, exceto se mantidos esses assentos no Registro Civil das Pessoas Naturais em que registrada a união estável, hipótese em que bastará sua consulta direta pelo Oficial de Registro.

Art. 5º. O registro de união estável decorrente de escritura pública de reconhecimento ou extinção produzirá efeitos patrimoniais entre os companheiros, não prejudicando terceiros que não tiverem participado da escritura pública.

Parágrafo único. O registro da sentença declaratória da união estável, ou de sua dissolução, não altera os efeitos da coisa julgada previstos no art. 472 do Código de Processo Civil.

Art. 6º. O Oficial deverá anotar o registro da união estável nos atos anteriores, com remissões recíprocas, se lançados em seu Registro Civil das Pessoas Naturais, ou comunicá-lo ao Oficial do Registro Civil das Pessoas Naturais em que estiverem os registros primitivos dos companheiros.

§ 1º. O Oficial averbará, no registro da união estável, o óbito, o casamento, a constituição de nova união estável e a interdição dos companheiros, que lhe serão comunicados pelo Oficial de Registro que realizar esses registros, se distinto, fazendo constar o conteúdo dessas averbações em todas as certidões que forem expedidas.

§ 2º. As comunicações previstas neste artigo poderão ser efetuadas por meio eletrônico seguro, com arquivamento do comprovante de envio, ou por outro meio previsto em norma da Corregedoria Geral da Justiça para as comunicações de atos do Registro Civil das Pessoas Naturais.

Art. 7º. Não é exigível o prévio registro da união estável para que seja registrada a sua dissolução, devendo, nessa hipótese, constar do registro somente a data da escritura pública de dissolução.

§ 1º. Se existente o prévio registro da união estável, a sua dissolução será averbada à margem daquele ato.

§ 2º. Contendo a sentença em que declarada a dissolução da união estável a menção ao período em que foi mantida, deverá ser promovido o registro da referida união estável e, na sequência, a averbação de sua dissolução.

Art. 8º. Não poderá ser promovido o registro, no Livro E, de união estável de pessoas casadas, ainda que separadas de fato, exceto se separadas judicialmente ou extrajudicialmente, ou se a declaração da união estável decorrer de sentença judicial transitada em julgado.

Art. 9º. Em todas as certidões relativas ao registro de união estável no Livro "E" constará advertência expressa de que esse registro não produz os efeitos da conversão da união estável em casamento.

Art. 10. Este Provimento não revoga as normas editadas pelas Corregedorias Gerais da Justiça, no que forem compatíveis.

Art. 11. As Corregedorias Gerais da Justiça deverão dar ciência deste Provimento aos Juízes Corregedores, ou Juízes que na forma da organização local forem competentes para a fiscalização dos serviços extrajudiciais de notas e de registro, e aos responsáveis pelas unidades do serviço extrajudicial de notas e de registro.

Art. 12. Este Provimento entrará em vigor na data de sua publicação.

Brasília/DF, 7 de julho de 2014.

Conselheiro GUILHERME CALMON
Corregedor Nacional de Justiça, em exercício

Publicado no D.J.E. de 11.7.2014

LEI Nº 13.103, DE 2 DE MARÇO DE 2015

Dispõe sobre o exercício da profissão de motorista; altera a Consolidação das Leis do Trabalho – CLT, aprovada pelo Decreto-lei nº 5.452, de 1º de maio de 1943, e as Leis nºs 9.503, de 23 de setembro de 1997 – Código de Trânsito Brasileiro, e 11.442, de 5 de janeiro de 2007 (empresas e transportadores autônomos de carga), para disciplinar a jornada de trabalho e o tempo de direção do motorista profissional; altera a Lei nº 7.408, de 25 de novembro de 1985; revoga dispositivos da Lei nº 12.619, de 30 de abril de 2012; e dá outras providências.

› *Lei do Motorista Profissional*

› v. Decreto 8.433/2015 – Dispõe sobre a regulamentação dos art. 9º a art. 12, art. 17 e art. 22 da Lei 13.103/2015.

A PRESIDENTA DA REPÚBLICA Faço saber que o Congresso Nacional decreta e eu sanciono a seguinte Lei:

Art. 1º. É livre o exercício da profissão de motorista profissional, atendidas as condições e qualificações profissionais estabelecidas nesta Lei.

Parágrafo único. Integram a categoria profissional de que trata esta Lei os motoristas de veículos automotores cuja condução exija formação profissional e que exerçam a profissão nas seguintes atividades ou categorias econômicas:

I – de transporte rodoviário de passageiros;

II – de transporte rodoviário de cargas.

Art. 2º. São direitos dos motoristas profissionais de que trata esta Lei, sem prejuízo de outros previstos em leis específicas:

I – ter acesso gratuito a programas de formação e aperfeiçoamento profissional, preferencialmente mediante cursos técnicos e especializados previstos no inciso IV do art. 145 da Lei nº 9.503, de 23 de setembro de 1997 – Código de Trânsito Brasileiro, normatizados pelo Conselho Nacional de Trânsito – Contran, em cooperação com o poder público;

II – contar, por intermédio do Sistema Único de Saúde – SUS, com atendimento profilático, terapêutico, reabilitador, especialmente em relação às enfermidades que mais os acometam;

III – receber proteção do Estado contra ações criminosas que lhes sejam dirigidas no exercício da profissão;

IV – contar com serviços especializados de medicina ocupacional, prestados por entes públicos ou privados à sua escolha;

V – se empregados:

a) não responder perante o empregador por prejuízo patrimonial decorrente da ação de terceiro, ressalvado o dolo ou a desídia do motorista, nesses casos mediante comprovação, no cumprimento de suas funções;

b) ter jornada de trabalho controlada e registrada de maneira fidedigna mediante anotação em diário de bordo, papeleta ou ficha de trabalho externo, ou sistema e meios eletrônicos instalados nos veículos, a critério do empregador; e

c) ter benefício de seguro de contratação obrigatória assegurado e custeado pelo empregador, destinado à cobertura de morte natural, morte por acidente, invalidez total ou parcial decorrente de acidente, traslado e auxílio para funeral referentes às suas atividades, no valor mínimo correspondente a 10 (dez) vezes o piso salarial de sua categoria ou valor superior fixado em convenção ou acordo coletivo de trabalho.

Art. 3º. Aos motoristas profissionais dependentes de substâncias psicoativas é assegurado o pleno atendimento pelas unidades de saúde municipal, estadual e federal, no âmbito do Sistema Único de Saúde, podendo ser realizados convênios com entidades privadas para o cumprimento da obrigação.

Art. 4º. O § 5º do art. 71 da Consolidação das Leis do Trabalho – CLT, aprovada pelo Decreto-lei nº 5.452, de 1º de maio de 1943, passa a vigorar com a seguinte redação:

› Alteração incorporada ao texto do referido Decreto-Lei.

Art. 5º. O art. 168 da Consolidação das Leis do Trabalho – CLT, aprovada pelo Decreto-lei 5.452, de 1º de maio de 1943, passa a vigorar com as seguintes alterações:

› Alteração incorporada ao texto do referido Decreto-Lei.

Art. 6º. A Seção IV-A do CAPÍTULO I do TÍTULO III da Consolidação das Leis do Trabalho – CLT, aprovada pelo Decreto-lei 5.452, de 1º de maio de 1943, passa a vigorar com as seguintes alterações:

› Alteração incorporada ao texto do referido Decreto-Lei.

Art. 7º. O CAPÍTULO III-A da Lei nº 9.503, de 23 de setembro de 1997 – Código de Trânsito Brasileiro, passa a vigorar com as seguintes alterações:

› Alteração incorporada ao texto da referida Lei.

Art. 8º. A Lei nº 9.503, de 23 de setembro de 1997 – Código de Trânsito Brasileiro, passa a vigorar com as seguintes alterações:

› Alteração incorporada ao texto da referida Lei.

Art. 9º. As condições de segurança, sanitárias e de conforto nos locais de espera, de repouso e de descanso dos motoristas profissionais de transporte rodoviário de passageiros e rodoviário de cargas terão que obedecer ao disposto em normas regulamentadoras pelo ente competente.

§ 1º. É vedada a cobrança ao motorista ou ao seu empregador pelo uso ou permanência em locais de espera sob a responsabilidade de:

I – transportador, embarcador ou consignatário de cargas;

II – operador de terminais de cargas;

III – aduanas;

IV – portos marítimos, lacustres, fluviais e secos;

V – terminais ferroviários, hidroviários e aeroportuários.

§ 2º. Os locais de repouso e descanso dos motoristas profissionais serão, entre outros, em:

I – estações rodoviárias;

II – pontos de parada e de apoio;

III – alojamentos, hotéis ou pousadas;

IV – refeitórios das empresas ou de terceiros;

V – postos de combustíveis.

§ 3º. Será de livre iniciativa a implantação de locais de repouso e descanso de que trata este artigo.

§ 4º. A estrita observância às Normas Regulamentadoras do Ministério do Trabalho e Emprego, no que se refere aos incisos II, III, IV e V do § 2º, será considerada apenas quando o local for de propriedade do transportador, do embarcador ou do consignatário de cargas, bem como nos casos em que esses mantiverem com os proprietários destes locais contratos que os obriguem a disponibilizar locais de espera e repouso aos motoristas profissionais.

Art. 10. O poder público adotará medidas, no prazo de até 5 (cinco) anos a contar da vigência desta Lei, para ampliar a disponibilidade dos espaços previstos no art. 9º, especialmente:

I – a inclusão obrigatória de cláusulas específicas em contratos de concessão de exploração de rodovias, para concessões futuras ou renovação;

II – a revisão das concessões de exploração das rodovias em vigor, de modo a adequá-las à previsão de construção de pontos de parada de espera e descanso, respeitado o equilíbrio econômico-financeiro dos contratos;

III – a identificação e o cadastramento de pontos de paradas e locais para espera, repouso e descanso que atendam aos requisitos previstos no art. 9º desta Lei;

IV – a permissão do uso de bem público nas faixas de domínio das rodovias sob sua jurisdição, vinculadas à implementação de locais de espera, repouso e descanso e pontos de paradas, de trevos ou acessos a esses locais;

V – a criação de linha de crédito para apoio à implantação dos pontos de paradas.

Parágrafo único. O poder público apoiará ou incentivará, em caráter permanente, a implantação pela iniciativa privada de locais de espera, pontos de parada e de descanso.

Art. 11. Atos do órgão competente da União ou, conforme o caso, de autoridade do ente da federação com circunscrição sobre a via publicarão a relação de trechos das vias públicas que disponham de pontos de parada ou de locais de descanso adequados para o cumprimento desta Lei.

§ 1º. A primeira relação dos trechos das vias referidas no *caput* será publicada no prazo de até 180 (cento e oitenta) dias a contar da data da publicação desta Lei.

§ 2º. As relações de trechos das vias públicas de que trata o *caput* deverão ser ampliadas e revisadas periodicamente.

§ 3º. Os estabelecimentos existentes nas vias poderão requerer no órgão competente com jurisdição sobre elas o seu reconhecimento como ponto de parada e descanso.

Art. 12. O disposto nos §§ 2º e 3º do art. 235-C do CAPÍTULO I do TÍTULO III da Consolidação das Leis do Trabalho – CLT, aprovada pelo Decreto-Lei nº 5.452, de 1º de maio de 1943, e no *caput* e nos §§ 1º e 3º do art. 67-C do CAPÍTULO III-A da Lei nº 9.503, de 23 de setembro de 1997 – Código de Trânsito Brasileiro, produzirá efeitos:

I – a partir da data da publicação dos atos de que trata o art. 11, para os trechos das vias deles constantes;

II – a partir da data da publicação das relações subsequentes, para as vias por elas acrescidas.

Parágrafo único. Durante os primeiros 180 (cento e oitenta) dias de sujeição do trecho ao disposto na Consolidação das Leis do Trabalho – CLT, aprovada pelo Decreto-Lei nº 5.452, de 1º de maio de 1943, e na Lei nº 9.503, de 23 de setembro de 1997 – Código de Trânsito Brasileiro, com as alterações constantes desta Lei, a fiscalização do seu cumprimento será meramente informativa e educativa.

Art. 13. O exame toxicológico com janela de detecção mínima de 90 (noventa) dias de que tratam o art. 148-A da Lei nº 9.503, de 23 de setembro de 1997 – Código de Trânsito Brasileiro, os §§ 6º e 7º do art. 168 e o inciso VII do art. 235-B da Consolidação das Leis do Trabalho – CLT, aprovada pelo Decreto-Lei nº 5.452, de 1º de maio de 1943, será exigido:

I – em 90 (noventa) dias da publicação desta Lei, para a renovação e habilitação das categorias C, D e E;

II – em 1 (um) ano a partir da entrada em vigor desta Lei, para a admissão e a demissão de motorista profissional;

III – em 3 (três) anos e 6 (seis) meses a partir da entrada em vigor desta Lei, para o disposto no § 2º do art. 148-A da Lei nº 9.503, de 23 de setembro de 1997;

IV – em 2 (dois) anos e 6 (seis) meses a partir da entrada em vigor desta Lei, para o disposto no § 3º do art. 148-A da Lei nº 9.503, de 23 de setembro de 1997.

Parágrafo único. Caberá ao Contran estabelecer adequações necessárias ao cronograma de realização dos exames.

Art. 14. Decorrido o prazo de 3 (três) anos a contar da publicação desta Lei, os seus efeitos dar-se-ão para todas as vias, independentemente da publicação dos atos de que trata o art. 11 ou de suas revisões.

Art. 15. A Lei nº 11.442, de 5 de janeiro de 2007, passa a vigorar com as seguintes alterações:

"Art. 4º (...)

(...)

§ 3º Sem prejuízo dos demais requisitos de controle estabelecidos em regulamento, é facultada ao TAC a cessão de seu veículo em regime de colaboração a outro profissional, assim denominado TAC – Auxiliar, não implicando tal cessão a caracterização de vínculo de emprego.

§ 4º O Transportador Autônomo de Cargas Auxiliar deverá contribuir para a previdência social de forma idêntica à dos Transportadores Autônomos.

§ 5º As relações decorrentes do contrato estabelecido entre o Transportador Autônomo de Cargas e seu Auxiliar ou entre o transportador autônomo e o embarcador não caracterizarão vínculo de emprego."

"Art. 5º-A. O pagamento do frete do transporte rodoviário de cargas ao Transportador Autônomo de Cargas – TAC deverá ser efetuado por meio de crédito em conta mantida em instituição integrante do sistema financeiro nacional, inclusive poupança, ou por outro meio de pagamento regulamentado pela Agência Nacional de Transportes Terrestres – ANTT, à critério do prestador do serviço.

(...)

§ 7º As tarifas bancárias ou pelo uso de meio de pagamento eletrônico relativas ao pagamento do frete do transporte rodoviário de cargas ao Transportador Autônomo de Cargas – TAC correrão à conta do responsável pelo pagamento."

"Art. 11. (...)

(...)

§ 5º O prazo máximo para carga e descarga do Veículo de Transporte Rodoviário de Cargas será de 5 (cinco) horas, contadas da chegada do veículo ao endereço de destino, após o qual será devido ao Transportador Autônomo de Carga – TAC ou à ETC a importância equivalente a R$ 1,38 (um real e trinta e oito centavos) por tonelada/hora ou fração.

§ 6º A importância de que trata o § 5º será atualizada, anualmente, de acordo com a variação do Índice Nacional de Preços ao Consumidor – INPC, calculado pela Fundação Instituto Brasileiro de Geografia e Estatística – IBGE ou, na hipótese de sua extinção, pelo índice que o suceder, definido em regulamento.

§ 7º Para o cálculo do valor de que trata o § 5º, será considerada a capacidade total de transporte do veículo.

§ 8º Incidente o pagamento relativo ao tempo de espera, este deverá ser calculado a partir da hora de chegada na procedência ou no destino.

§ 9º O embarcador e o destinatário da carga são obrigados a fornecer ao transportador documento hábil a comprovar o horário de chegada do caminhão nas dependências dos respectivos estabelecimentos, sob pena de serem punidos com multa a ser aplicada pela Agência Nacional de Transportes Terrestres – ANTT, que não excederá a 5% (cinco por cento) do valor da carga."

"Art. 13-A. É vedada a utilização de informações de bancos de dados de proteção ao crédito como mecanismo de vedação de contrato com o TAC e a ETC devidamente regulares para o exercício da atividade do Transporte Rodoviário de Cargas."

Art. 16. O art. 1º da Lei nº 7.408, de 25 de novembro de 1985, passa a vigorar com a seguinte redação:

"Art. 1º Fica permitida, na pesagem de veículos de transporte de carga e de passageiros, a tolerância máxima de:

I – 5% (cinco por cento) sobre os limites de peso bruto total;

II – 10% (dez por cento) sobre os limites de peso bruto transmitido por eixo de veículos à superfície das vias públicas.

Parágrafo único. Os limites de peso bruto não se aplicam aos locais não abrangidos pelo disposto no art. 2º da Lei nº 9.503, de 23 de setembro de 1997 – Código de Trânsito Brasileiro, incluindo-se as vias particulares sem acesso à circulação pública."

Art. 17. Em todo o território nacional, os veículos de transporte de cargas que circularem vazios ficarão isentos da cobrança de pedágio sobre os eixos que mantiverem suspensos. (Redação dada pela Lei 13.711/2018)

§ 1º O disposto no *caput* deste artigo abrange as vias terrestres federais, estaduais, distritais e municipais, inclusive as concedidas. (Acrescido pela Lei 13.711/2018)

§ 2º Os órgãos e as entidades competentes da União, dos Estados, do Distrito Federal e dos Municípios disporão sobre as medidas técnicas e operacionais para viabilizar a isenção de que trata o *caput* deste artigo. (Acrescido pela Lei 13.711/2018)

§ 3º Até a implementação das medidas a que se refere o § 2º deste artigo, considerar-se-ão vazios os veículos de transporte de carga que transpuserem as praças de pedágio com um ou mais eixos mantidos suspensos, assegurada a fiscalização dessa condição pela autoridade com circunscrição sobre a via ou pelo agente designado na forma prevista no § 4º do art. 280 da Lei nº 9.503, de 23 de setembro de 1997 (Código de Trânsito Brasileiro). (Acrescido pela Lei 13.711/2018)

§ 4º Para as vias rodoviárias federais concedidas ou delegadas, será adotada a regulamentação da Agência Nacional de Transportes Terrestres (ANTT). (Acrescido pela Lei 13.711/2018)

§ 5º Ficam sujeitos à penalidade prevista no art. 209 da Lei nº 9.503, de 23 de setembro de 1997 (Código de Trânsito Brasileiro), os veículos de transporte de cargas que circularem com eixos indevidamente suspensos. (Acrescido pela Lei nº 13.711/2018)

§ 6º O aumento do valor do pedágio para os usuários da rodovia a fim de compensar a isenção de que trata o *caput* deste artigo somente será adotado após esgotadas as demais alternativas de reequilíbrio econômico-financeiro dos contratos. (Acrescido pela Lei nº 13.711/2018)

Art. 18. O embarcador indenizará o transportador por todos os prejuízos decorrentes de infração por transporte de carga com excesso de peso em desacordo com a nota fiscal, inclusive as despesas com transbordo de carga.

Art. 19. Fica instituído o Programa de Apoio ao Desenvolvimento do Transporte de Cargas Nacional – PROCARGAS, cujo objetivo principal é estimular o desenvolvimento da atividade de transporte terrestre nacional de cargas.

Parágrafo único. O Procargas tem como finalidade o desenvolvimento de programas visando à melhoria do meio ambiente de trabalho no setor de transporte de cargas, especialmente as ações de medicina ocupacional para o trabalhador.

Art. 20. Fica permitida a concessão de Autorização Especial de Trânsito – AET – para composição de veículos boiadeiros articulados (Romeu e Julieta) com até 25 m de comprimento, sendo permitido a estes veículos autorização para transitar em qualquer horário do dia.

Art. 21. Ficam revogados os arts. 1º, 2º e 9º da Lei nº 12.619, de 30 de abril de 2012.

Art. 22. Ficam convertidas em sanção de advertência:

I – as penalidades decorrentes de infrações ao disposto na Lei nº 12.619, de 30 de abril de 2012, que alterou a Consolidação das Leis do Trabalho – CLT, aprovada pelo Decreto-Lei nº 5.452, de 1º de maio de 1943, e a Lei nº 9.503, de 23 de setembro de 1997 – Código de Trânsito Brasileiro, aplicadas até a data da publicação desta Lei; e

II – as penalidades por violação do inciso V do art. 231 da Lei nº 9.503, de 23 de setembro de 1997 – Código de Trânsito Brasileiro, aplicadas até 2 (dois) anos antes da entrada em vigor desta Lei.

Brasília, 2 de março de 2015; 194º da Independência e 127º da República.

DILMA ROUSSEFF

Publicado no D.O.U. de 3.3.2015

DECRETO Nº 8.420, DE 18 DE MARÇO DE 2015

Regulamenta a Lei nº 12.846, de 1º de agosto de 2013, que dispõe sobre a responsabilização administrativa de pessoas jurídicas pela prática de atos contra a administração pública, nacional ou estrangeira e dá outras providências.

› *Lei Anticorrupção- regulamento*

A PRESIDENTA DA REPÚBLICA, no uso da atribuição que lhe confere o art. 84, *caput*, inciso IV, da Constituição, e tendo em vista o disposto na Lei nº 12.846, de 1º de agosto de 2013, Decreta:

Art. 1º. Este Decreto regulamenta a responsabilização objetiva administrativa de pessoas jurídicas pela prática de atos contra a administração pública, nacional ou estrangeira, de que trata a Lei nº 12.846, de 1º de agosto de 2013.

CAPÍTULO I. DA RESPONSABILIZAÇÃO ADMINISTRATIVA

Art. 2º. A apuração da responsabilidade administrativa de pessoa jurídica que possa resultar na aplicação das sanções previstas no art. 6º da Lei nº 12.846, de 2013, será efetuada por meio de Processo Administrativo de Responsabilização – PAR.

Art. 3º. A competência para a instauração e para o julgamento do PAR é da autoridade máxima da entidade em face da qual foi praticado o ato lesivo, ou, em caso de órgão da administração direta, do seu Ministro de Estado.

Parágrafo único. A competência de que trata o *caput* será exercida de ofício ou mediante provocação e poderá ser delegada, sendo vedada a subdelegação.

Art. 4º. A autoridade competente para instauração do PAR, ao tomar ciência da possível ocorrência de ato lesivo à administração pública federal, em sede de juízo de admissibilidade e mediante despacho fundamentado, decidirá:

I – pela abertura de investigação preliminar;

II – pela instauração de PAR; ou

III – pelo arquivamento da matéria.

§ 1º. A investigação de que trata o inciso I do *caput* terá caráter sigiloso e não punitivo e será destinada à apuração de indícios de autoria e materialidade de atos lesivos à administração pública federal.

§ 2º. A investigação preliminar será conduzida por comissão composta por dois ou mais servidores efetivos.

§ 3º. Em entidades da administração pública federal cujos quadros funcionais não sejam formados por servidores estatutários, a comissão a que se refere o § 2º será composta por dois ou mais empregados públicos.

§ 4º. O prazo para conclusão da investigação preliminar não excederá sessenta dias e poderá ser prorrogado por igual período, mediante solicitação justificada do presidente da comissão à autoridade instauradora.

§ 5º. Ao final da investigação preliminar, serão enviadas à autoridade competente as peças de informação obtidas, acompanhadas de relatório conclusivo acerca da existência de indícios de autoria e materialidade de atos lesivos à administração pública federal, para decisão sobre a instauração do PAR.

Art. 5º. No ato de instauração do PAR, a autoridade designará comissão, composta por dois ou mais servidores estáveis, que avaliará fatos e circunstâncias conhecidos e intimará a pessoa jurídica para, no prazo de trinta dias, apresentar defesa escrita e especificar eventuais provas que pretende produzir.

§ 1º. Em entidades da administração pública federal cujos quadros funcionais não sejam formados por servidores estatutários, a comissão a que se refere o *caput* será composta por dois ou mais empregados públicos, preferencialmente com no mínimo três anos de tempo de serviço na entidade.

§ 2º. Na hipótese de deferimento de pedido de produção de novas provas ou de juntada de provas julgadas indispensáveis pela comissão, a pessoa jurídica poderá apresentar alegações finais no prazo de dez dias, contado da data do deferimento ou da intimação de juntada das provas pela comissão.

§ 3º. Serão recusadas, mediante decisão fundamentada, provas propostas pela pessoa jurídica que sejam ilícitas, impertinentes, desnecessárias, protelatórias ou intempestivas.

§ 4º. Caso a pessoa jurídica apresente em sua defesa informações e documentos referentes à existência e ao funcionamento de programa de integridade, a comissão processante deverá examiná-lo segundo os parâmetros indicados no CAPÍTULO IV, para a dosimetria das sanções a serem aplicadas.

Art. 6º. A comissão a que se refere o art. 5º exercerá suas atividades com independência e imparcialidade, assegurado o sigilo, sempre que necessário à elucidação do fato e à preservação da imagem dos envolvidos, ou quando exigido pelo interesse da administração pública, garantido o direito à ampla defesa e ao contraditório.

Art. 7º. As intimações serão feitas por meio eletrônico, via postal ou por qualquer outro meio que assegure a certeza de ciência da pessoa jurídica acusada, cujo prazo para apresentação de defesa será contado a partir da data da cientificação oficial, observado o disposto no CAPÍTULO XVI da Lei nº 9.784, de 29 de janeiro de 1999.

§ 1º. Caso não tenha êxito a intimação de que trata o *caput*, será feita nova intimação por meio de edital publicado na imprensa oficial, em jornal de grande circulação no Estado da federação em que a pessoa jurídica tenha sede, e no sítio eletrônico do órgão ou entidade pública responsável pela apuração do PAR, contando-se o prazo para apresentação da defesa a partir da última data de publicação do edital.

§ 2º. Em se tratando de pessoa jurídica que não possua sede, filial ou representação no País e sendo desconhecida sua representação no exterior, frustrada a intimação nos termos do *caput*, será feita nova intimação por meio de edital publicado na imprensa oficial e no sítio eletrônico do órgão ou entidade público responsável pela apuração do PAR, contando-se o prazo para apresentação da defesa a partir da última data de publicação do edital.

Art. 8º. A pessoa jurídica poderá acompanhar o PAR por meio de seus representantes legais ou procuradores, sendo-lhes assegurado amplo acesso aos autos.

Parágrafo único. É vedada a retirada dos autos da repartição pública, sendo autorizada a obtenção de cópias mediante requerimento.

Art. 9º. O prazo para a conclusão do PAR não excederá cento e oitenta dias, admitida prorrogação por meio de solicitação do presidente da comissão à autoridade instauradora, que decidirá de forma fundamentada.

§ 1º. O prazo previsto no *caput* será contado da data de publicação do ato de instauração do PAR.

§ 2º. A comissão, para o devido e regular exercício de suas funções, poderá:

I – propor à autoridade instauradora a suspensão cautelar dos efeitos do ato ou do processo objeto da investigação;

II – solicitar a atuação de especialistas com notório conhecimento, de órgãos e entidades públicos ou de outras organizações, para auxiliar na análise da matéria sob exame; e

III – solicitar ao órgão de representação judicial ou equivalente dos órgãos ou entidades lesados que requeira as medidas necessárias para a investigação e o processamento das infrações, inclusive de busca e apreensão, no País ou no exterior.

§ 3º. Concluídos os trabalhos de apuração e análise, a comissão elaborará relatório a respeito dos fatos apurados e da eventual responsabilidade administrativa da pessoa jurídica, no qual sugerirá, de forma motivada, as sanções a serem aplicadas, a dosimetria da multa ou o arquivamento do processo.

§ 4º. O relatório final do PAR será encaminhado à autoridade competente para julgamento, o qual será precedido de manifestação jurídica, elaborada pelo órgão de assistência jurídica competente.

§ 5º. Caso seja verificada a ocorrência de eventuais ilícitos a serem apurados em outras instâncias, o relatório da comissão será encaminhado, pela autoridade julgadora:

I – ao Ministério Público;

II – à Advocacia-Geral da União e seus órgãos vinculados, no caso de órgãos da administração pública direta, autarquias e fundações públicas federais; ou

III – ao órgão de representação judicial ou equivalente no caso de órgãos ou entidades da administração pública não abrangidos pelo inciso II.

§ 6º. Na hipótese de decisão contrária ao relatório da comissão, esta deverá ser fundamentada com base nas provas produzidas no PAR.

Art. 10. A decisão administrativa proferida pela autoridade julgadora ao final do PAR será publicada no Diário Oficial da União e no sítio eletrônico do órgão ou entidade público responsável pela instauração do PAR.

Art. 11. Da decisão administrativa sancionadora cabe pedido de reconsideração com efeito suspensivo, no prazo de dez dias, contado da data de publicação da decisão.

§ 1º. A pessoa jurídica contra a qual foram impostas sanções no PAR e que não apresentar pedido de reconsideração deverá cumpri-las no prazo de trinta dias, contado do fim do prazo para interposição do pedido de reconsideração.

§ 2º. A autoridade julgadora terá o prazo de trinta dias para decidir sobre a matéria alegada no pedido de reconsideração e publicar nova decisão.

§ 3º. Mantida a decisão administrativa sancionadora, será concedido à pessoa jurídica novo prazo de trinta dias para cumprimento das sanções que lhe foram impostas, contado da data de publicação da nova decisão.

Art. 12. Os atos previstos como infrações administrativas à Lei nº 8.666, de 21 de junho de 1993, ou a outras normas de licitações e contratos da administração pública que também sejam tipificados como atos lesivos na Lei nº 12.846, de 2013, serão apurados e julgados conjuntamente, nos mesmos autos, aplicando-se o rito procedimental previsto neste Capítulo.

§ 1º. Concluída a apuração de que trata o *caput* e havendo autoridades distintas competentes para julgamento, o processo será encaminhado primeiramente àquela de nível mais elevado, para que julgue no âmbito de sua competência, tendo precedência o julgamento pelo Ministro de Estado competente.

§ 2º. Para fins do disposto no *caput*, o chefe da unidade responsável no órgão ou entidade pela gestão de licitações e contratos deve comunicar à autoridade prevista no art. 3º sobre eventuais fatos que configurem atos lesivos previstos no art. 5º da Lei nº 12.846, de 2013.

Art. 13. A Controladoria-Geral da União possui, no âmbito do Poder Executivo federal, competência:

I – concorrente para instaurar e julgar PAR; e

II – exclusiva para avocar os processos instaurados para exame de sua regularidade ou para corrigir-lhes o andamento, inclusive promovendo a aplicação da penalidade administrativa cabível.

§ 1º. A Controladoria-Geral da União poderá exercer, a qualquer tempo, a competência prevista no *caput*, se presentes quaisquer das seguintes circunstâncias:

I – caracterização de omissão da autoridade originariamente competente;

II – inexistência de condições objetivas para sua realização no órgão ou entidade de origem;

III – complexidade, repercussão e relevância da matéria;

IV – valor dos contratos mantidos pela pessoa jurídica com o órgão ou entidade atingida; ou

V – apuração que envolva atos e fatos relacionados a mais de um órgão ou entidade da administração pública federal.

§ 2º. Ficam os órgãos e entidades da administração pública obrigados a encaminhar à Controladoria-Geral da União todos os documentos e informações que lhes forem solicitados, incluídos os autos originais dos processos que eventualmente estejam em curso.

Art. 14. Compete à Controladoria-Geral da União instaurar, apurar e julgar PAR pela prática de atos lesivos à administração pública estrangeira, o qual seguirá, no que couber, o rito procedimental previsto neste Capítulo.

CAPÍTULO II. DAS SANÇÕES ADMINISTRATIVAS E DOS ENCAMINHAMENTOS JUDICIAIS

SEÇÃO I. DISPOSIÇÕES GERAIS

Art. 15. As pessoas jurídicas estão sujeitas às seguintes sanções administrativas, nos termos do art. 6º da Lei nº 12.846, de 2013:

I – multa; e

II – publicação extraordinária da decisão administrativa sancionadora.

Art. 16. Caso os atos lesivos apurados envolvam infrações administrativas à Lei nº 8.666, de 1993, ou a outras normas de licitações e contratos da administração pública e tenha ocorrido a apuração conjunta prevista no art. 12, a pessoa jurídica também estará sujeita a sanções administrativas que tenham como efeito restrição ao direito de participar em licitações ou de celebrar contratos com a administração pública, a serem aplicadas no PAR.

SEÇÃO II. DA MULTA

Art. 17. O cálculo da multa se inicia com a soma dos valores correspondentes aos seguintes percentuais do faturamento bruto da pessoa jurídica do último exercício anterior ao da instauração do PAR, excluídos os tributos:

I – um por cento a dois e meio por cento havendo continuidade dos atos lesivos no tempo;

II – um por cento a dois e meio por cento para tolerância ou ciência de pessoas do corpo diretivo ou gerencial da pessoa jurídica;

III – um por cento a quatro por cento no caso de interrupção no fornecimento de serviço público ou na execução de obra contratada;

IV – um por cento para a situação econômica do infrator com base na apresentação de índice de Solvência Geral – SG e de Liquidez Geral – LG superiores a um e de lucro líquido no último exercício anterior ao da ocorrência do ato lesivo;

V – cinco por cento no caso de reincidência, assim definida a ocorrência de nova infração, idêntica ou não à anterior, tipificada como ato lesivo pelo art. 5º da Lei 12.846, de 2013, em menos de cinco anos, contados da publicação do julgamento da infração anterior; e

VI – no caso de os contratos mantidos ou pretendidos com o órgão ou entidade lesado, serão considerados, na data da prática do ato lesivo, os seguintes percentuais:

a) um por cento em contratos acima de R$ 1.500.000,00 (um milhão e quinhentos mil reais);

b) dois por cento em contratos acima de R$ 10.000.000,00 (dez milhões de reais);

c) três por cento em contratos acima de R$ 50.000.000,00 (cinquenta milhões de reais);

d) quatro por cento em contratos acima de R$ 250.000.000,00 (duzentos e cinquenta milhões de reais); e

e) cinco por cento em contratos acima de R$ 1.000.000.000,00 (um bilhão de reais).

Art. 18. Do resultado da soma dos fatores do art. 17 serão subtraídos os valores correspondentes aos seguintes percentuais do faturamento bruto da pessoa jurídica do último exercício anterior ao da instauração do PAR, excluídos os tributos:

I – um por cento no caso de não consumação da infração;

II – um e meio por cento no caso de comprovação de ressarcimento pela pessoa jurídica dos danos a que tenha dado causa;

III – um por cento a um e meio por cento para o grau de colaboração da pessoa jurídica com a investigação ou a apuração do ato lesivo, independentemente do acordo de leniência;

IV – dois por cento no caso de comunicação espontânea pela pessoa jurídica antes da instauração do PAR acerca da ocorrência do ato lesivo; e

V – um por cento a quatro por cento para comprovação de a pessoa jurídica possuir e aplicar um programa de integridade, conforme os parâmetros estabelecidos no CAPÍTULO IV.

Art. 19. Na ausência de todos os fatores previstos nos art. 17 e art. 18 ou de resultado das operações de soma e subtração ser igual ou menor a zero, o valor da multa corresponderá, conforme o caso, a:

I – um décimo por cento do faturamento bruto do último exercício anterior ao da instauração do PAR, excluídos os tributos; ou

II – R$ 6.000,00 (seis mil reais), na hipótese do art. 22.

Art. 20. A existência e quantificação dos fatores previstos nos art. 17 e art. 18, deverá ser apurada no PAR e evidenciada no relatório final da comissão, o qual também conterá a estimativa, sempre que possível, dos valores da vantagem auferida e da pretendida.

§ 1º. Em qualquer hipótese, o valor final da multa terá como limite:

I – mínimo, o maior valor entre o da vantagem auferida e o previsto no art. 19; e

II – máximo, o menor valor entre:

a) vinte por cento do faturamento bruto do último exercício anterior ao da instauração do PAR, excluídos os tributos; ou

b) três vezes o valor da vantagem pretendida ou auferida.

§ 2º. O valor da vantagem auferida ou pretendida equivale aos ganhos obtidos ou pretendidos pela pessoa jurídica que não ocorreriam sem a prática do ato lesivo, somado, quando for o caso, ao valor correspondente a qualquer vantagem indevida prometida ou dada a agente público ou a terceiros a ele relacionados.

§ 3º. Para fins do cálculo do valor de que trata o § 2º, serão deduzidos custos e despesas legítimos comprovadamente executados ou que seriam devidos ou despendidos caso o ato lesivo não tivesse ocorrido.

Art. 21. Ato do Ministro de Estado Chefe da Controladoria-Geral da União fixará metodologia para a apuração do faturamento bruto e dos tributos a serem excluídos para fins de cálculo da multa a que se refere o art. 6º da Lei nº 12.846, de 2013.

Parágrafo único. Os valores de que trata o *caput* poderão ser apurados, entre outras formas, por meio de:

I – compartilhamento de informações tributárias, na forma do inciso II do § 1º do art. 198 da Lei nº 5.172, de 25 de outubro de 1966; e

II – registros contábeis produzidos ou publicados pela pessoa jurídica acusada, no país ou no estrangeiro.

Art. 22. Caso não seja possível utilizar o critério do valor do faturamento bruto da pessoa jurídica no ano anterior ao da instauração ao PAR, os percentuais dos fatores indicados nos art. 17 e art. 18 incidirão:

I – sobre o valor do faturamento bruto da pessoa jurídica, excluídos os tributos, no ano em que ocorreu o ato lesivo, no caso de a pessoa jurídica não ter tido faturamento no ano anterior ao da instauração ao PAR;

II – sobre o montante total de recursos recebidos pela pessoa jurídica sem fins lucrativos no ano em que ocorreu o ato lesivo; ou

III – nas demais hipóteses, sobre o faturamento anual estimável da pessoa jurídica, levando em consideração quaisquer informações sobre a sua situação econômica ou o estado de seus negócios, tais como patrimônio, capital social, número de empregados, contratos, dentre outras.

Parágrafo único. Nas hipóteses previstas no *caput*, o valor da multa será limitado entre R$ 6.000,00 (seis mil reais) e R$ 60.000.000,00 (sessenta milhões de reais).

Art. 23. Com a assinatura do acordo de leniência, a multa aplicável será reduzida conforme a fração nele pactuada, observado o limite previsto no § 2º do art. 16 da Lei nº 12.846, de 2013.

§ 1º. O valor da multa previsto no *caput* poderá ser inferior ao limite mínimo previsto no art. 6º da Lei nº 12.846, de 2013.

§ 2º. No caso de a autoridade signatária declarar o descumprimento do acordo de leniência por falta imputável à pessoa jurídica colaboradora, o valor integral encontrado antes da redução de que trata o *caput* será cobrado na forma da Seção IV, descontando-se as frações da multa eventualmente já pagas.

SEÇÃO III.
DA PUBLICAÇÃO EXTRAORDINÁRIA DA DECISÃO ADMINISTRATIVA SANCIONADORA

Art. 24. A pessoa jurídica sancionada administrativamente pela prática de atos lesivos contra a administração pública, nos termos da Lei nº 12.846, de 2013, publicará a decisão administrativa sancionadora na forma de extrato de sentença, cumulativamente:

I – em meio de comunicação de grande circulação na área da prática da infração e de atuação da pessoa jurídica ou, na sua falta, em publicação de circulação nacional;

II – em edital afixado no próprio estabelecimento ou no local de exercício da atividade, em localidade que permita a visibilidade pelo público, pelo prazo mínimo de trinta dias; e

III – em seu sítio eletrônico, pelo prazo de trinta dias e em destaque na página principal do referido sítio.

Parágrafo único. A publicação a que se refere o *caput* será feita a expensas da pessoa jurídica sancionada.

SEÇÃO IV.
DA COBRANÇA DA MULTA APLICADA

Art. 25. A multa aplicada ao final do PAR será integralmente recolhida pela pessoa jurídica sancionada no prazo de trinta dias, observado o disposto nos §§ 1º e 3º do art. 11.

§ 1º. Feito o recolhimento, a pessoa jurídica sancionada apresentará ao órgão ou entidade que aplicou a sanção documento que ateste o pagamento integral do valor da multa imposta.

§ 2º. Decorrido o prazo previsto no *caput* sem que a multa tenha sido recolhida ou não tendo ocorrido a comprovação de seu pagamento integral, o órgão ou entidade que a aplicou encaminhará o débito para inscrição em Dívida Ativa da União ou das autarquias e fundações públicas federais.

§ 3º. Caso a entidade que aplicou a multa não possua Dívida Ativa, o valor será cobrado independentemente de prévia inscrição.

SEÇÃO V.
DOS ENCAMINHAMENTOS JUDICIAIS

Art. 26. As medidas judiciais, no País ou no exterior, como a cobrança da multa administrativa aplicada no PAR, a promoção da publicação extraordinária, a persecução das sanções referidas nos incisos I a IV do *caput* do art. 19 da Lei nº 12.846, de 2013, a reparação integral dos danos e prejuízos, além de eventual atuação judicial para a finalidade de instrução ou garantia do processo judicial ou preservação do acordo de leniência, serão solicitadas ao órgão de representação judicial ou equivalente dos órgãos ou entidades lesados.

Art. 27. No âmbito da administração pública federal direta, a atuação judicial será exercida pela Procuradoria-Geral da União, com exceção da cobrança da multa administrativa aplicada no PAR, que será promovida pela Procuradoria-Geral da Fazenda Nacional.

Parágrafo único. No âmbito das autarquias e fundações públicas federais, a atuação judicial será exercida pela Procuradoria-Geral Federal, inclusive no que se refere à cobrança da multa administrativa aplicada no PAR, respeitadas as competências específicas da Procuradoria-Geral do Banco Central.

CAPÍTULO III.
DO ACORDO DE LENIÊNCIA

Art. 28. O acordo de leniência será celebrado com as pessoas jurídicas responsáveis pela prática dos atos lesivos previstos na Lei nº 12.846, de 2013, e dos ilícitos administrativos previstos na Lei nº 8.666, de 1993, e em outras normas de licitações e contratos, com vistas à isenção ou à atenuação das respectivas sanções, desde que colaborem efetivamente com as investigações e o processo administrativo, devendo resultar dessa colaboração:

I – a identificação dos demais envolvidos na infração administrativa, quando couber; e

II – a obtenção célere de informações e documentos que comprovem a infração sob apuração.

Art. 29. Compete à Controladoria-Geral da União celebrar acordos de leniência no âmbito do Poder Executivo federal e nos casos de atos lesivos contra a administração pública estrangeira.

Art. 30. A pessoa jurídica que pretenda celebrar acordo de leniência deverá:

I – ser a primeira a manifestar interesse em cooperar para a apuração de ato lesivo específico, quando tal circunstância for relevante;

II – ter cessado completamente seu envolvimento no ato lesivo a partir da data da propositura do acordo;

III – admitir sua participação na infração administrativa

IV – cooperar plena e permanentemente com as investigações e o processo administrativo e comparecer, sob suas expensas e sempre que solicitada, aos atos processuais, até o seu encerramento; e

V – fornecer informações, documentos e elementos que comprovem a infração administrativa.

§ 1º. O acordo de leniência de que trata o *caput* será proposto pela pessoa jurídica, por seus representantes, na forma de seu estatuto ou contrato social, ou por meio de procurador com poderes específicos para tal ato, observado o disposto no art. 26 da Lei nº 12.846, de 2013.

§ 2º. A proposta do acordo de leniência poderá ser feita até a conclusão do relatório a ser elaborado no PAR.

Art. 31. A proposta de celebração de acordo de leniência poderá ser feita de forma oral ou escrita, oportunidade em que a pessoa jurídica proponente declarará expressamente que foi orientada a respeito de seus direitos, garantias e deveres legais e de que o não atendimento às determinações e solicitações da Controladoria-Geral da União durante a etapa de negociação importará a desistência da proposta.

§ 1º. A proposta apresentada receberá tratamento sigiloso e o acesso ao seu conteúdo será restrito aos servidores especificamente designados pela Controladoria-Geral da União para participar da negociação do acordo de leniência, ressalvada a possibilidade de a proponente autorizar a divulgação ou compartilhamento da existência da proposta ou de seu conteúdo, desde que haja anuência da Controladoria-Geral da União.

§ 2º. Poderá ser firmado memorando de entendimentos entre a pessoa jurídica proponente e a Controladoria-Geral da União para formalizar a proposta e definir os parâmetros do acordo de leniência.

§ 3º. Uma vez proposto o acordo de leniência, a Controladoria-Geral da União poderá requisitar os autos de processos administrativos em curso em outros órgãos ou entidades da administração pública federal relacionados aos fatos objeto do acordo.

Art. 32. A negociação a respeito da proposta do acordo de leniência deverá ser concluída no prazo de cento e oitenta dias, contado da data de apresentação da proposta.

Parágrafo único. A critério da Controladoria-Geral da União, poderá ser prorrogado o prazo estabelecido no *caput*, caso presentes circunstâncias que o exijam.

Art. 33. Não importará em reconhecimento da prática do ato lesivo investigado a proposta de acordo de leniência rejeitada, da qual não se fará qualquer divulgação, ressalvado o disposto no § 1º do art. 31.

Art. 34. A pessoa jurídica proponente poderá desistir da proposta de acordo de leniência a qualquer momento que anteceda a assinatura do referido acordo.

Art. 35. Caso o acordo não venha a ser celebrado, os documentos apresentados durante a negociação serão devolvidos, sem retenção de cópias, à pessoa jurídica proponente e será vedado seu uso para fins de responsabilização, exceto quando a administração pública federal tiver conhecimento deles independentemente da apresentação da proposta do acordo de leniência.

Art. 36. O acordo de leniência estipulará as condições para assegurar a efetividade da colaboração e o resultado útil do processo, do qual constarão cláusulas e obrigações que, diante das circunstâncias do caso concreto, reputem-se necessárias.

Art. 37. O acordo de leniência conterá, entre outras disposições, cláusulas que versem sobre:

I – o compromisso de cumprimento dos requisitos previstos nos incisos II a V do *caput* do art. 30;

II – a perda dos benefícios pactuados, em caso de descumprimento do acordo;

III – a natureza de TÍTULO executivo extrajudicial do instrumento do acordo, nos termos do inciso II do *caput* do art. 585 da Lei nº 5.869, de 11 de janeiro de 1973; e

IV – a adoção, aplicação ou aperfeiçoamento de programa de integridade, conforme os parâmetros estabelecidos no CAPÍTULO IV.

Art. 38. A Controladoria-Geral da União poderá conduzir e julgar os processos administrativos que apurem infrações administrativas previstas na Lei nº 12.846, de 2013, na Lei nº 8.666, de 1993, e em outras normas de licitações e contratos, cujos fatos tenham sido noticiados por meio do acordo de leniência.

Art. 39. Até a celebração do acordo de leniência pelo Ministro de Estado Chefe da Controladoria-Geral da União, a identidade da pessoa jurídica signatária do acordo não será divulgada ao público, ressalvado o disposto no § 1º do art. 31.

Parágrafo único. A Controladoria-Geral da União manterá restrito o acesso aos documentos e informações comercialmente sensíveis da pessoa jurídica signatária do acordo de leniência.

Art. 40. Uma vez cumprido o acordo de leniência pela pessoa jurídica colaboradora, serão declarados em favor da pessoa jurídica signatária, nos termos previamente firmados no acordo, um ou mais dos seguintes efeitos:

I – isenção da publicação extraordinária da decisão administrativa sancionadora;

II – isenção da proibição de receber incentivos, subsídios, subvenções, doações ou empréstimos de órgãos ou entidades públicos e de instituições financeiras públicas ou controladas pelo Poder Público;

III – redução do valor final da multa aplicável, observado o disposto no art. 23; ou

IV – isenção ou atenuação das sanções administrativas previstas nos art. 86 a art. 88 da Lei nº 8.666, de 1993, ou de outras normas de licitações e contratos.

Parágrafo único. Os efeitos do acordo de leniência serão estendidos às pessoas jurídicas que integrarem o mesmo grupo econômico, de fato e de direito, desde que tenham firmado o acordo em conjunto, respeitadas as condições nele estabelecidas.

CAPÍTULO IV.
DO PROGRAMA DE INTEGRIDADE

Art. 41. Para fins do disposto neste Decreto, programa de integridade consiste, no âmbito de uma pessoa jurídica, no conjunto de mecanismos e procedimentos internos de integridade, auditoria e incentivo à denúncia de irregularidades e na aplicação efetiva de códigos de ética e de conduta, políticas e diretrizes com objetivo de detectar e sanar desvios, fraudes, irregularidades e atos ilícitos praticados contra a administração pública, nacional ou estrangeira.

Parágrafo único. O programa de integridade deve ser estruturado, aplicado e atualizado de acordo com as características e riscos atuais das atividades de cada pessoa jurídica, a qual por sua vez deve garantir o constante aprimoramento e adaptação do referido programa, visando garantir sua efetividade.

Art. 42. Para fins do disposto no § 4º do art. 5º, o programa de integridade será avaliado, quanto a sua existência e aplicação, de acordo com os seguintes parâmetros:

I – comprometimento da alta direção da pessoa jurídica, incluídos os conselhos, evidenciado pelo apoio visível e inequívoco ao programa;

II – padrões de conduta, código de ética, políticas e procedimentos de integridade, aplicáveis a todos os empregados e administradores, independentemente de cargo ou função exercidos;

III – padrões de conduta, código de ética e políticas de integridade estendidas, quando necessário, a terceiros, tais como, fornecedores, prestadores de serviço, agentes intermediários e associados;

IV – treinamentos periódicos sobre o programa de integridade;

V – análise periódica de riscos para realizar adaptações necessárias ao programa de integridade;

VI – registros contábeis que reflitam de forma completa e precisa as transações da pessoa jurídica;

VII – controles internos que assegurem a pronta elaboração e confiabilidade de relatórios e demonstrações financeiros da pessoa jurídica;

VIII – procedimentos específicos para prevenir fraudes e ilícitos no âmbito de processos licitatórios, na execução de contratos administrativos ou em qualquer interação com o setor público, ainda que intermediada por terceiros, tal como pagamento de tributos, sujeição a fiscalizações, ou obtenção de autorizações, licenças, permissões e certidões;

IX – independência, estrutura e autoridade da instância interna responsável pela aplicação do programa de integridade e fiscalização de seu cumprimento;

X – canais de denúncia de irregularidades, abertos e amplamente divulgados a funcionários e terceiros, e de mecanismos destinados à proteção de denunciantes de boa-fé;

XI – medidas disciplinares em caso de violação do programa de integridade;

XII – procedimentos que assegurem a pronta interrupção de irregularidades ou infrações detectadas e a tempestiva remediação dos danos gerados;

XIII – diligências apropriadas para contratação e, conforme o caso, supervisão, de terceiros, tais como, fornecedores, prestadores de serviço, agentes intermediários e associados;

XIV – verificação, durante os processos de fusões, aquisições e reestruturações societárias, do cometimento de irregularidades ou ilícitos ou da existência de vulnerabilidades nas pessoas jurídicas envolvidas;

XV – monitoramento contínuo do programa de integridade visando seu aperfeiçoamento na prevenção, detecção e combate à ocorrência dos atos lesivos previstos no art. 5º da Lei nº 12.846, de 2013; e

XVI – transparência da pessoa jurídica quanto a doações para candidatos e partidos políticos.

§ 1º. Na avaliação dos parâmetros de que trata este artigo, serão considerados o porte e especificidades da pessoa jurídica, tais como:

I – a quantidade de funcionários, empregados e colaboradores;

II – a complexidade da hierarquia interna e a quantidade de departamentos, diretorias ou setores;

III – a utilização de agentes intermediários como consultores ou representantes comerciais;

IV – o setor do mercado em que atua;

V – os países em que atua, direta ou indiretamente;

VI – o grau de interação com o setor público e a importância de autorizações, licenças e permissões governamentais em suas operações;

VII – a quantidade e a localização das pessoas jurídicas que integram o grupo econômico; e

VIII – o fato de ser qualificada como microempresa ou empresa de pequeno porte.

§ 2º. A efetividade do programa de integridade em relação ao ato lesivo objeto de apuração será considerada para fins da avaliação de que trata o *caput*.

§ 3º. Na avaliação de microempresas e empresas de pequeno porte, serão reduzidas as formalidades dos parâmetros previstos neste artigo, não se exigindo, especificamente, os incisos III, V, IX, X, XIII, XIV e XV do *caput*.

§ 4º. Caberá ao Ministro de Estado Chefe da Controladoria-Geral da União expedir orientações, normas e procedimentos complementares referentes à avaliação do programa de integridade de que trata este Capítulo.

§ 5º. A redução dos parâmetros de avaliação para as microempresas e empresas de pequeno porte de que trata o § 3º poderá ser objeto de regulamentação por ato conjunto do Ministro de Estado Chefe da Secretaria da Micro e Pequena Empresa e do Ministro de Estado Chefe da Controladoria-Geral da União.

CAPÍTULO V. DO CADASTRO NACIONAL DE EMPRESAS INIDÔNEAS E SUSPENSAS E DO CADASTRO NACIONAL DE EMPRESAS PUNIDAS

Art. 43. O Cadastro Nacional de Empresas Inidôneas e Suspensas – CEIS conterá informações referentes às sanções administrativas impostas a pessoas físicas ou jurídicas que impliquem restrição ao direito de participar de licitações ou de celebrar contratos com a administração pública de qualquer esfera federativa, entre as quais:

I – suspensão temporária de participação em licitação e impedimento de contratar com a administração pública, conforme disposto no inciso III do *caput* do art. 87 da Lei nº 8.666, de 1993;

II – declaração de inidoneidade para licitar ou contratar com a administração pública, conforme disposto no inciso IV do *caput* do art. 87 da Lei nº 8.666, de 1993;

III – impedimento de licitar e contratar com União, Estados, Distrito Federal ou Municípios, conforme disposto no art. 7º da Lei nº 10.520, de 17 de julho de 2002;

IV – impedimento de licitar e contratar com a União, Estados, Distrito Federal ou Municípios, conforme disposto no art. 47 da Lei nº 12.462, de 4 de agosto de 2011;

V – suspensão temporária de participação em licitação e impedimento de contratar com a administração pública, conforme disposto no inciso IV do *caput* do art. 33 da Lei nº 12.527, de 18 de novembro de 2011; e

VI – declaração de inidoneidade para licitar ou contratar com a administração pública, conforme disposto no inciso V do *caput* do art. 33 da Lei nº 12.527, de 2011.

Art. 44. Poderão ser registradas no CEIS outras sanções que impliquem restrição ao direito de participar em licitações ou de celebrar contratos com a administração pública, ainda que não sejam de natureza administrativa.

Art. 45. O Cadastro Nacional de Empresas Punidas – CNEP conterá informações referentes:

I – às sanções impostas com fundamento na Lei nº 12.846, de 2013; e

II – ao descumprimento de acordo de leniência celebrado com fundamento na Lei nº 12.846, de 2013.

Parágrafo único. As informações sobre os acordos de leniência celebrados com fundamento na Lei nº 12.846, de 2013, serão registradas no CNEP após a celebração do acordo, exceto se causar prejuízo às investigações ou ao processo administrativo.

Art. 46. Constarão do CEIS e do CNEP, sem prejuízo de outros a serem estabelecidos pela Controladoria-Geral da União, dados e informações referentes a:

I – nome ou razão social da pessoa física ou jurídica sancionada;

II – número de inscrição da pessoa jurídica no Cadastro Nacional da Pessoa Jurídica – CNPJ ou da pessoa física no Cadastro de Pessoas Físicas – CPF;

III – tipo de sanção;

IV – fundamentação legal da sanção;

V – número do processo no qual foi fundamentada a sanção;

VI – data de início de vigência do efeito limitador ou impeditivo da sanção ou data de aplicação da sanção;

VII – data final do efeito limitador ou impeditivo da sanção, quando couber;

VIII – nome do órgão ou entidade sancionador; e

IX – valor da multa, quando couber.

Art. 47. A exclusão dos dados e informações constantes do CEIS ou do CNEP se dará:

I – com fim do prazo do efeito limitador ou impeditivo da sanção; ou

II – mediante requerimento da pessoa jurídica interessada, após cumpridos os seguintes requisitos, quando aplicáveis:

a) publicação da decisão de reabilitação da pessoa jurídica sancionada, nas hipóteses dos incisos II e VI do *caput* do art. 43;

b) cumprimento integral do acordo de leniência;

c) reparação do dano causado; ou

d) quitação da multa aplicada.

Art. 48. O fornecimento dos dados e informações de que tratam os art. 43 a art. 46, pelos órgãos e entidades dos Poderes Executivo, Legislativo e Judiciário de cada uma das esferas de governo, será disciplinado pela Controladoria-Geral da União.

CAPÍTULO VI. DISPOSIÇÕES FINAIS

Art. 49. As informações referentes ao PAR instaurado no âmbito dos órgãos e entidades do Poder Executivo federal serão registradas no sistema de gerenciamento eletrônico de processos administrativos sancionadores mantido pela Controladoria-Geral da União, conforme ato do Ministro de Estado Chefe da Controladoria-Geral da União.

Art. 50. Os órgãos e as entidades da administração pública, no exercício de suas competências regulatórias, disporão sobre os efeitos da Lei nº 12.846, de 2013, no âmbito das atividades reguladas, inclusive no caso de proposta e celebração de acordo de leniência.

Art. 51. O processamento do PAR não interfere no seguimento regular dos processos administrativos específicos para apuração da ocorrência de danos e prejuízos à administração pública federal resultantes de ato lesivo cometido por pessoa jurídica, com ou sem a participação de agente público.

Art. 52. Caberá ao Ministro de Estado Chefe da Controladoria-Geral da União expedir orientações e procedimentos complementares para a execução deste Decreto.

Art. 53. Este Decreto entra em vigor na data de sua publicação.

Brasília, 18 de março de 2015; 194º da Independência e 127º da República.

DILMA ROUSSEFF

Publicado D.O.U. 19.3.2015

LEI COMPLEMENTAR Nº 150, DE 1º DE JUNHO DE 2015

Dispõe sobre o contrato de trabalho doméstico; altera as Leis nºs 8.212, de 24 julho de 1991, 8.213, de 24 de julho de 1991, e 11.196, de 21 de novembro de 2005; revoga o inciso I do art. 3º da Lei nº 8.009, de 29 de março de 1990, o art. 36 da Lei nº 8.213, de 24 de julho de 1991, a Lei nº 5.859, de 11 de dezembro de 1972, e o inciso VII do art. 12 da Lei nº 9.250, de 26 de dezembro 1995; e dá outras providências.

- *Empregado doméstico*
- CF/1988: arts. 7º, parágrafo único, e 201, § 12.

A PRESIDENTA DA REPÚBLICA Faço saber que o Congresso Nacional decreta e eu sanciono a seguinte Lei Complementar:

CAPÍTULO I. DO CONTRATO DE TRABALHO DOMÉSTICO

Art. 1º. Ao empregado doméstico, assim considerado aquele que presta serviços de forma contínua, subordinada, onerosa e pessoal e de finalidade não lucrativa à pessoa ou à família, no âmbito residencial destas, por mais de 2 (dois) dias por semana, aplica-se o disposto nesta Lei.

Parágrafo único. É vedada a contratação de menor de 18 (dezoito) anos para desempenho de trabalho doméstico, de acordo com a Convenção nº 182, de 1999, da Organização Internacional do Trabalho (OIT) e com o Decreto nº 6.481, de 12 de junho de 2008.

Art. 2º. A duração normal do trabalho doméstico não excederá 8 (oito) horas diárias e 44 (quarenta e quatro) semanais, observado o disposto nesta Lei.

§ 1º. A remuneração da hora extraordinária será, no mínimo, 50% (cinquenta por cento) superior ao valor da hora normal.

§ 2º. O salário-hora normal, em caso de empregado mensalista, será obtido dividindo-se o salário mensal por 220 (duzentas e vinte) horas, salvo se o contrato estipular jornada mensal inferior que resulte em divisor diverso.

§ 3º. O salário-dia normal, em caso de empregado mensalista, será obtido dividindo-se o salário mensal por 30 (trinta) e servirá de base para pagamento do repouso remunerado e dos feriados trabalhados.

§ 4º. Poderá ser dispensado o acréscimo de salário e instituído regime de compensação de horas, mediante acordo escrito entre empregador e empregado, se o excesso de horas de um dia for compensado em outro dia.

§ 5º. No regime de compensação previsto no § 4º:

I – será devido o pagamento, como horas extraordinárias, na forma do § 1º, das primeiras 40 (quarenta) horas mensais excedentes ao horário normal de trabalho;

II – das 40 (quarenta) horas referidas no inciso I, poderão ser deduzidas, sem o correspondente pagamento, as horas não trabalhadas, em função de redução do horário normal de trabalho ou de dia útil não trabalhado, durante o mês;

III – o saldo de horas que excederem as 40 (quarenta) primeiras horas mensais de que trata o inciso I, com a dedução prevista no inciso II, quando for o caso, será compensado no período máximo de 1 (um) ano.

§ 6º. Na hipótese de rescisão do contrato de trabalho sem que tenha havido a compensação integral da jornada extraordinária, na forma do § 5º, o empregado fará jus ao pagamento das horas extras não compensadas, calculadas sobre o valor da remuneração na data de rescisão.

§ 7º. Os intervalos previstos nesta Lei, o tempo de repouso, as horas não trabalhadas, os feriados e os domingos livres em que o empregado que mora no local de trabalho nele permaneça não serão computados como horário de trabalho.

§ 8º. O trabalho não compensado prestado em domingos e feriados deve ser pago em dobro, sem prejuízo da remuneração relativa ao repouso semanal.

Art. 3º. Considera-se trabalho em regime de tempo parcial aquele cuja duração não exceda 25 (vinte e cinco) horas semanais.

§ 1º. O salário a ser pago ao empregado sob regime de tempo parcial será proporcional a sua jornada, em relação ao empregado que cumpre, nas mesmas funções, tempo integral.

§ 2º. A duração normal do trabalho do empregado em regime de tempo parcial poderá ser acrescida de horas suplementares, em número não excedente a 1 (uma) hora diária, mediante acordo escrito entre empregador e empregado, aplicando-se-lhe, ainda, o disposto nos§§ 2º e 3º do art. 2º, com o limite máximo de 6 (seis) horas diárias.

§ 3º. Na modalidade do regime de tempo parcial, após cada período de 12 (doze) meses de vigência do contrato de trabalho, o empregado terá direito a férias, na seguinte proporção:

I – 18 (dezoito) dias, para a duração do trabalho semanal superior a 22 (vinte e duas) horas, até 25 (vinte e cinco) horas;

II – 16 (dezesseis) dias, para a duração do trabalho semanal superior a 20 (vinte) horas, até 22 (vinte e duas) horas;

III – 14 (quatorze) dias, para a duração do trabalho semanal superior a 15 (quinze) horas, até 20 (vinte) horas;

IV – 12 (doze) dias, para a duração do trabalho semanal superior a 10 (dez) horas, até 15 (quinze) horas;

V – 10 (dez) dias, para a duração do trabalho semanal superiora 5 (cinco) horas, até 10 (dez) horas;

VI – 8 (oito) dias, para a duração do trabalho semanal igualou inferior a 5 (cinco) horas.

Art. 4º. É facultada a contratação, por prazo determinado, do empregado doméstico:

I – mediante contrato de experiência;

II – para atender necessidades familiares de natureza transitória e para substituição temporária de empregado doméstico com contrato de trabalho interrompido ou suspenso.

Parágrafo único. No caso do inciso II deste artigo, a duração do contrato de trabalho é limitada ao término do evento que motivou a contratação, obedecido o limite máximo de 2 (dois) anos.

Art. 5º. O contrato de experiência não poderá exceder 90 (noventa) dias.

§ 1º. O contrato de experiência poderá ser prorrogado 1 (uma) vez, desde que a soma dos 2 (dois) períodos não ultrapasse 90 (noventa) dias.

§ 2º. O contrato de experiência que, havendo continuidade do serviço, não for prorrogado após o decurso de seu prazo previamente estabelecido ou que ultrapassar o período de 90 (noventa) dias passará a vigorar como contrato de trabalho por prazo indeterminado.

Art. 6º. Durante a vigência dos contratos previstos nos incisos I e II do art. 4º, o empregador que, sem justa causa, despedir o empregado é obrigado a pagar-lhe, a TÍTULO de indenização, metade da remuneração a que teria direito até o termo do contrato.

Art. 7º. Durante a vigência dos contratos previstos nos incisos I e II do art. 4º, o empregado não poderá se desligar do contrato sem justa causa, sob pena de ser obrigado a indenizar o empregador dos prejuízos que desse fato lhe resultarem.

Parágrafo único. A indenização não poderá exceder aquela a que teria direito o empregado em idênticas condições.

Art. 8º. Durante a vigência dos contratos previstos nos incisos I e II do art. 4º, não será exigido aviso prévio.

Art. 9º. A Carteira de Trabalho e Previdência Social será obrigatoriamente apresentada, contra recibo, pelo empregado ao empregador que o admitir, o qual terá o prazo de 48 (quarenta e oito) horas para nela anotar, especificamente, a data de admissão, a remuneração e, quando for o caso, os contratos previstos nos incisos I e II do art. 4º.

Art. 10. É facultado às partes, mediante acordo escrito entre essas, estabelecer horário de trabalho de 12 (doze) horas seguidas por36 (trinta e seis) horas ininterruptas de descanso, observados ou indenizados os intervalos para repouso e alimentação.

§ 1º. A remuneração mensal pactuada pelo horário previsto no *caput* deste artigo abrange os pagamentos devidos pelo descanso semanal remunerado e pelo descanso em feriados, e serão considerados compensados os feriados e as prorrogações de trabalho noturno, quando houver, de que tratam o art. 70 e o § 5º do art. 73 da Consolidação das Leis do Trabalho (CLT), aprovada pelo Decreto-Lei nº 5.452, de 1º de maio de 1943, e o art. 9º da Lei nº 605, de 5 de janeiro de 1949.

§ 2º. (VETADO).

Art. 11. Em relação ao empregado responsável por acompanhar o empregador prestando serviços em viagem, serão consideradas apenas as horas efetivamente trabalhadas no período, podendo ser compensadas as horas extraordinárias em outro dia, observado o art. 2º.

§ 1º. O acompanhamento do empregador pelo empregado em viagem será condicionado à prévia existência de acordo escrito entre as partes.

§ 2º. A remuneração-hora do serviço em viagem será, no mínimo, 25% (vinte e cinco por cento) superior ao valor do salário-hora normal.

§ 3º. O disposto no § 2º deste artigo poderá ser, mediante acordo, convertido em acréscimo no banco de horas, a ser utilizado a critério do empregado.

Art. 12. É obrigatório o registro do horário de trabalho do empregado doméstico por qualquer meio manual, mecânico ou eletrônico, desde que idôneo.

Art. 13. É obrigatória a concessão de intervalo para repouso ou alimentação pelo período de, no mínimo, 1 (uma) hora e, no máximo, 2 (duas) horas, admitindo-se, mediante prévio acordo escrito entre empregador e empregado, sua redução a 30 (trinta) minutos.

§ 1º. Caso o empregado resida no local de trabalho, o período de intervalo poderá ser desmembrado em 2 (dois) períodos, desde que cada um deles tenha, no mínimo, 1 (uma) hora, até o limite de 4 (quatro) horas ao dia.

§ 2º. Em caso de modificação do intervalo, na forma do § 1º, é obrigatória a sua anotação no registro diário de horário, vedada sua prenotação.

Art. 14. Considera-se noturno, para os efeitos desta Lei, o trabalho executado entre as 22 horas de um dia e as 5 horas do dia seguinte.

§ 1º. A hora de trabalho noturno terá duração de 52 (cinquenta e dois) minutos e 30 (trinta) segundos.

§ 2º. A remuneração do trabalho noturno deve ter acréscimo de, no mínimo, 20% (vinte por cento) sobre o valor da hora diurna.

§ 3º. Em caso de contratação, pelo empregador, de empregado exclusivamente para desempenhar trabalho noturno, o acréscimo será calculado sobre o salário anotado na Carteira de Trabalho e Previdência Social.

§ 4º. Nos horários mistos, assim entendidos os que abrangem períodos diurnos e noturnos, aplica-se às horas de trabalho noturno o disposto neste artigo e seus parágrafos.

Art. 15. Entre 2 (duas) jornadas de trabalho deve haver período mínimo de 11 (onze) horas consecutivas para descanso.

Art. 16. É devido ao empregado doméstico descanso semanal remunerado de, no mínimo, 24 (vinte e quatro) horas consecutivas, preferencialmente aos domingos, além de descanso remunerado em feriados.

Art. 17. O empregado doméstico terá direito a férias anuais remuneradas de 30 (trinta) dias, salvo o disposto no § 3º do art. 3º, com acréscimo de, pelo menos, um terço do salário normal, após cada período de 12 (doze) meses de trabalho prestado à mesma pessoa ou família.

§ 1º. Na cessação do contrato de trabalho, o empregado, desde que não tenha sido demitido por justa causa, terá direito à remuneração relativa ao período incompleto de férias, na proporção de um doze avos por mês de serviço ou fração superior a 14 (quatorze) dias.

§ 2º. O período de férias poderá, a critério do empregador, ser fracionado em até 2 (dois) períodos, sendo 1 (um) deles de, no mínimo, 14 (quatorze) dias corridos.

§ 3º. É facultado ao empregado doméstico converter um terço do período de férias a que tiver direito em abono pecuniário, no valor da remuneração que lhe seria devida nos dias correspondentes.

§ 4º. O abono de férias deverá ser requerido até 30 (trinta) dias antes do término do período aquisitivo.

§ 5º. É lícito ao empregado que reside no local de trabalho nele permanecer durante as férias.

§ 6º. As férias serão concedidas pelo empregador nos 12 (doze) meses subsequentes à data em que o empregado tiver adquirido o direito.

Art. 18. É vedado ao empregador doméstico efetuar descontos no salário do empregado por fornecimento de alimentação, vestuário, higiene ou moradia, bem como por despesas com transporte, hospedagem e alimentação em caso de acompanhamento em viagem.

§ 1º. É facultado ao empregador efetuar descontos no salário do empregado em caso de adiantamento salarial e, mediante acordo escrito entre as partes, para a inclusão do empregado em planos de assistência médico-hospitalar e odontológica, de seguro e de previdência privada, não podendo a dedução ultrapassar 20% (vinte por cento) do salário.

§ 2º. Poderão ser descontadas as despesas com moradia deque trata o *caput* deste artigo quando essa se referir a local diverso da residência em que ocorrer a prestação de serviço, desde que essa possibilidade tenha sido expressamente acordada entre as partes.

§ 3º. As despesas referidas no *caput* deste artigo não têm natureza salarial nem se incorporam à remuneração para quaisquer efeitos.

§ 4º. O fornecimento de moradia ao empregado doméstico na própria residência ou em morada anexa, de qualquer natureza, não gera ao empregado qualquer direito de posse ou de propriedade sobrea referida moradia.

Art. 19. Observadas as peculiaridades do trabalho doméstico, a ele também se aplicam as Leis nºs 605, de 5 de janeiro de 1949, 4.090, de 13 de julho de 1962, 4.749, de 12 de agosto de 1965, e 7.418, de 16 de dezembro de 1985, e, subsidiariamente, a Consolidação das Leis do Trabalho (CLT), aprovada pelo Decreto-Lei nº 5.452, de 1º de maio de 1943.

Parágrafo único. A obrigação prevista no art. 4º da Lei nº 7.418, de 16 de dezembro de 1985, poderá ser substituída, a critério do empregador, pela concessão, mediante recibo, dos valores para a aquisição das passagens necessárias ao custeio das despesas decorrentes do deslocamento residência-trabalho e vice-versa.

Art. 20. O empregado doméstico é segurado obrigatório da Previdência Social, sendo-lhe devidas, na forma da Lei nº 8.213, de24 de julho de 1991, as prestações nela arroladas, atendido o disposto nesta Lei e observadas as características especiais do trabalho doméstico.

Art. 21. É devida a inclusão do empregado doméstico no Fundo de Garantia do Tempo de Serviço (FGTS), na forma do regulamento a ser editado pelo Conselho Curador e pelo agente operador do FGTS, no âmbito de suas competências, conforme disposto nos arts. 5º e 7º da Lei nº 8.036, de 11 de maio de 1990, inclusive no que tange aos aspectos técnicos de depósitos, saques, devolução de valores e emissão de extratos, entre outros determinados na forma da lei.

Parágrafo único. O empregador doméstico somente passará ater obrigação de promover a inscrição e de efetuar os recolhimentos referentes a seu empregado após a entrada em vigor do regulamento referido no *caput*.

Art. 22. O empregador doméstico depositará a importância de 3,2% (três inteiros e dois décimos por cento) sobre a remuneração devida, no mês anterior, a cada empregado, destinada ao pagamento da indenização compensatória da perda do emprego, sem justa causa ou por culpa do empregador, não se aplicando ao empregado doméstico o disposto nos §§ 1º a 3º do art. 18 da Lei nº 8.036, de 11 de maio de 1990.

§ 1º. Nas hipóteses de dispensa por justa causa ou a pedido, de término do contrato de trabalho por prazo determinado, de aposentadoria e de falecimento do empregado doméstico, os valores previstos no *caput* serão movimentados pelo empregador.

§ 2º. Na hipótese de culpa recíproca, metade dos valores previstos no *caput* será movimentada pelo empregado, enquanto a outra metade será movimentada pelo empregador.

§ 3º. Os valores previstos no *caput* serão depositados na conta vinculada do empregado, em variação distinta daquela em que se encontrarem os valores oriundos dos depósitos de que trata o inciso IV do art. 34 desta Lei, e somente poderão ser movimentados por ocasião da rescisão contratual.

§ 4º. À importância monetária de que trata o *caput*, aplicam-se as disposições da Lei nº 8.036, de 11 de maio de 1990, e da Lei nº 8.844, de 20 de janeiro de 1994, inclusive quanto a sujeição passiva e equiparações, prazo de recolhimento, administração, fiscalização, lançamento, consulta, cobrança, garantias, processo administrativo de determinação e exigência de créditos tributários federais.

Art. 23. Não havendo prazo estipulado no contrato, a parte que, sem justo motivo, quiser rescindi-lo deverá avisar a outra de sua intenção.

§ 1º. O aviso prévio será concedido na proporção de 30(trinta) dias ao empregado que conte com até 1 (um) ano de serviço para o mesmo empregador.

§ 2º. Ao aviso prévio previsto neste artigo, devido ao empregado, serão acrescidos 3 (três) dias por ano de serviço prestado para o mesmo empregador, até o máximo de 60 (sessenta) dias, perfazendo um total de até 90 (noventa) dias.

§ 3º. A falta de aviso prévio por parte do empregador dá ao empregado o direito aos salários correspondentes ao prazo do aviso, garantida sempre a integração desse período ao seu tempo de serviço.

§ 4º. A falta de aviso prévio por parte do empregado dá ao empregador o direito de descontar os salários correspondentes ao prazo respectivo.

§ 5º. O valor das horas extraordinárias habituais integra o aviso prévio indenizado.

Art. 24. O horário normal de trabalho do empregado durante o aviso prévio, quando a rescisão tiver sido promovida pelo empregador, será reduzido de 2 (duas) horas diárias, sem prejuízo do salário integral.

Parágrafo único. É facultado ao empregado trabalhar sem a redução das 2 (duas) horas diárias previstas no *caput* deste artigo, caso em que poderá faltar ao serviço, sem prejuízo do salário integral, por 7 (sete) dias corridos, na hipótese dos §§ 1º e 2º do art. 23.

Art. 25. A empregada doméstica gestante tem direito a licença-maternidade de 120 (cento e vinte) dias, sem prejuízo do emprego e do salário, nos termos da Seção V do CAPÍTULO III do TÍTULO III da Consolidação das Leis do Trabalho (CLT), aprovada pelo Decreto-Lei nº 5.452, de 1º de maio de 1943.

Parágrafo único. A confirmação do estado de gravidez durante o curso do contrato de trabalho, ainda que durante o prazo do aviso prévio trabalhado ou indenizado, garante à empregada gestante a estabilidade provisória prevista na alínea b do inciso II do art. 10 do Ato das Disposições Constitucionais Transitórias.

Art. 26. O empregado doméstico que for dispensado sem justa causa fará jus ao benefício do seguro-desemprego, na forma da Lei nº 7.998, de 11 de janeiro de 1990, no valor de 1 (um) salário mínimo, por período máximo de 3 (três) meses, de forma contínua ou alternada.

§ 1º. O benefício de que trata o *caput* será concedido ao empregado nos termos do regulamento do Conselho Deliberativo do Fundo de Amparo ao Trabalhador (Codefat).

§ 2º. O benefício do seguro-desemprego será cancelado, sem prejuízo das demais sanções cíveis e penais cabíveis:

I – pela recusa, por parte do trabalhador desempregado, de outro emprego condizente com sua qualificação registrada ou declarada e com sua remuneração anterior;

II – por comprovação de falsidade na prestação das informações necessárias à habilitação;

III – por comprovação de fraude visando à percepção indevida do benefício do seguro-desemprego; ou

IV – por morte do segurado.

Art. 27. Considera-se justa causa para os efeitos desta Lei:

I – submissão a maus tratos de idoso, de enfermo, de pessoa com deficiência ou de criança sob cuidado direto ou indireto do empregado;

II – prática de ato de improbidade;

III – incontinência de conduta ou mau procedimento;

IV – condenação criminal do empregado transitada em julgado, caso não tenha havido suspensão da execução da pena;

V – desídia no desempenho das respectivas funções;

VI – embriaguez habitual ou em serviço;

VII – (VETADO);

VIII – ato de indisciplina ou de insubordinação;

IX – abandono de emprego, assim considerada a ausência injustificada ao serviço por, pelo menos, 30 (trinta) dias corridos;

X – ato lesivo à honra ou à boa fama ou ofensas físicas praticadas em serviço contra qualquer pessoa, salvo em caso de legítima defesa, própria ou de outrem;

XI – ato lesivo à honra ou à boa fama ou ofensas físicas praticadas contra o empregador doméstico ou sua família, salvo em caso de legítima defesa, própria ou de outrem;

XII – prática constante de jogos de azar.

Parágrafo único. O contrato de trabalho poderá ser rescindido por culpa do empregador quando:

I – o empregador exigir serviços superiores às forças do empregado doméstico, defesos por lei, contrários aos bons costumes ou alheios ao contrato;

II – o empregado doméstico for tratado pelo empregador ou por sua família com rigor excessivo ou de forma degradante;

III – o empregado doméstico correr perigo manifesto de mal considerável;

IV – o empregador não cumprir as obrigações do contrato;

V – o empregador ou sua família praticar, contra o empregado doméstico ou pessoas de sua família, ato lesivo à honra e à boa fama;

VI – o empregador ou sua família ofender o empregado doméstico ou sua família fisicamente, salvo em caso de legítima defesa, própria ou de outrem;

VII – o empregador praticar qualquer das formas de violência doméstica ou familiar contra mulheres de que trata o art. 5º da Lei nº 11.340, de 7 de agosto de 2006.

Art. 28. Para se habilitar ao benefício do seguro-desemprego, o trabalhador doméstico deverá apresentar ao órgão competente do Ministério do Trabalho e Emprego:

I – Carteira de Trabalho e Previdência Social, na qual deverão constar a anotação do contrato de trabalho doméstico e a data de dispensa, de modo a comprovar o vínculo empregatício, como empregado doméstico, durante pelo menos 15 (quinze) meses nos últimos 24 (vinte e quatro) meses;

II – termo de rescisão do contrato de trabalho;

III – declaração de que não está em gozo de benefício de prestação continuada da Previdência Social, exceto auxílio-acidente e pensão por morte; e

IV – declaração de que não possui renda própria de qualquer natureza suficiente à sua manutenção e de sua família.

Art. 29. O seguro-desemprego deverá ser requerido de 7 (sete) a 90 (noventa) dias contados da data de dispensa.

Art. 30. Novo seguro-desemprego só poderá ser requerido após o cumprimento de novo período aquisitivo, cuja duração será definida pelo Codefat.

CAPÍTULO II. DO SIMPLES DOMÉSTICO

Art. 31. É instituído o regime unificado de pagamento de tributos, de contribuições e dos demais encargos do empregador doméstico (Simples Doméstico), que deverá ser regulamentado no prazo de 120(cento e vinte) dias a contar da data de entrada em vigor desta Lei.

Art. 32. A inscrição do empregador e a entrada única de dados cadastrais e de informações trabalhistas, previdenciárias e fiscais no âmbito do Simples Doméstico dar-se-ão mediante registro em sistema eletrônico a ser disponibilizado em portal na internet, conforme regulamento.

Parágrafo único. A impossibilidade de utilização do sistema eletrônico será objeto de regulamento, a ser editado pelo Ministério da Fazenda e pelo agente operador do FGTS.

Art. 33. O Simples Doméstico será disciplinado por ato conjunto dos Ministros de Estado da Fazenda, da Previdência Social e do Trabalho e Emprego que disporá sobre a apuração, o recolhimento e a distribuição dos recursos recolhidos por meio do Simples Doméstico, observadas as disposições do art. 21 desta Lei.

§ 1º. O ato conjunto a que se refere o *caput* deverá dispor também sobre o sistema eletrônico de registro das obrigações trabalhistas, previdenciárias e fiscais e sobre o cálculo e o recolhimento dos tributos e encargos trabalhistas vinculados ao Simples Doméstico.

§ 2º. As informações prestadas no sistema eletrônico de que trata o § 1º:

I – têm caráter declaratório, constituindo instrumento hábil e suficiente para a exigência dos tributos e encargos trabalhistas delas resultantes e que não tenham sido recolhidos no prazo consignado para pagamento; e

II – deverão ser fornecidas até o vencimento do prazo para pagamento dos tributos e encargos trabalhistas devidos no Simples Doméstico em cada mês, relativamente aos fatos geradores ocorridos no mês anterior.

§ 3º. O sistema eletrônico de que trata o § 1º deste artigo e o sistema de que trata o *caput* do art. 32 substituirão, na forma regulamentada pelo ato conjunto previsto no *caput*, a obrigatoriedade de entrega de todas as informações, formulários e declarações a que estão sujeitos os empregadores domésticos, inclusive os relativos ao recolhimento do FGTS.

Art. 34. O Simples Doméstico assegurará o recolhimento mensal, mediante documento único de arrecadação, dos seguintes valores:

I – 8% (oito por cento) a 11% (onze por cento) de contribuição previdenciária, a cargo do segurado empregado doméstico, nos termos do art. 20 da Lei nº 8.212, de 24 de julho de 1991;

II – 8% (oito por cento) de contribuição patronal previdenciária para a seguridade social, a cargo do empregador doméstico, nos termos do art. 24 da Lei nº 8.212, de 24 de julho de 1991;

III – 0,8% (oito décimos por cento) de contribuição social para financiamento do seguro contra acidentes do trabalho;

IV – 8% (oito por cento) de recolhimento para o FGTS;

V – 3,2% (três inteiros e dois décimos por cento), na formado art. 22 desta Lei; e

VI – imposto sobre a renda retido na fonte de que trata o inciso I do art. 7º da Lei nº 7.713, de 22 de dezembro de 1988, se incidente.

§ 1º. As contribuições, os depósitos e o imposto arrolados nos incisos I a VI incidem sobre a remuneração paga ou devida no mês anterior, a cada empregado, incluída na remuneração a gratificação de Natal a que se refere a Lei nº 4.090, de 13 de julho de 1962, e a Lei nº 4.749, de 12 de agosto de 1965.

§ 2º. A contribuição e o imposto previstos nos incisos I e VI do *caput* deste artigo serão descontados da remuneração do empregado pelo empregador, que é responsável por seu recolhimento.

§ 3º. O produto da arrecadação das contribuições, dos depósitos e do imposto de que trata o *caput* será centralizado na Caixa Econômica Federal.

§ 4º. A Caixa Econômica Federal, com base nos elementos identificadores do recolhimento, disponíveis no sistema de que trata o§ 1º do art. 33, transferirá para a Conta Única do Tesouro Nacional o valor arrecadado das contribuições e do imposto previstos nos incisos I, II, III e VI do *caput*.

§ 5º. O recolhimento de que trata o *caput* será efetuado em instituições financeiras integrantes da rede arrecadadora de receitas federais.

§ 6º. O empregador fornecerá, mensalmente, ao empregado doméstico cópia do documento previsto no *caput*.

§ 7º. O recolhimento mensal, mediante documento único de arrecadação, e a exigência das contribuições, dos depósitos e do imposto, nos valores definidos nos incisos I a VI do *caput*, somente serão devidos após 120 (cento e vinte) dias da data de publicação desta Lei.

Art. 35. O empregador doméstico é obrigado a pagar a remuneração devida ao empregado doméstico e a arrecadar e a recolher a contribuição prevista no inciso I do art. 34, assim como a arrecadar e a recolher as contribuições, os depósitos e o imposto a seu cargo discriminados nos incisos II, III, IV, V e VI do *caput* do art. 34, até o dia 7 do mês seguinte ao da competência.

§ 1º. Os valores previstos nos incisos I, II, III e VI do *caput* do art. 34 não recolhidos até a data de vencimento sujeitar-se-ão à incidência de encargos legais na forma prevista na legislação do imposto sobre a renda.

§ 2º. Os valores previstos nos incisos IV e V, referentes ao FGTS, não recolhidos até a data de vencimento serão corrigidos e terão a incidência da respectiva multa, conforme a Lei nº 8.036, de 11 de maio de 1990.

CAPÍTULO III. DA LEGISLAÇÃO PREVIDENCIÁRIA E TRIBUTÁRIA

Art. 36. O inciso V do art. 30 da Lei nº 8.212, de 24 de julho de 1991, passa a vigorar com a seguinte redação:

- Alteração efetuada no texto da referida Lei.

Art. 37. A Lei nº 8.213, de 24 de julho de 1991, passa avigorar com as seguintes alterações:

- Alteração efetuada no texto da referida Lei.

Art. 38. O art. 70 da Lei nº 11.196, de 21 de novembro de 2005, passa a vigorar com a seguinte redação:

"Art. 70. (...)

I – (...)

(...)

d) até o dia 7 do mês subsequente ao mês de ocorrência dos fatos geradores, no caso de pagamento de rendimentos provenientes do trabalho assalariado a empregado doméstico; e

e) até o último dia útil do segundo decêndio do mês subsequente ao mês de ocorrência dos fatos geradores, nos demais casos;

(...)"

CAPÍTULO IV. DO PROGRAMA DE RECUPERAÇÃO PREVIDENCIÁRIA DOS EMPREGADORES DOMÉSTICOS (REDOM)

Art. 39. É instituído o Programa de Recuperação Previdenciária dos Empregadores Domésticos (Redom), nos termos desta Lei.

Art. 40. Será concedido ao empregador doméstico o parcelamento dos débitos com o Instituto Nacional do Seguro Social (INSS) relativos à contribuição de que tratam os arts. 20 e 24 da Lei nº 8.212, de 24 de julho de 1991, com vencimento até 30 de abril de 2013.

§ 1º. O parcelamento abrangerá todos os débitos existente sem nome do empregado e do empregador, na condição de contribuinte, inclusive débitos inscritos em dívida ativa, que poderão ser:

I – pagos com redução de 100% (cem por cento) das multas aplicáveis, de 60% (sessenta por cento) dos juros de mora e de 100%(cem por cento) sobre os valores dos encargos legais e advocatícios;

II – parcelados em até 120 (cento e vinte) vezes, com prestação mínima no valor de R$ 100,00 (cem reais).

§ 2º. O parcelamento deverá ser requerido no prazo de 120 (cento e vinte) dias após a entrada em vigor desta Lei.

§ 3º. A manutenção injustificada em aberto de 3 (três) parcelas implicará, após comunicação ao sujeito passivo, a imediata rescisão do parcelamento e, conforme o caso, o prosseguimento da cobrança.

§ 4º. Na hipótese de rescisão do parcelamento com o cancelamento dos benefícios concedidos:

I – será efetuada a apuração do valor original do débito, coma incidência dos acréscimos legais, até a data de rescisão;

II – serão deduzidas do valor referido no inciso I deste parágrafo as parcelas pagas, com a incidência dos acréscimos legais, até a data de rescisão.

Art. 41. A opção pelo Redom sujeita o contribuinte a:

I – confissão irrevogável e irretratável dos débitos referidos no art. 40;

II – aceitação plena e irretratável de todas as condições estabelecidas;

III – pagamento regular das parcelas do débito consolidado, assim como das contribuições com vencimento posterior a 30 de abril de 2013.

CAPÍTULO V. DISPOSIÇÕES GERAIS

Art. 42. É de responsabilidade do empregador o arquivamento de documentos comprobatórios do cumprimento das obrigações fiscais, trabalhistas e previdenciárias, enquanto essas não prescreverem.

Art. 43. O direito de ação quanto a créditos resultantes das relações de trabalho prescreve em 5 (cinco) anos até o limite de 2(dois) anos após a extinção do contrato de trabalho.

Art. 44. A Lei nº 10.593, de 6 de dezembro de 2002, passa a vigorar acrescida do seguinte art. 11-A:

"Art. 11-A. A verificação, pelo Auditor-Fiscal do Trabalho, do cumprimento das normas que regem o trabalho do empregado doméstico, no âmbito do domicílio do empregador, dependerá de agendamento e de entendimento prévios entre a fiscalização e o empregador.

§ 1º A fiscalização deverá ter natureza prioritariamente orientadora.

§ 2º Será observado o critério de dupla visita para lavratura de auto de infração, salvo quando for constatada infração por falta de anotação na Carteira de Trabalho e Previdência Social ou, ainda, na ocorrência de reincidência, fraude, resistência ou embaraço à fiscalização.

§ 3º Durante a inspeção do trabalho referida no *caput*, o Auditor-Fiscal do Trabalho far-se-á acompanhar pelo empregador ou por alguém de sua família por este designado."

Art. 45. As matérias tratadas nesta Lei Complementar que não sejam reservadas constitucionalmente a lei complementar poderão ser objeto de alteração por lei ordinária.

Art. 46. Revogam-se o inciso I do art. 3º da Lei nº 8.009, de29 de março de 1990, e a Lei 5.859, de 11 de dezembro de 1972.

Art. 47. Esta Lei entra em vigor na data de sua publicação.

Brasília, 1º de junho de 2015; 194º da Independência e 127º da República.

DILMA ROUSSEFF

D.O.U. de 2.6.2015

LEI Nº 13.140, DE 26 DE JUNHO DE 2015

Dispõe sobre a mediação entre particulares como meio de solução de controvérsias e sobre a autocomposição de conflitos no âmbito da administração pública; altera a Lei nº 9.469, de 10 de julho de 1997, e o Decreto nº 70.235, de 6 de março de 1972; e revoga o § 2º do art. 6º da Lei nº 9.469, de 10 de julho de 1997.

‣ *Mediação e autocomposição*

A PRESIDENTA DA REPÚBLICA Faço saber que o Congresso Nacional decreta e eu sanciono a seguinte Lei:

Art. 1º. Esta Lei dispõe sobre a mediação como meio de solução de controvérsias entre particulares e sobre a autocomposição de conflitos no âmbito da administração pública.

Parágrafo único. Considera-se mediação a atividade técnica exercida por terceiro imparcial sem poder decisório, que, escolhido ou aceito pelas partes, as auxilia e estimula a identificar ou desenvolver soluções consensuais para a controvérsia.

CAPÍTULO I. DA MEDIAÇÃO

SEÇÃO I. DISPOSIÇÕES GERAIS

‣ v. CPC/15: arts, 3º, § 3º, 165 a 175, 250, IV, 303, § 1º, II, 308, § 3º, 319, VII, 334, 335, I e II, 340, §§ 3ºe 4º, 359, 565, *caput* e § 1º, 694, 695, e 696.

Art. 2º. A mediação será orientada pelos seguintes princípios:

I – imparcialidade do mediador;

II – isonomia entre as partes;

III – oralidade;

IV – informalidade;

V – autonomia da vontade das partes;

VI – busca do consenso;

VII – confidencialidade;

VIII – boa-fé.

§ 1º. Na hipótese de existir previsão contratual de cláusula de mediação, as partes deverão comparecer à primeira reunião de mediação.

§ 2º. Ninguém será obrigado a permanecer em procedimento de mediação.

Art. 3º. Pode ser objeto de mediação o conflito que verse sobre direitos disponíveis ou sobre direitos indisponíveis que admitam transação.

§ 1º. A mediação pode versar sobre todo o conflito ou parte dele.

§ 2º. O consenso das partes envolvendo direitos indisponíveis, mas transigíveis, deve ser homologado em juízo, exigida a oitiva do Ministério Público.

SEÇÃO II. DOS MEDIADORES

SUBSEÇÃO I. DISPOSIÇÕES COMUNS

Art. 4º. O mediador será designado pelo tribunal ou escolhido pelas partes.

§ 1º. O mediador conduzirá o procedimento de comunicação entre as partes, buscando o entendimento e o consenso e facilitando a resolução do conflito.

§ 2º. Aos necessitados será assegurada a gratuidade da mediação.

Art. 5º. Aplicam-se ao mediador as mesmas hipóteses legais de impedimento e suspeição do juiz.

Parágrafo único. A pessoa designada para atuar como mediador tem o dever de revelar às partes, antes da aceitação da função, qualquer fato ou circunstância que possa suscitar dúvida justificada em relação à sua imparcialidade para mediar o conflito, oportunidade em que poderá ser recusado por qualquer delas.

Art. 6º. O mediador fica impedido, pelo prazo de um ano, contado do término da última audiência em que atuou, de assessorar, representar ou patrocinar qualquer das partes.

Art. 7º. O mediador não poderá atuar como árbitro nem funcionar como testemunha em processos judiciais ou arbitrais pertinentes a conflito em que tenha atuado como mediador.

Art. 8º. O mediador e todos aqueles que o assessoram no procedimento de mediação, quando no exercício de suas funções ou em razão delas, são equiparados a servidor público, para os efeitos da legislação penal.

SUBSEÇÃO II. DOS MEDIADORES EXTRAJUDICIAIS

Art. 9º. Poderá funcionar como mediador extrajudicial qualquer pessoa capaz que tenha a confiança das partes e seja capacitada para fazer mediação, independentemente de integrar qualquer tipo de conselho, entidade de classe ou associação, ou nele inscrever-se.

Art. 10. As partes poderão ser assistidas por advogados ou defensores públicos.

Parágrafo único. Comparecendo uma das partes acompanhada de advogado ou defensor público, o mediador suspenderá o procedimento, até que todas estejam devidamente assistidas.

SUBSEÇÃO III. DOS MEDIADORES JUDICIAIS

Art. 11. Poderá atuar como mediador judicial a pessoa capaz, graduada há pelo menos dois anos em curso de ensino superior de instituição reconhecida pelo Ministério da Educação e que tenha obtido capacitação em escola ou instituição de formação de mediadores, reconhecida pela Escola Nacional de Formação e Aperfeiçoamento de Magistrados – ENFAM ou pelos tribunais, observados os requisitos mínimos estabelecidos pelo Conselho Nacional de Justiça em conjunto com o Ministério da Justiça.

Art. 12. Os tribunais criarão e manterão cadastros atualizados dos mediadores habilitados e autorizados a atuar em mediação judicial.

§ 1º. A inscrição no cadastro de mediadores judiciais será requerida pelo interessado ao tribunal com jurisdição na área em que pretenda exercer a mediação.

§ 2º. Os tribunais regulamentarão o processo de inscrição e desligamento de seus mediadores.

Art. 13. A remuneração devida aos mediadores judiciais será fixada pelos tribunais e custeada pelas partes, observado o disposto no § 2º do art. 4º desta Lei.

SEÇÃO III. DO PROCEDIMENTO DE MEDIAÇÃO

SUBSEÇÃO I. DISPOSIÇÕES COMUNS

Art. 14. No início da primeira reunião de mediação, e sempre que julgar necessário, o mediador deverá alertar as partes acerca das regras de confidencialidade aplicáveis ao procedimento.

Art. 15. A requerimento das partes ou do mediador, e com anuência daquelas, poderão ser admitidos outros mediadores para funcionarem no mesmo procedimento, quando isso for recomendável em razão da natureza e da complexidade do conflito.

Art. 16. Ainda que haja processo arbitral ou judicial em curso, as partes poderão submeter-se à mediação, hipótese em que requererão ao juiz ou árbitro a suspensão do processo por prazo suficiente para a solução consensual do litígio.

§ 1º. É irrecorrível a decisão que suspende o processo nos termos requeridos de comum acordo pelas partes.

§ 2º. A suspensão do processo não obsta a concessão de medidas de urgência pelo juiz ou pelo árbitro.

Art. 17. Considera-se instituída a mediação na data para a qual for marcada a primeira reunião de mediação.

Parágrafo único. Enquanto transcorrer o procedimento de mediação, ficará suspenso o prazo prescricional.

Art. 18. Iniciada a mediação, as reuniões posteriores com a presença das partes somente poderão ser marcadas com a sua anuência.

Art. 19. No desempenho de sua função, o mediador poderá reunir-se com as partes, em conjunto ou separadamente, bem como solicitar das partes as informações que entender necessárias para facilitar o entendimento entre aquelas.

Art. 20. O procedimento de mediação será encerrado com a lavratura do seu termo final, quando for celebrado acordo ou quando não se justificarem novos esforços para a obtenção de consenso, seja por declaração do mediador nesse sentido ou por manifestação de qualquer das partes.

Parágrafo único. O termo final de mediação, na hipótese de celebração de acordo, constitui TÍTULO executivo extrajudicial e, quando homologado judicialmente, TÍTULO executivo judicial.

SUBSEÇÃO II.
DA MEDIAÇÃO EXTRAJUDICIAL

Art. 21. O convite para iniciar o procedimento de mediação extrajudicial poderá ser feito por qualquer meio de comunicação e deverá estipular o escopo proposto para a negociação, a data e o local da primeira reunião.

Parágrafo único. O convite formulado por uma parte à outra considerar-se-á rejeitado se não for respondido em até trinta dias da data de seu recebimento.

Art. 22. A previsão contratual de mediação deverá conter, no mínimo:

I – prazo mínimo e máximo para a realização da primeira reunião de mediação, contado a partir da data de recebimento do convite;

II – local da primeira reunião de mediação;

III – critérios de escolha do mediador ou equipe de mediação;

IV – penalidade em caso de não comparecimento da parte convidada à primeira reunião de mediação.

§ 1º. A previsão contratual pode substituir a especificação dos itens acima enumerados pela indicação de regulamento, publicado por instituição idônea prestadora de serviços de mediação, no qual constem critérios claros para a escolha do mediador e realização da primeira reunião de mediação.

§ 2º. Não havendo previsão contratual completa, deverão ser observados os seguintes critérios para a realização da primeira reunião de mediação:

I – prazo mínimo de dez dias úteis e prazo máximo de três meses, contados a partir do recebimento do convite;

II – local adequado a uma reunião que possa envolver informações confidenciais;

III – lista de cinco nomes, informações de contato e referências profissionais de mediadores capacitados; a parte convidada poderá escolher, expressamente, qualquer um dos cinco mediadores e, caso a parte convidada não se manifeste, considerar-se-á aceito o primeiro nome da lista;

IV – o não comparecimento da parte convidada à primeira reunião de mediação acarretará a assunção por parte desta de cinquenta por cento das custas e honorários sucumbenciais caso venha a ser vencedora em procedimento arbitral ou judicial posterior, que envolva o escopo da mediação para a qual foi convidada.

§ 3º. Nos litígios decorrentes de contratos comerciais ou societários que não contenham cláusula de mediação, o mediador extrajudicial somente cobrará por seus serviços caso as partes decidam assinar o termo inicial de mediação e permanecer, voluntariamente, no procedimento de mediação.

Art. 23. Se, em previsão contratual de cláusula de mediação, as partes se comprometerem a não iniciar procedimento arbitral ou processo judicial durante certo prazo ou até o implemento de determinada condição, o árbitro ou o juiz suspenderá o curso da arbitragem ou da ação pelo prazo previamente acordado ou até o implemento dessa condição.

Parágrafo único. O disposto no *caput* não se aplica às medidas de urgência em que o acesso ao Poder Judiciário seja necessário para evitar o perecimento de direito.

SUBSEÇÃO III.
DA MEDIAÇÃO JUDICIAL

Art. 24. Os tribunais criarão centros judiciários de solução consensual de conflitos, responsáveis pela realização de sessões e audiências de conciliação e mediação, pré-processuais e processuais, e pelo desenvolvimento de programas destinados a auxiliar, orientar e estimular a autocomposição.

Parágrafo único. A composição e a organização do centro serão definidas pelo respectivo tribunal, observadas as normas do Conselho Nacional de Justiça.

Art. 25. Na mediação judicial, os mediadores não estarão sujeitos à prévia aceitação das partes, observado o disposto no art. 5º desta Lei.

Art. 26. As partes deverão ser assistidas por advogados ou defensores públicos, ressalvadas as hipóteses previstas nas Leis nºs 9.099, de 26 de setembro de 1995, e 10.259, de 12 de julho de 2001.

Parágrafo único. Aos que comprovarem insuficiência de recursos será assegurada assistência pela Defensoria Pública.

Art. 27. Se a petição inicial preencher os requisitos essenciais e não for o caso de improcedência liminar do pedido, o juiz designará audiência de mediação.

Art. 28. O procedimento de mediação judicial deverá ser concluído em até sessenta dias, contados da primeira sessão, salvo quando as partes, de comum acordo, requererem sua prorrogação.

Parágrafo único. Se houver acordo, os autos serão encaminhados ao juiz, que determinará o arquivamento do processo e, desde que requerido pelas partes, homologará o acordo, por sentença, e o termo final da mediação e determinará o arquivamento do processo.

Art. 29. Solucionado o conflito pela mediação antes da citação do réu, não serão devidas custas judiciais finais.

SEÇÃO IV.
DA CONFIDENCIALIDADE E SUAS EXCEÇÕES

Art. 30. Toda e qualquer informação relativa ao procedimento de mediação será confidencial em relação a terceiros, não podendo ser revelada sequer em processo arbitral ou judicial salvo se as partes expressamente decidirem de forma diversa ou quando sua divulgação for exigida por lei ou necessária para cumprimento de acordo obtido pela mediação.

§ 1º. O dever de confidencialidade aplica-se ao mediador, às partes, a seus prepostos, advogados, assessores técnicos e a outras pessoas de sua confiança que tenham, direta ou indiretamente, participado do procedimento de mediação, alcançando:

I – declaração, opinião, sugestão, promessa ou proposta formulada por uma parte à outra na busca de entendimento para o conflito;

II – reconhecimento de fato por qualquer das partes no curso do procedimento de mediação;

III – manifestação de aceitação de proposta de acordo apresentada pelo mediador;

IV – documento preparado unicamente para os fins do procedimento de mediação.

§ 2º. A prova apresentada em desacordo com o disposto neste artigo não será admitida em processo arbitral ou judicial.

§ 3º. Não está abrigada pela regra de confidencialidade a informação relativa à ocorrência de crime de ação pública.

§ 4º. A regra da confidencialidade não afasta o dever de as pessoas discriminadas no *caput* prestarem informações à administração tributária após o termo final da mediação, aplicando-se aos seus servidores a obrigação de manterem sigilo das informações compartilhadas nos termos do art. 198 da Lei nº 5.172, de 25 de outubro de 1966 – Código Tributário Nacional.

Art. 31. Será confidencial a informação prestada por uma parte em sessão privada, não podendo o mediador revelá-la às demais, exceto se expressamente autorizado.

CAPÍTULO II.
DA AUTOCOMPOSIÇÃO DE CONFLITOS EM QUE FOR PARTE PESSOA JURÍDICA DE DIREITO PÚBLICO

SEÇÃO I.
DISPOSIÇÕES COMUNS

Art. 32. A União, os Estados, o Distrito Federal e os Municípios poderão criar câmaras de prevenção e resolução administrativa de conflitos, no âmbito dos respectivos órgãos da Advocacia Pública, onde houver, com competência para:

I – dirimir conflitos entre órgãos e entidades da administração pública;

II – avaliar a admissibilidade dos pedidos de resolução de conflitos, por meio de composição, no caso de controvérsia entre particular e pessoa jurídica de direito público;

III – promover, quando couber, a celebração de termo de ajustamento de conduta.

§ 1º. O modo de composição e funcionamento das câmaras de que trata o *caput* será estabelecido em regulamento de cada ente federado.

§ 2º. A submissão do conflito às câmaras de que trata o *caput* é facultativa e será cabível apenas nos casos previstos no regulamento do respectivo ente federado.

§ 3º. Se houver consenso entre as partes, o acordo será reduzido a termo e constituirá TÍTULO executivo extrajudicial.

§ 4º. Não se incluem na competência dos órgãos mencionados no *caput* deste artigo as controvérsias que somente possam ser resolvidas por atos ou concessão de direitos sujeitos a autorização do Poder Legislativo.

§ 5º. Compreendem-se na competência das câmaras de que trata o *caput* a prevenção e a resolução de conflitos que envolvam equilíbrio econômico-financeiro de contratos celebrados pela administração com particulares.

Art. 33. Enquanto não forem criadas as câmaras de mediação, os conflitos poderão ser dirimidos nos termos do procedimento de mediação previsto na Subseção I da Seção III do CAPÍTULO I desta Lei.

Parágrafo único. A Advocacia Pública da União, dos Estados, do Distrito Federal e dos Municípios, onde houver, poderá instaurar, de ofício ou mediante provocação, procedimento de mediação coletiva de conflitos relacionados à prestação de serviços públicos.

Art. 34. A instauração de procedimento administrativo para a resolução consensual de conflito no âmbito da administração pública suspende a prescrição.

§ 1º. Considera-se instaurado o procedimento quando o órgão ou entidade pública emitir juízo de admissibilidade, retroagindo a suspensão da prescrição à data de formalização do pedido de resolução consensual do conflito.

§ 2º. Em se tratando de matéria tributária, a suspensão da prescrição deverá observar o disposto na Lei nº 5.172, de 25 de outubro de 1966 – Código Tributário Nacional.

SEÇÃO II. DOS CONFLITOS ENVOLVENDO A ADMINISTRAÇÃO PÚBLICA FEDERAL DIRETA, SUAS AUTARQUIAS E FUNDAÇÕES

Art. 35. As controvérsias jurídicas que envolvam a administração pública federal direta, suas autarquias e fundações poderão ser objeto de transação por adesão, com fundamento em:

I – autorização do Advogado-Geral da União, com base na jurisprudência pacífica do Supremo Tribunal Federal ou de tribunais superiores; ou

II – parecer do Advogado-Geral da União, aprovado pelo Presidente da República.

§ 1º. Os requisitos e as condições da transação por adesão serão definidos em resolução administrativa própria.

§ 2º. Ao fazer o pedido de adesão, o interessado deverá juntar prova de atendimento aos requisitos e às condições estabelecidos na resolução administrativa.

§ 3º. A resolução administrativa terá efeitos gerais e será aplicada aos casos idênticos, tempestivamente habilitados mediante pedido de adesão, ainda que solucione apenas parte da controvérsia.

§ 4º. A adesão implicará renúncia do interessado ao direito sobre o qual se fundamenta a ação ou o recurso, eventualmente pendentes, de natureza administrativa ou judicial, no que tange aos pontos compreendidos pelo objeto da resolução administrativa.

§ 5º. Se o interessado for parte em processo judicial inaugurado por ação coletiva, a renúncia ao direito sobre o qual se fundamenta a ação deverá ser expressa, mediante petição dirigida ao juiz da causa.

§ 6º. A formalização de resolução administrativa destinada à transação por adesão não implica a renúncia tácita à prescrição nem sua interrupção ou suspensão.

Art. 36. No caso de conflitos que envolvam controvérsia jurídica entre órgãos ou entidades de direito público que integram a administração pública federal, a Advocacia-Geral da União deverá realizar composição extrajudicial do conflito, observados os procedimentos previstos em ato do Advogado-Geral da União.

§ 1º. Na hipótese do *caput*, se não houver acordo quanto à controvérsia jurídica, caberá ao Advogado-Geral da União dirimi-la, com fundamento na legislação afeta.

§ 2º. Nos casos em que a resolução da controvérsia implicar o reconhecimento da existência de créditos da União, de suas autarquias e fundações em face de pessoas jurídicas de direito público federais, a Advocacia-Geral da União poderá solicitar ao Ministério do Planejamento, Orçamento e Gestão a adequação orçamentária para quitação das dívidas reconhecidas como legítimas.

§ 3º. A composição extrajudicial do conflito não afasta a apuração de responsabilidade do agente público que deu causa à dívida, sempre que se verificar que sua ação ou omissão constitui, em tese, infração disciplinar.

§ 4º. Nas hipóteses em que a matéria objeto do litígio esteja sendo discutida em ação de improbidade administrativa ou sobre ela haja decisão do Tribunal de Contas da União, a conciliação de que trata o *caput* dependerá da anuência expressa do juiz da causa ou do Ministro Relator.

Art. 37. É facultado aos Estados, ao Distrito Federal e aos Municípios, suas autarquias e fundações públicas, bem como às empresas públicas e sociedades de economia mista federais, submeter seus litígios com órgãos ou entidades da administração pública federal à Advocacia-Geral da União, para fins de composição extrajudicial do conflito.

Art. 38. Nos casos em que a controvérsia jurídica seja relativa a tributos administrados pela Secretaria da Receita Federal do Brasil ou a créditos inscritos em dívida ativa da União:

I – não se aplicam as disposições dos incisos II e III do *caput* do art. 32;

II – as empresas públicas, sociedades de economia mista e suas subsidiárias que explorem atividade econômica de produção ou comercialização de bens ou de prestação de serviços em regime de concorrência não poderão exercer a faculdade prevista no art. 37;

III – quando forem partes as pessoas a que alude o *caput* do art. 36:

a) a submissão do conflito à composição extrajudicial pela Advocacia-Geral da União implica renúncia do direito de recorrer ao Conselho Administrativo de Recursos Fiscais;

b) a redução ou o cancelamento do crédito dependerá de manifestação conjunta do Advogado-Geral da União e do Ministro de Estado da Fazenda.

Parágrafo único. O disposto neste artigo não afasta a competência do Advogado-Geral da União prevista nos incisos VI, X e XI do art. 4º da Lei Complementar nº 73, de 10 de fevereiro de 1993, e na Lei nº 9.469, de 10 de julho de 1997. (Redação dada pela Lei nº 13.327, de 2016)

Art. 39. A propositura de ação judicial em que figurem concomitantemente nos polos ativo e passivo órgãos ou entidades de direito público que integrem a administração pública federal deverá ser previamente autorizada pelo Advogado-Geral da União.

Art. 40. Os servidores e empregados públicos que participarem do processo de composição extrajudicial do conflito, somente poderão ser responsabilizados civil, administrativa ou criminalmente quando, mediante dolo ou fraude, receberem qualquer vantagem patrimonial indevida, permitirem ou facilitarem sua recepção por terceiro, ou para tal concorrerem.

CAPÍTULO III. DISPOSIÇÕES FINAIS

Art. 41. A Escola Nacional de Mediação e Conciliação, no âmbito do Ministério da Justiça, poderá criar banco de dados sobre boas práticas em mediação, bem como manter relação de mediadores e de instituições de mediação.

Art. 42. Aplica-se esta Lei, no que couber, às outras formas consensuais de resolução de conflitos, tais como mediações comunitárias e escolares, e àquelas levadas a efeito nas serventias extrajudiciais, desde que no âmbito de suas competências.

Parágrafo único. A mediação nas relações de trabalho será regulada por lei própria.

Art. 43. Os órgãos e entidades da administração pública poderão criar câmaras para a resolução de conflitos entre particulares, que versem sobre atividades por eles reguladas ou supervisionadas.

Art. 44. Os arts. 1º e 2º da Lei nº 9.469, de 10 de julho de1997, passam a vigorar com a seguinte redação:

- Alteração incorporada ao texto da referida lei.

Art. 45. O Decreto nº 70.235, de 6 de março de 1972, passa a vigorar acrescido do seguinte art. 14-A:

- Alteração incorporada ao texto do referido Decreto.

Art. 46. A mediação poderá ser feita pela internet ou por outro meio de comunicação que permita a transação à distância, desde que as partes estejam de acordo.

Parágrafo único. É facultado à parte domiciliada no exterior submeter-se à mediação segundo as regras estabelecidas nesta Lei.

Art. 47. Esta Lei entra em vigor após decorridos cento e oitenta dias de sua publicação oficial.

Art. 48. Revoga-se o § 2º do art. 6º da Lei nº 9.469, de 10de julho de 1997.

Brasília, 26 de junho de 2015; 194º da Independência e 127º da República.

DILMA ROUSSEFF

Publicado no D.O.U. de 29.6.2015

LEI COMPLEMENTAR Nº 151, DE 5 DE AGOSTO DE 2015

Altera a Lei Complementar nº 148, de 25 de novembro de 2014; revoga as Leis nºs 10.819, de 16 de dezembro de 2003, e 11.429, de 26 de dezembro de 2006; e dá outras providências.

› *Depósitos judiciais e administrativos*

A PRESIDENTA DA REPÚBLICA Faço saber que o Congresso Nacional decreta e eu promulgo, nos termos do § 5º do art. 66 da Constituição, as seguintes partes da Lei Complementar nº 151, de 5 de agosto de2015:

› A LC 151/2015 foi alterada e republicada no D.O.U. de 26.11.2015.

Art. 1º. A Lei Complementar nº 148, de 25 de novembro de 2014, passa a vigorar com as seguintes alterações:

› Alterações efetuadas na referida LC.

Art. 2º. Os depósitos judiciais e administrativos em dinheiro referentes a processos judiciais ou administrativos, tributários ou não tributários, nos quais o Estado, o Distrito Federal ou os Municípios sejam parte, deverão ser efetuados em instituição financeira oficial federal, estadual ou distrital.

Art. 3º. A instituição financeira oficial transferirá para a conta única do Tesouro do Estado, do Distrito Federal ou do Município 70% (setenta por cento) do valor atualizado dos depósitos referentes aos processos judiciais e administrativos de que trata o art. 2º, bem como os respectivos acessórios.

§ 1º. Para implantação do disposto no *caput* deste artigo, deverá ser instituído fundo de reserva destinado a garantir a restituição da parcela transferida ao Tesouro, observados os demais termos desta Lei Complementar.

§ 2º. A instituição financeira oficial tratará de forma segregada os depósitos judiciais e os depósitos administrativos.

§ 3º. O montante dos depósitos judiciais e administrativos não repassado ao Tesouro constituirá o fundo de reserva referido no § 1º deste artigo, cujo saldo não poderá ser inferior a 30% (trinta por cento) do total dos depósitos de que trata o art. 2º desta Lei Complementar, acrescidos da remuneração que lhes foi atribuída.

§ 4º. (VETADO).

§ 5º. Os valores recolhidos ao fundo de reserva terão remuneração equivalente à taxa referencial do Sistema Especial de Liquidação e de Custódia – Selic para títulos federais.

§ 6º. Compete à instituição financeira gestora do fundo de reserva de que trata este artigo manter escrituração individualizada para cada depósito efetuado na forma do art. 2º, discriminando:

I – o valor total do depósito, acrescido da remuneração que lhe foi originalmente atribuída; e

II – o valor da parcela do depósito mantido na instituição financeira, nos termos do § 3º deste artigo, a remuneração que lhe foi originalmente atribuída e os rendimentos decorrentes do disposto no § 5º deste artigo.

Art. 4º. A habilitação do ente federado ao recebimento das transferências referidas no art. 3º é condicionada à apresentação ao órgão jurisdicional responsável pelo julgamento dos litígios aos quais se refiram os depósitos de termo de compromisso firmado pelo chefe do Poder Executivo que preveja:

I – a manutenção do fundo de reserva na instituição financeira responsável pelo repasse das parcelas ao Tesouro, observado o disposto no § 3º do art. 3º desta Lei Complementar;

II – a destinação automática ao fundo de reserva do valor correspondente à parcela dos depósitos judiciais mantida na instituição financeira nos termos do § 3º do art. 3º, condição esta a ser observada a cada transferência recebida na forma do art. 3º desta Lei Complementar;

III – a autorização para a movimentação do fundo de reserva para os fins do disposto nos arts. 5º e 7º desta Lei Complementar; e

IV – a recomposição do fundo de reserva pelo ente federado, em até quarenta e oito horas, após comunicação da instituição financeira, sempre que o seu saldo estiver abaixo dos limites estabelecidos no § 3º do art. 3º desta Lei Complementar.

Art. 5º. A constituição do fundo de reserva e a transferência da parcela dos depósitos judiciais e administrativos acumulados até a data de publicação desta Lei Complementar, conforme dispõe o art. 3º, serão realizadas pela instituição financeira em até quinze dias após a apresentação de cópia do termo de compromisso de que trata o art. 4º.

› A LC 151/2015 foi alterada e republicada no D.O.U. de 26.11.2015.

§ 1º. Para identificação dos depósitos, cabe ao ente federado manter atualizada na instituição financeira a relação de inscrições no Cadastro Nacional da Pessoa Jurídica – CNPJ dos órgãos que integram a sua administração pública direta e indireta.

§ 2º. Realizada a transferência de que trata o *caput*, os repasses subsequentes serão efetuados em até dez dias após a data de cada depósito.

› A LC 151/2015 foi alterada e republicada no D.O.U. de 26.11.2015.

§ 3º. Em caso de descumprimento dos prazos estabelecidos no *caput* e no § 2º deste artigo, a instituição financeira deverá transferir a parcela do depósito acrescida da taxa referencial do Selic para títulos federais mais multa de 0,33% (trinta e três centésimos por cento) por dia de atraso.

› A LC 151/2015 foi alterada e republicada no D.O.U. de 26.11.2015.

Art. 6º. São vedadas quaisquer exigências por parte do órgão jurisdicional ou da instituição financeira além daquelas estabelecidas nesta Lei Complementar.

› A LC 151/2015 foi alterada e republicada no D.O.U. de 26.11.2015.

Art. 7º. Os recursos repassados na forma desta Lei Complementar ao Estado, ao Distrito Federal ou ao Município, ressalvados os destinados ao fundo de reserva de que trata o § 3º do art. 3º, serão aplicados, exclusivamente, no pagamento de:

I – precatórios judiciais de qualquer natureza;

II – dívida pública fundada, caso a lei orçamentária do ente federativo preveja dotações suficientes para o pagamento da totalidade dos precatórios judiciais exigíveis no exercício e não remanesçam precatórios não pagos referentes aos exercícios anteriores;

III – despesas de capital, caso a lei orçamentária do ente federativo preveja dotações suficientes para o pagamento da totalidade dos precatórios judiciais exigíveis no exercício, não remanesçam precatórios não pagos referentes aos exercícios anteriores e o ente federado não conte com compromissos classificados como dívida pública fundada;

IV – recomposição dos fluxos de pagamento e do equilíbrio atuarial dos fundos de previdência referentes aos regimes próprios de cada ente federado, nas mesmas hipóteses do inciso III.

Parágrafo único. Independentemente das prioridades de pagamento estabelecidas no *caput* deste artigo, poderá o Estado, o Distrito Federal ou o Município utilizar até 10% (dez por cento) da parcela que lhe for transferida nos termos do *caput* do art. 3º para constituição de Fundo Garantidor de PPPs ou de outros mecanismos de garantia previstos em lei, dedicados exclusivamente a investimentos de infraestrutura.

Art. 8º. Encerrado o processo litigioso com ganho de causa para o depositante, mediante ordem judicial ou administrativa, o valor do depósito efetuado nos termos desta Lei Complementar acrescido da remuneração que lhe foi originalmente atribuída será colocado à disposição do depositante pela instituição financeira responsável, no prazo de 3 (três) dias úteis, observada a seguinte composição:

I – a parcela que foi mantida na instituição financeira nos termos do § 3º do art. 3º acrescida da remuneração que lhe foi originalmente atribuída será de responsabilidade direta e imediata da instituição depositária; e

II – a diferença entre o valor referido no inciso I e o total devido ao depositante nos termos do *caput* será debitada do saldo existente no fundo de reserva de que trata o § 3º do art. 3º.

§ 1º. Na hipótese de o saldo do fundo de reserva após o débito referido no inciso II ser inferior ao valor mínimo estabelecido no § 3º do art. 3º, o ente federado será notificado para recompô-lo na forma do inciso IV do art. 4º.

§ 2º. Na hipótese de insuficiência de saldo no fundo de reserva para o débito do montante devido nos termos do inciso II, a instituição financeira restituirá ao depositante o valor disponível no fundo acrescido do valor referido no inciso I.

§ 3º. Na hipótese referida no § 2º deste artigo, a instituição financeira notificará a autoridade expedidora da ordem de liberação do depósito, informando a composição detalhada dos valores liberados, sua atualização monetária, a parcela efetivamente disponibilizada em favor do depositante e o saldo a ser pago depois de efetuada a recomposição prevista no § 1º deste artigo.

Art. 9º. Nos casos em que o ente federado não recompuser o fundo de reserva até o saldo mínimo referido no § 3º do art. 3º, será suspenso o repasse das parcelas referentes a novos depósitos até a regularização do saldo.

Parágrafo único. Sem prejuízo do disposto no *caput*, na hipótese de descumprimento por três vezes da obrigação referida no inciso IV do art. 4º, será o ente federado excluído da sistemática de que trata esta Lei Complementar.

Art. 10. Encerrado o processo litigioso com ganho de causa para o ente federado, ser-lhe-á transferida a parcela do depósito mantida na instituição financeira nos termos do § 3º do art. 3º acrescida da remuneração que lhe foi originalmente atribuída.

§ 1º. O saque da parcela de que trata o *caput* deste artigo somente poderá ser realizado até o limite máximo do qual não resulte saldo inferior ao mínimo exigido no § 3º do art. 3º.

§ 2º. Na situação prevista no *caput*, serão transformados em pagamento definitivo, total ou parcial, proporcionalmente à exigência tributária ou não tributária, conforme o caso, inclusive seus acessórios, os valores depositados na forma do *caput* do art. 2º acrescidos da remuneração que lhes foi originalmente atribuída.

Art. 11. O Poder Executivo de cada ente federado estabelecerá regras de procedimentos, inclusive orçamentários, para a execução do disposto nesta Lei Complementar.

Art. 12. Esta Lei Complementar entra em vigor na data de sua publicação.

Art. 13. Ficam revogadas as Leis nºs 10.819, de 16 de dezembro de 2003, e 11.429, de 26 de dezembro de 2006.

Brasília, 5 de agosto de 2015; 194º da Independência e 127º da República.

DILMA ROUSSEFF

Publicado no D.O.U. de 6.8.2015; e republicação no D.O.U. de 26.11.2015

LEI Nº 13.165, DE 29 DE SETEMBRO DE 2015

Altera as Leis nºs 9.504, de 30 de setembro de 1997, 9.096, de 19 de setembro de 1995, e 4.737, de 15 de julho de 1965 – Código Eleitoral, para reduzir os custos das campanhas eleitorais, simplificar a administração dos Partidos Políticos e incentivar a participação feminina.

› *Reforma eleitoral*

A PRESIDENTA DA REPÚBLICA Faço saber que o Congresso Nacional decreta e eu promulgo, nos termos do § 5º do art. 66 da Constituição, as seguintes partes da Lei nº 13.165, de 29 de setembro de 2015:

› Lei 13.165/2015 foi alterada e republicada no D.O.U. de 26.11.2015.

Art. 1º. Esta Lei modifica as Leis nºs. 9.504, de 30 de setembro de 1997, 9.096, de 19 de setembro de 1995, e 4.737, de 15 de julho de 1965 – Código Eleitoral, alterando a legislação infraconstitucional e complementando a reforma das instituições político-eleitorais do País.

Art. 2º. A Lei nº 9.504, de 30 de setembro de 1997, passa a vigorar com as seguintes alterações:

› Alteração incorporada ao texto da referida lei.

Art. 3º. A Lei nº 9.096, de 19 de setembro de 1995, passa a vigorar com as seguintes alterações:

› Alteração incorporada ao texto da referida lei.

Art. 4º. A Lei nº 4.737, de 15 de julho de 1965 – Código Eleitoral, passa a vigorar com as seguintes alterações:

› Alteração incorporada ao texto da referida lei.

ARTS. 5º. a 8º. (Revogados pela Lei 13.488, de 2017).

Art. 9º. Nas três eleições que se seguirem à publicação desta Lei, os partidos reservarão, em contas bancárias específicas para este fim, no mínimo 5% (cinco por cento) e no máximo 15% (quinze por cento) do montante do Fundo Partidário destinado ao financiamento das campanhas eleitorais para aplicação nas campanhas de suas candidatas, incluídos nesse valor os recursos a que se refere o inciso V do art. 44 da Lei nº 9.096, de 19 de setembro de 1995.

ARTS. 10. e 11. (Revogados pela Lei 13.488, de 2017).

Art. 12. Até a primeira eleição geral subsequente à aprovação desta Lei, será implantado o processo de votação eletrônica com impressão do registro do voto a que se refere o art. 59-A da Lei nº 9.504, de 30 de setembro de 1997.

› Lei 13.165/2015 foi alterada e republicada no D.O.U. de 26.11.2015.

Art. 13. O disposto no § 1º do art. 7º da Lei nº 9.096, de 19 de setembro de 1995, no tocante ao prazo de dois anos para comprovação do apoiamento de eleitores, não se aplica aos pedidos protocolizados até a data de publicação desta Lei.

Art. 14. Esta Lei entra em vigor na data de sua publicação.

Art. 15. Revogam-se os §§ 1º e 2º do art. 10, o art. 17-A, os §§ 1º e 2º do art. 18, o art. 19, os incisos I e II do § 1º do art. 23, o inciso I do *caput* e o § 1º do art. 29, os §§ 1º e 2º do art. 48, o inciso II do art. 51, o art. 81 e o § 4º do art. 100-A da Lei nº 9.504, de 30 de setembro de 1997; o art. 18, o § 3º do art. 32 e os arts. 56 e 57 da Lei nº 9.096, de 19 de setembro de 1995; e o § 11 do art. 32 da Lei nº 9.430, de 27 de dezembro de 1996.

Brasília, 29 de setembro de 2015; 194º da Independência e 127º da República.

DILMA ROUSSEFF

Publicado no D.O.U. de 29.9.2015; e republicado no D.O.U. de 26.11.2015

LEI Nº 13.185, DE 6 DE NOVEMBRO DE 2015

Institui o Programa de Combate à Intimidação Sistemática (Bullying).

› *Bullying*

› v. CF/1988: art. 5º, III, VI e X.

› v. CP: arts. 121 e ss., 129 e ss., 138 e ss., e 213 e segs.

› v. Lei 13.146/2015 – Institui a Lei Brasileira de Inclusão da Pessoa com Deficiência (Estatuto da Pessoa com Deficiência).

› v. Lei 12.965/2014 – Estabelece princípios, garantias, direitos e deveres para o uso da Internet no Brasil (Lei do Marco Civil da internet).

› Lei 11.340/2006 – Cria mecanismos para coibir a violência doméstica e familiar contra a mulher, nos termos do § 8º do art. 226 da CF, da Convenção sobre a Eliminação de Todas as Formas de Discriminação contra as Mulheres e da Convenção Interamericana para Prevenir, Punir e Erradicar a Violência contra a Mulher; dispõe sobre a criação dos Juizados de Violência Doméstica e Familiar contra a Mulher (Lei Maria da Penha).

› v. Lei 8.069/1990 – Dispõe sobre o Estatuto da Criança e do Adolescente (ECA).

› v. Lei 9.455/1997 – Define os crimes de tortura.

› v. Lei 8.072/1990 – Dispõe sobre os crimes hediondos, nos termos do art. 5º, inciso XLIII, da CF.

› v. Lei 7.716/1989 – Define os crimes resultantes de preconceito de raça ou de cor.

› v. Lei 7.437/1985 – Inclui, entre as contravenções penais a prática de atos resultantes de preconceito de raça, de cor, de sexo ou de estado civil, dando nova redação à Lei 1.390/1951 (Lei Afonso Arinos).

› v. Lei 1.390/1951 – Inclui entre as contravenções penais a prática de atos resultantes de preconceitos de raça ou de cor.

› v. Decreto 7.037/2009 – Aprova o Programa Nacional de Direitos Humanos (PNDH-3).

› v. Decreto 678/1992 – Promulga a Convenção Americana sobre Direitos Humanos (Pacto de São José da Costa Rica), de 22 de novembro de 1969.

› v. Decreto 592/1992 – Atos Internacionais. Pacto Internacional sobre Direitos Civis e Políticos. Promulgação.

A PRESIDENTA DA REPÚBLICA Faço saber que o Congresso Nacional decreta e eu sanciono a seguinte Lei:

Art. 1º. Fica instituído o Programa de Combate à Intimidação Sistemática (Bullying) em todo o território nacional.

§ 1º. No contexto e para os fins desta Lei, considera-se intimidação sistemática (bullying) todo ato de violência física ou psicológica, intencional e repetitivo que ocorre sem motivação evidente, praticado por indivíduo ou grupo, contra uma ou mais pessoas, com o objetivo de intimidá-la ou agredi-la, causando dor e angústia à vítima, em uma relação de desequilíbrio de poder entre as partes envolvidas.

§ 2º. O Programa instituído no *caput* poderá fundamentar as ações do Ministério da Educação e das Secretarias Estaduais e Municipais de Educação, bem como de outros órgãos, aos quais a matéria diz respeito.

Art. 2º. Caracteriza-se a intimidação sistemática (bullying) quando há violência física ou psicológica em atos de intimidação, humilhação ou discriminação e, ainda:

I – ataques físicos;

II – insultos pessoais;

III – comentários sistemáticos e apelidos pejorativos;

IV – ameaças por quaisquer meios;

V – grafites depreciativos;

VI – expressões preconceituosas;

VII – isolamento social consciente e premeditado;

VIII – pilhérias.

Parágrafo único. Há intimidação sistemática na rede mundial de computadores (cyberbullying), quando se usarem os instrumentos que lhe são próprios para depreciar, incitar a violência, adulterar fotos e dados pessoais com o intuito de criar meios de constrangimento psicossocial.

Art. 3º. A intimidação sistemática (bullying) pode ser classificada, conforme as ações praticadas, como:

I – verbal: insultar, xingar e apelidar pejorativamente;

II – moral: difamar, caluniar, disseminar rumores;

III – sexual: assediar, induzir e/ou abusar;

IV – social: ignorar, isolar e excluir;

V – psicológica: perseguir, amedrontar, aterrorizar, intimidar, dominar, manipular, chantagear e infernizar;

VI – físico: socar, chutar, bater;

VII – material: furtar, roubar, destruir pertences de outrem;

VIII – virtual: depreciar, enviar mensagens intrusivas da intimidade, enviar ou adulterar fotos e dados pessoais que resultem em sofrimento ou com o intuito de criar meios de constrangimento psicológico e social.

Art. 4º. Constituem objetivos do Programa referido no *caput* do art. 1º:

I – prevenir e combater a prática da intimidação sistemática (bullying) em toda a sociedade;

II – capacitar docentes e equipes pedagógicas para a implementação das ações de discussão, prevenção, orientação e solução do problema;

III – implementar e disseminar campanhas de educação, conscientização e informação;

IV – instituir práticas de conduta e orientação de pais, familiares e responsáveis diante da identificação de vítimas e agressores;

V – dar assistência psicológica, social e jurídica às vítimas e aos agressores;

VI – integrar os meios de comunicação de massa com as escolas e a sociedade, como forma de identificação e conscientização do problema e forma de preveni-lo e combatê-lo;

VII – promover a cidadania, a capacidade empática e o respeito a terceiros, nos marcos de uma cultura de paz e tolerância mútua;

VIII – evitar, tanto quanto possível, a punição dos agressores, privilegiando mecanismos e instrumentos alternativos que promovam a efetiva responsabilização e a mudança de comportamento hostil;

IX – promover medidas de conscientização, prevenção e combate a todos os tipos de violência, com ênfase nas práticas recorrentes de intimidação sistemática (bullying), ou constrangimento físico e psicológico, cometidas por alunos, professores e outros profissionais integrantes de escola e de comunidade escolar.

Art. 5º. É dever do estabelecimento de ensino, dos clubes e das agremiações recreativas assegurar medidas de conscientização, prevenção, diagnose e combate à violência e à intimidação sistemática (bullying).

Art. 6º. Serão produzidos e publicados relatórios bimestrais das ocorrências de intimidação sistemática (bullying) nos Estados e Municípios para planejamento das ações.

Art. 7º. Os entes federados poderão firmar convênios e estabelecer parcerias para a implementação e a correta execução dos objetivos e diretrizes do Programa instituído por esta Lei.

Art. 8º. Esta Lei entra em vigor após decorridos 90 (noventa) dias da data de sua publicação oficial.

Brasília, 6 de novembro de 2015; 194º da Independência e 127º da República.

DILMA ROUSSEFF

Publicado no D.O.U. de 9.11.2015

LEI Nº 13.188, DE 11 DE NOVEMBRO DE 2015

Dispõe sobre o direito de resposta ou retificação do ofendido em matéria divulgada, publicada ou transmitida por veículo de comunicação social.

› *Direito de resposta*

› v. CF/1988: art. 5º, V.

› v. Lei 12.965/2014 – Estabelece princípios, garantias, direitos e deveres para o uso da Internet no Brasil (Lei do Marco Civil na internet).

› v. Lei 9.504/1997 – Estabelece normas para as eleições.

A PRESIDENTA DA REPÚBLICA Faço saber que o Congresso Nacional decreta e eu sanciono a seguinte Lei:

Art. 1º. Esta Lei disciplina o exercício do direito de resposta ou retificação do ofendido em matéria divulgada, publicada ou transmitida por veículo de comunicação social.

› v. Lei 9.504/1997: art. 58

Art. 2º. Ao ofendido em matéria divulgada, publicada ou transmitida por veículo de comunicação social é assegurado o direito de resposta ou retificação, gratuito e proporcional ao agravo.

§ 1º. Para os efeitos desta Lei, considera-se matéria qualquer reportagem, nota ou notícia divulgada por veículo de comunicação social, independentemente do meio ou da plataforma de distribuição, publicação ou transmissão que utilize, cujo conteúdo atente, ainda que por equívoco de informação, contra a honra, a intimidade, a reputação, o conceito, o nome, a marca ou a imagem de pessoa física ou jurídica identificada ou passível de identificação.

§ 2º. São excluídos da definição de matéria estabelecida no § 1º deste artigo os comentários realizados por usuários da internet nas páginas eletrônicas dos veículos de comunicação social.

§ 3º. A retratação ou retificação espontânea, ainda que a elas sejam conferidos os mesmos destaque, publicidade, periodicidade e dimensão do agravo, não impedem o exercício do direito de resposta pelo ofendido nem prejudicam a ação de reparação por dano moral.

Art. 3º. O direito de resposta ou retificação deve ser exercido no prazo decadencial de 60 (sessenta) dias, contado da data de cada divulgação, publicação ou transmissão da matéria ofensiva, mediante correspondência com aviso de recebimento encaminhada diretamente ao veículo de comunicação social ou, inexistindo pessoa jurídica constituída, a quem por ele responda, independentemente de quem seja o responsável intelectual pelo agravo.

§ 1º. O direito de resposta ou retificação poderá ser exercido, de forma individualizada, em face de todos os veículos de comunicação social que tenham divulgado, publicado, republicado, transmitido ou retransmitido o agravo original.

§ 2º. O direito de resposta ou retificação poderá ser exercido, também, conforme o caso:

I – pelo representante legal do ofendido incapaz ou da pessoa jurídica;

II – pelo cônjuge, descendente, ascendente ou irmão do ofendido que esteja ausente do País ou tenha falecido depois do agravo, mas antes de decorrido o prazo de decadência do direito de resposta ou retificação.

§ 3º. No caso de divulgação, publicação ou transmissão continuada e ininterrupta da mesma matéria ofensiva, o prazo será contado da data em que se iniciou o agravo.

Art. 4º. A resposta ou retificação atenderá, quanto à forma e à duração, ao seguinte:

I – praticado o agravo em mídia escrita ou na internet, terá a resposta ou retificação o destaque, a publicidade, a periodicidade e a dimensão da matéria que a ensejou;

II – praticado o agravo em mídia televisiva, terá a resposta ou retificação o destaque, a publicidade, a periodicidade e a duração da matéria que a ensejou;

III – praticado o agravo em mídia radiofônica, terá a resposta ou retificação o destaque, a publicidade, a periodicidade e a duração da matéria que a ensejou.

§ 1º. Se o agravo tiver sido divulgado, publicado, republicado, transmitido ou retransmitido em mídia escrita ou em cadeia de rádio ou televisão para mais de um Município ou Estado, será conferido proporcional alcance à divulgação da resposta ou retificação.

§ 2º. O ofendido poderá requerer que a resposta ou retificação seja divulgada, publicada ou transmitida nos mesmos espaço, dia da semana e horário do agravo.

§ 3º. A resposta ou retificação cuja divulgação, publicação ou transmissão não obedeça ao disposto nesta Lei é considerada inexistente.

§ 4º. Na delimitação do agravo, deverá ser considerado o contexto da informação ou matéria que gerou a ofensa.

Art. 5º. Se o veículo de comunicação social ou quem por ele responda não divulgar, publicar ou transmitir a resposta ou retificação no prazo de 7 (sete) dias, contado do recebimento do respectivo pedido, na forma do art. 3º, restará caracterizado o interesse jurídico para a propositura de ação judicial.

§ 1º. É competente para conhecer do feito o juízo do domicílio do ofendido ou, se este assim o preferir, aquele do lugar onde o agravo tenha apresentado maior repercussão.

- v. CC: arts. 70 e segs.

§ 2º. A ação de rito especial de que trata esta Lei será instruída com as provas do agravo e do pedido de resposta ou retificação não atendido, bem como com o texto da resposta ou retificação a ser divulgado, publicado ou transmitido, sob pena de inépcia da inicial, e processada no prazo máximo de 30 (trinta) dias, vedados:

I – a cumulação de pedidos;

- v. NCPC: art. 327.

II – a reconvenção;

- v. NCPC: arts. 343 e segs.

III – o litisconsórcio, a assistência e a intervenção de terceiros.

- v. NCPC: arts. 113 e segs., e 119 e segs.

§ 3º. (VETADO).

Art. 6º. Recebido o pedido de resposta ou retificação, o juiz, dentro de 24 (vinte e quatro) horas, mandará citar o responsável pelo veículo de comunicação social para que:

I – em igual prazo, apresente as razões pelas quais não o divulgou, publicou ou transmitiu;

II – no prazo de 3 (três) dias, ofereça contestação.

Parágrafo único. O agravo consistente em injúria não admitirá a prova da verdade.

Art. 7º. O juiz, nas 24 (vinte e quatro) horas seguintes à citação, tenha ou não se manifestado o responsável pelo veículo de comunicação, conhecerá do pedido e, havendo prova capaz de convencer sobre a verossimilhança da alegação ou justificado receio de ineficácia do provimento final, fixará desde logo as condições e a data para a veiculação, em prazo não superior a 10 (dez) dias, da resposta ou retificação.

§ 1º. Se o agravo tiver sido divulgado ou publicado por veículo de mídia impressa cuja circulação seja periódica, a resposta ou retificação será divulgada na edição seguinte à da ofensa ou, ainda, excepcionalmente, em edição extraordinária, apenas nos casos em que o prazo entre a ofensa e a próxima edição indique desproporcionalidade entre a ofensa e a resposta ou retificação.

§ 2º. A medida antecipatória a que se refere o *caput* deste artigo poderá ser reconsiderada ou modificada a qualquer momento, em decisão fundamentada.

§ 3º. O juiz poderá, a qualquer tempo, impor multa diária ao réu, independentemente de pedido do autor, bem como modificar-lhe o valor ou a periodicidade, caso verifique que se tornou insuficiente ou excessiva.

§ 4º. Para a efetivação da tutela específica de que trata esta Lei, poderá o juiz, de ofício ou mediante requerimento, adotar as medidas cabíveis para o cumprimento da decisão.

Art. 8º. Não será admitida a divulgação, publicação ou transmissão de resposta ou retificação que não tenha relação com as informações contidas na matéria a que pretende responder nem se enquadre no § 1º do art. 2º desta Lei.

Art. 9º. O juiz prolatará a sentença no prazo máximo de 30 (trinta) dias, contado do ajuizamento da ação, salvo na hipótese de conversão do pedido em reparação por perdas e danos.

Parágrafo único. As ações judiciais destinadas a garantir a efetividade do direito de resposta ou retificação previsto nesta Lei processam-se durante as férias forenses e não se suspendem pela superveniência delas.

Art. 10. Das decisões proferidas nos processos submetidos ao rito especial estabelecido nesta Lei, poderá ser concedido efeito suspensivo pelo tribunal competente, desde que constatadas, em juízo colegiado prévio, a plausibilidade do direito invocado e a urgência na concessão da medida.

Art. 11. A gratuidade da resposta ou retificação divulgada pelo veículo de comunicação, em caso de ação temerária, não abrange as custas processuais nem exime o autor do ônus da sucumbência.

Parágrafo único. Incluem-se entre os ônus da sucumbência os custos com a divulgação, publicação ou transmissão da resposta ou retificação, caso a decisão judicial favorável ao autor seja reformada em definitivo.

Art. 12. Os pedidos de reparação ou indenização por danos morais, materiais ou à imagem serão deduzidos em ação própria, salvo se o autor, desistindo expressamente da tutela específica de que trata esta Lei, os requerer, caso em que o processo seguirá pelo rito ordinário.

§ 1º. O ajuizamento de ação cível ou penal contra o veículo de comunicação ou seu responsável com fundamento na divulgação, publicação ou transmissão ofensiva não prejudica o exercício administrativo ou judicial do direito de resposta ou retificação previsto nesta Lei.

§ 2º. A reparação ou indenização dar-se-á sem prejuízo da multa a que se refere o § 3º do art. 7º.

Art. 13. O art. 143 do Decreto-Lei nº 2.848, de 7 de dezembro de 1940 (Código Penal), passa a vigorar acrescido do seguinte parágrafo único:

- Alteração incorporada ao texto do referido Decreto-Lei.

Art. 14. Esta Lei entra em vigor na data de sua publicação.

Brasília, 11 de novembro de 2015; 194º da Independência e 127º da República.

DILMA ROUSSEFF

Publicado no D.O.U. de 12.11.2015

LEI Nº 13.189, DE 19 DE NOVEMBRO DE 2015

Institui o Programa Seguro-Emprego – PSE.

- *Programa Seguro-Emprego*
- (Redação dada pela Lei nº 13.456, de 2017)
- v. Lei 13.134/2015 – Altera as Leis 7.998/1990, que regula o Programa do Seguro-Desemprego e o Abono Salarial e institui o Fundo de Amparo ao Trabalhador (FAT), 10.779/2003, que dispõe sobre o seguro-desemprego para o pescador artesanal, e 8.213/1991, que dispõe sobre os planos de benefícios da Previdência Social.

- v. Lei 8.213/1991 – Dispõe sobre os Planos de Benefícios da Previdência Social e dá outras providências.
- v. Lei 8.036/1990 – Dispõe sobre o Fundo de Garantia do Tempo de Serviço (FGTS).
- v. Lei 7.998/1990 – Regula o Programa do Seguro-Desemprego, o Abono Salarial, institui o Fundo de Amparo ao Trabalhador (FAT), e dá outras providências.
- v. Decreto-lei 5.452/1943 – Aprova a Consolidação das Leis do Trabalho (CLT).

A PRESIDENTA DA REPÚBLICA Faço saber que o Congresso Nacional decreta e eu sanciono a seguinte Lei:

Art. 1º. Fica instituído o Programa Seguro-Emprego (PSE), com os seguintes objetivos: (Redação dada pela Lei nº 13.456, de 2017)

I – possibilitar a preservação dos empregos em momentos de retração da atividade econômica;

II – favorecer a recuperação econômico – financeira das empresas;

III – sustentar a demanda agregada durante momentos de adversidade, para facilitar a recuperação da economia;

IV – estimular a produtividade do trabalho por meio do aumento da duração do vínculo empregatício; e

V – fomentar a negociação coletiva e aperfeiçoar as relações de emprego.

Parágrafo único. O PSE consiste em ação para auxiliar os trabalhadores na preservação do emprego, nos termos do inciso II do *caput* do art. 2º da Lei nº 7.998, de 11 de janeiro de 1990. (Redação dada pela Lei nº 13.456, de 2017)

Art. 2º. Podem aderir ao PSE as empresas de todos os setores em situação de dificuldade econômico-financeira que celebrarem acordo coletivo de trabalho específico de redução de jornada e de salário. (Redação dada pela Lei nº 13.456, de 2017)

§ 1º. A adesão ao PSE pode ser feita perante o Ministério do Trabalho até o dia 31 de dezembro de 2017, observado o prazo máximo de permanência de vinte e quatro meses, na forma definida em regulamento, respeitada a data de extinção do programa. (Redação dada pela Lei nº 13.456, de 2017)

§ 2º Têm prioridade de adesão ao PSE, observados os critérios definidos pelo Poder Executivo federal: (Redação dada pela Lei nº 13.456, de 2017)

I – a empresa que demonstre observar a cota de pessoas com deficiência; (Incluído pela Lei nº 13.456, de 2017)

II – as microempresas e empresas de pequeno porte; e (Incluído pela Lei nº 13.456, de 2017)

III – a empresa que possua em seus quadros programa de reinserção profissional de egressos do sistema penitenciário. (Incluído pela Lei nº 13.456, de 2017)

§ 3º As microempresas e as empresas de pequeno porte poderão contar com o apoio técnico do Serviço Brasileiro de Apoio às Micro e Pequenas Empresas (Sebrae), conforme disposto em regulamento. (Incluído pela Lei nº 13.456, de 2017)

Art. 3º. Poderão aderir ao PSE as empresas que se enquadrem nas condições estabelecidas pelo Comitê do Programa de Proteção ao Emprego, criado pelo Decreto nº 8.479, de 6 de julho de 2015, independentemente do setor econômico, e que cumprirem os seguintes requisitos: (Redação dada pela Lei nº 13.456, de 2017)

I – celebrar e apresentar acordo coletivo de trabalho específico, nos termos do art. 5º;

II – apresentar ao Ministério do Trabalho solicitação de adesão ao PSE; (Redação dada pela Lei nº 13.456, de 2017)

III – apresentar a relação dos empregados abrangidos, especificando o salário individual;

IV – ter registro no Cadastro Nacional da Pessoa Jurídica – CNPJ há, no mínimo, dois anos;

V – comprovar a regularidade fiscal, previdenciária e relativa ao Fundo de Garantia do Tempo de Serviço – FGTS; e

VI – comprovar a situação de dificuldade econômico-financeira, fundamentada no Indicador Líquido de Empregos (ILE), considerando-se nesta situação a empresa cujo ILE seja igual ou inferior ao percentual a ser definido em ato do Poder Executivo federal, apurado com base nas informações disponíveis no Cadastro Geral de Empregados e Desempregados (CAGED), consistindo o ILE no percentual representado pela diferença entre admissões e demissões acumulada nos doze meses anteriores ao da solicitação de adesão ao PSE dividida pelo número de empregados no mês anterior ao início desse período. (Redação dada pela Lei nº 13.456, de 2017)

§ 1º. Para fins do disposto no inciso IV do *caput*, em caso de solicitação de adesão por filial de empresa, pode ser considerado o tempo de registro no CNPJ da matriz.

§ 2º. A regularidade de que trata o inciso V do *caput* deste artigo deverá ser observada durante o período de adesão do PSE, como condição para permanência no Programa. (Redação dada pela Lei nº 13.456, de 2017)

§ 3º. No cálculo do indicador de que trata o inciso VI do *caput* deste artigo, não serão computados os eventos de transferência por entrada, de transferência por saída e de admissão ou desligamento de aprendizes. (Incluído pela Lei nº 13.456, de 2017)

Art. 4º. Os empregados de empresas que aderirem ao PSE e que tiverem o seu salário reduzido, nos termos do art. 5o desta Lei, fazem jus à compensação pecuniária equivalente a 50% (cinquenta por cento) do valor da redução salarial e limitada a 65% (sessenta e cinco por cento) do valor máximo da parcela do seguro-desemprego, enquanto perdurar o período de redução temporária da jornada de trabalho. (Redação dada pela Lei nº 13.456, de 2017)

§ 1º. Ato do Poder Executivo federal deve dispor sobre a forma de pagamento da compensação pecuniária de que trata o *caput*, custeada pelo Fundo de Amparo ao Trabalhador – FAT.

§ 2º. O valor do salário pago pelo empregador, após a redução de que trata o *caput* do art. 5º, não pode ser inferior ao valor do salário mínimo.

Art. 5º. O acordo coletivo de trabalho específico para adesão ao PSE, celebrado entre a empresa e o sindicato de trabalhadores representativo da categoria da atividade econômica preponderante da empresa, pode reduzir em até 30% (trinta por cento) a jornada e o salário. (Redação dada pela Lei nº 13.456, de 2017

§ 1º. O acordo deve ser aprovado em assembleia dos trabalhadores abrangidos pelo programa e deve dispor sobre:

I – número total de empregados abrangidos pela redução e sua identificação;

II – estabelecimentos ou setores específicos da empresa abrangidos;

III – percentual de redução da jornada e redução proporcional ou menor do salário;

IV – período pretendido de adesão ao PSE e de redução temporária da jornada de trabalho, que deve ter duração de até seis meses, podendo ser prorrogado por períodos de seis meses, desde que o período total não ultrapasse vinte e quatro meses; (Redação dada pela Lei nº 13.456, de 2017)

V – período de garantia no emprego, que deve ser equivalente, no mínimo, ao período de redução de jornada acrescido de um terço;

VI – constituição de comissão paritária, composta por representantes do empregador e dos empregados abrangidos pelo PSE, para acompanhar e fiscalizar o cumprimento do acordo e do Programa, exceto nas microempresas e empresas de pequeno porte. (Redação dada pela Lei nº 13.456, de 2017)

§ 2º. O acordo coletivo de trabalho específico de que trata este artigo não disporá sobre outras condições de trabalho que não aquelas decorrentes da adesão ao PSE. (Redação dada pela Lei nº 13.456, de 2017)

§ 3º. A empresa deve demonstrar ao sindicato que foram esgotados os bancos de horas, além de fornecer as informações econômico-financeiras.

§ 4º. É facultada a celebração de acordo coletivo múltiplo de trabalho específico a grupo de microempresas e empresas de pequeno porte, do mesmo setor econômico, com o sindicato de trabalhadores representativo da categoria da atividade econômica preponderante.

§ 5º. Na hipótese do § 4º, a comissão paritária de que trata o inciso VI do § 1º será composta por representantes do empregador e do sindicato de trabalhadores que celebrar o acordo coletivo múltiplo de trabalho específico.

§ 6º. Para fins dos incisos I e II do § 1º, o acordo deve abranger todos os empregados da empresa ou, no mínimo, os empregados de setor ou estabelecimento específico.

§ 7º. Para fins do disposto no § 4º deste artigo, cada microempresa ou empresa de pequeno porte deverá demonstrar individualmente o cumprimento dos requisitos exigidos para adesão ao PSE, com o apoio técnico do Serviço Brasileiro de Apoio às Micro e Pequenas Empresas (Sebrae). (Redação dada pela Lei nº 13.456, de 2017)

§ 8º. A redução de que trata o *caput* está condicionada à celebração de acordo coletivo de trabalho específico com o sindicato de trabalhadores representativo da categoria, observado o disposto no art. 511 da Consolidação das Leis do Trabalho – CLT, aprovada pelo Decreto-Lei 5.452, de 1º de maio de 1943.

§ 9º. O número total de trabalhadores e de setores abrangidos pelo Programa de que tratam os incisos I e II do § 1º deste artigo e a redução do percentual de que trata o inciso III do § 1º deste artigo poderão ser alterados durante o período de adesão ao Programa, desde que aprovados em assembleia dos trabalhadores abrangidos pelo Programa, dispensada a formalização de termo aditivo ao acordo, observados os critérios a serem estabelecidos em ato do Poder Executivo federal. (Incluído pela Lei nº 13.456, de 2017)

Art. 6º. A empresa que aderir ao PSE fica proibida de: (Redação dada pela Lei nº 13.456, de 2017)

I – dispensar arbitrariamente ou sem justa causa os empregados que tiverem sua jornada de trabalho temporariamente reduzida enquanto vigorar a adesão ao PSE e, após o seu término, durante o prazo equivalente a um terço do período de adesão; e (Redação dada pela Lei nº 13.456, de 2017)

II – contratar empregado para executar, total ou parcialmente, as mesmas atividades exercidas por empregado abrangido pelo programa, exceto nas hipóteses de:

a) reposição;

b) aproveitamento de concluinte de curso de aprendizagem na empresa, nos termos do art. 429 da Consolidação das Leis do Trabalho – CLT, aprovada pelo Decreto-Lei 5.452, de 1º de maio de 1943.

c) efetivação de estagiário; (Incluído pela Lei nº 13.456, de 2017)

d) contratação de pessoas com deficiência ou idosas; e (Incluído pela Lei nº 13.456, de 2017)

e) contratação de egresso dos sistemas prisional e de medidas socioeducativas. (Incluído pela Lei nº 13.456, de 2017)

§ 1º. Nas hipóteses de contratação previstas no inciso II do *caput* deste artigo, o empregado deve ser abrangido pelo acordo coletivo de trabalho específico. (Redação dada pela Lei nº 13.456, de 2017)

§ 2º. Durante o período de adesão, é proibida a realização de horas extraordinárias pelos empregados abrangidos pelo programa.

Art. 7º. A empresa pode denunciar o PSE a qualquer momento, desde que comunique o ato ao sindicato que celebrou o acordo coletivo de trabalho específico, aos seus trabalhadores e ao Poder Executivo federal, com antecedência mínima de trinta dias, demonstrando as razões e a superação da situação de dificuldade econômico-financeira. (Redação dada pela Lei nº 13.456, de 2017)

§ 1º. Somente após o prazo de trinta dias, pode a empresa exigir o cumprimento da jornada integral de trabalho.

§ 2º. Deve ser mantida a garantia de emprego, nos termos da adesão original ao PSE e aos seus acréscimos. (Redação dada pela Lei nº 13.456, de 2017)

§ 3º. Somente após seis meses da denúncia, pode a empresa aderir novamente ao PSE, caso demonstre que enfrenta nova situação de dificuldade econômico-financeira. (Redação dada pela Lei nº 13.456, de 2017)

Art. 8º. Fica excluída do PSE e impedida de aderir ao Programa novamente a empresa que: (Redação dada pela Lei nº 13.456, de 2017)

I – descumprir os termos do acordo coletivo de trabalho específico relativo à redução temporária da jornada de trabalho ou qualquer outro dispositivo desta Lei ou de sua regulamentação;

II – cometer fraude no âmbito do PSE, assim entendida como a situação em que empresa obtiver, para si ou para outrem, vantagem ilícita, em prejuízo alheio, induzindo ou mantendo alguém em erro, mediante artifício, ardil ou qualquer outro meio fraudulento, relativamente ao Programa, como atos praticados quanto à burla das condições e dos critérios para adesão e permanência no Programa, fornecimento de informações não verídicas, apresentação de documentos falsos ou desvio dos recursos da compensação financeira do Programa destinada aos empregados abrangidos; ou (Redação dada pela Lei nº 13.456, de 2017)

III – for condenada por decisão judicial transitada em julgado ou autuada administrativamente após decisão final no processo administrativo por prática de trabalho análogo ao de escravo, trabalho infantil ou degradante.

§ 1º. A empresa que descumprir o acordo coletivo ou as normas relativas ao PSE fica obrigada a restituir ao FAT os recursos recebidos, devidamente corrigidos, e a pagar multa administrativa correspondente a 100% (cem por cento) desse valor, calculada em dobro no caso de fraude, a ser aplicada conforme o Título VII da Consolidação das Leis do Trabalho - CLT, aprovada pelo Decreto-Lei nº 5.452, de 1º de maio de 1943, e revertida ao FAT. (Redação dada pela Lei nº 13.456, de 2017)

§ 2º. Para fins do disposto no inciso I do *caput*, a denúncia de que trata o art. 7º não é considerada descumprimento dos termos do acordo coletivo de trabalho específico.

§ 3º. Para fins da correção dos recursos de que trata o § 1º deste artigo, o valor a ser restituído ao FAT, por ocasião do pagamento, será acrescido de juros equivalentes à taxa referencial do Sistema Especial de Liquidação e de Custódia (Selic) para títulos federais, calculada na forma de capitalização simples, ou seja, pela soma aritmética dos valores mensais da taxa Selic, adicionando-se 1% (um por cento) no último mês de atualização e utilizando-se para o cálculo do débito o Sistema Débito Web disponibilizado no sítio eletrônico do Tribunal de Contas da União. (Incluído pela Lei nº 13.456, de 2017)

Art. 9º. A compensação pecuniária integra as parcelas remuneratórias para efeito do disposto no inciso I do art. 22 e no § 8º do art. 28 da Lei nº 8.212, de 24 de julho de 1991, e do disposto no art. 15 da Lei nº 8.036, de 11 de maio de 1990.

▸ v. Art. 10 desta lei.

Art. 10. Permanecem regidas pela Medida Provisória 680, de 6 de julho de 2015, as adesões ao PPE já aprovadas, aplicando-se esta Lei às solicitações de adesão ou de prorrogação em tramitação na data de sua publicação ou protocoladas a partir dessa data, sendo facultadas às empresas a prorrogação dos prazos e a adoção das demais condições previstas nesta Lei mediante aditivo ao acordo coletivo de trabalho específico.

Art. 11. O PSE extingue-se em 31 de dezembro de 2018. (Redação dada pela Lei nº 13.456, de 2017

Art. 11-A. Até o final do mês de fevereiro de cada exercício, o Poder Executivo federal estabelecerá o limite máximo anual para as despesas totais do PSE, observados os parâmetros econômicos oficiais utilizados na gestão fiscal. (Incluído pela Lei nº 13.456, de 2017)

§ 1º Para fins de estimativa do cálculo das despesas totais referidas no *caput* deste artigo, será considerado o somatório do estoque de benefícios concedidos com os novos benefícios a serem desembolsados no exercício. (Incluído pela Lei nº 13.456, de 2017)

§ 2º A gestão fiscal de que trata o *caput* deste artigo compreende a elaboração dos orçamentos anuais e as avaliações de receitas e despesas para cumprimento do disposto no art. 9º da Lei Complementar no 101, de 4 de maio de 2000. (Incluído pela Lei nº 13.456, de 2017)

§ 3º O Poder Executivo federal, por meio de regulamento, poderá fixar orçamento do PSE dedicado exclusivamente a microempresas e empresas de pequeno porte. (Incluído pela Lei nº 13.456, de 2017)

Art. 11-B. O Ministério do Trabalho enviará semestralmente, pelo período de duração do PSE, aos Ministérios da Fazenda e do Planejamento, Desenvolvimento e Gestão e à Casa Civil da Presidência da República, informações que permitam avaliar a efetividade do PSE como política pública em relação aos objetivos pretendidos. (Incluído pela Lei nº 13.456, de 2017)

Art. 12. Esta Lei entra em vigor na data de sua publicação, com exceção do disposto no art. 9º, quanto à Lei nº 8.212, de 24 de julho de 1991, que entra em vigor no dia 1º de novembro de 2015.

Brasília, 19 de novembro de 2015; 194º da Independência e 127º da República.

DILMA ROUSSEFF

Publicado no D.O.U. de 20.11.2015

LEI COMPLEMENTAR Nº 152, DE 3 DE DEZEMBRO DE 2015

Dispõe sobre a aposentadoria compulsória por idade, com proventos proporcionais, nos termos do inciso II do § 1º do art. 40 da Constituição Federal.

‣ *Aposentadoria compulsória por idade*

A PRESIDENTA DA REPÚBLICA Faço saber que o Congresso Nacional decreta e eu promulgo, nos termos do parágrafo 5º do art. 66 da Constituição, a seguinte Lei Complementar:

Art. 1º. Esta Lei Complementar dispõe sobre a aposentadoria compulsória por idade, com proventos proporcionais, no âmbito da União, dos Estados, do Distrito Federal e dos Municípios, dos agentes públicos aos quais se aplica o inciso II do § 1º do art. 40 da Constituição Federal.

Art. 2º. Serão aposentados compulsoriamente, com proventos proporcionais ao tempo de contribuição, aos 75 (setenta e cinco) anos de idade:

I – os servidores titulares de cargos efetivos da União, dos Estados, do Distrito Federal e dos Municípios, incluídas suas autarquias e fundações;
II – os membros do Poder Judiciário;
III – os membros do Ministério Público;
IV – os membros das Defensorias Públicas;
V – os membros dos Tribunais e dos Conselhos de Contas.

Parágrafo único. Aos servidores do Serviço Exterior Brasileiro, regidos pela Lei nº 11.440, de 29 de dezembro de 2006, o disposto neste artigo será aplicado progressivamente à razão de 1 (um) ano adicional de limite para aposentadoria compulsória ao fim de cada 2 (dois) anos, a partir da vigência desta Lei Complementar, até o limite de 75 (setenta e cinco) anos previsto no *caput*.

Art. 3º. Revoga-se o inciso I do art. 1º da Lei Complementar nº 51, de 20 de dezembro de 1985.

Art. 4º. Esta Lei Complementar entra em vigor na data de sua publicação.

Brasília, 3 de dezembro de 2015; 194º da Independência e 127º da República.

DILMA ROUSSEFF

D.O.U. de 4.12.2015

IN TST Nº 39, DE 15 DE MARÇO DE 2016

Dispõe sobre as normas do Código de Processo Civil de 2015 aplicáveis e inaplicáveis ao Processo do Trabalho, de forma não exaustiva.

‣ *Normas do CPC aplicáveis Processo do Trabalho*

Art. 1º. Aplica-se o Código de Processo Civil, subsidiária e supletivamente, ao Processo do Trabalho, em caso de omissão e desde que haja compatibilidade com as normas e princípios do Direito Processual do Trabalho, na forma dos arts. 769 e 889 da CLT e do art. 15 da Lei nº 13.105, de 17.3.2015.

§ 1º. Observar-se-á, em todo caso, o princípio da irrecorribilidade em separado das decisões interlocutórias, de conformidade com o art. 893, § 1º da CLT e Súmula 214 do TST.

§ 2º. O prazo para interpor e contra-arrazoar todos os recursos trabalhistas, inclusive agravo interno e agravo regimental, é de oito dias (art. 6º da Lei nº 5.584/1970 e art. 893 da CLT), exceto embargos de declaração (CLT, art. 897-A).

Art. 2º. Sem prejuízo de outros, não se aplicam ao Processo do Trabalho, em razão de inexistência de omissão ou por incompatibilidade, os seguintes preceitos do Código de Processo Civil:

I – art. 63 (modificação da competência territorial e eleição de foro);
II – art. 190 e parágrafo único (negociação processual);
III – art. 219 (contagem de prazos em dias úteis);
IV – art. 334 (audiência de conciliação ou de mediação);
V – art. 335 (prazo para contestação);
VI – art. 362, III (adiamento da audiência em razão de atraso injustificado superior a 30 minutos);
VII – art. 373, §§ 3º e 4º (distribuição diversa do ônus da prova por convenção das partes);
VIII – (*Revogado pela Res. 221/2018*);
IX – art. 942 e parágrafos (prosseguimento de julgamento não unânime de apelação);
X – art. 944 (notas taquigráficas para substituir acórdão);
XI – art. 1010, § 3º(desnecessidade de o juízo a quo exercer controle de admissibilidade na apelação);
XII – arts. 1043 e 1044 (embargos de divergência);
XIII – art. 1070 (prazo para interposição de agravo).

Art. 3º. Sem prejuízo de outros, aplicam-se ao Processo do Trabalho, em face de omissão e compatibilidade, os preceitos do Código de Processo Civil que regulam os seguintes temas:

I – art. 76, §§ 1º e 2º (saneamento de incapacidade processual ou de irregularidade de representação);
II – art. 138 e parágrafos (amicus curiae);
III – art. 139, exceto a parte final do inciso V (poderes, deveres e responsabilidades do juiz);
IV – art. 292, V (valor pretendido na ação indenizatória, inclusive a fundada em dano moral);
V – art. 292, § 3º (correção de ofício do valor da causa);
VI – arts. 294 a 311 (tutela provisória);
VII – art. 373, §§ 1º e 2º (distribuição dinâmica do ônus da prova);
VIII – art. 485, § 7º (juízo de retratação no recurso ordinário);
IX – art. 489 (fundamentação da sentença);
X – art. 496 e parágrafos (remessa necessária);
XI – arts. 497 a 501 (tutela específica);
XII – arts. 536 a 538 (cumprimento de sentença que reconheça a exigibilidade de obrigação de fazer, de não fazer ou de entregar coisa);
XIII – arts. 789 a 796 (responsabilidade patrimonial);
XIV – art. 805 e parágrafo único (obrigação de o executado indicar outros meios mais eficazes e menos onerosos para promover a execução);
XV – art. 833, incisos e parágrafos (bens impenhoráveis);
XVI – art. 835, incisos e §§ 1º e 2º (ordem preferencial de penhora);
XVII – art. 836, §§ 1º e 2º (procedimento quando não encontrados bens penhoráveis);
XVIII – art. 841, §§ 1º e 2º (intimação da penhora);
XIX – art. 854 e parágrafos (BacenJUD);
XX – art. 895 (pagamento parcelado do lanço);
XXI – art. 916 e parágrafos (parcelamento do crédito exequendo);
XXII – art. 918 e parágrafo único (rejeição liminar dos embargos à execução);
XXIII – arts. 926 a 928 (jurisprudência dos tribunais);
XXIV – art. 940 (vista regimental);
XXV – art. 947 e parágrafos (incidente de assunção de competência);
XXVI – arts. 966 a 975 (ação rescisória);
XXVII – arts. 988 a 993 (reclamação);
XXVIII – arts. 1013 a 1014 (efeito devolutivo do recurso ordinário – força maior);
XXIX – art. 1021 (salvo quanto ao prazo do agravo interno).

Art. 4º. Aplicam-se ao Processo do Trabalho as normas do CPC que regulam o princípio do contraditório, em especial os artigos 9º e 10, no que vedam a decisão surpresa.

§ 1º. Entende-se por "decisão surpresa" a que, no julgamento final do mérito da causa, em qualquer grau de jurisdição, aplicar fundamento jurídico ou embasar-se em fato não submetido à audiência prévia de uma ou de ambas as partes.

§ 2º. Não se considera "decisão surpresa" a que, à luz do ordenamento jurídico nacional e dos princípios que informam o Direito Processual do Trabalho, as partes tinham obrigação de prever, concernente às condições da ação, aos pressupostos de admissibilidade de recurso e aos pressupostos processuais, salvo disposição legal expressa em contrário.

Art. 5º. Aplicam-se ao Processo do Trabalho as normas do art. 356, §§ 1º a 4º, do CPC que regem o julgamento antecipado parcial do mérito, cabendo recurso ordinário de imediato da sentença.

Art. 6º. (*Revogado pela Res. 221/2018*).

Art. 7º. Aplicam-se ao Processo do Trabalho as normas do art. 332 do CPC, com as necessárias adaptações à legislação processual trabalhista, cumprindo ao juiz do trabalho julgar liminarmente improcedente o pedido que contrariar:

I – enunciado de súmula do Supremo Tribunal Federal ou do Tribunal Superior do Trabalho (CPC, art. 927, inciso V);

II – acórdão proferido pelo Supremo Tribunal Federal ou pelo Tribunal Superior do Trabalho em julgamento de recursos repetitivos (CLT, art. 896-B; CPC, art. 1046, § 4º);

III – entendimento firmado em incidente de resolução de demandas repetitivas ou de assunção de competência;

IV – enunciado de súmula de Tribunal Regional do Trabalho sobre direito local, convenção coletiva de trabalho, acordo coletivo de trabalho, sentença normativa ou regulamento empresarial de observância obrigatória em área territorial que não exceda à jurisdição do respectivo Tribunal (CLT, art. 896, b, a contrario sensu).

Parágrafo único. O juiz também poderá julgar liminarmente improcedente o pedido se verificar, desde logo, a ocorrência de decadência.

Art. 8º. Aplicam-se ao Processo do Trabalho as normas dos arts. 976 a 986 do CPC que regem o incidente de resolução de demandas repetitivas (IRDR).

§ 1º. Admitido o incidente, o relator suspenderá o julgamento dos processos pendentes, individuais ou coletivos, que tramitam na Região, no tocante ao tema objeto de IRDR, sem prejuízo da instrução integral das causas e do julgamento dos eventuais pedidos distintos e cumulativos igualmente deduzidos em tais processos, inclusive, se for o caso, do julgamento antecipado parcial do mérito.

§ 2º. Do julgamento do mérito do incidente caberá recurso de revista para o Tribunal Superior do Trabalho, dotado de efeito meramente devolutivo, nos termos dos arts. 896 e 899 da CLT.

§ 3º. Apreciado o mérito do recurso, a tese jurídica adotada pelo Tribunal Superior do Trabalho será aplicada no território nacional a todos os processos, individuais ou coletivos, que versem sobre idêntica questão de direito.

Art. 9º. O cabimento dos embargos de declaração no Processo do Trabalho, para impugnar qualquer decisão judicial, rege-se pelo art. 897-A da CLT e, supletivamente, pelo Código de Processo Civil (arts. 1022 a 1025; §§ 2º, 3º e 4º do art. 1026), excetuada a garantia de prazo em dobro para litisconsortes (§ 1º do art. 1023).

Parágrafo único. A omissão para fins do prequestionamento ficto a que alude o art. 1025 do CPC dá-se no caso de o Tribunal Regional do Trabalho, mesmo instado mediante embargos de declaração, recusar-se a emitir tese sobre questão jurídica pertinente, na forma da Súmula nº 297, item III, do Tribunal Superior do Trabalho.

Art. 10. Aplicam-se ao Processo do Trabalho as normas do parágrafo único do art. 932 do CPC, §§ 1º a 4º do art. 938 e §§ 2º e 7º do art. 1007.

Parágrafo único. (Revogado pela Resolução TST nº 218, de 2017)

Art. 11. Não se aplica ao Processo do Trabalho a norma do art. 459 do CPC no que permite a inquirição direta das testemunhas pela parte (CLT, art. 820).

Art. 12. Aplica-se ao Processo do Trabalho o parágrafo único do art. 1034 do CPC. Assim, admitido o recurso de revista por um fundamento, devolve-se ao Tribunal Superior do Trabalho o conhecimento dos demais fundamentos para a solução apenas do CAPÍTULO impugnado.

Art. 13. Por aplicação supletiva do art. 784, I (art. 15 do CPC), o cheque e a nota promissória emitidos em reconhecimento de dívida inequivocamente de natureza trabalhista também são títulos extrajudiciais para efeito de execução perante a Justiça do Trabalho, na forma do art. 876 e segs. da CLT.

Art. 14. Não se aplica ao Processo do Trabalho o art. 165 do CPC, salvo nos conflitos coletivos de natureza econômica (Constituição Federal, art. 114, §§ 1º e 2º).

Art. 15. O atendimento à exigência legal de fundamentação das decisões judiciais (CPC, art. 489, § 1º) no Processo do Trabalho observará o seguinte:

I – por força dos arts. 332 e 927 do CPC, adaptados ao Processo do Trabalho, para efeito dos incisos V e VI do § 1º do art. 489 considera-se "precedente" apenas:

a) acórdão proferido pelo Supremo Tribunal Federal ou pelo Tribunal Superior do Trabalho em julgamento de recursos repetitivos (CLT, art. 896-B; CPC, art. 1046, § 4º);

b) entendimento firmado em incidente de resolução de demandas repetitivas ou de assunção de competência;

c) decisão do Supremo Tribunal Federal em controle concentrado de constitucionalidade;

d) tese jurídica prevalecente em Tribunal Regional do Trabalho e não conflitante com súmula ou orientação jurisprudencial do Tribunal Superior do Trabalho (CLT, art. 896, § 6º);

e) decisão do plenário, do órgão especial ou de seção especializada competente para uniformizar a jurisprudência do tribunal a que o juiz estiver vinculado ou do Tribunal Superior do Trabalho.

II – para os fins do art. 489, § 1º, incisos V e VI do CPC, considerar-se-ão unicamente os precedentes referidos no item anterior, súmulas do Supremo Tribunal Federal, orientação jurisprudencial e súmula do Tribunal Superior do Trabalho, súmula de Tribunal Regional do Trabalho não conflitante com súmula ou orientação jurisprudencial do TST, que contenham explícita referência aos fundamentos determinantes da decisão (ratio decidendi).

III – não ofende o art. 489, § 1º, inciso IV do CPC a decisão que deixar de apreciar questões cujo exame haja ficado prejudicado em razão da análise anterior de questão subordinante.

IV – o art. 489, § 1º, IV, do CPC não obriga o juiz ou o Tribunal a enfrentar os fundamentos jurídicos invocados pela parte, quando já tenham sido examinados na formação dos precedentes obrigatórios ou nos fundamentos determinantes de enunciado de súmula.

V – decisão que aplica a tese jurídica firmada em precedente, nos termos do item I, não precisa enfrentar os fundamentos já analisados na decisão paradigma, sendo suficiente, para fins de atendimento das exigências constantes no art. 489, § 1º, do CPC, a correlação fática e jurídica entre o caso concreto e aquele apreciado no incidente de solução concentrada.

VI – é ônus da parte, para os fins do disposto no art. 489, § 1º, V e VI, do CPC, identificar os fundamentos determinantes ou demonstrar a existência de distinção no caso em julgamento ou a superação do entendimento, sempre que invocar precedente ou enunciado de súmula.

Art. 16. Para efeito de aplicação do § 5º do art. 272 do CPC, não é causa de nulidade processual a intimação realizada na pessoa de advogado regularmente habilitado nos autos, ainda que conste pedido expresso para que as comunicações dos atos processuais sejam feitas em nome de outro advogado, se o profissional indicado não se encontra previamente cadastrado no Sistema de Processo Judicial Eletrônico, impedindo a serventia judicial de atender ao requerimento de envio da intimação direcionada. A decretação de nulidade não pode ser acolhida em favor da parte que lhe deu causa (CPC, art. 276).

Art. 17. Sem prejuízo da inclusão do devedor no Banco Nacional de Devedores Trabalhistas (CLT, art. 642-A), aplicam-se à execução trabalhista as normas dos artigos 495, 517 e 782, §§ 3º, 4º e 5º do CPC, que tratam respectivamente da hipoteca judiciária, do protesto de decisão judicial e da inclusão do nome do executado em cadastros de inadimplentes.

Art. 18. Esta Instrução Normativa entrará em vigor na data da sua publicação.

Ministro IVES GANDRA DA SILVA MARTINS FILHO

Presidente do Tribunal Superior do Trabalho

(Publicação no D.E.J.T. 16.3.2016)

LEI Nº 13.260, DE 16 DE MARÇO DE 2016

Regulamenta o disposto no inciso XLIII do art. 5º da Constituição Federal, disciplinando o terrorismo, tratando de disposições investigatórias e processuais e reformulando o conceito de organização terrorista; e altera as Leis nºs 7.960, de 21 de dezembro de 1989, e 12.850, de 2 de agosto de 2013.

› *Lei Antiterrorismo*

A PRESIDENTA DA REPÚBLICA Faço saber que o Congresso Nacional decreta e eu sanciono a seguinte Lei:

› v. Lei 10.744/2003 – Dispõe sobre a assunção, pela União, de responsabilidades civis perante terceiros no caso de atentados terroristas, atos de guerra ou eventos correlatos, contra aeronaves de matrícula brasileira operadas por empresas brasileiras de transporte aéreo público, excluídas as empresas de táxi aéreo.

› v. Decreto 7.037/2009 – Aprova o Programa Nacional de Direitos Humanos (PNDH-3).

› v. Decreto 5.035/2004 – Regulamenta a Lei 10.744/2003, que dispõe sobre a assunção, pela União, de responsabilidades civis perante terceiros no caso de atentados terroristas, atos de Decreto-Lei 4.812/1942 – Dispõe sobre a requisição de bens imóveis e móveis, necessários às forças armadas e à defesa passiva da população.

› v. Decreto 678/1992 – Promulga a Convenção Americana sobre Direitos Humanos (Pacto de São José da Costa Rica), de 22 de novembro de 1969.

› v. Decreto 592/ 1992 – Atos Internacionais. Pacto Internacional sobre Direitos Civis e Políticos. Promulgação.

Art. 1º. Esta Lei regulamenta o disposto no inciso XLIII do art. 5º da Constituição Federal, disciplinando o terrorismo, tratando de disposições investigatórias e processuais e reformulando o conceito de organização terrorista.

Art. 2º. O terrorismo consiste na prática por um ou mais indivíduos dos atos previstos neste artigo, por razões de xenofobia, discriminação ou preconceito de raça, cor, etnia e religião, quando cometidos com a finalidade de provocar terror social ou generalizado, expondo a perigo pessoa, patrimônio, a paz pública ou a incolumidade pública.

§ 1º. São atos de terrorismo:

I – usar ou ameaçar usar, transportar, guardar, portar ou trazer consigo explosivos, gases tóxicos, venenos, conteúdos biológicos, químicos, nucleares ou outros meios capazes de causar danos ou promover destruição em massa;

II – (VETADO);

III – (VETADO);

IV – sabotar o funcionamento ou apoderar-se, com violência, grave ameaça a pessoa ou servindo-se de mecanismos cibernéticos, do controle total ou parcial, ainda que de modo temporário, de meio de comunicação ou de transporte, de portos, aeroportos, estações ferroviárias ou rodoviárias, hospitais, casas de saúde, escolas, estádios esportivos, instalações públicas ou locais onde funcionem serviços públicos essenciais, instalações de geração ou transmissão de energia, instalações militares, instalações de exploração, refino e processamento de petróleo e gás e instituições bancárias e sua rede de atendimento;

V – atentar contra a vida ou a integridade física de pessoa:

Pena – reclusão, de doze a trinta anos, além das sanções correspondentes à ameaça ou à violência.

§ 2º. O disposto neste artigo não se aplica à conduta individual ou coletiva de pessoas em manifestações políticas, movimentos sociais, sindicais, religiosos, de classe ou de categoria profissional, direcionados por propósitos sociais ou reivindicatórios, visando a contestar, criticar, protestar ou apoiar, com o objetivo de defender direitos, garantias e liberdades constitucionais, sem prejuízo da tipificação penal contida em lei.

Art. 3º. Promover, constituir, integrar ou prestar auxílio, pessoalmente ou por interposta pessoa, a organização terrorista:

Pena – reclusão, de cinco a oito anos, e multa.

§ 1º. (VETADO).

§ 2º. (VETADO).

Art. 4º. (VETADO).

Art. 5º. Realizar atos preparatórios de terrorismo com o propósito inequívoco de consumar tal delito:

Pena – a correspondente ao delito consumado, diminuída de um quarto até a metade.

§ 1º. Incorre nas mesmas penas o agente que, com o propósito de praticar atos de terrorismo:

I – recrutar, organizar, transportar ou municiar indivíduos que viajem para país distinto daquele de sua residência ou nacionalidade; ou

II – fornecer ou receber treinamento em país distinto daquele de sua residência ou nacionalidade.

§ 2º. Nas hipóteses do § 1º, quando a conduta não envolver treinamento ou viagem para país distinto daquele de sua residência ou nacionalidade, a pena será a correspondente ao delito consumado, diminuída de metade a dois terços.

Art. 6º. Receber, prover, oferecer, obter, guardar, manter em depósito, solicitar, investir, de qualquer modo, direta ou indiretamente, recursos, ativos, bens, direitos, valores ou serviços de qualquer natureza, para o planejamento, a preparação ou a execução dos crimes previstos nesta Lei:

Pena – reclusão, de quinze a trinta anos.

Parágrafo único. Incorre na mesma pena quem oferecer ou receber, obtiver, guardar, mantiver em depósito, solicitar, investir ou de qualquer modo contribuir para a obtenção de ativo, bem ou recurso financeiro, com a finalidade de financiar, total ou parcialmente, pessoa, grupo de pessoas, associação, entidade, organização criminosa que tenha como atividade principal ou secundária, mesmo em caráter eventual, a prática dos crimes previstos nesta Lei.

Art. 7º. Salvo quando for elementar da prática de qualquer crime previsto nesta Lei, se de algum deles resultar lesão corporal grave, aumenta-se a pena de um terço, se resultar morte, aumenta-se a pena da metade.

Art. 8º. (VETADO).

Art. 9º. (VETADO).

Art. 10. Mesmo antes de iniciada a execução do crime de terrorismo, na hipótese do art. 5º desta Lei, aplicam-se as disposições do art. 15 do Decreto-Lei nº 2.848, de 7 de dezembro de 1940 – Código Penal.

Art. 11. Para todos os efeitos legais, considera-se que os crimes previstos nesta Lei são praticados contra o interesse da União, cabendo à Polícia Federal a investigação criminal, em sede de inquérito policial, e à Justiça Federal o seu processamento e julgamento, nos termos do inciso IV do art. 109 da Constituição Federal.

Parágrafo único. (VETADO).

Art. 12. O juiz, de ofício, a requerimento do Ministério Público ou mediante representação do delegado de polícia, ouvido o Ministério Público em vinte e quatro horas, havendo indícios suficientes de crime previsto nesta Lei, poderá decretar, no curso da investigação ou da ação penal, medidas assecuratórias de bens, direitos ou valores do investigado ou acusado, ou existentes em nome de interpostas pessoas, que sejam instrumento, produto ou proveito dos crimes previstos nesta Lei.

§ 1º. Proceder-se-á à alienação antecipada para preservação do valor dos bens sempre que estiverem sujeitos a qualquer grau de deterioração ou depreciação, ou quando houver dificuldade para sua manutenção.

§ 2º. O juiz determinará a liberação, total ou parcial, dos bens, direitos e valores quando comprovada a licitude de sua origem e destinação, mantendo-se a constrição dos bens, direitos e valores necessários e suficientes à reparação dos danos e ao pagamento de prestações pecuniárias, multas e custas decorrentes da infração penal.

§ 3º. Nenhum pedido de liberação será conhecido sem o comparecimento pessoal do acusado ou de interposta pessoa a que se refere o *caput* deste artigo, podendo o juiz determinar a prática de atos necessários à conservação de bens, direitos ou valores, sem prejuízo do disposto no § 1º.

§ 4º. Poderão ser decretadas medidas assecuratórias sobre bens, direitos ou valores para reparação do dano decorrente da infração penal antecedente ou da prevista nesta Lei ou para pagamento de prestação pecuniária, multa e custas.

Art. 13. Quando as circunstâncias o aconselharem, o juiz, ouvido o Ministério Público, nomeará pessoa física ou jurídica qualificada para a administração dos bens, direitos ou valores sujeitos a medidas assecuratórias, mediante termo de compromisso.

Art. 14. A pessoa responsável pela administração dos bens:

I – fará jus a uma remuneração, fixada pelo juiz, que será satisfeita preferencialmente com o produto dos bens objeto da administração;

II – prestará, por determinação judicial, informações periódicas da situação dos bens sob sua administração, bem como explicações e detalhamentos sobre investimentos e reinvestimentos realizados.

Parágrafo único. Os atos relativos à administração dos bens serão levados ao conhecimento do Ministério Público, que requererá o que entender cabível.

Art. 15. O juiz determinará, na hipótese de existência de tratado ou convenção internacional e por solicitação de autoridade estrangeira competente, medidas assecuratórias sobre bens, direitos ou valores oriundos de crimes descritos nesta Lei praticados no estrangeiro.

§ 1º. Aplica-se o disposto neste artigo, independentemente de tratado ou convenção internacional, quando houver reciprocidade do governo do país da autoridade solicitante.

§ 2º. Na falta de tratado ou convenção, os bens, direitos ou valores sujeitos a medidas assecuratórias por solicitação de autoridade estrangeira competente ou os recursos provenientes da sua alienação serão repartidos entre o Estado requerente e o Brasil, na proporção de metade, ressalvado o direito do lesado ou de terceiro de boa-fé.

Art. 16. Aplicam-se as disposições da Lei nº 12.850, de 2 agosto de 2013, para a investigação, processo e julgamento dos crimes previstos nesta Lei.

Art. 17. Aplicam-se as disposições da Lei nº 8.072, de 25 de julho de 1990, aos crimes previstos nesta Lei.

Art. 18. O inciso III do art. 1º da Lei nº 7.960, de 21 de dezembro de 1989, passa a vigorar acrescido da seguinte alínea p:

‣ Alteração incorporada ao texto da referida lei.

Art. 19. O art. 1º da Lei nº 12.850, de 2 de agosto de 2013, passa a vigorar com a seguinte alteração:

‣ Alteração incorporada ao texto da referida lei.

Art. 20. Esta Lei entra em vigor na data de sua publicação.

Brasília, 16 de março de 2016; 195º da Independência e 128º da República.

DILMA ROUSSEFF

Publicado no D.O.U. de 17.3.2016

LEI Nº 13.271, DE 15 DE ABRIL DE 2016

Dispõe sobre a proibição de revista íntima de funcionárias nos locais de trabalho e trata da revista íntima em ambientes prisionais.

‣ *Revista íntima*

A PRESIDENTA DA REPÚBLICA Faço saber que o Congresso Nacional decreta e eu sanciono a seguinte Lei:

‣ v. Lei 11.340/2006 – Cria mecanismos para coibir a violência doméstica e familiar contra a mulher, nos termos do § 8º do art. 226 da CF, da Convenção sobre a Eliminação de Todas as Formas de Discriminação contra as Mulheres e da Convenção Interamericana para Prevenir, Punir e Erradicar a Violência contra a Mulher; dispõe sobre a criação dos Juizados de Violência Doméstica e Familiar contra a Mulher (Lei Maria da Penha).

‣ v. Decreto Legislativo 311/2009 – Aprova o texto do Protocolo Facultativo ao Pacto Internacional sobre Direitos Civis e Políticos, adotado em Nova Iorque, em 16 de dezembro de 1966, e do Segundo Protocolo Facultativo ao Pacto Internacional sobre Direitos Civis e Políticos com vistas à Abolição da Pena de Morte, adotado e proclamado pela Resolução nº 44/128, de 15 de dezembro de 1989, com a reserva expressa no art. 2º.

‣ v. Decreto 7.037/2009 – Aprova o Programa Nacional de Direitos Humanos (PNDH-3).

‣ v. Decreto 678/1992 – Promulga a Convenção Americana sobre Direitos Humanos (Pacto de São José da Costa Rica), de 22 de novembro de 1969.

‣ v. Decreto 1.973/1996 – Promulga a Convenção Interamericana para Prevenir, Punir e Erradicar a Violência contra a Mulher, concluída em Belém do Pará, em 9 de junho de 1994.

‣ v. Decreto 592/ 1992 – Atos Internacionais. Pacto Internacional sobre Direitos Civis e Políticos. Promulgação.

Art. 1º. As empresas privadas, os órgãos e entidades da administração pública, direta e indireta, ficam proibidos de adotar qualquer prática de revista íntima de suas funcionárias e de clientes do sexo feminino.

Art. 2º. Pelo não cumprimento do art. 1º, ficam os infratores sujeitos a:

I – multa de R$ 20.000,00 (vinte mil reais) ao empregador, revertidos aos órgãos de proteção dos direitos da mulher;

II – multa em dobro do valor estipulado no inciso I, em caso de reincidência, independentemente da indenização por danos morais e materiais e sanções de ordem penal.

Art. 3º. (Vetado).

Art. 4º. Esta Lei entra em vigor na data de sua publicação.

Brasília, 15 de abril de 2016; 195º da Independência e 128º da República.

DILMA ROUSSEFF

Publicado no D.O.U. de 18.4.2016

DECRETO Nº 8.771, DE 11 DE MAIO DE 2016

Regulamenta a Lei nº 12.965, de 23 de abril de 2014, para tratar das hipóteses admitidas de discriminação de pacotes de dados na internet e de degradação de tráfego, indicar procedimentos para guarda e proteção de dados por provedores de conexão e de aplicações, apontar medidas de transparência na requisição de dados cadastrais pela administração pública e estabelecer parâmetros para fiscalização e apuração de infrações.

‣ *Marco Civil da Internet- regulamento*

A PRESIDENTA DA REPÚBLICA, no uso da atribuição que lhe confere o art. 84, *caput*, inciso IV, da Constituição, e tendo em vista o disposto na Lei nº 12.965, de 23 de abril de 2014, decreta:

CAPÍTULO I. DISPOSIÇÕES GERAIS

Art. 1º. Este Decreto trata das hipóteses admitidas de discriminação de pacotes de dados na internet e de degradação de tráfego, indica procedimentos para guarda e proteção de dados por provedores de conexão e de aplicações, aponta medidas de transparência na requisição de dados cadastrais pela administração pública e estabelece parâmetros para fiscalização e apuração de infrações contidas na Lei nº 12.965, de 23 de abril de 2014.

Art. 2º O disposto neste Decreto se destina aos responsáveis pela transmissão, pela comutação ou pelo roteamento e aos provedores de conexão e de aplicações de internet, definida nos termos do inciso I do *caput* do art. 5º da Lei nº 12.965, de 2014.

Parágrafo único. O disposto neste Decreto não se aplica:

I – aos serviços de telecomunicações que não se destinem ao provimento de conexão de internet; e

II – aos serviços especializados, entendidos como serviços otimizados por sua qualidade assegurada de serviço, de velocidade ou de segurança, ainda que utilizem protocolos lógicos TCP/IP ou equivalentes, desde que:

a) não configurem substituto à internet em seu caráter público e irrestrito; e

b) sejam destinados a grupos específicos de usuários com controle estrito de admissão.

CAPÍTULO II. DA NEUTRALIDADE DE REDE

Art. 3º. A exigência de tratamento isonômico de que trata o art. 9º da Lei nº 12.965, de 2014, deve garantir a preservação do caráter público e irrestrito do acesso à internet e os fundamentos, princípios e objetivos do uso da internet no País, conforme previsto na Lei nº 12.965, de 2014.

Art. 4º A discriminação ou a degradação de tráfego são medidas excepcionais, na medida em que somente poderão decorrer de requisitos técnicos indispensáveis à prestação adequada de serviços e aplicações ou da priorização de serviços de emergência, sendo necessário o cumprimento de todos os requisitos dispostos no art. 9º, § 2º, da Lei nº 12.965, de 2014.

Art. 5º Os requisitos técnicos indispensáveis à prestação adequada de serviços e aplicações devem ser observados pelo responsável de atividades de transmissão, de comutação ou de roteamento, no âmbito de sua respectiva rede, e têm como objetivo manter sua estabilidade, segurança, integridade e funcionalidade.

§ 1º. Os requisitos técnicos indispensáveis apontados no *caput* são aqueles decorrentes de:

I – tratamento de questões de segurança de redes, tais como restrição ao envio de mensagens em massa (spam) e controle de ataques de negação de serviço; e

II – tratamento de situações excepcionais de congestionamento de redes, tais como rotas alternativas em casos de interrupções da rota principal e em situações de emergência.

§ 2º. A Agência Nacional de Telecomunicações – Anatel atuará na fiscalização e na apuração de infrações quanto aos requisitos técnicos elencados neste artigo, consideradas as diretrizes estabelecidas pelo Comitê Gestor da Internet – CGIbr.

Art. 6º. Para a adequada prestação de serviços e aplicações na internet, é permitido o gerenciamento de redes com o objetivo de preservar sua estabilidade, segurança e funcionalidade, utilizando-se apenas de medidas técnicas compatíveis com os padrões internacionais, desenvolvidos para o bom funcionamento da internet, e observados os parâmetros regulatórios expedidos pela Anatel e consideradas as diretrizes estabelecidas pelo CGIbr.

Art. 7º. O responsável pela transmissão, pela comutação ou pelo roteamento deverá adotar medidas de transparência para explicitar ao usuário os motivos do gerenciamento que implique a discriminação ou a degradação de que trata o art. 4º, tais como:

I – a indicação nos contratos de prestação de serviço firmado com usuários finais ou provedores de aplicação; e

II – a divulgação de informações referentes às práticas de gerenciamento adotadas em seus sítios eletrônicos, por meio de linguagem de fácil compreensão.

Parágrafo único. As informações de que trata esse artigo deverão conter, no mínimo:

I – a descrição dessas práticas;

II – os efeitos de sua adoção para a qualidade de experiência dos usuários; e

III – os motivos e a necessidade da adoção dessas práticas.

Art. 8º. A degradação ou a discriminação decorrente da priorização de serviços de emergência somente poderá decorrer de:

I – comunicações destinadas aos prestadores dos serviços de emergência, ou comunicação entre eles, conforme previsto na regulamentação da Agência Nacional de Telecomunicações – Anatel; ou

II – comunicações necessárias para informar a população em situações de risco de desastre, de emergência ou de estado de calamidade pública.

Parágrafo único. A transmissão de dados nos casos elencados neste artigo será gratuita.

Art. 9º. Ficam vedadas condutas unilaterais ou acordos entre o responsável pela transmissão, pela comutação ou pelo roteamento e os provedores de aplicação que:

I – comprometam o caráter público e irrestrito do acesso à internet e os fundamentos, os princípios e os objetivos do uso da internet no País;

II – priorizem pacotes de dados em razão de arranjos comerciais; ou

III – privilegiem aplicações ofertadas pelo próprio responsável pela transmissão, pela comutação ou pelo roteamento ou por empresas integrantes de seu grupo econômico.

Art. 10. As ofertas comerciais e os modelos de cobrança de acesso à internet devem preservar uma internet única, de natureza aberta, plural e diversa, compreendida como um meio para a promoção do desenvolvimento humano, econômico, social e cultural, contribuindo para a construção de uma sociedade inclusiva e não discriminatória.

CAPÍTULO III. DA PROTEÇÃO AOS REGISTROS, AOS DADOS PESSOAIS E ÀS COMUNICAÇÕES PRIVADAS

SEÇÃO I. DA REQUISIÇÃO DE DADOS CADASTRAIS

Art. 11. As autoridades administrativas a que se refere o art. 10, § 3º, da Lei 12.965, de 2014, indicarão o fundamento legal de competência expressa para o acesso e a motivação para o pedido de acesso aos dados cadastrais.

§ 1º. O provedor que não coletar dados cadastrais deverá informar tal fato à autoridade solicitante, ficando desobrigado de fornecer tais dados.

§ 2º. São considerados dados cadastrais:

I – a filiação;

II – o endereço; e

III – a qualificação pessoal, entendida como nome, prenome, estado civil e profissão do usuário.

§ 3º. Os pedidos de que trata o *caput* devem especificar os indivíduos cujos dados estão sendo requeridos e as informações desejadas, sendo vedados pedidos coletivos que sejam genéricos ou inespecíficos.

Art. 12. A autoridade máxima de cada órgão da administração pública federal publicará anualmente em seu sítio na internet relatórios estatísticos de requisição de dados cadastrais, contendo:

I – o número de pedidos realizados;

II – a listagem dos provedores de conexão ou de acesso a aplicações aos quais os dados foram requeridos;

III – o número de pedidos deferidos e indeferidos pelos provedores de conexão e de acesso a aplicações; e

IV – o número de usuários afetados por tais solicitações.

SEÇÃO II. PADRÕES DE SEGURANÇA E SIGILO DOS REGISTROS, DADOS PESSOAIS E COMUNICAÇÕES PRIVADAS

Art. 13. Os provedores de conexão e de aplicações devem, na guarda, armazenamento e tratamento de dados pessoais e comunicações privadas, observar as seguintes diretrizes sobre padrões de segurança:

I – o estabelecimento de controle estrito sobre o acesso aos dados mediante a definição de responsabilidades das pessoas que terão possibilidade de acesso e de privilégios de acesso exclusivo para determinados usuários;

II – a previsão de mecanismos de autenticação de acesso aos registros, usando, por exemplo, sistemas de autenticação dupla para assegurar a individualização do responsável pelo tratamento dos registros;

III – a criação de inventário detalhado dos acessos aos registros de conexão e de acesso a aplicações, contendo o momento, a duração, a identidade do funcionário ou do responsável pelo acesso designado pela empresa e o arquivo acessado, inclusive para cumprimento do disposto no art. 11, § 3º, da Lei nº 12.965, de 2014; e

IV – o uso de soluções de gestão dos registros por meio de técnicas que garantam a inviolabilidade dos dados, como encriptação ou medidas de proteção equivalentes.

§ 1º. Cabe ao CGIbr promover estudos e recomendar procedimentos, normas e padrões técnicos e operacionais para o disposto nesse artigo, de acordo com as especificidades e o porte dos provedores de conexão e de aplicação.

§ 2º. Tendo em vista o disposto nos incisos VII a X do *caput* do art. 7º da Lei nº 12.965, de 2014, os provedores de conexão e aplicações devem reter a menor quantidade possível de dados pessoais, comunicações privadas e registros de conexão e acesso a aplicações, os quais deverão ser excluídos:

I – tão logo atingida a finalidade de seu uso; ou

II – se encerrado o prazo determinado por obrigação legal.

Art. 14. Para os fins do disposto neste Decreto, considera-se:

I – dado pessoal – dado relacionado à pessoa natural identificada ou identificável, inclusive números identificativos, dados locacionais ou identificadores eletrônicos, quando estes estiverem relacionados a uma pessoa; e

II – tratamento de dados pessoais – toda operação realizada com dados pessoais, como as que se referem a coleta, produção, recepção, classificação, utilização, acesso, reprodução, transmissão, distribuição, processamento, arquivamento, armazenamento, eliminação, avaliação ou controle da informação, modificação, comunicação, transferência, difusão ou extração.

Art. 15. Os dados de que trata o art. 11 da Lei nº 12.965, de 2014, deverão ser mantidos em formato interoperável e estruturado, para facilitar o acesso decorrente de decisão judicial ou determinação legal, respeitadas as diretrizes elencadas no art. 13 deste Decreto.

Art. 16. As informações sobre os padrões de segurança adotados pelos provedores de aplicação e provedores de conexão devem ser divulgadas de forma clara e acessível a qualquer interessado, preferencialmente por meio de seus sítios na internet, respeitado o direito de confidencialidade quanto aos segredos empresariais.

CAPÍTULO IV. DA FISCALIZAÇÃO E DA TRANSPARÊNCIA

Art. 17. A Anatel atuará na regulação, na fiscalização e na apuração de infrações, nos termos da Lei nº 9.472, de 16 de julho de 1997.

Art. 18. A Secretaria Nacional do Consumidor atuará na fiscalização e na apuração de infrações, nos termos da Lei nº 8.078, de 11 de setembro de 1990.

Art. 19. A apuração de infrações à ordem econômica ficará a cargo do Sistema Brasileiro de Defesa da Concorrência, nos termos da Lei nº 12.529, de 30 de novembro de 2011.

Art. 20. Os órgãos e as entidades da administração pública federal com competências específicas quanto aos assuntos relacionados a este Decreto atuarão de forma colaborativa, consideradas as diretrizes do CGIbr, e deverão zelar pelo cumprimento da legislação brasileira, inclusive quanto à aplicação das sanções cabíveis, mesmo que as atividades sejam realizadas por pessoa jurídica sediada no exterior, nos termos do art. 11 da Lei nº 12.965, de 2014.

Art. 21. A apuração de infrações à Lei nº 12.965, de 2014, e a este Decreto atenderá aos procedimentos internos de cada um dos órgãos fiscalizatórios e poderá ser iniciada de ofício ou mediante requerimento de qualquer interessado.

Art. 22. Este Decreto entra em vigor trinta dias após a data de sua publicação.

Brasília, 11 de maio de 2016; 195º da Independência e 128º da República.

DILMA ROUSSEFF

Publicado D.O.U. 11.5.2016 (Ed. Extra)

LEI Nº 13.300, DE 23 DE JUNHO DE 2016

Disciplina o processo e o julgamento dos mandados de injunção individual e coletivo e dá outras providências.

‣ *Mandado de injunção*

O VICE-PRESIDENTE DA REPÚBLICA, no exercício do cargo de PRESIDENTE DA REPÚBLICA:

Faço saber que o Congresso Nacional decreta e eu sanciono a seguinte Lei:

Art. 1º. Esta Lei disciplina o processo e o julgamento dos mandados de injunção individual e coletivo, nos termos do inciso LXXI do art. 5º da Constituição Federal.

‣ CPC/15: art. 1.027.

Art. 2º. Conceder-se-á mandado de injunção sempre que a falta total ou parcial de norma regulamentadora torne inviável o exercício dos direitos e liberdades constitucionais e das prerrogativas inerentes à nacionalidade, à soberania e à cidadania.

Parágrafo único. Considera-se parcial a regulamentação quando forem insuficientes as normas editadas pelo órgão legislador competente.

Art. 3º. São legitimados para o mandado de injunção, como impetrantes, as pessoas naturais ou jurídicas que se afirmam titulares dos direitos, das liberdades ou das prerrogativas referidos no art. 2º e, como impetrado, o Poder, o órgão ou a autoridade com atribuição para editar a norma regulamentadora.

Art. 4º. A petição inicial deverá preencher os requisitos estabelecidos pela lei processual e indicará, além do órgão impetrado, a pessoa jurídica que ele integra ou aquela a que está vinculado.

‣ CPC/15: art. 319 e ss.

§ 1º. Quando não for transmitida por meio eletrônico, a petição inicial e os documentos que a instruem serão acompanhados de tantas vias quantos forem os impetrados.

§ 2º. Quando o documento necessário à prova do alegado encontrar-se em repartição ou estabelecimento público, em poder de autoridade ou de terceiro, havendo recusa em fornecê-lo por certidão, no original, ou em cópia autêntica, será ordenada, a pedido do impetrante, a exibição do documento no prazo de 10 (dez) dias, devendo, nesse caso, ser juntada cópia à segunda via da petição.

§ 3º. Se a recusa em fornecer o documento for do impetrado, a ordem será feita no próprio instrumento da notificação.

Art. 5º. Recebida a petição inicial, será ordenada:

I – a notificação do impetrado sobre o conteúdo da petição inicial, devendo-lhe ser enviada a segunda via apresentada com as cópias dos documentos, a fim de que, no prazo de 10 (dez) dias, preste informações;

II – a ciência do ajuizamento da ação ao órgão de representação judicial da pessoa jurídica interessada, devendo-lhe ser enviada cópia da petição inicial, para que, querendo, ingresse no feito.

Art. 6º. A petição inicial será desde logo indeferida quando a impetração for manifestamente incabível ou manifestamente improcedente.

‣ CPC/15: art. 330.

Parágrafo único. Da decisão de relator que indeferir a petição inicial, caberá agravo, em 5 (cinco) dias, para o órgão colegiado competente para o julgamento da impetração.

Art. 7º. Findo o prazo para apresentação das informações, será ouvido o Ministério Público, que opinará em 10 (dez) dias, após o que, com ou sem parecer, os autos serão conclusos para decisão.

Art. 8º. Reconhecido o estado de mora legislativa, será deferida a injunção para:

I – determinar prazo razoável para que o impetrado promova a edição da norma regulamentadora;

II – estabelecer as condições em que se dará o exercício dos direitos, das liberdades ou das prerrogativas reclamados ou, se for o caso, as condições em que poderá o interessado promover ação própria visando a exercê-los, caso não seja suprida a mora legislativa no prazo determinado.

Parágrafo único. Será dispensada a determinação a que se refere o inciso I do *caput* quando comprovado que o impetrado deixou de atender, em mandado de injunção anterior, ao prazo estabelecido para a edição da norma.

Art. 9º. A decisão terá eficácia subjetiva limitada às partes e produzirá efeitos até o advento da norma regulamentadora.

§ 1º. Poderá ser conferida eficácia ultra partes ou erga omnes à decisão, quando isso for inerente ou indispensável ao exercício do direito, da liberdade ou da prerrogativa objeto da impetração.

§ 2º. Transitada em julgado a decisão, seus efeitos poderão ser estendidos aos casos análogos por decisão monocrática do relator.

§ 3º. O indeferimento do pedido por insuficiência de prova não impede a renovação da impetração fundada em outros elementos probatórios.

Art. 10. Sem prejuízo dos efeitos já produzidos, a decisão poderá ser revista, a pedido de qualquer interessado, quando sobrevierem relevantes modificações das circunstâncias de fato ou de direito.

Parágrafo único. A ação de revisão observará, no que couber, o procedimento estabelecido nesta Lei.

Art. 11. A norma regulamentadora superveniente produzirá efeitos ex nunc em relação aos beneficiados por decisão transitada em julgado, salvo se a aplicação da norma editada lhes for mais favorável.

Parágrafo único. Estará prejudicada a impetração se a norma regulamentadora for editada antes da decisão, caso em que o processo será extinto sem resolução de mérito.

Art. 12. O mandado de injunção coletivo pode ser promovido:

I – pelo Ministério Público, quando a tutela requerida for especialmente relevante para a defesa da ordem jurídica, do regime democrático ou dos interesses sociais ou individuais indisponíveis;

II – por partido político com representação no Congresso Nacional, para assegurar o exercício de direitos, liberdades e prerrogativas de seus integrantes ou relacionados com a finalidade partidária;

III – por organização sindical, entidade de classe ou associação legalmente constituída e em funcionamento há pelo menos 1 (um) ano, para assegurar o exercício de direitos, liberdades e prerrogativas em favor da totalidade ou de parte de seus membros ou associados, na forma de seus estatutos e desde que pertinentes a suas finalidades, dispensada, para tanto, autorização especial;

IV – pela Defensoria Pública, quando a tutela requerida for especialmente relevante para a promoção dos direitos humanos e a defesa dos direitos individuais e coletivos dos necessitados, na forma do inciso LXXIV do art. 5º da Constituição Federal.

Parágrafo único. Os direitos, as liberdades e as prerrogativas protegidos por mandado de injunção coletivo são os pertencentes, indistintamente, a uma coletividade indeterminada de pessoas ou determinada por grupo, classe ou categoria.

Art. 13. No mandado de injunção coletivo, a sentença fará coisa julgada limitadamente às pessoas integrantes da coletividade, do grupo, da classe ou da categoria substituídos pelo impetrante, sem prejuízo do disposto nos §§ 1º e 2º do art. 9º.

Parágrafo único. O mandado de injunção coletivo não induz litispendência em relação aos individuais, mas os efeitos da coisa julgada não beneficiarão o impetrante que não requerer a desistência da demanda individual no prazo de 30 (trinta) dias a contar da ciência comprovada da impetração coletiva.

Art. 14. Aplicam-se subsidiariamente ao mandado de injunção as normas do mandado de segurança, disciplinado pela Lei nº 12.016, de 7 de agosto de 2009, e do Código de Processo Civil, instituído pela Lei nº 5.869, de 11 de janeiro de 1973, e pela Lei nº 13.105, de 16 de março de 2015, observado o disposto em seus arts. 1.045 e 1.046.

Art. 15. Esta Lei entra em vigor na data de sua publicação.

Brasília, 23 de junho de 2016; 195º da Independência e 128º da República.

MICHEL TEMER

Publicado no D.O.U. de 24.6.2016

DECRETO Nº 8.858, DE 26 DE SETEMBRO DE 2016

Regulamenta o disposto no art. 199 da Lei nº 7.210, de 11 de julho de 1984 – Lei de Execução Penal.

‣ *Algemas*

O PRESIDENTE DA REPÚBLICA, no uso da atribuição que lhe confere o art. 84, *caput*, inciso IV, da Constituição, e tendo em vista o disposto no art. 199 da Lei nº 7.210, de 11 de julho de 1984 – Lei de Execução Penal, decreta:

Art. 1º. O emprego de algemas observará o disposto neste Decreto e terá como diretrizes:

I – o inciso III do *caput* do art. 1º e o inciso III do *caput* do art. 5º da Constituição, que dispõem sobre a proteção e a promoção da dignidade da pessoa humana e sobre a proibição de submissão ao tratamento desumano e degradante;

‣ CF/88: art. 5º, III.

II – a Resolução nº 2.010/2016, de 22 de julho de 2010, das Nações Unidas sobre o tratamento de mulheres presas e medidas não privativas de liberdade para mulheres infratoras (Regras de Bangkok); e

III – o Pacto de San José da Costa Rica, que determina o tratamento humanitário dos presos e, em especial, das mulheres em condição de vulnerabilidade.

‣ Decreto 678/1992: Artigo 4º, item 5.

Art. 2º. É permitido o emprego de algemas apenas em casos de resistência e de fundado receio de fuga ou de perigo à integridade física própria ou alheia, causado pelo preso ou por terceiros, justificada a sua excepcionalidade por escrito.

‣ CPP: art. 292, *caput*.

Art. 3º. É vedado emprego de algemas em mulheres presas em qualquer unidade do sistema penitenciário nacional durante o trabalho de parto, no trajeto da parturiente entre a unidade prisional e a unidade hospitalar e após o parto, durante o período em que se encontrar hospitalizada.

‣ CPP: art. 292, par. único.

Art. 4º. Este Decreto entra em vigor na data de sua publicação.

Brasília, 26 de setembro de 2016; 195º da Independência e 128º da República.

Michel Temer

Publicado D.O.U. 27.9.2016

LEI Nº 13.344, DE 6 DE OUTUBRO DE 2016

Dispõe sobre prevenção e repressão ao tráfico interno e internacional de pessoas e sobre medidas de atenção às vítimas; altera a Lei nº 6.815, de 19 de agosto de 1980, o Decreto-Lei nº 3.689, de 3 de outubro de 1941 (Código de Processo Penal), e o Decreto-Lei nº 2.848, de 7 de dezembro de 1940 (Código Penal); e revoga dispositivos do Decreto-Lei nº 2.848, de 7 de dezembro de 1940 (Código Penal).

‣ *Tráfico de pessoas*

O PRESIDENTE DA REPÚBLICA Faço saber que o Congresso Nacional decreta e eu sanciono a seguinte Lei:

‣ Decreto 7.901/2013 – Institui a Coordenação Tripartite da Política Nacional de Enfrentamento ao Tráfico de Pessoas e o Comitê Nacional de Enfrentamento ao Tráfico de Pessoas (CONATRAP).

‣ Decreto 5.948/2006 – Aprova a Política Nacional de Enfrentamento ao Tráfico de Pessoas e institui Grupo de Trabalho Interministerial com o objetivo de elaborar proposta do Plano Nacional de Enfrentamento ao Tráfico de Pessoas (PNETP).

‣ Decreto 5.017/2004 – Promulga o Protocolo Adicional à Convenção das Nações Unidas contra o Crime Organizado Transnacional Relativo à Prevenção, Repressão e Punição do Tráfico de Pessoas, em Especial Mulheres e Crianças. (Protocolo de Palermo)

‣ Decreto 5.016/2004 – Promulga o Protocolo Adicional à Convenção das Nações Unidas contra o Crime Organizado Transnacional, relativo ao Combate ao Tráfico de Migrantes por Via Terrestre, Marítima e Aérea.

‣ Decreto 5.015/2004 – Promulga a Convenção das Nações Unidas contra o Crime Organizado Transnacional.

‣ Decreto 46.981/1959 – Promulga, com o respectivo Protocolo Final, a Convenção para a repressão do tráfico de pessoas e do lenocínio, concluída em Lake Success Nova York, em 21 de março de 1950, e assinada pelo Brasil em 5 de outubro de 1951.

‣ Lei 13.445/2017 (Lei de Migração).

Art. 1º. Esta Lei dispõe sobre o tráfico de pessoas cometido no território nacional contra vítima brasileira ou estrangeira e no exterior contra vítima brasileira.

‣ CP: arts. 83, V e 149-A

Parágrafo único. O enfrentamento ao tráfico de pessoas compreende a prevenção e a repressão desse delito, bem como a atenção às suas vítimas.

CAPÍTULO I. DOS PRINCÍPIOS E DAS DIRETRIZES

Art. 2º. O enfrentamento ao tráfico de pessoas atenderá aos seguintes princípios:

I – respeito à dignidade da pessoa humana;

II – promoção e garantia da cidadania e dos direitos humanos;

III – universalidade, indivisibilidade e interdependência;

IV – não discriminação por motivo de gênero, orientação sexual, origem étnica ou social, procedência, nacionalidade, atuação profissional, raça, religião, faixa etária, situação migratória ou outro status;

V – transversalidade das dimensões de gênero, orientação sexual, origem étnica ou social, procedência, raça e faixa etária nas políticas públicas;

VI – atenção integral às vítimas diretas e indiretas, independentemente de nacionalidade e de colaboração em investigações ou processos judiciais;
VII – proteção integral da criança e do adolescente.

Art. 3º. O enfrentamento ao tráfico de pessoas atenderá às seguintes diretrizes:

I – fortalecimento do pacto federativo, por meio da atuação conjunta e articulada das esferas de governo no âmbito das respectivas competências;
II – articulação com organizações governamentais e não governamentais nacionais e estrangeiras;
III – incentivo à participação da sociedade em instâncias de controle social e das entidades de classe ou profissionais na discussão das políticas sobre tráfico de pessoas;
IV – estruturação da rede de enfrentamento ao tráfico de pessoas, envolvendo todas as esferas de governo e organizações da sociedade civil;
V – fortalecimento da atuação em áreas ou regiões de maior incidência do delito, como as de fronteira, portos, aeroportos, rodovias e estações rodoviárias e ferroviárias;
VI – estímulo à cooperação internacional;
VII – incentivo à realização de estudos e pesquisas e ao seu compartilhamento;
VIII – preservação do sigilo dos procedimentos administrativos e judiciais, nos termos da lei;
IX – gestão integrada para coordenação da política e dos planos nacionais de enfrentamento ao tráfico de pessoas.

CAPÍTULO II. DA PREVENÇÃO AO TRÁFICO DE PESSOAS

Art. 4º. A prevenção ao tráfico de pessoas dar-se-á por meio:

I – da implementação de medidas intersetoriais e integradas nas áreas de saúde, educação, trabalho, segurança pública, justiça, turismo, assistência social, desenvolvimento rural, esportes, comunicação, cultura e direitos humanos;
II – de campanhas socioeducativas e de conscientização, considerando as diferentes realidades e linguagens;
III – de incentivo à mobilização e à participação da sociedade civil; e
IV – de incentivo a projetos de prevenção ao tráfico de pessoas.

CAPÍTULO III. DA REPRESSÃO AO TRÁFICO DE PESSOAS

Art. 5º. A repressão ao tráfico de pessoas dar-se-á por meio:

I – da cooperação entre órgãos do sistema de justiça e segurança, nacionais e estrangeiros;
II – da integração de políticas e ações de repressão aos crimes correlatos e da responsabilização dos seus autores;
III – da formação de equipes conjuntas de investigação.

CAPÍTULO IV. DA PROTEÇÃO E DA ASSISTÊNCIA ÀS VÍTIMAS

Art. 6º. A proteção e o atendimento à vítima direta ou indireta do tráfico de pessoas compreendem:

- Lei 9.807/1999 – Estabelece normas para a organização e a manutenção de programas especiais de proteção a vítimas e a testemunhas ameaçadas, institui o Programa Federal de Assistência a Vítimas e a Testemunhas Ameaçadas e dispõe sobre a proteção de acusados ou condenados que tenham voluntariamente prestado efetiva colaboração à investigação policial e ao processo criminal.

I – assistência jurídica, social, de trabalho e emprego e de saúde;
II – acolhimento e abrigo provisório;
III – atenção às suas necessidades específicas, especialmente em relação a questões de gênero, orientação sexual, origem étnica ou social, procedência, nacionalidade, raça, religião, faixa etária, situação migratória, atuação profissional, diversidade cultural, linguagem, laços sociais e familiares ou outro status;
IV – preservação da intimidade e da identidade;
V – prevenção à revitimização no atendimento e nos procedimentos investigatórios e judiciais;
VI – atendimento humanizado;
VII – informação sobre procedimentos administrativos e judiciais.

§ 1º A atenção às vítimas dar-se-á com a interrupção da situação de exploração ou violência, a sua reinserção social, a garantia de facilitação do acesso à educação, à cultura, à formação profissional e ao trabalho e, no caso de crianças e adolescentes, a busca de sua reinserção familiar e comunitária.

§ 2º No exterior, a assistência imediata a vítimas brasileiras estará a cargo da rede consular brasileira e será prestada independentemente de sua situação migratória, ocupação ou outro status.

§ 3º A assistência à saúde prevista no inciso I deste artigo deve compreender os aspectos de recuperação física e psicológica da vítima.

Art. 7º. A Lei nº 6.815, de 19 de agosto de 1980, passa a vigorar acrescida dos seguintes artigos:

- Alteração incorporada ao texto da referida lei.

CAPÍTULO V. DISPOSIÇÕES PROCESSUAIS

Art. 8º. O juiz, de ofício, a requerimento do Ministério Público ou mediante representação do delegado de polícia, ouvido o Ministério Público, havendo indícios suficientes de infração penal, poderá decretar medidas assecuratórias relacionadas a bens, direitos ou valores pertencentes ao investigado ou acusado, ou existentes em nome de interpostas pessoas, que sejam instrumento, produto ou proveito do crime de tráfico de pessoas, procedendo-se na forma dos arts. 125 a 144-A do Decreto-Lei nº 3.689, de 3 de outubro de 1941 (Código de Processo Penal).

§ 1º. Proceder-se-á à alienação antecipada para preservação do valor dos bens sempre que estiverem sujeitos a qualquer grau de deterioração ou depreciação, ou quando houver dificuldade para sua manutenção.

§ 2º. O juiz determinará a liberação total ou parcial dos bens, direitos e valores quando comprovada a licitude de sua origem, mantendo-se a constrição dos bens, direitos e valores necessários e suficientes à reparação dos danos e ao pagamento de prestações pecuniárias, multas e custas decorrentes da infração penal.

§ 3º. Nenhum pedido de liberação será conhecido sem o comparecimento pessoal do acusado ou investigado, ou de interposta pessoa a que se refere o *caput*, podendo o juiz determinar a prática de atos necessários à conservação de bens, direitos ou valores, sem prejuízo do disposto no § 1º.

§ 4º. Ao proferir a sentença de mérito, o juiz decidirá sobre o perdimento do produto, bem ou valor apreendido, sequestrado ou declarado indisponível.

Art. 9º. Aplica-se subsidiariamente, no que couber, o disposto na Lei nº 12.850, de 2 de agosto de 2013.

Art. 10. O Poder Público é autorizado a criar sistema de informações visando à coleta e à gestão de dados que orientem o enfrentamento ao tráfico de pessoas.

Art. 11. O Decreto-Lei nº 3.689, de 3 de outubro de 1941 (Código de Processo Penal), passa a vigorar acrescido dos seguintes arts. 13-A e 13-B:

- Alterações incorporadas ao texto do referido Decreto-Lei.

Art. 12. O inciso V do art. 83 do Decreto-Lei nº 2.848, de 7 de dezembro de 1940 (Código Penal), passa a vigorar com a seguinte redação:

- Alteração incorporada ao texto do referido Decreto-Lei.

Art. 13. O Decreto-Lei nº 2.848, de 7 de dezembro de 1940 (Código Penal), passa a vigorar acrescido do seguinte art. 149-A:

- Alteração incorporada ao texto do referido Decreto-Lei.

CAPÍTULO VI. DAS CAMPANHAS RELACIONADAS AO ENFRENTAMENTO AO TRÁFICO DE PESSOAS

Art. 14. É instituído o Dia Nacional de Enfrentamento ao Tráfico de Pessoas, a ser comemorado, anualmente, em 30 de julho.

Art. 15. Serão adotadas campanhas nacionais de enfrentamento ao tráfico de pessoas, a serem divulgadas em veículos de comunicação, visando à conscientização da sociedade sobre todas as modalidades de tráfico de pessoas.

CAPÍTULO VII. DISPOSIÇÕES FINAIS

Art. 16. Revogam-se os arts. 231 e 231-A do Decreto-Lei nº 2.848, de 7 de dezembro de 1940 (Código Penal).

Art. 17. Esta Lei entra em vigor após decorridos 45 (quarenta e cinco) dias de sua publicação oficial.

Brasília, 6 de outubro de 2016; 195º da Independência e 128º da República.
MICHEL TEMER
Publicado no DOU de 7.10.2016

DEC. Nº 8.945, DE 27 DE DEZEMBRO DE 2016

Regulamenta, no âmbito da União, a Lei nº 13.303, de 30 de junho de 2016, que dispõe sobre o estatuto jurídico da empresa pública, da sociedade de economia mista e de suas subsidiárias, no âmbito da União, dos Estados, do Distrito Federal e dos Municípios.

› *Estatuto jurídico da empresa pública – regulamento*

O PRESIDENTE DA REPÚBLICA, no uso das atribuições que lhe confere o art. 84, *caput*, incisos IV e VI, alínea a, da Constituição, e tendo em vista o disposto na Lei nº 13.303, de 30 de junho de 2016, decreta:

CAPÍTULO I. DISPOSIÇÕES PRELIMINARES

SEÇÃO I. DO ÂMBITO DE APLICAÇÃO E DAS DEFINIÇÕES

Art. 1º. Este Decreto regulamenta, no âmbito da União, a Lei nº 13.303, de 30 de junho de 2016, que dispõe sobre o estatuto jurídico da empresa pública, da sociedade de economia mista e de suas subsidiárias.

Parágrafo único. As disposições deste Decreto se aplicam também às empresas estatais sediadas no exterior e às transnacionais, no que couber.

Art. 2º. Para os fins deste Decreto, considera-se:

I – empresa estatal - entidade dotada de personalidade jurídica de direito privado, cuja maioria do capital votante pertença direta ou indiretamente à União;

II – empresa pública - empresa estatal cuja maioria do capital votante pertença diretamente à União e cujo capital social seja constituído de recursos provenientes exclusivamente do setor público;

III – sociedade de economia mista – empresa estatal cuja maioria das ações com direito a voto pertença diretamente à União e cujo capital social admite a participação do setor privado;

IV – subsidiária – empresa estatal cuja maioria das ações com direito a voto pertença direta ou indiretamente a empresa pública ou a sociedade de economia mista;

V – conglomerado estatal – conjunto de empresas estatais formado por uma empresa pública ou uma sociedade de economia mista e as suas respectivas subsidiárias;

VI – sociedade privada – entidade dotada de personalidade jurídica de direito privado, com patrimônio próprio e cuja maioria do capital votante não pertença direta ou indiretamente à União, a Estado, ao Distrito Federal ou a Município; e

VII – administradores – membros do Conselho de Administração e da Diretoria da empresa estatal.

Parágrafo único. Incluem-se no inciso IV do *caput* as subsidiárias integrais e as demais sociedades em que a empresa estatal detenha o controle acionário majoritário, inclusive as sociedades de propósito específico.

SEÇÃO II. DA CONSTITUIÇÃO DA EMPRESA ESTATAL

Art. 3º. A exploração de atividade econômica pela União será exercida por meio de empresas estatais.

Art. 4º. A constituição de empresa pública ou de sociedade de economia mista, inclusive por meio de aquisição ou assunção de controle acionário majoritário, dependerá de prévia autorização legal que indique, de forma clara, relevante interesse coletivo ou imperativo de segurança nacional, nos termos do *caput* do art. 173 da Constituição.

Art. 5º. O estatuto social da empresa estatal indicará, de forma clara, o relevante interesse coletivo ou o imperativo de segurança nacional, nos termos do *caput* do art. 173 da Constituição.

Art. 6º. A constituição de subsidiária, inclusive sediada no exterior ou por meio de aquisição ou assunção de controle acionário majoritário, dependerá de prévia autorização legal, que poderá estar prevista apenas na lei de criação da empresa pública ou da sociedade de economia mista controladora.

Art. 7º. Na hipótese de a autorização legislativa para a constituição de subsidiária ser genérica, o Conselho de Administração da empresa estatal terá de autorizar, de forma individualizada, a constituição de cada subsidiária.

Parágrafo único. A subsidiária deverá ter objeto social vinculado ao da estatal controladora.

SEÇÃO III. DAS PARTICIPAÇÕES MINORITÁRIAS

Art. 8º. A participação de empresa estatal em sociedade privada dependerá de:

I – prévia autorização legal, que poderá constar apenas da lei de criação da empresa pública ou da sociedade de economia mista investidora;

II – vinculação com o objeto social da empresa estatal investidora; e

III – na hipótese de a autorização legislativa ser genérica, autorização do Conselho de Administração para participar de cada empresa.

§ 1º. A necessidade de autorização legal para participação em empresa privada não se aplica a operações de tesouraria, adjudicação de ações em garantia e participações autorizadas pelo Conselho de Administração em linha com o plano de negócios da empresa estatal.

§ 2º. A empresa estatal que possuir autorização legislativa para criar subsidiária e também para participar de outras empresas poderá constituir subsidiária cujo objeto social seja participar de outras sociedades, inclusive minoritariamente, desde que o estatuto social autorize expressamente a constituição de subsidiária como empresa de participações e que cada investimento esteja vinculado ao plano de negócios.

§ 3º. O Conselho de Administração da empresa de participações de que trata o § 2º poderá delegar à Diretoria, observada a alçada a ser definida pelo próprio Conselho, a competência para conceder a autorização prevista no inciso III do *caput*.

§ 4º. Não se aplica o disposto no inciso III do *caput* nas hipóteses de exercício, por empresa de participações, de direito de preferência e de prioridade para a manutenção de sua participação na sociedade da qual participa.

Art. 9º. A empresa estatal que detiver participação equivalente a cinquenta por cento ou menos do capital votante em qualquer outra empresa, inclusive transnacional ou sediada no exterior, deverá elaborar política de participações societárias que contenha práticas de governança e controle proporcionais à relevância, à materialidade e aos riscos do negócio do qual participe.

§ 1º. A política referida no *caput* deverá ser aprovada pelo Conselho de Administração da empresa ou, se não houver, de sua controladora, e incluirá:

I – documentos e informações estratégicos do negócio e demais relatórios e informações produzidos por exigência legal ou em razão de acordo de acionistas que sejam considerados essenciais para a defesa de seus interesses na sociedade empresarial investida;

II – relatório de execução do orçamento de capital e de realização de investimentos programados pela sociedade empresarial investida, inclusive quanto ao alinhamento dos custos orçados e dos realizados com os custos de mercado;

III – informe sobre execução da política de transações com partes relacionadas da sociedade empresarial investida;

IV – análise das condições de alavancagem financeira da sociedade empresarial investida;

V – avaliação de inversões financeiras e de processos relevantes de alienação de bens móveis e imóveis da sociedade empresarial investida;

VI – relatório de risco das contratações para execução de obras, fornecimento de bens e prestação de serviços relevantes para os interesses da empresa estatal investidora;

VII – informe sobre execução de projetos relevantes para os interesses da empresa estatal investidora;

VIII – relatório de cumprimento, nos negócios da sociedade empresarial investida, de condicionantes socioambientais estabelecidas pelos órgãos ambientais;

IX – avaliação das necessidades de novos aportes na sociedade empresarial investida e dos possíveis riscos de redução da rentabilidade esperada do negócio; e

X – qualquer outro relatório, documento ou informação produzido pela sociedade empresarial investida, considerado relevante para o cumprimento do comando constante do *caput*.

CAPÍTULO II. DO REGIME SOCIETÁRIO DAS EMPRESAS ESTATAIS

SEÇÃO I. DAS NORMAS GERAIS

Art. 10. A sociedade de economia mista será constituída sob a forma de sociedade anônima e estará sujeita ao regime previsto na Lei nº 6.404, de 15 de dezembro de 1976, exceto no que se refere:

I – à quantidade mínima de membros do Conselho de Administração;

II – ao prazo de atuação dos membros do Conselho Fiscal; e

III – às pessoas aptas a propor ação de reparação por abuso do poder de controle e ao prazo prescricional para sua propositura.

§ 1º. O disposto no *caput* aplica-se às subsidiárias de sociedade de economia mista, exceto quanto à constituição facultativa do Conselho de Administração e à possibilidade de adoção da forma de sociedade limitada para subsidiárias em liquidação.

§ 2º. Além das normas previstas neste Decreto, a empresa estatal com registro na Comissão de Valores Mobiliários – CVM se sujeita ao disposto na Lei 6.385, de 7 de dezembro de 1976.

Art. 11. A empresa pública adotará, preferencialmente, a forma de sociedade anônima, que será obrigatória para as suas subsidiárias.

Parágrafo único. A empresa pública não poderá:

I – lançar debêntures ou outros títulos ou valores mobiliários, conversíveis em ações; e

II – emitir partes beneficiárias.

Art. 12. As empresas estatais deverão observar as regras de escrituração e elaboração de demonstrações financeiras contidas na Lei nº 6.404, de 1976, e nas normas da CVM, inclusive quanto à obrigatoriedade de auditoria independente por Auditor registrado naquela Autarquia.

Parágrafo único. As empresas estatais deverão elaborar demonstrações financeiras trimestrais nos termos do *caput* e divulgá-las em sítio eletrônico.

Art. 13. As empresas estatais deverão observar os seguintes requisitos mínimos de transparência:

I – elaboração de carta anual, subscrita pelos membros do Conselho de Administração, com a explicitação dos compromissos de consecução de objetivos de políticas públicas pela empresa estatal e por suas subsidiárias, em atendimento ao interesse coletivo ou ao imperativo de segurança nacional que justificou a autorização de sua criação, com a definição clara dos recursos a serem empregados para esse fim e dos impactos econômico-financeiros da consecução desses objetivos, mensuráveis por meio de indicadores objetivos;

II – adequação do objeto social, estabelecido no estatuto social, às atividades autorizadas na lei de criação;

III – divulgação tempestiva e atualizada de informações relevantes, em especial aquelas relativas a atividades desenvolvidas, estrutura de controle, fatores de risco, dados econômico-financeiros, comentários dos administradores sobre desempenho, políticas e práticas de governança corporativa e descrição da composição e da remuneração da administração;

IV – elaboração e divulgação de política de divulgação de informações, em conformidade com a legislação em vigor e com as melhores práticas;

V – elaboração de política de distribuição de dividendos, à luz do interesse público que justificou a criação da empresa estatal;

VI – divulgação, em notas explicativas às demonstrações financeiras, dos dados operacionais e financeiros das atividades relacionadas à consecução dos fins de interesse coletivo ou de imperativo de segurança nacional que justificou a criação da empresa estatal;

VII – elaboração e divulgação da política de transações com partes relacionadas, que abranja também as operações com a União e com as demais empresas estatais, em conformidade com os requisitos de competitividade, conformidade, transparência, equidade e comutatividade, que deverá ser revista, no mínimo, anualmente e aprovada pelo Conselho de Administração;

VIII – ampla divulgação, ao público em geral, de carta anual de governança corporativa, que consolide em um único documento escrito, em linguagem clara e direta, as informações de que trata o inciso III;

IX – divulgação anual de relatório integrado ou de sustentabilidade; e

X – divulgação, em local de fácil acesso ao público em geral, dos Relatórios Anuais de Atividades de Auditoria Interna – RAINT, assegurada a proteção das informações sigilosas e das informações pessoais, nos termos do art. 6º, *caput*, inciso III, da Lei nº 12.527, de 18 de novembro de 2011.

§ 1º. Para fins de cumprimento do disposto neste artigo, a empresa estatal deverá elaborar carta anual única para os fins dos incisos I e III do *caput*, conforme modelo disponibilizado no sítio eletrônico do Ministério do Planejamento, Desenvolvimento e Gestão.

§ 2º. O interesse público da empresa estatal, respeitadas as razões que motivaram a autorização legislativa, manifesta-se por meio do alinhamento entre seus objetivos e aqueles de políticas públicas, na forma explicitada na carta anual a que se refere o inciso I do *caput*.

§ 3º. As obrigações e responsabilidades que a empresa estatal assuma em condições distintas às do setor em que atua deverão:

I – estar claramente definidas em lei ou regulamento e estarem previstas em contrato, convênio ou ajuste celebrado com o ente público competente para estabelecê-las, observada a ampla publicidade desses instrumentos; e

II – ter seu custo e suas receitas discriminados e divulgados de forma transparente, inclusive no plano contábil.

§ 4º. Além das obrigações contidas neste artigo, as empresas estatais com registro na CVM sujeitam-se ao regime de informações e às regras de divulgação estabelecidos por essa Autarquia.

§ 5º. Os documentos resultantes do cumprimento dos requisitos de transparência constantes dos incisos I a X do *caput* deverão ser divulgados no sítio eletrônico da empresa de forma permanente e cumulativa.

Art. 14. As subsidiárias poderão cumprir as exigências estabelecidas por este Decreto por meio de compartilhamento de custos, estruturas, políticas e mecanismos de divulgação com sua controladora.

SEÇÃO II. GESTÃO DE RISCOS E CONTROLE INTERNO

Art. 15. A empresa estatal adotará regras de estruturas e práticas de gestão de riscos e controle interno que abranjam:

I – ação dos administradores e empregados, por meio da implementação cotidiana de práticas de controle interno;

II – área de integridade e de gestão de riscos; e

III – auditoria interna e Comitê de Auditoria Estatutário.

Art. 16. A área de integridade e gestão de riscos terá suas atribuições previstas no estatuto social, com mecanismos que assegurem atuação independente, e deverá ser vinculada diretamente ao Diretor-Presidente, podendo ser conduzida por ele próprio ou por outro Diretor estatutário.

§ 1º. O Diretor estatutário referido no *caput* poderá ter outras competências.

§ 2º. O estatuto social preverá, ainda, a possibilidade de a área de integridade se reportar diretamente ao Conselho de Administração da empresa ou, se não houver, ao Conselho de Administração da controladora, nas situações em que houver suspeita do envolvimento do Diretor-Presidente em irregularidades ou quando este deixar de adotar as medidas necessárias em relação à situação a ele relatada.

§ 3º. Serão enviados relatórios trimestrais ao Comitê de Auditoria Estatutário sobre as atividades desenvolvidas pela área de integridade.

Art. 17. A auditoria interna deverá:

I – auxiliar o Conselho de Administração da empresa ou, se não houver, de sua controladora, ao qual se reportará diretamente; e

II – ser responsável por aferir a adequação do controle interno, a efetividade do gerenciamento dos riscos e dos processos de governança e a confiabilidade do processo de coleta, mensuração, classificação, acumulação, registro e divulgação de eventos e transações, visando ao preparo de demonstrações financeiras.

Art. 18. Será elaborado e divulgado pela empresa estatal Código de Conduta e Integridade, que disporá sobre:

I – princípios, valores e missão da empresa estatal, além de orientações sobre a prevenção de conflito de interesses e vedação de atos de corrupção e fraude;

II – instâncias internas responsáveis pela atualização e aplicação do Código de Conduta e Integridade;

III – canal de denúncias que possibilite o recebimento de denúncias internas e externas relativas ao descumprimento do Código de Conduta e Integridade e das demais normas internas de ética e obrigacionais;

IV – mecanismos de proteção que impeçam qualquer espécie de retaliação à pessoa que utilize o canal de denúncias;

V – sanções aplicáveis em caso de violação às regras do Código de Conduta e Integridade; e

VI – previsão de treinamento periódico, no mínimo anual, sobre o Código de Conduta e Integridade, para empregados e administradores, e sobre a política de gestão de riscos, para administradores.

Art. 19. A empresa estatal deverá:

I – divulgar toda e qualquer forma de remuneração dos administradores e Conselheiros Fiscais, de forma detalhada e individual; e

II – adequar constantemente suas práticas ao Código de Conduta e Integridade e a outras regras de boa prática de governança corporativa, na forma estabelecida por este Decreto e pela Comissão Interministerial de Governança Corporativa e de Administração de Participações Societárias da União – CGPAR.

Art. 20. A empresa estatal poderá utilizar a arbitragem para solucionar as divergências entre acionistas e sociedade, ou entre acionistas controladores e acionistas minoritários, nos termos previstos em seu estatuto social.

SEÇÃO III. DO COMITÊ DE ELEGIBILIDADE

Art. 21. A empresa estatal criará comitê de elegibilidade estatutário com as seguintes competências:

I – opinar, de modo a auxiliar os acionistas na indicação de administradores e Conselheiros Fiscais sobre o preenchimento dos requisitos e a ausência de vedações para as respectivas eleições; e

II – verificar a conformidade do processo de avaliação dos administradores e dos Conselheiros Fiscais.

§ 1º. O comitê de elegibilidade estatutário deliberará por maioria de votos, com registro em ata.

§ 2º. A ata deverá ser lavrada na forma de sumário dos fatos ocorridos, inclusive das dissidências e dos protestos, e conter a transcrição apenas das deliberações tomadas.

§ 3º. O comitê de elegibilidade estatutário poderá ser constituído por membros de outros comitês, preferencialmente o de auditoria, por empregados ou Conselheiros de Administração, observado o disposto nos arts. 156 e 165 da Lei nº 6.404, de 1976, sem remuneração adicional.

Art. 22. O órgão ou a entidade da administração pública federal responsável pelas indicações de administradores e Conselheiros Fiscais encaminhará:

I – formulário padronizado para análise do comitê ou da comissão de elegibilidade da empresa estatal, acompanhado dos documentos comprobatórios e da sua análise prévia de compatibilidade; e

II – nome e dados da indicação à Casa Civil da Presidência da República, para fins de aprovação prévia.

§ 1º. O formulário padronizado será disponibilizado no sítio eletrônico do Ministério do Planejamento, Desenvolvimento e Gestão.

§ 2º. O comitê ou a comissão de elegibilidade deverá opinar, no prazo de oito dias úteis, contado da data de recebimento do formulário padronizado, sob pena de aprovação tácita e responsabilização dos seus membros caso se comprove o descumprimento de algum requisito.

§ 3º. Após a manifestação do comitê ou da comissão de elegibilidade, o órgão ou a entidade da administração pública responsável pela indicação do Conselheiro deverá encaminhar sua decisão final de compatibilidade para a Procuradoria-Geral da Fazenda Nacional, no caso de indicação da União para empresa pública ou sociedade de economia mista, ou para a empresa controladora, no caso de indicação para subsidiárias.

§ 4º. As indicações dos acionistas minoritários e dos empregados também deverão ser feitas por meio do formulário padronizado disponibilizado pelo Ministério do Planejamento, Desenvolvimento e Gestão e, caso não sejam submetidas previamente ao comitê ou à comissão de elegibilidade, serão verificadas pela secretaria da assembleia ou pelo Conselho de Administração no momento da eleição.

Art. 23. O órgão ou a entidade da administração pública federal responsável pela indicação de administradores ou Conselheiros Fiscais preservará a independência dos membros estatutários no exercício de suas funções.

SEÇÃO IV. DO ESTATUTO SOCIAL

Art. 24. O estatuto social da empresa estatal deverá conter as seguintes regras mínimas:

I – constituição do Conselho de Administração, com, no mínimo, sete e, no máximo, onze membros;

II – definição de, no mínimo, um requisito específico adicional para o cargo de Diretor, em relação ao cargo de Conselheiro de Administração, observado o quantitativo mínimo de três Diretores;

III – avaliação de desempenho, individual e coletiva, de periodicidade anual, dos membros estatutários, observados os seguintes quesitos mínimos para os administradores:

a) exposição dos atos de gestão praticados quanto à licitude e à eficácia da ação administrativa;

b) contribuição para o resultado do exercício; e

c) consecução dos objetivos estabelecidos no plano de negócios e atendimento à estratégia de longo prazo;

IV – constituição obrigatória do Conselho Fiscal e funcionamento de modo permanente;

V – constituição obrigatória do Comitê de Auditoria Estatutário e funcionamento de modo permanente, ficando autorizada a criação de comitê único pelas empresas que possuam subsidiária em sua estrutura;

VI – prazo de gestão unificado para os membros do Conselho de Administração, não superior a dois anos, sendo permitidas, no máximo, três reconduções consecutivas;

VII – prazo de gestão unificado para os membros da Diretoria, não superior a dois anos, permitidas, no máximo, três reconduções consecutivas;

VIII – segregação das funções de Presidente do Conselho de Administração e Presidente da empresa; e

IX – prazo de atuação dos membros do Conselho Fiscal não superior a dois anos, sendo permitidas, no máximo, duas reconduções consecutivas.

§ 1º. A constituição do Conselho de Administração é facultativa para as empresas subsidiárias de capital fechado, nos termos do art. 31.

§ 2º. No prazo a que se referem os incisos VI, VII e IX do *caput* serão considerados os períodos anteriores de gestão ou de atuação ocorridos há menos de dois anos e a transferência de Diretor para outra Diretoria da mesma empresa estatal.

§ 3º. Para fins do disposto no inciso VII do *caput*, no caso de instituição financeira pública federal ou de empresa estatal de capital aberto, não se considera recondução a eleição de Diretor para atuar em outra Diretoria da mesma empresa estatal.

§ 4º. Atingidos os prazos máximos a que se referem os incisos VI, VII e IX do *caput*, o retorno de membro estatutário para uma mesma empresa só poderá ocorrer após decorrido período equivalente a um prazo de gestão ou de atuação.

SEÇÃO V.
DO ACIONISTA CONTROLADOR

Art. 25. O acionista controlador da empresa estatal responderá pelos atos praticados com abuso de poder, nos termos da Lei nº 6.404, de 1976.

Art. 26. A pessoa jurídica que controla a empresa estatal tem os deveres e as responsabilidades do acionista controlador, estabelecidos na Lei nº 6.404, de 1976, e deverá exercer o poder de controle no interesse da empresa estatal, respeitado o interesse público que justificou a sua criação.

SEÇÃO VI.
DO ADMINISTRADOR E DA ASSEMBLEIA GERAL

Art. 27. Sem prejuízo do disposto na Lei nº 13.303, de 2016, e em outras leis específicas, o administrador de empresa estatal é submetido às normas previstas na Lei nº 6.404, de 1976, inclusive quanto às regras de eleição, destituição e remuneração.

§ 1º. A remuneração dos administradores será sempre fixada pela assembleia geral.

§ 2º. O voto da União na assembleia geral que fixar a remuneração dos administradores das empresas estatais federais observará a orientação da Secretaria de Coordenação e Governança das Empresas Estatais do Ministério do Planejamento, Desenvolvimento e Gestão.

§ 3º. Toda empresa estatal disporá de assembleia geral, que será regida pelo disposto na Lei nº 6.404, de 1976, inclusive quanto à sua competência para alterar o capital social e o estatuto social da empresa e para eleger e destituir seus Conselheiros a qualquer tempo.

SEÇÃO VII.
DOS REQUISITOS PARA SER ADMINISTRADOR DE EMPRESAS ESTATAIS

Art. 28. Os administradores das empresas estatais deverão atender os seguintes requisitos obrigatórios:

I – ser cidadão de reputação ilibada;
II – ter notório conhecimento compatível com o cargo para o qual foi indicado;
III – ter formação acadêmica compatível com o cargo para o qual foi indicado; e
IV – ter, no mínimo, uma das experiências profissionais abaixo:

a) dez anos, no setor público ou privado, na área de atuação da empresa estatal ou em área conexa àquela para a qual forem indicados em função de direção superior, ou dez anos na área de atuação da empresa estatal ou em área conexa ao cargo para o qual foi indicado;
b) quatro anos em cargo de Diretor, de Conselheiro de Administração, de membro de comitê de auditoria ou de chefia superior em empresa de porte ou objeto social semelhante ao da empresa estatal, entendendo-se como cargo de chefia superior aquele situado nos dois níveis hierárquicos não estatutários mais altos da empresa;
c) quatro anos em cargo em comissão ou função de confiança equivalente a nível 4, ou superior, do Grupo-Direção e Assessoramento Superiores – DAS, em pessoa jurídica de direito público interno;
d) quatro anos em cargo de docente ou de pesquisador, de nível superior na área de atuação da empresa estatal; ou
e) quatro anos como profissional liberal em atividade vinculada à área de atuação da empresa estatal.

§ 1º. A formação acadêmica deverá contemplar curso de graduação ou pós-graduação reconhecido ou credenciado pelo Ministério da Educação.

§ 2º. As experiências mencionadas em alíneas distintas do inciso IV do *caput* não poderão ser somadas para a apuração do tempo requerido.

§ 3º. As experiências mencionadas em uma mesma alínea do inciso IV do *caput* poderão ser somadas para a apuração do tempo requerido, desde que relativas a períodos distintos.

§ 4º. Somente pessoas naturais poderão ser eleitas para o cargo de administrador de empresas estatais.

§ 5º. Os Diretores deverão residir no País.

§ 6º. Aplica-se o disposto neste artigo aos administradores das empresas estatais, inclusive aos representantes dos empregados e dos acionistas minoritários, e também às indicações da União ou das empresas estatais para o cargo de administrador em suas participações minoritárias em empresas estatais de outros entes federativos.

SEÇÃO VIII.
DAS VEDAÇÕES PARA INDICAÇÃO PARA COMPOR O CONSELHO DE ADMINISTRAÇÃO

Art. 29. É vedada a indicação para o Conselho de Administração e para a Diretoria:

I – de representante do órgão regulador ao qual a empresa estatal está sujeita;
II – de Ministro de Estado, de Secretário Estadual e de Secretário Municipal;
III – de titular de cargo em comissão na administração pública federal, direta ou indireta, sem vínculo permanente com o serviço público;
IV – de dirigente estatutário de partido político e de titular de mandato no Poder Legislativo de qualquer ente federativo, ainda que licenciado;
V – de parentes consanguíneos ou afins até o terceiro grau das pessoas mencionadas nos incisos I a IV;
VI – de pessoa que atuou, nos últimos trinta e seis meses, como participante de estrutura decisória de partido político;
VII – de pessoa que atuou, nos últimos trinta e seis meses, em trabalho vinculado a organização, estruturação e realização de campanha eleitoral;
VIII – de pessoa que exerça cargo em organização sindical;
IX – de pessoa física que tenha firmado contrato ou parceria, como fornecedor ou comprador, demandante ou ofertante, de bens ou serviços de qualquer natureza, com a União, com a própria estatal ou com empresa estatal do seu conglomerado estatal, nos três anos anteriores à data de sua nomeação;
X – de pessoa que tenha ou possa ter qualquer forma de conflito de interesse com a pessoa político-administrativa controladora da empresa estatal ou com a própria estatal; e
XI – de pessoa que se enquadre em qualquer uma das hipóteses de inelegibilidade previstas nas alíneas do inciso I do *caput* do art. 1º da Lei Complementar 64, de 18 de maio de 1990.

§ 1º. Aplica-se a vedação do inciso III do *caput* ao servidor ou ao empregado público aposentado que seja titular de cargo em comissão da administração pública federal direta ou indireta.

§ 2º. Aplica-se o disposto neste artigo a todos os administradores das empresas estatais, inclusive aos representantes dos empregados e dos minoritários, e também às indicações da União ou das empresas estatais para o cargo de administrador em suas participações minoritárias em empresas estatais de outros entes federativos.

SEÇÃO IX.
DA VERIFICAÇÃO DOS REQUISITOS E DAS VEDAÇÕES PARA ADMINISTRADORES E CONSELHEIROS FISCAIS

Art. 30. Os requisitos e as vedações para administradores e Conselheiros Fiscais são de aplicação imediata e devem ser observados nas nomeações e nas eleições realizadas a partir da data de publicação deste Decreto, inclusive nos casos de recondução.

§ 1º. Os requisitos deverão ser comprovados documentalmente, na forma exigida pelo formulário padronizado, disponibilizado no sítio eletrônico do Ministério do Planejamento, Desenvolvimento e Gestão.

§ 2º. Será rejeitado o formulário que não estiver acompanhado dos documentos comprobatórios.

§ 3º. O indicado apresentará declaração de que não incorre em nenhuma das hipóteses de vedação, nos termos do formulário padronizado.

SEÇÃO X. DO CONSELHO DE ADMINISTRAÇÃO

Art. 31. Todas as empresas estatais, ressalvadas as subsidiárias de capital fechado, deverão ter Conselho de Administração.

Art. 32. Sem prejuízo das competências previstas no art. 142 da Lei nº 6.404, de 1976, e das demais atribuições previstas na Lei nº 13.303, de 2016, compete ao Conselho de Administração:

I – discutir, aprovar e monitorar decisões que envolvam práticas de governança corporativa, relacionamento com partes interessadas, política de gestão de pessoas e código de conduta dos agentes;

II – implementar e supervisionar os sistemas de gestão de riscos e de controle interno estabelecidos para a prevenção e a mitigação dos principais riscos a que está exposta a empresa estatal, inclusive os riscos relacionados à integridade das informações contábeis e financeiras e aqueles relacionados à ocorrência de corrupção e fraude;

III – estabelecer política de divulgação de informações para mitigar o risco de contradição entre as diversas áreas e os executivos da empresa estatal; e

IV – avaliar os Diretores da empresa estatal, nos termos do inciso III do *caput* do art. 24, podendo contar com apoio metodológico e procedimental do comitê de elegibilidade estatutário referido no art. 21.

§ 1º. Na hipótese de não ter sido constituído Conselho de Administração, as competências previstas no *caput* serão exercidas pela Diretoria.

§ 2º. É vedada a existência de membro suplente no Conselho de Administração, inclusive para representante dos empregados.

Art. 33. No Conselho de Administração, é garantida a participação de:

I – um representante dos empregados, escolhido nos termos da Lei nº 12.353, de 28 de dezembro de 2010, inclusive quanto à eleição direta pelos empregados e à dispensa para empresas com menos de duzentos empregados; e

II – no mínimo, um representante dos acionistas minoritários, eleito nos termos da Lei nº 6.404, de 1976.

Art. 34. A remuneração mensal devida aos membros dos Conselhos de Administração da empresa estatal não excederá a dez por cento da remuneração mensal média dos Diretores da empresa, excluídos os valores relativos a adicional de férias e benefícios, sendo vedado o pagamento de participação, de qualquer espécie, nos lucros da empresa.

Art. 35. É vedada a participação remunerada de membros da administração pública federal, direta ou indireta, em mais de dois órgãos colegiados de empresa estatal, incluídos os Conselhos de Administração e Fiscal e os Comitês de Auditoria.

§ 1º. Incluem-se na vedação do *caput* os servidores ou os empregados públicos de quaisquer dos Poderes da União, concursados ou não, exceto se estiverem licenciados sem remuneração, e os Diretores das empresas estatais de qualquer ente federativo.

§ 2º. Incluem-se na vedação do *caput* os inativos ocupantes de cargo em comissão na administração pública federal direta ou indireta.

Art. 36. A composição do Conselho de Administração deve ter, no mínimo, vinte e cinco por cento de membros independentes.

§ 1º. O Conselheiro de Administração independente caracteriza-se por:

I – não ter vínculo com a empresa estatal ou com empresa de seu conglomerado estatal, exceto quanto à participação em Conselho de Administração da empresa controladora ou à participação em seu capital social;

II – não ser cônjuge ou parente consanguíneo ou afim ou por adoção, até o terceiro grau, de chefe do Poder Executivo, de Ministro de Estado, de Secretário de Estado, do Distrito Federal ou de Município ou de administrador da empresa estatal ou de empresa de seu conglomerado estatal;

III – não ter mantido, nos últimos três anos, vínculo de qualquer natureza com a empresa estatal ou com os seus controladores, que possa vir a comprometer a sua independência;

IV – não ser ou não ter sido, nos últimos três anos, empregado ou Diretor da empresa estatal, de empresa de seu conglomerado estatal ou de empresa coligada;

V – não ser fornecedor ou comprador, direto ou indireto, de serviços ou produtos da empresa estatal ou de empresa de seu conglomerado estatal;

VI – não ser empregado ou administrador de empresa ou entidade que ofereça ou demande serviços ou produtos à empresa estatal ou à empresa de seu conglomerado estatal; e

VII – não receber outra remuneração da empresa estatal ou de empresa de seu conglomerado estatal, além daquela relativa ao cargo de Conselheiro, exceto a remuneração decorrente de participação no capital da empresa.

§ 2º. Na hipótese de o cálculo do número de Conselheiros independentes não resultar em número inteiro, será feito o arredondamento:

I – para mais, quando a fração for igual ou superior a cinco décimos; e

II – para menos, quando a fração for inferior a cinco décimos.

§ 3º. Para os fins deste artigo, serão considerados independentes os Conselheiros eleitos por acionistas minoritários, mas não aqueles eleitos pelos empregados.

§ 4º. O Ministério supervisor ao qual a empresa estatal esteja vinculada, ou sua controladora, deverá indicar os membros independentes do Conselho de Administração de que trata o *caput*, caso os demais acionistas não o façam.

Art. 37. É condição para a investidura em cargo de Diretoria da empresa estatal a assunção de compromisso com metas e resultados específicos a serem alcançados, que deverá ser aprovado pelo Conselho de Administração, ao qual incumbe fiscalizar o seu cumprimento.

§ 1º. Sem prejuízo do disposto no *caput*, a Diretoria deverá apresentar, até a última reunião ordinária do Conselho de Administração do ano anterior, a quem compete sua aprovação:

I – o plano de negócios para o exercício anual seguinte; e

II – a estratégia de longo prazo atualizada com análise de riscos e oportunidades para, no mínimo, os cinco anos seguintes.

§ 2º. Na hipótese de não ter sido constituído Conselho de Administração, a Diretoria-Executiva aprovará o plano de negócios e a estratégia de longo prazo.

§ 3º. Compete ao Conselho de Administração da empresa, se houver, ou de sua controladora, sob pena de seus integrantes responderem por omissão, promover anualmente análise quanto ao atendimento das metas e dos resultados na execução do plano de negócios e da estratégia de longo prazo, devendo publicar suas conclusões e informá-las ao Congresso Nacional e ao Tribunal de Contas da União.

§ 4º. Excluem-se da obrigação de publicação a que se refere o § 3º as informações de natureza estratégica cuja divulgação possa ser comprovadamente prejudicial ao interesse da empresa estatal.

§ 5º. O atendimento das metas e dos resultados na execução do plano de negócios e da estratégia de longo prazo deverá gerar reflexo financeiro para os Diretores das empresas estatais, inclusive nas empresas dependentes ou deficitárias, sob a forma de remuneração variável, nos termos estabelecidos pela Secretaria de Coordenação e Governança das Empresas

Estatais do Ministério do Planejamento, Desenvolvimento e Gestão.

SEÇÃO XI. DO COMITÊ DE AUDITORIA ESTATUTÁRIO

Art. 38. A empresa estatal deverá possuir Comitê de Auditoria Estatutário como órgão auxiliar do Conselho de Administração da empresa, se houver, ou de sua controladora, ao qual se reportará diretamente, observado o disposto no art. 16.

§ 1º. Competirá ao Comitê de Auditoria Estatutário, sem prejuízo de outras competências previstas em lei:

I – opinar sobre a contratação e a destituição de auditor independente;

II – supervisionar as atividades dos auditores independentes e avaliar a sua independência, a qualidade dos serviços prestados e a adequação de tais serviços às necessidades da empresa estatal;

III – supervisionar as atividades desenvolvidas nas áreas de controle interno, de auditoria interna e de elaboração das demonstrações financeiras da empresa estatal;

IV – monitorar a qualidade e a integridade dos mecanismos de controle interno, das demonstrações financeiras e das informações e medições divulgadas pela empresa estatal;

V – avaliar e monitorar a exposição ao risco da empresa estatal e requerer, entre outras, informações detalhadas sobre políticas e procedimentos referentes a:

a) remuneração da administração;

b) utilização de ativos da empresa estatal; e

c) gastos incorridos em nome da empresa estatal;

VI – avaliar e monitorar, em conjunto com a administração da estatal e a área de auditoria interna, a adequação e a divulgação das transações com partes relacionadas;

VII – elaborar relatório anual com informações sobre as atividades, os resultados, as conclusões e as suas recomendações, e registrar, se houver, as divergências significativas entre administração, auditoria independente e o Comitê de Auditoria Estatutário em relação às demonstrações financeiras; e

VIII – avaliar a razoabilidade dos parâmetros em que se fundamentam os cálculos atuariais e o resultado atuarial dos planos de benefícios mantidos pelo fundo de pensão, quando a empresa estatal for patrocinadora de entidade fechada de previdência complementar .

§ 2º. O Comitê de Auditoria Estatutário deverá possuir meios para receber denúncias, inclusive de caráter sigiloso, internas e externas à empresa estatal, em matérias relacionadas às suas atividades.

§ 3º. O Comitê de Auditoria Estatutário deverá realizar, no mínimo, quatro reuniões mensais nas empresas de capital aberto e nas instituições financeiras, ou, no mínimo, duas reuniões nas demais empresas estatais.

§ 4º. A empresa estatal deverá divulgar as atas das reuniões do Comitê de Auditoria Estatutário.

§ 5º. Na hipótese de o Conselho de Administração considerar que a divulgação da ata possa pôr em risco interesse legítimo da empresa estatal, apenas o seu extrato será divulgado.

§ 6º. A restrição de que trata o § 5º não será oponível aos órgãos de controle, que terão total e irrestrito acesso ao conteúdo das atas do Comitê de Auditoria Estatutário, observada a transferência de sigilo.

§ 7º. O Comitê de Auditoria Estatutário deveria possuir autonomia operacional e dotação orçamentária, anual ou por projeto, nos limites aprovados pelo Conselho de Administração, para conduzir ou determinar a realização de consultas, avaliações e investigações relacionadas às suas atividades, inclusive com a contratação e a utilização de especialistas externos independentes.

§ 8º. A remuneração dos membros do Comitê de Auditoria Estatutário será fixada pela assembleia geral, em montante não inferior à remuneração dos Conselheiros Fiscais.

§ 9º. Os membros do Conselho de Administração poderão ocupar cargo no Comitê de Auditoria Estatutário da própria empresa, desde que optem pela remuneração de membro do referido Comitê.

Art. 39. O Comitê de Auditoria Estatutário, eleito e destituído pelo Conselho de Administração, será integrado por, no mínimo, três membros e, no máximo, cinco membros.

§ 1º. São condições mínimas para integrar o Comitê de Auditoria Estatutário:

I – não ser ou ter sido, nos doze meses anteriores à nomeação para o Comitê:

a) Diretor, empregado ou membro do Conselho Fiscal da empresa estatal ou de sua controladora, subsidiária, coligada ou sociedade em controle comum, direta ou indireta; e

b) responsável técnico, Diretor, gerente, supervisor ou qualquer outro integrante com função de gerência de equipe envolvida nos trabalhos de auditoria na empresa estatal;

II – não ser cônjuge ou parente consanguíneo ou afim ou por adoção, até o segundo grau, das pessoas referidas no inciso I;

III – não receber qualquer outro tipo de remuneração da empresa estatal ou de sua controladora, subsidiária, coligada ou sociedade em controle comum, direta ou indireta, que não seja aquela relativa à função de membro do Comitê de Auditoria Estatutário;

IV – não ser ou ter sido ocupante de cargo público efetivo, ainda que licenciado, ou de cargo em comissão na administração pública federal direta, nos doze meses anteriores à nomeação para o Comitê de Auditoria Estatutário; e

V – não se enquadrar nas vedações de que tratam os incisos I, IV, IX, X e XI do *caput* do art. 29.

§ 2º. O Comitê de Auditoria Estatutário será composto de modo que a maioria dos membros observe também as demais vedações de que trata o art. 29.

§ 3º. O disposto na alínea a do inciso I do § 1º não se aplica a empregado de empresa estatal não vinculada ao mesmo conglomerado estatal.

§ 4º. O disposto no inciso IV do § 1º se aplica a servidor de autarquia ou fundação que tenha atuação nos negócios da empresa estatal.

§ 5º. Os membros do Comitê de Auditoria Estatutário devem ter experiência profissional ou formação acadêmica compatível com o cargo, preferencialmente na área de contabilidade, auditoria ou no setor de atuação da empresa, devendo, no mínimo, um dos membro obrigatoriamente ter experiência profissional reconhecida em assuntos de contabilidade societária.

§ 6º. Na formação acadêmica, exige-se curso de graduação ou pós-graduação reconhecido ou credenciado pelo Ministério da Educação.

§ 7º. O atendimento às previsões deste artigo deve ser comprovado por meio de documentação mantida na sede da empresa estatal pelo prazo mínimo de cinco anos, contado do último dia de mandato do membro do Comitê de Auditoria Estatutário.

§ 8º. É vedada a existência de membro suplente no Comitê de Auditoria Estatutário.

§ 9º. O mandato dos membros do Comitê de Auditoria Estatutário será de dois ou três anos, não coincidente para cada membro, permitida uma reeleição.

§ 10. Os membros do Comitê de Auditoria Estatutário poderão ser destituídos pelo voto justificado da maioria absoluta do Conselho de Administração.

§ 11. O Conselho de Administração poderá convidar membros do Comitê de Auditoria Estatutário para assistir às suas reuniões, sem direito a voto.

SEÇÃO XII. DO CONSELHO FISCAL

Art. 40. Além das normas previstas neste Decreto, aplicam-se aos membros do Conselho Fiscal da empresa estatal o disposto na Lei 6.404, de 1976, inclusive quanto a seus poderes, deveres e responsabilidades, a requisitos e impedimentos para a investidura e a remuneração.

§ 1º. É vedado o pagamento de participação no lucro da empresa para os membros do Conselho Fiscal e o pagamento de remuneração a esses membros em montante superior ao pago para os Conselheiros de Administração.

§ 2º. O Conselho Fiscal contará com, no mínimo, um membro indicado pelo Ministério da Fazenda, como representante do

Tesouro Nacional, que deverá ser servidor público com vínculo permanente com a administração pública federal.

Art. 41. Os Conselheiros Fiscais das empresas estatais deverão atender os seguintes critérios:

I – ser pessoa natural, residente no País e de reputação ilibada;

II – ter formação acadêmica compatível com o exercício da função;

III – ter experiência mínima de três anos em cargo de:

a) direção ou assessoramento na administração pública, direta ou indireta; ou

b) Conselheiro Fiscal ou administrador em empresa;

IV – não se enquadrar nas vedações de que tratam os incisos I, IV, IX, X e XI do *caput* do art. 29;

V – não se enquadrar nas vedações de que trata o art. 147 da Lei nº 6.404, de 1976; e

VI – não ser ou ter sido membro de órgão de administração nos últimos vinte e quatro meses e não ser empregado da empresa estatal ou de sua subsidiária, ou do mesmo grupo, ou ser cônjuge ou parente, até terceiro grau, de administrador da empresa estatal.

§ 1º. A formação acadêmica deverá contemplar curso de graduação ou pós-graduação reconhecido ou credenciado pelo Ministério da Educação.

§ 2º. As experiências mencionadas em alíneas distintas do inciso III do *caput* não poderão ser somadas para a apuração do tempo requerido.

§ 3º. As experiências mencionadas em uma mesma alínea do inciso III do *caput* poderão ser somadas para apuração do tempo requerido, desde que relativas a períodos distintos.

§ 4º. O disposto no inciso VI do *caput* não se aplica aos empregados da empresa estatal controladora, ainda que sejam integrantes de seus órgãos de administração, quando inexistir grupo de sociedades formalmente constituído.

§ 5º. Aplica-se o disposto neste artigo aos Conselheiros Fiscais das empresas estatais, inclusive aos representante dos minoritários, e às indicações da União ou das empresas estatais em suas participações minoritárias em empresas estatais de outros entes federativos.

SEÇÃO XIII. DO TREINAMENTO E DO SEGURO DE RESPONSABILIDADE

Art. 42. Os administradores e Conselheiros Fiscais das empresas estatais, inclusive os representantes de empregados e minoritários, devem participar, na posse e anualmente, de treinamentos específicos disponibilizados pela empresa estatal sobre:

I – legislação societária e de mercado de capitais;

II – divulgação de informações;

III – controle interno;

IV – código de conduta;

V – Lei nº 12.846, de 1º de agosto de 2013; e

VI – demais temas relacionados às atividades da empresa estatal.

Parágrafo único. É vedada a recondução do administrador ou do Conselheiro Fiscal que não participar de nenhum treinamento anual disponibilizado pela empresa nos últimos dois anos.

Art. 43. O estatuto da empresa estatal poderá dispor sobre a contratação de seguro de responsabilidade civil pelos administradores.

CAPÍTULO III. DA FUNÇÃO SOCIAL DA EMPRESA ESTATAL

Art. 44. A empresa estatal terá a função social de realização do interesse coletivo ou de atendimento a imperativo da segurança nacional expressa no instrumento de autorização legal para a sua criação.

§ 1º. A realização do interesse coletivo de que trata este artigo deverá ser orientada para o alcance do bem-estar econômico e para a alocação socialmente eficiente dos recursos geridos pela empresa estatal, e também para:

I – a ampliação economicamente sustentada do acesso de consumidores aos produtos e serviços da empresa estatal; ou

II – o desenvolvimento ou o emprego de tecnologia brasileira para produção e oferta de produtos e serviços da empresa estatal, sempre de maneira economicamente justificada.

§ 2º. A empresa estatal deverá, nos termos da lei, adotar práticas de sustentabilidade ambiental e de responsabilidade social corporativa compatíveis com o mercado em que atua.

§ 3º. A empresa estatal poderá celebrar instrumentos de convênio quando observados os seguintes parâmetros cumulativos:

I – a convergência de interesses entre as partes;

II – a execução em regime de mútua cooperação;

III – o alinhamento com a função social de realização do interesse coletivo;

IV – a análise prévia da conformidade do convênio com a política de transações com partes relacionadas;

V – a análise prévia do histórico de envolvimento com corrupção ou fraude, por parte da instituição beneficiada, e da existência de controles e políticas de integridade na instituição; e

VI – a vedação de celebrar convênio com dirigente de partido político, titular de mandato eletivo, empregado ou administrador da empresa estatal, ou com seus parentes consanguíneos ou afins até o terceiro grau, e também com pessoa jurídica cujo proprietário ou administrador seja uma dessas pessoas.

§ 4º. Além do disposto no § 3º, a celebração de convênio ou contrato de patrocínio deverá observar os seguintes parâmetros cumulativos adicionais:

I – a destinação para promoção de atividades culturais, sociais, esportivas, educacionais e de inovação tecnológica;

II – a vinculação ao fortalecimento da marca da empresa estatal; e

III – a aplicação, no que couber, da legislação de licitações e contratos.

CAPÍTULO IV. DA FISCALIZAÇÃO PELO ESTADO E PELA SOCIEDADE

Art. 45. Os órgãos de controle externo e interno da União fiscalizarão as empresas estatais, inclusive aquelas domiciliadas no exterior, quanto à legitimidade, à economicidade e à eficácia da aplicação de seus recursos, sob o ponto de vista contábil, financeiro, operacional e patrimonial.

§ 1º. Para a realização da atividade fiscalizatória de que trata o *caput*, os órgãos de controle deverão ter acesso irrestrito aos documentos e às informações necessários à realização dos trabalhos, inclusive aqueles classificados como sigilosos pela empresa estatal, nos termos da Lei nº 12.527, de 2011.

§ 2º. O grau de confidencialidade será atribuído pelas empresas estatais no ato de entrega dos documentos e das informações solicitados, tornando-se o órgão de controle com o qual foi compartilhada a informação sigilosa corresponsável pela manutenção do seu sigilo.

§ 3º. Os atos de fiscalização e de controle dispostos neste CAPÍTULO serão aplicados, também, às empresas estatais transnacionais no que se refere aos atos de gestão e de aplicação do capital nacional, independentemente de estarem incluídos ou não em seus atos e acordos constitutivos.

Art. 46. As informações das empresas estatais relativas a licitações e contratos, inclusive aqueles referentes a bases de preços, constarão de bancos de dados eletrônicos atualizados e com acesso em tempo real aos órgãos de controle externo e interno da União.

§ 1º. As demonstrações contábeis auditadas da empresa estatal serão disponibilizadas no sítio eletrônico da empresa na internet, inclusive em formato eletrônico editável.

§ 2º. As atas e os demais expedientes oriundos de reuniões, ordinárias ou extraordinárias, dos Conselhos de Administração ou Fiscal das empresas estatais, inclusive gravações e filmagens, quando houver, deverão ser disponibilizados para os órgãos de controle sempre que solicitados, no âmbito dos trabalhos de auditoria.

§ 3º. O acesso dos órgãos de controle às informações referidas neste CAPÍTULO será restrito e individualizado.

§ 4º. As informações que sejam revestidas de sigilo bancário, estratégico, comercial ou industrial serão assim identificadas, respondendo o servidor responsável pela atividade fiscalizatória administrativa, civil e penalmente pelos danos causados à empresa estatal e a seus acionistas em razão de eventual divulgação indevida.

§ 5º. Os critérios para a definição do que deve ser considerado sigilo estratégico, comercial ou industrial serão estabelecidos em Decreto específico.

Art. 47. O controle das despesas decorrentes dos contratos e dos demais instrumentos regidos pela Lei nº 13.303, de 2016, será feito pelos órgãos de controle externo e interno da União, na forma da legislação pertinente, ficando as empresas estatais responsáveis pela demonstração da legalidade e da regularidade da despesa e da execução, nos termos da Constituição.

§ 1º. Qualquer cidadão é parte legítima para impugnar edital de licitação por irregularidade quanto à aplicação do disposto na Lei nº 13.303, de 2016, devendo protocolar o pedido no prazo de cinco dias úteis anteriores à data fixada para a ocorrência do certame, devendo a entidade julgar e responder à impugnação no prazo de três dias úteis, sem prejuízo do disposto no § 2º.

§ 2º. Qualquer licitante, contratado ou pessoa física ou jurídica poderá representar aos órgãos de controle externo e interno da União contra irregularidades quanto à aplicação do disposto neste Decreto.

§ 3º. Os órgãos de controle externo e interno da União poderão solicitar para exame, a qualquer tempo, documentos de natureza contábil, financeira, orçamentária, patrimonial e operacional das empresas estatais sediadas no País e no exterior, obrigando-se os jurisdicionados à adoção das medidas corretivas pertinentes que, em função desse exame, lhes forem determinadas.

Art. 48. As empresas estatais deverão disponibilizar para conhecimento público, por meio eletrônico, informação completa, atualizada mensalmente, sobre a execução de seus contratos e de seu orçamento, admitindo-se retardo de até dois meses para a divulgação das informações.

§ 1º. A disponibilização de informações contratuais referentes a operações de perfil estratégico ou que tenham por objeto segredo industrial receberá proteção mínima necessária para lhes garantir a confidencialidade.

§ 2º. O disposto no § 1º não será oponível à fiscalização dos órgãos de controle externo e interno da União, sem prejuízo da responsabilização administrativa, civil e penal do servidor que der causa à eventual divulgação dessas informações.

Art. 49. O exercício da supervisão feita pelo Ministério ao qual a empresa estatal esteja vinculada não pode ensejar a redução ou a supressão da autonomia conferida pela lei específica que autorizou a criação da empresa estatal supervisionada ou da autonomia inerente a sua natureza, nem autoriza a ingerência do Ministério supervisor em sua administração e seu funcionamento, devendo a supervisão ser exercida nos limites da legislação aplicável, com foco na realização de políticas públicas transparentes e em harmonia com o objeto social da empresa estatal vinculada e com as diretrizes do Plano Plurianual.

Art. 50. As ações e deliberações do Tribunal de Contas da União, do Ministério da Transparência, Fiscalização e Controladoria-Geral da União – CGU e do Ministério supervisor ao qual a empresa estatal esteja vinculada não podem implicar interferência na gestão das empresas estatais nem ingerência no exercício de suas competências ou na definição da forma de execução das políticas públicas setoriais.

CAPÍTULO V. DO TRATAMENTO DIFERENCIADO PARA EMPRESAS ESTATAIS DE MENOR PORTE

Art. 51. A empresa estatal de menor porte terá tratamento diferenciado apenas quanto aos itens previstos neste Capítulo.

§ 1º. Considera-se empresa de menor porte aquela que tiver apurado receita operacional bruta inferior a R$ 90.000.000,00 (noventa milhões de reais) com base na última demonstração contábil anual aprovada pela assembleia geral.

§ 2º. Para fins da definição como empresa estatal de menor porte, o valor da receita operacional bruta:

I – das subsidiárias será considerado para definição do enquadramento da controladora; e

II – da controladora e das demais subsidiárias não será considerado para definição da classificação de cada subsidiária.

§ 3º. A empresa estatal de menor porte que apurar, nos termos dos § 1º e § 2º, receita operacional bruta igual ou superior a R$ 90.000.000,00 (noventa milhões de reais) terá o tratamento diferenciado cancelado e deverá promover os ajustes necessários no prazo de até um ano, contado do primeiro dia útil do ano imediatamente posterior ao do exercício social em que houver excedido aquele limite.

Art. 52. O Conselho de Administração terá, no mínimo, três Conselheiros e poderá contar com um membro independente, desde que haja previsão estatutária.

Art. 53. A Diretoria-Executiva terá, no mínimo, dois Diretores.

Parágrafo único. Fica dispensada a exigência de requisito adicional para o exercício do cargo de Diretor a que se refere o inciso II do *caput* do art. 24.

Art. 54. Os administradores deverão atender obrigatoriamente os seguintes critérios:

I – os requisitos estabelecidos no art. 28, com metade do tempo de experiência previsto em seu inciso IV; e

II – as vedações de que tratam os incisos I, IV, IX, X e XI do *caput* do art. 29.

Art. 55. A representação dos acionistas minoritários no Conselho de Administração observará integralmente o disposto na Lei nº 6.404, de 1976.

Art. 56. Os Conselheiros Fiscais deverão atender os seguintes critérios obrigatórios:

I – ser pessoa natural, residente no País e de reputação ilibada;

II – ter graduação em curso superior reconhecido pelo Ministério da Educação;

III – ter experiência mínima de três anos, em pelo menos uma das seguintes funções:

a) direção ou assessoramento na administração pública federal, direta ou indireta;

b) Conselheiro Fiscal ou administrador em empresa;

c) membro de comitê de auditoria em empresa; e

d) cargo gerencial em empresa;

IV – não se enquadrar nas vedações de que tratam os incisos I, IV, IX, X e XI do *caput* do art. 29; e

V – não ser ter sido membro de órgãos de administração nos últimos vinte e quatro meses e não ser empregado da empresa estatal, de sociedade controlada ou do mesmo grupo, nem ser cônjuge ou parente, até terceiro grau, de administrador da empresa estatal.

§ 1º. As experiências mencionadas em alíneas distintas do inciso III do *caput* não poderão ser somadas para a apuração do tempo requerido.

§ 2º. As experiências mencionadas nas alíneas do inciso III do *caput* poderão ser somadas para apuração do tempo requerido, desde que relativas a períodos distintos.

§ 3º. O disposto no inciso V do *caput* não se aplica a empregado da empresa estatal controladora quando inexistir grupo econômico formalmente constituído.

Art. 57. São condições mínimas para integrar o Comitê de Auditoria Estatutário:

I – não ser ou ter sido, nos doze meses anteriores à nomeação para o Comitê:

a) Diretor ou membro do Conselho Fiscal da empresa estatal ou de sua controladora, subsidiária, coligada ou sociedade em controle comum, direta ou indireta; e

b) responsável técnico, Diretor, gerente, supervisor ou qualquer outro integrante com função de gerência de equipe envolvida nos trabalhos de auditoria na empresa estatal;

II – não ser cônjuge ou parente consanguíneo ou afim, até o segundo grau ou por adoção, das pessoas referidas no inciso I;

III – não se enquadrar nas vedações de que tratam os incisos I, IV, IX, X e XI do *caput* do art. 29; e

IV – ter experiência profissional e formação acadêmica, de que tratam os § 5º e § 6º do art. 39.

CAPÍTULO VI. DISPOSIÇÕES FINAIS

Art. 58. O disposto nos arts. 54 e 56 aplica-se às indicações da União ou das empresas estatais em suas participações minoritárias em empresas privadas.

Parágrafo único. As empresas estatais poderão prever critérios adicionais para as suas indicações em suas participações minoritárias em empresas privadas.

Art. 59. O Ministério do Planejamento, Desenvolvimento e Gestão manterá banco de dados público e gratuito, disponível na internet, com a relação das empresas estatais federais.

Parágrafo único. As empresas estatais deverão manter seus dados integral e constantemente atualizados no Sistema de Informações das Empresas Estatais – SIEST.

Art. 60. As despesas com publicidade e patrocínio da empresa estatal não ultrapassarão, em cada exercício, o limite de cinco décimos por cento da receita operacional bruta do exercício anterior, com base nas demonstrações contábeis consolidadas do conglomerado estatal.

§ 1º. O limite disposto no *caput* poderá ser ampliado até o limite de dois por cento da receita bruta do exercício anterior, por proposta da Diretoria, justificada com base em parâmetros de mercado do setor específico de atuação da estatal, e aprovada pelo Conselho de Administração da empresa pública ou da sociedade de economia mista.

§ 2º. É vedado à empresa estatal realizar, em ano de eleições federais, despesas com publicidade e patrocínio que excedam a média dos gastos nos três últimos anos que antecedem o pleito ou no último ano imediatamente anterior à eleição.

Art. 61. Aplicam-se às empresas estatais as sanções estabelecidas na Lei nº 12.846, de 2013, exceto aquelas previstas nos incisos II, III e IV do *caput* do art. 19 da referida Lei.

Art. 62. A investidura em cargo estatutário observará os requisitos e as vedações vigentes na data da posse ou da eleição, no caso de Conselheiro Fiscal.

§ 1º. A recondução ou a troca de Diretoria enseja novo ato de posse ou nova eleição, devendo ser considerados os requisitos vigentes no momento da nova posse ou da nova eleição.

§ 2º. Para os fins deste Decreto, as indicações de administradores e de Conselheiros fiscais considerarão:

I – compatível a formação acadêmica preferencialmente em:

a) Administração ou Administração Pública;

b) Ciências Atuariais;

c) Ciências Econômicas;

d) Comércio Internacional;

e) Contabilidade ou Auditoria;

f) Direito;

g) Engenharia;

h) Estatística;

i) Finanças;

j) Matemática; e

k) curso aderente à área de atuação da empresa para a qual foi indicado;

II – incompatível a experiência em cargo eletivo equivalente a cargo em comissão equivalente nível 4 ou superior do Grupo DAS, ou conexo à área de atuação das empresas estatais; e

III – compatível a experiência em cargo de Ministro, Secretário Estadual, Secretário Distrital, Secretário Municipal, ou Chefe de Gabinete desses cargos, da Presidência da República e dos Chefes de outros Poderes equivalente a cargo em comissão do Grupo-DAS de nível 4 ou superior.

§ 3º. A formação acadêmica deverá contemplar curso de graduação ou pós-graduação reconhecido ou credenciado pelo Ministério da Educação.

CAPÍTULO VII. DISPOSIÇÕES TRANSITÓRIAS

Art. 63. As adaptações requeridas neste Decreto prescindem de alteração da legislação específica sobre a empresa estatal, ainda que essa contenha dispositivo que conflite com o disposto na Lei nº 13.303, de 2016.

Art. 64. As empresas estatais deverão adequar os seus estatutos sociais ao disposto neste Decreto até 30 de junho de 2018, se não fixado prazo inferior pelo CGPAR.

§ 1º. Enquanto os estatutos sociais não forem alterados para constituir o comitê de elegibilidade de que trata o art. 21, as empresas estatais deverão instituir, no prazo de até quinze dias, contado da data de entrada em vigor deste Decreto, comissão interna, transitória e não estatutária, para exercer temporariamente as competências de que trata o inciso I do *caput* do art. 21.

§ 1º. Enquanto os estatutos sociais não forem alterados para constituir o Comitê de Auditoria Estatutário de que trata o art. 38, as empresas estatais poderão instituir colegiado equivalente, transitório e não estatutário, para exercer temporariamente as competências estabelecidas no art. 38, independentemente da observância ao disposto nos § 1º e § 2º do referido artigo.

Art. 65. O Conselho de Administração ou, se não houver, a assembleia geral, deverá estipular calendário para o cumprimento integral do disposto neste Decreto em relação aos itens que prescindem de alteração estatutária.

Art. 66. Os administradores e os Conselheiros Fiscais empossados até 30 de junho de 2016 poderão permanecer no exercício de seus mandatos ou manter os prazos de gestão atuais até o fim dos respectivos prazos, exceto se houver decisão em contrário da assembleia geral ou do Conselho de Administração da empresa estatal.

§ 1º. A adaptação ao prazo de gestão e de atuação fixado nos incisos VI, VII e IX do *caput* do art. 24 poderá ser efetivada ao final da gestão e da atuação dos membros eleitos ou até 30 de junho de 2018, o que ocorrer primeiro.

§ 2º. O limite de recondução a que se referem os incisos VI, VII e IX do *caput* do art. 24 somente será considerado para os prazos de gestão ou de atuação iniciados após 30 de junho de 2016.

Art. 67. A empresa estatal cujo Conselho de Administração tiver mais de onze membros deverá deixar os cargos excedentes vagos quando houver desligamento de Conselheiro indicado pelo acionista controlador.

Art. 68. A sociedade de economia mista de capital fechado poderá resgatar a totalidade das ações de seu capital que sejam detidas pelos demais acionistas, com base no valor de patrimônio líquido constante do último balanço aprovado pela assembleia geral, transformando-se em empresa pública.

Art. 69. O conglomerado estatal que tiver duas ou mais subsidiárias, com estruturas administrativas próprias e mesmos objetos sociais, deverá avaliar a necessidade de manutenção dessas estruturas, por meio de deliberação do Conselho de Administração da empresa estatal controladora.

Art. 70. O Código de Conduta da Alta Administração Federal deverá ser alterado até 30 de junho de 2018, por meio de proposta da Comissão de Ética Pública da Presidência da República, para:

I – vedar a divulgação, sem autorização do órgão competente da empresa estatal, de informação que possa causar impacto na cotação dos títulos da empresa estatal e em suas relações com o mercado ou com os consumidores e fornecedores; e

II – dispor sobre normas de conduta e integridade.

Art. 71. O regime de licitação e contratação da Lei nº 13.303, de 2016, é autoaplicável, exceto quanto a:

I – procedimentos auxiliares das licitações, de que tratam os art. 63 a art. 67 da Lei nº 13.303, de 2016;

II – procedimento de manifestação de interesse privado para o recebimento de propostas e projetos de empreendimentos, de que trata o § 4º do art. 31 da Lei nº 13.303, de 2016;

III – etapa de lances exclusivamente eletrônica, de que trata o § 4º da art. 32 da Lei nº 13.303, de 2016;

IV – preparação das licitações com matriz de riscos, de que trata o inciso X do *caput* do art. 42 da Lei nº 13.303, de 2016;

V – observância da política de transações com partes relacionadas, a ser elaborada, de que trata o inciso V do *caput* do art. 32 da Lei nº 13.303, de 2016; e

VI – disponibilização na internet do conteúdo informacional requerido nos art. 32, § 3º, art. 39, art. 40 e art. 48 da Lei nº 13.303, de 2016.

§ 1º. A empresa estatal deverá editar regulamento interno de licitações e contratos até o dia 30 de junho de 2018, que deverá dispor sobre o estabelecido nos incisos do *caput*, os níveis de alçada decisória e a tomada de decisão, preferencialmente de forma colegiada, e ser aprovado pelo Conselho de Administração da empresa, se houver, ou pela assembleia geral.

§ 2º. É permitida a utilização da legislação anterior para os procedimentos licitatórios e contratos iniciados ou celebrados até a edição do regulamento interno referido no § 1º ou até o dia 30 de junho de 2018, o que ocorrer primeiro.

Art. 72. Fica criada a Assembleia Geral:

I – no Banco Nacional de Desenvolvimento – BNDES;

II – na Caixa Econômica Federal;

III – na Casa da Moeda do Brasil;

IV – na Empresa de Tecnologia e Informações da Previdência Social – Dataprev;

V – na Empresa Brasileira de Pesquisa Agropecuária – Embrapa;

VI – na Empresa Gestora de Ativos – Emgea;

VII – na Empresa Gerencial de Projetos Navais – Emgepron;

VIII – na Financiadora de Estudos e Projetos – Finep;

IX – no Hospital de Clínicas de Porto Alegre;

X – na Indústria de Material Bélico do Brasil – Imbel;

XI – na Empresa de Pesquisa Energética – EPE; (Redação dada pela pelo Decreto nº 9.361, de 2018).

XII – no Serviço Federal de Processamento de Dados - Serpro; (Redação dada pelo Decreto nº 9.361, de 2018)

XIII – na Empresa Brasileira de Hemoderivados e Biotecnologia - Hemobrás; e (Incluído pelo Decreto nº 9.361, de 2018)

XIV – na Empresa Brasileira de Serviços Hospitalares - EBSERH. (Incluído pelo Decreto nº 9.361, de 2018)

Parágrafo único. As assembleias gerais criadas na forma do *caput* possuem as competências da Lei nº 6.404, de 1976, e poderão inclusive aprovar alterações no estatuto social da empresa estatal.

Art. 73. Fica a União dispensada de adquirir ações e de exercer o direito de preferência para a subscrição de ações em aumentos de capital de empresas em que possua participação acionária minoritária.

§ 1º. Para as participações acionárias minoritárias vinculadas a acordo de acionistas ou em coligadas, o disposto no *caput* depende de autorização do Ministro de Estado da Fazenda, ouvida a Secretaria do Tesouro Nacional.

§ 2º. Para as demais participações minoritárias da União, fica também dispensada a manifestação da União sobre os assuntos a serem deliberados pelas assembleias gerais de acionistas, exceto para exercer o direito de eleger membros de órgãos estatutários.

Art. 74. O Decreto nº 2.673, de 16 de julho de 1998, passa a vigorar com as seguintes alterações:

"Art. 2º (...)

Parágrafo único. O disposto no *caput* não se aplica aos recursos que vierem a ser transferidos pela União ou depositados por acionistas minoritários a partir de 1º de janeiro de 2017, para fins de aumento do capital de empresa ou de sociedade cujo capital social seja constituído de recursos provenientes exclusivamente do setor público, cujo montante efetivamente investido deverá ser capitalizado até a data limite da aprovação das contas do exercício em que ocorrer a transferência."

"Art. 3º Observado o limite mínimo referido no art. 1º, o Procurador da Fazenda Nacional, nas assembleias de acionistas das sociedades de economia mista e das demais entidades controladas diretamente pela União, somente se manifestará sobre a proposta de destinação do lucro líquido do exercício quando expressamente autorizado pelo Ministro de Estado da Fazenda, à vista do pronunciamento da Secretaria do Tesouro Nacional e da Secretaria de Coordenação e Controle das Empresas Estatais, ressalvado quanto à constituição de reservas obrigatórias por lei ou pelo estatuto social."

Art. 75. O Decreto nº 1.091, de 21 de março de 1994, passa a vigorar com as seguintes alterações:

"Art. 2º (...)

Parágrafo único. O disposto no *caput* não se aplica aos bancos de investimentos, às empresas de participações e às empresas sediadas no exterior."

Art. 76. O Decreto nº 2.594, de 15 de maio de 1998, passa a vigorar com as seguintes alterações:

"Art. 41. Os pagamentos para aquisição de bens e direitos no âmbito do PND serão realizados por meio de moeda corrente.

Parágrafo único. O Presidente da República, por recomendação do CND, poderá autorizar outros meios de pagamento, no âmbito do PND."

Art. 77. O Anexo I ao Decreto nº 8.818, de 21 de julho de 2016, passa a vigorar as seguintes alterações:

"Art. 40. (...)

(...)

VI – (...)

(...)

h) custeio de benefício de assistência à saúde;

i) remuneração dos administradores, liquidantes e Conselheiros e a participação dos dirigentes nos lucros ou nos resultados das empresas;

j) constituição de subsidiária sediada no exterior, inclusive por meio de aquisição ou assunção de controle acionário majoritário; e

k) celebração de acordo de acionistas que contenha cláusulas que permitam, de qualquer forma, a assunção da maioria do capital votante por empresas estatais;

(...)

XI – acompanhar patrocínio dos planos de benefícios previdenciários das empresas estatais;

XII – instruir o voto da União em assembleia geral sobre a fixação da remuneração dos Diretores das empresas estatais federais, inclusive honorários mensais, benefícios e remuneração variável, observado o disposto no art. 16 da Lei nº 13.303, de 30 de junho de 2016, e as diretrizes da CGPAR; e

XIII – solicitar a elaboração e acompanhar a execução de planos de ação para melhoria da gestão e da eficiência das empresas estatais."

Art. 78. Ficam revogados:

I – o art. 44 do Decreto nº 2.594, de 15 de maio de 1998;

II – art. 6º do Decreto nº 1.068, de 2 de março de 1994;

III – o Decreto nº 757, de 19 de fevereiro de 1993; e

IV – o parágrafo único do art. 40 do Anexo I ao Decreto nº 8.818, de 21 de julho de 2016.

Art. 79. Este Decreto entra em vigor na data de sua publicação.

Brasília, 27 de dezembro de 2016; 195º da Independência e 128º da República.

MICHEL TEMER

Publicado D.O.U. de 28.12.2016; rep. 04.01.2017.

LEI Nº 13.445, DE 24 DE MAIO DE 2017

Institui a Lei de Migração.

- *Lei de Migração*
- DOU: 25.5.2017.
- Vigência: 180 dias de sua publicação oficial (25.05.2017.)
- Regulamento: Decreto nº 9.199/2017.
- Vide Lei 13.684/2018.

O PRESIDENTE DA REPÚBLICA. Faço saber que o Congresso Nacional decreta e eu sanciono a seguinte Lei:

CAPÍTULO I DISPOSIÇÕES PRELIMINARES

SEÇÃO I DISPOSIÇÕES GERAIS

Art. 1º Esta Lei dispõe sobre os direitos e os deveres do migrante e do visitante, regula a sua entrada e estada no País e estabelece princípios e diretrizes para as políticas públicas para o emigrante.

§ 1º Para os fins desta Lei, considera-se:

I – (Vetado);

II – imigrante: pessoa nacional de outro país ou apátrida que trabalha ou reside e se estabelece temporária ou definitivamente no Brasil;

III – emigrante: brasileiro que se estabelece temporária ou definitivamente no exterior;

IV – residente fronteiriço: pessoa nacional de país limítrofe ou apátrida que conserva a sua residência habitual em município fronteiriço de país vizinho;

V – visitante: pessoa nacional de outro país ou apátrida que vem ao Brasil para estadas de curta duração, sem pretensão de se estabelecer temporária ou definitivamente no território nacional;

VI – apátrida: pessoa que não seja considerada como nacional por nenhum Estado, segundo a sua legislação, nos termos da Convenção sobre o Estatuto dos Apátridas, de 1954, promulgada pelo Decreto

n. 4.246, de 22 de maio de 2002, ou assim reconhecida pelo Estado brasileiro.

§ 2º (Vetado).

Art. 2º Esta Lei não prejudica a aplicação de normas internas e internacionais específicas sobre refugiados, asilados, agentes e pessoal diplomático ou consular, funcionários de organização internacional e seus familiares.

SEÇÃO II
DOS PRINCÍPIOS E DAS GARANTIAS

Art. 3º A política migratória brasileira rege-se pelos seguintes princípios e diretrizes:

I – universalidade, indivisibilidade e interdependência dos direitos humanos;
II – repúdio e prevenção à xenofobia, ao racismo e a quaisquer formas de discriminação;
III – não criminalização da migração;
IV – não discriminação em razão dos critérios ou dos procedimentos pelos quais a pessoa foi admitida em território nacional;
V – promoção de entrada regular e de regularização documental;
VI – acolhida humanitária;
VII – desenvolvimento econômico, turístico, social, cultural, esportivo, científico e tecnológico do Brasil;
VIII – garantia do direito à reunião familiar;
IX – igualdade de tratamento e de oportunidade ao migrante e a seus familiares;
X – inclusão social, laboral e produtiva do migrante por meio de políticas públicas;
XI – acesso igualitário e livre do migrante a serviços, programas e benefícios sociais, bens públicos, educação, assistência jurídica integral pública, trabalho, moradia, serviço bancário e seguridade social;
XII – promoção e difusão de direitos, liberdades, garantias e obrigações do migrante;
XIII – diálogo social na formulação, na execução e na avaliação de políticas migratórias e promoção da participação cidadã do migrante;
XIV – fortalecimento da integração econômica, política, social e cultural dos povos da América Latina, mediante constituição de espaços de cidadania e de livre circulação de pessoas;
XV – cooperação internacional com Estados de origem, de trânsito e de destino de movimentos migratórios, a fim de garantir efetiva proteção aos direitos humanos do migrante;
XVI – integração e desenvolvimento das regiões de fronteira e articulação de políticas públicas regionais capazes de garantir efetividade aos direitos do residente fronteiriço;
XVII – proteção integral e atenção ao superior interesse da criança e do adolescente migrante;
XVIII – observância ao disposto em tratado;
XIX – proteção ao brasileiro no exterior;
XX – migração e desenvolvimento humano no local de origem, como direitos inalienáveis de todas as pessoas;
XXI – promoção do reconhecimento acadêmico e do exercício profissional no Brasil, nos termos da lei; e
XXII – repúdio a práticas de expulsão ou de deportação coletivas.

Art. 4º Ao migrante é garantida no território nacional, em condição de igualdade com os nacionais, a inviolabilidade do direito à vida, à liberdade, à igualdade, à segurança e à propriedade, bem como são assegurados:

I – direitos e liberdades civis, sociais, culturais e econômicos;
II – direito à liberdade de circulação em território nacional;
III – direito à reunião familiar do migrante com seu cônjuge ou companheiro e seus filhos, familiares e dependentes;
IV – medidas de proteção a vítimas e testemunhas de crimes e de violações de direitos;
V – direito de transferir recursos decorrentes de sua renda e economias pessoais a outro país, observada a legislação aplicável;
VI – direito de reunião para fins pacíficos;
VII – direito de associação, inclusive sindical, para fins lícitos;
VIII – acesso a serviços públicos de saúde e de assistência social e à previdência social, nos termos da lei, sem discriminação em razão da nacionalidade e da condição migratória;
IX – amplo acesso à justiça e à assistência jurídica integral gratuita aos que comprovarem insuficiência de recursos;
X – direito à educação pública, vedada a discriminação em razão da nacionalidade e da condição migratória;
XI – garantia de cumprimento de obrigações legais e contratuais trabalhistas e de aplicação das normas de proteção ao trabalhador, sem discriminação em razão da nacionalidade e da condição migratória;
XII – isenção das taxas de que trata esta Lei, mediante declaração de hipossuficiência econômica, na forma de regulamento;
XIII – direito de acesso à informação e garantia de confidencialidade quanto aos dados pessoais do migrante, nos termos da Lei n. 12.527, de 18 de novembro de 2011;
XIV – direito a abertura de conta bancária;
XV – direito de sair, de permanecer e de reingressar em território nacional, mesmo enquanto pendente pedido de autorização de residência, de prorrogação de estada ou de transformação de visto em autorização de residência; e
XVI – direito do imigrante de ser informado sobre as garantias que lhe são asseguradas para fins de regularização migratória.

§ 1º Os direitos e as garantias previstos nesta Lei serão exercidos em observância ao disposto na Constituição Federal, independentemente da situação migratória, observado o disposto no § 4º deste artigo, e não excluem outros decorrentes de tratado de que o Brasil seja parte.

§§ 2º a 4º (Vetados).

CAPÍTULO II
DA SITUAÇÃO DOCUMENTAL DO MIGRANTE E DO VISITANTE

SEÇÃO I
DOS DOCUMENTOS DE VIAGEM

Art. 5º São documentos de viagem:

I – passaporte;
II – *laissez-passer*;
III – autorização de retorno;
IV – salvo-conduto;
V – carteira de identidade de marítimo;
VI – carteira de matrícula consular;
VII – documento de identidade civil ou documento estrangeiro equivalente, quando admitidos em tratado;
VIII – certificado de membro de tripulação de transporte aéreo; e
IX – outros que vierem a ser reconhecidos pelo Estado brasileiro em regulamento.

§ 1º Os documentos previstos nos incisos I, II, III, IV, V, VI e IX, quando emitidos pelo Estado brasileiro, são de propriedade da União, cabendo a seu titular a posse direta e o uso regular.

§ 2º As condições para a concessão dos documentos de que trata o § 1º serão previstas em regulamento.

SEÇÃO II
DOS VISTOS

SUBSEÇÃO I
DISPOSIÇÕES GERAIS

Art. 6º O visto é o documento que dá a seu titular expectativa de ingresso em território nacional.

Parágrafo único. (Vetado).

Art. 7º O visto será concedido por embaixadas, consulados-gerais, consulados, vice-consulados e, quando habilitados pelo órgão competente do Poder Executivo, por escritórios comerciais e de representação do Brasil no exterior.

Parágrafo único. Excepcionalmente, os vistos diplomático, oficial e de cortesia poderão ser concedidos no Brasil.

Art. 8º Poderão ser cobrados taxas e emolumentos consulares pelo processamento do visto.

Art. 9º Regulamento disporá sobre:

I – requisitos de concessão de visto, bem como de sua simplificação, inclusive por reciprocidade;
II – prazo de validade do visto e sua forma de contagem;
III – prazo máximo para a primeira entrada e para a estada do imigrante e do visitante no País;
IV – hipóteses e condições de dispensa recíproca ou unilateral de visto e de taxas e emolumentos consulares por seu processamento; e
V – solicitação e emissão de visto por meio eletrônico.

Parágrafo único. A simplificação e a dispensa recíproca de visto ou de cobrança de taxas e emolumentos consulares por seu processamento poderão ser definidas por comunicação diplomática.

Art. 10. Não se concederá visto:

I – a quem não preencher os requisitos para o tipo de visto pleiteado;

II – a quem comprovadamente ocultar condição impeditiva de concessão de visto ou de ingresso no País; ou

III – a menor de 18 (dezoito) anos desacompanhado ou sem autorização de viagem por escrito dos responsáveis legais ou de autoridade competente.

Art. 11. Poderá ser denegado visto a quem se enquadrar em pelo menos um dos casos de impedimento definidos nos incisos I, II, III, IV e IX do art. 45.

Parágrafo único. A pessoa que tiver visto brasileiro denegado será impedida de ingressar no País enquanto permanecerem as condições que ensejaram a denegação.

SUBSEÇÃO II
DOS TIPOS DE VISTO

Art. 12. Ao solicitante que pretenda ingressar ou permanecer em território nacional poderá ser concedido visto:

I – de visita;
II – temporário;
III – diplomático;
IV – oficial;
V – de cortesia.

SUBSEÇÃO III
DO VISTO DE VISITA

Art. 13. O visto de visita poderá ser concedido ao visitante que venha ao Brasil para estada de curta duração, sem intenção de estabelecer residência, nos seguintes casos:

I – turismo;
II – negócios;
III – trânsito;
IV – atividades artísticas ou desportivas; e
V – outras hipóteses definidas em regulamento.

§ 1º É vedado ao beneficiário de visto de visita exercer atividade remunerada no Brasil.

§ 2º O beneficiário de visto de visita poderá receber pagamento do governo, de empregador brasileiro ou de entidade privada a título de diária, ajuda de custo, cachê, pró-labore ou outras despesas com a viagem, bem como concorrer a prêmios, inclusive em dinheiro, em competições desportivas ou em concursos artísticos ou culturais.

§ 3º O visto de visita não será exigido em caso de escala ou conexão em território nacional, desde que o visitante não deixe a área de trânsito internacional.

SUBSEÇÃO IV
DO VISTO TEMPORÁRIO

Art. 14. O visto temporário poderá ser concedido ao imigrante que venha ao Brasil com o intuito de estabelecer residência por tempo determinado e que se enquadre em pelo menos uma das seguintes hipóteses:

I – o visto temporário tenha como finalidade:

a) pesquisa, ensino ou extensão acadêmica;
b) tratamento de saúde;
c) acolhida humanitária;
d) estudo;
e) trabalho;
f) férias-trabalho;
g) prática de atividade religiosa ou serviço voluntário;
h) realização de investimento ou de atividade com relevância econômica, social, científica, tecnológica ou cultural;
i) reunião familiar;
j) atividades artísticas ou desportivas com contrato por prazo determinado;

II – o imigrante seja beneficiário de tratado em matéria de vistos;

III – outras hipóteses definidas em regulamento.

§ 1º O visto temporário para pesquisa, ensino ou extensão acadêmica poderá ser concedido ao imigrante com ou sem vínculo empregatício com a instituição de pesquisa ou de ensino brasileira, exigida, na hipótese de vínculo, a comprovação de formação superior compatível ou equivalente reconhecimento científico.

§ 2º O visto temporário para tratamento de saúde poderá ser concedido ao imigrante e a seu acompanhante, desde que o imigrante comprove possuir meios de subsistência suficientes.

§ 3º O visto temporário para acolhida humanitária poderá ser concedido ao apátrida ou ao nacional de qualquer país em situação de grave ou iminente instabilidade institucional, de conflito armado, de calamidade de grande proporção, de desastre ambiental ou de grave violação de direitos humanos ou de direito internacional humanitário, ou em outras hipóteses, na forma de regulamento.

§ 4º O visto temporário para estudo poderá ser concedido ao imigrante que pretenda vir ao Brasil para frequentar curso regular ou realizar estágio ou intercâmbio de estudo ou de pesquisa.

§ 5º Observadas as hipóteses previstas em regulamento, o visto temporário para trabalho poderá ser concedido ao imigrante que venha exercer atividade laboral, com ou sem vínculo empregatício no Brasil, desde que comprove oferta de trabalho formalizada por pessoa jurídica em atividade no País, dispensada esta exigência se o imigrante comprovar titulação em curso de ensino superior ou equivalente.

§ 6º O visto temporário para férias-trabalho poderá ser concedido ao imigrante maior de 16 (dezesseis) anos que seja nacional de país que conceda idêntico benefício ao nacional brasileiro, em termos definidos por comunicação diplomática.

§ 7º Não se exigirá do marítimo que ingressar no Brasil em viagem de longo curso ou em cruzeiros marítimos pela costa brasileira o visto temporário de que trata a alínea "e" do inciso I do *caput*, bastando a apresentação da carteira internacional de marítimo, nos termos de regulamento.

§ 8º É reconhecida ao imigrante a quem se tenha concedido visto temporário para trabalho a possibilidade de modificação do local de exercício de sua atividade laboral.

§ 9º O visto para realização de investimento poderá ser concedido ao imigrante que aporte recursos em projeto com potencial para geração de empregos ou de renda no País.

§ 10. (Vetado).

SUBSEÇÃO V
DOS VISTOS DIPLOMÁTICO, OFICIAL E DE CORTESIA

Art. 15. Os vistos diplomático, oficial e de cortesia serão concedidos, prorrogados ou dispensados na forma desta Lei e de regulamento.

Parágrafo único. Os vistos diplomático e oficial poderão ser transformados em autorização de residência, o que importará cessação de todas as prerrogativas, privilégios e imunidades decorrentes do respectivo visto.

Art. 16. Os vistos diplomático e oficial poderão ser concedidos a autoridades e funcionários estrangeiros que viajem ao Brasil em missão oficial de caráter transitório ou permanente, representando Estado estrangeiro ou organismo internacional reconhecido.

§ 1º Não se aplica ao titular dos vistos referidos no *caput* o disposto na legislação trabalhista brasileira.

§ 2º Os vistos diplomático e oficial poderão ser estendidos aos dependentes das autoridades referidas no *caput*.

Art. 17. O titular de visto diplomático ou oficial somente poderá ser remunerado por Estado estrangeiro ou organismo internacional, ressalvado o disposto em tratado que contenha cláusula específica sobre o assunto.

Parágrafo único. O dependente de titular de visto diplomático ou oficial poderá exercer atividade remunerada no Brasil, sob o amparo da legislação trabalhista brasileira, desde que seja nacional de país que assegure reciprocidade de tratamento ao nacional brasileiro, por comunicação diplomática.

Art. 18. O empregado particular titular de visto de cortesia somente poderá exercer atividade remunerada para o titular de visto diplomático, oficial ou de cortesia ao qual esteja vinculado, sob o amparo da legislação trabalhista brasileira.

Parágrafo único. O titular de visto diplomático, oficial ou de cortesia será responsável pela saída de seu empregado do território nacional.

SEÇÃO III
DO REGISTRO E DA IDENTIFICAÇÃO CIVIL DO IMIGRANTE E DOS DETENTORES DE VISTOS DIPLOMÁTICO, OFICIAL E DE CORTESIA

Art. 19. O registro consiste na identificação civil por dados biográficos e biométricos, e é obrigatório a todo imigrante detentor de visto temporário ou de autorização de residência.

§ 1º O registro gerará número único de identificação que garantirá o pleno exercício dos atos da vida civil.

§ 2º O documento de identidade do imigrante será expedido com base no número único de identificação.

§ 3º Enquanto não for expedida identificação civil, o documento comprobatório de que o imigrante a solicitou à autoridade competente garantirá ao titular o acesso aos direitos disciplinados nesta Lei.

Art. 20. A identificação civil de solicitante de refúgio, de asilo, de reconhecimento de apatridia e de acolhimento humanitário poderá ser realizada com a apresentação dos documentos de que o imigrante dispuser.

Art. 21. Os documentos de identidade emitidos até a data de publicação desta Lei continuarão válidos até sua total substituição.

Art. 22. A identificação civil, o documento de identidade e as formas de gestão da base cadastral dos detentores de vistos diplomático, oficial e de cortesia atenderão a disposições específicas previstas em regulamento.

CAPÍTULO III
DA CONDIÇÃO JURÍDICA DO MIGRANTE E DO VISITANTE

SEÇÃO I
DO RESIDENTE FRONTEIRIÇO

Art. 23. A fim de facilitar a sua livre circulação, poderá ser concedida ao residente fronteiriço, mediante requerimento, autorização para a realização de atos da vida civil.

Parágrafo único. Condições específicas poderão ser estabelecidas em regulamento ou tratado.

Art. 24. A autorização referida no *caput* do art. 23 indicará o Município fronteiriço no qual o residente estará autorizado a exercer os direitos a ele atribuídos por esta Lei.

§ 1º O residente fronteiriço detentor da autorização gozará das garantias e dos direitos assegurados pelo regime geral de migração desta Lei, conforme especificado em regulamento.

§ 2º O espaço geográfico de abrangência e de validade da autorização será especificado no documento de residente fronteiriço.

Art. 25. O documento de residente fronteiriço será cancelado, a qualquer tempo, se o titular:

I – tiver fraudado documento ou utilizado documento falso para obtê-lo;

II – obtiver outra condição migratória;

III – sofrer condenação penal; ou

IV – exercer direito fora dos limites previstos na autorização.

SEÇÃO II
DA PROTEÇÃO DO APÁTRIDA E DA REDUÇÃO DA APATRIDIA

Art. 26. Regulamento disporá sobre instituto protetivo especial do apátrida, consolidado em processo simplificado de naturalização.

§ 1º O processo de que trata o *caput* será iniciado tão logo seja reconhecida a situação de apatridia.

§ 2º Durante a tramitação do processo de reconhecimento da condição de apátrida, incidem todas as garantias e mecanismos protetivos e de facilitação da inclusão social relativos à Convenção sobre o Estatuto dos Apátridas de 1954, promulgada pelo Decreto n. 4.246, de 22 de maio de 2002, à Convenção relativa ao Estatuto dos Refugiados, promulgada pelo Decreto n. 50.215, de 28 de janeiro de 1961, e à Lei n. 9.474, de 22 de julho de 1997.

§ 3º Aplicam-se ao apátrida residente todos os direitos atribuídos ao migrante relacionados no art. 4º.

§ 4º O reconhecimento da condição de apátrida assegura os direitos e garantias previstos na Convenção sobre o Estatuto dos Apátridas, de 1954, promulgada pelo Decreto n. 4.246, de 22 de maio de 2002, bem como outros direitos e garantias reconhecidos pelo Brasil.

§ 5º O processo de reconhecimento da condição de apátrida tem como objetivo verificar se o solicitante é considerado nacional pela legislação de algum Estado e poderá considerar informações, documentos e declarações prestadas pelo próprio solicitante e por órgãos e organismos nacionais e internacionais.

§ 6º Reconhecida a condição de apátrida, nos termos do inciso VI do § 1º do art. 1º, o solicitante será consultado sobre o desejo de adquirir a nacionalidade brasileira.

§ 7º Caso o apátrida opte pela naturalização, a decisão sobre o reconhecimento será encaminhada ao órgão competente do Poder Executivo para publicação dos atos necessários à efetivação da naturalização no prazo de 30 (trinta) dias, observado o art. 65.

§ 8º O apátrida reconhecido que não opte pela naturalização imediata terá a autorização de residência outorgada em caráter definitivo.

§ 9º Caberá recurso contra decisão negativa de reconhecimento da condição de apátrida.

§ 10. Subsistindo a denegação do reconhecimento da condição de apátrida, é vedada a devolução do indivíduo para país onde sua vida, integridade pessoal ou liberdade estejam em risco.

§ 11. Será reconhecido o direito de reunião familiar a partir do reconhecimento da condição de apátrida.

§ 12. Implica perda da proteção conferida por esta Lei:

I – a renúncia;

II – a prova da falsidade dos fundamentos invocados para o reconhecimento da condição de apátrida; ou

III – a existência de fatos que, se fossem conhecidos por ocasião do reconhecimento, teriam ensejado decisão negativa.

SEÇÃO III
DO ASILADO

Art. 27. O asilo político, que constitui ato discricionário do Estado, poderá ser diplomático ou territorial e será outorgado como instrumento de proteção à pessoa.

Parágrafo único. Regulamento disporá sobre as condições para a concessão e a manutenção de asilo.

Art. 28. Não se concederá asilo a quem tenha cometido crime de genocídio, crime contra a humanidade, crime de guerra ou crime de agressão, nos termos do Estatuto de Roma do Tribunal Penal Internacional, de 1998, promulgado pelo Decreto n. 4.388, de 25 de setembro de 2002.

Art. 29. A saída do asilado do País sem prévia comunicação implica renúncia ao asilo.

SEÇÃO IV
DA AUTORIZAÇÃO DE RESIDÊNCIA

Art. 30. A residência poderá ser autorizada, mediante registro, ao imigrante, ao residente fronteiriço ou ao visitante que se enquadre em uma das seguintes hipóteses:

I – a residência tenha como finalidade:

a) pesquisa, ensino ou extensão acadêmica;

b) tratamento de saúde;

c) acolhida humanitária;

d) estudo;

e) trabalho;

f) férias-trabalho;

g) prática de atividade religiosa ou serviço voluntário;

h) realização de investimento ou de atividade com relevância econômica, social, científica, tecnológica ou cultural;

i) reunião familiar;

II – a pessoa:

a) seja beneficiária de tratado em matéria de residência e livre circulação;

b) seja detentora de oferta de trabalho;

c) já tenha possuído a nacionalidade brasileira e não deseje ou não reúna os requisitos para readquiri-la;

d) (Vetado);

e) seja beneficiária de refúgio, de asilo ou de proteção ao apátrida;

f) seja menor nacional de outro país ou apátrida, desacompanhado ou abandonado, que se encontre nas fronteiras brasileiras ou em território nacional;

g) tenha sido vítima de tráfico de pessoas, de trabalho escravo ou de violação de direito agravada por sua condição migratória;

h) esteja em liberdade provisória ou em cumprimento de pena no Brasil;

III – outras hipóteses definidas em regulamento.

§ 1º Não se concederá a autorização de residência a pessoa condenada criminalmente no Brasil ou no exterior por sentença transitada em julgado, desde que a conduta esteja tipificada na legislação penal brasileira, ressalvados os casos em que:

I – a conduta caracterize infração de menor potencial ofensivo;

II – (Vetado); ou

III – a pessoa se enquadre nas hipóteses previstas nas alíneas "b", "c" e "i" do inciso I e na alínea "a" do inciso II do *caput* deste artigo.

§ 2º O disposto no § 1º não obsta progressão de regime de cumprimento de pena, nos termos da Lei n. 7.210, de 11 de julho de 1984, ficando a pessoa autorizada a trabalhar quando assim exigido pelo novo regime de cumprimento de pena.

§ 3º Nos procedimentos conducentes ao cancelamento de autorização de residência e no recurso contra a negativa de concessão de autorização de residência devem ser respeitados o contraditório e a ampla defesa.

Art. 31. Os prazos e o procedimento da autorização de residência de que trata o art. 30 serão dispostos em regulamento, observado o disposto nesta Lei.

§ 1º Será facilitada a autorização de residência nas hipóteses das alíneas "a" e "e" do inciso I do art. 30 desta Lei, devendo a deliberação sobre a autorização ocorrer em prazo não superior a 60 (sessenta) dias, a contar de sua solicitação.

§ 2º Nova autorização de residência poderá ser concedida, nos termos do art. 30, mediante requerimento.

§ 3º O requerimento de nova autorização de residência após o vencimento do prazo da autorização anterior implicará aplicação da sanção prevista no inciso II do art. 109.

§ 4º O solicitante de refúgio, de asilo ou de proteção ao apátrida fará jus a autorização provisória de residência até a obtenção de resposta ao seu pedido.

§ 5º Poderá ser concedida autorização de residência independentemente da situação migratória.

Art. 32. Poderão ser cobradas taxas pela autorização de residência.

Art. 33. Regulamento disporá sobre a perda e o cancelamento da autorização de residência em razão de fraude ou de ocultação de condição impeditiva de concessão de visto, de ingresso ou de permanência no País, observado procedimento administrativo que garanta o contraditório e a ampla defesa.

Art. 34. Poderá ser negada autorização de residência com fundamento nas hipóteses previstas nos incisos I, II, III, IV e IX do art. 45.

Art. 35. A posse ou a propriedade de bem no Brasil não confere o direito de obter visto ou autorização de residência em território nacional, sem prejuízo do disposto sobre visto para realização de investimento.

Art. 36. O visto de visita ou de cortesia poderá ser transformado em autorização de residência, mediante requerimento e registro, desde que satisfeitos os requisitos previstos em regulamento.

SEÇÃO V
DA REUNIÃO FAMILIAR

Art. 37. O visto ou a autorização de residência para fins de reunião familiar será concedido ao imigrante:

I – cônjuge ou companheiro, sem discriminação alguma;

II – filho de imigrante beneficiário de autorização de residência, ou que tenha filho brasileiro ou imigrante beneficiário de autorização de residência;

III – ascendente, descendente até o segundo grau ou irmão de brasileiro ou de imigrante beneficiário de autorização de residência; ou

IV – que tenha brasileiro sob sua tutela ou guarda.

Parágrafo único. (Vetado).

CAPÍTULO IV
DA ENTRADA E DA SAÍDA DO TERRITÓRIO NACIONAL

SEÇÃO I
DA FISCALIZAÇÃO MARÍTIMA, AEROPORTUÁRIA E DE FRONTEIRA

Art. 38. As funções de polícia marítima, aeroportuária e de fronteira serão realizadas pela Polícia Federal nos pontos de entrada e de saída do território nacional.

Parágrafo único. É dispensável a fiscalização de passageiro, tripulante e estafe de navio em passagem inocente, exceto quando houver necessidade de descida de pessoa a terra ou de subida a bordo do navio.

Art. 39. O viajante deverá permanecer em área de fiscalização até que seu documento de viagem tenha sido verificado, salvo os casos previstos em lei.

Art. 40. Poderá ser autorizada a admissão excepcional no País de pessoa que se encontre em uma das seguintes condições, desde que esteja de posse de documento de viagem válido:

I – não possua visto;

II – seja titular de visto emitido com erro ou omissão;

III – tenha perdido a condição de residente por ter permanecido ausente do País na forma especificada em regulamento e detenha as condições objetivas para a concessão de nova autorização de residência;

IV – (Vetado); ou

V – seja criança ou adolescente desacompanhado de responsável legal e sem autorização expressa para viajar desacompanhado, independentemente do documento de viagem que portar, hipótese em que haverá imediato encaminhamento ao Conselho Tutelar ou, em caso de necessidade, a instituição indicada pela autoridade competente.

Parágrafo único. Regulamento poderá dispor sobre outras hipóteses excepcionais de admissão, observados os princípios e as diretrizes desta Lei.

Art. 41. A entrada condicional, em território nacional, de pessoa que não preencha os requisitos de admissão poderá ser autorizada mediante a assinatura, pelo transportador ou por seu agente, de termo de compromisso de custear as despesas com a permanência e com as providências para a repatriação do viajante.

Art. 42. O tripulante ou o passageiro que, por motivo de força maior, for obrigado a interromper a viagem em território nacional poderá ter seu desembarque permitido mediante termo de responsabilidade pelas despesas decorrentes do transbordo.

Art. 43. A autoridade responsável pela fiscalização contribuirá para a aplicação de medidas sanitárias em consonância com o Regulamento Sanitário Internacional e com outras disposições pertinentes.

SEÇÃO II
DO IMPEDIMENTO DE INGRESSO

Art. 44. (Vetado).

Art. 45. Poderá ser impedida de ingressar no País, após entrevista individual e mediante ato fundamentado, a pessoa:

I – anteriormente expulsa do País, enquanto os efeitos da expulsão vigorarem;

II – condenada ou respondendo a processo por ato de terrorismo ou por crime de genocídio, crime contra a humanidade, crime de guerra ou crime de agressão, nos termos definidos pelo Estatuto de Roma do Tribunal Penal Internacional, de 1998, promulgado pelo Decreto n. 4.388, de 25 de setembro de 2002;

III – condenada ou respondendo a processo em outro país por crime doloso passível de extradição segundo a lei brasileira;

IV – que tenha o nome incluído em lista de restrições por ordem judicial ou por compromisso assumido pelo Brasil perante organismo internacional;

V – que apresente documento de viagem que:

a) não seja válido para o Brasil;

b) esteja com o prazo de validade vencido; ou

c) esteja com rasura ou indício de falsificação;

VI – que não apresente documento de viagem ou documento de identidade, quando admitido;

VII – cuja razão da viagem não seja condizente com o visto ou com o motivo alegado para a isenção de visto;

VIII – que tenha, comprovadamente, fraudado documentação ou prestado informação falsa por ocasião da solicitação de visto; ou

IX – que tenha praticado ato contrário aos princípios e objetivos dispostos na Constituição Federal.

Parágrafo único. Ninguém será impedido de ingressar no País por motivo de raça, religião, nacionalidade, pertinência a grupo social ou opinião política.

CAPÍTULO V
DAS MEDIDAS DE RETIRADA COMPULSÓRIA

SEÇÃO I
DISPOSIÇÕES GERAIS

Art. 46. A aplicação deste CAPÍTULO observará o disposto na Lei n. 9.474, de 22 de julho de 1997, e nas disposições legais, tratados, instrumentos e mecanismos que tratem da proteção aos apátridas ou de outras situações humanitárias.

Art. 47. A repatriação, a deportação e a expulsão serão feitas para o país de nacionalidade ou de procedência do migrante ou do visitante, ou para outro que o aceite, em observância aos tratados dos quais o Brasil seja parte.

Art. 48. Nos casos de deportação ou expulsão, o chefe da unidade da Polícia Federal poderá representar perante o juízo federal, respeitados, nos procedimentos judiciais, os direitos à ampla defesa e ao devido processo legal.

SEÇÃO II
DA REPATRIAÇÃO

Art. 49. A repatriação consiste em medida administrativa de devolução de pessoa em situação de impedimento ao país de procedência ou de nacionalidade.

§ 1º Será feita imediata comunicação do ato fundamentado de repatriação à empresa transportadora e à autoridade consular do país de procedência ou de nacionalidade do migrante ou do visitante, ou a quem o representa.

§ 2º A Defensoria Pública da União será notificada, preferencialmente por via eletrônica, no caso do § 4º deste artigo ou quando a repatriação imediata não seja possível.

§ 3º Condições específicas de repatriação podem ser definidas por regulamento ou tratado, observados os princípios e as garantias previstos nesta Lei.

§ 4º Não será aplicada medida de repatriação à pessoa em situação de refúgio ou de apatridia, de fato ou de direito, ao menor de 18 (dezoito) anos desacompanhado ou separado de sua família, exceto nos casos em que se demonstrar favorável para a garantia de seus direitos ou para a reintegração a sua família de origem, ou a quem necessite de acolhimento humanitário, nem, em qualquer caso, medida de devolução para país ou região que possa apresentar risco à vida, à integridade pessoal ou à liberdade da pessoa.

§ 5º (Vetado).

SEÇÃO III
DA DEPORTAÇÃO

Art. 50. A deportação é medida decorrente de procedimento administrativo que consiste na retirada compulsória de pessoa que se encontre em situação migratória irregular em território nacional.

§ 1º A deportação será precedida de notificação pessoal ao deportando, da qual constem, expressamente, as irregularidades verificadas e prazo para a regularização não inferior a 60 (sessenta) dias, podendo ser prorrogado, por igual período, por despacho fundamentado e mediante compromisso de a pessoa manter atualizadas suas informações domiciliares.

§ 2º A notificação prevista no § 1º não impede a livre circulação em território nacional, devendo o deportando informar seu domicílio e suas atividades.

§ 3º Vencido o prazo do § 1º sem que se regularize a situação migratória, a deportação poderá ser executada.

§ 4º A deportação não exclui eventuais direitos adquiridos em relações contratuais ou decorrentes da lei brasileira.

§ 5º A saída voluntária de pessoa notificada para deixar o País equivale ao cumprimento da notificação de deportação para todos os fins.

§ 6º O prazo previsto no § 1º poderá ser reduzido nos casos que se enquadrem no inciso IX do art. 45.

Art. 51. Os procedimentos conducentes à deportação devem respeitar o contraditório e a ampla defesa e a garantia de recurso com efeito suspensivo.

§ 1º A Defensoria Pública da União deverá ser notificada, preferencialmente por meio eletrônico, para prestação de assistência ao deportando em todos os procedimentos administrativos de deportação.

§ 2º A ausência de manifestação da Defensoria Pública da União, desde que prévia e devidamente notificada, não impedirá a efetivação da medida de deportação.

Art. 52. Em se tratando de apátrida, o procedimento de deportação dependerá de prévia autorização da autoridade competente.

Art. 53. Não se procederá à deportação se a medida configurar extradição não admitida pela legislação brasileira.

SEÇÃO IV
DA EXPULSÃO

Art. 54. A expulsão consiste em medida administrativa de retirada compulsória de migrante ou visitante do território nacional, conjugada com o impedimento de reingresso por prazo determinado.

§ 1º Poderá dar causa à expulsão a condenação com sentença transitada em julgado relativa à prática de:

I – crime de genocídio, crime contra a humanidade, crime de guerra ou crime de agressão, nos termos definidos pelo Estatuto de Roma do Tribunal Penal Internacional, de 1998, promulgado pelo Decreto n. 4.388, de 25 de setembro de 2002; ou

II – crime comum doloso passível de pena privativa de liberdade, consideradas a gravidade e as possibilidades de ressocialização em território nacional.

§ 2º Caberá à autoridade competente resolver sobre a expulsão, a duração do impedimento de reingresso e a suspensão ou a revogação dos efeitos da expulsão, observado o disposto nesta Lei.

§ 3º O processamento da expulsão em caso de crime comum não prejudicará a progressão de regime, o cumprimento da pena, a suspensão condicional do processo, a comutação da pena ou a concessão de pena alternativa, de indulto coletivo ou individual, de anistia ou de quaisquer benefícios concedidos em igualdade de condições ao nacional brasileiro.

§ 4º O prazo de vigência da medida de impedimento vinculada aos efeitos da expulsão será proporcional ao prazo total da pena aplicada e nunca será superior ao dobro de seu tempo.

Art. 55. Não se procederá à expulsão quando:

I – a medida configurar extradição inadmitida pela legislação brasileira;

II – o expulsando:

a) tiver filho brasileiro que esteja sob sua guarda ou dependência econômica ou socioafetiva ou tiver pessoa brasileira sob sua tutela;

b) tiver cônjuge ou companheiro residente no Brasil, sem discriminação alguma, reconhecido judicial ou legalmente;

c) tiver ingressado no Brasil até os 12 (doze) anos de idade, residindo desde então no País;

d) for pessoa com mais de 70 (setenta) anos que resida no País há mais de 10 (dez) anos, considerados a gravidade e o fundamento da expulsão; ou

e) (Vetado).

Art. 56. Regulamento definirá procedimentos para apresentação e processamento de pedidos de suspensão e de revogação dos efeitos das medidas de expulsão e de impedimento de ingresso e permanência em território nacional.

Art. 57. Regulamento disporá sobre condições especiais de autorização de residência para viabilizar medidas de ressocialização a migrante e a visitante em cumprimento de penas aplicadas ou executadas em território nacional.

Art. 58. No processo de expulsão serão garantidos o contraditório e a ampla defesa.

§ 1º A Defensoria Pública da União será notificada da instauração de processo de expulsão, se não houver defensor constituído.

§ 2º Caberá pedido de reconsideração da decisão sobre a expulsão no prazo de 10 (dez) dias, a contar da notificação pessoal do expulsando.

Art. 59. Será considerada regular a situação migratória do expulsando cujo processo esteja pendente de decisão, nas condições previstas no art. 55.

Art. 60. A existência de processo de expulsão não impede a saída voluntária do expulsando do País.

SEÇÃO V
DAS VEDAÇÕES

Art. 61. Não se procederá à repatriação, à deportação ou à expulsão coletivas.

Parágrafo único. Entende-se por repatriação, deportação ou expulsão coletiva aquela que não individualiza a situação migratória irregular de cada pessoa.

Art. 62. Não se procederá à repatriação, à deportação ou à expulsão de nenhum indivíduo quando subsistirem razões para acreditar que a medida poderá colocar em risco a vida ou a integridade pessoal.

CAPÍTULO VI
DA OPÇÃO DE NACIONALIDADE E DA NATURALIZAÇÃO

SEÇÃO I
DA OPÇÃO DE NACIONALIDADE

Art. 63. O filho de pai ou de mãe brasileiro nascido no exterior e que não tenha sido registrado em repartição consular poderá, a qualquer tempo, promover ação de opção de nacionalidade.

Parágrafo único. O órgão de registro deve informar periodicamente à autoridade competente os dados relativos à opção de nacionalidade, conforme regulamento.

SEÇÃO II
DAS CONDIÇÕES DA NATURALIZAÇÃO

Art. 64. A naturalização pode ser:

I – ordinária;

II – extraordinária;

III – especial; ou

IV – provisória.

Art. 65. Será concedida a naturalização ordinária àquele que preencher as seguintes condições:

I – ter capacidade civil, segundo a lei brasileira;

II – ter residência em território nacional, pelo prazo mínimo de 4 (quatro) anos;

III – comunicar-se em língua portuguesa, consideradas as condições do naturalizando; e

IV – não possuir condenação penal ou estiver reabilitado, nos termos da lei.

Art. 66. O prazo de residência fixado no inciso II do *caput* do art. 65 será reduzido para, no mínimo, 1 (um) ano se o naturalizando preencher quaisquer das seguintes condições:

I – (Vetado);

II – ter filho brasileiro;

III – ter cônjuge ou companheiro brasileiro e não estar dele separado legalmente ou de fato no momento de concessão da naturalização;

IV – (Vetado);

V – haver prestado ou poder prestar serviço relevante ao Brasil; ou

VI – recomendar-se por sua capacidade profissional, científica ou artística.

Parágrafo único. O preenchimento das condições previstas nos incisos V e VI do *caput* será avaliado na forma disposta em regulamento.

Art. 67. A naturalização extraordinária será concedida a pessoa de qualquer nacionalidade fixada no Brasil há mais de 15 (quinze) anos ininterruptos e sem condenação penal, desde que requeira a nacionalidade brasileira.

Art. 68. A naturalização especial poderá ser concedida ao estrangeiro que se encontre em uma das seguintes situações:

I – seja cônjuge ou companheiro, há mais de 5 (cinco) anos, de integrante do Serviço Exterior Brasileiro em atividade ou de pessoa a serviço do Estado brasileiro no exterior; ou

II – seja ou tenha sido empregado em missão diplomática ou em repartição consular do Brasil por mais de 10 (dez) anos ininterruptos.

Art. 69. São requisitos para a concessão da naturalização especial:

I – ter capacidade civil, segundo a lei brasileira;

II – comunicar-se em língua portuguesa, consideradas as condições do naturalizando; e

III – não possuir condenação penal ou estiver reabilitado, nos termos da lei.

Art. 70. A naturalização provisória poderá ser concedida ao migrante criança ou adolescente que tenha fixado residência em território nacional antes de completar 10 (dez) anos de idade e deverá ser requerida por intermédio de seu representante legal.

Parágrafo único. A naturalização prevista no *caput* será convertida em definitiva se o naturalizando expressamente assim o requerer no prazo de 2 (dois) anos após atingir a maioridade.

Art. 71. O pedido de naturalização será apresentado e processado na forma prevista pelo órgão competente do Poder Executivo, sendo cabível recurso em caso de denegação.

§ 1º No curso do processo de naturalização, o naturalizando poderá requerer a tradução ou a adaptação de seu nome à língua portuguesa.

§ 2º Será mantido cadastro com o nome traduzido ou adaptado associado ao nome anterior.

Art. 72. No prazo de até 1 (um) ano após a concessão da naturalização, deverá o naturalizado comparecer perante a Justiça Eleitoral para o devido cadastramento.

SEÇÃO III
DOS EFEITOS DA NATURALIZAÇÃO

Art. 73. A naturalização produz efeitos após a publicação no Diário Oficial do ato de naturalização.

Art. 74. (Vetado).

SEÇÃO IV
DA PERDA DA NACIONALIDADE

Art. 75. O naturalizado perderá a nacionalidade em razão de condenação transitada em julgado por atividade nociva ao interesse nacional, nos termos do inciso I do § 4º do art. 12 da Constituição Federal.

Parágrafo único. O risco de geração de situação de apatridia será levado em consideração antes da efetivação da perda da nacionalidade.

SEÇÃO V
DA REAQUISIÇÃO DA NACIONALIDADE

Art. 76. O brasileiro que, em razão do previsto no inciso II do § 4º do art. 12 da Constituição Federal, houver perdido a nacionalidade, uma vez cessada a causa, poderá readquiri-la ou ter o ato que declarou a perda revogado, na forma definida pelo órgão competente do Poder Executivo.

CAPÍTULO VII
DO EMIGRANTE

SEÇÃO I
DAS POLÍTICAS PÚBLICAS PARA OS EMIGRANTES

Art. 77. As políticas públicas para os emigrantes observarão os seguintes princípios e diretrizes:

I – proteção e prestação de assistência consular por meio das representações do Brasil no exterior;

II – promoção de condições de vida digna, por meio, entre outros, da facilitação do registro consular e da prestação de serviços consulares relativos às áreas de educação, saúde, trabalho, previdência social e cultura;

III – promoção de estudos e pesquisas sobre os emigrantes e as comunidades de brasileiros no exterior, a fim de subsidiar a formulação de políticas públicas;

IV – atuação diplomática, nos âmbitos bilateral, regional e multilateral, em defesa dos direitos do emigrante brasileiro, conforme o direito internacional

V – ação governamental integrada, com a participação de órgãos do governo com atuação nas áreas temáticas mencionadas nos incisos I, II, III e IV, visando a assistir as comunidades brasileiras no exterior; e

VI – esforço permanente de desburocratização, atualização e modernização do sistema de atendimento, com o objetivo de aprimorar a assistência ao emigrante.

SEÇÃO II
DOS DIREITOS DO EMIGRANTE

Art. 78. Todo emigrante que decida retornar ao Brasil com ânimo de residência poderá introduzir no País, com isenção de direitos de importação e de taxas aduaneiras, os bens novos ou usados que um viajante, em compatibilidade com as circunstâncias de sua viagem, puder destinar para seu uso ou consumo pessoal e profissional, sempre que, por sua quantidade, natureza ou variedade, não permitam presumir importação ou exportação com fins comerciais ou industriais.

Art. 79. Em caso de ameaça à paz social e à ordem pública por grave ou iminente instabilidade institucional ou de calamidade de grande proporção na natureza, deverá ser prestada especial assistência ao emigrante pelas representações brasileiras no exterior.

Art. 80. O tripulante brasileiro contratado por embarcação ou armadora estrangeira, de cabotagem ou a longo curso e com sede ou filial no Brasil, que explore economicamente o mar territorial e a costa brasileira terá direito a seguro a cargo do contratante, válido para todo o período da contratação, conforme o disposto no Registro de Embarcações Brasileiras (REB), contra acidente de trabalho, invalidez total ou parcial e morte, sem prejuízo de benefícios de apólice mais favorável vigente no exterior.

CAPÍTULO VIII
DAS MEDIDAS DE COOPERAÇÃO

SEÇÃO I
DA EXTRADIÇÃO

Art. 81. A extradição é a medida de cooperação internacional entre o Estado brasileiro e outro Estado pela qual se concede ou solicita a entrega de pessoa sobre quem recaia condenação criminal definitiva ou para fins de instrução de processo penal em curso.

§ 1º A extradição será requerida por via diplomática ou pelas autoridades centrais designadas para esse fim.

§ 2º A extradição e sua rotina de comunicação serão realizadas pelo órgão competente do Poder Executivo em coordenação com as autoridades judiciárias e policiais competentes.

Art. 82. Não se concederá a extradição quando:

I – o indivíduo cuja extradição é solicitada ao Brasil for brasileiro nato;

II – o fato que motivar o pedido não for considerado crime no Brasil ou no Estado requerente;

III – o Brasil for competente, segundo suas leis, para julgar o crime imputado ao extraditando;

IV – a lei brasileira impuser ao crime pena de prisão inferior a 2 (dois) anos;

V – o extraditando estiver respondendo a processo ou já houver sido condenado ou absolvido no Brasil pelo mesmo fato em que se fundar o pedido;

VI – a punibilidade estiver extinta pela prescrição, segundo a lei brasileira ou a do Estado requerente;

VII – o fato constituir crime político ou de opinião;

VIII – o extraditando tiver de responder, no Estado requerente, perante tribunal ou juízo de exceção; ou

IX – o extraditando for beneficiário de refúgio, nos termos da Lei n. 9.474, de 22 de julho de 1997, ou de asilo territorial.

§ 1º A previsão constante do inciso VII do *caput* não impedirá a extradição quando o fato constituir, principalmente, infração à lei penal comum ou quando o crime comum, conexo ao delito político, constituir o fato principal.

§ 2º Caberá à autoridade judiciária competente a apreciação do caráter da infração.

§ 3º Para determinação da incidência do disposto no inciso I, será observada, nos casos de aquisição de outra nacionalidade por naturalização, a anterioridade do fato gerador da extradição.

§ 4º O Supremo Tribunal Federal poderá deixar de considerar crime político o atentado contra chefe de Estado ou quaisquer autoridades, bem como crime contra a humanidade, crime de guerra, crime de genocídio e terrorismo.

§ 5º Admite-se a extradição de brasileiro naturalizado, nas hipóteses previstas na Constituição Federal.

Art. 83. São condições para concessão da extradição:

I – ter sido o crime cometido no território do Estado requerente ou serem aplicáveis ao extraditando as leis penais desse Estado; e

II – estar o extraditando respondendo a processo investigatório ou a processo penal ou ter sido condenado pelas autoridades judiciárias do Estado requerente a pena privativa de liberdade.

Art. 84. Em caso de urgência, o Estado interessado na extradição poderá, previamente ou conjuntamente com a formalização do pedido extradicional, requerer, por via diplomática ou por meio de autoridade central do Poder Executivo, prisão cautelar com o objetivo de assegurar a executoriedade da medida de extradição que, após exame da presença dos pressupostos formais de admissibilidade exigidos nesta Lei ou em tratado, deverá representar à autoridade judicial competente, ouvido previamente o Ministério Público Federal.

§ 1º O pedido de prisão cautelar deverá conter informação sobre o crime cometido e deverá ser fundamentado, podendo ser apresentado por correio, fax, mensagem eletrônica ou qualquer outro meio que assegure a comunicação por escrito.

§ 2º O pedido de prisão cautelar poderá ser transmitido à autoridade competente para extradição no Brasil por meio de canal estabelecido com o ponto focal da Organização Internacional de Polícia Criminal (Interpol) no País, devidamente instruído com a documentação comprobatória da existência de ordem de prisão proferida por Estado estrangeiro, e, em caso de ausência de tratado, com a promessa de reciprocidade recebida por via diplomática.

§ 3º Efetivada a prisão do extraditando, o pedido de extradição será encaminhado à autoridade judiciária competente.

§ 4º Na ausência de disposição específica em tratado, o Estado estrangeiro deverá formalizar o pedido de extradição no prazo de 60 (sessenta) dias, contado da data em que tiver sido cientificado da prisão do extraditando.

§ 5º Caso o pedido de extradição não seja apresentado no prazo previsto no § 4º, o extraditando deverá ser posto em liberdade, não se admitindo novo pedido de prisão cautelar pelo mesmo fato sem que a extradição tenha sido devidamente requerida.

§ 6º A prisão cautelar poderá ser prorrogada até o julgamento final da autoridade judiciária competente quanto à legalidade do pedido de extradição.

Art. 85. Quando mais de um Estado requerer a extradição da mesma pessoa, pelo mesmo fato, terá preferência o pedido daquele em cujo território a infração foi cometida.

§ 1º Em caso de crimes diversos, terá preferência, sucessivamente:

I – o Estado requerente em cujo território tenha sido cometido o crime mais grave, segundo a lei brasileira;

II – o Estado que em primeiro lugar tenha pedido a entrega do extraditando, se a gravidade dos crimes for idêntica;

III – o Estado de origem, ou, em sua falta, o domiciliar do extraditando, se os pedidos forem simultâneos.

§ 2º Nos casos não previstos nesta Lei, o órgão competente do Poder Executivo decidirá sobre a preferência do pedido, priorizando o Estado requerente que mantiver tratado de extradição com o Brasil.

§ 3º Havendo tratado com algum dos Estados requerentes, prevalecerão suas normas no que diz respeito à preferência de que trata este artigo.

Art. 86. O Supremo Tribunal Federal, ouvido o Ministério Público, poderá autorizar prisão albergue ou domiciliar ou determinar que o extraditando responda ao processo de extradição em liberdade, com retenção do documento de viagem ou outras medidas cautelares necessárias, até o julgamento da extradição ou a entrega do extraditando, se pertinente, considerando a situação administrativa migratória, os antecedentes do extraditando e as circunstâncias do caso.

Art. 87. O extraditando poderá entregar-se voluntariamente ao Estado requerente, desde que o declare expressamente, esteja assistido por advogado e seja advertido de que tem direito ao processo judicial de extradição e à proteção que tal direito encerra, caso em que o pedido será decidido pelo Supremo Tribunal Federal.

Art. 88. Todo pedido que possa originar processo de extradição em face de Estado estrangeiro deverá ser encaminhado ao órgão competente do Poder Executivo diretamente pelo órgão do Poder Judiciário responsável pela decisão ou pelo processo penal que a fundamenta.

§ 1º Compete a órgão do Poder Executivo o papel de orientação, de informação e de avaliação dos elementos formais de admissibilidade dos processos preparatórios para encaminhamento ao Estado requerido.

§ 2º Compete aos órgãos do sistema de Justiça vinculados ao processo penal gerador de pedido de extradição a apresentação de todos os documentos, manifestações e demais elementos necessários para o processamento do pedido, inclusive suas traduções oficiais.

§ 3º O pedido deverá ser instruído com cópia autêntica ou com o original da sentença condenatória ou da decisão penal proferida, conterá indicações precisas sobre o local, a data, a natureza e as circunstâncias do fato criminoso e a identidade do extraditando e será acompanhado de cópia dos textos legais sobre o crime, a competência, a pena e a prescrição.

§ 4º O encaminhamento do pedido de extradição ao órgão competente do Poder Executivo confere autenticidade aos documentos.

Art. 89. O pedido de extradição originado de Estado estrangeiro será recebido pelo órgão competente do Poder Executivo e, após exame da presença dos pressupostos formais de admissibilidade exigidos nesta Lei ou em tratado, encaminhado à autoridade judiciária competente.

Parágrafo único. Não preenchidos os pressupostos referidos no *caput*, o pedido será arquivado mediante decisão fundamentada, sem prejuízo da possibilidade de renovação do pedido, devidamente instruído, uma vez superado o óbice apontado.

Art. 90. Nenhuma extradição será concedida sem prévio pronunciamento do Supremo Tribunal Federal sobre sua legalidade e procedência, não cabendo recurso da decisão.

Art. 91. Ao receber o pedido, o relator designará dia e hora para o interrogatório do extraditando e, conforme o caso, nomear-lhe-á curador ou advogado, se não o tiver.

§ 1º A defesa, a ser apresentada no prazo de 10 (dez) dias contado da data do interrogatório, versará sobre a identidade da pessoa reclamada, defeito de forma de documento apresentado ou ilegalidade da extradição.

§ 2º Não estando o processo devidamente instruído, o Tribunal, a requerimento do órgão do Ministério Público Federal correspondente, poderá converter o julgamento em diligência para suprir a falta.

§ 3º Para suprir a falta referida no § 2º, o Ministério Público Federal terá prazo improrrogável de 60 (sessenta) dias, após o qual o pedido será julgado independentemente da diligência.

§ 4º O prazo referido no § 3º será contado da data de notificação à missão diplomática do Estado requerente.

Art. 92. Julgada procedente a extradição e autorizada a entrega pelo órgão competente do Poder Executivo, será o ato comunicado por via diplomática ao Estado requerente, que, no prazo de 60 (sessenta) dias da comunicação, deverá retirar o extraditando do território nacional.

Art. 93. Se o Estado requerente não retirar o extraditando do território nacional no prazo previsto no art. 92, será ele posto em liberdade, sem prejuízo de outras medidas aplicáveis.

Art. 94. Negada a extradição em fase judicial, não se admitirá novo pedido baseado no mesmo fato.

Art. 95. Quando o extraditando estiver sendo processado ou tiver sido condenado, no Brasil, por crime punível com pena privativa de liberdade, a extradição será executada somente depois da conclusão do processo ou do cumprimento da pena, ressalvadas as hipóteses de liberação antecipada pelo Poder Judiciário e de determinação da transferência da pessoa condenada.

§ 1º A entrega do extraditando será igualmente adiada se a efetivação da medida puser em risco sua vida em virtude de enfermidade grave comprovada por laudo médico oficial.

§ 2º Quando o extraditando estiver sendo processado ou tiver sido condenado, no Brasil, por infração de menor potencial ofensivo, a entrega poderá ser imediatamente efetivada.

Art. 96. Não será efetivada a entrega do extraditando sem que o Estado requerente assuma o compromisso de:

I – não submeter o extraditando a prisão ou processo por fato anterior ao pedido de extradição;

II – computar o tempo da prisão que, no Brasil, foi imposta por força da extradição;

III – comutar a pena corporal, perpétua ou de morte em pena privativa de liberdade, respeitado o limite máximo de cumprimento de 30 (trinta) anos;

IV – não entregar o extraditando, sem consentimento do Brasil, a outro Estado que o reclame;

V – não considerar qualquer motivo político para agravar a pena; e

VI – não submeter o extraditando a tortura ou a outros tratamentos ou penas cruéis, desumanos ou degradantes.

Art. 97. A entrega do extraditando, de acordo com as leis brasileiras e respeitado o direito de terceiro, será feita com os objetos e instrumentos do crime encontrados em seu poder.

Parágrafo único. Os objetos e instrumentos referidos neste artigo poderão ser entregues independentemente da entrega do extraditando.

Art. 98. O extraditando que, depois de entregue ao Estado requerente, escapar à ação da Justiça e homiziar-se no Brasil, ou por ele transitar, será detido mediante pedido feito diretamente por via diplomática ou pela Interpol e novamente entregue, sem outras formalidades.

Art. 99. Salvo motivo de ordem pública, poderá ser permitido, pelo órgão competente do Poder Executivo, o trânsito no território nacional de pessoa extraditada por Estado estrangeiro, bem como o da respectiva guarda, mediante apresentação de documento comprobatório de concessão da medida.

SEÇÃO II
DA TRANSFERÊNCIA DE EXECUÇÃO DA PENA

Art. 100. Nas hipóteses em que couber solicitação de extradição executória, a autoridade competente poderá solicitar ou autorizar a transferência de execução da pena, desde que observado o princípio do non bis in idem.

Parágrafo único. Sem prejuízo do disposto no Decreto-Lei n. 2.848, de 7 de dezembro de 1940 (Código Penal), a transferência de execução da pena será possível quando preenchidos os seguintes requisitos:

I – o condenado em território estrangeiro for nacional ou tiver residência habitual ou vínculo pessoal no Brasil;

II – a sentença tiver transitado em julgado;

III – a duração da condenação a cumprir ou que restar para cumprir for de, pelo menos, 1 (um) ano, na data de apresentação do pedido ao Estado da condenação;

IV – o fato que originou a condenação constituir infração penal perante a lei de ambas as partes; e

V – houver tratado ou promessa de reciprocidade.

Art. 101. O pedido de transferência de execução da pena de Estado estrangeiro será requerido por via diplomática ou por via de autoridades centrais.

§ 1º O pedido será recebido pelo órgão competente do Poder Executivo e, após exame da presença dos pressupostos formais de admissibilidade exigidos nesta Lei ou em tratado, encaminhado ao Superior Tribunal de Justiça para decisão quanto à homologação.

§ 2º Não preenchidos os pressupostos referidos no § 1º, o pedido será arquivado mediante decisão fundamentada, sem prejuízo da possibilidade de renovação do pedido, devidamente instruído, uma vez superado o óbice apontado.

Art. 102. A forma do pedido de transferência de execução da pena e seu processamento serão definidos em regulamento.

Parágrafo único. Nos casos previstos nesta Seção, a execução penal será de competência da Justiça Federal.

SEÇÃO III
DA TRANSFERÊNCIA DE PESSOA CONDENADA

Art. 103. A transferência de pessoa condenada poderá ser concedida quando o pedido se fundamentar em tratado ou houver promessa de reciprocidade.

§ 1º O condenado no território nacional poderá ser transferido para seu país de nacionalidade ou país em que tiver residência habitual ou vínculo pessoal, desde que expresse interesse nesse sentido, a fim de cumprir pena a ele imposta pelo Estado brasileiro por sentença transitada em julgado.

§ 2º A transferência de pessoa condenada no Brasil pode ser concedida juntamente com a aplicação de medida de impedimento de reingresso em território nacional, na forma de regulamento.

Art. 104. A transferência de pessoa condenada será possível quando preenchidos os seguintes requisitos:

I – o condenado no território de uma das partes for nacional ou tiver residência habitual ou vínculo pessoal no território da outra parte que justifique a transferência;

II – a sentença tiver transitado em julgado;

III – a duração da condenação a cumprir ou que restar para cumprir for de, pelo menos, 1 (um) ano, na data de apresentação do pedido ao Estado da condenação;

IV – o fato que originou a condenação constituir infração penal perante a lei de ambos os Estados;

V – houver manifestação de vontade do condenado ou, quando for o caso, de seu representante; e

VI – houver concordância de ambos os Estados.

Art. 105. A forma do pedido de transferência de pessoa condenada e seu processamento serão definidos em regulamento.

§ 1º Nos casos previstos nesta Seção, a execução penal será de competência da Justiça Federal.

§ 2º Não se procederá à transferência quando inadmitida a extradição.

§ 3º (Vetado).

CAPÍTULO IX
DAS INFRAÇÕES E DAS PENALIDADES ADMINISTRATIVAS

Art. 106. Regulamento disporá sobre o procedimento de apuração das infrações administrativas e seu processamento e sobre a fixação e a atualização das multas, em observância ao disposto nesta Lei.

Art. 107. As infrações administrativas previstas neste CAPÍTULO serão apuradas em processo administrativo próprio, assegurados o contraditório e a ampla defesa e observadas as disposições desta Lei.

§ 1º O cometimento simultâneo de duas ou mais infrações importará cumulação das sanções cabíveis, respeitados os limites estabelecidos nos incisos V e VI do art. 108.

§ 2º A multa atribuída por dia de atraso ou por excesso de permanência poderá ser convertida em redução equivalente do período de autorização de estada para o visto de visita, em caso de nova entrada no País.

Art. 108. O valor das multas tratadas neste capítulo considerará:

I – as hipóteses individualizadas nesta Lei;

II – a condição econômica do infrator, a reincidência e a gravidade da infração;

III – a atualização periódica conforme estabelecido em regulamento;

IV – o valor mínimo individualizável de R$ 100,00 (cem reais);

V – o valor mínimo de R$ 100,00 (cem reais) e o máximo de R$ 10.000,00 (dez mil reais) para infrações cometidas por pessoa física;

VI – o valor mínimo de R$ 1.000,00 (mil reais) e o máximo de R$ 1.000.000,00 (um milhão de reais) para infrações cometidas por pessoa jurídica, por ato infracional.

Art. 109. Constitui infração, sujeitando o infrator às seguintes sanções:

I – entrar em território nacional sem estar autorizado:

Sanção: deportação, caso não saia do País ou não regularize a situação migratória no prazo fixado;

II – permanecer em território nacional depois de esgotado o prazo legal da documentação migratória:

Sanção: multa por dia de excesso e deportação, caso não saia do País ou não regularize a situação migratória no prazo fixado;

III – deixar de se registrar, dentro do prazo de 90 (noventa) dias do ingresso no País, quando for obrigatória a identificação civil:

Sanção: multa;

IV – deixar o imigrante de se registrar, para efeito de autorização de residência, dentro do prazo de 30 (trinta) dias, quando orientado a fazê-lo pelo órgão competente:

Sanção: multa por dia de atraso;

V – transportar para o Brasil pessoa que esteja sem documentação migratória regular:

Sanção: multa por pessoa transportada;

VI – deixar a empresa transportadora de atender a compromisso de manutenção da estada ou de promoção da saída do território nacional de quem tenha sido autorizado a ingresso condicional no Brasil por não possuir a devida documentação migratória:

Sanção: multa;

VII – furtar-se ao controle migratório, na entrada ou saída do território nacional:

Sanção: multa.

Art. 110. As penalidades aplicadas serão objeto de pedido de reconsideração e de recurso, nos termos de regulamento.

Parágrafo único. Serão respeitados o contraditório, a ampla defesa e a garantia de recurso, assim como a situação de hipossuficiência do migrante ou do visitante.

CAPÍTULO X
DISPOSIÇÕES FINAIS E TRANSITÓRIAS

Art. 111. Esta Lei não prejudica direitos e obrigações estabelecidos por tratados vigentes no Brasil e que sejam mais benéficos ao migrante e ao visitante, em particular os tratados firmados no âmbito do Mercosul.

Art. 112. As autoridades brasileiras serão tolerantes quanto ao uso do idioma do residente fronteiriço e do imigrante quando eles se dirigirem a órgãos ou repartições públicas para reclamar ou reivindicar os direitos decorrentes desta Lei.

Art. 113. As taxas e emolumentos consulares são fixados em conformidade com a tabela anexa a esta Lei.

§ 1º Os valores das taxas e emolumentos consulares poderão ser ajustados pelo órgão competente da administração pública federal, de forma a preservar o interesse nacional ou a assegurar a reciprocidade de tratamento.

§ 2º Não serão cobrados emolumentos consulares pela concessão de:

I – vistos diplomáticos, oficiais e de cortesia; e

II – vistos em passaportes diplomáticos, oficiais ou de serviço, ou equivalentes, mediante reciprocidade de tratamento a titulares de documento de viagem similar brasileiro.

§ 3º Não serão cobrados taxas e emolumentos consulares pela concessão de vistos ou para a obtenção de documentos para regularização migratória aos integrantes de grupos vulneráveis e indivíduos em condição de hipossuficiência econômica.

§ 4º (Vetado).

Art. 114. Regulamento poderá estabelecer competência para órgãos do Poder Executivo disciplinarem aspectos específicos desta Lei.

Art. 115. O Decreto-Lei n. 2.848, de 7 de dezembro de 1940 (Código Penal), passa a vigorar acrescido do seguinte art. 232-A:

Promoção de migração ilegal

"Art. 232-A. Promover, por qualquer meio, com o fim de obter vantagem econômica, a entrada ilegal de estrangeiro em território nacional ou de brasileiro em país estrangeiro:

Pena – reclusão, de 2 (dois) a 5 (cinco) anos, e multa.

§ 1º Na mesma pena incorre quem promover, por qualquer meio, com o fim de obter vantagem econômica, a saída de estrangeiro do território nacional para ingressar ilegalmente em país estrangeiro.

§ 2º A pena é aumentada de 1/6 (um sexto) a 1/3 (um terço) se:

I – o crime é cometido com violência; ou

II – a vítima é submetida a condição desumana ou degradante.

§ 3º A pena prevista para o crime será aplicada sem prejuízo das correspondentes às infrações conexas."

Art. 116. (Vetado).

Art. 117. O documento conhecido por Registro Nacional de Estrangeiro passa a ser denominado Registro Nacional Migratório.

Art. 118. (Vetado).

Art. 119. O visto emitido até a data de entrada em vigor desta Lei poderá ser utilizado até a data prevista de expiração de sua validade, podendo ser transformado ou ter seu prazo de estada prorrogado, nos termos de regulamento.

Art. 120. A Política Nacional de Migrações, Refúgio e Apatridia terá a finalidade de coordenar e articular ações setoriais implementadas pelo Poder Executivo federal em regime de cooperação com os Estados, o Distrito Federal e os Municípios, com participação de organizações da sociedade civil, organismos internacionais e entidades privadas, conforme regulamento.

§ 1º Ato normativo do Poder Executivo federal poderá definir os objetivos, a organização e a estratégia de coordenação da Política Nacional de Migrações, Refúgio e Apatridia.

§ 2º Ato normativo do Poder Executivo federal poderá estabelecer planos nacionais e outros instrumentos para a efetivação dos objetivos desta Lei e a coordenação entre órgãos e colegiados setoriais.

§ 3º Com vistas à formulação de políticas públicas, deverá ser produzida informação quantitativa e qualitativa, de forma sistemática, sobre os migrantes, com a criação de banco de dados.

Art. 121. Na aplicação desta Lei, devem ser observadas as disposições da Lei n. 9.474, de 22 de julho de 1997, nas situações que envolvam refugiados e solicitantes de refúgio.

Art. 122. A aplicação desta Lei não impede o tratamento mais favorável assegurado por tratado em que a República Federativa do Brasil seja parte.

Art. 123. Ninguém será privado de sua liberdade por razões migratórias, exceto nos casos previstos nesta Lei.

Art. 124. Revogam-se:

I – a Lei n. 818, de 18 de setembro de 1949; e

II – a Lei n. 6.815, de 19 de agosto de 1980 (Estatuto do Estrangeiro).

Art. 125. Esta Lei entra em vigor após decorridos 180 (cento e oitenta) dias de sua publicação oficial.

Brasília, 24 de maio de 2017; 196º da Independência e 129º da República.

Michel Temer

Publicado no DOU de 25.5.2017

› Optamos, nesta edição, pela não publicação do Anexo.

LEI Nº 13.455, DE 26 DE JUNHO DE 2017

Dispõe sobre a diferenciação de preços de bens e serviços oferecidos ao público em função do prazo ou do instrumento de pagamento utilizado, e altera a Lei nº 10.962, de 11 de outubro de 2004.

› *Diferenciação de preços*

O PRESIDENTE DA REPÚBLICA Faço saber que o Congresso Nacional decreta e eu sanciono a seguinte Lei:

Art. 1º Fica autorizada a diferenciação de preços de bens e serviços oferecidos ao público em função do prazo ou do instrumento de pagamento utilizado.

Parágrafo único. É nula a cláusula contratual, estabelecida no âmbito de arranjos de pagamento ou de outros acordos para prestação de serviço de pagamento, que proíba ou restrinja a diferenciação de preços facultada no *caput* deste artigo.

Art. 2º A Lei nº 10.962, de 11 de outubro de 2004, passa a vigorar acrescida do seguinte art. 5º-A:

› Alteração incorporada no texto a referida lei.

Art. 3º Esta Lei entra em vigor na data de sua publicação.

Brasília, 26 de junho de 2017; 196º da Independência e 129º da República.

MICHEL TEMER

DOU de 27.6.2017

LEI Nº 13.460, DE 26 DE JUNHO DE 2017

Dispõe sobre participação, proteção e defesa dos direitos do usuário dos serviços públicos da administração pública.

› *Direitos do usuário dos serviços públicos*

› Vide Decreto 9.492/2018.

O PRESIDENTE DA REPÚBLICA Faço saber que o Congresso Nacional decreta e eu sanciono a seguinte Lei:

CAPÍTULO I DISPOSIÇÕES PRELIMINARES

Art. 1º Esta Lei estabelece normas básicas para participação, proteção e defesa dos direitos do usuário dos serviços públicos prestados direta ou indiretamente pela administração pública.

§ 1º O disposto nesta Lei aplica-se à administração pública direta e indireta da União, dos Estados, do Distrito Federal e dos Municípios, nos termos do inciso I do § 3º do art. 37 da Constituição Federal.

§ 2º A aplicação desta Lei não afasta a necessidade de cumprimento do disposto:

I – em normas regulamentadoras específicas, quando se tratar de serviço ou atividade sujeitos a regulação ou supervisão; e

II – na Lei nº 8.078, de 11 de setembro de 1990, quando caracterizada relação de consumo.

§ 3º Aplica-se subsidiariamente o disposto nesta Lei aos serviços públicos prestados por particular.

Art. 2º Para os fins desta Lei, consideram-se:

I – usuário – pessoa física ou jurídica que se beneficia ou utiliza, efetiva ou potencialmente, de serviço público;

II – serviço público – atividade administrativa ou de prestação direta ou indireta de bens ou serviços à população, exercida por órgão ou entidade da administração pública;

III – administração pública – órgão ou entidade integrante da administração pública de qualquer dos Poderes da União, dos Estados, do Distrito Federal e dos Municípios, a Advocacia Pública e a Defensoria Pública;

IV – agente público – quem exerce cargo, emprego ou função pública, de natureza civil ou militar, ainda que transitoriamente ou sem remuneração; e

V – manifestações – reclamações, denúncias, sugestões, elogios e demais pronunciamentos de usuários que tenham como objeto a prestação de serviços públicos e a conduta de agentes públicos na prestação e fiscalização de tais serviços.

Parágrafo único. O acesso do usuário a informações será regido pelos termos da Lei nº 12.527, de 18 de novembro de 2011.

Art. 3º Com periodicidade mínima anual, cada Poder e esfera de Governo publicará quadro geral dos serviços públicos prestados, que especificará os órgãos ou entidades responsáveis por sua realização e a autoridade administrativa a quem estão subordinados ou vinculados.

Art. 4º Os serviços públicos e o atendimento do usuário serão realizados de forma adequada, observados os princípios da regularidade, continuidade, efetividade, segurança, atualidade, generalidade, transparência e cortesia.

CAPÍTULO II DOS DIREITOS BÁSICOS E DEVERES DOS USUÁRIOS

Art. 5º O usuário de serviço público tem direito à adequada prestação dos serviços, devendo os agentes públicos e prestadores de serviços públicos observar as seguintes diretrizes:

I – urbanidade, respeito, acessibilidade e cortesia no atendimento aos usuários;

II – presunção de boa-fé do usuário;

III – atendimento por ordem de chegada, ressalvados casos de urgência e aqueles em que houver possibilidade de agendamento, asseguradas as prioridades legais às pessoas com deficiência, aos idosos, às gestantes, às lactantes e às pessoas acompanhadas por crianças de colo;

IV – adequação entre meios e fins, vedada a imposição de exigências, obrigações, restrições e sanções não previstas na legislação;

V – igualdade no tratamento aos usuários, vedado qualquer tipo de discriminação;

VI – cumprimento de prazos e normas procedimentais;

VII – definição, publicidade e observância de horários e normas compatíveis com o bom atendimento ao usuário;

VIII – adoção de medidas visando a proteção à saúde e a segurança dos usuários;

IX – autenticação de documentos pelo próprio agente público, à vista dos originais apresentados pelo usuário, vedada a exigência de reconhecimento de firma, salvo em caso de dúvida de autenticidade;

X – manutenção de instalações salubres, seguras, sinalizadas, acessíveis e adequadas ao serviço e ao atendimento;

XI – eliminação de formalidades e de exigências cujo custo econômico ou social seja superior ao risco envolvido;

XII – observância dos códigos de ética ou de conduta aplicáveis às várias categorias de agentes públicos;

XIII – aplicação de soluções tecnológicas que visem a simplificar processos e procedimentos de atendimento ao usuário e a propiciar melhores condições para o compartilhamento das informações;

XIV – utilização de linguagem simples e compreensível, evitando o uso de siglas, jargões e estrangeirismos; e

XV – vedação da exigência de nova prova sobre fato já comprovado em documentação válida apresentada.

XVI – comunicação prévia ao consumidor de que o serviço será desligado em virtude de inadimplemento, bem como do dia a partir do qual será realizado o desligamento, necessariamente durante horário comercial. *(Acrescido pela Lei 14.015/2020)*

Parágrafo único. A taxa de religação de serviços não será devida se houver descumprimento da exigência de notificação prévia ao consumidor prevista no inciso XVI do *caput* deste artigo, o que ensejará a aplicação de multa à concessionária, conforme regulamentação. *(Acrescido pela Lei 14.015/2020)*

Art. 6º São direitos básicos do usuário:

I – participação no acompanhamento da prestação e na avaliação dos serviços;

II – obtenção e utilização dos serviços com liberdade de escolha entre os meios oferecidos e sem discriminação;

III – acesso e obtenção de informações relativas à sua pessoa constantes de registros ou bancos de dados, observado o disposto no inciso X do *caput* do art. 5º da Constituição Federal e na Lei nº 12.527, de 18 de novembro de 2011;

IV – proteção de suas informações pessoais, nos termos da Lei nº 12.527, de 18 de novembro de 2011;

V – atuação integrada e sistêmica na expedição de atestados, certidões e documentos comprobatórios de regularidade; e

VI – obtenção de informações precisas e de fácil acesso nos locais de prestação do serviço, assim como sua disponibilização na internet, especialmente sobre:

a) horário de funcionamento das unidades administrativas;

b) serviços prestados pelo órgão ou entidade, sua localização exata e a indicação do setor responsável pelo atendimento ao público;

c) acesso ao agente público ou ao órgão encarregado de receber manifestações;

d) situação da tramitação dos processos administrativos em que figure como interessado; e

e) valor das taxas e tarifas cobradas pela prestação dos serviços, contendo informações para a compreensão exata da extensão do serviço prestado.

VII – comunicação prévia da suspensão da prestação de serviço. *(Acrescido pela Lei 14.015/2020)*

Parágrafo único. É vedada a suspensão da prestação de serviço em virtude de inadimplemento por parte do usuário que se inicie na sexta-feira, no sábado ou no domingo, bem como em feriado ou no dia anterior a feriado. *(Acrescido pela Lei 14.015/2020)*

Art. 7º Os órgãos e entidades abrangidos por esta Lei divulgarão Carta de Serviços ao Usuário.

§ 1º A Carta de Serviços ao Usuário tem por objetivo informar o usuário sobre os serviços prestados pelo órgão ou entidade, as formas de acesso a esses serviços e seus compromissos e padrões de qualidade de atendimento ao público.

§ 2º A Carta de Serviços ao Usuário deverá trazer informações claras e precisas em relação a cada um dos serviços prestados, apresentando, no mínimo, informações relacionadas a:

I – serviços oferecidos;

II – requisitos, documentos, formas e informações necessárias para acessar o serviço;

III – principais etapas para processamento do serviço;

IV – previsão do prazo máximo para a prestação do serviço;

V – forma de prestação do serviço; e

VI – locais e formas para o usuário apresentar eventual manifestação sobre a prestação do serviço.

§ 3º Além das informações descritas no § 2º, a Carta de Serviços ao Usuário deverá detalhar os compromissos e padrões de qualidade do atendimento relativos, no mínimo, aos seguintes aspectos:

I – prioridades de atendimento;

II – previsão de tempo de espera para atendimento;

III – mecanismos de comunicação com os usuários;

IV – procedimentos para receber e responder as manifestações dos usuários; e

V – mecanismos de consulta, por parte dos usuários, acerca do andamento do serviço solicitado e de eventual manifestação.

§ 4º A Carta de Serviços ao Usuário será objeto de atualização periódica e de permanente divulgação mediante publicação em sítio eletrônico do órgão ou entidade na internet.

§ 5º Regulamento específico de cada Poder e esfera de Governo disporá sobre a operacionalização da Carta de Serviços ao Usuário.

Art. 8º São deveres do usuário:

I – utilizar adequadamente os serviços, procedendo com urbanidade e boa-fé;

II – prestar as informações pertinentes ao serviço prestado quando solicitadas;

III – colaborar para a adequada prestação do serviço; e

IV – preservar as condições dos bens públicos por meio dos quais lhe são prestados os serviços de que trata esta Lei.

CAPÍTULO III
DAS MANIFESTAÇÕES DOS USUÁRIOS DE SERVIÇOS PÚBLICOS

Art. 9º Para garantir seus direitos, o usuário poderá apresentar manifestações perante a administração pública acerca da prestação de serviços públicos.

Art. 10. A manifestação será dirigida à ouvidoria do órgão ou entidade responsável e conterá a identificação do requerente.

§ 1º A identificação do requerente não conterá exigências que inviabilizem sua manifestação.

§ 2º São vedadas quaisquer exigências relativas aos motivos determinantes da apresentação de manifestações perante a ouvidoria.

§ 3º Caso não haja ouvidoria, o usuário poderá apresentar manifestações diretamente ao órgão ou entidade responsável pela execução do serviço e ao órgão ou entidade a que se subordinem ou se vinculem.

§ 4º A manifestação poderá ser feita por meio eletrônico, ou correspondência convencional, ou verbalmente, hipótese em que deverá ser reduzida a termo.

§ 5º No caso de manifestação por meio eletrônico, prevista no § 4º, respeitada a legislação específica de sigilo e proteção de dados, poderá a administração pública ou sua ouvidoria requerer meio de certificação da identidade do usuário.

§ 6º Os órgãos e entidades públicos abrangidos por esta Lei deverão colocar à disposição do usuário formulários simplificados e de fácil compreensão para a apresentação do requerimento previsto no *caput*, facultada ao usuário sua utilização.

§ 7º A identificação do requerente é informação pessoal protegida com restrição de acesso nos termos da Lei nº 12.527, de 18 de novembro de 2011.

Art. 11. Em nenhuma hipótese, será recusado o recebimento de manifestações formuladas nos termos desta Lei, sob pena de responsabilidade do agente público.

Art. 12. Os procedimentos administrativos relativos à análise das manifestações observarão os princípios da eficiência e da celeridade, visando a sua efetiva resolução.

Parágrafo único. A efetiva resolução das manifestações dos usuários compreende:

I – recepção da manifestação no canal de atendimento adequado;

II – emissão de comprovante de recebimento da manifestação;

III – análise e obtenção de informações, quando necessário;

IV – decisão administrativa final; e

V – ciência ao usuário.

CAPÍTULO IV
DAS OUVIDORIAS

Art. 13. As ouvidorias terão como atribuições precípuas, sem prejuízo de outras estabelecidas em regulamento específico:

I – promover a participação do usuário na administração pública, em cooperação com outras entidades de defesa do usuário;

II – acompanhar a prestação dos serviços, visando a garantir a sua efetividade;

III – propor aperfeiçoamentos na prestação dos serviços;

IV – auxiliar na prevenção e correção dos atos e procedimentos incompatíveis com os princípios estabelecidos nesta Lei;

V – propor a adoção de medidas para a defesa dos direitos do usuário, em observância às determinações desta Lei;

VI – receber, analisar e encaminhar às autoridades competentes as manifestações, acompanhando o tratamento e a efetiva conclusão das manifestações de usuário perante órgão ou entidade a que se vincula; e

VII – promover a adoção de mediação e conciliação entre o usuário e o órgão ou a entidade pública, sem prejuízo de outros órgãos competentes.

Art. 14. Com vistas à realização de seus objetivos, as ouvidorias deverão:

I – receber, analisar e responder, por meio de mecanismos proativos e reativos, as manifestações encaminhadas por usuários de serviços públicos; e

II – elaborar, anualmente, relatório de gestão, que deverá consolidar as informações mencionadas no inciso I, e, com base nelas, apontar falhas e sugerir melhorias na prestação de serviços públicos.

Art. 15. O relatório de gestão de que trata o inciso II do *caput* do art. 14 deverá indicar, ao menos:

I – o número de manifestações recebidas no ano anterior;

II – os motivos das manifestações;

III – a análise dos pontos recorrentes; e

IV – as providências adotadas pela administração pública nas soluções apresentadas.

Parágrafo único. O relatório de gestão será:

I – encaminhado à autoridade máxima do órgão a que pertence a unidade de ouvidoria; e

II – disponibilizado integralmente na internet.

Art. 16. A ouvidoria encaminhará a decisão administrativa final ao usuário, observado o prazo de trinta dias, prorrogável de forma justificada uma única vez, por igual período.

Parágrafo único. Observado o prazo previsto no *caput*, a ouvidoria poderá solicitar informações e esclarecimentos diretamente a agentes públicos do órgão ou entidade a que se vincula, e as solicitações devem ser respondidas no prazo de vinte dias, prorrogável de forma justificada uma única vez, por igual período.

Art. 17. Atos normativos específicos de cada Poder e esfera de Governo disporão sobre a organização e o funcionamento de suas ouvidorias.

CAPÍTULO V
DOS CONSELHOS DE USUÁRIOS

Art. 18. Sem prejuízo de outras formas previstas na legislação, a participação dos usuários no acompanhamento da prestação e na avaliação dos serviços públicos será feita por meio de conselhos de usuários.

Parágrafo único. Os conselhos de usuários são órgãos consultivos dotados das seguintes atribuições:

I – acompanhar a prestação dos serviços;

II – participar na avaliação dos serviços;

III – propor melhorias na prestação dos serviços;

IV – contribuir na definição de diretrizes para o adequado atendimento ao usuário; e

V – acompanhar e avaliar a atuação do ouvidor.

Art. 19. A composição dos conselhos deve observar os critérios de representatividade e pluralidade das partes interessadas, com vistas ao equilíbrio em sua representação.

Parágrafo único. A escolha dos representantes será feita em processo aberto ao público e diferenciado por tipo de usuário a ser representado.

Art. 20. O conselho de usuários poderá ser consultado quanto à indicação do ouvidor.

Art. 21. A participação do usuário no conselho será considerada serviço relevante e sem remuneração.

Art. 22. Regulamento específico de cada Poder e esfera de Governo disporá sobre a organização e funcionamento dos conselhos de usuários.

CAPÍTULO VI
DA AVALIAÇÃO CONTINUADA DOS SERVIÇOS PÚBLICOS

Art. 23. Os órgãos e entidades públicos abrangidos por esta Lei deverão avaliar os serviços prestados, nos seguintes aspectos:

I – satisfação do usuário com o serviço prestado;

II – qualidade do atendimento prestado ao usuário;

III – cumprimento dos compromissos e prazos definidos para a prestação dos serviços;

IV – quantidade de manifestações de usuários; e

V – medidas adotadas pela administração pública para melhoria e aperfeiçoamento da prestação do serviço.

§ 1º A avaliação será realizada por pesquisa de satisfação feita, no mínimo, a cada um ano, ou por qualquer outro meio que garanta significância estatística aos resultados.

§ 2º O resultado da avaliação deverá ser integralmente publicado no sítio do órgão ou entidade, incluindo o ranking das entidades com maior incidência de reclamação dos usuários na periodicidade a que se refere o § 1º, e servirá de subsídio para reorientar e ajustar os serviços prestados, em especial quanto ao cumprimento dos compromissos e dos padrões de qualidade de atendimento divulgados na Carta de Serviços ao Usuário.

Art. 24. Regulamento específico de cada Poder e esfera de Governo disporá sobre a avaliação da efetividade e dos níveis de satisfação dos usuários.

CAPÍTULO VII
DISPOSIÇÕES FINAIS E TRANSITÓRIAS

Art. 25. Esta Lei entra em vigor, a contar da sua publicação, em:

I – trezentos e sessenta dias para a União, os Estados, o Distrito Federal e os Municípios com mais de quinhentos mil habitantes;

II – quinhentos e quarenta dias para os Municípios entre cem mil e quinhentos mil habitantes; e

III – setecentos e vinte dias para os Municípios com menos de cem mil habitantes.

Brasília, 26 de junho de 2017; 196º da Independência e 129º da República.

MICHEL TEMER

DOU de 27.6.2017

LEI Nº 13.465, DE 11 DE JULHO DE 2017

Dispõe sobre a regularização fundiária rural e urbana, sobre a liquidação de créditos concedidos aos assentados da reforma agrária e sobre a regularização fundiária no âmbito da Amazônia Legal; institui mecanismos para aprimorar a eficiência dos procedimentos de alienação de imóveis da União; altera as Leis nºs 8.629, de 25 de fevereiro de 1993, 13.001, de 20 de junho de 2014, 11.952, de 25 de junho de 2009, 13.340, de 28 de setembro de 2016, 8.666, de 21 de junho de 1993, 6.015, de 31 de dezembro de 1973, 12.512, de 14 de outubro de 2011, 10.406, de 10 de janeiro de 2002 (Código Civil), 13.105, de 16 de março de 2015 (Código de Processo Civil), 11.977, de 7 de julho de 2009, 9.514, de 20 de novembro de 1997, 11.124, de 16 de junho de 2005, 6.766, de 19 de dezembro de 1979, 10.257, de 10 de julho de 2001, 12.651, de 25 de maio de 2012, 13.240, de 30 de dezembro de 2015, 9.636, de 15 de maio de 1998, 8.036, de 11 de maio de 1990, 13.139, de 26 de junho de 2015, 11.483, de 31 de maio de 2007, e a 12.712, de 30 de agosto de 2012, a Medida Provisória no 2.220, de 4 de setembro de 2001, e os Decretos-leis nºs 2.398, de 21 de dezembro de 1987, 1.876, de 15 de julho de 1981, 9.760, de 5 de setembro de 1946, e 3.365, de 21 de junho de 1941; revoga dispositivos da Lei Complementar nº 76, de 6 de julho de 1993, e da Lei nº 13.347, de 10 de outubro de 2016; e dá outras providências.

▸ *Regularização fundiária rural e urbana*

O PRESIDENTE DA REPÚBLICA Faço saber que o Congresso Nacional decreta e eu sanciono a seguinte Lei:

Art. 1º Esta Lei dispõe sobre a regularização fundiária rural e urbana, sobre a liquidação de créditos concedidos aos assentados da reforma agrária e sobre a regularização fundiária no âmbito da Amazônia Legal; institui mecanismos para aprimorar a eficiência dos procedimentos de alienação de imóveis da União; e dá outras providências.

TÍTULO I
DA REGULARIZAÇÃO FUNDIÁRIA RURAL

Art. 2º A Lei nº 8.629, de 25 de fevereiro de 1993, passa a vigorar com as seguintes alterações:

▸ Alterações já incorporadas ao texto da referida lei.

Art. 3º A Lei nº 13.001, de 20 de junho de 2014, passa a vigorar com as seguintes alterações:

▸ Alterações já incorporadas ao texto da referida lei.

Art. 3º-A. (VETADO).

Art. 4º A Lei nº 11.952, de 25 de junho de 2009, passa a vigorar com as seguintes alterações:

▸ Alterações já incorporadas ao texto da referida lei.

Art. 5º A Lei nº 13.340, de 28 de setembro de 2016, passa a vigorar com as seguintes alterações:

▸ Alterações já incorporadas ao texto da referida lei.

Art. 6º A Lei nº 8.666, de 21 de junho de 1993, passa a vigorar com as seguintes alterações:

▸ Alterações já incorporadas ao texto da referida lei.

Art. 7º A Lei nº 6.015, de 31 de dezembro de 1973, passa a vigorar com as seguintes alterações:

▸ Alterações já incorporadas ao texto da referida lei.

Art. 8º A Lei nº 12.512, de 14 de outubro de 2011, passa a vigorar com as seguintes alterações:

▸ Alterações já incorporadas ao texto da referida lei.

TÍTULO II
DA REGULARIZAÇÃO FUNDIÁRIA URBANA

CAPÍTULO I
DISPOSIÇÕES GERAIS

SEÇÃO I
DA REGULARIZAÇÃO FUNDIÁRIA URBANA

Art. 9º Ficam instituídas no território nacional normas gerais e procedimentos aplicáveis à Regularização Fundiária Urbana (Reurb), a qual abrange medidas jurídicas, urbanísticas, ambientais e sociais destinadas à incorporação dos núcleos urbanos informais ao ordenamento territorial urbano e à titulação de seus ocupantes.

§ 1º Os poderes públicos formularão e desenvolverão no espaço urbano as políticas de suas competências de acordo com os princípios de sustentabilidade econômica, social e ambiental e ordenação territorial, buscando a ocupação do solo de maneira eficiente, combinando seu uso de forma funcional.

§ 2º A Reurb promovida mediante legitimação fundiária somente poderá ser aplicada para os núcleos urbanos informais comprovadamente existentes, na forma desta Lei, até 22 de dezembro de 2016.

Art. 10. Constituem objetivos da Reurb, a serem observados pela União, Estados, Distrito Federal e Municípios:

I – identificar os núcleos urbanos informais que devam ser regularizados, organizá-los e assegurar a prestação de serviços públicos aos seus ocupantes, de modo a melhorar as condições urbanísticas e ambientais em relação à situação de ocupação informal anterior;

II – criar unidades imobiliárias compatíveis com o ordenamento territorial urbano e constituir sobre elas direitos reais em favor dos seus ocupantes;

III – ampliar o acesso à terra urbanizada pela população de baixa renda, de modo a priorizar a permanência dos ocupantes nos próprios núcleos urbanos informais regularizados;

IV – promover a integração social e a geração de emprego e renda;

V – estimular a resolução extrajudicial de conflitos, em reforço à consensualidade e à cooperação entre Estado e sociedade;

VI – garantir o direito social à moradia digna e às condições de vida adequadas;

VII – garantir a efetivação da função social da propriedade;

VIII – ordenar o pleno desenvolvimento das funções sociais da cidade e garantir o bem-estar de seus habitantes;

IX – concretizar o princípio constitucional da eficiência na ocupação e no uso do solo;

X – prevenir e desestimular a formação de novos núcleos urbanos informais;

XI – conceder direitos reais, preferencialmente em nome da mulher;

XII – franquear participação dos interessados nas etapas do processo de regularização fundiária.

Art. 11. Para fins desta Lei, consideram-se:

I – núcleo urbano: assentamento humano, com uso e características urbanas, constituído por unidades imobiliárias de área inferior à fração mínima de parcelamento prevista na Lei nº 5.868, de 12 de dezembro de 1972, independentemente da propriedade do solo, ainda que situado em área qualificada ou inscrita como rural;

II – núcleo urbano informal: aquele clandestino, irregular ou no qual não foi possível realizar, por qualquer modo, a titulação de seus ocupantes, ainda que atendida a legislação vigente à época de sua implantação ou regularização;

III – núcleo urbano informal consolidado: aquele de difícil reversão, considerados o tempo da ocupação, a natureza das edificações, a localização das vias de circulação e a presença de equipamentos públicos, entre outras circunstâncias a serem avaliadas pelo Município;

IV – demarcação urbanística: procedimento destinado a identificar os imóveis públicos e privados abrangidos pelo núcleo urbano informal e a obter a anuência dos respectivos titulares de direitos inscritos na matrícula dos imóveis ocupados, culminando com averbação na matrícula destes imóveis da viabilidade da regularização fundiária, a ser promovida a critério do Município;

V – Certidão de Regularização Fundiária (CRF): documento expedido pelo Município ao final do procedimento da Reurb, constituído do projeto de regularização fundiária aprovado, do termo de compromisso relativo a sua execução e, no caso da legitimação fundiária e da legitimação de posse, da listagem dos ocupantes do núcleo urbano informal regularizado, da devida qualificação destes e dos direitos reais que lhes foram conferidos;

VI – legitimação de posse: ato do poder público destinado a conferir título, por meio do qual fica reconhecida a posse de imóvel objeto da Reurb, conversível em aquisição de direito real de propriedade na forma desta Lei, com a identificação de seus ocupantes, do tempo da ocupação e da natureza da posse;

VII – legitimação fundiária: mecanismo de reconhecimento da aquisição originária do direito real de propriedade sobre unidade imobiliária objeto da Reurb;

VIII – ocupante: aquele que mantém poder de fato sobre lote ou fração ideal de terras públicas ou privadas em núcleos urbanos informais.

§ 1º Para fins da Reurb, os Municípios poderão dispensar as exigências relativas ao percentual e às dimensões de áreas destinadas ao uso público ou ao tamanho dos lotes regularizados, assim como a outros parâmetros urbanísticos e edilícios.

§ 2º Constatada a existência de núcleo urbano informal situado, total ou parcialmente, em área de preservação permanente ou em área de unidade de conservação de uso sustentável ou de proteção de mananciais definidas pela União, Estados ou Municípios, a Reurb observará, também, o disposto nos arts. 64 e 65 da Lei nº 12.651, de 25 de maio de 2012, hipótese na qual se torna obrigatória a elaboração de estudos técnicos, no âmbito da Reurb, que justifiquem as melhorias ambientais em relação à situação de ocupação informal anterior, inclusive por meio de compensações ambientais, quando for o caso.

§ 3º No caso de a Reurb abranger área de unidade de conservação de uso sustentável que, nos termos da Lei nº 9.985, de 18 de julho de 2000, admita regularização, será exigida também a anuência do órgão gestor da unidade, desde que estudo técnico comprove que essas intervenções de regularização fundiária implicam a melhoria das condições ambientais em relação à situação de ocupação informal anterior.

§ 4º Na Reurb cuja ocupação tenha ocorrido às margens de reservatórios artificiais de água destinados à geração de energia ou ao abastecimento público, a faixa da área de preservação permanente consistirá na distância entre o nível máximo operativo normal e a cota máxima *maximorum*.

§ 5º Esta Lei não se aplica aos núcleos urbanos informais situados em áreas indispensáveis à segurança nacional ou de interesse da defesa, assim reconhecidas em decreto do Poder Executivo federal.

§ 6º Aplicam-se as disposições desta Lei aos imóveis localizados em área rural, desde que a unidade imobiliária tenha área inferior à fração mínima de parcelamento prevista na Lei nº 5.868, de 12 de dezembro de 1972.

Art. 12. A aprovação municipal da Reurb corresponde à aprovação urbanística do projeto de regularização fundiária e, na hipótese de o Município ter órgão ambiental capacitado, à aprovação ambiental. *(Redação dada pela Lei 14.118/2021)*

§ 1º Considera-se órgão ambiental capacitado o órgão municipal que possua em seus quadros ou à sua disposição profissionais com atribuição técnica para a análise e a aprovação dos estudos referidos no art. 11, independentemente da existência de convênio com os Estados ou a União.

§ 2º Os estudos referidos no art. 11 deverão ser elaborados por profissional legalmente habilitado, compatibilizar-se com o projeto de regularização fundiária e conter, conforme o caso, os elementos constantes dos arts. 64 ou 65 da Lei nº 12.651, de 25 de maio de 2012.

§ 3º Os estudos técnicos referidos no art. 11 aplicam-se somente às parcelas dos núcleos urbanos informais situados nas áreas de preservação permanente, nas unidades de conservação de uso sustentável ou nas áreas de proteção de mananciais e poderão ser feitos em fases ou etapas, sendo que a parte do núcleo urbano informal não afetada por esses estudos poderá ter seu projeto aprovado e levado a registro separadamente.

§ 4º A aprovação ambiental da Reurb prevista neste artigo poderá ser feita pelos Estados na hipótese de o Município não dispor de capacidade técnica para a aprovação dos estudos referidos no art. 11.

Art. 13. A Reurb compreende duas modalidades:

I – Reurb de Interesse Social (Reurb-S) – regularização fundiária aplicável aos núcleos urbanos informais ocupados predominantemente por população de baixa renda, assim declarados em ato do Poder Executivo municipal; e

II – Reurb de Interesse Específico (Reurb-E) – regularização fundiária aplicável aos núcleos urbanos informais ocupados por população não qualificada na hipótese de que trata o inciso I deste artigo.

§ 1º Serão isentos de custas e emolumentos, entre outros, os seguintes atos registrais relacionados à Reurb-S:

I – o primeiro registro da Reurb-S, o qual confere direitos reais aos seus beneficiários;

II – o registro da legitimação fundiária;

III – o registro do título de legitimação de posse e a sua conversão em título de propriedade;

IV – o registro da CRF e do projeto de regularização fundiária, com abertura de matrícula para cada unidade imobiliária urbana regularizada;

V – a primeira averbação de construção residencial, desde que respeitado o limite de até setenta metros quadrados;

VI – a aquisição do primeiro direito real sobre unidade imobiliária derivada da Reurb-S;

VII – o primeiro registro do direito real de laje no âmbito da Reurb-S; e

VIII – o fornecimento de certidões de registro para os atos previstos neste artigo.

§ 2º Os atos de que trata este artigo independem da comprovação do pagamento de tributos ou penalidades tributárias, sendo vedado ao oficial de registro de imóveis exigir sua comprovação.

§ 3º O disposto nos §§ 1º e 2º deste artigo aplica-se também à Reurb-S que tenha por objeto conjuntos habitacionais ou condomínios de interesse social construídos pelo poder público, diretamente ou por meio da administração pública indireta, que já se encontrem implantados em 22 de dezembro de 2016.

§ 4º Na Reurb, os Municípios e o Distrito Federal poderão admitir o uso misto de atividades como forma de promover a integração social e a geração de emprego e renda no núcleo urbano informal regularizado.

§ 5º A classificação do interesse visa exclusivamente à identificação dos responsáveis pela implantação ou adequação das obras de infraestrutura essencial e ao reconhecimento do direito à gratuidade das custas e emolumentos notariais e registrais em favor daqueles a quem for atribuído o domínio das unidades imobiliárias regularizadas.

§ 6º Os cartórios que não cumprirem o disposto neste artigo, que retardarem ou não efetuarem o registro de acordo com as normas previstas nesta Lei, por ato não justificado, ficarão sujeitos às sanções previstas no art. 44 da Lei nº 11.977, de 7 de julho de 2009, observado o disposto nos §§ 3º-A e 3º-B do art. 30 da Lei nº 6.015, de 31 de dezembro de 1973.

§ 7º A partir da disponibilidade de equipamentos e infraestrutura para prestação de serviço público de abastecimento de água, coleta de esgoto, distribuição de energia elétrica, ou outros serviços públicos, é obrigatório aos beneficiários da Reurb realizar a conexão da edificação à rede de água, de coleta de esgoto ou de distribuição de energia elétrica e adotar as demais providências necessárias à utilização do serviço, salvo disposição em contrário na legislação municipal.

SEÇÃO II
DOS LEGITIMADOS PARA REQUERER A REURB

Art. 14. Poderão requerer a Reurb:

I – a União, os Estados, o Distrito Federal e os Municípios, diretamente ou por meio de entidades da administração pública indireta;

II – os seus beneficiários, individual ou coletivamente, diretamente ou por meio de cooperativas habitacionais, associações de moradores, fundações, organizações sociais, organizações da sociedade civil de interesse público ou outras associações civis que tenham por finalidade atividades nas áreas de desenvolvimento urbano ou regularização fundiária urbana;

III – os proprietários de imóveis ou de terrenos, loteadores ou incorporadores;

IV – a Defensoria Pública, em nome dos beneficiários hipossuficientes; e

V – o Ministério Público.

§ 1º Os legitimados poderão promover todos os atos necessários à regularização fundiária, inclusive requerer os atos de registro.

§ 2º Nos casos de parcelamento do solo, de conjunto habitacional ou de condomínio informal, empreendidos por particular, a conclusão da Reurb confere direito de regresso àqueles que suportarem os seus custos e obrigações contra os responsáveis pela implantação dos núcleos urbanos informais.

§ 3º O requerimento de instauração da Reurb por proprietários de terreno, loteadores e incorporadores que tenham dado causa à formação de núcleos urbanos informais, ou os seus sucessores, não os eximirá de responsabilidades administrativa, civil ou criminal.

CAPÍTULO II
DOS INSTRUMENTOS DA REURB

SEÇÃO I
DISPOSIÇÕES GERAIS

Art. 15. Poderão ser empregados, no âmbito da Reurb, sem prejuízo de outros que se apresentem adequados, os seguintes institutos jurídicos:

I – a legitimação fundiária e a legitimação de posse, nos termos desta Lei;

II – a usucapião, nos termos dos arts. 1.238 a 1.244 da Lei nº 10.406, de 10 de janeiro de 2002 (Código Civil), dos arts. 9º a 14 da Lei nº 10.257, de 10 de julho de 2001, e do art. 216-A da Lei nº 6.015, de 31 de dezembro de 1973;

III – a desapropriação em favor dos possuidores, nos termos dos §§ 4º e 5º do art. 1.228 da Lei nº 10.406, de 10 de janeiro de 2002 (Código Civil);

IV – a arrecadação de bem vago, nos termos do art. 1.276 da Lei nº 10.406, de 10 de janeiro de 2002 (Código Civil);

V – o consórcio imobiliário, nos termos do art. 46 da Lei nº 10.257, de 10 de julho de 2001;

VI – a desapropriação por interesse social, nos termos do inciso IV do art. 2º da Lei nº 4.132, de 10 de setembro de 1962;

VII – o direito de preempção, nos termos do inciso I do art. 26 da Lei nº 10.257, de 10 de julho de 2001;

VIII – a transferência do direito de construir, nos termos do inciso III do art. 35 da Lei nº 10.257, de 10 de julho de 2001;

IX – a requisição, em caso de perigo público iminente, nos termos do § 3º do art. 1.228 da Lei nº 10.406, de 10 de janeiro de 2002 (Código Civil);

X – a intervenção do poder público em parcelamento clandestino ou irregular, nos termos do art. 40 da Lei nº 6.766, de 19 de dezembro de 1979;

XI – a alienação de imóvel pela administração pública diretamente para seu detentor, nos termos da alínea *f* do inciso I do art. 17 da Lei nº 8.666, de 21 de junho de 1993;

XII – a concessão de uso especial para fins de moradia;

XIII – a concessão de direito real de uso;

XIV – a doação; e

XV – a compra e venda.

Art. 16. Na Reurb-E, promovida sobre bem público, havendo solução consensual, a aquisição de direitos reais pelo particular ficará condicionada ao pagamento do justo valor da unidade imobiliária regularizada, a ser apurado na forma estabelecida em ato do Poder Executivo titular do domínio, sem considerar o valor das acessões e benfeitorias do ocupante e a valorização decorrente da implantação dessas acessões e benfeitorias.

Parágrafo único. As áreas de propriedade do poder público registradas no Registro de Imóveis, que sejam objeto de ação judicial versando sobre a sua titularidade, poderão ser objeto da Reurb, desde que celebrado acordo judicial ou extrajudicial, na forma desta Lei, homologado pelo juiz.

Art. 17. Na Reurb-S promovida sobre bem público, o registro do projeto de regularização fundiária e a constituição de direito real em nome dos beneficiários poderão ser feitos em ato único, a critério do ente público promovente.

Parágrafo único. Nos casos previstos no *caput* deste artigo, serão encaminhados ao cartório o instrumento indicativo do direito real constituído, a listagem dos ocupantes que serão beneficiados pela Reurb e respectivas qualificações, com indicação das respectivas unidades, ficando dispensadas a apresentação de título cartorial individualizado e as cópias da documentação referente à qualificação de cada beneficiário.

Art. 18. O Município e o Distrito Federal poderão instituir como instrumento de planejamento urbano Zonas Especiais de Interesse Social (ZEIS), no âmbito da política municipal de ordenamento de seu território.

§ 1º Para efeitos desta Lei, considera-se ZEIS a parcela de área urbana instituída pelo plano diretor ou definida por outra lei municipal, destinada preponderantemente à população de baixa renda e sujeita a regras específicas de parcelamento, uso e ocupação do solo.

§ 2º A Reurb não está condicionada à existência de ZEIS.

SEÇÃO II
DA DEMARCAÇÃO URBANÍSTICA

Art. 19. O poder público poderá utilizar o procedimento de demarcação urbanística, com base no levantamento da situação da área a ser regularizada e na caracterização do núcleo urbano informal a ser regularizado.

§ 1º O auto de demarcação urbanística deve ser instruído com os seguintes documentos:

I – planta e memorial descritivo da área a ser regularizada, nos quais constem suas medidas perimetrais, área total, confrontantes, coordenadas georreferenciadas dos vértices definidores de seus limites, números das matrículas ou transcrições atingidas, indicação dos proprietários identificados e ocorrência de situações de domínio privado com proprietários não identificados em razão de descrições imprecisas dos registros anteriores;

II – planta de sobreposição do imóvel demarcado com a situação da área constante do registro de imóveis.

§ 2º O auto de demarcação urbanística poderá abranger uma parte ou a totalidade de um ou mais imóveis inseridos em uma ou mais das seguintes situações:

I – domínio privado com proprietários não identificados, em razão de descrições imprecisas dos registros anteriores;

II – domínio privado objeto do devido registro no registro de imóveis competente, ainda que de proprietários distintos; ou

III – domínio público.

§ 3º Os procedimentos da demarcação urbanística não constituem condição para o processamento e a efetivação da Reurb.

Art. 20. O poder público notificará os titulares de domínio e os confrontantes da área demarcada, pessoalmente ou por via postal, com aviso de recebimento, no endereço que constar da matrícula ou da transcrição, para que estes, querendo, apresentem impugnação à demarcação urbanística, no prazo comum de trinta dias.

§ 1º Eventuais titulares de domínio ou confrontantes não identificados, ou não encontrados ou que recusarem o recebimento da notificação por via postal, serão notificados por edital, para que, querendo, apresentem impugnação à demarcação urbanística, no prazo comum de trinta dias.

§ 2º O edital de que trata o § 1º deste artigo conterá resumo do auto de demarcação urbanística, com a descrição que permita a identificação da área a ser demarcada e seu desenho simplificado.

§ 3º A ausência de manifestação dos indicados neste artigo será interpretada como concordância com a demarcação urbanística.

§ 4º Se houver impugnação apenas em relação à parcela da área objeto do auto de demarcação urbanística, é facultado ao poder público prosseguir com o procedimento em relação à parcela não impugnada.

§ 5º A critério do poder público municipal, as medidas de que trata este artigo poderão ser realizadas pelo registro de imóveis do local do núcleo urbano informal a ser regularizado.

§ 6º A notificação conterá a advertência de que a ausência de impugnação implicará a perda de eventual direito que o notificado titularize sobre o imóvel objeto da Reurb.

Art. 21. Na hipótese de apresentação de impugnação, poderá ser adotado procedimento extrajudicial de composição de conflitos.

§ 1º Caso exista demanda judicial de que o impugnante seja parte e que verse sobre direitos reais ou possessórios relativos ao imóvel abrangido pela demarcação urbanística, deverá informá-la ao poder público, que comunicará ao juízo a existência do procedimento de que trata o *caput* deste artigo.

§ 2º Para subsidiar o procedimento de que trata o *caput* deste artigo, será feito um levantamento de eventuais passivos tributários, ambientais e administrativos associados aos imóveis objeto de impugnação, assim como das posses existentes, com vistas à identificação de casos de prescrição aquisitiva da propriedade.

§ 3º A mediação observará o disposto na Lei nº 13.140, de 26 de junho de 2015, facultando-se ao poder público promover a alteração do auto de demarcação urbanística ou adotar qualquer outra medida que possa afastar a oposição do proprietário ou dos confrontantes à regularização da área ocupada.

§ 4º Caso não se obtenha acordo na etapa de mediação, fica facultado o emprego da arbitragem.

Art. 22. Decorrido o prazo sem impugnação ou caso superada a oposição ao procedimento, o auto de demarcação urbanística será encaminhado ao registro de imóveis e averbado nas matrículas por ele alcançadas.

§ 1º A averbação informará:

I – a área total e o perímetro correspondente ao núcleo urbano informal a ser regularizado;

II – as matrículas alcançadas pelo auto de demarcação urbanística e, quando possível, a área abrangida em cada uma delas; e

III – a existência de áreas cuja origem não tenha sido identificada em razão de imprecisões dos registros anteriores.

§ 2º Na hipótese de o auto de demarcação urbanística incidir sobre imóveis ainda não matriculados, previamente à averbação, será aberta matrícula, que deverá refletir a situação registrada do imóvel, dispensadas a retificação do memorial descritivo e a apuração de área remanescente.

§ 3º Nos casos de registro anterior efetuado em outra circunscrição, para abertura da matrícula de que trata o § 2º deste artigo, o oficial requererá, de ofício, certidões atualizadas daquele registro.

§ 4º Na hipótese de a demarcação urbanística abranger imóveis situados em mais de uma circunscrição imobiliária, o oficial do registro de imóveis responsável pelo procedimento comunicará as demais circunscrições imobiliárias envolvidas para averbação da demarcação urbanística nas respectivas matrículas alcançadas.

§ 5º A demarcação urbanística será averbada ainda que a área abrangida pelo auto de demarcação urbanística supere a área disponível nos registros anteriores.

§ 6º Não se exigirá, para a averbação da demarcação urbanística, a retificação da área não abrangida pelo auto de demarcação urbanística, ficando a apuração de remanescente sob a responsabilidade do proprietário do imóvel atingido.

SEÇÃO III
DA LEGITIMAÇÃO FUNDIÁRIA

Art. 23. A legitimação fundiária constitui forma originária de aquisição do direito real de propriedade conferido por ato do poder público, exclusivamente no âmbito da Reurb, àquele que detiver em área pública ou possuir em área privada, como sua, unidade imobiliária com destinação urbana, integrante de núcleo urbano informal consolidado existente em 22 de dezembro de 2016.

§ 1º Apenas na Reurb-S, a legitimação fundiária será concedida ao beneficiário, desde que atendidas as seguintes condições:

I – o beneficiário não seja concessionário, foreiro ou proprietário exclusivo de imóvel urbano ou rural; *(Redação dada pela Lei 14.118/2021)*

II – o beneficiário não tenha sido contemplado com legitimação de posse ou fundiária de imóvel urbano com a mesma finalidade, ainda que situado em núcleo urbano distinto; e

III – em caso de imóvel urbano com finalidade não residencial, seja reconhecido pelo poder público o interesse público de sua ocupação.

§ 2º Por meio da legitimação fundiária, em qualquer das modalidades da Reurb, o ocupante adquire a unidade imobiliária com destinação urbana livre e desembaraçada de quaisquer ônus, direitos reais, gravames ou inscrições, eventualmente existentes em sua matrícula de origem, exceto quando disserem respeito ao próprio legitimado.

§ 3º Deverão ser transportadas as inscrições, as indisponibilidades ou os gravames existentes no registro da área maior originária para as matrículas das unidades imobiliárias que não houverem sido adquiridas por legitimação fundiária.

§ 4º Na Reurb-S de imóveis públicos, a União, os Estados, o Distrito Federal e os Municípios, e as suas entidades vinculadas, quando titulares do domínio, ficam autorizados a reconhecer o direito de propriedade aos ocupantes do núcleo urbano informal regularizado por meio da legitimação fundiária.

§ 5º Nos casos previstos neste artigo, o poder público encaminhará a CRF para registro imediato da aquisição de propriedade, dispensados a apresentação de título individualizado e as cópias da documentação referente à qualificação do beneficiário, o projeto de regularização fundiária aprovado, a listagem dos ocupantes e sua devida qualificação e a identificação das áreas que ocupam.

§ 6º Poderá o poder público atribuir domínio adquirido por legitimação fundiária aos ocupantes que não tenham constado da listagem inicial, mediante cadastramento complementar, sem prejuízo dos direitos de quem haja constado na listagem inicial.

Art. 24. Nos casos de regularização fundiária urbana previstos na Lei nº 11.952, de 25 de junho de 2009, os Municípios poderão utilizar a legitimação fundiária e demais instrumentos previstos nesta Lei para conferir propriedade aos ocupantes.

SEÇÃO IV
DA LEGITIMAÇÃO DE POSSE

Art. 25. A legitimação de posse, instrumento de uso exclusivo para fins de regularização fundiária, constitui ato do poder público destinado a conferir título, por meio do qual fica reconhecida a posse de imóvel objeto da Reurb, com a identificação de seus ocupantes, do tempo da ocupação e da natureza da posse, o qual é conversível em direito real de propriedade, na forma desta Lei.

§ 1º A legitimação de posse poderá ser transferida por *causa mortis* ou por ato *inter vivos*.

§ 2º A legitimação de posse não se aplica aos imóveis urbanos situados em área de titularidade do poder público.

Art. 26. Sem prejuízo dos direitos decorrentes do exercício da posse mansa e pacífica no tempo, aquele em cujo favor for expedido título de legitimação de posse, decorrido o prazo de cinco anos de seu registro, terá a conversão automática dele em título de propriedade, desde que atendidos os termos e as condições do art. 183 da Constituição Federal, independentemente de prévia provocação ou prática de ato registral.

§ 1º Nos casos não contemplados pelo art. 183 da Constituição Federal, o título de legitimação de posse poderá ser convertido em título de propriedade, desde que satisfeitos os requisitos de usucapião estabelecidos na legislação em vigor, a requerimento do interessado, perante o registro de imóveis competente.

§ 2º A legitimação de posse, após convertida em propriedade, constitui forma originária de aquisição de direito real, de modo que a unidade imobiliária com destinação urbana regularizada restará livre e desembaraçada de quaisquer ônus, direitos reais, gravames ou inscrições, eventualmente existentes em sua matrícula de origem, exceto quando disserem respeito ao próprio beneficiário.

Art. 27. O título de legitimação de posse poderá ser cancelado pelo poder público emitente quando constatado que as condições estipuladas nesta Lei deixaram de ser satisfeitas, sem que seja devida qualquer indenização àquele que irregularmente se beneficiou do instrumento.

CAPÍTULO III
DO PROCEDIMENTO ADMINISTRATIVO

SEÇÃO I
DISPOSIÇÕES GERAIS

Art. 28. A Reurb obedecerá às seguintes fases:

I – requerimento dos legitimados;

II – processamento administrativo do requerimento, no qual será conferido prazo para manifestação dos titulares de direitos reais sobre o imóvel e dos confrontantes;

III – elaboração do projeto de regularização fundiária;

IV – saneamento do processo administrativo;

V – decisão da autoridade competente, mediante ato formal, ao qual se dará publicidade;

VI – expedição da CRF pelo Município; e

VII – registro da CRF e do projeto de regularização fundiária aprovado perante o oficial do cartório de registro de imóveis em que se situe a unidade imobiliária com destinação urbana regularizada.

Parágrafo único. Não impedirá a Reurb, na forma estabelecida nesta Lei, a inexistência de lei municipal específica que trate de medidas ou posturas de interesse local aplicáveis a projetos de regularização fundiária urbana.

Art. 29. A fim de fomentar a efetiva implantação das medidas da Reurb, os entes federativos poderão celebrar convênios ou outros instrumentos congêneres com o Ministério das Cidades, com vistas a cooperar para a fiel execução do disposto nesta Lei.

Art. 30. Compete aos Municípios nos quais estejam situados os núcleos urbanos informais a serem regularizados:

I – classificar, caso a caso, as modalidades da Reurb;

II – processar, analisar e aprovar os projetos de regularização fundiária; e

III – emitir a CRF.

§ 1º Na Reurb requerida pela União ou pelos Estados, a classificação prevista no inciso I do *caput* deste artigo será de responsabilidade do ente federativo instaurador.

§ 2º O Município deverá classificar e fixar, no prazo de até cento e oitenta dias, uma das modalidades da Reurb ou indeferir, fundamentadamente, o requerimento.

§ 3º A inércia do Município implica a automática fixação da modalidade de classificação da Reurb indicada pelo legitimado em seu requerimento, bem como o prosseguimento do procedimento administrativo da Reurb, sem prejuízo de futura revisão dessa classificação pelo Município, mediante estudo técnico que a justifique.

Art. 31. Instaurada a Reurb, o Município deverá proceder às buscas necessárias para determinar a titularidade do domínio dos imóveis onde está situado o núcleo urbano informal a ser regularizado.

§ 1º Tratando-se de imóveis públicos ou privados, caberá aos Municípios notificar os titulares de domínio, os responsáveis pela implantação do núcleo urbano informal, os confinantes e os terceiros eventualmente interessados, para, querendo, apresentar impugnação no prazo de trinta dias, contado da data de recebimento da notificação.

§ 2º Tratando-se de imóveis públicos municipais, o Município deverá notificar os confinantes e terceiros eventualmente interessados, para, querendo, apresentar impugnação no prazo de trinta dias, contado da data de recebimento da notificação.

§ 3º Na hipótese de apresentação de impugnação, será iniciado o procedimento extrajudicial de composição de conflitos de que trata esta Lei.

§ 4º A notificação do proprietário e dos confinantes será feita por via postal, com aviso de recebimento, no endereço que constar da matrícula ou da transcrição, considerando-se efetuada quando comprovada a entrega nesse endereço.

§ 5º A notificação da Reurb também será feita por meio de publicação de edital, com prazo de trinta dias, do qual deverá constar, de forma resumida, a descrição da área a ser regularizada, nos seguintes casos:

I – quando o proprietário e os confinantes não forem encontrados; e

II – quando houver recusa da notificação por qualquer motivo.

§ 6º A ausência de manifestação dos indicados referidos nos §§ 1º e 4º deste artigo será interpretada como concordância com a Reurb.

§ 7º Caso algum dos imóveis atingidos ou confinantes não esteja matriculado ou transcrito na serventia, o Distrito Federal ou os Municípios realizarão diligências perante as serventias anteriormente competentes, mediante apresentação da planta do perímetro regularizado, a fim de que a sua situação jurídica atual seja certificada, caso possível.

§ 8º O requerimento de instauração da Reurb ou, na forma de regulamento, a manifestação de interesse nesse sentido por parte de qualquer dos legitimados garantem perante o poder público aos ocupantes dos núcleos urbanos informais situados em áreas públicas a serem regularizados a permanência em suas respectivas unidades imobiliárias, preservando-se as situações de fato já existentes, até o eventual arquivamento definitivo do procedimento.

§ 9º Fica dispensado o disposto neste artigo, caso adotados os procedimentos da demarcação urbanística.

Art. 32. A Reurb será instaurada por decisão do Município, por meio de requerimento, por escrito, de um dos legitimados de que trata esta Lei.

Parágrafo único. Na hipótese de indeferimento do requerimento de instauração da Reurb, a decisão do Município deverá indicar as medidas a serem adotadas, com vistas à reformulação e à reavaliação do requerimento, quando for o caso.

Art. 33. Instaurada a Reurb, compete ao Município aprovar o projeto de regularização fundiária, do qual deverão constar as responsabilidades das partes envolvidas.

§ 1º A elaboração e o custeio do projeto de regularização fundiária e da implantação da infraestrutura essencial obedecerão aos seguintes procedimentos: *(Parágrafo único transformado em § 1º pela Lei 14.118/2021)*

I – na Reurb-S, caberão ao Município ou ao Distrito Federal a responsabilidade de elaborar e custear o projeto de regularização fundiária e a implantação da infraestrutura essencial, quando necessária; *(Redação dada pela Lei 14.118/2021)*

a) e b) (Revogadas pela Lei 14.118/2021)

II – na Reurb-E, a regularização fundiária será contratada e custeada por seus potenciais beneficiários ou requerentes privados;

III – na Reurb-E sobre áreas públicas, se houver interesse público, o Município poderá proceder à elaboração e ao custeio do projeto de regularização fundiária e da implantação da infraestrutura essencial, com posterior cobrança aos seus beneficiários.

§ 2º Na Reurb-S, fica facultado aos legitimados promover, a suas expensas, os projetos e os demais documentos técnicos necessários à regularização de seu imóvel, inclusive as obras de infraestrutura essencial nos termos do § 1º do art. 36 desta Lei. *(Redação dada pela Lei 14.118/2021)*

Art. 34. Os Municípios poderão criar câmaras de prevenção e resolução administrativa de conflitos, no âmbito da administração local, inclusive mediante celebração de ajustes com os Tribunais de Justiça estaduais, as quais deterão competência para dirimir conflitos relacionados à Reurb, mediante solução consensual.

§ 1º O modo de composição e funcionamento das câmaras de que trata o *caput* deste artigo será estabelecido em ato do Poder Executivo municipal e, na falta do ato, pelo disposto na Lei nº 13.140, de 26 de junho de 2015.

§ 2º Se houver consenso entre as partes, o acordo será reduzido a termo e constituirá condição para a conclusão da Reurb, com consequente expedição da CRF.

§ 3º Os Municípios poderão instaurar, de ofício ou mediante provocação, procedimento de mediação coletiva de conflitos relacionados à Reurb.

§ 4º A instauração de procedimento administrativo para a resolução consensual de conflitos no âmbito da Reurb suspende a prescrição.

§ 5º Os Municípios e o Distrito Federal poderão, mediante a celebração de convênio, utilizar os Centros Judiciários de Solução de Conflitos e Cidadania ou as câmaras de mediação credenciadas nos Tribunais de Justiça.

SEÇÃO II
DO PROJETO DE REGULARIZAÇÃO FUNDIÁRIA

Art. 35. O projeto de regularização fundiária conterá, no mínimo:

I – levantamento planialtimétrico e cadastral, com georreferenciamento, subscrito por profissional competente, acompanhado de Anotação de Responsabilidade Técnica (ART) ou Registro de Responsabilidade Técnica (RRT), que demonstrará as unidades, as construções, o sistema viário, as áreas públicas, os acidentes geográficos e os demais elementos caracterizadores do núcleo a ser regularizado;

II – planta do perímetro do núcleo urbano informal com demonstração das matrículas ou transcrições atingidas, quando for possível;

III – estudo preliminar das desconformidades e da situação jurídica, urbanística e ambiental;

IV – projeto urbanístico;

V – memoriais descritivos;

VI – proposta de soluções para questões ambientais, urbanísticas e de reassentamento dos ocupantes, quando for o caso;

VII – estudo técnico para situação de risco, quando for o caso;

VIII – estudo técnico ambiental, para os fins previstos nesta Lei, quando for o caso;

IX – cronograma físico de serviços e implantação de obras de infraestrutura essencial, compensações urbanísticas, ambientais e outras, quando houver, definidas por ocasião da aprovação do projeto de regularização fundiária; e

X – termo de compromisso a ser assinado pelos responsáveis, públicos ou privados, pelo cumprimento do cronograma físico definido no inciso IX deste artigo.

Parágrafo único. O projeto de regularização fundiária deverá considerar as características da ocupação e da área ocupada para definir parâmetros urbanísticos e ambientais específicos, além de identificar os lotes, as vias de circulação e as áreas destinadas a uso público, quando for o caso.

Art. 36. O projeto urbanístico de regularização fundiária deverá conter, no mínimo, indicação:

I – das áreas ocupadas, do sistema viário e das unidades imobiliárias, existentes ou projetadas;

II – das unidades imobiliárias a serem regularizadas, suas características, área, confrontações, localização, nome do logradouro e número de sua designação cadastral, se houver;

III – quando for o caso, das quadras e suas subdivisões em lotes ou as frações ideais vinculadas à unidade regularizada;

IV – dos logradouros, espaços livres, áreas destinadas a edifícios públicos e outros equipamentos urbanos, quando houver;

V – de eventuais áreas já usucapidas;

VI – das medidas de adequação para correção das desconformidades, quando necessárias;

VII – das medidas de adequação da mobilidade, acessibilidade, infraestrutura e relocação de edificações, quando necessárias;

VIII – das obras de infraestrutura essencial, quando necessárias;

IX – de outros requisitos que sejam definidos pelo Município.

§ 1º Para fins desta Lei, considera-se infraestrutura essencial os seguintes equipamentos:

I – sistema de abastecimento de água potável, coletivo ou individual;

II – sistema de coleta e tratamento do esgotamento sanitário, coletivo ou individual;

III – rede de energia elétrica domiciliar;

IV – soluções de drenagem, quando necessário; e

V – outros equipamentos a serem definidos pelos Municípios em função das necessidades locais e características regionais.

§ 2º A Reurb pode ser implementada por etapas, abrangendo o núcleo urbano informal de forma total ou parcial.

§ 3º As obras de implantação de infraestrutura essencial, de equipamentos comunitários e de melhoria habitacional, bem como sua manutenção, podem ser realizadas antes, durante ou após a conclusão da Reurb.

§ 4º O Município definirá os requisitos para elaboração do projeto de regularização, no que se refere aos desenhos, ao memorial descritivo e ao cronograma físico de obras e serviços a serem realizados, se for o caso.

§ 5º A planta e o memorial descritivo deverão ser assinados por profissional legalmente habilitado, dispensada a apresentação de Anotação de Responsabilidade Técnica (ART) no Conselho Regional de Engenharia e Agronomia (Crea) ou de Registro de Responsabilidade Técnica (RRT) no Conselho de Arquitetura e Urbanismo (CAU), quando o responsável técnico for servidor ou empregado público.

Art. 37. Na Reurb-S, caberá ao poder público competente, diretamente ou por meio da administração pública indireta, implementar a infraestrutura essencial, os equipamentos comunitários e as melhorias habitacionais previstos nos projetos de regularização, assim como arcar com os ônus de sua manutenção.

Art. 38. Na Reurb-E, o Distrito Federal ou os Municípios deverão definir, por ocasião da aprovação dos projetos de regularização fundiária, nos limites da legislação de regência, os responsáveis pela:

I – implantação dos sistemas viários;

II – implantação da infraestrutura essencial e dos equipamentos públicos ou comunitários, quando for o caso; e

III – implementação das medidas de mitigação e compensação urbanística e ambiental, e dos estudos técnicos, quando for o caso.

§ 1º As responsabilidades de que trata o *caput* deste artigo poderão ser atribuídas aos beneficiários da Reurb-E.

§ 2º Os responsáveis pela adoção de medidas de mitigação e compensação urbanística e ambiental deverão celebrar termo de compromisso com as autoridades competentes como condição de aprovação da Reurb-E.

Art. 39. Para que seja aprovada a Reurb de núcleos urbanos informais, ou de parcela deles, situados em áreas de riscos geotécnicos, de inundações ou de outros riscos especificados em lei, estudos técnicos deverão ser realizados, a fim de examinar a possibilidade de eliminação, de correção ou de administração de riscos na parcela por eles afetada.

§ 1º Na hipótese do *caput* deste artigo, é condição indispensável à aprovação da Reurb a implantação das medidas indicadas nos estudos técnicos realizados.

§ 2º Na Reurb-S que envolva áreas de riscos que não comportem eliminação, correção ou administração, os Municípios deverão proceder à realocação dos ocupantes do núcleo urbano informal a ser regularizado.

SEÇÃO III
DA CONCLUSÃO DA REURB

Art. 40. O pronunciamento da autoridade competente que decidir o processamento administrativo da Reurb deverá:

I – indicar as intervenções a serem executadas, se for o caso, conforme o projeto de regularização fundiária aprovado;

II – aprovar o projeto de regularização fundiária resultante do processo de regularização fundiária; e

III – identificar e declarar os ocupantes de cada unidade imobiliária com destinação urbana regularizada, e os respectivos direitos reais.

Art. 41. A Certidão de Regularização Fundiária (CRF) é o ato administrativo de aprovação da regularização que deverá acompanhar o projeto aprovado e deverá conter, no mínimo:

I – o nome do núcleo urbano regularizado;

II – a localização;

III – a modalidade da regularização;

IV – as responsabilidades das obras e serviços constantes do cronograma;

V – a indicação numérica de cada unidade regularizada, quando houver;

VI – a listagem com nomes dos ocupantes que houverem adquirido a respectiva unidade, por título de legitimação fundiária ou mediante ato único de registro, bem como o estado civil, a profissão, o número de inscrição no cadastro das pessoas físicas do Ministério da Fazenda e do registro geral da cédula de identidade e a filiação.

CAPÍTULO IV
DO REGISTRO DA REGULARIZAÇÃO FUNDIÁRIA

Art. 42. O registro da CRF e do projeto de regularização fundiária aprovado será requerido diretamente ao oficial do cartório de registro de imóveis da situação do imóvel e será efetivado independentemente de determinação judicial ou do Ministério Público.

Parágrafo único. Em caso de recusa do registro, o oficial do cartório do registro de imóveis expedirá nota devolutiva fundamentada, na qual indicará os motivos da recusa e formulará exigências nos termos desta Lei.

Art. 43. Na hipótese de a Reurb abranger imóveis situados em mais de uma circunscrição imobiliária, o procedimento será efetuado perante cada um dos oficiais dos cartórios de registro de imóveis.

Parágrafo único. Quando os imóveis regularizados estiverem situados na divisa das circunscrições imobiliárias, as novas matrículas das unidades imobiliárias serão de competência do oficial do cartório de registro de imóveis em cuja circunscrição estiver situada a maior porção da unidade imobiliária regularizada.

Art. 44. Recebida a CRF, cumprirá ao oficial do cartório de registro de imóveis prenotá-la, autuá-la, instaurar o procedimento registral e, no prazo de quinze dias, emitir a respectiva nota de exigência ou praticar os atos tendentes ao registro.

§ 1º O registro do projeto Reurb aprovado importa em:

I – abertura de nova matrícula, quando for o caso;

II – abertura de matrículas individualizadas para os lotes e áreas públicas resultantes do projeto de regularização aprovado; e

III – registro dos direitos reais indicados na CRF junto às matrículas dos respectivos lotes, dispensada a apresentação de título individualizado.

§ 2º Quando o núcleo urbano regularizado abranger mais de uma matrícula, o oficial do registro de imóveis abrirá nova matrícula para a área objeto de regularização, conforme previsto no inciso I do § 1º deste artigo, destacando a área abrangida na matrícula de origem, dispensada a apuração de remanescentes.

§ 3º O registro da CRF dispensa a comprovação do pagamento de tributos ou penalidades tributárias de responsabilidade dos legitimados.

§ 4º O registro da CRF aprovado independe de averbação prévia do cancelamento do cadastro de imóvel rural no Instituto Nacional de Colonização e Reforma Agrária (Incra).

§ 5º O procedimento registral deverá ser concluído no prazo de sessenta dias, prorrogável por até igual período, mediante justificativa fundamentada do oficial do cartório de registro de imóveis.

§ 6º O oficial de registro fica dispensado de providenciar a notificação dos titulares de domínio, dos confinantes e de terceiros eventualmente interessados, uma vez cumprido esse rito pelo Município, conforme o disposto no art. 31 desta Lei.

§ 7º O oficial do cartório de registro de imóveis, após o registro da CRF, notificará o Incra, o Ministério do Meio Ambiente e a Secretaria da Receita Federal do Brasil para que esses órgãos cancelem, parcial ou totalmente, os respectivos registros existentes no Cadastro Ambiental Rural (CAR) e nos demais cadastros relacionados a imóvel rural, relativamente às unidades imobiliárias regularizadas.

Art. 45. Quando se tratar de imóvel sujeito a regime de condomínio geral a ser dividido em lotes com indicação, na matrícula, da área deferida a cada condômino, o Município poderá indicar, de forma individual ou coletiva, as unidades imobiliárias correspondentes às frações ideais registradas, sob sua exclusiva responsabilidade, para a especialização das áreas registradas em comum.

Parágrafo único. Na hipótese de a informação prevista no *caput* deste artigo não constar do projeto de regularização fundiária aprovado pelo Município, as novas matrículas das unidades imobiliárias serão abertas mediante requerimento de especialização formulado pelos legitimados de que trata esta Lei, dispensada a outorga de escritura pública para indicação da quadra e do lote.

Art. 46. Para atendimento ao princípio da especialidade, o oficial do cartório de registro de imóveis adotará o memorial descritivo da gleba apresentado com o projeto de regularização fundiária e deverá averbá-lo na matrícula existente, anteriormente ao registro do projeto, independentemente de provocação, retificação, notificação, unificação ou apuração de disponibilidade ou remanescente.

§ 1º Se houver dúvida quanto à extensão da gleba matriculada, em razão da precariedade da descrição tabular, o oficial do cartório de registro de imóveis abrirá nova matrícula para a área destacada e averbará o referido destaque na matrícula matriz.

§ 2º As notificações serão emitidas de forma simplificada, indicando os dados de identificação do núcleo urbano a ser regularizado, sem a anexação de plantas, projetos, memoriais ou outros documentos, convidando o notificado a comparecer à sede da serventia para tomar conhecimento da CRF com a advertência de que o não comparecimento e a não apresentação de impugnação, no prazo legal, importará em anuência ao registro.

§ 3º Na hipótese de o projeto de regularização fundiária não envolver a integralidade do imóvel matriculado, o registro será feito com base na planta e no memorial descritivo referentes à área objeto de regularização e o destaque na matrícula da área total deverá ser averbado.

Art. 47. Os padrões dos memoriais descritivos, das plantas e das demais representações gráficas, inclusive as escalas adotadas e outros detalhes técnicos, seguirão as diretrizes estabelecidas pela autoridade municipal ou distrital competente, as quais serão consideradas atendidas com a emissão da CRF.

Parágrafo único. Não serão exigidos reconhecimentos de firma nos documentos que compõem a CRF ou o termo individual de legitimação fundiária quando apresentados pela União, Estados, Distrito Federal, Municípios ou entes da administração indireta.

Art. 48. O registro da CRF produzirá efeito de instituição e especificação de condomínio, quando for o caso, regido pelas disposições legais específicas, hipótese em que fica facultada aos condôminos a aprovação de convenção condominial.

Art. 49. O registro da CRF será feito em todas as matrículas atingidas pelo projeto de regularização fundiária aprovado, devendo ser informadas, quando possível, as parcelas correspondentes a cada matrícula.

Art. 50. Nas matrículas abertas para cada parcela, deverão constar dos campos referentes ao registro anterior e ao proprietário:

I – quando for possível, a identificação exata da origem da parcela matriculada, por meio de planta de sobreposição do parcelamento com os registros existentes, a matrícula anterior e o nome de seu proprietário;

II – quando não for possível identificar a exata origem da parcela matriculada, todas as matrículas anteriores atingidas pela Reurb e a expressão "proprietário não identificado", dispensando-se nesse caso os requisitos dos itens 4 e 5 do inciso II do art. 167 da Lei nº 6.015, de 31 de dezembro de 1973.

Art. 51. Qualificada a CRF e não havendo exigências nem impedimentos, o oficial do cartório de registro de imóveis efetuará o seu registro na matrícula dos imóveis cujas áreas tenham sido atingidas, total ou parcialmente.

Parágrafo único. Não identificadas as transcrições ou as matrículas da área regularizada, o oficial do cartório de registro abrirá matrícula com a descrição do perímetro do núcleo urbano informal que constar da CRF e nela efetuará o registro.

Art. 52. Registrada a CRF, será aberta matrícula para cada uma das unidades imobiliárias regularizadas.

Parágrafo único. Para os atuais ocupantes das unidades imobiliárias objeto da Reurb, os compromissos de compra e venda, as cessões e as promessas de cessão valerão como título hábil para a aquisição da propriedade, quando acompanhados da prova de quitação das obrigações do adquirente, e serão registrados nas matrículas das unidades imobiliárias correspondentes, resultantes da regularização fundiária.

Art. 53. Com o registro da CRF, serão incorporados automaticamente ao patrimônio público as vias públicas, as áreas destinadas ao uso comum do povo, os prédios públicos e os equipamentos urbanos, na forma indicada no projeto de regularização fundiária aprovado.

Parágrafo único. A requerimento do Município, o oficial de registro de imóveis abrirá matrícula para as áreas que tenham ingressado no domínio público.

Art. 54. As unidades desocupadas e não comercializadas alcançadas pela Reurb terão as suas matrículas abertas em nome do titular originário do domínio da área.

Parágrafo único. As unidades não edificadas que tenham sido comercializadas a qualquer título terão suas matrículas abertas em nome do adquirente, conforme procedimento previsto nos arts. 84 e 98 desta Lei. *(Redação dada pela Lei 14.118/2021)*

CAPÍTULO V
DO DIREITO REAL DE LAJE

Art. 55. A Lei nº 10.406, de 10 de janeiro de 2002 (Código Civil), passa a vigorar com as seguintes alterações:

▸ Alteração incorporada ao texto do CC.

Art. 56. A Lei nº 6.015, de 31 de dezembro de 1973, passa a vigorar com as seguintes alterações:

▸ Alterações incorporadas ao texto da referida lei.

Art. 57. O *caput* do art. 799 da Lei nº 13.105, de 16 de março de 2015 (Código de Processo Civil), passa a vigorar acrescido dos seguintes incisos X e XI:

▸ Alterações incorporadas ao texto do CPC.

CAPÍTULO VI
DO CONDOMÍNIO DE LOTES

Art. 58. A Lei nº 10.406, de 10 de janeiro de 2002 (Código Civil), passa a vigorar acrescida da SEÇÃO IV no CAPÍTULO VII do Título III do Livro III da Parte Especial:

▸ Alterações incorporadas ao texto do CC.

CAPÍTULO VII
DOS CONJUNTOS HABITACIONAIS

Art. 59. Serão regularizados como conjuntos habitacionais os núcleos urbanos informais que tenham sido constituídos para a alienação de unidades já edificadas pelo próprio empreendedor, público ou privado.

§ 1º Os conjuntos habitacionais podem ser constituídos de parcelamento do solo com unidades edificadas isoladas, parcelamento do solo com edificações em condomínio, condomínios horizontais ou verticais, ou ambas as modalidades de parcelamento e condomínio.

§ 2º As unidades resultantes da regularização de conjuntos habitacionais serão atribuídas aos ocupantes reconhecidos, salvo quando o ente público promotor do programa habitacional demonstrar que, durante o processo de regularização fundiária, há obrigações pendentes, caso em que as unidades imobiliárias regularizadas serão a ele atribuídas.

Art. 60. Para a aprovação e registro dos conjuntos habitacionais que compõem a Reurb ficam dispensadas a apresentação do habite-se e, no caso de Reurb-S, as respectivas certidões negativas de tributos e contribuições previdenciárias.

CAPÍTULO VIII
DO CONDOMÍNIO URBANO SIMPLES

Art. 61. Quando um mesmo imóvel contiver construções de casas ou cômodos, poderá ser instituído, inclusive para fins de Reurb, condomínio urbano simples, respeitados os parâmetros urbanísticos locais, e serão discriminadas, na matrícula, a parte do terreno ocupada pelas edificações, as partes de utilização exclusiva e as áreas que constituem passagem para as vias públicas ou para as unidades entre si.

Parágrafo único. O condomínio urbano simples será regido por esta Lei, aplicando-se, no que couber, o disposto na legislação civil, tal como os arts. 1.331 a 1.358 da Lei nº 10.406, de 10 de janeiro de 2002 (Código Civil).

Art. 62. A instituição do condomínio urbano simples será registrada na matrícula do respectivo imóvel, na qual deverão ser identificadas as partes comuns ao nível do solo, as partes comuns internas à edificação, se houver, e as respectivas unidades autônomas, dispensada a apresentação de convenção de condomínio.

§ 1º Após o registro da instituição do condomínio urbano simples, deverá ser aberta uma matrícula para cada unidade autônoma, à qual caberá, como parte inseparável, uma fração ideal do solo e das outras partes comuns, se houver, representada na forma de percentual.

§ 2º As unidades autônomas constituídas em matrícula própria poderão ser alienadas e gravadas livremente por seus titulares.

§ 3º Nenhuma unidade autônoma poderá ser privada de acesso ao logradouro público.

§ 4º A gestão das partes comuns será feita de comum acordo entre os condôminos, podendo ser formalizada por meio de instrumento particular.

Art. 63. No caso da Reurb-S, a averbação das edificações poderá ser efetivada a partir de mera notícia, a requerimento do interessado, da qual constem a área construída e o número da unidade imobiliária, dispensada a apresentação de habite-se e de certidões negativas de tributos e contribuições previdenciárias.

CAPÍTULO IX
DA ARRECADAÇÃO DE IMÓVEIS ABANDONADOS

Art. 64. Os imóveis urbanos privados abandonados cujos proprietários não possuam a intenção de conservá-los em seu patrimônio ficam sujeitos à arrecadação pelo Município ou pelo Distrito Federal na condição de bem vago.

§ 1º A intenção referida no *caput* deste artigo será presumida quando o proprietário, cessados os atos de posse sobre o imóvel, não adimplir os ônus fiscais instituídos sobre a propriedade predial e territorial urbana, por cinco anos.

§ 2º O procedimento de arrecadação de imóveis urbanos abandonados obedecerá ao disposto em ato do Poder Executivo municipal ou distrital e observará, no mínimo:

I – abertura de processo administrativo para tratar da arrecadação;

II – comprovação do tempo de abandono e de inadimplência fiscal;

III – notificação ao titular do domínio para, querendo, apresentar impugnação no prazo de trinta dias, contado da data de recebimento da notificação.

§ 3º A ausência de manifestação do titular do domínio será interpretada como concordância com a arrecadação.

§ 4º Respeitado o procedimento de arrecadação, o Município poderá realizar, diretamente ou por meio de terceiros, os investimentos necessários para que o imóvel urbano arrecadado atinja prontamente os objetivos sociais a que se destina.

§ 5º Na hipótese de o proprietário reivindicar a posse do imóvel declarado abandonado, no transcorrer do triênio a que alude o art. 1.276 da Lei nº 10.406, de 10 de janeiro de 2002 (Código Civil), fica assegurado ao Poder Executivo municipal ou distrital o direito ao ressarcimento prévio, e em valor atualizado, de todas as despesas em que eventualmente houver incorrido, inclusive tributárias, em razão do exercício da posse provisória.

Art. 65. Os imóveis arrecadados pelos Municípios ou pelo Distrito Federal poderão ser destinados aos programas habitacionais, à prestação de serviços públicos, ao fomento da Reurb-S ou serão objeto de concessão de direito real de uso a entidades civis que comprovadamente tenham fins filantrópicos, assistenciais, educativos, esportivos ou outros, no interesse do Município ou do Distrito Federal.

CAPÍTULO X
DA REGULARIZAÇÃO DA PROPRIEDADE FIDUCIÁRIA DO FUNDO DE ARRENDAMENTO RESIDENCIAL (FAR)

Art. 66. A Lei nº 11.977, de 7 de julho de 2009, passa a vigorar acrescida dos seguintes arts. 7º-A, 7º-B e 7º-C:

"Art. 7º-A. Os beneficiários de operações do PMCMV, com recursos advindos da integralização de cotas no FAR, obrigam-se a ocupar os imóveis adquiridos, em até trinta dias, a contar da assinatura do contrato de compra e venda com cláusula de alienação fiduciária em garantia, firmado com o FAR.

Parágrafo único. Descumprido o prazo de que trata o *caput* deste artigo, fica o FAR automaticamente autorizado a declarar o contrato resolvido e a alienar o imóvel a beneficiário diverso, a ser indicado conforme a Política Nacional de Habitação."

"Art. 7º-B. Acarretam o vencimento antecipado da dívida decorrente de contrato de compra e venda com cláusula de alienação fiduciária em garantia firmado, no âmbito do PMCMV, com o FAR:

I – a alienação ou cessão, por qualquer meio, dos imóveis objeto de operações realizadas com recursos advindos da integralização de cotas no FAR antes da quitação de que trata o inciso III do § 5º do art. 6º-A desta Lei;

II – a utilização dos imóveis objeto de operações realizadas com recursos advindos da integralização de cotas no FAR em finalidade diversa da moradia dos beneficiários da subvenção de que trata o inciso I do art. 2º desta Lei e das respectivas famílias; e

III – o atraso superior a noventa dias no pagamento das obrigações objeto de contrato firmado, no âmbito do PMCMV, com o FAR, incluindo os encargos contratuais e os encargos legais, inclusive os tributos e as contribuições condominiais que recaírem sobre o imóvel."

"Art. 7º-C. Vencida antecipadamente a dívida, o FAR, na condição de credor fiduciário, munido de certidão comprobatória de processo administrativo que ateste a ocorrência de uma das hipóteses previstas no art. 7º-B desta Lei, deverá requerer, ao oficial do registro de imóveis competente, que intime o beneficiário, ou seu representante legal ou procurador regularmente constituído, para satisfazer, no prazo previsto no § 1º do art. 26 da Lei nº 9.514, de 20 de novembro de 1997, a integralidade da dívida, compreendendo a devolução da subvenção devidamente corrigida nos termos do art. 7º desta Lei.

§ 1º Decorrido o prazo de que trata o *caput* deste artigo sem o pagamento da dívida antecipadamente vencida, o contrato será reputado automaticamente resolvido de pleno direito, e o oficial do registro de imóveis competente, certificando esse fato, promoverá a averbação, na matrícula do imóvel, da consolidação da propriedade fiduciária em nome do FAR, respeitada a Lei nº 9.514, de 20 de novembro de 1997.

§ 2º Uma vez consolidada a propriedade fiduciária em nome do FAR, proceder-se-á em conformidade com o disposto no § 9º do art. 6º-A desta Lei, e o imóvel deve ser-lhe imediatamente restituído, sob pena de esbulho possessório.

§ 3º O FAR, em regulamento próprio, disporá sobre o processo administrativo de que trata o *caput* deste artigo.

§ 4º A intimação de que trata o *caput* deste artigo poderá ser promovida, por solicitação do oficial do registro de imóveis, do oficial de registro de títulos e documentos da comarca da situação do imóvel ou do domicílio de quem deva recebê-la ou do serventuário por eles credenciado, ou pelo correio, com aviso de recebimento.

§ 5º Quando, por duas vezes, o oficial de registro de imóveis ou de registro de títulos e documentos ou o serventuário por eles credenciado houver procurado o intimando em seu domicílio ou residência sem o encontrar, deverá, havendo suspeita motivada de ocultação, intimar qualquer pessoa da família ou, em sua falta, qualquer vizinho de que, no dia útil imediato, retornará ao imóvel, a fim de efetuar a intimação, na hora que designar, aplicando-se subsidiariamente o disposto nos arts. 252, 253 e 254 da Lei nº 13.105, de 16 de março de 2015 (Código de Processo Civil).

§ 6º Nos condomínios edilícios ou outras espécies de conjuntos imobiliários com controle de acesso, a intimação de que trata este artigo poderá ser feita ao funcionário da portaria responsável pelo recebimento de correspondência.

§ 7º Caso não seja efetuada a intimação pessoal ou por hora certa, o oficial de registro de imóveis ou de registro de títulos e documentos ou o serventuário por eles credenciado promoverá a intimação do devedor fiduciante por edital, publicado por três dias, pelo menos, em um dos jornais de maior circulação ou em outro de comarca de fácil acesso, se no local não houver imprensa diária, contado o prazo para o pagamento antecipado da dívida da data da última publicação do edital."

Art. 67. A Lei nº 9.514, de 20 de novembro de 1997, passa a vigorar com as seguintes alterações:

"Art. 24. [...]

Parágrafo único. Caso o valor do imóvel convencionado pelas partes nos termos do inciso VI do *caput* deste artigo seja inferior ao utilizado pelo órgão competente como base de cálculo para a apuração do imposto sobre transmissão inter vivos, exigível por força da consolidação da propriedade em nome do credor fiduciário, este último será o valor mínimo para efeito de venda do imóvel no primeiro leilão." (NR)

"Art. 26. [...]

[...]

§ 3º-A. Quando, por duas vezes, o oficial de registro de imóveis ou de registro de títulos e documentos ou o serventuário por eles credenciado houver procurado o intimando em seu domicílio ou residência sem o encontrar, deverá, havendo suspeita motivada de ocultação, intimar qualquer pessoa da família ou, em sua falta, qualquer vizinho de que, no dia útil imediato, retornará ao imóvel, a fim de efetuar a intimação, na hora que designar, aplicando-se subsidiariamente o disposto nos arts. 252, 253 e 254 da Lei nº 13.105, de 16 de março de 2015 (Código de Processo Civil).

§ 3º-B. Nos condomínios edilícios ou outras espécies de conjuntos imobiliários com controle de acesso, a intimação de que trata o § 3º-A poderá ser feita ao funcionário da portaria responsável pelo recebimento de correspondência.

[...]" (NR)

"Art. 26-A. Os procedimentos de cobrança, purgação de mora e consolidação da propriedade fiduciária relativos às operações de financiamento habitacional, inclusive as operações do Programa Minha Casa, Minha Vida, instituído pela Lei nº 11.977, de 7 de julho de 2009, com recursos advindos da integralização de cotas no Fundo de Arrendamento Residencial (FAR), sujeitam-se às normas especiais estabelecidas neste artigo.

§ 1º A consolidação da propriedade em nome do credor fiduciário será averbada no registro de imóveis trinta dias após a expiração do prazo para purgação da mora de que trata o § 1º do art. 26 desta Lei.

§ 2º Até a data da averbação da consolidação da propriedade fiduciária, é assegurado ao devedor fiduciante pagar as parcelas da dívida vencidas e as despesas de que trata o inciso II do § 3º do art. 27, hipótese em que convalescerá o contrato de alienação fiduciária."

"Art. 27. [...]

§ 1º Se no primeiro leilão público o maior lance oferecido for inferior ao valor do imóvel, estipulado na forma do inciso VI e do parágrafo único do art. 24 desta Lei, será realizado o segundo leilão nos quinze dias seguintes.

[...]

§ 2º-A. Para os fins do disposto nos §§ 1º e 2º deste artigo, as datas, horários e locais dos leilões serão comunicados ao devedor mediante correspondência dirigida aos endereços constantes do contrato, inclusive ao endereço eletrônico.

§ 2º-B. Após a averbação da consolidação da propriedade fiduciária no patrimônio do credor fiduciário e até a data da realização do segundo leilão, é assegurado ao devedor fiduciante o direito de preferência para adquirir o imóvel por preço correspondente ao valor da dívida, somado aos encargos e despesas de que trata o § 2º deste artigo, aos valores correspondentes ao imposto sobre transmissão inter vivos e ao laudêmio, se for o caso, pagos para efeito de consolidação da propriedade fiduciária no patrimônio do credor fiduciário, e às despesas inerentes ao procedimento de cobrança e leilão, incumbindo, também, ao devedor fiduciante o pagamento dos encargos tributários e despesas exigíveis para a nova aquisição do imóvel, de que trata este parágrafo, inclusive custas e emolumentos.

[...]

§ 9º O disposto no § 2º-B deste artigo aplica-se à consolidação da propriedade fiduciária de imóveis do FAR, na forma prevista na Lei nº 11.977, de 7 de julho de 2009." (NR)

"Art. 30. [...]

Parágrafo único. Nas operações de financiamento imobiliário, inclusive nas operações do Programa Minha Casa, Minha Vida, instituído pela Lei nº 11.977, de 7 de julho de 2009, com recursos advindos da integralização de cotas no Fundo de Arrendamento Residencial (FAR), uma vez averbada a consolidação da propriedade fiduciária, as ações judiciais que tenham por objeto controvérsias sobre as estipulações contratuais ou os requisitos procedimentais de cobrança e leilão, excetuada a exigência de notificação do devedor fiduciante, serão resolvidas em perdas e danos e não obstarão a reintegração de posse de que trata este artigo." (NR)

"Art. 37-A. O devedor fiduciante pagará ao credor fiduciário, ou a quem vier a sucedê-lo, a título de taxa de ocupação do imóvel, por mês ou fração, valor correspondente a 1% (um por cento) do valor a que se refere o inciso VI ou o parágrafo único do art. 24 desta Lei, computado e exigível desde a data da consolidação da propriedade fiduciária no patrimônio do credor fiduciante até a data em que este, ou seus sucessores, vier a ser imitido na posse do imóvel.

Parágrafo único. O disposto no *caput* deste artigo aplica-se às operações do Programa Minha Casa, Minha Vida, instituído pela Lei nº 11.977, de 7 de julho de 2009, com recursos advindos da integralização de cotas no Fundo de Arrendamento Residencial (FAR)." (NR)

"Art. 39. As operações de crédito compreendidas no sistema de financiamento imobiliário, a que se refere esta Lei:

[...]

II – aplicam-se as disposições dos arts. 29 a 41 do Decreto-Lei nº 70, de 21 de novembro de 1966, exclusivamente aos procedimentos de execução de créditos garantidos por hipoteca." (NR)

CAPÍTULO XI
DISPOSIÇÕES FINAIS E TRANSITÓRIAS

Art. 68. Ao Distrito Federal são atribuídas as competências, os direitos e as responsabilidades reservadas aos Estados e aos Municípios, na forma desta Lei.

Art. 69. As glebas parceladas para fins urbanos anteriormente a 19 de dezembro de 1979, que não possuírem registro, poderão ter a sua situação jurídica regularizada mediante o registro do parcelamento, desde que esteja implantado e integrado à cidade, podendo, para tanto, utilizar-se dos instrumentos previstos nesta Lei.

§ 1º O interessado requererá ao oficial do cartório de registro de imóveis a efetivação do registro do parcelamento, munido dos seguintes documentos:

I – planta da área em regularização assinada pelo interessado responsável pela regularização e por profissional legalmente habilitado, acompanhada da Anotação de Responsabilidade Técnica (ART) no Conselho Regional de Engenharia e Agronomia (Crea) ou de Registro de Responsabilidade Técnica (RRT) no Conselho de Arquitetura e Urbanismo (CAU), contendo o perímetro da área a ser regularizada e as subdivisões das quadras, lotes e áreas públicas, com as dimensões e numeração dos lotes, logradouros, espaços livres e outras áreas com destinação específica, se for o caso, dispensada a ART ou o RRT quando o responsável técnico for servidor ou empregado público;

II – descrição técnica do perímetro da área a ser regularizada, dos lotes, das áreas públicas e de outras áreas com destinação específica, quando for o caso;

III – documento expedido pelo Município, atestando que o parcelamento foi implantado antes de 19 de dezembro de 1979 e que está integrado à cidade.

§ 2º A apresentação da documentação prevista no § 1º deste artigo dispensa a apresentação do projeto de regularização fundiária, de estudo técnico ambiental, de CRF ou de quaisquer outras manifestações, aprovações, licenças ou alvarás emitidos pelos órgãos públicos.

Art. 70. As disposições da Lei nº 6.766, de 19 de dezembro de 1979, não se aplicam à Reurb, exceto quanto ao disposto nos arts. 37, 38, 39, no *caput* e nos §§ 1º, 2º, 3º e 4º do art. 40 e nos arts. 41, 42, 44, 47, 48, 49, 50, 51 e 52 da referida Lei.

Art. 71. Para fins da Reurb, ficam dispensadas a desafetação e as exigências previstas no inciso I do *caput* do art. 17 da Lei nº 8.666, de 21 de junho de 1993.

Art. 72. O art. 11 da Lei nº 11.124, de 16 de junho de 2005, passa a vigorar acrescido do seguinte § 4º:

▸ Alterações já incorporadas ao texto da referida lei.

Art. 73. Devem os Estados criar e regulamentar fundos específicos destinados à compensação, total ou parcial, dos custos referentes aos atos registrais da Reurb-S previstos nesta Lei.

Parágrafo único. Para que os fundos estaduais acessem os recursos do Fundo Nacional de Habitação de Interesse Social (FNHIS), criado pela Lei nº 11.124, de 16 de junho de 2005, deverão firmar termo de adesão, na forma a ser regulamentada pelo Poder Executivo federal.

Art. 74. Serão regularizadas, na forma desta Lei, as ocupações que incidam sobre áreas objeto de demanda judicial que versem sobre direitos reais de garantia ou constrições judiciais, bloqueios e indisponibilidades, ressalvada a hipótese de decisão judicial específica que impeça a análise, aprovação e registro do projeto de regularização fundiária urbana.

Art. 75. As normas e os procedimentos estabelecidos nesta Lei poderão ser aplicados aos processos administrativos de regularização fundiária iniciados pelos entes públicos competentes até a data de publicação desta Lei, sendo regidos, a critério deles, pelos arts. 288-A a 288-G da Lei nº 6.015, de 31 de dezembro de 1973, e pelos arts. 46 a 71-A da Lei nº 11.977, de 7 de julho de 2009.

Art. 76. O Sistema de Registro Eletrônico de Imóveis (SREI) será implementado e operado, em âmbito nacional, pelo Operador Nacional do Sistema de Registro Eletrônico de Imóveis (ONR).

§ 1º O procedimento administrativo e os atos de registro decorrentes da Reurb serão feitos preferencialmente por meio eletrônico, na forma dos arts. 37 a 41 da Lei nº 11.977, de 7 de julho de 2009.

§ 2º O ONR será organizado como pessoa jurídica de direito privado, sem fins lucrativos.

§ 3º (VETADO).

§ 4º Caberá à Corregedoria Nacional de Justiça do Conselho Nacional de Justiça exercer a função de agente regulador do ONR e zelar pelo cumprimento de seu estatuto.

§ 5º As unidades do serviço de registro de imóveis dos Estados e do Distrito Federal integram o SREI e ficam vinculadas ao ONR.

§ 6º Os serviços eletrônicos serão disponibilizados, sem ônus, ao Poder Judiciário, ao Poder Executivo federal, ao Ministério Público, aos entes públicos previstos nos regimentos de custas e emolumentos dos Estados e do Distrito Federal, e aos órgãos encarregados de investigações criminais, fiscalização tributária e recuperação de ativos.

§ 7º A administração pública federal acessará as informações do SREI por meio do Sistema Nacional de Gestão de Informações Territoriais (Sinter), na forma de regulamento.

§ 8º (VETADO).

§ 9º Fica criado o fundo para a implementação e custeio do SREI, que será gerido pelo ONR e subvencionado pelas unidades do serviço de registro de imóveis dos Estados e do Distrito Federal referidas no § 5º deste artigo. *(Acrescido pela Lei 14.118/2021)*

§ 10. Caberá ao agente regulador do ONR disciplinar a instituição da receita do fundo para a implementação e o custeio do registro eletrônico de imóveis, estabelecer as cotas de participação das unidades de registro de imóveis do País, fiscalizar o recolhimento e supervisionar a aplicação dos recursos e as despesas do gestor, sem prejuízo da fiscalização ordinária e própria como for prevista nos estatutos. *(Acrescido pela Lei 14.118/2021)*

Art. 77. A Medida Provisória nº 2.220, de 4 de setembro de 2001, passa a vigorar com as seguintes alterações:

- Alterações já incorporadas ao texto da referida lei.

Art. 78. A Lei nº 6.766, de 19 de dezembro de 1979, passa a vigorar com as seguintes alterações:

- Alterações já incorporadas ao texto da referida lei.

Art. 79. A Lei nº 10.257, de 10 de julho de 2001, passa a vigorar com as seguintes alterações:

- Alterações já incorporadas ao texto da referida lei.

Art. 80. O art. 7º da Lei nº 11.977, de 7 de julho de 2009, passa a vigorar acrescido do seguinte parágrafo único:

- Alterações já incorporadas ao texto da referida lei.

Art. 81. A Lei nº 6.015, de 31 de dezembro de 1973, passa a vigorar com as seguintes alterações:

- Alterações já incorporadas ao texto da referida lei.

Art. 82. A Lei nº 12.651, de 25 de maio de 2012, passa a vigorar com as seguintes alterações:

- Alterações já incorporadas ao texto da referida lei.

TÍTULO III
DOS PROCEDIMENTOS DE AVALIAÇÃO E ALIENAÇÃO DE IMÓVEIS DA UNIÃO

Art. 83. Os procedimentos para a Reurb promovida em áreas de domínio da União serão regulamentados em ato específico da Secretaria do Patrimônio da União (SPU), sem prejuízo da eventual adoção de procedimentos e instrumentos previstos para a Reurb.

Art. 84. Os imóveis da União objeto da Reurb-E que forem objeto de processo de parcelamento reconhecido pela autoridade pública poderão ser, no todo ou em parte, vendidos diretamente aos seus ocupantes, dispensados os procedimentos exigidos pela Lei nº 8.666, de 21 de junho de 1993.

§ 1º A venda aplica-se unicamente aos imóveis ocupados até 22 de dezembro de 2016, exigindo-se que o usuário seja regularmente inscrito e esteja em dia com suas obrigações para com a Secretaria do Patrimônio da União (SPU).

§ 2º A venda direta de que trata este artigo somente poderá ser concedida para, no máximo, dois imóveis, um residencial e um não residencial, regularmente cadastrados em nome do beneficiário na Secretaria do Patrimônio da União (SPU).

§ 3º A venda direta de que trata este artigo deverá obedecer à Lei nº 9.514, de 20 de novembro de 1997, ficando a União com a propriedade fiduciária dos bens alienados até a quitação integral, na forma dos §§ 4º e 5º deste artigo.

§ 4º Para ocupantes com renda familiar situada entre cinco e dez salários mínimos, a aquisição poderá ser realizada à vista ou em até duzentas e quarenta parcelas mensais e consecutivas, mediante sinal de, no mínimo, 5% (cinco por cento) do valor da avaliação, e o valor da parcela mensal não poderá ser inferior ao valor equivalente ao devido pelo usuário a título de taxa de foro ou ocupação, quando requerido pelo interessado.

§ 5º Para ocupantes com renda familiar acima de dez salários mínimos, a aquisição poderá ser realizada à vista ou em até cento e vinte parcelas mensais e consecutivas, mediante um sinal de, no mínimo, 10% (dez por cento) do valor da avaliação, e o valor da parcela mensal não poderá ser inferior ao valor equivalente ao devido pelo usuário a título de taxa de foro ou ocupação, quando requerido pelo interessado.

§ 6º A regulamentação do disposto neste artigo será efetuada pela Secretaria do Patrimônio da União (SPU) no prazo de doze meses contado da data de publicação desta Lei.

Art. 85. O preço de venda será fixado com base no valor de mercado do imóvel, segundo os critérios de avaliação previstos no art. 11-C da Lei nº 9.636, de 15 de maio de 1998, excluídas as acessões e as benfeitorias realizadas pelo ocupante.

§ 1º O prazo de validade da avaliação a que se refere o *caput* deste artigo será de, no máximo, doze meses.

§ 2º Nos casos de condomínio edilício privado, as áreas comuns, excluídas suas benfeitorias, serão adicionadas na fração ideal da unidade privativa correspondente.

Art. 86. As pessoas físicas de baixa renda que, por qualquer título, utilizem regularmente imóvel da União, inclusive imóveis provenientes de entidades federais extintas, para fins de moradia até 22 de dezembro de 2016, e que sejam isentas do pagamento de qualquer valor pela utilização, na forma da legislação patrimonial e dos cadastros da Secretaria do Patrimônio da União (SPU), poderão requerer diretamente ao oficial de registro de imóveis, mediante apresentação da Certidão de Autorização de Transferência (CAT) expedida pela SPU, a transferência gratuita da propriedade do imóvel, desde que preencham os requisitos previstos no § 5º do art. 31 da Lei nº 9.636, de 15 de maio de 1998.

§ 1º A transferência gratuita de que trata este artigo somente poderá ser concedida uma vez por beneficiário.

§ 2º A avaliação prévia do imóvel e a prévia autorização legislativa específica não configuram condição para a transferência gratuita de que trata este artigo.

Art. 87. Para obter gratuitamente a concessão de direito real de uso ou o domínio pleno do imóvel, o interessado deverá requerer à Secretaria do Patrimônio da União (SPU) a Certidão de Autorização de Transferência para fins de Reurb-S (CAT-Reurb-S), a qual valerá como título hábil para a aquisição do direito mediante o registro no cartório de registro de imóveis competente.

Parágrafo único. Efetivado o registro da transferência da concessão de direito real de uso ou do domínio pleno do imóvel, o oficial do cartório de registro de imóveis, no prazo de trinta dias, notificará a Superintendência do Patrimônio da União no Estado ou no Distrito Federal, informando o número da matrícula do imóvel e o seu Registro Imobiliário Patrimonial (RIP), o qual deverá constar da CAT-Reurb-S.

Art. 88. Na hipótese de imóveis destinados à Reurb-S cuja propriedade da União ainda não se encontre regularizada no cartório de registro de imóveis competente, a abertura de matrícula poderá ser realizada por meio de requerimento da Secretaria do Patrimônio da União (SPU), dirigido ao oficial do referido cartório, acompanhado dos seguintes documentos:

I – planta e memorial descritivo do imóvel, assinados por profissional habilitado perante o Conselho Regional de Engenharia e Agronomia (Crea) ou o Conselho de Arquitetura e Urbanismo (CAU), condicionados à apresentação da Anotação de Responsabilidade Técnica (ART) ou do Registro de Responsabilidade Técnica (RRT), quando for o caso; e

II – ato de discriminação administrativa do imóvel da União para fins de Reurb-S, a ser expedido pela Secretaria do Patrimônio da União (SPU).

§ 1º O oficial do cartório de registro de imóveis deverá, no prazo de trinta dias, contado da data de protocolo do requerimento, fornecer à Superintendência do Patrimônio da União no Estado ou no Distrito Federal a certidão da matrícula aberta ou os motivos fundamentados para a negativa da abertura, hipótese para a qual deverá ser estabelecido prazo para que as pendências sejam supridas.

§ 2º O disposto no *caput* deste artigo não se aplica aos imóveis da União submetidos a procedimentos específicos de identificação e demarcação, os quais continuam submetidos às normas pertinentes.

Art. 89. Os procedimentos para a transferência gratuita do direito real de uso ou do domínio pleno de imóveis da União no âmbito da Reurb-S, inclusive aqueles relacionados à forma de comprovação dos requisitos pelos beneficiários, serão regulamentados em ato específico da Secretaria do Patrimônio da União (SPU).

Art. 90. Ficam a União, suas autarquias e fundações autorizadas a transferir aos Estados, aos Municípios e ao Distrito Federal as áreas públicas federais ocupadas por núcleos urbanos informais, para que promovam a Reurb nos termos desta Lei, observado o regulamento quando se tratar de imóveis de titularidade de fundos.

Art. 91. O Decreto-Lei nº 2.398, de 21 de dezembro de 1987, passa a vigorar com as seguintes alterações:

▸ Alterações já incorporadas ao texto da referida lei.

Art. 92. A Lei nº 13.240, de 30 de dezembro de 2015, passa a vigorar com as seguintes alterações:

▸ Alterações já incorporadas ao texto da referida lei.

Art. 93. A Lei nº 9.636, de 15 de maio de 1998, passa a vigorar com as seguintes alterações:

▸ Alterações já incorporadas ao texto da referida lei.

Art. 94. O *caput* do art. 20 da Lei nº 8.036, de 11 de maio de 1990, passa a vigorar acrescido do seguinte inciso XIX:

▸ Alterações já incorporadas ao texto da referida lei.

Art. 95. O Decreto-Lei nº 1.876, de 15 de julho de 1981, passa a vigorar com as seguintes alterações:

▸ Alterações já incorporadas ao texto da referida lei.

Art. 96. O Decreto-Lei nº 9.760, de 5 de setembro de 1946, passa a vigorar com as seguintes alterações:

▸ Alterações já incorporadas ao texto da referida lei.

TÍTULO IV
DISPOSIÇÕES FINAIS

Art. 98. Fica facultado aos Estados, aos Municípios e ao Distrito Federal utilizar a prerrogativa de venda direta aos ocupantes de suas áreas públicas objeto da Reurb-E, dispensados os procedimentos exigidos pela Lei nº 8.666, de 21 de junho de 1993, e desde que os imóveis se encontrem ocupados até 22 de dezembro de 2016, devendo regulamentar o processo em legislação própria nos moldes do disposto no art. 84 desta Lei.

Art. 99. O art. 28 da Lei nº 11.483, de 31 de maio de 2007, passa a vigorar com as seguintes alterações:

▸ Alterações já incorporadas ao texto da referida lei.

Art. 100. O art. 38 da Lei nº 12.712, de 30 de agosto de 2012, passa a vigorar com as seguintes alterações:

▸ Alterações já incorporadas ao texto da referida lei.

Art. 101. A Lei nº 6.015, de 31 de dezembro de 1973, passa a vigorar acrescida do seguinte art. 235-A:

▸ Alterações já incorporadas ao texto da referida lei.

Art. 102. Fica a União autorizada a doar ao Estado de Rondônia as glebas públicas arrecadadas e registradas em nome da União nele situadas.

§ 1º São excluídas da autorização de que trata o *caput* deste artigo:

I – as áreas relacionadas nos incisos II a XI do art. 20 da Constituição Federal;

II – as terras destinadas ou em processo de destinação pela União a projetos de assentamento;

III – as áreas de unidades de conservação já instituídas pela União e aquelas em processo de instituição, conforme regulamento;

IV – as áreas afetadas, de modo expresso ou tácito, a uso público, comum ou especial;

V – as áreas objeto de títulos expedidos pela União que não tenham sido extintos por descumprimento de cláusula resolutória;

VI – as áreas urbanas consolidadas, que serão objeto de doação diretamente da União ao Município, nos termos da Lei nº 11.952, de 25 de junho de 2009.

§ 2º As glebas objeto de doação ao Estado de Rondônia deverão ser preferencialmente utilizadas em atividades de conservação ambiental e desenvolvimento sustentável, de assentamento, de colonização e de regularização fundiária, podendo ser adotado o regime de concessão de uso previsto no Decreto-Lei nº 271, de 28 de fevereiro de 1967.

§ 3º As doações serão efetuadas de forma gradativa, à medida que reste comprovado que a gleba anteriormente transferida tenha sido destinada nos termos do § 2º deste artigo.

§ 4º A aquisição ou arrendamento de lotes por estrangeiros obedecerá aos limites, às condições e às restrições estabelecidos na legislação federal.

§ 5º A doação de glebas públicas federais aos Estados de Roraima e do Amapá será regida pela Lei nº 10.304, de 5 de novembro de 2001.

§ 6º O Poder Executivo da União editará ato para regulamentar este artigo, inclusive para fixar critérios de definição das glebas a serem alienadas.

Art. 103. Os interessados poderão, no prazo de cento e oitenta dias, requerer à Secretaria Especial de Agricultura Familiar e do Desenvolvimento Agrário, ao Incra e à Secretaria do Patrimônio da União (SPU) a revisão das decisões administrativas denegatórias, ainda que judicializadas, caso em que o pedido deverá ser objeto de análise final no prazo de um ano.

Parágrafo único. O disposto neste artigo não impede o interessado de pleitear direitos previstos nesta Lei, desde que preencha os pressupostos fáticos pertinentes.

Art. 104. O Decreto-Lei nº 3.365, de 21 de junho de 1941, passa a vigorar acrescido do seguinte art. 34-A:

"Art. 34-A. Se houver concordância, reduzida a termo, do expropriado, a decisão concessiva da imissão provisória na posse implicará a aquisição da propriedade pelo expropriante com o consequente registro da propriedade na matrícula do imóvel.

§ 1º A concordância escrita do expropriado não implica renúncia ao seu direito de questionar o preço ofertado em juízo.

§ 2º Na hipótese deste artigo, o expropriado poderá levantar 100% (cem por cento) do depósito de que trata o art. 33 deste Decreto-Lei.

§ 3º Do valor a ser levantado pelo expropriado devem ser deduzidos os valores dispostos nos §§ 1º e 2º do art. 32 deste Decreto-Lei, bem como, a critério do juiz, aqueles tidos como necessários para o custeio das despesas processuais."

Art. 105. Em caso de certificação de imóveis rurais em unidade de conservação situados em região de difícil acesso ou em que a implantação do marco físico implique supressão de cobertura vegetal, deverão ser utilizados vértices virtuais para fins de georreferenciamento.

Art. 106. O disposto nesta Lei aplica-se à ilha de Fernando de Noronha e às demais ilhas oceânicas e costeiras, em conformidade com a legislação patrimonial em vigor.

Art. 107. Decreto do Poder Executivo federal poderá regulamentar o disposto nesta Lei.

Art. 108. Esta Lei entra em vigor na data de sua publicação.

Art. 109. Ficam revogados:

I – os arts. 14 e 15 da Lei Complementar nº 76, de 6 de julho de 1993;

II – os arts. 27 e 28 da Lei nº 9.636, de 15 de maio de 1998;

III – os seguintes dispositivos da Lei nº 11.952, de 25 de junho de 2009:

a) o § 2º do art. 5º;

b) o parágrafo único do art. 18;

c) os incisos I, II, III e IV do *caput* e os §§ 1º e 2º, todos do art. 30; e

d) os §§ 4º e 5º do art. 15;

IV – o capítulo III da Lei no 11.977, de 7 de julho de 2009;

V – (VETADO);

VI – os arts. 288-B a 288-G da Lei nº 6.015, de 31 de dezembro de 1973;

VII – os arts. 2º, 3º, 7º e 13 da Lei nº 13.240, de 30 de dezembro de 2015;

VIII – o parágrafo único do art. 14, o § 5º do art. 24, o § 3º do art. 26 e os arts. 29, 34, 35 e 45 da Lei nº 9.636, de 15 de maio de 1998;

IX – o § 1º do art. 1º da Lei nº 13.347, de 10 de outubro de 2016.

Brasília, 11 de julho de 2017; 196º da Independência e 129º da República.

MICHEL TEMER

DOU de 12.7.2017, e retificado em 6.9.2017 e publicado texto consolidado no DOU de 8.9.2017

PORTARIA MT Nº 349, DE 23 DE MAIO DE 2018

Estabelece regras voltadas à execução da Lei nº 13.467, de 13 de julho de 2017, no âmbito das competências normativas do Ministério do Trabalho.

- *Regras à Reforma Trabalhista*
- DOU 24.05.2018

O MINISTRO DE ESTADO DO TRABALHO, no uso das suas atribuições legais e tendo em vista o disposto no art. 87, parágrafo único, inciso II, da Constituição Federal, resolve:

Art. 1º A contratação do autônomo, cumpridas por este todas as formalidades legais, com ou sem exclusividade, de forma contínua ou não, afasta a qualidade de empregado prevista no art. 3º do Decreto-Lei nº 5.452, de 1º de maio de 1943, que aprova a Consolidação das Leis do Trabalho.

§ 1º Não caracteriza a qualidade de empregado prevista no art. 3º da Consolidação das Leis do Trabalho o fato de o autônomo prestar serviços a apenas um tomador de serviços.

§ 2º O autônomo poderá prestar serviços de qualquer natureza a outros tomadores de serviços que exerçam ou não a mesma atividade econômica, sob qualquer modalidade de contrato de trabalho, inclusive como autônomo.

§ 3º Fica garantida ao autônomo a possibilidade de recusa de realizar atividade demandada pelo contratante, garantida a aplicação de cláusula de penalidade, caso prevista em contrato.

§ 4º Motoristas, representantes comerciais, corretores de imóveis, parceiros, e trabalhadores de outras categorias profissionais reguladas por leis específicas relacionadas a atividades compatíveis com o contrato autônomo, desde que cumpridos os requisitos do *caput*, não possuirão a qualidade de empregado prevista o art. 3º da Consolidação das Leis do Trabalho.

§ 5º Presente a subordinação jurídica, será reconhecido o vínculo empregatício.

Art. 2º O contrato de trabalho intermitente será celebrado por escrito e registrado na Carteira de Trabalho e Previdência Social, ainda que previsto em acordo coletivo de trabalho ou convenção coletiva, e conterá:

I - identificação, assinatura e domicílio ou sede das partes;

II - valor da hora ou do dia de trabalho, que não poderá ser inferior ao valor horário ou diário do salário mínimo, nem inferior àquele devido aos demais empregados do estabelecimento que exerçam a mesma função, assegurada a remuneração do trabalho noturno superior à do diurno; e

III - o local e o prazo para o pagamento da remuneração.

§ 1º O empregado, mediante prévio acordo com o empregador, poderá usufruir suas férias em até três períodos, nos termos dos §§ 1º e 3º do art. 134 da Consolidação das Leis do Trabalho.

§ 2º Na hipótese de o período de convocação exceder um mês, o pagamento das parcelas a que se referem o § 6º do Art. 452-A da Consolidação das Leis do Trabalho não poderá ser estipulado por período superior a um mês, devendo ser pagas até o quinto dia útil do mês seguinte ao trabalhado, de acordo com o previsto no § 1º do art. 459 da CLT.

§ 3º Dadas as características especiais do contrato de trabalho intermitente, não constitui descumprimento do inciso II do *caput* ou discriminação salarial pagar ao trabalhador intermitente remuneração horária ou diária superior à paga aos demais trabalhadores da empresa contratados a prazo indeterminado.

§ 4º Constatada a prestação dos serviços pelo empregado, estarão satisfeitos os prazos previstos nos §§ 1º e 2º do Art. 452-A da Consolidação das Leis do Trabalho.

Art. 3º É facultado às partes convencionar por meio do contrato de trabalho intermitente:

I - locais de prestação de serviços;

II - turnos para os quais o empregado será convocado para prestar serviços; e

III - formas e instrumentos de convocação e de resposta para a prestação de serviços.

Art. 4º Para fins do disposto no § 3º do art. 443 da Consolidação das Leis do Trabalho, considera-se período de inatividade o intervalo temporal distinto daquele para o qual o empregado intermitente haja sido convocado e tenha prestado serviços nos termos do § 1º do art. 452-A da referida lei.

§ 1º Durante o período de inatividade, o empregado poderá prestar serviços de qualquer natureza a outros tomadores de serviço, que exerçam ou não a mesma atividade econômica, utilizando contrato de trabalho intermitente ou outra modalidade de contrato de trabalho.

§ 2º No contrato de trabalho intermitente, o período de inatividade não será considerado tempo à disposição do empregador e não será remunerado, hipótese em que restará descaracterizado o contrato de trabalho intermitente caso haja remuneração por tempo à disposição no período de inatividade.

Art. 5º As verbas rescisórias e o aviso prévio serão calculados com base na média dos valores recebidos pelo empregado no curso do contrato de trabalho intermitente.

Parágrafo único. No cálculo da média a que se refere o *caput*, serão considerados apenas os meses durante os quais o empregado tenha recebido parcelas remuneratórias no intervalo dos últimos doze meses ou o período de vigência do contrato de trabalho intermitente, se este for inferior.

Art. 6º No contrato de trabalho intermitente, o empregador efetuará o recolhimento das contribuições previdenciárias próprias e do empregado e o depósito do Fundo de Garantia do Tempo de Serviço com base nos valores pagos no período mensal e fornecerá ao empregado comprovante do cumprimento dessas obrigações.

Art. 7º As empresas anotarão na Carteira de Trabalho e Previdência Social de seus empregados o salário fixo e a média dos valores das gorjetas referente aos últimos doze meses.

Art. 8º A comissão de representantes dos empregados a que se refere o Título IV-A da Consolidação das Leis do Trabalho não substituirá a função do sindicato de defender os direitos e os interesses coletivos ou individuais da categoria, inclusive em questões judiciais ou administrativas, hipótese em que será obrigatória a participação dos sindicatos em negociações coletivas de trabalho, nos termos do incisos III e VI do *caput* do art. 8º da Constituição Federal.

Art. 9º Esta portaria entra em vigor na data da sua publicação.

HELTON YOMURA

INSTRUÇÃO NORMATIVA Nº 41, DE 21 DE JUNHO DE 2018

Dispõe sobre a aplicação das normas processuais da Consolidação das Leis do Trabalho alteradas pela Lei nº 13.467, de 13 de julho de 2017.

‣ *Processo do Trabalho*

Art. 1° A aplicação das normas processuais previstas na Consolidação das Leis do Trabalho, alteradas pela Lei nº 13.467, de 13 de julho de 2017, com eficácia a partir de 11 de novembro de 2017, é imediata, sem atingir, no entanto, situações pretéritas iniciadas ou consolidadas sob a égide da lei revogada.

Art. 2° O fluxo da prescrição intercorrente conta-se a partir do descumprimento da determinação judicial a que alude o § 1º do art. 11-A da CLT, desde que feita após 11 de novembro de 2017 (Lei nº 13.467/2017).

Art. 3º A obrigação de formar o litisconsórcio necessário a que se refere o art. 611-A, § 5º, da CLT dar-se-á nos processos iniciados a partir de 11 de novembro de 2017 (Lei nº 13.467/2017).

Art. 4º O art. 789, *caput*, da CLT aplica-se nas decisões que fixem custas, proferidas a partir da entrada em vigor da Lei nº 13.467/2017.

Art. 5º O art. 790-B, *caput* e §§ 1º a 4º, da CLT, não se aplica aos processos iniciados antes de 11 de novembro de 2017 (Lei nº 13.467/2017).

Art. 6º Na Justiça do Trabalho, a condenação em honorários advocatícios sucumbenciais, prevista no art. 791-A, e parágrafos, da CLT, será aplicável apenas às ações propostas após 11 de novembro de 2017 (Lei nº 13.467/2017). Nas ações propostas anteriormente, subsistem as diretrizes do art. 14 da Lei nº 5.584/1970 e das Súmulas nos 219 e 329 do TST.

Art. 7º Os arts. 793-A, 793-B e 793-C, § 1º, da CLT têm aplicação autônoma e imediata.

Art. 8º A condenação de que trata o art. 793-C, *caput*, da CLT, aplica-se apenas às ações ajuizadas a partir de 11 de novembro de 2017 (Lei nº 13.467/2017).

Art. 9º O art. 793-C, §§ 2º e 3º, da CLT tem aplicação apenas nas ações ajuizadas a partir de 11 de novembro de 2017 (Lei nº 13.467/2017).

Art. 10. O disposto no *caput* do art. 793-D será aplicável às ações ajuizadas a partir de 11 de novembro de 2017 (Lei nº 13.467/2017).

Parágrafo único. Após a colheita da prova oral, a aplicação de multa à testemunha dar-se-á na sentença e será precedida de instauração de incidente mediante o qual o juiz indicará o ponto ou os pontos controvertidos no depoimento, assegurados o contraditório, a defesa, com os meios a ela inerentes, além de possibilitar a retratação.

Art. 11. A exceção de incompetência territorial, disciplinada no art. 800 da CLT, é imediatamente aplicável aos processos trabalhistas em curso, desde que o recebimento da notificação seja posterior a 11 de novembro de 2017 (Lei 13.467/2017).

Art. 12. Os arts. 840 e 844, §§ 2º, 3º e 5º, da CLT, com as redações dadas pela Lei nº 13.467, de 13 de julho de 2017, não retroagirão, aplicando-se, exclusivamente, às ações ajuizadas a partir de 11 de novembro de 2017.

§ 1º Aplica-se o disposto no art. 843, § 3º, da CLT somente às audiências trabalhistas realizadas após 11 de novembro de 2017.

§ 2º Para fim do que dispõe o art. 840, §§ 1º e 2º, da CLT, o valor da causa será estimado, observando-se, no que couber, o disposto nos arts. 291 a 293 do Código de Processo Civil.

§ 3º Nos termos do art. 843, § 3º, e do art. 844, § 5º, da CLT, não se admite a cumulação das condições de advogado e preposto.

Art. 13. A partir da vigência da Lei nº 13.467/2017, a iniciativa do juiz na execução de que trata o art. 878 da CLT e no incidente de desconsideração da personalidade jurídica a que alude o art. 855-A da CLT ficará limitada aos casos em que as partes não estiverem representadas por advogado.

Art. 14. A regra inscrita no art. 879, § 2º, da CLT, quanto ao dever de o juiz conceder prazo comum de oito dias para impugnação fundamentada da conta de liquidação, não se aplica à liquidação de julgado iniciada antes de 11 de novembro de 2017.

Art. 15. O prazo previsto no art. 883-A da CLT, para as medidas de execução indireta nele especificadas, aplica-se somente às execuções iniciadas a partir de 11 de novembro de 2017.

Art. 16. O art. 884, § 6º, da CLT aplica-se às entidades filantrópicas e seus diretores, em processos com execuções iniciadas após 11 de novembro de 2017.

Art. 17. O incidente de desconsideração da personalidade jurídica, regulado pelo CPC (artigos 133 a 137), aplica-se ao processo do trabalho, com as inovações trazidas pela Lei nº 13.467/2017.

Art. 18. O dever de os Tribunais Regionais do Trabalho uniformizarem a sua jurisprudência faz incidir, subsidiariamente ao processo do trabalho, o art. 926 do CPC, por meio do qual os Tribunais deverão manter sua jurisprudência íntegra, estável e coerente.

§ 1º Os incidentes de uniformização de jurisprudência suscitados ou iniciados antes da vigência da Lei nº 13.467/2017, no âmbito dos Tribunais Regionais do Trabalho ou por iniciativa de decisão do Tribunal Superior do Trabalho, deverão observar e serão concluídos sob a égide da legislação vigente ao tempo da interposição do recurso, segundo o disposto nos respectivos Regimentos Internos.

§ 2º Aos recursos de revista e de agravo de instrumento no âmbito do Tribunal Superior do Trabalho, conclusos aos relatores e ainda não julgados até a edição da Lei nº 13.467/17, não se aplicam as disposições contidas nos §§ 3º a 6º do artigo 896 da Consolidação das Leis do Trabalho.

§ 3º As teses jurídicas prevalecentes e os enunciados de Súmulas decorrentes do julgamento dos incidentes de uniformização de jurisprudência suscitados ou iniciados anteriormente à edição da Lei nº 13.467/2017, no âmbito dos Tribunais Regionais do Trabalho, conservam sua natureza vinculante à luz dos arts. 926, §§ 1º e 2º, e 927, III e V, do CPC.

Art. 19. O exame da transcendência seguirá a regra estabelecida no art. 246 do Regimento Interno do Tribunal Superior do Trabalho, incidindo apenas sobre os acórdãos proferidos pelos Tribunais Regionais do Trabalho publicados a partir de 11 de novembro de 2017, excluídas as decisões em embargos de declaração.

Art. 20. As disposições contidas nos §§ 4º, 9º, 10 e 11 do artigo 899 da CLT, com a redação dada pela Lei nº 13.467/2017, serão observadas para os recursos interpostos contra as decisões proferidas a partir de 11 de novembro de 2017.

Art. 21. Esta Instrução Normativa entrará em vigor na data da sua publicação. Ficam revogados os art. 2º, VIII, e 6º da Instrução Normativa nº 39/2016 do TST.

JOÃO BATISTA BRITO PEREIRA
Ministro Presidente do Tribunal Superior do Trabalho

LEI Nº 13.709, DE 14 DE AGOSTO DE 2018

Lei Geral de Proteção de Dados Pessoais (LGPD) (Ementa com redação dada pela Lei 13.853/2019)

‣ *Lei Geral de Proteção de Dados Pessoais*

O PRESIDENTE DA REPÚBLICA Faço saber que o Congresso Nacional decreta e eu sanciono a seguinte Lei:

CAPÍTULO I
DISPOSIÇÕES PRELIMINARES

Art. 1º Esta Lei dispõe sobre o tratamento de dados pessoais, inclusive nos meios digitais, por pessoa natural ou por pessoa jurídica de direito público ou privado, com o objetivo de proteger os direitos fundamentais de liberdade e de privacidade e o livre desenvolvimento da personalidade da pessoa natural.

Parágrafo único. As normas gerais contidas nesta Lei são de interesse nacional e devem ser observadas pela União, Estados, Distrito Federal e Municípios. (Acrescido pela Lei 13.853/2019)

Art. 2º A disciplina da proteção de dados pessoais tem como fundamentos:

I – o respeito à privacidade;

II – a autodeterminação informativa;

III – a liberdade de expressão, de informação, de comunicação e de opinião;

IV – a inviolabilidade da intimidade, da honra e da imagem;

V – o desenvolvimento econômico e tecnológico e a inovação;

VI – a livre iniciativa, a livre concorrência e a defesa do consumidor; e

VII – os direitos humanos, o livre desenvolvimento da personalidade, a dignidade e o exercício da cidadania pelas pessoas naturais.

Art. 3º Esta Lei aplica-se a qualquer operação de tratamento realizada por pessoa natural ou por pessoa jurídica de direito público ou privado, independentemente do meio, do país de sua sede ou do país onde estejam localizados os dados, desde que:

I – a operação de tratamento seja realizada no território nacional;

II – a atividade de tratamento tenha por objetivo a oferta ou o fornecimento de bens ou serviços ou o tratamento de dados de indivíduos localizados no território nacional; ou (Redação dada pela Lei 13.853/2019)

III – os dados pessoais objeto do tratamento tenham sido coletados no território nacional.

§ 1º Consideram-se coletados no território nacional os dados pessoais cujo titular nele se encontre no momento da coleta.

§ 2º Excetua-se do disposto no inciso I deste artigo o tratamento de dados previsto no inciso IV do *caput* do art. 4º desta Lei.

Art. 4º Esta Lei não se aplica ao tratamento de dados pessoais:

I – realizado por pessoa natural para fins exclusivamente particulares e não econômicos;

II – realizado para fins exclusivamente:

a) jornalístico e artísticos; ou

b) acadêmicos, aplicando-se a esta hipótese os arts. 7º e 11 desta Lei;

III – realizado para fins exclusivos de:

a) segurança pública;

b) defesa nacional;

c) segurança do Estado; ou

d) atividades de investigação e repressão de infrações penais; ou

IV – provenientes de fora do território nacional e que não sejam objeto de comunicação, uso compartilhado de dados com agentes de tratamento brasileiros ou objeto de transferência internacional de dados com outro país que não o de proveniência, desde que o país de proveniência proporcione grau de proteção de dados pessoais adequado ao previsto nesta Lei.

§ 1º O tratamento de dados pessoais previsto no inciso III será regido por legislação específica, que deverá prever medidas proporcionais e estritamente necessárias ao atendimento do interesse público, observados o devido processo legal, os princípios gerais de proteção e os direitos do titular previstos nesta Lei.

§ 2º É vedado o tratamento dos dados a que se refere o inciso III do *caput* deste artigo por pessoa de direito privado, exceto em procedimentos sob tutela de pessoa jurídica de direito público, que serão objeto de informe específico à autoridade nacional e que deverão observar a limitação imposta no § 4º deste artigo.

§ 3º A autoridade nacional emitirá opiniões técnicas ou recomendações referentes às exceções previstas no inciso III do *caput* deste artigo e deverá solicitar aos responsáveis relatórios de impacto à proteção de dados pessoais.

§ 4º Em nenhum caso a totalidade dos dados pessoais de banco de dados de que trata o inciso III do *caput* deste artigo poderá ser tratada por pessoa de direito privado, salvo por aquela que possua capital integralmente constituído pelo poder público. (Redação dada pela Lei 13.853/2019)

Art. 5º Para os fins desta Lei, considera-se:

I – dado pessoal: informação relacionada a pessoa natural identificada ou identificável;

II – dado pessoal sensível: dado pessoal sobre origem racial ou étnica, convicção religiosa, opinião política, filiação a sindicato ou a organização de caráter religioso, filosófico ou político, dado referente à saúde ou à vida sexual, dado genético ou biométrico, quando vinculado a uma pessoa natural;

III – dado anonimizado: dado relativo a titular que não possa ser identificado, considerando a utilização de meios técnicos razoáveis e disponíveis na ocasião de seu tratamento;

IV – banco de dados: conjunto estruturado de dados pessoais, estabelecido em um ou em vários locais, em suporte eletrônico ou físico;

V – titular: pessoa natural a quem se referem os dados pessoais que são objeto de tratamento;

VI – controlador: pessoa natural ou jurídica, de direito público ou privado, a quem competem as decisões referentes ao tratamento de dados pessoais;

VII – operador: pessoa natural ou jurídica, de direito público ou privado, que realiza o tratamento de dados pessoais em nome do controlador;

VIII – encarregado: pessoa indicada pelo controlador e operador para atuar como canal de comunicação entre o controlador, os titulares dos dados e a Autoridade Nacional de Proteção de Dados (ANPD); (Redação dada pela Lei 13.853/2019)

IX – agentes de tratamento: o controlador e o operador;

X – tratamento: toda operação realizada com dados pessoais, como as que se referem a coleta, produção, recepção, classificação, utilização, acesso, reprodução, transmissão, distribuição, processamento, arquivamento, armazenamento, eliminação, avaliação ou controle da informação, modificação, comunicação, transferência, difusão ou extração;

XI – anonimização: utilização de meios técnicos razoáveis e disponíveis no momento do tratamento, por meio dos quais um dado perde a possibilidade de associação, direta ou indireta, a um indivíduo;

XII – consentimento: manifestação livre, informada e inequívoca pela qual o titular concorda com o tratamento de seus dados pessoais para uma finalidade determinada;

XIII – bloqueio: suspensão temporária de qualquer operação de tratamento, mediante guarda do dado pessoal ou do banco de dados;

XIV – eliminação: exclusão de dado ou de conjunto de dados armazenados em banco de dados, independentemente do procedimento empregado;

XV – transferência internacional de dados: transferência de dados pessoais para país estrangeiro ou organismo internacional do qual o país seja membro;

XVI – uso compartilhado de dados: comunicação, difusão, transferência internacional, interconexão de dados pessoais ou tratamento compartilhado de bancos de dados pessoais por órgãos e entidades públicos no cumprimento de suas competências legais, ou entre esses e entes privados, reciprocamente, com autorização específica, para uma ou mais modalidades de tratamento permitidas por esses entes públicos, ou entre entes privados;

XVII – relatório de impacto à proteção de dados pessoais: documentação do controlador que contém a descrição dos processos de tratamento de dados pessoais que podem gerar riscos às liberdades civis e aos direitos fundamentais, bem como medidas, salvaguardas e mecanismos de mitigação de risco;

XVIII – órgão de pesquisa: órgão ou entidade da administração pública direta ou indireta ou pessoa jurídica de direito privado sem fins lucrativos legalmente constituída sob as leis brasileiras, com sede e foro no País, que inclua em sua missão institucional ou em seu objetivo social ou estatutário a pesquisa básica ou aplicada de caráter histórico, científico, tecnológico ou estatístico; e (Redação dada pela Lei 13.853/2019)

XIX – autoridade nacional: órgão da administração pública responsável por zelar, implementar e fiscalizar o cumprimento desta Lei em todo o território nacional. (Redação dada pela Lei 13.853/2019)

Art. 6º As atividades de tratamento de dados pessoais deverão observar a boa-fé e os seguintes princípios:

I – finalidade: realização do tratamento para propósitos legítimos, específicos, explícitos e informados ao titular, sem possibilidade de tratamento posterior de forma incompatível com essas finalidades;

II – adequação: compatibilidade do tratamento com as finalidades informadas ao titular, de acordo com o contexto do tratamento;

III – necessidade: limitação do tratamento ao mínimo necessário para a realização de suas finalidades, com abrangência dos dados pertinentes, proporcionais e não excessivos em relação às finalidades do tratamento de dados;

IV – livre acesso: garantia, aos titulares, de consulta facilitada e gratuita sobre a forma e a duração do tratamento, bem como sobre a integralidade de seus dados pessoais;

V – qualidade dos dados: garantia, aos titulares, de exatidão, clareza, relevância e atualização dos dados, de acordo com a necessidade e para o cumprimento da finalidade de seu tratamento;

VI – transparência: garantia, aos titulares, de informações claras, precisas e facilmente acessíveis sobre a realização do tratamento e os respectivos agentes de tratamento, observados os segredos comercial e industrial;

VII – segurança: utilização de medidas técnicas e administrativas aptas a proteger os dados pessoais de acessos não autorizados e de situações acidentais ou ilícitas de destruição, perda, alteração, comunicação ou difusão;

VIII – prevenção: adoção de medidas para prevenir a ocorrência de danos em virtude do tratamento de dados pessoais;

IX – não discriminação: impossibilidade de realização do tratamento para fins discriminatórios ilícitos ou abusivos;

X – responsabilização e prestação de contas: demonstração, pelo agente, da adoção de medidas eficazes e capazes de comprovar a observância e o cumprimento das normas de proteção de dados pessoais e, inclusive, da eficácia dessas medidas.

CAPÍTULO II
DO TRATAMENTO DE DADOS PESSOAIS

SEÇÃO I
DOS REQUISITOS PARA O TRATAMENTO DE DADOS PESSOAIS

Art. 7º O tratamento de dados pessoais somente poderá ser realizado nas seguintes hipóteses:

I – mediante o fornecimento de consentimento pelo titular;

II – para o cumprimento de obrigação legal ou regulatória pelo controlador;

III – pela administração pública, para o tratamento e uso compartilhado de dados necessários à execução de políticas públicas previstas em leis e regulamentos ou respaldadas em contratos, convênios ou instrumentos congêneres, observadas as disposições do Capítulo IV desta Lei;

IV – para a realização de estudos por órgão de pesquisa, garantida, sempre que possível, a anonimização dos dados pessoais;

V – quando necessário para a execução de contrato ou de procedimentos preliminares relacionados a contrato do qual seja parte o titular, a pedido do titular dos dados;

VI – para o exercício regular de direitos em processo judicial, administrativo ou arbitral, esse último nos termos da Lei nº 9.307, de 23 de setembro de 1996 (Lei de Arbitragem);

VII – para a proteção da vida ou da incolumidade física do titular ou de terceiro;

VIII – para a tutela da saúde, exclusivamente, em procedimento realizado por profissionais de saúde, serviços de saúde ou autoridade sanitária; (Redação dada pela Lei 13.853/2019)

IX – quando necessário para atender aos interesses legítimos do controlador ou de terceiro, exceto no caso de prevalecerem direitos e liberdades fundamentais do titular que exijam a proteção dos dados pessoais; ou

X – para a proteção do crédito, inclusive quanto ao disposto na legislação pertinente.

§§ 1º e 2º *(Revogados pela Lei 13.853/2019)*

§ 3º O tratamento de dados pessoais cujo acesso é público deve considerar a finalidade, a boa-fé e o interesse público que justificaram sua disponibilização.

§ 4º É dispensada a exigência do consentimento previsto no *caput* deste artigo para os dados tornados manifestamente públicos pelo titular, resguardados os direitos do titular e os princípios previstos nesta Lei.

§ 5º O controlador que obteve o consentimento referido no inciso I do *caput* deste artigo que necessitar comunicar ou compartilhar dados pessoais com outros controladores deverá obter consentimento específico do titular para esse fim, ressalvadas as hipóteses de dispensa do consentimento previstas nesta Lei.

§ 6º A eventual dispensa da exigência do consentimento não desobriga os agentes de tratamento das demais obrigações previstas nesta Lei, especialmente da observância dos princípios gerais e da garantia dos direitos do titular.

§ 7º O tratamento posterior dos dados pessoais a que se referem os §§ 3º e 4º deste artigo poderá ser realizado para novas finalidades, desde que observados os propósitos legítimos e específicos para o novo tratamento e a preservação dos direitos do titular, assim como os fundamentos e os princípios previstos nesta Lei. (Acrescido pela Lei 13.853/2019)

Art. 8º O consentimento previsto no inciso I do art. 7º desta Lei deverá ser fornecido por escrito ou por outro meio que demonstre a manifestação de vontade do titular.

§ 1º Caso o consentimento seja fornecido por escrito, esse deverá constar de cláusula destacada das demais cláusulas contratuais.

§ 2º Cabe ao controlador o ônus da prova de que o consentimento foi obtido em conformidade com o disposto nesta Lei.

§ 3º É vedado o tratamento de dados pessoais mediante vício de consentimento.

§ 4º O consentimento deverá referir-se a finalidades determinadas, e as autorizações genéricas para o tratamento de dados pessoais serão nulas.

§ 5º O consentimento pode ser revogado a qualquer momento mediante manifestação expressa do titular, por procedimento gratuito e facilitado, ratificados os tratamentos realizados sob amparo do consentimento anteriormente manifestado enquanto não houver requerimento de eliminação, nos termos do inciso VI do *caput* do art. 18 desta Lei.

§ 6º Em caso de alteração de informação referida nos incisos I, II, III ou V do art. 9º desta Lei, o controlador deverá informar ao titular, com destaque de forma específica do teor das alterações, podendo o titular, nos casos em que o seu consentimento é exigido, revogá-lo caso discorde da alteração.

Art. 9º O titular tem direito ao acesso facilitado às informações sobre o tratamento de seus dados, que deverão ser disponibilizadas de forma clara, adequada e ostensiva acerca de, entre outras características previstas em regulamentação para o atendimento do princípio do livre acesso:

I – finalidade específica do tratamento;

II – forma e duração do tratamento, observados os segredos comercial e industrial;

III – identificação do controlador;

IV – informações de contato do controlador;

V – informações acerca do uso compartilhado de dados pelo controlador e a finalidade;

VI – responsabilidades dos agentes que realizarão o tratamento; e

VII – direitos do titular, com menção explícita aos direitos contidos no art. 18 desta Lei.

§ 1º Na hipótese em que o consentimento é requerido, esse será considerado nulo caso as informações fornecidas ao titular tenham conteúdo enganoso ou abusivo ou não tenham sido apresentadas previamente com transparência, de forma clara e inequívoca.

§ 2º Na hipótese em que o consentimento é requerido, se houver mudanças da finalidade para o tratamento de dados pessoais não compatíveis com o consentimento original, o controlador deverá informar previamente o titular sobre as mudanças de finalidade, podendo o titular revogar o consentimento, caso discorde das alterações.

§ 3º Quando o tratamento de dados pessoais for condição para o fornecimento de produto ou de serviço ou para o exercício de direito, o titular será informado com destaque sobre esse fato e sobre os meios pelos quais poderá exercer os direitos do titular elencados no art. 18 desta Lei.

Art. 10. O legítimo interesse do controlador somente poderá fundamentar tratamento de dados pessoais para finalidades legítimas, consideradas a partir de situações concretas, que incluem, mas não se limitam a:

I – apoio e promoção de atividades do controlador; e

II – proteção, em relação ao titular, do exercício regular de seus direitos ou prestação de serviços que o beneficiem, respeitadas as legítimas expectativas dele e os direitos e liberdades fundamentais, nos termos desta Lei.

§ 1º Quando o tratamento for baseado no legítimo interesse do controlador, somente os dados pessoais estritamente necessários para a finalidade pretendida poderão ser tratados.

§ 2º O controlador deverá adotar medidas para garantir a transparência do tratamento de dados baseado em seu legítimo interesse.

§ 3º A autoridade nacional poderá solicitar ao controlador relatório de impacto à proteção de dados pessoais, quando o tratamento tiver como fundamento seu interesse legítimo, observados os segredos comercial e industrial.

SEÇÃO II
DO TRATAMENTO DE DADOS PESSOAIS SENSÍVEIS

Art. 11. O tratamento de dados pessoais sensíveis somente poderá ocorrer nas seguintes hipóteses:

I – quando o titular ou seu responsável legal consentir, de forma específica e destacada, para finalidades específicas;

II – sem fornecimento de consentimento do titular, nas hipóteses em que for indispensável para:

a) cumprimento de obrigação legal ou regulatória pelo controlador;

b) tratamento compartilhado de dados necessários à execução, pela administração pública, de políticas públicas previstas em leis ou regulamentos;

c) realização de estudos por órgão de pesquisa, garantida, sempre que possível, a anonimização dos dados pessoais sensíveis;

d) exercício regular de direitos, inclusive em contrato e em processo judicial, administrativo e arbitral, este último nos termos da Lei nº 9.307, de 23 de setembro de 1996 (Lei de Arbitragem);

e) proteção da vida ou da incolumidade física do titular ou de terceiro;

f) tutela da saúde, exclusivamente, em procedimento realizado por profissionais de saúde, serviços de saúde ou autoridade sanitária; ou (Redação dada pela Lei 13.853/2019)

g) garantia da prevenção à fraude e à segurança do titular, nos processos de identificação e autenticação de cadastro em sistemas eletrônicos, resguardados os direitos mencionados no art. 9º desta Lei e exceto no caso de prevalecerem direitos e liberdades fundamentais do titular que exijam a proteção dos dados pessoais.

§ 1º Aplica-se o disposto neste artigo a qualquer tratamento de dados pessoais que revele dados pessoais sensíveis e que possa causar dano ao titular, ressalvado o disposto em legislação específica.

§ 2º Nos casos de aplicação do disposto nas alíneas "a" e "b" do inciso II do *caput* deste artigo pelos órgãos e pelas entidades públicas, será dada publicidade à referida dispensa de consentimento, nos termos do inciso I do *caput* do art. 23 desta Lei.

§ 3º A comunicação ou o uso compartilhado de dados pessoais sensíveis entre controladores com objetivo de obter vantagem econômica poderá ser objeto de vedação ou de regulamentação por parte da autoridade nacional, ouvidos os órgãos setoriais do Poder Público, no âmbito de suas competências.

§ 4º É vedada a comunicação ou o uso compartilhado entre controladores de dados pessoais sensíveis referentes à saúde com objetivo de obter vantagem econômica, exceto nas hipóteses relativas a prestação de serviços de saúde, de assistência farmacêutica e de assistência à saúde, desde que observado o § 5º deste artigo, incluídos os serviços auxiliares de diagnose e terapia, em benefício dos interesses dos titulares de dados, e para permitir:

I – a portabilidade de dados quando solicitada pelo titular; ou

II – as transações financeiras e administrativas resultantes do uso e da prestação dos serviços de que trata este parágrafo. (Redação dada pela Lei 13.853/2019)

§ 5º É vedado às operadoras de planos privados de assistência à saúde o tratamento de dados de saúde para a prática de seleção de riscos na contratação de qualquer modalidade, assim como na contratação e exclusão de beneficiários. (Acrescido pela Lei 13.853/2019)

Art. 12. Os dados anonimizados não serão considerados dados pessoais para os fins desta Lei, salvo quando o processo de anonimização ao qual foram submetidos for revertido, utilizando exclusivamente meios próprios, ou quando, com esforços razoáveis, puder ser revertido.

§ 1º A determinação do que seja razoável deve levar em consideração fatores objetivos, tais como custo e tempo necessários para reverter o processo de anonimização, de acordo com as tecnologias disponíveis, e a utilização exclusiva de meios próprios.

§ 2º Poderão ser igualmente considerados como dados pessoais, para os fins desta Lei, aqueles utilizados para formação do perfil comportamental de determinada pessoa natural, se identificada.

§ 3º A autoridade nacional poderá dispor sobre padrões e técnicas utilizados em processos de anonimização e realizar verificações acerca de sua segurança, ouvido o Conselho Nacional de Proteção de Dados Pessoais.

Art. 13. Na realização de estudos em saúde pública, os órgãos de pesquisa poderão ter acesso a bases de dados pessoais, que serão tratados exclusivamente dentro do órgão e estritamente para a finalidade de realização de estudos e pesquisas e mantidos em ambiente controlado e seguro, conforme práticas de segurança previstas em regulamento específico e que incluam, sempre que possível, a anonimização ou pseudonimização dos dados, bem como considerem os devidos padrões éticos relacionados a estudos e pesquisas.

§ 1º A divulgação dos resultados ou de qualquer excerto do estudo ou da pesquisa de que trata o *caput* deste artigo em nenhuma hipótese poderá revelar dados pessoais.

§ 2º O órgão de pesquisa será o responsável pela segurança da informação prevista no *caput* deste artigo, não permitida, em circunstância alguma, a transferência dos dados a terceiro.

§ 3º O acesso aos dados de que trata este artigo será objeto de regulamentação por parte da autoridade nacional e das autoridades da área de saúde e sanitárias, no âmbito de suas competências.

§ 4º Para os efeitos deste artigo, a pseudonimização é o tratamento por meio do qual um dado perde a possibilidade de associação, direta ou indireta, a um indivíduo, senão pelo uso de informação adicional mantida separadamente pelo controlador em ambiente controlado e seguro.

SEÇÃO III
DO TRATAMENTO DE DADOS PESSOAIS DE CRIANÇAS E DE ADOLESCENTES

Art. 14. O tratamento de dados pessoais de crianças e de adolescentes deverá ser realizado em seu melhor interesse, nos termos deste artigo e da legislação pertinente.

§ 1º O tratamento de dados pessoais de crianças deverá ser realizado com o consentimento específico e em destaque dado por pelo menos um dos pais ou pelo responsável legal.

§ 2º No tratamento de dados de que trata o § 1º deste artigo, os controladores deverão manter pública a informação sobre os tipos de dados coletados, a forma de sua utilização e os procedimentos para o exercício dos direitos a que se refere o art. 18 desta Lei.

§ 3º Poderão ser coletados dados pessoais de crianças sem o consentimento a que se refere o § 1º deste artigo quando a coleta for necessária para contatar os pais ou o responsável legal, utilizados uma única vez e sem armazenamento, ou para sua proteção, e em nenhum caso poderão ser repassados a terceiro sem o consentimento de que trata o § 1º deste artigo.

§ 4º Os controladores não deverão condicionar a participação dos titulares de que trata o § 1º deste artigo em jogos, aplicações de internet ou outras atividades ao fornecimento de informações pessoais além das estritamente necessárias à atividade.

§ 5º O controlador deve realizar todos os esforços razoáveis para verificar que o consentimento a que se refere o § 1º deste artigo foi dado pelo responsável pela criança, consideradas as tecnologias disponíveis.

§ 6º As informações sobre o tratamento de dados referidas neste artigo deverão ser fornecidas de maneira simples, clara e acessível, consideradas as características físico-motoras, perceptivas, sensoriais, intelectuais e mentais do usuário, com uso de recursos audiovisuais quando adequado, de forma a proporcionar a informação necessária aos pais ou ao responsável legal e adequada ao entendimento da criança.

SEÇÃO IV
DO TÉRMINO DO TRATAMENTO DE DADOS

Art. 15. O término do tratamento de dados pessoais ocorrerá nas seguintes hipóteses:

I – verificação de que a finalidade foi alcançada ou de que os dados deixaram de ser necessários ou pertinentes ao alcance da finalidade específica almejada;

II – fim do período de tratamento;

III – comunicação do titular, inclusive no exercício de seu direito de revogação do consentimento conforme disposto no § 5º do art. 8º desta Lei, resguardado o interesse público; ou

IV – determinação da autoridade nacional, quando houver violação ao disposto nesta Lei.

Art. 16. Os dados pessoais serão eliminados após o término de seu tratamento, no âmbito e nos limites técnicos das atividades, autorizada a conservação para as seguintes finalidades:

I – cumprimento de obrigação legal ou regulatória pelo controlador;

II – estudo por órgão de pesquisa, garantida, sempre que possível, a anonimização dos dados pessoais;

III – transferência a terceiro, desde que respeitados os requisitos de tratamento de dados dispostos nesta Lei; ou

IV – uso exclusivo do controlador, vedado seu acesso por terceiro, e desde que anonimizados os dados.

CAPÍTULO III
DOS DIREITOS DO TITULAR

Art. 17. Toda pessoa natural tem assegurada a titularidade de seus dados pessoais e garantidos os direitos fundamentais de liberdade, de intimidade e de privacidade, nos termos desta Lei.

Art. 18. O titular dos dados pessoais tem direito a obter do controlador, em relação aos dados do titular por ele tratados, a qualquer momento e mediante requisição:

I – confirmação da existência de tratamento;

II – acesso aos dados;

III – correção de dados incompletos, inexatos ou desatualizados;

IV – anonimização, bloqueio ou eliminação de dados desnecessários, excessivos ou tratados em desconformidade com o disposto nesta Lei;

V – portabilidade dos dados a outro fornecedor de serviço ou produto, mediante requisição expressa, de acordo com a regulamentação da autoridade nacional, observados os segredos comercial e industrial; (Redação dada pela Lei 13.853/2019)

VI – eliminação dos dados pessoais tratados com o consentimento do titular, exceto nas hipóteses previstas no art. 16 desta Lei;

VII – informação das entidades públicas e privadas com as quais o controlador realizou uso compartilhado de dados;

VIII – informação sobre a possibilidade de não fornecer consentimento e sobre as consequências da negativa;

IX – revogação do consentimento, nos termos do § 5º do art. 8º desta Lei.

§ 1º O titular dos dados pessoais tem o direito de peticionar em relação aos seus dados contra o controlador perante a autoridade nacional.

§ 2º O titular pode opor-se a tratamento realizado com fundamento em uma das hipóteses de dispensa de consentimento, em caso de descumprimento ao disposto nesta Lei.

§ 3º Os direitos previstos neste artigo serão exercidos mediante requerimento expresso do titular ou de representante legalmente constituído, a agente de tratamento.

§ 4º Em caso de impossibilidade de adoção imediata da providência de que trata o § 3º deste artigo, o controlador enviará ao titular resposta em que poderá:

I – comunicar que não é agente de tratamento dos dados e indicar, sempre que possível, o agente; ou

II – indicar as razões de fato ou de direito que impedem a adoção imediata da providência.

§ 5º O requerimento referido no § 3º deste artigo será atendido sem custos para o titular, nos prazos e nos termos previstos em regulamento.

§ 6º O responsável deverá informar, de maneira imediata, aos agentes de tratamento com os quais tenha realizado uso compartilhado de dados a correção, a eliminação, a anonimização ou o bloqueio dos dados, para que repitam idêntico procedimento, exceto nos casos em que esta comunicação seja comprovadamente impossível ou implique esforço desproporcional. (Redação dada pela Lei 13.853/2019)

§ 7º A portabilidade dos dados pessoais a que se refere o inciso V do *caput* deste artigo não inclui dados que já tenham sido anonimizados pelo controlador.

§ 8º O direito a que se refere o § 1º deste artigo também poderá ser exercido perante os organismos de defesa do consumidor.

Art. 19. A confirmação de existência ou o acesso a dados pessoais serão providenciados, mediante requisição do titular:

I – em formato simplificado, imediatamente; ou

II – por meio de declaração clara e completa, que indique a origem dos dados, a inexistência de registro, os critérios utilizados e a finalidade do tratamento, observados os segredos comercial e industrial, fornecida no prazo de até 15 (quinze) dias, contado da data do requerimento do titular.

§ 1º Os dados pessoais serão armazenados em formato que favoreça o exercício do direito de acesso.

§ 2º As informações e os dados poderão ser fornecidos, a critério do titular:

I – por meio eletrônico, seguro e idôneo para esse fim; ou

II – sob forma impressa.

§ 3º Quando o tratamento tiver origem no consentimento do titular ou em contrato, o titular poderá solicitar cópia eletrônica integral de seus dados pessoais, observados os segredos comercial e industrial, nos termos de regulamentação da autoridade nacional, em formato que permita a sua utilização subsequente, inclusive em outras operações de tratamento.

§ 4º A autoridade nacional poderá dispor de forma diferenciada acerca dos prazos previstos nos incisos I e II do *caput* deste artigo para os setores específicos.

Art. 20. O titular dos dados tem direito a solicitar a revisão de decisões tomadas unicamente com base em tratamento automatizado de dados pessoais que afetem seus interesses, incluídas as decisões destinadas a definir o seu perfil pessoal, profissional, de consumo e de crédito ou os aspectos de sua personalidade. (Redação dada pela Lei 13.853/2019)

§ 1º O controlador deverá fornecer, sempre que solicitadas, informações claras e adequadas a respeito dos critérios e dos procedimentos utilizados para a decisão automatizada, observados os segredos comercial e industrial.

§ 2º Em caso de não oferecimento de informações de que trata o § 1º deste artigo baseado na observância de segredo comercial e industrial, a autoridade nacional poderá realizar auditoria para verificação de aspectos discriminatórios em tratamento automatizado de dados pessoais.

§ 3º (Vetado na Lei 13.853/2019)

Art. 21. Os dados pessoais referentes ao exercício regular de direitos pelo titular não podem ser utilizados em seu prejuízo.

Art. 22. A defesa dos interesses e dos direitos dos titulares de dados poderá ser exercida em juízo, individual ou coletivamente, na forma do disposto na legislação pertinente, acerca dos instrumentos de tutela individual e coletiva.

CAPÍTULO IV
DO TRATAMENTO DE DADOS PESSOAIS PELO PODER PÚBLICO

SEÇÃO I
DAS REGRAS

Art. 23. O tratamento de dados pessoais pelas pessoas jurídicas de direito público referidas no parágrafo único do art. 1º da Lei nº 12.527, de 18 de novembro de 2011 (Lei de Acesso à Informação), deverá ser realizado para o atendimento de sua finalidade pública, na persecução do interesse público, com o objetivo de executar as competências legais ou cumprir as atribuições legais do serviço público, desde que:

I – sejam informadas as hipóteses em que, no exercício de suas competências, realizam o tratamento de dados pessoais, fornecendo informações claras e atualizadas sobre a previsão legal, a finalidade, os procedimentos e as práticas utilizadas para a execução dessas atividades, em veículos de fácil acesso, preferencialmente em seus sítios eletrônicos;

II – (VETADO); e

III – seja indicado um encarregado quando realizarem operações de tratamento de dados pessoais, nos termos do art. 39 desta Lei; e (Redação dada pela Lei 13.853/2019)

IV – (Vetado na Lei 13.853/2019)

§ 1º A autoridade nacional poderá dispor sobre as formas de publicidade das operações de tratamento.

§ 2º O disposto nesta Lei não dispensa as pessoas jurídicas mencionadas no *caput* deste artigo de instituir as autoridades de que trata a Lei nº 12.527, de 18 de novembro de 2011 (Lei de Acesso à Informação).

§ 3º Os prazos e procedimentos para exercício dos direitos do titular perante o Poder Público observarão o disposto em legislação específica, em especial as disposições constantes da Lei nº 9.507, de 12 de novembro de 1997 (Lei do Habeas Data), da Lei nº 9.784, de 29 de janeiro de 1999 (Lei Geral do Processo Administrativo), e da Lei nº 12.527, de 18 de novembro de 2011 (Lei de Acesso à Informação).

§ 4º Os serviços notariais e de registro exercidos em caráter privado, por delegação do Poder Público, terão o mesmo tratamento dispensado às pessoas jurídicas referidas no *caput* deste artigo, nos termos desta Lei.

§ 5º Os órgãos notariais e de registro devem fornecer acesso aos dados por meio eletrônico para a administração pública, tendo em vista as finalidades de que trata o *caput* deste artigo.

Art. 24. As empresas públicas e as sociedades de economia mista que atuam em regime de concorrência, sujeitas ao disposto no art. 173 da Constituição Federal, terão o mesmo tratamento dispensado às pessoas jurídicas de direito privado particulares, nos termos desta Lei.

Parágrafo único. As empresas públicas e as sociedades de economia mista, quando estiverem operacionalizando políticas públicas e no âmbito da execução delas, terão o mesmo tratamento dispensado aos órgãos e às entidades do Poder Público, nos termos deste Capítulo.

Art. 25. Os dados deverão ser mantidos em formato interoperável e estruturado para o uso compartilhado, com vistas à execução de políticas públicas, à prestação de serviços públicos, à descentralização da atividade pública e à disseminação e ao acesso das informações pelo público em geral.

Art. 26. O uso compartilhado de dados pessoais pelo Poder Público deve atender a finalidades específicas de execução de políticas públicas e atribuição legal pelos órgãos e pelas entidades públicas, respeitados os princípios de proteção de dados pessoais elencados no art. 6º desta Lei.

§ 1º É vedado ao Poder Público transferir a entidades privadas dados pessoais constantes de bases de dados a que tenha acesso, exceto:

I – em casos de execução descentralizada de atividade pública que exija a transferência, exclusivamente para esse fim específico e determinado, observado o disposto na Lei nº 12.527, de 18 de novembro de 2011 (Lei de Acesso à Informação);

II – (VETADO);

III – nos casos em que os dados forem acessíveis publicamente, observadas as disposições desta Lei.

IV - quando houver previsão legal ou a transferência for respaldada em contratos, convênios ou instrumentos congêneres; ou (Acrescido pela Lei 13.853/2019)

V - na hipótese de a transferência dos dados objetivar exclusivamente a prevenção de fraudes e irregularidades, ou proteger e resguardar a segurança e a integridade do titular dos dados, desde que vedado o tratamento para outras finalidades. (Acrescido pela Lei 13.853/2019)

§ 2º Os contratos e convênios de que trata o § 1º deste artigo deverão ser comunicados à autoridade nacional.

Art. 27. A comunicação ou o uso compartilhado de dados pessoais de pessoa jurídica de direito público a pessoa de direito privado será informado à autoridade nacional e dependerá de consentimento do titular, exceto:

I – nas hipóteses de dispensa de consentimento previstas nesta Lei;

II – nos casos de uso compartilhado de dados, em que será dada publicidade nos termos do inciso I do *caput* do art. 23 desta Lei; ou

III – nas exceções constantes do § 1º do art. 26 desta Lei.

Parágrafo único. A informação à autoridade nacional de que trata o *caput* deste artigo será objeto de regulamentação. (Acrescido pela Lei 13.853/2019)

Art. 28. (VETADO).

Art. 29. A autoridade nacional poderá solicitar, a qualquer momento, aos órgãos e às entidades do poder público a realização de operações de tratamento de dados pessoais, informações específicas sobre o âmbito e a natureza dos dados e outros detalhes do tratamento realizado e poderá emitir parecer técnico complementar para garantir o cumprimento desta Lei. (Redação dada pela Lei 13.853/2019)

Art. 30. A autoridade nacional poderá estabelecer normas complementares para as atividades de comunicação e de uso compartilhado de dados pessoais.

SEÇÃO II
DA RESPONSABILIDADE

Art. 31. Quando houver infração a esta Lei em decorrência do tratamento de dados pessoais por órgãos públicos, a autoridade nacional poderá enviar informe com medidas cabíveis para fazer cessar a violação.

Art. 32. A autoridade nacional poderá solicitar a agentes do Poder Público a publicação de relatórios de impacto à proteção de dados pessoais e sugerir a adoção de padrões e de boas práticas para os tratamentos de dados pessoais pelo Poder Público.

CAPÍTULO V
DA TRANSFERÊNCIA INTERNACIONAL DE DADOS

Art. 33. A transferência internacional de dados pessoais somente é permitida nos seguintes casos:

I – para países ou organismos internacionais que proporcionem grau de proteção de dados pessoais adequado ao previsto nesta Lei;

II – quando o controlador oferecer e comprovar garantias de cumprimento dos princípios, dos direitos do titular e do regime de proteção de dados previstos nesta Lei, na forma de:

a) cláusulas contratuais específicas para determinada transferência;

b) cláusulas-padrão contratuais;

c) normas corporativas globais;

d) selos, certificados e códigos de conduta regularmente emitidos;

III – quando a transferência for necessária para a cooperação jurídica internacional entre órgãos públicos de inteligência, de investigação e de persecução, de acordo com os instrumentos de direito internacional;

IV – quando a transferência for necessária para a proteção da vida ou da incolumidade física do titular ou de terceiro;

V – quando a autoridade nacional autorizar a transferência;

VI – quando a transferência resultar em compromisso assumido em acordo de cooperação internacional;

VII – quando a transferência for necessária para a execução de política pública ou atribuição legal do serviço público, sendo dada publicidade nos termos do inciso I do *caput* do art. 23 desta Lei;

VIII – quando o titular tiver fornecido o seu consentimento específico e em destaque para a transferência, com informação prévia sobre o caráter internacional da operação, distinguindo claramente esta de outras finalidades; ou

IX – quando necessário para atender as hipóteses previstas nos incisos II, V e VI do art. 7º desta Lei.

Parágrafo único. Para os fins do inciso I deste artigo, as pessoas jurídicas de direito público referidas no parágrafo único do art. 1º da Lei nº 12.527, de 18 de novembro de 2011 (Lei de Acesso à Informação), no âmbito de suas competências legais, e responsáveis, no âmbito de suas atividades, poderão requerer à autoridade nacional a avaliação do nível de proteção a dados pessoais conferido por país ou organismo internacional.

Art. 34. O nível de proteção de dados do país estrangeiro ou do organismo internacional mencionado no inciso I do *caput* do art. 33 desta Lei será avaliado pela autoridade nacional, que levará em consideração:

I – as normas gerais e setoriais da legislação em vigor no país de destino ou no organismo internacional;

II – a natureza dos dados;

III – a observância dos princípios gerais de proteção de dados pessoais e direitos dos titulares previstos nesta Lei;

IV – a adoção de medidas de segurança previstas em regulamento;

V – a existência de garantias judiciais e institucionais para o respeito aos direitos de proteção de dados pessoais; e

VI – outras circunstâncias específicas relativas à transferência.

Art. 35. A definição do conteúdo de cláusulas-padrão contratuais, bem como a verificação de cláusulas contratuais específicas para uma determinada transferência, normas corporativas globais ou selos, certificados e códigos de conduta, a que se refere o inciso II do *caput* do art. 33 desta Lei, será realizada pela autoridade nacional.

§ 1º Para a verificação do disposto no *caput* deste artigo, deverão ser considerados os requisitos, as condições e as garantias mínimas para a transferência que observem os direitos, as garantias e os princípios desta Lei.

§ 2º Na análise de cláusulas contratuais, de documentos ou de normas corporativas globais submetidas à aprovação da autoridade nacional, poderão ser requeridas informações suplementares ou realizadas diligências de verificação quanto às operações de tratamento, quando necessário.

§ 3º A autoridade nacional poderá designar organismos de certificação para a realização do previsto no *caput* deste artigo, que permanecerão sob sua fiscalização nos termos definidos em regulamento.

§ 4º Os atos realizados por organismo de certificação poderão ser revistos pela autoridade nacional e, caso em desconformidade com esta Lei, submetidos a revisão ou anulados.

§ 5º As garantias suficientes de observância dos princípios gerais de proteção e dos direitos do titular referidas no *caput* deste artigo serão também analisadas de acordo com as medidas técnicas e organizacionais adotadas pelo operador, de acordo com o previsto nos §§ 1º e 2º do art. 46 desta Lei.

Art. 36. As alterações nas garantias apresentadas como suficientes de observância dos princípios gerais de proteção e dos direitos do titular referidas no inciso II do art. 33 desta Lei deverão ser comunicadas à autoridade nacional.

CAPÍTULO VI
DOS AGENTES DE TRATAMENTO DE DADOS PESSOAIS

SEÇÃO I
DO CONTROLADOR E DO OPERADOR

Art. 37. O controlador e o operador devem manter registro das operações de tratamento de dados pessoais que realizarem, especialmente quando baseado no legítimo interesse.

Art. 38. A autoridade nacional poderá determinar ao controlador que elabore relatório de impacto à proteção de dados pessoais, inclusive de dados sensíveis, referente a suas operações de tratamento de dados, nos termos de regulamento, observados os segredos comercial e industrial.

Parágrafo único. Observado o disposto no *caput* deste artigo, o relatório deverá conter, no mínimo, a descrição dos tipos de dados coletados, a metodologia utilizada para a coleta e para a garantia da segurança das informações e a análise do controlador com relação a medidas, salvaguardas e mecanismos de mitigação de risco adotados.

Art. 39. O operador deverá realizar o tratamento segundo as instruções fornecidas pelo controlador, que verificará a observância das próprias instruções e das normas sobre a matéria.

Art. 40. A autoridade nacional poderá dispor sobre padrões de interoperabilidade para fins de portabilidade, livre acesso aos dados e segurança, assim como sobre o tempo de guarda dos registros, tendo em vista especialmente a necessidade e a transparência.

SEÇÃO II
DO ENCARREGADO PELO TRATAMENTO DE DADOS PESSOAIS

Art. 41. O controlador deverá indicar encarregado pelo tratamento de dados pessoais.

§ 1º A identidade e as informações de contato do encarregado deverão ser divulgadas publicamente, de forma clara e objetiva, preferencialmente no sítio eletrônico do controlador.

§ 2º As atividades do encarregado consistem em:

I – aceitar reclamações e comunicações dos titulares, prestar esclarecimentos e adotar providências;

II – receber comunicações da autoridade nacional e adotar providências;

III – orientar os funcionários e os contratados da entidade a respeito das práticas a serem tomadas em relação à proteção de dados pessoais; e

IV – executar as demais atribuições determinadas pelo controlador ou estabelecidas em normas complementares.

§ 3º A autoridade nacional poderá estabelecer normas complementares sobre a definição e as atribuições do encarregado, inclusive hipóteses de dispensa da necessidade de sua indicação, conforme a natureza e o porte da entidade ou o volume de operações de tratamento de dados.

§ 4º (Vetado na Lei 13.853/2019)

SEÇÃO III
DA RESPONSABILIDADE E DO RESSARCIMENTO DE DANOS

Art. 42. O controlador ou o operador que, em razão do exercício de atividade de tratamento de dados pessoais, causar a outrem dano patrimonial, moral, individual ou coletivo, em violação à legislação de proteção de dados pessoais, é obrigado a repará-lo.

§ 1º A fim de assegurar a efetiva indenização ao titular dos dados:

I – o operador responde solidariamente pelos danos causados pelo tratamento quando descumprir as obrigações da legislação de proteção de dados ou quando não tiver seguido as instruções lícitas do controlador, hipótese em que o operador equipara-se ao controlador, salvo nos casos de exclusão previstos no art. 43 desta Lei;

II – os controladores que estiverem diretamente envolvidos no tratamento do qual decorreram danos ao titular dos dados respondem solidariamente, salvo nos casos de exclusão previstos no art. 43 desta Lei.

§ 2º O juiz, no processo civil, poderá inverter o ônus da prova a favor do titular dos dados quando, a seu juízo, for verossímil a alegação, houver hipossuficiência para fins de produção de prova ou quando a produção de prova pelo titular resultar-lhe excessivamente onerosa.

§ 3º As ações de reparação por danos coletivos que tenham por objeto a responsabilização nos termos do *caput* deste artigo podem ser exercidas coletivamente em juízo, observado o disposto na legislação pertinente.

§ 4º Aquele que reparar o dano ao titular tem direito de regresso contra os demais responsáveis, na medida de sua participação no evento danoso.

Art. 43. Os agentes de tratamento só não serão responsabilizados quando provarem:

I – que não realizaram o tratamento de dados pessoais que lhes é atribuído;

II – que, embora tenham realizado o tratamento de dados pessoais que lhes é atribuído, não houve violação à legislação de proteção de dados; ou

III – que o dano é decorrente de culpa exclusiva do titular dos dados ou de terceiro.

Art. 44. O tratamento de dados pessoais será irregular quando deixar de observar a legislação ou quando não fornecer a segurança que o titular dele pode esperar, consideradas as circunstâncias relevantes, entre as quais:

I – o modo pelo qual é realizado;

II – o resultado e os riscos que razoavelmente dele se esperam;

III – as técnicas de tratamento de dados pessoais disponíveis à época em que foi realizado.

Parágrafo único. Responde pelos danos decorrentes da violação da segurança dos dados o controlador ou o operador que, ao deixar de adotar as medidas de segurança previstas no art. 46 desta Lei, der causa ao dano.

Art. 45. As hipóteses de violação do direito do titular no âmbito das relações de consumo permanecem sujeitas às regras de responsabilidade previstas na legislação pertinente.

CAPÍTULO VII
DA SEGURANÇA E DAS BOAS PRÁTICAS

SEÇÃO I
DA SEGURANÇA E DO SIGILO DE DADOS

Art. 46. Os agentes de tratamento devem adotar medidas de segurança, técnicas e administrativas aptas a proteger os dados pessoais de acessos não autorizados e de situações acidentais ou ilícitas de destruição, perda, alteração, comunicação ou qualquer forma de tratamento inadequado ou ilícito.

§ 1º A autoridade nacional poderá dispor sobre padrões técnicos mínimos para tornar aplicável o disposto no *caput* deste artigo, considerados a natureza das informações tratadas, as características específicas do tratamento e o estado atual da tecnologia, especialmente no caso de dados pessoais sensíveis, assim como os princípios previstos no *caput* do art. 6º desta Lei.

§ 2º As medidas de que trata o *caput* deste artigo deverão ser observadas desde a fase de concepção do produto ou do serviço até a sua execução.

Art. 47. Os agentes de tratamento ou qualquer outra pessoa que intervenha em uma das fases do tratamento obriga-se a garantir a segurança da informação prevista nesta Lei em relação aos dados pessoais, mesmo após o seu término.

Art. 48. O controlador deverá comunicar à autoridade nacional e ao titular a ocorrência de incidente de segurança que possa acarretar risco ou dano relevante aos titulares.

§ 1º A comunicação será feita em prazo razoável, conforme definido pela autoridade nacional, e deverá mencionar, no mínimo:

I – a descrição da natureza dos dados pessoais afetados;

II – as informações sobre os titulares envolvidos;

III – a indicação das medidas técnicas e de segurança utilizadas para a proteção dos dados, observados os segredos comercial e industrial;

IV – os riscos relacionados ao incidente;

V – os motivos da demora, no caso de a comunicação não ter sido imediata; e

VI – as medidas que foram ou que serão adotadas para reverter ou mitigar os efeitos do prejuízo.

§ 2º A autoridade nacional verificará a gravidade do incidente e poderá, caso necessário para a salvaguarda dos direitos dos titulares, determinar ao controlador a adoção de providências, tais como:

I – ampla divulgação do fato em meios de comunicação; e

II – medidas para reverter ou mitigar os efeitos do incidente.

§ 3º No juízo de gravidade do incidente, será avaliada eventual comprovação de que foram adotadas medidas técnicas adequadas que tornem os dados pessoais afetados ininteligíveis, no âmbito e nos limites técnicos de seus serviços, para terceiros não autorizados a acessá-los.

Art. 49. Os sistemas utilizados para o tratamento de dados pessoais devem ser estruturados de forma a atender aos requisitos de segurança, aos padrões de boas práticas e de governança e aos princípios gerais previstos nesta Lei e às demais normas regulamentares.

SEÇÃO II
DAS BOAS PRÁTICAS E DA GOVERNANÇA

Art. 50. Os controladores e operadores, no âmbito de suas competências, pelo tratamento de dados pessoais, individualmente ou por meio de associações, poderão formular regras de boas práticas e de governança que estabeleçam as condições de organização, o regime de funcionamento, os procedimentos, incluindo reclamações e petições de titulares, as normas de segurança, os padrões técnicos, as obrigações específicas para os diversos envolvidos no tratamento, as ações educativas, os mecanismos internos de supervisão e de mitigação de riscos e outros aspectos relacionados ao tratamento de dados pessoais.

§ 1º Ao estabelecer regras de boas práticas, o controlador e o operador levarão em consideração, em relação ao tratamento e aos dados, a natureza, o escopo, a finalidade e a probabilidade e a gravidade dos riscos e dos benefícios decorrentes de tratamento de dados do titular.

§ 2º Na aplicação dos princípios indicados nos incisos VII e VIII do *caput* do art. 6º desta Lei, o controlador, observados a estrutura, a escala e o volume de suas operações, bem como a sensibilidade dos dados tratados e a probabilidade e a gravidade dos danos para os titulares dos dados, poderá:

I – implementar programa de governança em privacidade que, no mínimo:

a) demonstre o comprometimento do controlador em adotar processos e políticas internas que assegurem o cumprimento, de forma abrangente, de normas e boas práticas relativas à proteção de dados pessoais;

b) seja aplicável a todo o conjunto de dados pessoais que estejam sob seu controle, independentemente do modo como se realizou sua coleta;

c) seja adaptado à estrutura, à escala e ao volume de suas operações, bem como à sensibilidade dos dados tratados;

d) estabeleça políticas e salvaguardas adequadas com base em processo de avaliação sistemática de impactos e riscos à privacidade;

e) tenha o objetivo de estabelecer relação de confiança com o titular, por meio de atuação transparente e que assegure mecanismos de participação do titular;

f) esteja integrado a sua estrutura geral de governança e estabeleça e aplique mecanismos de supervisão internos e externos;

g) conte com planos de resposta a incidentes e remediação; e

h) seja atualizado constantemente com base em informações obtidas a partir de monitoramento contínuo e avaliações periódicas;

II – demonstrar a efetividade de seu programa de governança em privacidade quando apropriado e, em especial, a pedido da autoridade nacional ou de outra entidade responsável por promover o cumprimento de boas práticas ou códigos de conduta, os quais, de forma independente, promovam o cumprimento desta Lei.

§ 3º As regras de boas práticas e de governança deverão ser publicadas e atualizadas periodicamente e poderão ser reconhecidas e divulgadas pela autoridade nacional.

Art. 51. A autoridade nacional estimulará a adoção de padrões técnicos que facilitem o controle pelos titulares dos seus dados pessoais.

CAPÍTULO VIII
DA FISCALIZAÇÃO

SEÇÃO I
DAS SANÇÕES ADMINISTRATIVAS

Art. 52. Os agentes de tratamento de dados, em razão das infrações cometidas às normas previstas nesta Lei, ficam sujeitos às seguintes sanções administrativas aplicáveis pela autoridade nacional:

I – advertência, com indicação de prazo para adoção de medidas corretivas;

II – multa simples, de até 2% (dois por cento) do faturamento da pessoa jurídica de direito privado, grupo ou conglomerado no Brasil no seu último exercício, excluídos os tributos, limitada, no total, a R$ 50.000.000,00 (cinquenta milhões de reais) por infração;

III – multa diária, observado o limite total a que se refere o inciso II;

IV – publicização da infração após devidamente apurada e confirmada a sua ocorrência;

V – bloqueio dos dados pessoais a que se refere a infração até a sua regularização;

VI – eliminação dos dados pessoais a que se refere a infração;

VII – (VETADO);

VIII – (VETADO);

IX – (VETADO).

X – suspensão parcial do funcionamento do banco de dados a que se refere a infração pelo período máximo de 6 (seis) meses, prorrogável por igual período, até a regularização da atividade de tratamento pelo controlador; (Acrescido pela Lei 13.853/2019, vetado pelo Presidente da República, mantido pelo Congresso Nacional e publicado no DOU de 20.12.2019)

XI – suspensão do exercício da atividade de tratamento dos dados pessoais a que se refere a infração pelo período máximo de 6 (seis) meses, prorrogável por igual período; (Acrescido pela Lei 13.853/2019, vetado pelo Presidente da República, mantido pelo Congresso Nacional e publicado no DOU de 20.12.2019)

XII – proibição parcial ou total do exercício de atividades relacionadas a tratamento de dados. (Acrescido pela Lei 13.853/2019, vetado pelo Presidente da República, mantido pelo Congresso Nacional e publicado no DOU de 20.12.2019)

§ 1º As sanções serão aplicadas após procedimento administrativo que possibilite a oportunidade da ampla defesa, de forma gradativa, isolada ou cumulativa, de acordo com as peculiaridades do caso concreto e considerados os seguintes parâmetros e critérios:

I – a gravidade e a natureza das infrações e dos direitos pessoais afetados;

II – a boa-fé do infrator;

III – a vantagem auferida ou pretendida pelo infrator;

IV – a condição econômica do infrator;

V – a reincidência;

VI – o grau do dano;

VII – a cooperação do infrator;

VIII – a adoção reiterada e demonstrada de mecanismos e procedimentos internos capazes de minimizar o dano, voltados ao tratamento seguro e adequado de dados, em consonância com o disposto no inciso II do § 2º do art. 48 desta Lei;

IX – a adoção de política de boas práticas e governança;

X – a pronta adoção de medidas corretivas; e

XI – a proporcionalidade entre a gravidade da falta e a intensidade da sanção.

§ 2º O disposto neste artigo não substitui a aplicação de sanções administrativas, civis ou penais definidas na Lei nº 8.078, de 11 de setembro de 1990, e em legislação específica. (Redação dada pela Lei 13.853/2019)

§ 3º O disposto nos incisos I, IV, V, VI, X, XI e XII do *caput* deste artigo poderá ser aplicado às entidades e aos órgãos públicos, sem prejuízo do disposto na Lei nº 8.112, de 11 de dezembro de 1990, na Lei nº 8.429, de 2 de junho de 1992, e na Lei nº 12.527, de 18 de novembro de 2011. (Redação dada pela Lei 13.853/2019, vetado pelo Presidente da República, mantido pelo Congresso Nacional e publicado no DOU de 20.12.2019)

§ 4º No cálculo do valor da multa de que trata o inciso II do *caput* deste artigo, a autoridade nacional poderá considerar o faturamento total da empresa ou grupo de empresas, quando não dispuser do valor do faturamento no ramo de atividade empresarial em que ocorreu a infração, definido pela autoridade nacional, ou quando o valor for apresentado de forma incompleta ou não for demonstrado de forma inequívoca e idônea.

§ 5º O produto da arrecadação das multas aplicadas pela ANPD, inscritas ou não em dívida ativa, será destinado ao Fundo de Defesa de Direitos Difusos de que tratam o art. 13 da Lei nº 7.347, de 24 de julho de 1985, e a Lei nº 9.008, de 21 de março de 1995. *(Acrescido pela Lei 13.853/2019)*

§ 6º As sanções previstas nos incisos X, XI e XII do *caput* deste artigo serão aplicadas: *(Acrescido pela Lei 13.853/2019, vetado pelo Presidente da República, mantido pelo Congresso Nacional e publicado no DOU de 20.12.2019)*

I – somente após já ter sido imposta ao menos 1 (uma) das sanções de que tratam os incisos II, III, IV, V e VI do *caput* deste artigo para o mesmo caso concreto; e

II – em caso de controladores submetidos a outros órgãos e entidades com competências sancionatórias, ouvidos esses órgãos.

§ 7º Os vazamentos individuais ou os acessos não autorizados de que trata o *caput* do art. 46 desta Lei poderão ser objeto de conciliação direta entre controlador e titular e, caso não haja acordo, o controlador estará sujeito à aplicação das penalidades de que trata este artigo. *(Acrescido pela Lei 13.853/2019)*

Art. 53. A autoridade nacional definirá, por meio de regulamento próprio sobre sanções administrativas a infrações a esta Lei, que deverá ser objeto de consulta pública, as metodologias que orientarão o cálculo do valor-base das sanções de multa.

§ 1º As metodologias a que se refere o *caput* deste artigo devem ser previamente publicadas, para ciência dos agentes de tratamento, e devem apresentar objetivamente as formas e dosimetrias para o cálculo do valor-base das sanções de multa, que deverão conter fundamentação detalhada de todos os seus elementos, demonstrando a observância dos critérios previstos nesta Lei.

§ 2º O regulamento de sanções e metodologias correspondentes deve estabelecer as circunstâncias e as condições para a adoção de multa simples ou diária.

Art. 54. O valor da sanção de multa diária aplicável às infrações a esta Lei deve observar a gravidade da falta e a extensão do dano ou prejuízo causado e ser fundamentado pela autoridade nacional.

Parágrafo único. A intimação da sanção de multa diária deverá conter, no mínimo, a descrição da obrigação imposta, o prazo razoável e estipulado pelo órgão para o seu cumprimento e o valor da multa diária a ser aplicada pelo seu descumprimento.

CAPÍTULO IX
DA AUTORIDADE NACIONAL DE PROTEÇÃO DE DADOS (ANPD) E DO CONSELHO NACIONAL DE PROTEÇÃO DE DADOS PESSOAIS E DA PRIVACIDADE

SEÇÃO I
DA AUTORIDADE NACIONAL DE PROTEÇÃO DE DADOS (ANPD)

Art. 55. (VETADO).

Art. 55-A. Fica criada, sem aumento de despesa, a Autoridade Nacional de Proteção de Dados (ANPD), órgão da administração pública federal, integrante da Presidência da República. *(Acrescido pela Lei nº 13.853/2019)*

§ 1º A natureza jurídica da ANPD é transitória e poderá ser transformada pelo Poder Executivo em entidade da administração pública federal indireta, submetida a regime autárquico especial e vinculada à Presidência da República.

§ 2º A avaliação quanto à transformação de que dispõe o § 1º deste artigo deverá ocorrer em até 2 (dois) anos da data da entrada em vigor da estrutura regimental da ANPD.

§ 3º O provimento dos cargos e das funções necessários à criação e à atuação da ANPD está condicionado à expressa autorização física e financeira na lei orçamentária anual e à permissão na lei de diretrizes orçamentárias.

Art. 55-B. É assegurada autonomia técnica à ANPD. *(Acrescido pela Lei 13.853/2019)*

Art. 55-C. ANPD é composta de: *(Incluído pela* Lei 13.853/2019)

I – Conselho Diretor, órgão máximo de direção;

II – Conselho Nacional de Proteção de Dados Pessoais e da Privacidade;

III – Corregedoria;

IV – Ouvidoria;

V – órgão de assessoramento jurídico próprio; e

VI – unidades administrativas e unidades especializadas necessárias à aplicação do disposto nesta Lei. (Acrescido pela Lei 13.853/2019)

Art. 55-D. O Conselho Diretor da ANPD será composto de 5 (cinco) diretores, incluído o Diretor-Presidente. *(Acrescido pela Lei 13.853/2019)*

§ 1º Os membros do Conselho Diretor da ANPD serão escolhidos pelo Presidente da República e por ele nomeados, após aprovação pelo Senado Federal, nos termos da alínea 'f' do inciso III do art. 52 da Constituição Federal, e ocuparão cargo em comissão do Grupo-Direção e Assessoramento Superiores - DAS, no mínimo, de nível 5.

§ 2º Os membros do Conselho Diretor serão escolhidos dentre brasileiros que tenham reputação ilibada, nível superior de educação e elevado conceito no campo de especialidade dos cargos para os quais serão nomeados.

§ 3º O mandato dos membros do Conselho Diretor será de 4 (quatro) anos.

§ 4º Os mandatos dos primeiros membros do Conselho Diretor nomeados serão de 2 (dois), de 3 (três), de 4 (quatro), de 5 (cinco) e de 6 (seis) anos, conforme estabelecido no ato de nomeação.

§ 5º Na hipótese de vacância do cargo no curso do mandato de membro do Conselho Diretor, o prazo remanescente será completado pelo sucessor.

Art. 55-E. Os membros do Conselho Diretor somente perderão seus cargos em virtude de renúncia, condenação judicial transitada em julgado ou pena de demissão decorrente de processo administrativo disciplinar. *(Acrescido pela Lei 13.853/2019)*

§ 1º Nos termos do *caput* deste artigo, cabe ao Ministro de Estado Chefe da Casa Civil da Presidência da República instaurar o processo administrativo disciplinar, que será conduzido por comissão especial constituída por servidores públicos federais estáveis.

§ 2º Compete ao Presidente da República determinar o afastamento preventivo, somente quando assim recomendado pela comissão especial de que trata o § 1º deste artigo, e proferir o julgamento.

Art. 55-F. Aplica-se aos membros do Conselho Diretor, após o exercício do cargo, o disposto no art. 6º da Lei nº 12.813, de 16 de maio de 2013. *(Acrescido pela Lei 13.853/2019)*

Parágrafo único. A infração ao disposto no *caput* caracteriza ato de improbidade administrativa.

Art. 55-G. Ato do Presidente da República disporá sobre a estrutura regimental da A N P D. *(Acrescido pela Lei 13.853/2019)*

§ 1º Até a data de entrada em vigor de sua estrutura regimental, a ANPD receberá o apoio técnico e administrativo da Casa Civil da Presidência da República para o exercício de suas atividades.

§ 2º O Conselho Diretor disporá sobre o regimento interno da ANPD.

Art. 55-H. Os cargos em comissão e as funções de confiança da ANPD serão remanejados de outros órgãos e entidades do Poder Executivo federal. *(Acrescido pela Lei 13.853/2019)*

Art. 55-I. Os ocupantes dos cargos em comissão e das funções de confiança da ANPD serão indicados pelo Conselho Diretor e nomeados ou designados pelo Diretor-Presidente. *(Acrescido pela Lei 13.853/2019)*

Art. 55-J. Compete à ANPD: *(Acrescido pela Lei 13.853/2019)*

I - zelar pela proteção dos dados pessoais, nos termos da legislação;

II - zelar pela observância dos segredos comercial e industrial, observada a proteção de dados pessoais e do sigilo das informações quando protegido por lei ou quando a quebra do sigilo violar os fundamentos do art. 2º desta Lei;

III - elaborar diretrizes para a Política Nacional de Proteção de Dados Pessoais e da Privacidade;

IV - fiscalizar e aplicar sanções em caso de tratamento de dados realizado em descumprimento à legislação, mediante processo administrativo que assegure o contraditório, a ampla defesa e o direito de recurso;

V - apreciar petições de titular contra controlador após comprovada pelo titular a apresentação de reclamação ao controlador não solucionada no prazo estabelecido em regulamentação;

VI - promover na população o conhecimento das normas e das políticas públicas sobre proteção de dados pessoais e das medidas de segurança;

VII - promover e elaborar estudos sobre as práticas nacionais e internacionais de proteção de dados pessoais e privacidade;

VIII - estimular a adoção de padrões para serviços e produtos que facilitem o exercício de controle dos titulares sobre seus dados pessoais, os quais deverão levar em consideração as especificidades das atividades e o porte dos responsáveis;

IX - promover ações de cooperação com autoridades de proteção de dados pessoais de outros países, de natureza internacional ou transnacional;

X - dispor sobre as formas de publicidade das operações de tratamento de dados pessoais, respeitados os segredos comercial e industrial;

XI - solicitar, a qualquer momento, às entidades do poder público que realizem operações de tratamento de dados pessoais informe específico sobre o âmbito, a natureza dos dados e os demais detalhes do tratamento realizado, com a possibilidade de emitir parecer técnico complementar para garantir o cumprimento desta Lei;

XII - elaborar relatórios de gestão anuais acerca de suas atividades;

XIII - editar regulamentos e procedimentos sobre proteção de dados pessoais e privacidade, bem como sobre relatórios de impacto à proteção de dados pessoais para os casos em que o tratamento representar alto risco à garantia dos princípios gerais de proteção de dados pessoais previstos nesta Lei;

XIV - ouvir os agentes de tratamento e a sociedade em matérias de interesse relevante e prestar contas sobre suas atividades e planejamento;

XV - arrecadar e aplicar suas receitas e publicar, no relatório de gestão a que se refere o inciso XII do *caput* deste artigo, o detalhamento de suas receitas e despesas;

XVI - realizar auditorias, ou determinar sua realização, no âmbito da atividade de fiscalização de que trata o inciso IV e com a devida observância do disposto no inciso II do *caput* deste artigo, sobre o tratamento de dados pessoais efetuado pelos agentes de tratamento, incluído o poder público;

XVII - celebrar, a qualquer momento, compromisso com agentes de tratamento para eliminar irregularidade, incerteza jurídica ou situação contenciosa no âmbito de processos administrativos, de acordo com o previsto no Decreto-Lei nº 4.657, de 4 de setembro de 1942;

XVIII - editar normas, orientações e procedimentos simplificados e diferenciados, inclusive quanto aos prazos, para que microempresas e empresas de pequeno porte, bem como iniciativas empresariais de caráter incremental ou disruptivo que se autodeclarem startups ou empresas de inovação, possam adequar-se a esta Lei;

XIX - garantir que o tratamento de dados de idosos seja efetuado de maneira simples, clara, acessível e adequada ao seu entendimento, nos termos desta Lei e da Lei nº 10.741, de 1º de outubro de 2003 (Estatuto do Idoso);

XX - deliberar, na esfera administrativa, em caráter terminativo, sobre a interpretação desta Lei, as suas competências e os casos omissos;

XXI - comunicar às autoridades competentes as infrações penais das quais tiver conhecimento; XXII - comunicar aos órgãos de controle interno o descumprimento do disposto nesta Lei por órgãos e entidades da administração pública federal;

XXIII - articular-se com as autoridades reguladoras públicas para exercer suas competências em setores específicos de atividades econômicas e governamentais sujeitas à regulação; e

XXIV - implementar mecanismos simplificados, inclusive por meio eletrônico, para o registro de reclamações sobre o tratamento de dados pessoais em desconformidade com esta Lei.

§ 1º Ao impor condicionantes administrativas ao tratamento de dados pessoais por agente de tratamento privado, sejam eles limites, encargos ou sujeições, a ANPD deve observar a exigência de mínima intervenção, assegurados os fundamentos, os princípios e os direitos dos titulares previstos no art. 170 da Constituição Federal e nesta Lei.

§ 2º Os regulamentos e as normas editados pela ANPD devem ser precedidos de consulta e audiência públicas, bem como de análises de impacto regulatório.

§ 3º A ANPD e os órgãos e entidades públicos responsáveis pela regulação de setores específicos da atividade econômica e governamental devem coordenar suas atividades, nas correspondentes esferas de atuação, com vistas a assegurar o cumprimento de suas atribuições com a maior eficiência e promover o adequado funcionamento dos setores regulados, conforme legislação específica, e o tratamento de dados pessoais, na forma desta Lei.

§ 4º A ANPD manterá fórum permanente de comunicação, inclusive por meio de cooperação técnica, com órgãos e entidades da administração pública responsáveis pela regulação de setores específicos da atividade econômica e governamental, a fim de facilitar as competências regulatória, fiscalizatória e punitiva da ANPD.

§ 5º No exercício das competências de que trata o *caput* deste artigo, a autoridade competente deverá zelar pela preservação do segredo empresarial e do sigilo das informações, nos termos da lei.

§ 6º As reclamações colhidas conforme o disposto no inciso V do *caput* deste artigo poderão ser analisadas de forma agregada, e as eventuais providências delas decorrentes poderão ser adotadas de forma padronizada.

Art. 55-K. A aplicação das sanções previstas nesta Lei compete exclusivamente à ANPD, e suas competências prevalecerão, no que se refere à proteção de dados pessoais, sobre as competências correlatas de outras entidades ou órgãos da administração pública. *(Acrescido pela Lei 13.853/2019)*

Parágrafo único. A ANPD articulará sua atuação com outros órgãos e entidades com competências sancionatórias e normativas afetas ao tema de proteção de dados pessoais e será o órgão central de interpretação desta Lei e do estabelecimento de normas e diretrizes para a sua implementação.

Art. 55-L. Constituem receitas da ANPD: *(Acrescido pela Lei 13.853/2019)*

I - as dotações, consignadas no orçamento geral da União, os créditos especiais, os créditos adicionais, as transferências e os repasses que lhe forem conferidos;

II - as doações, os legados, as subvenções e outros recursos que lhe forem destinados;

III - os valores apurados na venda ou aluguel de bens móveis e imóveis de sua propriedade;

IV - os valores apurados em aplicações no mercado financeiro das receitas previstas neste artigo;

V - (VETADO);

VI - os recursos provenientes de acordos, convênios ou contratos celebrados com entidades, organismos ou empresas, públicos ou privados, nacionais ou internacionais;

VII - o produto da venda de publicações, material técnico, dados e informações, inclusive para fins de licitação pública.

Arts. 56 e 57. (VETADOS).

SEÇÃO II
DO CONSELHO NACIONAL DE PROTEÇÃO DE DADOS PESSOAIS E DA PRIVACIDADE

Art. 58. (VETADO)

Art. 58-A. O Conselho Nacional de Proteção de Dados Pessoais e da Privacidade será composto de 23 (vinte e três) representantes, titulares e suplentes, dos seguintes órgãos: *(Acrescido pela Lei 13.853/2019)*

I - 5 (cinco) do Poder Executivo federal;

II - 1 (um) do Senado Federal;

III - 1 (um) da Câmara dos Deputados;

IV - 1 (um) do Conselho Nacional de Justiça;

V - 1 (um) do Conselho Nacional do Ministério Público;

VI - 1 (um) do Comitê Gestor da Internet no Brasil;

VII - 3 (três) de entidades da sociedade civil com atuação relacionada a proteção de dados pessoais;

VIII - 3 (três) de instituições científicas, tecnológicas e de inovação;

IX - 3 (três) de confederações sindicais representativas das categorias econômicas do setor produtivo;

X - 2 (dois) de entidades representativas do setor empresarial relacionado à área de tratamento de dados pessoais; e

XI - 2 (dois) de entidades representativas do setor laboral.

§ 1º Os representantes serão designados por ato do Presidente da República, permitida a delegação.

§ 2º Os representantes de que tratam os incisos I, II, III, IV, V e VI do *caput* deste artigo e seus suplentes serão indicados pelos titulares dos respectivos órgãos e entidades da administração pública.

§ 3º Os representantes de que tratam os incisos VII, VIII, IX, X e XI do *caput* deste artigo e seus suplentes:

I - serão indicados na forma de regulamento;

II - não poderão ser membros do Comitê Gestor da Internet no Brasil;

III - terão mandato de 2 (dois) anos, permitida 1 (uma) recondução.

§ 4º A participação no Conselho Nacional de Proteção de Dados Pessoais e da Privacidade será considerada prestação de serviço público relevante, não remunerada.

Art. 58-B. Compete ao Conselho Nacional de Proteção de Dados Pessoais e da Privacidade: *(Acrescido pela Lei 13.853/2019)*

I - propor diretrizes estratégicas e fornecer subsídios para a elaboração da Política Nacional de Proteção de Dados Pessoais e da Privacidade e para a atuação da ANPD;

II - elaborar relatórios anuais de avaliação da execução das ações da Política Nacional de Proteção de Dados Pessoais e da Privacidade;

III - sugerir ações a serem realizadas pela ANPD;

IV - elaborar estudos e realizar debates e audiências públicas sobre a proteção de dados pessoais e da privacidade; e

V - disseminar o conhecimento sobre a proteção de dados pessoais e da privacidade à população.

Art. 59. (VETADO)

CAPÍTULO X
DISPOSIÇÕES FINAIS E TRANSITÓRIAS

Art. 60. A Lei nº 12.965, de 23 de abril de 2014 (Marco Civil da Internet), passa a vigorar com as seguintes alterações:

▸ Alteração incorporada ao texto da referida lei

Art. 61. A empresa estrangeira será notificada e intimada de todos os atos processuais previstos nesta Lei, independentemente de procuração ou de disposição contratual ou estatutária, na pessoa do agente ou representante ou pessoa responsável por sua filial, agência, sucursal, estabelecimento ou escritório instalado no Brasil.

Art. 62. A autoridade nacional e o Instituto Nacional de Estudos e Pesquisas Educacionais Anísio Teixeira (Inep), no âmbito de suas competências, editarão regulamentos específicos para o acesso a dados tratados pela União para o cumprimento do disposto no § 2º do art. 9º da Lei nº 9.394, de 20 de dezembro de 1996 (Lei de Diretrizes e Bases da Educação Nacional), e aos referentes ao Sistema Nacional de Avaliação da Educação Superior (Sinaes), de que trata a Lei nº 10.861, de 14 de abril de 2004.

Art. 63. A autoridade nacional estabelecerá normas sobre a adequação progressiva de bancos de dados constituídos até a data de entrada em vigor desta Lei, consideradas a complexidade das operações de tratamento e a natureza dos dados.

Art. 64. Os direitos e princípios expressos nesta Lei não excluem outros previstos no ordenamento jurídico pátrio relacionados à matéria ou nos tratados internacionais em que a República Federativa do Brasil seja parte.

Art. 65. Esta Lei entra em vigor: *(Redação dada pela Lei 13.853/2019)*

I - dia 28 de dezembro de 2018, quanto aos arts. 55-A, 55-B, 55-C, 55-D, 55-E, 55-F, 55-G, 55-H, 55-I, 55-J, 55-K, 55-L, 58-A e 58-B; e *(Acrescido pela Lei 13.853/2019)*

I-A – dia 1º de agosto de 2021, quanto aos arts. 52, 53 e 54; *(Acrescido pela Lei 14.010/2020)*

II - 24 (vinte e quatro) meses após a data de sua publicação, quanto aos demais artigos. *(Acrescido pela Lei 13.853/2019)*

Brasília, 14 de agosto de 2018; 197º da Independência e 130º da República.

MICHEL TEMER

DECRETO Nº 9.830, DE 10 DE JUNHO DE 2019

Regulamenta o disposto nos art. 20 ao art. 30 do Decreto-Lei nº 4.657, de 4 de setembro de 1942, que institui a Lei de Introdução às normas do Direito brasileiro.

‣ *LINDB – Regulamento arts. 20 a 30*

O PRESIDENTE DA REPÚBLICA, no uso das atribuições que lhe confere o art. 84, *caput*, incisos IV e VI, alínea "a", da Constituição, e tendo em vista o disposto nos art. 20 ao art. 30 do Decreto-Lei nº 4.657, de 4 de setembro de 1942,

DECRETA:

CAPÍTULO I DISPOSIÇÕES PRELIMINARES

Objeto:

Art. 1º Este Decreto regulamenta o disposto nos art. 20 ao art. 30 do Decreto-Lei nº 4.657, de 4 de setembro de 1942, que institui a Lei de Introdução às normas do Direito brasileiro.

CAPÍTULO II DA DECISÃO

Motivação e decisão

Art. 2º A decisão será motivada com a contextualização dos fatos, quando cabível, e com a indicação dos fundamentos de mérito e jurídicos.

§ 1º A motivação da decisão conterá os seus fundamentos e apresentará a congruência entre as normas e os fatos que a embasaram, de forma argumentativa.

§ 2º A motivação indicará as normas, a interpretação jurídica, a jurisprudência ou a doutrina que a embasaram.

§ 3º A motivação poderá ser constituída por declaração de concordância com o conteúdo de notas técnicas, pareceres, informações, decisões ou propostas que precederam a decisão.

Motivação e decisão baseadas em valores jurídicos abstratos

Art. 3º A decisão que se basear exclusivamente em valores jurídicos abstratos observará o disposto no art. 2º e as consequências práticas da decisão.

§ 1º Para fins do disposto neste Decreto, consideram-se valores jurídicos abstratos aqueles previstos em normas jurídicas com alto grau de indeterminação e abstração.

§ 2º Na indicação das consequências práticas da decisão, o decisor apresentará apenas aquelas consequências práticas que, no exercício diligente de sua atuação, consiga vislumbrar diante dos fatos e fundamentos de mérito e jurídicos.

§ 3º A motivação demonstrará a necessidade e a adequação da medida imposta, inclusive consideradas as possíveis alternativas e observados os critérios de adequação, proporcionalidade e de razoabilidade.

Motivação e decisão na invalidação

Art. 4º A decisão que decretar invalidação de atos, contratos, ajustes, processos ou normas administrativos observará o disposto no art. 2º e indicará, de modo expresso, as suas consequências jurídicas e administrativas.

§ 1º A consideração das consequências jurídicas e administrativas é limitada aos fatos e fundamentos de mérito e jurídicos que se espera do decisor no exercício diligente de sua atuação.

§ 2º A motivação demonstrará a necessidade e a adequação da medida imposta, consideradas as possíveis alternativas e observados os critérios de proporcionalidade e de razoabilidade.

§ 3º Quando cabível, a decisão a que se refere o *caput* indicará, na modulação de seus efeitos, as condições para que a regularização ocorra de forma proporcional e equânime e sem prejuízo aos interesses gerais.

§ 4º Na declaração de invalidade de atos, contratos, ajustes, processos ou normas administrativos, o decisor poderá, consideradas as consequências jurídicas e administrativas da decisão para a administração pública e para o administrado:

I - restringir os efeitos da declaração; ou

II - decidir que sua eficácia se iniciará em momento posteriormente definido.

§ 5º A modulação dos efeitos da decisão buscará a mitigação dos ônus ou das perdas dos administrados ou da administração pública que sejam anormais ou excessivos em função das peculiaridades do caso.

Revisão quanto à validade por mudança de orientação geral

Art. 5º A decisão que determinar a revisão quanto à validade de atos, contratos, ajustes, processos ou normas administrativos cuja produção de efeitos esteja em curso ou que tenha sido concluída levará em consideração as orientações gerais da época.

§ 1º É vedado declarar inválida situação plenamente constituída devido à mudança posterior de orientação geral.

§ 2º O disposto no § 1º não exclui a possibilidade de suspensão de efeitos futuros de relação em curso.

§ 3º Para fins do disposto neste artigo, consideram-se orientações gerais as interpretações e as especificações contidas em atos públicos de caráter geral ou em jurisprudência judicial ou administrativa majoritária e as adotadas por prática administrativa reiterada e de amplo conhecimento público.

§ 4º A decisão a que se refere o *caput* será motivada na forma do disposto nos art. 2º, art. 3º ou art. 4º.

Motivação e decisão na nova interpretação de norma de conteúdo indeterminado

Art. 6º A decisão administrativa que estabelecer interpretação ou orientação nova sobre norma de conteúdo indeterminado e impuser novo dever ou novo condicionamento de direito, preverá regime de transição, quando indispensável para que o novo dever ou o novo condicionamento de direito seja cumprido de modo proporcional, equânime e eficiente e sem prejuízo aos interesses gerais.

§ 1º A instituição do regime de transição será motivada na forma do disposto nos art. 2º, art. 3º ou art. 4º.

§ 2º A motivação considerará as condições e o tempo necessário para o cumprimento proporcional, equânime e eficiente do novo dever ou do novo condicionamento de direito e os eventuais prejuízos aos interesses gerais.

§ 3º Considera-se nova interpretação ou nova orientação aquela que altera o entendimento anterior consolidado.

Regime de transição

Art. 7º Quando cabível, o regime de transição preverá:

I - os órgãos e as entidades da administração pública e os terceiros destinatários;

II - as medidas administrativas a serem adotadas para adequação à interpretação ou à nova orientação sobre norma de conteúdo indeterminado; e

III - o prazo e o modo para que o novo dever ou novo condicionamento de direito seja cumprido.

Interpretação de normas sobre gestão pública

Art. 8º Na interpretação de normas sobre gestão pública, serão considerados os obstáculos, as dificuldades reais do agente público e as exigências das políticas públicas a seu cargo, sem prejuízo dos direitos dos administrados.

§ 1º Na decisão sobre a regularidade de conduta ou a validade de atos, contratos, ajustes, processos ou normas administrativos, serão consideradas as circunstâncias práticas que impuseram, limitaram ou condicionaram a ação do agente público.

§ 2º A decisão a que se refere o § 1º observará o disposto nos art. 2º, art. 3º ou art. 4º.

Compensação

Art. 9º A decisão do processo administrativo poderá impor diretamente à pessoa obrigada compensação por benefícios indevidos ou prejuízos anormais ou injustos resultantes do processo ou da conduta dos envolvidos, com a finalidade de evitar procedimentos contenciosos de ressarcimento de danos.

§ 1º A decisão do processo administrativo é de competência da autoridade pública, que poderá exigir compensação por benefícios indevidamente fruídos pelo particular ou por prejuízos resultantes do processo ou da conduta do particular.

§ 2º A compensação prevista no *caput* será motivada na forma do disposto nos art. 2º, art. 3º ou art. 4º e será precedida de manifestação das partes obrigadas sobre seu cabimento, sua forma e, se for o caso, seu valor.

§ 3º A compensação poderá ser efetivada por meio do compromisso com os interessados a que se refere o art. 10.

CAPÍTULO III
DOS INSTRUMENTOS

Compromisso

Art. 10. Na hipótese de a autoridade entender conveniente para eliminar irregularidade, incerteza jurídica ou situações contenciosas na aplicação do direito público, poderá celebrar compromisso com os interessados, observada a legislação aplicável e as seguintes condições:

I - após oitiva do órgão jurídico;

II - após realização de consulta pública, caso seja cabível; e

III - presença de razões de relevante interesse geral.

§ 1º A decisão de celebrar o compromisso a que se refere o *caput* será motivada na forma do disposto no art. 2º.

§ 2º O compromisso:

I - buscará solução proporcional, equânime, eficiente e compatível com os interesses gerais;

II - não poderá conferir desoneração permanente de dever ou condicionamento de direito reconhecido por orientação geral; e

III - preverá:

a) as obrigações das partes;

b) o prazo e o modo para seu cumprimento;

c) a forma de fiscalização quanto a sua observância;

d) os fundamentos de fato e de direito;

e) a sua eficácia de título executivo extrajudicial; e

f) as sanções aplicáveis em caso de descumprimento.

§ 3º O compromisso firmado somente produzirá efeitos a partir de sua publicação.

§ 4º O processo que subsidiar a decisão de celebrar o compromisso será instruído com:

I - o parecer técnico conclusivo do órgão competente sobre a viabilidade técnica, operacional e, quando for o caso, sobre as obrigações orçamentário-financeiras a serem assumidas;

II - o parecer conclusivo do órgão jurídico sobre a viabilidade jurídica do compromisso, que conterá a análise da minuta proposta;

III - a minuta do compromisso, que conterá as alterações decorrentes das análises técnica e jurídica previstas nos incisos I e II; e

IV - a cópia de outros documentos que possam auxiliar na decisão de celebrar o compromisso.

§ 5º Na hipótese de o compromisso depender de autorização do Advogado-Geral da União e de Ministro de Estado, nos termos do disposto no § 4º do art. 1º ou no art. 4º-A da Lei nº 9.469, de 10 de julho de 1997, ou ser firmado pela Advocacia-Geral da União, o processo de que trata o § 3º será acompanhado de manifestação de interesse da autoridade máxima do órgão ou da entidade da administração pública na celebração do compromisso.

§ 6º Na hipótese de que trata o § 5º, a decisão final quanto à celebração do compromisso será do Advogado-Geral da União, nos termos do disposto no parágrafo único do art. 4º-A da Lei nº 9.469, de 1997.

Termo de ajustamento de gestão

Art. 11. Poderá ser celebrado termo de ajustamento de gestão entre os agentes públicos e os órgãos de controle interno da administração pública com a finalidade de corrigir falhas apontadas em ações de controle, aprimorar procedimentos, assegurar a continuidade da execução do objeto, sempre que possível, e garantir o atendimento do interesse geral.

§ 1º A decisão de celebrar o termo de ajustamento de gestão será motivada na forma do disposto no art. 2º.

§ 2º Não será celebrado termo de ajustamento de gestão na hipótese de ocorrência de dano ao erário praticado por agentes públicos que agirem com dolo ou erro grosseiro.

§ 3º A assinatura de termo de ajustamento de gestão será comunicada ao órgão central do sistema de controle interno.

CAPÍTULO IV
DA RESPONSABILIZAÇÃO DO AGENTE PÚBLICO

Responsabilização na hipótese de dolo ou erro grosseiro

Art. 12. O agente público somente poderá ser responsabilizado por suas decisões ou opiniões técnicas se agir ou se omitir com dolo, direto ou eventual, ou cometer erro grosseiro, no desempenho de suas funções.

§ 1º Considera-se erro grosseiro aquele manifesto, evidente e inescusável praticado com culpa grave, caracterizado por ação ou omissão com elevado grau de negligência, imprudência ou imperícia.

§ 2º Não será configurado dolo ou erro grosseiro do agente público se não restar comprovada, nos autos do processo de responsabilização, situação ou circunstância fática capaz de caracterizar o dolo ou o erro grosseiro.

§ 3º O mero nexo de causalidade entre a conduta e o resultado danoso não implica responsabilização, exceto se comprovado o dolo ou o erro grosseiro do agente público.

§ 4º A complexidade da matéria e das atribuições exercidas pelo agente público serão consideradas em eventual responsabilização do agente público.

§ 5º O montante do dano ao erário, ainda que expressivo, não poderá, por si só, ser elemento para caracterizar o erro grosseiro ou o dolo.

§ 6º A responsabilização pela opinião técnica não se estende de forma automática ao decisor que a adotou como fundamento de decidir e somente se configurará se estiverem presentes elementos suficientes para o decisor aferir o dolo ou o erro grosseiro da opinião técnica ou se houver conluio entre os agentes.

§ 7º No exercício do poder hierárquico, só responderá por culpa in vigilando aquele cuja omissão caracterizar erro grosseiro ou dolo.

§ 8º O disposto neste artigo não exime o agente público de atuar de forma diligente e eficiente no cumprimento dos seus deveres constitucionais e legais.

Análise de regularidade da decisão

Art. 13. A análise da regularidade da decisão não poderá substituir a atribuição do agente público, dos órgãos ou das entidades da administração pública no exercício de suas atribuições e competências, inclusive quanto à definição de políticas públicas.

§ 1º A atuação de órgãos de controle privilegiará ações de prevenção antes de processos sancionadores.

§ 2º A eventual estimativa de prejuízo causado ao erário não poderá ser considerada isolada e exclusivamente como motivação para se concluir pela irregularidade de atos, contratos, ajustes, processos ou normas administrativos.

Direito de regresso, defesa judicial e extrajudicial

Art. 14. No âmbito do Poder Executivo federal, o direito de regresso previsto no § 6º do art. 37 da Constituição somente será exercido na hipótese de o agente público ter agido com dolo ou erro grosseiro em suas decisões ou opiniões técnicas, nos termos do disposto no art. 28 do Decreto-Lei nº 4.657, de 1942, e com observância aos princípios constitucionais da proporcionalidade e da razoabilidade.

Art. 15. O agente público federal que tiver que se defender, judicial ou extrajudicialmente, por ato ou conduta praticada no exercício regular de suas atribuições institucionais, poderá solicitar à Advocacia-Geral da União que avalie a verossimilhança de suas alegações e a consequente possibilidade de realizar sua defesa, nos termos do disposto no art. 22 da Lei nº 9.028, de 12 de abril de 1995, e nas demais normas de regência.

Decisão que impuser sanção ao agente público

Art. 16. A decisão que impuser sanção ao agente público considerará:

I - a natureza e a gravidade da infração cometida;

II - os danos que dela provierem para a administração pública;

III - as circunstâncias agravantes ou atenuantes;

IV - os antecedentes do agente;

V - o nexo de causalidade; e

VI - a culpabilidade do agente.

§ 1º A motivação da decisão a que se refere o *caput* observará o disposto neste Decreto.

§ 2º As sanções aplicadas ao agente público serão levadas em conta na dosimetria das demais sanções da mesma natureza e relativas ao mesmo fato.

Art. 17. O disposto no art. 12 não afasta a possibilidade de aplicação de sanções previstas em normas disciplinares, inclusive nos casos de ação ou de omissão culposas de natureza leve.

CAPÍTULO V
DA SEGURANÇA JURÍDICA NA APLICAÇÃO DAS NORMAS

Consulta pública para edição de atos normativos

Art. 18. A edição de atos normativos por autoridade administrativa poderá ser precedida de consulta pública para manifestação de interessados, preferencialmente por meio eletrônico.

§ 1º A decisão pela convocação de consulta pública será motivada na forma do disposto no art. 3º.

§ 2º A convocação de consulta pública conterá a minuta do ato normativo, disponibilizará a motivação do ato e fixará o prazo e as demais condições.

§ 3º A autoridade decisora não será obrigada a comentar ou considerar individualmente as manifestações apresentadas e poderá agrupar manifestações por conexão e eliminar aquelas repetitivas ou de conteúdo não conexo ou irrelevante para a matéria em apreciação.

§ 4º As propostas de consulta pública que envolverem atos normativos sujeitos a despacho presidencial serão formuladas nos termos do disposto no Decreto nº 9.191, de 1º de novembro de 2017.

Segurança jurídica na aplicação das normas

Art. 19. As autoridades públicas atuarão com vistas a aumentar a segurança jurídica na aplicação das normas, inclusive por meio de normas complementares, orientações normativas, súmulas, enunciados e respostas a consultas.

Parágrafo único. Os instrumentos previstos no *caput* terão caráter vinculante em relação ao órgão ou à entidade da administração pública a que se destinarem, até ulterior revisão.

Parecer do Advogado-Geral da União e de consultorias jurídicas e súmulas da Advocacia-Geral da União

Art. 20. O parecer do Advogado-Geral da União de que tratam os art. 40 e art. 41 da Lei Complementar nº 73, 10 de fevereiro de 1993, aprovado pelo Presidente da República e publicado no Diário Oficial da União juntamente com o despacho presidencial, vincula os órgãos e as entidades da administração pública federal, que ficam obrigados a lhe dar fiel cumprimento.

§ 1º O parecer do Advogado-Geral da União aprovado pelo Presidente da República, mas não publicado, obriga apenas as repartições interessadas, a partir do momento em que dele tenham ciência.

§ 2º Os pareceres de que tratam o *caput* e o § 1º têm prevalência sobre outros mecanismos de uniformização de entendimento.

Art. 21. Os pareceres das consultorias jurídicas e dos órgãos de assessoramento jurídico, de que trata o art. 42 da Lei Complementar nº 73, de 1993, aprovados pelo respectivo Ministro de Estado, vinculam o órgão e as respectivas entidades vinculadas.

Orientações normativas

Art. 22. A autoridade que representa órgão central de sistema poderá editar orientações normativas ou enunciados que vincularão os órgãos setoriais e seccionais.

§ 1º As controvérsias jurídicas sobre a interpretação de norma, instrução ou orientação de órgão central de sistema poderão ser submetidas à Advocacia-Geral da União.

§ 2º A submissão à Advocacia-Geral da União de que trata o § 1º será instruída com a posição do órgão jurídico do órgão central de sistema, do órgão jurídico que divergiu e dos outros órgãos que se pronunciaram sobre o caso.

Enunciados

Art. 23. A autoridade máxima de órgão ou da entidade da administração pública poderá editar enunciados que vinculem o próprio órgão ou a entidade e os seus órgãos subordinados.

Transparência

Art. 24. Compete aos órgãos e às entidades da administração pública manter atualizados, em seus sítios eletrônicos, as normas complementares, as orientações normativas, as súmulas e os enunciados a que se referem os art. 19 ao art. 23.

Vigência

Art. 25. Este Decreto entra em vigor na data de sua publicação.

Brasília, 10 de junho de 2019; 198º da Independência e 131º da República.

JAIR MESSIAS BOLSONARO
Paulo Guedes

LEI Nº 13.869, DE 5 DE SETEMBRO DE 2019

Dispõe sobre os crimes de abuso de autoridade; altera a Lei nº 7.960, de 21 de dezembro de 1989, a Lei nº 9.296, de 24 de julho de 1996, a Lei nº 8.069, de 13 de julho de 1990, e a Lei nº 8.906, de 4 de julho de 1994; e revoga a Lei nº 4.898, de 9 de dezembro de 1965, e dispositivos do Decreto-Lei nº 2.848, de 7 de dezembro de 1940 (Código Penal).

▸ *Abuso de autoridade*

O PRESIDENTE DA REPÚBLICA

Faço saber que o Congresso Nacional decreta e eu sanciono a seguinte Lei:

CAPÍTULO I
DISPOSIÇÕES GERAIS

Art. 1º Esta Lei define os crimes de abuso de autoridade, cometidos por agente público, servidor ou não, que, no exercício de suas funções ou a pretexto de exercê-las, abuse do poder que lhe tenha sido atribuído.

§ 1º As condutas descritas nesta Lei constituem crime de abuso de autoridade quando praticadas pelo agente com a finalidade específica de prejudicar outrem ou beneficiar a si mesmo ou a terceiro, ou, ainda, por mero capricho ou satisfação pessoal.

§ 2º A divergência na interpretação de lei ou na avaliação de fatos e provas não configura abuso de autoridade.

CAPÍTULO II
DOS SUJEITOS DO CRIME

Art. 2º É sujeito ativo do crime de abuso de autoridade qualquer agente público, servidor ou não, da administração direta, indireta ou fundacional de qualquer dos Poderes da União, dos Estados, do Distrito Federal, dos Municípios e de Território, compreendendo, mas não se limitando a:

I - servidores públicos e militares ou pessoas a eles equiparadas;

II - membros do Poder Legislativo;

III - membros do Poder Executivo;

IV - membros do Poder Judiciário;

V - membros do Ministério Público;

VI - membros dos tribunais ou conselhos de contas.

Parágrafo único. Reputa-se agente público, para os efeitos desta Lei, todo aquele que exerce, ainda que transitoriamente ou sem remuneração, por eleição, nomeação, designação, contratação ou qualquer outra forma de investidura ou vínculo, mandato, cargo, emprego ou função em órgão ou entidade abrangidos pelo *caput* deste artigo.

CAPÍTULO III
DA AÇÃO PENAL

Art. 3º Os crimes previstos nesta Lei são de ação penal pública incondicionada. (Artigo vetado pelo Presidente da República, mantido pelo Congresso Nacional e publicado no DOU de 30.09.2019)

§ 1º Será admitida ação privada se a ação penal pública não for intentada no prazo legal, cabendo ao Ministério Público aditar a queixa, repudiá-la e oferecer denúncia substitutiva, intervir em todos os termos do processo, fornecer elementos de prova, interpor recurso e, a todo tempo, no caso de negligência do querelante, retomar a ação como parte principal.

§ 2º A ação privada subsidiária será exercida no prazo de 6 (seis) meses, contado da data em que se esgotar o prazo para oferecimento da denúncia.

CAPÍTULO IV
DOS EFEITOS DA CONDENAÇÃO E DAS PENAS RESTRITIVAS DE DIREITOS

SEÇÃO I
DOS EFEITOS DA CONDENAÇÃO

Art. 4º São efeitos da condenação:

I - tornar certa a obrigação de indenizar o dano causado pelo crime, devendo o juiz, a requerimento do ofendido, fixar na sentença o valor mínimo para reparação dos danos causados pela infração, considerando os prejuízos por ele sofridos;

II - a inabilitação para o exercício de cargo, mandato ou função pública, pelo período de 1 (um) a 5 (cinco) anos;

III - a perda do cargo, do mandato ou da função pública.

Parágrafo único. Os efeitos previstos nos incisos II e III do *caput* deste artigo são condicionados à ocorrência de reincidência em crime de abuso de autoridade e não são automáticos, devendo ser declarados motivadamente na sentença.

SEÇÃO II
DAS PENAS RESTRITIVAS DE DIREITOS

Art. 5º As penas restritivas de direitos substitutivas das privativas de liberdade previstas nesta Lei são:

I - prestação de serviços à comunidade ou a entidades públicas;

II - suspensão do exercício do cargo, da função ou do mandato, pelo prazo de 1 (um) a 6 (seis) meses, com a perda dos vencimentos e das vantagens;

III - (VETADO).

Parágrafo único. As penas restritivas de direitos podem ser aplicadas autônoma ou cumulativamente.

CAPÍTULO V
DAS SANÇÕES DE NATUREZA CIVIL E ADMINISTRATIVA

Art. 6º As penas previstas nesta Lei serão aplicadas independentemente das sanções de natureza civil ou administrativa cabíveis.

Parágrafo único. As notícias de crimes previstos nesta Lei que descreverem falta funcional serão informadas à autoridade competente com vistas à apuração.

Art. 7º As responsabilidades civil e administrativa são independentes da criminal, não se podendo mais questionar sobre a existência ou a autoria do fato quando essas questões tenham sido decididas no juízo criminal.

Art. 8º Faz coisa julgada em âmbito cível, assim como no administrativo-disciplinar, a sentença penal que reconhecer ter sido o ato praticado em estado de necessidade, em legítima defesa, em estrito cumprimento de dever legal ou no exercício regular de direito.

CAPÍTULO VI
DOS CRIMES E DAS PENAS

Art. 9º Decretar medida de privação da liberdade em manifesta desconformidade com as hipóteses legais: (Artigo vetado pelo Presidente da República, mantido pelo Congresso Nacional e publicado no DOU de 30.09.2019)

Pena - detenção, de 1 (um) a 4 (quatro) anos, e multa.

Parágrafo único. Incorre na mesma pena a autoridade judiciária que, dentro de prazo razoável, deixar de:

I - relaxar a prisão manifestamente ilegal;

II - substituir a prisão preventiva por medida cautelar diversa ou de conceder liberdade provisória, quando manifestamente cabível;

III - deferir liminar ou ordem de habeas corpus, quando manifestamente cabível.

Art. 10. Decretar a condução coercitiva de testemunha ou investigado manifestamente descabida ou sem prévia intimação de comparecimento ao juízo:

Pena - detenção, de 1 (um) a 4 (quatro) anos, e multa.

Art. 11. (VETADO).

Art. 12. Deixar injustificadamente de comunicar prisão em flagrante à autoridade judiciária no prazo legal:

Pena - detenção, de 6 (seis) meses a 2 (dois) anos, e multa.

Parágrafo único. Incorre na mesma pena quem:

I - deixa de comunicar, imediatamente, a execução de prisão temporária ou preventiva à autoridade judiciária que a decretou;

II - deixa de comunicar, imediatamente, a prisão de qualquer pessoa e o local onde se encontra à sua família ou à pessoa por ela indicada;

III - deixa de entregar ao preso, no prazo de 24 (vinte e quatro) horas, a nota de culpa, assinada pela autoridade, com o motivo da prisão e os nomes do condutor e das testemunhas;

IV - prolonga a execução de pena privativa de liberdade, de prisão temporária, de prisão preventiva, de medida de segurança ou de internação, deixando, sem motivo justo e excepcionalíssimo, de executar o alvará de soltura imediatamente após recebido ou de promover a soltura do preso quando esgotado o prazo judicial ou legal.

Art. 13. Constranger o preso ou o detento, mediante violência, grave ameaça ou redução de sua capacidade de resistência, a:

I - exibir-se ou ter seu corpo ou parte dele exibido à curiosidade pública;

II - submeter-se a situação vexatória ou a constrangimento não autorizado em lei;

III - produzir prova contra si mesmo ou contra terceiro: (Inciso vetado pelo Presidente da República, mantido pelo Congresso Nacional e publicado no DOU de 30.09.2019)

Pena - detenção, de 1 (um) a 4 (quatro) anos, e multa, sem prejuízo da pena cominada à violência. (Artigo retificado no DOU de 18/9/2019)

Art. 14. (VETADO).

Art. 15. Constranger a depor, sob ameaça de prisão, pessoa que, em razão de função, ministério, ofício ou profissão, deva guardar segredo ou resguardar sigilo:

Pena - detenção, de 1 (um) a 4 (quatro) anos, e multa.

Parágrafo único. Incorre na mesma pena quem prossegue com o interrogatório: (Parágrafo único vetado pelo Presidente da República, mantido pelo Congresso Nacional e publicado no DOU de 30.09.2019)

I - de pessoa que tenha decidido exercer o direito ao silêncio; ou

II - de pessoa que tenha optado por ser assistida por advogado ou defensor público, sem a presença de seu patrono.

Art. 16. Deixar de identificar-se ou identificar-se falsamente ao preso por ocasião de sua captura ou quando deva fazê-lo durante sua detenção ou prisão: (Artigo vetado pelo Presidente da República, mantido pelo Congresso Nacional e publicado no DOU de 30.09.2019)

Pena - detenção, de 6 (seis) meses a 2 (dois) anos, e multa.

Parágrafo único. Incorre na mesma pena quem, como responsável por interrogatório em sede de procedimento investigatório de infração penal, deixa de identificar-se ao preso ou atribui a si mesmo falsa identidade, cargo ou função.

Art. 17. (VETADO).

Art. 18. Submeter o preso a interrogatório policial durante o período de repouso noturno, salvo se capturado em flagrante delito ou se ele, devidamente assistido, consentir em prestar declarações:

Pena - detenção, de 6 (seis) meses a 2 (dois) anos, e multa.

Art. 19. Impedir ou retardar, injustificadamente, o envio de pleito de preso à autoridade judiciária competente para a apreciação da legalidade de sua prisão ou das circunstâncias de sua custódia:

Pena - detenção, de 1 (um) a 4 (quatro) anos, e multa.

Parágrafo único. Incorre na mesma pena o magistrado que, ciente do impedimento ou da demora, deixa de tomar as providências tendentes a saná-lo ou, não sendo competente para decidir sobre a prisão, deixa de enviar o pedido à autoridade judiciária que o seja.

Art. 20. Impedir, sem justa causa, a entrevista pessoal e reservada do preso com seu advogado: (Artigo vetado pelo Presidente da República, mantido pelo Congresso Nacional e publicado no DOU de 30.09.2019)

Pena - detenção, de 6 (seis) meses a 2 (dois) anos, e multa.

Parágrafo único. Incorre na mesma pena quem impede o preso, o réu solto ou o investigado de entrevistar-se pessoal e reservadamente com seu advogado ou defensor, por prazo razoável, antes de audiência judicial, e de sentar-se ao seu lado e com ele comunicar-se durante a audiência, salvo no curso de interrogatório ou no caso de audiência realizada por videoconferência.

Art. 21. Manter presos de ambos os sexos na mesma cela ou espaço de confinamento:

Pena - detenção, de 1 (um) a 4 (quatro) anos, e multa.

Parágrafo único. Incorre na mesma pena quem mantém, na mesma cela, criança ou adolescente na companhia de maior de idade ou em ambiente inadequado, observado o disposto na Lei nº 8.069, de 13 de julho de 1990 (Estatuto da Criança e do Adolescente).

Art. 22. Invadir ou adentrar, clandestina ou astuciosamente, ou à revelia da vontade do ocupante, imóvel alheio ou suas dependências, ou nele permanecer nas mesmas condições, sem determinação judicial ou fora das condições estabelecidas em lei:

Pena - detenção, de 1 (um) a 4 (quatro) anos, e multa.

§ 1º Incorre na mesma pena, na forma prevista no *caput* deste artigo, quem:

I - coage alguém, mediante violência ou grave ameaça, a franquear-lhe o acesso a imóvel ou suas dependências;

II - (VETADO);

III - cumpre mandado de busca e apreensão domiciliar após as 21h (vinte e uma horas) ou antes das 5h (cinco horas).

§ 2º Não haverá crime se o ingresso for para prestar socorro, ou quando houver fundados indícios que indiquem a necessidade do ingresso em razão de situação de flagrante delito ou de desastre.

Art. 23. Inovar artificiosamente, no curso de diligência, de investigação ou de processo, o estado de lugar, de coisa ou de pessoa, com o fim de eximir-se de responsabilidade ou de responsabilizar criminalmente alguém ou agravar-lhe a responsabilidade:

Pena - detenção, de 1 (um) a 4 (quatro) anos, e multa.

Parágrafo único. Incorre na mesma pena quem pratica a conduta com o intuito de:

I - eximir-se de responsabilidade civil ou administrativa por excesso praticado no curso de diligência;

II - omitir dados ou informações ou divulgar dados ou informações incompletos para desviar o curso da investigação, da diligência ou do processo.

Art. 24. Constranger, sob violência ou grave ameaça, funcionário ou empregado de instituição hospitalar pública ou privada a admitir para tratamento pessoa cujo óbito já tenha ocorrido, com o fim de alterar local ou momento de crime, prejudicando sua apuração:

Pena - detenção, de 1 (um) a 4 (quatro) anos, e multa, além da pena correspondente à violência.

Art. 25. Proceder à obtenção de prova, em procedimento de investigação ou fiscalização, por meio manifestamente ilícito:

Pena - detenção, de 1 (um) a 4 (quatro) anos, e multa.

Parágrafo único. Incorre na mesma pena quem faz uso de prova, em desfavor do investigado ou fiscalizado, com prévio conhecimento de sua ilicitude.

Art. 26. (VETADO).

Art. 27. Requisitar instauração ou instaurar procedimento investigatório de infração penal ou administrativa, em desfavor de alguém, à falta de qualquer indício da prática de crime, de ilícito funcional ou de infração administrativa:

Pena - detenção, de 6 (seis) meses a 2 (dois) anos, e multa.

Parágrafo único. Não há crime quando se tratar de sindicância ou investigação preliminar sumária, devidamente justificada.

Art. 28. Divulgar gravação ou trecho de gravação sem relação com a prova que se pretenda produzir, expondo a intimidade ou a vida privada ou ferindo a honra ou a imagem do investigado ou acusado:

Pena - detenção, de 1 (um) a 4 (quatro) anos, e multa.

Art. 29. Prestar informação falsa sobre procedimento judicial, policial, fiscal ou administrativo com o fim de prejudicar interesse de investigado:

Pena - detenção, de 6 (seis) meses a 2 (dois) anos, e multa.

Parágrafo único. (VETADO).

Art. 30. Dar início ou proceder à persecução penal, civil ou administrativa sem justa causa fundamentada ou contra quem sabe inocente: (Artigo vetado pelo Presidente da República, mantido pelo Congresso Nacional e publicado no DOU de 30.09.2019)

Pena - detenção, de 1 (um) a 4 (quatro) anos, e multa.

Art. 31. Estender injustificadamente a investigação, procrastinando-a em prejuízo do investigado ou fiscalizado:

Pena - detenção, de 6 (seis) meses a 2 (dois) anos, e multa.

Parágrafo único. Incorre na mesma pena quem, inexistindo prazo para execução ou conclusão de procedimento, o estende de forma imotivada, procrastinando-o em prejuízo do investigado ou do fiscalizado.

Art. 32. Negar ao interessado, seu defensor ou advogado acesso aos autos de investigação preliminar, ao termo circunstanciado, ao inquérito ou a qualquer outro procedimento investigatório de infração penal, civil ou administrativa, assim como impedir a obtenção de cópias, ressalvado o acesso a peças relativas a diligências em curso, ou que indiquem a realização de diligências futuras, cujo sigilo seja imprescindível: (Artigo vetado pelo Presidente da República, mantido pelo Congresso Nacional e publicado no DOU de 30.09.2019)

Pena - detenção, de 6 (seis) meses a 2 (dois) anos, e multa.

Art. 33. Exigir informação ou cumprimento de obrigação, inclusive o dever de fazer ou de não fazer, sem expresso amparo legal:

Pena - detenção, de 6 (seis) meses a 2 (dois) anos, e multa.

Parágrafo único. Incorre na mesma pena quem se utiliza de cargo ou função pública ou invoca a condição de agente público para se eximir de obrigação legal ou para obter vantagem ou privilégio indevido.

Art. 34. (VETADO).

Art. 35. (VETADO).

Art. 36. Decretar, em processo judicial, a indisponibilidade de ativos financeiros em quantia que extrapole exacerbadamente o valor estimado para a satisfação da dívida da parte e, ante a demonstração, pela parte, da excessividade da medida, deixar de corrigi-la:

Pena - detenção, de 1 (um) a 4 (quatro) anos, e multa.

Art. 37. Demorar demasiada e injustificadamente no exame de processo de que tenha requerido vista em órgão colegiado, com o intuito de procrastinar seu andamento ou retardar o julgamento:

Pena - detenção, de 6 (seis) meses a 2 (dois) anos, e multa.

Art. 38. Antecipar o responsável pelas investigações, por meio de comunicação, inclusive rede social, atribuição de culpa, antes de concluídas as apurações e formalizada a acusação: (Artigo vetado pelo Presidente da República, mantido pelo Congresso Nacional e publicado no DOU de 30.09.2019)

Pena - detenção, de 6 (seis) meses a 2 (dois) anos, e multa.

CAPÍTULO VII
DO PROCEDIMENTO

Art. 39. Aplicam-se ao processo e ao julgamento dos delitos previstos nesta Lei, no que couber, as disposições do Decreto-Lei nº 3.689, de 3 de outubro de 1941 (Código de Processo Penal), e da Lei nº 9.099, de 26 de setembro de 1995.

CAPÍTULO VIII
DISPOSIÇÕES FINAIS

Art. 40. O art. 2º da Lei nº 7.960, de 21 de dezembro de 1989, passa a vigorar com a seguinte redação:

- Alterações já incorporadas ao texto da referida lei.

Art. 41. O art. 10 da Lei nº 9.296, de 24 de julho de 1996, passa a vigorar com a seguinte redação:

- Alterações já incorporadas ao texto da referida lei.

Art. 42. A Lei nº 8.069, de 13 de julho de 1990 (Estatuto da Criança e do Adolescente), passa a vigorar acrescida do seguinte art. 227-A:

- Alterações já incorporadas ao texto da referida lei.

Art. 43. A Lei nº 8.906, de 4 de julho de 1994, passa a vigorar acrescida do seguinte art. 7º-B: (Artigo vetado pelo Presidente da República, mantido pelo Congresso Nacional e publicado no DOU de 30.09.2019)

- Alterações já incorporadas ao texto da referida lei.

Art. 44. Revogam-se a Lei nº 4.898, de 9 de dezembro de 1965, e o § 2º do art. 150 e o art. 350, ambos do Decreto-Lei nº 2.848, de 7 de dezembro de 1940 (Código Penal).

Art. 45. Esta Lei entra em vigor após decorridos 120 (cento e vinte) dias de sua publicação oficial.

Brasília, 5 de setembro de 2019; 198º da Independência e 131º da República.

JAIR MESSIAS BOLSONARO
Sérgio Moro
Wagner de Campos Rosário
Jorge Antonio de Oliveira Francisco
André Luiz de Almeida Mendonça

LEI Nº 13.874, DE 20 DE SETEMBRO DE 2019

Institui a Declaração de Direitos de Liberdade Econômica; estabelece garantias de livre mercado; altera as Leis nºs 10.406, de 10 de janeiro de 2002 (Código Civil), 6.404, de 15 de dezembro de 1976, 11.598, de 3 de dezembro de 2007, 12.682, de 9 de julho de 2012, 6.015, de 31 de dezembro de 1973, 10.522, de 19 de julho de 2002, 8.934, de 18 de novembro 1994, o Decreto-Lei nº 9.760, de 5 de setembro de 1946 e a Consolidação das Leis do Trabalho, aprovada pelo Decreto-Lei nº 5.452, de 1º de maio de 1943; revoga a Lei Delegada nº 4, de 26 de setembro de 1962, a Lei nº 11.887, de 24 de dezembro de 2008, e dispositivos do Decreto-Lei nº 73, de 21 de novembro de 1966; e dá outras providências.

- *Declaração de Direitos de Liberdade Econômica*

O PRESIDENTE DA REPÚBLICA

Faço saber que o Congresso Nacional decreta e eu sanciono a seguinte Lei:

CAPÍTULO I
DISPOSIÇÕES GERAIS

Art. 1º Fica instituída a Declaração de Direitos de Liberdade Econômica, que estabelece normas de proteção à livre iniciativa e ao livre exercício de atividade econômica e disposições sobre a atuação do Estado como agente normativo e regulador, nos termos do inciso IV do *caput* do art. 1º, do parágrafo único do art. 170 e do *caput* do art. 174 da Constituição Federal.

§ 1º O disposto nesta Lei será observado na aplicação e na interpretação do direito civil, empresarial, econômico, urbanístico e do trabalho nas relações jurídicas que se encontrem no seu âmbito de aplicação e na ordenação pública, inclusive sobre exercício das profissões, comércio, juntas comerciais, registros públicos, trânsito, transporte e proteção ao meio ambiente.

§ 2º Interpretam-se em favor da liberdade econômica, da boa-fé e do respeito aos contratos, aos investimentos e à propriedade todas as normas de ordenação pública sobre atividades econômicas privadas.

§ 3º O disposto nos arts. 1º, 2º, 3º e 4º desta Lei não se aplica ao direito tributário e ao direito financeiro, ressalvado o inciso X do *caput* do art. 3º.

§ 4º O disposto nos arts. 1º, 2º, 3º e 4º desta Lei constitui norma geral de direito econômico, conforme o disposto no inciso I do *caput* e nos §§ 1º, 2º, 3º e 4º do art. 24 da Constituição Federal, e será observado para todos os atos públicos de liberação da atividade econômica executados pelos Estados, pelo Distrito Federal e pelos Municípios, nos termos do § 2º deste artigo.

§ 5º O disposto no inciso IX do *caput* do art. 3º desta Lei não se aplica aos Estados, ao Distrito Federal e aos Municípios, exceto se:

I - o ato público de liberação da atividade econômica for derivado ou delegado por legislação ordinária federal; ou

II - o ente federativo ou o órgão responsável pelo ato decidir vincular-se ao disposto no inciso IX do *caput* do art. 3º desta Lei por meio de instrumento válido e próprio.

§ 6º Para fins do disposto nesta Lei, consideram-se atos públicos de liberação a licença, a autorização, a concessão, a inscrição, a permissão, o alvará, o cadastro, o credenciamento, o estudo, o plano, o registro e os demais atos exigidos, sob qualquer denominação, por órgão ou entidade da administração pública na aplicação de legislação, como condição para o exercício de atividade econômica, inclusive o início, a continuação e o fim para a instalação, a construção, a operação, a produção, o funcionamento, o uso, o exercício ou a realização, no âmbito público ou privado, de atividade, serviço, estabelecimento, profissão, instalação, operação, produto, equipamento, veículo, edificação e outros.

Art. 2º São princípios que norteiam o disposto nesta Lei:

I - a liberdade como uma garantia no exercício de atividades econômicas;

II - a boa-fé do particular perante o poder público;

III - a intervenção subsidiária e excepcional do Estado sobre o exercício de atividades econômicas; e

IV - o reconhecimento da vulnerabilidade do particular perante o Estado.

Parágrafo único. Regulamento disporá sobre os critérios de aferição para afastamento do inciso IV do *caput* deste artigo, limitados a questões de má-fé, hipersuficiência ou reincidência.

CAPÍTULO II
DA DECLARAÇÃO DE DIREITOS DE LIBERDADE ECONÔMICA

Art. 3º São direitos de toda pessoa, natural ou jurídica, essenciais para o desenvolvimento e o crescimento econômicos do País, observado o disposto no parágrafo único do art. 170 da Constituição Federal:

I - desenvolver atividade econômica de baixo risco, para a qual se valha exclusivamente de propriedade privada própria ou de terceiros consensuais, sem a necessidade de quaisquer atos públicos de liberação da atividade econômica;

II - desenvolver atividade econômica em qualquer horário ou dia da semana, inclusive feriados, sem que para isso esteja sujeita a cobranças ou encargos adicionais, observadas:

a) as normas de proteção ao meio ambiente, incluídas as de repressão à poluição sonora e à perturbação do sossego público;

b) as restrições advindas de contrato, de regulamento condominial ou de outro negócio jurídico, bem como as decorrentes das normas de direito real, incluídas as de direito de vizinhança; e

c) a legislação trabalhista;

III - definir livremente, em mercados não regulados, o preço de produtos e de serviços como consequência de alterações da oferta e da demanda;

IV - receber tratamento isonômico de órgãos e de entidades da administração pública quanto ao exercício de atos de liberação da atividade econômica, hipótese em que o ato de liberação estará vinculado aos mesmos critérios de interpretação adotados em decisões administrativas análogas anteriores, observado o disposto em regulamento;

V - gozar de presunção de boa-fé nos atos praticados no exercício da atividade econômica, para os quais as dúvidas de interpretação do direito civil, empresarial, econômico e urbanístico serão resolvidas de forma a preservar a autonomia privada, exceto se houver expressa disposição legal em contrário;

VI - desenvolver, executar, operar ou comercializar novas modalidades de produtos e de serviços quando as normas infralegais se tornarem desatualizadas por força de desenvolvimento tecnológico consolidado internacionalmente, nos termos estabelecidos em regulamento, que disciplinará os requisitos para aferição da situação concreta, os procedimentos, o momento e as condições dos efeitos;

VII - (VETADO);

VIII - ter a garantia de que os negócios jurídicos empresariais paritários serão objeto de livre estipulação das partes pactuantes, de forma a aplicar todas as regras de direito empresarial apenas de maneira subsidiária ao avençado, exceto normas de ordem pública;

IX - ter a garantia de que, nas solicitações de atos públicos de liberação da atividade econômica que se sujeitam ao disposto nesta Lei, apresentados todos os elementos necessários à instrução do processo, o particular será cientificado expressa e imediatamente do prazo máximo estipulado para a análise de seu pedido e de que, transcorrido o prazo fixado, o silêncio da autoridade competente importará aprovação tácita para todos os efeitos, ressalvadas as hipóteses expressamente vedadas em lei;

X - arquivar qualquer documento por meio de microfilme ou por meio digital, conforme técnica e requisitos estabelecidos em regulamento, hipótese em que se equiparará a documento físico para todos os efeitos legais e para a comprovação de qualquer ato de direito público;

XI - não ser exigida medida ou prestação compensatória ou mitigatória abusiva, em sede de estudos de impacto ou outras liberações de atividade econômica no direito urbanístico, entendida como aquela que:

a) (VETADO);

b) requeira medida que já era planejada para execução antes da solicitação pelo particular, sem que a atividade econômica altere a demanda para execução da referida medida;

c) utilize-se do particular para realizar execuções que compensem impactos que existiriam independentemente do empreendimento ou da atividade econômica solicitada;

d) requeira a execução ou prestação de qualquer tipo para áreas ou situação além daquelas diretamente impactadas pela atividade econômica; ou

e) mostre-se sem razoabilidade ou desproporcional, inclusive utilizada como meio de coação ou intimidação; e

XII - não ser exigida pela administração pública direta ou indireta certidão sem previsão expressa em lei.

§ 1º Para fins do disposto no inciso I do *caput* deste artigo:

I - ato do Poder Executivo federal disporá sobre a classificação de atividades de baixo risco a ser observada na ausência de legislação estadual, distrital ou municipal específica;

II - na hipótese de ausência de ato do Poder Executivo federal de que trata o inciso I deste parágrafo, será aplicada resolução do Comitê para Gestão da Rede Nacional para a Simplificação do Registro e da Legalização de Empresas e Negócios (CGSIM), independentemente da aderência do ente federativo à Rede Nacional para a Simplificação do Registro e da Legalização de Empresas e Negócios (Redesim); e

III - na hipótese de existência de legislação estadual, distrital ou municipal sobre a classificação de atividades de baixo risco, o ente federativo que editar ou tiver editado norma específica encaminhará notificação ao Ministério da Economia sobre a edição de sua norma.

§ 2º A fiscalização do exercício do direito de que trata o inciso I do *caput* deste artigo será realizada posteriormente, de ofício ou como consequência de denúncia encaminhada à autoridade competente.

§ 3º O disposto no inciso III do *caput* deste artigo não se aplica:

I - às situações em que o preço de produtos e de serviços seja utilizado com a finalidade de reduzir o valor do tributo, de postergar a sua arrecadação ou de remeter lucros em forma de custos ao exterior; e

II - à legislação de defesa da concorrência, aos direitos do consumidor e às demais disposições protegidas por lei federal.

§ 4º *(Revogado pela Lei 14.011/2020)*

§ 5º O disposto no inciso VIII do *caput* deste artigo não se aplica à empresa pública e à sociedade de economia mista definidas nos arts. 3º e 4º da Lei nº 13.303, de 30 de junho de 2016.

§ 6º O disposto no inciso IX do *caput* deste artigo não se aplica quando:

I - versar sobre questões tributárias de qualquer espécie ou de concessão de registro de marcas;

II - a decisão importar em compromisso financeiro da administração pública; e

III - houver objeção expressa em tratado em vigor no País.

§ 7º A aprovação tácita prevista no inciso IX do *caput* deste artigo não se aplica quando a titularidade da solicitação for de agente público ou de seu cônjuge, companheiro ou parente em linha reta ou colateral, por consanguinidade ou afinidade, até o 3º (terceiro) grau, dirigida a autoridade administrativa ou política do próprio órgão ou entidade da administração pública em que desenvolva suas atividades funcionais.

§ 8º O prazo a que se refere o inciso IX do *caput* deste artigo será definido pelo órgão ou pela entidade da administração pública solicitada, observados os princípios da impessoalidade e da eficiência e os limites máximos estabelecidos em regulamento.

§ 9º (VETADO).

§ 10. O disposto no inciso XI do *caput* deste artigo não se aplica às situações de acordo resultantes de ilicitude.

§ 11. Para os fins do inciso XII do *caput* deste artigo, é ilegal delimitar prazo de validade de certidão emitida sobre fato imutável, inclusive sobre óbito.

CAPÍTULO III
DAS GARANTIAS DE LIVRE INICIATIVA

Art. 4º É dever da administração pública e das demais entidades que se vinculam a esta Lei, no exercício de regulamentação de norma pública pertencente à legislação sobre a qual esta Lei versa, exceto se em estrito cumprimento a previsão explícita em lei, evitar o abuso do poder regulatório de maneira a, indevidamente:

I - criar reserva de mercado ao favorecer, na regulação, grupo econômico, ou profissional, em prejuízo dos demais concorrentes;

II - redigir enunciados que impeçam a entrada de novos competidores nacionais ou estrangeiros no mercado;

III - exigir especificação técnica que não seja necessária para atingir o fim desejado;

IV - redigir enunciados que impeçam ou retardem a inovação e a adoção de novas tecnologias, processos ou modelos de negócios, ressalvadas as situações consideradas em regulamento como de alto risco;

V - aumentar os custos de transação sem demonstração de benefícios;

VI - criar demanda artificial ou compulsória de produto, serviço ou atividade profissional, inclusive de uso de cartórios, registros ou cadastros;

VII - introduzir limites à livre formação de sociedades empresariais ou de atividades econômicas;

VIII - restringir o uso e o exercício da publicidade e propaganda sobre um setor econômico, ressalvadas as hipóteses expressamente vedadas em lei federal; e

IX - exigir, sob o pretexto de inscrição tributária, requerimentos de outra natureza de maneira a mitigar os efeitos do inciso I do *caput* do art. 3º desta Lei.

CAPÍTULO IV
DA ANÁLISE DE IMPACTO REGULATÓRIO

Art. 5º As propostas de edição e de alteração de atos normativos de interesse geral de agentes econômicos ou de usuários dos serviços prestados, editadas por órgão ou entidade da administração pública federal, incluídas as autarquias e as fundações públicas, serão precedidas da realização de análise de impacto regulatório, que conterá informações e dados sobre os possíveis efeitos do ato normativo para verificar a razoabilidade do seu impacto econômico.

▸ Decreto 10.411/2020 - Regulamenta a análise de impacto regulatório, de que tratam o art. 5º da Lei 13.874/2019

Parágrafo único. Regulamento disporá sobre a data de início da exigência de que trata o *caput* deste artigo e sobre o conteúdo, a metodologia da análise de impacto regulatório, os quesitos mínimos a serem objeto de exame, as hipóteses em que será obrigatória sua realização e as hipóteses em que poderá ser dispensada.

CAPÍTULO V
DAS ALTERAÇÕES LEGISLATIVAS E DISPOSIÇÕES FINAIS

Art. 6º Fica extinto o Fundo Soberano do Brasil (FSB), fundo especial de natureza contábil e financeira, vinculado ao Ministério da Economia, criado pela Lei nº 11.887, de 24 de dezembro de 2008.

Art. 7º A Lei nº 10.406, de 10 de janeiro de 2002 (Código Civil), passa a vigorar com as seguintes alterações:

▸ Alterações já incorporadas ao texto da referida lei.

Art. 8º O art. 85 da Lei nº 6.404, de 15 de dezembro de 1976, passa a vigorar com as seguintes alterações:

▸ Alterações já incorporadas ao texto da referida lei.

Art. 9º O art. 4º da Lei nº 11.598, de 3 de dezembro de 2007, passa a vigorar acrescido do seguinte § 5º:

▸ Alterações já incorporadas ao texto da referida lei.

Art. 10. A Lei nº 12.682, de 9 de julho de 2012, passa a vigorar acrescida do seguinte art. 2º-A:

▸ Alterações já incorporadas ao texto da referida lei.

Art. 11. O Decreto-Lei nº 9.760, de 5 de setembro de 1946, passa a vigorar com as seguintes alterações:

Alterações já incorporadas ao texto da referida lei.

Art. 12. O art. 1º da Lei nº 6.015, de 31 de dezembro de 1973, passa a vigorar acrescido do seguinte § 3º:

▸ Alterações já incorporadas ao texto da referida lei.

Art. 13. A Lei nº 10.522, de 19 de julho de 2002, passa a vigorar com as seguintes alterações:

▸ Alterações já incorporadas ao texto da referida lei.

Art. 14. A Lei nº 8.934, de 18 de novembro de 1994, passa a vigorar com as seguintes alterações:

▸ Alterações já incorporadas ao texto da referida lei.

Art. 15. A Consolidação das Leis do Trabalho, aprovada pelo Decreto-Lei nº 5.452, de 1º de maio de 1943, passa a vigorar com as seguintes alterações:

▸ Alterações já incorporadas ao texto da referida lei.

Art. 16. O Sistema de Escrituração Digital das Obrigações Fiscais, Previdenciárias e Trabalhistas (eSocial) será substituído, em nível federal, por sistema simplificado de escrituração digital de obrigações previdenciárias, trabalhistas e fiscais.

Parágrafo único. Aplica-se o disposto no *caput* deste artigo às obrigações acessórias à versão digital gerenciadas pela Receita Federal do Brasil do Livro de Controle de Produção e Estoque da Secretaria Especial da Receita Federal do Brasil (Bloco K).

Art. 17. Ficam resguardados a vigência e a eficácia ou os efeitos dos atos declaratórios do Procurador-Geral da Fazenda Nacional, aprovados pelo Ministro de Estado respectivo e editados até a data de publicação desta Lei, nos termos do inciso II do *caput* do art. 19 da Lei nº 10.522, de 19 de julho de 2002.

Art. 18. A eficácia do disposto no inciso X do *caput* do art. 3º desta Lei fica condicionada à regulamentação em ato do Poder Executivo federal, observado que:

I - para documentos particulares, qualquer meio de comprovação da autoria, integridade e, se necessário, confidencialidade de documentos em forma eletrônica é válido, desde que escolhido de comum acordo pelas partes ou aceito pela pessoa a quem for oposto o documento; e

II - independentemente de aceitação, o processo de digitalização que empregar o uso da certificação no padrão da Infraestrutura de Chaves Públicas Brasileira (ICP-Brasil) terá garantia de integralidade, autenticidade e confidencialidade para documentos públicos e privados.

Art. 19. Ficam revogados:

I - a Lei Delegada nº 4, de 26 de setembro de 1962;

II - os seguintes dispositivos do Decreto-Lei nº 73, de 21 de novembro de 1966:

a) inciso III do *caput* do art. 5º; e

b) inciso X do *caput* do art. 32;

III - a Lei nº 11.887, de 24 de dezembro de 2008;

IV - (VETADO);

V - os seguintes dispositivos da Consolidação das Leis do Trabalho, aprovada pelo Decreto-Lei nº 5.452, de 1º de maio de 1943:

a) art. 17;

b) art. 20;

c) art. 21;

d) art. 25;

e) art. 26;

f) art. 30;

g) art. 31;

h) art. 32;

i) art. 33;

j) art. 34;

k) inciso II do art. 40;

l) art. 53;

m) art. 54;

n) art. 56;

o) art. 141;

p) parágrafo único do art. 415;

q) art. 417;

r) art. 419;

s) art. 420;

t) art. 421;

u) art. 422; e

v) art. 633;

VI - os seguintes dispositivos da Lei nº 8.934, de 18 de novembro de 1994:

a) parágrafo único do art. 2º;

b) inciso VIII do *caput* do art. 35;

c) art. 43; e

d) parágrafo único do art. 47.

Art. 20. Esta Lei entra em vigor:

I - (VETADO);

II - na data de sua publicação, para os demais artigos.

Brasília, 20 de setembro de 2019; 198º da Independência e 131º da República.

JAIR MESSIAS BOLSONARO
Paulo Guedes
Luiz Henrique Mandetta

DECRETO Nº 10.024, DE 20 DE SETEMBRO DE 2019

Regulamenta a licitação, na modalidade de pregão, na forma eletrônica, para a aquisição de bens e a contratação de serviços comuns, incluídos os serviços comuns de engenharia, e dispõe sobre o uso da dispensa eletrônica, no âmbito da administração pública federal.

▸ *Regulamentação do pregão*

O PRESIDENTE DA REPÚBLICA, no uso das atribuições que lhe confere o art. 84, *caput*, incisos II, IV e VI, alínea «a", da Constituição, e tendo em vista o disposto no art. 2º, § 1º, da Lei nº 10.520, de 17 de julho de 2002, e na Lei nº 8.666, de 21 de junho de 1993,

DECRETA:

CAPÍTULO I DISPOSIÇÕES PRELIMINARES

Objeto e âmbito de aplicação

Art. 1º Este Decreto regulamenta a licitação, na modalidade de pregão, na forma eletrônica, para a aquisição de bens e a contratação de serviços comuns, incluídos os serviços comuns de engenharia, e dispõe sobre o uso da dispensa eletrônica, no âmbito da administração pública federal.

§ 1º A utilização da modalidade de pregão, na forma eletrônica, pelos órgãos da administração pública federal direta, pelas autarquias, pelas fundações e pelos fundos especiais é obrigatória.

§ 2º As empresas públicas, as sociedades de economia mista e suas subsidiárias, nos termos do regulamento interno de que trata o art. 40 da Lei nº 13.303, de 30 de junho de 2016, poderão adotar, no que couber, as disposições deste Decreto, inclusive o disposto no Capítulo XVII, observados os limites de que trata o art. 29 da referida Lei.

§ 3º Para a aquisição de bens e a contratação de serviços comuns pelos entes federativos, com a utilização de recursos da União decorrentes de transferências voluntárias, tais como convênios e contratos de repasse, a utilização da modalidade de pregão, na forma eletrônica, ou da dispensa eletrônica será obrigatória, exceto nos casos em que a lei ou a regulamentação específica que dispuser sobre a modalidade de transferência discipline de forma diversa as contratações com os recursos do repasse.

§ 4º Será admitida, excepcionalmente, mediante prévia justificativa da autoridade competente, a utilização da forma de pregão presencial nas licitações de que trata o *caput* ou a não adoção do sistema de dispensa eletrônica, desde que fique comprovada a inviabilidade técnica ou a desvantagem para a administração na realização da forma eletrônica.

Princípios

Art. 2º O pregão, na forma eletrônica, é condicionado aos princípios da legalidade, da impessoalidade, da moralidade, da igualdade, da publicidade, da eficiência, da probidade administrativa, do desenvolvimento sustentável, da vinculação ao instrumento convocatório, do julgamento objetivo, da razoabilidade, da competitividade, da proporcionalidade e aos que lhes são correlatos.

§ 1º O princípio do desenvolvimento sustentável será observado nas etapas do processo de contratação, em suas dimensões econômica, social, ambiental e cultural, no mínimo, com base nos planos de gestão de logística sustentável dos órgãos e das entidades.

§ 2º As normas disciplinadoras da licitação serão interpretadas em favor da ampliação da disputa entre os interessados, resguardados o interesse da administração, o princípio da isonomia, a finalidade e a segurança da contratação.

Definições

Art. 3º Para fins do disposto neste Decreto, considera-se:

I - aviso do edital - documento que contém:

a) a definição precisa, suficiente e clara do objeto;

b) a indicação dos locais, das datas e dos horários em que poderá ser lido ou obtido o edital; e

c) o endereço eletrônico no qual ocorrerá a sessão pública com a data e o horário de sua realização;

II - bens e serviços comuns - bens cujos padrões de desempenho e qualidade possam ser objetivamente definidos pelo edital, por meio de especificações reconhecidas e usuais do mercado;

III - bens e serviços especiais - bens que, por sua alta heterogeneidade ou complexidade técnica, não podem ser considerados bens e serviços comuns, nos termos do inciso II;

IV - estudo técnico preliminar - documento constitutivo da primeira etapa do planejamento de uma contratação, que caracteriza o interesse público envolvido e a melhor solução ao problema a ser resolvido e que, na hipótese de conclusão pela viabilidade da contratação, fundamenta o termo de referência;

V - lances intermediários - lances iguais ou superiores ao menor já ofertado, porém inferiores ao último lance dado pelo próprio licitante;

VI - obra - construção, reforma, fabricação, recuperação ou ampliação de bem imóvel, realizada por execução direta ou indireta;

VII - serviço - atividade ou conjunto de atividades destinadas a obter determinada utilidade, intelectual ou material, de interesse da administração pública;

VIII - serviço comum de engenharia - atividade ou conjunto de atividades que necessitam da participação e do acompanhamento de profissional engenheiro habilitado, nos termos do disposto na Lei nº 5.194, de 24 de dezembro de 1966, e cujos padrões de desempenho e qualidade possam ser objetivamente definidos pela administração pública, mediante especificações usuais de mercado;

IX - Sistema de Cadastramento Unificado de Fornecedores - SICAF - ferramenta informatizada, integrante da plataforma do Sistema Integrado de Administração de Serviços Gerais - Siasg, disponibilizada pelo Ministério da Economia, para cadastramento dos órgãos e das entidades da administração pública, das empresas públicas e dos participantes de procedimentos de licitação, dispensa ou inexigibilidade promovidos pelos órgãos e pelas entidades integrantes do Sistema de Serviços Gerais - Sisg;

X - sistema de dispensa eletrônica - ferramenta informatizada, integrante da plataforma do Siasg, disponibilizada pelo Ministério da Economia, para a realização dos processos de contratação direta de bens e serviços comuns, incluídos os serviços comuns de engenharia; e

XI - termo de referência - documento elaborado com base nos estudos técnicos preliminares, que deverá conter:

a) os elementos que embasam a avaliação do custo pela administração pública, a partir dos padrões de desempenho e qualidade estabelecidos e das condições de entrega do objeto, com as seguintes informações:

1. a definição do objeto contratual e dos métodos para a sua execução, vedadas especificações excessivas, irrelevantes ou desnecessárias, que limitem ou frustrem a competição ou a realização do certame;

2. o valor estimado do objeto da licitação demonstrado em planilhas, de acordo com o preço de mercado; e

3. o cronograma físico-financeiro, se necessário;

b) o critério de aceitação do objeto;

c) os deveres do contratado e do contratante;

d) a relação dos documentos essenciais à verificação da qualificação técnica e econômico-financeira, se necessária;

e) os procedimentos de fiscalização e gerenciamento do contrato ou da ata de registro de preços;

f) o prazo para execução do contrato; e

g) as sanções previstas de forma objetiva, suficiente e clara.

§ 1º A classificação de bens e serviços como comuns depende de exame predominantemente fático e de natureza técnica.

§ 2º Os bens e serviços que envolverem o desenvolvimento de soluções específicas de natureza intelectual, científica e técnica, caso possam ser definidos nos termos do disposto no inciso II do *caput*, serão licitados por pregão, na forma eletrônica.

Vedações

Art. 4º O pregão, na forma eletrônica, não se aplica a:

I - contratações de obras;

II - locações imobiliárias e alienações; e

III - bens e serviços especiais, incluídos os serviços de engenharia enquadrados no disposto no inciso III do *caput* do art. 3º.

CAPÍTULO II
DOS PROCEDIMENTOS

Forma de realização

Art. 5º O pregão, na forma eletrônica, será realizado quando a disputa pelo fornecimento de bens ou pela contratação de serviços comuns ocorrer à distância e em sessão pública, por meio do Sistema de Compras do Governo federal, disponível no endereço eletrônico www.comprasgovernamentais.gov.br.

§ 1º O sistema de que trata o *caput* será dotado de recursos de criptografia e de autenticação que garantam as condições de segurança nas etapas do certame.

§ 2º Na hipótese de que trata o § 3º do art. 1º, além do disposto no *caput*, poderão ser utilizados sistemas próprios ou outros sistemas disponíveis no mercado, desde que estejam integrados à plataforma de operacionalização das modalidades de transferências voluntárias.

Etapas

Art. 6º A realização do pregão, na forma eletrônica, observará as seguintes etapas sucessivas:

I - planejamento da contratação;

II - publicação do aviso de edital;

III - apresentação de propostas e de documentos de habilitação;

IV - abertura da sessão pública e envio de lances, ou fase competitiva;

V - julgamento;

VI - habilitação;

VII - recursal;

VIII - adjudicação; e

IX - homologação.

Critérios de julgamento das propostas

Art. 7º Os critérios de julgamento empregados na seleção da proposta mais vantajosa para a administração serão os de menor preço ou maior desconto, conforme dispuser o edital.

Parágrafo único. Serão fixados critérios objetivos para definição do melhor preço, considerados os prazos para a execução do contrato e do fornecimento, as especificações técnicas, os parâmetros mínimos de desempenho e de qualidade, as diretrizes do plano de gestão de logística sustentável e as demais condições estabelecidas no edital.

Documentação

Art. 8º O processo relativo ao pregão, na forma eletrônica, será instruído com os seguintes documentos, no mínimo:

I - estudo técnico preliminar, quando necessário;

II - termo de referência;

III - planilha estimativa de despesa;

IV - previsão dos recursos orçamentários necessários, com a indicação das rubricas, exceto na hipótese de pregão para registro de preços;

V - autorização de abertura da licitação;

VI - designação do pregoeiro e da equipe de apoio;

VII - edital e respectivos anexos;

VIII - minuta do termo do contrato, ou instrumento equivalente, ou minuta da ata de registro de preços, conforme o caso;

IX - parecer jurídico;

X - documentação exigida e apresentada para a habilitação;

XI - proposta de preços do licitante;

XII - ata da sessão pública, que conterá os seguintes registros, entre outros:

a) os licitantes participantes;

b) as propostas apresentadas;

c) os avisos, os esclarecimentos e as impugnações;

d) os lances ofertados, na ordem de classificação;

e) a suspensão e o reinício da sessão, se for o caso;

f) a aceitabilidade da proposta de preço;

g) a habilitação;

h) a decisão sobre o saneamento de erros ou falhas na proposta ou na documentação;

i) os recursos interpostos, as respectivas análises e as decisões; e

j) o resultado da licitação;

XIII - comprovantes das publicações:

a) do aviso do edital;

b) do extrato do contrato; e

c) dos demais atos cuja publicidade seja exigida; e

XIV - ato de homologação.

§ 1º A instrução do processo licitatório poderá ser realizada por meio de sistema eletrônico, de modo que os atos e os documentos de que trata este artigo, constantes dos arquivos e registros digitais, serão válidos para todos os efeitos legais, inclusive para comprovação e prestação de contas.

§ 2º A ata da sessão pública será disponibilizada na internet imediatamente após o seu encerramento, para acesso livre.

CAPÍTULO III
DO ACESSO AO SISTEMA ELETRÔNICO

Credenciamento

Art. 9º A autoridade competente do órgão ou da entidade promotora da licitação, o pregoeiro, os membros da equipe de apoio e os licitantes que participarem do pregão, na forma eletrônica, serão previamente credenciados, perante o provedor do sistema eletrônico.

§ 1º O credenciamento para acesso ao sistema ocorrerá pela atribuição de chave de identificação e de senha pessoal e intransferível.

§ 2º Caberá à autoridade competente do órgão ou da entidade promotora da licitação solicitar, junto ao provedor do sistema, o seu credenciamento, o do pregoeiro e o dos membros da equipe de apoio.

Licitante

Art. 10. Na hipótese de pregão promovido por órgão ou entidade integrante do Sisg, o credenciamento do licitante e sua manutenção dependerão de registro prévio e atualizado no SICAF.

Art. 11. O credenciamento no SICAF permite a participação dos interessados em qualquer pregão, na forma eletrônica, exceto quando o seu cadastro no Sicaf tenha sido inativado ou excluído por solicitação do credenciado ou por determinação legal.

CAPÍTULO IV
DA CONDUÇÃO DO PROCESSO

Órgão ou entidade promotora da licitação

Art. 12. O pregão, na forma eletrônica, será conduzido pelo órgão ou pela entidade promotora da licitação, com apoio técnico e operacional do órgão central do Sisg, que atuará como provedor do Sistema de Compras do Governo federal para os órgãos e entidades integrantes do Sisg.

Autoridade competente

Art. 13. Caberá à autoridade competente, de acordo com as atribuições previstas no regimento ou no estatuto do órgão ou da entidade promotora da licitação:

I - designar o pregoeiro e os membros da equipe de apoio;

II - indicar o provedor do sistema;

III - determinar a abertura do processo licitatório;

IV - decidir os recursos contra os atos do pregoeiro, quando este mantiver sua decisão;

V - adjudicar o objeto da licitação, quando houver recurso;

VI - homologar o resultado da licitação; e

VII - celebrar o contrato ou assinar a ata de registro de preços.

CAPÍTULO V
DO PLANEJAMENTO DA CONTRATAÇÃO

Orientações gerais

Art. 14. No planejamento do pregão, na forma eletrônica, será observado o seguinte:

I - elaboração do estudo técnico preliminar e do termo de referência;

II - aprovação do estudo técnico preliminar e do termo de referência pela autoridade competente ou por quem esta delegar;

III - elaboração do edital, que estabelecerá os critérios de julgamento e a aceitação das propostas, o modo de disputa e, quando necessário, o intervalo mínimo de diferença de valores ou de percentuais entre os lances, que incidirá tanto em relação aos lances intermediários quanto em relação ao lance que cobrir a melhor oferta;

IV - definição das exigências de habilitação, das sanções aplicáveis, dos prazos e das condições que, pelas suas particularidades, sejam consideradas relevantes para a celebração e a execução do contrato e o atendimento das necessidades da administração pública; e

V - designação do pregoeiro e de sua equipe de apoio.

Valor estimado ou valor máximo aceitável

Art. 15. O valor estimado ou o valor máximo aceitável para a contratação, se não constar expressamente do edital, possuirá caráter sigiloso e será disponibilizado exclusiva e permanentemente aos órgãos de controle externo e interno.

§ 1º O caráter sigiloso do valor estimado ou do valor máximo aceitável para a contratação será fundamentado no § 3º do art. 7º da Lei nº 12.527, de 18 de novembro de 2011, e no art. 20 do Decreto nº 7.724, de 16 de maio de 2012.

§ 2º Para fins do disposto no *caput*, o valor estimado ou o valor máximo aceitável para a contratação será tornado público apenas e imediatamente após o encerramento do envio de lances, sem prejuízo da divulgação do detalhamento dos quantitativos e das demais informações necessárias à elaboração das propostas.

§ 3º Nas hipóteses em que for adotado o critério de julgamento pelo maior desconto, o valor estimado, o valor máximo aceitável ou o valor de referência para aplicação do desconto constará obrigatoriamente do instrumento convocatório.

Designações do pregoeiro e da equipe de apoio

Art. 16. Caberá à autoridade máxima do órgão ou da entidade, ou a quem possuir a competência, designar agentes públicos para o desempenho das funções deste Decreto, observados os seguintes requisitos:

I - o pregoeiro e os membros da equipe de apoio serão servidores do órgão ou da entidade promotora da licitação; e

II - os membros da equipe de apoio serão, em sua maioria, servidores ocupantes de cargo efetivo, preferencialmente pertencentes aos quadros permanentes do órgão ou da entidade promotora da licitação.

§ 1º No âmbito do Ministério da Defesa, as funções de pregoeiro e de membro da equipe de apoio poderão ser desempenhadas por militares.

§ 2º A critério da autoridade competente, o pregoeiro e os membros da equipe de apoio poderão ser designados para uma licitação específica, para um período determinado, admitidas reconduções, ou por período indeterminado, permitida a revogação da designação a qualquer tempo.

§ 3º Os órgãos e as entidades de que trata o § 1º do art. 1º estabelecerão planos de capacitação que contenham iniciativas de treinamento para a formação e a atualização técnica de pregoeiros, membros da equipe de apoio e demais agentes encarregados da instrução do processo licitatório, a serem implementadas com base em gestão por competências.

Do pregoeiro

Art. 17. Caberá ao pregoeiro, em especial:

I - conduzir a sessão pública;

II - receber, examinar e decidir as impugnações e os pedidos de esclarecimentos ao edital e aos anexos, além de poder requisitar subsídios formais aos responsáveis pela elaboração desses documentos;

III - verificar a conformidade da proposta em relação aos requisitos estabelecidos no edital;

IV - coordenar a sessão pública e o envio de lances;

V - verificar e julgar as condições de habilitação;

VI - sanear erros ou falhas que não alterem a substância das propostas, dos documentos de habilitação e sua validade jurídica;

VII - receber, examinar e decidir os recursos e encaminhá-los à autoridade competente quando mantiver sua decisão;

VIII - indicar o vencedor do certame;

IX - adjudicar o objeto, quando não houver recurso;

X - conduzir os trabalhos da equipe de apoio; e

XI - encaminhar o processo devidamente instruído à autoridade competente e propor a sua homologação.

Parágrafo único. O pregoeiro poderá solicitar manifestação técnica da assessoria jurídica ou de outros setores do órgão ou da entidade, a fim de subsidiar sua decisão.

Da equipe de apoio

Art. 18. Caberá à equipe de apoio auxiliar o pregoeiro nas etapas do processo licitatório.

Do licitante

Art. 19. Caberá ao licitante interessado em participar do pregão, na forma eletrônica:

I - credenciar-se previamente no Sicaf ou, na hipótese de que trata o § 2º do art. 5º, no sistema eletrônico utilizado no certame;

II - remeter, no prazo estabelecido, exclusivamente via sistema, os documentos de habilitação e a proposta e, quando necessário, os documentos complementares;

III - responsabilizar-se formalmente pelas transações efetuadas em seu nome, assumir como firmes e verdadeiras suas propostas e seus lances, inclusive os atos praticados diretamente ou por seu representante, excluída a responsabilidade do provedor do sistema ou do órgão ou entidade promotora da licitação por eventuais danos decorrentes de uso indevido da senha, ainda que por terceiros;

IV - acompanhar as operações no sistema eletrônico durante o processo licitatório e responsabilizar-se pelo ônus decorrente da perda de negócios diante da inobservância de mensagens emitidas pelo sistema ou de sua desconexão;

V - comunicar imediatamente ao provedor do sistema qualquer acontecimento que possa comprometer o sigilo ou a inviabilidade do uso da senha, para imediato bloqueio de acesso;

VI - utilizar a chave de identificação e a senha de acesso para participar do pregão na forma eletrônica; e

VII - solicitar o cancelamento da chave de identificação ou da senha de acesso por interesse próprio.

Parágrafo único. O fornecedor descredenciado no Sicaf terá sua chave de identificação e senha suspensas automaticamente.

CAPÍTULO VI
DA PUBLICAÇÃO DO AVISO DO EDITAL

Publicação

Art. 20. A fase externa do pregão, na forma eletrônica, será iniciada com a convocação dos interessados por meio da publicação do aviso do edital no Diário Oficial da União e no sítio eletrônico oficial do órgão ou da entidade promotora da licitação.

Parágrafo único. Na hipótese de que trata o § 3º do art. 1º, a publicação ocorrerá na imprensa oficial do respectivo Estado, do Distrito Federal ou do Município e no sítio eletrônico oficial do órgão ou da entidade promotora da licitação.

Edital

Art. 21. Os órgãos ou as entidades integrantes do Sisg e aqueles que aderirem ao Sistema Compras do Governo federal disponibilizarão a íntegra do edital no endereço eletrônico www.comprasgovernamentais.gov.br e no sítio eletrônico do órgão ou da entidade promotora do pregão.

Parágrafo único. Na hipótese do § 2º do art. 5º, o edital será disponibilizado na íntegra no sítio eletrônico do órgão ou da entidade promotora do pregão e no portal do sistema utilizado para a realização do pregão.

Modificação do edital

Art. 22. Modificações no edital serão divulgadas pelo mesmo instrumento de publicação utilizado para divulgação do texto original e o prazo inicialmente estabelecido será reaberto, exceto se, inquestionavelmente, a alteração não afetar a formulação das propostas, resguardado o tratamento isonômico aos licitantes.

Esclarecimentos

Art. 23. Os pedidos de esclarecimentos referentes ao processo licitatório serão enviados ao pregoeiro, até três dias úteis anteriores à data fixada para abertura da sessão pública, por meio eletrônico, na forma do edital.

§ 1º O pregoeiro responderá aos pedidos de esclarecimentos no prazo de dois dias úteis, contado da data de recebimento do pedido, e poderá requisitar subsídios formais aos responsáveis pela elaboração do edital e dos anexos.

§ 2º As respostas aos pedidos de esclarecimentos serão divulgadas pelo sistema e vincularão os participantes e a administração.

Impugnação

Art. 24. Qualquer pessoa poderá impugnar os termos do edital do pregão, por meio eletrônico, na forma prevista no edital, até três dias úteis anteriores à data fixada para abertura da sessão pública.

§ 1º A impugnação não possui efeito suspensivo e caberá ao pregoeiro, auxiliado pelos responsáveis pela elaboração do edital e dos anexos, decidir sobre a impugnação no prazo de dois dias úteis, contado do data de recebimento da impugnação.

§ 2º A concessão de efeito suspensivo à impugnação é medida excepcional e deverá ser motivada pelo pregoeiro, nos autos do processo de licitação.

§ 3º Acolhida a impugnação contra o edital, será definida e publicada nova data para realização do certame.

CAPÍTULO VII
DA APRESENTAÇÃO DA PROPOSTA E DOS DOCUMENTOS DE HABILITAÇÃO

Prazo

Art. 25. O prazo fixado para a apresentação das propostas e dos documentos de habilitação não será inferior a oito dias úteis, contado da data de publicação do aviso do edital.

Apresentação da proposta e dos documentos de habilitação pelo licitante

Art. 26. Após a divulgação do edital no sítio eletrônico, os licitantes encaminharão, exclusivamente por meio do sistema, concomitantemente com os documentos de habilitação exigidos no edital, proposta com a descrição do objeto ofertado e o preço, até a data e o horário estabelecidos para abertura da sessão pública.

§ 1º A etapa de que trata o *caput* será encerrada com a abertura da sessão pública.

§ 2º Os licitantes poderão deixar de apresentar os documentos de habilitação que constem do Sicaf e de sistemas semelhantes mantidos pelos Estados, pelo Distrito Federal ou pelos Municípios, quando a licitação for realizada por esses entes federativos, assegurado aos demais licitantes o direito de acesso aos dados constantes dos sistemas.

§ 3º O envio da proposta, acompanhada dos documentos de habilitação exigidos no edital, nos termos do disposto no *caput*, ocorrerá por meio de chave de acesso e senha.

§ 4º O licitante declarará, em campo próprio do sistema, o cumprimento dos requisitos para a habilitação e a conformidade de sua proposta com as exigências do edital.

§ 5º A falsidade da declaração de que trata o § 4º sujeitará o licitante às sanções previstas neste Decreto.

§ 6º Os licitantes poderão retirar ou substituir a proposta e os documentos de habilitação anteriormente inseridos no sistema, até a abertura da sessão pública.

§ 7º Na etapa de apresentação da proposta e dos documentos de habilitação pelo licitante, observado o disposto no *caput*, não haverá ordem de classificação das propostas, o que ocorrerá somente após os procedimentos de que trata o Capítulo IX.

§ 8º Os documentos que compõem a proposta e a habilitação do licitante melhor classificado somente serão disponibilizados para avaliação do pregoeiro e para acesso público após o encerramento do envio de lances.

§ 9º Os documentos complementares à proposta e à habilitação, quando necessários à confirmação daqueles exigidos no edital e já apresentados, serão encaminhados pelo licitante melhor classificado após o encerramento do envio de lances, observado o prazo de que trata o § 2º do art. 38.

CAPÍTULO VIII
DA ABERTURA DA SESSÃO PÚBLICA E DO ENVIO DE LANCES

Horário de abertura

Art. 27. A partir do horário previsto no edital, a sessão pública na internet será aberta pelo pregoeiro com a utilização de sua chave de acesso e senha.

§ 1º Os licitantes poderão participar da sessão pública na internet, mediante a utilização de sua chave de acesso e senha.

§ 2º O sistema disponibilizará campo próprio para troca de mensagens entre o pregoeiro e os licitantes.

Conformidade das propostas

Art. 28. O pregoeiro verificará as propostas apresentadas e desclassificará aquelas que não estejam em conformidade com os requisitos estabelecidos no edital.

Parágrafo único. A desclassificação da proposta será fundamentada e registrada no sistema, acompanhado em tempo real por todos os participantes.

Ordenação e classificação das propostas

Art. 29. O sistema ordenará automaticamente as propostas classificadas pelo pregoeiro.

Parágrafo único. Somente as propostas classificadas pelo pregoeiro participarão da etapa de envio de lances.

Início da fase competitiva

Art. 30. Classificadas as propostas, o pregoeiro dará início à fase competitiva, oportunidade em que os licitantes poderão encaminhar lances exclusivamente por meio do sistema eletrônico.

§ 1º O licitante será imediatamente informado do recebimento do lance e do valor consignado no registro.

§ 2º Os licitantes poderão oferecer lances sucessivos, observados o horário fixado para abertura da sessão pública e as regras estabelecidas no edital.

§ 3º O licitante somente poderá oferecer valor inferior ou maior percentual de desconto ao último lance por ele ofertado e registrado pelo sistema, observado, quando houver, o intervalo mínimo de diferença de valores ou de percentuais entre os lances, que incidirá tanto em relação aos lances intermediários quanto em relação ao lance que cobrir a melhor oferta.

§ 4º Não serão aceitos dois ou mais lances iguais e prevalecerá aquele que for recebido e registrado primeiro.

§ 5º Durante a sessão pública, os licitantes serão informados, em tempo real, do valor do menor lance registrado, vedada a identificação do licitante.

Modos de disputa

Art. 31. Serão adotados para o envio de lances no pregão eletrônico os seguintes modos de disputa:

I - aberto - os licitantes apresentarão lances públicos e sucessivos, com prorrogações, conforme o critério de julgamento adotado no edital; ou

II - aberto e fechado - os licitantes apresentarão lances públicos e sucessivos, com lance final e fechado, conforme o critério de julgamento adotado no edital.

Parágrafo único. No modo de disputa aberto, o edital preverá intervalo mínimo de diferença de valores ou de percentuais entre os lances, que incidirá tanto em relação aos lances intermediários quanto em relação ao lance que cobrir a melhor oferta.

Modo de disputa aberto

Art. 32. No modo de disputa aberto, de que trata o inciso I do *caput* do art. 31, a etapa de envio de lances na sessão pública durará dez minutos e, após isso, será prorrogada automaticamente pelo sistema quando houver lance ofertado nos últimos dois minutos do período de duração da sessão pública.

§ 1º A prorrogação automática da etapa de envio de lances, de que trata o *caput*, será de dois minutos e ocorrerá sucessivamente sempre que houver lances enviados nesse período de prorrogação, inclusive quando se tratar de lances intermediários.

§ 2º Na hipótese de não haver novos lances na forma estabelecida no *caput* e no § 1º, a sessão pública será encerrada automaticamente.

§ 3º Encerrada a sessão pública sem prorrogação automática pelo sistema, nos termos do disposto no § 1º, o pregoeiro poderá, assessorado pela equipe de apoio, admitir o reinício da etapa de envio de lances, em prol da consecução do melhor preço disposto no parágrafo único do art. 7º, mediante justificativa.

Modo de disputa aberto e fechado

Art. 33. No modo de disputa aberto e fechado, de que trata o inciso II do *caput* do art. 31, a etapa de envio de lances da sessão pública terá duração de quinze minutos.

§ 1º Encerrado o prazo previsto no *caput*, o sistema encaminhará o aviso de fechamento iminente dos lances e, transcorrido o período de até dez minutos, aleatoriamente determinado, a recepção de lances será automaticamente encerrada.

§ 2º Encerrado o prazo de que trata o § 1º, o sistema abrirá a oportunidade para que o autor da oferta de valor mais baixo e os autores das ofertas com valores até dez por cento superiores àquela possam ofertar um lance final e fechado em até cinco minutos, que será sigiloso até o encerramento deste prazo.

§ 3º Na ausência de, no mínimo, três ofertas nas condições de que trata o § 2º, os autores dos melhores lances subsequentes, na ordem de classificação, até o máximo de três, poderão oferecer um lance final e fechado em até cinco minutos, que será sigiloso até o encerramento do prazo.

§ 4º Encerrados os prazos estabelecidos nos § 2º e § 3º, o sistema ordenará os lances em ordem crescente de vantajosidade.

§ 5º Na ausência de lance final e fechado classificado nos termos dos § 2º e § 3º, haverá o reinício da etapa fechada para que os demais licitantes, até o máximo de três, na ordem de classificação, possam ofertar um lance final e fechado em até cinco minutos, que será sigiloso até o encerramento deste prazo, observado, após esta etapa, o disposto no § 4º.

§ 6º Na hipótese de não haver licitante classificado na etapa de lance fechado que atenda às exigências para habilitação, o pregoeiro poderá, auxiliado pela equipe de apoio, mediante justificativa, admitir o reinício da etapa fechada, nos termos do disposto no § 5º.

Desconexão do sistema na etapa de lances

Art. 34. Na hipótese de o sistema eletrônico desconectar para o pregoeiro no decorrer da etapa de envio de lances da sessão pública e permanecer acessível aos licitantes, os lances continuarão sendo recebidos, sem prejuízo dos atos realizados.

Art. 35. Quando a desconexão do sistema eletrônico para o pregoeiro persistir por tempo superior a dez minutos, a sessão pública será suspensa e reiniciada somente decorridas vinte e quatro horas após a comunicação do fato aos participantes, no sítio eletrônico utilizado para divulgação.

Critérios de desempate

Art. 36. Após a etapa de envio de lances, haverá a aplicação dos critérios de desempate previstos nos art. 44 e art. 45 da Lei Complementar nº 123, de 14 de dezembro de 2006, seguido da aplicação do critério estabelecido no § 2º do art. 3º da Lei nº 8.666, de 1993, se não houver licitante que atenda à primeira hipótese.

Art. 37. Os critérios de desempate serão aplicados nos termos do art. 36, caso não haja envio de lances após o início da fase competitiva.

Parágrafo único. Na hipótese de persistir o empate, a proposta vencedora será sorteada pelo sistema eletrônico dentre as propostas empatadas.

CAPÍTULO IX
DO JULGAMENTO

Negociação da proposta

Art. 38. Encerrada a etapa de envio de lances da sessão pública, o pregoeiro deverá encaminhar, pelo sistema eletrônico, contraproposta ao licitante que tenha apresentado o melhor preço, para que seja obtida melhor proposta, vedada a negociação em condições diferentes das previstas no edital.

§ 1º A negociação será realizada por meio do sistema e poderá ser acompanhada pelos demais licitantes.

§ 2º O instrumento convocatório deverá estabelecer prazo de, no mínimo, duas horas, contado da solicitação do pregoeiro no sistema, para envio da proposta e, se necessário, dos documentos complementares, adequada ao último lance ofertado após a negociação de que trata o *caput*.

Julgamento da proposta

Art. 39. Encerrada a etapa de negociação de que trata o art. 38, o pregoeiro examinará a proposta classificada em primeiro lugar quanto à adequação ao objeto e à compatibilidade do preço em relação ao máximo estipulado para contratação no edital, observado o disposto no parágrafo único do art. 7º e no § 9º do art. 26, e verificará a habilitação do licitante conforme disposições do edital, observado o disposto no Capítulo X.

CAPÍTULO X
DA HABILITAÇÃO

Documentação obrigatória

Art. 40. Para habilitação dos licitantes, será exigida, exclusivamente, a documentação relativa:

I - à habilitação jurídica;

II - à qualificação técnica;

III - à qualificação econômico-financeira;

IV - à regularidade fiscal e trabalhista;

V - à regularidade fiscal perante as Fazendas Públicas estaduais, distrital e municipais, quando necessário; e

VI - ao cumprimento do disposto no inciso XXXIII do *caput* do art. 7º da Constituição e no inciso XVIII do *caput* do art. 78 da Lei nº 8.666, de 1993.

Parágrafo único. A documentação exigida para atender ao disposto nos incisos I, III, IV e V do *caput* poderá ser substituída pelo registro cadastral no Sicaf e em sistemas semelhantes mantidos pelos Estados, pelo Distrito Federal ou pelos Municípios, quando a licitação for realizada por esses entes federativos.

Art. 41. Quando permitida a participação de empresas estrangeiras na licitação, as exigências de habilitação serão atendidas mediante documentos equivalentes, inicialmente apresentados com tradução livre.

Parágrafo único. Na hipótese de o licitante vencedor ser estrangeiro, para fins de assinatura do contrato ou da ata de registro de preços, os documentos de que trata o *caput* serão traduzidos por tradutor juramentado no País e apostilados nos termos do dispostos no Decreto nº 8.660, de 29 de janeiro de 2016, ou de outro que venha a substituí-lo, ou consularizados pelos respectivos consulados ou embaixadas.

Art. 42. Quando permitida a participação de consórcio de empresas, serão exigidas:

I - a comprovação da existência de compromisso público ou particular de constituição de consórcio, com indicação da empresa líder, que atenderá às condições de liderança estabelecidas no edital e representará as consorciadas perante a União;

II - a apresentação da documentação de habilitação especificada no edital por empresa consorciada;

III - a comprovação da capacidade técnica do consórcio pelo somatório dos quantitativos de cada empresa consorciada, na forma estabelecida no edital;

IV - a demonstração, por cada empresa consorciada, do atendimento aos índices contábeis definidos no edital, para fins de qualificação econômico-financeira;

V - a responsabilidade solidária das empresas consorciadas pelas obrigações do consórcio, nas etapas da licitação e durante a vigência do contrato;

VI - a obrigatoriedade de liderança por empresa brasileira no consórcio formado por empresas brasileiras e estrangeiras, observado o disposto no inciso I; e

VII - a constituição e o registro do consórcio antes da celebração do contrato.

Parágrafo único. Fica vedada a participação de empresa consorciada, na mesma licitação, por meio de mais de um consórcio ou isoladamente.

Procedimentos de verificação

Art. 43. A habilitação dos licitantes será verificada por meio do Sicaf, nos documentos por ele abrangidos, quando os procedimentos licitatórios forem realizados por órgãos ou entidades integrantes do Sisg ou por aqueles que aderirem ao Sicaf.

§ 1º Os documentos exigidos para habilitação que não estejam contemplados no Sicaf serão enviados nos termos do disposto no art. 26.

§ 2º Na hipótese de necessidade de envio de documentos complementares após o julgamento da proposta, os documentos deverão ser apresentados em formato digital, via sistema, no prazo definido no edital, após solicitação do pregoeiro no sistema eletrônico, observado o prazo disposto no § 2º do art. 38.

§ 3º A verificação pelo órgão ou entidade promotora do certame nos sítios eletrônicos oficiais de órgãos e entidades emissores de certidões constitui meio legal de prova, para fins de habilitação.

§ 4º Na hipótese de a proposta vencedora não for aceitável ou o licitante não atender às exigências para habilitação, o pregoeiro examinará a proposta subsequente e assim sucessivamente, na ordem de classificação, até a apuração de uma proposta que atenda ao edital.

§ 5º Na hipótese de contratação de serviços comuns em que a legislação ou o edital exija apresentação de planilha de composição de preços, esta deverá ser encaminhada exclusivamente via sistema, no prazo fixado no edital, com os respectivos valores readequados ao lance vencedor.

§ 6º No pregão, na forma eletrônica, realizado para o sistema de registro de preços, quando a proposta do licitante vencedor não atender ao quantitativo total estimado para a contratação, poderá ser convocada a quantidade de licitantes necessária para alcançar o total estimado, respeitada a ordem de classificação, observado o preço da proposta vencedora, precedida de posterior habilitação, nos termos do disposto no Capítulo X.

§ 7º A comprovação de regularidade fiscal e trabalhista das microempresas e das empresas de pequeno porte será exigida nos termos do disposto no art. 4º do Decreto nº 8.538, de 6 de outubro de 2015.

§ 8º Constatado o atendimento às exigências estabelecidas no edital, o licitante será declarado vencedor.

CAPÍTULO XI
DO RECURSO

Intenção de recorrer e prazo para recurso

Art. 44. Declarado o vencedor, qualquer licitante poderá, durante o prazo concedido na sessão pública, de forma imediata, em campo próprio do sistema, manifestar sua intenção de recorrer.

§ 1º As razões do recurso de que trata o *caput* deverão ser apresentadas no prazo de três dias.

§ 2º Os demais licitantes ficarão intimados para, se desejarem, apresentar suas contrarrazões, no prazo de três dias, contado da data final do prazo do recorrente, assegurada vista imediata dos elementos indispensáveis à defesa dos seus interesses.

§ 3º A ausência de manifestação imediata e motivada do licitante quanto à intenção de recorrer, nos termos do disposto no *caput*, importará na decadência desse direito, e o pregoeiro estará autorizado a adjudicar o objeto ao licitante declarado vencedor.

§ 4º O acolhimento do recurso importará na invalidação apenas dos atos que não podem ser aproveitados.

CAPÍTULO XII DA ADJUDICAÇÃO E DA HOMOLOGAÇÃO

Autoridade competente

Art. 45. Decididos os recursos e constatada a regularidade dos atos praticados, a autoridade competente adjudicará o objeto e homologará o procedimento licitatório, nos termos do disposto no inciso V do *caput* do art. 13.

Pregoeiro

Art. 46. Na ausência de recurso, caberá ao pregoeiro adjudicar o objeto e encaminhar o processo devidamente instruído à autoridade superior e propor a homologação, nos termos do disposto no inciso IX do *caput* do art. 17.

CAPÍTULO XIII DO SANEAMENTO DA PROPOSTA E DA HABILITAÇÃO

Erros ou falhas

Art. 47. O pregoeiro poderá, no julgamento da habilitação e das propostas, sanar erros ou falhas que não alterem a substância das propostas, dos documentos e sua validade jurídica, mediante decisão fundamentada, registrada em ata e acessível aos licitantes, e lhes atribuirá validade e eficácia para fins de habilitação e classificação, observado o disposto na Lei nº 9.784, de 29 de janeiro de 1999.

Parágrafo único. Na hipótese de necessidade de suspensão da sessão pública para a realização de diligências, com vistas ao saneamento de que trata o *caput*, a sessão pública somente poderá ser reiniciada mediante aviso prévio no sistema com, no mínimo, vinte e quatro horas de antecedência, e a ocorrência será registrada em ata.

CAPÍTULO XIV DA CONTRATAÇÃO

Assinatura do contrato ou da ata de registro de preços

Art. 48. Após a homologação, o adjudicatário será convocado para assinar o contrato ou a ata de registro de preços no prazo estabelecido no edital.

§ 1º Na assinatura do contrato ou da ata de registro de preços, será exigida a comprovação das condições de habilitação consignadas no edital, que deverão ser mantidas pelo licitante durante a vigência do contrato ou da ata de registro de preços.

§ 2º Na hipótese de o vencedor da licitação não comprovar as condições de habilitação consignadas no edital ou se recusar a assinar o contrato ou a ata de registro de preços, outro licitante poderá ser convocado, respeitada a ordem de classificação, para, após a comprovação dos requisitos para habilitação, analisada a proposta e eventuais documentos complementares e, feita a negociação, assinar o contrato ou a ata de registro de preços, sem prejuízo da aplicação das sanções de que trata o art. 49.

§ 3º O prazo de validade das propostas será de sessenta dias, permitida a fixação de prazo diverso no edital.

CAPÍTULO XV DA SANÇÃO

Impedimento de licitar e contratar

Art. 49. Ficará impedido de licitar e de contratar com a União e será descredenciado no Sicaf, pelo prazo de até cinco anos, sem prejuízo das multas previstas em edital e no contrato e das demais cominações legais, garantido o direito à ampla defesa, o licitante que, convocado dentro do prazo de validade de sua proposta:

I - não assinar o contrato ou a ata de registro de preços;

II - não entregar a documentação exigida no edital;

III - apresentar documentação falsa;

IV - causar o atraso na execução do objeto;

V - não mantiver a proposta;

VI - falhar na execução do contrato;

VII - fraudar a execução do contrato;

VIII - comportar-se de modo inidôneo;

IX - declarar informações falsas; e

X - cometer fraude fiscal.

§ 1º As sanções descritas no *caput* também se aplicam aos integrantes do cadastro de reserva, em pregão para registro de preços que, convocados, não honrarem o compromisso assumido sem justificativa ou com justificativa recusada pela administração pública.

§ 2º As sanções serão registradas e publicadas no Sicaf.

CAPÍTULO XVI DA REVOGAÇÃO E DA ANULAÇÃO

Revogação e anulação

Art. 50. A autoridade competente para homologar o procedimento licitatório de que trata este Decreto poderá revogá-lo somente em razão do interesse público, por motivo de fato superveniente devidamente comprovado, pertinente e suficiente para justificar a revogação, e deverá anulá-lo por ilegalidade, de ofício ou por provocação de qualquer pessoa, por meio de ato escrito e fundamentado.

Parágrafo único. Os licitantes não terão direito à indenização em decorrência da anulação do procedimento licitatório, ressalvado o direito do contratado de boa-fé ao ressarcimento dos encargos que tiver suportado no cumprimento do contrato.

CAPÍTULO XVII DO SISTEMA DE DISPENSA ELETRÔNICA

Aplicação

Art. 51. As unidades gestoras integrantes do Sisg adotarão o sistema de dispensa eletrônica, nas seguintes hipóteses:

I - contratação de serviços comuns de engenharia, nos termos do disposto no inciso I do *caput* do art. 24 da Lei nº 8.666, de 1993;

II - aquisição de bens e contratação de serviços comuns, nos termos do disposto no inciso II do *caput* do art. 24 da Lei nº 8.666, de 1993; e

III - aquisição de bens e contratação de serviços comuns, incluídos os serviços comuns de engenharia, nos termos do disposto no inciso III e seguintes do *caput* do art. 24 da Lei nº 8.666, de 1993, quando cabível.

§ 1º Ato do Secretário de Gestão da Secretaria Especial de Desburocratização, Gestão e Governo Digital do Ministério da Economia regulamentará o funcionamento do sistema de dispensa eletrônica.

§ 2º A obrigatoriedade da utilização do sistema de dispensa eletrônica ocorrerá a partir da data de publicação do ato de que trata o § 1º.

§ 3º Fica vedada a utilização do sistema de dispensa eletrônica nas hipóteses de que trata o art. 4º.

CAPÍTULO XVIII DISPOSIÇÕES FINAIS

Orientações gerais

Art. 52. Ato do Secretário de Gestão da Secretaria Especial de Desburocratização, Gestão e Governo Digital do Ministério da Economia estabelecerá os prazos para implementação das regras decorrentes do disposto neste Decreto quando se tratar de licitações realizadas com a utilização de transferências de recursos da União de que trata o § 3º do art. 1º.

Art. 53. Os horários estabelecidos no edital, no aviso e durante a sessão pública observarão o horário de Brasília, Distrito Federal, inclusive para contagem de tempo e registro no sistema eletrônico e na documentação relativa ao certame.

Art. 54. Os participantes de licitação na modalidade de pregão, na forma eletrônica, têm direito público subjetivo à fiel observância do procedimento estabelecido neste Decreto e qualquer interessado poderá acompanhar o seu desenvolvimento em tempo real, por meio da internet.

Art. 55. Os entes federativos usuários dos sistemas de que trata o § 2º do art. 5º poderão utilizar o Sicaf para fins habilitatórios.

Art. 56. A Secretaria de Gestão da Secretaria Especial de Desburocratização, Gestão e Governo Digital do Ministério da Economia poderá ceder o uso do seu sistema eletrônico a órgão ou entidade dos Poderes da União, dos Estados, do Distrito Federal e dos Municípios, mediante celebração de termo de acesso.

Art. 57. As propostas que contenham a descrição do objeto, o valor e os documentos complementares estarão disponíveis na internet, após a homologação.

Art. 58. Os arquivos e os registros digitais relativos ao processo licitatório permanecerão à disposição dos órgãos de controle interno e externo.

Art. 59. A Secretaria de Gestão da Secretaria Especial de Desburocratização, Gestão e Governo Digital do Ministério da Economia poderá editar normas complementares ao disposto neste Decreto e disponibilizar informações adicionais, em meio eletrônico.

Revogação

Art. 60. Ficam revogados:

I - o Decreto nº 5.450, de 31 de maio de 2005; e

II - o Decreto nº 5.504, de 5 de agosto de 2005.

Vigência

Art. 61. Este Decreto entra em vigor em 28 de outubro de 2019.

§ 1º Os editais publicados após a data de entrada em vigor deste Decreto serão ajustados aos termos deste Decreto.

§ 2º As licitações cujos editais tenham sido publicados até 28 de outubro de 2019 permanecem regidos pelo Decreto nº 5.450, de 2005.

Brasília, 20 de setembro de 2019; 198º da Independência e 131º da República.

JAIR MESSIAS BOLSONARO

Paulo Guedes

LEI Nº 13.974, DE 7 DE JANEIRO DE 2020

Dispõe sobre o Conselho de Controle de Atividades Financeiras (COAF), de que trata o art. 14 da Lei nº 9.613, de 3 de março de 1998.

- *Conselho de Controle de Atividades Financeiras (COAF)*

O PRESIDENTE DA REPÚBLICA

Faço saber que o Congresso Nacional decreta e eu sanciono a seguinte Lei:

Art. 1º Esta Lei reestrutura o Conselho de Controle de Atividades Financeiras (Coaf), de que trata o art. 14 da Lei nº 9.613, de 3 de março de 1998.

Art. 2º O Coaf dispõe de autonomia técnica e operacional, atua em todo o território nacional e vincula-se administrativamente ao Banco Central do Brasil.

Art. 3º Compete ao Coaf, em todo o território nacional, sem prejuízo das atribuições estabelecidas na legislação em vigor:

I - produzir e gerir informações de inteligência financeira para a prevenção e o combate à lavagem de dinheiro;

II - promover a interlocução institucional com órgãos e entidades nacionais, estrangeiros e internacionais que tenham conexão com suas atividades.

Art. 4º A estrutura organizacional do Coaf compreende:

I - Presidência;

II - Plenário; e

III - Quadro Técnico.

§ 1º O Plenário é composto do Presidente do Coaf e de 12 (doze) servidores ocupantes de cargo efetivos, de reputação ilibada e reconhecidos conhecimentos em matéria de prevenção e combate à lavagem de dinheiro, escolhidos dentre integrantes dos quadros de pessoal dos seguintes órgãos e entidades:

I - Banco Central do Brasil;

II - Comissão de Valores Mobiliários;

III - Superintendência de Seguros Privados;

IV - Procuradoria-Geral da Fazenda Nacional;

V - Secretaria Especial da Receita Federal do Brasil;

VI - Agência Brasileira de Inteligência;

VII - Ministério das Relações Exteriores;

VIII - Ministério da Justiça e Segurança Pública;

IX - Polícia Federal;

X - Superintendência Nacional de Previdência Complementar;

XI - Controladoria-Geral da União;

XII - Advocacia-Geral da União.

§ 2º Compete ao Plenário, sem prejuízo de outras atribuições previstas no Regimento Interno do Coaf:

I - decidir sobre as orientações e as diretrizes estratégicas de atuação propostas pelo Presidente do Coaf;

II - decidir sobre infrações e aplicar as penalidades administrativas previstas no art. 12 da Lei nº 9.613, de 3 de março de 1998, em relação a pessoas físicas e pessoas jurídicas abrangidas pelo disposto no art. 9º da Lei nº 9.613, de 3 de março de 1998, para as quais não exista órgão próprio fiscalizador ou regulador;

III - convidar especialistas em matéria correlacionada à atuação do Coaf, oriundos de órgãos e entidades públicas ou de entes privados, com o intuito de contribuir para o aperfeiçoamento de seus processos de gestão e inovação tecnológica, observada pelo convidado a preservação do sigilo de informações de caráter reservado às quais tenha acesso.

§ 3º A participação dos membros do Plenário em suas sessões deliberativas será considerada prestação de serviço público relevante não remunerado.

§ 4º O Quadro Técnico compreende o Gabinete da Presidência, a Secretaria-Executiva e as Diretorias Especializadas definidas no Regimento Interno do Coaf.

§ 5º Compete ao Presidente do Banco Central do Brasil escolher e nomear o Presidente do Coaf e os membros do Plenário.

§ 6º Compete ao Presidente do Coaf escolher e nomear, observadas as exigências de qualificação profissional e formação acadêmica previstas em ato do Poder Executivo:

I - o Secretário-Executivo e os titulares das Diretorias Especializadas referidas no § 4º deste artigo;

II - os servidores, os militares e os empregados públicos cedidos ao Coaf ou por ele requisitados;

III - os ocupantes de cargos em comissão e funções de confiança.

Art. 5º A organização e o funcionamento do Coaf, incluídas a sua estrutura e as competências e as atribuições no âmbito da Presidência, do Plenário e do Quadro Técnico, serão definidos em seu Regimento Interno, aprovado pela Diretoria Colegiada do Banco Central do Brasil.

Art. 6º O processo administrativo sancionador no âmbito do Coaf será disciplinado pela Diretoria Colegiada do Banco Central do Brasil, à qual incumbe dispor, entre outros aspectos, sobre o rito, os prazos e os critérios para gradação das penalidades previstas na Lei nº 9.613, de 3 de março 1998, assegurados o contraditório e a ampla defesa.

§ 1º Caberá recurso das decisões do Plenário relacionadas ao processo administrativo de que trata o *caput* deste artigo ao Conselho de Recursos do Sistema Financeiro Nacional.

§ 2º O disposto na Lei nº 9.784, de 29 de janeiro de 1999, aplica-se subsidiariamente aos processos administrativos sancionadores instituídos no âmbito do Coaf.

Art. 7º É aplicável ao Coaf o disposto no art. 2º da Lei nº 9.007, de 17 de março de 1995.

Parágrafo único. É vedada a redistribuição para os quadros de pessoal do Banco Central do Brasil de servidor oriundo de outros órgãos e entidades, em razão do exercício no Coaf.

Art. 8º Aos integrantes da estrutura do Coaf é vedado:

I - participar, na forma de controlador, administrador, gerente preposto ou mandatário, de pessoas jurídicas com atividades relacionadas no *caput* e no parágrafo único do art. 9º da Lei nº 9.613, de 3 de março de 1998;

II - emitir parecer sobre matéria de sua especialização, fora de suas atribuições funcionais, ainda que em tese, ou atuar como consultor das pessoas jurídicas a que se refere o inciso I do *caput* deste artigo;

III - manifestar, em qualquer meio de comunicação, opinião sobre processo pendente de julgamento no Coaf;

IV - fornecer ou divulgar informações conhecidas ou obtidas em decorrência do exercício de suas funções a pessoas que não disponham de autorização legal ou judicial para acessá-las.

§ 1º À infração decorrente do descumprimento do inciso IV do *caput* deste artigo aplica-se o disposto no art. 10 da Lei Complementar nº 105, de 10 de janeiro de 2001.

§ 2º O Presidente do Coaf adotará as diligências necessárias para apuração de responsabilidade dos servidores e demais pessoas que possam ter contribuído para o descumprimento do disposto no *caput* deste artigo e encaminhará relatório circunstanciado à autoridade policial ou ao Ministério Público para adoção das medidas cabíveis.

§ 3º As providências previstas no § 2º deste artigo serão adotadas pelo Presidente do Banco Central do Brasil caso haja indícios de autoria ou de participação do Presidente do Coaf.

Art. 9º Constituem Dívida Ativa do Banco Central do Brasil os créditos decorrentes da atuação do Coaf inscritos a partir de 20 de agosto de 2019.

§ 1º Continuam integrando a Dívida Ativa da União as multas pecuniárias e seus acréscimos legais relativos à ação fiscalizadora do Coaf nela inscritos até 19 de agosto de 2019.

§ 2º Compete aos titulares do cargo de Procurador do Banco Central do Brasil o exercício das atribuições previstas no art. 4º da Lei nº 9.650, de 27 de maio de 1998, em relação ao Coaf.

Art. 10. Ficam mantidos os cargos em comissão e as funções de confiança integrantes da estrutura do Coaf em 19 de agosto de 2019.

Art. 11. Ficam mantidos os efeitos dos atos de cessão, requisição e movimentação de pessoal destinado ao Coaf editados até 19 de agosto de 2019.

Art. 12. O Ministério da Economia e o Ministério da Justiça e Segurança Pública prestarão, até 31 de dezembro de 2020, o apoio técnico e administrativo necessário para o funcionamento e a operação do Coaf.

Art. 13. Ato conjunto do Ministério da Economia, do Ministério da Justiça e Segurança Pública e do Banco Central do Brasil disporá sobre a transferência progressiva de processos e contratos administrativos.

Art. 14. Ficam revogados os arts. 13, 16 e 17 da Lei nº 9.613, de 3 de março de 1998.

Art. 15. Esta Lei entra em vigor na data de sua publicação.

Brasília, 7 de janeiro de 2020; 199º da Independência e 132º da República.

JAIR MESSIAS BOLSONARO

Marcelo Pacheco dos Guaranys

LEI Nº 13.979, DE 6 DE FEVEREIRO DE 2020

Dispõe sobre as medidas para enfrentamento da emergência de saúde pública de importância internacional decorrente do coronavírus responsável pelo surto de 2019.

‣ Medidas de Enfrentamento – COVID-19

O PRESIDENTE DA REPÚBLICA

Faço saber que o Congresso Nacional decreta e eu sanciono a seguinte Lei:

Art. 1º Esta Lei dispõe sobre as medidas que poderão ser adotadas para enfrentamento da emergência de saúde pública de importância internacional decorrente do coronavírus responsável pelo surto de 2019.

§ 1º As medidas estabelecidas nesta Lei objetivam a proteção da coletividade.

§ 2º Ato do Ministro de Estado da Saúde disporá sobre a duração da situação de emergência de saúde pública de que trata esta Lei.

§ 3º O prazo de que trata o § 2º deste artigo não poderá ser superior ao declarado pela Organização Mundial de Saúde.

Art. 2º Para fins do disposto nesta Lei, considera-se:

I - isolamento: separação de pessoas doentes ou contaminadas, ou de bagagens, meios de transporte, mercadorias ou encomendas postais afetadas, de outros, de maneira a evitar a contaminação ou a propagação do coronavírus; e

II - quarentena: restrição de atividades ou separação de pessoas suspeitas de contaminação das pessoas que não estejam doentes, ou de bagagens, contêineres, animais, meios de transporte ou mercadorias suspeitos de contaminação, de maneira a evitar a possível contaminação ou a propagação do coronavírus.

Parágrafo único. As definições estabelecidas pelo Artigo 1 do Regulamento Sanitário Internacional, constante do Anexo ao Decreto nº 10.212, de 30 de janeiro de 2020, aplicam-se ao disposto nesta Lei, no que couber.

Art. 3º Para enfrentamento da emergência de saúde pública de importância internacional de que trata esta Lei, as autoridades poderão adotar, no âmbito de suas competências, entre outras, as seguintes medidas: (Redação dada pela Lei 14.035/2020)

I - isolamento;

II - quarentena;

III - determinação de realização compulsória de:

a) exames médicos;

b) testes laboratoriais;

c) coleta de amostras clínicas;

d) vacinação e outras medidas profiláticas; ou

e) tratamentos médicos específicos;

III-A - uso obrigatório de máscaras de proteção individual; *(Incluído pela Lei 14.019/2020)*

IV - estudo ou investigação epidemiológica;

V - exumação, necropsia, cremação e manejo de cadáver;

VI - restrição excepcional e temporária, por rodovias, portos ou aeroportos, de: (Redação dada pela Lei 14.035/2020)

a) entrada e saída do País; e (Acrescida pela Lei 14.035/2020)

b) locomoção interestadual e intermunicipal; (Acrescida pela Lei 14.035/2020)

VII - requisição de bens e serviços de pessoas naturais e jurídicas, hipótese em que será garantido o pagamento posterior de indenização justa; e

VIII - autorização excepcional e temporária para a importação e distribuição de quaisquer materiais, medicamentos, equipamentos e insumos da área de saúde sujeitos à vigilância sanitária sem registro na Anvisa considerados essenciais para auxiliar no combate à pandemia do coronavírus, desde que: (Inciso com redação dada pela Lei 14.006/2020)

a) registrados por pelo menos 1 (uma) das seguintes autoridades sanitárias estrangeiras e autorizados à distribuição comercial em seus respectivos países: *(Alínea com redação dada pela Lei 14.006/2020)*

1. Food and Drug Administration (FDA); *(Item acrescido pela Lei 14.006/2020)*

2. European Medicines Agency (EMA); *(Item acrescido pela Lei 14.006/2020)*

3. Pharmaceuticals and Medical Devices Agency (PMDA); *(Item acrescido pela Lei 14.006/2020)*

4. National Medical Products Administration (NMPA); *(Item acrescido pela Lei 14.006/2020)*

b) *(Revogada pela Lei 14.006/2020)*

§ 1º As medidas previstas neste artigo somente poderão ser determinadas com base em evidências científicas e em análises sobre as informações estratégicas em saúde e deverão ser limitadas no tempo e no espaço ao mínimo indispensável à promoção e à preservação da saúde pública.

§ 2º Ficam assegurados às pessoas afetadas pelas medidas previstas neste artigo:

I - o direito de serem informadas permanentemente sobre o seu estado de saúde e a assistência à família conforme regulamento;

II - o direito de receberem tratamento gratuito;

III - o pleno respeito à dignidade, aos direitos humanos e às liberdades fundamentais das pessoas, conforme preconiza o Artigo 3 do Regulamento Sanitário Internacional, constante do Anexo ao Decreto nº 10.212, de 30 de janeiro de 2020.

§ 3º Será considerado falta justificada ao serviço público ou à atividade laboral privada o período de ausência decorrente das medidas previstas neste artigo.

§ 4º As pessoas deverão sujeitar-se ao cumprimento das medidas previstas neste artigo, e o descumprimento delas acarretará responsabilização, nos termos previstos em lei.

§ 5º Ato do Ministro de Estado da Saúde:

I - disporá sobre as condições e os prazos aplicáveis às medidas previstas nos incisos I e II do *caput* deste artigo; e

II - *(Revogado pela Lei 14.006/2020)*

§ 6º Ato conjunto dos Ministros de Estado da Saúde, da Justiça e Segurança Pública e da Infraestrutura disporá sobre as medidas previstas no inciso VI do *caput* deste artigo, observado o disposto no inciso I do § 6º-B deste artigo. (Redação dada pela Lei 14.035/2020)

§ 6º-A. (Parágrafo acrescido pela Medida Provisória nº 927/2020, com prazo de vigência encerrado em 19/7/2020)

§ 6º-B. As medidas previstas no inciso VI do *caput* deste artigo deverão ser precedidas de recomendação técnica e fundamentada: (Acrescido pela Lei 4.035/2020)

I - da Agência Nacional de Vigilância Sanitária (Anvisa), em relação à entrada e saída do País e à locomoção interestadual; ou

II - do respectivo órgão estadual de vigilância sanitária, em relação à locomoção intermunicipal.

§§ 6º-C e 6º-D (VETADOS na Lei 14.035/2020)

§ 7º As medidas previstas neste artigo poderão ser adotadas:

I - pelo Ministério da Saúde, exceto a constante do inciso VIII do *caput* deste artigo; *(Inciso com redação dada pela Lei 14.006/2020)*

II - pelos gestores locais de saúde, desde que autorizados pelo Ministério da Saúde, nas hipóteses dos incisos I, II, III-A, V e VI do *caput* deste artigo; (Redação dada pela Lei 14.035/2020)

III - pelos gestores locais de saúde, nas hipóteses dos incisos III, IV e VII do *caput* deste artigo.

IV - pela Anvisa, na hipótese do inciso VIII do *caput* deste artigo. *(Inciso acrescido dada pela Lei 14.006/2020)*

§ 7º-A. A autorização de que trata o inciso VIII do *caput* deste artigo deverá ser concedida pela Anvisa em até 72 (setenta e duas) horas após a submissão do pedido à Agência, dispensada a autorização de qualquer outro órgão da administração pública direta ou indireta para os produtos que especifica, sendo concedida automaticamente caso esgotado o prazo sem manifestação. (Acrescido pela Lei nº 14.006/2020)

§ 7º-B. O médico que prescrever ou ministrar medicamento cuja importação ou distribuição tenha sido autorizada na forma do inciso VIII do *caput* deste artigo deverá informar ao paciente ou ao seu representante legal que o produto ainda não tem registro na Anvisa e foi liberado por ter sido registrado por autoridade sanitária estrangeira. *(Parágrafo acrescido pela Lei 14.006/2020)*

§ 7º-C. Os serviços públicos e atividades essenciais, cujo funcionamento deverá ser resguardado quando adotadas as medidas previstas neste artigo, incluem os relacionados ao atendimento a mulheres em situação de violência doméstica e familiar, nos termos da Lei nº 11.340, de 7 de agosto de 2006, a crianças, a adolescentes, a pessoas idosas e a pessoas com deficiência vítimas de crimes tipificados na Lei nº 8.069, de 13 de julho de 1990 (Estatuto da Criança e do Adolescente), na Lei nº 10.741, de 1º de outubro de 2003 (Estatuto do Idoso), na Lei nº 13.146, de 6 de julho de 2015 (Estatuto da Pessoa com Deficiência), e no Decreto-Lei nº 2.848, de 7 de dezembro de 1940 (Código Penal). *(Acrescido pela Lei 14.022/2020)*

§ 8º Na ausência da adoção de medidas de que trata o inciso II do § 7º deste artigo, ou até sua superveniência, prevalecerão as determinações: (Acrescido pela Lei 14.035/2020)

I - do Ministério da Saúde em relação aos incisos I, II, III, IV, V e VII do *caput* deste artigo; e (Acrescido pela Lei 14.035/2020)

II - do ato conjunto de que trata o § 6º em relação às medidas previstas no inciso VI do *caput* deste artigo. (Acrescido pela Lei 14.035/2020)

§ 9º A adoção das medidas previstas neste artigo deverá resguardar o abastecimento de produtos e o exercício e o funcionamento de serviços públicos e de atividades essenciais, assim definidos em decreto da respectiva autoridade federativa. (Acrescido pela Lei nº 14.035/2020)

§ 10. As medidas a que se referem os incisos I, II e VI do *caput*, observado o disposto nos incisos I e II do § 6º-B deste artigo, quando afetarem a execução de serviços públicos e de atividades essenciais, inclusive os regulados, concedidos ou autorizados, somente poderão ser adotadas em ato específico e desde que haja articulação prévia com o órgão regulador ou o poder concedente ou autorizador. (Acrescido pela Lei 14.035/2020)

§ 11. É vedada a restrição à ação de trabalhadores que possa afetar o funcionamento de serviços públicos e de atividades essenciais, definidos conforme previsto no § 9º deste artigo, e as cargas de qualquer espécie que possam acarretar desabastecimento de gêneros necessários à população. (Acrescido pela Lei 14.035/2020)

Art. 3º-A. É obrigatório manter boca e nariz cobertos por máscara de proteção individual, conforme a legislação sanitária e na forma de regulamentação estabelecida pelo Poder Executivo federal, para circulação em espaços públicos e privados acessíveis ao público, em vias públicas e em transportes públicos coletivos, bem como em: *(Incluído pela Lei 14.019/2020)*

I – veículos de transporte remunerado privado individual de passageiros por aplicativo ou por meio de táxis;

II – ônibus, aeronaves ou embarcações de uso coletivo fretados;

III - estabelecimentos comerciais e industriais, templos religiosos, estabelecimentos de ensino e demais locais fechados em que haja reunião de pessoas. (Acrescido pela Lei 14.019/2020)

§ 1º O descumprimento da obrigação prevista no *caput* deste artigo acarretará a imposição de multa definida e regulamentada pelo ente federado competente, devendo ser consideradas como circunstâncias agravantes na gradação da penalidade: (Acrescido pela Lei 14.019/2020)

I - ser o infrator reincidente;

II - ter a infração ocorrido em ambiente fechado.

§ 2º A definição e a regulamentação referidas no § 1º deste artigo serão efetuadas por decreto ou por ato administrativo do respectivo Poder Executivo, que estabelecerá as autoridades responsáveis pela fiscalização da obrigação prevista no *caput* e pelo recolhimento da multa prevista no § 1º deste artigo. (Acrescido pela Lei 14.019/2020)

§§ 3º a 5º. (Vetados).

§ 6º Em nenhuma hipótese será exigível a cobrança da multa pelo descumprimento da obrigação prevista no *caput* deste artigo às populações vulneráveis economicamente. (Acrescido pela Lei 14.019/2020)

§ 7º A obrigação prevista no *caput* deste artigo será dispensada no caso de pessoas com transtorno do espectro autista, com deficiência intelectual, com deficiências sensoriais ou com quaisquer outras deficiências que as impeçam de fazer o uso adequado de máscara de proteção facial, conforme declaração médica, que poderá ser obtida por meio digital, bem como no caso de crianças com menos de 3 (três) anos de idade. (Acrescido pela Lei 14.019/2020)

§ 8º As máscaras a que se refere o *caput* deste artigo podem ser artesanais ou industriais. (Acrescido pela Lei 14.019/2020)

Art. 3º-B. Os estabelecimentos em funcionamento durante a pandemia da Covid-19 são obrigados a fornecer gratuitamente a seus funcionários e colaboradores máscaras de proteção individual, ainda que de fabricação artesanal, sem prejuízo de outros equipamentos de proteção individual estabelecidos pelas normas de segurança e saúde do trabalho. (Acrescido pela Lei 14.019/2020)

§ 1º O descumprimento da obrigação prevista no *caput* deste artigo acarretará a imposição de multa definida e regulamentada pelos entes federados, observadas na gradação da penalidade: (Acrescido pela Lei 14.019/2020)

I - a reincidência do infrator;

II - a ocorrência da infração em ambiente fechado, hipótese que será considerada como circunstância agravante;

III - a capacidade econômica do infrator.

§ 2º O disposto no § 1º deste artigo será regulamentado por decreto ou por ato administrativo do respectivo Poder Executivo, que estabelecerá as autoridades responsáveis pela fiscalização da obrigação prevista no *caput* e pelo recolhimento da multa prevista no § 1º deste artigo. (Acrescido pela Lei 14.019/2020)

§§ 3º e 4º (VETADOS na Lei 14.019/2020)

§ 5º Os órgãos, entidades e estabelecimentos a que se refere este artigo deverão afixar cartazes informativos sobre a forma de uso correto de máscaras e o número máximo de pessoas permitidas ao mesmo tempo dentro do estabelecimento, nos termos de regulamento. (Parágrafo vetado na republicação da Lei 14.019/2020, veiculada no DOU de 6/7/2020, e restabelecido pelo STF nos termos das Decisões das ADPFs nºs 715 e 718, publicadas no DOU de 15/9/2020)

§ 6º (VETADO na Lei 14.019/2020)

Art. 3º-C. As multas previstas no § 1º do art. 3º-A e no § 1º do art. 3º-B desta Lei somente serão aplicadas na ausência de normas estaduais ou municipais que estabeleçam multa com hipótese de incidência igual ou semelhante. (Acrescido pela Lei 14.019/2020)

Art. 3º-D. Os valores recolhidos das multas previstas no § 1º do art. 3ºA e no § 1º do art. 3º-B desta Lei deverão ser utilizados obrigatoriamente em ações e serviços de saúde. (Acrescido pela Lei 14.019/2020)

Parágrafo único. Os valores recolhidos deverão ser informados em portais de transparência ou, na falta destes, em outro meio de publicidade, para fins de prestação de contas.

Art. 3º-E. É garantido o atendimento preferencial em estabelecimentos de saúde aos profissionais de saúde e aos profissionais da segurança pública, integrantes dos órgãos previstos no art. 144 da Constituição Federal, diagnosticados com a Covid-19, respeitados os protocolos nacionais de atendimento médico. *(Incluído pela Lei 14.019/2020)*

Art. 3º-F. É obrigatório o uso de máscaras de proteção individual nos estabelecimentos prisionais e nos estabelecimentos de cumprimento de medidas socioeducativas, observado o disposto no *caput* do art. 3º-B desta Lei. (Vetado na republicação da Lei 14.019,/2020, veiculada no DOU de 6/7/2020, e restabelecido pelo STF nos termos das Decisões das ADPFs nºs 715 e 718, publicadas no DOU de 15/9/2020)

Art. 3º-G. As concessionárias e empresas de transporte público deverão atuar em colaboração com o poder público na fiscalização do cumprimento das normas de utilização obrigatória de máscaras de proteção individual, podendo inclusive vedar, nos terminais e meios de transporte por elas operados, a entrada de passageiros em desacordo com as normas estabelecidas pelo respectivo poder concedente. *(Incluído pela Lei 14.019/2020)*

Parágrafo único. O poder público concedente regulamentará o disposto neste artigo, inclusive em relação ao estabelecimento de multas pelo seu descumprimento.

Art. 3º-H. Os órgãos e entidades públicos, por si, por suas empresas, concessionárias ou permissionárias ou por qualquer outra forma de empreendimento, bem como o setor privado de bens e serviços, deverão adotar medidas de prevenção à proliferação de doenças, como a assepsia de locais de circulação de pessoas e do interior de veículos de toda natureza usados em serviço e a disponibilização aos usuários de produtos higienizantes e saneantes. *(Incluído pela Lei 14.019/2020)*

Parágrafo único. Incorrerá em multa, a ser definida e regulamentada pelo Poder Executivo do ente federado competente, o estabelecimento autorizado a funcionar durante a pandemia da Covid-19 que deixar de disponibilizar álcool em gel a 70% (setenta por cento) em locais próximos a suas entradas, elevadores e escadas rolantes. (Acrescido pela Lei 14.019/2020)

Art. 3º-I. *(Vetado na Lei 14.019/2020)*

Art. 3º-J. Durante a emergência de saúde pública decorrente do coronavírus responsável pelo surto de 2019, o poder público e os empregadores ou contratantes adotarão, imediatamente, medidas para preservar a saúde e a vida de todos os profissionais considerados essenciais ao controle de doenças e à manutenção da ordem pública. *(Acrescido pela Lei 14.023/2020)*

§ 1º Para efeitos do disposto no *caput* deste artigo, são considerados profissionais essenciais ao controle de doenças e à manutenção da ordem pública:

I - médicos;

II - enfermeiros;

III - fisioterapeutas, terapeutas ocupacionais, fonoaudiólogos e profissionais envolvidos nos processos de habilitação e reabilitação;

IV - psicólogos;

V - assistentes sociais;

VI - policiais federais, civis, militares, penais, rodoviários e ferroviários e membros das Forças Armadas;

VII - agentes socioeducativos, agentes de segurança de trânsito e agentes de segurança privada;

VIII - brigadistas e bombeiros civis e militares;

IX - vigilantes que trabalham em unidades públicas e privadas de saúde;

X - assistentes administrativos que atuam no cadastro de pacientes em unidades de saúde;

XI - agentes de fiscalização;

XII - agentes comunitários de saúde;

XIII - agentes de combate às endemias;

XIV - técnicos e auxiliares de enfermagem;

XV - técnicos, tecnólogos e auxiliares em radiologia e operadores de aparelhos de tomografia computadorizada e de ressonância nuclear magnética;

XVI - maqueiros, maqueiros de ambulância e padioleiros;

XVII - cuidadores e atendentes de pessoas com deficiência, de pessoas idosas ou de pessoas com doenças raras;

XVIII - biólogos, biomédicos e técnicos em análises clínicas;

XIX - médicos-veterinários;

XX - coveiros, atendentes funerários, motoristas funerários, auxiliares funerários e demais trabalhadores de serviços funerários e de autópsias;

XXI - profissionais de limpeza;

XXII - profissionais que trabalham na cadeia de produção de alimentos e bebidas, incluídos os insumos;

XXIII - farmacêuticos, bioquímicos e técnicos em farmácia;

XXIV - cirurgiões-dentistas, técnicos em saúde bucal e auxiliares em saúde bucal;

XXV - aeronautas, aeroviários e controladores de voo;

XXVI - motoristas de ambulância;

XXVII - guardas municipais;

XXVIII - profissionais dos Centros de Referência de Assistência Social (Cras) e dos Centros de Referência Especializados de Assistência Social (Creas);

XXIX - servidores públicos que trabalham na área da saúde, inclusive em funções administrativas;

XXX - outros profissionais que trabalhem ou sejam convocados a trabalhar nas unidades de saúde durante o período de isolamento social ou que tenham contato com pessoas ou com materiais que ofereçam risco de contaminação pelo novo coronavírus.

§ 2º O poder público e os empregadores ou contratantes fornecerão, gratuitamente, os equipamentos de proteção individual (EPIs) recomendados pela Anvisa aos profissionais relacionados no § 1º deste artigo que estiverem em atividade e em contato direto com portadores ou possíveis portadores do novo coronavírus, considerados os protocolos indicados para cada situação.

§ 3º Os profissionais essenciais ao controle de doenças e à manutenção da ordem pública que estiverem em contato direto com portadores ou possíveis portadores do novo coronavírus terão prioridade para fazer testes de diagnóstico da Covid-19 e serão tempestivamente tratados e orientados sobre sua condição de saúde e sobre sua aptidão para retornar ao trabalho.

Art. 4º É dispensável a licitação para aquisição ou contratação de bens, serviços, inclusive de engenharia, e insumos destinados ao enfrentamento da emergência de saúde pública de importância internacional de que trata esta Lei. (Redação dada pela Lei 14.035/2020)

§ 1º A dispensa de licitação a que se refere o *caput* deste artigo é temporária e aplica-se apenas enquanto perdurar a emergência de saúde pública de importância internacional decorrente do coronavírus.

§ 2º Todas as aquisições ou contratações realizadas com base nesta Lei serão disponibilizadas, no prazo máximo de 5 (cinco) dias úteis, contado da realização do ato, em site oficial específico na internet, observados, no que couber, os requisitos previstos no § 3º do art. 8º da Lei nº 12.527, de 18 de novembro de 2011, com o nome do contratado, o número de sua inscrição na Secretaria da Receita Federal do Brasil, o prazo contratual, o valor e o respectivo processo de aquisição ou contratação, além das seguintes informações: (Redação dada pela Lei 14.035/2020)

I - o ato que autoriza a contratação direta ou o extrato decorrente do contrato; (Acrescido pela Lei 14.035/2020)

II - a discriminação do bem adquirido ou do serviço contratado e o local de entrega ou de prestação; (Acrescido pela Lei 14.035/2020)

III - o valor global do contrato, as parcelas do objeto, os montantes pagos e o saldo disponível ou bloqueado, caso exista; (Acrescido pela Lei 14.035/2020)

IV - as informações sobre eventuais aditivos contratuais; (Acrescido pela Lei 14.035/2020)

V - a quantidade entregue em cada unidade da Federação durante a execução do contrato, nas contratações de bens e serviços. (Acrescido pela Lei 14.035/2020)

VI - as atas de registros de preços das quais a contratação se origine. ((Acrescido pela Lei 14.065/2020)

§ 3º Na situação excepcional de, comprovadamente, haver uma única fornecedora do bem ou prestadora do serviço, será possível a sua contratação, independentemente da existência de sanção de impedimento ou de suspensão de contratar com o poder público. (Acrescido pela Lei 14.035/2020)

§ 3º-A. No caso de que trata o § 3º deste artigo, é obrigatória a prestação de garantia nas modalidades previstas no art. 56 da Lei nº 8.666, de 21 de junho de 1993, que não poderá exceder a 10% (dez por cento) do valor do contrato. (Acrescido pela Lei 14.035/2020)

§ 4º Na hipótese de dispensa de licitação a que se refere o *caput* deste artigo, quando se tratar de compra ou de contratação por mais de um órgão ou entidade, poderá ser utilizado o sistema de registro de preços, previsto no inciso II do *caput* do art. 15 da Lei nº 8.666, de 21 de junho de 1993. (Acrescido pela Lei 14.065/2020)

§ 5º Nas situações abrangidas pelo § 4º deste artigo, o ente federativo poderá aplicar o regulamento federal sobre registro de preços se não houver regulamento que lhe seja especificamente aplicável. (Acrescido pela Lei 14.065/2020)

§ 6º O órgão ou entidade gerenciador da compra estabelecerá prazo entre 2 (dois) e 8 (oito) dias úteis, contado da data de divulgação da intenção de registro de preço, para que outros órgãos e entidades manifestem interesse em participar do sistema de registro de preços realizado nos termos dos §§ 4º e 5º deste artigo. (Acrescido pela Lei 14.065/2020)

§ 7º O disposto nos §§ 2º e 3º do art. 4º-E desta Lei não se aplica a sistema de registro de preços fundamentado nesta Lei. (Acrescido pela Lei 14.065/2020)

§ 8º Nas contratações celebradas após 30 (trinta) dias da assinatura da ata de registro de preços, a estimativa de preços será refeita, com o intuito de verificar se os preços registrados permanecem compatíveis com os praticados no âmbito dos órgãos e entidades da administração pública, nos termos do inciso VI do § 1º do art. 4º-E desta Lei. (Acrescido pela Lei 14.065/2020)

Art. 4º-A. A aquisição ou contratação de bens e serviços, inclusive de engenharia, a que se refere o *caput* do art. 4º desta Lei, não se restringe a equipamentos novos, desde que o fornecedor se responsabilize pelas plenas condições de uso e de funcionamento do objeto contratado. (Acrescido pela Lei 14.035/2020)

Art. 4º-B. Nas dispensas de licitação decorrentes do disposto nesta Lei, presumem-se comprovadas as condições de: (Acrescido pela Lei 14.035/2020)

I - ocorrência de situação de emergência;
II - necessidade de pronto atendimento da situação de emergência;
III - existência de risco à segurança de pessoas, de obras, de prestação de serviços, de equipamentos e de outros bens, públicos ou particulares; e
IV - limitação da contratação à parcela necessária ao atendimento da situação de emergência.

Art. 4º-C. Para a aquisição ou contratação de bens, serviços, inclusive de engenharia, e insumos necessários ao enfrentamento da emergência de saúde pública de que trata esta Lei, não será exigida a elaboração de estudos preliminares quando se tratar de bens e de serviços comuns. (Acrescido pela Lei 14.035/2020)

Art. 4º-D. O gerenciamento de riscos da contratação somente será exigível durante a gestão do contrato. (Acrescido pela Lei 14.035/2020)

Art. 4º-E. Nas aquisições ou contratações de bens, serviços e insumos necessários ao enfrentamento da emergência de saúde pública de importância internacional de que trata esta Lei, será admitida a apresentação de termo de referência simplificado ou de projeto básico simplificado. (Acrescido pela Lei 14.035/2020)

§ 1º O termo de referência simplificado ou o projeto básico simplificado referidos no *caput* deste artigo conterá: (Acrescido pela Lei 14.035/2020)

I - declaração do objeto;
II - fundamentação simplificada da contratação;
III - descrição resumida da solução apresentada;
IV - requisitos da contratação;
V - critérios de medição e de pagamento;
VI - estimativa de preços obtida por meio de, no mínimo, 1 (um) dos seguintes parâmetros:

a) Portal de Compras do Governo Federal;

b) pesquisa publicada em mídia especializada;

c) sites especializados ou de domínio amplo;

d) contratações similares de outros entes públicos; ou

e) pesquisa realizada com os potenciais fornecedores;

VII - adequação orçamentária.

§ 2º Excepcionalmente, mediante justificativa da autoridade competente, será dispensada a estimativa de preços de que trata o inciso VI do § 1º deste artigo. (Acrescido pela Lei 14.035/2020)

§ 3º Os preços obtidos a partir da estimativa de que trata o inciso VI do § 1º deste artigo não impedem a contratação pelo poder público por valores superiores decorrentes de oscilações ocasionadas pela variação de preços, desde que observadas as seguintes condições: (Acrescido pela Lei 14.035/2020)

I - negociação prévia com os demais fornecedores, segundo a ordem de classificação, para obtenção de condições mais vantajosas; e
II - efetiva fundamentação, nos autos da contratação correspondente, da variação de preços praticados no mercado por motivo superveniente.

Art. 4º-F. Na hipótese de haver restrição de fornecedores ou de prestadores de serviço, a autoridade competente, excepcionalmente e mediante justificativa, poderá dispensar a apresentação de documentação relativa à regularidade fiscal ou, ainda, o cumprimento de 1 (um) ou mais requisitos de habilitação, ressalvados a exigência de apresentação de prova de regularidade trabalhista e o cumprimento do disposto no inciso XXXIII do *caput* do art. 7º da Constituição Federal. (Acrescido pela Lei 14.035/2020)

Art. 4º-G. Nos casos de licitação na modalidade pregão, eletrônico ou presencial, cujo objeto seja a aquisição ou contratação de bens, serviços e insumos necessários ao enfrentamento da emergência de saúde pública de importância internacional de que trata esta Lei, os prazos dos procedimentos licitatórios serão reduzidos pela metade. (Acrescido pela Lei 14.035/2020)

§ 1º Quando o prazo original de que trata o *caput* deste artigo for número ímpar, este será arredondado para o número inteiro antecedente. (Acrescido pela Lei 14.035/2020)

§ 2º Os recursos dos procedimentos licitatórios somente terão efeito devolutivo. (Acrescido pela Lei 14.035/2020)

§ 3º Fica dispensada a realização de audiência pública a que se refere o art. 39 da Lei nº 8.666, de 21 de junho de 1993, para as licitações de que trata o *caput* deste artigo. (Acrescido pela Lei 14.035/2020)

§ 4º As licitações de que trata o *caput* deste artigo realizadas por meio de sistema de registro de preços serão consideradas compras nacionais e observarão o disposto em regulamento editado pelo Poder Executivo federal, observado o prazo estabelecido no § 6º do art. 4º desta Lei. (Acrescido pela Lei 14.065/2020)

Art. 4º-H. Os contratos regidos por esta Lei terão prazo de duração de até 6 (seis) meses e poderão ser prorrogados por períodos sucessivos, enquanto vigorar o Decreto Legislativo nº 6, de 20 de março de 2020, respeitados os prazos pactuados. (Acrescido pela Lei 14.035/2020)

Art. 4º-I. Para os contratos decorrentes dos procedimentos previstos nesta Lei, a administração pública poderá prever que os contratados fiquem obrigados a aceitar, nas mesmas condições contratuais, acréscimos ou supressões ao objeto contratado de até 50% (cinquenta por cento) do valor inicial atualizado do contrato. (Acrescido pela Lei 14.035/2020)

Art. 4º-J. Os órgãos e entidades da administração pública federal poderão aderir a ata de registro de preços gerenciada por órgão ou entidade estadual, distrital ou municipal em procedimentos realizados nos termos desta Lei, até o limite, por órgão ou entidade, de 50% (cinquenta por cento) dos quantitativos dos itens do instrumento convocatório e registrados na ata de registro de preços para o órgão gerenciador e para os órgãos participantes. (Acrescido pela Lei 14.065/2020)

Parágrafo único. As contratações decorrentes das adesões à ata de registro de preços de que trata o *caput* deste artigo não poderão exceder, na totalidade, ao dobro do quantitativo de cada item registrado na ata de registro de preços para o órgão gerenciador e para os órgãos participantes, independentemente do número de órgãos não participantes que aderirem.

Art. 4º-K. Os órgãos de controle interno e externo priorizarão a análise e a manifestação quanto à legalidade, à legitimidade e à economicidade das despesas decorrentes dos contratos ou das aquisições realizadas com fundamento nesta Lei. (Acrescido pela Lei 14.065/2020)

Parágrafo único. Os tribunais de contas devem atuar para aumentar a segurança jurídica na aplicação das normas desta Lei, inclusive por meio de respostas a consultas.

Art. 5º Toda pessoa colaborará com as autoridades sanitárias na comunicação imediata de:

I - possíveis contatos com agentes infecciosos do coronavírus;

II - circulação em áreas consideradas como regiões de contaminação pelo coronavírus.

Art. 5º-A. Enquanto perdurar o estado de emergência de saúde internacional decorrente do coronavírus responsável pelo surto de 2019:(Artigo acrescido pela Lei 14.022/2020)

I - os prazos processuais, a apreciação de matérias, o atendimento às partes e a concessão de medidas protetivas que tenham relação com atos de violência doméstica e familiar cometidos contra mulheres, crianças, adolescentes, pessoas idosas e pessoas com deficiência serão mantidos, sem suspensão;

II - o registro da ocorrência de violência doméstica e familiar contra a mulher e de crimes cometidos contra criança, adolescente, pessoa idosa ou pessoa com deficiência poderá ser realizado por meio eletrônico ou por meio de número de telefone de emergência designado para tal fim pelos órgãos de segurança pública;

Parágrafo único. Os processos de que trata o inciso I do *caput* deste artigo serão considerados de natureza urgente.

Art. 5º-B. O receituário médico ou odontológico de medicamentos sujeitos a prescrição e de uso contínuo será válido pelo menos enquanto perdurarem as medidas de isolamento para contenção do surto da Covid-19. (Acrescido pela Lei 14.028/2020)

§ 1º O disposto no *caput* não se aplica ao receituário de medicamentos sujeitos ao controle sanitário especial, que seguirá a regulamentação da Anvisa. (Acrescido pela Lei 14.028/2020)

§ 2º (VETADO na Lei 14.028/2020)

Art. 6º É obrigatório o compartilhamento entre órgãos e entidades da administração pública federal, estadual, distrital e municipal de dados essenciais à identificação de pessoas infectadas ou com suspeita de infecção pelo coronavírus, com a finalidade exclusiva de evitar a sua propagação.

§ 1º A obrigação a que se refere o *caput* deste artigo estende-se às pessoas jurídicas de direito privado quando os dados forem solicitados por autoridade sanitária.

§ 2º O Ministério da Saúde manterá dados públicos e atualizados sobre os casos confirmados, suspeitos e em investigação, relativos à situação de emergência pública sanitária, resguardando o direito ao sigilo das informações pessoais.

Art. 6º-A. Para a concessão de suprimento de fundos e por item de despesa, e para as aquisições e as contratações a que se refere o *caput* do art. 4º desta Lei, quando a movimentação for realizada por meio de Cartão de Pagamento do Governo, ficam estabelecidos os seguintes limites: (Acrescido pela Lei 14.035/2020)

I - na execução de serviços de engenharia, o valor estabelecido na alínea "a" do inciso I do *caput* do art. 23 da Lei nº 8.666, de 21 de junho de 1993; e

II - nas compras em geral e em outros serviços, o valor estabelecido na alínea "a" do inciso II do *caput* do art. 23 da Lei nº 8.666, de 21 de junho de 1993.

Art. 7º O Ministério da Saúde editará os atos necessários à regulamentação e operacionalização do disposto nesta Lei.

Art. 8º Esta Lei vigorará enquanto estiver vigente o Decreto Legislativo nº 6, de 20 de março de 2020, observado o disposto no art. 4º-H desta Lei. (Redação dada pela Lei 14.035/2020)

Art. 9º Esta Lei entra em vigor na data de sua publicação.

Brasília, 6 de fevereiro de 2020; 199º da Independência e 132º da República.

JAIR MESSIAS BOLSONARO

Sérgio Moro

Luiz Henrique Mandetta

DOU 07.02.2020

DECRETO LEGISLATIVO Nº 6, DE 2020

Reconhece, para os fins do art. 65 da Lei Complementar nº 101, de 4 de maio de 2000, a ocorrência do estado de calamidade pública, nos termos da solicitação do Presidente da República encaminhada por meio da Mensagem nº 93, de 18 de março de 2020.

- *Calamidade Pública – COVID-19*

O Congresso Nacional decreta:

Art. 1º Fica reconhecida, exclusivamente para os fins do art. 65 da Lei Complementar nº 101, de 4 de maio de 2000, notadamente para as dispensas do atingimento dos resultados fiscais previstos no art. 2º da Lei nº 13.898, de 11 de novembro de 2019, e da limitação de empenho de que trata o art. 9º da Lei Complementar nº 101, de 4 de maio de 2000, a ocorrência do estado de calamidade pública, com efeitos até 31 de dezembro de 2020, nos termos da solicitação do Presidente da República encaminhada por meio da Mensagem nº 93, de 18 de março de 2020.

Art. 2º Fica constituída Comissão Mista no âmbito do Congresso Nacional, composta por 6 (seis) deputados e 6 (seis) senadores, com igual número de suplentes, com o objetivo de acompanhar a situação fiscal e a execução orçamentária e financeira das medidas relacionadas à emergência de saúde pública de importância internacional relacionada ao coronavírus (Covid-19).

§ 1º Os trabalhos poderão ser desenvolvidos por meio virtual, nos termos definidos pela Presidência da Comissão.

§ 2º A Comissão realizará, mensalmente, reunião com o Ministério da Economia, para avaliar a situação fiscal e a execução orçamentária e financeira das medidas relacionadas à emergência de saúde pública de importância internacional relacionada ao coronavírus (Covid-19).

§ 3º Bimestralmente, a Comissão realizará audiência pública com a presença do Ministro da Economia, para apresentação e avaliação de relatório circunstanciado da situação fiscal e da execução orçamentária e financeira das medidas relacionadas à emergência de saúde pública de importância internacional relacionada ao coronavírus (Covid-19), que deverá ser publicado pelo Poder Executivo antes da referida audiência.

Art. 3º Este Decreto Legislativo entra em vigor na data de sua publicação.

Senado Federal, em 20 de março de 2020.

SENADOR ANTONIO ANASTASIA

Primeiro Vice-Presidente do Senado Federal,

no exercício da Presidência

DOU 20.03.2020

LEI Nº 13.988, DE 14 DE ABRIL DE 2020

Dispõe sobre a transação nas hipóteses que especifica; e altera as Leis nºs 13.464, de 10 de julho de 2017, e 10.522, de 19 de julho de 2002.

- *Transação na cobrança de créditos da Fazenda Pública*

O PRESIDENTE DA REPÚBLICA

Faço saber que o Congresso Nacional decreta e eu sanciono a seguinte Lei:

CAPÍTULO I
DISPOSIÇÕES GERAIS

Art. 1º Esta Lei estabelece os requisitos e as condições para que a União, as suas autarquias e fundações, e os devedores ou as partes adversas realizem transação resolutiva de litígio relativo à cobrança de créditos da Fazenda Pública, de natureza tributária ou não tributária.

§ 1º A União, em juízo de oportunidade e conveniência, poderá celebrar transação em quaisquer das modalidades de que trata esta Lei, sempre que, motivadamente, entender que a medida atende ao interesse público.

§ 2º Para fins de aplicação e regulamentação desta Lei, serão observados, entre outros, os princípios da isonomia, da capacidade contributiva, da transparência, da moralidade, da razoável duração dos processos e da eficiência e, resguardadas as informações protegidas por sigilo, o princípio da publicidade.

§ 3º A observância do princípio da transparência será efetivada, entre outras ações, pela divulgação em meio eletrônico de todos os termos de transação celebrados, com informações que viabilizem o atendimento do princípio da isonomia, resguardadas as legalmente protegidas por sigilo.

§ 4º Aplica-se o disposto nesta Lei:

I - aos créditos tributários não judicializados sob a administração da Secretaria Especial da Receita Federal do Brasil do Ministério da Economia;

II - à dívida ativa e aos tributos da União, cujas inscrição, cobrança e representação incumbam à Procuradoria-Geral da Fazenda Nacional, nos termos do art. 12 da Lei Complementar nº 73, de 10 de fevereiro de 1993; e

III - no que couber, à dívida ativa das autarquias e das fundações públicas federais, cujas inscrição, cobrança e representação incumbam à Procuradoria-Geral Federal, e aos créditos cuja cobrança seja competência da Procuradoria-Geral da União, nos termos de ato do Advogado-Geral da União e sem prejuízo do disposto na Lei nº 9.469, de 10 de julho de 1997.

§ 5º A transação de créditos de natureza tributária será realizada nos termos do art. 171 da Lei nº 5.172, de 25 de outubro de 1966 (Código Tributário Nacional).

Art. 2º Para fins desta Lei, são modalidades de transação as realizadas:

I - por proposta individual ou por adesão, na cobrança de créditos inscritos na dívida ativa da União, de suas autarquias e fundações públicas, ou na cobrança de créditos que seja competência da Procuradoria-Geral da União;

II - por adesão, nos demais casos de contencioso judicial ou administrativo tributário; e

III - por adesão, no contencioso tributário de pequeno valor.

Parágrafo único. A transação por adesão implica aceitação pelo devedor de todas as condições fixadas no edital que a propõe.

Art. 3º A proposta de transação deverá expor os meios para a extinção dos créditos nela contemplados e estará condicionada, no mínimo, à assunção pelo devedor dos compromissos de:

I - não utilizar a transação de forma abusiva, com a finalidade de limitar, de falsear ou de prejudicar, de qualquer forma, a livre concorrência ou a livre iniciativa econômica;

II - não utilizar pessoa natural ou jurídica interposta para ocultar ou dissimular a origem ou a destinação de bens, de direitos e de valores, os seus reais interesses ou a identidade dos beneficiários de seus atos, em prejuízo da Fazenda Pública federal;

III - não alienar nem onerar bens ou direitos sem a devida comunicação ao órgão da Fazenda Pública competente, quando exigido em lei;

IV - desistir das impugnações ou dos recursos administrativos que tenham por objeto os créditos incluídos na transação e renunciar a quaisquer alegações de direito sobre as quais se fundem as referidas impugnações ou recursos; e

V - renunciar a quaisquer alegações de direito, atuais ou futuras, sobre as quais se fundem ações judiciais, inclusive as coletivas, ou recursos que tenham por objeto os créditos incluídos na transação, por meio de requerimento de extinção do respectivo processo com resolução de mérito, nos termos da alínea c do inciso III do *caput* do art. 487 da Lei nº 13.105, de 16 de março de 2015 (Código de Processo Civil).

§ 1º A proposta de transação deferida importa em aceitação plena e irretratável de todas as condições estabelecidas nesta Lei e em sua regulamentação, de modo a constituir confissão irrevogável e irretratável dos créditos abrangidos pela transação, nos termos dos arts. 389 a 395 da Lei nº 13.105, de 16 de março de 2015 (Código de Processo Civil).

§ 2º Quando a transação envolver moratória ou parcelamento, aplica-se, para todos os fins, o disposto nos incisos I e VI do *caput* do art. 151 da Lei nº 5.172, de 25 de outubro de 1966.

§ 3º Os créditos abrangidos pela transação somente serão extintos quando integralmente cumpridas as condições previstas no respectivo termo.

Art. 4º Implica a rescisão da transação:

I - o descumprimento das condições, das cláusulas ou dos compromissos assumidos;

II - a constatação, pelo credor, de ato tendente ao esvaziamento patrimonial do devedor como forma de fraudar o cumprimento da transação, ainda que realizado anteriormente à sua celebração;

III - a decretação de falência ou de extinção, pela liquidação, da pessoa jurídica transigente;

IV - a comprovação de prevaricação, de concussão ou de corrupção passiva na sua formação;

V - a ocorrência de dolo, de fraude, de simulação ou de erro essencial quanto à pessoa ou quanto ao objeto do conflito;

VI - a ocorrência de alguma das hipóteses rescisórias adicionalmente previstas no respectivo termo de transação; ou

VII - a inobservância de quaisquer disposições desta Lei ou do edital.

§ 1º O devedor será notificado sobre a incidência de alguma das hipóteses de rescisão da transação e poderá impugnar o ato, na forma da Lei nº 9.784, de 29 de janeiro de 1999, no prazo de 30 (trinta) dias.

§ 2º Quando sanável, é admitida a regularização do vício que ensejaria a rescisão durante o prazo concedido para a impugnação, preservada a transação em todos os seus termos.

§ 3º A rescisão da transação implicará o afastamento dos benefícios concedidos e a cobrança integral das dívidas, deduzidos os valores já pagos, sem prejuízo de outras consequências previstas no edital.

§ 4º Aos contribuintes com transação rescindida é vedada, pelo prazo de 2 (dois) anos, contado da data de rescisão, a formalização de nova transação, ainda que relativa a débitos distintos.

Art. 5º É vedada a transação que:

I - reduza multas de natureza penal;

II - conceda descontos a créditos relativos ao:

a) Regime Especial Unificado de Arrecadação de Tributos e Contribuições devidos pelas Microempresas e Empresas de Pequeno Porte (Simples Nacional), enquanto não editada lei complementar autorizativa;

b) Fundo de Garantia do Tempo de Serviço (FGTS), enquanto não autorizado pelo seu Conselho Curador;

III - envolva devedor contumaz, conforme definido em lei específica.

§ 1º É vedada a acumulação das reduções oferecidas pelo edital com quaisquer outras asseguradas na legislação em relação aos créditos abrangidos pela proposta de transação.

§ 2º Nas propostas de transação que envolvam redução do valor do crédito, os encargos legais acrescidos aos débitos inscritos em dívida ativa da União de que trata o art. 1º do Decreto-Lei nº 1.025, de 21 de outubro de 1969, serão obrigatoriamente reduzidos em percentual não inferior ao aplicado às multas e aos juros de mora relativos aos créditos a serem transacionados.

§ 3º A rejeição da autorização referida na alínea b do inciso II do *caput* deste artigo exigirá manifestação expressa e fundamentada do Conselho Curador do FGTS, sem a qual será reputada a anuência tácita após decorrido prazo superior a 20 (vinte) dias úteis da comunicação, pela Procuradoria-Geral da Fazenda Nacional, da abertura do edital para adesão ou da proposta de transação individual.

Art. 6º Para fins do disposto nesta Lei, considera-se microempresa ou empresa de pequeno porte a pessoa jurídica cuja receita bruta esteja nos limites fixados nos incisos I e II do *caput* do art. 3º da Lei Complementar nº 123, de 14 de dezembro de 2006, não aplicados os demais critérios para opção pelo regime especial por ela estabelecido.

Art. 7º A proposta de transação e a sua eventual adesão por parte do sujeito passivo ou devedor não autorizam a restituição ou a compensação de importâncias pagas, compensadas ou incluídas em parcelamentos pelos quais tenham optado antes da celebração do respectivo termo.

Art. 8º Na hipótese de a proposta de transação envolver valores superiores aos fixados em ato do Ministro de Estado da Economia ou do Advogado-Geral da União, a transação, sob pena de nulidade, dependerá de prévia e expressa autorização ministerial, admitida a delegação.

Art. 9º Os atos que dispuserem sobre a transação poderão, quando for o caso, condicionar sua concessão à observância das normas orçamentárias e financeiras.

CAPÍTULO II
DA TRANSAÇÃO NA COBRANÇA DE CRÉDITOS DA UNIÃO E DE SUAS AUTARQUIAS E FUNDAÇÕES PÚBLICAS

Art. 10. A transação na cobrança da dívida ativa da União, das autarquias e das fundações públicas federais poderá ser proposta, respectivamente, pela Procuradoria-Geral da Fazenda Nacional e pela Procuradoria-Geral Federal, de forma individual ou por adesão, ou por iniciativa do devedor, ou pela Procuradoria-Geral da União, em relação aos créditos sob sua responsabilidade.

Art. 11. A transação poderá contemplar os seguintes benefícios:

I - a concessão de descontos nas multas, nos juros de mora e nos encargos legais relativos a créditos a serem transacionados que sejam classificados como irrecuperáveis ou de difícil recuperação, conforme critérios estabelecidos pela autoridade fazendária, nos termos do inciso V do *caput* do art. 14 desta Lei;

II - o oferecimento de prazos e formas de pagamento especiais, incluídos o diferimento e a moratória; e

III - o oferecimento, a substituição ou a alienação de garantias e de constrições.

§ 1º É permitida a utilização de mais de uma das alternativas previstas nos incisos I, II e III do *caput* deste artigo para o equacionamento dos créditos inscritos em dívida ativa da União.

§ 2º É vedada a transação que:

I - reduza o montante principal do crédito, assim compreendido seu valor originário, excluídos os acréscimos de que trata o inciso I do *caput* deste artigo;

II - implique redução superior a 50% (cinquenta por cento) do valor total dos créditos a serem transacionados;

III - conceda prazo de quitação dos créditos superior a 84 (oitenta e quatro) meses;

IV - envolva créditos não inscritos em dívida ativa da União, exceto aqueles sob responsabilidade da Procuradoria-Geral da União.

§ 3º Na hipótese de transação que envolva pessoa natural, microempresa ou empresa de pequeno porte, a redução máxima de que trata o inciso II do § 2º deste artigo será de até 70% (setenta por cento), ampliando-se o prazo máximo de quitação para até 145 (cento e quarenta e cinco) meses, respeitado o disposto no § 11 do art. 195 da Constituição Federal.

§ 4º O disposto no § 3º deste artigo aplica-se também às:

I - Santas Casas de Misericórdia, sociedades cooperativas e demais organizações da sociedade civil de que trata a Lei nº 13.019, de 31 de julho de 2014; e

II - instituições de ensino.

§ 5º Incluem-se como créditos irrecuperáveis ou de difícil recuperação, para os fins do disposto no inciso I do *caput* deste artigo, aqueles devidos por empresas em processo de recuperação judicial, liquidação judicial, liquidação extrajudicial ou falência.

§ 6º Na transação, poderão ser aceitas quaisquer modalidades de garantia previstas em lei, inclusive garantias reais ou fidejussórias, cessão fiduciária de direitos creditórios, alienação fiduciária de bens móveis, imóveis ou de direitos, bem como créditos líquidos e certos do contribuinte em desfavor da União, reconhecidos em decisão transitada em julgado.

Art. 12. A proposta de transação não suspende a exigibilidade dos créditos por ela abrangidos nem o andamento das respectivas execuções fiscais.

§ 1º O disposto no *caput* deste artigo não afasta a possibilidade de suspensão do processo por convenção das partes, conforme o disposto no inciso II do *caput* do art. 313 da Lei nº 13.105, de 16 de março de 2015 (Código de Processo Civil).

§ 2º O termo de transação preverá, quando cabível, a anuência das partes para fins da suspensão convencional do processo de que trata o inciso II do *caput* do art. 313 da Lei nº 13.105, de 16 de março de 2015 (Código de Processo Civil), até a extinção dos créditos nos termos do § 3º do art. 3º desta Lei ou eventual rescisão.

§ 3º A proposta de transação aceita não implica novação dos créditos por ela abrangidos.

Art. 13. Compete ao Procurador-Geral da Fazenda Nacional, diretamente ou por autoridade por ele delegada, assinar o termo de transação realizado de forma individual.

§ 1º A delegação de que trata o *caput* deste artigo poderá ser subdelegada, prever valores de alçada e exigir a aprovação de múltiplas autoridades.

§ 2º A transação por adesão será realizada exclusivamente por meio eletrônico.

Art. 14. Ato do Procurador-Geral da Fazenda Nacional disciplinará:

I - os procedimentos necessários à aplicação do disposto neste Capítulo, inclusive quanto à rescisão da transação, em conformidade com a Lei nº 9.784, de 29 de janeiro de 1999;

II - a possibilidade de condicionar a transação ao pagamento de entrada, à apresentação de garantia e à manutenção das garantias já existentes;

III - as situações em que a transação somente poderá ser celebrada por adesão, autorizado o não conhecimento de eventuais propostas de transação individual;

IV - o formato e os requisitos da proposta de transação e os documentos que deverão ser apresentados;

V - os critérios para aferição do grau de recuperabilidade das dívidas, os parâmetros para aceitação da transação individual e a concessão de descontos, entre eles o insucesso dos meios ordinários e convencionais de cobrança e a vinculação dos benefícios a critérios preferencialmente objetivos que incluam ainda a idade da dívida inscrita, a capacidade contributiva do devedor e os custos da cobrança judicial.

Art. 15. Ato do Advogado-Geral da União disciplinará a transação no caso dos créditos previstos no inciso III do § 4º do art. 1º desta Lei.

CAPÍTULO III
DA TRANSAÇÃO POR ADESÃO NO CONTENCIOSO TRIBUTÁRIO DE RELEVANTE E DISSEMINADA CONTROVÉRSIA JURÍDICA

Art. 16. O Ministro de Estado da Economia poderá propor aos sujeitos passivos transação resolutiva de litígios aduaneiros ou tributários decorrentes de relevante e disseminada controvérsia jurídica, com base em manifestação da Procuradoria-Geral da Fazenda Nacional e da Secretaria Especial da Receita Federal do Brasil do Ministério da Economia.

§ 1º A proposta de transação e a eventual adesão por parte do sujeito passivo não poderão ser invocadas como fundamento jurídico ou prognose de sucesso da tese sustentada por qualquer das partes e serão compreendidas exclusivamente como medida vantajosa diante das concessões recíprocas.

§ 2º A proposta de transação deverá, preferencialmente, versar sobre controvérsia restrita a segmento econômico ou produtivo, a grupo ou universo de contribuintes ou a responsáveis delimitados, vedada, em qualquer hipótese, a alteração de regime jurídico tributário.

§ 3º Considera-se controvérsia jurídica relevante e disseminada a que trate de questões tributárias que ultrapassem os interesses subjetivos da causa.

Art. 17. A proposta de transação por adesão será divulgada na imprensa oficial e nos sítios dos respectivos órgãos na internet, mediante edital que especifique, de maneira objetiva, as hipóteses fáticas e jurídicas nas quais a Fazenda Nacional propõe a transação no contencioso tributário, aberta à adesão de todos os sujeitos passivos que se enquadrem nessas hipóteses e que satisfaçam às condições previstas nesta Lei e no edital.

§ 1º O edital a que se refere o *caput* deste artigo:

I - definirá:

a) as exigências a serem cumpridas, as reduções ou concessões oferecidas, os prazos e as formas de pagamento admitidas;

b) o prazo para adesão à transação;

II - poderá limitar os créditos contemplados pela transação, considerados:

a) a etapa em que se encontre o respectivo processo tributário, administrativo ou judicial; ou

b) os períodos de competência a que se refiram;

III - estabelecerá a necessidade de conformação do contribuinte ou do responsável ao entendimento da administração tributária acerca de fatos geradores futuros ou não consumados.

§ 2º As reduções e concessões de que trata a alínea a do inciso I do § 1º deste artigo são limitadas ao desconto de 50% (cinquenta por cento) do crédito, com prazo máximo de quitação de 84 (oitenta e quatro) meses.

§ 3º A celebração da transação, nos termos definidos no edital de que trata o *caput* deste artigo, compete:

I - à Secretaria Especial da Receita Federal do Brasil do Ministério da Economia, no âmbito do contencioso administrativo; e

II - à Procuradoria-Geral da Fazenda Nacional, nas demais hipóteses legais.

Art. 18. A transação somente será celebrada se constatada a existência, na data de publicação do edital, de inscrição em dívida ativa, de ação judicial, de embargos à execução fiscal ou de reclamação ou recurso administrativo pendente de julgamento definitivo, relativamente à tese objeto da transação.

Parágrafo único. A transação será rescindida quando contrariar decisão judicial definitiva prolatada antes da celebração da transação.

Art. 19. Atendidas as condições estabelecidas no edital, o sujeito passivo da obrigação tributária poderá solicitar sua adesão à transação, observado o procedimento estabelecido em ato do Ministro de Estado da Economia.

§ 1º O sujeito passivo que aderir à transação deverá:

I - requerer a homologação judicial do acordo, para fins do disposto nos incisos II e III do *caput* do art. 515 da Lei nº 13.105, de 16 de março de 2015 (Código de Processo Civil);

II - sujeitar-se, em relação aos fatos geradores futuros ou não consumados, ao entendimento dado pela administração tributária à questão em litígio, ressalvada a cessação de eficácia prospectiva da transação decorrente do advento de precedente persuasivo nos termos dos incisos I, II, III e IV do *caput* do art. 927 da Lei nº 13.105, de 16 de março de 2015 (Código de Processo Civil), ou nas demais hipóteses previstas no art. 19 da Lei nº 10.522, de 19 de julho de 2002.

§ 2º Será indeferida a adesão que não importar extinção do litígio administrativo ou judicial, ressalvadas as hipóteses em que ficar demonstrada a inequívoca cindibilidade do objeto, nos termos do ato a que se refere o *caput* deste artigo.

§ 3º A solicitação de adesão deverá abranger todos os litígios relacionados à tese objeto da transação existentes na data do pedido, ainda que não definitivamente julgados.

§ 4º A apresentação da solicitação de adesão suspende a tramitação dos processos administrativos referentes aos créditos tributários envolvidos enquanto perdurar sua apreciação.

§ 5º A apresentação da solicitação de adesão não suspende a exigibilidade dos créditos tributários definitivamente constituídos aos quais se refira.

Art. 20. São vedadas:

I - a celebração de nova transação relativa ao mesmo crédito tributário;

II - a oferta de transação por adesão nas hipóteses:

a) previstas no art. 19 da Lei nº 10.522, de 19 de julho de 2002, quando o ato ou a jurisprudência for em sentido integralmente desfavorável à Fazenda Nacional; e

b) de precedentes persuasivos, nos moldes dos incisos I, II, III e IV do *caput* do art. 927 da Lei nº 13.105, de 16 de março de 2015 (Código de Processo Civil), quando integralmente favorável à Fazenda Nacional;

III - a proposta de transação com efeito prospectivo que resulte, direta ou indiretamente, em regime especial, diferenciado ou individual de tributação.

Parágrafo único. O disposto no inciso II do *caput* deste artigo não obsta a oferta de transação relativa a controvérsia no âmbito da liquidação da sentença ou não abrangida na jurisprudência ou ato referidos no art. 19 da Lei nº 10.522, de 19 de julho de 2002.

Art. 21. Ato do Ministro de Estado da Economia regulamentará o disposto neste Capítulo.

Art. 22. Compete ao Secretário Especial da Receita Federal do Brasil, no que couber, disciplinar o disposto nesta Lei no que se refere à transação de créditos tributários não judicializados no contencioso administrativo tributário.

§ 1º Compete ao Secretário Especial da Receita Federal do Brasil, diretamente ou por autoridade por ele delegada, assinar o termo de transação.

§ 2º A delegação de que trata o § 1º deste artigo poderá ser subdelegada, prever valores de alçada e exigir a aprovação de múltiplas autoridades.

§ 3º A transação por adesão será realizada exclusivamente por meio eletrônico.

CAPÍTULO IV
DA TRANSAÇÃO POR ADESÃO NO CONTENCIOSO TRIBUTÁRIO DE PEQUENO VALOR

Art. 23. Observados os princípios da racionalidade, da economicidade e da eficiência, ato do Ministro de Estado da Economia regulamentará:

I - o contencioso administrativo fiscal de pequeno valor, assim considerado aquele cujo lançamento fiscal ou controvérsia não supere 60 (sessenta) salários mínimos;

II - a adoção de métodos alternativos de solução de litígio, inclusive transação, envolvendo processos de pequeno valor.

Parágrafo único. No contencioso administrativo de pequeno valor, observados o contraditório, a ampla defesa e a vinculação aos entendimentos do Conselho Administrativo de Recursos Fiscais, o julgamento será realizado em última instância por órgão colegiado da Delegacia da Receita Federal do Brasil de Julgamento da Secretaria Especial da Receita Federal do Brasil, aplicado o disposto no Decreto nº 70.235, de 6 de março de 1972, apenas subsidiariamente.

Art. 24. A transação relativa a crédito tributário de pequeno valor será realizada na pendência de impugnação, de recurso ou de reclamação administrativa ou no processo de cobrança da dívida ativa da União.

Parágrafo único. Considera-se contencioso tributário de pequeno valor aquele cujo crédito tributário em discussão não supere o limite previsto no inciso I do *caput* do art. 23 desta Lei e que tenha como sujeito passivo pessoa natural, microempresa ou empresa de pequeno porte.

Art. 25. A transação de que trata este Capítulo poderá contemplar os seguintes benefícios:

I - concessão de descontos, observado o limite máximo de 50% (cinquenta por cento) do valor total do crédito;

II - oferecimento de prazos e formas de pagamento especiais, incluídos o diferimento e a moratória, obedecido o prazo máximo de quitação de 60 (sessenta) meses; e

III - oferecimento, substituição ou alienação de garantias e de constrições.

§ 1º É permitida a cumulação dos benefícios previstos nos incisos I, II e III do *caput* deste artigo.

§ 2º A celebração da transação competirá:

I - à Secretaria Especial da Receita Federal do Brasil, no âmbito do contencioso administrativo de pequeno valor; e

II - à Procuradoria-Geral da Fazenda Nacional, nas demais hipóteses previstas neste Capítulo.

Art. 26. A proposta de transação poderá ser condicionada ao compromisso do contribuinte ou do responsável de requerer a homologação judicial do acordo, para fins do disposto nos incisos II e III do *caput* do art. 515 da Lei nº 13.105, de 16 de março de 2015 (Código de Processo Civil).

Art. 27. Caberá ao Procurador-Geral da Fazenda Nacional e ao Secretário Especial da Receita Federal do Brasil, em seu âmbito de atuação, disciplinar a aplicação do disposto neste Capítulo.

CAPÍTULO V
DAS ALTERAÇÕES LEGISLATIVAS

Art. 28. A Lei nº 10.522, de 19 de julho de 2002, passa a vigorar acrescida do seguinte art. 19-E:

"Art. 19-E. Em caso de empate no julgamento do processo administrativo de determinação e exigência do crédito tributário, não se aplica o voto de qualidade a que se refere o § 9º do art. 25 do Decreto nº 70.235, de 6 de março de 1972, resolvendo-se favoravelmente ao contribuinte."

CAPÍTULO VI
DISPOSIÇÕES FINAIS

Art. 29. Os agentes públicos que participarem do processo de composição do conflito, judicial ou extrajudicialmente, com o objetivo de celebração de transação nos termos desta Lei somente poderão ser responsabilizados, inclusive perante os órgãos públicos de controle interno e externo, quando agirem com dolo ou fraude para obter vantagem indevida para si ou para outrem.

Art. 30. Esta Lei entra em vigor:

I - em 120 (cento e vinte) dias contados da data da sua publicação, em relação ao inciso I do *caput* e ao parágrafo único do art. 23; e

II - na data de sua publicação, em relação aos demais dispositivos.

Brasília, 14 de abril de 2020; 199º da Independência e 132º da República.

JAIR MESSIAS BOLSONARO

Paulo Guedes

LEI COMPLEMENTAR Nº 172, DE 15 DE ABRIL DE 2020

Dispõe sobre a transposição e a transferência de saldos financeiros constantes dos Fundos de Saúde dos Estados, do Distrito Federal e dos Municípios, provenientes de repasses federais.

▸ *Fundos de Saúde dos Estados, DF e Municípios*

O PRESIDENTE DA REPÚBLICA

Faço saber que o Congresso Nacional decreta e eu sanciono a seguinte Lei Complementar:

Art. 1º Ficam autorizadas aos Estados, ao Distrito Federal e aos Municípios a transposição e a transferência de saldos financeiros remanescentes de exercícios anteriores, constantes de seus respectivos Fundos de Saúde, provenientes de repasses do Ministério da Saúde.

Art. 2º A transposição e a transferência de saldos financeiros de que trata esta Lei Complementar serão destinadas exclusivamente à realização de ações e serviços públicos de saúde, segundo os critérios disciplinados pelos arts. 2º e 3º da Lei Complementar nº 141, de 13 de janeiro de 2012, e ficarão condicionadas à observância prévia pelos Estados, pelo Distrito Federal e pelos Municípios dos seguintes requisitos:

I - cumprimento dos objetos e dos compromissos previamente estabelecidos em atos normativos específicos expedidos pela direção do Sistema Único de Saúde;

II - inclusão dos recursos financeiros transpostos e transferidos na Programação Anual de Saúde e na respectiva lei orçamentária anual, com indicação da nova categoria econômica a ser vinculada;

III - ciência ao respectivo Conselho de Saúde.

Art. 3º Estados, Distrito Federal e Municípios que realizarem a transposição ou a transferência de que trata o art. 1º desta Lei Complementar deverão comprovar a execução no respectivo Relatório Anual de Gestão.

Art. 4º Os valores relacionados à transposição e à transferência de saldos financeiros de que trata esta Lei Complementar não serão considerados parâmetros para os cálculos de futuros repasses financeiros por parte do Ministério da Saúde.

Art. 5º A transposição e a transferência de saldos financeiros de que trata esta Lei aplicam-se tão somente durante a vigência do estado de calamidade pública de que trata o Decreto Legislativo nº 6, de 20 de março de 2020.

Art. 6º Esta Lei Complementar entra em vigor na data da sua publicação.

Brasília, 15 de abril de 2020; 199º da Independência e 132º da República.

JAIR MESSIAS BOLSONARO

Paulo Guedes

LEI Nº 13.999, DE 18 DE MAIO DE 2020

Institui o Programa Nacional de Apoio às Microempresas e Empresas de Pequeno Porte (Pronampe), para o desenvolvimento e o fortalecimento dos pequenos negócios; e altera as Leis nºs 13.636, de 20 de março de 2018, 10.735, de 11 de setembro de 2003, e 9.790, de 23 de março de 1999.

▸ *Pronampe*

O PRESIDENTE DA REPÚBLICA

Faço saber que o Congresso Nacional decreta e eu sanciono a seguinte Lei:

CAPÍTULO I
DISPOSIÇÃO PRELIMINAR

Art. 1º Fica instituído o Programa Nacional de Apoio às Microempresas e Empresas de Pequeno Porte (Pronampe), vinculado à Secretaria Especial de Produtividade, Emprego e Competitividade (Sepec) do Ministério da Economia, cujo objeto é o desenvolvimento e o fortalecimento dos pequenos negócios.

CAPÍTULO II
DO PROGRAMA NACIONAL DE APOIO ÀS MICROEMPRESAS E EMPRESAS DE PEQUENO PORTE (PRONAMPE)

Art. 2º O Pronampe é destinado às pessoas a que se referem os incisos I e II do *caput* do art. 3º da Lei Complementar nº 123, de 14 de dezembro de 2006, considerada a receita bruta auferida no exercício de 2019.

§ 1º A linha de crédito concedida no âmbito do Pronampe corresponderá a até 30% (trinta por cento) da receita bruta anual calculada com base no exercício de 2019, salvo no caso das empresas que tenham menos de 1 (um) ano de funcionamento, hipótese em que o limite do empréstimo corresponderá a até 50% (cinquenta por cento) do seu capital social ou a até 30% (trinta por cento) de 12 (doze) vezes a média da sua receita bruta mensal apurada no período, desde o início de suas atividades, o que for mais vantajoso. (Redação dada pela Lei 14.045/2020)

§ 2º Poderão aderir ao Pronampe e, assim, requerer a garantia do Fundo Garantidor de Operações (FGO), de que trata a Lei nº 12.087, de 11 de novembro de 2009, o Banco do Brasil S.A., a Caixa Econômica Federal, o Banco do Nordeste do Brasil S.A., o Banco da Amazônia S.A., os bancos estaduais, as agências de fomento estaduais, as cooperativas de crédito, os bancos cooperados, as instituições integrantes do sistema de pagamentos brasileiro, as plataformas tecnológicas de serviços financeiros (*fintechs*), as organizações da sociedade civil de interesse público de crédito, e as demais instituições financeiras públicas e privadas autorizadas a funcionar pelo Banco Central do Brasil, atendida a disciplina do Conselho Monetário Nacional e do Banco Central do Brasil a elas aplicável.

§ 3º As pessoas a que se refere o *caput* deste artigo que contratarem as linhas de crédito no âmbito do Pronampe assumirão contratualmente a obrigação de fornecer informações verídicas e de preservar o quantitativo de empregados em número igual ou superior ao verificado na data da publicação desta Lei, no período compreendido entre a data da contratação da linha de crédito e o 60º (sexagésimo) dia após o recebimento da última parcela da linha de crédito.

§ 4º O não atendimento a qualquer das obrigações de que trata o § 3º deste artigo implicará o vencimento antecipado da dívida pela instituição financeira.

§ 5º Fica vedada a celebração do contrato de empréstimo de que trata esta Lei com empresas que possuam condenação relacionada a trabalho em condições análogas às de escravo ou a trabalho infantil.

§ 6º (VETADO).

§ 7º (VETADO).

§ 8º Caso haja autorização por parte das pessoas que contratarem as linhas de crédito no âmbito do Pronampe, o Serviço Brasileiro de Apoio às Micro e Pequenas Empresas (Sebrae) receberá os dados cadastrais relativos às operações concedidas, para ofertar a provisão de assistência e ferramentas de gestão às microempresas destinatárias da linha de crédito.

§ 9º (VETADO).

§ 10. Os créditos concedidos no âmbito do Pronampe servirão ao financiamento das atividades econômicas do empresário, da empresa ou do profissional liberal nas suas diversas dimensões e poderão ser utilizados para investimentos e para capital de giro isolado e associado, vedada a sua destinação para distribuição de lucros e dividendos entre os sócios. (Redação dada pela Lei 14.045/2020)

§ 11. As instituições financeiras que utilizem recursos do Fundo Geral de Turismo (Fungetur), de que trata o art. 11 do Decreto-Lei nº 1.191, de 27 de outubro de 1971, poderão aderir ao Pronampe e requerer garantia do FGO para essas operações, as quais, para fins do disposto nos §§ 4º e 4º-A do art. 6º desta Lei, deverão ser agrupadas como carteira específica no âmbito de cada instituição. (Acrescido pela Lei 14.043/2020)

§ 12. Se houver disponibilidade de recursos, poderão também ser contratantes das operações de crédito do Pronampe as associações, as fundações de direito privado e as sociedades cooperativas, excluídas as cooperativas de crédito, e, nessa hipótese, os recursos recebidos deverão ser destinados ao financiamento das atividades dos contratantes. (Acrescido pela Lei 14.042/2020)

Art. 3º As instituições financeiras participantes poderão formalizar operações de crédito no âmbito do Pronampe até 3 (três) meses após a entrada em vigor desta Lei, prorrogáveis pela Sepec, observados os seguintes parâmetros: (*Caput* do artigo com redação dada pela Lei 14.115/2020)

I - taxa de juros anual máxima igual à taxa do Sistema Especial de Liquidação e de Custódia (Selic), acrescida de 1,25% (um inteiro e vinte e cinco centésimos por cento) sobre o valor concedido;

II - prazo de 36 (trinta e seis) meses para o pagamento; e

III - (VETADO).

§ 1º Para efeito de controle dos limites a que se refere o § 1º do art. 2º desta Lei, o Banco do Brasil S.A. disponibilizará consulta das pessoas inscritas no Cadastro Nacional da Pessoa Jurídica (CNPJ) que se beneficiaram do Pronampe, com a discriminação dos montantes já contratados. (Parágrafo único transformado em § 1º pela Lei 14.115/2020)

§ 2º O termo final das prorrogações de que trata o *caput* deste artigo não poderá ser posterior ao último dia útil do ano de 2020. (Parágrafo acrescido pela Lei 14.115/2020)

CAPÍTULO II-A
DOS PROFISSIONAIS LIBERAIS

‣ (Capítulo acrescido pela Lei 14.045/2020)

Art. 3º-A. Os profissionais liberais, assim entendidos, para fins desta Lei, as pessoas físicas que exercem, por conta própria, atividade econômica com fins lucrativos, tanto de nível técnico quanto de nível superior, poderão contratar operações de crédito garantidas pelo Pronampe nas seguintes condições:

I - taxa de juros anual máxima igual à taxa do Sistema Especial de Liquidação e de Custódia (Selic), acrescida de 5% (cinco por cento);

II - prazo de até 36 (trinta e seis) meses para o pagamento, dos quais até 8 (oito) meses poderão ser de carência com capitalização de juros; e

III - valor da operação limitado a 50% (cinquenta por cento) do total anual do rendimento do trabalho sem vínculo empregatício informado na Declaração de Ajuste Anual referente ao ano-calendário de 2019, no limite máximo de R$ 100.000,00 (cem mil reais).

Parágrafo único. Ficam excluídos das operações de crédito garantidas pelo Pronampe os profissionais liberais que tenham participação societária em pessoa jurídica ou que possuam vínculo empregatício de qualquer natureza.

CAPÍTULO II-B
DA DISPENSA DE CERTIDÕES E DA RECUPERAÇÃO DE INADIMPLÊNCIA

‣ (Capítulo acrescido pela Lei 14.045/2020)

Art. 4º Para fins de concessão de crédito no âmbito do Pronampe, as instituições financeiras participantes ficam dispensadas de observar as seguintes disposições:

I - o § 1º do art. 362 da Consolidação das Leis do Trabalho (CLT), aprovada pelo Decreto-Lei nº 5.452, de 1º de maio de 1943;

II - o inciso IV do § 1º do art. 7º da Lei nº 4.737, de 15 de julho de 1965;

III - as alíneas "b" e "c" do *caput* do art. 27 da Lei nº 8.036, de 11 de maio de 1990;

IV - a alínea "a" do inciso I do *caput* do art. 47 da Lei nº 8.212, de 24 de julho de 1991;

V - o art. 10 da Lei nº 8.870, de 15 de abril de 1994;

VI - o art. 1º da Lei nº 9.012, de 30 de março de 1995;

VII - o art. 20 da Lei nº 9.393, de 19 de dezembro de 1996; e

VIII - o art. 6º da Lei nº 10.522, de 19 de julho de 2002.

§ 1º Aplica-se às instituições financeiras públicas federais a dispensa prevista no *caput* deste artigo, observado o disposto na Lei nº 13.898, de 11 de novembro de 2019.

§ 2º Na concessão de crédito ao amparo do Pronampe, somente poderá ser exigida a garantia pessoal do proponente em montante igual ao empréstimo contratado, acrescido dos encargos, salvo nos casos de empresas constituídas e em funcionamento há menos de 1 (um) ano, cuja garantia pessoal poderá alcançar até 150% (cento e cinquenta por cento) do valor contratado, mais acréscimos. (Redação dada pela Lei 14.042/2020)

Art. 5º Na hipótese de inadimplemento do contratante, as instituições financeiras participantes do Pronampe farão a cobrança da dívida em nome próprio, em conformidade com as suas políticas de crédito, e recolherão os valores recuperados ao FGO, relativos a cada operação, na proporção do saldo devedor honrado pelo Fundo.

§ 1º Na cobrança do crédito inadimplido garantido por recursos públicos, não se admitirá, por parte das instituições financeiras participantes do Pronampe, a adoção de procedimentos para recuperação de crédito menos rigorosos do que aqueles usualmente empregados em suas próprias operações de crédito.

§ 2º As despesas necessárias para a recuperação dos créditos inadimplidos correrão por conta das instituições financeiras participantes do Pronampe.

§ 3º As instituições financeiras participantes do Pronampe, em conformidade com as suas políticas de crédito, deverão empregar os melhores esforços e adotar os procedimentos necessários para a recuperação dos créditos no âmbito do Programa e não poderão interromper ou negligenciar o acompanhamento.

§ 4º As instituições financeiras participantes do Pronampe serão responsáveis pela veracidade das informações fornecidas e pela exatidão dos valores a serem eventualmente reembolsados.

§ 5º Os créditos honrados eventualmente não recuperados serão leiloados pelos agentes financeiros no prazo de 18 (dezoito) meses, contado da data da amortização da última parcela passível de vencimento, observadas as condições estabelecidas no estatuto do Fundo. (Acrescido pela Lei nº 14.042/2020)

§ 6º Os créditos não arrematados serão oferecidos novamente em leilão, no prazo estabelecido no § 5º deste artigo, e poderão ser alienados àquele que oferecer o maior lance, independentemente do valor de avaliação. (Acrescido pela Lei nº 14.042/2020)

§ 7º Após o decurso do prazo previsto no § 5º deste artigo, o patrimônio segregado no Fundo para o Pronampe será liquidado no prazo de 12 (doze) meses. (Acrescido pela Lei nº 14.042/2020)

§ 8º Após a realização do último leilão de que trata o § 6º deste artigo pelos agentes financeiros, a parcela do crédito sub-rogada pelo FGO eventualmente não alienada será considerada extinta de pleno direito. (Acrescido pela Lei nº 14.042/2020)

CAPÍTULO III
DO MODELO FINANCEIRO-OPERACIONAL

Art. 6º A União aumentará sua participação no FGO em R$ 15.900.000.000,00 (quinze bilhões e novecentos milhões de reais), independentemente do limite estabelecido nos arts. 7º e 8º da Lei nº 12.087, de 11 de novembro de 2009, exclusivamente para cobertura das operações contratadas no âmbito do Pronampe.

§ 1º A integralização adicional de cotas pela União de que trata este artigo será realizada por ato da Sepec do Ministério da Economia.

§ 2º O valor não utilizado para garantia das operações contratadas no prazo previsto no *caput* do art. 3º desta Lei, assim como os valores recuperados, inclusive no caso de inadimplência, deverão ser devolvidos à União, nos termos em que dispuser a Sepec, e serão integralmente utilizados para pagamento da dívida pública de responsabilidade do Tesouro Nacional.

§ 3º O FGO responderá por suas obrigações com os bens e direitos alocados para a finalidade do Pronampe, e o cotista ou seus agentes públicos não responderão por qualquer obrigação ou eventual prejuízo do Fundo, salvo o cotista pela integralização das cotas que subscrever.

§ 4º As instituições financeiras participantes do Pronampe operarão com recursos próprios e poderão contar com garantia a ser prestada pelo FGO de atei 100% (cem por cento) do valor de cada operação garantida. (Redação dada pela Lei 14.042/2020)

§ 4º-A. A garantia de que trata o § 4º deste artigo será limitada a até 85% (oitenta e cinco por cento) da carteira de cada agente financeiro nos termos do estatuto do Fundo, permitido ao estatuto segregar os limites máximos de cobertura da inadimplência de acordo com as características das instituições financeiras e das carteiras, bem como por períodos, com as primeiras perdas da carteira de responsabilidade do FGO. (Acrescido Lei 14.042/2020)

§ 5º Nas operações de que trata o § 4º deste artigo, o limite global a ser ressarcido às instituições financeiras em razão da garantia prestada pelo FGO no âmbito do Pronampe fica limitado ao fixado no *caput* deste artigo.

§ 6º Fica autorizada a utilização do Fundo de Aval às Micro e Pequenas Empresas (Fampe) do Sebrae como instrumento complementar ao FGO na estruturação das garantias relativas às operações no âmbito do Pronampe.

§ 7º As instituições financeiras públicas federais deverão priorizar em suas políticas operacionais as contratações de empréstimo no âmbito do Pronampe, inclusive com a utilização, quando cabível, de recursos dos fundos constitucionais de financiamento.

§ 8º O FGO não contará com qualquer tipo de garantia ou aval por parte da União e responderá por suas obrigações contraídas no âmbito do Pronampe até o limite do valor dos bens e direitos integrantes do seu patrimônio alocados para o Programa. (Acrescido pela Lei nº 14.045/2020)

Art. 6º-A. Para as contratações realizadas no âmbito do Pronampe, não se aplica ao FGO o disposto nos §§ 3º e 6º do art. 9º da Lei nº 12.087, de 11 de novembro de 2009. (Acrescido pela Lei 14.042/2020)

CAPÍTULO IV
(VETADO)

CAPÍTULO V
DA REGULAÇÃO E DA SUPERVISÃO DAS OPERAÇÕES DE CRÉDITO REALIZADAS NO ÂMBITO DO PRONAMPE

Art. 8º Compete ao Banco Central do Brasil fiscalizar o cumprimento, pelas instituições participantes do Pronampe, das condições estabelecidas para as operações de crédito realizadas no âmbito do Programa.

Art. 9º O Conselho Monetário Nacional e o Banco Central do Brasil, no âmbito de suas competências, poderão disciplinar os aspectos necessários para operacionalizar e fiscalizar as instituições participantes do Pronampe quanto ao disposto nesta Lei, observados os preceitos da Lei nº 13.506, de 13 de novembro de 2017.

CAPÍTULO VI
DO ESTÍMULO AO MICROCRÉDITO

Art. 10. A Lei nº 13.636, de 20 de março de 2018, passa a vigorar com as seguintes alterações:

"Art. 1º Fica instituído, no âmbito do Ministério da Economia, o Programa Nacional de Microcrédito Produtivo Orientado (PNMPO), com objetivo de apoiar e financiar atividades produtivas de empreendedores, principalmente por meio da disponibilização de recursos para o microcrédito produtivo orientado.

....

....

§ 2º A renda ou a receita bruta anual para enquadramento dos beneficiários do PNMPO, definidos no § 1º deste artigo, fica limitada ao valor máximo de receita bruta estabelecido para a microempresa, nos termos da Lei Complementar nº 123, de 14 de dezembro de 2006.

§ 3º Para os efeitos do disposto nesta Lei, considera-se microcrédito produtivo orientado o crédito concedido para fomento e financiamento das atividades produtivas, cuja metodologia será estabelecida em ato do Conselho Monetário Nacional, admitida a possibilidade de relacionamento direto com os empreendedores ou o uso de tecnologias digitais e eletrônicas que possam substituir o contato presencial, para fins de orientação e obtenção de crédito.

§ 4º (Revogado)." (NR)

"Art. 3º ....

....

....

....

XI - agentes de crédito;

XII - instituições financeiras que realizem, nos termos da regulamentação do Conselho Monetário Nacional, operações exclusivamente por meio de sítio eletrônico ou de aplicativo;

XIII - pessoas jurídicas especializadas no apoio, no fomento ou na orientação às atividades produtivas mencionadas no art. 1º desta Lei;

XIV - correspondentes no País;

XV - Empresas Simples de Crédito (ESCs), de que trata a Lei Complementar nº 167, de 24 de abril de 2019.

§ 1º As instituições de que tratam os incisos I a XV do *caput* deste artigo deverão estimular e promover a participação dos seus correspondentes no PNMPO, aplicando-se-lhes o seguinte:

I - as atividades de que trata o § 3º do art. 1º desta Lei poderão ser executadas, mediante contrato de prestação de serviço, por meio de pessoas jurídicas que demonstrem possuir qualificação técnica para atuação no segmento de microcrédito, conforme critérios estabelecidos pelo Conselho Monetário Nacional; e

II - a pessoa jurídica contratada, na hipótese de que trata o inciso I deste parágrafo, atuará por conta e sob diretrizes da entidade contratante, que assume inteira responsabilidade pelo cumprimento da legislação e da regulamentação relativa a essas atividades.

§ 2º As instituições financeiras públicas que se enquadrem nas disposições do *caput* deste artigo poderão atuar no PNMPO por intermédio de sociedade da qual participem direta ou indiretamente, ou por meio de convênio ou contrato com quaisquer das instituições referidas nos incisos V a XV do *caput* deste artigo, desde que tais entidades tenham por objeto prestar serviços necessários à contratação e ao acompanhamento de operações de microcrédito produtivo orientado e desde que esses serviços não representem atividades privativas de instituições financeiras.

....

....

§ 4º As organizações da sociedade civil de interesse público, os agentes de crédito constituídos como pessoas jurídicas e as pessoas jurídicas especializadas de que tratam os incisos X, XI, XIII, XIV e XV do *caput* deste artigo deverão observar as diretrizes estabelecidas pelo Ministério da Economia para realizar operações no âmbito do PNMPO, nos termos estabelecidos no inciso II do *caput* do art. 6º desta Lei.

§ 5º As entidades a que se referem os incisos V a XV do *caput* deste artigo poderão prestar os seguintes serviços, sob responsabilidade das demais entidades referidas no *caput* deste artigo:

I - a recepção e o encaminhamento de propostas de abertura de contas de depósitos à vista e de conta de poupança, de microsseguros e de serviços de adquirência;

....

....

§ 6º ....

....

....

....

III - outros serviços e produtos desenvolvidos e precificados para o desenvolvimento da atividade produtiva dos microempreendedores, conforme o art. 1º desta Lei.

....

...." (NR)

"Art. 6º Ao Ministério da Economia compete:

....

....

II - estabelecer requisitos para cadastro das entidades de que tratam os incisos X, XI, XIII, XIV e XV do *caput* do art. 3º desta Lei, entre os quais a exigência de inscrição dos agentes de crédito citados no inciso XI do *caput* do referido artigo como contribuintes individuais do Regime Geral de Previdência Social, nos termos das alíneas "g" e "h" do inciso V do *caput* do art. 11 da Lei nº 8.213, de 24 de julho de 1991.

....

...." (NR)

Art. 11. A Lei nº 10.735, de 11 de setembro de 2003, passa a vigorar com as seguintes alterações:

"Art. 2º ....

....

....

....

VIII - os critérios para o repasse dos recursos da exigibilidade de que trata o art. 1º desta Lei para aplicação por parte de entidades autorizadas a operar ou participar do Programa Nacional de Microcrédito Produtivo Orientado (PNMPO), respeitadas as operações a elas permitidas, nos termos da legislação e da regulamentação em vigor;

IX - os critérios para aquisição de créditos de outras instituições financeiras ou de outras entidades autorizadas a operar ou a participar do PNMPO, respeitadas as operações a elas permitidas, nos termos da legislação e da regulamentação em vigor; e

....

....

§ 1º O Conselho Monetário Nacional poderá, com base em critérios de proporcionalidade e de eficiência e observada a isonomia de tratamento para efeito de manutenção de livre e justa concorrência, isentar parte das instituições referidas no art. 1º desta Lei do cumprimento do direcionamento dos depósitos à vista de que trata esta Lei, com o objetivo de assegurar o funcionamento regular das instituições desobrigadas e a aplicação efetiva dos recursos em operações de crédito de que trata esta Lei.

§ 2º Na hipótese de repasse para instituição não autorizada a funcionar pelo Banco Central do Brasil, a responsabilidade pelo correto direcionamento dos recursos, nos termos da regulamentação em vigor, permanece com a instituição financeira repassadora." (NR)

"Art. 3º ....

....

Parágrafo único. Alternativamente ao disposto no *caput* deste artigo, o Conselho Monetário Nacional poderá estabelecer custo financeiro às instituições referidas no art. 1º desta Lei que apresentarem insuficiência na aplicação de recursos, nos termos previstos nesta Lei." (NR)

Art. 12. O art. 2º da Lei nº 9.790, de 23 de março de 1999, passa a vigorar acrescido do seguinte parágrafo único:

"Art. 2º ....

....

....

....

Parágrafo único. Não constituem impedimento à qualificação como Organização da Sociedade Civil de Interesse Público as operações destinadas a microcrédito realizadas com instituições financeiras na forma de recebimento de repasses, venda de operações realizadas ou atuação como mandatárias." (NR)

CAPÍTULO VII
DISPOSIÇÕES FINAIS

Art. 13. Expirado o prazo para contratações previsto nesta Lei, fica o Poder Executivo autorizado a adotar o Pronampe como política oficial de crédito de caráter permanente com tratamento diferenciado e favorecido, nas mesmas condições estabelecidas nesta Lei, com o objetivo de consolidar os pequenos negócios como agentes de sustentação, transformação e desenvolvimento da economia nacional.

Art. 14. Revoga-se o § 4º do art. 1º da Lei nº 13.636, de 20 de março de 2018.

Art. 15. Esta Lei entra em vigor na data de sua publicação.

Brasília, 18 de maio de 2020; 199º da Independência e 132º da República.

JAIR MESSIAS BOLSONARO
Paulo Guedes
Roberto de Oliveira Campos Neto

LEI COMPLEMENTAR Nº 173, DE 27 DE MAIO DE 2020

Estabelece o Programa Federativo de Enfrentamento ao Coronavírus SARS-CoV-2 (Covid-19), altera a Lei Complementar nº 101, de 4 de maio de 2000, e dá outras providências.

▸ *Programa Federativo de Enfrentamento à COVID-19*

O PRESIDENTE DA REPÚBLICA

Faço saber que o Congresso Nacional decreta e eu sanciono a seguinte Lei Complementar:

Art. 1º Fica instituído, nos termos do art. 65 da Lei Complementar nº 101, de 4 de maio de 2000, exclusivamente para o exercício financeiro de 2020, o Programa Federativo de Enfrentamento ao Coronavírus SARS-CoV-2 (Covid-19).

§ 1º O Programa de que trata o *caput* é composto pelas seguintes iniciativas:

I - suspensão dos pagamentos das dívidas contratadas entre:

a) de um lado, a União, e, de outro, os Estados e o Distrito Federal, com amparo na Lei nº 9.496, de 11 de setembro de 1997, e na Medida Provisória nº 2.192-70, de 24 de agosto de 2001;

b) de um lado, a União, e, de outro, os Municípios, com base na Medida Provisória nº 2.185-35, de 24 de agosto de 2001, e na Lei nº 13.485, de 2 de outubro de 2017;

II - reestruturação de operações de crédito interno e externo junto ao sistema financeiro e instituições multilaterais de crédito nos termos previstos no art. 4º desta Lei Complementar; e

III - entrega de recursos da União, na forma de auxílio financeiro, aos Estados, ao Distrito Federal e aos Municípios, no exercício de 2020, e em ações de enfrentamento ao Coronavírus SARS-CoV-2 (Covid-19).

§ 2º As medidas previstas no inciso I do § 1º são de emprego imediato, ficando a União autorizada a aplicá-las aos respectivos contratos de refinanciamento, ainda que previamente à celebração de termos aditivos ou outros instrumentos semelhantes.

Art. 2º De 1º de março a 31 de dezembro de 2020, a União ficará impedida de executar as garantias das dívidas decorrentes dos contratos de refinanciamento de dívidas celebrados com os Estados e com o Distrito Federal com base na Lei nº 9.496, de 11 de setembro de 1997, e dos contratos de abertura de crédito firmados com os Estados ao amparo da Medida Provisória nº 2.192-70, de 24 de agosto de 2001, as garantias das dívidas decorrentes dos contratos de refinanciamento celebrados com os Municípios com base na Medida Provisória nº 2.185-35, de 24 de agosto de 2001, e o parcelamento dos débitos previdenciários de que trata a Lei nº 13.485, de 2 de outubro de 2017.

§ 1º Caso, no período, o Estado, o Distrito Federal ou o Município suspenda o pagamento das dívidas de que trata o *caput*, os valores não pagos:

I - serão apartados e incorporados aos respectivos saldos devedores em 1º de janeiro de 2022, devidamente atualizados pelos encargos financeiros contratuais de adimplência, para pagamento pelo prazo remanescente de amortização dos contratos; e

II - deverão ser aplicados preferencialmente em ações de enfrentamento da calamidade pública decorrente da pandemia da Covid-19.

§ 2º Enquanto perdurar a suspensão de pagamento referida no § 1º deste artigo, fica afastado o registro do nome do Estado, do Distrito Federal e do Município em cadastros restritivos em decorrência, exclusivamente, dessa suspensão.

§ 3º Os efeitos financeiros do disposto no *caput* retroagem a 1º de março de 2020.

§ 4º Os valores eventualmente pagos entre 1º de março de 2020 e o término do período a que se refere o *caput* deste artigo serão apartados do saldo devedor e devidamente atualizados pelos encargos financeiros contratuais de adimplência, com destinação exclusiva para o pagamento das parcelas vincendas a partir de 1º de janeiro de 2021.

§ 5º Os Estados, o Distrito Federal e os Municípios deverão demonstrar e dar publicidade à aplicação dos recursos de que trata o inciso II do § 1º deste artigo, evidenciando a correlação entre as ações desenvolvidas e os recursos não pagos à União, sem prejuízo da supervisão dos órgãos de controle competentes.

§ 6º Os valores anteriores a 1º de março de 2020 não pagos em razão de liminar em ação judicial poderão, desde que o respectivo ente renuncie ao direito sobre o qual se funda a ação, receber o mesmo tratamento previsto no inciso I do § 1º deste artigo, devidamente atualizados pelos encargos financeiros contratuais de adimplência.

Art. 3º Durante o estado de calamidade pública decretado para o enfrentamento da Covid-19, além da aplicação do disposto no art. 65 da Lei Complementar nº 101, de 2000, ficam afastadas e dispensadas as disposições da referida Lei Complementar e de outras leis complementares, leis, decretos, portarias e outros atos normativos que tratem:

I - das condições e vedações previstas no art. 14, no inciso II do *caput* do art. 16 e no art. 17 da Lei Complementar nº 101, de 2000;

II - dos demais limites e das condições para a realização e o recebimento de transferências voluntárias.

§ 1º O disposto neste artigo:

I - aplicar-se-á exclusivamente aos atos de gestão orçamentária e financeira necessários ao atendimento deste Programa ou de convênios vigentes durante o estado de calamidades; e

II - não exime seus destinatários, ainda que após o término do período de calamidade pública decorrente da pandemia da Covid-19, da observância das obrigações de transparência, controle e fiscalização referentes ao referido período, cujo atendimento será objeto de futura verificação pelos órgãos de fiscalização e controle respectivos, na forma por eles estabelecida.

§ 2º Para a assinatura dos aditivos autorizados nesta Lei Complementar, ficam dispensados os requisitos legais exigidos para a contratação com a União e a verificação dos requisitos exigidos pela Lei Complementar nº 101, de 2000.

Art. 4º Os Estados, o Distrito Federal e os Municípios poderão realizar aditamento contratual que suspenda os pagamentos devidos no exercício financeiro de 2020, incluindo principal e quaisquer outros encargos, de operações de crédito interno e externo celebradas com o sistema financeiro e instituições multilaterais de crédito.

§ 1º Para aplicação do disposto neste artigo, os aditamentos contratuais deverão ser firmados no exercício financeiro de 2020.

§ 2º Estão dispensados, para a realização dos aditamentos contratuais de que trata este artigo, os requisitos legais para contratação de operação de crédito e para concessão de garantia, inclusive aqueles exigidos nos arts. 32 e 40 da Lei Complementar nº 101, de 2000, bem como para a contratação com a União.

§ 3º No caso de as operações de que trata este artigo serem garantidas pela União, a garantia será mantida, não sendo necessária alteração dos contratos de garantia e de contragarantia vigentes.

§ 4º Serão mantidas as condições financeiras em vigor na data de celebração dos termos aditivos, podendo o prazo final da operação, a critério do Estado, do Distrito Federal ou do Município, ser ampliado por período não superior ao da suspensão dos pagamentos.

§ 5º A verificação do cumprimento dos limites e das condições relativos à realização de termos aditivos de que trata o *caput* que não tiverem sido afastados pelo § 2º deste artigo será realizada diretamente pelas instituições financeiras credoras.

§ 6º (VETADO).

Art. 5º A União entregará, na forma de auxílio financeiro, aos Estados, ao Distrito Federal e aos Municípios, em 4 (quatro) parcelas mensais e iguais, no exercício de 2020, o valor de R$ 60.000.000.000,00 (sessenta bilhões de reais) para aplicação, pelos Poderes Executivos locais, em ações de enfrentamento à Covid-19 e para mitigação de seus efeitos financeiros, da seguinte forma:

I - R$ 10.000.000.000,00 (dez bilhões de reais) para ações de saúde e assistência social, sendo:

a) R$ 7.000.000.000,00 (sete bilhões de reais) aos Estados e ao Distrito Federal; e

b) R$ 3.000.000.000,00 (três bilhões de reais) aos Municípios;

II - R$ 50.000.000.000,00 (cinquenta bilhões de reais), da seguinte forma:

a) R$ 30.000.000.000,00 (trinta bilhões de reais aos Estados e ao Distrito Federal;

b) R$ 20.000.000.000,00 (vinte bilhões de reais aos Municípios;

§ 1º Os recursos previstos no inciso I, alínea "a", inclusive para o pagamento dos profissionais que atuam no Sistema Único de Saúde (SUS) e no Sistema Único de Assistência Social (Suas), serão distribuídos conforme os seguintes critérios:

I - 40% (quarenta por cento) conforme a taxa de incidência divulgada pelo Ministério da Saúde na data de publicação desta Lei Complementar, para o primeiro mês, e no quinto dia útil de cada um dos 3 (três) meses subsequentes;

II - 60% (sessenta por cento) de acordo com a população apurada a partir dos dados populacionais mais recentes publicados pela Fundação Instituto Brasileiro de Geografia e Estatística (IBGE) em cumprimento ao disposto no art. 102 da Lei nº 8.443, de 16 de julho de 1992.

§ 2º Os recursos previstos no inciso I, alínea "b", inclusive para o pagamento dos profissionais que atuam no SUS e no Suas, serão distribuídos de acordo com a população apurada a partir dos dados populacionais mais recentes publicados pelo IBGE em cumprimento ao disposto no art. 102 da Lei nº 8.443, de 16 de julho de 1992.

§ 3º Os valores previstos no inciso II, alínea "a", do *caput* serão distribuídos para os Estados e o Distrito Federal na forma do Anexo I desta Lei Complementar.

§ 4º Os valores previstos no inciso II, alínea "b", do *caput* serão distribuídos na proporção estabelecida no Anexo I, com a exclusão do Distrito Federal, e transferidos, em cada Estado, diretamente aos respectivos Municípios, de acordo com sua população apurada a partir dos dados populacionais mais recentes publicados pelo IBGE em cumprimento ao disposto no art. 102 da Lei nº 8.443, de 16 de julho de 1992.

§ 5º O Distrito Federal não participará do rateio dos recursos previstos na alínea "b" do inciso I e na alínea "b" do inciso II do *caput*, e receberá, na forma de auxílio financeiro, em 4 (quatro) parcelas mensais e iguais, no exercício de 2020, valor equivalente ao efetivamente recebido, no exercício de 2019, como sua cota-parte do Fundo de Participação dos Municípios, para aplicação, pelo Poder Executivo local, em ações de enfrentamento à Covid-19 e para mitigação de seus efeitos financeiros.

§ 6º O cálculo das parcelas que caberão a cada um dos entes federativos será realizado pela Secretaria do Tesouro Nacional (STN), sendo que os valores deverão ser creditados pelo Banco do Brasil S.A. na conta bancária em que são depositados os repasses regulares do Fundo de Participação dos Estados e do Distrito Federal e do Fundo de Participação dos Municípios.

§ 7º Será excluído da transferência de que tratam os incisos I e II do *caput* o Estado, Distrito Federal ou Município que tenha ajuizado ação contra a União após 20 de março de 2020 tendo como causa de pedir, direta ou indiretamente, a pandemia da Covid19, exceto se renunciar ao direito sobre o qual se funda em até 10 (dez) dias, contados da data da publicação desta Lei Complementar.

§ 8º Sem prejuízo do disposto no art. 48 da Lei Complementar nº 123, de 14 de dezembro de 2006, em todas as aquisições de produtos e serviços com os recursos de que trata o inciso II do *caput*, Estados e Municípios darão preferência às microempresas e às empresas de pequeno porte, seja por contratação direta ou por exigência dos contratantes para subcontratação.

Art. 6º No exercício financeiro de 2020, os contratos de dívida dos Estados, do Distrito Federal e dos Municípios garantidos pela STN, com data de contratação anterior a 1º de março de 2020, que se submeterem ao processo de reestruturação de dívida poderão ser objeto de securitização, conforme regulamentação da própria STN, se atendidos os seguintes requisitos:

I - enquadramento como operação de reestruturação de dívida, conforme legislação vigente e orientações e procedimentos da STN;

II - securitização no mercado doméstico de créditos denominados e referenciados em reais;

III - obediência, pela nova dívida, aos seguintes requisitos:

a) ter prazo máximo de até 30 (trinta) anos, não superior a 3 (três) vezes o prazo da dívida original;

b) ter fluxo inferior ao da dívida original;

c) ter custo inferior ao custo da dívida atual, considerando todas as comissões (compromisso e estruturação, entre outras) e penalidades para realizar o pagamento antecipado;

d) ter estrutura de pagamentos padronizada, com amortizações igualmente distribuídas ao longo do tempo e sem período de carência;

e) ser indexada ao CDI;

f) ter custo inferior ao custo máximo aceitável, publicado pela STN, para as operações de crédito securitizáveis com prazo médio (duration) de até 10 (dez) anos, considerando todas as comissões (compromisso e estruturação, entre outras) e penalidades para realizar o pagamento antecipado;

g) ter custo máximo equivalente ao custo de captação do Tesouro Nacional para as operações de crédito securitizáveis com prazo médio (duration) superior a 10 (dez) anos, considerando todas as comissões (compromisso e estruturação, entre outras) e penalidades para realizar o pagamento antecipado.

Art. 7º A Lei Complementar nº 101, de 4 de maio de 2000, passa a vigorar com as seguintes alterações:

› Alterações incorporadas na referida LC.

Art. 8º Na hipótese de que trata o art. 65 da Lei Complementar nº 101, de 4 de maio de 2000, a União, os Estados, o Distrito Federal e os Municípios afetados pela calamidade pública decorrente da pandemia da Covid-19 ficam proibidos, até 31 de dezembro de 2021, de:

I - conceder, a qualquer título, vantagem, aumento, reajuste ou adequação de remuneração a membros de Poder ou de órgão, servidores e empregados públicos e militares, exceto quando derivado de sentença judicial transitada em julgado ou de determinação legal anterior à calamidade pública;

II - criar cargo, emprego ou função que implique aumento de despesa;

III - alterar estrutura de carreira que implique aumento de despesa;

IV - admitir ou contratar pessoal, a qualquer título, ressalvadas as reposições de cargos de chefia, de direção e de assessoramento que não acarretem aumento de despesa, as reposições decorrentes de vacâncias de cargos efetivos ou vitalícios, as contratações temporárias de que trata o inciso IX do *caput* do art. 37 da Constituição Federal, as contratações de temporários para prestação de serviço militar e as contratações de alunos de órgãos de formação de militares;

V - realizar concurso público, exceto para as reposições de vacâncias previstas no inciso IV;

VI - criar ou majorar auxílios, vantagens, bônus, abonos, verbas de representação ou benefícios de qualquer natureza, inclusive os de cunho indenizatório, em favor de membros de Poder, do Ministério Público ou da Defensoria Pública e de servidores e empregados públicos e militares, ou ainda de seus dependentes, exceto quando derivado de sentença judicial transitada em julgado ou de determinação legal anterior à calamidade;

VII - criar despesa obrigatória de caráter continuado, ressalvado o disposto nos §§ 1º e 2º;

VIII - adotar medida que implique reajuste de despesa obrigatória acima da variação da inflação medida pelo Índice Nacional de Preços ao Consumidor Amplo (IPCA), observada a preservação do poder aquisitivo referida no inciso IV do *caput* do art. 7º da Constituição Federal;

IX - contar esse tempo como de período aquisitivo necessário exclusivamente para a concessão de anuênios, triênios, quinquênios, licenças-prêmio e demais mecanismos equivalentes que aumentem a despesa com pessoal em decorrência da aquisição de determinado tempo de serviço, sem qualquer prejuízo para o tempo de efetivo exercício, aposentadoria, e quaisquer outros fins.

§ 1º O disposto nos incisos II, IV, VII e VIII do *caput* deste artigo não se aplica a medidas de combate à calamidade pública referida no *caput* cuja vigência e efeitos não ultrapassem a sua duração.

§ 2º O disposto no inciso VII do *caput* não se aplica em caso de prévia compensação mediante aumento de receita ou redução de despesa, observado que:

I - em se tratando de despesa obrigatória de caráter continuado, assim compreendida aquela que fixe para o ente a obrigação legal de sua execução por período superior a 2 (dois) exercícios, as medidas de compensação deverão ser permanentes; e

II - não implementada a prévia compensação, a lei ou o ato será ineficaz enquanto não regularizado o vício, sem prejuízo de eventual ação direta de inconstitucionalidade.

§ 3º A lei de diretrizes orçamentárias e a lei orçamentária anual poderão conter dispositivos e autorizações que versem sobre as vedações previstas neste artigo, desde que seus efeitos somente sejam implementados após o fim do prazo fixado, sendo vedada qualquer cláusula de retroatividade.

§ 4º O disposto neste artigo não se aplica ao direito de opção assegurado na Lei nº 13.681, de 18 de junho de 2018, bem como aos respectivos atos de transposição e de enquadramento.

§ 5º O disposto no inciso VI do *caput* deste artigo não se aplica aos profissionais de saúde e de assistência social, desde que relacionado a medidas de combate à calamidade pública referida no *caput* cuja vigência e efeitos não ultrapassem a sua duração.

§ 6º (VETADO).

Art. 9º Ficam suspensos, na forma do regulamento, os pagamentos dos refinanciamentos de dívidas dos Municípios com a Previdência Social com vencimento entre 1º de março e 31 de dezembro de 2020.

§ 1º (VETADO).

§ 2º A suspensão de que trata este artigo se estende ao recolhimento das contribuições previdenciárias patronais dos Municípios devidas aos respectivos regimes próprios, desde que autorizada por lei municipal específica.

Art. 10. Ficam suspensos os prazos de validade dos concursos públicos já homologados na data da publicação do Decreto Legislativo nº 6, de 20 de março de 2020, em todo o território nacional, até o término da vigência do estado de calamidade pública estabelecido pela União.

§ 1º (VETADO).

§ 2º Os prazos suspensos voltam a correr a partir do término do período de calamidade pública.

§ 3º A suspensão dos prazos deverá ser publicada pelos organizadores dos concursos nos veículos oficiais previstos no edital do concurso público.

Art. 11. Esta Lei Complementar entra em vigor na data de sua publicação.

Brasília, 27 de maio de 2020; 199º da Independência e 132º da República.

JAIR MESSIAS BOLSONARO
Fernando Azevedo e Silva
DOU 28.05.2020

› Deixamos de publicar o Anexo desta norma.

LEI Nº 14.010, DE 10 DE JUNHO DE 2020

Dispõe sobre o Regime Jurídico Emergencial e Transitório das relações jurídicas de Direito Privado (RJET) no período da pandemia do coronavírus (Covid-19).

› *RJET*

O PRESIDENTE DA REPÚBLICA

Faço saber que o Congresso Nacional decreta e eu sanciono a seguinte Lei:

CAPÍTULO I
DISPOSIÇÕES GERAIS

Art. 1º Esta Lei institui normas de caráter transitório e emergencial para a regulação de relações jurídicas de Direito Privado em virtude da pandemia do coronavírus (Covid-19).

Parágrafo único. Para os fins desta Lei, considera-se 20 de março de 2020, data da publicação do Decreto Legislativo nº 6, como termo inicial dos eventos derivados da pandemia do coronavírus (Covid-19).

Art. 2º A suspensão da aplicação das normas referidas nesta Lei não implica sua revogação ou alteração.

CAPÍTULO II
DA PRESCRIÇÃO E DECADÊNCIA

Art. 3º Os prazos prescricionais consideram-se impedidos ou suspensos, conforme o caso, a partir da entrada em vigor desta Lei até 30 de outubro de 2020.

§ 1º Este artigo não se aplica enquanto perdurarem as hipóteses específicas de impedimento, suspensão e interrupção dos prazos prescricionais previstas no ordenamento jurídico nacional.

§ 2º Este artigo aplica-se à decadência, conforme ressalva prevista no art. 207 da Lei nº 10.406, de 10 de janeiro de 2002 (Código Civil).

CAPÍTULO III
DAS PESSOAS JURÍDICAS DE DIREITO PRIVADO

Art. 4º As pessoas jurídicas de direito privado referidas nos incisos I a III do art. 44 do Código Civil deverão observar as restrições à realização de reuniões e assembleias presenciais até 30 de outubro de 2020, durante a vigência desta Lei, observadas as determinações sanitárias das autoridades locais. (Vetado pelo Presidente da República, mantido pelo Congresso Nacional e publicado na Edição Extra A do DOU de 8/9/2020)

Art. 5º A assembleia geral, inclusive para os fins do art. 59 do Código Civil, até 30 de outubro de 2020, poderá ser realizada por meios eletrônicos, independentemente de previsão nos atos constitutivos da pessoa jurídica.

Parágrafo único. A manifestação dos participantes poderá ocorrer por qualquer meio eletrônico indicado pelo administrador, que assegure a identificação do participante e a segurança do voto, e produzirá todos os efeitos legais de uma assinatura presencial.

CAPÍTULO IV
DA RESILIÇÃO, RESOLUÇÃO E REVISÃO DOS CONTRATOS

▸ (Vetado pelo Presidente da República, mantido pelo Congresso Nacional e publicado na Edição Extra A do DOU de 8/9/2020)

Art. 6º As consequências decorrentes da pandemia do coronavírus (Covid-19) nas execuções dos contratos, incluídas as previstas no art. 393 do Código Civil, não terão efeitos jurídicos retroativos.

Art. 7º Não se consideram fatos imprevisíveis, para os fins exclusivos dos arts. 317, 478, 479 e 480 do Código Civil, o aumento da inflação, a variação cambial, a desvalorização ou a substituição do padrão monetário.

§ 1º As regras sobre revisão contratual previstas na Lei nº 8.078, de 11 de setembro de 1990 (Código de Defesa do Consumidor), e na Lei nº 8.245, de 18 de outubro de 1991, não se sujeitam ao disposto no *caput* deste artigo.

§ 2º Para os fins desta Lei, as normas de proteção ao consumidor não se aplicam às relações contratuais subordinadas ao Código Civil, incluindo aquelas estabelecidas exclusivamente entre empresas ou empresários.

CAPÍTULO V
DAS RELAÇÕES DE CONSUMO

Art. 8º Até 30 de outubro de 2020, fica suspensa a aplicação do art. 49 do Código de Defesa do Consumidor na hipótese de entrega domiciliar (delivery) de produtos perecíveis ou de consumo imediato e de medicamentos.

CAPÍTULO VI
DAS LOCAÇÕES DE IMÓVEIS URBANOS

Art. 9º Não se concederá liminar para desocupação de imóvel urbano nas ações de despejo, a que se refere o art. 59, § 1º, incisos I, II, V, VII, VIII e IX, da Lei nº 8.245, de 18 de outubro de 1991, até 30 de outubro de 2020. (Vetado pelo Presidente da República, mantido pelo Congresso Nacional e publicado na Edição Extra A do DOU de 8/9/2020)

CAPÍTULO VII
DA USUCAPIÃO

Art. 10. Suspendem-se os prazos de aquisição para a propriedade imobiliária ou mobiliária, nas diversas espécies de usucapião, a partir da entrada em vigor desta Lei até 30 de outubro de 2020.

CAPÍTULO VIII
DOS CONDOMÍNIOS EDILÍCIOS

Art. 11. (VETADO).

Art. 12. A assembleia condominial, inclusive para os fins dos arts. 1.349 e 1.350 do Código Civil, e a respectiva votação poderão ocorrer, em caráter emergencial, até 30 de outubro de 2020, por meios virtuais, caso em que a manifestação de vontade de cada condômino será equiparada, para todos os efeitos jurídicos, à sua assinatura presencial.

Parágrafo único. Não sendo possível a realização de assembleia condominial na forma prevista no *caput*, os mandatos de síndico vencidos a partir de 20 de março de 2020 ficam prorrogados até 30 de outubro de 2020.

Art. 13. É obrigatória, sob pena de destituição do síndico, a prestação de contas regular de seus atos de administração.

CAPÍTULO IX
DO REGIME CONCORRENCIAL

Art. 14. Ficam sem eficácia os incisos XV e XVII do § 3º do art. 36 e o inciso IV do art. 90 da Lei nº 12.529, de 30 de novembro de 2011, em relação a todos os atos praticados e com vigência de 20 de março de 2020 até 30 de outubro de 2020 ou enquanto durar o estado de calamidade pública reconhecido pelo Decreto Legislativo nº 6, de 20 de março de 2020.

§ 1º Na apreciação, pelo órgão competente, das demais infrações previstas no art. 36 da Lei nº 12.529, de 30 de novembro de 2011, caso praticadas a partir de 20 de março de 2020, e enquanto durar o estado de calamidade pública reconhecido pelo Decreto Legislativo nº 6, de 20 de março de 2020, deverão ser consideradas as circunstâncias extraordinárias decorrentes da pandemia do coronavírus (Covid-19).

§ 2º A suspensão da aplicação do inciso IV do art. 90 da Lei nº 12.529, de 30 de novembro de 2011, referida no *caput*, não afasta a possibilidade de análise posterior do ato de concentração ou de apuração de infração à ordem econômica, na forma do art. 36 da Lei nº 12.529, de 2011, dos acordos que não forem necessários ao combate ou à mitigação das consequências decorrentes da pandemia do coronavírus (Covid-19).

CAPÍTULO X
DO DIREITO DE FAMÍLIA E SUCESSÕES

Art. 15. Até 30 de outubro de 2020, a prisão civil por dívida alimentícia, prevista no art. 528, § 3º e seguintes da Lei nº 13.105, de 16 de março de 2015 (Código de Processo Civil), deverá ser cumprida exclusivamente sob a modalidade domiciliar, sem prejuízo da exigibilidade das respectivas obrigações.

Art. 16. O prazo do art. 611 do Código de Processo Civil para sucessões abertas a partir de 1º de fevereiro de 2020 terá seu termo inicial dilatado para 30 de outubro de 2020.

Parágrafo único. O prazo de 12 (doze) meses do art. 611 do Código de Processo Civil, para que seja ultimado o processo de inventário e de partilha, caso iniciado antes de 1º de fevereiro de 2020, ficará suspenso a partir da entrada em vigor desta Lei até 30 de outubro de 2020.

CAPÍTULO XI
(VETADO)

Arts. 17 e 18. (VETADOS).

CAPÍTULO XII
DISPOSIÇÕES FINAIS

Art. 19. (VETADO).

Art. 20. O *caput* do art. 65 da Lei nº 13.709, de 14 de agosto de 2018, passa a vigorar acrescido do seguinte inciso I-A:

▸ Alteração incorporada no texto da referida lei.

Art. 21. Esta Lei entra em vigor na data de sua publicação.

Brasília, 10 de junho de 2020; 199º da Independência e 132º da República.

JAIR MESSIAS BOLSONARO
André Luiz de Almeida Mendonça
DOU 11.06.2020

DECRETO Nº 10.411, DE 30 DE JUNHO DE 2020

Regulamenta a análise de impacto regulatório, de que tratam o art. 5º da Lei nº 13.874, de 20 de setembro de 2019, e o art. 6º da Lei nº 13.848, de 25 de junho de 2019

▸ *Análise de impacto regulatório*

O PRESIDENTE DA REPÚBLICA, no uso da atribuição que lhe confere o art. 84, *caput*, inciso IV, da Constituição, e tendo em vista o disposto no art. 5º da Lei nº 13.874, de 20 de setembro de 2019, e no art. 6º da Lei nº 13.848, de 25 de junho de 2019,

DECRETA:

Art. 1º Este Decreto regulamenta a análise de impacto regulatório, de que tratam o art. 5º da Lei nº 13.874, de 20 de setembro de 2019, e o art. 6º da Lei nº 13.848, de 25 de junho de 2019, e dispõe sobre o seu conteúdo, os quesitos mínimos a serem objeto de exame, as hipóteses em que será obrigatória e as hipóteses em que poderá ser dispensada.

§ 1º O disposto neste Decreto se aplica aos órgãos e às entidades da administração pública federal direta, autárquica e fundacional, quando da proposição de atos normativos de interesse geral de agentes econômicos ou de usuários dos serviços prestados, no âmbito de suas competências.

§ 2º O disposto neste Decreto aplica-se às propostas de atos normativos formuladas por colegiados por meio do órgão ou da entidade encarregado de lhe prestar apoio administrativo.

§ 3º O disposto neste Decreto não se aplica às propostas de edição de decreto ou aos atos normativos a serem submetidos ao Congresso Nacional.

Art. 2º Para fins do disposto neste Decreto, considera-se:

I - análise de impacto regulatório - AIR - procedimento, a partir da definição de problema regulatório, de avaliação prévia à edição dos atos normativos de que trata este Decreto, que conterá informações e dados sobre os seus prováveis efeitos, para verificar a razoabilidade do impacto e subsidiar a tomada de decisão;

II - ato normativo de baixo impacto - aquele que:

a) não provoque aumento expressivo de custos para os agentes econômicos ou para os usuários dos serviços prestados;

b) não provoque aumento expressivo de despesa orçamentária ou financeira; e

c) não repercuta de forma substancial nas políticas públicas de saúde, de segurança, ambientais, econômicas ou sociais;

III - avaliação de resultado regulatório - ARR - verificação dos efeitos decorrentes da edição de ato normativo, considerados o alcance dos objetivos originalmente pretendidos e os demais impactos observados sobre o mercado e a sociedade, em decorrência de sua implementação;

IV - custos regulatórios - estimativa dos custos, diretos e indiretos, identificados com o emprego da metodologia específica escolhida para o caso concreto, que possam vir a ser incorridos pelos agentes econômicos, pelos usuários dos serviços prestados e, se for o caso, por outros órgãos ou entidades públicos, para estar em conformidade com as novas exigências e obrigações a serem estabelecidas pelo órgão ou pela entidade competente, além dos custos que devam ser incorridos pelo órgão ou pela entidade competente para monitorar e fiscalizar o cumprimento dessas novas exigências e obrigações por parte dos agentes econômicos e dos usuários dos serviços prestados;

V - relatório de AIR - ato de encerramento da AIR, que conterá os elementos que subsidiaram a escolha da alternativa mais adequada ao enfrentamento do problema regulatório identificado e, se for o caso, a minuta do ato normativo a ser editado; e

VI - atualização do estoque regulatório - exame periódico dos atos normativos de responsabilidade do órgão ou da entidade competente, com vistas a averiguar a pertinência de sua manutenção ou a necessidade de sua alteração ou revogação.

Art. 3º A edição, a alteração ou a revogação de atos normativos de interesse geral de agentes econômicos ou de usuários dos serviços prestados, por órgãos e entidades da administração pública federal direta, autárquica e fundacional será precedida de AIR.

§ 1º No âmbito da administração tributária e aduaneira da União, o disposto neste Decreto aplica-se somente aos atos normativos que instituam ou modifiquem obrigação acessória.

§ 2º O disposto no *caput* não se aplica aos atos normativos:

I - de natureza administrativa, cujos efeitos sejam restritos ao âmbito interno do órgão ou da entidade;

II - de efeitos concretos, destinados a disciplinar situação específica, cujos destinatários sejam individualizados;

III - que disponham sobre execução orçamentária e financeira;

IV - que disponham estritamente sobre política cambial e monetária;

V - que disponham sobre segurança nacional; e

VI - que visem a consolidar outras normas sobre matérias específicas, sem alteração de mérito.

Art. 4º. A AIR poderá ser dispensada, desde que haja decisão fundamentada do órgão ou da entidade competente, nas hipóteses de:

I - urgência;

II - ato normativo destinado a disciplinar direitos ou obrigações definidos em norma hierarquicamente superior que não permita, técnica ou juridicamente, diferentes alternativas regulatórias;

III - ato normativo considerado de baixo impacto;

IV - ato normativo que vise à atualização ou à revogação de normas consideradas obsoletas, sem alteração de mérito;

V - ato normativo que vise a preservar liquidez, solvência ou higidez:

a) dos mercados de seguro, de resseguro, de capitalização e de previdência complementar;

b) dos mercados financeiros, de capitais e de câmbio; ou

c) dos sistemas de pagamentos;

VI - ato normativo que vise a manter a convergência a padrões internacionais;

VII - ato normativo que reduza exigências, obrigações, restrições, requerimentos ou especificações com o objetivo de diminuir os custos regulatórios; e

VIII - ato normativo que revise normas desatualizadas para adequá-las ao desenvolvimento tecnológico consolidado internacionalmente, nos termos do disposto no Decreto nº 10.229, de 5 de fevereiro de 2020.

§ 1º Nas hipóteses de dispensa de AIR, será elaborada nota técnica ou documento equivalente que fundamente a proposta de edição ou de alteração do ato normativo.

§ 2º Na hipótese de dispensa de AIR em razão de urgência, a nota técnica ou o documento equivalente de que trata o § 1º deverá, obrigatoriamente, identificar o problema regulatório que se pretende solucionar e os objetivos que se pretende alcançar, de modo a subsidiar a elaboração da ARR, observado o disposto no art. 12.

§ 3º Ressalvadas informações com restrição de acesso, nos termos do disposto na Lei nº 12.527, de 18 de novembro de 2011, a nota técnica ou o documento equivalente de que tratam o § 1º e o § 2º serão disponibilizados no sítio eletrônico do órgão ou da entidade competente, conforme definido nas normas próprias.

Art. 5º A AIR será iniciada após a avaliação pelo órgão ou pela entidade competente quanto à obrigatoriedade ou à conveniência e à oportunidade para a resolução do problema regulatório identificado.

Art. 6º A AIR será concluída por meio de relatório que contenha:

I - sumário executivo objetivo e conciso, que deverá empregar linguagem simples e acessível ao público em geral;

II - identificação do problema regulatório que se pretende solucionar, com a apresentação de suas causas e sua extensão;

III - identificação dos agentes econômicos, dos usuários dos serviços prestados e dos demais afetados pelo problema regulatório identificado;

IV - identificação da fundamentação legal que ampara a ação do órgão ou da entidade quanto ao problema regulatório identificado;

V - definição dos objetivos a serem alcançados;

VI - descrição das alternativas possíveis ao enfrentamento do problema regulatório identificado, consideradas as opções de não ação, de soluções normativas e de, sempre que possível, soluções não normativas;

VII - exposição dos possíveis impactos das alternativas identificadas, inclusive quanto aos seus custos regulatórios;

VIII - considerações referentes às informações e às manifestações recebidas para a AIR em eventuais processos de participação social ou de outros processos de recebimento de subsídios de interessados na matéria em análise;

IX - mapeamento da experiência internacional quanto às medidas adotadas para a resolução do problema regulatório identificado;

X - identificação e definição dos efeitos e riscos decorrentes da edição, da alteração ou da revogação do ato normativo;

XI - comparação das alternativas consideradas para a resolução do problema regulatório identificado, acompanhada de análise fundamentada que contenha a metodologia específica escolhida para o caso concreto e a alternativa ou a combinação de alternativas sugerida, considerada mais adequada à resolução do problema regulatório e ao alcance dos objetivos pretendidos; e

XII - descrição da estratégia para implementação da alternativa sugerida, acompanhada das formas de monitoramento e de avaliação a serem adotadas e, quando couber, avaliação quanto à necessidade de alteração ou de revogação de normas vigentes.

Parágrafo único. O conteúdo do relatório de AIR deverá, sempre que possível, ser detalhado e complementado com elementos adicionais específicos do caso concreto, de acordo com o seu grau de complexidade, abrangência e repercussão da matéria em análise.

Art. 7º Na elaboração da AIR, será adotada uma das seguintes metodologias específicas para aferição da razoabilidade do impacto econômico, de que trata o art. 5º da Lei nº 13.874, de 2019:

I - análise multicritério;

II - análise de custo-benefício;

III - análise de custo-efetividade;

IV - análise de custo;

V - análise de risco; ou

VI - análise risco-risco.

§ 1º A escolha da metodologia específica de que trata o *caput* deverá ser justificada e apresentar o comparativo entre as alternativas sugeridas.

§ 2º O órgão ou a entidade competente poderá escolher outra metodologia além daquelas mencionadas no *caput*, desde que justifique tratar-se da metodologia mais adequada para a resolução do caso concreto.

Art. 8º O relatório de AIR poderá ser objeto de participação social específica realizada antes da decisão sobre a melhor alternativa para enfrentar o problema regulatório identificado e antes da elaboração de eventual minuta de ato normativo a ser editado.

Art. 9º Na hipótese de o órgão ou a entidade competente optar, após a conclusão da AIR, pela edição, alteração ou revogação de ato normativo para enfrentamento do problema regulatório identificado, o texto preliminar da proposta de ato normativo poderá ser objeto de consulta pública ou de consulta aos segmentos sociais diretamente afetados pela norma.

Parágrafo único. A realização de consulta pública será obrigatória na hipótese do art. 9º da Lei nº 13.848, de 2019.

Art. 10. O órgão ou a entidade competente poderá utilizar os meios e os canais que considerar adequados para realizar os procedimentos de participação social e de consulta pública de que tratam os art. 8º e 9º.

Parágrafo único. Os procedimentos de que trata o *caput* garantirão prazo para manifestação pública proporcional à complexidade do tema.

Art. 11. A disponibilização do texto preliminar da proposta de ato normativo objeto de consulta pública ou de consulta aos segmentos sociais diretamente afetados não obriga a sua publicação ou condiciona o órgão ou a entidade a adotar os posicionamentos predominantes.

Art. 12. Os atos normativos cuja AIR tenha sido dispensada em razão de urgência serão objeto de ARR no prazo de três anos, contado da data de sua entrada em vigor.

Art. 13. Os órgãos e as entidades implementarão estratégias para integrar a ARR à atividade de elaboração normativa com vistas a, de forma isolada ou em conjunto, proceder à verificação dos efeitos obtidos pelos atos normativos de interesse geral de agentes econômicos ou de usuários dos serviços prestados.

§ 1º A ARR poderá ter caráter temático e ser realizada apenas quanto a partes específicas de um ou mais atos normativos.

§ 2º Os órgãos e as entidades da administração pública federal direta, autárquica e fundacional, com competência para edição de atos normativos sujeitos à elaboração de AIR nos termos de que trata este Decreto, instituirão agenda de ARR e nela incluirão, no mínimo, um ato normativo de interesse geral de agentes econômicos ou de usuários dos serviços prestados de seu estoque regulatório.

§ 3º A escolha dos atos normativos que integrarão a agenda de ARR a que se refere o § 2º observará, preferencialmente, um ou mais dos seguintes critérios:

I - ampla repercussão na economia ou no País;

II - existência de problemas decorrentes da aplicação do referido ato normativo;

III - impacto significativo em organizações ou grupos específicos;

IV - tratamento de matéria relevante para a agenda estratégica do órgão; ou

V - vigência há, no mínimo, cinco anos.

§ 4º Os órgãos e as entidades divulgarão, no primeiro ano de cada mandato presidencial, em seu sítio eletrônico, a agenda de ARR, que deverá ser concluída até o último ano daquele mandato e conter a relação de atos normativos submetidos à ARR, a justificativa para sua escolha e o seu cronograma para elaboração da ARR.

§ 5º Concluído o procedimento de que trata este artigo, as ARRs elaboradas serão divulgadas no sítio eletrônico do órgão ou da entidade, ressalvadas as informações com restrição de acesso nos termos do disposto na Lei nº 12.527, de 2011.

Art. 14. Na hipótese de o órgão ou a entidade competente optar pela edição ou pela alteração de ato normativo como a alternativa mais adequada disponível ao enfrentamento do problema regulatório identificado, será registrado no relatório de AIR ou, na hipótese de que trata o § 1º do art. 4º, na nota técnica ou no documento equivalente, o prazo máximo para a sua verificação quanto à necessidade de atualização do estoque regulatório.

Art. 15. A autoridade competente do órgão ou da entidade responsável pela elaboração do relatório de AIR deverá se manifestar quanto à sua adequação formal e aos objetivos pretendidos, de modo a demonstrar se a adoção das alternativas sugeridas, considerados os seus impactos estimados, é a mais adequada ao enfrentamento do problema regulatório identificado.

§ 1º O relatório de AIR tem o objetivo de subsidiar a tomada de decisão pela autoridade competente do órgão ou da entidade que o elabore.

§ 2º O relatório de AIR não vincula a tomada de decisão de que trata o § 1º e é facultado à autoridade competente do órgão ou da entidade decidir:

I - pela adoção da alternativa ou da combinação de alternativas sugerida no relatório da AIR;

II - pela necessidade de complementação da AIR; ou

III - pela adoção de alternativa contrária àquela sugerida no relatório, inclusive quanto às opções de não ação ou de soluções não normativas.

§ 3º As decisões contrárias às alternativas sugeridas no relatório de AIR deverão ser fundamentadas pela autoridade competente do órgão ou da entidade.

§ 4º Concluído o procedimento de que trata este artigo ou, se for o caso, publicado o ato normativo de caráter geral, o relatório de AIR será publicado no sítio eletrônico do órgão ou da entidade competente, ressalvadas as informações com restrição de acesso nos termos da Lei nº 12.527, de 2011.

Art. 16. Para fins do disposto no § 2º do art. 6º da Lei nº 13.848, de 2019, entende-se como operacionalização de AIR a definição das unidades organizacionais envolvidas em sua elaboração e do âmbito de suas competências.

Art. 17. Os órgãos e entidades implementarão estratégias específicas de coleta e de tratamento de dados, de forma a possibilitar a elaboração de análise quantitativa e, quando for o caso, de análise de custo-benefício.

Art. 18. Os órgãos e as entidades manterão os seus relatórios de AIR disponíveis para consulta em seu sítio eletrônico e garantirão acesso fácil a sua localização e identificação de seu conteúdo ao público em geral, ressalvados aqueles com restrição de acesso nos termos do disposto na Lei nº 12.527, de 2011.

Art. 19. O órgão ou a entidade disponibilizará em sítio eletrônico a análise das informações e as manifestações recebidas no processo de consulta pública após a decisão final sobre a matéria.

Parágrafo único. O órgão ou entidade não está obrigado a comentar ou considerar individualmente as informações e manifestações recebidas e poderá agrupá-las por conexão ou eliminar as repetitivas e as de conteúdo não conexo ou irrelevante para a matéria em análise.

Art. 20. A competência de que trata o § 7º do art. 9º da Lei nº 13.848, de 2019, será exercida pela Secretaria de Advocacia da Concorrência e Competitividade da Secretaria Especial de Produtividade, Emprego e Competitividade do Ministério da Economia.

Parágrafo único. O disposto no *caput* não se aplica à competência da Secretaria de Avaliação, Planejamento, Energia e Loteria da Secretaria Especial de Fazenda do Ministério da Economia quando se tratar do setor de energia.

Art. 21. A inobservância ao disposto neste Decreto não constitui escusa válida para o descumprimento da norma editada e nem acarreta a invalidade da norma editada.

Art. 22. A obrigatoriedade de elaboração de AIR não se aplica às propostas de ato normativo que, na data de produção de efeitos deste Decreto, já tenham sido submetidas à consulta pública ou a outro mecanismo de participação social.

Art. 23. Os órgãos e as entidades divulgarão em seu sítio eletrônico, até 14 de outubro de 2022, agenda de ARR a ser concluída até 31 de dezembro de 2022, acompanhada da relação de atos normativos a serem submetidos à ARR, da justificativa para a sua escolha e do cronograma para a elaboração das avaliações.

Art. 24. Este Decreto entra em vigor na data de sua publicação e produz efeitos em:

I - 15 de abril de 2021, para:

a) o Ministério da Economia;

b) as agências reguladoras de que trata a Lei nº 13.848, de 2019; e

c) o Instituto Nacional de Metrologia, Qualidade e Tecnologia - Inmetro; e

II - 14 de outubro de 2021, para os demais órgãos e entidades da administração pública federal direta, autárquica e fundacional.

Brasília, 30 de junho de 2020; 199º da Independência e 132º da República.

JAIR MESSIAS BOLSONARO
Paulo Guedes
DOU 1º.7.2020.

LEI Nº 14.020, DE 6 DE JULHO DE 2020

Institui o Programa Emergencial de Manutenção do Emprego e da Renda; dispõe sobre medidas complementares para enfrentamento do estado de calamidade pública reconhecido pelo Decreto Legislativo nº 6, de 20 de março de 2020, e da emergência de saúde pública de importância internacional decorrente do coronavírus, de que trata a Lei nº 13.979, de 6 de fevereiro de 2020; altera as Leis nºs 8.213, de 24 de julho de 1991, 10.101, de 19 de dezembro de 2000, 12.546, de 14 de dezembro de 2011, 10.865, de 30 de abril de 2004, e 8.177, de 1º de março de 1991; e dá outras providências.

› *Programa Emergencial de Emprego e Renda*

O PRESIDENTE DA REPÚBLICA

Faço saber que o Congresso Nacional decreta e eu sanciono a seguinte Lei:

CAPÍTULO I
DISPOSIÇÕES PRELIMINARES

Art. 1º Esta Lei institui o Programa Emergencial de Manutenção do Emprego e da Renda e dispõe sobre medidas complementares para enfrentamento do estado de calamidade pública reconhecido pelo Decreto Legislativo nº 6, de 20 de março de 2020, e da emergência de saúde pública de importância internacional decorrente do coronavírus, de que trata a Lei nº 13.979, de 6 de fevereiro de 2020.

CAPÍTULO II
DO PROGRAMA EMERGENCIAL DE MANUTENÇÃO DO EMPREGO E DA RENDA

SEÇÃO I
DA INSTITUIÇÃO, DOS OBJETIVOS E DAS MEDIDAS DO PROGRAMA EMERGENCIAL DE MANUTENÇÃO DO EMPREGO E DA RENDA

Art. 2º Fica instituído o Programa Emergencial de Manutenção do Emprego e da Renda, com aplicação durante o estado de calamidade pública a que se refere o art. 1º desta Lei e com os seguintes objetivos:

I - preservar o emprego e a renda;

II - garantir a continuidade das atividades laborais e empresariais; e

III - reduzir o impacto social decorrente das consequências do estado de calamidade pública e da emergência de saúde pública.

Art. 3º São medidas do Programa Emergencial de Manutenção do Emprego e da Renda:

I - o pagamento do Benefício Emergencial de Preservação do Emprego e da Renda;

II - a redução proporcional de jornada de trabalho e de salário; e

III - a suspensão temporária do contrato de trabalho.

Parágrafo único. O disposto no *caput* deste artigo não se aplica, no âmbito da União, dos Estados, do Distrito Federal e dos Municípios, aos órgãos da administração pública direta e indireta, às empresas públicas e às sociedades de economia mista, inclusive às suas subsidiárias, e aos organismos internacionais.

Art. 4º Compete ao Ministério da Economia coordenar, executar, monitorar e avaliar o Programa Emergencial de Manutenção do Emprego e da Renda e editar normas complementares necessárias à sua execução.

Parágrafo único. O Ministério da Economia divulgará semanalmente, por meio eletrônico, as informações detalhadas sobre os acordos firmados, com o número de empregados e empregadores beneficiados, bem como divulgará o quantitativo de demissões e admissões mensais realizados no País.

SEÇÃO II
DO BENEFÍCIO EMERGENCIAL DE PRESERVAÇÃO DO EMPREGO E DA RENDA

Art. 5º Fica criado o Benefício Emergencial de Preservação do Emprego e da Renda, a ser pago nas seguintes hipóteses:

I - redução proporcional de jornada de trabalho e de salário; e

II - suspensão temporária do contrato de trabalho.

§ 1º O Benefício Emergencial de Preservação do Emprego e da Renda será custeado com recursos da União.

§ 2º O Benefício Emergencial de Preservação do Emprego e da Renda será de prestação mensal e devido a partir da data do início da redução da jornada de trabalho e do salário ou da suspensão temporária do contrato de trabalho, observadas as seguintes disposições:

I - o empregador informará ao Ministério da Economia a redução da jornada de trabalho e do salário ou a suspensão temporária do contrato de trabalho, no prazo de 10 (dez) dias, contado da data da celebração do acordo;

II - a primeira parcela será paga no prazo de 30 (trinta) dias, contado da data da celebração do acordo, desde que a celebração do acordo seja informada no prazo a que se refere o inciso I deste parágrafo; e

III - o Benefício Emergencial de Preservação do Emprego e da Renda será pago exclusivamente enquanto durar a redução da jornada de trabalho e do salário ou a suspensão temporária do contrato de trabalho.

§ 3º Caso a informação de que trata o inciso I do § 2º deste artigo não seja prestada no prazo previsto no referido dispositivo:

I - o empregador ficará responsável pelo pagamento da remuneração no valor anterior à redução da jornada de trabalho e do salário ou à suspensão temporária do contrato de trabalho do empregado, inclusive dos respectivos encargos sociais e trabalhistas, até que a informação seja prestada;

II - a data de início do Benefício Emergencial de Preservação do Emprego e da Renda será fixada na data em que a informação tenha sido efetivamente prestada, e o benefício será devido pelo restante do período pactuado; e

III - a primeira parcela, observado o disposto no inciso II deste parágrafo, será paga no prazo de 30 (trinta) dias, contado da data em que a informação tiver sido efetivamente prestada.

§ 4º Ato do Ministério da Economia disciplinará a forma de:

I - transmissão das informações e das comunicações pelo empregador; e

II - concessão e pagamento do Benefício Emergencial de Preservação do Emprego e da Renda.

§ 5º O recebimento do Benefício Emergencial de Preservação do Emprego e da Renda não impedirá a concessão e não alterará o valor do seguro-desemprego a que o empregado vier a ter direito, desde que cumpridos os requisitos previstos na Lei nº 7.998, de 11 de janeiro de 1990, no momento de eventual dispensa.

§ 6º O Benefício Emergencial de Preservação do Emprego e da Renda será operacionalizado e pago pelo Ministério da Economia.

§ 7º Serão inscritos em dívida ativa da União os créditos constituídos em decorrência de Benefício Emergencial de Preservação do Emprego e da Renda pago indevidamente ou além do devido, hipótese em que se aplicará o disposto na Lei nº 6.830, de 22 de setembro de 1980, para a execução judicial.

Art. 6º O valor do Benefício Emergencial de Preservação do Emprego e da Renda terá como base de cálculo o valor mensal do seguro-desemprego a que o empregado teria direito, nos termos do art. 5º da Lei nº 7.998, de 11 de janeiro de 1990, observadas as seguintes disposições:

I - na hipótese de redução de jornada de trabalho e de salário, será calculado aplicando-se sobre a base de cálculo o percentual da redução; e

II - na hipótese de suspensão temporária do contrato de trabalho, terá valor mensal:

a) equivalente a 100% (cem por cento) do valor do seguro-desemprego a que o empregado teria direito, na hipótese prevista no *caput* do art. 8º desta Lei; ou

b) equivalente a 70% (setenta por cento) do valor do seguro-desemprego a que o empregado teria direito, na hipótese prevista no § 5º do art. 8º desta Lei.

§ 1º O Benefício Emergencial de Preservação do Emprego e da Renda será pago ao empregado independentemente do:

I - cumprimento de qualquer período aquisitivo;

II - tempo de vínculo empregatício; e

III - número de salários recebidos.

§ 2º O Benefício Emergencial de Preservação do Emprego e da Renda não será devido ao empregado que esteja:

I - ocupando cargo ou emprego público ou cargo em comissão de livre nomeação e exoneração ou seja titular de mandato eletivo; ou

II - em gozo:

a) de benefício de prestação continuada do Regime Geral de Previdência Social ou dos regimes próprios de previdência social, ressalvado o disposto no parágrafo único do art. 124 da Lei nº 8.213, de 24 de julho de 1991;

b) do seguro-desemprego, em qualquer de suas modalidades; e

c) da bolsa de qualificação profissional de que trata o art. 2º-A da Lei nº 7.998, de 11 de janeiro de 1990.

§ 3º O empregado com mais de um vínculo formal de emprego poderá receber cumulativamente um Benefício Emergencial de Preservação do Emprego e da Renda para cada vínculo com redução proporcional de jornada de trabalho e de salário ou com suspensão temporária do contrato de trabalho, observado o valor previsto no *caput* do art. 18 e o disposto no § 3º do art. 18, se houver vínculo na modalidade de contrato intermitente, nos termos do § 3º do art. 443 da CLT, aprovada pelo Decreto-Lei nº 5.452, de 1º de maio de 1943.

§ 4º Nos casos em que o cálculo do benefício emergencial resultar em valores decimais, o valor a ser pago deverá ser arredondado para a unidade inteira imediatamente superior.

SEÇÃO III
DA REDUÇÃO PROPORCIONAL DE JORNADA DE TRABALHO E DE SALÁRIO

Art. 7º. Durante o estado de calamidade pública a que se refere o art. 1º desta Lei, o empregador poderá acordar a redução proporcional de jornada de trabalho e de salário de seus empregados, de forma setorial, departamental, parcial ou na totalidade dos postos de trabalho, por até 90 (noventa) dias, prorrogáveis por prazo determinado em ato do Poder Executivo, observados os seguintes requisitos:

▸ Art. 2º, Dec. 10.422/2020 (prorroga o prazo previsto neste *caput* em 30 dias).

I - preservação do valor do salário-hora de trabalho;

II - pactuação, conforme o disposto nos arts. 11 e 12 desta Lei, por convenção coletiva de trabalho, acordo coletivo de trabalho ou acordo individual escrito entre empregador e empregado; e

III - na hipótese de pactuação por acordo individual escrito, encaminhamento da proposta de acordo ao empregado com antecedência de, no mínimo, 2 (dois) dias corridos, e redução da jornada de trabalho e do salário exclusivamente nos seguintes percentuais:

a) 25% (vinte e cinco por cento);

b) 50% (cinquenta por cento);

c) 70% (setenta por cento).

§ 1º A jornada de trabalho e o salário pago anteriormente serão restabelecidos no prazo de 2 (dois) dias corridos, contado da:

I - cessação do estado de calamidade pública;

II - data estabelecida como termo de encerramento do período de redução pactuado; ou

III - data de comunicação do empregador que informe ao empregado sua decisão de antecipar o fim do período de redução pactuado.

§ 2º Durante o período de redução proporcional de jornada de trabalho e de salário, a contribuição de que tratam o art. 20 da Lei nº 8.212, de 24 de julho de 1991, e o art. 28 da Emenda Constitucional nº 103, de 12 de novembro de 2019, poderá ser complementada na forma do art. 20 desta Lei.

§ 3º Respeitado o limite temporal do estado de calamidade pública a que se refere o art. 1º desta Lei, o Poder Executivo poderá prorrogar o prazo máximo de redução proporcional de jornada de trabalho e de salário previsto no *caput* deste artigo, na forma do regulamento.

SEÇÃO IV
DA SUSPENSÃO TEMPORÁRIA DO CONTRATO DE TRABALHO

Art. 8º Durante o estado de calamidade pública a que se refere o art. 1º desta Lei, o empregador poderá acordar a suspensão temporária do contrato de trabalho de seus empregados, de forma setorial, departamental, parcial ou na totalidade dos postos de trabalho, pelo prazo máximo de 60 (sessenta) dias, fracionável em 2 (dois) períodos de até 30 (trinta) dias, podendo ser prorrogado por prazo determinado em ato do Poder Executivo.

▸ Art. 3º, Dec. 10.422/2020 (prorroga o prazo previsto neste *caput* em 60 dias).

§ 1º A suspensão temporária do contrato de trabalho será pactuada, conforme o disposto nos arts. 11 e 12 desta Lei, por convenção coletiva de trabalho, acordo coletivo de trabalho ou acordo individual escrito entre empregador e empregado, devendo a proposta de acordo, nesta última hipótese, ser encaminhada ao empregado com antecedência de, no mínimo, 2 (dois) dias corridos.

§ 2º Durante o período de suspensão temporária do contrato de trabalho, o empregado:

I - fará jus a todos os benefícios concedidos pelo empregador aos seus empregados; e

II - ficará autorizado a contribuir para o Regime Geral de Previdência Social na qualidade de segurado facultativo, na forma do art. 20 desta Lei.

§ 3º O contrato de trabalho será restabelecido no prazo de 2 (dois) dias corridos, contado da:

I - cessação do estado de calamidade pública;

II - data estabelecida como termo de encerramento do período de suspensão pactuado; ou

III - data de comunicação do empregador que informe ao empregado sua decisão de antecipar o fim do período de suspensão pactuado.

§ 4º Se, durante o período de suspensão temporária do contrato de trabalho, o empregado mantiver as atividades de trabalho, ainda que parcialmente, por meio de teletrabalho, trabalho remoto ou trabalho a distância, ficará descaracterizada a suspensão temporária do contrato de trabalho, e o empregador estará sujeito:

I - ao pagamento imediato da remuneração e dos encargos sociais e trabalhistas referentes a todo o período;

II - às penalidades previstas na legislação em vigor; e

III - às sanções previstas em convenção coletiva ou acordo coletivo de trabalho.

§ 5º A empresa que tiver auferido, no ano-calendário de 2019, receita bruta superior a R$ 4.800.000,00 (quatro milhões e oitocentos mil reais) somente poderá suspender o contrato de trabalho de seus empregados mediante o pagamento de ajuda compensatória mensal no valor de 30% (trinta por cento) do valor do salário do empregado, durante o período de suspensão temporária do contrato de trabalho pactuado, observado o disposto neste artigo e no art. 9º desta Lei.

§ 6º Respeitado o limite temporal do estado de calamidade pública a que se refere o art. 1º desta Lei, o Poder Executivo poderá prorrogar o prazo máximo de suspensão temporária do contrato de trabalho previsto no *caput* deste artigo, na forma do regulamento.

SEÇÃO V
DAS DISPOSIÇÕES COMUNS ÀS MEDIDAS DO PROGRAMA EMERGENCIAL DE MANUTENÇÃO DO EMPREGO E DA RENDA

Art. 9º O Benefício Emergencial de Preservação do Emprego e da Renda poderá ser acumulado com o pagamento, pelo empregador, de ajuda compensatória mensal, em decorrência da redução proporcional de jornada de trabalho e de salário ou da suspensão temporária de contrato de trabalho de que trata esta Lei.

§ 1º A ajuda compensatória mensal de que trata o *caput* deste artigo:

I - deverá ter o valor definido em negociação coletiva ou no acordo individual escrito pactuado;

II - terá natureza indenizatória;

III - não integrará a base de cálculo do imposto sobre a renda retido na fonte ou da declaração de ajuste anual do imposto sobre a renda da pessoa física do empregado;

IV - não integrará a base de cálculo da contribuição previdenciária e dos demais tributos incidentes sobre a folha de salários;

V - não integrará a base de cálculo do valor dos depósitos no Fundo de Garantia do Tempo de Serviço (FGTS), instituído pela Lei nº 8.036, de 11 de maio de 1990, e pela Lei Complementar nº 150, de 1º de junho de 2015; e

VI - poderá ser:

a) considerada despesa operacional dedutível na determinação do lucro real e da base de cálculo da Contribuição Social sobre o Lucro Líquido (CSLL) das pessoas jurídicas tributadas pelo lucro real;

b) a d) (VETADAS);

§ 2º Na hipótese de redução proporcional de jornada de trabalho e de salário, a ajuda compensatória prevista no *caput* deste artigo não integrará o salário devido pelo empregador e observará o disposto no § 1º deste artigo.

§ 3º O disposto no inciso VI do § 1º deste artigo aplica-se às ajudas compensatórias mensais pagas a partir do mês de abril de 2020.

Art. 10. Fica reconhecida a garantia provisória no emprego ao empregado que receber o Benefício Emergencial de Preservação do Emprego e da Renda, previsto no art. 5º desta Lei, em decorrência da redução da jornada de trabalho e do salário ou da suspensão temporária do contrato de trabalho de que trata esta Lei, nos seguintes termos:

I - durante o período acordado de redução da jornada de trabalho e do salário ou de suspensão temporária do contrato de trabalho;

II - após o restabelecimento da jornada de trabalho e do salário ou do encerramento da suspensão temporária do contrato de trabalho, por período equivalente ao acordado para a redução ou a suspensão; e

III - no caso da empregada gestante, por período equivalente ao acordado para a redução da jornada de trabalho e do salário ou para a suspensão temporária do contrato de trabalho, contado a partir do término do período da garantia estabelecida na alínea "b" do inciso II do *caput* do art. 10 do Ato das Disposições Constitucionais Transitórias.

§ 1º A dispensa sem justa causa que ocorrer durante o período de garantia provisória no emprego previsto no *caput* deste artigo sujeitará o empregador ao pagamento, além das parcelas rescisórias previstas na legislação em vigor, de indenização no valor de:

I - 50% (cinquenta por cento) do salário a que o empregado teria direito no período de garantia provisória no emprego, na hipótese de redução de jornada de trabalho e de salário igual ou superior a 25% (vinte e cinco por cento) e inferior a 50% (cinquenta por cento);

II - 75% (setenta e cinco por cento) do salário a que o empregado teria direito no período de garantia provisória no emprego, na hipótese de redução de jornada de trabalho e de salário igual ou superior a 50% (cinquenta por cento) e inferior a 70% (setenta por cento); ou

III - 100% (cem por cento) do salário a que o empregado teria direito no período de garantia provisória no emprego, nas hipóteses de redução de jornada de trabalho e de salário em percentual igual ou superior a 70% (setenta por cento) ou de suspensão temporária do contrato de trabalho.

§ 2º O disposto neste artigo não se aplica às hipóteses de pedido de demissão ou dispensa por justa causa do empregado.

Art. 11. As medidas de redução proporcional de jornada de trabalho e de salário ou de suspensão temporária do contrato de trabalho de que trata esta Lei poderão ser celebradas por meio de negociação coletiva, observado o disposto nos arts. 7º e 8º desta Lei e no § 1º deste artigo.

§ 1º A convenção coletiva ou o acordo coletivo de trabalho poderão estabelecer redução de jornada de trabalho e de salário em percentuais diversos dos previstos no inciso III do *caput* do art. 7º desta Lei.

§ 2º Na hipótese prevista no § 1º deste artigo, o Benefício Emergencial de Preservação do Emprego e da Renda, de que tratam os arts. 5º e 6º desta Lei, será devido nos seguintes termos:

I - sem percepção do Benefício Emergencial de Preservação do Emprego e da Renda para a redução de jornada e de salário inferior a 25% (vinte e cinco por cento);

II - no valor de 25% (vinte e cinco por cento) sobre a base de cálculo prevista no art. 6º desta Lei para a redução de jornada e de salário igual ou superior a 25% (vinte e cinco por cento) e inferior a 50% (cinquenta por cento);

III - no valor de 50% (cinquenta por cento) sobre a base de cálculo prevista no art. 6º desta Lei para a redução de jornada e de salário igual ou superior a 50% (cinquenta por cento) e inferior a 70% (setenta por cento); e

IV - no valor de 70% (setenta por cento) sobre a base de cálculo prevista no art. 6º desta Lei para a redução de jornada e de salário igual ou superior a 70% (setenta por cento).

§ 3º As convenções coletivas ou os acordos coletivos de trabalho celebrados anteriormente poderão ser renegociados para adequação de seus termos, no prazo de 10 (dez) dias corridos, contado da data de publicação desta Lei.

Art. 12. As medidas de que trata o art. 3º desta Lei serão implementadas por meio de acordo individual escrito ou de negociação coletiva aos empregados:

I - com salário igual ou inferior a R$ 2.090,00 (dois mil e noventa reais), na hipótese de o empregador ter auferido, no ano-calendário de 2019, receita bruta superior a R$ 4.800.000,00 (quatro milhões e oitocentos mil reais);

II - com salário igual ou inferior a R$ 3.135,00 (três mil, cento e trinta e cinco reais), na hipótese de o empregador ter auferido, no ano-calendário de 2019, receita bruta igual ou inferior a R$ 4.800.000,00 (quatro milhões e oitocentos mil reais); ou

III - portadores de diploma de nível superior e que percebam salário mensal igual ou superior a 2 (duas) vezes o limite máximo dos benefícios do Regime Geral de Previdência Social.

§ 1º Para os empregados não enquadrados no *caput* deste artigo, as medidas de que trata o art. 3º desta Lei somente poderão ser estabelecidas por convenção coletiva ou acordo coletivo de trabalho, salvo nas seguintes hipóteses, nas quais se admite a pactuação por acordo individual escrito:

I - redução proporcional de jornada de trabalho e de salário de 25% (vinte e cinco por cento), prevista na alínea "a" do inciso III do *caput* do art. 7º desta Lei;

II - redução proporcional de jornada de trabalho e de salário ou suspensão temporária do contrato de trabalho quando do acordo não resultar diminuição do valor total recebido mensalmente pelo empregado, incluídos neste valor o Benefício Emergencial de Preservação do Emprego e da Renda, a ajuda compensatória mensal e, em caso de redução da jornada, o salário pago pelo empregador em razão das horas de trabalho.

§ 2º Para os empregados que se encontrem em gozo do benefício de aposentadoria, a implementação das medidas de redução proporcional de jornada de trabalho e de salário ou suspensão temporária do contrato de trabalho por acordo individual escrito somente será admitida quando, além do enquadramento em alguma das hipóteses de autorização do acordo individual de trabalho previstas no *caput* ou no § 1º deste artigo, houver o pagamento, pelo empregador, de ajuda compensatória mensal, observado o disposto no art. 9º desta Lei e as seguintes condições:

I - o valor da ajuda compensatória mensal a que se refere este parágrafo deverá ser, no mínimo, equivalente ao do benefício que o empregado receberia se não houvesse a vedação prevista na alínea "a" do inciso II do § 2º do art. 6º desta Lei;

II - na hipótese de empresa que se enquadre no § 5º do art. 8º desta Lei, o total pago a título de ajuda compensatória mensal deverá ser, no mínimo, igual à soma do valor previsto naquele dispositivo com o valor mínimo previsto no inciso I deste parágrafo.

§ 3º Os atos necessários à pactuação dos acordos individuais escritos de que trata este artigo poderão ser realizados por quaisquer meios físicos ou eletrônicos eficazes.

§ 4º Os acordos individuais de redução de jornada de trabalho e de salário ou de suspensão temporária do contrato de trabalho, pactuados nos termos desta Lei, deverão ser comunicados pelos empregadores ao respectivo sindicato da categoria profissional, no prazo de até 10 (dez) dias corridos, contado da data de sua celebração.

§ 5º Se, após a pactuação de acordo individual na forma deste artigo, houver a celebração de convenção coletiva ou acordo coletivo de trabalho com cláusulas conflitantes com as do acordo individual, deverão ser observadas as seguintes regras:

I - a aplicação das condições estabelecidas no acordo individual em relação ao período anterior ao da negociação coletiva;

II - a partir da entrada em vigor da convenção coletiva ou do acordo coletivo de trabalho, a prevalência das condições estipuladas na negociação coletiva, naquilo em que conflitarem com as condições estipuladas no acordo individual.

§ 6º Quando as condições do acordo individual forem mais favoráveis ao trabalhador, prevalecerão sobre a negociação coletiva.

Art. 13. A redução proporcional de jornada de trabalho e de salário ou a suspensão temporária do contrato de trabalho, quando adotadas, deverão resguardar o exercício e o funcionamento dos serviços públicos e das atividades essenciais de que tratam a Lei nº 7.783, de 28 de junho de 1989, e a Lei nº 13.979, de 6 de fevereiro de 2020.

Art. 14. As irregularidades constatadas pela Auditoria-Fiscal do Trabalho quanto aos acordos de redução proporcional de jornada de trabalho e de salário ou de suspensão temporária do contrato de trabalho de que trata esta Lei sujeitam os infratores à multa prevista no art. 25 da Lei nº 7.998, de 11 de janeiro de 1990.

Parágrafo único. O processo de fiscalização, de notificação, de autuação e de imposição de multas decorrente desta Lei observará o disposto no Título VII da CLT, aprovada pelo Decreto-Lei nº 5.452, de 1º de maio de 1943, não se aplicando o critério da dupla visita.

Art. 15. O disposto nesta Lei aplica-se aos contratos de trabalho de aprendizagem e aos de jornada parcial.

Art. 16. O tempo máximo de redução proporcional de jornada e de salário e de suspensão temporária do contrato de trabalho, ainda que sucessivos, não poderá ser superior a 90 (noventa) dias, respeitado o prazo máximo de que trata o art. 8º desta Lei, salvo se, por ato do Poder Executivo, for estabelecida prorrogação do tempo máximo dessas medidas ou dos prazos determinados para cada uma delas.

Parágrafo único. Respeitado o limite temporal do estado de calamidade pública de que trata o art. 1º desta Lei, o Poder Executivo poderá prorrogar o prazo máximo das medidas previstas no *caput* deste artigo, na forma do regulamento.

CAPÍTULO III
DISPOSIÇÕES FINAIS

Art. 17. Durante o estado de calamidade pública de que trata o art. 1º desta Lei:

I - o curso ou o programa de qualificação profissional de que trata o art. 476-A da CLT, aprovada pelo Decreto-Lei nº 5.452, de 1º de maio de 1943, poderá ser oferecido pelo empregador exclusivamente na modalidade não presencial, e terá duração não inferior a 1 (um) mês e não superior a 3 (três) meses;

II - poderão ser utilizados meios eletrônicos para atendimento aos requisitos formais previstos no Título VI da CLT, aprovada pelo Decreto-Lei nº 5.452, de 1º de maio de 1943, inclusive para convocação, deliberação, decisão, formalização e publicidade de convenção coletiva ou acordo coletivo de trabalho;

III - os prazos previstos no Título VI da CLT, aprovada pelo Decreto-Lei nº 5.452, de 1º de maio de 1943, ficarão reduzidos pela metade;

IV - (VETADO); e

V - a dispensa sem justa causa do empregado pessoa com deficiência será vedada.

Art. 18. O empregado com contrato de trabalho intermitente, nos termos do § 3º do art. 443 da CLT, aprovada pelo Decreto-Lei nº 5.452, de 1º de maio de 1943, formalizado até a data de publicação da Medida Provisória nº 936, de 1º de abril de 2020, faz jus ao benefício emergencial mensal no valor de R$ 600,00 (seiscentos reais), pelo período de 3 (três) meses.

§ 1º O benefício emergencial mensal de que trata este artigo é devido a partir da data de publicação da Medida Provisória nº 936, de 1º de abril de 2020, e deve ser pago em até 30 (trinta) dias a contar da referida data.

§ 2º Aplica-se ao benefício emergencial mensal previsto neste artigo o disposto nos §§ 1º, 6º e 7º do art. 5º e nos §§ 1º e 2º do art. 6º desta Lei.

§ 3º A existência de mais de um contrato de trabalho intermitente, nos termos do § 3º do art. 443 da CLT, aprovada pelo Decreto-Lei nº 5.452, de 1º de maio de 1943, não gera direito à concessão de mais de um benefício emergencial mensal.

§ 4º Ato do Ministério da Economia disciplinará a concessão e o pagamento do benefício emergencial mensal de que trata este artigo, e o Poder Executivo fica autorizado a prorrogar o período de concessão desse benefício, na forma do regulamento, respeitado o limite temporal do estado de calamidade pública a que se refere o art. 1º desta Lei.

§ 5º O benefício emergencial mensal de que trata este artigo não pode ser acumulado com o pagamento de outro auxílio emergencial, devendo ser garantido o direito ao melhor benefício.

§ 6º Durante o período de recebimento do benefício emergencial mensal de que trata este artigo, o empregado com contrato de trabalho intermitente fica autorizado a contribuir facultativamente para o Regime Geral de Previdência Social, na forma do art. 20 desta Lei.

Art. 19. O disposto no Capítulo VII da Medida Provisória nº 927, de 22 de março de 2020, não autoriza o descumprimento das normas regulamentadoras de segurança e saúde no trabalho pelo empregador, aplicadas as ressalvas ali previstas apenas nas hipóteses excepcionadas.

Art. 20. Ressalvado o disposto na alínea "b" do inciso II do § 2º do art. 21 da Lei nº 8.212, de 24 de julho de 1991, as alíquotas das contribuições facultativas de que tratam o § 2º do art. 7º, o inciso II do § 2º do art. 8º e o § 6º do art. 18 desta Lei, serão de:

I - 7,5% (sete inteiros e cinco décimos por cento), para valores de até 1 (um) salário-mínimo;

II - 9% (nove por cento), para valores acima de 1 (um) salário-mínimo até R$

2.089,60 (dois mil e oitenta e nove reais e sessenta centavos);

III - 12% (doze por cento), para valores de R$ 2.089,61 (dois mil e oitenta e nove reais e sessenta e um centavos) até R$ 3.134,40 (três mil, cento e trinta e quatro reais e quarenta centavos); e

IV - 14% (quatorze por cento), para valores de R$ 3.134,41 (três mil, cento e trinta e quatro reais e quarenta e um centavos) até o limite de R$ 6.101,06 (seis mil, cento e um reais e seis centavos).

§ 1º As contribuições de que trata o *caput* deste artigo devem ser recolhidas por iniciativa própria do segurado até o dia 15 do mês seguinte ao da competência.

§ 2º Na hipótese de suspensão temporária do contrato de trabalho, as alíquotas previstas nos incisos I, II, III e IV do *caput* deste artigo serão aplicadas de forma progressiva sobre o valor declarado pelo segurado, observados os limites mínimo e máximo a que se referem os §§ 3º e 5º do art. 28 da Lei nº 8.212, de 24 de julho de 1991, incidindo cada alíquota sobre a faixa de valores compreendida nos respectivos limites.

§ 3º Na hipótese de redução proporcional de jornada de trabalho e de salário e na hipótese de que trata o art. 18 desta Lei, as alíquotas previstas nos incisos I, II, III e IV do *caput* deste artigo serão aplicadas de forma progressiva sobre a faixa de valores compreendida nos respectivos limites, incidindo sobre o somatório da remuneração declarada na forma do inciso IV do *caput* do art. 32 da Lei nº 8.212, de 24 de julho de 1991, e do valor declarado pelo segurado, observados:

I - os limites previstos nos §§ 3º e 5º do art. 28 da Lei nº 8.212, de 24 de julho de 1991;

II - a incidência das alíquotas dos incisos I, II, III e IV do *caput* deste artigo primeiramente sobre a remuneração e, em seguida, sobre o valor declarado;

III - o recolhimento apenas das alíquotas incidentes sobre o valor declarado pelo segurado, sem prejuízo da contribuição de que tratam o art. 20 da Lei nº 8.212, de 24 de julho de 1991, e o art. 28 da Emenda Constitucional nº 103, de 12 de novembro de 2019.

§ 4º Não recebida a informação de que trata o inciso IV do *caput* do art. 32 da Lei nº 8.212, de 24 de julho de 1991, a tempo de ser calculada e paga a contribuição no prazo de que trata o § 1º deste artigo, será considerado provisoriamente como remuneração, para fins do disposto no § 3º deste artigo, o valor da remuneração anterior à redução proporcional de jornada de trabalho menos o valor da redução remuneratória pactuada ou, no caso do empregado com contrato de trabalho intermitente, será considerado que não houve remuneração.

§ 5º Recebida a informação de remuneração de que trata o inciso IV do *caput* do art. 32 da Lei nº 8.212, de 24 de julho de 1991, após recolhimento de contribuição facultativa na forma do § 4º deste artigo, a contribuição incidente sobre o valor declarado será recalculada, considerados o critério disposto no § 3º deste artigo e os limites de que tratam os §§ 3º e 5º do art. 28 da Lei nº 8.212, de 24 de julho de 1991, e eventual excedente deverá ser devolvido ao segurado atualizado pela variação do Índice Nacional de Preços ao Consumidor (INPC) ou, em caso de insuficiência do valor recolhido para o salário de contribuição reconhecido, o segurado deve ser notificado para complementação facultativa, na forma do regulamento.

§ 6º Os valores previstos nos incisos I, II, III e IV do *caput* deste artigo serão reajustados, a partir da data de entrada em vigor desta Lei, na mesma data e com o mesmo índice em que se der o reajuste dos benefícios do Regime Geral de Previdência Social, ressalvados aqueles vinculados ao salário-mínimo, aos quais se aplica a legislação específica.

§ 7º Será devolvido ao segurado, no prazo de até 60 (sessenta) dias contado da data de publicação desta Lei, o valor correspondente à diferença entre as contribuições eventualmente recolhidas com fundamento no inciso II do § 2º do art. 8º da Medida Provisória nº 936, de 1º de abril de 2020, e no *caput* ou inciso I do § 2º do art. 21 da Lei nº 8.212, de 24 de julho de 1991, e as contribuições devidas com fundamento neste artigo, atualizado pela variação do INPC.

Art. 21. Considera-se salário de contribuição, além das parcelas de que tratam os incisos I, II e IV do *caput* do art. 28 da Lei nº 8.212, de 24 de julho de 1991, o valor declarado e objeto de recolhimento pelo segurado na forma do art. 20 desta Lei, observado o limite máximo a que se refere o § 5º do art. 28 da Lei nº 8.212, de 24 de julho de 1991.

Art. 22. A empregada gestante, inclusive a doméstica, poderá participar do Programa Emergencial de Manutenção do Emprego e da Renda, observadas as condições estabelecidas nesta Lei.

§ 1º Ocorrido o evento caracterizador do início do benefício de salário-maternidade, nos termos do art. 71 da Lei nº 8.213, de 24 de julho de 1991:

I - o empregador deverá efetuar a imediata comunicação ao Ministério da Economia, nos termos estabelecidos no ato de que trata o § 4º do art. 5º desta Lei;

II - a aplicação das medidas de que trata o art. 3º desta Lei será interrompida; e

III - o salário-maternidade será pago à empregada nos termos do art. 72 da Lei nº 8.213, de 24 de julho de 1991, e à empregada doméstica nos termos do inciso I do *caput* do art. 73 da referida Lei, considerando-se como remuneração integral ou último salário de contribuição os valores a que teriam direito sem a aplicação das medidas previstas nos incisos II e III do *caput* do art. 3º desta Lei.

§ 2º Aplica-se o disposto neste artigo ao segurado ou segurada da Previdência Social que adotar ou obtiver guarda judicial para fins de adoção, observado o art. 71-A da Lei nº 8.213, de 24 de julho de 1991, devendo o salário-maternidade ser pago diretamente pela Previdência Social.

Art. 23. Empregador e empregado podem, em comum acordo, optar pelo cancelamento de aviso prévio em curso.

Parágrafo único. Em caso de cancelamento do aviso prévio nos termos deste artigo, as partes podem, na forma desta Lei, adotar as medidas do Programa Emergencial de Manutenção do Emprego e da Renda.

Art. 24. Os acordos de redução proporcional de jornada de trabalho e de salário e de suspensão temporária do contrato de trabalho celebrados entre empregadores e empregados, em negociação coletiva ou individual, com base na Medida Provisória nº 936, de 1º de abril de 2020, regem-se pelas disposições da referida Medida Provisória.

Parágrafo único. A norma interpretativa expressa no § 5º do art. 12 desta Lei aplica-se, inclusive, aos acordos firmados na vigência da Medida Provisória nº 936, de 1º de abril de 2020.

Art. 25. Durante a vigência do estado de calamidade pública a que se refere o art. 1º desta Lei, será garantida a opção pela repactuação das operações de empréstimos, de financiamentos, de cartões de crédito e de arrendamento mercantil concedidas por instituições financeiras e sociedades de arrendamento mercantil e contraídas com o desconto em folha de pagamento ou na remuneração disponível de que trata a Lei nº 10.820, de 17 de dezembro de 2003, nos termos e condições deste artigo, aos seguintes mutuários:

I - o empregado que sofrer redução proporcional de jornada de trabalho e de salário;

II - o empregado que tiver a suspensão temporária do contrato de trabalho;

III - o empregado que, por meio de laudo médico acompanhado de exame de testagem, comprovar a contaminação pelo novo coronavírus.

§ 1º Na hipótese de repactuação, será garantido o direito à redução das prestações referidas no art. 1º da Lei nº 10.820, de 17 de dezembro de 2003, na mesma proporção de sua redução salarial, para os mutuários de que trata o inciso I do *caput* deste artigo.

§ 2º Será garantido prazo de carência de até 90 (noventa) dias, à escolha do mutuário.

§ 3º As condições financeiras de juros, encargos remuneratórios e garantias serão mantidas, salvo no caso em que a instituição consignatária entenda pertinente a diminuição de tais juros e demais encargos remuneratórios.

Art. 26. Os empregados que forem dispensados até 31 de dezembro de 2020 e que tenham contratado operações de empréstimos, de financiamentos, de cartões de crédito e de arrendamento mercantil concedidas por instituições financeiras e sociedades de arrendamento mercantil e contraídas com o desconto em folha de pagamento ou na remuneração disponível de que trata a Lei nº 10.820, de 17 de dezembro de 2003, terão direito à novação dessas operações para um contrato de empréstimo pessoal, com o mesmo saldo devedor anterior e as mesmas condições de taxa de juros, encargos remuneratórios e garantias originalmente pactuadas, acrescida de carência de até 120 (cento e vinte) dias.

Arts. 27 e 28. (VETADOS).

Art. 29. Não se aplica o disposto no art. 486 da CLT, aprovada pelo Decreto-Lei nº 5.452, de 1º de maio de 1943, na hipótese de paralisação ou suspensão de atividades empresariais determinada por ato de autoridade municipal, estadual ou federal para o enfrentamento do estado de calamidade pública reconhecido pelo Decreto Legislativo nº 6, de 20 de março de 2020, e da emergência de saúde pública de importância internacional decorrente do coronavírus, de que trata a Lei nº 13.979, de 6 de fevereiro de 2020.

Art. 30. (VETADO).

Art. 31. A Lei nº 8.213, de 24 de julho de 1991, passa a vigorar com as seguintes alterações:

▸ Alterações incorporadas na referida lei.

Art. 32. O art. 2º da Lei nº 10.101, de 19 de dezembro de 2000, passa a vigorar com a seguinte redação: (Artigo vetado pelo Presidente da República, mantido pelo Congresso Nacional e publicado na Edição Extra B do DOU de 6/11/2020)

▸ Alterações processadas no texto da referida lei.

Art. 33. A Lei nº 12.546, de 14 de dezembro de 2011, passa a vigorar com as seguintes alterações: (Artigo vetado pelo Presidente da República, mantido pelo Congresso Nacional e publicado na Edição Extra B do DOU de 6/11/2020)

"Art. 7º Até 31 de dezembro de 2021, poderão contribuir sobre o valor da receita bruta, excluídos as vendas canceladas e os descontos incondicionais concedidos, em substituição às contribuições previstas nos incisos I e III do *caput* do art. 22 da Lei nº 8.212, de 24 de julho de 1991:

....

"Art. 8º Até 31 de dezembro de 2021, poderão contribuir sobre o valor da receita bruta, excluídos as vendas canceladas e os descontos incondicionais concedidos, em substituição às contribuições previstas nos incisos I e III do *caput* do art. 22 da Lei nº 8.212, de 24 de julho de 1991:

...."

Arts. 34 a 37. (VETADOS).

Art. 38. Revogam-se os incisos I, II e III do *caput* e o parágrafo único do art. 117 da Lei nº 8.213, de 24 de julho de 1991.

Art. 39. Esta Lei entra em vigor na data de sua publicação.

Brasília, 6 de julho de 2020; 199º da Independência e 132º da República.

JAIR MESSIAS BOLSONARO
Paulo Guedes

LEI Nº 14.043, DE 19 DE AGOSTO DE 2020

Institui o Programa Emergencial de Suporte a Empregos; altera as Leis nºs 9.430, de 27 de dezembro de 1996, e 13.999, de 18 de maio de 2020; e dá outras providências.

▸ *Programa Emergencial de Suporte a Empregos*

O PRESIDENTE DA REPÚBLICA

Faço saber que o Congresso Nacional decreta e eu sanciono a seguinte Lei:

CAPÍTULO I
DISPOSIÇÕES PRELIMINARES

Art. 1º Fica instituído o Programa Emergencial de Suporte a Empregos, destinado à realização de operações de crédito com os seguintes agentes econômicos, com a finalidade de pagamento de folha salarial de seus empregados ou de verbas trabalhistas, na forma desta Lei:

I - empresários;

II - sociedades simples;

III - sociedades empresárias e sociedades cooperativas, exceto as sociedades de crédito;

IV - organizações da sociedade civil, definidas no inciso I do *caput* do art. 2º da Lei nº 13.019, de 31 de julho de 2014, e no inciso IV do *caput* do art. 44 da Lei nº 10.406, de 10 de janeiro de 2002 (Código Civil); e

V - empregadores rurais, definidos no art. 3º da Lei nº 5.889, de 8 de junho de 1973.

CAPÍTULO II
DO PROGRAMA EMERGENCIAL DE SUPORTE A EMPREGOS

Art. 2º O Programa Emergencial de Suporte a Empregos é destinado aos agentes econômicos a que se refere o art. 1º desta Lei com receita bruta anual superior a R$ 360.000,00 (trezentos e sessenta mil reais) e igual ou inferior a R$ 50.000.000,00 (cinquenta milhões de reais), calculada com base no exercício de 2019.

§ 1º As linhas de crédito concedidas no âmbito do Programa:

I - abrangerão até 100% (cem por cento) da folha de pagamento do contratante, pelo período de 4 (quatro) meses, limitadas ao valor equivalente a até 2 (duas) vezes o salário-mínimo por empregado; e

II - serão destinadas exclusivamente às finalidades previstas no art. 1º desta Lei.

§ 2º Poderão participar do Programa todas as instituições financeiras sujeitas à supervisão do Banco Central do Brasil.

§ 3º As pessoas a que se refere o art. 1º desta Lei que contratarem as linhas de crédito no âmbito do Programa assumirão contratualmente as seguintes obrigações:

I - fornecer informações verídicas;

II - não utilizar os recursos para finalidade distinta do pagamento de seus empregados;

III - efetuar o pagamento de seus empregados com os recursos do Programa, por meio de transferência para a conta de depósito, para a conta-salário ou para a conta de pagamento pré-paga de titularidade de cada um deles, mantida em instituição autorizada a funcionar pelo Banco Central do Brasil; e

IV - não rescindir sem justa causa o contrato de trabalho de seus empregados, no período compreendido entre a data da contratação da linha de crédito e o sexagésimo dia após a liberação dos valores referentes à última parcela da linha de crédito pela instituição financeira.

§ 4º Caso a folha de pagamento seja processada por instituição financeira participante do Programa, o pagamento de que trata o inciso III do § 3º deste artigo dar-se-á mediante depósito direto feito pela instituição financeira nas contas dos empregados.

§ 5º A vedação a que se refere o inciso IV do § 3º deste artigo incidirá na mesma proporção do total da folha de pagamento que, por opção do contratante, tiver sido paga com recursos do Programa.

§ 6º O não atendimento a qualquer das obrigações de que tratam os §§ 3º, 4º e 5º deste artigo implica o vencimento antecipado da dívida.

Art. 3º O Programa Emergencial de Suporte a Empregos poderá ser utilizado para financiar a quitação das seguintes verbas trabalhistas devidas pelos contratantes:

I e II - (VETADOS); e

III - verbas rescisórias pagas ou pendentes de adimplemento decorrentes de demissões sem justa causa ocorridas entre a data de publicação da Lei nº 13.979, de 6 de fevereiro de 2020, e a data de publicação desta Lei, incluídos os eventuais débitos relativos ao Fundo de Garantia do Tempo de Serviço (FGTS) correspondentes, para fins de recontratação do empregado demitido.

§ 1º Os contratantes que optarem pela modalidade de financiamento de que trata este artigo não poderão estar com suas atividades encerradas, com falência decretada ou em estado de insolvência civil.

§ 2º Não estão sujeitas ao financiamento de que trata este artigo as verbas trabalhistas de natureza exclusivamente indenizatória ou que tenham como fato gerador o trabalho escravo ou infantil.

§§ 3º ao 6º (VETADOS).

§ 7º A contratação das linhas de crédito previstas neste artigo, observado o disposto no § 6º deste artigo, constitui confissão de dívida irrevogável e irretratável e implica a renúncia tácita a qualquer impugnação ou recurso em relação ao montante principal devido, às verbas sucumbenciais e às respectivas contribuições previdenciárias decorrentes da condenação ou do acordo homologado.

§§ 8º e 9º (VETADOS).

§ 10. Os agentes econômicos a que se refere o art. 1º desta Lei que contratarem o financiamento para os fins de que trata este artigo assumirão contratualmente as seguintes obrigações:

I - fornecer informações atualizadas e verídicas;

II - não utilizar os recursos para finalidade distinta da quitação dos débitos referidos no *caput* deste artigo; e

III - manter, na hipótese prevista no inciso III do *caput* deste artigo, o vínculo empregatício do trabalhador readmitido pelo período de, no mínimo, 60 (sessenta) dias.

§ 11. O não atendimento a qualquer das obrigações de que trata o § 10 deste artigo implica o vencimento antecipado da dívida.

Art. 4º As instituições financeiras participantes do Programa Emergencial de Suporte a Empregos deverão assegurar que os recursos sejam utilizados exclusivamente para os fins previstos nos arts. 2º e 3º desta Lei.

Parágrafo único. A obrigação de que trata o *caput* deste artigo será cumprida pelas instituições financeiras participantes do Programa por meio da inclusão das obrigações de que tratam o § 3º do art. 2º e o § 10 do art. 3º desta Lei no instrumento que formalizar a contratação da operação de crédito.

Art. 5º Nas operações de crédito contratadas no âmbito do Programa Emergencial de Suporte a Empregos:

I - 15% (quinze por cento) do valor de cada financiamento serão custeados com recursos próprios das instituições financeiras participantes; e

II - 85% (oitenta e cinco por cento) do valor de cada financiamento serão custeados com recursos da União alocados ao Programa.

Parágrafo único. O risco de inadimplemento das operações de crédito e as eventuais perdas financeiras decorrentes serão suportados na mesma proporção da participação estabelecida no *caput* deste artigo.

Art. 6º As instituições financeiras participantes do Programa Emergencial de Suporte a Empregos poderão formalizar operações de crédito no âmbito do Programa até 31 de outubro de 2020, observados os seguintes requisitos:

I - taxa de juros de 3,75% (três inteiros e setenta e cinco centésimos por cento) ao ano sobre o valor concedido;

II - carência de 6 (seis) meses para início do pagamento, com capitalização de juros durante esse período; e

III - prazo de 36 (trinta e seis) meses para o pagamento, já incluído o prazo de carência de que trata o inciso II do *caput* deste artigo.

Parágrafo único. É vedada às instituições financeiras participantes do Programa a cobrança de tarifas por saques, totais ou parciais, ou pela transferência a outras contas dos valores creditados nas contas dos empregados com recursos do Programa.

Art. 7º Para fins de concessão de crédito no âmbito do Programa Emergencial de Suporte a Empregos, as instituições financeiras dele participantes observarão políticas próprias de crédito e poderão considerar eventuais restrições em sistemas de proteção ao crédito na data da contratação e registros de inadimplência no sistema de informações de crédito mantido pelo Banco Central do Brasil nos 6 (seis) meses anteriores à contratação, sem prejuízo do disposto na legislação vigente.

§ 1º Para fins de contratação das operações de crédito no âmbito do Programa, as instituições financeiras privadas e públicas estaduais dele participantes ficam dispensadas de observar as seguintes disposições:

I - § 1º do art. 362 da CLT, aprovada pelo Decreto-Lei nº 5.452, de 1º de maio de 1943;

II - inciso IV do § 1º do art. 7º da Lei nº 4.737, de 15 de julho de 1965;

III - alíneas b e c do *caput* do art. 27 da Lei nº 8.036, de 11 de maio de 1990;

IV - alínea a do inciso I do *caput* do art. 47 da Lei nº 8.212, de 24 de julho de 1991;

V - art. 10 da Lei nº 8.870, de 15 de abril de 1994;

VI - art. 1º da Lei nº 9.012, de 30 de março de 1995;

VII - art. 20 da Lei nº 9.393, de 19 de dezembro de 1996; e

VIII - art. 6º da Lei nº 10.522, de 19 de julho de 2002.

§ 2º Aplica-se às instituições financeiras públicas federais a dispensa prevista no § 1º deste artigo, observado o disposto na Lei nº 13.898, de 11 de novembro de 2019.

Art. 8º Na hipótese de inadimplemento do contratante, as instituições financeiras participantes do Programa Emergencial de Suporte a Empregos farão a cobrança da dívida em nome próprio, em conformidade com as suas políticas de crédito, e recolherão os valores recuperados ao Banco Nacional de Desenvolvimento Econômico e Social (BNDES), que os restituirá à União, observados os mesmos critérios de atualização previstos no § 1º do art. 9º desta Lei.

§ 1º Na cobrança do crédito inadimplido, lastreado em recursos públicos, não se admitirá, por parte das instituições financeiras participantes do Programa, a adoção de procedimento para recuperação de crédito menos rigoroso do que aqueles usualmente empregados nas próprias operações de crédito.

§ 2º As instituições financeiras participantes do Programa arcarão com todas as despesas necessárias para a recuperação dos créditos inadimplidos.

§ 3º As instituições financeiras participantes do Programa, em conformidade com as suas políticas de crédito, deverão empregar os melhores esforços e adotar os procedimentos necessários à recuperação dos créditos no âmbito do Programa e não poderão interromper ou negligenciar o acompanhamento.

§ 4º As instituições financeiras participantes do Programa serão responsáveis pela veracidade das informações fornecidas e pela exatidão dos valores a serem reembolsados à União, por intermédio do BNDES.

§ 5º A repartição dos recursos recuperados observará a proporção de participação estabelecida no art. 5º desta Lei.

§ 6º As instituições financeiras participantes do Programa deverão leiloar, após o período de amortização da última parcela passível de vencimento no âmbito do Programa, observados os limites, as condições e os prazos estabelecidos no ato de que trata o § 8º deste artigo, todos os créditos eventualmente remanescentes a título de recuperação e recolher o saldo final à União por intermédio do BNDES.

§ 7º Após a realização do último leilão de que trata o § 6º deste artigo pelas instituições financeiras participantes do Programa, a parcela do crédito lastreado em recursos públicos eventualmente não alienada será considerada extinta de pleno direito.

§ 8º Ato do Conselho Monetário Nacional estabelecerá mecanismos de controle e de aferição de resultados quanto ao cumprimento do disposto nos §§ 4º, 5º, 6º e 7º deste artigo e os limites, as condições e os prazos para a realização de leilão dos créditos de que tratam os §§ 6º e 7º deste artigo.

CAPÍTULO III
DA TRANSFERÊNCIA DE RECURSOS DA UNIÃO PARA O BANCO NACIONAL DE DESENVOLVIMENTO ECONÔMICO E SOCIAL (BNDES) E DA ATUAÇÃO DO BNDES COMO AGENTE FINANCEIRO DA UNIÃO

Art. 9º Fica o Poder Executivo autorizado a transferir até R$ 17.000.000.000,00 (dezessete bilhões de reais) da União para o BNDES, destinados à execução do Programa Emergencial de Suporte a Empregos.

§ 1º Os recursos transferidos ao BNDES são de titularidade da União e serão remunerados, pro rata die, pela:

I - taxa média referencial do Sistema Especial de Liquidação e de Custódia (Selic), enquanto mantidos nas disponibilidades do BNDES; e

II - taxa de juros de 3,75% (três inteiros e setenta e cinco centésimos por cento) ao ano, enquanto aplicados nas operações de crédito contratadas no âmbito do Programa.

§ 2º O aporte de que trata o *caput* deste artigo não transferirá a propriedade dos recursos ao BNDES, que permanecerão de titularidade da União, de acordo com instrumento firmado entre as partes.

Art. 10. O BNDES atuará como agente financeiro da União no Programa Emergencial de Suporte a Empregos.

§ 1º A atuação do BNDES será a título gratuito.

§ 2º Caberá ao BNDES, na condição de agente financeiro da União:

I - realizar os repasses dos recursos da União às instituições financeiras que protocolarem no BNDES operações de crédito a serem contratadas no âmbito do Programa;

II - receber os reembolsos de recursos das instituições financeiras participantes do Programa decorrentes dos repasses;

III - repassar à União, no prazo de 30 (trinta) dias, contado da data do recebimento, os reembolsos de recursos recebidos; e

IV - prestar as informações solicitadas pela Secretaria do Tesouro Nacional da Secretaria Especial de Fazenda do Ministério da Economia e pelo Banco Central do Brasil.

§ 3º Ato do BNDES regulamentará os aspectos operacionais referentes ao protocolo das operações de crédito.

§ 4º Os eventuais recursos aportados ao BNDES pela União e não repassados às instituições financeiras participantes para o Programa até o término do prazo para formalização dos contratos serão devolvidos à União no prazo de 30 (trinta) dias, observado o disposto no inciso I do § 1º do art. 9º desta Lei.

§ 5º A partir de 30 de setembro de 2020, a União poderá demandar a devolução de até 50% (cinquenta por cento) dos recursos não repassados às instituições financeiras, os quais deverão ser devolvidos em até 30 (trinta) dias após a solicitação.

Art. 11. Na hipótese de a operação de crédito protocolada no BNDES atender aos requisitos formais do Programa Emergencial de Suporte a Empregos, não haverá cláusula del credere nem remuneração às instituições financeiras participantes do Programa, e o risco de crédito da parcela das operações de crédito lastreadas em recursos públicos ficará a cargo da União.

Art. 12. O BNDES não se responsabilizará pela solvabilidade das instituições financeiras participantes do Programa Emergencial de Suporte a Empregos nem pela sua atuação na realização das operações de crédito, especialmente quanto ao cumprimento da finalidade dessas operações, dos requisitos exigidos para a sua realização e das condições de recuperação dos créditos lastreados em recursos públicos.

Art. 13. Nas hipóteses de falência, de liquidação extrajudicial ou de intervenção em instituição financeira participante do Programa Emergencial de Suporte a Empregos, a União ficará sub-rogada automaticamente, de pleno direito, na proporção estabelecida no inciso II do *caput* do art. 5º desta Lei, nos créditos e garantias constituídos em favor da instituição financeira, decorrentes das respectivas operações de crédito lastreadas em recursos públicos realizadas no âmbito do Programa.

Parágrafo único. Caberá ao BNDES informar à União os dados relativos às operações de crédito lastreadas em recursos públicos realizadas no âmbito do Programa, com vistas ao seu encaminhamento ao liquidante, ao interventor ou ao juízo responsável ou, ainda, à cobrança judicial dos valores envolvidos.

Art. 14. As receitas provenientes do retorno dos empréstimos à União, nos termos desta Lei, serão integralmente utilizadas para pagamento da dívida pública de responsabilidade do Tesouro Nacional.

CAPÍTULO IV
DA REGULAÇÃO E DA SUPERVISÃO DAS OPERAÇÕES DE CRÉDITO REALIZADAS NO ÂMBITO DO PROGRAMA EMERGENCIAL DE SUPORTE A EMPREGOS

Art. 15. Compete ao Banco Central do Brasil fiscalizar o cumprimento, pelas instituições financeiras participantes do Programa Emergencial de Suporte a Empregos, das condições estabelecidas para as operações de crédito realizadas no âmbito do Programa.

Art. 16. O Conselho Monetário Nacional e o Banco Central do Brasil, no âmbito de suas competências, poderão regulamentar os aspectos necessários para operacionalizar e para fiscalizar as instituições financeiras participantes do Programa Emergencial de Suporte a Empregos quanto ao disposto nesta Lei, observado o disposto na Lei nº 13.506, de 13 de novembro de 2017.

Parágrafo único. A regulamentação prevista no *caput* deste artigo deverá prever um sistema de garantia mínima e suficiente para as operações, de forma simplificada e sem entraves burocráticos, de modo a facilitar o acesso ao crédito.

CAPÍTULO V
DISPOSIÇÕES FINAIS

Art. 17. (VETADO).

Art. 18. A Lei nº 9.430, de 27 de dezembro de 1996, passa a vigorar acrescida do seguinte art. 9º-A:

"Art. 9º-A. Na hipótese de inadimplência do débito, as exigências de judicialização de que tratam a alínea c do inciso II e a alínea b do inciso III do § 7º do art. 9º e o art. 11 desta Lei poderão ser substituídas pelo instrumento de que trata a Lei nº 9.492, de 10 de setembro de 1997, e os credores deverão arcar, nesse caso, com o pagamento antecipado de taxas, de emolumentos, de acréscimos legais e de demais despesas por ocasião da protocolização e dos demais atos."

Art. 19. O art. 2º da Lei nº 13.999, de 18 de maio de 2020, passa a vigorar acrescido do seguinte § 11:

▸ Alterações processadas no texto da referida lei.

Art. 20. A União poderá aumentar sua participação no Fundo Garantidor de Operações (FGO), adicionalmente aos recursos previstos no art. 6º da Lei nº 13.999, de 18 de maio de 2020, em R$ 12.000.000.000,00 (doze bilhões de reais), para a concessão de garantias no âmbito do Programa Nacional de Apoio às Microempresas e Empresas de Pequeno Porte (Pronampe).

Art. 21. Esta Lei entra em vigor na data de sua publicação.

Brasília, 19 de agosto de 2020; 199º da Independência e 132º da República.

JAIR MESSIAS BOLSONARO
Paulo Guedes
Roberto de Oliveira Campos Neto

LEI COMPLEMENTAR Nº 175, DE 23 DE SETEMBRO DE 2020

Dispõe sobre o padrão nacional de obrigação acessória do Imposto Sobre Serviços de Qualquer Natureza (ISSQN), de competência dos Municípios e do Distrito Federal, incidente sobre os serviços previstos nos subitens 4.22, 4.23, 5.09, 15.01 e 15.09 da lista de serviços anexa à Lei Complementar nº 116, de 31 de julho de 2003; altera dispositivos da referida Lei Complementar; prevê regra de transição para a partilha do produto da arrecadação do ISSQN entre o Município do local do estabelecimento prestador e o Município do domicílio do tomador relativamente aos serviços de que trata; e dá outras providências.

▸ *ISSQN*

O PRESIDENTE DA REPÚBLICA

Faço saber que o Congresso Nacional decreta e eu sanciono a seguinte Lei Complementar:

Art. 1º Esta Lei Complementar dispõe sobre o padrão nacional de obrigação acessória do Imposto Sobre Serviços de Qualquer Natureza (ISSQN), de competência dos Municípios e do Distrito Federal, incidente sobre os serviços previstos nos subitens 4.22, 4.23, 5.09, 15.01 e 15.09 da lista de serviços anexa à Lei Complementar nº 116, de 31 de julho de 2003; altera dispositivos da referida Lei Complementar; prevê regra de transição para a partilha do produto da arrecadação do ISSQN entre o Município do local do estabelecimento prestador e o Município do domicílio do tomador relativamente aos serviços de que trata, cujo período de apuração esteja compreendido entre a data de publicação desta Lei Complementar e o último dia do exercício financeiro de 2022; e dá outras providências.

Art. 2º O ISSQN devido em razão dos serviços referidos no art. 1º será apurado pelo contribuinte e declarado por meio de sistema eletrônico de padrão unificado em todo o território nacional.

§ 1º O sistema eletrônico de padrão unificado de que trata o *caput* será desenvolvido pelo contribuinte, individualmente ou em conjunto com outros contribuintes sujeitos às disposições desta Lei Complementar, e seguirá leiautes e padrões definidos pelo Comitê Gestor das Obrigações

Acessórias do ISSQN (CGOA), nos termos dos arts. 9º a 11 desta Lei Complementar.

§ 2º O contribuinte deverá franquear aos Municípios e ao Distrito Federal acesso mensal e gratuito ao sistema eletrônico de padrão unificado utilizado para cumprimento da obrigação acessória padronizada.

§ 3º Quando o sistema eletrônico de padrão unificado for desenvolvido em conjunto por mais de um contribuinte, cada contribuinte acessará o sistema exclusivamente em relação às suas próprias informações.

§ 4º Os Municípios e o Distrito Federal acessarão o sistema eletrônico de padrão unificado dos contribuintes exclusivamente em relação às informações de suas respectivas competências.

Art. 3º O contribuinte do ISSQN declarará as informações objeto da obrigação acessória de que trata esta Lei Complementar de forma padronizada, exclusivamente por meio do sistema eletrônico de que trata o art. 2º, até o 25º (vigésimo quinto) dia do mês seguinte ao de ocorrência dos fatos geradores.

Parágrafo único. A falta da declaração, na forma do *caput*, das informações relativas a determinado Município ou ao Distrito Federal sujeitará o contribuinte às disposições da respectiva legislação.

Art. 4º Cabe aos Municípios e ao Distrito Federal fornecer as seguintes informações diretamente no sistema eletrônico do contribuinte, conforme definições do CGOA:

I - alíquotas, conforme o período de vigência, aplicadas aos serviços referidos no art. 1º desta Lei Complementar;

II - arquivos da legislação vigente no Município ou no Distrito Federal que versem sobre os serviços referidos no art. 1º desta Lei Complementar;

III - dados do domicílio bancário para recebimento do ISSQN.

§ 1º Os Municípios e o Distrito Federal terão até o último dia do mês subsequente ao da disponibilização do sistema de cadastro para fornecer as informações de que trata o *caput*, sem prejuízo do recebimento do imposto devido retroativo a janeiro de 2021.

§ 2º Na hipótese de atualização, pelos Municípios e pelo Distrito Federal, das informações de que trata o *caput*, essas somente produzirão efeitos no período de competência mensal seguinte ao de sua inserção no sistema, observado o disposto no art. 150, inciso III, alíneas "b" e "c", da Constituição Federal, no que se refere à base de cálculo e à alíquota, bem como ao previsto no § 1º deste artigo.

§ 3º É de responsabilidade dos Municípios e do Distrito Federal a higidez dos dados que esses prestarem no sistema previsto no *caput*, sendo vedada a imposição de penalidades ao contribuinte em caso de omissão, de inconsistência ou de inexatidão de tais dados.

Art. 5º Ressalvadas as hipóteses previstas nesta Lei Complementar, é vedada aos Municípios e ao Distrito Federal a imposição a contribuintes não estabelecidos em seu território de qualquer outra obrigação acessória com relação aos serviços referidos no art. 1º, inclusive a exigência de inscrição nos cadastros municipais e distritais ou de licenças e alvarás de abertura de estabelecimentos nos respectivos Municípios e no Distrito Federal.

Art. 6º A emissão, pelo contribuinte, de notas fiscais de serviços referidos no art. 1º pode ser exigida, nos termos da legislação de cada Município e do Distrito Federal, exceto para os serviços descritos nos subitens 15.01 e 15.09, que são dispensados da emissão de notas fiscais.

Art. 7º O ISSQN de que trata esta Lei Complementar será pago até o 15º (décimo quinto) dia do mês subsequente ao de ocorrência dos fatos geradores, exclusivamente por meio de transferência bancária, no âmbito do Sistema de Pagamentos Brasileiro (SPB), ao domicílio bancário informado pelos Municípios e pelo Distrito Federal, nos termos do inciso III do art. 4º.

§ 1º Quando não houver expediente bancário no 15º (décimo quinto) dia do mês subsequente ao de ocorrência dos fatos geradores, o vencimento do ISSQN será antecipado para o 1º (primeiro) dia anterior com expediente bancário.

§ 2º O comprovante da transferência bancária emitido segundo as regras do SPB é documento hábil para comprovar o pagamento do ISSQN.

Art. 8º É vedada a atribuição, a terceira pessoa, de responsabilidade pelo crédito tributário relativa aos serviços referidos no art. 1º desta Lei Complementar, permanecendo a responsabilidade exclusiva do contribuinte.

Art. 9º É instituído o Comitê Gestor das Obrigações Acessórias do ISSQN (CGOA).

Art. 10. Compete ao CGOA regular a aplicação do padrão nacional da obrigação acessória dos serviços referidos no art. 1º.

§ 1º O leiaute, o acesso e a forma de fornecimento das informações serão definidos pelo CGOA e somente poderão ser alterados após decorrido o prazo de 3 (três) anos, contado da definição inicial ou da última alteração.

§ 2º A alteração do leiaute ou da forma de fornecimento das informações será comunicada pelo CGOA com o prazo de pelo menos 1 (um) ano antes de sua entrada em vigor.

Art. 11. O CGOA será composto de 10 (dez) membros, representando as regiões Sul, Sudeste, Centro-Oeste, Nordeste e Norte do Brasil, da seguinte forma:

I - 1 (um) representante de Município capital ou do Distrito Federal por região;

II - 1 (um) representante de Município não capital por região.

§ 1º Para cada representante titular será indicado 1 (um) suplente, observado o critério regional adotado nos incisos I e II do *caput*.

§ 2º Os representantes dos Municípios previstos no inciso I do *caput* serão indicados pela Frente Nacional de Prefeitos (FNP), e os representantes previstos no inciso II do *caput*, pela Confederação Nacional de Municípios (CNM).

§ 3º O CGOA elaborará seu regimento interno mediante resolução.

Art. 12. É instituído o Grupo Técnico do Comitê Gestor das Obrigações Acessórias do ISSQN (GTCGOA), que auxiliará o CGOA e terá a participação de representantes dos contribuintes dos serviços referidos no art. 1º desta Lei Complementar.

§ 1º O GTCGOA será composto de 4 (quatro) membros:

I - 2 (dois) membros indicados pelas entidades municipalistas que compõem o CGOA;

II - 2 (dois) membros indicados pela Confederação Nacional das Instituições Financeiras (CNF), representando os contribuintes.

§ 2º O GTCGOA terá suas atribuições definidas pelo CGOA mediante resolução.

Art. 13. Em relação às competências de janeiro, fevereiro e março de 2021, é assegurada ao contribuinte a possibilidade de recolher o ISSQN e de declarar as informações objeto da obrigação acessória de que trata o art. 2º desta Lei Complementar até o 15º (décimo quinto) dia do mês de abril de 2021, sem a imposição de nenhuma penalidade.

Parágrafo único. O ISSQN de que trata o *caput* será atualizado pela taxa referencial do Sistema Especial de Liquidação e de Custódia (Selic) para títulos federais, a partir do 1º (primeiro) dia do mês subsequente ao mês de seu vencimento normal até o mês anterior ao do pagamento, e pela taxa de 1% (um por cento) no mês de pagamento.

Art. 14. A Lei Complementar nº 116, de 31 de julho de 2003, passa a vigorar com as seguintes alterações:

"Art. 3º (...)

XXV - do domicílio do tomador do serviço do subitem 15.09.

....

§ 5º Ressalvadas as exceções e especificações estabelecidas nos §§ 6º a 12 deste artigo, considera-se tomador dos serviços referidos nos incisos XXIII, XXIV e XXV do *caput* deste artigo o contratante do serviço e, no caso de negócio jurídico que envolva estipulação em favor de unidade da pessoa jurídica contratante, a unidade em favor da qual o serviço foi estipulado, sendo irrelevantes para caracterizá-la as denominações de sede, filial, agência, posto de atendimento, sucursal, escritório de representação ou contato ou quaisquer outras que venham a ser utilizadas.

§ 6º No caso dos serviços de planos de saúde ou de medicina e congêneres, referidos nos subitens 4.22 e 4.23 da lista de serviços anexa a esta Lei Complementar, o tomador do serviço é a pessoa física beneficiária vinculada à operadora por meio de convênio ou contrato de plano de saúde individual, familiar, coletivo empresarial ou coletivo por adesão.

§ 7º Nos casos em que houver dependentes vinculados ao titular do plano, será considerado apenas o domicílio do titular para fins do disposto no § 6º deste artigo.

§ 8º No caso dos serviços de administração de cartão de crédito ou débito e congêneres, referidos no subitem 15.01 da lista de serviços anexa a esta Lei Complementar, prestados diretamente aos portadores de cartões de crédito ou débito e congêneres, o tomador é o primeiro titular do cartão.

§ 9º O local do estabelecimento credenciado é considerado o domicílio do tomador dos demais serviços referidos no subitem 15.01 da lista de serviços anexa a esta Lei Complementar relativos às transferências realizadas por meio de cartão de crédito ou débito, ou a eles conexos, que sejam prestados ao tomador, direta ou indiretamente, por:

I - bandeiras;

II - credenciadoras; ou

III - emissoras de cartões de crédito e débito.

§ 10. No caso dos serviços de administração de carteira de valores mobiliários e dos serviços de administração e gestão de fundos e clubes de investimento, referidos no subitem 15.01 da lista de serviços anexa a esta Lei Complementar, o tomador é o cotista.

§ 11. No caso dos serviços de administração de consórcios, o tomador de serviço é o consorciado.

§ 12. No caso dos serviços de arrendamento mercantil, o tomador do serviço é o arrendatário, pessoa física ou a unidade beneficiária da pessoa jurídica, domiciliado no País, e, no caso de arrendatário não domiciliado no País, o tomador é o beneficiário do serviço no País." (NR)

"Art. 6º (...)

§ 2º (...)

IV - as pessoas referidas nos incisos II ou III do § 9º do art. 3º desta Lei Complementar, pelo imposto devido pelas pessoas a que se refere o inciso I do mesmo parágrafo, em decorrência dos serviços prestados na forma do subitem 15.01 da lista de serviços anexa a esta Lei Complementar.

§ 3º (Revogado).

...." (NR)

Art. 15. O produto da arrecadação do ISSQN relativo aos serviços descritos nos subitens 4.22, 4.23, 5.09, 15.01 e 15.09 da lista de serviços anexa à Lei Complementar nº 116, de 31 de julho de 2003, cujo período de apuração esteja compreendido entre a data de publicação desta Lei Complementar e o último dia do exercício financeiro de 2022 será partilhado entre o Município do local do estabelecimento prestador e o Município do domicílio do tomador desses serviços, da seguinte forma:

I - relativamente aos períodos de apuração ocorridos no exercício de 2021, 33,5% (trinta e três inteiros e cinco décimos por cento) do produto da arrecadação pertencerão ao Município do local do estabelecimento prestador do serviço, e 66,5% (sessenta e seis inteiros e cinco décimos por cento), ao Município do domicílio do tomador;

II - relativamente aos períodos de apuração ocorridos no exercício de 2022, 15% (quinze por cento) do produto da arrecadação pertencerão ao Município do local do estabelecimento prestador do serviço, e 85% (oitenta e cinco por cento), ao Município do domicílio do tomador;

III - relativamente aos períodos de apuração ocorridos a partir do exercício de 2023, 100% (cem por cento) do produto da arrecadação pertencerão ao Município do domicílio do tomador.

§ 1º Na ausência de convênio, ajuste ou protocolo firmado entre os Municípios interessados ou entre esses e o CGOA para regulamentação do disposto no *caput* deste artigo, o Município do domicílio do tomador do serviço deverá transferir ao Município do local do estabelecimento prestador a parcela do imposto que lhe cabe até o 5º (quinto) dia útil seguinte ao seu recolhimento.

§ 2º O Município do domicílio do tomador do serviço poderá atribuir às instituições financeiras arrecadadoras a obrigação de reter e de transferir ao Município do estabelecimento prestador do serviço os valores correspondentes à respectiva participação no produto da arrecadação do ISSQN.

Art. 16. Revoga-se o § 3º do art. 6º da Lei Complementar nº 116, de 31 de julho de 2003.

Art. 17. Esta Lei Complementar entra em vigor na data de sua publicação.

Brasília, 23 de setembro de 2020; 199º da Independência e 132º da República.

JAIR MESSIAS BOLSONARO
Jorge Antonio de Oliveira Francisco
José Levi Mello do Amaral Júnior
DOU- Seção 1 de 24/09/2020

LEI Nº 14.065, DE 30 DE SETEMBRO DE 2020

Autoriza pagamentos antecipados nas licitações e nos contratos realizados no âmbito da administração pública; adequa os limites de dispensa de licitação; amplia o uso do Regime Diferenciado de Contratações Públicas (RDC) durante o estado de calamidade pública reconhecido pelo Decreto Legislativo nº 6, de 20 de março de 2020; e altera a Lei nº 13.979, de 6 de fevereiro de 2020.

- *Dispensa e pagamentos antecipados de licitação*

O PRESIDENTE DA REPÚBLICA

Faço saber que o Congresso Nacional decreta e eu sanciono a seguinte Lei:

Art. 1º A administração pública dos entes federativos, de todos os Poderes e órgãos constitucionalmente autônomos fica autorizada a:

I - dispensar a licitação de que tratam os incisos I e II do *caput* do art. 24 da Lei nº 8.666, de 21 de junho de 1993, até o limite de:

a) R$ 100.000,00 (cem mil reais), para obras e serviços de engenharia, desde que não se refiram a parcelas de uma mesma obra ou serviço, ou para obras e serviços da mesma natureza e no mesmo local que possam ser realizados conjunta e concomitantemente; e

b) R$ 50.000,00 (cinquenta mil reais), para outros serviços e compras, desde que não se refiram a parcelas de um mesmo serviço ou de compra de maior vulto, que possam ser realizados de uma só vez;

II - promover o pagamento antecipado nas licitações e nos contratos, desde que:

a) represente condição indispensável para obter o bem ou assegurar a prestação do serviço; ou

b) propicie significativa economia de recursos; e

III - aplicar o Regime Diferenciado de Contratações Públicas (RDC), de que trata a Lei nº 12.462, de 4 de agosto de 2011, para licitações e contratações de quaisquer obras, serviços, compras, alienações e locações.

§ 1º Na hipótese de que trata o inciso II do *caput* deste artigo, a Administração deverá:

I - prever a antecipação de pagamento em edital ou em instrumento formal de adjudicação direta; e

II - exigir a devolução integral do valor antecipado na hipótese de inexecução do objeto, atualizado monetariamente pela variação acumulada do Índice Nacional de Preços ao Consumidor Amplo (IPCA), ou índice que venha a substituí-lo, desde a data do pagamento da antecipação até a data da devolução.

§ 2º Sem prejuízo do disposto no § 1º deste artigo, a Administração deverá prever cautelas aptas a reduzir o risco de inadimplemento contratual, tais como:

I - a comprovação da execução de parte ou de etapa inicial do objeto pelo contratado, para a antecipação do valor remanescente;

II - a prestação de garantia nas modalidades de que trata o art. 56 da Lei nº 8.666, de 21 de junho de 1993, de até 30% (trinta por cento) do valor do objeto;

III - a emissão de título de crédito pelo contratado;

IV - o acompanhamento da mercadoria, em qualquer momento do transporte, por representante da Administração; ou

V - a exigência de certificação do produto ou do fornecedor.

§ 3º É vedado o pagamento antecipado pela Administração na hipótese de prestação de serviços com regime de dedicação exclusiva de mão de obra.

Art. 2º O disposto nesta Lei aplica-se aos atos realizados durante o estado de calamidade pública reconhecido pelo Decreto Legislativo nº 6, de 20 de março de 2020.

Parágrafo único. O disposto nesta Lei aplica-se aos contratos firmados no período de que trata o *caput* deste artigo independentemente do seu prazo ou do prazo de suas prorrogações.

Art. 3º O disposto nesta Lei aplica-se, no que couber, às escolas de que trata o art. 77 da Lei nº 9.394, de 20 de dezembro de 1996, e às entidades qualificadas como organizações sociais, na forma da Lei nº 9.637, de 15 de maio de 1998, como organizações da sociedade civil de interesse público, na forma da Lei nº 9.790, de 23 de março de 1999, como pontos ou pontões de cultura, na forma da Lei nº 13.018, de 22 de julho de 2014, ou como organizações da sociedade civil, na forma da Lei nº 13.019, de 31 de julho de 2014, relativamente aos recursos públicos por elas administrados em decorrência dos respectivos contratos de gestão, termos de parceria, termos de compromisso cultural, termos de colaboração, termos de fomento ou contrato equivalente.

Art. 4º Todos os atos decorrentes desta Lei serão disponibilizados em sítio oficial da internet, observados, no que couber, os requisitos previstos no § 3º do art. 8º da Lei nº 12.527, de 18 de novembro de 2011, com o nome do contratado, o número de sua inscrição na Secretaria Especial da Receita Federal do Brasil, o prazo contratual, o valor e o respectivo processo de aquisição ou contratação.

Art. 5º A Lei nº 13.979, de 6 de fevereiro de 2020, passa a vigorar com as seguintes alterações:

- Alterações processadas no texto da referida lei.

Art. 6º Esta Lei entra em vigor na data de sua publicação.

Brasília, 30 de setembro de 2020; 199º da Independência e 132º da República.

JAIR MESSIAS BOLSONARO
Paulo Guedes

LEI Nº 14.069, DE 1º DE OUTUBRO DE 2020

Cria o Cadastro Nacional de Pessoas Condenadas por Crime de Estupro.

- *Cadastro Nacional de Pessoas Condenadas por Estupro*

O PRESIDENTE DA REPÚBLICA

Faço saber que o Congresso Nacional decreta e eu sanciono a seguinte Lei:

Art. 1º Fica criado, no âmbito da União, o Cadastro Nacional de Pessoas Condenadas por Crime de Estupro, o qual conterá, no mínimo, as seguintes informações sobre as pessoas condenadas por esse crime:

I - características físicas e dados de identificação datiloscópica;

II - identificação do perfil genético;

III - fotos;

IV - local de moradia e atividade laboral desenvolvida, nos últimos 3 (três) anos, em caso de concessão de livramento condicional.

Art. 2º Instrumento de cooperação celebrado entre a União e os entes federados definirá:

I - o acesso às informações constantes da base de dados do Cadastro de que trata esta Lei;

II - as responsabilidades pelo processo de atualização e de validação dos dados inseridos na base de dados do Cadastro de que trata esta Lei.

Art. 3º Os custos relativos ao desenvolvimento, à instalação e à manutenção da base de dados do Cadastro Nacional de Pessoas Condenadas por Crime de Estupro serão suportados por recursos do Fundo Nacional de Segurança Pública.

Art. 4º Esta Lei entra em vigor na data de sua publicação

Brasília, 1º de outubro de 2020; 199º da Independência e 132º da República.

JAIR MESSIAS BOLSONARO
André Luiz de Almeida Mendonça
Damares Regina Alves

RESOLUÇÃO CNJ Nº 354, DE 19 DE NOVEMBRO DE 2020

Dispõe sobre o cumprimento digital de ato processual e de ordem judicial e dá outras providências.

- *Cumprimento Digital de Ato Processual e Ordem Judicial*

O PRESIDENTE DO CONSELHO NACIONAL DE JUSTIÇA (CNJ), no uso de suas atribuições legais e regimentais;

CONSIDERANDO que cabe ao CNJ a fiscalização e a normatização do Poder Judiciário e dos atos praticados por seus órgãos (artigo 103-B, § 4º, I, II e III, da CF);

CONSIDERANDO que o Estado deve observar os princípios da legalidade, da impessoalidade, da moralidade, da publicidade e da eficiência (art. 37, CF);

CONSIDERANDO os vetores constitucionais da efetividade jurisdicional, da duração razoável do processo e da eficiência administrativa (CF, artigos 5º, XXXV e LXXVIII, e 37, *caput*); CONSIDERANDO que eficiência operacional, alinhamento e integração são temas estratégicos a serem perseguidos pelo Poder Judiciário; CONSIDERANDO o disposto no art. 236, § 3º, do Código de Processo Civil, que admite a prática de atos processuais por meio de videoconferência;

CONSIDERANDO o disposto nos arts. 3º, 185 e 222, § 3º, do Código de Processo Penal;

CONSIDERANDO as disposições insculpidas nos art. 385, § 3º (depoimento pessoal), art. 453, § 1º (oitiva de testemunha), 461, § 2º (acareação), art. 937, § 4º (sustentação oral), art. 449, parágrafo único (possibilidade do juiz designar dia, hora e lugar para inquirir parte e testemunha quando o comparecimento em juízo não foi possível) e art. 460 (possibilidade de registro do depoimento por meio de gravação), todos do Código de Processo Civil, aplicáveis de forma supletiva e subsidiária ao processo penal, nos termos do art. 3º do Código de Processo Penal;

CONSIDERANDO o disposto no art. 769 da Consolidação das Leis do Trabalho, bem como a previsão expressa de aplicação supletiva e subsidiária do Código de Processo Civil, nos termos de seu art. 15, ao Processo do Trabalho; CONSIDERANDO a decisão plenária tomada no julgamento do Ato Normativo nº 0009209-22.2020.2.00.0000, na 321ª Sessão Ordinária, realizada em 10 de novembro de 2020;

RESOLVE:

Art. 1º Esta Resolução regulamenta a realização de audiências e sessões por videoconferência e telepresenciais e a comunicação de atos processuais por meio eletrônico nas unidades jurisdicionais de primeira e segunda instâncias da Justiça dos Estados, Federal, Trabalhista, Militar e Eleitoral, bem como nos Tribunais Superiores, à exceção do Supremo Tribunal Federal.

Art. 2º Para fins desta Resolução, entende-se por:

I – videoconferência: comunicação a distância realizada em ambientes de unidades judiciárias; e

II – telepresenciais: as audiências e sessões realizadas a partir de ambiente físico externo às unidades judiciárias.

Parágrafo único. A participação por videoconferência, via rede mundial de computadores, ocorrerá:

I – em unidade judiciária diversa da sede do juízo que preside a audiência ou sessão, na forma da Resolução CNJ nº 341/2020; e

II – em estabelecimento prisional.

Art. 3º As audiências telepresenciais serão determinadas pelo juízo, a requerimento das partes, se conveniente e viável, ou, de ofício, nos casos de:

I – urgência;

II – substituição ou designação de magistrado com sede funcional diversa;

III – mutirão ou projeto específico;

IV – conciliação ou mediação; e

V – indisponibilidade temporária do foro, calamidade pública ou força maior.

Parágrafo único. A oposição à realização de audiência telepresencial deve ser fundamentada, submetendo-se ao controle judicial.

Art. 4º Salvo requerimento de apresentação espontânea, o ofendido, a testemunha e o perito residentes fora da sede do juízo serão inquiridos e prestarão esclarecimentos por videoconferência, na sede do foro de seu domicílio ou no estabelecimento prisional ao qual estiverem recolhidos.

§ 1º No interesse da parte que residir distante da sede do juízo, o depoimento pessoal ou interrogatório será realizado por videoconferência, na sede do foro de seu domicílio.

§ 2º Salvo impossibilidade técnica ou dificuldade de comunicação, deve se evitar a expedição de carta precatória inquiritória.

Art. 5º Os advogados, públicos e privados, e os membros do Ministério Público poderão requerer a participação própria ou de seus representados por videoconferência.

§ 1º No interesse de partes, advogados, públicos ou privados, ou membros do Ministério Público, que não atuarem frequentemente perante o juízo, o requerimento será instruído por cópia do documento de identidade.

§ 2º O deferimento da participação por videoconferência depende de viabilidade técnica e de juízo de conveniência pelo magistrado.

§ 3º É ônus do requerente comparecer na sede do juízo, em caso de indeferimento ou de falta de análise do requerimento de participação por videoconferência.

Art. 6º O réu preso fora da sede da Comarca ou em local distante da Subseção Judiciária participará da audiência por videoconferência, a partir do estabelecimento prisional ao qual estiver recolhido.

Parágrafo único. A pedido da defesa, a participação de réu preso na sede da Comarca ou do réu solto poderá ocorrer por videoconferência.

Art. 7º A audiência telepresencial e a participação por videoconferência em audiência ou sessão observará as seguintes regras:

I – as oitivas telepresenciais ou por videoconferência serão equiparadas às presenciais para todos os fins legais, asseguradas a publicidade dos atos praticados e as prerrogativas processuais de advogados, membros do Ministério Público, defensores públicos, partes e testemunhas;

II – as testemunhas serão inquiridas cada uma de per si, de modo que umas não saibam nem ouçam os depoimentos umas das outras;

III – quando o ofendido ou testemunha manifestar desejo de depor sem a presença de uma das partes do processo, na forma da legislação pertinente, a imagem poderá ser desfocada, desviada ou inabilitada, sem prejuízo da possibilidade de transferência para lobby ou ambiente virtual similar;

IV – as oitivas telepresenciais ou por videoconferência serão gravadas, devendo o arquivo audiovisual ser juntado aos autos ou disponibilizado em repositório oficial de mídias indicado pelo CNJ (PJe Mídia) ou pelo tribunal;

V – a publicidade será assegurada, ressalvados os casos de segredo de justiça, por transmissão em tempo real ou por meio hábil que possibilite o acompanhamento por terceiros estranhos ao feito, ainda que mediante a exigência de prévio cadastro;

VI – a participação em audiência telepresencial ou por videoconferência exige que as partes e demais participantes sigam a mesma liturgia dos atos processuais presenciais, inclusive quanto às vestimentas; e

VII – a critério do juiz e em decisão fundamentada, poderão ser repetidos os atos processuais dos quais as partes, as testemunhas ou os advogados não tenham conseguido participar em virtude de obstáculos de natureza técnica, desde que devidamente justificados.

Parágrafo único. A participação por videoconferência a partir de estabelecimento prisional observará também as seguintes regras:

I – os estabelecimentos prisionais manterão sala própria para a realização de videoconferência, com estrutura material, física e tecnológica indispensável à prática do ato, e disponibilizarão pessoal habilitado à operação dos equipamentos e à segurança da audiência;

II – magistrado, advogados, defensores públicos e membros do Ministério Público poderão participar na sala do estabelecimento prisional em que a pessoa privada da liberdade estiver, na sede do foro ou em ambos;

III – o Juiz tomará as cautelas necessárias para assegurar a inexistência de circunstâncias ou defeitos que impeçam a manifestação livre;

IV – o Juiz garantirá ao réu o direito de entrevista prévia e reservada com seu defensor, presencial ou telepresencialmente; e

V – ao réu deverá ser disponibilizada linha de comunicação direta e reservada para contato com seu defensor durante o ato, caso não estejam no mesmo ambiente.

Art. 8º Nos casos em que cabível a citação e a intimação pelo correio, por oficial de justiça ou pelo escrivão ou chefe de secretaria, o ato poderá ser cumprido por meio eletrônico que assegure ter o destinatário do ato tomado conhecimento do seu conteúdo.

Parágrafo único. As citações e intimações por meio eletrônico serão realizadas na forma da lei (art. 246, V, do CPC, combinado com art. 6º e 9º da Lei nº 11.419/2006), não se lhes aplicando o disposto nesta Resolução.

Art. 9º As partes e os terceiros interessados informarão, por ocasião da primeira intervenção nos autos, endereços eletrônicos para receber notificações e intimações, mantendo-os atualizados durante todo o processo.

Parágrafo único. Aquele que requerer a citação ou intimação deverá fornecer, além dos dados de qualificação, os dados necessários para comunicação eletrônica por aplicativos de mensagens, redes sociais e correspondência eletrônica (email), salvo impossibilidade de fazê-lo.

Art. 10. O cumprimento da citação e da intimação por meio eletrônico será documentado por:

I – comprovante do envio e do recebimento da comunicação processual, com os respectivos dia e hora de ocorrência; ou

II – certidão detalhada de como o destinatário foi identificado e tomou conhecimento do teor da comunicação.

§ 1º O cumprimento das citações e das intimações por meio eletrônico poderá ser realizado pela secretaria do juízo ou pelos oficiais de justiça.

§ 2º Salvo ocultação, é vedado o cumprimento eletrônico de atos processuais por meio de mensagens públicas.

Art. 11. A intimação e a requisição de servidor público, bem como a cientificação do chefe da repartição, serão realizadas preferencialmente por meio eletrônico.

Art. 12. O CNJ disponibilizará sistema para agendamento de participação por videoconferência em unidade judiciária diversa da sede do juízo que preside a audiência ou sessão, na forma da Resolução CNJ nº 341/2020, e em estabelecimento prisional.

Art. 13. Caberá aos tribunais regulamentar a aplicação desta Resolução no âmbito de sua competência e dos juízos de primeiro grau que lhe são vinculados, à exceção da Justiça do Trabalho, cuja regulamentação competirá ao Conselho Superior da Justiça do Trabalho.

Art. 14. Esta Resolução entra em vigor na data de sua publicação, não alterando e nem derrogando a Resolução CNJ nº 345/2020.

Ministro LUIZ FUX

LEI Nº 14.118, DE 12 DE JANEIRO DE 2021

Institui o Programa Casa Verde e Amarela; altera as Leis nos 8.036, de 11 de maio de 1990, 8.100, de 5 de dezembro de 1990, 8.677, de 13 de julho de 1993, 11.124, de 16 de junho de 2005, 11.977, de 7 de julho de 2009, 12.024, de 27 de agosto de 2009, 13.465, de 11 de julho de 2017, e 6.766, de 19 de dezembro de 1979; e revoga a Lei nº 13.439, de 27 de abril de 2017.

▸ *Programa Casa Verde e Amarela*

O PRESIDENTE DA REPÚBLICA, Faço saber que o Congresso Nacional decreta e eu sanciono a seguinte Lei:

Art. 1º É instituído o Programa Casa Verde e Amarela, com a finalidade de promover o direito à moradia a famílias residentes em áreas urbanas com renda mensal de até R$ 7.000,00 (sete mil reais) e a famílias residentes em áreas rurais com renda anual de até R$ 84.000,00 (oitenta e quatro mil reais), associado ao desenvolvimento econômico, à geração de trabalho e de renda e à elevação dos padrões de habitabilidade e de qualidade de vida da população urbana e rural.

§ 1º Na hipótese de contratação de operações de financiamento habitacional, a concessão de subvenções econômicas com recursos orçamentários da União fica limitada ao atendimento de famílias em áreas urbanas com renda mensal de até R$

4.000,00 (quatro mil reais) e de agricultores e trabalhadores rurais em áreas rurais com renda anual de até R$ 48.000,00 (quarenta e oito mil reais).

§ 2º Na hipótese de regularização fundiária, a concessão de subvenções econômicas com recursos orçamentários da União fica limitada ao atendimento de famílias na situação prevista no inciso I do *caput* do art. 13 da Lei nº 13.465, de 11 de julho de 2017.

§ 3º Os benefícios temporários de natureza indenizatória, assistencial ou previdenciária não integram o cálculo da renda familiar para as finalidades previstas neste artigo.

Art. 2º São diretrizes do Programa Casa Verde e Amarela:

I – atendimento habitacional compatível com a realidade local, com o reconhecimento da diversidade regional, urbana e rural, ambiental, social, cultural e econômica do País;

II – habitação entendida em seu sentido amplo de moradia, com a integração das dimensões física, urbanística, fundiária, econômica, social, cultural e ambiental do espaço em que a vida do cidadão acontece;

III – estímulo ao cumprimento da função social da propriedade e do direito à moradia, nos termos da Constituição Federal;

IV – promoção do planejamento integrado com as políticas urbanas de infraestrutura, de saneamento, de mobilidade, de gestão do território e de transversalidade com as políticas públicas de meio ambiente e de desenvolvimento econômico e social, com vistas ao desenvolvimento urbano sustentável;

V – estímulo a políticas fundiárias que garantam a oferta de áreas urbanizadas para habitação, com localização, preço e quantidade compatíveis com as diversas faixas de renda do mercado habitacional, de forma a priorizar a faixa de interesse social da localidade;

VI – redução das desigualdades sociais e regionais do País;

VII – cooperação federativa e fortalecimento do Sistema Nacional de Habitação de Interesse Social (SNHIS), de que trata a Lei nº 11.124, de 16 de junho de 2005;

VIII – aperfeiçoamento da qualidade, da durabilidade, da segurança e da habitabilidade da construção de habitações e da instalação de infraestrutura em empreendimentos de interesse social;

IX – sustentabilidade econômica, social e ambiental dos empreendimentos habitacionais;

X – transparência com relação à execução física e orçamentária das políticas habitacionais e à participação dos agentes envolvidos no Programa Casa Verde e Amarela e dos beneficiários desse Programa;

XI – utilização de sistemas operacionais, padrões construtivos e aportes tecnológicos que objetivem a redução de impactos ambientais, a economia de recursos naturais e a conservação e o uso racional de energia.

Art. 3º São objetivos do Programa Casa Verde e Amarela:

I – ampliar o estoque de moradias para atender às necessidades habitacionais, sobretudo da população de baixa renda;

II – promover a melhoria do estoque existente de moradias para reparar as inadequações habitacionais, incluídas aquelas de caráter fundiário, edilício, de saneamento, de infraestrutura e de equipamentos públicos;

III – estimular a modernização do setor da construção e a inovação tecnológica com vistas à redução dos custos, à sustentabilidade ambiental e à melhoria da qualidade da produção habitacional, com a finalidade de ampliar o atendimento pelo Programa Casa Verde e Amarela;

IV – promover o desenvolvimento institucional e a capacitação dos agentes públicos e privados responsáveis pela promoção do Programa Casa Verde e Amarela, com o objetivo de fortalecer a sua ação no cumprimento de suas atribuições; e

V – estimular a inserção de microempresas, de pequenas empresas e de microempreendedores individuais do setor da construção civil e de entidades privadas sem fins lucrativos nas ações do Programa Casa Verde e Amarela.

Art. 4º O Poder Executivo federal definirá:

I – os critérios e a periodicidade para a atualização dos limites de renda e das subvenções econômicas de que trata o art. 1º desta Lei;

II – as metas e os tipos de benefícios destinados às famílias, conforme localização e população do Município ou do Distrito Federal, e as faixas de renda, respeitados as atribuições legais sobre cada fonte de recursos, os limites estabelecidos no art. 1º desta Lei e a disponibilidade orçamentária e financeira;

III – os critérios de seleção e de hierarquização dos beneficiários, bem como as regras de preferência aplicáveis a famílias em situação de risco ou vulnerabilidade, que tenham a mulher como responsável pela unidade familiar ou de que façam parte pessoas com deficiência ou idosos, entre outras prioridades definidas em leis específicas ou compatíveis com a linha de atendimento do Programa;

IV – a periodicidade, a forma e os agentes responsáveis pela definição da remuneração devida aos agentes operadores e financeiros para atuação no âmbito do Programa Casa Verde e Amarela, quando couber;

V – a forma de divulgação das informações relativas a dispêndio de recursos, projetos financiados, unidades produzidas e reformadas, beneficiários atendidos e indicadores de desempenho, a serem publicadas periodicamente; e

VI – os critérios específicos de seleção de entidades privadas sem fins lucrativos, de microempresas e pequenas empresas locais e de microempreendedores individuais de construção para atuação nas ações do Programa Casa Verde e Amarela, consideradas as especificidades regionais.

Art. 5º O Programa Casa Verde e Amarela será promovido por agentes públicos e privados, que assumirão atribuições específicas conforme a fonte de recursos e a ação a ser implementada.

Parágrafo único. Na qualidade de agentes do Programa Casa Verde e Amarela, respeitadas as atribuições contidas em legislações específicas, compete:

I – ao Ministério do Desenvolvimento Regional:

a) gerir e estabelecer a forma de implementação das ações abrangidas pelo Programa Casa Verde e Amarela; e

b) monitorar, avaliar e divulgar periodicamente os resultados obtidos pelo Programa Casa Verde e Amarela, de forma a assegurar a transparência e a publicidade de informações;

II – aos órgãos colegiados gestores de fundos financiadores do Programa Casa Verde e Amarela de que trata o art. 6º desta Lei, exercer as atribuições estabelecidas nas leis que os instituírem;

III – aos operadores de fundos financiadores do Programa Casa Verde e Amarela de que trata o art. 6º desta Lei, estabelecer mecanismos e procedimentos operacionais necessários à realização de ações abrangidas pelo Programa Casa Verde e Amarela, em conformidade com as diretrizes aprovadas pelos órgãos colegiados referidos no inciso II deste parágrafo, quando for o caso;

IV – às instituições ou agentes financeiros, adotar mecanismos e procedimentos necessários à realização de ações abrangidas pelo Programa Casa Verde e Amarela e participar do referido Programa de acordo com a sua capacidade técnica e operacional, na forma a ser regulamentada pelo Ministério do Desenvolvimento Regional ou a ser aprovada pelos órgãos colegiados referidos no inciso II deste parágrafo, conforme o caso;

V – aos governos estaduais, distrital e municipais, implementar e executar as suas políticas habitacionais em articulação com o Programa Casa Verde e Amarela garantir as condições adequadas para a sua realização e a sua execução, na qualidade de executores, de promotores ou de apoiadores;

VI – às entidades privadas com ou sem fins lucrativos destinadas à provisão habitacional, executar as ações e as atividades abrangidas pelo Programa Casa Verde e Amarela, respeitadas as legislações específicas relativas aos recursos financiadores;

VII – às empresas da cadeia produtiva do setor da construção civil, executar as ações e exercer as atividades abrangidas pelo Programa Casa Verde e Amarela, na qualidade de incorporadora, de prestadora de serviço, de executora ou de proponente, conforme o caso; e

VIII – às famílias beneficiárias do Programa Casa Verde e Amarela:

a) fornecer dados e documentos;

b) assumir o financiamento, quando for o caso;

c) honrar o pagamento das prestações, dos aluguéis, dos arrendamentos ou de outras contrapartidas, quando for o caso; e

d) apropriar-se corretamente dos bens e serviços colocados à sua disposição.

Art. 6º O Programa Casa Verde e Amarela será constituído pelos seguintes recursos, sem prejuízo de outros recursos que lhe venham a ser destinados:

I – dotações orçamentárias da União;

II – Fundo Nacional de Habitação de Interesse Social (FNHIS), observado o disposto na Lei nº 11.124, de 16 de junho de 2005;

III – Fundo de Arrendamento Residencial (FAR), observado o disposto na Lei nº 10.188, de 12 de fevereiro de 2001;

IV – Fundo de Desenvolvimento Social (FDS), observado o disposto na Lei nº 8.677, de 13 de julho de 1993;

V – Fundo de Garantia do Tempo de Serviço (FGTS), observado o disposto na Lei nº 8.036, de 11 de maio de 1990;

VI – operações de crédito de iniciativa da União firmadas com organismos multilaterais de crédito e destinadas à implementação do Programa Casa Verde e Amarela;

VII – contrapartidas financeiras, físicas ou de serviços de origem pública ou privada;

VIII – doações públicas ou privadas destinadas aos fundos de que tratam os incisos II, III, IV e V; e

IX – outros recursos destinados à implementação do Programa Casa Verde e Amarela oriundos de fontes nacionais e internacionais.

§ 1º A União, por meio da alocação de recursos destinados a ações integrantes das leis orçamentárias anuais, observada a disponibilidade orçamentária e financeira, fica autorizada a:

I – integralizar cotas no FAR, transferir recursos ao FDS, complementar os descontos concedidos pelo FGTS, subvencionar a regularização fundiária, a produção, a aquisição, a requalificação e a melhoria de moradias ou conceder subvenção econômica ao beneficiário pessoa física; e

II – alocar subvenção econômica com a finalidade de complementar o valor necessário a assegurar o equilíbrio econômico-financeiro das operações de financiamento realizadas pelas instituições ou agentes financeiros, de forma a compreender as despesas de contratação, de administração e de cobrança e os custos de alocação, de remuneração e de perda de capital.

§ 2º A contrapartida do beneficiário, quando houver, será realizada sob a forma de participação pecuniária, para complementação do valor de investimento da operação ou para retorno total ou parcial dos recursos aportados pelo Programa Casa Verde e Amarela, observada a legislação específica.

§ 3º Os demais agentes públicos ou privados do Programa Casa Verde e Amarela poderão aportar contrapartidas sob a forma de participação pecuniária, de bens imóveis e de obras para complementação ou assunção do valor de investimento da operação.

§ 4º A União, os Estados, o Distrito Federal e os Municípios poderão complementar o valor das operações com incentivos e benefícios de natureza financeira, tributária ou creditícia.

§ 5º A participação dos Estados, do Distrito Federal e dos Municípios no Programa Casa Verde e Amarela é condicionada à existência de lei do ente federativo, no âmbito de sua competência, que assegure a isenção dos tributos que tenham como fato gerador a transferência das moradias ofertadas pelo Programa Casa Verde e Amarela com a participação de, no mínimo, uma das fontes descritas nos incisos III e IV do *caput* deste artigo, a qual deverá produzir efeitos em momento prévio à contratação dos investimentos.

§ 6º Nas contratações realizadas até 31 de dezembro de 2021, a participação de que trata o § 5º deste artigo é condicionada à existência de lei do ente federativo, no âmbito de sua competência, que produza efeitos em momento prévio à entrega das unidades habitacionais às famílias beneficiárias.

Art. 7º A União poderá destinar bens imóveis a entes privados, dispensada autorização legislativa específica, para o alcance dos objetivos de políticas públicas habitacionais, observado, no que couber, o art. 23 da Lei nº 9.636, de 15 de maio de 1998.

§ 1º A destinação de que trata o *caput* deste artigo será realizada por meio de licitação em que o critério de julgamento de propostas será a oferta do maior nível de contrapartidas não pecuniárias, observados os critérios de mensuração estabelecidos no edital e na portaria de que trata o § 11 deste artigo.

§ 2º As contrapartidas deverão ser realizadas no mesmo imóvel objeto da destinação, em valor nunca inferior ao seu valor de avaliação definido antes das alterações do ordenamento urbanístico de que trata o § 10 deste artigo.

§ 3º A destinação a que se refere o *caput* deste artigo será realizada mediante concessão de direito real de uso sobre o imóvel, nos termos do art. 7º do Decreto-Lei nº 271, de 28 de fevereiro de 1967, durante o período de cumprimento das contrapartidas.

§ 4º Cumpridas as contrapartidas, o empreendedor terá liberdade para explorar economicamente a parte do imóvel por elas não afetada.

§ 5º Após o cumprimento das contrapartidas, a propriedade do imóvel será transferida ao contratado por meio do Termo de Transferência de Propriedade, que deverá ser registrado no registro de imóveis competente.

§ 6º Será obrigatória, até a comprovação do cumprimento das contrapartidas, a prestação de garantia pelo empreendedor, que poderá ser exigida em percentual superior ao disposto no § 2º do art. 56 da Lei nº 8.666, de 21 de junho de 1993, até o limite de 30% (trinta por cento) do valor do terreno.

§ 7º Na hipótese de descumprimento das contrapartidas pelo empreendedor, nas condições e nos prazos estabelecidos, a concessão resolver-se-á sem direito a indenização pelas acessões e benfeitorias até então realizadas, nem a qualquer outra indenização, e a posse do imóvel será revertida à União.

§ 8º Caberá à autoridade responsável pela coordenação da política pública habitacional estabelecer e verificar os critérios para caracterização das contrapartidas previstas neste artigo, bem como o seu monitoramento e recebimento final pela União, sem prejuízo das atribuições da Secretaria de Coordenação e Governança do Patrimônio da União.

§ 9º Para o atestado do cumprimento das contrapartidas, é admitida a contratação de verificadores independentes ou de instituições financeiras oficiais federais ou, ainda, a delegação para outros órgãos e entidades da administração pública direta, indireta, autárquica ou fundacional da União, dos Estados, do Distrito Federal ou dos Municípios.

§ 10. A destinação do imóvel da União de que trata este artigo fica condicionada à adoção de medidas pelo Município interessado na realização de contrapartidas em imóveis federais localizados no respectivo território, quanto à adequação do ordenamento urbanístico local, para fins de viabilidade das contrapartidas e de destinação do imóvel da União, na forma prevista na portaria a que se refere o § 11 deste artigo.

§ 11. Portaria interministerial, a ser publicada em conjunto pelo Ministério da Economia e pelo Ministério competente pela política pública habitacional, disciplinará a destinação estabelecida neste artigo.

§ 12. As contrapartidas a serem realizadas pelo empreendedor em observância aos objetivos da política pública habitacional previstos na portaria de que trata o § 11 deste artigo e no edital de licitação poderão, entre outras obrigações, envolver:

I – construção, manutenção e exploração de edificações construídas no imóvel destinado;

II – transferência direta das edificações ou unidades imobiliárias a beneficiários;

III – provisão de infraestrutura urbana para atendimento da área do imóvel e suas imediações; ou

IV – prestação de serviços de interesse público ou de utilidade pública que envolvam o aproveitamento das edificações a que se refere o inciso I deste parágrafo, sem ônus ou com ônus reduzido aos beneficiários.

Art. 8º Respeitados os regulamentos específicos de cada uma das fontes de recursos e a necessária vinculação ao Programa Casa Verde e Amarela, são passíveis de compor o valor de investimento da operação:

I – elaboração de estudos, planos e projetos técnicos sociais de infraestrutura, de equipamentos públicos, de mobilidade, de saneamento, urbanísticos e habitacionais;
II – elaboração e execução de plano de arborização e paisagismo, quando associado às intervenções habitacionais;
III – aquisição de imóvel para implantação de empreendimento habitacional;
IV – regularização fundiária urbana, nos termos da Lei nº 13.465, de 11 de julho de 2017;
V – urbanização de assentamentos precários;
VI – aquisição ou produção de unidade ou de empreendimento habitacional;
VII – melhoria de moradia ou requalificação de imóvel;
VIII – obras de implantação de equipamentos públicos, de mobilidade, de saneamento e de infraestrutura, incluídas as de instalação de equipamentos de energia solar ou as que contribuam para a redução do consumo de água em moradias, desde que associadas a intervenções habitacionais;
IX – assistência técnica para construção ou melhoria de moradias;
X – ações destinadas ao trabalho social e à gestão condominial ou associativa com beneficiários das intervenções habitacionais;
XI – elaboração e implementação de estudos, planos, treinamentos e capacitações;
XII – aquisição de bens destinados a apoiar os agentes públicos ou privados envolvidos na implementação do Programa Casa Verde e Amarela;
XIII – produção de unidades destinadas à atividade comercial, desde que associadas às operações habitacionais; e
XIV – seguro de engenharia, de danos estruturais, de responsabilidade civil do construtor, de garantia de término de obra e outros que visem à mitigação de riscos inerentes aos empreendimentos habitacionais.

§ 1º Os projetos, as obras e os serviços contratados observarão:

I – condições de acessibilidade e de disponibilidade de unidades adaptáveis e acessíveis ao uso por pessoas com deficiência, com a mobilidade reduzida ou idosas, nos termos da Lei nº 13.146, de 6 de julho de 2015 (Estatuto da Pessoa com Deficiência), e da Lei nº 10.741, de 1º de outubro de 2003 (Estatuto do Idoso), respectivamente;
II – condições de sustentabilidade social, econômica e ambiental da solução implantada, dada preferência a materiais de construção oriundos de reciclagem, incluídos os provenientes de rejeitos de mineração; e
III – obrigatoriedade de elaboração e execução de plano de arborização e paisagismo.

§ 2º Nos empreendimentos de produção habitacional urbanos que utilizem recursos do FAR ou do FDS, o poder público local que aderir ao Programa Casa Verde e Amarela é obrigado a arcar, diretamente ou por meio dos concessionários ou permissionários de serviços públicos, com os custos de implantação de infraestrutura básica, nos termos do § 6º do art. 2º da Lei nº 6.766, de 19 de dezembro de 1979, e de equipamentos públicos e serviços de mobilidade, quando não incidentes sobre o valor de investimento das operações.

§ 3º O prestador dos serviços públicos de distribuição de energia elétrica deve disponibilizar infraestrutura de rede e instalações elétricas até os pontos de conexão necessários à implantação dos serviços nas edificações e nas unidades imobiliárias decorrentes de políticas públicas habitacionais.

§ 4º A agência reguladora instituirá regras para que o empreendedor imobiliário faça investimentos em redes de distribuição, com a identificação das situações nas quais os investimentos representam antecipação de atendimento obrigatório da concessionária, caso em que fará jus ao ressarcimento futuro por parte da concessionária, por critérios de avaliação regulatórios, e daquelas nas quais os investimentos configuramse como de interesse restrito do empreendedor imobiliário, situação na qual não fará jus ao ressarcimento.

§ 5º O poder público local, após avaliação das condições e necessidades existentes na região de implantação dos empreendimentos habitacionais do Programa Casa Verde e Amarela, deverá indicar, em termo de compromisso, os equipamentos públicos a serem implantados na forma do § 2º deste artigo.

§ 6º As unidades habitacionais produzidas pelo Programa Casa Verde e Amarela poderão ser disponibilizadas aos beneficiários sob a forma de cessão, de doação, de locação, de comodato, de arrendamento ou de venda, mediante financiamento ou não, em contrato subsidiado ou não, total ou parcialmente, conforme previsto em regulamento.

Art. 9º Na hipótese de utilização dos recursos de que trata o art. 6º desta Lei com finalidade diversa da definida por esta Lei, será exigida a devolução correspondente ao valor originalmente disponibilizado, acrescido de juros e de atualização monetária a serem definidos em regulamento, nos termos do art. 4º desta Lei, sem prejuízo das penalidades previstas em lei.

§ 1º Os participantes privados que descumprirem normas ou, por meio de ato omissivo ou comissivo, contribuírem para a aplicação indevida dos recursos do Programa Casa Verde e Amarela poderão perder a possibilidade de atuar no Programa, sem prejuízo do dever de ressarcimento dos danos causados e da incidência das demais sanções civis, administrativas e penais aplicáveis.

§ 2º A aplicação da penalidade de impedimento de participar do Programa Casa Verde e Amarela prevista no § 1º deste artigo será precedida do devido processo administrativo, no qual serão respeitados os princípios do contraditório e da ampla defesa.

Art. 10. O disposto nos arts. 42, 43 e 44 da Lei nº 11.977, de 7 de julho de 2009, aplica-se ao Programa Casa Verde e Amarela.

Art. 11. A subvenção econômica fornecida à pessoa física no ato da contratação que tenha por objetivo proporcionar a aquisição ou a produção da moradia por meio do Programa Casa Verde e Amarela será concedida apenas 1 (uma) vez para cada beneficiário e poderá ser cumulativa com os descontos habitacionais concedidos nas operações de financiamento realizadas nos termos do art. 9º da Lei nº 8.036, de 11 de maio de 1990, com recursos do FGTS.

Parágrafo único. A subvenção econômica de que trata o *caput* deste artigo poderá ser cumulativa com aquelas concedidas por programas habitacionais de âmbito estadual, distrital ou municipal.

Art. 12. É vedada a concessão de subvenções econômicas com a finalidade de aquisição de unidade habitacional por pessoa física que:

I – seja titular de contrato de financiamento obtido com recursos do FGTS ou em condições equivalentes às do Sistema Financeiro da Habitação, em qualquer parte do País;
II – seja proprietária, promitente compradora ou titular de direito de aquisição, de arrendamento, de usufruto ou de uso de imóvel residencial, regular, com padrão mínimo de edificação e de habitabilidade definido pelas regras da administração municipal, e dotado de abastecimento de água, de solução de esgotamento sanitário e de atendimento regular de energia elétrica, em qualquer parte do País; ou
III – tenha recebido, nos últimos 10 (dez) anos, benefícios similares oriundos de subvenções econômicas concedidas com o orçamento geral da União e com recursos do FAR, do FDS ou de descontos habitacionais concedidos com recursos do FGTS, excetuados as subvenções ou os descontos destinados à aquisição de material de construção ou o Crédito Instalação, disponibilizados pelo Instituto Nacional de Colonização e Reforma Agrária (Incra), na forma prevista em regulamento.

§ 1º O disposto no *caput* deste artigo, observada a legislação específica relativa à fonte de recursos, não se aplica à família que se enquadre em uma ou mais das seguintes hipóteses:

I – tenha tido propriedade de imóvel residencial de que se tenha desfeito, por força de decisão judicial, há pelo menos 5 (cinco) anos;
II – tenha tido propriedade em comum de imóvel residencial, desde que dele se tenha desfeito, em favor do coadquirente, há pelo menos 5 (cinco) anos;
III – tenha propriedade de imóvel residencial havida por herança ou doação, em

condomínio, desde que a fração seja de até 40% (quarenta por cento), observada a regulamentação específica da fonte de recurso que tenha financiado o imóvel;

IV – tenha propriedade de parte de imóvel residencial, em fração não superior a 40% (quarenta por cento);

V – tenha tido propriedade anterior, em nome do cônjuge ou do companheiro do titular da inscrição, de imóvel residencial do qual se tenha desfeito, antes da união do casal, por meio de instrumento de alienação devidamente registrado no cartório competente; e

VI – tenha nua propriedade de imóvel residencial gravado com cláusula de usufruto vitalício e tenha renunciado a esse usufruto.

§ 2º O disposto no *caput* deste artigo não se aplica às subvenções econômicas destinadas a:

I – realização de obras e serviços de melhoria habitacional para assistência a famílias;

II – atendimento de famílias envolvidas em operações de reassentamento, de remanejamento ou de substituição de moradia; e

III – atendimento de famílias desabrigadas que tenham perdido o seu único imóvel em razão de situação de emergência ou de estado de calamidade pública reconhecidos pela União.

Art. 13. Os contratos e os registros efetivados no âmbito do Programa Casa Verde e Amarela serão formalizados, preferencialmente, em nome da mulher e, na hipótese de esta ser chefe de família, poderão ser firmados independentemente da outorga do cônjuge, afastada a aplicação do disposto nos arts. 1.647, 1.648 e 1.649 da Lei nº 10.406, de 10 de janeiro de 2002 (Código Civil).

§ 1º O contrato firmado na forma prevista no *caput* deste artigo será registrado no cartório de registro de imóveis competente, sem a exigência de dados relativos ao cônjuge ou ao companheiro e ao regime de bens.

§ 2º O disposto neste artigo não se aplica aos contratos de financiamento firmados com recursos do FGTS.

Art. 14. Nas hipóteses de dissolução de união estável, separação ou divórcio, o título de propriedade do imóvel adquirido, construído ou regularizado pelo Programa Casa Verde e Amarela na constância do casamento ou da união estável será registrado em nome da mulher ou a ela transferido, independentemente do regime de bens aplicável, excetuadas as operações de financiamento habitacional firmadas com recursos do FGTS.

Parágrafo único. Na hipótese de haver filhos do casal e a guarda ser atribuída exclusivamente ao homem, o título da propriedade do imóvel construído ou adquirido será registrado em seu nome ou a ele transferido, revertida a titularidade em favor da mulher caso a guarda dos filhos seja a ela posteriormente atribuída.

Art. 15. Os prejuízos sofridos pelo cônjuge ou pelo companheiro em razão do disposto nos arts. 13 e 14 desta Lei serão resolvidos em perdas e danos.

Art. 16. Para garantia da posse legítima dos empreendimentos habitacionais adquiridos ou construídos pelo Programa Casa Verde e Amarela ainda não alienados aos beneficiários finais que venham a sofrer turbação ou esbulho, poderão ser empregados atos de defesa ou de desforço diretos, inclusive por meio do auxílio de força policial.

§ 1º O auxílio de força policial a que se refere o *caput* deste artigo poderá estar previsto no instrumento firmado ou em outro que venha a ser estabelecido entre a União e os Estados, o Distrito Federal e os Municípios.

§ 2º Os atos de defesa ou de desforço a que se refere o *caput* deste artigo não poderão ir além do indispensável à manutenção ou à restituição da posse e deverão ocorrer no prazo máximo de 5 (cinco) dias, contado da data de ciência do ato de turbação ou de esbulho.

Art. 17. O inciso III do *caput* do art. 6º da Lei nº 8.036, de 11 de maio de 1990, passa a vigorar com a seguinte redação:

› Alteração incorporada ao texto da referida lei.

Art. 18. O art. 3º da Lei nº 8.100, de 5 de dezembro de 1990, passa a vigorar acrescido do seguinte § 5º:

"Art. 3º (...)

§ 5º O cadastro nacional de mutuários do SFH será atualizado, mensalmente, pelas instituições ou agentes financeiros e pelos Estados, Municípios e Distrito Federal, ou pelos respectivos órgãos de suas administrações diretas e indiretas, com as informações relativas aos contratos de financiamento habitacional que tenham sido efetuados no âmbito do Sistema Nacional de Habitação de Interesse Social (SNHIS), de que trata a Lei nº 11.124, de 16 de junho de 2005, ou de outros programas habitacionais oficiais subsidiados pelo poder público." (NR)

Art. 19. A Lei nº 8.677, de 13 de julho de 1993, passa a vigorar com as seguintes alterações:

"Art. 2º (...)

Parágrafo único. O FDS tem por finalidade o financiamento de projetos de iniciativa de pessoas físicas e de empresas ou entidades do setor privado, incluída a concessão de garantia de crédito de operações de financiamento habitacional, vedada a concessão de financiamentos a projetos de órgãos da administração direta, autárquica ou fundacional da União, dos Estados, do Distrito Federal ou dos Municípios ou de entidades sob seu controle direto ou indireto." (NR)

"Art. 6º (...)

II – estabelecer limites para a concessão de empréstimos, de financiamentos e de garantias de crédito, bem como de plano de subsídios na forma desta Lei;

III – (...)

a) percentual máximo de financiamento pelo FDS;

b) taxa de financiamento;

(...)

d) condições de garantia e de desembolso do financiamento, além da contrapartida do proponente, quando for o caso;

e) subsídio nas operações efetuadas com os recursos do FDS;

(...)" (NR)

"Art. 12-A. Fica autorizada a doação gratuita, total ou parcial, ao FDS, dos valores devidos aos cotistas referentes ao retorno financeiro proporcional aos mútuos concedidos no âmbito de programas habitacionais.

§ 1º A doação efetuada na forma prevista no *caput* deste artigo afasta a garantia de resgate e de liquidez dos valores aplicados nos termos do art. 12 desta Lei.

§ 2º As receitas provenientes da doação de que trata o *caput* deste artigo integram o patrimônio do condomínio de cotistas e poderão ser utilizadas para:

I – subvencionar a produção, a aquisição, a requalificação e a melhoria de moradias;

II – promover a regularização fundiária; ou

III – conceder subvenção econômica ao beneficiário pessoa física, desde que essa operação seja autorizada pelo Conselho Curador do FDS.

§ 3º O disposto no parágrafo único do art. 3º desta Lei não se aplica aos recursos oriundos da doação efetuada na forma prevista no *caput* deste artigo."

Art. 20. A Lei nº 11.124, de 16 de junho de 2005, passa a vigorar com as seguintes alterações:

"Art. 12. (...)

§ 7º Observado o disposto no art. 73 da Lei nº 13.465, de 11 de julho de 2017, os recursos referidos no § 4º do art. 11 desta Lei serão transferidos, a título de complementação, aos fundos estaduais criados para esse fim, independentemente da celebração de convênio, de ajuste, de acordo, de contrato ou de instrumento congênere, conforme disciplinado em ato do Poder Executivo federal, observadas as seguintes condições:

I – existência de conselho estadual de habitação ou similar com a responsabilidade de fiscalizar a boa e regular aplicação dos recursos;

II – formalização de termo de adesão pelos Estados, conforme previsto no parágrafo único do art. 73 da Lei nº 13.465, de 11 de julho de 2017;

III – aporte de recursos próprios no fundo estadual; e

IV – encaminhamento dos demonstrativos de aplicação dos recursos ao controle interno do Poder Executivo federal e ao Tribunal de Contas da União." (NR)

"Art. 14. Ao Ministério do Desenvolvimento Regional, sem prejuízo do disposto na Lei nº 13.844, de 18 de junho de 2019, compete:

(...)

Parágrafo único. A oitiva de que tratam os incisos II e III do *caput* deste artigo poderá, a critério do Ministério do Desenvolvimento

Regional, ser realizada mediante consulta pública." (NR)

Art. 21. A Lei nº 11.977, de 7 de julho de 2009, passa a vigorar com as seguintes alterações:

"Art. 3º (...)

§ 5º Os Estados, os Municípios e o Distrito Federal que aderirem ao PMCMV, as entidades privadas sem fins lucrativos, na qualidade de entidades organizadoras, e as instituições financeiras oficiais federais serão responsáveis pela realização do trabalho social nos empreendimentos implantados, na forma estabelecida em termo de adesão a ser definido em regulamento.

(...)" (NR)

"Art. 4º (...)

§ 2º A assistência técnica e os seguros de engenharia, de danos estruturais, de responsabilidade civil do construtor, de garantia de término de obra e outros que visem à mitigação de riscos inerentes aos empreendimentos habitacionais podem fazer parte da composição de custos do PNHU." (NR)

"Art. 6º-A. (...)

§ 5º (...)

II – a quitação antecipada do financiamento implicará o pagamento do valor da dívida contratual do imóvel na forma regulamentada por ato do Ministro de Estado do Desenvolvimento Regional; e

(...)

§ 9º Após consolidada a propriedade em seu nome, em razão do não pagamento da dívida pelo beneficiário, o FAR e o FDS, na qualidade de credores fiduciários, ficam dispensados de levar o imóvel a leilão, hipótese em que deverão promover a reinclusão das unidades que reunirem condições de habitabilidade em programa habitacional, no mínimo uma vez, e destiná-las à aquisição por beneficiário a ser indicado conforme as políticas habitacionais e as normas vigentes.

(...)

§ 16. Na hipótese de não pagamento pelo beneficiário, as unidades habitacionais poderão ser doadas pelo FAR ou pelo FDS aos Estados, ao Distrito Federal, aos Municípios ou aos órgãos de suas administrações diretas e indiretas que pagarem os valores devidos pelas famílias inadimplentes, com vistas à sua permanência na unidade habitacional ou à sua disponibilização para outros programas de interesse social.

§ 17. As unidades sem condições de habitabilidade poderão ser alienadas pelo gestor operacional do FAR ou do FDS, conforme o caso, em condições a serem regulamentadas, com prioridade para:

I – utilização em programas de interesse social em âmbito municipal, distrital, estadual ou federal; e

II – aquisição por pessoas físicas que cumpram os requisitos para habilitar-se no PMCMV." (NR)

"Art. 7º-D. Para garantia da posse legítima dos empreendimentos produzidos pelo FAR ou pelo FDS ainda não alienados aos beneficiários finais que venham a sofrer turbação ou esbulho, poderão ser empregados atos de defesa ou de desforço diretos, inclusive por meio do auxílio de força policial.

§ 1º O auxílio de força policial a que se refere o *caput* deste artigo poderá estar previsto no instrumento firmado ou em outro que venha a ser estabelecido entre a União e os Estados, o Distrito Federal e os Municípios.

§ 2º Os atos de defesa ou de desforço a que se refere o *caput* deste artigo não poderão ir além do indispensável à manutenção ou à restituição da posse e deverão ocorrer no prazo máximo de 5 (cinco) dias, contado da data de ciência do ato de turbação ou de esbulho."

"Art. 7º-E. O disposto nos arts. 7º-A, 7º-B e 7º-C desta Lei aplica-se também aos empreendimentos executados com recursos provenientes do FDS."

"Art. 8º-A. O Ministério do Desenvolvimento Regional, nas situações enquadradas nos incisos VI e VII do parágrafo único do art. 7º desta Lei, deverá notificar, no prazo de até 60 (sessenta) dias, as instituições ou agentes financeiros para:

I – efetuar a imediata devolução ao erário do valor dos recursos liberados, acrescido de juros e atualização monetária, com base na remuneração dos recursos que serviram de lastro à sua concessão, sem prejuízo das penalidades previstas em lei; ou

II – manifestar interesse na conclusão e entrega das unidades habitacionais.

§ 1º No caso de não atendimento à notificação a que se refere o *caput* deste artigo, caberá ao Ministério do Desenvolvimento Regional a adoção dos procedimentos necessários para inscrição das instituições ou agentes financeiros inadimplentes na dívida ativa da União.

§ 2º No caso previsto no inciso II do *caput* deste artigo, as instituições ou agentes financeiros poderão apresentar:

I – manifestação de interesse na conclusão e entrega das unidades habitacionais, dentro do valor originalmente previsto, sem custos adicionais para a União; ou

II – manifestação de interesse do Estado ou do Município, a ser firmada em conjunto com a instituição ou agente financeiro, na conclusão e entrega das unidades habitacionais com recursos provenientes do Estado ou do Município, vedada a liberação de recursos da União.

§ 3º Para cumprimento do disposto no § 2º deste artigo, as instituições ou agentes financeiros deverão declarar ao Ministério do Desenvolvimento Regional as unidades habitacionais que tenham viabilidade de execução para conclusão e entrega.

§ 4º A manifestação de interesse a que se refere o § 2º deste artigo possibilitará a prorrogação dos compromissos assumidos pelas instituições ou agentes financeiros pelo prazo de até 30 (trinta) meses, contado a partir de 26 de agosto de 2020, para conclusão e entrega das unidades habitacionais.

§ 5º Nos casos enquadrados no inciso I do § 2º deste artigo, a liberação de recursos pela União às instituições ou agentes financeiros fica condicionada à comprovação da conclusão e entrega da unidade habitacional, vedadas quaisquer formas de adiantamento.

§ 6º Nos casos enquadrados no inciso II do § 2º deste artigo, no período de vigência dos compromissos, fica suspensa a exigibilidade do crédito das instituições ou agentes financeiros constituído em decorrência do disposto nos incisos VI e VII do parágrafo único do art. 7º desta Lei.

§ 7º O adimplemento do compromisso decorrente da manifestação a que se refere o inciso II do *caput* deste artigo pelas instituições ou agentes financeiros implica a extinção da obrigação.

§ 8º O descumprimento do prazo-limite estabelecido no § 4º deste artigo implicará a aplicação do disposto nos incisos VI e VII do parágrafo único do art. 7º desta Lei."

Art. 22. (VETADO).

Art. 23. A Lei nº 13.465, de 11 de julho de 2017, passa a vigorar com as seguintes alterações:

- Alterações incorporadas no texto da referida lei.

Art. 24. A Lei nº 6.766, de 19 de dezembro de 1979, passa a vigorar com as seguintes alterações:

"Art. 2º-A. Considera-se empreendedor, para fins de parcelamento do solo urbano, o responsável pela implantação do parcelamento, o qual, além daqueles indicados em regulamento, poderá ser:

a) o proprietário do imóvel a ser parcelado;

b) o compromissário comprador, cessionário ou promitente cessionário, ou o foreiro, desde que o proprietário expresse sua anuência em relação ao empreendimento e sub-rogue-se nas obrigações do compromissário comprador, cessionário ou promitente cessionário, ou do foreiro, em caso de extinção do contrato;

c) o ente da administração pública direta ou indireta habilitado a promover a desapropriação com a finalidade de implantação de parcelamento habitacional ou de realização de regularização fundiária de interesse social, desde que tenha ocorrido a regular imissão na posse;

d) a pessoa física ou jurídica contratada pelo proprietário do imóvel a ser parcelado ou pelo poder público para executar o parcelamento ou a regularização fundiária, em forma de parceria, sob regime de obrigação solidária, devendo o contrato ser averbado na matrícula do imóvel no competente registro de imóveis;

e) a cooperativa habitacional ou associação de moradores, quando autorizada pelo titular do domínio, ou associação de proprietários ou compradores que assuma a responsabilidade pela implantação do parcelamento."

"Art. 18. (...)

V – cópia do ato de aprovação do loteamento e comprovante do termo de verificação, pelo Município ou pelo Distrito Federal, da execução das obras exigidas pela legislação municipal, que incluirão, no mínimo, a execução das vias de circulação do loteamento, demarcação dos lotes, quadras e logradouros e das obras de escoamento das águas pluviais ou da aprovação de um cronograma, com a duração máxima de 4 (quatro) anos, prorrogáveis por mais 4 (quatro) anos, acompanhado de competente instrumento de garantia para a execução das obras;

(...)" (NR)

Art. 25. A partir do dia 26 de agosto de 2020, todas as operações com benefício de natureza habitacional geridas pelo governo federal integrarão o Programa Casa Verde e Amarela de que trata esta Lei.

Parágrafo único. As operações iniciadas até a data a que se refere o *caput* deste artigo, bem como os contratos que venham a ser assinados com pessoas físicas ou jurídicas em decorrência dessas operações, continuam a submeter-se às regras da Lei nº 11.977, de 7 de julho de 2009, ressalvadas as medidas que retroajam em seu benefício.

Art. 26. Revogam-se:

I – a Lei nº 13.439, de 27 de abril de 2017;

II – as alíneas "a" e "b" do inciso I do § 1º (antigo parágrafo único) do art. 33 da Lei nº 13.465, de 11 de julho de 2017.

Art. 27. Esta Lei entra em vigor na data de sua publicação.

Brasília, 12 de janeiro de 2021; 200º da Independência e 133º da República.

JAIR MESSIAS BOLSONARO

Paulo Guedes

Rogério Marinho

LC Nº 178, DE 13 DE JANEIRO DE 2021

Estabelece o Programa de Acompanhamento e Transparência Fiscal e o Plano de Promoção do Equilíbrio Fiscal; altera a Lei Complementar nº 101, de 4 de maio de 2000, a Lei Complementar nº 156, de 28 de dezembro de 2016, a Lei Complementar nº 159, de 19 de maio de 2017, a Lei Complementar nº 173, de 27 de maio de 2020, a Lei nº 9.496, de 11 de setembro de 1997, a Lei nº 12.348, de 15 de dezembro de 2010, a Lei nº 12.649, de 17 de maio de 2012, e a Medida Provisória nº 2.185-35, de 24 de agosto de 2001; e dá outras providências.

› *Programa de Acompanhamento e Transparência Fiscal*

O PRESIDENTE DA REPÚBLICA, Faço saber que o Congresso Nacional decreta e eu sanciono a seguinte Lei Complementar:

CAPÍTULO I
DA PROMOÇÃO DA TRANSPARÊNCIA E DO EQUILÍBRIO FISCAL

SEÇÃO I
DA INSTITUIÇÃO DO PROGRAMA DE ACOMPANHAMENTO E TRANSPARÊNCIA FISCAL

Art. 1º É instituído o Programa de Acompanhamento e Transparência Fiscal, o qual tem por objetivo reforçar a transparência fiscal dos Estados, do Distrito Federal e dos Municípios e compatibilizar as respectivas políticas fiscais com a da União.

§ 1º O Programa será avaliado, revisado e atualizado periodicamente, e será amplamente divulgado, inclusive em meios eletrônicos de acesso público.

§ 2º O Programa poderá estabelecer metas e compromissos para o Estado, o Distrito Federal e o Município.

§ 3º O Estado, o Distrito Federal e o Município que aderir ao Programa firmará o compromisso de contrair novas dívidas exclusivamente de acordo com os termos do Programa.

§ 4º O Programa poderá estabelecer limites individualizados para contratação de dívidas em percentual da receita corrente líquida, de acordo com a capacidade de pagamento apurada conforme metodologia definida pelo Ministério da Economia.

§ 5º Ato do Secretário do Tesouro Nacional poderá estabelecer critérios para adesão de Municípios com até 500.000 (quinhentos mil) habitantes ao Programa e para a aplicação de normas e padrões simplificados no âmbito do Programa.

§ 6º A adesão do Estado, do Distrito Federal ou do Município ao Programa de Acompanhamento e Transparência Fiscal é condição para a pactuação de Plano de Promoção do Equilíbrio Fiscal com a União, nos termos da Seção II deste Capítulo, para a adesão ao Regime de Recuperação Fiscal de que trata a Lei Complementar nº 159, de 19 de maio de 2017, e para a repactuação de acordos sob a égide da Lei Complementar nº 156, de 28 de dezembro de 2016, da Lei nº 9.496, de 11 de setembro de 1997, e da Medida Provisória nº 2.192-70, de 24 de agosto de 2001.

§ 7º O disposto no § 6º deste artigo será considerado atendido em caso de assunção de compromisso para a adesão ao Programa de Acompanhamento e Transparência Fiscal, desde que efetivada em até 12 (doze) meses após a referida assunção de compromisso, sob pena de nulidade de eventual repactuação de acordos ou adesão ao Regime de Recuperação Fiscal a que se refere aquele parágrafo.

§ 8º A alteração da metodologia utilizada para fins de classificação da capacidade de pagamento deverá ser precedida de consulta pública, assegurada a manifestação de Estados e Municípios.

Art. 2º Os entes signatários do Programa de Acompanhamento e Transparência Fiscal encaminharão à Secretaria do Tesouro Nacional as informações contábeis, orçamentárias e financeiras necessárias à elaboração dos demonstrativos fiscais estabelecidos pela Lei Complementar nº 101, de 4 de maio de 2000, ao acompanhamento dos acordos, programa, repactuações, regime e plano citados no § 6º do art. 1º e à fiscalização do cumprimento das regras definidas pelo Poder Executivo federal nos termos do inciso III do § 1º, do § 2º e do § 3º do art. 48 da Lei Complementar nº 101, de 4 de maio de 2000.

SEÇÃO II
DO PLANO DE PROMOÇÃO DO EQUILÍBRIO FISCAL

Art. 3º O Plano de Promoção do Equilíbrio Fiscal conterá conjunto de metas e de compromissos pactuados entre a União e cada Estado, o Distrito Federal ou cada Município, com o objetivo de promover o equilíbrio fiscal e a melhoria das respectivas capacidades de pagamento.

§ 1º O Plano de Promoção do Equilíbrio Fiscal terá vigência temporária, requisitos adicionais de adesão por Estado, pelo Distrito Federal ou por Município e demais condições definidas em regulamento.

§ 2º Ato do Ministro de Estado da Economia disporá sobre a metodologia de cálculo e a classificação da capacidade de pagamento dos Estados, do Distrito Federal e dos Municípios, observado o disposto no art. 1º, § 8º.

§ 3º O Plano de Promoção do Equilíbrio Fiscal deverá conter, no mínimo:

I – as metas e compromissos pactuados nos termos do *caput*; e

II – autorização para contratações de operações de crédito com garantia da União e as condições para liberação dos recursos financeiros.

§ 4º O Estado, o Distrito Federal ou o Município deverá vincular, em contragarantia das operações de crédito autorizadas na forma deste artigo, as receitas de que tratam os arts. 155 a 158 e os recursos de que tratam as alíneas "a" e "b" do inciso I e o inciso II do *caput* do art. 159, todos da Constituição Federal.

Art. 4º O Plano de Promoção do Equilíbrio Fiscal contemplará a aprovação de leis ou atos normativos pelo Estado, Distrito Federal ou Município dos quais decorra a implementação, nos termos de regulamento, de pelo menos 3 (três) das medidas estabelecidas no § 1º do art. 2º da Lei Complementar nº 159, de 19 de maio de 2017, devendo uma delas, no mínimo, estar entre as previstas nos incisos II, IV, V e VIII do referido parágrafo, observado o § 4º daquele artigo.

Parágrafo único. Para fins de adesão ao Plano de Promoção do Equilíbrio Fiscal, consideram-se implementadas as medidas referidas no *caput* deste artigo caso o ente demonstre, nos termos do regulamento, ser desnecessário editar legislação adicional para seu atendimento.

Art. 5º O Plano de Promoção do Equilíbrio Fiscal poderá estabelecer metas e compromissos adicionais ao Programa de Acompanhamento e Transparência Fiscal e ao de Reestruturação e Ajuste Fiscal, nos termos da Lei nº 9.496, de 11 de setembro de 1997.

Art. 6º As liberações de recursos das operações autorizadas de acordo com o art. 3º condicionam-se ao cumprimento:

I – das metas e dos compromissos previstos no Plano de Promoção do Equilíbrio Fiscal; e

II – do limite para despesa total com pessoal, de acordo com os percentuais previstos no *caput* do art. 19 da Lei Complementar nº 101, de 4 de maio de 2000, observada a regra de enquadramento prevista no art. 15 da presente Lei Complementar.

§ 1º A primeira liberação de recursos financeiros no âmbito do Plano de Promoção do Equilíbrio Fiscal condiciona-se somente à aprovação das leis de que trata o art. 4º.

§ 2º Os recursos liberados na forma do *caput* poderão ser utilizados para pagamento de despesas correntes ou de capital, observadas as vedações dos incisos III e X do art. 167 da Constituição Federal.

§ 3º Na hipótese de uma das escolhas de que trata o art. 4º recair sobre a medida a que se refere o inciso I do § 1º do art. 2º da Lei Complementar nº 159, de 19 de maio de 2017, as liberações de recursos serão definidas proporcionalmente à sua implementação, nos termos do regulamento.

Art. 7º (VETADO).

Art. 8º O pedido de adesão do Estado ou do Distrito Federal ao Regime de Recuperação Fiscal instituído pela Lei Complementar nº 159, de 19 de maio de 2017, extingue o Plano de Promoção do Equilíbrio Fiscal em vigor, nos termos do regulamento.

Parágrafo único. As dívidas decorrentes das operações de crédito contratadas no âmbito do Plano de Promoção do Equilíbrio Fiscal não estão sujeitas ao disposto no art. 9º da Lei Complementar referida no *caput*.

CAPÍTULO II
DOS CONTRATOS DE REFINANCIAMENTO COM A UNIÃO

Art. 9º A Lei nº 9.496, de 11 de setembro de 1997, passa a vigorar com a seguinte alteração:

"Art. 3º (...)

§ 12. O Programa poderá estabelecer limites individualizados para contratação de dívidas, conforme metodologia definida pela Secretaria do Tesouro Nacional do Ministério da Economia." (NR)

Art. 10. A Lei Complementar nº 156, de 28 de dezembro de 2016, passa a vigorar com as seguintes alterações:

"Art. 1º. (...)

§ 7º O prazo para assinatura do termo aditivo a que se refere o *caput* deste artigo se encerra em 30 de junho de 2021.

(...)" (NR)

"Art. 1º-A. Fica dispensada a aplicação de encargos moratórios contratuais para fins de apuração do saldo devedor consolidado em 1º de julho de 2016, nos termos do § 5º do art. 1º desta Lei Complementar.

§ 1º Os encargos moratórios a que se refere o *caput* são os previstos nos contratos de refinanciamento de que trata a Lei nº 9.496, de 11 de setembro de 1997, e a Medida Provisória nº 2.192-70, de 24 de agosto de 2001, cujas aplicações decorram de suspensão de pagamentos, total ou parcial, em virtude de decisões judiciais proferidas até 1º de julho de 2016.

§ 2º Os valores já confessados, constantes dos termos aditivos celebrados ao amparo desta Lei Complementar, serão recalculados e incorporados, mediante novos termos aditivos, aos saldos devedores dos contratos de refinanciamento firmados nos termos da Lei nº 9.496, de 11 de setembro de 1997, e dos contratos de abertura de crédito firmados com os Estados ao amparo da Medida Provisória nº 2.192-70, de 24 de agosto de 2001, conforme o caso.

§ 3º Os valores correspondentes a encargos moratórios pagos serão deduzidos dos saldos devedores vincendos dos respectivos contratos."

"Art. 1º-B. As dívidas de instituições financeiras estaduais com o Banco Central do Brasil que tenham sido formalmente assumidas pelos Estados até 15 de julho de 1998 e que tenham sido adquiridas pela União nos termos da Medida Provisória nº 2.179-36, de 24 de agosto de 2001, poderão ter os respectivos saldos devedores incorporados aos saldos devedores dos contratos de refinanciamento firmados nos termos da Lei nº 9.496, de 11 de setembro de 1997, mediante aditamento contratual.

§ 1º Para efeito das incorporações a que se refere o *caput*, serão considerados os saldos devedores existentes em 1º de julho de 2016, após a aplicação das condições previstas nos arts. 2º e 3º da Lei Complementar nº 148, de 25 de novembro de 2014.

§ 2º Os saldos incorporados nos termos do *caput* serão pagos nas mesmas condições contratuais vigentes do refinanciamento firmado nos termos da Lei nº 9.496, de 11 de setembro de 1997, e gozarão das mesmas garantias contratuais.

§ 3º Eventuais créditos decorrentes das incorporações a que se refere o § 1º serão deduzidos dos saldos devedores vincendos dos respectivos contratos."

"Art. 1º-C. Para a assinatura dos aditivos autorizados nesta Lei Complementar, são dispensados os requisitos legais exigidos para a contratação com a União e a verificação dos requisitos exigidos pela Lei Complementar nº 101, de 4 de maio de 2000."

"Art. 4º-A. Poderá ser firmado termo aditivo, conforme regulamento, para:

I – substituir as penalidades decorrentes do descumprimento da limitação de despesas, estabelecidas nos §§ 1º e 2º do art. 4º:

a) pelo recálculo com encargos de inadimplência dos valores não pagos à União em decorrência da redução extraordinária de que trata o art. 3º e imputação desse montante ao saldo devedor principal da dívida; ou

b) pelo compromisso de adimplemento com a União, referente ao Programa de Reestruturação e de Ajuste Fiscal dos Estados e do Distrito Federal para os 3 (três) exercícios subsequentes ao exercício de 2020, para os entes que não tenham usufruído dos benefícios do art. 3º, aplicada aos entes, em caso de descumprimento, multa de 10% (dez por cento) sobre o saldo devedor principal da dívida;

II – converter as penalidades já aplicadas decorrentes do descumprimento da limitação de despesas, estabelecidas nos §§ 1º e 2º do art. 4º:

a) em recálculo com encargos de inadimplência dos valores não pagos à União em decorrência da redução extraordinária de que trata o art. 3º e imputação desse montante ao saldo devedor principal da dívida; ou

b) em compromisso de adimplemento com a União, referente ao Programa de Reestruturação e de Ajuste Fiscal dos Estados e do Distrito Federal para os 3 (três) exercícios subsequentes ao exercício de 2020, para os entes que não tenham usufruído dos benefícios do art. 3º, aplicada aos entes, em caso de descumprimento, multa de 10% (dez por cento) sobre o saldo devedor principal da dívida;

III – prolongar a validade da limitação a que se refere o *caput* do art. 4º para os exercícios de 2021 a 2023, em relação às despesas primárias correntes em 2020, excetuando-se, ainda, as despesas:

a) custeadas com as transferências previstas no art. 166-A da Constituição Federal e no art. 25 da Lei Complementar nº 101, de 4 de maio de 2000;

b) em saúde e educação realizadas pelo ente em razão de eventual diferença positiva entre a variação anual das bases de cálculo das aplicações mínimas de que tratam o § 2º do art. 198 e o art. 212 da Constituição Federal e a variação do IPCA no mesmo período.

Parágrafo único. A apuração da limitação de despesas será realizada com os mesmos critérios contábeis utilizados para a definição da base de cálculo e considerará o somatório das despesas dos exercícios financeiros sujeitos à referida limitação, conforme regulamento."

"Art. 4º-B. Os Estados que assinarem os termos aditivos dos arts. 1º e 3º após 30 de março de 2020 poderão ser dispensados da limitação prevista no art. 4º se anuírem, para a apuração do saldo devedor consolidado a que se refere o § 3º do art. 1º, ao recálculo dos valores não pagos à União em decorrência da redução extraordinária de que trata o art. 3º com encargos de inadimplência até 31 de outubro de 2019."

"Art. 4º-C. Fica a União impedida, até 30 de junho de 2021, de aplicar as penalidades decorrentes do descumprimento da limitação de despesas do § 1º do art. 4º e de exigir a restituição prevista no § 2º do referido artigo."

"Art. 4º-D. Para os efeitos desta Lei Complementar, considera-se regulamento o ato do Presidente da República editado no uso da competência prevista no art. 84, inciso IV, da Constituição Federal."

"Art. 12-A. (VETADO)." (NR)

Art. 11. A Lei nº 12.348, de 15 de dezembro de 2010, passa a vigorar acrescida dos seguintes arts. 2º-A e 2º-B:

"Art. 2º-A. Fica a Secretaria do Tesouro Nacional do Ministério da Economia autorizada a dispensar da remessa da documentação que seria utilizada para o cálculo da receita líquida real de que trata o art. 5º da Lei nº 9.496, de 11 de setembro de 1997, os Estados e o Distrito Federal com dívidas refinanciadas com fundamento na referida Lei que não utilizem o limite de comprometimento previsto no art. 5º ou que não tenham acumulado valores nos termos do § 2º do art. 6º, todos da referida Lei.

Parágrafo único. A Secretaria do Tesouro Nacional do Ministério da Economia fica dispensada de calcular a receita líquida real para os casos referidos no *caput*."

"Art. 2º-B. Fica a Secretaria do Tesouro Nacional do Ministério da Economia autorizada a dispensar da remessa da documentação que seria utilizada para o cálculo da receita referida no art. 2º da Lei nº 8.727, de 5 de novembro de 1993, os Estados e o Distrito Federal com dívidas refinanciadas com fundamento na referida Lei que não utilizem o limite de comprometimento previsto em seu art. 2º ou que não tenham acumulado valores nos termos do mesmo artigo.

Parágrafo único. A Secretaria do Tesouro Nacional fica dispensada de calcular a receita para os casos referidos no *caput*."

Art. 12. O art. 8º da Medida Provisória nº 2.185-35, de 24 de agosto de 2001, passa a vigorar com a seguinte redação:

"Art. 8º (...)

§ 1º (...)

VII – as operações de crédito dos Municípios com dívida consolidada inferior à receita corrente líquida, ambas apuradas pelo último relatório de gestão fiscal do exercício anterior.

(...)"(NR)

CAPÍTULO III
DAS ALTERAÇÕES DO REGIME DE RECUPERAÇÃO FISCAL

Art. 13. A Lei Complementar nº 159, de 19 de maio de 2017, passa a vigorar com as seguintes alterações:

"Art. 1º (...)

§ 3º Para os efeitos desta Lei Complementar:

I – as referências aos Estados e ao Distrito Federal compreendem o Poder Executivo, o Poder Legislativo, o Poder Judiciário, os Tribunais de Contas, o Ministério Público e a Defensoria Pública e as respectivas administrações diretas, fundos, autarquias, fundações e empresas estatais dependentes;

II – as referências aos Estados compreendem também o Distrito Federal; e

III – observar-se-ão os conceitos e as definições da Lei Complementar nº 101, de 4 de maio de 2000, em particular o disposto em seus arts. 1º, 2º, 18 e 19." (NR)

"Art. 2º O Plano de Recuperação Fiscal será formado por leis ou atos normativos do Estado que desejar aderir ao Regime de Recuperação Fiscal, por diagnóstico em que se reconhece a situação de desequilíbrio financeiro, por metas e compromissos e pelo detalhamento das medidas de ajuste, com os impactos esperados e os prazos para a sua adoção.

§ 1º Das leis ou atos referidos no *caput* deverá decorrer, observados os termos do regulamento, a implementação das seguintes medidas:

I – a alienação total ou parcial de participação societária, com ou sem perda do controle, de empresas públicas ou sociedades de economia mista, ou a concessão de serviços e ativos, ou a liquidação ou extinção dessas empresas, para quitação de passivos com os recursos arrecadados, observado o disposto no art. 44 da Lei Complementar nº 101, de 4 de maio de 2000;

II – a adoção pelo Regime Próprio de Previdência Social, no que couber, das regras previdenciárias aplicáveis aos servidores públicos da União;

III – a redução de pelo menos 20% (vinte por cento) dos incentivos e benefícios fiscais ou financeiro-fiscais dos quais decorram renúncias de receitas, observado o § 3º deste artigo;

IV – a revisão dos regimes jurídicos de servidores da administração pública direta, autárquica e fundacional para reduzir benefícios ou vantagens não previstos no regime jurídico único dos servidores públicos da União;

V – a instituição de regras e mecanismos para limitar o crescimento anual das despesas primárias à variação do Índice Nacional de Preços ao Consumidor Amplo (IPCA);

VI – a realização de leilões de pagamento, nos quais será adotado o critério de julgamento por maior desconto, para fins de prioridade na quitação de obrigações inscritas em restos a pagar ou inadimplidas, e a autorização para o pagamento parcelado destas obrigações;

VII – a adoção de gestão financeira centralizada no âmbito do Poder Executivo do ente, cabendo a este estabelecer para a administração direta, indireta e fundacional e empresas estatais dependentes as condições para o recebimento e a movimentação dos recursos financeiros, inclusive a destinação dos saldos não utilizados quando do encerramento do exercício, observadas as restrições a essa centralização estabelecidas em regras e leis federais e em instrumentos contratuais preexistentes;

VIII – a instituição do regime de previdência complementar a que se referem os §§ 14, 15 e 16 do art. 40 da Constituição Federal.

§ 2º O atendimento do disposto no inciso I do § 1º não exige que as alienações, concessões, liquidações ou extinções abranjam todas as empresas públicas ou sociedades de economia mista do Estado.

§ 3º O disposto no inciso III do § 1º:

I – não se aplica aos incentivos e aos benefícios fiscais ou financeiro-fiscais de que trata o art. 178 da Lei nº 5.172, de 25 de outubro de 1966, nem aos instituídos na forma estabelecida pela alínea "g" do inciso XII do § 2º do art. 155 da Constituição Federal; e

II – será implementado nos 3 (três) primeiros anos do Regime de Recuperação Fiscal, à proporção de, no mínimo, 1/3 (um terço) ao ano.

§ 4º Não se incluem na base de cálculo e no limite de que trata o inciso V do § 1º:

I – as transferências constitucionais para os respectivos Municípios estabelecidas nos arts. 158 e 159, §§ 3º e 4º, e as destinações de que trata o art. 212-A, todos da Constituição Federal;

II – as despesas custeadas com as transferências de que trata o art. 166-A da Constituição Federal;

III – as despesas custeadas com doações e as transferências voluntárias definidas no art. 25 da Lei Complementar nº 101, de 4 de maio de 2000;

IV – as despesas em saúde e educação realizadas pelo ente em razão de eventual diferença positiva entre a variação anual das bases de cálculo das aplicações mínimas de que tratam o § 2º do art. 198 e o art. 212 da Constituição Federal e a variação do IPCA no mesmo período.

§ 5º O conjunto de dívidas a ser submetido aos leilões de pagamento de que trata o inciso VI do § 1º e a frequência dos leilões serão definidos no Plano de Recuperação Fiscal.

§ 6º O prazo de vigência do Regime de Recuperação Fiscal será de até 9 (nove) exercícios financeiros, observadas as hipóteses de encerramento do art. 12 e de extinção do art. 13, ambos desta Lei.

§ 7º O Ministério da Economia poderá autorizar a alteração, a pedido do Estado, das empresas públicas e das sociedades de economia mista e dos serviços e ativos de que trata o inciso I do § 1º, desde que assegurado ingresso de recursos equivalentes aos valores previstos na medida de ajuste original.

§ 8º Para fins de adesão ao Regime de Recuperação Fiscal, consideram-se implementadas as medidas referidas no § 1º caso o Estado demonstre, nos termos de regulamento, ser desnecessário editar legislação adicional para seu atendimento durante a vigência do Regime.

§ 9º Não se aplica o disposto no inciso VII aos fundos públicos previstos nas Constituições e Leis Orgânicas de cada ente federativo, inclusive no Ato das Disposições Constitucionais Transitórias, ou que tenham sido criados para operacionalizar vinculações de receitas estabelecidas nas Constituições e Leis Orgânicas de cada ente federativo." (NR)

"Art. 3º (...)

II – despesas:

a) correntes superiores a 95% (noventa e cinco por cento) da receita corrente líquida aferida no exercício financeiro anterior ao do pedido de adesão ao Regime de Recuperação Fiscal; ou

b) com pessoal, de acordo com os arts. 18 e 19 da Lei Complementar nº 101, de 4 de maio de 2000, que representem, no mínimo, 60% (sessenta por cento) da receita corrente líquida aferida no exercício financeiro anterior ao do pedido de adesão ao Regime de Recuperação Fiscal; e

(...)

§ 2º Excepcionalmente, o Estado que não atender ao requisito do inciso I deste artigo poderá aderir ao Regime de Recuperação Fiscal sem as prerrogativas do art. 9º.

§ 3º Na verificação do atendimento dos requisitos do *caput* para Estados com Regime de Recuperação Fiscal vigente em 31 de agosto de 2020 que pedirem nova adesão, serão computadas as obrigações suspensas em função daquele Regime.

§ 4º O Estado que aderir ao Regime de Recuperação Fiscal deverá observar as normas de contabilidade editadas pelo órgão central de contabilidade da União." (NR)

"Art. 4º O Estado protocolará o pedido de adesão ao Regime de Recuperação Fiscal no Ministério da Economia, que conterá, no mínimo:

I – a demonstração de que os requisitos previstos no art. 3º tenham sido atendidos;

II – a demonstração das medidas que o Estado considera implementadas, nos termos do art. 2º;

III – a relação de dívidas às quais se pretende aplicar o disposto no inciso II do art. 9º, se cabível; e

IV – a indicação de membro titular e membro suplente para compor o Conselho de Supervisão do Regime de Recuperação Fiscal.

§ 1º Protocolado o pedido referido no *caput*, o Ministério da Economia verificará em até 20 (vinte) dias o cumprimento dos requisitos do art. 3º e publicará o resultado em até 10 (dez) dias.

§ 2º (Revogado).

§ 3º (Revogado).

§ 4º (Revogado).

§ 5º (Revogado)." (NR)

"Art. 4º-A. Deferido o pedido de adesão ao Regime de Recuperação Fiscal:

I – o Estado, conforme regulamento do Poder Executivo Federal:

a) elaborará, com a supervisão do Ministério da Economia, o Plano de Recuperação Fiscal;

b) apresentará as proposições encaminhadas à Assembleia Legislativa e os atos normativos para atendimento do disposto no art. 2º desta Lei Complementar; e

c) cumprirá o disposto nos arts. 7º-D e 8º e fará jus às prerrogativas previstas no art. 10 e art. 10-A;

II – o Ministério da Economia:

a) aplicará o disposto no *caput* do art. 9º por até 12 (doze) meses, desde que assinado o contrato de refinanciamento de que trata o art. 9º-A;

b) criará o Conselho de Supervisão do Regime de Recuperação Fiscal e em até 30 (trinta) dias investirá seus membros; e

III – o Tribunal de Contas da União indicará, em até 15 (quinze) dias, membro titular e membro suplente para compor o Conselho de Supervisão do Regime de Recuperação Fiscal.

§ 1º O Poder Executivo estadual solicitará aos demais Poderes e órgãos autônomos as informações necessárias para a elaboração do Plano de Recuperação Fiscal segundo os prazos definidos pela Secretaria do Tesouro Nacional.

§ 2º Se o Poder ou órgão autônomo não encaminhar as informações solicitadas na forma do § 1º no prazo, ou se as encaminhar sem observar as condições estabelecidas nesta Lei Complementar, inclusive as relativas ao disposto no inciso IV do § 1º do art. 2º, o Poder Executivo estadual poderá suprir a ausência de informações, vedada a inclusão no Plano de Recuperação Fiscal de ressalvas previstas no art. 8º para aquele Poder ou órgão.

§ 3º Concluída a elaboração, o Chefe do Poder Executivo do Estado:

I – dará ciência aos demais Chefes dos Poderes e órgãos autônomos do Plano de Recuperação Fiscal;

II – protocolará o Plano no Ministério da Economia e entregará a comprovação de atendimento do disposto no art. 2º, nos termos do regulamento; e

III – publicará o Plano de Recuperação Fiscal no Diário Oficial e nos sítios eletrônicos oficiais do Estado.

§ 4º O Conselho de Supervisão do Regime de Recuperação Fiscal terá amplo acesso ao processo de elaboração do Plano de Recuperação Fiscal."

"Art. 5º Após manifestação favorável do Ministro de Estado da Economia, ato do Presidente da República homologará o Plano e estabelecerá a vigência do Regime de Recuperação Fiscal.

§ 1º A manifestação de que trata o *caput* será acompanhada de pareceres:

I – da Secretaria do Tesouro Nacional, a respeito do reequilíbrio das contas estaduais durante a vigência do Regime;

II – da Procuradoria-Geral da Fazenda Nacional, sobre a adequação das leis apresentadas pelo Estado em atendimento ao disposto no art. 2º; e

III – do Conselho de Supervisão do Regime de Recuperação Fiscal, no tocante ao art. 7º-B.

§ 2º As alterações do Plano de Recuperação Fiscal serão homologadas pelo Ministro de Estado da Economia, mediante parecer prévio do Conselho de Supervisão de que trata o art. 6º, podendo a referida competência do Ministro ser delegada, nos termos do regulamento.

§ 3º O Ministério da Economia e o Poder Executivo do Estado publicarão o Plano de Recuperação Fiscal, e suas alterações, respectivamente, no Diário Oficial da União e no Diário Oficial do Estado, e em seus sítios eletrônicos." (NR)

"Art. 6º (...)

§ 1º O Conselho de Supervisão a que se refere o *caput* deste artigo terá seus membros indicados em até 15 (quinze) dias da data do deferimento do pedido de adesão de que trata o *caput* do art. 4º-A e terá a seguinte composição:

(...)

§ 4º Os membros titulares do Conselho de Supervisão serão investidos no prazo de 30 (trinta) dias após a indicação em cargo em comissão do Grupo-Direção e Assessoramento Superiores (DAS) de nível 6, em regime de dedicação exclusiva.

(...)" (NR)

"Art. 7º (...)

I – apresentar e dar publicidade a relatório bimestral de monitoramento, com classificação de desempenho, do Regime de Recuperação Fiscal do Estado.

II – recomendar ao Estado e ao Ministério da Economia providências, alterações e atualizações financeiras no Plano de Recuperação;

(...)

IV – convocar audiências com especialistas e com interessados, sendo-lhe facultado requisitar informações de órgãos públicos, as quais deverão ser prestadas no prazo de 30 (trinta) dias;

(...)

VII – recomendar ao Estado:

a) a suspensão cautelar de execução de contrato ou de obrigação do Estado quando estiverem em desconformidade com o Plano de Recuperação Fiscal;

b) a adoção de providências para o fiel cumprimento do disposto nesta Lei Complementar;

VIII – avaliar, periodicamente ou extraordinariamente, as propostas de alteração do Plano de Recuperação Fiscal;

(...)

XI – analisar e aprovar previamente a compensação prevista no inciso I do § 2º do art. 8º;

XII – avaliar a inadimplência com as obrigações do *caput* do art. 7º-B desta Lei Complementar; e

XIII – acompanhar a elaboração do Plano de Recuperação Fiscal e suas alterações e atualizações, bem como sobre elas emitir parecer.

(...)" (NR)

"Art. 7º-A. As atribuições do Conselho de Supervisão do Regime de Recuperação Fiscal previstas no art. 7º serão exercidas com o auxílio técnico da Secretaria do Tesouro Nacional quando relacionadas com o acompanhamento do cumprimento das metas e dos compromissos fiscais estipulados no Plano, com a avaliação da situação financeira estadual ou com a apreciação das propostas de atualização das projeções financeiras e dos impactos fiscais das medidas de ajuste do Plano de Recuperação Fiscal."

"Art. 7º-B. Configura inadimplência com as obrigações do Plano:

I – o não envio das informações solicitadas pelo Conselho de Supervisão e pela Secretaria do Tesouro Nacional, no exercício de suas atribuições, nos prazos estabelecidos;

II – a não implementação das medidas de ajuste nos prazos e formas previstos no Plano em vigor;

III – o não cumprimento das metas e dos compromissos fiscais estipulados no Plano em vigor; e

IV – a não observância do art. 8º, inclusive a aprovação de leis locais em desacordo com o referido artigo.

§ 1º É assegurado ao ente federativo o direito ao contraditório e à ampla defesa no processo de verificação de descumprimento das obrigações estabelecidas no *caput* deste artigo.

§ 2º As avaliações que concluam pela inadimplência das obrigações dos incisos II a IV do *caput* deste artigo poderão ser revistas pelo Ministro de Estado da Economia, mediante justificativa fundamentada do Estado e parecer prévio da Procuradoria-Geral da Fazenda Nacional, até o final do exercício em que for verificada a inadimplência.

§ 3º O regulamento disciplinará as condições excepcionais em que o Ministro de Estado da Economia poderá empregar o disposto no § 2º deste artigo, tendo em conta a classificação de desempenho referida no inciso I do art. 7º.

§ 4º Não configurará descumprimento das obrigações dos incisos III ou IV do *caput* deste artigo, se o Conselho de Supervisão concluir que, nos termos do regulamento:

I – (VETADO); ou

II – foram revogados leis ou atos vedados no art. 8º, ou foi suspensa a sua eficácia, no caso das inadimplências previstas no inciso IV.

§ 5º O não cumprimento do inciso I do *caput* deste artigo implicará inadimplência do ente até a entrega das informações pendentes."

"Art. 7º-C. Enquanto perdurar a inadimplência com as obrigações previstas no art. 7º-B, fica vedada a:

I – contratação de operações de crédito;

II – inclusão, no Plano, de ressalvas às vedações do art. 8º, nos termos do inciso II do § 2º do referido artigo.

§ 1º Adicionalmente ao disposto no *caput*, os percentuais previstos nos §§ 1º e 2º do art. 9º elevar-se-ão permanentemente:

I – em 5 (cinco) pontos percentuais, ao fim de cada exercício em que for verificada a inadimplência do Estado com as obrigações previstas no inciso II do art. 7º-B;

II – em 10 (dez) pontos percentuais, ao fim de cada exercício em que for verificada a inadimplência do Estado com as obrigações previstas no inciso III do art. 7º-B; e

III – em 20 (vinte) pontos percentuais, ao fim de cada exercício em que for verificada a inadimplência do Estado com as obrigações previstas no inciso IV do art. 7º-B.

§ 2º Os percentuais de que trata o § 1º são adicionais em relação aos referidos nos §§ 1º e 2º do art. 9º, observado o limite máximo total de 30 (trinta) pontos percentuais adicionais para cada exercício.

§ 3º Em caso de inadimplência com as obrigações do art. 7º-B, o Poder ou órgão autônomo será multado pelo Conselho de Supervisão do Regime de Recuperação Fiscal e o valor correspondente será utilizado para amortização extraordinária do saldo devedor do Estado relativo ao contrato de que trata o art. 9º-A."

"Art. 7º-D. Durante a vigência do Regime de Recuperação Fiscal, os titulares de Poderes e órgãos autônomos, das Secretarias de Estado e das entidades da administração indireta deverão encaminhar ao Conselho de Supervisão do Regime de Recuperação Fiscal relatórios mensais contendo, no mínimo, informações sobre:

I – as vantagens, aumentos, reajustes ou adequações remuneratórias concedidas;

II – os cargos, empregos ou funções criados;

III – os concursos públicos realizados;

IV – os servidores nomeados para cargos de provimento efetivo e vitalícios;

V – as revisões contratuais realizadas;

VI – as despesas obrigatórias e as despesas de caráter continuado criadas;

VII – os auxílios, vantagens, bônus, abonos, verbas de representação ou benefícios de qualquer natureza criados ou majorados;

VIII – os incentivos de natureza tributária concedidos, renovados ou ampliados;

IX – as alterações de alíquotas ou bases de cálculo de tributos;

X – os convênios, acordos, ajustes ou outros tipos de instrumentos que envolvam a transferência de recursos para outros entes federativos ou para organizações da sociedade civil; e

XI – as operações de crédito contratadas.

Parágrafo único. O Conselho de Supervisão do Regime de Recuperação Fiscal disciplinará o disposto neste artigo, podendo exigir informações periódicas adicionais e dispensar o envio de parte ou da totalidade das informações previstas no *caput*."

"Art. 8º (...)

IV – a admissão ou a contratação de pessoal, a qualquer título, ressalvadas as reposições de:

a) cargos de chefia e de direção e assessoramento que não acarretem aumento de despesa;

b) contratação temporária; e

c) (VETADO);

V – a realização de concurso público, ressalvada a hipótese de reposição prevista na alínea 'c' do inciso IV;

VI – a criação, majoração, reajuste ou adequação de auxílios, vantagens, bônus, abonos, verbas de representação ou benefícios remuneratórios de qualquer natureza, inclusive indenizatória, em favor de membros dos Poderes, do Ministério Público ou da Defensoria Pública, de servidores e empregados públicos e de militares;

(...)

VIII – a adoção de medida que implique reajuste de despesa obrigatória;

IX – a concessão, a prorrogação, a renovação ou a ampliação de incentivo ou benefício de natureza tributária da qual decorra renúncia de receita, ressalvados os concedidos nos termos da alínea "g" do inciso XII do § 2º do art. 155 da Constituição Federal;

X – o empenho ou a contratação de despesas com publicidade e propaganda, exceto para as áreas de saúde, segurança, educação e outras de demonstrada utilidade pública;

(...)

XIII – a alteração de alíquotas ou bases de cálculo de tributos que implique redução da arrecadação;

XIV – a criação ou majoração de vinculação de receitas públicas de qualquer natureza;

XV – a propositura de ação judicial para discutir a dívida ou o contrato citados nos incisos I e II do art. 9º;

XVI – a vinculação de receitas de impostos em áreas diversas das previstas na Constituição Federal.

§ 1º (...)

§ 2º As vedações previstas neste artigo, desde que expressamente previsto no Plano, poderão ser, a partir do quarto exercício de vigência do Regime:

I – objeto de compensação; ou

II – excepcionalmente ressalvadas.

§ 3º A compensação prevista no inciso I do § 2º deste artigo, previamente aprovada pelo Conselho de Supervisão do Regime de Recuperação Fiscal, se dará por ações:

I – com impactos financeiros iguais ou superiores ao da vedação descumprida; e

II – adotadas no mesmo Poder ou no Tribunal de Contas, no Ministério Público e na Defensoria Pública.

§ 4º É vedada a compensação de aumento de despesa primária obrigatória de caráter continuado com receitas não recorrentes ou extraordinárias.

§ 5º Considera-se aumento de despesa a prorrogação daquela criada por prazo determinado.

§ 6º Ressalva-se do disposto neste artigo a violação com impacto financeiro considerado irrelevante, nos termos em que dispuser o Plano de Recuperação Fiscal.

§ 7º Ato do Ministro de Estado da Economia disciplinará a aplicação do disposto nos §§ 2º e 3º." (NR)

"Art. 9º Durante a vigência do Regime de Recuperação Fiscal, desde que assinado o contrato previsto no art. 9º-A, a União:

I – concederá redução extraordinária das prestações relativas aos contratos de dívidas administrados pela Secretaria do Tesouro Nacional do Ministério da Economia contratados em data anterior ao protocolo do pedido de adesão ao Regime de Recuperação Fiscal de que trata o art. 4º;

II – poderá pagar em nome do Estado, na data de seu vencimento, as prestações de operações de crédito com o sistema financeiro e instituições multilaterais, garantidas pela União, contempladas no pedido de adesão ao Regime de Recuperação Fiscal e contratadas em data anterior ao protocolo do referido pedido, sem executar as contragarantias correspondentes.

§ 1º O benefício previsto no inciso I será aplicado regressivamente no tempo, de tal forma que a relação entre os pagamentos do serviço das dívidas estaduais e os valores originalmente devidos das prestações dessas mesmas dívidas será zero no primeiro exercício e aumentará pelo menos 11,11 (onze inteiros e onze centésimos) pontos percentuais a cada exercício financeiro.

§ 2º O benefício previsto no inciso II será aplicado regressivamente no tempo, de tal forma que a União pagará integralmente as parcelas devidas durante a vigência do Regime, mas a relação entre os valores recuperados por ela dos Estados e os valores originalmente devidos das prestações daquelas dívidas será zero no primeiro exercício e aumentará pelo menos 11,11 (onze inteiros e onze centésimos) pontos percentuais a cada exercício financeiro.

§ 3º Para fins do disposto nos §§ 1º e 2º, entende-se como valores originalmente devidos aqueles apurados de acordo com as condições financeiras previstas nos contratos referidos nos incisos I e II do *caput*.

§ 4º O disposto nos §§ 1º e 2º do art. 7º-C será aplicado a partir do exercício financeiro subsequente ao da verificação de descumprimento das obrigações estabelecidas nos incisos II a IV do art. 7º-B.

§ 5º Ato do Ministro de Estado da Economia poderá estabelecer a metodologia de cálculo e demais detalhamentos necessários à aplicação do disposto neste artigo.

(...)

§ 10. Não se aplica o disposto neste artigo às operações de crédito contratadas ao amparo do art. 11." (NR)

"Art. 9º-A. É a União autorizada a celebrar com o Estado cujo pedido de adesão ao Regime de Recuperação Fiscal tenha sido aprovado, nos termos do art. 4º, contrato de refinanciamento dos valores não pagos em decorrência da aplicação do art. 9º e do disposto na alínea "a" do inciso II do art. 4º-A.

§ 1º O contrato de refinanciamento do Regime de Recuperação Fiscal previsto no *caput* deverá:

I – estabelecer como:

a) encargos de normalidade: os juros e a atualização monetária nas condições do art. 2º da Lei Complementar nº 148, de 25 de novembro de 2014, e sua regulamentação; e

b) encargos moratórios: os previstos no § 11 do art. 3º da Lei nº 9.496, de 11 de setembro de 1997;

II – prever que o Estado vinculará em garantia à União as receitas de que trata o art. 155 e os recursos de que tratam o art. 157 e a alínea "a" do inciso I e o inciso II do *caput* do art. 159, todos da Constituição Federal;

III – definir prazo no qual deverá ser apresentada comprovação do pedido de desistência pelo Estado das ações judiciais que discutam dívidas ou contratos de refinanciamento de dívidas pela União administrados pela Secretaria do Tesouro Nacional ou a execução de garantias e contragarantias pela União em face do respectivo ente federado.

§ 2º O refinanciamento de que trata o *caput* será pago em parcelas mensais e sucessivas apuradas pela Tabela Price, nas seguintes condições:

I – com o primeiro vencimento ocorrendo no primeiro dia do segundo mês subsequente ao da homologação do Regime e prazo de pagamento de 360 (trezentos e sessenta) meses, se o Regime tiver sido homologado; ou

II – com o primeiro vencimento ocorrendo na data prevista no contrato e prazo de pagamento de 24 (vinte e quatro) meses, em caso de não homologação do Regime no prazo previsto no contrato.

§ 3º Os valores não pagos em decorrência da aplicação do previsto na alínea "a" do inciso II do art. 4º-A e do art. 9º serão incorporados ao saldo devedor do contrato nas datas em que as obrigações originais vencerem ou forem pagas pela União.

§ 4º Em caso de não homologação do Regime no prazo previsto no contrato:

I – os valores não pagos em decorrência da aplicação do previsto na alínea "a" do inciso II do art. 4º-A serão capitalizados de acordo com os encargos moratórios previstos na alínea "b" do inciso I do § 1º deste artigo; e

II – a diferença entre o resultado da aplicação do inciso I deste parágrafo e do disposto no § 3º será incorporada ao saldo devedor do contrato de refinanciamento.

§ 5º Ato do Ministro de Estado da Economia estabelecerá a metodologia de cálculo e demais detalhamentos necessários à aplicação do disposto neste artigo."

"Art. 10. (...)

I – art. 23;

(...)" (NR)

"Art. 10-A. Nos 3 (três) primeiros exercícios de vigência do Regime de Recuperação Fiscal, ficam dispensados todos os requisitos legais exigidos para a contratação com a União e a verificação dos requisitos exigidos pela Lei Complementar nº 101, de 4 de maio de 2000, para a realização de operações de crédito e equiparadas e para a assinatura de termos aditivos aos contratos de refinanciamento."

"Art. 10-B. Durante a vigência do Regime de Recuperação Fiscal, o disposto no art. 4º da Lei Complementar nº 160, de 7 de agosto de 2017, não será aplicável aos incentivos e benefícios fiscais ou financeiro-fiscais concedidos com base nos §§ 7º e 8º do art. 3º da referida Lei Complementar."

"Art. 11. (...)

III – financiamento dos leilões de que trata o inciso VI do § 1º do art. 2º;

IV – reestruturação de dívidas ou pagamento de passivos, observado o disposto no inciso X do art. 167 da Constituição Federal;

V – modernização da administração fazendária e, no âmbito de programa proposto pelo Poder Executivo federal, da gestão fiscal, financeira e patrimonial;

VI – antecipação de receita da alienação total da participação societária em empresas públicas ou sociedades de economia mista de que trata o inciso I do § 1º do art. 2º.

(...)

§ 4º (VETADO).

(...)

§ 8º É requisito para a realização de operação de crédito estar adimplente com o Plano de Recuperação Fiscal.

§ 9º Na hipótese de alienação total da participação societária em empresas públicas e sociedades de economia mista, nos termos do inciso I do § 1º do art. 2º, o limite de que trata o § 5º deste artigo será duplicado." (NR)

"Art. 12. O Regime de Recuperação Fiscal será encerrado, nos termos de regulamento, quando:

I – as condições estabelecidas no Plano de Recuperação Fiscal forem satisfeitas;

II – a vigência do Plano de Recuperação Fiscal terminar; ou

III – a pedido do Estado.

§ 1º O pedido de encerramento do Regime de Recuperação Fiscal dependerá de autorização em lei estadual e deverá ser encaminhado pelo Governador do Estado ao Ministério da Economia.

§ 2º Na hipótese do inciso III do *caput*, o Estado deverá definir a data para o encerramento da vigência do Regime.

§ 3º Após o recebimento do pedido de encerramento do Regime de Recuperação Fiscal, o Ministro de Estado da Economia o submeterá em até 30 (trinta) dias ao Presidente da República, que publicará ato formalizando o encerramento da vigência do Regime." (NR)

"Art. 13. O Regime de Recuperação Fiscal será extinto, nos termos de regulamento:

I – quando o Estado for considerado inadimplente por 2 (dois) exercícios; ou

II – em caso de propositura, pelo Estado, de ação judicial para discutir a dívida ou os contratos citados nos incisos I e II do art. 9º.

Parágrafo único. No caso de extinção do Regime, nos termos do *caput*, fica vedada a concessão de garantias pela União ao Estado por 5 (cinco) anos, ressalvada a hipótese do art. 65 da Lei Complementar nº 101, de 4 de maio de 2000." (NR)

"Art. 17-A. As infrações dos dispositivos desta Lei Complementar serão punidas segundo o Decreto-Lei nº 2.848, de 7 de dezembro de 1940 (Código Penal), a Lei nº 1.079, de 10 de abril de 1950, o Decreto-Lei nº 201, de 27 de fevereiro de 1967, a Lei nº 8.429, de 2 de junho de 1992, e demais normas da legislação pertinente."

"Art. 17-B. (VETADO)."

"Art. 17-C. Para os efeitos desta Lei Complementar, considera-se regulamento o ato do Presidente da República editado no uso da competência prevista no art. 84, inciso IV, da Constituição Federal."

Art. 14. O art. 2º da Lei Complementar nº 173, de 27 de maio de 2020, passa a vigorar acrescido do seguinte § 7º:

"Art. 2º (...)

§ 7º Os termos aditivos necessários à implementação do disposto neste artigo poderão ser celebrados até 31 de dezembro de 2021." (NR)

CAPÍTULO IV
DAS MEDIDAS DE REFORÇO À RESPONSABILIDADE FISCAL

Art. 15. O Poder ou órgão cuja despesa total com pessoal ao término do exercício financeiro da publicação desta Lei Complementar estiver acima de seu respectivo limite estabelecido no art. 20 da

Lei Complementar nº 101, de 4 de maio de 2000, deverá eliminar o excesso à razão de, pelo menos, 10% (dez por cento) a cada exercício a partir de 2023, por meio da adoção, entre outras, das medidas previstas nos arts. 22 e 23 daquela Lei Complementar, de forma a se enquadrar no respectivo limite até o término do exercício de 2032.

§ 1º A inobservância do disposto no *caput* no prazo fixado sujeita o ente às restrições previstas no § 3º do art. 23 da Lei Complementar nº 101, de 4 de maio de 2000.

§ 2º A comprovação acerca do cumprimento da regra de eliminação do excesso de despesas com pessoal prevista no *caput* deverá ser feita no último quadrimestre de cada exercício, observado o art. 18 da Lei Complementar nº 101, de 4 de maio de 2000.

§ 3º Ficam suspensas as contagens de prazo e as disposições do art. 23 da Lei Complementar nº 101, de 4 de maio de 2000, no exercício financeiro de publicação desta Lei Complementar.

§ 4º Até o encerramento do prazo a que se refere o *caput*, será considerado cumprido o disposto no art. 23 da Lei Complementar nº 101, de 4 de maio de 2000, pelo Poder ou órgão referido no art. 20 daquela Lei Complementar que atender ao estabelecido neste artigo.

Art. 16. A Lei Complementar nº 101, de 4 de maio de 2000, passa a vigorar com as seguintes alterações:

› Alteração incorporada no texto da referida LC.

CAPÍTULO V
DISPOSIÇÕES FINAIS E TRANSITÓRIAS

Art. 17. É a União autorizada a:

I – firmar Programas de Acompanhamento e Transparência Fiscal e Planos de Promoção do Equilíbrio Fiscal com os Estados, o Distrito Federal e os Municípios;

II – formalizar termos aditivos aos contratos de refinanciamento de dívidas celebrados com os Estados e o Distrito Federal com base na Lei nº 9.496, de 11 de setembro de 1997, e aos contratos de financiamento ou refinanciamento previstos na Medida Provisória nº 2.192-70, de 24 de agosto de 2001, para a sua conversão em Programas de Acompanhamento e Transparência Fiscal;

III – conceder garantias às operações de crédito autorizadas no âmbito do Plano de Promoção do Equilíbrio Fiscal de que trata o art. 3º;

IV – converter os Programas de Acompanhamento Fiscal vigentes nos termos da Lei Complementar nº 148, de 25 de novembro de 2014, em Programas de Acompanhamento e Transparência Fiscal;

V – dispensar, durante a vigência dos contratos de financiamento ou refinanciamento previstos na Medida Provisória nº 2.192-70, de 24 de agosto de 2001, a aplicação do disposto no § 2º do seu art. 5º;

VI – parcelar, em até 120 (cento e vinte) meses, mediante instrumento próprio, com aplicação dos encargos financeiros previstos no art. 2º da Lei Complementar nº 148, de 25 de novembro de 2014, e prestações calculadas com base na Tabela Price, os saldos devedores vencidos acumulados em decorrência de decisões judiciais relativas às dívidas de Estados e Municípios refinanciadas ao amparo da Lei nº 8.727, de 5 de novembro de 1993, para as quais não foram mantidos os prazos, os encargos financeiros e as demais condições pactuadas nos contratos originais; e

VII – incorporar aos saldos devedores de contratos firmados originalmente ao amparo da Lei nº 9.496, de 11 de setembro de 1997, ou da Medida Provisória nº 2.192-70, de 24 de agosto de 2001, mediante aditamento contratual, os saldos devedores vencidos de operações de crédito rural alongadas nos termos da Lei nº 9.138, de 29 de novembro de 1995, que constituam, até a data de publicação desta Lei Complementar, obrigação de Estado da federação junto à Secretaria do Tesouro Nacional do Ministério da Economia.

§ 1º A conversão de que trata o inciso II do *caput*:

I – obrigará o Estado ou o Distrito Federal a cumprir as normas relativas ao Programa de Acompanhamento e Transparência Fiscal e o desobrigará de cumprir as normas relativas ao Programa de Reestruturação e de Ajuste Fiscal de que trata o art. 2º da Lei nº 9.496, de 11 de setembro de 1997;

II – autorizará, sem prejuízo das demais penalidades, a cobrança, durante 6 (seis) meses, de amortização extraordinária exigida com a prestação devida, de valor correspondente a 0,2% (dois décimos por cento) da receita corrente líquida definida no inciso IV do art. 2º da Lei Complementar nº 101, de 4 de maio de 2000, correspondente ao exercício imediatamente anterior ao de aplicação das penalidades, na hipótese de não revisão e atualização do Programa de Acompanhamento e Transparência Fiscal.

§ 2º Os saldos devedores a que se refere o inciso VI do *caput* serão apurados com os encargos financeiros de adimplência previstos nos contratos celebrados ao amparo da Lei nº 8.727, de 5 de novembro de 1993, e seu parcelamento deverá ser formalizado por instrumento contratual, mediante o oferecimento em garantia à União das receitas próprias e dos recursos de que tratam os arts. 156, 158 e 159, inciso I, alínea "b", e § 3º, todos da Constituição Federal.

§ 3º Em caso de inadimplemento do parcelamento de que trata o inciso VI do *caput*, serão aplicados os encargos previstos no § 11 do art. 3º da Lei nº 9.496, de 11 de setembro de 1997.

§ 4º A eficácia do instrumento contratual a ser celebrado em decorrência da autorização prevista no inciso VI do *caput* deste artigo estará condicionada à apresentação, pelo ente devedor, em até 180 (cento e oitenta) dias contados da data da assinatura, do protocolo do pedido de desistência perante os juízos das respectivas ações judiciais.

§ 5º O prazo para assinatura do instrumento contratual a que se refere o inciso VI do *caput* é de 360 (trezentos e sessenta) dias, contados da data de publicação desta Lei Complementar.

Art. 18. Compete à Secretaria do Tesouro Nacional do Ministério da Economia a realização de análises periódicas da situação fiscal de Estados, Distrito Federal e Municípios, com prioridade para os entes que forem signatários de Programas de Reestruturação e Ajuste Fiscal e de Acompanhamento e Transparência Fiscal e de Planos de Promoção do Equilíbrio Fiscal e de Recuperação Fiscal, sem prejuízo da competência dos Tribunais de Contas.

§ 1º As análises previstas no *caput* subsidiarão a avaliação quanto ao cumprimento de metas e compromissos dos entes signatários dos Programas e Planos referidos no *caput*.

§ 2º Poderão ser objeto de pedido de revisão ao Ministro de Estado da Economia as avaliações que concluam pelo descumprimento:

I – de metas dos Programas de Reestruturação e de Ajuste Fiscal, conforme o art. 26 da Medida Provisória nº 2.192-70, de 24 de agosto de 2001;

II – de metas e compromissos dos Planos de Promoção do Equilíbrio Fiscal; e

III – de metas e compromissos do Programa de Acompanhamento e Transparência Fiscal.

§ 3º A revisão de que trata o § 2º dependerá de justificativa fundamentada do Ministro de Estado da Economia.

§ 4º O pedido de que trata o § 2º será considerado indeferido após 60 (sessenta) dias caso não haja manifestação por parte do Ministro de Estado da Economia.

§ 5º Regulamento disciplinará o processo de análise fiscal periódica dos entes subnacionais e o processo de avaliação quanto ao cumprimento de metas e compromissos dos Programas de Reestruturação e Ajuste Fiscal e de Acompanhamento e Transparência Fiscal e dos Planos de Promoção do Equilíbrio Fiscal e de Recuperação Fiscal.

Art. 19. Para os efeitos desta Lei Complementar, considera-se regulamento o ato do Presidente da República editado no uso da competência prevista no art. 84, inciso IV, da Constituição Federal.

Art. 20. É a Secretaria do Tesouro Nacional do Ministério da Economia autorizada a dispensar os entes que não atenderem a quaisquer dos requisitos do *caput* do art. 3º da Lei Complementar nº 159, de 19 de maio de 2017, da fixação das metas ou dos compromissos firmados no âmbito da Lei nº 9.496, de 11 de setembro de 1997, e da Medida Provisória nº 2.192-70, de 24 de agosto de 2001.

Art. 21. O Estado com Regime de Recuperação Fiscal vigente em 31 de agosto de 2020 poderá pedir nova adesão ao Regime, nos termos da Lei Complementar nº 159, de 19 de maio de 2017, e suas alterações, se o pedido for protocolado até o último dia útil do quarto mês subsequente ao da publicação desta Lei Complementar.

§ 1º Os valores referentes a obrigações vencidas até a data da primeira adesão do Estado ao Regime de Recuperação Fiscal e não pagas por força de decisão judicial serão incorporados à conta gráfica naquela data, constituindo seu saldo inicial, com:

I – incidência dos encargos contratuais de normalidade sobre cada valor inadimplido, desde a data de sua exigibilidade até a data de homologação do novo Regime de Recuperação Fiscal, no caso de obrigações decorrentes da redução extraordinária integral das prestações relativas aos contratos de dívidas administrados pela Secretaria do Tesouro Nacional do Ministério da Economia concedida em razão da primeira adesão ao Regime de Recuperação Fiscal;

II – incidência da taxa referencial do Sistema Especial de Liquidação e de Custódia (Selic) para os títulos federais sobre cada valor inadimplido, desde a data de sua exigibilidade até a data de homologação do novo Regime de Recuperação Fiscal, no caso de obrigações inadimplidas referentes a operações de crédito com o sistema financeiro e instituições multilaterais contratadas em data anterior à homologação do pedido da primeira adesão ao Regime de Recuperação Fiscal e cujas contragarantias não tenham sido executadas pela União.

§ 2º Os valores não pagos das dívidas relativas às obrigações decorrentes da redução extraordinária integral das prestações relativas aos contratos de dívidas administrados pela Secretaria do Tesouro Nacional do Ministério da Economia concedida em razão da primeira adesão ao Regime de Recuperação Fiscal e às obrigações inadimplidas referentes a operações de crédito com o sistema financeiro e instituições multilaterais contratadas em data anterior à homologação do pedido da primeira adesão ao Regime de Recuperação Fiscal e cujas contragarantias não tenham sido executadas pela União, bem como o saldo da conta gráfica apurado na forma do § 1º, serão capitalizados nas condições do art. 2º da Lei Complementar nº 148, de 25 de novembro de 2014, e sua regulamentação, e incorporados ao saldo do contrato de que trata o art. 9º-A da Lei Complementar nº 159, de 19 de maio de 2017.

§ 3º As possibilidades de incorporação mencionadas nos §§ 1º e 2º deste artigo aplicam-se também às inadimplências relativas a operações garantidas pela União de natureza distinta daquela de que trata o inciso II do referido § 1º, cuja recuperação dos valores honrados pela União tenha sido suspensa por força de decisões judiciais proferidas no âmbito de ações ajuizadas até 30 de outubro de 2019.

§ 4º Protocolado o pedido referido no *caput* deste artigo, o Ministério da Economia publicará em até 10 (dez) dias o resultado do pedido de adesão do Estado.

§ 5º O deferimento do pedido de nova adesão de que trata o *caput* implica encerramento do Regime de Recuperação Fiscal vigente.

Art. 22. É a União autorizada a contratar diretamente o Banco do Brasil S.A. para, na qualidade de seu agente financeiro, administrar os créditos decorrentes de operações firmadas ao amparo da Lei Complementar nº 159, de 19 de maio de 2017, e desta Lei Complementar, com poderes para representá-la em eventuais instrumentos contratuais concernentes a tais créditos, aplicando-se, para fins de remuneração do contratado, o disposto no art. 9º da Lei nº 9.496, de 11 de setembro de 1997.

Art. 23. É a União autorizada a celebrar com os Estados, em até 90 (noventa) dias da publicação desta Lei Complementar ou da homologação da adesão ao Regime de Recuperação Fiscal, o que ocorrer por último, contratos específicos com as mesmas condições financeiras do contrato previsto no art. 9º-A da Lei Complementar nº 159, de 19 de maio de 2017, com prazo de 360 (trezentos e sessenta meses), para refinanciar os valores inadimplidos em decorrência de decisões judiciais proferidas em ações ajuizadas até 31 de dezembro de 2019 que lhes tenham antecipado os seguintes benefícios da referida Lei Complementar:

I – redução extraordinária integral das prestações relativas aos contratos de dívidas administrados pela Secretaria do Tesouro Nacional do Ministério da Economia; e

II – suspensão de pagamentos de operações de crédito com o sistema financeiro e instituições multilaterais cujas contragarantias não tenham sido executadas pela União.

§ 1º Os valores de que tratam os incisos I e II do *caput* serão incorporados ao saldo devedor do contrato de refinanciamento, considerando:

I – os encargos de adimplência pertinentes a cada contrato original, no caso dos relativos ao inciso I; e

II – a taxa referencial do Sistema Especial de Liquidação e de Custódia (Selic) para os títulos federais, no caso dos relativos ao inciso II.

§ 2º Os saldos devedores dos refinanciamentos de que trata este artigo serão consolidados nos saldos dos refinanciamentos previstos no art. 9º-A da Lei Complementar nº 159, de 19 de maio de 2017, caso o Estado adira ao Regime de Recuperação Fiscal utilizando as prerrogativas do art. 9º da referida Lei Complementar.

§ 3º O disposto no § 1º aplica-se também às parcelas de que tratam os arts. 3º e 5º da Lei Complementar nº 156, de 28 de dezembro de 2016, pendentes de pagamento.

§ 4º O prazo em que os pagamentos dos contratos de dívidas referidas no *caput* tiverem sido suspensos em decorrência de decisão judicial não será computado para fins das prerrogativas definidas nos incisos I e II do art. 9º da Lei Complementar nº 159, de 19 de maio de 2017.

§ 5º A eficácia dos contratos específicos celebrados em decorrência da autorização prevista neste artigo estará condicionada à apresentação, pelo Estado, em até 30 (trinta) dias contados das datas de suas assinaturas, dos protocolos dos pedidos de desistência perante os juízos das respectivas ações judiciais.

§ 6º Ato do Ministro de Estado da Economia estabelecerá os critérios e as condições necessárias à aplicação do disposto neste artigo.

Art. 24. É a Secretaria do Tesouro Nacional do Ministério da Economia autorizada a realizar o pagamento de faturas referentes à participação do País nos foros, grupos e iniciativas internacionais discriminados no art. 5º da Lei nº 12.649, de 17 de maio de 2012, a partir de 1º de janeiro de 2019.

Art. 25. O art. 5º da Lei nº 12.649, de 17 de maio de 2012, passa a vigorar com a seguinte redação:

"Art. 5º É o Poder Executivo federal autorizado a contribuir para a manutenção dos seguintes foros, grupos e iniciativas internacionais, nos montantes que venham a ser atribuídos ao Brasil nos orçamentos desses respectivos foros, grupos e iniciativas internacionais, nos limites dos recursos destinados, conforme o caso, à Unidade de Inteligência Financeira ou à Secretaria Especial da Receita Federal do Brasil, à Secretaria Especial de Comércio Exterior e Assuntos Internacionais e à Secretaria do Tesouro Nacional, consoante a Lei Orçamentária Anual:

(...)

X – Rede de Relações Fiscais entre os Níveis de Governo (Network on Fiscal Relations across Levels of Government); e

XI – Grupo de Trabalho sobre Gestão da Dívida Pública (Working Party on Public Debt Management)." (NR)

Art. 26. (VETADO).

Art. 27. No exercício de 2021, os limites para a contratação de operações de crédito para os Estados, o Distrito Federal e os Municípios, em proporção de suas receitas correntes líquidas no exercício anterior, serão de:

I – 12% (doze por cento), para os entes com classificação A quanto à capacidade de pagamento e dívida consolidada inferior ou igual a 60% (sessenta por cento) da receita corrente líquida no exercício anterior;

II – para os entes com classificação B quanto à capacidade de pagamento:

a) 8% (oito por cento), se a dívida consolidada tiver sido inferior ou igual a 60% (sessenta por cento) da receita corrente líquida no exercício anterior;

b) 6% (seis por cento), se a dívida consolidada tiver sido superior a 60% (sessenta por cento) e inferior ou igual a 150% (cento e cinquenta por cento) da receita corrente líquida no exercício anterior;

c) 4% (quatro por cento), se a dívida consolidada tiver sido superior a 150% (cento e cinquenta por cento) da receita corrente líquida no exercício anterior;

III – 3% (três por cento), para os entes com classificação C quanto à capacidade de pagamento, desde que adiram ao Plano de Promoção do Equilíbrio Fiscal.

§ 1º Para aplicação do disposto neste artigo, serão consideradas:

I – a metodologia de apuração da dívida consolidada e da receita corrente líquida utilizada para a avaliação do Programa de Acompanhamento Fiscal;

II – a última classificação quanto à capacidade de pagamento realizada pelo Ministério da Economia.

§ 2º Os percentuais de que trata o *caput* serão acrescidos em 3 (três) pontos percentuais da receita corrente líquida se o Estado, o Distrito Federal ou o Município:

I – tiver sido classificado como A ou B quanto à capacidade de pagamento; e

II – tiver cumprido as metas e compromissos previstos no Programa de Reestruturação e de Ajuste Fiscal ou no Programa de Acompanhamento Fiscal referente ao exercício financeiro anterior ao do cálculo.

§ 3º (VETADO).

Art. 28. Os contratos de dívida dos Estados, do Distrito Federal e dos Municípios garantidos pela Secretaria do Tesouro Nacional, com data de contratação anterior a 1º de julho de 2020, que se submeterem ao processo de reestruturação de dívida poderão ser objeto de securitização, conforme ato do Secretário do Tesouro Nacional do Ministério da Economia, se atendidos os seguintes requisitos:

I – enquadramento como operação de reestruturação de dívida, conforme legislação vigente e orientações e procedimentos da Secretaria do Tesouro Nacional;

II – securitização no mercado doméstico de créditos denominados e referenciados em reais;

III – obediência, pela nova dívida, aos seguintes requisitos:

a) ter prazo máximo de até 30 (trinta) anos, não superior a 3 (três) vezes o prazo da dívida original;

b) ter fluxo inferior ao da dívida original;

c) ter custo inferior ao custo da dívida original, considerando todas as comissões (compromisso e estruturação, entre outras) e penalidades para realizar o pagamento antecipado;

d) ter estrutura de pagamentos padronizada, com amortizações igualmente distribuídas ao longo do tempo e sem período de carência;

e) ser indexada ao Certificado de Depósito Interbancário (CDI);

f) ter custo inferior ao custo máximo aceitável, publicado pela Secretaria do Tesouro Nacional, para as operações de crédito securitizáveis com prazo médio (duration) de até 10 (dez) anos, considerando todas as comissões (compromisso e estruturação, entre outras) e penalidades para realizar o pagamento antecipado.

Art. 29. A União, os Estados, o Distrito Federal e os Municípios, e suas respectivas administrações indiretas, poderão realizar aditamento contratual a operações de crédito externo cuja finalidade seja a substituição da taxa de juros aplicável a essas operações, no caso de a taxa vigente ser baseada na London Interbank Offered Rate (Libor) ou na European Interbank Offered Rate (Euribor), por outras que vierem a substituí-las no mercado internacional.

§ 1º Os aditamentos contratuais de que trata o *caput* não constituirão nova operação de crédito nos termos do inciso III do art. 29 da Lei Complementar nº 101, de 4 de maio de 2000, estando, portanto, dispensados os requisitos constantes do art. 32 daquela Lei Complementar e demais requisitos legais para sua contratação.

§ 2º No caso de as operações de que trata este artigo serem garantidas pela União, a garantia será mantida, não sendo necessária a alteração dos contratos de garantia e de contragarantia vigentes.

§ 3º O instrumento contratual que formalizar o aditamento previsto no *caput* deverá conter cláusula prevendo o compromisso de buscar a manutenção do equilíbrio econômico ou a ausência de transferência de proveito econômico entre o credor e o devedor da operação.

Art. 30. São dispensados os requisitos legais exigidos para:

I – assinatura de termos aditivos aos contratos de refinanciamento previstos nesta Lei Complementar;

II – assinatura dos Programas de Reestruturação e Ajuste Fiscal e de Acompanhamento e Transparência Fiscal e dos Planos de Promoção do Equilíbrio Fiscal e de Recuperação Fiscal;

III – realização de operações de crédito e concessão de garantia pela União autorizadas no âmbito do Plano de Promoção do Equilíbrio Fiscal, exceto quanto ao cumprimento das metas e dos compromissos nele estabelecidos;

IV – a celebração dos contratos específicos de que tratam os arts. 23 e 26.

Parágrafo único. A dispensa de que trata este artigo alcança os requisitos legais exigidos para contratação de operação de crédito e para concessão de garantia, inclusive aqueles dos arts. 32 e 40 da Lei Complementar nº 101, de 4 de maio de 2000, bem como para a contratação com a União.

Art. 31. Revogam-se:

I – os arts. 5º, 5º-A e 6º da Lei Complementar nº 148, de 25 de novembro de 2014;

II – o inciso VI do § 1º do art. 8º da Medida Provisória nº 2.185-35, de 24 de agosto de 2001; e

III – os seguintes dispositivos da Lei Complementar nº 159, de 19 de maio de 2017:

a) a) o § 4º do art. 1º;

b) os §§ 2º a 5º do art. 4º;

c) os §§ 7º a 9º do art. 9º;

d) o inciso VII do art. 11;

e) os §§ 1º e 2º do art. 13;

f) o art. 17, *caput*, e seus §§ 1º a 4º.

Art. 32. Esta Lei Complementar entra em vigor:

I – em relação a seu art. 16, especificamente no que altera o art. 51 da Lei Complementar nº 101, de 4 de maio de 2000, a partir de 2022;

II – em relação a seu art. 16, especificamente no que altera o art. 42 da Lei Complementar nº 101, de 4 de maio de 2000, a partir de 2023;

III – em relação às demais disposições, na data de sua publicação.

Brasília, 13 de janeiro de 2021; 200º da Independência e 133º da República.

JAIR MESSIAS BOLSONARO

Paulo Guedes

Walter Souza Braga Netto

Pedro Cesar Nunes Ferreira Marques de Sousa

- SÚMULAS
- ORIENTAÇÕES JURISPRUDENCIAIS
- PRECEDENTES NORMATIVOS
- ENUNCIADOS

Enunciados dos Tribunais Superiores (STF – STJ – TST – TSE)

A		
ABANDONO DA CAUSA	STJ	240
ABANDONO DE EMPREGO	TST	**S** 32, 62, 73
ABASTECIMENTO	TST	**S** 447
ABONO	STF	241
ABONO - APOSENTADORIA	TST	**PN** 11 (canc.)
ABONO - COMISSIONISTA PURO	TST	**OJ-SDI1T** 45
ABONO - FALTAS	TST	**S** 15, 46, 89, 155, 282; **PN** 95
ABONO - FÉRIAS	TST	**OJ-SDI1T** 50
ABONO PECUNIÁRIO	TST	**OJ-SDI1** 346; **OJ-SDI2** 19; **PN** 2 (canc.)
ABONO - SERVITA	TST	**OJ-SDI1T** 5
ABSOLVIÇÃO CRIMINAL	STF	422
ABSOLVIÇÃO DE INSTÂNCIA	STF	216
ABUSO DE AUTORIDADE	STJ	172
ABUSO DE DIREITO	STF	409
ABUSO DE PODER ECONÔMICO OU POLÍTICO	TSE	19
AÇÃO ANULATÓRIA	TST	**OJ-SDI2** 129
AÇÃO DE ACIDENTE DO TRABALHO	STF	234, 235, 236, 238, 240
	STJ	89, 110, 178, 226
AÇÃO CAMBIÁRIA	STF	600
AÇÃO CAUTELAR	TST	**S 405**, II, 425; **OJ-SDI2** 1, 3, 63, 76, 100, 113, 131
AÇÃO CIVIL PÚBLICA	STF	643
	STJ	183, 329, 470 (canc.), 489
	TST	**OJ-SDI2** 58, 130, 139
AÇÃO COLETIVA	STJ	345
AÇÃO COMINATÓRIA	STF	500
AÇÃO CONSIGNATÓRIA	STF	449
AÇÃO DE COBRANÇA	STF	269
	STJ	363
	TST	**S** 432
AÇÃO DECLARATÓRIA	TST	**OJ-SDI1** 276
AÇÃO DE CASSAÇÃO DE DIPLOMA	TSE	38
AÇÃO DE CUMPRIMENTO	STJ	57
	TST	**S** 180 (canc.), 224 (canc.), 246, 255 (canc.), 286, 334 (canc.), 350, 359 (canc.), 397; **OJ-SDI1** 277, 290 (canc.); **OJ-SDI2** 49
AÇÃO DE DEPÓSITO	STF	619 (canc.)
AÇÃO DE DESPEJO	STF	109
	STJ	268
AÇÃO DE EXIBIÇÃO DE DOCUMENTOS	STJ	372, 389
AÇÃO DE INDENIZAÇÃO	STF	261
	STJ	101, 278, 326, 366 (canc.)
AÇÃO DE INVESTIGAÇÃO DE PATERNIDADE	STF	149
	STJ	277
AÇÃO DE PEQUENO VALOR	STJ	452
AÇÃO DE PETIÇÃO DE HERANÇA	STF	149
AÇÃO DE PRESTAÇÃO DE CONTAS	STJ	259
AÇÃO DE REPARAÇÃO DE DANOS	STJ	537
AÇÃO DE REVISÃO DE CONTRATO	STJ	380
AÇÃO DE SOCIEDADE	STF	329, 435, 476
AÇÃO DECLARATÓRIA	STJ	181, 242
	TST	**OJ-SDI1** 276
AÇÃO DIRETA DE INCONSTITUCIONALIDADE	STF	642

AÇÃO DIRETA INTERVENTIVA	STF	614
AÇÃO EXECUTIVA	STF	458, 600
AÇÃO EXPROPRIATÓRIA	STJ	102
AÇÃO FISCAL	STF	511
AÇÃO INVESTIGATÓRIA	STJ	301
AÇÃO MONITÓRIA	STJ	247, 282, 292, 299, 339, 384, 503, 531
AÇÃO PARA DESCONSTITUIR A DECISÃO QUE REJEITOU AS CONTAS	TSE	1 (canc.)
AÇÃO PENAL	STF	146, 601
AÇÃO PLÚRIMA	TST	**S** 36; **OJ-SDI1** 188
AÇÃO POPULAR	STF	101, 365
AÇÃO POSSESSÓRIA	STF	262. **SV** 23
AÇÃO PREVIDENCIÁRIA	STJ	111
AÇÃO REGRESSIVA	STF	187, 188, 257
AÇÃO RENOVATÓRIA	STF	370
AÇÃO RESCISÓRIA	STF	249, 252, 264, 295, 338, 343, 514, 515
	STJ	175, 401
	TST	**S** 402, 412
AÇÃO ELEITORAL	TSE	33
	TST	**S** 83, I e II, 99, 100, I a X, 107 (canc.), 144 (canc.), 158, 169 (canc.), 192, I a V, 194 (canc.), 219, II, 259, 262, 298, I a V, 299, I a IV, 303, II, 365, 397, 398, 399, I e II, 400, 401, 402, 403, I e II, 404, 405, I e II, 406, I e II, 407, 408, 409, 410, 411, 412, 413, 425; **OJ-SDI1** 71, 80, 262, 392; **OJ-SDI2** 1, 2, 3, 4, 5, 6, 7, 8, 9, 10, 11, 12, I e II, 18, 19, 21, 22, 23, 24, 25, 26, 28 (canc.), 29 (canc.), 30, a e b, 34, 35, 37 (canc.), 38, 39, 40, 41, 42 (canc.), 69, 70, 71, 76, 78, 80, 84, 85, 94, 97, 99, 101, 103, 107, 112, 121, 123, 124, 128, 131, 132, 134, 135, 136, 146, 147 (canc.), 150, 151, 152, 154, 155 (canc.), 157, 158; **OJ-SDC** 33 (canc.); **OJ-TP/OE** 6
AÇÃO REVISIONAL	STF	180, 357
AÇÃO TRABALHISTA	STF	460
ACIDENTADO	STF	434
ACIDENTE	STF	35, 187, 491
ACIDENTE DE TRÂNSITO	STJ	6
ACIDENTE DO TRABALHO	STF	35, 198, 229, 230, 232, 234, 235, 236, 238, 240, 307, 311, 314, 337, 434, 464, 465, 501, 529, 552
	STJ	15, 366 (canc.)
	TST	**S** 46, 378, 392; **OJ-SDI1** 41, 421, **OJ-SDC** 31; **PN** 30 (canc.)
ACÓRDÃO	STF	273, 597
	STJ	168, 207, 223, 255, 316
ACÓRDÃO REGIONAL	TST	**OJ-SDI1T** 52
ACORDO - AÇÃO RESCISÓRIA	TST	**S** 100, V, 403, II, 418; **OJ-SDI1** 368, 376, 398; **OJ-SDI2** 132, 154, **OJ-SDC** 2, 31, 34
ACORDO COLETIVO	TST	**OJ-SDI1** 322
ACORDO COMERCIAL	STF	89
ACORDO ESCRITO	TST	**S** 85, I a V, 108 (canc.), 215 (canc.)
ACORDO EXTRAJUDICIAL	TST	**OJ-SDC** 34
ACORDO HOMOLOGADO JUDICIALMENTE	TST	**S** 403, II; **OJ-SDI1** 376, 398, 414 (canc.); **OJ-SDI2** 132
ACORDO INDIVIDUAL	TST	**S** 85, I, II, III, 124, **OJ-SDI1** 223
ACORDO PRÉVIO AO AJUIZAMENTO DA RECLAMAÇÃO	TST	**OJ-SDI2** 154
ACORDO TÁCITO	TST	**S** 85, III; **OJ-SDI1** 223
ACORDO TARIFÁRIO	STF	87
ACUMULAÇÃO	STF	26
ACUMULAÇÃO DE PEDIDOS - TRABALHISTA E ESTATUTÁRIO	STJ	170

ADICIONAL AO FRETE PARA RENOVAÇÃO DA MARINHA MERCANTE (AFRMM)	STF	553
	STJ	100
ADICIONAL AP E ADI	TST	**OJ-SDI1** 17, 18, II; **OJ-SDI1T** 7; **OJ-SDI2** 5
ADICIONAL DE ANTIGUIDADE	TST	**S** 79 (canc.), 250 (canc.)
ADICIONAL DE CARÁTER PESSOAL	TST	**OJ-SDI1** 16; **OJ-SDI2** 4
ADICIONAL DE HORAS EXTRAS	TST	**OJ-SDI1** 235
ADICIONAL DE INSALUBRIDADE	STF	459, 460
	TST	**S** 17(canc.), 47, 80, 137(canc.), 139, 162 (canc.), 228 (susp.), 248, 271 (canc.), 289, 292 (canc.), 293, 448, I, II; **OJ-SDI1** 2 (canc.), 4, 47, 103, 121, 165, 171, 172, 173, 278; **OJ-SDI1T** 4 (canc.), 12, 33, 57; **OJ-SDI2** 2; **PN** 3 (canc.), 57 (canc.)
ADICIONAL DE PERICULOSIDADE	TST	**S** 39, 70, 132, I, II, 191, 271 (canc.), 361, 364, I, II (canc.), 447, 453; **OJ-SDI1** 5, 165, 172, 259, 267, 279 (canc.), 324, 345, 347, 385, 406 (canc.); **OJ-SDI1T** 12
ADICIONAL DE PRODUTIVIDADE	TST	**S** 121 (canc.), 225; **OJ-SDI1** 60, II; **OJ-SDI1T** 5, 6
ADICIONAL DE RISCO	TST	**OJ-SDI1** 60, III, 316, 402
ADICIONAL DE SERVIÇO PERIGOSO	STF	212
ADICIONAL DE TARIFA PORTUÁRIA	STJ	50
ADICIONAL DE TEMPO DE SERVIÇO	STF	26
	TST	**S** 52, 240; **OJ-SDI1T** 60
ADICIONAL DE TRANSFERÊNCIA	TST	**OJ-SDI1** 113; **PN** 101 (canc.)
ADICIONAL NOTURNO	STF	213, 313, 402
	TST	**S** 60, I, II, 130 (canc.), 140, 265, 354; **OJ-SDI1** 97, 259, 388
ADICIONAL REGIONAL	TST	**S** 84
Adjudicação COMPULSÓRIA	STJ	239
ADMINISTRAÇÃO PÚBLICA	STF	346, 473
ADMINISTRADOR	STF	466
ADOLESCENTE	STJ	108
ADMINISTRAÇÃO PÚBLICA	TST	**S** 331, II, IV, V, 430; **OJ-SDI1** 205 (canc.), 321, 335; 366
	STJ	599
ADQUIRENTE	STF	110, 158, 442
	STJ	308
ADVOGADO	STJ	115, 226
	TST	**S** 102, V, 122, 427; **OJ-SDI1** 7, 120, 318, 319, 403
ADVOGADO SEM PROCURAÇÃO NOS AUTOS	STJ	115
AERONAVE	STJ	155
	TST	**S** 447
AGENTE NOCIVO	TST	**S** 293
AGRAVO	STF	228, 233, 249, 273, 287, 288, 289, 300, 315, 405, 425, 506, 515, 528, 699, 700, 727
	STJ	86, 118, 182, 217 (canc.), 223, 315
	TST	**S** 128, II, 183 (canc.), 192, IV, 218, 272 (canc.), 285 (canc.), 335 (canc.), 353, 385, III, 416; **OJ-SDI1** 90, 110 (canc.), 217, 260, I, 282, 283, 284 (canc.), 285 (canc.), 286, 293 (canc.), 353, 374, 412, 421, I, II; **OJ-SDI1T** 16, 17, 18, 19, 20, 21, 52, 53; **OJ-SDI2** 56, 91
AGRAVO DE PETIÇÃO	STF	342
AGRAVO REGIMENTAL	STF	599 (canc.), 622
	STJ	116, 217 (canc.), 316
	TST	**S** 192, V, 195, 353, 385, III; **OJ-SDI1** 132, 411, 412; **OJ-SDI1T** 21; **OJ-SDI2** 69, 100; **OJ-TP/OE** 5

AGRAVO RETIDO	STF	211, 242, 342, 426, 427
	STJ	255
AGROPECUÁRIA	STF	183
AJUDA-ALIMENTAÇÃO	TST	**OJ-SDI1** 123, 133, 413; **OJ-SDI1T** 61
AJUDA DE CUSTO	TST	**PN** 4 (canc.)
AJUIZAMENTO DA AÇÃO	STJ	246
ALADI	STJ	124
ALALC	STF	575
	STJ	124
ALÇADA	STF	502
	TST	**S** 71, 303, I, 356, 365; **OJ-SDI1** 9
ALFÂNDEGA	STF	547
ALGEMA	STF	SV 11
ALIENAÇÃO DE BENS	STF	108, 110
	STJ	46
ALIENAÇÃO FIDUCIÁRIA	STJ	28, 72, 92, 245, 284
ALIMENTAÇÃO	STF	574, 675
ALIMENTANDO	STJ	1
ALIMENTOS	STF	226, 379, 655
	STJ	1, 144, 309, 594, 596, 621
ALÍQUOTA "ZERO"	STF	576
ALUGUEL	STF	65, 172, 179, 180
ALVARÁ DE PESQUISA MINERAL	STJ	238
ALTERAÇÃO CONTRATUAL	TST	**S** 51, I, 168 (canc.), 198 (canc.), 265, 294; **OJ-SDI1** 76, 175, 244, 308
AMAMENTAÇÃO	TST	**PN** 6, 22
AMÁSIO	STF	35
AMBIENTE ARTIFICIALMENTE FRIO	TST	**S** 438
AMPLIAÇÃO DE PRAZO	STF	507
ANALFABETISMO	TSE	15
	TST	**PN** 58
ANATEL	STF	SV 27
	STJ	506
ANDAMENTO DA CAUSA	STF	216
ANISTIA	STF	674
	TST	**S** 405, I, 414, I, II, III; **OJ-SDI1** 12, 91; **OJ-SDI1T** 44, 56, 64; **OJ-SDI2** 68
ANTECIPAÇÃO DE TUTELA	STF	729
	TST	**S** 405, II; **OJ-SDI** 2 3, 121
ANUÊNIO	STF	678
ANUALIDADE	STF	615
ANULAÇÃO	STF	473, 494
APARELHO PROTETOR	TST	**S** 80, 289
APELAÇÃO	STF	211, 242, 320, 428, 526, 597, 705, 708, 713
	STJ	317, 347
APLICAÇÃO FINANCEIRA	STJ	262
APOSENTADORIA	STF	6, 10, 36, 37, 38, 220, 243, 371, 372, 567, 726
	STJ	456, 507
	TST	**S** 3(canc.), 21 (canc.), 174(canc.), 72, 92, 160, 295(canc.), 313, 440; **OJ-SDI1** 177 (canc.), 224, 250, 346, 361, 375; **OJ-SDI1T** 11, 31, 61, 64; **PN** 11 (canc.), 85
APOSENTADORIA -COMPLEMENTAÇÃO	STJ	427, 556, 557
	TST	**S** 52, 92, 97, 106, 288, I, II, 313, 326, 327, 332; **OJ-SDI1** 18, I a V, 69, 156 (canc.), 224, 276, 289; **OJ-SDI1T** 7, 11, 24, 25, 32, 40, 41, 46, 51, 64, 76; 62, 63 **OJ-SDI2** 8
APOSENTADORIA ESPECIAL	STF	SV 33
APOSENTADORIA PELA PREVIDÊNCIA PRIVADA	STJ	291
APOSENTADORIA POR INVALIDEZ	STJ	576
APREENSÃO DE MERCADORIA	STF	323
APRENDIZAGEM	STF	205
APURAÇÃO DE HAVERES	STF	265

ARBITRAGEM	STJ	485
ARMA	STJ	47, 513
ARMA DE BRINQUEDO	STJ	174 (canc.)
ARQUITETO	STF	93
ARRECADAÇÃO DE RECEITA FEDERAL	STF	408
ARRENDAMENTO MERCANTIL	STJ	138, 263, 293, 369, 564
ARREPENDIMENTO	STF	166, 412
ARRESTO	TST	**OJ-SDC** 3
ARTISTA	STF	312, 386
ASCENDENTE	STF	152 (rev.)
ASSEMBLEIA DE TRABALHADORES	TST	**S** 177 (canc.); **OJ-SDC** 6 (canc.), 8, 13 (canc.), 14 (canc.), 19, 28, 29, 35
ASSINATURA	TST	**OJ-SDI1** 120, 284 (canc.); **OJ--SDI1T** 52; **OJ-SDI2** 89; **PN** 20
ASSISTÊNCIA JUDICIÁRIA	TST	**S** 457; **OJ-SDI1** 304, 269, 305 (canc.), 331 (canc.), 387 (canc.); **OJ-SDI2** 91
ASSISTÊNCIA JURÍDICA	TST	**S** 82; **OJ-SDI1T** 65; **PN** 102
ASSISTÊNCIA MÉDICA	STJ	274
ASSISTÊNCIA SINDICAL	TST	**PN** 7 (canc.)
ASSISTENTE	STF	218, 448, 517
ASSISTENTE DO MP	STF	210
ASSISTENTE TÉCNICO	TST	**S** 341
ASSOCIAÇÃO DE PAIS E MESTRES - APM	TST	**OJ-SDI1** 185
ASSOCIADO DE ENTIDADE DE CLASSE	STF	629
ASTREINTES	TSE	68
ATENDENTE DE ENFERMAGEM	TST	**OJ-SDI1** 296
ATESTADO DE AFASTAMENTO E SALÁRIOS	TST	**PN** 8
ATESTADO MÉDICO	TST	**S** 15, 122; **OJ-SDI1** 154 (canc.); **PN** 81
ATIVIDADE A CÉU ABERTO	TST	**OJ-SDI1** 173
ATIVIDADE EMPRESARIAL	TST	**S** 369, IV
ATIVIDADE INSALUBRE	STF	194
	TST	**S** 448; **PN** 106
ATIVIDADE RURAL	STF	196
	STJ	149
ATO ADMINISTRATIVO	STF	14, 346, 473, 510
ATO DO PODER PÚBLICO	STF	346, 347
ATO ILÍCITO	STF	562
	STJ	43, 186, 251
ATO INFRACIONAL	STJ	108, 605
ATO INFRACIONAL ANÁLOGO AO TRÁFICO DE DROGAS	STJ	492
ATO INSTITUCIONAL	STF	527
ATO JUDICIAL	STF	267, 734
	STJ	202, 264
ATO JURÍDICO	STJ	195
ATO JURÍDICO PERFEITO	STF	SV 1
AUDIÊNCIA	TST	**OJ-SDI1** 286
AUDITOR	STF	9
AUMENTO DE CAPITAL	STF	92
AUSÊNCIA	STF	198
AUTARQUIA	STF	25, 33, 73, 74, 75, 235, 236, 238, 240, 255, 303, 336, 468, 501, 511, 532, 583, 620
	STJ	150, 497
	TST	**S** 121 (canc.), 235 (canc.), 331, IV, V, 436; **OJ-SDI1** 52, 100, 318; **OJ-SDI1T** 55; **OJ-SDI2** 12, II
AUTOMÓVEL	STF	59, 60, 61, 62, 63, 86, 106, 262, 309, 406,
AUTENTICAÇÃO	TST	**S** 216 (canc.); **OJ-SDI1** 33, 36, 90 (canc.), 134, 287; **OJ-SDI1T** 21, 23
AUTENTICAÇÃO CONSULAR	STF	259
AUTONOMIA	STJ	258
AUTOR	STJ	318
AUTORIDADE ADMINISTRATIVA	STF	547
	STJ	2

AUTORIDADE ALFANDEGÁRIA	STF	94
AUTORIDADE PÚBLICA	STF	374
AUXILIAR DE ENFERMAGEM	TST	**OJ-SDI1** 296
AUXILIAR DE LABORATÓRIO	TST	**S** 301
AUXÍLIO-ACIDENTE	STJ	507
AUXÍLIO-ALIMENTAÇÃO	STF	680, SV 55
	TST	**OJ-SDI1** 123, 133, 413; **OJ-SDI1T** 51, 61; **PN** 9 (canc.)
AUXÍLIO-CRECHE	STJ	310
AUXÍLIO-DOENÇA	STJ	456
	TST	**S** 371, 378, II, 440; **OJ-SDI1** 375; **PN** 17 (canc.), 21 (canc.), 26 (canc.), 94 (canc.)
AUXÍLIO-ENFERMIDADE	STF	232
AUXÍLIO-FUNERAL	TST	**OJ-SDI1** 129; **OJ-SDI1T** 42,II
AUXÍLIO-RECLUSÃO	STJ	456
AVAL	STF	189
AVALIAÇÃO	STF	113
	STJ	46, 128, 238
AVALIAÇÃO JUDICIAL	STF	538
AVALISTA	STF	600
	STJ	26
AVARIA	STF	261
AVISO PRÉVIO	TST	**S** 5 (canc.), 10, 14, 31 (canc.), 44, 73, 94 (canc.), 163, 182, 230, 253, 276, 305, 348, 354, 369, V, 371, 380, 441; **OJ-SDI1** 14, 42, II, 82, 83, 84, 268, 367, 394; **OJ-SDI1T** 13; **PN** 24, 76 (canc.), 96 (canc.)
B		
BACALHAU	STJ	71
BAGAGEM	STF	64, 85
BALANÇO	STF	265
BALCONISTA	TST	**S** 56 (canc.), 340
BANCÁRIO	TST	**S** 55, 59 (canc.), 93, 102, I a VII, 109, 113, 117, 119, 124, 199, I, II, 204, 247, 226, 233 (canc.), 234 (canc.), 237 (canc.), 238 (canc.), 239, 240, 257, 267 (canc.), 287, 343, 345; **OJ-SDI1** 16, 17, 18, I, II, III, IV, V, 38, 56, 64, 123, 126, 179, 224, 379; **OJ-SDI2** 4, 5; **OJ-SDI1T** 7, 25, 26, 27, 32, 34, 38, 40, 41, 46, 69, 70, 77, 178; **OJ-SDI2** 8
BANCO	STJ	79, 479, 603
BANCO - BNDE	STF	408
BANCO CENTRAL DO BRASIL	STJ	23
BANCO DE HORAS	TST	**S** 85, V
BANCO DO BRASIL	STF	79, 508
	TST	**OJ-SDI1** 16, 17, 18, I, II, III, IV, V, 289; **OJ-SDI1T** 32, 69; **OJ-SDI2** 4, 5; **PN** 10
BANCO ITAÚ	TST	**OJ-SDI1T** 46
BANCO MERIDIONAL	TST	**OJ-SDI1T** 25, 38
BANCO REAL	TST	**OJ-SDI1T** 41
BANDEPE	TST	**S** 345
BANESPA	TST	**S** 313; **OJ-SDI1T** 68; **OJ-SDI2** 8
BANRISUL	TST	**OJ-SDI1T** 7, 27, 40
BASE TERRITORIAL	TST	**S** 369, IV; **OJ-SDC** 14 (canc.), 28
BEBIDA	STF	574
BEM DE FAMÍLIA	STJ	205, 364, 449, 486, 549
BEM DE USO DOMÉSTICO	STF	85
BEM DE USO PESSOAL	STF	85
BEM DOMINICAL	STF	340
BEM PENHORADO	STJ	406
BEM PENHORÁVEL	STJ	319
BEM PÚBLICO	STF	340
	STJ	619
BEM SALVADO	STJ	152
BENEFÍCIO ACIDENTÁRIO	STJ	159
BENEFÍCIO FISCAL	STJ	100
BENEFÍCIO PREVIDENCIÁRIO	STF	465, 687
	STJ	44, 146, 148, 149, 178, 204

	TST	**S** 32, 87, 92, 311, 371; **OJ-SDI1** 177 (canc.)
BENFEITORIAS	STF	158, 538
	STJ	335
BIP	TST	**OJ-SDI1** 49 (canc.)
BNCC	TST	**OJ-SDI1T** 9, 10
BNDES	TST	**OJ-SDI1** 179; **OJ-SDI1T** 77
BOA-FÉ	STF	159, 489
	STJ	92
BOLSA DE ESTUDO	STF	406
BOMBA DE GASOLINA	TST	**S** 39
BONIFICAÇÃO	TST	**OJ-SDI1T** 5; **PN** 11 (canc.)
BÔNUS DO TESOURO NACIONAL	STF	725
BRDE		**OJ-SDI1T** 34
BUSCA E APREENSÃO	STJ	72
	C	
CABISTA	TST	**OJ-SDI1** 347
CADASTRO DE EMITENTES DE CHEQUES SEM FUNDO	STJ	572
CADASTRO DE INADIMPLENTES	STJ	548, 615
CADERNETA DE INSCRIÇÃO E REGISTRO (CIR)	STF	SV 36
CADERNETA DE POUPANÇA	STF	664
CAFÉ	STF	143, 571
	STJ	49
CAIXA ECONÔMICA	STF	532
	STJ	77, 249, 462, 513
	TST	**OJ-SDI1** 56; **OJ-SDI1T** 51, 61, 70
CAIXA EXECUTIVO	TST	**S** 102, VI; **PN** 12 (canc.), 103
CAL	STF	579
CÁLCULO	STF	114, 561
	STJ	118
CÂMARA DE VEREADORES	STJ	525
CÂMARA DOS DEPUTADOS	STF	397
CAMBIAL	STF	387
CÂMBIO	STF	469
	STJ	36, 133
CAMPANHA ELEITORAL - CONTAS	TSE	16 (canc.), 42
CANA-DE-AÇÚCAR - EMPREGADO - RURÍCOLA	STJ	578
CANDIDATO - REGISTRO	TSE	3, 4, 10, 11, 43
CAPACIDADE	STF	21
CAPITALIZAÇÃO DE JUROS	STF	121
	STJ	93, 539
CARÁTER PROTELATÓRIO	STJ	98
CARÊNCIA	STF	105
	TST	**S** 299, IV
CARGO DE CONFIANÇA	TST	**S** 102, I a VII, 209 (canc.), 233 (canc.), 234 (canc.), 237 (canc.), 238 (canc.), 287, 372, I; **OJ-SDI1** 17, 113
CARGO PÚBLICO	STF	11, 14, 15, 22, 25, 31, 32, 44, 358, 683, 685, 686
	STJ	173, 218
	TST	**S** 102, III
CARRETO	STF	540
CARTA DE FIANÇA BANCÁRIA	TST	**OJ-SDI2** 59
CARTA PRECATÓRIA	STF	710
	STJ	46, 273
	TST	**S** 419
CARTÃO DE CRÉDITO	STJ	237, 283, 532
CARTÃO DE PONTO	TST	**S** 338, III, 366
CARTEIRA DE HABILITAÇÃO DE AMADOR (CHA)	STF	SV 36
CARTEIRA NACIONAL DE HABILITAÇÃO - ESCOLARIDADE	TSE	55
CARTEIRA PROFISSIONAL	STF	225

	TST	**S** 12, 64 (canc.); **OJ-SDI1** 82; **PN** 5, 105, 98
CARTÓRIO	STF	320, 425, 428
CARTÓRIO - SERVENTUÁRIO	TSE	5
CARTÓRIO DE IMÓVEIS	STJ	239
CASAMENTO	STF	388 (canc.), 421
CATEGORIA PROFISSIONAL DIFERENCIADA	TST	**S** 117, 369, III, 374; **OJ-SDC** 9, 36
CAUÇÃO FIDEJUSSÓRIA	STJ	313
CAUSA	STF	456
CD E DVD PIRATA	STJ	502
CDHU	TST	**OJ-SDI1T** 28
CEAGESP	TST	**OJ-SDI1T** 11
CEBAS	STJ	612
CÉDULA DE CRÉDITO RURAL	STJ	93
	TST	**OJ-SDI1** 226
CELETISTA	TST	**S** 319; **OJ-SDI1** 100, 216, 247, 390, I; **OJ-SDI2** 26
CELULAR	STJ	350
CERCEAMENTO DE DEFESA	TST	**S** 74, II, 403, I
CERTIDÃO	STF	290, 291
CERTIDÃO DE DÍVIDA ATIVA (CDA)	STJ	392
CERTIDÃO DE INTIMAÇÃO DE ACÓRDÃO	STJ	223
CERTIDÃO DE PUBLICAÇÃO	TST	**OJ-SDI1** 90 (canc.), 284 (canc.), 287; **OJ-SDI1T** 17, 18, 20
CERTIFICADO DE ENTIDADE BENEFICENTE DE ASSISTÊNCIA SOCIAL (CEBAS)	STJ	352
CESSÃO	STF	82, 411
	TST	**S** 6, V, 50, 116 (canc.), 252 (canc.)
CESSIONÁRIO	STF	177
CHEQUE	STF	28, 521, 554, 600
	STJ	299
CHEQUE - DEVOLUÇÃO INDEVIDA	STJ	388
CHEQUE SEM FORÇA EXECUTIVA	STJ	504
CHEQUE SEM FUNDO	STF	244
	TST	**OJ-SDI1** 251; **PN** 14
CHEQUE PRÉ-DATADO	STJ	370
CHEQUE PRESCRITO	STJ	299, 531
CHEQUE-RANCHO	TST	**OJ-SDI1T** 7
CIGARRO	TST	**S** 367, II
CINEMA	STF	481
CIPA (COMISSÃO INTERNA DE PREVENÇÃO DE ACIDENTES)	STF	676
	TST	**S** 339, I e II; **OJ-SDI2** 6; **PN** 25 (canc.), 51 (canc.)
CIRCUNSTÂNCIA ATENUANTE	STJ	231
CISÃO DE EMPRESAS	TST	**OJ-SDI1T** 30
CITAÇÃO	STF	163, 263, 351, 366, 391, 701
	STJ	106, 196, 204, 282, 309, 414, 429
	TST	**S** 406, II; **OJ-SDI** 1 80, 392,
CIVIL - CRIME CONTRA INSTITUIÇÃO MILITAR ESTADUAL	STJ	53
CIVIL - SUJEIÇÃO À JUSTIÇA MILITAR	STF	298
CLASSIFICAÇÃO EM CONCURSO	STF	15
CLÁUSULA DE RESERVA DE PLENÁRIO	STF	SV 10
CLÁUSULA ABUSIVA	STJ	381
CLÁUSULA ARBITRAL	STJ	485
CLÁUSULA CONTRATUAL	STF	454
	STJ	5, 181
	TST	**OJ-SDI1** 322; **OJ-SDC** 32
CLÁUSULA REGULAMENTAR	TST	**S** 51, I, 384, II

CLÁUSULA PENAL	TST	**OJ-SDI1** 54
CLT	STF	313
CLUBE	STF	362
COBAL E CIBRAZEM	STF	557
COBRANÇA	STF	159, 387
COBRANÇA DE TRIBUTOS	STF	66, 67, 68, 69, 70, 239
CÓDIGO CIVIL	STF	159, 165, 170
CÓDIGO DE DEFESA DO CONSUMIDOR	STJ	297, 321 (canc.), 469, 563
	TST	**OJ-SDI2** 130
CÓDIGO DE PROCESSO CIVIL	STF	502, 507, 509
	STJ	182, 253
CÓDIGO DE TRÂNSITO	STF	720
CÓDIGO TRIBUTÁRIO NACIONAL	STF	563
COFINS	STF	659
	STJ	423, 508
COISA JULGADA	STF	304
	TST	**S** 299, IV, 397, 398, 401, 405, II; **OJ-SDI1** 262, 277; **OJ-SDI2** 35, 99, 101, 121, 123, 132, 134, 150, 157134, 157; **OJ-TP/OE** 6
COLETORIA	STF	30
COLUSÃO	TST	**S** 100, IV; **OJ-SDI2** 94, 154, 158; **OJ-SDC** 33 (canc.)
COMARCA	STF	40
COMBUSTÍVEIS	STF	141, 659
COMISSÃO	STF	31, 32, 94, 201, 588
	TST	**S** 27, 56 (canc.), 340; **OJ-SDI1** 175, 181, 248 (canc.), 397; **OJ-SDI1T** 45; **PN** 5, 15, 40 (canc.), 97
COMISSÃO DE PERMANÊNCIA	STJ	30, 294, 296, 472
COMISSÃO PARITÁRIA	TST	**OJ-SDI1** 391
COMISSO	STF	122, 169
COMITENTE	STF	341
COMODATO	STF	573
COMPENSAÇÃO	TST	**S** 18, 48, 85, I, II, III, 87, 108, 109, 145 (canc.), 146, 202, 349; **OJ-SDI1** 223, 323, 325; **PN** 68
COMPENSAÇÃO TRIBUTÁRIA	STJ	212, 213, 356, 460, 461, 464
COMPETÊNCIA - AÇÃO ANULATÓRIA	TST	**OJ-SDI2** 129
COMPETÊNCIA - AÇÃO CIVIL PÚBLICA	TST	**OJ-SDI2** 130
COMPETÊNCIA - AÇÃO RESCISÓRIA	STF	S 515
COMPETÊNCIA DELEGADA	STF	510
COMPETÊNCIA - DF	STF	642
COMPETÊNCIA - EC 45/2004	STJ	367
COMPETÊNCIA - FORO DA SITUAÇÃO DO IMÓVEL	STJ	11
COMPETÊNCIA - EXECUÇÃO FISCAL	STJ	58
COMPETÊNCIA FUNCIONAL	TST	**S** 420; **OJ-SDI2** 115 (canc.)
COMPETÊNCIA - JUIZ SINGULAR	STF	603
	STJ	108
	TST	**S** 419; **OJ-SDI2** 114 (canc.)
COMPETÊNCIA - JUSTIÇA DOS ESTADOS	STF	522
	STJ	73, 161, 270, 505
COMPETÊNCIA - JUSTIÇA DO TRABALHO	STF	SV 53
	TST	**S** 106 (canc.), 123 (canc.), 150 (canc.), 176 (canc.), 179 (canc.), 189, 224 (canc.), 300, 334 (canc.), 368, I, 389, I, 392, 425, 454; **OJ-SDI1** 26, 138, 141, 205, I, II, 210 (canc.), 263 (canc.), 290 (canc.), 327 (canc.), 414 (canc.); **OJ-SDI2** 138 (canc.); SDC 4 (canc.), 9, 29
COMPETÊNCIA - JUSTIÇA FEDERAL	STF	522
	STJ	122, 151, 349, 365
COMPETÊNCIA - MENOR	STJ	383
COMPETÊNCIA - MINISTRO DO TRABALHO E PREVIDÊNCIA SOCIAL	STF	460
COMPETÊNCIA - MUNICÍPIO	STF	S 419
COMPETÊNCIA PENAL POR PREVENÇÃO	STF	706
COMPETÊNCIA - POLÍCIA JUDICIÁRIA	STF	SV 53
COMPETÊNCIA - PRERROGATIVA DE FUNÇÃO	STF	S 394 (canc.), 396, 451
COMPETÊNCIA - PRESIDENTE DA REPÚBLICA	STF	S 384, 627
COMPETÊNCIA - PRESIDENTE DO TRT	TST	**OJ TP/OE** 2, 12
COMPETÊNCIA - STF	STF	S 322, 503, 526, 623, 731
COMPETÊNCIA STJ	STJ	41, 236, 348
COMPETÊNCIA TERRITORIAL	STJ	206
COMPETÊNCIA - TRIBUNAL DE JUSTIÇA	STF	702
	STJ	22
COMPETÊNCIA - TRIBUNAL DO JÚRI	STF	S 712, 721. SV 45
COMPETÊNCIA - TRF	STJ	3, 428
COMPETÊNCIA - TRT	STJ	180, 225
	TST	**S** 192, I, 422, III, **OJ-SDI2** 7, 68
COMPETÊNCIA - TST	TST	**S** 192, II; **OJ-SDI2** 42 (canc.); **OJ TP/OE** 4
COMPETÊNCIA - UNIÃO	STF	722. SV 46
	STJ	19
COMPETÊNCIA - VARAS DO TRABALHO	STJ	10
COMPRA E VENDA	STF	165, 166, 167, 168, 412, 413, 489, 621
	STJ	263
COMPRADOR	STF	75, 591
COMPROMISSO DE COMPRA E VENDA	STF	74, 82, 97, 108, 167, 168, 176, 177, 412, 413, 470, 590, 621,
	STJ	76, 84, 239
CONAB	TST	**OJ-SDI2** 9
CONCORDATA	STF	190, 227, 495
	STJ	8, 36, 133, 250, 264
CONCRETO - FORNECIMENTO POR EMPREITADA	STJ	167
CONCUBINATO	STF	35, 380, 382, 447
CONCURSO DE PREFERÊNCIA	STF	563
CONCURSO PÚBLICO	STF	14, 15, 16, 17, 20, 373, 683, 684, 685. SV 44
	STJ	266, 377, 466, 552
	TST	**S** 363, 390, II, 430; **OJ-SDI1** 65, 85, 335, 338 (canc.); **OJ-SDI1T** 14; **OJ-SDI2** 10, 38, 128
CONDOMÍNIO	STJ	260, 478
CONDUTOR DE VEÍCULO RODOVIÁRIO	TST	**OJ-SDI1** 342 (canc.)
CONESP	TST	**OJ-SDI1T** 28
CONEXÃO	STF	704
	STJ	235, 383
CONFINANTE	STF	391
CONFISSÃO	STJ	545
	TST	**S** 69, 74, I a III, 398, 404
CONFISSÃO DE DÍVIDA	STJ	286, 300
CONFLITO DE COMPETÊNCIA	STJ	3, 22, 59, 224, 236, 348 (canc.), 428
	TST	**S** 420; **OJ-SDI2** 149
CONFLITO DE LEIS TRABALHISTAS NO ESPAÇO	TST	**S** 207 (canc.)
CONGRESSISTA	STF	4 (canc.)
CONGRESSO	STF	07
CÔNJUGE	STF	96, 305, 381, 486
	STJ	134
CONSELHO DE POLÍTICA ADUANEIRA	STF	404, 559

CONSELHO PROFISSIONAL	STJ	66, 79, 120
CONSELHOS REGIONAIS DE FARMÁCIA - COMPETÊNCIA	STJ	561
CONSÓRCIO	STJ	35, 538
CONSTITUCIONALIDADE	STF	92, 136, 200, 347, 348, 455, 474, 532, 549, 558 (s/efic.), 582, 632, 725. SV 29
	TST	**S** 141 (canc.), 162 (canc.), 179 (canc.), 190, 273 (canc.), 312, 336, 378, I, 435; **OJ-SDI1** 148; **OJ-SDC** 17; **PN** 56
CONSTITUIÇÃO ESTADUAL	STF	649
CONSTITUIÇÃO FEDERAL	STF	73, 81, 285, 291, 292, 324, 360, 400, 404, 480, 511, 527, 563, 567, 615
	STJ	2
CONSTRANGIMENTO ILEGAL	STJ	21, 52, 64
CONSTRUÇÃO	STF	181, 232, 348, 374, 470
CONSTRUÇÃO CIVIL	STF	23, 110, 120, 374, 414, 444
	STJ	167, 432
	TST	**OJ-SDI1** 191
CONSTRUTOR	STJ	194, 308
CONSUMIDOR	STJ	297, 321 (canc.), 601, 602, 608
CONTA-CORRENTE	STJ	233, 259
CONTESTAÇÃO	TST	**S** 48; **OJ-SDI2** 146
CONTINÊNCIA	STF	704
	STJ	489
CONTINUIDADE DELITIVA	STF	605, 711
CONTRABANDO	STF	560
	STJ	151
CONTRATO	STF	335
CONTRATO ADMINISTRATIVO	STF	7
CONTRATO BANCÁRIO	STJ	285, 286, 287, 288, 379, 530, 541, 565, 566
CONTRATO DE ABERTURA DE CRÉDITO	STJ	233, 247, 258, 300, 322
CONTRATO DE CÂMBIO	STJ	307
CONTRATO DE EXPERIÊNCIA	TST	**S** 163, 188, 224, III, 260 (canc.) ; **OJ-SDC** 25; **PN** 18 (canc.), 75 (canc.)
CONTRATO DE EXPLORAÇÃO DE JAZIDA OU PEDREIRA	STF	446
CONTRATO DE FINANCIAMENTO	STF	336
CONTRATO DE MÚTUO	STF	586
	STJ	26
CONTRATO DE PRESTAÇÃO DE SERVIÇOS	TST	**S** 256 (canc.); 331, I a VI
CONTRATO DE TRABALHO	STF	195
	TST	**S** 156, 186, 207 (canc.), 269, 277, 363, 369, I, 382, 430, 440; **OJ-SDI1** 85, 177 (canc.), 185, 199, 270, 335, 338 (canc.), 350, 361, 362, 401, 415, 417; **OJ-SDI1T** 31, 42, II, 72; **OJ-SDI2** 10, 128, 129; **PN** 55
CONTRATO DE TRANSPORTE	STF	161, 186, 187
CONTRATO POR PRAZO DETERMINADO	TST	**S** 2 (canc.), 125, 244, III, 378, III; **OJ-SDI1** 205, II (canc.), 263 (canc.)
CONTRATO POR SAFRA	TST	**S** 2 (canc.)
CONTRATO SOCIAL	TST	**OJ-SDI1** 255
CONTRATO - TAREFA, PARCERIA OU MEAÇÃO	TST	**PN** 20
CONTRAVENÇÃO PENAL	STF	720
	STJ	38
CONTRIBUIÇÃO	STF	30
CONTRIBUIÇÃO CONFEDERATIVA	STF	666. SV 40
CONTRIBUIÇÃO DE INTERVENÇÃO NO DOMÍNIO ECONÔMICO	STJ	516
CONTRIBUIÇÃO PARAFISCAL	STF	553

CONTRIBUIÇÃO PARA FUNDO PIS/PASEP	STJ	77, 468
CONTRIBUIÇÃO PARA SESC E SENAC	STJ	499
CONTRIBUIÇÃO PREVIDENCIÁRIA	STF	241, 466, 467, 530, 688. SV 53
	STJ	107, 159, 425, 458
	TST	**S** 401, 454, 368, I, II, III; **OJ-SDI1** 363, 368, 376; 398; 414 (canc.)
CONTRIBUIÇÃO SINDICAL	STJ	222, 396
	TST	**S** 432; **OJ-SDI1** 290; **OJ-SDC** 17; **PN** 41, 119
CONTRIBUINTE	STF	90, 466, 547, 569, 589, 591
CONTRIBUINTE OBRIGATÓRIO	STF	466
CONTROLE ADMINISTRATIVO	STF	649
CONTROVÉRSIA	STF	284, 287, 288
CONVENÇÃO COLETIVA DE TRABALHO	STF	349, 679
	TST	**S** 280 (canc.); **OJ-SDI1T** 68
CONVENÇÃO DE CONDOMÍNIO	STJ	260
CONVENIÊNCIA ADMINISTRATIVA	STF	39
COOPERATIVA	STF	81, 84, 436
	STJ	262
	TST	**OJ-SDI1** 253, 379; **OJ-SDI2** 53
CORPO DE BOMBEIROS	STF	452
CORREÇÃO MONETÁRIA	STF	561, 562, 617, 638, 682, 725
	STJ	8, 14, 16, 29, 30, 35, 36, 43, 67, 113, 114, 131, 141, 148, 160, 162, 179, 249, 271, 287, 288, 289, 362, 411
	TST	**S** 185 (canc.), 187, 193 (canc.), 211, 284 (canc.), 304, 311, 439; **OJ-SDI1** 28, 42, I, 198, 300, 302; **OJ-SDI1T** 54; **OJ-SDI2** 11
CORREIÇÃO	STF	267
CORRETOR DE SEGUROS	STJ	458
CORRETOR DE TÍTULOS E VALORES MOBILIÁRIOS	TST	**S** 119
CORRUPÇÃO DE MENOR	STJ	500
COTA CONDOMINIAL	STJ	478
CRECHE	TST	**PN** 22
CREDENCIAMENTO BANCÁRIO	TST	**S** 217
CREDIÁRIO	STF	533
CRÉDITO - ESCORE	STJ	550
CRÉDITO HIPOTECÁRIO	STJ	478
CRÉDITO RURAL	STF	638
	STJ	16, 298
CRÉDITO TRABALHISTA	TST	**S** 409; **OJ-SDI1** 356
CRÉDITO TRIBUTÁRIO	STF	SV 8
	STJ	112, 212 , 436, 437, 555, 622
CREDOR	STF	387
CRIME COMETIDO POR MILITAR CONTRA CIVIL	STJ	47
CRIME CONTINUADO	STF	497, 711, 723
CRIME CONTRA A ECONOMIA POPULAR	STF	498
CRIME CONTRA A FAUNA	STF	91
CRIME CONTRA A HONRA	STF	714
CRIME CONTRA A VIDA	STF	605
CRIME CONTRA FUNCIONÁRIO PÚBLICO FEDERAL	STJ	147
CRIME DA LEI DE SEGURANÇA NACIONAL	STF	526
CRIME DE FALSO TESTEMUNHO	STJ	165
CRIME DE FURTO SISTEMA DE VIGILÂNCIA	STJ	567
CRIME DE RESPONSABILIDADE	STF	301 (canc.), 722. SV 46
CRIME DURANTE EXERCÍCIO FUNCIONAL	STF	394 (canc.), 451

CRIME DE USO DE DOCUMENTO FALSO	STJ	546
CRIME FALIMENTAR	STF	147, 592
CRIME HEDIONDO	STF	697, 698. SV 26
	STJ	471
CRIME MILITAR	STJ	90
CRIME PERMANENTE	STF	711
CRIME DE TORTURA	STF	698
CRIMES CONEXOS	STJ	122
CSN	TST	**OJ-SDI1T** 2, 12,13
CULPA	STF	187, 229, 341
	STJ	145
CULPA RECÍPROCA	TST	**S** 14
CUMULAÇÃO DE AÇÕES	TST	**S** 384, I
CUMULAÇÃO DE MULTA	STF	616
CUMULAÇÃO DE PEDIDOS	TST	**OJ-SDI2** 78
CURADOR	STF	352
	STJ	196
CURSO DE ENSINO FORMAL	STJ	341
CUSTAS	STF	223, 236
	STJ	178
	TST	**S** 4 (canc.), 25, 36, 49 (canc.), 53, 86, 170, 352 (canc.); **OJ-SDI1** 13, 30, 33, 104 (canc.), 140, 158, 186, 217; **OJ-SDI1T** 53, 74; **OJ-SDI2** 88, 148; **OJ-SDC** 27
CTPS - BAIXA	TST	**OJ-SDI1** 82
CTPS - FALSA ANOTAÇÃO	STJ	62
CVRD (VALIA)	TST	**OJ-SDI1T** 24
	D	
DANO	STF	188, 257, 314, 492, 562
	STJ	37, 130, 132, 143, 145, 221, 227, 281, 326, 362, 370, 387, 388, 498, 595
	TST	**S** 392, 439; **OJ-SDI1** 421; **OJ-TP/OE** 7, II; **PN** 4 (canc.)
DANO AMBIENTAL	STJ	629
DARF ELETRÔNICO	TST	**OJ-SDI1** 158, 421
DECISÃO CITRA, EXTRA E ULTRA PETITA	TST	**S** 298, V, 396, II; **OJ-SDI2** 41
DECISÃO DE MÉRITO	TST	**S** 192, I a VI, 399, I, 411, 412, 413; **OJ-SDI2** 42 (canc.), 85, 107
DECISÃO INTERLOCUTÓRIA	TST	**S** 214
DECISÃO MONOCRÁTICA	TST	**S** 411, 421, I, II, 353; **OJ-SDI1** 293 (canc.), 378; **OJ-SDI2** 69
DECISÃO RECORRIDA	STF	286, 288
DÉBITO JUDICIAL	STJ	179, 185
DÉBITO PREVIDENCIÁRIO	STJ	65
DÉBITO TRABALHISTA	TST	**S** 304; **OJ-SDI1** 302, 408, 411; **OJ-SDI1T** 10; **OJ-TP/OE** 7, I, II
DÉBITO TRIBUTÁRIO	STJ	446
DECADÊNCIA	STF	360, 403, 631. SV 8
	STJ	106, 477
	TST	**S** 62, 100, I a X, **OJ-SDI2** 12, I e II, 14 (canc.), 15 (canc.), 18, 80, 127
DÉCIMO TERCEIRO SALÁRIO	STF	530, 688
	TST	**S** 2 (canc.), 3 (canc.), 14, 34 (canc.), 45, 46, 50, 62, 78 (canc.), 100, I, II, V, VI, VII, VIII, IX, X, 145 (canc.), 148, 157, 242, 253; **OJ-SDI1** 181, 197 (canc.), 394; **OJ-SDI1T** 47; **OJ-SDI2** 12, I, II, 14 (canc.), 15 (canc.), 18, 80, 127; **PN** 36 (canc.)
DECISÃO INTERLOCUTÓRIA	TST	**S** 214
DECISÃO DE TRIBUNAL - NULIDADE	STF	160
DECLARAÇÃO DE INSUFICIÊNCIA ECONÔMICA	TST	**OJ-SDI1** 304, 331 (canc.)
DECRETO	STF	180, 357, 446, 481, 552
	STJ	160
DECRETO-LEI	STF	496
DEFENSOR	STF	705, 707, 708
DEFENSORIA	STJ	421
	TST	**OJ-SDI1T** 14

DEFESA	TST	**S** 398
DEFICIENTE	STJ	377
DEGRADAÇÃO AMBIENTAL	STJ	618
DELEGACIA REGIONAL DO TRABALHO	TST	**OJ-SDC** 24 (canc.)
DELEGADO SINDICAL	TST	**OJ-SDI1** 369
DEMANDA POR COMPLEMENTAÇÃO DE AÇÕES DE EMPRESAS DE TELEFONIA	STJ	551
DEMISSÃO	STF	20, 21, 24, 25, 47, 50, 197, 200, 215, 384, 462
DEMISSÃO VOLUNTÁRIA	STJ	215
DEMONSTRATIVO DO DÉBITO	STJ	246
DENTISTA	TST	**S** 143
DENÚNCIA	STF	564, 607, 707, 709
DENÚNCIA ESPONTÂNEA	STJ	360
DENUNCIAÇÃO DA LIDE	TST	**OJ-SDI1** 227 (canc.)
DENUNCIADO	STF	704, 707
DEPENDENTES	STF	613
DEPOSITÁRIO	STF	619 (canc.). SV 25
	STJ	304, 305, 319, 419
	TST	**OJ-SDI2** 89, 143
DEPÓSITO BANCÁRIO	STF	588
DEPÓSITO JUDICIAL	STJ	179, 185, 271
DEPÓSITO PRÉVIO	STF	175, 232. SV 21, 28
	STJ	112, 175, 232, 373, 483
	TST	**S** 4 (canc.), 99, 161, 194 (canc.), 424; **OJ-SDI2** 98
DEPÓSITO RECURSAL	STF	240
	TST	**S** 4 (canc.), 35 (canc.), 86, 99, 128, I, II, III, 161, 165 (canc.), 216 (canc.), 217, 245, 426; **OJ-SDI1** 13, 127, 140, 217, 264
DEPUTADO	STF	398
DEPUTADO ESTADUAL	STF	3 (sup.)
DESAFORAMENTO	STF	712
DESAPROPRIAÇÃO	STF	23, 111, 157, 164, 218, 345, 378, 416, 476, 561, 617, 618, 652
	STJ	12, 56, 67, 69, 70, 102, 113, 114, 119, 131, 141, 408
DESCAMINHO	STF	560
	STJ	151
DESCANSO	STF	461, 675
DESCENDENTE	STF	152 (rev.)
DESCONTO ASSISTENCIAL	TST	**S** 224 (canc.), 334 (canc.); **PN** 74 (canc.)
DESCONTO PREVIDENCIÁRIO E FISCAL	TST	**S** 368, I, II, III, 401; **OJ-SDI1** 363, 348, 368, 400
DESCONTO SALARIAL	TST	**S** 155, 342; **OJ-SDI1** 160, 251; **OJ-SDC** 18; **PN** 14, 88 (canc.), 109, 118
DESEMBARAÇO ADUANEIRO	STF	661
	STJ	569
	TST	**S** 4 (canc.), 25, 35 (canc.), 36, 49 (canc.), 53, 86, 99, 128, I, II, III, 161, 165 (canc.), 170, 194 (canc.), 216 (canc.), 217, 245, 352 (canc.); **OJ-SDI1** 13, 30, 33, 104 (canc.), 140, 158, 186 (canc.), 264, 389; **OJ-SDI1T** 53; **OJ-SDI2** 80, 148; **OJ-SDC** 27
DESFILIAÇÃO PARTIDÁRIA	TSE	67
DESISTÊNCIA	TST	**S** 180 (canc.), 255 (canc.)
DESMEMBRAMENTO DE MUNICÍPIO	TST	**OJ-SDI1** 92
DESMEMBRAMENTO DE SERVENTIA	STF	46
DESOCUPAÇÃO	STF	109
DESPACHANTE ADUANEIRO	STF	94
DESPACHO	STF	428, 425
DESPACHO ADUANEIRO	STF	437
DESPACHO SANEADOR	STF	424
DESPEDIDA INJUSTA	STF	459
DESPESAS COM TRANSPORTE	STJ	190

DESQUITE	STF	116, 226, 305, 379
DESVIO DE VERBA	STJ	209
DESVIO DE FUNÇÃO	STJ	378
	TST	**S** 275, I, II; **OJ-SDI1** 125
DIÁRIAS	STF	232
	TST	**S** 101, 318
DIA ÚTIL	STF	310
DIGITADOR	TST	**S** 346
DIREÇÃO SEM HABILITAÇÃO	STF	720
DIREITO ADQUIRIDO	STF	473
DIREITO AUTORAL	STF	386
	STJ	63, 228, 261, 574
DIREITO DE RETENÇÃO	STJ	335
DIREITO ESTRANGEIRO	STF	692
DIREITO DE TRIBUTAR	STF	503
DIREITO LOCAL	STF	280
DIREITO PESSOAL	STF	488
DIREITO POLÍTICO	TSE	9
DIREITO TRABALHISTA	STF	327, 349, 461, 458
DIRETOR ELEITO	TST	**S** 269; **OJ-SDI1** 253
DIRIGENTE DE ASSOCIAÇÃO PROFISSIONAL	TST	**S** 222 (canc.)
DIRIGENTE DE AUTARQUIA	STF	25
DIRIGENTE SINDICAL	TST	**S** 369, V, 379; **OJ-SDI1** 266; **OJ-SDI2** 65, 137; **PN** 83, 91
DISACUSIA	STJ	44
DISPENSA	TST	**S** 10, 20 (canc.), 26 (canc.), 31 (canc.), 54, 73, 142 (canc.), 150 (canc.), 171, 182, 212, 306 (canc.), 314, 348, 379, 443; **OJ-SDI1** 148, 247; **OJ-SDI1T** 38; **OJ-SDC** 30; **PN** 24, 39 (canc.), 47, 76 (canc.), 82
DISPENSA DISCRIMINATÓRIA	TST	**S** 443
DISPONIBILIDADE	STF	10, 11, 39, 358, 417, 567
DISSÍDIO COLETIVO	TST	**S** 141 (canc.), 177 (canc.), 179 (canc.), 397, 402; **OJ-SDI1T** 68; **OJ-SDC** 2, 3, 5, 6 (canc.), 7, 8, 9, 19, 24 (canc.), 29, 32, 37 (canc.); **PN** 10, 37, 82
DISSÍDIO INDIVIDUAL	TST	**S** 426
DISSÍDIO JURISPRUDENCIAL	STF	291
DISSOLUÇÃO IRREGULAR	STJ	435
DISSOLUÇÃO JUDICIAL	STF	380
DISTRITO FEDERAL	STF	642, 647
DIVERGÊNCIA	STF	286, 290, 291, 354, 369
	STJ	13
DIVERGÊNCIA JURISPRUDENCIAL	TST	**S** 23, 38 (canc.), 42 (canc.), 208 (canc.), 296, I, II, 333, 337, IV, 413, 433; **OJ-SDI1** 95, 111, 147, I, II, 260, II; **OJ-SDI1T** 3
DÍVIDA POR ATO ILÍCITO	STJ	43
DÍVIDA TRABALHISTA	TST	**S** 18
DIVISOR	TST	**S** 124, 267 (canc.), 343, 347, 431; **OJ-SDI1** 396
DIVÓRCIO	STF	381
	STJ	197
DNA	STJ	301
DOAÇÃO	STF	328
DOAÇÃO DE CAMPANHA	TSE	21 (canc.)
DOBRA SALARIAL	TST	**S** 69, 388
DOCENTES	STF	48
DOCUMENTO	TST	**OJ-SDI1** 36, 134, 287
DOCUMENTO ESTRANGEIRO	STF	259
DOCUMENTO FALSO	STJ	104
DOCUMENTO NOVO	TST	**S** 402; **OJ-SDI1** 287
DOENÇA GRAVE	TST	**S** 443
DOENÇA PROFISSIONAL	TST	**S** 378, II; **OJ-SDI1** 41, 154 (canc.), 421; **OJ-SDI2** 142
DOLO	STF	229
	STJ	145
	TST	**S** 403, I, II
DOMICÍLIO	STF	61, 80, 363
	STJ	1, 58
DOMÍNIO	STF	82, 326, 477, 480, 487, 479
DPVAT	STJ	257, 405, 426, 470 (canc.), 474, 540, 544, 573
DROGARIA	STJ	275
DROGAS	STJ	501, 512 (canc.), 587, 607, 630
DUPLA APOSENTADORIA	STF	371, 372
DUPLICATA	STJ	248
DUPLO GRAU DE JURISDIÇÃO	TST	**S** 100, VII, 303, I; **OJ-SDI2** 21
DÚVIDA	STF	503
E		
ECONOMIA PATERNA	STF	1
EDITAL	STJ	196
	TST	**OJ-SDC** 28, 29, 35
EFEITO DEVOLUTIVO	TST	**S** 393; **OJ-SDI1** 142, II
EFEITO FINANCEIRO	TST	**S** 28, 363, 396, I; **OJ-SDI1** 12, 85, 91, 101 (canc.); **OJ-SDI1T** 56; **OJ-SDI2** 24
EFEITO MODIFICATIVO	TST	**S** 278, 421, I, II; **OJ-SDI1** 142, I
EFEITO PATRIMONIAL	STF	271
EFEITO SUSPENSIVO	TST	**S** 279, 414, I; **OJ-SDI2** 113 (canc.)
EIRADO	STF	414
ELEGIBILIDADE - CONDIÇÃO	TSE	2
ELEIÇÃO DE FORO	STF	335
ELETRICITÁRIO	TST	**S** 191, 229, 361; **OJ-SDI1** 279 (canc.)
EMBARGOS	STF	228, 277, 278, 296, 353, 355, 518
	STJ	46, 153, 196, 317
	TST	**S** 23, 38 (canc.), 42 (canc.),126 (canc.), 183 (canc.), 184, 195 (canc.), 196 (canc.),283, 296, I, II, 297, 333, 335 (canc.), 337, 353, 433, 458; **OJ-SDI1** 95, 120, 147, I, II, 219, 293 (canc.), 294, 295 (canc.), 335, 336, 378, 405 (canc.); **OJ-SDI1T** 78, 79
EMBARGOS À Adjudicação	TST	**OJ-SDI2** 66
EMBARGOS À ARREMATAÇÃO	STJ	331
EMBARGOS À EXECUÇÃO	STJ	394
EMBARGOS DA LEI 623/1949	STF	233, 247, 253, 273, 290, 300, 353
EMBARGOS DE DECLARAÇÃO	STF	317, 356;
	STJ	98, 211
	TST	**S** 184, 213 (canc.), 278, 297, II, 385, III, 421, I, II, 434; **OJ-SDI1** 142, I, 192, 377 (canc.); **OJ-SDI1T** 17
EMBARGOS DE DIVERGÊNCIA	STF	401, 598, 599 (canc.)
	STJ	158, 168, 315, 316, 420
EMBARGOS DE NULIDADE	STF	211
EMBARGOS DE TERCEIRO	STJ	84, 134, 195, 303
	TST	**S** 419; **OJ-SDI1T** 53; **OJ-SDI2** 54
EMBARGOS DO DEVEDOR	STJ	46, 317, 318
EMBARGOS INFRINGENTES	STF	211, 293, 294, 295, 296, 354, 355, 368, 455, 597
	STJ	88, 169, 207, 255, 390
	TST	**S** 133 (canc.)
EMENDA CONSTITUCIONAL	TST	**OJ-SDI1** 12, 271, 339, 417, 421; **OJ-TP/OE** 1, 3
EMITENTE	STF	600
EMOLUMENTOS	STJ	178
EMPREGADO	STF	212, 215, 219, 223, 341
	TST	**OJ-SDI1** 232, 235; **OJ-SDC** 37 (canc.)
EMPREGADO - CLASSIFICAÇÃO	STF	196
EMPREGADO COMERCIAL	STF	196
EMPREGADO ESTÁVEL	STF	220, 221, 403
EMPREGADO HORISTA	STF	199
EMPREGADO INDUSTRIAL	STF	196
EMPREGADOR	STF	196, 209, 227, 313, 337, 434, 529
EMPREGADOS ASSOCIADOS	TST	**OJ-SDC** 17, 21
EMPREITADA	STJ	167
EMPREITEIRO	STF	334

	TST	**OJ-SDI1** 191
EMPRESA	TST	**S** 44
EMPRESA - EXTINÇÃO	TST	**S** 339, II; **OJ-SDI1** 278
EMPRESA AEROVIÁRIA	STF	471
EMPRESA AGROINDUSTRIAL	TST	**OJ-SDI1** 419
EMPRESA DE NAVEGAÇÃO AÉREA	STF	550
EMPRESA DE PROCESSAMENTO DE DADOS	TST	**S** 239; **OJ-SDI1** 64, 126; **OJ-SDC** 36
EMPRESA PRESTADORA DE SERVIÇO	STF	658
	TST	**OJ-SDI1** 342 (canc.)
EMPRESA PÚBLICA	STF	501
	STJ	150
	TST	**S** 355, 390, II; **OJ-SDI**-1 51, 237, 247, 338 (canc.), 339 ; **OJ-SDI1T** 71, 75
EMPRÉSTIMO COMPULSÓRIO	STF	418
	STJ	553
ENERGIA ELÉTRICA	STF	78, 157, 218, 659
	STJ	391
	TST	**S** 367, I; **OJ-SDI1** 324
ENERGIPE	TST	**OJ-SDI1T** 15
ENFITEUSE	STF	122, 170
ENGENHEIRO	TST	**S** 370; **OJ-SDI1** 165
ENGRADADOS	TST	**PN** 66
ENQUADRAMENTO FUNCIONAL	TST	**S** 239, 257, 275, II; **OJ-SDI1** 64, 125, 179, 315, 419; **OJ-SDI1T** 34, 77
ENQUADRAMENTO SINDICAL	TST	**OJ-SDC** 9
ENSINO SUPERIOR	STF	58
	STJ	595
ENTIDADE AUTÁRQUICA DA PREVIDÊNCIA SOCIAL	STJ	24
ENTIDADE DE CLASSE	STF	629, 630
ENTIDADE FECHADA DE PREVIDÊNCIA SOCIAL	STF	730
ENTORPECENTE	STF	522
ENTRÂNCIA	STF	40
ENTREGA DE MERCADORIA	STF	193
EQUIPARAÇÃO	TST	**S** 6, I, V a X, 55, 117, 119, 127, 231 (canc.), 455; **OJ-SDI1** 193 (canc.), 296, 297, 353 (canc.), 379, 418; **OJ-SDI1T** 29
EQUIPARAÇÃO DE DIREITOS	STF	42
ERRO DE FATO	TST	**OJ-SDI2** 103, 136
ESTABELECIMENTO BANCÁRIO	STF	588
ESTABELECIMENTO COMERCIAL	STF	645, 646. SV 38, 49
	STJ	63, 157, 166, 451
ESTABELECIMENTO DE CRÉDITO	STJ	179
	TST	**S** 117
ESTABELECIMENTO INDUSTRIAL	STJ	157
ESTABELECIMENTO PARTICULAR DE ENSINO	STJ	34
ESTABELECIMENTO PENAL	STF	SV 56
ESTABILIDADE	STF	45, 384, 463, 676
	STJ	346
	TST	**S** 26 (canc.), 54, 98, I, II, 378, 369, I a III, 390, I, II, 396, II; **OJ-SDI1** 41, 247, 266, 364, 369, 421; **OJ-SDI1T** 42; **OJ-SDI2** 6, 22, 23, 24; **OJ-SDC** 31
ESTABILIDADE PROVISÓRIA	TST	**S** 222 (canc.), 244, I, II, III, 339, I, II, 348, 369, 371, 378, 379, 396, I, II; **OJ-SDI1** 41, 51, 114, 154 (canc.), 230, 253, 268, 365, 369, 399; **OJ-SDI2** 6, 23, 24, 65, 137; **OJ-SDC** 30, 31; **PN** 26 (canc.), 27 (canc.), 30 (canc.), 49 (canc.), 51 (canc.), 77, 80, 85, 86

ESTABILIDADE REGULAMENTAR	TST	**S** 51, II, 98, II, 345, 355; **OJ-SDI1T** 9, 38
ESTADO	STF	157, 274 (rev.), 306, 468, 503, 567
ESTADO E MUNICÍPIO	TST	**OJ-SDI1** 318
ESTAGIÁRIO	TST	**OJ-SDI1** 319, 366
ESTÁGIO PROBATÓRIO	STF	21, 22
ESTATUTO DOS FUNCIONÁRIOS CIVIS	STF	26
ESTELIONATO	STF	521
	STJ	17, 24, 48, 73, 107, 246
ESTRANGEIRO	STF	1, 59, 60, 61, 62, 63, 64, 420
ESTUDANTE	STF	406
	TST	**PN** 2 (canc.), 32, 70
ESTUPRO	STF	608
	STJ	593
EXAME CRIMINOLÓGICO	STF	SV 26
	STJ	439
EXAME CESSAÇÃO DA PERICULOSIDADE	STF	520
EXAME PSICOTÉCNICO	STF	686. SV 44
EXCEÇÃO DE INCOMPETÊNCIA	TST	**S** 100, VIII
EXCEÇÃO DE PRÉ-EXECUTIVIDADE	STJ	393
EXECUÇÃO	STF	150, 413
	STJ	27, 279, 317, 328, 478
	TST	**S** 128, II, 193 (canc.), 205 (canc.), 210 (canc.), 266, 401, 405, I, 416, 417, I, II, III, 419, 433, 454; **OJ-SDI1** 87, 138, 143, 226, 262, 277, 300, 343, 414 (canc.); **OJ-SDI1T** 53, 54, 56; **OJ-SDI2** 3, 30, b, 35, 49 (canc.), 56, 59, 76, 87 (canc.), 93, 107, 123, 131, 147 (canc.), 153; **OJ-TP/OE** 1, 2, 3, 6, 9
EXECUÇÃO DE PENA	STF	698, 700
	STJ	192
EXECUÇÃO DE SENTENÇA	STF	228, 433
	STJ	10
EXECUÇÃO HIPOTECÁRIA	STJ	199
EXECUÇÃO FISCAL	STF	276, 277, 278, 507, 519
	STJ	58, 66, 121, 128, 139, 153, 189, 190, 251, 314, 349, 392, 393, 400, 409, 414, 515, 521, 558, 559
EXECUÇÃO POR CARTA	TST	**S** 419
EX-EMPREGADO	TST	**S** 311; **OJ-SDI1** 26
EXEQUENTE	STJ	153
EXERCÍCIO FINANCEIRO	STF	66, 67
EXONERAÇÃO	STF	21
EXPEDIENTE	STF	310
EXPORTAÇÃO	STF	137, 143, 572
	STJ	49, 129
EXPORTADOR	STF	137
	STJ	129
EXPOSIÇÃO EVENTUAL, PERMANENTE E INTERMITENTE	TST	**S** 47, 361, 364, I, 453; **OJ-SDI1** 5
EXPROPRIAÇÃO	STF	479
	STJ	354
EXPURGO INFLACIONÁRIO	TST	**OJ-SDI1** 341, 344, 370
EXPULSÃO DE ESTRANGEIRO	STF	1
EXTINÇÃO DE CARGO	STF	11
EXTINÇÃO DE PUNIBILIDADE	STF	560
	STJ	17, 439
EXTINÇÃO DO PROCESSO	STF	631
	STJ	240
	TST	**OJ-SDI1** 277; **OJ-SDI2** 70, 84, 113 (canc.)
EXTORSÃO	STJ	96
EXTRADIÇÃO	STF	421, 692
EXTRADITADO	STF	421
EXTRADITANDO	STF	2, 367
EXTRANUMERÁRIO	STF	13, 50, 384
EXTRAVIO DE CARGA	STF	151

F		
FAC-SÍMILE	TST	**S** 387, I a IV
FAIXA DE FRONTEIRA	STF	477
FALÊNCIA	STF	191, 192, 193, 417, 495
	STJ	25, 29, 36, 88, 219, 248, 280, 305, 307
FALSA IDENTIDADE	STJ	522
FALTA AO SERVIÇO	TST	**S** 15, 32, 46, 89, 155, 282; **PN** 81, 95
FALTA DE DEFESA	STF	523
FALTA DISCIPLINAR	STJ	533
FALTA GRAVE	STF	197, 215, 316, 403
	STJ	441, 526, 534, 535
	TST	**S** 32, 62, 73, 379; **OJ-SDI2** 137
FALTA RESIDUAL	STF	18
FARMACÊUTICO	STJ	413, 561
FARMÁCIA	STJ	275
FATO CONSUMADO	STJ	613
FATO DELITUOSO	STF	453
FATO GERADOR	STF	551, 577
FAZENDA ESTADUAL	STJ	497
FAZENDA NACIONAL	STF	218
FAZENDA PÚBLICA	STF	163, 255, 277, 383
	STJ	45, 85, 116, 190, 232, 279, 325, 339, 406, 483, 487
	TST	**S** 303, I a III; **OJ-SDI1** 73, 382; **OJ-TP/OE** 1, 2, 3, 7, I a III, 9
FERIADO	TST	**S** 27, 100, IX, 146, 147 (canc.), 385, II; **OJ-SDI1** 93 (canc.), 103; **PN** 23 (canc.)
FÉRIAS	STF	198, 199, 200
	STJ	125, 386
	TST	**S** 7, 10, 14, 46, 81, 89, 100, IX, 104 (canc.), 147 (canc.), 149, 151 (canc.), 159, I, 171, 261, 253, 328, 450; **OJ-SDI1** 96 (canc.), 181, 195, 386 (canc.), 394; **OJ-SDI1T** 50; **PN** 21 (canc.), 27 (canc.), 28 (canc.), 100, 116
FERROVIÁRIO	STF	371
	TST	**S** 61, 106; **OJ-SDI1** 274
FGTS	STF	593
	STJ	82, 154, 161, 210, 249, 252, 353, 398, 445, 459, 466, 514, 571
	TST	**S** 63, 95 (canc.), 98, I, II, 125, 176, 206, 223 (canc.), 295 (canc.), 305, 362, 426, 460; **OJ-SDI1** 42, I, II, 177 (canc.), 195, 232, 301 (canc.), 302, 341, 344, 362, 370, 394; **OJ-SDI1T** 1, 39, 42
FIADOR	STJ	214, 268
FIANÇA	STJ	81, 332
FILHO ADULTERINO	STF	447
FILHO BRASILEIRO	STF	421
FILHO MENOR	STF	491
FILHO SOLTEIRO	STF	484
FILIAÇÃO PARTIDÁRIA	TSE	2, 14 (canc.), 20
FILMES	STF	580, 657
	STJ	135
FINALIDADE COMERCIAL	STF	64
FINANCEIRA	TST	**S** 55
FINSOCIAL	STF	658, 659
	STJ	94
FIRMA INDIVIDUAL	STF	466
FISCAL DA LEI	STJ	99
FISCALIZAÇÃO PREVIDENCIÁRIA	STF	439
FISCALIZAÇÃO TRIBUTÁRIA	STF	439
FLAGRANTE	STF	145
FOLGA REMUNERADA	TST	**OJ-SDI1T** 31
FORÇA MAIOR	STF	221
FORO	STF	335, 721
	STJ	1
FRAUDE	TST	**S** 20 (canc.), 100, VI; **OJ-SDI1T** 30; **OJ-SDI2** 94, 154; **OJ-SDC** 33 (canc.)
FRAUDE À EXECUÇÃO	STJ	375
FRAUDE CONTRA CREDORES	STJ	195
FRENTISTA	TST	**OJ-SDI1** 251
FRETE	STF	540, 553, 572
	STJ	100
FRUTAS	STF	89, 134
FUGA DE PRESO	STJ	75
FUNÇÃO	STF	202, 694
FUNCIONÁRIO	STF	11, 13, 16, 17, 20, 21, 22, 24, 27, 34, 39, 44, 384
FUNDAÇÃO HABITACIONAL DO EXÉRCITO	STJ	324
FUNDAMENTAÇÃO	STF	284
FUNDO DE COMÉRCIO	STF	481
FUNGIBILIDADE RECURSAL	TST	**S** 421, II; **OJ-SDI1** 412; **OJ-SDI2** 69, 152
FURTO DE VEÍCULO	STJ	130
FURTO QUALIFICADO	STJ	442, 511

G		
GATT	STF	575
	STJ	71, 124
GESTANTE	TST	**S** 142 (canc.), 244, I a III, 260 (canc.); **OJ-SDI1** 44; **OJ-SDC** 30; **PN** 49 (canc.)
GORJETA	TST	**S** 290 (canc.), 354
GRATIFICAÇÃO	STF	26, 29, 32, 207, 459
	TST	**S** 67, 78 (canc.), 152; **OJ-SDI1** 208; **OJ-SDI1T** 43; **PN** 103
GRATIFICAÇÃO DE DESEMPENHO DE ATIVIDADE TÉCNICO-ADMINISTRATIVA - GDATA	STF	SV 20
GRATIFICAÇÃO DE DESEMPENHO DE ATIVIDADE DE SEGURIDADE SOCIAL E DO TRABALHO - GDASST	STF	SV 34
GRATIFICAÇÃO DE FUNÇÃO	TST	**S** 102, I a VII, 109, 233 (canc.), 234 (canc.), 237 (canc.), 238 (canc.), 240, 372, I e II; **OJ-SDI1T** 70
GRATIFICAÇÃO DE NÍVEL SUPERIOR	TST	**OJ-SDI2** 26
GRATIFICAÇÃO DE TEMPO DE SERVIÇO	TST	**S** 202, 203, 225, 226
GRATIFICAÇÃO NATALINA	TST	**S** 45, 50, 148
GRATIFICAÇÃO SEMESTRAL	TST	**S** 115, 253, 373; **OJ-SDI1** 197 (canc.)
GREVE	STF	316
	TST	**S** 189; **OJ-SDC** 1 (canc.), 12 (canc.), 10, 11, 38; **PN** 29
GRUPO ECONÔMICO	TST	**S** 93, 129, 205 (canc.), 239; **OJ-SDI1** 411
H		
Habeas corpus	STF	208, 344, 395, 431, 606, 690, 691, 692, 693, 694, 695
	TST	**OJ-SDI2** 89, 143, 156
Habeas data	STJ	2
HABITAÇÃO	TST	**S** 367, I; **PN** 34, 62
HABITUALIDADE	STF	209, 459
	TST	**S** 24, 45, 60, I, 85, IV, 115, 291, 347, 376, II
HERANÇA	STF	98, 99
HIPOTECA	STJ	308
HOMOLOGAÇÃO	STF	559
	TST	**S** 6, I, 190, 231 (canc.), 418; **OJ-SDI1** 193 (canc.); **OJ-SDC** 2, 31, 34
HONORÁRIOS ADVOCATÍCIOS	STF	115, 185, 234, 256, 257, 378, 389, 450, 472, 512, 616, 617. SV 47
	STJ	14, 29, 105, 110, 111, 131, 141, 201, 303, 306, 453, 517, 519
	TST	**S** 11 (canc.), 219, II, 220, 310, 329; **OJ-SDI1** 304, 305 (canc.), 348, 421; **OJ-SDI2** 138
HONORÁRIO SUCUMBENCIAL	STJ	453, 488
HONORÁRIO PERICIAL	STJ	232
	TST	**S** 236 (canc.), 341, 457; **OJ-SDI1** 198, 387 (canc.); **OJ-SDI2** 98
HONRA	STF	396
HORA CERTA	STJ	196
HORA EXTRA	STF	593

	STJ	463
	TST	**S** 24, 45, 49 (canc.), 56 (canc.), 60, II, 61, 63, 76 (canc.), 85, III, IV, 88 (canc.), 90, V, 94, 96, 102, I a VI, 109, 110, 113, 115, 118, 124, 132, I, 151, 172, 199, I, II, 215 (canc.), 226, 233 (canc.), 234 (canc.), 237 (canc.), 238 (canc.), 253, 264, 291, 338, I a III, 340, 347, 354, 366, 370, 376, I, II, 384, II, 391, I, 423, 437, I, 446, 449; **OJ-SDI1** 17, 18, I, 47, 60, 97, 123, 206, 223, 233, 234, 235, 242, 274, 275, 307 (canc.), 332, 355, 394, 397, 415; **OJ-SDI1T** 2, 70; **OJ-SDI2** 5; **PN** 19, 43 (canc.),
HORA *IN ITINERE*	TST	**S** 90, I a V, 320; **OJ-SDI1T** 36; **PN** 114 (canc.)
HORÁRIO BANCÁRIO	STJ	19
HORÁRIO COMERCIAL	STF	419, 645. SV 38
HORÁRIO VAGO	TST	**PN** 31
HOTEL	STF	481
	STJ	261
I		
ICMS	STF	660, 661, 662. SV 32, 48
	STJ	49, 68, 71, 80, 87, 94, 95, 129, 135, 152, 155, 163, 166, 198, 237, 334, 350, 391, 395, 431, 432, 433, 457, 509
IDADE	STF	14, 36, 683
IDENTIDADE FÍSICA DO JUIZ	STF	222
	TST	**S** 136
ILIQUIDEZ	STJ	258
ILUMINAÇÃO PÚBLICA	STF	670
ILUMINAMENTO	TST	**OJ-SDI1T** 57
IMAGEM	STJ	403
IMIGRANTE	STF	59, 60
IMISSÃO NA POSSE	STF	164, 476
	STJ	69
IMÓVEL	STF	23, 96, 98, 99, 108, 176, 181, 328, 345, 370, 411, 413, 442, 444, 481, 539, 583, 589, 656
	STJ	31, 69, 76, 84, 134, 238
IMÓVEL FUNCIONAL	STJ	103
IMPEDIMENTO	STF	72, 252
IMPENHORABILIDADE	STJ	486
IMPLEMENTOS	STF	573
IMPORTAÇÃO	STF	83, 89, 132, 133, 134, 140, 244, 437, 469, 570, 575, 576, 577, 660, 661
	STJ	100, 155, 198, 569
IMPORTAÇÃO DE COMBUSTÍVEL	STF	535
IMPORTAÇÃO DE PETRÓLEO	STF	302
IMPORTADOR	STF	577
IMPOSTO	STF	74, 81, 82, 87, 90, 92, 95, 239
IMPOSTO DE CIRCULAÇÃO DE MERCADORIAS - ICM	STF	536, 569, 570, 571, 572, 573, 574, 575, 576, 577, 578, 579, 615
	STJ	20, 68, 71, 80, 431, 432
IMPOSTO DE CONSUMO	STF	83, 84, 85, 86, 125, 127, 244, 309
IMPOSTO DE IMPORTAÇÃO	STF	142, 308, 309, 534, 582
	STJ	95, 124
IMPOSTO DE INDÚSTRIAS E PROFISSÕES	STF	90, 91, 318, 350, 471
IMPOSTO DE LICENÇA	STF	92
IMPOSTO DE LUCRO EXTRAORDINÁRIO	STF	95
IMPOSTO DE LUCRO IMOBILIÁRIO	STF	96, 97, 98, 99, 100
IMPOSTO DE RENDA	STF	93, 94, 493, 584, 585, 586, 587
	STJ	125, 136, 184, 215, 262, 386, 447, 463, 498, 556, 590, 598, 627
	TST	**S** 368, I, II, 401; **OJ-SDI1** 207, 363, 400; **OJ-SDI2** 19
IMPOSTO DE REPOSIÇÃO	STF	116
IMPOSTO DE TRANSAÇÃO	STF	139
IMPOSTO DE TRANSMISSÃO	STF	75, 82, 331

IMPOSTO DE TRANSMISSÃO "CAUSA MORTIS"	STF	112, 113, 114, 115, 331, 435, 590
IMPOSTO DE TRANSMISSÃO "INTER VIVOS"	STF	75, 108, 110, 111, 326, 328, 329, 470, 656
IMPOSTO DE VENDAS E CONSIGNAÇÕES	STF	117, 118, 119, 124, 125, 143, 332, 333, 334, 438, 533, 540, 541
IMPOSTO ESTADUAL DO SELO	STF	107, 537
IMPOSTO FEDERAL	STF	77, 144
IMPOSTO FEDERAL DO SELO	STF	102, 103, 104, 303, 468
IMPOSTO MUNICIPAL	STF	78, 92, 578,
IMPOSTO PREDIAL E TERRITORIAL URBANO	STF	539, 583, 589, 668, 724, SV 52
	STJ	160, 397, 399, 614, 626
IMPOSTO SOBRE COMBUSTÍVEL	STF	543
IMPOSTO SOBRE OPERAÇÕES FINANCEIRAS - IOF	STF	664
	STJ	185
IMPOSTO SOBRE PRODUTOS INDUSTRIALIZADOS - IPI	STF	591. SV 58
	STJ	95, 411, 494, 495
IMPOSTO SOBRE SERVIÇOS - ISS	STF	588. SV 31
	STJ	138, 156, 167, 274, 424
IMPOSTO TERRITORIAL RURAL	STF	595
	STJ	139
IMPOSTO ÚNICO	STF	91, 118
IMPRENSA	STJ	221, 281
IMPROBIDADE ADMINISTRATIVA	STJ	634
IMPUTAÇÃO DE PAGAMENTO	STJ	464
IMUNIDADE	STF	3 (sup.), 4 (canc.), 73, 75, 76, 324, 336, 468, 553, 591, 657, 730. SV 52, 57, 58
IMUNIDADE DE JURISDIÇÃO	TST	**OJ-SDI1** 416
IMUNIDADE PARLAMENTAR	STF	245
IDENTIFICAÇÃO CRIMINAL	STF	568
INALIENABILIDADE	STF	49, 54
INATIVIDADE	STF	51, 52, 57, 441
INCOMPETÊNCIA	STF	322
	STJ	33, 177
INCOMPETÊNCIA ABSOLUTA	TST	**OJ-SDI1** 62; **OJ-SDI2** 124
INCOMPETÊNCIA RELATIVA	TST	**OJ-SDI2** 149
INCOMUNICABILIDADE DOS BENS	STF	49
INCONSTITUCIONALIDADE	STF	67, 82, 107, 124, 126, 135, 138, 144, 274 (rev.), 285, 360, 466, 513, 531, 537, 542, 548, 551, 569, 589, 595, 614, 678, 681. SV 2, 8, 21, 28, 31, 42, 43
INDÉBITO TRIBUTÁRIO	STJ	461
INDENIZAÇÃO	STF	23, 35, 151, 161, 181, 200, 215, 219, 220, 229, 232, 261, 314, 378, 412, 416, 444, 463, 464, 465, 479, 490, 491, 493, 529, 562, 617
	STJ	37, 39, 67, 101, 109, 113, 141, 186, 194, 215, 229, 238, 246, 257, 281, 313, 465, 498
	TST	**S** 7, 24, 44, 73, 76 (canc.), 94 (canc.), 98, I, 132, I, 147 (canc.), 148, 150 (canc.), 242, 244, I, II, 253, 291, 295 (canc.), 339, II, 389, II, 392, 445; **OJ-SDI1** 148, 207, 399; **OJ-SDI2** 24; **OJ-SDI1T** 44, 67; **PN** 98
INDENIZAÇÃO ADICIONAL	TST	**S** 182, 242, 306 (canc.), 314; **OJ-SDI1** 42, II, 83, 268
INDENIZAÇÃO EM DOBRO	TST	**S** 28, 54; **OJ-SDI1** 101 (canc.)
INDENIZAÇÃO POR DEFEITO DA OBRA	STJ	194
INDENIZAÇÃO POR DESPEDIDA INJUSTA	STF	462, 459

INDENIZAÇÃO POR TEMPO DE SERVIÇO	TST	**S** 20 (canc.), 24; **OJ-SDI1T** 44
INDÍGENA	STF	650
	STJ	140
INDISPONIBILIDADE DE BENS E DIREITOS	STJ	560
INDULTO	STJ	535, 631
INDÚSTRIA AUTOMOBILÍSTICA	STF	437
INELEGIBILIDADE	STF	SV 18
	TSE	1 (canc.), 5, 6, 7 (canc.), 8 (canc.), 12, 13, 19, 41, 47, 60, 61, 66, 69, 70
INÉPCIA	TST	**S** 408; **OJ-SDI2** 70
INFLAMÁVEL	TST	**OJ-SDI1** 5, 385
INFORMAÇÕES	STJ	2
INFRAÇÃO AMBIENTAL	STJ	467
INFRAÇÃO DE TRÂNSITO	STJ	312, 434
INFRAÇÃO PENAL	STF	693
INQUÉRITO	STF	21, 197, 403, 524
	TST	**S** 49 (canc.), 62, 379; **OJ-SDI2** 137
INQUILINATO	STF	375
INSALUBRIDADE	STF	194, 307
INSS	STJ	175, 178, 483
	TST	**OJ-SDI1** 154; **OJ-SDI2** 57
INSTALAÇÃO SANITÁRIA	TST	**S** 448, II
INSTÂNCIA ESPECIAL	STJ	115
INSTITUIÇÃO FINANCEIRA	STJ	283, 297, 479
INSTITUIÇÃO PREVIDENCIÁRIA	STF	37
INSTITUIÇÕES PRIVADAS	STF	596
INSTITUIÇÕES PÚBLICAS	STF	596
INSTITUTO BRASILEIRO DO CAFÉ	STF	119, 124
INSTRUÇÃO CRIMINAL	STJ	52
INTEGRAÇÃO	TST	**S** 132, I, II; **OJ-SDI1** 259, 267
INTERBRAS	TST	**OJ-SDI1T** 59
INTERPRETAÇÃO DA LEI	STF	400
INTERDIÇÃO DE ESTABELECIMENTO	STF	70
INTERDITO PROIBITÓRIO	STJ	228
INTERESSE JURÍDICO	STJ	150
	TST	**S** 82; **OJ-SDI1** 188; **OJ-SDI2** 113 (canc.)
INTERNAÇÃO HOSPITALAR	STJ	302
INTERNET	STJ	334
INTERVALO INTERJORNADA	TST	**OJ-SDI1** 355
INTERVALO INTRAJORNADA	TST	**S** 88 (canc.), 110, 118, 346, 437, I, 438, 446; **OJ-SDI1** 178, 307 (canc.), 342 (canc.), 354 (canc.), 360 (canc.), 380 (canc.), 381 (canc.)
INTERVALO LANCHE E DESCANSO	TST	**OJ-SDI1** 178
INTERVENÇÃO ESTADUAL	STF	637
INTERVENÇÃO DA UNIÃO	STF	250, 518
INTIMAÇÃO	STF	216, 310, 392, 707, 708, 710
	STJ	121, 223
	TST	**S** 1, 25, 37 (canc.), 30, 53, 74, I, 299, IV, 262, I e II, 427; **OJ-SDI1** 104 (canc.); **OJ-SDC** 27
INVENTARIANTE	STF	115
INVENTÁRIO	STF	116, 331, 542
INVESTIDURA	STF	47
INVESTIGAÇÃO CRIMINAL	STJ	234
INVESTIGAÇÃO DE PATERNIDADE	STF	149
	STJ	1, 277, 301
IPC	TST	**S** 315, 316 (canc.); **OJ-SDI1** 58; **OJ-SDI1T** 54, 55
IRREDUTIBILIDADE DE VENCIMENTOS	STF	27, 321
IRRETROATIVIDADE DE LEI	STF	654
ISENÇÃO DE CUSTAS	STF	223, 236
ISENÇÕES TRIBUTÁRIAS	STF	77, 78, 79, 81, 84, 89, 134, 142, 436, 437, 536, 543, 544, 580, 581, 591

ISONOMIA	STF	339
	TST	**OJ-SDI1** 16, 383; **OJ-SDC** 25, 26
ISSQN	STJ	524
J		
JANELA	STF	414
JOGO	STF	362
JOGO DO BICHO	STJ	51
	TST	**OJ-SDI1** 199
JORNADA DE TRABALHO	TST	**S** 55, 59 (canc.), 60, II, 85, I a V, 88 (canc.), 102, II, IV, V, 110, 113, 118, 119, 124, 178, 230, 233 (canc.), 234 (canc.), 237 (canc.), 238 (canc.), 265, 267 (canc.), 287, 338, I a III, 343, 346, 349 (canc.), 366, 370, 376, I, 391, I, II, 423, 431, 437, I, 444, 449; **OJ-SDI1** 17, 169 (canc.), 178, 179, 206, 213, 234, 244, 273 (canc.), 274, 275, 307 (canc.), 308, 332, 342 (canc.), 308, 323, 358, 372 (canc.), 388, 393, 396, 403, 407, 420; **OJ-SDI1T** 34, 70, 77; **PN** 12 (canc.), 32, 96
JORNALISTA	TST	**OJ-SDI1** 407; **PN** 55, 112
JUIZ	STF	40, 41, 320, 527, 555, 727
	TST	**S** 136
JUIZ NATURAL	STF	704
JUIZ SUBSTITUTO DO TRABALHO	STF	478
JUIZ TRABALHISTA	STJ	236
JUIZADO ESPECIAL	STF	640, 690, 727
	STJ	203, 376, 428
JUÍZO DE ADMISSIBILIDADE	STF	635
	TST	**S** 285 (canc.); **OJ-SDI1** 282
JUÍZO CRIMINAL	STF	18, 640
JUÍZO DEPRECANTE	STJ	46
JULGADOS	STF	369
JULGAMENTO	STJ	117, 156
JULGAMENTO TRIBUNAL DO JÚRI - NULIDADE	STF	162, 206
JUNTA DE CONCILIAÇÃO E JULGAMENTO	STF	222
	STJ	10, 180
JUNTADA	STF	320, 425
JÚRI	STF	712, 713, 721
JURISDIÇÃO	STF	516, 555
	STJ	170
JURISPRUDÊNCIA	STF	247, 290, 353, 369, 401
	STJ	168
JUROS	STF	648
	STJ	283, 296
	TST	**S** 185 (canc.), 193 (canc.), 200, 211, 304, 307, 439; **OJ-SDI1** 300, 382, 408; **OJ-SDI1T** 10; **OJ-TP/OE** 7, II, III
JUROS COMPENSATÓRIOS	STF	164, 618, 472
	STJ	12, 56, 102, 113, 114, 131, 408
JUROS COMPOSTOS	STJ	186
JUROS MORATÓRIOS	STF	70, 131, 163, 188, 224, 254, 255
	STJ	12, 54, 102, 204, 379
JUROS REMUNERATÓRIOS	STJ	296, 382, 422, 472
JUS POSTULANDI	TST	**S** 425
JUSTIÇA COMUM	STF	556
	STJ	6
JUSTIÇA DO TRABALHO	STF	338, 432, 505, 736. SV 22, 23, 53
	STJ	97, 165, 225
	TST	**S** 454; **OJ-SDI1** 138
JUSTIÇA ELEITORAL	STJ	368, 374
JUSTIÇA ESTADUAL	STF	508, 516, 522. SV 27
	STJ	4, 15, 34, 38, 104, 254
JUSTIÇA FEDERAL	STF	511, 517, 522, 557, 689
	STJ	254
JUSTIÇA GRATUITA	STJ	481
	TST	**OJ-SDI1** 269, 331 (canc.)
JUSTIÇA MILITAR	STJ	47, 78

ÍNDICE ALFABÉTICO-REMISSIVO

JUSTIFICAÇÃO JUDICIAL	STJ	32
L		
LANÇAMENTO	STF	SV 24
LATROCÍNIO	STF	603, 610
LAUDO MÉDICO	STJ	598
LEGISLAÇÃO ELEITORAL	TST	**OJ-SDI1** 51
LEGISLAÇÃO ESTADUAL	TST	**S** 123; **OJ-SDI1** 147, I, II, 263 (canc.)
LEGITIMIDADE	STF	365
	STJ	249
	TST	**S** 286, 359 (canc.), 406, II, 407; **OJ-SDI1** 121, 130, 237; **OJ-SDI1T** 37, 48; **OJ-SDC** 6 (canc.), 8, 12 (canc.), 13 (canc.), 14 (canc.), 21 (canc.), 33 (canc.), 15, 19, 22, 23
LEI	STF	31, 32, 33, 44, 92, 96, 109, 172, 176, 179, 181, 193, 200, 233, 273, 290, 300, 347, 372, 373, 404, 436, 463, 467, 488, 502, 506, 509, 530, 532, 538, 552, 612, 658, 664, 665, 672, 725
	STJ	8, 32, 295
	TST	**OJ-SDI2** 112, 25
LEI COMPLEMENTAR	STF	613
LEI DE EXECUÇÃO PENAL	STF	SV 9
LEI DE USURA	STJ	283
LEI ESTADUAL	STF	106, 117, 143, 440, 574
	STJ	206
LEI FEDERAL	STF	118, 399, 419, 537, 548
LEI MARIA DA PENHA	STJ	536
LEI MUNICIPAL	STF	129, 419, 539, 614 , 646, 668
LEI ORGÂNICA DA MAGISTRATURA	STF	731
LEILÃO	STJ	121, 128
LEVANTAMENTO DE PIS/PASEP E FGTS	STJ	161
LIBERDADE PROVISÓRIA	STF	697
LIBERDADE VIGIADA - EXTRADITANDO	STF	2
LICENÇA DE VEÍCULO - RENOVAÇÃO	STJ	127
LICENÇA PARA LOCALIZAÇÃO	STJ	157
LICENÇA-PRÊMIO	STF	678, 731
	STJ	136
	TST	**S** 103 (canc.), 186; **OJ-SDI1T** 44; **PN** 33
LICENÇA REMUNERADA	TST	**OJ-SDI1T** 2, 13
LICITAÇÃO	STJ	333
LIDE SIMULADA	TST	**OJ-SDI2** 154
LIMINAR	STF	405, 506, 622, 626, 691; **OJ-SDI2** 67, 139, 140
	STJ	212, 217 (canc.), 482
	TST	**S** 405, I, 414, III, 418;
LINHA TELEFÔNICA	STJ	193, 371
LIQUIDAÇÃO	STF	254
	STJ	344
LIQUIDAÇÃO EXTRAJUDICIAL	TST	**S** 86, 185 (canc.), 284 (canc.), 304; **OJ-SDI1** 143, 408; **OJ-SDI1T** 37; **OJ-SDI2** 53
LISTA TRÍPLICE	STF	478
LITIGÂNCIA DE MÁ-FÉ	TST	**OJ-SDI1** 409
LITISCONSÓRCIO	TST	**S** 406, I, II; **OJ-SDI1** 310
LITISCONSÓRCIO - REGISTRO DE CANDIDATURA	TSE	39, 40
LITISCONSORTE	STF	631, 641, 701; **OJ-SDI1** 310
LIVRAMENTO CONDICIONAL	STF	715
	STJ	441, 617
LIVRE CONCORRÊNCIA	STF	646. SV 49
LIVROS COMERCIAIS	STF	260, 390, 439
LOCAÇÃO	STF	65, 80, 109, 123, 158, 171, 172, 173, 174, 175, 176, 177, 178, 179, 180, 181, 357, 370, 375, 376, 409, 410, 411, 442, 449, 481, 482, 483, 484, 485, 486
	STJ	214, 335, 423
LOCAÇÃO DE VEÍCULOS	STF	492
LOCADOR	STF	357, 410, 486, 492
LOCATÁRIO	STF	123, 158, 173, 181, 370, 411, 482, 485, 492
LOTEAMENTO	STF	413
LUBRIFICANTE	STF	140
LUCRO	STF	541
LUCRO EXTRAORDINÁRIO	STF	95
LUCRO IMOBILIÁRIO	STF	97, 538
M		
MAGISTÉRIO MILITAR	STF	54
MAGISTRATURA	STF	43, 627, 731
MANDADO	STF	710
MANDADO DE SEGURANÇA	STF	101, 248, 266, 267, 268, 269, 270, 271, 272, 294, 299, 304, 319, 330, 392, 405, 429, 430, 433, 474, 506, 510, 511, 512, 597, 622, 623, 624, 625, 626, 627, 629, 630, 631, 632, 701
	STJ	41, 105, 169, 177, 202, 213, 217 (canc.), 333, 376, 460, 604, 628
	TST	**S** 33, 154 (canc.), 201, 303, III, 365, 383, I, 395, I, II, 397, 414, I, II, III, 415, 416, 417, I, II, III, 418, 425; **OJ-SDI1** 73; **OJ-SDI2** 49 (canc.), 51, 53, 54, 56, 57, 58, 59, 61, 62, 63, 64, 65, 66, 67, 69, 87 (canc.), 88, 91, 92, 93, 98, 99, 100, 113 (canc.), 120, 127, 137, 138 (canc.), 139, 140, 142, 144, 148, 151, 152, 153, 155 (canc.); **OJ-TP/OE** 4, 10
	TSE	22, 23, 34
MANDANTE	STF	165
MANDATÁRIO	STF	165
MANDATO	STF	8, 34, 644
	TST	**S** 122, 164 (canc.), 270 (canc.), 383, I, II, 395, I, II, III, IV, 456; **OJ-SDI1** 52, 75, 110 (canc.), 200, 255, 286, 331 (canc.), 349, 371, 373 (canc.), 374
MÃO DE OBRA LOCADA	TST	**PN** 35 (canc.)
MÁQUINAS	STF	244, 573
MAQUINISTA	TST	**S** 446
MARCA COMERCIAL	STJ	142, 143
MARÍTIMO	TST	**S** 96
MASSA FALIDA	STJ	219
	TST	**S** 86, 388
MATÉRIA ADMINISTRATIVA	TST	**S** 303, III; **OJ-SDI1** 72; **OJ-TP/OE** 8, 10, 11
MATÉRIA CONSTITUCIONAL	STF	293
	TST	**OJ-SDI2** 6, 29 (canc.), 37 (canc.), 71
MATÉRIA CONTROVERTIDA	TST	**S** 83, I e II, 411; **OJ-SDI2** 5, 6, 8, 9, 11, 19, 23, 30, a, 34, 39
MATÉRIA INFRACONSTITUCIONAL	TST	**S** 409
MATÉRIA-PRIMA	STF	534
	STJ	129
MATÉRIA DE DIREITO	STF	625
MATRIMÔNIO	STF	35, 175
MEAÇÃO	STF	96
	STJ	134, 251
MÉDIA PARA APROVAÇÃO	STF	58
MÉDIA SALARIAL	STF	243
MÉDICO	TST	**S** 143, 370; **OJ-SDI1** 165; **PN** 95
MEDIDA CAUTELAR	STF	634, 635
MEDIDA DE SEGURANÇA	STF	422, 525
	STJ	527
MEDIDA LIMINAR	STF	735
	STJ	212, 217 (canc.)
MEDIDA PROVISÓRIA	STF	651, SV 54
	TST	**S** 405, I, II; **OJ-SDI1** 134, 362; **OJ-SDI2** 3, 12, I, II
MEDIDA SOCIOEDUCATIVA	STJ	108, 265, 338, 342, 492, 605
MENOR	STF	205
MENOR - CORRUPÇÃO	STJ	500
MENORIDADE	STJ	74
MENSALIDADE ESCOLAR	STF	643

	STJ	34
MERCADORIAS	STJ	50, 156, 163, 166, 469
MICROEMPRESA	STJ	184
MILITAR	STF	10, 51, 52, 55, 56, 57, 359, 407, 441, 463, 672, 673, 674, 694
	STJ	47
MILITAR DA RESERVA	STF	55
MILITAR PARA EFEITO PENAL	STF	297
MILITAR TEMPORÁRIO	STJ	346
MINERAIS	STF	118, 659
MINISTÉRIO DO TRABALHO	TST	**S** 6, I; **OJ-SDI1** 4, I, II (canc.), 171, 173, 345; **OJ-SDI1T** 29, 57; **OJ-SDC** 15, 34
MINISTÉRIO PÚBLICO	STF	43, 45, 321, 448, 701, 714
	STJ	99, 116, 189, 226, 234, 329, 470 (canc.), 601, 604
	TST	**S** 407; **OJ-SDI1** 130
MINISTÉRIO PÚBLICO MILITAR	STF	45
MINISTRO DE ESTADO	STF	4
	STJ	177
MINISTRO DO TRABALHO	STF	194, 677
MORA	STF	122, 163, 224, 254, 255
	STJ	72, 76, 245, 284, 285
	TST	**S** 13
MORE UXORIO	STF	382
MORTE	STF	35, 331, 491
MOTORISTA	TST	**OJ-SDI1** 315, 332; **PN** 89
MÓVEIS	STJ	138
MUDANÇA	STF	181
MULTA	STF	109, 191, 192, 238, 469, 542, 565, 616, 693
	STJ	127, 250, 312, 372, 373, 410, 472
	TST	**S** 384, I, II, 388, 424, 432,462; **OJ-SDI1** 42, I, II, 54, 162, 238, 341, 344, 351 (canc.), 389, 409; **OJ-SDI1T** 1; **OJ-SDI2** 30, a e b, 158; **PN** 46 (canc.), 73
MULTA ELEITORAL	TSE	50, 56, 63
MUNICÍPIO	STF	68, 419, 468, 551, 567, 645
	TST	**OJ-SDI1** 92
MÚSICA	STJ	63, 261
MÚSICO	STF	312
		N
NAVEGAÇÃO	STJ	50
NAVIO	STF	151, 581
NEGOCIAÇÃO PRÉVIA	TST	**OJ-SDC** 6 (canc.), 11, 24 (canc.)
NEPOTISMO	STF	SV 13
NOMEAÇÃO	STF	15, 16, 17, 25, 44, 373, 628. SV 13
NORMA COLETIVA	TST	**S** 57 (canc.), 85, V, 102, VII, 202, 224 (canc.), 246, 264, 277, 280 (canc.), 286, 338, II, 374, 375, 384, I, II, 423, 437, II, 444, 451; **OJ-SDI1** 36, 41, 123, 147, I, II, 154 (canc.), 169 (canc.), 234, 275, 276, 290 (canc.), 322, 342 (canc.), 346, 367, 372 (canc.), 413, 418, 420, 449; **OJ-SDI1T** 4 (canc.), 6, 12, 26, 31, 49, 50, 61, 62, 64, 68, 69, 72, 73; **OJ-SDI2** 40, 64; OJ-SDC-1 (canc.), 7, 9; **PN** 119, 120
NORMA INFRACONSTITUCIONAL	STF	636
NORMA TRABALHISTA	STF	736
NOTA FISCAL	STF	571
	STJ	509
NOTA PROMISSÓRIA	STJ	258
NOTIFICAÇÃO	STF	109, 174, 224
	TST	**S** 16, 133 (canc.), 262, I, II, 387, III; **OJ-SDI1** 14, 162
NULIDADE	STF	155, 156, 160, 162, 165, 346, 366, 474, 523, 706, 707, 708, 709, 712
	TST	**S** 363, 396, II, 427, 430; **OJ-SDI1** 7, 115 (canc.), 199, 350; **OJ-SDI2** 128, 158; **OJ-SDC** 17, 30; **PN** 119
	STJ	60, 117, 176, 225, 592

		O
ÓBITO	STF	613
OBJETO DE USO PESSOAL	STF	64
OBRA	STF	195, 374, 415
	STJ	194
OBRA CINEMATOGRÁFICA	STF	662
OBRA MUSICAL	STF	386
OBRIGAÇÃO	STF	255
OBRIGAÇÃO AMBIENTAL	STJ	623
OBRIGAÇÃO CAMBIAL	STJ	60
OBRIGAÇÃO DE DAR	STF	500
OBRIGAÇÃO DE FAZER OU NÃO FAZER	STJ	410
OBRIGAÇÃO TRIBUTÁRIA	STF	669. SV 50
OFENDIDO	STF	714
OFENSA À LEI	STF	343, 399
OFICIAL DAS FORÇAS ARMADAS	STF	385
OFICIAL DE FARMÁCIA	STJ	120
OFICIAL DE JUSTIÇA	STJ	190
	TST	**OJ-SDI1** 164
ÓLEO MINERAL	TST	**OJ-SDI1** 171
OMISSÃO	STF	254, 317, 429
ÔNUS DA PROVA	TST	**S** 6, VI, VIII, 16, 338, I, III, 385, I; **OJ-SDI1** 215 (canc.), 233, 301 (canc.)
	STJ	618
OPERAÇÃO BANCÁRIA	STJ	479
OPOENTE	STF	517
ORGANIZAÇÃO OU ORGANISMO INTERNACIONAL	TST	**OJ-SDI1** 416
ORQUESTRA	STF	312, 386
		P
PAGAMENTO ESPONTÂNEO	TST	**S** 453
PAGAMENTO INDEVIDO	STJ	162
PAPEL FOTOGRÁFICO	STF	657
PARALISAÇÃO DO PROCESSO	STF	216, 264
PARCELA "SEXTA PARTE"	TST	**OJ-SDI1T** 75
PAREDE	STF	120
PARTES	STJ	117
PARTICIPAÇÃO NOS LUCROS E RESULTADOS	TST	**S** 251 (canc.), 451; **OJ-SDI1** 390 (canc.); **OJ-SDI1T** 15, 64, 73
PARTILHA DE BENS	STF	116, 380
	STJ	197
PASEP	STJ	77, 161
PASSAGEIRO	STF	187
PASSAPORTE FALSO	STJ	200
PAT – INTEGRAÇÃO NO SALÁRIO	TST	**OJ-SDI1** 133
PATERNIDADE	STJ	301
PATRÃO	STF	341
PATRIMÔNIO MUNICIPAL	STJ	209
PAUTA REIVINDICATÓRIA	TST	**OJ-SDC** 8, 32
PEÇAS ESSENCIAIS	TST	**OJ-SDI1** 132, 272 (canc.), 283, 285 (canc.), 286; **OJ-SDI1T** 16, 17, 18, 52, 19; **OJ-SDC** 29, 32
PEDIDO - IMPOSSIBILIDADE JURÍDICA	TST	**S** 192, III e IV; **OJ-SDI2** 134, 150
PEDIDO INICIAL	STF	254
	TST	**S** 408
PEDIDO LIMINAR	TST	**S** 405, I
PEDIDO - LIMITES	TSE	62
PENA	STF	719
	STJ	588
PENA ADMINISTRATIVA	STF	192, 542
PENA-BASE	STJ	440, 444
PENA - COMUTAÇÃO	STJ	535
PENA DE COMISSO	STF	169
PENA DISCIPLINAR	STF	55, 56
PENA DE MULTA	STF	693
PENA PRIVATIVA DE LIBERDADE	STF	695

PENA - REGIME MAIS SEVERO	STF	718, 719
	STJ	440
PENA -REMIÇÃO - ATIVIDADE LABORATIVA	STJ	562
PENA SUBSTITUTIVA	STJ	493, 588
PENA UNIFICADA	STF	715
PENHORA	STF	621
	STJ	46, 134, 205, 417, 451
	TST	**S** 417, I, II, III, 419; **OJ-SDI1** 226, 343; **OJ-SDI2** 54, 59, 62, 89, 93, 143, 153
PENSÃO ALIMENTÍCIA	STF	490
	STJ	313, 358
PENSÃO POR MORTE	TST	**OJ-SDI1T** 42, II
PENSÃO PREVIDENCIÁRIA	STF	613
	STJ	336, 340, 416, 456
	TST	**OJ-SDI1** 26, 129
PERDA DE CARGA	STF	151
PERDÃO JUDICIAL	STJ	18
PERDAS E DANOS	STF	412, 488
	STJ	143
PERÍCIA	STF	179, 180, 230, 314, 345, 460
	TST	**S** 162 (canc.), 293, 448, I, 453; **OJ-SDI1** 4, I (canc.), II (canc.), 165, 278, 406 (canc.)
PERITO	STJ	232
	STF	363, 365
PESSOA JURÍDICA	STJ	227, 481
PESSOA JURÍDICA DE DIREITO PRIVADO	TST	**S** 303, III; **OJ-SDI1** 343
PESSOA JURÍDICA DE DIREITO PÚBLICO	TST	**S** 4 (canc.), 6, I, 193 (canc.), 303, I, II; **OJ-SDI1** 9, 73, 87, 130, 134, 152, 158, 192, 238, 334, 343, 389; **OJ--SDI2** 3, 12, I, II; **OJ-SDC** 5; **OJ-TP/OE** 1, 2, 3, 7, I, II, III, 9
PETIÇÃO	STF	426, 427
PETIÇÃO INICIAL	TST	**S** 211, 263, 293, 299, I, II, 405, I, 408, 411, 415; **OJ-SDI1** 120, 304; **OJ-SDI2** 34, 69, 70, 76, 84
	STJ	557, 558
PETIÇÃO INICIAL - CAUSA DE PEDIR	TST	**S** 408
PETIÇÃO INICIAL - INÉPCIA	TST	**OJ-SDI2** 70
PETIÇÃO DE HERANÇA	STF	149
PETROBRAS	STF	30
	TST	**S** 70, 84, 332; **OJ-SDI1T** 42, II, 48, 59, 62, 63, 64, 72
PETROLEIRO	TST	**S** 112, 391, I, II
P I S/PASEP	STF	659
	STJ	68, 77, 161
	TST	**S** 300; **OJ-SDI1** 264; **PN** 52
PISO SALARIAL	TST	**S** 281; **OJ-SDI1** 358; **PN** 3 (canc.)
PLENÁRIO DOS TRIBUNAIS	STF	293
PLANO BRESSER	TST	**S** 316 (canc.); **OJ-SDI1** 58, 243; **OJ-SDI1T** 26, 31
PLANO COLLOR	STF	725
	TST	**OJ-SDI1** 243; **OJ-SDI1T** 54, 55
PLANO CRUZADO	TST	**OJ-SDI1** 43, 69, 243
PLANO ECONÔMICO	TST	**OJ-SDI2** 34, 35
PLANO DE CLASSIFICAÇÃO DE CARGOS E SALÁRIOS (PCCS)	TST	**S** 250 (canc.), 452; **OJ-SDI1** 57, 404 (canc.), 418; **OJ-SDI1T** 71; **OJ-SDI2** 11
PLANO DE SAÚDE	STJ	302, 469, 597, 608, 609
	TST	**S** 440
PLANO DE PREVIDÊNCIA	STJ	289, 290
	TST	**S** 288, II
PLANO VERÃO	TST	**OJ-SDI1** 59, 243; **OJ-SDI1T** 31
PODER EXECUTIVO	STF	5, 6
PODER GERAL DE CAUTELA	TSE	44
PODER JUDICIÁRIO	STF	27, 42, 339, 649
PODER NORMATIVO	TST	**S** 190
POLÍCIA	STF	373, 647

	STJ	90
POLICIAL DE CORPORAÇÃO ESTADUAL	STJ	78
POLICIAL MILITAR	TST	**S** 386
PORTUÁRIO	TST	**S** 309; **OJ-SDI1** 60, I, II, III, 316, 391, 402
POSSE	STF	16, 17, 415, 487
	STJ	84, 113
POSSE DE MÁ-FÉ	TST	**S** 445
POSSUIDOR	STF	263, 477
POSTO DE COMBUSTÍVEL	STF	212
PRAÇA	STF	SV 6
PRACISTA	STF	201
PRÁTICA COMERCIAL ABUSIVA	STJ	532
PRAZO	STF	171, 172, 173, 193, 195, 310, 320, 322, 428, 430, 445, 448, 482, 507, 631, 641, 697, 699, 710, 728,
	STJ	67, 116, 117, 592
PRAZO JUDICIAL	TST	**S** 1, 262, I
PRAZO PARA RECORRER DE ACÓRDÃO	STF	392
PRECATÓRIO	STF	655, 733. SV 17, 47
	STJ	144, 311, 406, 461
	TST	**OJ-TP/OE** 1, 2, 3, 6, 7, III, 8, 9, 10, 12, 13
PREÇO DE SERVIÇO PÚBLICO	STF	545
PRECLUSÃO	TST	**S** 184, 297, II; **OJ-SDI2** 134
PRÉDIO	STF	120, 409, 410, 414
PREFEITO MUNICIPAL	STF	702, 703
	STJ	164, 208, 209
	TSE	6, 7 (canc.), 12
PREFERÊNCIA	STJ	144
PRELIMINAR	STF	273
PREMEDITAÇÃO	STF	105
PREPARO	STF	484
PREPOSTO	STF	341
	TST	**S** 122, 377
PREQUESTIONAMENTO	STF	282, 356,
	STJ	98, 320
	TST	**S** 297, 298, I, II, III e V, 350; **OJ-SDI1** 62, 118, 119, 151, 256; **OJ-SDI2** 124, 135; **OJ-SDI1T** 32
PRERROGATIVAS	STF	27
PRESCRIÇÃO	STF	146, 147, 149, 150, 151, 152 (rev.), 153, 154, 230, 264, 327, 349, 383, 443, 445, 494, 497, 600, 607. SV 8
	STJ	39, 85, 101, 106, 119, 142, 143, 194, 210, 220, 229, 278, 291, 398, 409, 415, 438, 467, 547, 555, 634, 635
	TST	**S** 6, IX, 64 (canc.), 95 (canc.), 114, 153, 156, 168 (canc.), 197, 198 (canc.), 199, II, 206, 223 (canc.), 268, 275, I, II, 294, 308, I, II, 326, 327, 350, 362, 373, 382, 409, 452; **OJ-SDI1** 38, 76, 83, 129, 130, 156 (canc.), 175, 204, 242, 243, 248 (canc.), 271, 344, 359, 375, 384 (canc.), 392, 401, 404 (canc.), 417; **OJ-SDI2** 37; **OJ-SDI1T** 27
PRESCRIÇÃO INTERCORRENTE	STF	264, 327
	STJ	314
	TST	**S** 114, 362
PRESCRIÇÃO PELA PENA EM CONCRETO	STF	604
PRESIDENTE DA REPÚBLICA	STF	157
PRESIDENTE DO TRT	TST	**OJ-TP/OE** 2, 12
PRESTAÇÃO DE CONTAS	STJ	208, 259, 477
PRESTAÇÃO DE SERVIÇO	STF	658
	STJ	156, 163, 167, 248
	TST	**S** 331, II, IV, V
PRESTAÇÃO JURISDICIONAL - NEGATIVA	TST	**S** 459; **OJ-SDI1** 115 (canc.); **OJ--SDI1T** 32; **OJ-SDI2** 78
PRESTAÇÕES	STF	493
	STJ	85, 111

PRESUNÇÃO DE INOCÊNCIA	STJ	9
PRESUNÇÃO DE SINCERIDADE	STF	485
PREVENÇÃO	STF	706
PREVIDÊNCIA COMPLEMENTAR	TST	**S** 288, II
PREVIDÊNCIA PRIVADA	STJ	289, 290, 291, 321 (canc.), 505, 590
	TST	**S** 87, 174 (canc.), 288, II, 311, **OJ-SDI1T** 41
PREVIDÊNCIA SOCIAL	STF	128, 132, 134, 140, 141, 142, 302, 466, 467, 729, 730
PRINCÍPIO DA ANTERIORIDADE	STF	669. SV 50
PRINCÍPIO DA INSIGNIFICÂNCIA	STJ	599, 606
PRINCÍPIO DA ISONOMIA	TST	**S** 451; **OJ-SDI1** 383, 390 (canc.)
PRINCÍPIO DA LEGALIDADE	TST	**OJ-SDI2** 97
PRINCÍPIO DA LEGALIDADE ADMINISTRATIVA	TST	**OJ-SDI2** 97, 135
PRINCÍPIO DA UNICIDADE	STF	677
PRINCÍPIO *IURA NOVIT CURIA*	TST	**S** 408
PRISÃO ADMINISTRATIVA	STJ	280
PRISÃO CIVIL	STF	SV 25
	STJ	304, 305, 309, 419
	TST	**OJ-SDI2** 89, 143
PRISÃO -CONSTRANGIMENTO ILEGAL	STJ	21, 52
PRISÃO DE DEPOSITÁRIO	STF	619 (canc.)
	STJ	304, 305, 419
PRISÃO ESPECIAL	STF	717
PRISÃO - MANDADO	STJ	267
PRISÃO PROVISÓRIA	STJ	9
PRISÃO - SAÍDA TEMPORÁRIA E TRABALHO EXTERNO	STJ	39
PRISÃO - SUBSTITUIÇÃO POR MULTA	STJ	171
PRIVATIZAÇÃO	TST	**S** 430; **OJ-SDI1T** 67
PRIVILÉGIOS	STJ	219
PROCEDIMENTO INVESTIGATÓRIO - DIREITO DE DEFESA	STF	SV 14
PROCEDIMENTO SUMARÍSSIMO	TST	**S** 442, 458; **OJ-SDI1** 260, I, II, 352 (canc.), 405 (canc.)
PROCESSO ADMINISTRATIVO	STF	20, 673. SV 5
	STJ	312, 343, 591, 592, 611, 633, 641
	TST	**S** 40 (canc.), 302 (canc.), 321 (canc.)
PROCESSO CAUTELAR	STJ	482
PROCESSO DO TRABALHO	TST	**S** 114, 144 (canc.), 175 (canc.), 196 (canc.), 214, 283, 435; **OJ-SDI1** 136 (canc.), 227 (canc.), 305 (canc.), 310, 392; **OJ-SDI2** 98
PROCESSO ELEITORAL SINDICAL	STJ	4
PROCESSO PENAL - NULIDADE	STF	155, 352, 361
PROCESSO TRABALHISTA	STF	458, 633
	TST	**S** 9, 49 (canc.), 268
PROCURAÇÃO	STF	381, 644
	STJ	115
PROCURADOR	STJ	60
	TST	**S** 436; **OJ-SDI1** 52, 310, 318
PROCURADOR AUTÁRQUICO	STF	644
	TST	**OJ-SDI1** 52
PROCURADOR DA FAZENDA NACIONAL	STJ	139
PROCURADOR DA REPÚBLICA	STF	44
PROCURADOR-GERAL	STF	614
PRODUTO SEMIELABORADO	STJ	433
PRODUTOR	STF	125, 333, 591

PRODUTOS INDUSTRIALIZADOS	STF	536
PROFESSOR	STF	12, 48, 53, 54, 406, 726
	TST	**S** 10, 281 (canc.), 351; **OJ-SDI1** 65, 206, 244, 393; **OJ-SDI2** 38; **PN** 31, 78
PROFESSOR *Adjunto*	TST	**OJ-SDI1** 65; **OJ-SDI** 2 38
PROGRAMA DE ALIMENTAÇÃO DO TRABALHADOR (PAT)	TST	**OJ-SDI1** 133, 413
PROGRAMA DE INCENTIVO À DEMISSÃO VOLUNTÁRIA	TST	**OJ-SDI1** 207, 270, 356; **OJ-SDI2** 19
PROGRESSÃO DE REGIME	STF	698, 716, 717, 718
	STJ	471, 491
PROMESSA DE COMPRA E VENDA	STJ	308, 543
PROMITENTE-COMPRADOR	STF	470, 583
PROMITENTE-VENDEDOR	STF	590
PROMOÇÃO	STF	40, 51, 52, 53
	TST	**S** 452; **OJ-SDI1** 418
PRONÚNCIA	STJ	191
PROPAGANDA ELEITORAL IRREGULAR	TSE	17 (canc.), 18, 48
PROPRIETÁRIO	STF	111, 484, 539
PROTESTO DE TÍTULO	STF	153, 190, 387
	STJ	361, 475, 476
PROTOCOLO	STJ	216, 256 (canc.)
PROTOCOLO INTEGRADO	TST	**OJ-SDI1** 320 (canc.)
PROVA	STF	80, 225, 270, 279, 483
	TST	**S** 16, 74, II, III, 102, I, 107 (canc.), 254, 217, 299, I, II, 357, 338, II, 403, I, 415; **OJ-SDI1** 36, 233, 234, 278
PROVA - PRODUÇÃO ANTECIPADA	STJ	455
PROVA TESTEMUNHAL	STJ	149
PROVA DE DIVERGÊNCIA	STF	290, 291
PROVENTOS	STF	441
PROVENTOS DA INATIVIDADE	STF	359
PROVIMENTO	STF	SV 43
PUBLICAÇÃO	STF	310, 392
	STJ	117
	TST	**S** 1, 38 (canc.),197, 337, I, a, II, III, IV, c, 427, 434 (canc.); **OJ-SDC** 28, 35
PUNIÇÃO	STF	18, 19
PURGAÇÃO DE MORA	STF	123, 173
	STJ	284
Q		
QUADRO DE AVISOS	TST	**PN** 104
QUADRO DE CARREIRA	TST	**S** 6, I, 19, 127, 231 (canc.); **OJ-SDI1** 193 (canc.); **OJ-SDI1T** 29; **PN** 16 (canc.)
QUEBRA	STF	186
QUEBRA DE CAIXA	TST	**S** 247
QUEIXA	STF	594, 714
QUESTÃO CONSTITUCIONAL	STF	72, 325
QUESTÃO FEDERAL	STF	249, 282
	STJ	320
QUESTÃO PREJUDICIAL	STF	273
QUITAÇÃO	TST	**S** 41 (canc.), 330; **OJ-SDI1** 270; **OJ-SDI2** 132
QUITAÇÃO ELEITORAL	TSE	57
R		
RADIAÇÃO IONIZANTE	TST	**OJ-SDI1** 345
RADIOLOGISTA	TST	**S** 358; **OJ-SDI1** 67, 208
READAPTAÇÃO	STF	566
READMISSÃO	STF	215, 219, 220
	TST	**S** 20 (canc.), 138; **OJ-SDI1** 91; **PN** 39 (canc.), 75 (canc.)
REAJUSTAMENTO PECUÁRIO	STF	182, 183, 184, 185, 275
REAJUSTE SALARIAL	STF	672

	TST	**S** 5 (canc.), 57 (canc.), 116 (canc.), 141 (canc.), 181 (canc.), 235 (canc.), 249 (canc.), 252 (canc.), 273 (canc.), 315, 316 (canc.), 317 (canc.), 319, 322, 323 (canc.), 375; **OJ-SDI1** 57, 59, 69, 100, 243, 262, 325; **OJ-SDI1T** 25, 26, 35, 47, 49, 55, 58, 68, 79; **OJ-SDI2** 39, 40; **PN** 45
RECESSO FORENSE	TST	**S** 262, II
RECLAMAÇÃO	STF	224, 227, 368, 734
RECLAMAÇÃO ELEITORAL	TSE	35
RECLAMAÇÃO CORRECIONAL	TST	**OJ-TP/OE** 5
RECLAMAÇÃO TRABALHISTA	TST	**OJ-SDI1** 399; **OJ-SDI2** 151
RECLAMANTE - AUSÊNCIA	TST	**S** 9
RECLASSIFICAÇÃO	STF	38
RECONHECIMENTO DE FIRMA	TST	**S** 270 (canc.); **OJ-SDI1** 75
RECONSIDERAÇÃO	STF	430
RECONVENÇÃO	STF	258, 342, 472
	STJ	292
RECUPERAÇÃO JUDICIAL	STJ	480, 581
RECURSO	STF	7, 267, 275, 322, 424, 505, 514, 690
	STJ	25, 115, 187, 202, 216, 225, 253, 256 (canc.), 484, 568
RECURSO	TST	**S** 23, 197, 296, I, II, 333, 337, 422, 433; **OJ-SDI1** 95, 111, 120, 147, II; **OJ-SDI1T** 3
RECURSO ELEITORAL	TSE	26, 27, 65
RECURSO ADESIVO	TST	**S** 175 (canc.), 196 (canc.), 283
RECURSO ADMINISTRATIVO	STF	429
	STJ	373
	TST	**S** 424; **OJ-TP/OE** 11
RECURSO CONTRA EXPEDIÇÃO DE DIPLOMA	TSE	37
RECURSO CRIMINAL	STF	431
RECURSO DE REVISTA	STF	276, 315, 401, 457
	TST	**S** 23, 38 (canc.), 42 (canc.), 126, 183 (canc.), 196 (canc.), 208 (canc.), 210 (canc.), 218, 219, 221, 266, 285 (canc.), 296, I, 312, 333, 335, 337, I, 413, 459; **OJ-SDI1** 111, 115 (canc.), 120, 147, I, II, 184, 219, 221, II (canc.), 257, 260, I, II, 282, 284 (canc.), 295, 297, 334, 335, 336, 352, 353, 377 (canc.), 442, 459; **OJ-SDI1T** 3, 17, 18
RECURSO DESERTO	STJ	187
RECURSO ESPECIAL	STJ	5, 7, 13, 83, 86, 123, 126, 203, 207, 211, 315, 316, 418 (canc.), 580
RECURSO ESPECIAL ELEITORAL	TSE	24, 25, 28, 29, 30, 31, 32, 71
RECURSO *EX OFFICIO*	STF	275, 344, 423
RECURSO EXTRAORDINÁRIO	STF	228, 233, 249, 253, 272 , 273, 279, 280, 281, 282, 283, 284, 285, 286, 287, 288, 289, 291, 292, 296, 299, 300, 355, 356, 369, 389, 399, 400, 432, 454, 456, 475, 513, 515, 527, 528, 598 , 602, 634, 635, 636, 637, 638, 639, 640, 727, 728, 733, 735
	TST	**S** 100, X, 201, 283; **OJ-SDI2** 3, 56, 90, 100, 148, 156; **OJ-TP/OE** 5
RECURSO ORDINÁRIO	STF	272, 281, 299, 319, 513
	TST	**S** 100, VII, 154 (canc.), 158, 167 (canc.), 196 (canc.); **OJ-SDI1** 334; **OJ-SDI2** 90, 100, 113; **OJ-SDI2** 113 (canc.)
RECURSO ORDINÁRIO ELEITORAL	TSE	36, 64
RECURSO - ADMISSIBILIDADE	STF	635

	TST	**S** 23, 33, 40 (canc.), 107 (canc.), 126, 144 (canc.), 158, 175 (canc.), 184, 196 (canc.), 208 (canc.), 210 (canc.), 214, 218, 221, II (canc.), 246, 266, 272 (canc.), 283, 285 (canc.), 296, I, II, 297, 298, I, V, 299, I, II, 302 (canc.), 312, 321(canc.), 333, 337, I, II, IV, 353, 385, II, 387, I, IV, 400, 422, 433, 459; **OJ-SDI1** 62, 95, 111, 115 (canc.), 118, 119, 120, 147, I, II, 151, 219, 256, 257, 260, I, II, 282, 283, 284 (canc.), 285 (canc.), 286, 293 (canc.), 294 (canc.), 295, 334, 335, 336, 409; **OJ-SDI1T** 3, 52, 78, 79; **OJ-SDI2** 90
RECURSO - FUNGIBILIDADE	TST	**OJ-SDI2** 69
RECURSO - TEMPESTIVIDADE	STJ	216
	TST	**S** 385, III
REDE ELÉTRICA - CUSTEIO DE CONSTRUÇÃO - PRESCRIÇÃO	STJ	547
REDE FERROVIÁRIA FEDERAL	STF	77, 251
	STJ	365
REEMBOLSO	TST	**S** 25; **PN** 89
REESTRUTURAÇÃO	STF	13
REEXAME DE PROVA	STF	279
	STJ	7
	TST	**S** 126, 410
REEXAME NECESSÁRIO	STF	620
	STJ	45, 253, 254, 390, 490
REFIS	STJ	355
REFORMA AGRÁRIA	STJ	354
REFORMA MILITAR	STF	53, 54, 56
REGIME DE PENA	STF	718, 719
	STJ	440, 471, 493
REGIME DE REVEZAMENTO	TST	**S** 110, 130 (canc.), 391, I, II; **OJ-SDI1** 360
REGIME DE SEPARAÇÃO DE BENS	STF	377
REGIME ESPECIAL DE REINTEGRAÇÃO DE VALORES TRIBUTÁRIOS PARA AS EMPRESAS EXPORTADORAS	STJ	640
REGIME JURÍDICO	TST	**S** 58, 103 (canc.), 105 (canc.), 121 (canc.), 123 (canc.), 235 (canc.),243, 319, 382; **OJ-SDI1** 138, 297; **OJ-TP/OE** 6
REGIME JURÍDICO ÚNICO	STF	678
	STJ	97, 137, 173
REGIMENTO	STF	58, 399
REGIMENTO DO STF	STF	325
REGISTRO DE CANDIDATO	TSE	3, 4, 10, 11, 45, 49, 51, 52, 55, 58
REGISTRO DE COLIGAÇÃO PARTIDÁRIA	TSE	53
REGISTRO DE IMÓVEIS	STF	158, 167, 168, 442, 621
REGISTRO DE TÍTULOS E DOCUMENTOS	STF	376, 489
REGISTRO DE TRANSFERÊNCIA	STJ	132
REGISTRO PÚBLICO	STF	259
REINCIDÊNCIA	STJ	220, 241, 269, 636
REINTEGRAÇÃO	STJ	173
	TST	**S** 28, 150 (canc.), 244, II, 339, II, 396, I, II, 443; **OJ-SDI1** 101 (canc.); **OJ-SDI2** 24, 63, 64, 65, 87 (canc.), 100, 142
REITOR	STF	47
RELAÇÃO DE EMPREGO	TST	**S** 219, III, 327
RELAÇÃO DE TRABALHO	TST	**S** 392, 426
RELAÇÃO JURÍDICA DE TRATO SUCESSIVO	STJ	85
RELATOR	STF	247, 691, 692
	STJ	253
REMESSA DE MERCADORIA	STF	193
REMESSA *EX OFFICIO*	TST	**S** 298, III, 303, I, II, III; **OJ-SDI1** 9, 71, 72 (canc.), 73, 334; **OJ-TP/OE** 8

REMIÇÃO PELO EXECUTADO	STF	458
	STJ	341, 562
REMISSÃO DE DÍVIDAS FISCAIS	STF	532
REMUNERAÇÃO EMPREGADO	TST	**S** 139; **OJ-SDI2** 2
REMUNERAÇÃO SERVIDOR PÚBLICO	STF	SV 16
RENOVAÇÃO DE LOCAÇÃO	STF	178, 482
RENÚNCIA	STJ	335
	TST	**S** 243, 276, 288; **OJ-SDC** 30
RENÚNCIA A MORATÓRIA	STF	182
REPERTÓRIO DE JURISPRUDÊNCIA	STF	291
REPETIÇÃO DE INDÉBITO	STJ	162, 188, 322, 412, 625
REPOSITÓRIO AUTORIZADO	TST	**S** 337, II, IV
REPOUSO SEMANAL	STF	201, 462, 464
	TST	**S** 15, 27, 113, 124, I, 146, 147 (canc.), 172, 225, 290 (canc.), 351, 354, 360; **OJ-SDI1** 60, II, 93 (canc.), 103, 394, 410; **OJ-SDI1T** 5; **PN** 40 (canc.), 79, 87, 92
REPRESENTAÇÃO	STF	594, 714
REPRESENTAÇÃO COMERCIAL	STJ	184
REPRESENTAÇÃO PROCESSUAL	TST	**S** 436, 456; **OJ-SDI1** 7, 318, 319, 371, 373 (canc.), 374; **OJ-SDI1T** 65; **OJ-SDI2** 151
REPRESENTAÇÃO SINDICAL	STF	197
	TST	**S** 177 (canc.); **OJ-SDC** 4 (canc.), 9, 13, 14, 21 (canc.), 22, 23
REPRESENTANTE LEGAL	STF	388 (canc.)
RESIDÊNCIA	STF	60, 406, 483, 484, 539
	STJ	1
RESCISÃO CONTRATUAL	TST	**S** 2 (canc.), 3 (canc.), 7, 10, 13, 14, 20 (canc.), 26 (canc.), 31 (canc.), 44, 54, 69, 73, 125, 142 (canc.), 157, 171, 173, 182, 212, 261, 306 (canc.), 314, 441, 451; **OJ-SDI1** 162; **OJ-SDI1T** 1; **OJ-SDC** 16; **PN** 7 (canc.), 8, 28 (canc.)
RESILIÇÃO CONTRATUAL	TST	**S** 157
RESPONSABILIDADE	TST	**S** 236 (canc.), 368, II; **OJ-SDI1** 261, 341, 363
RESPONSABILIDADE CIVIL	STF	187, 490, 492
	STJ	39, 132, 145, 221
RESPONSABILIDADE SOLIDÁRIA /SUBSIDIÁRIA	TST	**S** 205 (canc.), 331, IV, V, VI; **OJ-SDI1** 92, 185, 191, 225, I, II, 382, 411; **OJ-SDI1T** 30, 59, 66
RESPOSTA PRELIMINAR	STJ	330
RESSARCIMENTO DE DESPESA	STF	578
RESTAURANTE	STF	574
RESTITUIÇÃO	STF	71, 111, 193, 412, 417, 495, 546
RETENÇÃO DE MERCADORIA	STF	127
RETOMADA	STF	80, 174, 175, 176, 177, 181, 374, 409, 444, 481, 483, 484, 485, 486
RETORNO AO EMPREGO	STF	217
RETRATAÇÃO	STF	305
RÉU	STF	717
RÉU MENOR	STF	352
RÉU PRESO	STF	351
REVEL	STF	231
	STJ	196
REVELIA	TST	**S** 69, 122, 398, 404; **OJ-SDI1** 152, 245
REVEZAMENTO	STF	213
REVISÃO CRIMINAL	STF	393
REVOGAÇÃO	STF	473
	TST	**S** 51, I; **OJ-SDI1** 349; **PN** 120
RIOS NAVEGÁVEIS	STF	479
ROUBO	STJ	442, 443, 582
RURÍCOLA	STJ	149
	TST	**OJ-SDI1** 38, 271

S		
SÁBADO	TST	**S** 113, 262, I
SACADO	STF	600
SAÍDA TEMPORÁRIA	STJ	520
SALÁRIO	STF	202, 203, 204, 205, 207, 214, 241, 402, 459, 461, 502
	TST	**S** 13, 91, 101, 159, I, II, 173, 235 (canc.); 273 (canc.), 319, 322, 363, 367, I, 381, 396, I; **OJ-SDI1** 28, 43, 96 (canc.), 133, 159, 272, 325; **OJ-SDI1T** 12, 33; **OJ-SDI2** 71; **PN** 1 (canc.), 6, 58, 65, 72, 78, 82, 87, 93, 98, 99 (canc.), 117
SALÁRIO COMPLESSIVO	TST	**S** 91; **OJ-SDI1T** 12
SALÁRIO-DE-CONTRIBUIÇÃO	STJ	146, 310
SALÁRIO-EDUCAÇÃO	STF	732
SALÁRIO-ENFERMIDADE	TST	**S** 15
SALÁRIO - EQUIPARAÇÃO	STF	202
SALÁRIO-FAMÍLIA	TST	**S** 227 (canc.), 254, 344
SALÁRIO-HORA	TST	**S** 124, 267 (canc.), 343, 347, 431
SALÁRIO - INTEGRAÇÃO	TST	**S** 60, I, 203, 367, II; **OJ-SDI1** 123, 133
SALÁRIO INTEGRAL	STF	205
SALÁRIO-MATERNIDADE	TST	**S** 142 (canc.), 260 (canc.), **OJ-SDI1** 44
SALÁRIO-MÍNIMO	STF	203, 204, 307, 467, 490, 502. SV 4, 6, 15
	STJ	201
	TST	**S** 131 (canc.), 134 (canc.), 137 (canc.), 228 (susp.), 356; **OJ-SDI1** 2 (canc.), 35 (canc.), 47, 272, 358, 393; **OJ-SDI2** 2, 71
SALÁRIO NORMATIVO	TST	**OJ-SDC** 25, 26; **PN** 67
SALÁRIO PRODUÇÃO	STF	209
	TST	**OJ-SDI1** 235; **PN** 67
SALÁRIO PROFISSIONAL	STF	531
	TST	**S** 17, 143, 358; **OJ-SDI2** 71; **OJ-SDI1** 67; **OJ-SDC** 26
SALÁRIO-UTILIDADE	TST	**S** 241, 258, 367, I, II
SALVADOS	STF	SV 32
	STJ	152
SANÇÃO DE PROJETO	STF	5
SEDE PRÓPRIA	STF	362
SEGURADO	STF	105, 689
	STJ	146, 229, 302
SEGURADOR	STF	151, 188, 240, 257, 337, 434, 529
	STJ	152, 465
SEGURANÇA, HIGIENE E SAÚDE DOS TRABALHADORES	STF	736
	TST	**S** 437, II, 446; **OJ-SDI1** 342 (canc.)
SEGURO	STF	105, 138, 187, 188, 529, 572,
	STJ	31, 61, 246, 257, 351, 402, 609, 616, 632
SEGURO DE ACIDENTE DO TRABALHO - SAT	STJ	351
	TST	**S** 454; **OJ-SDI1** 414 (canc.)
SEGURO-DESEMPREGO	TST	**S** 389, I, II
SEGURO DE RESPONSABILIDADE CIVIL FACULTATIVO	STJ	529
SEGURO DE VIDA	STJ	610, 620
	TST	**PN** 42, 84, 112
SEGURO MARÍTIMO	STF	504
SELO	STF	106, 107, 303, 468, 532, 548
SEMANA ESPANHOLA	TST	**OJ-SDI1** 323
SENADOR	STF	398
SENTENÇA	STF	611, 716
	STJ	70, 317, 318
	TST	**S** 25, 30, 192, III, 277, 298, IV, 399, I e II, 412; **OJ-SDI2** 85, 103; **PN** 120
SENTENÇA CONCESSIVA DE PERDÃO JUDICIAL	STJ	18
SENTENÇA ESTRANGEIRA	STF	420
SENTENÇA HOMOLOGATÓRIA DE ACORDO	TST	

SENTENÇA HOMOLOGATÓRIA DE Adjudicação	TST	**S** 399, I; **OJ-SDI2** 66
SENTENÇA HOMOLOGATÓRIA DE ARREMATAÇÃO	TST	**S** 399, I
SENTENÇA HOMOLOGATÓRIA DE CÁLCULOS	TST	**S** 399, II; **OJ-SDI2** 85
SENTENÇA NORMATIVA	TST	**S** 202, 246, 264, 277, 279, 350, 397, 402; **OJ-SDI1** 188, 277; **OJ-SDI1T** 6, 49; **OJ-SDI2** 49 (canc.); **PN** 119; 120
SEPARAÇÃO DE BENS	STF	377
SEQUESTRO	TST	**OJ-TP/OE** 1, 3, 13
SERVENTIA JUDICIAL	STF	46
SERVENTUÁRIO	STF	46
SERVIÇO BANCÁRIO	STJ	424
SERVIÇO DE COMPOSIÇÃO GRÁFICA	STJ	156
SERVIÇO DE GUERRA	STF	440
SERVIÇO DE PROTEÇÃO AO CRÉDITO	STJ	323, 359, 385, 404
SERVIÇO ESSENCIAL	TST	**OJ-SDC** 38
SERVIÇO INSALUBRE	STF	307, 460
SERVIÇO MILITAR	TST	**PN** 80
SERVIÇO NOTURNO	STF	213, 214, 402
SERVIÇO PERIGOSO	STF	212
SERVIÇO SOCIAL	STJ	499
SERVIÇO SOCIAL DA INDÚSTRIA (SESI)	STF	516
SERVIÇO PÚBLICO	STF	10, 37, 339, 384, 545, 671, 680, 685, 714
	STJ	103, 601
SERVIÇO PÚBLICO - CONTRATO DE CONCESSÃO	TST	**OJ-SDI1** 225, I, II; **OJ-SDI1T** 66; 67
SERVIDÃO	STF	120
SERVIDÃO ADMINISTRATIVA	STJ	56
SERVIDÃO DE TRÂNSITO	STF	415
SERVIDOR AUTÁRQUICO	STF	371
SERVIDOR ESTADUAL E MUNICIPAL	STF	681
SERVIDOR FAZENDÁRIO	STF	408
SERVIDOR PÚBLICO	STF	11, 18, 19, 20, 26, 27, 29, 30, 36, 37, 38, 46, 358, 359, 372, 373, 406, 408, 566, 672, 682. SV 16, 51
	STJ	97, 137, 173, 218
	TST	**S** 6, I, 50, 75 (canc.), 103 (canc.), 105 (canc.), 116 (canc.), 121, 123 (canc.), 235 (canc.), 243, 252 (canc.), 319, 363, 390, I, II; **OJ-SDI1** 51, 100, 193, 216, 247, 263 (canc.), 272, 297, 308, 364; **OJ-SDI1T** 55; **OJ-SDI2** 10, 26; **OJ-SDC** 5
SERVIDOR PÚBLICO - DESINCOMPATIBIIZAÇÃO	TSE	54
SESI	STF	516
SIGILO FISCAL	TSE	46
SEXTA-FEIRA	TST	**S** 1
SILÊNCIO	TST	**S** 403, I
SILVÍCOLA	STF	480
SIMPLES	STJ	425, 448
SINAL	STF	412
SINDICATO	STF	223, 666, 677
	TST	**S** 177 (canc.), 219, III, 220 (canc.), 271 (canc.), 286, 286, 310 (canc.), 334 (canc.), 369, 406, II; **OJ-SDI1** 1, 121, 290 (canc.), 325, 359, 365; **OJ-SDC** 4 (canc.), 8, 9, 12 (canc.), 13 (canc.), 14 (canc.), 15, 17, 18 (canc.), 19, 20, 21 (canc.), 22, 23, 35, 37 (canc.); **PN** 18 (canc.), 41, 81, 104, 111
SÍNDICO	STJ	219, 305
SINISTRO	STJ	152
SISTEMA ELÉTRICO DE POTÊNCIA	TST	**OJ-SDI1** 324, 347
SISTEMA FINANCEIRO DA HABITAÇÃO	STF	596
	STJ	31, 199, 327, 422, 450, 454, 473
SOBREAVISO	TST	**S** 132, II, 229, 428; **OJ-SDI1** 49

SOCIEDADE	STF	329, 486
SOCIEDADE CIVIL DE PRESTAÇÃO DE SERVIÇOS	STJ	276 (canc.), 508
SOCIEDADE DE ECONOMIA MISTA	STF	8, 76, 501, 517, 556
	TST	**S** 170, 280 (canc.), 331, II, 390, II, 455; **OJ-SDI1** 51, 237, 247, 338 (canc.), 339, 353 (canc.); **OJ-SDI1T** 75
	STJ	39, 42
SOCIEDADE DE FATO	STF	380
SÓCIO	STF	265, 466, 486
SÓCIO-GERENTE	STJ	430, 435
SONEGAÇÃO FISCAL	STF	609
SUBLOCAÇÃO	STF	411
SUBORDINAÇÃO	STF	312
SUBSTABELECIMENTO	TST	**S** 395, III, IV; **OJ-SDI1** 75, 200, 319, 371, 374
SUBSTÂNCIA RADIOATIVA	TST	**OJ-SDI1** 345
SUBSTITUIÇÃO	TST	**S** 159, I; **OJ-SDI1** 96 (canc.)
SUBSTITUIÇÃO PROCESSUAL	TST	**S** 180 (canc.), 219, III, 220 (canc.), 255 (canc.), 271 (canc.), 286, 310 (canc.), 359 (canc.), 406, II; **OJ-SDI1** 1, 121, 359
SUBSTITUTO	STF	24
SUCESSÃO	STF	96, 112, 152 (rev.), 494, 590
SUCESSÃO EMPRESARIAL	STJ	554
SUCESSÃO TRABALHISTA	TST	**OJ-SDI1** 225, I, II, 261, 343, 408, 411; **OJ-SDI1T** 28, 48, 59
SUCESSOR	STF	482
SUCUMBÊNCIA	STF	519
	STJ	153, 306, 326
	TST	**S** 25, 219, I, **OJ-SDI1** 186 (canc.), 421; **OJ-SDI1T** 32
SUICÍDIO	STF	105
	STJ	610
SÚMULA - VIOLAÇÃO DE ENUNCIADO	STJ	518
SUPERIOR TRIBUNAL DE JUSTIÇA	STJ	41, 116, 177, 216, 236, 256 (canc.)
SUPERIOR TRIBUNAL MILITAR	STF	9
SUPLENTE	TST	**S** 339, I, 369, I, II; **OJ-SDI1** 253; **OJ-SDI2** 6; **PN** 51 (canc.)
SUPREMO TRIBUNAL FEDERAL	STF	72, 247, 248, 249, 253, 286, 289, 294, 295, 319, 322, 325, 330, 353, 398, 401, 456, 474, 503, 505, 506, 515, 526, 528, 624, 634, 690, 691
SURSIS	STF	499
SUSPEIÇÃO	TST	**S** 357; **OJ-SDI1** 77
SUSPENSÃO CONDICIONAL DO PROCESSO	STF	696, 723
	STJ	337, 536
SUSPENSÃO DE EMPREGADO	STF	403
SUSPENSÃO DO PROCESSO	STJ	243
T		
TACÓGRAFO	TST	**OJ-SDI1** 332
TAREFEIRO	TST	**S** 149
TARIFA ALFANDEGÁRIA	STF	88, 130, 131
TARIFA DE ÁGUA	STJ	407, 412
TARIFA PORTUÁRIA	STF	148
	STJ	50
TAXA	STF	82, 126, 128, 302, 306, 324, 437, 545, 588, 670. SV 29
	STJ	294, 295
TAXA BÁSICA FINANCEIRA (TBF)	STJ	287
TAXA CONTRA FOGO	STF	138
TAXA DE ARMAZENAGEM	STF	127
TAXA DE ASSISTÊNCIA HOSPITALAR	STF	306
TAXA DE BOMBEIROS DE PERNAMBUCO	STF	549
TAXA DE CALÇAMENTO	STF	129
TAXA DE CONSERVAÇÃO	STF	348

TAXA DE CONSTRUÇÃO	STF	348
TAXA DE DESPACHO ADUANEIRO	STF	130, 131, 133, 134, 308, 309, 437
TAXA DE EDUCAÇÃO E SAÚDE	STF	438
TAXA DE ELETRIFICAÇÃO	STF	135
TAXA DE ESTATÍSTICA	STF	136
TAXA DE FISCALIZAÇÃO	STF	137, 665
TAXA DE HOMOLOGAÇÃO	TST	**OJ-SDC** 16
TAXA DE ILUMINAÇÃO PÚBLICA	STF	SV 41
TAXA DE JUROS A LONGO PRAZO (TJLP)	STJ	288
TAXA DE JUROS - ANBID/ CETIP	STJ	176
TAXA DE JUROS REAL	STF	SV 7
TAXA DE LIXO	STF	SV 19
TAXA DE LOCALIZAÇÃO DE ESTABELECIMENTO	STJ	157
TAXA DE MATRÍCULA	STF	SV 12
TAXA DE MELHORAMEN-TO DE ESTRADAS	STF	348
TAXA DE MELHORAMEN-TO DE PORTOS	STF	550
	STJ	80, 124
TAXA DE PREVIDÊNCIA SOCIAL	STF	302
TAXA DE RECUPERAÇÃO ECONÔMICA	STF	144, 306
TAXA DE SERVIÇO	STF	274 (rev.)
TAXA DE URBANIZAÇÃO	STF	551
TAXA JUDICIÁRIA	STF	667
TAXA MUNICIPAL	STF	595
	STJ	157
TAXA REFERENCIAL (TR)	STJ	295
TEATRO	STF	481
TÉCNICO EM RADIOLOGIA	TST	**S** 358; **OJ-SDI1** 67, 208
TELECOMUNICAÇÕES	STF	659
TELEFONIA	STJ	356, 357 (canc.), 506
TELEFONISTA	TST	**S** 178
TELEMARKETING	TST	**OJ-SDI1** 273 (canc.)
TELEX	TST	**OJ-SDI1** 213
TEMPESTIVIDADE	STF	639
	STJ	216
	TST	**S** 100, III, 385, III, 387, II, III, 434 (canc.); **OJ-SDI1** 284 (canc.), 285 (canc.), 310, 357 (canc.); **OJ--SDI1T** 17, 18, 20
TEMPO À DISPOSIÇÃO DO EMPREGADOR	TST	**S** 96, 118, 366; 429; **PN** 31
TEMPO DE SERVIÇO	STF	26, 202, 463, 678, 726
	STJ	242
	TST	**S** 6, II, 21 (canc.), 52, 66 (canc.), 70, 79 (canc.), 103 (canc.), 105 (canc.), 138, 174 (canc.), 181 (canc.), 202, 203, 225, 226, 240, 269; **OJ-SDI1** 56, 84; **OJ-SDI1T** 44, 60; **OJ-SDI2** 57; **OJ-SDC** 25; **PN** 38 (canc.)
TEMPO DE SERVIÇO PÚBLICO	STF	10, 31, 32, 215, 567, 678
TEMPO DE SERVIÇO RURAL	STJ	577
TERCEIRIZAÇÃO	TST	**S** 331, I a V; **OJ-SDI1** 383
TERÇO CONSTITUCIONAL	TST	**S** 328, 450; **OJ-SDI1** 386 (canc.); **OJ-SDI1T** 50
TERMO	STF	426, 427
TERMO DE CONCILIAÇÃO	TST	**S** 259
TERRAÇO	STF	414
TERRAS DEVOLUTAS	STF	477
TERRAS OCUPADAS POR SILVÍCOLAS	STF	480
TERRENO DE MARINHA	STJ	496
TESTAMENTO	STF	447
TESTEMUNHA	STJ	149
	TST	**S** 357; **OJ-SDI1** 77
TÍTULO	STJ	258
TÍTULO - COBRANÇA	TST	**PN** 61

TÍTULO EXECUTIVO	STJ	233
	TST	**S** 205 (canc.), 211; **OJ-SDI2** 101, 123; **OJ-TP/OE** 12
TÍTULO EXTRAJUDICIAL	STJ	27, 279, 300
TÍTULO GRATUITO	STF	98, 99
TÍTULO INEXIGÍVEL	STJ	487
TÍTULO VENCIDO	STF	190
TÍTULOS E DOCUMENTOS	STF	442, 489
TORTURA	STF	698
TRABALHADOR AVULSO	STJ	230
	TST	**OJ-SDI1** 384 (canc.)
TRABALHADOR RURAL	STF	612, 613
	STJ	272
	TST	**S** 34 (canc.), 57 (canc.),104 (canc.), 227 (canc.), 292 (canc.); **OJ-SDI1** 38, 271, 315, 344, 381 (canc.), 417, 419; **PN** 20, 34, 48 (canc.), 50, 53, 57 (canc.), 59, 60, 62, 63, 64, 65, 68, 69, 71, 94 (canc.), 106, 107, 108, 110
TRABALHADOR SUBS-TITUTO	STF	204
TRABALHADOR TEMPO-RÁRIO	TST	**OJ-SDI1** 205, II (canc.), 263 (canc.); **PN** 79
TRABALHADORES DE TRANSPORTES MA-RÍTIMOS, FLUVIAIS E LACUSTRES	STF	531
TRABALHO DIURNO E NOTURNO	STF	313
	TST	**S** 112, **OJ-SDI1** 388
TRABALHO INTELECTUAL	TST	**S** 6, VII, 65, 140; **OJ-SDI1** 60, I, 127, 298, 395; **PN** 44, 90
TRABALHO REMUNE-RADO	STF	491
TRÁFICO INTERNACIO-NAL	STJ	528, 607
TRÁFICO INTERESTA-DUAL	STJ	587
TRANSFERÊNCIA DE RESIDÊNCIA	STF	60, 61, 62
	TST	**S** 29, 43; **OJ-SDI1** 113, 232; **OJ--SDI2** 67; **PN** 77
TRANSAÇÃO	TST	**S** 180 (canc.), 418; **OJ-SDI1** 270; **OJ-SDC** 30
TRANSAÇÃO PENAL	STJ	536
TRÂNSITO EM JULGADO	STF	268, 420, 423, 626, 716, 717
	STJ	188
	TST	**S** 100, IV, V, 299, I, II, III, IV; **OJ-SDI1** 401; **OJ-SDI2** 3, 21, 49 (canc.), 76, 84, 99, 131
TRANSMISSÃO IMOBI-LIÁRIA	STF	551
TRANSPORTE	STF	186
	STJ	145
	TST	**S** 29, 90, I a IV, 320, 447; **PN** 44 (canc.), 54 (canc.), 71, 113, 114 (canc.)
TRANSPORTE IRREGULAR DE PASSAGEIRO	STJ	510
TRANSPORTADOR	STF	187
	STJ	145
TRASLADO	TST	**S** 272 (canc.); **OJ-SDI1** 90 (canc.), 217, 283, 284 (canc.), 285 (canc.), 286; **OJ-SDI1T** 16, 17, 18, 19, 20, 21, 52, 132, 217, 286; **OJ-SDI2** 84
TRIBUNAL - COMPOSIÇÃO	STF	628
TRIBUNAL DE CONTAS	STF	6, 7, 29, 42, 347, 653
TRIBUNAL DE CONTAS DA UNIÃO	STF	248. SV3
TRIBUNAL DO JÚRI	STF	162, 206, 721. SV 45
TRIBUNAL DE JUSTIÇA	STF	330, 364, 555, 628, 637, 702
TRIBUNAL FEDERAL DE RECURSOS	STF	518
TRIBUNAL MILITAR	STF	364
TRIBUNAL PLENO	STF	299, 455
TRIBUNAL REGIONAL DO TRABALHO	STF	433
	STJ	180, 225, 236
	TST	**S** 192, I

TRIBUNAL REGIONAL FEDERAL	STJ	2, 55
TRIBUNAL SUPERIOR DO TRABALHO	STF	315, 401, 457
	TST	**S** 192, II
TRIBUNAL SUPERIOR ELEITORAL	STF	72, 728
TRIBUTOS	STF	66, 67, 68, 69, 70, 71, 73, 323, 418, 546, 560
TURMA RECURSAL	STJ	376
TURNO DE TRABALHO	TST	**S** 60, III, 265; **OJ-SDI1** 97, 388
TURNO ININTERRUPTO DE REVEZAMENTO	STF	675
	TST	**S** 360, 423, 391, I, II; **OJ-SDI1** 169 (canc.), 274, 275, 360, 395, 396, 420; **OJ-SDI1T** 72
U		
ULTRA-ATIVIDADE	TST	**S** 277
UNIÃO	STF	185, 218, 251, 468, 477, 480, 501, 567, 150, 183
UNIFORME	STF	57
	TST	**PN** 115
UNIVERSIDADE	TST	OJ SDI2 11
URP	STF	671
USO	STF	410, 477, 492
	STJ	193, 198
USUCAPIÃO	STF	98, 100, 237, 263, 340, 391
	STJ	11, 193
USURA	STJ	283
UTENSÍLIOS	STF	573
UTILIDADE "IN NATURA"	TST	**S** 367, I
UTILIDADE PÚBLICA	STF	23, 652
V		
VACÂNCIA	STF	203
	TST	**S** 159, II
VAGA DE GARAGEM	STJ	449
VALE-TRANSPORTE	TST	**S** 460, **OJ-SDI1** 215 (canc.), 216
VALOR DA CAUSA	STF	449, 502, 667
	STJ	14
	TST	**S** 71; **OJ-SDI2** 155 (canc.)
VALOR DO DÉBITO	STJ	245
VALOR PROBATÓRIO	STF	225
VARA PRIVATIVA	STJ	206
VARANDA	STF	414
VEÍCULO	STF	541
	STJ	92, 130, 132, 198
	TST	**S** 367, I
VEÍCULO AUTOMOTOR - ENTREGA DE DIREÇÃO A PESSOA NÃO HABILITADA	STJ	575

VENCIMENTOS	STF	11, 13, 27, 41, 43, 45, 321, 339, 358, 441, 647, 679, 681, 682. SV 37, 39, 42, 51
VENDA	STF	494
VENDA A CRÉDITO	STF	495
VENDA DE ASCENDENTE A DESCENDENTE	STF	152 (rev.), 494
VENDEDOR	STF	541
	TST	**PN** 15
VENDEDOR PRACISTA	STF	201
VERBA	STJ	209
VERBA RESCISÓRIA	TST	**S** 69, 73, 314, 371; **OJ-SDI1** 14, 42, II, 162, 181, 238; **PN** 46 (canc.)
VEREADOR	STF	34
VIA ADMINISTRATIVA	STF	430, 552
	STJ	89
VICE-PREFEITO	TSE	8 (canc.)
VÍCIO	STF	473
	STJ	318
VÍCIO DE CONSENTI-MENTO	TST	**OJ-SDI1** 160
VIDA EM COMUM	STF	382
VIDEOCASSETE	STF	662
VIDEOTEIPES	STJ	135
VIGIA NOTURNO	STF	402
	TST	**S** 59 (canc.), 65, 140; **PN** 42, 102
VIGIA PORTUÁRIO	TST	**S** 309
VIGILANTE	TST	**S** 257; **PN** 42
VÍNCULO EMPREGATÍCIO	TST	**S** 173, 256 (canc.), 269, 331, I a III, 386; **OJ-SDI1** 164, 205, I (canc.), 321, 338 (canc.), 366, 368, 398
VIOLAÇÃO A DISPOSITIVO LEGAL	TST	**S** 221, II, 298, I, II, V, 400, 410; **OJ-SDI1** 257, 294, 336, 410; **OJ-SDI1T** 78; **OJ-SDI2** 25, 97, 112
VIOLÊNCIA DOMÉSTICA	STJ	**S** 542, 588, 589, 600
VISÃO MONOCULAR	STJ	377
VISTORIA	STF	154, 261
	STJ	109
VITALICIEDADE	STF	11, 12, 36, 46
VÍTIMA	STJ	146
VIÚVA	TST	**OJ-SDI1** 26
VIZINHO	STF	120
VOGAL	TST	**S** 167 (canc.)
VRG - VALOR RESIDUAL GARANTIDO	STJ	263, 293
W		
WHISKY	STF	534

Súmulas Vinculantes

- art. 103A, CF.
- Lei 11.417/2006 (Regulamenta o art. 103-A da Constituição Federal e altera a Lei n. 9.784, de 29.01.1999, disciplinando a edição, a revisão e o cancelamento de enunciado de súmula vinculante pelo STF).

1. Ofende a garantia constitucional do ato jurídico perfeito a decisão que, sem ponderar as circunstâncias do caso concreto, desconsidera a validez e a eficácia de acordo constante de termo de adesão instituído pela Lei Complementar n. 110/2001.

- art. 5º, XXXVI, CF.

2. É inconstitucional a lei ou ato normativo estadual ou distrital que disponha sobre sistemas de consórcios e sorteios, inclusive bingos e loterias.

- art. 22, XX, CF.

3. Nos processos perante o Tribunal de Contas da União asseguramse o contraditório e a ampla defesa quando da decisão puder resultar anulação ou revogação de ato administrativo que beneficie o interessado, excetuada a apreciação da legalidade do ato de concessão inicial de aposentadoria, reforma e pensão.

- arts. 5º, LIV e Le 71, III, CF.
- art. 2º, Lei 9.784/1999 (Lei do Processo Administrativo Federal).

4. Salvo nos casos previstos na Constituição, o saláriomínimo não pode ser usado como indexador de base de cálculo de vantagem de servidor público ou de empregado, nem ser substituído por decisão judicial.

- arts. 7º, IV e XXIII; art. 39, § 1º e § 3º; art. 42, § 1º; art. 142, § 3º, X, CF.

5. A falta de defesa técnica por advogado no processo administrativo disciplinar não ofende a Constituição.

6. Não viola a constituição o estabelecimento de remuneração inferior ao saláriomínimo para as praças prestadoras de serviço militar inicial.

- arts. 1º, III; 5º, *caput*; 7º, I 142, § 3º, VIII, (redação dada pela EC 18/1998); 143, *caput*, §§ 1º e 2º, CF
- art. 18, § 2º, Med. Prov. 2.215/2001.

7. A norma do § 3º do art, 192 da Constituição, revogada pela Emenda Constitucional n. 40/2003, que limitava a taxa de juros reais a 12% ao ano, tinha sua aplicação condicionada à edição de Lei Complementar.

- art. 591, CC.
- Med. Prov. 2.17232/2001 (Estabelece a nulidade das disposições contratuais que menciona e inverte, nas hipóteses que prevê, o ônus da prova nas ações intentadas para sua declaração).
- Súm. 648, STF.

8. São inconstitucionais o parágrafo único do artigo 5º do Decreto-Lei n. 1.569/1977 e os artigos 45 e 46 da Lei n. 8.212/1991, que tratam de prescrição e decadência de crédito tributário.

- arts. 146, III, b, CF.
- arts. 173 e 174, CTN.
- art. 2º, § 3º, Lei 6.830/1980 (Lei de Execução Fiscal).
- art. 348, Dec. 3.048/1999 (Regulamento da Previdência Social).

9. O disposto no artigo 127 da Lei n. 7.210/1984 (Lei de Execução Penal) foi recebido pela ordem constitucional vigente, e não se lhe aplica o limite temporal previsto no *caput* do artigo 58.

- arts. 5º, XXXV e XLVI, CF.
- Lei 12.433/2011 (Altera a Lei 7.210/1984 (LEP), para dispor sobre a remição de parte do tempo de execução da pena por estudo ou por trabalho).

10. Viola a cláusula de reserva de plenário (CF, artigo 97) a decisão de órgão fracionário de tribunal que, embora não declare expressamente a inconstitucionalidade de lei ou ato normativo do poder público, afasta sua incidência, no todo ou em parte.

- art. 97, CF.

11. Só é lícito o uso de algemas em casos de resistência e de fundado receio de fuga ou de perigo à integridade física própria ou alheia, por parte do preso ou de terceiros, justificada a excepcionalidade por escrito, sob pena de responsabilidade disciplinar, civil e penal do agente ou da autoridade e de nulidade da prisão ou do ato processual a que se refere, sem prejuízo da responsabilidade civil do Estado.

- arts. 1º, III; 5º, III, X e XLIX, CF.
- art. 350, CP.
- art. 284, CPP.
- art. 234, § 1º, CPPM.
- arts. 40 e 199, Lei 7.210/1984 (Lei de Execução Penal).
- Dec. 8.858/2016 (Regulamenta art. 199 da LEP).

12. A cobrança de taxa de matrícula nas universidades públicas viola o disposto no art. 206, IV, da Constituição Federal.

13. A nomeação de cônjuge, companheiro ou parente em linha reta, colateral ou por afinidade, até o terceiro grau, inclusive, da autoridade nomeante ou de servidor da mesma pessoa jurídica investido em cargo de direção, chefia ou assessoramento, para o exercício de cargo em comissão ou de confiança ou, ainda, de função gratificada na administração pública direta e indireta em qualquer dos poderes da União, dos Estados, do Distrito Federal e dos Municípios, compreendido o ajuste mediante designações recíprocas, viola a Constituição Federal.

- art. 37, CF.
- Dec. 7.203/2010 (Vedação do nepotismo no âmbito da Administração Pública Federal).

14. É direito do defensor, no interesse do representado, ter acesso amplo aos elementos de prova que, já documentados em procedimento investigatório realizado por órgão com competência de polícia judiciária, digam respeito ao exercício do direito de defesa.

- arts. 1º, III; e 5º, XXXIII, LIV e LVCF.
- arts. 9º e 10, CPP.
- arts. 6º e 7º, XIII e XIV, Lei 8.906/1994.

15. O cálculo de gratificações e outras vantagens do servidor público não incide sobre o abono utilizado para se atingir o saláriomínimo.

- art. 7º, IV, CF.

16. Os artigos 7º, IV, e 39, § 3º (redação da EC 19/1998), da Constituição, referem-se ao total da remuneração percebida pelo servidor público.

- Refere-se ao art. 100, § 5º, CF.
- arts. 7º, IV, e 39, § 2º (redação anterior à EC 19/1998); art. 39, § 3º (redação dada pela EC 19/1998).

17. Durante o período previsto no parágrafo 1º do artigo 100 da Constituição, não incidem juros de mora sobre os precatórios que nele sejam pagos.

- Com a EC 62/2009, a referência passou a ser ao § 5º do art. 100, CF.

18. A dissolução da sociedade ou do vínculo conjugal, no curso do mandato, não afasta a inelegibilidade prevista no § 7º do artigo 14 da Constituição Federal.

- art. 14, § 1º, CF.

19. A taxa cobrada exclusivamente em razão dos serviços públicos de coleta, remoção e tratamento ou destinação de lixo ou resíduos provenientes de imóveis, não viola o artigo 145, II, da Constituição Federal.

20. A gratificação de desempenho de atividade tecnicoadministrativa GDATA, instituída pela Lei n. 10.404/2002, deve ser deferida aos inativos nos valores correspondentes a 37,5 (trinta e sete vírgula cinco) pontos no período de fevereiro a maio de 2002 e, nos termos do artigo 5º, parágrafo único, da Lei n. 10.404/2002, no período de junho de 2002 até a conclusão dos efeitos do último ciclo de avaliação a que se refere o artigo 1º da Medida Provisória n. 198/2004, a partir da qual passa a ser de 60 (sessenta) pontos.

- art. 40, § 8º, CF.

21. É inconstitucional a exigência de depósito ou arrolamento prévios de dinheiro ou bens para admissibilidade de recurso administrativo.

- art. 5º, XXXIV, *a*, e LV, CF.
- art. 33, § 2º, Dec. 70.235/1972 (Lei do Processo Administrativo Federal).

22. A Justiça do Trabalho é competente para processar e julgar as ações de indenização por danos morais e patrimoniais decorrentes de acidente de trabalho propostas por empregado contra empregador, inclusive aquelas que ainda não possuíam sentença de mérito em primeiro grau quando da promulgação da Emenda Constitucional n. 45/04.

- arts. 7º, XXVIII, 109, I e 114, CF.
- Súm. 235, STF.

23. A Justiça do Trabalho é competente para processar e julgar ação possessória ajuizada em decorrência do exercício do direito de greve pelos trabalhadores da iniciativa privada.

- art. 114, II, CF.

24. Não se tipifica crime material contra a ordem tributária, previsto no art. 1º, incisos I a IV, da Lei n. 8.137/90, antes do lançamento definitivo do tributo.

- arts. 5º, Le 129, I, CF.
- arts. 14, I, e 111, I, CP.
- art. 142, *caput*, CTN.
- art. 1º, I a ILei 8.137/1990 (Lei dos crimes contra a ordem tributária, econômica e relações de consumo).
- art. 83, Lei 9.430/1996 (Legislação Tributária Federal, contribuições para Seguridade Social e processo administrativo de consulta).
- art. 9º, 2º, Lei 10.684/2003 (Parcelamento de débitos junto à SRF, à ProcuradoriaGeral da Fazenda Nacional e ao Instituto Nacional do Seguro Social).

25. É ilícita a prisão civil de depositário infiel, qualquer que seja a modalidade do depósito.

- art. 5º, LXVII, e § 2º, CF.
- art. 7º, 7, Pacto de São José da Costa Rica.
- Pacto Internacional sobre Direitos Civis e Políticos, art. 11.
- Súm. 304, 305 e 419, STJ.

26. Para efeito de progressão de regime no cumprimento de pena por crime hediondo, ou equiparado, o juízo da execução observará a inconstitucionalidade do art. 2º da Lei n. 8.072, de 25 de julho de 1990, sem prejuízo de avaliar se o condenado preenche, ou não, os requisitos objetivos e subjetivos do benefício, podendo determinar, para tal fim, de modo fundamentado, a realização de exame criminológico.

- art. 5º, XLVI e XLVII, CF.
- arts. 33, § 3º, e 59, CP.
- arts. 66, III, b, Lei 7.210/1984 (Lei de Execução Penal).
- Súm. 439 e 471, STJ.

27. Compete à Justiça Estadual julgar causas entre consumidor e concessionária de serviço público de telefonia, quando a ANATEL não seja litisconsorte passiva necessária, assistente, nem opoente.

- art. 98, I, e 109, I, CF.

28. É inconstitucional a exigência de depósito prévio como requisito de admissibilidade de ação judicial na qual se pretenda discutir a exigibilidade de crédito tributário.

- art. 5º, XXXV, e LV, CF.
- Súm. 112, STJ.
- art. 19, Lei 8.870/1994.

29. É constitucional a adoção, no cálculo do valor de taxa, de um ou mais elementos da base de cálculo própria de determinado imposto, desde que não haja integral identidade entre uma base e outra.

- art. 145, § 2º, CF.

30. (A Súmula Vinculante 30 está pendente de publicação)

31. É inconstitucional a incidência do imposto sobre serviços de qualquer natureza ISS sobre operações de locação de bens móveis.

- art. 156, III, CF.
- arts. 71, § 1º; art. 97, I e III, CTN.
- art. 8º, 79, Dec.-Lei 406/1968.
- LC 56/1987.
- LC 116/2003 (Lei do ISS).

32. O ICMS não incide sobre alienação de salvados de sinistro pelas seguradoras.

- arts. 22, VII, e 153, V, CF.
- art. 3º, IX, LC 87/1986 (ICMS Lei Kandir).
- art. 73, Dec.Lei 73/1966 (Sistema Nacional de Seguros Privados e regula operações de seguros e resseguros).
- art. 8º, EC 45/2004.
- Res. STF 388/2008 (Disciplina o processamento de proposta de edição, revisão e cancelamento de súmulas).

33. Aplicam-se ao servidor público, no que couber, as regras do regime geral da previdência social sobre aposentadoria especial de que trata o artigo 40, § 4º, inciso III, da Constituição Federal, até a edição de lei complementar específica. (*DJe* 24.04.2014.)

- arts. 57 e 58, Lei 8.213/1991.

34. A Gratificação de Desempenho de Atividade de Seguridade Social e do Trabalho - GDASST, instituída pela Lei 10.483/2002, deve ser estendida aos inativos no valor correspondente a 60 (sessenta) pontos, desde o advento da Medida Provisória 198/2004, convertida na Lei 10.971/2004, quando tais inativos façam jus à paridade constitucional (EC 20/1998, 41/2003 e 47/2005).

35. A homologação da transação penal prevista no artigo 76 da Lei 9.099/1995 não faz coisa julgada material e, descumpridas suas cláusulas, retoma-se a situação anterior, possibilitando-se ao Ministério Público a continuidade da persecução penal mediante oferecimento de denúncia ou requisição de inquérito policial.

- arts. 5º, XXXVI e LIV; e 98, I, CF/88.

36. Compete à Justiça Federal Comum processar e julgar civil denunciado pelos crimes de falsificação e de uso de documento falso quando se tratar de falsificação da Caderneta de Inscrição e Registro (CIR) ou de Carteira de Habilitação de AMADOR (CHA), ainda que expedidas pela Marinha do Brasil.

- arts. 21, XXII; 109, IV; e 144, § 1º, III, CF/88.
- Dec.-Lei 1.001/1969, arts. 311 e 315.

37. Não cabe ao Poder Judiciário, que não tem função legislativa, aumentar vencimentos de servidores públicos sob o fundamento de isonomia.

- arts. 2º; 5º, *caput* e II; e 37, X, CF/88.
- Súm. 339, STF.
- Embora na publicação da SV 37 conste como precedente o RE 592.317, trata-se do RE 592.317 RG (*DJe* n. 200/2010).

38. É competente o Município para fixar o horário de funcionamento de estabelecimento comercial. (DOU, 20.03.2015.)

- art. 30, I, CF.
- Súm. 645, STF.

39. Compete privativamente à União legislar sobre vencimentos dos membros das polícias civil e militar e do corpo de bombeiros militar do Distrito Federal. (DOU, 20.03.2015.)

- art. 21, XIV, CF.
- Súm. 647, STF.

40. A contribuição confederativa de que trata o art. 8º, IV, da Constituição Federal, só é exigível dos filiados ao sindicato respectivo. (DOU, 20.03.2015.)

- art. 8º, IV, CF.
- Súm. 666, STF.

41. O serviço de iluminação pública não pode ser remunerado mediante taxa. (DOU, 20.03.2015.)

- art. 145, II, CF.
- Súm. 670, STF.

42. É inconstitucional a vinculação do reajuste de vencimentos de servidores estaduais ou municipais a índices federais de correção monetária. (DOU, 20.03.2015.)

- arts. 2º, 25, 29, 30, I, e 37, XIII, CF.
- Súm. 681, STF.

43. É inconstitucional toda modalidade de provimento que propicie ao servidor investir-se, sem prévia aprovação em concurso público destinado ao seu provimento, em cargo que não integra a carreira na qual anteriormente investido. (DOU, 17.04.2015.)

- art. 37, II, CF.
- Súm. 685, STF.

44. Só por lei se pode sujeitar a exame psicotécnico a habilitação de candidato a cargo público. (DOU, 17.04.2015.)

- art. 5º, II; e 37, I, CF.
- Súm. 686, STF.

45. A competência constitucional do Tribunal do Júri prevalece sobre o foro por prerrogativa de função estabelecido exclusivamente pela Constituição Estadual. (DOU, 17.04.2015.)

- art. 5º, XXXVIII, "d"; art. 125, § 1º, CF.
- Súm. 721, STF.

46. A definição dos crimes de responsabilidade e o estabelecimento das respectivas normas de processo e julgamento são da competência legislativa privativa da União. (DOU, 17.04.2015.)

‣ arts. 22, I; e art. 85,p.u., CF.

‣ Súm. 722, STF.

47. Os honorários advocatícios incluídos na condenação ou destacados do montante principal devido ao credor consubstanciam verba de natureza alimentar cuja satisfação ocorrerá com a expedição de precatório ou requisição de pequeno valor, observada ordem especial restrita aos créditos dessa natureza. (DOU, 02.06.2015)

‣ art. 100, § 1º, CF.

‣ arts. 22, § 4º, e 23, Lei 8.906/1994.

48. Na entrada de mercadoria importada do exterior, é legítima a cobrança do ICMS por ocasião do desembaraço aduaneiro. (DOU, 02.06.2015)

‣ art. 155, § 2º, IX, a, CF.

‣ Súm. 661, STF.

49. Ofende o princípio da livre concorrência lei municipal que impede a instalação de estabelecimentos comerciais do mesmo ramo em determinada área. (DOU, 23.06.2015.)

‣ arts. 170, IV, parágrafo único; e art. 173, § 4º, CF.

50. Norma legal que altera o prazo de recolhimento de obrigação tributária não se sujeita ao princípio da anterioridade. (DOU, 23.06.2015.)

‣ art. 195, § 6º, CF.

51. O reajuste de 28,86%, concedido aos servidores militares pelas Leis 8.622/1993 e 8.627/1993, estende-se aos servidores civis do poder executivo, observadas as eventuais compensações decorrentes dos reajustes diferenciados concedidos pelos mesmos diplomas legais. (DOU, 23.06.2015.)

‣ art. 37, X, CF.

‣ Lei 8.622/1993 (Dispõe sobre a revisão geral da remuneração dos servidores públicos civis e militares do Poder Executivo Federal.)

‣ Lei 8.627/1993 (Especifica os critérios para reposicionamento de servidores públicos federais civis e militares.)

52. Ainda quando alugado a terceiros, permanece imune ao IPTU o imóvel pertencente a qualquer das entidades referidas pelo art. 150, VI, "c", da Constituição Federal, desde que o valor dos aluguéis seja aplicado nas atividades para as quais tais entidades foram constituídas. (DOU, 23.06.2015.)

‣ art. 150, VI, "c", CF.

53. A competência da Justiça do Trabalho prevista no art. 114, VIII, da Constituição Federal alcança a execução de ofício das contribuições previdenciárias relativas ao objeto da condenação constante das sentenças que proferir e acordos por ela homologados. (DOU, 23.06.2015.)

‣ art. 114, VIII, CF.

54. A medida provisória não apreciada pelo Congresso Nacional podia, até a Emenda Constitucional n. 32/2001, ser reeditada dentro do seu prazo de eficácia de trinta dias, mantidos os efeitos de lei desde a primeira edição. (DOU, 28.03.2016)

‣ art. 62, p.u., CF.

‣ Súm. 651, STF.

55. O direito ao auxílio-alimentação não se estende aos servidores inativos. (DOU, 28.03.2016)

‣ art. 40, § 4º, CF.

‣ Súm. 680, STF.

56. A falta de estabelecimento penal adequado não autoriza a manutenção do condenado em regime prisional mais gravoso, devendo-se observar, nessa hipótese, os parâmetros fixados no RE 641.320/RS.

‣ arts. 1º, III, e 5º, XLVI, CF.

57. A imunidade tributária constante do art. 150, VI, d, da CF/88 aplica-se à importação e comercialização, no mercado interno, do livro eletrônico (e-book) e dos suportes exclusivamente utilizados para fixá-los, como leitores de livros eletrônicos (e-readers), ainda que possuam funcionalidades acessórias.

‣ art. 150, VI, d, CF.

58. Inexiste direito a crédito presumido de IPI relativamente à entrada de insumos isentos, sujeitos à alíquota zero ou não tributáveis, o que não contraria o princípio da não cumulatividade.

‣ art. 153, § 3º, II, CF.

Súmulas

‣ As Súmulas 1 a 621 são anteriores a promulgação da CF de 1988.

1. É vedada a expulsão de estrangeiro casado com brasileira, ou que tenha filho brasileiro, dependente da economia paterna.

2. Concede-se liberdade vigiada ao extraditando que estiver prêso por prazo superior a sessenta dias.

‣ Sem eficácia.

3. A imunidade concedida a deputados estaduais é restrita à Justiça do Estado.

‣ Superada.

4. Não perde a imunidade parlamentar o congressista nomeado Ministro de Estado.

‣ Cancelada.

5. A sanção do projeto supre a falta de iniciativa do Poder Executivo.

6. A revogação ou anulação, pelo Poder Executivo, de aposentadoria, ou qualquer outro ato aprovado pelo Tribunal de Contas, não produz efeitos antes de aprovada por aquele tribunal, ressalvada a competência revisora do Judiciário.

7. Sem prejuízo de recurso para o Congresso, não é exequível contrato administrativo a que o Tribunal de Contas houver negado registro.

8. Diretor de sociedade de economia mista pode ser destituído no curso do mandato.

9. Para o acesso de auditores ao Superior Tribunal Militar, só concorrem os de segunda entrância.

10. O tempo de serviço militar conta-se para efeito de disponibilidade e aposentadoria do servidor público estadual.

11. A vitaliciedade não impede a extinção do cargo, ficando o funcionário em disponibilidade, com todos os vencimentos.

12. A vitaliciedade do professor catedrático não impede o desdobramento da cátedra.

13. A equiparação de extranumerário a funcionário efetivo, determinada pela Lei n. 2.284, de 09.08.1954, não envolve reestruturação, não compreendendo, portanto, os vencimentos.

14. Não é admissível, por ato administrativo, restringir, em razão da idade, inscrição em concurso para cargo público. Cancelada.

15. Dentro do prazo de validade do concurso, o candidato aprovado tem o direito à nomeação, quando o cargo for preenchido sem observância da classificação.

16. Funcionário nomeado por concurso tem direito à posse.

17. A nomeação de funcionário sem concurso pode ser desfeita antes da posse.

18. Pela falta residual, não compreendida na absolvição pelo juízo criminal, é admissível a punição administrativa do servidor público.

19. É inadmissível segunda punição de servidor público, baseada no mesmo processo em que se fundou a primeira.

20. É necessário processo administrativo com ampla defesa, para demissão de funcionário admitido por concurso.

21. Funcionário em estágio probatório não pode ser exonerado nem demitido sem inquérito ou sem as formalidades legais de apuração de sua capacidade.

22. O estágio probatório não protege o funcionário contra a extinção do cargo.

23. Verificados os pressupostos legais para o licenciamento da obra, não o impede a declaração de utilidade pública para desapropriação do imóvel, mas o valor da obra não se incluirá na indenização, quando a desapropriação for efetivada.

24. Funcionário interino substituto é demissível, mesmo antes de cessar a causa da substituição.

25. A nomeação a termo não impede a livre demissão pelo Presidente da República, de ocupante de cargo dirigente de autarquia.

26. Os servidores do Instituto de Aposentadoria e Pensões dos Industriários não podem acumular a sua gratificação bienal com o adicional de tempo de serviço previsto no estatuto dos funcionários civis da União.

27. Os servidores públicos não têm vencimentos irredutíveis, prerrogativa dos membros do Poder Judiciário e dos que lhes são equiparados.

28. O estabelecimento bancário é responsável pelo pagamento de cheque falso, ressalvadas as hipóteses de culpa exclusiva ou concorrente do correntista.

29. Gratificação devida a servidores do "sistema fazendário" não se estende aos dos Tribunais de Contas.

30. Servidores de coletorias não têm direito à percentagem pela cobrança de contribuições destinadas à Petrobras.

31. Para aplicação da Lei n. 1.741, de 22.11.1952, soma-se o tempo de serviço ininterrupto em mais de um cargo em comissão.

32. Para aplicação da Lei n. 1.741, de 22.11.1952, soma-se o tempo de serviço ininterrupto em cargo em comissão e em função gratificada.

33. A Lei n. 1.741, de 22.11.1952, é aplicável às autarquias federais.

34. No Estado de São Paulo, funcionário eleito vereador fica licenciado por tôda a duração do mandato.

35. Em caso de acidente do trabalho ou de transporte, a concubina tem direito de ser indenizada pela morte do amásio, se entre eles não havia impedimento para o matrimônio.

36. Servidor vitalício está sujeito à aposentadoria compulsória, em razão da idade.

37. Não tem direito de se aposentar pelo Tesouro Nacional o servidor que não satisfizer as condições estabelecidas na legislação do serviço público federal, ainda que aposentado pela respectiva instituição previdenciária, com direito, em tese, a duas aposentadorias.

38. Reclassificação posterior à aposentadoria não aproveita ao servidor aposentado.

39. À falta de lei, funcionário em disponibilidade não pode exigir, judicialmente, o seu aproveitamento, que fica subordinado ao critério de conveniência da administração.

40. A elevação da entrância da comarca não promove automaticamente o juiz, mas não interrompe o exercício de suas funções na mesma comarca.

41. Juízes preparadores ou substitutos não têm direito aos vencimentos da atividade fora dos períodos de exercício.

‣ Súm. 45, STF.

42. É legítima a equiparação de juízes do Tribunal de Contas, em direitos e garantias, aos membros do Poder Judiciário.

43. Não contraria a Constituição Federal o art. 61 da Constituição de São Paulo, que equiparou os vencimentos do Ministério Público aos da magistratura.

44. O exercício do cargo pelo prazo determinado na L. 1.341, de 30.1.51, art. 91, dá preferência para a nomeação interina de Procurador da República.

45. A estabilidade dos substitutos do Ministério Público Militar não confere direito aos vencimentos da atividade fora dos períodos de exercício.

‣ Súm. 41, STF.

46. Desmembramento de serventia de justiça não viola o princípio de vitaliciedade do serventuário.

47. Reitor de universidade não é livremente demissível pelo Presidente da República durante o prazo de sua investidura.

48. É legítimo o rodízio de docentes livres na substituição do professor catedrático.

49. A cláusula de inalienabilidade inclui a incomunicabilidade dos bens.

‣ art. 1.848, CC/2002.

50. A lei pode estabelecer condições para a demissão de extranumerário.

51. Militar não tem direito a mais de duas promoções na passagem para a inatividade, ainda que por motivos diversos.

52. A promoção de militar, vinculada à inatividade, pode ser feita, quando couber, a posto inexistente no quadro.

53. A promoção de professor militar, vinculada à sua reforma, pode ser feita, quando couber, a posto inexistente no quadro.

54. A reserva ativa do magistério militar não confere vantagens vinculadas à efetiva passagem para a inatividade.

55. Militar da reserva está sujeito à pena disciplinar.

56. Militar reformado não está sujeito à pena disciplinar.

57. Militar inativo não tem direito ao uso do uniforme fora dos casos previstos em lei ou regulamento.

58. É válida a exigência de média superior a quatro para aprovação em estabelecimento de ensino superior, consoante o respectivo regimento.

59. Imigrante pode trazer, sem licença prévia, automóvel que lhe pertença desde mais de seis meses antes do seu embarque para o Brasil.

60. Não pode o estrangeiro trazer automóvel quando não comprovada a transferência definitiva de sua residência para o Brasil.

‣ Súm. 59, STF.

61. Brasileiro domiciliado no estrangeiro, que se transfere definitivamente para o Brasil, pode trazer automóvel licenciado em seu nome há mais de seis meses.

62. Não basta a simples estada no estrangeiro por mais de seis meses, para dar direito à trazida de automóvel com fundamento em transferência de residência.

63. É indispensável, para trazida de automóvel, a prova do licenciamento há mais de seis meses no país de origem.

64. É permitido trazer do estrangeiro, como bagagem, objetos de uso pessoal e doméstico, desde que, por sua quantidade e natureza, não induzam finalidade comercial.

65. A cláusula de aluguel progressivo anterior à L. 3.494, de 19.12.58, continua em vigor em caso de prorrogação legal ou convencional da locação.

‣ Lei 3.494/1958, revogada pela Lei 4.494/1964.

66. É legítima a cobrança do tributo que houver sido aumentado após o orçamento, mas antes do início do respectivo exercício financeiro.

67. É inconstitucional a cobrança do tributo que houver sido criado ou aumentado no mesmo exercício financeiro.

68. É legítima a cobrança, pelos Municípios, no exercício de 1961, de tributo estadual, regularmente criado ou aumentado, e que lhes foi transferido pela Emenda Constitucional nº 5, de 21.11.61.

69. A Constituição estadual não pode estabelecer limite para o aumento de tributos municipais.

70. É inadmissível a interdição de estabelecimento como meio coercitivo para cobrança de tributo.

71. Embora pago indevidamente, não cabe restituição de tributo indireto.

‣ Súm. 546, STF.

72. No julgamento de questão constitucional, vinculada a decisão do Tribunal Superior Eleitoral, não estão impedidos os ministros do Supremo Tribunal Federal que ali tenham funcionado no mesmo processo, ou no processo originário.

73. Imunidade das autarquias, implicitamente contida no art. 31, V, a, da Constituição Federal, abrange tributos estaduais e municipais.

‣ art. 150, VI, a, §§ 2º e 3º, CF/1988.

74. O imóvel transcrito em nome de autarquia, embora objeto de promessa de venda a particulares, continua imune de impostos locais.

‣ Superada.

75. Sendo vendedora uma autarquia, a sua imunidade fiscal não compreende o imposto de transmissão inter vivos, que é encargo do comprador.

76. As sociedades de economia mista não estão protegidas pela imunidade fiscal do art. 31, V, a, Constituição Federal.

77. Está isenta de impostos federais a aquisição de bens pela Rede Ferroviária Federal.

78. Estão isentas de impostos locais as empresas de energia elétrica, no que respeita às suas atividades específicas.

79. O Banco do Brasil não tem isenção de tributos locais.

80. Para a retomada de prédio situado fora do domicílio do locador exige-se a prova da necessidade.

‣ Súm. 483, STF.

81. As cooperativas não gozam de isenção de impostos locais, com fundamento na Constituição e nas leis federais.

82. São inconstitucionais o imposto de cessão e a taxa sobre inscrição de promessa de venda de imóvel, substitutivos do imposto de transmissão, por incidirem sobre ato que não transfere o domínio.

83. Os ágios de importação incluem-se no valor dos artigos importados para incidência do impôsto de consumo.

84. Não estão isentos do impôsto de consumo os produtos importados pelas cooperativas.

85. Não estão sujeitos ao impôsto de consumo os bens de uso pessoal e doméstico trazidos, como bagagem, do exterior.

86. Não está sujeito ao impôsto de consumo automóvel usado, trazido do exterior pelo proprietário.

87. Somente no que não colidirem com a L. 3.244, de 14.8.57, são aplicáveis acordos tarifários anteriores.

88. É válida a majoração da tarifa alfandegária, resultante da L. 3.244, de 14.8.57, que modificou o Acordo Geral sôbre Tarifas Aduaneiras e Comércio (GATT), aprovado pela L. 313, de 30.7.48.

89. Estão isentas do imposto de importação frutas importadas da Argentina, do Chile, da Espanha e de Portugal, enquanto vigentes os respectivos acordos comerciais.

90. É legítima a lei local que faça incidir o impôsto de indústrias e profissões com base no movimento econômico do contribuinte.

91. A incidência do impôsto único não isenta o comerciante de combustíveis do impôsto de indústrias e profissões.

92. É constitucional o art. 100, nº II, da L. 4.563, de 20.2.57, do Município de Recife, que faz variar o impôsto de licença em função do aumento do capital do contribuinte.

93. Não está isenta do imposto de renda a atividade profissional do arquiteto.

94. É competente a autoridade alfandegária para o desconto, na fonte, do imposto de renda correspondente às comissões dos despachantes aduaneiros.

95. Para cálculo do impôsto de lucro extraordinário, incluem-se no capital as reservas do ano-base, apuradas em balanço.

96. O impôsto de lucro imobiliário incide sôbre a venda de imóvel da meação do cônjuge sobrevivente, ainda que aberta a sucessão antes da vigência da L. 3.470, de 28.11.58.

97. É devida a alíquota anterior do impôsto de lucro imobiliário, quando a promessa de venda houver sido celebrada antes da vigência da lei que a tiver elevado.

98. Sendo o imóvel alienado na vigência da L. 3.470, de 28.11.58, ainda que adquirido por herança, usucapião ou a título gratuito, é devido o impôsto de lucro imobiliário.

99. Não é devido o impôsto de lucro imobiliário, quando a alienação de imóvel adquirido por herança, ou a título gratuito, tiver sido anterior à vigência da L. 3.470, de 28.11.58.

100. Não é devido o impôsto de lucro imobiliário, quando a alienação de imóvel, adquirido por usucapião, tiver sido anterior à vigência da L. 3.470, de 28.11.58.

101. O mandado de segurança não substitui a ação popular.

102. É devido o impôsto federal do selo pela incorporação de reservas, em reavaliação de ativo, ainda que realizada antes da vigência da L. 3.519, de 30.12.58.

103. É devido o impôsto federal do selo na simples reavaliação de ativo, realizada posteriormente à vigência da L. 3.519, de 30.12.58.

104. Não é devido o impôsto federal do selo na simples reavaliação de ativo anterior à vigência da L. 3.519, de 30.12.58.

105. Salvo se tiver havido premeditação, o suicídio do segurado no período contratual de carência não exime o segurador do pagamento do seguro.

- arts. 797 e 798, CC/2002.

106. É legítima a cobrança de sêlo sôbre registro de automóveis, na conformidade da legislação estadual.

107. É inconstitucional o impôsto de selo de 3%, ad valorem, do Paraná, quanto aos produtos remetidos para fora do Estado.

108. É legítima a incidência do imposto de transmissão inter vivos sobre o valor do imóvel ao tempo da alienação e não da promessa, na conformidade da legislação local.

109. É devida a multa prevista no art. 15, § 6º, da L. 1.300, de 28.12.50, ainda que a desocupação do imóvel tenha resultado da notificação e não haja sido proposta ação de despejo.

- Lei 1.300/1950: revogada pela Lei 4.494/1964.

110. O imposto de transmissão inter vivos não incide sobre a construção, ou parte dela, realizada pelo adquirente, mas sobre o que tiver sido construído ao tempo da alienação do terreno.

111. É legítima a incidência do imposto de transmissão inter vivos sobre a restituição, ao antigo proprietário, de imóvel que deixou de servir à finalidade da sua desapropriação.

112. O imposto de transmissão causa mortis é devido pela alíquota vigente ao tempo da abertura da sucessão.

- Súm. 97, STF.

113. O imposto de transmissão causa mortis é calculado sobre o valor dos bens na data da avaliação.

- Súm. 590, STF.

114. O imposto de transmissão causa mortis não é exigível antes da homologação do cálculo.

115. Sobre os honorários do advogado contratado pelo inventariante, com a homologação do juiz, não incide o imposto de transmissão causa mortis.

116. Em desquite ou inventário, é legítima a cobrança do chamado imposto de reposição, quando houver desigualdade nos valores partilhados.

- Lei 6.515, de 1977.

117. A lei estadual pode fazer variar a alíquota do impôsto de vendas e consignações em razão da espécie do produto.

118. Estão sujeitas ao impôsto de vendas e consignações as transações sôbre minerais, que ainda não estão compreendidos na legislação federal sôbre o impôsto único.

- Superada.

119. É devido o impôsto de vendas e consignações sôbre a venda de cafés ao Instituto Brasileiro do Café, embora o lote, originariamente, se destinasse à exportação.

120. Parede de tijolos de vidro translúcido pode ser levantada a menos de metro e meio do prédio vizinho, não importando servidão sobre ele.

- arts. 1.301 e 1.302, CC/2002.

121. É vedada a capitalização de juros, ainda que expressamente convencionada.

- Súm. 596, STF.
- Súm. 539, STJ.

122. O enfiteuta pode purgar a mora enquanto não decretado o comisso por sentença.

- Súm. 169, STF.

123. Sendo a locação regida pelo D. 24.150, de 20.4.34, o locatário não tem direito à purgação da mora prevista na L. 1.300, de 28.12.50.

- Decr. 24.150/1934: revogado pela Lei 8.245/1991 e Lei 1.300/1950: revogada pela Lei 4.494/1964.

124. É inconstitucional o adicional do impôsto de vendas e consignações cobrado pelo Estado do Espírito Santo sôbre cafés da cota de expurgo entregues ao Instituto Brasileiro do Café.

125. Não é devido o impôsto de vendas e consignações sôbre a parcela do impôsto de consumo que onera a primeira venda realizada pelo produtor.

126. É inconstitucional a chamada taxa de aguardente, do Instituto do Açúcar e do Álcool.

127. É indevida a taxa de armazenagem, posteriormente aos primeiros trinta dias, quando não exigível o impôsto de consumo, cuja cobrança tenha motivado a retenção da mercadoria.

128. É indevida a taxa de assistência médica e hospitalar das instituições de previdência social.

129. Na conformidade da legislação local, é legítima a cobrança de taxa de calçamento.

130. A taxa de despacho aduaneiro (art. 66 da L. 3.244, de 14.8.57) continua a ser exigível após o Dec. Legisl. 14, de 25.8.60, que aprovou alterações introduzidas no Acordo Geral sôbre Tarifas Aduaneiras e Comércio (GATT).

131. A taxa de despacho aduaneiro (art. 66 da L. 3.244, de 14.8.57) continua a ser exigível após o Dec. Legisl. 14, de 25.8.60, mesmo para as mercadorias incluídas na vigente lista III do Acordo Geral sôbre Tarifas Aduaneiras e Comércio (GATT).

132. Não é devida a taxa de previdência social na importação de amianto bruto ou em fibra.

133. Não é devida a taxa de despacho aduaneiro na importação de fertilizantes e inseticidas.

134. A isenção fiscal para a importação de frutas da Argentina compreende a taxa de despacho aduaneiro e a taxa de previdência social.

135. É inconstitucional a taxa de eletrificação de Pernambuco

136. É constitucional a taxa de estatística da Bahia.

137. A taxa de fiscalização da exportação incide sobre a bonificação cambial concedida ao exportador.

138. É inconstitucional a taxa contra fogo, do estado de Minas Gerais, incidente sôbre prêmio de seguro contra fogo.

139. É indevida a cobrança do impôsto de transação a que se refere a L. 899, de 1957, art. 58, IV, letra e, do antigo Distrito Federal.

140. Na importação de lubrificantes é devida a taxa de previdência social.

141. Não incide a taxa de previdência social sobre combustíveis.

142. Não é devida a taxa de previdência social sobre mercadorias isentas do imposto de importação.

143. Na forma da lei estadual, é devido o impôsto de vendas e consignações na exportação de café pelo Estado da Guanabara, embora proveniente de outro Estado.

144. É inconstitucional a incidência da taxa de recuperação econômica de Minas Gerais sôbre contrato sujeito ao impôsto federal do sêlo.

145. Não há crime, quando a preparação do flagrante pela polícia torna impossível a sua consumação.

146. A prescrição da ação penal regula-se pela pena concretizada na sentença, quando não há recurso da acusação.

147. A prescrição de crime falimentar começa a correr da data em que deveria estar encerrada a falência, ou do trânsito em julgado da sentença que a encerrar ou que julgar cumprida a concordata.

› Súm. 592, STF.

148. É legítimo o aumento de tarifas portuárias por ato do Ministro da Viação e Obras Públicas.

149. É imprescritível a ação de investigação de paternidade, mas não o é a de petição de herança.

150. Prescreve a execução no mesmo prazo de prescrição da ação.

151. Prescreve em um ano a ação do segurador sub-rogado para haver indenização por extravio ou perda de carga transportada por navio.

152. A ação para anular venda de ascendente a descendente, sem consentimento dos demais, prescreve em quatro anos a contar da abertura da sucessão.

› Revogada.

153. Simples protesto cambiário não interrompe a prescrição.

› art. 202, III, CC/2002.

154. Simples vistoria não interrompe a prescrição.

155. É relativa a nulidade do processo criminal por falta de intimação da expedição de precatória para inquirição de testemunha.

156. É absoluta a nulidade do julgamento, pelo júri, por falta de quesito obrigatório.

157. É necessária prévia autorização do Presidente da República para desapropriação, pelos Estados, de empresa de energia elétrica.

158. Salvo estipulação contratual averbada no registro imobiliário, não responde o adquirente pelas benfeitorias do locatário.

159. Cobrança excessiva, mas de boa-fé, não dá lugar às sanções do art. 1.531 do Código Civil.

› Refere-se ao Código Civil/1916, art. 1.531.

› art. 940, CC/2002.

160. É nula a decisão do tribunal que acolhe, contra o réu, nulidade não arguida no recurso da acusação, ressalvados os casos de recurso de ofício.

161. Em contrato de transporte, é inoperante a cláusula de não indenizar.

› art. 734, CC/2002.

162. É absoluta a nulidade do julgamento pelo júri, quando os quesitos da defesa não precedem aos das circunstâncias agravantes.

163. Salvo contra a Fazenda Pública, sendo a obrigação ilíquida, contam-se os juros moratórios desde a citação inicial para a ação.

164. No processo de desapropriação, são devidos juros compensatórios desde a antecipada imissão de posse, ordenada pelo juiz, por motivo de urgência.

165. A venda realizada diretamente pelo mandante ao mandatário não é atingida pela nulidade do art. 1.133, II, do Código Civil.

› Refere-se ao CC/1916, art. 1.133, II.

› art. 497, CC/2002.

166. É inadmissível o arrependimento no compromisso de compra e venda sujeito ao regime do Decreto-Lei n. 58, de 10.12.1937.

167. Não se aplica o regime do Decreto-Lei n. 58, de 10.12.1937, ao compromisso de compra e venda não inscrito no registro imobiliário, salvo se o promitente vendedor se obrigou a efetuar o registro.

168. Para os efeitos do Decreto-Lei n. 58, de 10.12.1937, admite-se a inscrição imobiliária do compromisso de compra e venda no curso da ação.

169. Depende de sentença a aplicação da pena de comisso.

› Súm. 122, STF.

170. É resgatável a enfiteuse instituída anteriormente à vigência do Código Civil.

› Refere-se ao Código Civil/1916.

› art. 2.038, CC/2002.

171. Não se admite, na locação em curso, de prazo determinado, a majoração de encargos a que se refere a L. 3.844, de 15.12.60.

› Lei 3.844/1960 revogada pela Lei 4.494/1964.

172. Não se admite, na locação em curso, de prazo determinado, o reajustamento de aluguel a que se refere a L. 3.085, de 29.12.56.

› Lei 3.085/1956 revogada pela Lei 4.494/1964.

173. Em caso de obstáculo judicial admite-se a purga da mora, pelo locatário, além do prazo legal.

174. Para a retomada do imóvel alugado, não é necessária a comprovação dos requisitos legais na notificação prévia.

175. Admite-se a retomada de imóvel alugado para uso de filho que vai contrair matrimônio.

176. O promitente comprador, nas condições previstas na L. 1.300, de 28-12-50, pode retomar o imóvel locado.

› Lei 1.300 revogada pela Lei 4.494/1964.

177. O cessionário do promitente comprador, nas mesmas condições deste, pode retomar o imóvel locado.

178. Não excederá de cinco anos a renovação judicial de contrato de locação, fundada no Decreto n. 24.150, de 20.04.1934.

› Dec. 24.150 /1934 revogado pela Lei 8.245/1991.

179. O aluguel arbitrado judicialmente nos têrmos da L. 3.085, de 29.12.56, art. 6º, vigora a partir da data do laudo pericial.

› Lei 3.085/1956: revogada pela Lei 4.494/1964.

180. Na ação revisional do art. 31 do D. 24.150, de 20.4.34, o aluguel arbitrado vigora a partir do laudo pericial.

› Dec. 24.150/1934: revogado pela Lei 8.245/1991.

181. Na retomada, para construção mais útil de imóvel sujeito ao D. 24.150, de 20.4.34, é sempre devida indenização para despesas de mudança do locatário.

› Dec. 24.150/1934: revogado pela Lei 8.245/1991.

182. Não impede o reajustamento do débito pecuário, nos termos da L. 1.002, de 24.12.49, a falta de cancelamento da renúncia à moratória da L. 209, de 2.1.48.

183. Não se incluem no reajustamento pecuário dívidas estranhas à atividade agropecuária.

184. Não se incluem no reajustamento pecuário dívidas contraídas posteriormente a 19.12.1946.

185. Em processo de reajustamento pecuário, não responde a União pelos honorários do advogado do credor ou do devedor.

186. Não infringe a lei a tolerância da quebra de 1% no transporte por estrada de ferro, prevista no regulamento de transportes.

187. A responsabilidade contratual do transportador, pelo acidente com o passageiro, não é elidida por culpa de terceiro, contra o qual tem ação regressiva.

188. O segurador tem ação regressiva contra o causador do dano, pelo que efetivamente pagou, até ao limite previsto no contrato de seguro.

189. Avais em branco e superpostos consideram-se simultâneos e não sucessivos.

190. O não pagamento de título vencido há mais de trinta dias, sem protesto, não impede a concordata preventiva.

› art. 48, Lei 11.101/2005 (A concordata foi substituída pela recuperação judicial e extrajudicial de empresas).

191. Inclui-se no crédito habilitado em falência a multa fiscal simplesmente moratória.

› Cancelada.

192. Não se inclui no crédito habilitado em falência a multa fiscal com efeito de pena administrativa.

› Súm. 191 e 565, STF.

193. Para a restituição prevista no art. 76, § 2º, da Lei de Falências, conta-se o prazo de quinze dias da entrega da coisa e não da sua remessa.

› art. 85, p.u., Lei 11.101/2005 (Lei de Recuperação de Empresas e Falência).

› Súm. 417 e 495, STF.

194. É competente o Ministro do Trabalho para a especificação das atividades insalubres.

195. Contrato de trabalho para obra certa, ou de prazo determinado, transforma-se em contrato de prazo indeterminado, quando prorrogado por mais de quatro anos.

196. Ainda que exerça atividade rural, o empregado de empresa industrial ou comercial é classificado de acordo com a categoria do empregador.

197. O empregado com representação sindical só pode ser despedido mediante inquérito em que se apure falta grave.

198. As ausências motivadas por acidente do trabalho não são descontáveis do período aquisitivo das férias.

199. O salário das férias do empregado horista corresponde à média do período aquisitivo, não podendo ser inferior ao mínimo.

200. Não é inconstitucional a Lei n. 1.530, de 26.12.1951, que manda incluir na indenização por despedida injusta parcela correspondente a férias proporcionais.

201. O vendedor pracista, remunerado mediante comissão, não tem direito ao repouso semanal remunerado.

202. Na equiparação de salário, em caso de trabalho igual, toma-se em conta o tempo de serviço na função, e não no emprego.

203. Não está sujeita à vacância de 60 dias a vigência de novos níveis de salário-mínimo.

204. Tem direito o trabalhador substituto, ou de reserva, ao salário-mínimo no dia em que fica à disposição do empregador sem ser aproveitado na função específica; se aproveitado, recebe o salário contratual.

- Súm. 159, TST.

205. Tem direito a salário integral o menor não sujeito a aprendizagem metódica.

206. É nulo o julgamento ulterior pelo júri com a participação de jurado que funcionou em julgamento anterior do mesmo processo.

- art. 449, I, CPP.

207. As gratificações habituais, inclusive a de natal, consideram-se tacitamente convencionadas, integrando o salário.

208. O assistente do Ministério Público não pode recorrer, extraordinariamente, de decisão concessiva de *habeas corpus*.

- Súm. 210, STF.

209. O salário-produção, como outras modalidades de salário-prêmio, é devido, desde que verificada a condição a que estiver subordinado, e não pode ser suprimido unilateralmente, pelo empregador, quando pago com habitualidade.

210. O assistente do Ministério Público pode recorrer, inclusive extraordinariamente, na ação penal, nos casos dos arts. 584, § 1º, e 598 do Código de Processo Penal.

- Súm. 208, STF.

211. Contra a decisão proferida sôbre o agravo no auto do processo, por ocasião do julgamento da apelação, não se admitem embargos infringentes ou de nulidade.

212. Tem direito ao adicional de serviço perigoso o empregado de posto de revenda de combustível líquido.

213. É devido o adicional de serviço noturno, ainda que sujeito o empregado ao regime de revezamento.

214. A duração legal da hora de serviço noturno (52 minutos e 30 segundos) constitui vantagem suplementar que não dispensa o salário adicional.

215. Conta-se a favor de empregado readmitido o tempo de serviço anterior, salvo se houver sido despedido por falta grave ou tiver recebido a indenização legal.

216. Para decretação da absolvição de instância pela paralisação do processo por mais de trinta dias, é necessário que o autor, previamente intimado, não promova o andamento da causa.

217. Tem direito de retornar ao emprego, ou ser indenizado em caso de recusa do empregador, o aposentado que recupera a capacidade de trabalho dentro de cinco anos, a contar da aposentadoria, que se torna definitiva após esse prazo.

218. É competente o juízo da Fazenda Nacional da capital do Estado, e não o da situação da coisa, para a desapropriação promovida por empresa de energia elétrica, se a União Federal intervém como assistente.

219. Para a indenização devida a empregado que tinha direito a ser readmitido, e não foi, levam-se em conta as vantagens advindas à sua categoria no período do afastamento.

220. A indenização devida a empregado estável, que não é readmitido, ao cessar sua aposentadoria, deve ser paga em dobro.

221. A transferência de estabelecimento, ou a sua extinção parcial, por motivo que não seja de força maior, não justifica a transferência de empregado estável.

222. O princípio da identidade física do juiz não é aplicável às juntas de conciliação e julgamento da Justiça do Trabalho.

- EC 24/1999 (Altera dispositivos da Constituição Federal pertinentes à representação classista na Justiça do Trabalho).
- Súm. 217, TFR.

223. Concedida isenção de custas ao empregado, por elas não responde o sindicato que o representa em juízo.

224. Os juros da mora, nas reclamações trabalhistas, são contados desde a notificação inicial.

225. Não é absoluto o valor probatório das anotações da carteira profissional.

226. Na ação de desquite, os alimentos são devidos desde a inicial e não da data da decisão que os concede.

227. A concordata do empregador não impede a execução de crédito nem a reclamação de empregado na Justiça do Trabalho.

- art. 48, Lei 11.101/2005 (A concordata foi substituída pela recuperação judicial e extrajudicial de empresas).

228. Não é provisória a execução na pendência de recurso extraordinário, ou de agravo destinado a fazê-lo admitir.

- Revogada.

229. A indenização acidentária não exclui a do direito comum, em caso de dolo ou culpa grave do empregador.

230. A prescrição da ação de acidente do trabalho conta-se do exame pericial que comprovar a enfermidade ou verificar a natureza da incapacidade.

231. O revel, em processo cível, pode produzir provas, desde que compareça em tempo oportuno.

232. Em caso de acidente do trabalho, são devidas diárias até doze meses, as quais não se confundem com a indenização acidentária nem com o auxílio-enfermidade.

233. Salvo em caso de divergência qualificada (Lei n. 623/1949), não cabe recurso de embargos contra decisão que nega provimento a agravo ou não conhece de recurso extraordinário, ainda que por maioria de votos.

- Súm. 599, STF.

234. São devidos honorários de advogado em ação de acidente do trabalho julgada procedente.

235. É competente para a ação de acidente do trabalho a Justiça Cível Comum, inclusive em segunda instância, ainda que seja parte autarquia seguradora.

- arts. 109, I, e 114, VI, CF.
- Súm. 501, STF.
- Súm. 15, STJ.
- Súm. Vinc. 22, STF.
- EC 45/2004.

236. Em ação de acidente do trabalho, a autarquia seguradora não tem isenção de custas.

237. O usucapião pode ser arguído em defesa.

- Súm. 445, STF.

238. Em caso de acidente do trabalho, a multa pelo retardamento da liquidação é exigível do segurador sub-rogado, ainda que autarquia.

239. Decisão que declara indevida a cobrança do imposto em determinado exercício não faz coisa julgada em relação aos posteriores.

240. O depósito para recorrer, em ação de acidente do trabalho, é exigível do segurador sub-rogado, ainda que autarquia.

241. A contribuição previdenciária incide sobre o abono incorporado ao salário.

242. O agravo no auto do processo deve ser apreciado, no julgamento da apelação, ainda que o agravante não tenha apelado.

243. Em caso de dupla aposentadoria, os proventos a cargo do IAPFESP não são equiparáveis aos pagos pelo Tesouro Nacional, mas calculados à base da média salarial nos últimos doze meses de serviço.

244. A importação de máquinas de costura está isenta do impôsto de consumo.

245. A imunidade parlamentar não se estende ao corréu sem essa prerrogativa.

246. Comprovado não ter havido fraude, não se configura o crime de emissão de cheque sem fundos.

247. O relator não admitirá os embargos da Lei n. 623, de 19.02.1949, nem deles conhecerá o Supremo Tribunal Federal, quando houver jurisprudência firme do plenário no mesmo sentido da decisão embargada.

248. É competente, originariamente, o Supremo Tribunal Federal, para mandado de segurança contra ato do Tribunal de Contas da União.

- art. 102, I, d, CF.

249. É competente o Supremo Tribunal Federal para a ação rescisória, quando, embora não tendo conhecido do recurso extraordinário, ou havendo negado provimento ao agravo, tiver apreciado a questão federal controvertida.

- Súm. 515, STF.

250. A intervenção da União desloca o processo do juízo cível comum para o fazendário.

251. Responde a Rede Ferroviária Federal S.A. perante o foro comum e não perante o juízo especial da Fazenda Nacional, a menos que a União intervenha na causa.

- Súm. 508, 517 e 556, STF.
- Súm. 42, STJ.

252. Na ação rescisória, não estão impedidos juízes que participaram do julgamento rescindendo.

253. Nos embargos da Lei n. 623, de 19.02.1949, no Supremo Tribunal Federal, a divergência somente será acolhida, se tiver sido indicada na petição de recurso extraordinário.

254. Incluem-se os juros moratórios na liquidação, embora omisso o pedido inicial ou a condenação.

255. Sendo ilíquida a obrigação, os juros moratórios, contra a Fazenda Pública, incluídas as autarquias, são contados do trânsito em julgado da sentença de liquidação.

- Cancelada.

256. É dispensável pedido expresso para condenação do réu em honorários, com fundamento nos arts. 63 ou 64 do Código de Processo Civil.

- Refere-se ao CPC/1939.
- arts. 82 e ss., CPC/2015.

257. São cabíveis honorários de advogado na ação regressiva do segurador contra o causador do dano.

258. É admissível reconvenção em ação declaratória.

259. Para produzir efeito em juízo não é necessária a inscrição, no registro público, de documentos de procedência estrangeira, autenticados por via consular.

260. O exame de livros comerciais, em ação judicial, fica limitado às transações entre os litigantes.

261. Para a ação de indenização, em caso de avaria, é dispensável que a vistoria se faça judicialmente.

262. Não cabe medida possessória liminar para liberação alfandegária de automóvel

263. O possuidor deve ser citado pessoalmente para a ação de usucapião.

- Súm. 391, STF.

264. Verifica-se a prescrição intercorrente pela paralisação da ação rescisória por mais de cinco anos.

265. Na apuração de haveres não prevalece o balanço não aprovado pelo sócio falecido, excluído ou que se retirou.

266. Não cabe mandado de segurança contra lei em tese.

267. Não cabe mandado de segurança contra ato judicial passível de recurso ou correição.

- art. 5º, II, Lei 12.016/2009.

268. Não cabe mandado de segurança contra decisão judicial com trânsito em julgado.

269. O mandado de segurança não é substitutivo de ação de cobrança.

- Súm. 271, STF.

270. Não cabe mandado de segurança para impugnar enquadramento da Lei n. 3.780, de 12.07.1960, que envolva exame de prova ou de situação funcional complexa.

271. Concessão de mandado de segurança não produz efeitos patrimoniais em relação a período pretérito, os quais devem ser reclamados administrativamente ou pela via judicial própria.

- Súm. 269, STF.

272. Não se admite como ordinário recurso extraordinário de decisão denegatória de mandado de segurança.

273. Nos embargos da Lei n. 623, de 19.02.1949, a divergência sobre questão prejudicial ou preliminar, suscitada após a interposição do recurso extraordinário, ou do agravo, somente será acolhida se o acórdão-padrão for anterior à decisão embargada.

- Súm. 598, STF.

274. É inconstitucional a taxa de serviço contra fogo cobrada pelo Estado de Pernambuco.

- Revogada.

275. Está sujeita a recurso ex officio sentença concessiva de reajustamento pecuário anterior à vigência da Lei n. 2.804, de 25.06.1956.

276. Não cabe recurso de revista em ação executiva fiscal.

277. São cabíveis embargos, em favor da Fazenda Pública, em ação executiva fiscal, não sendo unânime a decisão.

278. São cabíveis embargos em ação executiva fiscal contra decisão reformatória da de primeira instância, ainda que unânime.

279. Para simples reexame de prova não cabe recurso extraordinário.

- Súm. 7, STJ.

280. Por ofensa a direito local não cabe recurso extraordinário.

281. É inadmissível o recurso extraordinário, quando couber na justiça de origem, recurso ordinário da decisão impugnada.

282. É inadmissível o recurso extraordinário, quando não ventilada, na decisão recorrida, a questão federal suscitada.

- Súm. 356, STF.
- Súm. 320, STJ.

283. É inadmissível o recurso extraordinário, quando a decisão recorrida assenta em mais de um fundamento suficiente e o recurso não abrange todos eles.

284. É inadmissível o recurso extraordinário, quando a deficiência na sua fundamentação não permitir a exata compreensão da controvérsia.

285. Não sendo razoável a arguição de inconstitucionalidade, não se conhece do recurso extraordinário fundado na letra c do art. 101, III, da Constituição Federal.

286. Não se conhece do recurso extraordinário fundado em divergência jurisprudencial, quando a orientação do plenário do Supremo Tribunal Federal já se firmou no mesmo sentido da decisão recorrida.

- Súm. 83, STF.

287. Nega-se provimento ao agravo, quando a deficiência na sua fundamentação, ou na do recurso extraordinário, não permitir a exata compreensão da controvérsia.

288. Nega-se provimento a agravo para subida de recurso extraordinário, quando faltar no traslado o despacho agravado, a decisão recorrida, a petição de recurso extraordinário ou qualquer peça essencial à compreensão da controvérsia.

- Súm. 639, STF.

289. O provimento do agravo por uma das turmas do Supremo Tribunal Federal ainda que sem ressalva, não prejudica a questão do cabimento do recurso extraordinário.

‣ Súm. 300, STF.

290. Nos embargos da Lei n. 623, de 19.02.1949, a prova de divergência far-se-á por certidão, ou mediante indicação do Diário da Justiça ou de repertório de jurisprudência autorizado, que a tenha publicado, com a transcrição do trecho que configure a divergência, mencionadas as circunstâncias que identifiquem ou assemelhem os casos confrontados.

291. No recurso extraordinário pela letra d do art. 101, III, da Constituição, a prova do dissídio jurisprudencial far-se-á por certidão, ou mediante indicação do Diário da Justiça ou de repertório de jurisprudência autorizado, com a transcrição do trecho que configure a divergência, mencionadas as circunstâncias que identifiquem ou assemelhem os casos confrontados.

292. Interposto o recurso extraordinário por mais de um dos fundamentos indicados no art. 101, III, da Constituição, a admissão apenas por um deles não prejudica o seu conhecimento por qualquer dos outros.

293. São inadmissíveis embargos infringentes contra decisão em matéria constitucional submetida ao plenário dos tribunais.

‣ Súm. 296 e 455, STF.

294. São inadmissíveis embargos infringentes contra decisão do Supremo Tribunal Federal em mandado de segurança.

‣ Súm. 597, STF.

295. São inadmissíveis embargos infringentes contra decisão unânime do Supremo Tribunal Federal em ação rescisória.

296. São inadmissíveis embargos infringentes sobre matéria não ventilada, pela turma, no julgamento do recurso extraordinário.

‣ Súm. 293, STF.

297. Oficiais e praças das milícias dos Estados, no exercício de função policial civil, não são considerados militares para efeitos penais, sendo competente a Justiça comum para julgar os crimes cometidos por ou contra êles.

298. O legislador ordinário só pode sujeitar civis à justiça militar, em tempo de paz, nos crimes contra a segurança externa do país ou as instituições militares.

299. O recurso ordinário e o extraordinário interpostos no mesmo processo de mandado de segurança, ou de *habeas corpus*, serão julgados conjuntamente pelo tribunal pleno.

300. São incabíveis os embargos da Lei n. 623, de 19.02.1949, contra provimento de agravo para subida de recurso extraordinário.

‣ Súm. 599, STF.

301. Por crime de responsabilidade, o procedimento penal contra Prefeito Municipal fica condicionado ao seu afastamento do cargo por impeachment, ou à cessação do exercício por outro motivo.

‣ Cancelada.

302. Está isenta da taxa de previdência social a importação de petróleo bruto.

303. Não é devido o impôsto federal de sêlo em contrato firmado com autarquia anteriormente à vigência da Emenda Constitucional 5, de 21-11-1961.

304. Decisão denegatória de mandado de segurança, não fazendo coisa julgada contra o impetrante, não impede o uso da ação própria.

305. Acordo de desquite ratificado por ambos os cônjuges não é retratável unilateralmente.

‣ Alteração legislativa posterior à súmula.

306. As taxas de recuperação econômica e de assistência hospitalar de Minas Gerais são legítimas, quando incidem sôbre matéria tributável pelo Estado.

307. É devido o adicional de serviço insalubre, calculado à base do salário-mínimo da região, ainda que a remuneração contratual seja superior ao salário-mínimo acrescido da taxa de insalubridade.

308. A taxa de despacho aduaneiro, sendo adicional do imposto de importação, não incide sobre borracha importada com isenção daquele imposto.

‣ Súm. 130 e 131, STF.

309. A taxa de despacho aduaneiro, sendo adicional do imposto de importação, não está compreendida na isenção do imposto de consumo para automóvel usado trazido do exterior pelo proprietário.

‣ Súm. 86, STF.

310. Quando a intimação tiver lugar na sexta-feira, ou a publicação com efeito de intimação for feita nesse dia, o prazo judicial terá início na segunda-feira imediata, salvo se não houver expediente, caso em que começará no primeiro dia útil que se seguir.

311. No típico acidente do trabalho, a existência de ação judicial não exclui a multa pelo retardamento da liquidação.

312. Músico integrante de orquestra da empresa, com atuação permanente e vínculo de subordinação, está sujeito a legislação geral do trabalho, e não à especial dos artistas.

313. Provada a identidade entre o trabalho diurno e o noturno, é devido o adicional, quanto a este, sem a limitação do art. 73, § 3º, da Consolidação das Leis do trabalho independentemente da natureza da atividade do empregador.

314. Na composição do dano por acidente do trabalho, ou de transporte, não é contrário à lei tomar para base da indenização o salário do tempo da perícia ou da sentença.

315. Indispensável o traslado das razões da revista, para julgamento, pelo Tribunal Superior do Trabalho, do agravo para sua admissão.

316. A simples adesão a greve não constitui falta grave.

317. São improcedentes os embargos declaratórios, quando não pedida a declaração do julgado anterior, em que se verificou a omissão.

318. É legítima a cobrança, em 1962, pela municipalidade de São Paulo, do impôsto de indústrias e profissões, consoante as leis 5.917 e 5.919, de 1961 (aumento anterior à vigência do orçamento e incidência do tributo sôbre o movimento econômico do contribuinte).

319. O prazo do recurso ordinário para o Supremo Tribunal Federal, em *habeas corpus* ou mandado de segurança, é de cinco dias.

320. A apelação despachada pelo juiz no prazo legal não fica prejudicada pela demora da juntada, por culpa do cartório.

‣ Súm. 425 e 428, STF.

321. A Constituição Estadual pode estabelecer a irredutibilidade dos vencimentos do Ministério Público.

‣ Revogada.

322. Não terá seguimento pedido ou recurso dirigido ao Supremo Tribunal Federal, quando manifestamente incabível, ou apresentado fora do prazo, ou quando for evidente a incompetência do tribunal.

323. É inadmissível a apreensão de mercadorias como meio coercitivo para pagamento de tributos.

324. A imunidade do art. 31, V, da Constituição Federal não compreende as taxas.

325. As emendas ao regimento do Supremo Tribunal Federal, sobre julgamento de questão constitucional, aplicam-se aos pedidos ajuizados e aos recursos interpostos anteriormente a sua aprovação.

326. É legítima a incidência do imposto de transmissão inter vivos sobre a transferência do domínio útil.

327. O direito trabalhista admite a prescrição intercorrente.

328. É legítima a incidência do imposto de transmissão inter vivos sobre a doação de imóvel.

329. O imposto de transmissão inter vivos não incide sobre a transferência de ações de sociedade imobiliária.

330. O Supremo Tribunal Federal não é competente para conhecer de mandado de segurança contra atos dos tribunais de Justiça dos Estados.

331. É legítima a incidência do Imposto de Transmissão causa mortis no inventário por morte presumida.

332. É legítima a incidência do impôsto de vendas e consignações sôbre a parcela do preço correspondente aos ágios cambiais.

333. Está sujeita ao impôsto de vendas e consignações a venda realizada por invernista não qualificado como pequeno produtor.

334. É legítima a cobrança, ao empreiteiro, do impôsto de vendas e consignações, sôbre o valor dos materiais empregados, quando a empreitada não for apenas de lavor.

335. É válida a cláusula de eleição do foro para os processos oriundos do contrato.

336. A imunidade da autarquia financiadora, quanto ao contrato de financiamento, não se estende à compra e venda entre particulares, embora constantes os dois atos de um só instrumento.

337. A controvérsia entre o empregador e o segurador não suspende o pagamento devido ao empregado por acidente do trabalho.

338. Não cabe ação rescisória no âmbito da Justiça do Trabalho.

339. Não cabe ao Poder Judiciário, que não tem função legislativa, aumentar vencimentos de servidores públicos sob fundamento de isonomia.

▸ Súm. Vinc. 37, STF.

340. Desde a vigência do Código Civil, os bens dominicais, como os demais bens públicos, não podem ser adquiridos por usucapião.

341. É presumida a culpa do patrão ou comitente pelo ato culposo do empregado ou preposto.

342. Cabe agravo no auto do processo, e não agravo de petição, do despacho que não admite a reconvenção.

343. Não cabe ação rescisória por ofensa a literal disposição de lei, quando a decisão rescindenda se tiver baseado em texto legal de interpretação controvertida nos tribunais.

344. Sentença de primeira instância concessiva de *habeas corpus*, em caso de crime praticado em detrimento de bens, serviços ou interesses da União, está sujeita a recurso ex officio.

345. Na chamada desapropriação indireta, os juros compensatórios são devidos a partir da perícia, desde que tenha atribuído valor atual ao imóvel.

▸ Superada.

▸ Súm. 164 e 618, STF.

346. A Administração Pública pode declarar a nulidade dos seus próprios atos.

▸ Súm. 6 e 473, STF.

347. O Tribunal de Contas, no exercício de suas atribuições, pode apreciar a constitucionalidade das leis e dos atos do Poder Público.

348. É constitucional a criação de taxa de construção, conservação e melhoramento de estradas.

349. A prescrição atinge somente as prestações de mais de dois anos, reclamadas com fundamento em decisão normativa da Justiça do Trabalho, ou em convenção coletiva de trabalho, quando não estiver em causa a própria validade de tais atos.

▸ art. 178, § 10, VI, CC/1916.

350. O impôsto de indústrias e profissões não é exigível de empregado, por falta de autonomia na sua atividade profissional.

351. É nula a citação por edital de réu preso na mesma Unidade da Federação em que o juiz exerce a sua jurisdição.

352. Não é nulo o processo penal por falta de nomeação de curador ao réu menor que teve a assistência de defensor dativo.

353. São incabíveis os embargos da Lei n. 623, de 19.02.1949, com fundamento em divergência entre decisões da mesma Turma do Supremo Tribunal Federal.

354. Em caso de embargos infringentes parciais, é definitiva a parte da decisão embargada em que não houve divergência na votação.

355. Em caso de embargos infringentes parciais, é tardio o recurso extraordinário interposto após o julgamento dos embargos, quanto à parte da decisão embargada que não fora por eles abrangida.

356. O ponto omisso da decisão, sobre o qual não foram opostos embargos declaratórios, não pode ser objeto de recurso extraordinário, por faltar o requisito do prequestionamento.

357. É lícita a convenção pela qual o locador renuncia, durante a vigência do contrato, à ação revisional do art. 31 do Decreto 24.150, de 20-4-1934.

▸ Dec. 24.150/1934 revogado pela Lei 8.245/1991.

358. O servidor público em disponibilidade tem direito aos vencimentos integrais do cargo.

359. Ressalvada a revisão prevista em lei, os proventos da inatividade regulam-se pela lei vigente ao tempo em que o militar, ou o servidor civil, reuniu os requisitos necessários.

360. Não há prazo de decadência para a representação de inconstitucionalidade prevista no art. 8º, parágrafo único, da Constituição Federal.

361. No processo penal, é nulo o exame realizado por um só perito, considerando-se impedido o que tiver funcionado, anteriormente, na diligência de apreensão.

362. A condição de ter o clube sede própria para a prática de jogo lícito não o obriga a ser proprietário do imóvel em que tem sede.

363. A pessoa jurídica de direito privado pode ser demandada no domicílio da agência, ou estabelecimento, em que se praticou o ato.

364. Enquanto o Estado da Guanabara não tiver Tribunal Militar de segunda instância, o Tribunal de Justiça é competente para julgar os recursos das decisões da auditoria da Polícia Militar.

365. Pessoa jurídica não tem legitimidade para propor ação popular.

366. Não é nula a citação por edital que indica o dispositivo da lei penal, embora não transcreva a denúncia ou queixa, ou não resuma os fatos em que se baseia.

367. Concede-se liberdade ao extraditando que não for retirado do país no prazo do art. 16 do Decreto-Lei n. 394, de 28.04.1938.

368. Não há embargos infringentes no processo de reclamação.

369. Julgados do mesmo tribunal não servem para fundamentar o recurso extraordinário por divergência jurisprudencial.

370. Julgada improcedente a ação renovatória de locação, terá o locatário, para desocupar o imóvel, o prazo de seis meses, acrescido de tantos meses quantos forem os anos da ocupação, até o limite total de dezoito meses.

▸ Sem eficácia.

371. Ferroviário, que foi admitido como servidor autárquico, não tem direito a dupla aposentadoria.

372. A Lei n. 2.752, de 10.04.1956, sobre dupla aposentadoria, aproveita, quando couber, a servidores aposentados antes de sua publicação.

373. Servidor nomeado após aprovação no curso de capacitação policial, instituído na Polícia do Distrito Federal, em 1941, preenche o requisito da nomeação por concurso a que se referem as Leis 705, de 16-5-49 e 1.639, de 14-7-1952.

374. Na retomada para construção mais útil, não é necessário que a obra tenha sido ordenada pela autoridade pública.

375. Não renovada a locação regida pelo Decreto 24.150, de 20-4-1934, aplica-se o direito comum e não a legislação especial do inquilinato.

▸ Dec. 24.150/1934 revogado pela Lei 8.245/1991.

376. Na renovação de locação, regida pelo Decreto 24.150, de 20-4-1934, o prazo do nôvo contrato conta-se da transcrição da decisão exequenda no Registro de Títulos e Documentos;

começa, porém, da terminação do contrato anterior, se esta tiver ocorrido antes do registro.

- Dec. 24.150/1934 revogado pela Lei 8.245/1991.

377. No regime de separação legal de bens, comunicam-se os adquiridos na constância do casamento.

378. Na indenização por desapropriação incluem-se honorários do advogado do expropriado.

379. No acordo de desquite não se admite renúncia aos alimentos, que poderão ser pleiteados ulteriormente, verificados os pressupostos legais.

380. Comprovada a existência de sociedade de fato entre os concubinos, é cabível a sua dissolução judicial, com a partilha do patrimônio adquirido pelo esforço comum

381. Não se homologa sentença de divórcio obtida, por procuração, em país de que os cônjuges não eram nacionais.

- Lei 5.515/1977 (Lei do Divórcio).

382. A vida em comum sob o mesmo teto, "more uxorio", não é indispensável à caracterização do concubinato.

383. A prescrição em favor da Fazenda Pública recomeça a correr, por dois anos e meio, a partir do ato interruptivo, mas não fica reduzida aquém de cinco anos, embora o titular do direito a interrompa durante a primeira metade do prazo.

384. A demissão de extranumerário do Serviço Público Federal, equiparado a funcionário de provimento efetivo para efeito de estabilidade, é da competência do Presidente da República.

385. Oficial das Fôrças Armadas só pode ser reformado, em tempo de paz, por decisão de tribunal militar permanente, ressalvada a situação especial dos atingidos pelo art. 177 da Constituição de 1937.

386. Pela execução de obra musical por artistas remunerados é devido direito autoral, não exigível quando a orquestra for de amadores.

387. A cambial emitida ou aceita com omissões, ou em branco, pode ser completada pelo credor de boa-fé antes da cobrança ou do protesto.

388. O casamento da ofendida com quem não seja o ofensor faz cessar a qualidade do seu representante legal, e a ação penal só pode prosseguir por iniciativa da própria ofendida, observados os prazos legais de decadência e perempção.

- Revogada.

389. Salvo limite legal, a fixação de honorários de advogado, em complemento da condenação, depende das circunstâncias da causa, não dando lugar a recurso extraordinário.

- Súm. 279, STF.

390. A exibição judicial de livros comerciais pode ser requerida como medida preventiva.

391. O confinante certo deve ser citado, pessoalmente, para a ação de usucapião.

- Súm. 263, STF.

392. O prazo para recorrer de acórdão concessivo de segurança conta-se da publicação oficial de suas conclusões, e não da anterior ciência à autoridade para cumprimento da decisão.

- Lei 12.016/2009.

393. Para requerer revisão criminal, o condenado não é obrigado a recolher-se à prisão.

- Súm. 310, STF.

394. Cometido o crime durante o exercício funcional, prevalece a competência especial por prerrogativa de função, ainda que o inquérito ou a ação penal sejam iniciados após a cessação daquele exercício.

- Cancelada.

395. Não se conhece de recurso de *habeas corpus* cujo objeto seja resolver sobre o ônus das custas, por não estar mais em causa a liberdade de locomoção.

396. Para a ação penal por ofensa à honra, sendo admissível a exceção da verdade quanto ao desempenho de função pública, prevalece a competência especial por prerrogativa de função, ainda que já tenha cessado o exercício funcional do ofendido.

397. O poder de polícia da Câmara dos Deputados e do Senado Federal, em caso de crime cometido nas suas dependências, compreende, consoante o regimento, a prisão em flagrante do acusado e a realização do inquérito.

398. O Supremo Tribunal Federal não é competente para processar e julgar, originariamente, deputado ou senador acusado de crime.

399. Não cabe recurso extraordinário, por violação de lei federal, quando a ofensa alegada for a regimento de tribunal.

400. Decisão que deu razoável interpretação à lei, ainda que não seja a melhor, não autoriza recurso extraordinário pela letra a do art. 101, III, da Constituição Federal.

- art. 102, III, a e b, CF/1988.

401. Não se conhece do recurso de revista, nem dos embargos de divergência, do processo trabalhista, quando houver jurisprudência firme do Tribunal Superior do Trabalho no mesmo sentido da decisão impugnada, salvo se houver colisão com a jurisprudência do Supremo Tribunal Federal.

- Súm. 247 e 286, STF.

402. Vigia noturno tem direito a salário adicional.

403. É de decadência o prazo de trinta dias para instauração do inquérito judicial, a contar da suspensão, por falta grave, de empregado estável.

- Súm. 213, 214 e 313, STF.

404. Não contrariam a Constituição os arts. 3º, 22 e 27 da Lei 3.244, de 14-8-1957, que definem as atribuições do Conselho de Política Aduaneira quanto à tarifa flexível.

405. Denegado o mandado de segurança pela sentença, ou no julgamento do agravo, dela interposto, fica sem efeito a liminar concedida, retroagindo os efeitos da decisão contrária.

406. O estudante ou professor bolsista e o servidor público em missão de estudo satisfazem a condição da mudança de residência para o efeito de trazer automóvel do exterior, atendidos os demais requisitos legais.

407. Não tem direito ao terço de campanha o militar que não participou de operações de guerra, embora servisse na "zona de guerra".

408. Os servidores fazendários não têm direito a percentagem pela arrecadação de receita federal destinada ao Banco Nacional de Desenvolvimento Econômico.

- Súm. 30, STF.

409. Ao retomante, que tenha mais de um prédio alugado, cabe optar entre eles, salvo abuso de direito.

410. Se o locador, utilizando prédio próprio para residência ou atividade comercial, pede o imóvel locado para uso próprio, diverso do que tem o por ele ocupado, não está obrigado a provar a necessidade, que se presume.

411. O locatário autorizado a ceder a locação pode sublocar o imóvel.

412. No compromisso de compra e venda com cláusula de arrependimento, a devolução do sinal, por quem o deu, ou a sua restituição em dobro, por quem o recebeu, exclui indenização maior, a título de perdas e danos, salvo os juros moratórios e os encargos do processo.

413. O compromisso de compra e venda de imóveis, ainda que não loteados, dá direito à execução compulsória, quando reunidos os requisitos legais.

414. Não se distingue a visão direta da oblíqua na proibição de abrir janela, ou fazer terraço, eirado, ou varanda, a menos de metro e meio do prédio de outrem.

415. Servidão de trânsito não titulada, mas tornada permanente, sobretudo pela natureza das obras realizadas, considera-se aparente, conferindo direito à proteção possessória.

416. Pela demora no pagamento do preço da desapropriação não cabe indenização complementar além dos juros.

417. Pode ser objeto de restituição, na falência, dinheiro em poder do falido, recebido em nome de outrem, ou do qual, por lei ou contrato, não tivesse ele a disponibilidade.

▸ Lei 11.101/2005 (Nova Lei de Falências).

▸ Súm. 193 e 495, STF.

418. Empréstimo compulsório não é tributo, e sua arrecadação não está sujeita à exigência constitucional da prévia autorização orçamentária.

▸ Sem eficácia.

419. Os municípios têm competência para regular o horário do comércio local, desde que não infrinjam leis estaduais ou federais válidas.

▸ Súm. Vinculantes 38 e 645.

420. Não se homologa sentença proferida no estrangeiro sem prova do trânsito em julgado.

▸ Súm. Vinc. 38 e Súm. 645, STF.

421. Não impede a extradição a circunstância de ser o extraditando casado com brasileira ou ter filho brasileiro.

422. A absolvição criminal não prejudica a medida de segurança, quando couber, ainda que importe privação da liberdade.

423. Não transita em julgado a sentença por haver omitido o recurso ex officio, que se considera interposto ex lege.

424. Transita em julgado o despacho saneador de que não houve recurso, excluídas as questões deixadas, explícita ou implicitamente, para a sentença.

425. O agravo despachado no prazo legal não fica prejudicado pela demora da juntada, por culpa do cartório; nem o agravo entregue em cartório no prazo legal, embora despachado tardiamente.

▸ Súm. 320 e 428, STF.

426. A falta do termo específico não prejudica o agravo no auto do processo, quando oportuna a interposição por petição ou no termo da audiência.

▸ Súm. 427, STF.

427. A falta de petição de interposição não prejudica o agravo no auto do processo tomado por termo.

▸ Superada.

428. Não fica prejudicada a apelação entregue em cartório no prazo legal, embora despachada tardiamente.

▸ Súm. 320 e 425, STF.

429. A existência de recurso administrativo com efeito suspensivo não impede o uso do mandado de segurança contra omissão da autoridade.

▸ art. 5º, I, Lei 12.016/2009.

430. Pedido de reconsideração na via administrativa não interrompe o prazo para o mandado de segurança.

431. É nulo o julgamento de recurso criminal, na segunda instância, sem prévia intimação, ou publicação da pauta, salvo em *habeas corpus*.

432. Não cabe recurso extraordinário com fundamento no art. 101, III, d, da Constituição Federal, quando a divergência alegada for entre decisões da Justiça do Trabalho.

▸ art. 102, III, CF.

433. É competente o Tribunal Regional do Trabalho para julgar mandado de segurança contra ato de seu presidente em execução de sentença trabalhista.

434. A controvérsia entre seguradores indicados pelo empregador na ação de acidente do trabalho não suspende o pagamento devido ao acidentado.

435. O imposto de transmissão causa mortis pela transferência de ações é devido ao estado em que tem sede a companhia.

436. É válida a Lei 4.093, de 24-10-1959, do Paraná, que revogou a isenção concedida às cooperativas por lei anterior.

437. Está isenta da taxa de despacho aduaneiro a importação de equipamento para a indústria automobilística, segundo plano aprovado, no prazo legal, pelo órgão competente.

438. É ilegítima a cobrança, em 1962, da Taxa de Educação e Saúde, de Santa Catarina, adicional do impôsto de vendas e consignações.

439. Estão sujeitos à fiscalização tributária ou previdenciária quaisquer livros comerciais, limitado o exame aos pontos objeto da investigação.

▸ Súm. 67, STF.

440. Os benefícios da legislação federal de serviços de guerra não são exigíveis dos estados, sem que a lei estadual assim disponha.

441. O militar, que passa à inatividade com proventos integrais, não tem direito às cotas trigésimas a que se refere o código de vencimentos e vantagens dos militares.

442. A inscrição do contrato de locação no registro de imóveis, para a validade da cláusula de vigência contra o adquirente do imóvel, ou perante terceiros, dispensa a transcrição no registro de títulos e documentos.

443. A prescrição das prestações anteriores ao período previsto em lei não ocorre, quando não tiver sido negado, antes daquele prazo, o próprio direito reclamado, ou a situação jurídica de que ele resulta.

▸ Súm. 349, STF.

444. Na retomada para construção mais útil, de imóvel sujeito ao D. 24.150, de 20.4.34, a indenização se limita às despesas de mudança.

▸ Dec. 24.150/1934 revogado pela Lei 8.245/1991.

445. A Lei 2.437, de 7-3-1955, que reduz prazo prescricional, é aplicável às prescrições em curso na data de sua vigência (1º-1-1956), salvo quanto aos processos então pendentes.

446. Contrato de exploração de jazida ou pedreira não está sujeito ao D. 24.150, de 20.4.34.

▸ Dec. 24.150/1934 revogado pela Lei 8.245/1991.

447. É válida a disposição testamentária em favor de filho adulterino do testador com sua concubina.

448. O prazo para o assistente recorrer, supletivamente, começa a correr imediatamente após o transcurso do prazo do Ministério Público.

449. O valor da causa, na consignatória de aluguel, corresponde a uma anuidade.

450. São devidos honorários de advogado sempre que vencedor o beneficiário de justiça gratuita.

451. A competência especial por prerrogativa de função não se estende ao crime cometido após a cessação definitiva do exercício funcional.

▸ Súm. 394, STF.

452. Oficiais e praças do Corpo de Bombeiros do Estado da Guanabara respondem perante a Justiça Comum por crime anterior à Lei 427, de 11-10-1948.

453. Não se aplicam à segunda instância o art. 384 e parágrafo único do Código de Processo Penal, que possibilitam dar nova definição jurídica ao fato delituoso, em virtude de circunstância elementar não contida, explícita ou implicitamente, na denúncia ou queixa.

▸ art. 384, CPP.

454. Simples interpretação de cláusulas contratuais não dá lugar a recurso extraordinário.

▸ Súm. 279, STF.

455. Da decisão que se seguir ao julgamento de constitucionalidade pelo tribunal pleno, são inadmissíveis embargos infringentes quanto à matéria constitucional.

▸ Súm. 293, STF.

456. O Supremo Tribunal Federal, conhecendo do recurso extraordinário, julgará a causa, aplicando o direito à espécie.

457. O Tribunal Superior do Trabalho, conhecendo da revista, julgará a causa, aplicando o direito à espécie.

458. O processo da execução trabalhista não exclui a remição pelo executado.

459. No cálculo da indenização por despedida injusta, incluem-se os adicionais, ou gratificações, que, pela habitualidade, se tenham incorporado ao salário.

460. Para efeito do adicional de insalubridade, a perícia judicial, em reclamação trabalhista, não dispensa o enquadramento da atividade entre as insalubres, que é ato da competência do Ministro do Trabalho e Previdência Social.

▸ Súm. 194, STF.

461. É duplo, e não triplo, o pagamento do salário nos dias destinados a descanso.

462. No cálculo da indenização por despedida injusta inclui-se, quando devido, o repouso semanal remunerado.

- Súm. 207, 213, 214 e 313, STF.

463. Para efeito de indenização e estabilidade, conta-se o tempo em que o empregado esteve afastado, em serviço militar obrigatório, mesmo anteriormente à Lei n. 4.072, de 1º.06.1962.

464. No cálculo da indenização por acidente do trabalho inclui-se, quando devido, o repouso semanal remunerado.

465. O regime de manutenção de salário, aplicável ao (IAPM) e ao (IAPETC), exclui a indenização tarifada na lei de acidentes do trabalho, mas não o benefício previdenciário.

466. Não é inconstitucional a inclusão de sócios e administradores de sociedades e titulares de firmas individuais como contribuintes obrigatórios da Previdência Social.

467. A base do cálculo das contribuições previdenciárias, anteriormente à vigência da Lei Orgânica da Previdência Social, é o salário-mínimo mensal, observados os limites da Lei n. 2.755/1956.

468. Após a Emenda Constitucional n. 5, de 21.11.1961, em contrato firmado com a União, Estado, Município ou Autarquia, é devido o Imposto Federal de Selo pelo contratante não protegido pela imunidade, ainda que haja repercussão do ônus tributário sobre o patrimônio daquelas entidades.

- Súm. 303, STF.

469. A multa de cem por cento, para o caso de mercadoria importada irregularmente, é calculada à base do custo de câmbio da categoria correspondente.

470. O imposto de transmissão inter vivos não incide sobre a construção, ou parte dela, realizada, inequivocamente, pelo promitente comprador, mas sobre o valor do que tiver sido construído antes da promessa de venda.

- Súm. 110, STF.

471. As empresas aeroviárias não estão isentas do Imposto de Indústrias e Profissões

472. A condenação do autor em honorários de advogado, com fundamento no art. 64 do Código de Processo Civil, depende de reconvenção.

- Refere-se ao CPC/1939.
- arts. 82 e ss., CPC/2015.
- arts. 186 e 927, CC/2002.

473. A Administração pode anular seus próprios atos, quando eivados de vícios que os tornam ilegais, porque deles não se originam direitos; ou revogá-los, por motivo de conveniência ou oportunidade, respeitados os direitos adquiridos, e ressalvada, em todos os casos, a apreciação judicial.

474. Não há direito líquido e certo, amparado pelo mandado de segurança, quando se escuda em lei cujos efeitos foram anulados por outra, declarada constitucional pelo Supremo Tribunal Federal.

475. A Lei n. 4.686, de 21.06.1965, tem aplicação imediata aos processos em curso, inclusive em grau de recurso extraordinário.

476. Desapropriadas as ações de uma sociedade, o poder desapropriante, imitido na posse, pode exercer, desde logo, todos os direitos inerentes aos respectivos títulos.

477. As concessões de terras devolutas situadas na faixa de fronteira, feitas pelos Estados, autorizam, apenas, o uso, permanecendo o domínio com a União, ainda que se mantenha inerte ou tolerante, em relação aos possuidores.

478. O provimento em cargos de juízes substitutos do trabalho, deve ser feito independentemente de lista tríplice, na ordem de classificação dos candidatos.

479. As margens dos rios navegáveis são de domínio público, insuscetíveis de expropriação e, por isso mesmo, excluídas de indenização.

480. Pertencem ao domínio e administração da União, nos termos dos arts. 4º, IV, e 186, da Constituição Federal de 1967, as terras ocupadas por silvícolas.

- art. 231, CF.

481. Se a locação compreende, além do imóvel, fundo de comércio, com instalações e pertences, como no caso de teatros, cinemas e hotéis, não se aplicam ao retomante as restrições do art. 8º, "e", parágrafo único, do Decreto n. 24.150, de 20.04.1934.

- Dec. 24.150/1934 revogado pela Lei 8.245/1991.

482. O locatário, que não for sucessor ou cessionário do que o precedeu na locação, não pode somar os prazos concedidos a este, para pedir a renovação do contrato, nos termos do Decreto n. 24.150.

- Dec. 24.150/1934 revogado pela Lei 8.245/1991.

483. É dispensável a prova da necessidade, na retomada de prédio situado em localidade para onde o proprietário pretende transferir residência, salvo se mantiver, também, a anterior, quando dita prova será exigida.

- Súm. 80, STF.

484. Pode, legitimamente, o proprietário pedir o prédio para a residência de filho, ainda que solteiro, de acordo com o art. 11, III, da Lei n. 4.494, de 25.11.1964.

485. Nas locações regidas pelo Decreto n. 24.150, de 20.04.1934.a presunção de sinceridade do retomante é relativa, podendo ser ilidida pelo locatário.

- Dec. 24.150/1934 revogado pela Lei 8.245/1991.

486. Admite-se a retomada para sociedade da qual o locador, ou seu cônjuge, seja sócio, com participação predominante no capital social.

487. Será deferida a posse a quem, evidentemente, tiver o domínio, se com base neste for ela disputada.

- art. 1.210, § 2º, CC/2002.

489. A compra e venda de automóvel não prevalece contra terceiros, de boa-fé, se o contrato não foi transcrito no registro de títulos e documentos.

490. A pensão correspondente à indenização oriunda de responsabilidade civil deve ser calculada com base no salário-mínimo vigente ao tempo da sentença e ajustar-se-á às variações ulteriores.

491. É indenizável o acidente que cause a morte de filho menor, ainda que não exerça trabalho remunerado.

492. A empresa locadora de veículos responde, civil e solidariamente com o locatário, pelos danos por este causados a terceiro, no uso do carro locado.

493. O valor da indenização, se consistente em prestações periódicas e sucessivas, compreenderá, para que se mantenha inalterável na sua fixação, parcelas compensatórias do imposto de renda, incidente sobre os juros do capital gravado ou caucionado, nos termos dos arts. 911 e 912 do Código de Processo Civil.

- Refere-se ao CPC/1939.
- art. 533, CPC/2015.

494. A ação para anular venda de ascendente a descendente, sem consentimento dos demais, prescreve em vinte anos, contados da data do ato, revogada a Súmula n. 152.

495. A restituição em dinheiro da coisa vendida a crédito, entregue nos quinze dias anteriores ao pedido de falência ou de concordata, cabe, quando, ainda que consumida ou transformada, não faça o devedor prova de haver sido alienada a terceiro.

- Lei 11.101/2005 (Lei de Recuperação de Empresas e Falências).
- Súm. 193 e 417, STF.

496. São válidos, porque salvaguardados pelas disposições constitucionais transitórias da Constituição Federal de 1967, os decretos-leis expedidos entre 24 de janeiro e 15 de março de 1967.

497. Quando se tratar de crime continuado, a prescrição regula-se pela pena imposta na sentença, não se computando o acréscimo decorrente da continuação.

498. Compete à Justiça dos Estados, em ambas as instâncias, o processo e o julgamento dos crimes contra a economia popular.

499. Não obsta à concessão do sursis condenação anterior à pena de multa.

500. Não cabe a ação cominatória para compelir-se o réu a cumprir obrigação de dar.

501. Compete à Justiça Ordinária Estadual o processo e o julgamento, em ambas as instâncias, das causas de acidente do trabalho, ainda que promovidas contra a União, suas autarquias, empresas públicas ou sociedades de economia mista.

- arts. 109, I, e 114, VI, CF.
- Súm. 235, STF.
- Súm. Vinc. 22, STF.
- Súm. 15, STJ.

502. Na aplicação do art. 839 do Código de Processo Civil, com a redação da Lei n. 4.290, de 05.12.1963, a relação valor da causa e salário-mínimo vigente na capital do Estado, ou do Território, para o efeito de alçada, deve ser considerada na data do ajuizamento do pedido.

- Refere-se ao CPC/1939.
- arts. 291 e ss., CPC/2015.

503. A dúvida, suscitada por particular, sobre o direito de tributar, manifestado por dois estados, não configura litígio da competência originária do Supremo Tribunal Federal.

504. Compete à Justiça Federal, em ambas as instâncias, o processo e o julgamento das causas fundadas em contrato de seguro marítimo.

505. Salvo quando contrariarem a Constituição, não cabe recurso para o Supremo Tribunal Federal, de quaisquer decisões da Justiça do Trabalho, inclusive dos presidentes de seus tribunais.

506. O agravo a que se refere o art. 4º da Lei 4.348, de 26-6-1964, cabe, somente, do despacho do Presidente do Supremo Tribunal Federal que defere a suspensão da liminar, em mandado de segurança; não do que a "denega".

- Revogada.

507. A ampliação dos prazos a que se refere o art. 32 do Código de Processo Civil aplica-se aos executivos fiscais.

508. Compete à Justiça Estadual, em ambas as instâncias, processar e julgar as causas em que for parte o Banco do Brasil S.A.

509. A Lei 4.632, de 18-05-1965, que alterou o art. 64 do Código de Processo Civil, aplica-se aos processos em andamento, nas instâncias ordinárias.

510. Praticado o ato por autoridade, no exercício de competência delegada, contra ela cabe o mandado de segurança ou a medida judicial.

511. Compete à Justiça Federal, em ambas as instâncias, processar e julgar as causas entre autarquias federais e entidades públicas locais, inclusive mandados de segurança, ressalvada a ação fiscal, nos termos da Constituição Federal de 1967, art. 119, § 3º.

- art. 109, CF.

512. Não cabe condenação em honorários de advogado na ação de mandado de segurança.

- Súm. 105, STJ.
- art. 25, Lei 12.016/2009.

513. A decisão que enseja a interposição de recurso ordinário ou extraordinário não é a do plenário, que resolve o incidente de inconstitucionalidade, mas a do órgão (câmaras, grupos ou turmas) que completa o julgamento do feito.

514. Admite-se ação rescisória contra sentença transitada em julgado, ainda que contra ela não se tenha esgotado todos os recursos.

515. A competência para a ação rescisória não é do Supremo Tribunal Federal, quando a questão federal, apreciada no recurso extraordinário ou no agravo de instrumento, seja diversa da que foi suscitada no pedido rescisório.

- Súm. 249, STF.

516. O Serviço Social da Indústria (SESI) está sujeito à jurisdição da Justiça Estadual.

517. As sociedades de economia mista só têm foro na Justiça Federal, quando a União intervém como assistente ou opoente.

518. A intervenção da União, em feito já julgado pela segunda instância e pendente de embargos, não desloca o processo para o Tribunal Federal de Recursos.

519. Aplica-se aos executivos fiscais o princípio da sucumbência a que se refere o art. 64 do Código de Processo Civil.

- Refere-se ao CPC/1939.
- art. 82, § 2º, CPC/2015.

520. Não exige a lei que, para requerer o exame a que se refere o art. 777 do Código de Processo Penal, tenha o sentenciado cumprido mais de metade do prazo da medida de segurança imposta.

- art. 176, Lei 7.210/1984.

521. O foro competente para o processo e julgamento dos crimes de estelionato, sob a modalidade da emissão dolosa de cheque sem provisão de fundos, é o do local onde se deu a recusa do pagamento pelo sacado.

522. Salvo ocorrência de tráfico para o exterior, quando, então, a competência será da Justiça Federal, compete à Justiça dos Estados o processo e julgamento dos crimes relativos a entorpecentes.

523. No processo penal, a falta da defesa constitui nulidade absoluta, mas a sua deficiência só o anulará se houver prova de prejuízo para o réu.

524. Arquivado o inquérito policial, por despacho do juiz, a requerimento do promotor de justiça, não pode a ação penal ser iniciada, sem novas provas.

525. A medida de segurança não será aplicada em segunda instância, quando só o réu tenha recorrido.

526. Subsiste a competência do Supremo Tribunal Federal para conhecer e julgar a apelação, nos crimes da lei de segurança nacional, se houve sentença antes da vigência do ato institucional n. 2.

527. Após a vigência do Ato Institucional 6, que deu nova redação ao art. 114, III, da Constituição Federal de 1967, não cabe recurso extraordinário das decisões do juiz singular.

528. Se a decisão contiver partes autônomas, a admissão parcial, pelo presidente do tribunal a quo, de recurso extraordinário que, sobre qualquer delas se manifestar, não limitará a apreciação de todas pelo Supremo Tribunal Federal, independentemente de interposição de agravo de instrumento.

529. Subsiste a responsabilidade do empregador pela indenização decorrente de acidente do trabalho, quando o segurador, por haver entrado em liquidação, ou por outro motivo, não se encontrar em condições financeiras, de efetuar, na forma da lei, o pagamento que o seguro obrigatório visava garantir.

530. Na legislação anterior ao art. 4º da Lei 4.749, de 12-08-1965, a contribuição para a previdência social não estava sujeita ao limite estabelecido no art. 69 da Lei 3.807, de 26-08-1960, sobre o 13º salário a que se refere o art. 3º da Lei 4.281, de 8-11-1963.

531. É inconstitucional o Decreto n. 51.668, de 17.01.1963, que estabeleceu salário profissional para trabalhadores de transportes marítimos, fluviais e lacustres.

532. É constitucional a Lei n. 5.043, de 21.06.1966, que concedeu remissão das dívidas fiscais oriundas da falta de oportuno pagamento de selo nos contratos particulares com a caixa econômica e outras entidades autárquicas.

- Lei 5.043/1966 revogada pela Lei 5.143/1966.

533. Nas operações denominadas "crediários", com emissão de vales ou certificados para compras e nas quais, pelo financiamento, se cobram, em separado, juros, selos e outras despesas, incluir-se-á tudo no custo da mercadoria e sobre esse preço global calcular-se-á o imposto de vendas e consignações.

534. O imposto de importação sobre o extrato alcoólico de malte, como matéria-prima para fabricação de "whisky", incide à base de 60%, desde que desembarcado antes do Decreto-Lei 398, de 30.12.1968.

535. Na importação, a granel, de combustíveis líquidos é admissível a diferença de peso, para mais, até 4%, motivada pelas variações previstas no Decreto-Lei 1.028, de 04.01.1939, art. 1º.

536. São objetivamente imunes ao imposto sobre circulação de mercadorias os "produtos industrializados", em geral, destinados à exportação, além de outros, com a mesma destinação, cuja isenção a lei determinar.

537. É inconstitucional a exigência de impôsto estadual do sêlo, quando feita nos atos e instrumentos tributados ou regulados por lei federal, ressalvado o disposto no art. 15, § 5º, da Constituição Federal de 1946.

538. A avaliação judicial para o efeito do cálculo das benfeitorias dedutíveis do imposto sobre lucro imobiliário independe do limite a que se refere a Lei n. 3.470, de 28.11.1958, art. 8º, parágrafo único.

539. É constitucional a lei do município que reduz o imposto predial urbano sobre imóvel ocupado pela residência do proprietário, que não possua outro.

540. No preço da mercadoria sujeita ao imposto de vendas e consignações, não se incluem as despesas de frete e carreto.

‣ Refere-se ao atual Imposto sobre Operações Relativas à Circulação de Mercadorias e sobre Prestações de Serviços de Transporte Interestadual, Intermunicipal e de Comunicação - ICMS.

541. O imposto sobre vendas e consignações não incide sobre a venda ocasional de veículos e equipamentos usados, que não se insere na atividade profissional do vendedor, e não é realizada com o fim de lucro, sem caráter, pois, de comercialidade.

‣ Refere-se ao atual Imposto sobre Operações Relativas à Circulação de Mercadorias e sobre Prestações de Serviços de Transporte Interestadual, Intermunicipal e de Comunicação - ICMS.

‣ Súm. Vinc. 32.

542. Não é inconstitucional a multa instituída pelo Estado-membro, como sanção pelo retardamento do início ou da ultimação do inventário.

543. A Lei n. 2975, de 27.11.1965, revogou, apenas, as isenções de caráter geral, relativas ao imposto único sobre combustíveis, não as especiais, por outras leis concedidas.

544. Isenções tributárias concedidas, sob condição onerosa, não podem ser livremente suprimidas.

545. Preços de serviços públicos e taxas não se confundem, porque estas, diferentemente daqueles, são compulsórias e têm sua cobrança condicionada à prévia autorização orçamentária, em relação à lei que as instituiu.

546. Cabe a restituição do tributo pago indevidamente, quando reconhecido por decisão, que o contribuinte de jure não recuperou do contribuinte de facto o quantum respectivo.

‣ Súm. 71, STF.

547. Não é lícito à autoridade proibir que o contribuinte em débito adquira estampilhas, despache mercadorias nas alfândegas e exerça suas atividades profissionais.

548. É inconstitucional o Decreto-lei 643, de 19-6-1947, artigo 4º, do Paraná, na parte que exige sêlo proporcional sôbre atos e instrumentos regulados por lei federal.

549. A taxa de bombeiros do Estado de Pernambuco é constitucional, revogada a Súmula 274.

550. A isenção concedida pelo art. 2º da Lei n. 1.815/1953, às empresas de navegação aérea não compreende a taxa de melhoramento de portos, instituída pela Lei n. 3.421/1958.

551. É inconstitucional a taxa de urbanização da Lei 2.320, de 20-12-1961, instituída pelo Município de Pôrto Alegre, porque seu fato gerador é o mesmo da transmissão imobiliária.

552. Com a regulamentação do art. 15 da Lei 5.316/1967, pelo Decreto 71.037/1972, tornou-se exequível a exigência da exaustão da via administrativa antes do início da ação de acidente do trabalho.

‣ Lei 5.316/1967 revogada pela Lei 6.367/1976.

553. O Adicional ao Frete para Renovação da Marinha Mercante (AFRMM) é contribuição parafiscal, não sendo abrangido pela imunidade prevista na letra d, III, do art. 19 da Constituição Federal.

554. O pagamento de cheque emitido sem provisão de fundos, após o recebimento da denúncia, não obsta ao prosseguimento da ação penal.

555. É competente o Tribunal de Justiça para julgar conflito de jurisdição entre juiz de direito do Estado e a Justiça Militar local.

556. É competente a Justiça Comum para julgar as causas em que é parte sociedade de economia mista.

557. É competente a Justiça Federal para julgar as causas em que são partes a Cobal e a Cibrazem.

558. É constitucional o art. 27 do Decreto-lei 898, de 29-9-1969.

559. O Decreto-Lei 730, de 05.08.1969, revogou a exigência de homologação, pelo Ministro da Fazenda, das resoluções do Conselho de Política Aduaneira.

‣ Dec.-Lei 730/1969 (Dispõe sobre o Conselho de Política Aduaneira).

560. A extinção de punibilidade, pelo pagamento do tributo devido, estende-se ao crime de contrabando ou descaminho, por força do art. 18, § 2º, do Decreto-Lei 157/1967.

561. Em desapropriação, é devida a correção monetária até a data do efetivo pagamento da indenização, devendo proceder-se à atualização do cálculo, ainda que por mais de uma vez.

562. Na indenização de danos materiais decorrentes de ato ilícito cabe a atualização de seu valor, utilizando-se, para esse fim, dentre outros critérios, dos índices de correção monetária.

563. O concurso de preferência a que se refere o parágrafo único do art. 187 do Código Tributário Nacional é compatível com o disposto no art. 9º, I, da Constituição Federal.

‣ art. 19, III, CF.

564. A ausência de fundamentação do despacho de recebimento de denúncia por crime falimentar enseja nulidade processual, salvo se já houver sentença condenatória.

565. A multa fiscal moratória constitui pena administrativa, não se incluindo no crédito habilitado em falência.

‣ art. 83, VII, Lei 11.101/2005 (Lei de Recuperação de Empresas e Falências).

‣ Súm. 191 e 192, STF.

566. Enquanto pendente, o pedido de readaptação fundado em desvio funcional não gera direitos para o servidor, relativamente ao cargo pleiteado.

567. A constituição, ao assegurar, no § 3º do art. 102, a contagem integral do tempo de serviço público federal, estadual ou municipal para os efeitos de aposentadoria e disponibilidade não proíbe à União, aos Estados e aos Municípios mandarem contar, mediante lei, para efeito diverso, tempo de serviço prestado a outra pessoa de direito público interno.

568. A identificação criminal não constitui constrangimento ilegal, ainda que o indiciado já tenha sido identificado civilmente.

569. É inconstitucional a discriminação de alíquotas do imposto de circulação de mercadorias nas operações interestaduais, em razão de o destinatário ser, ou não, contribuinte.

570. O imposto de circulação de mercadorias não incide sobre a importação de bens de capital.

571. O comprador de café ao IBC, ainda que sem expedição de nota fiscal, habilita-se, quando da comercialização do produto, ao crédito do ICM que incidiu sobre a operação anterior.

572. No cálculo do imposto de circulação de mercadorias devido na saída de mercadorias para o exterior, não se incluem fretes pagos a terceiros, seguros e despesas de embarque.

573. Não constitui fato gerador do imposto de circulação de mercadorias a saída física de máquinas, utensílios e implementos a título de comodato.

574. Sem lei estadual que a estabeleça, é ilegítima a cobrança do imposto de circulação de mercadorias sobre o fornecimento de alimentação e bebidas em restaurante ou estabelecimento similar.

575. À mercadoria importada de país signatário do (GATT), ou membro da (ALALC), estende-se a isenção do Imposto de Circulação de Mercadorias concedida a similar nacional.

576. É lícita a cobrança do imposto de circulação de mercadorias sobre produtos importados sob o regime da alíquota "zero".

577. Na importação de mercadorias do exterior, o fato gerador do imposto de circulação de mercadorias ocorre no momento de sua entrada no estabelecimento do importador.

578. Não podem os Estados, a título de ressarcimento de despesas, reduzir a parcela de 20% do produto da arrecadação do Imposto de Circulação de Mercadorias, atribuída aos Municípios pelo art. 23, § 8º, da Constituição Federal.

579. A cal virgem e a hidratada estão sujeitas ao Imposto de Circulação de Mercadorias.

580. A isenção prevista no art. 13, parágrafo único, do Decreto-Lei n. 43/1966, restringe-se aos filmes cinematográficos.

581. Exigência de transporte em navio de bandeira brasileira, para efeito de isenção tributária, legitimou-se com o advento do Decreto-Lei n. 666, de 02.07.1969.

582. É constitucional a Resolução nº 640/69, do Conselho de Política Aduaneira, que reduziu a alíquota do imposto de importação para a soda cáustica, destinada a zonas de difícil distribuição e abastecimento.

583. O promitente comprador de imóvel residencial transcrito em nome de autarquia é contribuinte do imposto predial territorial urbano.

584. Ao imposto de renda calculado sobre os rendimentos do ano-base, aplica-se a lei vigente no exercício financeiro em que deve ser apresentada a declaração.

585. Não incide o imposto de renda sobre a remessa de divisas para pagamento de serviços prestados no exterior, por empresa que não opera no Brasil.

▸ Superada.

586. Incide imposto de renda sobre os juros remetidos para o exterior, com base em contrato de mútuo.

587. Incide Imposto de Renda sobre o pagamento de serviços técnicos contratados no exterior e prestados no Brasil.

588. O Imposto Sobre Serviços não incide sobre os depósitos, as comissões e taxas de desconto, cobrados pelos estabelecimentos bancários.

▸ Súm. 424, STJ.

589. É inconstitucional a fixação de adicional progressivo do Imposto Predial e Territorial Urbano em função do número de imóveis do contribuinte.

590. Calcula-se o imposto de transmissão causa mortis sobre o saldo credor da promessa de compra e venda de imóvel, no momento da abertura da sucessão do promitente vendedor.

591. A imunidade ou a isenção tributária do comprador não se estende ao produtor, contribuinte do Imposto sobre Produtos Industrializados.

592. Nos crimes falimentares, aplicam-se as causas interruptivas da prescrição, previstas no Código Penal.

593. Incide o percentual do Fundo de Garantia do Tempo de Serviço (FGTS) sobre a parcela da remuneração correspondente a horas extraordinárias de trabalho.

594. Os direitos de queixa e de representação podem ser exercidos, independentemente, pelo ofendido ou por seu representante legal.

595. É inconstitucional a taxa municipal de conservação de estradas de rodagem cuja base de cálculo seja idêntica à do Imposto Territorial Rural.

596. As disposições do Decreto n. 22.626/1933 não se aplicam às taxas de juros e aos outros encargos cobrados nas operações realizadas por instituições públicas ou privadas, que integram o Sistema Financeiro Nacional.

▸ Súm. 539, STJ.

597. Não cabem embargos infringentes de acórdão que, em mandado de segurança decidiu, por maioria de votos, a apelação.

▸ art, 25, Lei 12.016/2009.
▸ Súm. 294, STF.
▸ Súm.169, STJ.

598. Nos embargos de divergência não servem como padrão de discordância os mesmos paradigmas invocados para demonstrá-la mas repelidos como não dissidentes no julgamento do recurso extraordinário.

599. São incabíveis embargos de divergência de decisão de turma, em agravo regimental.

▸ Cancelada.

600. Cabe ação executiva contra o emitente e seus avalistas, ainda que não apresentado o cheque ao sacado no prazo legal, desde que não prescrita a ação cambiária.

601. Os arts. 3°, II, e 55 da Lei Complementar 40/1981 (Lei Orgânica do Ministério Público) não revogaram a legislação anterior que atribui a iniciativa para a ação penal pública, no processo sumário, ao juiz ou à autoridade policial, mediante Portaria ou Auto de Prisão em Flagrante.

602. Nas causas criminais, o prazo de interposição de recurso extraordinário é de 10 (dez) dias.

603. A competência para o processo e julgamento de latrocínio é do juiz singular e não do Tribunal do Júri.

604. A prescrição pela pena em concreto é somente da pretensão executória da pena privativa de liberdade.

605. Não se admite continuidade delitiva nos crimes contra a vida.

▸ art. 71, p.u., CP.

606. Não cabe *habeas corpus* originário para o tribunal pleno de decisão de turma, ou do plenário, proferida em *habeas corpus* ou no respectivo recurso.

607. Na ação penal regida pela Lei 4.611/1965, a denúncia, como substitutivo da portaria, não interrompe a prescrição.

▸ Lei 4.611/1965 revogada pela Lei 9.099/1995.

608. No crime de estupro, praticado mediante violência real, a ação penal é pública incondicionada.

609. É pública incondicionada a ação penal por crime de sonegação fiscal.

610. Há crime de latrocínio, quando o homicídio se consuma, ainda que não realize o agente a subtração de bens da vítima.

611. Transitada em julgado a sentença condenatória, compete ao juízo das execuções a aplicação de lei mais benigna.

612. Ao trabalhador rural não se aplicam, por analogia, os benefícios previstos na Lei n. 6.367, de 19.10.1976.

613. Os dependentes de trabalhador rural não têm direito à pensão previdenciária, se o óbito ocorreu anteriormente à vigência da Lei Complementar 11/1971.

614. Somente o Procurador-Geral da Justiça tem legitimidade para propor ação direta interventiva por inconstitucionalidade de lei municipal.

615. O princípio constitucional da anualidade (§ 29 do art. 153 da Constituição Federal) não se aplica à revogação de isenção do ICM.

▸ art. 150, I e III, CF/1988.
▸ arts. 104, III, e 178, CTN.
▸ Súm. 544, STF.

616. É permitida a cumulação da multa contratual com os honorários de advogado, após o advento do Código de Processo Civil vigente.

617. A base de cálculo dos honorários de advogado em desapropriação é a diferença entre a oferta e a indenização, corrigidas ambas monetariamente.

618. Na desapropriação, direta ou indireta, a taxa dos juros compensatórios é de 12% (doze por cento) ao ano.

▸ Súm. 408, STJ.

619. A prisão do depositário judicial pode ser decretada no próprio processo em que se constituiu o encargo, independentemente da propositura de ação de depósito.

▸ Revogada.

620. A sentença proferida contra autarquias não está sujeita a reexame necessário, salvo quando sucumbente em execução de dívida ativa.

621. Não enseja embargos de terceiro à penhora a promessa de compra e venda não inscrita no registro de imóveis.

▸ Súm. 84, STJ.

622. Não cabe agravo regimental contra decisão do relator que concede ou indefere liminar em mandado de segurança.

› art. 16, Lei 12.016/2009.

623. Não gera por si só a competência originária do Supremo Tribunal Federal para conhecer do mandado de segurança com base no art. 102, I, n, da Constituição, dirigir-se o pedido contra deliberação administrativa do tribunal de origem, da qual haja participado a maioria ou a totalidade de seus membros.

624. Não compete ao Supremo Tribunal Federal conhecer originariamente de mandado de segurança contra atos de outros tribunais.

› Súm. 330, STF.

625. Controvérsia sobre matéria de direito não impede concessão de mandado de segurança.

626. A suspensão da liminar em mandado de segurança, salvo determinação em contrário da decisão que a deferir, vigorará até o trânsito em julgado da decisão definitiva de concessão da segurança ou, havendo recurso, até a sua manutenção pelo Supremo Tribunal Federal, desde que o objeto da liminar deferida coincida, total ou parcialmente, com o da impetração.

› art. 15, Lei 12.016/2009.

627. No mandado de segurança contra a nomeação de magistrado da competência do Presidente da República, este é considerado autoridade coatora, ainda que o fundamento da impetração seja nulidade ocorrida em fase anterior do procedimento.

628. O integrante de lista de candidatos a determinada vaga da composição de tribunal é parte legítima para impugnar a validade da nomeação de concorrente.

629. A impetração de mandado de segurança coletivo por entidade de classe em favor dos associados independe da autorização destes.

› art. 21, Lei 12.016/2009.

630. A entidade de classe tem legitimação para o mandado de segurança ainda quando a pretensão veiculada interesse apenas a uma parte da respectiva categoria.

› art. 21, Lei 12.016/2009.

631. Extingue-se o processo de mandado de segurança se o impetrante não promove, no prazo assinado, a citação do litisconsorte passivo necessário.

632. É constitucional lei que fixa o prazo de decadência para a impetração de mandado de segurança.

› art. 23, Lei 12.016/2009.

633. É incabível a condenação em verba honorária nos recursos extraordinários interpostos em processo trabalhista, exceto nas hipóteses previstas na Lei n. 5.584/1970.

634. Não compete ao Supremo Tribunal Federal conceder medida cautelar para dar efeito suspensivo a recurso extraordinário que ainda não foi objeto de juízo de admissibilidade na origem.

635. Cabe ao presidente do tribunal de origem decidir o pedido de medida cautelar em recurso extraordinário ainda pendente do seu juízo de admissibilidade.

636. Não cabe recurso extraordinário por contrariedade ao princípio constitucional da legalidade, quando a sua verificação pressuponha rever a interpretação dada a normas infraconstitucionais pela decisão recorrida.

637. Não cabe recurso extraordinário contra acórdão de Tribunal de Justiça que defere pedido de intervenção estadual em município.

638. A controvérsia sobre a incidência, ou não, de correção monetária em operações de crédito rural é de natureza infraconstitucional, não viabilizando recurso extraordinário.

639. Aplica-se a Súmula n. 288 quando não constarem do traslado do agravo de instrumento as cópias das peças necessárias à verificação da tempestividade do recurso extraordinário não admitido pela decisão agravada.

› Súm. 288, STF.

640. É cabível recurso extraordinário contra decisão proferida por juiz de primeiro grau nas causas de alçada, ou por turma recursal de juizado especial cível e criminal.

641. Não se conta em dobro o prazo para recorrer, quando só um dos litisconsortes haja sucumbido.

642. Não cabe ação direta de inconstitucionalidade de lei do Distrito Federal derivada da sua competência legislativa municipal.

643. O Ministério Público tem legitimidade para promover ação civil pública cujo fundamento seja a ilegalidade de reajuste de mensalidades escolares.

644. Ao titular do cargo de procurador de autarquia não se exige a apresentação de instrumento de mandato para representá-la em juízo.

645. É competente o Município para fixar o horário de funcionamento de estabelecimento comercial.

› Súm. Vinc. 38 e Súm. 419, STF.

646. Ofende o princípio da livre concorrência lei municipal que impede a instalação de estabelecimentos comerciais do mesmo ramo em determinada área.

› Súm. Vinc. 49, STF.

647. Compete privativamente à União legislar sobre vencimentos dos membros das polícias civil e militar do Distrito Federal.

› Súm. Vinc. 39.

648. A norma do § 3º do art. 192 da Constituição, revogada pela Emenda Constitucional n. 40/2003, que limitava a taxa de juros reais a 12% ao ano, tinha sua aplicabilidade condicionada à edição de lei complementar.

› Súm. Vinc. 7, STF.

649. É inconstitucional a criação, por Constituição estadual, de órgão de controle administrativo do Poder Judiciário do qual participem representantes de outros poderes ou entidades.

650. Os incisos I e XI do art. 20 da Constituição Federal não alcançam terras de aldeamentos extintos, ainda que ocupadas por indígenas em passado remoto.

› A redação desta Súmula foi retificada no *DJ*, 29.10.2003.

651. A medida provisória não apreciada pelo Congresso Nacional podia, até a Emenda Constitucional n. 32/2001, ser reeditada dentro do seu prazo de eficácia de trinta dias, mantidos os efeitos de lei desde a primeira edição.

652. Não contraria a Constituição o art. 15, § 1º, do Decreto-Lei n. 3.365/1941 (Lei da desapropriação por utilidade pública).

› art. 5º, XXIV CF.

653. No tribunal de contas estadual, composto por sete conselheiros, quatro devem ser escolhidos pela Assembleia Legislativa e três pelo chefe do Poder Executivo estadual, cabendo a este indicar um dentre auditores e outro dentre membros do Ministério Público, e um terceiro a sua livre escolha.

654. A garantia da irretroatividade da lei, prevista no art 5º, XXXVI, da Constituição da República, não é invocável pela entidade estatal que a tenha editado.

655. A exceção prevista no art. 100, *caput*, da Constituição, em favor dos créditos de natureza alimentícia, não dispensa a expedição de precatório, limitando-se a isentá-los da observância da ordem cronológica dos precatórios decorrentes de condenações de outra natureza.

656. É inconstitucional a lei que estabelece alíquotas progressivas para o Imposto de Transmissão inter vivos de Bens Imóveis - ITBI com base no valor venal do imóvel.

› arts. 145, § 1º, e 156, II, CF.

657. A imunidade prevista no art. 150, VI, d, da Constituição Federal abrange os filmes e papéis fotográficos necessários à publicação de jornais e periódicos.

658. São constitucionais os arts. 7º da Lei n. 7.787/1989 e 1º da Lei n. 7.894/1989 e da Lei n. 8.147/1990, que majoraram a alíquota do finsocial, quando devida a contribuição por empresas dedicadas exclusivamente à prestação de serviços.

659. É legítima a cobrança da COFINS, do PIS e do FINSOCIAL sobre as operações relativas a energia elétrica, serviços de telecomunicações, derivados de petróleo, combustíveis e minerais do país.

› arts. 155, § 3º, e 195, *caput* e § 7º, CF.

660. Não incide ICMS na importação de bens por pessoa física ou jurídica que não seja contribuinte do imposto.

661. Na entrada de mercadoria importada do exterior, é legítima a cobrança do icms por ocasião do desembaraço aduaneiro.

‣ art. 155, § 2º, IX, a, CF.

‣ Súm. Vinc. 48.

662. É legítima a incidência do ICMS na comercialização de exemplares de obras cinematográficas, gravados em fitas de videocassete.

‣ art. 155, II, CF.

663. Os §§ 1º e 3º do art. 9º do Decreto-Lei n. 406/1968 foram recebidos pela Constituição.

‣ art. 34, § 5º, ADCT.

664. É inconstitucional o inciso V do art. 1º da Lei n. 8.033/1990, que instituiu a incidência do Imposto nas Operações de Crédito, Câmbio e Seguros - IOF sobre saques efetuados em caderneta de poupança.

‣ O inciso V do art. 1º da Lei n. 8.033/1990 teve a execução suspensa pela Res. SF 28/2007.

665. É constitucional a taxa de fiscalização dos mercados de títulos e valores mobiliários instituída pela Lei n. 7.940/1989.

‣ art. 145, II, e § 2º, CF.

666. A contribuição confederativa de que trata o art. 8º, IV, da Constituição, só é exigível dos filiados ao sindicato respectivo.

‣ Súm. Vinc. 40.

667. Viola a garantia constitucional de acesso à jurisdição a taxa judiciária calculada sem limite sobre o valor da causa.

‣ art. 5º, XXXVI, e 145, CF.

668. É inconstitucional a lei municipal que tenha estabelecido, antes da Emenda Constitucional n. 29/2000, alíquotas progressivas para o IPTU, salvo se destinada a assegurar o cumprimento da função social da propriedade urbana.

‣ arts. 145, § 1º, e 182, §§ 2º e 4º, CF.

‣ art. 7º, Lei 10.257/2001.

669. Norma legal que altera o prazo de recolhimento da obrigação tributária não se sujeita ao princípio da anterioridade.

‣ art. 195, 6º, CF.

‣ Súm. Vinc. 50.

670. O serviço de iluminação pública não pode ser remunerado mediante taxa.

‣ arts. 145, II, CF.

‣ Súm. 41, STF.

671. Os servidores públicos e os trabalhadores em geral têm direito, no que concerne à URP de abril/maio de 1988, apenas ao valor correspondente a 7/30 de 16,19% sobre os vencimentos e salários pertinentes aos meses de abril e maio de 1988, não cumulativamente, devidamente corrigido até o efetivo pagamento.

672. O reajuste de 28,86%, concedido aos servidores militares pelas leis 8.622/1993 e 8.627/1993, estende-se aos servidores civis do Poder Executivo, observadas as eventuais compensações decorrentes dos reajustes diferenciados concedidos pelos mesmos diplomas legais.

‣ Súm. Vinc. 51, STF.

673. O art. 125, § 4º, da Constituição não impede a perda da graduação de militar mediante procedimento administrativo.

674. A anistia prevista no art. 8º do Ato das Disposições Constitucionais Transitórias não alcança os militares expulsos com base em legislação disciplinar ordinária, ainda que em razão de atos praticados por motivação política.

675. Os intervalos fixados para descanso e alimentação durante a jornada de seis horas não descaracterizam o sistema de turnos ininterruptos de revezamento para o efeito do art. 7º, XIV, da Constituição.

676. A garantia da estabilidade provisória prevista no art. 10, II, a, do Ato das Disposições Constitucionais Transitórias, também se aplica ao suplente do cargo de direção de comissões internas de prevenção de acidentes (CIPA).

677. Até que lei venha a dispor a respeito, incumbe ao Ministério do Trabalho proceder ao registro das entidades sindicais e zelar pela observância do princípio da unicidade.

678. São inconstitucionais os incisos I e III do art. 7º da Lei n. 8.162/1991, que afastam, para efeito de anuênio e de licença-prêmio, a contagem do tempo de serviço regido pela Consolidação das Leis do Trabalho dos servidores que passaram a submeter-se ao regime jurídico único.

679. A fixação de vencimentos dos servidores públicos não pode ser objeto de convenção coletiva.

680. O direito ao auxílio-alimentação não se estende aos servidores inativos.

681. É inconstitucional a vinculação do reajuste de vencimentos de servidores estaduais ou municipais a índices federais de correção monetária.

‣ Súm. Vinc. 42.

682. Não ofende a Constituição a correção monetária no pagamento com atraso dos vencimentos de servidores públicos.

683. O limite de idade para a inscrição em concurso público só se legitima em face do art. 7º, XXX, da Constituição, quando possa ser justificado pela natureza das atribuições do cargo a ser preenchido.

‣ art. 27, Lei 10.741/2003.

‣ Súm. 14, STF.

684. É inconstitucional o veto não motivado à participação de candidato a concurso público.

‣ art. 7º, XXX, CF.

‣ art. 27, Lei 10.741/2003.

685. É inconstitucional toda modalidade de provimento que propicie ao servidor investir-se, sem prévia aprovação em concurso público destinado ao seu provimento, em cargo que não integra a carreira na qual anteriormente investido.

‣ Súm. Vinc. 43.

686. Só por lei se pode sujeitar a exame psicotécnico a habilitação de candidato a cargo público.

‣ art. 7º, XXX, CF.

‣ art. 27, Lei 10.741/2003.

‣ Súm. Vinc. 44.

687. A revisão de que trata o art. 58 do Ato das Disposições Constitucionais Transitórias não se aplica aos benefícios previdenciários concedidos após a promulgação da Constituição de 1988.

688. É legítima a incidência da contribuição previdenciária sobre o 13º salário.

‣ art. 195, I, CF.

689. O segurado pode ajuizar ação contra a instituição previdenciária perante o juízo federal do seu domicílio ou nas varas federais da capital do Estado-membro.

690. Compete originariamente ao Supremo Tribunal Federal o julgamento de *habeas corpus* contra decisão de turma recursal de juizados especiais criminais.

‣ Superada.

691. Não compete ao Supremo Tribunal Federal conhecer de *habeas corpus* impetrado contra decisão do relator que, em *habeas corpus* requerido a tribunal superior, indefere a liminar.

‣ art. 102, I, i, CF.

692. Não se conhece de *habeas corpus* contra omissão de relator de extradição, se fundado em fato ou direito estrangeiro cuja prova não constava dos autos, nem foi ele provocado a respeito.

693. Não cabe *habeas corpus* contra decisão condenatória a pena de multa, ou relativo a processo em curso por infração penal a que a pena pecuniária seja a única cominada.

‣ arts. 49 e ss., CP.

694. Não cabe *habeas corpus* contra a imposição da pena de exclusão de militar ou de perda de patente ou de função pública.

‣ art. 92, I, CP.

‣ art. 647, CPP.

695. Não cabe *habeas corpus* quando já extinta a pena privativa de liberdade.

‣ art. 659, CPP.

696. Reunidos os pressupostos legais permissivos da suspensão condicional do processo, mas se recusando o promotor de justiça a propô-la, o juiz, dissentindo, remeterá a questão ao procurador-geral, aplicando-se por analogia o art. 28 do Código de Processo Penal.

‣ art. 89, Lei 9.099/1995.

697. A proibição de liberdade provisória nos processos por crimes hediondos não veda o relaxamento da prisão processual por excesso de prazo.

‣ Súmula prejudicada pela edição da Lei 11.464/200.

698. Não se estende aos demais crimes hediondos a admissibilidade de progressão no regime de execução da pena aplicada ao crime de tortura.

‣ Súmula prejudicada pela edição da Lei 11.464/2007.

699. O prazo para interposição de agravo, em processo penal, é de cinco dias, de acordo com a Lei n. 8.038/1990, não se aplicando o disposto a respeito nas alterações da Lei n. 8.950/1994 ao Código de Processo Civil.

‣ art. 28, Lei 8.038/1990.

700. É de cinco dias o prazo para interposição de agravo contra decisão do juiz da execução penal.

‣ art. 586, CPP.

701. No mandado de segurança impetrado pelo Ministério Público contra decisão proferida em processo penal, é obrigatória a citação do réu como litisconsorte passivo.

702. A competência do Tribunal de Justiça para julgar prefeitos restringe-se aos crimes de competência da Justiça Comum estadual; nos demais casos, a competência originária caberá ao respectivo tribunal de segundo grau.

703. A extinção do mandato do prefeito não impede a instauração de processo pela prática dos crimes previstos no art. 1º do Decreto-Lei n. 201/1967.

704. Não viola as garantias do juiz natural, da ampla defesa e do devido processo legal a atração por continência ou conexão do processo do corréu ao foro por prerrogativa de função de um dos denunciados.

‣ art. 5º, LIII, LIV e LCF.

‣ arts. 79 e 84, CPP.

705. A renúncia do réu ao direito de apelação, manifestada sem a assistência do defensor, não impede o conhecimento da apelação por este interposta.

706. É relativa a nulidade decorrente da inobservância da competência penal por prevenção.

707. Constitui nulidade a falta de intimação do denunciado para oferecer contrarrazões ao recurso interposto da rejeição da denúncia, não a suprindo a nomeação de defensor dativo.

‣ arts. 588, CPP.

708. É nulo o julgamento da apelação se, após a manifestação nos autos da renúncia do único defensor, o réu não foi previamente intimado para constituir outro.

‣ arts. 261 e 564, III, c, CPP.

709. Salvo quando nula a decisão de primeiro grau, o acórdão que provê o recurso contra a rejeição da denúncia vale, desde logo, pelo recebimento dela.

710. No processo penal, contam-se os prazos da data da intimação, e não da juntada aos autos do mandado ou da carta precatória ou de ordem.

711. A lei penal mais grave aplica-se ao crime continuado ou ao crime permanente, se a sua vigência é anterior à cessação da continuidade ou da permanência.

‣ art. 71, CP.

712. É nula a decisão que determina o desaforamento de processo da competência do júri sem audiência da defesa.

‣ arts. 427 e 428, CPP.

713. O efeito devolutivo da apelação contra decisões do júri é adstrito aos fundamentos da sua interposição.

714. É concorrente a legitimidade do ofendido, mediante queixa, e do Ministério Público, condicionada à representação do ofendido, para a ação penal por crime contra a honra de servidor público em razão do exercício de suas funções.

‣ arts. 138 a 145, CP.

715. A pena unificada para atender ao limite de trinta anos de cumprimento, determinado pelo art. 75 do Código Penal, não é considerada para a concessão de outros benefícios, como o livramento condicional ou regime mais favorável de execução.

716. Admite-se a progressão de regime de cumprimento da pena ou a aplicação imediata de regime menos severo nela determinada, antes do trânsito em julgado da sentença condenatória.

‣ art. 112, Lei 7.210/1984.

717. Não impede a progressão de regime de execução da pena, fixada em sentença não transitada em julgado, o fato de o réu se encontrar em prisão especial.

‣ art. 295, CPP.

718. A opinião do julgador sobre a gravidade em abstrato do crime não constitui motivação idônea para a imposição de regime mais severo do que o permitido segundo a pena aplicada.

‣ art. 33, § 2º, c, CP.

719. A imposição do regime de cumprimento mais severo do que a pena aplicada permitir exige motivação idônea.

‣ art. 33, § 2º, c, CP.

720. O art. 309 do Código de Trânsito Brasileiro, que reclama decorra do fato perigo de dano, derrogou o art. 32 da Lei das Contravenções Penais no tocante à direção sem habilitação em vias terrestres.

721. A competência constitucional do tribunal do júri prevalece sobre o foro por prerrogativa de função estabelecido exclusivamente pela Constituição estadual.

‣ art. 5º, XXXVIII, CF.

‣ Súm. Vinc. 45.

722. São da competência legislativa da União a definição dos crimes de responsabilidade e o estabelecimento das respectivas normas de processo e julgamento.

‣ Súm. Vinc. 46, STF.

723. Não se admite a suspensão condicional do processo por crime continuado, se a soma da pena mínima da infração mais grave com o aumento mínimo de um sexto for superior a um ano.

‣ art. 89, Lei 9.099/1995.

724. Ainda quando alugado a terceiros, permanece imune ao IPTU o imóvel pertencente a qualquer das entidades referidas pelo art. 150, VI, c, da Constituição, desde que o valor dos aluguéis seja aplicado nas atividades essenciais de tais entidades.

‣ Súm. Vinc. 52.

725. É constitucional o § 2º do art. 6º da Lei n. 8.024/1990, resultante da conversão da Medida Provisória n. 168/1990, que fixou o BTN fiscal como índice de correção monetária aplicável aos depósitos bloqueados pelo Plano Collor I.

726. Para efeito de aposentadoria especial de professores, não se computa o tempo de serviço prestado fora da sala de aula.

727. Não pode o magistrado deixar de encaminhar ao Supremo Tribunal Federal o agravo de instrumento interposto da decisão que não admite recurso extraordinário, ainda que referente a causa instaurada no âmbito dos juizados especiais.

‣ Lei 9.099/1995.

728. É de três dias o prazo para a interposição de recurso extraordinário contra decisão do tribunal superior eleitoral, contado, quando for o caso, a partir da publicação do acórdão, na própria sessão de julgamento, nos termos do art. 12 da Lei n. 6.055/1974, que não foi revogado pela Lei n. 8.950/1994.

‣ art. 508, CPP.

729. A decisão na Ação Direta de Constitucionalidade 4 não se aplica à antecipação de tutela em causa de natureza previdenciária.

‣ art. 1º, Lei 9.494/1997.

730. A imunidade tributária conferida a instituições de assistência social sem fins lucrativos pelo art. 150, VI, "c", da Constituição, somente alcança as entidades fechadas de previdência social privada se não houver contribuição dos beneficiários.

731. Para fim da competência originária do Supremo Tribunal Federal, é de interesse geral da magistratura a questão de saber se, em face da Lei Orgânica da Magistratura Nacional, os juízes têm direito à licença-prêmio.

‣ art. 102, I, n, CF.

732. É constitucional a cobrança da contribuição do salário-educação, seja sob a carta de 1969, seja sob a Constituição Federal de 1988, e no regime da Lei n. 9.424/1996.

‣ Lei 9.424/1993 (Dispõe sobre o Fundo de Manutenção e Desenvolvimento do Ensino Fundamental e de Valorização do Magistério).

733. Não cabe recurso extraordinário contra decisão proferida no processamento de precatórios.

‣ art. 100, § 2º, CF.

734. Não cabe reclamação quando já houver transitado em julgado o ato judicial que se alega tenha desrespeitado decisão do Supremo Tribunal Federal.

735. Não cabe recurso extraordinário contra acórdão que defere medida liminar.

‣ art. 102, III, a, CF.

736. Compete à Justiça do Trabalho julgar as ações que tenham como causa de pedir o descumprimento de normas trabalhistas relativas à segurança, higiene e saúde dos trabalhadores.

Súmulas

1. O foro do domicílio ou da residência do alimentando é o competente para a ação de investigação de paternidade, quando cumulada com a de alimentos.

2. Não cabe *habeas data* (Constituição Federal, artigo 5º, LXXII, *a*) se não houve recusa de informações por parte da autoridade administrativa.

3. Compete ao Tribunal Regional Federal dirimir conflito de competência verificado, na respectiva região, entre Juiz Federal e Juiz Estadual investido de jurisdição federal.

- art. 108, I, e, CF.

4. Compete à Justiça Estadual julgar causa decorrente do processo eleitoral sindical.

- art. 8º, CF.

5. A simples interpretação de cláusula contratual não enseja recurso especial.

- art. 105, III, CF.
- Súm. 454, STF.
- Súm. 181, STJ.

6. Compete à Justiça Comum Estadual processar e julgar delito decorrente de acidente de trânsito envolvendo viatura de Polícia Militar, salvo se autor e vítima forem policiais militares em situação de atividade.

- art. 125, § 4º, CF.

7. A pretensão de simples reexame de prova não enseja recurso especial.

- art. 105, III, a a c, CF.
- Súm. 279, STF.

8. Aplica-se a correção monetária aos créditos habilitados em concordata preventiva, salvo durante o período compreendido entre as datas de vigência da Lei 7.274, de 10.12.1984, e do Decreto-Lei 2.283, de 27.02.1986.

- O Dec.-Lei 2.283/1986 foi revogado pelo Dec.-Lei 2.284/1986.
- Lei 11.101/2005 (Lei de Recuperação de Empresas e Falências).

9. A exigência da prisão provisória, para apelar, não ofende a garantia constitucional da presunção de inocência.

- art. 5º, LVII, CF.
- art. 393, I, CPP.
- Súm. 347, STJ.

10. Instalada a Junta de Conciliação e Julgamento, cessa a competência do Juiz de Direito em matéria trabalhista, inclusive para a execução das sentenças por ele proferidas.

- EC 24/1999 (Extinguiu a representação classista na Justiça do Trabalho e substituiu as Juntas de Conciliação e Julgamento por Varas do Trabalho).

11. A presença da União ou de qualquer de seus entes, na ação de usucapião especial, não afasta a competência do foro da situação do imóvel.

- art. 109, § 3º, CF.

12. Em desapropriação, são cumuláveis juros compensatórios e moratórios.

13. A divergência entre julgados do mesmo Tribunal não enseja recurso especial.

- art. 105, III, c, CF.

14. Arbitrados os honorários advocatícios em percentual sobre o valor da causa, a correção monetária incide a partir do respectivo ajuizamento.

15. Compete à Justiça Estadual processar e julgar os litígios decorrentes de acidente do trabalho.

- arts. 109, I, e 114, I, CF.
- Súm. 235, STF.

16. A legislação ordinária sobre crédito rural não veda a incidência da correção monetária.

17. Quando o falso se exaure no estelionato, sem mais potencialidade lesiva, é por este absorvido.

- art. 171, CP.

18. A sentença concessiva do perdão judicial é declaratória da extinção da punibilidade, não subsistindo qualquer efeito condenatório.

- arts. 107, IX, e 120, CP.

19. A fixação do horário bancário, para atendimento ao público, é da competência da União.

- art. 4º, VIII, Lei 4.595/1964 (Lei do Sistema Financeiro Nacional).

20. A mercadoria importada de país signatário do GATT é isenta do ICM, quando contemplado com esse favor o similar nacional.

- art. 98, CTN.

21. Pronunciado o réu, fica superada a alegação do constrangimento ilegal da prisão por excesso de prazo na instrução.

- art. 413, CPP.

22. Não há conflito de competência entre o Tribunal de Justiça e Tribunal de Alçada do mesmo Estado-membro.

- art. 4º, EC 45/2004 (Determina a extinção dos Tribunais de Alçada).

23. O Banco Central do Brasil é parte legítima nas ações fundadas na Res. n. 1.154/1986.

24. Aplica-se ao crime de estelionato, em que figure como vítima entidade autárquica da Previdência Social, a qualificadora do § 3º do artigo 171 do Código Penal.

25. Nas ações da Lei de Falências o prazo para a interposição de recurso conta-se da intimação da parte.

- Lei 11.101/2005 (Lei de Recuperação de Empresas e Falências).

26. O avalista do título de crédito vinculado a contrato de mútuo também responde pelas obrigações pactuadas, quando no contrato figurar como devedor solidário.

27. Pode a execução fundar-se em mais de um título extrajudicial relativos ao mesmo negócio.

28. O contrato de alienação fiduciária em garantia pode ter por objeto bem que já integrava o patrimônio do devedor.

29. No pagamento em juízo para elidir falência, são devidos correção monetária, juros e honorários de advogado.

- art. 98, p.u., Lei 11.101/2005 (Lei de Recuperação de Empresas e Falências).

30. A comissão de permanência e a correção monetária são inacumuláveis.

- Súm. 472, STJ.

31. A aquisição, pelo segurado, de mais de um imóvel financiado pelo Sistema Financeiro da Habitação, situados na mesma localidade, não exime a seguradora da obrigação de pagamento dos seguros.

32. Compete à Justiça Federal processar justificações judiciais destinadas a instruir pedidos perante entidades que nela têm exclusividade de foro, ressalvada a aplicação do artigo 15, II, da Lei 5.010/1966.

33. A incompetência relativa não pode ser declarada de ofício.

34. Compete à Justiça Estadual processar e julgar causa relativa a mensalidade escolar, cobrada por estabelecimento particular de ensino.

35. Incide correção monetária sobre as prestações pagas, quando de sua restituição, em virtude da retirada ou exclusão do participante de plano de consórcio.

36. A correção monetária integra o valor da restituição, em caso de adiantamento de câmbio, requerida em concordata ou falência.

- Lei 11.101/2005 (Lei de Recuperação de Empresas e Falências).

37. São cumuláveis as indenizações por dano material e dano moral oriundos do mesmo fato.

38. Compete à Justiça Estadual Comum, na vigência da Constituição de 1988, o processo por contravenção penal, ainda que praticada em detrimento de bens, serviços ou interesse da União ou de suas entidades.

- art. 109, I CF.

39. Prescreve em vinte anos a ação para haver indenização, por responsabilidade civil, de sociedade de economia mista.

- art. 205, CC/2002.

40. Para obtenção dos benefícios de saída temporária e trabalho externo, considera-se o tempo de cumprimento da pena no regime fechado.

- arts. 40 e 122, Lei 7.210/1984 (Lei de Execuções Penais).
- Súm. 520, STJ.

41. O Superior Tribunal de Justiça não tem competência para processar e julgar, originariamente, mandado de segurança contra ato de outros tribunais ou dos respectivos órgãos.

- art. 105, I, b, CF.
- Lei 12.016/2009 (Lei do Mandado de Segurança Individual e Coletivo).
- Súm. 330, STF.

42. Compete à Justiça Comum Estadual processar e julgar as causas cíveis em que é parte sociedade de economia mista e os crimes praticados em seu detrimento.

- Súm. 251, 508, 517 e 556, STF.

43. Incide correção monetária sobre dívida por ato ilícito a partir da data do efetivo prejuízo.

44. A definição, em ato regulamentar, de grau mínimo de disacusia, não exclui, por si só, a concessão do benefício previdenciário.

45. No reexame necessário, é defeso, ao Tribunal, agravar a condenação imposta à Fazenda Pública.

46. Na execução por carta, os embargos do devedor serão decididos no juízo deprecante, salvo se versarem unicamente vícios ou defeitos da penhora, avaliação ou alienação dos bens.

- art. 20, Lei 6.830/1980 (Lei das Execuções Fiscais).
- Súm. 32, TFR.

47. Compete à Justiça Militar processar e julgar crime cometido por militar contra civil, com emprego de arma pertencente à corporação, mesmo não estando em serviço.

48. Compete ao juízo do local da obtenção da vantagem ilícita processar e julgar crimes de estelionato cometido mediante falsificação de cheque.

- art. 171, CP.

49. Na exportação de café em grão, não se inclui na base de cálculo do ICM a quota de contribuição, a que se refere o artigo 2º do Decreto-Lei 2.295, de 21.11.1986.

50. O Adicional de Tarifa Portuária incide apenas nas operações realizadas com mercadorias importadas ou exportadas, objeto do comércio de navegação de longo curso.

51. A punição do intermediador, no jogo do bicho, independe da identificação do "apostador" ou do "banqueiro".

52. Encerrada a instrução criminal, fica superada a alegação de constrangimento por excesso de prazo.

- arts. 400, 412 e 531, CPP.

53. Compete à Justiça Comum Estadual processar e julgar civil acusado de prática de crime contra instituições militares estaduais.

- art. 125, §§ 4º e 5º, CF.

54. Os juros moratórios fluem a partir do evento danoso, em caso de responsabilidade extracontratual.

55. Tribunal Regional Federal não é competente para julgar recurso de decisão proferida por juiz estadual não investido de jurisdição federal.

- art. 108, II, CF.

56. Na desapropriação para instituir servidão administrativa são devidos os juros compensatórios pela limitação de uso da propriedade.

57. Compete à Justiça Comum Estadual processar e julgar ação de cumprimento fundada em acordo ou convenção coletiva não homologados pela Justiça do Trabalho.

- Súm. sem eficácia.
- art. 114, CF.
- Lei 8.984/1995 (Estende a competência da Justiça do Trabalho (art. 114 da CF).

58. Proposta a execução fiscal, a posterior mudança de domicílio do executado não desloca a competência já fixada.

59. Não há conflito de competência se já existe sentença com trânsito em julgado, proferida por um dos juízos conflitantes.

60. É nula a obrigação cambial assumida por procurador do mutuário vinculado ao mutuante, no exclusivo interesse deste.

61. O seguro de vida cobre o suicídio não premeditado.

- Cancelada.

62. Compete à Justiça Estadual processar e julgar o crime de falsa anotação na Carteira de Trabalho e Previdência Social, atribuído à empresa privada.

63. São devidos direitos autorais pela retransmissão radiofônica de músicas em estabelecimentos comerciais.

64. Não constitui constrangimento ilegal o excesso de prazo na instrução, provocado pela defesa.

- Cancelada
- arts. 400, 412 e 531, CPP.

65. O cancelamento, previsto no artigo 29 do Decreto-Lei 2.303, de 21.11.1986, não alcança os débitos previdenciários.

66. Compete à Justiça Federal processar e julgar execução fiscal promovida por Conselho de Fiscalização profissional.

- art. 109, I, CF.

67. Na desapropriação, cabe a atualização monetária, ainda que por mais de uma vez, independente do decurso de prazo superior a um ano entre o cálculo e o efetivo pagamento da indenização.

- Súm. 561, STF.

68. A parcela relativa ao ICM inclui-se na base de cálculo do PIS.

- Cancelada

69. Na desapropriação direta, os juros compensatórios são devidos desde a antecipada imissão na posse e, na desapropriação indireta, a partir da efetiva ocupação do imóvel.

70. Os juros moratórios, na desapropriação direta ou indireta, contam-se desde o trânsito em julgado da sentença.

71. O bacalhau importado de país signatário do GATT é isento do ICM.

72. A comprovação da mora é imprescindível à busca e apreensão do bem alienado fiduciariamente.

- art. 2º, §§ 2º e 3º, Dec.-Lei 911/1969 (Lei das Alienações Fiduciárias).

73. A utilização de papel-moeda grosseiramente falsificado configura, em tese, o crime de estelionato, da competência da Justiça Estadual.

- arts. 171 e 289, CP.

74. Para efeitos penais, o reconhecimento da menoridade do réu requer prova por documento hábil.

- art. 65, I, CP.
- art. 72, I, CPPM.

75. Compete à Justiça Comum Estadual processar e julgar o policial militar por crime de promover ou facilitar a fuga de preso de estabelecimento penal.

- art. 351, CP.

76. A falta de registro de compromisso de compra e venda de imóvel não dispensa a prévia interpelação para constituir em mora o devedor.

- art. 22 do Dec.-Lei 58/1937 (Dispõe sobre o loteamento e a venda de terrenos para pagamento em prestações).

77. A Caixa Econômica Federal é parte ilegítima para figurar no polo passivo das ações relativas às contribuições para o fundo PIS/PASEP.

78. Compete à Justiça Militar processar e julgar policial de corporação estadual, ainda que o delito tenha sido praticado em outra unidade federativa.

79. Os bancos comerciais não estão sujeitos a registro nos Conselhos Regionais de Economia.

80. A Taxa de Melhoramento dos Portos não se inclui na base de cálculo do ICM.

81. Não se concede fiança quando, em concurso material, a soma das penas mínimas cominadas for superior a dois anos de reclusão.

- art. 69, CP.

82. Compete à Justiça Federal, excluídas as reclamações trabalhistas, processar e julgar os feitos relativos a movimentação do FGTS.

83. Não se conhece do recurso especial pela divergência, quando a orientação do Tribunal se firmou no mesmo sentido da decisão recorrida.

- art. 105, III, a a c, CF.
- Súm. 286, STF.

84. É admissível a oposição de embargos de terceiro fundados em alegação de posse advinda do compromisso de compra e venda de imóvel, ainda que desprovido do registro.

- Súm. 621, STF.

85. Nas relações jurídicas de trato sucessivo em que a Fazenda Pública figure como devedora, quando não tiver sido negado o próprio direito reclamado, a prescrição atinge apenas as prestações vencidas antes do quinquênio anterior à propositura da ação.

86. Cabe recurso especial contra acórdão proferido no julgamento de agravo de instrumento.

- art. 105, III, a a c, CF.

87. A isenção do ICMS relativa às rações balanceadas para animais abrange o concentrado e o suplemento.

88. São admissíveis embargos infringentes em processo falimentar.

89. A ação acidentária prescinde de exaurimento da via administrativa.

90. Compete à Justiça Estadual Militar processar e julgar o policial militar pela prática do crime militar, e à Comum pela prática do crime comum simultâneo àquele.

- art. 125, §§ 4º e 5º, CF.

91. Compete à Justiça Federal processar e julgar os crimes praticados contra a fauna.

- Cancelada.

92. A terceiro de boa-fé não é oponível a alienação fiduciária não anotada no Certificado de Registro do veículo automotor.

93. A legislação sobre cédulas de crédito rural, comercial e industrial admite o pacto de capitalização de juros.

94. A parcela relativa ao ICMS inclui-se na base de cálculo do FINSOCIAL.

- Cancelada.

95. A redução da alíquota do Imposto sobre Produtos Industrializados ou do Imposto de Importação não implica redução do ICMS.

96. O crime de extorsão consuma-se independentemente da obtenção da vantagem indevida.

- art. 158, CP.
- art. 243, CPM.

97. Compete à Justiça do Trabalho processar e julgar reclamação de servidor público relativamente a vantagens trabalhistas anteriores à instituição do regime jurídico único.

- art. 114, CF.

98. Embargos de declaração manifestados com notório propósito de prequestionamento não têm caráter protelatório.

99. O Ministério Público tem legitimidade para recorrer no processo em que oficiou como fiscal da lei, ainda que não haja recurso da parte.

- art. 996, CPC.

100. É devido o Adicional ao Frete para Renovação da Marinha Mercante na importação sob o regime de Benefícios Fiscais à Exportação (BEFIEX).

101. A ação de indenização do segurado em grupo contra a seguradora prescreve em um ano.

- Súm. 229 e 278, STJ.

102. A incidência dos juros moratórios sobre os compensatórios, nas ações expropriatórias, não constitui anatocismo vedado em lei.

103. Incluem-se entre os imóveis funcionais que podem ser vendidos os administrados pelas Forças Armadas e ocupados pelos servidores civis.

104. Compete à Justiça Estadual o processo e julgamento dos crimes de falsificação e uso de documento falso relativo a estabelecimento particular de ensino.

- art. 304, CP.

105. Na ação de mandado de segurança não se admite condenação em honorários advocatícios.

- art. 25, Lei 12.016/2009 (Lei do Mandado de Segurança Individual e Coletivo).
- Súm. 512, STF.

106. Proposta a ação no prazo fixado para o seu exercício, a demora na citação, por motivos inerentes ao mecanismo da Justiça, não justifica o acolhimento da arguição de prescrição ou decadência.

107. Compete à Justiça Comum Estadual processar e julgar crime de estelionato praticado mediante falsificação das guias de recolhimento das contribuições previdenciárias, quando não ocorrente lesão à autarquia federal.

- art. 171, CP.

108. A aplicação de medidas socioeducativas ao adolescente, pela prática de ato infracional, é de competência exclusiva do juiz.

- art. 112, Lei 8.069/1994 (ECA).

109. O reconhecimento do direito a indenização, por falta de mercadoria transportada via marítima, independe de vistoria.

110. A isenção do pagamento de honorários advocatícios, nas ações acidentárias, é restrita ao segurado.

- art. 129, p.u., Lei 8.213/1991 (Lei dos Planos de Benefícios da Previdência Social).

111. Os honorários advocatícios, nas ações previdenciárias, não incidem sobre as prestações vencidas após a sentença.

112. O depósito somente suspende a exigibilidade do crédito tributário se for integral e em dinheiro.

- art. 151, II, CTN.
- Súm. Vinc. 28, STF.

113. Os juros compensatórios, na desapropriação direta, incidem a partir da imissão na posse, calculados sobre o valor da indenização, corrigido monetariamente.

- art. 182, § 3º, CF.

114. Os juros compensatórios, na desapropriação indireta, incidem a partir da ocupação, calculados sobre o valor da indenização, corrigido monetariamente.

- art. 182, § 3º, CF.

115. Na instância especial é inexistente recurso interposto por advogado sem procuração nos autos.

116. A Fazenda Pública e o Ministério Público têm o prazo em dobro para interpor agravo regimental no Superior Tribunal de Justiça.

- arts. 258 e 259, RISTJ.

117. A inobservância do prazo de quarenta e oito horas, entre a publicação de pauta e o julgamento sem a presença das partes, acarreta nulidade.

118. O agravo de instrumento é o recurso cabível da decisão que homologa a atualização do cálculo da liquidação.

119. A ação de desapropriação indireta prescreve em vinte anos.

120. O oficial de farmácia, inscrito no Conselho Regional de Farmácia, pode ser responsável técnico por drogaria.

121. Na execução fiscal o devedor deverá ser intimado, pessoalmente, do dia e hora da realização do leilão.

122. Compete à Justiça Federal o processo e julgamento unificado dos crimes conexos de competência federal e estadual, não se aplicando a regra do art. 78, II, a, do Código de Processo Penal.

- art. 109, CF.
- art. 78, II, a, e III, CPP.

123. A decisão que admite, ou não, o recurso especial deve ser fundamentada, com o exame dos seus pressupostos gerais e constitucionais.

- arts. 93, IX, e 105, III, a a c, CF.
- art. 27, § 1º, Lei 8.038/1990 (Institui normas procedimentais para os processos que especifica, perante o STJ e o STF).

124. A Taxa de Melhoramento dos Portos tem base de cálculo diversa do Imposto de Importação, sendo legítima a sua cobrança sobre a importação de mercadorias de países signatários do GATT, da ALALC ou ALADI.

125. O pagamento de férias não gozadas por necessidade do serviço não está sujeito à incidência do Imposto de Renda.

- art. 153, III, CF.

126. É inadmissível recurso especial, quando o acórdão recorrido assenta em fundamentos constitucional e infraconstitucional, qualquer deles suficiente, por si só, para mantê-lo, e a parte vencida não manifesta recurso extraordinário.

› art. 105, III, a a c, CF.

127. É ilegal condicionar a renovação da licença de veículo ao pagamento de multa, da qual o infrator não foi notificado.

128. Na execução fiscal haverá segundo leilão, se o primeiro não houver lanço superior à avaliação.

129. O exportador adquire o direito de transferência de crédito do ICMS quando realiza a exportação do produto e não ao estocar a matéria-prima.

130. A empresa responde, perante o cliente, pela reparação de dano ou furto de veículo ocorridos em seu estacionamento.

131. Nas ações de desapropriação incluem-se no cálculo da verba advocatícia as parcelas relativas aos juros compensatórios e moratórios, devidamente corrigidos.

132. A ausência de registro da transferência não implica a responsabilidade do antigo proprietário por dano resultante de acidente que envolva o veículo alienado.

133. A restituição da importância adiantada, à conta de contrato de câmbio, independe de ter sido a antecipação efetuada nos quinze dias anteriores ao requerimento da concordata.

134. Embora intimado de penhora em imóvel do casal, o cônjuge do executado pode opor embargos de terceiro para defesa de sua meação.

135. O ICMS não incide na gravação e distribuição de filmes e videoteipes.

136. O pagamento de licença-prêmio não gozada por necessidade do serviço não está sujeito ao Imposto de Renda.

137. Compete à Justiça Comum Estadual processar e julgar ação de servidor público municipal, pleiteando direitos relativos a vínculo estatutário.

138. O ISS incide na operação de arrendamento mercantil de coisas móveis.

› Súm. Vinc. 31, STF.

139. Cabe à Procuradoria da Fazenda Nacional propor execução fiscal para cobrança de crédito relativo ao ITR.

140. Compete à Justiça Comum Estadual processar e julgar crime em que o indígena figure autor ou vítima.

› art. 109, CF.

141. Os honorários de advogado em desapropriação direta são calculados sobre a diferença entre a indenização e a oferta, corrigidos monetariamente.

142. Prescreve em vinte anos a ação para exigir a abstenção do uso de marca comercial.

› Cancelada.

143. Prescreve em cinco anos a ação de perdas e danos pelo uso de marca comercial.

144. Os créditos de natureza alimentícia gozam de preferência, desvinculados os precatórios da ordem cronológica dos créditos de natureza diversa.

› art. 100, CF.

› art. 33, p.u., ADCT.

› Res. 115/2010 (Dispõe sobre a Gestão de Precatórios no âmbito do Poder Judiciário).

145. No transporte desinteressado, de simples cortesia, o transportador só será civilmente responsável por danos causados ao transportado quando incorrer em dolo ou culpa grave.

146. O segurado, vítima de novo infortúnio, faz jus a um único benefício, somado ao salário de contribuição vigente no dia do acidente.

147. Compete à Justiça Federal processar e julgar os crimes praticados contra funcionário público federal, quando relacionados com o exercício da função.

› art. 109, ICF.

148. Os débitos relativos a benefício previdenciário, vencidos e cobrados em juízo após a vigência da Lei n. 6.899/1981, devem ser corrigidos monetariamente na forma prevista nesse diploma legal.

149. A prova exclusivamente testemunhal não basta à comprovação da atividade rurícola, para efeito da obtenção de benefício previdenciário.

› Súm. 577, STJ.

150. Compete à Justiça Federal decidir sobre a existência de interesse jurídico, que justifique a presença, no processo, da União, suas autarquias ou empresas públicas.

› art. 109, CF.

› Súm. 254, STJ.

151. A competência para o processo e julgamento por crime de contrabando ou descaminho define-se pela prevenção do Juízo Federal do lugar da apreensão dos bens.

› art. 334, CP.

› art. 71, CPP.

152. Na venda pelo segurador, de bens salvados de sinistros, incide o ICMS.

› Cancelada.

153. A desistência da execução fiscal, após o oferecimento dos embargos, não exime o exequente dos encargos da sucumbência.

154. Os optantes pelo FGTS, nos termos da Lei n. 5.958, de 1973, têm direito à taxa progressiva de juros, na forma do artigo 4º, Lei n. 5.107, de 1966.

› A Lei 5.107/1966 foi revogada pela Lei 7.839/1989.

› Lei 8.036/1990 (Lei do FGTS).

› Súm. 210 e 398, STJ.

155. O ICMS incide na importação de aeronave, por pessoa física, para uso próprio.

156. A prestação de serviço de composição gráfica, personalizada e sob encomenda, ainda que envolva fornecimento de mercadorias, está sujeita, apenas, ao ISS.

157. É ilegítima a cobrança de taxa, pelo município, na renovação de licença para localização de estabelecimento comercial ou industrial.

› Cancelada.

158. Não se presta a justificar embargos de divergência o dissídio com acórdão de Turma ou Seção que não mais tenha competência para a matéria neles versada.

159. O benefício acidentário, no caso de contribuinte que perceba remuneração variável, deve ser calculado com base na média aritmética dos últimos doze meses de contribuição.

160. É defeso, ao município, atualizar o IPTU, mediante decreto, em percentual superior ao índice oficial de correção monetária.

› arts. 33 e 97, §§ 1º e 2º, CTN.

161. É da competência da Justiça Estadual autorizar o levantamento dos valores relativos ao PIS/PASEP e FGTS, em decorrência do falecimento do titular da conta.

162. Na repetição de indébito tributário, a correção monetária incide a partir do pagamento indevido.

› art. 165, CTN.

163. O fornecimento de mercadorias com a simultânea prestação de serviços em bares, restaurantes e estabelecimentos similares constitui fato gerador do ICMS a incidir sobre o valor total da operação.

164. O prefeito municipal, após a extinção do mandato, continua sujeito a processo por crime previsto no artigo 1º do Decreto-Lei 201, de 27.02.1967.

165. Compete à Justiça Federal processar e julgar crime de falso testemunho cometido no processo trabalhista.

166. Não constitui fato gerador do ICMS o simples deslocamento de mercadoria de um para outro estabelecimento do mesmo contribuinte.

167. O fornecimento de concreto, por empreitada, para construção civil, preparado no trajeto até a obra em betoneiras acopladas a caminhões, é prestação de serviço, sujeitando-se apenas à incidência do ISS.

168. Não cabem embargos de divergência, quando a jurisprudência do Tribunal se firmou no mesmo sentido do acórdão embargado.

169. São inadmissíveis embargos infringentes no processo de mandado de segurança.

› art. 25, Lei 12.016/2009 (Lei do Mandado de Segurança Individual e Coletivo).

› Súm. 294 e 597, STF.

170. Compete ao juízo onde primeiro for intentada a ação envolvendo acumulação de pedidos, trabalhista e estatuário, decidi-la nos limites da sua jurisdição, sem prejuízo do ajuizamento de nova causa, com o pedido remanescente, no juízo próprio.

171. Cominadas cumulativamente, em Lei especial, penas privativa de liberdade e pecuniária, é defeso a substituição da prisão por multa.

- art. 60, § 2º, CP.

172. Compete à Justiça Comum processar e julgar militar por crime de abuso de autoridade, ainda que praticado em serviço.

173. Compete à Justiça Federal processar e julgar o pedido de reintegração em cargo público federal, ainda que o servidor tenha sido dispensado antes da instituição do Regime Jurídico Único.

- art. 109, I, CF.
- art. 28, Lei 8.112/1990 (Estatuto dos Servidores Públicos Civis da União).

174. No crime de roubo, a intimidação feita com arma de brinquedo autoriza o aumento da pena.

- Cancelada.

175. Descabe o depósito prévio nas ações rescisórias propostas pelo INSS.

176. É nula a cláusula contratual que sujeita o devedor à taxa de juros divulgada pela ANBID/CETIP.

177. O Superior Tribunal de Justiça é incompetente para processar e julgar, originariamente, mandado de segurança contra ato de órgão colegiado presidido por Ministro de Estado.

- art 105, I, b, CF.

178. O INSS não goza de isenção do pagamento de custas e emolumentos, nas ações acidentárias e de benefícios propostas na Justiça Estadual.

179. O estabelecimento de crédito que recebe dinheiro, em depósito judicial, responde pelo pagamento da correção monetária relativa aos valores recolhidos.

180. Na lide trabalhista, compete ao Tribunal Regional do Trabalho dirimir conflito de competência verificado, na respectiva região, entre Juiz Estadual e Junta de Conciliação e Julgamento.

- EC 24/1999. (Altera dispositivos da Constituição Federal pertinentes à representação classista na Justiça do Trabalho).
- arts. 668, 803 e 808, CLT.

181. É admissível ação declaratória, visando obter certeza quanto à exata interpretação de cláusula contratual.

- Súm. 5, STJ.

182. É inviável o agravo do artigo 545 do Código de Processo Civil que deixa de atacar especificamente os fundamentos da decisão agravada.

- Refere-se ao CPC/1973. art. 1.016, II, CPC/2015.
- art. 183, CDC.

183. Compete ao Juiz Estadual, nas comarcas que não sejam sede de vara da Justiça Federal, processar e julgar ação civil pública, ainda que a União figure no processo.

- Cancelada.

184. A microempresa de representação comercial é isenta do Imposto de Renda.

185. Nos depósitos judiciais, não incide o Imposto sobre Operações Financeiras.

- art. 97, I, CTN.

186. Nas indenizações por ato ilícito, os juros compostos somente são devidos por aquele que praticou o crime.

187. É deserto o recurso interposto para o Superior Tribunal de Justiça, quando o recorrente não recolhe, na origem, a importância das despesas de remessa e retorno dos autos.

188. Os juros moratórios, na repetição do indébito tributário, são devidos a partir do trânsito em julgado da sentença.

- Súmula republicada (*DJU*, 21.11.1997).
- art. 167, p.u., CTN.

189. É desnecessária a intervenção do Ministério Público nas execuções fiscais.

190. Na execução fiscal, processada perante a Justiça Estadual, cumpre à Fazenda Pública antecipar o numerário destinado ao custeio das despesas com o transporte dos oficiais de justiça.

191. A pronúncia é causa interruptiva da prescrição, ainda que o Tribunal do Júri venha a desclassificar o crime.

- art. 117, II, CP.
- art. 413, CPP.

192. Compete ao Juízo das Execuções Penais do Estado a execução das penas impostas a sentenciados pela Justiça Federal, Militar ou Eleitoral, quando recolhidos a estabelecimentos sujeitos à administração estadual.

- art. 62, CPM.
- arts. 2º, 65 e 66, Lei 7.210/1984 (Lei de Execuções Penais).

193. O direito de uso de linha telefônica pode ser adquirido por usucapião.

194. Prescreve em vinte anos a ação para obter, do construtor, indenização por defeitos da obra.

- art. 43, II, Lei 4.591/1964 (Lei do Condomínio e Incorporações).

195. Em embargos de terceiro não se anula ato jurídico, por fraude contra credores.

196. Ao executado que, citado por edital ou por hora certa, permanecer revel, será nomeado curador especial, com legitimidade para apresentação de embargos.

- art. 5º, LCF.

197. O divórcio direto pode ser concedido sem que haja prévia partilha dos bens.

198. Na importação de veículo por pessoa física, destinado a uso próprio, incide o ICMS.

- art. 155, § 2º, IX, a, CF.

199. Na execução hipotecária de crédito vinculado ao Sistema Financeiro da Habilitação, nos termos da Lei n. 5.741/1971, a petição inicial deve ser instruída com, pelo menos, dois avisos de cobrança.

- art. 2º, ILei 5.741/1971 (Lei de Execução Hipotecária).

200. O Juízo Federal competente para processar e julgar acusado de crime de uso de passaporte falso é o do lugar onde o delito se consumou.

- art. 109, CF.
- arts. 304 e 308, CP.
- arts. 69, I, e 70, CPP.

201. Os honorários advocatícios não podem ser fixados em salários-mínimos.

202. A impetração de segurança por terceiro, contra ato judicial, não se condiciona à interposição de recurso.

203. Não cabe recurso especial contra decisão proferida por órgão de segundo grau dos Juizados Especiais.

204. Os juros de mora nas ações relativas a benefícios previdenciários incidem a partir da citação válida.

205. A Lei 8.009/1990 aplica-se à penhora realizada antes de sua vigência.

206. A existência de vara privativa, instituída por lei estadual, não altera a competência territorial resultante das leis de processo.

207. É inadmissível recurso especial quando cabíveis embargos infringentes contra o acórdão proferido no tribunal de origem.

- art. 105, III, CF.

208. Compete à Justiça Federal processar e julgar prefeito municipal por desvio de verba sujeita a prestação de contas perante órgão federal.

- art. 109, CF.

209. Compete à Justiça Estadual processar e julgar prefeito por desvio de verba transferida e incorporada ao patrimônio municipal.

- art. 29, X, CF.

210. A ação de cobrança das contribuições para o FGTS prescreve em trinta anos.

- Súm. 154 e 398, STJ.
- Súm. 362, TST.

211. Inadmissível recurso especial quanto à questão que, a despeito da oposição de embargos declaratórios, não foi apreciada pelo tribunal *a quo*.

- Súm. 418, STJ.

212. A compensação de créditos tributários não pode ser deferida em ação cautelar ou por medida liminar cautelar ou antecipatória.

213. O mandado de segurança constitui ação adequada para a declaração do direito à compensação tributária.

- art. 7º, § 2º, Lei 12.016/2009 (Lei do Mandado de Segurança Individual e Coletivo).

214. O fiador na locação não responde por obrigações resultantes de aditamento ao qual não anuiu.

215. A indenização recebida pela adesão a programa de incentivo à demissão voluntária não está sujeita à incidência do Imposto de Renda.

216. A tempestividade de recurso interposto no Superior Tribunal de Justiça é aferida pelo registro no protocolo da Secretaria e não pela data da entrega na agência do correio.

- art. 66, RISTJ.

217. Não cabe agravo de decisão que indefere o pedido de suspensão da execução da liminar, ou da sentença em mandado de segurança.

- Cancelada.

218. Compete à Justiça dos Estados processar e julgar ação de servidor estadual decorrente de direitos e vantagens estatuários no exercício de cargo em comissão.

219. Os créditos decorrentes de serviços prestados à massa falida, inclusive a remuneração do síndico, gozam dos privilégios próprios dos trabalhistas.

220. A reincidência não influi no prazo da prescrição da pretensão punitiva.

- arts. 63 e 110, CP.
- art. 71, CPM.

221. São civilmente responsáveis pelo ressarcimento de dano, decorrente de publicação pela imprensa, tanto o autor do escrito quanto o proprietário do veículo de divulgação.

222. Compete à Justiça Comum processar e julgar as ações relativas à contribuição sindical prevista no artigo 578 de CLT.

223. A certidão de intimação do acórdão recorrido constitui peça obrigatória no instrumento de agravo.

224. Excluído do feito o ente federal, cuja presença levara o Juiz Estadual a declinar da competência, deve o Juiz Federal restituir os autos e não suscitar conflito.

225. Compete ao Tribunal Regional do Trabalho apreciar recursos contra sentença proferida por órgão de primeiro grau da Justiça Trabalhista, ainda que para declarar-lhe a nulidade em virtude de incompetência.

226. O Ministério Público tem legitimidade para recorrer na ação de acidente do trabalho, ainda que o segurado esteja assistido por advogado.

- art. 996, CPC.

227. A pessoa jurídica pode sofrer dano moral.

228. É inadmissível o interdito proibitório para a proteção do direito autoral.

229. O pedido de pagamento de indenização à seguradora suspende o prazo de prescrição até que o segurado tenha ciência da decisão.

- Súm. 101 e 278, STJ.

230. Compete à Justiça Estadual processar e julgar ação movida por trabalhador avulso portuário, em que se impugna ato do órgão gestor de mão-de-obra de que resulte óbice ao exercício de sua profissão.

- Cancelada.

231. A incidência da circunstância atenuante não pode conduzir à redução da pena abaixo do mínimo legal.

- art. 65, CP.
- art. 72, CPM.

232. A Fazenda Pública, quando parte no processo, fica sujeita à exigência do depósito prévio dos honorários do perito.

- art. 39, Lei 6.830/1980 (Lei das Execuções Fiscais).

233. O contrato de abertura de crédito, ainda que acompanhado de extrato da conta-corrente, não é título executivo.

- Súm. 247 e 258, STJ.

234. A participação de membro do Ministério Público na fase investigatória criminal não acarreta o seu impedimento ou suspeição para o oferecimento da denúncia.

- arts. 251 a 258, CPP.
- arts. 57 a 59, CPPM.

235. A conexão não determina a reunião dos processos, se um deles já foi julgado.

- arts. 76 a 82, CPP.
- arts. 99 a 107, CPPM.

236. Não compete ao Superior Tribunal de Justiça dirimir conflitos de competência entre juízes trabalhistas vinculados a Tribunais Regionais do Trabalho diversos.

237. Nas operações com cartão de crédito, os encargos relativos ao financiamento não são considerados no cálculo do ICMS.

238. A avaliação da indenização devida ao proprietário do solo, em razão de alvará de pesquisa mineral, é processada no Juízo Estadual da situação do imóvel.

239. O direito à adjudicação compulsória não se condiciona ao registro do compromisso de compra e venda no cartório de imóveis.

240. A extinção do processo, por abandono da causa pelo autor, depende de requerimento do réu.

241. A reincidência penal não pode ser considerada como circunstância agravante e, simultaneamente, como circunstância judicial.

- arts. 59, 61, I, e 63, CP.
- arts. 69, 70, I, e 71, CPM.
- Súm. 444, STJ.

242. Cabe ação declaratória para reconhecimento de tempo de serviço para fins previdenciários.

243. O benefício da suspensão do processo não é aplicável em relação às infrações penais cometidas em concurso material, concurso formal ou continuidade delitiva, quando a pena mínima cominada, seja pelo somatório seja pela incidência da majorante, ultrapassar o limite de 1 (um) ano.

- arts. 69 a 71, CP.
- art. 89, Lei 9.099/1995 (Lei dos Juizados Especiais).

244. Compete ao foro do local da recusa processar e julgar o crime de estelionato mediante cheque sem provisão de fundos.

- art. 171, § 2º, VI, CP.

245. A notificação destinada a comprovar a mora nas dívidas garantidas por alienação fiduciária dispensa a indicação do valor do débito.

- art. 2º, § 2º, Dec.-Lei 911/1969 (Lei das Alienações Fiduciárias).

246. O valor do seguro obrigatório deve ser deduzido da indenização judicialmente fixada.

- Súm. 257 e 426, STJ.

247. O contrato de abertura de crédito em conta-corrente, acompanhado do demonstrativo de débito, constitui documento hábil para o ajuizamento de ação monitória.

- Súm. 233 e 258, STJ.

248. Comprovada a prestação dos serviços, a duplicata não aceita, mas protestada, é título hábil para instruir pedido de falência.

- Lei 11.101/2005 (Lei de Recuperação de Empresas e Falências).

249. A Caixa Econômica Federal tem legitimidade passiva para integrar processo em que se discute correção monetária do FGTS.

- art. 7º, Lei 8.036/1990 (Lei do FGTS).
- Súm. 445, STJ.

250. É legítima a cobrança de multa fiscal de empresa em regime de concordata.

- Lei 11.101/2005 (Lei de Recuperação de Empresas e Falências).

251. A meação só responde pelo ato ilícito quando o credor, na execução fiscal, provar que o enriquecimento dele resultante aproveitou ao casal.

252. Os saldos das contas do FGTS, pela legislação infraconstitucional, são corrigidos em 42,72% (IPC) quanto às perdas de janeiro de 1989 e 44,80% (IPC) quanto às de abril de 1990, acolhidos pelo STJ os índices de 18,02% (LBC) quanto às perdas de junho de 1987, de 5,38% (BTN) para maio de 1990 e 7,00% (TR) para fevereiro de 1991, de acordo com o entendimento do STF (RE n. 226.855-7/RS).

253. O art. 557 do CPC, que autoriza o relator a decidir o recurso, alcança o reexame necessário.

254. A decisão do Juízo Federal que exclui da relação processual ente federal não pode ser reexaminada no Juízo Estadual.

- Súm. 150, STJ.

255. Cabem embargos infringentes contra acórdão, proferido por maioria, em agravo retido, quando se tratar de matéria de mérito.

256. O sistema de "protocolo integrado" não se aplica aos recursos dirigidos ao Superior Tribunal de Justiça.

- Cancelada.

257. A falta de pagamento do prêmio do seguro obrigatório de Danos Pessoais causados por Veículos Automotores de Vias Terrestres (DPVAT) não é motivo para a recusa do pagamento da indenização.

- arts. 5º e 7º, Lei 6.194/1974 (Lei do Seguro Obrigatório).
- Súm. 246 e 426, STJ.

258. A nota promissória vinculada a contrato de abertura de crédito não goza de autonomia em razão da iliquidez do título que a originou.

- Súm. 233 e 247, STJ.

259. A ação de prestação de contas pode ser proposta pelo titular de conta-corrente bancária.

- art. 43, § 2º, CDC.

260. A convenção de condomínio aprovada, ainda que sem registro, é eficaz para regular as relações entre os condôminos.

- art. 9º, Lei 4.591/1964 (Lei do Condomínio e Incorporações).

261. A cobrança de direitos autorais pela retransmissão radiofônica de músicas, em estabelecimentos hoteleiros, deve ser feita conforme a taxa média de utilização de equipamento, apurada em liquidação.

262. Incide o Imposto de Renda sobre o resultado das aplicações financeiras realizadas pelas cooperativas.

263. A cobrança antecipada do valor residual (VRG) descaracteriza o contrato de arrendamento mercantil, transformando-o em compra e venda a prestação.

- Cancelada.

264. É irrecorrível o ato judicial que apenas manda processar a concordata preventiva.

- Lei 11.101/2005 (Lei de Recuperação de Empresas e Falências).

265. É necessária a oitiva do menor infrator antes de decretar-se a regressão da medida socioeducativa.

- arts. 110 e 112, Lei 8.069/1990 (ECA).

266. O diploma ou habilitação legal para o exercício do cargo deve ser exigido na posse e não na inscrição para o concurso público.

- art. 37, I e II, CF.

267. A interposição de recurso, sem efeito suspensivo, contra decisão condenatória não obsta a expedição de mandado de prisão.

- art. 637, CPP.
- art. 27, § 2º, Lei 8.038/1990 (Institui normas procedimentais para os processos que especifica, perante o STJ e o STF).

268. O fiador que não integrou a relação processual na ação de despejo não responde pela execução do julgado.

269. É admissível a adoção do regime prisional semiaberto aos reincidentes condenados a pena igual ou inferior a quatro anos se favoráveis as circunstâncias judiciais.

- arts. 35, 59 e 63, CP.
- art. 186, CTN.

270. O protesto pela preferência de crédito, apresentado por ente federal em execução que tramita na Justiça Estadual, não desloca a competência para a Justiça Federal.

271. A correção monetária dos depósitos judiciais independe de ação específica contra o banco depositário.

272. O trabalhador rural, na condição de segurado especial, sujeito à contribuição obrigatória sobre a produção rural comercializada, somente faz jus à aposentadoria por tempo de serviço, se recolher contribuições facultativas.

- art. 195, § 8º, CF.
- arts. 11, VII, 39 e 52, Lei 8.213/1991 (Lei dos Planos de Benefícios da Previdência Social).

273. Intimada a defesa da expedição da carta precatória, torna-se desnecessária intimação da data da audiência no juízo deprecado.

- art. 222, CPP.

274. O ISS incide sobre o valor dos serviços de assistência médica, incluindo-se neles as refeições, os medicamentos e as diárias hospitalares.

275. O auxiliar de farmácia não pode ser responsável técnico por farmácia ou drogaria.

276. As sociedades civis de prestação de serviços profissionais são isentas da Cofins, irrelevante o regime tributário adotado.

- Cancelada.

277. Julgada procedente a investigação de paternidade, os alimentos são devidos a partir da citação.

- art. 13, § 2º, Lei 5.478/1968 (Dispõe sobre a ação de alimentos).

278. O termo inicial do prazo prescricional, na ação de indenização, é a data em que o segurado teve ciência inequívoca da incapacidade laboral.

- Súm. 101 e 229, STJ.

279. É cabível execução por título extrajudicial contra a Fazenda Pública.

280. O art. 35 do Decreto-Lei 7.661, de 1945, que estabelece a prisão administrativa, foi revogado pelos incisos LXI e LXVII do art. 5º da Constituição Federal de 1988.

281. A indenização por dano moral não está sujeita a tarifação prevista na Lei de Imprensa.

- ADPF 130-7 (DOU, 12.05.2009).

282. Cabe a citação por edital em ação monitória.

283. As empresas administradoras de cartão de crédito são instituições financeiras e, por isso, os juros remuneratórios por elas cobrados não sofrem as limitações da Lei de Usura.

- art. 4º, Dec. 22.626/1933 (Lei da Usura).
- Súm. 596, STF.

284. A purga da mora, nos contratos de alienação fiduciária, só é permitida quando já pagos pelo menos 40% (quarenta por cento) do valor financiado.

- art. 53, CDC.
- art. 3º, Dec.-Lei 911/1969 (Lei das Alienações Fiduciárias).

285. Nos contratos bancários posteriores ao Código de Defesa do Consumidor incide a multa moratória nele prevista.

- art. 52, § 1º, CDC.

286. A renegociação de contrato bancário ou a confissão da dívida não impede a possibilidade de discussão sobre eventuais ilegalidades dos contratos anteriores.

287. A Taxa Básica Financeira (TBF) não pode ser utilizada como indexador de correção monetária nos contratos bancários.

288. A Taxa de Juros de Longo Prazo (TJLP) pode ser utilizada como indexador de correção monetária nos contratos bancários.

289. A restituição das parcelas pagas a plano de previdência privada deve ser objeto de correção plena, por índice que recomponha a efetiva desvalorização da moeda.

290. Nos planos de previdência privada, não cabe ao beneficiário a devolução da contribuição efetuada pelo patrocinador.

291. A ação de cobrança de parcelas de complementação de aposentadoria pela previdência privada prescreve em cinco anos.

- Súm. 427, STJ.

292. A reconvenção é cabível na ação monitória, após a conversão do procedimento em ordinário.

293. A cobrança antecipada do Valor Residual Garantido (VRG) não descaracteriza o contrato de arrendamento mercantil.

- Lei 6.099/1974 (Lei do Arrendamento Mercantil).

294. Não é potestativa a cláusula contratual que prevê a comissão de permanência, calculada pela taxa média de mercado apurada pelo Banco Central do Brasil, limitada à taxa do contrato.

- Súm. 472, STJ.

295. A Taxa Referencial (TR) é indexador válido para contratos posteriores à Lei 8.177/1991, desde que pactuada.

- Lei 8.177/1991 (Estabelece regras para a desindexação da economia).

296. Os juros remuneratórios, não cumuláveis com a comissão de permanência, são devidos no período de inadimplência, à taxa média de mercado estipulada pelo Banco Central do Brasil, limitada ao percentual contratado.

- Súm. 472, STJ.

297. O Código de Defesa do Consumidor é aplicável às instituições financeiras.

- art. 3º, § 2º, CDC.

298. O alongamento de dívida originada de crédito rural não constitui faculdade da instituição financeira, mas, direito do devedor nos termos da lei.

- art. 187, CF.

299. É admissível a ação monitória fundada em cheque prescrito.

300. O instrumento de confissão de dívida, ainda que originário de contrato de abertura de crédito, constitui título executivo extrajudicial.

301. Em ação investigatória, a recusa do suposto pai a submeter-se ao exame de DNA induz presunção *juris tantum* de paternidade.

302. É abusiva a cláusula contratual de plano de saúde que limita no tempo a internação hospitalar do segurado.

303. Em embargos de terceiro, quem deu causa à constrição indevida deve arcar com os honorários advocatícios.

304. É ilegal a decretação da prisão civil daquele que não assume expressamente o encargo de depositário judicial.

- art. 5º, LXVII, CF.

305. É descabida a prisão civil do depositário quando, decretada a falência da empresa, sobrevém a arrecadação do bem pelo síndico.

- art. 5º, LXVII, CF.
- Lei 11.101/2005 (Lei de Recuperação de Empresas e Falências).
- Súm. 419, STJ.

306. Os honorários advocatícios devem ser compensados quando houver sucumbência recíproca, assegurado o direito autônomo do advogado à execução do saldo sem excluir a legitimidade da própria parte.

- art. 23, Lei 8.906/1994 (EOAB).

307. A restituição de adiantamento de contrato de câmbio, na falência, deve ser atendida antes de qualquer crédito.

- art. 75, § 3º, Lei 4.728/1965 (Lei do Mercado de Capitais).

308. A hipoteca firmada entre a construtora e o agente financeiro, anterior ou posterior à celebração da promessa de compra e venda, não tem eficácia perante os adquirentes do imóvel.

- art. 1.420, CC/2002.

309. O débito alimentar que autoriza a prisão civil do alimentante é o que compreende as três prestações anteriores ao ajuizamento da execução e as que se vencerem no curso do processo.

310. O auxílio-creche não integra o salário de contribuição.

- art. 28, Lei 8.212/1991 (Lei Orgânica da Seguridade Social).

311. Os atos do presidente do tribunal que disponham sobre processamento e pagamento de precatório não têm caráter jurisdicional.

312. No processo administrativo para imposição de multa de trânsito, são necessárias as notificações da autuação e da aplicação da pena decorrente da infração.

- art. 5º, LCF.
- arts. 280, 281 e 282, CTB.

313. Em ação de indenização, procedente o pedido, é necessária a constituição de capital ou caução fidejussória para a garantia de pagamento da pensão, independentemente da situação financeira do demandado.

314. Em execução fiscal, não localizados bens penhoráveis, suspende-se o processo por um ano, findo o qual se inicia o prazo da prescrição quinquenal intercorrente.

- art. 40, Lei 6.830/1980 (Lei das Execuções Fiscais).

315. Não cabem embargos de divergência no âmbito do agravo de instrumento que não admite recurso especial.

316. Cabem embargos de divergência contra acórdão que, em agravo regimental, decide recurso especial.

317. É definitiva a execução de título extrajudicial, ainda que pendente apelação contra sentença que julgue improcedentes os embargos.

318. Formulado pedido certo e determinado, somente o autor tem interesse recursal em arguir o vício da sentença ilíquida.

319. O encargo de depositário de bens penhorados pode ser expressamente recusado.

320. A questão federal somente ventilada no voto vencido não atende ao requisito do prequestionamento.

321. O Código de Defesa do Consumidor é aplicável à relação jurídica entre a entidade de previdência privada e seus participantes.

- Cancelada.

322. Para a repetição de indébito, nos contratos de abertura de crédito em conta-corrente, não se exige a prova do erro.

- art. 877, CC/2002.

323. A inscrição do nome do devedor pode ser mantida nos serviços de proteção ao crédito até o prazo máximo de cinco anos, independentemente da prescrição da execução.

- art. 43, §§ 1º e 5º, CDC.

324. Compete à Justiça Federal processar e julgar ações de que participa a Fundação Habitacional do Exército, equiparada à entidade autárquica federal, supervisionada pelo Ministério do Exército.

325. A remessa oficial devolve ao Tribunal o reexame de todas as parcelas da condenação suportadas pela Fazenda Pública, inclusive dos honorários de advogado.

326. Na ação de indenização por dano moral, a condenação em montante inferior ao postulado na inicial não implica sucumbência recíproca.

327. Nas ações referentes ao Sistema Financeiro da Habitação, a Caixa Econômica Federal tem legitimidade como sucessora do Banco Nacional da Habitação.

328. Na execução contra instituição financeira, é penhorável o numerário disponível, excluídas as reservas bancárias mantidas no Banco Central.

- art. 655, I, CPC.

329. O Ministério Público tem legitimidade para propor ação civil pública em defesa do patrimônio público.

- art. 129, III, CF.
- Lei 7.347/1985 (Lei da Ação Civil Pública).

330. É desnecessária a resposta preliminar de que trata o artigo 514 do Código de Processo Penal, na ação penal instruída por inquérito policial.

331. A apelação interposta contra sentença que julga embargos à arrematação tem efeito meramente devolutivo.

332. A fiança prestada sem autorização de um dos cônjuges implica a ineficácia total da garantia.

- art. 1.647, III, CC/2002.

333. Cabe mandado de segurança contra ato praticado em licitação promovida por sociedade de economia mista ou empresa pública.

- arts. 37, XXI, e 173, § 1º, III, CF.
- Lei 8.666/1993 (Lei de Licitações e Contratos Administrativos).
- Lei 12.016/2009 (Lei do Mandado de Segurança Individual e Coletivo).
- Lei 13.303/2016 (Dispõe sobre o estatuto jurídico da empresa pública, da sociedade de economia mista e de suas subsidiárias, no âmbito da União, dos Estados, do Distrito Federal e dos Municípios).

334. O ICMS não incide no serviço dos provedores de acesso à Internet.

- art. 2º, LC 87/1996 (Lei Kandir - ICMS).

335. Nos contratos de locação, é válida a cláusula de renúncia à indenização das benfeitorias e ao direito de retenção.

- art. 35, Lei 8.245/1991 (Lei das Locações).

336. A mulher que renunciou aos alimentos na separação judicial tem direito à pensão previdenciária por morte do ex-marido, comprovada a necessidade econômica superveniente.

- arts. 201, e 226, § 3º, CF.

▸ art. 76, §§ 1º e 2º, Lei 8.213/1991 (Lei dos Planos de Benefícios da Previdência Social).

337. É cabível a suspensão condicional do processo na desclassificação do crime e na procedência parcial da pretensão punitiva.

▸ art. 89, Lei 9.099/1995 (Lei dos Juizados Especiais).

338. A prescrição penal é aplicável nas medidas socioeducativas.

▸ arts. 109 e 110, CP.
▸ arts. 112 e 226, Lei 8.069/1990 (ECA).

339. É cabível ação monitória contra a Fazenda Pública.

340. A lei aplicável à concessão de pensão previdenciária por morte é aquela vigente na data do óbito do segurado.

▸ Súm. 416, STJ.

341. A frequência a curso de ensino formal é causa de remição de parte do tempo de execução de pena sob regime fechado ou semiaberto.

▸ arts. 126 a 130, Lei 7.210/1984 (Lei de Execuções Penais).

342. No procedimento para aplicação de medida socioeducativa, é nula a desistência de outras provas em face da confissão do adolescente.

▸ art. 112, Lei 8.069/1990 (ECA).

343. É obrigatória a presença de advogado em todas as fases do processo administrativo disciplinar.

▸ arts. 5º, Le 133, CF.
▸ arts. 153, 163 e 164, Lei 8.112/1990 (Estatuto dos Servidores Públicos Civis).

344. A liquidação por forma diversa estabelecida na sentença não ofende a coisa julgada.

345. São devidos honorários advocatícios pela Fazenda Pública nas execuções individuais de sentença proferida em ações coletivas, ainda que não embargadas.

▸ art. 1º-D, Lei 9.494/1997 (Disciplina a aplicação da tutela antecipada contra a Fazenda Pública).

346. É vedada aos militares temporários, para aquisição de estabilidade, a contagem em dobro de férias e licenças não gozadas.

347. O conhecimento de recurso de apelação do réu independe de sua prisão.

▸ art. 387, p.u., CPP.

348. Compete ao Superior Tribunal de Justiça decidir os conflitos de competência entre juizado especial federal e juízo federal, ainda que da mesma seção judiciária.

▸ Cancelada.

349. Compete à Justiça Federal ou aos juízes com competência delegada o julgamento das execuções fiscais de contribuições devidas pelo empregador ao FGTS.

▸ art. 2º, Lei 8.844/1994 (Dispõe sobre a fiscalização, apuração e cobrança judicial as contribuições e multas devidas ao Fundo de Garantia do Tempo de Serviço - FGTS).

350. O ICMS não incide sobre o serviço de habilitação de telefone celular.

▸ art. 2º, III, LC 87/1996 (Lei Kandir - ICMS).

351. A alíquota de contribuição para o Seguro de Acidente do Trabalho (SAT) é aferida pelo grau de risco desenvolvido em cada empresa, individualizada pelo seu CNPJ, ou pelo grau de risco da atividade preponderante quando houver apenas um registro.

▸ art. 22, II, Lei 8.212/1991 (Lei Orgânica da Seguridade Social).

352. A obtenção ou a renovação do Certificado de Entidade Beneficente de Assistência Social (CEBAS) não exime a entidade do cumprimento dos requisitos legais supervenientes.

▸ art. 195, § 7º, CF.
▸ Lei 12.101/2009 (Lei da Certificação das Entidades Beneficentes de Assistência Social), e Dec. 7.237/2010 (Regulamento).

353. As disposições do Código Tributário Nacional não se aplicam às contribuições para o FGTS.

354. A invasão do imóvel é causa de suspensão do processo expropriatório para fins de reforma agrária.

▸ art. 2º, § 6º, Lei 8.629/1993 (Dispõe sobre a regulamentação dos dispositivos constitucionais relativos à reforma agrária).

355. É válida a notificação do ato de exclusão do programa de recuperação fiscal do REFIS pelo *Diário Oficial* ou pela Internet.

356. É legítima a cobrança da tarifa básica pelo uso dos serviços de telefonia fixa.

▸ Lei 9.472/1997 (Dispõe sobre a organização dos serviços de telecomunicações).

357. A pedido do assinante, que responderá pelos custos, é obrigatória, a partir de 1º de janeiro de 2006, a discriminação de pulsos excedentes e ligações de telefone fixo para celular.

▸ Revogada.

358. O cancelamento de pensão alimentícia de filho que atingiu a maioridade está sujeito à decisão judicial, mediante contraditório, ainda que nos próprios autos.

359. Cabe ao órgão mantenedor do Cadastro de Proteção ao Crédito a notificação do devedor antes de proceder à inscrição.

▸ art. 43, § 2º, CDC.
▸ Súm. 404, STJ.

360. O benefício da denúncia espontânea não se aplica aos tributos sujeitos a lançamento por homologação regularmente declarados, mas pagos a destempo.

▸ art. 138, *caput*, CTN.

361. A notificação do protesto, para requerimento de falência da empresa devedora, exige a identificação da pessoa que a recebeu.

▸ art. 94, § 3º, Lei 11.101/2005 (Lei de Recuperação de Empresas e Falências).

362. A correção monetária do valor da indenização do dano moral incide desde a data do arbitramento.

363. Compete à Justiça estadual processar e julgar a ação de cobrança ajuizada por profissional liberal contra cliente.

364. O conceito de impenhorabilidade de bem de família abrange também o imóvel pertencente a pessoas solteiras, separadas e viúvas.

▸ art. 1º, Lei 8.009/1990 (Dispõe sobre a impenhorabilidade dos bens de família).

365. A intervenção da União como sucessora da Rede Ferroviária Federal S/A (RFFSA) desloca a competência para a Justiça Federal ainda que a sentença tenha sido proferida por Juízo estadual.

▸ art. 109, I, CF.

366. Compete à Justiça estadual processar e julgar ação indenizatória proposta por viúva e filhos de empregado falecido em acidente de trabalho.

▸ Cancelada.

367. A competência estabelecida pela EC 45/2004 não alcança os processos já sentenciados.

368. Compete à Justiça comum estadual processar e julgar os pedidos de retificação de dados cadastrais da Justiça Eleitoral.

369. No contrato de arrendamento mercantil (*leasing*), ainda que haja cláusula resolutiva expressa, é necessária a notificação prévia do arrendatário para constituí-lo em mora.

370. Caracteriza dano moral a apresentação antecipada de cheque pré-datado.

▸ art. 32, p.u., Lei 7.357/1985 (Dispõe sobre o Cheque).

371. Nos contratos de participação financeira para a aquisição de linha telefônica, o Valor Patrimonial da Ação (VPA) é apurado com base no balancete do mês da integralização.

▸ art. 170, § 1º, I e II, Lei 6.404/1976 (Dispõe sobre as sociedades por ações).

372. Na ação de exibição de documentos, não cabe a aplicação de multa cominatória.

▸ art. 845, CPC.

373. É ilegítima a exigência de depósito prévio para admissibilidade de recurso administrativo.

▸ art. 5º, XXXIa, e LCF.
▸ art. 151, III, CTN.

374. Compete à Justiça Eleitoral processar e julgar a ação para anular débito decorrente de multa eleitoral.

375. O reconhecimento da fraude à execução depende do registro da penhora do bem alienado ou da prova de má-fé do terceiro adquirente.

376. Compete à Turma Recursal processar e julgar o mandado de segurança contra ato de Juizado Especial.

▸ art. 98, I, CF.

‣ art. 21, VI, LC 35/1979 (Lei Orgânica da Magistratura Nacional).

‣ art. 41, § 1º, Lei 9.099/1995 (Lei dos Juizados Especiais).

377. O portador de visão monocular tem direito de concorrer, em concurso público, às vagas reservadas aos deficientes.

‣ art. 37, VIII, CF.

378. Reconhecido o desvio de função, o servidor faz jus às diferenças salariais decorrentes.

379. Nos contratos bancários não regidos por legislação específica, os juros moratórios poderão ser convencionados até o limite de 1% ao mês.

‣ art. 406, CC/2002.

‣ art. 161, § 1º, CTN.

‣ art. 5º, Dec. 22.626/1933 (Lei da Usura).

380. A simples propositura da ação de revisão de contrato não inibe a caracterização da mora do autor.

‣ arts. 394 a 401, CC/2002.

381. Nos contratos bancários, é vedado ao julgador conhecer, de ofício, da abusividade das cláusulas.

‣ art. 51, CDC.

382. A estipulação de juros remuneratórios superiores a 12% ao ano, por si só, não indica abusividade.

383. A competência para processar e julgar as ações conexas de interesse de menor é, em princípio, do foro do domicílio do detentor de sua guarda.

‣ art. 147, I, Lei 8.069/1990 (ECA).

384. Cabe ação monitória para haver saldo remanescente oriundo de venda extrajudicial de bem alienado fiduciariamente em garantia.

385. Da anotação irregular em cadastro de proteção ao crédito, não cabe indenização por dano moral, quando preexistente legítima inscrição, ressalvado o direito ao cancelamento.

‣ art. 43, CDC.

386. São isentas de imposto de renda as indenizações de férias proporcionais e o respectivo adicional.

‣ art. 6º, Lei 7.713/1988 (Altera a legislação do imposto de renda).

‣ Súm. 125 e 136, STJ.

387. É lícita a cumulação das indenizações de dano estético e dano moral.

‣ art. 5º, X, CF.

388. A simples devolução indevida de cheque caracteriza dano moral.

389. A comprovação do pagamento do "custo do serviço" referente ao fornecimento de certidão de assentamentos constantes dos livros da companhia é requisito de procedibilidade da ação de exibição de documentos ajuizada em face da sociedade anônima.

‣ art. 100, § 1º, Lei 6.404/1976 (Dispõe sobre as sociedades por ação).

390. Nas decisões por maioria, em reexame necessário, não se admitem embargos infringentes.

391. O ICMS incide sobre o valor da tarifa de energia elétrica correspondente à demanda de potência efetivamente utilizada.

392. A Fazenda Pública pode substituir a certidão de dívida ativa (CDA) até a prolação da sentença de embargos, quando se tratar de correção de erro material ou formal, vedada a modificação do sujeito passivo da execução.

‣ art. 201, CTN.

‣ art. 2º, § 8º, Lei 6.830/1980 (Lei das Execuções Fiscais).

393. A exceção de pré-executividade é admissível na execução fiscal relativamente às matérias conhecíveis de ofício que não demandem dilação probatória.

394. É admissível, em embargos à execução fiscal, compensar os valores de imposto de renda retidos indevidamente na fonte com os valores restituídos apurados na declaração anual.

‣ Súmula republicada. *DJe*, 21.10.2009.

395. O ICMS incide sobre o valor da venda a prazo constante da nota fiscal.

‣ art. 2º, I, Dec.-Lei 406/1968 (Estabelece normas gerais de direito financeiro, aplicáveis aos impostos sobre operações relativas à circulação de mercadorias e sobre serviços de qualquer natureza).

396. A Confederação Nacional da Agricultura tem legitimidade ativa para a cobrança da contribuição sindical rural.

‣ art. 578, CLT.

397. O contribuinte do IPTU é notificado do lançamento pelo envio do carnê ao seu endereço.

398. A prescrição da ação para pleitear os juros progressivos sobre os saldos de conta vinculada do FGTS não atinge o fundo de direito, limitando-se às parcelas vencidas.

‣ Súm. 154 e 210, STJ.

399. Cabe à legislação municipal estabelecer o sujeito passivo do IPTU.

‣ art. 34, CTN.

400. O encargo de 20% previsto no Dec.-Lei 1.025/1969 é exigível na execução fiscal proposta contra a massa falida.

401. O prazo decadencial da ação rescisória só se inicia quando não for cabível qualquer recurso do último pronunciamento judicial.

402. O contrato de seguro por danos pessoais compreende os danos morais, salvo cláusula expressa de exclusão.

403. Independe de prova do prejuízo a indenização pela publicação não autorizada de imagem de pessoa com fins econômicos ou comerciais.

‣ art. 5º, X, CF.

‣ arts. 186 e 927, CC/2002.

404. É dispensável o aviso de recebimento (AR) na carta de comunicação ao consumidor sobre a negativação de seu nome em bancos de dados e cadastros.

‣ art. 43, § 2º, CDC.

‣ Súm. 359, STJ.

405. A ação de cobrança de seguro obrigatório (DPVAT) prescreve em três anos.

‣ art. 206, § 3º, IX, CC/2002.

‣ art. 8º, Lei 6.194/1974 (Lei do Seguro Obrigatório).

406. A Fazenda Pública pode recusar a substituição do bem penhorado por precatório.

‣ art. 15, Lei 6.830/1980 (Lei das Execuções Fiscais).

407. É legítima a cobrança da tarifa de água fixada de acordo com as categorias de usuários e as faixas de consumo.

‣ art. 175, p.u., III, CF.

‣ Lei 8.987/1995 (Lei da Concessão e Permissão da Prestação de Serviços Públicos).

408. Nas ações de desapropriação, os juros compensatórios incidentes após a Medida Provisória n. 1.577, de 11.06.1997, devem ser fixados em 6% ao ano até 13.09.2001 e, a partir de então, em 12% ao ano, na forma da Súmula n. 618 do Supremo Tribunal Federal.

‣ Cancelada.

409. Em execução fiscal, a prescrição ocorrida antes da propositura da ação pode ser decretada de ofício (art. 219, § 5º, do CPC).

410. A prévia intimação pessoal do devedor constitui condição necessária para a cobrança de multa pelo descumprimento de obrigação de fazer ou não fazer.

411. É devida a correção monetária ao creditamento do IPI quando há oposição ao seu aproveitamento decorrente de resistência ilegítima do Fisco.

412. A ação de repetição de indébito de tarifas de água e esgoto sujeita-se ao prazo prescricional estabelecido no Código Civil.

‣ art. 205, CC/2002.

413. O farmacêutico pode acumular a responsabilidade técnica por uma farmácia e uma drogaria ou por duas drogarias.

414. A citação por edital na execução fiscal é cabível quando frustradas as demais modalidades.

‣ art. 8º, ILei 6.830/1980 (Lei das Execuções Fiscais).

415. O período de suspensão do prazo prescricional é regulado pelo máximo da pena cominada.

‣ art. 109, CP.

‣ art. 366, CPP.

416. É devida a pensão por morte aos dependentes do segurado que, apesar de ter perdido essa qualidade, preencheu os requisitos legais para a obtenção de aposentadoria até a data do seu óbito.

‣ arts. 15, 26, I, 74 e 102, § 2º, Lei 8.213/1991 (Lei dos Planos de Benefícios da Previdência Social).

‣ Súm. 340, STJ.

417. Na execução civil, a penhora de dinheiro na ordem de nomeação de bens não tem caráter absoluto.

‣ art. 11, I, Lei 6.830/1980 (Lei das Execuções Fiscais).

418. É inadmissível o recurso especial interposto antes da publicação do acórdão dos embargos de declaração, sem posterior ratificação.

‣ Cancelada.

419. Descabe a prisão civil do depositário judicial infiel.

‣ art. 5º, LXVII, CF.

- art. 652, CC/2002.
- art. 4º, §§ 1º e 2º, Lei 8.866/1994 (Lei do Depositário Infiel).
- art. 11, de Dec. 592/1992 (Promulga o Pacto Internacional sobre Direitos Civis e Políticos).
- art. 4º, de Dec.-Lei 911/1969 (Lei das Alienações Fiduciárias).
- art. 7º, 7, do Pacto de São José da Costa Rica.
- Súm. Vinc. 25, STF.
- Súm. 304 e 305, STJ.

420. Incabível, em embargos de divergência, discutir o valor de indenização por danos morais.

- art. 5º, X, CF.

421. Os honorários advocatícios não são devidos à Defensoria Pública quando ela atua contra a pessoa jurídica de direito público à qual pertença.

- art. 134, § 1º, CF.
- art. 381, CC/2002.
- LC 80/1994 (Lei da Defensoria Pública).

422. O art. 6º, e, Lei 4.380/1964 não estabelece limitação aos juros remuneratórios nos contratos vinculados ao SFH.

- Lei 4.380/1964 (Institui a correção monetária nos contratos imobiliários de interesse social, o sistema financeiro para aquisição da casa própria, cria o Banco Nacional da Habitação - BNH, e Sociedades de Crédito Imobiliário, as Letras Imobiliárias, o Serviço Federal de Habitação e Urbanismo).
- Lei 5.741/1971 (Dispõe sobre a proteção do financiamento de bens imóveis vinculados ao Sistema Financeiro da Habitação).
- art. 9º, Lei 8.036/1990 (Lei do FGTS).
- art. 10, I, Dec.-Lei 70/1966 (Lei de Execução de Cédula Hipotecária).
- art. 1º, Dec.-Lei 2.291/1986 (Extingue o Banco Nacional da Habitação - BNH).

423. A Contribuição para Financiamento da Seguridade Social - COFINS incide sobre as receitas provenientes das operações de locação de bens móveis.

- art. 195, CF.
- art. 2º, LC 70/1991 (Institui contribuição para financiamento da Seguridade Social e eleva a alíquota da contribuição social sobre o lucro das instituições financeiras).
- art. 1º, Lei 10.833/2003 (Altera a legislação tributária federal).
- arts. 8º, § 14, e 25, p.u., Lei 10.865/2004 (Dispõe sobre a Contribuição para os Programas de Integração Social e de Formação do Patrimônio do Servidor Público e a Contribuição para o Financiamento da Seguridade Social incidentes sobre a importação de bens e serviços).

424. É legítima a incidência de ISS sobre os serviços bancários congêneres da lista anexa ao Dec.-Lei 406/1968 e à LC n. 56/1987.

- art. 156, III, CF.
- A LC 56/1987 foi revogada pela LC 116/2003 (Lei do ISS).
- art. 2º, III, LC 116/2003 (Lei do ISS).
- Dec.-Lei 406/1968 (Estabelece normas gerais de direito financeiro, aplicáveis aos Impostos sobre Operações relativas à Circulação de Mercadorias e sobre Serviços de qualquer Natureza).
- Súm. 588, STF.

425. A retenção da contribuição para a seguridade social pelo tomador do serviço não se aplica às empresas optantes pelo SIMPLES.

- LC 123/2006 (Estatuto Nacional da Microempresa e da Empresa de Pequeno Porte).
- art. 31, § 1º, Lei 8.212/1991 (Lei Orgânica da Seguridade Social).

426. Os juros de mora na indenização do seguro DPVAT fluem a partir da citação.

- arts. 405, 757 e 772, CC/2002.
- Lei 6.194/1974 (Lei do Seguro Obrigatório).
- Súm. 246 e 257, STJ.

427. A ação de cobrança de diferenças de valores de complementação de aposentadoria prescreve em cinco anos contados da data do pagamento.

- art. 75, LC 109/2001 (Lei do Regime de Previdência Complementar).
- art. 103, p.u., Lei 8.213/1991 (Lei dos Planos de Benefícios da Previdência Social).
- Súm. 291, STJ.

428. Compete ao Tribunal Regional Federal decidir os conflitos de competência entre Juizado Especial Federal e Juízo Federal da mesma Seção Judiciária.

- art. 108, I, e, CF.
- Lei 10.259/2001 (Lei dos Juizados Especiais Federais).

429. A citação postal, quando autorizada por lei, exige o aviso de recebimento.

- art. 8º, I a III, Lei 6.830/1980 (Lei das Execuções Fiscais).
- art. 39, p.u., Lei 9.307/1996 (Lei da Arbitragem).

430. O inadimplemento da obrigação tributária pela sociedade não gera, por si só, a responsabilidade solidária do sócio-gerente.

- art. 135, III, CTN.
- art. 158, Lei 6.404/1976 (Dispõe sobre as sociedades por ações).
- art. 4º, Lei 6.830/1980 (Lei das Execuções Fiscais).

431. É ilegal a cobrança de ICMS com base no valor da mercadoria submetido ao regime de pauta fiscal.

- art. 148, CTN.
- art. 8º, LC 87/1996 (Lei Kandir - ICMS).
- art. 2º, I e II, Dec.-Lei 406/1968 (Estabelece normas gerais de direito financeiro, aplicáveis aos Impostos sobre Operações relativas à Circulação de Mercadorias e sobre Serviços de qualquer Natureza).

432. As empresas de construção civil não estão obrigadas a pagar ICMS sobre mercadorias adquiridas como insumos em operações interestaduais.

- art. 3º, LC 87/1996 (Lei Kandir - ICMS).

433. O produto semielaborado, para fins de incidência de ICMS, é aquele que preenche cumulativamente os três requisitos do art. 1º da Lei Complementar no 65/1991.

- LC 65/1991 (Define, na forma da alínea a do inciso X do § 2º, do art. 155 da Constituição, os produtos semielaborados que podem ser tributados pelos Estados e Distrito Federal, quando de sua exportação para o exterior).

434. O pagamento da multa por infração de trânsito não inibe a discussão judicial do débito.

- arts. 286, § 2º, e 288, CTB.

435. Presume-se dissolvida irregularmente a empresa que deixar de funcionar no seu domicílio fiscal, sem comunicação aos órgãos competentes, legitimando o redirecionamento da execução fiscal para o sócio-gerente.

- art. 127, CTN.
- art. 206, Lei 6.404/1976 (Dispõe sobre as sociedades por ações).
- art. 4º, Lei 6.830/1980 (Lei das Execuções Fiscais).

436. A entrega de declaração pelo contribuinte reconhecendo débito fiscal constitui o crédito tributário, dispensada qualquer outra providência por parte do Fisco.

- arts. 142 e 150, CTN.
- art. 15, lLei 9.779/1999 (Altera a legislação do IR).

437. A suspensão da exigibilidade do crédito tributário superior a quinhentos mil reais para opção pelo REFIS pressupõe a homologação expressa do comitê gestor e a constituição de garantia por meio do arrolamento de bens.

- art. 151, VI, CTN.
- art. 64, Lei 9.532/1997 (Altera a legislação tributária federal).
- art. 3º, §§ 4º e 5º, Lei 9.964/2000 (Institui o Programa de Recuperação Fiscal - REFIS).
- art. 23, Lei 10.637/2002 (Dispõe sobre a não cumulatividade na cobrança da contribuição para o PIS/PASEP).
- art. 2º, Lei 10.684/2003 (Dispõe sobre parcelamento de débitos junto à Secretaria da Receita Federal, à Procuradoria-Geral da Fazenda Nacional e ao Instituto Nacional do Seguro Social).

438. É inadmissível a extinção da punibilidade pela prescrição da pretensão punitiva com fundamento em pena hipotética, independentemente da existência ou sorte do processo penal.

- arts. 107, I109 e 110, CP.
- art. 581, VIII, CPP.
- Súm. 241 do TFR.

439. Admite-se o exame criminológico pelas peculiaridades do caso, desde que em decisão motivada.

- arts. 34 e 97, § 1º, CP.
- arts. 8º e 174, Lei 7.210/1984 (Lei de Execuções Penais).
- Súm. Vinc. 26, STF.

440. Fixada a pena-base no mínimo legal, é vedado o estabelecimento de regime prisional mais gravoso do que o cabível em razão da sanção imposta, com base apenas na gravidade abstrata do delito.

- arts. 33, §§ 2º e 3º, 59 e 68, CP.
- Súm. 718, STF.

441. A falta grave não interrompe o prazo para obtenção de livramento condicional.

- art. 83, CP.
- arts. 49 a 52 e 131, Lei 7.210/1984 (Lei de Execuções Penais).

- Súm. 535, STJ.

442. É inadmissível aplicar, no furto qualificado, pelo concurso de agentes, a majorante do roubo.

- arts. 155, § 4º, Ie 157, § 2º, II, CP.

443. O aumento na terceira fase de aplicação da pena no crime de roubo circunstanciado exige fundamentação concreta, não sendo suficiente para a sua exasperação a mera indicação do número de majorantes.

- arts. 68, p.u., e 157, § 2º, CP.

444. É vedada a utilização de inquéritos policiais e ações penais em curso para agravar a pena-base.

- art. 5º, LVII, CF.
- arts. 59 e 68, CP.

445. As diferenças de correção monetária resultantes de expurgos inflacionários sobre os saldos de FGTS têm como termo inicial a data em que deveriam ter sido creditadas.

- LC 110/2001(Institui contribuições sociais, autoriza créditos de complementos de atualização monetária em contas vinculadas do Fundo de Garantia do Tempo de Serviço - FGTS).
- Lei 8.036/1990 (Lei do FGTS).
- Orientações Jurisprudenciais 341, 344 e 370 SBDI-I, TST.
- Súm. 249, STJ.

446. Declarado e não pago o débito tributário pelo contribuinte, é legítima a recusa de expedição de certidão negativa ou positiva com efeito de negativa.

- arts. 205 e 206, CTN.

447. Os Estados e o Distrito Federal são partes legítimas na ação de restituição de imposto de renda retido na fonte proposta por seus servidores.

- art. 157, I, CF.
- art. 43, CTN.

448. A opção pelo SIMPLES de estabelecimentos dedicados às atividades de creche, pré-escola e ensino fundamental é admitida somente a partir de 24.10.2000, data de vigência da Lei n. 10.034/2000.

- Lei 10.034/2000 (Institui o Sistema Integrado de Imposto e Contribuições das Microempresas e das Empresas de Pequeno Porte - SIMPLES).
- art. 24, Lei 10.684/2003 (Dispõe sobre parcelamento de débitos junto à Secretaria da Receita Federal, à Procuradoria-Geral da Fazenda Nacional e ao Instituto Nacional do Seguro Social).
- art. 18, § 5º-B, I, da LC 123/2006 (Estatuto Nacional da Microempresa e da Empresa de Pequeno Porte).

449. A vaga de garagem que possui matrícula própria no registro de imóveis não constitui bem de família para efeito de penhora.

- art. 2º, Lei 4.591/1964 (Lei do Condomínio e Incorporações).
- arts. 260 a 265, Lei 6.015/1973 (Lei dos Registros Públicos).
- art. 1º, Lei 8.009/1990 (Dispõe sobre a impenhorabilidade dos bens de família).

450. Nos contratos vinculados ao SFH, a atualização do saldo devedor antecede sua amortização pelo pagamento da prestação.

- Lei 4.380/1964 (Institui a correção monetária nos contratos imobiliários de interesse social, o sistema financeiro para aquisição da casa própria, cria o Banco Nacional da Habitação - BNH) e Sociedades de Crédito Imobiliário, as Letras Imobiliárias, o Serviço Federal de Habitação e Urbanismo).
- Lei 5.741/1971 (Dispõe sobre a proteção do financiamento de bens imóveis vinculados ao Sistema Financeiro da Habitação).
- art. 9º, Lei 8.036/1990 (Lei do FGTS).
- art. 10, I, Dec.-Lei 70/1966 (Lei de Execução de Cédula Hipotecária).
- art. 1º, Dec.-Lei 2.291/1986 (Extingue o Banco Nacional da Habitação - BNH).

451. É legítima a penhora da sede do estabelecimento comercial.

- art. 1.142, CC/2002.
- art. 11, § 1º, Lei 6.830/1980 (Lei das Execuções Fiscais).

452. A extinção das ações de pequeno valor é faculdade da Administração Federal, vedada a atuação judicial de ofício.

- arts. 1º e 1º-A, Lei 9.469/1997 (Dispõe sobre a intervenção da União nas causas em que figurarem, como autores ou réus, entes da administração indireta e regula os pagamentos devidos pela Fazenda Pública em virtude de sentença judiciária).

453. Os honorários sucumbenciais, quando omitidos em decisão transitada em julgado, não podem ser cobrados em execução ou em ação própria.

454. Pactuada a correção monetária nos contratos do SFH pelo mesmo índice aplicável à caderneta de poupança, incide a taxa referencial (TR) a partir da vigência da Lei 8.177, de 1º.03.1991.

- Lei 4.380/1964 (Institui a correção monetária nos contratos imobiliários de interesse social, o sistema financeiro para aquisição da casa própria, cria o Banco Nacional da Habitação - BNH e Sociedades de Crédito Imobiliário, as Letras Imobiliárias, o Serviço Federal de Habitação e Urbanismo).
- art. 9º, II, Lei 8.036/1990 (Lei do FGTS).
- Lei 8.177/1991 (Estabelece regras para a desindexação da economia).
- art. 1º, Dec.-Lei 2.291/1986 (Extingue o Banco Nacional da Habitação - BNH).

455. A decisão que determina a produção antecipada de provas com base no art. 366 do CPP deve ser concretamente fundamentada, não a justificando unicamente o mero decurso do tempo.

456. É incabível a correção monetária dos salários de contribuição considerados no cálculo do salário de benefício de auxílio-doença, aposentadoria por invalidez, pensão ou auxílio-reclusão concedidos antes da vigência da CF/1988.

- art. 201, § 3º, CF.

457. Os descontos incondicionais nas operações mercantis não se incluem na base de cálculo do ICMS.

- art. 155, II, CF.
- art. 13, § 1º, II, a, LC 87/1996 (Lei Kandir - ICMS).

458. A contribuição previdenciária incide sobre a comissão paga ao corretor de seguros.

- art. 11, p.u., a, Lei 8.212/1991 (Lei Orgânica da Seguridade Social).

459. A Taxa Referencial (TR) é o índice aplicável, a título de correção monetária, aos débitos com o FGTS recolhidos pelo empregador mas não repassados ao Fundo.

- art. 22, Lei 8.036/1990 (Lei do FGTS).
- Lei 8.177/1991 (Estabelece regras para a desindexação da economia).

460. É incabível o mandado de segurança para convalidar a compensação tributária realizada pelo contribuinte.

- art. 170, CTN.
- Lei 12.016/2009 (Lei do Mandado de Segurança Individual e Coletivo).

461. O contribuinte pode optar por receber, por meio de precatório ou por compensação, o indébito tributário certificado por sentença declaratória transitada em julgado.

- art. 100, CF.
- arts. 156, II, 165 e 170, CTN.
- art. 66, § 2º, Lei 8.383/1991 (Institui a Unidade Fiscal de Referência e altera a legislação do Imposto de Renda).

462. Nas ações em que representa o FGTS, a CEF, quando sucumbente, não está isenta de reembolsar as custas antecipadas pela parte vencedora.

- Lei 8.036/1990 (Lei do FGTS).
- art. 24-A, p.u., Lei 9.028/1995 (Dispõe sobre o exercício das atribuições institucionais da Advocacia-Geral da União, em caráter emergencial e provisório).

463. Incide imposto de renda sobre os valores percebidos a título de indenização por horas extraordinárias trabalhadas, ainda que decorrentes de acordo coletivo.

- art. 43, I, CTN.

464. A regra de imputação de pagamentos estabelecida no art. 354 do Código Civil não se aplica às hipóteses de compensação tributária.

- art. 170, CTN.
- art. 66, Lei 8.383/1991 (Institui a Unidade Fiscal de Referência e altera a legislação do Imposto de Renda).
- art. 74, § 12, Lei 9.430/1996 (Dispõe sobre a legislação tributária federal, as contribuições para a seguridade social e o processo administrativo de consulta).

465. Ressalvada a hipótese de efetivo agravamento do risco, a seguradora não se exime do dever de indenizar em razão da transferência do veículo sem a sua prévia comunicação.

- arts. 757 e 785, § 1º, CC/2002.

466. O titular da conta vinculada ao FGTS tem o direito de sacar o saldo respectivo quando declarado nulo seu contrato de trabalho por ausência de prévia aprovação em concurso público.

- art. 37, § 2º, CF.

- art. 19-A, Lei 8.036/1990 (Lei do FGTS).

467. Prescreve em cinco anos, contados do término do processo administrativo, a pretensão da Administração Pública de promover a execução da multa por infração ambiental.

- art. 1º-A, Lei 9.873/1999 (Estabelece prazo de prescrição para o exercício de ação punitiva pela Administração Pública Federal, direta e indireta).
- art. 1º do Dec. 20.910/1932 (Regula a prescrição quinquenal).
- art. 21 do Dec. 6.514/2008 (Dispõe sobre as infrações e sanções administrativas ao meio ambiente e estabelece o processo administrativo federal para apuração destas infrações).

468. A base de cálculo do PIS, até a edição da MP n. 1.212/1995, era o faturamento ocorrido no sexto mês anterior ao do fato gerador.

- art. 6º, p.u., LC 7/1970 (Institui o Programa de Integração Social).
- Lei 9.715/1998 (Dispõe sobre as contribuições para os Programas de Integração Social e de Formação do Patrimônio do Servidor Público - PIS/PASEP).
- Lei 9.718/1998 (Altera a Legislação Tributária Federal).
- Dec. 4.751/2003 (Dispõe sobre o Fundo PIS-PASEP, criado pela LC 26/1975, sob a denominação de PIS-PASEP).

469. Aplica-se o Código de Defesa do Consumidor aos contratos de plano de saúde.

- Cancelada.

470. O Ministério Público não tem legitimidade para pleitear, em ação civil pública, a indenização decorrente do DPVAT em benefício do segurado.

- Cancelada.

471. Os condenados por crimes hediondos ou assemelhados cometidos antes da vigência da Lei n. 11.464/2007 sujeitam-se ao disposto no art. 112 da Lei n. 7.210/1984 (Lei de Execução Penal) para a progressão de regime prisional.

- art. 5º, XL, CF.
- art. 2º, p.u., CP.
- art. 2º, §§ 1º e 2º, Lei 8.072/1990 (Lei dos Crimes Hediondos).
- Súm. 716, STF.
- Súm. Vinc. 26, STF.

472. A cobrança de comissão de permanência - cujo valor não pode ultrapassar a soma dos encargos remuneratórios e moratórios previstos no contrato - exclui a exigibilidade dos juros remuneratórios, moratórios e da multa contratual (*DJe* 19.06.2012).

473. O mutuário do SFH não pode ser compelido a contratar o seguro habitacional obrigatório com a instituição financeira mutuante ou com a seguradora por ela indicada (*DJe* 19.06.2012).

474. A indenização do seguro DPVAT, em caso de invalidez parcial do beneficiário, será paga de forma proporcional ao grau da invalidez (*DJe* 19.06.2012).

- Súm. 544, STJ.

475. Responde pelos danos decorrentes de protesto indevido o endossatário que recebe por endosso translativo título de crédito contendo vício formal extrínseco ou intrínseco, ficando ressalvado seu direito de regresso contra os endossantes e avalistas (*DJe* 19.06.2012).

476. O endossatário de título de crédito por endosso-mandato só responde por danos decorrentes de protesto indevido se extrapolar os poderes de mandatário (*DJe* 19.06.2012).

477. A decadência do art. 26 do CDC não é aplicável à prestação de contas para obter esclarecimentos sobre cobrança de taxas, tarifas e encargos bancários (*DJe* 19.06.2012).

478. Na execução de crédito relativo a cotas condominiais, este tem preferência sobre o hipotecário (*DJe* 19.06.2012).

479. As instituições financeiras respondem objetivamente pelos danos gerados por fortuito interno relativo a fraudes e delitos praticados por terceiros no âmbito de operações bancárias (*DJe* 01.08.2012).

480. O juízo da recuperação judicial não é competente para decidir sobrea constrição de bens não abrangidos pelo plano de recuperação da empresa (*DJe* 01.08.2012).

481. Faz jus ao benefício da justiça gratuita a pessoa jurídica com ou sem fins lucrativos que demonstrar sua impossibilidade de arcar com os encargos processuais (*DJe* 01.08.2012).

482. A falta de ajuizamento da ação principal no prazo do art. 806 do CPC acarreta a perda da eficácia da liminar deferida e a extinção do processo cautelar (*DJe* 01.08.2012).

483. O INSS não está obrigado a efetuar depósito prévio do preparo por gozar das prerrogativas e privilégios da Fazenda Pública (*DJe* 01.08.2012).

484. Admite-se que o preparo seja efetuado no primeiro dia útil subsequente, quando a interposição do recurso ocorrer após o encerramento do expediente bancário (*DJe* 01.08.2012).

485. A Lei de Arbitragem aplica-se aos contratos que contenham cláusula arbitral, ainda que celebrados antes da sua edição (*DJe* 01.08.2012).

486. É impenhorável o único imóvel residencial do devedor que esteja locado a terceiros, desde que a renda obtida com a locação seja revertida para a subsistência ou a moradia da sua família (*DJe* 01.08.2012).

487. O parágrafo único do art. 741 do CPC não se aplica às sentenças transitadas em julgado em data anterior à da sua vigência (*DJe* 01.08.2012).

488. O § 2º do art. 6º da Lei n. 9.469/1997, que obriga à repartição dos honorários advocatícios, é inaplicável a acordos ou transações celebrados em data anterior à sua vigência (*DJe* 01.08.2012).

489. Reconhecida a continência, devem ser reunidas na Justiça Federal as ações civis públicas propostas nesta e na Justiça estadual (*DJe* 01.08.2012).

490. A dispensa de reexame necessário, quando o valor da condenação ou do direito controvertido for inferior a sessenta salários-mínimos, não se aplica a sentenças ilíquidas (*DJe* 01.08.2012).

491. É inadmissível a chamada progressão *per saltum* de regime prisional (*DJe* 13.08.2012).

492. O ato infracional análogo ao tráfico de drogas, por si só, não conduz obrigatoriamente à imposição de medida socioeducativa de internação do adolescente (*DJe* 13.08.2012).

493. É inadmissível a fixação de pena substitutiva (art. 44 do CP) como condição especial ao regime aberto (*DJe* 13.08.2012).

494. O benefício fiscal do ressarcimento do crédito presumido do IPI relativo às exportações incide mesmo quando as matérias-primas ou os insumos sejam adquiridos de pessoa física ou jurídica não contribuinte do PIS/PASEP (*DJe* 13.08.2012).

495. A aquisição de bens integrantes do ativo permanente da empresa não gera direito a creditamento de IPI.

496. Os registros de propriedade particular de imóveis situados em terrenos de marinha não são oponíveis à União (*DJe* 13.08.2012).

497. Os créditos das autarquias federais preferem aos créditos da Fazenda estadual desde que coexistam penhoras sobre o mesmo bem (*DJe* 13.08.2012).

498. Não incide imposto de renda sobre a indenização por danos morais (*DJe* 13.08.2012).

499. As empresas prestadoras de serviços estão sujeitas às contribuições ao Sesc e Senac, salvo se integradas noutro serviço social. (*DJE*, 18.03.2013)

500. A configuração do crime do art. 244-B do ECA independe da prova da efetiva corrupção do menor, por se tratar de delito formal. (*DJe*, 28.10.2013.)

501. É cabível a aplicação retroativa da Lei n. 11.343/2006, desde que o resultado da incidência das suas disposições, na íntegra, seja mais favorável ao réu do que o advindo da aplicação da Lei n. 6.368/1976, sendo vedada a combinação de leis. (*DJe*, 28.10.2013.)

502. Presentes a materialidade e a autoria, afigura-se típica, em relação ao crime previsto no art. 184, § 2º, do CP, a conduta de expor à venda CDs e DVDs piratas. (*DJe*, 28.10.2013.)

503. O prazo para ajuizamento de ação monitória em face do emitente de cheque sem força executiva é quinquenal, a contar do dia seguinte à data de emissão estampada na cártula.

504. O prazo para ajuizamento de ação monitória em face do emitente de nota promissória sem força executiva é quinquenal, a contar do dia seguinte ao vencimento do título.

505. A competência para processar e julgar as demandas que têm por objeto obrigações decorrentes dos contratos de planos de previdência privada firmados com a Fundação Rede Ferroviária de Seguridade Social - REFER é da Justiça estadual.

506. A Anatel não é parte legítima nas demandas entre a concessionária e o usuário de telefonia decorrentes de relação contratual. (*DJe* 31.03.2014)

507. A acumulação de auxílio-acidente com aposentadoria pressupõe que a lesão incapacitante e a aposentadoria sejam anteriores a 11.11.1997, observado o critério do art. 23 da Lei n. 8.213/1991 para definição do momento da lesão nos casos de doença profissional ou do trabalho. (*DJe* 31.03.2014)

508. A isenção da Cofins concedida pelo art. 6º, II, da LC n. 70/1991 a sociedades civis de prestação de serviços profissionais foi revogada pelo art. 56 da Lei n. 9.430/1996. (*DJe* 31.03.2014)

509. É lícito ao comerciante de boa-fé aproveitar os créditos de ICMS decorrentes de nota fiscal posteriormente declarada inidônea, quando demonstrada a veracidade da compra e venda. (*DJe* 31.03.2014)

510. A liberação de veículo retido apenas por transporte irregular de passageiros não está condicionada ao pagamento de multas e despesas. (*DJe* 31.03.2014)

511. É possível o reconhecimento do privilégio previsto no § 2º do art. 155 do CP nos casos de crime de furto qualificado, se presentes a primariedade do agente, o pequeno valor da coisa e a qualificadora for de ordem objetiva. (*DJe* 16.06.2014)

512. A aplicação da causa de diminuição de pena prevista no art. 33, § 4º, da Lei n. 11.343/2006 não afasta a hediondez do crime de tráfico de drogas.

- Cancelada.

513. A *abolitio criminis* temporária prevista na Lei n. 10.826/2003 aplica-se ao crime de posse de arma de fogo de uso permitido com numeração, marca ou qualquer outro sinal de identificação raspado, suprimido ou adulterado, praticado somente até 23.10.2005. (*DJe* 16.06.2014)

514. A CEF é responsável pelo fornecimento dos extratos das contas individualizadas vinculadas ao FGTS dos Trabalhadores participantes do Fundo de Garantia do Tempo de Serviço, inclusive para fins de exibição em juízo, independentemente do período em discussão. (*DJe* 18.08.2014)

515. A reunião de execuções fiscais contra o mesmo devedor constitui faculdade do Juiz. (*DJe* 18.08.2014)

516. A contribuição de intervenção no domínio econômico para o Incra (Decreto-Lei n. 1.110/1970), devida por empregadores rurais e urbanos, não foi extinta pelas Leis n. 7.787/1989, 8.212/1991 e 8.213/1991, não podendo ser compensada com a contribuição ao INSS (*DJe* 02.03.2015).

517. São devidos honorários advocatícios no cumprimento de sentença, haja ou não impugnação, depois de escoado o prazo para pagamento voluntário, que se inicia após a intimação do advogado da parte executada. (*DJe* 02.03.2015).

518. Para fins do art. 105, III, *a*, da Constituição Federal, não é cabível recurso especial fundado em alegada violação de enunciado de súmula. (*DJe* 02.03.2015).

519. Na hipótese de rejeição da impugnação ao cumprimento de sentença, não são cabíveis honorários advocatícios. (*DJe* 02.03.2015).

520. O benefício de saída temporária no âmbito da execução penal é ato jurisdicional insuscetível de delegação à autoridade administrativa do estabelecimento prisional. (*DJe* 25.03.2015.)

521. A legitimidade para a execução fiscal de multa pendente de pagamento imposta em sentença condenatória é exclusiva da Procuradoria da Fazenda Pública. (*DJe* 25.03.2015.)

522. A conduta de atribuir-se falsa identidade perante autoridade policial é típica, ainda que em situação de alegada autodefesa. (*DJe* 25.03.2015.)

523. A taxa de juros de mora incidente na repetição de indébito de tributos estaduais deve corresponder à utilizada para cobrança do tributo pago em atraso, sendo legítima a incidência da taxa Selic, em ambas as hipóteses, quando prevista na legislação local, vedada sua cumulação com quaisquer outros índices. (*DJe*, 27.04.2015.)

524. No tocante à base de cálculo, o ISSQN incide apenas sobre a taxa de agenciamento quando o serviço prestado por sociedade empresária de trabalho temporário for de intermediação, devendo, entretanto, englobar também os valores dos salários e encargos sociais dos trabalhadores por ela contratados nas hipóteses de fornecimento de mão de obra. (*DJe*, 27.04.2015.)

525. A Câmara de Vereadores não possui personalidade jurídica, apenas personalidade judiciária, somente podendo demandar em juízo para defender os seus direitos institucionais. (*DJe*, 27.04.2015.)

526. O reconhecimento de falta grave decorrente do cometimento de fato definido como crime doloso no cumprimento da pena prescinde do trânsito em julgado de sentença penal condenatória no processo penal instaurado para apuração do fato. (*DJe*, 18.05.2015.)

527. O tempo de duração da medida de segurança não deve ultrapassar o limite máximo da pena abstratamente cominada ao delito praticado. (*DJe*, 18.05.2015.)

528. Compete ao juiz federal do local da apreensão da droga remetida do exterior pela via postal processar e julgar o crime de tráfico internacional. (*DJe*, 18.05.2015.)

529. No seguro de responsabilidade civil facultativo, não cabe o ajuizamento de ação pelo terceiro prejudicado direta e exclusivamente em face da seguradora do apontado causador do dano. (*DJe*, 18.05.2015.)

530. Nos contratos bancários, na impossibilidade de comprovar a taxa de juros efetivamente contratada - por ausência de pactuação ou pela falta de juntada do instrumento aos autos -, aplica-se a taxa média de mercado, divulgada pelo Bacen, praticada nas operações da mesma espécie, salvo se a taxa cobrada for mais vantajosa para o devedor. (*DJe*, 18.05.2015.)

531. Em ação monitória fundada em cheque prescrito ajuizada contra o emitente, é dispensável a menção ao negócio jurídico subjacente à emissão da cártula. (*DJe*, 18.05.2015.)

532. Constitui prática comercial abusiva o envio de cartão de crédito sem prévia e expressa solicitação do consumidor, configurando-se ato ilícito indenizável e sujeito à aplicação de multa administrativa. (*DJe*, 18.05.2015.)

533. Para o reconhecimento da prática de falta disciplinar no âmbito da execução penal, é imprescindível a instauração de procedimento administrativo pelo diretor do estabelecimento prisional, assegurado o direito de defesa, a ser realizado por advogado constituído ou defensor público nomeado. (*DJe* 15.06.2015.)

- art. 5º, XXXCF.
- arts. 15, 16, 47, 48, 53, 54, 57, 59, 118, LEP.

534. A prática de falta grave interrompe a contagem do prazo para a progressão de regime de cumprimento de pena, o qual se reinicia a partir do cometimento dessa infração. (*DJe* 15.06.2015.)

- arts. 50, 51, 53, 57, p.u., 112, 118, 127, LEP.

535. A prática de falta grave não interrompe o prazo para fim de comutação de pena ou indulto. (*DJe* 15.06.2015.)

- arts. 112, 127, 142, LEP.
- Súm. 441, STJ.

536. A suspensão condicional do processo e a transação penal não se aplicam na hipótese de delitos sujeitos ao rito da Lei Maria da Penha. (*DJe* 15.06.2015.)

- art. 226, § 8º, CF.
- art. 129, § 9º, CP.

- art. 89, Lei 9.099/1995 (Lei dos Juizados Especiais.)
- art. 41, Lei 11.340/2006 (Lei Maria da Penha.)

537. Em ação de reparação de danos, a seguradora denunciada, se aceitar a denunciação ou contestar o pedido do autor, pode ser condenada, direta e solidariamente junto com o segurado, ao pagamento da indenização devida à vítima, nos limites contratados na apólice. (*DJe* 15.06.2015.)

538. As administradoras de consórcio têm liberdade para estabelecer a respectiva taxa de administração, ainda que fixada em percentual superior a dez por cento. (*DJe* 15.06.2015.)

- art. 33, p.u., Lei 8.177/1991 (Estabelece regras para a desindexação da economia.)
- Circulares Bacen 2.386/1993 e 2.766/1997.

539. É permitida a capitalização de juros com periodicidade inferior à anual em contratos celebrados com instituições integrantes do Sistema Financeiro Nacional a partir de 31/3/2000 (MP n. 1.963-17/2000, reeditada como MP n. 2.170-36/2001), desde que expressamente pactuada. (*DJe* 15.06.2015.)

- art. 591, CC/2002.
- art. 4º, Dec. 22.626/1933 (Lei de Usura.)
- art. 5º, Med. Prov. 2.170-36/2001.
- Súm. 121 e 593, STF.

540. Na ação de cobrança do seguro DPVAT, constitui faculdade do autor escolher entre os foros do seu domicílio, do local do acidente ou ainda do domicílio do réu. (*DJe* 15.06.2015.)

541. A previsão no contrato bancário de taxa de juros anual superior ao duodécuplo da mensal é suficiente para permitir a cobrança da taxa efetiva anual contratada.

- art. 591, CC/2002.
- art. 4º, Dec. 22.626/1933 (Lei de Usura.)
- art. 5º, Med. Prov. 2.170-36/2001.

542. A ação penal relativa ao crime de lesão corporal resultante deviolência doméstica contra a mulher é pública incondicionada (*DJe* 31.08.2015).

- Lei 11.340/2006

543. Na hipótese de resolução de contrato de promessa de compra e venda de imóvel submetido ao Código de Defesa do Consumidor, deve ocorrer a imediata restituição das parcelas pagas pelo promitente comprador - integralmente, em caso de culpa exclusiva do promitente vendedor/construtor, ou parcialmente, caso tenha sido o comprador quem deu causa ao desfazimento (*DJe* 31.08.2015).

- art. 122, CC/2002.
- art. 51, II e ICDC.

544. É válida a utilização de tabela do Conselho Nacional de Seguros Privados para estabelecer a proporcionalidade da indenização do seguro DPVAT ao grau de invalidez também na hipótese de sinistro anterior a 16/12/2008, data da entrada em vigor da Medida Provisória n. 451/2008.

- arts. 3º, 5º, § 5º e 12, Lei 6.194/1974.
- Lei 8.441/1992.
- Lei 11.482/2007.
- Súm. 474, STJ.

545. Quando a confissão for utilizada para a formação do convencimento do julgador, o réu fará jus à atenuante prevista no art. 65, III, d, do Código Penal. (*DJe*, 19.10.2015.)

546. A competência para processar e julgar o crime de uso de documento falso é firmada em razão da entidade ou órgão ao qual foi apresentado o documento público, não importando a qualificação do órgão expedidor. (*DJe*, 19.10.2015.)

- art. 109, ICF.
- art. 304, CP.

547. Nas ações em que se pleiteia o ressarcimento dos valores pagos a título de participação financeira do consumidor no custeio de construção de rede elétrica, o prazo prescricional é de vinte anos na vigência do Código Civil de 1916. Na vigência do Código Civil de 2002, o prazo é de cinco anos se houver previsão contratual de ressarcimento e de três anos na ausência de cláusula nesse sentido, observada a regra de transição disciplinada em seu art. 2.028. (*DJe*, 19.10.2015.)

- arts. 206, § 3º, I, e § 5º, CC/2002.

548. Incumbe ao credor a exclusão do registro da dívida em nome do devedor no cadastro de inadimplentes no prazo de cinco dias úteis, a partir do integral e efetivo pagamento do débito. (*DJe*, 19.10.2015.)

- arts. 43, § 3º, e 73, CDC.

549. É válida a penhora de bem de família pertencente a fiador de contrato de locação. (*DJe*, 19.10.2015.)

- art. 3º, VII, Lei 8.009/1973.

550. A utilização de escore de crédito, método estatístico de avaliação de risco que não constitui banco de dados, dispensa o consentimento do consumidor, que terá o direito de solicitar esclarecimentos sobre as informações pessoais valoradas e as fontes dos dados considerados no respectivo cálculo. (*DJe*, 19.10.2015.)

- art. 43, CDC.
- arts. 3º, § 3º, I e II, 5º, 17º, I, e 16, Lei 12.414/2011.

551. Nas demandas por complementação de ações de empresas de telefonia, admite-se a condenação ao pagamento de dividendos e juros sobre capital próprio independentemente de pedido expresso. No entanto, somente quando previstos no título executivo, poderão ser objeto de cumprimento de sentença. (*DJe*, 19.10.2015.)

- art. 9º, Lei 9.249/1995.
- Deliberação C683/2012.

552. O portador de surdez unilateral não se qualifica como pessoa com deficiência para o fim de disputar as vagas reservadas em concursos públicos. (*DJe*, 9.11.2015.)

- Lei 7.853/1989.
- arts. 3º, I, 4º, II, Dec. 3.298/1999.
- art. 70, Dec. 5.296/2004.

553. Nos casos de empréstimo compulsório sobre o consumo de energia elétrica, é competente a Justiça estadual para o julgamento de demanda proposta exclusivamente contra a Eletrobrás. Requerida a intervenção da União no feito após a prolação de sentença pelo juízo estadual, os autos devem ser remetidos ao Tribunal Regional Federal competente para o julgamento da apelação se deferida a intervenção. (*DJe* 15.12.2015.)

- art. 5º, p.u., Lei 9.469/1997.

554. Na hipótese de sucessão empresarial, a responsabilidade da sucessora abrange não apenas os tributos devidos pela sucedida, mas também as multas moratórias ou punitivas referentes a fatos geradores ocorridos até a data da sucessão. (*DJe* 15.12.2015.)

555. Quando não houver declaração do débito, o prazo decadencial quinquenal para o Fisco constituir o crédito tributário conta-se exclusivamente na forma do art. 173, I, do CTN, nos casos em que a legislação atribui ao sujeito passivo o dever de antecipar o pagamento sem prévio exame da autoridade administrativa. (*DJe* 15.12.2015.)

556. É indevida a incidência de imposto de renda sobre o valor da complementação de aposentadoria pago por entidade de previdência privada e em relação ao resgate de contribuições recolhidas para referidas entidades patrocinadoras no período de 1º/1/1989 a 31/12/1995, em razão da isenção concedida pelo art. 6º, VII, b, da Lei n. 7.713/1988, na redação anterior à que lhe foi dada pela Lei n. 9.250/1995. (*DJe* 15.12.2015.)

557. A renda mensal inicial (RMI) alusiva ao benefício de aposentadoria por invalidez precedido de auxílio-doença será apurada na forma do art. 36, § 7º, do Decreto n. 3.048/1999, observando-se, porém, os critérios previstos no art. 29, § 5º, da Lei n. 8.213/1991, quando intercalados períodos de afastamento e de atividade laboral. (*DJe* 15.12.2015.)

558. Em ações de execução fiscal, a petição inicial não pode ser indeferida sob o argumento da falta de indicação do CPF e/ou RG ou CNPJ da parte executada.

- (*DJe* 15.12.2015.)

559. Em ações de execução fiscal, é desnecessária a instrução da petição inicial com o demonstrativo de cálculo do débito, por tratar-se de requisito não previsto no art. 6º da Lei n. 6.830/1980. (*DJe* 15.12.2015.)

560. A decretação da indisponibilidade de bens e direitos, na forma do art. 185-A do CTN, pressupõe o exaurimento das diligências na busca por bens penhoráveis, o qual fica caracterizado quando infrutíferos o pedido de constrição sobre ativos financeiros e a expedição de ofícios aos registros públicos do domicílio do executado, ao Denatran ou Detran. (*DJe* 15.12.2015.)

561. Os Conselhos Regionais de Farmácia possuem atribuição para fiscalizar e autuar as farmácias e drogarias quanto ao cumprimento da exigência de manter profissional legalmente habilitado (farmacêutico) durante todo o período de funcionamento dos respectivos estabelecimentos. (*DJe* 15.12.2015.)

562. É possível a remição de parte do tempo de execução da pena quando o condenado, em regime fechado ou semiaberto, desempenha atividade laborativa, ainda que extramuros (*DJe*, 29.02.2016.)

563. O Código de Defesa do Consumidor é aplicável às entidades abertas de previdência complementar, não incidindo nos contratos previdenciários celebrados com entidades fechadas. (*DJe*, 29.02.2016.)

564. No caso de reintegração de posse em arrendamento mercantil financeiro, quando a soma da importância antecipada a título de valor residual garantido (VRG) com o valor da venda do bem ultrapassar o total do VRG previsto contratualmente, o arrendatário terá direito de receber a respectiva diferença, cabendo, porém, se estipulado no contrato, o prévio desconto de outras despesas ou encargos pactuados. (*DJe*, 29.02.2016.)

565. A pactuação das tarifas de abertura de crédito (TAC) e de emissão de carnê (TEC), ou outra denominação para o mesmo fato gerador, é válida apenas nos contratos bancários anteriores ao início da vigência da Resolução-CMN n. 3.518/2007, em 30.4.2008. (*DJe*, 29.02.2016.)

566. Nos contratos bancários posteriores ao início da vigência da Resolução-CMN n. 3.518/2007, em 30.4.2008, pode ser cobrada a tarifa de cadastro no início do relacionamento entre o consumidor e a instituição financeira. (*DJe*, 29.02.2016.)

567. Sistema de vigilância realizado por monitoramento eletrônico ou por existência de segurança no interior de estabelecimento comercial, por si só, não torna impossível a configuração do crime de furto. (*DJe*, 29.02.2016.)

568. O relator, monocraticamente e no Superior Tribunal de Justiça, poderá dar ou negar provimento ao recurso quando houver entendimento dominante acerca do tema. (*DJe*, 17.03.2016.)

- art. 105, III, a e c, CF.
- art. 926, § 2º, CPC/2015.

569. Na importação, é indevida a exigência de nova certidão negativa de débito no desembaraço aduaneiro, se já apresentada a comprovação da quitação de tributos federais quando da concessão do benefício relativo ao regime de *drawback*. (*DJe*, 02.05.2016.)

- art. 60, Lei 9.069/1995.

570. Compete à Justiça Federal o processo e julgamento de demanda em que se discute a ausência de ou o obstáculo ao credenciamento de instituição particular de ensino superior no Ministério da Educação como condição de expedição de diploma de ensino a distância aos estudantes. (*DJe*, 02.05.2016.)

- art. 109, I, CF.
- arts. 9º e 80, Lei 9.394/1996.

571. A taxa progressiva de juros não se aplica às contas vinculadas ao FGTS de trabalhadores qualificados como avulsos. (*DJe*, 02.05.2016.)

- arts. 1º e 2º, Lei 5.705/1971.
- art. 1º, Lei 5.958/1973.
- art. 3º, Lei 8.036/1990.
- art. 9º, VI, Dec. 3.048/1999.

572. O Banco do Brasil, na condição de gestor do Cadastro de Emitentes de Cheques sem Fundos (CCF), não tem a responsabilidade de notificar previamente o devedor acerca da sua inscrição no aludido cadastro, tampouco legitimidade passiva para as ações de reparação de danos fundadas na ausência de prévia comunicação (*DJe* 16.05.2016).

- Lei 8.078/1990, CDC.
- Res. 1.631/1989, Bacen.
- Res. 1.682/1990, Bacen.
- Circ. 2.250/1992, Bacen.

573. Nas ações de indenização decorrente de seguro DPVAT, a ciência inequívoca do caráter permanente da invalidez, para fins de contagem do prazo prescricional, depende de laudo médico, exceto nos casos de invalidez permanente notória ou naqueles em que o conhecimento anterior resulte comprovado na fase de instrução. (*DJe*, 27.06.2016.)

574. Para a configuração do delito de violação de direito autoral e a comprovação de sua materialidade, é suficiente a perícia realizada por amostragem do produto apreendido, nos aspectos externos do material, e é desnecessária a identificação dos titulares dos direitos autorais violados ou daqueles que os representem. (*DJe*, 27.06.2016.)

- art. 184, § 2º, CP.

575. Constitui crime a conduta de permitir, confiar ou entregar a direção de veículo automotor a pessoa que não seja habilitada, ou que se encontre em qualquer das situações previstas no art. 310 do CTB, independentemente da ocorrência de lesão ou de perigo de dano concreto na condução do veículo. (*DJe*, 27.06.2016.)

- art. 310, CTB.

576. Ausente requerimento administrativo no INSS, o termo inicial para a implantação da aposentadoria por invalidez concedida judicialmente será a data da citação válida. (*DJe*, 27.06.2016.)

577. É possível reconhecer o tempo de serviço rural anterior ao documento mais antigo apresentado, desde que amparado em convincente prova testemunhal colhida sob o contraditório. (*DJe*, 27.06.2016.)

- arts. 55, § 3º, 106, e 142, Lei 8.213/1991.
- art. 63, Dec., 3.048/1999.
- Súm. 149, STJ.

578. Os empregados que laboram no cultivo da cana-de-açúcar para empresa agroindustrial ligada ao setor sucroalcooleiro detêm a qualidade de rurícola, ensejando a isenção do FGTS desde a edição da Lei Complementar n. 11/1971 até a promulgação da Constituição Federal de 1988. (*DJe*, 27.06.2016.)

- art. 7º, III, CF.
- LC 11/1971.
- arts. 2º e 3º, § 1º, Lei 5.889/1973.

579. Não é necessário ratificar o recurso especial interposto na pendência do julgamento dos embargos de declaração, quando inalterado o resultado anterior. (*DJe* 1º.08.2016.)

- arts. 218, § 4º, e 1.024, § 5º, CPC/2015.
- Súm. 418, STJ.

580. A correção monetária nas indenizações do seguro DPVAT por morte ou invalidez, prevista no § 7º do art. 5º da Lei n. 6.194/1974, redação dada pela Lei n. 11.482/2007, incide desde a data do evento danoso. (*DJe* 19.09.2016)

581. A recuperação judicial do devedor principal não impede o prosseguimento das ações e execuções ajuizadas contra terceiros devedores solidários ou coobrigados em geral, por garantia cambial, real ou fidejussória. (*DJe* 19.09.2016)

- arts. 6º, 49, § 1º, 52, III, e 59, Lei 11.101/2005.

582. Consuma-se o crime de roubo com a inversão da posse do bem mediante emprego de violência ou grave ameaça, ainda que por breve tempo e em seguida à perseguição imediata ao agente e recuperação da coisa roubada, sendo prescindível a posse mansa e pacífica ou desvigiada. (*DJe* 19.09.2016)

- art. 157, CP.

583. O arquivamento provisório previsto no art. 20 da Lei n. 10.522/2002, dirigido aos débitos inscritos como dívida ativa da União pela Procuradoria-Geral da Fazenda Nacional ou por ela cobrados, não se aplica às execuções fiscais movidas pelos conselhos de fiscalização profissional ou pelas autarquias federais. (*DJe* 1º.02.2017.)

- art. 1º-A, Lei 9.469/1997 (Regulamenta o disposto no inciso do art. 4º da Lei Complementar n. 73/1993; dispõe sobre a intervenção da União nas causas em que figurarem, como autores ou réus, entes da administração indireta; regula os pagamentos devidos pela Fazenda Pública em virtude de sentença judiciária).
- art. 10, Lei 10.480/2002 (Dispõe sobre o quadro de pessoal da Advocacia-Geral da União, cria a Procuradoria-Geral Federal).
- art. 20, Lei 10.522/2002 (Dispõe sobre o cadastro informativo dos créditos não quitados de órgãos e entidades federais).
- art. 5º, Lei 11.098/2005 (Atribui ao Ministério da Previdência Social competências relativas à arrecadação, fiscalização, lançamento e normatização de receitas previdenciárias).
- art. 22, Lei 11.457/2007 (Dispõe sobre a administração tributária federal).

- art. 8º, Lei 12.514/2011 (Trata das contribuições devidas aos conselhos profissionais em geral).

584. As sociedades corretoras de seguros, que não se confundem com as sociedades de valores mobiliários ou com os agentes autônomos de seguro privado, estão fora do rol de entidades constantes do art. 22, § 1º, da Lei n. 8.212/1991, não se sujeitando à majoração da alíquota da Cofins prevista no art. 18 da Lei n. 10.684/2003. (*DJe* 1º.02.2017.)

- art. 22, § 1º, Lei 8.212/1991 (Lei Orgânica da Seguridade Social).
- art. 3º, § 6º, Lei 9.718/1998 (Altera a legislação tributária federal).
- art. 18, Lei 10.684/2003 (Altera a legislação tributária, dispõe sobre parcelamento de débitos junto à SRF, Á PGFN e ao INSS).

585. A responsabilidade solidária do ex-proprietário, prevista no art. 134 do Código de Trânsito Brasileiro - CTB, não abrange o IPVA incidente sobre o veículo automotor, no que se refere ao período posterior à sua alienação. (*DJe* 1º.02.2017.)

- arts. 1.226 e 1.267, CC/2002.
- art. 134, CTB.

586. A exigência de acordo entre o credor e o devedor na escolha do agente fiduciário aplica-se, exclusivamente, aos contratos não vinculados ao Sistema Financeiro da Habitação - SFH. (*DJe* 1º.02.2017.)

- art. 30, I e II, e §§ 1º e 2º, Dec.-Lei 70/1966 (Autoriza o funcionamento de associações de poupança e empréstimo, institui a cédula hipotecária).

587. Para a incidência da majorante prevista no art. 40, V, da Lei n. 11.343/2006, é desnecessária a efetiva transposição de fronteiras entre estados da Federação, sendo suficiente a demonstração inequívoca da intenção de realizar o tráfico interestadual. (*DJe*, 18.09.2017.)

588. A prática de crime ou contravenção penal contra a mulher com violência ou grave ameaça no ambiente doméstico impossibilita a substituição da pena privativa de liberdade por restritiva de direitos. (*DJe*, 18.09.2017.)

- Art. 44, I, CP.
- Lei 11.340/2006.

589. É inaplicável o princípio da insignificância nos crimes ou contravenções penais praticados contra a mulher no âmbito das relações domésticas. (*DJe*, 18.09.2017.)

- Lei 11.340/2006.

590. Constitui acréscimo patrimonial a atrair a incidência do imposto de renda, em caso de liquidação de entidade de previdência privada, a quantia que couber a cada participante, por rateio do patrimônio, superior ao valor das respectivas contribuições à entidade em liquidação, devidamente atualizadas e corrigidas. (*DJe*, 18.09.2017.)

- Art. 43, CTN.

591. É permitida a prova emprestada no processo administrativo disciplinar, desde que devidamente autorizada pelo juízo competente e respeitados o contraditório e a ampla defesa. (*DJe*, 18.09.2017.)

592. O excesso de prazo para a conclusão do processo administrativo disciplinar só causa nulidade se houver demonstração de prejuízo à defesa. (*DJe*, 18.09.2017.)

- Art. 169, § 1°, Lei 8.112/1990.

593. O crime de estupro de vulnerável se configura com a conjunção carnal ou prática de ato libidinoso com menor de 14 anos, sendo irrelevante eventual consentimento da vítima para a prática do ato, sua experiência sexual anterior ou existência de relacionamento amoroso com o agente.

- Art. 217-A, CP.

594. O Ministério Público tem legitimidade ativa para ajuizar ação de alimentos em proveito de criança ou adolescente independentemente do exercício do poder familiar dos pais, ou do fato de o menor se encontrar nas situações de risco descritas no art. 98 do Estatuto da Criança e do Adolescente, ou de quaisquer outros questionamentos acerca da existência ou eficiência da Defensoria Pública na comarca.

- Art. 201, III, ECA.

595. As instituições de ensino superior respondem objetivamente pelos danos suportados pelo aluno/consumidor pela realização de curso não reconhecido pelo Ministério da Educação, sobre o qual não lhe tenha sido dada prévia e adequada informação.

- Arts. 186 e 927, CC.
- Arts. 6°, III, , 14, § 1°, 20, § 2° e 37, §§ 1° e 3°, CDC.

596. A obrigação alimentar dos avós tem natureza complementar e subsidiária, somente se configurando no caso de impossibilidade total ou parcial de seu cumprimento pelos pais.

- Arts. 1.696 e 1.698, CC.

597. A cláusula contratual de plano de saúde que prevê carência para utilização dos serviços de assistência médica nas situações de emergência ou de urgência é considerada abusiva se ultrapassado o prazo máximo de 24 horas contado da data da contratação.

598. É desnecessária a apresentação de laudo médico oficial para o reconhecimento judicial da isenção do imposto de renda, desde que o magistrado entenda suficientemente demonstrada a doença grave por outros meios de prova.

- Art. 30, Lei 9.250/1995.

599. O princípio da insignificância é inaplicável aos crimes contra a administração pública.

- Arts. 171, § 3°, 312 e 359-D, CP.

600. Para a configuração da violência doméstica e familiar prevista no artigo 5º da Lei n. 11.340/2006 (Lei Maria da Penha) não se exige a coabitação entre autor e vítima.

- Art. 226, § 8°, CF.
- Arts. 5° e 7°, Lei 11.340/2006.

601. O Ministério Público tem legitimidade ativa para atuar na defesa de direitos difusos, coletivos e individuais homogêneos dos consumidores, ainda que decorrentes da prestação de serviço público.

- Arts. 127, 129, III, CF.
- Arts. 81 e 82, CDC.
- Arts. 1°, 5° e 21, Lei 7.347/1985.

602. O Código de Defesa do Consumidor é aplicável aos empreendimentos habitacionais promovidos pelas sociedades cooperativas.

603. É vedado ao banco mutuante reter, em qualquer extensão, os salários, vencimentos e/ou proventos de correntista para adimplir o mútuo (comum) contraído, ainda que haja cláusula contratual autorizativa, excluído o empréstimo garantido por margem salarial consignável, com desconto em folha de pagamento, que possui regramento legal específico e admite a retenção de percentual.

- Cancelada.

604. O mandado de segurança não se presta para atribuir efeito suspensivo a recurso criminal interposto pelo Ministério Público.

- Art. 5°, LXIX, CF.
- Arts. 581, 584, 593 e 597, CPP.
- Art. 197, LEP.

605. A superveniência da maioridade penal não interfere na apuração de ato infracional nem na aplicabilidade de medida socioeducativa em curso, inclusive na liberdade assistida, enquanto não atingida a idade de 21 anos.

- Arts. 2º, par. único, 104, par. únco e 121, § 5°, ECA.

606. Não se aplica o princípio da insignificância a casos de transmissão clandestina de sinal de internet via radiofrequência, que caracteriza o fato típico previsto no art. 183 da Lei n. 9.472/1997.

- Art. 21, XI, CF.
- Art. 70, Lei 4.117/1962.
- Arts. 61 e 183, Lei 9.472/1997.

607. A majorante do tráfico transnacional de drogas (art. 40, I, da Lei n. 11.343/2006) configura-se com a prova da destinação internacional das drogas, ainda que não consumada a transposição de fronteiras.

- Art. 40, I, Lei 11.343/2006.

608. Aplica-se o Código de Defesa do Consumidor aos contratos de plano de saúde, salvo os administrados por entidades de autogestão.

- Arts. 1°, § 2°, 10, § 3° e 35-G, Lei 9.656/1998.
- Súm. 563, STJ.

609. A recusa de cobertura securitária, sob a alegação de doença preexistente, é ilícita se não houve a exigência de exames médicos prévios à contratação ou a demonstração de má-fé do segurado.

- Arts. 422, 765 e 766, CC.
- Art. 51, IV, CDC.

610. O suicídio não é coberto nos dois primeiros anos de vigência do contrato de seguro de vida, ressalvado o direito do beneficiário à devolução do montante da reserva técnica formada.

- Arts. 797, par. único e 798, CC.

611. Desde que devidamente motivada e com amparo em investigação ou sindicância, é permitida a instauração de processo administrativo disciplinar com base em denúncia anônima, em face do poder-dever de autotutela imposto à Administração.

- Arts. 143 e 144, Lei 8.112/1991.

612. O certificado de entidade beneficente de assistência social (CEBAS), no prazo de sua validade, possui natureza declaratória para fins tributários, retroagindo seus efeitos à data em que demonstrado o cumprimento dos requisitos estabelecidos por lei complementar para a fruição da imunidade.

- Arts. 9°, IV, *c* e 14, CTN.

613. Não se admite a aplicação da teoria do fato consumado em tema de Direito Ambiental.

- Art. 225, CF.
- Arts. 2°, I e 14, § 1°, Lei 6.938/1981.
- Arts. 61-A a C e 62 a 65, Lei 12.651/2012.

614. O locatário não possui legitimidade ativa para discutir a relação jurídico-tributária de IPTU e de taxas referentes ao imóvel alugado nem para repetir indébito desses tributos.

- Arts. 32, 34, 123 e 166, CTN.

615. Não pode ocorrer ou permanecer a inscrição do município em cadastros restritivos fundada em irregularidades na gestão anterior quando, na gestão sucessora, são tomadas as providências cabíveis à reparação dos danos eventualmente cometidos.

- Art. 25, LCP.
- Arts. 7° e 26, Lei 10.522/2002.

616. A indenização securitária é devida quando ausente a comunicação prévia do segurado acerca do atraso no pagamento do prêmio, por constituir requisito essencial para a suspensão ou resolução do contrato de seguro.

- Art. 12, Dec.-Lei 73/1966.

617. A ausência de suspensão ou revogação do livramento condicional antes do término do período de prova enseja a extinção da punibilidade pelo integral cumprimento da pena.

- Art. 90, CP.
- Arts. 145 e 146, Lei 7.210/1984.

618. A inversão do ônus da prova aplica-se às ações de degradação ambiental.

- Art. 6°, VIII, CDC.
- Art. 21, Lei 7.347/1985.

619. A ocupação indevida de bem público configura mera detenção, de natureza precária, insuscetível de retenção ou indenização por acessões e benfeitorias.

- Art. 191, p. ún. da CF.
- Arts. 1.208 e 1.255 do CC.

620. A embriaguez do segurado não exime a seguradora do pagamento da indenização prevista em contrato de seguro de vida.

621. Os efeitos da sentença que reduz, majora ou exonera o alimentante do pagamento retroagem à data da citação, vedadas a compensação e a repetibilidade.

622. A notificação do auto de infração faz cessar a contagem da decadência para a constituição do crédito tributário; exaurida a instância administrativa com o decurso do prazo para a impugnação ou com a notificação de seu julgamento definitivo e esgotado o prazo concedido pela Administração para o pagamento voluntário, inicia-se o prazo prescricional para a cobrança judicial.

623. As obrigações ambientais possuem natureza *propter rem*, sendo admissível cobrá-las do proprietário ou possuidor atual e/ou dos anteriores, à escolha do credor.

624. É possível cumular a indenização do dano moral com a reparação econômica da Lei n. 10.559/2002 (Lei da Anistia Política).

625. O pedido administrativo de compensação ou de restituição não interrompe o prazo prescricional para a ação de repetição de indébito tributário de que trata o art. 168 do CTN nem o da execução de título judicial contra a Fazenda Pública.

626. A incidência do IPTU sobre imóvel situado em área considerada pela lei local como urbanizável ou de expansão urbana não está condicionada à existência dos melhoramentos elencados no art. 32, § 1º, do CTN.

627. O contribuinte faz jus à concessão ou à manutenção da isenção do imposto de renda, não se lhe exigindo a demonstração da contemporaneidade dos sintomas da doença nem da recidiva da enfermidade.

628. A teoria da encampação é aplicada no mandado de segurança quando presentes, cumulativamente, os seguintes requisitos: a) existência de vínculo hierárquico entre a autoridade que prestou informações e a que ordenou a prática do ato impugnado; b) manifestação a respeito do mérito nas informações prestadas; e c) ausência de modificação de competência estabelecida na Constituição Federal.

629. Quanto ao dano ambiental, é admitida a condenação do réu à obrigação de fazer ou à de não fazer cumulada com a de indenizar.

630. A incidência da atenuante da confissão espontânea no crime de tráfico ilícito de entorpecentes exige o reconhecimento da traficância pelo acusado, não bastando a mera admissão da posse ou propriedade para uso próprio.

631. O indulto extingue os efeitos primários da condenação (pretensão executória), mas não atinge os efeitos secundários, penais ou extrapenais.

632. Nos contratos de seguro regidos pelo Código Civil, a correção monetária sobre a indenização securitária incide a partir da contratação até o efetivo pagamento.

633. A Lei n. 9.784/1999, especialmente no que diz respeito ao prazo decadencial para a revisão de atos administrativos no âmbito da Administração Pública federal, pode ser aplicada, de forma subsidiária, aos estados e municípios, se inexistente norma local e específica que regule a matéria.

634. Ao particular aplica-se o mesmo regime prescricional previsto na Lei de Improbidade Administrativa para o agente público.

635. Os prazos prescricionais previstos no art. 142 da Lei n. 8.112/1990 iniciam-se na data em que a autoridade competente para a abertura do procedimento administrativo toma conhecimento do fato, interrompem-se com o primeiro ato de instauração válido - sindicância de caráter punitivo ou processo disciplinar - e voltam a fluir por inteiro, após decorridos 140 dias desde a interrupção.

636. A folha de antecedentes criminais é documento suficiente a comprovar os maus antecedentes e a reincidência.

637. O ente público detém legitimidade e interesse para intervir, incidentalmente, na ação possessória entre particulares, podendo deduzir qualquer matéria defensiva, inclusive, se for o caso, o domínio.

638. É abusiva a cláusula contratual que restringe a responsabilidade de instituição financeira pelos danos decorrentes de roubo, furto ou extravio de bem entregue em garantia no âmbito de contrato de penhor civil.

639. Não fere o contraditório e o devido processo decisão que, sem ouvida prévia da defesa, determine transferência ou permanência de custodiado em estabelecimento penitenciário federal.

640. O benefício fiscal que trata do Regime Especial de Reintegração de Valores Tributários para as Empresas Exportadoras (REINTEGRA) alcança as operações de venda de mercadorias de origem nacional para a Zona Franca de Manaus, para consumo, industrialização ou reexportação para o estrangeiro.

641. A portaria de instauração do processo administrativo disciplinar prescinde da exposição detalhada dos fatos a serem apurados.

642. O direito à indenização por danos morais transmite-se com o falecimento do titular, possuindo os herdeiros da vítima legitimidade ativa para ajuizar ou prosseguir a ação indenizatória.

Súmulas

1. Proposta a ação para desconstituir a decisão que rejeitou as contas, anteriormente à impugnação, fica suspensa a inelegibilidade (Lei Complementar nº 64/90, art. 1º, I, g).

- Cancelada.

2. Assinada e recebida a ficha de filiação partidária até o termo final do prazo fixado em lei, considera-se satisfeita a correspondente condição de elegibilidade, ainda que não tenha fluído, até a mesma data, o tríduo legal de impugnação.

- Lei 9.096/1995, arts. 17 a 19.
- Lei 5.682/71 (LOPP), art. 65 e parágrafos;
- Acórdão 12.367, de 27.08.1992.
- Acórdão 12.368, de 27.08.1992.
- Acórdão 12.376, de 1º.09.1992.
- Acórdão 12.378, de 1º.09.1992.

3. No processo de registro de candidatos, não tendo o juiz aberto prazo para o suprimento de defeito da instrução do pedido, pode o documento, cuja falta houver motivado o indeferimento, ser juntado com o recurso ordinário.

- Resolução-TSE 17.845/92.
- Acórdão 12.609, de 19.9.92.
- Acórdão 2.493, de 10.9.92.

4. Não havendo preferência entre candidatos que pretendam o registro da mesma variação nominal, defere-se o do que primeiro o tenha requerido.

- Lei 9.504/1997, art. 12, § 1º, I a V (regras para determinação da preferência).
- Acórdão 12.497, de 10.9.92.

5. Serventuário de cartório, celetista, não se inclui na exigência do art. 1º, II, l, da Lei Complementar n. 64/1990.

- LC 64/90, art. 1º, II, l.
- Acórdão 12.757 (RE 10.280).
- Acórdão 12.758 (RE 10.129).

6. São inelegíveis para o cargo de Chefe do Executivo o cônjuge e os parentes, indicados no § 7º do art. 14 da Constituição Federal, do titular do mandato, salvo se este, reelegível, tenha falecido, renunciado ou se afastado definitivamente do cargo até seis meses antes do pleito.

- Nova redação (*DJE* de 24, 27 e 28.6.2016.)

7. É inelegível para o cargo de prefeito a irmã da concubina do atual titular do mandato.

- Cancelada.

8. O vice-prefeito é inelegível para o mesmo cargo.

- Cancelada.

9. A suspensão de direitos políticos decorrente de condenação criminal transitada em julgado cessa com o cumprimento ou a extinção da pena, independendo de reabilitação ou de prova de reparação dos danos.

- CF, art. 15, III.
- Recurso 9.900/92 (Acórdão 12.731).
- Recurso 9.760/92 (Acórdão 12.877).
- Recurso 10.797, de 1º.10.92.

10. No processo de registro de candidatos, quando a sentença for entregue em Cartório antes de três dias contados da conclusão ao Juiz, o prazo para o recurso ordinário, salvo intimação pessoal anterior, só se conta do termo final daquele tríduo.

- LC 64/90, art. 8º.
- Recurso 10.446, de 30.9.92.
- Recurso 10.100, de 1º.10.92.

11. No processo de registro de candidatos, o partido que não o impugnou não tem legitimidade para recorrer da sentença que o deferiu, salvo se se cuidar de matéria constitucional.

- Ac.-TSE, de 3.11.2010, no AgR-REspe 937944: ilegitimidade também de candidato, coligação ou MPE.
- Ac.-TSE 22.578/2004: aplicação desta súmula a todos os legitimados a impugnar registro de candidatura. Ac.-TSE 12.371/1992, 13.058/1992, 13.268/1996, 14.133/1996 e Ac.-TSE, de 19.12.2006, no REspe 27.967: legitimidade recursal do Ministério Público Eleitoral, ainda que não haja impugnado o pedido de registro de candidato; contra, os Ac.-TSE 12.230/1994 e 14.294/1996.
- Ac. STF, de 18.12.2013, no ARE 728.188; e Res.-TSE 23.405/2014: o Ministério Público tem legitimidade para recorrer de decisão que defere registro de candidatura, ainda que não haja apresentado impugnação, sendo-lhe inaplicável a presente súmula.
- Rec. 9.678, de 1º.10.92.

12. São inelegíveis, no município desmembrado, e ainda não instalado, o cônjuge e os parentes consanguíneos ou afins, até o segundo grau ou por adoção, do prefeito do município-mãe, ou de quem o tenha substituído, dentro dos seis meses anteriores ao pleito, salvo se já titular de mandato eletivo.

- Acórdão 12.902 (Rec. 9.927), de 30.9.92; Acórdão 12.956 (Rec. 10.402), de 1º.10.92; Acórdão 12.933 (Rec. 10.837), de 1º.10.92; Resolução 18.219 (Cons. 12.739), de 2.6.92.

13. Não é autoaplicável o § 9º do art. 14 da Constituição, com a redação da Emenda Constitucional de Revisão n. 4/1994.

- Texto reiterado pelo Ac.-TSE, de 10.5.2016, no PA 32345, publicado no *DJE* de 24, 27 e 28.6.2016, com supressão de vírgula.
- Recurso 12.082, Rel. Min. Diniz de Andrada, 4.8.94.
- Recurso 2.107, Rel. Min. Flaquer Scartezzini, 6.8.94.
- Recurso 12.081, Rel. Min. Flaquer Scartezzini, 6.8.94.

14. A duplicidade de que cuida o parágrafo único do artigo 22 da Lei nº 9.096/95 somente fica caracterizada caso a nova filiação houver ocorrido após a remessa das listas previstas no parágrafo único do artigo 58 da referida lei.

- Cancelada.

15. O exercício de mandato eletivo não é circunstância capaz, por si só, de comprovar a condição de alfabetizado do candidato.

- Nova redação. Ac.-TSE, de 10.5.2016, no PA 32.345. *DJE* de 24, 27 e 28.6.2016.

16. A falta de abertura de conta bancária específica não é fundamento suficiente para a rejeição de contas de campanha eleitoral, desde que, por outros meios, se possa demonstrar sua regularidade (art. 34 da Lei nº 9.096, de 19.9.95).

- Cancelada.

17. Não é admissível a presunção de que o candidato, por ser beneficiário de propaganda eleitoral irregular, tenha prévio conhecimento de sua veiculação (arts. 36 e 37 da Lei nº 9.504, de 30.9.97)

- Cancelada.

18. Conquanto investido de poder de polícia, não tem legitimidade o juiz eleitoral para, de ofício, instaurar procedimento com a finalidade de impor multa pela veiculação de propaganda eleitoral em desacordo com a Lei n. 9.504/1997.

- Acórdão 2.096, de 15.2.2000.
- Acórdão 15.883, de 12.8.99.
- Acórdão 16.025, de 10.8.99.
- Acórdão 16.073, de 14.9.99.
- Acórdão 16.107, de 30.9.99.
- Acórdão 16.195, de 14.12.99.

19. O prazo de inelegibilidade decorrente da condenação por abuso do poder econômico ou político tem início no dia da eleição em que este se verificou e finda no dia de igual número no oitavo ano seguinte (art. 22, XIV, da LC 64/90).

- Nova redação (Ac.-TSE, de 10.5.2016, no PA 32.345. *DJE* de 24, 27 e 28.6.2016.)

20. A prova de filiação partidária daquele cujo nome não constou da lista de filiados de que trata o art. 19 da Lei n. 9.096/95, pode ser realizada por outros elementos de convicção, salvo quando se tratar de documentos produzidos unilateralmente, destituídos de fé pública.

- Nova redação (Ac.-TSE, de 10.5.2016, no PA n. 32.345. *DJE* de 24, 27 e 28.6.2016.)

21. O prazo para ajuizamento da representação contra doação de campanha acima do limite legal é de 180 dias, contados da data da diplomação.

- Cancelada.

22. Não cabe mandado de segurança contra decisão judicial recorrível, salvo situações de teratologia ou manifestamente ilegais. (*DJE* de 24, 27 e 28.6.2016.)

23. Não cabe mandado de segurança contra decisão judicial transitada em julgado. (*DJE* de 24, 27 e 28.6.2016.)

24. Não cabe recurso especial eleitoral para simples reexame do conjunto fático-probatório. (*DJE* de 24, 27 e 28.6.2016.)

25. É indispensável o esgotamento das instâncias ordinárias para a interposição de recurso especial eleitoral. (*DJE* de 24, 27 e 28.6.2016.)

26. É inadmissível o recurso que deixa de impugnar especificamente fundamento da decisão recorrida que é, por si só, suficiente para a manutenção desta. (*DJE* de 24, 27 e 28.6.2016.)

27. É inadmissível recurso cuja deficiência de fundamentação impossibilite a compreensão da controvérsia. (*DJE* de 24, 27 e 28.6.2016.)

28. A divergência jurisprudencial que fundamenta o recurso especial interposto com base na alínea b do inciso I do art. 276 do Código Eleitoral somente estará demonstrada mediante a realização de cotejo analítico e a existência de similitude fática entre os acórdãos paradigma e o aresto recorrido. (*DJE* de 24, 27 e 28.6.2016.)

29. A divergência entre julgados do mesmo Tribunal não se presta a configurar dissídio jurisprudencial apto a fundamentar recurso especial eleitoral. (*DJE* de 24, 27 e 28.6.2016.)

30. Não se conhece de recurso especial eleitoral por dissídio jurisprudencial, quando a decisão recorrida estiver em conformidade com a jurisprudência do Tribunal Superior Eleitoral. (*DJE* de 24, 27 e 28.6.2016.)

31. Não cabe recurso especial eleitoral contra acórdão que decide sobre pedido de medida liminar. (*DJE* de 24, 27 e 28.6.2016.)

32. É inadmissível recurso especial eleitoral por violação à legislação municipal ou estadual, ao Regimento Interno dos Tribunais Eleitorais ou às normas partidárias. (*DJE* de 24, 27 e 28.6.2016.)

33. Somente é cabível ação rescisória de decisões do Tribunal Superior Eleitoral que versem sobre a incidência de causa de inelegibilidade. (*DJE* de 24, 27 e 28.6.2016.)

34. Não compete ao Tribunal Superior Eleitoral processar e julgar mandado de segurança contra ato de membro de Tribunal Regional Eleitoral. (*DJE* de 24, 27 e 28.6.2016.)

35. Não é cabível reclamação para arguir o descumprimento de resposta a consulta ou de ato normativo do Tribunal Superior Eleitoral. (*DJE* de 24, 27 e 28.6.2016.)

36. Cabe recurso ordinário de acórdão de Tribunal Regional Eleitoral que decida sobre inelegibilidade, expedição ou anulação de diploma ou perda de mandato eletivo nas eleições federais ou estaduais (art. 121, § 4º, incisos III e IV, da Constituição Federal). (*DJE* de 24, 27 e 28.6.2016.)

37. Compete originariamente ao Tribunal Superior Eleitoral processar e julgar recurso contra expedição de diploma envolvendo eleições federais ou estaduais. (*DJE* de 24, 27 e 28.6.2016.)

38. Nas ações que visem à cassação de registro, diploma ou mandato, há litisconsórcio passivo necessário entre o titular e o respectivo vice da chapa majoritária. (*DJE* de 24, 27 e 28.6.2016.)

39. Não há formação de litisconsórcio necessário em processos de registro de candidatura. (*DJE* de 24, 27 e 28.6.2016.)

40. O partido político não é litisconsorte passivo necessário em ações que visem à cassação de diploma. (*DJE* de 24, 27 e 28.6.2016.)

41. Não cabe à Justiça Eleitoral decidir sobre o acerto ou desacerto das decisões proferidas por outros Órgãos do Judiciário ou dos Tribunais de Contas que configurem causa de inelegibilidade. (*DJE* de 24, 27 e 28.6.2016.)

42. A decisão que julga não prestadas as contas de campanha impede o candidato de obter a certidão de quitação eleitoral durante o curso do mandato ao qual concorreu, persistindo esses efeitos, após esse período, até a efetiva apresentação das contas. (*DJE* de 24, 27 e 28.6.2016.)

43. As alterações fáticas ou jurídicas supervenientes ao registro que beneficiem o candidato, nos termos da parte final do art. 11, § 10, da Lei n. 9.504/97, também devem ser admitidas para as condições de elegibilidade. (*DJE* de 24, 27 e 28.6.2016.)

44. O disposto no art. 26-C da LC n. 64/90 não afasta o poder geral de cautela conferido ao magistrado pelo Código de Processo Civil. (*DJE* de 24, 27 e 28.6.2016.)

45. Nos processos de registro de candidatura, o Juiz Eleitoral pode conhecer de ofício da existência de causas de inelegibilidade ou da ausência de condição de elegibilidade, desde que resguardados o contraditório e a ampla defesa. (*DJE* de 24, 27 e 28.6.2016.)

46. É ilícita a prova colhida por meio da quebra do sigilo fiscal sem prévia e fundamentada autorização judicial, podendo o Ministério Público Eleitoral acessar diretamente apenas a relação dos doadores que excederam os limites legais, para os fins da representação cabível, em que poderá requerer, judicialmente e de forma individualizada, o acesso aos dados relativos aos rendimentos do doador. (*DJE* de 24, 27 e 28.6.2016.)

47. A inelegibilidade superveniente que autoriza a interposição de recurso contra expedição de diploma, fundado no art. 262 do Código Eleitoral, é aquela de índole constitucional ou, se infraconstitucional, superveniente ao registro de candidatura, e que surge até a data do pleito. (*DJE* de 24, 27 e 28.6.2016.)

48. A retirada da propaganda irregular, quando realizada em bem particular, não é capaz de elidir a multa prevista no art. 37, § 1º, da Lei n. 9.504/97. (*DJE* de 24, 27 e 28.6.2016.)

49. O prazo de cinco dias, previsto no art. 3º da LC n. 64/90, para o Ministério Público impugnar o registro inicia-se com a publicação do edital, caso em que é excepcionada a regra que determina a sua intimação pessoal. (*DJE* de 24, 27 e 28.6.2016.)

50. O pagamento da multa eleitoral pelo candidato ou a comprovação do cumprimento regular de seu parcelamento após o pedido de registro, mas antes do julgamento respectivo, afasta a ausência de quitação eleitoral. (*DJE* de 24, 27 e 28.6.2016.)

51. O processo de registro de candidatura não é o meio adequado para se afastarem os eventuais vícios apurados no processo de prestação de contas de campanha ou partidárias. (*DJE* de 24, 27 e 28.6.2016.)

52. Em registro de candidatura, não cabe examinar o acerto ou desacerto da decisão que examinou, em processo específico, a filiação partidária do eleitor. (*DJE* de 24, 27 e 28.6.2016.)

53. O filiado a partido político, ainda que não seja candidato, possui legitimidade e interesse para impugnar pedido de registro de coligação partidária da qual é integrante, em razão de eventuais irregularidades havidas em convenção. (*DJE* de 24, 27 e 28.6.2016.)

54. A desincompatibilização de servidor público que possui cargo em comissão é de três meses antes do pleito e pressupõe a exoneração do cargo comissionado, e não apenas seu afastamento de fato. (*DJE* de 24, 27 e 28.6.2016.)

55. A Carteira Nacional de Habilitação gera a presunção da escolaridade necessária ao deferimento do registro de candidatura. (*DJE* de 24, 27 e 28.6.2016.)

56. A multa eleitoral constitui dívida ativa de natureza não tributária, submetendo-se ao prazo prescricional de 10 (dez) anos, nos moldes do art. 205 do Código Civil. (*DJE* de 24, 27 e 28.6.2016.)

57. A apresentação das contas de campanha é suficiente para a obtenção da quitação eleitoral, nos termos da nova redação conferida ao art. 11, § 7º, da Lei n. 9.504/97, pela Lei n. 12.034/2009. (*DJE* de 24, 27 e 28.6.2016.)

58. Não compete à Justiça Eleitoral, em processo de registro de candidatura, verificar a prescrição da pretensão punitiva ou executória do candidato e declarar a extinção da pena imposta pela Justiça Comum. (*DJE* de 24, 27 e 28.6.2016.)

59. O reconhecimento da prescrição da pretensão executória pela Justiça Comum não afasta a inelegibilidade prevista no art. 1º, I, e, da LC n. 64/90, porquanto não extingue os efeitos secundários da condenação. (*DJE* de 24, 27 e 28.6.2016.)

60. O prazo da causa de inelegibilidade prevista no art. 1º, I, e, da LC n. 64/90 deve ser contado a partir da data em que ocorrida a prescrição da pretensão executória e não do momento da sua declaração judicial. (*DJE* de 24, 27 e 28.6.2016.)

61. O prazo concernente à hipótese de inelegibilidade prevista no art. 1º, I, e, da LC n. 64/90 projeta-se por oito anos após o cumprimento da pena, seja ela privativa de liberdade, restritiva de direito ou multa. (*DJE* de 24, 27 e 28.6.2016.)

62. Os limites do pedido são demarcados pelos fatos imputados na inicial, dos quais a parte se defende, e não pela capitulação legal atribuída pelo autor. (*DJE* de 24, 27 e 28.6.2016.)

63. A execução fiscal de multa eleitoral só pode atingir os sócios se preenchidos os requisitos para a desconsideração da personalidade jurídica previstos no art. 50 do Código Civil, tendo em vista a natureza não tributária da dívida, observados, ainda, o contraditório e a ampla defesa. (*DJE* de 24, 27 e 28.6.2016.)

64. Contra acórdão que discute, simultaneamente, condições de elegibilidade e de inelegibilidade, é cabível o recurso ordinário. (*DJE* de 24, 27 e 28.6.2016.)

65. Considera-se tempestivo o recurso interposto antes da publicação da decisão recorrida. (*DJE* de 24, 27 e 28.6.2016.)

66. A incidência do § 2º do art. 26-C da LC n. 64/90 não acarreta o imediato indeferimento do registro ou o cancelamento do diploma, sendo necessário o exame da presença de todos os requisitos essenciais à configuração da inelegibilidade, observados os princípios do contraditório e da ampla defesa. (*DJE* de 24, 27 e 28.6.2016.)

67. A perda do mandato em razão da desfiliação partidária não se aplica aos candidatos eleitos pelo sistema majoritário. (*DJE* de 24, 27 e 28.6.2016.)

68. A União é parte legítima para requerer a execução de astreintes, fixada por descumprimento de ordem judicial no âmbito da Justiça Eleitoral. (*DJE* de 24, 27 e 28.6.2016.)

69. Os prazos de inelegibilidade previstos nas alíneas j e h do inciso I do art. 1º da LC n. 64/90 têm termo inicial no dia do primeiro turno da eleição e termo final no dia de igual número no oitavo ano seguinte. (*DJE* de 24, 27 e 28.6.2016.)

70. O encerramento do prazo de inelegibilidade antes do dia da eleição constitui fato superveniente que afasta a inelegibilidade, nos termos do art. 11, § 10, da Lei n. 9.504/97. (*DJE* de 24, 27 e 28.6.2016.)

71. Na hipótese de negativa de seguimento ao recurso especial e da consequente interposição de agravo, a parte deverá apresentar contrarrazões tanto ao agravo quanto ao recurso especial, dentro do mesmo tríduo legal. (*DJE* de 24, 27 e 28.6.2016.)

72. É inadmissível o recurso especial eleitoral quando a questão suscitada não foi debatida na decisão recorrida e não foi objeto de embargos de declaração. (*DJE* de 17, 20 e 21.11.2017.)

Súmulas

› Res. 129/2005, TST (Altera a denominação dos verbetes da jurisprudência predominante do Tribunal Superior do Trabalho de "Enunciado" para "Súmula".

1. Prazo judicial (mantida) Quando a intimação tiver lugar na sexta-feira, ou a publicação com efeito de intimação for feita nesse dia, o prazo judicial será contado da segunda-feira imediata, inclusive, salvo se não houver expediente, caso em que fluirá no dia útil que se seguir.

2. Gratificação Natalina

› Cancelada - Res. 121/2003, *DJ* 19, 20 e 21.11.2003

3. Gratificação Natalina

› Cancelada - Res. 121/2003, *DJ* 19, 20 e 21.11.2003.

4. Custas

› Cancelada - Res. 121/2003, *DJ* 19, 20 e 21.11.2003

5. Reajustamento salarial

› Cancelada - Res. 121/2003, *DJ* 19, 20 e 21.11.2003

6. Equiparação salarial. Art. 461 da CLT (redação do item VI alterada - Res. 198/2015, republicada em razão de erro material - *DEJT* divulgado em 12, 15 e 16.06.2015)

I - Para os fins previstos no § 2º do art. 461 da CLT, só é válido o quadro de pessoal organizado em carreira quando homologado pelo Ministério do Trabalho, excluindo-se, apenas, dessa exigência o quadro de carreira das entidades de direito público da administração direta, autárquica e fundacional aprovado por ato administrativo da autoridade competente. (ex-Súmula n. 06 - alterada pela Res. 104/2000, *DJ* 20.12.2000)

II - Para efeito de equiparação de salários em caso de trabalho igual, conta-se o tempo de serviço na função e não no emprego. (ex-Súmula n. 135 - RA 102/1982, *DJ* 11.10.1982 e *DJ* 15.10.1982)

III - A equiparação salarial só é possível se o empregado e o paradigma exercerem a mesma função, desempenhando as mesmas tarefas, não importando se os cargos têm, ou não, a mesma denominação. (ex-OJ da SBDI-1 n. 328 - *DJ* 09.12.2003)

IV - É desnecessário que, ao tempo da reclamação sobre equiparação salarial, reclamante e paradigma estejam a serviço do estabelecimento, desde que o pedido se relacione com situação pretérita. (ex-Súmula n. 22 - RA 57/1970, DO-GB 27.11.1970)

V - A cessão de empregados não exclui a equiparação salarial, embora exercida a função em órgão governamental estranho à cedente, se esta responde pelos salários do paradigma e do reclamante. (ex-Súmula n. 111 - RA 102/1980, *DJ* 25.09.1980)

VI - Presentes os pressupostos do art. 461 da CLT, é irrelevante a circunstância de que o desnível salarial tenha origem em decisão judicial que beneficiou o paradigma, exceto:

a) se decorrente de vantagem pessoal ou de tese jurídica superada pela jurisprudência de Corte Superior;

b) na hipótese de equiparação salarial em cadeia, suscitada em defesa, se o empregador produzir prova do alegado fato modificativo, impeditivo ou extintivo do direito à equiparação salarial em relação ao paradigma remoto, considerada irrelevante, para esse efeito, a existência de diferença de tempo de serviço na função superior a dois anos entre o reclamante e os empregados paradigmas componentes da cadeia equiparatória, à exceção do paradigma imediato.

VII - Desde que atendidos os requisitos do art. 461 da CLT, é possível a equiparação salarial de trabalho intelectual, que pode ser avaliado por sua perfeição técnica, cuja aferição terá critérios objetivos. (ex-OJ da SBDI-1 n. 298 - *DJ* 11.08.2003)

VIII - É do empregador o ônus da prova do fato impeditivo, modificativo ou extintivo da equiparação salarial. (ex-Súmula n. 68 - RA 9/1977, *DJ* 11.02.1977)

IX - Na ação de equiparação salarial, a prescrição é parcial e só alcança as diferenças salariais vencidas no período de 5 (cinco) anos que precedeu o ajuizamento. (ex-Súmula n. 274 - alterada pela Res. 121/2003, *DJ* 21.11.2003)

X - O conceito de "mesma localidade" de que trata o art. 461 da CLT refere-se, em princípio, ao mesmo município, ou a municípios distintos que, comprovadamente, pertençam à mesma região metropolitana. (ex-OJ da SBDI-1 n. 252 - inserida em 13.03.2002)

7. Férias (mantida) A indenização pelo não deferimento das férias no tempo oportuno será calculada com base na remuneração devida ao empregado na época da reclamação ou, se for o caso, na da extinção do contrato.

8. Juntada de documento (mantida) A juntada de documentos na fase recursal só se justifica quando provado o justo impedimento para sua oportuna apresentação ou se referir a fato posterior à sentença.

9. Ausência do reclamante (mantida) A ausência do reclamante, quando adiada a instrução após contestada a ação em audiência, não importa arquivamento do processo.

10. Professor. Dispensa sem justa causa. Término do ano letivo ou no curso de férias escolares. Aviso prévio (redação alterada em sessão do Tribunal Pleno realizada em 14.09.2012 - Res. 185/2012, *DEJT* divulgado em 25, 26 e 27.09.2012) O direito aos salários do período de férias escolares assegurado aos professores (art. 322, *caput* e § 3º, da CLT) não exclui o direito ao aviso prévio, na hipótese de dispensa sem justa causa ao término do ano letivo ou no curso das férias escolares.

11. Honorários de advogado

› (cancelada) - Res. 121/2003, *DJ* 19, 20 e 21.11.2003

12. Carteira profissional (mantida) As anotações apostas pelo empregador na carteira profissional do empregado não geram presunção *juris et de jure*, mas apenas *juris tantum*.

13. Mora (mantida) O só pagamento dos salários atrasados em audiência não ilide a mora capaz de determinar a rescisão do contrato de trabalho.

14. Culpa recíproca (nova redação - Res. 121/2003, *DJ*, 19, 20 e 21.11.2003) Reconhecida a culpa recíproca na rescisão do contrato de trabalho (art. 484 da CLT), o empregado tem direito a 50% (cinquenta por cento) do valor do aviso prévio, do décimo terceiro salário e das férias proporcionais.

15. Atestado médico (mantida) A justificação da ausência do empregado motivada por doença, para a percepção do salário-enfermidade e da remuneração do repouso semanal, deve observar a ordem preferencial dos atestados médicos estabelecida em lei.

16. Notificação (nova redação - Res. 121/2003, *DJ*, 19, 20 e 21.11.2003) Presume-se recebida a notificação 48 (quarenta e oito) horas depois de sua postagem. O seu não recebimento ou a entrega após o decurso desse prazo constitui ônus de prova do destinatário.

17. Adicional de insalubridade

› (cancelada na sessão do Tribunal Pleno realizada em 26.06.2008) - Res. 148/2008, *DJ* 04 e 07.07.2008 - Republicada *DJ* 08, 09 e 10.07.2008

18. Compensação (mantida) A compensação, na Justiça do Trabalho, está restrita a dívidas de natureza trabalhista.

19. Quadro de carreira (mantida) A Justiça do Trabalho é competente para apreciar reclamação de empregado que tenha por objeto direito fundado em quadro de carreira.

20. Resilição contratual

› (cancelamento mantido) - Res. 121/2003, *DJ* 19, 20 e 21.11.2003

21. Aposentadoria (cancelamento mantido)

› (cancelamento mantido) - Res. 121/2003, *DJ* 19, 20 e 21.11.2003

22. Equiparação salarial

- Cancelada em decorrência da sua incorporação à nova redação da Súmula nº 6. Res. 129/2005, *DJ* 20, 22 e 25.04.2005.

23. Recurso (mantida) Não se conhece de recurso de revista ou de embargos, se a decisão recorrida resolver determinado item do pedido por diversos fundamentos e a jurisprudência transcrita não abranger a todos.

24. Serviço extraordinário (mantida) Insere-se no cálculo da indenização por antiguidade o salário relativo a serviço extraordinário, desde que habitualmente prestado.

25. Custas processuais. Inversão do ônus da sucumbência (alterada a Súmula e incorporadas as Orientações Jurisprudenciais n. 104 e 186 da SBDI-1 - Res. 197/2015 - *DEJT* divulgado em 14, 15 e 18.05.2015).

I - A parte vencedora na primeira instância, se vencida na segunda, está obrigada, independentemente de intimação, a pagar as custas fixadas na sentença originária, das quais ficara isenta a parte então vencida;

II - No caso de inversão do ônus da sucumbência em segundo grau, sem acréscimo ou atualização do valor das custas e se estas já foram devidamente recolhidas, descabe um novo pagamento pela parte vencida, ao recorrer. Deverá ao final, se sucumbente, reembolsar a quantia; (ex-OJ 186 da SBDI-I)

III - Não caracteriza deserção a hipótese em que, acrescido o valor da condenação, não houve fixação ou cálculo do valor devido a título de custas e tampouco intimação da parte para o preparo do recurso, devendo ser as custas pagas ao final; (ex-OJ 104 da SBDI-I)

IV - O reembolso das custas à parte vencedora faz-se necessário mesmo na hipótese em que a parte vencida for pessoa isenta do seu pagamento, nos termos do art. 790-A, parágrafo único, da CLT.

26. Estabilidade

- Cancelada - Res. 121/2003, *DJ*, 19, 20 e 21.11.2003.

27. Comissionista (mantida) É devida a remuneração do repouso semanal e dos dias feriados ao empregado comissionista, ainda que pracista.

28. Indenização (nova redação - Res. 121/2003, *DJ*, 19, 20 e 21.11.2003) No caso de se converter a reintegração em indenização dobrada, o direito aos salários é assegurado até a data da primeira decisão que determinou essa conversão.

29. Transferência (mantida) Empregado transferido, por ato unilateral do empregador, para local mais distante de sua residência, tem direito a suplemento salarial correspondente ao acréscimo da despesa de transporte.

30. Intimação da sentença (mantida) Quando não juntada a ata ao processo em 48 horas, contadas da audiência de julgamento (art. 851, § 2º, da CLT), o prazo para recurso será contado da data em que a parte receber a intimação da sentença.

31. Aviso prévio.

- Cancelamento mantido - Res. 121/2003, *DJ*, 19, 20 e 21.11.2003.

32. Abandono de emprego (nova redação - Res. 121/2003, *DJ*, 19, 20 e 21.11.2003) Presume-se o abandono de emprego se o trabalhador não retornar ao serviço no prazo de 30 (trinta) dias após a cessação do benefício previdenciário nem justificar o motivo de não o fazer.

33. Mandado de segurança. Decisão judicial transitada em julgado (mantida) Não cabe mandado de segurança de decisão judicial transitada em julgado.

34. Gratificação natalina

- (cancelada) - Res. 121/2003, *DJ* 19, 20 e 21.11.2003

35. Depósito recursal. Complementação

- (cancelada) - Res. 121/2003, *DJ* 19, 20 e 21.11.2003

36. Custas (mantida) Nas ações plúrimas, as custas incidem sobre o respectivo valor global.

37. Prazo

- Cancelamento mantido - Res. 121/2003, *DJ* 19, 20 e 21.11.2003

38. Recurso

- (cancelada) - Res. 121/2003, *DJ* 19, 20 e 21.11.2003

39. Periculosidade (mantida) Os empregados que operam em bomba de gasolina têm direito ao adicional de periculosidade (Lei n. 2.573, de 15.08.1955).

40. Processo Administrativo

- (cancelada) - Res. 121/2003, *DJ* 19, 20 e 21.11.2003

41. Quitação

- (cancelada) - Res. 121/2003, *DJ* 19, 20 e 21.11.2003

42. Recurso

- (cancelada) - Res. 121/2003, *DJ* 19, 20 e 21.11.2003

43. Transferência (mantida) Presume-se abusiva a transferência de que trata o § 1º do art. 469 da CLT, sem comprovação da necessidade do serviço.

44. Aviso prévio (mantida) A cessação da atividade da empresa, com o pagamento da indenização, simples ou em dobro, não exclui, por si só, o direito do empregado ao aviso prévio.

45. Serviço suplementar (mantida) A remuneração do serviço suplementar, habitualmente prestado, integra o cálculo da gratificação natalina prevista na Lei n. 4.090, de 13.07.1962.

46. Acidente de trabalho (mantida) As faltas ou ausências decorrentes de acidente do trabalho não são consideradas para os efeitos de duração de férias e cálculo da gratificação natalina.

47. Insalubridade (mantida) O trabalho executado em condições insalubres, em caráter intermitente, não afasta, só por essa circunstância, o direito à percepção do respectivo adicional.

48. Compensação (mantida) A compensação só poderá ser arguida com a contestação.

49. Inquérito Judicial

- (cancelada) - Res. 121/2003, *DJ* 19, 20 e 21.11.2003

50. Gratificação natalina (mantida) 121/2003, *DJ*, 19, 20 e 21.11.2003) A gratificação natalina, instituída pela Lei n. 4.090, de 13.07.1962, é devida pela empresa cessionária ao servidor público cedido enquanto durar a cessão.

51. Norma regulamentar. Vantagens e opção pelo novo regulamento. Art. 468 da CLT (incorporada a OJ 163 SBDI-1 - Res. 129/2005, *DJ*, 20, 22 e 25.04.2005)

I - As cláusulas regulamentares, que revoguem ou alterem vantagens deferidas anteriormente, só atingirão os trabalhadores admitidos após a revogação ou alteração do regulamento.

II - Havendo a coexistência de dois regulamentos da empresa, a opção do empregado por um deles tem efeito jurídico de renúncia às regras do sistema do outro.

52. Tempo de serviço (mantida) O adicional de tempo de serviço (quinquênio) é devido, nas condições estabelecidas no art. 19 da Lei n. 4.345, de 26.06.1964, aos contratados sob o regime da CLT, pela empresa a que se refere a mencionada lei, inclusive para o fim de complementação de aposentadoria.

53. Custas (mantida) O prazo para pagamento das custas, no caso de recurso, é contado da intimação do cálculo.

54. Optante (mantida) Rescindindo por acordo seu contrato de trabalho, o empregado estável optante tem direito ao mínimo de 60% (sessenta por cento) do total da indenização em dobro, calculada sobre o maior salário percebido no emprego. Se houver recebido menos do que esse total, qualquer que tenha sido a forma de transação, assegura-se-lhe a complementação até aquele limite.

55. Financeiras (mantida) As empresas de crédito, financiamento ou investimento, também denominadas financeiras, equiparam-se aos estabelecimentos bancários para os efeitos do art. 224 da CLT.

56. Balconista

- Cancelada - Res. 121/2003, *DJ*, 19, 20 e 21.11.2003.

57. Trabalhador rural

- Cancelamento mantido - Res. 121/2003, *DJ*, 19, 20 e 21.11.2003.

58. Pessoal de obras (mantida) Ao empregado admitido como pessoal de obras, em caráter permanente e não amparado pelo regime estatutário, aplica-se a legislação trabalhista.

59. Vigia

- Cancelada - Res. 121/2003, *DJ*, 19, 20 e 21.11.2003.

60. Adicional noturno. Integração no salário e prorrogação em horário

diurno (incorporada a OJ 6 SBDI-1 - Res. 129/2005, *DJ*, 20, 22 e 25.04.2005)

I - O adicional noturno, pago com habitualidade, integra o salário do empregado para todos os efeitos.

II - Cumprida integralmente a jornada no período noturno e prorrogada esta, devido é também o adicional quanto às horas prorrogadas. Exegese do art. 73, § 5º, da CLT.

61. Ferroviário (mantida) Aos ferroviários que trabalham em estação do interior, assim classificada por autoridade competente, não são devidas horas extras (art. 243 da CLT).

62. Abandono de emprego (mantida) O prazo de decadência do direito do empregador de ajuizar inquérito em face do empregado que incorre em abandono de emprego é contado a partir do momento em que o empregado pretendeu seu retorno ao serviço.

63. Fundo de garantia (mantida) A contribuição para o Fundo de Garantia do Tempo de Serviço incide sobre a remuneração mensal devida ao empregado, inclusive horas extras e adicionais eventuais.

64. Prescrição

- (cancelada) - Res. 121/2003, *DJ* 19, 20 e 21.11.2003

65. Vigia (mantida) O direito à hora reduzida de 52 minutos e 30 segundos aplica-se ao vigia noturno.

66. Tempo de serviço

- (cancelada) - Res. 121/2003, *DJ* 19, 20 e 21.11.2003.

67. Gratificação. Ferroviário (mantida) Chefe de trem, regido pelo estatuto dos ferroviários (Decreto n. 35.530, de 19.09.1959), não tem direito à gratificação prevista no respectivo art. 110.

68. Prova

- (cancelada em decorrência da sua incorporação à nova redação da Súmula nº 6) - Res. 129/2005, *DJ* 20, 22 e 25.04.2005

69. Rescisão do contrato (nova redação - Res. 121/2003, *DJ*, 19, 20 e 21.11.2003) A partir da Lei n. 10.272, de 05.09.2001, havendo rescisão do contrato de trabalho e sendo revel e confesso quanto à matéria de fato, deve ser o empregador condenado ao pagamento das verbas rescisórias, não quitadas na primeira audiência, com acréscimo de 50% (cinquenta por cento).

70. Adicional de periculosidade (mantida) O adicional de periculosidade não incide sobre os triênios pagos pela Petrobras.

71. Alçada (mantida) A alçada é fixada pelo valor dado à causa na data de seu ajuizamento, desde que não impugnado, sendo inalterável no curso do processo.

72. Aposentadoria (nova redação - Res. 121/2003, *DJ*, 19, 20 e 21.11.2003) O prêmio-aposentadoria instituído por norma regulamentar da empresa não está condicionado ao disposto no § 2º do art. 14 da Lei n. 8.036, de 11.05.1990.

73. Despedida. Justa causa (nova redação - Res. 121/2003, *DJ*, 19, 20 e 21.11.2003) A ocorrência de justa causa, salvo a de abandono de emprego, no decurso do prazo do aviso prévio dado pelo empregador, retira do empregado qualquer direito às verbas rescisórias de natureza indenizatória.

74. Confissão. (atualizada em decorrência do CPC de 2015 - Res. 208/2016, *DEJT* divulgado em 22, 25 e 26.04.2016).

I - Aplica-se a confissão à parte que, expressamente intimada com aquela cominação, não comparecer à audiência em prosseguimento, na qual deveria depor (ex-Súmula n. 74 - RA 69/1978, *DJ* 26.09.1978).

II - A prova pré-constituída nos autos pode ser levada em conta para confronto com a confissão ficta (arts. 442 e 443, do CPC de 2015 - art. 400, I, do CPC de 1973), não implicando cerceamento de defesa o indeferimento de provas posteriores (ex-OJ n. 184 da SBDI-1 - inserida em 08.11.2000).

III - A vedação à produção de prova posterior pela parte confessa somente a ela se aplica, não afetando o exercício, pelo magistrado, do poder/dever de conduzir o processo.

75. Ferroviário

- (cancelada) - Res. 121/2003, *DJ* 19, 20 e 21.11.2003.

76. Horas extras

- (cancelada) - Res. 121/2003, *DJ* 19, 20 e 21.11.2003.

77. Punição (mantida) Nula é a punição de empregado se não precedida de inquérito ou sindicância internos a que se obrigou a empresa por norma regulamentar.

78. Gratificação

- (cancelada) - Res. 121/2003, *DJ* 19, 20 e 21.11.2003

79. Tempo de serviço

- (cancelada) - Res. 121/2003, *DJ* 19, 20 e 21.11.2003

80. Insalubridade (mantida) A eliminação da insalubridade mediante fornecimento de aparelhos protetores aprovados pelo órgão competente do Poder Executivo exclui a percepção do respectivo adicional.

81. Férias (mantida) Os dias de férias gozados após o período legal de concessão deverão ser remunerados em dobro.

82. Assistência (nova redação - Res. 121/2003, *DJ*, 19, 20 e 21.11.2003) A intervenção assistencial, simples ou adesiva, só é admissível se demonstrado o interesse jurídico e não o meramente econômico.

83. Ação rescisória. Matéria controvertida (incorporada a OJ 77 da SBDI-2 - Res. 137/2005, *DJ*, 22, 23 e 24.08.2005)

I - Não procede pedido formulado na ação rescisória por violação literal de lei se a decisão rescindenda estiver baseada em texto legal infraconstitucional de interpretação controvertida nos Tribunais.

II - O marco divisor quanto a ser, ou não, controvertida, nos Tribunais, a interpretação dos dispositivos legais citados na ação rescisória é a data da inclusão, na Orientação Jurisprudencial do TST, da matéria discutida.

84. Adicional regional (nova redação - Res. 121/2003, *DJ*, 19, 20 e 21.11.2003) O adicional regional, instituído pela Petrobras, não contraria o art. 7º, XXXII, da CF/1988.

85. Compensação de jornada (inserido o item VI - Res. 209/2016, *DEJT* divulgado em 01, 02 e 03.06.2016).

I. A compensação de jornada de trabalho deve ser ajustada por acordo individual escrito, acordo coletivo ou convenção coletiva (ex-Súmula n. 85 - primeira parte - alterada pela Res. 121/2003, *DJ* 21.11.2003).

II. O acordo individual para compensação de horas é válido, salvo se houver norma coletiva em sentido contrário (ex-OJ n. 182 da SBDI-1 - inserida em 08.11.2000).

III. O mero não atendimento das exigências legais para a compensação de jornada, inclusive quando encetada mediante acordo tácito, não implica a repetição do pagamento das horas excedentes à jornada normal diária, se não dilatada a jornada máxima semanal, sendo devido apenas o respectivo adicional (ex-Súmula n. 85 - segunda parte - alterada pela Res. 121/2003, *DJ* 21.11.2003).

IV. A prestação de horas extras habituais descaracteriza o acordo de compensação de jornada. Nesta hipótese, as horas que ultrapassarem a jornada semanal normal deverão ser pagas como horas extraordinárias e, quanto àquelas destinadas à compensação, deverá ser pago a mais apenas o adicional por trabalho extraordinário. (ex-OJ n. 220 da SBDI-1 - inserida em 20.06.2001).

V. As disposições contidas nesta súmula não se aplicam ao regime compensatório na modalidade "banco de horas", que somente pode ser instituído por negociação coletiva.

VI - Não é válido acordo de compensação de jornada em atividade insalubre, ainda que estipulado em norma coletiva, sem a necessária inspeção prévia e permissão da autoridade competente, na forma do art. 60 da CLT.

86. Deserção. Massa falida. Empresa em liquidação extrajudicial (incorporada à OJ 31 SBDI-1 - Res. 129/2005, *DJ*, 20, 22 e 25.04.2005) Não ocorre deserção de recurso da massa falida por falta de pagamento de custas ou de depósito do valor da condenação. Esse privilégio, todavia, não se aplica à empresa em liquidação extrajudicial.

87. Previdência privada (mantida) Se o empregado, ou seu beneficiário, já recebeu da instituição previdenciária privada, criada pela empresa, vantagem equivalente, é cabível a dedução de seu valor do benefício a que faz jus por norma regulamentar anterior.

88. Jornada de trabalho. Intervalo entre turnos

- (cancelamento mantido) - Res. 121/2003, *DJ* 19, 20 e 21.11.2003.

89. Falta ao serviço (mantida) Se as faltas já são justificadas pela lei, consideram-se como ausências legais e não serão descontadas para o cálculo do período de férias.

90. Horas *in itinere*. Tempo de serviço (incorporadas as Súmulas n. 324 e 325 e às Orientações Jurisprudenciais n. 50 e 236 SBDI-1 - Res. 129/2005, *DJ*, 20, 22 e 25.04.2005)

I - O tempo despendido pelo empregado, em condução fornecida pelo empregador, até o local de trabalho de difícil acesso, ou não servido por transporte público regular, e para o seu retorno é computável na jornada de trabalho.

II - A incompatibilidade entre os horários de início e término da jornada do empregado e os do transporte público regular é circunstância que também gera o direito às horas in itinere.

III - A mera insuficiência de transporte público não enseja o pagamento de horas in itinere.

IV - Se houver transporte público regular em parte do trajeto percorrido em condução da empresa, as horas in itinere remuneradas limitam-se ao trecho não alcançado pelo transporte público.

V - Considerando que as horas in itinere são computáveis na jornada de trabalho, o tempo que extrapola a jornada legal é considerado como extraordinário e sobre ele deve incidir o adicional respectivo.

91. Salário complessivo (mantida) Nula é a cláusula contratual que fixa determinada importância ou percentagem para atender englobadamente vários direitos legais ou contratuais do trabalhador.

92. Aposentadoria (mantida) O direito à complementação de aposentadoria, criado pela empresa, com requisitos próprios, não se altera pela instituição de benefício previdenciário por órgão oficial.

93. Bancário (mantida) Integra a remuneração do bancário a vantagem pecuniária por ele auferida na colocação ou na venda de papéis ou valores mobiliários de empresas pertencentes ao mesmo grupo econômico, se exercida essa atividade no horário e no local de trabalho e com o consentimento, tácito ou expresso, do banco empregador.

94. Horas extras

- (cancelada) - Res. 121/2003, *DJ* 19, 20 e 21.11.2003

95. Prescrição trintenária. FGTS

- (cancelada) - Res. 121/2003, *DJ* 19, 20 e 21.11.2003

96. Marítimo (mantida) A permanência do tripulante a bordo do navio, no período de repouso, além da jornada, não importa presunção de que esteja à disposição do empregador ou em regime de prorrogação de horário, circunstâncias que devem resultar provadas, dada a natureza do serviço.

97. Aposentadoria. Complementação (mantida) Instituída complementação de aposentadoria por ato da empresa, expressamente dependente de regulamentação, as condições desta devem ser observadas como parte integrante da norma.

98. FGTS. Indenização. Equivalência. Compatibilidade (incorporada a OJ 299 SBDI-1 - Res. 129/2005, *DJ*, 20, 22 e 25.04.2005)

I - A equivalência entre os regimes do Fundo de Garantia do Tempo de Serviço e da estabilidade prevista na CLT é meramente jurídica e não econômica, sendo indevidos valores a título de reposição de diferenças.

II - A estabilidade contratual ou a derivada de regulamento de empresa são compatíveis com o regime do FGTS. Diversamente ocorre com a estabilidade legal (decenal, art. 492 da CLT), que é renunciada com a opção pelo FGTS.

99. Ação rescisória. Deserção. Prazo (incorporada a OJ 117 da SBDI-2 - Res. 137/2005, *DJ*, 22, 23 e 24.08.2005) Havendo recurso ordinário em sede de rescisória, o depósito recursal só é exigível quando for julgado procedente o pedido e imposta condenação em pecúnia, devendo este ser efetuado no prazo recursal, no limite e nos termos da legislação vigente, sob pena de deserção.

100. Ação rescisória. Decadência (incorporadas as Orientações Jurisprudenciais 13, 16, 79, 102, 104, 122 e 145 da SBDI-2 - Res. 137/2005, *DJ*, 22, 23 e 24.08.2005)

I - O prazo de decadência, na ação rescisória, conta-se do dia imediatamente subsequente ao trânsito em julgado da última decisão proferida na causa, seja de mérito ou não.

II - Havendo recurso parcial no processo principal, o trânsito em julgado dá-se em momentos e em tribunais diferentes, contando-se o prazo decadencial para a ação rescisória do trânsito em julgado de cada decisão, salvo se o recurso tratar de preliminar ou prejudicial que possa tornar insubsistente a decisão recorrida, hipótese em que flui a decadência a partir do trânsito em julgado da decisão que julgar o recurso parcial.

III - Salvo se houver dúvida razoável, a interposição de recurso intempestivo ou a interposição de recurso incabível não protrai o termo inicial do prazo decadencial.

IV - O juízo rescindente não está adstrito à certidão de trânsito em julgado juntada com a ação rescisória, podendo formar sua convicção através de outros elementos dos autos quanto à antecipação ou postergação do dies a quo do prazo decadencial.

V - O acordo homologado judicialmente tem força de decisão irrecorrível, na forma do art. 831 da CLT. Assim sendo, o termo conciliatório transita em julgado na data da sua homologação judicial.

VI - Na hipótese de colusão das partes, o prazo decadencial da ação rescisória somente começa a fluir para o Ministério Público, que não interveio no processo principal, a partir do momento em que tem ciência da fraude.

VII - Não ofende o princípio do duplo grau de jurisdição a decisão do TST que, após afastar a decadência em sede de recurso ordinário, aprecia desde logo a lide, se a causa versar questão exclusivamente de direito e estiver em condições de imediato julgamento.

VIII - A exceção de incompetência, ainda que oposta no prazo recursal, sem ter sido aviado o recurso próprio, não tem o condão de afastar a consumação da coisa julgada e, assim, postergar o termo inicial do prazo decadencial para a ação rescisória.

IX - Prorroga-se até o primeiro dia útil, imediatamente subsequente, o prazo decadencial para ajuizamento de ação rescisória quando expira em férias forenses, feriados, finais de semana ou em dia em que não houver expediente forense. Aplicação do art. 775 da CLT.

X - Conta-se o prazo decadencial da ação rescisória, após o decurso do prazo legal previsto para a interposição do recurso extraordinário, apenas quando esgotadas todas as vias recursais ordinárias.

101. Diárias de viagem. Salário (incorporada a OJ 292 SBDI-1 - Res. 129/2005, *DJ*, 20, 22 e 25.04.2005) Integram o salário, pelo seu valor total e para efeitos indenizatórios, as diárias de viagem que excedam a 50% (cinquenta por cento) do salário do empregado, enquanto perdurarem as viagens.

102. Bancário. Cargo de confiança (mantida)

I - A configuração, ou não, do exercício da função de confiança a que se refere o art. 224, § 2º, da CLT, dependente da prova das reais atribuições do empregado, é insuscetível de exame mediante recurso de revista ou de embargos.

II - O bancário que exerce a função a que se refere o § 2º do art. 224 da CLT e recebe gratificação não inferior a um terço de seu salário já tem remuneradas as duas horas extraordinárias excedentes de seis.

III - Ao bancário exercente de cargo de confiança previsto no art. 224, § 2º, da CLT são devidas as 7ª e 8ª horas, como extras, no período em que se verificar o pagamento a menor da gratificação de 1/3.

IV - O bancário sujeito à regra do art. 224, § 2º, da CLT cumpre jornada de trabalho de 8 (oito) horas, sendo extraordinárias as trabalhadas além da oitava.

V - O advogado empregado de banco, pelo simples exercício da advocacia, não exerce cargo de confiança, não se enquadrando, portanto, na hipótese do § 2º do art. 224 da CLT.

VI - O caixa bancário, ainda que caixa executivo, não exerce cargo de confiança. Se perceber gratificação igual ou superior a um terço do salário do posto efetivo, essa remunera apenas a maior responsabilidade do cargo e não as duas horas extraordinárias além da sexta.

VII - O bancário exercente de função de confiança, que percebe a gratificação não inferior ao terço legal, ainda que norma coletiva contemple percentual superior, não tem direito às sétima e oitava horas como extras, mas tão somente às diferenças de gratificação de função, se postuladas.

103. Tempo de serviço. Licença-prêmio

- (cancelada) - Res. 121/2003, *DJ* 19, 20 e 21.11.2003

104. Férias. Trabalhador Rural

- (cancelada) - Res. 121/2003, *DJ* 19, 20 e 21.11.2003

105. Funcionário público. Quinquênios

- (cancelada) - Res. 121/2003, *DJ* 19, 20 e 21.11.2003

106. Aposentadoria. Ferroviário. Competência

- (cancelada) - Res. 157/2009, *DEJT* divulgado em 04, 08 e 09.09.2009

107. Ação Rescisória. Prova

- (cancelamento mantido) - Res. 121/2003, *DJ* 19, 20 e 21.11.2003

108. Compensação de horário. Acordo

- (cancelamento mantido) - Res. 121/2003, *DJ* 19, 20 e 21.11.2003

109. Gratificação de função (mantida) O bancário não enquadrado no § 2º do art. 224 da CLT, que receba gratificação de função, não pode ter o salário relativo a horas extraordinárias compensado com o valor daquela vantagem.

110. Jornada de trabalho. Intervalo (mantida) No regime de revezamento, as horas trabalhadas em seguida ao repouso semanal de 24 horas, com prejuízo do intervalo mínimo de 11 horas consecutivas para descanso entre jornadas, devem ser remuneradas como extraordinárias, inclusive com o respectivo adicional.

111. EQUIPARAÇÃO SALARIAL

- (cancelada em decorrência da sua incorporação à nova redação da Súmula nº 6) - Res. 129/2005, *DJ* 20, 22 e 25.04.2005.

112. Trabalho noturno. Petróleo (mantida) O trabalho noturno dos empregados nas atividades de exploração, perfuração, produção e refinação do petróleo, industrialização do xisto, indústria petroquímica e transporte de petróleo e seus derivados, por meio de dutos, é regulado pela Lei n. 5.811, de 11.10.1972, não se lhe aplicando a hora reduzida de 52 minutos e 30 segundos prevista no art. 73, § 2º, da CLT.

113. Bancário. sábado. Dia útil (mantida) O sábado do bancário é dia útil não trabalhado, não dia de repouso remunerado. Não cabe a repercussão do pagamento de horas extras habituais em sua remuneração.

114. Prescrição intercorrente (mantida) É inaplicável na Justiça do Trabalho a prescrição intercorrente.

115. Horas extras. Gratificações semestrais (nova redação - Res. 121/2003, *DJ*, 19, 20 e 21.11.2003) O valor das horas extras habituais integra a remuneração do trabalhador para o cálculo das gratificações semestrais.

116. FUNCIONÁRIO PÚBLICO. CEDIDO. REAJUSTE SALARIAL

- (cancelada) - Res. 121/2003, *DJ* 19, 20 e 21.11.2003

117. Bancário. Categoria diferenciada (mantida) Não se beneficiam do regime legal relativo aos bancários os empregados de estabelecimento de crédito pertencentes a categorias profissionais diferenciadas.

118. Jornada de trabalho. Horas extras (mantida) Os intervalos concedidos pelo empregador na jornada de trabalho, não previstos em lei, representam tempo à disposição da empresa, remunerados como serviço extraordinário, se acrescidos ao final da jornada.

119. Jornada de trabalho (mantida) Os empregados de empresas distribuidoras e corretoras de títulos e valores mobiliários não têm direito à jornada especial dos bancários.

120. EQUIPARAÇÃO SALARIAL. DECISÃO JUDICIAL

- (cancelada em decorrência da sua incorporação à nova redação da Súmula nº 6) - Res. 129/2005, *DJ* 20, 22 e 25.04.2005.

121. Funcionário público. Gratificação de produtividade

- Cancelada - Res. 121/2003, *DJ*, 19, 20 e 21.11.2003.

122. Revelia. Atestado médico (incorporada a OJ 74 SBDI-1 - Res. 129/2005, *DJ*, 20, 22 e 25.04.2005) A reclamada, ausente à audiência em que deveria apresentar defesa, é revel, ainda que presente seu advogado munido de procuração, podendo ser ilidida a revelia mediante a apresentação de atestado médico, que deverá declarar, expressamente, a impossibilidade de locomoção do empregador ou do seu preposto no dia da audiência.

123. COMPETÊNCIA. ART. 106 DA CF

- (cancelada) - Res. 121/2003, *DJ* 19, 20 e 21.11.2003

124. Bancário. Salário-hora. Divisor (alteração em razão do julgamento do processo TST-IRR 849-83.2013.5.03.0138) - Res. 219/2017, *DEJT* divulgado em 28, 29 e 30.06.2017 – republicada - *DEJT* divulgado em 12, 13 e 14.07.2017

I - o divisor aplicável para o cálculo das horas extras do bancário será:

a) 180, para os empregados submetidos à jornada de seis horas prevista no *caput* do art. 224 da CLT;

b) 220, para os empregados submetidos à jornada de oito horas, nos termos do § 2º do art. 224 da CLT.

II – Ressalvam-se da aplicação do item anterior as decisões de mérito sobre o tema, qualquer que seja o seu teor, emanadas de Turma do TST ou da SBDI-I, no período de 27/09/2012 até 21/11/2016, conforme a modulação aprovada no precedente obrigatório firmado no Incidente de Recursos de Revista Repetitivos nº TST-IRR-849-83.2013.5.03.0138, *DEJT* 19.12.2016.

125. Contrato de trabalho. Art. 479 da CLT (mantida) O art. 479 da CLT aplica-se ao trabalhador optante pelo FGTS admitido mediante contrato por prazo determinado, nos termos do art. 30, § 3º, do Decreto n. 59.820, de 20.12.1966.

126. Recurso. Cabimento (mantida) Incabível o recurso de revista ou de embargos (arts. 896 e 894, "b", da CLT) para reexame de fatos e provas.

127. Quadro de carreira (mantida) Quadro de pessoal organizado em carreira, aprovado pelo órgão competente, excluída a hipótese de equiparação salarial, não obsta reclamação fundada em preterição, enquadramento ou reclassificação.

128. Depósito recursal (incorporadas as Orientações Jurisprudenciais 139, 189 e 190 SBDI-1 - Res. 129/2005, *DJ*, 20, 22 e 25.04.2005)

I - É ônus da parte recorrente efetuar o depósito legal, integralmente, em relação a cada novo recurso interposto, sob pena de deserção. Atingido o valor da condenação, nenhum depósito mais é exigido para qualquer recurso.

II - Garantido o juízo, na fase executória, a exigência de depósito para recorrer de qualquer decisão viola os incisos II e LV do art. 5º da CF/1988. Havendo, porém, elevação do valor do débito, exige-se a complementação da garantia do juízo.

III - Havendo condenação solidária de duas ou mais empresas, o depósito recursal efetuado por uma delas aproveita as demais, quando a empresa que efetuou o depósito não pleiteia sua exclusão da lide.

129. Contrato de trabalho. Grupo econômico (mantida) A prestação de serviços a mais de uma empresa do mesmo grupo econômico, durante a mesma jornada de trabalho, não caracteriza a coexistência de mais de um contrato de trabalho, salvo ajuste em contrário.

130. ADICIONAL NOTURNO

- (cancelada) - Res. 121/2003, *DJ* 19, 20 e 21.11.2003.

131. SALÁRIO MÍNIMO. VIGÊNCIA

- (cancelada) - Res. 121/2003, *DJ* 19, 20 e 21.11.2003.

132. Adicional de periculosidade. Integração (incorporadas as Orientações Jurisprudenciais 174 e 267 SBDI-1 - Res. 129/2005, *DJ*, 20, 22 e 25.04.2005)

I - O adicional de periculosidade, pago em caráter permanente, integra o cálculo de indenização e de horas extras.

II - Durante as horas de sobreaviso, o empregado não se encontra em condições de risco, razão pela qual é incabível a integração do adicional de periculosidade sobre as mencionadas horas.

133. EMBARGOS INFRINGENTES

- (cancelada) - Res. 121/2003, *DJ* 19, 20 e 21.11.2003.

134. SALÁRIO. MENOR NÃO APRENDIZ

- (cancelada) - Res. 121/2003, *DJ* 19, 20 e 21.11.2003.

135. SALÁRIO. EQUIPARAÇÃO

- (cancelada em decorrência da sua incorporação à nova redação da Súmula nº 6) - Res. 129/2005, *DJ* 20, 22 e 25.04.2005.

136. JUIZ. IDENTIDADE FÍSICA

- (cancelada) - Res. 185/2012, *DEJT* divulgado em 25, 26 e 27.09.2012.

137. ADICIONAL DE INSALUBRIDADE

- (cancelada) - Res. 121/2003, *DJ* 19, 20 e 21.11.2003.

138. Readmissão (mantida) Em caso de readmissão, conta-se a favor do empregado o período de serviço anterior, encerrado com a saída espontânea.

139. Adicional de insalubridade (incorporada a OJ 102 SBDI-1 - Res. 129/2005, *DJ*, 20, 22 e 25.04.2005) Enquanto percebido, o adicional de insalubridade integra a remuneração para todos os efeitos legais.

140. Vigia (mantida) É assegurado ao vigia sujeito ao trabalho noturno o direito ao respectivo adicional.

141. DISSÍDIO COLETIVO

› (cancelada) - Res. 121/2003, *DJ* 19, 20 e 21.11.2003.

142. GESTANTE. DISPENSA

› (cancelada) - Res. 121/2003, *DJ* 19, 20 e 21.11.2003.

143. Salário profissional (mantida) O salário profissional dos médicos e dentistas guarda proporcionalidade com as horas efetivamente trabalhadas, respeitado o mínimo de 50 (cinquenta) horas.

144. AÇÃO RESCISÓRIA

› (cancelada) - Res. 121/2003, *DJ* 19, 20 e 21.11.2003.

145. GRATIFICAÇÃO DE NATAL

› (cancelada) - Res. 121/2003, *DJ* 19, 20 e 21.11.2003.

146. Trabalho em domingos e feriados, não compensado (incorporada a OJ 93 SBDI-1 - Res. 121/2003, *DJ*, 19, 20 e 21.11.2003) O trabalho prestado em domingos e feriados, não compensado, deve ser pago em dobro, sem prejuízo da remuneração relativa ao repouso semanal.

147. FÉRIAS. INDENIZAÇÃO

› (cancelada) - Res. 121/2003, *DJ* 19, 20 e 21.11.2003.

148. Gratificação natalina (mantida) É computável a gratificação de Natal para efeito de cálculo de indenização.

149. Tarefeiro. Férias (mantida) A remuneração das férias do tarefeiro deve ser calculada com base na média da produção do período aquisitivo, aplicando-se-lhe a tarifa da data da concessão.

150. DEMISSÃO. INCOMPETÊNCIA DA JUSTIÇA DO TRABALHO

› (cancelada) - Res. 121/2003, *DJ* 19, 20 e 21.11.2003.

151. FÉRIAS. REMUNERAÇÃO

› (cancelada) - Res. 121/2003, *DJ* 19, 20 e 21.11.2003.

152. Gratificação. Ajuste tácito (mantida) O fato de constar do recibo de pagamento de gratificação o caráter de liberalidade não basta, por si só, para excluir a existência de ajuste tácito.

153. Prescrição (mantida) Não se conhece de prescrição não arguida na instância ordinária.

154. MANDADO DE SEGURANÇA

› (cancelada) - Res. 121/2003, *DJ* 19, 20 e 21.11.2003.

155. Ausência ao serviço (mantida) As horas em que o empregado falta ao serviço para comparecimento necessário, como parte, à Justiça do Trabalho não serão descontadas de seus salários.

156. Prescrição. Prazo (mantida) Da extinção do último contrato começa a fluir o prazo prescricional do direito de ação em que se objetiva a soma de períodos descontínuos de trabalho.

157. Gratificação (mantida) A gratificação instituída pela Lei n. 4.090, de 13.07.1962, é devida na resilição contratual de iniciativa do empregado.

158. Ação rescisória (mantida) Da decisão de Tribunal Regional do Trabalho, em ação rescisória, é cabível recurso ordinário para o Tribunal Superior do Trabalho, em face da organização judiciária trabalhista.

159. Substituição de caráter não eventual e vacância do cargo (incorporada a OJ 112 SBDI-1 - Res. 129/2005, *DJ*, 20, 22 e 25.04.2005)

I - Enquanto perdurar a substituição que não tenha caráter meramente eventual, inclusive nas férias, o empregado substituto fará jus ao salário contratual do substituído.

II - Vago o cargo em definitivo, o empregado que passa a ocupá-lo não tem direito a salário igual ao do antecessor.

160. Aposentadoria por invalidez (mantida) Cancelada a aposentadoria por invalidez, mesmo após cinco anos, o trabalhador terá direito de retornar ao emprego, facultado, porém, ao empregador, indenizá-lo na forma da lei (ex-Prejulgado n. 37).

161. Depósito. Condenação a pagamento em pecúnia (mantida) Se não há condenação a pagamento em pecúnia, descabe o depósito de que tratam os §§ 1º e 2º do art. 899 da CLT.

162. INSALUBRIDADE

› (cancelamento mantido) - Res. 121/2003, *DJ* 19, 20 e 21.11.2003.

163. Aviso prévio. Contrato de experiência (mantida) Cabe aviso prévio nas rescisões antecipadas dos contratos de experiência, na forma do art. 481 da CLT.

164. PROCURAÇÃO. JUNTADA

› (cancelada em decorrência da sua incorporação à nova redação da súmula nº 383) - Res. 210/2016, *DEJT* divulgado em 30.06.2016 e 01 e 04.07.2016.

165. DEPÓSITO. RECURSO. CONTA VINCULADA

› (cancelamento mantido) - Res. 121/2003, *DJ* 19, 20 e 21.11.2003.

166. BANCÁRIO. CARGO DE CONFIANÇA. JORNADA DE TRABALHO

› (cancelada em decorrência da sua incorporação à nova redação da Súmula nº 102) - Res. 129/2005, *DJ* 20, 22 e 25.04.2005.

167. VOGAL. INVESTIDURA. RECURSO

› (cancelada) - Res. 121/2003, *DJ* 19, 20 e 21.11.2003.

168. PRESCRIÇÃO. PRESTAÇÕES PERIÓDICAS. CONTAGEM

› (cancelamento mantido) - Res. 121/2003, *DJ* 19, 20 e 21.11.2003.

169. AÇÃO RESCISÓRIA. JUSTIÇA DO TRABALHO. DEPÓSITO PRÉVIO

› (cancelada) - Res. 121/2003, *DJ* 19, 20 e 21.11.2003.

170. Sociedade de economia mista. Custas (mantida) Os privilégios e isenções no foro da Justiça do Trabalho não abrangem as sociedades de economia mista, ainda que gozassem desses benefícios anteriormente ao Decreto-Lei n. 779, de 21.08.1969.

171. Férias proporcionais. Contrato de trabalho. Extinção (republicada em razão de erro material no registro da referência legislativa - *DJ*, 05.05.2004) Salvo na hipótese de dispensa do empregado por justa causa, a extinção do contrato de trabalho sujeita o empregador ao pagamento da remuneração das férias proporcionais, ainda que incompleto o período aquisitivo de 12 (doze) meses (art. 147 da CLT).

172. Repouso remunerado. Horas extras. Cálculo (mantida) Computam-se no cálculo do repouso remunerado as horas extras habitualmente prestadas.

173. Salário. Empresa. Cessação de atividades (mantida) Extinto, automaticamente, o vínculo empregatício com a cessação das atividades da empresa, os salários só são devidos até a data da extinção.

174. PREVIDÊNCIA. LEI Nº 3.841/1960. APLICAÇÃO

› (cancelada) - Res. 121/2003, *DJ* 19, 20 e 21.11.2003.

175. RECURSO ADESIVO. ART. 500 DO CPC. INAPLICABILIDADE

› (cancelada) - Res. 121/2003, *DJ* 19, 20 e 21.11.2003.

176. FUNDO DE GARANTIA. LEVANTAMENTO DO DEPÓSITO

› (cancelada) - Res. 130/2005, *DJ* 13.05.2005.

177. DISSÍDIO COLETIVO. SINDICATO. REPRESENTAÇÃO

› (cancelada) - Res. 121/2003, *DJ* 19, 20 e 21.11.2003.

178. Telefonista. Art. 227, e parágrafos, da CLT. Aplicabilidade (mantida) É aplicável à telefonista de mesa de empresa que não explora o serviço de telefonia o disposto no art. 227, e seus parágrafos, da CLT.

179. INCONSTITUCIONALIDADE. ART. 22 DA LEI Nº 5.107/1966

› (cancelada) - Res. 121/2003, *DJ* 19, 20 e 21.11.2003.

180. AÇÃO DE CUMPRIMENTO. SUBSTITUIÇÃO PROCESSUAL. DESISTÊNCIA

› (cancelada) - Res. 121/2003, *DJ* 19, 20 e 21.11.2003.

181. ADICIONAL. TEMPO DE SERVIÇO. REAJUSTE SEMESTRAL. LEI Nº 6.708/1979

› (cancelada) - Res. 121/2003, *DJ* 19, 20 e 21.11.2003.

182. Aviso prévio. Indenização compensatória. Lei n. 6.708, de 30.10.1979 (mantida) O tempo do aviso prévio, mesmo indenizado, conta-se para efeito da indenização adicional prevista no art. 9º da Lei n. 6.708, de 30.10.1979.

183. EMBARGOS. RECURSO DE REVISTA. DESPACHO DENEGATÓRIO. AGRAVO DE INSTRUMENTO. NÃO CABIMENTO

- (cancelada) - Res. 121/2003, *DJ* 19, 20 e 21.11.2003.

184. Embargos declaratórios. Omissão em recurso de revista. Preclusão (mantida) Ocorre preclusão se não forem opostos embargos declaratórios para suprir omissão apontada em recurso de revista ou de embargos.

185. EMBARGOS SOB INTERVENÇÃO DO BANCO CENTRAL. LIQUIDAÇÃO EXTRAJUDICIAL. JUROS. CORREÇÃO MONETÁRIA. LEI Nº 6.024/1974

- (cancelada) - Res. 121/2003, *DJ* 19, 20 e 21.11.2003.

186. Licença-prêmio. Conversão em pecúnia. Regulamento da empresa (nova redação - Res. 121/2003, *DJ*, 19, 20 e 21.11.2003) A licença-prêmio, na vigência do contrato de trabalho, não pode ser convertida em pecúnia, salvo se expressamente admitida a conversão no regulamento da empresa.

187. Correção monetária. Incidência (mantida) A correção monetária não incide sobre o débito do trabalhador reclamante.

188. Contrato de trabalho. Experiência. Prorrogação (mantida) O contrato de experiência pode ser prorrogado, respeitado o limite máximo de 90 (noventa) dias.

189. Greve. Competência da Justiça do Trabalho. Abusividade (nova redação - Res. 121/2003, *DJ*, 19, 20 e 21.11.2003) A Justiça do Trabalho é competente para declarar a abusividade, ou não, da greve.

190. Poder normativo do TST. Condições de trabalho. Inconstitucionalidade. Decisões contrárias ao STF (mantida - Res. 121/2003, *DJ*, 19, 20 e 21.11.2003) Ao julgar ou homologar ação coletiva ou acordo nela havido, o Tribunal Superior do Trabalho exerce o poder normativo constitucional, não podendo criar ou homologar condições de trabalho que o Supremo Tribunal Federal julgue iterativamente inconstitucionais.

191. Adicional de periculosidade. Incidência. Base de cálculo (cancelada a parte final da antiga redação e inseridos os itens II e III) (Res. 214/2016. *DEJT*, 30.11.2016)

I - O adicional de periculosidade incide apenas sobre o salário básico e não sobre este acrescido de outros adicionais.

II - O adicional de periculosidade do empregado eletricitário, contratado sob a égide da Lei n. 7.369/1985, deve ser calculado sobre a totalidade das parcelas de natureza salarial. Não é válida norma coletiva mediante a qual se determina a incidência do referido adicional sobre o salário básico.

III - A alteração da base de cálculo do adicional de periculosidade do eletricitário promovida pela Lei n. 12.740/2012 atinge somente contrato de trabalho firmado a partir de sua vigência, de modo que, nesse caso, o cálculo será realizado exclusivamente sobre o salário básico, conforme determina o § 1º do art. 193 da CLT.

192. Ação rescisória. Competência (atualizada em decorrência do CPC de 2015 - Res. 212/2016, *DEJT* divulgado em 20, 21 e 22.09.2016).

I - Se não houver o conhecimento de recurso de revista ou de embargos, a competência para julgar ação que vise a rescindir a decisão de mérito é do Tribunal Regional do Trabalho, ressalvado o disposto no item II.

II - Acórdão rescindendo do Tribunal Superior do Trabalho que não conhece de recurso de embargos ou de revista, analisando arguição de violação de dispositivo de lei material ou decidindo em consonância com súmula de direito material ou com iterativa, notória e atual jurisprudência de direito material da Seção de Dissídios Individuais (Súmula n. 333), examina o mérito da causa, cabendo ação rescisória da competência do Tribunal Superior do Trabalho. (ex-Súmula n. 192 - alterada pela Res. 121/2003, *DJ* 21.11.2003)

III - Sob a égide do art. 512 do CPC de 1973, é juridicamente impossível o pedido explícito de desconstituição de sentença quando substituída por acórdão do Tribunal Regional ou superveniente sentença homologatória de acordo que puser fim ao litígio.

IV - Na vigência do CPC de 1973, é manifesta a impossibilidade jurídica do pedido de rescisão de julgado proferido em agravo de instrumento que, limitando-se a aferir o eventual desacerto do juízo negativo de admissibilidade do recurso de revista, não substitui o acórdão regional, na forma do art. 512 do CPC. (ex-OJ n. 105 da SBDI-2 - *DJ* 29.04.2003)

V - A decisão proferida pela SBDI, em agravo regimental, calcada na Súmula n. 333, substitui acórdão de Turma do TST, porque emite juízo de mérito, comportando, em tese, o corte rescisório. (ex-OJ n. 133 da SBDI-2 - *DJ* 04.05.2004).

193. CORREÇÃO MONETÁRIA. JUROS. CÁLCULO. EXECUÇÃO DE SENTENÇA. PESSOA JURÍDICA DE DIREITO PÚBLICO

- (cancelamento mantido) - Res. 121/2003, *DJ* 19, 20 e 21.11.2003

194. AÇÃO RESCISÓRIA. JUSTIÇA DO TRABALHO. DEPÓSITO PRÉVIO

- (cancelada) - Res. 142/2007, *DJ* 10, 11 e 15.10.2007.

195. EMBARGOS. AGRAVO REGIMENTAL. CABIMENTO

- (cancelada) - Res. 121/2003, *DJ* 19, 20 e 21.11.2003.

196. RECURSO ADESIVO. PRAZO

- (cancelada) - Res. 121/2003, *DJ* 19, 20 e 21.11.2003.

197. Prazo (mantida) O prazo para recurso da parte que, intimada, não comparecer à audiência em prosseguimento para a prolação da sentença conta-se de sua publicação.

198. PRESCRIÇÃO

- (cancelamento mantido) - Res. 121/2003, *DJ* 19, 20 e 21.11.2003.

199. Bancário. Pré-contratação de horas extras (incorporadas as Orientações Jurisprudenciais 48 e 63 SBDI-1 - Res. 129/2005, *DJ*, 20, 22 e 25.04.2005)

I - A contratação do serviço suplementar, quando da admissão do trabalhador bancário, é nula. Os valores assim ajustados apenas remuneram a jornada normal, sendo devidas as horas extras com o adicional de, no mínimo, 50% (cinquenta por cento), as quais não configuram pré-contratação, se pactuadas após a admissão do bancário.

II - Em se tratando de horas extras pré-contratadas, opera-se a prescrição total se a ação não for ajuizada no prazo de cinco anos, a partir da data em que foram suprimidas.

200. Juros de mora. Incidência (mantida) Os juros de mora incidem sobre a importância da condenação já corrigida monetariamente.

201. Recurso ordinário em mandado de segurança (mantida) Da decisão de Tribunal Regional do Trabalho em mandado de segurança cabe recurso ordinário, no prazo de 8 (oito) dias, para o Tribunal Superior do Trabalho, e igual dilação para o recorrido e interessados apresentarem razões de contrariedade.

202. Gratificação por tempo de serviço. Compensação (mantida) Existindo, ao mesmo tempo, gratificação por tempo de serviço outorgada pelo empregador e outra da mesma natureza prevista em acordo coletivo, convenção coletiva ou sentença normativa, o empregado tem direito a receber, exclusivamente, a que lhe seja mais benéfica.

203. Gratificação por tempo de serviço. Natureza salarial (mantida) A gratificação por tempo de serviço integra o salário para todos os efeitos legais.

204. BANCÁRIO. CARGO DE CONFIANÇA. CARACTERIZAÇÃO

- (cancelada em decorrência da sua incorporação à nova redação da Súmula nº 102) - Res. 129/2005, *DJ* 20, 22 e 25.04.2005.

205. GRUPO ECONÔMICO. EXECUÇÃO. SOLIDARIEDADE

- (cancelada) - Res. 121/2003, *DJ* 19, 20 e 21.11.2003.

206. FGTS. Incidência sobre parcelas prescritas (nova redação - Res. 121/2003, *DJ*, 19, 20 e 21.11.2003) A prescrição da pretensão relativa às parcelas remuneratórias alcança o respectivo recolhimento da contribuição para o FGTS.

207. CONFLITOS DE LEIS TRABALHISTAS NO ESPAÇO. PRINCÍPIO DA "LEX LOCI EXECUTIONIS"

- (cancelada) - Res. 181/2012, *DEJT* divulgado em 19, 20 e 23.04.2012.

208. RECURSO DE REVISTA. ADMISSIBILIDADE. INTERPRETAÇÃO

DE CLÁUSULA DE NATUREZA CONTRATUAL

‣ (cancelamento mantido) - Res. 121/2003, *DJ* 19, 20 e 21.11.2003.

209. CARGO EM COMISSÃO. REVERSÃO

‣ (cancelamento mantido) - Res. 121/2003, *DJ* 19, 20 e 21.11.2003.

210. Recurso de revista. Execução de sentença

‣ Cancelada - Res. 121/2003, *DJ*, 19, 20 e 21.11.2003.

211. Juros de mora e correção monetária. Independência do pedido inicial e do título executivo judicial (mantida) Os juros de mora e a correção monetária incluem-se na liquidação, ainda que omisso o pedido inicial ou a condenação.

212. Despedimento. Ônus da prova (mantida) O ônus de provar o término do contrato de trabalho, quando negados a prestação de serviço e o despedimento, é do empregador, pois o princípio da continuidade da relação de emprego constitui presunção favorável ao empregado.

213. EMBARGOS DE DECLARAÇÃO. SUSPENSÃO DO PRAZO RECURSAL

‣ (cancelamento mantido) - Res. 121/2003, *DJ* 19, 20 e 21.11.2003 - Lei nº 8.950/1994.

214. Decisão interlocutória. Irrecorribilidade (nova redação - Res. 127/2005, *DJ*, 14, 15 e 16.03.2005). Na Justiça do Trabalho, nos termos do art. 893, § 1º, da CLT, as decisões interlocutórias não ensejam recurso imediato, salvo nas hipóteses de decisão:

a) de Tribunal Regional do Trabalho contrária à Súmula ou Orientação Jurisprudencial do Tribunal Superior do Trabalho;

b) suscetível de impugnação mediante recurso para o mesmo Tribunal;

c) que acolhe exceção de incompetência territorial, com a remessa dos autos para Tribunal Regional distinto daquele a que se vincula o juízo excepcionado, consoante o disposto no art. 799, § 2º, da CLT.

215. HORAS EXTRAS NÃO CONTRATADAS EXPRESSAMENTE. ADICIONAL DEVIDO

‣ (cancelamento mantido) - Res. 121/2003, *DJ* 19, 20 e 21.11.2003 - Referência art. 7º, XVI, CF/1988.

216. DESERÇÃO. RELAÇÃO DE EMPREGADOS. AUTENTICAÇÃO MECÂNICA DESNECESSÁRIA (cancelamento mantido) - Res. 121/2003, *DJ* 19, 20 e 21.11.2003.

217. Depósito recursal. Credenciamento bancário. Prova dispensável (mantida) O credenciamento dos bancos para o fim de recebimento do depósito recursal é fato notório, independendo da prova.

218. Recurso de revista. Acórdão proferido em agravo de instrumento (mantida) É incabível recurso de revista interposto de acórdão regional prolatado em agravo de instrumento.

219. Honorários advocatícios. Cabimento (alterada a redação do item I e acrescidos os itens IV a VI na sessão do Tribunal Pleno realizada em 15.03.2016 - Res. 204/2016, *DEJT* divulgado em 17, 18 e 21.03.2016).

I - Na Justiça do Trabalho, a condenação ao pagamento de honorários advocatícios não decorre pura e simplesmente da sucumbência, devendo a parte, concomitantemente:

a) estar assistida por sindicato da categoria profissional;

b) comprovar a percepção de salário inferior ao dobro do salário-mínimo ou encontrar-se em situação econômica que não lhe permita demandar sem prejuízo do próprio sustento ou da respectiva família (art. 14, § 1º, da Lei n. 5.584/1970) (ex-OJ n. 305 da SBDI-I).

II - É cabível a condenação ao pagamento de honorários advocatícios em ação rescisória no processo trabalhista.

III - São devidos os honorários advocatícios nas causas em que o ente sindical figure como substituto processual e nas lides que não derivem da relação de emprego.

IV - Na ação rescisória e nas lides que não derivem de relação de emprego, a responsabilidade pelo pagamento dos honorários advocatícios da sucumbência submete-se à disciplina do Código de Processo Civil (arts. 85, 86, 87 e 90).

V - Em caso de assistência judiciária sindical, revogado o art. 11 da Lei n. 1.060/50 (CPC de 2015, art. 1.072, inc. III), os honorários advocatícios assistenciais são devidos entre o mínimo de dez e o máximo de vinte por cento sobre o valor da condenação, do proveito econômico obtido ou, não sendo possível mensurá-lo, sobre o valor atualizado da causa (CPC de 2015, art. 85, § 2º).

VI - Nas causas em que a Fazenda Pública for parte, aplicar-se-ão os percentuais específicos de honorários advocatícios contemplados no Código de Processo Civil.

220. HONORÁRIOS ADVOCATÍCIOS. SUBSTITUIÇÃO PROCESSUAL

‣ (cancelamento mantido) - Res. 121/2003, *DJ* 19, 20 e 21.11.2003

221. Recurso de revista. Violação de lei. Indicação de preceito (cancelado o item II e conferida nova redação na sessão do Tribunal Pleno realizada em 14.09.2012 - Res. 185/2012, *DEJT* divulgado em 25, 26 e 27.09.2012) A admissibilidade do recurso de revista por violação tem como pressuposto a indicação expressa do dispositivo de lei ou da Constituição tido como violado.

222. DIRIGENTES DE ASSOCIAÇÕES PROFISSIONAIS. ESTABILIDADE PROVISÓRIA

‣ (cancelamento mantido) - Res. 121/2003, *DJ* 19, 20 e 21.11.2003

223. PRESCRIÇÃO. OPÇÃO PELO SISTEMA DO FUNDO DE GARANTIA DO TEMPO DE SERVIÇO. TERMO INICIAL

‣ (cancelada) - Res. 121/2003, *DJ* 19, 20 e 21.11.2003

224. COMPETÊNCIA. AÇÃO DE CUMPRIMENTO. SINDICATO. DESCONTO ASSISTENCIAL

‣ (cancelada) - Res. 121/2003, *DJ* 19, 20 e 21.11.2003

225. Repouso semanal. Cálculo. Gratificações por tempo de serviço e produtividade (mantida) As gratificações por tempo de serviço e produtividade, pagas mensalmente, não repercutem no cálculo do repouso semanal remunerado.

226. Bancário. Gratificação por tempo de serviço. Integração no cálculo das horas extras (mantida) A gratificação por tempo de serviço integra o cálculo das horas extras.

227. SALÁRIO-FAMÍLIA. TRABALHADOR RURAL

‣ (cancelada) - Res. 121/2003, *DJ* 19, 20 e 21.11.2003.

228. Adicional de insalubridade. Base de cálculo (redação alterada na sessão do Tribunal Pleno em 26.06.2008) - Res. 148/2008, *DJ* 04 e 07.07.2008 - Republicada *DJ* 08, 09 e 10.07.2008. **Súmula cuja eficácia está suspensa por decisão liminar do Supremo Tribunal Federal** - Res. 185/2012, *DEJT* divulgado em 25, 26 e 27.09.2012) A partir de 9 de maio de 2008, data da publicação da Súmula Vinculante n. 4 do Supremo Tribunal Federal, o adicional de insalubridade será calculado sobre o salário básico, salvo critério mais vantajoso fixado em instrumento coletivo.

229. Sobreaviso. Eletricitários (nova redação - Res. 121/2003, *DJ*, 19, 20 e 21.11.2003) Por aplicação analógica do art. 244, § 2º, da CLT, as horas de sobreaviso dos eletricitários são remuneradas à base de 1/3 sobre a totalidade das parcelas de natureza salarial.

230. Aviso prévio. Substituição pelo pagamento das horas reduzidas da jornada de trabalho (mantida) É ilegal substituir o período que se reduz da jornada de trabalho, no aviso prévio, pelo pagamento das horas correspondentes.

231. QUADRO DE CARREIRA. HOMOLOGAÇÃO PELO CONSELHO NACIONAL DE POLÍTICA SALARIAL. EFICÁCIA

‣ (cancelada) - Res. 121/2003, *DJ* 19, 20 e 21.11.2003

232. BANCÁRIO. CARGO DE CONFIANÇA. JORNADA. HORAS EXTRAS

‣ (cancelada em decorrência da sua incorporação à nova redação da Súmula nº 102) - Res. 129/2005, *DJ* 20, 22 e 25.04.2005

233. BANCÁRIO. CHEFE

‣ (cancelada) - Res. 121/2003, *DJ* 19, 20 e 21.11.2003

234. BANCÁRIO. SUBCHEFE

‣ (cancelada) - Res. 121/2003, *DJ* 19, 20 e 21.11.2003

235. DISTRITO FEDERAL E AUTARQUIAS. CORREÇÃO AUTOMÁTICA DOS SALÁRIOS. INAPLICABILIDADE DA LEI Nº 6.708/1979

‣ (cancelada) - Res. 121/2003, *DJ* 19, 20 e 21.11.2003

236. HONORÁRIOS PERICIAIS. RESPONSABILIDADE

‣ (cancelada) - Res. 121/2003, *DJ* 19, 20 e 21.11.2003

237. BANCÁRIO. TESOUREIRO

‣ (cancelada) - Res. 121/2003, *DJ* 19, 20 e 21.11.2003

238. BANCÁRIO. SUBGERENTE

‣ (cancelada) - Res. 121/2003, *DJ* 19, 20 e 21.11.2003

239. Bancário. Empregado de empresa de processamento de dados (incorporadas as Orientações Jurisprudenciais 64 e 126 SBDI-1 - Res. 129/2005, *DJ*, 20, 22 e 25.04.2005) É bancário o empregado de empresa de processamento de dados que presta serviço a banco integrante do mesmo grupo econômico, exceto quando a empresa de processamento de dados presta serviços a banco e a empresas não bancárias do mesmo grupo econômico ou a terceiros.

240. Bancário. Gratificação de função e adicional por tempo de serviço (mantida) O adicional por tempo de serviço integra o cálculo da gratificação prevista no art. 224, § 2º, da CLT.

241. Salário-utilidade. Alimentação (mantida) O vale para refeição, fornecido por força do contrato de trabalho, tem caráter salarial, integrando a remuneração do empregado, para todos os efeitos legais.

242. Indenização Adicional. Valor (mantida) A indenização adicional, prevista no art. 9º da Lei n. 6.708, de 30.10.1979 e no art. 9º da Lei n. 7.238 de 28.10.1984, corresponde ao salário mensal, no valor devido na data da comunicação do despedimento, integrado pelos adicionais legais ou convencionados, ligados à unidade de tempo mês, não sendo computável a gratificação natalina.

243. Opção pelo regime trabalhista. Supressão das vantagens estatutárias (mantida) Exceto na hipótese de previsão contratual ou legal expressa, a opção do funcionário público pelo regime trabalhista implica a renúncia dos direitos inerentes ao regime estatutário.

244. Gestante. Estabilidade provisória (redação do item III alterada na sessão do Tribunal Pleno realizada em 14.09.2012 - Res. 185/2012, *DEJT* divulgado em 25, 26 e 27.09.2012)

I - O desconhecimento do estado gravídico pelo empregador não afasta o direito ao pagamento da indenização decorrente da estabilidade (art. 10, II, "b" do ADCT).

II - A garantia de emprego à gestante só autoriza a reintegração se esta se der durante o período de estabilidade. Do contrário, a garantia restringe-se aos salários e demais direitos correspondentes ao período de estabilidade.

III - A empregada gestante tem direito à estabilidade provisória prevista no art. 10, inciso II, alínea "b", do Ato das Disposições Constitucionais Transitórias, mesmo na hipótese de admissão mediante contrato por tempo determinado.

245. Depósito recursal. Prazo (mantida) O depósito recursal deve ser feito e comprovado no prazo alusivo ao recurso. A interposição antecipada deste não prejudica a dilação legal.

246. Ação de cumprimento. Trânsito em julgado da sentença normativa (mantida) É dispensável o trânsito em julgado da sentença normativa para a propositura da ação de cumprimento.

247. Quebra de caixa. Natureza jurídica (mantida) A parcela paga aos bancários sob a denominação "quebra de caixa" possui natureza salarial, integrando o salário do prestador de serviços, para todos os efeitos legais.

248. Adicional de insalubridade. Direito adquirido (mantida) A reclassificação ou a descaracterização da insalubridade, por ato da autoridade competente, repercute na satisfação do respectivo adicional, sem ofensa a direito adquirido ou ao princípio da irredutibilidade salarial.

249. AUMENTO SALARIAL SETORIZADO. TABELA ÚNICA

‣ (cancelada) - Res. 121/2003, *DJ* 19, 20 e 21.11.2003

250. PLANO DE CLASSIFICAÇÃO. PARCELAS ANTIGÜIDADE E DESEMPENHO. AGLUTINAÇÃO AO SALÁRIO

‣ (cancelada) - Res. 121/2003, *DJ* 19, 20 e 21.11.2003

251. PARTICIPAÇÃO NOS LUCROS. NATUREZA SALARIAL.

‣ (cancelamento mantido) - Res. 121/2003, *DJ* 19, 20 e 21.11.2003 - Referência art. 7º, XI, CF/1988

252. FUNCIONÁRIO PÚBLICO. CEDIDO. REAJUSTE SALARIAL

‣ (cancelada) - Res. 121/2003, *DJ* 19, 20 e 21.11.2003

253. Gratificação semestral. Repercussões (nova redação - Res. 121/2003, *DJ*, 19, 20 e 21.11.2003) A gratificação semestral não repercute no cálculo das horas extras, das férias e do aviso prévio, ainda que indenizados. Repercute, contudo, pelo seu duodécimo na indenização por antiguidade e na gratificação natalina.

254. Salário-família. Termo inicial da obrigação (mantida) O termo inicial do direito ao salário-família coincide com a prova da filiação. Se feita em juízo, corresponde à data de ajuizamento do pedido, salvo se comprovado que anteriormente o empregador se recusara a receber a respectiva certidão.

255. SUBSTITUIÇÃO PROCESSUAL. DESISTÊNCIA

‣ (cancelada) - Res. 121/2003, *DJ* 19, 20 e 21.11.2003

256. CONTRATO DE PRESTAÇÃO DE SERVIÇOS. LEGALIDADE

‣ (cancelada) - Res. 121/2003, *DJ* 19, 20 e 21.11.2003

257. Vigilante (mantida) O vigilante, contratado diretamente por banco ou por intermédio de empresas especializadas, não é bancário.

258. Salário-utilidade. Percentuais (nova redação - Res. 121/2003, *DJ*, 19, 20 e 21.11.2003) Os percentuais fixados em lei relativos ao salário "in natura" apenas se referem às hipóteses em que o empregado percebe salário-mínimo, apurando-se, nas demais, o real valor da utilidade.

259. Termo de conciliação. Ação rescisória (mantida) Res. 121/2003, *DJ*, 19, 20 e 21.11.2003) Só por ação rescisória é impugnável o termo de conciliação previsto no parágrafo único do art. 831 da CLT.

260. SALÁRIO-MATERNIDADE. CONTRATO DE EXPERIÊNCIA

‣ (cancelada) - Res. 121/2003, *DJ* 19, 20 e 21.11.2003

261. Férias proporcionais. Pedido de demissão. Contrato vigente há menos de um ano (nova redação - Res. 121/2003, *DJ*, 19, 20 e 21.11.2003) O empregado que se demite antes de complementar 12 (doze) meses de serviço tem direito a férias proporcionais.

262. Prazo judicial. Notificação ou intimação em sábado. Recesso forense (redação do item II alterada na sessão do Tribunal Pleno realizada em 19.05.2014. *DJe* 21, 22 e 23.05.2014.)

I - Intimada ou notificada a parte no sábado, o início do prazo se dará no primeiro dia útil imediato e a contagem, no subsequente.

II - O recesso forense e as férias coletivas dos Ministros do Tribunal Superior do Trabalho suspendem os prazos recursais.

263. Petição inicial. Indeferimento. Instrução obrigatória deficiente (nova redação em decorrência do CPC de 2015 - Res. 208/2016, *DEJT* divulgado em 22, 25 e 26.04.2016). Salvo nas hipóteses do art. 330 do CPC de 2015 (art. 295 do CPC de 1973), o indeferimento da petição inicial, por encontrar-se desacompanhada de documento indispensável à propositura da ação ou não preencher outro requisito legal, somente é cabível se, após intimada para suprir a irregularidade em 15 (quinze) dias, mediante indicação precisa do que deve ser corrigido ou completado, a parte não o fizer (art. 321 do CPC de 2015).

264. Hora suplementar. Cálculo (mantida) A remuneração do serviço suplementar é composta do valor da hora normal, integrado por parcelas de natureza salarial e acrescido do adicional previsto em lei, contrato, acordo, convenção coletiva ou sentença normativa.

265. Adicional noturno. Alteração de turno de trabalho. Possibilidade de supressão (mantida) A transferência para o período diurno de trabalho implica a perda do direito ao adicional noturno.

266. Recurso de revista. Admissibilidade. Execução de sentença (mantida)

A admissibilidade do recurso de revista interposto de acórdão proferido em agravo de petição, na liquidação de sentença ou em processo incidente na execução, inclusive os embargos de terceiro, depende de demonstração inequívoca de violência direta à Constituição Federal.

267. BANCÁRIO. VALOR DO SALÁRIO-HORA. DIVISOR

‣ (cancelada) - Res. 121/2003, *DJ* 19, 20 e 21.11.2003

268. Prescrição. Interrupção. Ação trabalhista arquivada (nova redação - Res. 121/2003, *DJ*, 19, 20 e 21.11.2003) A ação trabalhista, ainda que arquivada, interrompe a prescrição somente em relação aos pedidos idênticos.

269. Diretor eleito. Cômputo do período como tempo de serviço (mantida) O empregado eleito para ocupar cargo de diretor tem o respectivo contrato de trabalho suspenso, não se computando o tempo de serviço desse período, salvo se permanecer a subordinação jurídica inerente à relação de emprego.

270. REPRESENTAÇÃO PROCESSUAL. MANDATO EXPRESSO. AUSÊNCIA DE FIRMA RECONHECIDA

‣ (cancelamento mantido) - Res. 121/2003, *DJ* 19, 20 e 21.11.2003 - Lei nº 8.952/1994

271. SUBSTITUIÇÃO PROCESSUAL. ADICIONAIS DE INSALUBRIDADE E DE PERICULOSIDADE

‣ (cancelada) - Res. 121/2003, *DJ* 19, 20 e 21.11.2003

272. AGRAVO DE INSTRUMENTO. TRASLADO DEFICIENTE

‣ (cancelada) - Res. 121/2003, *DJ* 19, 20 e 21.11.2003

273. CONSTITUCIONALIDADE. DECRETOS-LEIS NºS 2.012/1983 E 2.045/1983

‣ (cancelada) - Res. 121/2003, *DJ* 19, 20 e 21.11.2003

274. PRESCRIÇÃO PARCIAL. EQUIPARAÇÃO SALARIAL

‣ (cancelada em decorrência da sua incorporação à nova redação da Súmula nº 6) - Res. 129/2005, *DJ* 20, 22 e 25.04.2005

275. Prescrição. Desvio de função e reenquadramento (incorporada a OJ 144 SBDI-1 - Res. 129/2005, *DJ*, 20, 22 e 25.04.2005)

I - Na ação que objetive corrigir desvio funcional, a prescrição só alcança as diferenças salariais vencidas no período de 5 (cinco) anos que precedeu o ajuizamento.

II - Em se tratando de pedido de reenquadramento, a prescrição é total, contada da data do enquadramento do empregado.

276. Aviso prévio. Renúncia pelo empregado (mantida) O direito ao aviso prévio é irrenunciável pelo empregado. O pedido de dispensa de cumprimento não exime o empregador de pagar o respectivo valor, salvo comprovação de haver o prestador dos serviços obtido novo emprego.

277. Convenção coletiva de trabalho ou acordo coletivo de trabalho. Eficácia. Ultratividade (redação alterada na sessão do Tribunal Pleno realizada em 14.09.2012 - Res. 185/2012, *DEJT* divulgado em 25, 26 e 27.09.2012) As cláusulas normativas dos acordos coletivos ou convenções coletivas integram os contratos individuais de trabalho e somente poderão ser modificados ou suprimidas mediante negociação coletiva de trabalho.

278. Embargos de declaração. Omissão no julgado (mantida) A natureza da omissão suprida pelo julgamento de embargos declaratórios pode ocasionar efeito modificativo no julgado.

279. Recurso contra sentença normativa. Efeito suspensivo. Cassação (mantida) A cassação de efeito suspensivo concedido a recurso interposto de sentença normativa retroage à data do despacho que o deferiu.

280. CONVENÇÃO COLETIVA. SOCIEDADE DE ECONOMIA MISTA. AUDIÊNCIA PRÉVIA DO ÓRGÃO OFICIAL COMPETENTE

‣ (cancelamento mantido) - Res. 121/2003, *DJ* 19, 20 e 21.11.2003

281. PISO SALARIAL. PROFESSORES

‣ (cancelada) - Res. 121/2003, *DJ* 19, 20 e 21.11.2003

282. Abono de faltas. Serviço médico da empresa (mantida) 121/2003, *DJ*, 19, 20 e 21.11.2003) Ao serviço médico da empresa ou ao mantido por esta última mediante convênio compete abonar os primeiros 15 (quinze) dias de ausência ao trabalho.

283. Recurso adesivo. Pertinência no processo do trabalho. Correlação de matérias (mantida) O recurso adesivo é compatível com o processo do trabalho e cabe, no prazo de 8 (oito) dias, nas hipóteses de interposição de recurso ordinário, de agravo de petição, de revista e de embargos, sendo desnecessário que a matéria nele veiculada esteja relacionada com a do recurso interposto pela parte contrária.

284. CORREÇÃO MONETÁRIA. EMPRESAS EM LIQUIDAÇÃO. LEI Nº 6.024/1974

‣ (cancelada) - Res. 121/2003, *DJ* 19, 20 e 21.11.2003

285. RECURSO DE REVISTA. ADMISSIBILIDADE PARCIAL PELO JUIZ-PRESIDENTE DO TRIBUNAL REGIONAL DO TRABALHO. EFEITO

‣ (cancelada a partir de 15 de abril de 2016) - Res. 204/2016, *DEJT* divulgado em 17, 18 e 21.03.2016

286. Sindicato. Substituição processual. Convenção e acordo coletivos (mantida) A legitimidade do sindicato para propor ação de cumprimento estende-se também à observância de acordo ou de convenção coletivos.

287. Jornada de trabalho. Gerente bancário (nova redação - Res. 121/2003, *DJ*, 19, 20 e 21.11.2003) A jornada de trabalho do empregado de banco gerente de agência é regida pelo art. 224, § 2º, da CLT. Quanto ao gerente-geral de agência bancária, presume-se o exercício de encargo de gestão, aplicando-se-lhe o art. 62 da CLT.

288. Complementação dos proventos da aposentadoria (nova redação para o item I e acrescidos os itens III e IV em decorrência do julgamento do processo TST-E-ED-RR-235-20.2010.5.20.0006 pelo Tribunal Pleno em 12.04.2016 - Res. 207/2016, *DEJT* divulgado em 18, 19 e 20.04.2016).

I - A complementação dos proventos de aposentadoria, instituída, regulamentada e paga diretamente pelo empregador, sem vínculo com as entidades de previdência privada fechada, é regida pelas normas em vigor na data de admissão do empregado, ressalvadas as alterações que forem mais benéficas (art. 468 da CLT).

II - Na hipótese de coexistência de dois regulamentos de planos de previdência complementar, instituídos pelo empregador ou por entidade de previdência privada, a opção do beneficiário por um deles tem efeito jurídico de renúncia às regras do outro.

III - Após a entrada em vigor das Leis Complementares n. 108 e 109, de 29.05.2001, reger-se-á a complementação dos proventos de aposentadoria pelas normas vigentes na data da implementação dos requisitos para obtenção do benefício, ressalvados o direito adquirido do participante que anteriormente implementara os requisitos para o benefício e o direito acumulado do empregado que até então não preenchera tais requisitos.

IV - O entendimento da primeira parte do item III aplica-se aos processos em curso no Tribunal Superior do Trabalho em que, em 12.04.2016, ainda não haja sido proferida decisão de mérito por suas Turmas e Seções.

289. Insalubridade. Adicional. Fornecimento do aparelho de proteção. Efeito (mantida) (Res. 121/2003, *DJ* 19, 20 e 21.11.2003) O simples fornecimento do aparelho de proteção pelo empregador não o exime do pagamento do adicional de insalubridade. Cabe-lhe tomar as medidas que conduzam à diminuição ou eliminação da nocividade, entre as quais as relativas ao uso efetivo do equipamento pelo empregado.

290. GORJETAS. NATUREZA JURÍDICA. AUSÊNCIA DE DISTINÇÃO QUANTO À FORMA DE RECEBIMENTO

‣ (cancelada) - Res. 121/2003, *DJ* 19, 20 e 21.11.2003

291. Horas extras. Habitualidade. Supressão. Indenização (nova redação em decorrência do julgamento do processo TST-IUJERR 10700-45.2007.5.22.0101 - Res. 174/2011, *DEJT*, 27, 30 e 31.05.2011) A supressão total ou parcial, pelo empregador, de serviço suplementar prestado com habitualidade, durante pelo menos 1 (um) ano, assegura ao empregado o direito à indenização correspondente ao valor de 1 (um) mês das horas suprimidas, total ou parcialmente, para cada ano ou fração igual ou superior a seis meses de prestação de serviço acima da jornada normal. O cálculo observará a média das horas suplementares nos últimos 12 (doze) meses anteriores à mudança, multiplicada pelo valor da hora extra do dia da supressão.

292. ADICIONAL DE INSALUBRIDADE. TRABALHADOR RURAL

‣ (cancelada) - Res. 121/2003, *DJ* 19, 20 e 21.11.2003

293. Adicional de insalubridade. Causa de pedir. Agente nocivo diverso do apontado na inicial (mantida) A verificação mediante perícia de prestação de serviços em condições nocivas, considerado agente insalubre diverso do apontado na inicial, não prejudica o pedido de adicional de insalubridade.

294. Prescrição. Alteração contratual. Trabalhador urbano (mantida) Tratando-se de ação que envolva pedido de prestações sucessivas decorrente de alteração do pactuado, a prescrição é total, exceto quando o direito à parcela esteja também assegurado por preceito de lei.

295. APOSENTADORIA ESPONTÂNEA. DEPÓSITO DO FGTS. PERÍODO ANTERIOR À OPÇÃO

‣ (cancelada) - Res. 152/2008, *DEJT* divulgado em 20, 21 e 24.11.2008

296. Recurso. Divergência jurisprudencial. Especificidade (incorporada a OJ 37 SBDI-1 - Res. 129/2005, *DJ*, 20, 22 e 25.04.2005)

I - A divergência jurisprudencial ensejadora da admissibilidade, do prosseguimento e do conhecimento do recurso há de ser específica, revelando a existência de teses diversas na interpretação de um mesmo dispositivo legal, embora idênticos os fatos que as ensejaram.

II - Não ofende o art. 896 da CLT decisão de Turma que, examinando premissas concretas de especificidade da divergência colacionada no apelo revisional, conclui pelo conhecimento ou desconhecimento do recurso.

297. Prequestionamento. Oportunidade. Configuração (nova redação - Res. 121/2003, *DJ*, 19, 20 e 21.11.2003)

I. Diz-se prequestionada a matéria ou questão quando na decisão impugnada haja sido adotada, explicitamente, tese a respeito.

II. Incumbe à parte interessada, desde que a matéria haja sido invocada no recurso principal, opor embargos declaratórios objetivando o pronunciamento sobre o tema, sob pena de preclusão.

III. Considera-se prequestionada a questão jurídica invocada no recurso principal sobre a qual se omite o Tribunal de pronunciar tese, não obstante opostos embargos de declaração.

298. Ação rescisória. Violação a disposição de lei. Pronunciamento explícito (redação alterada pelo Tribunal Pleno na sessão realizada em 06.02.2012 - Res. 177/2012, TST).

I - A conclusão acerca da ocorrência de violação literal a disposição de lei pressupõe pronunciamento explícito, na sentença rescindenda, sobre a matéria veiculada.

II - O pronunciamento explícito exigido em ação rescisória diz respeito à matéria e ao enfoque específico da tese debatida na ação, e não, necessariamente, ao dispositivo legal tido por violado. Basta que o conteúdo da norma reputada violada haja sido abordado na decisão rescindenda para que se considere preenchido o pressuposto.

III - Para efeito de ação rescisória, considera-se pronunciada explicitamente a matéria tratada na sentença quando, examinando remessa de ofício, o Tribunal simplesmente a confirma.

IV - A sentença meramente homologatória, que silencia sobre os motivos de convencimento do juiz, não se mostra rescindível, por ausência de pronunciamento explícito.

V - Não é absoluta a exigência de pronunciamento explícito na ação rescisória, ainda que esta tenha por fundamento violação de dispositivo de lei. Assim, prescindível o pronunciamento explícito quando o vício nasce no próprio julgamento, como se dá com a sentença "extra, citra e ultra petita".

299. Ação rescisória. Decisão rescindenda. Trânsito em julgado. Comprovação. Efeitos (nova redação do item II em decorrência do CPC de 2015 - Res. 211/2016, *DEJT* divulgado em 24, 25 e 26.08.2016).

I - É indispensável ao processamento da ação rescisória a prova do trânsito em julgado da decisão rescindenda. (ex-Súmula n. 299 - Res. 8/1989, *DJ* 14, 18 e 19.04.1989)

II - Verificando o relator que a parte interessada não juntou à inicial o documento comprobatório, abrirá prazo de 15 (quinze) dias para que o faça (art. 321 do CPC de 2015), sob pena de indeferimento. (ex-Súmula n. 299 - Res 8/1989, *DJ* 14, 18 e 19.04.1989)

III - A comprovação do trânsito em julgado da decisão rescindenda é pressuposto processual indispensável ao tempo do ajuizamento da ação rescisória. Eventual trânsito em julgado posterior ao ajuizamento da ação rescisória não reabilita a ação proposta, na medida em que o ordenamento jurídico não contempla a ação rescisória preventiva. (ex-OJ n. 106 da SBDI-2 - *DJ* 29.04.2003)

IV - O pretenso vício de intimação, posterior à decisão que se pretende rescindir, se efetivamente ocorrido, não permite a formação da coisa julgada material. Assim, a ação rescisória deve ser julgada extinta, sem julgamento do mérito, por carência de ação, por inexistir decisão transitada em julgado a ser rescindida. (ex-OJ n. 96 da SBDI-2 - inserida em 27.09.2002)

300. Competência da Justiça do Trabalho. Cadastramento no PIS (mantida) Compete à Justiça do Trabalho processar e julgar ações ajuizadas por empregados em face de empregadores relativas ao cadastramento no Programa de Integração Social (PIS).

301. Auxiliar de laboratório. Ausência de diploma. Efeitos (mantida) O fato de o empregado não possuir diploma de profissionalização de auxiliar de laboratório não afasta a observância das normas da Lei n. 3.999, de 15.12.1961, uma vez comprovada a prestação de serviços na atividade.

302. PROCESSO ADMINISTRATIVO

‣ (cancelada) - Res. 121/2003, *DJ* 19, 20 e 21.11.2003

303. Fazenda Pública. Reexame necessário (nova redação em decorrência do CPC de 2015 - Res. 211/2016, *DEJT* divulgado em 24, 25 e 26.08.2016).

I - Em dissídio individual, está sujeita ao reexame necessário, mesmo na vigência da Constituição Federal de 1988, decisão contrária à Fazenda Pública, salvo quando a condenação não ultrapassar o valor correspondente a:

a) 1.000 (mil) salários-mínimos para a União e as respectivas autarquias e fundações de direito público;

b) 500 (quinhentos) salários-mínimos para os Estados, o Distrito Federal, as respectivas autarquias e fundações de direito público e os Municípios que constituam capitais dos Estados;

c) 100 (cem) salários-mínimos para todos os demais Municípios e respectivas autarquias e fundações de direito público.

II - Também não se sujeita ao duplo grau de jurisdição a decisão fundada em:

a) súmula ou orientação jurisprudencial do Tribunal Superior do Trabalho;

b) acórdão proferido pelo Supremo Tribunal Federal ou pelo Tribunal Superior do Trabalho em julgamento de recursos repetitivos;

c) entendimento firmado em incidente de resolução de demandas repetitivas ou de assunção de competência;

d) entendimento coincidente com orientação vinculante firmada no âmbito administrativo do próprio ente público, consolidada em manifestação, parecer ou súmula administrativa.

III - Em ação rescisória, a decisão proferida pelo Tribunal Regional do Trabalho está sujeita ao duplo grau de jurisdição obrigatório quando desfavorável ao ente público, exceto nas hipóteses dos incisos anteriores. (ex-OJ n. 71 da SBDI-1 - inserida em 03.06.1996)

IV - Em mandado de segurança, somente cabe reexame necessário se, na relação processual, figurar pessoa jurídica de direito público como parte prejudicada pela concessão da ordem. Tal situação não ocorre na hipótese de figurar no feito como impetrante e terceiro interessado pessoa de direito privado, ressalvada a hipótese de matéria administrativa. (ex-OJs n. 72 e 73 da SBDI-1 - inseridas, respectivamente, em 25.11.1996 e 03.06.1996).

304. Correção monetária. Empresas em liquidação. Art. 46 do ADCT/CF (mantida) Os débitos trabalhistas das entidades submetidas aos regimes de intervenção ou liquidação extrajudicial estão sujeitos a correção monetária desde o respectivo vencimento até seu efetivo pagamento, sem interrupção ou suspensão, não incidindo, entretanto, sobre tais débitos, juros de mora.

305. Fundo de Garantia do Tempo de Serviço. Incidência sobre o aviso prévio (mantida) O pagamento relativo ao período de aviso prévio, trabalhado ou não, está sujeito a contribuição para o FGTS.

306. INDENIZAÇÃO ADICIONAL. PAGAMENTO DEVIDO COM FUNDAMENTO NOS ARTIGOS 9º DA LEI Nº 6.708/1979 E 9º DA LEI Nº 7.238/1984

▸ (cancelada) - Res. 121/2003, *DJ* 19, 20 e 21.11.2003

307. Juros. Irretroatividade do Decreto-Lei n. 2.322, de 26.02.1987 (mantida) A fórmula de cálculo de juros prevista no Decreto-Lei n. 2.322, de 26.02.1987 somente é aplicável a partir de 27.02.1987. Quanto ao período anterior, deve-se observar a legislação então vigente.

308. Prescrição quinquenal (incorporada a OJ 204, SBDI-1 - Res. 129/2005, *DJ*, 20, 22 e 25.04.2005)

I. Respeitado o biênio subsequente à cessação contratual, a prescrição da ação trabalhista concerne às pretensões imediatamente anteriores a cinco anos, contados da data do ajuizamento da reclamação e, não, às anteriores ao quinquênio da data da extinção do contrato.

II. A norma constitucional que ampliou o prazo de prescrição da ação trabalhista para 5 (cinco) anos é de aplicação imediata e não atinge pretensões já alcançadas pela prescrição bienal quando da promulgação da CF/1988.

309. Vigia portuário. Terminal privativo. Não obrigatoriedade de requisição (mantida) Tratando-se de terminais privativos destinados à navegação de cabotagem ou de longo curso, não é obrigatória a requisição de vigia portuário indicado por sindicato.

310. SUBSTITUIÇÃO PROCESSUAL. SINDICATO

▸ (cancelamento mantido) - Res. 121/2003, *DJ* 19, 20 e 21.11.2003 e republicada *DJ* 25.11.2003

311. Benefício previdenciário a dependente de ex-empregado. Correção monetária. Legislação aplicável (mantida) O cálculo da correção monetária incidente sobre débitos relativos a benefícios previdenciários devidos a dependentes de ex-empregado pelo empregador, ou por entidade de previdência privada a ele vinculada, será o previsto na Lei n. 6.899, de 08.04.1981.

312. Constitucionalidade. Alínea "b" do art. 896 da CLT (mantida) É constitucional a alínea "b" do art. 896 da CLT, com a redação dada pela Lei n. 7.701, de 21.12.1988.

313. Complementação de aposentadoria. Proporcionalidade. Banespa (mantida) A complementação de aposentadoria, prevista no art. 106, e seus parágrafos, do regulamento de pessoal editado em 1965, só é integral para os empregados que tenham 30 (trinta) ou mais anos de serviços prestados exclusivamente ao banco.

314. Indenização adicional. Verbas rescisórias. Salário corrigido (mantida) Se ocorrer a rescisão contratual no período de 30 (trinta) dias que antecede à data-base, observado a Súmula 182 do TST, o pagamento das verbas rescisórias com o salário já corrigido não afasta o direito à indenização adicional prevista nas Leis n. 6.708, de 30.10.1979 e 7.238, de 28.10.1984.

315. IPC de março/1990. Lei n. 8.030, de 12.04.1990 (Plano Collor). Inexistência de direito adquirido (mantida) A partir da vigência da Medida Provisória n. 154, de 15.03.1990, convertida na Lei n. 8.030, de 12.04.1990, não se aplica o IPC de março de 1990, de 84,32% (oitenta e quatro vírgula trinta e dois por cento), para a correção dos salários, porque o direito ainda não se havia incorporado ao patrimônio jurídico dos trabalhadores, inexistindo ofensa ao inciso XXXVI do art. 5º da CF/1988.

316. IPC DE JUNHO/1987. DECRETO-LEI Nº 2.335/1987 (PLANO BRESSER). EXISTÊNCIA DE DIREITO ADQUIRIDO

▸ (cancelamento mantido) - Res. 121/2003, *DJ* 19, 20 e 21.11.2003

317. URP DE FEVEREIRO/1989. LEI Nº 7.730/1989 (PLANO VERÃO). EXISTÊNCIA DE DIREITO ADQUIRIDO

▸ (cancelamento mantido) - Res. 121/2003, *DJ* 19, 20 e 21.11.2003

318. Diárias. Base de cálculo para sua integração no salário (mantida) Tratando-se de empregado mensalista, a integração das diárias no salário deve ser feita tomando-se por base o salário mensal por ele percebido e não o valor do dia de salário, somente sendo devida a referida integração quando o valor das diárias, no mês, for superior à metade do salário mensal.

319. Reajustes salariais ("gatilhos"). Aplicação aos servidores públicos contratados sob a égide da legislação trabalhista (mantida) Aplicam-se aos servidores públicos, contratados sob o regime da CLT, os reajustes decorrentes da correção automática dos salários pelo mecanismo denominado "gatilho", de que tratam os Decretos-Leis n. 2.284, de 10.03.1986 e 2.302, de 21.11.1986.

320. Horas in itinere. Obrigatoriedade de cômputo na jornada de trabalho (mantida) O fato de o empregador cobrar, parcialmente ou não, importância pelo transporte fornecido, para local de difícil acesso ou não servido por transporte regular, não afasta o direito à percepção das horas *in itinere*.

321. DECISÃO ADMINISTRATIVA. RECURSO

▸ (cancelada) - Res. 135/2005, *DJ* 05.07.2005

322. Diferenças salariais. Planos econômicos. Limite (mantida) Os reajustes salariais decorrentes dos chamados "gatilhos" e URPs, previstos legalmente como antecipação, são devidos tão somente até a data-base de cada categoria.

323. URP DE ABRIL E MAIO DE 1988. DECRETO-LEI Nº 2.425/1988

▸ (cancelamento mantido) - Res. 121/2003, *DJ* 19, 20 e 21.11.2003

324. HORAS "IN ITINERE". ENUNCIADO Nº 90. INSUFICIÊNCIA DE TRANSPORTE PÚBLICO

▸ (cancelada em decorrência da sua incorporação à nova redação da súmula nº 90) - Res. 129/2005, *DJ* 20, 22 e 25.04.2005

325. HORAS "IN ITINERE". ENUNCIADO Nº 90. REMUNERAÇÃO EM RELAÇÃO A TRECHO NÃO SERVIDO POR TRANSPORTE PÚBLICO

▸ (cancelada em decorrência da sua incorporação à nova redação da Súmula nº 90) - Res. 129/2005, *DJ* 20, 22 e 25.04.2005

326. Complementação de aposentadoria. Prescrição total (nova redação - Res. 174/2011, *DEJT*, 27, 30 e 31.05.2011) A pretensão à complementação de aposentadoria jamais recebida prescreve em 2 (dois) anos contados da cessação do contrato de trabalho.

327. Complementação de aposentadoria. Diferenças. Prescrição parcial (nova redação - Res. 174/2011, *DEJT*, 27, 30 e 31.05.2011) A pretensão a diferenças de complementação de aposentadoria sujeita-se à prescrição parcial e quinquenal, salvo se o pretenso direito decorrer de verbas não recebidas no curso da relação de emprego e já alcançadas pela prescrição, à época da propositura da ação.

328. Férias. Terço constitucional (mantida) O pagamento das férias, integrais ou proporcionais, gozadas ou não, na vigência da CF/1988, sujeita-se ao acréscimo do terço previsto no respectivo art. 7º, XVII.

329. Honorários advocatícios. Art. 133 da CF/1988 (mantida) Mesmo após a promulgação da CF/1988, permanece válido o entendimento consubstanciado na Súmula 219 do Tribunal Superior do Trabalho.

330. Quitação. Validade (mantida) A quitação passada pelo empregado, com assistência de entidade sindical de sua categoria, ao empregador, com observância dos requisitos exigidos nos parágrafos do art. 477 da CLT, tem eficácia liberatória em relação às parcelas expressamente consignadas no recibo, salvo se oposta ressalva expressa e especificada ao valor dado à parcela ou parcelas impugnadas.

I - A quitação não abrange parcelas não consignadas no recibo de quitação e, consequentemente, seus reflexos em outras parcelas, ainda que estas constem desse recibo.

II - Quanto a direitos que deveriam ter sido satisfeitos durante a vigência do contrato de trabalho, a quitação é válida em relação ao período expressamente consignado no recibo de quitação.

331. Contrato de prestação de serviços. Legalidade (nova redação do item IV e inseridos os itens V e VI à

redação - Res. 174/2011, *DEJT*, 27, 30 e 31.05.2011)

I - A contratação de trabalhadores por empresa interposta é ilegal, formando-se o vínculo diretamente com o tomador dos serviços, salvo no caso de trabalho temporário (Lei n. 6.019, de 03.01.1974).

II - A contratação irregular de trabalhador, mediante empresa interposta, não gera vínculo de emprego com os órgãos da Administração Pública direta, indireta ou fundacional (art. 37, II, da CF/1988).

III - Não forma vínculo de emprego com o tomador a contratação de serviços de vigilância (Lei n. 7.102, de 20.06.1983) e de conservação e limpeza, bem como a de serviços especializados ligados à atividade-meio do tomador, desde que inexistente a pessoalidade e a subordinação direta.

IV - O inadimplemento das obrigações trabalhistas, por parte do empregador, implica a responsabilidade subsidiária do tomador dos serviços quanto àquelas obrigações, desde que haja participado da relação processual e conste também do título executivo judicial.

V - Os entes integrantes da Administração Pública direta e indireta respondem subsidiariamente, nas mesmas condições do item IV, caso evidenciada a sua conduta culposa no cumprimento das obrigações da Lei n. 8.666, de 21.06.1993, especialmente na fiscalização do cumprimento das obrigações contratuais e legais da prestadora de serviço como empregadora. A aludida responsabilidade não decorre de mero inadimplemento das obrigações trabalhistas assumidas pela empresa regularmente contratada.

VI - A responsabilidade subsidiária do tomador de serviços abrange todas as verbas decorrentes da condenação referentes ao período da prestação laboral.

332. Complementação de aposentadoria. Petrobras. Manual de pessoal. Norma programática (mantida) As normas relativas à complementação de aposentadoria, inseridas no Manual de Pessoal da Petrobras, têm caráter meramente programático, delas não resultando direito à referida complementação.

333. Recursos de revista. Conhecimento (alterada - Res. 155/2009, *DJ*, 26 e 27.02.2009 e 02.03.2009) Não ensejam recurso de revista decisões superadas por iterativa, notória e atual jurisprudência do Tribunal Superior do Trabalho.

334. COMPETÊNCIA. AÇÃO DE CUMPRIMENTO. SINDICATO. DESCONTO ASSISTENCIAL

- (cancelamento mantido) - Res. 121/2003, *DJ* 19, 20 e 21.11.2003

335. EMBARGOS PARA A SEÇÃO ESPECIALIZADA EM DISSÍDIOS INDIVIDUAIS CONTRA DECISÃO EM AGRAVO DE INSTRUMENTO OPOSTO A DESPACHO DENEGATÓRIO DE RECURSO DE REVISTA

- (cancelada) - Res. 121/2003, *DJ* 19, 20 e 21.11.2003

336. Constitucionalidade. § 2º do art. 9º do Decreto-Lei n. 1.971, de 30.11.1982 (mantida) É constitucional o § 2º do art. 9º do Decreto-Lei n. 1.971, de 30.11.1982, com a redação dada pelo Decreto-Lei n. 2.100, de 28.12.1983.

337. Comprovação de divergência jurisprudencial. Recursos de Revista e de Embargos. (incluído o item V) – Res. 220/2017 do TST (*DEJT* 22.09.2017).

I – Para comprovação da divergência justificadora do recurso, é necessário que o recorrente:

a) Junte certidão ou cópia autenticada do acórdão paradigma ou cite a fonte oficial ou o repositório autorizado em que foi publicado; e

b) Transcreva, nas razões recursais, as ementas e/ou trechos dos acórdãos trazidos à configuração do dissídio, demonstrando o conflito de teses que justifique o conhecimento do recurso, ainda que os acórdãos já se encontrem nos autos ou venham a ser juntados com o recurso. (ex-Súmula nº 337 – alterada pela Res. 121/2003, *DJ* 21.11.2003).

II – A concessão de registro de publicação como repositório autorizado de jurisprudência do TST torna válidas todas as suas edições anteriores. (ex-OJ nº 317 da SBDI-I – *DJ* 11.08.2003).

III – A mera indicação da data de publicação, em fonte oficial, de aresto paradigma é inválida para comprovação de divergência jurisprudencial, nos termos do item I, "a", desta súmula, quando a parte pretende demonstrar o conflito de teses mediante a transcrição de trechos que integram a fundamentação do acórdão divergente, uma vez que só se publicam o dispositivo e a ementa dos acórdãos.

IV – É válida para a comprovação da divergência jurisprudencial justificadora do recurso a indicação de aresto extraído de repositório oficial na internet, desde que o recorrente:

a) transcreva o trecho divergente;

b) aponte o sítio de onde foi extraído; e

c) decline o número do processo, o órgão prolator do acórdão e a data da respectiva publicação no Diário Eletrônico da Justiça do Trabalho.

V – A existência do código de autenticidade na cópia, em formato pdf, do inteiro teor do aresto paradigma, juntada aos autos, torna-a equivalente ao documento original e também supre a ausência de indicação da fonte oficial de publicação.

338. Jornada de trabalho. Registro. Ônus da prova (incorporadas as Orientações Jurisprudenciais 234 e 306, SBDI-1 - Res. 129/2005, *DJ*, 20, 22 e 25.04.2005)

I - É ônus do empregador que conta com mais de 10 (dez) empregados o registro da jornada de trabalho na forma do art. 74, § 2º, da CLT. A não apresentação injustificada dos controles de frequência gera presunção relativa de veracidade da jornada de trabalho, a qual pode ser elidida por prova em contrário.

II - A presunção de veracidade da jornada de trabalho, ainda que prevista em instrumento normativo, pode ser elidida por prova em contrário.

III - Os cartões de ponto que demonstram horários de entrada e saída uniformes são inválidos como meio de prova, invertendo-se o ônus da prova, relativo às horas extras, que passa a ser do empregador, prevalecendo a jornada da inicial se dele não se desincumbir.

339. CIPA. Suplente. Garantia de emprego. CF/1988 (incorporadas as Orientações Jurisprudenciais 25 e 329, SBDI-1 - Res. 129/2005, *DJ*, 20, 22 e 25.04.2005)

I - O suplente da CIPA goza da garantia de emprego prevista no art. 10, II, "a", do ADCT a partir da promulgação da Constituição Federal de 1988.

II - A estabilidade provisória do cipeiro não constitui vantagem pessoal, mas garantia para as atividades dos membros da CIPA, que somente tem razão de ser quando em atividade a empresa. Extinto o estabelecimento, não se verifica a despedida arbitrária, sendo impossível a reintegração e indevida a indenização do período estabilitário.

340. Comissionista. Horas extras (nova redação - Res. 121/2003, *DJ*, 19, 20 e 21.11.2003) O empregado, sujeito a controle de horário, remunerado à base de comissões, tem direito ao adicional de, no mínimo, 50% (cinquenta por cento) pelo trabalho em horas extras, calculado sobre o valor-hora das comissões recebidas no mês, considerando-se como divisor o número de horas efetivamente trabalhadas.

341. Honorários do assistente técnico (mantida) A indicação do perito assistente é faculdade da parte, a qual deve responder pelos respectivos honorários, ainda que vencedora no objeto da perícia.

342. Descontos salariais. Art. 462 da CLT (mantida) Descontos salariais efetuados pelo empregador, com a autorização prévia e por escrito do empregado, para ser integrado em planos de assistência odontológica, médico-hospitalar, de seguro, de previdência privada, ou de entidade cooperativa, cultural ou recreativo-associativa de seus trabalhadores, em seu benefício e de seus dependentes, não afrontam o disposto no art. 462 da CLT, salvo se ficar demonstrada a existência de coação ou de outro defeito que vicie o ato jurídico.

343. BANCÁRIO. HORA DE SALÁRIO.

- (cancelada) -Res. 185/2012, *DEJT* divulgado em 25, 26 e 27.09.2012

344. Salário-família. Trabalhador rural (mantida) O salário-família é devido aos trabalhadores rurais somente após a vigência da Lei n. 8.213, de 24.07.1991.

345. BANDEPE. Regulamento interno de pessoal não confere estabilidade aos empregados (mantida) O Regulamento Interno de Pessoal (RIP) do Banco do Estado de Pernambuco - BANDEPE, na parte que trata de seu regime disciplinar, não confere estabilidade aos seus empregados.

346. Digitador. Intervalos intrajornada. Aplicação analógica do art. 72 da CLT (mantida) Os digitadores, por aplicação analógica do art. 72 da CLT, equiparam-se aos trabalhadores nos serviços de mecanografia (datilografia, escrituração ou cálculo), razão pela qual têm direito a intervalos de descanso de 10 (dez) minutos a cada 90 (noventa) de trabalho consecutivo.

347. Horas extras habituais. Apuração. Média física (mantida) O cálculo do valor das horas extras habituais, para efeito de reflexos em verbas trabalhistas, observará o número de horas efetivamente prestadas e a ele aplica-se o valor do salário-hora da época do pagamento daquelas verbas.

348. Aviso prévio. Concessão na fluência da garantia de emprego. Invalidade (mantida) É inválida a concessão do aviso prévio na fluência da garantia de emprego, ante a incompatibilidade dos dois institutos.

349. ACORDO DE COMPENSAÇÃO DE HORÁRIO EM ATIVIDADE INSALUBRE, CELEBRADO POR ACORDO COLETIVO. VALIDADE.

‣ (cancelada) - Res. 174/2011, *DEJT* divulgado em 27, 30 e 31.05.2011.

350. Prescrição. Termo inicial. Ação de cumprimento. Sentença normativa (mantida) O prazo de prescrição com relação à ação de cumprimento de decisão normativa flui apenas da data de seu trânsito em julgado.

351. Professor. Repouso semanal remunerado. Art. 7º, § 2º, da Lei n. 605, de 05.01.1949 e art. 320 da CLT (mantida) O professor que recebe salário mensal à base de hora-aula tem direito ao acréscimo de 1/6 a título de repouso semanal remunerado, considerando-se para esse fim o mês de quatro semanas e meia.

352. CUSTAS - PRAZO PARA COMPROVAÇÃO (cancelamento mantido) - Res. 121/2003, *DJ* 19, 20 e 21.11.2003 - Referência Lei nº 10.537/2002

353. Embargos. Agravo. Cabimento (atualizada em decorrência do CPC de 2015 - Res. 208/2016, *DEJT* divulgado em 22, 25 e 26.04.2016) Não cabem embargos para a Seção de Dissídios Individuais de decisão de Turma proferida em agravo, salvo:

a) da decisão que não conhece de agravo de instrumento ou de agravo pela ausência de pressupostos extrínsecos;

b) da decisão que nega provimento a agravo contra decisão monocrática do Relator, em que se proclamou a ausência de pressupostos extrínsecos de agravo de instrumento;

c) para revisão dos pressupostos extrínsecos de admissibilidade do recurso de revista, cuja ausência haja sido declarada originariamente pela Turma no julgamento do agravo;

d) para impugnar o conhecimento de agravo de instrumento;

e) para impugnar a imposição de multas previstas nos arts. 1.021, § 4º, do CPC de 2015 ou 1.026, § 2º, do CPC de 2015 (art. 538, parágrafo único, do CPC de 1973, ou art. 557, § 2º, do CPC de 1973).

f) contra decisão de Turma proferida em agravo em recurso de revista, nos termos do art. 894, II, da CLT.

354. Gorjetas. Natureza jurídica. Repercussões (mantida) As gorjetas, cobradas pelo empregador na nota de serviço ou oferecidas espontaneamente pelos clientes, integram a remuneração do empregado, não servindo de base de cálculo para as parcelas de aviso-prévio, adicional noturno, horas extras e repouso semanal remunerado.

355. CONAB. Estabilidade. Aviso DIREH n. 2, de 12.12.1984 (mantida) O aviso DIREH n. 2, de 12.12.1984, que concedia estabilidade aos empregados da CONAB, não tem eficácia, porque não aprovado pelo Ministério ao qual a empresa se subordina.

356. Alçada recursal. Vinculação ao salário-mínimo (mantida) O art. 2º, § 4º, da Lei n. 5.584, de 26.06.1970, foi recepcionado pela CF/1988, sendo lícita a fixação do valor da alçada com base no salário-mínimo.

357. Testemunha. Ação contra a mesma reclamada. Suspeição (mantida) Não torna suspeita a testemunha o simples fato de estar litigando ou de ter litigado contra o mesmo empregador.

358. Radiologista. Salário profissional. Lei n. 7.394, de 29.10.1985 (mantida) O salário profissional dos técnicos em radiologia é igual a 2 (dois) salários-mínimos e não a 4 (quatro).

359. SUBSTITUIÇÃO PROCESSUAL. AÇÃO DE CUMPRIMENTO. ART. 872, PARÁGRAFO ÚNICO, DA CLT. FEDERAÇÃO. LEGITIMIDADE

‣ (cancelada) - Res. 121/2003, *DJ* 19, 20 e 21.11.2003

360. Turnos ininterruptos de revezamento. Intervalos intrajornada e semanal (mantida) A interrupção do trabalho destinada a repouso e alimentação, dentro de cada turno, ou o intervalo para repouso semanal, não descaracteriza o turno de revezamento com jornada de 6 (seis) horas previsto no art. 7º, XIV, da CF/1988.

361. Adicional de periculosidade. Eletricitários. Exposição intermitente (mantida) O trabalho exercido em condições perigosas, embora de forma intermitente, dá direito ao empregado a receber o adicional de periculosidade de forma integral, porque a Lei n. 7.369, de 20.09.1985, não estabeleceu nenhuma proporcionalidade em relação ao seu pagamento.

362. FGTS. Prescrição (redação alterada) - Res. 198/2015, republicada em razão de erro material - *DEJT* divulgado em 12, 15 e 16.06.2015.

I - Para os casos em que a ciência da lesão ocorreu a partir de 13.11.2014, é quinquenal a prescrição do direito de reclamar contra o não recolhimento de contribuição para o FGTS, observado o prazo de dois anos após o término do contrato;

II - Para os casos em que o prazo prescricional já estava em curso em 13.11.2014, aplica-se o prazo prescricional que se consumar primeiro: trinta anos, contados do termo inicial, ou cinco anos, a partir de 13.11.2014 (STF-ARE-709212/DF).

363. Contrato nulo. Efeitos (nova redação - Res. 121/2003, *DJ*, 19, 20 e 21.11.2003) A contratação de servidor público, após a CF/1988, sem prévia aprovação em concurso público, encontra óbice no respectivo art. 37, II e § 2º, somente lhe conferindo direito ao pagamento da contraprestação pactuada, em relação ao número de horas trabalhadas, respeitado o valor da hora do salário-mínimo, e dos valores referentes aos depósitos do FGTS.

364. Adicional de periculosidade. Exposição eventual, permanente e intermitente (inserido o item II - Res. 209/2016, *DEJT* divulgado em 01, 02 e 03.06.2016).

I - Tem direito ao adicional de periculosidade o empregado exposto permanentemente ou que, de forma intermitente, sujeita-se a condições de risco. Indevido, apenas, quando o contato dá-se de forma eventual, assim considerado o fortuito, ou o que, sendo habitual, dá-se por tempo extremamente reduzido (ex-Ojs da SBDI-1 n. 05 - inserida em 14.03.1994 - e 280 - *DJ* 11.08.2003).

II - Não é válida a cláusula de acordo ou convenção coletiva de trabalho fixando o adicional de periculosidade em percentual inferior ao estabelecido em lei e proporcional ao tempo de exposição ao risco, pois tal parcela constitui medida de higiene, saúde e segurança do trabalho, garantida por norma de ordem pública (arts. 7º, XXII e XXIII, da CF e 193, § 1º, da CLT).

365. Alçada. Ação rescisória e mandado de segurança (conversão das Orientações Jurisprudenciais 8 e 10, SBDI-1 - Res. 129/2005, *DJ*, 20, 22 e 25.04.2005) Não se aplica a alçada em ação rescisória e em mandado de segurança.

366. Cartão de ponto. Registro. Horas extras. Minutos que antecedem e sucedem a jornada de trabalho (nova redação - Res. 197/2015 - *DEJT* divulgado em 14, 15 e 18.05.2015). Não serão descontadas nem computadas como jornada extraordinária as variações de horário do registro de ponto não excedentes de cinco minutos, observado o limite máximo de dez minutos diários. Se ultrapassado esse limite, será considerada como extra a totalidade do tempo que exceder a jornada normal, pois configurado tempo à disposição do empregador, não importando as atividades desenvolvidas pelo empregado ao longo do tempo residual (troca de uniforme, lanche, higiene pessoal etc.).

367. Utilidades in natura. Habitação. Energia elétrica. Veículo. Cigarro. Não integração ao salário (conversão das Orientações Jurisprudenciais 24, 131 e 246 SBDI-1 - Res. 129/2005, *DJ*, 20, 22 e 25.04.2005)

I - A habitação, a energia elétrica e veículo fornecidos pelo empregador ao empregado, quando indispensáveis para a realização do trabalho, não têm natureza salarial, ainda que, no caso de veículo, seja ele utilizado pelo empregado também em atividades particulares.
II - O cigarro não se considera salário utilidade em face de sua nocividade à saúde.

368. Descontos previdenciários. Imposto de renda. Competência. Responsabilidade pelo recolhimento. Forma de cálculo. Fato gerador (aglutinada a parte final da Orientação Jurisprudencial nº 363 da SBDI-I à redação do item II e incluídos os itens IV, V e VI em sessão do Tribunal Pleno realizada em 26.06.2017) - Res. 219/2017, republicada em razão de erro material – *DEJT* divulgado em 12, 13 e 14.07.2017

I - A Justiça do Trabalho é competente para determinar o recolhimento das contribuições fiscais. A competência da Justiça do Trabalho, quanto à execução das contribuições previdenciárias, limita-se às sentenças condenatórias em pecúnia que proferir e aos valores, objeto de acordo homologado, que integrem o salário de contribuição. (ex-OJ nº 141 da SBDI-1 - inserida em 27.11.1998).
II - É do empregador a responsabilidade pelo recolhimento das contribuições previdenciárias e fiscais, resultantes de crédito do empregado oriundo de condenação judicial. A culpa do empregador pelo inadimplemento das verbas remuneratórias, contudo, não exime a responsabilidade do empregado pelos pagamentos do imposto de renda devido e da contribuição previdenciária que recaia sobre sua quota-parte. (ex-OJ nº 363 da SBDI-1, parte final)
III - Os descontos previdenciários relativos à contribuição do empregado, no caso de ações trabalhistas, devem ser calculados mês a mês, de conformidade com o art. 276, § 4º, do Decreto n º 3.048/1999 que regulamentou a Lei nº 8.212/1991, aplicando-se as alíquotas previstas no art. 198, observado o limite máximo do salário de contribuição (ex-OJs nºs 32 e 228 da SBDI-1 – inseridas, respectivamente, em 14.03.1994 e 20.06.2001).
IV - Considera-se fato gerador das contribuições previdenciárias decorrentes de créditos trabalhistas reconhecidos ou homologados em juízo, para os serviços prestados até 4.3.2009, inclusive, o efetivo pagamento das verbas, configurando-se a mora a partir do dia dois do mês seguinte ao da liquidação (art. 276, "*caput*", do Decreto nº 3.048/1999). Eficácia não retroativa da alteração legislativa promovida pela Medida Provisória nº 449/2008, posteriormente convertida na Lei nº 11.941/2009, que deu nova redação ao art. 43 da Lei nº 8.212/91.
V - Para o labor realizado a partir de 5.3.2009, considera-se fato gerador das contribuições previdenciárias decorrentes de créditos trabalhistas reconhecidos ou homologados em juízo a data da efetiva prestação dos serviços. Sobre as contribuições previdenciárias não recolhidas a partir da prestação dos serviços incidem juros de mora e, uma vez apurados os créditos previdenciários, aplica-se multa a partir do exaurimento do prazo de citação para pagamento, se descumprida a obrigação, observado o limite legal de 20% (art. 61, § 2º, da Lei nº 9.430/96).
VI - O imposto de renda decorrente de crédito do empregado recebido acumuladamente deve ser calculado sobre o montante dos rendimentos pagos, mediante a utilização de tabela progressiva resultante da multiplicação da quantidade de meses a que se refiram os rendimentos pelos valores constantes da tabela progressiva mensal correspondente ao mês do recebimento ou crédito, nos termos do art. 12-A da Lei nº 7.713, de 22/12/1988, com a redação conferida pela Lei nº 13.149/2015, observado o procedimento previsto nas Instruções Normativas da Receita Federal do Brasil.

369. Dirigente sindical. Estabilidade provisória (redação do item I alterada na sessão do Tribunal Pleno realizada em 14.09.2012 - Res. 185/2012, *DEJT* divulgado em 25, 26 e 27.09.2012)

I - É assegurada a estabilidade provisória ao empregado dirigente sindical, ainda que a comunicação do registro da candidatura ou da eleição e da posse seja realizada fora do prazo previsto no art. 543, § 5º, da CLT, desde que a ciência ao empregador, por qualquer meio, ocorra na vigência do contrato de trabalho.
II - O art. 522 da CLT foi recepcionado pela Constituição Federal de 1988. Fica limitada, assim, a estabilidade a que alude o art. 543, § 3º, da CLT a sete dirigentes sindicais e igual número de suplentes.
III - O empregado de categoria diferenciada eleito dirigente sindical só goza de estabilidade se exercer na empresa atividade pertinente à categoria profissional do sindicato para o qual foi eleito dirigente.
IV - Havendo extinção da atividade empresarial no âmbito da base territorial do sindicato, não há razão para subsistir a estabilidade.
V - O registro da candidatura do empregado a cargo de dirigente sindical durante o período de aviso prévio, ainda que indenizado, não lhe assegura a estabilidade, visto que inaplicável a regra do § 3º do art. 543 da Consolidação das Leis do Trabalho.

370. Médico e engenheiro. Jornada de trabalho. Leis n. 3.999/1961 e 4.950-A/1966 (conversão das Orientações Jurisprudenciais 39 e 53, SBDI-1 - Res. 129/2005, *DJ*, 20, 22 e 25.04.2005) Tendo em vista que as Leis n. 3.999/1961 e 4.950-A/1966 não estipulam a jornada reduzida, mas apenas estabelecem o salário-mínimo da categoria para uma jornada de 4 horas para os médicos e de 6 horas para os engenheiros, não há que se falar em horas extras, salvo as excedentes à oitava, desde que seja respeitado o salário-mínimo/horário das categorias.

371. Aviso prévio indenizado. Efeitos. Superveniência de auxílio-doença no curso deste (conversão das Orientações Jurisprudenciais 40 e 135 SBDI-1 - Res. 129/2005, *DJ*, 20, 22 e 25.04.2005) A projeção do contrato de trabalho para o futuro, pela concessão do aviso prévio indenizado, tem efeitos limitados às vantagens econômicas obtidas no período de pré-aviso, ou seja, salários, reflexos e verbas rescisórias. No caso de concessão de auxílio-doença no curso do aviso prévio, todavia, só se concretizam os efeitos da dispensa depois de expirado o benefício previdenciário.

372. Gratificação de função. Supressão ou redução. Limites (conversão das Orientações Jurisprudenciais n. 45 e 303 SBDI-1 - Res. 129/2005, *DJ*, 20, 22 e 25.04.2005)

I - Percebida a gratificação de função por dez ou mais anos pelo empregado, se o empregador, sem justo motivo, revertê-lo a seu cargo efetivo, não poderá retirar-lhe a gratificação tendo em vista o princípio da estabilidade financeira.
II - Mantido o empregado no exercício da função comissionada, não pode o empregador reduzir o valor da gratificação.

373. Gratificação semestral. Congelamento. Prescrição parcial (conversão da OJ 46 SBDI-1 - Res. 129/2005, *DJ*, 20, 22 e 25.04.2005) Tratando-se de pedido de diferença de gratificação semestral que teve seu valor congelado, a prescrição aplicável é a parcial.

374. Norma coletiva. Categoria diferenciada. Abrangência (conversão da OJ 55 SBDI-1 - Res. 129/2005, *DJ*, 20, 22 e 25.04.2005) Empregado integrante de categoria profissional diferenciada não tem o direito de haver de seu empregador vantagens previstas em instrumento coletivo no qual a empresa não foi representada por órgão de classe de sua categoria.

375. Reajustes salariais previstos em norma coletiva. Prevalência da legislação de política salarial (conversão da OJ, 69 SBDI-1 e da OJ 40, SBDI-2 - Res. 129/2005, *DJ*, 20, 22 e 25.04.2005) Os reajustes salariais previstos em norma coletiva de trabalho não prevalecem frente à legislação superveniente de política salarial.

376. Horas extras. Limitação. Art. 59 da CLT. Reflexos (conversão das Orientações Jurisprudenciais 89 e 117, SBDI-1 - Res. 129/2005, *DJ*, 20, 22 e 25.04.2005)

I - A limitação legal da jornada suplementar a duas horas diárias não exime o empregador de pagar todas as horas trabalhadas.
II - O valor das horas extras habitualmente prestadas integra o cálculo dos haveres trabalhistas, independentemente da limitação prevista no *caput* do art. 59 da CLT.

377. Preposto. Exigência da condição de empregado (nova redação - Res. 146/2008, *DJ*, 28.04.2008, 02 e 05.05.2008). Exceto quanto à reclamação de empregado doméstico, ou contra micro ou pequeno empresário, o preposto deve ser necessariamente empregado do reclamado. Inteligência do art. 843, § 1º, da CLT e do art. 54 da Lei Complementar n. 123, de 14 de dezembro de 2006.

378. Estabilidade provisória. Acidente do trabalho. Art. 118 da Lei n. 8.213/1991 (inserido item III - Res.

185/2012, *DEJT* divulgado em 25, 26 e 27.09.2012)

I - É constitucional o artigo 118 da Lei n. 8.213/1991 que assegura o direito à estabilidade provisória por período de 12 meses após a cessação do auxílio-doença ao empregado acidentado (ex-OJ n. 105 da SBDI-1 - inserida em 01.10.1997).

II - São pressupostos para a concessão da estabilidade o afastamento superior a 15 dias e a consequente percepção do auxílio-doença acidentário, salvo se constatada, após a despedida, doença profissional que guarde relação de causalidade com a execução do contrato de emprego (primeira parte - ex-OJ 230 da SBDI-1 - inserida em 20.06.2001).

III - O empregado submetido a contrato de trabalho por tempo determinado goza da garantia provisória de emprego decorrente de acidente de trabalho prevista no art. 118 da Lei n. 8.213/91.

379. Dirigente sindical. Despedida. Falta grave. Inquérito judicial. Necessidade (conversão da OJ 114 SBDI-1 - Res. 129/2005, *DJ*, 20, 22 e 25.04.2005) O dirigente sindical somente poderá ser dispensado por falta grave mediante a apuração em inquérito judicial, inteligência dos arts. 494 e 543, § 3º, da CLT.

380. Aviso prévio. Início da contagem. Art. 132 do Código Civil de 2002 (conversão da OJ 122 SBDI-1 - Res. 129/2005, *DJ*, 20, 22 e 25.04.2005) Aplica-se a regra prevista no *caput* do art. 132 do Código Civil de 2002 à contagem do prazo do aviso prévio, excluindo-se o dia do começo e incluindo o do vencimento.

381. Correção monetária. Salário. Art. 459 da CLT (conversão da OJ 124 SBDI-1 - Res. 129/2005, *DJ*, 20, 22 e 25.04.2005) O pagamento dos salários até o 5º dia útil do mês subsequente ao vencido não está sujeito à correção monetária. Se essa data limite for ultrapassada, incidirá o índice da correção monetária do mês subsequente ao da prestação dos serviços, a partir do dia 1º.

382. Mudança de regime celetista para estatutário. Extinção do contrato. Prescrição bienal (conversão da Orientação Jurisprudencial n. 128 SBDI-1 - Res. 129/2005, *DJ*, 20, 22 e 25.04.2005) A transferência do regime jurídico de celetista para estatutário implica extinção do contrato de trabalho, fluindo o prazo da prescrição bienal a partir da mudança de regime.

383. Recurso. Mandato. Irregularidade de representação. CPC de 2015, arts. 104 e 76, § 2º (nova redação em decorrência do CPC de 2015 - Res. 210/2016, *DEJT* divulgado em 30.06.2016 e 01 e 04.07.2016)

I - É inadmissível recurso firmado por advogado sem procuração juntada aos autos até o momento da sua interposição, salvo mandato tácito. Em caráter excepcional (art. 104 do CPC de 2015), admite-se que o advogado, independentemente de intimação, exiba a procuração no prazo de 5 (cinco) dias após a interposição do recurso, prorrogável por igual período mediante despacho do juiz. Caso não a exiba, considera-se ineficaz o ato praticado e não se conhece do recurso.

II - Verificada a irregularidade de representação da parte em fase recursal, em procuração ou substabelecimento já constante dos autos, o relator ou o órgão competente para julgamento do recurso designará prazo de 5 (cinco) dias para que seja sanado o vício. Descumprida a determinação, o relator não conhecerá do recurso, se a providência couber ao recorrente, ou determinará o desentranhamento das contrarrazões, se a providência couber ao recorrido (art. 76, § 2º, do CPC de 2015).

384. Multa convencional. Cobrança (conversão das Orientações Jurisprudenciais 150 e 239, SBDI-1 - Res. 129/2005, *DJ*, 20, 22 e 25.04.2005)

I - O descumprimento de qualquer cláusula constante de instrumentos normativos diversos não submete o empregado a ajuizar várias ações, pleiteando em cada uma o pagamento da multa referente ao descumprimento de obrigações previstas nas cláusulas respectivas.

II - É aplicável multa prevista em instrumento normativo (sentença normativa, convenção ou acordo coletivo) em caso de descumprimento de obrigação prevista em lei, mesmo que a norma coletiva seja mera repetição de texto legal.

385. Feriado local ou forense. Ausência de expediente. Prazo recursal. Prorrogação. Comprovação. Necessidade. (alterada em decorrência do CPC de 2015) – Res. 220/2017 do TST (*DEJT* 22.09.2017).

I – Incumbe à parte o ônus de provar, quando da interposição do recurso, a existência de feriado local que autorize a prorrogação do prazo recursal (art. 1.003, § 6º, do CPC de 2015). No caso de o recorrente alegar a existência de feriado local e não o comprovar no momento da interposição do recurso, cumpre ao relator conceder o prazo de 5 (cinco) dias para que seja sanado o vício (art. 932, parágrafo único, do CPC de 2015), sob pena de não conhecimento se da comprovação depender a tempestividade recursal.

II – Na hipótese de feriado forense, incumbirá à autoridade que proferir a decisão de admissibilidade certificar o expediente nos autos.

III – Admite-se a reconsideração da análise da tempestividade do recurso, mediante prova documental superveniente, em agravo de instrumento, agravo interno, agravo regimental, ou embargos de declaração, desde que, em momento anterior, não tenha havido a concessão de prazo para a comprovação da ausência de expediente forense.

386. Policial militar. Reconhecimento de vínculo empregatício com empresa privada (conversão da Orientação Jurisprudencial 167, SBDI-1 - Res. 129/2005, *DJ*, 20, 22 e 25.04.2005) Preenchidos os requisitos do art. 3º da CLT, é legítimo o reconhecimento de relação de emprego entre policial militar e empresa privada, independentemente do eventual cabimento de penalidade disciplinar prevista no Estatuto do Policial Militar.

387. Recurso. Fac-símile. Lei n. 9.800/1999 (atualizada em decorrência do CPC de 2015 - Res. 208/2016, *DEJT* divulgado em 22, 25 e 26.04.2016).

I - A Lei n. 9.800, de 26.05.1999, é aplicável somente a recursos interpostos após o início de sua vigência (ex-OJ n. 194 da SBDI-1 - inserida em 08.11.2000).

II - A contagem do quinquídio para apresentação dos originais de recurso interposto por intermédio de fac-símile começa a fluir do dia subsequente ao término do prazo recursal, nos termos do art. 2º da Lei n. 9.800, de 26.05.1999, e não do dia seguinte à interposição do recurso, se esta se deu antes do termo final do prazo (ex-OJ n. 337 da SBDI-1 - primeira parte - *DJ* 04.05.2004).

III - Não se tratando a juntada dos originais de ato que dependa de notificação, pois a parte, ao interpor o recurso, já tem ciência de seu ônus processual, não se aplica a regra do art. 224 do CPC de 2015 (art. 184 do CPC de 1973) quanto ao dies a quo, podendo coincidir com sábado, domingo ou feriado (ex-OJ n. 337 da SBDI-1 - in fine - *DJ* 04.05.2004).

IV - A autorização para utilização do fac-símile, constante do art. 1º da Lei n. 9.800, de 26.05.1999, somente alcança as hipóteses em que o documento é dirigido diretamente ao órgão jurisdicional, não se aplicando à transmissão ocorrida entre particulares.

388. Massa falida. Arts. 467 e 477 da CLT. Inaplicabilidade (conversão das Orientações Jurisprudenciais 201 e 314 SBDI-1 - Res. 129/2005, *DJ*, 20, 22 e 25.04.2005) A Massa Falida não se sujeita à penalidade do art. 467 e nem à multa do § 8º do art. 477, ambos da CLT.

389. Seguro-desemprego. Competência da Justiça do Trabalho. Direito à indenização por não liberação de guias (conversão das Orientações Jurisprudenciais 210 e 211 SBDI-1 - Res. 129/2005, *DJ*, 20, 22 e 25.04.2005)

I - Inscreve-se na competência material da Justiça do Trabalho a lide entre empregado e empregador tendo por objeto indenização pelo não fornecimento das guias do seguro-desemprego.

II - O não fornecimento pelo empregador da guia necessária para o recebimento do seguro-desemprego dá origem ao direito à indenização.

390. Estabilidade. Art. 41 da CF/1988. Celetista. Administração direta, autárquica ou fundacional. Aplicabilidade. Empregado de empresa pública e sociedade de economia mista. Inaplicável (conversão das Orientações Jurisprudenciais 229 e 265, SBDI-1 e da OJ 22, SBDI-2 - Res. 129/2005, *DJ*, 20, 22 e 25.04.2005)

I - O servidor público celetista da administração direta, autárquica ou fundacional é beneficiário da estabilidade prevista no art. 41 da CF/1988.

II - Ao empregado de empresa pública ou de sociedade de economia mista, ainda que admitido mediante aprovação em concurso público, não é garantida a estabilidade prevista no art. 41 da CF/1988.

- Lei 13.303/2016 (Dispõe sobre o estatuto jurídico da empresa pública, da sociedade de economia mista e de suas subsidiárias, no âmbito da União, dos Estados, do Distrito Federal e dos Municípios).

391. Petroleiros. Lei n. 5.811/1972. Turno ininterrupto de revezamento. Horas extras e alteração da jornada para horário fixo (conversão das Orientações Jurisprudenciais 240 e 333 SBDI-1 - Res. 129/2005, *DJ*, 20, 22 e 25.04.2005)

I - A Lei n. 5.811/1972 foi recepcionada pela CF/88 no que se refere à duração da jornada de trabalho em regime de revezamento dos petroleiros.

II - A previsão contida no art. 10 da Lei n. 5.811/1972, possibilitando a mudança do regime de revezamento para horário fixo, constitui alteração lícita, não violando os arts. 468 da CLT e 7º, VI, da CF/1988.

392. Dano moral e material. Relação de trabalho. Competência da Justiça do Trabalho (redação alterada em sessão do Tribunal Pleno realizada em 27.10.2015) - Res. 200/2015, *DEJT* divulgado em 29.10.2015 e 03 e 04.11.2015.

- Nos termos do art. 114, inc. VI, da Constituição da República, a Justiça do Trabalho é competente para processar e julgar ações de indenização por dano moral e material, decorrentes da relação de trabalho, inclusive as oriundas de acidente de trabalho e doenças a ele equiparadas, ainda que propostas pelos dependentes ou sucessores do trabalhador falecido.

393. Recurso ordinário. Efeito devolutivo em profundidade. Art. 1.013, § 1º, do CPC de 2015. Art. 515, § 1º, do CPC de 1973 (nova redação em decorrência do CPC de 2015 - Res. 208/2016, *DEJT* divulgado em 22, 25 e 26.04.2016).

I - O efeito devolutivo em profundidade do recurso ordinário, que se extrai do § 1º do art. 1.013 do CPC de 2015 (art. 515, § 1º, do CPC de 1973), transfere ao Tribunal a apreciação dos fundamentos da inicial ou da defesa, não examinados pela sentença, ainda que não renovados em contrarrazões, desde que relativos ao capítulo impugnado.

II - Se o processo estiver em condições, o tribunal, ao julgar o recurso ordinário, deverá decidir desde logo o mérito da causa, nos termos do § 3º do art. 1.013 do CPC de 2015, inclusive quando constatar a omissão da sentença no exame de um dos pedidos.

394. Fato superveniente. Art. 493 do CPC de 2015. Art. 462 do CPC de 1973 (atualizada em decorrência do CPC de 2015 - Res. 208/2016, *DEJT* divulgado em 22, 25 e 26.04.2016) O art. 493 do CPC de 2015 (art. 462 do CPC de 1973), que admite a invocação de fato constitutivo, modificativo ou extintivo do direito, superveniente à propositura da ação, é aplicável de ofício aos processos em curso em qualquer instância trabalhista. Cumpre ao juiz ou tribunal ouvir as partes sobre o fato novo antes de decidir.

395. Mandato e substabelecimento. Condições de validade (nova redação dos itens I e II e acrescido o item V em decorrência do CPC de 2015 - Res. 211/2016, *DEJT* divulgado em 24, 25 e 26.08.2016).

I - Válido é o instrumento de mandato com prazo determinado que contém cláusula estabelecendo a prevalência dos poderes para atuar até o final da demanda (§ 4º do art. 105 do CPC de 2015). (ex-OJ n. 312 da SBDI-1 - *DJ* 11.08.2003)

II - Se há previsão, no instrumento de mandato, de prazo para sua juntada, o mandato só tem validade se anexado ao processo o respectivo instrumento no aludido prazo. (ex-OJ n. 313 da SBDI-1 - *DJ* 11.08.2003)

III - São válidos os atos praticados pelo substabelecido, ainda que não haja, no mandato, poderes expressos para substabelecer (art. 667, e parágrafos, do Código Civil de 2002). (ex-OJ n. 108 da SBDI-1 - inserida em 01.10.1997)

IV - Configura-se a irregularidade de representação se o substabelecimento é anterior à outorga passada ao substabelecente. (ex-OJ n. 330 da SBDI-1 - *DJ* 09.12.2003)

V - Verificada a irregularidade de representação nas hipóteses dos itens II e IV, deve o juiz suspender o processo e designar prazo razoável para que seja sanado o vício, ainda que em instância recursal (art. 76 do CPC de 2015).

396. Estabilidade provisória. Pedido de reintegração. Concessão do salário relativo ao período de estabilidade já exaurido. Inexistência de julgamento extra petita (conversão das Orientações Jurisprudenciais 106 e 116 SBDI-1 - Res. 129/2005, *DJ*, 20, 22 e 25.04.2005)

I - Exaurido o período de estabilidade, são devidos ao empregado apenas os salários do período compreendido entre a data da despedida e o final do período de estabilidade, não lhe sendo assegurada a reintegração no emprego.

II - Não há nulidade por julgamento extra petita da decisão que deferir salário quando o pedido for de reintegração, dados os termos do art. 496 da CLT.

397. Ação rescisória. Art. 966, IV, do CPC de 2015. Art. 485, IV, do CPC de 1973. Ação de cumprimento. Ofensa à coisa julgada emanada de sentença normativa modificada em grau de recurso. Inviabilidade. Cabimento de mandado de segurança (atualizada em decorrência do CPC de 2015 - Res. 208/2016, *DEJT* divulgado em 22, 25 e 26.04.2016). Não procede ação rescisória calcada em ofensa à coisa julgada perpetrada por decisão proferida em ação de cumprimento, em face de a sentença normativa, na qual se louvava, ter sido modificada em grau de recurso, porque em dissídio coletivo somente se consubstancia coisa julgada formal. Assim, os meios processuais aptos a atacarem a execução da cláusula reformada são a exceção de pré-executividade e o mandado de segurança, no caso de descumprimento do art. 514 do CPC de 2015 (art. 572 do CPC de 1973) (ex-OJ n. 116 da SBDI-2 - *DJ* 11.08.2003).

398. Ação rescisória. Ausência de defesa. Inaplicáveis os efeitos da revelia (alterada em decorrência do CPC de 2015) - Res. 219/2017, *DEJT* divulgado em 28, 29 e 30.06.2017 – republicada - *DEJT* divulgado em 12, 13 e 14.07.2017

- Na ação rescisória, o que se ataca é a decisão, ato oficial do Estado, acobertado pelo manto da coisa julgada. Assim, e considerando que a coisa julgada envolve questão de ordem pública, a revelia não produz confissão na ação rescisória. (ex-OJ nº 126 da SBDI-2 - *DJ* 09.12.2003)

399. Ação rescisória. Cabimento. Sentença de mérito. Decisão homologatória de adjudicação**, de arrematação e de cálculos** (conversão das Orientações Jurisprudenciais 44, 45 e 85, primeira parte, SBDI-2 - Res. 137/2005, *DJ*, 22, 23 e 24.08.2005)

I - É incabível ação rescisória para impugnar decisão homologatória de adjudicação ou arrematação.

II - A decisão homologatória de cálculos apenas comporta rescisão quando enfrentar as questões envolvidas na elaboração da conta de liquidação, quer solvendo a controvérsia das partes quer explicitando, de ofício, os motivos pelos quais acolheu os cálculos oferecidos por uma das partes ou pelo setor de cálculos, e não contestados pela outra.

400. Ação rescisória de ação rescisória. Violação manifesta de norma jurídica. Indicação da mesma norma jurídica apontada na rescisória primitiva (mesmo dispositivo de lei sob o CPC de 1973) (nova redação em decorrência do CPC de 2015 - Res. 208/2016, *DEJT* divulgado em 22, 25 e 26.04.2016) Em se tratando de rescisória de rescisória, o vício apontado deve nascer na decisão rescindenda, não se admitindo a rediscussão do acerto do julgamento da rescisória anterior. Assim, não procede rescisória calcada no inciso V do art. 966 do CPC de 2015 (art. 485, V, do CPC de 1973) para discussão, por má aplicação da mesma norma jurídica, tida por violada na rescisória anterior, bem como para arguição de questões inerentes à ação rescisória primitiva (ex-OJ n. 95 da SBDI-2 - inserida em 27.09.2002 e alterada *DJ* 16.04.2004).

401. Ação rescisória. Descontos legais. Fase de execução. Sentença exequenda omissa. Inexistência de ofensa à coisa julgada (conversão da OJ 81 da SB-DI-2 - Res. 137/2005 - *DJ*, 22, 23 e 24.08.2005) Os descontos previdenciários e fiscais devem ser efetuados pelo juízo executório, ainda que a sentença exequenda tenha sido omissa sobre a questão, dado o caráter de ordem pública ostentado pela norma que os disciplina. A ofensa à coisa julgada somente poderá ser caracterizada na hipótese de o título exequendo, expressamente, afastar a dedução dos valores a título de imposto de renda e de contribuição previdenciária.

402. Ação rescisória. Prova nova. Dissídio coletivo. Sentença normativa (nova redação em decorrência do CPC de 2015) - Res. 217/2017 - *DEJT* divulgado em 20, 24 e 25.04.2017

I - Sob a vigência do CPC de 2015 (art. 966, inciso VII), para efeito de ação rescisória, considera-se prova nova a cronologicamente velha, já existente ao tempo do trânsito em julgado da decisão rescindenda, mas ignorada pelo interessado ou de impossível utilização, à época, no processo.

II - Não é prova nova apta a viabilizar a desconstituição de julgado:

a) sentença normativa proferida ou transitada em julgado posteriormente à sentença rescindenda;

b) sentença normativa preexistente à sentença rescindenda, mas não exibida no processo principal, em virtude de negligência da parte, quando podia e deveria louvar-se de documento já existente e não ignorado quando emitida a decisão rescindenda. (ex-OJ n. 20 da SBDI-2 - inserida em 20.09.2000).

403. Ação rescisória. Dolo da parte vencedora em detrimento da vencida. Art. 485, III, do CPC (conversão das Orientações Jurisprudenciais 111 e 125, SBDI-2 - Res. 137/2005, *DJ*, 22, 23 e 24.08.2005)

I - Não caracteriza dolo processual, previsto no art. 485, III, do CPC, o simples fato de a parte vencedora haver silenciado a respeito de fatos contrários a ela, porque o procedimento, por si só, não constitui ardil do qual resulte cerceamento de defesa e, em consequência, desvie o juiz de uma sentença não condizente com a verdade.

II - Se a decisão rescindenda é homologatória de acordo, não há parte vencedora ou vencida, razão pela qual não é possível a sua desconstituição calcada no inciso III do art. 485 do CPC (dolo da parte vencedora em detrimento da vencida), pois constitui fundamento de rescindibilidade que supõe solução jurisdicional para a lide.

404. Ação rescisória. Fundamento para invalidar confissão. Confissão ficta. Inadequação do enquadramento no art. 485, VIII, do CPC de 1973 (Res. 209/2016, *DEJT* divulgado em 01, 02 e 03.06.2016).

O art. 485, VIII, do CPC de 1973, ao tratar do fundamento para invalidar a confissão como hipótese de rescindibilidade da decisão judicial, referia-se à confissão real, fruto de erro, dolo ou coação, e não à confissão ficta resultante de revelia.

405. Ação rescisória. Tutela provisória (nova redação em decorrência do CPC de 2015 - Res. 208/2016, *DEJT* divulgado em 22, 25 e 26.04.2016). Em face do que dispõem a MP 1.984-22/2000 e o art. 969 do CPC de 2015, é cabível o pedido de tutela provisória formulado na petição inicial de ação rescisória ou na fase recursal, visando a suspender a execução da decisão rescindenda.

406. Ação rescisória. Litisconsórcio. Necessário no polo passivo e facultativo no ativo. Inexistente quanto aos substituídos pelo sindicato (conversão das Orientações Jurisprudenciais 82 e 110, SBDI-2 - Res. 137/2005, *DJ*, 22, 23 e 24.08.2005)

I - O litisconsórcio, na ação rescisória, é necessário em relação ao polo passivo da demanda, porque supõe uma comunidade de direitos ou de obrigações que não admite solução díspar para os litisconsortes, em face da indivisibilidade do objeto. Já em relação ao polo ativo, o litisconsórcio é facultativo, uma vez que a aglutinação de autores se faz por conveniência e não pela necessidade decorrente da natureza do litígio, pois não se pode condicionar o exercício do direito individual de um dos litigantes no processo originário à anuência dos demais para retomar a lide.

II - O Sindicato, substituto processual e autor da reclamação trabalhista, em cujos autos fora proferida a decisão rescindenda, possui legitimidade para figurar como réu na ação rescisória, sendo descabida a exigência de citação de todos os empregados substituídos, porquanto inexistente litisconsórcio passivo necessário.

407. Ação rescisória. Ministério público. Legitimidade ad causam prevista no art. 967, III, "a", "b" e "c" do CPC de 2015. Art. 487, III, "a" e "b", do CPC de 1973. Hipóteses meramente exemplificativas (nova redação em decorrência do CPC de 2015 - Res. 208/2016, *DEJT* divulgado em 22, 25 e 26.04.2016). A legitimidade ad causam do Ministério Público para propor ação rescisória, ainda que não tenha sido parte no processo que deu origem à decisão rescindenda, não está limitada às alíneas "a", "b" e "c" do inciso III do art. 967 do CPC de 2015 (art. 487, III, "a" e "b", do CPC de 1973), uma vez que traduzem hipóteses meramente exemplificativas (ex-OJ n. 83 da SBDI-2 - inserida em 13.03.2002).

408. Ação rescisória. Petição inicial. Causa de pedir. Ausência de capitulação ou capitulação errônea no art. 966 do CPC de 2015. Art. 485 do CPC de 1973. Princípio iura novit curia (nova redação em decorrência do CPC de 2015 - Res. 208/2016, *DEJT* divulgado em 22, 25 e 26.04.2016). Não padece de inépcia a petição inicial de ação rescisória apenas porque omite a subsunção do fundamento de rescindibilidade no art. 966 do CPC de 2015 (art. 485 do CPC de 1973) ou o capitula erroneamente em um de seus incisos. Contanto que não se afaste dos fatos e fundamentos invocados como causa de pedir, ao Tribunal é lícito emprestar-lhes a adequada qualificação jurídica *(iura novit curia)*. No entanto, fundando-se a ação rescisória no art. 966, inciso V, do CPC de 2015 (art. 485, inciso V, do CPC de 1973), é indispensável expressa indicação, na petição inicial da ação rescisória, da norma jurídica manifestamente violada (dispositivo legal violado sob o CPC de 1973), por se tratar de causa de pedir da rescisória, não se aplicando, no caso, o princípio iura novit curia. (ex-Ojs n. 32 e 33 da SBDI-2 - inseridas em 20.09.2000).

409. Ação rescisória. Prazo prescricional. Total ou parcial. Violação do art. 7º, XXIX, DA CF/1988. Matéria infraconstitucional (conversão da OJ 119, SBDI-2 - Res. 137/2005, *DJ*, 22, 23 e 24.08.2005) Não procede ação rescisória calcada em violação do art. 7º, XXIX, da CF/1988 quando a questão envolve discussão sobre a espécie de prazo prescricional aplicável aos créditos trabalhistas, se total ou parcial, porque a matéria tem índole infraconstitucional, construída, na Justiça do Trabalho, no plano jurisprudencial.

410. Ação rescisória. Reexame de fatos e provas. Inviabilidade (conversão da OJ 109 da SBDI-2 - Res. 137/2005 *DJ*, 22, 23 e 24.08.2005) A ação rescisória calcada em violação de lei não admite reexame de fatos e provas do processo que originou a decisão rescindenda.

411. Ação rescisória. Sentença de mérito. Decisão de Tribunal Regional do Trabalho em agravo regimental confirmando decisão monocrática do relator que, aplicando a Súmula 83 do TST, indeferiu a petição inicial da ação rescisória. Cabimento (conversão da OJ 43, SBDI-2 - Res. 137/2005, *DJ*, 22, 23 e 24.08.2005) Se a decisão recorrida, em agravo regimental, aprecia a matéria na fundamentação, sob o enfoque das Súmulas n. 83 do TST e 343 do STF, constitui sentença de mérito, ainda que haja resultado no indeferimento da petição inicial e na extinção do processo sem julgamento do mérito. Sujeita-se, assim, à reforma pelo TST, a decisão do Tribunal que, invocando controvérsia na interpretação da lei, indefere a petição inicial de ação rescisória.

412. Ação rescisória. Regência pelo CPC de 1973. Sentença de mérito. Questão processual (nova redação em decorrência do CPC de 2015) - Res. 217/2017 - *DEJT* divulgado em 20, 24 e 25.04.2017. Sob a égide do CPC de 1973, pode uma questão processual ser objeto de rescisão desde que consista em pressuposto de validade de uma sentença de mérito. (ex-OJ n. 46 da SBDI-2 - inserida em 20.09.2000).

413. Ação rescisória. Sentença de mérito. Violação do art. 896, "A", da CLT (nova redação em decorrência do CPC de 2015 - Res. 209/2016, *DEJT* divulgado em 01, 02 e 03.06.2016). É incabível ação rescisória, por violação do art. 896, "a", da CLT, contra decisão transitada em julgado sob a égide do CPC de 1973 que não conhece de recurso de revista, com base em divergência jurisprudencial, pois não se cuidava de sentença de mérito (art. 485 do CPC de 1973) (ex-OJ n. 47 da SBDI-2 - inserida em 20.09.2000).

414. Mandado de segurança. Tutela provisória concedida antes ou na sentença (nova redação em decorrência do CPC de 2015) - Res. 217/2017 - *DEJT* divulgado em 20, 24 e 25.04.2017

I - A tutela provisória concedida na sentença não comporta impugnação pela via do mandado de segurança, por ser impugnável mediante recurso ordinário. É admissível a obtenção de efeito suspensivo ao recurso ordinário mediante requerimento dirigido ao tribunal, ao relator ou ao presidente ou ao vice-presidente do tribunal recorrido, por aplicação subsidiária ao processo do trabalho do artigo 1.029, § 5º, do CPC de 2015.

II - No caso de a tutela provisória haver sido concedida ou indeferida antes da sentença, cabe mandado de segurança, em face da inexistência de recurso próprio.

III - A superveniência da sentença, nos autos originários, faz perder o objeto do mandado de segurança que impugnava a concessão ou o indeferimento da tutela provisória.

415. Mandado de segurança. Petição inicial. Art. 321 do CPC de 2015. Art. 284 do CPC de 1973.Inaplicabilidade. (atualizada em decorrência do CPC de

2015 - Res. 208/2016, *DEJT* divulgado em 22, 25 e 26.04.2016). Exigindo o mandado de segurança prova documental pré-constituída, inaplicável o art. 321 do CPC de 2015 (art. 284 do CPC de 1973) quando verificada, na petição inicial do mandamus, a ausência de documento indispensável ou de sua autenticação (ex-OJ n. 52 da SBDI-2 - inserida em 20.09.2000).

416. Mandado de segurança. Execução. Lei n. 8.432/1992. Art. 897, § 1º, da CLT. Cabimento (conversão da OJ 55 da SBDI-2 - Res. 137/2005, *DJ*, 22, 23 e 24.08.2005) Devendo o agravo de petição delimitar justificadamente a matéria e os valores objeto de discordância, não fere direito líquido e certo o prosseguimento da execução quanto aos tópicos e valores não especificados no agravo.

417. Mandado de segurança. Penhora em dinheiro (alterado o item I, atualizado o item II e cancelado o item III, modulando-se os efeitos da presente redação de forma a atingir unicamente as penhoras em dinheiro em execução provisória efetivadas a partir de 18.03.2016, data de vigência do CPC de 2015 - Res. 212/2016, *DEJT* divulgado em 20, 21 e 22.09.2016).

I - Não fere direito líquido e certo do impetrante o ato judicial que determina penhora em dinheiro do executado para garantir crédito exequendo, pois é prioritária e obedece à gradação prevista no art. 835 do CPC de 2015 (art. 655 do CPC de 1973).

II - Havendo discordância do credor, em execução definitiva, não tem o executado direito líquido e certo a que os valores penhorados em dinheiro fiquem depositados no próprio banco, ainda que atenda aos requisitos do art. 840, I, do CPC de 2015 (art. 666, I, do CPC de 1973). (ex-OJ n. 61 da SBDI-2 - inserida em 20.09.2000).

418. Mandado de segurança visando à homologação de acordo (nova redação em decorrência do CPC de 2015) - Res. 217/2017 - *DEJT* divulgado em 20, 24 e 25.04.2017 A homologação de acordo constitui faculdade do juiz, inexistindo direito líquido e certo tutelável pela via do mandado de segurança.

419. Competência. Embargos de terceiro. Execução por carta precatória. Juízo deprecado. (alterada em decorrência do CPC de 2015 - Res. 212/2016, *DEJT* divulgado em 20, 21 e 22.09.2016). Na execução por carta precatória, os embargos de terceiro serão oferecidos no juízo deprecado, salvo se indicado pelo juízo deprecante o bem constrito ou se já devolvida a carta (art. 676, parágrafo único, do CPC de 2015).

420. Competência funcional. Conflito negativo. TRT e Vara do Trabalho de idêntica Região. Não configuração (conversão da OJ 115 da SBDI-2 - Res. 137/2005, *DJ*, 22, 23 e 24.08.2005) Não se configura conflito de competência entre Tribunal Regional do Trabalho e Vara do Trabalho a ele vinculada.

421. Embargos de declaração. Cabimento. Decisão monocrática do relator calcada no art. 932 do CPC de 2015. Art. 557 do CPC de 1973. (atualizada em decorrência do CPC de 2015) - Res. 208/2016, *DEJT* divulgado em 22, 25 e 26.04.2016)

I - Cabem embargos de declaração da decisão monocrática do relator prevista no art. 932 do CPC de 2015 (art. 557 do CPC de 1973), se a parte pretende tão somente juízo integrativo retificador da decisão e, não, modificação do julgado.

II - Se a parte postular a revisão no mérito da decisão monocrática, cumpre ao relator converter os embargos de declaração em agravo, em face dos princípios da fungibilidade e celeridade processual, submetendo-o ao pronunciamento do Colegiado, após a intimação do recorrente para, no prazo de 5 (cinco) dias, complementar as razões recursais, de modo a ajustá-las às exigências do art. 1.021, § 1º, do CPC de 2015.

422. Recurso. Fundamento ausente ou deficiente. Não conhecimento (redação alterada, com inserção dos itens I, II e III - Res. 199/2015, *DEJT*, 24, 25 e 26.06.2015. Com errata publicado no *DEJT*, 01.07.2015.)

I - Não se conhece de recurso para o Tribunal Superior do Trabalho se as razões do recorrente não impugnam os fundamentos da decisão recorrida, nos termos em que proferida.

II - O entendimento referido no item anterior não se aplica em relação à motivação secundária e impertinente, consubstanciada em despacho de admissibilidade de recurso ou em decisão monocrática.

III - Inaplicável a exigência do item I relativamente ao recurso ordinário da competência de Tribunal Regional do Trabalho, exceto em caso de recurso cuja motivação é inteiramente dissociada dos fundamentos da sentença.

423. Turno ininterrupto de revezamento. Fixação de jornada de trabalho mediante negociação coletiva. Validade. (conversão da OJ 169 SBDI-1 - Res. 139/2006 - *DJ*, 10, 11 e 13.10.2006) Estabelecida jornada superior a seis horas e limitada a oito horas por meio de regular negociação coletiva, os empregados submetidos a turnos ininterruptos de revezamento não têm direito ao pagamento da 7ª e 8ª horas como extras.

424. Recurso administrativo. Pressuposto de admissibilidade. Depósito prévio da multa administrativa. Não recepção pela Constituição Federal do § 1º do art. 636 da CLT (Res. 160/2009, *DEJT*, 23, 24 e 25.11.2009) O §1º do art. 636 da CLT, que estabelece a exigência de prova do depósito prévio do valor da multa cominada em razão de autuação administrativa como pressuposto de admissibilidade de recurso administrativo, não foi recepcionado pela Constituição Federal de 1988, ante a sua incompatibilidade com o inciso LV do art. 5º.

425. Jus postulandi na Justiça do Trabalho. Alcance (Res. 165/2010, *DEJT*, 30.04.2010 e 03 e 04.05.2010) O *jus postulandi* das partes, estabelecido no art. 791 da CLT, limita-se às Varas do Trabalho e aos Tribunais Regionais do Trabalho, não alcançando a ação rescisória, a ação cautelar, o mandado de segurança e os recursos de competência do Tribunal Superior do Trabalho.

426. Depósito recursal. Utilização da guia GFIP. Obrigatoriedade (editada em decorrência do julgamento do processo TST-IUJEEDRR 91700-09.2006.5.18.0006 - Res. 174/2011, *DEJT*, 27, 30 e 31.05.2011) Nos dissídios individuais o depósito recursal será efetivado mediante a utilização da Guia de Recolhimento do FGTS e Informações à Previdência Social - GFIP, nos termos dos §§ 4º e 5º do art. 899 da CLT, admitido o depósito judicial, realizado na sede do juízo e à disposição deste, na hipótese de relação de trabalho não submetida ao regime do FGTS.

427. Intimação. Pluralidade de advogados. Publicação em nome de advogado diverso daquele expressamente indicado. Nulidade (editada em decorrência do julgamento do processo TST-IUJERR 5400-31.2004.5.09.0017 - Res. 174/2011, *DEJT*, 27, 30 e 31.05.2011) Havendo pedido expresso de que as intimações e publicações sejam realizadas exclusivamente em nome de determinado advogado, a comunicação em nome de outro profissional constituído nos autos é nula, salvo se constatada a inexistência de prejuízo.

428. Sobreaviso. Aplicação analógica do art. 244, § 2º da CLT (redação alterada na sessão do Tribunal Pleno realizada em 14.09.2012 - Res. 185/2012, *DEJT* divulgado em 25, 26 e 27.09.2012)

I - O uso de instrumentos telemáticos ou informatizados fornecidos pela empresa ao empregado, por si só, não caracteriza o regime de sobreaviso.

II - Considera-se em sobreaviso o empregado que, à distância e submetido a controle patronal por instrumentos telemáticos ou informatizados, permanecer em regime de plantão ou equivalente, aguardando a qualquer momento o chamado para o serviço durante o período de descanso.

429. Tempo à disposição do empregador. Art. 4º da CLT. Período de deslocamento entre a portaria e o local de trabalho (Res. 174/2011, *DEJT*, 27, 30 e 31.05.2011) Considera-se à disposição do empregador, na forma do art. 4º da CLT, o tempo necessário ao deslocamento do trabalhador entre a portaria da empresa e o local de trabalho, desde que supere o limite de 10 (dez) minutos diários.

430. Administração pública indireta. Contratação. Ausência de concurso público. Nulidade. Ulterior privatização. Convalidação. Insubsistência do vício (Res. 177/2012, *DEJT* divulgado em 13, 14 e 15.02.2012). Convalidam-se os efeitos do contrato de trabalho que, considerado nulo por ausência de concurso público, quando celebrado originalmente com ente da Administração Pública Indireta, continua a existir após a sua privatização.

431. Salário-hora. Empregado sujeito ao regime geral de trabalho (art. 58, caput, da CLT). 40 horas semanais. Cálculo. Aplicação do divisor 200

(redação alterada na sessão do tribunal pleno realizada em 14.09.2012 - Res. 185/2012, *DEJT* divulgado em 25, 26 e 27.09.2012) Para os empregados a que alude o art. 58, *caput*, da CLT, quando sujeitos a 40 horas semanais de trabalho, aplica-se o divisor 200 (duzentos) para o cálculo do valor do salário-hora.

432. Contribuição sindical rural. Ação de cobrança. Penalidade por atraso no recolhimento. Inaplicabilidade do art. 600 da CLT. Incidência do art. 2º da Lei n. 8.022/1990. (Res. 177/2012, *DEJT* divulgado em 13, 14 e 15.02.2012). O recolhimento a destempo da contribuição sindical rural não acarreta a aplicação da multa progressiva prevista no art. 600 da CLT, em decorrência da sua revogação tácita pela Lei n. 8.022, de 12 de abril de 1990.

433. Embargos. Admissibilidade. Processo em fase de execução. Acórdão de Turma publicado na vigência da Lei n. 11.496, de 26.06.2007. Divergência de interpretação de dispositivo constitucional. (Res. 177/2012, *DEJT* divulgado em 13, 14 e 15.02.2012). A admissibilidade do recurso de embargos contra acórdão de Turma em recurso de revista em fase de execução, publicado na vigência da Lei n. 11.496, de 26.06.2007, condiciona-se à demonstração de divergência jurisprudencial entre Turmas ou destas e a Seção Especializada em Dissídios Individuais do Tribunal Superior do Trabalho em relação à interpretação de dispositivo constitucional.

434. RECURSO. INTERPOSIÇÃO ANTES DA PUBLICAÇÃO DO ACÓRDÃO IMPUGNADO. EXTEMPORANEIDADE.

- (cancelada) – Res. 198/2015, republicada em razão de erro material – *DEJT* divulgado em 12, 15 e 16.06.2015.

435. Decisão monocrática. Relator. Art. 932 do CPC de 2015. Art. 557 do CPC de 1973. Aplicação subsidiária ao processo do trabalho (atualizada em decorrência do CPC de 2015 - Res. 208/2016, *DEJT* divulgado em 22, 25 e 26.04.2016). Aplica-se subsidiariamente ao processo do trabalho o art. 932 do CPC de 2015 (art. 557 do CPC de 1973).

436. Representação processual. Procurador da União, Estados, Municípios e Distrito Federal, suas autarquias e fundações públicas. Juntada de instrumento de mandato (conversão da Orientação Jurisprudencial n. 52 da SBDI-I e inserção do item II à redação - Res. 185/2012, *DEJT* divulgado em 25, 26 e 27.09.2012)

I - A União, Estados, Municípios e Distrito Federal, suas autarquias e fundações públicas, quando representadas em juízo, ativa e passivamente, por seus procuradores, estão dispensadas da juntada de instrumento de mandato e de comprovação do ato de nomeação.

II - Para os efeitos do item anterior, é essencial que o signatário ao menos declare-se exercente do cargo de procurador, não bastando a indicação do número de inscrição na Ordem dos Advogados do Brasil.

437. Intervalo intrajornada para repouso e alimentação. Aplicação do art. 71 da CLT (conversão das Orientações Jurisprudenciais n. 307, 342, 354, 380 e 381 da SBDI-1 - Res. 185/2012, *DEJT* divulgado em 25, 26 e 27.09.2012)

I - Após a edição da Lei n. 8.923/94, a não concessão ou a concessão parcial do intervalo intrajornada mínimo, para repouso e alimentação, a empregados urbanos e rurais, implica o pagamento total do período correspondente, e não apenas daquele suprimido, com acréscimo de, no mínimo, 50% sobre o valor da remuneração da hora normal de trabalho (art. 71 da CLT), sem prejuízo do cômputo da efetiva jornada de labor para efeito de remuneração.

II - É inválida cláusula de acordo ou convenção coletiva de trabalho contemplando a supressão ou redução do intervalo intrajornada porque este constitui medida de higiene, saúde e segurança do trabalho, garantido por norma de ordem pública (art. 71 da CLT e art. 7º, XXII, da CF/1988), infenso à negociação coletiva.

III - Possui natureza salarial a parcela prevista no art. 71, § 4º, da CLT, com redação introduzida pela Lei n. 8.923, de 27 de julho de 1994, quando não concedido ou reduzido pelo empregador o intervalo mínimo intrajornada para repouso e alimentação, repercutindo, assim, no cálculo de outras parcelas salariais.

IV - Ultrapassada habitualmente a jornada de seis horas de trabalho, é devido o gozo do intervalo intrajornada mínimo de uma hora, obrigando o empregador a remunerar o período para descanso e alimentação não usufruído como extra, acrescido do respectivo adicional, na forma prevista no art. 71, *caput* e § 4º da CLT.

438. Intervalo para recuperação térmica do empregado. Ambiente artificialmente frio. Horas extras. Art. 253 da CLT. Aplicação analógica (Res. 185/2012, *DEJT* divulgado em 25, 26 e 27.09.2012) O empregado submetido a trabalho contínuo em ambiente artificialmente frio, nos termos do parágrafo único do art. 253 da CLT, ainda que não labore em câmara frigorífica, tem direito ao intervalo intrajornada previsto no *caput* do art. 253 da CLT.

439. Danos morais. Juros de mora e atualização monetária. Termo inicial (Res. 185/2012, *DEJT* divulgado em 25, 26 e 27.09.2012) Nas condenações por dano moral, a atualização monetária é devida a partir da data da decisão de arbitramento ou de alteração do valor. Os juros incidem desde o ajuizamento da ação, nos termos do art. 883 da CLT.

440. Auxílio-doença acidentário. Aposentadoria por invalidez. Suspensão do contrato de trabalho. Reconhecimento do direito à manutenção de plano de saúde ou de assistência médica (Res. 185/2012, *DEJT* divulgado em 25, 26 e 27.09.2012) Assegura-se o direito à manutenção de plano de saúde ou de assistência médica oferecido pela empresa ao empregado, não obstante suspenso o contrato de trabalho em virtude de auxílio-doença acidentário ou de aposentadoria por invalidez.

441. Aviso prévio. Proporcionalidade (Res. 185/2012, *DEJT* divulgado em 25, 26 e 27.09.2012) O direito ao aviso prévio proporcional ao tempo de serviço somente é assegurado nas rescisões de contrato de trabalho ocorridas a partir da publicação da Lei n. 12.506, em 13 de outubro de 2011.

442. Procedimento sumaríssimo. Recurso de revista fundamentado em contrariedade a orientação jurisprudencial. Inadmissibilidade. Art. 896, § 6º, da CLT, acrescentado pela Lei n. 9.957, de 12.01.2000 (conversão da Orientação Jurisprudencial 352 da SBDI-1 - Res. 185/2012, *DEJT* divulgado em 25, 26 e 27.09.2012) Nas causas sujeitas ao procedimento sumaríssimo, a admissibilidade de recurso de revista está limitada à demonstração de violação direta a dispositivo da Constituição Federal ou contrariedade a Súmula do Tribunal Superior do Trabalho, não se admitindo o recurso por contrariedade a Orientação Jurisprudencial deste Tribunal (Livro II, Título II, Capítulo III, do RITST), ante a ausência de previsão no art. 896, § 6º, da CLT.

443. Dispensa discriminatória. Presunção. Empregado portador de doença grave. Estigma ou preconceito. Direito à reintegração (Res. 185/2012, *DEJT* divulgado em 25, 26 e 27.09.2012) Presume-se discriminatória a despedida de empregado portador do vírus HIV ou de outra doença grave que suscite estigma ou preconceito. Inválido o ato, o empregado tem direito à reintegração no emprego.

444. Jornada de trabalho. Norma coletiva. Lei. Escala de 12 por 36. Validade (Res. 185/2012, *DEJT* divulgado em 25, 26 e 27.09.2012) É valida, em caráter excepcional, a jornada de doze horas de trabalho por trinta e seis de descanso, prevista em lei ou ajustada exclusivamente mediante acordo coletivo de trabalho ou convenção coletiva de trabalho, assegurada a remuneração em dobro dos feriados trabalhados. O empregado não tem direito ao pagamento de adicional referente ao labor prestado na décima primeira e décima segunda horas.

445. Inadimplemento de verbas trabalhistas. Frutos. Posse de má-fé. Art. 1.216 do Código Civil. Inaplicabilidade ao Direito do Trabalho (Res. 189/2013, *DEJT* divulgado em 13, 14 e 15.03.2013). A indenização por frutos percebidos pela posse de má-fé, prevista no art. 1.216 do Código Civil, por tratar-se de regra afeta a direitos reais, mostra-se incompatível com o Direito do Trabalho, não sendo devida no caso de inadimplemento de verbas trabalhistas.

446. Maquinista ferroviário. Intervalo intrajornada. Supressão parcial ou total. Horas extras devidas. Compatibilidade entre os arts. 71, § 4º, e 238, § 5º, da CLT. (Res. 193/2013, *DEJT*, 13, 16 e 17.12.2013). A garantia ao intervalo intrajornada, prevista no art. 71 da CLT, por constituir-se em medida de higiene, saúde e segurança do empregado, é aplicável também ao ferroviário maquinista integrante da categoria "c" (equipagem de trem em geral), não havendo incompatibilidade entre as regras inscritas nos arts. 71, § 4º, e 238, § 5º, da CLT.

447. Adicional de periculosidade. Permanência a bordo durante o abastecimento da aeronave. Indevido. (Res. 193/2013, *DEJT*, 13, 16 e 17.12.2013). Os tripulantes e demais empregados em serviços auxiliares de transporte aéreo que, no momento do abastecimento da aeronave, permanecem a bordo não têm direito ao adicional de periculosidade a que aludem o art. 193 da CLT e o Anexo 2, item 1, "c", da NR 16 do MTE.

448. Atividade insalubre. Caracterização. Previsão na norma regulamentadora n. 15 da portaria do Ministério do Trabalho n. 3.214/78. Instalações sanitárias (conversão da OJ n. 4 da SBDI-1 com nova redação do item II. *DJe* 21, 22 e 23.05.2014.)

I - Não basta a constatação da insalubridade por meio de laudo pericial para que o empregado tenha direito ao respectivo adicional, sendo necessária a classificação da atividade insalubre na relação oficial elaborada pelo Ministério do Trabalho.

II - A higienização de instalações sanitárias de uso público ou coletivo de grande circulação, e a respectiva coleta de lixo, por não se equiparar à limpeza em residências e escritórios, enseja o pagamento de adicional de insalubridade em grau máximo, incidindo o disposto no Anexo 14 da NR-15 da Portaria do MTE n. 3.214/78 quanto à coleta e industrialização de lixo urbano.

449. Minutos que antecedem e sucedem a jornada de trabalho. Lei n. 10.243, de 19.06.2001. Norma coletiva. Flexibilização. Impossibilidade (conversão da OJ n. 372 da SBDI-1. *DJe* 21, 22 e 23.05.2014.) A partir da vigência da Lei n. 10.243, de 19.06.2001, que acrescentou o § 1º ao art. 58 da CLT, não mais prevalece cláusula prevista em convenção ou acordo coletivo que elastece o limite de 5 minutos que antecedem e sucedem a jornada de trabalho para fins de apuração das horas extras.

450. Férias. Gozo na época própria. Pagamento fora do prazo. Dobra devida. Arts. 137 e 145 da CLT (conversão da Orientação Jurisprudencial n. 386 da SBDI-1. *DJe* 21, 22 e 23.05.2014.) É devido o pagamento em dobro da remuneração de férias, incluído o terço constitucional, com base no art. 137 da CLT, quando, ainda que gozadas na época própria, o empregador tenha descumprido o prazo previsto no art. 145 do mesmo diploma legal.

451. Participação nos lucros e resultados. Rescisão contratual anterior à data da distribuição dos lucros. Pagamento proporcional aos meses trabalhados. Princípio da isonomia (conversão da Orientação Jurisprudencial n. 390 da SBDI-1. *DJe* 21,22 e 23.05.2014.) Fere o princípio da isonomia instituir vantagem mediante acordo coletivo ou norma regulamentar que condiciona a percepção da parcela participação nos lucros e resultados ao fato de estar o contrato de trabalho em vigor na data prevista para a distribuição dos lucros. Assim, inclusive na rescisão contratual antecipada, é devido o pagamento da parcela de forma proporcional aos meses trabalhados, pois o ex-empregado concorreu para os resultados positivos da empresa.

452. Diferenças salariais. Plano de cargos e salários. Descumprimento. Critérios de promoção não observados. Prescrição parcial (conversão da OJ n. 404 da SBDI-1. *DJe* 21,22 e 23.05.2014.) Tratando-se de pedido de pagamento de diferenças salariais decorrentes da inobservância dos critérios de promoção estabelecidos em Plano de Cargos e Salários criado pela empresa, a prescrição aplicável é a parcial, pois a lesão é sucessiva e se renova mês a mês.

453. Adicional de periculosidade. Pagamento espontâneo. Caracterização de fato incontroverso. Desnecessária a perícia de que trata o art. 195 da CLT. (conversão da OJ n. 406 da SBDI-1. *DJe* 21, 22 e 23.05.2014.) O pagamento de adicional de periculosidade efetuado por mera liberalidade da empresa, ainda que de forma proporcional ao tempo de exposição ao risco ou em percentual inferior ao máximo legalmente previsto, dispensa a realização da prova técnica exigida pelo art. 195 da CLT, pois torna incontroversa a existência do trabalho em condições perigosas.

454. Competência da Justiça do Trabalho. Execução de ofício. Contribuição social referente ao Seguro de Acidente de Trabalho (SAT). Arts. 114, VIII, e 195, I, "A", da Constituição da República (conversão da OJ n. 414 da SBDI-1. *DJe* 21, 22 e 23.05.2014.) Compete à Justiça do Trabalho a execução, de ofício, da contribuição referente ao Seguro de Acidente de Trabalho (SAT), que tem natureza de contribuição para a seguridade social (arts. 114, VIII, e 195, I, "a", da CF), pois se destina ao financiamento de benefícios relativos à incapacidade do empregado decorrente de infortúnio no trabalho (arts. 11 e 22 da Lei n. 8.212/1991).

455. Equiparação salarial. Sociedade de economia mista. Art. 37, XIII, da CF/1988. Possibilidade (conversão da OJ n. 353 da SBDI-1 com nova redação. *DJe* 21, 22 e 23.05.2014.) À sociedade de economia mista não se aplica a vedação à equiparação prevista no art. 37, XIII, da CF/1988, pois, ao admitir empregados sob o regime da CLT, equipara-se a empregador privado, conforme disposto no art. 173, § 1º, II, da CF/1988.

456. Representação. Pessoa jurídica. Procuração. Invalidade. Identificação do outorgante e de seu representante. (inseridos os itens II e III em decorrência do CPC de 2015 - Res. 211/2016, *DEJT* divulgado em 24, 25 e 26.08.2016).

I - É inválido o instrumento de mandato firmado em nome de pessoa jurídica que não contenha, pelo menos, o nome do outorgante e do signatário da procuração, pois estes dados constituem elementos que os individualizam.

II - Verificada a irregularidade de representação da parte na instância originária, o juiz designará prazo de 5 (cinco) dias para que seja sanado o vício. Descumprida a determinação, extinguirá o processo, sem resolução de mérito, se a providência couber ao reclamante, ou considerará revel o reclamado, se a providência lhe couber (art. 76, § 1º, do CPC de 2015).

III - Caso a irregularidade de representação da parte seja constatada em fase recursal, o relator designará prazo de 5 (cinco) dias para que seja sanado o vício. Descumprida a determinação, o relator não conhecerá do recurso, se a providência couber ao recorrente, ou determinará o desentranhamento das contrarrazões, se a providência couber ao recorrido (art. 76, § 2º, do CPC de 2015).

457. Honorários periciais. Beneficiário da justiça gratuita. Responsabilidade da União pelo pagamento. Resolução n. 66/2010 do CSJT. Observância (conversão da OJ n. 387 da SBDI-1 com nova redação. *DJe* 21, 22 e 23.05.2014.) A União é responsável pelo pagamento dos honorários de perito quando a parte sucumbente no objeto da perícia for beneficiária da assistência judiciária gratuita, observado o procedimento disposto nos arts. 1º, 2º e 5º da Resolução n. 66/2010 do Conselho Superior da Justiça do Trabalho - CSJT.

458. Embargos. Procedimento sumaríssimo. Conhecimento. Recurso interposto após vigência da Lei n. 11.496, de 22.06.2007, que conferiu nova redação ao art. 894 da CLT (conversão da Orientação Jurisprudencial n. 405 da SBDI-1 com nova redação. *DJe* 21, 22 e 23.05.2014.) Em causas sujeitas ao procedimento sumaríssimo, em que pese a limitação imposta no art. 896, § 6º, da CLT à interposição de recurso de revista, admitem-se os embargos interpostos na vigência da Lei n. 11.496, de 22.06.2007, que conferiu nova redação ao art. 894 da CLT, quando demonstrada a divergência jurisprudencial entre Turmas do TST, fundada em interpretações diversas acerca da aplicação de mesmo dispositivo constitucional ou de matéria sumulada.

459. Recurso de revista. Nulidade por negativa de prestação jurisdicional (atualizada em decorrência do CPC de 2015) – Res. 219/2017, *DEJT* divulgado em 28, 29 e 30.06.2017 – republicada - *DEJT* divulgado em 12, 13 e 14.07.2017

O conhecimento do recurso de revista, quanto à preliminar de nulidade, por negativa de prestação jurisdicional, supõe indicação de violação do art. 832 da CLT, do art. 489 do CPC de 2015 (art. 458 do CPC de 1973) ou do art. 93, IX, da CF/1988.

460. Vale-transporte. Ônus da prova (Res. 209/2016, DEJT divulgado em 01, 02 e 03.06.2016) É do empregador o ônus de comprovar que o empregado não satisfaz os requisitos indispensáveis para a concessão do vale-transporte ou não pretenda fazer uso do benefício.

461. FGTS. Diferenças. Recolhimento. Ônus da prova (Res. 209/2016, *DEJT* divulgado em 01, 02 e 03.06.2016).É do empregador o ônus da prova em relação à regularidade dos depósitos do FGTS, pois o pagamento é fato extintivo do direito do autor (art. 373, II, do CPC de 2015).

462. Multa do art. 477, § 8º, da CLT. Incidência. Reconhecimento judicial da relação de emprego (Republicada em razão de erro material - *DEJT* divulgado em 30.06.2016).

A circunstância de a relação de emprego ter sido reconhecida apenas em juízo não tem o condão de afastar a incidência da multa prevista no art. 477, § 8º, da CLT. A referida multa não será devida apenas quando, comprovadamente, o empregado der causa à mora no pagamento das verbas rescisórias.

463. Assistência Judiciária Gratuita. Comprovação (conversão da Orientação Jurisprudencial nº 304 da SBDI-1, com alterações decorrentes do CPC de 2015) - Res. 219/2017, *DEJT* divulgado em 28, 29 e 30.06.2017.

I – A partir de 26.06.2017, para a concessão da assistência judiciária gratuita à pessoa natural, basta a declaração de hipossuficiência econômica firmada pela parte ou por seu advogado, desde que munido de procuração com poderes específicos para esse fim (art. 105 do CPC de 2015);

II – No caso de pessoa jurídica, não basta a mera declaração: é necessária a demonstração cabal de impossibilidade de a parte arcar com as despesas do processo.

Orientações jurisprudenciais do Tribunal Pleno/Órgão Especial

1. Precatório. Crédito trabalhista. Pequeno valor. Emenda Constitucional n. 37/2002. (*DJ*, 09.12.2003). Há dispensa da expedição de precatório, na forma do art. 100, § 3º, da CF/1988, quando a execução contra a Fazenda Pública não exceder os valores definidos, provisoriamente, pela Emenda Constitucional n. 37/2002, como obrigações de pequeno valor, inexistindo ilegalidade, sob esse prisma, na determinação de sequestro da quantia devida pelo ente público.

2. Precatório. Revisão de cálculos. Limites da competência do presidente do TRT. (*DJ*, 09.12.2003). O pedido de revisão dos cálculos, em fase de precatório, previsto no art. 1º-E da Lei n. 9.494/1997, apenas poderá ser acolhido desde que: a) o requerente aponte e especifique claramente quais são as incorreções existentes nos cálculos, discriminando o montante que seria correto, pois do contrário a incorreção torna-se abstrata; b) o defeito nos cálculos esteja ligado à incorreção material ou à utilização de critério em descompasso com a lei ou com o título executivo judicial; e c) o critério legal aplicável ao débito não tenha sido objeto de debate nem na fase de conhecimento, nem na fase de execução.

3. Precatório. Sequestro. Emenda Constitucional n. 30/00. Preterição. ADIn 1662-8. Art. 100, § 2º, da CF/1988. (*DJ*, 09.12.2003). O sequestro de verbas públicas para satisfação de precatórios trabalhistas só é admitido na hipótese de preterição do direito de precedência do credor, a ela não se equiparando as situações de não inclusão da despesa no orçamento ou de não pagamento do precatório até o final do exercício, quando incluído no orçamento.

4. Mandado de segurança. Decisão de TRT. Incompetência originária do Tribunal Superior do Trabalho. (*DJ*, 17.03.2004). Ao Tribunal Superior do Trabalho não compete apreciar, originariamente, mandado de segurança impetrado em face de decisão de TRT.

5. Recurso ordinário. Cabimento. (conversão da OJ 70, SBDI-1, (*DJ*, 20.04.2005). Não cabe recurso ordinário contra decisão em agravo regimental interposto em reclamação correicional ou em pedido de providência.

6. Precatório. Execução. Limitação da condenação imposta pelo título judicial exequendo à data do advento da Lei n. 8.112, de 11.12.1990. (*DJ*, 25.04.2007). Em sede de precatório, não configura ofensa à coisa julgada a limitação dos efeitos pecuniários da sentença condenatória ao período anterior ao advento da Lei n. 8.112, de 11.12.1990, em que o exequente submetia-se à legislação trabalhista, salvo disposição expressa em contrário na decisão exequenda.

7. Juros de mora. Condenação da Fazenda Pública. (nova redação - Res. 175/2011, *DEJT*, 27, 30 e 31.05.2011).

I - Nas condenações impostas à Fazenda Pública, incidem juros de mora segundo os seguintes critérios:

a) 1% (um por cento) ao mês, até agosto de 2001, nos termos do § 1º do art. 39 da Lei n.º 8.177, de 1.03.1991;

b) 0,5% (meio por cento) ao mês, de setembro de 2001 a junho de 2009, conforme determina o art. 1º - F da Lei n. 9.494, de 10.09.1997, introduzido pela Medida Provisória n. 2.180-35, de 24.08.2001;

II - A partir de 30 de junho de 2009, atualizam-se os débitos trabalhistas da Fazenda Pública, mediante a incidência dos índices oficiais de remuneração básica e juros aplicados à caderneta de poupança, por força do art. 5º da Lei n.º 11.960, de 29.06.2009.

III - A adequação do montante da condenação deve observar essa limitação legal, ainda que em sede de precatório.

8. Precatório. Matéria administrativa. Remessa necessária. Não cabimento. (*DJ*, 25.04.2007). Em sede de precatório, por se tratar de decisão de natureza administrativa, não se aplica o disposto no art. 1º, V, do Decreto-Lei n. 779, de 21.08.1969, em que se determina a remessa necessária em caso de decisão judicial desfavorável a ente público.

9. Precatório. Pequeno valor. Individualização do crédito apurado. Reclamação trabalhista plúrima. Execução direta contra a Fazenda Pública. Possibilidade. (*DJ*, 25.04.2007). Tratando-se de reclamações trabalhistas plúrimas, a aferição do que vem a ser obrigação de pequeno valor, para efeito de dispensa de formação de precatório e aplicação do disposto no § 3º do art. 100 da CF/88, deve ser realizada considerando-se os créditos de cada reclamante.

10. Precatório. Processamento e pagamento. Natureza administrativa. Mandado de segurança. Cabimento. (*DJ*, 25.04.2007). É cabível mandado de segurança contra atos praticados pela Presidência dos Tribunais Regionais em precatório em razão de sua natureza administrativa, não se aplicando o disposto no inciso II do art. 5º da Lei n. 1.533, de 31.12.1951.

11. Recurso em matéria administrativa. Prazo. Órgão colegiado. Oito dias. Art. 6º da Lei n. 5.584, de 26.06.1970. (*DJ*, 25.04.2007) Se não houver norma específica quanto ao prazo para interposição de recurso em matéria administrativa de decisão emanada de órgão Colegiado do Tribunal Regional do Trabalho, aplica-se, por analogia, a regra geral dos prazos adotados na Justiça do Trabalho, ou seja, oito dias, conforme estabelecido no art. 6º da Lei n. 5.584, de 26.06.1970. O prazo de dez dias a que alude o art. 59 da Lei n. 9.784, de 29.01.1999, aplica-se somente à interposição de recursos de decisões prolatadas monocraticamente.

12. Precatório. Procedimento de natureza administrativa. Incompetência funcional do presidente do TRT para declarar a inexigibilidade do título exequendo. (*DEJT*, divulgado em 16, 17 e 20.09.2010). O Presidente do TRT, em sede de precatório, não tem competência funcional para declarar a inexigibilidade do título judicial exequendo, com fundamento no art. 884, § 5º, da CLT, ante a natureza meramente administrativa do procedimento.

13. Precatório. Quebra da ordem de precedência. Não demonstração da posição do exequente na ordem cronológica. Sequestro indevido. (*DEJT*, 16, 17 e 20.09.2010). É indevido o sequestro de verbas públicas quando o exequente/requerente não se encontra em primeiro lugar na lista de ordem cronológica para pagamento de precatórios ou quando não demonstrada essa condição.

Orientações Jurisprudenciais da Seção de Dissídios Coletivos – SDC

1. Acordo coletivo. Descumprimento. Existência de ação própria. Abusividade da greve deflagrada para substituí-la.

‣ (cancelada) - *DJ* 22.06.2004

2. Acordo homologado. Extensão a partes não subscreventes. Inviabilidade. É inviável aplicar condições constantes de acordo homologado nos autos de dissídio coletivo, extensivamente, às partes que não o subscreveram, exceto se observado o procedimento previsto no art. 868 e seguintes, da CLT.

3. Arresto. Apreensão. Depósito. Pretensões insuscetíveis de dedução em sede coletiva. São incompatíveis com a natureza e finalidade do dissídio coletivo as pretensões de provimento judicial de arresto, apreensão ou depósito.

4. Disputa por titularidade de representação. Incompetência da justiça do trabalho.

‣ (cancelada) - *DJ* 18.10.2006

5. Dissídio coletivo. Pessoa jurídica de direito público. Possibilidade jurídica. Cláusula de natureza social (redação alterada na sessão do Tribunal Pleno realizada em 14.09.2012 - Res. 186/2012, *DEJT* divulgado em 25, 26 e 27.09.2012) Em face de pessoa jurídica de direito público que mantenha empregados, cabe dissídio coletivo exclusivamente para apreciação de cláusulas de natureza social. Inteligência da Convenção n. 151 da Organização Internacional do Trabalho, ratificada pelo Decreto Legislativo n. 206/2010.

6. Dissídio coletivo. Natureza jurídica. Imprescindibilidade de realização de assembléia de trabalhadores e negociação prévia.

‣ (cancelada pela SDC em sessão de 10.08.2000, no julgamento do RODC 604502/1999-8) - *DJ* 23.03.2001

7. Dissídio coletivo. Natureza jurídica. Interpretação de norma de caráter genérico. Inviabilidade. Não se presta o dissídio coletivo de natureza jurídica à interpretação de normas de caráter genérico, a teor do disposto no art. 313, II, do RITST.

8. Dissídio coletivo. Pauta reivindicatória não registrada em ata. Causa de extinção. A ata da assembleia de trabalhadores que legitima a atuação da entidade sindical respectiva em favor de seus interesses deve registrar, obrigatoriamente, a pauta reivindicatória, produto da vontade expressa da categoria.

9. Enquadramento sindical. Incompetência material da Justiça do Trabalho. O dissídio coletivo não é meio próprio para o Sindicato vir a obter o reconhecimento de que a categoria que representa é diferenciada, pois esta matéria - enquadramento sindical - envolve a interpretação de norma genérica, notadamente do art. 577 da CLT.

10. Greve abusiva não gera efeitos. É incompatível com a declaração de abusividade de movimento grevista o estabelecimento de quaisquer vantagens ou garantias a seus partícipes, que assumiram os riscos inerentes à utilização do instrumento de pressão máximo.

11. Greve. Imprescindibilidade de tentativa direta e pacífica da solução do conflito. Etapa negocial prévia. É abusiva a greve levada a efeito sem que as partes hajam tentado, direta e pacificamente, solucionar o conflito que lhe constitui o objeto.

12. Greve. Qualificação jurídica. Ilegitimidade ativa *"ad causam"* do sindicato profissional que deflagra o movimento.

‣ (cancelada) - Res. 166/2010, *DEJT* divulgado em 30.04.2010 e 03 e 04.05.2010

13. Legitimação da entidade sindical. Assembléia deliberativa. *"Quorum"* de validade. Art. 612 da CLT.

‣ (cancelada) - *DJ* 24.11.2003

14. Sindicato. Base territorial excedente de um município. Obrigatoriedade da realização de múltiplas assembléias.

‣ (cancelada) - *DJ* 02.12.2003

15. Sindicato. Legitimidade ad processum. Imprescindibilidade do registro no Ministério do Trabalho. A comprovação da legitimidade *ad processum* da entidade sindical se faz por seu registro no órgão competente do Ministério do Trabalho, mesmo após a promulgação da Constituição Federal de 1988.

16. Taxa de homologação de rescisão contratual. Ilegalidade. É contrária ao espírito da lei (art. 477, § 7º, da CLT) e da função precípua do Sindicato a cláusula coletiva que estabelece taxa para homologação de rescisão contratual, a ser paga pela empresa a favor do sindicato profissional.

17. Contribuições para entidades sindicais. Inconstitucionalidade de sua extensão a não associados. (mantida. *DEJT*, 25.08.2014.) As cláusulas coletivas que estabeleçam contribuição em favor de entidade sindical, a qualquer título, obrigando trabalhadores não sindicalizados, são ofensivas ao direito de livre associação e sindicalização, constitucionalmente assegurado, e, portanto, nulas, sendo passíveis de devolução, por via própria, os respectivos valores eventualmente descontados.

18. Descontos autorizados no salário pelo trabalhador. Limitação máxima de 70% do salário base. Os descontos efetuados com base em cláusula de acordo firmado entre as partes não podem ser superiores a 70% do salário base percebido pelo empregado, pois deve-se assegurar um mínimo de salário em espécie ao trabalhador.

19. Dissídio coletivo contra empresa. Legitimação da entidade sindical. Autorização dos trabalhadores diretamente envolvidos no conflito (inserido dispositivo – *DEJT*, 16, 17 e 18.11.2010). A legitimidade da entidade sindical para a instauração da instância contra determinada empresa está condicionada à prévia autorização dos trabalhadores da suscitada diretamente envolvidos no conflito.

20. Empregados sindicalizados. Admissão preferencial. Condição violadora do art. 8º, V, da CF/88 (inserido dispositivo - *DEJT*, 16, 17 e 18.11.2010) Viola o art. 8º, V, da CF/1988 cláusula de instrumento normativo que estabelece a preferência, na contratação de mão de obra, do trabalhador sindicalizado sobre os demais.

21. Ilegitimidade "ad causam" do sindicato. Ausência de indicação do total de associados da entidade sindical. Insuficiência de "quorum" (art. 612 Da CLT).

‣ (cancelada) - *DJ* 02.12.2003

22. Legitimidade ad causam do sindicato. Correspondência entre as atividades exercidas pelos setores profissional e econômico envolvidos no conflito. Necessidade (inserido dispositivo - *DEJT*, 16, 17 e 18.11.2010) É necessária a correspondência entre as atividades exercidas pelos setores profissional e econômico, a fim de legitimar os envolvidos no conflito a ser solucionado pela via do dissídio coletivo.

23. Legitimidade ad causam. Sindicato representativo de segmento profissional ou patronal. Impossibilidade. A representação sindical abrange toda a categoria, não comportando separação fundada na maior ou menor dimensão de cada ramo ou empresa.

24. Negociação prévia insuficiente. Realização de mesa redonda perante a DRT. Art. 114, § 2º, da cf/88. Violação.

‣ (cancelada) - *DJ* 16.04.2004

25. Salário normativo. Contrato de experiência. Limitação. Tempo de serviço. Possibilidade. Não fere o princípio da isonomia salarial (art. 7º, XXX, da CF/88) a previsão de salário normativo tendo em vista o fator tempo de serviço.

26. Salário normativo. Menor empregado. Art. 7º, XXX, da CF/88. Violação. Os empregados menores não podem ser discriminados em cláusula que fixa salário-mínimo profissional para a categoria.

27. Custas. Ausência de intimação. Deserção. Caracterização. A deserção se impõe mesmo não tendo havido intimação, pois incumbe à parte, na defesa do próprio interesse, obter os cálculos necessários para efetivar o preparo.

28. Edital de convocação da AGT. Publicação. Base territorial. Validade. O edital de convocação para a AGT deve ser publicado em jornal que circule em cada um dos municípios componentes da base territorial.

29. Edital de convocação e ata da assembleia geral. Requisitos essenciais para instauração de dissídio coletivo. O edital de convocação da categoria e a respectiva ata da AGT constituem peças essenciais à instauração do processo de dissídio coletivo.

30. Estabilidade da gestante. Renúncia ou transação de direitos constitucionais. Impossibilidade (republicada em decorrência de erro material - *DEJT*, 19, 20 e 21.09.2011). Nos termos do art. 10, II, b, do ADCT, a proteção à maternidade foi erigida à hierarquia constitucional, pois retirou do âmbito do direito potestativo do empregador a possibilidade de despedir arbitrariamente a empregada em estado gravídico. Portanto, a teor do artigo 9º da CLT, torna-se nula de pleno direito a cláusula que estabelece a possibilidade de renúncia ou transação, pela gestante, das garantias referentes à manutenção do emprego e salário.

31. Estabilidade do acidentado. Acordo homologado. Prevalência. Impossibilidade. Violação do art. 118 da Lei n. 8.213/91. Não é possível a prevalência de acordo sobre legislação vigente, quando ele é menos benéfico do que a própria lei, porquanto o caráter imperativo dessa última restringe o campo de atuação da vontade das partes.

32. Reivindicações da categoria. Fundamentação das cláusulas. Necessidade. Aplicação do precedente normativo nº 37 do TST. (inserida em 19.08.1998) É pressuposto indispensável à constituição válida e regular da ação coletiva a apresentação em forma clausulada e fundamentada das reivindicações da categoria, conforme orientação do item VI, letra "e", da Instrução Normativa nº 4/93.

33. Ação rescisória. Ministério público. Legitimidade restrita. Hipóteses do art. 487, Incisos I e III, do CPC.

‣ (cancelada) - *DJ* 22.08.2005

34. Acordo extrajudicial. Homologação. Justiça do Trabalho. Prescindibilidade. É desnecessária a homologação, por Tribunal Trabalhista, do acordo extrajudicialmente celebrado, sendo suficiente, para que surta efeitos, sua formalização perante o Ministério do Trabalho (art. 614 da CLT e art. 7º, inciso XXVI , da Constituição Federal).

35. Edital de convocação da AGT. Disposição estatutária específica. Prazo mínimo entre a publicação e a realização da assembleia. Observância obrigatória. Se os estatutos da entidade sindical contam com norma específica que estabeleça prazo mínimo entre a data de publicação do edital convocatório e a realização da assembleia correspondente, então a validade desta última depende da observância desse interregno.

36. Empregados de empresa de processamento de dados. Reconhecimento como categoria diferenciada. Impossibilidade. É por lei e não por decisão judicial, que as categorias diferenciadas são reconhecidas como tais. De outra parte, no que tange aos profissionais da informática, o trabalho que desempenham sofre alterações, de acordo com a atividade econômica exercida pelo empregador.

37. Empregados de entidades sindicais. Estabelecimento de condições coletivas de trabalho distintas daquelas às quais sujeitas as categorias representadas pelos empregadores. Impossibilidade jurídica. Art. 10 da lei nº 4.725/65.

‣ (cancelada) - *DJ* 18.10.2006

38. Greve. Serviços essenciais. Garantia das necessidades inadiáveis da população usuária. Fator determinante da qualificação jurídica do movimento. É abusiva a greve que se realiza em setores que a lei define como sendo essenciais à comunidade, se não é assegurado o atendimento básico das necessidades inadiáveis dos usuários do serviço, na forma prevista na Lei n. 7.783/1989.

Orientações Jurisprudenciais da Subseção 1 Transitória da Seção de Dissídios Individuais

› Orientações Jurisprudenciais SDI-1, que tratam de matérias transitórias e/ou de aplicação restrita ao TST ou a determinado Tribunal Regional.

1. FGTS. Multa de 40%. Complementação. Indevida (título alterado e inserido dispositivo, *DJ*, 20.04.2005) A rescisão contratual operada antes da vigência da Constituição Federal de 1988, com o pagamento da multa sobre os depósitos do FGTS no percentual de 10%, é ato jurídico perfeito, não se admitindo retroatividade. Assim, indevido o deferimento da complementação, a título de diferenças de multa do FGTS, do percentual de 30%, referente ao período do primeiro contrato rescindido e pago de acordo com a norma vigente à época. (Lei n. 5.107/66, art. 6º).

2. CSN. Licença remunerada. É devido o valor das horas extras até então habitualmente prestadas.

3. Súmula n. 337. Inaplicabilidade (título alterado e inserido dispositivo, *DJ*, 20.04.2005) A Súmula n. 337 do TST é inaplicável a recurso de revista interposto anteriormente à sua vigência.

4. Mineração morro velho. Adicional de insalubridade. Base de cálculo. Acordo coletivo. Prevalência.

› (cancelada) – Res. 175/2011, *DEJT* divulgado em 27, 30 e 31.05.2011

5. Servita. Bonificação de assiduidade e produtividade paga semanalmente. Repercussão no repouso semanal remunerado. (título alterado e inserido dispositivo, *DJ*, 20.04.2005). O valor das bonificações de assiduidade e produtividade, pago semanalmente e em caráter permanente pela empresa Servita, visando incentivar o melhor rendimento dos empregados, possui natureza salarial, repercutindo no cálculo do repouso semanal remunerado.

6. Adicional de produtividade. Decisão normativa. Vigência. Limitação. O adicional de produtividade previsto na decisão normativa, proferida nos autos do Dissídio Coletivo n. DC-TST 6/1979, tem sua eficácia limitada à vigência do respectivo instrumento normativo.

7. Banrisul. Complementação de aposentadoria. ADI e cheque-rancho. Não integração (nova redação - incorporação da OJ-T n. 8 SBDI-1, *DJ*, 20.04.2005). As parcelas ADI e cheque-rancho não integram a complementação de aposentadoria dos empregados do Banrisul.

8. Banrisul. Complementação de aposentadoria. Cheque-rancho. Não integração.

› (cancelada em decorrência da sua incorporação à redação da Orientação Jurisprudencial Transitória nº 7 da SBDI-1) - Res. 129/2005, *DJ* 20, 22 e 25.04.2005.

9. BNCC. Garantia de emprego. Não assegurada. O Regulamento do BNCC não garante a estabilidade ao empregado nos moldes daquela prevista na CLT, mas apenas a garantia no emprego, ou seja, a garantia contra a despedida imotivada.

10. BNCC. Juros. Súmula n. 304 do TST. Inaplicável. A extinção do BNCC não foi decretada pelo Banco Central mas por deliberação de seus acionistas. Portanto, inaplicável a Súmula n. 304 do TST e, em seus débitos trabalhistas, devem incidir os juros de mora.

11. Complementação de aposentadoria. Ceagesp. Para o empregado se beneficiar da aposentadoria integral, prevista no § 1º do art. 16 do Regulamento Geral n. 1/1963, da Ceagesp, o empregado deverá contar com 30 anos ou mais de efetivo serviço à Ceagesp.

12. CSN. Adicional de insalubridade e de periculosidade. Salário complessivo. Prevalência do acordo coletivo. (inserido dispositivo, *DJ*, 20.04.2005). O pagamento do adicional de insalubridade e periculosidade embutido no salário contratual dos empregados da CSN não caracteriza a complessividade salarial, uma vez que essa forma de pagamento decorre de acordo coletivo há muitos anos em vigor.

13. CSN. Licença remunerada. Aviso prévio. Concomitância. Possibilidade. Devido às circunstâncias especialíssimas ocorridas na CSN (Próspera), considera-se válida a concessão de aviso prévio durante o período da licença remunerada.

14. Defensoria Pública. Opção pela carreira. Servidor investido na função de defensor público até a data em que foi instalada a Assembleia Nacional Constituinte tem direito à opção pela carreira, independentemente de realização de concurso público (celetista ou estatutário), bastando que a opção tenha sido feita até a data supra.

15. Energipe. Participação nos lucros. Incorporação anterior à CF/1988. Natureza salarial. A parcela participação nos lucros, incorporada ao salário do empregado anteriormente à CF/88, possui natureza salarial e gera reflexos em todas as verbas salariais.

16. Agravo de instrumento interposto na vigência da Lei n. 9.756/1998 e anteriormente à edição da Instrução Normativa n. 16/99 do TST. Traslado de Peças. Obrigatoriedade. Não há como dizer que a exigência de traslado de peças necessárias ao julgamento de ambos os recursos (o agravo e o recurso principal) somente se tornou obrigatória após a edição da Instrução Normativa n. 16/99, pois trata-se apenas de meio destinado à interpretação acerca das novas exigências que se tornaram efetivas a partir da vigência da Lei n. 9.756/1998.

17. Agravo de instrumento interposto na vigência da Lei n. 9.756/1998. Embargos declaratórios. Para comprovar a tempestividade do recurso de revista, basta a juntada da certidão de publicação do acórdão dos embargos declaratórios opostos perante o Regional, se conhecidos.

18. Agravo de instrumento interposto na vigência da Lei n. 9.756/1998. Peça indispensável. Certidão de publicação do acórdão regional. Necessária a juntada, salvo se nos autos houver elementos que atestem a tempestividade da revista. A certidão de publicação do acórdão regional é peça essencial para a regularidade do traslado do agravo de instrumento, porque imprescindível para aferir a tempestividade do recurso de revista e para viabilizar, quando provido, seu imediato julgamento, salvo se nos autos houver elementos que atestem a tempestividade da revista.

19. Agravo de instrumento. Interposto na vigência da Lei n. 9.756/1998. Peças dispensáveis à compreensão da controvérsia. Desnecessária a juntada. Mesmo na vigência da Lei n. 9.756/1998, a ausência de peças desnecessárias à compreensão da controvérsia, ainda que relacionadas no inciso I do § 5º do art. 897 da CLT, não implica o não conhecimento do agravo.

20. Agravo de instrumento. Ministério público. Pressupostos extrínsecos. Para aferição da tempestividade do AI interposto pelo Ministério Público, desnecessário o traslado da certidão de publicação do despacho agravado, bastando a juntada da cópia da intimação pessoal na qual conste a respectiva data de recebimento (Lei Complementar n. 75/93, art. 84, IV).

21. Agravo de instrumento. Traslado. Certidão. Instrução Normativa n. 6/96 do TST. Certidão do Regional afirmando que o AI está formado de acordo com IN n. 6/96 do TST não confere autenticidade às peças.

22. Autenticação. Documentos distintos. Cópia. Verso e anverso. Necessidade.

- (cancelada em face de sua conversão na Orientação Jurisprudencial nº 287 da SBDI-1) - *DJ* 24.11.2003

23. Autenticação. Documento único. Cópia. Verso e anverso. Inexistindo impugnação da parte contrária, bem como o disposto no art. 795 da CLT, é válida a autenticação aposta em uma face da folha que contenha documento que continua no verso, por constituir documento único.

24. Abono. Complementação de aposentadoria. Reajuste. CVRD (valia) (*DJ*, 09.12.03). A Resolução n. 7/89 da CVRD, que instituiu o benefício "abono aposentadoria" (art. 6º), determina que o reajuste seja feito na mesma época e com o mesmo índice aplicado pelo INSS ou observada a variação do IGP ou da OTN, aplicando-se o maior deles.

25. Banco meridional. Complementação de aposentadoria. Reajustes. Extensão. (*DJ*, 09.12.2003) Os reajustes salariais concedidos sobre quaisquer parcelas aos empregados ativos devem ser estendidos aos inativos, com exclusão apenas das parcelas ressalvadas expressamente no Regulamento do Banco.

26. Banerj. Plano Bresser. Acordo coletivo de trabalho de 91. Não é norma programática. (*DJ*, 09.12.2003) É de eficácia plena e imediata o *caput* da cláusula 5ª do Acordo Coletivo de Trabalho de 1991/1992 celebrado pelo Banerj contemplando o pagamento de diferenças salariais do Plano Bresser, sendo devido o percentual de 26,06% nos meses de janeiro a agosto de 1992, inclusive.

27. Banrisul. Gratificação jubileu. Prescrição. (*DJ*, 09.12.2003) A Gratificação Jubileu, instituída pela Resolução n. 1.761/1967, que foi alterada, reduzindo-se o seu valor, pela Resolução n. 1.885/70, era devida a todo empregado que completasse 25, 30, 35 e 40 anos de serviço no Banco. Era vantagem a ser paga de uma única vez, na data da aposentadoria, fluindo desta data o prazo prescricional, sendo inaplicável a Súmula n. 294 do TST, que é restrito aos casos em que se postulam prestações sucessivas.

28. CDHU. Sucessão trabalhista. (*DJ*, 09.12.2003) Considerando a moldura fática delineada pelo Regional, conduz-se à ilação de que a CDHU foi a sucessora da CONESP, uma vez que ocupou os imóveis e assumiu os contratos anteriores, dando sequência às obras com o mesmo pessoal.

29. CEEE. Equiparação salarial. Quadro de carreira. Reestruturação em 1991. Válido. (*DJ*, 09.12.2003) O quadro de carreira implantado na CEEE em 1977 foi homologado pelo Ministério do Trabalho. A reestruturação procedida em 1991, mesmo não homologada, é válida.

30. Cisão parcial de empresa. Responsabilidade solidária. Proforte. (*DJ*, 09.12.200) É solidária a responsabilidade entre a empresa cindida subsistente e aquelas que absorverem parte do seu patrimônio, quando constatada fraude na cisão parcial.

31. Planos Bresser e Verão. Acordo coletivo autorizando a quitação através da concessão de folgas remuneradas. Conversão em pecúnia após a extinção do contrato de trabalho. Inviabilidade. (*DJ*, 09.12.2003) Acordo coletivo celebrado entre as partes autorizando a quitação dos valores devidos a título de Planos Bresser e Verão em folgas remuneradas é válido. Incabível a conversão do valor correspondente às folgas remuneradas em pecúnia quando extinto o contrato de trabalho pelo advento de aposentadoria voluntária.

32. Complementação de aposentadoria. Banco do brasil. Sucumbência. Inversão. (*DJ*, 10.11.04) Imposta condenação originária em diferenças de complementação de aposentadoria, por ocasião do julgamento de recurso de revista, imperativo o exame no acórdão, sob pena de negativa de prestação jurisdicional, de postulação aduzida em contestação e/ou em contrarrazões visando à limitação da condenação à média trienal e ao teto, matéria insuscetível de prequestionamento.

33. Adicional de insalubridade. Base de cálculo, na vigência do Decreto-Lei n. 2.351/1987: piso nacional de salários (conversão da OJ 3, SBDI-1, *DJ*, 20.04.2005) Na vigência do Decreto-Lei n. 2.351/1987, o piso nacional de salários é a base de cálculo para o adicional de insalubridade.

34. BRDE. Entidade autárquica de natureza bancária. Lei n. 4.595/1964, art. 17. Res. Bacen 469/1970, art. 8º. CLT, art. 224, § 2º. CF, art. 173, § 1º (conversão da OJ 22, SBDI-1, *DJ*, 20.04.2005) O Banco Regional de Desenvolvimento do Extremo Sul - BRDE é uma entidade autárquica de natureza bancária, e, como tal, submete-se ao art. 173, § 1º, da Constituição Federal de 1988. Desta forma, sendo a natureza das atividades por ele exercidas similares às de qualquer instituição financeira, seus empregados são bancários, regendo-se pelas normas especiais a eles referentes, inclusive o art. 224 da CLT.

35. Reajustes salariais. Bimestrais e quadrimestrais (Lei n. 8.222/1991). Simultaneidade inviável. (conversão da OJ 68, SBDI-1, *DJ*, 20.04.2005) Nova antecipação bimestral, na mesma época do reajuste quadrimestral, constitui verdadeiro *bis in idem*, pois o bimestre anterior, que servia como base de cálculo, já teve o INPC considerado para fim do reajuste quadrimestral.

36. Hora *in itinere*. Tempo gasto entre a portaria da empresa e o local do serviço. Devida. Açominas (mantida - Res. 175/2011, *DEJT*, 27, 30 e 31.05.2011) Configura-se como hora *in itinere* o tempo gasto pelo obreiro para alcançar seu local de trabalho a partir da portaria da Açominas.

37. Minascaixa. Legitimidade passiva *ad causam* enquanto não concluído o procedimento de liquidação extrajudicial (conversão da OJ 109 SBDI-1, *DJ*, 20.04.2005) A Minascaixa tem legitimidade passiva *ad causam* para figurar nas demandas contra ela ajuizadas enquanto não tiver concluído o processo de liquidação extrajudicial ao qual se encontra submetida.

38. Banco Meridional. Circular 34.046/1989. Dispensa sem justa causa. (conversão da OJ 137, SBDI-1, *DJ*, 20.04.2005) A inobservância dos procedimentos disciplinados na Circular 34.046/1989 do Banco Meridional, norma de caráter eminentemente procedimental, não é causa para a nulidade da dispensa sem justa causa.

39. FGTS. Opção retroativa. Concordância do empregador. Necessidade. (conversão da OJ 146 SBDI-1, *DJ*, 20.04.2005) A concordância do empregador é indispensável para que o empregado possa optar retroativamente pelo sistema do Fundo de Garantia por Tempo de Serviço.

40. Banrisul. Complementação de aposentadoria. (conversão da OJ 155, SBDI-1, *DJ*, 20.04.2005) A Resolução 1.600/1964, vigente à época da admissão do empregado, incorporou-se ao contrato de trabalho, pelo que sua alteração não poderá prejudicar o direito adquirido, mesmo em virtude da edição da Lei n. 6.435/1977. Incidência das Súmulas n. 51 e 288.

41. Complementação de aposentadoria. Fundação Clemente de Faria. Banco Real. (conversão da OJ 157, SBDI-1, *DJ*, 20.04.2005) É válida a cláusula do Estatuto da Fundação Clemente de Faria que condicionou o direito à complementação de aposentadoria à existência de recursos financeiros, e também previa a suspensão, temporária ou definitiva, da referida complementação.

42. Petrobras. Pensão por morte do empregado assegurada no manual de pessoal. Estabilidade decenal. Opção pelo regime do FGTS (inserido item II à redação – Res. 182/2012, *DEJT* divulgado em 19, 20 e 23.04.2012).

I - Tendo o empregado adquirido a estabilidade decenal, antes de optar pelo regime do FGTS, não há como negar-se o direito à pensão, eis que preenchido o requisito exigido pelo Manual de Pessoal (ex-OJ n. 166 da SDI-1 - inserida em 26.03.99)

II - O benefício previsto no manual de pessoal da Petrobras, referente ao pagamento de pensão e auxílio-funeral aos dependentes do empregado que vier a falecer no curso do contrato de trabalho, não se estende à hipótese em que sobrevém o óbito do trabalhador quando já extinto o contrato de trabalho.

43. Suds. Gratificação. Convênio da União com Estado. Natureza salarial enquanto paga. (conversão da OJ 168, SBDI-1, *DJ*, 20.04.2005) A parcela denominada "Complementação Suds" paga aos servidores em virtude de convênio entre o Estado e a União Federal tem natureza salarial, enquanto paga, pelo que repercute nos demais créditos trabalhistas do empregado.

44. Anistia. Lei n. 6.683/79. Tempo de afastamento. Não computável para efeito de indenização e adicional por tempo de serviço, licença-prêmio e promoção. (conversão da OJ 176, SBDI-1, *DJ*, 20.04.2005) O tempo de afastamento do anistiado pela Lei n. 6.683/79 não é computável para efeito do pagamento de indenização por tempo de serviço, licença-prêmio e promoção.

45. Comissionista puro. Abono. Lei n. 8.178/1991. Não incorporação. (conversão da OJ 180 SBDI-1, *DJ*, 20.04.2005) É indevida a incorporação do abono instituído pela Lei n. 8.178/1991 aos empregados comissionistas.

46. Complementação de aposentadoria. Banco Itaú. (conversão da OJ 183, SBDI-1, *DJ*, 20.04.2005) O empregado do Banco Itaú admitido na vigência da Circular BB-05/1966, que passou para a inatividade posteriormente à vigência da RP-40/1974, está sujeito ao implemento da condição "idade mínima de 55 anos".

47. Décimo terceiro salário. Dedução da 1ª parcela. URV. Lei n. 8.880/1994. (conversão da OJ 187 SBDI-1, *DJ*, 20.04.2005) Ainda que o adiantamento do 13º salário tenha ocorrido anteriormente à edição da Lei n. 8.880/1994, as deduções deverão ser realizadas considerando o valor da antecipação, em URV, na data do efetivo pagamento, não podendo a 2ª parcela ser inferior à metade do 13º salário, em URV.

48. Petromisa. Sucessão. Petrobras. Legitimidade. (conversão da OJ 202 SBDI-1, *DJ*, 20.04.2005) Em virtude da decisão tomada em assembleia, a Petrobras é a real sucessora da Petromisa, considerando que recebeu todos os bens móveis e imóveis da extinta Petromisa.

49. Serpro. Norma regulamentar. Reajustes salariais. Superveniência de sentença normativa. Prevalência (conversão da OJ 212 SBDI-1, *DJ*, 20.04.2005) Durante a vigência do instrumento normativo, é lícita ao empregador a obediência à norma coletiva (DC 8.948/1990) que alterou as diferenças interníveis previstas no Regulamento de Recursos Humanos.

50. Férias. Abono instituído por instrumento normativo e terço constitucional. Simultaneidade inviável (conversão da OJ 231 SBDI-1, *DJ*, 20.04.2005) O abono de férias decorrente de instrumento normativo e o abono de 1/3 (um terço) previsto no art. 7º, XVII, da CF/1988 têm idêntica natureza jurídica, destinação e finalidade, constituindo-se *bis in idem* seu pagamento simultâneo, sendo legítimo o direito do empregador de obter compensação de valores porventura pagos.

51. Complementação de aposentadoria. Caixa econômica federal. Auxílio-alimentação. Supressão. Súmulas n. 51 e 288 (conversão da OJ 250 SBDI-1, *DJ*, 20.04.2005) A determinação de supressão do pagamento de auxílio-alimentação aos aposentados e pensionistas da Caixa Econômica Federal, oriunda do Ministério da Fazenda, não atinge aqueles ex-empregados que já percebiam o benefício.

52. Agravo de instrumento. Acórdão do TRT não assinado. Interposto anteriormente à instrução normativa n. 16/1999 (conversão da OJ 281 SBDI-1, *DJ*, 20.04.2005) Nos agravos de instrumento interpostos anteriormente à edição da Instrução Normativa n. 16/1999, a ausência de assinatura na cópia não a torna inválida, desde que conste o carimbo aposto pelo servidor certificando que confere com o original.

53. Custas. Embargos de terceiro. Interpostos anteriormente à Lei n. 10.537/2002. Inexigência de recolhimento para a interposição de agravo de petição. (conversão da OJ 291 SBDI-1, *DJ*, 20.04.2005) Tratando-se de embargos de terceiro, incidentes em execução, ajuizados anteriormente à Lei n. 10.537/2002, incabível a exigência do recolhimento de custas para a interposição de agravo de petição por falta de previsão legal.

54. Plano econômico (Collor). Execução. Correção monetária. Índice de 84,32%. Lei n. 7.738/89. Aplicável. (conversão da OJ 203 SBDI-1, *DJ*, 20.04.2005) Aplica-se o índice de 84,32%, relativo ao IPC de março de 1990, para a correção monetária do débito trabalhista, por ocasião da execução, nos termos da Lei n. 7.738/89.

55. Plano Collor. Servidores celetistas do GDF. Legislação federal. Prevalência. (conversão da OJ 218 SBDI-1 e incorporada a Orientação Jurisprudencial n. 241 SBDI-1, *DJ*, 20.04.2005) Inexiste direito adquirido às diferenças salariais de 84,32% do IPC de março de 1990 aos servidores celetistas da Administração Direta, Fundações e Autarquias do Distrito Federal.

56. Anistia. Lei n. 8.878/1994. Efeitos financeiros devidos a partir do efetivo retorno à atividade. (conversão da OJ 221 SBDI-1, *DJ*, 20.04.2005) Os efeitos financeiros da anistia concedida pela Lei n. 8.878/1994 somente serão devidos a partir do efetivo retorno à atividade, vedada a remuneração em caráter retroativo.

57. Adicional de insalubridade. Deficiência de iluminamento. Limitação. (conversão da OJ 153 SBDI-1, *DJ*, 20.04.2005) Somente após 26.02.1991 foram, efetivamente, retiradas do mundo jurídico as normas ensejadoras do direito ao adicional de insalubridade por iluminamento insuficiente no local da prestação de serviço, como previsto na Portaria n. 3.751/1990 do Ministério do Trabalho.

58. URPs de junho e julho de 1988. Suspensão do pagamento. Data-base em maio. Decreto-Lei n. 2.425/1988. Inexistência de violação a direito adquirido. (conversão da OJ 214 SBDI-1, *DJ*, 20.04.2005) O Decreto-Lei n. 2.425, de 07.04.1988, não ofendeu o direito adquirido dos empregados com data-base em maio, pelo que não fazem jus às URPs de junho e julho de 1988.

59. Interbras. Sucessão. Responsabilidade (*DJ*, 25.04.2007) A Petrobras não pode ser responsabilizada solidária ou subsidiariamente pelas obrigações trabalhistas da extinta Interbras, da qual a União é a real sucessora, nos termos do art. 20 da Lei n. 8.029, de 12.04.1990 (atual art. 23, em face da renumeração dada pela Lei n. 8.154, de 28.12.1990).

60. Adicional por tempo de serviço. Base de cálculo. Salário-base. Art. 129 da Constituição do Estado de São Paulo (*DJ*, 14.03.2008) O adicional por tempo de serviço - quinquênio -, previsto no art. 129 da Constituição do Estado de São Paulo, tem como base de cálculo o vencimento básico do servidor público estadual, ante o disposto no art. 11 da Lei Complementar do Estado de São Paulo n. 713, de 12.04.1993.

61. Auxílio cesta-alimentação previsto em norma coletiva. CEF. Cláusula que estabelece natureza indenizatória à parcela. Extensão aos aposentados e pensionistas. Impossibilidade (*DJ*, 14.03.2008) Havendo previsão em cláusula de norma coletiva de trabalho de pagamento mensal de auxílio cesta-alimentação somente a empregados em atividade, dando-lhe caráter indenizatório, é indevida a extensão desse benefício aos aposentados e pensionistas. Exegese do art. 7º, XXVI, da Constituição Federal.

62. Petrobras. Complementação de aposentadoria. Avanço de nível. Concessão de parcela por acordo coletivo

apenas para os empregados da ativa. Extensão para os inativos. Artigo 41 do regulamento do plano de benefícios da Petros (*DEJT*, 03, 04 e 05.12.2008) Ante a natureza de aumento geral de salários, estende-se à complementação de aposentadoria dos ex-empregados da Petrobras benefício concedido indistintamente a todos os empregados da ativa e estabelecido em norma coletiva, prevendo a concessão de aumento de nível salarial - "avanço de nível" -, a fim de preservar a paridade entre ativos e inativos assegurada no art. 41 do Regulamento do Plano de Benefícios da Fundação Petrobras de Seguridade Social - Petros.

63. Petrobras. Complementação de aposentadoria. Integralidade. Condição. Idade mínima. Lei n. 6.435, de 15.07.1977 (*DEJT*, 03, 04 e 05.12.2008) Os empregados admitidos na vigência do Decreto n. 81.240, de 20.01.1978, que regulamentou a Lei n. 6.435, de 15.07.1977, ainda que anteriormente à alteração do Regulamento do Plano de Benefícios da Petros, sujeitam-se à condição "idade mínima de 55 anos" para percepção dos proventos integrais de complementação de aposentadoria.

64. Petrobras. Parcelas gratificação contingente e participação nos resultados deferidas por norma coletiva a empregados da ativa. Natureza jurídica não salarial. Não integração na complementação de aposentadoria (*DEJT*, 03, 04 e 05.12.2008) As parcelas gratificação contingente e participação nos resultados, concedidas por força de acordo coletivo a empregados da Petrobras em atividade, pagas de uma única vez, não integram a complementação de aposentadoria.

65. Representação judicial da União. Assistente jurídico. Apresentação do ato de designação (*DEJT*, 03, 04 e 05.12.2008) A ausência de juntada aos autos de documento que comprove a designação do assistente jurídico como representante judicial da União (art. 69 da Lei Complementar n. 73, de 10.02.1993) importa irregularidade de representação.

66. SPTRANS. Responsabilidade subsidiária. Não configuração. Contrato de concessão de serviço público. Transporte coletivo (*DEJT*, 03, 04 e 05.12.2008) A atividade da São Paulo Transportes S/A - SPTrans de gerenciamento e fiscalização dos serviços prestados pelas concessionárias de transporte público, atividade descentralizada da Administração Pública, não se confunde com a terceirização de mão de obra, não se configurando a responsabilidade subsidiária.

67. Telemar. Privatização. Plano de incentivo à rescisão contratual (PIRC). Previsão de pagamento da indenização com redutor de 30%. Aplicação limitada ao período da reestruturação (*DEJT*, 03, 04 e 05.12.2008) Não é devida a indenização com redutor de 30%, prevista no Plano de Incentivo à Rescisão Contratual da Telemar, ao empregado que, embora atenda ao requisito estabelecido de não haver aderido ao PIRC, foi despedido em data muito posterior ao processo de reestruturação da empresa, e cuja dispensa não teve relação com o plano.

68. Banco do Estado de São Paulo S.A. - Banespa. Convenção coletiva. Reajuste salarial. Superveniência de acordo em dissídio coletivo. Prevalência (*DEJT*, 03, 04 e 05.11.2009) O acordo homologado no Dissídio Coletivo n. TST - DC - 810.950/2001.3, que estabeleceu a garantia de emprego aos empregados em atividade do Banco do Estado de São Paulo S.A. - Banespa e que, portanto, não se aplica aos empregados aposentados, prevalece sobre a fixação do reajuste salarial previsto na convenção coletiva firmada entre a Federação Nacional do Bancos - Fenaban e os sindicatos dos bancários, ante a consideração do conjunto das cláusulas constantes do acordo e em respeito às disposições dos arts. 5º, XXXVI, e 7º, XXVI, da CF/1988.

69. Banco do Brasil. Complementação de aposentadoria. Alteração do plano de cargos comissionados. Extensão aos inativos (*DEJT*, 26, 27 e 28.05.2010) As alterações na estrutura do Plano de Cargos Comissionados do Banco do Brasil, introduzidas pelas Cartas-Circulares DIREC/FUNCI 96/0904 e 96/0957, dentre as quais a substituição do Abono de Função e Representação (AFR) pelo Adicional de Função (AF) e pelo Adicional Temporário de Revitalização (ATR), não autorizam o pagamento de diferenças de complementação de aposentadoria aos inativos por só abrangerem os empregados em atividade, bem como em razão de o Plano de Incentivo à Aposentadoria da época do jubilamento não conter previsão de aplicação de eventual alteração na estrutura dos cargos comissionados àqueles que se aposentassem.

70. Caixa Econômica Federal. Bancário. Plano de cargos em comissão. Opção pela jornada de oito horas. Ineficácia. Exercício de funções meramente técnicas. Não caracterização de exercício de função de confiança (*DEJT*, divulgado em 26, 27 e 28.05.2010) Ausente a fidúcia especial a que alude o art. 224, § 2º, da CLT, é ineficaz a adesão do empregado à jornada de oito horas constante do Plano de Cargos em Comissão da Caixa Econômica Federal, o que importa no retorno à jornada de seis horas, sendo devidas como extras a sétima e a oitava horas laboradas. A diferença de gratificação de função recebida em face da adesão ineficaz poderá ser compensada com as horas extraordinárias prestadas.

71. Empresa Brasileira de Correios e Telégrafos - ECT. Plano de cargos e salários. Progressão horizontal por antiguidade. Necessidade de deliberação da diretoria para comprovar o efetivo cumprimento dos requisitos do PCCS. Condição puramente potestativa para a concessão da promoção. Invalidade. (*DEJT* divulgado em 09, 10 e 11.06.2010) A deliberação da diretoria da Empresa Brasileira de Correios e Telégrafos - ECT, prevista no Plano de Carreira, Cargos e Salários como requisito necessário para a concessão de progressão por antiguidade, por se tratar de condição puramente potestativa, não constitui óbice ao deferimento da progressão horizontal por antiguidade aos empregados, quando preenchidas as demais condições dispostas no aludido plano.

‣ art. 836, CLT.

72. Petrobras. Domingos e feriados trabalhados. Regime de turnos ininterruptos de revezamento. Pagamento em dobro concedido por liberalidade do empregador. Incorporação ao contrato de trabalho. Supressão unilateral. Acordo coletivo posterior que valida a supressão. Retroação da norma coletiva. Impossibilidade. (*DEJT*, 09, 10 e 11.06.2010) O pagamento em dobro, concedido por liberalidade da empresa, dos domingos e feriados trabalhados de forma habitual pelo empregado da Petrobras submetido ao regime de turnos ininterruptos de revezamento não pode ser suprimido unilateralmente, pois é vantagem incorporada ao contrato de trabalho, nos termos do art. 468 da CLT. Assim, o acordo coletivo, posteriormente firmado, somente opera efeitos a partir da data de sua entrada em vigor, sendo incabível a utilização da norma coletiva para regular situação pretérita.

‣ art. 67, p.u., CLT.

73. Volkswagen do Brasil Ltda. Participação nos lucros e resultados. Pagamento mensal em decorrência de norma coletiva. Natureza indenizatória. (*DEJT*, 09, 10 e 11.06.2010) A despeito da vedação de pagamento em periodicidade inferior a um semestre civil ou mais de duas vezes no ano cível, disposta no art. 3º, § 2º, da Lei n. 10.101, de 19.12.2000, o parcelamento em prestações mensais da participação nos lucros e resultados de janeiro de 1999 a abril de 2000, fixado no acordo coletivo celebrado entre o Sindicato dos Metalúrgicos do ABC e a Volkswagen do Brasil Ltda., não retira a natureza indenizatória da referida verba (art. 7º, XI, da CF), devendo prevalecer a diretriz constitucional que prestigia a autonomia privada coletiva (art. 7º, XXVI, da CF).

‣ Lei 10.101/2000 (Dispõe sobre a participação dos trabalhadores nos lucros ou resultados da empresa).

74. Hospital de clínicas de Porto Alegre. Custas processuais. Recolhimento.

Isenção. Art. 15 da Lei n. 5.604, de 02.09.1970. (*DEJT*, 02, 03 e 04.08.2010) A isenção tributária concedida pelo art. 15 da Lei n. 5.604, de 02.09.1970, ao Hospital de Clínicas de Porto Alegre compreende as custas processuais, por serem estas espécie do gênero tributo.

75. Parcela "sexta parte". Art. 129 da Constituição do Estado de São Paulo. Extensão aos empregados de sociedade de economia mista e empresa pública. Indevida. (*DEJT*, 02, 03 e 04.08.2010) A parcela denominada "sexta parte", instituída pelo art. 129 da Constituição do Estado de São Paulo, é devida apenas aos servidores estaduais, celetistas e estatutários da Administração Pública direta, das fundações e das autarquias, conforme disposição contida no art. 124 da Constituição Estadual, não se estendendo aos empregados de sociedade de economia mista e de empresa pública, integrantes da Administração Pública indireta, submetidas ao regime jurídico próprio das empresas privadas, nos termos do art. 173, § 1º, II, da Constituição Federal.

- Lei 13.303/2016 (Dispõe sobre o estatuto jurídico da empresa pública, da sociedade de economia mista e de suas subsidiárias, no âmbito da União, dos Estados, do Distrito Federal e dos Municípios).

76. Complementação de aposentadoria. Integralidade. Empregado do Estado de São Paulo admitido antes da Lei estadual n. 200, de 13.05.1974. Implementação do requisito relativo aos 30 anos de serviço efetivo. Incidência da Súmula n. 288 do TST. (*DEJT*, 16, 17 e 20.09.2010) É assegurado o direito à percepção de complementação de aposentadoria integral ao ex-empregado do Estado de São Paulo que, admitido anteriormente ao advento da Lei Estadual n. 200, de 13.05.1974, implementou 30 anos de serviço efetivo, ante a extensão das regras de complementação de aposentadoria previstas na Lei Estadual n. 1.386, de 19.12.1951. Incidência da Súmula n. 288 do TST.

77. BNDES. Arts. 224 a 226 da CLT. Aplicável a seus empregados (conversão da OJ 179 SBDI-1, *DEJT*, 16, 17 e 18.11.2010) Até o advento da Lei n. 10.556, de 13.11.2002, era aplicável aos empregados do BNDES a jornada de trabalho dos bancários prevista nos arts. 224 a 226 da CLT.

- Lei 10.556/2002 (Fixa jornada de sete horas para empregados do BNDES e de suas subsidiárias (art. 7º) e de 8 horas para os empregados da FINEP (parágrafo único do art. 8º).

78. Embargos à SDI contra decisão em recurso de revista não conhecido quanto aos pressupostos intrínsecos. Recurso interposto antes da vigência da Lei n. 11.496, de 22.06.2007, que conferiu nova redação ao art. 894 da CLT. Necessária a indicação expressa de ofensa ao art. 896 da CLT (conversão da OJ n. 294 da SBDI-1 com nova redação. *DEJT* 21, 22 e 23.05.2014.) Para a admissibilidade e conhecimento de embargos, interpostos antes da vigência da Lei n. 11.496/2007, contra decisão mediante a qual não foi conhecido o recurso de revista pela análise dos pressupostos intrínsecos, necessário que a parte embargante aponte expressamente a violação ao art. 896 da CLT.

79. Embargos. Recurso interposto antes da vigência da Lei n. 11.496, de 22.06.2007, que conferiu nova redação ao art. 894 da CLT. Revista não conhecida por má aplicação de súmula ou de orientação jurisprudencial. Exame do mérito pela SDI (conversão da OJ n. 295 da SBDI-1 com nova redação. *DEJT* 21, 22 e 23.05.2014.) A SDI, ao conhecer dos embargos, interpostos antes da vigência da Lei n. 11.496/2007, por violação do art. 896 – por má aplicação de súmula ou de orientação jurisprudencial pela Turma –, julgará desde logo o mérito, caso conclua que a revista merecia conhecimento e que a matéria de fundo se encontra pacificada neste Tribunal.

Orientações Jurisprudenciais da Subseção 1 da Seção de Dissídios Individuais – SDI-1

1. Ação rescisória. Réu sindicato. Legitimidade passiva ad causam. Admitida

- (cancelada - conversão na OJ 110, SBDI-2 - *DJ*, 29.04.2003).

2. Adicional de insalubridade. Base de cálculo. Mesmo na vigência da CF/1988: salário-mínimo

- (cancelada - Res. 148/2008, *DJ*, 04 e 07.07.2008 - Republicada *DJ*, 08, 09 e 10.07.2008).

3. Adicional de insalubridade. Base de cálculo, na vigência do Decreto-Lei n. 2.351/1987: piso nacional de salários

- (cancelada - conversão na OJ Transitória 33, SBDI-1 - *DJ*, 20.04.2005).

4. Adicional de insalubridade. Lixo urbano

- (cancelada em decorrência da sua conversão na Súm. 448 - Res. 194/2014, *DEJT* 21, 22 e 23.05.2014.).

5. Adicional de periculosidade. Exposição permanente e intermitente. Inflamáveis e/ou explosivos. Direito ao adicional integral

- (cancelada - conversão na Súm. 364 - *DJ*, 20.04.2005).

6. Adicional noturno. Prorrogação em horário diurno

- (cancelada - nova redação da Súm. 60 - *DJ*, 20.04.2005)

7. Advogado. Atuação fora da seção da OAB onde o advogado está inscrito. Ausência de comunicação. (Lei n. 4.215/1963, § 2º, art. 56). Infração disciplinar. Não importa nulidade (inserido dispositivo) - *DJ*, 20.04.2005). A despeito da norma então prevista no artigo 56, § 2º, da Lei n. 4.215/63, a falta de comunicação do advogado à OAB para o exercício profissional em seção diversa daquela na qual tem inscrição não importa nulidade dos atos praticados, constituindo apenas infração disciplinar, que cabe àquela instituição analisar.

8. Alçada. Ação rescisória. Não se aplica a alçada em ação rescisória

- (cancelada - conversão na Súm. 365 - *DJ*, 20.04.2005

9. Alçada. Decisão contrária à entidade pública. Cabível a remessa de ofício. Decreto-Lei n. 779/1969 e Lei n. 5.584/1970

- (cancelada em decorrência da redação da Súm. 303 - *DJ*, 20.04.2005).

10. Alçada. Mandado de segurança

- (cancelada - conversão na Súm. 365 - *DJ*, 20.04.2005).

11. Alçada. Vinculação ao salário-mínimo. Duplo grau. Recorribilidade. O art. 5º, inc. LV e o art. 7º, inc. IV, da CF/1988 não revogaram o art. 2º, § 4º, da Lei n. 5.584/1970

- (cancelada - conversão na Súm. 356 - Res. 75/1997, *DJ*, 19.12.1997).

12. Anistia. Emenda Constitucional n. 26/1985. Efeitos financeiros da promulgação (nova redação - *DJ*, 20.04.2005). Os efeitos financeiros decorrentes da anistia concedida pela Emenda Constitucional n. 26/1985 contam-se desde a data da sua promulgação.

13. APPA. Decreto-Lei n. 779, de 21.08.1969. Depósito recursal e custas. Não isenção (mantida conforme decidido no julgamento do processo TST-AgR-E-RR 148500-29.2004.5.09.0022 pelo Tribunal Pleno em 22.08.2016). A Administração dos Portos de Paranaguá e Antonina - APPA, vinculada à Administração Pública indireta, não é isenta do recolhimento do depósito recursal e do pagamento das custas processuais por não ser beneficiária dos privilégios previstos no Decreto-Lei n. 779, de 21.08.1969, ante o fato de explorar atividade econômica com fins lucrativos, o que descaracteriza sua natureza jurídica, igualando-a às empresas privadas.

14. Aviso prévio cumprido em casa. Verbas rescisórias. Prazo para pagamento (título alterado e inserido dispositivo) - *DJ*, 20.04.2005. Em caso de aviso prévio cumprido em casa, o prazo para pagamento das verbas rescisórias é até o décimo dia da notificação de despedida.

15. Bancário. Gratificação de função superior a 1/3 e inferior ao valor constante de norma coletiva. Inexistência de direito às 7ª e 8ª horas. Direito à diferença do adicional, se e quando pleiteada (cancelada - nova redação da Súm. 102 - *DJ*, 20.04.2005).

16. Banco do Brasil. ACP. Adicional de caráter pessoal. Indevido (inserido dispositivo - *DJ*, 20.04.2005). A isonomia de vencimentos entre servidores do Banco Central do Brasil e do Banco do Brasil, decorrente de sentença normativa, alcançou apenas os vencimentos e vantagens de caráter permanente. Dado o caráter personalíssimo do Adicional de Caráter Pessoal - ACP e não integrando a remuneração dos funcionários do Banco do Brasil, não foi ele contemplado na decisão normativa para efeitos de equiparação à tabela de vencimentos do Banco Central do Brasil.

17. Banco do Brasil. AP e ADI (inserida em 07.11.1994). Os adicionais AP, ADI ou AFR, somados ou considerados isoladamente, sendo equivalentes a 1/3 do salário do cargo efetivo (art. 224, § 2º, da CLT), excluem o empregado ocupante de cargo de confiança do Banco do Brasil da jornada de 6 horas.

18. Complementação de aposentadoria. Banco do Brasil (redação do item I alterada - Res. 175/2011, *DEJT*, 27, 30 e 31.05.2011).

I - O valor das horas extras integra a remuneração do empregado para o cálculo da complementação de aposentadoria, desde que sobre ele incida a contribuição à Caixa de Previdência dos Funcionários do Banco do Brasil - PREVI, observado o respectivo regulamento no tocante à integração.

II - Os adicionais AP e ADI não integram o cálculo para a apuração do teto da complementação de aposentadoria;

III - No cálculo da complementação de aposentadoria deve-se observar a média trienal;

IV - A complementação de aposentadoria proporcional aos anos de serviço prestados exclusivamente ao Banco do Brasil somente se verifica a partir da Circular Funci n. 436/1963;

V - O telex DIREC do Banco do Brasil n. 5.003/1987 não assegura a complementação de aposentadoria integral, porque não aprovado pelo órgão competente ao qual a instituição se subordina.

19. Banco do Brasil. Complementação de aposentadoria. Média trienal.

- (cancelada em decorrência da sua incorporação à nova redação conferida à Orientação Jurisprudencial nº 18 da SDI-1) - *DJ* 20.04.2005

20. Banco do Brasil. Complementação de aposentadoria. Proporcionalidade somente a partir da Circ. Funci n. 436/1963

- (cancelada - incorporação à nova redação da OJ 18, SBDI-1 - *DJ*, 20.04.2005).

21. Banco do Brasil. Complementação de aposentadoria. Teto. Cálculo. AP E ADI. Não integração

- (cancelada - incorporação à nova redação da OJ 18, SBDI-1 - *DJ*, 20.04.2005).

22. BRDE. Entidade autárquica de natureza bancária. Lei n. 4.595/1964, art. 17. Res. BACEN n. 469/1970, art. 8º. CLT, art. 224, § 2º. CF, art. 173, § 1º

- (cancelada - conversão na OJ Transitória 34, SBDI-1 - *DJ*, 20.04.2005).

23. Cartão de ponto. Registro

- (cancelada - conversão na Súm. 366 - *DJ*, 20.04.2005).

24. Cigarro não é salário utilidade

- (cancelada - conversão na Súm. 367 - *DJ*, 20.04.2005).

25. CIPA. Suplente. Antes da CF/1988. Não tem direito à estabilidade

- (cancelada - nova redação da Súm. 339 - *DJ*, 20.04.2005).

26. Competência da Justiça do Trabalho. Complementação de pensão requerida por viúva de ex-empregado (inserido dispositivo - *DJ*, 20.04.2005) A Justiça do Trabalho é competente para apreciar pedido de complementação de pensão postulada por viúva de ex-empregado, por se tratar de pedido que deriva do contrato de trabalho.

27. CONAB. Estabilidade concedida por norma interna. Não assegurada. Aviso DIREH n. 02/1984

- (cancelada - conversão na Súm. 355 - Res. 72/1997, *DJ*, 08.07.1997)

28. Correção monetária sobre as diferenças salariais. Universidades federais. Devida. Lei n. 7.596/1987 (nova redação - *DJ*, 20.04.2005). Incide correção monetária sobre as diferenças salariais dos servidores das universidades federais, decorrentes da aplicação retroativa dos efeitos financeiros assegurados pela Lei n. 7.596/87, pois a correção monetária tem como escopo único minimizar a desvalorização da moeda em decorrência da corrosão inflacionária.

29. Custas. Mandado de segurança. Recurso ordinário. Exigência do pagamento

- (cancelada - conversão na OJ 148 da SBDI-2 - *DJ*, 20.04.2005).

30. Custas. Prazo para comprovação

- (cancelada - conversão na Súm. 352 - Res. 69/1997 - *DJ*, 30.05.1997). Súm. 352 cancelada - Res. 114/2002, *DJ* 28.11.2002.

31. Depósito recursal e custas. Empresa em liquidação extrajudicial. Súm. 86. Não pertinência

- (cancelada - nova redação da Súm. 86 - *DJ*, 20.04.2005).

32. Descontos legais. Sentenças trabalhistas. Contribuição previdenciária e imposto de renda. Devidos. Provimento CGJT n. 3/84

- (cancelada - conversão na Súm. 368 - *DJ*, 20.04.2005).
- Consolidação dos Provimentos da Corregedoria-Geral da JT, divulgado no *DEJT* de 23.02.2016.

33. Deserção. Custas. Carimbo do banco. Validade (inserida em 25.11.1996). O carimbo do banco recebedor na guia de comprovação do recolhimento das custas supre a ausência de autenticação mecânica.

34. Dirigente sindical. Estabilidade provisória

- (cancelada - conversão na Súm. 369 - *DJ*, 20.04.2005).

35. Dirigente sindical. Registro de candidatura no curso do aviso prévio. Não tem direito à estabilidade provisória (art. 543, § 3º, CLT)

- (cancelada - conversão na Súm. 369 - *DJ*, 20.04.2005).

36. Instrumento normativo. Cópia não autenticada. Documento comum às partes. Validade (título alterado e inserido dispositivo - *DJ*, 20.04.2005). O instrumento normativo em cópia não autenticada possui valor probante, desde que não haja impugnação ao seu conteúdo, eis que se trata de documento comum às partes.

37. Embargos. Violação do art. 896 da CLT

- (cancelada - nova redação da Súm. 296 - *DJ*, 20.04.2005).

38. Empregado que exerce atividade rural. Empresa de reflorestamento. Prescrição própria do rurícola. (Lei n. 5.889/73, art. 10 e Decreto n. 73.626/74, art. 2º, § 4º) (inserido dispositivo - *DEJT*, 16, 17 e 18.11.2010). O empregado que trabalha em empresa de reflorestamento, cuja atividade está diretamente ligada ao manuseio da terra e de matéria-prima, é rurícola e não industriário, nos termos do Decreto n. 73.626, de 12.02.1974, art. 2º, § 4º, pouco importando que o fruto de seu trabalho seja destinado à indústria. Assim, aplica-se a prescrição própria dos rurícolas aos direitos desses empregados.

39. Engenheiro. Jornada de trabalho. Lei n. 4.950/66

- (cancelada - conversão na Súm. 370 - *DJ*, 20.04.2005).

40. Estabilidade. Aquisição no período do aviso prévio. Não reconhecida

- (cancelada - conversão na Súm. 371 - *DJ*, 20.04.2005).

41. Estabilidade. Instrumento normativo. Vigência. Eficácia (inserida em 25.11.1996). Preenchidos todos os pressupostos para a aquisição de estabilidade decorrente de acidente ou doença profissional, ainda durante a vigência do instrumento normativo, goza o empregado de estabilidade mesmo após o término da vigência deste.

42. FGTS. Multa de 40% (nova redação em decorrência da incorporação das Orientações Jurisprudenciais 107 e 254, SBDI-1 - *DJ*, 20.04.2005).

I - É devida a multa do FGTS sobre os saques corrigidos monetariamente ocorridos na vigência do contrato de trabalho. Art. 18, § 1º, da Lei n. 8.036/90 e art. 9º, § 1º, do Decreto n. 99.684/90.

II - O cálculo da multa de 40% do FGTS deverá ser feito com base no saldo da conta vinculada na data do efetivo pagamento das verbas rescisórias, desconsiderada a projeção do aviso prévio indenizado, por ausência de previsão legal.

43. Conversão de salários de cruzeiros para cruzados. Decreto-Lei n. 2.284/86 (**nova redação** - *DJ*, 20.04.2005). A conversão de salários de cruzeiros para cruzados, nos termos do Decreto-Lei n. 2.284/86, não afronta direito adquirido dos empregados.

44. Gestante. Salário maternidade (inserida em 13.09.1994). É devido o salário maternidade, de 120 dias, desde a promulgação da CF/1988, ficando a cargo do empregador o pagamento do período acrescido pela Carta.

45. Gratificação de função percebida por 10 ou mais anos. Afastamento do cargo de confiança sem justo motivo. Estabilidade financeira. Manutenção do pagamento

- (cancelada - conversão na Súm. 372 - *DJ*, 20.04.2005).

46. Gratificação semestral. Congelamento. Prescrição parcial

- (cancelada - conversão na Súm. 373 - *DJ*, 20.04.2005).

47. Hora extra. Adicional de insalubridade. Base de cálculo (alterada) - Res. 148/2008, *DJ*, 04 e 07.07.2008 - Republicada *DJ*, 08, 09 e 10.07.2008). A base de cálculo da hora extra é o resultado da soma do salário contratual mais o adicional de insalubridade.

48. Horas extras pactuadas após a admissão do bancário não configura pré-contratação. Súm. 199. Inaplicável

- (cancelada - nova redação da Súm. 199 - *DJ*, 20.04.2005).

49. Horas extras. Uso do BIP. Não caracterizado o "sobreaviso"

- (cancelada - conversão na Súm. 428 - Res. 175/2011, *DEJT*, 27, 30 e 31.05.2011).

50. Horas in itinere. Incompatibilidade de horários. Devidas. Aplicável a Súmula 90

- (cancelada - nova redação da Súm. 90 - *DJ*, 20.04.2005).

51. Legislação eleitoral. Empresas públicas e sociedades de economia mista (título alterado e inserido dispositivo - *DEJT*, 16, 17 e 18.11.2010). Aos empregados das empresas públicas e das sociedades de economia mista regidos pela CLT aplicam-se as vedações dispostas no art. 15 da Lei n. 7.773, de 08.06.1989.

52. Mandato. Procurador da União, Estados, Municípios e Distrito Federal, suas autarquias e fundações públicas. Dispensável a juntada de procuração (Lei n. 9.469, de 10 de julho de 1997)

- (cancelada em decorrência da conversão na Súmula n. 436 - Res. 186/2012, *DEJT* divulgado em 25, 26 e 27.09.2012).

53. Médico. Jornada de trabalho. Lei n. 3.999/61

- (cancelada - conversão na Súm. 370 - *DJ*, 20.04.2005).

54. Multa. Cláusula penal. Valor superior ao principal (título alterado, inserido dispositivo e atualizada a legislação - *DJ*, 20.04.2005). O valor da multa estipulada em cláusula penal, ainda que diária, não poderá ser superior à obrigação principal corrigida, em virtude da aplicação do artigo 412 do Código Civil de 2002 (art. 920 do Código Civil de 1916).

55. Norma coletiva. Categoria diferenciada. Abrangência

› (cancelada - conversão na Súm. 374 - *DJ*, 20.04.2005).

56. Nossa Caixa-Nosso Banco (Caixa Econômica do Estado de São Paulo). Regulamento. Gratificação especial e/ou anuênios (inserida em 25.11.1996). Direito reconhecido apenas àqueles empregados que tinham 25 anos de efetivo exercício prestados exclusivamente à Caixa.

57. PCCS. Devido o reajuste do adiantamento. Lei n. 7.686/88, art. 1º (inserido dispositivo - *DJ*, 20.04.2005). É devido o reajuste da parcela denominada "adiantamento do PCCS", conforme a redação do art. 1º da Lei n. 7.686/88.

58. Plano Bresser. IPC jun./1987. Inexistência de direito adquirido (inserido dispositivo - *DJ*, 20.04.2005). Inexiste direito adquirido ao IPC de junho de 1987 (Plano Bresser), em face da edição do Decreto-Lei n. 2.335/87.

59. Plano Verão. URP de fevereiro de 1989. Inexistência de direito adquirido (inserido dispositivo - *DJ*, 20.04.2005). Inexiste direito adquirido à URP de fevereiro de 1989 (Plano Verão), em face da edição da Lei n. 7.730/89.

60. Portuários. Hora noturna. Horas extras. (Lei n. 4.860/65, arts. 4º e 7º, § 5º) (nova redação em decorrência da incorporação da OJ 61, SBDI-1 - *DJ*, 20.04.2005

I - A hora noturna no regime de trabalho no porto, compreendida entre dezenove horas e sete horas do dia seguinte, é de sessenta minutos.

II - Para o cálculo das horas extras prestadas pelos trabalhadores portuários, observar-se-á somente o salário básico percebido, excluídos os adicionais de risco e produtividade. (ex-OJ 61, SBDI-1 - inserida em 14.03.1994)

61. Portuários. Horas extras. Base de cálculo: ordenado sem o acréscimo dos adicionais de risco e de produtividade. Lei n. 4.860/65, art. 7º, § 5º

› (cancelada - incorporação à nova redação da OJ 60, SBDI-1 - *DJ*, 20.04.2005)

62. Prequestionamento. Pressuposto de admissibilidade em apelo de natureza extraordinária. Necessidade, ainda que se trate de incompetência absoluta (republicada em decorrência de erro material - *DEJT*, 23, 24 e 25.11.2010). É necessário o prequestionamento como pressuposto de admissibilidade em recurso de natureza extraordinária, ainda que se trate de incompetência absoluta.

63. Prescrição total. Horas extras. Pré-contratadas e suprimidas. Termo inicial. Data da supressão

› (cancelada - nova redação da Súm. 199 - *DJ*, 20.04.2005).

64. PROBAM. Súmula 239. Inaplicável. Não são bancários seus empregados

› (cancelada - nova redação da Súm. 239 - *DJ*, 20.04.2005).

65. Professor adjunto. Ingresso no cargo de professor titular. Exigência de concurso público não afastada pela Constituição Federal de 1988 (CF/1988, arts. 37, II e 206, V) (inserido dispositivo - *DJ*, 20.04.2005). O acesso de professor adjunto ao cargo de professor titular só pode ser efetivado por meio de concurso público, conforme dispõem os arts. 37, inciso II, e 206, inciso V, da CF/88.

66. Professor. Repouso semanal remunerado. Lei n. 605/49, art. 7º, § 2º e art. 320 da CLT

› (cancelada - conversão na Súm. 351 - Res. 68/1997, *DJ*, 30.05.1997)

67. Radiologista. Salário profissional. O salário profissional dos técnicos em radiologia é igual a dois salários-mínimos e não a quatro (Lei n. 7.394/85)

› (cancelada - conversão na Súm. 358 - Res. 77/97, *DJ*, 19.12.1997)

68. Reajustes salariais. Bimestrais e quadrimestrais (Lei n. 8.222/91). Simultaneidade inviável

› (cancelada - conversão na OJ Transitória 35, SBDI-1 - *DJ*, 20.04.2005).

69. Reajustes salariais previstos em norma coletiva. Prevalência dos Decretos-Leis n. 2.283/86 e 2.284/86. "Plano Cruzado"

› (cancelada - conversão na Súm. 375 - *DJ*, 20.04.2005).

70. Recurso ordinário. Cabimento

› (cancelada em decorrência da sua conversão na OJ 5 do Tribunal Pleno - *DJ*, 20.04.2005).

71. Remessa ex officio. Ação rescisória. Decisões contrárias a entes públicos (art. 1º, inc. V, do Decreto-Lei n. 779/69 e inc. II do art. 475 do CPC). Cabível

› (cancelada - nova redação da Súm. 303 - *DJ*, 20.04.2005

72. Remessa ex officio. Mandado de segurança concedido. Impetrante e terceiro interessado pessoas de direito privado. Incabível, ressalvadas as hipóteses de matéria administrativa, de competência do órgão especial

› (cancelada - nova redação da Súm. 303 - *DJ*, 20.04.2005).

73. Remessa ex officio. Mandado de segurança. Incabível. Decisões proferidas pelo TRT e favoráveis ao impetrante ente público. Inaplicabilidade do art. 12 da Lei n. 1.533/51

› (cancelada - nova redação da Súmula n. 303 - *DJ*, 20.04.2005).

74. Revelia. Ausência da reclamada. Comparecimento de advogado

› (cancelada - nova redação da Súm. 122 - *DJ*, 20.04.2005).

75. Substabelecimento sem o reconhecimento de firma do substabelecente. Inválido (anterior à Lei n. 8.952/94) (inserido dispositivo - *DJ*, 20.04.2005). Não produz efeitos jurídicos recurso subscrito por advogado com poderes conferidos em substabelecimento em que não consta o reconhecimento de firma do outorgante. Entendimento aplicável antes do advento da Lei n. 8.952/94.

76. Substituição dos avanços trienais por quinquênios. Alteração do contrato de trabalho. Prescrição total. CEEE (inserido dispositivo - *DJ*, 20.04.2005). A alteração contratual consubstanciada na substituição dos avanços trienais por quinquênios decorre de ato único do empregador, momento em que começa a fluir o prazo fatal de prescrição.

77. Testemunha que move ação contra a mesma reclamada. Não há suspeição

› (cancelada - conversão na Súm. 357 - Res. 76/97, *DJ*, 19.12.1997).

78. Turnos ininterruptos de revezamento. Jornada de seis horas

› (cancelada - conversão na Súm. 360 - Res. 79/1997, *DJ*, 13.01.1998).

79. URP de abril e maio de 1988. Decreto-Lei n. 2.425/1988 (alterada - *DJ*, 14.06.2005). Existência de direito apenas ao reajuste de 7/30 de 16,19% a ser calculado sobre o salário de março e incidente sobre o salário dos meses de abril e maio, não cumulativamente e corrigidos desde a época própria até a data do efetivo pagamento.

80. Ação rescisória. Réu sindicato. Substituto processual na ação originária. Inexistência de litisconsórcio passivo necessário

› (cancelada - conversão na OJ 110 SBDI-2, *DJ*, 29.04.2003).

81. Art. 462 do CPC. Fato superveniente

› (cancelada - conversão na Súm. 394 - *DJ*, 20.04.2005). É aplicável de ofício aos processos em curso em qualquer instância trabalhista.

82. Aviso prévio. Baixa na CTPS (inserida em 28.04.1997). A data de saída a ser anotada na CTPS deve corresponder à do término do prazo do aviso prévio, ainda que indenizado.

83. Aviso prévio. Indenizado. Prescrição (inserida em 28.04.1997). A prescrição começa a fluir no final da data do término do aviso prévio. Art. 487, § 1º, CLT.

84. Aviso prévio. Proporcionalidade

› (cancelada - Res. 186/2012, *DEJT* divulgado em 25, 26 e 27.09.2012)

85. Contrato nulo. Efeitos. Devido apenas o equivalente aos salários dos dias trabalhados

› (cancelada - conversão na Súm. 363 - Res. 97/00, *DJ*, 18.09.2000 - republicação *DJ*, 13.10.2000).

86. Dirigente sindical. Extinção da atividade empresarial no âmbito da base territorial do sindicato. Insubsistência da estabilidade

› (cancelada - conversão na Súm. 369 - *DJ*, 20.04.2005

87. Entidade pública. Exploração de atividade eminentemente econômica. Execução. Art. 883 da CLT (mantida conforme decidido no julgamento do processo TST-AgR-E--RR-148500-29.2004.5.09.0022 pelo Tribunal Pleno em 22.08.2016). É direta a execução contra a APPA e Minascaixa (§ 1º do art. 173, da CF/1988).

88. Gestante. Estabilidade provisória

- (cancelada - nova redação da Súm. 244 - *DJ*, 20.04.2005).

89. Horas extras. Reflexos

- (cancelada - conversão na Súm. 376 - *DJ*, 20.04.2005).

90. Agravo de instrumento. Traslado. Não exigência de certidão de publicação do acórdão regional. Res. 52/1996 - Instrução Normativa n. 6/1996

- (cancelada em decorrência da nova redação conferida ao art. 897 da CLT pela Lei n. 9.756/1998 - *DJ*, 20.04.2005).

91. Anistia. Art. 8º, § 1º, ADCT. Efeitos financeiros. ECT (inserida em 30.05.1997). Em 19.05.1997). ROAR 105.608/1994 - Em 19.05.1997, SDI-Plena decidiu, pelo voto prevalente do Exmo. Sr. Presidente, que os efeitos financeiros da readmissão do empregado anistiado serão contados a partir do momento em que este manifestou o desejo de retornar ao trabalho e, na ausência de prova, da data do ajuizamento da ação.

92. Desmembramento de municípios. Responsabilidade trabalhista (inserida em 30.05.1997) Em caso de criação de novo município, por desmembramento, cada uma das novas entidades responsabiliza-se pelos direitos trabalhistas do empregado no período em que figurarem como real empregador.

93. Domingos e feriados trabalhados e não compensados. Aplicação da Súm. 146

- (cancelada em decorrência da redação da Súm. 146 conferida pela Res. 121/2003, *DJ*, 21.11.2003) - *DJ*, 20.04.2005).

94. Embargos. Exigência. Indicação expressa do dispositivo legal tido como violado

- (cancelada - nova redação da Súm. 221 - *DJ*, 20.04.2005).

95. Embargos para SDI. Divergência oriunda da mesma turma do TST. Inservível (inserida em 30.05.1997)

- ERR 125.320/1994 - Em 19.05.1997, a SDI-Plena, por maioria, decidiu que acórdãos oriundos da mesma Turma, embora divergentes, não fundamentam divergência jurisprudencial de que trata a alínea "b", do artigo 894 da Consolidação das Leis do Trabalho para embargos à Seção Especializada em Dissídios Individuais, Subseção I.

96. Férias. Salário substituição. Devido. Aplicação da Súm. 159

- (cancelada em decorrência da redação da Súm. 159 conferida pela Res. 121/2003, *DJ*, 21.11.2003 - *DJ*, 20.04.2005).

97. Horas extras. Adicional noturno. Base de cálculo (inserida em 30.05.1997). O adicional noturno integra a base de cálculo das horas extras prestadas no período noturno.

98. Horas in itinere. Tempo gasto entre a portaria da empresa e o local do serviço. Devidas. Açominas

- (cancelada - conversão na OJ Transitória 36, SBDI-1 - *DJ*, 20.04.2005).

99. Preposto. Exigência da condição de empregado

- (cancelada - conversão na Súm. 377 - *DJ*, 20.04.2005).

100. Salário. Reajuste. Entes públicos (título alterado e inserido dispositivo - *DJ*, 20.04.2005). Os reajustes salariais previstos em legislação federal devem ser observados pelos Estados-membros, suas Autarquias e Fundações Públicas nas relações contratuais trabalhistas que mantiverem com seus empregados.

101. Reintegração convertida em indenização dobrada. Efeitos. Aplicação da Súmula 28

- (cancelada em decorrência da nova redação da Súmula 28 conferida pela Res. 121/2003, *DJ*, 21.11.2003 - *DJ*, 20.04.2005).

102. Adicional de insalubridade. Integração na remuneração

- (cancelada - nova redação da Súmula 139 - *DJ*, 20.04.2005).

103. Adicional de insalubridade. Repouso semanal e feriados (nova redação - *DJ*, 20.04.2005). O adicional de insalubridade já remunera os dias de repouso semanal e feriados.

104. Custas. Condenação acrescida. Inexistência de deserção quando as custas não são expressamente calculadas e não há intimação da parte para o preparo do recurso, devendo, então, ser as custas pagas ao final.

- (cancelada em decorrência da sua incorporação à nova redação da Súmula n. 25) - Res. 197/2015, *DEJT* divulgado em 14, 15 e 18.05.2015

105. Estabilidade provisória. Acidente de trabalho. É constitucional o art. 118 da Lei n. 8.213/91

- (cancelada - conversão na Súm. 378 - *DJ*, 20.04.2005).

106. Estabilidade provisória. Pedido de reintegração. Concessão do salário relativo ao período de estabilidade já exaurido. Inexistência de julgamento extra petita

- (cancelada - conversão na Súm. 396 - *DJ*, 20.04.2005).

107. FGTS. Multa de 40%. Saques. Atualização monetária. Incidência

- (cancelada - incorporação à nova redação da OJ 42, SBDI-1 - *DJ*, 20.04.2005).

108. Mandato expresso. Ausência de poderes para substabelecer. Válidos os atos praticados pelo substabelecido (art. 1.300, §§ 1º e 2º do CCB)

- (cancelada - conversão na Súm. 395 - *DJ*, 20.04.2005).

109. Minascaixa. Legitimidade passiva ad causam enquanto não concluído o procedimento de liquidação extrajudicial

- (cancelada - conversão na OJ Transitória 37, SBDI-1 - *DJ*, 20.04.2005).

110. Representação irregular. Procuração apenas nos autos de agravo de instrumento

- (cancelada em decorrência do CPC de 2015 - Res. 212/2016, *DEJT* divulgado em 20, 21 e 22.09.2016).

111. Recurso de revista. Divergência jurisprudencial. Aresto oriundo do mesmo Tribunal Regional. Lei n. 9.756/1998. Inservível ao conhecimento (nova redação - *DJ*, 20.04.2005). Não é servível ao conhecimento de recurso de revista aresto oriundo de mesmo Tribunal Regional do Trabalho, salvo se o recurso houver sido interposto anteriormente à vigência da Lei n. 9.756/1998.

112. Vacância do cargo. Salário do sucessor. Súmula n. 159. Inaplicável

- (cancelada - nova redação da Súm. 159 - *DJ*, 20.04.2005).

113. Adicional de transferência. Cargo de confiança ou previsão contratual de transferência. Devido. Desde que a transferência seja provisória (inserida em 20.11.1997). O fato de o empregado exercer cargo de confiança ou a existência de previsão de transferência no contrato de trabalho não exclui o direito ao adicional. O pressuposto legal apto a legitimar a percepção do mencionado adicional é a transferência provisória.

114. Dirigente sindical. Despedida. Falta grave. Inquérito judicial. Necessidade

- (cancelada - conversão na Súm. 379 - *DJ*, 20.04.2005).

115. Recurso de revista. Nulidade por negativa de prestação jurisdicional.

- (cancelada em decorrência da sua conversão na Súmula 459) - Res. 197/2015, *DEJT* divulgado em 14, 15 e 18.05.2015

116. Estabilidade provisória. Período estabilitário exaurido. Reintegração não assegurada. Devidos apenas os salários desde a data da despedida até o final do período estabilitário

- (cancelada - conversão na Súm. 396 - *DJ*, 20.04.2005).

117. Horas extras. Limitação. Art. 59 da CLT

- (cancelada - conversão na Súm. 376 - *DJ*, 20.04.2005).

118. Prequestionamento. Tese explícita. Inteligência da Súmula 297 (inserida em 20.11.1997). Havendo tese explícita sobre a matéria, na decisão recorrida, desnecessário contenha nela referência expressa do dispositivo legal para ter-se como prequestionado este.

119. Prequestionamento inexigível. Violação nascida na própria decisão recorrida. Súm. 297. Inaplicável (inserido dispositivo - *DEJT*, 16, 17 e 18.11.2010). É inexigível o prequestionamento quando a violação indicada houver nascido na própria decisão recorrida. Inaplicável a Súmula n. 297 do TST.

120. Recurso. Assinatura da petição ou das razões recursais. Art. 932, parágrafo único, do CPC de 2015. (alterada em decorrência do CPC de 2015 Res. 212/2016, *DEJT* divulgado em 20, 21 e 22.09.2016).

I - Verificada a total ausência de assinatura no recurso, o juiz ou o relator concederá prazo de 5 (cinco) dias para que seja sanado o vício. Descumprida a determinação, o recurso será reputado inadmissível (art. 932, parágrafo único, do CPC de 2015).

II - É válido o recurso assinado, ao menos, na petição de apresentação ou nas razões recursais.

121. Substituição processual. Diferença do adicional de insalubridade. Legitimidade (nova redação - *DJ*, 20.04.2005). O sindicato tem legitimidade para atuar na qualidade de substituto processual para pleitear diferença de adicional de insalubridade.

122. Aviso prévio. Início da contagem. Art. 125, Código Civil

- (cancelada - conversão na Súm. 380 - *DJ*, 20.04.2005).

123. Bancários. Ajuda alimentação (inserida em 20.04.1998) A ajuda alimentação prevista em norma coletiva em decorrência de prestação de horas extras tem natureza indenizatória e, por isso, não integra o salário do empregado bancário.

- ERR 118.739/1994 - Em 10.02.1998, a SDI-Plena, por maioria, decidiu que ajuda alimentação paga ao bancário, em decorrência de prestação de horas extras por prorrogação de jornada, tem natureza indenizatória e, portanto, não integrativa ao salário.

124. Correção monetária. Salário. Art. 459, CLT

- (cancelada - conversão na Súm. 381 - *DJ*, 20.04.2005).

125. Desvio de função. Quadro de carreira (alterada em 13.03.2002). O simples desvio funcional do empregado não gera direito a novo enquadramento, mas apenas às diferenças salariais respectivas, mesmo que o desvio de função haja iniciado antes da vigência da CF/1988.

126. Súmula 239. Empresa de processamento de dados. Inaplicável

- (cancelada - nova redação da Súm. 239 - *DJ*, 20.04.2005).

127. Hora noturna reduzida. Subsistência após a CF/1988 (inserida em 20.04.1998) O art. 73, § 1º da CLT, que prevê a redução da hora noturna, não foi revogado pelo inciso IX do art. 7º da CF/1988.

128. Mudança de regime celetista para estatutário. Extinção do contrato. Prescrição bienal

- (cancelada - conversão na Súm. 382 - *DJ*, 20.04.2005).

129. Prescrição. Complementação da pensão e auxílio funeral (inserida em 20.04.1998) A prescrição extintiva para pleitear judicialmente o pagamento da complementação de pensão e do auxílio-funeral é de 2 anos, contados a partir do óbito do empregado.

130. Prescrição. Ministério Público. Arguição. "Custos legis". Ilegitimidade (atualizada em decorrência do CPC de 2015 - Res. 209/2016, *DEJT* divulgado em 01, 02 e 03.06.2016). Ao exarar o parecer na remessa de ofício, na qualidade de "custos legis", o Ministério Público não tem legitimidade para arguir a prescrição em favor de entidade de direito público, em matéria de direito patrimonial.

131. Vantagem in natura. Hipóteses em que não integra o salário

- (cancelada - conversão na Súm. n. 367 - *DJ*, 20.04.2005).

132. Agravo regimental. Peças essenciais nos autos principais (inserida em 27.11.1998) Inexistindo lei que exija a tramitação do agravo regimental em autos apartados, tampouco previsão no Regimento Interno do Regional, não pode o agravante ver-se apenado por não haver colacionado cópia de peças dos autos principais, quando o agravo regimental deveria fazer parte dele.

133. Ajuda alimentação. PAT. Lei n. 6.321/76. Não integração ao salário (inserida em 27.11.1998). A ajuda alimentação fornecida por empresa participante do programa de alimentação ao trabalhador, instituído pela Lei n. 6.321/76, não tem caráter salarial. Portanto, não integra o salário para nenhum efeito legal.

134. Autenticação. Pessoa jurídica de direito público. Dispensada. Medida Provisória n. 1.360, de 12.03.96 (inserida em 27.11.1998). São válidos os documentos apresentados, por pessoa jurídica de direito público, em fotocópia não autenticada, posteriormente à edição da Medida Provisória n. 1.360/96 e suas reedições.

135. Aviso prévio indenizado. Superveniência de auxílio-doença no curso deste

- (cancelada - conversão na Súm. 371 - *DJ*, 20.04.2005).

136. Banco do Brasil. Complementação de aposentadoria. TELEX DIREC n. 5.003/1987. Não assegurada

- (cancelada - incorporação à nova redação da Orientação Jurisprudencial n. 18, SBDI-1 - *DJ*, 20.04.2005).

137. Banco Meridional. Circular n. 34.046/1989. Dispensa sem justa causa

- (cancelada - conversão na Orientação Jurisprudencial Transitória n. 38, SBDI-1 - *DJ*, 20.04.2005).

138. Competência residual. Regime jurídico único. Limitação da execução (nova redação - incorporação da OJ 249, SBDI-1 - *DJ*, 20.04.2005). Compete à Justiça do Trabalho julgar pedidos de direitos e vantagens previstos na legislação trabalhista referente a período anterior à Lei n. 8.112/90, mesmo que a ação tenha sido ajuizada após a edição da referida lei. A superveniência de regime estatutário em substituição ao celetista, mesmo após a sentença, limita a execução ao período celetista.

139. Depósito recursal. Complementação devida. Aplicação da instrução normativa n. 3/93, II

- (cancelada - nova redação da Súm. 128 - *DJ*, 20.04.2005).

140. Depósito recursal e custas processuais. Recolhimento insuficiente. Deserção. (nova redação em decorrência do CPC de 2015) - Res. 217/2017 - *DEJT* divulgado em 20, 24 e 25.04.2017Em caso de recolhimento insuficiente das custas processuais ou do depósito recursal, somente haverá deserção do recurso se, concedido o prazo de 5 (cinco) dias previsto no § 2º do art. 1.007 do CPC de 2015, o recorrente não complementar e comprovar o valor devido.

141. Descontos previdenciários e fiscais. Competência da Justiça do Trabalho (convertida na Súm. 368 - *DJ*, 20.04.2005).

142. Embargos de declaração. Efeito modificativo. Vista prévia à parte contrária

- (cancelado o item II em decorrência do CPC de 2015) (Res. 214/2016. *DEJT*, 30.11.2016)

É passível de nulidade decisão que acolhe embargos de declaração com efeito modificativo sem que seja concedida oportunidade de manifestação prévia à parte contrária.

143. Empresa em liquidação extrajudicial. Execução. Créditos trabalhistas. Lei n. 6.024/74 (inserida em 27.11.1998). A execução trabalhista deve prosseguir diretamente na Justiça do Trabalho mesmo após a decretação da liquidação extrajudicial. Lei n. 6.830/80, arts. 5º e 29, aplicados supletivamente (CLT, art. 889 e CF/1988, art. 114).

144. Enquadramento funcional. Prescrição extintiva

- (cancelada - nova redação da Súm. 275 - *DJ*, 20.04.2005).

145. Estabilidade. Dirigente sindical. Categoria diferenciada

- (cancelada - conversão na Súm. 369 - *DJ*, 20.04.2005).

146. FGTS. Opção retroativa. Concordância do empregador. Necessidade

- (cancelada - conversão na OJ Transitória 39, SBDI-1 - *DJ*, 20.04.2005).

147. Lei estadual, norma coletiva ou norma regulamentar. Conhecimento indevido do recurso de revista por divergência jurisprudencial (nova redação - incorporação da OJ 309, SBDI-1 - *DJ*, 20.04.2005).

I - É inadmissível o recurso de revista fundado tão somente em divergência jurisprudencial, se a parte não comprovar que a lei estadual, a norma coletiva ou o regulamento da empresa extrapolam o âmbito do TRT prolator da decisão recorrida.

II - É imprescindível a arguição de afronta ao art. 896 da CLT para o conhecimento de embargos interpostos em face de acórdão de Turma que conhece indevidamente de recurso de revista, por divergência jurisprudencial, quanto a tema regulado por lei estadual, norma coletiva ou norma regulamentar de âmbito restrito ao Regional prolator da decisão.

148. Lei n. 8.880/94, art. 31. Constitucionalidade (nova redação - *DJ*, 20.04.2005). É constitucional o art. 31 da Lei n. 8.880/94, que prevê a indenização por demissão sem justa causa.

149. Mandato. Art. 13 do CPC. Regularização. Fase recursal. Inaplicável

- (cancelada - conversão na Súm. 383 - *DJ*, 20.04.2005).

150. Multa prevista em vários instrumentos normativos. Cumulação de ações

- (cancelada - conversão na Súm. 384 - *DJ*, 20.04.2005).

151. Prequestionamento. Decisão regional que adota a sentença. Ausência de prequestionamento (inserida em 27.11.1998). Decisão regional que simplesmente adota os fundamentos da decisão de primeiro grau não preenche a exigência do prequestionamento, tal como previsto na Súmula 297.

152. Revelia. Pessoa jurídica de direito público. Aplicável. (art. 844 da CLT) (inserido dispositivo - *DJ*, 20.04.2005). Pessoa jurídica de direito público sujeita-se à revelia prevista no artigo 844 da CLT.

153. Adicional de insalubridade. Deficiência de iluminamento. Limitação

- (cancelada - conversão na OJ Transitória 57, SBDI-1 - *DJ*, 20.04.2005).

154. Atestado médico - INSS. Exigência prevista em instrumento normativo

- (cancelada) - Res. 158/2009, *DEJT*, 22, 23 e 26.10.2009).

155. Banrisul. Complementação de aposentadoria

- (cancelada - conversão na OJ Transitória 40, SBDI-1 - *DJ*, 20.04.2005).

156. Complementação de aposentadoria. Diferenças. Prescrição

- (cancelada - nova redação da Súm. 327 - Res. 175/2011, *DEJT* 27, 30 e 31.05.2011).

157. Complementação de aposentadoria. Fundação Clemente de Faria. Banco Real

- (cancelada - conversão na OJ Transitória 41, SBDI-1 - *DJ*, 20.04.2005).

158. Custas. Comprovação de recolhimento. DARF eletrônico. Validade (inserida em 26.03.1999). O denominado "DARF eletrônico" é válido para comprovar o recolhimento de custas por entidades da administração pública federal, emitido conforme a IN-SRF 162, de 04.11.88.

159. Data de pagamento. Salários. Alteração (inserida em 26.03.1999). Diante da inexistência de previsão expressa em contrato ou em instrumento normativo, a alteração de data de pagamento pelo empregador não viola o art. 468, desde que observado o parágrafo único, do art. 459, ambos da CLT.

160. Descontos salariais. Autorização no ato da admissão. Validade (inserida em 26.03.1999). É inválida a presunção de vício de consentimento resultante do fato de ter o empregado anuído expressamente com descontos salariais na oportunidade da admissão. É de se exigir demonstração concreta do vício de vontade.

161. Feriado local. Prazo recursal. Prorrogação. Comprovação. Necessidade

- (cancelada - conversão na Súm. 385 - *DJ*, 20.04.2005).

162. Multa. Art. 477 da CLT. Contagem do prazo. Aplicável o art. 132 do Código Civil de 2002 (atualizada a legislação e inserido dispositivo - *DJ*, 20.04.2005). A contagem do prazo para quitação das verbas decorrentes da rescisão contratual prevista no artigo 477 da CLT exclui necessariamente o dia da notificação da demissão e inclui o dia do vencimento, em obediência ao disposto no artigo 132 do Código Civil de 2002 (artigo 125 do Código Civil de 1916).

163. Norma regulamentar. Opção pelo novo regulamento. Art. 468 da CLT e Súm. 51. Inaplicáveis

- (cancelada - nova redação da Súm. 51 - *DJ*, 20.04.2005).

164. Oficial de justiça *ad hoc*. Inexistência de vínculo empregatício (inserido dispositivo - *DJ*, 20.04.2005). Não se caracteriza o vínculo empregatício na nomeação para o exercício das funções de oficial de justiça "ad hoc", ainda que feita de forma reiterada, pois exaure-se a cada cumprimento de mandado.

165. Perícia. Engenheiro ou médico. Adicional de insalubridade e periculosidade. Válido. Art. 195 da CLT (inserida em 26.03.1999). O art. 195 da CLT não faz qualquer distinção entre o médico e o engenheiro para efeito de caracterização e classificação da insalubridade e periculosidade, bastando para a elaboração do laudo seja o profissional devidamente qualificado.

166. Petrobras. Pensão por morte do empregado assegurada no manual de pessoal. Estabilidade decenal. Opção pelo regime do FGTS

- (cancelada - conversão na OJ Transitória 42, SBDI-1 - *DJ*, 20.04.2005).

167. Policial militar. Reconhecimento de vínculo empregatício com empresa privada

- (cancelada - conversão na Súm. 386 - *DJ*, 20.04.2005).

168. SUDS. Gratificação. Convênio da União com o Estado. Natureza salarial enquanto paga

- (cancelada em decorrência da sua conversão na OJ Transitória 43, SBDI-1 - *DJ*, 20.04.2005)

169. Turno ininterrupto de revezamento. Fixação de jornada de trabalho mediante negociação coletiva. Validade

- (cancelada - conversão na Súm. 423 - Res. 139/2006 - *DJ*, 10.10.2006).

170. Adicional de insalubridade. Lixo urbano

- (cancelada - incorporação à nova redação da Orientação Jurisprudencial n. 4, SBDI-1 - *DJ*, 20.04.2005).

171. Adicional de insalubridade. Óleos minerais. Sentido do termo "manipulação" (inserida em 08.11.2000). Para efeito de concessão de adicional de insalubridade não há distinção entre fabricação e manuseio de óleos minerais - Portaria n. 3.214 do Ministério do Trabalho, NR 15, Anexo XIII.

172. Adicional de insalubridade ou periculosidade. Condenação. Inserção em folha de pagamento (inserida em 08.11.2000). Condenada ao pagamento do adicional de insalubridade ou periculosidade, a empresa deverá inserir, mês a mês e enquanto o trabalho for executado sob essas condições, o valor correspondente em folha de pagamento.

173. Adicional de insalubridade. Atividade a céu aberto. Exposição ao sol e ao calor (redação alterada na sessão do Tribunal Pleno realizada em 14.09.2012 - Res. 186/2012, *DEJT* divulgado em 25, 26 e 27.09.2012)

I - Ausente previsão legal, indevido o adicional de insalubridade ao trabalhador em atividade a céu aberto, por sujeição à radiação solar (art. 195 da CLT e Anexo 7 da NR 15 da Portaria n. 3.214/78 do MTE).

II - Tem direito ao adicional de insalubridade o trabalhador que exerce atividade exposto ao calor acima dos limites de tolerância, inclusive em ambiente externo com carga solar, nas condições previstas no Anexo 3 da NR 15 da Portaria n. 3.214/78 do MTE.

174. Adicional de periculosidade. Horas de sobreaviso. Indevido

- (cancelada - nova redação da Súm. 132 - *DJ*, 20.04.2005).

175. Comissões. Alteração ou Supressão. Prescrição total (nova redação - incorporação da OJ 248, SBDI-1 - *DJ*, 22.11.2005). A supressão das comissões, ou a alteração quanto à forma ou ao percentual, em prejuízo do empregado, é suscetível de operar a prescrição total da ação, nos termos da Súm. 294 do TST, em virtude de cuidar-se de parcela não assegurada por preceito de lei.

176. Anistia. Lei n. 6.683/79. Tempo de afastamento. Não computável para efeito de indenização e adicional por tempo de serviço, licença-prêmio e promoção

- (cancelada - conversão na OJ Transitória 44, SBDI-1 - *DJ*, 20.04.2005).

177. Aposentadoria espontânea. Efeitos

- (cancelada - *DJ*, 30.10.2006).

178. Bancário. Intervalo de 15 minutos. Não computável na jornada de trabalho (inserido dispositivo - *DJ*, 20.04.2005). Não se computa, na jornada do bancário sujeito a seis horas diárias de trabalho, o intervalo de quinze minutos para lanche ou descanso.

179. BNDES. Arts. 224/226, CLT. Aplicável a seus empregados

- (cancelada - conversão na Orientação Jurisprudencial Transitória n. 77, SBDI-1 - *DEJT* 16, 17 e 18.11.2010).

180. Comissionista puro. Abono. Lei n. 8.178/91. Não incorporação

- (cancelada - conversão na OJ Transitória 45, SBDI-1 - *DJ*, 20.04.2005).

181. Comissões. Correção monetária. Cálculo (inserida em 08.11.2000). O valor das comissões deve ser corrigido monetariamente para em seguida obter-se a média para efeito de cálculo de férias, 13º salário e verbas rescisórias.

182. Compensação de jornada. Acordo individual. Validade

- (cancelada - nova redação da Súm. 85 - *DJ*, 20.04.2005).

183. Complementação de aposentadoria. Banco Itaú

- (cancelada - conversão na OJ Transitória n. 46, SBDI-1 - *DJ*, 20.04.2005).

184. Confissão ficta. Produção de prova posterior

- (cancelada - nova redação da Súm. 74 - *DJ*, 20.04.2005).

185. Contrato de trabalho com a associação de pais e mestres - APM. Inexistência de responsabilidade solidária ou subsidiária do Estado (inserido dispositivo - *DJ*, 20.04.2005). O Estado-membro não é responsável subsidiária ou solidariamente com a Associação de Pais e Mestres pelos encargos trabalhistas dos empregados contratados por esta última, que deverão ser suportados integral e exclusivamente pelo real empregador.

186. Custas. Inversão do ônus da sucumbência. Deserção. Não ocorrência.

- (cancelada em decorrência da sua incorporação da nova redação da Súmula 25) - Res. 197/2015, *DEJT* divulgado em 14, 15 e 18.05.2015.

187. Décimo terceiro salário. Dedução da 1ª parcela. URV. Lei n. 8.880/94

- (cancelada - conversão na OJ Transitória n. 47, SBDI-1 - *DJ*, 20.04.2005).

188. Decisão normativa que defere direitos. Falta de interesse de agir para ação individual (inserida em 08.11.2000). Falta interesse de agir para a ação individual, singular ou plúrima, quando o direito já foi reconhecido através de decisão normativa, cabendo, no caso, ação de cumprimento.

189. Depósito recursal. Agravo de petição. IN/TST n. 3/93

- (cancelada - nova redação da Súm. 128 - *DJ*, 20.04.2005).

190. Depósito recursal. Condenação solidária

- (cancelada - nova redação da Súm. 128 - *DJ*, 20.04.2005).

191. Contrato de empreitada. Dono da obra de construção civil. Responsabilidade (nova redação - Res. 175/2011, *DEJT*, 27, 30 e 31.05.2011). Diante da inexistência de previsão legal específica, o contrato de empreitada de construção civil entre o dono da obra e o empreiteiro não enseja responsabilidade solidária ou subsidiária nas obrigações trabalhistas contraídas pelo empreiteiro, salvo sendo o dono da obra uma empresa construtora ou incorporadora.

192. Embargos declaratórios. Prazo em dobro. Pessoa jurídica de direito público. Decreto-Lei n. 779/69 (inserida em 08.11.2000). É em dobro o prazo para a interposição de embargos declaratórios por pessoa jurídica de direito público.

193. Equiparação salarial. Quadro de carreira. Homologação. Governo estadual. Válido

- (cancelada em decorrência da redação da Súm. 6 conferida pela Res. 104/2000, *DJ*, 18.12.2000 - *DJ*, 20.04.2005).

194. Fac-Símile. Lei n. 9.800/99. Aplicável só a recursos interpostos na sua vigência

- (cancelada - conversão na Súm. 387 - *DJ*, 20.04.2005).

195. Férias indenizadas. FGTS. Não incidência (inserido dispositivo - *DJ*, 20.04.2005). Não incide a contribuição para o FGTS sobre as férias indenizadas.

196. Gestante. Contrato de experiência. Estabilidade provisória. Não assegurada

- (cancelada - nova redação da Súm. 244 - *DJ*, 20.04.2005).

197. Gratificação semestral. Repercussão no 13º salário. Súm. 78 do TST. Aplicável

- (cancelada em decorrência da redação da Súm. 253 conferida pela Res. 121/2003, *DJ*, 21.11.2003 - *DJ*, 20.04.2005).

198. Honorários periciais. Atualização monetária (inserida em 08.11.2000). Diferentemente da correção aplicada aos débitos trabalhistas, que têm caráter alimentar, a atualização monetária dos honorários periciais é fixada pelo art. 1º da Lei n. 6.899/1981, aplicável a débitos resultantes de decisões judiciais.

199. Jogo do bicho. Contrato de trabalho. Nulidade. Objeto ilícito (título alterado e inserido dispositivo - *DEJT*, 16, 17 e 18.11.2010). É nulo o contrato de trabalho celebrado para o desempenho de atividade inerente à prática do jogo do bicho, ante a ilicitude de seu objeto, o que subtrai o requisito de validade para a formação do ato jurídico.

200. Mandato tácito. Substabelecimento inválido (inserido dispositivo - *DJ*, 20.04.2005). É inválido o substabelecimento de advogado investido de mandato tácito.

201. Multa. Art. 477 da CLT. Massa falida. Inaplicável

- (cancelada - conversão na Súm. 388 - *DJ*, 20.04.2005).

202. Petromisa. Sucessão. Petrobras. Legitimidade

- (cancelada - conversão na OJ Transitória 48, SBDI-1 - *DJ*, 20.04.2005).

203. Plano econômico (Collor). Execução. Correção monetária. Índice de 84,32%. Lei n. 7.738/89. Aplicável

- (cancelada - conversão na OJ Transitória 54, SBDI-1 - *DJ*, 20.04.2005).

204. Prescrição. Contagem do prazo. Art. 7º, XXIX, da CF

- (cancelada - nova redação da Súm. 308 - *DJ*, 20.04.2005).

205. Competência material. Justiça do Trabalho. Ente público. Contratação irregular. Regime especial. Desvirtuamento

- (cancelada) - Res. 156/2009, *DEJT*, 27, 28 e 29.04.2009).

206. Professor. Horas extras. Adicional de 50% (inserida em 08.11.2000). Excedida a jornada máxima (art. 318 da CLT), as horas excedentes devem ser remuneradas com o adicional de, no mínimo, 50% (art. 7º, XVI, CF/1988).

207. Programa de incentivo à demissão voluntária. Indenização. Imposto de renda. Não incidência (inserido dispositivo - *DJ*, 20.04.2005). A indenização paga em virtude de adesão a programa de incentivo à demissão voluntária não está sujeita à incidência do imposto de renda.

208. Radiologista. Gratificação de raios X. Redução. Lei n. 7.923/89 (inserida em 08.11.2000). A alteração da gratificação por trabalho com raios X, de quarenta para dez por cento, na forma da Lei n. 7.923/89, não causou prejuízo ao trabalhador porque passou a incidir sobre o salário incorporado com todas as demais vantagens.

209. Recesso forense. Suspensão dos prazos recursais (arts. 181, I, e 148 do RI/TST)

- (cancelada em decorrência da nova redação da Súm. 262 - *DJ*, 20.04.2005).

210. Seguro-desemprego. Competência da Justiça do Trabalho

- (cancelada - conversão na Súm. 389 - *DJ*, 20.04.2005).

211. Seguro-desemprego. Guias. Não liberação. Indenização substitutiva

- (cancelada - conversão na Súm. 389 - *DJ*, 20.04.2005).

212. Serpro. Norma regulamentar. Reajustes salariais. Superveniência de sentença normativa. Prevalência

- (cancelada - conversão na OJ Transitória n. 49, SBDI-1 - *DJ*, 20.04.2005)

213. Telex. Operadores. Art. 227 da CLT. Inaplicável (inserida em 08.11.2000). O operador de telex de empresa, cuja atividade econômica não se identifica com qualquer uma das previstas no art. 227 da CLT, não se beneficia de jornada reduzida.

214. URPs de junho e julho de 1988. Suspensão do pagamento. Data-base em maio. Decreto-Lei n. 2.425/1988. Inexistência de violação a direito adquirido

- (cancelada - conversão na OJ Transitória 58, SBDI-1 - *DJ*, 20.04.2005).

215. Vale-transporte. Ônus da prova

- (cancelada) - Res. 175/2011, *DEJT*, 27, 30 e 31.05.2011).

216. Vale-transporte. Servidor público celetista. Lei n. 7.418/85. Devido (inserido dispositivo - *DJ*, 20.04.2005).

217. Agravo de instrumento. Traslado. Lei n. 9.756/1998. Guias de custas e de depósito recursal (inserida em 02.04.2001). Para a formação do agravo de instrumento, não é necessária a juntada de comprovantes de recolhimento de custas e de depósito recursal relativamente ao recurso ordinário, desde que não seja objeto de controvérsia no recurso de revista a validade daqueles recolhimentos.

218. Plano Collor. Servidores do GDF. Celetistas. Lei distrital n. 38/89

- (cancelada - incorporação à OJ 241, SBDI-1 e posterior conversão na OJ Transitória 55, SBDI-1 - *DJ*, 20.04.20050.

219. Recurso de revista ou de embargos fundamentado em orientação jurisprudencial do TST (inserida em 02.04.2001). É válida, para efeito de conhecimento do recurso de revista ou de embargos, a invocação de Orientação Jurisprudencial do Tribunal Superior do Trabalho, desde que, das razões recursais, conste o seu número ou conteúdo.

220. Acordo de compensação. Extrapolação da jornada

- (cancelada - nova redação da Súm. 85 - *DJ*, 20.04.2005).

221. Anistia. Lei n. 8.878/94. Efeitos financeiros devidos a partir do efetivo retorno à atividade

- (cancelada - conversão na OJ Transitória 56, SBDI-1 - *DJ*, 20.04.2005).

222. Bancário. Advogado. Cargo de confiança

- (cancelada - nova redação da Súm. 102 - *DJ*, 20.04.2005).

223. Compensação de jornada. Acordo individual tácito. Inválido

- (cancelada - nova redação da Súm. 85 - *DJ*, 20.04.2005).

224. Complementação de aposentadoria. Reajuste. Lei n. 9.069, de 29.06.1995. (*DEJT*, 16, 17 e 20.09.2010)

I - A partir da vigência da Medida Provisória n. 542, de 30.06.1994, convalidada pela Lei n. 9.069, de 29.06.1995, o critério de reajuste da complementação de aposentadoria passou a ser anual e não semestral, aplicando-se o princípio "rebus sic stantibus" diante da nova ordem econômica

II - A alteração da periodicidade do reajuste da complementação de aposentadoria - de semestral para anual -, não afeta o direito ao resíduo inflacionário apurado nos meses de abril, maio e junho de 1994, que deverá incidir sobre a correção realizada no mês de julho de 1995.

225. Contrato de concessão de serviço público. Responsabilidade trabalhista (nova redação - *DJ*, 20.04.2005). Celebrado contrato de concessão de serviço público em que uma empresa (primeira concessionária) outorga a outra (segunda concessionária), no todo ou em parte, mediante arrendamento, ou qualquer outra forma contratual, a título transitório, bens de sua propriedade:

I - em caso de rescisão do contrato de trabalho após a entrada em vigor da concessão, a segunda concessionária, na condição de sucessora, responde pelos direitos decorrentes do contrato de trabalho, sem prejuízo da responsabilidade subsidiária da primeira concessionária pelos débitos trabalhistas contraídos até a concessão;

II - no tocante ao contrato de trabalho extinto antes da vigência da concessão, a responsabilidade pelos direitos dos trabalhadores será exclusivamente da antecessora.

226. Crédito trabalhista. Cédula de crédito rural. Cédula de crédito industrial. Penhorabilidade (título alterado - *DJ*, 20.04.2005). Diferentemente da cédula de crédito industrial garantida por alienação fiduciária, na cédula rural pignoratícia ou hipotecária o bem permanece sob o domínio do devedor (executado), não constituindo óbice à penhora na esfera trabalhista. (Decreto-Lei n. 167/67, art. 69; CLT, arts. 10 e 30 e Lei n. 6.830/80).

227. Denunciação da lide. Processo do trabalho. Incompatibilidade

- (cancelada - *DJ*, 22.11.2005).

228. Descontos legais. Sentenças trabalhistas. Lei n. 8.541/92, art. 46. Provimento da CGJT n. 3/84 e alterações posteriores

- (cancelada - conversão na Súm. 368 - *DJ*, 20.04.2005).

229. Estabilidade. Art. 41, CF/1988. Celetista. Empresa pública e sociedade de economia mista. Inaplicável

- (cancelada - conversão na Súm. 390 - *DJ*, 20.04.2005).

230. Estabilidade. Lei n. 8.213/91. Art. 118 c/c art. 59

- (cancelada - conversão na Súm. 378 - *DJ*, 20.04.2005).

231. Férias. Abono instituído por instrumento normativo e terço constitucional. Simultaneidade inviável

- (cancelada - conversão na OJ Transitória n. 50, SBDI-1 - *DJ*, 20.04.2005).

232. FGTS. Incidência. Empregado transferido para o exterior. Remuneração (inserida em 20.06.2001). O FGTS incide sobre todas as parcelas de natureza salarial pagas ao empregado em virtude de prestação de serviços no exterior.

233. Horas extras. Comprovação de parte do período alegado (nova redação - *DJ*, 20.04.2005). A decisão que defere horas extras com base em prova oral ou documental não ficará limitada ao tempo por ela abrangido, desde que o julgador fique convencido de que o procedimento questionado superou aquele período.

234. Horas extras. Folha individual de presença (FIP) instituída por norma coletiva. Prova oral. Prevalência

- (cancelada - nova redação da Súm. 338 - *DJ*, 20.04.2005).

235. Horas extras. Salário por produção (redação alterada na sessão do Tribunal Pleno realizada em 16.04.2012 - Res. 182/2012, *DEJT* divulgado em 19, 20 e 23.04.2012). O empregado que recebe salário por produção e trabalha em sobrejornada tem direito à percepção apenas do adicional de horas extras, exceto no caso do empregado cortador de cana, a quem é devido o pagamento das horas extras e do adicional respectivo.

236. Horas *in itinere*. Horas extras. Adicional devido

- (cancelada - nova redação da Súm. 90 - *DJ*, 20.04.2005).

237. Ministério Público do Trabalho. Legitimidade para recorrer. Sociedade de economia mista. Empresa pública (incorporada a Orientação Jurisprudencial n. 338 da SBDI-I - Res. 210/2016, *DEJT* divulgado em 30.06.2016 e 01 e 04.07.2016).

I - O Ministério Público do Trabalho não tem legitimidade para recorrer na defesa de interesse patrimonial privado, ainda que de empresas públicas e sociedades de economia mista.

II - Há legitimidade do Ministério Público do Trabalho para recorrer de decisão que declara a existência de vínculo empregatício com sociedade de economia mista ou empresa pública, após a Constituição Federal de 1988, sem a prévia aprovação em concurso público, pois é matéria de ordem pública.

238. Multa. Art. 477 da CLT. Pessoa jurídica de direito público. Aplicável (inserido dispositivo - *DJ*, 20.04.20050. Submete-se à multa do artigo 477 da CLT a pessoa jurídica de direito público que não observa o prazo para pagamento das verbas rescisórias, pois nivela-se a qualquer particular, em direitos e obrigações, despojando-se do "jus imperii" ao celebrar um contrato de emprego.

239. Multa convencional. Horas extras

- (cancelada - conversão na Súm. 384 - *DJ*, 20.04.2005).

240. Petroleiros. Horas extras. Lei n. 5.811/72. Recepcionada pela CF/1988

- (cancelada - conversão na Súm. 391 - *DJ*, 20.04.2005).

241. Plano Collor. Servidores de fundações e autarquias do DDF. Celetistas. Legislação federal

▸ (cancelada - conversão na OJ Transitória 55, SBDI-1 - *DJ*, 20.04.2005).

242. Prescrição total. Horas extras. Adicional. Incorporação (inserida em 20.06.2001). Embora haja previsão legal para o direito à hora extra, inexiste previsão para a incorporação ao salário do respectivo adicional, razão pela qual deve incidir a prescrição total.

243. Prescrição total. Planos econômicos (inserida em 20.06.2001). Aplicável a prescrição total sobre o direito de reclamar diferenças salariais resultantes de planos econômicos.

244. Professor. Redução da carga horária. Possibilidade (inserida em 20.06.2001). A redução da carga horária do professor, em virtude da diminuição do número de alunos, não constitui alteração contratual, uma vez que não implica redução do valor da hora-aula. Inexiste previsão legal tolerando atraso no horário de comparecimento da parte na audiência.

245. Revelia. Atraso. Audiência (inserida em 20.06.2001) Inexiste previsão legal tolerando atraso no horário de comparecimento da parte na audiência.

246. Salário-utilidade. Veículo

▸ (cancelada - conversão na Súm. 367 - *DJ*, 20.04.2005).

247. Servidor público. Celetista concursado. Despedida imotivada. Empresa pública ou sociedade de economia mista. Possibilidade (alterada - Res. n. 143/2007 - *DJ*, 13.11.2007).

▸ Lei 13.303/2016 (Dispõe sobre o estatuto jurídico da empresa pública, da sociedade de economia mista e de suas subsidiárias, no âmbito da União, dos Estados, do Distrito Federal e dos Municípios).

I - A despedida de empregados de empresa pública e de sociedade de economia mista, mesmo admitidos por concurso público, independe de ato motivado para sua validade;

II - A validade do ato de despedida do empregado da Empresa Brasileira de Correios e Telégrafos (ECT) está condicionada à motivação, por gozar a empresa do mesmo tratamento destinado à Fazenda Pública em relação à imunidade tributária e à execução por precatório, além das prerrogativas de foro, prazos e custas processuais.

248. Comissões. Alteração. Prescrição total. Súmula n. 294. Aplicável

▸ (cancelada - incorporação à OJ 175, SBDI-1 - *DJ*, 22.11.2005).

249. Competência residual. Regime jurídico único. Lei n. 8.112/90. Limitação

▸ (cancelada - incorporação à nova redação da OJ 138, SBDI-1 - *DJ*, 20.04.2005).

250. Complementação de aposentadoria. Caixa Econômica Federal. Auxílio-alimentação. Supressão. Súmulas n. 51 e 288. Aplicáveis

▸ (cancelada - conversão na OJ Transitória 51, SBDI-1 - *DJ*, 20.04.2005).

251. Descontos. Frentista. Cheques sem fundos (inserida em 13.03.2002). É lícito o desconto salarial referente à devolução de cheques sem fundos, quando o frentista não observar as recomendações previstas em instrumento coletivo.

252. Equiparação salarial. Mesma localidade. Conceito. Art. 461 da CLT

▸ (cancelada - nova redação da Súm. 6 - *DJ*, 20.04.2005).

253. Estabilidade provisória. Cooperativa. Lei n. 5.764/71. Conselho fiscal. Suplente. Não assegurada (inserida em 13.03.2002) O art. 55 da Lei n. 5.764/71 assegura a garantia de emprego apenas aos empregados eleitos diretores de Cooperativas, não abrangendo os membros suplentes.

254. FGTS. Multa de 40%. Aviso prévio indenizado. Atualização monetária. Diferença indevida

▸ (cancelada - incorporação à nova redação da OJ 42, SBDI-1 - *DJ*, 20.04.2005).

255. Mandato. Contrato social. Desnecessária a juntada. (atualizada em decorrência do CPC de 2015 - Res. 208/2016, *DEJT* divulgado em 22, 25 e 26.04.2016)O art. 75, inciso VIII, do CPC de 2015 (art. 12, VI, do CPC de 1973) não determina a exibição dos estatutos da empresa em juízo como condição de validade do instrumento de mandato outorgado ao seu procurador, salvo se houver impugnação da parte contrária.

256. Prequestionamento. Configuração. Tese explícita. Súmula 297 (inserida em 13.03.2002). Para fins do requisito do prequestionamento de que trata a Súm. 297, há necessidade de que haja, no acórdão, de maneira clara, elementos que levem à conclusão de que o Regional adotou uma tese contrária à lei ou à súmula.

257. Recurso de revista. Fundamentação. Violação de lei. Vocábulo violação. Desnecessidade (alterada em decorrência da redação do inciso II do art. 894 da CLT, incluído pela Lei n. 11.496/2007 - Res. 182/2012, *DEJT* divulgado em 19, 20 e 23.04.2012). A invocação expressa no recurso de revista dos preceitos legais ou constitucionais tidos como violados não significa exigir da parte a utilização das expressões "contrariar", "ferir", "violar" etc.

258. Adicional de periculosidade. Acordo coletivo ou convenção coletiva. Prevalência

▸ (cancelada - conversão na Súm. 364 - *DJ*, 20.04.2005).

259. Adicional noturno. Base de cálculo. Adicional de periculosidade. Integração (inserida em 27.09.2002). O adicional de periculosidade deve compor a base de cálculo do adicional noturno, já que também neste horário o trabalhador permanece sob as condições de risco.

260. Agravo de instrumento. Recurso de revista. Procedimento sumaríssimo. Lei n. 9.957/00. Processos em curso (inserida em 27.09.2002)

I - É inaplicável o rito sumaríssimo aos processos iniciados antes da vigência da Lei n. 9.957/00.

II - No caso de o despacho denegatório de recurso de revista invocar, em processo iniciado antes da Lei n. 9.957/00, o § 6º do art. 896 da CLT (rito sumaríssimo), como óbice ao trânsito do apelo calcado em divergência jurisprudencial ou violação de dispositivo infraconstitucional, o Tribunal superará o obstáculo, apreciando o recurso sob esses fundamentos.

261. Bancos. Sucessão trabalhista (inserida em 27.09.2002). As obrigações trabalhistas, inclusive as contraídas à época em que os empregados trabalhavam para o banco sucedido, são de responsabilidade do sucessor, uma vez que a este foram transferidos os ativos, as agências, os direitos e deveres contratuais, caracterizando típica sucessão trabalhista.

262. Coisa julgada. Planos econômicos. Limitação à data-base na fase de execução (inserida em 27.09.2002) Não ofende a coisa julgada a limitação à data-base da categoria, na fase executória, da condenação ao pagamento de diferenças salariais decorrentes de planos econômicos, quando a decisão exequenda silenciar sobre a limitação, uma vez que a limitação decorre de norma cogente. Apenas quando a sentença exequenda houver expressamente afastado a limitação à data-base é que poderá ocorrer ofensa à coisa julgada.

263. Contrato por prazo determinado. Lei especial (estadual e municipal). Incompetência da Justiça do Trabalho

▸ (cancelada - *DJ*, 14.09.2004).

264. Depósito recursal. PIS/PASEP. Ausência de indicação na guia de depósito recursal. Validade (inserida em 27.09.2002). Não é essencial para a validade da comprovação do depósito recursal a indicação do número do PIS/ PASEP na guia respectiva.

265. Estabilidade. Art. 41 da CF/1988. Celetista. Administração direta, autárquica ou fundacional. Aplicabilidade

▸ (cancelada - conversão na Súm. 390 - *DJ*, 20.04.2005).

266. Estabilidade. Dirigente sindical. Limitação. Art. 522 da CLT

▸ (cancelada - conversão na Súm. 369 - *DJ*, 20.04.2005).

267. Horas extras. Adicional de periculosidade. Base de cálculo

▸ (cancelada - nova redação da Súm. 132 - *DJ*, 20.04.2005).

268. Indenização adicional. Leis n. 6.708/79 e 7.238/84. Aviso prévio. Projeção. Estabilidade provisória (inserida em 27.09.2002). Somente após o término do período estabilitário é que se inicia a contagem do prazo do aviso prévio para efeito das indenizações previstas nos artigos 9º da Lei n. 6.708/79 e 9º da Lei n. 7.238/84.

269. Justiça gratuita. Requerimento de isenção de despesas processuais. Momento oportuno (inserido item II em decorrência do CPC de 2015) - Res. 219/2017, *DEJT* divulgado em 28, 29 e 30.06.2017I - O benefício da justiça gratuita pode ser requerido em qualquer tempo ou grau de jurisdição, desde que, na fase recursal, seja o requerimento formulado no prazo alusivo ao recurso; II – Indeferido o requerimento de justiça gratuita formulado na fase recursal, cumpre ao relator fixar prazo para que o recorrente efetue o preparo (art. 99, § 7º, do CPC de 2015).

270. Programa de incentivo à demissão voluntária. Transação extrajudicial. Parcelas oriundas do extinto contrato de trabalho. Efeitos (inserida em 27.09.2002). A transação extrajudicial que importa rescisão do contrato de trabalho ante a adesão do empregado a plano de demissão voluntária implica quitação exclusivamente das parcelas e valores constantes do recibo.

271. Rurícola. Prescrição. Contrato de emprego extinto. Emenda constitucional n. 28/2000. Inaplicabilidade (alterada - *DJ*, 22.11.2005). O prazo prescricional da pretensão do rurícola, cujo contrato de emprego já se extinguira ao sobrevir a Emenda Constitucional n. 28, de 26.05.2000, tenha sido ou não ajuizada a ação trabalhista, prossegue regido pela lei vigente ao tempo da extinção do contrato de emprego.

272. Salário-mínimo. Servidor. Salário-base inferior. Diferenças. Indevidas (inserida em 27.09.2002). A verificação do respeito ao direito ao salário-mínimo não se apura pelo confronto isolado do salário-base com o mínimo legal, mas deste com a soma de todas as parcelas de natureza salarial recebidas pelo empregado diretamente do empregador.

273. "Telemarketing". Operadores. Art. 227 da CLT. Inaplicável

- (cancelada - Res. 175/2011, *DEJT*, 27, 30 e 31.05.2011.

274. Turno ininterrupto de revezamento. Ferroviário. Horas extras. Devidas (inserida em 27.09.2002). O ferroviário submetido a escalas variadas, com alternância de turnos, faz jus à jornada especial prevista no art. 7º, XIV, da CF/1988.

275. Turno ininterrupto de revezamento. Horista. Horas extras e adicional. Devidos (inserida em 27.09.2002). Inexistindo instrumento coletivo fixando jornada diversa, o empregado horista submetido a turno ininterrupto de revezamento faz jus ao pagamento das horas extraordinárias laboradas além da 6ª, bem como ao respectivo adicional.

276. Ação declaratória. Complementação de aposentadoria (*DJ*, 11.08.2003). É incabível ação declaratória visando a declarar direito à complementação de aposentadoria, se ainda não atendidos os requisitos necessários à aquisição do direito, seja por via regulamentar, ou por acordo coletivo.

277. Ação de cumprimento fundada em decisão normativa que sofreu posterior reforma, quando já transitada em julgado a sentença condenatória. Coisa julgada. Não configuração (*DJ*, 11.08.2003). A coisa julgada produzida na ação de cumprimento é atípica, pois dependente de condição resolutiva, ou seja, da não modificação da decisão normativa por eventual recurso. Assim, modificada a sentença normativa pelo TST, com a consequente extinção do processo, sem julgamento do mérito, deve-se extinguir a execução em andamento, uma vez que a norma sobre a qual se apoiava o título exequendo deixou de existir no mundo jurídico.

278. Adicional de insalubridade. Perícia. Local de trabalho desativado (*DJ*, 11.08.2003). A realização de perícia é obrigatória para a verificação de insalubridade. Quando não for possível sua realização, como em caso de fechamento da empresa, poderá o julgador utilizar-se de outros meios de prova.

279. Adicional de periculosidade. Eletricitários. Base de cálculo. Lei n. 7.369/85, art. 1º. Interpretação (*DJ*, **11.08.2003)**

- (cancelada - Res. 214/2016. *DEJT*, 30.11.2016).

280. Adicional de periculosidade. Exposição eventual. Indevido

- (cancelada - conversão na Súm. 364 - *DJ*, 20.04.2005).

281. Agravo de instrumento. Acórdão do TRT não assinado. Interposto anteriormente à Instrução Normativa n. 16/99

- (cancelada - conversão na OJ Transitória n. 52, SBDI-1 - *DJ*, 20.04.2005).

282. Agravo de instrumento. Juízo de admissibilidade *ad quem* (*DJ*, 11.08.2003). No julgamento de Agravo de Instrumento, ao afastar o óbice apontado pelo TRT para o processamento do recurso de revista, pode o juízo ad quem prosseguir no exame dos demais pressupostos extrínsecos e intrínsecos do recurso de revista, mesmo que não apreciados pelo TRT.

283. Agravo de instrumento. Peças essenciais. Traslado realizado pelo agravado. Validade (*DJ*, 11.08.2003). É válido o traslado de peças essenciais efetuado pelo agravado, pois a regular formação do agravo incumbe às partes e não somente ao agravante.

284. Agravo de instrumento. Traslado. Ausência de certidão de publicação. Etiqueta adesiva imprestável para aferição da tempestividade

- (cancelada em decorrência do CPC de 2015) - Res. 217/2017 - *DEJT* divulgado em 20, 24 e 25.04.2017.

285. Agravo de instrumento. Traslado. Carimbo do protocolo do recurso ilegível. Inservível

- (cancelada em decorrência do CPC de 2015) - Res. 217/2017 - *DEJT* divulgado em 20, 24 e 25.04.2017.

286. Agravo de instrumento. Traslado. Mandato tácito. Ata de audiência. Configuração (alterada) - Res. 167/2010, *DEJT*, 30.04.2010 e 03 e 04.05.2010).

I - A juntada da ata de audiência, em que consignada a presença do advogado, desde que não estivesse atuando com mandato expresso, torna dispensável a procuração deste, porque demonstrada a existência de mandato tácito.

II - Configurada a existência de mandato tácito fica suprida a irregularidade detectada no mandato expresso.

287. Autenticação. Documentos distintos. Despacho denegatório do recurso de revista e certidão de publicação

- (cancelada em decorrência do CPC de 2015) - Res. 219/2017, *DEJT* divulgado em 28, 29 e 30.06.2017

288. Bancário. Cargo de confiança. Art. 224, § 2º, CLT. Gratificação. Pagamento a menor

- (cancelada - nova redação da Súm. 102 - *DJ*, 20.04.2005).

289. Banco do Brasil. Complementação de aposentadoria. Média trienal. Valorizada

- (cancelada - incorporação à nova redação da OJ 18 da SB-DI-1 - *DJ*, 20.04.2005).

290. Contribuição sindical patronal. Ação de cumprimento. Incompetência da Justiça do Trabalho

- (cancelada - *DJ*, 05.07.2005).

291. Custas. Embargos de terceiro interpostos anteriormente à Lei n. 10.537/02. Inexigência de recolhimento

- (cancelada - conversão na OJ Transitória n. 53, SBDI-1 - *DJ*, 20.04.2005).

292. Diárias. Integração ao salário. Art. 457, § 2º, da CLT

- (cancelada - nova redação da Súm. 101 - *DJ*, 20.04.2005).

293. Embargos à SDI contra decisão de turma do TST em agravo do art. 557, § 1º, do CPC. Cabimento

- (cancelada - conversão na letra f da Súm. 353 do TST - Res. 171/2010 - *DEJT* 19, 22 e 23.11.2010).

294. Embargos à SDI contra decisão em recurso de revista não conhecido quanto aos pressupostos intrínsecos. Necessária a indicação expressa de ofensa ao art. 896 da CLT

- (cancelada em decorrência da sua conversão na OJ Transitória 78 da SBDI-1 - Res. 194/2014, *DEJT* 21, 22 e 23.05.2014.)

295. Embargos. Revista não conhecida por má aplicação de súmula ou de orientação jurisprudencial. Exame do mérito pela SDI

‣ (cancelada em decorrência da sua conversão na OJ Transitória 79 da SBDI-1 - Res. 194/2014, *DEJT* 21, 22 e 23.05.2014.).

296. Equiparação salarial. Atendente e auxiliar de enfermagem. Impossibilidade (*DJ*, 11.08.2003). Sendo regulamentada a profissão de auxiliar de enfermagem, cujo exercício pressupõe habilitação técnica, realizada pelo Conselho Regional de Enfermagem, impossível a equiparação salarial do simples atendente com o auxiliar de enfermagem.

297. Equiparação salarial. Servidor público da administração direta, autárquica e fundacional. Art. 37, XIII, da CF/1988 (*DJ*, 11.08.2003). O art. 37, inciso XIII, da CF/1988, veda a equiparação de qualquer natureza para o efeito de remuneração do pessoal do serviço público, sendo juridicamente impossível a aplicação da norma infraconstitucional prevista no art. 461 da CLT quando se pleiteia equiparação salarial entre servidores públicos, independentemente de terem sido contratados pela CLT.

298. Equiparação salarial. Trabalho intelectual. Possibilidade

‣ (cancelada - nova redação da Súm. 6 - *DJ*, 20.04.2005).

299. Estabilidade contratual e FGTS. Compatibilidade

‣ (cancelada - nova redação da Súm. 98 - *DJ*, 20.04.2005.

300. Execução trabalhista. Correção monetária. Juros. Lei n. 8.177/91, art. 39, e Lei n. 10.192/01, art. 15 (nova redação - *DJ*, 20.04.2005). Não viola norma constitucional (art. 5º, II e XXXVI) a determinação de aplicação da TRD, como fator de correção monetária dos débitos trabalhistas, cumulada com juros de mora, previstos no artigo 39 da Lei n. 8.177/91 e convalidado pelo artigo 15 da Lei n. 10.192/01.

301. FGTS. Diferenças. Ônus da prova. Lei n. 8.036/90, art. 17

‣ (cancelada - Res. 175/2011, *DEJT* 27, 30 e 31.05.2011).

302. FGTS. Índice de correção. Débitos trabalhistas (*DJ*, 11.08.2003) Os créditos referentes ao FGTS, decorrentes de condenação judicial, serão corrigidos pelos mesmos índices aplicáveis aos débitos trabalhistas.

303. Gratificação. Redução. Impossibilidade

‣ (cancelada - conversão na Súm. 372 - *DJ*, 20.04.2005).

304. Honorários advocatícios. Assistência judiciária. Declaração de pobreza. Comprovação

‣ (cancelada em decorrência da sua aglutinação ao item I da Súmula nº 463 do TST) - Res. 219/2017, *DEJT* divulgado em 28, 29 e 30.06.2017

305. Honorários advocatícios. Requisitos. Justiça do Trabalho.

‣ (cancelada em decorrência da sua incorporação à nova redação da Súmula 219) - Res. 197/2015, *DEJT* divulgado em 14, 15 e 18.05.2015.

306. Horas extras. Ônus da prova. Registro invariável

‣ (cancelada - nova redação da Súm. 338 - *DJ*, 20.04.2005).

307. Intervalo intrajornada (para repouso e alimentação). Não concessão ou concessão parcial. Lei n. 8.923/94

‣ (cancelada em decorrência da aglutinação ao item I da Súmula n. 437 - Res. 186/2012, *DEJT* divulgado em 25, 26 e 27.09.2012).

308. Jornada de trabalho. Alteração. Retorno à jornada inicialmente contratada. Servidor público (*DJ*, 11.08.2003). O retorno do servidor público (administração direta, autárquica e fundacional) à jornada inicialmente contratada não se insere nas vedações do art. 468 da CLT, sendo a sua jornada definida em lei e no contrato de trabalho firmado entre as partes.

309. Lei estadual, norma coletiva ou regulamento de empresa. Interpretação. Art. 896, b, da CLT

‣ (cancelada - incorporação à nova redação da OJ n. 147, SBDI-1 - *DJ*, 20.04.2005).

310. Litisconsortes. Procuradores distintos. Prazo em dobro. Art. 229, *caput* e §§ 1º e 2º, do CPC de 2015. Art. 191 do CPC de 1973. Inaplicável ao processo do trabalho (atualizada em decorrência do CPC de 2015 - Res. 208/2016, *DEJT* divulgado em 22, 25 e 26.04.2016). Inaplicável ao processo do trabalho a norma contida no art. 229, *caput* e §§ 1º e 2º, do CPC de 2015 (art. 191 do CPC de 1973), em razão de incompatibilidade com a celeridade que lhe é inerente.

311. Mandato. Art. 37 do CPC. Inaplicável na fase recursal

‣ (cancelada - conversão na Súm. 383 - *DJ*, 20.04.2005).

312. Mandato. Cláusula com ressalva de vigência. Prorrogação até o final da demanda

‣ (cancelada - conversão na Súm. 395 - *DJ*, 20.04.2005).

313. Mandato. Cláusula fixando prazo para juntada

‣ (cancelada - conversão na Súm. 395 - *DJ*, 20.04.2005).

314. Massa falida. Dobra salarial. Art. 467 da CLT. Inaplicável

‣ (cancelada - conversão na Súm. 388 - *DJ*, 20.04.2005).

315. Motorista. Empresa. Atividade predominantemente rural. Enquadramento como trabalhador rural

‣ (cancelada) - Res. 200/2015, *DEJT* divulgado em 29.10.2015 e 03 e 04.11.2015.

316. Portuários. Adicional de risco. Lei n. 4.860/65 (*DJ*, 11.08.2003). O adicional de risco dos portuários, previsto no art. 14 da Lei n. 4.860/65, deve ser proporcional ao tempo efetivo no serviço considerado sob risco e apenas concedido àqueles que prestam serviços na área portuária.

317. Repositório de jurisprudência autorizado após a interposição do recurso. Validade

‣ (cancelada em decorrência da nova redação da Súm. 337 - *DJ*, 20.04.2005).

318. Autarquia. Fundação Pública. Legitimidade para recorrer. Representação Processual. (incluído o item II e alterada em decorrência do CPC de 2015) – Res. 220/2017 do TST (DEJT 22.09.2017).

I – Os Estados e os Municípios não têm legitimidade para recorrer em nome das autarquias e das fundações públicas.

II – Os procuradores estaduais e municipais podem representar as respectivas autarquias e fundações públicas em juízo somente se designados pela lei da respectiva unidade da federação (art. 75, IV, do CPC de 2015) ou se investidos de instrumento de mandato válido.

319. Representação regular. Estagiário. Habilitação posterior (*DJ*, 11.08.2003). Válidos são os atos praticados por estagiário se, entre o substabelecimento e a interposição do recurso, sobreveio a habilitação, do então estagiário, para atuar como advogado.

320. Sistema de protocolo integrado. Norma interna. Eficácia limitada a recursos da competência do TRT que a editou. Art. 896, § 1º, da CLT

‣ (cancelada - *DJ*, 14.09.2004).

321. Vínculo empregatício com a administração pública. Período anterior à CF/1988 (nova redação - *DJ*, 20.04.2005). Salvo os casos de trabalho temporário e de serviço de vigilância, previstos nas Leis n. 6.019, de 03.01.74, e 7.102, de 20.06.83, é ilegal a contratação de trabalhadores por empresa interposta, formando-se o vínculo empregatício diretamente com o tomador dos serviços, inclusive ente público, em relação ao período anterior à vigência da CF/88.

322. Acordo coletivo de trabalho. Cláusula de termo aditivo prorrogando o acordo para prazo indeterminado. Inválida (*DJ*, 09.12.2003). Nos termos do art. 614, § 3º, da CLT, é de 2 anos o prazo máximo de vigência dos acordos e das convenções coletivas. Assim sendo, é inválida, naquilo que ultrapassa o prazo total de 2 anos, a cláusula de termo aditivo que prorroga a vigência do instrumento coletivo originário por prazo indeterminado.

323. Acordo de compensação de jornada. "semana espanhola". Validade (*DJ*, 09.12.2003). É válido o sistema de compensação de horário quando a jornada adotada é a denominada "semana espanhola", que alterna a prestação de 48 horas em uma semana e 40 horas em outra, não violando os arts. 59, § 2º, da CLT e 7º, XIII, da CF/1988 o seu ajuste mediante acordo ou convenção coletiva de trabalho.

324. Adicional de periculosidade. Sistema elétrico de potência. Decreto n. 93.412/86, art. 2º, § 1º (*DJ*, 09.12.2003). É assegurado o adicional de periculosidade apenas aos empregados que trabalham em sistema elétrico de potência em condições de risco, ou que o façam com equipamentos e instalações elétricas similares, que ofereçam risco equivalente, ainda que em unidade consumidora de energia elétrica.

325. Aumento salarial concedido pela empresa. Compensação no ano seguinte em antecipação sem a participação do sindicato profissional. Impossibilidade (*DJ*, 09.12.2003). O aumento real, concedido pela empresa a todos os seus empregados, somente pode ser reduzido mediante a participação efetiva do sindicato profissional no ajuste, nos termos do art. 7º, VI, da CF/1988.

326. Cartão de ponto. Registro. Horas extras. Minutos que antecedem e sucedem a jornada de trabalho. Tempo utilizado para uniformização, lanche e higiene pessoal

- (cancelada - conversão na Súm. 366 - *DJ*, 20.04.2005).

327. Dano moral. Competência da Justiça do Trabalho

- (cancelada - conversão na Súm. 392 - *DJ*, 20.04.2005).

328. Equiparação salarial. Cargo com a mesma denominação. Funções diferentes ou similares. Não autorizada a equiparação

- (cancelada em decorrência da nova redação conferida à Súm. 6 - *DJ*, 20.04.2005).

329. Estabilidade. Cipeiro. Suplente. Extinção do estabelecimento. Indenização indevida

- (cancelada em decorrência da nova redação da Súm. 339 - *DJ*, 20.04.2005).

330. Irregularidade de representação. Substabelecimento anterior à procuração

- (cancelada - conversão na Súm. 395 - *DJ*, 20.04.2005).

331. Justiça gratuita. Declaração de insuficiência econômica. Mandato. Poderes específicos desnecessários

- (cancelada - Res. 210/2016, *DEJT* divulgado em 30.06.2016 e 01 e 04.07.2016).

332. Motorista. Horas extras. Atividade externa. Controle de jornada por tacógrafo. Resolução n. 816/1986 do CONTRAN (*DJ*, 09.12.2003). O tacógrafo, por si só, sem a existência de outros elementos, não serve para controlar a jornada de trabalho de empregado que exerce atividade externa.

333. Petroleiros. Turno ininterrupto de revezamento. Alteração da jornada para horário fixo. Art. 10 da Lei n. 5.811/72 recepcionado pela CF/1988

- (cancelada em decorrência da sua conversão na Súm. 391 - *DJ*, 20.04.2005).

334. Remessa *ex officio*. Recurso de revista. Inexistência de recurso ordinário voluntário de ente público. Incabível (*DJ*, 09.12.2003). Incabível recurso de revista de ente público que não interpôs recurso ordinário voluntário da decisão de primeira instância, ressalvada a hipótese de ter sido agravada, na segunda instância, a condenação imposta.

- ERR 522601/1998 - Em 28.10.03, o Tribunal Pleno decidiu, por maioria, ser incabível recurso de revista de ente público que não interpôs recurso ordinário voluntário.

335. Contrato nulo. Administração pública. Efeitos. Conhecimento do recurso por violação do art. 37, II e § 2º, da CF/1988 (*DJ*, 04.05.2004). A nulidade da contratação sem concurso público, após a CF/1988, bem como a limitação de seus efeitos, somente poderá ser declarada por ofensa ao art. 37, II, se invocado concomitantemente o seu § 2º, todos da CF/1988. Orientação Jurisprudencial, SBDI-1

336. Embargos interpostos anteriormente à vigência da Lei n. 11.496/2007. Recurso não conhecido com base em orientação jurisprudencial. Desnecessário o exame das violações de lei e da Constituição Federal alegadas no recurso de revista (redação alterada pelo Tribunal Pleno na sessão realizada em 06.02.2012). Estando a decisão recorrida em conformidade com orientação jurisprudencial, desnecessário o exame das divergências e das violações de lei e da Constituição alegadas em embargos interpostos antes da vigência da Lei n. 11.496/2007, salvo nas hipóteses em que a orientação jurisprudencial não fizer qualquer citação do dispositivo constitucional.

337. *Fac-símile*. Lei n. 9.800/99, art. 2º. Prazo. Apresentação dos originais

- (cancelada - conversão na Súm. 387 - *DJ*, 20.04.2005).

338. Ministério Público do Trabalho. Legitimidade para recorrer. Sociedade de economia mista e empresa pública. Contrato nulo

- (cancelada em decorrência da sua incorporação à nova redação da Orientação Jurisprudencial n. 237 da SBDI-1) - Res. 210/2016, *DEJT* divulgado em 30.06.2016 e 01 e 04.07.2016).

339. Teto remuneratório. Empresa pública e sociedade de economia mista. Art. 37, XI, da CF/1988 (anterior à Emenda Constitucional n. 19/1998) (nova redação - *DJ*, 20.04.2005) As empresas públicas e as sociedades de economia mista estão submetidas à observância do teto remuneratório previsto no inciso XI do art. 37 da CF/1988, sendo aplicável, inclusive, ao período anterior à alteração introduzida pela Emenda Constitucional n. 19/1998.

340. Efeito devolutivo. Profundidade. Recurso ordinário. Art. 515, § 1º, do CPC. Aplicação

- (cancelada - conversão na Súm. 393 - *DJ*, 20.04.2005).

341. FGTS. Multa de 40%. Diferenças decorrentes dos expurgos inflacionários. Responsabilidade pelo pagamento (*DJ*, 22.06.2004). É de responsabilidade do empregador o pagamento da diferença da multa de 40% sobre os depósitos do FGTS, decorrente da atualização monetária em face dos expurgos inflacionários.

342. Intervalo intrajornada para repouso e alimentação. Não concessão ou redução. Previsão em norma coletiva. Invalidade. Exceção aos condutores de veículos rodoviários, empregados em empresas de transporte coletivo urbano

- (cancelada. Convertido o item I no item II da Súmula n. 437 - Res. 186/2012, *DEJT* divulgado em 25, 26 e 27.09.2012)

343. Penhora. Sucessão. Art. 100 da CF/1988. Execução (*DJ*, 22.06.2004) É válida a penhora em bens de pessoa jurídica de direito privado, realizada anteriormente à sucessão pela União ou por Estado-membro, não podendo a execução prosseguir mediante precatório. A decisão que a mantém não viola o art. 100 da CF/1988.

344. FGTS. Multa de 40%. Diferenças decorrentes dos expurgos inflacionários. Prescrição. Termo inicial (mantida) - Res. 175/2011, *DEJT*, 27, 30 e 31.05.2011). O termo inicial do prazo prescricional para o empregado pleitear em juízo diferenças da multa do FGTS, decorrentes dos expurgos inflacionários, deu-se com a vigência da Lei Complementar n. 110, em 30.06.01, salvo comprovado trânsito em julgado de decisão proferida em ação proposta anteriormente na Justiça Federal, que reconheça o direito à atualização do saldo da conta vinculada.

345. Adicional de periculosidade. Radiação ionizante ou substância radioativa. Devido (*DJ*, 22.06.2005). A exposição do empregado à radiação ionizante ou à substância radioativa enseja a percepção do adicional de periculosidade, pois a regulamentação ministerial (Portarias do Ministério do Trabalho n. 3.393, de 17.12.1987, e 518, de 07.04.2003), ao reputar perigosa a atividade, reveste-se de plena eficácia, porquanto expedida por força de delegação legislativa contida no art. 200, *caput*, e inciso VI, da CLT. No período de 12.12.2002 a 06.04.2003, enquanto vigeu a Portaria n. 496 do Ministério do Trabalho, o empregado faz jus ao adicional de insalubridade.

346. Abono previsto em norma coletiva. Natureza indenizatória. Concessão apenas aos empregados em atividade. Extensão aos inativos. Impossibilidade (*DJ*, 25.04.2007). A decisão que estende aos inativos a concessão de abono de natureza jurídica indenizatória, previsto em norma coletiva apenas para os empregados em atividade, a ser pago de uma única vez, e confere natureza salarial à parcela, afronta o art. 7º, XXVI, da CF/88.

347. Adicional de periculosidade. Sistema elétrico de potência. Lei n. 7.369, de 20.09.1985, regulamentada pelo Decreto n. 93.412, de 14.10.1986. Extensão do direito aos cabistas, instaladores e reparadores de linhas e aparelhos em empresa de telefonia (*DJ*, 25.04.2007). É devido o adicional de periculosidade aos empregados cabistas, instaladores e reparadores de linhas e aparelhos de empresas de telefonia, desde que, no exercício de suas funções, fiquem expostos a condições de risco equivalente ao do trabalho exercido em contato com sistema elétrico de potência.

348. Honorários advocatícios. Base de cálculo. Valor líquido. Lei n. 1.060, de 05.02.1950 (*DJ*, 25.04.2007). Os honorários advocatícios, arbitrados nos termos do art. 11, § 1º, da Lei n. 1.060, de 05.02.1950, devem incidir sobre o valor líquido da condenação, apurado na fase de liquidação de sentença, sem a dedução dos descontos fiscais e previdenciários.

349. Mandato. Juntada de nova procuração. Ausência de ressalva. Efeitos (*DJ*, 25.04.2007). A juntada de nova procuração aos autos, sem ressalva de poderes conferidos ao antigo patrono, implica revogação tácita do mandato anterior.

350. Ministério Público do Trabalho. Nulidade do contrato de trabalho não suscitada pelo ente público no momento da defesa. Arguição em parecer. Possibilidade (alterada) - Res. 162/2009, *DEJT*, 23, 24 e 25.11.2009). O Ministério Público do Trabalho pode arguir, em parecer, na primeira vez que tenha de se manifestar no processo, a nulidade do contrato de trabalho em favor de ente público, ainda que a parte não a tenha suscitado, a qual será apreciada, sendo vedada, no entanto, qualquer dilação probatória.

351. Multa. Art. 477, § 8º, da CLT. Verbas rescisórias reconhecidas em juízo

- (cancelada) - Res. 163/2009, *DEJT* 23, 24 e 25.11.2009).

352. Procedimento sumaríssimo. Recurso de revista fundamentado em contrariedade a orientação jurisprudencial. Inadmissibilidade. Art. 896, § 6º, da CLT, acrescentado pela Lei n. 9.957, de 12.01.2000

- (cancelada em decorrência da conversão na Súmula n. 442 - Res. 186/2012, *DEJT* divulgado em 25, 26 e 27.09.2012).

353. Equiparação salarial. Sociedade de economia mista. Art. 37, XIII, da CF/1988. Possibilidade

- (cancelada em decorrência da sua conversão na Súm. 455 - Res. 194/2014, *DEJT* 21, 22 e 23.05.2014.)

354. Intervalo intrajornada. Art. 71, § 4º, da CLT. Não concessão ou redução. Natureza jurídica salarial

- (cancelada em decorrência da conversão no item III da Súmula n. 437 - Res. 186/2012, *DEJT* divulgado em 25, 26 e 27.09.2012).

355. Intervalo interjornadas. Inobservância. Horas extras. Período pago como sobrejornada. Art. 66 da CLT. Aplicação analógica do § 4º do art. 71 da CLT (*DJ*, 14.03.2008). O desrespeito ao intervalo mínimo interjornadas previsto no art. 66 da CLT acarreta, por analogia, os mesmos efeitos previstos no § 4º do art. 71 da CLT e na Súmula 110 do TST, devendo-se pagar a integralidade das horas que foram subtraídas do intervalo, acrescidas do respectivo adicional.

356. Programa de incentivo à demissão voluntária (PDV). Créditos trabalhistas reconhecidos em juízo. Compensação. Impossibilidade (*DJ*, 14.03.2008). Os créditos tipicamente trabalhistas reconhecidos em juízo não são suscetíveis de compensação com a indenização paga em decorrência de adesão do trabalhador a Programa de Incentivo à Demissão Voluntária (PDV).

357. Recurso. Interposição antes da publicação do acórdão impugnado. Extemporaneidade. Não conhecimento

- (cancelada em decorrência da sua conversão na Súm. 434 - Res. TST 178/2012). (*DEJT*, 13, 14 e 15.02.2012).

358. Salário-mínimo e piso salarial proporcional à jornada reduzida. Empregado. Servidor público (redação alterada na sessão do Tribunal Pleno realizada em 16.02.2016) - Res. 202/2016, *DEJT*, 19, 22 e 23.02.2016.

I - Havendo contratação para cumprimento de jornada reduzida, inferior à previsão constitucional de oito horas diárias ou quarenta e quatro semanais, é lícito o pagamento do piso salarial ou do salário-mínimo proporcional ao tempo trabalhado.

II - Na Administração Pública direta, autárquica e fundacional não é válida remuneração de empregado público inferior ao salário-mínimo, ainda que cumpra jornada de trabalho reduzida. Precedentes do Supremo Tribunal Federal.

359. Substituição processual. Sindicato. Legitimidade. Prescrição. Interrupção (*DJ*, 14.03.2008). A ação movida por sindicato, na qualidade de substituto processual, interrompe a prescrição, ainda que tenha sido considerado parte ilegítima ad causam.

360. Turno ininterrupto de revezamento. Dois turnos. Horário diurno e noturno. Caracterização (*DJ*, 14.03.2008). Faz jus à jornada especial prevista no art. 7º, XIV, da CF/1988 o trabalhador que exerce suas atividades em sistema de alternância de turnos, ainda que em dois turnos de trabalho, que compreendam, no todo ou em parte, o horário diurno e o noturno, pois submetido à alternância de horário prejudicial à saúde, sendo irrelevante que a atividade da empresa se desenvolva de forma ininterrupta.

361. Aposentadoria espontânea. Unicidade do contrato de trabalho. Multa de 40% do FGTS sobre todo o período (*DJ*, 20, 21 e 23.05.2008). A aposentadoria espontânea não é causa de extinção do contrato de trabalho se o empregado permanece prestando serviços ao empregador após a jubilação. Assim, por ocasião da sua dispensa imotivada, o empregado tem direito à multa de 40% do FGTS sobre a totalidade dos depósitos efetuados no curso do pacto laboral.

362. Contrato nulo. Efeitos. FGTS. Medida Provisória 2.164-41, de 24.08.2001, e art. 19-A da Lei n. 8.036, de 11.05.1990. Irretroatividade (*DJ*, 20, 21 e 23.05.2008). Não afronta o princípio da irretroatividade da lei a aplicação do art. 19-A da Lei n. 8.036, de 11.05.1990, aos contratos declarados nulos celebrados antes da vigência da Medida Provisória n. 2.164-41, de 24.08.2001.

363. Descontos previdenciários e fiscais. Condenação do empregador em razão do inadimplemento de verbas remuneratórias. Responsabilidade do empregado pelo pagamento. Abrangência (cancelada em decorrência da aglutinação da sua parte final ao item II da Súmula nº 368 do TST) - Res. 219/2017, *DEJT* divulgado em 28, 29 e 30.06.2017.

364. Estabilidade. Art. 19 do ADCT. Servidor público de fundação regido pela CLT (*DJ*, 20, 21 e 23.05.2008) Fundação instituída por lei e que recebe dotação ou subvenção do Poder Público para realizar atividades de interesse do Estado, ainda que tenha personalidade jurídica de direito privado, ostenta natureza de fundação pública. Assim, seus servidores regidos pela CLT são beneficiários da estabilidade excepcional prevista no art. 19 do ADCT.

365. Estabilidade provisória. Membro de conselho fiscal de sindicato. Inexistência (*DJ*, 20, 21 e 23.05.2008) Membro de conselho fiscal de sindicato não tem direito à estabilidade prevista nos arts. 543, § 3º, da CLT e 8º, VIII, da CF/1988, porquanto não representa ou atua na defesa de direitos da categoria respectiva, tendo sua competência limitada à fiscalização da gestão financeira do sindicato (art. 522, § 2º, da CLT).

366. Estagiário. Desvirtuamento do contrato de estágio. Reconhecimento do vínculo empregatício com a administração pública direta ou indireta. Período posterior à Constituição Federal de 1988. Impossibilidade (*DJ*, 20, 21 e 23.05.2008). Ainda que desvirtuada a finalidade do contrato de estágio celebrado na vigência da Constituição Federal de 1988, é inviável o reconhecimento do vínculo empregatício com ente da Administração Pública direta ou indireta, por força do art. 37, II, da CF/1988, bem como o deferimento de indenização pecuniária, exceto em relação às parcelas previstas na Súm. 363 do TST, se requeridas.

367. Aviso prévio de 60 dias. Elastecimento por norma coletiva. Projeção. Reflexos nas parcelas trabalhistas (*DEJT*, 03, 04 e 05.12.2008) O prazo de aviso prévio de 60 dias, concedido por meio de norma coletiva que silencia sobre alcance de seus efeitos jurídicos, computa-se integralmente como tempo de serviço, nos termos do § 1º do art. 487 da CLT, repercutindo nas verbas rescisórias.

368. Descontos previdenciários. Acordo homologado em juízo. Inexistência de vínculo empregatício. Parcelas indenizatórias. Ausência de discriminação. Incidência sobre o valor total (*DEJT*, 03, 04 e 05.12.2008). É devida a incidência das contribuições para a Previdência Social sobre o valor total do acordo homologado em juízo, independentemente do reconhecimento de vínculo de emprego, desde que não haja discriminação das parcelas sujeitas à incidência da contribuição previdenciária, conforme parágrafo único do art. 43 da Lei n. 8.212, de 24.07.1991, e do art. 195, I, "a", da CF/1988.

369. Estabilidade provisória. Delegado sindical. Inaplicável (*DEJT*, 03, 04 e 05.12.2008). O delegado sindical não é beneficiário da estabilidade provisória prevista no art. 8º, VIII, da CF/1988, a qual é dirigida, exclusivamente, àqueles que exerçam ou ocupem cargos de direção nos sindicatos, submetidos a processo eletivo.

370. FGTS. Multa de 40%. Diferenças dos expurgos inflacionários. Prescrição. Interrupção decorrente de protestos judiciais (*DEJT*, 03, 04 e 05.12.2008). O ajuizamento de protesto judicial dentro do biênio posterior à Lei Complementar n. 110, de 29.06.2001, interrompe a prescrição, sendo irrelevante o transcurso de mais de dois anos da propositura de outra medida acautelatória, com o mesmo objetivo, ocorrida antes da vigência da referida lei, pois ainda não iniciado o prazo prescricional, conforme disposto na OJ 344, SBDI-1.

371. Irregularidade de representação. Substabelecimento não datado. Inaplicabilidade do art. 654, § 1º, do Código Civil (atualizada em decorrência do CPC de 2015 - Res. 208/2016, *DEJT* divulgado em 22, 25 e 26.04.2016).

Não caracteriza a irregularidade de representação a ausência da data da outorga de poderes, pois, no mandato judicial, ao contrário do mandato civil, não é condição de validade do negócio jurídico. Assim, a data a ser considerada é aquela em que o instrumento for juntado aos autos, conforme preceitua o art. 409, IV, do CPC de 2015 (art. 370, IV, do CPC de 1973). Inaplicável o art. 654, § 1º, do Código Civil.

372. Minutos que antecedem e sucedem a jornada de trabalho. Lei n. 10.243, de 19.06.2001. Norma coletiva. Flexibilização. Impossibilidade

- (cancelada em decorrência da sua conversão na Súm. 449 - Res. 194/2014, *DEJT* 21, 22 e 23.05.2014.)

373. Representação. Pessoa jurídica. Procuração. Invalidade. Identificação do outorgante e de seu representante

- (cancelada em decorrência da sua conversão na Súm. 456) - Res. 194/2014, *DEJT* 21, 22 e 23.05.2014.).

374. Agravo de instrumento. Representação processual. Regularidade. Procuração ou substabelecimento com cláusula limitativa de poderes ao âmbito do Tribunal Regional do Trabalho (*DEJT*, 19, 20 e 22.04.2010). É regular a representação processual do subscritor do agravo de instrumento ou do recurso de revista que detém mandato com poderes de representação limitados ao âmbito do Tribunal Regional do Trabalho, pois, embora a apreciação desse recurso seja realizada pelo Tribunal Superior do Trabalho, a sua interposição é ato praticado perante o Tribunal Regional do Trabalho, circunstância que legitima a atuação do advogado no feito.

375. Auxílio-doença. Aposentadoria por invalidez. Suspensão do contrato de trabalho. Prescrição. Contagem (*DEJT*, 19, 20 e 22.04.2010). A suspensão do contrato de trabalho, em virtude da percepção do auxílio-doença ou da aposentadoria por invalidez, não impede a fluência da prescrição quinquenal, ressalvada a hipótese de absoluta impossibilidade de acesso ao Judiciário.

376. Contribuição previdenciária. Acordo homologado em juízo após o trânsito em julgado da sentença condenatória. Incidência sobre o valor homologado (*DEJT*, 19, 20 e 22.04.2010). É devida a contribuição previdenciária sobre o valor do acordo celebrado e homologado após o trânsito em julgado de decisão judicial, respeitada a proporcionalidade de valores entre as parcelas de natureza salarial e indenizatória deferidas na decisão condenatória e as parcelas objeto do acordo.

377. Embargos de declaração. Decisão denegatória de recurso de revista exarado por presidente do TRT. Descabimento. Não interrupção do prazo recursal

- (cancelada a partir de 15.04.2016 - Res.204/2016, *DEJT* divulgado em 17, 18 e 21.03.2016).

378. Embargos. Interposição contra decisão monocrática. Não cabimento (atualizada em decorrência do CPC de 2015 - Res. 208/2016, *DEJT* divulgado em 22, 25 e 26.04.2016).

Não encontra amparo no art. 894 da CLT, quer na redação anterior quer na redação posterior à Lei n. 11.496, de 22.06.2007, recurso de embargos interposto à decisão monocrática exarada nos moldes do art. 932 do CPC de 2015 (art. 557 do CPC de 1973), pois o comando legal restringe seu cabimento à pretensão de reforma de decisão colegiada proferida por Turma do Tribunal Superior do Trabalho.

379. Empregado de cooperativa de crédito. Bancário. Equiparação. Impossibilidade. (republicada em razão de erro material no registro da referência legislativa). Os empregados de cooperativas de crédito não se equiparam a bancário, para efeito de aplicação do art. 224 da CLT, em razão da inexistência de expressa previsão legal, considerando, ainda, as diferenças estruturais e operacionais entre as instituições financeiras e as cooperativas de crédito. Inteligência das Leis n. 4.595, de 31.12.1964, e 5.764, de 16.12.1971.

380. Intervalo intrajornada. Jornada contratual de seis horas diárias. Prorrogação habitual. Aplicação do art. 71, caput e § 4º, da CLT

- (cancelada em decorrência da conversão no item IV da Súmula n. 437 - Res. 186/2012. *DEJT* divulgado em 25, 26 e 27.09.2012).

381. Intervalo intrajornada. Rurícola. Lei n. 5.889, de 08.06.1973. Supressão total ou parcial. Decreto n. 73.626, de 12.02.1974. Aplicação do art. 71, § 4º, da CLT

- (cancelada em decorrência da aglutinação ao item I da Súmula n. 437 - Res. 186/2012, *DEJT* divulgado em 25, 26 e 27.09.2012).

382. Juros de mora. Art. 1º-F da Lei n. 9.494, de 10.09.1997. Inaplicabilidade à Fazenda Pública quando condenada subsidiariamente (*DEJT*, 19, 20 e 22.04.2010). A Fazenda Pública, quando condenada subsidiariamente pelas obrigações trabalhistas devidas pela empregadora principal, não se beneficia da limitação dos juros, prevista no art. 1º-F da Lei n. 9.494, de 10.09.1997.

383. Terceirização. Empregados da empresa prestadora de serviços e da tomadora. Isonomia. Art. 12, "a", da Lei n. 6.019, de 03.01.1974 (mantida - Res. 175/2011, *DEJT*, 27, 30 e 31.05.2011). A contratação irregular de trabalhador, mediante empresa interposta, não gera vínculo de emprego com ente da Administração Pública, não afastando, contudo, pelo princípio da isonomia, o direito dos empregados terceirizados às mesmas verbas trabalhistas legais e normativas asseguradas àqueles contratados pelo tomador dos serviços, desde que presente a igualdade de funções. Aplicação analógica do art. 12, "a", da Lei n. 6.019, de 03.01.1974.

384. Trabalhador avulso. Prescrição bienal. Termo inicial.

- (cancelada - Res. 186/2012, *DEJT* divulgado em 25, 26 e 27.09.2012)

385. Adicional de periculosidade. Devido. Armazenamento de líquido inflamável no prédio. Construção vertical. (*DEJT*, 09, 10 e 11.06.2010). É devido o pagamento do adicional de periculosidade ao empregado que desenvolve suas atividades em edifício (construção vertical), seja em pavimento igual ou distinto daquele onde estão instalados tanques para armazenamento de líquido inflamável, em quantidade acima do limite legal, considerando-se como área de risco toda a área interna da construção vertical.

386. Férias. Gozo na época própria. Pagamento fora do prazo. Dobra devida. Arts. 137 e 145 da CLT.

- (cancelada em decorrência da sua conversão na Súm. 450 - Res. 194/2014, *DEJT* 21, 22 e 23.05.2014.).

387. Honorários periciais. Beneficiário da justiça gratuita. Responsabilidade da União pelo pagamento. Resolução n. 35/2007 do CSJT. Observância.

- (cancelada em decorrência da sua conversão na Súm. 457 - Res. 194/2014, *DEJT* 21, 22 e 23.05.2014.)

388. Jornada 12x36. Jornada mista que compreenda a totalidade do período noturno. Adicional noturno. Devido. (*DEJT*, 09, 10 e 11.06.2010). O empregado submetido à jornada de 12 horas de trabalho por 36 de descanso, que compreenda a totalidade do período noturno, tem direito ao adicional noturno, relativo às horas trabalhadas após as 5 horas da manhã.

389. Multa prevista no art. 1.021, §§ 4º e 5º, do CPC de 2015. Art. 557, § 2º, do CPC de 1973. Recolhimento. Pressuposto recursal. Beneficiário da justiça gratuita e Fazenda Pública. Pagamento ao final (nova redação em decorrência do CPC de 2015 - Res. 209/2016, *DEJT* divulgado em 01, 02 e 03.06.2016).

Constitui ônus da parte recorrente, sob pena de deserção, depositar previamente a multa aplicada com fundamento nos §§ 4º e 5º, do art. 1.021, do CPC de 2015 (§ 2º do art. 557 do CPC de 1973), à exceção da Fazenda Pública e do beneficiário de justiça gratuita, que farão o pagamento ao final.

390. Participação nos lucros e resultados. Rescisão contratual anterior à data da distribuição dos lucros. Pagamento proporcional aos meses trabalhados. Princípio da isonomia.

- (cancelada em decorrência da sua conversão na Súm. 451 - Res. 194/2014, *DEJT* 21, 22 e 23.05.2014.).

391. Portuários. Submissão prévia de demanda a comissão paritária. Lei n. 8.630, de 25.02.1993. Inexigibilidade. (*DEJT*, 09, 10 e 11.06.2010). A submissão prévia de demanda a comissão paritária, constituída nos termos do art. 23 da Lei n. 8.630, de 25.02.1993 (Lei dos Portos), não é pressuposto de constituição e desenvolvimento válido e regular do processo, ante a ausência de previsão em lei.

- Lei 12.815/2013 (Dispõe sobre a exploração direta e indireta pela União de portos e instalações portuárias e sobre as atividades desempenhadas pelos operadores portuários) e Dec. 8.033/2013 (regulamento).

392. Prescrição. Interrupção. Ajuizamento de protesto judicial. Marco inicial (republicada em razão de erro material - Res. 209/2016, *DEJT* divulgado em 01, 02 e 03.06.2016).

O protesto judicial é medida aplicável no processo do trabalho, por força do art. 769 da CLT e do art. 15 do CPC de 2015. O ajuizamento da ação, por si só, interrompe o prazo prescricional, em razão da inaplicabilidade do § 2º do art. 240 do CPC de 2015 (§ 2º do art. 219 do CPC de 1973), incompatível com o disposto no art. 841 da CLT.

393. Professor. Jornada de trabalho especial. Art. 318 da CLT. Salário-mínimo. Proporcionalidade. (*DEJT*, 09, 10 e 11.06.2010). A contraprestação mensal devida ao professor, que trabalha no limite máximo da jornada prevista no art. 318 da CLT, é de um salário-mínimo integral, não se cogitando do pagamento proporcional em relação a jornada prevista no art. 7º, XIII, da Constituição Federal.

394. Repouso semanal remunerado - RSR. Integração das horas extras. Não repercussão no cálculo das férias, do décimo terceiro salário, do aviso prévio e dos depósitos do FGTS. (*DEJT*, 09, 10 e 11.06.2010). A majoração do valor do repouso semanal remunerado, em razão da integração das horas extras habitualmente prestadas, não repercute no cálculo das férias, da gratificação natalina, do aviso prévio e do FGTS, sob pena de caracterização de bis in idem.

395. Turno ininterrupto de revezamento. Hora noturna reduzida. Incidência. (*DEJT* 09, 10 e 11.06.2010). O trabalho em regime de turnos ininterruptos de revezamento não retira o direito à hora noturna reduzida, não havendo incompatibilidade entre as disposições contidas nos arts. 73, § 1º, da CLT e 7º, XIV, da Constituição Federal.

396. Turnos ininterruptos de revezamento. Alteração da jornada de 8 para 6 horas diárias. Empregado horista. Aplicação do divisor 180. (*DEJT* 09, 10 e 11.06.2010). Para o cálculo do salário hora do empregado horista, submetido a turnos ininterruptos de revezamento, considerando a alteração da jornada de 8 para 6 horas diárias, aplica-se o divisor 180, em observância ao disposto no art. 7º, VI, da Constituição Federal, que assegura a irredutibilidade salarial.

397. Comissionista misto. Horas extras. Base de cálculo. Aplicação da Súmula n. 340 do TST. (*DEJT*, 02, 03 e 04.08.2010). O empregado que recebe remuneração mista, ou seja, uma parte fixa e outra variável, tem direito a horas extras pelo trabalho em sobrejornada. Em relação à parte fixa, são devidas as horas simples acrescidas do adicional de horas extras. Em relação à parte variável, é devido somente o adicional de horas extras, aplicando-se à hipótese o disposto na Súmula n. 340 do TST.

398. Contribuição previdenciária. Acordo homologado em juízo sem reconhecimento de vínculo de emprego. Contribuinte individual. Recolhimento da alíquota de 20% a cargo do tomador e 11% a cargo do prestador de serviços. (*DEJT*, 02, 03 e 04.08.2010). Nos acordos homologados em juízo em que não haja o reconhecimento de vínculo empregatício, é devido o recolhimento da contribuição previdenciária, mediante a alíquota de 20% a cargo do tomador de serviços e de 11% por parte do prestador de serviços, na qualidade de contribuinte individual, sobre o valor total do acordo, respeitado o teto de contribuição. Inteligência do § 4º do art. 30 e do inciso III do art. 22, todos da Lei n. 8.212, de 24.07.1991.

399. Estabilidade provisória. Ação trabalhista ajuizada após o término do período de garantia no emprego. Abuso do exercício do direito de ação. Não configuração. Indenização devida. (*DEJT*, 02, 03 e 04.08.2010). O ajuizamento de ação trabalhista após decorrido o período de garantia de emprego não configura abuso do exercício do direito de ação, pois este está submetido apenas ao prazo prescricional inscrito no art. 7º, XXIX, da CF/1988, sendo devida a indenização desde a dispensa até a data do término do período estabilitário.

400. Imposto de renda. Base de cálculo. Juros de mora. Não integração. Art. 404 do Código Civil brasileiro. (*DEJT* 02, 03 e 04.08.2010). Os juros de mora decorrentes do inadimplemento de obrigação de pagamento em dinheiro não integram a base de cálculo do imposto de renda, independentemente da natureza jurídica da obrigação inadimplida, ante o cunho indenizatório conferido pelo art. 404 do Código Civil de 2002 aos juros de mora.

401. Prescrição. Marco inicial. Ação condenatória. Trânsito em julgado da ação declaratória com mesma causa de pedir remota ajuizada antes da extinção do contrato de trabalho. (*DEJT*, 02, 03 e 04.08.2010). O marco inicial da contagem do prazo prescricional para o ajuizamento de ação condenatória, quando advém a dispensa do empregado no curso de ação declaratória que possua a mesma causa de pedir remota, é o trânsito em julgado da decisão proferida na ação declaratória e não a data da extinção do contrato de trabalho.

402. Adicional de risco. Portuário. Terminal privativo. Arts. 14 e 19 da Lei n. 4.860, de 26.11.1965. Indevido (mantida - Res. 175/2011, *DEJT* 27, 30 e 31.05.2011). O adicional de risco previsto no artigo 14 da Lei n. 4.860, de 26.11.1965, aplica-se somente aos portuários que trabalham em portos organizados, não podendo ser conferido aos que operam terminal privativo.

403. Advogado empregado. Contratação anterior a Lei n. 8.906, de 04.07.1994. Jornada de trabalho mantida com o advento da lei. Dedicação exclusiva. Caracterização. (*DEJT* 16, 17 e 20.09.2010). O advogado empregado contratado para jornada de 40 horas semanais, antes da edição da Lei n. 8.906, de 04.07.1994, está sujeito ao regime de dedicação exclusiva disposto no art. 20 da referida lei, pelo que não tem direito à jornada de 20 horas semanais ou 4 diárias.

404. Diferenças salariais. Plano de cargos e salários. Descumprimento. Critérios de promoção não observados. Prescrição parcial.

- (cancelada em decorrência da sua conversão na Súm. 452 - Res. 194/2014, *DEJT* 21, 22 e 23.05.2014.).

405. Embargos. Procedimento sumaríssimo. Conhecimento. Recurso interposto após vigência da Lei n. 11.496, de 22.06.2007, que conferiu nova redação ao art. 894, II, da CLT.

- (cancelada em decorrência da sua conversão na Súm. 458 - Res. 194/2014, *DEJT* 21, 22 e 23.05.2014.).

406. Adicional de periculosidade. Pagamento espontâneo. Caracterização de fato incontroverso. Desnecessária a perícia de que trata o art. 195 da CLT.

- (cancelada em decorrência da sua conversão na Súm. 453 - Res. 194/2014, *DEJT* 21, 22 e 23.05.2014.).

407. Jornalista. Empresa não jornalística. Jornada de trabalho reduzida. Arts. 302 e 303 da CLT. (*DEJT*, 22, 25 e 26.10.2010). O jornalista que exerce funções típicas de sua profissão, independentemente do ramo de atividade do empregador, tem direito à jornada reduzida prevista no artigo 303 da CLT.

408. Juros de mora. Empresa em liquidação extrajudicial. Sucessão trabalhista. (*DEJT*, 22, 25 e 26.10.2010). É devida a incidência de juros de mora em relação aos débitos trabalhistas de empresa em liquidação extrajudicial sucedida nos moldes dos arts. 10 e 448 da CLT. O sucessor responde pela obrigação do sucedido, não se beneficiando de qualquer privilégio a este destinado.

409. Multa por litigância de má-fé. Recolhimento. Pressuposto recursal. Inexigibilidade (nova redação em decorrência do CPC de 2015 - Res. 209/2016, *DEJT* divulgado em 01, 02 e 03.06.2016).

O recolhimento do valor da multa imposta como sanção por litigância de má-fé (art. 81 do CPC de 2015 - art. 18 do CPC de 1973) não é pressuposto objetivo para interposição dos recursos de natureza trabalhista.

410. Repouso semanal remunerado. Concessão após o sétimo dia consecutivo de trabalho. Art. 7º, XV, da CF. Violação. (*DEJT*, 22, 25 e 26.10.2010). Viola o art. 7º, XV, da CF a concessão de repouso semanal remunerado após o sétimo dia consecutivo de trabalho, importando no seu pagamento em dobro.

411. Sucessão trabalhista. Aquisição de empresa pertencente a grupo econômico. Responsabilidade solidária do sucessor por débitos trabalhistas de empresa não adquirida. Inexistência. (*DEJT*, 22, 25 e 26.10.2010). O sucessor não responde solidariamente por débitos trabalhistas de empresa não adquirida, integrante do mesmo grupo econômico da empresa sucedida, quando, à época, a empresa devedora direta era solvente ou idônea economicamente, ressalvada a hipótese de má-fé ou fraude na sucessão.

412. Agravo interno ou agravo regimental. Interposição em face de decisão colegiada. Não cabimento. Erro grosseiro. Inaplicabilidade do princípio da fungibilidade recursal (nova redação em decorrência do CPC de 2015) - Res. 209/2016, *DEJT* divulgado em 01, 02 e 03.06.2016).

É incabível agravo interno (art. 1.021 do CPC de 2015, art. 557, § 1º, do CPC de 1973) ou agravo regimental (art. 235 do RITST) contra decisão proferida por Órgão colegiado. Tais recursos destinam-se, exclusivamente, a impugnar decisão monocrática nas hipóteses previstas. Inaplicável, no caso, o princípio da fungibilidade ante a configuração de erro grosseiro.

413. Auxílio-alimentação. Alteração da natureza jurídica. Norma coletiva ou adesão ao PAT. (*DEJT* divulgado em 14, 15 e 16.02.2012) A pactuação em norma coletiva conferindo caráter indenizatório à verba "auxílio-alimentação" ou a adesão posterior do empregador ao Programa de Alimentação do Trabalhador - PAT - não altera a natureza salarial da parcela, instituída anteriormente, para aqueles empregados que, habitualmente, já percebiam o benefício, a teor das Súmulas n. 51, I, e 241 do TST.

414. Competência da Justiça do Trabalho. Execução de ofício. Contribuição social referente ao Seguro de Acidente de Trabalho (SAT). Arts. 114, VIII, e 195, I, a, da Constituição da República.

- (cancelada em decorrência da sua conversão na Súm. 454 - Res. 194/2014, *DEJT* 21, 22 e 23.05.2014.).

415. Horas extras. Reconhecimento em juízo. Critério de dedução/abatimento dos valores comprovadamente pagos no curso do contrato de trabalho. (*DEJT* divulgado em 14, 15 e 16.02.2012) A dedução das horas extras comprovadamente pagas daquelas reconhecidas em juízo não pode ser limitada ao mês de apuração, devendo ser integral e aferida pelo total das horas extraordinárias quitadas durante o período imprescrito do contrato de trabalho.

416. Imunidade de jurisdição. Organização ou organismo internacional. (*DEJT* divulgado em 14, 15 e 16.02/2012). As organizações ou organismos internacionais gozam de imunidade absoluta de jurisdição quando amparados por norma internacional incorporada ao ordenamento jurídico brasileiro, não se lhes aplicando a regra do Direito Consuetudinário relativa à natureza dos atos praticados. Excepcionalmente, prevalecerá a jurisdição brasileira na hipótese de renúncia expressa à cláusula de imunidade jurisdicional.

417. Prescrição. Rurícola. Emenda Constitucional n. 28, de 26.05.2000. Contrato de trabalho em curso. (*DEJT* divulgado em 14, 15 e 16.02.2012) Não há prescrição total ou parcial da pretensão do trabalhador rural que reclama direitos relativos a contrato de trabalho que se encontrava em curso à época da promulgação da Emenda Constitucional n. 28, de 26.05.2000, desde que ajuizada a demanda no prazo de cinco anos de sua publicação, observada a prescrição bienal.

418. Equiparação salarial. Plano de cargos e salários. Aprovação por instrumento coletivo. Ausência de alternância de critérios de promoção por antiguidade e merecimento (*DEJT* divulgado em 12, 13 e 16.04.2012). Não constitui óbice à equiparação salarial a existência de plano de cargos e salários que, referendado por norma coletiva, prevê critério de promoção apenas por merecimento ou antiguidade, não atendendo, portanto, o requisito de alternância dos critérios, previsto no art. 461, § 2º, da CLT.

419. Enquadramento. Empregado que exerce atividade em empresa agroindustrial. Definição pela atividade preponderante da empresa.

- (cancelada) - Res. 200/2015, *DEJT* divulgado em 29.10.2015 e 03 e 04.11.2015

420. Turnos ininterruptos de revezamento. Elastecimento da jornada de trabalho. Norma coletiva com eficácia retroativa. Invalidade. (*DEJT* divulgado em 28 e 29.06.2012 e 02.07.2012). É inválido o instrumento normativo que, regularizando situações pretéritas, estabelece jornada de oito horas para o trabalho em turnos ininterruptos de revezamento.

421. Honorários advocatícios. Ação de indenização por danos morais e materiais decorrentes de acidente de trabalho ou de doença profissional. Ajuizamento perante a Justiça Comum antes da promulgação da Emenda Constitucional n. 45/2004. Posterior remessa dos autos à Justiça do Trabalho. Art. 85 do CPC de 2015. Art. 20 do CPC de 1973. Incidência (atualizada em decorrência do CPC de 2015 - Res. 208/2016, *DEJT* divulgado em 22, 25 e 26.04.2016).

A condenação em honorários advocatícios nos autos de ação de indenização por danos morais e materiais decorrentes de acidente de trabalho ou de doença profissional, remetida à Justiça do Trabalho após ajuizamento na Justiça comum, antes da vigência da Emenda Constitucional n. 45/2004, decorre da mera sucumbência, nos termos do art. 85 do CPC de 2015 (art. 20 do CPC de 1973), não se sujeitando aos requisitos da Lei n. 5.584/1970.

Orientações Jurisprudenciais da Subseção 2 da Seção de Dissídios Individuais – SDI-2

1. Ação rescisória. Ação cautelar incidental. Planos econômicos

- (cancelada - conversão na Súmula n. 405 - *DJ*, 22.08.2005).

2. Ação rescisória. Adicional de insalubridade. Base de cálculo. Salário-mínimo. Cabível (mantida - Res. 148/2008, *DJ*, 04 e 07.07.2008 - Republicada *DJ*, 08, 09 e 10.07.2008). Viola o art. 192 da CLT decisão que acolhe pedido de adicional de insalubridade com base na remuneração do empregado.

3. Ação rescisória. Antecipação de tutela de mérito requerida em fase recursal. Recebimento como medida acautelatória. Medida Provisória n. 1.906 e reedições

- (cancelada - conversão na Súmula n. 405 - *DJ*, 22.08.2005.

4. Ação rescisória. Banco do Brasil. Adicional de caráter pessoal. ACP (inserida em 20.09.2000) Procede, por ofensa ao art. 5º, inciso XXXVI, da CF/1988, o pedido de rescisão de julgado que acolheu Adicional de Caráter Pessoal em favor de empregado do Banco do Brasil S.A.

5. Ação rescisória. Banco do Brasil. AP e ADI. Horas extras. Súmula n. 83 do TST. Aplicável (inserida em 20.09.2000). Não se acolhe pedido de rescisão de julgado que deferiu a empregado do Banco do Brasil S.A. horas extras após a sexta, não obstante o pagamento dos adicionais AP e ADI, ou AFR quando a decisão rescindenda for anterior à OJ 17, da Seção de Dissídios Individuais do TST (07.11.94). Incidência das Súmulas n. 83 do TST e 343 do STF.

6. Ação rescisória. Cipeiro suplente. Estabilidade. ADCT da CF/88, art. 10, II, a. Súmula n. 83 do TST (nova redação - *DJ*, 22.08.2005). Rescinde-se o julgado que nega estabilidade a membro suplente de CIPA, representante de empregado, por ofensa ao art. 10, II, a, do ADCT da CF/88, ainda que se cuide de decisão anterior à Súmula n. 339 do TST. Incidência da Súmula n. 83 do TST.

7. Ação rescisória. Competência. Criação de Tribunal Regional do Trabalho. Na omissão da lei, é fixada pelo art. 678, inc. I, c, item 2, da CLT (nova redação - *DJ*, 22.08.2005). A Lei n. 7.872/89 que criou o Tribunal Regional do Trabalho da 17ª Região não fixou a sua competência para apreciar as ações rescisórias de decisões oriundas da 1ª Região, o que decorreu do art. 678, I, c, item 2, da CLT.

8. Ação rescisória. Complementação de aposentadoria. Banespa. Súmula n. 83 do TST (nova redação - *DJ*, 22.08.2005). Não se rescinde julgado que acolheu pedido de complementação de aposentadoria integral em favor de empregado do BANESPA, antes da Súmula n. 313 do TST, em virtude da notória controvérsia jurisprudencial então reinante. Incidência da Súmula n. 83 do TST.

9. Ação rescisória. Conab. Aviso DIREH 2/84. Súmula n. 83 do TST. Aplicável (inserida em 20.09.2000). Não se rescinde julgado que reconheceu garantia de emprego com base no Aviso DIREH 02/84 da CONAB, antes da Súmula n. 355 do TST, em virtude da notória controvérsia jurisprudencial então reinante. Incidência da Súmula n. 83 do TST.

10. Ação rescisória. Contrato nulo. Administração Pública. Efeitos. Art. 37, II e § 2º, da CF/1988 (inserida em 20.09.2000). Somente por ofensa ao art. 37, II e § 2º, da CF/1988, procede o pedido de rescisão de julgado para considerar nula a contratação, sem concurso público, de servidor, após a CF/1988.

11. Ação rescisória. Correção monetária. Lei n. 7.596/87. Universidades federais. Implantação tardia do plano de classificação de cargos. Violação de lei. Súmula n. 83 do TST. Aplicável (inserida em 20.09.2000). Não se rescinde julgado que acolhe pedido de correção monetária decorrente da implantação tardia do Plano de Classificação de Cargos de Universidade Federal previsto na Lei n. 7.596/87, à época em que era controvertida tal matéria na jurisprudência. Incidência da Súmula n. 83 do TST.

12. Ação rescisória. Decadência. Consumação antes ou depois da edição da Medida Provisória n. 1.577/97. Ampliação do prazo - Res. 208/2016, *DEJT* divulgado em 22, 25 e 26.04.2016).

I - A vigência da Medida Provisória n. 1.577/97 e de suas reedições implicou o elastecimento do prazo decadencial para o ajuizamento da ação rescisória a favor dos entes de direito público, autarquias e fundações públicas. Se o biênio decadencial do art. 495 do CPC de 1973 findou após a entrada em vigor da referida medida provisória e até sua suspensão pelo STF em sede liminar de ação direta de inconstitucionalidade (ADIn 1753-2), tem-se como aplicável o prazo decadencial elastecido à rescisória (ex-OJ n. 17 da SDI-2 - inserida em 20.09.2000).

II - A regra ampliativa do prazo decadencial para a propositura de ação rescisória em favor de pessoa jurídica de direito público não se aplica se, ao tempo em que sobreveio a Medida Provisória n. 1.577/97, já se exaurira o biênio do art. 495 do CPC. Preservação do direito adquirido da parte à decadência já consumada sob a égide da lei velha (ex-OJ n. 12 da SDI-2 - inserida em 20.09.2000).

13. Ação rescisória. Decadência. Dies ad quem. Art. 775 da CLT. Aplicável

- (cancelada - nova redação conferida à Súm. n. 100 - *DJ*, 22.08.2005)

14. Ação rescisória. Decadência. Dies a quo. Recurso intempestivo

- (cancelada - nova redação da Súmula n. 100 - Res. 109/2001, *DJ*, 18.04.2001).

15. Ação rescisória. Decadência. Duas decisões rescindendas

- (cancelada nova redação da Súmula n. 100) - Res. 109/2001, *DJ*, 18.04.2001).

16. Ação Rescisória. Decadência. Exceção de incompetência

- (cancelada nova redação da Súmula n. 100 - *DJ*, 22.08.2005).

17. Ação rescisória. Decadência. Não consumação antes da edição da Medida Provisória n. 1.577/97. Ampliação do prazo

- (cancelada - incorporação à nova redação da OJ 12, SBDI-II - *DJ*, 22.08.2005).

18. Ação rescisória. Decadência. União. Lei Complementar n. 73/1993, art. 67. Lei n. 8.682/1993, art. 6º (inserida em 20.09.2000). O art. 67 da Lei Complementar n. 73/1993 interrompeu todos os prazos, inclusive o de decadência, em favor da União no período compreendido entre 14.02.1993 e 14.08.1993.

19. Ação rescisória. Desligamento incentivado. Imposto de renda. Abono pecuniário. Violação de lei. Súmula n. 83 do TST. Aplicável (inserida em 20.09.2000) Havendo notória controvérsia jurisprudencial acerca da incidência de imposto de renda sobre parcela paga pelo empregador ("abono pecuniário") a título de "desligamento incentivado", improcede pedido de rescisão do julgado. Incidência da Súmula n. 83 do TST.

20. Ação rescisória. Documento novo. Dissídio coletivo. Sentença normativa

‣ (cancelada em - conversão na Súmula n. 402 - *DJ*, 22.08.2005).

21. Ação rescisória. Duplo grau de jurisdição. Trânsito em julgado. Inobservância. Decreto-Lei n. 779/69, art. 1º, V. Incabível (nova redação - *DJ*, 22.08.2005). É incabível ação rescisória para a desconstituição de sentença não transitada em julgado porque ainda não submetida ao necessário duplo grau de jurisdição, na forma do Decreto-Lei n. 779/69. Determina-se que se oficie ao Presidente do TRT para que proceda à avocatória do processo principal para o reexame da sentença rescindenda.

22. Ação rescisória. Estabilidade. Art. 41, CF/1988. Celetista. Administração direta, autárquica ou fundacional. Aplicabilidade

‣ (cancelada - conversão na Súmula n. 390 - *DJ*, 20.04.2005).

23. Ação rescisória. Estabilidade. Período pré-eleitoral. Violação de lei. Súmula n. 83 do TST. Aplicável (inserida em 20.09.2000). Não procede pedido de rescisão de sentença de mérito que assegura ou nega estabilidade pré-eleitoral, quando a decisão rescindenda for anterior à OJ 51, da Seção de Dissídios Individuais do TST (25.11.96). Incidência da Súmula n. 83 do TST.

24. Ação rescisória. Estabilidade provisória. Reintegração em período posterior. Direito limitado aos salários e consectários do período da estabilidade (inserida em 20.09.2000). Rescinde-se o julgado que reconhece estabilidade provisória e determina a reintegração de empregado, quando já exaurido o respectivo período de estabilidade. Em juízo rescisório, restringe-se a condenação quanto aos salários e consectários até o termo final da estabilidade.

25. Ação rescisória. Regência pelo CPC de 1973. Expressão "lei" do art. 485, V, do CPC de 1973. Não inclusão do ACT, CCT, portaria, regulamento, súmula e orientação jurisprudencial de tribunal. (atualizada em decorrência do CPC de 2015 - Res. 212/2016, *DEJT* divulgado em 20, 21 e 22.09.2016).Não procede pedido de rescisão fundado no art. 485, V, do CPC de 1973 quando se aponta contrariedade à norma de convenção coletiva de trabalho, acordo coletivo de trabalho, portaria do Poder Executivo, regulamento de empresa e súmula ou orientação jurisprudencial de tribunal. (ex-OJ 25 da SDI-2, inserida em 20.09.2000 e ex-OJ 118 da SDI-2, *DJ* 11.08.2003).

26. Ação rescisória. Gratificação de nível superior. Suframa (inserida em 20.09.2000). A extensão da gratificação instituída pela Suframa aos servidores celetistas exercentes de atividade de nível superior não ofende as disposições contidas nos arts. 37, XIII e 39, § 1º, da CF/1988.

27. Ação rescisória. Honorários advocatícios

‣ (cancelada - nova redação da Súmula n. 219 - *DJ*, 22.08.2005).

28. Ação rescisória. Juízo rescisório. Restituição da parcela já recebida. Deve a parte propor ação própria

‣ (cancelada) - Res. 149/2008, *DEJT*, 20, 21 e 24.11.2008).

29. Ação rescisória. Matéria constitucional. Súmula n. 83 do TST e Súmula n. 343 do STF. Inaplicáveis

‣ (cancelada - redação conferida à Súmula n. 83 pela Res. 121/2003, *DJ*, 21.11.2003 - *DJ*, 22.08.2005).

30. Ação rescisória. Multa. Art. 920 do Código Civil de 1916 (art. 412 do Código Civil de 2002) (nova redação - incorporação OJ 31, SBDI-II - *DJ*, 22.08.2005). Não se acolhe, por violação do art. 920 do Código Civil de 1916 (art. 412 do Código Civil de 2002), pedido de rescisão de julgado que:

a) em processo de conhecimento, impôs condenação ao pagamento de multa, quando a decisão rescindenda for anterior à OJ 54 da Subseção I Especializada em Dissídios Individuais do TST (30.05.94), incidindo o óbice da Súmula n. 83 do TST;

b) em execução, rejeita-se limitação da condenação ao pagamento de multa, por inexistência de violação literal.

31. Ação rescisória. Multa. Violação do art. 920 do Código Civil. Decisão rescindenda em execução

‣ (cancelada - incorporação à redação da OJ 30, SBDI-II - *DJ*, 22.08.2005).

32. Ação rescisória. Petição inicial. Causa de pedir. Ausência de capitulação, ou capitulação errônea no art. 485 do CPC. Princípio *iura novit curia*

‣ (cancelada - conversão na Súmula n. 408 - *DJ*, 22.08.2005).

33. Ação rescisória. Petição inicial. Violação literal de lei. Princípio *iura novit curia*

‣ (cancelada - conversão na Súmula n. 408 - *DJ*, 22.08.2005).

34. Ação rescisória. Planos econômicos - Res. 208/2016, *DEJT* divulgado em 22, 25 e 26.04.2016).

I - O acolhimento de pedido em ação rescisória de plano econômico, fundada no art. 485, inciso V, do CPC de 1973, pressupõe, necessariamente, expressa invocação na petição inicial de afronta ao art. 5º, inciso XXXVI, da Constituição Federal de 1988. A indicação de ofensa literal a preceito de lei ordinária atrai a incidência da Súmula n. 83 do TST e Súmula n. 343 do STF.

II - Se a decisão rescindenda é posterior à Súmula n. 315 do TST (Res. 07, *DJ* 22.09.93), inaplicável a Súmula n. 83 do TST.

35. Ação rescisória. Planos econômicos. Coisa julgada. Limitação à data-base na fase de execução (inserida em 20.09.2000). Não ofende a coisa julgada a limitação à data-base da categoria, na fase executória, da condenação ao pagamento de diferenças salariais decorrentes de planos econômicos, quando a decisão exequenda silenciar sobre a limitação, uma vez que a limitação decorre de norma cogente. Apenas quando a sentença exequenda houver expressamente afastado a limitação à data-base é que poderá ocorrer ofensa à coisa julgada.

36. Ação rescisória. Prequestionamento. Violação ocorrida na própria decisão rescindenda

‣ (cancelada - nova redação da Súmula n. 298 - *DJ*, 22.08.2005).

37. Ação rescisória. Prescrição quinquenal. Matéria constitucional. Súmula n. 83 do TST e Súmula n. 343 do STF. Inaplicáveis

‣ (cancelada - redação conferida à Súmula n. 83 pela Res. 121/2003, *DJ*, 21.11.2003) *DJ*, 22.08.2005).

38. Ação rescisória. Professor-adjunto. Ingresso no cargo de professor-titular. Exigência de concurso público (Lei n. 7.596/1987, Decreto n. 94.664/87 e art. 206, V, CF/1988) (inserida em 20.09.2000). A assunção do professor-adjunto ao cargo de professor titular de universidade pública, sem prévia aprovação em concurso público, viola o art. 206, inciso V, da Constituição Federal. Procedência do pedido de rescisão do julgado.

39. Ação rescisória. Reajustes bimestrais e quadrimestrais. Lei n. 8.222/1991. Súmula n. 83 do TST. Aplicável (inserida em 20.09.2000). Havendo controvérsia jurisprudencial à época, não se rescinde decisão que aprecia a possibilidade de cumulação das antecipações bimestrais e reajustes quadrimestrais de salário previstos na Lei n. 8.222/91. Incidência da Súmula n. 83 do TST.

40. Ação rescisória. Reajustes salariais previstos em norma coletiva. Prevalência da legislação de política salarial quando a norma coletiva é anterior à lei

‣ (cancelada - conversão na Súmula n. 375 - *DJ*, 20.04.2005).

41. Ação rescisória. Sentença citra petita. Cabimento (atualizada em decorrência do CPC de 2015 - Res. 208/2016, *DEJT* divulgado em 22, 25 e 26.04.2016).

Revelando-se a sentença "citra petita", o vício processual vulnera os arts. 141 e 492 do CPC de 2015 (arts. 128 e 460 do CPC de 1973), tornando-a passível de desconstituição, ainda que não interpostos embargos de declaração.

42. Ação rescisória. Sentença de mérito. Competência do TST. Acórdão rescindendo do TST. Não conhecimento de recurso. Súmula n. 192. Não aplicação

‣ (cancelada - redação conferida à Súmula n. 192 pela Res. 121/2003, *DJ*, 21.11.2003 - *DJ*, 22.08.2005).

43. Ação rescisória. Sentença de mérito. Decisão de Tribunal Regional do Trabalho em agravo regimental

confirmando decisão monocrática do relator que, aplicando a Súmula n. 83 do TST, indeferiu a petição inicial da ação rescisória. Cabimento

‣ (cancelada - conversão na Súmula n. 411 - *DJ*, 22.08.2005).

44. Ação rescisória. Sentença de mérito. Decisão homologatória de adjudicação. Incabível

‣ (cancelada - conversão na Súmula n. 399 - *DJ*, 22.08.2005).

45. Ação rescisória. Sentença de mérito. Decisão homologatória de arrematação. Incabível

‣ (cancelada - conversão na Súmula n. 399 - *DJ*, 22.08.2005).

46. Ação rescisória. Sentença de mérito. Questão processual

‣ (cancelada - conversão na Súmula n. 412 - *DJ*, 22.08.2005).

47. Ação rescisória. Sentença de mérito. Violação do art. 896, a, da CLT

‣ (cancelada - conversão na Súmula n. 413 - *DJ*, 22.08.2005).

48. Ação rescisória. Sentença e acórdão. Substituição

‣ (cancelada - nova redação da Súmula n. 192 - *DJ*, 22.08.2005).

49. Mandado de segurança. Ação de cumprimento fundada em decisão normativa que sofreu posterior reforma, quando já transitada em julgado a sentença condenatória proferida na ação de cumprimento

‣ (cancelada - conversão da tese mais abrangente da OJ 116 na Súmula n. 397 - *DJ*, 22.08.2005). É cabível o mandado de segurança para extinguir a execução fundada em sentença proferida em ação de cumprimento, quando excluída da sentença normativa a cláusula que lhe serviu de sustentáculo.

50. Mandado de segurança. Antecipação de tutela. Cabimento

‣ (cancelada - conversão na Súmula n. 414 - *DJ*, 22.08.2005).

51. Mandado de segurança. Antecipação de tutela concedida em sentença. Reintegração. Não cabimento

‣ (cancelada - conversão na Súmula n. 414 - *DJ*, 22.08.2005).

52. Mandado de segurança. Art. 284, CPC. Aplicabilidade

‣ (cancelada - conversão na Súmula n. 415 - *DJ*, 22.08.2005).

53. Mandado de segurança. Cooperativa em liquidação extrajudicial. Lei n. 5.764/71, art. 76. Inaplicável. Não suspende a execução (inserida em 20.09.2000). A liquidação extrajudicial de sociedade cooperativa não suspende a execução dos créditos trabalhistas existentes contra ela.

54. Mandado de segurança. Embargos de terceiro. Cumulação. Penhora. Incabível (atualizada em decorrência do CPC de 2015) - Res. 208/2016, *DEJT* divulgado em 22, 25 e 26.04.2016). Ajuizados embargos de terceiro (art. 674 do CPC de 2015 - art. 1.046 do CPC de 1973) para pleitear a desconstituição da penhora, é incabível mandado de segurança com a mesma finalidade.

55. Mandado de segurança. Execução. Lei n. 8.432/1992. Art. 897, § 1º, da CLT. Cabimento

‣ (cancelada - conversão na Súmula n. 416 - *DJ*, 22.08.2005).

56. Mandado de segurança. Execução. Pendência de recurso extraordinário (inserida em 20.09.2000). Não há direito líquido e certo à execução definitiva na pendência de recurso extraordinário, ou de agravo de instrumento visando a destrancá-lo.

57. Mandado de segurança. INSS. Tempo de serviço. Averbação e/ ou reconhecimento (inserida em 20.09.2000). Conceder-se-á mandado de segurança para impugnar ato que determina ao INSS o reconhecimento e/ ou averbação de tempo de serviço.

58. Mandado de segurança para cassar liminar concedida em ação civil pública. Cabível

‣ (cancelada - conversão na Súmula n. 414 - *DJ*, 22.08.2005).

59. Mandado de segurança. Penhora. Carta de fiança bancária. Seguro garantia judicial (nova redação em decorrência do CPC de 2015 - Res. 209/2016, *DEJT* divulgado em 01, 02 e 03.06.2016).

A carta de fiança bancária e o seguro garantia judicial, desde que em valor não inferior ao do débito em execução, acrescido de trinta por cento, equivalem a dinheiro para efeito da gradação dos bens penhoráveis, estabelecida no art. 835 do CPC de 2015 (art. 655 do CPC de 1973).

60. Mandado de segurança. Penhora em dinheiro. Banco

‣ (cancelada - conversão na Súmula n. 417 - *DJ*, 22.08.2005).

61. Mandado de segurança. Penhora em dinheiro. Execução definitiva. Depósito em banco oficial no estado. Artigos 612 e 666 do CPC

‣ (cancelada - conversão na Súmula n. 417 - *DJ*, 22.08.2005).

62. Mandado de segurança. Penhora em dinheiro. Execução provisória

‣ (cancelada - conversão na Súmula n. 417 - *DJ*, 22.08.2005).

63. Mandado de segurança. Reintegração. Ação cautelar (inserida em 20.09.2000). Comporta a impetração de mandado de segurança o deferimento de reintegração no emprego em ação cautelar.

64. Mandado de segurança. Reintegração liminarmente concedida (inserida em 20.09.2000).

65. Mandado de segurança. Reintegração liminarmente concedida. Dirigente sindical (inserida em 20.09.2000). Ressalvada a hipótese do art. 494 da CLT, não fere direito líquido e certo a determinação liminar de reintegração no emprego de dirigente sindical, em face da previsão do inciso X do art. 659 da CLT.

66. Mandado de segurança. Sentença homologatória de adjudicação. Incabível (atualizado o item I e incluído o item II em decorrência do CPC de 2015 - Res. 212/2016, *DEJT* divulgado em 20, 21 e 22.09.2016).

I - Sob a égide do CPC de 1973 é incabível o mandado de segurança contra sentença homologatória de adjudicação, uma vez que existe meio próprio para impugnar o ato judicial, consistente nos embargos à adjudicação (CPC de 1973, art. 746).

II - Na vigência do CPC de 2015 também não cabe mandado de segurança, pois o ato judicial pode ser impugnado por simples petição, na forma do artigo 877, *caput*, do CPC de 2015.

67. Mandado de segurança. Transferência. Art. 659, IX, da CLT (inserida em 20.09.2000). Não fere direito líquido e certo a concessão de liminar obstativa de transferência de empregado, em face da previsão do inciso IX do art. 659 da CLT.

68. Antecipação de tutela. Competência (nova redação *DJ*, 22.08.2005). Nos Tribunais, compete ao relator decidir sobre o pedido de antecipação de tutela, submetendo sua decisão ao Colegiado respectivo, independentemente de pauta, na sessão imediatamente subsequente.

69. Fungibilidade recursal. Indeferimento liminar de ação rescisória ou mandado de segurança. Recurso para o TST. Recebimento como agravo regimental e devolução dos autos ao TRT (inserida em 20.09.2000). Recurso ordinário interposto contra despacho monocrático indeferitório da petição inicial de ação rescisória ou de mandado de segurança pode, pelo princípio de fungibilidade recursal, ser recebido como agravo regimental. Hipótese de não conhecimento do recurso pelo TST e devolução dos autos ao TRT, para que aprecie o apelo como agravo regimental.

70. Ação rescisória. Regência pelo CPC de 1973. Manifesto e inescusável equívoco no direcionamento. Inépcia da inicial. Extinção do Processo (Atualizada em decorrência do CPC de 2015) – RES. 220/2017 DO TST (*DEJT* 22.09.2017).

Sob a égide do CPC de 1973, o manifesto equívoco da parte em ajuizar ação rescisória no TST para desconstituir julgado proferido pelo TRT, ou vice-versa, implica a extinção do processo sem julgamento do mérito por inépcia da inicial.

71. Ação rescisória. Salário profissional. Fixação. Múltiplo de salário-mínimo. Art. 7º, IV, da CF/88 (nova redação - *DJ*, 22.11.2004). A estipulação do salário profissional em múltiplos do salário mínimo não afronta o art. 7º, inciso IV, da Constituição Federal de 1988, só incorrendo em vulneração do referido preceito constitucional a fixação de correção automática do salário pelo reajuste do salário-mínimo.

72. Ação rescisória. Prequestionamento quanto à matéria e ao conteúdo da norma, não necessariamente do dispositivo legal tido por violado

- (cancelada em decorrência da nova redação conferida à Súmula n. 298 - *DJ*, 22.08.2005).

73. Art. 557 do CPC. Constitucionalidade

- (cancelada em razão da conversão na Súmula n. 435 - Res. 186/2012, *DEJT* divulgado em 25, 26 e 27.09.2012)

74. Embargos declaratórios contra decisão monocrática do relator, calcada no art. 557 do CPC. Cabimento

- (cancelada - conversão na Súmula n. 421 - *DJ*, 22.08.2005)

75. Remessa de ofício. Ação rescisória. Prequestionamento. Decisão regional que simplesmente confirma a sentença

- (cancelada - nova redação conferida à Súmula n. 298 - *DJ*, 22.08.2005).

76. Ação Rescisória. Ação Cautelar proposta sob a vigência do CPC de 1973. Suspensão da execução. Juntada de documento. Indispensável. Possibilidade de êxito na rescisão do julgado. (Atualizada em decorrência do CPC de 2015) – Res. 220/2017 do TST (*DEJT* 22.09.2017).

É indispensável a instrução da ação cautelar proposta sob a vigência do CPC de 1973 com as provas documentais necessárias à aferição da plausibilidade de êxito na rescisão do julgado. Assim sendo, devem vir junto com a inicial da cautelar as cópias da petição inicial da ação rescisória principal, da decisão rescindenda, da certidão do trânsito em julgado da decisão rescindenda e informação do andamento atualizado da execução.

77. Ação rescisória. Aplicação da Súmula n. 83 do TST. Matéria controvertida. Limite temporal. Data de inserção em orientação jurisprudencial do TST

- (cancelada - nova redação da Súmula n. 83 - *DJ*, 22.08.2005).

78. Ação rescisória. Cumulação sucessiva de pedidos. Rescisão da sentença e do acórdão. Ação única. Art. 326 do CPC de 2015. Art. 289 do CPC de 1973 (atualizada em decorrência do CPC de 2015 - Res. 208/2016, *DEJT* divulgado em 22, 25 e 26.04.2016).

É admissível o ajuizamento de uma única ação rescisória contendo mais de um pedido, em ordem sucessiva, de rescisão da sentença e do acórdão. Sendo inviável a tutela jurisdicional de um deles, o julgador está obrigado a apreciar os demais, sob pena de negativa de prestação jurisdicional.

79. Ação rescisória. Decadência afastada. Imediato julgamento do mérito. Inexistência de ofensa ao duplo grau de jurisdição

- (cancelada - nova redação conferida à Súmula n. 100 - *DJ*, 22.08.2005).

80. Ação rescisória. Decadência. Dies a quo. Recurso deserto. Súmula n. 100 do TST (inserida em 13.03.2002). O não conhecimento do recurso por deserção não antecipa o dies a quo do prazo decadencial para o ajuizamento da ação rescisória, atraindo, na contagem do prazo, a aplicação da Súmula n. 100 do TST.

81. Ação rescisória. Descontos legais. Fase de execução. Sentença exequenda omissa. Inexistência de ofensa à coisa julgada

- (cancelada - conversão na Súmula n. 401 - *DJ*, 22.08.2005).

82. Ação rescisória. Litisconsórcio. Necessário no polo passivo e facultativo no ativo

- (cancelada em decorrência da sua conversão na Súmula n. 406 - *DJ*, 22.08.2005).

83. Ação rescisória. Ministério Público. Legitimidade ad causam prevista no art. 487, III, a e b, do CPC. As hipóteses são meramente exemplificativas

- (cancelada - conversão na Súmula n. 407 - *DJ*, 22.08.2005).

84. Ação rescisória. Petição inicial. Ausência da decisão rescindenda e/ou da certidão de seu trânsito em julgado devidamente autenticadas. Concessão de prazo para complementação da documentação. (Alterada em decorrência do CPC de 2015) - Res. 220/2017 do TST (*DEJT* 22.09.217).

São peças essenciais para o julgamento da ação rescisória a decisão rescindenda e/ou a certidão do seu trânsito em julgado, devidamente autenticadas, à exceção de cópias reprográficas apresentadas por pessoa jurídica de direito público, a teor do art 24 da Lei nº 10.522/2002, ou declaradas autênticas pelo advogado na forma do artigo 830 da CLT com a redação dada pela Lei nº 11.925/2009. Em fase recursal, verificada a ausência de qualquer delas, cumpre ao Relator do recurso ordinário conceder o prazo de 5 (cinco) dias ao recorrente para que seja complementada a documentação exigível, nos termos do art. 932, parágrafo único, do CPC de 2015.

85. Ação rescisória. Sentença homologatória de cálculo. Existência de contraditório. Decisão de mérito. Cabimento

- (cancelada - 1ª parte convertida na Súmula n. 399 e parte final incorporada à nova redação da Súmula n. 298 - *DJ*, 22.08.2005).

86. Mandado de segurança. Antecipação de tutela. Sentença superveniente. Perda de objeto

- (cancelada - conversão na Súmula n. 414 - *DJ*, 22.08.2005).

87. Mandado de segurança. Reintegração em execução provisória. Impossibilidade

- (cancelada - *DJ*, 22.08.2005).

88. Mandado de segurança. Valor da causa. Custas processuais. Cabimento (inserida em 13.03.2002). Incabível a impetração de mandado de segurança contra ato judicial que, de ofício, arbitrou novo valor à causa, acarretando a majoração das custas processuais, uma vez que cabia à parte, após recolher as custas, calculadas com base no valor dado à causa na inicial, interpor recurso ordinário e, posteriormente, agravo de instrumento no caso de o recurso ser considerado deserto.

89. *Habeas corpus*. Depositário. Termo de depósito não assinado pelo paciente. Necessidade de aceitação do encargo. Impossibilidade de prisão civil (inserida em 27.05.2002). A investidura no encargo de depositário depende da aceitação do nomeado que deve assinar termo de compromisso no auto de penhora, sem o que, é inadmissível a restrição de seu direito de liberdade.

90. Recurso ordinário. Apelo que não ataca os fundamentos da decisão recorrida. Não conhecimento. Art. 514, II, do CPC

- (cancelada - conversão na Súmula n. 422 - *DJ*, 22.08.2005).

91. Mandado de segurança. Autenticação de cópias pelas secretarias dos Tribunais Regionais do Trabalho. Requerimento indeferido. Art. 789, § 9º, da CLT (inserida em 27.05.2002). Não sendo a parte beneficiária da assistência judiciária gratuita, inexiste direito líquido e certo à autenticação, pelas Secretarias dos Tribunais, de peças extraídas do processo principal, para formação do agravo de instrumento.

92. Mandado de segurança. Existência de recurso próprio (inserida em 27.05.2002). Não cabe mandado de segurança contra decisão judicial passível de reforma mediante recurso próprio, ainda que com efeito diferido.

93. Penhora sobre parte da renda de estabelecimento comercial. Possibilidade. (Alterada em decorrência do CPC de 2015) - Res. 220/2017 (*DEJT* 22.09.2017).

Nos termos do art. 866 do CPC de 2015, é admissível a penhora sobre a renda mensal ou faturamento de empresa, limitada a percentual, que não comprometa o desenvolvimento regular de suas atividades, desde que não haja outros bens penhoráveis ou, havendo outros bens, eles sejam de difícil alienação ou insuficientes para satisfazer o crédito executado.

94. Ação rescisória. Colusão. Fraude à lei. Reclamatória simulada extinta (inserida em 27.09.2002). A decisão ou acordo judicial subjacente à reclamação trabalhista, cuja tramitação deixa nítida a simulação do litígio para fraudar a lei e prejudicar terceiros, enseja ação rescisória, com lastro em colusão. No juízo rescisório, o processo simulado deve ser extinto.

95. Ação rescisória de ação rescisória. Violação de lei. Indicação dos mesmos dispositivos legais apontados na rescisória primitiva

- (cancelada - conversão na Súmula n. 400 - *DJ*, 22.08.2005).

96. Ação rescisória. Vício de intimação da decisão rescindenda. Ausência da formação da coisa julgada material. Carência de ação

› (cancelada - nova redação da Súmula n. 299, *DJ*, 22.08.2005).

97. Ação rescisória. Violação do art. 5º, II, LIV e LV, da Constituição Federal. Princípios da legalidade, do devido processo legal, do contraditório e da ampla defesa (nova redação - *DJ*, 22.08.2005). Os princípios da legalidade, do devido processo legal, do contraditório e da ampla defesa não servem de fundamento para a desconstituição de decisão judicial transitada em julgado, quando se apresentam sob a forma de pedido genérico e desfundamentado, acompanhando dispositivos legais que tratam especificamente da matéria debatida, estes sim, passíveis de fundamentarem a análise do pleito rescisório.

98. Mandado de segurança. Cabível para atacar exigência de depósito prévio de honorários periciais (nova redação - *DJ*, 22.08.2005). É ilegal a exigência de depósito prévio para custeio dos honorários periciais, dada a incompatibilidade com o processo do trabalho, sendo cabível o mandado de segurança visando à realização da perícia, independentemente do depósito.

99. Mandado de segurança. Esgotamento de todas as vias processuais disponíveis. Trânsito em julgado formal. Descabimento (inserida em 27.09.2002). Esgotadas as vias recursais existentes, não cabe mandado de segurança.

100. Recurso ordinário para o TST. Decisão de TRT proferida em agravo regimental contra liminar em ação cautelar ou em mandado de segurança. Incabível (inserida em 27.09.2002). Não cabe recurso ordinário para o TST de decisão proferida pelo Tribunal Regional do Trabalho em agravo regimental interposto contra despacho que concede ou não liminar em ação cautelar ou em mandado de segurança, uma vez que o processo ainda pende de decisão definitiva do Tribunal a quo.

101. Ação rescisória. Inciso IV do art. 966 do CPC de 2015. Art. 485, IV, do CPC de 1973. Ofensa a coisa julgada. Necessidade de fixação de tese na decisão rescindenda (atualizada em decorrência do CPC de 2015) - Res. 208/2016, *DEJT* divulgado em 22, 25 e 26.04.2016).

Para viabilizar a desconstituição do julgado pela causa de rescindibilidade do inciso IV, do art. 966 do CPC de 2015 (inciso IV do art. 485 do CPC de 1973), é necessário que a decisão rescindenda tenha enfrentado as questões ventiladas na ação rescisória, sob pena de inviabilizar o cotejo com o título executivo judicial tido por desrespeitado, de modo a se poder concluir pela ofensa à coisa julgada.

102. Ação rescisória. Certidão de trânsito em julgado. Descompasso com a realidade. Presunção relativa de veracidade

› (cancelada - nova redação conferida à Súmula n. 100 - *DJ*, 22.08.2005).

103. Ação rescisória. Contradição entre fundamentação e parte dispositiva do julgado. Cabimento. Erro de fato (*DJ*, 29.04.2003). É cabível a rescisória para corrigir contradição entre a parte dispositiva do acórdão rescindendo e a sua fundamentação, por erro de fato na retratação do que foi decidido.

104. Ação rescisória. Decadência. Sentença homologatória de acordo. Momento do trânsito em julgado

› (cancelada - nova redação da Súmula n. 100 - *DJ*, 22.08.2005).

105. Ação rescisória. Decisão rescindenda. Agravo de instrumento. Não substituição. Impossibilidade jurídica

› (cancelada - nova redação da Súmula n. 192 - *DJ*, 22.08.2005).

106. Ação rescisória. Decisão rescindenda. Ausência de trânsito em julgado. Descabimento de ação rescisória preventiva

› (cancelada - nova redação da Súmula n. 299 - *DJ*, 22.08.2005).

107. Ação rescisória. Decisão rescindenda de mérito. Sentença declaratória de extinção de execução. Satisfação da obrigação (atualizada em decorrência do CPC de 2015 - Res. 208/2016, *DEJT* divulgado em 22, 25 e 26.04.2016).

Embora não haja atividade cognitiva, a decisão que declara extinta a execução, nos termos do art. 924, incisos I a IV c/c art. 925 do CPC de 2015 (art. 794 c/c 795 do CPC de 1973), extingue a relação processual e a obrigacional, sendo passível de corte rescisório.

108. Ação rescisória. Fundamento para invalidar confissão. Confissão ficta. Inadequação do enquadramento no art. 485, VIII, DO CPC

› (cancelada - conversão na Súmula n. 404 - *DJ*, 22.08.2005).

109. Ação rescisória. Reexame de fatos e provas. Inviabilidade

› (cancelada - conversão na Súmula n. 410 - *DJ*, 22.08.2005).

110. Ação rescisória. Réu sindicato. Substituto processual na ação originária. Legitimidade passiva ad causam. Inexistência de litisconsórcio passivo necessário

› (cancelada - conversão na Súmula n. 406 - *DJ*, 22.08.2005).

111. Ação rescisória. Sentença homologatória de acordo. Dolo da parte vencedora em detrimento da vencida. Art. 485, III, do CPC. Inviável

› (cancelada em decorrência da sua conversão na Súmula n. 403 - *DJ*, 22.08.2005).

112. Ação rescisória. Violação de lei. Decisão rescindenda por duplo fundamento. Impugnação parcial (*DJ*, 29.04.2003). Para que a violação da lei dê causa à rescisão de decisão de mérito alicerçada em duplo fundamento, é necessário que o Autor da ação rescisória invoque causas de rescindibilidade que, em tese, possam infirmar a motivação dúplice da decisão rescindenda.

113. Ação cautelar. Efeito suspensivo ao recurso ordinário em mandado de segurança. Incabível. Ausência de interesse. Extinção (DJ, 11.08.2003).

› (Cancelada em decorrência do CPC de 2015) - Res. 220/2017 do TST (*DEJT* 22.09.2017).

114. Competência. Execução por carta. Embargos de terceiro. Juízo deprecante

› (cancelada - conversão na Súmula n. 419 - *DJ*, 22.08.2005).

115. Competência funcional. Conflito negativo. TRT e Vara do Trabalho de idêntica Região. Não configuração

› (cancelada - conversão na Súmula n. 420 - *DJ*, 22.08.2005).

116. Ação rescisória. Art. 485, IV, do CPC. Ação de cumprimento. Ofensa à coisa julgada emanada de sentença normativa modificada em grau de recurso. Inviabilidade

› (cancelada - conversão na Súmula n. 397 - *DJ*, 22.08.2005).

117. Ação rescisória. Depósito recursal. Pedido rescisório procedente. Condenação em pecúnia. Instrução normativa n. 3/93, III

› (cancelada nova redação da Súmula n. 99 - *DJ*, 22.08.2005).

118. Ação rescisória. Expressão "lei" do art. 485, V, do CPC. Indicação de contrariedade a súmula ou orientação jurisprudencial do TST. Descabimento

› (cancelada - incorporação à nova redação da Orientação Jurisprudencial n. 25, SBDI-II - *DJ*, 22.08.2005).

119. Ação rescisória. Prazo prescricional. Total ou parcial. Violação do art. 7º, XXIX, da CF/1988. Matéria infraconstitucional

› (cancelada - conversão na Súmula n. 409 - *DJ*, 22.08.2005).

120. Mandado de segurança. Recusa à homologação de acordo. Inexistência de direito líquido e certo

› (cancelada - conversão na Súmula n. 418 - *DJ*, 22.08.2005).

121. Ação rescisória. Pedido de antecipação de tutela. Descabimento

› (cancelada - conversão na Súmula n. 405 - *DJ*, 22.08.2005).

122. Ação rescisória. Decadência. Ministério Público. Dies a quo do prazo. Contagem. Colusão das partes

› (cancelada - nova redação da Súmula n. 100 - *DJ*, 22.08.2005).

123. Ação rescisória. Interpretação do sentido e alcance do título executivo. Inexistência de ofensa à coisa julgada (título alterado - *DJ*, 22.08.2005). O acolhimento da ação rescisória calcada em ofensa à coisa julgada supõe dissonância patente entre as decisões exequenda e rescindenda, o que não se verifica quando se faz necessária a interpretação do título executivo judicial para se concluir pela lesão à coisa julgada.

124. Ação rescisória. Art. 966, inciso II, do CPC de 2015. Art. 485, II, do CPC de 1973. Arguição de incompetência absoluta. Prequestionamento inexigível (atualizada em decorrência do CPC de 2015) - Res. 208/2016, *DEJT* divulgado em 22, 25 e 26.04.2016).

Na hipótese em que a ação rescisória tem como causa de rescindibilidade o inciso II do art. 966 do CPC de 2015 (inciso II do art. 485 do CPC de 1973), a arguição de incompetência absoluta prescinde de prequestionamento.

125. Ação rescisória. Art. 485, III, do CPC. Silêncio da parte vencedora acerca de eventual fato que lhe seja desfavorável. Descaracterizado o dolo processual

- (cancelada - conversão na Súmula n. 403 - *DJ*, 22.08.2005).

126. Ação rescisória. Ausência de defesa. Inaplicáveis os efeitos da revelia

- (cancelada - conversão na Súmula n. 398 - *DJ*, 22.08.2005).

127. Mandado de segurança. Decadência. Contagem. Efetivo ato coator (*DJ*, 09.12.2003). Na contagem do prazo decadencial para ajuizamento de mandado de segurança, o efetivo ato coator é o primeiro em que se firmou a tese hostilizada e não aquele que a ratificou.

128. Ação rescisória. Concurso público anulado posteriormente. Aplicação da Súmula n. 363 do TST (*DJ*, 09.12.2003). O certame público posteriormente anulado equivale à contratação realizada sem a observância da exigência contida no art. 37, II, da Constituição Federal de 1988. Assim sendo, aplicam-se à hipótese os efeitos previstos na Súmula n. 363 do TST.

129. Ação anulatória. Competência originária (*DJ*, 04.05.2004). Em se tratando de ação anulatória, a competência originária se dá no mesmo juízo em que praticado o ato supostamente eivado de vício.

130. Ação civil pública. Competência. Local do dano. Lei n. 7.347/1985, art. 2º. Código de Defesa do Consumidor, art. 93 (redação alterada na sessão do Tribunal Pleno realizada em 14.09.2012 - Res. 186/2012, *DEJT* divulgado em 25, 26 e 27.09.2012)

I - A competência para a Ação Civil Pública fixa-se pela extensão do dano.

II - Em caso de dano de abrangência regional, que atinja cidades sujeitas à jurisdição de mais de uma Vara do Trabalho, a competência será de qualquer das varas das localidades atingidas, ainda que vinculadas a Tribunais Regionais do Trabalho distintos.

III - Em caso de dano de abrangência suprarregional ou nacional, há competência concorrente para a Ação Civil Pública das varas do trabalho das sedes dos Tribunais Regionais do Trabalho.

IV - Estará prevento o juízo a que a primeira ação houver sido distribuída.

131. Ação rescisória. Ação cautelar para suspender execução da decisão rescindenda. Pendência de trânsito em julgado da ação rescisória principal. Efeitos (*DJ*, 04.05.2004) A ação cautelar não perde o objeto enquanto ainda estiver pendente o trânsito em julgado da ação rescisória principal, devendo o pedido cautelar ser julgado procedente, mantendo-se os efeitos da liminar eventualmente deferida, no caso de procedência do pedido rescisório ou, por outro lado, improcedente, se o pedido da ação rescisória principal tiver sido julgado improcedente.

132. Ação rescisória. Acordo homologado. Alcance. Ofensa à coisa julgada (*DJ*, 04.05.2004). Acordo celebrado - homologado judicialmente - em que o empregado dá plena e ampla quitação, sem qualquer ressalva, alcança não só o objeto da inicial, como também todas as demais parcelas referentes ao extinto contrato de trabalho, violando a coisa julgada, a propositura de nova reclamação trabalhista.

133. Ação rescisória. Decisão em agravo regimental. Aplicação da Súmula n. 333. Juízo de mérito

- (cancelada - nova redação da Súmula n. 192 - *DJ*, 22.08.05).

134. Ação rescisória. Decisão que declara preclusa a oportunidade de impugnação da sentença de liquidação. Produção de coisa julgada formal. irrescindibilidade. (alterada em decorrência do CPC de 2015) - Res. 220/2017 do TST (*DEJT* 22.09.2017)

A decisão proferida em embargos à execução ou em agravo de petição que apenas declara preclusa a oportunidade de impugnação da sentença de liquidação não é rescindível, em virtude de produzir tão-somente coisa julgada formal.

135. Ação rescisória. Violação do art. 37, *caput*, da CF/1988. Necessidade de prequestionamento (*DJ*, 04.05.2004). A ação rescisória calcada em violação do artigo 37, *caput*, da Constituição Federal, por desrespeito ao princípio da legalidade administrativa exige que ao menos o princípio constitucional tenha sido prequestionado na decisão.

136. Ação rescisória. Erro de fato. Caracterização (atualizada em decorrência do CPC de 2015) - Res. 208/2016, *DEJT* divulgado em 22, 25 e 26.04.2016.

A caracterização do erro de fato como causa de rescindibilidade de decisão judicial transitada em julgado supõe a afirmação categórica e indiscutida de um fato, na decisão rescindenda, que não corresponde à realidade dos autos. O fato afirmado pelo julgador, que pode ensejar ação rescisória calcada no inciso VIII do art. 966 do CPC de 2015 (inciso IX do art. 485 do CPC de 1973), é apenas aquele que se coloca como premissa fática indiscutida de um silogismo argumentativo, não aquele que se apresenta ao final desse mesmo silogismo, como conclusão decorrente das premissas que especificaram as provas oferecidas, para se concluir pela existência do fato. Esta última hipótese é afastada pelo § 1º do art. 966 do CPC de 2015 (§ 2º do art. 485 do CPC de 1973), ao exigir que não tenha havido controvérsia sobre o fato e pronunciamento judicial esmiuçando as provas.

137. Mandado de segurança. Dirigente sindical. Art. 494 da CLT. Aplicável (*DJ*, 04.05.2004). Constitui direito líquido e certo do empregador a suspensão do empregado, ainda que detentor de estabilidade sindical, até a decisão final do inquérito em que se apure a falta grave a ele imputada, na forma do art. 494, *caput* e parágrafo único, da CLT.

138. Mandado de segurança. Incompetência da Justiça do Trabalho. Cobrança de honorários advocatícios. Contrato de natureza civil

- (cancelada - *DJ*, 10.05.2006).

139. Mandado de segurança. Liminar em ação civil pública. Sentença de mérito superveniente. Perda de objeto

- (cancelada - conversão na Súmula n. 414 - *DJ*, 22.08.2005).

140. Mandado de segurança contra liminar, concedida ou denegada em outra segurança. Incabível (Art. 8º da Lei n. 1.533/51 - *DJ*, 04.05.2004). Não cabe mandado de segurança para impugnar despacho que acolheu ou indeferiu liminar em outro mandado de segurança.

141. Mandado de segurança para conceder liminar denegada em ação cautelar

- (cancelada - conversão na Súmula n. 418 - *DJ*, 22.08.2005).

142. Mandado de segurança. Reintegração liminarmente concedida (*DJ*, 04.05.2004). Inexiste direito líquido e certo a ser oposto contra ato de Juiz que, antecipando a tutela jurisdicional, determina a reintegração do empregado até a decisão final do processo, quando demonstrada a razoabilidade do direito subjetivo material, como nos casos de anistiado pela Lei n. 8.878/94, aposentado, integrante de comissão de fábrica, dirigente sindical, portador de doença profissional, porta-dor de vírus HIV ou detentor de estabilidade provisória prevista em norma coletiva.

143. *Habeas corpus*. Penhora sobre coisa futura e incerta. Prisão. Depositário infiel (alterada - Res. 151/2008, *DEJT*, 20, 21 e 24.11.2008). Não se caracteriza a condição de depositário infiel quando a penhora recair sobre coisa futura e incerta, circunstância que, por si só, inviabiliza a materialização do depósito no momento da constituição do paciente em depositário, autorizando-se a concessão de *habeas corpus* diante da prisão ou ameaça de prisão que sofra.

144. Mandado de segurança. Proibição de prática de atos futuros. Sentença genérica. Evento futuro. Incabível (nova redação - *DJ*, 22.08.2005). O mandado de segurança não se presta à obtenção de uma sentença genérica, aplicável a eventos futuros, cuja ocorrência é incerta.

145. Ação rescisória. Decadência. Não esgotamento das vias recursais. Prazo legal do recurso extraordinário

- (cancelada - nova redação da Súmula n. 100 - *DJ*, 22.08.2005). Conta-se o prazo decadencial da ação rescisória, após o decurso do prazo legal previsto para a interposição do recurso extraordinário, apenas quando esgotadas todas as vias recursais ordinárias.

146. Ação rescisória. Início do prazo para apresentação da contestação. Art. 774 DA CLT (atualizada em decorrência do CPC de 2015 - Res. 208/2016, *DEJT* divulgado em 22, 25 e 26.04.2016). A contestação apresentada em ação rescisória obedece à regra relativa à contagem de prazo constante do art. 774 da CLT, sendo inaplicável o art. 231 do CPC de 2015 (art. 241 do CPC de 1973).

147. Ação rescisória. Valor da causa

- (cancelada - Res. n. 142/2007, *DJ*, 10, 11 e 15.10.2007).

148. Custas. Mandado de segurança. Recurso ordinário. Exigência do pagamento (conversão da OJ 29 da SBDI-1 - Res. 129/2005, *DJ*, 20.04.2005). É responsabilidade da parte, para interpor recurso ordinário em mandado de segurança, a comprovação do recolhimento das custas processuais no prazo recursal, sob pena de deserção. (ex-OJ n. 29 - inserida em 20.09.2000)

149. Conflito de competência. Incompetência territorial. Hipótese do art. 651, § 3º, da CLT. Impossibilidade de declaração de ofício de incompetência relativa. (*DEJT*, 03, 04 e 05.12.2008) Não cabe declaração de ofício de incompetência territorial no caso do uso, pelo trabalhador, da faculdade prevista no art. 651, § 3º, da CLT. Nessa hipótese, resolve-se o conflito pelo reconhecimento da competência do juízo do local onde a ação foi proposta.

150. Ação rescisória. Regência pelo CPC de 1973. Decisão rescindenda que extingue o processo sem resolução de mérito por acolhimento de coisa julgada. Conteúdo meramente processual. Impossibilidade jurídica do pedido (atualizada em decorrência do CPC de 2015 - Res. 212/2016, *DEJT* divulgado em 20, 21 e 22.09.2016).

Reputa-se juridicamente impossível o pedido de corte rescisório de decisão que, reconhecendo a existência de coisa julgada, nos termos do art. 267, V, do CPC de 1973, extingue o processo sem resolução de mérito, o que, ante o seu conteúdo meramente processual, a torna insuscetível de produzir a coisa julgada material.

151. Ação rescisória e mandado de segurança. Procuração. Poderes específicos para ajuizamento de reclamação trabalhista. Irregularidade de representação processual. Fase recursal. Vício processual sanável. (nova redação em decorrência do CPC de 2015 - Res. 211/2016, *DEJT* divulgado em 24, 25 e 26.08.2016).

A procuração outorgada com poderes específicos para ajuizamento de reclamação trabalhista não autoriza a propositura de ação rescisória e mandado de segurança. Constatado, todavia, o defeito de representação processual na fase recursal, cumpre ao relator ou ao tribunal conceder prazo de 5 (cinco) dias para a regularização, nos termos da Súmula n. 383, item II, do TST.

152. Ação rescisória e mandado de segurança. Recurso de revista de acórdão regional que julga ação rescisória ou mandado de segurança. Princípio da fungibilidade. Inaplicabilidade. Erro grosseiro na interposição do recurso (*DEJT*, 03, 04 e 05.12.2008). A interposição de recurso de revista de decisão definitiva de Tribunal Regional do Trabalho em ação rescisória ou em mandado de segurança, com fundamento em violação legal e divergência jurisprudencial e remissão expressa ao art. 896 da CLT, configura erro grosseiro, insuscetível de autorizar o seu recebimento como recurso ordinário, em face do disposto no art. 895, b, da CLT.

153. Mandado de Segurança. Execução. Ordem de Penhora sobre valores existentes em conta salário. Art. 649, IV, do CPC de 1973. Ilegalidade (Atualizada em decorrência do CPC de 2015) - Res. 220/2017 do TST (*DEJT* 22.09.2017). Ofende direito líquido e certo decisão que determina o bloqueio de numerário existente em conta salário, para satisfação de crédito trabalhista, ainda que seja limitado a determinado percentual dos valores recebidos ou a valor revertido para fundo de aplicação ou poupança, visto que o art. 649, IV, do CPC de 1973 contém norma imperativa que não admite interpretação ampliativa, sendo a exceção prevista no art. 649, § 2º, do CPC de 1973 espécie e não gênero de crédito de natureza alimentícia, não englobando o crédito trabalhista.

154. Ação rescisória. Acordo prévio ao ajuizamento da reclamação. Quitação geral. Lide simulada. Possibilidade de rescisão da sentença homologatória de acordo apenas se verificada a existência de vício de consentimento. (*DEJT*, 09, 10 e 11.06.2010) A sentença homologatória de acordo prévio ao ajuizamento de reclamação trabalhista, no qual foi conferida quitação geral do extinto contrato, sujeita-se ao corte rescisório tão somente se verificada a existência de fraude ou vício de consentimento.

155. Ação rescisória e mandado de segurança. Valor atribuído à causa na inicial. Majoração de ofício. Inviabilidade.

- (cancelada - Res. 206/2016, *DEJT* divulgado em 18, 19 e 20.04.2016).

156. *Habeas corpus* originário no TST. Substitutivo de recurso ordinário em habeas corpus. Cabimento contra decisão definitiva proferida por Tribunal Regional do Trabalho. (*DEJT*, 09, 10 e 11.06.2010) É cabível ajuizamento de *habeas corpus* originário no Tribunal Superior do Trabalho, em substituição de recurso ordinário em "*habeas corpus*", de decisão definitiva proferida por Tribunal Regional do Trabalho, uma vez que o órgão colegiado passa a ser a autoridade coatora no momento em que examina o mérito do *habeas corpus* impetrado no âmbito da Corte local.

157. Ação rescisória. Decisões proferidas em fases distintas de uma mesma ação. Coisa julgada. Não configuração. (atualizada em decorrência do CPC de 2015 - Res. 208/2016, *DEJT* divulgado em 22, 25 e 26.04.2016). A ofensa à coisa julgada de que trata o inciso IV do art. 966 do CPC de 2015 (inciso IV do art. 485 do CPC de 1973) refere-se apenas a relações processuais distintas. A invocação de desrespeito à coisa julgada formada no processo de conhecimento, na correspondente fase de execução, somente é possível com base na violação do art. 5º, XXXVI, da Constituição da República.

158. Ação rescisória. Declaração de nulidade de decisão homologatória de acordo em razão de colusão (art. 485, III, do CPC). Multa por litigância de má-fé. Impossibilidade (*DEJT* divulgado em 12, 13 e 16.04.2012) A declaração de nulidade de decisão homologatória de acordo, em razão da colusão entre as partes (art. 485, III, do CPC), é sanção suficiente em relação ao procedimento adotado, não havendo que ser aplicada a multa por litigância de má-fé.

Precedentes Normativos

1. Antecipação salarial trimestral (negativo)

- (cancelado pela SDC em sessão de 14.09.1998 - homologação Res. 86/1998, *DJ* 15.10.1998)

2. Abono pecuniário (negativo)

- (cancelado pela SDC em sessão de 14.09.1998 - homologação Res. 86/1998, *DJ* 15.10.1998)

3. Adicional de insalubridade (negativo)

- (cancelado pela SDC em sessão de 02.06.1998 - homologação Res. 81/1998, *DJ* 20.08.1998)

4. Ajuda de custo por quilometragem rodada (negativo)

- (cancelado pela SDC em sessão de 02.06.1998 - homologação Res. 81/1998, *DJ* 20.08.1998)

5. Anotações de comissões (positivo). O empregador é obrigado a anotar, na CTPS, o percentual das comissões a que faz jus o empregado.

6. Garantia de salário no período de amamentação (positivo). É garantido às mulheres, no período de amamentação, o recebimento do salário, sem prestação de serviços, quando o empregador não cumprir as determinações dos §§ 1º e 2º do art. 389 da CLT.

7. Assistência sindical (negativo)

- (cancelado pela SDC em sessão de 02.06.1998 - homologação Res. 81/1998, *DJ* 20.08.1998)

8. Atestados de afastamento e salários (positivo) O empregador é obrigado a fornecer atestados de afastamento e salários ao empregado demitido.

9. Auxílio-alimentação (negativo)

- (cancelado pela SDC em sessão de 14.09.1998 - homologação Res. 86/1998, *DJ* 15.10.1998)

10. Banco do Brasil como parte em dissídio coletivo no TRT (positivo) - (nova redação dada pela SDC em sessão de 14.09.1998 - homologação Res. 86/1998, *DJ*, 15.10.1998). Os Tribunais Regionais do Trabalho são incompetentes para processar e julgar Dissídios Coletivos em que sejam partes o Banco do Brasil S.A. e entidades sindicais dos bancários.

11. Bonificação a quem se aposenta (negativo)

- (cancelado - 14.09.1998 - homologação Res. 86/1998, *DJ*, 15.10.1998).

12. Horário de caixa (negativo)

- (cancelado pela SDC em sessão de 02.06.1998 - homologação Res. 81/1998, *DJ* 20.08.1998)

13. Local para sindicalização (negativo)

- (cancelado pela SDC em sessão de 14.09.1998 - homologação Res. 86/1998, *DJ* 15.10.1998)

14. Desconto no salário (positivo). Proíbe-se o desconto no salário do empregado dos valores de cheques não compensados ou sem fundos, salvo se não cumprir as resoluções da empresa.

15. Comissão sobre cobrança (positivo). Se não obrigado por contrato a efetuar cobranças, o vendedor receberá comissões por esse serviço, respeitadas as taxas em vigor para os demais cobradores.

16. Comissão para disciplinar quadro de carreira da empresa (negativo)

- (cancelado pela SDC em sessão de 14.09.1998 - homologação Res. 86/1998, *DJ* 15.10.1998)

17. Complementação de auxílio-doença (negativo)

- (cancelado pela SDC em sessão de 14.09.1998 - homologação Res. 86/1998, *DJ* 15.10.1998)

18. Contrato de experiência (negativo)

- (cancelado pela SDC em sessão de 14.09.1998 - homologação Res. 86/1998, *DJ* 15.10.1998)

19. Cursos e reuniões obrigatórios (positivo)

- (cancelado pela SDC em sessão de 02.06.1998 - homologação Res. 81/1998, *DJ* 20.08.1998)

20. Empregado rural. Contrato escrito (positivo). Sendo celebrado contrato por tarefa, parceria ou meação, por escrito, obriga-se o empregador a fornecer uma via deste ao empregado, devidamente datada e assinada pelas partes.

21. Dedução do auxílio-doença para aquisição de férias (negativo)

- (cancelado pela SDC em sessão de 14.09.1998 - homologação Res. 86/1998, *DJ* 15.10.1998)

22. Creche (positivo) Determina-se a instalação de local destinado à guarda de crianças em idade de amamentação, quando existentes na empresa mais de 30 (trinta) mulheres maiores de 16 (dezesseis) anos, facultado o convênio com creches.

23. Criação de feriado (negativo)

- (cancelado pela SDC em sessão de 14.09.1998 - homologação Res. 86/1998, *DJ* 15.10.1998)

24. Dispensa do aviso prévio (positivo). O empregado despedido fica dispensado do cumprimento do aviso prévio quando comprovar a obtenção de novo emprego, desonerando a empresa do pagamento dos dias não trabalhados.

25. Eleições das CIPAs (negativo)

- (cancelado pela SDC em sessão de 02.06.1998 - homologação Res. 81/1998, *DJ* 20.08.1998)

26. Estabilidade ao beneficiário do auxílio-doença (negativo)

- (cancelado pela SDC em sessão de 14.09.1998 - homologação Res. 86/1998, *DJ* 15.10.1998)

27. Estabilidade ao empregado que retorna de férias (negativo)

- (cancelado pela SDC em sessão de 14.09.1998 - homologação Res. 86/1998, *DJ* 15.10.1998)

28. Férias proporcionais (negativo)

- (cancelado pela SDC em sessão de 02.06.1998 - homologação Res. 81/1998, *DJ* 20.08.1998)

29. Greve. Competência dos tribunais para declará-la abusiva (positivo). Compete aos Tribunais do Trabalho decidir sobre o abuso do direito de greve.

30. Empregado acidentado. Garantia no emprego (positivo)

- (cancelado pela SDC em sessão de 02.06.1998 - homologação Res. 81/1998, *DJ* 20.08.1998)

31. Professor (janelas) (positivo). Os tempos vagos (janelas) em que o professor ficar à disposição do curso serão remunerados como aula, no limite de 1 (uma) hora diária por unidade.

32. Jornada do estudante (positivo). Proíbe-se a prorrogação da jornada de trabalho do empregado estudante, ressalvadas as hipóteses dos arts. 59 e 61 da CLT.

33. Licença-prêmio (negativo)

- (cancelado pela SDC em sessão de 02.06.1998 - homologação Res. 81/1998, *DJ* 20.08.1998)

34. Empregado rural. Moradia (positivo). Ao empregado que residir no local de trabalho fica assegurada a moradia em condições de habitabilidade, conforme exigências da autoridade local.

35. Mão-de-obra locada (positivo)

- (cancelado pela SDC em sessão de 02.06.1998 - homologação Res. 81/1998, *DJ* 20.08.1998)

36. 13º salário - multa (negativo)

- (cancelado pela SDC em sessão de 02.06.1998 - homologação Res. 81/1998, *DJ* 20.08.1998)

37. Dissídio coletivo. Fundamentação de cláusulas. Necessidade (positivo) Nos processos de dissídio coletivo só serão julgadas as cláusulas fundamentadas na representação, em caso de ação originária, ou no recurso.

38. Adicional por tempo de serviço (negativo)

- (cancelado pela SDC em sessão de 14.09.1998 - homologação Res. 86/1998, *DJ* 15.10.1998)

39. Readmissão. Preferência (negativo)

- (cancelado pela SDC em sessão de 14.09.1998 - homologação Res. 86/1998, *DJ* 15.10.1998)

40. Repouso semanal do comissionista (positivo)

- (cancelado pela SDC em sessão de 02.06.1998 - homologação Res. 81/1998, *DJ* 20.08.1998)

41. Relação nominal de empregados (positivo). As empresas encaminharão à entidade profissional cópia das guias de contribuição sindical e assistencial, com a relação nominal dos respectivos salários, no prazo máximo de 30 dias após o desconto.

42. Seguro obrigatório (positivo). Institui-se a obrigação do seguro, por acidente ou morte, para empregados que transportem valores ou exerçam as atividades de vigia ou vigilante.

43. Horas extras. Adicional (positivo)

- (cancelado pela SDC em sessão de 02.06.1998 - homologação Res. 81/1998, *DJ* 20.08.1998)

44. Transporte (negativo)

- (cancelado pela SDC em sessão de 14.09.1998 - homologação Res. 86/1998, *DJ* 15.10.1998)

45. Trimestralidade (negativo)

- (cancelado pela SDC em sessão de 02.06.1998 - homologação Res. 81/1998, *DJ* 20.08.1998)

46. Verbas rescisórias (positivo)

- (cancelado pela SDC em sessão de 02.06.1998 – homologação Res. 81/1998, *DJ* 20.08.1998)

47. Dispensa de empregado (positivo). O empregado despedido será informado, por escrito, dos motivos da dispensa.

48. Empregado rural. Concessão de terra (positivo)

- (cancelado - 02.09.2004 - homologação Res. 125/2004, *DJ*, 10.09.2004).

49. Gestante. Garantia de emprego (positivo)

- (cancelado-02.06.1998-homologação Res. 81/1998, *DJ*, 20.08.1998).

50. Empregado rural. Defensivos agrícolas (positivo). O empregador rural é obrigado a possuir o receituário agronômico de defensivos agrícolas e a observar as medidas de prevenção nele contidas.

51. CIPA'S. Suplentes. Garantia de emprego (positivo)

- (cancelado pela SDC em sessão de 02.06.1998 – homologação Res. 81/1998, *DJ* 20.08.1998)

52. Recebimento do PIS (positivo). Garante-se ao empregado o recebimento do salário do dia em que tiver de se afastar para recebimento do PIS.

53. Empregado rural. Rescisão do contrato de trabalho do chefe de família (positivo). A rescisão do contrato de trabalho rural, sem justa causa, do chefe da unidade familiar é extensiva à esposa, às filhas solteiras e aos filhos até 20 anos de idade, que exerçam atividades na propriedade, mediante opção destes.

54. Transporte para audiência (negativo)

- (cancelado pela SDC em sessão de 14.09.1998 - homologação Res. 86/1998, *DJ* 15.10.1998)

55. Jornalista. Contrato de trabalho (positivo) O empregador é obrigado a mencionar no contrato de trabalho o órgão de imprensa no qual o jornalista vai trabalhar.

56. Constitucionalidade (positivo). São constitucionais os Decretos-Leis n. 2.012/1983, 2.024/1983 e 2.045/1983.

57. Empregado rural. Insalubridade (positivo)

- (cancelado pela SDC em sessão de 02.06.1998 – homologação Res. 81/1998, *DJ* 20.08.1998)

58. Salário. Pagamento ao analfabeto (positivo). O pagamento de salário ao empregado analfabeto deverá ser efetuado na presença de 2 (duas) testemunhas.

59. Empregado rural. Aferição das balanças (positivo). O instrumento de peso e medida, utilizado pelos empregadores para aferição das tarefas no regime de produção, deverá ser conferido pelo INPM.

60. Empregado rural. Latão de café (positivo). O latão de café terá capacidade de 60 litros e será padronizado de acordo com as normas do INPM.

61. Cobrança de títulos (positivo). Salvo disposição contratual, é vedado ao empregador responsabilizar o empregado pelo inadimplemento do cliente, até mesmo quanto a títulos.

62. Empregado rural. Conservação das casas (positivo). Os empregadores são responsáveis pelos reparos nas residências que cedam aos empregados rurais, desde que os danos não decorram de culpa destes.

63. Empregado rural. Ficha de controle da produção (positivo). Quando da colheita, o café será entregue na lavoura ou no monte, fornecendo-se ao trabalhador uma ficha com o valor da respectiva produção.

64. Empregado rural. Horário e local de condução (positivo). Fornecendo o empregador condução para o trabalho, informará ele aos empregados, previamente, os locais e horários do transporte.

65. Empregado rural. Pagamento de salário (positivo). O pagamento do salário será efetuado em moeda corrente e no horário de serviço, para isso permitido o seu prolongamento até duas horas após o término da jornada de trabalho.

66. Garrafas "bicadas" (positivo). Constituem ônus do empregador aceitar a devolução de garrafas "bicadas" e o extravio de engradados, salvo se não cumpridas as disposições contratuais pelo empregado.

67. Remuneração por produção (positivo). Quando o serviço for contratado por produção, a remuneração não poderá ser inferior à diária correspondente ao salário normativo.

68. Empregado rural. Faltas ao serviço. Compras (positivo). Autoriza-se o chefe de família, se empregado rural, a faltar ao serviço um dia por mês ou meio dia por quinzena, para efetuar compras, sem remuneração ou mediante compensação de horário, mas sem prejuízo do repouso remunerado, desde que não tenha falta injustificada durante o mês.

69. Empregado rural. Pagamento de dia não trabalhado (positivo). O empregado rural fará jus ao salário do dia, quando comparecer ao local de prestação de serviço ou ponto de embarque, se fornecida condução pelo empregador, e não puder trabalhar em consequência de chuva ou de outro motivo alheio à sua vontade.

70. Licença para estudante (positivo). Concede-se licença não remunerada nos dias de prova ao empregado estudante, desde que avisado o patrão com 72 horas de antecedência e mediante comprovação.

71. Empregado rural. Transporte. Condições de segurança (positivo). Quando fornecidos pelo empregador, os veículos destinados a transportar trabalhadores rurais deverão satisfazer as condições de segurança e comodidade, sendo proibido o carregamento de ferramentas soltas junto às pessoas conduzidas.

72. Multa. Atraso no pagamento de salário (positivo). Estabelece-se multa de 10% sobre o saldo salarial, na hipótese de atraso no pagamento de salário até 20 dias, e de 5% por dia no período subsequente.

73. Multa. Obrigação de fazer (positivo) Impõe-se multa, por descumprimento das obrigações de fazer, no valor equivalente a 10% do salário básico, em favor do empregado prejudicado.

74. Desconto assistencial (positivo)

- (cancelado pela SDC em sessão de 02.06.1998 – homologação Res. 81/1998, *DJ* 20.08.1998)

75. Contrato de experiência. Readmissão (positivo)

‣ (cancelado pela SDC em sessão de 02.06.1998 – homologação Res. 81/1998, *DJ* 20.08.1998)

76. Aviso prévio de 60 dias (positivo)

‣ (cancelado pela SDC em sessão de 02.06.1998 – homologação Res. 81/1998, *DJ* 20.08.1998)

77. Empregado transferido. Garantia de emprego (positivo) . Assegura-se ao empregado transferido, na forma do art. 469 da CLT, a garantia de emprego por 1 (um) ano após a data da transferência.

78. Professor. Redução salarial não configurada (negativo). Não configura redução salarial ilegal a diminuição de carga horária motivada por inevitável supressão de aulas eventuais ou de turmas.

79. Trabalhador temporário. Descanso semanal (positivo). Concede-se ao trabalhador temporário o acréscimo de 1/6 ao seu salário diário, correspondente ao descanso semanal remunerado, por aplicação analógica do art. 3º da Lei n. 605/1949.

80. Serviço militar. Garantia de emprego ao alistando (positivo). Garante-se o emprego do alistando, desde a data da incorporação no serviço militar até 30 dias após a baixa.

81. Atestados médicos e odontológicos (positivo). Assegura-se eficácia aos atestados médicos e odontológicos fornecidos por profissionais do sindicato dos trabalhadores, para o fim de abono de faltas ao serviço, desde que existente convênio do sindicato com a Previdência Social, salvo se o empregador possuir serviço próprio ou conveniado.

82. Dissídio coletivo. Garantia de salários e consectários (positivo). Defere-se a garantia de salários e consectários ao empregado despedido sem justa causa, desde a data do julgamento do dissídio coletivo até 90 dias após a publicação do acórdão, limitado o período total a 120 dias.

83. Dirigentes sindicais. Frequência livre (positivo) - (nova redação - Res. 123/2004, *DJ*, 06.07.2004). Assegura-se a frequência livre dos dirigentes sindicais para participarem de assembleias e reuniões sindicais devidamente convocadas e comprovadas, sem ônus para o empregador.

84. Seguro de vida. Assalto (positivo). Institui-se a obrigação do seguro de vida, em favor do empregado e seus dependentes previdenciários, para garantir a indenização nos casos de morte ou invalidez permanente, decorrentes de assalto, consumado ou não, desde que o empregado se encontre no exercício das suas funções.

85. Garantia de emprego. Aposentadoria voluntária (positivo) Defere-se a garantia de emprego, durante os 12 meses que antecedem a data em que o empregado adquire direito à aposentadoria voluntária, desde que trabalhe na empresa há pelo menos 5 anos. Adquirido o direito, extingue-se a garantia.

86. Representantes dos trabalhadores. Estabilidade no emprego (positivo). Nas empresas com mais de 200 empregados é assegurada a eleição direta de um representante, com as garantias do art. 543, e seus parágrafos, da CLT.

87. Trabalho em domingos e feriados. Pagamento dos salários (positivo). É devida a remuneração em dobro do trabalho em domingos e feriados não compensados, sem prejuízo do pagamento do repouso remunerado, desde que, para este, não seja estabelecido outro dia pelo empregador.

88. Desconto em folha (positivo)

‣ (cancelado pela SDC em sessão de 02.06.1998 – homologação Res. 81/1998, *DJ* 20.08.1998)

89. Reembolso de despesas (positivo). Defere-se o reembolso das despesas de alimentação e pernoite a motorista e ajudante, quando executarem tarefas a mais de 100 km da empresa. (Ex-PN 142).

90. Trabalho noturno. Adicional de 60% (positivo)

‣ (cancelado pela SDC em sessão de 02.06.1998 – homologação Res. 81/1998, *DJ* 20.08.1998)

91. Acesso de dirigente sindical à empresa (positivo). Assegura-se o acesso dos dirigentes sindicais às empresas, nos intervalos destinados a alimentação e descanso, para desempenho de suas funções, vedada a divulgação de matéria político-partidária ou ofensiva.

92. Garantia de repouso remunerado. Ingresso com atraso (positivo). Assegura-se o repouso remunerado ao empregado que chegar atrasado, quando permitido seu ingresso pelo empregador, compensado o atraso no final da jornada de trabalho ou da semana.

93. Comprovante de pagamento (positivo). O pagamento do salário será feito mediante recibo, fornecendo-se cópia ao empregado, com a identificação da empresa, e do qual constarão a remuneração, com a discriminação das parcelas, a quantia líquida paga, os dias trabalhados ou o total da produção, as horas extras e os descontos efetuados, inclusive para a Previdência Social, e o valor correspondente ao FGTS.

94. Empregado rural. Salário-doença (positivo)

‣ (cancelado pela SDC em sessão de 02.06.1998 – homologação Res. 81/1998, *DJ* 20.08.1998)

95. Abono de falta para levar filho ao médico (positivo). Assegura-se o direito à ausência remunerada de 1 (um) dia por semestre ao empregado, para levar ao médico filho menor ou dependente previdenciário de até 6 (seis) anos de idade, mediante comprovação no prazo de 48 horas.

96. Aviso prévio. Redução da jornada (positivo)

‣ (cancelado pela SDC em sessão de 02.06.1998 - homologação Res. 81/1998, *DJ* 20.08.1998)

97. Proibição de estorno de comissões (positivo). Ressalvada a hipótese prevista no art. 7º da Lei n. 3.207/1957, fica vedado às empresas o desconto ou estorno das comissões do empregado, incidentes sobre mercadorias devolvidas pelo cliente, após a efetivação de venda.

98. Retenção da CTPS. Indenização (positivo). Será devida ao empregado a indenização correspondente a 1 (um) dia de salário, por dia de atraso, pela retenção de sua carteira profissional após o prazo de 48 horas.

99. Nova função. Salário (positivo)

‣ (cancelado pela SDC em sessão de 02.06.1998 - homologação Res. 81/1998, *DJ* 20.08.1998)

100. Férias. Início do período de gozo (positivo). O início das férias, coletivas ou individuais, não poderá coincidir com sábado, domingo, feriado ou dia de compensação de repouso semanal.

101. Adicional de transferência (positivo)

‣ (cancelado pela SDC em sessão de 02.06.1998 - homologação Res. 81/1998, *DJ* 20.08.1998)

102. Assistência jurídica aos vigias (positivo). A empresa prestará assistência jurídica a seu empregado que, no exercício da função de vigia, praticar ato que o leve a responder a ação penal.

103. Gratificação de caixa (positivo). Concede-se ao empregado que exercer permanentemente a função de caixa a gratificação de 10% sobre seu salário, excluídos do cálculo adicionais, acréscimos e vantagens pessoais.

104. Quadro de avisos (positivo). Defere-se a afixação, na empresa, de quadro de avisos do sindicato, para comunicados de interesse dos empregados, vedados os de conteúdo político-partidário ou ofensivo.

105. Anotação na carteira profissional (positivo). As empresas ficam obrigadas a anotar na carteira de trabalho a função efetivamente exercida pelo empregado, observada a Classificação Brasileira de Ocupações (CBO).

106. Empregado rural. Atividade insalubre. Fornecimento de leite (positivo). Os empregadores que se dedicarem à pecuária leiteira fornecerão, diariamente, 1 (um) litro de leite aos trabalhadores que exerçam atividades insalubres.

107. Empregado rural. Caixa de medicamentos (positivo). Nos locais de trabalho no campo serão mantidos pelo empregador medicamentos e materiais de primeiros socorros.

108. Empregado rural. Abrigo no local de trabalho (positivo). Os empregadores rurais ficam obrigados a construir abrigos rústicos, nos locais de trabalho, para proteção de seus empregados.

109. Desconto-moradia (positivo). Autoriza-se o desconto da moradia fornecida ao empregado somente quando o imóvel tiver o habite-se concedido pela autoridade competente.

110. Empregado rural. Ferramentas. Fornecimento pelo empregador (positivo). Serão fornecidas gratuitamente, pelo empregador, as ferramentas necessárias à execução do trabalho.

111. Relação de empregados (positivo). Obriga-se a empresa a remeter ao sindicato profissional, uma vez por ano, a relação dos empregados pertencentes à categoria.

112. Jornalista. Seguro de vida (positivo). Institui-se a obrigação do seguro de vida em favor de jornalista designado para prestar serviço em área de risco.

113. Transporte de acidentados, doentes e parturientes (positivo) Obriga-se o empregador a transportar o empregado, com urgência, para local apropriado, em caso de acidente, mal súbito ou parto, desde que ocorram no horário de trabalho ou em consequência deste.

114. Contagem do tempo gasto com transporte (positivo)

‣ (cancelado pela SDC em sessão de 02.06.1998 - homologação Res. 81/1998, *DJ* 20.08.1998)

115. Uniformes (positivo). Determina-se o fornecimento gratuito de uniformes, desde que exigido seu uso pelo empregador.

116. Férias. Cancelamento ou adiantamento (positivo). Comunicado ao empregado o período do gozo de férias individuais ou coletivas, o empregador somente poderá cancelar ou modificar o início previsto se ocorrer necessidade imperiosa e, ainda assim, mediante o ressarcimento, ao empregado, dos prejuízos financeiros por este comprovados.

117. Pagamento do salário com cheque (positivo). Se o pagamento do salário for feito em cheque, a empresa dará ao trabalhador o tempo necessário para descontá-lo, no mesmo dia.

118. Quebra de material (positivo). Não se permite o desconto salarial por quebra de material, salvo nas hipóteses de dolo ou recusa de apresentação dos objetos danificados, ou ainda, havendo previsão contratual, de culpa comprovada do empregado.

119. Contribuições sindicais - inobservância de preceitos constitucionais (nova redação dada pela SDC em sessão de 02.06.1998 - homologação Res. 82/1998, *DJ*, 20.08.1998). (mantido) - *DEJT* divulgado em 25.08.2014. "A Constituição da República, em seus arts. 5º, XX e 8º, V, assegura o direito de livre associação e sindicalização. É ofensiva a essa modalidade de liberdade cláusula constante de acordo, convenção coletiva ou sentença normativa estabelecendo contribuição em favor de entidade sindical a título de taxa para custeio do sistema confederativo, assistencial, revigoramento ou fortalecimento sindical e outras da mesma espécie, obrigando trabalhadores não sindicalizados. Sendo nulas as estipulações que inobservem tal restrição, tornam-se passíveis de devolução os valores irregularmente descontados."

120. Sentença normativa. Duração. Possibilidade e limites (positivo) - (Res. 176/2011, *DEJT*, 27, 30 e 31.05.2011). A sentença normativa vigora, desde seu termo inicial até que sentença normativa, convenção coletiva de trabalho ou acordo coletivo de trabalho superveniente produza sua revogação, expressa ou tácita, respeitado, porém, o prazo máximo legal de quatro anos de vigência.

EDITORA JusPODIVM
www.editorajuspodivm.com.br

Impressão e acabamento: BMF Gráfica e Editora